GW00738330

200122734

BANGLA ACADEMY ENGLISH-BENGALI DICTIONARY

Bangla Academy English-Bengali Dictionary

EDITOR

Zillur Rahman Siddiqui
MA (Dhaka), MA (Oxon)
Professor, Department of English
Jahangirnagar University, Savar, Dhaka

WITH

Jahangir Tareque MA (Dhaka), MA (Sorbonne), MA (Paris), Ph D (Paris)
Kashinath Roy MA (Dhaka)
Khondakar Ashraf Hossain MA (Dhaka), MA (Leeds)
Rajib Humayun MA (Dhaka), Ph D (Pune)
A M M Hamidur Rahman MA (Rajshahi), Dip-in-TEO (Leeds), M Ed Tesl (Wales)
Shafi Ahmed MA (Calcutta)
Nurul Huda M Sc (Dhaka), Dip-in-GLT (Heidelberg)
Mohammad Nurul Huda MA (Dhaka)
Afzal Hossain MA (Rajshahi), MA (Pune), Ph D (Pune)

BANGLA ACADEMY DHAKA

Bangla Academy English-Bengali Dictionary

First Edition
Bhadra 1400 / August 1993

Manuscript & Reset
Compilation Department

Project Co-ordinator
Selina Hossain

Project Assistants
Latifur Rahman
Swarochish Sarker

Published by
Shamsuzzaman Khan
Director
Research Compilation & Folklore Division
Bangla Academy Dhaka

BA 4309

First Reprint Paush 1400 / January 1994
Fourth Reprint [Reset Impression] Agrahayan 1401 / November 1994

Twenty-first Reprint
Paush 1409 / January 2003

Published by
Fazlur Rahim
Deputy Director
Establishment Department

Printed by
Md. Hamidur Rahman
Manager
Bangla Academy Press

Cover Design
Quayyum Chowdhury

Print Run : 20,000 Copies

Price
TK 140.00 US $ 10.00

ISBN 984-07-4318-X

প্রসঙ্গ কথা

বাংলা একাডেমী থেকে প্রকাশিত English-Bengali Dictionary পুনর্মুদ্রিত হলো। ব্যাপক চাহিদা পূরণ করতে গিয়ে পরিমার্জনের সময়াভাবে প্রয়োজনীয় পরিশীলন সম্ভব হলো না। দ্বিতীয় সংস্করণে English-Bangla Dictionary–তে যেসব পরিমার্জন করা হয়েছিল তা বর্তমান পুনর্মুদ্রণে অন্তর্ভুক্ত হয়নি। অভিধানটির নতুন সংস্করণের পাণ্ডুলিপি চূড়ান্ত করার কাজ প্রক্রিয়াধীন রয়েছে।

এবার উন্নত মানের কাগজ দেওয়ার জন্য অভিহিত মূল্য কিঞ্চিৎ বৃদ্ধি পেয়েছে। আশা করি অভিধানপ্রেমী ব্যক্তিবর্গ এতে উপকৃত হবেন।

মনসুর মুসা
মহাপরিচালক

চতুর্থ পুনর্বিন্যস্ত মুদ্রণের প্রসঙ্গ–কথা

বাংলা একাডেমী ইংলিশ–বেঙ্গলি ডিকশনারি প্রকাশিত হওয়ার সঙ্গে সঙ্গে পাঠক সমাজের মন প্রায় অলৌকিকভাবে জয় করে নেয়। এর কারণ সম্ভবত এই যে, ইংরেজি ভাষা শিক্ষার জন্যে প্রয়োগবাক্য সম্বলিত আর কোনো দ্বিভাষিক অভিধান তাঁদের কাছে লভ্য ছিল না। প্রসঙ্গত উল্লেখ করা প্রয়োজন যে, এটি গ্রন্থের দ্বিতীয় সংস্করণ নয়। সুতরাং এতে কোনো পরিবর্তন–পরিবর্ধনের চেষ্টা করা হয়নি। তবে ত্রুটিপূর্ণ শব্দগুলোকে যথাসম্ভব সংশোধন করা হয়েছে। বইটি প্রকাশিত হওয়ার পর যে সমস্ত সহৃদয় সুধীব্যক্তি নানা ধরনের মুদ্রণপ্রমাদ সম্পর্কে আমাদেরকে অবহিত করেছিলেন এবং বিভিন্ন রকম পরিমার্জনার পরামর্শ দিয়েছিলেন—এ প্রসঙ্গে তাঁদের কথা সকৃতজ্ঞচিত্তে স্মরণ করি। বিশেষ করে স্মরণ করি ঢাকা শহরের বিদ্যালয় এবং মহাবিদ্যালয়ের প্রধান শিক্ষক ও অধ্যক্ষদের কথা, যাঁরা আমাদের অনুরোধে সাড়া দিয়ে এর নির্ভুলতা যাচাইয়ের দায়িত্ব নিয়েছিলেন।

ব্যবহারকারী লক্ষ করবেন, ভুক্তি অপরিবর্তিত রেখে এবারে এর বিন্যাস নতুনভাবে করা হয়েছে। শীর্ষশব্দ এসেছে মোটা হরফে যা পাঠকের চোখকে স্বাচ্ছন্দ্য দেবে। ভুক্তির পরিচিতি, অর্থ ও প্রয়োগ–সম্বলিত অংশটুকু আরো ঘনবিন্যস্ত এবং আঁটসাঁট করা হয়েছে, যার ফলে প্রতিটি পৃষ্ঠা হয়েছে অধিকতর দৃষ্টিনন্দন। বইয়ের কলেবর হয়েছে আগের চেয়ে ক্ষুদ্রাকার এবং সহজে বহনযোগ্য। তবে এটি করা হয়েছে প্রথম সংস্করণের কোনো রকম অঙ্গহানি না করে। আমরা আশা করবো এ পুনর্বিন্যস্ত মুদ্রণটি (Reset Impression) আপনাদের ভালো লাগবে।

মোহাম্মদ হারুন–উর–রশিদ
মহাপরিচালক

প্রথম সংস্করণের প্রসঙ্গ–কথা

ইতিহাসসূত্রে শাসকের ভাষা হিসেবে যে ইংরেজির সঙ্গে আমাদের পরিচয় তার উপযোগিতা ও প্রাসঙ্গিকতা দুই-ই হারিয়েছে। আজ যে ইংরেজি ভাষার সঙ্গে আমাদের জানাশোনা, তা আন্তর্জাতিক যোগাযোগের ভাষা। একটি স্বাধীন জাতি হিসেবে বাঁচতে হলে এ ইংরেজিকে আয়ত্ত না করে কোনো উপায় নেই। বিগত অর্ধ শতাব্দীতে ইংরেজি ভাষারও বিপুল পরিবর্তন হয়েছে। বিলেতে সে পরিবর্তনের সঙ্গে সঙ্গতি রেখে অভিধান রচিত হলেও এদেশে লভ্য অধিকাংশ অভিধানই প্রাসঙ্গিকতাবর্জিত এবং সেকেলে। অধিকাংশ ক্ষেত্রে শব্দের প্রতিশব্দই সেখানে মুখ্য। কিন্তু ভাষার ক্ষেত্রে প্রতিশব্দ কখনোই শব্দের অনুভূতিজ ও কৃষ্টিজ অনুষঙ্গকে তুলে ধরতে পারে না। একই ভাষার সমার্থক শব্দও একে অপরের বিকল্প নয়। এ ক্ষেত্রে শব্দকে তার প্রসঙ্গে পেলেই শব্দার্থ সম্পর্কে সম্যক বোধ জন্মায়। এজন্যেই এ অভিধানে ব্যাপকভাবে শব্দের সঙ্গে তার দৃষ্টান্তবাক্য দেওয়া হয়েছে। আমাদের জানামতে কোনো ইংরেজি–বাংলা অভিধানেই এ বিষয়টিকে এমন গুরুত্ব দেওয়া হয়নি। এদিক থেকে এ অভিধান সময়োপযোগী একটি আধুনিক শব্দকোষের অভাব পূরণ করলো। বলা বাহুল্য, এ অভাব দীর্ঘদিনের।

প্রত্যেক ভাষার একটি নিজস্ব বাকভঙ্গি এবং রীতি থাকে। সেখানেই ভাষার অনন্যতা। এই বাকভঙ্গি বা রীতির ভাষান্তর হয় না। এই ভঙ্গি এবং রীতিটিকে খুঁজতে হয়, জানতে হয়, অনুভব করতে হয় সে ভাষার নিজস্ব পরিমণ্ডলে। যে কোনো ইংরেজি শিক্ষার্থীকে তাই ইংরেজি ভাষার কথ্য ও লিখিত রূপটিকে ক্রমাগত শ্রবণ এবং বলার মাধ্যমে আয়ত্ত করতে হয়। আমাদের দেশে প্রচলিত অভিধানগুলি ইংরেজি ভাষার এ বিশেষ ভঙ্গি বা রীতির অর্থান্তর করেই তাদের দায়িত্ব পালন করেছে। তাতে কোনো শিক্ষার্থীরই বিশেষ উপকার হয় বলে মনে হয় না। অনেক ক্ষেত্রে এতে ক্ষতি হবার সম্ভাবনাই অধিক। উদাহরণ দিলেই ব্যাপারটি স্পষ্ট হবে। ইংরেজি get একটি ক্রিয়াপদ। এর সকর্মক রূপের অর্থ হচ্ছে : পাওয়া, অর্জন করা, সংগ্রহ করা ইত্যাদি। কিন্তু এই get ক্রিয়াপদটি যখন ইংরেজি ভাষার বিশেষ ভঙ্গি এবং রীতিকে ধারণ করে অব্যয়ের সঙ্গে ব্যবহৃত হয় তখন তা এমন সব অদ্ভুত অর্থে ব্যবহৃত হয় যা কেবল শব্দার্থ দিয়ে বোঝার কোনো উপায় নেই। তখনই বাক্যাংশটির অর্থ উপলব্ধি করতে হয় প্রয়োগ–বাক্যে। যেমন get যখন at এর সঙ্গে ব্যবহৃত হয় তখন get ক্রিয়াপদের মূল অর্থের সঙ্গে সংশ্লিষ্ট শব্দের কোনো সামঞ্জস্য থাকে না। What are you getting at ? এ বাক্যের অর্থান্তর করলে দাঁড়াবে— তুমি কিসের ইঙ্গিত করছো? এ দেশে প্রচলিত অভিধানগুলিতে বাগ্‌বিধি বা idiom হিসেবে এ ধরনের বাক্যাংশের অর্থ দেওয়া থাকলেও তাতে প্রয়োগ–বাক্য নেই। ফলে শিক্ষার্থীর পক্ষে নিজে এ প্রয়োগের ব্যবহার করা দুরূহ হয়ে পড়ে। যেমন get on মানে যানবাহনাদিতে আরোহণ করা। শিক্ষার্থী এ ক্ষেত্রে কেবল অর্থের উপর ভরসা করে যদি বলেন— I got on a car, তাহলে ভুল হবে। কারণ ইংরেজি বাগ্‌বিধি তা অনুমোদন করে না। এ ক্ষেত্রে ইংরেজিভাষী ব্যক্তি বলবেন— I got into a car, কিন্তু বাসে উঠলে বলবেন— I got on a bus। প্রয়োগরীতির এ বিশেষ দিকটি সামনে রেখে আমরা প্রতিটি ভুক্তি এবং ভুক্তিজাত বাক্যাংশের বেলায় প্রচুর দৃষ্টান্তবাক্য ব্যবহার করেছি। এর ফলে শিক্ষার্থীর পক্ষে ভাষার প্রয়োগরীতিতে প্রবেশ সহজতর হবে। আমাদের জানামতে বাংলাদেশ বা

পৃথিবীর অন্য কোনো স্থান থেকে প্রকাশিত কোনো ইংরেজি-বাংলা অভিধানেই এ বিষয়টিকে গুরুত্ব দিয়ে শিক্ষার্থীর বাস্তব প্রয়োজন মেটানোর চেষ্টা করা হয়নি। বাংলা একাডেমী ইংরেজি-বাংলা অভিধান একজন বাঙালি শিক্ষার্থী বা অনুসন্ধিৎসু ব্যক্তি ব্যবহার করবেন এ বিশেষ কারণেই।

এ অভিধানের উচ্চারণ-নির্দেশেও বৈশিষ্ট্য রয়েছে। ইংরেজি উচ্চারণের প্রকৃত রূপ আন্তর্জাতিক ধ্বনি-বর্ণমালা (International Phonetic Alphabet) ছাড়া সঠিকভাবে তুলে ধরা সম্ভব নয়। কিন্তু আন্তর্জাতিক ধ্বনি-বর্ণমালা বা সংক্ষেপে IPA-এর সঙ্গে অধিকাংশ পাঠকই পরিচিত নন। ফলে বাংলা অক্ষরে উচ্চারণ নির্দেশ করতে গিয়ে আমাদের নানা সীমাবদ্ধতাকে মেনে নিতে হয়েছে। উদাহরণস্বরূপ বাংলা স্বরধ্বনি 'ই, ঈ' এবং 'উ, ঊ'-এর কথা বলা যেতে পারে। বাংলা উচ্চারণে দীর্ঘ এবং হ্রস্ব স্বরের মধ্যে কোনো পার্থক্য করা হয় না। ইংরেজি স্বরধ্বনিতে হ্রস্ব ও দীর্ঘ স্বরের মাত্রাগত পার্থক্য মেনে চলতে হয়, এবং মেনে না চললে অর্থের হেরফের ঘটে। বাংলা অক্ষরে উচ্চারণ নির্দেশের সময়ে আমরা হ্রস্ব ও দীর্ঘ অক্ষর দুটি ব্যবহারের ক্ষেত্রে স্বরমাত্রার ভিন্নতাকে মেনে চলতে বলেছি। তা না হলে মূল ইংরেজি স্বরটিকে পাওয়া যাবে না। এ সম্পর্কে আরো কিছু জটিলতা আছে যা উচ্চারণবিধিতে আলোচনা করা হয়েছে। এ উচ্চারণবিধিটি অধ্যাপক খোন্দকার আশরাফ হোসেন তৈরি করে দিয়েছেন। এজন্যে তাঁকে বিশেষ ধন্যবাদ। আমার ধারণা, মনোনিবেশ করলে এ উচ্চারণ-সঙ্কেতের সাথে পাঠক সহজেই পরিচিত হতে পারবেন। ইংরেজি ভাষার চারিত্রই এমন যে, তাতে উচ্চারণের সময়ে শব্দের আদিতে বা মধ্যে শ্বাসাঘাতের ব্যাপারটি খুবই গুরুত্বপূর্ণ। বাংলা, ফারসি বা ফরাসি ভাষাতে এ সমস্যা নেই। কিন্তু জর্মন বা ইংরেজি ভাষায় এ শ্বাসাঘাত সম্পর্কে অনবহিত থেকে ঐ ভাষা উচ্চারণ করাই সম্ভব নয়। স্বনপ্রবাহ বা intonation-এর ব্যাপারটি অনেকখানি নির্ভর করে শ্বাসাঘাত সঠিক স্থানে করার মধ্যে। বর্তমান অভিধানে আমরা দুধরনের শ্বাসাঘাত নির্দেশের চেষ্টা করেছি। প্রধান ও গৌণ শ্বাসাঘাত যথাক্রমে উপরে ও নীচে খাড়া দাগ দিয়ে বোঝানো হয়েছে। উল্লেখ্য, এই শ্বাসাঘাতের ব্যাপারটি আয়ত্ত না করতে পারলে শুদ্ধভাবে ইংরেজি উচ্চারণ করা সম্ভব নয়। বিষয়টি যথাযথভাবে আয়ত্ত করতে বিবিসি টেলিভিশন বা রেডিও শোনা যে কোনো ইংরেজি শিক্ষার্থী বাঙালির জন্যে অপরিহার্য।

বাংলা একাডেমীর অভিধানগুলি দেশের বিদ্বজ্জন-সমাজে বিশেষভাবে আদৃত হয়ে আসছে। বাংলা একাডেমীর উপর মানুষের আস্থা এবং এর প্রতি তাঁদের ভালোবাসাই এর অন্যতম প্রধান কারণ। ইংরেজি-বাংলা অভিধানও সমভাবে আদৃত হবে এ আমাদের বিশ্বাস।

১৯৮৫ খ্রিস্টাব্দে বাংলা একাডেমীর তদানীন্তন মহাপরিচালক জনাব মনজুরে মওলা সর্বপ্রথম এ অভিধান প্রণয়নের উদ্যোগ নিয়েছিলেন। পরবর্তীকালে প্রয়াত মহাপরিচালক ডক্টর আবু হেনা মোস্তফা কামাল সে উদ্যোগ বাস্তবায়িত করার পদক্ষেপ নেন। অভিধানটি প্রকাশের মুহূর্তে তাঁদের উদ্যোগ ও প্রচেষ্টাকে কৃতজ্ঞতার সঙ্গে স্মরণ করি।

যে কোনো অভিধান প্রণয়ন ও প্রকাশের পিছনে বহু ব্যক্তির মেধা ও শ্রম নিয়োজিত হয়, এ অভিধানেও তার অন্যথা হয়নি। এ উপলক্ষে অভিধানটির সঙ্গে জড়িত সংকলক ও প্রুফরিডার সকলকেই আন্তরিক ধন্যবাদ। এ রকম একটি বৃহৎ কাজ সম্পন্ন করার জন্যে এ অভিধানের সম্পাদক প্রফেসর জিল্লুর রহমান সিদ্দিকীকে আন্তরিক অভিনন্দন। অভিধানটি যথাসাধ্য দ্রুত ও নির্ভুলভাবে প্রকাশের লক্ষ্যে সংকলন উপবিভাগের উপপরিচালক জনাব সেলিনা হোসেন দীর্ঘ আট বছর অক্লান্ত

পরিশ্রম করেছেন। তাঁর ধৈর্য এবং সংকল্পের দৃঢ়তা ছাড়া এরূপ একটি দুরূহ কাজ করা সম্ভব হতো না। জনাব মুহম্মদ নূরুল হুদা এ অভিধান মুদ্রণ ও প্রকাশের পেছনে বিশেষ যত্ন নিয়েছেন। তাঁকে এ কাজে বিশেষ সহায়তা করেছেন জনাব মোঃ আনোয়ার হোসেন। বাংলা একাডেমী পুনর্মুদ্রণ প্রকল্প থেকে এ অভিধানটি কম্পোজ করা হয়েছে। কম্পিউটার সেলের সাইদুর রহমান, মোহাম্মদ শহীদুল ইসলাম, মোহাম্মদ সোলায়মান, মীর হোসেন ও সৈয়দ মাহবুব হাসানের দক্ষতা অভিধানটি কম্পোজের ব্যাপারে অপরিহার্য বিবেচিত হয়েছে। সেলিনা হোসেনের দুই সহযোগী জনাব লতিফুর রহমান ও ডক্টর স্বরোচিষ সরকার অভিধানটিকে যথাসম্ভব নির্ভুল করার লক্ষ্যে অক্লান্ত পরিশ্রম করেছেন। এঁদের সকলের এ ধরনের নিবেদিত ও সম্মিলিত প্রয়াসের ফলেই অভিধানটি প্রকাশ করা সম্ভব হলো। সবাইকে আন্তরিক ধন্যবাদ।

মোহাম্মদ হারুন-উর-রশিদ
মহাপরিচালক

ভূমিকা

বাংলাদেশের জনগণের জন্য অভিধান সংকলনের দায়িত্ব এ-যাবৎ যতোটুকু পালিত হয়েছে, প্রাতিষ্ঠানিকভাবে তার কৃতিত্ব দাবি করতে পারে বাংলা একাডেমী। একটি যুগোপযোগী ইংরেজি-বাংলা অভিধানের প্রয়োজন অনুভব করে এ-বিষয়ে বাংলা একাডেমী সংকলনের কাজ শুরু করে ১৯৮৮ সালে। আমার উপর সম্পাদনার দায়িত্ব অর্পিত হয়। আমরা— আমি ও আমার সহযোগী সংকলকবৃন্দ একখণ্ডে সম্পূর্ণ ও বহনযোগ্য এমন একটি অভিধান সংকলনে উদ্যোগী হই, যা মাধ্যমিক ও উচ্চ মাধ্যমিক থেকে শুরু করে বিশ্ববিদ্যালয়ের সর্বোচ্চ স্তরের ছাত্র-ছাত্রীদের, ও সেই সঙ্গে বিভিন্ন পেশায় কর্মরত ও বিভিন্ন দায়িত্বে নিয়োজিত শিক্ষিত বাঙালির প্রয়োজন মেটাবে। এই ব্যাপক জনগোষ্ঠীর জন্য বর্তমানে একমাত্র অবলম্বন কতিপয় বিদেশী অভিধান ; এগুলির অধিকাংশই ইংরেজি থেকে ইংরেজি। নির্ভরযোগ্য অথচ এদেশেই সংকলিত ও প্রকাশিত একটি অভিধানের শূন্যতা পূরণের উদ্দেশ্যে বর্তমান উদ্যোগটি গৃহীত হয়েছিল।

সংকলনের কাজ নির্ধারিত সময়ে সম্পূর্ণ হলেও মুদ্রণের ক্ষেত্রে সমস্যা দেখা দেয়। আধুনিক কম্পিউটার প্রযুক্তির সুযোগ গ্রহণ করার জন্য আমাদের অপেক্ষা করতে হয়। এ উদ্দেশ্যে বাংলা একাডেমীর কম্পিউটার বিভাগকে সজ্জিত করে তারপর একাডেমীর কর্মকর্তা মুহম্মদ নূরুল হুদার নেতৃত্বে এক কর্মীদলকে একটি নতুন ধরনের কাজের প্রশিক্ষণ দিয়ে, মুদ্রণের জটিল কাজটি শুরু করা সম্ভব হয়। আমি মুহম্মদ নূরুল হুদা ও তাঁর সহকর্মীবৃন্দকে তাঁদের নিষ্ঠা ও পরিশ্রমের জন্য কৃতজ্ঞতা প্রকাশ করছি।

সংকলনকর্মে যে ক'জন সহযোগী শেষ পর্যন্ত আমাকে সহায়তা করেছেন— সর্বজনাব ডক্টর জাহাঙ্গীর তারেক, কাশীনাথ রায়, খোন্দকার আশরাফ হোসেন, ডক্টর রাজীব হুমায়ুন, এ.এম.এম. হামিদুর রহমান, শফি আহমদ, নূরুল হুদা, মুহম্মদ নূরুল হুদা ও আফজাল হোসেন— তাঁদের সম্মিলিত নিষ্ঠা ও পরিশ্রমের ফলেই একটি দুরূহ কাজ সম্পন্ন করা সম্ভব হয়েছে। তাঁদের প্রতিও আমি কৃতজ্ঞতা প্রকাশ করছি।

অভিধান প্রকাশের মুহূর্তে কৃতজ্ঞতার সঙ্গে এই প্রকল্পের সঙ্গে জড়িত বাংলা একাডেমীর তিনজন মহাপরিচালকের অবদান স্মরণ করছি। এর উদ্ভাবনা ও প্রবর্তনা করেন জনাব মনজুরে মওলা। এরপর, দুঃখভারাক্রান্ত মনে স্মরণ করছি প্রয়াত ডক্টর আবু হেনা মোস্তফা কামালকে। তাঁরই উদ্যোগে সংকলনের কাজ শুরু হয়েছিল। বর্তমান মহাপরিচালক প্রফেসর মোহাম্মদ হারুন-উর-রশিদের কাছে আমি ও আমরা বিশেষভাবে কৃতজ্ঞ। সাহস, বিশ্বাস ও অবিরাম তাড়া দিয়ে তিনি মুদ্রণ ও প্রকাশনার দুস্তর বাধা অতিক্রম করেছেন। একই সঙ্গে সংকলন উপবিভাগের দায়িত্বে নিয়োজিত, উপপরিচালক সেলিনা হোসেনের প্রতিও কৃতজ্ঞতা, সংকলন পর্বের সূচনা থেকে মুদ্রণ কর্মের শেষ পর্যন্ত যিনি আমার সঙ্গে অভিধান সংকলন ও প্রকাশনার সামগ্রিক দায়িত্ব ভাগ করে নিয়েছেন।

পরিশেষে নিবেদন, বর্তমান সংস্করণের ভুল-ত্রুটি-অসম্পূর্ণতা যাঁর সতর্ক দৃষ্টিতে যেভাবে ধরা পড়বে, অনুগ্রহপূর্বক জানিয়ে দিলে আমরা কৃতজ্ঞবোধ করবো ও তার সংশোধনে যত্নবান হবো।

জিল্লুর রহমান সিদ্দিকী

অভিধান ব্যবহারবিধি

এ অভিধান সমকালীন ইংরেজি ভাষার। বিলেতে শিক্ষিত ইংরেজ নরনারী তাঁদের মাতৃভাষা যেভাবে লেখেন এবং উচ্চারণ করেন, এ অভিধানে তারই সংক্ষিপ্ত পরিচয় বিধৃত হয়েছে। যে সমস্ত শব্দ এ অভিধানে স্থান পেয়েছে, তার বহুল ব্যবহার রয়েছে সমকালীন ইংরেজি সাহিত্যে, দৈনন্দিন জীবনের ও অফিস–আদালতের ব্যবহার্য ভাষায় এবং অনানুষ্ঠানিক চিঠিপত্রের আদান–প্রদানে।

শব্দের বানান, উচ্চারণ, ব্যাকরণসম্মত প্রয়োগ এবং অর্থ প্রতিটি ভুক্তিতে প্রদান করা হয়েছে। এ ছাড়া সমকালীন ভাষায় দৃষ্টান্ত–বাক্য দিয়ে এদের প্রয়োগও দেখানো হয়েছে। দুরূহ অর্থ, বানান কিংবা উচ্চারণে বিশেষ পথ–নির্দেশনাও রয়েছে।

একজন শিক্ষার্থী প্রধানত দুইভাবে এ অভিধান ব্যবহার করতে পারেন। প্রথমত, লিখিত বা কথ্য ইংরেজিতে তিনি প্রথমবারের মতো যে অজানা শব্দটির মুখোমুখি হবেন, সে শব্দটির অর্থ জানতে পারবেন এ অভিধান থেকে। দ্বিতীয়ত, শিক্ষার্থী নিজের ভাষা ব্যবহারেও তা প্রয়োগ করতে পারবেন অতি সহজেই। কেননা, তার জন্যে রয়েছে শব্দটির বানান, উচ্চারণ, ব্যাকরণসম্মত প্রয়োগ এবং ক্ষেত্রবিশেষে যে–প্রসঙ্গে এ শব্দগুলো সাধারণত ব্যবহৃত হয়, সে প্রসঙ্গের দৃষ্টান্ত–বাক্য। শিক্ষার্থী এ ব্যবহারবিধিটি নিবিষ্টচিত্তে অনুধাবন করলে ইংরেজি শব্দাবলীর অর্থ ও বৈশিষ্ট্যের যে সব দিক উন্মোচিত হয়েছে, সে সম্পর্কে সম্যক অবহিত হবেন।

১. শীর্ষ শব্দ / **head word**

যে সমস্ত শব্দের অর্থ এই অভিধানে প্রদান করা হয়েছে, সেগুলো বর্ণানুক্রমে সাজানো হয়েছে এবং বোল্ড টাইপে মুদ্রিত করা হয়েছে। এগুলোকে head word বা শীর্ষ শব্দ বলা হয়ে থাকে। একটি শীর্ষ শব্দের ব্যাখ্যা, অর্থ এবং ব্যবহার যেভাবে বিধৃত হয়েছে, তাকে ভুক্তি বলা হয়। কখনো কখনো দুই বা ততোধিক শীর্ষ শব্দের একই বানান লক্ষ করা যায়। এগুলোকে সংখ্যা দিয়ে চিহ্নিত করা হয়েছে। যেমন— mother^1, mother^2। এই মূল শব্দগুলোর বানানে এক হলেও অর্থ ভিন্ন কিংবা এরা পদ হিসেবে ভিন্ন। পড়ার সময়ে অনেক ক্ষেত্রে মূল শব্দটিকে তার মূল রূপে পাওয়া যায় না। যেমন— boxes, oxen, phenomena। এগুলো শব্দের বহুবচনের রূপ। এরূপ ক্ষেত্রে শব্দের এক বচনের রূপটির সন্ধান করতে হবে। বহুবচন যদি খুবই ভিন্নধর্মী হয়, তাহলে সেটির একটি ভিন্ন ভুক্তি হবে। যেমন— brethren। অনেক ক্ষেত্রে ক্রিয়াপদের অতীত (past) কিংবা পুরাঘটিত অতীত (past participle) রূপটি বিভ্রান্তির সৃষ্টি করতে পারে, যেমন— led, tore, hidden। এসব ক্ষেত্রে ক্রিয়াপদের infinitive রূপটির সন্ধান করতে হবে। এ অভিধানে এ ধরনের infinitive রূপ খুঁজে পাওয়ার ইঙ্গিত প্রায় ক্ষেত্রেই রয়েছে। যেমন— **tore**, tear–এর *pt*।

২. প্রত্যয়ান্ত শব্দ / **derivatives**

মূল শব্দের শেষে প্রত্যয়যোগে (—able, —ance, —ness, —ly, —ment ইত্যাদি) প্রত্যয়ান্ত শব্দ গঠিত হয়। এগুলি মূল শব্দের অনুরূপ বড়ো হরফে মুদ্রিত হয়েছে। কোনো কোনো ক্ষেত্রে মূল শব্দের জায়গায় ঢেউ ~ চিহ্নের পর প্রত্যয়–শব্দ যোগ করে শব্দগুলি মুদ্রিত হয়েছে, যথা : announcement হয়েছে **~ment**, announce ভুক্তির মধ্যে।

৩. যৌগশব্দ / **compound word**

যৌগশব্দগুলি (eg brain-fever, brain-storm, brain-wave) কখনো পৃথকভাবে, কখনো হাইফেন সহকারে, কখনো একশব্দ হিসেবে লিখিত হয়। এ–বিষয়ে কোনো নির্দিষ্ট নিয়ম নেই। এ শব্দগুলিও বড়ো হরফে মুদ্রিত।

৪. বাগ্ধারা / **idiom**

বিশিষ্টার্থক শব্দ, বাক্যাংশ বা সম্পূর্ণ বাক্যকে বাগ্ধারা/ বাগ্বৈশিষ্ট্য/ ইডিয়ম বলা হয়। এগুলি মোটা হরফে ভুক্তির শেষ দিকে, যৌগশব্দ ও প্রত্যয়ান্ত শব্দের পূর্বে মুদ্রিত হয়েছে।

৫. **উপসর্গ, প্রত্যয়, পদান্বয়ী অব্যয়যুক্ত ক্রিয়াপদ/ verb with a particle or a preposition**

এ সকল ক্রিয়াযুক্ত বাক্যাংশ/পদসমষ্টি ক্রিয়াবাচক মূল শব্দটির ভুক্তিতে, শেষদিকে, বর্ণানুক্রমে সন্নিবিষ্ট হয়েছে।

৬. **সংজ্ঞা নির্দেশক সংখ্যা/definition numbers**

কোনো কোনো ভুক্তিকে ১, ২, ৩ ইত্যাদি সংখ্যা দিয়ে ভাগ করা হয়েছে। এর দ্বারা, গুরুত্বের ক্রমানুযায়ী, ঐ বিশেষ শব্দটির বিভিন্ন অর্থ ও প্রয়োগ নির্দেশিত হয়েছে।

৭. **বাক্স, ঢেউ চিহ্ন ও লঘু-বন্ধনী : ❑, ~, ( )**

কিছু মূল শব্দ আছে যা একাধিক পদভুক্ত—বিশেষ্য, বিশেষণ, ক্রিয়া ইত্যাদি। একই ভুক্তির মধ্যে পদ-বৈষম্য অনুযায়ী শব্দটিকে পৃথককরণের জন্য ব্যবহৃত হয়েছে বাক্স — ❑.

একই ভুক্তির মধ্যে মূল শব্দের সঙ্গে অন্য শব্দ বা প্রত্যয়যোগে উদ্ভূত শব্দের বারংবার ব্যবহার এড়ানোর জন্য মূল শব্দের জায়গায় ব্যবহৃত হয়েছে ঢেউ চিহ্ন/ tilde/ ~.

লঘু বন্ধনী ( ) ব্যবহৃত হয়েছে যেক্ষেত্রে কিছু শব্দকে মূল বাক্য বা বাক্যাংশ থেকে পৃথক করা হয়েছে। এই বন্ধনীভুক্ত শব্দগুলির ব্যবহার করা না করা ব্যবহারকারীর ইচ্ছাধীন।

৮. অভিধানের শেষাংশে সাতটি পরিশিষ্ট ভাষা শিক্ষার্থী ও জ্ঞানান্বেষীর প্রয়োজনের প্রতি দৃষ্টি রেখে সন্নিবিষ্ট হলো। পরিশিষ্টগুলির ক্রমবিন্যাস এই রূপ : পরিশিষ্ট ১ Irregular Verbs; পরিশিষ্ট ২ Common Abbreviations; পরিশিষ্ট ৩ Affixes (prefixes and suffixes); পরিশিষ্ট ৪ Numerical Expressions; পরিশিষ্ট ৫ Weights and Measures; পরিশিষ্ট ৬ Punctuation; এবং পরিশিষ্ট ৭ Chemical Elements.

৯. **উচ্চারণ**

ইংরেজি শব্দের বানান অনেক ক্ষেত্রেই উচ্চারণ নির্দেশ করে না, অর্থাৎ phonetic নয়। এজন্য প্রতিটি ভুক্তির সঙ্গে বিশেষ বানান দেওয়া হয়েছে, যা আন্তর্জাতিক ধ্বনি-বর্ণমালার (international phonetic alphabet) সহায়তায় তৈরি। প্রচলিত উচ্চারণ অভিধানগুলির মধ্যে সর্বাধিক পরিচিত ও সমাদৃত English Pronouncing Dictionary (Dent, latest edition), ed. A. C. Gimson যে ভাবে শব্দের উচ্চারণ নির্দেশ করেছে, বর্তমান অভিধানেও সেই নিয়ম অনুসৃত হয়েছে।

ইংরেজিতে দুই বা ততোধিক শব্দাংশ/syllable সম্বলিত শব্দে একটি শব্দাংশের উপর শ্বাসাঘাত পড়ে। কখনো কখনো আরও একটি শব্দাংশও মৃদু শ্বাসাঘাতসহ উচ্চারিত হয়। শ্বাসাঘাত বিশিষ্ট শব্দাংশের মাথায় /ˈ/ চিহ্ন, ও মৃদু শ্বাসাঘাত বিশিষ্ট শব্দাংশের নীচে /ˌ/ চিহ্ন দিয়ে উচ্চারণের এই দিকে দৃষ্টি আকর্ষণ করা হয়েছে।

যে-ক্ষেত্রে আমেরিকান উচ্চারণ ব্রিটিশ উচ্চারণ থেকে ভিন্ন, সেক্ষেত্রে এই ভিন্নতা /US/ প্রতীকসহ উল্লেখ পেয়েছে।

ব্রিটিশ উচ্চারণে লিখিত শব্দের শেষে r বা re অনুচ্চারিত থাকে। উচ্চারণ নির্দেশে সেজন্য অনুচ্চারিত অক্ষর/অক্ষরদ্বয় লঘুবন্ধনীভুক্ত। আমেরিকান উচ্চারণে r বা re উচ্চারিত হয়। যেহেতু এই নিয়মের ব্যতিক্রম নেই সেজন্য এই পার্থক্য উচ্চারণ নির্দেশে দেখানো হয়নি। নিয়মটি মনে রাখলেই হবে। উচ্চারণ সম্পর্কে বিস্তারিত জানতে আগ্রহী পাঠকদের জন্য 'উচ্চারণ ও প্রতিবর্ণীকরণ' অংশ দ্রষ্টব্য।

১০. **ফরাসি শব্দের উচ্চারণ**

ইংরেজি ভাষায় আত্তীকৃত ফরাসি শব্দগুলির ব্রিটিশ উচ্চারণ দেওয়া হয়েছে, ফরাসি উচ্চারণ নয়।

উচ্চারণ ও প্রতিবর্ণীকরণ

১. ইংরেজি উচ্চারণ সম্পর্কে জ্ঞাতব্য :

ধ্বনিতাত্ত্বিক বিচারে ইংরেজি ভাষায় ২০টি স্বরধ্বনি এবং ২৪টি ব্যঞ্জনধ্বনি রয়েছে। একজন শিক্ষিত ইংরেজের বাচনে এই ৪৪টি ধ্বনি শোনা যায়। (এখানে ৪৪টি ধ্বনিকে মূলধ্বনি (phoneme) হিসাবে বিবেচনা করা হচ্ছে, যদিও সূক্ষ্ম ধ্বনিতাত্ত্বিক বিচারে এদের প্রত্যেকেরই একাধিক সহধ্বনি (allophone) রয়েছে।) পাঠক স্মরণ রাখবেন যে, ইংরেজি ৪৪টি ধ্বনিকে ইংরেজির লেখ্যরূপের তথা ইংরেজি বর্ণমালার ২৬টি বর্ণের সাথে গুলিয়ে ফেলা চলবে না। বর্ণ বা Letter লিখন পদ্ধতির অংশ, প্রতীকচিহ্ন মাত্র।

উপরোক্ত ২০টি স্বরধ্বনির প্রত্যেকটির নিজস্ব গুণ এবং পরিমাণ (quality এবং quantity) রয়েছে। অন্যদিকে আমাদের মাতৃভাষা বাংলায় রয়েছে মাত্র ৭টি স্বরধ্বনি (ই, এ, অ্যা, আ, অ, ও, উ)। অবশ্য নাসিক্যতা (বানানে ँ) যোগ করে আরো ৭টি স্বরধ্বনি সৃজন করা হয়ে থাকে। বাংলাভাষীরা যেহেতু মূলত ৭টি স্বরধ্বনি উচ্চারণে অভ্যস্ত, ইংরেজি ভাষার ২০টি স্বরধ্বনি (তালিকা দ্র.) আয়ত্ত করা এবং সঠিক ধ্বনিপরিমাণ ও ধ্বনিগুণসহ উচ্চারণ করা তাদের পক্ষে প্রায়শ কষ্টকর। ইংরেজি ভাষায় এমন অনেক স্বরধ্বনি রয়েছে যার তুল্য স্বরধ্বনি বাংলায় নেই, এবং বাংলার অনেক স্বরধ্বনি ইংরেজির তুলনীয় স্বরধ্বনির কাছাকাছি হলেও পরিমাণে ও গুণে আলাদা।

প্রতিবর্ণীকরণে আমরা যেহেতু বাংলা বর্ণমালা ব্যবহার করেছি, সেহেতু প্রতিটি প্রতিবর্ণের ও সংশ্লিষ্ট ইংরেজি ধ্বনির গুণ ও পরিমাণের বৈশিষ্ট্য যথাসম্ভব ব্যাখ্যা করা দরকার।

স্বরধ্বনিসমূহ

ই, ঈ [I, i:]

একটি ব্যাপার লক্ষণীয় যে, বাংলা ভাষায় স্বরধ্বনির দৈর্ঘ্য একটি পরিহার্য বিষয় (redundant feature)। উদাহরণত, বাংলা লিপিতে ঈ ও ই দুইটি বর্ণ থাকলেও উচ্চারণে মূলত একটি ধ্বনিই রয়েছে, সেটি ই। কেউ যদি 'দীর্ঘ' শব্দটিকে দীর্ঘ ঈ দিয়ে উচ্চারণ করেন বা হ্রস্ব ই দিয়ে উচ্চারণ করেন তাতে শব্দটির অর্থের কোনো তারতম্য হয় না। কিন্তু ইংরেজিতে ই এবং ঈ দুটো ধ্বনির পার্থক্য একটি জরুরি বিষয় (distinctive feature)। sit এবং seat শব্দ দুটির প্রথমটিতে রয়েছে ই ধ্বনি (আন্তর্জাতিক ধ্বনিলিপিতে /I/) এবং দ্বিতীয়টিতে রয়েছে ঈ ধ্বনি (আন্তর্জাতিক ধ্বনিলিপিতে /i:/)। আমরা বর্তমান অভিধানে এই পার্থক্যকে চিহ্নিত করার জন্য ই এবং ঈ বাংলা বর্ণদ্বয়কে ব্যবহার করেছি। দ্বিতীয়টির উচ্চারণ প্রথমটির চেয়ে দীর্ঘ করতে হবে।

উ, ঊ [u, u:]

একই রকম ঘটনা দেখা যাবে good এবং food শব্দ দুটিতে। বানানে মিল থাকলেও দুটো শব্দের স্বরধ্বনি পৃথক : প্রথম শব্দে উ (/u/) এবং দ্বিতীয়টিতে ঊ (/u:/) (বাংলা বর্ণমালার উ এবং ঊ পৃথক বর্ণ থাকলেও উচ্চারণে রয়েছে কেবল উ ধ্বনিটি) সুতরাং পাঠক ইংরেজি উচ্চারণের সময় ঊ দ্বারা প্রতিবর্ণীকৃত শব্দের বেলায় দীর্ঘ ঊ উচ্চারণ করবেন।

আ, আ: [^, a:]

ইংরেজি cut এবং cart শব্দ দুটির মধ্যে দুটি ভিন্ন স্বরধ্বনি রয়েছে। প্রথমটিতে হ্রস্ব-আ এবং দ্বিতীয়টি দীর্ঘ-আ। বাংলাতে 'স্বরে-আ' মাঝারি দৈর্ঘ্যসম্পন্ন একটি স্বরধ্বনি। হ্রস্ব আ বলে কিছু নেই। কিন্তু ইংরেজি উচ্চারণের বেলায় পাঠককে হ্রস্বতা ও দৈর্ঘ্যের ব্যাপারটিকে আয়ত্ত করতে হবে। প্রতিবর্ণীকরণে আমরা হ্রস্ব আ (আন্তর্জাতিক ধ্বনিলিপিতে /^/) কে আ-দ্বারা এবং দীর্ঘ আ (a:) –কে আ: দ্বারা চিহ্নিত করেছি। যেমন, cut কাট্; cart কা:ট্

অ, ও° [ɒ,]

ইংরেজি 'o' বর্ণটির উচ্চারণ বিভিন্ন শব্দে বিভিন্ন রকম হয়ে থাকে। এদের মধ্যে দুটো উচ্চারণরূপ দেখা যাবে shot এবং short শব্দ দুটোর ক্ষেত্রে। প্রথমটিতে রয়েছে অ ধ্বনি, দ্বিতীয়টিতে রয়েছে বাংলা 'ও' ধ্বনির কাছাকাছি একটি স্বরধ্বনি। প্রথম ক্ষেত্রে প্রতিবর্ণ 'অ' ব্যবহৃত হয়েছে (সিলেবল আরম্ভে)। (সিলেবল-মধ্যে কোনো চিহ্ন ব্যবহৃত হয়নি।) যেমন, shot [শট্] কিন্তু on [অন্]।

short, court, four প্রভৃতি শব্দের ভিতর যে 'ও' ধ্বনিটি তা বাংলা 'ও' ধ্বনির চেয়ে বিবৃত এবং কিছুটা দীর্ঘতর। এজন্য প্রতিবর্ণীকরণে এর বৈশিষ্ট্যকে চিহ্নিত করার জন্য আমরা একটি বাড়তি উত্তোলিত ফুটকি (raised dot) ব্যবহার করেছি। যথা, tall, all, board শব্দ তিনটিকে লেখা হয়েছে [টো°ল্], [ও°ল্], [বো°ড্]। পাঠক লক্ষ করুন, tall শব্দটিকে 'টল্' উচ্চারণ করা চলবে না, কেননা তার ভিতরের স্বরধ্বনিটি অ নয়।

আ, আ [ə, 3:]

সবচেয়ে সমস্যা হচ্ছে এই দুটো স্বরধ্বনি নিয়ে। বাংলাতে এ ধরনের ধ্বনি নেই। প্রথমটি পাওয়া যাবে about শব্দের আদিতে এবং mother শব্দের অন্তে। (r-এর উচ্চারণ হবে না এখানে) আমরা আগে যে হ্রস্ব এবং দীর্ঘ দুই রকমের 'আ' দেখেছি তার সাথে আরেকটি 'আ' যোগ করা যাক, তবে এর চরিত্র পূর্বোক্তদের চেয়ে অনেক আলাদা। এটি ইংরেজি ভাষার হ্রস্বতম স্বরধ্বনি এবং পূর্বোক্তদের মতো পশ্চাৎ (back) স্বর নয়, বরং কেন্দ্রীয় (central)। আমরা ছোট টাইপের আ দিয়ে একে চিহ্নিত করেছি। ব্যঞ্জনধ্বনির পরে একে r-এর ক্ষুদ্ররূপ দিয়ে চিহ্নিত করা হয়েছে। (এই ধ্বনিটিকে শুনে আয়ত্ত করা ছাড়া গত্যন্তর নেই।) উদাহরণত, America শব্দটির উচ্চারণের প্রতিবর্ণীকৃতরূপ [আমেরিকা]। প্রসঙ্গক্রমে বলি, যে syllable-এ এই ধ্বনিটি থাকে সেই syllable-এ কখনো জোর (stress) পড়ে না।

দ্বিতীয় ধ্বনিটি একটি দীর্ঘ স্বরধ্বনি। আমরা এখন চার নম্বর আ-এর সাক্ষাৎ পাবো। এটি হলো ৩নং আ অর্থাৎ আ-এর দীর্ঘরূপ। এটিও আ/ এর মতোই কেন্দ্রীয় স্বর। shirt, bird, nurse প্রভৃতি শব্দে এই ধ্বনিটি রয়েছে। প্রতিবর্ণীকৃত রূপ -[শাট্, বাড্, নাস্] পাঠক লক্ষ করুন, র বা রেফ নেই, কেননা r-এর উচ্চারণ vowel এর পর লুপ্ত হয়ে যায়।

এ, অ্যা [e, æ]

এ-দুটোই মাঝারি দৈর্ঘ্যসম্পন্ন স্বরধ্বনি। প্রথমটি (যেমন bed শব্দে) বাংলা 'এ' বা 'ে'-কার-এর চেয়ে কিছুটা বিবৃত। উদাহরণত, bed শব্দটি [বেড্] হিসাবে প্রতিবর্ণীকরণ করা হয়েছে। তবে পাঠক মনে রাখবেন যে, ইংরেজি 'এ' ধ্বনিটি (/e/) উচ্চারণের সময়ে বাংলা 'এ' এর উচ্চারণের তুলনায় তাঁর চোয়াল একটু বেশি ঝুলবে।

অ্যা (/æ/) স্বরধ্বনিটি রয়েছে bad, fan কিংবা hat, ইত্যাদি শব্দে। বাংলা ভাষায় এর তুল্য স্বরধ্বনিটি হল 'অ্যা', যেমন— দ্যাখা, একা (অ্যাকা), যেন (য্যানো) ইত্যাদি শব্দে।

দ্বি-স্বর বা দ্বৈতস্বর (diphthongs) :

ইংরেজি ভাষায় মোট ৮টি দ্বি-স্বর রয়েছে। এগুলোর বাংলা প্রতিবর্ণীকরণ করা হয়েছে এই, ওউ, আই, আউ, অয়, ইঅ, এঅ এবং উঅ রূপে। (তালিকা দ্র.) লক্ষণীয় যে, প্রতিটি দ্বিস্বরের ক্ষেত্রে দুটো বর্ণ ব্যবহার করা হয়েছে, কেননা এরা প্রত্যেকে দুটো স্বরধ্বনির যোগফল। দ্বিতীয় বর্ণটি ছোট আকারের, এর-কারণ হলো, দ্বি-স্বরের ক্ষেত্রে দ্বিতীয় উপাদানটি প্রথমটির তুলনায় অনেক হ্রস্ব হয়ে থাকে। পাঠক দ্বি-স্বরের দ্বিতীয় উপাদানটি হালকাভাবে উচ্চারণ করবেন।

উদাহরণ :

lady লেইডি, কিন্তু লেইডি নয়। (অর্থাৎ দ্বিতীয় উপাদান(ই)টি প্রাধান্য পাবে না বরং খুব হাল্কাভাবে উচ্চারিত হবে। একই কথা অন্য সবগুলো দ্বি-স্বর সম্পর্কে প্রযোজ্য।

উদাহরণ :

town টাউন, টাউন নয়; dear ডিঅ, ডিআ নয় ইত্যাদি।

প্রসঙ্গত উল্লেখ্য, দ্বি-স্বরগুলো প্রলম্বিত ধ্বনি (continuant ও glide) সুতরাং এদের দুটো উপাদানকে আলাদাভাবে উচ্চারণ না করে প্রথমটি থেকে সাবলীলভাবে দ্বিতীয়টিতে যেতে হবে। তাই যদিও প্রতিবর্ণীকরণে ডিঅ লেখা হয়েছে, এর উচ্চারণ হবে অনেকটা 'ডিয়া'র মতো।

ব্যঞ্জন ধ্বনিসমূহ

ইংরেজি ভাষায় ব্যঞ্জন মূলধ্বনির (phoneme) সংখ্যা ২৪। এদের প্রায় অনেকগুলোই বাংলা ভাষার ব্যঞ্জনধ্বনির মতোই। যেমন, প, ব, ক, গ, হ্, ল, ম, ন, ঙ। আবার কিছু কিছু ইংরেজি ব্যঞ্জনধ্বনি আপাতদৃষ্টিতে বাংলার মতো মনে হলেও উচ্চারণগত দিক থেকে পৃথক।

ফ় ও ভ় [f, v]

আমরা এদের প্রতিবর্ণীকরণে ফুটকি ব্যবহার করেছি বাংলা ফ ও ভ এর সাথে এদের পার্থক্য বোঝানোর জন্য। বাংলা ফ ও ভ উভয়ৌষ্ঠ্য ধ্বনি (bilabial), অর্থাৎ দুই ঠোঁট দিয়ে বর্হিগামী বায়ুপ্রবাহকে বন্ধ করে স্ফোটন (plosion) এর সৃষ্টি করে এদের উচ্চারণ করা হয়। বাতাস ক্ষণিকের জন্য বদ্ধ ঠোঁটের পিছনে আটকে যায় এবং ঠোঁট খোলার সাথে সাথে আওয়াজ করে বেরিয়ে যায়। কিন্তু ইংরেজি f ও v উভয়ৌষ্ঠ্য নয়, দন্তৌষ্ঠ্য। অর্থাৎ দুই ঠোঁট দিয়ে বাতাসকে পুরোপুরি বন্ধ করা হয় না। নীচের ঠোঁট উপরের দাঁতকে আলতোভাবে স্পর্শ করে থাকে এবং ঘর্ষণ ধ্বনি সৃষ্টি করে বাতাস বেরিয়ে যায়। পাঠক বাংলা ফ ও ইংরেজি f, বাংলা ভ ও ইংরেজি v এর ব্যবধান সযত্নে রক্ষা করবেন, আশা করি।

থ় ও দ় [θ ও δ] (ইংরেজি বানানে th-এর উচ্চারণ)

think, thank, thirty প্রভৃতি শব্দের প্রথমে রয়েছে থ় ব্যঞ্জন ধ্বনি (/θ/) এই ধ্বনিটি উচ্চারণের সময় জিহ্বা ডগা আলতোভাবে দাঁতের দুই পাটির মাঝখানটা স্পর্শ করবে। there, these প্রভৃতি শব্দের দ় /δ/ধ্বনিটিও অনুরূপভাবে উচ্চারিত। আমরা বাংলা বর্ণ 'থ' ও 'দ' কেই প্রতিবর্ণীকরণে ব্যবহার করেছি, যদিও বাংলার বেলায় থ ও দ দন্ত্যধ্বনি নয়, অর্থাৎ জিহ্বার ডগা দাঁতের ২ পাটির মাঝখানে স্পর্শ করে না। বরং এরা বাংলায় দন্তমূলীয় ধ্বনি। অর্থাৎ জিহ্বার অগ্রভাগ (blade) উপরের পাটির ভিতরের মাড়ি বা দন্তমূলকে স্পর্শ করে। এই দন্তমূলীয়তাকে স্পষ্ট করার জন্যে থ ও দ এর নীচে একটি ফুটকি যুক্ত করা হয়েছে (যথা থ়, দ়)।

পাঠক ইংরেজি th–এর উচ্চারণ (প্রতিবর্ণীকরণে থ় অথবা দ়) দন্ত্য হিসাবে করবেন, দন্তমূলীয় হিসাবে নয়। উপরন্তু ইংরেজি থ় ও দ় (/θ/ ও δ/) ঘর্ষণজাত ধ্বনি, বাংলার মতো স্পর্শধ্বনি বা plosive নয়।

জ, জ়, জ্ঝ [dʒ/,z,/ʒ]

বাংলা বর্ণমালায় জ ও য দুটো বর্ণ থাকলেও দুটোর উচ্চারণই বর্গীয় জ–এর উচ্চারণ। 'জামা' আর 'যাবো' শব্দ দুটির প্রারম্ভেই রয়েছে একই ধ্বনি। ইংরেজিতে Jew, zoo এবং usual শব্দ তিনটির মধ্যে তিনটি পৃথক ব্যঞ্জনধ্বনি রয়েছে যেগুলো বাংলাভাষীদের উচ্চারণে প্রায়শ বিভ্রাট ঘটায়। Jew এবং zoo শব্দ দুটি অনেকে একইভাবে উচ্চারণ করেন 'জূ' বলে, বর্গীয় 'জ' এর উচ্চারণে। কিন্তু দুটি শব্দের প্রারম্ভিক ব্যঞ্জনধ্বনি আলাদা। পাঠক Mujib ও Zia শব্দের মধ্যে দুই রকম ব্যঞ্জন ধ্বনির সন্ধান পাবেন। প্রথমটিতে আরবি ج এবং দ্বিতীয়টিতে আরবি ز রয়েছে। তুলনীয়ভাবে ইংরেজি ভাষায় রয়েছে dʒ এবং z। / বানানে g, j থাকলে প্রথমটি উচ্চারিত হয় অনেকটা বাংলা বর্গীয় জ–এর মতোই। বানানে z থাকলে (সাধারণত) উচ্চারণ হয় আরবি ز এর মতো। অভিধানে আমরা g, j এর উচ্চারণ (/dʒ/) জ দিয়ে এবং z এর উচ্চারণ ফুটকি যুক্ত জ় দিয়ে দেখিয়েছি। প্রসঙ্গত, বাংলা আঞ্চলিক উচ্চারণে z-এর মতো উচ্চারণ, হামেশা শোনা যায়, যেমন 'বাজান কই যান' উচ্চারিত হয় এ রকম— 'বা–Z-ান কই Z-ান'। pleasure বা usual শব্দের মধ্যে রয়েছে আরেক ধরনের উষ্ম ব্যঞ্জনধ্বনি। বাংলায় এর তুলনীয় কোনো ধ্বনি নেই। এই ধ্বনিটি /ʒ/ কে প্রতিবর্ণীকৃত করা হয়েছে ডবল ফুটকিযুক্ত জ্ঝ দিয়ে।

প, ট, ক [p, t, k] এবং মহাপ্রাণতা

ইংরেজি শব্দের শ্বাসাঘাতযুক্ত সিলেব্‌লের প্রথমে /p, t, k/ থাকলে (অন্যত্র নয়) এরা কিঞ্চিৎ মহাপ্রাণতা লাভ করে, অর্থাৎ এদের উচ্চারণের সময় একটু বেশি পরিমাণ বাতাস মুখ দিয়ে বেরিয়ে যায়। ফলে p এর উচ্চারণ হয় ph (ফ) এর কাছাকাছি, t এর উচ্চারণ হয় th (ঠ) এর কাছাকাছি এবং k এর উচ্চারণ হয় kh (খ) এর কাছাকাছি।

উদাহরণ :

pen	[phen]
ten	[then]
cat	[khæt]

শব্দসংক্ষেপ

ABBREVIATIONS

abbr	abbreviation
adj, adjj	adjective(s)
adv, advv	adverb(s)
adv part	adverbial particle
affirm	affirmative(ly)
anom fin	anomalous finite
attrib	attributive(ly)
aux	auxiliary
[C]	countable noun
collect	collective(ly)
comp	comparative
conj	conjunction
def art	definite article
demonstr	demonstrative
e g	for example
etc	and the others
fem	feminine
GB	British/Britain
i e	which is to say
illus	illustration
imper	imperative
impers	impersonal
indef art	indefinite article
inf	infinitive
int	interjection
interr	interrogative
intrans	intransitive
masc	masculine
n, nn	noun(s)
neg	negative(ly)
	proprietary name
part adj	participial adjective
pers	person
pers pron	personal pronoun
phr	phrase
pl	plural
poss	possessive
pp	past participle
pred	predicative(ly)
pref	prefix
prep	preposition(al)

pres p	present participle
pres t	present tense
pron	pronoun
pt	past tense
RC	Roman Catholic
reflex	reflexive
rel	relative
s b	somebody
sing	singular
sth	something
suff	suffix
superl	superlative
trans	transitive
[U]	uncountable noun
US	America(n)
v, vv	verb(s)
vi	verb intransitive
vt	verb transitive
অনানুষ্ঠা.	অনানুষ্ঠানিক
অপ.	অপশব্দ
অপক.	অপকর্ষসূচক
অর্থ-ব্যব.	অর্থ ব্যবস্থাপনাবিদ্যা
আইন.	আইন সম্বন্ধীয়
আক্ষ.	আক্ষরিক অর্থ
আল.	আলঙ্কারিক অর্থ
আনুষ্ঠা.	আনুষ্ঠানিক
আধু. প্র.	আধুনিক প্রয়োগ
আব.	আবহবিদ্যা
আবেগ.	আবেগাত্মক
আলোক.	আলোকচিত্র
ইতা.	ইতালীয়
ইতি.	ইতিহাস
উদ্ভিদ	উদ্ভিদবিদ্যা
উপভা.	উপভাষা
কম্পি.	কম্পিউটার
কৌতুক.	কৌতুকাত্মক
গির্জা.	গির্জাসম্বন্ধীয়
গুরু.	গুরুত্ববোধক
গ্রি.	গ্রিক
চল.	চলচ্চিত্র
চিকি.	চিকিৎসাশাস্ত্র
জ.	জর্মন
জীব.	জীববিদ্যা
জ্যা.	জ্যামিতি

জ্যোতি.	জ্যোতির্বিদ্যা
তুচ্ছ	তুচ্ছার্থে
তুল.	তুলনীয়
ত্রিকোণ.	ত্রিকোণমিতি
দৃ.	দৃষ্টান্তস্বরূপ
দ্র.	দ্রষ্টব্য
ধ্বনি.	ধ্বনিবিজ্ঞান
নৌ.	নৌচালনবিদ্যা
পদার্থ.	পদার্থবিদ্যা
পাটি.	পাটিগণিত
পু.	পুরুষ
পুরা.	পুরাতনী
প্যাথ.	প্যাথোলজি
প্র.	প্রভৃতি
প্রকৌ.	প্রকৌশল
প্রা. প্র.	প্রাচীন প্রয়োগ
প্রাণী	প্রাণিবিদ্যা
ফ.	ফরাসি
ফুট.	ফুটনোট
বল.	বলবিদ্যা
বাই.	বাইবেলি
বিপ.	বিপরীত
বীজ.	বীজগণিত
বেতার.	বেতার-বার্তা
ব্যব.	ব্যবচ্ছেদবিদ্যা
ব্যাক.	ব্যাকরণ
ভাষা.	ভাষাবিজ্ঞান
ভূ.	ভূতত্ত্ব
মনো.	মনোবিজ্ঞান
রস.	রসায়ন
রাজ.	রাজনীতি
লা.	লাতিন
লাক্ষ.	লাক্ষণিক
শারীর.	শারীরবিদ্যা
সং.	সংক্ষেপ
সাং.	সাংবাদিকতা
সাধা.	সাধারণত
সাম.	সামরিক
সাহিত্য.	সাহিত্যিক
সুভা.	সুভাষণরীতি
স্কট.	স্কটল্যান্ডীয়
হাস্য.	হাস্যরসাত্মক
হি.র.	হিসাবরক্ষণ
হিস্পা.	স্পেনীয়

আমরা প্রতিবর্ণীকরণে এই মহাপ্রাণতার ব্যাপারটি দেখাইনি। প, ট, ও ক সর্বত্র একইরূপে ব্যবহৃত হয়েছে। কিন্তু পাঠক এ ব্যাপারটি স্মরণে রাখবেন আশা করি। শ্বাসঘাতযুক্ত সিলেব্‌লের প্রথমে ছাড়া শব্দ বা সিলেব্‌লের অন্যত্র অবশ্য এরা বাংলা প, ট, ক এর থেকে অভিন্ন। তবে /t/ এর ব্যাপারটি একটু ভিন্ন। যারা সূক্ষ্মতা আশা করেন, তারা লক্ষ করবেন যে, বাংলা 'ট' এবং ইংরেজি 't' এর উচ্চারণে পার্থক্য রয়েছে। বাংলা 'ট' মূর্ধন্য বর্গীয়, এর উচ্চারণ স্থান মূর্ধা এবং উচ্চারণ রীতির দিক থেকে একে বলা যায় 'প্রতিবেষ্টিত' (retroflex), অর্থাৎ এর উচ্চারণে জিহ্বার ডগা কিঞ্চিৎ বাঁকা হয়ে মূর্ধার দিকে উঠে যায়। ইংরেজি 't' বিশুদ্ধ দন্তমূলীয় (অর্থাৎ জিহ্বাগ্রভাগ দন্তমূলকে স্পর্শ করে)।

২. শ্বাসাঘাত (stress)

উচ্চারণের প্রতিবর্ণীকরণে প্রধান শ্বাসাঘাতকে (primary stress) দেখানো হয়েছে উত্তোলিত তিলকচিহ্নের মাধ্যমে। যে সিলেব্‌লটি শ্বাসাঘাতযুক্ত সেই সিলেব্‌লের শুরুতে এই চিহ্ন রয়েছে। যেমন, অ্যা'কাউন্‌টান্ট্‌ (ac·count·ant)। একটি দীর্ঘ শব্দে একাধিক শ্বাসাঘাতযুক্ত সিলেব্‌ল থাকতে পারে। অ-প্রধান জোরটি (secondary stress) আমরা চিহ্নিত করেছি অবনমিত তিলক চিহ্নের সাহায্যে। যেমন, অ্যা,কমা'ডেশন্‌ (ac·com·mo·da·tion)। শ্বাসাঘাতযুক্ত সিলেব্‌লটি অন্য সিলেব্‌লের চেয়ে বেশি আওয়াজ, দৈর্ঘ্য ও স্বরোচ্চতা পেয়ে থাকে ('longer in time, higher in loudness and pitch')।

৩. ব্রিটিশ ও আমেরিকান উচ্চারণের পার্থক্য

ব্রিটিশ এবং আমেরিকান উচ্চারণ ইংরেজি ভাষার দুই প্রধান, পরস্পর বিনিময়যোগ্য এবং সর্বজনগ্রাহ্য উচ্চারণ-মডেল। এই দুটো মডেলের পার্থক্য সাধারণভাবে যতটা বেশি ভাবা হয় ততটা বেশি নয়। কেবলমাত্র গুটিকয়েক পার্থক্য রয়েছে ব্রিটিশ এবং আমেরিকার উচ্চারণের মধ্যে। একটি প্রধান পার্থক্য হলো r-এর উচ্চারণ। ব্রিটিশ উচ্চারণে vowel sound-এর পরের r উচ্চারিত হয় না। (যদিও শব্দ শেষের r কখনো কখনো উচ্চারিত হয়।) তাই car এর ব্রিটিশ উচ্চারণ [কা:]। দুই vowel sound এর মধ্যবর্তী r উচ্চারিত হয়। যেমন — parents ['প্যার্যান্‌ট্‌স্‌]। কিন্তু আমেরিকান উচ্চারণে সর্বত্র r-এর উচ্চারণ হয়। আমেরিকান r ব্যঞ্জন ধ্বনিও ব্রিটিশ r থেকে আলাদা। আমেরিকান r একটি 'জিহ্বা তালুর দিকে বাঁকিয়ে নিয়ে উচ্চারিত অর্থাৎ প্রতিবেষ্টিত (retroflex) ধ্বনি। এছাড়া আরো কিছু কিছু পার্থক্য রয়েছে। প্রতিবর্ণীকরণে আমরা মূলত ব্রিটিশ উচ্চারণ অনুসরণ করলেও যেখানে আমেরিকান উচ্চারণে পার্থক্য রয়েছে সেখানে US এই সূচকসহ মার্কিন রূপটিও দেখানো হয়েছে। যেমন past [পা:স্ট্‌ US: প্যাস্ট্‌]।

Bangla Academy English-Bengali Dictionary

A a

A, a[1] [এই] (*pl* A's [এইজ়]) ইংরেজি বর্ণমালার প্রথম বর্ণ: A to Z, আদি থেকে অন্ত পর্যন্ত। (সঙ্গীত) C স্কেলের ষষ্ঠ সুর। **A1** [এই 'ওয়ান] (ক) (জাহাজ সম্বন্ধে) প্রথম শ্রেণী বলে শ্রেণীভুক্ত; সর্বোৎকৃষ্ট। (খ) (কথ্য) চমৎকার; উত্তম: feeling A1, চমৎকার লাগছে।

a[2] [অ; জোরালো রূপ: এই], an [অন্; জোরালো রূপ অ্যান্] *indef art* ১ একটি; অনির্দিষ্ট একটি; জনৈক: a knife, a book. ২ (**a** + সংখ্যা বা গুণবাচক *adj* বা pron প্যাটার্নে ব্যবহৃত): a little time; a lot of books. ৩ (সম্বন্ধপদের সঙ্গে): a friend of Jim's, জিমের জনৈক বন্ধু। ৪ **(many/ such/ what + a** প্যাটার্নে ব্যবহৃত): Many a woman would be glad to marry him. ৫ **(half + a+** *n* প্যাটার্নে ব্যবহৃত): half a dozen; half an hour. ৬ **(as/ how/ so/ too +** *adj* **+ a** প্যাটার্নে ব্যবহৃত): He is not as clever a boy as he pretends. ৭ যে কোনো; প্রতিটি (বাংলায় অনূদিত হয় না): A dove is a bird. তুল. Doves are birds. ৮ (দুটি বস্তু যখন স্বাভাবিকভাবে একসঙ্গে থাকে এবং দুয়ে মিলে একটি একক হিসাবে অনুভূত হয়, তখন *indef art* –এর পুনরাবৃত্তি হয় না): a knife and fork. ৯ জনৈক: A Mr Hill is waiting for you. ১০ –এর তুল্য: Do you think you are a David? ১১ **of/ at a** (কোনো কোনো বাক্যাংশে) একই: He took them two at a time. **Birds of a feather flock together** (প্রবাদ) একই প্রকৃতির লোকেরা একসঙ্গে থাকতে ভালোবাসে; চোরে চোরে মাসতুতো ভাই। ১২ (বন্টনসূচক ব্যবহার): three times a day, দিনে তিন বার; ten kilometres an hour.

aback [অ'ব্যাক] *adv* পিছন দিকে; পশ্চাদ্দিকে। **be taken aback** হঠাৎ চমকে বা ভয় পেয়ে পশ্চাৎপদ হওয়া; হতচকিত হওয়া; চমকে ওঠা।

aba·cus ['অ্যাবাকস্] (*pl* **-cuses** [-কাসিজ়] বা **-ci** ['অ্যাবাসাই]) *n* ১ গণনাকার্যে ব্যবহারের জন্য আড়াআড়ি তারে ছোট্ট গোলক বা পুঁতি–লাগানো চারকোনা কাঠের কাঠামো; প্রাচ্যদেশে এখনো প্রচলিত আদি গণনাযন্ত্র। ২ কোনো স্তম্ভের শীর্ষে শিলামূর্তি অথবা অন্য কোনো শিল্পকর্ম স্থাপনের জন্য পীঠিকাবিশেষ।

abaft [অ'বা:ফ্‌ট্ US অ'ব্যাফ্‌ট্] *adv, prep* (নৌ.) জাহাজের পিছনের অর্ধাংশে অথবা তার কাছাকাছি; পশ্চাদ্দিকে।

aban·don[1] [অ'ব্যান্‌ডান্] *vt* ১ আর ফিরে না আসার মানসে চলে/ ছেড়ে যাওয়া; পরিত্যাগ করা: to ~ a ship to her fate. ২ ছেড়ে দেওয়া; ক্ষান্তি দেওয়া: to ~ an attempt. ৩ **~ oneself to** ইচ্ছা, আবেগ বা প্রবৃত্তির কাছে সম্পূর্ণভাবে নিজেকে ছেড়ে দেওয়া: Don't ~ yourself to despair. **~ed** *part adj* ১ নষ্টচরিত্র; হতচ্ছাড়া; বখে–যাওয়া। ২ পরিত্যক্ত। **~·ment** *n* [U] পরিত্যাগ।

aban·don[2] [অ'ব্যান্‌ডান্] *n* [U] বেপরোয়া স্বাধীনতা, যেমন প্রবৃত্তির কাছে আত্মসমর্পণকারী ব্যক্তির ক্ষেত্রে দেখা যায়; উদ্দামতা: with ~, উদ্দামভাবে।

abase [অ'বেইস্] *vt* **~ oneself** নিজেকে হীন করা; নিজের মান ক্ষুণ্ন করা। **~·ment** *n* [U] নীচতা।

abash [অ'ব্যাশ্] *vt* (শুধু passive) অপ্রতিভ/ বিব্রত/ কুণ্ঠিত/ অপ্রস্তুত করা; লজ্জা দেওয়া: The young lady stood ~ed at those words.

abate [অ'বেইট্] *vt,vi* ১ (সাহিত্য.) (বাতাস, ঝড়, বন্যা, ব্যথা, জ্বর ইত্যাদি) কমা বা কমানো; প্রশমিত হওয়া বা করা; প্রকোপ হ্রাস করা বা পাওয়া। ২ (আইন.) বাতিল করা; শেষ/লোপ করা। **~·ment** *n* [U] প্রশমন; হ্রাসপ্রাপ্তি।

ab·at·toir ['অ্যাবাটোয়া:(র্) US ,অ্যাবা'টোয়া:র্] *n* পশুবধস্থান; শামিত্র; কসাইখানা।

Ab·ba·sid(e) [অ্যা'ব্যাসিড্] *adj, n* (হজরত মুহম্মদ(সা.)–এর চাচা) আব্বাসের বংশীয়; আব্বাসি।

ab·bess ['অ্যাবেস্] *n* সন্ন্যাসিনীদের আশ্রমের মোহান্ত; মঠাধ্যক্ষা (Mother Superior)।

ab·bey ['অ্যাবি] *n* (*pl* -beys) ১ যে ভবনে সন্ন্যাসী বা সন্ন্যাসিনীরা ঈশ্বরের উপাসনায় নিবেদিত সম্প্রদায় হিসাবে বাস করে; ধর্মাশ্রম। ২ উক্ত আশ্রমে বসবাসরত সন্ন্যাসী বা সন্ন্যাসিনীর দল। ৩ যে গির্জা বা ভবন এক সময়ে ধর্মাশ্রম বা ধর্মাশ্রমের অংশবিশেষ ছিল। **The A~** প্রায়শ লন্ডনের ওয়েস্টমিনিস্টার অ্যাবিকে বোঝায়।

ab·bot ['অ্যাবাট্] *n* মঠ বা আশ্রমের অধ্যক্ষ (Father Superior); মঠাধ্যক্ষ।

ab·brevi·ate [অ'ব্রীভিএইট্] *vt* (কোনো শব্দ, পদবি ইত্যাদি) সংক্ষিপ্ত করা: ~ Saturday to Sat. দ্র. abridge. **ab·brevi·ation** [অ,ব্রীভি'এইশন্] *n* ১ [U] সংক্ষেপকরণ। ২ [C] (বিশেষ করে কোনো শব্দের) সংক্ষেপ। দ্র. পরি. ২।

ABC [,এই বী' সী] *n* ১ (রোমান) বর্ণমালার A থেকে Z পর্যন্ত বর্ণ। ২ কোনো বিষয়ের প্রথমেই শিক্ষণীয় সরলতম তথ্যসমূহ; অ–আ–ক–খ: ABC of surgery.

ab·di·cate ['অ্যাবডিকেইট্] *vt,vi* ১ ছেড়ে দেওয়া; দাবি ত্যাগ করা। ২ (পদ, অধিকার, বিশেষত সিংহাসন ইত্যাদি) ত্যাগ করা: King Edward VIII ~d in 1936. **ab·di·ca·tion** [,অ্যাব্‌ডি'কেইশন্] *n* [U,C] অধিকার বা সিংহাসন ত্যাগ।

ab·do·men ['অ্যাবডামন্] *n* ১ (কথ্য = belly) শরীরের যে অংশে পাকস্থলী এবং অন্ত্রাদি অবস্থিত; উদর; কুক্ষি। ২ কীটের দেহের তিনটি বিভাগের শেষ ভাগ; উদর।

ab·domi·nal [অ্যাব্'ডমিনল্] *adj* কুক্ষি বা উদর সংক্রান্ত; ঔদরিক: ~ pains.

ab·duct [অ্যাব'ডাক্ট্] *vt* (প্রধানত শিশু বা স্ত্রীলোককে) হরণ করা; অপহরণ করা। **ab·duc·tion** [অ্যাব্'ডাক্‌শন্] *n* অপহরণ।

abeam [অ্যাবীম্] *adv* (নৌ.) জাহাজ বা বিমানের দৈর্ঘ্যের সঙ্গে সমকোণে: The warehouse is ~ of the frigate.

abed [অ্যাবেড্] *adv* বিছানায়; শয্যায়; শয্যাশায়ী অবস্থায়।

ab·er·ra·tion [ˌঅ্যাবা'রেইশ্‌ন্] *n* ১ [U] (সাধা. লাক্ষ.) বিপথগমন; বিপথগামিতা; নীতিভ্রংশ; বিচ্যুতি; অপেরণ। ২ [C] দোষ; বিচ্যুতি; চ্যুতি। **ab·er·rant** [অ্যা'বারান্ট্] *adj* বিপথগামী; স্বাভাবিক, যথাযথ বা ঈপ্সিত পথ বা লক্ষ্য থেকে বিচ্যুত; উন্মার্গগামী; অস্বাভাবিক।

abet [অ্যাবেট্] *vt* (-tt-) (আইন.) অপরাধ সংঘটনে/ দুষ্কর্মে সহায়তা করা বা উৎসাহ দেওয়া। **aid and ~ sb** (আইন.) দুষ্কর্মে সহযোগী হওয়া।

abey·ance [অ্যাবেইআন্‌স্] *n* [U] (আনুষ্ঠা.) স্থগিতাবস্থা; সাময়িক নিষ্ক্রিয়াবস্থা; মুলতবি অবস্থা। **fall/ go into ~** (আইন.) (কোনো আইন, প্রথা, নিয়ম ইত্যাদির ক্ষেত্রে) স্থগিত বা মুলতবি হওয়া; অপ্রচলিত/ অচল হয়ে যাওয়া।

ab·hor [অব্'হো°(র্)] *vt* (-rr-) ঘৃণা বা অবজ্ঞা করা; ঘৃণাভরে পরিহার করা। **~·rence** [অব্'হরান্‌স্ US –'হো°র্–] *n* [U] ঘৃণা; বিতৃষ্ণা; জুগুপ্সা: hold sth in ~·rence. **~·rent** [অব্'হরান্ট্ US –'হো°র্–] *adj* ঘৃণ্য; জঘন্য; বিতৃষ্ণাজনক।

abide [অ্যাবাইড্] *vt,vi (pt,pp* (১, ২, ৪) ~d, (৩) **abode** [অ্যাবৌড্]) ১ **~ by** (আনুষ্ঠা.) কোনো কিছুর প্রতি বিশ্বস্ত থাকা; মেনে চলা: ~ by a decision. ২ (বিশেষত can't বা couldn't –সহ) সহ্য/ বরদাশত করা: I can't ~ that woman. ৩ (প্রাচীন বা সাহিত্যিক প্রয়োগ) থাকা; (সঙ্গে) থাকা: ~ with sb. ৪ (সাহিত্য.) প্রতীক্ষা করা: ~ sb's coming. **abid·ing** *adj* (সাহিত্য.) স্থায়ী; চিরন্তন।

abil·ity [অ্যাবিলাটি] *n* ১ [U] সামর্থ্য; সক্ষমতা: to the best of one's ~. ২ [U] বুদ্ধিমত্তা; ধীশক্তি; নৈপুণ্য; দক্ষতা: a man of great ~. ৩ [C] *(pl* –ties) কোনো কিছু উত্তমরূপে করার স্বাভাবিক বিশেষ ক্ষমতা; প্রতিভা; নৈসর্গিক ক্ষমতা: a man of many abilities.

ab·ject ['অ্যাবজেক্‌ট্] *adj* ১ (অবস্থা সম্বন্ধে) অত্যন্ত দুর্দশাগ্রস্ত; শোচনীয়: ~ poverty . ২ (ব্যক্তি, ব্যক্তির কাজ বা ব্যবহার সম্বন্ধে) হীন; ঘৃণার্হ; পতিত; কাপুরুষোচিত: ~ behaviour. **~·ly** *adv* হীনভাবে ইত্যাদি। **ab·jec·tion** [অ্যাব্'জেকশ্‌ন্] *n* শোচনীয়তা; হীনতা।

ab·jure [অব্'জুআ(র্)] *vt* (আনুষ্ঠা.) (বিশ্বাস, অধিকার, পাপাচার ইত্যাদি) পরিহার করার জন্য শপথপূর্বক বা প্রকাশ্যে প্রতিশ্রুতি দেওয়া: ~ one's religion. **ab·jur·ation** [ˌঅ্যাবজুআ'রেইশ্‌ন্] *n* [U,C] শপথপূর্বক পরিত্যাগ: an abjuration of faith.

ab·lation [অ্যাব্'লেইশ্‌ন্] *n* অপসারণ।

ab·la·tive ['অ্যাব্‌লাটিভ্] *adj, n* (ব্যাক.) হেতু, কারণ বা নিমিত্তসূচক লাতিন শব্দরূপ; অপাদান। **the ~ case** অপাদান কারক।

ab·laut ['অ্যাবলাউট্] *n* (ভাষা.) ইন্দো–য়োরোপীয় ভাষাসমূহে ক্রিয়ারূপের স্বরধ্বনির নিয়মানুগ পরিবর্তন (যেমন take, took, taken); অবশ্রুতি।

ablaze [অ্যাব্লেইজ্] *pred adj,adv* ১ জ্বলন্ত; বহ্নিমান: set sth ~. ২ (লাক্ষ.) উজ্জ্বল; জ্বলজ্বলে; চকমকে; উত্তেজিত।

able [এইব্‌ল্] *adj* ১ **be ~ to do sth** কোনো কিছু করতে সমর্থ/ সক্ষম। দ্র. can, could. ২ (–r, –st) বিচক্ষণ; যোগ্য; দক্ষ; সমর্থ। ˌ**~-'bodied** [বডিড্] *adj* শারীরিকভাবে সক্ষম; সবলদেহী। ˌ**~ 'seaman,** ˌ**~ bodied 'seaman** *n* (GB সংক্ষেপ = AB) জাহাজের সকল দায়িত্ব পালনের জন্য প্রশিক্ষণ বা সনদপ্রাপ্ত নাবিক।

ably [এইব্‌লি] *adv* সক্ষমতার সঙ্গে।

abloom [অ্যাব্লূম্] *adj, adv* (সাহিত্য.) প্রস্ফুটিত; প্রস্ফুটিত অবস্থায়।

ab·lu·tion [অ্যাব্লূশ্‌ন্] *n* (সাধা. *pl)* (আনুষ্ঠা.) প্রক্ষালন; অভিসিঞ্চন; ওজু: perform one's ~s.

ab·ne·ga·tion [ˌঅ্যাব্‌নি'গেইশ্‌ন্] *n* [U] (আনুষ্ঠা.) আত্মবিলোপ; আত্মদান; আত্মোৎসর্গ।

ab·nor·mal [অ্যাব্ 'নো°ম্‌ল্] *adj* অস্বাভাবিক; অস্বভাবী। **~·ly** *adv* অস্বাভাবিকভাবে। **~·ity** [অ্যাব্‌নো°'ম্যালাটি] *n* [U,C] অস্বাভাবিকতা; অস্বভাবিতা।

aboard [অ্যাবো°ড্] *adv,prep* জাহাজ, বিমান বা (US) রেলগাড়িতে আরূঢ়াবস্থায়: All ~ ! (জাহাজ ইত্যাদি ছাড়ার আগের সতর্কবাণী) সবাই উঠুন !

abode[1] [অ্যাবৌড্] *n* ১ (প্রাচীন বা সাহিত্য.) বাসস্থান; বাড়ি; আবাস। ২ (আইন.) আবাসস্থল: of/ with no fixed ~. স্থায়ী ঠিকানাবিহীন।

abode[2] [অ্যাবৌড্] abide–এর *pt,pp.*

abol·ish [অ্যাবলিশ্] *vt* (যুদ্ধ, দাসপ্রথা, প্রাচীন প্রথা ইত্যাদি) লোপ করা; উচ্ছেদ করা; বিলোপসাধন করা। **abol·ition** [ˌঅ্যাবা'লিশ্‌ন্] *n* [U] বিলোপসাধন; বিশেষত ১৮ ও ১৯ শতকে যুক্তরাষ্ট্রে দাসপ্রথার উচ্ছেদ। **abol·itionist** [ˌঅ্যাবা'লিশনিস্‌ট্] *n* (বিশেষত) নিগ্রো দাসপ্রথা বিলোপের পক্ষপাতী; উচ্ছেদবাদী।

A-bomb [এইবম্] *n* পারমাণবিক বোমা।

abom·in·able [অ্যাবমিনাব্‌ল্] *adj* ১ জঘন্য; ঘৃণ্য; ন্যক্কারজনক। ২ (কথ্য) অপ্রীতিকর; খারাপ; বিশ্রী: ~ weather. ~ **'snowman** ইয়েতি বা হিমালয়ের তুষারমানব। **abom·in·ably** [–নাব্‌লি] *adv* জঘন্যভাবে ইত্যাদি।

abom·in·ate [অ্যাবমিনেইট্] *vt* প্রচণ্ডভাবে ঘৃণা করা বা (কারো প্রতি) বিরক্তি বোধ করা; (কথ্য) অপছন্দ করা। **abom·ination** [অ্যা্‌বমি'নেইশ্‌ন্] *n* ১ [U] নিদারুণ ঘৃণা ও বিভীষিকা। ২ [C] নিদারুণ ঘৃণা ও বিভীষিকাজনক ব্যক্তি বা বস্তু।

abo·rig·inal [ˌঅ্যাবা'রিজন্‌ল্] *adj* (জাতি, গোষ্ঠী বা জীবিত প্রাণী সম্পর্কে) আদিম; কোনো এলাকার প্রাচীনতম কাল থেকে কিংবা ঐ এলাকা পরিচিতি–লাভের সময় থেকে বর্তমান। □*n* আদিবাসী; আদিম জন্তু, উদ্ভিদ ইত্যাদি। **abo·rig·ines** [ˌঅ্যাবা'রিজনীজ্] *n pl* **the ~** আদিবাসী। **Abo·rig·ine** [ˌঅ্যাবা'রিজনি] *n* অস্ট্রেলীয় আদিবাসী।

abort [অ্যাবো°ট্] *vt, vi* ব্যর্থ হওয়া; অসফলভাবে হঠাৎ শেষ হওয়া; ভণ্ডুল করা বা হওয়া; অকালে হঠাৎ শেষ করা: ~ a space mission, বাতিল করা।

abor·tion [অ্যাবো°শ্‌ন্] *n* ১ [U] (আইন.) গর্ভপাতন; গর্ভনাশ। ২ [C] গর্ভপাত; গর্ভস্রাব। ৩ [C] গর্ভপাতজনিত জীব; গর্ভস্রাব; কদাকার বা বামনাকৃতি ব্যক্তি; (লাক্ষ.) ভণ্ডুল পরিকল্পনা, প্রয়াস ইত্যাদি। **~·ist** [–নিস্‌ট্] *n* গর্ভপাতক; আইনসম্মত গর্ভপাতের সমর্থক।

abort·ive [অ্যাবো°টিভ্] *adj* ব্যর্থ; ভণ্ডুল; অসফল: an ~ coup, ব্যর্থ অভ্যুত্থান। **~·ly** *adv* ব্যর্থভাবে ইত্যাদি।

abound [অ্যাবাউন্ড্] *vi* **~ in/ with** প্রাচুর্যপূর্ণ হওয়া; উপচে পড়া; প্রচুর পরিমাণে বিদ্যমান থাকা: The forest ~s in wild animals. Wild animals ~ in the forest. **~·ing** প্রাচুর্যপূর্ণ; সমৃদ্ধ; উচ্ছলিত।

about[1] [অ্যাবাউট্] *adv* (of degree) সামান্য উনিশ বিশ; সামান্য আগে–পরে; প্রায় কাছাকাছি: ~ as tall as the post; for ~ three days. It's ~ time sth is done, কিছু করার সময় সমাগত। **That's ~ (the size of) it** (কথ্য) মোটের উপর এই রকম; আমার বিবেচনায় এই রকম।

about[2] [আ'বাউট্] *adv part* (১, ২ ও ৩-এ about-এর স্থলে around ব্যবহার করা যেতে পারে) ১ (গতিসূচক *vv*-এর সঙ্গে) এখানে-সেখানে; যত্রতত্র; ইতস্তত: The boys were walking ~; He's throwing trash ~. ২ (অন্য *vv*-এর সঙ্গে; অবস্থানসূচক) কাছে; কারো নিকটে: Shoes are lying ~ on the floor. ৩ (be-এর সঙ্গে): No one was ~, কাউকে ধারে কাছে দেখা যাচ্ছিল না। **be (out and) ~** অসুস্থতা ইত্যাদির পর বেরোতে বা কাজে যোগ দিতে সমর্থ। **be up and ~** শয্যা ত্যাগ করে সক্রিয়ভাবে চলাফেরা করা। ৪ **bring sth ~,** দ্র. bring(৪)। **come ~,** দ্র. come(১১). ৫ বিপরীতমুখী; উল্টোদিকে: the other way ~; A~ turn! (GB), A~ face! (US), (সামরিক আদেশ) বিপরীতমুখী হও। ˌ**~-ˈface** *vi* ঘুরে বিপরীতমুখী হওয়া। □*n* আচরণ, মত ইত্যাদির আমূল পরিবর্তন; ডিগবাজি। (দুই বা ততোধিক ব্যক্তি বা দল সম্বন্ধে) **take turns ~; (do sth) turn and turn ~,** দ্র. turn[1](৪)।

about[3] [আ'বাউট্] *prep* (১, ২ ও ৩-এ about স্থলে around বা round ব্যবহার করা যেতে পারে) ১ (গতিসূচক *vv*-সহ) এখানে-সেখানে; যত্রতত্র; ইতস্তত: Walking ~ in the corridor. ২ (অবস্থা, অবস্থান ইত্যাদিসূচক anj *vv*-সহ) কাছে; কারো নিকটে: women standing ~ in the corridor. I've no money ~ me, আমার সঙ্গে টাকা নেই। ৩ কাছাকাছি: You can drop me somewhere ~ here. ৪ বিষয়ে; সম্বন্ধে: What did you tell him ~ me? **How/ What ~** এটা হলে কেমন হয়? How ~ going to cinema? সিনেমায় গেলে কেমন হয়? ৫ নিয়ে ব্যস্ত/ ব্যাপৃত: What are you ~? **go/ set ~ sth** কোনো কিছু করা; করতে লাগা: He knows how to go ~ this business. ৬ চতুর্দিকে: the traffic ~ the Secretariat. ৭ **~ to** + inf কোনো কিছু করতে উদ্যত: He is ~ to go on a trip to Nepal.

above[1] [আ'বাভ্] adv ১ উপরে; মাথার উপর: The hill stands ~ the town; The bird is flying ~ the lake. ২ পূর্বে; আগে (কোনো পুস্তকে বা প্রবন্ধে): As has been said ~. ৩ আকাশে; স্বর্গে: The powers ~, স্বর্গীয় শক্তি। ˌ**~ ˈboard** *adv* খোলাখুলি; অকপটে। □*pred adj* খোলাখুলি; অকপট; নির্ব্যাজ। দ্র. underhand. ˌ**~-ˈmentioned,** ˌ**~-ˈnamed** *adj* উল্লিখিত; উপরে বর্ণিত।

above[2] [আ'বাভ্] *prep* (কোনো কোনো সময়ে over বা beyond-এর স্থলে ব্যবহৃত হতে পারে) ১ অধিকতর উঁচুতে; আরো উপরে: The bird was flying ~ the clouds; A major is ~ a captain. ২ সংখ্যা, গুণ, দোষ, ওজন, মূল্য ইত্যাদিতে অধিক: He is ~ average. ৩ চেয়ে বেশি; অধিকতর: You should value happiness ~ success. ৪ উর্ধ্বে; ধরা ছোঁয়ার বাইরে: Don't think that you are ~ reproach. ৫ (অত্যন্ত মহৎ, ভালো ইত্যাদি হওয়ার জন্য) নাগালের বাইরে; উর্ধ্বে; অতীত: His loyalty is ~ question. ৬ (বিভিন্ন প্রয়োগ): live ~ / beyond one's means, সামর্থ্যের সঙ্গে সঙ্গতিহীন জীবনযাপন করা; be ~ oneself, উৎসাহে টগবগ করা; get ~ oneself, আত্মসংযম হারানো, অতিমাত্রায় আত্মতৃপ্ত হওয়া; the waterfall ~ the bridge, সেতু থেকে উজানে অবস্থিত জলপ্রপাত; He married ~ his station, নিজের চেয়ে উচ্চতর সামাজিক শ্রেণীর কাউকে বিয়ে করেছে।

ab·ra·ca·dabra [অ্যাব্রাক'ড্যাব্রা] *n* [U] অর্থহীন যাদুমন্ত্র; দুর্বোধ্য বুকনি; হিং টিং ছট্।

abrade [আ'ব্রেইড্] *vt* জোরে ঘষা দিয়ে তুলে ফেলা (যেমন গায়ের চামড়া)।

ab·rasion [আ'ব্রেইজ্ন্] *n* [U] ঘষে-তোলা; ঘষটানি; [C] যে স্থান থেকে কোনো কিছু জোরে ঘষে তোলা হয়েছে (যেমন ত্বক): an ~ of the skin.

ab·ras·ive [আ'ব্রেইসিভ্] *n* [U,C] কিছু ঘষে তুলে ফেলার জন্য বা মসৃণ করার জন্য ব্যবহৃত কঠিন কোনো পদার্থ; ঘষটাই। □*adj* ঘষে ক্ষয় সাধনে সক্ষম; চাঁছা-ছোলা; (লাক্ষ.) রুক্ষ; কর্কশ: an ~ voice/ character.

abreast [আ'ব্রেস্ট্] *adj* (মানুষ, জাহাজ ইত্যাদি সম্বন্ধে) পাশাপাশি; কাঁধে কাঁধে: walking four ~. **be/ keep ~ (of/ with)** কারো বা কিছুর পাশাপাশি থাকা; পিছিয়ে না পড়া; ওয়াকেবহাল থাকা: to keep ~ of the times.

abridge [আ'ব্রিজ্] *vt* (বিশেষ করে কোনো পুস্তকের শব্দসংখ্যা কমিয়ে) সংক্ষিপ্ত করা: to ~ an interview. **~·ment, abridg·ment** *n* [U] সংক্ষেপকরণ; [C] সংক্ষেপিত বস্তু, বিশেষত গ্রন্থ।

abrim [আ'ব্রিম্] *adv* কানায়-কানায়।

abroad [আ'ব্রো°ড্] *adv* ১ বিদেশে; নিজের দেশের বাইরে: go ~. ২ সর্বত্র; দিকে দিকে: The rumour is ~. ৩ (প্রা. প্র.) বাইরে: The old man was ~ before sunrise.

ab·ro·gate [অ্যাব্রাগেইট্] *vt* (আনুষ্ঠা.) ক্ষমতাবলে বাতিল/ রদ/ স্থগিত করা। **ab·ro·ga·tion** [অ্যাব্রা'গেইশ্ন্] *n* বাতিলকরণ; রদকরণ।

abrupt [আ'ব্রাপ্ট্] *adj* ১ আকস্মিক; অপ্রত্যাশিত: I was not prepared for the ~ change. ২ (আলাপ, লেখা বা আচরণ সম্বন্ধে) রূঢ়; অমার্জিত; অসম্বন্ধ: He has an ~ manner. ৩ (ঢাল সম্বন্ধে) খাড়া। **~·ly** *adv* আচমকা। **~·ness** *n* আকস্মিকতা।

ab·scess [অ্যাব্সেস্] [C] ফোড়া; সপূঁজ স্ফোটক। **~ed** [অ্যাব্সেস্ট্] *part adj* পুঁজযুক্ত: ~ed gums.

ab·scond [অব্'স্কন্ড্] *vi* **~ (with) (from)** ফেরার হওয়া; আত্মগোপন করা। **~er** *n* ফেরারি।

ab·sence [অ্যাবসান্স্] *n* ১ [U] অনুপস্থিতি; অবর্তমানতা: **leave of ~,** leave[2](১) দ্র.। ২ [C] অনুপস্থিতির ঘটনা বা সময়: his ~s from work. ৩ [U] অবর্তমানতা; অভাব; অসদ্ভাব: the ~ of public pressure. ৪ **~ of mind** অন্যমনস্কতা।

ab·sent[1] [অ্যাবসান্ট্] *adj* ১ **~ (from)** অনুপস্থিত; গরহাজির। ২ অন্যমনস্ক; আনমনা; চিন্তাচ্ছন্ন: He looked at me in an ~ way. ˌ**~-ˈminded** *adj* অন্যমনস্ক। **~-mind·ed·ly** *adv* অন্যমনস্কভাবে। **~-minded·ness** *n* অন্যমনস্কতা।

ab·sent[2] [অব্'সেন্ট্] *vt* **~ oneself (from)** (নিজেকে) অনুপস্থিত/ গরহাজির রাখা; অনুপস্থিত থাকা: He ~ed himself from work yesterday.

ab·sen·tee [অ্যাবসান্'টী] *n* অনুপস্থিত ব্যক্তি; যে নিজেকে অনুপস্থিত রাখে; নিজ ঘরের বাইরে রাত্রি যাপনকারী। **~ landlord** জমি বা বাড়ির যে মালিক নিজের জমি বা বাড়ি থেকে দূরে অন্যত্র থাকেন। **~·ism** [-টিজ়ম্] *n* [U] অনুপস্থিত থাকার বদভ্যাস; কাজ বা নির্দিষ্ট কর্তব্য থেকে কোনো যুক্তিযুক্ত কারণ ছাড়া প্রায়শ অনুপস্থিত থাকার অভ্যাস; গরহাজির-প্রবণতা।

ab·sinthe, ab·sinth [অ্যাব্‌সিন্থ্] *n* [U] সোমলতা এবং অন্যান্য লতাপাতার রস থেকে প্রস্তুত সুরাবিশেষ; সোমরস।

ab·so·lute [অ্যাব্‌সালূট্] *adj* ১ সম্পূর্ণ; পরোৎকৃষ্ট; পরিপূর্ণ; অবিমিশ্র: ~ truth; ~ alcohol. ২ অসীম; অসীম ক্ষমতাধর: an ~ ruler. ৩ প্রকৃত; সন্দেহাতীত: ~ fact; ~ freedom. ৪ নিঃশর্ত; শর্তহীন: ~ authority. ৫ অনন্যসাপেক্ষ; চূড়ান্ত; নির্বিকল্প; নিরঙ্কুশ; পরম; চরম; নিশ্চিত: ~ death. **~ zero** তাত্ত্বিকভাবে সম্ভব সর্বনিম্ন তাপমাত্রা; চরম হিমাঙ্ক = –২৭৩·১৫°C। দ্র. পরি ৫। **~·ly** *adv* ১ সম্পূর্ণভাবে: ~ly impossible. ২ নিঃশর্তভাবে। ৩ [অ্যাব্‌সা'লূট্লি] (কথ্য: প্রশ্নের জবাবে বা মন্তব্য হিসাবে) অবশ্য; নিঃসন্দেহে। **ab·so·lut·ism** [অ্যাব্‌সালূটিজ়াম্] *n* (রাজ.) স্বৈরশাসন; যথেচ্ছাচার।

ab·sol·ution [অ্যাব্‌সা'লূশ্‌ন্] *n* [U] (RC গির্জা) গির্জার পুরোহিত বা ধর্মযাজককর্তৃক পাপমুক্তির ঘোষণা; পাপমোচন: announce ~ from sin. দ্র. penance.

ab·solve [অব্‌'জ়ল্‌ভ্] vt ~ **(from)** (দোষ, অনুতাপ, পাপবোধ, অঙ্গীকার, প্রতিশ্রুতি ইত্যাদি থেকে) মুক্তি দেওয়া; বিমুক্ত করা।

ab·sorb [অব্‌'সো°ব্] *vt* ১ শুষে নেওয়া; আত্মীভূত করা: A sponge ~s water; to ~ knowledge. ২ নিবিষ্ট/ নিমগ্ন করা: His work ~s him. ৩ রাসায়নিক বা আণবিক উপায়ে বিশোষণ করা। **~·ent** [–বান্ট্] *adj,n* শোষণক্ষম; শোষক: ~·ent cotton. **ab·sorp·tion** [অব্‌'সো°প্‌শ্‌ন্] *n* [U] আশোষণ; নিমগ্নতা; নিবিষ্টতা; শোষণ।

ab·stain [অব্‌'স্টেইন্] *vi* ~ **(from)** বিরত থাকা; পরিহার করে চলা। **~er** পরিহারকারী ব্যক্তি: total ~er, মদ্যপানপরিহারকারী ব্যক্তি।

ab·stemi·ous [অব্‌'স্টীমিআস্] *adj* বিশেষত পানাহারে সংযত; মিতাহারী; সংযমী। **~ ·ly** *adv* সংযতভাবে। **~·ness** *n* মিতাহার; মিতাচার।

ab·sten·tion [অব্‌'স্টেন্‌শ্‌ন্] *n* [U] ~ **(from)** পরিহার; বর্জন।

ab·sti·nence [অ্যাবস্টিনান্স্] *n* [U] ~ **(from)** সংযম; মিতাচার; নিবৃত্তি; উপরতি। ˌ**total** ˈ~ মদ্যপানে সম্পূর্ণ বিরতি/ নিবৃত্তি।

ab·stract[1] [অ্যাবস্ট্র্যাক্ট্] *adj* ১ বিমূর্ত; নির্বস্তুক; ভাবমূলক: Truth is an ~ concept. ˌ~ ˈ**art** বিমূর্ত শিল্পকলা। দ্র. realism(১)। ˌ~ ˈ**noun** (ব্যাক.) ভাববাচক/ গুণবাচক বিশেষ্য। ২ **in the ~** আদর্শগত বা তত্ত্বগতভাবে (বিবেচিত)।

ab·stract[2] [অব্‌'স্ট্র্যাক্ট্] *vt* ~ **(from)** নিষ্কাশিত করা; পৃথক করা: ~ essence from flower. **~ed** *adj* আনমনা; অন্যমনস্ক; আবিষ্ট। **~ ·edly** *adv* অন্যমনস্কভাবে ইত্যাদি।

ab·stract[3] [অ্যাবস্ট্র্যাক্ট্] *n* [C] সারসংক্ষেপ; নির্যাস; চুম্বক: an ~of an account, সংক্ষিপ্ত হিসাব; গোসোয়ারা।

ab·strac·tion [অব্‌'স্ট্র্যাক্‌শ্‌ন্] *n* ১ [U] নিষ্কাশন; বিমূর্তন; সার–সংক্ষেপণ। ২ [U] অন্যমনস্কতা। ৩ [C] মনঃকল্পনা; নিষ্কর্ষ: Truth in an ~. ৪ [U] বস্তু থেকে বিচ্ছিন্ন করে কোনো গুণের ধারণা; নিষ্কর্ষ।

ab·struse [অব্‌'স্ট্রুস্] *adj* দুর্বোধ্য; গূঢ়; নিগূঢ়। **~·ly** *adv* নিগূঢ়ভাবে। **~·ness** *n* দুর্বোধ্যতা; নিগূঢ়তা।

ab·surd [অব্‌'সাড়্] *adj* অযৌক্তিক; উদ্ভট; অদ্ভুত; অসমঞ্জস; হাস্যকর; কিম্ভূতকিমাকার; নিরর্থক। **~·ly** *adv* উদ্ভটরূপে ইত্যাদি। **~·ity** *n (pl* -ties) ১ [U] উদ্ভটত্ব; অযৌক্তিকতা। ২ [C] উদ্ভট উক্তি বা কার্যকলাপ।

abun·dance [আ'বান্‌ডান্স্] *n* ১ [U] অতিপ্রাচুর্য: live in ~. ২ *(indef art*–সহ) প্রয়োজনাধিক পরিমাণ; প্রাচুর্য: an ~ of fish.

abun·dant [আ'বান্‌ডান্ট্] *adj* ১ প্রচুর; অঢেল। ২ **~ in** সমৃদ্ধ; ধনী: ~ in natural resources. **~·ly** *adv* পর্যাপ্তভাবে; প্রয়োজনাতিরিক্তভাবে।

abuse[1] [আ'বিউস্] *n* ১ [U,C] **~ (of)** অপব্যবহার; অন্যায় সুবিধাগ্রহণ; অমর্যাদা: drug ~. ২ [C] কুপ্রথা; কুচল; অপপ্রথা। ৩ [U] গালাগালি; কটুকাটব্য; খিস্তি: shower ~ on someone.

abuse[2] [আ'বিউজ্] *vt* ১ অপব্যবহার করা; অন্যায় সুবিধা গ্রহণ করা। ২ গালিগালাজ/ কটুকাটব্য করা; অশ্রাব্য বা অন্যায় ভাষায় আক্রমণ করা। ৩ (প্রা. প্র.) অন্যায় ব্যবহার করা। ৪ (প্রা.প্র., বিশেষত passive) প্রতারণা/ প্রবঞ্চনা করা।

abus·ive [আ'বিউসিভ্] *adj* গালিগালাজপূর্ণ; অপমানজনক; কটূক্তিপূর্ণ। **~·ly** *adv* কটূক্তিসহকারে।

abut [আ'বাট্] *vi* (–tt-) ~ **on** (ভূমি সম্বন্ধে) সমসীমাযুক্ত/ সমসীমান্তভাগী হওয়া। **~·ment** *n* (প্রকৌ.) যে কাঠামো সেতু বা খিলানের ভার বহন করে; পিল্পা।

abys·mal [আ'বিজ়্‌মল্] *adj* (বিশেষত লাক্ষ. ও কথ্য) অতল; অন্তহীন; অগাধ: ~ ignorance. **~·ly** *adv* অন্তহীনভাবে।

abyss [আ'বিস্] *n* অতল গহ্বর। **the ~** নরক; পাতাল; রসাতল। **~·al** *adj* অতল।

aca·cia [আ'কেইশা] *n* [C] ১ বাবলাজাতীয় কয়েক প্রকার গাছ, যার থেকে গঁদ উৎপন্ন হয়। ২ (false ~ বা locust tree) উদ্যানের শোভাবর্ধনের জন্য জন্মানো অনুরূপ গাছ।

aca·demic [অ্যাকা'ডেমিক্] *adj* ১ শিক্ষাগ্রহণ ও শিক্ষাদান–সম্বন্ধীয়; স্কুল, কলেজ ইত্যাদি সম্পর্কিত; পাণ্ডিত্যপূর্ণ, সাহিত্যিক বা ধ্রুপদী; শিক্ষায়তনিক; জ্ঞানজাগতিক: the ~ year, শিক্ষাবর্ষ। **~ freedom** বাইরের, বিশেষত সরকারের হস্তক্ষেপ ব্যতীত শিক্ষাদানের এবং সমস্যা আলোচনার স্বাধীনতা; বিদ্যালোচনার স্বাধীনতা। ২ অতিমাত্রায় তাত্ত্বিক ও নৈয়ায়িক; যথেষ্ট বাস্তবাশ্রয়ী নয়; জ্ঞানজাগতিক: কেতাবি: The question is of ~ importance. ৩ শিক্ষাপ্রতিষ্ঠান সম্পর্কিত; শিক্ষায়তনিক: ~ rank/ costume. □*n* [C] বিশ্ববিদ্যালয়ের শিক্ষক; পেশাজীবী পণ্ডিত।

acad·emy [আ'ক্যাডামি] *n (pl* -mies) ১ উচ্চশিক্ষার জন্য, সাধা. বিশেষ উদ্দেশ্যে প্রতিষ্ঠিত বিদ্যায়তন: military ~; music ~. ২ বিশিষ্ট পণ্ডিতবর্গকে নিয়ে গঠিত সমাজ, শিল্পকলা, সাহিত্য, বিজ্ঞান ইত্যাদি বিষয়ের উচ্চতর চর্চার কেন্দ্র বা প্রতিষ্ঠান; পরিষদ; অ্যাকাডেমি: Bangla Academy. **aca·dem·ician** [আˌক্যাডা'মিশ্‌ন্ US ˌঅ্যাকাদা'মিশ্‌ন্] *n* অ্যাকাডেমির সদস্য, যেমন ফরাসি অ্যাকাডেমির।

ac·cede [আক্'সীড্] *vi* ~ **(to)** ১ রাজি হওয়া; মেনে নেওয়া; সম্মতিজ্ঞাপন করা। ২ (পদ, কর্তৃত্ব, দপ্তর ইত্যাদিতে) সমাসীন হওয়া।

ac·cel·er·ando [অ্যাক্‌ˌসেলা'র্যানডৌ] *n, adv, adj* (সঙ্গীত) ধীরে ধীরে গতিবর্ধন (গতি বর্ধনের নির্দেশ)। দ্র. rallentando.

ac·cel·er·ate [আক্'সেলারেইট্] *vt,vi* ১ গতিবৃদ্ধি করা; আগাম ঘটানো; ত্বরান্বিত করা। ২ (গতি বা প্রক্রিয়া সম্বন্ধে) দ্রুততর হওয়া। **ac·cel·er·ation** [আক্‌ˌসেলা'রেইশ্‌ন্] *n* [U] ত্বরণ; ত্বরয়ণ।

ac·cel·er·ator [আক্‌সেলা'রেইটা(র্)] *n* ১ যন্ত্রের গতিনিয়ন্ত্রক কৌশল, যেমন মোটরযানের পাদানি; বেগবর্ধক। ২ (পদার্থ.) পরমাণুর কণিকাপুঞ্জ বা কেন্দ্রের বেগবর্ধক কৌশলবিশেষ; বেগবর্ধক।

ac·cent [অ্যাকসান্ট US 'অ্যাক্‌সেন্ট্] *n* [C] ১ (শ্বাসাঘাত বা স্বরভঙ্গির সাহায্যে) অক্ষরের উপর জোরপ্রদান; ঝোঁক; প্রস্বন। ২ লেখায় বা মুদ্রণে সাধা. শব্দের উপরে স্থাপিত চিহ্ন বা প্রতীক, যা স্বরধ্বনির গুণ বা অক্ষরের শ্বাসাঘাত নির্দেশ করে; ঝোঁক–চিহ্ন। ৩ [কখনো কখনো U] (ব্যক্তিক, স্থানীয় বা জাতীয়) উচ্চারণ–ভঙ্গি: southern ~. ৪ *(pl)* বিশেষ গুণ ইত্যাদি নির্দেশক বাচনভঙ্গি; সুর: ~s of love. ৫ (কথ্য) জোর; গুরুত্ব। □*vt* [অ্যাক্‌'সেন্ট্] জোর দেওয়া; জোর/ঝোঁক দিয়ে উচ্চারণ করা।

ac·cen·tu·ate [আক্‌'সেনচুএইট্] *vt* শ্বাসাঘাত/ জোর দিয়ে উচ্চারণ করা; গুরুত্ব দেওয়া। **ac·cen·tu·ation** [আক্‌,সেনচু'এইশ্‌ন্] *n* গুরুত্বারোপ; দৃষ্টি–আকর্ষণ।

ac·cept [আক্‌'সেপ্ট্] *vt, vi* ১ নেওয়া; গ্রহণ করতে সম্মত হওয়া। ২ একমত হওয়া; রাজি হওয়া; স্বীকার করা; মেনে নেওয়া: He will not ~ the defeat. ৩ (বাণিজ্য.) (লিখিত অঙ্গীকার) প্রদান করতে রাজি হওয়া: ~ a bill of exchange. **~·able** [– অব্‌ল্] *adj* গ্রহণযোগ্য; সন্তোষজনক। **ac·cepta·bil·ity** [আক্‌,সেপ্টা'বিলটি] *n* গ্রহণযোগ্যতা। **ac·cept·ance** [–টান্‌স্] *n* [U] ১ গ্রহণ; স্বীকার। ২ অনুমোদন; অনুকূল অভ্যর্থনা। ৩ (বাণিজ্য.) অর্থ–পরিশোধের সংবিদা; (আইন.) উভয় পক্ষের সম্মতিক্রমে গৃহীত চুক্তিপত্র। **ac·cep·ta·tion** [অ্যাক্‌সেপ্'টেইশ্‌ন্] *n* শব্দ বা অভিব্যক্তির সর্বজনীনভাবে গৃহীত অর্থ।

ac·cess[1] ['অ্যাক্‌সেস্] *n* [U] ১ প্রবেশ: (attrib) good ~ roads. '**~-road** (US) slip-road, দ্র. slip[2] (৮). ২ [U] (কম্পি.) কম্পিউটার ফাইলে তথ্য নিবিষ্ট করবার বা ফাইল থেকে তথ্য উদ্ধারের প্রক্রিয়া। ৩ **~ to** প্রবেশাধিকার; কাছে যাওয়ার অধিকার, সুযোগ বা সামর্থ্য; প্রবেশগম্যতা: Only the secretaries had ~ to the President. **~·ible** [আক্‌'সেসাব্‌ল্] *adj* **~ (to)** অভিগম্য; কোনো কিছুর দ্বারা প্রভাবিত করার উপযোগী: books that are not ~ible to general readers; ~ to argument, যুক্তির দ্বারা বোঝানো যায় এমন (ব্যক্তি)। **ac·ces·si·bil·ity** [আক্‌,সেসা'বিলটি] *n* [U] অভিগম্যতা।

ac·cess[2] ['অ্যাক্‌সেস্] *vt* (কম্পি.) কম্পিউটার ফাইলে তথ্য নিবেশিত করা বা ফাইল থেকে তথ্য উদ্ধার করা: Branch officials can ~ the central data bank.

ac·ces·sary [আক্‌'সেসারি] *n (pl* -ries), *pred adj* (=US accessory(১)) (আইন.) যে কোনো কাজে, বিশেষত অপরাধে সহায়তাদানকারী ব্যক্তি। **~ before/ after the fact,** দ্র. fact (১).

ac·ces·sion [অ্যাক্‌'সেশ্‌ন্] *n* **~ to** ১ [U] কোনো পদ, পদমর্যাদা বা অবস্থায় আরোহণ: ~ to the throne. ২ [U,C] বৃদ্ধি; সংযোজন: new ~s to the library.

ac·ces·sory [আক্‌'সেসারি] *n (pl* -ries) ১ অপরাধের সহযোগী। ২ সহায়ক বস্তু (অপরিহার্য নয়); আনুষঙ্গিক উপকরণ: the accessories of a bicycle, যেমন বাতি, পাম্প ইত্যাদি।

ac·ci·dence ['অ্যাক্‌সিডান্‌স্] *n* [U] (ব্যাক.) ব্যাকরণের যে অংশে শব্দরূপের তারতম্য আলোচিত হয়। অধুনা এই অংশকে সাধা. রূপতত্ত্ব (morphology) বলা হয়।

ac·ci·dent ['অ্যাক্‌সিডান্ট্] *n* ১ [C] আকস্মিক সংঘটন/ ঘটনা; দুর্ঘটনা; দুর্দৈব। **A~s will happen** (প্রবাদ) কিছু দুর্ভাগ্যজনক ঘটনা অবশ্যম্ভাবী। **meet with/ have an ~** দুর্ঘটনার সম্মুখীন হওয়া/ কবলে পড়া। '**~-prone** দুর্ঘটনাপ্রবণ। ২ [U] দৈব; দৈবযোগ; সৌভাগ্য; আপতন। **by ~** দৈবক্রমে। **without ~** নির্বিঘ্নে; নিরুপদ্রবে; নিরাপদে। '**~ insurance** দুর্ঘটনাজনিত ক্ষতির জন্য কৃত বিমা; দুর্ঘটনা–বিমা।

ac·ci·den·tal [,অ্যাক্‌সি'ডেন্‌টল্] *adj* দৈবায়ত্ত; আপতিক; আকস্মিক। **~·ly** [–টালি] *adv* দৈবক্রমে।

ac·claim [আ'ক্লেইম্] *vt* ১ সহর্ষে স্বাগত জানানো; তুমুল করতালি দেওয়া: ~ an orator. ২ (কাউকে) শাসকরূপে বরণ করা; করতালি দিয়ে সংবর্ধনা জানানো: His countrymen ~ed him king. □*n* [U] করতালি; সমর্থন; জয়ধ্বনি।

ac·cla·ma·tion [,অ্যাক্‌লা'মেইশ্‌ন্] *n* ১ [U] প্রস্তাব ইত্যাদির উচ্চকণ্ঠ, সোৎসাহ সমর্থন: elected/ carried by ~, বিনা ভোটে। ২ (সাধা. *pl)* সহর্ষ অভ্যর্থনা; হর্ষধ্বনি; সংবর্ধনা; প্রণাদ; জয়শব্দ।

ac·cli·mate ['অ্যাক্লিমেইট্] *vt,vi* (= acclimatize). **ac·cli·ma·tion** [,অ্যাক্লাই'মেইশ্‌ন্] *n* নতুন জলবায়ুর সঙ্গে সামঞ্জস্যবিধান।

ac·cli·mat·ize [আ'ক্লাইমাটাইজ্] *vt,vi* **~ (to)** ভিন্ন আবহাওয়া, পরিবেশ বা অবস্থার সঙ্গে খাপ খাইয়ে/ মানিয়ে নেওয়া; নতুন জলবায়ুতে অভ্যস্ত হওয়া বা করা। **ac·cli·mat·iz·ation** [আ,ক্লাইমাটাই'জেইশ্‌ন্ US –টি'জেই–] *n* অভ্যস্তকরণ।

ac·cliv·ity [আ'ক্লিভাটি] *n (pl* -ties) [C] ঊর্ধ্বমুখী ঢাল; উৎসঙ্গ। দ্র. declivity.

ac·col·ade ['অ্যাকালেইড্ US ,অ্যাকা'লেইড্] *n* [C] ১ কাঁধে তরবারির চেটালো দিকের মৃদু আঘাত দিয়ে নাইট খেতাব–প্রদান। ২ (লাক্ষ.) প্রশংসা; সমাদর; অনুমোদন।

ac·com·mo·date [আ'কমাডেইট্] *vt* ১ আবাসিত করা: How many guests can be ~d in the rest house? ২ **~ sb (with sth)** কাউকে কিছু মঞ্জুর করা; কাউকে সুনজরে দেখা বা আনুকূল্য করা। ৩ **~ sth to** কোনো কিছু এমনভাবে পরিবর্তন করা যাতে তা অন্য কিছুর সঙ্গে খাপ খায় বা মেলে; সঙ্গতিপূর্ণ করা: Try to ~ your scheme to his expectation. **ac·com·mo·dat·ing** *adj* অন্যদের মনোরঞ্জনে উৎসাহী; সুনম্য; অমায়িক।

ac·com·mo·da·tion [আ,কমা'ডেইশ্‌ন্] *n* ১ [U] (GB) ফ্ল্যাট, বাড়ি, ছাত্রাবাস, হোটেল ইত্যাদিতে সুসজ্জিত বা শূন্য কক্ষ; নিবাসন: We want ~ for a newly married couple. ২ *(pl)* (US) অস্থায়ী আবাস; আহার ও বাসস্থান। ৩ [C] সহায়ক বা সুবিধাজনক কোনো কিছু। **an '~ ladder** (attrib) জাহাজের পার্শ্বদেশে ঝুলন্ত সুবহ মই। ৪ [U,C] (আনুষ্ঠা.) আপোসরফা; (এক বস্তুর সঙ্গে অন্য বস্তুর) সামঞ্জস্যবিধান; উপযোজন; বন্দোবস্ত: come to an ~.

ac·com·pani·ment [আ'কাম্পানিমান্ট্] *n* [C] ১ সহচর; সহগামী: Insomnia is often an ~ of old age. ২ (সঙ্গীত) কণ্ঠসঙ্গীতের সহগামী যন্ত্রসঙ্গীত; যন্ত্রসঙ্গত; সমবেত বা একক বাদ্যযন্ত্র: a song with a sitar ~. **ac·com·pan·ist** [আ'কামপানিস্ট্] *n* যে ব্যক্তি সঙ্গত বাজায়; সঙ্গতবাদক।

ac·com·pany [অ্যা'কাম্পানি] *vt (pt,pp* -nied) ১ সঙ্গে যাওয়া; সঙ্গী/সহগামী হওয়া। ২ সহচর হওয়া;

বৈশিষ্ট্যমণ্ডিত করা: headache accompanied with nausea. ৩ একই সঙ্গে বা সময়ে ঘটা বা করা। ৪ (সঙ্গীত) যন্ত্রসঙ্গত করা।

ac·com·plice [অ্যাকাম্প্লিস্ US অ্যাকম্-] *n* [C] (বিশেষত দুষ্কর্মের) সঙ্গী বা সহায়তাকারী; সহযোগী।

ac·com·plish [অ্যাকাম্প্লিশ্ US অ্যাকম্-] *vt* সুসম্পন্ন করা; সাফল্যের সঙ্গে শেষ করা। **an ~ed fact** ইতোমধ্যেই সম্পন্ন হয়েছে এমন কিছু। **~ed** *adj* চতুর; সুদক্ষ: an ~ed actor; আলাপচারিতা, শিল্প, সঙ্গীত ইত্যাদিতে সুশিক্ষিত; গুণবান: an ~ed young man. **~·ment** *n* ১ [U] সমাপন; সমাপ্তি; নিষ্পাদন; সিদ্ধি: the ~ment of one's designs. ২ [C] সুসম্পন্ন কোনো কিছু। ৩ [C] কোনো সামাজিক বা গার্হস্থ্য শিল্পকলায় পারদর্শিতা; গুণ: Painting is not among her ~ments.

ac·cord[1] [অ্যাকো°ড্] *n* ১ [U] **of one's own ~** স্বেচ্ছায়; স্বতঃপ্রণোদিত হয়ে। **in / out of ~ (with)** মিল/ বনিবনা সহ বা বিহীন; একমত হয়ে/ না হয়ে। **with one ~** সর্বসম্মতিক্রমে। ২ (বিভিন্ন দেশের মধ্যে; অন্য দেশের সঙ্গে) সন্ধিচুক্তি; সংবিদা; মৈতৈক্য।

ac·cord[2] [অ্যাকো°ড্] *vi vt* ১ ~ **(with)** মেলা; সঙ্গতিপূর্ণ হওয়া; খাপ খাওয়া: Your words and your actions do not ~ well together. ২ (আনুষ্ঠা. রীতি) দেওয়া; প্রদান করা: ~ sb a reception.

ac·cord·ance [অ্যাকো°ডান্স্] *n* **in ~ with** অনুযায়ী; অনুসারে; মাফিক।

ac·cord·ing [অ্যাকো°ডিঙ্] ১ ~ **as** *conj* যে মাত্রায় বা অনুপাতে: He will be paid ~ as his work is useful. ২ ~ **to** *prep* (ক) অনুসারে; মতে: according to Darwin. (খ) অনুপাতে; মাত্রানুযায়ী: You will be rewarded ~ to the quality of your work. (গ) অনুযায়ী: The articles are arranged in the journal ~ to subject-matter. **~·ly** *adv* ১ সেই হেতু; সুতরাং। ২ সেই মতো; (বর্ণিত) পরিস্থিতি অনুযায়ী: I expect you to act ~ly.

ac·cord·ion [অ্যাকো°ডিঅন্] *n* (অপিচ **piano ~**) ভস্ত্রা, ধাতবপত্রী ও ঘাট-যুক্ত সুবহ বাদ্যযন্ত্রবিশেষ; একর্ডিয়ন; (attrib) একর্ডিয়নের ভস্ত্রার মতো সরু ভাঁজবিশিষ্ট: ~ pleats.

ac·cost [অ্যাকস্ট্ US অ্যাকো°স্ট্] *v t* বিশেষত প্রকাশ্যস্থলে অপরিচিতের সঙ্গে গায়ে পড়ে আলাপ করা; (বারবনিতা সম্বন্ধে) (অসৎ উদ্দেশ্যে) আহ্বান জানানো/ গায়ে পড়া; উপযাচিকা হওয়া।

ac·count[1] [অ্যাকাউন্ট্] *n* ১ [C] (বাণিজ্য.) (পণ্য, সেবা ইত্যাদির জন্য) প্রাপ্ত/ পরিশোধিত (বা প্রাপ্তব্য/ পরিশোধ্য) অর্থ-সংক্রান্ত বিবরণ; হিসাব। **open an ~; open a bank/ post office, etc ~** হিসাব খোলা। **ask a shop/ shopkeeper/ store to put sth down to one's ~** পরে মূল্য শোধ করা হবে বলে ক্রেতার নামে লিখে রাখতে বলা। **settle one's ~ (with)** হিসাব/ পাওনা মিটিয়ে দেওয়া; (লাক্ষ.) আঘাত, অপমান ইত্যাদির প্রতিশোধ নেওয়া। **send in / render an ~** দেনার লিখিত বিবৃতি পাঠানো। ,~ ˈ**rendered** প্রেরিত হিসাব (এখনো অপরিশোধিত)। **balance/ square ~s (with sb)** দেনাপাওনার হিসাব মেলানো (দুয়ের মধ্যেকার পার্থক্য দূর করে); (লাক্ষ.) শাস্তি প্রদান বা গ্রহণ করে মানুষে মানুষে নৈতিক মনোমালিন্য দূর করা। ˈ**budget ~** (দোকানের সঙ্গে) পণ্যক্রয়, বিল পরিশোধ ইত্যাদির জন্য দোকানে নিয়মিত অর্থ জমা করে যে হিসাব খোলা হয়; (ব্যাংকের সঙ্গে) বিল ইত্যাদি পরিশোধের জন্য যে ব্যাংক নিয়মিত অর্থ কর্তন করে সেই ব্যাংকে খোলা বিশেষ হিসাব; বাজেট হিসাব। ˈ**current ~**, **deˈposit ~**, ˈ**joint ~**, ˈ**savings ~**, দ্র current[1] (৩), deposit[1] (১), joint[2] এবং save[1] (২). ২ (পুরা.) গণনা; গণন; বিগণন। **money of ~** অর্থের অঙ্ক বোঝাতে ব্যবহৃত: এই পরিমাণ অর্থের কোনো মুদ্রা বা ব্যাংকনোট নেই; হিসাবি অর্থ, যেমন, guinea (দ্র.). ৩ (কেবল *sing*) সুবিধা; মুনাফা; লাভ। **turn/ put sth to (good) ~** অর্থ, সামর্থ্য, মেধা ইত্যাদি লাভজনকভাবে ব্যবহার করা। **work on one's own ~** নিজের উদ্দেশ্য সিদ্ধি ও লাভের জন্য নিজ দায়িত্বে কাজ করা। ৪ [U] **call/ bring sb to ~** কাউকে তার আচরণের যৌক্তিকতা প্রতিপন্ন করতে বলা; কৈফিয়ত দিতে/ জবাবদিহিতে/ দায়দায়িত্ব স্বীকারে বাধ্য করা। ৫ [C] **give a good ~ of oneself** ভালো করা; কৃতিত্বের পরিচয় দেওয়া। ৬ [C] প্রতিবেদন; বর্ণনা; বিবরণ: a graphic ~ of the events. **by one's own ~** নিজের বর্ণনা অনুযায়ী। **by/from all ~s** সর্বজনের বিবরণ অনুযায়ী। ৭ [U] বিবেচনা; বিচার; মূল্যায়ন। **be (reckoned) of some/ small ~** কিছুটা মূল্যবান/নগণ্য (বলে বিবেচিত) হওয়া। **take sth into ~; take ~ of sth** বিবেচনা করা; মনোযোগ দেওয়া; হিসাবের মধ্যে নেওয়া। **leave sth out of ~; take no ~ of sth** বিবেচনা না করা; বিবেচনার বাইরে রাখা। ৮ [U] যুক্তি; হেতু; কারণ। **on ~ of** কারণে। **on this/ that ~** এই কারণে; সেই হেতু। **on no ~; not on any ~** কোনো অবস্থাতেই/ কোনোক্রমেই নয়।

ac·count[2] [অ্যাকাউন্ট্] *vt,vi* ১ ~ **for** (ক) ব্যাখ্যাস্বরূপ হওয়া; কারণ ব্যাখ্যা করা: That ~s for his conduct. **There's no ~ing for tastes** রুচির কোনো ব্যাখ্যা নেই। (খ) হিসাব দেওয়া: You are to ~ for the money you have been entrusted with. (গ) ধ্বংস করা; হত্যা করা; ধরা বা বন্দী করা: They ~ed for a pair of pheasants. ২ বিবেচনা করা: The accused should be ~ed innocent until he is proved guilty. **~·able** [-অব্‌ল্] *adj* দায়ী; জবাবদিহি। **~able (to sb) (for sth)** দায়ী; জবাবদিহি: Civil servants should be ~able to the people. **~·ability** *n* জবাবদিহিতা।

ac·count·ancy [অ্যাকাউন্টান্সি] *n* [U] হিসাববিদ্যা; হিসাবরক্ষক বা গাণনিকের পেশা।

ac·count·ant [অ্যাকাউন্টান্ট্] *n* [C] (GB) ব্যবসার হিসাব রাখা ও পরীক্ষা করা যার পেশা; হিসাবরক্ষক; জমানবিশ; গাণনিক। **chartered ~** (সং CA), দ্র. charter *vt* (১) (US = certified public ~, সং CPA).

ac·coutre·ments (US = **ac·cou·ter·ments**) [অ্যাকূটামান্টস্] *n pl* সাজসরঞ্জাম; বেশভূষা; (সাম.) (পোশাক-পরিচ্ছদ ও অস্ত্রশস্ত্র বাদে) সৈনিকের ব্যক্তিগত জিনিসপত্র।

ac·credit [অ্যাক্রেডিট্] *vt* (সাধা. passive) ১ সরকারি পরিচয়পত্রসহ দূত হিসাবে পাঠানো বা নিয়োগ করা। ২ = credit[2]. **~ed** *part adj* সরকারিভাবে স্বীকৃত (ব্যক্তি); সর্বজনস্বীকৃত (বিশ্বাস, মতামত ইত্যাদি); অনুমোদিত গুণবিশিষ্ট বলে নিশ্চয়কৃত।

ac·cretion [অক্রীশ্‌ন্] *n* ১ [U] জৈবিক সংযোজনের দ্বারা বৃদ্ধি; বিবৃদ্ধি; পৃথক পৃথক বস্তুর এক বস্তুতে পরিণত হওন। ২ [C] সংযোজন; বিবৃদ্ধি; উপলেখ।

ac·crue [অ্যাক্রু] *vi* ~ **(to sb) (from sth)** স্বাভাবিক বিকাশ বা বৃদ্ধি হিসাবে আসা; উপচিত হওয়া: ~d interest.

ac·cu·mu·late [অ্যাকিউমিউলেইট্] *vt,vi* সংখ্যা বা পরিমাণে বৃদ্ধি পাওয়া বা বাড়ানো; পুঞ্জীভূত/ স্তূপীকৃত/ সঞ্চিত হওয়া; জমা বা জমানো: ~ wealth.

ac·cu·mu·la·tion [অ্যাকিউমিউ'লেইশ্‌ন্] *n* ১ [U] সঞ্চয়ন; পুঞ্জীভবন; উপচয়ন; রাশিকরণ: ~ of money/ knowledge. ২ [C] পুঞ্জীভূত/ উপচিত বস্তু ইত্যাদি; উপচয়। **ac·cu·mu·lat·ive** [অ্যাকিউমিউলাটিভ্ US –লেইটিভ্] *adj* পুঞ্জীভূত; উপচিত; স্তূপীকৃত।

ac·cu·mu·la·tor [অ্যাকিউমিউলেইটা(র্)] *n* [C] ১ (GB) বিদ্যুৎশক্তি সঞ্চয়কারী ব্যাটারি বা কোষ (যেমন মোটরগাড়ির); সঞ্চয়ী বিদ্যুৎকোষ: charge/ discharge an ~. ২ (কম্পিউটারে) সংখ্যা বা রাশি সঞ্চিত করবার এবং উত্তরোত্তর রাশির সঙ্গে রাশি যুক্ত করবার কৌশলবিশেষ; সঞ্চায়ক।

ac·cu·rate ['অ্যাকিয়ারাট্] *adj* ১ যথাযথ; সতর্ক। ২ নির্ভুল। **~·ly** *adv* যথাযথভাবে; নির্ভুলভাবে। **ac·cu·racy** ['অ্যাকিয়ারাসি] *n* [U] যথার্থতা; নির্ভুলতা; শুদ্ধতা।

ac·cursed [অ্যা'কা:সিড্], **ac·curst** [অ্যা'কা:স্ট্] *adj* (কাব্যিক) অভিশপ্ত; জঘন্য; ঘৃণ্য।

ac·cu·sa·tion [অ্যাকিউ'জেইশ্‌ন্] *n* [U,C] অভিযোগ; দোষারোপ; নালিশ: false ~, অভ্যাখ্যান।

ac·cus·ative [অ্যা'কিউজ়াটিভ্] *adj n* (ব্যাক.) কর্ম; কর্মকারক। **the ~ case,** দ্র. case[1] (৩).

ac·cuse [অ্যা'কিউজ়্] *vt* ~ **(of sth)** অভিযুক্ত/দোষী করা। **the ~d** (ফৌজদারি মামলায়) অভিযুক্ত ব্যক্তি (বর্গ); আসামি। **ac·cuser** *n* অভিযোক্তা; বাদী; ফরিয়াদি। **ac·cus·ing·ly** [অ্যা'কিউজ়িঙ্‌লি] *adv* অভিযোগ আরোপের ভঙ্গিতে।

ac·cus·tom [অ্যা'কাস্টাম্] *vt* ~ **(oneself) to** অভ্যস্ত করা। **become/ be ~ed to** অভ্যস্ত হওয়া। **~ed** *part adj* আভ্যাসিক; অভ্যস্ত।

ace [এইস্] *n* [C] ১ তাস, ডোমিনো বা অক্ষের উপর একক চিহ্ন; টেক্কা। **an ace in the hole** (US অপ.) এমন কোনো সংরক্ষিত বস্তু যা ব্যর্থতাকে সাফল্যে পরিণত করতে পারে; ওস্তাদের মার। ২ (কথ্য) কোনো বিষয়ের শ্রেষ্ঠ বা বিশেষজ্ঞ ব্যক্তি, বিশেষত শ্রেষ্ঠ বৈমানিক বা ধাবন-গাড়ির চালক। ৩ **within an ace of** অল্পের জন্য বা অত্যল্প ব্যবধানে ব্যর্থ হওয়া বা বেঁচে যাওয়া: within an ~ of death /of being killed.

acerb·ity [অ্যা'সাবাটি] *n* ১ [U] (কথায়, আচরণে, মেজাজে) তিক্ততা; রুক্ষতা। ২ [C] (*pl* -ties) তিক্ত মন্তব্য ইত্যাদি।

acetic [অ্যা'সীটিক্] *adj* সির্কাসম্বন্ধী; সির্কাম্ল সম্বন্ধীয়। **~ 'acid** যে অম্ল সির্কায় বিদ্যমান থাকে; সির্কাম্ল; অ্যাসিটিক অ্যাসিড। **acet·ate** ['অ্যাসিটেইট্] *n* সির্কাম্ল ঘটিত লবণ; অ্যাসিটেইট: acetate silk, অ্যাসিটেইট তন্তু দিয়ে তৈরি কৃত্রিম রেশম।

acetone ['অ্যাসিটৌন্] *n* [U] (রস.) তীব্র গন্ধযুক্ত স্বচ্ছ তরলপদার্থবিশেষ, যা রঞ্জকদ্রব্য ও বার্নিস পাতলা করতে এবং কিছু কিছু রাসায়নিক পদার্থ তৈরি করতে ব্যবহৃত হয়; অ্যাসিটোন!

acety·lene [অ্যা'সেটালীন্] *n* [U] (রস.) বর্ণহীন গ্যাসবিশেষ (C_2H_2), যা জ্বললে উজ্জ্বল আলোক বিকিরণ করে, অঙ্গারক (carbide) বাতিতে এবং ধাতু ঝালাই ও কাটার কাজে এই গ্যাস ব্যবহৃত হয়। দ্র. oxyacetylene.

ache [এইক্] *n* [C] (*sing,indef art* সহ বা ব্যতীত) অবিরাম অস্বস্তিকর বেদনা; ব্যথা; শূল (কেবলমাত্র back, ear, head, heart, stomach, tummy ও tooth-এর সঙ্গে যুক্ত হয়): have a 'head ~; suffer from 'tooth ~. **'heart ~,** দ্র. heart (৯). □*vi* ১ ব্যথা করা। ২ ~ **(for)** আকুল/বেদনাতুর হওয়া: My heart ~s for you.

achieve [অ্যা'চীভ়্] *vt* ১ অর্জন করা; সম্পন্ন/ সমাধা করা/ নিষ্পন্ন করা; সফল হওয়া: Did you ~ what you wanted to do? ২ প্রচেষ্টা দ্বারা লাভ করা; অর্জন করা: ~ success/ distinction. **achiev·able** [-অব্‌ল্] *adj* অর্জনীয়; অর্জনযোগ্য; কৃতিসাধ্য। **~·ment** *n* ১ [U] অর্জন; সিদ্ধি; সিদ্ধিলাভ। ২ [C] অর্জিত বস্তু; কৃতিত্ব; সিদ্ধি; মহৎ কৃতি: literary ~ments.

Achilles [অ্যা'কিলীজ়্] *n* **the heel of ~; ~' heel** (লাক্ষ.) ক্ষুদ্র কিন্তু দুর্বল বা আক্রম্য অংশ (যেমন, কারো চরিত্রের)।

achro·matic [অ্যাক্রৌ'ম্যাটিক্] *adj* বর্ণঘটিত অপেরণ (aberration) না ঘটিয়ে আলো সঞ্চালনে সক্ষম; অবার্ণ।

acid[1] ['অ্যাসিড্] *adj* ১ অম্লাক্ত; অম্লাস্বাদ; টক। ২ (লাক্ষ.) তীক্ষ্ণ; বিদ্রূপাত্মক; শ্লেষাত্মক: an ~ wit; ~ remarks.

acid[2] ['অ্যাসিড্] *n* ১ [U,C] (রস.) উদজানযুক্ত পদার্থবিশেষ—এই উদ্‌জানের স্থলে কোনো ধাতু প্রবিষ্ট করলে লবণ গঠিত হয়; অম্ল; অ্যাসিড। **a'mino ~** [অ্যা'মীনৌ US অ্যা'মাইনৌ] *n* [C] (রস.) প্রোটিনে পাওয়া যায় এ রকম অনেকগুলি জৈব অম্লের যেকোনো একটি; আমিনো অ্যাসিড। **~'rain** *n* (জীব.) কলকারখানা থেকে নির্গত রাসায়নিক গ্যাসযুক্ত হয়ে অম্লে পরিণত বৃষ্টির পানি যা গাছপালা ও শস্য হানি করে; অম্লবৃষ্টি। **~ test** *n* (লাক্ষ.) যে পরীক্ষায় কোনো কিছুর মূল্য চূড়ান্তভাবে প্রমাণিত হয়; অম্ল-পরীক্ষা। ২ [U] (অপ.) LSD, দ্র. পরি. ২। **~·ify** [অ্যা'সিডিফাই] *vi, vt* (pt, *pp* -fied) অম্লে পরিণত করা বা হওয়া; টকানো। **~·ity** [অ্যা'সিডাটি] *n* [U] অম্লত্ব; অম্ল-রোগ; অম্বল। **~ic** [অ্যা'সিডিক্] *adj*, **~u·lated** [অ্যা'সিডিউলেইটিড্ US অ্যা'সিজু–] *adj* ঈষৎ অম্লস্বাদের বা অম্লস্বাদযুক্ত। **~·u·lous** [অ্যা'সিডিউলাস্ US –জুলাস্] *adj* (সাহিত্য. বা লাক্ষ.) টকো; অম্লাক্ত; তিক্ত; ঝাঁঝালো: an ~ulous tone of voice.

ac·knowl·edge [অ্যাক্'নলিজ] *vt* ১ স্বীকার করা; সত্যতা, অস্তিত্ব বা বাস্তবতা মেনে নেওয়া: He is an ~d authority in his field. ২ প্রাপ্তি স্বীকার করা: ~ (receipt of) a letter. ৩ ধন্যবাদ জানানো বা জ্ঞাপন করা: We gratefully ~ your services. ৪ (অভিবাদন করে, মৃদু হেসে বা মাথা নেড়ে) কাউকে চিনতে পারার ইঙ্গিত দেওয়া:। nodded to him as he passed, but he did not ~ me. **~·ment, ac·knowl·edg·ment** *n* ১ [U] কৃতজ্ঞতাস্বীকার। ২ [C] প্রাপ্তিস্বীকার; স্বীকৃতি।

acme ['অ্যাক্‌মি] *n* **the ~** শীর্ষ; চূড়া; উন্নতির সর্বোচ্চ শিখর; পরোৎকর্ষ: the ~ of one's career.

acne ['অ্যাক্‌নি] *n* [U] (কিশোর-কিশোরীদের মধ্যে ব্যাপক) রোগবিশেষ, যাতে মুখমণ্ডল ও গলায় ফুস্কুড়ি ও কালো আঁচিল দেখা যায়; মেচেতা।

aco·lyte ['অ্যাকালাইট্] *n* কোনো কোনো ধর্মানুষ্ঠানে, বিশেষত খ্রিস্টের নৈশ ভোজোৎসব-পর্ব উদ্‌যাপনে যে ব্যক্তি পুরোহিতকে সহায়তা করে।

ac·on·ite ['অ্যাকানাইট্] *n* (উদ্ভিদ.) নীল বা রক্তবর্ণ পুষ্পবিশিষ্ট উদ্ভিদবিশেষ; বৎসনাভ; কাঠবিষ; এই জাতীয় উদ্ভিদের শুষ্ক বিষাক্ত শিকড় থেকে প্রস্তুত ঔষধ, যা হৃদ্‌যন্ত্রের ক্রিয়া মন্থর করতে ব্যবহৃত হয়।

acorn [এইকো°ন্] *n* ওক গাছের বীজ বা ফল।
acous·tic [আকূস্টিক্] *adj* শব্দ, শব্দবিজ্ঞান ও শ্রুতিবোধসম্বন্ধীয়; শ্রৌত। □*n* [C] শ্রুতিগুণের দিক থেকে হল, স্টুডিও ইত্যাদি (নীচে ২ দ্র.): We want a better ~. **acous·tics** *n* ১ *(sing v–সহ)* শ্রুতিবিজ্ঞান; শব্দের বৈজ্ঞানিক পর্যেষণা। ২ *(pl v–সহ)* শব্দের ভৌত গুণাবলী; হল, মিলনায়তন ইত্যাদির যে গুণ সঙ্গীত, বক্তৃতা ইত্যাদি শোনার পক্ষে এসব স্থানকে ভালো বা খারাপ বলে প্রতিপন্ন করে; শ্রুতিগুণ: the ~s of the auditorium.
ac·quaint [আকোয়েইন্ট্] *vt* ১ **~ sb/ oneself with** পরিচিত করা; উদ্ঘাটন করা: ~ sb with the real situation, অবহিত করা। ২ **be ~ed (with sb)** পরিচিত হওয়া: Are you ~ed with the lady?
ac·quaint·ance [আকোয়েইনটন্স্] *n* ১ [U] অভিজ্ঞতালব্ধ জ্ঞান বা তথ্য; পরিচয়: I have some ~ with Italian. **have a nodding ~ with** (কোনো ব্যক্তি বা বিষয়ের সঙ্গে) কিঞ্চিৎ পরিচয় থাকা। **make sb's ~, make the ~ of sb** কারো সঙ্গে পরিচয় করা বা পরিচিত হওয়া। **(up) on (further) ~** পরিচিত হওয়ার আরো কিছু সময়/ দিন পরে। ২ [C] পরিচিত ব্যক্তি; আলাপি: He is an ~ of mine. ৩ (প্রাচীনতর ইংরেজি, সমষ্টিবাচক) পরিচিতজন: You seem to have a wide ~, বহু পরিচিত মানুষ।
ac·quiesce [অ্যাকোয়িএস্] *vt* ১ সম্মত বা রাজি হওয়া; সায় দেওয়া; নীরবে বা বিনা আপত্তিতে মেনে নেওয়া। ২ ~ in কোনো ব্যবস্থা, সিদ্ধান্ত ইত্যাদি বিনা প্রতিবাদে মেনে নেওয়া: How do you expect me to ~ in such an absurd proposal? **ac·qui·es·cence** [অ্যাকোইএস্ন্স্] *n* মৌনসম্মতি (–দান)। **ac·qui·es·cent** [–এস্ন্ট্] *adj* মৌনসম্মতিপূর্ণ; প্রশ্রয়প্রবণ।
ac·quire [আকোয়াইআ(র্)] *vt* অর্জন করা। **an ~d taste** (পরীক্ষা নিরীক্ষার মধ্য দিয়ে) অর্জিত রুচি। **~·ment** *n* ১ [U] (acquisition এখন অধিক প্রচলিত) অর্জন। ২ [C] = accomplishment (৩) (এটিই এখন অধিক প্রচলিত); গুণ।
ac·qui·si·tion [অ্যাকোয়িজ়িশ্ন্] *n* ১ [U] গ্রহণ; অর্জন: ~ of knowledge. ২ [C] অর্জিত বস্তু বা ব্যক্তি: He is a valuable ~ to our football team.
ac·qui·si·tive [অ্যাকোয়িজ়াটিভ্] *adj* অর্জনে অভ্যস্ত; অর্জনপ্রিয়; অর্জনেচ্ছু: ~ of new ideas. **the ~ society** যে সমাজ অধিক থেকে অধিকতর বস্তু অর্জনের উপর গুরুত্ব দেয়; অর্জনপ্রবণ সমাজ।
ac·quit [আকোয়িট্] *vt* ১ **~ sb (of/ on sth)** নির্দোষ বলে রায় দেওয়া; খালাস দেওয়া; অভিযোগ থেকে অব্যাহতি দেওয়া। ২ আচরণ করা; উত্তীর্ণ হওয়া: She ~ted herself well. **~·tal** [আকোয়িট্ল্] *n* [U,C] বেকসুর খালাস: a sentence of ~tal. **~·tance** *n* ফারখতি।
acre [এইকা(র্)] *n* [C] ভূমির মাপের একক; ৪৮৪০ বর্গগজ বা প্রায় ৪০০০ বর্গমিটার; একর। **God's A~** (সমাধির জন্য) গির্জার প্রাঙ্গণ। **~·age** [এইকারিজ্] *n* [U] একরের মাপে জমির পরিমাণ: the ~age of the city parks.
ac·rid [অ্যাক্রিড্] *adj* (গন্ধ বা স্বাদ সম্বন্ধে) অত্যন্ত কটু; ঝাঁঝালো; তীব্র: ~ smell of burning flesh; (লাক্ষ.) মেজাজ বা চালচলনে উগ্র, রুক্ষ, তিক্ত; অরুন্তুদ।
ac·ri·mony [অ্যাক্রিমানি US –মৌনি] *n* [U] (আনুষ্ঠা.) মেজাজ, আচার–আচরণ ও ভাষার তিক্ততা; উগ্রতা; স্বভাবকটুতা। **ac·ri·moni·ous** [অ্যাকরিমৌনিআস্] *adj* (যুক্তিতর্ক, বাগবিতণ্ডা, শব্দ ইত্যাদি সম্বন্ধে) তিক্ত; কটু।
ac·ro·bat [অ্যাক্রাব্যাট্] *n* শারীরিক কসরত প্রদর্শনে পারদর্শী ব্যক্তি; কসরতবাজ। **~ic** [অ্যাক্রাব্যাটিক্] *adj* কসরতবাজসদৃশ; কসরতি: ~ic feats, কসরত–নৈপুণ্য। **~·ics** *n pl (sing v–সহ ব্যবহৃত হয়)* কসরতবাজি।
ac·ro·nym [অ্যাক্রনিম্] *n* [C] কোনো নামের আদ্যাক্ষরসমূহের সমন্বয়ে গঠিত শব্দ, যেমন UNO (United Nations Organisation); আদ্যক্ষরা।
acrop·olis [আক্রপালিস্] *n* প্রাচীন কালে গ্রিক নগরীর সুরক্ষিত অংশ, বিশেষত এথেন্সের। **the A~** এক্রোপলিস।
across[1] [আক্রস্ US আক্রো°স্] *adv (prep-এর সকল অর্থে vv–এর সঙ্গে ব্যবহৃত হয়)* এপার–ওপার; আড়াআড়িভাবে: He helped the child ~, পার হতে সাহায্য করেছে। The road is only 20 m ~, ২০ মি. প্রশস্ত। **~ from** (US) উল্টোদিকে; বিপরীত দিকে: The post office is just ~ from the book-shop.
across[2] [আক্রস US আক্রো°স্] *prep* ১ একদিক থেকে অন্যদিকে: row sb ~ a river; a dam ~ a river. **~-the-board** বিশেষত কোনো পেশা বা শিল্পের সকল সদস্য, দল ইত্যাদি সমেত: an ~-the-board wage increase, সর্বজনীন বেতন–বৃদ্ধি। ২ ওপারে; ওধারে: The school is ~ the canal. ৩ আড়াআড়ি; পরস্পর ছেদ করে এমনভাবে: The little girl stood with her arms ~ her chest. *(vv–সহ)* দ্র. come (১৫), drop[2](১৩), get (১৭), put[1] (১১) এবং run[1] (২৮).
acros·tic [আক্রস্টিক্ US –ক্রো°স্–] *n* শব্দের ধাঁধা বা বিন্যাস, যাতে পংক্তিসমূহের প্রথম কিংবা প্রথম ও শেষ বর্ণ মিলে এক বা একাধিক শব্দ গঠন করে।
acryl·ic [আক্রিলিক্] *n* (বাণিজ্য.) **~ fibre** পোশাকের কাপড় ইত্যাদি তৈরি করার জন্য (বিভিন্ন ধরনের) কৃত্রিম তন্তুবিশেষ; এক্রিলিক তন্তু। **~ resin** প্লাস্টিকের পরকলা; বিমানের জানালা প্রভৃতি তৈরি করার জন্য শিল্প–কারখানায় ব্যাপকভাবে ব্যবহৃত (বিভিন্ন ধরনের) স্বচ্ছ, বর্ণহীন প্লাস্টিকবিশেষ।
act[1] [অ্যাক্ট্] *n* [C] ১ কর্ম; কার্য; কৃতকর্ম; কাজ: an ~ of kindness. **Acts (of the Apostles)** (NT) খ্রিস্টের দ্বাদশ শিষ্যের প্রচারকার্যের বিবরণ। ২ কোনো কিছু করার প্রক্রিয়া/ মুহূর্ত; ক্রিয়া। **(catch sb) in the (very) act of (doing sth)** হাতে–নাতে (ধরে ফেলা); (কিছু) করার সময়: in the ~ of breaking into the house; In the ~ of picking fruits he fell from the ladder. **Act of God** নিয়ন্ত্রণের অতীত প্রাকৃতিক শক্তিনিচয়ের পরিণামস্বরূপ কোনো কিছু (যেমন ঝড়, বন্যা, ভূমিকম্প); দৈবদুর্বিপাক। অপিচ দ্র. grace (৩)। ৩ কোনো বিধায়ক পর্ষদকর্তৃক প্রণীত আইন; বিহিতক; অধিনিয়ম: an Act of Parliament. ৪ (নাটকের) অঙ্ক। ৫ কোনো অনুষ্ঠানসূচিতে সংক্ষিপ্ত অনুষ্ঠানসমূহের যে কোনো একটি; অনুষ্ঠান: a circus/ variety act. ৬ (কথ্য) ছল; ব্যপদেশ; ভান: Are you really serious or is it merely an act? **put on an act** (কথ্য) (স্বার্থসিদ্ধির জন্য) ছল/ ভান করা।
act[2] [অ্যাক্ট্] *vt,vi* ১ কিছু করা; কাজ করা; সক্রিয় হওয়া: He ~ed promptly to defeat the machinations of his enemies. **act (up) on** (a suggestion/ sb's advice/ an order) ইঙ্গিত, পরামর্শ ইত্যাদি অনুসরণ করা। ২ (স্বাভাবিকভাবে) কাজ করা; প্রয়োজন সিদ্ধ করা: Is the valve ~ing well? **act (up) on** কিছুর উপর কাজ

করা: This drug ~s on the nervous system. ৩ পেশাগত বা দাপ্তরিক ক্ষমতায় কাজ করা: The superintendent ~ed wisely. **act as** দোভাষী, মধ্যস্থ প্রভৃতি হিসাবে কাজ করা। **act for/ on behalf of** কৌঁসুলি/ ব্যবহারজীবী হিসাবে মামলায় কারো প্রতিনিধিত্ব করা। ৪ অভিনয় করা: His plays won't ~, অভিনয়োপযোগী নয়। **act sth out** এমন সব ক্রিয়া সম্পন্ন করা, যা কোনো স্নায়বিক পীড়াগ্রস্ত ব্যক্তির ভয়, সংবাধ (inhibition) ইত্যাদির প্রতিনিধিত্ব করে এবং ঐসব ভয়, সংবাধ ইত্যাদি অবচেতন মন থেকে বের করে আনতে সাহায্য করে। **act up** (কথ্য) অসদাচরণের দ্বারা দৃষ্টি আকর্ষণ করা; খারাপভাবে কাজ করে বিরক্তি, ক্ষোভ বা কষ্টের কারণ হওয়া: His leg/ telephone/ VCR has been acting (এখন playing অধিক প্রচলিত) up the whole week-end.

act·ing [অ্যাক্‌টিঙ্] *adj* সাময়িকভাবে অন্যের দায়িত্বে অধিষ্ঠিত; কার্যকারী: The ~ Principal/ President. □*n* [U] অভিনয়। ˈ**~ copy** অভিনেতা-অভিনেত্রীর ব্যবহার্য লিপি।

ac·tin·ism [অ্যাকটিনিজ়াম্] *n* [U] আলোকরশ্মির যে ধর্ম রাসায়নিক ক্রিয়া ঘটায় ও পরিবর্তন সাধন করে (যেমন আলোকচিত্রের ফিল্মে); অর্চিতা। **ac·tinic** [অ্যাক্'টিনিক্] *adj* অর্চিতা-সম্বন্ধী; আর্চিক: actinic rays, সূর্যের রশ্মি-বিকিরণের উপাদান।

ac·tin·ium [অ্যাক্'টিনিঅম্] *n* [U] (রস.) ইউরেনিয়মের স্বাভাবিক ক্ষয়জনিত তেজস্ক্রিয় মৌলবিশেষ (প্রতীক Ac); অ্যাকটিনিয়ম।

ac·tion [অ্যাকশ্‌ন্] *n* ১ ক্রিয়া; কর্মোদ্যোগ; কর্ম: a man of ~, কর্মিষ্ঠ ব্যক্তি। **bring/ call sth into ~** সক্রিয় করে তোলা। **put/ set sth in ~** চালু/ সচল করা। **put sth out of ~** বন্ধ/ নিষ্ক্রিয় করা; ব্যবহারের অযোগ্য করা। **take ~** কাজ শুরু করা; ব্যবস্থা গ্রহণ করা। **where the ~ is/ ~'s at** কর্ম, আমোদ-প্রমোদ ইত্যাদির ব্যস্ত কেন্দ্র। ˈ**~ painting** বিমূর্ত চিত্রবিশেষ, যাতে ক্যানভাসের উপর রং ছিটিয়ে বা ঢেলে গড়াতে দিয়ে শিল্প সৃষ্টি করা হয়; জঙ্গম চিত্র। **~ ˈreplay** কোনো ক্রিয়ার (সাধা. খেলাধুলার) অংশবিশেষের ফিল্ম ধীর গতিতে পুনর্বার প্রদর্শন, যাতে দর্শকরা ঘটনাপরম্পরা অধিকতর স্পষ্ট করে অবলোকন করতে পারেন; পুনঃচালনা। ২ [C] কৃতকর্ম; কাজ: judge sb by his ~s. **A~s speak louder than words** কথার চেয়ে কাজ অধিকতর প্রত্যয়জনক। ৩ [C] (ক) পিয়ানো, বন্দুক বা অন্য কোনো যন্ত্রের ক্রিয়াকৌশল। (খ) শারীরিক গতিচাঞ্চল্যের ধরন (যেমন ক্রীড়াবিদ কিংবা লম্ফনরত ঘোড়ার)। ৪ [C] মামলা। **bring an ~ against sb** কারো বিরুদ্ধে মামলা রুজু করা। ৫ [U] সৈন্যদল বা রণতরীর মধ্যে সংঘর্ষ; লড়াই: go into ~, লড়াই শুরু করা; killed in ~, যুদ্ধে নিহত; break off the ~, যুদ্ধ বন্ধ করা। ˈ**~ stations** (সাম.) যুদ্ধ আসন্ন জেনে সৈনিক প্রভৃতি যে স্থানে থানা দেয়; যুদ্ধ-ঘাঁটি। **~·able** [-নাব্‌ল্] *adj* মামলার উপযুক্ত; অভিযোজ্য।

ac·ti·vate [অ্যাকটিভেইট্] *vt* সক্রিয়/ সচল করা; (রস.) (তাপ ইত্যাদি প্রয়োগে) বিক্রিয়া ত্বরান্বিত করা; (পদার্থ.) রশ্মি বিকীর্ণ করানো। **ac·ti·va·tion** [অ্যাকটিভেইশ্‌ন্] *n* সক্রিয়করণ।

ac·tive [অ্যাক্‌টিভ্] *adj* ১ সক্রিয়; কর্মিষ্ঠ; ক্রিয়াশীল; কর্মপরায়ণ: an ~ brain; an ~ volcano; an ~ imagination. **on ~ service** (নৌ-, সেনা-, বিমান-, বাহিনী) (GB) সক্রিয় সামরিক দায়িত্বে নিয়োজিত বিশেষত যুদ্ধকালে; (US) পূর্ণ কর্তব্যপালনে নিয়োজিত (মজুদ বাহিনীর অন্তর্ভুক্ত নয়)। **under ~ consideration** সক্রিয় বিবেচনাধীন। ২ (ব্যাক.) **the ~ (voice)** কর্তৃবাচ্য। দ্র. passive. **~·ly** *adv* সক্রিয়ভাবে।

ac·tiv·ist [অ্যাক্‌টিভিস্ট্] *n* [C] (রাজনৈতিক আন্দোলন ইত্যাদিতে) সক্রিয় অংশগ্রহণকারী ব্যক্তি।

ac·tiv·ity [অ্যাক্'টিভ়াটি] *n (pl* -ties) ১ [U] সক্রিয়তা; কর্মপরায়ণতা; কর্মিষ্ঠতা। ২ [C] কার্যকলাপ; কর্মকাণ্ড; কাজকর্ম।

actor [অ্যাকটা(র্)] *n* ১ অভিনেতা; নট। ২ উল্লেখযোগ্য ঘটনা প্রভৃতিতে অংশগ্রহণকারী ব্যক্তি; নট; পাত্র।

ac·tress [অ্যাকট্রিস্] *n* অভিনেত্রী।

ac·tual [ˈঅ্যাকচুঅল্] *adj* প্রকৃত; সত্যিকার; বাস্তব। **~·ly** [ˈঅ্যাকচুলি] adv ১ প্রকৃতপক্ষে; বস্তুত; সত্যিকারভাবে। ২ আশ্চর্য মনে হলেও; অবিশ্বাস্য হলেও; সত্যি সত্যি: He not only started writing, ~ly he came to the top. **~·ity** [অ্যাকচুˈঅ্যালাটি] *n (pl* -ties) ১ [U] প্রকৃত অস্তিত্ব; বাস্তবতা; সত্যতা; প্রকৃতত্ব। ২ [C, সাধা. *pl)* প্রকৃত অবস্থা বা তথ্য; বাস্তবতা; বাস্তব অবস্থা।

ac·tu·ary [অ্যাকচুঅরি US -চুএরি] *n (pl* -ries) (মৃত্যুর হার, অগ্নিকাণ্ডের পৌনঃপুন্য, চুরি, দুর্ঘটনা ইত্যাদি পর্যেষণা করে) বিমার কিস্তির পরিমাণ গণনায় বিশেষজ্ঞ ব্যক্তি; আহিলকার। **ac·tu·ar·ial** [অ্যাকচুˈএআরিঅল্] *adj* আহিলকার-বিষয়ক; আহিলকারী।

ac·tu·ate [অ্যাকচুএইট্] *vt* (আনুষ্ঠা.) (কর্মে) প্রবর্তিত/ প্রণোদিত/ প্রবৃত্ত করা: A ~d by love of humanity, he dedicated himself to the service of his fellow human beings.

acu·ity [অ্যাˈকিউঅটি] *n* [U] (আনুষ্ঠা.) তীক্ষ্ণতা; সৌক্ষ্ম্য; বিচক্ষণতা; তৈক্ষ্ণ্য।

acu·men [অ্যাˈকিউমেন্] *n* [U] তীক্ষ্ণ বিচারবুদ্ধি/ধীশক্তি; বুদ্ধিপ্রকর্ষ।

acu·punc·ture [অ্যাকিউপাঙ্কচা(র্)] *n* [U] (চিকি.) মানবদেহের জীবন্ত কোষসমূহে সুচ ফুটিয়ে বা খুঁচিয়ে রোগ নিরাময়, বেদনার উপশম, কিংবা স্থানিক অসাড়তা সৃষ্টির পদ্ধতিবিশেষ; আকুপাংচার।

acute [অ্যাˈকিউট্] *adj* ১ (ইন্দ্রিয়বোধ, সংবেদন, ধীশক্তি সম্বন্ধে) তীক্ষ্ণ; ক্ষিপ্র; সূক্ষ্ম; সূচ্যগ্র; তীব্র; বেধক। ২ (রোগ সম্বন্ধে) হঠাৎ সঙ্কটজনক হয়ে ওঠে এমন; বিষম। ৩ (ধ্বনি সম্বন্ধে) উচ্চ; সুতীক্ষ্ণ। ৪ **~ angle** ৯০° ডিগ্রির চেয়ে ক্ষুদ্র কোণ; সূক্ষ্মকোণ। ৫ **~ accent** স্বরবর্ণের উপর লিখিত বা মুদ্রিত চিহ্নবিশেষ (´), যেমন ne´e-এর e স্বরধ্বনির উপর; তীক্ষ্ণ প্রস্বনচিহ্ন। **~·ly** *adv* তীক্ষ্ণভাবে; সূক্ষ্মভাবে ইত্যাদি। **~·ness** *n* তীক্ষ্ণতা; সূক্ষ্মতা; তীব্রতা; বেধকতা।

ad [অ্যাড্] *n* [C] (কথ্য সংক্ষেপ) = advertisement, বিজ্ঞাপন।

ad·age [অ্যাডিজ্] *n* [C] পুরনো জ্ঞানগর্ভ উক্তি; প্রবচন; আপ্তোক্তি।

adagio [অ্যাˈডা:জিঔ] *n (pl* -gios [-জিঔজ়্]) *adj, adv* (সঙ্গীত.) মাধুর্যমণ্ডিত ও মন্থর (সঙ্গীতাংশ); বিলম্বিত লয়ে; মাধুর্যমণ্ডিতভাবে; শনৈঃশনৈঃ।

Adam [অ্যাডাম্] *n* ˌ**~'s** ˈ**apple** বিশেষত পুরুষ মানুষের গলার সম্মুখভাগের উন্নত অংশ; কণ্ঠমণি। **the old ~** (পরিহাস.) মানবপ্রকৃতির নীতিবিরুদ্ধ স্বার্থপর দিক। **not know sb from ~** তাকে একেবারেই না চেনা। দ্র. know (২).

ada·mant [ˈঅ্যাডামন্‌ট্] *n* [C] কাটা বা ভাঙা যায় না বলে কথিত পাথরবিশেষ; হৈরিক। □*pred adj* অনমনীয়; অবিচলচিত্ত; দৃঢ়সঙ্কল্প; অনড়।

adapt [আˈড্যাপ্‌ট্] *vt* খাপ খাওয়ানো; অভিযোজিত করা: ~ed to the needs of the time; a play ~ed from the German. **~er, ~or** [-টা(র্)] *nn* **(ক)** যে ব্যক্তি কোনো কিছু অভিযোজিত করে; অভিযোক্তা। **(খ)** কোনো বস্তুকে তার অভীষ্ট উদ্দেশ্য থেকে ভিন্ন উদ্দেশ্যে কিংবা অন্যভাবে ব্যবহার করবার উপযোগী কৌশল; অভিযোজক। **~·able** [-অব্‌ল্] *adj* খাপ খাইয়ে নিতে সমর্থ; সঙ্গতিপ্রবণ; অভিযুজ্য: an ~ able man. **~a·bil·ity** [আˌড্যাপ্টাবিলাটি] *n* [U] সঙ্গতিপ্রবণতা; অভিযুজ্যতা; খাপ খাওয়াবার ক্ষমতা। **ad·ap·ta·tion** [ˌঅ্যাড্যাপ্‌ˈটেইশ্‌ন্] *n* **~ation (of sth) (for/ to sth)** ১ [U] অভিযোজন; প্রতিযোজন। ২ [C] অভিযোজিত বস্তু; অভিযোজনা: an ~ation (of a play) for the TV.

add [অ্যাড্] *vt,vi* ১ **add sth (to sth)** যুক্ত/ সংযুক্ত করা; যোগ করা। ˈ**adding-machine** *n* যান্ত্রিকভাবে গণনা করবার যন্ত্রবিশেষ; যোজনযন্ত্র। ২ আরো কিছু বলা; কিছু যোগ করা: 'Don't worry, I'll help you', he added. ৩ (*adv part* ও *preps* –সহ বিশিষ্ট প্রয়োগ): **add sth in** অন্তর্ভুক্ত করা। **add to** বৃদ্ধি করা: His sudden disappearance adds to our difficulties. **add sth together** একত্র করা; যোগ করা। **add sth up** যোগফল নির্ণয় করা: add up eight figures. **add up (to) (ক)** যোগফল হওয়া: The figures add up to 579. **(খ)** (কথ্য) বোঝানো; নির্দেশ করা; অর্থ দাঁড়ানো: All that this adds up to is that you want to dissociate yourself from the plan. **(গ)** (কথ্য) অর্থ/মানে হওয়া; যুক্তিসঙ্গত হওয়া: It doesn't add up.

ad·den·dum [আˈডেন্‌ডাম্] *n* (*pl* -da [-ডা]) বাদ পড়েছে বলে যোগ করতে হবে এমন বস্তু; সংযোজন।

ad·der [ˈঅ্যাডা(র্)] *n* বিষধর সাপবিশেষ।

ad·dict [আˈডিক্‌ট্] *vt* (সাধা. passive) **be ~ed to** আসক্ত/ অত্যাসক্ত/ নেশাগ্রস্ত হওয়া: ~ed to drugs/ alcohol/ lying. □*n* [ˈঅ্যাডিক্‌ট্] উপসেবক; নেশাগ্রস্ত/ মাদকাসক্ত ব্যক্তি: a ˈdrug ~. **ad·dic·tion** [আˈডিক্‌শ্‌ন্] *n* [U,C] উপসেবন; আসক্তি; মাদকাসক্তি। **ad·dic·tive** [আˈডিক্‌টিভ্] *adj* আসক্তিজনক: ~ive drugs.

ad·di·tion [আˈডিশ্‌ন্] *n* ১ [U] যোগ; সঙ্কলন। **in ~ (to)** তদুপরি; তদতিরিক্ত। ২ [C] যা যোগ করা হয়েছে; সংযোজন: an important ~ to our stock. **~al** [-শান্‌ল্] *adj* অতিরিক্ত। **~ally** [-শনালি] *adv* অতিরিক্তরূপে।

ad·di·tive [ˈঅ্যাডিটিভ্] *n* [C] বিশেষ উদ্দেশ্যে অল্প পরিমাণে সংযোজিত পদার্থ; সংযোজনদ্রব্য: food ~ s, যেমন রঞ্জকদ্রব্য।

addle [ˈঅ্যাড্‌ল্] *adj* (সাধা. যৌগশব্দে) বিভ্রান্ত; তালগোল–পাকানো; ঘোলাটে। ˈ**~-brained,** ˈ**~-pated** [-পেইটিড্] *adj* ঘোলাটে–বুদ্ধি; অনচ্ছধী। ˈ**~-head** *n* অনচ্ছধী (ব্যক্তি); জড়ধী। □*vt,vi* ১ বিভ্রান্ত করা; তালগোল পাকিয়ে দেওয়া; ঘোলাটে করা: ~ one's head/brains. ২ (ডিম সম্বন্ধে) পচা: ~d eggs.

ad·dress[1] [আˈড্রেস্ US অ্যাড্রেস্] *n* ১ ঠিকানা। ২ বক্তৃতা; ভাষণ; অভিভাষণ। ˌ**public** ˈ**~ system** বক্তৃতার আওয়াজ বিবর্ধনের জন্য মাইক্রোফোন, লাউডস্পিকার ইত্যাদি সংবলিত বক্তৃতাদানের ব্যবস্থা; গণ–ভাষণ ব্যবস্থা। ৩ [U] **form of ~** সম্বোধন–রীতি: polite forms of ~. ৪ (*pl*) (প্রা.প্র.) প্রণয়যাচ্ঞা; উপসর্পণা; শিষ্টাচারপূর্ণ মনোযোগ: pay one's ~es to a lady, পাণিপ্রার্থনা করা; reject sb's ~es, বন্ধুত্বলাভের প্রযত্নে সাড়া না দেওয়া। **~ee** [ˌঅ্যাড্রেˈসী] *n* যাকে উদ্দেশ করে কিছু বলা হয়; উদ্দিষ্ট। **A~o·graph** [আˈড্রেসৌগ্রা:ফ্ US –গ্র্যাফ্] *n* (P) বিজ্ঞপ্তি ইত্যাদিতে ঠিকানা ছাপানোর যন্ত্র।

ad·dress[2] [আˈড্রেস্] *vt* ১ (কারো উদ্দেশে) ভাষণ/ বক্তৃতা দেওয়া; পদবি ধরে সম্বোধন করা: People ~ed him as 'General'. ২ ঠিকানা লেখা। ৩ **~ sth to** (মন্তব্য, অভিযোগ ইত্যাদি) পাঠানো: Who did you ~ the remarks to ? ৪ **~ oneself to** (আনুষ্ঠা.) ব্যাপৃত হওয়া; (কাজে) মন দেওয়া/ লিপ্ত হওয়া: He ~ed himself to the task at hand.

ad·duce [আˈডিউস্ US আˈডুস্] *vt* (আনুষ্ঠা.) (প্রমাণ বা দৃষ্টান্তস্বরূপ) তুলে ধরা; উপস্থাপিত/ পেশ/ দাখিল করা: ~ reason/ authority / proof.

ad·en·oids [ˈঅ্যাডিনইজ্ US –ডন্‌–] *n pl* (ব্যব.) নাকের পশ্চাদ্‌ভাগ ও কণ্ঠনালীর মাঝখানে স্পঞ্জসদৃশ, ব্যাধিমূলক প্রবৃদ্ধি, এতে অনেক সময়ে নিঃশ্বাস প্রশ্বাস ও বাক্যস্ফূর্তিতে ব্যাঘাত সৃষ্টি হয়; গলরসগ্রন্থির প্রবৃদ্ধি: have one's ~ out, অস্ত্রোপচার করে বর্ধিত গলরসগ্রন্থি অপসারণ করা। **ad·en·oidal** [ˈঅ্যাডিˈনইড্‌ল্] *adj* গলরসগ্রন্থির প্রবৃদ্ধি–ঘটিত: an adenoidal child, যে শিশুর গলরসগ্রন্থি রোগাক্রান্ত।

adept [ˈঅ্যাডেপ্‌ট্] *adj* **~ in sth; ~ in/ at doing sth** সুদক্ষ; কুশলী। □*n* বিশেষজ্ঞ: He is an ~ in gardening.

ad·equate [ˈঅ্যাডিকোআট্] *adj* পর্যাপ্ত; যথেষ্ট; সন্তোষজনক। **~ ·ly** *adv* পর্যাপ্তরূপে ইত্যাদি। **ad·equacy** [ˈঅ্যাডিকোআসি] *n* [U] পর্যাপ্ততা।

ad·here [অ্যাড্‌ˈহিআ(র্)] *vi* **~ (to)** (আনুষ্ঠা.) ১ দৃঢ়ভাবে লেগে থাকা; সেঁটে থাকা। ২ বিশ্বস্ত/ অনুগত/ অবিচল থাকা; বিচ্যুত না হওয়া; দৃঢ়ভাবে সমর্থন করা: ~ to an opinion/ to a political party. **ad·her·ence** [-রান্‌স্] *n* বিশ্বস্ততা; আনুগত্য; আসঙ্গ; আসঞ্জন: adherence to a political party.

ad·her·ent [আড্‌ˈহিআরান্‌ট্] *n* (দল ইত্যাদির) সমর্থক (তবে আবশ্যিকভাবে সদস্য নয়); অনুগামী।

ad·hesion [আড্‌ˈহীজ্‌ন্] *n* ১ [U] সংযুক্ত বা সংশ্লিষ্ট হওন; আসঞ্জন; অনুলগ্নতা; সংসক্তি। ২ সমর্থন: give one's ~ to a plan. ৩ [U,C] (প্যাথ.) (আঘাত ইত্যাদির পরে) দেহকলার সংযোজন; আসঞ্জন।

ad·hes·ive [আড্‌ˈহীসিভ্] *adj* সেঁটে ধরে রাখে এমন; আঠালো। □*n* [C,U] আঠালো পদার্থ, যেমন গঁদ।

ad hoc [ˌঅ্যাড্ˈ হক্] *adj, adv* (লা.) বিশেষ উদ্দেশ্যে বিহিত; অপূর্বনির্ধারিত; অনানুষ্ঠানিক; তদর্থক: an ~ committee.

adieu [আˈডিউ US আˈডূ] *n, int* (*pl* -s বা -x) [আˈডিউজ্ US আˈডূজ্] (ফ.) বিদায়; খোদা হাফেজ।

ad in·fi·nitum [ˌঅ্যাড্‌ˌইনফ়িˈনাইটাম্] *adv* (লা.) সীমাহীনভাবে; চিরদিন; অনন্তকাল; অনাদি পরম্পরায়।

ad in·te·rim [অ্যাড্‌ইনˈটেরিম্] *adj* (লা.) অন্তর্বর্তীকালীন; মধ্যকালীন।

adi·pose [ˈঅ্যাডিপৌস্] *adj* চর্বি বা মেদ–ঘটিত; মেদময়; মেদবহুল: ~ tissue.

ad·jac·ent [আˈজেইস্‌ন্‌ট্] *adj* সন্নিহিত; সন্নিকৃষ্ট; নিকটবর্তী: ~ rooms; ~ angles.

ad·jec·tive [ˌঅ্যাজিকটিভ্] *n* (ব্যাক.) বিশেষণ। **ad·jec·tival** [অ্যাজিক্‌টাইভ্‌ল্] *adj* বিশেষণীয়।

ad·join [অ্যাজইন্] *vt,vi* ~ **(to)** পার্শ্ববর্তী/ সংলগ্ন/ লাগোয়া/ সন্নিহিত হওয়া: The school ~s the park. **~·ing** *part adj* সংলগ্ন; সন্নিহিত; পরস্পরসংলগ্ন: ~ing rooms.

ad·journ [আজান্] *vt,vi* ১ স্থগিত/ মুলতবি রাখা/ করা: The session was ~ed for the summer. ২ (সভা ইত্যাদি) মুলতবি হওয়া। ৩ (কথ্য, একস্থানে সমবেত ব্যক্তিবর্গ সম্বন্ধে) (ক) কার্যক্রম শেষ করে পৃথক হয়ে যাওয়া; (খ) অন্যত্র চলে যাওয়া: Let's ~ to the sitting-room. **~·ment** *n* মুলতবিকরণ; স্থগিতকরণ।

ad·judge [আজাজ্] *vt* ১ আইনের বলে সরকারিভাবে স্থির করা; সাব্যস্ত করা: ~ sb (to be) guilty. ২ = award; প্রদান/ মঞ্জুর করা: ~ legal damages to sb; ~ a prize.

ad·ju·di·cate [আজুডিকেইট্] *vt,vi* ১ (বিচারক বা আদালত সম্বন্ধে) রায়/ সিদ্ধান্ত দেওয়া। ২ বিচারার্থে বা সিদ্ধান্ত নেওয়ার জন্য বসা; মীমাংসা করা: ~ (up) on a question. ৩ (কাউকে) ঘোষণা করা: ~ sb bankrupt, দেউলে বলে ঘোষণা করা। **ad·ju·di·ca·tion** [আজুডিকেইশন্] *n* রায়দান; মীমাংসা; বিচারপূর্বক সিদ্ধান্ত। **ad·ju·di·ca·tor** [–টা(র্)] *n* বিচারক; কোনো জুরির (যেমন সঙ্গীত প্রতিযোগিতার) সদস্য।

ad·junct [ˈঅ্যাজাঙ্কট্] *n* ১ এমন কোনো বস্তু যা অতিরিক্ত হলেও অধীন; অনুবন্ধ। ২ (ব্যাক.) বাক্যস্থিত অন্য শব্দকে গুণান্বিত বা সংজ্ঞায়িত করার জন্য যুক্ত শব্দ (সমূহ) বা বাক্যাংশ; সম্প্রসারক।

ad·jure [আজুআ(র্)] *vt* (আনুষ্ঠা.) দিব্য দিয়ে বলা; সনির্বন্ধ অনুরোধ করা; শপথ বা শাস্তির ভয় দেখিয়ে কিছু করতে বলা। □*n* **ad·jur·ation** [অ্যাজুআরেইশন্] *n* [U,C] সনির্বন্ধ অনুরোধ; নির্বন্ধ; শপথ।

ad·just [আজাস্ট্] *vt* ~ **oneself/ sth (to)** বিহিত/ বিন্যস্ত করা; সমন্বিত করা; নিয়ন্ত্রিত করা; ব্যবহারোপযোগী করা; উপযোজিত করা; খাপ খাওয়ানো; মানিয়ে নেওয়া: to ~ oneself to new conditions. ˌ**well-ˈ~ed** (মনো.) অন্য ব্যক্তির সঙ্গে সামঞ্জস্যপূর্ণ সম্পর্ক বজায় রাখে এমন; সুসমন্বিত: a well ~ed child. **~·able** (–অব্‌ল্) সমন্বয়যোগ্য; উপযোজ্য। **~ e r** *n* (বাণিজ্য.) বিমা কোম্পানির কর্মকর্তাবিশেষ, ক্ষতি ইত্যাদির দাবি পেশ করা হলে তা নিষ্পত্তি করা যাঁর কাজ; উপযোজক। **~·ment** *n* ১ [U,C] উপযোজন; (বিমা ইত্যাদির) দাবি নিষ্পত্তি; সমন্বয়। ২ [C] উপযোজনের উপায়; উপযোজনের জন্য কোনো যন্ত্রের অংশবিশেষ।

ad·ju·tant [ˈঅ্যাজুটান্ট্] *n* ১ (সাম.) একটি ব্যাটালিয়ানের সামগ্রিক প্রশাসন ও শৃঙ্খলারক্ষার দায়িত্বে নিয়োজিত কর্মকর্তা; আড্‌জুটান্ট। ২ (অপিচ ~ **bird**) হাড়গিলা পাখি।

ad lib [ˌঅ্যাড্ ˈলিব্] *adv* (ad libitum–এর সং.) (কথ্য) যথেচ্ছভাবে; ইচ্ছামতো; নিয়ন্ত্রণবিহীনভাবে। □**ad-lib** *vi* (-bb-) (কথ্য) (অভিনয়, আবৃত্তি ইত্যাদিতে) উপস্থিতমতো যোগ করা। □*attrib adj* উপস্থিতমতো উদ্ভাবিত: ~ comments.

ad libitum [ˌঅ্যাড্‌লিবিটাম্] *adv* (লা., সং. ad lib) (সঙ্গীত) যথেচ্ছ বাদ দিয়ে পরিবেশনীয়। দ্র. obbligato (২).

adman [ˈঅ্যাড্‌ম্যান্] *n* (কথ্য) বাণিজ্যিক বিজ্ঞাপন রচয়িতা; বিজ্ঞাপন–নবিশ।

ad·min·is·ter [আড্‌ˈমিনিস্টা(র্)] ১ *vt vi* শাসন করা; পরিচালনা করা। ২ প্রয়োগ/ বিধান/ চালু করা; ব্যবস্থা করা; প্রদান করা; হানা: ~ law; ~ relief/ help; ~ a blow; ~ punishment. ৩ গ্রহণ করানো; পাঠ করানো; ~ an oath/ the last sacraments. ৪ ~ to, দ্র. minister (২).

ad·min·is·tra·tion [আড্‌ˌমিনিˈস্ট্রেইশন্] *n* ১ [U] প্রশাসন; পরিচালনা; ব্যবস্থাপনা। ২ [C] (প্রায়শ A~) (বিশেষত US) সরকারের যে অংশ লোকহিতকর কর্মকাণ্ড পরিচালনা করে; প্রশাসন। ৩ [U] বিচার পরিচালনা; শপথ পাঠ করানো; ত্রাণকার্য পরিচালনা; প্রতিকার বিধান; দণ্ডবিধান। দ্র. ministration.

ad·minis·tra·tive [আড্‌ˈমিনিস্ট্রাটিভ্, US –স্ট্রেইটিভ্] *adj* প্রশাসনিক।

ad·min·is·tra·tor [আড্‌মিনিস্ট্রেইটা(র্)] *n* [U] প্রশাসক; (আইন.) অন্যের সম্পত্তি ব্যবস্থাপনা, কোনো এস্টেটের দায়িত্বগ্রহণ প্রভৃতি কাজে সরকারিভাবে নিযুক্ত ব্যক্তি।

ad·mir·able [ˈঅ্যাড্‌মরাব্‌ল্] *adj* শ্লাঘ্য; চমৎকার; প্রশংসনীয়; শ্লাঘনীয়; চিত্তচমৎকারী। **ad·mir·ably** [-অব্‌লি] adv শ্লাঘনীয়ভাবে ইত্যাদি।

ad·miral [ˈঅ্যাড্‌মরাল্] *n* কোনো দেশের রণতরীসমূহ, নৌবহর বা স্কোয়াড্রনের আজ্ঞাকারী কর্মকর্তা; নৌ–সেনাপতি; নৌ–বাহিনীতে vice-~–এর উপরের এবং নৌবহরের সেনাপতির নীচের পদমর্যাদা। **~·ty** [অ্যাড্‌মারালটি] *n* ১ নৌ–সেনাপতির দফতর। ২ সরকারের যে বিভাগ নৌ–বাহিনীকে নিয়ন্ত্রণ করে। **the A~ty** (GB) নৌ–প্রশাসনের সদর দফতর। **Court of ˈA~ty** নৌ–চলাচল বিষয়ক আইনগত প্রশ্নের মীমাংসার জন্য আদালত; নৌ–আদালত।

ad·mir·ation [ˌঅ্যাডমাˈরেইশন্] *n* [U] ১ প্রশস্তিবোধ; শ্রদ্ধাবোধ; সন্তুষ্টিবোধ; (প্রা.) বিস্ময়বোধ। ২ (*indef art*–সহ ing) প্রশস্তি, শ্রদ্ধা, সন্তোষ বা বিস্ময় উদ্রেককারী বস্তু।

ad·mire [আড্‌মাইআ(র্)] *vt* ১ মুগ্ধদৃষ্টিতে তাকানো; বিস্ময়বিমুগ্ধ হওয়া; শ্রদ্ধাবোধ করা:। ~ your great skill. ২ প্রশস্তি/ প্রশংসা করা: The guests ~d the baby. **ad·mirer** *n* গুণগ্রাহী; গুণমুগ্ধ; ভক্ত; অনুরাগী; রূপমুগ্ধ। **ad·mir·ing** *adj* বিমুগ্ধ; বিস্ময়বিমুগ্ধ; সপ্রশংস। **ad·mir·ing·ly** *adv* বিমুগ্ধভাবে ইত্যাদি।

ad·miss·ible [আড্‌ˈমিসব্‌ল্] *adj* ১ (আইন.) আদালতে প্রমাণ হিসাবে গ্রাহ্য; গ্রহণীয়: ~ evidence. ২ (আনুষ্ঠা.) বিবেচনাযোগ্য; অনুমত; অনুমোদনযোগ্য; অনুজ্ঞেয়। **ad·missi·bil·ity** [আড্‌ˌমিসাˈবিলাটি] *n* [U] গ্রাহ্যতা; গ্রহণযোগ্যতা; অনুমোদনীয়তা।

ad·mis·sion [আড্‌ˈমিশন্] *n* ১ [U] ভর্তি; প্রবেশ; প্রবেশ–মূল্য। ২ [C] কিছু স্বীকারপূর্বক বিবৃতি; স্বীকারোক্তি; স্বীকার: by/on his own ~.

ad·mit [আড্‌ˈমিট্] *vt,vi* (-tt-) ১ ~ **sb/sth (into/ in)** (কাউকে বা কিছু) প্রবেশ করতে দেওয়া; ভিতরে আসতে/ঢুকতে দেওয়া; ভর্তি করা। ২ (বদ্ধ স্থান সম্বন্ধে) ধরা; স্থান হওয়া; সামানো; আঁটা: The auditorium ~s only 200 people. ৩ সত্য বা বৈধ বলে গ্রহণ করা: ~ an assumption. ৪ (সত্যতা, দোষ ইত্যাদি) স্বীকার করা; স্বীকারোক্তি করা: He ~ted his responsibility; You must ~ that the sum is difficult. ৫ ~ **(of)** (আনুষ্ঠা.) অবকাশ থাকা: The clause ~s of no other interpretation. **~ to** স্বীকার/কবুল করা; স্বীকারোক্তি করা: ~ to feeling ashamed of one's conduct. **~·ted·ly** [আড্‌ˈমিটিড্‌লি] *adv* ১ স্বীকারোক্তি অনুযায়ী; সর্বজনস্বীকৃতভাবে: He is ~tedly a misogynist. ২ (সাধা. বাক্যের আদিতে) = 'স্বীকার করছি': A~ tedly I was not with them.

ad·mit·tance [আড্'মিট্‌ন্‌স্] *n* [U] (বিশেষত সরকারি বা সর্বজনীন নয় এমন স্থানে) প্রবেশাধিকার; প্রবেশ: No ~ except on business.

ad·mix [অ্যাড্'মিক্‌স্] *vt,vi* মেশা বা মেশানো; মিশ্রিত করা বা হওয়া; উপকরণ হিসাবে যোগ করা।

ad·mix·ture [অ্যাড্'মিক্‌স্‌চা(র্)] *n* (আনুষ্ঠা.) = mixture.

ad·mon·ish [আড্'মনিশ্] *vt* (আনুষ্ঠা.) মৃদু ভর্ৎসনা/ তিরস্কার করা; সতর্ক করে দেওয়া: The father ~ed the boy against lying. **ad·mo·ni·tion** [অ্যাড্‌মা'নিশ্‌ন্] *n* [U] মৃদু তিরস্কার; ভর্ৎসনা; হুঁশিয়ারি; সতর্কীকরণ। **ad·moni·tory** [অ্যাড্'মনিট্রি US –টো°রি] *adj* মৃদু ভর্ৎসনাপূর্ণ; সদুপদেশপূর্ণ: an admonitory letter.

ad nauseam [অ্যাড্ 'নো°জিঅ্যাম্] *adv* (লা.) বিবমিষাকররূপে; বিরক্তিজনকভাবে (যেমন, পুনরাবৃত্তি বা দৈর্ঘ্যের কারণে)।

ado [আ'ডূ] *n* [U] (পুরা.) অকারণ হৈচৈ; উত্তেজনা; অস্থিরতা: much ~ about nothing.

adobe [আ'ডৌবি] *n* [U] কাদা ও খড়–কুটামিশ্রিত রোদে–পোড়ানো ইট: (attrib) an ~ house.

ado·les·cence [অ্যাডা'লেস্‌ন্‌স্] *n* [U] শৈশব ও যৌবনের মধ্যবর্তী কাল; বয়ঃসন্ধি; কৈশোর; এই সময়কার প্রবৃদ্ধি। **ado·les·cent** [–লেস্‌ন্ট্] *adj, n* যৌবনে পদার্পণোদ্যত; প্রাপ্তকৈশোর; কৈশোরক; কিশোর; সদ্যোযুবক।

adopt [আ'ডপ্‌ট্] *vt* ১ পোষ্যগ্রহণ করা; দত্তক নেওয়া। দ্র. footer. ২ (ভাব বা প্রথা) নিজের বলে গ্রহণ ও ব্যবহার করা; পরিগ্রহণ/ অবলম্বন করা: to ~ a foreign custom. ৩ (প্রতিবেদন বা সুপারিশ) গ্রহণ করা। **adop·tion** [আ'ডপ্‌শ্‌ন্] *n* গ্রহণ; পোষ্যগ্রহণ; পোষ্যকরণ; অবলম্বন; পরিগ্রহণ: country of one's ~ion, নিজের নির্বাচিত দেশ। **adop·tive** *adj* দত্তক; পোষ্যকারক; পোষ্যক: his ~ive parents, পালক পিতামাতা।

adore [আ'ডো°(র্)] *vt* ১ পূজা/ উপাসনা/ ভজনা করা; গভীরভাবে ভালোবাসা ও শ্রদ্ধা করা; ভক্তি করা। ২ (কথ্য; ঘটমান কালে ব্যবহার নেই) অত্যন্ত পছন্দ করা: He ~s being flattered. **ador·able** [–অব্‌ল্] *adj* ভালোবাসার যোগ্য; প্রীতিকর; মনোমোহন; স্নেহার্হ। **ador·ably** [–অব্‌লি] *adv* মনোমোহনরূপে ইত্যাদি। **ador·ation** [অ্যাডা'রেইশ্‌ন্] *n* [U] পূজা; উপাসনা; আরাধনা; ভক্তি; প্রেম: her adoration for her husband. **adorer** *n* (কোনো ব্যক্তির) আরাধক; উপাসক; পূজারী। **ador·ing** *adj* প্রেমময়; প্রেমপরিপূর্ণ। **ador·ing·ly** *adv* প্রেমপরিপূর্ণভাবে।

adorn [আ'ডো°ন্] *vt* শ্রীমণ্ডিত/ অলঙ্কৃত/ ভূষিত করা; সাজানো; অলঙ্কার পরা; বৈশিষ্ট্যমণ্ডিত করা। **~·ment** *n* [U] অলঙ্করণ; প্রসাধন; [C] অলঙ্কার; আভরণ; ভূষণ।

ad·renal [আ'ড্রীন্‌ল্] *adj* (ব্যব.) বৃক্কসংলগ্ন বা বৃক্ক–সম্বন্ধীয়; বৃক্কীয়: ~ glands.

ad·ren·alin [আ'ড্রেনালিন্] *n* [U] (চিকি.) হৃদযন্ত্রের ক্রিয়ারোধের চিকিৎসায় ব্যবহৃত উপাদানরূপে প্রস্তুত বৃক্কীয় গ্রন্থি–নিঃসৃত হর্মোন; আড্রেনালিন।

adrift [আ'ড্রিফ্‌ট্] *adv,pred adj* (জাহাজ ও নৌকা সম্বন্ধে) ভাসমান; ভাসন্ত; নিয়ন্ত্রণবিহীন এবং বায়ু ও জল তাড়িত; ভাসতে ভাসতে: cut a boat ~ from its moorings, নৌকার বাঁধন কেটে দেওয়া; (আল.) পারিপার্শ্বিকের সম্পূর্ণ আয়ত্তে; লক্ষ্যহীনভাবে: turn sb ~, নিঃসম্বল অবস্থায় পাঠিয়ে দেওয়া।

adroit [আ'ড্রইট্] *adj* **~ (at/in)** দক্ষ; নিপুণ; কুশলী; উদ্ভাবনকুশল; কর্মকুশল: ~ handling of an awkward situation. **~·ly** *adv* দক্ষতার সঙ্গে ইত্যাদি। **~·ness** *n* দক্ষতা; নিপুণতা ইত্যাদি।

ad·sorb [আড্'সো°ব্] *vi* (বিজ্ঞান) রাসায়নিক প্রক্রিয়া ঘটা বা ঘটানো, যাতে কোনো কঠিন পদার্থের উপরিভাগে সাধা. কোনো গ্যাসের অত্যন্ত পাতলা একটি স্তর জমে বা জমানো হয়; আচিত করা বা হওয়া: oxygen ~s on iron. **ad·sor·bent** [–বান্ট্] *adj* আচয়ী। **ad·sorp·tion** [আড্'সো°প্‌শ্‌ন্] *n* আচয়।

adu·late [অ্যাডিউলেইট্] *vt* হীনভাবে তোষামোদ করা। **adu·la·tion** [অ্যাডিউ'লেইশ্‌ন্ US –জু'লেই–] *n* [U] (বিশেষত অনুগ্রহলাভের প্রত্যাশায়) অতিপ্রশংসা; তোষামোদ; অতিভক্তি–প্রদর্শন; স্তাবকতা।

adult ['অ্যাডাল্‌ট্] *adj, n* বয়স্থ; বয়ঃপ্রাপ্ত; প্রাপ্তবয়স্ক; সাবালক। **~·hood** [–হুড্] *n* সাবালকত্ব; পূর্ণবয়স। **~ suffrage** বয়স্থ–ভোটাধিকার।

adul·ter·ate [আ'ডাল্‌টারেইট্] *vt* ভেজাল দেওয়া/ মেশানো; দূষিত/ অপকৃষ্ট/ হীনমূল্য করা। **adul·ter·ant** [আ'ডাল্‌টারান্ট্] *n* ভেজাল; খাদ। **adul·ter·ation** [আ,ডাল্‌টা'রেইশ্‌ন্] *n* ভেজাল; ভেজাল–মিশ্রণ; অপমিশ্রণ; মিশাল।

adul·tery [আ'ডাল্‌টারি] *n* [U] বিবাহিত ব্যক্তির স্বামী বা স্ত্রী ব্যতীত অন্য ব্যক্তির সঙ্গে স্বেচ্ছায় যৌনমিলন; আক্ষারণ; ব্যভিচার। **adul·terer** [আ'ডাল্‌টারা(র্)] পরদারগামী; ব্যভিচারী। **adul·ter·ess** [আ'ডল্‌টারিস্] *n* ব্যভিচারিণী। **adul·ter·ous** [আ'ডাল্‌টারাস্] *adj* ব্যভিচার সম্পর্কিত; ব্যভিচার–ঘটিত; ব্যভিচারী।

ad·um·brate ['অ্যাডাম্‌ব্রেইট্] *vt* (আনুষ্ঠা.) অস্পষ্টভাবে বা সংক্ষেপে ইঙ্গিত/ আভাস দেওয়া; আভাসিত করা; (অনাগত ঘটনার) পূর্বাভাস দেওয়া।

ad valorem [অ্যাড্ ভা'লো°রেম্] *adv* (লা.) (কর সম্বন্ধে) পণ্যের প্রাক্কলিত মূল্যের অনুপাতে; মূল্যানুযায়ী; মূল্যানুসারে।

ad·vance[1] [আড্'ভা:ন্‌স্ US –'ভ্যান্‌স্] *n* ১ [U,C] সম্মুখগতি; অগ্রগতি; প্রগতি; উন্নতি। **in ~ (of)** পূর্বেই; আগাম; অগ্রগামী: Don't spend your salary in ~. ২ অগ্রিম; আগাম: an ~ party. ৩ [C] অগ্রিম হিসাবে প্রদত্ত অর্থ; আগাম; বায়না; দাদন। **,~ 'booking** (হোটেলের কক্ষ, রঙ্গালয়ের আসন প্রভৃতি) অগ্রিম সংরক্ষণ।

ad·vance[2] [আড্'ভা:ন্‌স্ US –'ভ্যান্‌স্] *vi, vt* ১ অগ্রসর হওয়া; এগিয়ে আসা বা যাওয়া: to ~ against a chessman. ২ (খরচ, মূল্য, দাম সম্বন্ধে) বাড়া; চড়া; বৃদ্ধি পাওয়া। ৩ এগিয়ে দেওয়া বা নেওয়া: to ~ a date. দ্র. postpone; উপস্থাপিত/ পেশ করা: to ~ one's opinion; পদোন্নতি দেওয়া; সহায়ক হওয়া। ৪ (মূল্য) বৃদ্ধি করা (= কথ্য, put up). ৫ আগাম (অর্থ) প্রদান করা: to ~ money to farmers. **ad·vanced** *part adj* অত্যন্ত অগ্রসর; প্রাগ্রসর: ~d in age, অতিবৃদ্ধ; ~d courses of study, প্রাগ্রসর পর্যেষণা–কার্যক্রম। দ্র. elementary. **~d level** (সং **A level**) (GCE পরীক্ষা সম্বন্ধে) গ্রেট ব্রিটেনে কলেজ বা বিশ্ববিদ্যালয়ে ভর্তি নিশ্চিত করে এমন; প্রাগ্রসর পর্যায়। **~·ment** *n* [U] পদোন্নতি; উন্নতি; উন্নতিবিধান: the ~ment of science.

ad·van·tage [আড্'ভা:নটিজ্ US –'ভ্যান্–] *n* ১ [C] উপকারী বা দরকারি কিছু; সুবিধা; সুযোগ। **have/ gain/ win an ~ (over); give sb an ~ (over)** সুযোগ পাওয়া/ অর্জন করা; কাউকে সুযোগ দেওয়া। **have the**

~ of sb এমন কিছু বা এমন কাউকে জানা যা ঐ ব্যক্তি জানে না। ২ [U] লাভ; উপকার: How much ~ did you gain from your acquaintance with the Prime Minister? **take ~ of sb** তার সঙ্গে চালাকি করা; তাকে প্রতারিত করা। **take (full) ~ of sth** (পূর্ণ) সুযোগ গ্রহণ করা। **to ~** সর্বোত্তমভাবে দেখা বা ব্যবহার করা যায় এমনভাবে: You should make the journey in summer to the best ~, সর্বাধিক সুবিধাজনক। **be/ prove to sb's ~** কারো জন্য লাভজনক/ সহায়ক হওয়া। **turn sth to ~** লাভজনকভাবে ব্যবহার করা; সর্বোচ্চ সুবিধা আদায় করে নেওয়া। ৩ [U] (টেনিস) ডিউসের (deuce) পরে অর্জিত প্রথম পয়েন্ট। □*vt* উপকার করা।

ad·van·tage·ous [্অ্যাডভ্যান্টেইজাস্] *adj* লাভজনক; উপকারক; সুবিধাজনক। **~ ·ly** *adv* সুবিধাজনকভাবে।

ad·vent [অ্যাডভ্যান্ট্] *n* ১ (সাধা. *def art* –সহ *sing)* (গুরুত্বপূর্ণ অগ্রগতি, ঋতু ইত্যাদির) আগমন; অভ্যাগম: the ~ of scientific age. **২ A~** (গির্জা.) খ্রিস্টের আগমন; বড়োদিনের পূর্ববর্তী (চারটি রোববার–সহ) মৌসুম। ৩ শেষ বিচারের দিন খ্রিস্টের দ্বিতীয় আগমন। **Ad·vent·ist** [অ্যাডভ্যানটিস্ট্ US আড্'ভেন্টিস্ট্] *n* খ্রিস্টের পুনরাগমন এবং বিশ্বজগতের আশু সমাপ্তিতে বিশ্বাসী ব্যক্তি।

ad·ven·ti·tious [্অ্যাড্ভেন্'টিশাস্] *adj* (আনুষ্ঠা.) দৈবাগত; দৈবিক; আপতিক; অস্থানিক: ~ aid.

ad·ven·ture [আড্'ভেনচা(র্)] *n* ১ [C] অদ্ভুত বা অস্বাভাবিক ঘটনা, বিশেষত কোনো রোমাঞ্চকর বা বিপদসঙ্কুল যাত্রা বা কর্মকাণ্ড; (দুঃসাহসিক) অভিযান; অভিযাত্রা। **~ playground** *n* শিশুদের খেলার মাঠবিশেষ, যেখানে তাদের খেলার জন্য কাঠ, ধাতু ইত্যাদির বড়ো বড়ো সামগ্রী ও কাঠামো থাকে; অভিযান–ময়দান। ২ [U] ঝুঁকি; বিপদ; রোমাঞ্চ: fond of ~, রোমাঞ্চপ্রিয়; a life of ~, রোমাঞ্চকর/ দুঃসাহসপূর্ণ জীবন। □*vt* সাহস/ দুঃসাহস করা (এই অর্থে venture অধিক প্রচলিত)। **ad·ven·turer** *n* ১ (দুঃসাহসী) অভিযাত্রিক; রোমাঞ্চসন্ধানী। ২ যে ব্যক্তি ঝুঁকিপূর্ণ বা অসাধু পদ্ধতিতে মুনাফা অর্জনে অপরাঙমুখ; ফটকাবাজ। **ad·ven·tur·ess** [-রিস্] *n* মহিলা অভিযাত্রিক, বিশেষত যে মহিলা সুবিধা অর্জনের জন্য ছল–চাতুরির আশ্রয় নিতে পশ্চাৎপদ হয় না; ফটকাবাজ মহিলা; সাহসিকা। **ad·ven·tur·ous** [-রাস্] *adj* ১ রোমাঞ্চাভিলাষী; রোমাঞ্চ–অন্বেষী। ২ রোমাঞ্চপূর্ণ; বিপদসঙ্কুল: an adventurous voyage. **~·some** (-সাম্) *adj* (বিরল অথবা সাহিত্য.) = adventurous.

ad·verb [অ্যাড্ভ্যব্] *n* (ব্যাক.) যে শব্দ 'কোথায়,' 'কখন', 'কিভাবে'–এর উত্তর দেয় এবং *vv,adjj* ও অন্য *advv*–এর গুণাগুণ বা ধরন নির্দিষ্ট করে; ক্রিয়া–বিশেষণ। **ad·verb·ial** [অ্যাড্'ভ্যবিঅল্] *adj* ক্রিয়া–বিশেষণীয়। □*n* ক্রিয়াবিশেষণ বা ক্রিয়াবিশেষণীয় বাক্যাংশ। **ad·verbi·ally** [অ্যাড্'ভ্যবিঅলি] *adv* ক্রিয়াবিশেষণরূপে।

ad·ver·sary [অ্যাডভ্যাসারি US –সেরি] *n (pl* -ries) শত্রু; সপত্ন; (যে কোনো রকম প্রতিযোগিতায়) বিপক্ষ; প্রতিপক্ষ; প্রতিদ্বন্দ্বী।

ad·verse [অ্যাড্ভ্যাস্] *adj* প্রতিকূল; অননুকূল; বিরুদ্ধ; বৈরী। **~·ly** *adv* প্রতিকূলভাবে; বিপ্রতীপভাবে ইত্যাদি।

ad·ver·sity [অ্যাড্'ভ্যাসাটি] *n (pl* -ties) ১ [U] দুর্ভাগ্য; দৈবদুর্বিপাক। ২ [C] নিদারুণ দুর্দশা; দৈবদোষ; দুঃখযন্ত্রণা।

ad·vert [অ্যাড্ভ্যট্] *n* advertisement (–এর GB কথ্য সং.) বিজ্ঞাপন।

ad·ver·tise [অ্যাড্ভ্যটাইজ্] *vt,vi* বিজ্ঞাপন করা/ দেওয়া; বিজ্ঞাপিত করা। **ad·ver·tiser** *n* বিজ্ঞাপনদাতা। **ad·ver·tis·ing** *n* বিজ্ঞাপনদান। **~·ment** [আড্'ভ্যটিস্মান্ট্ US ্অ্যাড্ভার্'টাইজ্মান্ট্] *n* ১ [U] বিজ্ঞাপনদান: (attrib) the ~ment manager, বিজ্ঞাপন–ব্যবস্থাপক। ২ [C] বিজ্ঞাপন। দ্র. commercial *n*.

ad·vice [আড্'ভাইস্] *n* ১ [U] উপদেশ; পরামর্শ। **act on sb's ~** কারো পরামর্শ অনুযায়ী (কিছু) করা। **(give sb) a piece /a bit/ a word/ few words of ~** কিঞ্চিৎ পরামর্শ দেওয়া। ২ [C] (বাণিজ্য.) (সাধা. *pl)* বিশেষত দূর থেকে প্রাপ্ত সংবাদ/খবর: ~s from our London office. **'~-note, letter of ~** (বাণিজ্য.) পণ্য–সরবরাহ, ব্যবসা–সংক্রান্ত তলব ইত্যাদির আনুষ্ঠানিক বিজ্ঞপ্তি; বিজ্ঞপ্তি–পত্র; বিজ্ঞাপনী; জ্ঞাপন–লিপি।

ad·vis·able [আড্'ভাইজাবল্] *adj* বিজ্ঞ; সুবিবেচনাপ্রসূত; সুবুদ্ধিপূর্ণ; যুক্তিযুক্ত; উপদেশ্য; উপদেশনীয়। **ad·visa·bil·ity** [আড্'ভাইজা'বিলাটি] *n* [U] উপদেশ্যতা; যুক্তিযুক্ততা।

ad·vise [আড্'ভাইজ্] *vt,vi* ১ পরামর্শ/ উপদেশ দেওয়া; সুপারিশ করা। ২ (বাণিজ্য.) অবহিত করা; জ্ঞাপন করা: You will be duly ~d of the dispatch of the goods. ৩ **~ with (sb)** (প্রা.প্র.) পরামর্শ করা; মন্ত্রণা নেওয়া। **ad·viser** *n* উপদেষ্টা। **ad·vised** *adj* (প্রা.প্র.) বিবেচিত; সুচিন্তিত; আভিপ্রায়িক। **ill-~d** অবিবেচনাপ্রসূত; অবিজ্ঞোচিত; হঠকারী; অযুক্তিযুক্ত। **well-~d** সুবিবেচনাপ্রসূত; বিজ্ঞ; বিচক্ষণ। **ad·vis·ed·ly** [আড্'ভাইজিড্লি] *adv* সুচিন্তিতভাবে। **ad·vis·ory** [আড্'ভাইজারি] *adj* পরামর্শ বা উপদেশবিষয়ক; পরামর্শ দেওয়ার ক্ষমতা–সংবলিত; উপদেশক: an advisory committee/ council.

ad·vo·cate [অ্যাড্ভাকট্] *n* ১ (বিশেষত কোনো যুক্তির) সমর্থক; প্রবক্তা: an ~ of women's lib. ২ (আইন.) উকিল; অধিবক্তা (ইংল্যান্ড ও ওয়েলসে barrister). **the Faculty of A~s** স্কটল্যান্ডে আইনজীবীমণ্ডলী। **Lord A~** স্কটল্যান্ডের মুখ্য আইন–কর্মকর্তা। □*vt* [অ্যাড্ভাকেইট্] সমর্থন করা; কোনো কিছু বা কারো প্রবক্তা হওয়া; সপক্ষতা করা। **ad·vo·cacy** [অ্যাড্ভাকসি] *n* [U] ওকালতি; সপক্ষতা।

adze, adz [অ্যাড্জ্] *n* কাঠমিস্ত্রির কাঠ চাঁছার হাতিয়ার বিশেষ; বাইস।

aegis, egis [ঈজিস্] *n* অভিরক্ষণ; পৃষ্ঠপোষকতা; আনুকূল্য। **under the ~ of** সমর্থনে; পৃষ্ঠপোষকতায়।

aeon, eon [ঈঅন্] *n* [C] অপরিমেয় কাল; আনন্ত্য।

aer·ate [এআরেইট্] *vt* (কোনো তরল পদার্থকে) বায়ু বা গ্যাস দ্বারা আহিত করা; বায়ুর রাসায়নিক শোধনক্রিয়ার অধীন করা; বায়ুবায়িত করা: blood ~d in lungs. **aer·ation** [এআ'রেইশ্ন্] *n* [U] বায়বায়ন।

aer·ial [এআরিঅল্] *adj* ১ বায়ুতে বিদ্যমান বা বায়ুর ভিতর দিয়ে চলমান; বায়ব্য: an ~ railway, ঝুলন্ত ব্যোম–রেল; an ~ ropeway, ঝুলন্ত রজ্জুপথ। ২ আকাশ/ বিমান থেকে; বৈমানিক: ~ photography, বৈমানিক আলোকচিত্র। ৩ (পুরা.) বায়বীয়; অবাস্তব; অশরীরী। □*n* বেতার ও টেলিভিশনের যে অংশ (সাধা. একটি তার বা দণ্ড)

সঙ্কেত প্রেরণ বা গ্রহণ করে; আকাশ–তার; শুঙ্গ (US = antenna).

aerie, aery, eyrie, eyry [এআরি] *n* ঈগল পাখির বাসা; উঁচু পর্বত-চূড়ায় নির্মিত শিকারি পাখির বাসা; ঈগলের শাবকসমূহ।

aero·bat·ics [এআরাব্যাটিকস্] *n pl (sing v)* বৈমানিকদের বিমানচালনার দুরূহ কসরৎ; নভঃক্রীড়া।

aero·drome [এআরাড্রৌম্] *n* (= US airdrome) (প্রা.) বিমানঘাঁটি (airfield ও airport অধিক প্রচলিত শব্দ)।

aero·dy·nam·ics [এআরৌডাইন্যামিকস্] *n pl (sing v)* [U] গতিবিজ্ঞানের যে শাখা বাতাসের প্রবাহ এবং বাতাসের মধ্য দিয়ে বিমান, বুলেট ইত্যাদির গতি নিয়ে কাজ করে; বায়ুগতিবিদ্যা।

aero·naut·ics [এআরা'নো°টিকস্] *n pl (sing v)* বিমানচালনবিদ্যা (aviation অধিক ব্যবহৃত শব্দ)।

aero·plane [এআরাপ্লেইন্] *n* (US = airplane) বিমান; উড়োজাহাজ; বিমানপোত।

aero·sol ['এআরাসল্ US –সো°ল্] *n* [U] সঙ্কুচিত গ্যাসযুক্ত একটি আধার থেকে সুগন্ধ, রঞ্জকদ্রব্য, কীটনাশক, সাবান প্রভৃতির সূক্ষ্ম কঠিন বা তরল কণিকা চাপের সাহায্যে বিমুক্ত করে কুয়াশার মতো বিক্ষেপণ; [C] (P) উপরোক্ত আধার; এয়ারাসল্।

aero·space [এআরৌস্পেইস্] *n* বিমান এবং নভোযানের উড্ডয়নের জন্য প্রাপ্তব্য এলাকা হিসাবে বিবেচিত বায়ুমণ্ডল এবং তদূর্ধ্বে মহাশূন্য; বায়বাকাশ: ~ industry.

aer·tex [এআটেকস্] *n* (P) (অন্তর্বাস তৈরি করার জন্য) শিথিল বুননের বস্ত্রবিশেষ; এয়ারটেক্স।

aery [এআরি] *n*, দ্র. aerie.

aes·thete, es·thete [ঈসথীট্ US 'এস্থীট্] *n* বিশেষত শিল্পকলায় সুন্দরের সম্বন্ধে গভীর অনুরাগ ও উপলব্ধি আছে কিংবা আছে বলে দাবি করেন এমন ব্যক্তি; সৌন্দর্যবেত্তা।

aes·thetic, es·thetic [ঈস্থেটিক্ US এস্–] *adj* নান্দনিক; কান্ত; সৌন্দর্যতাত্ত্বিক: ~ standards. □*n* [U] বিশেষ ধরনের নান্দনিক মূলসূত্রাবলী: the ~ to which I subscribe. **aes·thet·ical, es·thet·ical** [–কল্] *adj* = aesthetic. **aes·thet·ically** [–কলি] *adv* নান্দনিকভাবে; নন্দনতত্ত্বের নিরিখে। **aes·thet·ics, es·thet·ics** *n pl (sing v)* নন্দনতত্ত্ব; কান্তিবিদ্যা; সৌন্দর্যতত্ত্ব।

aether [ঈথা(র্)] *n*, দ্র. ether.

aeti·ol·ogy [ঈটিঅলাজি] *n* নিদান; নিদানতত্ত্ব। দ্র. etiology.

afar [আফা:(র্)] *adv* (কাব্যিক) সুদূর; দূরে। **from ~** দূর থেকে।

af·fable [অ্যাফাবল্] *adj* শিষ্টাচারী ও বন্ধুভাবাপন্ন; অমায়িক: ~ to everybody. **af·fably** [–অব্লি] *adv* অমায়িকভাবে। **affa·bil·ity** [অ্যাফা'বিলটি] *n* [U] অমায়িকতা (to বা towards).

af·fair [আফেআ(র্)] *n* [C] ১ ব্যাপার; কাজ; বিষয়; কারবার: That's your ~. ২ *pl* যে কোনো ধরনের কাজ–কারবার; প্রতিষ্ঠান ইত্যাদির দৈনন্দিন কাজকর্ম; ব্যাপার: the ~s of state; in the present state of ~s, বর্তমান পরিস্থিতিতে। **Secretary of state for Foreign/ Home/ Welsh, etc A~s** গ্রেট ব্রিটেনে মন্ত্রীদের উপাধি; পররাষ্ট্রমন্ত্রী ইত্যাদি। ৩ **have an ~ (with sb)** (যার সঙ্গে বিবাহ হয়নি তার সঙ্গে) হৃদয়ঘটিত (এবং যৌন) সম্পর্ক থাকা; প্রণয় ঘটিত সম্পর্ক থাকা। **~ of honour** দ্বন্দ্বযুদ্ধ। ৪ (কথ্য) ঘটনা; বস্তু; ব্যাপার।

af·fect[1] [আফেক্ট্] *vt* ১ প্রভাবিত করা; ক্ষতিগ্রস্ত করা; (কিছুর উপর) প্রভাব ফেলা: The family was badly ~ed by river erosion. ২ অভিভূত করা; মর্মস্পর্শ করা; বিচলিত করা; অনুভূতিতে নাড়া দেওয়া: The incident ~ed us deeply. ৩ (রোগ সম্বন্ধে) আক্রমণ করা; বিশেষ অবস্থার সূচনা করা। ৪ **well/ill ~ed (towards)** অনুকূল, বন্ধুভাবাপন্ন/ প্রতিকূল, বিদ্বিষ্ট হওয়া। **~·ing** *adj* মর্মস্পর্শী; মর্মন্তুদ; হৃদয়স্পর্শী: an ~ing sight. **~·ing·ly** *adv* সস্নেহে; করুণভাবে; মর্মন্তুদভাবে।

af·fect[2] [আফেক্ট্] *vt* ১ (অজ্ঞতা, উদাসীনতা, অন্যমনস্কতার) ভান করা; ছল করা: She ~ed not to see me. ২ (বিশেষত আড়ম্বরের জন্য) পছন্দ ও ব্যবহার করা; আস্ফালন করা: to ~ long and learned words. **~ed** *adj* কৃত্রিম; মেকি; জাঁকালো: an ~ed politeness; an ~ed style.

af·fec·ta·tion [অ্যাফেক'টেইশন্] *n* ১ [U,C] কৃত্রিম/মেকি আচরণ; অস্বাভাবিক আচরণ; কৃত্রিমতা; His ~s are disgusting. ২ [C] ভান; ছল; ব্যপদেশ: an ~ of ignorance/ interest.

af·fec·tion [আফেকশন্] *n* ১ [U] স্নেহ; প্রেম; মমত্ব: to hold in ~, ভালোবাসা। ২ [U] (কিংবা *pl*) **gain/ win sb's ~(s)** ভালোবাসা/ প্রীতি অর্জন করা। ৩ [C] (প্রা. প্র.) রোগ; অসুখ: an ~ of the right lung.

af·fec·tion·ate [আফেকশানাট্] *adj* স্নেহময়; মমতাময়; স্নেহশীল; প্রেমময়; প্রেমপূর্ণ; স্নেহমাখা; সাদর: an ~ mother; ~ looks. **~ly** *adv.* **yours ~ly** (চিঠির শেষে ব্যবহৃত) আপনার/ তোমার আদরের/ স্নেহময়।

af·fi·ance [আফাইআনস্] *vt* (সাধা. passive; সাহিত্য কিংবা প্রা. প্র.) বাগদান করা; বিবাহে প্রতিশ্রুতিবদ্ধ হওয়া: be ~d to (sb), কারো বাগদত্ত/ বাগদত্তা হওয়া।

af·fi·da·vit [অ্যাফি'ডেইভিট্] *n* (আইন.) আইনগত প্রমাণ বা সাক্ষ্য হিসাবে ব্যবহার্য শপথপূর্বক লিখিত বিবৃতি; হলফনামা; শপথপত্র।

af·fili·ate [আফিলিএইট্] *vt,vi* **~ (to/with)** (সমিতি, প্রতিষ্ঠান বা সদস্য সম্বন্ধে) সম্বন্ধযুক্ত হওয়া; অধিভুক্ত হওয়া: an ~d college.

af·fili·ation [আফিলি'এইশন্] *n* [U,C] সম্বন্ধীকরণ। **'~ order** (GB আইন.) অবৈধ শিশুর পিতৃত্ব নিরূপণ করে এবং পিতাকে সন্তানের ভরণপোষণের জন্য নিয়মিত অর্থপ্রদানের দায়িত্ব নির্ধারণ করে প্রদত্ত ম্যাজিস্ট্রেটের আদেশ; অপত্যনির্ধারক আদেশ।

af· fin·ity [আফিনাটি] *n (pl* -ties) **~ (between/ to/ for)** ১ [C] ঘনিষ্ঠ সম্বন্ধ; সাযুজ্য; সাদৃশ্য; মিল; ঐক্য। ২ [U,C] সম্বন্ধ; বৈবাহিক সম্পর্ক; চারিত্রিক মিল; ঔপম্য। ৩ [C] তীব্র অনুরাগ ; আসক্তি; আসত্তি; আকর্ষণ: to feel ~ to/ for sb. ৪ রাসায়নিক বা ভৌত আসক্তি: the ~ of common salt for water.

af·firm [আফাম্] *vt,vi* ১ দৃঢ়তার সঙ্গে ঘোষণা করা; সুনিশ্চয় ঘোষণা করা: ~ the truth of a statement. দ্র. deny. ২ (আইন.) (বাইবেল নিয়ে শপথ করতে বিবেকগত আপত্তি আছে এমন ব্যক্তি সম্বন্ধে) (শপথ না নিয়ে) ভাবগম্ভীরভাবে ঘোষণা করা। **~·ation** [অ্যাফা'মেইশন্] *n* ১ [U] দৃঢ়বচন। ২ [C] দৃঢ়োক্তি; (আইন.) (শপথ না নিয়ে) ভাবগম্ভীর ঘোষণা; সত্যাপন ঘোষণা। **~·ative** [আফামাটিভ্] *adj, n* হাঁ–সূচক/ ইতিবাচক (উত্তর)। দ্র. negative (১).

af·fix[1] [অ্যাফিক্স্] *vt* ~ **sth (to)** (আনুষ্ঠা.) আযুক্ত/ যুক্ত/ সংযুক্ত করা; জুড়ে দেওয়া: ~ a seal/ stamp to a document; ~ one's signature to an agreement.

af·fix[2] [অ্যাফিক্স্] *n* প্রত্যয় বা উপসর্গ; আযুক্তি। দ্র. পরি. ৩।

af·fla·tus [আফ্লেইটাস্] *n* [U] (আনুষ্ঠা.) স্বর্গীয় বার্তা; প্রত্যাদেশ; ওহি; দিব্যজ্ঞান; প্রেরণা।

af·flict [আফ্লিক্ট্] *vt* (দৈহিক বা মানসিকভাবে) পীড়া/ ক্লেশ/ কষ্ট দেওয়া: ~ed with arthritis.

af·flic·tion [আফ্লিক্‌শ্‌ন্] *n* ১ [U] পীড়া; ক্লেশ; দুর্ভোগ; যন্ত্রণা। ২ [U] দুঃখযন্ত্রণার কারণ বা উপলক্ষ; ক্লেশহেতু; অসুখবিসুখ: the ~s of old age, যেমন অন্ধত্ব, বধিরতা ইত্যাদি।

af·flu·ence [অ্যাফ্লুঅন্স্] *n* [U] বৈভব; প্রাচুর্য; সমৃদ্ধি: rise to ~, বৈভব অর্জন করা।

af·flu·ent[1] [ˈঅ্যাফ্লুঅন্ট্] *adj* বৈভবশালী; বিত্তবান; অঢেল; সুপ্রচুর; প্রাচুর্যময়: ~ circumstances. **the ~ society** সমৃদ্ধিশালী সমাজ, যার সদস্যরা বস্তুগত সুখস্বাচ্ছন্দ্য বৃদ্ধির প্রতি মনোযোগী; বিত্তশালী সমাজ।

af·flu·ent[2] [অ্যাফ্লুঅন্ট্] *n* [C] উপনদী; করদনদী।

af·ford [আফো°ড্] *vt* ১ (সাধা. can/could, be able to–সহ) (সময় বা অর্থব্যয়ের) সামর্থ্য থাকা: We can't ~ such a luxury suite. ২ (can/could–সহ) কোনো কিছু করে ঝুঁকি নেওয়া: He can't ~ to oppose his wife. ৩ (আনুষ্ঠা.) যোগানো; দেওয়া: The waterfront ~s a beautiful panorama.

af·for·est [আফরিস্ট্ US আফ্রো°রি–] *vt* বনভূমিতে পরিণত করা; বনায়িত করা। **af·for·est·ation** [আ,ফরিস্টেইশ্‌ন্ US আ,ফ্রো°রি–] *n* [U] বনায়ন: ~ ation projects, বনায়ন প্রকল্প।

af·fray [আফ্রেই] *n* [C] প্রকাশ্যে মারপিট; দাঙ্গা–হাঙ্গামা।

af·front [আফ্রান্ট্] *vt* উদ্দেশ্যপ্রণোদিতভাবে অপমান করা; বিশেষত প্রকাশ্যে কারো মনে বা আত্মসম্মানে আঘাত দেওয়া; মুখের উপর অপমান করা: feel ~ed at being suspected. □*n* [C] প্রকাশ্য অপমান; অসম্মান; অবধীরণ; অবমাননা; অমর্যাদা: offer an ~ to sb; an ~ to one's pride.

afield [আফীল্ড্] *adv* বাড়ি থেকে অনেক দূরে; দূরে: The children went too far ~.

afire [আফাইআ(র্)] *adj, adv* জ্বলন্ত; বহ্নিমান; জ্বলন্তাবস্থায়।

aflame [আফ্লেইম্] *pred adj* (কাব্যিক) জ্বলন্ত; বহ্নিমান; শিখাময়: (লাক্ষ.) ~ with passion; In spring the whole valley was ~ with colour.

afloat [আফ্লৌট্] *pred adj* ১ ভাসমান; বাতাসে বা পানিতে ভেসে চলেছে এমন: Try to get the boat ~, ভাসাবার চেষ্টা করা। ২ সমুদ্রবক্ষে; জাহাজে: life ~, নাবিকের জীবন। ৩ প্লাবিত; পরিপ্লাবিত; পরিপ্লুত। ৪ (ব্যবসা.) চালু করা হয়েছে এমন; আরব্ধ; উপক্রান্ত; শোধক্ষম: get a new company ~, চালু করা। ৫ (জনশ্রুতি, রটনা ইত্যাদি সম্বন্ধে) চলতি; বর্তমানে চালু।

afoot [আফুট্] *pred adj* ১ চালু রয়েছে এমন; অগ্রসরমান; উৎপদ্যমান: There is a project ~ to introduce universal primary education. ২ (প্রা.প্র.) পদব্রজে গমনশীল; পদচারী।

afore [আফো°(র্)] *adv, prep* (নৌ.) সম্মুখ; সামনে। ~ **the mast** সনদবিহীন নাবিক হিসাবে জাহাজের সম্মুখভাগের পাটাতনের নীচে বাসস্থানসহ। ˈ~**said** *pron adj* (আইন.) পূর্বোক্ত/ পূর্বোল্লিখিত (বিষয়)। ˈ~**thought,** দ্র. malice.

a fortiori [এই ,ফো°টিও°রাই] *adv* (লা.) অধিকতর প্রত্যয়জনক যুক্তিতে।

afraid [আফ্রেইড্] pred *adj* ১ ~ **(of)** ভীত; সন্ত্রস্ত; শঙ্কিত: She is ~ of cockroaches, তেলাপোকাকে ভয় পায়। ২ ~ **of** ... gerund; ~ **that** ফলাফল/ পরিণাম সম্বন্ধে সন্দিগ্ধ বা শঙ্কিত: I was ~ of hurting the child, পাছে সে আঘাত পায়, এই ভয় করছিলাম। ৩ ~ **to** ... *inf* উদ্বিগ্ন; শঙ্কিত; আশঙ্কান্বিত। ৪ ~ **(that)** (সাধা. that বাদ দিয়ে) (অনাকাঙ্ক্ষিত বলে বিবেচিত হতে পারে এমন বিবৃতির সঙ্গে কথ্য ভাষায় ব্যবহৃত শিষ্টাচারমূলক পদগুচ্ছ): I'm ~ I can't go.

afresh [আফ্রেশ্] *adv* পুনরায়; নতুনভাবে; নতুন করে।

Af·ri·can [অ্যাফ্রিকন্] *n, adj* আফ্রিকার; আফ্রিকীয়।

Af·ri·kaans [,অ্যাফ্রিˈকা:ন্স্] *n* ওলন্দাজ ভাষা থেকে উদ্ভূত একটি ভাষা, যা দক্ষিণ আফ্রিকা প্রজাতন্ত্রের দুটি য়োরোপীয় ভাষার অন্যতম; আফ্রিকান্স। □*adj* উক্ত ভাষা বা ঐ ভাষাভাষী জনগণ সম্বন্ধীয়; আফ্রিকান্স।

Afri·kaner [–ˈকা:না(র্)] *n, adj* আফ্রিকান্সভাষী; আফ্রিকান্সভাষী–বিষয়ক।

Afro- [অ্যাফ্রৌ] *pref* (যৌগিক শব্দে) আফ্রিকা বা আফ্রিকাবাসী সম্বন্ধীয়; আফ্রো: a A~-hairstyle, আফ্রিকীয় কেশবিন্যাসরীতি। ,~-ˈ**Asian** *adj* আফ্রো–এশীয়। ,~-**A**ˈ**merican** *n* আফ্রিকীয় বংশোদ্ভূত আমেরিকান; আফ্রো–আমেরিকান। ,~-ˈ**Wig** *n* আফ্রিকার কিছু কিছু মহিলার কেশবিন্যাসের মতো করে বানানো পরচুলা; আফ্রো–পরচুলা।

aft [আ:ফ্ট্ US অ্যাফ্ট্] *adv* (নৌ.) জাহাজের পিছন দিকে বা জাহাজের পশ্চাদ্‌ভাগের নিকটে।

after[1] [ˈআ:ফ্টা(র্) US অ্যাফ্–] *adj* (কেবল attrib) ১ পরবর্তী; পরেকার। ২ (নৌ.) জাহাজের পশ্চাদ্‌ভাগস্থ; পশ্চাৎ–; পশ্চাদ্–: the ˈ~ cabin; the ˈ~**mast,** পশ্চাদ্‌মাস্তুল।

after[2] [ˈআ:ফ্টা(র্) US ˈঅ্যাফ্–] *adv* পরবর্তীকালে; তারপর; পিছনে; পরে: Soon ~ (afterwards অধিক প্রচলিত রূপ) he sailed to India.

after[3] [ˈআ:ফ্টা(র্) US ˈঅ্যাফ্–] *conj* পর; পরে: He entered the room after you had gone upstairs.

after[4] [ˈআ:ফ্টা(র্) US ˈঅ্যাফ্] *prep* ১ পরে: ~ five O'clock; ~ that, তারপর। ২ (ক্রমানুসারে) পরে: Set this chair ~ that one. ৩ পশ্চাতে; পিছনে; পিছে: He shut the door ~ him when he left the house. ৪ ফলে; তারপর: She will never come to see you ~ what you've done to her. ৫ ~ **all** (ক) সব সত্ত্বেও: A~ all his efforts, he could not save her life. (খ) তবু; তত্রাচ; তা সত্ত্বেও: You missed the train ~ all. ৬ (*n* ~ *n* প্যাটার্নে পারম্পর্য–সূচক) পর: day ~ day; time ~ time, বারবার। **one (damned) thing ~ another** একটার পর একটা অপ্রীতিকর ঘটনা ইত্যাদি। ৭ রীতিতে; ঢঙে: a painting ~ Rubens. **(do sth) ~ a fashion; a man ~ my own heart,** দ্র. fashion (১), heart (২). ৮ (*vv*–সহ, অনুসরণ, অনুসন্ধান, পশ্চাদ্ধাবন–নির্দেশক): The porter ran ~ the burglar. The visitors asked ~ you, আপনার সম্বন্ধে। **be/get ~ sb** তিরস্কার, শাস্তিদান ইত্যাদি উদ্দেশ্যে খোঁজা: The police are ~ you. দ্র. look ~, name sb ~, take ~ যথাক্রমে look[1] (৬) name[2] (১) এবং take (১৬)

ভুক্তিতে। ৯ (আইরিশ প্রয়োগরীতি) gerund এর আগে বসে perfect tense এর কাজ করে: He's ~ drinking = has been drinking.

after- [ˈআ:ফ্‌টা(র্) US ˈঅ্যাফ্‌-] *pref* -উত্তর; পরবর্তী। **ˈ~-care** *n* [U] অসুস্থ ব্যক্তি, কারামুক্ত অপরাধী প্রভৃতির জন্য পরবর্তীকালীন পরিচর্যা; উত্তরকালীন সেবা। **ˈ~-damp** *n* কয়লার খনিতে গ্যাসের বিস্ফোরণোত্তর বিভিন্ন গ্যাসের বিষাক্ত মিশ্রণ। **ˈ~-effect** *n* পরিণাম; বিলম্বিত ক্রিয়া। **ˈ~-glow** *n* সন্ধ্যারাগ। **(the) ˈ~-life** *n* (ক) পরকাল; পরলোক। (খ) (বিশেষত কোনো বিশেষ ঘটনার পর) উত্তরজীবন। **ˈ~-math** [-ম্যাথ্] *n* (ঘাস সম্বন্ধে) (বিচালি কাটার পর) দ্বিতীয় দফার ফসল; (লাক্ষ.) ফলাফল; পরিণাম: The ~ math of floods. **ˈ~-thought** *n* [U] পরবর্তীকালীন অনুধ্যান; অনুচিন্তন; [C] অনুচিন্তা; অনুধ্যান।

after·noon [ˌআ:ফ্‌টানূন্ US অ্যাফ্‌-] *n* [U,C] বিকেল; অপরাহ্ণ; (attrib) বৈকালি; বৈকালিক: ~ tea.

afters [ˈআ:ফ্‌টাজ্ US ˈঅ্যাফ্‌-] *n pl* (কথ্য) আহারের শেষ পদ (সাধা. মিষ্টান্ন); সমাপনী।

after·wards [ˈআ:ফ্‌টাওয়াড্‌জ্ US ˈঅ্যাফ্‌-] *adv* পরে; পরবর্তীকালে; শেষে।

again [অ্যাˈগেন্] *adv* ১ আবার; পুনর্বার: try again. **now and ~** মাঝে মধ্যে; কখনো সখনো; উপলক্ষবিশেষে। **~ and ~; time and (time) ~,** বারংবার; পুনঃপুন; প্রায়শ। **(the) same ~** (পানীয় প্রভৃতি পুনঃফরমায়েশের প্রচলিত রীতি) একই জিনিস; আরেকবার। ২ (not ও never-সহ) আর কখনো; আর: don't come here ~. ৩ আগেকার অবস্থা ইত্যাদিতে: The child was soon well ~, আবার সুস্থ হয়ে উঠল। **be oneself ~** (শারীরিক ও মানসিক) স্বাভাবিক অবস্থা ফিরে পাওয়া। ৪ **as many/ much ~ (ক)** একই বা সমসংখ্যক/ পরিমাণ। **(খ)** দ্বিগুণ সংখ্যক বা পরিমাণ। **half as many/ much/ long, etc ~** দেড়গুণ। ৫ (প্রায়শ and বা and then আগে থাকে) তাছাড়া; অধিকন্তু: Then again, I am not sure if .. ।

against [অ্যাˈগেন্‌স্ট্] *prep* ১ বিরুদ্ধে; বিপক্ষে; প্রতিকূলে: fight ~ corruption; তুল. for, in favour of: sailing ~ the current. তুল. with: a race ~ time, নির্দিষ্ট সময়ের আগে শেষ করবার প্রচেষ্টা। ২ (*vv*-সহ, আপত্তিসূচক) বিপক্ষে; বিরুদ্ধে: write/ vote ~ a proposal. ৩ (*vv*-সহ, সংঘর্ষ বা অভিঘাতসূচক) উপর; সঙ্গে: He hit his forehead ~ the kerb when he fell. তুল. run[2] (২৬) ভুক্তিতে run against. ৪ (বৈপরীত্যসূচক) পটভূমিকায়; বিপরীতে: green ~ the gold. ৫ পূর্বপ্রস্তুতিস্বরূপ; প্রতিষেধকস্বরূপ; বিরুদ্ধে: precautions ~ fire; provide ~ bad crops. ৬ (সমর্থন বা সান্নিধ্যসূচক): lhfghwh; উপর ঠেস দিয়ে: Don't lean ~ the railing; Place the chair ~ the wall. ৭ **over ~ (ক)** -মুখী; উল্টো দিকে। (লাক্ষ.) বৈপরীত্যক্রমে; তুলনায়; ছাড়াও।

agape [অ্যাˈগেইপ্] *pred adj* (পরিহাস.) (বিস্ময়ে বা হাই তুলতে গিয়ে) হা করে; মুখব্যাদান করে।

agar-agar [ˌএইগা:র্ ˈএইগা:(র্) US ˌআ:গ- ˈআ:গ-] *n* [U] সমুদ্র-শৈবাল থেকে প্রস্তুত জেলি সদৃশ পদার্থ; আগর-আগর।

agate [ˈঅ্যাগাট] *n* অত্যন্ত কঠিন মূল্যবান পাথরবিশেষ; মনকা-পাথর; সোলেমানি পাথর; আকিক; গন্ধর্বমণি।

age[1] [এইজ্] *n* ১ [C] বয়স। **be/come of age** বয়ঃপ্রাপ্ত/সাবালক হওয়া। দ্র. consent ভুক্তিতে age of consent. **be of an age** জীবনের যে স্তরে পৌঁছলে কিছু একটা করা উচিত: You are of an age when you ought to choose a good career. **over age** বয়সোত্তীর্ণ: He's over ~ for the job. দ্র. limit[1] ভুক্তিতে age limit. **under age** অপ্রাপ্তবয়স্ক; নাবালক; অপোগণ্ড। **ˈage-bracket** *n* দুটি সুনির্দিষ্ট বয়সের মধ্যবর্তী জীবৎকাল (যেমন ২০ ও ৩০-এর মধ্যবর্তী); বয়োবন্ধনী। **ˈage-group** *n* একই বয়সের বহুসংখ্যক ব্যক্তি; বয়সের বর্গ। ২ [U] (যৌবনের সঙ্গে বৈপরীত্যক্রমে) বুড়ো বয়স; বার্ধক্য; বৃদ্ধকাল; বয়স: In spite of his age, he maintains good health. ৩ [C] যুগ: the age of science; the age of Shakespeare. দ্র. golden(২), middle(৩) ও stone(১) ভুক্তিতে golden age; middle age, the Middle Ages, the Stone Age. ৪ [C] (কথ্য) অতি দীর্ঘ সময়; অনন্তকাল: We've been waiting an age.

age[2] [এইজ্] vt, *vi* (*pres part* ageing বা aging, *pp* **aged** [এইজ্‌ড্]) বৃদ্ধ/ বুড়ো হওয়া; বুড়ানো; বুড়িয়ে যাওয়া। aged [এইজ্‌ড্] *pred adj* বর্ষী; বয়সের; বয়স্ক: a girl aged seven. □*attrib adj* [ˈএইজিড্] বুড়ো; প্রবীণ; অতিবৃদ্ধ; বর্ষীয়ান; বর্ষিষ্ঠ: an aged lady, বর্ষীয়সী মহিলা। **ˈaging, ˈage·ing** *n* [U] বুড়ো হওয়ার প্রক্রিয়া; সময় অতিবাহিত হওয়ার পরিণামস্বরূপ পরিবর্তন; বয়োবৃদ্ধি। **ˈage·less** *adj* শাশ্বত; চিরন্তন; চিরতরুণ; কালজয়ী। **ˌage-long** *adj* আবহমান; যুগযুগান্তবাহিত। **ˌage-ˈold** *adj* সুপ্রাচীন; দীর্ঘপ্রচলিত: age-old customs/ ceremonies.

agency [ˈএইজান্‌সি] *n* (*pl* -cies) ১ নিযুক্তক বা এজেন্টের ব্যবসা ও ব্যবসার স্থান; নিযুক্তক স্থান: travel agencies; an employment ~, নিয়োগ এজেন্সি। ২ [U] **the ~ of** ক্রিয়া; পরিক্রিয়া; মাধ্যমে; সহায়তায়: Small stones made smooth and round through the ~ of water. He got the contract through / by the ~ of friends.

agenda [অ্যাˈজেন্ডা] *n* [C] ১ আলোচ্যসূচি: item 3 (three) on the ~. ২ (কম্পি.) কোনো সমস্যার সমাধানের জন্য কিছুসংখ্যক পরিক্রিয়ার (operations) সমন্বয়ে গঠিত কার্যপ্রণালী; কার্যক্রম।

agent [ˈএইজান্ট] *n* ১ যে ব্যক্তি অন্যের প্রতিনিধিত্ব করে কিংবা তার প্রতিনিধিস্বরূপ ব্যবসা চালায়; আহিলকার; কারিন্দা; নিযুক্তক: a house ~, বাড়ির দালাল/ আহিলকার। ˈliterary ~, যে ব্যক্তি লেখকদের প্রকাশক সন্ধানে সাহায্য করে; সাহিত্য-প্রতিনিধি। a ˈshipping বা ˈforwarding ~, যে ব্যক্তি বণিক, উৎপাদনকারী প্রভৃতির পণ্য জল, স্থল, রেল বা বিমান পথে প্রেরণ করে; পণ্য-প্রেষক। **ˈlaw ~** (স্কটল্যান্ডে) কৌসুলি; ব্যবহারদেশক। দ্র. free[1] (১), secret (১)। ২ **(ক)** কিছু সিদ্ধির জন্য বা কোনো ফললাভের জন্য নিযুক্ত ব্যক্তি; দালাল; আহিলকার। **(খ)** (বিজ্ঞান.) কার্য উৎপাদন করে এমন পদার্থ, নৈসর্গিক প্রপঞ্চ ইত্যাদি; ঘটক: Natural ~s like rain and frost had worn away the monument.

agent pro·voca·teur [ˌঅ্যাজন্ প্রভকাˈটা(র্)] *n* (*pl* agents provocateurs, উচ্চারণ অপরিবর্তিত) (ফ.) প্রকাশ্যে অপরাধ করতে প্রলুব্ধ করে সন্দেহভাজন অপরাধীদের খুঁজে বের করবার জন্য নিযুক্ত ব্যক্তি; কুনকি অপরাধী।

ag·glom·er·ate [আ'গ্লমারেইট্] *vt,vi* পিণ্ডিত/ পিণ্ডীভূত করা। □*adj* [আ'গ্লমারাট্] পিণ্ডিত; পিণ্ডীভূত। **ag·glom·er·ation** [আ,গ্লমা'রেইশ্ন্] *n* ১ [U] পিণ্ডীকরণ; পিণ্ডীভবন। ২ [C] (বিশেষত বিশৃঙ্খল) বস্তুপুঞ্জ, যেমন ইতস্তত প্রকীর্ণ বিশৃঙ্খল উপনগরী; সমাক্ষেপ।

ag·glu·tin·ate [আ'গ্লুটিনেইট্] *vt* আসঞ্জিত/ সংশ্লিষ্ট/ সংযুক্ত করা; জোড়া দেওয়া (যেমন আঠা দিয়ে)। **ag·glu·ti·nat·ive** [আ'গ্লুটিনাটিভ্ US –টানেইটিভ্] *adj* (ভাষা সম্বন্ধে) রূপগত পরিবর্তন বা অর্থের হানি না ঘটিয়ে সরল শব্দসমূহকে সমাসবদ্ধ পদে পরিণত করে এমন; সংসক্তিপ্রবণ।

ag·grand·ize [আ'গ্র্যান্ডাইজ্] *vt* (আনুষ্ঠা.) (ক্ষমতা, মর্যাদা, বিত্ত ও গুরুত্বে) বৃদ্ধি করা; বাড়ানো। **aggrand·ize·ment** [আ'গ্র্যান্ডিজ্‌মান্ট্] *n* সংবর্ধন: He is bent on personal ~ment.

ag·gra·vate ['অ্যাগ্রাভেইট্] *vt* ১ অধিক গুরুতর/ সঙ্গিন/ শোচনীয় করে তোলা; প্রকোপ অধিকতর বৃদ্ধি করা; অবনতি ঘটানো: ~ an illness/ offence. ২ (কথ্য) উত্যক্ত/ প্রকোপিত করা; খেপানো। **ag·gra·va·tion** [অ্যাগ্রা'ভেইশ্ন্] *n* [U,C] প্রকোপবৃদ্ধি; অবনতি; অবনমন।

ag·gre·gate ['অ্যাগ্রিগেইট্] *vt,vi* ১ সমষ্টীভূত/ সমগ্রীভূত হওয়া বা করা। ২ (নির্দিষ্ট সাকল্যের) মোট পরিমাণ হওয়া। □*n* ['অ্যাগ্রিগাট্] ১ সমষ্টি; সমাহার; সমূহ; যোগফল। **in the ~** সব মিলিয়ে; সমষ্টিগতভাবে; সামগ্রিকভাবে। ২ কংক্রিট তৈরি করার জন্য সিমেন্টের সঙ্গে মিশ্রিত উপাদানসমূহ (বালি, নুড়ি ইত্যাদি)। **ag·gre·ga·tion** [,অ্যাগ্রি'গেইশ্ন্] *n* [U] সমষ্টি; সংগ্রহ; সমাহার; সমষ্টীকরণ।

ag·gres·sion [আ'গ্রেশ্ন্] *n* ১ [U] বিনা উস্কানিতে বৈরী আচরণ; হামলা; আগ্রাসন। ২ [C] হামলা বা আগ্রাসনের দৃষ্টান্ত।

ag·gres·sive [আ'গ্রেসিভ্] *adj* ১ কলহপরায়ণ; হামলাবাজ; ঝগড়াটে; আগ্রাসী: an ~ man. ২ আক্রমণাত্মক: ~ weapons. ৩ বাধাবিপত্তিকে গ্রাহ্য করে না এমন; অদম্য; আগ্রাসী: an ~ salesman. **~·ly** *adv* আগ্রাসীভাবে। **~·ness** *n* আগ্রাসিতা। **ag·gres·sor** [–সা(র্)] *n* যে ব্যক্তি বা যে দেশ আগ্রাসন করে; আক্রামক: (attrib) the aggressor nation.

ag·grieve [আ'গ্রীভ্] *vt* (সাধা. passive) দুঃখ দেওয়া: be ~d, ক্ষুব্ধ/ সন্তাপিত হওয়া। **feel (oneself) much ~d (of/over sth)** অন্যায় ব্যবহারে ক্ষুব্ধ হওয়া/ ক্ষোভ বোধ করা।

aghast [আ'গা:স্ট্ US আ'গ্যাস্ট্] *pred adj* ভয়াকুল; ভীতিবিহ্বল; বিস্ময়াভিভূত: The old lady stood ~ at the frightful sight.

agile ['অ্যাজাইল্ US 'অ্যাজ্ল্] *adj* (জীবন্ত বস্তু সম্বন্ধে) ক্ষিপ্র; ক্ষিপ্রগতি; চটপটে; গতিশীল। **~·ly** *adv* ক্ষিপ্রভাবে। **agil·ity** [আ'জিলাটি] *n* [U] ক্ষিপ্রতা; ক্ষিপ্রকারিতা।

ag·ing *n* = ageing দ্র. age[2].

agio ['অ্যাজিঔ] *n* টাকা বদল বা ভাঙানো বাবদ বাটা; মুদ্রাবিনিময়(–স্থান)।

agi·tate ['অ্যাজিটেইট্] vt, *vi* ১ (তরল পদার্থ) নাড়া; ঝাঁকানো। ২ (ব্যক্তি, ব্যক্তির মন বা অনুভূতি সম্বন্ধে) আলোড়িত/ বিক্ষুব্ধ করা; নাড়া দেওয়া। ৩ **~ for** কোনো কিছুর পক্ষে জনসমক্ষে তর্কবিতর্ক করা; আন্দোলন করা: ~ for higher wages. **agi·tated** *part adj* আলোড়িত; বিক্ষুব্ধ; উত্তেজিত। **agi·tat·ing** *part adj* উদ্বেগজনক।

agi·ta·tion [,অ্যাজি'টেইশ্ন্] *n* ১ [U] (তরল পদার্থ সম্বন্ধে) ঝাঁকানি; আলোড়ন। ২ [U] উদ্বেগ; আলোড়ন; উত্তেজনা; অস্থিরতা। ৩ [C,U] (পরিবর্তন আনয়নের উদ্দেশ্যে) আলোচনা বা বিতর্ক; [U] উক্তরূপ আলোচনার ফলে উদ্ভূত সামাজিক বা রাজনৈতিক অস্থিরতা; আন্দোলন; আলোড়ন। **agi·ta·tor** [–টা(র্)] *n* (বিশেষত রাজনৈতিক) আন্দোলনকারী।

aglow [আ'গ্লৌ] *pred adj* ১ বর্ণোজ্জ্বল; দীপ্ত; উদ্ভাসিত। ২ (ব্যক্তি সম্বন্ধে) ব্যায়াম বা উত্তেজনার দরুন আরক্তিম: ~ with pleasure; উজ্জ্বল: ~ with health.

ag·nail ['অ্যাগনেইল্] *n* [U] নখমূলের ছিন্ন ত্বক; কেনি–ওঠা।

ag·nos·tic [অ্যাগ্'নস্টিক্] *n* জড়বস্তু ছাড়া অন্য কিছু বা ঈশ্বর সম্বন্ধে কিছুই জানা সম্ভব নয় বলে যে ব্যক্তি বিশ্বাস করে; অজ্ঞেয়বাদী। □*adj* অজ্ঞেয়বাদী। **ag·nos·ti·cism** [অ্যাগ্'নস্টিসিজাম্] *n* [U] অজ্ঞেয়বাদ।

ago [আ'গৌ] *adv* (simple *pt*–এর সঙ্গে ব্যবহৃত হয়) আগে; পূর্বে: I met him three days ago.

agog [আ'গগ্] *pred adj* ব্যগ্র; ব্যাকুল; উত্তেজিত: ~ for news. His unexpected return set the village ~.

ag·ony ['অ্যাগানি] *n* (*pl* -nies) [U,C] (শরীর বা মনের) তীব্র যন্ত্রণা; মর্মবেদনা; সন্তাপ। **'~ column** সংবাদপত্রের যে কলামে বন্ধু বা স্বজন হারানোর বিজ্ঞাপন ছাপা হয়। **pile on the ~,** (কথ্য) pile[3] (১) দ্র.। **ag·on·ized** ['অ্যাগানাইজ্ড্] *adj* যন্ত্রণাকাতর; যন্ত্রণাদগ্ধ: agonized looks. **ag·on·iz·ing** ['অ্যাগানাইজিঙ্] *adj* যন্ত্রণাদায়ক।

agora·phobia [,অ্যাগারা'ফৌবিআ] *n* [U] মুক্ত স্থান সম্বন্ধে আতঙ্ক; মুক্তস্থানাতঙ্ক।

agrar·ian [আ'গ্রেআরিঅন্] *adj* ভূমি (বিশেষত কৃষিভূমি) বা ভূমির স্বত্বাধিকার সম্বন্ধীয়; কার্ষ: ~ laws/ problems/ reforms/ disputes.

agree [আ'গ্রী] *vi, vt* ১ **~ to** রাজি/ সম্মত হওয়া: to ~ to a proposal. ২ (*inf* –সহ কিংবা *prep* ছাড়া that-clause–সহও ব্যবহৃত হয়) একমত/ অভিন্নমত হওয়া: They failed to ~ about the price. ৩ (দুই বা ততোধিক ব্যক্তি সম্বন্ধে) মিলে মিশে থাকা; একত্রে সুখে থাকা: They will never ~. ৪ **~ (with)** মেলা; সঙ্গতিপূর্ণ হওয়া; খাপ খাওয়া; মানানসই হওয়া; মানানো: Your statement does not ~ with the newspaper report. ৫ **~ with** উপযোগী হওয়া; খাপ খাওয়া: The excessive humidity of the place does not ~ with me. ৬ **~ with** (ব্যাক.) বচন, পুরুষ ইত্যাদি ভেদে যথাযথ হওয়া; সঙ্গতিপূর্ণ হওয়া। ৭ (রাশি, হিসাব, প্রস্তাব ইত্যাদি সম্বন্ধে) গ্রহণ/ অনুমোদন করা; (সঠিক বলে) মেনে নেওয়া।

agree·able [আ'গ্রীঅবল্] *adj* ১ মনোজ্ঞ; প্রীতিকর; চিত্তহারী; মনোরম: an ~ odour. ২ সম্মত; রাজি: He is not ~ to the proposal. **agree·ably** [–অবলি] *adv* প্রীতিকরভাবে: He was agreeably surprised to hear the news, যুগপৎ বিস্মিত ও আনন্দিত।

agree·ment [আ'গ্রীমান্ট্] *n* ১ ঐক্য; মতৈক্য; ঐকমত্য: They are not in ~ on this point. ২ [C] সংবিদা; চুক্তি; বোঝাবুঝি; বোঝাপড়া: sign an ~. **come to/ arrive at/ make/ reach an ~ (with sb)** সমঝোতা বা বোঝাপড়ায় আসা।

ag·ri·cul·ture ['অ্যাগ্রিকাল্‌চা(র্)] *n* [U] কৃষি; কৃষিকাজ; কৃষিবিজ্ঞান। **ag·ri·cul·tural**

[অ্যাগ্রি'কাল্চরাল্] *adj* কৃষিবিষয়ক; কৃষি-: agricultural products.

ag·ro·nomy [অ্যাগ্'রনামি] *n* গ্রামীণ অর্থনীতি; চাষবাস। **ag·ro·nomic** *adj* গ্রামীণ অর্থনীতিঘটিত **ag·ro·nomist** *n* কৃষিতত্ত্ববিদ।

aground [আ'গ্রাউন্ড্] *adj, pred adj* (জাহাজ সম্বন্ধে) চড়ায়: The ship ran ~, চড়ায় আটকেছে।

ah [আ:] *int* বিস্ময়, করুণা ইত্যাদি সূচক চিৎকার;. আহ্; আঃ; উহ্!

aha [আ:'হা:] *int* প্রসঙ্গ অনুসারে বিস্ময়, বিজয়, পরিতুষ্টি ইত্যাদি সূচক চিৎকার; আহা; ইস্; অহো; ও!

ahead [আ'হেড্] *adv* ~ **(of)** সামনে; সম্মুখে; আগে। **full speed ~!** পূর্ণগতিতে এগিয়ে চল। **go ~ (ক)** অগ্রসর হওয়া; উন্নতি করা। **(খ)** (কথ্য, অপিচ **fire ~**) (যা বলছিলে বা করছিলে) বলে যাও/ করে যাও। **in line ~** (রণতরী সম্বন্ধে) সারিবদ্ধভাবে অগ্রসরমান/ নোঙর-করা। **look ~** (লাক্ষ.) ভবিষ্যতের প্রয়োজন সম্বন্ধে ভাবা এবং সেইভাবে প্রস্তুত হওয়া; ভবিষ্যৎ চিন্তা করা।

ahem [আ'হম্] *int* গলা সাফ করার শব্দ (এবং ঐ শব্দের প্রচলিত বানান); গলা খাঁকারি: মৃদুভাবে কাউকে সতর্ক করতে বা কারো মনোযোগ আকর্ষণ করতে এই শব্দ ব্যবহৃত হয়।

ahoy [আ'হয়] *int* নাবিকদের সম্ভাষণ বা সতর্কীকরণসূচক চিৎকার; হেই!

aid [এইড্] *vt* সাহায্য/ সহায়তা করা। □*n* ১ [U] সাহায্য; সহায়তা; আনুকূল্য; উপকার: aid programmes, সাহায্য কর্মসূচি। দ্র. first[1](২), legal. ২ [C] সাহায্য করে এমন কিছু; সহায়। **visual aids** শিক্ষাদানে ব্যবহৃত চিত্র, ফিল্ম ইত্যাদি; আক্ষিক সহায়; দৃষ্টি-সহায়। '**hearing-aid** বধির ব্যক্তিকে শুনতে সাহায্য করে এমন কল-কৌশল; শ্রবণ-সহায়।

aide-de-camp [এইড্ ড 'কম্ US -'ক্যাম্প্] *n (pl* aides-de-camp উচ্চারণ অপরিবর্তিত) নৌ বা সেনাবাহিনীর যে কর্মকর্তা উর্ধ্বতন কর্মকর্তার হুকুম তামিল করে তাঁকে সহায়তা করেন; শিবির-সহকারী।

aide-mémoire [,এইড্ মেম্'ওয়া:(র্)] *n* ১ (কূটনীতিতে) স্মারকলিপি। ২ কাউকে কিছু স্মরণ করিয়ে দেওয়ার জন্য দলিল, তালিকা ইত্যাদি; স্মৃতি-সহায়।

AIDS [এইড্জ্] *n* [U] (চিকি.) Acquired Immune Deficiency Syndrome, যে রোগে আক্রান্ত হলে মানবদেহ রোগ সংক্রমণ প্রতিহত করবার ক্ষমতা হারায় এবং আক্রান্ত ব্যক্তি প্রায়শ মারা যায়; এইডজ।

ail [এইল্] *vt,vi* ১ (প্রা. প্র.) কষ্ট দেওয়া; পীড়িত করা; What ~s you? তোমার কী হয়েছে। ২ পীড়িত/ অসুস্থ হওয়া: The old man is always ~ing.

ail·ment [এইল্মান্ট্] *n* [C] পীড়া; অসুস্থতা।

aim[1] [এইম্] *vt,vi* ১ **aim (at) (ক)** তাক/ নিশানা করা: ~ a gun at sb. **(খ)** ছুড়ে মারা; সই করে ছোড়া; উদ্দেশ করা। ২ লক্ষ্য স্থির করা; সঙ্কল্প করা: John ~s at becoming a pilot.

aim[2] [এইম্] *n* ১ [U] নিশানা; তাক; লক্ষ্য: to take ~. ২ [C] উদ্দেশ্য; লক্ষ্য: ~ in life. **aim·less** *adj* লক্ষ্যহীন; উদ্দেশ্যহীন। **aim·less·ly** *adv* উদ্দেশ্যহীনভাবে; লক্ষ্যহীনভাবে।

ain't [এইন্ট্] (অশিষ্ট) are/ is/ am not এবং have / has not-এর সংক্ষিপ্ত রূপ।

air[1] [এআ(র্)] *n* ১ [U] বায়ু; বাতাস; হাওয়া। **in the air (ক)** অনিশ্চিত; বায়বীয়: His projects are still quite in the air. **(খ)** (মতামত ইত্যাদি সম্বন্ধে) ছড়ানো; বিক্ষিপ্ত: All sorts of rumours are in the air. **(গ)** (সাম.) উন্মুক্ত; খোলা; অরক্ষিত: The rear of the army was left in the air. **clear the air (ক)** (কক্ষ ইত্যাদির) বায়ু শোধন করা; হাওয়া খেলানো। **(খ)** (লাক্ষ.) তথ্যাদি দিয়ে অবিশ্বাস, সন্দেহ ইত্যাদি থেকে মুক্ত হওয়া; হাওয়া পরিষ্কার করা। অপিচ দ্র. castle, hot (৮). ২ [U] বিমান উড্ডয়নের স্থান হিসাবে বায়ুমণ্ডল; (attrib) বিমান: air freight/ transport/ travel. **by air** বিমানে; বিমানযোগে: travel by air. ৩ [U] (বেতার) **on the air,** সম্প্রচাররত: France Inter is on the air 24 hours a day, চব্বিশ ঘণ্টাই সম্প্রচার করে। **off the air** সম্প্রচার থেকে বিরত। **come/ go on the air** সম্প্রচার শুরু করা। **come/ go off the air** সম্প্রচার বন্ধ করা। ৪ [C] (সাহিত্য., নৌ.) মৃদুমন্দ হাওয়া; সমীরণ। ৫ [C] (প্রা.প্র.) সুর। ৬ [C] **(ক)** বাহ্যরূপ; ভাবভঙ্গি; চালচলন: He has an air of importance, চালচলনে গুরুত্বপূর্ণ ব্যক্তি মনে হয়। **(খ)** (সাধা. *pl)* **give oneself/ put on airs** মানুষের দৃষ্টি আকর্ষণের আশায় কৃত্রিম বা অস্বাভাবিক আচরণ করা। **airs and graces** নির্বোধ, অতিরঞ্জিত আচরণ/ চালচলন। ৭ (যৌগশব্দ এবং বিশেষণাত্মক প্রয়োগ) '**air·bed** *n* বাতাস-ভর্তি জাজিম; হাওয়াই বিছানা। '**air·bladder** *n* (প্রাণী ও উদ্ভিদের, বিশেষত সমুদ্র-শৈবালের) বায়ুস্থলী। '**air·borne** *adj* **(ক)** বিমান-বাহিত: airborne troops. **(খ)** (বিমান-পোত সম্বন্ধে) উড্ডীয়মান। **(গ)** (সেনাদল সম্পর্কে) আকাশ-যুদ্ধে বিশেষভাবে প্রশিক্ষিত: an airborne division. '**air·brake** *n* সঙ্কুচিত বায়ুর দ্বারা নিয়ন্ত্রিত ব্রেক; বায়ুচালিত ব্রেক। ,**Air (,chief) 'Marshal, ,Air 'Commodore** *nn* ব্রিটেনের রাজকীয় বিমানবাহিনীর উচ্চতম মর্যাদার পদসমূহ। '**air-conditioned** *adj* (কক্ষ, ভবন, রেলগাড়ির কামরা ইত্যাদি সম্বন্ধে) একটি নির্দিষ্ট তাপমাত্রা ও আর্দ্রতায় রাখা শোধিত বায়ুর সরবরাহযুক্ত; বায়ুনিয়ন্ত্রিত; শীতাতপনিয়ন্ত্রিত। '**air-conditioning** *n* বায়ুনিয়ন্ত্রণ। ,**air-'cooled** *adj* বায়ুপ্রবাহ দ্বারা শীতল-করা; বায়ু শীতলানো। '**air cover** *n* যুদ্ধরত সেনা ও নৌ-বাহিনীর নিরাপত্তায় নিয়োজিত বিমানশক্তি; বিমান নিরাপত্তা। '**air·craft** *n (sing* বা *pl)* উড়োজাহাজ; বিমান; বিমানপোত। '**air·craft car·rier** *n* বিমানের উড্ডয়ন ও অবতরণের জন্য দীর্ঘ ও প্রশস্ত পৃষ্ঠসংবলিত জাহাজ; বিমানবাহী জাহাজ; বিমানবাহক। '**air·craft·man** [-মান্] *n* রাজকীয় বিমানবাহিনীর নিম্নতম অনাযুক্ত (non-commissioned) পদ; বিমানসেনা। '**air·crew** *n* উড়োজাহাজের নাবিকবৃন্দ। '**air cushion** *n* বাতাস ভরা গদি। '**air-cushion vehicle** *n* হোভারক্র্যাফট জাতীয় যান। '**air·drome** *n* [US] বিমান-ঘাঁটি; বিমান-বন্দর। '**air drop** *n* (প্যারাশুটের সাহায্যে লোকজন, রসদ ইত্যাদি) বিমান থেকে নিক্ষেপ বা অবতারণ। '**air duct** *n* বিমানে বা জাহাজের প্রকোষ্ঠে যাত্রীদের আরামের জন্য বায়ু প্রবাহিত করবার কৌশলবিশেষ; বায়ু-প্রবাহক। '**air·field** *n* (বিশেষত সামরিক) বিমান চলাচলের জন্য হ্যাঙ্গার, কারখানা, অফিস ইত্যাদি সহ উন্মুক্ত, সমতল এলাকা; বিমানাঙ্গন। '**air·flow** *n* উড্ডীয়মান বিমানের গায়ের উপর দিয়ে বায়ুর প্রবাহ; বায়ুস্রোত। **(an/ the)** '**air force** *n (sing* বা *pl v* -সহ) বিমানবল; বিমানবাহিনী। '**air·frame** *n* ইঞ্জিন ব্যতীত একটি উড়োজাহাজের পূর্ণ কাঠামো; বিমান কাঠামো। '**air gun** *n* যে বন্দুকে সঙ্কুচিত বায়ুর সাহায্যে গুলি চালনা

করা হয়; এয়ারগান। ˈ**air hostess** *n* বিমানবালা। ˈ**air letter** *n* বিমানডাকে সস্তায় পাঠাবার জন্য হালকা কাগজের পৃষ্ঠা, যা ভাঁজ করে খাম ছাড়া পাঠানো হয়; হাওয়াই চিঠি। ˈ**air·lift** *n* বিশেষত আপৎকালে বিমানে করে মানুষজন বা পণ্যসামগ্রীর ব্যাপক পরিবহন। ˈ**air·line** *n* বিমান-পথ। ˈ**air·liner** *n* যাত্রীবাহী বিমান। ˈ**air·lock** *n* (**ক**) তরল পদার্থের প্রবাহের রুদ্ধতা; রুদ্ধতার জন্য দায়ী নলের ভিতরকার বাতাসের বুদ্‌বুদ; বায়ু-কুলুপ। (**খ**) দুই প্রান্তে বায়ুরোধী কপাটবিশিষ্ট প্রকোষ্ঠ; বায়ু-কুলুপ। ˈ**air·mail** *n* [U] বিমান-ডাক। ˈ**air·man** [-মান্] *n* বিমানের নাবিকবৃন্দের একজন, বিশেষত বিমানচালক; বৈমানিক; (RAF) Warrant officer পর্যন্ত যে কোনো পদমর্যাদার কর্মচারী। ˌ**air·ˈminded** *adj* বিমানই স্বাভাবিক ও অপরিহার্য পরিবহন পদ্ধতি—এই দৃষ্টিভঙ্গিসম্পন্ন; বিমানমনস্ক। ˈ**air pillow** *n* হাওয়াই গদি। ˈ**air·plane** *n* [US] উড়োজাহাজ। ˈ**air pocket** *n* বায়ুমণ্ডলের (আংশিক শূন্য) অবস্থা যা বিমানকে কিছু দূর পর্যন্ত নেমে আসতে বাধ্য করে; বায়ুগহ্বর: to have a bumpy flight due to air pockets. ˈ**air·port** *n* বিমানবন্দর; বিমানপত্তন। ˈ**air pump** *n* (কোনো পাত্র বায়ুশূন্য করার জন্য ব্যবহৃত) বায়ুনিষ্কাশন-যন্ত্র। ˈ**air-raid** *n* বিমান হামলা: (attrib) air-raid warnings/ precautions. ˈ**air rifle** *n* = air gun. ˈ**air-screw** *n* বিমানের সঞ্চালক পাখা। ˌ**air-ˌsea ˈrescue** *n* সমুদ্র থেকে বিমানে করে লোক উদ্ধারের কাজে নিয়োজিত প্রতিষ্ঠান; উক্তরূপ উদ্ধারকর্ম। ˈ**air-shaft** *n* খনিতে বায়ুচলাচলের পথ। ˈ**air·ship** *n* ইঞ্জিনযুক্ত, গ্যাস-পূরিত উড়ন্ত মেশিন; হাওয়াই জাহাজ। দ্র. balloon, dirigible. ˈ**air·space** *n* কোনো দেশের উপরস্থ বায়ুমণ্ডল; আকাশসীমা; বাতাবকাশ। ˈ**air·speed** *n* যে বায়ুর ভিতর দিয়ে কোনো বিমান চলছে, তার সঙ্গে তুলনায় ঐ বিমানের আপেক্ষিক বেগ; বায়ুসাপেক্ষ বেগ। ˈ**air·strip** *n* বিশেষত যুদ্ধ বা আপৎকালের জন্য, উড়োজাহাজের ওঠা-নামার জন্য জমির দীর্ঘ ফালি; বিমান-ক্ষেত্র। ˈ**air terminal** *n* (শহর বা নগরের কেন্দ্রে অবস্থিত) ঘাঁটি, যেখান থেকে যাত্রীরা বিমানবন্দরে আসা-যাওয়া করতে পারে। ˈ**air·tight** *adj* বায়ুরোধী। ˈ**air umbrella** *n* = air cover. ˈ**air·way** *n* বিমানপথ; *(pl)* (যাত্রী ও পণ্য পরিবহনকারী) বিমান কোম্পানি: British Airways. ˈ**air-woman** *n* (WRAF) ওয়ারান্ট অফিসার পর্যন্ত পদমর্যাদার যে কোনো মহিলা। ˈ**air·worthy** *adj* (বিমান সম্বন্ধে) উড্ডয়নক্ষম। ˈ**air·worthi·ness** *n* উড্ডয়নক্ষমতা। ˌ**air-to-ˈair** *adj* (ক্ষেপণাস্ত্র সম্বন্ধে) এক বিমান থেকে অন্য বিমান লক্ষ্য করে নিক্ষিপ্ত; বিমান থেকে বিমানে নিক্ষিপ্ত। ˌ**air-to-ˈground** *adj* বিমান থেকে ভূমিতে কোনো লক্ষ্যবস্তুর উপর নিক্ষিপ্ত।

air² [এআ(র্)] *vt* ১ (কাপড়-চোপড়, বিছানাপত্র) খোলা বাতাসে কিংবা কোনো উষ্ণ স্থানে শুকোতে দেওয়া। ২ (ঘরে) বাতাস ঢুকতে দেওয়া। ৩ (নিজের মতামত, নালিশ ইত্যাদি) অন্যকে জানতে দেওয়া; (বিদ্যা) জাহির করা। **air·ing** [এআরিঙ্] *n*: give sth an ~ing, হাওয়া লাগানো বা শুকানো; go for an airing, হাওয়া খেতে যাওয়া। ˈ**airing cupboard** *n* বিছানার চাদর, কম্বল ইত্যাদি রাখার জন্য ঈষৎ তাপিত আলমারি।

Aire·dale [ˈএআডেইল্] *n* অমসৃণ লোমাবৃত টেরিয়ার জাতের বড়ো কুকুর।

air·less [এআলিস্] *adj* ১ বায়ুশূন্য; বদ্ধ; ভাপসা; গুমসা। ২ (আবহাওয়া সম্বন্ধে) শান্ত; নির্বাত।

airy [এআরি] *adj* ১ প্রচুর হাওয়া খেলে এমন; খোলামেলা; আলোবাতাসপূর্ণ। ২ বায়বীয়; অবাস্তব; নিরবয়ব। ৩ কপট; ভাসাভাসা; অসার; বায়বীয়: ~ promises. **air·ily** [এআরালি] *adv* বায়বীয়ভাবে ইত্যাদি।

aisle [আইল্] *n* ১ গির্জার অভ্যন্তরে চলাচল-পথ; বিশেষত গির্জার মধ্যভাগ থেকে স্তম্ভশ্রেণীর দ্বারা বিভক্ত পথ; (ছোট গির্জায়) দুই সারি আসনের মধ্যবর্তী সরু পথ। ২ [US] যে কোনো ধরনের আসনপংক্তির (যেমন রঙ্গালয়ে, রেলের কামরায়) মধ্যবর্তী পথ; যে কোনো দীর্ঘ, সঙ্কীর্ণ অতিক্রমণ-পথ।

aitch [এইচ্] *n* ইংরেজি বর্ণমালার 'এ্যচ' (H) বর্ণ। **drop one's ~s** শব্দের আদিতে 'হ' ধ্বনি উচ্চারণ করতে না পারা (যেমন 'হ্যাট' স্থলে 'অ্যাট' বলা)। ˈ**~·bone** *n* গরুর পশ্চাদ্দেশের হাড়; ঐ হাড়ের উপর থেকে কর্তিত মাংসখণ্ড।

ajar [অ্যাজা:(র্)] *pred adj* (দরজা সম্বন্ধে) কিঞ্চিৎ খোলা; ঈষদুন্মুক্ত: The door stood ~.

akim·bo [অ্যাকিম্‌বৌ] *adv* **with arms ~** কোমরে হাত রেখে কনুই দুটি বাইরের দিকে বাঁকিয়ে।

akin [অ্যাকিন্] *pred adj* **~ (to)** সগোত্র; একজাতীয়; স্বজাতীয়; সদৃশ।

ala·bas·ter [ˈঅ্যালাবা:স্টা(র্) US -ব্যাস্-] *n* [U] মর্মরসদৃশ নরম সাদা পাথরবিশেষ যা দিয়ে অলঙ্কার তৈরি হয়; অ্যালাবাস্টার। □*adj* অ্যালাবাস্টারের মতো শুভ্র ও মসৃণ।

à la carte [ˌআ: লা: ˈকা:ট্] adv (ফ.) (আহার সম্বন্ধে) খাদ্য-তালিকা থেকে পছন্দ করে (পুরো আহারের জন্য বাঁধা দরে নয়, table d'hôte-এর বিপরীত)।

alac·rity [অ্যাল্যাক্রাটি] *n* [U] উদ্যমপরতা; ক্ষিপ্রকারিতা; কর্মচাঞ্চল্য।

à la mode [ˌআ: লা: ˈমৌড্] *adv* (ফ.) অধুনাতন রীতি, ভাব ইত্যাদি অনুসারে; (US) আইসক্রিম সহযোগে পরিবেশিত: apple pie ~; (গোমাংস সম্বন্ধে) মদে ভিজিয়ে অল্প আঁচে রান্না-করা।

alarm [অ্যালা:ম্] *n* ১ [C] বিপদসঙ্কেত; ভয়ধ্বনি; ঐরূপ সঙ্কেতদানের জন্য যন্ত্র: a ˈfire ~. **give/ raise/ sound the ~** বিপদসঙ্কেত দেওয়া। ˈ**~(-clock)** *n* ঘুমন্ত ব্যক্তিকে নির্দিষ্ট সময়ে জাগাবার জন্য সঙ্কেতদানের ব্যবস্থাসংবলিত ঘড়ি; ঘুম-ভাঙানো ঘড়ি। ২ [U] আসন্ন বিপদহেতু ভয় ও উত্তেজনা; ত্রাস। □*vt* পরিত্রস্ত/ আতঙ্কিত/ হুঁশিয়ার করা। **~·ing** *part adj* বিপদাশঙ্কাপূর্ণ; ভয়ঙ্কর; ত্রাসজনক। **~·ist** [-ইস্ট্] *adj, n* সামান্য কারণেই বিপদের আশঙ্কা রটায় এমন ব্যক্তি; শঙ্কাপ্রচারক; শঙ্কাবাদী।

alas [অ্যাল্যাস্] int দুঃখ বা অনুতাপসূচক চিৎকার; হায়।

alb [অ্যাল্‌ব্] *n* উৎসব-অনুষ্ঠানে কোনো কোনো খ্রিস্টান যাজকদের পরিহিত পা পর্যন্ত প্রলম্বিত সাদা আলখাল্লাবিশেষ।

al·ba·tross [অ্যাল্‌বাট্রস্] *n* প্রশান্ত মহাসাগর ও দক্ষিণ মহাসাগরের বড়ো আকারের সাদা, লিপ্তপদ সামুদ্রিক পাখিবিশেষ; অ্যালবাট্রস।

al·beit [ও°লবীইট্] *conj* (আনুষ্ঠা.) = though (১).

al·bino [অ্যাল্ˈবীনৌ US -ˈবাই-] *n (pl* -s [-নৌজ়্] চামড়া, চুল ও চোখে স্বাভাবিক রঞ্জক পদার্থ ছাড়া জাত জন্তু বা মানুষ। এদের চামড়া ও চুল সাদা এবং চোখ গোলাপি হয়ে থাকে; আলবিনো।

al·bum [অ্যালবাম্] *n* ১ আলোকচিত্র, স্বহস্তলিপি, ডাকটিকিট প্রভৃতি রাখার জন্য ফাঁকা পুস্তকবিশেষ; অ্যালবাম। ২ একাধিক ডিস্ক বা রেকর্ড রাখবার

আবরণবিশেষ; একই সঙ্গীতকার বা গায়ক-গায়িকার একাধিক সঙ্গীত বা গান-সংবলিত লং প্লেইং রেকর্ড; অ্যালবাম।

al·bu·men [অ্যালবিউমিন্] *n* [U] ১ ডিমের শ্বেতাংশ। ২ ডিমের সাদা অংশে বিদ্যমান পদার্থ, যা জৈব ও উদ্ভিজ্জ বস্তুতেও বিদ্যমান।

al·chem·ist [অ্যাল্‌কিমিস্‌ট্] *n* কিমিয়া বা মধ্যযুগীয় রসায়ন শাস্ত্রের সেবক; আহলে কিমিয়া।

al·chemy [অ্যালকিমি] *n* [U] মধ্যযুগীয় রসায়নশাস্ত্র: অপকৃষ্ট ধাতুকে কিভাবে সোনায় পরিণত করা যায়, তা আবিষ্কার করাই ছিল এই শাস্ত্রের প্রধান লক্ষ্য; কিমিয়া।

al·co·hol [অ্যাল্‌কাহল্ US -হো°ল্] *n* ১ [U] বিয়ার, মদ, ব্র্যান্ডি, হুইস্কি প্রভৃতি পানীয়; এইসব পানীয়তে বিদ্যমান বিশুদ্ধ, বর্ণহীন তরলপদার্থ; কোহল; সুরা। ২ [U,C] (রস.) উপরোক্ত (১) তরলপদার্থের তুল্য রাসায়নিক যৌগের বৃহৎ বর্গ; কোহল। **~ic** [অ্যাল্‌কা'হলিক্ US -হো°ল-] কোহলসম্বন্ধীয় বা কোহলঘটিত। □*n* সুরাসক্ত ব্যক্তি। **~·ism** [-ইজাম্] *n* সুরাসক্ততা; এহেন আসক্তি হেতু রুগ্নাবস্থা।

al·cove [অ্যাল্‌কৌভ্] *n* (ক) কোনো কক্ষের আংশিক ভাবে পরিবেষ্টিত বর্ধিতাংশ, যেখানে অনেক সময়ে শয্যা বা আসন রাখা হয়; চোরকুঠরি; নিভৃতকক্ষ। (খ) বাগানের ঘেরের মধ্যে অনুরূপ স্থান; ছায়াকুঞ্জ; কুঞ্জকুটির।

al·der [ও°ল্‌ডা(র্)] *n* ভূর্জজাতীয় গাছবিশেষ, যা সাধা. জলাভূমিতে জন্মে।

al·der·man [ও°ল্‌ডামান্] (*pl* men [-মান্]) ইংল্যান্ড ও আয়ারল্যান্ডে পৌরপরিষদের ঊর্ধ্বতন সদস্য, যাঁর পদমর্যাদা মেয়রের নীচে এবং যিনি তাঁর সহকর্মী পারিষদদের দ্বারা নির্বাচিত হন; পৌরমুখ্য।

ale [এইল্] *n* [U] (GB) বিয়ার; এক ধরনের বিয়ার; যবসুরা (প্রা. প্র.) = beer. অপিচ দ্র. ginger. **'ale-house** *n* public house বা পানশালার প্রাচীন নাম; পানশালা।

alea·tory [এইলিঅটারি] *adj* দৈবাধীন; দৈবনির্ভর; আপতিক।

alee [আ'লী] *adv,pred adj* (নৌ.) জাহাজের আচ্ছাদিত দিকে/ দিকের অভিমুখে; প্রতিবাত; বায়ু-প্রতিমুখে।

alem·bic [আ'লেম্‌বিক্] *n* (আলকিমিস্টদের) চোলাইযন্ত্র; বকযন্ত্র।

alert [আ'লাট্] *adj* সতর্ক; হুঁশিয়ার; সজাগ; অতন্দ্র; সচেতন; জীবন্ত; প্রাণবন্ত। □*n* ১ **on the ~** (কিছুর জন্য, কিছু করার জন্য, সম্ভাব্য আক্রমণ ইত্যাদির বিরুদ্ধে) হুঁশিয়ার; সাবধান। ২ [C] শত্রুর আক্রমণ, বিশেষত বিমান হামলার মুখে সতর্কতা; সতর্কতাকাল। ৩ [C] প্রস্তুত থাকার জন্য বিজ্ঞপ্তি; সতর্কবাণী। □*vt* (সেনাবাহিনী ইত্যাদিকে বিপদ সম্পর্কে সজাগ ও প্রস্তুত থাকার জন্য) সতর্ক করা। **~·ly** *adv* সতর্কতার সঙ্গে; সতর্কভাবে। **~·ness** *n* সতর্কতা; ক্ষিপ্রতা; ক্ষিপ্রকারিতা।

alex·an·drine [অ্যালিগ্‌'জ্যান্‌ড্রাইন্] *n* (কবিতার ছন্দ বিষয়ক) ছয় পদবিশিষ্ট চরণ।

alexia [আ'লেক্‌সিআ] *n* [U] (প্যাথ.) মস্তিষ্কের ব্যাধিবিশেষ, যাতে পড়বার ক্ষমতা লোপ পায়; শব্দান্ধতা। **alexic** [আ'লেক্‌সিক্] *adj* শব্দান্ধ: alexic children.

al·falfa [অ্যাল্ 'ফ্যাল্‌ফা] *n* [U] (US) = lucerne, পশুখাদ্যরূপে ব্যবহৃত উদ্ভিদবিশেষ; আলফালফা।

al·fresco [অ্যাল্'ফ্রেস্‌কৌ] *adj, adv* (আহার সম্বন্ধে) খোলা জায়গায়; চার দেয়ালের বাইরে; প্রাচীরাতিশায়ী।

alga [অ্যাল্‌গা] *n* (*pl* algae [অ্যাল্‌জী]) (উদ্ভিদ.) খুব সরল নির্মিতির জলজ উদ্ভিদ; শৈবাল; শেওলা।

al·ge·bra [অ্যাল্‌জিব্‌রা] *n* বীজগণিত। **~ic** [অ্যাল্‌জি'ব্রেইক্], **~·ical** [-কল্] *adj* বীজগাণিতিক। **~·ic·ally** [-কলি] *adv* বীজগাণিতিকভাবে।

al·go·rithm [অ্যাল্‌গারিদ্‌ম্] *n* (কম্পি.) কোনো গণনার জন্য প্রণালী বা পর্যায়-পরম্পরা; আলগরিদম।

alias [এইলিআস্] *n* (*pl* ~ es [-সিজ্]) নামান্তর; উপনাম। □*adv* ওরফে; বনাম।

alibi [অ্যালিবাই] *n* (*pl* ~s [-বাইজ্]) ১ (আইন.) ঘটনা, বিশেষত অপরাধমূলক ঘটনা ঘটার সময় অন্যত্র থাকার ওজর বা অজুহাত; অন্যতস্থতা: The accused tried to establish/prove an ~. ২ (কথ্য) (ব্যর্থতা ইত্যাদির জন্য) ওজর; অজুহাত।

alien [এইলিআন্] *n* (আইনসম্বন্ধী কিংবা সরকারি প্রয়োগ) বিদেশী ব্যক্তি, অর্থাৎ যেদেশে বাস করেন সেদেশের নাগরিক নন; বহিরাগত; পরদেশী; ভিনদেশী। □*adj* ১ বিদেশী; অনাত্মীয়; চরিত্র বা স্বভাবের দিক থেকে পৃথক; বিরুদ্ধ: customs that are ~ to our culture. ২ বিরোধী; বিপরীত; বিরুদ্ধ: Flattery is quite ~ to my nature.

alien·ate [এইলিআনেইট্] *vt* ১ **~ sb (from)** (অপ্রিয় বা অরুচিকর কাজকর্মের দ্বারা) কাউকে (যে আগে বন্ধুভাবাপন্ন ছিল) বৈরী বা নিরাসক্ত করা; পর করা; চটানো; বিরূপ করা; বহিষ্কার করা; artists feeling ~d from society. ২ (সম্পত্তির) মালিকানা হস্তান্তর করা; জব্দ করা: enemy property ~d in time of war. **alien·ation** [এইলিআ'নেইশন্] *n* বিচ্ছেদ; বিচ্ছিন্নতা; বিচ্ছিন্নতাবোধ; বিরাগ; (মঞ্চ) নাটকে উপস্থাপিত সমস্যাবলী সম্বন্ধে (অভিনেতা-অভিনেত্রী ও দর্শকদের) সমালোচনাত্মক নির্লিপ্ততা এবং আবেগগত নিরাসক্ততা।

alien·ist [এইলিআনিস্‌ট্] *n* ১ (US) আদালতে সাক্ষীদের মানসিক যোগ্যতা নির্ণয়ে বিশেষজ্ঞ ব্যক্তি। ২ (প্রা.প্র.) মানসিক রোগবিশেষজ্ঞ; মনঃচিকিৎসক (আধুনিক নাম psychiatrist)।

alight[1] [আ'লাইট্] *pred adj* জ্বলন্ত; প্রদীপ্ত; উজ্জ্বল; প্রফুল্ল: These damp twigs woudn't catch ~, আগুন ধরবে না; faces ~ with happiness.

alight[2] [আ'লাইট্] *vi* ১ (বাস, ঘোড়ার পিঠ ইত্যাদি থেকে) নামা; অবতরণ করা। ২ (পাখি সম্বন্ধে) আকাশ থেকে নেমে আসা এবং গাছের ডাল ইত্যাদির উপর বসা। ৩ **~ on** (আনুষ্ঠা.) (লাক্ষ.) দৈবাৎ খুঁজে পাওয়া বা লাভ করা।

align [আ'লাইন্] *vt, vi* ১ সারিবদ্ধ করা; কাতারবন্দী করা; এক রেখায় (বিশেষত তিন বা ততোধিক বিন্দুকে এক সরল রেখায়) আনা। ২ একমত হওয়া; এককাতারে শামিল হওয়া বা করা: Even their adversaries ~ed themselves with them. **~·ment** *n* [C,U] সরল রেখায় বিন্যাস; সারিবদ্ধকরণ; পংক্তিবিন্যাস: in/out of ~ment, পংক্তিবদ্ধ। পংক্তিচ্যুত; a new ~ment of European powers, য়োরোপীয় শক্তিসমূহের নতুন বিন্যাস।

alike [আলাইক্] *pred adj* (আকৃতি বা প্রকৃতিতে) একই রকম; সদৃশ: Twins are often very much ~. □*adv* সমভাবে।

ali·men·tary [অ্যালি'মেন্টারি] *adj* পুষ্টিকর; পুষ্টিসংক্রান্ত। **the ~ canal** খাদ্যনালী; গলনালী।

ali·mony [অ্যালিমানি] *n* [U] বিচারকের নির্দেশে বর্তমান বা প্রাক্তন স্ত্রীকে দেয় খোরপোশ।

alive [আলাইভ্] *pred, adj* ১ জীবিত; জ্যান্ত: All the women and children were buried ~. He is certainly one of the greatest scientists ~ to-day. ২ বলবৎ; বিদ্যমান: The issue was kept ~ by the press. ৩ সচেতন: be ~ to the dangers of sth. ৪ সক্রিয়; প্রাণবন্ত: She is very much ~. ৫ **~ with** পূর্ণ: The pond was ~ with fish.

al·kali [অ্যাল্‌কালাই] *n* ক্ষার; ক্ষারজাতীয় রাসায়নিক। □**al·ka·line** [অ্যাল্‌কালাইন্] *adj* ক্ষারযুক্ত; ক্ষারধর্মী।

all[1] [ও°ল্] *adj* ১ সমস্ত; সকল; যাবতীয়; সম্পূর্ণ। **of ˈall people** বিশেষভাবে; নির্দিষ্টভাবে: Of all people he should be the last to complain. **of all the idiots/ nitwits** বোকার মতো আচরণ করায় কারো প্রতি বিরক্তি প্রকাশক উক্তি। **on all fours** দ্র. four. ২ সম্পূর্ণ সময়: He spent all (of) that year in Dhaka. ৩ প্রত্যেকে এবং সকলে: All the boys (= each boy in the group) enjoyed themselves. ৪ একটুও; বিন্দুমাত্র; কোনো: beyond all doubt/ question, বিন্দুমাত্র সন্দেহ ব্যতিরেকে; প্রশ্নাতীতভাবে: He hates all criticism of his work, তিনি তাঁর কাজের কোনো সমালোচনা সহ্য করেন না। ৫ **with all speed/ haste** যতদূর সম্ভব। ৬ **All Fools' Day** ১লা এপ্রিল। **All Hallows' Day, All Saints' Day** ১লা নভেম্বর (খ্রিস্টান পর্ববিশেষ)। **All Souls' Day** ২রা নভেম্বর (খ্রিস্টান পর্ববিশেষ)।

all[2] [ও°ল্] *adv* ১ সম্পূর্ণভাবে; পুরাপুরি: They were dressed all in black; দারুণভাবে: She is all excited. **all alone** (ক) সম্পূর্ণ একাকী; (খ) একা একা; কারো সাহায্য ছাড়া নিজেই। **all along** (ক) সবটা জুড়ে: There are trees all along the road. (খ) সারাক্ষণ ধরে; শুরু থেকে: I knew that all along. **all clear,** দ্র. clear[1](৪). **all for** (কথ্য) জোরালোভাবে (কোনো কিছুর) পক্ষে: I am all for accepting the offer. **all the same** তৎসত্ত্বেও: The guests didn't arrive, we had our dinner all the same. **all the same to** কোনো অসুবিধা হয় না এমন: It's all the same to me whether you go or stay. **all one to** একই ব্যাপার: Do as you like, it's all one to me. **all in** (কথ্য) অত্যন্ত পরিশ্রান্ত: He was all in at the end of the race. **all-out** (কথ্য) সর্বশক্তি নিয়োগ করে: He is making an all-out effort. **all-over** (ক) সর্বত্র; সবখানে: He has travelled all over the world. (খ) শেষ প্রান্তে; শেষ দশায়: It's all over with him. **all right,** (US) **al-right** (ক) সন্তোষজনক; সন্তোষজনকভাবে; সুস্থ ও নিরাপদ; সুশৃঙ্খল অবস্থায়: Are you feeling all right ? (খ) (কোনো প্রশ্ন বা প্রস্তাবের উত্তরে) হ্যাঁ; ঠিক আছে। **all there** (কথ্য) মাথা ঠিক রেখে; মানসিকভাবে সজাগ। **not all there** (কথ্য) মানসিকভাবে ঠিক প্রকৃতিস্থ নয়; মানসিক প্রতিবন্ধী। **all told** সব সমেত; সর্বমোট: There were ten people all told (= in all). **all up (with)** শেষ প্রান্তে; শেষ অবস্থায়: It's all up with him now, এখন তার শেষ অবস্থা। ২ **all the +** *comp adj* বেশ; কতো যে: You'll be all the better for a holiday, ছুটি নিলে তোমার জন্য বেশ/ কতো যে ভালো হবে !

all[3] [ও°ল্] *n* **my/ his/ their, etc all** আমার/ তার/ তাদের যা কিছু আছে; সর্বস্ব: He has lost his all.

all[4] [ও°ল্] (যৌগশব্দে) ১ (*adj* ও *pres p* সমূহের আগে যুক্ত হয়ে) সর্বোচ্চ মাত্রায়; অপরিসীম: all-ˈpowerful; ˌall-emˈbracing. ২ ˌ**all-ˈmains** *attrib adj* (বেতার যন্ত্র সম্বন্ধে) সবরকম ভোলটেজেই চলে এমন: an all-mains set. ˌ**all-ˈround** *adj* বিভিন্ন বিষয়ে দক্ষ: an all-round sportsman. এই অর্থে ˌ**all-ˈrounder** *n*. **an** ˌ**all-star ˈcast** সকল মুখ্য চরিত্র তারকা-অভিনেতা/ অভিনেত্রী দ্বারা রূপায়িত এমন নাটক, ছায়াছবি ইত্যাদি। ˌ**all-ˌtime ˈhigh/ˈlow** *n* (কথ্য) জানামতে সর্বোচ্চ/ সর্বনিম্ন অঙ্ক, মাত্রা, পর্যায় ইত্যাদি। ˌ**all-ˌup ˈweight** উড্ডীন অবস্থায় চালকবৃন্দ, যাত্রীবৃন্দ ও মালামালসহ বিমানের সর্বমোট ওজন।

all[5] [ও°ল্] *pron* ১ সব কিছু: He wanted all or nothing. ২ **all of** প্রত্যেকে; সবটা: All of them wanted to go to the cinema. Take all of it. ৩ সবাই; সব; সমস্ত: We all want to go. Take it all. ৪ (অব্যবহিত পরে that উহ্য রেখে আশ্রিত বাক্যাংশ বসে): All I want is peace and quiet. ৫ (Prep phrase সমূহে) **above all,** দ্র. above[2] (৩). **after all,** দ্র. after. **(not) at all** [আ্যাটো°ল্] আদৌ (না): if you are at all worried; not at all suitable for our purpose. **Not at all** ধন্যবাদ জ্ঞাপনের উত্তরে ব্যবহৃত সৌজন্যমূলক কথা। **for all** (his wealth/ great learning) সত্ত্বেও। **for all I know/ care, etc** (অজ্ঞতা বা অনীহা প্রকাশক উক্তি): He may be dead for all I know. **in all,** দ্র. in[2] (১৩). **and all** ইত্যাদি সব: The dog ate the whole rabbit, head, bones and all. **once (and) for all** শেষ বারের মতো এই একটি বার। **It was all I / he, etc could do not to (laugh, etc)** না (হেসে ইত্যাদি) আমার/ তার উপায় ছিল না। **all in all** সর্বেসর্বা: He is all in all in this matter. **(taking it) all in all** সবকিছু বিবেচনা করে। **not as/so +** *adj / adv* **+ as all that** ততোটা: It is not so difficult as all that. **not all that +** *adj / adv* (কথ্য বা অশিষ্ট): It isn't all that cheap, অতোটা সস্তা নয়।

Allah [ˈঅ্যালা] *n* আল্লাহ্; খোদা; মুসলমানদের উপাস্য সর্বশক্তিমান ঈশ্বর।

al·lay [আ্যালেই] *vt* (যন্ত্রণা, উত্তেজনা, ভয় ইত্যাদি) লাঘব করা।

al·lege [আ্যালেজ] *vt* অভিযোগ করা; সপক্ষে বা বিপক্ষে যুক্তি দেখানো; নজির দেখানো; সর্বজন পরিজ্ঞাত হওয়া: An ~d thief, চোর হিসাবে কথিত ব্যক্তি। **al·le·ga·tion** [অ্যালিগেইশ্‌ন্] *n* [U] অভিযোগ; [C] (অভিযোগের) প্রমাণবিহীন বিবৃতি: You have made serious allegations, but can you prove them ? **al·leg·edly** [-ইড্‌লি] *adv*

al·le·giance [আ্যালীজান্‌স্] *n* [U] (ব্যক্তি বা প্রতিষ্ঠানের প্রতি) কর্তব্য; নিষ্ঠা; বিশ্বস্ততা; আনুগত্য: Members of Parliament took the oath of ~ to the Queen.

al·le·gory [ˈঅ্যালিগরি US –গো°রি] *n* [C] (আল.) রূপক বর্ণনা; প্রতীকাশ্রয়ী কাহিনী: Bunyan's book "Pilgrim's Progress" is an allegory. **al·le·goric** [অ্যালিˈগরিক্ US –ˈগো°রিক্], **al·le·gori·cal** [-ক্‌ল্] *adj*

al·legro [আ্যালেইগ্রৌ] *n, adj, adv* (সঙ্গীত) প্রাণবন্ত; চঞ্চল; দ্রুতলয়সম্পন্ন।

al·le·luia [অ্যালিলূইআ] *int* = hallelujah, ঈশ্বরের প্রশংসামূলক ধর্মীয় সঙ্গীত।

al·lergy [ˈঅ্যালাজি] *n* [C] (চিকি.) এলার্জি।

al·ler·gen [ˈঅ্যালাজেন্] *n* (চিকি.) এলার্জি-উৎপাদক দ্রব্যাদি। **al·ler·gic** [আ্যালাজিক্] *adj* এলার্জি-জাত; এলার্জির ফলে উদ্ভূত। **allergic to** ১ কোনো বস্তুর প্রতি এলার্জিপ্রবণ হওয়া: She is allergic to beef. ২ (কথ্য)

কোনো ব্যক্তি বা বস্তুর প্রতি বিরূপ মনোভাবাপন্ন হওয়া: I don't know why he is so allergic to me, he doesn't even greet me.

al·levi·ate [অ্যালীভিএইট্] *vt* (যন্ত্রণা, কষ্ট ইত্যাদি) লাঘব করা; উপশম করা। **al·levi·ation** [অ্যালীভিএইশন্] *n*

al·ley [অ্যালি] *n* [C] ১ সরু গলি। **blind ~** কানাগলি; (লাক্ষ.) যে কাজে বা পেশায় ভবিষ্যৎ উন্নতির পথ বন্ধ। ২ বাগানে বা পার্কের ভিতরে বেড়ানোর জন্য সরু পথ; বীথিকা; কুঞ্জপথ।

al·liance [অ্যালাইঅন্স্] *n* ১ [U] মৈত্রী। **in ~ (with)** মৈত্রীবন্ধনে আবদ্ধ; জোটভুক্ত। ২ [C] বৈবাহিকসূত্রে ব্যক্তির সঙ্গে ব্যক্তির বা পরিবারের সঙ্গে পরিবারের কিংবা চুক্তির মাধ্যমে রাষ্ট্রের সঙ্গে রাষ্ট্রের মৈত্রীবন্ধন।

al·li·ga·tor [অ্যালিগেইটা(র্)] *n* একজাতীয় কুমির, সাধারণত চীনে ও আমেরিকায় দেখা যায়, এদের মুখ কম লম্বাটে এবং কিছুটা ভোঁতা। **~ pear** একজাতীয় নাশপাতি।

al·li·ter·ation [অ্যালিটা'রেইশন্] *n* [U] (ব্যাক) অনুপ্রাস: safe and sound; rough and ready; kith and kin. **al·lit·er·ative** [অ্যালিট্রাটিভ্ US -টারেইটিভ্] *adj* অনুপ্রাসযুক্ত। **al·lit·er·ative·ly** *adv*

al·lo·cate [অ্যালাকেইট্] *vt* **~ (to/ for)** ভাগ করে দেওয়া; বণ্টন করা। **al·lo·ca·tion** [অ্যালা'কেইশন্] *n* ১ [U] বণ্টন। ২ [C] **~ (to/ for)** কোনো কাজের জন্য বা কোনো ব্যক্তিকে বণ্টন।

al·lot [অ্যালট্] *vt* **~ sth (to)** অংশ বণ্টন করে দেওয়া; দায়িত্ব ইত্যাদি ন্যস্ত করা: This piece of land was ~ted to him for construction of a house. **~·ment** *n* ১ [U] বিভাজন; অংশ বণ্টন। ২ [C] অংশ, বিশেষত (GB-তে) সবজি বাগান হিসাবে ইজারা দেওয়া ক্ষুদ্র আয়তনের সরকারি জমি। **~·tee** *n* বণ্টিত অংশের প্রাপক।

al·lot·ro·py [অ্যালট্রাপি] *n* বহুরূপতা; রূপবৈচিত্র্য। **al·lo·trop·ic** *adj* বহুরূপী; বিচিত্ররূপী।

allow [অ্যালাউ] *vt, vi* ১ অনুমতি দেওয়া: Please ~ me to say a few words. ২ দেওয়া; প্রদান করা: He ~s his son Tk 50 every month for books. ৩ (আইন.) কোনো কিছু বিধিসম্মত বা ন্যায়সঙ্গত বলে গ্রহণ করা: The judge ~ed the claim. ৪ স্বীকার করা (বর্তমানে প্রচলিত শব্দ admit): We ~ that he is a genius. ৫ **~ for** বিবেচনা করা: He ran quite fast, ~ing for his recent illness. **~ of** মেনে নেওয়া; গ্রহণ করা: The situation ~s of no delay (admit of এক্ষেত্রে অধিক প্রচলিত)।

allow·ance [অ্যালাউঅন্স্] *n* ১ [C] ভাতা: a book ~ of Tk 1200 a year. ২ [C] রিবেট; ছাড়; ডিসকাউন্ট। ৩ (sing বা *pl*) **make ~(s) for** বিবেচনা করা: We ought to make ~(s) for his physical disabilities.

alloy [অ্যালয়] *n* [C,U] ধাতব সংমিশ্রণ, খাদ: ~ steel. □*vt* [অ্যালয়] খাদ মেশানো; (লাক্ষ.) নষ্ট করা; দুর্বল বা ক্ষতিগ্রস্ত করা।

allude [অ্যালূড্] *vi* **~ to** পরোক্ষভাবে উল্লেখ করা; ইঙ্গিত করা: In his speech he ~d to Mr Karim's speech without naming him.

allure [অ্যালুআ(র্)] *vt* প্রলুব্ধ করা; মুগ্ধ করা। □*n* [C,U] (সাহিত্য.) মুগ্ধ বা প্রলুব্ধ করার ক্ষমতা; সম্মোহন। **allur·ing** *part adj* মুগ্ধকর; যাদুকরী।

al·lu·sion [অ্যালূজ্‌ন্] *n* [C] **~ to** পরোক্ষ উল্লেখ: His speech was full of classical ~s. **al·lus·ive** [অ্যালূসিভ্] *adj* পরোক্ষ উল্লেখ সম্বলিত।

al·luv·ial [অ্যালূভিঅল্] *adj* পাললিক; পলিমাটিজাত: ~ soil/ deposits.

ally [অ্যালাই] *vt* ১ **~ (oneself) to** চুক্তিসূত্রে বা বিবাহ দ্বারা মৈত্রীসম্পর্ক স্থাপন করা: Great Britain was allied with the United States in both the World Wars; এই অর্থে The Allied Powers, মিত্রশক্তি: দ্বিতীয় বিশ্বযুদ্ধে সোভিয়েত ইউনিয়ন, ফ্রান্স, ব্রিটেন ও যুক্তরাষ্ট্রের মৈত্রী জোট। ২ **allied to** (বস্তু সম্বন্ধে) সম্বন্ধযুক্ত; সম্পর্কিত: The English language is allied to the German language. □*n* [অ্যালাই] সহযোগী; মিত্র; সহায়তা বা সমর্থনদানকারী ব্যক্তি।

Alma Mater [অ্যালমা 'মা:টা(র্)] *n* (লা.) গুরুসদন; যে শিক্ষাপ্রতিষ্ঠানে কোনো ছাত্র শিক্ষালাভ করে কৃতবিদ্য হয়ে উঠেছে সেই প্রতিষ্ঠান; (US) স্কুলে ব্যবহৃত বিদ্যালয়গীতি।

al·ma·nac [ও°ল্‌মন্যাক্] *n* বর্ষপঞ্জি; পঞ্জিকা।

al·mighty [ও°ল্'মাইটি] *adj* সর্বশক্তিমান; বিশেষত সর্বশক্তিমান ঈশ্বর: Almighty God. □*n* **the A~**, পরমেশ্বর; আল্লাহ্।

almond [আ:মান্ড্] *n* কাঠবাদাম; খুবানি। **ground ~s** ভেঙে গুঁড়া-করা বাদাম। **shelled ~s** খোসা ছাড়ানো বাদাম। **~-'eyed** *adj* পটোলচেরা চোখের অধিকারী। **~-'oil** *n* বাদাম তেল।

almoner ['আ:মানা(র্) US 'অ্যাল্‌মা-] *n* ১ (পূর্বে প্রচলিত) যে কর্মচারী দরিদ্রদের মধ্যে অর্থ ও অন্যান্য সাহায্য বিতরণ করতো। ২ (GB) রোগীদের জন্য সমাজসেবামূলক কাজের দায়িত্বে নিয়োজিত হাসপাতাল-কর্মী।

al·most [ও°ল্‌মৌস্ট্] *adv* ১ (*vv,advv,adjj* -সহ) প্রায়: He slipped and ~ fell. ২ (*no,none,nothing,never*-সহ) প্রায় কিছুই; প্রায় কেউই: He spoke ~ nothing (= প্রায় কিছুই না) worth listening to; A~ no one (= প্রায় কেউই না) believed her.

alms [আ:ম্জ্] *n* (*sing* বা *pl*) ভিক্ষা: give ~ to sb; ask/ beg (an) ~ of sb. **'~-box** *n* দানবাক্স। **'~-giving** *n* ভিক্ষাদান। **'~-house** *n* (প্রা. প্র.) সেবাশ্রম; মুসাফিরখানা।

aloe [অ্যালৌ] *n* ১ ঘৃতকুমারী গাছ। ২ **bitter ~s** ঘৃতকুমারী পাতার রস—এই রস কবিরাজি ঔষধে কাজে লাগে।

aloft [অ্যালফ্‌ট্ US অ্যালো°ফ্‌ট্] *adv* উঁচুতে; কোনো কিছুর (বিশেষত জাহাজের মাস্তলের) শীর্ষে।

alone [অ্যালৌন্] *pred adj, adv* দ্র. lonely. ১ (= by oneself / itself) নিজে নিজে; একা একা; কারো সাহায্য ছাড়া: We found her sitting ~. She can't do the cooking ~. ২ শুধু একা; নিজে: He ~ knows what happened there. ৩ (in সহ *pred*-এ): We are not ~ in thinking that. ৪ **let ~** দূরের কথা; দূরে থাক: He does not even trust his children, let ~ his neighbours. **let/ leave sb/ sth ~** কাউকে/ কোনো কিছুকে না ছোঁয়া/ না ঘাঁটানো: You better leave him ~, or he might do harm to you. **let well ~** বাড়াবাড়ি না করা; যেটুকু পাওয়া গেছে তাতে সন্তুষ্ট থাকা।

along [অ্যালঙ্ US অ্যালো°ঙ্] *adv* ১ সম্মুখগামিতা বোঝাতে (*vv*-এর সঙ্গে ব্যবহৃত): Come ~, চলে এসো; The dog is running ~ behind his master. Move ~ please, দয়া করে সামনে এগোন। ২ (ঘনিষ্ঠদের মধ্যে

আমন্ত্রণ জ্ঞানানোর জন্য ব্যবহৃত; এক্ষেত্রে বিকল্প শব্দ *over,across,up,down):* Come ~ and see me some time. ৩ **all~,** দ্র. all² (১). **get ~,** দ্র. get (১৭)। □*prep* ১ কোনো কিছুর একপ্রান্ত থেকে আরেক প্রান্তে: They walked ~ the road. ২ **~ here** এই দিকে; এই পথে। **~side** [অলঙ্‌'সাইড়] *adv, prep* পাশাপাশি; ধার ঘেঁষে।

aloof [অ'লূফ্] *adv* আলাদাভাবে; পৃথকভাবে। **stand / hold / keep (oneself) ~ (from)** দূরে দূরে থাকা; অংশ না নেওয়া: Buyers are holding ~, মাল কিনছে না। □*adj* নিরুত্তাপ; উদাসীন; আগ্রহহীন: I find him rather ~. **~·ness** *n*

alo·pe·cia [অ্যালৌ'পসিআ] *n* (চিকি.) ইন্দ্রলুপ্তি বা মাথায় টাক পড়ার অসুখ।

aloud [অ'লাউড্] adv ১ অন্যে শুনতে পায় এমনভাবে: Please read the poem ~. ২ দূর থেকে শোনা যায় এমন জোরে: Somebody called ~ for help.

alp [অ্যাল্‌প্] *n* ১ গিরিশৃঙ্গ; উঁচু পর্বত। ২ **the Alps** ফ্রান্স ও ইটালির মাঝখানে অবস্থিত পর্বতমালা। ৩ সুইজারল্যান্ডে পার্বত্য উপত্যকায় পশু চারণভূমি।

al·paca [অ্যাল্‌প্যাকা] *n* ১ [C] মেষ সদৃশ প্রাণী, এদের দক্ষিণ আমেরিকার পেরুতে দেখা যায়। ২ [U] এই প্রাণীর লোমে তৈরি: an ~ coat.

alpen·stock ['অ্যাল্‌পান্‌স্টক্] *n* পর্বতারোহণে ব্যবহৃত একরকম লোহার তৈরি আঁকশি।

al·pha [অ্যাল্‌ফা] *n* গ্রিক বর্ণমালার প্রথম বর্ণ। **A~ and Omega** শুরু এবং শেষ। '**~ particle** তেজস্ক্রিয় পদার্থ দ্বারা বিকিরিত হিলিয়াম নিউক্লিয়াস।

al·pha·bet ['অ্যাল্‌ফাবেট্] *n* (কোনো ভাষার লিখন পদ্ধতিতে) বর্ণ বা অক্ষরের অনুক্রম; বর্ণমালা: the Bengali ~ (অর্থাৎ অ, আ, ক, খ ইত্যাদি); the English ~ (অর্থাৎ ABC ইত্যাদি)। **~i·cal** [ˌঅ্যাল্‌ফা'বেটিক্‌ল্] *adj* বর্ণানুক্রমিক: The words in any dictionary are printed in ~ical order. **~i·cally** [-ক্লি] *adv* বর্ণানুক্রমিকভাবে।

al·pine [অ্যালপাইন্] *adj* ১ আল্‌প্‌স্ পর্বতমালা বিষয়ক; যে কোনো পর্বত বা গিরিশৃঙ্গ বিষয়ক: ~ plants. ২ অত্যন্ত উঁচু: ~ height. **al·pin·ist** [অ্যালপিনিস্‌ট্] পর্বতারোহী।

al·ready [ও°ল্'রেডি] *adv* (সাধা. ক্রিয়াপদের সঙ্গে বসে, তবে জোর দেবার প্রয়োজনে বাক্যের অন্যত্রও বসতে পারে)। ১ এই সময়ের বা ঐ সময়ের মধ্যে: He has ~ been there. ২ (নেতিবাচক ও প্রশ্নবোধক বাক্যে সাধা. already–র পরিবর্তে yet ব্যবহৃত হয়। এই দুই প্রকার বাক্যে already বিস্ময় প্রকাশের জন্য ব্যবহৃত হয়ে থাকে): Have you got your ticket ~? Is it 10 o'clock ~ ? ৩ ইতঃপূর্বে: I have been there ~, so I don't like to go there again.

al·right [ও°ল্'রাইট্] = all right, দ্র. all² (১).

Al·sa·tian [অ্যাল্'সেইশন্] *n* (US = German shepherd) নেকড়ের মতো দেখতে এক জাতের বড়ো কুকুর, পুলিশি কাজে প্রায়শ এদের ব্যবহার করা হয়।

also ['ও°লসৌ] *adv* আরও; অধিকন্তু; এছাড়া; এমনকি ..., ও (কথ্য ইংরেজিতে also না বলে too এবং as well বলা হয়। ইতিবাচক বাক্যে যেখানে also ব্যবহার করা হয়, নেতিবাচক বাক্যে সেখানে either বসে): Kamal has been to Bangkok. Jamal has ~ been to Bangkok. তুল. Kamal has not been to Singapore. Jamal has not been to Singapore, either. **not only ... but** ~ শুধু/ কেবল যে ...ও: I not only saw him but ~ talked to him. '**~- ran** *n* (ঘোড়দৌড়) যে ঘোড়া প্রথম তিনটির একটিও নয়; (লাক্ষ.) প্রতিযোগিতায় অকৃতকার্য ব্যক্তি।

al·tar ['ও°ল্‌টা(র্)] *n* বেদি। **lead (a woman) to the ~** (কোনো মহিলাকে) বিয়ে করা। **al·tarage** *n* নৈবেদ্য। '**~-piece** *n* বেদির পিছনে স্থাপিত চিত্রকর্ম বা ভাস্কর্য।

al·ter ['ও°ল্‌টা(র্)] *vt,vi* পরিবর্তন করা বা পরিবর্তিত হওয়া: The ship ~ed course. She has ~ed greatly since I saw her last. **~·able** [-অবল্] *adj* পরিবর্তনযোগ্য। **~·ation** [ও °ল্‌টা'রেইশন্] *n* [U] পরিবর্তন; [C] পরিবর্তনের কাজ; পরিবর্তনের ফলশ্রুতি: There isn't much ~ation in the town; it's almost the same as it was ten years ago.

al·ter·ca·tion [ও°ল্‌টা'কেইশন্] *n* (আনুষ্ঠা.) [U] কলহ; বিবাদ; [C] ঝগড়া; কথা কাটাকাটি।

al·ter ego [ˌঅ্যাল্‌টার্ 'এগৌ US 'ঈগৌ] *n* (লা.) আত্মস্বরূপ; অভিন্নহৃদয় বন্ধু।

al·ter·nate¹ [ও°ল্'টানট্] *adj* ১ পালা করে; পর্যায়ক্রমিক: He has duties on ~ days, এক দিন পরপর কাজে যায়। **~·ly** *adv* পর্যায়ক্রমিকভাবে।

al·ter·nate² ['ও°ল্‌টানেইট্] *vt,vi* ১ পর্যায়ক্রমে একটার পর আর একটা সংঘটিত করা বা হওয়া: Most farmers ~ crops, একটার পর আর একটা ফসল লাগায়। ২ **~ between** দুটি অবস্থার মধ্যে পর্যায়ক্রমে আবর্তিত হওয়া: He ~d between buoyancy and depression. **~ with** পালাক্রমে আসা: Wet days ~d with sunny days. ˌ**alternating** '**current** নিয়মিত বিরতিতে দিক পরিবর্তনকারী বিদ্যুৎপ্রবাহ। **al·ter·na·tion** [ˌও°ল্‌টা'নেইশন্] *n*

al·ter·na·tive [ও°ল্'টানটিভ্] *adj* পরস্পর পরিবর্তনসাপেক্ষ; বৈকল্পিক: There is an ~ answer to the problem. □*n* [C] ১ বিকল্প: There was no ~ to what he proposed. ২ দুইয়ের অধিক সম্ভাব্য জিনিসের মধ্যে কোনো একটি। **~·ly** *adv* বিকল্পরূপে: a fine of Tk 10,000 or ~ly six months imprisonment.

al·though [ও°ল্'দৌ] *conj* দ্র. though.

al·tim·eter ['অ্যাল্‌টিমীটা(র্) US ˌঅ্যাল্'টিমিট র্] *n* সমুদ্রপৃষ্ঠ থেকে উচ্চতা নিরূপক এক প্রকার ব্যারোমিটার; এই যন্ত্র সাধারণত বিমানে ব্যবহৃত হয়ে থাকে।

al·ti·tude ['অ্যাল্‌টিটিউড্ US 'অ্যালটিটূড্] *n* ১ সমুদ্রপৃষ্ঠ থেকে উচ্চতা। ২ (সাধা. *pl)* সমুদ্রপৃষ্ঠ থেকে অনেক উঁচু কোনো জায়গা: It is difficult to breathe at these ~ s. ৩ (জ্যোতি.) দিগন্তরেখার উপরে জ্যোতির্মণ্ডলীয় কোনো বস্তুর কৌণিক দূরত্ব।

alto ['অ্যালটৌ] *n* ১ মুদারা ও তারার মধ্যবর্তী পুরুষকণ্ঠ; একই সুরের নারীকণ্ঠ (contralto). ২ একই সুরের বাদ্যযন্ত্র: ~-saxophone.

al·to·gether [ˌও°ল্‌টা'গেদা(র্)] *adv* ১ সর্বাংশে; সম্পূর্ণত: The report is based ~ on facts. ২ সবটা নিয়ে; সব মিলিয়ে: His debts amounted to 50,000 ~. ৩ মোটের উপর; সব দিক বিবেচনা করে: The salary is low and the office is too far away—~, it isn't a satisfactory job.

al·tru·ism ['অ্যাল্‌ট্রুইজাম্] *n* [U] পরার্থবাদ; পরহিতব্রত; স্বার্থহীনতা; [C] পরহিতব্রত বা নিঃস্বার্থতার দৃষ্টান্ত। **al·tru·ist** ['অ্যাল্‌ট্রুইস্‌ট্] *n* পরহিতব্রতী; পরার্থবাদী।

al·tru·is·tic [অ্যাল্‌ট্রু'ইস্‌টিক্] *adj* পরার্থসম্মত। **al·tru·is·ti·cally** [-ক্লি] *adv* পরার্থসম্মতভাবে।

alum [অ্যালাম্] *n* [U] ফটকিরি। **alu·mi·nous** [অ্যা'লুমিনাস্] *adj* ফটকিরিঘটিত।

alu·min·ium [ˌঅ্যালিউ'মিনিঅম্ US = **alu·mi·num** অ'লুমিনাম্] *n* [U] একপ্রকার হালকা রুপালি ধাতু; এলুমিনিয়াম।

alumna [অ'লামনা] *n* (US) স্কুল, কলেজ বা বিশ্ববিদ্যালয়ের প্রাক্তন ছাত্রী।

alum·nus [অ'লাম্‌নাস্] *n* (*pl* -ni) (US) স্কুল, কলেজ বা বিশ্ববিদ্যালয়ের প্রাক্তন ছাত্র।

al·veolar [অ্যাল্'ভিঅলা(র্)] *n, adj* (ধ্বনি.) দন্তমূলীয় ব্যঞ্জনধ্বনি, যথা: t, d, s.

al·ways ['ও°ল্‌ওয়েইজ্] *adv* ১ ব্যতিক্রমহীনভাবে সর্বদা: The sun ~ rises in the east. ২ (সাধা. চলমান কালসমূহের সঙ্গে ব্যবহার্য) বারংবার; ক্রমাগত: She was ~ complaining of lack of money.

am[1] ['I'–এর পরে ম্; অন্যথায় অম্; জোরালো উচ্চারণের ক্ষেত্রে: অ্যাম্] দ্র. be[1].

am[2], **a.m.** [এই এম্] (লাতিন ante meridiem–এর সংক্ষিপ্ত রূপ) রাত্রি বারোটার পর থেকে পরের দিন দুপুর বারোটা পর্যন্ত সময়: 0.10 am, রাত বারোটা দশ মিনিট; 5 am, ভোর পাঁচটা; 8.15 am, সকাল সোয়া আটটা।

ama·da·vat [অ্যামাড্যাভাট্] *n* দোয়েল পাখি।

amal·gam [অ'ম্যাল্‌গাম্] *n* ১ পারদমিশ্র। ২ পোকায় খাওয়া দাঁতের গর্ত ভরাট করার জন্য যে নরম উপাদান ব্যবহার করা হয়।

amal·ga·mate [অ'ম্যাল্‌গামেইট্] *vt,vi* (শ্রেণী, সমাজ, জাতি, ব্যবসায়িক প্রতিষ্ঠান সম্বন্ধে) মেশানো; যুক্ত করা; মিলিত করা। **amal·ga·ma·tion** [অ্‌ˌম্যাল্‌গা'মেইশ্‌ন্] *n* [U] একত্রীকরণ; সংযুক্তিকরণ। [C] সংযোগ; মিলন।

am·anu·en·sis [অ্‌ˌম্যানিউ'এনসিস্] *n* লিপিকার; শ্রুতিলেখক বা অনুলেখক; কলমচি।

am·a·ranth ['অ্যামার‍্যান্থ্] *n* যে ফুল কখনো শুকায় না; পারিজাত। □**am·a·ran·thine** [ˌঅ্যামা'র‍্যান্থাইন্/ –থিন্] *adj* চির অম্লান; রক্তবর্ণ।

ama·ryl·lis [ˌঅ্যামা'রিলিস্] *n* রজনীগন্ধা–গোত্রীয় বৃক্ষলতাদি।

amass [অ'ম্যাস্] *vt* রাশীকৃত করা; পুঞ্জীভূত করা।

ama·teur ['অ্যামাটা(র্)] *n* শৌখিন চিত্র বা সঙ্গীত বা নাট্য শিল্পী; অপেশাদার ক্রীড়াবিদ: an ~ singer. **~·ish** [-রিশ্] *adj* আনাড়ি; ত্রুটিপূর্ণ। **~·ism** [-ইজ়ম্] *n*

ama·tory ['অ্যামাটারি US –টো°রি] *adj* (আনুষ্ঠা.) (বিশেষত যৌন) প্রেমঘটিত বা (যৌন) প্রেম–উদ্দীপক; প্রণয়ী বিষয়ক; যৌনমিলন ঘটিত।

amaze [অ'মেইজ্] *vt* বিস্ময়াভিভূত করা: You ~ me; I was ~d to hear that ... . **amaz·ing** *part adj* বিস্ময়বিহ্বল করে তোলে এমন। **amaz·ing·ly** *adv* বিস্ময়করভাবে: The picture is amazingly life-like. **~·ment** *n* [U] প্রচণ্ড বিস্ময়: His coming out first caused ~ment among his friends.

Ama·zon ['অ্যামাজ়ান্ US –জ়ন্] *n* ১ (প্রাচীন গ্রিক উপকথায়) নারী যোদ্ধা। ২ (a~) তেজোদ্দীপ্ত দীর্ঘাঙ্গী রমণী।

am·bas·sa·dor [অ্যাম্'ব্যাসাডা(র্)] *n* ১ রাজদূত; রাষ্ট্রদূত। ২ (প্রায়শ A ~ Extraordinary) কোনো দেশের সরকার কর্তৃক বিশেষ দূত হিসাবে প্রেরিত মন্ত্রী। ৩ ক্ষমতাপ্রাপ্ত প্রতিনিধি। **am·bas·sa·dress** [অ্যাম্'ব্যাসাড্রিস্] *n* মহিলা রাষ্ট্রদূত। **~·ial** [অ্যাম্ˌব্যাসা'ডো°রিঅল্] *adj* দ্র. diplomat, embassy.

am·ber ['অ্যাম্‌ব(র্)] *n* [U] অলংকারে ব্যবহৃত এক প্রকার স্বচ্ছ হলুদাভ বাদামি পাথর; এই পাথরের রং।

am·ber·gris ['অ্যাম্‌বগ্রীস্ US –গ্রিস্] *n* [U] তিমি মাছের অন্ত্রে বর্তমান মোমতুল্য পদার্থবিশেষ, গন্ধদ্রব্যে ব্যবহৃত এই পদার্থ গ্রীষ্মমণ্ডলীয় সমুদ্রে ভাসমান দেখা যায়।

am·bi·dex·trous [অ্যাম্‌বি'ডেক্‌স্ট্রাস্] *adj* বাম অথবা ডান যে কোনো হাত সমান দক্ষতায় ব্যবহারে সক্ষম; সব্যসাচীর গুণবিশিষ্ট।

am·bi·ence ['অ্যাম্‌বিঅন্‌স্] *n* পরিবেশ; আবহমণ্ডল।

am·bi·ent ['অ্যাম্‌বিঅন্ট্] *adj* (আনুষ্ঠা.) (বাতাস, ইত্যাদি সম্বন্ধে) চতুর্দিকে বিদ্যমান; পরিবেষ্টনকারী।

am·bi·guity [ˌঅ্যাম্‌বি'গিউআটি] *n* ১ [U] দ্ব্যর্থকতা; অর্থ বা অভিপ্রায়ের অস্পষ্টতা বা অনিশ্চয়তা। ২ [C] দ্ব্যর্থক কথা, বক্তব্য ইত্যাদি।

am·bigu·ous [অ্যাম্'বিগিউআস্] *adj* ১ দ্ব্যর্থক। ২ অনিশ্চিত অর্থ বা অভিপ্রায়বিশিষ্ট: She gave an ~ smile. **~·ly** *adv*

am·bit ['অ্যাম্‌বিট্] *n* (প্রায়শ *pl*) চৌহদ্দি; ব্যাপ্তি; ক্ষমতা বা কর্তৃত্বের পরিধি।

am·bi·tion [অ্যাম্'বিশ্‌ন্] *n* ১ [U] (কোনো কিছুর জন্য, কোনো কিছু হওয়া বা করার জন্য) তীব্র আকাঙ্ক্ষা; উচ্চাকাঙ্ক্ষা: His only ~ now is to become chairman of the Thana Parishad. ২ [C] এ রকম নির্দিষ্ট কোনো আকাঙ্ক্ষা: I have no great ~s. ৩ [C] আকাঙ্ক্ষিত বস্তু বা আকাঙ্ক্ষিত লক্ষ্য: He is working hard to achieve his ~(s).

am·bi·tious [অ্যাম্'বিশাস্] *adj* ১ উচ্চাকাঙ্ক্ষী: an ~ man. ২ উচ্চাভিলাষী: This certainly is an ~ plan. **~·ly** *adv*

am·biva·lent [অ্যাম্'বিভ়ালান্ট্] *adj* পরস্পর বিপরীত বা সদৃশ দুটি মূল্য, অর্থ ইত্যাদির যে কোনো একটি বা উভয়টি বিদ্যমান এমন। **am·biva·lence** [-লান্‌স্] *n*

amble [অ্যাম্‌বল্] *vi* (ঘোড়া সম্বন্ধে) স্বচ্ছন্দ গতিতে চলা; (ব্যক্তি সম্বন্ধে) স্বচ্ছন্দ গতিতে চড়ে যাওয়া বা হেঁটে যাওয়া। □*n* ধীর, স্বচ্ছন্দ গতি।

am·bro·sia [অ্যাম্'ব্রৌজ়িআ US ওউজ়া] *n* [U] (গ্রিক পুরাণ) দেবতাদের খাদ্য ও পানীয়; অমৃত; মনোহর স্বাদ বা গন্ধযুক্ত যে কোনো বস্তু।

am·bu·lance ['অ্যাম্‌বিউলান্‌স্] *n* অসুস্থ ও আহতদের পরিবহনের গাড়ি; অ্যাম্বুলেন্স।

am·bus·cade [অ্যাম্‌বা'স্কেইড্] *n , vt* = ambush.

am·bush ['অ্যাম্‌বুশ্] *n* [C,U] অতর্কিত আক্রমণের জন্য ওত পেতে থাকা সেনাদল; এ রকম সেনাদলের সমাবেশ: The convoy fell into an ~. **lie/ wait in ~ (for)** অতর্কিত আক্রমণের জন্য ওত পেতে থাকা। □*vi* অতর্কিতে আক্রমণ করা।

ameba [অ'মীবা] *n* = amoeba.

ameer [অ'মিআ(র্)] *n* = amir.

ameli·or·ate [অ'মীলিঅরেইট্] *vt,vi* (আনুষ্ঠা.) অপেক্ষাকৃত উন্নত বা ভালো হওয়া; অপেক্ষাকৃত উন্নত বা ভালো করা। **ameli·or·ation** [অ্‌ˌমীলিআ'রেইশ্‌ন্] *n*

amen [আ:'মেন্ US এই'মেন্] *int* (যাজকীয়) প্রার্থনা বা স্তবগানের শেষে উচ্চারিত শব্দ: এর অর্থ 'যেন এমনটি হয়'; আমীন।

amen·able [অ'মীনাবল্] *adj* ~ **(to)** ১ (ব্যক্তি সম্বন্ধে) প্রতিবেদনশীল; চালিত বা নিয়ন্ত্রিত হতে আগ্রহী এমন; বাধ্য;

অনুগত: ~ to reason, যুক্তি মেনে চলে এমন। ২ (আইন.) (ব্যক্তি সম্বন্ধে) দায়ী; কতিপয় অবশ্যকরণীয় কাজ সম্পাদনে ব্যর্থ হলে শাস্তি পেতে হবে এমন অবস্থানগত: We are all ~ to the law. ৩ (মামলা, পরিস্থিতি সম্বন্ধে) পরীক্ষাযোগ্য বা নিষ্পত্তিযোগ্য: My lawyer says that the case is not ~ to ordinary rules.

amend [আ'মেন্ড্] *vt,vi* ১ অপেক্ষাকৃত ভালো হওয়া বা করা; উন্নত হওয়া; উন্নতিসাধন করা; ভুল বা ত্রুটিমুক্ত করা: She didn't care to ~ her style of living. ২ সংশোধন করা: ~ a law. **~·able** [-অব্‌ল্] *adj* **~·ment** *n* [U] উন্নতিসাধন; ভুল সংশোধন; [C] (আইন, বিধি ইত্যাদির প্রস্তাবিত বা পাসকৃত) সংশোধনী।

amends [আ'মেন্‌ড্‌জ্] *n pl* **make ~/ all possible ~ (to sb) (for sth)** ক্ষতিপূরণ দান করা: The owner of the factory offered to make ~ for the injury two of the hands had suffered during work.

amen·ity [আ'মীনাটি] *n* ১ *pl* যে সব বস্তু কিংবা সুযোগ-সুবিধা জীবনকে সহজ বা মনোরম করে তোলে: The amenities of a well-planned district town, যেমন, উদ্যান, সাধারণ পাঠাগার, খেলার মাঠ। ২ *(sing)* রম্যতা; সুখকরতা: the ~ of the climate.

Amer·ica [আ'মেরিকা] *n* মার্কিন যুক্তরাষ্ট্র।

Ameri·can [আ'মেরিকান্] *adj* উত্তর বা দক্ষিণ আমেরিকা সম্বন্ধীয়, বিশেষত মার্কিনি। '**~ organ** এক ধরনের ছোট অর্গান। '**~ plan** (হোটেলে) কক্ষ ভাড়া, খাবার ও সেবামূল্যসহ হোটেল-ব্যয় নির্ধারণের পদ্ধতি। □*n* আমেরিকার অধিবাসী; মার্কিন যুক্তরাষ্ট্রের নাগরিক। **~·ism** [-ইজ়াম্] *n* [C] মার্কিন যুক্তরাষ্ট্রীয় ইংরেজিতে প্রচলিত শব্দ বা বাগ্‌ধারা।

am·eri·cium [আমে'রিকিঅম্] *n* [U] (রস.) ইউরেনিয়াম থেকে কৃত্রিমভাবে প্রস্তুত শুভ্র ধাতব পদার্থ (প্রতীক *Am*)।

am·ethyst ['অ্যামিথিস্ট্] *n* পান্নাজাতীয় মূল্যবান পাথরবিশেষ; নীলকান্তমণি; নীলা।

ami·able ['এইমিঅব্‌ল্] *adj* খোশমেজাজি; সদাশয়; নম্র ও সৌহার্দ্যপূর্ণ: an ~ man. **amia·bil·ity** [,এইমিআ'বিলাটি] *n* ১ [U] সৌহার্দ্যপূর্ণতা; বন্ধুভাবাপন্নতা। ২ সৌহার্দ্যপূর্ণ উক্তি: They exchanged amiabilities. **ami·ably** [-অব্‌লি] *adv*

amic·able ['অ্যামিকাব্‌ল্] *adj* শান্তিপ্রবণ; শান্তিপূর্ণ; বন্ধুত্বপূর্ণ বা শান্তিপূর্ণভাবে সাধিত: The two sides settled the dispute in an ~ way. **amica·bil·ity** [,অ্যামিকা'বিলাটি] *n*. **amic·ably** [-অব্‌লি] *adv* শান্তি ও সৌহার্দ্যপূর্ণভাবে: live together amicably.

amid [আ'মিড্], **amidst** [আ'মিড্‌স্ট্] *preps* (কাব্যিক) মধ্যে; ভিতরে; মাঝখানে।

amid·ships [আ'মিড্‌শিপ্‌স্] *adv* (নৌ.) জাহাজের মাঝ বরাবর: Their cabin was ~.

amir, ameer, emir [আ'মিআ(র্)] *n* কতিপয় মুসলিম শাসকের উপাধিবিশেষ; আমির।

amiss [আ'মিস্] *pred adj*, adv ভুল বা ভুলভাবে; অচল; বেঠিক: Nothing comes ~ to him, (কথ্য) তার কাছে কোনো কিছুই অচল নয়; সে যে কোনো কিছুই গ্রহণ করতে পারে, কাজে লাগাতে পারে। **take sth ~** কোনো কিছুতে ক্ষুণ্ন বা ক্ষুব্ধ হওয়া।

am·ity ['অ্যামাটি] *n* [U] বন্ধুতা; (ব্যক্তির সঙ্গে ব্যক্তির বা দেশের সঙ্গে দেশের) বন্ধুতাপূর্ণ সম্পর্ক: live in ~ with sb.

am·me·ter ['অ্যামিটা(র্)] *n* বিদ্যুৎপ্রবাহ পরিমাপের যন্ত্র।

am·mo·nia [আ'মৌনিআ] *n* [U] তীক্ষ্ণ গন্ধযুক্ত শক্তিশালী বর্ণহীন গ্যাস (NH_3), হিমায়নে এবং বিস্ফোরক ও সার তৈরিতে এই গ্যাস ব্যবহৃত হয়; অ্যামোনিয়া; পানিতে সৃষ্ট এই গ্যাসের দ্রব। **am·mo·ni·ated** [আ'মৌনিএইটিড্] *adj* অ্যামোনিয়াযুক্ত।

am·mon·ite ['অ্যামানাইট্] *n* অধুনালুপ্ত একজাতীয় শামুকের কুণ্ডলীপাকানো খোলা।

am·mu·ni·tion [,অ্যামিউ'নিশ্‌ন্] *n* [U] গোলা-বারুদ প্রভৃতির ভাণ্ডার।

am·nesia [অ্যাম্'নীজ়িআ US -নীজ়া] *n* [U] (চিকি.) আংশিক বা সম্পূর্ণ স্মৃতিবিলোপ।

am·nesty ['অ্যামনাস্টি] *n* [C] বিশেষত রাষ্ট্রবিরোধী অপরাধের ক্ষেত্রে প্রদর্শিত সাধারণ ক্ষমা।

amoeba [আ'মীবা] *n* (প্রাণী.) ক্ষুদ্রতম এককোষী প্রাণী; অ্যামিবা। **amoebic** [আ'মীবিক্] *adj* অ্যামিবা-সংক্রান্ত বা অ্যামিবা-ঘটিত: amoebic dysentery.

amok [আ'মক্] *adv* (অপিচ **amuck) run ~** রণমূর্তি ধারণ করে ছোটাছুটি করা ও সন্ত্রাসে লিপ্ত হওয়া।

among [আ'মাঙ্], **amongst** [আ'মাঙ্‌স্ট্] *preps* ১ (অবস্থান নির্দেশ করে) পরিবেষ্টিত; মাঝখানে: He looked like a giant ~ pygmies. (among -এর পরবর্তী *n* বা *pron* অবশ্যই *pl* হবে)। ২ (*pl n* বা *pron* কিংবা collective *n* সহযোগে অন্তর্ভুক্তি, সংযোগ বা সম্বন্ধ বোঝাতে): He was only one ~ many who had been affected by the change of government. It was difficult to see him clearly ~ the crowd. ৩ (superl দ্বারা অনুসৃত হয়ে) অন্যতম: Beximco is ~ the largest business houses of Bangladesh. ৪ (দুইয়ের অধিক ব্যক্তিসংশ্লিষ্ট বিভাজন, বিতরণ, অধিকারিতা বা কর্মকাণ্ড নির্দেশ করে): She divided the money ~ her sons. We had less than a hundred takas ~ us, আমাদের সবার মিলে এক শ টাকাও ছিল না। ৫ *(prep*-এর পরে): Please choose one from ~ these.

amoral [,এই'মরাল্ US -'মো°রাল্] *adj* নৈতিকতার সাথে সম্পর্কহীন; অনৈতিক।

am·or·ous ['অ্যামারাস্] *adj* প্রণয়শীল; প্রণয়াকুল; কামার্ত; প্রণয়ঘটিত: ~ looks; an ~ woman. **~·ly** *adv*

amor·phous [আ'মো°ফ়াস্] *adj* নির্দিষ্ট আকারহীন; অনিয়তাকার।

amor·tize [আ'মো°টাইজ় US 'অ্যামার্‌টাইজ়্] *vt* (আইন.) ভবিষ্যৎ পাওনাপ্রদানের জন্য নিয়মিতভাবে অর্থ গচ্ছিত রেখে (ঋণ) মুক্ত হওয়া বা (ঋণ) পরিশোধ করা। **amor·ti·za·tion** [আ,মো° টিজ়েইশ্‌ন্ US অ্যামারটি-] *n*

amount [আ'মাউন্‌ট্] *vi* **~ to** মোট (এই) পরিমাণ হওয়া; সমপরিমাণ হওয়া; সমার্থক হওয়া: His debts ~ to Tk 25,000; What he said ~ed to defying his old guru. □*n* ১ মোট পরিমাণ: He owes me Tk 5,000 but has been able so far to pay only half that amount. ২ [C] পরিমাণ: She spent a large ~ of money on her daughter's wedding. **any ~ of** বিপুল পরিমাণ: People say he has any ~ of money, তার প্রচুর টাকা আছে। **in large/ small, etc ~s** (একবারে) বেশি/ অল্প ইত্যাদি পরিমাণে।

amour [আ'মুআ(র্)] *n* [C] (fac) প্রণয়ঘটিত ব্যাপার: He bored me with accounts of his ~s.

amour-propre [ˌঅ্যামুআ ˈপ্রপ্রা] *n* (ফ.) আত্মসম্মান; আত্মমর্যাদা।
amp [অ্যাম্প্] *n* (সং.) = ampere.
am·pere [ˈঅ্যামপেআ(র্) US ˈঅ্যাম্‌পি অর] *n* বিদ্যুৎপ্রবাহ পরিমাপের একক।
am·pheta·mine [অ্যাম্ˈফেটামীন্] *n* [C,U] (চিকি.) (বাণিজ্যিক নাম Benzedrine) (দেহের মেদ কমানোর মতো প্রয়োজনে) চিকিৎসা-মতে ব্যবহৃত মাদকদ্রব্য, বিশেষত মোহাবেশ সৃষ্টির জন্য মাদকাসক্তরা এটি ব্যবহার করে থাকে।
am·phib·ian [অ্যাম্ˈফিবিঅন্] *n* ১ জলে ও স্থলে বাস করতে সক্ষম প্রাণী; উভচর প্রাণী, যথা, ব্যাঙ। ২ জলে ও স্থলে উড্ডয়ন ও অবতারণে সক্ষম বিমান। ৩ উভচর যান: (attrib) ~ tank.
am·phibi·ous [অ্যাম্ˈফিবিঅস্] *adj* উভচর: ~ vehicles; ~ operations, যে সামরিক অভিযানে স্থলবাহিনী সমুদ্রপথে আক্রমণ পরিচালনার জন্য উভচর যান ব্যবহার করে।
amphi·theatre (US = -ter) [ˈঅ্যামফিথিআটা(র্)] *n* ১ গোলাকার বা ডিম্বাকৃতি ছাদহীন অট্টালিকা, এর অভ্যন্তরে ক্রমোন্নত আসনশ্রেণীর দ্বারা পরিবেষ্টিত উন্মুক্ত স্থান থাকে যেখানে খেলাধুলা ও অন্যান্য প্রদর্শনী অনুষ্ঠিত হয়। ২ (US-এ নয়) কোনো রঙ্গমঞ্চে অর্ধবৃত্তাকারে এবং একইভাব (অর্থাৎ এক সারির পিছনে ও উপরে) সাজানো আসনের সারি। ৩ (natural ~) চতুর্দিকে পাহাড় পরিবেষ্টিত সমতল স্থান।
ample [ˈঅ্যাম্‌পল্] *adj* ১ বড়ো আকারের; প্রশস্ত: There's ample room for the two of you on the back seat. ২ প্রচুর: a man of ~ resources, ধনী। ৩ যথেষ্ট; পর্যাপ্ত: The money left by your father should be ~ for your needs. **am·ply** [ˈঅ্যাম্‌প্‌লি] *adv* amply rewarded, ভালোভাবে পুরস্কৃত।
am·plify [ˈঅ্যাম্‌প্‌লিফাই] *vt* ১ প্রশস্ততর বা পূর্ণতর করা; বিশেষত অধিকতর তথ্য ও খুঁটিনাটি বিষয়ের চিত্র প্রদান করা: ~ a story. ২ (বিদ্যুৎপ্রবাহ ধ্বনিপ্রবাহ ইত্যাদির) শক্তিবৃদ্ধি করা। **am·pli·fi·ca·tion** [ˌঅ্যাম্‌প্লিফিˈকেইশন্] *n* **am·pli·fier** [ˈঅ্যামপ্লিফাইআ(র্)] *n* সম্প্রসারক যন্ত্র; ধ্বনিবিবর্ধক যন্ত্র।
am·pli·tude [ˈঅ্যাম্‌প্লিটিউড্ US -টূড্] *n* [U] (আনুষ্ঠা.) বিস্তার; ব্যাপকতা; বিশালতা; প্রাচুর্য।
am·poule (US অপিচ **am·pule)** [ˈঅ্যামপূল্] *n* ইনজেকশনের ঔষধ ধারণকারী কাচের ছোট আধারবিশেষ।
am·pu·tate [ˈঅ্যাম্‌পিউটেইট্] *vt* শল্যচিকিৎসা দ্বারা (প্রধানত অঙ্গ-প্রত্যঙ্গ) কেটে ফেলা বা ব্যবচ্ছেদ' করা। **am·pu·ta·tion** [ˌঅ্যামপিউটেইশন্] *n*
amuck [আˈমাক্] *adv* দ্র. amok.
amu·let [ˈঅ্যামিউলিট্] *n* মন্ত্রপূত কবচ।
amuse [আˈমিউজ্] *vt* ১ মজা করে সময় কাটানো: The boys ~d themselves (by) mimicking their teacher's voice and gestures. ২ (কাউকে) হাসানো: His jokes ~d all of us. **amus·ing** *part adj* মজার; মজাদার: an amusing story. **~·ment** *n* ১ [U] হাস্যকৌতুক; কৌতুকানুভূতি; কৌতুকাবিষ্টতা: The circus bear danced a waltz with its trainer to the great ~ment of the children. ২ মজাদার বস্তু: You can look for plenty of ~ments in Dhaka—theatres, cinemas, football and cricket matches and so on. ˈ**~ment arcade** বিশেষত বড়ো শহর, অবকাশ যাপনকেন্দ্র ইত্যাদিতে পিন-টেবিল, জুয়ার মেশিন প্রভৃতি প্রমোদ-উপকরণ সম্বলিত কক্ষ বা হল-ঘর। ˈ**~ment park/ grounds** প্রমোদ-উদ্যান। **places of ~ment** সিনেমা, থিয়েটার ইত্যাদি। **do sth for ~ment** গুরুভার কোনো উদ্দেশ্যে নয়; হাসিখুশিতে সময় কাটানোর জন্য কোনো কিছু করা।
an [অন্; strong form: অ্যান্] *indef art* দ্র a[2] .
anach·ron·ism [আˈন্যাক্রনিজ়াম্] *n* [C] ১ কালনির্দেশে ভুল; কালের অসঙ্গতি; কালপ্রমাদ; কালের বিচারে বেমানান কোনো কিছু: There is an ~ in 'Emperor Akbar drove in a black limousine' (সম্রাট আকবরের কালবিচারে limousine একটি anachronism, কারণ মোটরযানের আবিষ্কার তখনো প্রায় তিনশ' বছর দূরে)। ২ সেকেলে হিসাবে বিবেচিত ব্যক্তি, প্রথা, দৃষ্টিভঙ্গি ইত্যাদি। **anach·ron·is·tic** [আˌন্যাক্রাˈনিস্‌টিক্] *adj*
ana·conda [ˌঅ্যানাˈকন্‌ডা] *n* গ্রীষ্মমণ্ডলীয় দক্ষিণ আমেরিকায় দৃষ্ট বড়ো জাতের সাপ, এই সাপ তার শিকারকে পিষে চূর্ণ করে ফেলে।
anae·mia (US = **ane·mia)** [আˈনীমিআ] *n* [U] রক্তাল্পতা। **anaemic** (US = **anemic)** [আˈনীমিক্] *adj* রক্তাল্পতাগ্রস্ত।
an·aes·thesia (US = **an·es·thesia)** [ˌঅ্যানিস্ˈথীজিআ US -ˈথীজা] *n* অনুভূতিবিলোপ; অবেদন; রসায়নশাস্ত্রের যে শাখা অনুভূতিনাশক পদার্থের সঙ্গে সম্পর্কিত। **an·aes·thetic** (US = **an·es·thetic)** [ˌঅ্যানিস্ˈথেটিক্] *n* [C] অনুভূতিনাশক পদার্থ (যথা, ঈথার, ক্লোরোফরম) বা কলাকৌশল: under an anaesthetic. **general anaesthetic** সমগ্র দেহকে প্রভাবিত করে এমন অনুভূতিনাশক, এটি সাধা. হাসপাতালে প্রয়োগ করা হয়। **local anaesthetic** দেহের অংশবিশেষকে প্রভাবিত করে এমন অনুভূতিনাশক। এটি ইনজেকশন দ্বারা প্রয়োগ করা হয় (যেমন, দন্তচিকিৎসক প্রয়োজনবোধে মাড়িতে করেন)। **an·aes·the·tize** (US = **an·es·the·tize)** [আˈনীস্‌থাটাইজ্] *vt* অনুভূতি বিলোপ করা। **an·aes·the·tist** (US = **an·es·the·tist)** [আˈনীস্‌থাটিস্‌ট্] *n* অনুভূতিনাশক প্রয়োগকারী।
ana·gram [ˈঅ্যানাগ্র্যাম্] *n* অন্য শব্দের বর্ণানুক্রম পরিবর্তন করে তৈরি-করা শব্দ, যথা, lump থেকে plum: They were playing ~s.
anal [ˈএইনল্] *adj* (ব্যব.) গুহ্য বা পায়ুসংক্রান্ত; পায়ুগত।
an·al·gesia [ˌঅ্যান্যাল্ˈজীজিআ] *n* [U] (চিকি.) বেদনাহীনতা; বেদনাবোধহীনতা। **an·al·ges·ic** [ˌঅ্যান্যাল্ˈজীসিক্] *n* বেদনানাশক বা বেদনা উপশমকারী পদার্থ, যেমন, কোনো মলম।
anal·og·ous [আˈন্যালাগাস্] *adj* **~ (with)** অনুরূপ; সদৃশ: The two movements are ~ with each other. **~·ly** *adv*
ana·logue (অপিচ -log) [ˈঅ্যানালগ্ US লো°গ্] *n* ১ সদৃশ বা অনুরূপ বস্তু। ২ ˈ**~ computer** *n* যে কম্পিউটার সংখ্যার প্রতিনিধিত্বকারী ভৌত মাত্রা (physical quantity) বা বৈদ্যুতিক সঙ্কেতের সাহায্যে কাজ করে। দ্র. digit শিরোনামায় digital computer.
anal·ogy [আˈন্যালাজি] *n* ১ [C] আংশিক সাদৃশ্য বা মিল। **draw an ~ between** সাদৃশ্য বর্ণনা করা। ২ [U] **by/ from ~ , on the ~ of** অনুরূপ বস্তু, ঘটনা ইত্যাদিকে পাশাপাশি স্থাপন বা উপস্থাপন করে যুক্তি প্রদানের প্রক্রিয়ার সাহায্যে: argue by ~.

ana·lyse (US = **lyze)** [অ্যানালাইজ়্] *vt* ১ কোনো বস্তু বা পদার্থ বিশ্লেষণ করা: If you ~ water, you find that it is made up of two parts of hydrogen and one part of oxygen. ২ (ব্যাক.) বাক্য বিশ্লেষণ করা। ৩ জানা বা বোঝার জন্য কোনো কিছু খুঁটিয়ে দেখা: We tried to ~ the causes of our failure to win public support. ৪ = psycho~.

analy·sis [আ্যান্যালাসিস্] *n* ১ [U] মন্তব্য সহকারে (পুস্তক, কোনো চরিত্র বা পরিস্থিতির) বিশ্লেষণ: critical ~ of a literary text; [C] এরকম বিশ্লেষণের দৃষ্টান্ত; বিশ্লেষণ থেকে উপনীত সিদ্ধান্ত বিবৃতকরণ। ২ = psycho~. ৩ **critical path ~** জটিল ও পরস্পর সংযুক্তরূপে পরিকল্পিত কার্যপ্রণালীসমূহ বাস্তবায়নের সবচেয়ে দ্রুত ও দক্ষ পন্থা নির্ধারণের জন্য সেগুলি পরীক্ষা ও বিশ্লেষণ করে দেখার রীতি: Shipbuilding is one of the manufacturing industries in which critical path ~ is used. **ana·lytic** [অ্যানা'লিটিক্], **-i·cal** [-কল্] *adjj* বিশ্লেষণধর্মী; বিশ্লেষণনির্ভর। **ana·lyti·cally** [-ক্লি] *adv*

ana·lyst ['অ্যানালিস্ট্] *n* (বিশেষত রাসায়নিক) বিশ্লেষণে দক্ষ ব্যক্তি।

ana·lyze, দ্র. analyse.

ana·paest (US= **-pest)** ['অ্যানাপীস্ট্ US-পেস্ট্] *n* (কবিতার ছন্দ সম্পর্কে) দুইটি শ্বাসাঘাতহীন অক্ষরের (syllable) পরে একটি শ্বাসাঘাতসম্বলিত অক্ষর নিয়ে গঠিত মাত্রা (foot) (◡◡—), যেমন, 'I am 'mon/ arch of 'all/ I sur'vey'. **ana·paes·tic** (US = **-pestic)** [অ্যানা'পীস্টিক্ US -'পেস্-] *adj*

an·archy ['অ্যানাকি] *n* [U] নৈরাজ্য; অরাজকতা; বিশৃঙ্খলা। **an·arch·ism** [-কিজ়াম্] *n* [U] নৈরাজ্যবাদ। **an·arch·ist** [-কিস্ট্] *n* নৈরাজ্যবাদী। **an·archic** [আ্যা'না:কিক্] *adj* **an·archi·cally** [-ক্লি] *adv*

anath·ema [আ'ন্যাথামা] *n* ১ (গির্জা) চার্চ কর্তৃক কাউকে বহিষ্কার বা ধর্মচ্যুত করার কিংবা কোনো কিছুকে অশুভ হিসাবে চিহ্নিত করার আনুষ্ঠানিক ঘোষণা। ২ ঘৃণিত বা অভিশপ্ত বস্তু। **~·tize** [আ'ন্যাথামাটাইজ়্] *vt,vi* অভিশাপ দেওয়া।

anat·omy [আ'ন্যাটামি] *n* [U] জীবদেহের গঠনসংক্রান্ত বিজ্ঞান; অঙ্গব্যবচ্ছেদ দ্বারা জীবদেহের গঠন সম্পর্কে অর্জিত জ্ঞান; অঙ্গব্যবচ্ছেদ-বিদ্যা। **ana·tomi·cal** [অ্যানা'টমিক্‌ল্] *adj.* **anat·om·ist** [-মিস্ট্] *n* যে ব্যক্তি শবব্যবচ্ছেদ করে; যে ব্যক্তি জীবদেহের গঠন বিষয়ে অধ্যয়ন বা অধ্যাপনা করে।

an·ces·tor ['অ্যানসেস্টা(র্)] *n* পূর্বপুরুষ; পিতৃপুরুষ। **~ worship** দেবতাজ্ঞানে পূর্বপুরুষের পূজা। **an·ces·tress** [-ট্রিস্] *n* স্ত্রীলিঙ্গে পূর্বপুরুষ। **an·ces·tral** [অ্যান্'সেস্ট্রাল্] *adj* পিতৃপুরুষের পুরুষানুক্রমিক: one's ancestral home. **an·ces·try** ['অ্যানসেস্ট্রি] *n* বংশ।

an·chor ['অ্যাঙ্‌কা(র্)] *n* নঙ্গর। **let go/drop/ cast the ~** নঙ্গর ফেলা; নঙ্গর করা। **weigh ~** নঙ্গর তোলা। **come to ~; bring (a ship) to ~** জাহাজ থামিয়ে নঙ্গর ফেলা। **lie/ ride/ be at ~** নঙ্গরবদ্ধ অবস্থায় থাকা। **~·man** [-মান্] (বেতারকেন্দ্র বা টিভি স্টুডিওর মতো স্থানে) এক সঙ্গে কাজ করে এমন ব্যক্তিবৃন্দের কাজের সমন্বয়সাধনকারী। □*vt,vi* নঙ্গরের সাহায্যে (জাহাজকে) নিরাপদ বা সংরক্ষিত করা; নঙ্গর ফেলা। **~·age** [-রিজ্] *n* নঙ্গর বাঁধার স্থান।

an·chor·ite ['অ্যাঙ্‌কারাইট্] *n* সন্ন্যাসী; দরবেশ।

an·chovy ['অ্যানচাভি] *n* হেরিং-জাতীয় ছোট মাছ, স্বাদে-গন্ধে কড়া এই মাছ চাটনি ইত্যাদিতে ব্যবহৃত হয়।

ancient ['এইনশান্ট্] *adj* ১ সুদূর অতীতের অন্তর্গত প্রাচীন: ~ Greece. ২ (প্রায়শ হাস্য.) অত্যন্ত পুরনো: an ~-looking coat.

an·cil·lary [অ্যান্'সিলারি US 'অ্যান্‌স্‌লেরি] *adj* ১ সহায়ক: The transport corps is ~ to the infantry. ২ অধীন; অন্তর্ভূত: an ~ industry.

and [সাধা. রূপ: অান্, অান্ড্; (t,d,f,v,θ,ð,s,z,ʃ,ʒ-এর পরে) প্রায়শ ন্; strong form: অ্যান্ড্] *conj* ১ (শব্দ, উপবাক্য, বাক্যকে যোগ করে): black and white; a table and three chairs. (ঘনিষ্ঠ সম্পর্কযুক্ত দুটি *n* -এর দ্বিতীয়টির পূর্বে নির্দেশক শব্দটি পুনরাবৃত্ত হয় না): my father and mother; কিন্তু my father and my uncle. ২ (লক্ষণীয় twenty-five; কিন্তু, five and twenty—যা সময় নির্দেশে কখনো কখনো ব্যবহৃত হয়): five and twenty to nine, নয়টা বাজতে পঁচিশ মিনিট বাকি। ৩ (*if*-clause-এর পরিবর্তে, যেমন, If you work hard, you will succeed-এর পরিবর্তে) Work hard and you will succeed. ৪ (পুনরাবৃত্তির তীব্রতা বোঝাতে কিংবা বিরামহীনতা নির্দেশ করে): for hours and hours, ঘণ্টার পর ঘণ্টা। We talked and talked, কথা বলেই যাচ্ছিলাম। ৫ (কথ্য) (to-এর বিকল্প হিসাবে): Try and come early (= Try to come early).

an·dante [অ্যান্'ড্যান্টি] *n, adj, adv* (সঙ্গীত) ঢিমে তাল; ঢিমে তালবিশিষ্ট (সঙ্গীত)।

and·iron ['অ্যানডাইঅন্] *n* উনুনের শিক। বিকল্প নাম firedog .

an·ec·dote ['অ্যানিক্‌ডৌট্] *n* বাস্তব কোনো ব্যক্তি বা ঘটনা সম্পর্কে সংক্ষিপ্ত (এবং সাধা. মজার) কাহিনী।

ane·mia, ane·mic, দ্র. anaemia, anaemic.

anem·om·eter [অ্যানি'মমিটা(র্)] *n* [C] (আব.) বায়ুপ্রবাহের শক্তি ও বেগ পরিমাপক যন্ত্র; বায়ুমানযন্ত্র।

anem·one [আ'নেমনি] *n* ১ (উদ্ভিদ) তারকাসদৃশ বনফুল (বিকল্প নাম wind-flower). ২ **'sea ~** নলের মতো দেহবিশিষ্ট ও কর্ষিকাযুক্ত এক প্রকার সামুদ্রিক প্রাণীর লোকজ নাম।

an·er·oid ['অ্যানারয়ড্] *adj, n* **~ (barometer)** আংশিক বায়ুশূন্য একটি বাক্সের স্থিতিস্থাপক ঢাকনার উপর বাতাসের ক্রিয়া বিশ্লেষণ করে বায়ুচাপ মাপার যন্ত্র।

an·es·thesia *n* দ্র. anaesthesia.

anew [আ'নিউ US আ'নূ] *adv* পুনরায়; আবার; নতুন করে।

angel ['এইনজ্‌ল্] *n* ১ দেবদূত। ২ অনুপম সৌন্দর্যের অধিকারী বা নিষ্পাপ ব্যক্তি। ৩ (সদয়, চিন্তাশীল ব্যক্তির প্রতি শ্রদ্ধা বা প্রশংসা জ্ঞাপনে ব্যবহৃত): Thanks, you're an ~! **~ic** [অ্যান্'জেলিক্] *adj* দেবদূত সম্বন্ধীয়; দেবদূত প্রতিম। **~i·cally** [-লিক্লি] *adv*

an·gelica [অ্যান্'জেলিকা] *n* রান্নায় ও ঔষধে ব্যবহৃত সুগন্ধি লতাবিশেষ; চিনির রসে সিদ্ধ করা এই লতার কাণ্ড।

an·gelus ['অ্যানজিলাস্] *n* (অপিচ **A~**) কুমারী মেরীর (Virgin Mary) স্তব; এই স্তবপাঠের আহ্বান জানিয়ে সকালে দুপুরে ও সূর্যাস্তে রোমান ক্যাথলিক গির্জাসমূহে বাজানো ঘণ্টাধ্বনি।

anger ['অ্যাঙ্গা(র্)] *n* [U] ক্রোধ; রোষ; রাগ: do sth in a moment of anger; filled with ~ at sth. □*vt* ক্রুদ্ধ

করানো; রাগানো: He is greatly ~ed by cruelty to children.

an·gina pec·toris [অ্যান্ˌজাইনা ˈপেকটারিস্] *n* (লা.) (প্যাথ.) হৃদ্‌রোগবিশেষ, এতে বুকে তীব্র ব্যথা অনুভূত হয়।

angle[1] [ˈঅ্যাঙ্‌গ্‌ল্] *n* ১ পরস্পর মিলিত হয় এমন দুটি রেখার মধ্যবর্তী স্থান; কোণ: an acute ~. ˈ**~-iron** *n* L আকার লোহার বাতা। ˈ**~-park** *vt,vi* রাস্তার ধারে আড়াআড়িভাবে মোটরগাড়ি দাঁড় করানো। ২ (লাক্ষ.) দৃষ্টিকোণ; দৃষ্টিভঙ্গি: He viewed the matter from a different ~. □*vt* বিশেষ দৃষ্টিকোণ থেকে উপস্থাপন করা: ~ the news, (সংবাদদাতার বা তার মালিকপক্ষের মতাদর্শের উপযোগী করে) সংবাদ পরিবেশন করা।

angle[2] [ˈঅ্যাঙ্‌গ্‌ল্] *vi* ১ ছিপ দিয়ে মাছ ধরা। ২ **~ for** (লাক্ষ.) কলা-কৌশল করে কোনো কিছু পাবার চেষ্টা করা: ~ for compliments. **ang·ler** [ˈঅ্যাঙ্‌গ্‌লা(র্)] *n* যে ব্যক্তি ছিপ দিয়ে মাছ ধরে; যে ব্যক্তি কলা-কৌশলে কোনো কিছু পাবার চেষ্টা করে। **ang·ling** *n* [U] ছিপ দিয়ে মাছ ধরা।

Ang·li·can [ˈঅ্যাঙ্‌গ্‌লিকান্] *n,adj* ইংল্যান্ডের সরকারি প্রটেস্ট্যান্ট চার্চ (Church of England) সংক্রান্ত; এই চার্চের অনুগামী ব্যক্তি।

ang·li·cize [ˌঅ্যাঙ্‌গ্‌লিসাইজ্] *vt* ইংরেজিকরণ করা: ~ a Bengali name. **ang·li·cism** [ˈঅ্যাঙ্‌গ্‌লিসিজ়াম্] *n* ইংরেজি বাচনরীতি।

Anglo- [ˈঅ্যাঙ্‌গ্‌লৌ] *pref* ইংরেজ: ~-American relations, ইঙ্গ-মার্কিন সম্পর্ক। ˌ**~-ˈCatholic** *n* Church of England-এর অনুসারীদের যে অংশ আদি খ্রিস্টান চার্চের সঙ্গে নিরবচ্ছিন্ন সম্পর্কের উপর জোর দেয় এবং প্রস্টেট্যান্ট নামে চিহ্নিত হতে চায় না; এই অংশের যে কোনো অনুসারী; এই অংশ সম্পর্কিত। ˌ**~-ˈIndian** (ক) ভারতে বসবাসকারী ব্রিটিশ বংশোদ্ভূত (ব্যক্তি)। (খ) মিশ্র ব্রিটিশ ও ভারতীয় বংশোদ্ভূত (ব্যক্তি); ফিরিঙ্গি; য়োরেশীয়। ˌ**~-ˈSaxon** *n, adj* ইংরেজ বংশোদ্ভূত (ব্যক্তি); নরমান বিজয়ের (Norman Conquest) পূর্বে উত্তর-পশ্চিম য়োরোপ থেকে আগত যে সব নৃগোষ্ঠী ইংল্যান্ডে বসতি স্থাপন করে তাদের যে কোনোটি; এদের ভাষা (বিকল্প নাম Old English).

Anglo·mania [ˌঅ্যাঙ্‌গ্‌লৌˈমেইনিআ] *n* অত্যধিক ইংরেজপ্রীতি; ইংরেজবাতিক; ইংরেজিপনা।

Anglo·phile [ˈঅ্যাঙ্‌গ্‌লৌফাইল] (অপিচ **-phil** [-ফ়িল্]) *n* ইংরেজপ্রেমী।

Anglo·phobe [ˈঅ্যাঙ্‌গ্‌লৌফ়ৌব্] *n* ইংরেজবিদ্বেষী।

Anglo·pho·bia [ˌঅ্যাঙ্‌গ্‌লৌˈফ়ৌবিআ] *n* ইংরেজ-বিদ্বেষ বা ইংরেজভীতি।

an·gora [অ্যাঙ্‌ˈগো°রা] *n* ১ [C] দীর্ঘ লোমবিশিষ্ট বিড়াল; ছাগল বা খরগোশ। ২ [U] এ জাতীয় ছাগলের লোম থেকে তৈরি বস্ত্র।

an·gos·tura [ˌঅ্যাঙ্‌গাˈস্টিউআরা] *n* [U] দক্ষিণ আমেরিকার বৃক্ষবিশেষের ছাল থেকে তৈরি এবং বলবর্ধক ঔষধ বা টনিক হিসাবে ব্যবহৃত তিক্ত তরল পদার্থ।

angry [ˈঅ্যাঙ্‌গ্‌রি] *adj* ১ (কারো সঙ্গে, কারো কোনো কথায় বা কাজে, কোনো ব্যাপারে) ক্রুদ্ধ; রুষ্ট। ২ (ক্ষত, ঘা, আঘাত সম্বন্ধে) লাল; লাল হয়ে ফুলে ওঠা; দগদগে। ৩ (সমুদ্র, আকাশ, মেঘ সম্বন্ধে) ঝঞ্ঝাবিক্ষুব্ধ; ঝড়ো; ভয়ঙ্কর। **ang·ri·ly** [-অলি] *adv*

angst [অ্যাঙ্‌স্ট্] *n* [U] [G] উৎকণ্ঠাবোধ; উদ্বেগ (পৃথিবীর হালচাল দেখে যেমন হতে পারে)।

an·guish [ˈঅ্যাঙ্‌গুইশ্] *n* [U] নিদারুণ (বিশেষত মানসিক) যন্ত্রণা; তীব্র মনঃকষ্ট। **~ed** *adj* নিদারুণ মানসিক যন্ত্রণাক্লিষ্ট: ~ed looks.

angu·lar [ˈঅ্যাঙ্‌গিউলা(র্)] *adj* ১ কোণযুক্ত। ২ (ব্যক্তি সম্বন্ধে) চামড়ার নীচে হাড়ের গড়ন বোঝা যায় এমন; (ব্যক্তির স্বভাব, প্রকৃতি ইত্যাদি সম্বন্ধে) নমনীয়তাহীন; আড়ষ্ট; সমালোচনাপ্রবণ; খুঁতখুঁতে স্বভাবের।

ani·line [ˈঅ্যানিলীন্ US ˈঅ্যানালিন্] *n* [U] আলকাতরা থেকে রাসায়নিক পদ্ধতিতে প্রাপ্ত এবং রঞ্জক, ঔষধ ইত্যাদি প্রস্তুতে ব্যবহৃত পদার্থবিশেষ।

ani·mad·vert [ˌঅ্যানিম্যাড্ˈভ়াট্] *vi* **~ (on)** (আনুষ্ঠা.) (কারো আচরণের) সমালোচনা করা। **ani·mad·version** [ˌঅ্যানিম্যাড্ˈভ়াশ্‌ন্ US -জ়্‌ন্] *n* সমালোচনা।

ani·mal [ˈঅ্যানিম্‌ল্] *n* ১ প্রাণী: Men, dogs, birds, flies, fish are all ~s. **the ˈ~ kingdom** প্রাণীজগৎ। ২ চতুষ্পদ জন্তু: ~ husbandry, পশুপালন। ৩ মানুষ ব্যতীত অন্য কোনো প্রাণী। ৪ (attrib ব্যবহার) আত্মিক নয়; মানুষের জৈবিক দিক: ~ needs, যেমন, খাদ্য; ~ desires, যেমন, কাম। **~ spirits** স্বাভাবিক প্রফুল্লতা। **~·cule** [ˌঅ্যানিˈম্যাল্‌কিউল্] *n* অণুবীক্ষণের সাহায্য ছাড়া দেখা যায় না এমন ক্ষুদ্র প্রাণী।

ani·mate [ˈঅ্যানিমাট্] *adj* জীবন্ত; সপ্রাণ; সজীব; প্রাণবন্ত; প্রাণচঞ্চল। □*vt* [ˈঅ্যানিমেইট্] প্রাণসঞ্চার করা; উদ্দীপিত বা প্রাণবন্ত করা; অনুপ্রাণিত করা: A smile ~d his face; We had an ~d discussion; The success ~d him to greater efforts. ˌ**~d carˈtoon** *n* অঙ্কিত চিত্রমালার ফটোগ্রাফ তুলে নির্মিত সিনেমা ফিল্ম। **ani·ma·tion** [ˌঅ্যানিˈমেইশ্‌ন্] *n* [U] (বিশেষত) সজীবতা; প্রাণচঞ্চলতা; উষ্ণ আবেগ; উদ্দীপনা।

ani·mism [ˈঅ্যানিমিজ়াম্] *n* [U] সকল বস্তুর (বৃক্ষ, পাথর, বাতাস ইত্যাদি) প্রাণ আছে—এই বিশ্বাস; সর্বপ্রাণবাদ।

ani·mos·ity [ˌঅ্যানিˈমসাটি] *n* [U] **~ (against/ towards/ between)** বিদ্বেষ; সক্রিয় শত্রুতা; [C] এ রকম বিদ্বেষ বা শত্রুতার দৃষ্টান্ত।

ani·mus [ˈঅ্যানিমাস্] *n* [U] বিদ্বেষ; শত্রুতা; (indef art সহযোগে) বিদ্বেষ বা শত্রুতার দৃষ্টান্ত: He had an ~ against me.

an·ise [ˈঅ্যানিস্] *n* মৌরিগাছ। **ani·seed** [ˈঅ্যানিসীড্] *n* [U] মৌরি।

ankle [ˈঅ্যাঙ্‌ক্‌ল্] *n* গোড়ালির গাঁট; গুল্‌ফ; গুল্‌ফ ও পায়ের মাংসপেশির মধ্যবর্তী সরু অংশ। ˈ**~ socks** গুল্‌ফ পর্যন্ত ঢাকে এমন খাটো মোজা। **ank·let** [ˈঅ্যাঙ্‌ক্‌লিট্] *n* নূপুর, মল ইত্যাকার পায়ের অলঙ্কার।

anna [ˈঅ্যানা] *n* প্রাক্তন ভারতীয় তাম্রমুদ্রার মূল্যমান এক টাকার ষোল ভাগের একভাগ; আনি; আনা।

an·nals [ˈঅ্যান্‌ল্‌জ়্] *n pl* বর্ষভিত্তিক ঘটনাবলীর বিবরণী; বর্ষপঞ্জি; বর্ষলিপি; বছরে বছরে রচিত নতুন জ্ঞান বা আবিষ্কারের বিবরণী; জ্ঞানপঞ্জিকা; কোনো বিদ্বৎসমাজের বার্ষিক কার্যবিবরণী। **an·nal·ist** [ˈঅ্যানালিস্ট্] *n* বর্ষপঞ্জির বা জ্ঞানপঞ্জিকার রচয়িতা।

an·neal [আˈনীল্] *vt* (ধাতু, কাচ, প্রভৃতি পান দেবার জন্য) উত্তপ্ত করার পর খুব ধীরে ধীরে শীতল করা।

an·nex[1] [আˈনেক্‌স্] *vt* ১ (রাজ্য, ভূখণ্ড ইত্যাদি) অধিকার করা। ২ **~ (to)** (বাড়তি অংশ হিসাবে কোনো কিছু) যুক্ত বা সংযোজন করা। **~·ation** [ˌঅ্যানেকˈসেইশ্‌ন্]

n [U] সংযোজন; সংযুক্তি; [C] সংযুক্তির দৃষ্টান্ত; সংযুক্ত বস্তু বা বিষয়।

an·nex[2] [অ্যানেক্স্] (অপিচ **an·nexe)** *n* [C] ১ বৃহত্তর অট্টালিকার সঙ্গে সংযোজিত বা তার নিকটবর্তী ক্ষুদ্রতর অট্টালিকা; উপগৃহ: an ~ to a museum. ২ (কোনো দলিল বা প্রামাণ্য গ্রন্থের) পরিশিষ্ট।

an·ni·hi·late [অ্যানাইআলেইট্] *vt* সম্পূর্ণরূপে ধ্বংস করা; নিশ্চিহ্ন করা: ~ the enemy; (লাক্ষ.) অবলুপ্ত করা: Air-travel has ~d distance. **an·ni·hi·la·tion** [অ্যানাইআ'লেইশ্ন্] *n* [U] (স্থল বা নৌবাহিনী ইত্যাদির) পূর্ণবিলয়; পূর্ণধ্বংস।

an·ni·ver·sary [অ্যানিভা্সারি] *n* [C] কোনো ঘটনার সঙ্গে সংশ্লিষ্ট তারিখের বার্ষিক আবর্তন; এ উপলক্ষে আয়োজিত অনুষ্ঠান; বার্ষিকী: We have been invited to her wedding ~; the ~ of Rabindranath's birth.

Anno Domini [অ্যানৌ 'ডমিনাই] (লা.) (সং AD [এই 'ডী]) আমাদের প্রভুর (জন্ম-)বৎসরে, যে বছর আমাদের প্রভু জন্মগ্রহণ করেন, in the year of our Lord: in AD 750, যিশুর জন্মের ৭৫০ বছর পরে। before[2] শিরোনামে before Christ (BC) দ্রষ্টব্য।

an·no·tate [অ্যানাটেইট্] *vt* টীকা যোগ করা; টীকা রচনা করা: an ~d text. **an·no·ta·tion** [অ্যানা'টেইশ্ন্] *n* [U] টীকা রচনা; [C] টীকা।

an·nounce [আ'নাউন্স্] *vt* ১ ঘোষণা করা; জ্ঞাপন করা। ২ আগমনবার্তা ঘোষণা করা: The footman ~d Mr and Mrs Hussain. ৩ (বেতার, টিভি ইত্যাকার অনুষ্ঠানে) বক্তা, শিল্পী ইত্যাদির পরিবেশনার ঘোষণা দেওয়া। **~·ment** *n* [C] ঘোষণা: a broadcast ~ment. **an·noun·cer** *n* (বিশেষত) বেতার বা টিভির ঘোষক।

an·noy [আ'নয়] *vt* (বিশেষত passive বা কর্মবাচ্যে) **be ~ed with sb/ at sth/ about sth** বিরক্ত বা জ্বালাতন করা; অসন্তুষ্ট করা: She was ~ed with her husband for not telling her about his plans earlier. He felt ~ed because he was not asked to sit down. I was ~ed at his stupidity. **~·ing** *part adj* বিরক্তিকর: It's ~ing to miss an appointment. **~·ance** [-অন্স্] *n* ১ [U] বিরক্তি, অসন্তোষ: He turned away with a look of ~ance. ২ [C] বিরক্তিকর বস্তু বা বিষয়: These little ~ances were enough to spoil the day for me.

an·nual [অ্যানিউঅল্] *adj* ১ প্রতিবছর আসে বা ঘটে এমন: ~ migration of birds. ২ শুধুমাত্র এক বছর বা এক মৌসুম টিকে থাকে বা স্থায়ী হয় এমন। ৩ বার্ষিক: my ~ income; the ~ production of jute goods. □*n* ১ এক বছর বা এক মৌসুম বেঁচে থাকে এমন উদ্ভিদ; বর্ষজীবী উদ্ভিদ। **,hardy '~** (কৌতুক) প্রায়ই ঘটে (এবং বিরক্তিকর বা একঘেয়ে মনে হয়) এমন ঘটনা। ২ প্রতিবছর একই শিরোনামে কিন্তু নতুন নতুন বিষয়বস্তু নিয়ে প্রকাশিত বই, পত্রিকা ইত্যাদি। **~·ly** *adv*

an·nu·ity [আ'নিউআটি US -নূ-] *n* [C] (আয় হিসাবে) কাউকে বার্ষিক ভিত্তিতে যাবজ্জীবন প্রদত্ত নির্দিষ্ট অঙ্কের অর্থ; এ রকম নিয়মিত বার্ষিক আয় নিশ্চিতকারী বিমা পদ্ধতি। **an·nui·tant** [আ'নিউইটান্ট US -'নূ-] *n* যে ব্যক্তি এ রকম বার্ষিক আয় বা বৃত্তি ভোগ করে।

an·nul [আ'নাল্] *vt* আইন, চুক্তি প্রভৃতি রদ করা বা বাতিল করা; (কোনো সামাজিক বিয়ে বা অনুরূপ কিছুকে) অসিদ্ধ বা অকার্যকর ঘোষণা করা। **~·ment** *n*

an·nu·lar [অ্যানিউলা(র্)] *adj* (বিরল) আংটির মতো; বলয়াকার।

an·nun·ci·ate [আ'নান্সিএইট্] *vt* (আনুষ্ঠা.) ঘোষণা করা; প্রকাশ করা; ব্যক্ত করা; জ্ঞাপন করা।

an·nun·ci·ation [আ,নান্সি'এইশ্ন্] *n* **the A~** (গির্জা.) দেবদূত গ্যাব্রিয়েল কুমারী মেরিকে তাঁর গর্ভে যিশু খ্রিস্ট জন্মগ্রহণ করবেন বলে যে বার্তাটি জ্ঞাপন করেছিলেন; এ উপলক্ষে ২৫ মার্চ পালিত উৎসব।

anode [অ্যানৌড্] *n* (বিদ্যুৎ) (US বিকল্প নাম plate) ১ ধনাত্মক বা পজিটিভ চার্জবিশিষ্ট বিদ্যুৎবাহী তারের প্রান্ত বা ইলেকট্রোড। ২ ব্যাটারির ধনাত্মক বা পজিটিভ প্রান্ত।

ano·dyne [অ্যানাডাইন্] *n, adj* বেদনা উপশমকারী (ঔষধ); সান্ত্বনাদায়ক (বস্তু)।

anoint [আ'নয়ন্ট্] *vt* (বিশেষত ধর্মীয় অনুষ্ঠান হিসাবে) দেহে তেল বা তৈলাক্ত বস্তু লেপন করা: ~ sb with oil. **~·ment** *n*

anom·al·ous [আ'নমালাস্] *adj* নিয়মবহির্ভূত; কোনো-না-কোনোভাবে স্বাভাবিক থেকে ভিন্ন; ব্যতিক্রমী। **~ verb** 'do' ক্রিয়ার সাহায্য ছাড়াই যে ক্রিয়া প্রশ্নবোধক ও নেতিবাচক রূপ পরিগ্রহ করতে পারে, যথা, *must, ought.* **~·ly** *adv*. **anom·aly** [আ'নমালি] *n* অস্বাভাবিক বা ব্যতিক্রমী বস্তু: A bird that cannot fly is an anomaly.

anon[1] [আ'নন্] *adv* (প্রা.প্র.) অবিলম্বে; শীঘ্র। **ever and ~** প্রায়ই; মাঝে মাঝে।

anon[2] [আ'নন্] (পাদটীকা ইত্যাদিতে) নামহীন লেখকের দ্বারা রচিত, by an anonymous author—এই কথার সংক্ষিপ্ত রূপ।

ano·nym·ity [,অ্যানা'নিমাটি] *n* [U] নামহীনতা।

anony·mous [আ'ননিমাস্] *adj* নামহীন বা অপ্রকাশিত নাম: an ~ letter, যে পত্রে লেখকের নাম নেই; an ~ gift, উপহারদাতার নাম জানা নেই এমন উপহার। **~·ly** *adv*

anoph·eles [আ'নফিলীজ্] *n* = (প্রাণী.) ম্যালেরিয়ার জীবাণুবাহী মশা; এনোফিলিস মশা।

an·or·ak [অ্যানার্যাক্] *n* [C] বৃষ্টি, হিমেল বাতাস ও শৈত্য থেকে দেহকে রক্ষা করবার জন্য পরিহিত মস্তকাবরণযুক্ত জ্যাকেট বা কোট।

ano·rexia [,অ্যানা'রেক্সিআ] *n* [U] (চিকি.) অগ্নিমান্দ্য; ক্ষুধাহীনতা। **~ nervosa** এক ধরনের মানসিক অসুস্থতা--খাদ্যভীতি এর অন্যতম লক্ষণ, যার পরিণতিতে বিপজ্জনকভাবে দেহের ওজন হ্রাস পায়। **ano·rexic** *n, adj* খাদ্যভীতিতে আক্রান্ত (ব্যক্তি); (লাক্ষ.) অত্যন্ত কৃশকায় (ব্যক্তি)।

an·other [আ'নাদা(র্)] *pron, adj* দ্র. other. ১ অতিরিক্ত (এক), অপর (এক), আর (এক): May I have ~ cup of tea? The population of this country is going to be doubled in ~ ten years, আর দশ বছরে দ্বিগুণ হবে। ২ অনুরূপ (এক): The boy is very clever at versification; may be one day he will become ~ Nazrul. ৩ ভিন্ন (এক): That is quite ~ matter. one~, দ্র. one[3] (৩).

answer[1] [আ:নসা(র্) US 'অ্যান্-] *n* **~ (to)** ১ প্রত্যুত্তর; জবাব; উত্তর: I'm waiting for an ~ to my letter. He gave no ~, জবাবে কিছুই বললো না। **in ~ (to)** প্রত্যুত্তরে: I am writing this in ~ to your letter. He sent me a cheque for Tk 5,000/- in ~ to my request for a loan. ২ সমাধান; অঙ্কের ফল: The ~ to 4 × 18 is 72. **have/ know all the ~s** কোনো

বিষয়ে অনেক কিছু জানা কিংবা অনেক কিছু জানা আছে এমন বিশ্বাস করা।

answer[2] [আ:ন্সা(র্)] US [ˈঅ্যান্–] *vt,vi* ১ উত্তর বা প্রত্যুত্তর দেওয়া; জবাব দেওয়া: ~ a letter; ~ a question. What shall I ~ him? আমি তাকে কী জবাব দেব? **~ the door / the bell** কেউ দরজার কড়া নাড়লে বা বেল টিপলে দরজা খুলে দেওয়া। **~ the telephone** টেলিফোন ধরা। **~ (sb) back** (কারো) মুখে-মুখে জবাব দেওয়া। ২ পূর্ণ করা; উপযোগী বা সন্তোষজনক হওয়া: Will this ~ your purpose? ৩ সফল বা কার্যকর হওয়া; সন্তোষজনক হওয়া: This method has not ~ed, we must try a different one. ৪ **~ to the name of** (পোষা প্রাণী সম্বন্ধে) নাম থাকা; কোনো নাম ধরে ডাকলে সাড়া দেওয়া: The dog ~s to the name of Lalu. **~ to a description** বর্ণনার সঙ্গে মিলে যাওয়া: She doesn't ~ to the description of the missing girl that appeared in the newspaper. ৫ **~ (to) the helm** (জাহাজ সম্বন্ধে) হাল ঘুরানোর ফলে দিক পরিবর্তন করা: The Ship failed to answer the helm, জাহাজটির গতিপথ নিয়ন্ত্রণ করা যাচ্ছিল না/ জাহাজটি আর চালানো যাচ্ছিল না। ৬ **~ for** দায়ী হওয়া: I can't ~ for someone else's mistakes. He has a lot to ~ for, সে অনেক কিছুর জন্য দায়ী। **~·able** [-অব্‌ল্] *adj* ১ যার উত্তর দেওয়া যায়; জবাবযোগ্য। ২ (কেবলমাত্র *pred)* (কারো কাছে কোনো কিছুর জন্য) দায়ী।

ant [অ্যান্ট্] *n* পিপীলিকা; পিঁপড়া। **ˈant-eater** *n* পিপীলিকাভোজী প্রাণী। **ˈant-hill** *n* পিঁপড়ার বাসা; উইঢিবি। **ˈwhite ˈant** *n* উইপোকা।

ant·acid [অ্যান্ট্ˈঅ্যাসিড্] *n, adj* [C,U] পাকস্থলীর অম্লতা উপশমকারী (পদার্থ)।

an·tag·on·ism [অ্যান্ˈট্যাগনিজ়াম্] *n* [C,U] সক্রিয় বিরোধিতা; এরকম বিরোধিতার দৃষ্টান্ত: Everybody knows about the strong ~ between the two leaders.

an·tag·on·ist [অ্যান্ˈট্যাগনিস্ট্] *n* প্রতিদ্বন্দ্বী; বিরোধী ব্যক্তি; প্রতিপক্ষ।

an·tag·on·is·tic [অ্যান্ট্যাগˈনিস্টিক্] *adj* **~ (to)** ১ শত্রুভাবাপন্ন; বিরোধী; বিপরীত। ২ (শক্তি সম্বন্ধে) পরস্পরের বিরুদ্ধে ক্রিয়াশীল। **an·tag·on·is·ti·cally** [-ক্লি] *adv*

an·tag·on·ize [অ্যান্ˈট্যাগনাইজ়্] *vt* (কাউকে) শত্রুভাবাপন্ন করা; দ্বন্দ্বে বা সংঘাতে ঠেলে দেওয়া: I didn't want to ~ him.

ant·arc·tic [অ্যান্ˈটা:ক্‌টিক্] *adj* দক্ষিণ মেরু বা কুমেরু অঞ্চলীয়। **the ˌA~ ˈCircle** কুমেরুবৃত্ত।

ante[1] [অ্যান্টি] *n* পোকার নামে এক ধরনের তাসখেলার বাজিবিশেষ। **raise the ~** নিজের বাজিবাড়ানো।

ante[2] [অ্যান্টি] *pref* পূর্ব; অগ্র: ~ nuptial, বিবাহপূর্ব।

ante·ced·ent [ˌঅ্যান্টিˈসীড্‌ন্ট্] *adj* **~ (to)** (আনুষ্ঠা.) পূর্ববর্তী; পূর্বগামী। □*n* ১ পূর্ববর্তী ঘটনা বা অবস্থা। ২ *(pl)* পূর্বপুরুষগণ; কোনো ব্যক্তি বা ব্যক্তিবৃন্দের অতীত ইতিহাস। ৩ (ব্যাক.) অনুগামী pronoun বা adverb যে noun, clause বা sentence-কে নির্দেশ করে। **anteced·ence** [-ন্স্] *n* পূর্ববর্তিতা; পূর্বগামিতা।

ante·cham·ber [অ্যান্টিচেইম্‌বা(র্)] *n* বৃহৎ কক্ষসংলগ্ন ক্ষুদ্র কক্ষ; পার্শ্বকক্ষ; উপকক্ষ।

ante·date [অ্যান্টিˈডেইট্] *vt* ১ চিঠিপত্র, দলিল ইত্যাদিতে প্রকৃত তারিখের পূর্ববর্তী তারিখ প্রদান করা; ঘটনা সংঘটনের সঠিক তারিখের পূর্ববর্তী কোনো তারিখ প্রদান করা। ২ পূর্ববর্তী হওয়া; আগে হওয়া বা আগে ঘটা: This event ~s the partition of Bengal by several years.

ante·di·luvian [ˌঅ্যান্টিডিˈলুভিঅন্] *adj* (বাইবেলের Genesis পর্বে বর্ণিত) মহাপ্লাবনপূর্ব কালের উপযোগী বা মহাপ্লাবনপূর্ব কাল সম্বন্ধীয়; সেকেলে; অপ্রচলিত। □*n* সেকেলে লোক।

ante·lope [ˈঅ্যান্টিলৌপ্] *n* হরিণজাতীয় প্রাণীবিশেষ; কৃষ্ণসার মৃগ।

ante mer·id·iem [অ্যান্টি মাˈরিডিঅম্] (লা.) (সং **am)** মধ্যরাত্রি ও মধ্যাহ্নের মধ্যবর্তী সময়: 4.30 am. দ্র. post meridiem.

ante·na·tal [ˌঅ্যান্টিˈনেইট্‌ল্] *adj* জন্মের পূর্বকালীন: ~ clinics, গর্ভবতী মহিলাদের জন্য ক্লিনিক।

an·tenna [অ্যানˈটেনা] *n* ১ কীট-পতঙ্গ ও চিংড়ি জাতীয় কতিপয় প্রাণীর মাথায় যুক্ত স্পর্শসন্ধানী শুঙ্গ। ২ (বিশেষত US) রেডিও বা টিভির এরিয়েল; আকাশ-তার; অ্যানটেনা।

ante·nup·tial [ˌঅ্যান্টিˈনাপ্‌শ্‌ল্] *adj* বিবাহের পূর্বকালীন; বিবাহপূর্ব: an ~ contract.

ante·pen·ul·ti·mate [ˌঅ্যান্টিপিনাল্‌টিমাট্] *adj* শেষ দুইটির পূর্ববর্তী: the ~ syllable.

an·ter·ior [অ্যান্ˈটিঅরিঅর] *adj* (আনুষ্ঠা.) পূর্বকালীন; পূর্ববর্তী।

ante·room [অ্যান্টিরুম্ US –রূম্] *n* পার্শ্বকক্ষ; উপকক্ষ; অতিথি বা দর্শনার্থীদের অপেক্ষা করার ঘর।

an·them [অ্যান্থাম্] *n* চার্চে সমবেত কণ্ঠে গাইবার জন্য রচিত স্তবগান। **ˌnational ˈ~** জাতীয় সঙ্গীত, যেমন, 'আমার সোনার বাংলা আমি তোমায় ভালবাসি'।

an·ther [ˈঅ্যান্থা(র্)] *n* (উদ্ভিদ) পরাগধানী।

an·thol·ogy [অ্যানˈথলজি] *n* বিভিন্ন লেখকের কিংবা একই লেখকের নির্বাচিত কবিতা বা গদ্য বা উভয়বিধ রচনাসমূহের সঙ্কলন; কাব্য-সঙ্কলন; সাহিত্য-সঙ্কলন।

an·thra·cite [ˈঅ্যান্থ্রাসাইট্] *n* [U] অত্যন্ত কঠিন কয়লাবিশেষ, যে কয়লা পোড়ালে ধোঁয়া বা শিখা বের হয় না বললেই চলে।

an·thrax [ˈঅ্যান্থ্র্যাক্স্] *n* [U] গবাদি পশুর মারাত্মক সংক্রামক রোগবিশেষ, যে রোগ পশুর দেহ থেকে মানবদেহে সংক্রমিত হতে পারে।

an·thro·poid [অ্যান্থ্রাপয়ড্] *adj* মানুষের মতো; নরসদৃশ; নরাকার। □*n* বিশেষত গরিলা, বনমানুষ প্রভৃতি নরাকার প্রাণী।

an·thro·pol·ogy [ˌঅ্যান্থ্রাˈপলাজি] *n* [U] নরবিজ্ঞান; নরবিদ্যা; নৃতত্ত্ব। **an·thro·pol·ogist** [ˌঅ্যান্থ্রাˈপলাজিস্ট্] *n* নৃতত্ত্ববিদ; নৃতাত্ত্বিক; নৃবিজ্ঞানী। **an·thro·po·logi·cal** [ˌঅ্যান্থ্রাপাˈলজিক্‌ল্] *adj*

an·thro·po·mor·phic [ˌঅ্যান্থ্রাপামো°ফিক্] *adj* প্রাণী বা বস্তুতে নরত্ব আরোপ সম্পর্কিত।

anti– [ˌঅ্যান্টি US ˌঅ্যান্টাই] *pref* বিরুদ্ধ–; বিপরীত–; অপ–; প্রতি–: ˌ~-ˈcommunist, কমিউনিস্ট-বিরোধী।

anti-air·craft [ˌঅ্যান্টিˈএঅক্রা:ফ্ট্ US –ক্র্যাফ্ট্] *adj* শত্রুবিমান-বিধ্বংসী: ~ guns.

anti·biotic [ˌঅ্যান্টিˈবাইঅটিক্] *n, adj* (চিকি.) জীবাণু-নাশক বা জীবাণু-প্রতিরোধী (পদার্থ.), যথা, পেনিসিলিন।

anti·body [অ্যান্টিবডি] *n* [C] (শারীর.) রক্তে উৎপন্ন পদার্থবিশেষ যা ক্ষতিকর জীবাণু ইত্যাদিকে প্রতিরোধ বা ধ্বংস করে।

an·tic [অ্যান্টিক্] *n* (সাধা. *pl)* ভাঁড়ামি; সঙ; উদ্ভট আচরণ।

an·tici·pate [অ্যান্'টিসিপেইট্] *vt* ১ সময় হবার আগেই (কিছু) করা বা ব্যবহার করা: Don't ~ your salary, মাইনে পাবার আগেই খরচ–পত্তর করো না। ২ অন্যের আগে করা। ৩ যা করা উচিত, যা ঘটতে পারে ইত্যাদি বুঝে সেভাবে কাজ করা: She ~s all my needs, বলবার আগেই বুঝে নিয়ে সব প্রয়োজন মেটায়। ৪ প্রত্যাশা করা (এ অর্থে expect অধিক প্রযোজ্য শব্দ): I don't ~ much opposition from that quarter. **an·tici·pa·tory** [অ্যান্‌,টিসি'পেইটারি] *adj*

an·tici·pa·tion [অ্যান্‌,টিসি'পেইশ্‌ন্] *n* [C,U] **(in) ~ (of)** anticipate–এর সকল অর্থে এবং পূর্বজ্ঞান; পূর্বাভাস: I bought an extra bag of rice in ~ of a further rise in the prices of essentials.

anti-cli·max [,অ্যান্টি 'ক্লাইম্যাক্স্] *n* [C] মহৎ, গুরুত্বপূর্ণ, গুরুতর, অর্থবহ ইত্যাদি কোনো কিছু থেকে আকস্মিক পতন; পূর্ববর্তী উত্থানের সঙ্গে বৈপরীত্যসূচক পতন।

anti-clock·wise [,অ্যান্টি 'ক্লক্‌ওয়াইজ্] *adv* ঘড়ির কাঁটা যেদিকে ঘোরে তার বিপরীতমুখী; বামাবর্তী।

anti·cyc·lone [অ্যান্টি 'সাইক্লৌন্] *n* [C] (আবহ) যে অঞ্চলের বায়ুচাপ পার্শ্ববর্তী অঞ্চলের তুলনায় উঁচু এবং যার বায়ুপ্রবাহ বহির্গামী হয়, ফলে আবহাওয়া শান্ত ও স্থিত থাকে। দ্র. depression (৪).

anti·de·press·ant [,অ্যান্টিডি'প্রেস্‌ন্ট্] *n, adj* (চিকি.) মানসিক বিষণ্ণতার প্রতিক্রিয়া লাঘব করার জন্য ব্যবহৃত (ঔষধ)। দ্র. depression (১).

anti·dote ['অ্যান্টিডৌট্] *n* [C] বিষ বা রোগপ্রতিষেধক ঔষধ: an ~ against/ for/ to snakebite/ cholera.

anti·freeze ['অ্যান্টিফ্রীজ্] *n* [U] অন্য এক তরল পদার্থের হিমাঙ্ক নামিয়ে আনার জন্য যে (সাধা. তরল) পদার্থ মেশানো হয়, যথা, মোটরগাড়ির রেডিয়েটর–এ ব্যবহৃত রাসায়নিক তরল।

anti·hero ['অ্যান্টিহিআরৌ] *n* (নাটক ও উপন্যাসে) সাহস ও মর্যাদাবোধের মতো নায়কোচিত বৈশিষ্ট্য নেই এমন নায়ক।

anti·his·ta·mine [,অ্যান্টি'হিসটামীন্] *n* [C,U] এলার্জির চিকিৎসায় ব্যবহৃত ঔষধবিশেষ।

anti·knock [,অ্যান্টি'নক্] *n* [U] মোটরগাড়ির শব্দ কমানোর জন্য জ্বালানিতে ব্যবহৃত পদার্থবিশেষ। দ্র. knock[2] (৩).

anti·log·ar·ithm [,অ্যান্টি'লগারিদ্‌ম্] *n* কোনো লগারিদম যে সংখ্যার সাথে যুক্ত, সেই সংখ্যা: ৩, ২ ও ১–এর লগারিদম ১০০০, ১০০ ও ১০।

anti·mony ['অ্যানটিমানি US –মৌনি] *n* খাদ, বিশেষত ছাপার অক্ষর তৈরির কাজে ব্যবহৃত ভঙ্গুর রুপালি সাদা ধাতু (প্রতীক Sb).

an·tipa·thy [অ্যান্'টিপথি] *n* **~ (to/ towards/ against)** (দুজনের মধ্যে **between)** [U] পারস্পরিক বিদ্বেষ; [C] যে ব্যক্তি বা বস্তু বিদ্বেষের পাত্র।

anti-per·son·nel [,অ্যান্টি ,পার্স'নেল্] *adj* (সাধা. মাইন–অস্ত্র সম্বন্ধে) মানুষকে হতাহত করার উদ্দেশ্যে উদ্ভাবিত (কিন্তু যানবাহন ধ্বংসের জন্য নয়)।

an·tipo·des [অ্যান্'টিপডীজ্] *n, pl* (সাধা. **the ~)** ভূ-পৃষ্ঠের (পরস্পর) বিপরীত দিকে অবস্থিত (দুটি) স্থান, বিশেষত আমাদের বিপরীত বিন্দুস্থ অঞ্চল; উলটা পিঠ।

anti·quar·ian [,অ্যান্টি 'কোওআ রিঅন্] *adj* প্রাচীন নিদর্শনের পাঠ, সংগ্রহ বা বিক্রির সঙ্গে সম্পর্কযুক্ত: an ~ shop. □ *n* antiquary.

anti·quary ['অ্যান্টিকোআরি US –কোএরি] *n* প্রাচীন নিদর্শনের পাঠক, সংগ্রাহক বা বিক্রেতা।

anti·quated ['অ্যান্টিকোএইটিড্] *adj* অপ্রচলিত; সেকেলে; (ব্যক্তি সম্বন্ধে) পুরনো ধ্যান–ধারণা ও চাল–চলনবিশিষ্ট।

an·tique [অ্যান্'টীক্] *adj* প্রাচীন; প্রাচীনকাল থেকে বিদ্যমান বা বর্তমান; প্রাচীন রীতিবিশিষ্ট। □ *n* (আসবাব, শিল্পকর্ম ইত্যাকার) অতীতের নিদর্শন (যুক্তরাজ্যে কমপক্ষে ৫০ বছরের পুরনো, যুক্তরাষ্ট্রে ১০০ বছরের)। **the ~** শিল্পকলায় প্রাচীন রীতি। তুল. second-hand, অপেক্ষাকৃত সাম্প্রতিক বস্তু সম্বন্ধে।

an·tiquity [অ্যান্'টিকোআটি] *n* ১ [U] প্রাচীনকাল, বিশেষত মধ্যযুগের পূর্বে; মহৎ যুগ: The heroes of ~. ২ প্রাচীনকালের নিদর্শন: Greek antiquities.

an·tir·rhi·num [,অ্যান্টি 'রাইনাম্] *n* (উদ্ভিদ) উদ্ভিদের শ্রেণীবিশেষ; ড্রাগনের মুখের মতো ফুলবিশিষ্ট উদ্ভিদ।

anti-Sem·ite [,অ্যান্টি 'সীমাইট US 'সেম্–] *n, adj* ইহুদি–বিরোধী; ইহুদি–বিদ্বেষী (ব্যক্তি)। **anti-Sem·itic** [,অ্যান্টি সি'মিটিক্] *adj* **anti-Semi·tism** [,অ্যান্টি 'সেমিটিজ়াম্] *n*

anti·sep·tic [,অ্যান্টি'সেপ্‌টিক্] *n, adj* বিশেষত জীবাণু নাশ করে ক্ষত ইত্যাদির পচন রোধ করতে পারে এমন (রাসায়নিক পদার্থ)।

anti·so·cial [,অ্যান্টি'সৌশ্‌ল্] *adj* ১ সমাজবিরোধী। ২ জনস্বার্থের পরিপন্থী। ৩ অসামাজিক; অমিশুক।

anti·tank [,অ্যান্টি'ট্যাঙ্ক্] *attrib adj* ট্যাঙ্ক– বিধ্বংসী: ~ guns.

an·tith·esis [অ্যান্'টিথ়াসিস্] *n* ১ [U] সরাসরি বিপরীত বস্তু: Despotism is a direct ~ of/ to democracy. ২ [U] (এক বস্তুর সাথে অন্য বস্তুর, পরস্পর দুটি বস্তুর) বৈপরীত্য; [C] এরূপ বৈপরীত্যের ক্ষেত্র বা দৃষ্টান্ত; পরস্পরবিরোধী ভাবধারার সন্নিবেশ, বিরোধালঙ্কার, যথা, 'Give me liberty or give me death'. **anti·thetic** [অ্যান্টি'থ়েটিক্], **anti·theti·cal** [–ক্‌ল্] *adj* **anti·theti·cally** [–ক্লি] *adv*

anti·toxin [,অ্যান্টি'টক্‌সিন্] *n* বিষক্রিয়া বা রোগনাশক পদার্থ (সাধা. সিরাম); প্রতিবিষ।

anti·trade [,অ্যান্টি'ট্রেইড্] *adj* **'~ wind** বাণিজ্যতরীর প্রতিকূল বায়ুপ্রবাহ। □ *n* (সাধা. *pl*) ~ wind.

ant·ler ['অ্যান্টলা(র্)] *n* শাখাবিভক্ত শিং; (হরিণ–) শিঙের শাখা।

an·to·nym ['অ্যানটানিম্] *n* [C] বিপরীত শব্দ: Big is the ~ of small.

anus ['এইনাস্] *n* (ব্যব.) গুহ্য; মলদ্বার।

an·vil ['অ্যান্‌ভিল্] *n* ১ কামারের নেহাই। ২ (ব্যব.) কর্ণমূলের হাড়; কর্ণাস্থি।

anxiety [অ্যাঙ্'জ়াইআটি] *n* ১ [U] ভবিষ্যৎ বিষয়ে ভয় ও অনিশ্চয়তাবোধ; উদ্বেগ; দুশ্চিন্তা: Her unpredictable nature caused us great ~. ২ [C] এরূপ উদ্বেগের অবস্থা: His recent fortune has removed all his anxieties about a decent future. ৩ [U] তীব্র কামনা; আকাঙ্ক্ষা: his ~ to please his wife.

anxious [অ্যাঙ্ক্শাস্] *adj* ১ ~ **(about/ at/ for)** উদ্বিগ্ন; চিন্তিত: I am ~ about my daughter's safety. ২ উদ্বেগপূর্ণ; শঙ্কাকুল: to have had an ~ time. ৩ ~ **to/ for/ about/ that** তীব্রভাবে চাইছে এমন; প্রত্যাশী: I am ~ to meet you. **~·ly** *adv*

any[1] [এনি] *adj* ১ [দ্র. some[1](১) (neg ও interr বাক্যে, এবং clauses of condition প্রভৃতিতে)] কিছু। ২ কোনো (না-বোধক affirm বাক্যে, যথা, 'prevent'-জাতীয় *v* সহযোগে, *prep* 'without'-এর পরে, 'hardly'- জাতীয় *advv*-এর পরে): without any difficulty; hardly any profit; to prevent any loss. ৩ যেকোনো (সাধা. *stressed;* সাধা. affirm বাক্যে): any day, যেকোনো দিন; at any hour, যেকোনো সময় (সব সময়); any excuse. যেকোনো কৈফিয়ত। ৪ **in ˈany case** যা-ই হোক না কেন। **at ˈany rate** অন্তত; নিদেনপক্ষে। ৫ (কথ্য: এক বা একটি বোঝাতে sing common *nn*-সহ affirm ও neg বাক্যে ব্যবহৃত হয়): I don't see any pencil (a/ one pencil) in this box.

any[2] [এনি] *adv* of degree (না কিংবা সংশয় বোঝায় এমন neg, interr ও conditional বাক্যে comparative সহ ব্যবহৃত হয়। তুল *no* ও *none*-এর একই জাতীয় ব্যবহার।) মোটেই; আদপেই; আদৌ; কিছুমাত্র: Is your new job any better? I am unable to get any further. If it's any good, I'll give you as much money as you want for it. **(not) any the better/ the worse (for)** আদৌ/ কিছুমাত্র ভালো/ মন্দ: Are you any the better for joining the civil service? She left teaching but isn't any the worse for it.

any[3] [এনি] *pron* দ্র. some[2].

any·body [এনিবডি] *n, pron* ১ (neg, interr প্রভৃতি বাক্যে: দ্র. somebody, someone). ২ (affirm বাক্যে) যে কেউ: A ~ who saw him remembered him afterwards. That's ~'s guess, (কথ্য) বেশ অনিশ্চিত। **~ else,** দ্র. else. ৩ গুরুত্বপূর্ণ ব্যক্তি; বড়ো মানুষ; হোমরা-চোমরা লোক: I dont think he was ~ before he became a minister. You will never be ~.

any·how [এনিহাঙ] *adv* ১ যেকোনো ভাবে; সম্ভব যে কোনো প্রকারে; যেমন করে হোক: We must do it ~. ২ অযত্নে; শৃঙ্খলাহীনভাবে: It was done all ~. ৩ *(adv or conj)* যা-ই হোক; অন্তত; নিদেনপক্ষে: A~, you can try, যা-ই হোক; চেষ্টা করে দেখতে পারো।

any·one [এনিওআন্] *n, pron* = anybody.

any·place [এনিপ্লেইস্] *adv* (বিশেষত যুক্তরাষ্ট্রে) = anywhere.

any·thing [এনিথিঙ্] *n, pron* ১ (neg, interr প্রভৃতি বাক্যে: দ্র. something) (উদ্ধৃত বাক্যে *adj*-এর অবস্থান লক্ষণীয়) Did you notice ~ unusual ? ২ যা হয় কিছু; যে কোনো কিছু: A~ might happen any time. **be ~ but** অবশ্যই নয়: He is ~ but honest. ৩ (কোনো অর্থকে জোরালো করার জন্য ক্রিয়া-বিশেষণিক রূপে ব্যবহৃত হয়): We were chased by a mad elephant and we ran like ~. **(as) easy as ~** (কথ্য) খুব সোজা।

any·way [এনিওএই] *adv* = anyhow (৩).

any·where [এনিওএআ(র্)] US -হোএআ(র্)] *adv* ১ (neg, interr প্রভৃতি বাক্যে: দ্র. somewhere): I am prepared to go ~ (that) you may suggest. Are you going ~ (in) particular? ২ (prep object হিসাবে ব্যবহারে): I am without ~ to put my head in. ৩ যে কোনো খানে: Go ~ you like.

aorta [এইওᵒটা] *n* হৃৎপিণ্ডের বাম দিক থেকে রক্তবহনকারী প্রধান ধমনী।

apace [আপেইস্] *adv* (প্রা.প্র. বা সাহিত্য.) দ্রুত; তাড়াতাড়ি: rumours spread ~.

apa·nage (also **ap·pan·age)** [অ্যাপানিজ্] *n* [U] ১ স্বাভাবিক অনুষঙ্গ; যে বস্তু আবশ্যিকভাবে অন্য এক বস্তুর অনুসরণ করে। ২ জন্ম বা কর্মসূত্রে প্রাপ্ত সম্পত্তি, বৃত্তি ইত্যাদি।

apart [আপা:ট্] *adv* ১ দূর: The two towns are no less than 50 miles ~. ২ একান্তে; একদিকে: I took him ~ to speak to him alone. All his life he stood ~, (অন্যদের থেকে) দূরে থাকতেন; একান্তে (নিজেকে নিয়ে) থাকতেন। **joking/ jesting ~** রসিকতা বাদ দিয়ে, কাজের কথা বলতে গেলে। **set/ put (sth/ sb) ~ (from)** (কাউকে/ কোনো কিছু) একদিকে সরিয়ে রাখা; (কোনো বিশেষ উদ্দেশ্যে কোনো কিছু) তুলে রাখা; (কাউকে) বিশিষ্ট করে তোলা: His fearlessness set him ~ from his colleagues. ৩ আলাদা(ভাবে): I have never been able to get these two things ~, কোনো দিন আলাদা করতে পারিনি। **~ from** বাদে, ছাড়া, ব্যতিরেকে: ~ from these reasons. **tell/ know two things or persons ~** আলাদা করে চেনা বা বোঝা। দ্র. come (১৫), pull[1] (৭), take[1] (১৬).

apart·heid [আপা:টহেইট] *n* (দক্ষিণ আফ্রিকা) বর্ণবৈষম্য (নীতি), বর্ণবাদ (নীতি); য়োরোপীয় এবং অ-য়োরোপীয়দের পৃথকীকরণ।

apart·ment [আপা:টমান্ট্] *n* ১ কোনো বাড়ির অভ্যন্তরে স্বয়ংসম্পূর্ণ কক্ষ। ২ *(pl)* সপ্তাহ বা মাসের ভিত্তিতে ভাড়া-করা বা ভাড়া-দেওয়া এই ধরনের কক্ষের সমষ্টি। ৩ (US) *(an ˈ~ house* বলে কথিত) বড়ো ভবনের একই তলায় অবস্থিত একই ধরনের কক্ষসমূহ। (US ~ = GB flat; US ~ *house* = GB *block of flats;* US ~ *hotel* = GB *service flats)* দ্র. tenement.

apa·thy [অ্যাপাথি] *n* [U] সমবেদনা বা আগ্রহের অভাব; (কারো/ কোনো কিছুর প্রতি) উদাসীনতা বা অনীহা।

apa·thetic [অ্যাপাথেটিক] *adj* সমবেদনা বা আগ্রহহীন; উদাসীন। **apa·theti·cally** [-ক্লি] *adv*

ape [এইপ্] *n* ১ (গরিলা, শিম্পাঞ্জি প্রভৃতি) লেজবিহীন বানর; উল্লুক। ২ যে ব্যক্তি অন্যের নকল করে। ৩ (কথ্য) অপরিপাটি; অমার্জিত ব্যক্তি। □ *vt* অন্যের নকল করা।

aperi·ent [আপিআরিআন্ট্] *n, adj* (আনুষ্ঠা.) বিরেচক (পদার্থ)।

aperi·tif [আপেরাটিফ্ US আ‚পেরটীফ্] *n* খাবার আগে পান-করার মদ্যবিশেষ।

ap·er·ture [অ্যাপাচা(র্)] *n* (বিশেষত আলো প্রবেশ করতে পারে এমন) রন্ধ্র; ফাঁক; ফাটল; ছিদ্র।

apex [এইপেক্স্] *n (pl* -es বা apices [এইপিসীজ্]) উচ্চতম বিন্দু; শীর্ষবিন্দু: the ~ of a triangle; the ~ of one's career/ fortunes.

apha·sia [আফেইজিআ US -জ়া] *n* (প্যাথ.) (মস্তিষ্কে আঘাতের ফলে) কথা বলার বা কথা বোঝার ক্ষমতার লোপ; বাকশক্তি লোপ।

aphid [এইফিড্] *n* = aphis.

aphis [এইফিস্] *n (pl* aphides [এইফিডীজ্]) গাছপালার রস শুষে বেঁচে-থাকা অতি ক্ষুদ্র কীট; ছিট-পোকা।

aph·or·ism [অ্যাফরিজ়াম্] *n* [C] সংক্ষিপ্ত জ্ঞানগর্ভ বাণী; প্রবচন।

aph·ro·dis·iac [ˌঅ্যাফ্রা'ডিজ়িঅ্যাক্] *n, adj* [C,U] কাম–উদ্দীপক (বস্তু)।

api·ary [এইপিআরি US –ইএরি] *n* মৌমাছি লালনের স্থান; মধুমক্ষিশালা। **api·ar·ist** [এইপিআরিস্ট্] *n* মৌমাছি–পালক। **api·cul·ture** [এইপিকাল্চা(র্)] *n* মৌমাছির চাষ।

apiece [আ'পীস্] *adv* (কোনো ব্যক্তি বা বস্তুসমষ্টির) প্রতিটিতে বা প্রতিটির জন্য; প্রতিজনে বা প্রতিজনের জন্য; জনপ্রতি; খানাপ্রতি: These cost a taka ~.

apish [এইপিশ্] *adj* বানরের মতো; বানরতুল্য; নির্বোধভাবে অনুকরণসর্বস্ব।

aplomb [আ'প্লম্] *n* [U] আত্মবিশ্বাস; (কথায় বা ব্যবহারে) দৃঢ়তা বা ঋজুতা: He spoke with great ~.

apoca·lypse [আ'পকালিপ্স্] *n* [বিশেষত (জগতের ভবিষ্যৎ পরিণতি বিষয়ে) ঈশ্বরলব্ধ জ্ঞানের] প্রকাশ। **the A~** বাইবেলের শেষ অধ্যায়, এই অধ্যায়ে রোজ–কেয়ামত বিষয়ে St John–এর ঈশ্বরলব্ধ দিব্যজ্ঞান লিপিবদ্ধ আছে। **apoca·lyp·tic** [আˌপকা'লিপ্টিক্] *adj* বাইবেলের শেষ অধ্যায় বিষয়ক বা বাইবেলের শেষ অধ্যায়তুল্য; মহাপ্রলয়ের আগাম বার্তাবাহক; মহাপ্রলয়তুল্য।

Apoc·ry·pha [আ'পক্রিফা] *n pl (sing v সহ)* Old Testament–এর যে সকল অংশের রচনা সম্পর্কে ইহুদিরা সংশয় পোষণ করে, Reformation–এর সময়ে বাইবেল থেকে এই অংশগুলি বাদ দেওয়া হয়। **apoc·ry·phal** [আ'পক্রিফ্ল্] *adj* সত্যতা বা শুদ্ধতা সম্পর্কে সন্দেহ জাগে এমন রচনা প্রভৃতি বিষয়ক; সন্দেহজনক; প্রশ্নসাপেক্ষ।

apo·gee [অ্যাপাজী] *n* ১ (জ্যোতি.) পৃথিবী থেকে (কক্ষপথে চন্দ্র বা অন্য যে কোনো গ্রহের) দূরতম অবস্থান। ২ (লাক্ষ.) শীর্ষবিন্দু; শিখর।

apol·iti·cal [ˌএইপা'লিটিকল্] *adj* রাজনীতিতে আগ্রহ নেই বা জড়িত নয় এমন; রাজনীতিবিমুখ।

apolo·getic [আˌপলা'জেটিক্] *adj* (ত্রুটি ইত্যাদির জন্য) দুঃখজ্ঞাপক; (ত্রুটি বা অক্ষমতার জন্য) কৈফিয়তমূলক: He was ~ about / for not being able to come. I wrote an ~ letter. **apolo·geti·cally** [-ক্লি] *adv* **apolo·getics** *n* (সাধা. *sing v* সহ) আত্মপক্ষসমর্থনবিদ্যা। **apolo·gist** [আ'পলাজিস্ট্] *n* আত্মপক্ষসমর্থনকারী।

apolo·gize [আ'পলাজাইজ়্] *vi* ~ **(to sb) (for sth)** (ত্রুটি ইত্যাদির জন্য) দুঃখ প্রকাশ করা: He ~d for being late.

apol·ogy [আ'পলাজি] *n* ১ [C] ~ **(to sb) (for sth)** (ভুল–ত্রুটির জন্য) দুঃখ প্রকাশ; (ত্রুটি, অক্ষমতা ইত্যাদির জন্য) দুঃখজ্ঞাপক কথা: offer/ make/ accept an ~. ২ [C] আপন বিশ্বাস, মতাদর্শ ইত্যাদির সমর্থনে প্রদত্ত বক্তব্য বা রচনা; আত্মপক্ষসমর্থন। ৩ **an ~ for** তুচ্ছ বা অকিঞ্চিৎকর নমুনা: an ~ for a meal, নামেমাত্র খাবার।

apo·phthegm, apo·thegm [অ্যাপাথেম্] *n* [C] প্রবচন; নীতিবাক্য; সারগর্ভ কথা।

apo·plexy [অ্যাপাপ্লেক্সি] *n* [U] সন্ন্যাস রোগ, এ রোগে মস্তিষ্কের রক্তনালীতে আঘাতজনিত কারণে চেতনাশক্তি ও চলার ক্ষমতা লোপ পায়। **apo·plec·tic** [ˌঅ্যাপা'প্লেক্টিক্] *adj* ১ সন্ন্যাস রোগসংক্রান্ত; সন্ন্যাসরোগগ্রস্ত: an apoplectic fit. ২ (কথ্য) রক্তবদন; লালমুখো; সহজে রেগে যায় এমন।

apos·tasy [আ'পস্টাসি] *n* [U] স্বমত বা স্বধর্ম বা স্বপক্ষ ত্যাগ; [C] এরূপ ত্যাগের দৃষ্টান্ত। **apos·tate** [আ'পস্টেইট্] *n, adj* স্বমত বা স্বধর্ম বা স্বপক্ষত্যাগী (ব্যক্তি)।

a pos·teri·ori [ˌএই ˌপস্টারি'ও°রাই] *adv, adj phrase* (লা.) কার্য থেকে কারণ নির্ণায়ক, যথা, The ground is wet so it must have rained. দ্র. a priori.

apostle [আ'পস্ল্] *n* ১ যিশু তাঁর বাণী প্রচারের জন্য যে বারোজন শিষ্যকে **(the Twelve A~s)** বেছে নিয়েছিলেন তাঁদের যে কোনো একজন; খ্রিস্টধর্মের আদি প্রচারকদের একজন, যথা, St Paul. ২ ধর্ম বা সমাজ সংস্কারক; নতুন ধর্মের বা আন্দোলনের নেতা বা গুরু। **apos·tolic** [ˌঅ্যাপা'স্টলিক্] *adj* ১ খ্রিস্টের দ্বাদশ শিষ্যের বা তাঁদের কাল সম্বন্ধীয়। ২ Pope সম্বন্ধীয়।

apos·trophe[1] [আ'পস্ট্রফি] *n* ' চিহ্ন (ঊর্ধ্ব কমা), এই চিহ্ন অক্ষর বা সংখ্যা বাদ দেওয়ার জন্য (যথা, cannot–এর জন্য can't, 1989–এর জন্য '89), সম্বন্ধ পদের জন্য (যথা, Kamal's father), এবং অক্ষরের বহুবচন বোঝাবার জন্য (যথা, There are two s's in 'boss') ব্যবহৃত হয়। দ্র. পরি. ৬.

apos·trophe[2] [আ'পস্ট্রাফি] *n* বক্তৃতা, কবিতা ইত্যাদির যে অংশ কোনো বিশেষ ব্যক্তির উদ্দেশে রচিত বা সংযোজিত হয় (উদ্দিষ্ট ব্যক্তি মৃত বা অনুপস্থিত হতে পারে); সম্বোধন–অলঙ্কার। **apostro·phize** [আ'পস্ট্রাফাইজ়্] *vt* (কারো উদ্দেশে) এরূপ সম্বোধন–অলঙ্কার প্রয়োগ করা।

apoth·ecary [আ'পথিকারি US –কেরি] *n* (প্রা.প্র. কিন্তু Scot-এ প্রচলিত) ঔষধ ও চিকিৎসা সামগ্রীর প্রস্তুতকারক ও বিক্রেতা। **apothecaries' weight** *n* ঔষধ প্রস্তুত কার্যে ব্যবহৃত পরিমাপ।

apo·thegm, দ্র. apophthegm.

apothe·osis [আˌপথি'ওউসিস্] ১ (মানুষ সম্বন্ধে) দেবত্ব বা ঋষিত্ব আরোপ; দেবত্ব বা ঋষিত্ব অর্জন: The ~ of a great leader. ২ পার্থিব জীবন থেকে মুক্তিলাভ; মোক্ষ। ৩ মহিমান্বিতকরণ; মহিমান্বিত আদর্শ।

ap·pal (US অপিচ **ap·pall**) [আ'পো°ল্] *vt* আতঙ্কিত করা; বিতৃষ্ণ করা; মর্মাহত করা: The whole nation was ~led at the massacre of innocent children. **~·ling** *adj*: an ~ling injustice. **~·ling·ly** *adv*

ap·pa·nage, দ্র. apanage.

ap·par·atus [ˌঅ্যাপা'রেইটাস্ US –'র্যাটাস্] *n* [C] কোনো উদ্দেশ্যে একত্রে সন্নিবেশিত যন্ত্রপাতি: a drilling ~. ২ দেহের স্বাভাবিক প্রক্রিয়াসম্পাদনকারী দেহযন্ত্র: the digestive ~.

ap·parel [আ'প্যারাল্] *n* [U] (প্রা.প্র. বা সাহিত্য.) পোশাক; আবরণ। □*vt* পোশাক পরানো; আবরিত করা; আবরণ দেওয়া।

ap·par·ent [আ'প্যারন্ট্] *adj* ১ স্পষ্ট দেখা যায় বা বোঝা যায় এমন; স্পষ্টত প্রতীয়মান: It was ~ to me that ..., স্পষ্ট দেখতে/ বুঝতে পারলাম যে ... ২ বাহ্যত বা আপাতদৃষ্টিতে প্রতীয়মান; দেখে মনে হয় এমন: in spite of its ~ thinness, আপাতদৃষ্টিতে সরু মনে হলেও। **~·ly** *adv*

ap·par·ition [ˌঅ্যাপা'রিশ্ন্] *n* [C] বিশেষত ভূতপ্রেত বা মৃতব্যক্তির আত্মার আবির্ভাব; অপচ্ছায়া; ভূত।

ap·peal [আ'পীল্] *vi* ~ **(to sb) (against/ for/ from sth)** ১ সনির্বন্ধ আবেদন করা: The old woman ~ed to us for help. ২ (আইন.) (উচ্চতর আদালত

ইত্যাদিতে) পুনর্বিচার প্রার্থনা করা: ~ to a higher court. ৩ (কারো কাছে) সিদ্ধান্ত কামনা করা (ফুটবল ইত্যাদিতে): ~ to the linesman. ৪ আকর্ষণ করা; অনুভূতিতে নাড়া দেওয়া: Ornaments ~ to some women. □*n* ১ **an ~ for** সনির্বন্ধ অনুরোধ বা আবেদন: make an ~ for help. ২ [C] (আইন.) (উচ্চতর আদালত ইত্যাদিতে) পুনর্বিচার প্রার্থনা; [U] to give notice of ~. ৩ [C] (বিশেষত ক্রীড়ায়) (কারো) সিদ্ধান্ত কামনা: an ~ to the referee. ৪ [U] আগ্রহ; আকর্ষণ–ক্ষমতা: She has lost much of her ~. 5 [U] মিনতি; কাতর প্রার্থনা: He had a look of ~ on his face. **~·ing** *adj* ১ মর্মস্পর্শী; অনুভূতিতে নাড়া দেয় এমন। ২ আকর্ষণীয়। **~·ing·ly** *adv*

ap·pear [আ'পিআ(র্)] *vi* ১ দৃষ্টিগোচর হওয়া; দৃশ্যমান হওয়া: The sun set and the stars ~ed in the sky. ২ উপস্থিত হওয়া: He ~ed here at seven in the morning. ৩ **(ক)** (অভিনেতা, গায়ক, বক্তা ইত্যাদি সম্বন্ধে) জনসমক্ষে অবতীর্ণ হওয়া: He ~ed in almost every play staged by the Dhaka Theatre last year. **(খ)** (বই সম্বন্ধে) প্রকাশিত হওয়া: His last novel ~ed in 1968. **(গ)** (আইন.) প্রকাশ্যে হাজির হওয়া: The accused was summoned to ~ before the court. ৪ মনে হওয়া; বোধ হওয়া: She ~ed depressed; The room ~s (to be) full of people; It ~s that ..., মনে হয় যেন ....

ap·pear·ance [আ'পিআরান্‌স্] *n* [C] ১ দৃষ্টিগোচরতা; উপস্থিতি; উদয়; আবির্ভাব: His sudden ~ there struck me as unusual; make one's first appearance, (অভিনেতা, গায়ক ইত্যাদি সম্বন্ধে) জনসমক্ষে প্রথম আত্মপ্রকাশ করা। **put in an ~** মুখ দেখানো; নিজেকে উপস্থিত দেখানো, (সভা–সমিতিতে) উপস্থিত হওয়া: Even if you don't like the people invited to the dinner, you had better put in an ~. ২ যা দেখা যায়; কাউকে বা কোনো কিছু দেখে যা মনে হয়: He had the ~ of being a wealthy man. One shouldn't judge by ~s, বাইরেরটা দেখে বিচার করা উচিত নয়। **keep up ~s** বাইরের ঠাট বজায় রাখা। **in ~** দৃশ্যত; বাহ্যত: In ~ he is a strong man. **to/ by/ from all ~(s)** যতোদূর দেখা যায়/ বোঝা যায়: His career is to all ~(s) finished.

ap·pease [আ'পীজ়্] *vt* শান্ত বা প্রশমিত করা; মেটানো: ~ sb's anger/ hunger. **~·ment** *n* [U] শান্ত বা প্রশমিতকরণ।

ap·pel·lant [আ'পেলান্ট্] *adj* (আইন.) পুনর্বিচার প্রার্থনা বা আপিলবিষয়ক। □*n* (আইন.) যে ব্যক্তি উচ্চতর আদালতে আপিল করে।

ap·pel·la·tion [অ্যাপা'লেইশ্‌ন্] *n* [C] (আনুষ্ঠা.) নাম; পদবি; খেতাব; আখ্যা; নাম–পদ্ধতি; সংজ্ঞা–পদ্ধতি।

ap·pend [আ'পেন্‌ড্] *vt* **~ sth (to)** (আনুষ্ঠা.) লেখায় বা ছাপায় সংযুক্ত করা; (কোনো কিছু) পরিশেষে যোগ করা: ~ a clause to a treaty.

ap·pend·age [আ'পেন্‌ডিজ্] *n* [C] যা কোনো বৃহত্তর বস্তুর সঙ্গে যুক্ত করা হয়েছে; কোনো বৃহত্তর বস্তুর অঙ্গ; আনুষঙ্গিক বস্তু; উপাঙ্গ।

ap·pen·dix [আ'পেন্‌ডিক্‌স্] *n* ১ [C] (*pl* -dices/ –ডিসীজ়্] বিশেষত বইয়ের শেষে সংযোজিত অংশ; পরিশিষ্ট। ২ [C] দেহের কোনো অঙ্গের উপরিভাগে উদ্গত উপাঙ্গ; বিশেষত বৃহদন্ত্রের কীট–সদৃশ উপাঙ্গ (**'vermiform ~**). দ্র. alimentary. **ap·pen·di·ci·tis** [আ্‌পেন্‌ডি'সাইটিস্] vermiform ~ –এর রুগ্ণ অবস্থা, ক্ষেত্রবিশেষে এ অবস্থায় অস্ত্রোপচার প্রয়োজন হয়। **ap·pen·dec·tomy** [অ্যাপেন্'ডেক্‌টামি] অস্ত্রোপচার দ্বারা vermiform ~ –এর অপসারণ।

ap·per·tain [অ্যাপা'টেইন্] *vi* **~ to** (আনুষ্ঠা.) অধিকাররূপে সম্পর্কযুক্ত হওয়া বা সংশ্লিষ্ট থাকা; যথার্থ হওয়া: duties ~ing to one's office.

ap·pe·tite ['অ্যাপিটাইট্] *n* [U] (বিশেষত খাদ্যের জন্য) জৈব আকাঙ্ক্ষা, ক্ষুধা: Fresh air increases ~. (লাক্ষ.) I have no ~ for detective stories. [C] এরূপ ক্ষুধার দৃষ্টান্ত: The walk down the valley gave me a good ~. **ap·pe·tizer** ['অ্যাপিটাইজ়া(র্)] *n* ক্ষুধাবর্ধক বা রুচিকর বস্তু। **ap·pe·tiz·ing** *adj* ক্ষুধাবর্ধক; রুচিকর: an appetizing flavour.

ap·plaud [আ'প্লো°ড্] *vi,vt* ১ করতালি দিয়ে অভিনন্দন বা সমর্থন জানানো বা প্রশংসা করা: The audience rose to its feet and ~ed (the actors). ২ সমর্থন জানানো: He ~ed my plan.

ap·plause [আ'প্লো°জ়্] *n* [U] সমর্থন বা অভিনন্দনজ্ঞাপক তুমুল হর্ষধ্বনি বা করতালি: greet with ~.

apple ['অ্যাপ্‌ল্] *n* আপেল ফল; এই ফলের গাছ। **the ~ of one's eye** অতিপ্রিয় ব্যক্তি বা বস্তু; চোখের মণি। **~ of discord** কলহের কারণ। **upset the/ sb's '~-cart** কারো/ সমস্ত পরিকল্পনা বানচাল করা। **in ,~-,pie 'order** যেখানে যা থাকা উচিত সেখানে তা–ই আছে; নিখুঁত শৃঙ্খলাপূর্ণ। **'~-jack** *n* (US) ব্র্যান্ডিজাতীয় মদ্যবিশেষ। **,~ 'sauce** (US = **'~-sauce**) *n* **(ক)** আপেলের আচার বা চাটনি। **(খ)** (US কথ্য) আবোল–তাবোল; আজেবাজে কথা; তোষামোদ। **Adam's ~,** দ্র. Adam.

ap·pli·ance [আ'প্লাইঅন্‌স্] *n* [C] যন্ত্র বা যন্ত্রপাতি: an ~ for sinking a tubewell; household ~s, গৃহস্থালিতে ব্যবহৃত ছোটখাট যন্ত্রপাতি।

ap·pli·cable ['অ্যাপ্লিকব্‌ল্] *adj* **~ (to)** প্রয়োগযোগ্য; প্রযোজ্য; মানানসই ও যথার্থ: This rule is not ~ to his case.

ap·pli·cant ['অ্যাপ্লিকন্ট্] *n* **~ (for)** (বিশেষত কোনো পদের জন্য) আবেদনকারী; পদপ্রার্থী।

ap·pli·ca·tion [,অ্যাপ্লি'কেইশ্‌ন্] *n* ১ [U] **~ (to sb) (for sth)** আবেদন: Advance payment can be made on ~ (to the general manager); [C] (বিশেষত লিখিত) আবেদন: The director received as many as fifty ~s for the post. **'~ form** আবেদনপত্র। ২ [U] **~ (of sth) (to sth)** প্রয়োগ: This ointment is for external ~ only. [C] প্রয়োগকৃত বা ব্যবহৃত বস্তু বা পদার্থ: The doctor advised hot and cold ~s for the pain. ৩ [U] **~ (of sth) (to sth)** কোনো মামলায় কোনো বিশেষ বিধির প্রয়োগ: The ~ of this rule to this case; বাস্তবক্ষেত্রে প্রয়োগ: The ~ of scientific methods to agricultural production. ৪ [U] প্রয়াস; পরিশ্রম; মনোনিবেশ: He showed considerable ~ in the management of the company's finances, যথেষ্ট পরিশ্রম করেছে। The work demands close ~, গভীর মনোনিবেশ দাবি করে।

ap·plied, দ্র. apply.

ap·pli·qué [অ্যা'প্লীকেই US ,অ্যাপ্লি'কেই] *n* [U] (বিশেষত পোশাক তৈরিতে) এক জাতের বা রঙের উপাদান অন্য জাতের বা রঙের উপাদানের উপর খাটিয়ে তৈরি করা

নকশার কাজ (যথা, জরির কাজ)। □*vt* এভাবে নকশার কাজ করা।

ap·ply [অ্যাপ্লাই] *vt, vi* ১ **~ (to sb) (for sth)** (আনুষ্ঠানিকভাবে) আবেদন করা: ~ to the government for a grant. ২ প্রয়োগ করা: ~ antiseptic to a wound; (লাক্ষ.) ~ economic sanctions against a country, অর্থনৈতিক অবরোধ প্রয়োগ করা। ৩ **~ (to sth)** প্রাসঙ্গিক হওয়া: The restrictions to vehicular movements do not ~ to this part of the city. ৪ **~ oneself/ one's mind/ one's energies (to sth/ to doing sth)** কোনো কাজে মনোনিবেশ করা; কোনো কিছুতে সমস্ত শক্তি ও মনোযোগ ঢেলে দেওয়া: ~ your mind to your work. ৫ (গবেষণা, আবিষ্কার) কাজে লাগানো। **ap·plied** *part adj* ব্যবহারিক; ফলিত: applied physics.

ap·point [অ্যাপয়ন্ট্] *vt* ১ **~ sth (for sth)** (সময়, তারিখ ইত্যাদি) ঠিক করা, ধার্য বা নির্দিষ্ট করা: Let us ~ a time for our next meeting. ২ **~ sb (to sth)** কর্মে বা পদে নিয়োগ করা বা বহাল করা: They ~ed her headmistress of the school; সদস্য নিয়োগ বা নির্বাচন করে গঠন করা: We ~ed a committee to investigate the case. ৩ (আনুষ্ঠা. বা প্রা.প্র.) বিধান বা নির্দেশ দেওয়া: ~ that the widow shall have right to half the property of the deceased. ৪ **well/ badly ~ed** যথাযথ সাজ-সরঞ্জামে সজ্জিত/ সজ্জিত নয়। **~ ee** [অ্যাপয়ন্টী] কোনো কর্মে বা পদে নিযুক্ত ব্যক্তি।

ap·point·ment [অ্যাপয়ন্ট্‌মান্ট্] *n* ১ [U] (সময়, তারিখ ইত্যাদি) ধার্য বা নির্দিষ্টকরণ: meet sb by ~, সময় ও স্থান ঠিক করে সাক্ষাৎ করা। ২ [C] সাক্ষাতের জন্য স্থান-কাল ধার্যকরণ; সাক্ষাৎ-সূচি: make an ~ with sb; keep/ break an ~. ৩ [C] পদ বা চাকরি: an ~ as director. ৪ *(pl)* সাজ-সরঞ্জাম; আসবাবপত্র।

ap·por·tion [অ্যাপো°শ্‌ন্] *vt* **~ (among/ to)** ভাগ করে দেওয়া; বিলি করা; অংশ হিসাবে দেওয়া: This land is to be ~ed only among the landless.

ap·po·site [অ্যাপাজ়িট্] *adj* যথাযথ; যথোপযুক্ত: an ~ remark. **~·ly** *adv*

ap·po·si·tion [অ্যাপা'জ়িশ্‌ন্] *n* [U] (ব্যাক.) কোনো এক শব্দ বা শব্দসমষ্টির ব্যাখ্যা হিসাবে অন্য এক শব্দ বা শব্দসমষ্টির সংযোজন, যেমন— Jute, the golden fibre of Bengal.

ap·praise [অ্যাপ্রেইজ়্] *vt* মূল্য নির্ধারণ করা; ক্ষমতা বা যোগ্যতা নিরূপণ করা: ~ the ability of the students; ~ income for taxation. **ap·prai·sal** [অ্যাপ্রেইজ়ল্] *n* মূল্যায়ন।

ap·preci·able [অ্যাপ্রীশাব্‌ল্] *adj* দেখা যায়; পরিমাপ করা যায় বা অনুভব করা যায় এমন; উপলব্ধিযোগ্য: We noticed an ~ change in her manners. **ap·preci·ably** [-শাব্লি] *adv*

ap·preci·ate [অ্যাপ্রীশিএইট্] *vt,vi* ১ সঠিকভাবে মূল্যায়ন করা: Only a trained person is able to ~ modern painting; উপলব্ধিপূর্বক উপভোগ করা: Everybody ~s a break after a long spell of hard work. ২ প্রভূত মূল্য দেওয়া: We greatly ~ your opinions regarding education of children. ৩ (জমি, পণ্যদ্রব্য ইত্যাদি সম্বন্ধে) মূল্যবৃদ্ধি পাওয়া: Because of import restrictions certain foreign goods have ~d greatly. ৪ উপলব্ধি করা: I ~ his anxiety about his daughter's safety.

ap·preci·ation [অ্যাপ্রীশিএইশ্‌ন্] *n* ১ [C,U] মূল্যায়ন: Attempt a critical ~ of Rabindranath's plays; উপলব্ধি: He shows no ~ of classical music. ২ [U] যথাযথ উপলব্ধি ও তজ্জনিত স্বীকৃতি: I offer my thanks in sincere ~ of your help. ৩ [U] (জমি, পণ্যদ্রব্য, শেয়ার ইত্যাদির) মূল্যবৃদ্ধি। **ap·preci·ative** [অ্যাপ্রীশিআটিভ্] *adj* যথার্থ মূল্য বুঝতে বা দিতে বা দেখাতে সক্ষম: an appreciative audience. **ap·preci·ative·ly** [অ্যাপ্রীশিআটিভ্‌লি] *adv*

ap·pre·hend [অ্যাপ্রিহেন্ড্] *vt* ১ (প্রা.প্র.) বুঝতে পারা: You are, I ~, ready to accept his offer. ২ (আনুষ্ঠা.) আশঙ্কা করা: Do you ~ any difficulty? ৩ (আইন.) গ্রেফতার করা; পাকড়াও করা: ~ a thief. **ap·pre·hen·sible** [অ্যাপ্রিহেন্‌সাব্‌ল্] *adj* বোঝা যায় এমন; বোধ্য।

ap·pre·hen·sion [অ্যাপ্রিহেন্‌শ্‌ন্] *n* ১ [U] উপলব্ধি; চেতনা; বোধ: ~ of truth. ২ [C,U] আশঙ্কা; ভবিষ্যৎ বিষয়ে উৎকণ্ঠার অনুভূতি: filled with ~; an ~ of failure. ৩ [U] (আইন.) গ্রেফতার: the ~ of a thief.

ap·pre·hen·sive [অ্যাপ্রি'হেন্‌সিভ্] *adj* উদ্বিগ্ন; উৎকণ্ঠিত; শঙ্কিত: ~ of failure; ~ for sb's safety.

ap·pren·tice [অ্যাপ্রেন্টিস্] *n* শিক্ষানবিশ। □*vt* **~ (to),** শিক্ষানবিশিতে ভর্তি করা বা গ্রহণ করা: He was ~d to a sculptor. **~·ship** [-শিপ্] শিক্ষানবিশি; শিক্ষানবিশির কাল।

ap·prise [অ্যাপ্রাইজ়্] *vt* **~ of** (আনুষ্ঠা.) অবহিত করা; জানানো: I was ~d of his plans.

ap·pro [অ্যাপ্রৌ] *n* **on ~** (বাণিজ্য অপ.) উৎকৃষ্ট বলে বিবেচনা সাপেক্ষে: goods on ~, পছন্দ না হলে ফেরতযোগ্য।

ap·proach [অ্যাপ্রৌচ্] *vt,vi* ১ নিকটবর্তী হওয়া: She is ~ing puberty. (লাক্ষ.) সমকক্ষ হওয়া: No Bengali writer can ~ Rabindranath in greatness. ২ কোনো অনুরোধ বা প্রস্তাব নিয়ে (কারো) দ্বারস্থ হওয়া: I ~ed him for a loan. The man is rather difficult to ~, তার সঙ্গে সুসম্পর্ক স্থাপন করা সহজ নয়। □*n* ১ [U] নিকটে আগমন; অভিগমন: The weather gets colder at the ~ of winter. **easy/ difficult of ~** (ক) (স্থান সম্বন্ধে) সুগম/ দুর্গম। (খ) (ব্যক্তি সম্বন্ধে) সাক্ষাৎ ও আলাপ করা সহজ/ দুঃসাধ্য। **make ~es to sb** (ক) কারো আগ্রহ জাগানোর বা মনোযোগ আকর্ষণের চেষ্টা করা। (খ) (কারো সঙ্গে) ব্যক্তিগত সম্পর্ক স্থাপনের চেষ্টা করা (যথা, কোনো তরুণীর সঙ্গে কোনো তরুণ)। ২ [C] নিকটবর্তীকরণ; নিকটে আগমন: an ~ to perfection. ৩ [C] পথ; প্রবেশ পথ: All the ~es to the town were blocked by the police. **~·able** [-অব্‌ল্] *adj* (ব্যক্তি বা স্থান সম্বন্ধে) সান্নিধ্যে যাওয়া যায় এমন; প্রবেশসাধ্য।

ap·pro·ba·tion [অ্যাপ্রা'বেইশ্‌ন্] *n* [U] (আনুষ্ঠা.) অনুমোদন; ক্ষমতা বা অধিকার দান।

ap·pro·pri·ate[1] [অ্যাপ্রৌপ্রিআট্] *adj* **~ (for/ to sth)** যথাযথ; যথোচিত; মানানসই: His style of writing is not ~ to his subject.

ap·pro·pri·ate[2] [অ্যাপ্রৌপ্রিএইট্] *vt* ১ বিশেষ উদ্দেশ্যে আলাদা করে রাখা: Tk 5,000·00 has been ~d for building a community centre. ২ আত্মসাৎ করা: It's dishonest of him to ~ other men's ideas.

ap·pro·pri·ation [আ্প্রৌপ্রি'এইশ্ন্] *n* ১ [U] আত্মসাৎকরণ; [C] আত্মসাতের দৃষ্টান্ত। ২ [C] বিশেষ কোনো উদ্দেশ্যে গচ্ছিত অর্থ: The municipal authority made an appropriation for building a community centre. Senate A~s Committee, (US) নিরাপত্তা, জনকল্যাণ ইত্যাদির জন্য নির্ধারিত তহবিল পরিচালনাকারী সিনেট কমিটি।

ap·pro·val [আ্'প্রূভ্ল্] *n* অনুমোদন; সমর্থন: My plans had my father's ~. He nodded his ~. **goods on ~** পছন্দ না হলে ফেরতযোগ্য।

ap·prove [আ্'প্রূভ্] *vt,vi* ১ ~ **of sth/ sb** সমর্থন করা: I don't ~ of criticising a person behind his back. I didn't ~ his conduct. ২ আনুষ্ঠানিকভাবে অনুমোদন করা: The House ~d the proposed budget. **'~d school** (GB) যে আবাসিক স্কুলে ম্যাজিস্ট্রেটগণ কিশোর-অপরাধীদের বা অসহায় কিশোরদের চরিত্র গঠন ও শিক্ষাদানের উদ্দেশ্যে প্রেরণ করেন। (US = reformatory, reform school). **ap·prov·ing·ly** *adv*

ap·proxi·mate[1] [আ্'প্রক্সিমট্] *adj* ~ **to** প্রায় সঠিক; যথাযথপ্রায়: a grant ~ to the requirements of the new school. The ~ distance of the town is five miles. **~·ly** *adv*

ap·proxi·mate[2] [আ্'প্রক্সিমেইট্] *vi, vt* ১ ~ **to** (বিশেষত গুণে, অবস্থানে বা সংখ্যায়) কাছাকাছি হওয়া বা কাছাকাছি আসা: His account of the event ~d to the truth. A child ~s his parents' speech. ২ নিকটবর্তী করা বা নিকটবর্তী হওয়া। **ap·proxi·ma·tion** [আ্প্রক্সি'মেইশ্ন্] *n* [C] প্রায় সঠিক পরিমাণ বা পরিমাপ; আসন্ন মান; [U] (গুণ, অবস্থান বা সংখ্যায়) নিকটে আগমন; নিকটবর্তিতা।

ap·pur·ten·ance [আ্'পাটিনান্স্] *n* (সাধা. *pl*) (আইন.) আনুষঙ্গিক বস্তু: The house and its ~s, বাড়ির মালিকানার সঙ্গে যুক্ত ছোটখাটো অধিকার ও সুযোগ-সুবিধা।

apri·cot [এইপ্রিকট্] *n* কমলা রঙের গোলাকার ফলবিশেষ; খুবানি; এই ফলের গাছ; পাকা অবস্থায় এই ফলের রং।

April [এইপ্রাল্] *n* ইংরেজি সনের চতুর্থ মাস। ˌ~ **'fool** য়োরোপীয় প্রথায় ˌAll 'Fools' Day-তে (পয়লা এপ্রিল) যাকে বোকা বানানো হয়।

a priori [ˌএই প্রাই'ও°রাই] *adv, adj* (লা.) কারণ থেকে কার্য নির্ণায়ক: It has rained so the ground must be wet. দ্র. a posteriori.

apron [এইপ্রান্] *n* ১ পোশাক পরিষ্কার রাখার জন্য দেহের সামনের অংশ ঢেকে-রাখা ঢিলে বস্ত্রবিশেষ; সজ্জাবরণী; এ জাতীয় যে কোনো আবরণী। **tied to his mother's/ wife's '~-strings** মায়ের/ স্ত্রীর আঁচলে বাঁধা বা একান্ত অনুগত। ২ বিমান-ক্ষেত্রের শান-বাঁধানো অংশ। ৩ **'~ stage** (কতিপয় রঙ্গমঞ্চে) মঞ্চের যে অংশ দর্শক-আসনের দিকে ধনুকাকারে সম্প্রসারিত। দ্র. proscenium.

apro·pos [ˌঅ্যাপ্রা'পৌ] *adv, pred adj* এ প্রসঙ্গে; এ সম্পর্কিত; যথোচিত; যথাযথ: His comment was very much ~. ~ **of** *prep* বিষয়ে; প্রসঙ্গে; সম্পর্কে।

apse [অ্যাপ্স্] *n* বিশেষত গির্জার পূর্ব প্রান্তে ধনুকাকৃতি বা গম্বুজাকৃতি ছাদবিশিষ্ট অর্ধবৃত্তাকার বা বহুভুজবিশিষ্ট গৃহকোণ।

apt [অ্যাপ্ট্] *adj* ১ তীক্ষ্ণবুদ্ধি; তীক্ষ্ণধী: He is one of our aptest politicians; দক্ষ: She is apt at inventing stories. ২ সঙ্গত; যথোচিত; যথাযথ: an ~ remark. ৩ **apt to do sth** কোনো বিশেষ প্রবণতাসম্পন্ন: He is apt to make fun of his elders. **apt·ly** *adv* যথাযথভাবে; সঠিকভাবে; সঙ্গতভাবে: aptly said. **apt·ness** *n*

ap·ti·tude [অ্যাপ্টিটিউড্ US -টূড্] *n* [U] ~ **(for)** স্বাভাবিক বা অর্জিত ক্ষমতা; প্রবণতা: She shows great ~ for music. [C] He has a remarkable ~ for language teaching. **'~ test** দক্ষতা নিরূপণ পরীক্ষা।

aqua·lung [অ্যাকোআলাঙ্] *n* ডুবুরিদের ব্যবহৃত শ্বাসযন্ত্র।

aqua·marine [ˌঅ্যাকোআমা'রীন্] *n* [C,U] নীলাভ-সবুজ (মুক্তা, পান্না)।

aqua·plane [অ্যাকোআপ্লেইন্] *n* একজাতীয় কাঠের ফলক বা তক্তা—পানিতে ভাসমান অবস্থায় এই তক্তার উপর আরোহী দাঁড়িয়ে থাকে ও দ্রুতগামী মোটর-বোট তাকে টেনে নিয়ে যায়। □*vt* এরূপ তক্তায় চড়া।

aquar·ium [আ্'কোএআরিআম্] *n* জীবন্ত মাছ ও জলজ উদ্ভিদ সংরক্ষণ ও প্রদর্শনের জন্য নির্মিত কৃত্রিম জলাধার; মৎস্যাধার।

aquar·ius [আ্'কোএআরিআস্] *n* রাশিচক্রের একাদশতম রাশি; কুম্ভরাশি।

aqua·tic [আ্'কোঅ্যাটিক্] *adj* ১ জলজ উদ্ভিদ, প্রাণী ইত্যাদি বিষয়ক। ২ জলে অনুষ্ঠিত ক্রীড়া (যথা, সাঁতার, নৌকাচালনা ইত্যাদি) বিষয়ক।

aqua·tint [অ্যাকোআটিন্ট্] *n* [U] অ্যাসিড প্রয়োগ করে তামার উপর চিত্র খোদাই করার প্রক্রিয়া; [C] এভাবে খোদাই-করা চিত্র।

aqua·vit [অ্যাকোআভিট্] *n* [U] কড়া স্ক্যানডিনেভীয় মদ্যবিশেষ।

aque·duct [অ্যাকুইডাকট্] *n* পানি সরবরাহের কৃত্রিম প্রণালী বা নালা; বিশেষত যে নালা পাথর বা ইট দিয়ে তৈরি ও চারপাশের জমি থেকে উঁচু।

aque·ous [এইক্যুইআস্] *adj* জলীয় বা জলের মতো: an ~ solution.

aqui·line ['অ্যাক্যুইলাইন্] *adj* ঈগল সম্পর্কিত বা ঈগলের মতো: an ~ nose, ঈগলের ঠোঁটের মতো বাঁকানো।

Arab ['অ্যারাব্] *n* আরব দেশের লোক; আরবিভাষী লোক।

ara·besque [ˌঅ্যারা'বেস্ক্] *n* [C] (কলা) ডালপালা, পাতা, সর্পিল বস্তু ইত্যাদির কারুকার্যময় নকশা; (ব্যালে নৃত্য) এক পায়ের উপর দাঁড়িয়ে অন্য পা পিছনের দিকে প্রসারিত-করা নর্তকের বিশেষ ভঙ্গিমা।

Ara·bian [আ্'রেইবিআন্] *n, adj* (সৌদি) আরবের লোক; আরব দেশের লোক; আরবগণ; আরব-দেশীয়; আরবীয়। **the ~ Nights** 'আরব্য-রজনী' বা 'আরব্যোপন্যাস' নামে পরিচিত প্রাচীন আরবদের বিখ্যাত গল্পমালা। **the ~ camel** এক-কুঁজওয়ালা উটবিশেষ।

Ara·bic ['অ্যারাবিক্] *adj* আরবগণ-সম্পর্কিত। ~ **numerals** ০, ১, ২, ৩ (0,1,2,3) প্রভৃতি সংখ্যা (cf roman numerals). দ্র. পরি. ৪. □*n* আরবি ভাষা।

Ara·bist [অ্যারাবিস্ট্] *n* আরবি ভাষা, সংস্কৃতি, রাজনীতি, অর্থনীতি ইত্যাদি বিষয়ের ছাত্র বা বিশেষজ্ঞ।

ar·able ['অ্যারাবল্] *adj* (জমি সম্বন্ধে) চাষযোগ্য; সাধারণত চাষ করা হয় এমন।

arach·nid [আ্'র্যাকনিড্] *n* (প্রাণী.) মাকড়া-বর্গীয় কীট।

ar·bi·ter [আ:বিটা(র্)] *n* ১ ~ **(of)** (কোনো কিছুর উপর) পরিপূর্ণ নিয়ন্ত্রণের অধিকারী ব্যক্তি; নিয়ন্তা: the sole ~ of one's destiny, ভাগ্যনিয়ন্তা। ২ = arbitrator.

ar·bit·rary [ˈআ:বিট্রারি US –ট্রেরি] *adj* ১ শুধুমাত্র আবেগনির্ভর, যুক্তিনির্ভর নয়; অযৌক্তিক। ২ একনায়কসুলভ; স্বেচ্ছাচারী; স্বৈরাচারী।

ar·bi·trate [ˈআ:বিট্রেইট্] *vt,vi* ~ **(between)** সালিস দ্বারা নিষ্পত্তি করা; মধ্যস্থতা করা: A committee was appointed to ~ between the company and the union. The two sides agreed to ~ their differences.

ar·bi·tra·tion [ˌআ:বিˈট্রেইশ্‌ন্] *n* [U] সালিস–নিষ্পত্তি; মধ্যস্থতার দ্বারা নিষ্পত্তি; মধ্যস্থতা: The parties agreed to refer the dispute to ~; [C] এরূপ নিষ্পত্তির দৃষ্টান্ত। **go to ~** সালিস নিষ্পত্তি করা: The workers refused to go to ~.

ar·bi·tra·tor [ˈআ:বিট্রেইটা(র্)] *n* (আইন.) মধ্যস্থতাকারী; সালিসনিষ্পত্তিকারী।

ar·bor, দ্র. arbour.

ar·bor·eal [আ: ˈবো°রিঅল্] *adj* (আনুষ্ঠা.) বৃক্ষ সম্পর্কিত; বৃক্ষ বিষয়ক; বৃক্ষবাসী: ~ animals, যথা, বানর, কাঠবিড়ালি প্রভৃতি।

ar·bour (US = **arbor)** [ˈআ:বা(র্)] *n* নিকুঞ্জ; কুঞ্জবন।

arboriculture গাছ সম্বন্ধে চর্চা (বিশেষত যেসব গাছের তক্তা হয়)।

arc [আ:ক্] *n* বৃত্তের পরিধির বা অন্য কোনো বক্ররেখার অংশ; চাপ। ˈ**arc-lamp,** ˈ**arc-light** *nn* বৈদ্যুতিক বাতিবিশেষ—এতে দুটি কার্বনদণ্ডের মধ্যবর্তী স্থান দিয়ে প্রবাহিত বিদ্যুৎপ্রবাহ থেকে উজ্জ্বল আলো বৃত্তাকারে বিচ্ছুরিত হয়।

ar·cade [আ:ˈকেইড্] *n* ধনুকাকৃতি ছাদ বা খিলানে ঢাকা পথ—সাধা. এর এক পাশে বা উভয় পাশে দোকান–পাট থাকে; আচ্ছাদিত বাজার। **amusement ~,** দ্র. amusement.

ar·cane [আ:ˈকেইন্] *adj* গোপনীয়; রহস্যময়।

arch[1] [আ:চ্] *n* ১ ধনুকাকৃতি খিলান। ২ (also ˈ**~·way)** স্থাপত্য–অলঙ্কার বা তোরণ হিসাবে নির্মিত খিলানে ঢাকা পথ: a triumphal ~. ৩ যে কোনো ধনুকাকৃতি বস্তু; লতা ইত্যাদির বেয়ে উঠবার জন্য নির্মিত ধনুকাকৃতি কাঠামো। □*vt,vi* ১ ধনুকাকারে বাঁকানো: The horse ~ed its neck. ২ ধনুকাকৃতি হওয়া: Tall trees ~ed over the passage.

arch[2] [আ:চ্] *attrib. adj* (বিশেষত নারী ও শিশু সম্বন্ধে) সকৌতুক দুষ্টুমিতে ভরা; সকৌতুক দুষ্টুমিপূর্ণ: on ~ glance, বাঁকা চাহনি; an ~ smile, বাঁকা হাসি। **~·ly** *adv*

arch- [আ:চ্] *pref* প্রধান; বিশিষ্ট; চরম: ˌ~-ˈenemy.

ar·chae·ol·ogy (অপিচ **ar·che·ol-**) [ˌআ:কিˈঅলাজি] *n* [U] প্রত্নতত্ত্ব; প্রত্নবিদ্যা। **ar·chae·ologi·cal** [ˌআ:কিআˈলজিক্‌ল্] *adj* প্রত্নতাত্ত্বিক। **ar·chae·ol·ogist** [ˌআ:কিˈঅলাজিস্ট্] *n* প্রত্নতত্ত্ববিদ।

ar·chaic [আ:ˈকেইইক্] *adj* ১ (কোনো ভাষার বিশেষ কোনো শব্দ সম্বন্ধে) বিশেষ ক্ষেত্র বা উদ্দেশ্য ছাড়া এখন আর ব্যবহৃত হয় না এমন; অপ্রচলিত শব্দ। ২ প্রাচীন; সেকেলে। **ar·cha·ism** [ˈআ:কেইইজাম্] *n* [C] অপ্রচলিত শব্দ বা অভিব্যক্তি; [U] অপ্রচলিত শব্দ; রীতি; অভিব্যক্তি ইত্যাদির ব্যবহার বা অনুকরণ।

arch·angel [ˈআ:কেইন্‌জ্‌ল্] *n* উঁচু শ্রেণীর দেবদূত বা ফেরেশতা।

arch·bishop [ˌআ:চ্ˈবিশাপ্] *n* প্রধান ধর্মযাজক। **~·ric** *n* প্রধান ধর্ম–যাজকের পদ; প্রধান ধর্ম–যাজকের পরিচালনাধীন গির্জা–অঞ্চল।

arch·deacon [ˌআ:চ্ˈডীকান্] *n* (Church of England–এ) পদমর্যাদায় বিশপ–এর এক ধাপ নীচে অবস্থানকারী ধর্মযাজক—ইনি গ্রামাঞ্চলের যাজকদের তত্ত্বাবধায়ক বা অধ্যক্ষ হিসাবে কাজ করেন। **~ry** *n* উক্ত ধর্মযাজকের পদ বা আবাসিক ভবন।

arch·dio·cese [ˌআ:চ্ˈডাইআসিস্] *n* প্রধান ধর্মযাজকের এলাকা।

arch·duke [ˌআ:চ্ˈডিউক্ US –ˈডূক্] *n* পূর্বতন অস্ট্রীয় সম্রাটদের পুত্র বা ভ্রাতুষ্পুত্র; উক্ত পুত্র বা ভ্রাতুষ্পুত্রের উপাধি।

archer [ˈআ:চা(র্)] *n* তীরন্দাজ। **arch·ery** [ˈআ:চারি] *n* ধনুর্বিদ্যা।

arche·type [ˈআ:কিটাইপ্] *n* আদিরূপ; পরিবর্তনীয় নয় এমন আদর্শ রূপ; মৌল আদর্শ। **arche·typal** [ˌআ:কিˈটাইপ্‌ল্] *adj*

archi·pel·ago [ˌআ:কিˈপেলাগৌ] *n* দ্বীপপুঞ্জ; দ্বীপপুঞ্জখচিত সমুদ্র।

archi·tect [ˈআ:কিটেক্ট্] *n* স্থপতি।

archi·tec·ture [ˈআ:কিটেক্‌চা(র্)] *n* [U] স্থাপত্যশিল্প; স্থাপত্যবিদ্যা; ভবনের নকশা বা নির্মাণ–কৌশল বা নির্মাণরীতি। **archi·tec·tural** [ˌআ:কিˈটেক্‌চারাল্] *adj* স্থাপত্যশিল্প বা স্থাপত্যবিদ্যা বা নির্মাণকৌশল বিষয়ক: the architectural beauty of a church/ mosque.

ar·chives [ˈআ:কাইভ্‌জ্] *n pl* সরকারি দলিল–দস্তাবেজ; এই সব দলিল সংরক্ষণের স্থান; মহাফেজখানা; অন্যান্য ঐতিহাসিক দলিলপত্র। **archi·vist** [ˈআ:কিভি সট্] *n* উক্ত দলিলপত্র ও মহাফেজখানার তত্ত্বাবধায়ক।

arch·way [ˈআ:চ্‌ওএই] *n* দ্র. arch[1] (২).

arc·tic [ˈআ:কটিক্) *adj* উত্তর মেরু বা সুমেরু অঞ্চল বিষয়ক: the A~ Ocean; ~ weather, অত্যন্ত ঠাণ্ডা আবহাওয়া। the ˌA ~ ˈCircle, ৬৬.৫° উত্তর অক্ষাংশ রেখা বা সুমেরুবৃত্ত।

ar·dent [ˈআ:ড্‌ন্ট্] *adj* অতিশয় আকুল; অত্যন্ত উৎসাহী: an ~ follower of Orthodox Marxism. **~·ly** *adv*

ar·dour (US = **-dor)** [ˈআ:ডা(র্)] *n* **~ (for)** [C,U] উষ্ণ আবেগ; আকুলতা; উৎসাহ।

ar·du·ous [ˈআ:ডিউআস্ US –জু–] *Adj* ১ (কাজ সম্বন্ধে) দুঃসাধ্য; কষ্টকর। ২ (পথ ইত্যাদি সম্বন্ধে) খাড়াভাবে উঠে বা নেমে গেছে এমন; উপরের দিকে ওঠা অত্যন্ত কষ্টসাধ্য এমন দুরারোহ। **~·ly** *adv*

are[1] [আ(র্); strong form: আ:(র্)] দ্র. be[1].

are[2] [আ:(র্)] *n* দশমিক পদ্ধতিতে (ক্ষেত্রের) আয়তনের একক = ১০০ বর্গ মিটার। দ্র. পরি. ৫.

area [ˈএঅরিআ] *n* ১ [U] ক্ষেত্রফল; আয়তন: The ~ of the room is 15 square feet. [C] এই পরিমাপের দৃষ্টান্ত। দ্র. পরি. ৫. ২ [C] অঞ্চল: hilly ~s of Bangladesh. ৩ [C] (লাক্ষ.) কর্মের পরিধি বা ক্ষেত্র: the ~ of political activity; the ~s of agreement/ disagreement. ৪ [C] সেকেলে ধাঁচের শহুরে বাড়ির নীচতলার কক্ষসংলগ্ন ছোট উঠান: The boys were sitting on the ~ steps.

areca [ˈঅ্যারিক] *n* সুপারিগাছ; সুপারি। দ্র. betel.

arena [অˈরীনা] *n* আধুনিক স্টেডিয়ামতুল্য প্রাচীন রোমান অ্যাম্‌ফিথিয়েটারের কেন্দ্রভাগ—রোমান রাজন্যবর্গের

মনোরঞ্জনের জন্য এই অংশে খেলাধুলা অনুষ্ঠিত হতো; (লাক্ষ.) যে কোনো প্রতিযোগিতার ক্ষেত্র; কর্মক্ষেত্র; রণক্ষেত্র: the ~ of politics.

aren't [আ:ন্ট্] = are not: aren't I ? = am I not ?

ar·gent [আ:জান্ট্] *n, adj* (ঘোষকবৃত্তি ও কবিতায়) রুপা; রুপালি।

ar·gon [ˈআ:গন্] *n* [U] বায়ুমণ্ডলে বর্তমান রাসায়নিকভাবে নিষ্ক্রিয় গ্যাসবিশেষ (প্রতীক Ar)—কতিপয় বৈদ্যুতিক বাতিতে এ গ্যাস ব্যবহৃত হয়।

ar·got [আ:গৌ] *n* [U] বিশেষ গোষ্ঠী, পেশা ইত্যাদিতে ব্যবহৃত ভাষা; দুর্বোধ্য ভাষা; অপভাষা।

ar·gue [ˈআ:গিউ] *vt,vi* ১ **~ (with sb) (about/ over sth)** মতের অমিল বা ভিন্নমত পোষণ করা; ঝগড়া করা: Don't ~ with him, even if you disagree. They are always ~ing. ২ **~ (for/ against / that ...)** (মত ইত্যাদি) পোষণ বা সমর্থন করা; (কাউকে বোঝাবার জন্য কোনো কিছুর সমর্থনে পক্ষে; বিপক্ষে) যুক্তি দেখানো: you ~d well. He ~s for greater freedom of the press. ৩ **~ sb into/ out of doing sth** যুক্তি দিয়ে কাউকে কোনো কিছু করতে বা কোনো কিছু করা থেকে বিরত হতে প্রবৃত্ত করা বা রাজি করানো: I tried to ~ him into giving up politics. ৪ যুক্তি প্রদর্শন করা; তর্কে নামা: The lawyers ~d the case for hours. **ar·gu·able** [ˈআ:গিউঅবল্] *adj* তর্কসাধ্য; তর্কসাপেক্ষ। **ar·gu·ably** [-অবলি] *adv*

ar·gu·ment [ˈআ:গিউমান্ট্] *n* ১ [C] **an ~ (with sb) (about/ over sth)** গুরুতর মতের অমিল; তীব্র মতানৈক্য; উত্তপ্ত বাক্যবিনিময়; কলহ; ঝগড়া: The decision of the referee caused endless ~s between the supporters of the two teams. The two brothers had an ~ over the ownership of the house. The rickshaw-puller had an ~ with the traffic police. ২ [U] তর্ক; বিচার: His loyalty to his friends is beyond ~. **an ~ (for/ against)** (কোনো কিছুর পক্ষে/ বিপক্ষে প্রদত্ত) যুক্তি। ৩ পুস্তক ইত্যাদির সারমর্ম বা সারাংশ: The author has added an ~ in his preface to the new edition of the book. **ar·gu·men·ta·tive** [ˌআ:গিউ ˈমেন্টাটিভ্] *adj* তর্কপ্রিয়; তর্কপ্রবণ।

ar·gu·men·ta·tion [ˌআ:গিউমেনˈটেইশন্] *n* [U] যুক্তিপ্রদর্শন; বিতর্ক।

Ar·gus [ˈআ:গাস্] *n* (গ্রি. পুরাণ) শতচক্ষু দানব। **ˌ~-ˈeyed** *adj* সদাসতর্ক।

aria [ˈআ:রিআ] *n* (বিশেষত ১৮ শতকীয় গীতিনাট্যে) একক সঙ্গীত।

arid [ˈঅ্যারিড্] *adj* (মাটি, জমি সম্বন্ধে) অনুর্বর; (আবহাওয়া, অঞ্চল সম্বন্ধে) শুষ্ক; বৃষ্টিপাতহীন। (লাক্ষ.) আকর্ষণহীন। **arid·ity** [অˈরিডাটি] *n* [U] শুষ্কতা।

Aries [এঅরীজ্] *n* রাশিচক্রের প্রথম রাশি; মেষরাশি।

aright [অˈরাইট্] *adv* (পুরা.) ঠিকমতো; ঠিকভাবে: If I heard ~, যদি ঠিকমতো শুনে থাকি। (pp–এর আগে **rightly** ব্যবহার করা বাঞ্ছনীয়: to be rightly informed).

arise [অˈরাইজ্] *vi* ১ দেখা দেওয়া; আবির্ভূত হওয়া: A new problem is about to ~. ২ **~ from** উদ্ভূত হওয়া: Misunderstanding arose from absence of communication between the members. ৩ (প্রা.প্র.) ওঠা; জেগে ওঠা; উঠে দাঁড়ানো।

ar·is·toc·racy [ˌঅ্যারিস্ˈটক্রাসি] *n* ১ [U] অভিজাততন্ত্র; [C] অভিজাততন্ত্র শাসিত দেশ বা রাষ্ট্র। ২ [C] অভিজাত শাসকগোষ্ঠী; অভিজাতশ্রেণী। ৩ [C] যে কোনো শ্রেণীর শ্রেষ্ঠ প্রতিনিধিবর্গ: an ~ of talent.

ar·is·to·crat [ˈঅ্যারিস্ট ক্র্যাট্ US অˈরিস্–] *n* অভিজাতশ্রেণীর লোক; উঁচু বংশোদ্ভূত ব্যক্তি। **~ic** [ˌঅ্যারিস্টাˈক্র্যাটিক US অˌরিসটা–] *adj* অভিজাততন্ত্র বিষয়ক; অভিজাত; আভিজাত্যপূর্ণ: He has an ~ic bearing. **~i·cally** [–ক্লি] *adv*

arith·me·tic [অˈরিথ্‌মাটিক্] *n* অঙ্কশাস্ত্র; পাটিগণিত। **ar·ith·meti·cal** [ˌঅ্যারিথ্ˈমেটিক্‌ল্] *adj* আঙ্কিক; পাটিগণিতিক। **~al progression** সমান্তর শ্রেণী। **arith·me·tician** [অˌরিথ্‌মাটিশ্‌ন্] *n* অঙ্কশাস্ত্রবিদ।

ark [আ:ক্] *n* (বাইবেলে) ১ যে আচ্ছাদনযুক্ত জাহাজে করে Noah (কোরানে হযরত নূহ) এবং তাঁর পরিবার মহাপ্লাবন থেকে জীবনরক্ষা করেছিলেন। ২ **Ark of the Covenant** যে কাঠের সিন্দুকে ইহুদি আইন সংক্রান্ত রচনাবলী রক্ষিত হতো।

arm[1] [আ:ম্] *n* ১ বাহু: She held her baby in her arms. **baby/ child/ infant in arms** কোলের শিশু। **(hold, carry sth) at arm's length** বাহু সম্পূর্ণ প্রসারিত করে (কোনো কিছু ধরা, বহন করা)। **chance one's arm,** দ্র. chance[2]. **keep sb at arm's length** (লাক্ষ.) কাউকে দূরে সরিয়ে রাখা; কারো কাছ থেকে দূরে থাকা। **(welcome sb/sth) with open arms** বাহু প্রসারিত করে বা দুহাত বাড়িয়ে (অভ্যর্থনা বা গ্রহণ করা)। **walk ˌarm-in-ˈarm** (দুজনে) বাহুবদ্ধ হয়ে (হাতে হাত ধরে) হাঁটা। **ˈarm-band** *n* (কাপড় ইত্যাদির তৈরি) বাহুবন্ধনী। **ˈarmchair** *n* আরাম কেদারা। **ˈarmchair critic** যে ব্যক্তি কাজ না করে কেবল বসে বসে সমালোচনা করে। **ˈarm-hole** *n* (জামা–ইত্যাদির) হাতার ফাঁক। **ˈarm·pit** *n* বগল। ২ (জামা ইত্যাদির) হাতা: the arms of a coat. ৩ গাছের বড়ো শাখা বা ডাল। ৪ বাহু সদৃশ বস্তু: the arms of a chair. ৫ (লাক্ষ.) the (long) arm of the law, আইনের হাত (আইনের ক্ষমতা বা কর্তৃত্ব)। **arm·ful** [আ:মফুল্] *n* এক বা দুই বাহুতে যতোটা ধরা যায়: He carried in packets by the armful.

arm[2] [আ:ম্] *n* কোনো দেশের সশস্ত্র বাহিনীর শাখা বা বিভাগ: the infantry arm.

arm[3] [আ:ম্] *vt,vi* **arm (with)** অস্ত্র সজ্জিত করা; অস্ত্র সরবরাহ করা; যুদ্ধের প্রস্তুতি নেওয়া: They were armed with machine guns; (লাক্ষ.) armed with the latest information. **the armed forces/ services** সেনাবাহিনী; নৌবাহিনী ও বিমানবাহিনী। **armed neutrality** সম্ভাব্য আক্রমণের বিরুদ্ধে পূর্ণ প্রস্তুতি নিয়ে নিরপেক্ষ থাকার নীতি।

ar·mada [আ:ˈমা:ডা] *n* বৃহৎ রণতরীর বহর, বিশেষত স্পেনের রাজা দ্বিতীয় ফিলিপ ১৫৮৮ খ্রিস্টাব্দে ইংল্যান্ডের বিরুদ্ধে যে রণতরীর বহর (the Armada) প্রেরণ করেছিলেন।

Ar·ma·ged·don [ˌআ:মাˈগেডন্] *n* ১ (বাই.) মহাকালের অন্তে শুভ ও অশুভ শক্তির যে সর্বশেষ যুদ্ধ সংঘটিত হবে বলে ভবিষ্যদ্বাণী আছে, এই যুদ্ধ সেখানে সংঘটিত হবে। দ্র. Rev 16: 16. ২ (লাক্ষ.) শুভাশুভের যে কোনো (নাটকীয়) দ্বন্দ্ব।

ar·ma·ment [আ:মামান্ট্] *n* ১ (সাধা. *pl*) সামরিক বাহিনী ও তার যুদ্ধোপকরণ; নৌ, সেনা ও বিমানবাহিনী। ২

(সাধা. *pl*) যুদ্ধাস্ত্র; বিশেষত বড়ো কামান: the ˈ~s industry. ৩ [U] সামরিক বাহিনীকে যুদ্ধাস্ত্রে সজ্জিত করার প্রক্রিয়া; যুদ্ধের আয়োজন, রণসজ্জা।

ar·ma·ture [ˈআ:মাচুআ(র্)] *n* (বিদ্যুৎ) বৈদ্যুতিক মোটর বা ডায়নামোর বিদ্যুৎপ্রবাহ উৎপাদনকারী অংশ; বৈদ্যুতিক মোটরের পেঁচানো তার বা কয়েল।

ar·mis·tice [ˈআ:মিস্টিস্] *n* সাময়িক যুদ্ধ-বিরতি চুক্তি। ˈ**A~ Day** ১১ই নভেম্বর—প্রথম বিশ্বযুদ্ধের অবসানকারী যুদ্ধবিরতি চুক্তির বার্ষিকী হিসাবে এই দিনটি পালিত হয় (US = Veterans' Day). দ্র. remembrance.

ar·mor, দ্র. armour.

ar·morial [আ:ˈমো°রিঅল্] *adj* কুলচিহ্ন ও বংশপরিচয়বিদ্যা বিষয়ক; কুলবস্ত্র বিষয়ক। দ্র. arms (২): ~ bearings, কুলচিহ্ন।

ar·mour (US = **ar·mor)** [ˈআ:মা(র্)] *n* [U] ১ (সাধা. ধাতব) বর্ম: a suit of ~. ২ রণতরী, সামরিক ট্যাঙ্ক, মোটরগাড়ি ইত্যাদির ধাতব আচ্ছাদন বা বর্ম। ৩ বর্ম-আচ্ছাদিত সামরিক ট্যাঙ্ক, মোটরগাড়ি ইত্যাদির বহর। ˈ**~-plate** *n* বর্ম হিসাবে ব্যবহৃত ধাতব পাত। **~ed** *part adj* ১ বর্ম-আচ্ছাদিত: an ~ed car. ২ বর্ম-আচ্ছাদিত সামরিক ট্যাংক, সামরিক যান, কামান ইত্যাদি দ্বারা সজ্জিত: an ~ed division. **~er** *n* ১ অস্ত্র ও বর্ম নির্মাতা; অস্ত্র ও বর্ম মেরামতকারী। ২ আগ্নেয়াস্ত্রের তত্ত্বাবধায়ক বা ভাণ্ডারী। **~y** [ˈআ:মরি] *n* অস্ত্রাগার।

arms [আ:ম্জ্] *n pl* ১ অস্ত্র (একবচনে ব্যবহৃত fire-arm লক্ষণীয়): The enemy had plenty of ~ and ammunition. ˈ**~-race** অস্ত্র-প্রতিযোগিতা। ˈ**fire-~** আগ্নেয়াস্ত্র। ˈ**small ~** হাতে বহন করা যায় এমন আগ্নেয়াস্ত্র; যথা, রিভলভার, রাইফেল, হালকা মেশিন-গান। **lay down (one's) arms** যুদ্ধ বন্ধ করা; অস্ত্রসংবরণ করা। **take up ~; rise up in ~** (সাহিত্য. বা লাক্ষ.) অস্ত্র হাতে নেওয়া; যুদ্ধের জন্য তৈরি হওয়া। **under ~** অস্ত্র দিয়ে যুদ্ধের জন্য তৈরি করা হয়েছে এমন। **(be) up in ~ (about/ over)** (সাধা. লাক্ষ.) (কারো/ কোনো কিছুর বিরুদ্ধে) প্রতিবাদমুখর হওয়া। ২ (কুলচিহ্ন ও বংশপরিচয়বিদ্যা) অভিজাত পরিবার, শহর, বিশ্ববিদ্যালয় ইত্যাদির ব্যবহৃত সচিত্র নকশা। ˌ**coat of** ˈ**~** এরূপ নকশা, কুলচিহ্ন (ক্ষেত্রবিশেষে বর্মে খচিত বা অঙ্কিত থাকে)।

army [ˈআ:মি] *n* ১ (*sing* অথবা *pl v* সহ) সেনাবাহিনী। ˈ**~ corps** *n* সেনাবাহিনীর প্রধান উপশাখা। ˈ**~ list** *n* কমিশনপ্রাপ্ত সেনা অফিসারদের সরকারি তালিকা। ২ সংগঠিত দল: the Salvation A~; বিরাট সংখ্যা; বিরাট দল: an ~ of beggars.

ar·nica [ˈআ:নিকা] *n* [U] ভাঙা ও মচকানির চিকিৎসায় ব্যবহৃত বৃক্ষজাত ঔষধবিশেষ।

aroma [আˈরৌমা] *n* ১ সুগন্ধ; সৌরভ: the ~ of Japanese tea. ২ (লাক্ষ.) বৈশিষ্ট্য; বিশেষ লক্ষণযুক্ত পারিপার্শ্বিকতা: the ~ of wealth. **aro·matic** [অ্যারাˈম্যাটিক] *adj* সুগন্ধময়; ঝাঁঝালো।

arose [আˈরৌজ্] arise-এর *pt*

around[1] [আˈরাউন্ড্] *adv* ১ **(all) ~** চতুর্দিকে; এখানে-সেখানে: We heard shouts of joy from all ~. I left my things lying ~. ২ (কথ্য). (স্থান বা সময়ের দিক থেকে) খুব দূরে নয়; কাছাকাছি: I'll be ~ in case you should need me. **have been/ has been ~** প্রচুর ঘুরেছি/ ঘুরেছো/ ঘুরেছে; এই জীবন আর জগৎটাকে দেখেছি/ দেখেছো/ দেখেছে; দুনিয়াদারির অভিজ্ঞতা হয়েছে: He seems to have been ~ a lot. দ্র. about[2] (১, ২, ৩), round[2], shop *v* (১), sleep[2] (২)।

around[2] [আˈরাউন্ড্] *prep* ১ **(all) ~** সবদিকে; সর্বত্র: He has been all ~ Bangladesh. ২ (আংশিক বা সম্পূর্ণভাবে) ঘিরে বা বেষ্টন করে: She threw her arms ~ his shoulder; We ran ~ the building. দ্র. about[3] (১, ২, ৩), round[4]।

arouse [আˈরাউজ্] *vt* জাগানো; উদ্রেক করা: Her sufferings ~d our sympathy. She ~d me from my sleep. ২ (কাউকে) সক্রিয় করা; কামোত্তেজনা জাগানো: fully ~d.

ar·que·bus [ˈআ:কুইবাস্] *n* সেকেলে বন্দুকবিশেষ।

ar·rack [ˈঅ্যার্যাক্] *n* প্রাচ্য দেশসমূহে প্রস্তুত তাড়ি, পচাই প্রভৃতি জাতীয় মদ।

ar·raign [আˈরেইন্] *vt* (আইন.) (কারো বিরুদ্ধে) অভিযোগ দায়ের করা; বিচারের জন্য (কাউকে) আদালতে হাজির করা: ~ed on a charge of forgery. **~·ment** *n*

ar·range [আˈরেইন্জ্] *vt,vi* ১ সাজিয়ে রাখা; গোছানো: She was arranging the flowers in a vase. I ~d the books on the table. ২ আয়োজন করা; স্থির করা; কোনো কিছুর খুঁটিনাটির প্রতি লক্ষ্য রাখা: A meeting has been ~d between the management and the union. He ~d everything for my stay in Chittagong. You can't expect me to ~ for everything. ৩ **~ (with sb) (for/about sth)** সমঝোতায় আসা। ৪ **~ (for)** (কোনো সঙ্গীতকে) বিশেষ উদ্দেশ্যে উপযোগী করে নেওয়া: ~ a piece of music for the sitar. ৫ মীমাংসা করা; নিরসন করা; মেলানো: I am often asked to ~ differences between the husband and the wife (এ অর্থে settle, adjust অধিক প্রচলিত শব্দ)।

ar·range·ment [আˈরেইন্জ্মান্ট্] *n* [U] ১ সুবিন্যস্তকরণ; সজ্জিতকরণ; সাজানোর রীতি/ ধরন/ ব্যবস্থা: She was pleased with the ~ of furniture in our drawing room. ২ (*pl*) আয়োজন, প্রস্তুতি: I have made ~s for my trip to Nepal . ৩ [U] মতৈক্য; সমঝোতা: The holding of a national convention of teachers is a matter for ~, আলোচনা করে স্থির করতে হবে। The board failed to come to any ~ over the distribution of funds. ৪ (কোনো সঙ্গীতকে) বিশেষ উদ্দেশ্যে উপযোগীকরণ: an ~ for the sarod.

ar·rant [ˈঅ্যারান্ট্] *adj* (সর্বদা খারাপ ব্যক্তি বা বস্তু সম্বন্ধে) পুরাদস্তুর; ডাহা: an ~ liar; ~ nonsense.

ar·ray [আˈরেই] *vt* (সাহিত্য.) ১ (বিশেষত সৈন্য ইত্যাদিকে) যুদ্ধের জন্য বিন্যস্ত করা: The colonel ~ed his troops for battle. ২ সজ্জিত করা বা হওয়া: ~ed in ceremonial robes. □*n* (সাহিত্য.) বিন্যাস: troops in battle ~. ২ পোশাক: in bridal ~. ৩ **~ (of)** প্রদর্শনী: a brilliant ~ of handicrafts.

ar·rears [আˈরিআজ্] *n pl* ১ বকেয়া টাকা: ~ of wages. **be in/ fall into ~ (with)** পাওনা পরিশোধে বিলম্ব করা। ২ (হাতে) জমে থাকা কাজ: ~ of correspondence, উত্তরের অপেক্ষায় জমে থাকা চিঠিপত্র।

ar·rest [আˈরেস্ট্] *vt* ১ (প্রক্রিয়া বা গতি) রোধ করা; থামানো: Over-population ~s the growth of national income. ২ (কারো মনোযোগ) আকর্ষণ করা: The flying kite ~ed the boy's attention. ৩ আইনবলে (কাউকে)

গ্রেফতার করা: The police ~ed the leader of the striking workers. □*n* গ্রেফতার: Several ~s have been made so far by the police. **under ~** বন্দী হিসাবে ধৃত; বন্দী-দশা। **be/ place/ put under ~** বন্দী হওয়া: The rebels were put under ~. **~er** *n* আকর্ষক বা গতিরোধক। **ˈ~er hook** বিমানবাহী জাহাজের পাটাতনে অবতরণকারী বিমানের গতি কমানোর জন্য ব্যবহৃত গতিরোধক আংটাবিশেষ। **~·ing** *adj* বিশেষভাবে লক্ষণীয়; মনোযোগ দাবি করে এমন।

ar·ri·val [অ্যারাইভ্‌ল্] *n* ১ [U] আগমন: Waiting for the ~ of the guests. ২ [C] আগন্তুক; আগত বস্তু: new ~s; the new ~, (কথ্য) নবজাত শিশু।

ar·rive [অ্যারাইভ্] *vi* ১ বিশেষত গন্তব্যে পৌঁছানো: ~ home; ~ at the station. ২ আসা: The hour has ~d to strike the enemy; জন্ম নেওয়া: Selina's baby has just ~d, এইমাত্র জন্মেছে। ৩ **~ at** (সিদ্ধান্ত, মূল্য, বয়স ইত্যাদিতে) উপনীত হওয়া বা পৌঁছানো। ৪ নিজের অবস্থান বা খ্যাতি প্রতিষ্ঠা করা।

ar·ro·gant [অ্যারাগন্ট্] *adj* উদ্ধত: He spoke in an ~ tone. **~·ly** *adv*. **arrogance** [-গান্স্] *n* [U] ঔদ্ধত্য।

ar·ro·gate [অ্যারাগেইট্] *vt* (আনুষ্ঠা.) ১ **~ to oneself** বিনা অধিকারে দাবি করা বা নিয়ে নেওয়া: He ~d to himself the ownership of the house. ২ অন্যায়ভাবে আরোপ করা বা চাপিয়ে দেওয়া: It's sheer enmity that prompted him to ~ evil motives to me.

ar·row [অ্যারৌ] *n* ১ বাণ; তীর; শর। ২ দিক বা অবস্থান দেখানোর জন্য ব্যবহৃত তীর-চিহ্ন। **ˈ~·head** *n* তীরের অগ্রভাগ বা মুখ।

ar·row·root [ˈঅ্যারৌরূট্] *n* [U] এক বিশেষ জাতের গাছের চূর্ণ শিকড় থেকে তৈরি শ্বেতসার জাতীয় খাদ্য; অ্যারারুট।

arse [আ:স্ US = **ass** (অ্যাস্)] *n* (নিষেধ, শিষ্টাচার বহির্ভূত) গুহ্যদেশ; মলদ্বার; নিতম্ব; পাছা। **silly ~** বোকা। **ˈ~·hole** (US = **ˈass·hole**) *n* মলদ্বার।

ar·senal [ˈআ:সান্ল্] *n* অস্ত্রশস্ত্র ও গোলাবারুদের কারখানা বা ভাণ্ডার; অস্ত্রাগার; (লাক্ষ.) সঞ্চিত শক্তি; শক্তির ভাণ্ডার।

ar·senic [ˈআ:সনিক্] *n* [U] (রস.) ভঙ্গুর, ইস্পাত-ধূসর, স্বচ্ছ রাসায়নিক পদার্থ (প্রতীক As)—কাচ, রং ইত্যাদি তৈরিতে এই পদার্থ ব্যবহৃত হয়; আর্সেনিকের সাদা খনিজ যৌগিক; এক প্রকার তীব্র বিষ। দ্র. পরি ৭.

ar·son [আ:স্ন্] *n* [U] ইচ্ছাকৃত ও অবৈধভাবে কোনো কিছুতে অগ্নিসংযোগের দুষ্কর্ম।

art[1] [আ:ট্] *n* ১ [U] মূর্তরূপে সুন্দরের সৃজন বা প্রকাশ; এরূপ সৌন্দর্য প্রকাশের ক্ষমতা বা দক্ষতা: the ~ of Bengal; tell a story with great ~. **the ˌfine ˈarts** চারুকলা; ললিত-কলা (চিত্রাঙ্কন, ভাস্কর্য, সঙ্গীত, নৃত্য)। **a ˌwork of ˈart** শিল্পকর্ম। **an ˈart gallery** চিত্রশালা। **an ˈart school** চারুকলা বিদ্যালয়। ২ [C] যাতে সঠিক পরিমাপ ও গণনের চেয়ে কল্পনা ও রুচির গুরুত্ব বেশি: the arts subjects. **ˌBachelor/ ˌMaster of ˈArts** (সং BA/ MA) বিশ্ববিদ্যালয়ের স্নাতক/ স্নাতকোত্তর উপাধি। ৩ [U] চাতুরী; কৌশল; ছলনা; [C] ছল; ফাঁদ: She used all her arts to attract the young man. **the black art** (অশুভ উদ্দেশ্য প্রণোদিত) জাদুবিদ্যা। ৪ (attrib) (১) -এ প্রদত্ত অর্থের সাথে সম্পর্কিত; শিল্প গুণান্বিত: an ˈart critic; art film.

art[2] [আ:ট্] *v* (be ক্রিয়াপদে *pres t* রূপ) (পুরা.) thou-এর সাথে ব্যবহৃত: Thou art, you are.

ar·te·fact, দ্র. artifact.

ar·ter·ial [আ:ˈটিআরিআল্] *adj* ধমনীবিষয়ক বা ধমনীর মতো: ~ blood; ~ roads, গুরুত্বপূর্ণ প্রধান সড়কসমূহ।

ar·tery [ˈআ:টরি] *n* ১ ধমনী। ২ প্রধান সড়ক বা নদী; পরিবহণ পদ্ধতির প্রধান কাণ্ড।

ar·tesian [আ:ˈটীজ়িঅন্ US -টীজ়ন্] *adj* **~ well** কূপ বা ইঁদারা বিশেষ—পাম্পের সাহায্য ছাড়াই এর পানি সার্বক্ষণিকভাবে কূপের মুখ বরাবর উঠতে থাকে।

art·ful [ˈআ:টফ়্ল্] *adj* ধূর্ত; চতুর; প্রতারণাপূর্ণ; সেয়ানা। **~ly** [-ফালি] *adv*. **~·ness** *n*

ar·thri·tis [আ:ˈথ্রাইটিস্] *n* গ্রন্থিবাত; গেঁটেবাত। **ar·thri·tic** [আ:ˈথ্রিটিক্] *adj*

ar·ticle [ˈআ:টিক্‌ল্] *n* [C] ১ নির্দিষ্ট বা স্বতন্ত্র বস্তু: household ~. ২ দৈনিক বা সাময়িক পত্রিকায় প্রকাশিত রচনা। **ˌleading ˈ~** (সংবাদপত্রে) সম্পাদকের বা সম্পাদকবৃন্দের মতামত সম্বলিত রচনা। ৩ (আইন.) কোনো চুক্তি বা দলিলের স্বতন্ত্র অংশ; অনুচ্ছেদ; ধারা বা দফা। ৪ (ব্যাক.) **definite ~,** 'the'. **indefinite ~,** 'a', 'an'. □*vt* চুক্তিবদ্ধ করা: an ~d clerk, চুক্তিবদ্ধ কেরানি।

ar·ticu·late[1] [আ:ˈটিকিউলাট্] *adj* (কথা সম্বন্ধে) স্বতন্ত্র ধ্বনি ও শব্দসমূহের স্পষ্টতাসম্পন্ন। ১ (ব্যক্তি সম্বন্ধে) ভাবনা ও অনুভূতিকে স্পষ্ট ভাষায় রূপদানে সক্ষম: She is a highly ~ girl. ৩ গ্রন্থিবদ্ধ। **~·ly** *adv*

ar·ticu·late[2] [আ:ˈটিকিউলেইট্] *vt, vi* ১ স্পষ্টভাবে (শব্দ) উচ্চারণ করা; স্পষ্টভাবে কথা বলা। ২ গ্রন্থি দ্বারা যুক্ত করা; গ্রন্থি সংযোজন করা: bones that are ~d with others. **an ~d vehicle** সহজে সংযোজন করা যায় এমন অংশ সম্বলিত যান।

ar·ticu·la·tion [আ:ˌটিকিউˈলেইশ্‌ন্] *n* [C] ১ (শব্দ ও ধ্বনির) স্পষ্ট উচ্চারণ। ২ গ্রন্থি (সংযোজন)।

ar·ti·fact, ar·te·fact [ˈআ:টিফ্যাক্ট্] *n* [C] কৃত্রিমভাবে উৎপাদিত বা সৃষ্ট বস্তু; মানুষের দ্বারা তৈরি বস্তু; বিশেষত নৃতাত্ত্বিক আগ্রহ উদ্রেক করে এমন সরল অস্ত্র বা হাতিয়ার।

ar·ti·fice [ˈআ:টিফিস্] *n* ১ [C] দক্ষতা। ২ [U] ধূর্ততা; শঠতা; চালাকি; চাতুরী; [C] ছল।

ar·ti·fi·cer [আ:ˈটিফিসা(র্)] *n* শিল্পী; নির্মাতা, দক্ষ কারিগর। **engine-room ~** (নৌবাহিনীতে) দক্ষ কারিগর বা মিস্ত্রি (এর পদ)।

ar·ti·fi·cial [ˌআ:টিˈফ়িশ্‌ল্] *adj* প্রাকৃতিক বা স্বাভাবিক নয় এমন; মানুষের সৃজনশৈলী দ্বারা সৃষ্ট; কৃত্রিম: ~ flowers; ~ tears, সত্যিকার দুঃখবোধ থেকে উদ্গত নয়, কৃত্রিম, লোক-দেখানো অশ্রু। **~ respiration** কৃত্রিম উপায়ে ফুসফুসে বায়ু প্রবেশ করানোর পদ্ধতি। **ar·ti·fi·ci·ally** [-শালি] *adv*

ar·til·lery [আ:ˈটিলারি] *n* [U] (চাকা ইত্যাদির ওপর স্থাপিত) বড়ো কামান; গোলন্দাজ বাহিনী।

ar·ti·san [ˌআ:টিজ়্যান্ US ˈআ:টিজ়ন্] *n* শিল্পে বা বাণিজ্যে কর্মরত দক্ষ কারিগর; মিস্ত্রি।

art·ist [ˈআ:টিস্ট্] *n* ১ যে ব্যক্তি কোনো একটি সুকুমার শিল্পের চর্চা করে; শিল্পী; বিশেষত চিত্রশিল্পী। ২ যে ব্যক্তি দক্ষতার সাথে কোনো কিছু করে: an ~ in the game of politics.

art·iste [আ:ˈটীস্ট্] *n* পেশাদার গায়ক, অভিনেতা, নৃত্যশিল্পী ইত্যাদি।

ar·tis·tic [আ:'টিস্‌টিক্‌] *adj* ১ (বিশেষত শিল্পকলায়) দক্ষতা ও সুরুচিসহকারে সাধিত শিল্পীসুলভ; শৈল্পিক; সুন্দরের উপলব্ধিতে সক্ষম। ২ সুরুচিসম্পন্ন। ৩ শিল্প বা শিল্পীবিষয়ক। **ar·tis·ti·cally** [-ক্লি] *adv*

art·istry ['আ:টিস্‌ট্রি] *n* [U] শিল্পদক্ষতা বা শিল্পকর্ম; শিল্পীজনোচিত দক্ষতা বা রুচিজ্ঞান।

art·less ['আ:ট্‌লিস্‌] *adj* (artful-এর বিপরীতে) স্বাভাবিক; সরল; নিষ্পাপ: My mother is as ~ as a child. **~·ly** *adv*. **~·ness** *n*

arty ['আ:টি] *adj* (কথ্য) শিল্পগুণ বা শিল্পবোধ আছে বলে ভান করে এমন। **,~-'crafty** (কথ্য) শিল্পরুচি বা শিল্পগুণের ভান আছে এমন হাতে-তৈরি সামগ্রী বা এর ব্যবহার সম্বন্ধে উক্ত।

arum ['এআরাম্‌] *n* কচুজাতীয় গাছ। ~ **lily** শ্বেতপদ্ম।

Aryan ['এআরিআন্‌] *adj* আর্যভাষা বা আর্যজাতি সম্বন্ধীয়। □*n* আর্যভাষী ব্যক্তি; (পাশ্চাত্যে জনপ্রিয় কিন্তু বর্তমানে প্রত্যাখ্যাত অর্থে) জার্মান বা স্ক্যান্ডিনেভীয় বংশোদ্ভূত ব্যক্তি।

as[1] [অ্যাজ্‌; জোরালো রূপ: অ্যাজ্‌] *adv* (পরে *conj* as থাকলে) মতো; মতোই; সমান: He is as handsome as his younger brother. She is not as beautiful as you say she is. (নঞর্থক বাক্যে as-এর স্থলে প্রায়শ so ব্যবহৃত হয়): He is not so clever as he pretends to be.

as[2] [আজ্‌; জোরালো রূপ: অ্যাজ্‌] *conj* ১ যখন; যতোই: As I was leaving the room, the telephone rang. As he reached manhood, he realized his full potential. ২ যেহেতু; বলে: As I did not know your address, I could not write to you. ৩ (তুলনায় সমত্ব বোঝাতে as + *adj* / *adv* + as; not as / so + *adj* / *adv* as – এইসব ছকে) -এর চেয়ে; যতো ... ততো; মতো: It is not as / so difficult as you think it is. He gave me a sheet twice as large as this. (অসংখ্য প্রবচনীয় বাক্যে ব্যবহৃত হয়) as tough as leather; as crafty as a fox. (নিম্নোক্ত উদাহরণগুলিতে সর্বনামের ব্যবহার লক্ষণীয়): He likes you as much as I, অর্থাৎ আমি যতোটা পছন্দ করি; He likes you as much as me, সে আমাকে যতোটা পছন্দ করে। (দ্ব্যর্থকতার সম্ভাবনা না থাকলে কথ্য ভাষায় সর্বনামের কর্মকারকের রূপ ব্যবহৃত হয়): My younger sister cannot swim as/so well as me (= as I do). ৪ (অব্যাহতিমূলক অনুবাক্যের শুরুতে; যার বদলে সাধা. although-যুক্ত অনুবাক্যও ব্যবহার করা যায়): (ক) *adj* বা *adv* -সহ: সত্ত্বেও; যদিও ...: He loves his wife and children dearly, wicked as he is, দুষ্টপ্রকৃতির হলেও; Much as he flatters you (যতোই স্তুতিবাদ করুক), he will not vote for you. (খ) (বিশেষত may, might, will, would প্রভৃতি *vv*-এর সঙ্গে) সত্ত্বেও; যদিও ...: Run as I would (প্রাণপণে দৌড়ালেও, দৌড়ানো সত্ত্বেও), I could not catch the bus. ৫ (রীতিসূচক ক্রিয়াবিশেষণীয় অনুবাক্যের শুরুতে) যেমন ... তেমন, যেভাবে ... সেভাবে: He did as I said. Bring it as it is. ৬ (রীতিসূচক সম্পূরকের শুরুতে) মতো: He posed as an expert in economics. ৭ (বিধেয়ের পুনরাবৃত্তি বর্জনের জন্য ব্যবহৃত) যেমন: She is remarkably talented, as are her sisters. ৮ হিসাবে; রূপে: Both as an orator and a statesman, he outshined his contemporaries. ৯ (বিধেয়-বিশেষণ বা বিশেষ্যের শুরুতে regard, view, represent, treat, acknowledge এবং অনুরূপ অর্থবোধক *vv*-এর পরে ব্যবহৃত হয়, কিন্তু consider-এর পরে ব্যবহৃত হয় না) বলে, রূপে: Don't treat him as a child. I acknowledge him as my equal. ১০ (দৃষ্টান্ত উল্লেখকালে সাধা. such-এর পরে) যেমন, উদাহরণস্বরূপ: Great writers, such as Shakespeare, Tolstoy, Rabindranath ... . ১১ **as if; as though** (রীতিসূচক অনুবাক্যের শুরুতে; অনুবাক্যটিতে একটি পট থাকে) যেন: You smile as if nothing had happened. It isn't as though she were comfortably off. পরে (to-infinitive-সহ): He raised his hands as if to console the wretched woman. ১২ **'as for** প্রসঙ্গে (কখনো কখনো ঔদাসীন্য বা অবজ্ঞা-সূচক): As for me, I am not attending the lecture. **'as to** সম্বন্ধে, বিষয়ে: As to Mr Hill, I will not let him go unpunished; (gerund -সহ) As to admitting your point, ... ১৩ (প্রধানত same ও such-এর পরে, সাপেক্ষ অনুবাক্যের সূচক *conj* হিসাবে): Such persons as saw him (= Those persons who saw him) thought he was strikingly handsome. I gave him the same instructinos as I gave you. ১৪ (অ-নির্দেশক সাপেক্ষ অনুবাক্যের শুরুতে): The Ganges, as you know, has its source in the Himalayas. To deal with children harshly, as some people do, is reprehensible. ১৫ **'so as to (ক)** (উদ্দেশ্যসূচক *infinitive*-এর আগে) যাতে (করে): He started early so as not to miss the train. **(খ)** (রীতিসূচক *infinitive*-এর আগে): The youths at the street corner screamed and yelled so as to horrify the passers-by. ১৬ **as good as** যতো ... ততো; প্রায়: He is as good as his words, তার কথার নড়চড় হয় না; It is as good as lost. ১৭ **as/ so long as (ক)** যদি; এই শর্তে: You can do whatever you like as long as you do not neglect your studies. **(খ)** যতোদিন: I shall not tolerate indiscipline so long as I am in this office. ১৮ **as much** তাই; ততোখানি: I like him as much. ১৯ **as far as,** দ্র. far[1](২). **as such; such as,** দ্র. such *pron*. ২০ **(just) as soon; as soon as (not),** দ্র. soon (৩,৫). **as well (as),** দ্র. well[2] (৮).

as·bes·tos [অ্যাজ্‌'বেস্‌টস্‌] *n* [U] কোমল, অংশুল, ধূসর খনিজ পদার্থবিশেষ—এর দ্বারা অদাহ্য বস্ত্র বা পাত তৈরি করা যায় এবং তা তাপের অন্তরক উপাদানরূপে ব্যবহার করা যায়; অ্যাজবেস্টস।

as·cend [আ'সেন্ড্‌] *vt, vi* ১ আরোহণ করা; উপরে ওঠা; চড়া: On turning the corner, he saw that the path ~ed steeply. The children looked gleefully at the fire ~ing from the haystack. ২ **~ the throne** সিংহাসনে আরোহণ করা/ অধিষ্ঠিত হওয়া।

as·cend·ancy, -ency [আ'সেন্‌ডন্‌সি] *n* [U] প্রাধান্য; প্রাবল্য; প্রভুত্ব। **gain/ have the ~ (over sb)** (কারো উপর) প্রাধান্য/ প্রাবল্য অর্জন/ বিস্তার করা: The Ottoman ~ made the Christian powers jealous.

as·cend·ant, -ent [আ'সেন্‌ডন্‌ট্‌] *n* **in the ~** ক্রমবর্ধমান শক্তি ও প্রভাবের অধিকারী; প্রভবিষ্ণু।

as·cen·sion [আ'সেন্‌শ্‌ন্‌] *n* আরোহণ; ঊর্ধ্বগমন; উত্থান; ঊর্ধ্বগতি। **the A~** (যিশুর পুনরুজ্জীবনের চল্লিশ দিন পরে তাঁর) স্বর্গারোহণ; স্বর্গারোহণ দিবস।

as·cent [আ'সেন্ট্] *n* [C] আরোহণ; আরোহণপথ; সমুখান: difficult of ~; দুরারোহ: Have you ever made an ~ in a balloon? They made a steep ~.

as·cer·tain [,অ্যাসা'টেইন্] *vt* নিশ্চিত করা; নির্ধারণ করা; নিরূপণ করা; স্থির করা; অবধারণ করা: to ~ facts; ~ that the information is correct; ~ what he actually meant; ~ whether he will be available for consultation. **~·able** [-নাব্‌ল্] *adj* নির্ধারণযোগ্য; নিরূপণযোগ্য।

as·cetic [আ'সেটিক্] *adj* কৃচ্ছ্রব্রতী; আত্মনিরোধী; কঠোর; কঠোর তপশ্চর্যাপূর্ণ। □*n* তপস্বী; তাপস; সন্ন্যাসী; কৃচ্ছ্রব্রতী। **as·ceti·cally** [-ক্‌লি] *adv* কঠোরভাবে; তপস্বীর মতো। **as·ceti·cism** [আ'সেটিসিজ়্ম্] *n* কৃচ্ছ্রব্রত; কঠোর তপশ্চর্যা; বৈরাগ্য; সন্ন্যাস।

as·cor·bic [আ'স্কো°বিক্] *adj* **~ acid** (ভিটামিন সি নামেও পরিচিত) লেবুজাতীয় ফল ও সবজিতে প্রাপ্য ভিটামিনবিশেষ; আসকর্বিক অ্যাসিড।

as·cribe [আ'স্ক্রাইব্] *vt* **~ to** ১ কোনো কিছুর কারণ, উৎস, হেতু বা রচয়িতা বলে বিবেচনা করা; দায়ী করা; আরোপ করা: Do you ~ your success to hard work? This poem has been ~ed to Horace. ২ (দোষ, গুণ, ধর্ম ইত্যাদি) আরোপ করা: The fault was ~ed to the supervisor. ~ a wrong meaning to a word. **as·crib·able** [-অব্‌ল্] *adj* আরোপণীয়: His good temper is ascribable to his recent success. **as·crip·tion** [আসক্রিপ্‌শ্‌ন্] *n* আরোপণ: The ascription of this drama to Kalidasa is not plausible.

asep·tic [,এই'সেপ্‌টিক্] *adj* (ক্ষত, প্রলেপ ইত্যাদি সম্বন্ধে) ব্যাকটেরিয়ামুক্ত; নির্বীজ। **asep·sis** [,এই'সেপ্‌সিস্] *n* [U] নির্বীজতা।

asex·ual [,এই'সেক্‌শুঅল্] *adj* ১ যৌনতা বা যৌনাঙ্গ-বিরহিত; অযৌন: ~ reproduction. ২ (ব্যক্তি সম্বন্ধে) যৌন সম্পর্ক বিষয়ে নিস্পৃহ; নিষ্কাম। **~·ity** [এই,সেক্‌শু'অ্যালাটি] *n* অযৌনতা; অকামিতা।

ash[1] [অ্যাশ্] *n* রুপালি-ধূসর বাকল ও শক্ত, দৃঢ় কাঠ-বিশিষ্ট অরণ্যবৃক্ষ; ওয়াশিজ। **'ash-key** *n* উক্ত গাছের পক্ষবান বীজ; ওয়াশিজ-বীজ।

ash[2] [অ্যাশ্] *n* [U কিংবা *pl,* তবে সংখ্যাযোগে ব্যবহৃত হয় না] ১ ছাই; ভস্ম: Be careful not to drop cigarette ~ on the carpet. The slum was burnt to ~es. ২ (*pl*) দেহভস্ম; চিতাভস্ম। **Ash Wednesday** লেন্টের প্রথম দিন; খ্রিস্টীয় পর্ববিশেষ। **'ash-bin, 'ash-can** *nn* (বিশেষত US; দ্র. dustbin) ছাই, কয়লা, রান্নাঘরের জঞ্জাল ইত্যাদি ফেলার জন্য মজবুত আধারবিশেষ; বর্জ্যাধার। **'ash-pan** *n* (ফায়ারপ্লেস, স্টোভ ইত্যাদিতে) যে পাত্রে ছাই ঝরে পড়ে; ভস্মাধার। **'ash-tray** *n* ছাইদান।

ashamed [আ'শেইম্‌ড্] *pred adj* ~ **(of/ that to do sth)** লজ্জিত: He is ~ of himself / of what he has done. **asham·ed·ly** [আ'শেইমিড্‌লি] *adv* লজ্জিতভাবে।

ashen [অ্যাশ্‌ন্] *adj* পাংশুবর্ণ; পাংশুটে; পাঁশুটে; পাণ্ডু; ছাই-রঙা: His face turned ~, as the police knocked at the door.

ashore [আ'শো°(র্)] *adv* তীরে; তটে; কূলে। **go ~** (নাবিক প্রভৃতি সম্বন্ধে) তীরে ওঠার জন্য জাহাজ ত্যাগ করা; ডাঙায় ওঠা। **run/ be driven ~** (জাহাজ সম্বন্ধে) দুর্যোগপূর্ণ আবহাওয়া বা অন্য কারণে তীরে ভিড়তে বাধ্য হওয়া।

ashy ['অ্যাশি] *adj* পাংশুটে; পাঁশুটে; ভস্মাচ্ছাদিত; পাংশুবর্ণ; পাণ্ডু।

Asian ['এইশ্‌ন্ US 'এইজ্‌ন্] *n adj* এশিয়ার অধিবাসী; এশীয়।

Asi·atic [,এইশি'অ্যাটিক্ US ,এইজ়ি-] *n adj* এশীয় (Asian-ই অগ্রগ্রাহ্য)।

aside [আ'সাইড্] *adv* পাশে; এক পাশে: She laid the magazine ~, পড়া বন্ধ করে নামিয়ে রাখল। The autobus turned ~ (= away) from the highway, রাজপথ ছেড়ে পাশের রাস্তা ধরল। The verdict of the lower court was set ~, খারিজ করা হলো। Could you put the book ~ for me? আলাদা করে রাখুন; সংরক্ষণ করুন। Joking ~, রসিকতা থাক, ... । □*n* [C] (বিশেষত মঞ্চে) অন্য কেউ শুনতে পাচ্ছে না ধরে নিয়ে উচ্চারিত উক্তি; জনান্তিক।

as·in·ine ['অ্যাসিনাইন্] *adj* ১ গর্দভীয়। ২ (কথ্য) নির্বোধ; গর্দভসুলভ।

ask [আ:স্ক্ US অ্যাস্ক্] *vt, vi (pt ,pp* asked) ১ জিজ্ঞাসা/প্রশ্ন করা; জানতে চাওয়া; চাওয়া; অনুরোধ করা: May I ~ (you) your name? I ~ed the price. I would ~ a favour of you. You have ~ed too much of me. You did not ~ me for help. **ask after** (সম্বন্ধে) জিজ্ঞাসা করা; খবর জানতে চাওয়া: Did you ask after my health ? ২ নিমন্ত্রণ করা; আমন্ত্রণ জানানো; বলা: A ~ him to come in. He has been ~ed (out) to lunch. **ask for trouble,** (কথ্য) **ask for it** বিপদ/ ঝামেলা ডেকে আনা। ৩ প্রার্থনা করা; অনুমতি চাওয়া: Did he ~ permission to leave? I would ~ you to excuse me/ ~ to be excused. ৪ (মূল্য হিসাবে) চাওয়া: I ~ed (him) £ 500 for the car; Am I ~ing too much ? **'asking price** কোনো পণ্য বা সেবার জন্য যে মূল্য চাওয়া হয় এবং যা সাধা. দর কষাকষি করে কমানো হয়; অর্থিত মূল্য।

askance [আ'স্ক্যান্স্] *adv* (একমাত্র ব্যবহার) **look ~ at sb/ sth** সন্দেহের দৃষ্টিতে/ আড়চোখে তাকানো।

askew [আ'স্কিউ] *adv, pred adv* তির্যকভাবে; বাঁকা করে: hang a picture ~; have one's hat ~; cut a plank ~.

ask·ing [আ:স্কিঙ্] *n* **for the ~** চাইলেই: The horse is yours for the ~, তোমার চাওয়ার অপেক্ষামাত্র।

aslant [আ'স্লা:ন্ট্ US আ'স্ল্যান্ট্] *adv, pred adj* তির্যকভাবে বাঁকাভাবে; বাঁকা করে: The damaged car lay ~ the road.

asleep [আ'স্লীপ্] *adv, pred adj* ১ ঘুমন্ত/ নিদ্রিত (অবস্থায়): She is fast ~. The boy dropped ~ during the concert. ২ (হাত-পা সম্বন্ধে) অবশ; নিঃসাড়।

asp [অ্যাস্প্] *n* (প্রাণী.) মিশর ও লিবিয়ার ক্ষুদ্র, বিষধর সাপবিশেষ; কালসাপ।

as·para·gus [আ'স্প্যারাগাস্] *n* [U] উদ্ভিদবিশেষ, যার কচি অঙ্কুর সবজিরূপে রান্না করে খাওয়া হয়; শতমূলী; শতাবতী; অহেরু।

as·pect [অ্যাস্পেক্ট্] *n* ১ রূপ; চেহারা; মুখাবয়ব: a man of fierce ~, ভীষণদর্শন; a man with a serious ~, গম্ভীর চেহারার। ২ বিশেষ কোনো দিকের অনুবর্তী মুখ; মুখ; অভিমুখ; দিক: a house with southern ~,

দক্ষিণমুখী বাড়ি। ৩ (লাক্ষ.) বিশেষ অংশ; দিক: study every ~ of a question, সকল দিক/ পুঙ্খানুপুঙ্খভাবে পর্যেষণা। ৪ ক্রিয়ার রূপবিশেষ, যা ক্রিয়াব্যাপার ও কালগতির মধ্যে সম্বন্ধ নির্দেশ করে; ক্রিয়ার অবয়ব। **as·pec·tual** [অ্যা'স্‌পেকচুআল্] *adj* অবয়বী: The only difference between 'I heard him singing a pop song' and 'I heard him sing a pop song' is aspectual.

as·pen [অ্যাস্‌প্যান্] *n* চিনার (পপলার) জাতীয় গাছ, যার পাতা সামান্যতম বাতাসেও কেঁপে ওঠে; স্পন্দিতা।

as·per·ity [অ্যা'স্‌পেরটি] *n (pl* -ties) (আনুষ্ঠা.) ১ [U] কার্কশ্য; রুক্ষতা; (ব্যবহারের) পারুষ্য; পরুষতা; (আবহাওয়ার) কঠোরতা; তীব্রতা: speak with ~. ২ *(pl* -এ) উপরোক্ত গুণাবলীর যে কোনো একটির দৃষ্টান্ত: The asperities of winter in the Antarctica; an exchange of asperities, দুর্বাক্য-বিনিময়; পারস্পরিক দুর্ব্যবহার।

as·per·sions [আ'স্‌পাশন্‌স্ US -জ়ন্‌স্] *n pl* (একমাত্র ব্যবহার) **cast ~ (up) on sb/ sb's honour, etc** কুৎসা করা; কটাক্ষপাত করা।

as·phalt [অ্যাস্‌ফ্যাল্‌ট্ US -ফো°ল্‌ট্] *n* [U] আলকাতরার মতো কালো, আঠালো পদার্থবিশেষ, যা ছাদ ইত্যাদি জলরোধক করার জন্য এবং কাঁকর বা পাথরের গুঁড়ার সঙ্গে মিশিয়ে রাস্তা আস্তীর্ণ করার কাজে ব্যবহৃত হয়; অ্যাসফল্ট। □*vt* (রাস্তা) অ্যাসফল্টে আস্তীর্ণ করা।

as·pho·del [অ্যাস্‌ফাডেল্] *n* ১ লিলিজাতীয় একপ্রকার ফুল; তারাফুল। ২ (কাব্যিক) গ্রিক স্বর্গলোকের অমর পুষ্প; পারিজাত।

as·phyxia [অ্যাস্'ফিক্‌সিআ] *n* [U] শ্বাসরোধ; শ্বাসকষ্ট। **as·phyxi·ate** [আস্'ফিক্‌সিএইট্] *vt* শ্বাসরুদ্ধ করা; শ্বাসরুদ্ধ করে মারা; গলা টিপে মারা। **as·phyxi·ation** [আস্'ফিক্‌সি'এইশন্] *n* [U] = asphyxia; শ্বাসরোধ।

as·pic ['অ্যাস্‌পিক্] *n* [U] মাংসের স্বচ্ছ জেলি: chicken in ~.

as·pi·dis·tra [অ্যাস্‌পি'ডিস্‌ট্রা] *n (pl -s)* গৃহে জন্মানো প্রশস্ত সুচালো পত্রবিশিষ্ট উদ্ভিদবিশেষ; শতাবতী।

as·pir·ant [আ'স্‌পাইআরান্‌ট্] *n* **~ (to/ after)** খ্যাতি, প্রতিপত্তি ইত্যাদির জন্য লোলুপ ব্যক্তি; অভিকাঙ্ক্ষী: an ~ to high office.

as·pir·ate[1] ['অ্যাস্‌পারাট্] *n* (ধ্বনি.) মহাপ্রাণ ধ্বনি।

as·pir·ate[2] ['অ্যাস্‌পারেইট্] *vt* (ধ্বনি.) মহাপ্রাণরূপে উচ্চারণ করা: The 'h' in 'heir' is not ~d.

as·pir·ation [,অ্যাস্‌পা'রেইশন্] *n* [C,U] **১ ~ (for/ after); ~ (to do/ be)** আকাঙ্ক্ষা; উচ্চাকাঙ্ক্ষা: ~s for fame; his ~ to be a writer. **২** মহাপ্রাণতা।

as·pire [আ'স্‌পাইআ(র্)] *vi* উচ্চাকাঙ্ক্ষা-তাড়িত হওয়া; অভিকাঙ্ক্ষী হওয়া: ~ after knowledge; ~ to fame; ~ to become an artist.

as·pirin ['অ্যাস্‌প্রিন্ US -পারিন্] *n* [U] (P) বেদনার উপশম ও জ্বর কমানোর জন্য ঔষধবিশেষ; [C] ঐ ঔষধের বড়ি; অ্যাস্‌প্রিন।

a·squint [আ'স্‌কোয়িন্‌ট্] *adj,adv* অপাঙ্গে; বক্রদৃষ্টিতে; তির্যকভাবে।

ass[1] [অ্যাস্] *n* ১ গর্দভ; গাধা; রাসভ; আহম্মক; বেকুব; নির্বোধ। ২ **make an ass of oneself** বোকামি/ আহম্মকি/ বেকুবি করা; নিজেকে হাস্যাস্পদ করা।

ass[2] [অ্যাস্] *n* (US অশিষ্ট) = arse, পাছা; পোঁদ।

as·sail [লা'সেইল্] *vt* ~ *(with)* প্রচণ্ড শক্তিতে আক্রমণ করা; প্রচণ্ড আঘাত হানা; জর্জরিত করা: ~ sb with questions / insults; be ~ed with doubts. **~·able** [-লাব্‌ল্] *adj* আক্রমণীয়। **~·ant** [-লান্‌ট্] *n* হামলাকারী; আক্রমণকারী।

as·sas·sin [আ'স্যাসিন্ US -সন্] *n* (অনেক সময়ে অন্যের দ্বারা নিযুক্ত) গুপ্তঘাতক; আততায়ী। **~·ate** [আ'স্যাসিনেইট্ US -সানেইট্] *vt* রাজনৈতিক কারণে কাউকে (বিশেষত গুরুত্বপূর্ণ রাজনীতিক বা শাসককে) বিশ্বাসঘাতকতাপূর্বক নির্মমভাবে হত্যা করা; গোপনে হত্যা করা। **~·ation** [আ,স্যাসি'নেইশন্ US আ,স্যাসা'নেইশন্] *n* [C,U] গুপ্তহত্যা।

as·sault [আ'সো°ল্‌ট্] *n* **~ (on/ upon)** প্রচণ্ড; আকস্মিক আঘাত; অভ্যাঘাত; হামলা: The enemy's first ~ has been successfully repulsed. His speech is a treacherous ~ on our reputation. **~ and battery** (আইন.) প্রহার বা আঘাত। '**~ craft** *n* নদীপথে আক্রমণের জন্য মোটরযুক্ত বহনযোগ্য নৌকাবিশেষ; অভিগ্রহ-যান।

as·say [আ'সেই] *n* [C] **~ of** (মহার্ঘ ধাতু, খনিজ দ্রব্য ইত্যাদির) উৎকৃষ্টতা, বিশুদ্ধতা বা গুণ পরীক্ষণ; কষ্টি: make an ~ of an ore. □*vt* ১ ধাতু ইত্যাদির বিশুদ্ধতা পরীক্ষা করা; খনিজ দ্রব্যাদি বিশ্লেষণ করা। ২ **~ (to do sth)** (প্রা. প্র.) প্রযত্ন করা।

as·sem·blage [আ'সেম্‌ব্লিজ্] *n* ১ [U] সমবায়; সমাহার; সন্নিপাত; সমাগম: the ~ of parts of a watch/ car. ২ [C] বস্তু বা (কৌতুক.) ব্যক্তির সমাহার।

as·semble [আ'সেম্‌বল্] *vt ,vi* ১ সমাগত/ সমবেত হওয়া; একত্র জোটপাট হওয়া; মিলিত হওয়া: The members of the society ~d in the conference room. ২ একত্র করা; (যন্ত্রাদির) বিভিন্ন অংশ জোড়া দেওয়া; সন্নিহিত করা; সন্নিবেশিত করা: ~ a TV set/ an aircraft.

as·sem·bly [আ'সেম্‌ব্লি] *n (pl* -lies) ১ [C] সভা; সম্মেলন; সমাগম; সমাবেশ: the Legislative A~, বিধানসভা; the school ~, (ছাত্র ও শিক্ষকদের) প্রাত্যহিক সমাবেশ। '**~ room (s)** সভাকক্ষ। '**~ hall (ক)** যে কক্ষে বিদ্যালয়ের ছাত্রশিক্ষকরা প্রার্থনা ইত্যাদির জন্য সমবেত হন; সম্মেলনশালা। **(খ)** যে বৃহৎ কারখানায় উড়োজাহাজ প্রভৃতি বড়ো বড়ো যন্ত্রের অংশসমূহ জোড়া লাগানো হয়; সন্নিবেশশালা। '**~ line** সামুদয়িক উৎপাদন ব্যবস্থার (mass production) পর্যায়বিশেষ, যেখানে ভারী যন্ত্র, যানবাহন ইত্যাদির অংশসমূহ আনুক্রমিক সংযোজনের জন্য একের পর এক এগিয়ে যেতে থাকে; সংযোজন-প্রক্রম। ৩ সৈনিকদের সমবেত করার জন্য তূর্য বা দুন্দুভি-নিনাদ দ্বারা আহ্বান; সমাবেশের আহ্বান।

as·sent [আ'সেন্‌ট্] *n* **~ (to)** সম্মতি; সংসদে গৃহীত কোনো বিলের প্রতি রাষ্ট্রপতির অনুমোদন; প্রতিগ্রহ। **by common ~** ঐকমত্যক্রমে। **with one ~** সর্বসম্মতিক্রমে। □*vi* **~ (to)** সম্মতি দেওয়া; অনুমোদন করা; সম্মত হওয়া।

as·sert [আ'সাট্] *vt* ১ (অধিকার ইত্যাদি) দাবি করা; দৃঢ়ভাবে ঘোষণা করা। ২ ঘোষণা করা: ~ one's innocence; ~ that sth is true. **~ oneself** কর্তৃত্ব/ আত্মবিশ্বাস প্রদর্শন করা।

as·ser·tion [আ'সাশন্] *n* ১ [U] নিজ অধিকারের স্বীকৃতির জন্য নির্বন্ধ; অধিকার-খ্যাপন: self-~, স্বাধিকার-খ্যাপন। ২ [C] জোরালো উক্তি; দৃঢ়োক্তি; দাবি: make an ~.

as·sert·ive [আ'সাটিভ্] *adj* দৃঢ়প্রত্যয়ী; দৃঢ় প্রত্যয়সূচক: speaking in an ~ tone. **~·ly** *adv* দৃঢ় প্রত্যয়ের সঙ্গে।

as·sess [আ'সেস্] *vt* ১ (কর, জরিমানা ইত্যাদির) পরিমাণ নির্ধারণ বা স্থির করা; ধার্য করা: The indemnity was ~ed at £ 10,000. ২ মূল্য নিরূপণ/ নির্ধারণ/ নির্ণয়/ অবধারণ করা; করারোপ করার উদ্দেশ্যে সম্পত্তি ইত্যাদির মূল্য কিংবা আয় ইত্যাদির পরিমাণ ধার্য বা স্থির করা; (লাক্ষ.) মূল্য যাচাই করা: to ~ a person's contributions. **~·ment** *n* [U] মূল্যনির্ধারণ; মূল্যাবধারণ; মুসাক্কস; (C) নির্ধারিত/ স্থিরীকৃত/ নির্ণীত পরিমাণ। ~or [-সা(র্)] *n* ১ যে ব্যক্তি সম্পত্তি, আয়, কর ইত্যাদির পরিমাণ নির্ধারণ করে; মূল্যনিরূপক; করনির্ধারক। ২ যে ব্যক্তি কৌশলগত বিষয়ে প্রশাসক, বিচারক, সরকারি কমিটি ইত্যাদিকে পরামর্শ দিয়ে থাকেন; অবধায়ক।

as·set ['অ্যাসেট্] *n* ১ (সাধা. *pl*) ব্যক্তি, কোম্পানি ইত্যাদির মালিকানাধীন যে কোনো বস্তু, যার আর্থিক মূল্য আছে এবং যা বিক্রি করে ঋণ শোধ করা যায়; পরিসম্পদ। দ্র. liability. ২ মূল্যবান বা হিতকর গুণ বা পটুত্ব; সম্পদ: The goodwill of the company is its greatest asset. **~-'stripping** *n* [U] আর্থিক সমস্যাজর্জরিত ব্যবসায়-প্রতিষ্ঠান সস্তায় কিনে তার যাবতীয় পরিসম্পদ এককালীন বিক্রি করে অর্থোপার্জনের কারবার; পরিসম্পদ অভিগ্রহণ।

as·sev·er·ate [আ'সেভারেট্] *vt* (আনুষ্ঠা.) দৃঢ়নিশ্চয়পূর্বক/ শপথপূর্বক ঘোষণা করা: ~ one's innocence. **as·sev·er·ation** [আ,সেভা'রেশ্ন্] *n* দৃঢ় ঘোষণা।

as·sidu·ity [,অ্যাসি'ডিউআটি US -'ডূ-] *n* ১ [U] নিজ কাজের প্রতি স্থির ও সতর্ক মনোযোগ; প্রসক্তি; অধ্যবসায়; নিষ্ঠা: The scheme succeeded due to his unflagging ~. ২ (*pl* -ties) প্রয়াস; প্রযত্ন।

as·sidu·ous [আ'সিডিউআস্ US -জুআস্] *adj* অধ্যবসায়ী; প্রযত্নবান; নিষ্ঠাবান: ~ in one's studies. **~·ly** *adv* অধ্যবসায়ের/ নিষ্ঠার সঙ্গে।

as·sign [আ'সাইন্] *vt* ১ **~ sth (to sb/sth)** ব্যবহার বা উপভোগের জন্য কিংবা একটি বন্টনব্যবস্থার অংশ হিসাবে দেওয়া, যেমন, কোনো কাজ বা দায়িত্ব; নির্দিষ্ট করে দেওয়া; বরাদ্দ করা: This car has been ~ed to the delegates. No work has so far been ~ed for the next week. ২ স্থান, কাল, কারণ ইত্যাদি নির্দেশ করা; স্থির করা; ধার্য করা: The venue of the meeting will be ~ed in due time. What cause can be ~ed to this sudden outburst of euphoria? ৩ **~ sb (to/ to do)** নিয়োজিত করা: He has been ~ed to the sales department. ৪ **~ to** (আইন.) সম্পত্তি, স্বত্ব ইত্যাদি হস্তান্তর করা; স্বত্বনিয়োগ করা। **~·able** (-নাব্ল্) *adj* নির্দেষ্টব্য; আরোপণীয়: His withdrawal from the committee is ~able to several reasons. **~ee** *n* নিয়োগী; প্রতিনিধি; স্বত্বনিয়োগী। **~·ment** *n* [U] বরাদ্দকরণ; ধার্যকরণ; নিয়োজন; স্বত্বনিয়োগ; [C] বরাদ্দ; (স্থান-, কাল-, কারণ-) নির্দেশ; নিয়োগ; স্বত্বনিয়োগ।

as·sig·na·tion [,অ্যাসিগ'নেইশ্ন্] *n* [C] সঙ্কেতসময়; সঙ্কেতস্থল (যেমন প্রেমিক-প্রেমিকার গোপন মিলনের ক্ষেত্রে)।

as·simi·late [আ'সিমালেইট্] *vt ,vi* ১ (খাদ্যদ্রব্য হজমের পরে) শরীরের মধ্যে শোষণ করে নেওয়া বা শোষিত হওয়া; অঙ্গীভূত করা বা হওয়া; আত্তীকৃত হওয়া: Spicy foods are difficult to ~; Spicy foods do not ~ easily. ২ অন্য সামাজিক গোষ্ঠীর অঙ্গীভূত হওয়া বা হতে দেওয়া; অঙ্গীভূত করা: Very few countries today ~ people from other parts of the world. ৩ (ভাব, চিন্তা ইত্যাদি) আত্মস্থ করা। ৪ **~ to** সমীভূত হওয়া বা করা। **as·simi·la·tion** [আ,সিমা'লেইশ্ন্] *n* [U] আত্তীকরণ; স্বীকরণ; সমীভবন; সাঙ্গীকরণ।

as·sist [আ'সিস্ট্] *vt ,vi* **~ (sb) (with sth/ in doing sth/ to do sth)** (আনুষ্ঠা.) সাহায্য/ সহায়তা করা। **~·ance** [-টান্স্] *n* [U] সাহায্য; সহায়তা; উপকার: give/ lend/ render ~ance (to sb). **~·ant** [-টান্ট্] *n* সাহায্যকারী; সহায়তাকারী; সহকারী: a shop-~ant, দোকানের সহকারী।

as·size [আ'সাইজ্] *n* ১ [U] বিচারক ও জুরির সমন্বয়ে অনুষ্ঠিত বিচার। ২ (*pl*) (১৯৭১ পর্যন্ত) উচ্চ আদালতের বিচারকদের সামনে দেওয়ানি ও ফৌজদারি মোকদ্দমার বিচারের জন্য ইংল্যান্ডের প্রতিটি কাউন্টিতে নির্দিষ্ট সময়ান্তরে অনুষ্ঠিত অধিবেশন: courts of ~; judges of ~; (attrib, *sing*) ~ towns. নতুন ব্যবস্থার জন্য দ্র. court[1] (১) ভুক্তিতে crown court.

as·so·ci·ate[1] [আ'সৌশিআট্] *adj* সহযোগী: an ~ professor. □*n* কাজ, ব্যবসায় বা অপরাধের সূত্রে অন্যের সঙ্গে যুক্ত ব্যক্তি; সহযোগী; দোসর; কোনো সমিতিতে সীমিত অধিকারপ্রাপ্ত ব্যক্তি; সহযোগী; সহচর; সঙ্গী।

as·so·ci·ate[2] [আ'সৌশিএইট্] *vt ,vi* **~ with** ১ সংশ্লিষ্ট/ সংযুক্ত/ জড়িত করা: ~ oneself with sb in an enterprise; ~ one thing with another. ২ সংসর্গ/ মেলামেশা করা: He likes to ~ with artists.

as·so·ci·ation [আ,সৌসি'এইশ্ন্] *n* ১ [U] **~ (with)** সংযোগ; সম্পৃক্ততা; সংশ্লিষ্টতা; সাহচর্য; সংসর্গ: His long ~ with you apparently did not do him any good. **in ~ (with)** একত্রে; সহযোগিতায়। ২ [C] সমিতি; সংসদ। ৩ **,A~ 'football** সকার; ফুটবল। ৪ (চিন্তার) সংলগ্নতা; অনুষঙ্গ।

as·son·ance ['অ্যাসানান্স্] *n* দুটি শব্দের স্বরাঘাতযুক্ত স্বরধ্বনিদ্বয়ের মিল—এক্ষেত্রে পরবর্তী ব্যঞ্জনধ্বনিগুলির মধ্যে কোনো মিল থাকে না; স্বরসাদৃশ্য: যেমন larger ও charter.

as·sorted [আ'সো°টিড্] *part adj* ১ বিবিধ প্রকার; হরেক রকম: a kilo of ~ biscuits. ২ পরস্পর সপ্রতিম; পরস্পর সঙ্গতিপূর্ণ: ill-assorted, বেখাপ্পা; বেমানান; বিসদৃশ। **as·sort·ment** [আ'সো°ট্মান্ট্] *n* এক বা একাধিক শ্রেণীর বিভিন্ন বস্তুর সমাবেশ; রকমারি সমাবেশ: We offer a good assortment of articles of clothing.

as·suage [অ্যা'সোয়েইজ্] *vt* (দুঃখ, বেদনা, অনুভূতি, কামনা ইত্যাদি) প্রশমিত করা; উপশম করা।

as·sume [আ'সিউম্ US আ'সূম্] *vt* ১ (প্রমাণের আগে সত্য বলে) ধরে নেওয়া; অনুমান করা: I ~ his innocence until he is proved guilty. Assuming that ... . দ্র. presume (১)। ২ দায়িত্বগ্রহণ করা; প্রতিগ্রহণ করা: ~ office. ৩ ধারণ করা; পরিগ্রহ করা; ভান করা: ~ a new name; ~ a look of unconcern/ indifference.

as·sump·tion [আ'সাম্প্শ্ন্] *n* ১ [C] অনুমান; পূর্বধারণা: Our ~ about a cabinet reshuffle proved correct. ২ **on the ~ that** সত্য বলে ধরে নিলে। ৩ [C] **~ of** ভান করে: with an ~ of aloofness. ৪ **the A~** কুমারী মরিয়মের সশরীরে স্বর্গপ্রবেশ; এর স্মরণে ১৫ আগস্ট খ্রিস্টীয় গির্জার উৎসব।

as·sur·ance [আ'শুআরান্স্] *n* ১ [U] (প্রায়শ self-~) আত্মপ্রত্যয়; আত্মবিশ্বাস: In the face of all these difficulties he acted with perfect (self-)~. ২ [C] প্রতিশ্রুতি; নিশ্চয়তা: We have got a definite ~ that he will be here by 6 o'clock. ৩ [U] (প্রধানত GB) বিমা: life ~, দ্র. insurance. ৪ [U] ধৃষ্টতা; ঔদ্ধত্য; নির্লজ্জতা; হঠকারিতা (এই অর্থে impudent-ই সচরাচর ব্যবহৃত শব্দ)। ৫ ~ **(in)** [U] বিশ্বাস; আস্থা (এই অর্থে confidence অধিক প্রযোজ্য)। **make ~ doubly sure** সকল সংশয় নিরসন করা।

as·sure [আ'শুআ(র্)] *vt* ১ নিশ্চয়তা দেওয়া; নিশ্চয় করে বলা: He ~d me that he will take up the matter in right earnest. ২ আশ্বস্ত করা; আশ্বাস দেওয়া: I ~ed the patient that he will be on his feet before long. ৩ নিশ্চয়তা বিধান করা; নিশ্চিত করা (এই অর্থে ensure অধিক প্রচলিত শব্দ): Great riches cannot ~ peace of mind. ৪ বিমা করা। **as·sured** *part adj* নিশ্চিত। **rest ~d (that)** নিশ্চিত থাকা। **as·sur·ed·ly** [আ'শুআরিড্লি] *adv* নিশ্চিতভাবে; নিঃসন্দেহে; অসংশয়ে।

asta·tine ['অ্যাস্টাটীন্] *n* [U] তেজস্ক্রিয় মৌলবিশেষ (প্রতীক At); অ্যাস্টাটিন।

aste·ism ['অ্যাস্টীইজ্‌াম্] *n* মার্জিত শ্লেষ।

as·ter ['অ্যাস্টা(র্)] *n* হলুদ কেন্দ্রের চারিদিকে সাদা, গোলাপি বা নীললোহিত দলযুক্ত ফুলের উদ্যান-উদ্ভিদবিশেষ; গুলে মিনা।

as·ter·isk ['অ্যাস্টারিস্ক্] *n* তারকাচিহ্ন (*)।

astern [আ'স্টান্] *adv* ১ (জাহাজের) পশ্চাদ্ভাগে। ২ পিছনে; পিছনের দিকে: Full speed ~! ৩ **fall ~ (of)** (অন্য জাহাজ থেকে) পিছিয়ে পড়া।

as·ter·oid ['অ্যাস্টারয়ড্] *n* [C] মঙ্গল ও বৃহস্পতির কক্ষপথের মাঝখানে অগণিত ছোট ছোট গ্রহের যে কোনো একটি; গ্রহাণু। **~s** গ্রহাণুপুঞ্জ।

as·the·nia [অ্যাস্'থিনীআ:] *n* বলহীনতা; দৌর্বল্য; ক্লৈব্য।

asthma ['অ্যাস্‌ম US 'অ্যাজ্‌ম] *n* [U] হাঁপানি; শ্বাসরোগ। **asthmatic** [অ্যাস্'ম্যাটিক্ US অ্যাজ্-] *adj* শ্বাসরোগপীড়িত; শ্বাসরোগী; হাঁপানিজনিত; শ্বাসরোগবিষয়ক।

astig·ma·tism [আ'স্টিগ্‌মাটিজ্‌াম্] *n* [U] চোখ, আয়না বা পরকলার যে ত্রুটির জন্য আলোকরশ্মির যথাযথ বিন্দুতে সন্নিপাত বাধাগ্রস্ত হয়; বিষমকেন্দ্রিকতা। **as·tig·matic** [,অ্যাস্টিগ্'ম্যাটিক্] *adj* বিষমকেন্দ্রিক।

astir [আ'স্টা(র্)] *adv, pred adj* ১ সচকিত বা চঞ্চল (অবস্থায়); উত্তেজিত (অবস্থায়): The whole audience was ~, as the arrival of the maestro was announced. ২ (প্রাচীন) শয্যাত্যাগ করে কাজে লেগে যাওয়া অর্থে: He was ~ as the day was just dawning.

as·ton·ish [আ'স্টনিশ্] *vt* বিস্ময়বিহ্বল করা; চমৎকৃত করা; তাক লাগানো: Your conduct ~ed everyone. **~·ing** *part adj* বিস্ময়কর; অদ্ভুত: Is it not ~ing that a child should sing so well? **~·ment** *n* [U] মহাবিস্ময়; বিস্ময়বিহ্বলতা: To the ~ment of all of us, the plan succeeded.

astound [আ'স্টাউন্ড্] *vt* বিস্ময়ে অভিভূত বা স্তম্ভিত করা।

as·tra·khan [,অ্যাস্ট্রা'ক্যান্ US 'অ্যাস্ট্রাকান্] *n* [U] (মূলত মধ্য এশিয়ার) মেষশাবকের ঈষৎকুঞ্চিত লোমযুক্ত চামড়া; আস্ট্রাখান: (attrib প্রয়োগ) an ~ coat / cap.

as·tral ['অ্যাস্ট্রাল্] *adj* নাক্ষত্র; নাক্ষত্রিক।

astray [আ'স্ট্রেই] *adv, pred adj* বিপথে: The young girl was led ~ by her associates, বিপথগামী করেছে।

as·tric·tive [আ'স্ট্রিক্‌টিভ্] *adj* সঙ্কোচক।

astride [আ'স্ট্রাইড্] *adv, pred adj, prep* দুই পা দুপাশে ঝুলিয়ে: riding ~; sitting ~ his father's shoulders.

as·trin·gent [আ'স্ট্রিন্‌জান্ট্] *n* (এক ধরনের) পদার্থ, যা দেহজ কলা ও রক্তনালিকাসমূহ সঙ্কুচিত করে রক্তক্ষরণ বন্ধ করে; সঙ্কোচক (ঔষধ)। □*adj* কষায়; সঙ্কোচক; (লাক্ষ.) রুক্ষ; কঠোর। **as·trin·gency** [আ'স্ট্রিন্‌জান্সি] *n* সঙ্কোচকতা।

as·tro·labe ['অ্যাস্ট্রালেইব্] *n* গ্রহ-নক্ষত্রের উন্নতি নির্ণয়ের জন্য মধ্যযুগীয় যন্ত্রবিশেষ; অ্যাস্ট্রোলেইব। দ্র. sextant.

as·trol·ogy [আ'স্ট্রলাজি] *n* [U] জ্যোতিষ; জ্যোতিষতত্ত্ব। **as·trol·oger** [-লাজা(র্)] *n* জ্যোতিষী। **as·tro·logi·cal** [,অ্যাস্ট্রা'লজিক্ল্] *adj* জ্যোতিষতত্ত্ব-সম্বন্ধীয়।

as·tro·naut ['অ্যাস্ট্রানো°ট্] *n* নভচারী; নভশ্চর। **~·ics** [,অ্যাস্ট্রা'নো° টিক্স্] *n (sing v)* নভশ্চরণবিজ্ঞান।

as·tron·omy [আ'স্ট্রনামি] *n* [U] জ্যোতির্বিদ্যা; জ্যোতির্বিজ্ঞান; জ্যোতিঃশাস্ত্র; খগোলবিদ্যা। **as·tron·omer** *n* জ্যোতির্বিজ্ঞানী; জ্যোতির্বেত্তা; জ্যোতির্বিদ; জ্যোতিঃশাস্ত্রজ্ঞ। **as·tron·omi·cal** [,অ্যাস্ট্রা'নমিক্ল্] *adj* জ্যোতির্বিদ্যাবিষয়ক; জ্যোতিঃশাস্ত্রীয়; (কথ্য; সংখ্যা সম্বন্ধে) অতিবৃহৎ: an astronomical amount.

as·tro·phys·ics [,অ্যাস্ট্রৌ'ফিজিক্স্] *n (sing v)* নক্ষত্রের রাসায়নিক ও ভৌত অবস্থাবিষয়ক বিজ্ঞান; জ্যোতির্বস্তুবিদ্যা।

as·tute [আ'স্টিউট US আ'স্টূট্] *adj* ১ প্রাধান্য বা সুবিধা অর্জনের ব্যাপারে তীক্ষ্ণদৃষ্টি। ২ বিচক্ষণ; চতুর: an ~ lawyer/ politician. **~·ly** *adv* চতুরভাবে; বিচক্ষণতার/ সঙ্গে। **~·ness** *n* বিচক্ষণতা; চাতুর্য।

asun·der [আ'সান্ডা(র্)] *adv* (সাহিত্য.) ১ পৃথক হয়ে; বিচ্ছিন্ন হয়ে: Families were driven ~ by the political upheaval. ২ খণ্ডবিখণ্ড করে: tear sth ~.

asy·lum [আ'সাইলাম্] *n* ১ [U] আশ্রয়; নিরাপত্তা: ask for political ~; [C] যে স্থলে এ রকম আশ্রয় বা নিরাপত্তা দেওয়া হয়। ২ [C] (সাবেক) পাগলা-গারদ।

asym·met·ric, asym·met·ri·cal [,এইসি'মেট্রিক, -ক্ল্] *adjj* একটি বিভাজন-রেখার দুই দিকের অংশগুলি ঠিক সদৃশ নয় এমন; অপ্রতিসম: an ~ building.

at [অট্; জোরালো রূপ: অ্যাট্] *prep* ১ (স্থান বা দিক) (ক) (কোনো স্থানে বা স্থানের নিকটে কোনো বস্তু বা ব্যক্তি আছে, ছিল বা থাকবে নির্দেশ করে) -এ, -তে, -য়: at home; at the post office. (খ) দিকে; প্রতি; অভিমুখে: look at sth/ sb; point/ aim at sth/ sb; throw sth at sb, অর্থাৎ আঘাত করার উদ্দেশ্যে, দ্র. throw[2] (১) ভুক্তিতে throw to. laugh at sth/ sb; talk at sb, পরোক্ষে আক্রমণ করা, দ্র. talk[1] (১) ভুক্তিতে talk to. (গ) (কোনো কিছু পাওয়া বা ধরার চেষ্টা কিংবা অসম্পূর্ণ বা অসমাপ্ত কর্ম নির্দেশ করে): grab or snatch at the apple; Try to guess at the meaning. (ঘ) (দূরত্বনির্দেশক)-এ, থেকে: hold sth at arm's length; at a distance. (ঙ) (প্রবেশ বা নিষ্ক্রমণ-বিন্দু নির্দেশ করা) মধ্য দিয়ে; ভিতর দিয়ে: enter at the side door. ২ (সময় ও ক্রম নির্দেশ করে) (ক) (সময়ের কোনো নির্দিষ্ট বিন্দু): at 1 o'clock; at midnight; at Christmas; at this moment; at this (point), এমন সময়। (খ) (বয়স সম্বন্ধে): at (the age of) 16. (গ) (ক্রমনির্দেশক): at first; at last; at the second attempt. (ঘ) (পৌনঃপুনিকতা-নির্দেশক): at (all) times; at regular intervals. ৩ (কর্মকাণ্ড, অবস্থা, রীতি) (ক) (কোনো কিছুতে নিয়োজিত থাকা নির্দেশ করে): at work, at play. ˌ**hard ˈat it** কঠোর পরিশ্রমরত। (খ) (*adjj* -এর পরে): better at swimming than running; angry at. (গ) (অবস্থা বা হালচাল): at the point of death; at war/ peace; at rest. (ঘ) (রীতি): at one blow; drink at one draught. ৪ (হার বা মান, মূল্য, ব্যয়) (ক) (হার): at full speed. (খ) (মূল্য, ব্যয় ইত্যাদি): at my expense; at a low price; at half-price. (গ) (*superl*-সহ): at its/ his/ her best; at least; at (the) worst. ৫ (কারণ, হেতু) (ক) (*vv* -এর পরে): receive ~ his hand. We marvelled at the young boy's skill. (খ) (*adjj* ও *pp* -এর পরে): surprised at the news; delighted at finding the shop open. অপিচ দ্র. at hand, at last, at the death ইত্যাদি অভিব্যক্তির জন্য সংশ্লিষ্ট *n* ভুক্তি।

ata·brine [ˈঅ্যাটব্রীন্] *n* [U] (P) ম্যালেরিয়া রোগের তিক্তস্বাদযুক্ত ঔষধবিশেষ; অ্যাটাব্রিন।

ata·vism [ˈঅ্যাটিভিজ়াম্] *n* কয়েক বা বহু প্রজন্ম ধরে পরিলক্ষিত হয়নি, কোনো ব্যক্তিতে এমন চারিত্রিক বৈশিষ্ট্য বা দোষগুণের পুনরাবির্ভাব। দ্র. reversion, throwback. **ata·vis·tic** [ˌঅ্যাটিভিস্‌টিক্] *adj* অধিসঞ্চারী।

ate [এট্ US এইট্] eat -এর *pt*

atel·ier [অ্যাˈটেলিএই US ˌঅ্যাটলিˈএই *n* (ফ.) শিল্পশালা; শিল্পগৃহ।

athe·ism [ˈএইথিইজ়াম্] *n* [U] নিরীশ্বরবাদ; অনীশ্বরবাদ; নাস্তিক্য। **athe·ist** [ˈএইথিইস্‌ট্] *n* নিরীশ্বরবাদী; নাস্তিক। **athe·is·tic** [এই থিˈইস্‌টিক্] *adj* নিরীশ্বরবাদী; নাস্তিক্যবাদী।

Athe·naeum [অ্যাথাˈনিঅম্] *n* আথেনি দেবীর মন্দির; প্রাচীন শিক্ষাপ্রতিষ্ঠান বা বিশ্ববিদ্যালয়বিশেষ; বিদ্যামন্দির।

ath·lete [ˈঅ্যাথ্‌লীট্] *n* শরীরচর্চা এবং দ্বারবহিঃস্থ খেলাধুলায় প্রতিদ্বন্দ্বিতা করার জন্য প্রশিক্ষণপ্রাপ্ত ব্যক্তি; মল্ল; ক্রীড়াবিদ।

ath·letic [অ্যাথ্‌ˈলেটিক্] *adj* ১ মল্লক্রীড়া বা মল্লক্রীড়াবিদ-সম্বন্ধী; মল্ল-: an ~ competition, মল্লপ্রতিযোগিতা। ২ শরীরকাণ্ড ও অঙ্গসমূহের সুষম অনুপাতসহ দৈহিকভাবে শক্তিমান; মল্লবীরসুলভ: an ~-looking young man.

ath·let·ics [অ্যাথ্‌ˈলেটিক্‌স্] *n pl* (সাধা. *sing v* -সহ) শরীরচর্চা ও খেলাধুলা, বিশেষত দৌড়-ঝাঁপ ইত্যাদির অনুশীলন; মল্লক্রীড়া।

at-home [আট্ ˈহৌম্] দ্র. home1 (১).

athwart [আˈথ্যোয়োˈট্] *adv, prep* ~ **(of)** (নৌ.) এক পাশ থেকে অন্য পাশে; আড়াআড়ি (ভাবে)।

atishoo [অˈটিশু] *int* (হাস্য.) হ্যাঁচ্চো!

at·las [ˈঅ্যাটলাস্] *n* মানচিত্রাবলী; ভূচিত্রাবলী।

at·mos·phere [ˈঅ্যাট্‌মাসফিআ(র্)] *n* ১ [U] বিশেষত **the** ~ বায়ুমণ্ডল; আবহমণ্ডল। ২ [U] (যে কোনো স্থানের) বায়ু; হাওয়া। ৩ [C] স্থান বা পরিবেশবিশেষে মনে ভালোমন্দ ইত্যাদি যেসব অনুভূতির উদয় হয়; ভাব; আবহ।

at·mos·pheric [ˌঅ্যাট্‌মাস্ˈফেরিক্] *adj* বায়ুমণ্ডলীয়: ~ conditions. ˌ~ ˈ**pressure** বায়ুমণ্ডলীয় চাপ। **at·mos·pher·ics** *n pl* বায়ুমণ্ডলে ঘটিত বৈদ্যুতিক বিচ্ছুরণ, যেজন্য বেতার গ্রাহকযন্ত্রে পটপট শব্দ শোনা যায়; আবহ-তড়িৎ।

atoll [ˈঅ্যাটল্] *n* উপহ্রদ (লেগুন)-এর চারিদিকে (আংশিক বা সম্পূর্ণ) বলয়াকার প্রবাল-প্রাচীর; অ্যাটল।

atom [ˈঅ্যাটম্] *n* ১ মৌলের ক্ষুদ্রতম একক, যা রাসায়নিক পরিবর্তনে অংশ নিতে পারে; পরমাণু। দ্র. electron, neutron, nucleus, proton. ˌ~ **bomb** = atomic bomb, পারমাণবিক বোমা। ২ অতি ক্ষুদ্র অংশ; কণা; লেশ: blow sth to ~, বিস্ফোরণে চূর্ণবিচূর্ণ করা; an ~ of truth, সত্যের লেশ।

atomic [অˈটমিক্] *adj* পারমাণবিক। ˌ~ **bomb** পারমাণবিক বোমা। ˌ~ˈ**energy** পারমাণবিক শক্তি। ˌ~ **pile**, দ্র. reactor. ˌ~ ˈ**weight** পারমাণবিক ওজন। দ্র. nuclear.

at·om·ize [ˈঅ্যাটামাইজ়্] *vt* পরমাণুতে পরিণত করা। **~r** *n* তরল পদার্থকে (যেমন সুগন্ধিদ্রব্য) সূক্ষ্মাণুসূক্ষ্ম কণায় সিঞ্চিত করার জন্য যন্ত্রবিশেষ; শীকরীকরণযন্ত্র।

atonal [এইˈটৌনল্] *adj* (সঙ্গীত) কোনো স্বরগ্রামপদ্ধতির সঙ্গেই সঙ্গতিপূর্ণ নয় এমন; অস্বরিক।

atone [অˈটৌন্] *vi* ~ **(for)** শোধরানো; প্রতিকার করা; প্রায়শ্চিত্ত করা: ~ (for) an offence by doing sth. **~·ment** *n* [U] প্রতিকার; প্রায়শ্চিত্ত: make ~ ment for a fault. **the A~ment** যিশুর দুঃখভোগ ও মৃত্যু।

atop [অˈটপ্] *adv* ~ **(of)** [US] উপরে।

atro·cious [অˈট্রৌশাস্] *adj* ১ নৃশংস; পাপ: an ~ crime. ২ (কথ্য) জঘন্য: an ~ dinner; an ~ performance. **~·ly** *adv* নৃশংসভাবে।

atro·phy [ˈঅ্যাট্রফি] *n* [U] (শরীরের বা শরীরের অংশবিশেষের কিংবা (লাক্ষ.) নৈতিক কোনো গুণের) ক্ষয়; ক্ষয়িষ্ণুতা। □*vt, vi* ক্ষয় করা; ক্ষয় পাওয়া।

at·tach [অˈট্যাচ্] *vt, vi* ১ ~ **sth (to sth)** সংযুক্ত করা; যোজিত করা; লাগানো; সংবদ্ধ করা: ~ a document to a letter; a room with an ~ed bath; A ~ed you will find/ A ~ed please find, ... (ব্যবসায়িক শৈলী), এই পত্রের সঙ্গে ... সংযুক্ত করা হল। ২ ~ oneself to যোগ দেওয়া: ~ oneself to a political party. ৩ **be ~ed to** সংযুক্ত/ আসক্ত/ অনুরক্ত হওয়া: He is deeply ~ed to his mother. ৪ ~ **sth to sth** আরোপ করা; দেওয়া: I do not ~ much importance to his opinion. ৫ ~ **to** বর্তানো; আরোপ্য হওয়া: No blame will ~ to you. ৬ (আইন.) ক্রোক করা। ৭ **~ed to** (সাম.) বিশেষ দায়িত্ব পালনের জন্য অন্য কোনো বাহিনীতে নিয়োজিত; আসঞ্জিত: an artillery officer ~ed to an armoured division. ~·ment *n* ১ [U] সংযোজন; যোজনা। ২ [C] সংযোজিত বস্তু; সংযোজন। ৩ [C] আসক্তি; অনুরাগ; ভক্তি; স্নেহ। ৪ [U] (আইন.) ক্রোক। ৫ **on ~ment to** (অস্থায়ীভাবে) নিয়োজিত; আসঞ্জিত।

at·taché [অˈট্যাশেই US ˌঅ্যাটাˈশেই] *n* কোনো রাষ্ট্রদূতের অধীনস্থ কর্মচারীমণ্ডলীর সঙ্গে সংযুক্ত ব্যক্তি; আতাশে: the naval/ military/ press ~. ~ **case** [অˈট্যাশি কেইস্] *n* দলিলপত্র রাখার জন্য ছোট, অনুচ্চ, আয়তক্ষেত্রাকার আধারবিশেষ; আতাশে কেস।

at·tack [অˈট্যাক্] *n* ১ [C,U] আক্রমণ। ২ [C] বিরুদ্ধ সমালোচনা; আক্রমণ: The opposition members made a concerted ~ on/ against the minister's speech

৩ [C] (রোগ ইত্যাদির) আক্রমণ : a ˈheart ~; an ~ of paralysis. ৪ [U] কোনো কাজ শুরু করার সুনিশ্চিত ভঙ্গি, যেমন, বাদ্যযন্ত্রে সুর বাজানো বা ক্রিকেটে ব্যাটিং করার সময়। □*vt* আক্রমণ করা। **~er** *n* আক্রমণকারী।

at·tain [অ্যাটেইন্] *vt* ,*vi* ১ অর্জন করা; সিদ্ধ করা; লাভ করা: ~ one's goal/ hopes. ২ ~ to উপনীত হওয়া; পৌঁছা: ~ to maturity/ power. **~·able/** –অব্‌ল্/ *adj* অর্জনীয়; অধিগম্য: It is not an ~able object. **~·ment** *n* ১ [U] অর্জন; সিদ্ধি; প্রাপ্তি: easy/ difficult/ impossible of ~ment. ২ [C] (সাধা. *pl)* যা অর্জিত হয়েছে; জ্ঞান ইত্যাদির কোনো শাখায় বিশেষ দক্ষতা, ব্যুৎপত্তি ইত্যাদি; নৈপুণ্য; সিদ্ধি: artistic/ scientific / linguistic ~ments.

at·tain·der [অ্যাটেইনডা(র্)] *n* (আইন.) মৃত্যুদণ্ডাদেশ বা ন্যায়রক্ষণবহিষ্করণ (outlawry)–এর ফলে সম্পত্তি বাজেয়াপ্ত এবং নাগরিক অধিকার বাতিল করণ; স্বত্বহানি। **Bill of A~** বিচার ব্যতিরেকে উক্ত শাস্তিপ্রদানের সংসদীয় বিল; স্বত্বহানি ব্যবস্থা।

at·tar [অ্যাটা(র্)] *n* [U] আতর; সুগন্ধ; পুষ্পসার। ~ of roses, গোলাপ ফুলের আতর।

at·tempt [অ্যাটেম্প্ট্] *vt* ১ (কোনো কিছু করার) চেষ্টা/ উপক্রম/ যত্ন/ উদ্‌যোগ করা; প্রবৃত্ত হওয়া; উদ্যত হওয়া: He ~ed an impossibility. I ~ed to break the silence. ২ ~ sb's life. (প্রা.প্র.) প্রাণনাশের চেষ্টা করা। □*n* [C] ১ **~ to do sth; ~ at (doing) sth** উদ্‌যোগ; চেষ্টা; উপক্রম; প্রযত্ন; উদ্যম: His first ~ to solve the problem failed. I made no ~ to escape my responsibility. ২ **~ at** অসার্থক প্রয়াস: My ~ at a one-act play fell to the ground. ৩ **~ on/ upon** হামলা; আক্রমণ: make an ~ on sb's life, জীবননাশের চেষ্টা করা; an ~ on the record of the marathon.

at·tend [অ্যাটেন্ড্] *vi, vt* ১ **~ (to)** মনোযোগ দেওয়া; মনোনিবেশ করা; যত্নবান হওয়া; যত্ন নেওয়া: ~ to one's work; ~ to what sb is saying, মনোযোগ সহকারে শোনা; ~ to the wants of customers. He is not being ~ed to. ২ **~ (on/ upon)** পরিচর্যা/ সেবা/ তত্ত্বাবধান করা; যত্ন নেওয়া: Dr. Jones is ~ing the patient; The old woman has three servants ~ing upon her. ৩ হাজির/ উপস্থিত থাকা; যাওয়া: ~ school/ church; ~ a meeting/ lecture. ৪ (আনুষ্ঠা.) সঙ্গী/ সহচর/ সহগামী/ অনুষঙ্গী হওয়া: an expedition ~ed by great danger. May good luck ~ you ! (আনুষ্ঠা.) ভাগ্য আপনাদের সুপ্রসন্ন হোক।

at·ten·dance [অ্যাটেন্ডান্স্] *n* ১ [U] **in ~ (on/ upon)** পরিচর্যায়; যত্নে; তত্ত্বাবধানে: The state minister is in ~ upon the visiting king. Dr. Ford is in ~ upon the ailing Prime Minister. দ্র. dance2 (২)। ২ [C,U] (স্কুল ইত্যাদিতে) উপস্থিতি: He made few ~s during the year. ৩ [C] (adjj –সহ) উপস্থিত ব্যক্তিবর্গ; উপস্থিতি: The large ~ at the meeting showed his popularity.

at·tend·ant [অ্যাটেন্ডান্ট্] *n* ১ সেবক; পরিচর; অনুচর; সহচর; সঙ্গী। ২ **medical** ~ চিকিৎসক। ৩ *(pl)* কোনো গুরুত্বপূর্ণ ব্যক্তির সহচরবৃন্দ; সহগামীবৃন্দ; পারিষদবর্গ: the President and his ~s. □*adj* ১ অনুগামী; অনুষঙ্গী: War and its ~ evils. ২ সেবারত; তত্ত্বাবধানে নিযুক্ত: an ~ nurse.

at·ten·tion [অ্যাটেন্‌শ্‌ন্] *n* ১ [U] মনোযোগ; অভিনিবেশ; অবধান; মনোনিবেশ: I did not pay ~ to what he said. The advocate called/ invited ~ to the statement of the investigating officer. You need not shout to attract ~. A~ Mr Dickson. (বাণিজ্যিক বা দাপ্তরিক পত্রবিনিময়ে) দৃষ্টি আকর্ষণ; মিঃ ডিকসন। ২ (প্রায়শ *pl)* যত্ন; খাতির: The fellow travellers showed the lonely woman many little ~s, তাঁর সুখস্বাচ্ছন্দ্যের প্রতি খেয়াল রেখেছে। As a pretty and wealthy young lady she received ~s from a host of admirers. **pay one's ~s to a lady** প্রণয়নিবেদন করা; হৃদয়জয়ের চেষ্টা করা। ৩ [U] (সাম.) অস্ত্রাভ্যাসকালে ঋজু ও স্থির হয়ে দাঁড়াবার ভঙ্গিবিশেষ; সাবধান: come to/ stand at ~; (সামরিক হুকুম): A ~! (সংক্ষিপ্তরূপ ˈshun [শান্]).

at·tent·ive [অ্যাটেন্‌টিভ্] *adj* **~(to)** মনোযোগী; অনন্যচিত্ত; যত্নবান। **~·ly** *adv* মনোযোগসহকারে; সযত্নে; অনন্যচিত্তে।

at·tenu·ate [অ্যাটেনিউএইট] *vt* (আনুষ্ঠা.) কৃশ বা শীর্ণ করা; লঘু বা লাঘব করা: attenuating circumstances.

at·test [অ্যাটেস্ট্] *vt* ,*vi* ১ প্রমাণ/প্রমাণিত করা; প্রত্যয়ন করা: His far-sightedness was amply ~ed by the subsequent events. There is enough evidence to ~ the fact that ... . **~ a signature** স্বাক্ষর সত্যায়িত/ প্রত্যায়িত করা। **ˌ~ed ˈmilk/ ˈcattle** (বীজাণু/ রোগ মুক্ত বলে) সত্যায়িত দুধ/ গবাদি পশু। ২ শপথপূর্বক ঘোষণা করা; (কাউকে) হলফ করানো; শপথপূর্বক ঘোষণা করানো: The witness was not ready to ~ what he said. ৩ (আনুগত্যের শপথ উচ্চারণের মাধ্যমে) সেনাবাহিনীতে ভর্তি করা। ৪ **~ to** সাক্ষ্য দেওয়া; প্রমাণ করা; প্রতিপন্ন করা: facts which ~ to his extraordinary merits. □**at·test·ation** [অ্যাটেস্'টেইশ্‌ন্] সাক্ষ্য; প্রত্যয়ন; প্রতিপাদন।

at·tic [অ্যাটিক্] *n* ছাদের তলবর্তী স্থান; চিলে কুঠুরি: a room in the ~, চিলেকোঠা; চিলে ঘর।

at·tire [অ্যাটাইআ(র্)] *n* [U] (সাহিত্য. বা কাব্যিক) পরিচ্ছদ; পোশাক: in ceremonial ~. □*vt* (প্রাচীন) পরিচ্ছদ পরানো: ~d in crimson/ brocade.

at·ti·tude [অ্যাটিটিউড US –টূড্] *n* [C] ১ ভঙ্গি; দেহভঙ্গি: The woman sat on the floor in a helpless ~. **strike an ~** অকস্মাৎ নাটকীয়ভাবে কোনো ভঙ্গি অবলম্বন করা। ২ অনুভূতি; চিন্তা বা আচরণের ভঙ্গি; মনোভঙ্গি; মনোভাব; প্রতিন্যাস: I did not like his ~ towards the point at issue. **at·ti·tu·din·ize** [অ্যাটিটিউডিনাইজ় US –টূডনাইজ়] *vi* ভঙ্গি/ ঢং/ ভড়ং অবলম্বন করা; কৃত্রিম ভঙ্গিতে লেখা, বলা বা আচরণ করা; ভড়ং করা।

at·tor·ney [অ্যাটা়নি] *n (pl* ~s) ১ ব্যবসায় বা আইনগত ব্যাপারে অন্যের প্রতিনিধিত্ব করার জন্য আইনসম্মত অধিকারপ্রাপ্ত ব্যক্তি; আমমোক্তার; প্রতিপুরুষ: letter/ warrant of ~, আমমোক্তারনামা; power of ~, প্রতিনিধিত্বের ক্ষমতা। ২ **ˌA~ˈgeneral (ক)** রাষ্ট্রের পক্ষে যেকোনো মামলায় প্রতিনিধিত্ব করার ক্ষমতাপ্রাপ্ত আইন–সম্পর্কিত কর্মকর্তাবিশেষ; মহাপ্রতিভূ, সাধা. district ~. **(খ)** (US, কোনো কোনো অঙ্গরাজ্যে) সরকারি উকিল। দ্র. justice (4). ৩ = solicitor, ব্যবহারজীবী; ব্যবহারদেশক।

at·tract [অ্যাট্রাক্ট্] *vt* ১ আকর্ষণ করা: A magnet ~s iron. ২ আকৃষ্ট করা; মনোযোগ/ দৃষ্টি আকর্ষণ করা; মুগ্ধ করা: Some insects are ~ed by light. He was ~ed by her good looks.

at·trac·tion [অ্যাট্র্যাক্‌শ্‌ন্] *n* ১ [U] আকর্ষণ; প্রসক্তি: Gravity is the force of ~ between any two objects. He had to yield to the ~ of the pretty girl. ২ [C] যা আকর্ষণ করে; আকর্ষণীয় বস্তু: The ~s of a big city.

at·trac·tive [অ্যাট্র্যাক্‌টিভ্] *adj* আকর্ষণীয়; মনোহর; প্রীতিকর; চিত্তহারী: an ~ young lady; ~ prices. **~·ly** *adv* আকর্ষণীয়ভাবে; চিত্তগ্রাহীরূপে।

at·tribute[1] [অ্যাট্রিবিউট্] *vt* **~ to** আরোপ করা: The poem has been ~d to Chandidas. (কোনো গুণের) আধার বলে গণ্য করা: Discernment and judgement I would not ~ to him. কারণ বা উৎসরূপে গণ্য করা: Do you ~ your achievement to mere good luck? **at·tribu·table** [অ্যাট্রিবিউটাব্‌ল্] *adj* আরোপণীয়। **at·tri·bu·tion** [অ্যাট্রিবিউশ্‌ন্] *n* [U] আরোপণ; [C] আরোপিত গুণ, ধর্ম ইত্যাদি।

at·tribute[2] [অ্যাট্রিবিউট্] *n* [C] ১ স্বাভাবিক গুণ; ধর্ম: Imagination is an ~ of a poet Wisdom is an ~ of God. ২ কোনো ব্যক্তির বা তাঁর পদমর্যাদার প্রতীকরূপে স্বীকৃত বস্তু; প্রতীক: The sceptre is an ~ of royal authority.

at·tribu·tive [অ্যাট্রিবিউটিভ্] *adj* **~ adjective** বিশেষ্যের গুণনির্দেশের জন্য বিশেষ্যের সঙ্গে ব্যবহৃত বিশেষণ। **~·ly** *adv* বিশেষকরূপে।

at·tri·tion [আট্রিশ্‌ন্] *n* [U] ঘর্ষণজনিত ক্ষয়: war of ~, শক্তিক্ষয়ের যুদ্ধ।

at·tune [আটিউন্ US আটূন্] *vt* **~ to** সুর মেলানো; সুর বাঁধা; সামঞ্জস্যপূর্ণ করা; ঐক্যবিধান করা: words ~d to the inner feeling; অভ্যস্ত করা: ears ~d to noisy music.

atypi·cal [এই'টিপিকল্] *adj* প্রতিনিধিত্ব করে না এমন; অপ্রতিরূপক; অপ্রতিবিম্বক। **~ly** [-কলি] *adv* অপ্রতিরূপকভাবে।

au·bade [ঔ'বেহড়] *n* প্রভাতসঙ্গীত; প্রভাতী; বৈতালিকী।

au·ber·gine [ঔবাজ়ীন্] *n* [C] বেগুন; বার্তাকু।

au·brie·tia [ও°'ব্রীশা] *n* পাথুরে দেয়াল, কৃত্রিম শিলাময় উদ্যান ইত্যাদিতে উৎপন্ন দীর্ঘজীবী, বামন উদ্ভিদবিশেষ, যা বসন্তকালে পুষ্পিত হয়; ওব্রিশা।

au·burn [ও°বান্] *adj* (সাধা. চুল সম্বন্ধে) লালচে বাদামি; কপিশ।

auc·tion [ও°ক্‌শ্‌ন্] *n* [C,U] নিলাম: sale by ~; **'~-sale; ~bridge,** দ্র. bridge2. □*vt* **~ (off)** নিলামে বিক্রি করা। **~·eer** [ও°কশা'নিআ(র্)] *n* নিলামদার; নিলামওয়ালা।

aud·acious [ও°'ডেইশাস্] *adj* ১ দুঃসাহসী; অসমসাহসী। ২ ধৃষ্ট; প্রগল্‌ভ। ৩ দুর্বিনীত। **~·ly** *adv* দুঃসাহসভরে; ধৃষ্টতাসহকারে; দুর্বিনীতভাবে। **aud·ac·ity** [ও°'ড্যাসাটি] *n* দুঃসাহস; স্পর্ধা; ধৃষ্টতা; প্রগল্‌ভতা।

aud·ible [ও°ডাব্‌ল্] *adj* শ্রোত্রগ্রাহ্য; শ্রবণসাধ্য; শ্রুতিগোচর: The speech was scarcely ~. **aud·ibly** [-অব্‌লি] *adv* শ্রোত্রগ্রাহ্যরূপে। **audi·bil·ity** [ও°ডা'বিলাটি] *n* শ্রোত্রগ্রাহ্যতা; শ্রুতিগোচরতা।

audi·ence [ও°ডিআন্‌স্] *n* ১ শোতৃমণ্ডলী: The lecture was attended by a large ~. A broadcasting station has to satisfy a varied ~. ২ (বই সম্বন্ধে) পাঠকসম্প্রদায়; পাঠকসমাজ: The book was highly acclaimed by the ~. ৩ রাষ্ট্রপ্রধান; পোপ প্রভৃতি কর্তৃক প্রদত্ত আনুষ্ঠানিক সাক্ষাৎকার; দর্শন: The king granted her an ~.

audio- [ও°ডিওউ] *pref* শ্রবণ-বিষয়ক; শ্রুত্য। **'~-visual 'aids** শিক্ষার সহায়ক উপকরণ, যেমন টেপ-রেকর্ডার, চিত্র-প্রক্ষেপক ইত্যাদি; দৃষ্টি ও শ্রবণ সহায়ক উপকরণ। **'~-lingual 'methods** শিক্ষার পদ্ধতিবিশেষ, যাতে টেপ-রেকর্ডার, ভাষা-উদ্‌যোগশালা ইত্যাদি ব্যবহৃত হয়; শ্রুত্যভাষিক পদ্ধতি। **,~ 'frequency** (বেতার) তরঙ্গের পৌনঃপুন্য, যা শব্দতরঙ্গে রূপান্তরিত হলে শ্রুতিগোচর হয়; শ্রুত্য পৌনঃপুন্য। **,~-'typist** যে ব্যক্তি যন্ত্রের সাহায্যে ধারণকৃত শ্রুতিলিপি থেকে চিঠিপত্র, দলিল ইত্যাদি টাইপ করেন; শ্রুত্য-মুদ্রাক্ষরিক।

au·dit [ও°ডিট্] *n* সরকারিভাবে হিসাবের শুদ্ধতাপরীক্ষণ; হিসাবপরীক্ষণ; গণিতশোধন। □*vt* হিসাব নিরীক্ষণ করা; গণিত শুদ্ধ করা। **au·dited** *part adj* শুদ্ধীকৃত।

aud·ition [ও°'ডিশ্‌ন্] *n* ১ [C] নিয়োগের জন্য আবেদনকারী গায়কগায়িকা, বক্তা প্রভৃতি কিংবা নাটকে অভিনয়েচ্ছু অভিনেতা-অভিনেত্রীর কণ্ঠস্বর পরীক্ষার মহড়া; কণ্ঠস্বর-পরীক্ষণ; আকর্ণন। ২ [U] শ্রবণশক্তি; শ্রবণ। □*vt* কণ্ঠস্বরের পরীক্ষা নেওয়া।

au·di·tor [ও°ডিটা(র্)] *n* ১ শ্রোতা। ২ হিসাবনিরীক্ষক; গণিতশোধক।

au·di·tor·ium [ও°ডি'টো°রিআম্] *n* (*pl* ~s) শ্রোতাদের বসার জন্য ভবন বা ভবনের অংশবিশেষ; মিলনায়তন; শ্রবণশালা।

au·di·tory [ও°ডিট্রি US -টো°রি] *adj* শ্রবণেন্দ্রিয় সম্পর্কিত; শ্রাবণ; শ্রাবণিক: **the ~ nerve,** শ্রাবণিক স্নায়ু।

au fait [ওই 'ফেই] *pred adj* (ফ.) অবহিত; ওয়াকেবহাল: put sb ~ of sth, তাকে অবহিত করা।

au fond [ওই 'ফন্] *adv* (ফ.) তলিয়ে দেখলে; আসলে; প্রকৃতপক্ষে; মূলত।

Au·gean [ও°'জিআন্] *adj* অতিশয় জঞ্জালপূর্ণ। **to cleanse the ~ stable** (গ্রিক পুরাণে হারকিউলিসের কাহিনী থেকে) ওজিয়াসের গোয়াল সাফ করা; বহুদিনের জমানো জঞ্জাল সাফ করা।

au·ger ['ও°গা(র্)] *n* ১ কাঠে বড়ো ছেঁদা করার জন্য কাঠমিস্ত্রির হাতিয়ার বিশেষ; তুরপুন। ২ মাটিতে গর্ত করার জন্য যন্ত্রবিশেষ।

aught [ও°ট্] *n* (পুরা.) যা-কিছু; কিঞ্চিন্মাত্র: for ~ I know/ care, আমি কিছুমাত্র জানি না/ পরোয়া করি না।

aug·ment [ও°গ্'মেন্ট্] *vt ,vi* বাড়া; বৃদ্ধি পাওয়া; বর্ধিত হওয়া; বাড়ানো; বৃদ্ধি/ সমৃদ্ধ করা: ~ one's income **aug·men·ta·tion** [ও°গমেন্'টেইশ্‌ন্] *n* [U] বর্ধন; বৃদ্ধি বিবৃদ্ধি; [C] যা সংযোজিত হয়েছে; বৃদ্ধি; উপচয়।

au·gur [ও°গা(র্)] *n* (প্রাচীন রোমে) ধর্মবিষয়ক কর্মকর্তাবিশেষ, যিনি পাখি থেকে প্রাপ্ত শুভাশুভ লক্ষণ বিচারে ভবিষ্যৎকথনের দাবি করতেন; দৈবজ্ঞ। □*vi,vt* ইঙ্গিত বহন করা; আভাস দেওয়া; লক্ষণস্বরূপ হওয়া। **~ well / ill (for sb/ sth)** শুভ/ অশুভ লক্ষণ হওয়া **~y** [ও°গিউরি] *n* (*pl* -ries) [C] পূর্বলক্ষণ; শুভাশুভ লক্ষণ।

au·gust[1] [ও°গাস্ট্] *adj* শ্রদ্ধা বা সম্ভ্রম উদ্রেককারী; মহামহিম; সুমহান।

Au·gust[2] [ও°গাস্ট্] *n* ইংরেজি বর্ষের অষ্টম মাস; অগাস্ট।

Au·gust·an [ও°ˈগাস্টান্] *adj* লাতিন সাহিত্যের স্বর্ণযুগ সম্পর্কিত; ধ্রুপদী; ইংরেজি সাহিত্যে ড্রাইডেন; পোপ ও সুইফ্‌টের যুগ–সম্পর্কিত; অগাস্টীয়।

auld lang syne [ˌওʼলড় ল্যাঙ্‌ ˈসাইন্] (Scot, একটি গানের নাম) বহুদিন আগেকার সেই সুখের সময়।

aunt [আ:ন্‌ট্ US অ্যান্‌ট্] *n* খালা; ফুফু; চাচি; মাসি। ˌ**A~ ˈsally** কাঠের তৈরি নারীমুণ্ড, যার উদ্দেশ্যে মেলা ইত্যাদিতে খেলাচ্ছলে যষ্টি নিক্ষেপ করা হয়; (লাক্ষ.) সকলের ঘৃণার পাত্র। **aun·tie, aun·ty** [ˈআ:ন্‌টি US ˈঅ্যান্‌টি] *n* খালা, ফুফু প্রভৃতির ঘরোয়া সম্ভাষণ।

au pair [ˌওউ ˈপেআ(র্)] *n* (ফ.) (GB) বহিরাগত যেসব তরুণী গৃহস্থালির টুকিটাকি দায়িত্ব পালনের বিনিময়ে আহার, বাসস্থান এবং লেখাপড়ার সুযোগ পায়, প্রত্যাবাসিকা।

aura [ˈও°রা] *n* কোনো বস্তু বা ব্যক্তির দেহ থেকে নিঃসৃত বলে কল্পিত সূক্ষ্ম আবহ, যা ঐ বস্তু বা ব্যক্তিকে ঘিরে রাখে; সূক্ষ্মাভা; অলৌকিক আভা: ... an ~ of genius in his face.

au·ral [ˈও°রল্] *adj* শ্রবণেন্দ্রিয়–সম্পর্কিত; কার্ণিক; কার্ণ: an ~ surgeon, কার্ণিক শল্যবিদ।

aur·elia [ও°ˈরিলিআ] *n* জেলি মাছ; (প্রজাপতির) গুটিকা বা কোষস্থ অবস্থা। **aur·eli·an** *adj* জেলিমাছসংক্রান্ত; গুটিকাবস্থ; কোষস্থ; সোনালি।

aure·ole [ˈওরিওউল্] *n* জ্যোতিশ্চক্র; দ্যুতিমণ্ডল; অংশুমালা; দীপ্তিবলয়।

au revoir [ˌওউ রাˈভ়োয়া:(র্)] *int* (ফ.) আবার দেখা হবে; খোদা হাফেজ।

aur·icle [ˈও°রিক্‌ল্] *n* ১ কানের বহির্ভাগ; বহিঃকর্ণ। ২ হৃৎপিণ্ডের উপরের দুটি প্রকোষ্ঠের যেকোনো একটি; অলিন্দ।

aur·icu·lar [ও°ˈরিকিউলা(র্)] *adj* কান–সম্পর্কিত বা কানের নিকটস্থ; শ্রৌত; কার্ণিক; কর্ণে জপিত: ~ confession, কারো কানে কানে, বিশেষত ধর্মযাজকের কাছে জপিত একান্ত স্বীকারোক্তি; কার্ণিক স্বীকারোক্তি।

aur·if·er·ous [ও°ˈরিফারাস্] *adj* স্বর্ণপ্রদ; স্বর্ণদ; স্বর্ণপ্রভব।

aur·ora [ও°ˈরো°রা] *n* ১ **A~** রোমানদের উষা–দেবী। ২ **~ bor·ea·lis** [ও°ˌরো°রাˌবো°রি ˈএইলিস্] *n* বিশেষত উত্তরমেরু অঞ্চলে পরিদৃষ্ট প্রধানত লাল ও সবুজ বর্ণের আলোকচ্ছটা; সুমেরু–উষা; উদীচী উষা: অন্য নাম Northern Lights. **~ aus·tra·lis** [ও°ˌরো°রা অ'স্ট্রেইলিস্] *n* কুমেরু উষা; অবাচী উষা।

aus·pices [ˈও°স্‌পিসিজ্] *n pl* **under (the) ~ (of)** আনুকূল্যে; পৃষ্ঠপোষকতায়; উদ্‌যোগে: under favourable ~, দৈবানুকূল্যে; শুভযোগে।

aus·pi·cious [ও°ˈসপিশাস্] *adj* শুভ; অনুকূল; সুপ্রসন্ন; মাঙ্গলিক: an ~ moment, শুভক্ষণ; শুভযোগ; শুভলগ্ন। **~·ly** *adv* শুভক্ষণে।

Aus·sie [ˈঅজ়ি] *n* (অপ.) অস্ট্রেলীয়।

aus·tere [ও°ˈস্‌টিআ(র্)] *adj* ১ (ব্যক্তি বা ব্যক্তির আচরণ সম্বন্ধে) নির্মম নীতিপরায়ণ; কঠোর। ২ (জীবনযাত্রা, স্থান ও রীতি সম্বন্ধে) অনাড়ম্বর; নিরাভরণ; কঠোর; বিশুষ্ক। **~·ly** *adv* কঠোরভাবে; অনাড়ম্বরভাবে। **aus·ter·ity** [ও°ˈস্টেরাটি] *n (pl* -ties) ১ [U] কঠোরতা; কাঠিন্য; নির্মম নীতিপরায়ণতা। ২ *(pl)* কৃচ্ছ্রব্রত; কৃচ্ছ্রসাধনা; তপশ্চর্যা।

aut·archy [ˈও°টা:কি] *n* সর্বময় ক্ষমতা; স্বাধিপত্য।

aut·arky [ˈও°টা:কি] *n* স্বয়ংসম্পূর্ণতা।

auth·en·tic [ও°ˈথেন্‌টিক্] *adj* প্রামাণিক; খাঁটি; অকৃত্রিম; প্রকৃত; যথার্থ: ~ news; an ~ text. **~ally** [–ক্‌লি] *adv* প্রামাণিকভাবে; অকৃত্রিমভাবে; প্রমাণত; যথার্থভাবে। **~·ity** [ˌও°থ্যানটিসাটি] *n* [U] প্রামাণিকতা; অকৃত্রিমতা; যথার্থতা; সত্যতা; প্রমাণত্ব; প্রামাণ্য: There is no doubt about the ~ity of the text.

auth·en·ti·cate [ও°ˈথেনটিকেইট্] *vt* (খাঁটি বলে) প্রমাণ করা; সপ্রমাণ করা; সত্য করা। **~d** *part adj* প্রমাণীকৃত। **auth·en·ti·ca·tion** [ও°ˌথেন্‌টিˈকেইশ্‌ন্] *n* [U] প্রমাণীকরণ; সত্যকরণ।

author [ˈও°থা(র্)] *n* ১ লেখক; প্রণেতা; রচয়িতা; গ্রন্থকার; গ্রন্থকর্তা। ২ যে ব্যক্তি কোনো কিছু সৃষ্টি বা শুরু করেন; প্রবর্তক; আরম্ভক; আদিকর্তা; জনক; স্রষ্টা: The old man is ready to meet his A~. **~·ess** [ˈও°থারিস্] *n* লেখিকা; প্রণেত্রী; রচয়িত্রী; গ্রন্থকর্ত্রী। **~·ship** *n* [U] ১ লেখকের পেশা; গ্রন্থপ্রণয়ন; লেখকবৃত্তি: Do you intend to take to ~ship when you retire? ২ বই ইত্যাদির উৎস বা উদ্ভব; গ্রন্থকর্তৃত্ব: The ~ship of the book is still debated.

auth·ori·tar·ian [ও°ˌথরিˈটেআরিঅন্] *adj* ব্যক্তি–স্বাধীনতাকে উপেক্ষা করে কর্তৃপক্ষের, বিশেষত রাষ্ট্রীয় কর্তৃত্বের বশ্যতা স্বীকারের উপর অধিক গুরুত্ব আরোপ করে এমন; কর্তৃত্ববাদী; কর্তৃত্বপরায়ণ; প্রভু–ত্বপরায়ণ। □*n* উক্ত নীতির সমর্থক; কর্তৃত্ববাদী। **~·ism** [ইজ়াম্] *n* কর্তৃত্ববাদ; কর্তৃত্বপরায়ণতা।

auth·ori·tat·ive [ও°ˈথরিটাটিভ্ US –টেইটিভ্] *adj* ১ অধিকার আছে এমন; অধিকারবলে প্রদত্ত; আধিকারিক; কর্তৃপক্ষীয়: ~ orders. ২ কর্তৃত্বব্যঞ্জক; প্রভুত্বব্যঞ্জক: ~ manner; ~ tones. ৩ নির্ভরযোগ্য উৎস থেকে প্রাপ্ত বলে বিশ্বাসযোগ্য; প্রামাণিক; প্রামাণ্য: an ~ report; an ~ source. **~·ly** *adv* প্রামাণিকভাবে।

auth·or·ity [ও°ˈথরাটি] *n (pl* -ties) ১ [U] হুকুম দেবার এবং তা তামিল করাবার ক্ষমতা বা অধিকার; কর্তৃত্ব: He is intent on exercising his ~. You are not in ~ here. **under the ~ of; under sb's ~** কর্তৃত্বাধীন; আজ্ঞাধীন: The soldiers decamped under the ~ of their commanding officer. ২ [U] **~ (for sth/ to do sth)** প্রদত্ত অধিকার; অধিকারিত্ব: Do you have the ~ to dismantle the warship? ৩ [C] কর্তৃপক্ষ: The Municipal, District, etc. authorities; the education authorities. ৪ [C,U] বিশেষ জ্ঞানের অধিকারী ব্যক্তি; প্রামাণ্য বিশেষজ্ঞ; নির্ভরযোগ্য তথ্য বা প্রমাণের উৎসস্বরূপ গ্রন্থাদি; প্রামাণ্য; শ্রদ্ধেয়তা; নির্দেষ্টা; অধিকারিত্ব: He is a great ~ on Shakespeare, শেক্সপীয়র সম্পর্কে প্রামাণ্য বিশেষজ্ঞ। I cannot question his ~, তাঁর অধিকারিত্ব/ শ্রদ্ধেয়তা। Do you consider this dictionary an ~ on English words? ইংরেজি শব্দ সম্বন্ধে প্রামাণ্য/ প্রামাণ্যগ্রন্থ/ নির্দেষ্টা। to quote one's authorities, প্রামাণ্য/ অধিকারিত্ব উল্লেখ করা বা অধিকারিত্বের বরাত দেওয়া।

auth·or·ize [ˈও°থারাইজ্] *vt* ১ (কাউকে) অধিকার বা ক্ষমতা দান করা: I have been ~d to act for him during his absence. ২ (কোনো কিছুর জন্য) ক্ষমতা দেওয়া; প্রাধিকার দান করা: The Board has ~ed the payment. ˌ**A~d Version** ১৬১১ অব্দে প্রকাশিত বাইবেলের ইংরেজি অনুবাদ; প্রামাণ্য ভাষ্য।

auth·or·iz·ation [ˌওºথারাইˈজেইশ্‌ন্] *n* ১ [U] অধিকারপ্রদান; ক্ষমতাপ্রদান; প্রাধিকারদান। ২ প্রাপ্তাধিকার; প্রদত্ত প্রাধিকার।

aut·ism [ˈওºটিজ়াম্] *n* [U] (মনো.) শিশুদের কঠিন মানসিক পীড়াবিশেষ—এই পীড়ায় আক্রান্ত শিশুরা অস্বাভাবিকভাবে নিজের মধ্যে গুটিয়ে থাকে; আত্মসংবৃতি। **aut·is·tic** [ওºˈটিস্‌টিক্] *adj* আত্মসংবৃত: autistic children.

auto- [ˈওºটোউ] *n* automobile–এর US কথ্য সংক্ষেপ; স্বয়ংবহ।

auto [ˌওºটোউ] *pref* (সমাসবদ্ধ পদে) স্ব–; স্বয়ং–; স্বতঃ; আত্ম–: ~-intoxication, শরীরের অভ্যন্তরে উৎপন্ন বিষাক্ত পদার্থের ক্রিয়া; স্বতোবিষক্রিয়া। ˈ**~-changer** (রেকর্ড–প্লেয়ারে) অনেকগুলি রেকর্ড একের পর এক বিনা প্রযত্নে বাজানোর যন্ত্রে যান্ত্রিক কৌশলবিশেষ; স্বতঃপরিবর্তক। **~·sugges·tion** [U] নিজ বিশ্বাস বা আচরণ বদলানোর উদ্দেশ্যে সচেতন বা অচেতন প্রক্রিয়াবিশেষ; আত্মাভিভাবন।

au·to·bahn [ˈওºটবা:ন্] *(pl* ~ s অথবা (জ.) ~en [–নান্]) *n* (জ.) মোটরপথ।

au·to·bi·ogra·phy [ˌওºটবাইˈঅগ্রাফি] *n (pl* -phies) [C,U] আত্মজীবনী; আত্মচরিত। **auto·bio·graphic** [ˌওºটবাইআˈগ্র্যাফিক্], **auto·bio·graphi·cal** [–কল্] *adjj* আত্মজৈবনিক।

au·to·clave [ˈওºটকলেইভ্] *n* [C] ১ বাষ্পের সাহায্যে অস্ত্র–চিকিৎসার যন্ত্রপাতি নির্বীজ করার জন্য আধারবিশেষ; বাষ্পশ্রপণী। ২ উচ্চ চাপ ও তাপে রাসায়নিক বিক্রিয়া ঘটানোর কাজে ব্যবহৃত সুদৃঢ় আধারবিশেষ; শ্রপণী।

au·toc·racy [ওºˈটক্রাসি] *n (pl* -cies) ১ [U] সীমাহীন ক্ষমতার অধিকারী শাসকের শাসন; স্বৈরতন্ত্র; স্বৈরাচার; একনায়কতন্ত্র; স্বেচ্ছাতন্ত্র; স্বৈরশাসন।

au·to·crat [ˈওºটক্র্যাট্] *n* সীমাহীন ক্ষমতার অধিকারী শাসক; একনায়ক; স্বৈরশাসক। **~ic** [ˌওºটাˈক্র্যাটিক্] *adj* ২ [C] উক্তরূপ শাসকের দেশ বা সরকার; স্বৈরতন্ত্র; একনায়কসুলভ; স্বেচ্ছাচারী; স্বৈরতান্ত্রিক। **auto·crati·cally** [–কলি] *adv* স্বৈরতান্ত্রিকভাবে; স্বেচ্ছাচারিতার সঙ্গে।

au·to·cue [ˈওºটকিউ] *n* [C] বক্তার সামনে স্থাপিত টেলিভিশন পর্দার মতো একটি যান্ত্রিক কৌশল, যা ইলেকট্রনিকভাবে লেখা ইত্যাদি এমনভাবে বিবর্ধিত করে যে মনে হয় বক্তা লেখ্যসাহায্য ছাড়াই কথা বলছেন; স্বতঃসঙ্কেত।

au·to·graph [ˈওºটগ্রা:ফ্ US –গ্র্যাফ্] *n* স্বহস্তলিপি; বিশেষত স্বাক্ষর: ˈ~ book/ album, যে পুস্তক বা অ্যালবামে সাধা. বিখ্যাত ব্যক্তিদের স্বাক্ষর সংগৃহীত হয়; স্বহস্তলিপি পুস্তক। □*vt* স্বহস্তে লেখা বা স্বাক্ষর করা। **au·to·gra·phed** *part adj* স্বাক্ষরযুক্ত; স্বাক্ষরিত।

au·to·mat [ˈওºটম্যাট্] *n* (US) যে রেস্তোরাঁয় ক্রেতারা স্বয়ং মুদ্রাচালিত বদ্ধপ্রকোষ্ঠ থেকে খাদ্য ও পানীয় সংগ্রহ করেন; স্বয়ংক্রিয় রেস্তোরাঁ।

au·to·mate [ˈওºটামেইট্] *vt* (বিজ্ঞান, বাণিজ্য) স্বয়ংক্রিয় ব্যবস্থায় রূপান্তরিত করা; স্বতশ্চলিত করা। **au·to·mat·ed** *part adj* স্বতশ্চলিত; স্বতোনিয়ন্ত্রিত।

au·to·matic [ˌওºটাˈম্যাটিক্] *adj* ১ স্বতশ্চল; স্বতঃক্রিয়; স্বয়ংক্রিয়: an ~ pilot, (বিমানে) গতিপথ; উন্নতি ইত্যাদি নির্ধারণ ও নিয়ন্ত্রণের ব্যবস্থা; স্বতশ্চালনব্যবস্থা। ~ gear-change, (মোটরযানে) স্বয়ংক্রিয় গতি–পরিবর্তন। ~ weapons, স্বয়ংক্রিয় আগ্নেয়াস্ত্র। ২ (কার্যকলাপ সম্বন্ধে) চিন্তাভাবনা ব্যতিরেকে কৃত; স্বতশ্চল: The function of the heart is ~. □*n* ক্ষুদ্র স্বয়ংক্রিয় আগ্নেয়াস্ত্র বিশেষ। **au·to·mati·cally** [–কলি] *adv* স্বয়ংক্রিয়ভাবে; স্বতশ্চলভাবে।

au·to·ma·tion [ˌওºটাˈমেইশ্‌ন্] *n* [U] মানুষের কায়িক শ্রম লাঘবের জন্য উদ্ভাবিত পদ্ধতি ও যন্ত্রপাতি এবং তার ব্যবহার; স্বতশ্চলন; স্বতশ্চলীকরণ।

au·toma·ton [ওºˈটমাটান্ US –টন্] *n (pl* ~s, -ta [–টা]) সক্রিয় বুদ্ধিবৃত্তির দ্বারা চালিত না হয়ে কিংবা অজ্ঞানত কাজ করে যাচ্ছে বলে মনে হয়; এ রকম ব্যক্তি; স্বতশ্চল মূর্তি; রোবট।

au·to·mo·bile [ˈওºটামাবীল্ US ˌওºটামাˈবীল্] *n* (বিশেষত US) মোটরগাড়ি।

au·ton·omous [ওºˈটনমাস্] *adj* (রাষ্ট্র সম্বন্ধে) স্বশাসিত; স্বায়ত্তশাসিত; স্বাধীন। **au·ton·omy** [ওºˈটনমি] *n (pl* -mies) [U,C] স্বশাসন; স্বায়ত্তশাসন; স্বাধীনতা; স্বতন্ত্রতা।

au·topsy [ˈওºটপ্‌সি] *n (pl* -sies) [C] (চিকি.) মৃত্যুর কারণ নির্ণয়ের জন্য (ব্যবচ্ছেদপূর্বক) শবদেহ–পরীক্ষা; ময়না তদন্ত।

au·to·strada [ˌআউটোউˈস্ট্রা:ডা] *n (pl* ~s, (ইতা.) -de [–ˈস্ট্রা:ডেই]) (ইতা.) মোটরপথ।

au·tumn [ˈওºটম্] *n* [C] (US = fall) পাশ্চাত্য ঋতুবিভাগ অনুযায়ী বছরের তৃতীয় ঋতু (উত্তর গোলার্ধে সেপ্টেম্বর, অক্টোবর ও নভেম্বর মাস); শরৎকাল; হেমন্ত: in the ~ of 1990; (লাক্ষ.) in the ~ of his life, জীবনসায়াহ্নে; (attrib) শারদীয়/ হৈমন্তী: ~ weather/ fashions. **au·tum·nal** [ওºˈটামনাল্] *adj* শারদীয়; হৈমন্তী।

aux·ili·ary [ওºগ্‌ˈজ়িলিআরি] *adj* সহায়ক: ~ troops; an ~ verb, গৌণক্রিয়া। □*n (pl* -ries) ১ গৌণক্রিয়া। ২ (সাধা. *pl*) সহায়ক বাহিনী (বিশেষত বিদেশ বা মিত্রদেশ থেকে ভাড়া–করা)।

avail [আˈভেইল] *vt ,vi* ১ **~ oneself of** (সুযোগ) গ্রহণ করা; (সুযোগের) সদ্ব্যবহার করা; কাজে লাগানো: I did not ~ myself of the opportunity to meet him. ২ (সাহিত্য.) উপকারে আসা; কাজে লাগা; সাহায্য করা: Even his sharp intelligence did not ~ against brute force. □*n* **of no/ little ~** কোনো কাজে এলো না; উপকার হলো না: My efforts were of little ~, আমার সকল চেষ্টাই ব্যর্থ হলো। without ~, to no ~ বৃথা; কিছুতেই কিছু হলো না: He tried to prevent his son joining a political party, but to no ~.

avail·able [আˈভেইলাবল্] *adj* **~ (for)** ১ (বস্তু সম্বন্ধে) পাওয়া যায় বা মেলে এমন; প্রাপ্তিসাধ্য; প্রাপণীয়; লভ্য; গ্রহণযোগ্য: The article is not easily ~. ২ (ব্যক্তি সম্বন্ধে) পাওয়া যায় এমন; উপস্থিত থাকতে সক্ষম: He was not ~ yesterday. **avail·abil·ity** [আˌভেইলাˈবিলাটি] *n* [U] প্রাপ্যতা; লভ্যতা; প্রাপণীয়তা।

ava·lanche [ˈঅ্যাভালা:ন্‌শ্ US –ল্যান্‌শ্] *n* পর্বতের শিখরদেশে সঞ্চিত তুষার বা বরফের বিশাল স্তূপ, যা নিজের ভারে অনেক সময় হাজার হাজার টন শিলাসমেত নীচের দিকে স্খলিত হয় এবং কখনো কখনো বনজঙ্গল, ঘরবাড়ি ইত্যাদি নিশ্চিহ্ন করে ফেলে; তুষারধ্বস: হিমপ্রপাত, নীহারস্ফোট: (লাক্ষ.) তোড় বা তুবড়ি: an ~ of words/ letters/ questions.

avant-garde [ˌঅ্যাভ ন্ ˈগা:ড্] *n* (ফ.) অগ্রব্যূহ, অগ্রসেনা, সেনামুখ; (লাক্ষ.) (শিল্প, সাহিত্য, নাটক

ইত্যাদিতে) যে কোনো আন্দোলনের অগ্রসর নেতা বা নেতৃবৃন্দ, অগ্রদূত, অগ্রসেনা, পুরোধা, পুরোগ; (attrib) পুরোগামী: ~ writers/ artists.

av·ar·ice [ˈঅ্যাভ়ারিস্] *n* [U] (ধন বা বিষয়সম্পত্তির) লোভ; লালসা; ধনলিপ্সা; ধনগৃধ্নুতা; ধনতৃষ্ণা; বিষয়লালসা; জিঘৃক্ষা; কৃপণতা; ব্যয়কুণ্ঠতা। **av·ar·icious** [ˌঅ্যাভ়াˈরিশাস্] *adj* ~ **(of)** (অর্থ, ক্ষমতা ইত্যাদি সম্বন্ধে) লোলুপ; গৃধ্নু; লোভী; লিপ্সু; জিঘৃক্ষু। **av·ar·icious·ly** *adv* লোভীর মতো; জিঘৃক্ষা সহকারে ইত্যাদি।

avast [আˈভা:স্ট্ US আˈভ্যাস্ট্] *int* (নৌ.) রোখো! থামো!

ava·tar [ˌঅ্যাˈভাটা:(র্)] *n* (হিন্দু পুরাণ) অবতার।

avaunt [আˈভো°ন্ট্] *int* দূর হও; ভাগো!

ave [ˈআ:ভ়েই, ˈআ:ভ়ি, ˈআ:ভী] *int* কল্যাণ হোক; জয়তু। □*n* মরিয়মের উদ্দেশে সম্ভাষণ বা প্রার্থনা জয়তু মারিয়া।

avenge [আˈভ়েন্জ্] *vt* প্রতিশোধ/শোধ নেওয়া; প্রতিকার করা; প্রতিহত করা: ~ an insult; ~ oneself/ be ~d on an enemy. **aven·ger** *n* প্রতিহিংসক; প্রতিহন্তা।

avert [আˈভ়াট্] *vt* ১ ~ **(from)** (দৃষ্টি, চিন্তা ইত্যাদি) ফিরিয়ে নেওয়া; বিবর্তিত করা: ~ one's thoughts from unpleasant memories. ২ এড়ানো; নিবারিত করা; ব্যাহত করা: ~ an accident; ~ suspicion.

ave·nue [ˈঅ্যা ভ়ানিউ US –নূ] *n* ১ দুই পাশে বৃক্ষশোভিত প্রশস্ত পথ, বিশেষত গ্রামস্থ বৃহৎ বাসভবনের সম্মুখে নিজস্ব প্রবেশপথ; প্রতোলী। ২ এক পাশে বা উভয় পাশে ইমারত শ্রেণীসহ প্রশস্ত রাজপথ; প্রতোলী। ৩ ~ **(to)** (লাক্ষ.) (কোন লক্ষ্য বা উদ্দেশ্য–সিদ্ধির) পথ; রাজপথ: ~s to success/ promotion.

aver [আˈভা(র্)] *vt* (-rr) ~ **(that)** (প্রা.প্র.) হলফ করে বলা; দৃঢ়তার সঙ্গে বলা।

av·er·age [ˈঅ্যাভ়ারিজ্] *n* ১ [C] গড়। ২ [U] গড়পড়তা মান; মধ্যমান; His work is above (the) ~. **on (an/ the)** ~ গড়ে, গড়পড়তা: He earns £500 a month on (an/ the) ~. □*adj* ১ গড়: ~ temperature/height. ২ গড়পড়তা; মাঝারি; মধ্যম: of ~ ability/ intelligence. □*vt ,vi* ১ গড় নির্ণয় করা। ২ গড়ে হওয়া, ওঠা ইত্যাদি: The age of the boys ~s fifteen.

averse [আˈভ়াস্] *adj* ~ **from/ to** বিমুখ; পরাঙ্মুখ; বিরোধী; অনীহ; অনিচ্ছু: I am not ~ to hard work They are ~ from taking tough measures.

aver·sion [আˈভ়াশন্ US –জ়ন্] *n* ১ [C,U] ~ to বিরূপতা; অনীহা; অপ্রবৃত্তি; পরাঙ্মুখতা; বৈমুখ্য; অরুচি; বিরাগ; বিরক্তি: Tom has a strong ~ to dogs. I have taken an ~ to that troublesome boy. ২ [C] অপ্রিয় বস্তু বা ব্যক্তি; বিরক্তি ইত্যাদির পাত্র। **pet** ~ বিশেষ অপ্রিয় বস্তু।

avi·ary [ˈএইভ়িআরি US –ভ়িএরি] *n* (*pl* -ries) পক্ষীশালা; কুলায়িকা।

avi·ation [ˌএইভ়িˈএইশন্] *n* [U] বিমানচালনা। ˈ~ **spirit** বিমানের ইনজিনে ব্যবহৃত উচ্চ অকটেনযুক্ত মোটর স্পিরিট। **avi·ator** [ˈএইভ়িএইটা(র্)] *n* বিমান, নভযান বা বেলুনের চালক; বৈমানিক।

avid [ˈঅ্যাভ়িড্] *adj* ~ **for** উৎসুক; উন্মুখ; গৃধ্নু; লোলুপ: ~ for fame/ applause. **~·ly** *adv* লুব্ধভাবে। **~·ity** [আˈভ়িডাটি] *n* [U] ঔৎসুক্য; উন্মুখতা; লোলুপতা; লালসা; গৃধ্নুতা; অতিস্পৃহা।

avo·cado [ˌঅ্যাভ়াˈকা:ডৌ] *n* (*pl* -s [-ডৌজ়]) (অপিচ alligator pear) নাশপাতির আকারের উষ্ণমণ্ডলীয় ফলবিশেষ; আভোকাদো।

avo·ca·tion [ˌঅ্যাভ়ৌˈকেইশন্] *n* ১ (যথাযথ অর্থে) নিজের নিয়মিত কর্ম থেকে নিবৃত্তি; বিনোদন; বিকর্ম। (শিথিল অর্থে) বৃত্তি; পেশা। ২ (পুরা.) অমনোযোগ; বৈচিত্ত্য। ৩ মামলা উচ্চতর আদালতে প্রেরণ।

avoid [আˈভ়য়ড্] *vt* এড়ানো; এড়িয়ে যাওয়া/ চলা; পরিহার/ বর্জন করা: I did everything to ~ an accident. **~·able** [-আব্‌ল্] *adj* পরিহারযোগ্য; পরিহরণীয়। **~·ance** [- আন্স্] *n* [U] পরিহার: the ~ance of early marriage.

avoir·du·pois [ˌঅ্যাভাডাˈপয়জ়্] *n* মেট্রিক পদ্ধতি প্রচলিত হওয়ার আগে অধিকাংশ ইংরেজিভাষী দেশে ব্যবহৃত ওজনের মাপ (১ পা: = ১৬ আউন্স)। মূল্যবান ধাতু, রত্ন ও ঔষধ ছাড়া অন্য সকল ক্ষেত্রেই এই প্রণালী ব্যবহৃত হতো। পাউন্ড–আউন্স প্রণালী। দ্র. পরি. ৫।

avow [আˈভাউ] *vt* (আনুষ্ঠা.) স্বীকার/ অঙ্গীকার করা; কবুল করা; প্রকাশ্যে ঘোষণা করা: ~ a fault, দোষ স্বীকার করা I ~ed myself (to be) a socialist. **~al** [-আল্] *n* [C,U] অবাধ ও প্রকাশ্য স্বীকারোক্তি; অঙ্গীকরণ; ব্যক্তিকরণ make an ~al of one's secret thoughts. **~ed** *part adj* বিঘোষিত; অঙ্গীকৃত। **~·ed·ly** [আˈভাউইড্লি] *adv* অঙ্গীকারত; স্পষ্টত Harry is ~edly a communist.

avun·cu·lar [আˈভাঙকিউলা(র্)] *adj* (কৌতুক.) চাচাসম্ভক্রান্ত বা চাচাসুলভ; পিতৃব্যসুলভ; পৈতৃব্যিক।

await [আˈওয়েইট্] *vt* ১ (ব্যক্তি সম্বন্ধে) (জন্য) অপেক্ষা/ প্রতীক্ষা করা; প্রতীক্ষায় থাকা: Let us ~ further information. ২ মজুত থাকা; প্রতীক্ষায়/ অপেক্ষায় থাকা: A great treat ~s him at home.

awake[1] [আˈওয়েইক্] *vi* (*pt* awoke [আˈওয়ৌক্] *p p* (বিরল) awoken বা ~d) ১ = wake (লাক্ষ. অর্থে intrans *awake* এবং trans *awaken* অধিক প্রচলিত) জাগা বা জাগানো; জাগ্রত করা বা হওয়া; প্রবুদ্ধ/ উদ্বুদ্ধ করা বা হওয়া; উদ্দীপ্ত/ সজাগ/ সচেতন করা বা হওয়া। ২ ~ **to** সজাগ/ সচেতন হওয়া; উপলব্ধি করা: One must ~ to the fact that like causes produce like results. He awoke to the precariousness of his existence.

awake[2] [আˈওয়েইক্] pred *adj* জাগ্রত; জাগরিত: You may see him, he is ~. ~ **to** (সম্বন্ধে) সচেতন; সজাগ; অবহিত: be ~ to a danger/ to one's surroundings.

awaken [আˈওয়েইকান্] *vt* ১ = awake (লাক্ষ. অর্থে awaken trans অধিক প্রচলিত)। ২ ~ **sb to sth** (কোনো কিছু সম্বন্ধে) সচেতন বা সজাগ করা: I do not know how to ~ him to a sense of his responsibility. **~·ing** [আˈওয়েইকনিঙ্] *n* (বিশেষত অপ্রীতিকর কিছু সম্বন্ধে) উপলব্ধি; জাগরণ: The treachery of my most intimate friend came to me as a rude ~ing.

award [আˈওয়ো°ড্] *vt* (সরকারি সিদ্ধান্ত অনুযায়ী) প্রদান করা; (পুরস্কার ইত্যাদিতে) ভূষিত করা; রায় দেওয়া; নিষ্পত্তি করা: The young artist was ~ed the President's gold medal. He was ~ed £3000 damages for the loss of his eyesight. □*n* ১ বিচারক বা সালিসের সিদ্ধান্ত; রায়; নিষ্পত্তি; রোয়েদাদ। ২ ঐরূপ সিদ্ধান্ত অনুযায়ী প্রদত্ত পুরস্কার ইত্যাদি: This canvas was given the highest ~ at the exhibition. ৩ (ছাত্রদের জন্য) বৃত্তি; অনুদান।

aware [আˈওয়্যা(র্)] *pred adj* ~ **of/ that** সচেতন; অবহিত; সাবধান; সতর্ক: He was not ~ of his son's involvement in the affair. ~·**ness** *n* [U] সচেতনতা; সাবধানতা; সতর্কতা।

awash [আওয়শ্] *pred adj* তরঙ্গের দ্বারা বিধৌত বা তরঙ্গের সমান উচ্চ; তরঙ্গবিধৌত: The low-lands of the coastal area were ~ at high tide.

away [আ'ওয়েই] *adv part* ১ (সংশ্লিষ্ট ব্যক্তি, স্থান ইত্যাদি থেকে) দূরবর্তী; দূরে; অন্যত্র; The office is only a few metres ~. It is an ~ match, নিজস্ব মাঠে নয়, অন্যত্র। ২ ~ **with ...** (ক্রিয়াপদহীন উচ্চভাষণে ব্যবহৃত): A~ with them ! সরিয়ে ফেলো! ৩ অবিরাম; অনবরত; অবিশ্রান্তভাবে: He was laughing/ muttering/ grumbling ~, হেসেই যাচ্ছিল ইত্যাদি। দ্র. grumble (১), laugh2 (২), mutter. ৪ (ক্ষয় পাওয়া, কমা, দুর্বল/ পরিশ্রান্ত হওয়া বোঝানোর জন্য ক্রিয়াপদের সঙ্গে ব্যবহৃত)। দ্র. blaze2 (৪), boil2 (৪), die2 (৩), explain (২), melt (১)। ৫ (বিশিষ্টার্থক বাক্যাংশে): **far and ~** অত্যন্ত; বহুগুণে: This is far and ~ heavier. **out and** ~ তুলনাহীনভাবে: He is out and ~ the best candidate. **right/ straight ~** এখনি; এই মুহূর্তে; তখনি; তৎক্ষণাৎ; অবিলম্বে।

awe[1] [ও°] *n* [U] ভয় ও শ্রদ্ধা-মিশ্রিত সম্মানবোধ; সম্ভ্রম; আতঙ্ক; ত্রাস: His appearence inspired ~. ˈ**awe-inspiring** *adj* সম্ভ্রমোদ্দীপক; ত্রাসোদ্দীপক; আতঙ্কোদ্দীপক: an ~-inspiring spectacle. ˈ**awe-stricken,** ˈ**awe-struck** adjj সম্ভ্রমোপহত; ভয়াপ্লুত। **awe·some** [-সাম্] *adj* ভীষণ; দারুণ; ভয়ঙ্কর; ত্রাসোদ্দীপক।

awe[2] [ও°] *vt* **awe (into)** ভীত/ আতঙ্কিত করা; সম্ভ্রম জাগানো; সম্ভ্রম জাগিয়ে কিছু করানো: She was ~d by his stern look. The boys were ~d into obedience.

aweary [আ'ওয়্যারি] *adj* পরিশ্রান্ত; ক্লান্ত।

aweigh [আ'ওয়েই] *adv* (নৌ., নোঙর সম্বন্ধে) সমুদ্রতল থেকে মাত্র বিযুক্ত করা হয়েছে এমন অবস্থায় ঝুলন্ত; সমুদ্রতল ছুঁই ছুঁই।

aw·ful [ˈও°ফুল্] *adj* ১ ভয়ানক; ভীষণ; ভয়াবহ; ভয়ঙ্কর: The accident produced an ~ sight. ২ (কথ্য. তীব্রতাসূচক) অত্যন্ত খারাপ; অতি বিরাট; চরম; ভীষণ; ভয়ানক; সাংঘাতিক; জঘন্য: What ~ manners! **~·ly** [ও°ফলি] *adv* (প্রধানত কথ্য) অত্যন্ত; অত্যধিক; সাংঘাতিক; ভীষণ; অসম্ভব: He is ~ly clever.

awhile [আ'ওয়াইল্ US আ'হোয়াইল্] *adv* ক্ষণিক; খানিক; কিছুক্ষণ; একটুখানিক: Stay ~.

awk·ward [ˈও°ক্ওয়ড়] *adj* ১ (স্থান ও বস্তু সম্বন্ধে) ব্যবহারোপযোগী করে নির্মিত নয় এমন; বেঢপ; বেমানান; বিরূপ; অদক্ষ; আনাড়ি; (পরিস্থিতি ইত্যাদি সম্বন্ধে) বিঘ্ন বা ক্লেশের কারণস্বরূপ; অনুপযোগী; বিব্রতকর; নাজুক; বিশ্রী; বিসদৃশ: This is an ~ bridge. He left me in an ~ situation; an ~ customer. (কথ্য) বাগ মানানো কঠিন এমন ব্যক্তি বা জানোয়ার; বিপজ্জনক মক্কেল; কঠিন মক্কেল/ ঠাঁই। ২ (মানুষ বা প্রাণী সম্বন্ধে) অপটু; আনাড়ি; অদক্ষ; বেঢপ: He excels in drawing, but is ~ with a brush. **the** ˈ**~ age** যে বয়সে কিশোর-কিশোরীদের আত্মবিশ্বাসের অভাব থাকে; কাঁচা/ অপরিণত বয়স। ৩ বিব্রত; বিব্রতকর; বিপন্ন; অপ্রতিভ: an ~ silence/ pause.

awl [ˈও°ল্] *n* বিশেষত চামড়া বা কাঠে ছেঁদা করার জন্য ছোট সুচলো হাতিয়ারবিশেষ; আরা; বেধনিকা।

awn·ing [ˈও°নিঙ্] *n* (রোদ বা বৃষ্টি থেকে পরিত্রাণের জন্য) ক্যানভাসের আচ্ছাদন (যেমন জাহাজের ডেকের উপর কিংবা দরজা-জানালার উপরে বা সামনে): বিতান; কানাত; পাইল; চাঁদোয়া।

awoke, দ্র. awake.

awry [আ'রাই] *adv, pred adj* কুটিল (ভাবে); তির্যক বা তির্যগভাবে; ভুল: All our projects went ~, ব্যর্থ হলো; ভেস্তে গেল।

ax, axe [অ্যাক্স্] *n* (*pl* axes [অ্যাকসিজ্]) কুঠার; কুড়াল; পরশু। ˈ**have an** ˈ**axe to grind** (লাক্ষ.) ব্যক্তিস্বার্থ থাকা। **get the axe** (কথ্য) চাকরি থেকে বরখাস্ত হওয়া। □*vt* (কথ্য) (ব্যয়, জনসাধারণের সেবামূলক কর্মকাণ্ড ইত্যাদি) হ্রাস করা; ছাঁটা; ছেঁটে ফেলা; বরখাস্ত করা: The servant had been ~d to reduce household expenditure.

ax·iom [অ্যাক্সিঅম্] *n* প্রমাণ বা যুক্তি ব্যতিরেকে সত্য বলে গৃহীত উক্তি; স্বতঃসিদ্ধ। **axio·matic** [ˌঅ্যাক্সিআ'ম্যাটিক্] *adj* স্বতঃসিদ্ধ; স্বয়ংপ্রমাণ।

axis [অ্যাক্সিস্] *n* (*pl* axes [অ্যাক্সীজ]) ১ যে রেখাকে কেন্দ্র করে কিছু আবর্তিত হয়; অক্ষ; অক্ষরেখা। **the earth's ~** মেরুরেখা। ২ যে রেখা কোনো সুষম মূর্তিকে দুটি প্রতিসম অংশে বিভক্ত করে; যেমন বৃত্তের ব্যাস; অক্ষ। ৩ দুই বা ততোধিক রাষ্ট্রের মধ্যে রাজনৈতিক সম্বন্ধ (যা জোটবদ্ধতা না-ও হতে পারে); অক্ষ; মেরু: The Berlin-Rome-Tokyo A~ (১৯৩৯ সনের পূর্বে); A~ powers, অক্ষশক্তি।

axle [অ্যাক্স্ল্] *n* ১ যে দণ্ডকে নিয়ে বা কেন্দ্র করে চাকা ঘোরে; অক্ষদণ্ড। ২ যে দণ্ড বা শলাকা দুটি চাকার কেন্দ্রকে সংযুক্ত করে; অক্ষদণ্ড; অক্ষাগ্র; অক্ষধুর: The back ~ of a car.

ayah [আইআ] *n* আয়া।

Aya·tol·lah [ˌআইআ'টল] *n* ইরানে মুসলিম ধর্মীয় নেতাদের খেতাববিশেষ; আয়াতুল্লাহ। দ্র. Imam.

aye, ay [আই] int, *adv* (Scot ও আঞ্চলিক) হাঁ; (নৌ.) হুকুমের প্রচলিত প্রত্যুত্তর: ˌAye, ˈaye, sir! □*n pl* কোনো প্রস্তাবের সমর্থক ব্যক্তি বা ভোট: The ayes have it, সমর্থকরাই জিতেছে।

aza·lea [আ'জেইলিআ] *n* রডোড্রেনড্রন জাতের গুল্মভেদ এবং এর ফুল; আজেলিয়া।

azi·muth [অ্যাজিমাথ্] *n* মধ্য থেকে দিগন্ত পর্যন্ত কৌণিক দূরত্ব; দিগংশ। (জরিপবিদ্যা) উত্তর বা দক্ষিণ দিক থেকে ঘড়ির কাঁটার গতিপথ অনুযায়ী প্রমিত কোণ; দিগংশ।

az·ure [অ্যাজ়া(র্)] *adj, n* (কাব্য.) উজ্জ্বল নীল; মহানীল; নীলিমা। **~·ly** *adv*. **~·ness** *n* নীলিমা; নীলত্ব।

B b

B, b [বী] (*pl* B's, b's [বীজ্]) ইংরেজি বর্ণমালার দ্বিতীয় বর্ণ।

baa [বা:] *n* ভেড়ার ডাক; ব্যা। □*vi* (baaing, baaed বা baa'd [বা:ড্]) ব্যা-ব্যা করা। ˈ**~-lamb** *n* শিশুর বুলিতে 'ভেড়া'।

babble [ব্যাব্ল্] *vi,vt* ১ হড়বড় করে কথা বলা; হড়বড়ানো; বকবক করা; (শিশুর মতো) আধ-আধ ভাবে

কথা বলা; (নদী, প্রস্রবণ ইত্যাদি সম্বন্ধে) কলকল/ কুলকুল করা। ২ ~ **(out)** মূর্খের মতো পুনরাবৃত্তি করা; বকবক করা; (গুপ্ত কথা) ফাঁস করা: ~ (out) nonsense, আগড়ম-বাগড়ম বকা; ~ (out) secrets, গুপ্তকথা ফাঁস করে ফেলা। □*n* [U] ১ আগড়ম-বাগড়ম; বালভাষিত; আধ-আধ বুলি; বকুনি; বকবকানি; বকর বকর; (বহু মানুষের) কলরব; গুঞ্জন। ২ (জলের) কলধ্বনি; মর্মর। **bab·bler** [ব্যাব্‌লা(র্)] *n* বাচাল; হড়বড়ানে; বাবদূক; বিশেষত যে গুপ্তকথা ফাঁস করে দেয়।

babe [বেইব্] *n* ১ (সাহিত্য.) শিশু। ২ সহজে প্রতারণযোগ্য অনভিজ্ঞ ব্যক্তি; ছেলেমানুষ; অপোগণ্ড। ৩ (US অপ.) বালিকা বা তরুণী।

babel [বেইব্‌ল্] *n* ১ **the tower of B~** স্বর্গে পৌঁছার প্রয়াসে নির্মিত বাইবেলোক্ত মিনার; বাবেলের মিনার। ২ *(indef art-সহ sing)* হৈচৈ ও কোলাহল-পূর্ণ স্থান; হট্টগোল; হট্টমন্দির: the place was an awful ~.

ba·boo, babu [বা:বূ] *n* বাবু।

ba·boon [বাবূন্ US ব্যা-] *n* (আফ্রিকা ও দক্ষিণ এশিয়ার) কুকুর-মুখো বৃহদাকার বাঁদর; মর্কট; বেবুন।

baby [বেইবি] *n (pl* -bies) ১ শিশু; বালক; খোকা: a ~ ˈboy/ ˈgirl; the ~ of the family, পরিবারের সর্বকনিষ্ঠ। **(be left) carrying/ holding/ to carry/ to hold the ~** (কথ্য) অবাঞ্ছিত/ অপ্রীতিকর দায়িত্ব ঘাড়ে পড়া। ˈ**~ carriage** (US) প্র্যাম; শিশুযান। ˈ**~-faced** সত্যিকার বয়সের চেয়ে তরুণতর মনে হয় এমন; কচি-মুখ; বয়সচোরা। ˈ**~-farmer** (প্রায়শ অপক.) (বিশেষত অবাঞ্ছিত) শিশুদের লালন-পালনের জন্য চুক্তিবদ্ধ স্ত্রীলোক; শিশুপালিকা। ˈ**~-minder** শিশুর দেখাশোনার জন্য দীর্ঘ সময়ের জন্য (যেমন, মা যতক্ষণ কার্যোপলক্ষে দূরে থাকেন) নিযুক্ত মহিলা; শিশুরক্ষিকা। ˈ**~-sit·ter** যে ব্যক্তি অর্থের বিনিময়ে কিছু সময়ের জন্য শিশুর দেখাশোনা করেন; ছেলে-রাখোয়ালি। ˈ**~-sit** *vi* ছেলে রাখা; ˈ**~-sit·ting** *n* ছেলে-রাখা। ˈ**~-talk** *n* শিশুর মুখে উচ্চারিত কিংবা শিশুর সঙ্গে আলাপকালে ব্যবহৃত ঈষৎবিকৃত ভাষাপ্রভেদ; শিশু-বোল; বালভাষা। ২ (সাধা. attrib) অতি ক্ষুদ্র; খুদে; খোকা: a ~ car. ~ˈ**grand** ছোট আকারের গ্রান্ড পিয়ানো; খুদে পিয়ানো। ৩ (অপ.) মেয়ে; খুকি; প্রিয় বা প্রিয়া; পিয়ারি। □*vt* (কথ্য) শিশুর মতো আদর-আহ্লাদ দেওয়া: If you don't want to spoil the boy, don't ~ him ! ˈ**~·hood** *n* বাল্যকাল; শৈশব। **~·ish** *adj* বালকীয়; ছেলেমানুষি: ~ ish behaviour.

bac·ca·laur·eate [ব্যাকাˈলো°রিঅট্] *n* [C] ১ ফ্রান্সে মাধ্যমিক স্কুলের শেষ পরীক্ষা; প্রবেশিকা। ২ (বিশ্ববিদ্যালয়ের) স্নাতক পরীক্ষা।

bac·ca·rat [ˈব্যাকারা:] *n* [U] তাসের জুয়াখেলাবিশেষ; বাকারা।

bac·cha·nal [ব্যাকান্‌ল্] *adj* ১ গ্রিকদের সুরাদেবতা বাক্কুস এবং তাঁর পূজাপদ্ধতি-সম্পর্কিত; বাকানাল। ২ উন্মত্ত; উৎকট; পানোন্মত্ত: a ~ feast, সুরোৎসব। □*n* ১ বাক্কুসের পূজারী; পানোন্মত্ত উৎসবকারী। ২ বাক্কুসের উদ্দেশে নিবেদিত সঙ্গীত বা নৃত্য; পানোৎসব; সুরোৎসব। **bac·cha·na·lian** [ব্যাকাˈনেইলিঅন্] *adj* বাক্কুসের পূজারী-সম্পর্কিত; উৎসবোন্মত্ত।

bach·elor [ব্যাচালা(র্)] *n* ১ কুমার; অকৃতদার/ অবিবাহিত পুরুষ, দ্র. spinster; (attrib) অবিবাহিত পুরুষ বা নারীর উপযোগী: a ~ girl, স্বনির্ভর অবিবাহিতা নারী; ~ flats. ২ স্নাতক: B~ of arts/ Science.

ba·cil·lus [বাˈসিলাস্] *n (pl* -cilli [-ˈসীলাই]) কাঠির আকৃতিবিশিষ্ট ব্যাকটিরিয়ম-জাতীয় জীবাণু, বিশেষত রোগজীবাণু; বাসিলাস।

back[1] [ব্যাক্] *n* ১ (মানবদেহ সম্বন্ধে) পিঠ; পৃষ্ঠদেশ; মেরুদণ্ড। **at the ~ of sb; at sb's ~** কারো পিছনে থাকা (তাকে সমর্থন করা): The entire establishment is at his ~, তুল. back sb up. **do/ say sth behind sb's back** কারো অসাক্ষাতে কিছু করা বা বলা (সাধা. অপ্রীতিকর কোনো কিছু, যেমন কুৎসা)। **break one's ~** মেরুদণ্ড/ কোমর ভাঙা; (লাক্ষ.) হাড়ভাঙা পরিশ্রম করা। **break the ~ of sth** (যেমন কোনো কাজের) অধিকাংশ বা কঠিনতম অংশ শেষ করে ফেলা। **get off sb's ~** কারো ঘাড় থেকে নেমে যাওয়া (তার উপর বোঝা বা তার পথের কাঁটা হয়ে না থাকা)। **give sb a ~; make a ~ for sb** কাউকে পিঠ দেওয়া (যেমন খেলাচ্ছলে কিংবা দেয়াল টপকানোর জন্য)। **be glad to see the ~ of sb** পৃষ্ঠদেশদর্শনে পুলকিত হওয়া (আপদ বিদায় হল ভেবে)। **be with/ have one's ~ to the wall** পিঠ দেয়ালে ঠেকা (কঠিন পরিস্থিতি, আত্মরক্ষা করা ছাড়া গত্যন্তর নেই)। **be on one's ~** (বিশেষত রোগে) শয্যাশায়ী হওয়া। **put one's ~ into sth** কোমর বেঁধে/ উঠে পড়ে/ আদাজল খেয়ে লাগা। **put/ get sb's ~ up** কাউকে রাগানো/ চটানো, মাথায় রক্ত চড়ানো। **turn one's ~ on** সব কাউকে এড়িয়ে চলা/ যাওয়া; পরিহার করা; পৃষ্ঠপ্রদর্শন করা। ২ জন্তুর শরীরের উপরের অংশ; পিঠ: put the bag on the donkey's ~. ৩ চেয়ার বা আসনের যে অংশে পৃষ্ঠদেশ রক্ষিত হয়; পিঠ। ৪ (front-এর বিপরীত) কোনো বস্তুর যে অংশ কম ব্যবহৃত হয়, কম গুরুত্বপূর্ণ কিংবা কম দৃষ্টিগোচর; পিঠ; পশ্চাৎ: the ~ of one's hand; the ~ of a knife, চাকুর উল্টোদিক; the ~ of one's head, মাথার পশ্চাদ্ভাগ। ৫ (front-এর বিপরীত) কোনো বস্তুর সম্মুখভাগ থেকে সবচেয়ে দূরবর্তী অংশ; পিছন; পশ্চাদ্ভাগ: a room at the ~ of the house. **the B~s** কেম্ব্রিজের কোনো কোনো কলেজের (ক্যাম নদীতীরবর্তী) লন ও খেলার মাঠ। ৬ **break her ~** (জাহাজ) দ্বিখণ্ডিত করা। ৭ (ˈ**full-**) **~; (ˈhalf-)~** (ফুটবল ইত্যাদি) রক্ষণ-ভাগের খেলোয়াড়।

back[2] [ব্যাক্] *adv* part ১ (forward -এর বিপরীত) পিছনে; সম্মুখ বা কেন্দ্র থেকে দূরে: The troops ordered us to stand ~; He sat ~ in his chair and fell asleep, হেলান দিয়ে বসে। **go ~ (up)on/ from one's word** কথার বরখেলাপ করা। **(in) ~ of** (US কথ্য) পিছনের: the building ~ of the school. ২ আগেকার অবস্থায় বা অবস্থানে, ফিরিয়ে, ফিরে ইত্যাদি: Give the book ~ to me, ফিরিয়ে দাও; Put the cup ~ on the table. He will be ~ in no time, ফিরে আসবে। **~ and forth,** দ্র. forth. ৩ বিনিময়ে: The injured boxer hit ~ ferociously, প্রত্যাঘাত করণ। He paid ~ the money I lent, ফেরত দিয়েছে। **have/ get one's own ~ (on sb)** (কথ্য) প্রতিশোধ নেওয়া। ৪ (সময় সম্বন্ধে) আগে; পূর্বে: a few days ~.

back[3] [ব্যাক্] *vt,vi* ১ পিছানো; পিছিয়ে যাওয়া/ দেওয়া; পিছে হটা/ হটানো: The enraged animal ~ed suddenly. The driver ~ed the car into the garage. The boatman lowered the sails, as the wind ~ed, বাতাসের গতি পরিবর্তিত হল। **~ the oars; ~ water** (নৌকার গতি পরিবর্তনের জন্য) উল্টোদিকে দাঁড় টানা। ২ **~ (up)** সমর্থন দেওয়া; মদদ জোগানো: ~up an argument. ˈ**~-up** *n* (কথ্য) সমর্থন; মদদ। **~ a bill/ note** (প্রয়োজনে অর্থপ্রদানের প্রতিশ্রুতিস্বরূপ) পৃষ্ঠাঙ্কিত করা। ৩ (ঘোড়া, কুকুর ইত্যাদির উপর) বাজি ধরা: ~ the favourite. ৪ ~ ˈ**down (from)** দাবি ইত্যাদি পরিত্যাগ করা: I would not ~ down from my earlier position. ˈ**~-down** *n* পশ্চাদপসরণ; দাবি-প্রত্যাহার। **~ off** দাবি প্রত্যাহার করা। ~ **out (of)** (প্রতিশ্রুতি বা উদ্‌যোগ থেকে) পিছিয়ে যাওয়া; পিছু হটা: He ~ed out of his promise. ৫ অন্তরাস্তরণ হওয়া বা লাগানো: ~ed with sheet copper, তাম্রফলকে অন্তরাস্তীর্ণ। ৬ **~(on) (to)** পিছনে অবস্থিত হওয়া: The school ~s on our lawn. **~er** *n* ১ যে ব্যক্তি কোনো ঘোড়ার উপর বাজি ধরে; পণক; পণকর্তা। ২ (রাজনৈতিক আন্দোলন ইত্যাদির) সমর্থক; (ব্যবসা, শিল্পোদ্যোগ ইত্যাদির) অর্থ-জোগানদার। ~·ing *n* ১ [U] সাহায্য; সমর্থন; [C] সমর্থকমণ্ডলী; জনসমর্থন: Both the candidates claim a large ~ing. ২ [U] কোনো বস্তুর পশ্চাদ্ভাগ বা আলম্বন তৈরির উপকরণ; উপস্তম্ভ। ৩ [U,C] (পপ সঙ্গীত) মূল গায়কের সঙ্গে কণ্ঠ বা যন্ত্রসঙ্গত: vocal/ instrumental ~ing.

back[4] [ব্যাক্] (attrib ও সমাসবদ্ধ পদের পূর্বপদরূপে ব্যবহার) ১ দ্র. back[1](১,২)। ˈ**~·ache** *n* [U,C] পৃষ্ঠবেদনা; পৃষ্ঠশূল। ˈ**~·band** *n* গাড়ি জোতার জন্য ঘোড়ার পিঠে জিনের উপর সংযুক্ত চামড়ার পটিবিশেষ; পৃষ্ঠবন্ধনী। ˈ**~·bone** *n* **(ক)** মেরুদণ্ড; শিরদাঁড়া; পৃষ্ঠবংশ; (লাক্ষ.) প্রধান অবলম্বন; মেরুদণ্ড: Peasants are the ~bone of our economy. **(খ)** [U] (লাক্ষ.) শক্তি; দৃঢ়তা; মেরুদণ্ড: One must have enough ~bone to overcome such a situation. **(গ) to the ~bone** (লাক্ষ.) সর্বতোভাবে; অস্থিমজ্জায়; মনে-প্রাণে: I am Bangalee to the ~ bone. ˈ**~-break·ing** *adj* (কাজ সম্বন্ধে) হাড়-ভাঙা। ২ দ্র. back[1](৪,৫)। ˌ**~·ˈhand (ed)** *adj* হাতের পিঠ বাহিরের দিকে ফিরিয়ে কিংবা প্রত্যাশিত দিকের উল্টো দিকে মারা (আঘাত, প্রহার ইত্যাদি): ~ hand blow/ stroke, উল্টো আঘাত/ বিপ্রতীপ প্রহার। দ্র. forehand. সুতরাং (লাক্ষ.): a ~handed compliment, ব্যাজস্তুতি। ~·ˈ**hander** *n* **(ক)** উল্টা হাতের আঘাত; চাটুবাক্য; ব্যাজস্তুতি; শ্লেষ। **(খ)** উৎকোচ; ঘুষ। ˈ**~·scratcher** *n* **(ক)** পিঠ চুলকানোর জন্য দীর্ঘ হাতলের সঙ্গে থাবাযুক্ত যন্ত্রবিশেষ; পৃষ্ঠকণ্ডুয়নক। **(খ)** চাটুকার; স্তাবক। দ্র. scratch *v* (৫). ˈ**~-stroke** *n* **(ক)** [U] চিৎ-সাঁতার। **(খ)** [C] উল্টা হাতের আঘাত। ˈ**~·sword** *n* একধারী তলোয়ার। ৩ দ্র. back[1](৫) ও back[2](১)। ˌ**~-to-ˈ~** (দেহলিবিশিষ্ট গৃহের সারি সম্বন্ধে) দুই সারি বাড়ির পিছন দিক পরস্পরের মুখোমুখি এমন; পিঠাপিঠি। ˌ**~-ˈbench(er)** *n* লোকসভা বা অন্য ব্যবস্থাপক সভার পিছনের আসন, যাঁরা সম্মুখের আসনে বসার অধিকারী নন (ক্ষমতাসীন নন বা ক্ষমতাসীন ছিলেন না বলে) এমন সদস্যরা ব্যবহার করেন; ঐরূপ আসনে আসীন সদস্য; পশ্চাদাসন ও পশ্চাদাসীন। দ্র. bench (১)। ˈ**~-blocks** *n pl* (অস্ট্রেলিয়ায়) রেলপথ, নদী, সমুদ্র-উপকূল ইত্যাদি থেকে বহুদূরবর্তী বিরলবসতি এলাকা; অজ এলাকা। ˈ**~·board** *n* ঘোড়ার গাড়ির পিছনে বিযোজনযোগ্য ফলকবিশেষ; পশ্চাৎফলক। ˈ**~·cloth** *n* রঙ্গমঞ্চে দৃশ্যসজ্জার অংশরূপে লম্বিত চিত্রিত বস্ত্র; প্রচ্ছদপট। ˌ**~·ˈdoor** *n* অন্তর্দ্বার; খিড়কির দরজা; পশ্চাদ্দ্বার; (attrib, লাক্ষ.) গোপন; পরোক্ষ; প্রচ্ছন্ন: ~door influence. ˈ**~·drop** *n* = ~cloth, প্রেক্ষাপট। ˈ**~·ground** *n* **(ক)** কোনো দৃশ্যের (এবং লাক্ষ. অর্থে বর্ণনার) যে অংশ প্রধান প্রধান বস্তু, ব্যক্তি প্রভৃতির পটভূমিকা রূপে কাজ করে; পশ্চাৎপট। **(খ)** কোনো ব্যক্তির অতীত অভিজ্ঞতা; শিক্ষাদীক্ষা; পরিবেশ; পটভূমি। **(গ)** সমকালীন অবস্থাদি; পটভূমি: the social and political ~ground; (বাণিজ্য.) কোম্পানির ব্যবসা বোঝার জন্য প্রয়োজনীয় আনুপুঙ্খিক তথ্যাদি: B~ ground information, প্রাসঙ্গিক তথ্য। **(ঘ) (be/ keep/ stay) in the ~ground** নেপথ্যে/ প্রচারণা থেকে দূরে (থাকা/ রাখা)। **(ঙ) ~ground music/ effects, etc** আবহসঙ্গীত ইত্যাদি। **~·less** *adj* (পোশাক সম্বন্ধে) অনাবৃতপৃষ্ঠ; পিঠখোলা: a ~less gown. ˈ**~·most** *adj* সর্বপশ্চাদ্বর্তী। ˈ**~ room** *n* বাড়ির পিছনের ঘর; অন্তর্গৃহ; অন্তঃশালা। **~room boys** (কথ্য) অফিস ও উদ্‌যোগশালায় কর্মরত বিজ্ঞানী; প্রকৌশলী; গবেষক প্রভৃতি; নেপথ্যকর্মী। ˌ**~·ˈseat** *n* পিছনের আসন। **take a ~seat** (লাক্ষ.) নিজেকে অপ্রধানরূপে প্রকাশ করা; নিজের গুরুত্ব লাঘব করা। ˌ**~·seat** ˈ**driver** (গাড়ির) যে আরোহী চালকের দোষত্রুটি ধরিয়ে দেয় কিংবা তাকে উপদেশ দেয়; পিছনের চালক। ˈ**~·side** *n* (কথ্য) পাছা; নিতম্ব। ˌ**~·ˈstage** *adv* **(ক)** (মঞ্চে) নেপথ্যে। **(খ)** (attrib): ~stage life, অভিনেতা-অভিনেত্রীদের মঞ্চের বাহিরের জীবন; নেপথ্য-জীবন। ˌ**~·ˈstair** *adj* গুপ্ত; প্রচ্ছন্ন; চোরা: ~ stair influence. ˌ**~·ˈstairs** *n* বাড়ির পিছনে গৃহভৃত্যদের মহল থেকে ওঠা সিঁড়ি; অন্তঃসোপান: (attrib) ~stairs gossip, ভৃত্যমহলের খোশালাপ। ˈ**~·stays** *n (pl)* (নৌ.) জাহাজের মাস্তুলশীর্ষ থেকে পার্শ্বদেশে; পিছনের দিকে কিঞ্চিৎ তির্যকভাবে; বাঁধা রজ্জুশ্রেণী; পশ্চাৎস্তম্ভ। ˈ**~·wash** *n* তরঙ্গাকারে অপসৃয়মাণ জলধারা; বিশেষত জাহাজের পিছু পিছু জলস্রোত; অপসৃয়মাণ তরঙ্গস্রোত; (লাক্ষ.) (কিছু করার পর) অপ্রীতিকর প্রতিক্রিয়া; উত্তরস্বাদ। ˈ**~·water** *n* **(ক)** নদীর অংশবিশেষ; যেখানে স্রোত পৌঁছে না বলে জল স্থির হয়ে থাকে; মরা জল। **(খ)** (লাক্ষ.) ঘটনাপ্রবাহ, প্রগতি ইত্যাদি স্পর্শ করে না এমন স্থান বা মানসিক অবস্থা; বিরানভূমি: living in an intellectual ~water. ˈ**~·woods** *n pl* অনাবাদি বন; (লাক্ষ.) শিক্ষাসংস্কৃতিতে পশ্চাৎপদ অঞ্চল। ˈ**~·woods·man** [-মান্] *n (pl* -men) বনবাসী; (লাক্ষ.) সেকেলে রুচিসম্পন্ন লোক। ~ˈ**yard** *n* (বিশেষত দেহলিবিশিষ্ট বাড়ি সম্বন্ধে) পিছনের উঠান/ চত্বর/ আঙিনা; ৪ দ্র. back[2](১); আগেকার কালের; পূর্ববর্তী স্থানের। ~·ˈ**date** *vt* পুরনো বা পিছনের তারিখ বসানো। ˌ**~·ˈfire** *n* অন্তর্দাহ; ইঞ্জিনে নির্ধারিত সময়ের পূর্বেই গ্যাসের বিস্ফোরণ (ফলে পিস্টনের উল্টাদিকে চলন) এবং তজ্জনিত উচ্চশব্দ; উদ্দহন। □*vi* উদ্দহন ঘটা; (লাক্ষ.) অপ্রত্যাশিত বা অবাঞ্ছিত ফল প্রসব করা, উল্টা ফল ফলা: Though carefully planned, the stratagem ~fired. ˈ**~-formation** *n* [U,C] কোনো দীর্ঘতর শব্দের মূল রূপে প্রতিভাত হয় এ রকম শব্দ এবং শব্দগঠনের এই প্রক্রিয়া, যেমন, televise ক্রিয়াপদটি বিশেষ্য television থেকে গঠিত হলেও প্রথম শব্দটিই দ্বিতীয় শব্দটির মূল বলে প্রতিভাত হয়); পরাগত শব্দগঠন। ˈ**~·log** *n* জমে-ওঠা অসম্পন্ন কাজের বোঝা; বকেয়া কাজ। ˈ**~ num·ber** *n* **(ক)** (সাময়িক পত্রের) পিছনের সংখ্যা। **(খ)** (লাক্ষ. কথ্য) সেকেলে লোক, বস্তু, পদ্ধতি ইত্যাদি। ˈ**~ pay/ rent/ taxes, etc** *n* বকেয়া বেতন, ভাড়া, কর ইত্যাদি। ˌ**~·ˈpedal** *vi* (সাইকেল ইত্যাদিতে) পিছন দিকে চালানো; (লাক্ষ.) প্রদত্ত প্রতিশ্রুতি বা বিবৃতি থেকে দ্রুত পিছিয়ে যাওয়া; পিছু হটা। ˌ**~·ˈslide** *vi* পুনরায়

পাপাচারে মগ্ন হওয়া; পুনরায় পাপের পথে পদস্খলিত হওয়া; নষ্ট হওয়া; বখে যাওয়া। ˌ~·ˈ**space** *vi* চাবি টিপে মুদ্রাক্ষরযন্ত্রের সঞ্চালনী (ক্যারেজ) এক বা একাধিক অন্তর (স্পেস) পিছে সরিয়ে দেওয়া: পিছে ঠেলা। ~·ˈ**spacer key** *n* পিছে ঠেলার চাবি। ~·**track** *vi* **(ক)** অতিক্রান্ত পথ ধরে ফিরে আসা; পিছিয়ে আসা: We had to ~track two kilometres to take the right turning. **(খ)** মত পরিবর্তন করে আগেকার পরিকল্পনা বা বিশ্বাসে ফিরে যাওয়া: Come whatever may, he won't ~track. ৫ দ্র. back[2] (৩); বিনিময়ে; প্রত্যুত্তরে। ˈ~·**bite** *vt ,vi* (অসাক্ষাতে) কুৎসা/ নিন্দা করা; অপবাদ দেওয়া। ˈ~·**biter** *n* পরিবাদক; পরোক্ষনিন্দুক। ˈ~·**chat** *n* [U] (কথ্য) উদ্ধত/ অশোভন/ অশিষ্ট মন্তব্য; প্রগল্‌ভতা: I hate your indulging in ~·chat. ˈ~·**lash** *n* [U] **(ক)** যন্ত্রাংশের শিথিল সংযোগের ফলে অত্যধিক নড়াচড়া; ওলট চলন। **(খ)** (লাক্ষ.) (বিশেষত সামাজিক ও জাতিগত সম্পর্কের ক্ষেত্রে) বিপরীত/ বিরূপ প্রতিক্রিয়া। ˈ~·**talk** *n* [U] = ~chat.

back·gam·mon [ব্যাক্‌গ্যামান্ US ˈব্যাক্–] *n* [U] বিশেষভাবে প্রস্তুত পট্টিকার অক্ষ ও ঘুঁটি নিয়ে দুজন খেলোয়াড়ের জন্য ক্রীড়াবিশেষ; চর্মপট্টিকাক্রীড়া।

back·sheesh, দ্র. baksheesh.

back·ward [ব্যাক্‌ওয়াড়্] *adj* ১ পিছনে বা সূচনাবিন্দুর দিকে; পশ্চাৎ: a ~ glance, পশ্চাতে দৃষ্টিপাত; ~ movement, পশ্চাদ্‌গতি; a ~ flow of water, বিপরীত জলস্রোত। ২ পিছিয়ে–পড়া; পশ্চাৎপদ: a ~ country. ৩ অনিচ্ছু; দ্বিধান্বিত; কুণ্ঠিত: Don't be ~ in giving your views. □*adv* ~(s) ১ পিছনে; পিছনের দিকে: The car moved ~(s). ২ উল্টাদিকে মুখ করে; উল্টাদিক থেকে: to walk ~(s); to count from hundred ~(s); know sth ~(s), সম্যকরূপে/ উত্তমরূপে জানা। ~**(s) and forward (s)** আগুপিছু: travelling ~(s) and forward (s), গমনাগমন; যাতায়াত; আসা–যাওয়া।

ba·con [ˈবেইকান্] *n* [U] লবণে জারিত কিংবা ধূমশোধিত (পিঠ বা পাশের) শূকরমাংস; বেকন। **bring home the ~** (অপ.) কাজ হাসিল করা। **save one's ~** (কথ্য) মৃত্যু; আঘাত বা শাস্তি এড়ানো; জানে বাঁচা।

bac·teria [ব্যাক্‌টিআরিআ] *n pl (sing* -ium [–ইআম্] উদ্ভিদের ক্ষুদ্রতম ও সরলতম (সাধা. এককোষী) রূপভেদ, যা জল, বায়ু, মাটি এবং জীবিত ও মৃত প্রাণী ও উদ্ভিদের দেহে বিদ্যমান থাকে; এরা প্রাণীর জীবনধারণের জন্য অপরিহার্য এবং কখনো কখনো রোগের কারণস্বরূপ; ব্যাকটিরিয়া। **bac·ter·ial** [–রি অল্] *adj* ব্যাক্‌টিরিয়াঘটিত/ জনিত: ~। contamination. **bac·teri·ol·ogy** [ব্যাক্ ˌটিআরিঅলাজি] *n* ব্যাক্‌টিরিয়াবিজ্ঞান। **bac·teri·ol·ogist** [–জিস্‌ট্] *n* ব্যাক্‌টিরিয়াবিদ।

bad[1] [ব্যাড়] *adj* (worse; worst) (বাংলায় প্রায়শ অপ, অব, কু, কৎ, দুঃ বা বি–যোগে bad –এর অর্থ প্রকাশিত হয়) ১ খারাপ; মন্দ; গর্হিত; পাপ; কদর্য; অন্যায়: It is ~ to tell a lie. **act in ~ faith** অসাধু উদ্দেশ্য নিয়ে কাজ করা। **a bad egg/ hat/ lot** (প্রাচীন অপ.) যে ব্যক্তির নীতিবোধের উপর আস্থা স্থাপন করা যায় না; দুর্জন; নষ্টাত্মা। **call sb bad names** গালিগালাজ/ গালমন্দ/ কটুকাটব্য করা। **bad language** কুবচন; কুকথা; অশ্লীল ভাষা। **bad word** অশ্লীল শব্দ; গালি; অপশব্দ। ২ অপ্রীতিকর; অনাকাঙ্ক্ষিত; অপ্রিয়; খারাপ; অশুভ: ~ news; ~ weather, দুর্যোগপূর্ণ/ খারাপ আবহাওয়া; ~ smell, দুর্গন্ধ; to create a ~ odour, অপ্রীতিকর অনুভূতি সৃষ্টি করা। ৩ (যেসব বস্তু আদপেই গর্হিত, তাদের সম্বন্ধে) বাজে; বিশ্রী; মারাত্মক; সাঙ্ঘাতিক; উল্লেখযোগ্য: a ~ accident; a ~ mistake; a ~ recession. ৪ নিকৃষ্ট; অপকৃষ্ট; বাজে; বিশ্রী; কদর্য; কুৎসিত; অপর্যাপ্ত: His handwriting is ~. ~ eyesight. He succeeded in having good photographs even though the light was ~. **be in a bad way** অসুখে/ দুরবস্থায়/ বিপদে পড়া: He is in a ~ way, তার বড়ো দুর্দিন/ দুরবস্থা। **be in bad (with)** (US কথ্য) বিরাগভাজন হওয়া; কুনজরে পড়া: I'm in ~ with the Principal. **go from bad to worse** গুরুতর অবনতি হওয়া। **with bad grace** অনিচ্ছায়। **not (so) bad** (কথ্য উনোক্তি) বেশ ভালো। **not half bad** খুব ভালো; মন্দ কি। **a bad business/ job** (কথ্য) দুর্ভাগ্যজনক ব্যাপার। **bad debt** যে ঋণ শোধিত হওয়ার সম্ভাবনা নেই; কুকর্জ। ˈ**bad-lands** (US) অনুর্বর/ নিরেশ এলাকা। **bad law** যে আইন বৈধ বলে টেকানো বা সাব্যস্ত করা সম্ভবপর নয়; বাজে/ খেলো আইন। **bad shot** (লাক্ষ.) ভুল অনুমান/ আন্দাজ। ৫ খাওয়ার অনুপযোগী; পচা; নষ্ট: bad eggs/ meat. **go bad** খাওয়ার অযোগ্য হওয়া; পচা; নষ্ট হওয়া। ৬ **bad for** (কারো বা কোনো কিছুর জন্য) ক্ষতিকর; অনুপযোগী; অনিষ্টকর; অপকারক: Drinking is ~ for health. ৭ অসুস্থ; পীড়িত: a ~ finger; (কথ্য) to feel ~, অসুস্থ বোধ করা। **be taken bad** (কথ্য) অসুখে পড়া; অসুস্থ হয়ে পড়া; (স্বাস্থ্যগত) অবস্থার অবনতি হওয়া। ৮ (কথ্য) দুর্ভাগ্যজনক: It's too ~ you cannot join us. ৯ (কথ্য) দুঃখিত; ক্লেশিত: He felt so ~ about not being able to come to your aid, তার খুব দুঃখ হয়েছে। **bad·ly** *adv* (worse, worst) (তুল. well, better, best) ১ খারাপভাবে; অপরিচ্ছন্নভাবে, মারাত্মকভাবে, বিশ্রীভাবে, কদর্য/ কুৎসিতভাবে, বাজেভাবে ইত্যাদি: badly made/ dressed/ wounded. ২ শোচনীয়ভাবে; দারুণভাবে: badly defeated; badly in need of succour. ৩ (want, need –এর সঙ্গে) অত্যন্ত: I need him badly. ৪ **badly off** দরিদ্র; দুর্গত। **badly off for** কোনো কিছুর অভাব (বোধ করা)। **bad·ness** *n* কদর্যতা; নিকৃষ্টতা; দুষ্টতা।

bad[2] [ব্যাড়] *n* [U] মন্দ: take the bad with the good. go to the bad বখে যাওয়া; নষ্ট হয়ে যাওয়া। **to the bad** (হিসাব.) গচ্চা: He is £100 to the bad, ১০০ পা: গচ্চা দিয়েছে।

bade [ব্যাড়] দ্র. bid[1](৩).

badge [ব্যাজ] *n* ১ কোনো ব্যক্তির পেশা, পদমর্যাদা ইত্যাদির পরিচায়ক (সাধা. কাপড়ে অঙ্কিত নকশা বা ধাতুনির্মিত) চিহ্নবিশেষ; পদচিহ্ন; চাপরাশ; তকমা; কার্যাঙ্ক; চিহ্ন। ২ (লাক্ষ.) কোনো গুণ– বা অবস্থা–সূচক বস্তু; নিদর্শন; অভিজ্ঞান: Expensive cars are a ~ of opulence.

badger[1] [ˈব্যাজা(র্)] *n* গর্তবাসী; নিশাচর; ধূসর বর্ণের ক্ষুদ্রকায় জন্তুবিশেষ; ব্যাজার।

badger[2] [ব্যাজা(র্)] *vt* ~ **sb (with questions, etc) (for sth)/ (into doing sth)** (প্রশ্নাঘাত ইত্যাদিতে) জর্জরিত করা/ জ্বালাতন করা; প্যানপ্যান করা: His wife was ~ing him to buy a diamond ring.

ba·di·nage [ˈব্যাডিনা:জ় US ˌব্যাডান্ˈআ:জ়্] *n* [U] হাস্যপরিহাস; হাসিঠাট্টা; তামাসা; ঠাট্টা।

bad·min·ton [ব্যাড্‌মিন্‌টান্] *n* ব্যাডমিন্টন।

baffle[1] [ব্যাফ্‌ল্] *vt* বিপাকে ফেলা; হতবুদ্ধি করা; ধাঁধায় ফেলা; প্রতিহত করা; বানচাল/ ব্যাহত করা: He was ~d in his attempt to win a seat. This problem ~s me completely.

baffle[2] [ব্যাফ্‌ল্] *n* গ্যাস; শব্দ বা তরলপদার্থের প্রবাহ রুদ্ধ বা নিয়ন্ত্রণ করার জন্য ব্যবহৃত পাত; ফলক বা অন্য কোনো কৌশল; নিয়মনফলক।

bag[1] [ব্যাগ্] *n* ১ থলে; ব্যাগ: ˈshopping-bag; ˈtravelling-bag; ˈhandbag; ˈkitbag; ˈtoolbag; ˈmailbag. **bag and baggage** (বিশেষত বহিষ্কৃত ব্যক্তি সম্বন্ধে) তল্পিতল্পাসমেত; বোচকাবুচকিসমেত। **a bag of bones** কঙ্কালসার/ অস্থিচর্মসার মানুষ বা জন্তুজানোয়ার। **let the cat out of the bag** (অজ্ঞাতসারে) গোপন কথা ফাঁস করে দেওয়া; থলের বেড়াল বের করে দেওয়া। **pack one's bag** (যাত্রার উদ্দেশ্যে) বোচকা/ তল্পিতল্পা বাঁধা। **the whole bag of sticks** (কথ্য) (কোনো উদ্দেশ্যসাধনের জন্য) সমস্ত উপায়-উপকরণ; সমস্ত মালমশলা। ২ (= game-bag) শিকারির হাতে নিহত বা ধৃত পশু-পাখির সমষ্টি: শিকারের থলে; শিকার: The sportsmen were happy to secure a good ~. **be in the bag** (ফলাফল সম্বন্ধে) যথাকাঙ্ক্ষিত/ ইচ্ছানুরূপ হওয়া: The match is in the ~. ৩ **bags of** (অপ.) মেলা; অঢেল; ভূরি ভূরি: There's ~s of fish. ৪ **bags under the eyes** (কথ্য) (অনিদ্রা, মদ্যপান ইত্যাদি কারণে) চোখের নীচে ফোলা-ফোলা ভাব/ থলে। ৫ **old bag** (কথ্য) খুঁতখুঁতে; অনাকর্ষণীয়া; বিরক্তিকর স্ত্রীলোক; ছেঁড়া থলে।

bag[2] [ব্যাগ্] *vt,vi* (-gg-) ১ থলেতে ভরা/ পোরা: to ~ up rice. ২ (শিকারিদের সম্বন্ধে) মারা বা ধরা: He ~ged three snipes. ৩ (কথ্য) (অনুমতি ছাড়া অপরের সম্পত্তি) দখল করা; আত্মসাৎ করা: I am afraid, you have ~ged my umbrella. They ~ged a corner table in the restaurant. ৪ থলের মতো ঝোলা; ঢলঢল করা: trousers that ~ at the knees.

baga·telle [ব্যাগাˈটেল্] *n* ১ [U] বিলিয়ার্ডের মতো একটি খেলা; যাতে পকেটের স্থলে গর্ত ব্যবহৃত হয়; বাগাতেল। ২ [C] (প্রায়শ **a mere ~**) তুচ্ছ/ অকিঞ্চিৎকর বিষয় বা দ্রব্য। ৩ [C] তুচ্ছ সাঙ্গীতিক রচনা।

bag·gage [ˈব্যাগিজ্] *n* [U] ১ (এই অর্থে US ছাড়া অন্যত্র luggage-ই বহুলব্যবহৃত) (যাত্রীর) মালপত্র; মোটঘাট; যাত্রিকসামগ্রী। **ˈ~ room** (US) যাত্রীদের মালামাল গচ্ছিত রাখার ঘর; মোটঘর। ২ (সেনাবাহিনীর) লটবহর: ˈ~ animals, ভারবাহী পশু; ˈ~ train, লটগাড়ি। ৩ (প্রাচীন) (পরিহাস ছলে) দুষ্টু/ পাজি মেয়ে: You little ~!

baggy [ব্যাগি] *adj* ঢোলা; ঝোলা; ঢলঢলে; থলথলে: ~ trousers; ~ skin under the eyes.

bag·pipe [ˈব্যাগ্‌পাইপ্] *n* (প্রায়শ the ~s) থলিযুক্ত বাদ্যযন্ত্রবিশেষ; এতে বাহুমূলে রক্ষিত থলের বাতাস চাপ দিয়ে নলের মধ্য দিয়ে সঞ্চালিত করে শব্দসৃষ্টি করা হয়; ব্যাগপাইপ।

bags [ব্যাগজ্] *n pl* (কথ্য) পাতলুন: Oxford ~. দ্র. debag.

bail[1] [বেইল্] *n* [U] জামানত; জামিন; হাজির জামিন। **go/ put in/ stand ~ (for sb)** (কারো জন্য) জামিন/ জামিনদার হওয়া। **(be) out on ~** জামিনে খালাস পাওয়া/ করা। **forfeit one's ~** জামিন বাজেয়াপ্ত হওয়া; আদালতে হাজিরা দিতে ব্যর্থ হওয়া। **refuse ~** (বিচারক সম্বন্ধে) জামিনের দরখাস্ত নামঞ্জুর করা। **surrender to one's ~** জামিনশেষে আদালতে হাজির হওয়া। □*vt* **~ sb out** জামিনে খালাস করা। **~ee** [ˌবেইˈলী] *n* (আইন.) যার বা যাদের কাছে অন্যের সম্পত্তি দেখাশোনার ভার দেওয়া হয় (যেমন, কাপড়চোপড় ধোলাই করার ভারপ্রাপ্ত কোনো ধোলাইখানা); মালজামিনদার; জিম্মাদার। **~·ment** *n* (আইন.) জিম্মাদান। **~or** [ˈবেইলো°(র্)] *n* (আইন.) জিম্মাদাতা; জিম্মাদায়ী।

bail[2] [বেইল্] *n* (ক্রিকেট) তিনটি স্থাণুর (স্টাম্প) উপর আড়াআড়িভাবে ন্যস্ত দুটি আড়কাঠির যে কোনো একটি; বেইল।

bail[3] [বেইল্] *vt,vi* ১ **~ out** (নৌকার) জল সেচা: ~ing water (out); ~ (out) the boat, নৌকার জল সেচে ফেলা। ২ কখনো কখনো bale[2] অর্থে প্রযুক্ত।

bailey [ˈবেইলি] *n* দুর্গের বহিঃপ্রাকার; প্রাকারবেষ্টিত দুর্গাঙ্গন। **Old B~** লন্ডনের কেন্দ্রীয় ফৌজদারি আদালত; ওল্ড বেইলি!

Bailey bridge [বেইলি ব্রিজ্] *n* দ্রুত সংযোজনযোগ্য সেতুবিশেষ; বেইলি সেতু।

bail·iff [ˈবেইলিফ্] *n* ১ কাউন্টির প্রধান প্রশাসনিক কর্মকর্তা (শেরিফ)-র সহকারী; আইনবিষয়ক কর্মকর্তা; নাজির। ২ (ভূস্বামীর) নায়েব; পাটোয়ারি।

bairn [বেআন্] *n* (Scot ও উত্তর ইংল্যান্ড) শিশু।

bait[1] [বেইট্] *n* ১ টোপ: to take/ swallow/ rise to/ nibble at the ~. **live ~** বড়ো মাছ ধরার জন্য ব্যবহৃত ছোট মাছ: জ্যান্ত টোপ। ২ (লাক্ষ.) প্রলোভনের বস্তু; টোপ। **rise to the ~** টোপ গেলা।

bait[2] [বেইট্] *vt,vi* ১ টোপ দেওয়া/ ফেলা: ~ a hook with a worm. ২ (ভ্রমণপথে ঘোড়াকে) খাওয়ানো; (ঘোড়া সম্বন্ধে) খাবার খাওয়া। ৩ (শৃঙ্খলিত পশুদের) কুকুর লেলিয়ে উত্যক্ত করা: ˈbear-~ing; ˈbull-~ing. ৪ (নিষ্ঠুর বা অবমাননাকর মন্তব্য দিয়ে কাউকে) উত্যক্ত/ জর্জরিত করা।

baize [বেইজ্] *n* [U] (টেবিল ইত্যাদি) ঢাকার জন্য সাধা. সবুজ রঙের মোটা পশমি কাপড়; বনাত।

bake [বেইক্] *vt,vi* ১ (রুটি ইত্যাদি বদ্ধ উনুনে) সেকা; ঝলসানো: ~ bread/ cakes. ২ তাপে কঠিন হওয়া বা করা; (ভাঁটিতে) পোড়ানো; ঝলসানো: The long, hot summer ~d the ground hard. Bricks are ~d by fire or sun. ৩ তপ্ত হওয়া; (গায়ের রং) তামাটে হওয়া; (রোদে) পোড়া; ঝলসা: The children are baking in the sun. **ˌhalf -ˈ~d** *adj* (কথ্য) অল্পবুদ্ধি; অনভিজ্ঞ; আনাড়ি; অর্ধপক্ব: half-~ed ideas; a half-~d prophet. **ˌbaking-ˈhot** *adj* অতিতপ্ত; কাঠ-ফাটা: a baking-hot day. **ˈbaking-powder** *n* রুটি, কেক ইত্যাদি ফোলানোর জন্য যে মিশ্রণ ব্যবহার করা হয়; বেকিং পাউডার। **baker** *n* রুটি ইত্যাদির প্রস্তুতকারক; নানবাই। **~r's dozen** রুটিওয়ালার ডজন, অর্থাৎ তেরো। **bak·ery** [বেইকারি] *n* (*pl* -ries) রুটিঘর।

bake·lite [বেইকালাইট্] *n* [U] (ফ.) (কলম, খাঞ্চা, টেলিফোন ইত্যাদি তৈরি করার জন্য আগেকার দিনে ব্যবহৃত) সর্জরস বা ধুনোর কৃত্রিম যৌগ; ব্যাকেলাইট।

bak·sheesh [ব্যাক্‌শীশ্] *n* [U] বকশিশ।

bala·laika [ˌব্যালাˈলাইকা] *n* (*pl* –s) রাশিয়া এবং পূর্ব য়োরোপের অন্যান্য দেশে জনপ্রিয় গিটারসদৃশ (তিনটি তারযুক্ত, ত্রিকোণাকার) বাদ্যযন্ত্রবিশেষ; বালালাইকা।

bal·ance[1] [ব্যালান্‌স্] *vt,vi* ১ (প্রশ্ন ইত্যাদি) তৌলন/ বিচার করা; (দুটি বস্তু, পরিকল্পনা ইত্যাদি) তুলনা করা। ২ (কোনো কিছু বা নিজকে) ভারসম অবস্থায় রাখা: ~ a pitcher on one's head; ~ oneself on a rope. ৩ (হিসাব) মেলানো; জমাখরচ মেলানো। **~ the budget** বাজেট সুষম করা; (স্থিতিপত্রের দুই দিক সম্বন্ধে) সমান/ সুষম হওয়া: The accounts do not ~. ৪ **a ~ed diet** সুষম পথ্য/ খাদ্য।

bal·ance[2] [ব্যালান্‌স্] *n* ১ তুলা; তুলাদণ্ড; দাঁড়িপাল্লা; নিক্তি। **be/ hang in the ~** (লাক্ষ. ফলাফল সম্বন্ধে) অনিশ্চিত হওয়া। ২ ঘড়ির গতিনিয়ন্ত্রক যন্ত্রবিশেষ; তৌল। ˈ**~-wheel** *n* ঘড়ির গতিনিয়ন্ত্রক চাকাবিশেষ; তৌলচক্র। ৩ [U] স্থিতাবস্থা; বিরুদ্ধ শক্তির মধ্যে ভারসাম্যতা। **checks and ~s,** দ্র. check[2] (১). **hold the ~** মীমাংসা করার কলকাঠির অধিকারী হওয়া। **in the ~** অনিশ্চিত। **keep one's ~** ভারসাম্য রক্ষা করা; স্থির থাকা; স্থৈর্য বজায় রাখা। **loose one's ~** ভারসাম্য হারানো; টলে পড়া; (লাক্ষ.) স্থৈর্য হারানো; বিচলিত হওয়া। **throw sb off his ~** বিচলিত/ বিপর্যস্ত করা; উল্টে ফেলা। **~ of power** শক্তির ভারসাম্য। ৪ [U] (শিল্পকলায়) অঙ্কনের সুসামঞ্জস্য ও সম্মিতি; সৌষম্য: a picture lacking in ~. ৫ (হিসাব) জমাখরচের দুই দিকের মধ্যে তফাত; উদ্‌বর্ত। **on ~** সব কিছু বিবেচনাপূর্বক। **strike a ~ (between ...)** (জমাখরচের) তারতম্য নির্ণয় করা; (লাক্ষ.) সকলের জন্য গ্রহণযোগ্য সমাধানে পৌছা; আপোস করা; আপোস-রফা করা; মধ্যপন্থা অবলম্বন করা। **~ of payments** (একটি নির্দিষ্ট কালপরিমাণে) বিদেশী রাষ্ট্রসমূহকে পরিশোধিত সর্বমোট অর্থসম্পদ এবং বিদেশ থেকে প্রাপ্ত সর্বমোট অর্থসম্পদের বিবরণী; পরিশোধন-বিবরণী। **~ of trade** আমদানি ও রপ্তানির মূল্যের মধ্যে পার্থক্য; বাণিজ্যস্থিতি। ˈ**~-sheet** জমা ও খরচ উল্লেখপূর্বক উক্ত পার্থক্যের বিস্তারিত লিখিত বিবরণ; স্থিতিপত্র। ৬ আংশিক পরিশোধের পর দেওনার অবশিষ্টাংশ; বাকি; অবশেষ: ~ to be settled within one month. ৭ **the ~** (যে কোনো কিছুর) অবশেষ; অবশিষ্টাংশ; শেষভাগ।

bal·cony [ব্যালকনি] *n (pl* -nies) ১ ইন্দ্রকোষ; ঝুল বারান্দা। ২ (রঙ্গালয়ে) গৃহতল থেকে উঁচুতে অবস্থিত আসনপংক্তি; প্রেক্ষাবিতান। (US = gallery.) **bal·conied** *adj* ঝুল বারান্দা-যুক্ত: a balconied house.

bald [বো°ল্‌ড্] *adj* (-er, -est) ১ (মানুষ সম্বন্ধে) টেকো; টাকবিশিষ্ট; খল্লিট; (পশু সম্বন্ধে) লোমহীন; নির্লোম; (পাখি সম্বন্ধে) নিষ্পক্ষ্ম; পালকহীন; (গাছ সম্বন্ধে) নিষ্পত্র; পত্রপল্লবহীন; (ভূমি, পাহাড় ইত্যাদি সম্বন্ধে) নিষ্পাদপ; অনাবৃত; নগ্ন ২ (লাক্ষ.) নিরাভরণ; নিষ্প্রভ; নীরস: a ~ style of writing; a ~ statement of facts. ৩ ˈ**~-head,** ˈ**~-pate** *n* টেকো (লোক), টাকওয়ালা। **go at it** ˌ**~-**ˈ**headed** (কথ্য) সর্বশক্তি দিয়ে বেপরোয়াভাবে ঝাঁপিয়ে পড়া। **~·ly** *adv* (সর্বদা লাক্ষ.) রাখঢাক না করে; অনলঙ্কৃতভাবে; সাদামাটাভাবে: speaking ~ly; to put it ~ly. **~·ness** *n* টাক, মুণ্ডতা; লোমহীনতা; পালকহীনতা; পত্রপল্লবহীনতা; নগ্নতা; নিরাভরণতা।

bal·der·dash [বো°ল্‌ডাড্যাশ্] *n* [U] বাগাড়ম্বর; অনর্থকবাক্য; বৃথাবাক্য; প্রলাপোক্তি।

bale[1] [বেইল্] *n* [C] গাঁট; গাদা; গাদি: ~s of jute; ~s of hay. □*vt* গাঁট বাঁধা; গাদি বাঁধা।

bale[2] [বেইল্] *vt* = bail[3](১)। **~ out (of)** (বৈমানিক সম্বন্ধে) ক্ষতিগ্রস্ত বা নিয়ন্ত্রণবহির্ভূত বিমান থেকে প্যারাশুটের সাহায্যে লাফিয়ে পড়া।

baleful [বেইল্‌ফুল্] *adj* পাপ; অকল্যাণ; অশুভ; কুটিল; হিংস্র: ~ look, পাপদৃষ্টি; কুটিল দৃষ্টি; ~ influence, কুপ্রভাব; অশুভ প্রভাব। **~ly** [-ফুলি] *adv* হিংস্রভাবে।

balk, baulk[1] [বো°ক্] *n* ১ চৌকোণা দীর্ঘ কাষ্ঠখণ্ড। ২ অন্তরায়; প্রতিবন্ধক; বাধা; বিঘ্ন; বিলম্বহেতু।

balk, baulk[2] [বো°ক্] *vt,vi* ১ অন্তরায় সৃষ্টি করা; বিঘ্নিত/ খণ্ডিত করা: ~ sb's plan, বানচাল/ নস্যাৎ/ পণ্ড করা; ~ sb of his prey, পরিবঞ্চিত করা; be ~ed in one's purpose, উদ্দেশ্যসিদ্ধিতে বিঘ্নিত হওয়া। ২ **~ (at)** (যেমন, ঘোড়া সম্বন্ধে) বেঁকে বসা; দ্বিধা করা: The horse ~ed at the wide ditch.

ball[1] [বো°ল্] *n* ১ খেলার জন্য যেকোনো নিরেট বা ফাঁপা গোলক; কন্দুক; গেণ্ডু; বল (দ্র. ˈbase~, ˈfoot~, ˈtennis-~, ˈcricket-~ ইত্যাদি)। **be on the ~** সজাগ/ সতর্ক থাকা; (আরব্ধ কোনো কাজের) যোগ্য হওয়া। have the ~ at one's feet, সাফল্য অর্জনের উত্তম সুযোগ পাওয়া। **keep the ~ rolling** কথাবার্তা ইত্যাদি চালিয়ে যাওয়া/ চালু রাখা। **play ~** (কথ্য) সহযোগিতা করা: The union leaders would not play ~. **start/ set the ~ rolling** বিশেষত কথাবার্তা শুরু করা। **The ~ is in his, etc court/ with him, etc** (আলাপ-আলোচনা ইত্যাদিতে) পরবর্তী পদক্ষেপ তাকেই নিতে হবে; বল এখন তার হাতে/ ঘরে ইত্যাদি। **three ~s** বন্ধক-ব্যবসায়ীর চিহ্ন। ˌ**~-**ˈ**bearing(s)** (যন্ত্রকৌশলে) যন্ত্রের সচল অংশসমূহের ধারক এবং ঘর্ষণনিবারক প্রযুক্তিবিশেষ, যাতে ঘর্ষণ কমানোর জন্য ইস্পাতের গোলক ব্যবহৃত হয়; কন্দুকালম্ব। ˈ**~-(-) cock** *n* চৌবাচ্চা বা জলাধারে জলের সরবরাহ নিয়ন্ত্রণ করবার কৌশল-বিশেষ: এতে একটি ভাসমান গোলক জলের ওঠা-নামা অনুযায়ী একটি কপাটক বন্ধ করে বা খুলে দেয়; কন্দুককল। ˌ**~-pen,** ˈ**~·point-**ˈ**pen** কলমবিশেষ, যাতে কাগজের সংস্পর্শে আবর্তিত একটি কন্দুকের চারপাশ দিয়ে কালি নিঃসৃত হয়; কন্দুককলম। ২ (ক্রিকেট) বলনিক্ষেপের একক; বল। **no ~** নিয়মবহির্ভূত বলনিক্ষেপ; বাতিল বল; (বেসবল) যে কোনো আঘাত বা নিক্ষেপ: a foul ~, অশুদ্ধ বল; (ফুটবল) খেলোয়াড় কর্তৃক বলচালনা: send over a high ~. ৩ দলা; ডেলা; গুলি; পিণ্ড; কোষ: a ~ of wool/ string; a ˈsnow~; a ˈmeat~, মাংসের বড়া। ৪ গুলি; গোলা: ˈcannon-~. (প্রাচীন, তুল. shell)। ˈ**~-cartridge** বুলেটপূরিত/ বুলেটযুক্ত কার্তুজ (বিপরীত: blank cartrige)। ৫ গোলাকার অংশ: the ~ of the thumb (করতলবর্তী) অঙ্গুষ্ঠমূল; the ~ of the foot, পদাঙ্গুষ্ঠমূল। ৬ (নিষেধ.) (অপ.) অণ্ডকোষ; বিচি। □*int* **~s** ! (অপ.) ঘোড়ার ডিম ! □*vt,vi* ১ পিণ্ডীভূত হওয়া; দলা পাকানো; পেঁচিয়ে গোলা বানানো। ২ **~s sth up** (অপ.) তালগোল পাকানো। **~s-up** *n* তালগোল; দুর্গতির একশেষ; হ-য-ব-র-ল।

ball[2] [বো°ল্] *n* সুবিন্যস্ত কর্মসূচি এবং (প্রায়শ) বিশেষ বিনোদন ব্যবস্থাসমেত সামাজিক নৃত্যানুষ্ঠান; মজলিশি নাচ; বলনাচ। ˈ**~-dress** উক্তরূপ নাচের জন্য মহিলাদের ফ্রক। ˈ**~·room** বলনাচের জন্য প্রশস্ত কক্ষ; নাচঘর।

bal·lad [ˈব্যালাড্] *n* বিশেষত প্রাচীন কোনো কাহিনীসংবলিত সাদামাটা গান বা কবিতা; গাথা।

bal·lade [ব্যালা:ড্] *n* [C] ১ এক বা একাধিক স্তবকবিশিষ্ট কাব্যরূপবিশেষ, যার প্রতি স্তবকে ৭, ৮ বা ১০টি চরণ থাকে, প্রতিটি স্তবক একই ধ্রুবপদে পরিসমাপ্ত

হয় এবং সবশেষে থাকে একটি সংক্ষিপ্ত সমাপনী স্তবক; বালাদ। ২ প্রণয়রসাত্মক সাঙ্গীতিক রচনাবিশেষ।

bal·last [ব্যালাস্ট্] *n* [U] ১ জাহাজ স্থির রাখার জন্য জাহাজের খোলে/ তলদেশে স্থাপিত গুরুভার দ্রব্যাদি (যেমন পাথর, বালু, লোহা); প্রস্থোরা; প্রভার। **in ~** (কেবলমাত্র) প্রভারপূরিত। ২ বেলুনে বাহিত বালু ও অন্যান্য দ্রব্য, যা আরো উঁচুতে আরোহণকালে পরে ফেলে দেওয়া হয়; প্রভার। ৩ (লাক্ষ.) মানসিক স্থৈর্য। ৪ রাস্তাঘাট, বিশেষত রেলপথের ভিত্তি নির্মাণের জন্য ব্যবহৃত নুড়ি, শিলাচূর্ণ ইত্যাদি; পরিস্তরণ। □*vt* প্রভার আরোপ করা; পরিস্তীর্ণ করা।

bal·ler·ina [ব্যাল'রীনা] *n (pl* -s) (ইতা.) ব্যালে-নর্তকী; বিশেষত যে নর্তকী ব্যালেতে প্রধান কোনো ধ্রুপদী চরিত্রে অভিনয় করেন; ব্যালেরিনা।

bal·let [ব্যালেই] *n* ১ [C] সংলাপ- ও কণ্ঠসঙ্গীত-বিহীন নাট্যাভিনয়বিশেষ; যাতে নর্তক-নর্তকীরা নৃত্যের মাধ্যমেই একটি কাহিনী উপস্থাপিত করেন; ব্যালে। ২ [U] ব্যালেশিল্পীবৃন্দ: a member of the ~. ৩ [U] **the ~** ব্যালেনৃত্যশিল্প। **'~-dancer** ব্যালেনর্তক/ নর্তকী। **'~-skirt** ব্যালেনর্তকীদের পরিধেয় অধোবস্ত্রবিশেষ; ব্যালে-অন্তরীয়।

bal·lis·tic [বা'লিস্টিক্] *adj* ক্ষেপণাস্ত্রবিষয়ক: inter-continental ~ missile **(ICBM),** আন্তর্মহাদেশীয় দূরবেধী ক্ষেপণাস্ত্র। **bal·lis·tics** *n* (সাধা. *sing v* -সহ) ক্ষেপণাস্ত্রবিজ্ঞান।

bal·locks ['বলাক্স্] *n pl* (নিষেধ., অশিষ্ট) ১ অণ্ডকোষ; মুষ্ক। ২ বাজে কথা।

bal·loon [বা'লূন্] *n* ১ বায়ু বা বায়ুর চেয়ে হালকা গ্যাসপূরিত থলে বা আবরণ; বেলুন: captive ~, ভূমিতে রজ্জুবদ্ধ বেলুন; বন্দী বেলুন। **'~ barrage** নিচু হয়ে উড়ন্ত শত্রুপক্ষীয় বিমানের হামলা প্রতিরোধের উদ্দেশ্যে বন্দী বেলুননির্ভর ইস্পাত-রজ্জুর প্রতিবন্ধকবিশেষ; বেলুনের অবরোধ। **'barrage ~** উপরোক্ত উদ্দেশ্যে ব্যবহৃত বন্দী বেলুন; অবরোধক বেলুন। **hot-'air ~** আকাশভ্রমণের যানবিশেষ: এতে উষ্ণ গ্যাসপূর্ণ একটি বৃহৎ থলের নীচে যাত্রীবহনের জন্য একটি ঝুড়ি বা বাহন ঝুলন্ত থাকে; ব্যোমযান। **'~ tyre** নিম্নচাপযুক্ত; অতিপ্রশস্ত; বায়ুময় চাকাবিশেষ; বেলুন টায়ার। ২ (শিশুদের রঙ্গচিত্র) সংলাপ, উৎক্রোশ ইত্যাদির জন্য বহির্লেখা; বেলুন। □*vi* বেলুনের মতো ফোলা। **~·ist** *n* বেলুনচারী।

bal·lot [ব্যালাট্] *n* ১ [C] গোপনে সমর্থন বা অসমর্থন প্রকাশের জন্য ব্যবহৃত কাগজের টুকরা; নিদর্শনপত্র বা ক্ষুদ্র গুটিকা; উদ্গ্রহণপত্র; ব্যালট; [C,U] গোপন নির্বাচন। **take a ~** ভোটের মাধ্যমে স্থির করা। ২ (গোপনে গৃহীত) ভোট। **'~-box** ভোট বাক্স। □*vi* **~ (for)** ভোট দেওয়া; গুটিকাপাত করে ভাগ্য, পালা ইত্যাদি স্থির করা।

bally [ব্যালি] *adj, adv* (GB প্রচীন অপ., bloody(৩)-এর সুভাষণ) (বক্তার তীব্র অনুরাগ-বিরাগ প্রকাশের জন্য ব্যবহৃত) জঘন্য: What a ~ mess !

bally·hoo [ব্যালি'হূ US 'ব্যালিহূ] *n* [U] (কথ্য) ১ কোলাহলপূর্ণ প্রচারণা কিংবা বিজ্ঞাপন; অশালীন বা বিভ্রান্তিকর বিজ্ঞাপন। ২ হৈচৈ।

balm [বা:ম্] *n* [U] ১ কোনো কোনো বৃক্ষ থেকে প্রাপ্ত সুগন্ধি তেল বা প্রলেপ যা বেদনা-প্রশমন বা রোগনিরাময়ের জন্য ব্যবহৃত হয়; সুরভি-প্রলেপ; অভ্যঞ্জন। ২ (লাক্ষ.) বেদনাশান্তি; সান্ত্বনা; আরাম; শান্তিপ্রলেপ। **~y** *adj* ১ (হাওয়া সম্বন্ধে) সুখস্পর্শ; স্নিগ্ধ; মেদুর; সুমধুর। ২ উপশমক; সৌগন্ধিক; সুরভি। ৩ (অপ.) = barmy.

bal·oney [ব'লৌনি] *n* = boloney, বাজে কথা; দমবাজি; ধোঁকাবাজি।

baloo, balu [বা:লূ] *n* (ভারতবর্ষে) ভালুক।

balsa ['বো°ল্সা] *n* [C,U] আমেরিকার উষ্ণমণ্ডলীয় বৃক্ষবিশেষ এবং এর হালকা কাঠ; তর্নিকাঠ; ভেলা: (attrib) a ~ raft, তর্নিকাঠের ভেলা।

bal·sam ['বো°ল্সাম্] *n* ১ = balm (১)। ২ যে গাছ থেকে সুগন্ধি নির্যাস পাওয়া যায়; গন্ধতরু। ৩ দোপাটি।

bal·us·ter [ব্যালাস্টা(র্)] *n* সিঁড়ি; বারান্দা; ছাদ ইত্যাদি বেষ্টনের জন্য ক্ষুদ্রাকার স্তম্ভতুল্য খুঁটি; পরিস্তম্ভ। *(pl)* banisters, পরিক্ষেপ; রেলিং।

bal·us·trade [ব্যালাস্'ট্রেইড্] *n* ঝুল বারান্দা; দেহলি; গড়ানে ছাদ ইত্যাদি বেষ্টনের জন্য ছোট ছোট স্তম্ভাকার খুঁটির সারি এবং তদুপরি কাঠ বা পাথরের রেলিং; প্রাবৃতি; পরিক্ষেপ।

bam·bino [ব্যাম্'বীনৌ] *n (pl* -s) (ইতা.) ১ শিশু। ২ চিত্রকলায় শিশু যিশুখ্রিস্টের রূপায়ণ; বালযিশু।

bam·boo [ব্যাম্'বু] [U] বাঁশ; বংশ; [C] *(pl* -s) বাঁশের লাঠি; বংশদণ্ড।

bam·boozle [ব্যাম্'বূজ্ল্] *vt* (কথ্য) ১ ধোঁকা/ ধাপ্পা দেওয়া; বোকা বানানো; প্রবঞ্চনা করা; পট্টি মারা। ২ **~ sb (into/ out of) (doing) (sth)** ধোঁকা দিয়ে কিছু করানো; প্রতারণা/ ছলনা করা।

ban [ব্যান্] *vt* (-nn-) ১ নিষিদ্ধ ঘোষণা করা; নিষেধাজ্ঞা আরোপ করা। ২ **~ sb (from) (doing) (sth)** কারো কোনো কার্যকলাপের উপর নিষেধাজ্ঞা জারি করা: The politician was ~ned from holding meetings in the street. □*n* (অপিচ **'~ning-order)** নিষেধাজ্ঞা; প্রতিষেধ।

ba·nal [বা'না:ল US 'বেইন্ল্] *adj* মামুলি; গতানুগতিক; তুচ্ছ: ~ remarks. **~·ity** [বা'ন্যালাটি] *n* [U] মামুলিত্ব; [C] *(pl* -ties) মামুলি কাথাবার্তা ইত্যাদি: exchange banalities.

ba·nana [বা'না:না US বা'ন্যানা] *n* [C] কলা; কদলী। **go ~s** মতিচ্ছন্ন হওয়া; মাথাখারাপ হওয়া; নেহাৎ নির্বোধের মতো আচরণ করতে শুরু করা। **'~ republic,** দ্র. plantain[1].

band [ব্যান্ড্] *n* ১ বিশেষত জিনিসপত্র একত্র বাঁধার জন্য কিংবা কোনো বস্তুর শক্তিবৃদ্ধির উদ্দেশ্যে তার চারিদিকে পেঁচানোর জন্য চেপ্টা পাতলা উপকরণ; বন্ধন; বন্ধনী; পাশ; বলয়; ফিতা; ফেটা: iron/ rubber ~s. **'~-saw** *n* (প্রকৌ.) ইস্পাতের ঘূর্ণ্যমান বলয়বিশিষ্ট যন্ত্রচালিত করাতবিশেষ; ফিতা-করাত। ২ পরিধেয় বস্ত্রের অংশস্বরূপ কাপড়ের চেপ্টা, পাতলা ফালি; বন্ধনী; পটি: 'neck ~ and 'wrist ~s, শার্টের কণ্ঠ-ও কব্জি-বন্ধনী। ৩ কোনো বস্তুর বাকি অংশ থেকে ভিন্নতর রং বা নকশার রেখা বা খণ্ডক; বলয়: a white plate with a pink ~ round the edge. ৪ অভিন্ন উদ্দেশ্যে একজন দলপতির অধীনে সঙ্ঘবদ্ধ ব্যক্তিদের সমষ্টি; দল; ঝাঁক; পাল; জোট: a ~ of robbers/ fugitives. ৫ একত্রে বাজনা বাজায় এমন ব্যক্তিদের সমষ্টি; বাদকদল: a 'brass ~, সুষিরবাদ্যবৃন্দ; a 'dance ~, নাচের বাদ্যবৃন্দ; a 'jazz ~, জাজ বাদ্যবৃন্দ। **'~·master** [ব্যান্ড্মা:স্টা(র্)] *n* বাদনাধ্যক্ষ; তূর্যাচার্য। **'~s·man** [-মান্] *n (pl* -men) বাদকদলের সদস্য। **'~·stand** [ব্যান্ড্স্ট্যান্ড্] *n* বাদনমঞ্চ। **'~·wagon** *n* (বিশেষত রাজনৈতিক দলের) শোভাযাত্রার অগ্রভাগে বাদকদল-বহনকারী শকট; বাজনার গাড়ি। **climb/ jump on/ aboard the ~wagon** সাফল্যের আপাত সম্ভাবনা

দেখে কোনো উদ্‌যোগে শরিক হওয়া; অনুকূল স্রোতে নৌকা ভাসানো। ৬ (বেতার; ˈ**wave-~**-এর সংক্ষেপ) শব্দতরঙ্গের পৌনঃপুন্যের যতোটা পরিমাণ গ্রাহকযন্ত্রে একসঙ্গে ধরা যায়; ব্যান্ড: the 19-metre ~. □*vt,vi* ১ পটি; বন্ধনী; ফিতা ইত্যাদি দিয়ে বাঁধা। ২ ~ together with ql পাকানো/ বাঁধা; জোট বাঁধা; ঘোঁট পাকানো: ~ with others to do sth.

ban·dage [ˈব্যানডিজ্] *n* ক্ষত বা আঘাতস্থলে বাঁধার জন্য কাপড় ইত্যাদির ফালি; পটি; পট্টক; বন্ধনক্রিয়া। □*vt* **~ (up)** পটি বাঁধা।

Band-aid [ˈব্যানডেইড্] *n* [C,U] (P) (US) বিশেষ ধরনের উপনাহ (প্লাস্টার) যা পটিকে ত্বকের সঙ্গে সেঁটে রাখে; ব্যান্ড-এইড; পট্টসহায়।

ban·danna [ব্যানˈড্যান] *n* সাধা. কণ্ঠদেশে পরিধেয়; হলুদ বা লাল ফুটকিওয়ালা; উজ্জ্বল বর্ণের চৌকো বস্ত্রখণ্ডবিশেষ; গ্রীবাবেষ্টনী।

band·box [ˈব্যানড্‌বক্স্] *n* স্ত্রীলোকের টুপি, ফিতা ইত্যাদি রাখার জন্য পিচবোর্ডের হালকা বাক্সবিশেষ; টুপির বাক্স।

ban·deau [ব্যানডৌ US –ˈডৌ] *n (pl* -deaux [-ডৌজ্ US –ˈডৌজ্]) (মেয়েদের) চুলের ফিতা।

bandi·coot [ˈব্যানডিকূট্] *n* ধেড়ে ইঁদুর।

ban·dit [ˈব্যানডিট্] *n* দস্যু (বিশেষত যারা অরণ্যে বা পার্বত্যপথে পথিকদের এবং আজকের দিনে ব্যাংক বা অফিস আক্রমণ করে), পথতস্কর; লুটেল; লুটেরা; ডাকাত; রাহাজান। **~ry** *n* [U] দস্যুতা; তস্করবৃত্তি; ডাকাতি; রাহাজানি।

ban·do·leer, ban·do·lier [ব্যান্‌ডাˈলিআ(র্)] *n* বন্দুকের গুলি রাখার জন্য কাঁধ থেকে কোমর পর্যন্ত আড়াআড়িভাবে পরিধেয়; ছোট ছোট কোষবিশিষ্ট বন্ধনীবিশেষ; ফালিস্কা।

bandy[1] [ˈব্যান্‌ডি] *vt (pt,pp* -died) (কিল, চড়, ঘুষি, কটূক্তি ইত্যাদি) বিনিময় করা। **have one's name bandied about** (নিন্দার্থে) কারো নাম লোকের মুখে মুখে ফেরা; জনশ্রুতির বিষয় হওয়া। **~ a story about** গল্প/ কাহিনী লোকের মুখে মুখে ইতস্তত ছড়ানো। **~ words with sb** কথা কাটাকাটি করা; তর্কাতর্কি করা।

bandy[2] [ˈব্যান্‌ডি] *adj* (পা সম্বন্ধে) হাঁটুর কাছে বাহিরের দিকে বাঁকানো। ˈ**~-legged** *adj* (মানুষ বা জন্তু সম্বন্ধে) প্রগতজানু; প্রজ্ঞু।

bane [বেইন্] *n* [U] ১ (কেবলমাত্র সমাসবদ্ধ পদে) বিষ: ˈrat's-~. ২ সর্বনাশ বা দুর্দশার হেতু: gambling was the ~ of his life, জুয়াখেলাই তার সর্বনাশ করেছে। **~·ful** [-ফুল্] *adj* পাপ-; অশুভ: a ~ ful influence. **~·fully** [-ফুলি] *adv* অকল্যাণকররূপে।

bang[1] [ব্যাঙ] *n* প্রচণ্ড আঘাত; অভিঘাত; চোট; আকস্মিক উচ্চশব্দ: He knocked his head against the wall and got a nasty ~ on the forehead. She left the room shutting the door with a ~, দুম/ খটাশ করে। The hand-grenade went off with a ~, গুড়ুম করে। **go off with a ~** (GB কথ্য); **go (over) with a ~** (US কথ্য) (অনুষ্ঠান ইত্যাদি সম্বন্ধে) সাফল্যমণ্ডিত হওয়া; অত্যন্ত মনোজ্ঞ হওয়া; আলোড়ন সৃষ্টি করা। □*vt,vi* ১ প্রচণ্ড আঘাত হানা; দড়াম/ দুম/ খটাশ করে বা উচ্চশব্দে বন্ধ করা: Who is ~ing at the door ? It is useless to try to ~ grammar into the heads of young children. ২ উচ্চ আওয়াজ করা: The big guns ~ed, গর্জন করে উঠল। Our troops were ~ing away at the enemy, অবিরাম গুলিবর্ষণ করছিল। □*adv*, int: **go ~** প্রচণ্ড শব্দে ফেটে পড়া; ~ in the middle, ঠিক মাঝখানে; come ~ up against sth; কোনো কিছুর সঙ্গে প্রচণ্ড ধাক্কা খাওয়া।

bang[2] [ব্যাঙ্] *vt* (সামনের চুল) চৌকো করে ছাঁটা: The young girl likes to have her hair ~ed. □[C] চৌকো করে ছাঁটা চুল।

banger [ˈব্যাঙা(র্)] *n* ১ (অপ.) পাতলা নলাকার আবরণীর মধ্যে মশলাযুক্ত মাংসের পুর দিয়ে তৈরি খাদ্যবিশেষ; সসেজ। ২ উচ্চশব্দ আতসবাজি; গুড়ুমবাজি; হাউই। ৩ পুরনো ভাঙাচোরা গাড়ি।

Bang·la·deshi [বাঙলাˈদেশি] *adj* বাংলাদেশের নাগরিক; বাংলাদেশ বিষয়ক।

bangle [ˈব্যাঙ্‌গল্] *n* (হাতে) বালা; অনন্ত; কঙ্কণ; চুড়ি; (পায়ে) মল।

ban·ian, ban·yan [ˈব্যানিআন্] *n* ১ বেনিয়া; বেনে; বণিক। ২ (অপিচ ˈ**~-tree)** বটগাছ।

ban·ish [ˈব্যানিশ্] *vt* ১ ~ **(from)** (দণ্ডরূপে) উদ্‌বাসিত/ নির্বাসিত/ বিবাসিত করা। ২ (মন থেকে) দূর/ নিরাকৃত/ বিতাড়িত করা। **~·ment** *n* [U] উদ্‌বাসন; প্রব্রজন; নির্বাসন; বিবাসন; নিরাকরণ; বিতাড়ন।

ban·is·ter [ˈব্যানিস্টা(র্)] *n* রেলিং-এর শিক বা গরাদে; *(pl)* পরিক্ষেপ; রেলিং।

banjo [ˈব্যান্‌জৌ] *n (pl* -s, -es) তারের বাদ্যযন্ত্রবিশেষ; ব্যানজো।

bank[1][ব্যাঙ্ক্] *n* [C] ১ (নদী বা খালের) তীর; তট; কূল; কিনার। ২ ঢালু জমি বা মাটি, যা অনেক সময়ে সীমানা বা বিভাজন রচনা করে; ঢাল: low ~s of earth between rice-fields. ৩ (অপিচ ˈ**sand·~**) সমুদ্রগর্ভের অংশবিশেষ, যা পারিপার্শ্বিক ভূমি থেকে উচ্চতর এবং যেখানে ভাঁটার সময় ছাড়া জাহাজ চলাচলের জন্য পর্যাপ্ত পানি থাকে; গাধভূমি; মগ্নচড়া; (খনি) ভূগর্ভের যে স্তরে কয়লা কাটা হচ্ছে; কয়লাপীঠ। ৪ বিশেষত বায়ুপ্রবাহের দ্বারা গঠিত, সমতল চূড়াবিশিষ্ট মেঘপুঞ্জ বা তুষারস্তূপ। ৫ মোড় ফেরার সময়ে ঝুঁকি কমানোর জন্য রাস্তার ঢালু, যাতে মোড় ফেরার সময়ে গাড়ি না ওল্টায়।

bank[2] [ব্যাঙ্ক্] *vt,vi* ১ **~ up** (ক) স্তূপীকৃত বা রাশীকৃত হওয়া: The clouds have ~ed up. (খ) (নদী ইত্যাদির) জল বাঁধ দিয়ে আটকানো; বেড়ি দেওয়া। (গ) (উনুন বা অগ্নিকুণ্ডে আগুন যাতে অনেকক্ষণ ধরে জ্বলে সেজন্য) কয়লার গুঁড়ো ইত্যাদি স্তূপীকৃত করা। ২ (মোটর গাড়ি বা উড়োজাহাজ সম্বন্ধে) বিশেষত মোড় ফেরার সময়ে কাত হয়ে চলা।

bank[3] [ব্যাঙ্ক্] *n* ১ ব্যাংক। **the B~** ইংল্যান্ডের সরকারি ব্যাংক; have money in the ~, ব্যাংকে সঞ্চয় থাকা; ˈ~ clerk, ব্যাংকের কেরানি। ˈ**~-bill** *n* যে প্রতিজ্ঞাপত্রবলে এক ব্যাংক অন্য ব্যাংকের কাছ থেকে অর্থ আদায় করে; ব্যাংকের প্রতিজ্ঞাপত্র বা হুন্ডি; ব্যাংক-বিল। ˈ**~-book** *n* (অপিচ ˈpassbook) গ্রাহকের ব্যাঙ্কের হিসাবের বিবরণ-সংবলিত পুস্তক; ব্যাংক বই। ˈ**~ card** *n* (একটা নির্দিষ্ট অঙ্ক পর্যন্ত) গ্রাহকের চেক পরিশোধের নিশ্চয়তাসংবলিত (কোনো ব্যাংক-কর্তৃক প্রদত্ত) কার্ড; ব্যাংক কার্ড। ˈ**~ draft,** = ~ bill. ˌ**~** ˈ**holiday** *n* (সাপ্তাহিক ছুটির দিন ব্যতীত) যেসব দিন রাষ্ট্রীয় বিধানবলে ব্যাংকসমূহ বন্ধ থাকে; ব্যাংকের ছুটি। ˈ**~·note** *n* ব্যাংককর্তৃক প্রবর্তিত কাগজের টাকা; ব্যাংকনোট। ˈ**~-rate** *n* হুন্ডি, বিল ইত্যাদি আদায়ের জন্য সরকারি ব্যাংককর্তৃক গৃহীত বাটার হার; সরকারি বাটার হার। ˈ**~·roll** *n* টাকার তাড়া। **merchant ~** *n* বাণিজ্য বা শিল্পপ্রতিষ্ঠানে অর্থের জোগান দেওয়া যে ব্যাংকের বিশেষত্ব; বাণিজ্য-

ব্যাংক। ২ (জুয়াখেলা) জুয়ার টেবিলের অধিকারীর হস্তগত অর্থ, যা থেকে সে বিজেতার প্রাপ্য পরিশোধ করে; পুঞ্জি। ৩ সংরক্ষিত সঞ্চয়; সংরক্ষণস্থল; ভাণ্ডার। ˈ**blood ~** *n* রক্তভাণ্ডার।

bank[4] [ব্যাঙ্ক্] *vt,vi* ১ ব্যাংকে (গচ্ছিত) রাখা। ২ **~ (with)** ব্যাংকে টাকা রাখা: Do you ~ with the People's Bank ? ৩ **~ on/ upon** ভরসা করা: He is ~ing on his father's assistance. **~er** *n* কোনো ব্যাংকের মালিক, অংশী, অধ্যক্ষ বা পরিচালক; ব্যাংক-ব্যবসায়ী; (জুয়াখেলা) পুঁজিরক্ষক। ˈ**~er's card,** দ্র. bank[3](১) ভুক্তিতে ~ card. ˌ**~er's** ˈ**order** = standing order. দ্র. standing(১)। **~·ing** *n* ব্যাংক-ব্যবসায়: ~ing hours, ব্যাংকের লেনদেনের সময় (যেমন, ৯ টা থেকে ১টা)।

bank[5] [ব্যাঙ্ক্] *n* ১ (চাবি, সুইচ ইত্যাদির) সারি; পংক্তি: a three-~ typewriter. ২ (প্রাচীন গ্রিক ও রোমকদের রণতরীতে দাঁড়িদের) আসনপংক্তি। ৩ ইঞ্জিনে সিলিন্ডারের সারি।

bank·rupt [ˈব্যাঙ্ক্রাপ্ট্] *n* (আইন.) আদালতকর্তৃক ঋণ-পরিশোধে অসমর্থ বলে ঘোষিত ব্যক্তি, যার বিষয়সম্পত্তি তার উত্তমর্ণদের মধ্যে বণ্টন করে দেওয়া হয়; দেউলে। □*adj* ১ দেউলে; হৃতসর্বস্ব। **go ~** দেউলে হওয়া; সর্বস্বান্ত হওয়া। ২ **~ in/ of** সম্পূর্ণ বিরহিত; -হীন; -শূন্য। □*vt* দেউলে করা। **~cy** [ˈব্যাঙক্রাপ্সি] *n* [U] দেউলেত্ব; [C] *(pl* -cies) দেউলেত্বের ঘটনা: The press reported three ~cies this week.

ban·ner [ˈব্যান(র্)] *n* ১ পতাকা; ধ্বজা; ঝাণ্ডা; অবচূড় (বর্তমানে প্রধানত লাক্ষ.): ~ of human rights. **under the ~ (of)** পতাকাতলে। ২ নীতি, শ্লোগান ইত্যাদি প্রচারিত করার জন্য (ধর্মীয়, রাজনৈতিক ইত্যাদি) শোভাযাত্রার পুরোভাগে সাধা. দুটি দণ্ডের শীর্ষদেশে স্থাপিত পতাকা বা বিজ্ঞপ্তি; ঝাণ্ডা; কেতন। **~ headline** (সংবাদপত্রে) বড়ো বড়ো হরফে মুদ্রিত সুপ্রকট শিরোনাম; প্রশস্ত শিরোনাম।

ban·nis·ter *n* = banister.

banns [ব্যান্জ়্] *n pl* দুই ব্যক্তি পরস্পর বিবাহবন্ধনে আবদ্ধ হতে যাচ্ছে, এই মর্মে গির্জার বিজ্ঞপ্তি; বিবাহবিজ্ঞপ্তি: put up/ publish the ~; have one's ~ called. **forbid the ~** প্রস্তাবিত বিবাহে বিরোধিতা জ্ঞাপন করা।

ban·quet [ˈব্যাঙ্কোয়িট্] *n* সাধা. বিশেষ উপলক্ষে আয়োজিত বক্তৃতাদিসমেত ভূরিভোজন; সম্ভোজন: a ˈwedding ~. □*vt,vi* (কারো সম্মানে) ভোজের আয়োজন করা; সম্ভোজনে/ ভোজসভায় শরিক হওয়া; ভূরিভোজন করা।

ban·shee [ব্যানˈশী US ˈব্যান্শী] *n* (আয়ার্ল্যান্ডে এবং স্কটল্যান্ডের পার্বত্য অঞ্চলে) অশরীরী আত্মা: লোকবিশ্বাস অনুযায়ী যে ঘরে এর কান্না শোনা যায়, সে-ঘরে অচিরেই কেউ মারা যায়।

ban·tam [ˈব্যান্টাম্] *n* ১ ছোট আকারের গৃহপালিত কুক্কুটবিশেষ, বিশেষত এই জাতের লড়াকু পুরুষ মোরগ; বামন মোরগ। ২ ১১২ থেকে ১১৮ পা: শারীরিক ওজনবিশিষ্ট মুষ্টিযোদ্ধা।

ban·ter [ˈব্যান্টা(র্)] *vt,vi* ঠাট্টা বা পরিহাস করা। □*n* [U] ঠাট্টা; পরিহাস। **~·ing** *adj* পরিহাসমূলক; পরিহাসরসিক; পরিহাসপ্রিয়। **~·ing·ly** *adj* পরিহাসচ্ছলে; ঠাট্টাচ্ছলে।

ban·tu [ব্যান্ˈটূ US ˈব্যান্টূ] *adj, n* মধ্য ও দক্ষিণ আফ্রিকার কয়েকটি পরস্পরসম্পর্কিত জনগোষ্ঠী এবং তাদের ভাষা (সম্পর্কিত); বান্টু।

ban·yan *n* = banian.

bao·bab [ˈবেইঅব্যাব্ US ˈবাউব্যাব্] *n* উষ্ণমণ্ডলীয় আফ্রিকার বিপুলাকার কাণ্ডবিশিষ্ট বৃক্ষবিশেষ; বাওবাব।

bap·tism [ˈব্যাপ্টিজ়াম্] *n* [U,C] ১ খ্রিস্টানদের ধর্মীয় অনুষ্ঠানবিশেষ, যেখানে কোনো ব্যক্তিকে পবিত্র বারিতে অভিসিঞ্চিত বা নিমজ্জিত করে খ্রিস্টীয় ধর্মসঙ্ঘের সদস্য করে নেওয়া হয়; সাধারণত এই অনুষ্ঠানে সংশ্লিষ্ট ব্যক্তিকে (পারিবারিক নামের অতিরিক্ত) এক বা একাধিক নামও দেওয়া হয়; অপ্সুদীক্ষা। ২ (লাক্ষ.) জীবনে যে কোনো নতুন ধরনের অভিজ্ঞতা: a soldier's ~ of fire, তার জীবনের প্রথম রণ-অভিজ্ঞতা: অগ্নিদীক্ষা। **bap·tis·mal** *adj* অপ্সুদীক্ষাকালীন; অপ্সুদীক্ষার: ~al name/ water/ font.

Bap·tist [ˈব্যাপ্টিস্ট্] *n, adj* খ্রিস্ট-ধর্মের শাখাবিশেষ এবং এই শাখার সদস্য (সম্বন্ধী): এঁরা শিশুদের অপ্সুদীক্ষার বিরোধী; এরা বিশ্বাস করেন যে এই অনুষ্ঠান এমন বয়সে হওয়া উচিত যখন একজন ব্যক্তি এর তাৎপর্য উপলব্ধি করতে সক্ষম এবং দীক্ষাদান করতে হবে সংশ্লিষ্ট ব্যক্তির সর্বাঙ্গ পানিতে ডুবিয়ে; ব্যাপ্টিস্ট।

bap·tize [ব্যাপ্ˈটাইজ়্] *vt* (কাউকে) অপ্সুদীক্ষা দান করা; অপ্সুদীক্ষিত করা।

bar[1] [বা:(র্)] *n* ১ (ধাতু, কাঠ, সাবান, চকোলেট প্রভৃতি) যেকোনো কঠিন, অনমনীয় পদার্থের দীর্ঘ খণ্ড; যষ্টিকা। ২ (জানালা, দরজা, তোরণের) গরাদে; শিক; অর্গল; হুড়কো; খিল; কাঠরা; (চুল্লি বা অগ্নিকুণ্ডের) শিক। ৩ (প্রাচীন কালে) শুল্ক আদায়ের জন্য রাস্তায় আড়াআড়িভাবে স্থাপিত প্রতিবন্ধক; কাঠরা: a toll ~, পারানি কাঠরা। ৪ নদীর মোহনায় কিংবা উপসাগরের প্রবেশপথে স্রোত বা জোয়ারবাহিত বালুর ঢিবি; মগ্নচড়া: The captain tried to avoid the ~. ৫ (লাক্ষ.) বাধা; অন্তরায়; প্রতিবন্ধক: Lack of education is not always a ~ to success. ৬ (রং, আলো ইত্যাদির) রেখা; ডোরা: a ~ of red across the evening sky. ৭ (বিশেষত সামরিক) পদকের ফিতের উপর আড়াআড়িভাবে স্থাপিত ধাতব রেখাবিশেষ: এতে বোঝা যায় যে (ক) পদকধারী ব্যক্তি একই পুরস্কার দুবার পেয়েছেন; কিংবা (খ) তিনি কোনো বিশেষ ক্ষেত্রে সক্রিয় ছিলেন; ধাতুলেখ। ৮ (সঙ্গীতে) সাঙ্কেতিক স্বরলিপিতে তালনির্দেশক সমমানের উল্লম্বরেখা; তালবিভাগ; তালাঙ্ক: The opening ~s of the 9th symphony. ৯ (আদালতে) গরাদে: be tried at (the) ~, প্রকাশ্যে বিচার হওয়া। the prisoner at the bar আসামি। ১০ (সংসদে অ-সদস্যদের জন্য নির্ধারিত স্থান পৃথক করার জন্য) গরাদে; প্রাবর। ১১ (লাক্ষ.) আদালত; বিচারালয়: at the ~ of public opinion; the ~ of conscience. ১২ **the Bar** আইনজীবীর পেশা। **be called to the Bar** ব্যবহারজীবী সম্প্রদায়ের সদস্যরূপে বৃত হওয়া; আইনজীবীর পেশায় যোগ দেওয়া। **read for the Bar** ওকালতি/ ব্যারিস্টারি পড়া। ১৩ (ক) (পান্থনিবাস বা পানশালায়) যে ঘরে বা যে কাউন্টারে সুরাজাতীয় পানীয় পরিবেশিত হয়; পানঘর: the public B~, the private B~. (খ) (হোটেল, অনুমোদিত রেস্তোরাঁ বা বাসগৃহে) উপরোক্তরূপ কাউন্টার-সংবলিত কক্ষ; পানপ্রকোষ্ঠ। ˈ**bar·maid** *n* পানঘরে পানীয় পরিবেশনকারিনী মহিলা; পানাগারিকা। ˈ**bar·man** [-মান্] *n (pl* -men) পানাগারিক। ˈ**bar·ten·der** *n* সৌরিক; পানাগারিক (দ্র. cocktail lounge). ১৪ খাদ্যদ্রব্যাদি কেনা ও খাওয়া যায় এমন কাউন্টার: ˈmilk ~; a quick-lunch ~.

bar[2] [বা:(র্)] *vt* (-rr-) ১ (দ্বার, ফটক ইত্যাদির) খিল আঁটা; হুড়কো লাগানো; অর্গলবদ্ধ করা। ২ (কাউকে)

ভিতরে বা বাইরে রাখা: the boy ~ red himself in, ভিতর থেকে খিল এঁটে দিয়েছে। ৩ (পথ ইত্যাদি) রুদ্ধ/ অবরুদ্ধ করা: ~ a road/ path. ৪ **bar (from)** নিষিদ্ধ করা: ~ sb from competition. (কথ্য) বারণ করা: We ~ smoking in the parlour. ৫ (সাধা. passive) রেখাঙ্কিত করা: a sky ~red with clouds.

bar[3] [বা:(র্)], **bar·ring** [ˈবা:রিঙ্] *prep* (কথ্য) ছাড়া; ব্যতীত; যদি না: They will leave by to-morrow barring accidents. **bar none** বিনা ব্যতিক্রমে। **bar one** একটি ব্যতীত।

bar[4] [বা:(র্)] *n* ভূমধ্যসাগরের বড়ো আকারের মৎস্যবিশেষ; বার।

bar code [বা:ˈকৌড়] *n* (মোড়ক, বই ইত্যাদির উপর) সাদা-কালো রেখার নকশা-সংবলিত ছাপ; যার মধ্যে কম্পিউটারের সাহায্যে উদ্ধারযোগ্য তথ্য নিহিত থাকে; রেখা-সঙ্কেত।

barb [বা:ব্] *n* ১ তীর; বল্লম; বড়শি প্রভৃতির বাঁকানো অংশ; কাঁটা। ২ (লাক্ষ.) অপ্রীতিকর; বেদনাদায়ক মন্তব্য; বাক্যবাণ; খোঁচা। **~ed** *adj* ১ কাঁটাওয়ালা। **~ed wire** কাঁটাতার। ২ (লাক্ষ.) অপ্রীতিকর; বেদনাদায়ক; মর্মভেদী: a ~ed comment.

bar·bar·ian [বা:ˈবেআরিঅন্] *adj, n* অসভ্য; অসত্য; বর্বর (ব্যক্তি)।

bar·baric [বা:ˈব্যারিক্] *adj* বর্বরোচিত; বর্বরসুলভ; অমার্জিত; অসংস্কৃত; অসভ্য।

bar·bar·ism [বা:বরিজ়ম্] *n* ১ [U] বর্বরতা; দুরাচারত্ব; ম্লেচ্ছত্ব; ক্রূরতা: living in ~. ২ [C] (বিশেষত) কথায় বা লেখায় বিদেশি বা অশিষ্ট শব্দের মিশ্রণঘটিত ভাষার অপপ্রয়োগ; ম্লেচ্ছিত; ম্লেচ্ছাচার।

bar·bar·ity [বা:ˈব্যারাটি] *n* [U,C] বর্বরতা; ক্রূরতা; নিষ্ঠুরতা; পাশবিকতা: the barbarities of modern warfare.

bar·bar·ize [বা:বরাইজ়] *vt* বর্বরে পরিণত করা; বর্বর করে তোলা।

bar·bar·ous [বা:বরাস্] *adj* অসভ্য; বর্বর; নিষ্ঠুর; জংলি; অমার্জিত; অসংস্কৃত। **~·ly** *adv* বর্বরোচিতভাবে; নির্মমভাবে।

barb·ate [বা:বেইট্] *adj* দাড়ির মতো লোমযুক্ত; শ্মশ্রুল।

bar·be·cue [বা:বিকিউ] *n* ষাঁড়; শুয়োর; ভেড়া; প্রভৃতি আস্ত ঝলসানোর জন্য লোহার শিকের কাঠামোবিশেষ।

bar·bel [বা:বল্] *n* য়োরোপীয় মিঠা পানির এক প্রকার বড়ো মাছ; বার্বেল।

bar-bell [বা:বেল্] *n* (শরীরচর্চার জন্য) দুইদিকে ভারযুক্ত দণ্ডবিশেষ; ভারদণ্ড।

bar·ber [ˈবা:ব(র্)] *n* নাপিত; ক্ষৌরিক (তুল. hairdresser)/ ˈ**~'s pole** চক্রাকারে রঞ্জিত এবং সঙ্কেতরূপে ব্যবহৃত দীর্ঘ দণ্ডবিশেষ; নাপিতের খুঁটি। ˈ**~'s shop** (US = ˈ~ shop), ক্ষৌরাগার।

bar·bi·can [বা:বিকান্] *n* (পুরাকালে কোনো কোনো নগর বা দুর্গের বহির্বর্তী প্রতিরক্ষাব্যবস্থারূপে ব্যবহৃত সুরক্ষিত ভবন, বিশেষত কোনো তোরণ বা সেতুর উপর দ্বিতল) রক্ষণস্তম্ভ।

bar·bi·tone [বা:বিটৌন্] *n* [U] স্নায়ুশমক ও নিদ্রাজনক ভেষজবিশেষ; বার্বিটোন।

bar·bitu·rate [বা: ˈবিটিউ্যরাট্] *n* [C,U] (রস.) (সম্ভবত বিপজ্জনক) নিদ্রাকর প্রতিক্রিয়াজনক (কয়েক প্রকার) জৈব যৌগ; স্নায়ুর প্রশান্তি কিংবা নিদ্রাকর্ষণের জন্য বটিকাবিশেষ; বার্বিটিউরেট।

bar·ca·role, bar·ca·rolle [বা:কাˈরৌল্] *n* ভেনিসের গণ্ডোলার মাঝিদের গান; বার্কারোলে।

bard [বা:ড্] *n* ১ (বিশেষত কেল্টিক) চারণ। ২ (সাহিত্য.) কবি: the B~ of Avon, শেক্সপীয়র। **bar·dic** *adj* চারণিক; চারণ। **bar·dol·atry** [বা: ˈডলাট্রি] *n* [U] শেক্সপীয়রের প্রতি অতিভক্তি; কবি-পূজা।

bare[1] [বে আ(র্)] *adj* (-r, -st) ১ বস্ত্র-, আচ্ছাদন-, আশ্রয়- কিংবা অলঙ্কার-বিহীন; নগ্ন; অনাবৃত; বিবস্ত্র; নিরাভরণ; খালি: fight with ~ hands, খালি হাতে; ~ to the waist, আকটি বিবস্ত্র; with his head ~, নগ্নশিরে; ~ floors, অনাবৃত মেঝে; a ~ hillside, নিষ্পাদপ/ বৃক্ষপত্রহীন গিরিতট; hills ~ of vegetation, তৃণগুল্মহীন গিরিশ্রেণী। **sleep on ~ boards** খালি তক্তপোষে ঘুমানো। **lay ~** উন্মোচিত/ অনাবৃত/ উদ্‌ঘাটিত করা। **in one's ~ skin** বিবস্ত্র; নগ্নদেহ। ˈ**~·back** *adv* (ঘোড়া সম্বন্ধে) জিন ছাড়া; খালি পিঠে: ride ~back, পালান ছাড়া ঘোড়ায় চড়া। ˌ**~·ˈbacked** *adj* নগ্নপৃষ্ঠ। □*adv* = ~back. ˈ**~·faced** *adj* উদ্ধত; নির্লজ্জ; নগ্ন; প্রগল্‌ভ। **~·faced·ly** *adv* নির্লজ্জভাবে; নগ্নভাবে। ˈ**~·foot** *adv* জুতামোজাহীন অবস্থায় খালিপায়ে; নগ্নপদে: be/ go/ walk ~foot. ˈ**~·footed** *adj* নগ্নপদ। □*adv* = ~ foot. ˌ**~·ˈheaded** *adj* নগ্নশির; নগ্নমস্তক; অনাবৃতমস্তক। ˌ**~·ˈlegged** *adj* মোজাহীন; নগ্নজঙ্ঘ। ২ শূন্য বা শূন্যপ্রায়; রিক্ত বা রিক্তপ্রায়: a room ~ of furniture, আসবাবপত্রহীন ঘর; ~ shelves, শূন্য তাক। ৩ নিছক; কেবল; মাত্র: the ~ necessities of life, নিছক জীবনোপায়/ প্রাণযাত্রা; earn a ~ living, জীবনোপায়মাত্র অর্জন করা; কায়ক্লেশে জীবননির্বাহ করা; approved by a ~ majority, নামমাত্র সংখ্যাগরিষ্ঠতায়; a ~ posibility, সম্ভাবনামাত্র। **~·ly** *adv* ১ রিক্তভাবে; নামমাত্র; স্বল্প: ~ly furnished rooms. ২ নামমাত্র; সামান্য: We ~ly know him. They ~ly had time to visit the museum, সময় ছিল না বললেই চলে। **~·ness** *n* রিক্ততা; নগ্নতা।

bare[2] [বেআ(র্)] *vt* অনাবৃত/ উন্মোচিত/ উদ্‌ঘাটিত/ নগ্ন করা; ব্যক্ত করা: ~ one's head; ~ the end of a wire, (সংযুক্ত করার আগে) তারের প্রান্ত অনাবৃত করা। **~ one's heart** মন খুলে কথা বলা; হৃদয় উন্মোচন করা। **~ its teeth** (জন্তু সম্বন্ধে) ক্রোধে দাঁত বের করা; দন্তব্যাদান করা।

bar·gain [ˈবা:গিন্] *n* ১ (কোনো কিছু ক্রয়, বিক্রয় বা বিনিময়ের জন্য আলোচনার মাধ্যমে উপনীত) চুক্তি, রফা; (শিল্প-কারখানায়) (বেতন, কাজের সময় ইত্যাদি বিষয়ে ব্যবস্থাপনা ও শ্রমিকদের মধ্যে সম্পাদিত) চুক্তি, সংবিদ; উপরোক্ত চুক্তিবলে অর্জিত কোনো কিছু। **A ~'s a ~** চুক্তি যখন হয়েছে, তা অবশ্যমান্য। **drive a hard ~** সুবিধাজনক চুক্তিসম্পাদনের চেষ্টা করা; দরকষাকষি করা। **a good/ bad ~** নিজ পক্ষে সুবিধাজনক/ অসুবিধাজনক চুক্তি। **into the ~** উপরন্তু; তদুপরি; অধিকন্তু। **make/ strike a ~ (with sb)** (কারো সঙ্গে) রফা করা। ˈ**~·ing position** (বিতর্ক ইত্যাদিতে) অবস্থান: We are in a good/ bad ~ing position in our dealings with the management. ২ হ্রাসকৃত মূল্যে প্রদত্ত; ক্রীত বা বিক্রীত দ্রব্য: a ~ sale, সুলভ বিক্রয়; ~-basement, দোকানের সর্বনিম্ন তল যেখানে পণ্যাদি সুলভে বিক্রয় হয়, সুলভ বিক্রির তলা; ~-counter, যে কাউন্টারে সস্তায় বিক্রয়ের জন্য পণ্যাদি প্রদর্শিত হয়, সস্তার কাউন্টার; ~-hunter, সস্তা-শিকারি। □*vi, vt* ১ **~ (with sb) (for sth)** চুক্তিতে পৌঁছার লক্ষ্যে আলাপ-আলোচনা

চালানো; কথাবার্তা বলা: They ~ed with the hotel management for the accommodation of the guests. ২ ~ **about** = ~ over. ~ **for** প্রত্যাশা করা; প্রস্তুত থাকা: We did not ~ for your taking this initiative. **get more than one ~s for** (কথ্য) কোনো কিছুর পরিণামে অপ্রীতিকরভাবে বিস্মিত হওয়া। ~ **over sth** কোনো কিছুর জন্য দরকষাকষি করা। ৩ শর্ত আরোপ করা: The workers ~ed that they should be allowed to enjoy one month's paid holiday. ৪ ~ **away** বিকিয়ে দেওয়া: ~ away one's freedom.

barge[1] [বা:জ্] *n* ১ নদী; খাল; পোতাশ্রয় ইত্যাদিতে যাত্রী ও পণ্য বহনের জন্য শক্তিচালিত জাহাজ বা ঘোড়ায় টানা; পালযুক্ত বা পালবিহীন; প্রশস্ততল বড়ো নৌকাবিশেষ; নিজস্ব ইনজিনসহ অনুরূপ নৌকা; বজরা। ২ অফিসারদের ব্যবহারের জন্য রণতরীর নৌকা। ৩ উৎসব-অনুষ্ঠানের জন্য দাঁড়-টানা বড়ো নৌকা; বজরা। **ˈ~-pole** *n* লগি। **I wouldn't touch it with a ~-pole** আমি ওটা মনেপ্রাণে ঘৃণা/ অবিশ্বাস করি।

barge[2] [বা:জ্] *vi* (কথ্য) ১ **~into/ against** (কোনো ব্যক্তি বা বস্তুর সঙ্গে) সজোরে ধাক্কা খাওয়া; (উপর) হুড়মুড় করে পড়া। ২ ~ **about** নিজ অঙ্গপ্রত্যঙ্গের উপর নিয়ন্ত্রণ নেই এমনভাবে কিংবা (বস্তু বা ব্যক্তি সম্বন্ধে) অসাবধানে; স্খলিতপদে চলাফেরা করা। ~ **in/ into** নাক গলানো; অনধিকার প্রবেশ করা: I detest your barging into our conversation.

bar·gee [বা:'জী] *n* বজরার মাঝি/ মাল্লা। **swear like a ~** মাল্লাদের মতো (উচ্চস্বরে এবং বিচিত্র অশ্লীল শব্দ সহযোগে) গালি পাড়া।

bari·tone ['ব্যারিটৌন্] *n* খাদ (bass) ও তারের (টিএনওর) মাঝামাঝি পুরুষের কণ্ঠস্বর; মন্দ্রস্বর।

bar·ium ['বেঅরিঅম্] *n* [U] ১ নরম; রজতশুভ্র ধাতুবিশেষ (প্রতীক Ba) যার যৌগসমূহ শিল্প-কারখানায় ব্যবহৃত হয়; বেরিয়ম। ২ ~ **(ˈmeal)** রাসায়নিক দ্রব্যবিশেষ (বেরিয়ম সালফেট), যা অন্ত্রের রঞ্জনছবি নেওয়ার আগে অন্ত্রে প্রবেশ করানো হয়; বেরিয়ম শরবৎ।

bark[1] [বা:ক্] *n* [U] বাকল; বল্কল; ছাল। □*vt* ১ (গাছের) বাকল ছাড়ানো; ছাল তোলা। ২ (ঘষা লেগে হাঁটু, আঙুলের গাঁট, জঙ্ঘাগ্র প্রভৃতি স্থানে) ছুলে যাওয়া।

bark[2] [বা:ক্] *n* শিয়াল-কুকুরের ডাক; ঘেউঘেউ; হুক্কাহুয়া; (লাক্ষ.) বন্দুকের গুড়ুম গুড়ুম; (কাশির) খকখক। **His ~ is worse than his bite** বদমেজাজি হলেও বিপজ্জনক বা (লাক্ষ.) দুর্জন নয়; কামড়ের চেয়ে গর্জনটাই ভয়ানক। □ *vi, vt* ১ (কুকুর, শেয়াল ইত্যাদি সম্বন্ধে) ঘেউঘেউ/ হুক্কাহুয়া করা। **~ up the wrong tree** (লাক্ষ.) উদোর পিণ্ডি বুধোর ঘাড়ে চাপানো। ২ গর্জন করা; গর্জে ওঠা: The commander ~ed out his orders.

bark[3], **barque** [বা:ক্] *n* ১ ৩ থেকে ৫টি মাস্তুল- ও পাল-যুক্ত ছোট জাহাজ। ২ (কাব্যিক) তরী।

barker ['বা:কা(র্)] *n* (কথ্য) ১ ভ্রাম্যমাণ বিনোদন-অনুষ্ঠানের মণ্ডপ বা দোকানের সামনে উচ্চৈস্বরে অনুষ্ঠান; পণ্য ইত্যাদির গুণকীর্তনে নিযুক্ত ব্যক্তি; ঘোষক; ভষক। ২ (অপ.) পিস্তল।

bar·ley [বা:লি] *n* [U] যব। **ˈ~-corn** *n* [U] যবের দানা; (কথ্য) অঙ্কুরিত যব থেকে তৈরি সুরা, যেমন বিয়ার, যবসুরা। **ˈ~-sugar** *n* [U] খাঁটি চিনি থেকে তৈরি কঠিন মিঠাইবিশেষ; যবশর্করা। **ˈ~-water** *n* [U] যবের গুঁড়া সিদ্ধ করে তৈরি পানীয়বিশেষ; যবের পানি। **pearl ~** *n* যবচূর্ণ।

barm [বা:ম্] *n* [U] yeast; সুরামণ্ড।

barmy [বা:মি] *adj* (GB কথ্য) মাথা খারাপ; ক্ষেপা; হাবা।

barn [বা:ন্] *n* ১ গোলাবাড়ি; গোলাঘর; শস্যাগার। **ˈ~ dance** *n* এক ধরনের গ্রাম্য নৃত্য। **ˈ~-door** *n* গোলাবাড়ির (প্রশস্ত) দরজা; (কথ্য লাক্ষ.) লক্ষ্যভ্রষ্ট হওয়া কঠিন এমন নিশানা। **ˌ~-ˈdoor fowl** *n* গৃহকুক্কুট। **ˈ~-storm** *vi* (US) রাজনৈতিক বক্তৃতাদান, নাট্যাভিনয় ইত্যাদি উদ্দেশ্যে দ্রুতগতিতে গ্রামাঞ্চলে পরিভ্রমণ। সুতরাং **ˈ~-stormer** *n* ঐ ধরনের পরিব্রাজক। **ˈ~-yard** *n* = farmyard, গোলাবাড়ির উঠান। ২ (অবজ্ঞাসূচক) যে কোনো সাদামাটা বড়ো বাড়ি; গোলাবাড়ি। ৩ (US) গবাদি পশু বা ঘোড়ার আশ্রয়ের জন্য বাড়ি; বাস; ট্রাম ইত্যাদির ডিপো।

bar·nacle [বা:নাকল্] *n* শামুকজাতীয় ক্ষুদ্র সামুদ্রিক প্রাণী, যা জলের নীচে পাথর, জাহাজের তল, কাষ্ঠখণ্ড ইত্যাদির গায়ে লেগে থাকে; কম্বুক।

ba·ro·meter [বা'রমিটা(র্)] *n* আবহাওয়ার পূর্বাভাস-প্রদান এবং সমুদ্রপৃষ্ঠ থেকে উচ্চতা নির্ণয়ের উদ্দেশ্যে আবহমণ্ডলের চাপ মাপার যন্ত্রবিশেষ; আবহমানযন্ত্র। (লাক্ষ.) (জনমত, বাজারদর ইত্যাদির) পরিবর্তন বা অস্থিরতার পূর্বাভাসসূচক কোনো কিছু। **baro·met·ric** [ব্যারা'মেট্রিক্] *adj* আবহমানসংক্রান্ত।

bar·on ['ব্যারন্] *n* ১ (GB) অভিজন; অভিজনশ্রেণীর অন্তর্ভুক্ত সর্বনিম্ন খেতাবপ্রাপ্ত ব্যক্তি ('লর্ড ব্যারন' নামে অভিহিত); ভিনদেশী সমমর্যাদার খেতাবপ্রাপ্ত ব্যক্তি ('ব্যারন —' নামে অভিহিত)। ২ (মূলত US) বড়ো শিল্পপতি; কুবের: **oil ~s; beer ~.** **ˈ~·age** [-ইজ্] *n* ব্যারনসম্প্রদায় বা শ্রেণী; ব্যারনদের তালিকাপুস্তক। **~·ess** [ব্যারনিস্] *n* ব্যারনের স্ত্রী; নিজ যোগ্যতায় ব্যারন উপাধিপ্রাপ্ত মহিলা। **bar·o·nial** [বারৌনিঅল্] *adj* ব্যারনসম্পর্কিত; ব্যারনসুলভ; ব্যারনিক। **bar·ony** *n* ব্যারনের পদমর্যাদা; ব্যারনত্ব: confer a ~y on sb.

bar·onet ['ব্যারনিট্] *n* ব্রিটেনের বংশানুক্রমিক অভিজাততন্ত্রের নিম্নতম খেতাবপ্রাপ্ত শ্রেণীর সদস্য: ব্যারনের চেয়ে ন্যূনতর এবং নাইটের চেয়ে উচ্চতর পদমর্যাদার অধিকারী; ব্যারনিট; সংক্ষিপ্তরূপ 'বার্ট', যা নামের পরে যুক্ত হয়, যেমন Sir John Williams, Bart. **~cy** ['ব্যারনিট্সি] *n* ব্যারনিটের পদমর্যাদা বা খেতাব।

ba·roque [বা'রক US -রৌক্] *n, adj* ১৭ ও ১৮ শতকের য়োরোপে (বিশেষত স্থাপত্যে) অলঙ্কারবহুল কিন্তু অতিরঞ্জনমূলক শিল্পরীতি; বারোক।

ba·rouche [বা'রূশ্] *n* চার চাকার অশ্ববাহিত গাড়িবিশেষ, যার দুটি আসনে দুজন করে চারজন যাত্রী মুখোমুখি বসতে পারে; এর ওপরের ঢাকনাটি ভাঁজ করে গুটিয়ে রাখা যায়; বারুশ।

bar·rack[1] ['ব্যারক্] *n* ১ (সাধা. *indef* অরট ও *sing v* -সহ *pl)* সৈন্যদের বসবাসের জন্যে দীর্ঘ ভবনবিশেষ; সৈন্যালয়; ব্যারাক। ২ সাদামাটা বা কুৎসিত ঢঙের যে কোনো বাড়ি।

bar·rack[2] ['ব্যারক্] *vt,vi* টিটকারি দেওয়া; প্রতিবাদসূচক চিৎকার করা (যেমন ক্রিকেট ম্যাচে শ্লথগতি খেলার বিরুদ্ধে); বিদ্রূপ করা। ~·ing *n* মন্থর লয়ে করতালি ইত্যাদি।

bar·ra·cuda [ব্যারা'কূডা] *n* ক্যারিবীয় সাগরের বৃহৎ হিংস্র মৎস্যবিশেষ; বারাকুদা।

bar·rage ['ব্যারা:জ US বা'রা:জ্] *n* ১ [C] সেচের জন্য পানি সংরক্ষণের উদ্দেশ্যে নদীর ওপর আড়াআড়িভাবে নির্মিত কৃত্রিম অবরোধ; সেতুবন্ধ; বাঁধ; জলবন্ধক। দ্র. dam.

২ (সাম.) কোনো নির্দিষ্ট এলাকা অভিমুখে অবিরাম; প্রচণ্ড গুলিবর্ষণের দ্বারা সৃষ্ট অবরোধ; অগ্নিব্যূহ। ৩ balloon ~; ~ balloon, দ্র. balloon.

bar·rator [ব্যারটা(র্)] *n* মামলাবাজ (ব্যক্তি)।

barred [বা:ড্] bar² –এর *pt,pp*

bar·rel [ব্যারল্] *n* ১ তক্তা বা প্লাস্টিকে তৈরি, লোহার পাত বা বলয় দিয়ে বাঁধা গোলাকার আধারবিশেষ; পিপা; ব্যারেল। ˌ**~-roofed** ˈ**vault** *n* স্তম্ভকাকৃতি (cylindrical) বা অর্ধ-স্তম্ভকাকৃতি ছাদ। ২ রাইফেল, রিভলভার বা পিস্তলের নল। ৩ ঝরনা কলমের নল। ৪ ˈ**~-organ** *n* বাদ্যযন্ত্রবিশেষ: একটি হাতল ঘোরালে এই যন্ত্রের অঙ্গীভূত একটি স্তম্ভক কতকগুলি ঘাটের ওপর যান্ত্রিকভাবে কাজ করে সঙ্গীত সৃষ্টি করে; সাধা. অর্থ উপার্জনের জন্য কোনো একক বাদক পথ চলতে চলতে এই বাদ্য বাজিয়ে থাকে; ব্যারেল অর্গান। □*vt* (-ll-) পিপা–ভর্তি করা। **~·led** *part adj* পিপাবন্দী: ~led beer.

bar·ren [ব্যারন্] *adj* ১ (জমি সম্বন্ধে) অনুর্বর; উষর; বন্ধ্য; নিষ্ফলা; মরুময়। ২ (উদ্ভিদ, বৃক্ষ সম্বন্ধে) অফল; নিষ্ফল; নির্বীজ। ৩ (নারী ও জন্তু সম্বন্ধে) বন্ধ্যা; অসূতি; অপ্রসূতি। ৪ (লাক্ষ.) নিষ্ফল; অনর্থক; বিফল; শুষ্ক: a ~ subject/ discussion; an attempt that was ~ of results. **~·ness** *n* বন্ধ্যাত্ব; নিষ্ফলতা; নির্বীজতা; উষরতা।

bar·ri·cade [ব্যারিকেইড্] *n* প্রতিরক্ষা–ব্যবস্থা হিসাবে কোনো কিছুর সামনে (গাছ, পিপা, পোড়া বা ওল্টানো মোটরগাড়ি, গরুর গাড়ি প্রভৃতি বস্তুর) অবরোধ; পথাবরোধ; অবরোধক। □*vt* **~(in/ off)** (রাস্তাঘাটে) অবরোধ সৃষ্টি করা; অবরুদ্ধ করা।

bar·rier [ব্যারিআ(র্)] *n* ১ (দেয়াল, রেল, বেড়া, ঘুরন্ত দরজা প্রভৃতি) যা–কিছু চলাচলের পথে বাধা সৃষ্টি করে বা চলাচল নিয়ন্ত্রণ করে; প্রতিবন্ধক; প্রত্যূহ; সম্বাধন: The Himalayas are a natural ~ between India and the Central Asia. অপিচ দ্র. crash¹ (১), half (৩), heat¹ (৫) ও sound² (৩)। ২ (লাক্ষ. অন্তরায়, বাধা, প্রতিবন্ধক।

bar·ring [বা:রিঙ্] *prep* ব্যতীত; বাদে। দ্র. bar³.

bar·ris·ter [ˈব্যারিস্টা(র্)] *n* (ইংল্যান্ডে) উচ্চ আদালতে ওকালতি করার সনদপ্রাপ্ত আইনজীবী; ব্যারিস্টার। দ্র. advocate, solicitor, counsel.

bar·row¹ [ব্যারৌ] *n* ১ = wheel ~. ২ (অপিচ ˈhand -~, ˈcoster's ~) হাতে ঠেলার দুই চাকার ছোট গাড়িবিশেষ; হাতগাড়ি। ˈ**~-boy/ -man** [–ম্যান্] *n* হাতগাড়িতে করে ফলমূল, শাকসব্জি ফেরি করে বেড়ায় এমন ব্যক্তি; হাতগাড়িওয়ালা। ৩ (অপিচ luggage-~) (রেলস্টেশন, হোটেল ইত্যাদি স্থানে) মালামাল বহনের জন্য দুই চাকার ধাতব কাঠামবিশেষ; হাতগাড়ি।

bar·row² [ˈব্যারৌ] *n* সমাধিভূমির ওপর নির্মিত প্রাগৈতিহাসিক যুগের মাটির ঢিবি; সমাধিস্তূপ। দ্র. tumulus.

bar·ter [বা:টা(র্)] *vt,vi* **~ (with sb/ for sth)** (পণ্যদ্রব্য, সম্পত্তি ইত্যাদি) বিনিময়/ অদলবদল করা: ~ jute for sugar; (লাক্ষ.) বিকিয়ে দেওয়া: ~ away one's rights/ honour/ freedom. □*n* [U] বিনিময়। **~·er** *n* বিনিময়কারী।

ba·salt [ব্যাসো°ল্ট্ US বাসো°ল্ট্] *n* [U] কৃষ্ণবর্ণ আগ্নেয়শিলাবিশেষ; কৃষ্ণশিলা।

bas·cule [ব্যাস্‌কিউল্] *n* ˈ**~ bridge** (প্রকৌ.) টানাসেতুর (দ্র. drawbridge) প্রকারভেদ, যার দুই অংশ বিপরীত ওজনের সাহায্যে নামানো ও ওঠানো যায়; ঢেঁকিসেতু।

base¹ [বেইস্] *n* ১ যে কোনো বস্তুর নিম্নাংশ; ভিত্তি; পীঠ; অধোভাগ; তল; মূল; উপান্ত: the ~ of a pillar, উপস্তম্ভ। **~·board** *n* US = skirting-board, ঘরের দেয়ালের উপর লাগানো মেঝে–সংলগ্ন কাঠের ফলকের আচ্ছাদন; বেষ্টনফলক। ২ (জ্যা.) ভূমি। ৩ (রস.) অম্লের সঙ্গে মিশ্রিত হয়ে লবণ উৎপাদনক্ষম বস্তু, ক্ষারক; যে পদার্থের সঙ্গে অন্য বস্তু মিশ্রিত করা হয়; মূলবস্তু। ৪ (সশস্ত্রবাহিনী, যুদ্ধাভিযান ইত্যাদির জন্য) ঘাঁটি: ˈnaval ~; an ˈair ~; a ~ of operations; a ~ camp. ৫ (গণিত) লগারিদ্‌মিক (ঘাত ক্রমায়ক) পদ্ধতিতে প্রারম্ভিক সংখ্যা (সাধা. ১০); নিধান। ৬ (বেইসবলে) চারটি অবস্থানের যে কোনো একটি; ঘাঁটি। **get to first ~** (US লাক্ষ.) প্রথম সফল পদক্ষেপ গ্রহণ করা। **~ hit** *n* যে আঘাতে খেলোয়াড় প্রথম ঘাঁটিতে উপনীত হন। **~·less** *adj* অমূলক, ভিত্তিহীন।

base² [বেইস্] *vt* **~ sth on/ upon** (ভিত্তির ওপর স্থাপন/ নির্মাণ করা; ভিত্তি হিসাবে গ্রহণ করা: His conclusions are ~d on wrong information.

base³ [বেইস্] *adj* ১ (-r, -st) (ব্যক্তি, আচরণ, চিন্তা ইত্যাদি সম্বন্ধে) নীচ; হীন; কদর্য; কুৎসিত; অপকৃষ্ট: acting from ~ motives. ২ **~ metals** অবর ধাতু। **~ coin** অবর ধাতু–মিশ্রিত মুদ্রা।

base·ball [বেইস্‌বো°ল্] *n* আমেরিকার জাতীয় খেলা: chryt Gøhytfu (দ্র. base¹(৬)) বিভক্ত খেলার মাঠে ব্যাট ও বল নিয়ে ন'জন করে খেলোয়াড় নিয়ে গঠিত দুই দলের মধ্যে এই খেলা অনুষ্ঠিত হয়; বেইসবল।

base·ment [বেইস্‌মান্ট্] *n* ভিত্তি; ভিত; কোনো ভবনের ভূ-গর্ভস্থ অংশ; ভূ–গর্ভস্থ বসবাসযোগ্য কক্ষ (সমূহ): This house has additional floorspace in the ~.

bases [ˈবেইসীজ্] *n* ১ basis শব্দের বহুবচন ২ base শব্দের বহুবচন: the ~ of the pillars.

bash [ব্যাশ্] *vt* কোনো কিছু ভাঙার জন্য সজোরে আঘাত করা, আহত বা ক্ষত করার জন্য প্রহার করা: Do not ~ on the partition-wall. He ~ed on his enemy's head with a hockey-stick. □*n* প্রবল আঘাত।

bash·ful [ব্যাশ্‌ফুল্] *adj* লাজুক; সলজ্জ; ব্রীড়াময়। **bashfully** *adv* **bashfulness** *n* ব্রীড়া; লজ্জাশীলতা।

basic [ˈবেইসিক্] *adj* ভিত্তিক; মৌলিক; প্রাথমিক; বুনিয়াদি: ~ education, ~ ideas, ~ elements, ~ pay; ~salt ক্ষারলবণ। **~ slag** ফসফেটযুক্ত সার। **basically** *adv* মূলত; মৌলিকভাবে।

basil [ব্যাজ্‌ল্] *n* সুগন্ধিযুক্ত এক ধরনের লতাগুল্ম (পুদিনা বা ধনেপাতার মতো) যা সাধারণত রান্নায় ব্যবহার করা হয়।

ba·sil·ica [বাজিলিকা] *n* দুই সারি স্তম্ভ ও এক প্রান্তে গম্বুজবিশিষ্ট প্রশস্ত ও লম্বা হলরুম (পুরাকালের রোমে এ ধরনের হলরুম আদালত–কক্ষ হিসাবে ব্যবহৃত হত); গির্জারূপে ব্যবহৃত এই ধরনের ভবন: the ~ of St. Peter's in Rome.

bas·il·isk [ব্যাসিলিস্‌ক্] *n* ১ পুরাণে বর্ণিত সরীসৃপবিশেষ যার দৃষ্টি ও নিঃশ্বাস অন্য প্রাণীকে নিষ্প্রাণ করে ফেলত। ২ ক্ষুদ্রাকৃতি আমেরিকান গিরগিটি বাতাসের সাহায্যে যে নিজের ফাঁপা ঝুঁটিটি ফুলিয়ে তুলতে পারে। ৩ পিতলের তৈরি এক ধরনের কামানবিশেষ।

basin [ˈবেইস্‌ন্] *n* ১ ধাতু বা চিনামাটির তৈরি গোলাকার খোলা পাত্র যা জলীয় পদার্থ ধারণ করার জন্য ব্যবহৃত হয়।

২ গামলা। ৩ এমন গহ্বর যেখানে পানি জমা হয়। ৪ ভূভাগ দ্বারা প্রায়-পরিবেষ্টিত পোতাশ্রয়ের খাড়ি অংশ; জলপ্রবাহ নিয়ন্ত্রণের জন্য তোরণযুক্ত ডক। ৫ নদী বা তার শাখানদীসমূহ দ্বারা বিধৌত ভূ-ভাগ; অববাহিকা: the Cavery ~, the Thames ~.

basis [ˈবেইসিস্] *n* ১ ভিত্তি; ভিত; বুনিয়াদ: He tried to establish his arguments on a sound ~. We should shun him on the ~ of accusations already made. ২ প্রধান উপাদান যার সঙ্গে অন্যান্য জিনিস মেশানো হয়।

bask [বা:স্ক্] *vi* আলো ও তাপ উপভোগ করা; রোদ পোহানো; আগুন পোহানো (লাক্ষ.): basking in some one's favour, কারো সুনজরের সুযোগ নেওয়া।

bas·ket [ˈবা:স্কিট্] *n* কিছু রাখার পাত্র বা আধার; সাধারণত বাঁকা করা বা দুমড়ানো যায় (যেমন গাছের পাতা, ডাল, বেত, নল খাগড়া) এমন বস্তু দিয়ে তৈরি হাতলওয়ালা পাত্র; ঝুড়ি; সাজি; ডালা। **~·ball** (বা'ːস্কিট্‌বো°ল্) বাসকেট বল খেলা; দুই দলে পাঁচ জন করে খেলোয়াড় থাকে, মাটি থেকে ১০ ফুট উঁচুতে গোলাকৃতি রিং-এর সাথে আটকানো খোলা জালের ভিতর বল ছুঁড়ে খেলা।

bas-relief [ˈব্যাস-রিলীফ্] *n* [U,C] (=low relief) এক ধরনের শিল্পরূপ যাতে ধাতু বা পাথরের পৃষ্ঠদেশ কেটে অনুচ্চ নকশা বা চিত্র তৈরি করা হয়; উদ্‌গত চিত্র।

bass[1] [ব্যাস্] *n (pl* অপরিবর্তিত) (প্রাণী.) নদী, হ্রদ এবং সমুদ্রে প্রাপ্ত কয়েক ধরনের মাছ।

bass[2] [বেইস্] *adj* নিচু; খাদ। □*n* গলা বা যন্ত্রের সবচেয়ে নিচু খাদের সুর; গুরুগম্ভীর সুর (সঙ্গীত)।

bass[3] [ব্যাস্] *n* [U] লাইম গাছের আঁশযুক্ত বাকল যা ঝুড়ি, মাদুর, পাটি ইত্যাদি বোনা এবং লতাগুল্ম বেঁধে রাখার কাজে ব্যবহার করা হয়।

bassinet [ব্যাˈসিনেট্] *n* বাচ্চাদের দোলনা বা খেলাগাড়ি (সাধারণত বেতের তৈরি)।

bas·soon [বাˈসূন্] *n* বাঁশি শ্রেণীর বাদ্যযন্ত্র যা ফুঁ দিয়ে বাজানো হয়। এই যন্ত্রে কাঠের তৈরি দুই সারি পাতা থাকে এবং বেশ নিচু খাদের সুর সৃষ্টি হয়। **~·ist** *n* যে এই বাদ্যযন্ত্র বাজায়।

bast [ব্যাস্ট্] *n* [U] ১ = bass[3]. ২ বাঁধাছাঁদা বা বোনার কাজে ব্যবহৃত আঁশালো বাকল।

bas·tard [ˈবা:স্টা(র্)ড্ US ˈব্যাস্-] *n* ১ জারজ; অবৈধ সন্তান: (attrib) a ~ son. ২ জঘন্য ব্যক্তি (গালি হিসাবে ব্যবহৃত): You heartless ~. ৩ ভাগ্যহত ব্যক্তি: Poor ~! He's been sacked and he won't find another job easily. ৪ (সাধা. attrib) ভেজাল। *vt* **~·ize** জারজ ঘোষণা বা প্রমাণ করা। *adv* **~·ly** জারজতুল্য। **~y** *n* (আইন.) জারজত্ব।

baste[1] [বেইস্ট্] *vt* (কাপড় সেলাই করার আগে) টাক দেওয়া; লম্বা লম্বা সেলাই দিয়ে কাপড় আটকে নেওয়া।

baste[2] [বেইস্ট্] *vt* **~ meat** রান্না করার সময়ে মাংস থেকে যে তৈল বা চর্বি এবং রস বের করা হয় তা ঐ মাংসের উপর ছড়িয়ে দেওয়া।

baste[3] [বেইস্ট্] *vt* লাঠি বা কঞ্চি দিয়ে মারা; প্রহার করা; আঘাত করা; পেটানো।

bas·ti·nado [ব্যাস্টিˈনা:ডৌ] *n (pl* ~es) পায়ের তলায় বেত্রাঘাত। □*vt* এভাবে বেত মেরে শাস্তি প্রদান করা।

bas·tion [ˈব্যাস্টিঅন্] *n* দুর্গের যে অংশটি মূল দুর্গ থেকে কিছুটা বাইরে; বুরুজ; (লাক্ষ.) শত্রুপক্ষীয় অঞ্চলের কাছাকাছি সুরক্ষিত সামরিক ঘাঁটি বা কেন্দ্র; (লাক্ষ.) ধ্বংস বা পরিবর্তন থেকে রক্ষা করা গেছে এমন কিছু।

bat[1] [ব্যাট্] *n* বাদুড়। **have bats in the belfry** (অপ.) ছিটগ্রস্ত হওয়া; পাগলাটে। **as blind as a bat** কোনো কিছু স্পষ্ট দেখতে না পাওয়া; অন্ধ হওয়া।

bat[2] [ব্যাট্] *n* ১ ক্রিকেট বা বেইসবল খেলায় ব্যবহৃত কাঠের লাঠি বা ব্যাট। **carry one's bat** (ক্রিকেট) খেলার শেষ পর্যন্ত আউট বা পরাজিত না হওয়া। **do something off one's bat** (লাক্ষ.) কোনো সাহায্য ছাড়াই কিছু করা, নিজে নিজে কাজ সমাধা করা। ২ **batsman** [ব্যাট্‌স্‌ম্যান্] *n (pl* -men) ক্রিকেট খেলায় যে খেলোয়াড় ব্যাট করে। ৩ (বিমান পরিবহন) বিমান অবতরণের পর যে ব্যক্তি গোল চাকতির মতো দুই কাঠের ব্যাট দিয়ে ইঙ্গিতে বিমানটিকে স্থান নির্দেশ করে।

bat[3] [ব্যাট্] *n* **go off at a terrific/ rare bat** (অপ.) অত্যন্ত দ্রুত তালে।

bat[4] [ব্যাট্] *vt* (অপ.) চোখ পিট পিট করা। **not bat an eyelid** (ক) একেবারে নিদ্রাহীনভাবে কাটানো। (খ) বিস্ময় প্রকাশ না করা।

batch [ব্যাচ্] *n* ১ এক থোকে সেঁকা রুটি, কেক ইত্যাদি। ২ দল; গোছা; থোকা। **~ ˈprocessing** *n* [U] (কম্পি.) ব্যবহারকারীর হস্তক্ষেপ ছাড়াই ক্রমানুসারে বিভিন্ন কাজ কম্পিউটারের মাধ্যমে প্রক্রিয়াজাতকরণ।

bate [বেইট্] *vt* = abate □*vt* (কম্পি.) কম্পিউটারের অনেকগুলি কাজ এমনভাবে গুচ্ছবদ্ধ করা যাতে সেগুলি ব্যবহারকারীর হস্তক্ষেপ ছাড়াই পরপর প্রক্রিয়াজাত হতে পারে। **with bated breath** রুদ্ধ নিঃশ্বাসে (অপেক্ষা করা, উদগ্রীব থাকা)।

bath [বা:থ্] *n (pl* ~s বা:থ্‌জ্ US ব্যাথ্‌জ্) ১ স্নান, গোসল। **ˈ~ mat** স্নান বা গোসল করার টবের পাশে রাখা মাদুর যার উপর স্নান শেষে দাঁড়ানো যায়। **ˈ~·robe** *n* স্নান করার আগে বা পরে পরার জন্য ঢিলা পোশাক বা আংরাখা। **ˈ~·tub** *n* বড়ো আয়তাকার পাত্র বা টব যার ভিতর পানি ধরে শুয়ে বা বসে স্নান করা হয়। **ˈ~·room** *n* স্নানাগার। **ˈ~-house** *n* জনসাধারণের ব্যবহারের জন্য স্নানগৃহ; হাম্মাম।

Bath [বা:থ্] *n* পশ্চিম ইংল্যান্ডের শহর যেখানে খনিজ-পানির ঝর্না আছে। **ˌ~-ˈchair** *n* পঙ্গু ও রুগ্ণদের বহন করার জন্য তিন চাকা লাগানো চেয়ার যা হাত দিয়ে ঠেলা যায়।

bathe [বেইদ্] *vt,vi* ১ পানিতে স্নান বা গোসল করানো; পানিতে চোবানো/ ডোবানো/ ভেজানো। ২ **be bathed in** পানি বা আলো দ্বারা স্নাত হওয়া: be bathed in tears; be bathed in sweats; be bathed in sunshine; etc. ৩ সমুদ্র, নদী, পুকুর ইত্যাদিতে গোসল বা জলক্রীড়ার জন্য যাওয়া। **bather** [ˈবেইদা(র্)] *n* স্নানকারী।

bathing [ˈবেইদিঙ্] *n* গোসল; স্নান; সমুদ্রে গোসল বা স্নান। **ˈ~-cap** *n* স্নান করার সময়ে (মেয়েদের) চুল ঢেকে রাখার টুপি। **ˈ~-costume/ suit** *n* স্নানের পোশাক। (তুল. bikini, swimming-trunks). **ˈ~-machine** *n* চাকাযুক্ত কুটির যা পানির ধার পর্যন্ত টেনে নিয়ে স্নানকারীরা (আগের দিনে) পোশাক পরিবর্তন করতো।

bat-horse [ব্যাট্‌হো°র্স] *n* সেনানায়কদের মালপত্র বহনের জন্য ব্যবহৃত ঘোড়া।

bathos [ˈবেইথস্] *n* [U] (আল.) রচনা বা বক্তব্যে দারুণ হৃদয়গ্রাহী বা গভীর বিষয় থেকে হঠাৎ লঘু বিষয়ে চলে আসা। **bathetic** *adj*

bathy·sphere [ব্যাথিস্‌ফ়িআ(র্)] *n* অত্যন্ত শক্তিশালীভাবে প্রস্তুত বড়ো ফাঁকা খাঁচা বা কুঠরি যা সমুদ্রের গভীরে নামানো যায় এবং যার মধ্যে বসে বিজ্ঞানীরা সামুদ্রিক জীবন পর্যবেক্ষণ করেন।

ba·tik [ব'টীক্] *n* [U] কাপড়ের যে অংশে রঙের ছাপ দেওয়া হবে না সে অংশগুলো মোম দিয়ে ঢেকে দিয়ে নকশা করার প্রণালী (জাভাতে উদ্‌ভাবিত); এভাবে নকশা-করা কাপড়।

ba·tiste [ব্যাটীস্‌ট্] *n* [U] মিহি পাতলা লিনেন বা সুতি কাপড়; উৎকৃষ্ট মানের বস্ত্রবিশেষ।

bat·man [ব্যাট্‌মন্] *n* (*pl* -men) সামরিক অফিসারদের নিজস্ব পরিচারক বা চাকর।

baton [ব্যাটন্ US বাটন্] *n* ১ পুলিশদের ছোট মোটা লাঠি যা অস্ত্র হিসাবে ব্যবহৃত হয়; সোঁটা। ২ বাদকদলের নেতা যে চিকন লাঠি ব্যবহার করে। ৩ কোনো দফতরের প্রতীক।

bats [ব্যাট্‌স্] *pred add* (অপ.) পাগল; মাথা খারাপ। অপিচ দ্র. bat[1].

bat·tal·ion [ব'ট্যালিআন্] *n* রণসজ্জায় সজ্জিত বিশাল সেনাদল; কতিপয় কোম্পানির সমন্বয়ে গঠিত ও রেজিমেন্ট বা ব্রিগেডের অংশ একটি বড়ো সেনাদল; একই উদ্দেশ্যে বা কাজে সঙ্ঘবদ্ধ জনতা।

bat·ten[1] [ব্যাটন্] *n* অন্য তক্তা বা বোর্ড ঠিক জায়গায় আটকে রাখার জন্য আড়াআড়িভাবে যে তক্তা পেরেক দিয়ে আটকানো হয়; উঁচুতে অবস্থিত আধা দরজা (বিশেষত জাহাজে) ঢেকে রাখার জন্য তেরপল আটকানোর তক্তা। **~ sth (down)** কোনো কিছু দিয়ে মজবুত বা সুরক্ষিত করা।

bat·ten[2] [ব্যাটন্] *vt* **~ on/ upon** অন্যকে ব্যবহার করে তার অসুবিধা বা ক্ষতি করে নিজের ফায়দা লোটা।

bat·ter[1] [ব্যাট(র্)] *vt,vi* ভাঙ্গা বা চূর্ণ করার জন্য বারবার আঘাত হানা; ভেঙে কোনো বস্তুর আকার নষ্ট করা: The heavy waves have ~ed the wrecked ship to pieces. **'~·ing ram** *n* [ব্যাটারিঙ্ র‍্যাম্] মাথায় লোহার পাতযুক্ত বড় ও ভারী কাষ্ঠখণ্ড যা দিয়ে প্রাচীনকালে দেয়াল চূর্ণ করা হতো; দুরমুশ।

bat·ter [ব্যাট(র্)] *n* [U] রান্নার কাজে ব্যবহারের জন্য ময়দা, ডিম, দুধ ইত্যাদি একসঙ্গে মেখে প্রস্তুতকৃত এক রকম মণ্ড।

bat·tery ['ব্যাটারি] *n* (*pl* -ries) ১ সাজসরঞ্জাম; যানবাহন ও লোকবলসহ কামানশ্রেণী। ২ যুদ্ধজাহাজের উপর সজ্জিত কামানশ্রেণী বা উপকূলীয় প্রতিরক্ষার জন্য নিয়োজিত কামানশ্রেণী। ৩ গোলন্দাজবাহিনী। ৪ বিদ্যুৎ সরবরাহের জন্য ব্যবহৃত বহনযোগ্য যন্ত্রবিশেষ; ব্যাটারি: a car ~; This transistor has four small batteries. ৫ সেট হিসাবে ব্যবহৃত একই ধরনের বাসনকোশন বা যন্ত্রপাতি: a ~ of lenses/ ovens. ৬ **assault and ~** (আইন.) কাউকে আক্রমণ বা হুমকি প্রদান। ৭ একই প্রকারের বাক্সের সারি যাতে ডিম পাড়ার জন্য বা পুষ্ট হওয়ার জন্য মুরগি রাখা হয়। **.~ 'farm** *n* বাক্সশ্রেণীতে রক্ষিত মুরগির খামার। **'~ hen** *n* বাক্সে রাখা মুরগি।

bat·ting [ব্যাটিঙ্] *n* [U] চ্যাপ্টা প্যাডের আকারে সুতি পশম।

battle [ব্যাট্‌ল্] *n* ১ [C] যুদ্ধ; লড়াই; (আল.) সংগ্রাম: the ~ of life. ২ [U] জয়; সাফল্য: The ~ is to the strong. Youth is half the ~. ৩ [U] die in ~, যুদ্ধ করতে করতে মারা যাওয়া। **give/ offer ~** যুদ্ধের জন্য প্রস্তুতি দেখানো। **refuse ~** যুদ্ধ করতে না চাওয়া। □*vt* (VP3A) **~ (with/ against sth) (for sth)** সংগ্রাম করা: battling against adversity. They ~d with the winds and waves. **'~-axe** (ক) যুদ্ধ-কুঠার; পরশু। (খ) (কথ্য) উদ্ধতস্বভাবা নারী। **'~-cruiser** *n* ভারী কামানবাহী এবং সাধারণ যুদ্ধজাহাজের চেয়ে হাল্কা অস্ত্রশস্ত্রে সজ্জিত অথচ বৃহৎ ও দ্রুতগামী ক্রুজার বা জাহাজ। **'~-cry** *n* সিংহনাদ। **'~·dress** *n* বেল্টসহ আঙরাখা ও পাতলুন সমবায়ে সৈনিকের পোশাক। **'~·field** *n* যুদ্ধক্ষেত্র, যেখানে যুদ্ধ সংঘটিত হয়। **'~·ground** *n* যুদ্ধক্ষেত্র। **'~·ship** রণতরী; যুদ্ধজাহাজ।

battle·dore [ব্যাট্‌ল্‌ডো°(র্)] *n* ব্যাডমিন্টন, টেনিস ইত্যাদি খেলায় ব্যবহৃত ব্যাট বা ছোট র‍্যাকেট।

battle·ments [ব্যাট্‌ল্‌মান্ট্‌স্] *n pl* দুর্গ বা বুরুজের প্রাকারবেষ্টিত সমতল ছাদ (তীর বা গুলি নিক্ষেপের জন্য ঐ প্রাকারে ছিদ্র রাখা হয়); আকাশজননী।

bat·tue [ব্যা'টিউ] *n* [C] ঝোপঝাড় বনজঙ্গল পিটিয়ে বন্যজন্তু শিকারের নিমিত্ত শিকারির দিকে তাড়িয়ে জড়ো করা; তজ্জাতীয় শিকার; পাইকারি হত্যা।

batty ['ব্যাটি] *adj* (sl) (ব্যক্তি সম্পর্কিত) পাগলাটে; বাদুড়সুলভ।

bauble ['বো°ব্‌ল্] *n* উজ্জ্বল ঝকমকে তুচ্ছ বস্তু; শিশুদের খেলনাবিশেষ।

baulk ['বো°ক্] balk-এর বানানভেদ।

baux·ite ['বো°ক্‌সাইট্] *n* [U] এক ধরনের কাদামাটি যা থেকে এলুমিনিয়াম পাওয়া যায়; বক্সাইট।

bawd [বো°ড্] *n* (প্রা.প্র.) যে রমণী বেশ্যাগার রাখে; কুটনি বা কোটনা। **~y** *adj* (কথাবার্তা, ব্যক্তি সম্পর্কিত) স্থূল: ~y talk, অসচ্চরিত্র: a ~y woman. □*n* মূল আলাপ। **~·ily** *adj*

bawl [বো°ল্] *vt., vi* জোরে চিৎকার করা: He ~ed out a curse. He ~ed to me across the street. **~ sb out** (US অপ.) কাউকে ভীষণ তিরস্কার করা।

bay[1] [বেই] *n* ১ (অপিচ 'bay-tree, 'bay laurel) এক ধরনের পত্রময় গাছ বা লতা যার পাতা রান্নায় ব্যবহৃত হয় এবং গুঁড়ো করলে যা মশলাজাতীয় হয়; তেজপাতা। ২ **bays, 'bay-wreath** প্রাচীনকালের কবি, যুদ্ধজয়ী বীর, শ্রেষ্ঠ ক্রীড়াবিদদের যে মাল্য প্রদান করা হতো; (আল.) সম্মান; গৌরব। ৩ **bay rum** এক ধরনের গাছের (ওয়েস্ট ইন্ডিয়ান) পাতা থেকে তৈরি চুলের লোশন।

bay[2] [বেই] *n* কোনো সাগর বা বড়ো হ্রদের একটি অংশ যার প্রায় প্রধানাংশ বাঁকানো স্থলভাগ দিয়ে ঘেরা; উপসাগর: the Bay of Bengal; Hudson Bay.

bay[3] [বেই] *n* ১ দুই সারি ও থামের মধ্যবর্তী অঞ্চল যা একটি ভবনকে নিয়মিত অংশে বিভক্ত করে। ২ কোনো কক্ষের একটি বা দুটি দেয়ালের বাইরে বাড়ানো অংশ, বারান্দাবিশেষ। **bay 'window** অনুরূপ কোনো বারান্দার জানালা যার তিন দিকে কাচ দিয়ে ঘেরা। ৩ কোনো রেলস্টেশনের পাশের লাইন ও প্লাটফর্ম যা সাধারণত মূল অংশ থেকে বিযুক্ত এবং লোকাল ট্রেন ইত্যাদির টার্মিনাল বা যাত্রা-স্থল হিসাবে ব্যবহৃত। ৪ বিমানের ইনজিন বা লেজের দিকের কক্ষবিশেষ: the bomb bay; যুদ্ধজাহাজ, কলেজ-ক্যাম্পাস ইত্যাদির ভিতরকার বিশেষ স্থান যেখানে অসুস্থ বা আহত ব্যক্তিদের রাখা হয়: the Sick-bay; কোনো সংরক্ষণাগার বা পণ্যাগারে মাল জমা করার বিশেষ স্থান: Put the equipment in No 3 bay.

bay[4] [বেই] *n* বিশেষত শিকারি কুকুরের (শিকার করার সময়কার) খুব জোরে ঘেউ ঘেউ চিৎকার। **at bay** (শিকারের জন্তু সম্বন্ধে) আক্রমণকারীর মুখোমুখি হতে বাধ্য হওয়া; (আল.) বেপরোয়া অবস্থায়; কোণঠাসা অবস্থায়;

বাঁচার জন্য প্রাণপণ লড়াই করার অবস্থায়। **keep / hold sb at bay** শত্রুকে খুব কাছে আসতে না দেওয়া। **bring (a stag, an enemy) to bay** কোণঠাসা করা; শেষ প্রতিরোধের মুখোমুখি ফেলে দেওয়া; পলায়ন অসম্ভব করে তোলা।

bay[5] [বেই] *adj, n* পিঙ্গল, তাম্রবর্ণ (ঘোড়া): He was riding a dark bay.

bay·onet [ˈবেইআনিট্] *n* সঙ্গিন, রাইফেলের আগায় লাগানো ধারালো ছুরিবিশেষ। □*vt* সঙ্গিন দিয়ে বিদ্ধ করা।

bayou [বাইউ] *n* (উত্তর আমেরিকায়) কোনো নদীর জলপূর্ণ প্রশাখাবিশেষ।

ba·zaar [বাˈজা:(র্)] *n* ১ (প্রাচ্যদেশে) বাজার; গঞ্জ; মেলা; বড়ো দোকান; আড়ত। ২ (ইংল্যান্ড, আমেরিকা) নানা ধরনের পণ্যাদি সস্তায় বিক্রির দোকান। ৩ (যে স্থানে), দাতব্য উদ্দেশ্যে পণ্যাদি সস্তায় বিক্রি করা হয়: a church~.

ba·zoo·ka [বাˈজূকা] *n (pl* ~s) ১ ট্যাংক প্রভৃতি ঘায়েল করার অস্ত্রবিশেষ। ২ হাস্যরস সৃষ্টির উদ্দেশ্যে ব্যবহৃত বাঁশিবিশেষ।

be[1] [বী] *vi (pres* am [অ্যাˈম; (জোরালো রূপ): অ্যাম্; 'I'-এর পর: m], is [জ়; (জোরালো রূপ) ইজ়্], are [আ(র্)], (জোরালো রূপ) আ:(র্)]; *pt* was [ওআজ়, জোরালো রূপ) ওয়জ়্], were [ওয়া(র্), (জোরালো রূপ) ওয়া:(র্)]; সঙ্কুচিত রূপ I'm [আইম], he's [হীজ়] she's [শীজ়] it's [ইট্স্], we're [উইআ(র্)] you're [ইউআ(র্)], they're [দেআ(র্)]; neg isn't [ইজ়ন্ট্], aren't [আ:ন্ট্], wasn't [ওয়াজ়ন্ট্], weren't [ওয়া:ন্ট্] Am I not সঙ্কুচিত রূপে aren't I [ˈআ:ন্ট আই]; *pres p* **being** [বীইং]; *pp* been [বীন্ US বিন্]; ১ (*n.* or *pron* -এর সঙ্গে *v*-এর সম্পর্কসূচক): Today is sunday. Rahim is a teacher/ a muslim. Who is that? It's me/ him/ her/ the postman. ২ (*adj* or *prep* এর সঙ্গে): The earth is round. He is ten years old. Short skirts are in / out of fashion. ৩ (prep or adverbial particle-এর সঙ্গে যখন স্থান নির্দেশ করে): The lamp is on the table. Karim is out in the garden. Tahmina's upstairs. The slation is a mile away. ৪ (*n* or *prep*-এর সঙ্গে, যখন মালিকানা বোঝায়): The money is not yours, it's Farid's. The parcel is for you.

be[2] [বী] *vi* দ্র. be[1] *(vpi)* (এক অবস্থা, স্থান থেকে অন্য অবস্থা, স্থান ইত্যাদিতে রূপান্তর বোঝাতে গিয়ে যখন সম্পর্ক স্থাপনকারী হিসাবে ব্যবহৃত): He wants to be (= become) a fireman when he grows up. Give me taka one hundred, and the shirt is (= will be) yours. You can be (= get) there within five minutes. Once more he was (= again became) the old John we used to know. Suddenly his face was (= became) scarlet.

be[3] [বী] *vi* দ্র. be[1] ১ (introductory there এর সঙ্গে): There's school down the road. There's a letter for you (তোমার একটা চিঠি আছে). There are some stamps in that drawer. ২ (introductory there এর সঙ্গে 'থাকা' বা 'অস্তিত্বমান হওয়া' অর্থে): There is a God. For there to be life there must be air and water. ৩ যাওয়া; আসা (বিশেষত *pp* been): I've been to see, দেখা করতে গিয়েছিলাম, Have you ever been to Paris? Has the postman been yet ডাকপিওন কি এসেছিল? ৪ **the ˌbe-all and ˈend-all (of sth)** কোনো কিছুর সবচেয়ে গুরুত্বপূর্ণ অংশ। **been and...,** (অশিষ্ট বা হাস্য.) (বিস্ময়, প্রতিবাদ ইত্যাদি নির্দেশ করার জন্য ব্যবহৃত): You've been and bought a new hat! Who's been and taken my dictionary? **for the time being** আপাতত; অন্য কোনো ব্যবস্থা না হওয়া পর্যন্ত। the . . . . .-to-be, ভাবী-: the bride/ mother-to-be. **ˈwould-be** *adj* যে যা হতে চায়, বা নিজে যা হবে বলে কল্পনা করে: a would-be poet. **might-have-been** *n* [C] বিগত সম্ভাবনা।

be[4] [বী] *aux,v* দ্র. be[1] ১ (continuous tenses গঠন করার জন্য *pres p*-এর সঙ্গে ব্যবহৃত): They are/ were reading. I shall be seeing him soon. What have you been doing this week? ২ (passive voice গঠন করার জন্য পপ এর সঙ্গে ব্যবহৃত): He was killed in the war. Where were they made? He is to be pitied. ৩ (to-infinitive-এর সঙ্গে ব্যবহৃত) (ক) কর্তব্য, প্রয়োজনীয়তা, আবশ্যকীয়তা ইত্যাদি বোঝানোর জন্য মতসট বা ought-এর সমতুল্যরূপে ব্যবহৃত): I am to inform you that, আপনাকে জানাতে হচ্ছে। You are to be congratulated, আপনি অভিনন্দনযোগ্য। (খ) অভিপ্রায়: They are to be married in May. (গ) সম্ভাবনা: The book was not to be found, বইটা পাওয়া গেল না। (ঘ) মনে করা বা অবাস্তব কল্পনা করা: Were I to tell you . . . ; If it were to rain (= If it rained) tomorrow . . . . (ঙ) (প্রধানত পট) নিয়তি: He was never to see his wife and family again. (চ) পারস্পরিক ব্যবস্থা: We are to be married in May. [C] অন্য ব্যক্তির ব্যক্ত ইচ্ছা: At what time am I (= do you want me) to be there? [z] উদ্দেশ্য; লক্ষ্য: The telegram was to say that she had been delayed.

be- [বি-] *pref* ১ সব কিছু ব্যাপ্ত করে; সব দিকে (ক) *(vv* থেকে *vv)*: besmear, সর্বত্র লেপন করা (কোনো কিছুর); (খ) *(n* থেকে *vv)*: bedew, শিশিরে ঢাকা বা আবৃত। ২ (intransitive *v* কে transitive করে): bemoan. তুল. bemoan one's fate, কারো ভাগ্য নিয়ে বিলাপ। ৩ (-ed যুক্ত করে *nn* থেকে *adjj* তৈরি করা) পরিধান অর্থে: bewigged, পরচুলাপরিহিত; আবৃত অর্থে: bejewelled, রত্ন দিয়ে ঢাকা। ৪ (জোর বোঝানো): begrude; belabour.

beach [বীচ্] *n* সমুদ্রতীর; সৈকত; বেলাভূমি। **ˈ~ ball** *n* খুব বড়ো হাল্কা ওজনের বস্তু যা দিয়ে বেলাভূমিতে খেলাধুলা করা হয়। **ˈ~ buggy** *n* সৈকত, ভেজা ভূমি প্রভৃতিতে দ্রুত চালানোর জন্য এক রকম ছোট গাড়ি। **~ˈcomber** [—কাউমা(র্)] *n* (ক) সমুদ্রের যে বিশাল ঢেউ তীরে এসে গড়িয়ে পড়ে। (খ) প্রশান্ত মহাসাগরের তীরস্থ বন্দরসমূহে বসবাসকারী দরিদ্র মানুষ। **ˈ~·head** *n* আক্রমণকারী সৈন্যদল (বিশেষত নৌসেনা) কর্তৃক শত্রুপক্ষীয় বেলাভূমিতে অধিকৃত স্থান; বেলামুখ (পরি.)। **ˈ~·wear** *n* [U] সৈকতের উপর সূর্যস্নান, সাঁতার, খেলাধুলা করার জন্য যথাযথ পোশাক। □*vt* সৈকতের উপর চালনা করা বা টেনে তোলা। **beachy** *adj* উপলপূর্ণ।

bea·con [বীকন্] *n* ১ (প্রা.প্র. **ˈ~-fire**) (গিরিচূড়ায় প্রজ্বলিত) আলোক-সঙ্কেত। ২ সঙ্কেত; সঙ্কেত-গৃহ; বাতিঘর। ৩ **ˈ~-light** জাহাজ ইত্যাদিকে সঙ্কেত দেখানোর জন্য ব্যবহৃত স্থির লণ্ঠন; উঁচু পর্বত ইত্যাদি সম্পর্কে সতর্ক করার জন্য (উড়োজাহাজ প্রভৃতিতে) ব্যবহৃত আলোকসঙ্কেত। ৪ (GB) সাত ফুট লম্বা থামের মাথায় লাগানো আলো, যা পথিকদের রাস্তা পার হওয়ার সঙ্কেত হিসাবে ব্যবহৃত।

bead [বীড্] *n* ১ তসবিহ, জপমালা ইত্যাদির ক্ষুদ্রকায় গুটিকা। ২ **tell one's ~s** (প্রা.প্র.) প্রার্থনা করা

(তসবিহ্ জপতে জপতে)। ৩ তরল পদার্থের ফোঁটা: His face was covered with ~s of sweat. **~·house** *n* যে অনাথশালায় আশ্রিতেরা প্রতিষ্ঠাতার আত্মার সদগতির জন্য প্রার্থনা করতে বাধ্য। **~·ing** *n* পুঁতির সাহায্যে কাঠের টুকরা, বস্ত্র বা লেসের উপরকৃত নানাবিধ নকশা। **beads·man** যে ব্যক্তি পরের মঙ্গলার্থ প্রার্থনা করার জন্য ভিক্ষা পায়। **beads·woman** *fem.* ~ *adj* গুটিকাকৃতি; গুটিকাময়; (আল.) ক্ষুদ্র ও উজ্জ্বল।

beadle [ˈবীড্‌ল্] *n* গির্জার অধস্তন কর্মচারী যিনি পুরোহিতকে নানা কাজে সাহায্য করে থাকেন; আসাবরদার; (তুচ্ছ.) চৌকিদার। **~·dom** *n* মূর্খের ন্যায় অতিরিক্ত নিয়মতান্ত্রিকতা। **~·ship** *n*

beagle [ˈবীগ্‌ল্] *n* ক্ষুদে ও বেঁটে পা-ওয়ালা শিকারি কুকুর (ঘোড়ায় না চেপে, পায়ে হেঁটে যখন খরগোশ শিকার করা হয়, তখন এই ধরনের শিকারি কুকুর ব্যবহৃত হয়ে থাকে)। **beag·ling** উক্ত কুকুরের সাহায্যে শিকার।

beak[1] [বীক্] *n* ১ পাখির ঠোঁট; চঞ্চু। ২ প্রাচীনকালের যুদ্ধজাহাজের অগ্রভাগে পাখির ঠোঁটের মতো তীক্ষ্ণ অংশ যা দিয়ে শত্রুপক্ষীয় জাহাজকে আঘাত করা হতো।

beak[2] [বীক্] *n* ১ (অশিষ্ট) ম্যাজিস্ট্রেট: brought up before the ~. ২ (প্রা.প্র. অশিষ্ট) স্কুল-শিক্ষক।

beaker [ˈবীকা(র্)] *n* ১ ঠোঁটওয়ালা বড়ো কাচের পাত্র (সাধা. রাসায়নিক পরীক্ষায় ব্যবহৃত)। ২ বড়ো পানপাত্র। ৩ পানপাত্রের আকৃতিযুক্ত প্লাস্টিকের তৈরি পাত্র।

beam [বীম্] *n* ১ কড়িকাঠ; কড়ি। ২ জাহাজের কড়িকাঠবিশেষ; জাহাজের বৃহত্তম প্রস্থ। **On/ off the port/ starboard ~** উভয় দিক থেকে সমান দূরত্বে। **on her ~ ends** (জাহাজের ক্ষেত্রে) এক দিকে ঝুঁকে পড়েছে এমন; প্রায় ডুবন্ত। **be on one's ~ends** (ব্যক্তির ক্ষেত্রে) অর্থনৈতিক দিক থেকে প্রায় দেউলিয়া; সর্বস্বান্ত। **broad in the ~** (কথ্য.) (কারো সম্পর্কে) গাট্টাগোট্টা। ৩ (ক) আড়াআড়ি রাখা দণ্ড যেখান থেকে দাঁড়িপাল্লা ঝোলানো হয়। (খ) প্রাচীনকালে ব্যবহৃত লাঙলের প্রধান কাঠ। ৪ (ক) রশ্মি বা আলোকধারা (যেমন, প্রদীপ, বাতিঘর, সূর্য বা চন্দ্র থেকে); (আল.) উজ্জ্বল চাহনি বা হাসি: with a ~ of delight. (খ) নিয়ন্ত্রিত তড়িৎ-চৌম্বক তরঙ্গ: the ~ system, যার দ্বারা খুদে তরঙ্গসমূহকে এক বিশেষ লক্ষ্যবস্তুর দিকে পরিচালিত করা যায়। (গ) বিমানকে যথাযথ পথে পরিচালিত করার জন্য বেতার-সঙ্কেত। **On/ off the ~** (বিমান সম্পর্কিত) বেতারসঙ্কেত অনুসরণ করে/ না করে।

bean [বীন্] *n* ১ শিম; কড়াইশুঁটি; মটরশুঁটি ইত্যাদি (এসবের গাছকেও বোঝায়)। ˈ**~·stalk** *n* লম্বা জাতের বিভিন্ন ধরনের শিম, মটরশুঁটি ইত্যাদির বৃন্ত। ২ অন্যান্য গাছের বীজ যেগুলির আকৃতি শিম, মটরশুঁটি ইত্যাদির মতো (বিশেষত ˈCoffee ~s)। ৩ (অশিষ্ট, প্র.) **be without/ not have a ~** পয়সাকড়ি না থাকা। **full of ~s** প্রাণবন্ত; উদ্দীপ্ত। **give sb ~** কাউকে শাস্তি দেওয়া বা ভর্ৎসনা করা। **spill the ~s** যে তথ্য জানানো উচিত নয় তেমন তথ্য ফাঁস করা। ˈ**~-feast, beano** *nn* (কথ্য.) ভোজ; উৎসব; আনন্দময় সময়।

bear[1] [বেআ(র্)] *n* ১ শরীরে ঘন পুরু কেশযুক্ত (ফার) এক রকম বিশাল জন্তু; ভল্লুক। ˈ**~·skin** *n* ভল্লুক-চর্ম; এক ধরনের লোমশ পশমি বস্ত্র বা টুপি (সাধা. সামরিক অফিসাররা পরেন, ইংলন্ডে)। ২ (আল.) রূঢ় আচরণের অভদ্র লোক। ৩ **Great Bear** সপ্তর্ষিমণ্ডল; সপ্তর্ষি; **Little Bear** (পরি.) শিশুমার। **~·ish** *adj* ভল্লুক-প্রকৃতি; অভদ্র; রূঢ়।

bear[2] [বেআ(র্)] *vt, vi (pt* bore *pp* borne) ১ বহন করা: ~ a heavy load. **~ away** (এখন সাধা. carry off): ~ away the palm প্রতিযোগিতায় পুরস্কার ইত্যাদি পেয়ে উতরে যাওয়া; ~ away জয় করা; ~ away the prize. ২ থাকা; দেখানো: ~ the marks of blows; a document that ~s your signature; ~ অরমস অস্ত্রসজ্জিত হওয়া। ৩ থাকা; পরিচিত হওয়া: He ~ s a good character; a family that bore an ancient and honoured name. ৪ **~ oneself** আচরণ করা: He ~s himself like a poet. ৫ **~ (against/ towards)** মনে পুষে রাখা: Rustom ~s a grudge against Raunak. ৬ আনয়ন করা; প্রদান করা। **~ a hand** সাহায্য করা। **~ witness (to sth)** (আল.) সমর্থন করা; সাক্ষ্য প্রদান করা: His actions ~ witness to his bravery. Will you ~ witness to me that I am innocent ? ৭ ধারণ করা; বহন করা: This ice is too thin to ~ your weight. Parents have to ~ all expenses of their children. ৮ (সাধা. can/ could সহযোগে neg ও interr অর্থে) সহ্য করা; টিকতে পারা: I can't ~ (the sight of) that old man. Who could ~ such pains? ৯ উপযুক্ত হওয়া: Your joke will ~ no repeating (অর্থাৎ আবার বলার উপযুক্ত নয়)। ১০ জন্ম দেওয়া: She has borne him three daughters; তুল. born: His first son was born in 1971. ১১ **~ (to the)** (বিশেষ দিকে) মোড় নেওয়া; ঘোরা: When you reach the end of this road, ~ (to the) left. ১২ (*adv part* ও *prep* সহযোগে বিশেষ অর্থসমূহ): **bear down** পরাভূত করা; ব্যর্থ করে দেওয়া: ~ down the enemy; ~ down all resistance. **~down on/ upon** (জাহাজ, গাড়ি ইত্যাদির ক্ষেত্রে) দ্রুত চালিত হওয়া (কোনো কিছুর দিকে)। **be borne in on/ up sb** কাউকে কোনো কিছু বুঝিয়ে দেওয়া বা অনুধাবন করানো: The terrible truth was borne in on him. **~ on/ upon** সম্পর্কযুক্ত হওয়া (কোনো কিছুর সঙ্গে); প্রাসঙ্গিক (কোনো কিছুর) হওয়া; প্রভাবশীল (কোনো কিছুর উপর) হওয়া: How does this ~ upon the problem? These are not that matters that ~ upon the welfare of this community. **bring to ~ on/ upon** কোনো কিছুকে সম্পর্কিত করা; কোনো কিছুর উপর প্রভাবযুক্ত করা: bring pressure to ~ on sb. **~ hard/ heavily/ severely etc on/ upon** বোঝা হয়ে পড়া: Taxation does not ~ heavily on all classes in Bangladesh. **~ (sth/sb) out** (কোনো কিছু) নিশ্চিত করা; (কাউকে) সমর্থন করা: They all ~ out this statement; Karim will ~ out what I've said. **~ up (against/ under sth)** (দুঃখ, ব্যথা, ক্ষতি ইত্যাদির মুখে) নিজেকে শক্ত রাখা: Every one can not bear up well against the misfortunes of life. **~ with sb** ধৈর্যসহকারে কারো সঙ্গে আচরণ করা: Would you please ~ with me (i,e listen patiently to me) a little longer ?

bear·able [ˈবেআরাব্‌ল্] *adj* বহনীয়; সহনীয়; ধারণযোগ্য।

beard[1] [বিআড্] *n* শ্মশ্রু; দাড়ি: Mr Rahim is a man with long ~; কোনো প্রাণীর (ছাগল, মাগুর মাছ ইত্যাদি) মুখে অনুরূপ রোমরাজি: a billy-goat's ~. ২ যব, বার্লি প্রভৃতি শস্যের গায়ে শ্মশ্রুবৎ রোম; শস্যশূক। **~ed** *adj* ছাপার টাইপের কিনারা (ছাপলে এই কিনারার ছাপ পড়ে না)।

beard[2] [বিআ়ড্] *vt* সরাসরি বা মুখের উপর বিরোধিতা করা: ~ the lion in his own den.

bearer [ˈবিআ়রা(র্)] *n* ১ বাহক; যে ব্যক্তি বার্তা বা পত্র বহন করে আনে: A postman is a ~ of good or bad news. ২ শববাহক, স্ট্রেচারবাহক, পতাকাবাহক ইত্যাদি। ৩ কোনো কিছু বহন করার কাজে নিযুক্ত ব্যক্তি। ৪ যে ব্যক্তি ব্যাঙ্কে এমন চেক নিয়ে আসেন যে চেকে উল্লিখিত অর্থ ব্যাঙ্ক সঙ্গে সঙ্গে পরিশোধ করে। ˈ**~ bonds** *n pl* ৫ যে চারা, গাছ ইত্যাদিতে ফল, শস্য ইত্যাদি ফলে: a good/ poor ~.

bear·ing [ˈবেআ়রিঙ্] *n* ১ [U] আচরণ; হাঁটা, চলা, দাঁড়ানোর ধরন: He is a man of noble ~. His kindly ~ caused all the children to like him. ২ [C,U] সম্পর্ক; দিক: Please consider this question in all its ~s. What he said has no/ not much ~ on (ie is not connected with) the subject. ৩ [U] সহনশীলতা: His conduct was beyond (all) ~. ৪ [C] যে দিকে কোনো স্থান অবস্থিত: Take a compass ~ on a lighthouse; *(pl)* আপেক্ষিক অবস্থান; দিক। **get/ take one's ~s** কোনো জাহাজ ইত্যাদির চলাচলের জন্য সঠিক দিক খুঁজে পাওয়া। **lose/ be out of one's ~s** (আল.) হারিয়ে যাওয়া; হতবুদ্ধি হওয়া। ৫ (সাধা. *pl)* কোনো যন্ত্রের গতিশীল যন্ত্রাংশগুলোকে সচল রাখার কাজে সাহায্যকারী বিশেষ যন্ত্রাংশ: ball/ roller ~s. ৬ [U] (গাছ, চারা সম্পর্কিত): **in full ~,** শস্যভারানত অবস্থা। ৭ মাশুলবিহীন বা আংশিক মাশুলবিহীন: ~ letter/ post, বিনা মাশুলে বা আংশিক মাশুলে ডাকযোগে প্রেরিত চিঠিপত্র ইত্যাদি।

bear·ish [ˈবেআ়রিশ্] *adj* ১ ভল্লুক-প্রকৃতি; অভদ্র, রূঢ়; ২ (স্টক এক্সচেঞ্জ) মূল্য হ্রাস পাবার সম্ভাবনা আছে এমন: a ~ market.

beast [বীস্ট্] *n* ১ চতুষ্পদ জন্তু; পশু; জানোয়ার। (beast শব্দটি সাধা. কাহিনী, কিংবদন্তী, রূপকথায় ব্যবহৃত, অন্যত্র animal ব্যবহৃত)। ২ (খামার) গরু, ষাঁড়; যে পশু পরিবহন বা আরোহণের কাজে ব্যবহৃত। ৩ নিষ্ঠুর বা বিরক্তিকর ব্যক্তি। ৪ (নিন্দা বা কৌতুকছলে) যে ব্যক্তির ব্যবহার খারাপ। **~ly** *adj* ১ জন্তুবৎ বা পশুবৎ; মানবসুলভ নয়। ২ (কথ্য.) নোংরা: What a ~ly weather ! □*adv* (কথ্য.; *adj* ও *adv*–এর ব্যবহারকে আরো তীব্র করার জন্য): He was ~ly drunk. **~·lin·ess** *n*

beat[1] [বীট্] *vt, vi (pt* beat *pp* ~en [ˈবীট্‌ন্] ১ বারবার আঘাত করা (কোনো লাঠির সাহায্যে): He was ~ing a drum. A beggar was ~ing at/ upon the door. **~one's brains,** দ্র. brain (৪). **~a retreat** পশ্চাদপসরণের জন্য (ড্রামের সাহায্যে) সঙ্কেত প্রদান করা; (আল.) পেছনে হটে যাওয়া। **~ the woods** (শিকারের নিমিত্ত) জঙ্গল পিটিয়ে শিকারের জন্তু বের করে আনা। **~·ing** *n* (ক) শাস্তি, বিশেষত বারবার আঘাত করে শাস্তিদান: He gave the boy a good ~ing. (খ) (কথ্য.) পরাজয়: Our team got a sound ~ing. ২ আঘাত (রোদ, ঝড়, বৃষ্টি ইত্যাদি): The rain was ~ing against the windows. ৩ খুব ভালোভাবে মেশানো: ~ eggs; ~ cream; ~ flour and eggs. ৪ পিটিয়ে আকার পরিবর্তন: ~ something flat; ~ out gold. ৫ পরাজিত হওয়া বা করা: Our team was never ~en; ~ him at chess. ৬ হতবুদ্ধি করা বা হওয়া: The problem has ~en me. ৭ নিয়মিত ছন্দে উপরে নীচে উঠানামা করা: The bird was ~ing its wing. **~ time** নিয়মিত নড়াচড়ার (হাত ইত্যাদির) সাহায্যে (সঙ্গীতে) সময় পরিমাপ করা। ৮ (বিবিধ ব্যবহার) **~ about the bush** মূল বিষয়ে প্রবেশ না করে ঐ বিষয়টি সম্পর্কে এলোপাতাড়ি কিছু বলা। **dead ~** সম্পূর্ণ অবসন্ন। **~ it** (কথ্য.) দূরে সরে যাওয়া। ৯ (*adv part* এবং *prep* সহযোগে প্রয়োগ) **beat bown (on)** তাপসহ কিরণ দেওয়া: The sun was ~ing down on our heads. **~ sb/ sth down** দর ইত্যাদি কমানো:। ~ down his price. **beat sb/ sth off** প্রতিহত করা, হটিয়ে দেওয়া; The attack was ~en off in time. **beat sth out** আগুন ইত্যাদি নিভিয়ে ফেলা: The dry grass caught fire, but we ~it out. beat sb up প্রহৃত হওয়া: He was severely ~en up in a black alley. **beat sth up (into/ to)** ভালোভাবে ফেটিয়ে মেশানো: ~ the flour and eggs (up) to a paste.

beat[2] [বীট্] *n* ১ নিয়মিত পৌনঃপুনিক স্পন্দন বা ধ্বনি বা টোকা: The ~ of the drum was heard from a distance of about two miles. His heart ~s were becoming regular in a gradual manner. ২ সঙ্গীত বা কবিতার ছন্দ রক্ষাকারী নিয়মিত ধ্বনিস্পন্দ। ৩ (পরিভ্রমণ, পরিদর্শন বা পরিক্রমের) নির্দিষ্ট নিয়মিত পথ: The policeman is on his ~ (অর্থাৎ যে পথে পাহারা দিতে হবে, পুলিশটি সে পথেই হাঁটতে হাঁটতে পাহারায় নিযুক্ত আছে)। **be off/ out of one's ~** (আল.) নিজের নিয়মিত কাজ থেকে ভিন্নতর কিছু করা।

beat[3] [বীট্] beatniks –এর *attrib adj*: the ~ generation.

beaten [বীট্‌ন্] *adj* (বিশেষত) ১ পিটিয়ে সঠিক আকৃতি দেওয়া হয়েছে এমন: ~ silver. ২ (পথ সম্পর্কিত) ব্যবহারে ব্যবহারে জীর্ণ: a well ~ path. ৩ প্রহৃত; চূর্ণিত; পরাভূত: ~enemy.

beater [ˈবীটা(র্)] *n* ১ ফেটানো, মেশানো বা পরিষ্কার করার জন্য ব্যবহৃত যন্ত্রপাতিবিশেষ: ˈcarpet-~; ˈegg-~, হামানদিস্তার মুষল বা নোড়া। ২ খেদাড়ে, প্রহারকারী; যে ব্যক্তি বনজঙ্গল পিটিয়ে শিকারের পশুকে তাড়িয়ে নিয়ে শিকারির সামনে ফেলে দেয়।

bea·tif·ic [বিআ়ˈটিফিক্] *adj* মহাসুখে সুখী; আশীর্বাদপুষ্ট হয়েছে এমন।

be·atify [বিˈঅ্যাটিফাই] *vt* (রোমান ক্যাথলিক চার্চ–এ) এমন ঘোষণা প্রদান করা যে কোনো মৃত ব্যক্তি স্বর্গবাসী হয়েছেন; স্বর্গসুখে সুখী হওয়া বা করা। **be·ati·fi·ca·tion** [বি,অ্যাটিফিˈকেশ্‌ন্] *n* স্বর্গসুখ লাভ।

be·ati·tude [বিˈঅ্যাটিটিউ:ড্ US –টূড্] *n* [U] মহাসুখ, স্বর্গসুখ; আশীর্বাদপ্রাপ্ত অবস্থা।

beat·nik [ˈবীট্‌নিক্] *n* (১৯৫০–এর দশকে) প্রচলিত জীবনযাত্রা, সামাজিক রীতিনীতি ও পোশাক–আশাক বর্জনকারী তথাকথিত প্রতিবাদী ব্যক্তি; মাদকাসক্ত ব্যক্তি; পরবর্তীকালে এরা hippy নামে পরিচিত।

beau [বাউ] *n (pl* ~ x [বাউজ্]) ১ (প্রা.প্র.) বসনভূষণবিলাসী বয়স্ক মানুষ বা বাবু। ২ যে ব্যক্তি মহিলাদের প্রতি বিশেষভাবে আসক্ত। ৩ নাগর, প্রণয়ী। **৪ ~ ideal** শ্রেষ্ঠ সৌন্দর্য সম্পর্কে কোনো ব্যক্তির ধারণা। **The ~ monde** [ˌবাউˈমোঁন্ড্] (ফ.) শৌখিন সমাজ।

Beau·fort Scale [ˈবাউফো°ট্ ˈস্কেইল] *n* O (শান্ত) থেকে ১২ (ঝড়, হারিকেন) পর্যন্ত বাতাসের বেগ বা দ্রুততা মাপার জন্য পরিমাপক যন্ত্র।

Beau·jolais [ˈবাউজ়ালেই US ˌবাউজ়াˈলেই] *n* [U] (ফ.) বুরগুন্ডি থেকে আসা হালকা মদ (সাধা. লাল)।

beau·te·ous [ˈবিউটিঅস্] *adj* (কাব্য) সুন্দর; রূপবান; শোভাময়।

beau·tician [বিউˈটিশ্‌ন্] *n* যে ব্যক্তি প্রসাধন ও অঙ্গসজ্জার দোকান (বিউটি পার্লার) চালায়।

beau·ti·ful [ˈবিউটিফ্‌ল্] *adj* সুন্দর, চমৎকার; মন ও ইন্দ্রিয়কে আনন্দ দান করে এমন: a ~ face/ flower/ voice. **~ly** *adv*: She sings **~ly**. **beau·tify** [ˈবিউটিফ়াই] *vt* সুন্দর করা।

beauty [ˈবিউটি] *n* ১ [U] যেসব গুণের সমন্বয় ইন্দ্রিয় (বিশেষত চোখ, কান) বা নৈতিকতা বা বুদ্ধিবৃত্তির কাছে আনন্দময় বলে প্রতিভাত হয়; সৌন্দর্য; শ্রী; রূপ; লাবণ্য; ছটা: Everyone must admire the ~ of a mother's love. **B~is only skin deep** (প্রবাদ) বাইরের চাকচিক্য দেখেই সব কিছু বিচার করা চলে না। ২ [C] *(pl* -ties) কোনো ব্যক্তি, বস্তু, দৃষ্টান্ত, বৈশিষ্ট্য যা সুন্দর বা উত্তম: Isn't she a ~? Her smile is one of her beauties. ˈ**~-parlour** *n* প্রসাধন ও অঙ্গসজ্জার দোকান। ˈ**~ queen** সৌন্দর্য প্রতিযোগিতায় বিজয়িনী শ্রেষ্ঠ সুন্দরী। ˈ**~-salon** প্রসাধন ও অঙ্গসজ্জার দোকান। ˈ**~-sleep** *n* মধ্যরাত্রির পূর্বে নিদ্রা। ˈ**~-spot** *n* ১ সুন্দর দৃশ্য আছে এমন স্থান। ২ মুখমণ্ডলের শোভাবর্ধনকারী স্বাভাবিক (জন্মসূত্রে) বা কৃত্রিম দাগ, টোল ইত্যাদি।

bea·ver[1] [ˈবীভ়া(র্)] *n* ১ এক ধরনের লোমশ জন্তু যা জলে ও স্থলে বাস করে (এই প্রাণী দাঁত দিয়ে গাছ কেটে নদীতে ফেলে বাধ সৃষ্টি করতে পারে); বিবর। ২ [U] উক্ত জন্তুর পশম। ৩ [U] খুব ভারী পশমি পোশাক। ৪ [C] উক্ত প্রাণীর পশম দিয়ে তৈরি টুপি, দস্তানা প্রভৃতি।

bea·ver[2] [ˈবীভ়া(র্)] *n* প্রাচীনকালে সৈন্যদের হেলমেট বা শিরস্ত্রাণের পরিবর্তনযোগ্য নিম্নাংশ যা ঠোঁট ও চিবুককে রক্ষা করতো।

bea·ver[3] [ˈবীভ়া(র্)] *vi* ~ **away (at sth)** (কথ্য.) কঠোর প্ররিশ্রম করা।

be·bop [ˈবীবপ্] = bop.

be·calmed [বিˈকা:মড্] *pred adj* (কোনো পালতোলা জাহাজ) বাতাসের অভাবে গতিহীন বা অচল।

be·came, become–এর *pt*

be·cause [বিˈকজ্] *conj* ১ সে-কারণে; কেননা; যেহেতু: I did it ~ they asked me to do it. Just ~ I don't complain, you mustn't suppose that I'm satisfied. ২ ~ **of** *prep* জন্য; দরুন: Because of his bad leg, he could not walk fast.

beck[1] [বেক্] *n* (ইংল্যান্ডের উত্তরাঞ্চলে) পাহাড়ি ঝর্না বা ছোট নদী।

beck[2] [বেক্] *n* হাত, মাথা, চোখ, বাহু প্রভৃতির ইঙ্গিতে আহ্বান; ইশারা। **be at sb's ~ and call** কারো সম্পূর্ণ আজ্ঞাবহ বা তাঁবেদার হওয়া। **have sb at one's ~ and call** কাউকে সব সময়ে আজ্ঞাবহ করে রাখা।

beckon [ˈবেকন্] *vt,vi* অঙ্গপ্রত্যঙ্গের ইঙ্গিতে কাউকে ডাকা (অনুসরণ করার জন্য); ইশারা করা: He ~ ed (to) me to follow.

be·come [বিˈকাম্] *vi,vt,(pt* became [বিˈকেইম], *pp* become) ১ হয়ে আসা বা হয়ে ওঠা: He has ~ a famous lawyer. He has ~ accustomed to his new duties. ২ ~ **of** সংঘটিত হওয়া; ঘটা: What will ~ of the children if their father dies? ৩ শোভন হওয়া; মানানো: Her new dress ~s her. ৪ যথোপযুক্ত হওয়া: What he uttered does not ~ a person like him. **becoming** *adj* . **becomingly** *adv*

bed[1] [বেড্] *n* ১ বিছানা; শয্যা; ঘুমানোর জন্য ব্যবহৃত আসবাববিশেষ; খাট; পালঙ্ক: Put the children to bed; (লাক্ষ.) যৌন মিলন: He thinks of nothing but bed, দাম্পত্য-জীবন। **Single bed** একজনের জন্য শয্যা। **double bed** দুইজনের জন্য শয্যা। **twin beds** হুবহু একরূপ দুটি একক শয্যা। **spare bed (room)** মেহমান বা অতিথির জন্য সংরক্ষিত বাড়তি শয্যা/ শয্যাকক্ষ। **bed and board** থাকা ও খাওয়া; (কোনো সরাইখানা ইত্যাদিতে) আতিথ্য। **make the beds** শয্যা বিন্যাস করা; বিছানার চাদর, কম্বল, বালিশ ইত্যাদি যথারীতি বিন্যস্ত অবস্থায় রাখা। **As you make your bed so you must lie on it** (প্রবাদ) তোমাকে তোমার কর্মফল মানতেই হবে। **He got out of bed on the wrong side** আজ সারা দিন তার মেজাজ বিগড়ে আছে। **take to/ keep to one's bed** অসুস্থতার কারণে শয্যাশায়ী থাকা। ২ জাজিম; গদি: a spring-bed. ৩ মসৃণ ও সমতল ভূমি যেখানে কিছু রাখা যায় বা স্থাপন করা যায়: The machine rests on a bed of concrete. ৪ সমুদ্র, নদী, হ্রদ প্রভৃতির তলদেশ; রাস্তা বা রেলপথের ভিত্তি হিসাবে স্থাপিত শিলাস্তর বা পাথরের স্তর; মাটির নীচে কাদা, শিলা ইত্যাদির স্তর: Dig anywhere near sea-side, a bed of clay will come up. ˈ**bed-rock** মাটির নীচে বিভিন্ন জায়গায় বিভিন্ন গভীরতায় প্রাপ্ত জমাট শিলা; (লাক্ষ.) যেসব মূল সত্য বা নীতিমালার উপর কোনো তত্ত্ব সুপ্রতিষ্ঠিত থাকে। ৫ বাগানের জন্য নির্বাচিত জমি: ˈseed-bed; ˈonion-bed; ˈflower-beds. ৬ যৌগশব্দ **bed-bugs** *n* ছারপোকা। ˈ**bed-clothes** *n pl* বিছানায় ব্যবহৃত চাদর, কম্বল ইত্যাদি। ˈ**bed-fellow** *n* শয্যাসঙ্গী বা শয্যাসঙ্গিনী; (লাক্ষ.) সঙ্গী। ˈ**bed-pan** *n* অসুস্থ বা পঙ্গু ব্যক্তির শয্যাশায়ী থাকা অবস্থায় মলমূত্র ত্যাগের নিমিত্ত ব্যবহৃত পাত্রবিশেষ। ˈ**bed·ridden** শয্যাগত; দুর্বলতা বা বার্ধক্যের কারণে শয্যায় আশ্রিত। ˈ**bed·roll** *n* সহজে গুটানো যায় এবং এক জায়গা থেকে অন্য জায়গায় নিয়ে যাওয়া যায় এমন শয্যা। ˈ**bed·room** শয়নকক্ষ; শয্যাকক্ষ। ˈ**bed·side** *n* (বিশেষত কোনো রোগীর) শয্যার পার্শ্ব: A good doctor knows a good bed-side manners. **bed·ˈsit (ter)** (ˈ**bed-ˈsitting-room** –এর কথ্যরূপ) *n* যে কক্ষে শয়ন ও উপবেশন উভয় কাজ চলে (যেসব ছাত্র বাড়ি থেকে দূরে থাকে তারা সাধারণত এ ধরনের কক্ষ ব্যবহার করে)। ˈ**bed·sore** *n* শয্যাক্ষত; দীর্ঘকাল শয্যাশায়ী থাকার ফলে রোগীর পিঠে সৃষ্ট ক্ষত। ˈ**bed·spread** *n* যে চাদর দিয়ে দিনে বিছানা ঢেকে রাখা হয়। ˈ**bed·stead** (কাঠ, ধাতু ইত্যাদির তৈরি) খাট বা পালঙ্কের মূল অংশ যার উপর জাজিম বিছানো হয়ে থাকে। ˈ**bed·time** *n* ঘুমানোর জন্য নির্দিষ্ট সময়: He has no fixed bed-time. **bed-work** *n* বিছানায় শুয়ে শুয়ে যে কাজ করা যায়; (লাক্ষ.) খুব সহজ কাজ।

bed[2] [বেড্] *vt* ১ **bed (in/out)** রোপণ করা; লাগানো (চারা, বীজ ইত্যাদি): Mr. Karim is bedding out some young cabbage plants. ২ **bed (in)** ভিত তৈরি করার জন্য স্থাপন করা: Bricks and stones are bedded in mortar and concrete. ৩ **bed down** শয্যা জোগানো; গদি আঁটানো: bed down a horse. **bed·ded** নির্দিষ্ট সংখ্যক শয্যাযুক্ত: a double-bedded room. **bedding** *n* [U]

be·daubed [বি ˈডো°ব্ড়] *pred adj* **~ with** লেপাবৃত; মাখানো (নোংরা, ভেজা, আঠালো কোনো পদার্থ দিয়ে)।

bed·ding [ˈবেডিঙ্] *n* [U] দ্র. bed².

be·dev·il [বিˈডেভ্‌ল্] *vt* (-ll-, US -l-) (সাধা. passive) গোলমেলে করা হয়েছে। ভণ্ডুল করা হয়েছে। জটিল করা হয়েছে এমন: The issue is ~led by Mr. Rana's refusal to work with us.

be·dewed [বিˈডিউড্, US –ˈডূড্] *pred adj* **~ with** (সাহিত্য.) শিশিরসিক্ত; ভিজানো: Nasima's face is ~ with tears.

be·dim·med [বিˈডিম্ড্] *pred adj* **~ with** (সাহিত্য.) (চোখ, মন ইত্যাদি) ঝাপসা হয়েছে এমন: After her father's death, Rahima's mind was ~ with sorrow.

bed·lam [ˈবেড্‌লম্] *n* ১ (প্রা. প্র.) উন্মাদাশ্রম; উন্মাদাগার; পাগলা–গারদ। ২ হট্টগোলপূর্ণ স্থান: The class-room became a ~ as soon as the teacher left.

Bed·ouin, Bed·uin [ˈবেডুইন্] *n* (*pl* –এ অপরিবর্তিত) বেদুইন; মরুভূমিতে বসবাসকারী যাযাবর আরব।

be·drag·gled [বিˈড্র্যাগ্‌ল্ড্] *pred adj* (কাপড় ইত্যাদি) বৃষ্টি, কাদা প্রভৃতিতে ভিজে নোংরা হয়েছে এমন।

bee [বী] *n* ১ মৌমাছি; মধুকর; ভ্রমর। **have a bee in one's bonnet** ছিটগ্রস্ত হওয়া। **make a ˈbee-line for** সবচেয়ে কাছের পথ ধরে যাওয়া; খুব দ্রুত যাওয়া। **ˈbee-hive** *n* মৌচাক; মধুচক্র। ২ (প্রধানত US) একই সঙ্গে কাজ ও বিনোদনের জন্য এক জায়গায় একত্র হওয়া। **bee-house** *n* মৌমাছির বাসা। **bee-keeping** *n* মৌমাছিপালন।

beech [বীচ্] *n* [C] মসৃণ বল্কল, উজ্জ্বল ঘন সবুজ পাতা ও ত্রিভুজাকৃতির ক্ষুদ্র বাদামজাতীয় ফলবিশিষ্ট এক ধরনের বনবৃক্ষ; [U] ঐ বৃক্ষের কাঠ। **ˈ~ mast** *n* [U] বিচফল।

beef [বীফ্] *n* ১ [U] গো–মাংস; গরুর মাংস। **ˈ~ cattle** মাংস সংগ্রহের উদ্দেশ্যে যেসব গরু ইত্যাদি পালন করা হয়। **~ tea** গোমাংস থেকে বের করে আনা রস (অসুস্থ ব্যক্তিদের পথ্য হিসাবে ব্যবহৃত)। **ˈ~·steak** *n* কাবাব ইত্যাদি বানানোর জন্য লম্বা ফালি করা মাংস। **ˈ~·eater** ব্রিটেনের রাজকীয় রক্ষীবাহিনীর সদস্য (সাধা. টাওয়ার অব লন্ডন বা অন্যত্র প্রহরার কাজে নিয়োজিত)। ২ [U] (পুরুষদের ক্ষেত্রে) পেশি; পেশিবল: He has got plenty of ~. ৩ **beeves** [বীভ্জ্] *n* [C] *(pl)* খাদ্য হিসাবে বিবেচিত খুব মোটা ষাঁড়। □*vi* (কথ্য) অভিযোগ: Stop ~ing again and again. **~y** *adj* (ব্যক্তি সম্পর্কে) বেশ পেশিযুক্ত; সবল।

been, দ্র. be¹.

beep [বীপ্] *n* পৌনঃপুনিক সংকেত (যেমন টেলিফোনে কথা বলার সময়ে এ ধরনের সংকেত দিয়ে জানানো হয় যে এই কথাবার্তা রেকর্ড করা হচ্ছে)।

beer [বিয়া(র্)] *n* [U] এক রকম হালকা মদ; বিয়ার। **small ~** অনুগ্র মদ; (আল.) তুচ্ছ বিষয়বস্তু বা ব্যক্তি: Mr Rahman thinks no small ~ of himself. **~y** *adj* স্বাদে বা গন্ধে বিয়ারের মতো।

bees·wax [ˈবীজ্‌ওয়্যাˈক্‌স্] *n* [U] মৌমাছির শরীরনিঃসৃত মোম যা দিয়ে মৌচাক তৈরি হয়—এই মোম কাঠ পালিশের কাজে ব্যবহৃত হয়। □*vt* এই মোম দিয়ে পালিশ করা।

beet [বীট্] *n* মিষ্টি স্বাদের মূলবিশিষ্ট চারাগাছ; গাজর জাতীয় কন্দবিশেষ; বিট। **ˈwhite ~** চিনি তৈরির জন্য ব্যবহৃত বিট। **ˌ~ˈsugar** বিট থেকে তৈরি চিনি; ইক্ষুজাত চিনির সমতুল্য। **ˈ~·root** *n* [C,U] বিট–মূল।

beetle¹ [বীট্‌ল্] *n* ভারী মুগুর; গদা; দুরমুস।

beetle² [বীট্‌ল্] *n* গুবরেপোকা, কাঁচপোকা ইত্যাদি।

beetle³ [বীট্‌ল্] *vt* ঝুলে পড়া; প্রক্ষিপ্ত হওয়া: beetling cliff. **ˈ~-browed** *adj* লোমশ বা ফোলা ফোলা ভ্রূ–যুক্ত।

beeves, দ্র. beef(3).

be·fall [বিˈফ়ো°ল্] *vt,vi* (*pt* befell *pp* befallen) (শুধুমাত্র third person–এ ব্যবহৃত হয়ে থাকে) (প্রা.প্র.) সংঘটিত হওয়া; ঘটা: What has ~en him ?

be·fit [বিˈফ়িট্] *vt* (-tt-) (শুধুমাত্র Third person–এ ব্যবহৃত হয়ে থাকে) (আনু.) মানানসই হওয়া; যথাযথ হওয়া: Such behaviour does not ~ a man in your position. **~·ting** *adj.* **~·ting·ly** *adv*

be·fog·ged [বিˈফগ্ড্, US –ফ়ো°গ্ড্] *pred adj* (লাক্ষ. ব্যক্তি সম্পর্কে) হতবুদ্ধি; মাথায় কিছু ঢুকছে না এমন অবস্থা।

be·fore¹ [বিˈফ়ো°(র্)] *adv* ১ (afterwards এর সঙ্গে বৈপরীত্যসূচক) আগে; পূর্বে; অতীতে; ইতোমধ্যে: You have seen that film ~. I should have told you so ~. ২ (স্থান বা অবস্থান সম্পর্কে): They have gone on ~.

be·fore² [বিˈফ়ো°(র্)] *conj* (after–এর বৈপরীত্যসূচক) দুই সময়ের মধ্যে পূর্ববর্তী সময়ে: You should finish reading the story ~ you answer the questions on it. Finish your work ~ you go home.

be·fore³ [বিˈফ়ো° (র্)] *prep* ১ (after–এর বৈপরীত্যসূচক) অপেক্ষাকৃত আগে: the day ~ yesterday; three days ~ the Eid festival; Since ~ the liberation war of Bangladesh; ~ *Christ* (সং. B.C.) যিশু খ্রিস্টের জন্মের আগে। ২ (after–এর বৈপরীত্যসূচক) সামনে; সম্মুখে (বিন্যাস বা ব্যবস্থা ইত্যাদির ক্ষেত্রে): Karim goes ~ Rahim; Ladies ~ gentlemen; Rukhsana's name comes ~ yours on the list. ৩ (behind-এর বৈপরীত্যসূচক) সামনে; সম্মুখে (অবস্থান সম্পর্কিত)। **Carry all ~ one** কোনো ব্যক্তি যা করে তাতেই কৃতকার্য হয়। **sail ~ the mast** অফিসার হিসাবে নয়; সাধারণ নাবিক হিসাবে। **sail ~ the wind** বাতাসকে পেছনে রেখে এগিয়ে চলা। ৪ উপস্থিতিতে; মুখোমুখি: The accused was brought ~ the judge. I have no hesitation to speak out ~ everyone about my experiences. ৫ বরং (অগ্রাধিকারসূচক): Death ~ dishonour.

be·fore·hand [বিˈফ়ো° হ্যান্ড্] *adv* আগে; পূর্বে: Knowing what he would need, I made all arrangements ~. Please let me know everything ~. □*pred adj* **~ (with)** আগেভাগে: When you go on a journey, it is a good thing to be ~ with your packing.

befoul [বিˈফ়্যাউল্] *vt* (সাহিত্য.) নোংরা করা।

be·friend [বিˈফ্রেন্ড্] *vt* কাউকে বন্ধু হিসাবে গ্রহণ করা; কারো প্রতি সাহায্যের হাত প্রসারিত করা (বিশেষত ছোটদের প্রতি যারা অন্যের সাহায্যের উপর নির্ভরশীল)।

beg [বেগ্] *vt,vi* (-gg-) **beg (for) (sth) (from/ of sb)** ১ ভিক্ষা করা; কোনো কিছু চাওয়া (অন্ন, বস্ত্র, অর্থ ইত্যাদি): He makes a living by begging from door to door. **a begging letter** যে সাহায্য হিসাবে কিছু

(বিশেষত টাকা পয়সা) চায়। ২ ~ **(sth) (of sb)** গভীরভাবে কিছু চাওয়া; মিনতি করা; অনুনয় বিনয় করে কিছু চাওয়া: They begged us not to punish them. I beg (of) you not to take any risks. **beg the question** যে বিষয়ের সত্যাসত্য সম্পর্কে সন্দেহ রয়েছে তাকে (অযৌক্তিকভাবে) মেনে নেওয়া বা গ্রহণ করা। **go begging** দাবিদার না থাকা; অবাঞ্ছিত হওয়া; (বিশেষত কোনো দ্রব্য বা বস্তু): I am ready to take the things that are going begging. **beg off** অব্যাহতি ভিক্ষা করা। **beg sb off** কাউকে অব্যাহতি দেবার জন্য প্রার্থনা জানানো। ৩ (কোনো কিছু বলার বা করার) স্বাধীনতা চাওয়া: I beg to differ with you.

be·gan, দ্র. begin.

be·get [বিগেট্] *vt* (-tt-) (*pt* begot প্রা. প্র. begat, *pp* begotten) ১ জন্ম দান করা (বাই.): Abraham begat Isaac. ২ (সাহিত্য.) কোনো কিছুর কারণ হওয়া: Sin ~s sin. War ~s misery and ruin. **~·ter** *n* জনক।

beg·gar [ˈবেগা(র্)] *n* ১ ˈ**~man,** ˈ**~woman** ভিক্ষুক; যে ভিক্ষা করে জীবিকা নির্বাহ করে; খুব দরিদ্র ব্যক্তি। **B~s can't be choosers** ভিক্ষার চাল কাঁড়া আর আকাঁড়া। ২ যে ব্যক্তি পরহিতার্থে অন্যের দান সংগ্রহ করে। ৩ (কথ্য. ঠাট্টাচ্ছলে বা সৌহার্দ্যের স্বরে) ব্যক্তি: You lucky ~! □*vt* ১ নিঃস্ব হওয়া; ধ্বংস হওয়া: The way you spend money, you'll soon ~ your family. ২ ~ **description** বর্ণনাতীত হওয়া: The sun-set at Cox's Bazar sea-shore ~s description. **~·ly** *adj* খুবই দরিদ্র; সংকীর্ণ; হীন; ঘৃণার যোগ্য: Why should I accept a ~ly salary like this? **~y** *n* [U] চরম দারিদ্র্য।

be·gin [বিগিন্] *vt,vi* (-nn-, *pt* began, *pp* begun) ১ শুরু করা; আরম্ভ করা: Today's meeting has begun in time. He began English early in his life. ~ **(on)** একটার পর আরেকটা শুরু করা: Mr. X has begun on a new novel. ২ (*pred* যখন মনের বিশেষ অবস্থা নির্দেশ করে তখন inf প্রাধান্য পায়): I began to think you were never coming. (কর্তা বা Grammatical subject যখন নিষ্প্রাণ বস্তু, তখন inf প্রাধান্য পায়): The water is ~ning to boil. (কর্তা যখন প্রাণীবাচক ব্যক্তি এবং *pred* কোনো কাজ বা প্রক্রিয়ার নির্দেশক, তখন inf বা Gerund–এর যে কোনোটি ব্যাবহৃত হয়): I began writing (or to write) a letter. ৩ ~ **at** কোথাও থেকে শুরু করা: Today we began at page 30, line 15. **to ~ with** প্রথম স্থানে; শুরুর পর্যায়ে: Rahman is too young to begin with. ~ **life as** যে হিসাবে কারো জীবন শুরু হয়: I began my life as a petty government servant. ~ **the world** (প্রা.প্র.) (সাহিত্য.) জীবনে প্রবেশ করা; জীবন শুরু করা। **~·ner** *n* (বিশেষত) যে ব্যক্তি এখনো নবিশ এবং অনভিজ্ঞ। **~·ning** *n* প্রারম্ভ; শুরু: Have you read the book from ~ning to end ?

be·gone [বিগন্, US বিগোᵒন্] *v* (কেবল imper) (সাহিত্য.) দূর হও: Begone! Begone you scoundrel!

be·gonia [বি ˈগৌনিআ] *n* [C] ফুলগাছ বিশেষ—যার পাতা ও ফুল উজ্জ্বল বর্ণ বিশিষ্ট।

be·gorra [বিগরা] *int* (আইরিশ প্রয়োগ) ঈশ্বরের নামে।

be·got, be·got·ten, দ্র. beget.

be·grimed [বিগ্রাইম্ড্] *pred adj* তেল কালি ইত্যাদি লেপন করে নোংরা করা হয়েছে এমন: Your hands are ~ with oil and dirt.

be·grudge [বিগ্রাজ্] *vt* কারো প্রতি অসন্তুষ্ট/ বিদ্বেষপরায়ণ ইত্যাদি হওয়া: I have no reason to ~ your going to London.

be·guile [বিগাইল্] *vt* ১ ~ **sb(into)** ছলনা করা; প্রতারিত করা: They were ~ed into forming an unwise alliance. ২ ~ **(with)** আনন্দ সহকারে সময় ক্ষেপণ করা: Our train journey from Dhaka to Chittagong was ~d with pleasant talks. ৩ ~ **(with)** আনন্দ দান করা (প্রধানত ভুলানোর জন্য): Mr Karim ~d the students with some fantastic fairy tales.

be·gum [বেইগাম্] বেগম; সম্ভ্রান্ত বিবাহিতা মুসলিম মহিলা; রানী বা সুলতানা।

be·gun, দ্র. begin.

be·half [বিহাফ়্, US –হ্যাফ়্] *n* **in ~ of** (US) স্বার্থে। **on ~ of** পক্ষে; স্বার্থে; তরফে; প্রতিনিধিস্বরূপ। **On my/ his/ our/ John's, etc ~** আমার/তার/ আমাদের/ জনের পক্ষে: I, on ~ of my colleagues and myself .... Don't be uneasy on my ~ (আমার সম্পর্কে)।

be·have [বিহেইভ্] *vi,reflex* ১ আচরণ করা: Please behave like a gentleman. ২ (যন্ত্রপাতির বেলায়) কাজ করা: My new pen ~s well. **be·haved** *adj* (যৌগশব্দে): well-~; badly-~.

be·hav·iour [US —**ior**] [বিহেইভিআ(র্)] *n* [U] আচরণ; স্বভাব: Zaved won a prize for good ~ in his school. **be on one's best ~** ভালো ব্যবহার করার জন্য যথেষ্ট যত্ন নেওয়া। **put sb on his best ~** কারো ব্যবহার ভালো করার জন্য উপদেশ দেওয়া বা হুঁশিয়ারি প্রদান করা। **~·ism** *n* [U] (মনস্তত্ত্ব) মানুষের সমস্ত আচরণ যে বিশ্লেষণসাধ্য এবং কার্যকারণ–নীতির দ্বারা পরিচালিত এমন মতবাদ। **~·ist** *n* এই মতবাদে বিশ্বাসী ব্যক্তি।

be·head [বিহেড্] *vt* শিরশ্ছেদ করা; গর্দান নেওয়া (শাস্তিস্বরূপ)।

be·held, দ্র. behold.

be·hest [বিহেস্ট্] *n* (প্রা.প্র.) **at sb's ~** কারো নির্দেশে বা আদেশে: The murderer was beheaded at the King's ~.

be·hind[1] [বিহাইন্ড্] *adv* (ahead বা in front-এর সঙ্গে বৈপরীত্যসূচক) ১ পিছনে: The enemy attacked them from ~. **fall/ lag ~** এক সঙ্গে চলতে না পারা; পিছনে পড়ে থাকা: Sikder was much tired and he lagged far ~. **stay/ remain ~** অন্যরা চলে যাওয়ার পরও পড়ে থাকা। ২ **be ~ with/ in** কাজে পিছিয়ে থাকা: Rahima is still ~ with her studies.

be·hind[2] [বিহাইন্ড্] *n* (কথ্য) দেহের পশ্চাদংশ; নিতম্ব: The boy fell on his ~.

be·hind[3] [বি ˈহাইন্ড্] *prep* ১ (in front of–এর বিপরীতে) পিছনের দিকে: Who is hiding ~ the bench? The moon went ~ the clouds. He put the idea ~ him. (লাক্ষ.) বিবেচনা করতে অস্বীকৃতি জ্ঞাপন করলো। ২ (ahead of-এর বিপরীতে) অন্যদের মতো তেমন উন্নতি করতে না পারা। ৩ **leave ~** পিছনে রেখে যাওয়া বা ফেলে যাওয়া: Karim's father left nothing but debts ~ him. The devastating tidal wave left a trail of destruction ~ it all over the coastal areas of Bangladesh. ৪ **be ~ one** অতীত হয়ে যাওয়া; পিছনে পড়ে থাকা (সময়): Your Childhood days are far ~ you. ৫ **be/ lie ~ sth** কোনো ঘটনার কারণ বা

ব্যাখ্যা: I could not understand what was ~ her strange behaviour towards me.

be·hind·hand [বি'হাইনডহ্যান্ড্] *pred adj* ১ **be/get ~ (with/ in)** বাকি পড়া: be ~ with the rent. ২ দেরি; অন্যদের পরে; পিছিয়ে আছে এমন: Who does want to be ~ in generosity ?

be·hold [বি'হৌল্ড্] *vt (pt,pp* beheld) (প্রা. বা সাহিত্য. প্রয়োগ) লক্ষ করা; দেখা: **Lo and ~** , দ্র. Lo. **~er** *n* দর্শক।

be·holden [বি'হৌল্ডান] *pred adj* **~ (to)** বাধিত; কৃতজ্ঞতাপাশে আবদ্ধ: We are much ~ to you for all that you have done for us.

be·hove [বি'হৌভ্ , US **be·hoove** বি 'হূভ্] *vt* (impers) **it ~s one to do sth** (প্রা. আনুষ্ঠা. প্রয়োগ) যা করা উচিত বা কর্তব্য: It does not ~ you to behave this way.

beige [বেইজ্] *n* [U] বাদামি, বাদামি-ধূসর বা ধূসরাভ হলুদ বর্ণ; ধূসর বর্ণের পশমি বস্ত্রবিশেষ।

be·ing [বীইঙ্] *n* ১ অস্তিত্ব; সত্তা। **bring/ call sth into ~** অস্তিত্ব প্রদান করা। **come into ~** অস্তিত্ব লাভ করা। **in ~** অস্তিত্ববান। ২ [C] জীবন্ত প্রাণী: human ~. ৩ **the supreme B~** আল্লাহ্; ঈশ্বর; সর্বশক্তিমান।

be·jew·elled (US **-eled**) [বি'জুঅল্ড্] *part adj* রত্নসজ্জিত; মণিখচিত।

be·labour (US **-bor**) [বি'লেইবা(র্)] *vt* (পুরা.) ভীষণ প্রহার করা: The robbers ~ed him soundly.

be·lated [বি'লেইটিড্] *adj* ১ অতিশয় দেরিতে আসা: Yours is a ~ apology / explanation. ২ (প্রা. প্র.) অন্ধকারে নিপতিত: The ~ travellers lost their way in the forest. **~·ly** *adv*

be·lay [বি'লেই] *vt* (নৌ. ও পর্বত.) ছেয়ে ফেলা; অবরুদ্ধ করা (দড়ির সাহায্যে)। **be 'lay·ing·pin** যে খিল বা গোঁজ ঢুকিয়ে গতিরোধ করা হয়।

belch [বেল্চ্] *vt,vi* ১ **~ (out)** উদ্‌গিরণ করা (অগ্নি, ধূম্র ইত্যাদি): The volcano ~es out smoke and ashes. ২ ঢেকুর বা উদ্‌গার তোলা। □*n* ঢেকুর বা ঢেকুরের শব্দ।

be·leaguer [বি'লীগা(র্)] *vt* অবরোধ করা।

bel·fry ['বেল্‌ফ্রি] *n* (গির্জা, মন্দির ইত্যাদির) ঘণ্টা-ঘর।

be·lie [বি'লাই] *vt* ১ ভ্রান্ত বা অসত্য ধারণা দেওয়া। ২ প্রমাণ করতে বা প্রতিশ্রুতি রক্ষা করতে অসমর্থ হওয়া।

be·lief [বি'লীফ্] *n* ১ [U] **~ (in)** বিশ্বাস; আস্থা; প্রত্যয়: The muslims have ~ in God. It is my ~ that ... . **in the ~ that** এই বিশ্বাসে যে; সুনিশ্চিত হয়ে: Talukder went to you in the ~ that you could do something for him. **to the best of my ~** আমি প্রকৃতই মনে করি যে; আমার সত্যিকার বিবেচনায়। ২ যা সত্য ও বাস্তব হিসাবে গৃহীত; যেসব বিষয় ধর্মের অংশ হিসাবে শেখানো হয়: the ~ s of the Christian Church.

be·lieve [বি'লীভ্] *vt,vi* ১ বিশ্বাস করা; আস্থা রাখা: I ~ what you have said just now. ২ **~ in** (ক) আস্থা খুঁজে পাওয়া: I ~ in that man. (খ) অস্তিত্ব সম্পর্কে নিশ্চিত হওয়া: ~ in God. (গ) কোনো কিছুর মূল্য বা যথার্থতা সম্পর্কে নিশ্চিত বোধ করা: Mr. Das ~ s in Homoeopathic remedies. ৩ **make ~** ভান করা; ভণিতা করা। **'make- ~** *n* ভান; ভণিতা। **believer** বিশ্বাসী ব্যক্তি; ইমানদার। **be·liev·able** *adj*

be·like [বি'লাইক্] *adv* (প্রা. প্র.) সম্ভবত।

be·little [বি'লিট্‌ল্] *vt* খর্ব করা; মূল্যমান হ্রাস করা; মর্যাদা হানি করা: Don't ~ yourself.

bell [বেল্] *n* ঘণ্টা; ধাতুনির্মিত গোলাকার বস্তু যা বাজালে বাজে। **as sound as a ~** (লাক্ষ.) খুবই ভালো অবস্থায় আছে এমন। **ring a ~** (কথ্য.) অর্ধ-বিস্মৃত কোনো বিষয় পুনরায় স্মৃতিতে ফিরে আসা। ২ (নৌ.) প্রতি অর্ধ-ঘণ্টাকাল নির্দেশকারী ঘণ্টাধ্বনি। ৩ **'~-boy, '~-hop** হোটেল, রেস্তোরাঁ ইত্যাদিতে কর্মরত ছোকরা চাকর (এদেরকে সাধা. ঘণ্টা বাজিয়ে ডাকা হয়)। **'~-bottomed** *n* যে পাজামার নীচের অংশ খুব ঢোলা বা প্রশস্ত (নাবিকদের কেউ কেউ এই পাজামা পরে থাকে)। **'~-buoy** *n* ঘণ্টা-বাঁধা ভাসমান বয়া (যা তরঙ্গের আঘাতে বাজতে থাকে)। **'~-flower** ঘণ্টাকর্ণ; এক রকম পুষ্প। **'~-founder** ঘণ্টানির্মাতা। **'~-foundry** ঘণ্টা নির্মাণের কারখানা। **'~-metal** কাঁসা; ঘণ্টা নির্মাণে ব্যবহৃত ধাতু। **'~-push** বিদ্যুৎ-চালিত ঘণ্টা বাজানোর বোতাম। **'~-ringer** চার্চে যিনি ঘণ্টা বাজান। **'~-tent** ঘণ্টা-আকৃতির তাঁবু। **'~-tower** ঘণ্টাঘর। **'~-wether** গলায় ঘণ্টা-বাঁধা যে ভেড়া দলের পুরোভাগে থাকে; (লাক্ষ.) দলের চাঁই। □*vt* **~ the cat** (প্রবাদ) নিজে বিপদের ঝুঁকি নিয়ে কোনো দুঃসাহসিক কাজ করে অন্যদেরকে রক্ষা করা।

bella·donna [বেলা'ডনা] *n* বিষাক্ত ভেষজ বৃক্ষবিশেষ; বিষকাঁটালি।

belles-lettres [বেল'লেট্রা] *n pl (sing v* সহ) (ফ.) কবিতা, নাটক, উপন্যাস ইত্যাকার সৃজনশীল সাহিত্য।

bel·li·cose ['বেলিকৌস্] *adj* (সাহিত্য.) যুদ্ধে আগ্রহী; সমরপ্রিয়; মারমুখো।

-bel·lied [-বেলিড্] দ্র. belly.

bel·liger·ency [বি'লিজারান্‌সি] *n* [U] যুধ্যমান অবস্থা; যুদ্ধে থাকার মতো অবস্থা।

bel·liger·ent [বি'লিজারান্ট্] *adj,n* (ব্যক্তি, জাতি ইত্যাদি) যুদ্ধরত; যুধ্যমান: The ~ powers.

bel·low ['বেলৌ] *vi,vt* ১ গুরুগম্ভীর গর্জন করা; ষাঁড়ের মতো চিৎকার করা। ২ **~ (out)** জোরে বা রাগত স্বরে চিৎকার করা: They ~ed out a drinking song.

bel·lows ['বেলৌজ্] *n pl* **a pair of ~** ১ হাপর; ভস্ত্রা। ২ হারমোনিয়াম, অর্গান প্রভৃতি বাদ্যযন্ত্রের বায়ু-প্রবাহিকা। *n* **~-fish** পটকা মাছ।

belly[1] [বেলি] *n* ১ (কথ্য) পেট; উদর। **'~-flop** *n* শরীরের সম্মুখভাগ দিয়ে পানিতে লাফ দেওয়া। **'~-laugh** *n* কর্কশ হাসি; অট্টহাসি। ২ পাকস্থলী: With an empty ~ ক্ষুধার্ত। **'~-ache** (কথ্য) পেটব্যথা। **'~ button** *n* (কথ্য) নাভি। ৩ কোনো কিছুর অভ্যন্তর বা গর্ভ। **'~ landing** *n* পেটের উপর ভর দিয়ে বিশেষ অবস্থায় বিমানের অবতরণ (কোনোরূপ গোলযোগ দেখা দিলে)।

belly[2] [বেলি] *vi,vt* **~ (out)** ফুলে ওঠা বা ফেঁপে ওঠা (পেটের মতো): The wind bellied out the sail.

be·long [বি 'লঙ্ US বি'লো°ঙ্] *vi* স্বত্বাধীন হওয়া; অংশস্বরূপ হওয়া বা অঙ্গীভূত অনুভব করা: This plot of land ~s to Mr Ali. Do you ~ to this class? With my long association, I feel I ~ to this organisation. **~·ings** *pl* বিবিধ বস্তু বা অস্থাবর সম্পত্তি: Arrange all your ~ings quickly.

be·loved [বিলাভ্ড্] *Pred adj* অত্যন্ত প্রিয়: She is ~ by all in the school. □*adj* [বিলা'ভিড্]: a ~ daughter.

be·low [বিলৌ] *adv* ১ নীচে; নীচস্থ; নিম্নোক্ত (উপর-এর বিপরীতার্থক শব্দ): From the window of the aeroplane I found the green fields ~. I enlist all my complaints ~. ২ *prep* পদে; মর্যাদায় নীচে: A captain in the Army ranks ~ a captain in the Navy.

belt [বেল্ট্] *n* কোমরবন্ধ; কটিবন্ধ; মেখলা; বলয়; চামড়া, ফোম বা কাপড়ের তৈরি এমন বস্তু যা দিয়ে পরিধেয় বস্ত্রকে কোমরের সঙ্গে শক্ত করে বেঁধে রাখা যায়। **hit below the ~** অশোভনভাবে আঘাত করা। **tighten one's ~** অভুক্ত থাকা; অত্যন্ত মিতব্যয়ী হওয়া। **fan ~** লম্বাটে বন্ধনী বা ফিতা যা চাকা ঘোরানো বা যন্ত্রচালনার জন্য ব্যবহৃত হয়, যেমন মোটরগাড়িতে। **the comˈmuter ~** বিরাট শহরের সীমানায় আবাসিক এলাকা, যেখানকার বসবাসকারীরা কার্যোপলক্ষে প্রতিদিন এই শহরে যাতায়াত করে। **the cotton ~** বিশেষ এলাকা যেখানে প্রচুর পরিমাণে তুলা উৎপন্ন হয়। **green ~** সবুজ এলাকা; প্রধানত শহরের প্রচুর গাছগাছালিময় এলাকা সীমানায়। **hold the ~** কুস্তি, মুষ্টিযুদ্ধ প্রভৃতি প্রতিযোগিতায় সর্বোচ্চ স্থান দখল করা বা বিশেষ কৃতিত্বের অধিকারী হওয়া। □*vt* কোনো কিছু বেঁধে নেওয়া; ছড়ি বা চাবুকদ্বারা প্রহার করা। **~·ing** *n* প্রহার: He gave the servant a good ~ ing. **~ along** (কথ্য) দ্রুত গতিতে ধাবমান হওয়া। **~ out** উচ্চস্বরে গান গাওয়া। **~ up** কথাবার্তা বন্ধ করা।

bel·ve·dere [বেল্‌ভিডিয়া(র্)] *n* উঁচু ভবনের শীর্ষদেশ যেখান থেকে পরিপার্শ্বের দৃশ্যাবলী অবলোকন করা যায়; গ্রীষ্মাবাস।

be·moan [বিˈমৌন্] *vt* শোক প্রকাশ করা: I only can ~ at such a grief of yours.

be·mused [বিˈমিউজ্‌ড্] *pred adj* হতবুদ্ধি হওয়া।

ben[1] [বেন্] *n* দুই কক্ষবিশিষ্ট বাড়ির ভিতরের ঘর (স্কটল্যান্ডে প্রচলিত)।

ben[2] [বেন্] *n* পর্বত-চূড়া (যেমন Ben Nevis, স্কটল্যান্ডে প্রচলিত)।

bench [বেন্‌চ্] *n* বেঞ্চি; লম্বা কাঠের আসন; শ্রেণীকক্ষে, আদালতে বা পার্কে সাধারণের ব্যবহারের জন্য লম্বাটে আসন। **ˈback-~es** কক্ষের পিছন দিকের আসন (সাধা. সংসদের আসন বোঝাতে ব্যবহৃত)। **ˈcross-~es** নিরপেক্ষ সদস্যদের জন্য বিশেষ আসন। **ˈfront-~es** মন্ত্রী ও নেতাদের জন্য নির্দিষ্ট আসন। **ˈ~ seat** মোটরগাড়িতে দুই-তিন জনের জন্য আসন; বিচারকের আসন; বিচারপীঠ। **ˈ~-clerk** পেশকার। **full ~** প্রধান বিচারালয়ের বিচারপতিদের সম্মিলিত সভা। **high ~** ডেস্কসহ উঁচু বেঞ্চি। **on the high ~** বিচারক বা ধর্মগুরুর পদে আসীন। **raise to the ~** বিচারক বা বিশপের পদ প্রদান করা। **ben·cher** বিচারালয়ের সদস্য। **ˈ~ mark** মানচিত্র প্রস্তুত করার জন্য অনুভূমিক রেখার বিবিধ সুনির্দিষ্ট বিন্দু যা দ্বারা দূরত্ব ও উচ্চতাসূচক তীরচিহ্ন দেখানো হয়। (লাক্ষ.) (মান) যার বিপরীতে অন্য কিছুর পরিমাপ করা যায় বা মূল্যায়ন সম্ভব।

bend[1] [বেন্ড্] *vt,vi* (*pt,pp* bent/ bended) বাঁকানো; বাঁকা করা; বক্রাকৃতি করা; নোয়ানো; আনমিত করা বা হওয়া: The acrobat ~s his body in a full circle. (লাক্ষ.) You cannot ~ him a little in this issue. She prayed to God on ~ed knees. (কথ্য) A powerful person ~s a rule according to his will. The branches have bent down with ripe mangoes. (লাক্ষ.) Don't always look up, bend down a little, you'll know what is what. All eyes are bent on Sunil Gavaskar for his 32nd century. I had to bend to his strong-willed proposal. I am bent on obtaining a first class. **~ed** বক্র; আনত। **round the bend** পাগল; উন্মাদ। **to the top of one's bent** নিজ অন্তরের ইচ্ছানুযায়ী। **to follow one's bent** যে কাজে আনন্দ পাওয়া যায় তা করা। **~ wood** চেয়ার বা অনুরূপ আসবাবপত্র তৈরি করার জন্য বিশেষভাবে বাঁকানো কাঠ।

bend[2] [বেন্ড্] *n* বাঁক বা মোড়: Take care, there is a sharp ~ ahead; নাবিকদের ব্যবহৃত এক ধরনের দড়ির গ্রন্থি; (কথ্য) গাঁটের ব্যথা।

be·neath [বিˈনীথ্] *prep,adv* নীচে; নিম্নে; ভিতরে; গভীরে; আড়ালে; অন্তরালে; যোগ্যতা নেই এমন: The police behaviour in this issue is ~ contempt.

ben·edick [ˈবেনিডিক্] (US **benedict**) *n* সদ্যবিবাহিত ব্যক্তি যিনি দীর্ঘদিন অবিবাহিত ছিলেন।

bene·dic·tine [ˌবেনিˈডিক্‌টিন্] *adj* ৫২৯ খ্রিস্টাব্দে সাধু বেনেডিক্ট প্রতিষ্ঠিত ধর্মীয় মতের অনুসারী। □*n* অনুরূপ মতাবলম্বী সন্ন্যাসী বা সন্ন্যাসিনী; এই ধর্মমতে বিশ্বাসী সাধুদের দ্বারা প্রস্তুত মদ্য।

bene·dic·tion [ˌবেনিˈডিক্‌শন্] *n* আশীর্বাদ (প্রধানত চার্চের বিশেষ প্রার্থনা-সভা অনুষ্ঠানের পর যে আশীর্বাদ উচ্চারিত হয়)।

bene·fac·tion [ˌবেনিˈফ্যাক্‌শন্] *n* উপকারসাধন; জনহিতকর দান বা বৃত্তি। **bene·factor** [ˈবেনিফ্যাক্‌টা(র্)] *n* জনহিতকারী; দাতা; মহৎ উপকারী ব্যক্তি। **benefactress** *fem*

bene·fice [ˈবেনিফিস্] *n* খ্রিস্টীয় যাজকের জীবনধারণে নিয়মিত অর্থবৃত্তি প্রদানের জন্য দানকৃত সম্পত্তি। **beneficed** *adj*

be·nefi·cence [বিˈনিফিসন্স্] *n* [C] হিতসাধন; মঙ্গলকরণ; বদান্যতা। **beneficent** *adj*

bene·fi·cial [ˌবেনিˈফিশল্] *adj* লাভজনক; মঙ্গলকর; হিতকর: The holidays may prove ~ for the progress of the work.

bene·fi·ci·ary [ˌবেনিˈফিশারি] *n* [C] (*pl* -ries) প্রজাস্বত্ববলে জমির অধিকার ভোগকারী ব্যক্তি; যাজকবৃত্তিভোগী; দান বা বৃত্তির প্রাপক; কোনো সূত্র হতে উপকার ভোগকারী ব্যক্তি: He is a ~ of the new law.

bene·fit [ˈবেনিফিট্] *n* উপকার; লাভ; মঙ্গল; সুবিধা; সুফল: ~ of doubt always goes for the accused. On top of his salary he will recieve ~s of different kinds. **~ performance** কারও সাহায্যার্থে আয়োজিত অনুষ্ঠান: You will have the ~ of good breeding in future, শুভ প্রক্রিয়া; medical/ risk ~, ভাতা। □*vt* উপকার করা; মঙ্গল করা: I am ~ ed by your advice.

ben·ev·ol·ence [বিˈনেভ়ালন্স্] *n* [U] হিতসাধনের ইচ্ছা বা সংকল্প: All the brothers possess the quality of ~.

ben·ev·ol·ent [বিˈনেভ়ালান্ট্] *adj* **~ to/ towards** দয়ালু; সদাশয়। **~·ly** *adv*

Bengali [বেন্‌গোˈল্লি] *adj* বাংলাদেশ ও বাংলা ভাষা বিষয়ক। □*n* বাঙালি; বাংলা ভাষা।

be·nighted [বিˈনাইটিড্] *part adj* নৈতিকতার বা জ্ঞানের আলোকের অভাবে অন্ধকারাচ্ছন্ন; (প্রা.) অন্ধকারে পথহারা পথিক।

be·nign [বিˈনাইন্] *adj* ১ (ব্যক্তি) সদয়; সহৃদয়। ২ (আবহাওয়া ইত্যাদি) শান্ত; অনুকূল। ৩ (ব্যাধি) বিপজ্জনক

বা ঝুঁকিপূর্ণ নয় এমন: a ~ tumour. দ্র. malignant (২). **~·ly** *adv*

be·nig·nant [বি'নিগ্‌নান্ট্] *adj* (আনুষ্ঠা.) দয়াবান; সজ্জন। **~·ly** *adv*

be·nig·nity [বি'নিগ্‌নাটি] *n* (আনুষ্ঠা.) [U] সহৃদয়তা; মঙ্গলকর কাজ; আনুকূল্য; [C] সদয় আচরণ; অনুগ্রহ।

bent[1] [বেন্‌ট্] *n* ইচ্ছা; দক্ষতা: Seema has a ~ for singing. **Follow one's ~** নিজের পছন্দের কাজটি করা। **To the top of one's ~** চূড়ান্তরূপে ইচ্ছাপূরণ।

bent[2] [বেন্‌ট্] *pt. & pp* of, দ্র. bend (*vt,vi*).

be·numbed [বি'নাম্‌ড্] *pred adj* যাকে নিঃসাড় করে দেওয়া হয়েছে; নির্জীব বা অনুভূতিহীন করা হয়েছে এমন: My fingers were ~ with cold.

ben·ze·drine [বেনজ়ড্রীন্] *n* মেদহ্রাস করার জন্য এক ধরনের ঔষধ।

ben·zene ['বেন্‌জ়ীন্] *n* [U] বর্ণহীন পেট্রোলিয়ামজাত তরল পদার্থ যা বিভিন্ন রাসায়নিক দ্রব্য প্রস্তুত করার কাজে ব্যবহৃত হয়।

ben·zine ['বেন্‌জ়ীন্] *n* [U] অশোধিত পেট্রোলিয়াম থেকে প্রাপ্ত তরল দাহ্য পদার্থবিশেষ।

ben·zol ['বেন্‌জ়ল্] *n* [U] benzene–এর শব্দান্তর।

be·queath [বি'ক্যুঈদ্] *vt* উইলের মারফত কাউকে কিছু দান করা: My father ~ed me his property. (লাক্ষ.) Tradition always ~s various concepts to the succeeding age.

be·quest [বি'ক্যোয়েস্‌ট্] *n* [U] উইল মারফত দান; [C] উইল দ্বারা অর্পিত সম্পত্তি; অর্পিত দায়িত্ব।

be·rate [বি'রেইট্] *vt* তীব্র ভর্ৎসনা করা।

be·reave [বি'রীভ্] *vt* (*pt,pp* bereft or ~d) বঞ্চিত হওয়া/ বিচ্ছিন্ন হওয়া (বিমূর্ত কোনো কিছু থেকে): I am bereft of all expectations; মৃত্যুর ফলে বিচ্ছিন্ন হওয়া: the ~ed mother. ২ **~·ment** *n* [U] মৃত্যু বা তজ্জনিত শোক: All of us share your pains in your ~ment.

be·reft [বি'রেফ্‌ট্] দ্র. bereave.

be·ret [বি'রেই] *n* গরম বা সুতি কাপড়ের চ্যাপ্টা টুপিবিশেষ (খেলাধুলা বা ভ্রমণের সময় ব্যবহৃত হয়, সামরিক বাহিনীর সদস্যরাও পরিধান করে)।

berg [বা্‌গ্] *n* দ্র. iceberg.

beri-beri [,বেরি'বেরি] *n* [U] শরীরের জন্য অতি প্রয়োজনীয় ভিটামিনের অভাবের ফলে সৃষ্ট শারীরিক ব্যাধি।

ber·kelium [বা'কলিঅম্] *n* [U] (রস.) আমেরিসিয়াম থেকে আহৃত এক ধরনের কৃত্রিম ধাতব পদার্থ।

berry ['বেরি] *n* (*pi* -ries) ১ ক্ষুদ্র রসালো ফল: black ~; straw ~; rasp ~. ২ কফির বিচি।

ber·serk [বা'সাক্] *pred adj* নিয়ন্ত্রণব–হির্ভূতভাবে উত্তেজিত বা ক্ষিপ্ত। □*n* নরওয়ে দেশীয় যুদ্ধোন্মাদ সৈনিক। **be/ go/ send sb ~** অকস্মাৎ ক্ষিপ্ত হওয়া: The dismissed policeman went ~ and killed his children and wife.

berth [বা:থ্] *n* ট্রেন, জাহাজ বা বিমানে নিদ্রার স্থান; জেটিতে জাহাজ বেঁধে রাখার স্থান। **Give a wide ~ to** সান্নিধ্য এড়িয়ে চলা: After that incident I always give a wide berth to Selim. □*vt* নোঙর ফেলা। **find a snug ~** সহজ ও মনের মতো কাজ পাওয়া।

beryl[1] [বেরল্] *n* মূল্যবান পাথর (সাধা. সবুজ)।

bery·li·um [বারিলিঅম্] *n* [U] সাদা ধাতব পদার্থ যা মিশ্র ও অধিক শক্তিধর ধাতব পদার্থ তৈরির জন্য ব্যবহৃত হয়।

be·seech [বি'সীচ্] *vt* (*pt,pp* besought) মিনতি করা; সনির্বন্ধ প্রার্থনা করা: I do hereby ~ your kind attention. **~·ing** *adj* সবিনয়; সকাতর। **~·ing·ly** *adv*

be·seem [বি'সীম্] *vt,vi* শোভন বা উপযুক্ত হওয়া; মানানসই হওয়া: Your conduct does not ~ your position. **~·ing** *adj* . **~·ing·ly** *adv*

be·set [বি'সেট্] *vt* চারদিক থেকে অবরোধ করা; ঘেরাও করা: The recent disaster has ~ us with grave difficulties. **~·ting sin** যে পাপ মানুষকে প্রায়শ প্রলুব্ধ করে।

be·side [বি'সাইড্] *prep* পাশে; নিকটে: Our village is ~ the river; তুলনীয় অর্থে: I always feel small ~ you; সাহায্যকারী অর্থে: Anwar always stood ~ me in my days of grief. **set ~** বিপরীতে: There is no footballer who can be set ~ Maradonna as a striker. **~ the point** অসংলগ্ন; অপ্রয়োজনীয়; অবান্তর: The minister's speech was thoroughly ~ the point. **~ oneself** আত্মহারা; আনন্দে উচ্ছল/ ক্রোধে উন্মত্ত।

be·sides [বি'সাইড্‌জ্] *adv* তাছাড়া; এতদ্ব্যতীত; অতিরিক্ত; অধিকন্তু: There're others to help me ~ you. You should not smoke for your health, ~ it is quite expensive.

be·siege [বি'সীজ্] *vt* সেনাবাহিনী কর্তৃক ঘিরে ফেলা; অবরোধ করা; চারদিক থেকে আক্রমণ করা: The city was ~d by enemy forces. **~ with** অনুরোধ ও আবদারে অতিষ্ঠ করে তোলা: The artist was ~d with requests from the enthusiastic audience. **besieger** *n*

be·smear [বি'স্মিঅ(র্)] *vt* ~ **with** তেল ইত্যাদি লেপন করা।

be·smirch [বি'স্মাচ্] *vt* নোংরা করা; কলুষিত করা।

be·som ['বীজ়াম্] *n* লম্বা হাতলওয়ালা ঝাঁটা বা ঝাড়ু।

be·sot·ted [বি'সটিড্] *part adj* **~ by/ with** আচ্ছন্ন করা হয়েছে এমন (মদ্য, প্রেম, মাদক ইত্যাদি দ্বারা); হতবুদ্ধি।

be·sought [বি'সট্] *p,pt* of beseech.

be·spangled [বি'স্প্যাঙ্গল্‌ড্] *pred adj* **~ with** চুমকি বা অনুরূপ উজ্জ্বল বস্তু দ্বারা খচিত বা সজ্জিত।

be·spattered [বি'স্প্যাটাড্] *pred adj* **~ with** কাদা জাতীয় পদার্থ দিয়ে আচ্ছাদিত; (লাক্ষ.) নিন্দা ইত্যাদি দ্বারা কলঙ্কিত।

be·spoke [বি'স্পৌক্] *adj* নির্দেশমাফিক তৈরি (দ্রব্যাদির ক্ষেত্রে রেডিমেড বা আগে থেকে তৈরি নয়)। **~ 'shoemaker/ 'tailor** নির্দেশমাফিক যে মুচি/ দরজি, জুতা/ পোশাক তৈরি করেন। **~ 'software** নির্দিষ্ট ব্যক্তি বা সংস্থার প্রয়োজনানুযায়ী প্রস্তুত কম্পিউটার কার্যক্রম।

be·sprinkle [বি'স্প্রিংকল্] *vt* দেহের উপর ছিটিয়ে দেওয়া।

best[1] [বেস্‌ট্] *adj* (well ও better–এর *superl*) সর্বোত্তম; সর্বোৎকৃষ্ট; সবচেয়ে ভালো; সবার সেরা: the ~ boy in the class; the ~ possible solution of the problem; the ~ part of the novel; the ~ shampoo available in the market; the ~ value for your money; the ~ part of his life was spent abroad. ,**~ 'man** বরের সঙ্গী; মিতবর। ,**~ 'maid** কনের সঙ্গিনী; মিতকনে। **Put one's ~ foot forward** যথাসম্ভব দ্রুত হাঁটা।

best[2] [বেস্‌ট্] *adv* (good ও better–এর *superl*) সবচেয়ে ভালো: Everyone sleeps ~in the midnight. He is the ~ qualified doctor in the locality. **As ~**

one can যথাসম্ভব উত্তমরূপে কার্য সম্পাদন: She acted her **~.** ।**~-ˈseller** *n* সর্বাধিক বিক্রি Peter Carey's book was the ~-seller this month.

best[3] [বেস্‌ট্‌] *pron* অনেক বস্তু বা ব্যক্তির মধ্যে অসাধারণ; কোনো বস্তুর সর্বোত্তম অংশ: He is the ~ of soldiers. We're the ~ cadets. **all the ~** শুভকামনা। **to dress in one's (sunday) best** সবচেয়ে সুন্দর পোশাক পরা। **all for the ~** প্রথমে মঙ্গলকর মনে না হলেও অবশেষে মঙ্গলময়। **~ of it** ঘটনার সবচেয়ে চমৎকার অংশ। **at ~** সবচেয়ে যতটা ভালো হওয়া সম্ভব। **at the ~ of times** সবচেয়ে সুবিধাজনক সময়ে। **make the ~ of a bad job** যথাসম্ভব করা। **make the ~ of one's way home** নানা বাধাবিপত্তি সত্ত্বেও দ্রুত বাড়ি ফিরে আসা। **make the ~ of things** মনঃপূত না হলেও যথাসম্ভব চেষ্টা করা। **to the ~ of my knowledge** যতদূর আমি জানি (যদিও আমার ধারণার কোথাও ভ্রান্তি থাকতে পারে)।

best[4] [বেস্‌ট্‌] *vt* (কথ্য) জিতে যাওয়া; পরাস্ত করা।

bes·tial [ˈবেস্‌টিয়াল্‌] *adj* পশুবৎ; পাশব; নিষ্ঠুর। **~ly** *adv* **~·ity** *n*

bes·tiary [ˈবেস্‌টিঅরি US বেস্‌টিয়েরি] *n* বিভিন্ন জীবজন্তু সম্পর্কে মধ্যযুগীয় নীতিগল্পের সংকলন।

be·stir [বিˈস্টা(র্‌)] *vt (pt,pp* bestirred.) কর্মতৎপর করা: to bestir oneself.

be·stow [বিˈস্টৌ] *vt* **~ (on/ upon)** প্রদান করা; আরোপ করা (সম্মান অর্থে): Mr. Islam was ~ed with an honour. **~al** *n* প্রদান; স্থাপন।

be·stride [বিˈস্ট্রা ইড্‌] *vt (pt,pp* bestrode, bestridden.) ঘোড়া, চেয়ার প্রভৃতির দু'পাশে দু'পা রেখে বসা; ডিঙিয়ে যাওয়া।

bet [বেট্‌] *vt,vi* বাজি বা পণ রাখা বা ধরা; খেলা বা কোনো বিষয়ে ফলাফল সম্পর্কে পূর্ব হতে কোনো অভিমত জ্ঞাপন করে টাকার বাজি ধরা: He ~ that Abahani would win. (কথ্য) I bet, আমি নিশ্চিত। □*n* [C] এ ধরনের বাজি বা পণ। **betting** বাজি ধরা। **an even bet** একই ধরনের সম্ভাবনা।

beta [বীটা] *n* গ্রিক বর্ণমালার দ্বিতীয় অক্ষর β.

be·take [বিটেইক্‌] *vt (pt,pp* betook, betaken) দায়দায়িত্ব গ্রহণ করানো: He betook the responsibility of his disabled brother.

betel [বীট্‌ল্‌] *n* পান; যে পাতা সাধারণত প্রাচ্যদেশে সুপারি ও অন্যান্য মশলা যোগে খাওয়া হয়। **betel-nut** সুপারি।

bête·noire [ˌবেইটˈনোয়া(র্‌)] *n* [ফ.] কোনো ব্যক্তির খুবই অপ্রিয় বস্তু বা ব্যক্তি।

be·tide [বিটাইড্‌] *n* ঘটা (কারও ভাগ্যে): Woe ~ him/ you, etc, দুঃখ বা দুর্যোগ আসুক তার ভাগ্যে।

be·times [বিˈটাইম্‌জ্‌] *adv* যথাসময়ে: Everybody should get up ~ for picnic; (প্রা. প্র.) প্রত্যূষে; ভোরে।

be·token [বিˈটৌকান্‌] *vt* [প্রা.প্র.] সংকেত দেখানো; লক্ষণ প্রকাশ করা: The depression in the bay ~s high winds.

be·took [বিটুক্‌] দ্র. betake.

be·tray [বিট্রেই] *vt* অবাধ্য হওয়া; প্রতারণামূলক আচরণ করা; বিশ্বাস ভঙ্গ করা; বিশ্বাসঘাতকতাপূর্বক পরিত্যাগ করা বা ধরিয়ে দেওয়া; প্রলোভন দেখিয়ে ছলনা করা: One shouldn't betray one's friend; অজ্ঞাতসারে সত্য প্রকাশ করে ফেলা: Your face ~s that you are tired. **betrayal** *n* [U] **betrayer** *n* [C] বিশ্বাসঘাতক।

be·troth [বিট্রৌদ্‌] *vt* বিবাহের জন্য বাগ্‌দান করা। **betrothal** *n* বিবাহার্থ বাগ্‌দান। **betrothed** *adj,n* বাগ্‌দত্ত; বাগ্‌দত্তা: Seema was ~ to Rana.

better[1] [বেটা(র্‌)] *adj* (good ও best–এর *comp*): Vegetable is ~ than meat for your health. Reba is ~ than Mati. **~ than one's word** স্বীয় প্রতিশ্রুতির চেয়ে উদার। **against one's ~ judgement** সঠিক হবে না জেনেও। **no ~ than** একই রকম। **the ~ part of** অধিক অংশ: affection is the ~ part of love. **(to) see ~ days** অপেক্ষাকৃত সচ্ছল হওয়া। **One's ~ feelings** নৈতিক অনুভূতি। **~ half** (কথ্য) স্ত্রী। I feel much ~ today, পূর্বদিন অপেক্ষা শারীরিক ভালো; **~ off** অপেক্ষাকৃত সচ্ছল।

better[2] [বেটা(র্‌)] *adv* (well ও best–এর *comp*): The more you read, the ~ you understand. You know him ~ than I do. **be ~ off**: I hope to be ~ off in next July; কোনো বিষয় সম্পর্কে সুনির্দিষ্ট সংশয় প্রকাশ করা: He said he was not responsible, but I know ~; সঠিক বিষয়ে মনোযোগ দেওয়া: You had ~ mind your own business.

better[3] [বেটা(র্‌)] *n* বয়োজ্যেষ্ঠ ব্যক্তি; অধিকতর জ্ঞানী ব্যক্তি: Try to follow what your elders and ~s say. **get the ~ off** জয় করা; পরাস্ত করা; This eloquence got the ~ of the argument. **for ~ (or) for worse** সৌভাগ্যে ও দুর্ভাগ্যে; উভয়ত।

better[4] [বেটা(র্‌)] *vt* অধিকতর ভালো করা; অপেক্ষাকৃত উৎকর্ষ সাধন করা: The new sewerage system will ~ the health conditions; This is alright, but try to ~ it. **~·ment** *n*

bet·tor [বেট্য(র্‌)] *n* যে বাজি ধরে (punter অধিকতর প্রচলিত)।

be·tween[1] [বিˈট্যুঈন্‌] *adv* মধ্যে; মধ্যবর্তী স্থানে; The contract is between you and me. It's a matter to be discussed ~ ourselves. **few and far ~** দীর্ঘ বিরতিতে; অনেক ফাঁক ফাঁক স্থানে। **~ whiles** অন্তবর্তী বা মধ্যবর্তী সময়ে।

be·tween[2] [বিট্যুঈন্‌] *prep* ১ মধ্যে (স্থান): Comilla is ~ Dhaka and Chittagong. ২ (পদ, মর্যাদা) A Joint Secretary ranks ~ a Deputy Secretary and an Additional Secretary. ৩ (সময়): ~ the two world wars; ~ 1 0'clock and 2 0'clock; ~ youth and middle age. ৪ (দূরত্ব, পরিমাণ): ~ ten and eleven miles; ~ fifty and sixty tons. ৫ (গতিবিধি) এদিক ওদিক: This liner sails ~ Chittagong and Chalna Ports. ৬ (সংযোগ.): After all there has been ~ us (আমাদের আগের বন্ধুত্ব, অভিজ্ঞতা ইত্যাদির আলোকে)। ৭ (দুজনের মধ্যে ভাগাভাগি বোঝাতে): Share the money ~ you/ ~ourselves. ৮ (দুই বা দুজনের অধিক ব্যক্তির মধ্যে সমন্বয় বোঝাতে): The first five batsmen scored 273 runs ~ them. ৯ **~ sth and sth**: My time is fully taken up ~ writing and reading. ১০ (সম্পর্ক): The relation ~ father and son; ~ right and wrong.

be·twixt [বিটুইকস্ট্] *prep,adv* মধ্যে (প্রা.প্র.): ~ and between (কথ্য) অনির্দিষ্ট; এটাও হয় ওটাও হয় এমন।

bevel [বেভ্ল্] *n* ঢাল; ঢল; ঢালু। **'~ gear** দাঁতালো উপরিতলযুক্ত দুইটি গিয়ারের যে কোনো একটি। □*vt* ঢালু করা।

be·ve·rage ['বেভ্যারিজ্] *n* [C] (আনুষ্ঠা.) সুরাবিশেষ; পানি ব্যতীত দুধ, চা, মদ, বিয়ার প্রভৃতি যেকোনো ধরনের পানীয়।

bevy [বেভি] *n* সম্মিলন; সমবেত সভা; [পাখির] ঝাঁক।

be·wail [বি'ওয়েল্] *vt* (কাব্যিক) শোক জ্ঞাপন করা; বিলাপ করা (প্রধানত মৃতের জন্য)।

be·ware [বি'ওয়্যা(র্)] *vt,vi* সতর্ক হওয়া: ~ of dogs; ~ of pick pockets in the bus.

be·wil·der [বি'উইল্ডা(র্)] *vt* হতভম্ব করা; বিভ্রান্ত করা: I felt simply ~ed at the extremity of the situation. **~·ing** *adj* . **~·ing·ly** *adv* . **~·ment** *n*

be·witch [বি'উইচ্] *vt (pt,pp* bewitched) যাদু দ্বারা বশ করা; সম্মোহিত করা; মুগ্ধ করা; মোহনীয়ভাবে আকর্ষণ করা: The young woman has a ~ing charm. **~·ing** সম্মোহক। **~·ing·ly** *adv* . **~·ment** *n*

bey [বেই] *n* প্রশাসক (তুর্কি ভাষা থেকে গৃহীত): Bey of Tunis.

be·yond[1] [বিয়ন্ড্] *adv* পেরিয়ে; কোনো বিশেষ দূরত্বের চেয়ে আরও দূরে: Traveller travelling ~ Jessore must change at Ishurdi.

be·yond[2] [বিয়ন্ড্] *prep* ধারে; পেছনে; দূরে; পার হয়ে যেতে হয় এমন: The school is ~ the station; সময়ের সীমা বোঝাতে: You must not hold it ~ 15th of this month; অতিক্রম করে: This perversity is ~ condemnation; You should not expend ~ what you earn; নেতিবাচক অর্থে: He has nothing ~ his family name.

be·zique [বি'জীক্] *n* দুজন বা চারজন খেলে এমন বিশেষ রকমের তাস খেলা।

bhang [ব্যাঙ্] *n* ভাং বা সিদ্ধি অথবা ভাং-এর সরবত।

bi- [বাই] উপসর্গ; দুই বোঝাতে; নির্দিষ্ট সময়সীমার মধ্যে দুইবার ঘটে এমন: bilateral, biped etc.

bi·annual [বাইঅ্যানিউল্] *adj* অর্ধ-বার্ষিক; ষান্মাসিক।

bias [বাইঅ্যাস্] *n* ১ পক্ষপাত; বিশেষ দুর্বলতা; প্রবণতা; ঝোঁক: You should accept the thing without any ~. ২ **cut on the ~** (সেলাই-এর ক্ষেত্রে) বাঁকা করে কাটা। ৩ (বিশেষত খেলায় বল প্রভৃতির) দিক বা গতি পরিবর্তন করার প্রবণতা। □*vt,(pt,pp* ~sed or ~ed.) ~ **(towards/ against)**: He is ~ (s)ed towards/ against the plan. He is clearly ~ (s)ed.

bib [বিব্] *n* বাচ্চার মুখ থেকে বেরোনো লালা ধারণ করার জন্য গলার সঙ্গে যে মোটা বস্ত্রখণ্ড বাঁধা হয়।

Bible [বাইব্ল্] *n* খ্রিস্টীয় ধর্মগ্রন্থ। **'~ puncher** ধর্মপ্রচারক (কথ্য)। **biblical** *adj* বাইবেল-সংক্রান্ত। **biblical style** বাইবেলে (প্রধানত Authorized Version) ব্যবহৃত রচনাশৈলীর অনুরূপ। **biblicism** *n* [U] বাইবেলের রচনারীতির প্রয়োগ।

bib·li·ogra·phy [বিবলিওগ্রাফি] *n* [C] কোনো একজন লেখক বা নির্দিষ্ট বিষয়ের গ্রন্থ ও রচনার তালিকা। □*n* [U] লেখকের প্রামাণিকতা; সংস্করণ; প্রকাশনা সম্বন্ধীয় পঠন-পাঠন। **bibliographer** *n* যিনি এই কাজ করেন।

bib·lio·phile [বিবলিওফাইল্] *n* গ্রন্থমনস্ক বা গ্রন্থপ্রিয় ব্যক্তি।

bibu·lous ['বিবিউলাস্] *adj* (কৌতুক.) অত্যধিক পানাসক্ত।

bi·cam·eral [বাই'ক্যাম্রাল্] *adj* দুই কক্ষযুক্ত: bi·cameral legislature.

bi·car·bon·ate [বাই'কা:বোনেইট্] *n* কার্বনিক এসিডের লবণ।

bi·cen·ten·ary [,বাইসেন্'টিন্যারী] *n* দ্বিশতবার্ষিকী।

bi·cen·tenni·al [,বাইসেন্'টেনিয়্যাল্] *adj* প্রতি দুই শ বছর বিরতিতে ঘটে এমন; দ্বিশতবার্ষিক উৎসব-সংক্রান্ত। □*n* দ্বিশতবার্ষিকী উৎসব।

bi·ceps [বাইসেপ্স্] *n (pl* অপরিবর্তিত) দুই শিরাবিশিষ্ট মাংসপেশি (বাহুর উর্ধ্বভাগে)।

bicker ['বিকা(র্)] *vi* খুঁটিনাটি বা গুরুত্বহীন বিষয় নিয়ে ঝগড়া করা: You have always a love for ~ing; No more ~ing.

bi·cycle [বাইসিক্ল্] *n* সাইকেল; দুই চাকাঅলা গাড়ি যা প্যাডেল দ্বারা পায়ের সাহায্যে চালিত হয়। **bi·cyclist** সাইকেল-চালক।

bid[1] [বিড্] *vt (pt* bade, *pp* bidden) আদেশ করা। My father bade me to go home. **bidding** *n* হুকুম; আদেশ। **do somebody's bidding** হুকুম বা আদেশ মান্য করা।

bid[2] [বিড্] *vt vi* আমন্ত্রণ করা; আহ্বান জানানো। **bid for** (নিলাম ডাকা): Who will ~ 5 million ? The traders are earnestly ~ ding for winning favour. General Rabuka's ~ for power was frustrated. **~ on** (US) নিলামে নতুন দর প্রস্তাব। **bid fair to** সম্ভাবনা আছে এমন: Our plans bid fair to succeed. **make a ~ for** প্রতিশ্রুতির বিনিময়ে কিছু পাবার চেষ্টা করা। **bid defiance to** (প্রা.প্র.) শত্রুকে দৃঢ়ভাবে মোকাবেলা করার ঘোষণা। **bid·dable** *adj* (কথ্য) সহজে নিয়ন্ত্রণযোগ্য; মেনে নিতে প্রস্তুত। **bid·ding** *n* [U] আদেশ। **bid·der** *n* যে আদেশ দেয় বা ডাক দেয়।

bid[3] [বিড্] *n* নিলাম ডাকে দর ঘোষণা: What is the highest ~ ? Is it the last ~? (US) কোনো কাজের জন্য দরপত্রের ঘোষণা: ~s are invited for the work. Do you want to make a ~ for power ? তাস খেলায় জেতার জন্য বিভিন্ন চালের ঘোষণা: a ~ for two hearts.

bide [বাইড্] [সাহিত্য., প্রা. প্র.] সুযোগের সন্ধানে থাকা (abide শব্দের অপ্রচলিত রূপ)। **~ one's time** অনুকূল সময়ের জন্য অপেক্ষা করা।

bidet ['বিডেট্] *n* (ফ.) দুপাশে পা ঝুলিয়ে বসা যায় এমন জলশৌচের পাত্র।

bidi [বিডি] *n* বিড়ি।

bi·enni·al [বাই'এনিয়্যাল্] *adj* দুই বছর অন্তর ঘটে এমন; দুই বছরব্যাপী। □*n* দুই বছর বাঁচে ও দ্বিতীয় বছরে ফুল ফোটে ও বীজ ধরে এমন উদ্ভিদ। **~·ly** *adv*

bier [বিয়্যা(র্)] *n* শবাধার বা মৃতদেহ রাখা যায় এমন স্থানান্তরযোগ্য কাঠের পাটাতন; শবযান।

biff [বিফ্] *n* তীব্র আঘাত: Mend your manners or I will give you a ~। □*vt* (অপ./অশি) অনুরূপ আঘাত করা।

bi·focal [,বাই'ফৌক্ল্] *adj* দূরের ও কাছের উভয় দৃষ্টির জন্য তৈরি লেন্সবিশিষ্ট (চশমার কাচ সম্পর্কিত)।

bi·foli·ate [বাইফো লিএট্] *adj* দ্বিপত্রী; দুটি পাতাবিশিষ্ট। **bifoliation** *n* দ্বিপত্র বিন্যাস।

bi·fur·cate [বাইফাকেইট্] *vt,vi* দুটি শাখায় বিভক্ত করা (রাস্তা, নদী, বাগান, গাছ ইত্যাদির ক্ষেত্রে)। □*adj* (অপিচ **~d**) দুইশাখায় বিভক্ত। **bi·fur·ca·tion** *n*

big [বিগ্] *adj (comp* ~ger, *supl* ~gest) বড়ো; বৃহৎ; বিশাল; আকারে/ পরিধিতে/ ক্ষমতায়/ গুরুত্বে বড়ো বোঝাতে। **~ tree** লম্বা গাছ। **~ business** বড়ো কাজ; অনেক বড়ো অঙ্কের টাকার কাজ। **~ show** দর্শনীয় অনুষ্ঠান। **~ game** জটিল বিষয়; টাকার খেলা। **~ shot** গুরুত্বপূর্ণ বা ক্ষমতাবান ব্যক্তি। **~ talks** বড়ো বড়ো কথা; অহঙ্কারী কথাবার্তা। **~ heart** হৃদয়বান ব্যক্তি। **~ news** বহুল আলোচিত সংবাদ। **~ four/ five** প্রধান চার/ পাঁচ জনের সমষ্টি। **~ with child** গর্ভবতী। **talk ~** অহঙ্কার প্রকাশ করা। **ˈ~·wig** *n* (অপ.) খ্যাতিমান ব্যক্তি। **~ time** (অপ.) সর্বোচ্চ স্তরে; চূড়ান্ত অবস্থায়। **get/ grow too ~ for one's boots** (কথ্য) দাম্ভিক; অহঙ্কারী। **have ~ ideas** উচ্চাভিলাষী।

big·amy [ˈবিগামি] *n* [U] এক সঙ্গে দুই স্ত্রী বা স্বামী নিয়ে জীবনযাপন। **big·am·ous** *adj* দুই বিয়ের জন্য দোষী। **big·am·ist** *n* দুই বিয়ের জন্য দোষী ব্যক্তি।

bight [বাইট্] *n* ১ দড়ির ফাঁস বা গ্রন্থি। ২ সমুদ্র; নদী প্রভৃতির বাঁক; উপসাগর।

bigot [ˈবিগাট্] *n* যুক্তিবহির্ভূতভাবে অন্ধ ভক্ত বা বিশ্বাসী। **~ed** সংকীর্ণতাবাদী বা গোঁড়ামিপূর্ণ: You must leave your ~ed view. **~ry** *n* [U] গোঁড়ামি।

bi·jou [বীজু] *n* রত্ন; মণি। □*adj* ক্ষুদ্র অথচ দারুণ সুন্দর।

bike [বাইক্] *n* বাইসাইকেল (কথ্য)। □*vi* সাইকেলে চড়ে যাওয়া: I have to ~ no less than ten kms.

bi·kini [বিˈকীনি] *n* সাঁতার বা সূর্যস্নানের জন্য বালিকা বা মহিলাদের ব্যবহৃত স্বল্পবাস (বক্ষবন্ধনী ও জাঙ্গিয়া)।

bi·lab·ial [বাইলেইবিয়াল] *adj* দুই ওষ্ঠবিশিষ্ট (উচ্চারণ), যেমন, b, p, m, w ইত্যাদি ধ্বনির ক্ষেত্রে।

bi·lat·eral [ˌবাইল্যাটারাল] *adj* দ্বিমুখী; দ্বিপক্ষীয়; দ্বিপার্শ্বিক; দ্বিপাক্ষিক: **~ly** *adv* . **~ism** *n*

bile [বাইল্] *n* পিত্ত, যকৃৎ থেকে নিঃসৃত এক ধরনের পাচক রস। **disorder of the ~** পেটের অসুখ (মধ্যযুগীয়); ক্ষুদ্রতা; সংকীর্ণতা; বদমেজাজ (আল.)। **ˈ~-duct** পিত্তনালী।

bilge [বিল্জ্] *n* [U] ১ জাহাজের তলার সবচেয়ে চওড়া অংশ; পিপে বা বৃহদাকার পাত্রের বেড় **ˈ~-water** জাহাজের তলায় জমা হওয়া নোংরা পানি। ২ (আল.) নির্বোধসুলভ কথাবার্তা বা অর্থহীন রচনা। □*vi* জাহাজের তলার সবচেয়ে চওড়া অংশে ছিদ্র হওয়া; ফুলে-ফেঁপে ওঠা।

bi·lin·gual [বাইˈলিংগুঅল্] *adj* দ্বিভাষিক; দুই ভাষায় প্রকাশিত: a ~ dictionary.

bil·ious [ˈবিলিয়াস্] *adj* ১ অধিক পিত্তরস বা পাচকরসের ফলে সৃষ্ট: ~ complaints/ headache/ attack; এ ধরনের রোগে ভুগছে এমন: ~ patients. ২ বিরক্তিকর; জীবন সম্পর্কে বিষাদঘন ধারণাযুক্ত। **~·ness** *n*

bilk [বিল্ক্] *vt* প্রাপ্য টাকা ফাঁকি দেওয়া; ঠকানো; প্রতারণা করা (প্রধানত পালিয়ে গিয়ে)।

bill[1] [বিল্] *n* কুঠার; কুড়াল। **ˈ~·hook** আংটাযুক্ত কুঠারবিশেষ।

bill[2] [বিল্] *n* পাখির ঠোঁট বা অনুরূপ আকারের কোনো বস্তু। □*vi* ঠোঁট দিয়ে আদর করা (পাখিদের ক্ষেত্রে)। **~ and coo** (আল.) পারস্পরিক আদর করা।

bill[3] [বিল্] *n* ১ দ্রব্যসামগ্রী ক্রয় বা পেশাগত সেবার বিনিময়ে ধার্য টাকার লিখিত বিবরণ: Who will pay the ~? ২ লিখিত বা মুদ্রিত কাগজখণ্ড যার দ্বারা বিশেষ বিষয় জ্ঞাপন করা হয়: hand ~; theatre ~. **fit the ~** প্রয়োজন অনুসারে কাজ করা। **top the ~** কোনো বিজ্ঞাপনের বিশেষ অংশকে প্রথম দিকে স্থান দেওয়া। **~ of fare** হোটেল বা পানশালায় পরিবেশনীয় খাদ্যতালিকা। **~ board** যে কাষ্ঠখণ্ডের উপর বিজ্ঞাপন লাগানো হয়। **~ sticker** যে ব্যক্তি (দেয়াল ইত্যাদিতে) বিজ্ঞাপনপত্রী বা পোস্টার লাগায়। ৩ পার্লামেন্টে প্রস্তাবিত আইনের খসড়া: The new security ~ was discussed in the lower house. ৪ ব্যাংকনোট (US): a fifty-dollar ~. **ˈ~·fold** (US) মানিব্যাগ। ৫ **B~ of Exchange** হুন্ডি; নির্দিষ্ট দিনে পরিশোধ করার জন্য ব্যাংককে প্রদত্ত নির্দেশ। ৬ **~ of entry** আমদানিকৃত সামগ্রীর চূড়ান্ত সরবরাহের জন্য শুল্ক-বিভাগ প্রদত্ত সার্টিফিকেট। **~ of cost** উকিলের পাওনা ও খরচের হিসাবপত্র। **~ of health** চিকিৎসক কর্তৃক প্রদত্ত স্বাস্থ্য-প্রতিবেদন (নাবিকদের ক্ষেত্রে)। **~ of lading** জাহাজে পাঠানো দ্রব্যসামগ্রী নিরাপদে বহনের জন্য প্রদত্ত প্রতিশ্রুতিপত্র। **~ of quantities** পরিমাণগত হিসাবের পত্র। **~ of sale** ব্যক্তিগত সম্পত্তি বিক্রির দলিল। **~ of sight** মালামাল প্রকৃত পরীক্ষার পূর্বে আমদানিকারকপ্রদত্ত রসিদ। **~ book** পাওনা টাকার হিসাবপত্র বা যে খাতায় সে হিসাব রাখা হয়। **~ broker** হুন্ডির দালাল। □*vt* বিল তৈরি করে টাকার বা পাওনার অঙ্ক জানানো: We have ~ed you very modestly; কোনো অনুষ্ঠানের বিষয়সূচি সম্পর্কে ঘোষণা দেওয়া: Uttamkumar was ~ed to appear as Abdullah.

bil·let[1] [ˈবিলিট্] *n* ১ সৈনিকদের জন্য নির্দিষ্ট আবাস (সাধা. ব্যক্তিমালিকানাধীন বাড়ির ক্ষেত্রে)। ২ বিশেষ নির্দেশ সম্বলিত ক্ষুদ্রাকার কাগজখণ্ড। ৩ সাক্ষাৎকার; অবস্থান; কাজ (কথ্য)। **an easy ~** অনায়াসসাধ্য কাজ। □*vt* **~ on**: The troops were ~ed on a large apartment house.

bil·let[2] [ˈবিলিট্] *n* জ্বালানি কাঠের গুঁড়ি।

bil·let·doux [বিলেইˈডু] *n* প্রেমপত্র; প্রণয়জ্ঞাপক চিঠি।

bil·liards [ˈবিলিঅড্জ্] *n* বিলিয়ার্ড খেলা—লম্বাটে পাতলা কম্বল জাতীয় কাপড়ে ঢাকা টেবিলের উপর শক্ত ভারী বল ও লাঠির সাহায্যে দুইজন খেলোয়াড় এই খেলায় অংশ গ্রহণ করে থাকেন। **ˈ~-room** বিলিয়ার্ড খেলার ঘর। **ˈ~-table** বিলিয়ার্ড খেলার টেবিল।

bil·lion [ˈবিলিঅন্] *n* লক্ষ কোটি: Million Millions বা 10^{12} (GB); শত কোটি One thousand millions বা 10^9 (US); **~·aire** মহা ধনবান ব্যক্তি; ধনকুবের।

bil·low [ˈবিলউ] *n* (সাহিত্য.) উত্তাল তরঙ্গ; বিরাট ঢেউ; (লাক্ষ.) যা সামুদ্রিক তরঙ্গের ন্যায় ধুয়ে মুছে নিয়ে যায়। □*vi* তরঙ্গের মতো উঠানামা করা। **~y** *adj* তরঙ্গসঙ্কুল।

billy [ˈবিলি] *n* ঢাকনা ও তারের হাতলঅলা টিনের পাত্র (অস্ট্রেলিয়ায়); পিকনিক ইত্যাদিতে কেটলির বিকল্প হিসাবে ব্যবহৃত পাত্র।

billy·goat [ˈবিলিগৌট্] *n* পুং ছাগল; পাঁঠা।

bil·tong [ˈবিলটাঙ্] *n* লম্বা করে কাটা রোদে শুকানো লবণাক্ত মাংস (দক্ষিণ আফ্রিকা)।

bi·met·al·lic [বাইমেট্যালিক্] *adj* দ্বিধাতুমান বিশিষ্ট; দুই ধরনের ধাতুর মান সম্পর্কিত।

bi·met·al·lism [বাইমেটালিজ়াম্] *n* মুদ্রা প্রস্তুতকরণে উপাদান হিসাবে দুই ধাতুর (যথা সোনা ও রুপা) মিশ্রিত ব্যবহার।

bin [বিন্] *n* ১ শস্যাধার; শস্য, কয়লা, ময়দা, রুটি ইত্যাদি রাখার জন্য ঢাকনাযুক্ত শক্ত আধার। ২ বিবিধ প্রকার পদার্থ বা আবর্জনা জমা করার পাত্র: dust ~, litter ~.

bi·nary [বাইনারি] *adj* যুগ্ম; যুগল; দুই ভাগবিশিষ্ট; একটি সাধারণ কেন্দ্রীয় নক্ষত্রকে বৃত্ত করে ঘূর্ণ্যমান নক্ষত্রযুগল; দুই সংখ্যাবিশিষ্ট; দুই উপাদানে গঠিত। **~ notation/ system** গণনার যে রীতিতে ০ এবং ১কম্পিউটারে ভিত্তিরূপে/ ব্যবহার করা হয়।

bind [বাইন্ড্] *vt vi (pt,pp* bound) বাঁধা; বন্ধন করা; গ্রন্থ/ খাতা বাঁধাই করা: ~ a thing with a rope. Tradition is the factor that ~s the two nations till this day. I am in duty ~. ছিন্ন বস্তুর প্রান্তভাগ জুড়ে দেওয়া: ~ the two ends of the torn tape. কোনো কিছু পেঁচিয়ে বাঁধা: ~ up the place of wound immediately. You should ~ the book in leather. Cement and iron bound together make strong roof. **bound** *adj* : This ship is London-bound. **To ~ one over** পরবর্তী কালে অপরাধী সাব্যস্ত হলে বিচারকের সামনে উপস্থিত হবার আদেশ দেওয়া। **to ~ one in love/ affection** স্নেহ/ প্রীতির বন্ধনে আবদ্ধ করা। **to ~ oneself to do** কোনো কিছু করার প্রতিশ্রুতি দেওয়া। **to ~ over** শর্তাবদ্ধ করা। **~er** *n* গ্রন্থবাঁধাইকার। **~·ing** *n* বাঁধাই; শর্ত।

bind·weed [বাইন্ড্-উঈড়্] *n* পুষ্পলতাবিশেষ।

bine [বাইন্] *n* বিভিন্ন ধরনের লতানো গাছের কাণ্ড।

binge [বিন্জ্] *n* মদ্যপানের আনন্দ-উৎসব। □*vi* একসঙ্গে প্রচুর মদ্যপান করে আনন্দে মেতে ওঠা: have a ~; go on the ~.

bingo ['বিঙগাউ] *n* জনপ্রিয় জুয়াখেলা; হাউজি খেলা: ~ club, ~ room, ~ halls.

bin·nacle ['বিনাক্ল্] *n* (নৌ.) অচুম্বকীয় খুঁটি যার উপর কোনো জাহাজের কম্পাস রাখা হয় (সাধা. জাহাজের সামনে বা পিছনে)।

bin·ocu·lars [বাইনক্যুলাজ়্] *n* বিভিন্ন রকম ব্যবহারিক কাজে সহায়ক উভয় চোখ দিয়ে দেখার যন্ত্র; দুচোখে ব্যবহারযোগ্য দুরবিন যা দূরবর্তী বস্তুকে নিকটবর্তী দেখায়।

bi·nomial [বাইনাউমিআল্] *adj* দুই সংখ্যাবিশিষ্ট (গণিত); বীজগাণিতিক সংজ্ঞা যা + অথবা – দ্বারা যুক্ত (eg a^2–3b).

bio·chem·is·try [বাইআউ'কেমিস্ট্রি] *n* প্রাণরসায়ন।

bio·data [বাইআউড্যাটা] *n* জীবন-বৃত্তান্ত; ব্যক্তিগত জীবন-সংক্রান্ত তথ্য।

bio·de·grad·able [বাইআউডিগ্রেইড্যব্ল্] *adj* বীজাণু দ্বারা ক্ষত হতে পারে এমন বস্তু-সংক্রান্ত।

bi·ogra·phy [বাইআ'গ্রাফি] *n* জীবনী; জীবন-ইতিহাস; বিভিন্ন ব্যক্তির জীবনকথা বিষয়ক সাহিত্যের বিশেষ শাখা। **bi·ogra·pher** জীবনীকার। **biographic, biographi·cal** *adj*

bi·ol·ogy [বাই'অলাজি] *n* জীববিদ্যা। **bio·logi·cal** জীববিজ্ঞান-সংক্রান্ত। **biologically** জীববিজ্ঞানের ভিত্তিতে। **biologist** *n* জীববিজ্ঞানী।

bio·phys·ics [বাইওফিজ়িক্স] *n* প্রাণপদার্থবিদ্যা।

bi·opsy [বাইঅপ্সি] *n* (চিকি.) শরীর থেকে গ্রথিত কোষ কেটে নিয়ে পরীক্ষা। তুল. autopsy.

bio·scope ['বাইআস্কাউপ্] *n* সিনেমা (দক্ষিণ আফ্রিকায়/ ভারতীয় উপমহাদেশে প্রা. প্র.)।

bio·sphere [বাইওস্ফিয়া(র্)] *n* জীবমণ্ডল; প্রাণিমণ্ডল।

bi·par·ti·san [বাইপা:টিজ়্যান্ US, বাই'পা:রটিজ়ন্] *adj* দুই বিরোধী পক্ষ দ্বারা সমর্থিত; দুটি বিরোধী দল দ্বারা গঠিত; দুই বিরোধী দলের অভিমত সম্বলিত।

bi·par·tite [বাইপা(র্)টাইট্] *adj* দুই খণ্ডে বা অংশে বিভক্ত।

bi·ped [বাইপেড্] *adj* দ্বিপদ জন্তু বা প্রাণী।

bi·plane [বাইপ্লেইন্] *n* দুইজোড়া পক্ষবিশিষ্ট বিমান।

birch [বাচ্] *n* আরণ্য বৃক্ষবিশেষ; ভূর্জ; এই বৃক্ষের কাঠ। □*vt* এই গাছের শাখা দ্বারা প্রহার করা: ~ him, he deserves it. বার্চ গাছের তক্তা দ্বারা তৈরি।

bird [বাড়্] *n* পাখি; পক্ষী; খেচর; (অশিষ্ট) তরুণী। **bird-call** এমন ধরনের যন্ত্র যা দিয়ে পাখির ডাক অনুকরণ করে শিকারের সময় পাখিকে ফাঁদে ফেলা হয়। **'~-cage** পাখির খাঁচা। **'~-fancier** পক্ষী বিক্রেতা, সংগ্রাহক ও বিশেষজ্ঞ। **'~-lime** পাখি ধরার জন্য গাছের ডালে লাগানো হয় এমন আঠা। **,~'s ,eye 'view** এক নজরে দেখা। **A ~ in the hand is worth two in the bush** (প্রবাদ) অনিশ্চিত অনেক প্রত্যাশার চেয়ে হাতে-পাওয়া কম জিনিসও ভাল। **'~-catcher** পাখি-শিকারি। **kill two ~s with one stone** (প্রবাদ) একসঙ্গে দুই লক্ষ্য অর্জন করা। **(strictly) for the ~s** (কটূক্তি) খারাপ; নির্গুণ। **'~-watcher** যে ব্যক্তি পাখিদের স্বাভাবিক আচরণ ইত্যাদি নিরীক্ষণ ও অনুশীলন করে।

bir·etta [বি'রেটা] *n* রোমান ক্যাথলিক বা অ্যাংলিকান পুরোহিতদের পরিধেয় এক ধরনের চৌকা টুপি।

birth [বাথ্] *n* জন্ম; আবির্ভাব; উদ্ভব; সূচনা: The ~ of the child brought happiness to the family. **'~-control** জন্মনিয়ন্ত্রণ। **'~·day** জন্মদিবস। **~-day honours** বৃটেনের রাজা/ রানী কর্তৃক স্বীয় জন্মদিন উপলক্ষে প্রদত্ত খেতাব। **'~-mark** জাতকের দেহে জন্মের সময় থেকে শনাক্তযোগ্য কোনো বিশেষ চিহ্ন। **'~·place** জন্মস্থান। **'~·rate** জন্মহার; প্রতি বছর প্রতি ১০০০ জনে জন্মের সংখ্যা। **'~·right** জন্মগত অধিকার।

bis·cuit ['বিস্কিট্] *n* [C] ১ পিঠা; ছোট আকারে সেঁকা রুটি; বিস্কুট। ২ হালকা বাদামি রঙ।

bi·sect [বাই'সেক্ট্] *vt* দ্বিখণ্ডিত করা; দুই খণ্ডে কেটে ফেলা ও বিভক্ত করা। **bi·sec·tion; bi·sec·tor** *n* দ্বিখণ্ডক।

bi·sex·ual [বাই'সেক্শৌল্] *adj* উভলিঙ্গ; স্ত্রী-লিঙ্গ ও পুরুষ-লিঙ্গ সমন্বিত। **~·ity** *n*

bishop ['বিশাপ্] *n* উচ্চপদস্থ খ্রিস্টীয় যাজক। **~·ric** বিশপের পদ বা তাঁর আওতাধীন এলাকা।

bis·muth ['বিজ়্মথ্] *n* লোহিতাভ শ্বেত ধাতুবিশেষ।

bi·son [বাইস্ন্] *n* য়োরোপ বা আমেরিকায় দেখতে পাওয়া যায় এমন এক ধরনের বন্য ষাঁড় বা মহিষ।

bis·tro [বীস্ট্রাউ] *n* ছোট সস্তা রেস্তোরাঁ বা নৈশ ক্লাব (ফ্রান্স)।

bit[1] [বিট্] *n* লাগামের যে অংশ ঘোড়ার মুখে এঁটে দেওয়া হয়; তুরপিনের বিধ। **take the ~ between one's mouth** নিয়ন্ত্রণের বাইরে চলে যাওয়া; নিজেকে

বিপজ্জনক, ঝুঁকিপূর্ণ বা কুরুচিপূর্ণ কোনো কিছুর মধ্যে নিক্ষেপ করা।

bit[2] [বিট্] *n* ক্ষুদ্র অংশ; ছোট টুকরা; অল্প পরিমাণ: some ~s of stationery; a little ~more sugar; every ~ of his savings (ক্ষুদ্র ক্ষুদ্র অংশে সমগ্র পরিমাণ); a good ~ of time (অনেকটা)। **a ~ at a time** এক একবার একটু একটু করে। **a ~ of** একটু যেন: He is a bit of a fundamentalist. **bit by bit** ধীরে ধীরে। **do one's ~** প্রত্যেকের নিজের অংশের কাজ করা। **not a ~** একটুও না। **cut to ~s** টুকরা টুকরা করে কেটে ফেলা: three penny ~, ক্ষুদ্র মুদ্রা (প্রা. GB)। (কথ্য (US) কয়েকজনের সমষ্টির মধ্যে একটি সাধারণ ধারা বোঝাতে): It's difficult for him to digest the smuggling art bit

bit[3] [বিট্] *n* কম্পিউটার বিদ্যায় বিশেষ ক্ষেত্রে *o* এবং ১ দিয়ে তথ্য জ্ঞাপনের একক।

bit[4] [বিট্] bite–এর *pt*

bitch [বিচ্] *n* স্ত্রীজাতির কুকুর; খেঁকশিয়াল বা নেকড়ে; কুক্কুরী; ক্রোধান্ধ; দুশ্চরিত্রা বা যৌনাবেদনময়ী রমণী (কথ্য)। **~ ly** *adj*

bite[1] [বাইট্] *vt,vi* (*pt* bit *pp* bitten) দাঁত দিয়ে কামড়ে নেওয়া; ছিঁড়ে নেওয়া; কেটে ফেলা বা ফুটা করা; দংশন করা: Beware, the dog can ~ you. He gave a big ~ into the apple. **~ off** কামড়ে ছিঁড়ে নেওয়া: The angry wolf bit off a large piece of flesh from his leg. **~ off more than one can chew** সাধ্যের অতিরিক্ত সাধন করার চেষ্টা করা। **(have) sth to ~ on** করার মতো কোনো কাজ পাওয়া (লাক্ষ.): At last he has something now to bite on. **~ the dust** মাটিতে পড়ে যাওয়া (কথ্য লাক্ষ.)। **~ ones lips** ক্রোধ বা বিরক্তি লুকানোর চেষ্টা করা। **Once bitten twice shy** একবার ঠকার ফলে অতিরিক্ত সাবধান। **the biter bit (ten)** অন্যকে প্রতারিত করতে গিয়ে নিজেই প্রতারিত। পুড়িয়ে দেওয়া; কষ্টকর ঠেকা: Too much of chillies ~ the tongue. **frost-bitten** বরফে অবশ হয়ে যাওয়া; শক্ত করে ধরা: The roads were awfully muddy and the wheels did not ~. **bit·ing** *adj* ভয়ানক; কষ্টকর: biting cold. **bitingly** *adv*

bite[2] [বাইট্] *n* কামড়; দংশনের ফলে আঘাত; কামড়ের ফলে ছিন্ন অংশ; খাবার (আল. বড়শি থেকে মাছের টোপ গেলা); তীব্রতা; কামড়ের বিষ; শক্তভাবে ধারণ: He finished the mango in one ~. Her face was swollen with mosquito ~s. The beggar hasn't had a ~ for the whole day. All his waiting for a ~ was frustrated by the indifferent fishes; file was tied by a number of ~s.

bitten [GB] দ্র. bite[1].

bit·ter [ˈবিটা(র্)] *adj* তিক্ত; কটু; তিতা। **~-ˈsweet** মিষ্টি কিন্তু শেষ দিকে একটু তিতা স্বাদ; দুর্দিন; কষ্টকর অভিজ্ঞতা: I remember those ~ days. খারাপ; অপ্রীতিকর: Their relationship is presently quite ~. **~ pill to swallow** গ্রহণ করা বা মেনে নেওয়া খুবই কষ্টকর। তীব্র; প্রচণ্ড: ~words / enemies / quarrels / cold. **to the ~end** কষ্টকর যা কিছু করা সম্ভব সব করা: I did everything to the ~ end. **take the ~ with the sweet** সৌভাগ্যের সঙ্গে দুর্ভাগ্যকেও মেনে নেওয়া: Please give me a pint of ~ (বিয়ার পানীয়)। **~·ness** *n* . **~·ly** *adj*

bit.tern [ˈবিটান্] *n* এক ধরনের পাখি যা জলাভূমিতে বাস করে।

bitumen [ˈবিটিউমন্] *n* পিচ; কালো বর্ণের আঠালো পেট্রোলিয়ামজাত বস্তু; শিলাজতু। **bit·umi·nous** *adj* পিচজাত: bituminous coal, পিচ আছে এমন কয়লা।

bi·valve [ˈবাইভ্যাল্‌ভ্] দ্বিপুটক জন্তু বা বীজ, যথা— ঝিনুক।

biv·ouac [ˈবিভূঅ্যাক্] *n* তাঁবু বা ছাউনি ছাড়া সৈন্যদের সাময়িক শিবির। □*vi* (*pt,pp* bivoucked). অস্থায়ী শিবির স্থাপন বা তথায় অবস্থান করা।

biz [বিজ্] *n* ব্যবসা; business শব্দের কথ্য ও সাংকেতিক রূপ (কখনো কখনো নিন্দার্থে প্রযুক্ত)।

bi·zarre [বিˈজ়া:(র্)] *adj* অদ্ভুত; বিচিত্র; উদ্ভট।

bi·zonal [বাইˈজৌন্‌ল্] *adj* দুই অঞ্চল বিশিষ্ট।

blab [ব্ল্যাব্] *vt,vi* (কথ্য) বেশি কথা বলা; বোকার মতো অপ্রয়োজনীয় কথা বলা; বোকার মতো কোনো কথা ফাঁস করে ফেলা। **blabber** *n*

black [ব্ল্যাক্] *adj* কালো; কৃষ্ণবর্ণ; অন্ধকারময়; আলোহীন; বর্ণহীন। **be ~ and blue** শরীরের বিভিন্ন জায়গায় ছড়ে যাওয়া। **~ in the face** রাগে বা অতিরিক্ত পরিশ্রমে মুখ লাল হয়ে যাওয়া। **be in ~ book** কারো আনুকূল্য হারানো। **give a ~ look** রাগতভাবে তাকানো। **not so ~ as is painted** যতটা খারাপভাবে বর্ণিত হয়েছে ততটা খারাপ নয়। **~ days** দুর্দিন। **~ dejection** গভীর বেদনা। **~ deeds** খারাপ কাজ। **~ law** কালাকানুন। **~ Act** ঘৃণ্য আইন। After my father's death everything seems to be ~ (ঝাপসা বা অস্পষ্ট বোঝাতে)। **~ thoughts** কুটিল চিন্তা। The striking workers put the work in ~ (কাজ বন্ধ করে দিয়েছে)। **~ and white** (ছবির ক্ষেত্রে) সাদা–কালো; কালিতে অঙ্কিত; কোনো কিছু লিখিতভাবে পেশ করা। **~ art** যাদুবিদ্যা (অনিষ্ট করার অর্থে)। **~ ball** কারো বিরুদ্ধে ভোট দেওয়া। **ˈ~-beetle** আরশোলা। **ˈ~berry** কালো জাম। **~ and blue** কালশিরা পড়া। **ˈ~·bird** য়োরোপীয় গায়ক পাখি। **ˈ~·board** শিক্ষায়তনের শ্রেণীকক্ষে ব্যবহৃত বোর্ড যেখানে লিখলে সব ছাত্র–ছাত্রী দেখতে পায়। **ˌ~ ˈbox** উড্ডয়নের পর থেকে যাবতীয় তথ্য রেকর্ড ও সংরক্ষণ করার জন্য বিমানে রক্ষিত বিশেষ বাক্স। **ˌ~ ˈcoffee** দুধহীন কফি। **ˌ~ ˈcomedy** যে মিলনান্ত নাটকে করুণ রসের আধিক্য থাকে। **the ˈB~ Country** স্ট্যাটফোর্ডশায়ার বা ওয়ারিকশায়ারের ধোঁয়াটে শিল্পাঞ্চল। **~ cap** খুনিকে মৃত্যুদণ্ড প্রদানকালে ব্রিটিশ বিচারপতিরা যে কালো টুপি পরেন। **ˌ~·ˈcurrant** জাম বা বৈঁচিজাতীয় ফলবিশেষ। **Black Death** ১৩৪৮ খ্রিস্টাব্দে প্লেগের কারণে গ্রেট ব্রিটেনের মহামড়ক। **~ diamond** কাঁচকাটা হীরে; (আল.) কয়লা। **~ eye** কালো চোখ; চোখের কোণের কালি। **~ friar** সাধু ডমিনিকের মতাবলম্বী কৃষ্ণ পরিচ্ছদধারী সন্ন্যাসী। **ˈ~·guard** ইতর ও অভদ্র ব্যক্তি; কুলাঙ্গার। **ˈ~·head** কালো আঁচিল। **~ hearted** নির্দয়; নিষ্ঠুর–হৃদয়। **ˌ~ ˈhole** *n* মহাশূন্যের সেই অঞ্চল যেখান থেকে কোনো বস্তু বা তেজস্ক্রিয়তা বেরিয়ে আসতে পারে না (জ্যোতি.); কৃষ্ণ–বিবর। **ˌ~ ˈice** রাস্তার উপর যে বরফের জন্য চলাচল ব্যাহত হয়। **ˌ~-ˈlead** লিড পেন্সিলে

ব্যবহৃত ধূসর শক্ত বস্তু। ˈ~·leg *n* শ্রমিক ধর্মঘট চলাকালে যে ব্যক্তি কাজ করতে সম্মত হয় (যখন অন্যান্য শ্রমিকরা কাজ করে না)। ~ **letter** প্রাচীন ইংরেজি অক্ষর। ˈ~·**list** যেসব ব্যক্তিকে পরিহার করতে হবে তাদের নামের তালিকা। ~ **magic** ডাইনিবৃত্তি। ˈ~·**mail** কারো মুখ বন্ধ রাখার জন্য প্রদত্ত টাকা বা ঘুষ। □*vt* গোপন কথা প্রকাশ করে দেবার ভয় দেখিয়ে টাকা আদায় করা বা চাপ সৃষ্টি করা। ˈ~·**mailer** *n* . ~ **Maria** বন্দীদের কারাগার থেকে আনা–নেওয়ার গাড়ি। ~ **mark** চরিত্রের বা চাকরির কলঙ্ক (আল.)। ~ **market** কালোবাজার; অবৈধ ব্যবসা। ~ **marketeer** কালোবাজারি; অবৈধ ব্যবসায়ী। **Black Monday** ইস্টার সোমবার। ~ **mass** ঈশ্বর নয়, শয়তানের উদ্দেশে রোমান ক্যাথলিক চার্চের সম্মিলনী। ~·**out** নিষ্প্রদীপ; আলো বাইরে আনতে না দেওয়া (সাধা. যুদ্ধ বা জরুরি অবস্থায়); লোকচক্ষুর আড়াল করা; কোনো বিষয় বা সংবাদ উদ্দেশ্যমূলকভাবে গোপন করা; সাময়িকভাবে চৈতন্য বা মানসিক ভারসাম্যের বিলোপ। ~ **panther** আফ্রিকার কালো চিতা বাঘ। **B~ Power** বিশ শতকের ষাটের দশকে নিগ্রোদের অধিকার আদায়ের জন্য জঙ্গি আন্দোলন। ~ **pudding** রক্ত, কিডনির চর্বি ও বার্লি দিয়ে তৈরি সসেজ। **B~ Sash** দক্ষিণ আফ্রিকার বর্ণবাদ বিলোপ সাধনে সংগঠিত মহিলাদের সংস্থা। ~ **sheep** দলের, পরিবারের বা সমাজের কলঙ্কজনক ব্যক্তি। **B~·shirt** অধুনালুপ্ত ইতালীয় ফ্যাসিস্ট দলের সদস্য। ~ **smith** কামার; লৌহকর্মকার। ~ **spot** কলঙ্কজনক বিন্দু; চরিত্রের কলঙ্ক; কোনো বিশেষ স্থান যেখানে প্রায়শ দুর্ঘটনা ঘটে। ~ **snake** বিষহীন লম্বা সাপ। ~·**thorn** এক ধরনের কাঁটা-ঝোপ। ~·**water fever** গ্রীষ্মমণ্ডলীয় জ্বরবিশেষ (এই জ্বরে মূত্রের সঙ্গে রক্ত নির্গত হয়ে থাকে)। ~·**water** গবাদি পশুর রোগবিশেষ।

black·a·moor [ব্ল্যাকামুআ(র্)] *n* নিগ্রো; কৃষ্ণকায় ব্যক্তি।

blacken [ব্ল্যাক ন্] *vt,vi* কোনো কিছু কৃষ্ণবর্ণ করে তোলা; কৃষ্ণকায় হওয়া; কলঙ্কিত করা; কলঙ্কজনক কথা বলা বা মন্তব্য করা।

blacking [ব্ল্যাকিঙ্] *n* জুতা পালিশ করার কালি।

blad·der [ব্ল্যাড(র্)] *n* মূত্রথলি; মূত্রাশয়; রাবার বা অনুরূপ বস্তুনির্মিত ব্যাগ যা বাতাসের সাহায্যে ফোলানো যায়।

blade [ব্লেইড্] *n* ব্লেড; ইস্পাতের তৈরি ছুরির মতো কাটার বস্তু; তরবারি, দাঁড় বা বৈঠার চ্যাপ্টা অংশ; বৈদ্যুতিক পাখার ফলা; তৃণ ফলা বা বৃক্ষপত্র।

blah [ব্লা:] *n* (কথ্য) সাড়ম্বর বা কোলাহলময় কিন্তু অর্থহীন কথাবার্তা বা রচনা।

blain [ব্লেইন্] *n* চামড়ার স্ফীতি ও প্রদাহ; ফোস্কা।

blame [ব্লেইম্] *vt* দোষ দেওয়া; নিন্দা করা; দোষী সাব্যস্ত করা: I shall blame your foolishness for this. I have nothing to ~. Where does the ~ lie? **Lay the ~ on someone** কাউকে দোষী বা দায়ী করা। ~·**ful** নিন্দনীয়। ~·**less** অনিন্দনীয়। ~·**worthy** নিন্দার যোগ্য; নিন্দনীয়। ~·**less·ly** *adv* অনিন্দনীয়ভাবে।

blanch [ব্লা:ন্চ্ US ব্ল্যান্চ্] *vt,vi* সাদা বা বর্ণহীন হওয়া বা করা (যথা গাছ বা ঘাসে সূর্যের আলো পড়তে না দিয়ে অথবা ঠাণ্ডা বা ভয়ে ফ্যাকাশে হয়ে যাওয়া)।

blanc·mange [ব্লা'মন্‌জ্] *n* দুধ-মেশানো জেলি।

bland [ব্ল্যান্ড্] *adj* আচরণে বা কথাবার্তায় বিনয়ী ও নম্র; মৃদু (খাদ্য ও পানীয়ের ক্ষেত্রে); বৈশিষ্ট্যহীন; আকর্ষণহীন।

bland·ish [ব্ল্যান্ডিশ্] *vt* মিষ্টি কথায় তুষ্ট করা; তোষামোদ করে ভোলানো। ~·**ment** *n*

blank[1] [ব্ল্যাঙ্ক্] *adj* শূন্য; ফাঁকা; অপূর্ণ; অলিখিত; দাগহীন: a ~ sheet of paper, লেখাজোখা নেই এমন কাগজ। ~ **space** শূন্য স্থান। ~ **bill** যে বিনিময়পত্রে প্রাপকের নাম উল্লেখ করা হয়নি। ~ **cheque** যে চেকের পাতায় টাকার অঙ্ক উল্লেখ করা নেই। The students showed ~ faces, ছাত্ররা প্রদত্ত পাঠ গ্রহণ করতে পারেনি। The days ahead of me is ~, আমার সামনের দিনগুলো অনিশ্চিত, নিরাশায় ভরা। ~ **cartridge** বারুদভরা কার্তুজ কিন্তু বুলেট নয়। ~ **verse** অমিত্রাক্ষর ছন্দ। ~ **fire / shot** বন্দুকের ফাঁকা আওয়াজ। ~ **wall** দরজা-জানালাহীন দেয়াল। **Come up against a ~ wall** (লাক্ষ.) কোনো সাহায্য-সমর্থন না পাওয়া।

blank[2] [ব্ল্যাঙ্ক্] *n* পূর্ণ করার জন্য নির্দিষ্ট ফাঁকা জায়গা: Fill up the ~ s. He drew a ~. লটারি প্রভৃতিতে পুরস্কার প্রাপ্তিতে অসমর্থ: The dead son left a big ~ in the mother's heart; শূন্যতা। ~·**ly** *adv*

blan·ket[1] [ব্ল্যাঙ্কিট্] *n* কম্বল। **wet ~** যে ব্যক্তি নিজে বিমর্ষ আবার অন্যদেরও আনন্দলাভে বাধা দেয়। on the wrong side of the ~, জারজরূপে। a ~ arrangement/ deal/ treaty, সকল বিষয় অন্তর্ভুক্ত থাকে এমন ব্যবস্থা।

blan·ket[2] [ব্ল্যাঙ্কিট্] *vt* কম্বল দিয়ে ঢাকা বা আড়াল করা; কম্বল চাপা দিয়ে কোনো কিছু নিরসন করা। ~**ed** *pt,pp* The street was ~ed with ice.

blare [ব্লেআ(র্)] *n* বাদ্য বা শিঙাধ্বনি। □*vt* এ ধরনের শব্দ করা; উচ্চনাদে চিৎকার করা।

blasé [ব্লাজেই] *adj* বীতরাগ; আনন্দ-স্ফূর্তিতে উৎসাহের অভাব এমন।

blas·pheme [ব্ল্যাস্'ফীম্] *vt,vt* ঈশ্বর বা ধর্মের মহত্ত্ব বা পবিত্রতা বিষয়ে ঠাট্টা করা; অশালীন ভাষায় ঈশ্বর বা ধর্মকে আক্রমণ করা। ~**er** ঈশ্বরনিন্দুক। **blas·phem·ous** ঈশ্বর বা ধর্মমতের প্রতি তীব্র কটাক্ষপূর্ণ। **blas·phemou·sly** *adv*. **blas·phemy** *n*

blast [ব্লা:স্ট্ US ব্ল্যাস্ট্] *n* ১ ঝড়ঝঞ্ঝা; প্রবল বাত্যা; ভয়ানক গতিতে বায়ুপ্রবাহ: A sudden ~ washed the village into debris; ~ of air raids. ২ ফার্নেসের তাপমাত্রা বৃদ্ধির জন্য সৃষ্ট বায়ুপ্রবাহ। **at full ~** (কথ্য) সর্বোচ্চ কর্মতৎপরতার সাহায্যে। **in/out of ~** (ফার্নেসের) কাজ করছে/ করছে না। ˈ~-**furnace** *n* যে ফার্নেসে তপ্ত বায়ুপ্রবাহের সাহায্যে আকরিক লৌহ গলানো হয়। ৩ বায়ুচালিত কোনো বস্তুর দ্বারা সৃষ্ট শব্দ। ৪ প্রতিবার ব্যবহৃত বিস্ফোরকের পরিমাণ (ডিনামাইটের ক্ষেত্রে) বিস্ফোরিত হয়ে সবেগে উৎক্ষিপ্ত। □*vt* ১ উড়িয়ে দেওয়া (বিস্ফোরণের সাহায্যে)। ২ কোনো কিছুকে নিঃশেষ করা; আঘাত করা; শুকিয়ে ফেলা বা কুকড়িয়ে তোলা। ৩ ~ **off** (আকাশযান, বিমান ইত্যাদির ক্ষেত্রে)। ৪ (কথ্য) কাউকে ভীষণ তিরস্কার করা: Mr Karim was ~ ed by his boss yesterday. ~**ed** *adj* অভিশপ্ত।

bla·tant [ব্লেইটন্ট্] *adj* স্থূল ও উচ্চকণ্ঠ; অশালীন ও নির্লজ্জ ভঙ্গিতে মনোযোগ আকর্ষণ করা; অনায়াসে চোখে পড়ে এমন। **blatancy** *n* **~·ly** *adv*

blather [ব্ল্যাদা(র্)] *n*,দ্র. blether.

blaze[1] [ব্লেইজ্] *n* উজ্জ্বল আলোর দ্যুতি; আলোকচ্ছটা: The ~ of the bonfire made all faces red. আগুন; প্রজ্বলিত বস্তু বা ভবন: The ~ was controlled in eight hours. নরক; নরককুণ্ড: Get yourself to a ~. সমুজ্জ্বল: The flower bed was putting up a ~ in the garden. প্রবলভাবে উৎসারণ: He exhibited a ~ of his strong reaction.

blaze[2] [ব্লেইজ্] *vt,vi* অগ্নিশিখায় প্রজ্বলিত হওয়া বা করা: The entire village was blazing. (আল.) The flowers were blazing in rich colours. He was blazing in wrath.

blaze[3] [ব্লেইজ্] *n* ঘোড়া বা ষাঁড়ের মুখমণ্ডলের সাদা দাগ; ছাল কেটে ফেলার ফলে গাছের গায়ে যে সাদা দাগ পড়ে। **~ a trail** জঙ্গলের মধ্যে পথ-প্রদর্শনের জন্য গাছের গায়ে দাগ লাগানো; (লাক্ষ) এমন প্রাথমিক উদ্যোগ গ্রহণ করা যা পরবর্তী ব্যক্তিদের পথ প্রদর্শন করে।

blaze[4] [ব্লেইজ্] *vt* **~ (abroad)** চারদিকে জানিয়ে দেওয়া; সর্বত্র বা বিদেশে প্রচার করা।

bla·zer [ব্লেইজা(র্)] *n* অনানুষ্ঠানিকভাবে পরিধান করার জন্য ঢিলেঢালা কোট (সাধা. স্কুল, ক্লাব প্রভৃতির নামাঙ্কিত)।

blazon [ব্লেইজ্‌ন্] *n* উচ্চমর্যাদাজ্ঞাপক চিহ্ন (বিশেষত ঢালে অঙ্কিত); কুলমর্যাদার চিহ্নজ্ঞাপক পোশাক, অলঙ্কার ইত্যাদি। □*vi* সর্বসমক্ষে প্রদর্শন করা; উৎসাহের সঙ্গে বিশেষ মর্যাদাসূচক চিহ্ন অঙ্কন করা। **~ ry** *n*

bleach [ব্লীচ্] *vt,vi* সূর্যালোকে বা রাসায়নিক প্রক্রিয়ায় সাদা করা বা হওয়া; রং লঘু করা বা হওয়া। □*n* [U] সাদা বা রং লঘু করার কাজে ব্যবহৃত পদার্থ। **ˈ~·ing-powder** *n* উপরোক্ত কাজে ব্যবহৃত রাসায়নিক পদার্থ; দুর্গন্ধ ও জীবাণুনাশক একটি পদার্থ; ক্যালসিয়াম, ক্লোরিন ও অক্সিজেনের সংমিশ্রণে উৎপন্ন যৌগিক পদার্থ।

blear [ব্লিআ(র্)] *vt* ১ (চোখের পানি ইত্যাদি দিয়ে) চোখ বা দৃষ্টি ঝাপসা করা। **to dim or blur the eyes (with tears, etc).** ২ (লাক্ষ.) চোখে ধুলা দেওয়া।

bleak [ব্লীক্] *adj* ১ (আবহাওয়া) মলিন বা বিবর্ণ; শীতল ও নিরানন্দ। ২ (স্থান) শূন্য; জনহীন; অনাবৃত; বৃক্ষলতাহীন; অন্ধকারাচ্ছন্ন; শীতল বায়ু তাড়িত। ৩ (লাক্ষ.) নিরানন্দ; বিষণ্ন; হতাশাব্যঞ্জক: The future of this country is ~, it has a large population but few r esources. **~·ly** [~·লি] *adv*. **~·ness** [~নিস্] *n*

bleary [ব্লিআরি] *adj* অশ্রুপূর্ণ; ঝাপসা। **~-ˈeyed** *adj* জলভরা চোখ বিশিষ্ট; ঝাপসা দৃষ্টিযুক্ত; ক্ষীণ দৃষ্টিসম্পন্ন। **bleari·ness** *n*

bleat [ব্লীট্] *n* ছাগল, ভেড়া বা বাছুরের ডাক; ভ্যা ভ্যা শব্দ। □*vt,vi* এ ধরনের শব্দ করা। **~ (out)** ক্ষীণ স্বরে কিছু বলা।

bleed [ব্লীড্] *vi,vt* (*pt,pp*,bled) ১ রক্তপাত করা বা হওয়া। ২ রক্তমোক্ষণ করা; শিঙ্গায় মুখ দিয়ে পীড়িত ব্যক্তির শরীর থেকে রক্ত বের করা (প্রাচীন কালের এক ধরনের চিকিৎসা ব্যবস্থা)। ৩ (লাক্ষ.) নিদারুণ যন্ত্রণা বা মর্মবেদনা ভোগ করা: My heart ~s to see him suffer. ৪ (লাক্ষ.) জুলুম করে অর্থ আদায় করা। ৫ বৃক্ষ-লতাদির নির্যাস বের হওয়া। **die of ~·ing** রক্তপাত-জনিত কারণে মৃত্যু হওয়া। **~·ing** *adj* ১ রক্ত ঝরছে এমন। ২ (লাক্ষ.) যন্ত্রণাগ্রস্ত; শোষিত; যুদ্ধপীড়িত (প্রধানত জাতি বা রাষ্ট্র সম্পর্কে): a ~ ing nation. **~·ing heart** এক ধরনের উদ্ভিদ যার পাতায় লাল ছোপ রয়েছে।

bleep [ব্লীপ্] *n* (কাউকে সতর্ক করার জন্য) কোনো যন্ত্র থেকে প্রেরিত সংকেত; উপগ্রহ থেকে উৎসারিত বেতার-সংকেত। □*vt,vi* এ ধরনের সংকেত প্রেরণ করা।

blem·ish [ব্লেমিশ্] *n* [C,U] দাগ বা ত্রুটি; নৈতিক ত্রুটি; দোষ বা কলঙ্ক! **without ~** ত্রুটিহীন; নির্দোষ: His character is without ~. □*vt* ত্রুটিপূর্ণ বা কলঙ্কিত করা।

blench [ব্লেন্চ্] *vi* ভয়ে সংকুচিত হওয়া বা পিছিয়ে যাওয়া।

blend [ব্লেন্ড্] *vt,vi* (*pt* blended, *pp* blended, blent) মিশানো; মিশ্রণ করা; মিশ্রিত হওয়া: Oil and water do n ot ~. □*n* [C] চা, তামাক প্রভৃতির মিশ্রণ; মিশ্র পদার্থ। **blen·der** [ব্লেনডা(র্)] *n* [C] একাধিক দ্রব্য মিশ্রিত করে এমন যন্ত্র; ঘূর্ণায়মান চাকতি বা দণ্ডের সাহায্যে দ্রুতবেগে আঘাত করে ফল ইত্যাদি দ্রব্যের রস বের করে এমন যন্ত্র [US = liquidiser]; মিশ্রণকারী।

bless [ব্লেস্] *vt* (*pt,pp* ~ed or blest) ১ আশীর্বাদ করা; সৃষ্টিকর্তার অনুগ্রহ প্রার্থনা করা: The priest ~ed the child. May God ~ you ! ২ কারো সুখ প্রার্থনা করা: B~ you, my boy ! ৩ পবিত্র করা: The priest ~ed the bread and the wine. ৪ **be ~ed with** সৌভাগ্যশালী হওয়া: She was ~ed with a child. ৫ প্রশংসা করা; পবিত্র বলে ঘোষণা করা: We ~ your holy name, our Lord. ৬ (কথ্য) (বিস্ময় প্রকাশ করতে): B~me ! He has done it ! **~ed** [ব্লেসিড্] *adj* ১ পবিত্র; মহিমান্বিত: The B~ed Virgin, পবিত্র কুমারী (যিশু খ্রিস্টের মাতা, মেরি)। ২ সৌভাগ্যবান: B~ed are those who are happy. ৩ **The B~ed** সৃষ্টিক র্তার সাথে যারা স্বর্গে বাস করেন। **ˈ~ed·ness** [ব্লেসিড্নিস্] *n* [U] সুখে আছে এমন অবস্থা। **~·ing** *n* ১ আশীর্বাদ; দান: Let God's ~·ings be upon you ! ২ (অনানুষ্ঠা.) সম্মতি; পৃষ্ঠপোষকতা। **ask a ~ing,** দ্র. grace; খাবার শুরু করার আগে বা পরে সৃষ্টিকর্তার প্রতি ধন্যবাদসূচক প্রার্থনা। **a ~ing in disguise** আপাতদৃষ্টিতে বা প্রাথমিকভাবে মন্দ বা দুর্ভাগ্যজনক মনে হলেও যা পরবর্তীকালে সৌভাগ্যজনক বলে প্রমাণিত হয়।

blent [ব্লেন্ট্] দ্র. blend.

blew [ব্লু] দ্র. blow[1].

blight [ব্লাইট্] *n* [U] ১ উদ্ভিদের এক প্রকার রোগ যার ফলে আক্রান্ত অংশ শুষ্ক ও বিবর্ণ হয়ে পড়ে। ২ (লাক্ষ.) অনিষ্ট; ক্ষতি; ধ্বংস; অনিষ্টের কারণ। □*vt* ক্ষতি বা ধ্বংস করা; রোগাক্রান্ত করা; (লাক্ষ.) মনোভঙ্গ করা: His hopes were ~ed by the sudden death of his father. **~er** *n* (GB অপ.) ১ অপছন্দনীয় বা বিরক্তিকর ব্যক্তি। ২ বোকা।

bli·mey [ব্লাইমি] *int* (GB অপ.) ঈশ্বর আমাকে অন্ধ করে দাও।

blind[1] [ব্লাইন্ড্] *adj* ১ অন্ধ; দৃষ্টিশক্তিহীন। ২ **~ (to)** বুঝতে বা বিচার করতে অসমর্থ: Parents are often ~ to the faults of their children; অদূরদর্শী: He is ~ to the consequences of his actions. ৩ বেপরোয়া; বিচারবুদ্ধিহীন; অবিবেচনাপ্রসূত: ~ faith. ৪ উদ্দেশ্যহীন; কারণ বিবর্জিত; যুক্তিহীন: ~ forces of nature. **~alley** কানা গলি। **ˈ~ date** অপরিচিত নারীপুরুষ বা ছেলেমেয়ের মধ্যে সম্পর্ক স্থাপনের উদ্দেশ্যে দেখাসাক্ষাৎ। **~ drunk** (অপ.) পাঁড় মাতাল। **~ flying** কুয়াশায় ঢাকা বা

মেঘাচ্ছন্ন আকাশে শুধু যন্ত্রপাতির উপর নির্ভর করে বিমান চালনা। ~ **turning** রাস্তার বাঁক যার অপর প্রান্ত দেখা যায় না। **turn a ~ eye to** না দেখার ভান করা। ~ **spot** চোখের যে অংশ আলোর প্রতি সংবেদনশীল নয়; (লাক্ষ.) এমন কোনো বিষয় যা কোন ব্যক্তির বোধগম্য নয়। ~ **man's buff** কানামাছি-খেলা।

blind[2] [ব্লাইন্ড্] *vt* ১ (সাময়িক বা স্থায়ীভাবে) দৃষ্টিহীন করা; অন্ধ করা; চোখ ঝলসে দেওয়া; (লাক্ষ.) বিচারবুদ্ধিহীন করা: Lust for power ~ed him to matters right and wrong. ~**er** *n* ১ (GB অপ.) প্রচুর সুরা পান করা হয় এমন উদ্দাম জলসা। ২ (বিশেষত খেলাধুলায়) অসাধারণ; অদ্ভুত: That catch was a ~er. ~·**ers** *n pl* (US) দ্র. blinkers. ~·**ness** *n* অন্ধত্ব; (লাক্ষ.) বিবেচনাহীনতা; নির্বুদ্ধিতা। ~·**ly** *adv* অন্ধবৎ; (লাক্ষ.) বিবেচনাশূন্য হয়ে; বেপরোয়াভাবে।

blind[3] [ব্লাইন্ড্] *n* [C] জানালার খড়খড়ি বা পর্দাবিশেষ: Venetian ~s. ২ (লাক্ষ.) ভুল ধারণা দেওয়ার উদ্দেশ্যে সত্য গোপন করার কৌশল: His job was a ~, his real business was smuggling. ৩ (US) যে স্থান থেকে গোপনে পশুপাখির গতিবিধি লক্ষ করা যায় বা তাদের ছবি তোলা যায়।

blind·fold [ব্লাইন্ড্ ফৌল্ড্] *vt* রুমাল, কাপড় বা ব্যান্ডেজ দিয়ে এমনভাবে কারো চোখ বেঁধে দেওয়া যাতে সে দেখতে না পারে। □*n* [C] এ ধরনের আবরণ।~**ed** *adj* এমন অবস্থাযুক্ত।

blind·worm [ব্লাইন্ড্ ওআম্] *n* কেঁচোজাতীয় ক্ষুদ্র প্রাণী।

blink [ব্লিঙ্ক্] *vi,vt* ১ চোখ পিট পিট করা; ২ (দূরবর্তী আলো সম্পর্কে) মিট মিট করে জ্বলা। ৩ (US) দ্র. wink. ৪ ~ **the fact that** (GB অনানুষ্ঠা.) সত্য গোপন করা বা সে সম্পর্কে চিন্তা করতে না চাওয়া। □*n* [C] ১ ক্ষণিক দৃষ্টিপাত। ২ আলোর ক্ষণিক চমক। ~·**ing** (কথ্য, সুভা.) দ্র. bloody.[3]

blink·ers [ব্লিঙ্কাজ্] *n pl* (US = **blinders**) ঘোড়ার চোখে পরানোর ঠুলি। দ্র. (US) winkers.

blip [ব্লিপ্] *n* ১ রাডারের পর্দায় ভেসে ওঠা আলোর কণিকা। ২ সংক্ষিপ্ত যান্ত্রিক ধ্বনি, তুল. *bleep*.

bliss [ব্লিস্] *n* [U] পরম সুখ; স্বর্গসুখ। ~·**ful** [ব্লিস্‌ফুল্] *adj* পরম সুখময়। ~·**fully** [ব্লিস্‌ফুলি] *adv* . ~·**ful·ness** *n* [ব্লিস্‌ফুল্‌নিস্] পরম সুখাবস্থা।

blis·ter [ব্লিস্টা(র্)] *n* [C] ১ ফোস্কা; ফুস্কুড়ি। ২ ধাতব দ্রব্য, গাছের পাতা, রঙের প্রলেপ দেওয়া কাষ্ঠখণ্ড ইত্যাদিতে অনুরূপ উদ্ভেদ। □*vt,vi* ফোস্কা পড়া; (লাক্ষ.) বাক্যবাণে বিদ্ধ করা। ~**y** *adj* ফোস্কায় ভরা।

blithe [ব্লাইদ্] *adj* (কাব্যিক) হাসিখুশি; প্রফুল্ল; আনন্দিত। ~·**ly** *adv*. ~·**some** *adj* হাসিখুশি; প্রাণবন্ত।

blither [ব্লিদা(র্)] *vi* (কথ্য) অর্থহীন বকবক করা; বাচালতা প্রকাশ করা। ~·**ing** [ব্লিদারিঙ্]. *adj* (গালি) বাক্যবাগীশ; প্রগল্ভ; বাচাল; চরম; চূড়ান্ত: a ~ing idiot.

blitz [ব্লিট্‌স্] *n* (বিশেষত আকাশপথে) হঠাৎ ক্ষিপ্র ও প্রচণ্ড আক্রমণ; এ ধরনের আক্রমণের কাল বা সময়। □*vt* এ ধরনের আক্রমণ করে ক্ষতি বা ধ্বংস সাধন করা। ~·**krieg** [ব্লিট্‌স্‌ক্রিগ্] *n* বিদ্যুৎগতি যুদ্ধ; দ্রুত জয়লাভের উদ্দেশ্যে প্রচণ্ড আক্রমণ; ঝটিকা অভিযান; দ্বিতীয় মহাযুদ্ধের সময় জার্মানির এ ধরনের আক্রমণ (German: Blitz = lightning, Krieg = war).

bliz·zard [ব্লিজাড্] *n* [C] ভয়ঙ্কর ও প্রবল তুষারঝড়।

bloat [ব্লৌট্] *vt,vi* স্ফীত করা বা হওয়া; ধোঁয়া দিয়ে মৎসাদি আংশিকভাবে শুকানো। ~**ed** [ব্লৌটিড্] *pp,adj* ১ স্ফীত; গর্বিত: ~ed with pride. ২ অতি প্রকাণ্ড। ৩ ধোঁয়া দিয়ে আংশিকভাবে শুকানো হয়েছে এমন: ~ed herring. ~**er** [ব্লৌটা(র্)] *n* ধোঁয়া দিয়ে ঈষৎ শুকানো হেরিং বা অন্য কোনো মাছ।

blob [ব্লব্] *n* এক ফোঁটা তরল পদার্থ; ফুটকি; শূন্য; গুজবেরি ফল বা অনুরূপ তুলতুলে কোনো বস্তু।

bloc [ব্লক্] *n* একই উদ্দেশ্যে বা সাধারণ স্বার্থে বিভিন্ন জাতি, রাজনৈতিক দল ইত্যাদির সমন্বয়ে গঠিত গোষ্ঠী বা সঙ্ঘ: the American ~; the Soviet ~ . **en** ~ [অনব্লক্] *adv* একযোগে; সবাই একসাথে।

block[1] [ব্লক্] *n* ১ বড়ো ও নিরেট কাঠের টুকরা, পাথর ইত্যাদি। **building ~s** ছেলেমেয়েদের খেলনা ঘর তৈরির জন্য ব্যবহৃত কাঠের চৌকোণ খণ্ডসমূহ; (লাক্ষ.) কোনো বস্তু সৃষ্টির মৌলিক উপাদানসমূহ। ২ সিলিন্ডার ও ভাল্‌ভ সমন্বয়ে গঠিত পেট্রোল ইনজিনের মূল অংশ। ৩ **the ~** প্রাচীনকালে শিরচ্ছেদের জন্য ব্যবহৃত ফোকড়ওয়ালা মাথা গলানোর কাষ্ঠখণ্ড। **go/ be sent to the ~** এভাবে মৃত্যুবরণ করা। ৪ টুপি তৈরির ছাঁচ। ৫ কপিকল। ৬ ছাপার জন্য খোদাই করা কাঠ বা ধাতুর ফলক। ৭ (বিশেষত US) চারদিকে রাস্তা দিয়ে আবদ্ধ দালানকোঠা বা দোকান; অফিস বা ফ্ল্যাটবাড়ির সমাবেশ: The supermarket is two ~s away from here. ~·**buster** [ব্লক্‌বাস্‌ট(র্)] *n* শক্তিশালী বিস্ফোরক বা বোমা যা একসাথে অনেক দালানকোঠা ধ্বংস করতে পারে; (লাক্ষ.) কোনো ঘটনার ফলাফল আকস্মিকভাবে প্রভাবিত করতে পারে এমন প্রবল কোনো বা বস্তু; (বিশেষত US) এমন ব্যক্তি যে ভয় দেখিয়ে বা প্রতারণার মাধ্যমে কোনো এলাকার লোকজনকে তাদের বাড়িঘর বিক্রি করে অন্যত্র চলে যেতে বাধ্য করে। ৮ রঙ্গালয়ে আসনসমূহের ভাগ; ব্যবসা-বাণিজ্যে বিরাটসংখ্যক শেয়ারের সমষ্টি। ৯ বাধা বা প্রতিবন্ধক। ˈ**road ~** তল্লাশি চালানোর জন্য আইন প্রয়োগকারী কর্তৃপক্ষ কর্তৃক স্থাপিত প্রতিবন্ধক। ১০ ˈ**~ grant** স্থানীয় কর্তৃপক্ষকে কোনো কাজের জন্য প্রদত্ত অর্থের অনুদান। ˌ**~ ˈcapitals/ ˈletters/ ˈwriting** বড়ো হাতের অক্ষর। ১১ (ক্রিকেট) বল মারার আগে ব্যাটস্‌ম্যান যেখানে ব্যাট রাখে। ১২ (অপ.) মাথা।

block[2] [ব্লক্] *vt* ১ চলাচল বা যাতায়াতে বিঘ্ন স্থাপন করা বা তা অসম্ভব করে তোলা। ২ বাধা দেওয়া; প্রতিরোধ করা; কোনো কাজ কঠিন বা অসম্ভব করে তোলা। ৩ কোনো বিশেষ মুদ্রা ব্যবহারে বাধা সৃষ্টিকরা: ~ed currency. ৪ গড়া। ৫ ~ **in/out** কোনো পরিকল্পনার নকশা আঁকা। ৬ (ক্রিকেট) উইকেটের সামনে ব্যাট দিয়ে বল থামিয়ে দেওয়া বা আটকানো; ব্লক করা।

block·ade [ব্লˈকেইড্] *n* সৈন্য বা জাহাজ ইত্যাদি দ্বারা কোনো স্থান অবরোধ। □*vt* অনুরূপ অবরোধ সৃষ্টি করা: break a ~, অবরোধ ভেঙে দেওয়া; raise / lift a ~, অবরোধ তুলে নেওয়া; run a ~, অবরোধ ভেদ করা।

block·age [ব্লˈকেইজ্] *n* [C] অবরুদ্ধ অবস্থা; বাধা দান করে এমন বস্তু: a ~ in the pipe.

block·head [ব্লকহেড্] *n* নির্বোধ ব্যক্তি; জড়বুদ্ধিসম্পন্ন ব্যক্তি।

block·house [ব্লক্‌হাউস্] *n* সৈন্যদের জন্য নির্মিত গুলি ছোড়ার ছিদ্রবিশিষ্ট কাঠের বা কংক্রিটের দুর্গসম ঘর; শক্তিশালী বিস্ফোরণ বা রকেট উৎক্ষেপণের সময়ে নিরাপদ পর্যবেক্ষণের জন্য নির্মিত মজবুত ঘর।

block·vote [ব্লক্ˈভৌট্] *n* কোনো সম্মেলনে একজন প্রতিনিধি কর্তৃক তার দল বা গোষ্ঠীর পক্ষ থেকে দেওয়া

ভোট (এই ভোট সেই দল বা গোষ্ঠীর মোট সদস্যসংখ্যার সমান)।

bloke [ব্লৌক্] *n* (অপ.) পুরুষ মানুষ।

blond [ব্লন্ড্] *n,adj* উজ্জ্বল চুল বা গাত্রবর্ণবিশিষ্ট পুরুষ।

blonde [ব্লন্ড্] *n,adj* উজ্জ্বল চুল বা গাত্রবর্ণবিশিষ্ট নারী।

blood[1] [ব্লাড্] *n* [U] ১ রক্ত; শোণিত; রুধির; (লাক্ষ.) কোনো প্রতিষ্ঠান সজীব করার জন্য নতুন চিন্তাধারাসম্পন্ন ব্যক্তি। **let ~** শিরা কেটে রক্ত মোক্ষণ। ২ মেজাজ; ক্রোধ; উত্তেজনা: His ~ is up (তিনি ক্রুদ্ধ বা উত্তেজিত। **(kill sb) in cold ~** বিনা উত্তেজনায়; ঠাণ্ডা মাথায়; ভাবনাচিন্তা করে (কাউকে খুন করা)। **bad ~** খারাপ সম্পর্ক: there is no bad ~ between me and him. **make one's ~ boil** কাউকে ভীষণভাবে উত্তেজিত বা ক্রোধান্বিত করা। **make one's ~ run cold** কাউকে ভয়ে বা আতঙ্কে হিম বা ঠাণ্ডা করে দেওয়া। ৩ জ্ঞাতিত্ব; আত্মীয়তা: They are of the same ~, একই পরিবার বা বংশের লোক। ˌ**blue** ˈ**~** *n* অভিজাত; কুলীন; উচ্চবংশজাত। **one's (own) flesh and ~** রক্তসম্পর্কে আত্মীয়। **B~ is thicker than water** (প্রবাদ) রক্তসম্পর্ক বা জ্ঞাতিত্বের বন্ধনই প্রকৃত বন্ধন। ˈ**~ feud** *n* হত্যার কারণে দুই পরিবার বা গোষ্ঠীর মধ্যে দীর্ঘস্থায়ী জিঘাংসামূলক বিবাদ। ˈ**~-relation** *n* রক্তসম্পর্কে আত্মীয়; বিবাহসূত্রে নয়। ৪ **~ and iron** পশুবল; সশস্ত্র আক্রমণ। ৫ [C] (প্রা. কথ্য) আমোদপ্রিয় ধনী যুবক; কেতাদুরস্ত ব্যক্তি। ১ **~ and thunder** (attrib) *adj* (গল্প বা নাটক সম্পর্কে) উত্তেজনাপূর্ণ; রোমাঞ্চকর। ২ (যৌগশব্দ) ˈ**~ bank** চিকিৎসা বা অস্ত্রোপচারের জন্য আহরিত রক্তের ভাণ্ডার। ˈ**~-bath** *n* রক্তস্নান; (লাক্ষ.) ব্যাপক হত্যাকাণ্ড (বিশেষত যুদ্ধ বা বিপ্লবকালে)। ˈ**~ brother** প্রধানত প্রাচীনকালে একজন ব্যক্তি অন্য ব্যক্তির রক্তের সাথে নিজের রক্ত মিশ্রিত করে ভ্রাতৃত্বের যে শপথ নিত সে অনুসারে ভাই। ˈ**~ count** *n* রক্তে লৌহ ও শ্বেতকণিকার সংখ্যা। ˈ**~-curdling** *adj* অতিশয় ভীতিপ্রদ। ˈ**~-donor** *n* রুগ্ন বা আহতদের চিকিৎসার জন্য নিজের শরীরের রক্ত প্রদান করে এমন ব্যক্তি। ˈ**~-group/ type** *n* মানুষের শরীরের বিভিন্ন শ্রেণীর রক্তের কোনো একটি প্রকার। ˈ**~guilt** *adj* হত্যা বা রক্তপাতের অপরাধ। **~-**ˈ**heat** *n* মানুষের শরীরের স্বাভাবিক তাপমাত্রা (37°c অথবা 98°F প্রায়)। **~-hot** *adj* তাজা রক্তের মতো উষ্ণ। ˈ**~·hound** তীক্ষ্ণ ঘ্রাণশক্তিসম্পন্ন বড়ো এক জাতের কুকুর, যা শরীরের গন্ধ শুঁকে কোনো মানুষ বা জন্তুকে অনুসরণ করতে পারে; (লাক্ষ.) গোয়েন্দা। ˈ**~-letting** শিরা কেটে রক্ত মোক্ষণ। ˈ**~·lust** *n* [C,U] রক্তলোলুপতা; জিঘাংসা; কাউকে হত্যা করার ইচ্ছা। ˈ**~-money** *n* [U] **(ক)** হত্যার পুরস্কারস্বরূপ প্রাপ্ত অর্থ; হত্যাকারীকে উদ্দিষ্ট ব্যক্তির সন্ধান দেওয়ার জন্য প্রাপ্ত অর্থ। **(খ)** (প্রাচীন রীতি অনুসারে) হত্যার দণ্ডস্বরূপ নিহত ব্যক্তির নিকটতম আত্মীয়কে হত্যাকারী যে অর্থ প্রদান করে। ˈ**~-poisoning** *n* [U] ক্ষতস্থান দিয়ে রক্তের মধ্যে দূষিত জীবাণু প্রবেশ করলে যে রোগের সৃষ্টি হয়; রক্তদুষ্টি। ˈ**~ pressure** *n* [U] রক্তচাপ। ˌ**~**ˈ**red** রক্তের মতো লাল বর্ণবিশিষ্ট। ˈ**~·relation** *n* রক্তসম্পর্কে আত্মীয়; জ্ঞাতি; এক বংশজাত ব্যক্তি। ˈ**~·shed** *n* রক্তপাত; হত্যাকাণ্ড; খুনাখুনি। ˈ**~·shot** *adj* (চক্ষু সম্পর্কে) আরক্ত; রক্তবর্ণ। ˈ**~-sports** জন্তু অথবা পাখি শিকার। ˈ**~·stained** রক্তমাখা; রক্তাক্ত; রক্তের দাগযুক্ত। ˈ**~-stock** *n* [U] অবিমিশ্র জাতের অশ্বসমূহ। ˈ**~-sucker** *n* **(ক)** রক্ত শোষণকারী জীব (বিশেষত জোঁক); রক্তচোষা; **(খ)** (লাক্ষ.) যে ব্যক্তি জুলুম করে অর্থ আদায় করে বা অন্যকে শোষণ করে। ˈ**~·thirsty** *adj* খুন বা রক্তপাত করতে উৎসাহী; রক্তপিপাসু; (লাক্ষ.) নিষ্ঠুর। **~·thirsti·ness** *n* [U]. ˈ**~-transfusion** *n* [C,U] রক্ত সঞ্চালন; চিকিৎসার জন্য একজনের শরীরের রক্ত অন্যের শরীরে সঞ্চালন বা তার ব্যবস্থা। ˈ**~-vessel** *n* রক্তবাহী শিরা বা ধমনী। **~·less** *adj* রক্তশূন্য; রক্তপাতহীন: a ˈ~less coup. **~·less·ly** *adv* রক্তপাতহীনভাবে। **~·less·ness** *n* [U] রক্তশূন্যতা।

blood[2] [ব্লাড্] *vt* শিকারি কুকুরকে প্রথম রক্তের স্বাদ দেওয়া।

bloody [ব্লাডি] *adj,adv* ১ রক্তাপ্লুত; রক্তাক্ত: a ~ nose. ২ হত্যা ও রক্তপাত সম্বলিত: a ~ battle. ৩ (বিশেষত GB অপ, অশিষ্ট) রাগান্বিত অবস্থায় বা অর্থহীনভাবে কথায় জোর দেওয়ার জন্য ব্যবহৃত: I'm ~ sure he's hiding here. My ~ foot got stuck in the ~ boot. ৪ (তুচ্ছ.) গালিরূপে ব্যবহৃত: You're a ~ fool. ৫ **~well** (অশিষ্ট, অপ.) নিশ্চিত: You know ~ well, I want to see it. ৬ **not ~ likely** (প্রায়শ রাগ প্রকাশের জন্য) সম্ভাবনা নাই: "Will you lend me some money?" "Not ~ likely". ৭ ˌ**~-**ˈ**minded** (অপ. GB বিশেষত তুচ্ছ) যে অর্থহীনভাবে অন্যের বিরুদ্ধাচারণ করে বা অসহযোগিতা করে: He's so ~-minded that he wouldn't give me the book even though he doesn't need it himself.

bloom [ব্লুম্] *n* ১ [C] গোলাপ, গাঁদা প্রভৃতি ফুল গাছের ফুল। **in ~** ফুলের প্রস্ফুটিত অবস্থা: The daffodils are in full ~ now. (তুল. *in blossom* ঝোপজাতীয় গাছের জন্য)। ২ [U] প্রথম বিকাশের সৌন্দর্য; নবীনতা; তারুণ্য। ৩ [U] গণ্ডরাগ। ৪ [U] পূর্ণ বিকাশ বা চরম উৎকর্ষ লাভের সময়: She is in the ~ of her life now. ৫ [U] ফুল ধরার সময় বা অবস্থা। ৬ [U] সুপক্ব আঙুর, প্লাম ইত্যাদি ফলের উপর এক প্রকার সূক্ষ্ম শ্বেত চূর্ণ। **take the ~ off (sth)** তাজা ভাব বিনষ্ট করা; ম্লান বা শুষ্ক করা। □*vi* ১ ফুল ধরা বা ফোটা। ২ (লাক্ষ.) পূর্ণ বিকশিত হওয়া; পূর্ণ সৌন্দর্য বা চরম উৎকর্ষ লাভ করা। **~ing** *adj* ১ বিকশিত; প্রস্ফুটিত; উজ্জ্বল; লাবণ্যময়; নবীন যৌবনোচ্ছল। ২ (কথ্য, সুভা.) গাধার মতো: a ~ing idiot.

bloom·er [ব্লুমা(র্)] *n* (অপ.) মারাত্মক ভুল।

bloom·ers [ব্লুমাজ্] *n pl* ব্যায়াম ও খেলাধুলার জন্য বর্তমানে অপ্রচলিত খাটো ও ঢিলেঢালা এক প্রকার পোশাক।

blossom [ব্লসম্] *n* [C] ফলবান বৃক্ষ বা ঝোপজাতীয় গাছের ফুল; [U] এ ধরনের গাছের সমারোহ। **in ~** ফলবান বৃক্ষ বা ঝোপের প্রস্ফুটিত অবস্থা। □*vi* ফুল ধরা বা ফোটা (বিশেষত ঝোপ বা ফলবান বৃক্ষের)। **~ out** বিকশিত হওয়া।

blot [ব্লট্] *n* ১ (বিশেষত কালির) দাগ বা ফোঁটা। ২ দোষ, ত্রুটি বা কলঙ্ক: a ~ on one's character. □*vt* (-tt-) ১ কালির দাগ দেওয়া; মসীলিপ্ত করা। **~ one's copy book** (কথ্য.) এমন কাজ করা যাতে সুনাম ক্ষুণ্ন হয়। ২ চোষ কাগজ দিয়ে কালি শুষে নেওয়া। ৩ **~ out (ক)** লিখিত কোনো কিছু কালি দিয়ে ঢেকে ফেলা: Half of your letter has been ~ted out. **(খ)** আড়াল করা; ঢেকে ফেলা: The mist ~ted out our view. **(গ)** ধ্বংস বা নির্মূল করা: His duty was to ~ out the enemy in his area. The village was ~ted out by the flood. ˈ**~·ting paper** *n* চোষ কাগজ; দ্রুত কালি বা তরল

পদার্থ শুষে নেয় এমন কাগজ। **~·ter** [ব্লট†া(র্)] *n* ১ বাঁকানো কাঠের খণ্ড যার উপর চোষ কাগজ লাগানো থাকে।

blow[1] [ব্লৌ] *vi,vt (pt* blew [ব্লু] *pp* blown [ব্লৌন্]) ১ (বায়ু বা বাতাস) প্রবাহিত হওয়া; বওয়া: Tonight the wind is ~ing hard. ২ উড়িয়ে নিয়ে যাওয়া: The wind ~s off my hat. ৩ (বস্তু সম্পর্কে) বায়ু বা বাতাসের প্রবাহ দ্বারা তাড়িত বা চালিত হওয়া: My hat blew off. ৪ ফুঁ দেওয়া: ~ dust off a book; ~one's food to make it cold. ৫ ফুঁ দিয়ে বাতাস প্রবাহিত করে কোনো কিছু তৈরি করা বা কোনো আকার দেওয়া। ~ **bubbles** ফুঁ দিয়ে বুদবুদ তৈরি করা। ~ **glass** গলিত কাঁচে বাতাস প্রবাহিত করে কোনো রূপ দেওয়া। ৬ বায়ুতরঙ্গ সৃষ্টি করা। ~ **bellows** হাপরের সাহায্যে বাতাস প্রবাহিত করা। ৭ বাতাস প্রবাহিত করে বাজানোর বাদ্যযন্ত্র (ট্রাম্পেট, বাঁশি, ইত্যাদি) বাজানো: ~ an organ / a whistle. ৮ উত্তেজিত হওয়ার ফলে অথবা দৌড়ানো বা পরিশ্রম করার ফলে জোরে জোরে দম ফেলা, শ্বাস নেওয়া বা হাঁপানো: The old man was puffing and ~ing after climbing the stairs. ৯ তিমি মাছ কর্তৃক নাসারন্ধ্র দিয়ে জলের ফোয়ারা নির্গত করা বা সজোরে প্রবাহিত করা। ১০ ~ **(out)** মাত্রাতিরিক্ত বিদ্যুৎ প্রবাহের ফলে ফিউজের তার জ্বলে বা গলে যাওয়া। ১১ (অপ.) পরিণাম না ভেবে (টাকা) খরচ করা; বোকামির ফলে গচ্চা দেওয়া। ১২ (অপ., সুভা.) (অভিশাপোক্তি) Damn ! অর্থে: B~ it ! I've lost again. ১৩ (অপ.) হঠাৎ এবং দ্রুত নিষ্ক্রান্ত হওয়া: Let's ~ before the police comes. ১৪ ~ **hot and cold** (লাক্ষ.) দ্বিধাগ্রস্ত হওয়া; একবার অনুকূল আর একবার প্রতিকূল হওয়া। ~ **one's nose** নাক ঝাড়া। ~ **one's top** ক্রুদ্ধ হওয়া। ~ **one's own trumpet / horn** (লাক্ষ.) নিজেই নিজের প্রশংসা বা গুণগান করা। ১৫ (যৌগশব্দ) **ˈ~-dry** *vt* গরম বা তাপ প্রবাহিত করে (বিশেষত চুল ইত্যাদি) শুষ্ক করা। **ˈ~·fly** *n* যে মাছি কাটা মাংস বা ক্ষতের উপর বসে। **ˈ~·hole** *n* (ক) সুরঙ্গাদির মধ্যে বাতাস প্রবেশ করার বা ধোঁয়া বের হওয়ার পথ; (খ) বরফের মধ্যে এমন গর্ত যেখানে জলজ প্রাণীরা শ্বাস গ্রহণ করতে আসে; (গ) সমুদ্রতীরবর্তী পর্বত বা গুহার গায়ে এমন ছিদ্র যার মধ্য দিয়ে বাতাস ও পানি সজোরে প্রবাহিত হয়; (ঘ) তিমি মাছের নাসারন্ধ্র। **ˈ~·lamp, ˈ~torch** *nn* এক ধরনের যন্ত্র যার মাধ্যমে গ্যাস এবং বাতাস মিশ্রণ করে তীব্র অগ্নিশিখা প্রয়োগ করা হয়। **ˈ~·pipe** *n* (ক) যে নলের মধ্য দিয়ে বায়ুপ্রবাহ সঞ্চালন করে অগ্নিশিখার তাপ বৃদ্ধি করা যায়; (খ) আদিম অধিবাসীদের ফুঁ দিয়ে বিষাক্ত তীর নিক্ষেপের জন্য চোঙা নল। ১৬ *(adv part* ও *prep* সহ বিশেষ ব্যবহার) **~back** নলের মধ্যে গ্যাস, ইত্যাদি বিস্ফোরিত হওয়া। সুতরাং, **ˈ~·back** *n* নলের মধ্যে গ্যাসের বিস্ফোরণ। ~ **in / into** (কথ্য) হঠাৎ; হৈচৈ করে; উচ্ছলতার সাথে আবির্ভূত হওয়া। ~ **off steam** বকাঝকা বা তর্জনগর্জন করে মনের রাগ মেটানো বা কমানো। ~ **out** ফুঁ দিয়ে নিভিয়ে দেওয়া; বায়ু প্রবাহের ফলে নিভে যাওয়া। **ˈ~itself out** নিঃশেষিত হওয়া। ~ **some one's brains out** মাথায় গুলি করে কাউকে হত্যা করা। **~·out** *n* (ক) প্রচুর পানীয় ও খাদ্য সহযোগে কোলাহলময় ও উচ্ছল পার্টি বা সমাগম; (খ) বাষ্প, গ্যাস, বায়ু ইত্যাদির চাপে কোনো পাত্র বা আধার বিস্ফোরিত হওয়ার ঘটনা; (গ) তীব্র চাপ বা কারিগরি ত্রুটির ফলে গ্যাস বা তেলকূপ থেকে গ্যাস বা তেলের সবেগ উৎসরণ। ~ **over** (ঝড়) থেমে যাওয়া: The storm has ~n over; (বিপদ) কেটে যাওয়া: I hope your troubles will soon ~ over. (অপবাদ, গ্লানি) বিস্মৃত হওয়া: Don't worry ! The scandal will soon ~ over. ~ **up** (ক) বিস্ফোরিত হওয়া: The explosive container blew up. (খ) উত্থিত হওয়া: According to weather reports, a storm is ~ing up in the sea. (গ) মেজাজ ঠিক রাখতে না পারা; হঠাৎ ক্রুদ্ধ হওয়া: Her father blew up when she came back home late at night. ~ **sb up** (কথ্য.) কাউকে কঠিনভাবে তিরস্কার করা: The teacher blew the students up for not doing their homework. ~ **sth up** (ক) বিস্ফোরক ব্যবহার করে কোনো কিছু ধ্বংস করা বা উড়িয়ে দেওয়া: The guerillas have blown up the bridge. (খ) বাতাস বা গ্যাস দিয়ে স্ফীত করা: ~ up a balloon; (গ) পরিবর্ধন বা বড়ো করা: ~ up a photograph; (ঘ) অতিরঞ্জিত করা; ফাঁপিয়ে বলা। **~-up** *n* (ক) বিস্ফোরণ; (খ) ক্রোধান্বিত অবস্থা; (গ) পরিবর্ধিত; বৃহদাকার ছবি: There was a ~-up of the actress on the cover page of the magazine.

Blow[2] [ব্লৌ] *n* ঝাড়ন: Give your nose a good ~. **have / go for a ~** নির্মল বাতাস গ্রহণের জন্য বাইরে যাওয়া।

blow[3] [ব্লৌ] *n* ১ কিল, ঘুষি অথবা কোনো কিছুর আঘাত: a ~ on the head; at one ~; at a (single) ~, এক আঘাতে, এক চোটে। **come to ~s, exchange ~s** মারামারি করতে শুরু করা; হাতাহাতি করা। **get a ~ in** আঘাত করতে সমর্থ হওয়া। **strike a ~ for / against** কোনো কিছুর পক্ষে বা বিপক্ষে কোনো কাজ করা। **without striking a ~** বিনা যুদ্ধে। **a ~-by-~ account** খুঁটিনাটি বা বিশদ বিবরণ (বিশেষত মুষ্টিযুদ্ধের)। ২ আঘাত বা দুর্ভাগ্য: His father's death came as a ~ to him.

blow[4] [ব্লৌ] *vi* (প্রধানত *pp* রূপে) পরিপূর্ণভাবে প্রস্ফুটিত: a full-blown rose.

blower [ˈব্লৌআ(র্)] *n* ১ সবেগে বাতাস প্রবাহিত করার যন্ত্রবিশেষ। ২ যে লোক ফুঁ দিয়ে বায়ু প্রবাহিত করে দ্রব্যাদি প্রস্তুত করে: a glass-~; যে লোক কোনো কিছুর মধ্যে বাতাস প্রবেশ করায়: an organ-~. ৩ (কথ্য) কথা বলার নল বা চোঙা; (GB অপ.) টেলিফোন।

blown [ব্লৌন্] blow-র *pp,* দ্র. blow[4]. □*adj* পরিশ্রমের ফলে হাঁপিয়ে উঠেছে এমন।

blowy [ˈব্লৌয়ি] *adj* ঝড়ো; বাতাসপূর্ণ: a ~ day.

blowzy [ˈব্লাউজ়ি] *adj* (সাধা. তুচ্ছ.) মোটাসোটা ও লালচে নোংরা ও আলুথালু পোশাকে সজ্জিত (স্ত্রীলোক)।

blub·ber[1] [ˈব্লাবা(র্)] *n* [U] তিমি অথবা অন্য কোনো সামুদ্রিক প্রাণীর চর্বি।

blub·ber[2] [ˈব্লাবা(র্)] *vi,vt* (সাধা. তুচ্ছ.) শব্দ করে কাঁদা। Stop ~ing ! I can't hear what you're saying. **~ (sth) out** ফুঁপিয়ে কাঁদা ও সেই সাথে কিছু বলা।

blu·dgeon [ˈব্লাজান্] *n* মুগুর; গদা; ডাণ্ডাবিশেষ। □*vt* মুগুরপেটা করা; এ ধরনের অস্ত্র দিয়ে বারবার আঘাত করা; নিদারুণ প্রহার করা। **~ sb into doing sth** (লাক্ষ.) কাউকে কোনো কিছু করতে বাধ্য করা।

blue[1] [ব্লু] *adj* (-r, -st) নীল: ~ eyes; নীল পোশাক পরিহিত: the girl in ~ (dress). ˌ~ ˈ**blood(ed)** *adj ,n* অভিজাত; উচ্চ বংশজাত। ˌ~ˈ**chips** *n,adj* ১ (অর্থ.) নির্ভরযোগ্য ও মূল্যবান (ব্যক্তি) (শিল্প শেয়ার)। ২ (লাক্ষ.) উচ্চ মূল্য বা মর্যাদাসম্পন্ন বস্তু। ˌ~ ˈ**film** *n* অশ্লীল চলচ্চিত্র যা সাধারণ্যে প্রদর্শিত হয় না। ˌ~ ˈ**jokes** অশোভন ঠাট্টা বা

তামাশা। ˌB~ ˈPeter নীল রঙের মাঝখানে সাদা চতুর্ভুজ সম্বলিত যে পতাকা বন্দর ত্যাগ করার পূর্বে জাহাজে ওড়ানো হয়। ˌ~ ˈribbon ১ কোনো প্রতিযোগিতায় প্রথম হলে যে পুরস্কার দেওয়া হয়। ২ সম্ভ্রান্ত ব্যক্তিদের মর্যাদাসূচক ফিতা; সম্মানচিহ্ন। **look ~** (কথ্য.) (ব্যক্তি বা আবহাওয়া) বিষণ্ন বা বিমর্ষ হওয়া: He is looking ~ today. **once in a ~ moon** কদাচিৎ: He comes here once in a ~ moon.

blue[2] [ব্লু] *n* ১ নীল বর্ণ। ২ আকাশ। ৩ সমুদ্র। ৪ বিশ্ববিদ্যালয়ে ক্রীড়াদক্ষ ছাত্রকে প্রদত্ত প্রতীক: Oxford ~. ৫ **out of the ~** অপ্রত্যাশিতভাবে; অজানা উৎপত্তিস্থল থেকে: He appeared out of the ~. ৬ **a bolt from the ~** বিনা মেঘে বজ্রপাত; আকস্মিক বিপদ: The news of his father's death came to him as a bolt from the ~. ৭ **a true ~** আনুগত্যে অনড় ব্যক্তি (বিশেষত ব্রিটেনের রক্ষণশীল দলের)। ৮ *pl* (US) দক্ষিণ আমেরিকার নিগ্রোদের এক ধরনের ধীরগতি ও বিষাদময় সঙ্গীত। ৯ **washing ~** ধৌত কাপড় (বিশেষত সাদা) উজ্জ্বল করার কাজে ব্যবহৃত নীল বর্ণের দ্রব্য। ১০ **~ eyed boy** প্রিয়পাত্র। **~-sky laws** স্টক বা শেয়ার বিক্রির ক্ষেত্রে প্রতারণা রোধ করার আইন। ১১ (যৌগশব্দ) **~ baby** *n* যে শিশু জন্মগ্রহণ করার পর হৃৎযন্ত্রের ক্রিয়া স্বাভাবিক না হওয়ার কারণে নীলবর্ণ ধারণ করে। ˈ**~·bell** *n* নীল রঙের ঘণ্টা সদৃশ ফুল। ˈ**~·berry** *n* উত্তর আমেরিকার এক ধরনের ফল। ˈ**~·bird** *n* উত্তর আমেরিকার নীল রঙের এক প্রকার গায়ক পাখি। ˈ**~ book** *n* নীল মলাটে বাঁধানো বই; (বিশেষত GB) প্রিভি কাউন্সিল ও আইন পরিষদের কার্যবিবরণী সম্বলিত নীল মলাটে বাঁধানো বই। ˈ**~·bottle** *n* নীল দেহবর্ণবিশিষ্ট ভনভনে বড়ো মাছি; মাংসের উপর যে মাছি বসে। ˈ**~·breast / throat** *n* বুলবুল জাতীয় পাখি যাদের বুকে বা গলায় নীল ছোপ রয়েছে। ˈ**~ cheese** *n* নীল দাগ সম্বলিত পনির। ˈ**~·coat** *n* নীল কোট পরিহিত ব্যক্তি; (বিশেষত US) আমেরিকার গৃহযুদ্ধের সময়ে উত্তরাঞ্চলের সৈনিক যারা নীল রঙের কোট পরিধান করতো। ˌ**~-ˈcollar** *adj* (শ্রমিক সম্পর্কে) যারা কলে কারখানায় বা অন্য কোনো পেশায় কায়িক পরিশ্রমের মাধ্যমে জীবিকা নির্বাহ করে এবং সর্বাঙ্গ আরবণকারী এক প্রকার (বিশেষত নীল) পোশাক পরিধান করে: Miners and brick layers are ~-collar workers (তুল. white collar). ˌ**~-ˈpencil** *vt* কোনো লেখা পড়ে আপত্তিকর অংশ নীল পেন্সিলে দাগ দেওয়া; কেটে দেওয়া বা বাদ দেওয়া; সম্পাদনা করে শুদ্ধ করা: I will have to ~-pencil your essay. ˈ**~·print** *n* ১ আলোকচিত্রের সাহায্যে অঙ্কিত নীলবর্ণের কাগজের উপর সাদা রেখাবিশিষ্ট নকশা (বিশেষত দালান-কোঠার জন্য)। ২ (লাক্ষ.) পরিকল্পনা। ˈ**~·sheep** *n* হিমালয় অঞ্চলের নীল গাই। ˈ**~·stocking** *n* পাণ্ডিত্যের অধিকারিণী বলে বিবেচিত বিদূষী স্ত্রীলোক। ˈ**~·water** *n* বহিঃসমুদ্র। ˈ**~·whale** *n* নীল তিমি। ˈ**~·ish** *adj* নীলাভ; ঈষৎ নীল। ˈ**~·ness** *n* [U]

blue[3] [ব্লু] *vt* ১ নীল বর্ণে রঞ্জিত করা। ২ **~ one's money** (অপ.) বেপরোয়াভাবে অর্থব্যয় করা।

bluff[1] [ব্লাফ়্] *n* ১ নদী বা সাগরের তীরবর্তী খাড়া, উচ্চ ও দুরারোহ কূল। □*adj* ১ খাড়া সম্মুখভাগ বিশিষ্ট (পর্বতগাত্র ইত্যাদি)। ২ রুক্ষ কিন্তু সরল ও স্পষ্টবাদী (ব্যক্তি)। **~·ly** *adv* . **~·ness** *n*

bluff[2] [ব্লাফ়্] *vt,vi* ভান করে কাউকে প্রতারণা করা; ধোকাবাজি করা; ধাপ্পা দেওয়া: ~ sb into doing sth. **~ it out** ছলনার আশ্রয় নিয়ে বা ভান করে কঠিন অবস্থা পাড়ি দেওয়া। **~ one's way out of sth** ধাপ্পাবাজি বা প্রতারণা করে বিপদ থেকে উদ্ধার পাওয়া। **call one's ~** ধাপ্পা, ধোকা বা ফাঁকি সপ্রমাণের জন্য আহ্বান জানানো। **~er** *n* ধাপ্পাবাজ; ধোকাবাজ।

blun·der [ব্লান্ডা(র্)] *vi,vt* ১ অন্ধের মতো অনিশ্চিতভাবে চলা; পথ হাতড়ে চলা। ২ বোকার মতো ভুল করা। □*n* [C] বোকার মতো ভুল; গুরুতর বা সাংঘাতিক ভুল। **make a ~** গুরুতর ভুল করা। **~ into, on, upon** ভুল করে বা হঠাৎ সম্মুখীন হওয়া: The theives ~ed into/ on/ upon the policemen. **~er** *n* ভুল করে এমন ব্যক্তি।

blunder·buss [ব্লান্ডাবাস্] *n* গুলি করার বড়ো ছিদ্রওয়ালা এক ধরনের সেকেলে বন্দুক যা থেকে অনেকগুলো গুলি একসাথে স্বল্প দূরত্বে নিক্ষেপ করা যেত।

blunt [ব্লান্ট্] *adj* (-er, -est) ১ ভোঁতা: a ~ knife. ২ স্পষ্টবাদী। ৩ নীরস; স্থূলবুদ্ধি; কাঠখোট্টা। □*vt* ভোঁতা করা। **~·ly** *adv* অভদ্রভাবে; খোলাখুলি: to speak ~ly. **~·ness** *n*

blur [ব্লা(র্)] *n* ১ কালি বা অনুরূপ বস্তুর দাগ, ছিটা বা প্রলেপ। ২ দুর্বোধ্য বা অস্পষ্ট ছাপ। ৩ দৃষ্টির অস্পষ্টতা। ৪ কলঙ্ক। ৫ (লাক্ষ.) অস্পষ্ট: My memory of the incident is only a ~ now. □*vt,vi* (-rr-) ১ কালি বা অনুরূপ বস্তু দ্বারা অস্পষ্ট বা দুর্বোধ্য করা। ২ ঝাপসা করা বা হওয়া: Mists blurred the view of the mountain.

blurb [ব্লাব্] *n* পুস্তকের বহিরাবরণে প্রকাশক কর্তৃক পুস্তক সম্পর্কে বর্ণনা ও প্রশংসাপূর্ণ বিবৃতি।

blurt [ব্লাট্] *vt* **~ sth out** বোকার মতো হঠাৎ কোনো গুপ্ত বিষয় বলে ফেলা।

blush [ব্লাশ্] *vi* ১ আরক্তিম হওয়া; নম্রতা, লজ্জা প্রভৃতির কারণে মুখমণ্ডল লালাভ হওয়া। ২ (লাক্ষ.) লজ্জিত হওয়া। □*n* ১ লজ্জা ইত্যাদির কারণে মুখের রক্তিমাভা। ২ (প্রা.প্র.) দৃষ্টি। **at the first ~** প্রথম দৃষ্টিতে বা নজরে। **put someone to ~** লজ্জা দেওয়া বা অপ্রতিভ করা: She put me to ~ by introducing me as her fiance. **spare someone's ~es** কাউকে লজ্জা পাওয়া থেকে অব্যাহতি দেওয়া: You should not praise me like that before others, spare my ~es ! **~·ing** *adj* . **~·ing·ly** *adv*

blus·ter [ব্লাস্টা(র্)] *vi,vt* ১ (বাতাস, ঢেউ ইত্যাদি সম্পর্কে) প্রবল বেগে প্রবাহিত হওয়া; তুমুল শব্দে প্রবাহিত হওয়া; ঝড়ের ন্যায় প্রবাহিত হওয়া। ২ (লোক সম্পর্কে) তর্জন-গর্জন করা; তর্জন-গর্জনসহ বলা। ৩ **~ out** (লাক্ষ.) অতিশয় ক্রুদ্ধ হওয়া। □*n* [U] ১ বাত্যা; সশব্দ ঝাপ্টা; বাতাস বা ঢেউয়ের গর্জন; ঝড়ো আবহাওয়ার শব্দ। ২ (লাক্ষ.) তর্জন-গর্জন-শাসানি; ভীষণ ক্রোধ; দম্ভপূর্ণ ভাষা। **~er** *n* দাম্ভিক লোক। **~·ing** *n* দম্ভোক্তি। **~·ous** *adj* ঝড়ো; কোলাহলময়; দাম্ভিকতাপূর্ণ। **~·ing·ly** *adv* দাম্ভিকভাবে।

boa [বৌআ] *n* ১ (অপিচ ˈ**~-constrictor**) দক্ষিণ আমেরিকার অজগর জাতীয় বড়ো সাপ যা তার শিকারকে জড়িয়ে, পেচিয়ে, দুমড়িয়ে হত্যা করে। ২ মহিলাদের সর্পাকৃতি গলাবন্ধ।

bo(h) [বৌ] *int* কাউকে চমকানো বা ভয় দেখানোর জন্য যে শব্দ করা হয়। দ্র. boo.

boar [বো°(র্)] *n* ১ বন্য পুংশূকর। ২ প্রজনন ক্ষমতাসম্পন্ন পালিত পুরুষ শূকর। দ্র. hog, sow[2]. **~·ish** নৃশংস; একগুয়ে।

board[1] [বো°ড়] *n* ১ লম্বা, পাতলা এবং সমতল তক্তা বা কাঠ যা দেয়াল, মেঝে, নৌকা বা জাহাজের পাটাতন তৈরির কাজে ব্যবহৃত হয়। ২ বিশেষ কাজে ব্যবহৃত অনাবৃত অথবা কাপড় বা চামড়া দ্বারা আবৃত সমতল কাঠখণ্ড বা তক্তা: ˈsign ~, ˈnotice ~, ˈdiving ~, ˈironing ~. ৩ দাবা বা ঐ ধরনের খেলার জন্য নকশা করা বোর্ড: ˈchess ~. ৪ (*pl* –এ) **the ~s** মঞ্চের পাটাতন; রঙ্গমঞ্চ: on the ~s, মঞ্চাভিনেতা। ৫ (জাহাজের পাটাতন, ডেক বা মেঝে সম্পর্কিত অর্থে) **on the ~** জাহাজে। **go on ~** জাহাজ বা অন্য কোনো পোতে আরোহণ করা (US–এ ট্রেন সম্পর্কেও)। ৬ (জুয়ার টেবিল সম্পর্কিত অর্থে) **above ~** সৎ; খোলামেলা; প্রতারণাহীন: His dealings are always above ~ (সন্দেহের উর্ধ্বে)। **sweep the ~** ১ বাজির সমস্ত কার্ড বা টাকা জিতে নেওয়া। ২ (লাক্ষ.) সম্পূর্ণ সফল হওয়া; পুরোপুরি জেতা: Our party has swept the ~ in the election. ৭ (টেবিল সম্পর্কিত অর্থে) পরিচালক পরিষদ বা সমিতি: the B~ of Governors of a school; Secondary Education B~, মাধ্যমিক শিক্ষা পরিষদ; a Selection B~, আবেদনকারীদের মাঝ থেকে চাকরি বা অন্য কোনো কাজের জন্য প্রার্থী নির্বাচন করার বোর্ড বা পরিষদ। **across the ~** সকল সদস্য বা কর্মচারীর জন্য: There was a 10 % increase in wages across the board. ৮ [U] (খাবার টেবিল সম্পর্কিত) কাজের বিনিময়ে প্রদত্ত দৈনন্দিন আহার: The workers will get their salary and free ~. **~ and lodging** বাসস্থানের ব্যবস্থাসহ খাদ্য সরবরাহ: B~ and lodging is available on payment of fees. ৯ মোটা শক্ত কাগজে বা কাপড়ে মোড়া বইয়ের মলাট: ~ binding. ১০ (যৌগশব্দ) **ˈ~·room** যে কক্ষে পরিচালকমণ্ডলী ইত্যাদির সভা অনুষ্ঠিত হয়। **ˈ~·walk** সমুদ্র তীরবর্তী রাস্তার পাশে কাঠের তক্তা বিছানো ফুটপাথ বা পায়ে হাঁটার রাস্তা।

board[2] [বো°ড়] *vt,vi* ১ তক্তা দিয়ে ঢাকা: People ~ed up the windows. ২ সপ্তাহ বা মাস ভিত্তিতে নির্দিষ্ট মূল্যে খাদ্য সরবরাহ করা বা পাওয়া (সাধা. তৎসহ থাকার ব্যবস্থা): She makes a living by ~ing students. He is ~ing with a friend/at a friend's house. ৩ জাহাজ, ট্রেন, বাস, প্লেন বা অন্য কোনো যানে আরোহণ করা। **~er** *n* **(ক)** যে ব্যক্তি নির্দিষ্ট অর্থের বিনিময়ে কারো গৃহে আহার গ্রহণ করে; **(খ)** যে বালক বা বালিকা কোনো আবাসিক বিদ্যালয়ে থেকে পড়াশোনা করে; **(গ)** (প্রা.প্র.) যারা নৌযুদ্ধের সময়ে শত্রুর জাহাজে লাফিয়ে পড়ে। **ˈ~·ing** *n* [U] **(ক)** তক্তা দ্বারা আবৃত করার কাজ। **(খ)** আহার বা বাসস্থান যোগানোর বা গ্রহণ করার ব্যবস্থা। **ˈ~·ing card** *n* বিমান বা জাহাজে আরোহণকালে যাত্রীদের বিমান বা জাহাজে আরোহণের যে অনুমতিপত্র দেখাতে হয়। **ˈ~·ing house** অর্থের বিনিময়ে থাকা ও খাওয়া যায় এমন আবাস। **ˈ~·ing school** যে বিদ্যালয়ে ছাত্রছাত্রীদের আহার ও বাসস্থানের ব্যবস্থা আছে; আবাসিক বিদ্যালয়।

boast [বৌস্ট্] *n* [C] ১ (তুচ্ছ.) দম্ভোক্তি বা দম্ভ: His ~ that he is the richest man in the area is not true. ২ (তুচ্ছ. নয়) গর্বের বিষয় বা বস্তু: It was his ~ that he always stood first in the examination. □*vt,vi* ১ (তুচ্ছ.) অহঙ্কার করা; দম্ভ করা (~ of / about): He ~s of being the best football player in the team. He often ~s about his wealth. ২ (সাধা. ব্যক্তি সম্পর্কে নয়) গর্ব করা যায় এমন কিছু থাকা: The town can ~ of having a nice park. **~er** *n* দাম্ভিক। **~·ful** *adj* (লোক সম্পর্কে) দাম্ভিক, (উক্তি সম্পর্কে) দম্ভপূর্ণ; আত্মম্ভরিতাপূর্ণ। **~·ing** *n* দম্ভোক্তি; বড়াই। **ˈ~·fully** *adv* দম্ভভরে।

boat [বৌট্] *n* ১ নৌকা; তরী; তরণী। **ˈrowing ~** দাঁড় বাওয়া নৌকা। **ˈsailing ~** পাল তোলা নৌকা। **ˈmotor ~** ইনজিন চালিত নৌকা। **ˈfishing ~** মাছ ধরা নৌকা। ২ (অনানুষ্ঠা.) জাহাজ বা পোত: Are you going by boat or air? ৩ খাবার টেবিলে তরল খাদ্যদ্রব্য পরিবেশনের জন্য নৌকাকৃতির তৈজসপত্র: a gravy ~. **be in the same ~** একই বা সমঅবস্থাসম্পন্ন; সমভাবে বিপন্ন। **burn one's ~** প্রত্যাবর্তনের পথ বিনষ্ট করা: I've burnt my ~ by giving up my job. **take to the ~s** বিপন্ন জাহাজ থেকে উদ্ধার পাওয়ার জন্য জাহাজে রক্ষিত নৌকাসমূহ ভাসানো ও তাতে ওঠা: We took to the ~s when the ship began to sink. **ˈ~-hook** *n* নৌকা টেনে কাছে আনা বা দূরে নেবার জন্য লোহার আংটাযুক্ত দণ্ডবিশেষ। **ˈ~-house** *n* নদীতীরবর্তী স্থানে নৌকা রাখার ঘর বা চালা। **ˈ~·man** *n* (*pl* ~men) মাঝি বা দাঁড়ি; নৌকা ভাড়া বায় এমন ব্যক্তি। **ˈ~-race** *n* নৌকা বাইচ; দাঁড় টানা নৌকার প্রতিযোগিতা। **ˈ~-song** *n* মাঝিদের গাওয়া গান। **ˈ~-train** *n* যাত্রী জাহাজের সাথে সংযোগকারী ট্রেন বা রেলগাড়ি। □*vt* নৌকায় ভ্রমণ; নৌবিহার। **go ~·ing** নৌবিহার করা।

boater [ˈবৌট(র্)] *n* শক্ত খড়ের টুপি।

boat·swain [ˈবৌসন্]*n* সারেং; সর্দার মাঝি; যে অন্যান্য মাঝি–মাল্লাদের কাজের নির্দেশ দেয়।

bob[1] [বব্] *vi* (-bb-) ১ দ্রুত ওঠানামা করা: The straw was bobbing on water. **~ up** (লাক্ষ.) **(ক)** পুনরায় আবির্ভূত হওয়া: It you try to sink a piece of wood in water, it keeps ~ing up. **(খ)** বিপদ অতিক্রান্ত হলে পুনরায় সক্রিয় হওয়া: The blackmarketeers ~ up when the police are gone. **(গ)** পুনরায় উত্থিত হওয়া: The questions that ~ up every now and then .... (সাধা. crop up). ২ হাঁটু নুইয়ে অভিবাদন করা (মহিলাগণ কর্তৃক); ভদ্রতা দেখানো। □*n* দ্রুত ওঠানামা; ভদ্রতা।

bob[2] [বব্] *vt* (-bb-) (প্রা.) মেয়েদের ছোট করে কাঁধ বরাবর চুল ছাঁটা। □*n* ছোট করে ছাঁটা চুল।

bob·bin [ˈববিন্] সুতা, তার ইত্যাদি জড়ানোর লাটিম বা নাটাই।

bobby [ˈববি] *n* (GB কথ্য) পুলিশ।

bobby-socks, -sox [ˈববি সক্স্] *n pl* (US, বাণিজ্য) মেয়েদের গোড়ালি পর্যন্ত ঢাকা মোজা।

bob·sled, bob·sleigh [বব্ স্লেড্, –স্লেই] ১ দুটি ছোট শ্লেজ জোড়া দিয়ে যে বড়ো শ্লেজ গাড়ি তৈরি করা হয়। ২ দুই বা ততোধিক লোক একসাথে বসতে পারে এমন শ্লেজ গাড়ি যা তুষারাবৃত পর্বতের ঢাল বেয়ে দ্রুত নামার প্রতিযোগিতায় ব্যবহৃত হয়।

bob·tail [ˈবব্ টেইল্] *n* ঘোড়া বা কুকুরের ছাঁটা লেজ; ছাঁটা লেজওয়ালা পশু। **the rag-tag and ~** উচ্ছৃঙ্খল জনতা।

bode [বৌড্] *vt,vi* ইঙ্গিত বহন করা; পূর্বাভাষ দেওয়া; ভবিষ্যদ্বাণী করা। **~ ill / well for** ভবিষ্যৎ ভালোমন্দের ইঙ্গিত বহন করা। **~·ing** *n* ভাবী শুভাশুভের লক্ষণ। **~·ful** *adj* অশুভ লক্ষণসূচক।

bodice [ˈবডিস্] *n* মহিলাদের উর্ধ্বাঙ্গের অন্তর্বাস; বক্ষবন্ধনী; কাঁচুলি; বডিস।

bodied [বডিড়] *adj* (অন্য *adj*-এর সঙ্গে) দেহবিশিষ্ট: ˈbig-**~**, বিরাট দেহবিশিষ্ট; ˈstrong-**~**, শক্তিশালী দেহবিশিষ্ট; ˈable-**~**, সক্ষম দেহবিশিষ্ট।

bod·ily [বডিলি] *adj* দৈহিক; কায়িক; শারীরিক: ~ needs, ~ comforts, ~ fear. ❑*adv* ১ সমগ্রভাবে; সম্পূর্ণরূপে: The audience rose ~ (= সবাই এক সাথে) to welcome the guest. You cannot ~ (= সম্পূর্ণরূপে) lift your answers from the text. ২ দৈহিকভাবে; সশরীরে: You will have to be ~ present to receive the money.

bod·king [বড্‌কিন্] *n* ১ ছোট ছোরা। ২ স্থুল মুখবিশিষ্ট ভোঁতা লম্বা সুচ। ৩ চুলের লম্বা কাঁটা।

body [বডি] *n (pl* -dies) ১ দেহ বা শরীর। **keep ~ and soul together** কোনো রকমে (সাধা. কষ্টেসৃষ্টে) প্রাণধারণ করা: He earns barely enough to keep ~ and soul together. ২ মৃতদেহ; শব। ৩ প্রাণীদেহের প্রধান অংশ; মাথা, বাহু ও পা ব্যতীত সর্বদেহ। ৪ প্রধান অংশ বা অঙ্গ; কোনো বস্তুর সবচেয়ে প্রয়োজনীয় বা গুরুত্বপূর্ণ অংশ: the ~ of a letter. ৫ একদল লোকের সঙ্ঘ বা সমিতি: The parliament of a country is an elected ~. **the ~ politic** রাষ্ট্র। **in a ~** সকলে একসাথে; দলবদ্ধভাবে: The employees resigned in a **~**. ৬ (কথ্য) ব্যক্তিবিশেষ: A ~ like him can't do this. (যৌগশব্দ): every~, any~, some~, no**~**. ৭ রাশি; পরিমাণ; পুঞ্জ: An ocean is a large ~ of water. ৮ বস্তু; দ্রব্য; পদার্থ: the heavenly bodies: চন্দ্র, সূর্য, গ্রহ, তারকা ইত্যাদি। ৯ [U] (মদ বা সুরা সম্পর্কে) কড়া; নির্ভেজাল; অন্য কিছু মিশ্রিত নয়: He likes wine of **~**. ১০ (যৌগশব্দ) ˈ**~·builder** *n* আসন ইত্যাদিসহ মোটর গাড়ির কাঠামো নির্মাতা; ব্যায়াম বা অনুশীলনের মাধ্যমে যে দেহের পেশিসমূহ পুষ্ট ও সবল করে। ˈ**~·guard** *n* দেহরক্ষী। ˈ**~ language** *n* কোনো ব্যক্তির চলাফেরা, ওঠাবসা বা দেহভঙ্গিমায় যে অর্থ প্রকাশ পায়। ˈ**~-snatcher** ব্যবচ্ছেদের জন্য যে ব্যক্তি কবরস্থান থেকে গোপনে মৃতদেহ চুরি করে। **a foreign ~** বাইরের কোনো জিনিস যা সেখানে থাকার কথা নয়: There was a foreign ~ in his eye (কুটা বা বালির কণা)। ˈ**~-work** *n* [U] মোটর গাড়ির বাইরের ধাতব আবরণ।

bog [বগ্] *n* ১ [C,U] জলাভূমি; জলা; বিল; পাঁকপূর্ণ জমি। ২ [C] (অশিষ্ট, অপ.) শৌচাগার; পায়খানা। ❑*vt,vi* (-gg-) **~ down (ক)** পাঁকে নিমজ্জিত হওয়া বা আটকে যাওয়া: Our cart got ~ ged down in the mud. **(খ)** অগ্রগতি করতে অক্ষম হওয়া: My work ~ged down because of lack of resources. **~gy** [বগি] *adj* (মাটি সম্পর্কে) নরম ও ভেজা; জল ও কাদায় ভরা: a ~gy place.

bo·gey[1], দ্র. bogy.

bo·gey[2] [বৌগি] *n* (গলফ খেলায়) বল গর্তে ফেলার জন্য যতবার দণ্ড চালনা করা হয় সেই হিসাবে অর্জিত পয়েন্ট।

bog·gle [বগ্‌ল্] *vi* ইতস্তত করা ; ভয়ে চমকে ওঠা; অনিচ্ছুক হওয়া; শঙ্কিত হওয়া; আশ্চর্যান্বিত হওয়া; চিন্তা করতে বা বুঝতে অসমর্থ হওয়া: My mind ~s at the idea of going there again !

bo·gie [ˈবৌগি] *n* (অপিচ **bogey, bogy)** ১ ঠেলাগাড়ি। ২ রেলগাড়ির বগি।

bo·gus [ˈবৌগাস্] *adj* মিথ্যা; বাজে; মেকি; জাল।

bo·gy, bo·gey [ˈবৌগি] *n (pl* -gies, -geys) ১ ভুত; প্রেত; জুজু; শয়তান; ভয়ের কারণ বা উৎস। ২ কাল্পনিক ভয়। ৩ (অপ.) পুলিশ।

bo·he·mi·an [বৌˈহিমিঅন্] *n,adj* ১ বোহেমিয়া দেশীয় বা বোহেমিয়ার অধিবাসী। ২ যাযাবর; ভবঘুরে; বেদে। ৩ ছন্নছাড়া; উচ্ছৃঙ্খল বা অসচ্চরিত্র ব্যক্তি। ৪ সামাজিক রীতিনীতি বিবর্জিত ব্যক্তি: Some writers are believed to be ~s / leading ~ lives. **~·ism** *n* যাযাবরবৃত্তি; ছন্নছাড়া স্বভাব।

boil[1] [বয়্‌ল্] *n* ফোড়া; বিস্ফোটক; চামড়ার নীচে এক প্রকার যন্ত্রণাদায়ক বিষাক্ত উদ্ভেদ যা পাকলে ফেটে যায়।

boil[2] [বয়্‌ল্] *vi,vt* ১ তরল পদার্থ উত্তপ্ত করে ফুটানো; যে পাত্রে তরল পদার্থ ফুটানো হয়: I'll ~ the kettle; তরল পদার্থে যা ফুটানো হয়: B~ the potatoes. **keep the pot ~ing** (লাক্ষ.) হাড়ি চড়ার ব্যবস্থা করা; আহার্য যোগানোর জন্য যথেষ্ট অর্থ উপার্জন বা সংগ্রহ করা। ˈ**~ing-point** স্ফুটনাঙ্ক; যে তাপে তরল পদার্থ বাষ্পীভূত হয়। **~ing hot** (কথ্য) খুব গরম। ২ (সমুদ্র সম্পর্কে) ফুটন্ত পানির মত টগবগ করা: the ~ing sea; (ব্যক্তি সম্পর্কে) অতিশয় ক্রুদ্ধ হওয়া: Any complain makes her blood **~**. ৩ ফুটন্ত পানিতে রান্না করা; গরম পানিতে সিদ্ধ করা: We ~ eggs in water. ❑*n* ফুটন্ত অবস্থা: Give the water a good ~ before you drink it. ৪ **~ away** সবটুকু বাষ্পীভূত হয়ে উবে না যাওয়া পর্যন্ত ফুটানো; ফুটতে ফুটতে কমানো: The water ~ed away; ক্রমে ক্রমে শান্ত হওয়া: His anger ~ed away when the work started. **~ down** আয়তনে কমে যাওয়া; বক্তব্য বা প্রস্তাবের সারসংক্ষেপ বিধৃত হওয়া: The matter ~s down to accepting money from him or not. **~ sth down** তাপে ফুটিয়ে কমানো; সারসংক্ষেপ করা কলেবর হ্রাস করা: to ~ down a text. ˈ**~ dry** তাপে বাষ্পীভূত করা: Don't let the water ~ dry. ˈ**~ over** তাপে স্ফীত হয়ে উথলিয়ে পড়া। **~ up** রান্না করা বা গরম করা; (লাক্ষ.) বিপজ্জনক অবস্থায় সৃষ্টি হওয়া: Troubles are ~ing up in many parts of the world. **bring sth to the ~** ফুটন্ত না হওয়া পর্যন্ত উত্তপ্ত করা। **come to the ~** ফুটন্ত অবস্থায় আসা; (লাক্ষ.) বিপজ্জনক অবস্থায় উপনীত হওয়া।

boi·ler [বয়লা(র্)] *n* ১ ইনজিনের যে অংশে পানিকে উত্তপ্ত করে বাষ্প প্রস্তুত করা হয়; বাড়িতে গরম পানি সরবরাহ করার জন্য যেখানে তা উত্তপ্ত করা হয়; লন্ড্রিতে ব্যবহারের জন্য যে আধারে পানি উত্তপ্ত করা হয়। ˈ**~·suit** *n* শ্রমিকের বহির্বাস যা জামাকাপড়কে নোংরা হওয়া থেকে রক্ষা করে। ২ *n* পানি ফোটানো বা বাষ্পীভূত করার কাজে নিয়োজিত ব্যক্তি।

bois·ter·ous [বয়স্টারাস্] *adj* ১ (কোনো ব্যক্তি বা তার আচরণ সম্পর্কে) অমার্জিত; হৈচৈ পূর্ণ; উল্লাসময়। ২ (আবহাওয়া সম্পর্কে) উদ্দাম; ঝড়ো; প্রচণ্ড। **~·ly** *adv* . **~·ness** *n* [U]

bold [বৌল্‌ড্] *adj* (-er, -est) ১ সাহসী; দুর্দান্ত; দুর্দমনীয়; প্রবল; দুঃসাহসিক; সপ্রতিভ; উচ্চাভিলাষী: a ~ move. ২ (কোনো ব্যক্তি বিশেষত মহিলা বা তার আচরণ সম্পর্কে) নির্লজ্জ; অশালীন: a ~ girl. ৩ (কোনো বস্তুর আকার সম্পর্কে) স্পষ্ট: ~ letter. **be / make so ~ as to do sth** কোনো কাজ করতে সাহসী হওয়া: I made (so) ~ (as) to ask the President about the country's condition. **make ~ with sth** অন্যের জিনিস বিনা অনুমতিতে ব্যবহার করার সাহস করা: I made ~ with his type-writer. **as ~ brass as** উদ্ধত; ধৃষ্ট; নির্লজ্জ। **a ~ front** (বাহ্যত) সাহসী মোকাবেলা। ˈ**~ faced** উদ্ধত; মোটা মুদ্রাক্ষরবিশিষ্ট। **~·ly** *adv* . **~·ness** *n*

bole [বৌল্] *n* গাছের গুঁড়ি।

boll [বৌল্] *n* (তুলা, শণ প্রভৃতির) গোলাকার বীজকোষ।

bol·lard [বলাড়] *n* ১ জেটির সাথে জাহাজকে আবদ্ধ রাখার জন্য দড়ি বাঁধার লোহার খোটা। ২ রাস্তার মধ্যভাগে বা সড়কদ্বীপে ছোট মোটা খুঁটা যার উপর যানচলাচলের দিক নির্দেশ করার জন্য তীর চিহ্ন দেওয়া থাকে। ৩ রাস্তার শেষ মাথায় যেখানে গাড়ি প্রবেশ নিষিদ্ধ সেখানে তা রোধ করার জন্য খুঁটা।

bol·locks [বলাক্‌স্] *n,pl* ১ (নিষেধ) অণ্ডকোষ। ২ অর্থহীন; বাজে। দ্র. ballocks.

Bol·she·vik [বলশেভিক্] *n* ১ (ইতি.) ১৯১৭ সালে প্রতিষ্ঠিত সোভিয়েত মার্কসবাদী সরকারের অনুসারী রাশিয়ার কমিউনিস্ট পার্টি বা তার সদস্য। ২ (কথ্য) মার্কসবাদ বা কমিউনিস্ট মতের অনুসারী; এ ধরনের ব্যবস্থার সমর্থনকারী। ৩ (কথ্য) মার্কসবাদী বিপ্লবী; নৈরাজ্য ও অরাজকতা সৃষ্টিকারী (অননুমোদনাত্মক অর্থে শিথিলভাবে ব্যবহৃত)। **Bol·shevism** *n* বলশেভিক মতবাদ। **Bol·she·vist** *n* বলশেভিক মতবাদে বিশ্বাসী। □*adj* : ~ party.

bol·shie, bol·shy [বল্‌শি] *adj* (অপ.) অবাধ্য; একগুঁয়ে।

bol·ster[1] [বৌল্‌স্টা(র্)] *n* কোল বালিশ; পাশ বালিশ; তাকিয়া।

bol·ster[2] [বৌল্‌স্টা(র্)] *vt* ~ **(up)** ব্যক্তি, উদ্দেশ্য বা তত্ত্বের প্রতি প্রয়োজনীয় সমর্থন এবং উৎসাহ দান করা।

bolt[1] [বৌল্ট্] *n* ১ হুড়কা। ২ বল্টু। ৩ (প্রা.প্র.) গুলতি জাতীয় ধনুকের খাটো ও ভারী তীর। **shoot one's (last)** ~ শেষ চেষ্টা করা। ৪ বজ্র। দ্র. thunder (১) –এ thunder bolt. **a ~ from the blue** বিনা মেঘে বজ্রপাত; আকস্মিক ঘটনা। ৫ চোঙের মতো গোল করে পাকানো কাপড়ের রোল। □*vt,vi* হুড়কা লাগানো: ~ the doors and windows. ২ বল্টু দ্বারা আটকানো: The iron sheets were ~ed to the floor. **~ sb in / out** কাউকে ভিতরে বা বাইরে রেখে দরজা বন্ধ করে দেওয়া।

bolt[2] [বৌল্ট্] *vi,vt* ১ (বিশেষত অশ্বের) সহসা দ্রুতবেগে পলায়ন করা। ২ (খাবার) তাড়াতাড়ি গিলে ফেলা। ৩ (উদ্ভিদ) দ্রুত ঊর্ধ্বমুখী বেড়ে ওঠা এবং বীজ ফলানো। □*n* পলায়ন। **make a ~ for** দ্রুত পলায়ন: On seeing me, the thief made a ~ for the door. **~-hole** জীবজন্তুরা ছুটে গিয়ে নিরাপত্তার জন্য যে গর্তে আশ্রয় নেয়; (লাক্ষ.) নিরাপদ স্থান।

bolt[3] [বৌল্ট্] *vt* (সাধা. পাতলা কাপড় দিয়ে) ময়দা চালা।

bolt[4] [বৌল্ট্] *adv* ~ **upright** সম্পূর্ণ ঋজু: The teacher made the children sit ~ upright.

bomb [বম্] *n* ১ বোমা; দাহ্য অথবা বিস্ফোরক পদার্থপূর্ণ ধাতব খোল। ২ (প্রা.প্র.) হাত বোমা। □*vt* বোমা ছোঁড়া বা বোমা ফেলা। **go like a** ~ (যানবাহন সম্পর্কে): Our new car goes like a ~. **ˈ~·bay** *n* সামরিক বিমানের নীচের দিকের যে অংশে বোমা বহন করা হয়। **ˈ~-disposal squad** বোমা নিষ্ক্রিয়কারী বিশেষজ্ঞ দল। **ˈ~-proof** *adj* বোমা নিরোধক; বোমার আক্রমণে যা ক্ষতিগ্রস্ত বা ধ্বংস হয় না: a ~-proof shelter. **ˈ~-shell** *n* (লাক্ষ.) আকস্মিক ও প্রচণ্ড আঘাত। **ˈ~-sight** *n* বোমা নিক্ষেপের নিশানা স্থির করার জন্য বিমানের যান্ত্রিক ব্যবস্থা। **~-site** *n* বোমায় বিধ্বস্ত স্থান। **~er** বোমারু বিমান।

bom·bard [বম্‌বা:ড্] *vt* কামানের গোলা নিক্ষেপ করে আক্রমণ করা; (লাক্ষ.) ক্রমাগত প্রশ্ন করে নাজেহাল করা; (পদার্থ.) পরমাণুকে বিভক্ত করার জন্য দ্রুতগতি সম্পন্ন বস্তুকণা প্রেরণ করা। **~·ment** *n* গোলাবর্ষণ।

bom·bar·dier [বম্‌বাˈডিআ(র্)] *n* গোলন্দাজ বাহিনীর অধস্তন সামরিক অফিসার (সার্জেন্ট পদমর্যাদার নীচে)।

bom·bast [ˈবম্‌ব্যাস্ট্] *n* [U] আড়ম্বরপূর্ণ ভাষা; ফাঁকা বুলি। **bom·bas·tic** *adj* আড়ম্বরপূর্ণ।

Bombay duck [বমবেই ডাক্] *n* ১ লইট্যা নামক এক প্রকার সামুদ্রিক মাছ। ২ ঐ মাছের শুটকি।

bona fide [বৌনাফাইড্] *adj* প্রকৃত; খাঁটি; আন্তরিক: He is a ~ customer of this shop. □*adv* অকৃত্রিমভাবে; আন্তরিকভাবে; সরল বিশ্বাসে। **~ s** *n* (আইন.) সৎ উদ্দেশ্য; আন্তরিকতা; বিশ্বস্ততা।

bon·anza [বˈন্যান্‌জা] *n* [C] (*pl* ~s) (US) ১ লাভজনক সোনা, রুপা বা তেলের খনি। ২ মূল্যবান খনিজ সম্পদের আবিষ্কার। ৩ সমৃদ্ধি ও সৌভাগ্য আনয়নকারী; লাভজনক কিছু; সৌভাগ্য।

bon·bon [বনবন্] *n* মনোহর আকৃতিময় চিনির মিঠাই।

bond [বন্ড্] *n* ১ [C] অঙ্গীকার; অঙ্গীকারপত্র; খত; তমসুক; চুক্তি; দলিল; মুচলেকা। **enter into a ~ with sb** কারো সাথে অঙ্গীকার বা চুক্তিতে আবদ্ধ হওয়া। ২ [C] ঋণপত্র; সরকার বা কোনো ব্যবসা প্রতিষ্ঠান কর্তৃক প্রদত্ত ঋণস্বীকার পত্র (নির্দিষ্ট সময় উত্তীর্ণ হলে সুদ বা লাভসহ ঋণকৃত টাকা ফিরিয়ে দেওয়ার প্রতিশ্রুতিপত্র); একটি নির্দিষ্ট পরিমাণ টাকা কাউকে দেওয়ার চুক্তি বা প্রতিজ্ঞাপত্র। **ˈ~-holder** *n* এ ধরনের চুক্তিপত্রধারী। **ˈ~-paper** উৎকৃষ্ট ধরনের কাগজ যা চুক্তিপত্র লেখার কাজে ব্যবহৃত হয়। ৩ [C] পাট, ফিতা বা বন্ধনী, যা বন্ধন করে; (লাক্ষ.) সংযোগকারী, একাধিক ব্যক্তি, দল বা গোষ্ঠীর মধ্যে যা সংযোগ সাধন বা একতা আনয়ন করে। ৪ সংযুক্ত অবস্থা। ৫ *(pl)* শৃঙ্খল: in ~s; বন্দী বা দাসরূপে আবদ্ধ। **burst one's ~s** শিকল ভেঙে ফেলা; স্বাধীন হওয়া। ৬ (বাণিজ্য) **in ~** শুল্ক আদায় না হওয়া পর্যন্ত খালাস করা হবে না এরূপ শর্তে গুদামে রক্ষিত মাল। **~ed warehouse** *n* এরূপ শুল্কাধীন মাল যে গুদামে রাখা হয়। ২ দৃঢ়ভাবে সংযুক্ত করা (আঠা বা অন্য কিছু দিয়ে)। **~ed** *adj* সংযুক্ত অবস্থা। **~·ing** *n* সংযুক্তকরণ।

bond- [বন্ড্] (যৌগিক শব্দে) দাসত্ব বন্ধনে আবদ্ধ: ˈ~man; ˈ~sman [বন্‌জ্ ম্যান্]; ˈ~maid; ˈ~ servant; ˈ~-slave.

bon·dage [বন্‌ডিজ্] *n* [U] দাসত্বে আবদ্ধ অবস্থা; বন্দীদশা।

bone [বৌন্] *n* ১ [C] হাড় বা অস্থি; মাছের কাঁটা; *(pl)* কংকাল; দেহাবশেষ। **~ of contention** ঝগড়া বা বিবাদের কারণ: That piece of land was the ~ of contention between the two brothers. **a bag of ~s** কৃশকায়; হাড্ডিসার। **bred in the ~s** দৃঢ়মূল; বদ্ধমূল। **all skin and ~s** অস্থিচর্মসার। **(as) dry as ~** শুষ্ক; (লাক্ষ.) নীরস; কাঠখোট্টা। **feel in one's ~ that** নিশ্চিতভাবে অনুভব বা ধারণা করা: There's going to be a great danger, I can feel it in my ~s. **to have a ~ to pick (with) sb** (কারো সাথে) তর্ক বা নালিশ করার মতো (কারো কাছে) কোনো ব্যপার থাকা। **make no ~s about (doing) sth** কোনো কাজ করতে পরোয়া বা সঙ্কোচ না করা। **frozen / chilled to the ~** সম্পূর্ণভাবে; হাড়ে হাড়ে; অন্তরতম প্রদেশ পর্যন্ত: I can't wait here any more, I'm frozen to the ~. ২ [U] যে শক্ত পদার্থ দ্বারা হাড় বা অস্থি গঠিত। ৩ *(pl)* (প্রা.প্র.) (পাশা ইত্যাদি) খেলার ছক্কা (সাধা. হাড়ের তৈরি)। ৪ (যৌগশব্দ) ~ˈ**china** ধবধবে সাদা চীনামাটির তৈজসপত্র (যা প্রস্তুত করতে চীনামাটির সাথে হাড়ের চূর্ণ

মিশ্রিত হয়। **~ dust / powder** হাড়ের চূর্ণ। **ˌ~ˈdry** *adj* হাড়ের মতো শুষ্ক। **ˈ~-head** *n* (অপ.) বোকা লোক। **ˌ~-ˈidle / -ˈlazy** *adj* পুরোপুরি অলস। **ˈ~·meal** সার হিসাবে ব্যবহৃত হাড়ের গুড়া। **ˈ~-setter** *n* যে ব্যক্তি স্থানচ্যুত হাড়কে যথাস্থানে লাগাতে পারে। **ˈ~·shaker** *n* (কথ্য) রবারের টায়ারবিহীন পুরনো সাইকেল; পুরনো লক্কর-ঝক্কর মোটরগাড়ি; বাস বা পশু টানা গাড়ি। **ˈ~ weary** ভীষণভাবে পরিশ্রান্ত। **~d** *adj* হাড়যুক্ত: big ~d, strong ~d. **~y** *adj* কৃশকায়; অস্থিসার। **~·less** *adj* অস্থিহীন; (লাক্ষ.) মেরুদণ্ডহীন। □*vt* ১ মাছের কাঁটা বা মাংসের হাড় ছাড়ানো। ২. (অপ.) চুরি করা। ৩ **~ up on (a subject)** (অপ.) কোনো বিষয় সম্পর্কে অনুসন্ধান করা ও তথ্য সংগ্রহ করা।

bon·fire [বন্‌ফাইআ(র্)] *n* বহ্নুৎসব; শুকনো পাতা বা আবর্জনা পোড়ানোর জন্য অথবা কোনো আনন্দোৎসব উপলক্ষে খোলা জায়গায় প্রজ্জ্বলিত অগ্নি। **make ~ of** পুড়িয়ে নষ্ট করা; অব্যাহতি লাভ করা।

bongo [বঙ্‌গৌ] *n* (*pl* ~s) **ˈ~ (drum)** বংগো; হাতের আঙুল দিয়ে বাজানোর জন্য এক প্রকার ছোট ড্রাম — সাধারণত এক জোড়ায় একটি।

bon·ho·mie [বনামি] *n* আন্তরিকতা ও মাধুর্যমণ্ডিত আচরণ।

bo·ni·to [বানীটৌ] *n (pl* ~s) আটলান্টিক মহাসাগরে দৃষ্ট বড়ো জাতের বিশেষত লম্বা দাগওয়ালা টুনি (tunny) মাছ।

bon mot [বন্ মৌ] *n* (*pl* bons mots) বুদ্ধিদীপ্ত উক্তি বা মন্তব্য।

bon·net [বনিট্] *n* ১ থুতনি পর্যন্ত ফিতা দিয়ে বাঁধা শিশু বা স্ত্রীলোকদের ছোট গোলাকার মস্তকাবরণ। ২ মোটর গাড়ির ইনজিনের ঢাকনি (US = hood); অন্যান্য জিনিসের রক্ষাপ্রদ ঢাকনি। ৩ পুরুষদের বিশেষত স্কটল্যান্ডের সৈনিকদের পরিহিত এক ধরনের চ্যাপটা টুপি।

bon·ny [ˈবনি] *adj* সুশ্রী; সুন্দর; কমনীয়; হাসিখুশি; হৃষ্টপুষ্ট; নাদুসনুদুস। **ˈbon·nily** *adv*

bo·nus [ˈবৌনাস্] *n (pl* ~es) ১ সচরাচর প্রাপ্য অর্থের অতিরিক্ত যা পাওয়া যায়। ২ ব্যবসা প্রতিষ্ঠানের কর্মচারীদের মধ্যে তাদের বেতন ছাড়াও লাভের যে অংশ দেওয়া হয়। ৩ শেয়ার হোল্ডার বা মালিকদের মধ্যে বণ্টিত অতিরিক্ত লভ্যাংশ। ৪ বিমা বা অর্থ লগ্নিকারী প্রতিষ্ঠান কর্তৃক পলিসি গ্রহীতাদের প্রদেয় অতিরিক্ত লভ্যাংশ। ৫ প্রত্যাশার বাইরে আনন্দদায়ক কোনো প্রাপ্তি। ৬ **cost of living ~** দ্রব্যমূল্য বৃদ্ধির দরুন কর্মচারীদের প্রদত্ত বেতনের অতিরিক্ত অর্থ। **no claims ~** কোনো দাবি উত্থাপন না করার জন্য মোটরগাড়ির বিমার প্রদেয় কিস্তির হ্রাস।

bony, দ্র. bone.

boo [বূ] (also **bo**, **boh** [বৌ]) *int* অননুমোদন বা অবজ্ঞাসুচক ধ্বনি। □*vt,vi* এ ধরনের ধ্বনি নিঃসৃত করা এবং তা করে কাউকে তাড়ানো: The audience ~ed the speaker off the stage. □*n* এ ধরনের ধ্বনি। **~·hoon** শিশুদের জোরে জোরে কাঁদার শব্দ। □*vi* সশব্দে কাঁদা।

boob[1] [বূব্] *n* ১ দ্র. booby. ২ (কথ্য) বোকার মতো ভুল। □*vi* (কথ্য) বোকার মতো ভুল করা।

boob[2] [বূব্] *n* (অপ.) স্ত্রীলোকের স্তন। (সাধা. *pl)*

booby [বূবি] *n* বোকা অথবা নির্বোধ ব্যক্তি। **ˈ~ prize** *n* কোনো প্রতিযোগিতার শেষ স্থান অধিকারীকে তামাশা বা কৌতুকবশত প্রদত্ত পুরস্কার। **ˈ~ trap** *n* ১ পরিহাস করার জন্য দরজার উপরে এমনভাবে কোনো কিছু রাখা যাতে তা প্রবেশকারীর উপর পতিত হয়। ২ (সাম.) বাহ্যত কোনো নির্দোষ বস্তু যা স্পর্শ করলে বিস্ফোরিত হয়; এ ধরনের লুক্কায়িত বোমা। **to set up a ~ trap** এ ধরনের লুক্কায়িত বোমার ফাঁদ পাতা।

book[1] [বুক্] *n* ১ বই; পুস্তক; খাতা: an exercise ~. ২ **the B~** বাইবেল। ৩ অধ্যায়; সর্গ: the B~ of Genesis. ৪ একত্রে বাঁধাই করা কিছু: a ~ of stamps. ৫ বাজি বা জুয়ার হিসাবের খাতা। দ্র. ~maker. ৬ *(pl)* জমা-খরচের হিসাব; বিবরণী ইত্যাদি। ৭ ব্যালে বা অপেরার কথা সম্বলিত পুস্তক। ৮ (GB) যে বইয়ে টেলিফোন গ্রাহকদের নাম ও টেলিফোন নম্বর থাকে: We're on the phone, but not in the ~ yet. ৯ **a closed ~** অজানা বা বোধগম্য নয় এমন কোনো বিষয়। **be in someone's good/bad (black) ~s** কারো সুনজরে পড়া বা বিরাগের পাত্র হওয়া। **bring (someone) to ~** কৈফিয়ত চাওয়া; নেওয়া বা দিতে বাধ্য করা; শাস্তি দেওয়া বা দণ্ডিত করা। **get one's ~** চাকরিচ্যুত হওয়া। **read like a ~** স্বচ্ছ বা পরিষ্কার হওয়া (বিশেষত কোনো ব্যক্তির উদ্দেশ্য বা চরিত্র সম্পর্কে)। **suit one's ~** কারো জন্য উপযোগী বা সুবিধাজনক হওয়া। **take a leaf out of some-one's ~** অন্য কারো কার্যাবলী থেকে শিক্ষা নেওয়া বা তেমন কাজ করা: Take a leaf out of my ~, do not waste your money. **throw the ~ at** (কথ্য) (বিশেষত পুলিশ বা বিচারক সম্পর্কে) কারো বিরুদ্ধে সম্ভাব্য সকল অভিযোগ আনা বা অভিযুক্ত করা। ১০ (যৌগশব্দ) **ˈ~·binder** যে ব্যক্তি বই, খাতা, ইত্যাদি বাঁধাই করে। **ˈ~·binding** *n* বই-খাতা বাঁধাইয়ের কাজ। **ˈ~-case** *n* বইপুস্তক রাখার তাকওয়ালা শেলফ বা আলমারি। **ˈ~-club** *n* একটি সর্বনিম্ন সংখ্যক বই কিনতে সম্মত সদস্যদের মধ্যে কম মূল্যে বই বিক্রয় করে থাকে এমন সংস্থা। **ˈ~-ends** *n pl* এক সারি বই সোজা করে রাখার জন্য একজোড়া ঠেকনা বা অবলম্বনবিশেষ। **ˈ~-keeping** *n* (বাণিজ্য) হিসাব রক্ষণ প্রণালী। **ˈ~-keeper** *n* হিসাব রক্ষক (ব্যবসা প্রতিষ্ঠান বা কোনো দপ্তরে)। **ˈ~-learning** *n* পুথিগত বিদ্যা। **ˈ~maker** *n* (বিশেষত ঘোড়দৌড়ের জন্য) যে ব্যক্তি বাজির অর্থ গ্রহণ করে। **ˈ~·mark(er)** ঠিকা, বইয়ের পঠিত প্রয়োজনীয় অংশ নির্দেশক কাগজের টুকরা বা অন্য কোনো কিছু। **ˈ~·mobile** *n* (US) ভ্রাম্যমাণ পাঠাগার; পাঠকদের পড়তে দেওয়ার জন্য বই বহনকারী যান। **ˈ~·post** *n* স্বল্প মাশুলে পুস্তক বা কোনো মুদ্রিত কাগজ ডাকযোগে পাঠানোর ব্যবস্থা। **ˈ~·rest** *n* শেলফে বই ঠিকভাবে রাখার জন্য অবলম্বন। **ˈ~·seller** *n* পুস্তক বিক্রেতা। **ˈ~·shelf** *n* বই রাখার তাক বা শেল্‌ফ। **ˈ~·shop** *n* বইয়ের দোকান। **ˈ~·stall** *n* রেলস্টেশন বা অনুরূপ জায়গায় বইপুস্তক, ম্যাগাজিন বা সংবাদপত্র বিক্রির জন্য প্রদর্শিত হয় এমন সামনের দিকে খোলা ছোট দোকান (US = news stand). **ˈ~·stand** উন্মুক্ত স্থানে স্থাপিত বইয়ের দোকান; খোলা রেখে বই পড়া যায় এমন ভিত্তি বা স্ট্যান্ড। **ˈ~ token** *n* উপহার হিসাবে কাউকে প্রদত্ত একটি কুপন যার বদলে তিনি একটি নির্দিষ্ট মূল্যের বই পেতে পারেন। **ˈ~·worm** ১ উইপোকা; বই ছিদ্রকারী পোকা। ২ (লাক্ষ.) বই পাগল; অত্যন্ত পঠনশীল ব্যক্তি; গ্রন্থকীট।

book[2] [বুক্] *vt* ১ লিপিবদ্ধ করা; খাতায় তোলা। ২ থিয়েটারের আসন সংরক্ষণ করা; ভ্রমণের উদ্দেশ্যে বিমান, ট্রেন বা বাসের টিকেট ক্রয় করে আসন সংরক্ষণ করা। ৩ কোনো বক্তা, গায়ক বা শিল্পীকে কোনো অনুষ্ঠানে অংশ গ্রহণের জন্য চুক্তিবদ্ধ করা। ৪ (পুলিশি ব্যবস্থা সম্পর্কে) আইনভঙ্গের অভিযোগে কারো নাম পুলিশের খাতায় লিপিবদ্ধ করা। ৫ (ফুটবল খেলায় রেফারির কাজ সম্পর্কে)

আইন ভঙ্গের জন্য বা অসদাচারণের কারণে কোনো খেলোয়াড়ের নাম নোট বইয়ে টুকে রাখা। **(fully) ~ed up** (থিয়েটার, রেস্তোরাঁ প্রভৃতি সম্পর্কে) সিট অথবা টেবিল খালি না থাকা। ৬ (বক্তা, গায়ক, ইত্যাদি সম্পর্কে) পূর্বে অঙ্গীকারাবদ্ধ থাকার কারণে নতুন কোনো অনুষ্ঠানে যোগ দিতে অসমর্থ হওয়া। **ˈ~·ing clerk** *n* রেলস্টেশন, থিয়েটার বা অনুরূপ স্থানে যে ব্যক্তি টিকেট বিক্রয় করেন বা আসন সংরক্ষণের ব্যবস্থা করেন। **ˈ~·ing office** যে স্থানে এরূপ টিকেট বিক্রয় করা হয়। **ˈ~·able** (আসন সম্পর্কে) যা সংরক্ষণ করা যায়।

bookie [বুকি] *n* (কথ্য) দ্র. book[1](১০)

boom[1] [বূম্] *n* ১ পাইল-দণ্ড; নৌকায় যে দণ্ডের সাথে পাল বাঁধা হয়। ২ জাহাজে মাল তোলা বা জাহাজ থেকে মাল নামানোর জন্য ক্রেন জাতীয় যন্ত্রে ব্যবহৃত লম্বা দণ্ড (দ্র. derrick)। ৩ ক্যামেরা অথবা মাইক্রোফোন নড়াচড়া বা স্থানান্তর করার জন্য যে দণ্ডের প্রান্তে তা বাঁধা হয়। ৪ কাঠের গুঁড়ি ভেসে যাওয়া বা নৌ আক্রমণ প্রতিরোধ করার জন্য নদীবক্ষ বা বন্দরের মুখে পাতা ভারী শেকল। ৫ **lower the ~ on someone** আকস্মিক ও প্রবলভাবে কাউকে আক্রমণ করা।

boom[2] [বূম্] *vt,vi* ১ (বড়ো কামান, বাতাস বা বাদ্যযন্ত্র সম্পর্কে) গুরুগম্ভীর শব্দ করা: The guns ~ed and filled my heart with fear. ২ **~ out** গম্ভীর শব্দ করে বলা। □*n* গুরুগম্ভীর গর্জন; গুম গুম শব্দ।

boom[3] [বূম্] *n* [C] বাজারের তেজি ভাব; আকস্মিক ক্রয়বিক্রয় বৃদ্ধি। □*vi* ১ (বাজার সম্পর্কে) ক্রয়বিক্রয় বৃদ্ধি পাওয়া: Business is ~ing, we will soon be rich! **ˈ~ town** *n* নতুন শিল্প স্থাপন বা অন্য কোনো কারণে যে শহর দ্রুত উন্নতি ও প্রসার লাভ করেছে; সুপরিচিত হওয়া; সাফল্য লাভ করা। **~·ing** *adj* গুরুগর্জনকর; দ্রুত সমৃদ্ধিময়।

boom·er·ang [বূমার‌্যাঙ্] *n* ১ একপ্রকার বাঁকা ও শক্ত কাঠের অস্ত্র যা অস্ট্রেলীয় আদিবাসীরা শিকারের জন্য নিক্ষেপ করতো (কোনো কিছুকে আঘাত করতে ব্যর্থ হলে এটা নিক্ষেপকারীর দিকে ফিরে আসে)। ২ (লাক্ষ.) এমন কোনো যুক্তি বা প্রস্তাব যা যুক্তিপ্রদানকারী বা প্রস্তাবকারীর নিজেরই অসুবিধার কারণ হয়ে দাঁড়ায়।

boon[1] [বূন্] *n* ১ (সাহিত্য.) বর বা অনুগ্রহ; আবেদন বা প্রার্থনা: grant a ~. ২ সুখ; সুবিধা; আশীর্বাদ: His support was a great ~ in my life.

boon[2] [বূন্] *adj* হাসিখুশি; স্ফূর্তিবাজ: a ~ companion (শুধুমাত্র এই শব্দগুচ্ছে ব্যবহৃত)।

boor [বুঅ(র্)] *n* বর্বর বা অসভ্য লোক; গ্রাম্য লোক; চাষা; নিরক্ষর ব্যক্তি। **~·ish** [বুরিশ] *adj* চাষাড়ে; গেঁয়ো; বর্বর; অভব্য। **~·ish·ly** *adv.* **~·ish·ness** *n*

boost [বূস্ট্] *vt* ১ নীচ থেকে ঠেলে তোলা। ২ উন্নতি করতে সহায়তা করা। ৩ খ্যাতি বা মূল্য বৃদ্ধি করা। ৪ কোনো কিছুর (বিশেষত বিদ্যুৎ ও পানি সরবরাহের) শক্তি, চাপ বা পরিমাণ বৃদ্ধি করা। □*n* সম্মুখে ঠেলা; উন্নতি সাধন; খ্যাতি বা মূল্য বৃদ্ধি; শক্তি ও চাপ বৃদ্ধি: act of ~ing. **~er** *n* ১ যা শক্তি বৃদ্ধি করে; নভোযান বা ক্ষেপণাস্ত্রের প্রাথমিক গতি প্রদানের জন্য যে রকেট ব্যবহৃত হয়; গতি সঞ্চারের পর এটি খসে পড়ে যায় এবং যানটি নিজস্ব গতিতে চলতে থাকে। ২ (চিকি.) টিকা বা ইনজেকশনের শক্তি বা কার্যকারিতা বৃদ্ধির জন্য পরবর্তী মাত্রা।

boot[1] [বূট্] *n* ১ গুল্‌ফ বা গোড়ালির গাঁট (ankle) পর্যন্ত পরিহিত বুটজুতা। **high ~s** হাঁটু পর্যন্ত ঢাকা যায় এমন বুটজুতা। **The ~ is on the other leg** সুযোগ-সুবিধা এখন অন্য লোকের করায়ত্ত; প্রকৃত অবস্থা এখন ভিন্নরূপ। **give sb the ~** (অপ.) কাউকে চাকরি থেকে বরখাস্ত করা; লাথি দিয়ে কাউকে কোনো স্থান থেকে বের করে দেওয়া। **get the ~** (অপ.) বরখাস্ত হওয়া; লাথি খেয়ে বিতাড়িত হওয়া। **die in one's ~s** চলতে ফিরতে হঠাৎ মারা যাওয়া (বিছানায় পড়ে নয়)। **have one's heart in his ~s** ভীত হওয়া। **to lick someone's ~s** অপরের পা চাটা; মোসাহেবি করা। **ˈ~·lace/ strap** *n* জুতার ফিতা। **ˈ~·less** *adj* জুতাহীন; নগ্নপদ। **ˈ~·licker** পা-চাটা লোক; হীন মোসাহেব। ২ কোচ; বাস বা মোটর গাড়ির পিছনে মালপত্র রাখার যায়গা। □*vt* কর্মচ্যুত করা; বিতাড়িত করা। **~ed** *adj* বুটজুতা পরিহিত। **~s** *n* জুতায় কালি লাগানোর জন্য সরাইখানার ভৃত্য।

boot[2] [বূট্] *n* **to ~** অধিকন্তু।

boot[3] [বূট্] *vt* (প্রা.প্র.) লাভ হওয়া: What ~s it to weep? কেঁদে লাভ কি? **ˈ~·less** অপ্রয়োজনীয়; অর্থহীন।

boo·tee [বূটী] *n* ১ শিশুদের পশমে বোনা জুতা। ২ ঠাণ্ডা নিবারণের জন্য মহিলাদের এক প্রকার জুতা।

booth [বূদ্‌ US বূথ্] *n* ১ ছোট দোকানঘর বা চালাঘর; মেলা প্রভৃতি স্থানে অস্থায়ীভাবে নির্মিত কুঁড়েঘর বা তাঁবু। ২ (US) সাধারণের ব্যবহার্য টেলিফোন যে ছোট ছোট ঘর বা খোপে থাকে (দ্র. kiosk)। ৩ **polling ~** ভোটকেন্দ্র; যেখানে ভোট দেওয়া হয়।

boot·leg [ˈবূটলেগ্] *vt* শুল্ক ফাঁকি দিয়ে বা বেআইনিভাবে মদ চোলাই; বিক্রয়; আমদানি বা রফতানি করা। **~·ger** এরূপ কারবারি।

boo·ty [বূটি] □*n* [U] ১ যুদ্ধে লুণ্ঠিত দ্রব্য; দস্যুদের মধ্যে বণ্টিত লুটের মাল। ২ সৎ বা অসৎ যে কোনো উপায়ে প্রাপ্ত মূল্যবান দ্রব্য।

booze [বূজ্] *vi* (কথ্য) মাত্রাতিরিক্ত মদ বা সুরা পান করা। *n* মদ জাতীয় পানীয়; মদ পান করার বিশেষ সময়: have a ~, go on the ~. **~r** *n*. **ˈboozy** *adj* মাতাল।

bo·peep [বৌˈপিপ্] *n* [U] শিশুদের সঙ্গে লুকোচুরি খেলা; একবার লুকানো আবার হঠাৎ সামনে আসা।

bo·rac·ic [বাˈর‌্যাসিক্] *adj* সোহাগাঘটিত: ~ acid, সোহাগাম্ল।

bo·rax [ব্যর‌্যাক্‌স্] *n* সোহাগা; এক ধরনের সাদা চূর্ণ যা গ্লাস; চীনামাটির বাসন এবং অন্যান্য জিনিসপত্র প্রস্তুত করতে অথবা কোনো কিছু পরিষ্কার করতে ব্যবহৃত হয়। **boric** *adj* = boracic.

Bor·deaux [বোˈডৌ] *n* [U] (প্রায়শ attrib) ফ্রান্সের বোর্ডো প্রদেশে প্রস্তুত অথবা সে স্থান থেকে আনীত এক প্রকার উচ্চ শ্রেণীর মদ। দ্র. claret.

bor·der [বো°ডা(র্)] *n* ১ কিনার; ধার; পাড়; প্রান্ত। ২ সীমা; সীমান্ত; দুটি দেশ বা রাষ্ট্রের মধ্যবর্তী সীমারেখা: a ~ town/check-post. **ˈ~ incidents** প্রতিবেশী দুইটি দেশের সীমান্তরক্ষীদের মধ্যে ছোটখাটো যুদ্ধ। **the B~** (বিশেষত) ইংল্যান্ড ও স্কটল্যান্ডের মধ্যবর্তী সীমানা বা অঞ্চল। **ˈ~·land** [-ল্যান্ড্] *n* (ক) সীমান্তভূমি; সীমান্তের নিকটবর্তী অঞ্চল; (খ) (*sing*, the সহ) দুইটি অবস্থার মধ্যবর্তী কোনো অবস্থা: the ~ between life and death. **ˈ~·line** *n* (সাধা. *sing*) সীমানানির্দেশক রেখা। **ˈ~·line case** *n* অনিশ্চিত; দ্ব্যর্থক বা সন্দেহজনক ব্যাপার। □*vt,vi* ১ পাড় বসানো: She ~ed her dress with silk; ঘেরা: My garden is ~ed by a fence. ২ **~on/ upon** নিকটবর্তী বা সন্নিহিত হওয়া: His land ~s up (on) mine. ৩ **~ on/ upon** সদৃশ বা অনুরূপ হওয়া; His remark ~s upon rudeness. **~er** *n* সীমান্তে বা সীমান্তের নিকটবর্তী স্থানে যে বাস করে, বিশেষত ইংল্যান্ড ও স্কটল্যান্ডের মধ্যবর্তী অঞ্চলে।

bore[1] [বো°(র্)] *vt,vi* ১ ঘূর্ণায়মান কোনো যন্ত্রের সাহায্যে সংকীর্ণ গোল ফুটা বা ছিদ্র করা; এভাবে মাটি, পাথর বা অন্য কিছু খুঁড়ে পথ বের করে নেওয়া: The carpenter ~ed a hole in the wood. The engineers ~ed a tunnel through the mountain. □*n* ১ (অপিচ ˈ**~-hole**) এ ধরনের ছিদ্র বা ফুটা। ২ আগ্নেয়াস্ত্রের নল বা চোঙ; এর ব্যাস। ৩ **~er** *n* ছিদ্রকারী ব্যক্তি, যন্ত্র বা কীট।

bore[2] [বো°(র্)] *vt* একঘেয়েমি দ্বারা কাউকে ক্লান্ত বা বিরক্ত করা। **~ sb to death/ tears** কাউকে এ উপায়ে ভীষণভাবে বা অসহনীয়ভাবে বিরক্ত বা ক্লান্ত করা। □*n* [C] বিরক্তি বা ক্লান্তি উৎপাদন করে এমন ব্যক্তি বা বস্তু। **boring** *adj* বিরক্তিকর বা ক্লান্তিকর। **~·dom** *n* [U] একঘেয়েমিজনিত বিরক্তি বা ক্লান্তি।

bore[3] [বো°(র্)] *n* [C] নদী মোহনায় জোয়ারকালীন বান বা উচ্চ জলোচ্ছ্বাস।

bore[4] [বো°(র্)] bear-এর *pt*

boric [বরিক্] *adj* ~ **acid** (অপিচ **boracic acid**) borax বা সোহাগা থেকে প্রস্তুত অম্ল।

born [বো°ন্ US ˈবর্ন্] (bear-এর অন্যতম *pp*) ১ **be ~** জন্মগ্রহণ করা: She was ~ in Africa. **~ of** জাত: He was ~ of poor parents. **~ and bred** জন্মগ্রহণ করা ও লালিতপালিত হওয়া: He was ~ and bred in this village. **~ with a silver spoon in one's mouth** রুপার চামচ মুখে নিয়ে জন্মগ্রহণ করা; সম্পদশালী হয়ে জন্মানো। **not ~ yesterday** অভিজ্ঞতায় অপরিপক্ব নয়। ২ নিয়তি দ্বারা নির্দিষ্ট; পূর্বনির্ধারিত: He was ~ to be the leader of his people. ৩ জন্মগত; প্রকৃতিগত: a ~ artist.

borne [বো°ন্] (bear-এর *pp*) ১ প্রসূত; গর্ভ থেকে উৎপন্ন: We have all been ~ in the mother's womb. ২ বাহিত; স্থানান্তরে নীত: The goods were ~ in a cart.

bor·ough [ˈবারা US -রৌ] *n* ১ (GB) যে নগর পার্লামেন্টে এক বা একাধিক প্রতিনিধি প্রেরণ করে; স্বায়ত্তশাসনপ্রাপ্ত শহর বা নগর; যে নগরে পৌরসভা আছে। ২ (US) নিউ ইয়র্ক শহরের পাঁচটি প্রধান প্রশাসনিক এলাকার যে কোনো একটি।

bor·row [ˈবরৌ] *vt* ~ **(from)** ১ ধার বা কর্জ করা; ঋণরূপে গ্রহণ করা। (তুল. lend)। ২ অন্যের মত বা কথা গ্রহণ বা অনুকরণ করা। **~er** *n* ঋণগ্রহীতা; ঋণকারী। **~ed time** অপ্রত্যাশিতভাবে বেঁচে থাকার সময় বৃদ্ধি: This was his third stroke (heart attack), he is living on ~ed time. **~ed plumes** অপরের পোশাক বা সজ্জা নিজের বলে প্রদর্শিত।

borsch [বো°শ্] (US = borscht [বো°শ্‌ট্]) *n* [U] বিট অথবা বাঁধা কপির এক প্রকার পূর্ব য়োরোপীয় স্যুপ।

bor·stal [বো°স্‌টল্] *n* **~ system/ school/ institution** অপ্রাপ্তবয়স্ক অপরাধীদের সংশোধন করার জন্য বিশেষ ধরনের ব্যবস্থা সম্বলিত কয়েদপ্রথা, স্কুল বা প্রতিষ্ঠান।

bortsch [বো°চ্] *n* = borsch.

bosh [বশ্] *n,int* অর্থহীন বা মূর্খতাপূর্ণ কথা।

bosk [বস্‌ক্] *n* কুঞ্জ; ঝোপ। **~y** *adj* কুঞ্জময়; জঙ্গলময়; ছায়াময়; ঝোপপূর্ণ।

bosom [বুজাম্] *n* [C] ১ (সুভা.) বক্ষস্থল; স্ত্রীলোকের স্তন; এই স্থানসমূহ আবরণকারী পোশাক। ২ (সাহিত্য.) হৃদয়; অন্তর; অন্তঃকরণ। □*adv* মধ্যে; মাঝে: He breathed his last in the ~ of his family. □*adj* অন্তরঙ্গ: a ~ friend.

boss[1] [বস্] *n* সমুন্নত কারুকার্য; ঢাল বা শিল্ডে গোলাকার স্ফীত অংশ বা অলঙ্করণ। **~ed** *adj* স্থানে স্থানে উঁচু বা সমুন্নত। **~y** *adj* এ ধরনের কারুকার্যখচিত।

boss[2] [বস্] *n* [C] (কথ্য) মনিব; উচ্চপদস্থ ব্যক্তি, প্রধান কর্মকর্তা বা তত্ত্বাবধায়ক; আদেশ প্রদানকারী। □*vt* আদেশ দেওয়া; নিয়ন্ত্রণ করা। **~y** *adj* প্রভুত্বব্যঞ্জক। **~iness** *n*

boss[3] [বস্] *n* (অপ.) অদক্ষ বা আনাড়ির মতো কাজ: make a ~ shot at sth. ˈ**~-eyed** (অপ.) এক চোখ কানা; ট্যারা।

bot·any [ˈবটানি] *n* [U] উদ্ভিদবিদ্যা; উদ্ভিদবিজ্ঞান। **bot·an·ical** *adj* উদ্ভিদবিদ্যা বিষয়ক বা সম্বন্ধীয়: botanical gardens. **bot·an·ist** *n* উদ্ভিদতত্ত্ববিদ। **bot·an·ize** *vt* উদ্ভিদ, লতাপাতা ইত্যাদি সম্পর্কে গবেষণা বা অনুসন্ধান করা।

botch [বচ্] *n* যেমন তেমনভাবে লাগানো তালি; বিশ্রী বা কদর্য তালি; খারাপভাবে নিষ্পন্ন কাজ। □*vt,vi* কদর্যভাবে কোনো কাজ করা; বিশেষত জোড়া বা তালি লাগানো। **~er** *n*. **~ery** *n,adj*. **~y** *adj* যেমন-তেমনভাবে লাগানো বা বিশ্রী তালিতে ভরা।

both[1] [বৌথ্] *adj* উভয় (ব্যক্তি বা বস্তু): Both the boys are here. Both my pens are black. (তুল. each, neither).

both[2] [বৌথ্] *pron* ১ উভয়ই: Both are good; We both were old.

both[3] [বৌথ্] *conj* **~ ...and** দুইই: He is ~ rich and happy.

bother [ˈবদা(র্)] *vt,vi* ১ বিরক্ত করা; বিব্রত করা; জ্বালাতন করা: Don't ~ me, I'm busy. ২ (ভদ্রতাপূর্ণ বাক্যে) অসুবিধা ঘটানো: Sorry to ~ you, but do you have the time ! ৩ **~ (about)** উদ্বিগ্ন হওয়া; তকলিফ করা: Please don't ~ to wait, I'll be leaving soon. **~ oneself / one's head about** মাথা ঘামানো দুশ্চিন্তা করা: Don't ~ your head about it, I'll take care of it myself. □*int* (বিরক্তি বা অধৈর্য প্রকাশ করতে): B~! I've missed the flight. □n [U] ১ ঝামেলা; কষ্ট: Did you have a lot of ~ in finding the house? ২ ঝামেলা সৃষ্টি করে বিব্রত করে এমন: His son is a great ~ to him. **I, they, etc cannot be bothered** কোনো কাজ ঝামেলাপূর্ণ মনে করা এবং করতে অনিচ্ছুক হওয়া। **~·ation** [বদাˈরেইশন্] *int* বিরক্তিকর ব্যাপার, বিব্রত অবস্থা: what a ~ ! ˈ**~some** [-সাম্] বিরক্তিকর; বিব্রতকর; ঝামেলাময়।

bottle [বট্‌ল্] *n* ১ বোতল (কাচ, প্লাস্টিক বা অন্য কিছুর)। ২ বোতলস্থিত বস্তু। □*vt* বোতলে ভরা বা ঢালা। **~d** *pp,adj* বোতলে সংরক্ষিত: ~d juice. **~ up** সংযত করা; দমন করা: He could not ~ up his anger any more. ˈ**~-brush** *n* বোতল পরিষ্কার করার ব্রাশ; এ ধরনের আকৃতি সদৃশ ফুল বা ফুলের গাছ। ˈ**~-fed** *adj* যে শিশুকে মায়ের দুধ দেওয়া হয়নি; বোতলের দুধ খাওয়ানো হয়েছে: B~-fed babies are often unhealthy. **~-feed** *vi*. **~-feeding** *n*. **too fond of the ~** মদ বা সুরা পানে আসক্ত। ~ˈ**green** *n,adj* গাঢ় সবুজ বর্ণ। ˈ**~-neck (ক)** রাস্তার সংকীর্ণ অংশ যেখানে যানবাহনের অবাধ গতি বাধাপ্রাপ্ত হয়। **(খ)** উৎপাদন ও কার্যসিদ্ধির পথে বাধা। ˈ**~-party** *n* যে পার্টিতে অভ্যাগতরা পানীয় বা

মদ নিয়ে আসে। ˈ~-**washer** *n* শূন্য বোতল পরিষ্কারকারী; সর্বকর্ম সম্পাদনকারী ভৃত্য।

bottom [বটম্] *n* ১ তলদেশ; নিম্নদেশ: There is some water at the ~ of the well. Footnotes are given at the ~ of the page; পাদদেশ: Trees grow at the ~ of mountains. ২ দূর প্রান্ত; পিছনের দিক; কম গুরুত্বপূর্ণ অংশ: We grow vegetables at the ~. ৩ সাগর বা নদীর তলদেশ। ৪ চেয়ারের সিট (যার উপর বসা হয়); নিতম্ব; পাছা। ৫ পানির তলায় জাহাজের যে অংশ ডুবে থাকে। ৬ মূল কারণ; ভিত্তি: You can't solve the problem unless you get to the ~ of it. **at ~** প্রকৃতপক্ষে; মূলত: He is a good man at ~. ৭ (লাক্ষ.): The ~ has fallen in the market, বাজারে খাদ্যদ্রব্যের দাম হঠাৎ পড়ে গেছে। **from the ~ of my heart** হৃদয়ের অন্তঃস্থল থেকে। ৮ (attrib) নিম্নতম: Tell me your ~ price. **~ up** উলটানো অবস্থা: The ship was floating ~ up. **~s up!** (GB অনানুষ্ঠা.) মদের পাত্র শূন্য করা: B~s up ! I'll buy you another drink. **rock ~** (দ্রব্যমূল্য সম্পর্কে) নিম্নতম সীমা: Things are selling at rock ~ prices. □*vi* **~ out** (অর্থ.) নিম্ন পর্যায়ে চলে আসা এবং সে অবস্থায় থাকা। **~·less** *adj* অতল; অগাধ; তলাহীন: a ~ less pit. **~less bread basket** তলাবিহীন ঝুড়ি; (লাক্ষ.) যে ব্যক্তি বা দেশের চাহিদা কখনও পূর্ণ হয় না।

botu·lism [ˈবটিউলিজ়াম্] *n* [U] খাদ্যে বিশেষত টিনজাত মাছ, মাংস বা তরিতরকারিতে এক প্রকার মারাত্মক বিষক্রিয়া।

bou·doir [ˈবূডোআ(র্)] *n* মহিলাদের খাসকামরা বা সাজঘর।

bou·gain·vil·lea [বূগন্ˈভিলিআ] *n* লাল, বেগুনি বা উজ্জ্বল বর্ণের মঞ্জরিপত্র বিশিষ্ট গ্রীষ্মপ্রধান অঞ্চলের এক প্রকার লতানো গাছ; বাগানবিলাস।

bough [বাউ] *n* বৃক্ষশাখা; বিশেষত প্রধান ডাল।

bought [বো°ট্] buy-এর *pt* ও *pp* কিনেছিল।

bouil·lon [বূয়ন্] *n* [U] (ফ.) মাংস ও তরিতরকারি পানিতে সিদ্ধ করে যে স্বচ্ছ স্যুপ তৈরি করা হয়।

bouil·der [ˈবৌলডা(র্)] *n* (ভূ.) ১ পানির স্রোতে গড়িয়ে গড়িয়ে ক্ষয়প্রাপ্ত বা গোল হয়ে যাওয়া বৃহৎ প্রস্তরখণ্ড। ২ নৈসর্গিক কারণে স্বস্থানভ্রষ্ট শিলাখণ্ড।

boul·evard [বূলাভা:ড্] ১ বীথিকা; দুই পাশে বৃক্ষরাজি শোভিত প্রশস্ত রাস্তা। ২ প্রশস্ত প্রধান সড়ক।

bounce [বাউন্স্] *vi,vt* ১ (বল প্রভৃতি) আঘাতে লাফিয়ে ওঠা; এ ধরনের লাফিয়ে ওঠার কারণ ঘটানো। ˈ**~ back** (লাক্ষ.) প্রফুল্লভাবে বাধাবিপত্তির মোকাবেলা করা। ২ বলের মতো লাফালফি করা বা করানো; হঠাৎ বেগে প্রবেশ করা বা বের হয়ে যাওয়া। ৩ (কথ্য) (চেক সম্পর্কে) মূল্যহীন বলে ব্যাংক কর্তৃক ফেরত পাঠানো। □*n* ১ [C] (বল সম্পর্কে) লাফিয়ে ওঠার ঘটনা: The ball gave a ~. ২ [U] (ব্যক্তি সম্পর্কে) সজীব। **~er** *n* ১ যা লাফায় (ব্যক্তি বা বস্তু)। ২ এমন চেক যা ব্যাংক কর্তৃক ফেরত পাঠানো হয়। ৩ (ক্রিকেট) যে বল মাটিতে পড়ে বেশি উঠে যায়। **bounc·ing** *adj* (কথ্য) (ব্যক্তি সম্পর্কে) সুস্থ ও সবল: ~ boys.

bound[1] [বাউন্ড্] *n* (সাধা. *pl*) সীমা: His joy knew no ~s. **beyond/ out of ~s** প্রবেশ-নিষিদ্ধ এলাকা; আইনত যে অঞ্চলে প্রবেশ করা যায় না (US = off limits).

bound[2] [বাউন্ড্] *vt* (সাধা. passive) ১ সীমাবদ্ধ করা; সংযত করা; নিয়ন্ত্রিত করা। ২ সীমারেখা নির্দেশিত হওয়া।

bound[3] [বাউন্ড্] *vt* ১ লাফ দেওয়া; কোনো কিছুতে লেগে ফিরে আসা (বল ইত্যাদি): The ball hit the wall and ~ed back. ২ লাফালাফি করে চলা বা দৌড়ানো: The dog came ~ing to greet its master. ৩ (লাক্ষ.) উদ্বেলিত হওয়া: My heart ~ed with joy hearing she would come. □*n* লাফ; লম্ফ: I can cross the wall at one ~. **hit the ball on the ~** প্রত্যাঘাত; বলে পুনরায় আঘাত করা।

bound[4] [বাউন্ড্] *adj* (কোথাও বা কোনো দিকে) যেতে প্রস্তুত; গমনোদ্যত; গমনরত: I'm ~ for Barisal. Home ~ travellers were delayed due to cancellation of flights. (জাহাজ সম্পর্কে) outward ~; homeward ~; (ট্রেন ইত্যাদি সম্পর্কে) north-bound; south-bound; Noakhali-bound.

bound[5] [বাউন্ড্] bind এর *pp* ১ বাঁধা: ~ with a rope; আবদ্ধ: He is ~ to his job. ২ নিশ্চিত: We cannot go on like this, something is ~ to happen. ৩ নৈতিক বন্ধনে আবদ্ধ। ~ ˈ**up in** ব্যস্ত; বিশেষভাবে আগ্রহী: He is ~ up in his research how children learn to speak. ~ ˈ**up with** ঘনিষ্ঠভাবে সম্পৃক্ত: The problem of poverty is ~ up with social structure.

boundary [বাউন্ড্রি] *n* (*pl* -ries) ১ সীমারেখা; চৌহদ্দি: The river marks the ~ between the two countries. ২ (ক্রিকেট) বল পিটিয়ে সীমারেখা পার করার জন্য সংগৃহীত চার রান।

boun·den [বাউন্ডান্] *adj* **~ duty** (পুরা.) বিবেক নির্দেশিত কাজ: It is our ~ duty to help the poor and distressed.

bounder [বাউন্ডা(র্)] *n* (GB প্রা., কথ্য) অসভ্য বা বর্বর ব্যক্তি; আস্থা রাখা যায়না এমন ব্যক্তি; এমন ব্যক্তি যার নৈতিক চরিত্র আপত্তিজনক।

bound·less [বাউন্ড্লিস্] *adj* অসীম: ~ joy. **~·ly** *adv*

boun·te·ous [ˈবাউন্টিআস্] *adj* (সাহিত্য.) উদার; প্রচুর: ~ gifts of nature; a ~ harvest. **~·ly** *adv*

boun·ti·ful [বাউন্টিফ়ল্] *adj* (সাহিত্য.) প্রচুর; যথেষ্ট: The crops are ~ this year. **~ly** *adv*

bounty [বাউন্টি] *n* (*pl* -ies) ১ [U] (আনুষ্ঠা.) অকৃপণ দান; উদারতা। ২ [C] বদান্যতা; দয়ার্দ্র হয়ে কাউকে বিশেষত গরিব ব্যক্তিদেরকে দান। ৩ কোনো কাজে উৎসাহ প্রদানের জন্য (যেমন উৎপাদন বৃদ্ধি, বিপজ্জনক বন্য প্রাণী হত্যা) কর্তৃপক্ষ বা সরকার প্রদত্ত পুরস্কার বা অর্থ।

bou·quet [বুˈকেই] *n* ১ ফুলের তোড়া; কুসুমস্তবক। ২ মদের গন্ধ।

bour·bon [বাবান্] *n* [U] ভুট্টা বা যব থেকে (US) প্রস্তুত বিভিন্ন ধরনের হুইস্কি বা কড়া মদ।

bour·geois [বুআরজ়ওয়া US বুআরজ়ˌওয়া] *n,adj* ১ সম্পদশালী; ব্যবসাকার্যে নিয়োজিত ব্যক্তি বা মধ্যবিত্ত শ্রেণীর লোক। ২ (অপ.) বস্তুগত সমৃদ্ধি ও সামাজিক মর্যাদার ব্যাপারে উৎসাহী ব্যক্তি; স্বার্থসচেতন; সাদামাটা মনের ব্যক্তি। **the ~ie** [বুআরজ়ˌওয়াˈজ়ি] *n* সমষ্টিতভাবে এ ধরনের ব্যক্তি বা শ্রেণী।

bourn(e) [বুঅন্] *n* (পুরা.) সীমা; দেশ; রাজ্য।

bout [বাউট্] *n* ১ দফা; পালা; পর্যায়; খেপ। ২ অসুখের আক্রমণকাল। ৩ প্রতিদ্বন্দ্বিতা: a wrestling ~, a dringking ~.

bou·tique [বূটিক] *n* শৌখিন দ্রব্যাদি যেমন পোশাক, প্রসাধনী, টুপি ইত্যাদি বিক্রয়ের দোকান।

bo·vine [ˈবৌভ়াইন্] *adj* ১ গবাদি পশু সংক্রান্ত। ২ (লাক্ষ., তুচ্ছ.) জড়; নির্বোধ।

bov·ril [বভ়রিল্] *n* [U] (P) মাংসের নির্যাস।

bow[1] [বৌ] *n* ১ ধনুক বাঁকানো দণ্ড ও ছিলা দিয়ে প্রস্তুত তীর ছোড়ার যন্ত্র। **have more than one string to one's ~** একাধিক পরিকল্পনা বা উপায় থাকা। ২ বেহালা প্রভৃতি বাদ্যযন্ত্রের ছড়। ৩ বক্রাকৃতি কোনো বস্তু; রামধনু; রংধনু। ৪ এক বা দুই ফাঁসের গেরো বা গিঁট। ˌ**~ ˈtie** *n* এ ধরনের গিঁট দেওয়া ছোট টাই যা গলার কাছে সার্টের কলারে লেগে থাকে; নেক–টাই। ৫ ˌ**~ ˈlegged** *adj* বক্রপদ; ধনুকের মতো বাঁকা পা ওয়ালা। ˌ**~ ˈlegs** *n* এ ধরনের পা। ˌ**~ ˈstring** *n* ধনুকের ছিলা, গুণ বা জ্যা। ˈ**~-man** *n (pl* -men) ধানুকী; তীরন্দাজ। □*vt* ছড় দিয়ে বাদ্যযন্ত্র বাজানো। **~·ing** *n* এ ধরনের বাদন।

bow[2] [বাঙ] *vi,vt* ১ অভিবাদন করতে, শ্রদ্ধা বা বশ্যতা প্রকাশ করতে দেহ ও মাথা নোয়ানো। **~ sb in** (আগত অতিথিকে) মাথা নুইয়ে অভ্যর্থনা করা। **~ sb out** মাথা নুইয়ে অভিবাদন করে বিদায় দেওয়া। **~ oneself out** (লাক্ষ.) সংযোগ ছিন্ন করা; বিযুক্ত হওয়া: I'm bowing myself out of the plan, it seems too risky. **~ to sb's opinion** কারো মতের কাছে নতি স্বীকার করা বা তা মেনে নেওয়া। **have a ~ing acquaintance with** (কারো সাথে) স্বল্প পরিচয় থাকা। ২ (সাধা. passive) বাঁকা হওয়া; নোয়ানো। □*n* মাথা বা শরীর নোয়ানোর কাজ।

bow[3] [বাও] *n* ১ জাহাজের অগ্রভাগ যেখান থেকে বাঁকা হতে শুরু করে। ২ (দাঁড়টানা নৌকায়) সম্মুখভাগের নিকটবর্তী দাঁড়ি।

bowd·ler·ize [ˈবাউড্‌লা রাইজ্] *vt* কোনো পুস্তক বা রচনা থেকে অশোভন বা অশালীন কোনো কিছু বাদ দেওয়া যা কমবয়সী পাঠকদের অনুপযুক্ত হতে পারে।

bowel [ˈবাঊআল্] *n* ১ দেহভ্যন্তরস্থ যে কোনো অংশ। ২ *(pl)* নাড়িভুঁড়ি; অন্ত্র। ৩ *(pl)* কোনো বস্তুর অভ্যন্তরভাগ: the ~s of the earth.

bower [ˈবাঊআ(র্) ১ কুঞ্জ, নিকুঞ্জ; বৃক্ষ বা লতাপাতা আচ্ছাদিত ছায়াঘেরা স্থান। ২ গ্রাম্য কুটির; আবাস বা অন্তর্গৃহ (দ্র. boudoir)। ৩ উদ্যান মধ্যস্থিত গ্রীষ্মকালীন আবাস। **~y** *adj* কুঞ্জময়; ছায়াঘেরা। **~·bird** অস্ট্রেলীয় এক প্রকার পাখি যারা পালক, শক্ত আবরণ ইত্যাদি দিয়ে বাসা তৈরি করে।

bowl[1] [বৌল্] *n* ১ গোলাকার গর্তওয়ালা বাটি বা বোল; বাটিতে ধারণকৃত দ্রব্য: They have eaten five ~s of rice. (যৌগশব্দ) ˈsalad-~; ˈsugar-~. ২ বোল সদৃশ বা আকৃতির কোনো বস্তু: the ~ of a tobacco pipe.

bowl[2] [বৌল] *n* ১ কাঠের ভারী বলবিশেষ। ২ *(pl)* এ ধরনের বলের খেলা যা বিশেষভাবে নির্মিত গতিপথে গড়িয়ে দেওয়া হয় এবং তা একটি বিশেষ সংখ্যার গুটির কয়টিকে একসাথে আঘাত করতে পারে তা গণনা করা হয়। ৩ (বিশেষত US) সঙ্গীতানুষ্ঠানের জন্য ক্রমোন্নত আসনবিশিষ্ট ডিম্বাকার উন্মুক্ত রঙ্গমঞ্চ।

bowl[3] [বৌল্] *vi,vt* বৌল খেলায় কাঠের বল নিক্ষেপ করা। ˈ**~·ing-green** বৌল খেলার জন্য মসৃণ তৃণাবৃত ভূমি। ˈ**~·ing alley** এ ধরনের খেলায় ব্যবহৃত কাঠের গতিপথ। ২ ক্রিকেট খেলার ব্যাটসম্যানের দিকে বল ছুঁড়ে দেওয়া। **~ (out)** এভাবে বল ছুঁড়ে উইকেটে বল লাগিয়ে ব্যাটস্‌ম্যানকে আউট করা: The batsman was ~ed out. ৩ **~ along** চাকাওয়ালা গাড়িতে দ্রুত ও মসৃণভাবে গমন করা। ৪ **~ sb over** পরাভূত বা পর্যুদস্ত করা।

bowler[1] [বৌলা(র্)] *n* ১ বৌল খেলার খেলোয়াড়। ২ ক্রিকেট খেলায় ব্যাটসম্যানের প্রতি যে বল নিক্ষেপ করে।

bowler[2] বৌলা(র্)] *n* (অপিচ ˌ**~ ˈhat**) সাধা. কালো রঙের শক্ত গোল টুপি।

bow·line [ˈবৌলিন্] *n* ১ নৌকা বা জাহাজের অগ্রভাগের সাথে পালের প্রান্ত পর্যন্ত বাঁধা দড়ি। ২ ˈ**~ knot** দড়ির সহজ ও দৃঢ় গিঁট যা সাধারণত মাঝি–মাল্লারা ব্যবহার করে।

bow·man [ˈবৌমান] *n (pl* -men) ধনুর্ধর; তীরন্দাজ।

bow·sprit [ˈবৌস্প্রিট্] *n* পালের দড়ি বাঁধার জন্য নৌকা বা জাহাজের অগ্রভাগে অবস্থিত খুঁটি বা দণ্ডবিশেষ।

bow window [বৌ উইনডৌ] *n* ঘর থেকে বাইরের দিকে বাঁকানো জানালা।

bow-wow [বৌˈঔ] *n,nt* কুকুরের ডাক; ভেউ ভেউ; শিশুদের ভাষায় কুকুর।

box[1] [বক্স্] *n* ১ বাক্স; পেটিকা; পেটি: a ~ of matches; letter-~. ২ বাক্সের অভ্যন্তরস্থ বস্তু। ৩ (নাট্যশালা ইত্যাদিতে) কিছু সংখ্যক লোকের বসার জন্য আসনসজ্জিত ঘেরা কক্ষ; বিচারালয়ে সাক্ষীদের সাক্ষ্যদানের কাঠগড়া। ৪ ছোট কুটির বা (কাঠের) আশ্রয়ঘর; পাহারাদারের ঘর; রেলের সিগন্যাল–ম্যানের ঘুমটি ঘর। ৫ ঘোড়ার গাড়িতে চালকের আসন। **~·ful** *n* বাক্সে ধরে এমন পরিমাণ। **~-ˈcamera** সাধারণ বাক্স আকৃতির ক্যামেরা। **~ˈcar**(US), **a ~-wagon** চারদিক ঢাকা রেলগাড়ির মালবাহী কামরা। ˈ**~-kite** হালকা পদার্থ দিয়ে বাক্সের আকারে তৈরি ঘুড়ি। ˈ**~-number** *n* সংবাদপত্রে বিজ্ঞাপনের উত্তর যে নম্বরে পাঠানো চলে। **P.O.Box No** পোস্টঅফিস প্রদত্ত একটি নম্বর যা ব্যবহার করলে প্রাপকের সকল চিঠি একটি বিশেষ বাক্সে জমা হয়। ˈ**~-office** *n* নাট্যশালা ইত্যাদিতে টিকেট কেনার ঘর: The play is a ~-office hit (ভালো ব্যবসা করছে, দেখার জন্য লোকের ভিড় হচ্ছে)। **the ~** *n* টেলিভিশন সেট; টেলিভিশন।

box[2] [বক্স্] *vt,vi* মুষ্টিযুদ্ধ করা (বিশেষত খেলা হিসাবে); ঘুষি মারা। **~ sb's ears** খালি হাতে কানে চাপড় মারা। **~ in** বাক্সে বা স্বল্প পরিসরে আবদ্ধ করা। **~ off** আবদ্ধ করে আলাদা করা। **~ up** চুপ করে থাকা। ˈ**~ing-glove** *n* মুষ্টিযুদ্ধ খেলায় ব্যবহৃত বিশেষ ধরনের দস্তানা। ˈ**~ing match** দুইজন খেলোয়াড়ের মুষ্টিযুদ্ধ প্রতিযোগিতা। ˈ**~er** [বক্স(র্)] *n* ১ মুষ্টিযোদ্ধা। ২ বুলডগ জাতীয় এক প্রকার কুকুর। **~·ing** *n* [U] মুষ্টিযুদ্ধ খেলা বা প্রতিযোগিতা।

box[3] [বক্স্] *n* [U] চিরসবুজ গাছবিশেষ। ˈ**~·wood** উক্ত গাছের কাঠ।

boy [বয়্] *n* ১ বালক; ছোকরা; ছেলে। ২ ছেলে; পুত্র (কথ্য, যে কোনো বয়সের)। ৩ ছোকরা ভৃত্য; ভৃত্য, পরিচারক। ৪ (অনানুষ্ঠা. US) কোনো নির্দিষ্ট স্থানের যে কোনো বয়সের পুরুষ লোক: He is a local ~. ৫ (তুচ্ছ.) ভিন্ন জাতি বা বর্ণের ভৃত্য (সম্বোধনে) Come here ~ ! ৬ বয়কনিষ্ঠকে স্নেহসম্ভাষণ (বৎস, বাছা): Thank you my ~ ! □*int* (US অপ.) উৎসাহ, বিস্ময় বা স্বস্তি প্রকাশ করতে: Oh ~ ! **~·hood** [- হুড্] *n* [U] বাল্যকাল; ছেলেবেলা। ˈ**~·ish** *adj* বালকসুলভ; বালকের ন্যায়। ˈ**~·friend** *n* বালিকা বা যুবতী মেয়েদের ছেলে বা পুরুষ বন্ধু। ˈ**~·scout,** দ্র. scout.

boy·cott [ˈবয়কট্] *vt* বর্জন করা; একঘরে করা; (কোনো ব্যক্তি, গোষ্ঠী বা দেশের সাথে) সকল সামাজিক ও অর্থনৈতিক সম্পর্ক ছিন্ন করা। □*n* এ ধরনের কাজ বা প্রথা।

bra [ব্রা] *n* (কথ্য brassier শব্দের সংক্ষিপ্ত রূপ) স্ত্রীলোকের বক্ষবন্ধনী; স্তনযুগল আবৃত করার অন্তর্বাস; কাঁচুলি। **~·less** *adj*

brace[1] [ব্রেইস্] *n* ১ একাধিক বস্তুকে দৃঢ়ভাবে আবদ্ধ বা একসাথে টেনে রাখার জন্য উপকরণ। ২ ছিদ্র করার জন্য ছুতার বা কাঠমিস্ত্রির এক প্রকার বাঁকা যন্ত্র; তুরপুন ঘুরানোর যন্ত্র। ৩ (*pl* অপরিবর্তিত) যুগল বা জোড়া। ৪ (*pl*) (US = suspenders) শরীরের সাথে পাজামা বা প্যান্ট আটকে রাখার জন্য ঘাড়ের উপর গলানো সংযুক্ত ফিতাবিশেষ (গেলিস্)। ৫ (সাধা. *pl*) অসমতল দাঁতের সারি সোজা করার জন্য দাঁতের সাথে বাঁধা তার ও পাতের সমাহার। ৬ (মুদ্রণ) দ্র. bracket (২) . ৭ বাহুর বর্ম।

brace[2] [ব্রেইস] *vt,vi* ১ শক্ত বা দৃঢ় করা। ২ অবলম্বন প্রদান করা। ৩ স্বাস্থ্য বা শক্তি দান করা; চাঙ্গা করা: A cup of tea will ~ you up. □*adj* বলদায়ক; স্বাস্থ্যকর; চাঙ্গা করে এমন: ~ing climate. **~er** *n* ১ তীরনিক্ষেপ বা তলোয়ার খেলায় ব্যবহৃত মণিবন্ধের পুরু পটিবিশেষ। ২ চাঙ্গাকারী পানীয়।

brace·let [ব্রেইস্লিট্] *n* ১ বলয়, বালা বা চুড়ি। ২ (কথ্য) হাতকড়া।

bracken [ব্র্যাকন্] *n* [U] এক প্রকার ফার্ন গাছ।

bracket [ব্র্যাকিট্] *n* ১ তাক বা কার্নিশের জন্য কাঠ; ধাতব দ্রব্যের অবলম্বন; দেয়ালে বিজলি বাতি লাগানোর অবলম্বন। ২ (মুদ্রণ) বিভিন্ন প্রকার বন্ধনী: ( ) round ~s, [] square ~s, { } braces. ৩ শ্রেণীভুক্তি; দলভুক্তি: age ~s. □*vt* একত্রে স্থাপন করা; সমশ্রেণীভুক্ত করা।

brackish [ব্র্যাকিশ্] *adj* (পানি সম্পর্কে) ঈষৎ লোনা।

bract [ব্র্যাক্ট্] *n* [C] (উদ্ভিদ) মঞ্জরিপত্র।

brad [ব্র্যাড্] *n* খুব ছোট মাথাবিশিষ্ট অথবা মাথাবিহীন সরু চ্যাপটা পেরেক।

brad·awl [ব্র্যাডোল্] *n* ছিদ্র করার জন্য সুচালো মাথাওয়ালা ছোট যন্ত্রবিশেষ।

brag [ব্র্যাগ্] *vi* (-gg-) গর্ব করা; বড়াই করা; অহঙ্কার করা। □*n* ১ গর্ব; দাম্ভিকতা। ২ বড়াই; দম্ভপূর্ণ কথা।

brag·gart [ব্র্যাগট্] *n* বড়াইকারী; হামবড়া বা দাম্ভিক লোক।

Brah·min [ব্রামিন্] *n* (হিন্দু সমাজে) বর্ণশ্রেষ্ঠ; যাজক শ্রেণী; ব্রাহ্মণ; বামুন।

braid[1] [ব্রেইড্] *n* ১ [C] বিনুনি। ২ [U] রেশমি সুতা বা জরিতে বোনা কাপড়ের পাড়।

braid[2] [ব্রেইড্] *vt,vi* ১ বিনুনি করা; ফিতা দিয়ে চুল বাঁধা। ২ কাপড়ের পাড় রেশমি সুতা বা জরি দিয়ে বোনা।

braille [ব্রেইল] *n* [U] উঁচু ফুটকিওয়ালা লিখন/ মুদ্রণপ্রণালী যা স্পর্শ করে অন্ধ লোকেরা পড়তে পারে।

brain [ব্রেইন্] *n* ১ (*sing*) মাথার ঘিলু বা মগজ; স্নায়ুকেন্দ্র। ২ (কথ্য, সাধা. *pl*) **(ক)** মাথা; মস্তিষ্ক; **(খ)** চিন্তা করার ক্ষমতা: He has got ~s. **blow one's ~s out** মাথা ফাটিয়ে ঘিলু বের করে দেওয়া; গুলি করা। ৩ (*pl*) খাদ্য হিসাবে গৃহীত জীবজন্তুর মাথার মগজ। ৪ (কথ্য, সাধা. *sing*) ধীশক্তি; বুদ্ধিমত্তা: Use your ~s. **beat / rack one's ~(s) (about sth)** (কোনো বিষয় সম্পর্কে) গভীরভাবে চিন্তা করা। **have sth on the ~** কোনো কিছু সম্পর্কে সর্বক্ষণ চিন্তা করা। **tax one's ~** কোনো জটিল বিষয় নিয়ে মাথা ঘামানো। ৫ [C] বুদ্ধিমান বা মেধাবী ব্যক্তি। ৬ (যৌগশব্দ) ˈ**~-child** *n* কারো মস্তিষ্কপ্রসূত পরিকল্পনা বা উদ্ভাবন। ˈ**~ drain** *n* মগজ-চালান; উন্নততর জীবিকার সন্ধানে প্রযুক্তিবিদ্যা, বিজ্ঞান প্রভৃতি বিষয়ে সুশিক্ষিত ব্যক্তিগণের বিদেশ গমন। ˈ**~-fag** *n* (কথ্য) মানসিক ক্লান্তি বা অবসাদ। ˈ**~ fever** *n* মস্তিষ্কের প্রদাহ। ˈ**~-pan** *n* মাথার খুলি। ˈ**~-storm** *n* মানসিক বিভ্রান্তি/ ঝড়। □*vi* কোনো সমস্যার সমাধানকল্পে কিছু ব্যক্তি একত্রিত হয়ে বিবিধ উপায় সম্পর্কে চিন্তাভাবনা করা ˈ**~-storming** এ ধরনের চিন্তাভাবনা। ˈ**~-teaser** *n* কঠিন ধাঁধা বা সমস্যা। ˈ**~-wash** *v* মগজ ধোলাই ক্রমাগত চাপের মাধ্যমে কারো পূর্বমত বা ধারণার পরিবর্তন ˈ**~-washing** *n* এ ধরনের কাজ। ˈ**~-wave** *n* (কথ্য) সহসা লব্ধ বুদ্ধি; আকস্মিক প্রেরণা। ˈ**~ work** *n* মানসিক পরিশ্রম; বুদ্ধির কাজ। □*vt* মাথায় আঘাত করে হত্যা করা **~·less** *adj* বোকা; বুদ্ধিহীন; মগজশূন্য; নির্বোধ। **~y** *adj* (-ier, -iest) বুদ্ধিমান; ধীশক্তিসম্পন্ন; উদ্ভাবনশীল।

braise [ব্রেইজ্] *vt* চাপা বা ঢাকা দিয়ে মাংস বা কোনো কিছু রাঁধা।

brake[1] [ব্রেইক] *n* ১ গাড়ি বা সাইকেলের চাকায় গতিরোধক যন্ত্রবিশেষ। **act as a ~ upon** কোনো কাজ স্থগিত বা বাধাগ্রস্ত করা। ২ পাট বা শণ আঁচড় দেওয়ার জন্য দাঁতওয়ালা যন্ত্রবিশেষ। ৩ জমি চাষে ব্যবহৃত মই। □*vt,vi* গাড়ি থামানোর জন্য ব্রেক করা বা কষা। **~-man** *n* (*pl* -men) যে ব্যক্তি রেলগাড়ির ব্রেক কষে (US = guard). **~-van** *n* রেলগাড়ির যে কামরায় ব্রেক থাকে।

brake[2] [ব্রেইক] *n* ঝোপময় স্থান।

bramble [ব্রাম্বল্] *n* কাঁটা গাছের ঝোপ।

bran [ব্র্যান্] *n* [U] ১ তুষ বা ভুসি। ২ (লাক্ষ.) কোনো কিছুর অসার অংশ।

branch [ব্রান্চ্ US ব্র্যান্চ্] *n* ১ তরুশাখা; বৃক্ষশাখা; গাছের ডাল; প্রশাখা। ২ (প্রায়শ *adj*) মূল অংশ থেকে বের হওয়া শাখা নদী, সড়ক, রেললাইন বা পর্বতশ্রেণী। ৩ (অপিচ *adj*) জ্ঞান-বিজ্ঞান, প্রতিষ্ঠান বা কোনো পরিবারের শাখা, বিভাগ বা অঙ্গ। □*vt,vi* শাখায় বিভক্ত করা/ হওয়া। **~ off** (গাড়ি, সড়ক বা রেল সম্পর্কে) মূল রাস্তা ছেড়ে প্রশাখায় যাওয়া: Follow the road until it ~es off to the right. **~ out** (ব্যক্তি, বাণিজ্যিক প্রতিষ্ঠান ইত্যাদি সম্পর্কে) শাখা বিস্তার করা; নূতন দিকে কর্মক্ষেত্র প্রসারিত করা, কোনো প্রতিষ্ঠানের নূতন বিভাগ খোলা। **~y** *adj* শাখাবহুল।

brand [ব্র্যান্ড্] *n* ১ পণ্যদ্রব্য প্রস্তুতকারী ব্যবসাপ্রতিষ্ঠানের চিহ্ন; এ ধরনের চিহ্নযুক্ত বিশেষ ধরনের পণ্য। ˈ**~ name** *n* এ ধরনের পণ্য যে চিহ্ন বা নামে পরিচিত। ˌ**~-ˈnew** *adj* সম্পূর্ণ নতুন; আনকোরা। ২ জ্বলন্ত বা অর্ধদগ্ধ কাঠ। **a ~ from the burning** পাপকর্ম থেকে উদ্ধারকৃত ব্যক্তি। ৩ ˈ**~·ing-iron** উত্তপ্ত করে দাগ বা ছেঁকা দেওয়ার জন্য লোহার যন্ত্র; উত্তপ্ত লোহার দাগ; কলঙ্ক চিহ্ন। ৪ (কাব্যিক) কাঠের মশাল; তরবারি। □*vt* ১ উত্তপ্ত লোহার সাহায্যে বা অন্য কোনোভাবে পশু বা দ্রব্যাদি চিহ্নিত করা। ২ (লাক্ষ.) স্মৃতিপটে অঙ্কিত করা। ৩ কলঙ্কচিহ্ন আরোপ করা; (লাক্ষ.) অপবাদ দেওয়া। **~ed** *adj* কলঙ্কচিহ্নিত; দাগি।

bran·dish [ব্র্যানডিশ্] *vt* কোনো কিছু বিশেষত অস্ত্র আন্দোলিত করা, ভাঁজা বা ঘোরানো: ~ a sword.

bran·dy [ব্র্যানডি] *n* ১ [C] এক প্রকার কড়া মদ। ২ এক পাত্র এ ধরনের মদ। ˈ**~-ball** *n* এক প্রকার মিঠাই। ˈ**~-snap** ব্র্যান্ডির গন্ধযুক্ত আদা মেশানো এক প্রকার মচমচে বিস্কুট।

brash [ব্র্যাশ্] *adj* (কথ্য) ১ দুর্বিনীত; ধৃষ্ট; উদ্ধত। ২ হঠকারী। ৩ বেপরোয়া।

brass [ব্রাস্ US ব্র্যাস্] *n* ১ [U] পিতল, তামা ও দস্তার সংমিশ্রণে প্রস্তুত ধাতু: ~ buttons. **~ ˈtacks** আসল ব্যাপার। ˈ**get down to ~ tacks** আসল কথায় আসা। ˌ**~ ˈband** পিতলনির্মিত বাদ্যযন্ত্র ব্যবহারকারী বাদক সম্প্রদায়। ˌ**~ ˈhat** (সাম., অপ.) উচ্চপদস্থ সামরিক কর্মচারী। ˌ**~ ˈplate** গৃহের দরজা, দোকান প্রভৃতি স্থানে

নামধাম খচিত পিতলের আয়তাকার পাত। **top ~** (কথ্য. collective) উচ্চপদস্থ কর্মচারীবৃন্দ। ২ [U] (এবং *pl)* পিতলের দ্রব্যাদি; পাত্রাদি। ৩ **the ~,** দ্র. ~ band. ৪ [U] (GB অপ.) টাকাপয়সা। ৫ [U] (অপ.) লজ্জাহীনতা। **~y** *adj* (-ier, -iest) ১ পিতলের মতো। ২ নির্লজ্জ, বেহায়া।

bras·sard [ব্র্যাসাড়] *n* বাহুবন্ধ; পোশাকের হাতায় পরিধেয় ব্যাজ।

brass·erie [ব্র্যাসারি] *n* যে উদ্যান বা রেস্তোরাঁয় বিয়ার, অন্য পানীয় ও খাদ্যদ্রব্য পরিবেশন করা হয়।

brass·iere [ব্র্যাসিঅ(র্)] US ব্রা ˈজিঅ(র্)] *n* স্ত্রীলোকের বক্ষবন্ধনী বা কাঁচুলি। দ্র. bra.

brat [ব্র্যাট্] *n* (তুচ্ছ.) ছোকড়া; ছোড়া।

bra·vado [ব্রˈভাডৌ] *n* ১ [U] বাহাদুরি বা দুঃসাহসিকতা। ২ [C] (*pl* ~es, ~s) এ ধরনের কাজ।

brave [ব্রেইভ্] *adj* (-r, -st) ১ সাহসী; নির্ভীক: a ~ deed. ২ (পুরা.) চমৎকার: a ~ new world. □*n* (কাব্যিক) আমেরিকান ইন্ডিয়ান যোদ্ধা। □*vt* নির্ভীকভাবে (বিপদ, বেদনা বা দুঃখ) মোকাবেলা করা। **~ it out** সাহসের সাথে সম্মুখীন হওয়া বা মোকাবেলা করা। **~·ly** *adv*

bra·very [ব্রেইভ়রি] *n* [U] ১ সাহস; সাহসিকতা; নির্ভীকতা। ২ (পুরা.) সুদৃশ্য পোশাক বা সাজসজ্জা।

bravo [ব্রাˈভৌ] *int* (উৎসাহ প্রদান করতে) শাবাশ! চমৎকার! Well done! Excellent! □*n* দুঃসাহসিক দুর্বৃত্ত; ভাড়া করা খুনে।

brawl [ব্রল্] *n* তুমুল ঝগড়া বা যুদ্ধ (প্রায়শ প্রকাশ্য স্থানে)। □*vi* এ ধরনের ঝগড়ায় আংশ গ্রহণ করা; (নদী বা ঝরনা সম্পর্কে) কলধ্বনি করা। **~·ing** *adj* কলহপ্রিয়; সশব্দে বয়ে চলে এমন।

brawn [ব্রন্] *n* [U] ১ মাংসপেশি (বিশেষত বাহু বা পায়ের ডিমার); শক্তি; বল। ২ (US নয়) জারিত শূকরের মাংস। **~y** *adj* (-ier,-iest) মাংসল; পেশল; মাংসপেশিবহুল; বলবান: ~ arms.

bray [ব্রেই *n* গাধার ডাক; বিকট বা কর্কশ শব্দ। □*vt* গাধার ন্যায় শব্দ করা; বিকট বা কর্কশ শব্দ করা।

braze [ব্রেজ্] *vt* পিতল ও দস্তার সংমিশ্রণে ঝালাই করা।

brazen [ˈব্রেইজ্ন্] *adj* ১ পিতল নির্মিত; পিতলের ন্যায়: a ~ voice, কর্কশ আওয়াজ। ২ ˈ**~-faced** নির্লজ্জ; উদ্ধত □*vt* **~ it out** অপকর্ম করেও বেহায়ার মতো আচরণ করা।

braz·ier [ব্রেইজ়িঅ(র্)] *n* ১ জ্বলন্ত অঙ্গার বা কয়লা রাখার জন্য ঝুড়িসদৃশ পা-ওয়ালা বহনযোগ্য ধাতব পাত্র বিশেষ। ২ কাঁসারি; পিতলের কারিগর।

breach [ব্রীচ্] *n* ১ হানি; চ্যুতি; লঙ্ঘন; ব্যত্যয়; ভঙ্গ: ~ of contact, চুক্তিভঙ্গ; ~ of discipline, শৃঙ্খলাভঙ্গ; ~ of faith, বিশ্বাসভঙ্গ; ~ of the peace, শান্তিভঙ্গ; দাঙ্গাহাঙ্গামা; ~ of promise, প্রতিশ্রুতি ভঙ্গ; ~ of security, নিরাপত্তা ভেদ। ২ ফাটল; ফাঁক (বিশেষত শত্রুর আক্রমণ বা গোলাবর্ষণের ফলে প্রতিরক্ষা প্রাচীরে)। **stand in the ~** আক্রমণের প্রবল ধাক্কা মোকাবেলা করা। **throw / fling oneself into the ~** বিপদের সম্মুখীন লোকদের সাহায্য করতে এগিয়ে আসা।

bread [ব্রেড্] *n* [U] ১ রুটি; পাউরুটি: a loaf of ~. ২ খাদ্য; খাদ্যদ্রব্য। ৩ জীবিকা। ৪(অপ.) অর্থ; টাকাপয়সা। **~ and butter** (ক) মাখন মাখানো রুটির টুকরা *(sing)*: B~ and butter is my favourite breakfast. (খ) মাখন ও রুটি আলাদা দ্রব্য হিসাবে *(pl):* He bought some bread and butter. (গ) জীবিকা। **One's daily ~** কারো জীবনধারণের উপায়। **earn one's ~** জীবিকা অর্জন করা। **know which side of one's ~ is buttered** নিজ স্বার্থ সম্পর্কে সচেতন থাকা। **take the ~ out of sb's mouth** রুজি মারা; কারো রোজগারের পথ রুদ্ধ করা; পেটে লাথি মারা। ˈ**~-crumb** *n* [C] পাউরুটির ভিতরের অংশের ক্ষুদ্র কণা। ˈ**~·fruit** এক প্রকার পলিনেশীয় বৃক্ষের ফল যা উত্তপ্ত করলে রুটির মতো হয়। ˈ**~·line** খয়রাতি খাদ্যদ্রব্য লাভের জন্য গরিব লোকজনদের লাইন। **on the ~·line** (লাক্ষ.) অত্যন্ত গরিব ব্যক্তি যারা পর্যাপ্ত খাদ্যের সংস্থান করতে পারে না এবং কোনো প্রকারে বেঁচে আছে। ˈ**~·stuffs** *n pl* শস্য; আটা বা ময়দা ˈ**~·win·ner** পরিবারের সেই সদস্য যার উপার্জনে সংসার চলে।

breadth [ব্রেড্থ্] *n* [U] ১ প্রস্থ; প্রসার; চওড়াই; পরিসর; প্রশস্ততা। ২ উদারতা; ঔদার্য। ˈ**~·ways,** ˈ**~·wise** *adv* আড়াআড়িভাবে।

break[1] [ব্রেইক্] *vt,vi (pt* broke [ব্রৌক্] *pp* broken [ব্রৌকান্]) ১ ভেঙে ফেলা; ভেঙে যাওয়া: ~ a window; ~ one's leg. ২ আলাদা; বিচ্ছিন্ন বা বিযুক্ত করা বা হওয়া: to ~ a branch of a tree. The hand ~s off easily. ৩ বিনষ্ট করা বা হওয়া; ব্যবহারের অনুপযোগী করা বা হওয়া: He broke his watch. The machine is broken. ৪ জোর করে খোলা; বলপূর্বক নিজেকে ছাড়ানো বা মুক্ত করা: The prisoner broke free. ৫ বিদীর্ণ করা বা হওয়া: to ~ the skin/ soil. ৬ অমান্য করা; আইন, শর্ত ইত্যাদি ভঙ্গ বা লঙ্ঘন করা: to ~ the law; to ~ a promise. ৭ বশ করা: to ~ a horse/ a child's spirit. ৮ অতিক্রম করা: to ~ a record in sports. ৯ সর্বস্বান্ত করা: I'll ~ you if you do that again. ১০ কার্যকরী শক্তি ধ্বংস করা: We broke the enemy at the battle. ১১ জ্ঞাত করা; জানানো; বিদিত করা: We have to ~ the bad news to him slowly. ১২ শেষ করা; সমাপ্ত করা: She broke the silence by starting to speak. ১৩ স্থগিত করা বা থামা: to ~ a journey. ১৪ আরম্ভ হওয়া: the day broke; the storm broke. ১৫ অবনতি হওয়া; মনোবল ভেঙে পড়া: His health broke. He may break under interrogation. ১৬ পরিবর্তিত হওয়া: His voice broke as he approached manhood. Her voice broke with emotion. ১৭ গোপন বিষয় অবগত হওয়া: We broke the code. ১৮ আছড়িয়ে পড়া: The waves broke on the shores of the sea. ১৯ (phrases) **~ the back of** কোনো কাজের প্রধান বা সবচেয়ে দুরূহ অংশ শেষ করা: It took us the whole morning to ~ the back of the job. **~ the bank** তাস বা জুয়া খেলায় সমুদয় অর্থ জেতা। **~ the bounds** অধিকারের সীমা লঙ্ঘন করা; বিধিসঙ্গত ক্ষমতার বাইরে যাওয়া। ˈ**~ camp** তাঁবু গুটানো; যে যায়গায় ক্যাম্প করা হয়েছিল তল্পিতল্পাসহ সে স্থান ত্যাগ করা। **~ cover** (জীবজন্তু সম্পর্কে) লুকানো বা আত্মগোপন করার স্থান থেকে বেরিয়ে আসা। **~ even** লাভ বা ক্ষতি কোনোটিই না করে ব্যবসা করা। **~ the ice** প্রথম লজ্জার ভাব বা মৌনভাব কাটিয়ে ওঠা। **~ loose** বলপূর্বক নিজেকে মুক্ত করা বা ছাড়ানো। **~ new/ fresh grounds** নানা প্রকার আবিষ্কার করা: Scientists are ~ing new grounds every day. **~ sth open** জোর করে ভেঙে ফেলা: The police broke open the door. **~ one's mind** নিজের কথা অপরকে জানানো। **~ one's neck** বিপদজনক বা বোকামির কাজ করে নিহত হওয়া। **~ someone's**

heart কারো মনে দুঃখ দেওয়া বা অন্তরে আঘাত করা। ~ **short** নির্ধারিত সময়ের পূর্বেই হঠাৎ করে কোনো কাজ শেষ করা: He broke short his visit and came back home. ~ **step** অনিয়মিত পদবিক্ষেপ করা; একই তালে পা না ফেলা। ~ **wind** (সুভা.) বায়ু নিঃসরণ করা। ~ **one's fall** পতনের গতি দুর্বল করা। ২০ *(adv, parts* ও *preps* সহ বিশেষ ব্যবহার) ~ **away (from)** দলত্যাগ করা; হঠাৎ পালিয়ে যাওয়া; আচার বা আচরণ পরিবর্তন করা: The peasants broke away from the party. The thief broke away from the police. Can't you break away from this habit? ~ **down (ক)** ভেঙে পড়া: Talks with rebels have broken down. **(খ)** (যন্ত্রপাতি সম্পর্কে) খারাপ বা অচল হয়ে পড়া: The car has broken down. **(গ)** শারীরিক বা মানসিকভাবে দুর্বল হয়ে পড়া: His health broke down because of hard work. **(ঘ)** ভাবাবেগে অভিভূত হওয়া: John broke down and wept when his father died. ~ **sth down (ক)** বলপূর্বক ভেঙে ফেলা। **(খ)** বলপ্রয়োগে দমন করা: The army broke all resistance. **(গ)** ভাগ করা; বিভাজন করা: ~ down expenditure. **(ঘ)** কোনো যৌগিক পদার্থের উপাদান বিচ্ছিন্ন করা বা ভাঙা; Chemicals in our body ~ down the food we eat. ~ ˈ**down** *n* **(ক)** (যন্ত্রপাতির) বিকলতা: There was a ~ down in the machinery; ~ down in communication. **(খ)** মানসিক বৈকল্য: He had a nervous ~ down. **(গ)** হিসাব: a ~ down of expenses. ~ **forth** (লাক্ষ.) (ক্রোধ বা ঘৃণায়) ফেটে পড়া। ~ **in** বলপূর্বক প্রবেশ করা: Burglars broke into the house. ~-**in** *n.* ~**in (up)on** বাধা প্রদান করা: ~in (up)on a discussion. ~ **into (ক)** বলপূর্বক প্রবেশ করা। **(খ)** উচ্চ হাসি বা কান্নায় ভেঙে পড়া; গান জুড়ে দেওয়া। ~ **off (ক)** কথা বলতে বলতে থেমে যাওয়া: He ~ off in the middle of his speech. **(খ)** সাময়িকভাবে থামা; বিরতি গ্রহণ: We will ~ off for tea now. **(গ)** হঠাৎ চলার ছন্দ বা গতি পরিবর্তন করা: ~ into a gallop. ~ **(sth) off (ক)** কোনো কিছুর অংশ আলাদা বা আলগা হয়ে যাওয়া: The blade broke off. **(খ)** সম্পর্কের অবসান ঘটানো: John has broken off with Sally. ~ **out** হঠাৎ ঘটা; প্রাদুর্ভাব হওয়া: Cholera has broken out. ~ **out (of)** পলায়ন করা: Some prisoners have broken out of the jail. ~ **out in (ক)** আচ্ছাদিত হওয়া: His face broke out in a rash. **(খ)** কথা বা আচরণে হঠাৎ উগ্রতা প্রদর্শন করা: She broke out in abuses. ~ **through** বলপূর্বক পথ করে নেওয়া: Students broke through the cordon. ~-**through** *n* **(ক)** (সাম.) ব্যূহ ভেদ (শত্রুপক্ষের)। **(খ)** প্রধান সাফল্য (বিশেষত কোনো বৈজ্ঞানিক গবেষণায়)। ~ **up** ছত্রভঙ্গ করা; শেষ করা; ছুটি হওয়া; বিভিন্ন অংশে ভাগ বা পৃথক হওয়া। ~ **with (ক)** বিবাদ করা; বন্ধুত্ব ভাঙা; সম্পর্ক ছিন্ন করা। **(খ)** অভ্যাস ইত্যাদি পরিত্যাগ করা।

break[2] [ব্রেক্] ১ ফাটল: There is a ~ in the wall. ২ [U] ~ **of day** প্রত্যূষ; দিনের শুরু। ৩ বিরতি: tea ~, an hour's ~. **without a break** বিরামহীনভাবে। ৪ ব্যাঘাত; হানি; বাধা: There has been a ~ in work. ৫ পরিবর্তন: a ~ in the weather / custom. ৬ (ক্রিকেট) মাটিতে পড়ার পর বলের ভিন্ন গতি: a leg ~. ৭ (টেনিস) অপর পক্ষের শুরু করা খেলায় জয়লাভ। ৮ (বিলিয়ার্ড) একাদিক্রমে পয়েন্ট সংগ্রহ। ৯ **give sb a ~** (কথ্য) কাউকে নতুনভাবে কিছু করার বা ভুল সংশোধনের সুযোগ দেওয়া। ১০ (কথ্য) **a bad ~** দুর্ভাগ্য; **a lucky ~** সৌভাগ্য। ১১ (= break-out) পলায়ন বা পলায়নের প্রচেষ্টা (বিশেষত কারাগার থেকে)। **make a ~ for it** পলায়ন করা।

break·able [ব্রেইকাব্‌ল্] *adj* ভঙ্গুর। ~**s** *npl* ভঙ্গুর দ্রব্য।

break·age [ব্রেইকিজ্] *n* ১ [U] ভাঙন। ২ [C] ভাঙা অংশ বা স্থান। ৩ (সাধা. *pl*) ভাঙা জিনিসপত্র; ভাঙার নিমিত্ত ক্ষয়ক্ষতি।

breaker [ব্রেইকা(র্)] *n* ১ ভঙ্গকারী: law ~. ২ সমুদ্রের যে সফেন তরঙ্গ তটের দিকে ধাবিত হবার সময়ে তটের উপর বা পাহাড়ের গায়ে আছড়ে পড়ে।

break·fast [ব্রেক্‌ফাস্ট্] *n* প্রাতরাশ; সকালের নাস্তা। □*vi* have ~.

break·neck [ব্রেইক্‌নেক্] *adj* (সাধা.) **at ~ speed** দুর্ঘটনা ঘটতে পারে এমন বিপজ্জনক গতিতে।

break·water [ব্রেইক্‌ও°টা(র্)] *n* পোতাশ্রয়কে রক্ষা করার উদ্দেশ্যে ঢেউয়ের আঘাত প্রতিহত করার জন্য সমুদ্রে নির্মিত বাঁধ।

bream [ব্রীম্] *n* (*pl* একই) ১ কার্প গোত্রভুক্ত এক শ্রেণীর মিঠা পানির মাছ। ২ একই প্রজাতির লবণাক্ত পানি বা সমুদ্রের মাছ: sea-~.

breast [ব্রেস্ট্] *n* ১ স্তন; দুধ; মাই। ~·**feed** *vi,vt* বুকের দুধ বা স্তন্যদুগ্ধ দিয়ে প্রতিপালন করা। ˈ~·**fed** *adj* (শিশু সম্পর্কে) স্তন্যদুগ্ধ দ্বারা প্রতিপালিত। **infant at the ~** দুগ্ধপোষ্য শিশু। ২ বক্ষ; বক্ষদেশ; পরিধেয় বস্ত্রের যে অংশ বক্ষদেশ আবৃত করে। ˈ~ **pocket** *n* বুক পকেট। ˈ~-**stroke** বুক-সাঁতার; যে সাঁতারে বাহুদ্বয় মাথার সামনে থেকে একই সাথে দেহের দুই দিকে সঞ্চালিত হয়। ˌ~-ˈ**high** *adj* বক্ষঃস্থল পরিমাণ উঁচু। ˌ~-ˈ**deep** *adv* বক্ষঃস্থল পরিমাণ গভীর। ˈ~-**plate** বুকের বর্ম; বক্ষঃস্থল আবৃত করার বর্ম। ˈ~-**bone** বুকের লম্বালম্বি হাড় যার সাথে পাঁজরার হাড় সংযুক্ত থাকে। ˈ~·**work** আত্মরক্ষার জন্য অস্থায়ী ব্যবস্থা হিসাবে বালির বস্তা, মাটি ইত্যাদি দিয়ে নির্মিত নিচু দেয়াল। ৩ (লাক্ষ.) অনুভূতি; চিন্তাভাবনা; হৃদয়; অন্তর; মর্মস্থল; বিবেক। **make a clean ~ of** (অন্যায় বা অপরাধ) স্বীকার করা। □*vt* **present the ~ to** (লাক্ষ.) বুক পেতে দেওয়া; যোঝা; (সাহিত্য.) সাহসের সাথে মোকাবেলা করা। **beat one's ~** বুক চাপড়িয়ে (কপট) বিলাপ করা।

breath [ব্রেথ্] *n* ১ [U] শ্বাসপ্রশ্বাস। ২ [C] দম; শ্বাস। ৩ [U] (সাহিত্য.) জীবন: I will wait for you as long as I have ~. ৪ [C] (সাধা. *sing*) বাতাসের সঞ্চরণ; সামান্য বায়ুপ্রবাহ: There was hardly a ~ of air. ৫ মুহূর্ত; ক্ষণকাল। ৬ (লাক্ষ.) ইঙ্গিত; ইশারা: not a ~ of scandal / suspicion. ৭ (phrases) **bad ~** দুর্গন্ধ নিঃশ্বাস। ˈ~-**taking** (ভয় বা বিস্ময়ে) শ্বাসরোধ করে এমন; উত্তেজনাপূর্ণ: a ~ taking adventure. **catch/ hold one's ~** ভয় বা উত্তেজনার কারণে ক্ষণকালের জন্য শ্বাসরুদ্ধ করা। **get one's ~ (again / back)** দম ফিরে পাওয়া; শ্বাসপ্রশ্বাসের স্বাভাবিক অবস্থা ফিরে পাওয়া। **in the same ~** যুগপৎ; একই সময়ে: **in one ~** এক নিঃশ্বাসে; পরপর; দ্রুত। **lose one's ~** (দৌড়ানো, শক্ত পরিশ্রমের কাজ ইত্যাদি করার ফলে) হাঁপিয়ে পড়া; দম হারানো; শ্বাস নিতে কষ্ট হওয়া। **out of ~** তাড়াতাড়ি নিঃশ্বাস নিতে অসমর্থ এমন; হাঁপাচ্ছে এমন। **speak/ say sth below/ under one's ~**

নিম্নস্বরে বা চাপা গলায় কিছু বলা। **waste one's ~** বৃথা বাক্যব্যয় করা। **take ~** দম নেওয়া। **take one's ~ away** বিস্ময়ে রুদ্ধশ্বাস করা। **the ~ of life** অতি প্রয়োজনীয় কোনো কিছু: Love is the ~ of life. **ˈ~-test** *n* নিঃশ্বাসে সুরা বা অ্যালকোহল আছে কিনা তা নির্ণয়ের পরীক্ষা। **~·less** *adj* (ক) শ্বাসপ্রশ্বাসহীন; মৃত। (খ) শ্বাসপ্রশ্বাস নিতে কষ্ট হয় এমন কারণ: a ~less hurry. (গ) উত্তেজনা, ভয়, ইত্যাদি কারণে শ্বাসরুদ্ধ অবস্থা। (ঘ) বাতাস স্তব্ধ হয়ে থাকা: a ~ evening. **~·less·ly** *adv*

breath·a·lyse [ˈব্রেথ্‌আলাইজ্] *vi* (GB) নিঃশ্বাসে সুরা বা অ্যালকোহল আছে কিনা তা নির্ণয় করা। **~r** *n* এ ধরনের নির্ণায়ক যন্ত্র যা সাধা. পুলিশ কর্তৃক মোটরচালকের নিঃশ্বাস পরীক্ষা করার কাজে ব্যবহৃত হয়।

breathe [ব্রীদ্] *vi,vt* ১ শ্বাস নেওয়া বা ফেলা: ~ in / out. ২ জীবিত থাকা: He is still breathing. ৩ নিচু স্বরে বা ফিস ফিস করে কিছু বলা: He ~d a prayer. ৪ বলা: Don't ~ any of this matter. **~ one's last** (সুভা.) শেষ নিঃশ্বাস ত্যাগ। **~ new life into** নবজীবন সঞ্চারিত করা। **~ a sigh of relief** স্বস্তির নিঃশ্বাস ত্যাগ করা। **~ down sb's neck** কারো কার্যকলাপের উপর খুব কাছ থেকে দৃষ্টি রাখা। **~r** *n* ১ স্বল্পকালীন বিরতি বা বিশ্রাম। breathing *n* [U] শ্বাসক্রিয়া। breathing **space** দম নেয়ার ফুরসত; স্বল্প অবকাশ। breathy *adj* (বিশেষত কণ্ঠস্বর সম্পর্কে) নিঃশ্বাসতাড়িত: breathily voice. **breath·ily** *adv* **breathi·ness** *n* [U]

bred [ব্রেড্] breed শব্দের *pt* ও *pp*

breech [ব্রীচ্] *n* রাইফেল বা বন্দুকের নলের পশ্চাদভাগ যেখানে গুলি বা গোলা প্রবিষ্ট করানো হয়। **ˈ~-loader** *n* যে আগ্নেয়াস্ত্রের পশ্চাদভাগে গুলি–গোলা ভরা হয় (সম্মুখ দিক থেকে নয়)। **ˈ~-block** *n* যে ইস্পাতখণ্ড দিয়ে বন্দুকাদির পশ্চাদভাগ বন্ধ করা হয়।

breeches [ব্রিচিজ্] *n pl* ১ **ˈknee-~** কোমর থেকে হাঁটুর নীচ পর্যন্ত পরিধেয় আঁটসাট পাজামা বিশেষ; চোগা। **ˈriding-~** ঘোড়ায় চড়ার জন্য নিতম্ব ও তার মধ্যবর্তী অংশ আবৃত করার পোশাক বিশেষ। ২ (কথ্য) ফুলপ্যান্ট; একত্র সংলগ্ন জামা ও হাঁটু পর্যন্ত ইজার। **wear the ~** (স্ত্রীলোক সম্পর্কে) স্বামীকে বশে রাখা বা তার উপর কর্তৃত্ব করা।

breed [ব্রীড্] *vt,vi* (*pt,pp* bred) ১ উৎপাদন করা: ~ cattle. ২ সন্তান উৎপাদন করা বা প্রসব করা: Pigs ~ quickly. ৩ শিক্ষা দেওয়া; শিক্ষিত করে তোলা; প্রতিপালন বা লালনপালন করা। ৪ কারণ হওয়া; ঘটানো: Violence ~s violence. □*n* [C] সন্তান–সন্ততি; বিশেষ বৈশিষ্ট্যসম্পন্ন জাতি, প্রজাতি বা বংশ: A good ~ of dog. **~er** *n* ১ যে ব্যক্তি বিভিন্ন পশুর লালনপালন ও বংশবৃদ্ধি করে। ২ **~er-reactor** তেজস্ক্রিয় পদার্থের পরিমাণ বৃদ্ধির জন্য ব্যবহৃত যন্ত্রবিশেষ। **~·ing** *n* [U] ১ প্রজনন ক্রিয়া: the ~ing of horses. ২ শিক্ষাদীক্ষার ফলে লব্ধ চালচলন বা আচারব্যবহার: a person of good ~ing. □*adj* ১ **~ing season** প্রজননের বিশেষ সময়, কাল বা ঋতু: the ~ing season of birds. ২ **~ing-ground** সন্তান উৎপাদনের জন্য পশু বা পাখি যে স্থানে গমন করে; (লাক্ষ.) যে মনোভাব বা অবস্থা কোনো অনভিপ্রেত অবস্থার সৃষ্টি করে: Poverty is the ~ing ground for discontent.

breeze[1] [ব্রীজ্] *n* [C,U] ১ মৃদুমন্দ বায়ু। ২ ঘণ্টায় ৪ থেকে ৩১ মাইল বেগে প্রবাহিত বায়ু। ৩ (বিশেষত US অপ.) সহজে করা যায় এমন কাজ। **in a ~** (US অপ.) সহজে: He won the game in a ~ □*vi* (কথ্য) **~ in/out** উদ্দীপনার সাথে, দ্রুত বা অপ্রত্যাশিতভাবে প্রবেশ করা বা বের হয়ে যাওয়া। **~ through** (কথ্য) সহজে পার হয়ে যাওয়া বা অতিক্রম করা: Don't worry, you'll ~ through the examination. **breezy** *adj* ১ (আবহাওয়া সম্পর্কে) মৃদুমন্দ বায়ু প্রবাহিত হচ্ছে এমন: a breezy day. ২ (স্থান সম্পর্কে) বায়ু চলাচল করে এমন: a breezy place. ৩ (ব্যক্তি সম্পর্কে) স্ফূর্তিবাজ; প্রফুল্ল; উৎফুল্ল; a breezy fellow. **breez·ily** *adv*. **breeziness** *n* [U]

breeze[2] [ব্রীজ্] *n* [U] (US নয়) আধপোড়া কয়লা; অঙ্গার। **ˈ~ blocks** *n* সিমেন্ট ও অঙ্গারের মিশ্রণে তৈরি গৃহনির্মাণের সামগ্রীবিশেষ (building block)।

Bren gun [ব্রেন্ গান্] *n* কাঁধে রেখে গুলি ছোড়া যায় এমন হালকা ওজনের মেশিনগান।

breth·ren [ব্রেদ্‌রান্] *n pl* (পুরা.) ভ্রাতৃগণ; ভ্রাতৃবর্গ।

breve [ব্রীভ্] *n* ১ (সঙ্গীত) স্বরলিপির চিহ্নবিশেষ। ২ সম্রাট বা পোপের লিখিত পত্র।

breviary [ব্রীভিঅরি] *n* রোমান ক্যাথলিক পাদ্রিদের ব্যবহৃত দৈনিক প্রার্থনা–পুস্তক।

brevity [ˈব্রেভিটি] *n* সংক্ষিপ্ততা: B~ is the soul of wit, স্বল্পস্থায়িতা।

brew [ব্রু] *vt,vi* ১ শস্যদানা গাঁজিয়ে বিয়ার জাতীয় মদ চোলাই করা বা প্রস্তুত করা। ২ গরম পানিতে চা বা কফি মিশ্রিত করে এই প্রক্রিয়ায় পানীয় প্রস্তুত করা। ৩ (লাক্ষ.) ঘটানো; পাকিয়ে তোলা (বিশেষত খারাপ কিছু): Those boys are ~ing trouble for all of us. ৪ ঘনিয়ে আসা A storm is ~ing. □*n* চোলাইকৃত পদার্থ; এই প্রক্রিয়ায় প্রস্তুত পানীয়। **~er** *n* এরূপ প্রক্রিয়ায় মদ প্রস্তুতকারক; শুঁড়ি। **~·ery** [ব্রুঅরি] *n* (*pl* -ries) ভাঁটিখানা; যে যায়গায় এভাবে মদ চোলাই করা হয়।

briar [ব্রাইআ(র্)] *n* ১ [U] তামাকের পাইপ তৈরির কাজে ব্যবহৃত শক্ত কাঠ যা এক ধরনের কাঁটাগাছ বা ঝোপের শিকড় থেকে উৎপন্ন হয়। ২ [C] এই কাঠ থেকে প্রস্তুত তামাকের পাইপ। ৩ (দ্র. brier) কাঁটাগাছের ঝোপ বিশেষ; বুনো গোলাপ। **~y** *adj* কন্টকময়।

bribe [ব্রাইব্] *n* [C] ঘুষ; উৎকোচ; সাধা. আইন–বহির্ভূত কোনো কাজ করার জন্য বা কোন স্বার্থ সিদ্ধির জন্য কাউকে প্রভাবিত করার উদ্দেশ্যে প্রদত্ত অর্থ বা কোনো কিছু: offer/ give/ take ~s. □*vt* এ ধরনের কাজ করা; ঘুষ দেওয়া; প্রভাবিত বা প্রলোভিত করা: ~ a judge; ~a child to do sth. **~ry** *n* [U] ঘুষ দেওয়া বা নেওয়া। **bri·bable** *adj*

bric-a-brac [ব্রিক্ আ ব্র্যাক্] *n* [U] কৌতূহলোদ্দীপক প্রাচীন সামগ্রী, বিশেষত চীনামাটির বাসনপত্র বা আসবাব; দুর্লভ কিন্তু মূল্যবান নয় এমন সামগ্রী; টুকিটাকি বস্তু।

brick [ব্রিক্] *n* ১ [C,U] ইট। **drop a ~** (কথ্য) অবিবেচকের মতো কোনো কিছু করা বা বলে ফেলা। **ˈ~·bat** *n* ঢিল; পাটকেল; ইটের ছোট টুকরা; (লাক্ষ.) সামালোচনা; কথার আক্রমণ। **ˈ~·dust** *n* সুরকি। **ˈ~-field** *n* ইটখোলা; যেখানে ইট প্রস্তুত হয়। **ˈ~·kiln** *n* ইটের ভাটা। **ˈ~·layer** *n* রাজমিস্ত্রি। **ˈ~·work** *n*·ইট দিয়ে প্রস্তুত; ইটের কাজ। **make ~s without straw** নিষ্ফল প্রচেষ্টা। **Knocking one's head against**

a ~ wall অসম্ভব কোনো কার্য সম্পাদনের ব্যর্থ চেষ্টা করা। ২ শিশুদের খেলনা ঘর তৈরি করার জন্য চতুষ্কোণ কাঠের টুকরা। ৩ ইটের আকৃতির কোনো বস্তু। ৪ (কথ্য) উদার বা মহৎপ্রাণ ব্যক্তি। □*vt* **~ up / in** ইট গেঁথে ফাঁক বন্ধ করা।

bridal [ব্রাইড্‌ল্] *n* বিবাহ; বিবাহের ভোজোৎসব। □*adj* বিবাহ সম্বন্ধীয়; কনে সম্বন্ধীয়: **~ party** কনে ও তার সঙ্গীসাথী; বরযাত্রী।

bride [ব্রাইড্] *n* বিয়ের কনে; নববধূ। **ˈ~·cake** *n* বিয়ের কেক (wedding-cake এর প্রাচীন নাম)।

bride·groom [ˈব্রাইড্ গ্রুম্] বর বা পাত্র; নববিবাহিত পুরুষ।

brides·maid [ˈব্রাইড্‌জ্‌মেইড্] *n* মিতকনে; বিয়ের সময়ে যে বালিকা বা কুমারী কনের প্রধান সহচরীরূপে কনের সাথে থাকে।

brides·man [ব্রাইড্‌জ্ ম্যান] *n* মিতবর; বিয়ের সময়ে যে অবিবাহিত পুরুষ বরের প্রধান সহচররূপে বরের সাথে থাকে।

bridge[1] [ব্রিজ্] *n* ১ সেতু; সাঁকো; পুল। **ˈ~·head** *n* সীমান্ত নদীর পরপারে স্থাপিত প্রতিরক্ষা ঘাঁটি বা কৌশলগত অবস্থান; সেতুমুখ। ২ যে মঞ্চ থেকে জাহাজের ক্যাপ্টেন নাবিকদের নির্দেশ দিয়ে থাকেন। ৩ নাকের উপরিভাগের হাড়যুক্ত অংশ; চশমার যে অংশ নাকের উপর থাকে। ৪ সেতার জাতীয় বাদ্যযন্ত্রের সোয়াড়ি। ৫ নকল দাঁতকে আসল দাঁতের সাথে সংযুক্ত রাখার কৌশল। □*vt* সেতুবন্ধন করা। **~ over** (লাক্ষ.) বাধা বা বিপত্তি কাটিয়ে ওঠা।

bridge[2] [ব্রিজ্] *n* [U] এক ধরনের তাস খেলা। **ˈauction ~** যে ব্রিজ খেলায় সর্বোচ্চ ডাককারীর ঘোষিত তাস 'রঙ'-এর তাস বলে বিবেচিত হয়। **ˈcontract ~** যে ব্রিজ খেলায় ডাককারী ঘোষিত ডাক বা চুক্তি অনুযায়ী খেলা শেষ করতে না পারলে দণ্ডিত হন।

bridle [ব্রাইড্‌ল্] *n* বলগা, লাগাম (বা রাস) প্রভৃতিসহ ঘোড়ার মাথার সাজ। **ˈ~-path, ˈ~-road** অশ্বারোহীর চলাচলের জন্য উপযুক্ত রাস্তা (গাড়ির জন্য নয়)। □*vt,vi* ১ লাগাম পরানো। ২ (লাক্ষ.) দমন, সংযত বা নিয়ন্ত্রণ করা: You must try to ~ your temper. ৩ (রোষ প্রকাশ করতে) মাথা টান করে রাখা: ~ at sb's remarks.

brief[1] [ব্রীফ্] *adj* (-er, –est) সংক্ষিপ্ত; ক্ষণিক। **to be ~** অল্প সময়ের মধ্যে বলা। **in ~** সংক্ষেপে; অল্প কথায়। **~·ly** *adv* সংক্ষেপে। **~·ness** *n* [U] সংক্ষিপ্ততা।

brief[2] [ব্রীফ্] *n* [U] ১ সারসংক্ষেপ। ২ সংক্ষিপ্ত বিবৃতি। ৩ আর্জি। ৪ মোকদ্দমার সংক্ষিপ্ত বিবরণী: have plenty of ~s (উকিল বা ব্যারিস্টার সম্পর্কে) হাতে মোকদ্দমা থাকা। **to take** a ~ মামলা লওয়া। **hold a ~ for (sb)** কারো পক্ষে উকিল নিযুক্ত হওয়া; (লাক্ষ.) পক্ষ সমর্থন করা। **hold no ~ for** (লাক্ষ.) সমর্থন না করা। **~·less** পসারহীন বা মক্কেলহীন (উকিল বা ব্যারিস্টার)। **ˈ~·case** *n* মামলার নথি বা কাগজপত্র বহনের ব্যাগ। **~·ing** *n* নির্দেশ; উপদেশ; সংবাদাদি। ৫ (বাণিজ্য) নির্দেশ। □*vt* ১ উকিল বা ব্যারিস্টারকে নিযুক্ত করা; মামলা বুঝিয়ে দেওয়া। ২ নির্দেশ বা উপদেশ প্রদান করা। ৩ (বাণিজ্য) সংক্ষিপ্ত বিবরণ দেওয়া।

briefs [ব্রীফ্‌স্] *n (pl)* স্থিতিস্থাপক কোমরবন্ধনীযুক্ত আঁটসাট হাফপ্যান্ট বা জাঙ্গিয়া।

brier [ব্রাইআ(র্)] দ্র. briar(৩) .

brig [ব্রিগ্] *n* দুই মাস্তুলবিশিষ্ট এক প্রকার জাহাজ।

brigade [ব্রিগেইড্] *n* ১ সাধা. তিন ব্যাটালিয়ন সৈন্যের ইউনিট। ২ বিশেষ উদ্দেশ্যে গঠিত কোনো দল: ˈfire-~.

Briga·dier [ব্রিগ ডিআ(র্)] *n* ব্রিগেডের ভারপ্রাপ্ত সেনাধিনায়ক (কর্নেল ও জেনারেলের মধ্যবর্তী পদমর্যাদা)।

brig·and [ব্রিগ ন্ড্] *n* দস্যু; রাহাজান; **~·age** *n* রাহাজানি; লুণ্ঠন।

brig·an·tine [ˈব্রিগান্‌টীন্] *n* = brig.

bright [ব্রাইট্] *adj* (-er, –est) ১ উজ্জ্বল; আলোকময়। ২ আনন্দময়; প্রফুল্ল; উৎফুল্ল: a ~ smile, ~ faces. ৩ চতুর; বুদ্ধিমান। ৪ গৌরবময়; বিখ্যাত। ৫ স্বচ্ছ; পরিষ্কারভাবে দেখা যায় এমন। **~·ness** *n* উজ্জ্বলতা। *adv* উজ্জ্বলভাবে; স্পষ্টভাবে। **~en** *vt,vi* উজ্জ্বল; আলোকিত; স্পষ্ট বা প্রফুল্ল করা বা হওয়া: The sky is ~ening. Her face ~ened up.

brill [ব্রিল্] *n* এক প্রকার চ্যাপটা মাছ।

bril·liant [ˈব্রিলিআন্ট্] *adj* ১ অতি উজ্জ্বল; দীপ্তিময়; চমৎকার; অতি উৎকৃষ্ট; সুদক্ষ; অতিশয় চতুর; মেধাবী; প্রতিভাবান: a ~ scholar. ২ বিশেষভাবে কাটা মূল্যবান পাথর বা হীরকখণ্ড যা উজ্জ্বল দীপ্তি দেয়; এভাবে কাটা সাধারণ পাথর। ৩ ক্ষুদ্রতম ছাপার অক্ষর বা হরফ। **~·ly** *adv* উজ্জ্বলভাবে। brilliance, brilliancy *nn* [U] ঔজ্জ্বল্য; প্রভা; প্রখর বুদ্ধিমত্তা।

bril·lian·tine [ˈব্রিলিআন্টীন্] *n* [U] চুলের ঔজ্জ্বল্যবর্ধক প্রসাধনী বিশেষ।

brim [ব্রিম্] *n* ১ কাপ; গ্লাস ইত্যাদির প্রান্তভাগ। **full to the** ~ কানায় কানায় পূর্ণ। **~·less** কিনারহীন। ২ সাহেবি টুপির প্রান্তভাগ যা ছায়াদান করে। ৩ নদী বা হ্রদের কিনার। □*vi* **fill or to be full to the ~** কানায় কানায় পূর্ণ করা বা হওয়া। **~ over** কানা উপচে পড়া। **~·ful(l)** কানায় কানায় পরিপূর্ণ। **~mer** *n* কানায় কানায় পূর্ণ পেয়ালা। **~ming** *adj* কানায় কানায় পূর্ণ; উচ্ছলিত।

brim·stone [ˈব্রিমস্‌টৌন্] *n* [U] (পুরা.) গন্ধক; সালফার।

brindled [ব্রিন্‌ড্‌ল্‌ড্] *adj* (বিশেষত গরু ও বিড়াল সম্পর্কে) ভিন্ন রঙের ডোরা বা লম্বা দাগসহ তামাটে বর্ণ।

brine [ব্রাইন্] *n* [U] ১ নোনা পানি। ২ (লাক্ষ.) অশ্রু। ৩ (সাহিত্য.) সমুদ্রের পানি। **briny** *adj* নোনা। □*n* **the briny** (কথ্য) সমুদ্র।

bring [ব্রিঙ্] *vt (pt,pp* brought [ব্রট্]) ১ আনা; আনয়ন করা। ২ হাজির করা। ৩ উৎপন্ন করা। ৪ বহন করা। ৫ প্রবর্তন করা। ৬ উত্থাপন করা। ৭ দায়ের করা। ৮ (phrases) **~ sb to book** কাউকে তার কৃতকর্মের জন্য কৈফিয়ত দিতে বাধ্য করা বা দোষের জন্য শাস্তি দেওয়া। **~ sth to an end** কোনো কিছুর পরিসমাপ্তি ঘটানো। **~ sth home to sb** হৃদয়ঙ্গম করানো। **~ low** অবনমিত করা। **~ sth to light** প্রকাশ করা। **~ sth to mind** স্মরণ করা বা করানো। **~ sth to pass** ঘটানো। **~ oneself to do sth** কাউকে যুক্তি বা পরামর্শ দিয়ে কোনো কিছু করতে রাজি করানো। **~ sb to bay** কাউকে কোণঠাসা করা বা এমন অবস্থায় ফেলা যেখান থেকে পালানো অসম্ভব। **~ sb to his senses** হুঁশ ফিরানো; কাউকে নির্বুদ্ধিতা পরিত্যাগ করিয়ে স্বাভাবিক অবস্থায় নিয়ে আসা। ৯ (বিশেষ ব্যবহার) **~ about (ক)** ঘটানো: ~ about a war / sb's ruin. **(খ)** (নৌ) পালতোলা জাহাজকে দিক পরিবর্তন করানো। **(গ)** স্মরণ করা বা করানো। **~ sth back to** পূর্বাবস্থায় ফিরিয়ে আনা। **~ sb/sth down**

(ক) নামানো; নামিয়ে আনা; (খ) হত বা আহত করা; (গ) উচ্চ অবস্থা থেকে অন্যের সমতুল্য অবস্থায় নিয়ে আসা। ~ **the house down/** ~ **down the house on** (প্রেক্ষাগৃহ) করতালিমুখর করা; (লাক্ষ.) জনসাধারণ চায় এমন কাজ করে তাদের প্রশংসা অর্জন করা। ~ **forth** উৎপন্ন করা; প্রসব করা। ~ **forward** (ক) উপস্থাপন করা: Can you ~ forward any proof of your story? (খ) এগিয়ে আনা: The meeting was brought forward from 30th June to 3rd June. (গ) **b/f** (সং হি.র.) জের টানা; এক পৃষ্ঠার হিসাবের অঙ্ক পর পৃষ্ঠায় স্থানান্তরিত করা। ~ **in** (ক) উৎপন্ন করা; মুনাফা করা। (খ) উপস্থাপন করা: A new bill was brought in by members of Parliament. (গ) (সাহায্যকারী হিসাবে) আনয়ন করা: An expert was brought in to help with the project. (ঘ) (আইন প্রয়োগকারী সংস্থা সম্পর্কে) গ্রেফতার করা: He was brought in to the police station for questioning. (ঙ) (আদালত সম্পর্কে) রায় দেওয়া: The jury brought in a verdict of guilty. ~ **off** (ক) উদ্ধার করা। (খ) কোনো কাজে সাফল্য লাভ করা: to ~ off a big business deal. ~ **on** (ক) কারণ হওয়া। (খ) আগাম ফলতে বা বাড়তে সাহায্য করা: The good weather will ~ on the crops. (গ) (শিক্ষার্থী সম্পর্কে) উন্নতি বিধান করা; উৎকর্ষ সাধন করা: This course will ~ on your English. ~ **on/upon** (বিশেষত নিজের উপর) (সাধা. অপ্রীতিকর) কোনো কিছু ঘটানো: I have brought this on/upon myself. ~ **out** (ক) বের করা; উৎপাদন করা। (খ) প্রকাশ করা। (গ) লজ্জা বা চাপা স্বভাব দূর করতে সাহায্য করা: I tried to ~ her out at the party. ~ **round** (ক) মূর্ছা যাওয়ার পর জ্ঞান ফেরানো: We tried to ~ her round when she fainted. (খ) (নৌ.) নৌকা বা জাহাজের গতি উল্টো দিকে ফেরানো। (গ) কারো মত পরিবর্তন করানো। ~ **through** অসুস্থ কোনো ব্যক্তিকে সুস্থ করা: She is so ill that doctors cannot ~ her through. ~ **to** (ক) মূর্ছা ভাঙানো; চৈতন্য ফিরিয়ে আনা। (খ) (নৌ.) নৌকা বা জাহাজ থামানো। ~ **under** (ক) বাধ্য করা; বশে আনা; দমন করা। (খ) কোনো শ্রেণীর অন্তর্ভুক্ত করা। ~ **up** (ক) লালনপালন করা: to ~ up children. (খ) বমন বা উদ্‌গিরণ করা। (গ) উত্থাপন করা: The matter was brought up in the meeting. (ঘ) (সাম.) যুদ্ধে নিয়োজিত করা: An infantry division was brought up in the battle. (ঙ) বিচারের জন্য সোপর্দ করা: He was brought up in the court for trial. (চ) পৌঁছার কারণ হওয়া: This ~s us up to the end of the programme.

brinjal [ˈব্রিন্‌জা্ল] *n* বেগুন গাছ বা বেগুন।

brink [ব্রিঙ্‌ক্] *n* ১ কিনার; ধার বা প্রান্ত (বিশেষত খাড়া বা ঢালু কোনো স্থানের)। ২ (লাক্ষ.) ধারে বা প্রান্তে (অজানা, বিপদজনক বা উত্তেজনাপূর্ণ কোনো কিছুর)। ~·**man·ship** কোনো বিপদজনক নীতি অনুসরণ করার ফলে যুদ্ধ বা ধ্বংসের প্রান্তসীমায় পৌঁছানো।

briny [ব্রাই নি] *adj* লবণাক্ত। দ্র. brine.

bri·oche [ব্রীˈঅশ্ US = ˈব্রীঔশ্] *n* ডিম ও মাখন সমৃদ্ধ গোলাকৃতির পেস্ট্রিজাতীয় নরম রুটি বা রোল।

bri·quette, bri·quet [ব্রিˈকেট্] *n* ইট বা ডিমের আকৃতি বিশিষ্ট কয়লার গুঁড়ার গুলি বা চাপড়া।

brisk [ব্রিস্‌ক্] *adj* (-er, -est) সতেজ কর্মচঞ্চল দ্রুত: a ~ walk; Trade is ~. ~·**ly** *adv*

brisket [ˈব্রিস্‌কিট্] *n* [U] চতুষ্পদ জন্তুর বক্ষঃস্থলের মাংস।

bristle [ব্রিস্‌ল্] *n* (বিশেষত শূকরের) শক্ত, ছোট লোম। □*vt* ১ শক্ত; ছোট লোমের মতো খাড়া হয়ে ওঠা। ২ (লাক্ষ.) ক্রোধ বা ঘৃণা প্রকাশ করা: ~ with anger. ৩ ~ **with** বিপুল সংখ্যক হওয়া (বিশেষত কোনো অন্তরায় বা বাধা)। **bristly** *adj* ১ কর্কশ বা শক্ত ছোট লোমে আবৃত: a bristly face, খোঁচা খোঁচা দাড়িযুক্ত ২ (ব্যক্তি সম্পর্কে) সহজে রাগান্বিত হয় এমন।

Brit *n* Briton শব্দের সংক্ষিপ্ত রূপ।

Brit·ain [ব্রিট্‌ন্] *n* (অপিচ **Great** ˈ**B~**) ইংল্যান্ড, ওয়েলস্ ও স্কটল্যান্ডের সমন্বয়ে গঠিত বৃটিশ যুক্তরাজ্য। **Britannia** [ব্রিˈট্যানি আ] *n* গ্রেট-ব্রিটেনের কল্পিত প্রতিমা। **Britannic** [ব্রি ˈট্যানিক্]*adj* গ্রেট ব্রিটেন সম্বন্ধীয়।

Brit·ish [ˈব্রিটিশ্] *adj* ১ ব্রিটেন ও তার অধিবাসী সম্পর্কে। ~**er** *n* ব্রিটিশ বংশোদ্ভূত।

Briton [ব্রিট্‌ন্] *n* (সাহিত্য.) ব্রিটেনের স্থানীয় অধিবাসী।

brittle [ব্রিট্‌ল্] *adj* ১ ভঙ্গুর; শক্ত অথচ সহজে ভাঙা যায় এমন: Glass is ~. ২ সহজে বিনষ্ট বা ধ্বংসপ্রাপ্ত হয় এমন: ~ friendship. ৩ (ব্যক্তি সম্পর্কে) সহজে পীড়িত, ব্যথিত বা রাগান্বিত হয় এমন: a ~ person.

broach[1] [ব্রৌচ্] *n* ফোঁড়ন-কাঠি; তুরপুন; টিনের পাত্র বা পিপা ছিদ্র করার ধারালো যন্ত্র বিশেষ। □*vt* ১ পিপা ছিদ্র করে সেখানে ট্যাপ বা কল লাগানো। ২ আলোচনার জন্য কোনো বিষয় উপস্থাপন করা বা আলোচনা শুরু করা: He at last ~ed the topic of his marriage.

broach[2] [ব্রৌচ্] *vi,vt* ~ **to** (নৌ.) জাহাজ বা নৌকার পার্শ্বদেশ ঢেউ বা বাতাসের দিকে ফেরানো।

broad [ব্রো °ড্] *adj* (-er, -est) ১ চওড়া; প্রশস্ত: This part of the street is quite ~. ২ নির্দিষ্ট প্রস্থবিশিষ্ট: 20 metres ~. ৩ বিস্তৃত: ~ ocean. ৪ পূর্ণ ও স্পষ্ট: in ~ day-light, দিনেদুপুরে। ৫ সাধারণ; খুঁটিনাটি নয়: a ~ outline; a ~ distinction. ৬ (মনোভাব বা ধ্যানধারণা সম্পর্কে) খোলা; উদার: a man of ~ views. ˌ~-ˈ**minded** *adj* উদারহৃদয়; অন্যের মতামত জানতে; শুনতে এবং সহ্য করতে ইচ্ছুক। ৭ (উচ্চারণ সম্পর্কে) বিশেষভাবে লক্ষণীয় (বক্তা কোন অঞ্চলের অধিবাসী তা তার উচ্চারণে ধরা পড়ে এমন): a ~ accent. ৮ স্থূল; অসভ্য: ~ jokes (ভব্য সমাজে গ্রহণযোগ্য নয় এমন কৌতুক)। ৯ (phrase) **It's as ~ as it is long** একই ব্যাপার। ১০ (যৌগশব্দ) ~ **bean** *n* বড়ো জাতের সাধারণ শিম। **B~ Church** ধর্মীয় অনুশাসনের গোড়ামিমুক্ত চার্চ অব ইংল্যান্ডের একটি যাজক সম্প্রদায়। ~·**ly** *adv* (ক) বিস্তৃতভাবে; (খ) সাধারণভাবে। ~**ly speaking** সাধারণভাবে বলতে গেলে। ~·**ness** *n* প্রশস্ততা। ~**en** *vi,vt* বিস্তৃত করা বা হওয়া: We must ~en our outlook.

broad[2] [ব্রো °ড্] *n* কোনো কিছুর বিস্তীর্ণ অংশ।

broad·cast [ˈব্রো°ড্ কাস্ট্ US –ক্যাস্ট্] *vi,vt* (*pt,pp* ~ অথবা ~ed) ১ সম্প্রচার করা; চতুর্দিকে ব্যাপ্ত করা (বিশেষত রেডিও ও টেলিভিশনের মাধ্যমে): ~ the news. ২ রেডিও বা টেলিভিশনে বক্তৃতা দেওয়া; গান গাওয়া বা অন্য কোনো অনুষ্ঠান করা। ৩ বীজ বপন করা। ~**er** *n* (ব্যক্তি সম্পর্কে) যিনি বেতার বা টেলিভিশন সম্প্রচারে অংশগ্রহণ করেন, বিশেষত কোনো অনুষ্ঠান

উপস্থাপনার মাধ্যমে। □*adj* ১ রেডিও ও টেলিভিশনের মাধ্যমে সম্প্রচারিত। ২ রেডিও বা টেলিভিশন সম্প্রচার সম্পর্কিত: ~ time. □*n* রেডিও বা টেলিভিশনের একটি অনুষ্ঠান বা উপস্থাপনা। **~·ing** *n* সম্প্রচারণ; বেতারযোগে সংবাদ ইত্যাদি প্রেরণ। □*adj:* ~ing house; the British B~ing Corporation (the BBC).

broad·cloth [ˈব্রোᵒড্‌ক্লথ্ US -ক্লোথ্] *n* [U] দ্বিগুণ চওড়া উন্নতমানের পশমি বস্ত্র।

broad·gauge [ˈব্রোᵒড্‌গেইজ্] (US (অপিচ **gage)** *n* যে রেল লাইনের দুই পাতের মধ্যে ৪ ফুট ৮½ ইঞ্চির বেশি ব্যবধান থাকে।

broad·loom [ব্রোᵒড্ লূম্] *n* যে কার্পেট চওড়া তাঁতে বোনা হয়।

broad·sheet [ব্রো ᵒড শীট্] *n* ১ (পুরা.) যে বড়ো কাগজের একদিক বা দুইদিকে জনপ্রিয় গাঁথা বা কাহিনী ছাপিয়ে এবং তা ভাঁজ করে হাটেবাজারে বা রাস্তাঘাটে বিক্রি করা হতো। ২ এ ধরনের ছাপা গাঁথা, কবিতা বা গান।

broad·side [ˈব্রোᵒড্‌সাইড্] *n* [C] ১ জাহাজের পার্শ্বদেশের যে অংশ পানির উপরে থাকে। ২ জাহাজের এক পাশের সবগুলো কামানের এক সাথে একই লক্ষ্যবস্তুর উপর গোলাবর্ষণ; (লাক্ষ.) কোনো ব্যক্তি বা গোষ্ঠীর বিরুদ্ধে কথায় বা বিবৃতির মাধ্যমে জোরালো আক্রমণ।

broad·ways, broad·wise [বোᵒড্‌ওয়েইজ্, ওআইজ্] *adv* আড়াআড়িভাবে।

bro·cade [ব্রাˈকেই ড্] *n* [C,U] কিংখাব, সোনা বা রুপার কারুকার্যখচিত রেশমি বস্ত্র; বুটিদার রেশমি পোশাক। □*Vt* বুটি দেওয়া বা কাপড়ে এ ধরনের কাজ করা।

broc·coli [ˈব্রকলি] *n* [U] সাধা. বেগুনি বা সবুজ বর্ণের শক্ত জাতের এক ধরনের অসংখ্য ছোট ফুলকপি সম্বলিত উদ্ভিদ যার কুঁড়ি, দণ্ড সবই তরকারি হিসাবে খাওয়া হয়।

bro·chure [ব্রৌশ্যা(র্) US ব্রৌশুঅ(র্)] *n* কোনো স্থান বা কর্মসূচি সম্পর্কে সংক্ষিপ্ত বিবরণ সম্বলিত পুস্তিকা।

brogue [ব্রৌগ্] *n* ১ সাধা. চামড়ায় নকশা করা, পুরু তলবিশিষ্ট এক প্রকার শক্ত জুতা। ২ কথা বলার আঞ্চলিক ভঙ্গি বিশেষ; আয়ারল্যান্ডের অধিবাসীরা যেভাবে ইংরেজি বলে।

broil[1] [ব্র য়ল্] *n* অধিক উত্তপ্ত; ঝলসানো; উচ্চ-কোলাহলপূর্ণ ঝগড়া বা বাদানুবাদ।

broil[2] [ব্র য়ল্] *vt,vi* ১ আগুনে ঝলসিয়ে রান্না করা বা হওয়া। ২ (লাক্ষ.) অত্যন্ত উত্তপ্ত করা বা হওয়া। **~er** *n* উচ্চতাপে ঝলসিয়ে রাঁধার মতো পক্ষীশাবক বা মুরগির বাচ্চা। **~·ing** *adj:* a ~ day, অত্যন্ত গরম দিন।

broke [ব্রৌক্] *pred adj* (অপ.) কপর্দকহীন।

broken [ব্রৌক ন্] (break-এর *pp, adj)* ভগ্ন; বিদীর্ণ; দুর্বল; অবনত; অসম্পূর্ণ; বিধ্বস্ত। **~ down** *adj* জীর্ণ; অকেজো। **a ~ marriage** যে বিয়ে ভেঙে গেছে। **a ~ home** বিবাহ-বিচ্ছেদজনিত ভগ্ন-সংসার। ত্রুটিপূর্ণ ইংরেজি। **a ~ man** বিপদ ও শোকে মূহ্যমান ব্যক্তি। **~ ground** অসমতল ভূমি। **ˌ~-ˈhearted** ভগ্নহৃদয়; নিরুৎসাহ। **in ~ accents** ভাঙা ভাঙা স্বরে; বাধ বাধ কণ্ঠে।

bro·ker [ব্রৌ কা(র্)] *n* ১ দালাল: stock ~. ২ কোনো ব্যক্তি ঋণ পরিশোধে ব্যর্থ হলে তার সম্পত্তি বিক্রি করে দেবার দায়িত্ব যে কর্মকর্তার উপর পড়ে। **~ery** *n* দালালের পেশা বা কাজ। **~·age** [ব্রৌক রিজ্] *n* [U] দালালি; কেনাবেচা করে দেবার জন্য প্রাপ্য পারিশ্রমিক বা দস্তুরি।

brolly [ˈব্রৌᵒলি] *n* (কথ্য) ছাতা।

bro·mide [ˈব্রৌমাই ড্] *n* ১ [U] এক প্রকার রাসায়নিক যৌগ যা বিশেষত স্নায়ু ঠাণ্ডা রাখার ঔষধে ব্যবহৃত হয়। ২ [C] (কথ্য) নীরস মন্তব্য; নীরস; ক্লান্তিকর ব্যক্তি।

bro·mine [ˈব্রৌমীন্] *n* [U] এক প্রকার অধাতব মৌলিক পদার্থ যা বিশেষত ফটোগ্রাফির কাজে ব্যবহৃত হয়।

bron·chi [ˈব্রঙকাই] *n (pl)* (sing bron·chús) শ্বাসনালী। **~al** শ্বাসনালী সংক্রান্ত।

bron·chi·tis [ব্রঙকাইটিস্] *n* ব্রংকাইটিস; শ্বাসনালীর ঝিল্লির প্রদাহজনিত রোগ। **bron·chi·tic** *adj* উক্ত রোগে আক্রান্ত বা উক্ত রোগ প্রবণ।

bronze [ব্রন্ জ্] *n* ১ [U] ব্রোনজ; তামা ও টিনের মিশ্র ধাতু। **The ˈB~ Age** প্রস্তরযুগ ও লৌহযুগের মধ্যবর্তী সময়; এ যুগে মানুষ ব্রোন্‌জের তৈরি হাতিয়ার ব্যবহার করতো। ২ [U] ব্রোন্‌জের রঙ। ৩ [C] ব্রোন্‌জ নির্মিত শিল্পকর্ম। □*vt,vi* ব্রোন্‌জের রঙ বা চেহারা দেওয়া।

brooch [ব্রৌচ্] *n* মেয়েদের পোশাক আটকানো বা পরিধান করার জন্য কারুকাজ করা এক প্রকার পিন।

brood [ব্রূড্] *n* ১ ডিমে তা দিয়ে একবারে যতগুলো শাবক বা ছানা বের হয়। ২ অণুজ প্রাণী। ৩ শাবকদল; সন্তান সন্ততি। ৪ গোষ্ঠী; জাতি; বংশ। **ˈ~-hen/mare** *n* যে মুরগি বা ঘোটকী শাবক উৎপাদনের জন্য প্রতিপালিত হয়। □*vi* ১ (পাখি সম্পর্কে) ডিমে তা দিয়ে বাচ্চা ফুটানো। ২ **~ (on/over)** কোনো কিছু সম্পর্কে শান্ত ও গভীরভাবে দীর্ঘক্ষণ চিন্তা করা: She sat there ~ing over her misfortunes. **~y** *adj* (মুরগি সম্পর্কে) তা দিতে চায় এমন; (কথ্য, মেয়েদের সম্পর্কে) সন্তান অভিলাষী; (লাক্ষ., ব্যক্তি সম্পর্কে) মনমরা, বিষণ্ণ।

brook[1] [ব্রুক্] *n* স্রোতস্বিনী বা ছোট নদী। **~·let** *n* অতি ছোট নদী।

brook[2] [ব্রুক্] *vt* (সাধা. না-বোধক বা প্রশ্নবোধক বাক্যে) সহ্য করা।

broom[1] [ব্রূম্] *n* [U] বালুময় ভূমিতে জন্মায় এরূপ সাদা ও হলুদ ফুলবিশিষ্ট গুল্ম।

broom[2] [ব্রূম্] *n* [C] ঝাঁটা। **a new ~** (বিশেষত নবনিযুক্ত কর্মকর্তা যিনি পুরাতন নিয়ম-কানুন পরিবর্তন করতে চান। **ˈ~·stick** ঝাঁটার বাট বা হাতল; কল্পকথায় ডাইনির বাহন।

Bros, দ্র. পরি. ২।

broth [ব্রথ্] *n* [U] যে পানিতে মাছ, মাংস বা তরকারি সিদ্ধ করা হয়েছে; এই ধরনের পানি যা তরকারি সহযোগে ঘন করে স্যুপ হিসাবে পরিবেশন করা হয়।

brothel [ˈব্রথ্‌ল্] *n* বেশ্যালয়; পতিতালয়; গণিকাগৃহ।

brother [ˈব্রাদা(র্)] *n* ১ ভাই; ভ্রাতা; সহোদর। **ˈ~-in-law** [ˈব্রাদা(র্) ইন্ লোᵒ] *n (pl* ~s -in -law) বৈবাহিক সূত্রে ভাই; শ্যালক; দেবর; ভাসুর; ভায়রা ভগিনীপতি। ২ একই গোষ্ঠী, সমিতি, পেশা ইত্যাদির অন্তর্ভুক্ত ব্যক্তিবর্গ; একই সমাজবাদী সংগঠন, শ্রমিক সমিতি ইত্যাদির সদস্য: (বিশেষত attrib) a ~ doctor সমপেশাজীবী চিকিৎসক; ~s in arms, সহযোদ্ধা। ৩ (*pl* brethren [ˈব্রিদ্রান্]) একই ধর্মীয় সভার সদস্য; সধর্মী সমধর্মী। **B~** সম্বোধনের রূপবিশেষ। **ˈ~·hood** [-হুড্] *n* ১ [U] ভ্রাতৃত্ববোধ। ২ [C] ভ্রাতৃসঙ্ঘ; ভ্রাতৃসমাজ। **~·ly** *adj* ভ্রাতৃপ্রতিম; ভ্রাতৃতুল্য; ভ্রাতৃবৎ।

brougham [ব্রূ আম্] *n* (উনিশ শতক) এক অশ্ববাহিত আচ্ছাদিত গাড়িবিশেষ; ব্রুয়াম।
brought [ˈব্রো°ট্] bring –এর *pt,pp*
brou·haha [ব্রুহা:হা:] *n* (প্রা. কথ্য) অতিব্যস্ততা; হৈ চৈ; উত্তেজনা।
brow [ব্রাউ] *n* ১ (সাধা. *pl;* অপিচ ˈ**eye**--) ভ্রূ: knit one's ~s, ভ্রূকুটি করা। ২ ললাট। দ্র. high[1] (১২)–তে highbrow এবং low[1](১৩)–তে lowbrow. ৩ ঢালের উর্ধ্বভাগ; শৈলপ্রান্ত; গিরিপৃষ্ঠ।
brow·beat [ˈব্রাউবীট্] *vt (pt* browbeat, *pp* browbeaten) ~ **(into doing sth)** চিৎকার বা ভ্রূকুটি করে ভয় দেখানো; শাসানো; চোখ রাঙানো; কটাক্ষ করা; তর্জন করা।
brown [ব্রাউন্] *adj* (-er, -est) *n* বাদামি; কপিশ; পিঙ্গল; কটা; বাদামি রঙ: ~ bread, আটার রুটি; ~ paper, (মোড়ক ইত্যাদির জন্য) বাদামি কাগজ; ~ sugar, লাল চিনি। **in a ~ study** স্বপ্নাচ্ছন্নতায়; ধ্যানমগ্ন অবস্থায়। ˈ**~·stone** *n* [U] অট্টালিকাদি নির্মাণের কাজে ব্যবহৃত পিঙ্গলবর্ণ বেলেপাথরবিশেষ। □*vt.vi* বাদামি করা বা হওয়া। ˌ**~ed** ˈ**off** (অপ.) ত্যক্তবিরক্ত; একঘেয়েমিতে ক্লান্ত।
brownie [ˈব্রাউনি] *n* ১ ক্ষুদ্রকায়; মিষ্টিস্বভাবের পরীবিশেষ। ২ **B~ (Guide)** (GB) গার্ল গাইডস–এর কনিষ্ঠা সদস্যা (৮ থেকে ১১ বছর বয়স পর্যন্ত)।
browse [ব্রাউজ্] *vi* ১ (পশুদের মতো) খাওয়া; চরা। ২ (বই বা বইয়ের অংশবিশেষে) চোখ বুলানো। □*n* উক্তরূপ খাওয়া বা চোখ বুলানোর কাজ।
bruin [ব্রূইন্] *n* (লোকপ্রিয় নাম, যেমন রূপকথায়) ভালুক।
bruise [ব্রূজ্] *n* কালশিরে; শরীর বা ফলের গায়ে আঘাতের দরুন সৃষ্ট দাগ। □*vt,vi* ১ মার বা আঘাতের দরুন কালশিরে পড়া; (কাঠ বা ধাতুতে) দাগ ফেলা; ভাঙা। ২ মার বা আঘাতের ফল প্রকটিত করা: This fruit ~s easily, সহজে দাগ পড়ে। **bruiser** একগুঁয়ে; নির্মম মুষ্টিযোদ্ধা।
bruit [ব্রূট্] *vt* **~ abroad** (প্রা.প্র.) (গুজব বা সংবাদ) রটানো; ছড়ানো।
brunch [ব্রান্চ্] *n* (কথ্য) (breakfast ও lunch–এর মিলিত রূপ) প্রাতরাশ বা মধ্যাহ্নভোজনের পরিবর্তে শেষ–সকালের আহার।
bru·nette [ব্রূ ˈনেট্] *n* ঘন–বাদামি বা কালো চুল এবং অপেক্ষাকৃত অগৌর ত্বকবিশিষ্ট য়োরোপীয় নারী; শ্যামা; শ্যামাঙ্গী। দ্র. blonde.
brunt [ব্রান্ট্] *n* বড়ো বা প্রধান ধাক্কা; আঘাত; চাপ; ধকল: bear the ~ of an assault, আক্রমণের প্রধান ধকল সামলানো।
brush[1] [ব্রাশ্] *n* ১ ব্রাশ; বুরুশ; ঝাড়ু; মাজনী; সম্মাজনী (যথা ˈtooth~, ˈnail~, ˈhair~); তুলি; তুলিকা; ইষিকা। ২ মাজনী বা তুলির ব্যবহার: She gave my clothes a good ~. অপিচ দ্র. brush[2] (১)–এ ˈ~·up. ৩ শেয়ালের লেজ। ৪ [U] গুল্ম; ঝোঁপঝাড়: a ~ fire. দ্র. bush (২)। ৫ স্বল্পকালীন সংঘর্ষ; সংঘট্ট। ˈ**~·wood** *n* [U] = brush (৪). ˈ**~·work.** *n* তুলি ব্যবহারের ধরন বা শিল্পীর শিল্পরীতি।
brush[2] [ব্রাশ্] *vt,vi* ১ ব্রাশ; তুলি ঝাড়ু ইত্যাদি ব্যবহার করা; পরিষ্কার/ মসৃণ করা; ঘষা; মাজা: I ~ my shoes/ hat/ teeth/ clothes/ hair; ~ sth clean. **~ sth away/ off** ব্রাশ দিয়ে ঝেড়ে/ সরিয়ে ফেলা। **~ sth aside / away** (লাক্ষ.) উপেক্ষা করা; মনোযোগ না দেওয়া। **~ sb / sth off** (কথ্য) প্রত্যাখ্যান/ নাকচ করা। ˈ**~-off** *n* (কথ্য) প্রত্যাখ্যান। **~ sth up** ঝাড়া; (পুরনো বিদ্যা) ঝালিয়ে নেওয়া: B~ up your French before you go to Paris. **~-up** *n* ঝালাই। ২ গা ঘেঁষে/ ছুঁয়ে যাওয়া: You ~ed past / by (up) against me the other day. ৩ **~ off** ব্রাশ করার ফলে উঠে আসা: The dust won't ~ off.
brusque [ব্রুস্ক্] *adj* (কথা বা আচরণ সম্বন্ধে) রূঢ়; অভব্য। **~·ly** adv রূঢ়ভাবে। **-~·ness** *n* রূঢ়তা।
Brus·sels [ˈব্রাস্ল্জ্] *n* (attrib) ব্রাসেল্স–এর: ~ lace / carpets. ˌ**~** ˈ**sprouts** বাঁধা কপির মতো ছোট আকারের সবজি।
brutal [ˈব্রুট্ল্] *adj* বর্বর; নিষ্ঠুর। **~·ly** [–টলি] *adv* নৃশংসভাবে। **bru·tal·ity** [ব্রুˈট্যালাটি] *n* [U] নিষ্ঠুরতা; নৃশংসতা; বর্বরতা; [C] নৃশংস বা বর্বরোচিত কাজ। ˈ**~·ize** *vt* বর্বর/ নৃশংস করে তোলা।
brute [ব্রুট্] *n* ১পশু; জন্তু। ২ নির্বোধ; পশুতুল্য বা নির্দয় লোক। ৩ (attrib) পশুতুল্য; জড়বুদ্ধি; নিষ্ঠুর; চৈতন্যহীন; বিচারবুদ্ধিহীন; জড়: ~ force / strength; ~ matter. **bru·tish** [ˈব্রুটিশ্] *adj* পশুতুল্য; পাশবিক: brutish appetites. **brut·ish·ly** *adv* পাশবিকভাবে।
bubble [ˈবাব্ল্] *n* ১ বুদ্বুদ; জলবুদ্বুদ। ২ (লাক্ষ.) অবাস্তব পরিকল্পনা; আকাশকুসুম। ৩ ˈ**~ car** *n* গম্বুজাকৃতি স্বচ্ছ ছাদবিশিষ্ট ক্ষুদ্রাকার গাড়িবিশেষ; বুদ্বুদগাড়ি। ˈ**~ gum** *n* বাবল গাম; একধরনের চুয়িং–গাম যা মুখে দিয়ে বুদ্বুদ তৈরি করা যায়। □*vi* বুদ্বুদ ওঠা; বুদ্বুদ সৃষ্টি করা; বুজবুজ শব্দ করা: ~ over, খুশিতে টগবগ করা। **bub·bly** [বাব্লি] *adj* বুদ্বুদপূর্ণ। □*n* (হাস্য.) শ্যাম্পেন।
bu·bonic [বিউ ˈবনিক্] *adj* গ্রন্থিস্ফীতিযুক্ত। **~** ˈ**plague** *n* দ্রুত সংক্রামক প্লেগ।
buc·ca·neer [ˌবাকাˈনিঅ(র্)] *n* জলদস্যু; বোম্বেটে; বেপরোয়া অভিযাত্রী।
buck[1] [বাক্] *n* ১ পুরুষজাতীয় হরিণ; খরগোশ বা ছাগ। দ্র. doe. ˈ**~·skin** *n* [U] (দস্তানা, ব্যাগ ইত্যাদি বানানোর জন্য) হরিণ বা ছাগলের নরম চামড়া। ˈ**~·shot** *n* [U] বড়ো আকারের গুলিবিশেষ। ˈ**~·tooth** *n (pl* ~teeth) (সাধা. উপরের পাটির) উঁচু দাঁত। ২ (attrib) পুরুষ।
buck[2] [বাক্] *vi,vt* ১ (ঘোড়া সম্বন্ধে) পিঠ বাঁকিয়ে চার পায়ে লাফানো; ঐ ভঙ্গিতে (আরোহীকে) মাটিতে ফেলে দেওয়া। ২ **~ up** (বিশেষত অনুজ্ঞায়) (কথ্য) ত্বরা করো। **~ (sb) up** অধিকতর শক্তি, সাহস বা উৎসাহ জোগানো: He was greatly ~ed up by the report.
buck[3] [বাক্] *n* (US অপ.) মার্কিন ডলার।
buck[4] [বাক্] *n* **pass the ~ (to sb)** (অশি.) কারো ঘাড়ে দায়িত্ব চাপানো। **The ~ stops here** আর দায়িত্ব এড়ানো যাবে না।
bucket[1] [ˈবাকিট্] *n* ১ বালতি; কাঠের পাত্র; দ্রোণ। ˈ**~·ful** [–ফুল্] এক বালতি–পরিমাণ। ২ ড্রেজিং যন্ত্রের খনিত্র; শস্য উত্তোলক যন্ত্রের দর্বিক ইত্যাদি। ˈ**~ seat** *n* (গাড়ি বা উড়োজাহাজে) বাঁকানো পিঠবিশিষ্ট একক আসন (bench seat–এর বিপরীত); গোলাকার আসন। ˈ**~ shop** *n* (বাণিজ্য) অত্যন্ত সস্তায় বিমানের টিকিট বিক্রয়ের দোকান (সবসময়ে সম্মানজনক নয়)।
bucket[2] [ˈবাকিট্] *vt,vi* প্রাণপণে ঘোড়া ছোটানো বা নৌকা চালানো।

buckle [ˈবাক্‌ল্] *n* ১ বগল্‌স্; বন্ধনাঙ্গুরী; কুডুপ। ১ জুতার উপর শোভাকারক কুডুপ। □*vt,vi* ২ ~ **on** বগল্‌স্ দিয়ে আটকানো; কুডুপ আঁটা। ২ (জুতা, বেল্ট ইত্যাদি সম্বন্ধে) বিশেষ ধরনে বাঁধা; কষানো। ৩ ~ **to/ down to** (কাজ ইত্যাদিতে) লেগে যাওয়া। ৪ (ধাতুর কাজ সম্বন্ধে) চাপ বা তাপে বেঁকে যাওয়া; কুঞ্চিত হওয়া।

buck·ler [ˈবাক্‌লা(র্)] *n* ক্ষুদ্র; গোলাকার ঢালবিশেষ; বর্ম; ফলক।

buck·ram [ˈবাক্‌রাম্] *n* [U] কঠিন; অমসৃণ বস্ত্রবিশেষ; (বিশেষত বই বাঁধাইয়ের জন্য ব্যবহৃত); মোটা কাপড়।

buck·shot [ˈবাক্‌শট্] দ্র. buck[1](১)।

buck·wheat [ˈবাক্‌ওয়ীট্ US –হোয়ীট্] *n* [U] বাজরা। ˈ~ **flour** বাজরার আটা।

bu·colic [বিউ্যˈকলিক্] *adj* রাখালি; গ্রামিক; পশুপালনবিষয়ক: ~ verse. **bu·col·ics** *n pl* রাখালি কবিতা; গোষ্ঠকাব্য।

bud [বাড্] *n* মুকুল; কুঁড়ি; কলি; অঙ্কুর; পল্লব; কিশলয়; কোরক। **in bud** মুকুলিত; পল্লবিত। **nip sth in the bud** অঙ্কুরে বিনষ্ট করা। □*vi* (-dd-) মুকুলিত/ পল্লবিত হওয়া। **bud·ding** *adj* বিকাশোন্মুখ; বিকাশমুখী; স্ফুটনোন্মুখ।

Bud·dhism [ˈবুডিজ়াম্] *n* বৌদ্ধধর্ম। **Bud·dhist** [ˈবুডিস্ট্] *n* বৌদ্ধ।

buddy [বাডি] *n* (*pl* -dies) (অপ. অন্তরঙ্গ সম্ভাষণরূপে) দোস্ত; ইয়ার; ভায়া।

budge [বাজ্] *vt,vi* (সাধা. নঞর্থক এবং can, could, won't, wouldn't–এর সঙ্গে ব্যবহৃত) সামান্য পরিমাণ নড়া/ নড়ানো; সরা/ সরানো; (লাক্ষ.) মনোভাব বা অবস্থান পরিবর্তন করা বা করানো।

bud·geri·gar [ˈবাজারিগা:(র্)] *n* টিয়া–জাতীয় অস্ট্রেলীয় পাখি; বাজারিগার।

budget [ˈবাজিট্] *n* [C] বাজেট। ˈ~ **account** ব্যাংকের যে হিসাবে কোনো চলতি হিসাব থেকে মাসে মাসে অর্থ স্থানান্তরিত করে গ্যাস, বিদ্যুৎ ইত্যাদির বিল পরিশোধ করা হয়; বাজেট হিসাব। ˈ~ **plan** (বড়ো) দোকানে মাসে মাসে নিয়মিত অর্থ প্রদান করে পণ্যসামগ্রী কেনার ব্যবস্থা; বাজেট পরিকল্পনা। □*vt* ~ **for** (কোনো কিছুর জন্য) বাজেটে অর্থসংস্থান করা। **~·ary** [ˈবাজিটারি US –টেরি] *adj* বাজেটঘটিত; বাজেটীয়।

budgie [ˈবাজি] *n* budgerigar–এর কথ্য সংক্ষেপ।

buff [বাফ্] *n* [U] ১ (মূলত) মহিষের চামড়া। ২ মোটা; নরম; মজবুত চামড়াবিশেষ। ৩ হালকা হলুদ রঙ। ৪ অনাবৃত ত্বকবিশেষত: stripped to the ~; বিবস্ত্র। ৫ (US কথ্য) অন্ধ অনুরাগী; অত্যুৎসাহী। □*vt* মোটা চামড়া দিয়ে পরিষ্কৃত করা।

buf·falo [ˈবাফালৌ] *n* (*pl* -s, US অপিচ -es) মহিষ; মোষ; উত্তর আমরিকার বাইসন।

buf·fer[1] [ˈবা ফা(র্)] *n* রেল–ইন্‌জিন, ভ্যান ইত্যাদিতে আঘাত বা সংঘর্ষের পরিণাম লাঘবের জন্য ব্যবহৃত যন্ত্রকৌশলবিশেষ; সংঘর্ষবারক; বাফার। ~ **state** একাধিক বৃহৎ রাষ্ট্রের মধ্যবর্তী ক্ষুদ্র রাষ্ট্র, যা বৃহৎ রাষ্ট্রগুলির মধ্যে যুদ্ধের ঝুঁকি লাঘব করে; প্রাবর–রাষ্ট্র। ~ **stock** আপৎকালীন সঞ্চয়।

buf·fer[2] [ˈবাফা(র্)] *n* (অশিষ্ট, সাধা. **old ~**) সেকেলে, জরদ্‌গব।

buf·fet[1] [ˈবুফেই US বা ˈফেই] *n* বুফে; যে কাউন্টারে খাদ্য ও পানীয় ক্রয় ও ভোগ করা যায়, যেমন রেলস্টেশন কিংবা রেলগাড়িতে (GB ~ car); যে টেবিল থেকে খাদ্য ও পানীয় পরিবেশন করা হয়, যেমন হোটেলে: cold ~, (খাদ্যতালিকায়) ঠাণ্ডা খাবার; ~ supper, বুফে ভোজ, যে ভোজে অতিথিরা উপবেশন না করে খাদ্য গ্রহণ করেন।

buf·fet[2] [ˈবাফিট্] *n* আঘাত; কিল; ঘুষি; চড়; (লাক্ষ.) দুর্ভাগ্য; নিয়তির বিড়ম্বনা। □*vt,vi* ১ মুষ্ট্যাঘাত/ চপেটাঘাত করা। ২ (বিরল) যুদ্ধ করা: ~ with the gale.

buf·foon [বা ˈফূন্] *n* ভাঁড়; বিদূষক; বৈহাসিক। **play the ~** ভাঁড়ামি করা। **~·ery** [- ˈন্যারি] *n* [U] ভাঁড়ামি; বিদূষকের আচরণ; (*pl*) স্থূল রসিকতা ও আচরণ।

bug [বাগ্] *n* ১ ছারপোকা; মৎকুণ। ২ (বিশেষত US) যেকোনো ক্ষুদ্র কীট (ˈharvest bug, ˈmealy-bug ইত্যাদি)। ˈ**bug-hunter** *n* (কথ্য) কীটতত্ত্ববিদ। ৩ (কথ্য) জীবাণু; ভাইরাস সংক্রমণ। ৪ (অপ.) কেষ্টুবিষ্টু। ৫ (অপ.) ত্রুটি; ছিদ্র; বিঘ্ন; কম্পিউটার ইত্যাদির যান্ত্রিক ত্রুটি। ৬ (কথোপকথন ইত্যাদি আড়ি পেতে শোনার জন্য) ছোট গুপ্ত মাইক্রোফোন। □*vt* ১ (কথ্য) গোপনে কথোপকথন শোনার জন্য (কোনো কক্ষ বা অনুরূপ স্থানে) ইলেক্ট্রনিক কৌশলাদি ব্যবহার করা। ২ (US কথ্য) ভুল করানো। ৩ (US অপ.) বিরক্ত করা।

buga·boo [ˈবাগাবূ] *n* বিরক্তি বা ভয়ের উৎস।

bug·bear [ˈবাগবেআ(র্)] *n* অকারণে কিংবা যথেষ্ট কারণ ছাড়াই যে বস্তুকে ভয় বা ঘৃণা করা হয়; জুজু; জুজুর ভয়।

bug·ger [ˈবাগা(র্)] *n* ১ (আইন.) পায়ুকামী। ২ (নিষেধ.) অশ্লীল কটূক্তি। □*vt,vi* পুংমৈথুনে লিপ্ত হওয়া। **~ (it)** ! (*int* বিরক্তি, রাগ ইত্যাদি প্রকাশের জন্য ব্যবহৃত)। **~ off** (বিশেষত imper) দূর হও। **~ sth up** নষ্ট/ পণ্ড করা। **~ed (up)** নষ্ট; পণ্ড। ˈ**~-all** *n* কিছু–না; অষ্টরম্ভা। **~y** *n* পায়ুকাম।

buggy [ˈবাগি] *n* (*pl* -gies) ১ এক বা দুজন যাত্রী বহনকারী অশ্ববাহিত হালকা গাড়িবিশেষ; বগি: the horse and ~ age; মোটরগাড়ি প্রচলনের পূর্ববর্তী যুগ। ২ ˈ**beach ~,** দ্র. beach. ৩ **(baby)** ~ (US) পেরামবুলেটর।

bugle [ˈবিউ্যগ্‌ল্] *n* তামা বা পিতলের তৈরি এক ধরনের বাঁশি; রণভেরি; বিষাণ। **~r** *n* বিষাণবাদক; ভেরিবাদক।

buhl [বূল্] *n* আসবাবপত্রে পিতল; কচ্ছপের খোলা ও হাতির দাঁত খচিত করে অলঙ্করণ: a ~ cabinet.

build[1] [বিল্ড্] *vt,vi* (*pt,pp* built [বিল্ট্]) ১ **~ sth (of/out of)** নির্মাণ/ তৈরি করা; গড়া; বানানো: ~ a house / road. ২ **~ sth into** বিভিন্ন অংশের সমবায়ে একটি সমগ্রবস্তু তৈরি করা: The artist built the scraps into a beautiful piece of art. ৩ **~ in / into** কোনো বৃহৎ বস্তুর দৃঢ়বদ্ধ ও স্থায়ী অঙ্গ হিসাবে কোনো কিছু সন্নিবেশ করা: The aerial is built in the television. **built·in** সন্নিবিষ্ট; অন্তর্বিষ্ট। ৪ **~ up** (ক) জমা; জমে ওঠা; পুঞ্জীভূত হওয়া: The strength of the party is ~ing up. (খ) ক্রমান্বয়ে একত্র হয়ে সংখ্যা বা শক্তি বৃদ্ধি করা; পুঞ্জীভূত হওয়া: Our contributions are ~ing up a considerable benevolent fund. **~ sb / sth up** (ক) (প্রচারণা/ প্রশংসার মাধ্যমে) কারো খ্যাতিবৃদ্ধির চেষ্টা করা; ফুলিয়ে ফাঁপিয়ে তোলা। (খ) ধীরে ধীরে গড়ে তোলা; অর্জন করা: He built up a good reputation through hard work. (গ) (কর্মবাচ্যে বিশেষণরূপে) দালান–কোঠায় পরিপূর্ণ হওয়া: This area has been built up in the last decade. ˈ**built-up areas** যে অঞ্চলে প্রচুর ঘরবাড়ি নির্মিত হয়েছে। **(ঘ)** শক্তি বা সংখ্যা বৃদ্ধির জন্য একত্র করা; গড়ে তোলা: We are ~ing up our air force. ˈ**~-up** *n* **(ক)** বৃদ্ধি: a ~-up of forces/ pressure. **(খ)** জমে-ওঠা; পুঞ্জীভবন: a ~-up of traffic. **(গ)** স্তাবকতামূলক প্রশংসা ইত্যাদি: The candidate got an enormous ~-up from the press. ৫ **~ on/ upon** নির্ভর/ ভরসা করা: I built too much on his words. ৬ (*advv* – সহ *pp*): a well-built man, সুঠাম-শরীর; solidly built, সুদৃঢ় কাঠামোর অধিকারী। **~er** *n* নির্মাতা, বিশেষত নির্মাণ কাজের ঠিকাদার; (লাক্ষ.) স্রষ্টা: a nation-~er.

build² [বিল্ড্] *n* [U] সাধারণ আকৃতি বা গঠন; (মানবদেহ সম্বন্ধে) গড়ন; কাঠাম; আকৃতি ও অনুপাতের সাধারণ বৈশিষ্ট্যসমূহ; ধাতু: They are of the same ~, তারা একই ধাতুতে গড়া।

build·ing [ˈবিল্ডিঙ্] *n* ১ [U] নির্মাণ-কৌশল: ˈ~ operations; ˈ**~ materials** নির্মাণ-সামগ্রী। **~ land** গৃহাদি নির্মাণের জন্য ব্যবহৃত জমি। ˈ**~·society** গৃহনির্মাণ-সমিতি। ২ [C] গৃহ; ভবন; দালান; ইমারত; অট্টালিকা।

bulb [বাল্ব্] *n* ১ কন্দ। ২ কন্দসদৃশ বস্তু; (বিজলি বাতির) বাল্ব; কোনো কাচের নলের (যেমন তাপমান যন্ত্রের) স্ফীত অংশ; বাল্ব। **bul·bous** [বাল্বাস্] *adj* কন্দসদৃশ; কন্দাকার; কন্দযুক্ত; কন্দজ।

bul·bul [বুল্বুল্] *n* বুলবুল পাখি।

bulge [বাল্জ্] *n* [C] স্ফীতি; বিস্ফোট; স্ফীত অংশ; সংখ্যা বা আয়তনের সাময়িক বৃদ্ধি; (সাম.) শত্রুর রণশিবিরে আঘাত হানার জন্য সম্মুখবর্তী ব্যূহবিশেষ; সূচিব্যূহ। □*vi,vt* স্ফীত হওয়া বা করা; ফাঁপা; ফাঁপানো; ফোলা; ফোলানো: His pockets are bulging with money.

bulk [বাল্ক্] *n* [U] পরিমাণ; আয়তন; বিশেষত বৃহৎ পরিমাণ; স্তূপ। **in ~ (ক)** বৃহৎ/ প্রচুর পরিমাণে **(খ)** খোলা অবস্থায় (বাক্স ইত্যাদিতে বন্দী নয়)। **~ buying** বিপুল পরিমাণে ক্রয়। **the ~ of** কোনো কিছুর প্রধান ভাগ। □ *vi* **~ large** বৃহৎ/গুরুত্বপূর্ণ বলে প্রতিভাত হওয়া। **~y** *adj* স্থূলকায়; স্থূলাকার; বিপুল।

bulk·head [ˈবাল্কহেড্] *n* [C] জাহাজ বা সুড়ঙ্গের মধ্যে জল-অভেদ্য সন্ধি/ দেয়াল।

bull¹ [বুল্] *n* ১ ষাঁড়; বৃষ। ˈ**~-neck** *adj* বৃষস্কন্ধ। **a ~ in a ˈchina shop** পদ্মবনে মত্তহস্তী। **take the ~ by the horns** সাহসের সঙ্গে বিপদ মোকাবেলা করা। ˈ**~·fight** *n* ষাঁড়ের সঙ্গে লড়াই (যেমন, স্পেনে)। ˈ**~·fighter** *n* বৃষপ্রহর্তা। ˈ**~·ring** *n* (ষাঁড়ের সঙ্গে লড়াইয়ের) মল্লভূমি। ˈ**~·shit** *n* (নিষেধ) (অশিষ্ট অপ.) গোমল; বৃথাবাক্য; অনর্থ; বাজে কথা; বাগাড়ম্বর। ২ পুংজাতীয় তিমি, হাতি ও অন্যান্য বৃহৎ জন্তু। ৩ (স্টক একচেঞ্জ; দ্র. bear¹(8)) অধিক মুনাফায় বিক্রি করার আশায় যে ব্যক্তি স্টকের মূল্যবৃদ্ধির চেষ্টা করে। **~·ish** *adj* মূল্যবৃদ্ধি-প্রত্যাশী; তেজি: a ~ ish market. ৪ (যৌগশব্দ) ˈ**~·dog** *n* স্থূল গলাবিশিষ্ট; শক্তিশালী; বড়ো জাতের কুকুরবিশেষ; বুলডগ। ˈ**~·doze** *vt* **(ক)** বুলডোজার দিয়ে মাটি সরানো; প্রতিবন্ধক দূর করা। **(খ)** **~doze sb into doing sth** বলপ্রয়োগ করে বা ভয় দেখিয়ে কাউকে কিছু করতে বাধ্য করা। **~·dozer** [বুলডৌজা(র্)] *n* বুলডোজার। ˈ**~·finch** গোলাকার ঠোঁট এবং উজ্জ্বল রঙের গায়কপাখিবিশেষ; বুলফিঞ্চ। ˈ**~·frog** *n* বড়ো আকারের আমেরিকান জাতের ব্যাঙ; কোলাব্যাঙ। ˌ**~-ˈheaded** *adj* স্থূলধী; জড়বুদ্ধি; গোঁয়ার। ˈ**~'s-eye** *n* (ধনুর্ধর প্রভৃতির জন্য) লক্ষ্যস্থল; শরব্য। ˌ**~-ˈterrier** *n* বুলডগ ও টেরিয়ারের সঙ্করজাত কুকুরবিশেষ; বুল-টেরিয়ার।

bull² [বুল্] *n* পোপের অনুশাসন বা আজ্ঞাপত্র।

bull³ [বুল্] *n* (অপিচ **Irish ~**) সাধা. পদান্বয়ের বিপ্রতিপত্তির দরুন হাস্যকর বা কৌতুকজনক ভাষা-বিচ্যুতি (উদা: 'On the eternal shore of time, you can see the footprint of an unseen hand'); আইরিশ বুল।

bul·let [ˈবুলিট্] *n* বুলেট; রাইফেল বা রিভলভারে ব্যবহার্য সীসার তৈরি গুলি বা টোটা। তুল. কামানের গোলা (shells). ˈ**~-headed** [-হেডিড্] *adj* গোলাকার ক্ষুদ্র মস্তকবিশিষ্ট। ˈ**~-proof** *adj* বুলেট-অভেদ্য।

bull·etin [ˈবুলাটিন্] *n* ১ সংবাদবিজ্ঞপ্তি; বুলেটিন। ২ সরকারি সংবাদসহ মুদ্রিত পত্র।

bul·lion [ˈবুলিঅন্] *n* [U] সোনা ও রুপার পিণ্ড বা বাট; হিরণ্য।

bul·lock [ˈবুলাক্] *n* ১ বৃষভ; এঁড়ে বাছুর। ২ ছিন্নমুষ্ক বৃষ; বলদ।

bully¹ [ˈবুলি] *n* (*pl* -lies) যে ব্যক্তি দুর্বলকে ভয় দেখানো বা পীড়ন করার জন্য বলপ্রয়োগ করে; শূরন্মন্য। □*vt* **~ sb (into doing sth)** বলপ্রয়োগ করে বা ভয় দেখিয়ে কাউকে কিছু করতে বাধ্য করা।

bully² [ˈবুলি] *n* [U] (অপিচ ˈ**~ beef)** টিনজাত গোমাংস।

bully³ [ˈবুলি] *adj* (অপ.) বেড়ে; খাসা: B~ for you.

bully⁴ [ˈবুলি] *n* (হকি) খেলা আরম্ভ বা পুনরায় শুরু করবার পদ্ধতি (দু'জন প্রতিদ্বন্দ্বী খেলোয়াড় একে অপরের যষ্টিতে তিনবার আঘাত করে খেলা শুরু করেন)। □*vi* **~ off** উপরোক্ত পদ্ধতিতে খেলা শুরু করা।

bul·rush [ˈবুলরাশ্] *n* [C] নলখাগড়া; শর।

bul·wark [ˈবুলওয়াক্] *n* ১ প্রাকার; পাঁচিল; (লাক্ষ.) রক্ষাপ্রাচীর। ২ (সাধা. *pl*) নৌপৃষ্ঠের উপরিভাগে বেষ্টনী; পরিকূট।

bum¹ [বাম্] *n* (কথ্য) নিতম্ব; পাছা।

bum² [বাম্] (অপ.) *n* পেশাদার ভিখারি; ভিক্ষাজীবী; অকর্মা। □*adj* নিকৃষ্ট; বাজে। □*vi* (-mm-) ১ **~ around** উদ্দেশ্যহীনভাবে ইতস্তত বিচরণ করা। ২ *vt* (-mm-) **~ sth (off/from sb)** কারো কাছ থেকে কিছু আদায় করে নেওয়া: The vagabond ~med a penny off me.

bumble·bee [ˈবামব্ল্ বী] *n* ভ্রমর।

bum·boat [ˈবাম্বৌট্] *n* (নৌ.) সমুদ্র উপকূলের অদূরে নোঙর করা জাহাজে খাদ্যদ্রব্যাদি সরবরাহ করার জন্য ছোট নৌকাবিশেষ; সন্তরণ-তরী।

bump [বাম্প্] *vt,vi* ১ **~ (against/ into)** দুম করে কিছুর সঙ্গে ধাক্কা খাওয়া; ঠুকে যাওয়া। **~ against / on** ধাক্কা লেগে (মাথা ইত্যাদিতে) ব্যথা পাওয়া। ২ ঝাঁকুনি দিতে দিতে চলা: Our jeep ~ed along the stony road. ৩ **~ sb off** (অপ.) কাউকে খুন/ খতম করা। □*adjv* হঠাৎ; প্রচণ্ডভাবে: The car ran ~ into the building. □*n* ১ আঘাত বা প্রহার; আঘাতের 'দুমদুম' শব্দ। ২ (আঘাতের দরুন) ফোলা; স্ফোট; করোটির স্বাভাবিক স্ফীতি। দ্র. phrenology. ৩ যে কোনো পৃষ্ঠদেশের স্ফীতি। ৪ (বাতাসের চাপের আকস্মিক

পরিবর্তনের দরুন উড়োজাহাজে অনুভূত) ঝাঁকুনি; ক্ষোভ। **~y** *adj* (-ier, -iest) ঝাঁকুনিপূর্ণ।

bum·per[1] [ˈবাম্পা(র্)] *n* সংঘর্ষের প্রকোপ কমানোর জন্য বাস, মোটরগাড়ি ইত্যাদির সামনে-পিছনে সংযোজিত বারণী; বাম্পার। US = buffer[1]. **ˌ~-to-ˈ~** *adj* (গাড়ি সম্বন্ধে) গায়ে গায়ে লাগানো।

bum·per[2] [ˈবাম্পা(র্)] *n* ১ কানায় কানায় পূর্ণ সুরাপাত্র। ২ (attrib) সাধা. অসাধারণরকম প্রচুর বা বৃহৎ: ~ crops, অপর্যাপ্ত/ অঢেল/ সুপ্রচুর ফসল।

bum·per[3] [ˈবাম্পা(র্)] *n* (ক্রিকেট) যে বল নিক্ষিপ্ত হয়ে ভূমি স্পর্শ করে উঁচুতে লাফিয়ে ওঠে; প্লুতবল।

bump·kin [ˈবাম্পকিন্] *n* গেঁয়ো; গ্রাম্যজন।

bump·tious [ˈবাম্প্শাস্] *adj* আত্মাভিমানী; উদ্ধত; দাম্ভিক; হামবড়া। **~·ly** *adv* উদ্ধতভাবে।

bun [বান্] *n* ১ সাধা. কিশমিশযুক্ত ক্ষুদ্র গোলাকার সুমিষ্ট রুটিবিশেষ। ২ **have a bun in the oven** (কথ্য) গর্ভবতী হওয়া। ৩ **in a bun** (মেয়েদের চুল সম্বন্ধে) খোঁপা-বাঁধা।

bunch [বান্চ্] *n* ১ গুচ্ছ; স্তবক; কাঁদি; তোড়া; থোকা; গোছা; আঁটি; তাড়া; গাঁট। ২ (অপ.) জনতা; দল। ৩ **the best of the bunch** (কথ্য) সর্বশ্রেষ্ঠ। □*vt,vi* **~ (up/ together)** গুচ্ছবদ্ধ/ দলবদ্ধ ইত্যাদি হওয়া বা করা।

bundle [ˈবান্ড্ল্] *n* আঁটি; তাড়া; গোছা; গাটরি; গাঁট। □*vt,vi* ১ **~ up/ together** আঁটি/গাঁট বাঁধা। ২ অগোছালোভাবে স্তূপ করে রাখা; এলোপাতাড়িভাবে রাখা। ৩ তাড়াহুড়া করে যাওয়া বা পাঠানো।

bung [বাঙ্] *n* (সাধা. কাঠ, রাবার, কর্ক বা প্লাস্টিকের) বড়ো ছিপি; পিধান। □*vt* **~ (up)** ছিপি আঁটা। **~-hole** *n* ছিপির মুখ। **~-ed up** (নাক সম্বন্ধে) শ্লেষ্মায় অবরুদ্ধ; (নর্দমা সম্বন্ধে) মলাবদ্ধ।

bun·ga·low [ˈবাঙ্গালৌ] *n* একতলা ছোট বাড়ি; বাংলো। **bun·galoid** [ˈবাঙ্গা লইড্] *adj* বাংলোসদৃশ: bungaloid growth, বহু বাংলোবিশিষ্ট, কুদৃশ্য নির্মাণ-এলাকা।

bungle [ˈবাঙ্গ্ল্] *vt,vi* (কোনো কাজ) আনাড়ির মতো করা; পণ্ড/ ভণ্ডুল করা: He ~d the whole project. □*n* ভণ্ডুল কাজ। **ˈbung·ler** [বাঙ্লা(র্)] *n* যে ভণ্ডুল করে।

bun·ion [ˈবানিআন্] *n* (বিশেষত পায়ের আঙুলের) প্রদাহপূর্ণ স্ফীতি; গেঁজ।

bunk[1] [বাঙ্ক্] *n* জাহাজ বা ট্রেনে দেয়ালসংলগ্ন অপ্রশস্ত শয্যা; মঞ্চক; তল্প। **~ beds** (সাধা. শিশুদের জন্যে) উপরে নীচে স্থাপিত একক শয্যার জোড়া; যমলশয্যা।

bunk[2] [বাঙ্ক্] *vi* (GB অপ.) স্কুল বা কাজ পালানো। □*n* **do a ~** পালিয়ে যাওয়া।

bunk[3] [বাঙ্ক্] *n* [U] bunkum-এর সংক্ষেপ।

bunker [ˈবাঙ্কা(র্)] *n* ১ জাহাজের যে অংশে কয়লা বা জ্বালানি মজুত রাখা হয়; জ্বালানি-কোঠা। ২ (গলফ খেলায়) বলের গতিরোধ করার জন্য বালুকাময় গর্ত; কোষ্ঠক; বাংকার। ৩ (সাম.) মাটির তলায় সুরক্ষিত আশ্রয়; বাংকার। □*vt,vi* ১ জাহাজের খোলে জ্বালানি মজুত করা; (জাহাজ সম্বন্ধে) জ্বালানি নেওয়া। ২ (সাধা. কর্মবাচ্যে) **be ~ed** গলফে বল বাংকারে ঢোকানো; (লাক্ষ.) বিপদে পড়া; ফেঁসে যাওয়া।

bun·kum [ˈবাঙ্কাম্] *n* [U] (কথ্য) অনর্থ; বাজে কথা; আবোলতাবোল।

bunny [ˈবানি] *n* (*pl* -nies) (শিশুর বোল) খরগোশ।

Bun·sen [ˈবানস্ন্] *n* ˌ**~ ˈburner** বৈজ্ঞানিক গবেষণাগারে ব্যবহারের জন্যে গ্যাস-চুল্লিবিশেষ; বানসেন দাহক।

bun.ting[1] [ˈবান্টিঙ্] *n* [U] উৎসব-অনুষ্ঠানে শোভাবর্ধক পতাকা ও সাজসজ্জা তৈরির জন্য ব্যবহার্য বর্ণাঢ্য বস্ত্রবিশেষ; ধ্বজপট।

bun·ting[2] [ˈবান্টিঙ্] *n* শিঙের গুঁতা; ঢুঁ।

buoy [বয়] *n* ১ বয়া; প্লবক। ২ (অপিচ **ˈlife-~**) পানিতে ভেসে থাকার সহায়ক উপস্করবিশেষ; প্লবক; লাইফবয়। □*vt* ১ বয়া দিয়ে চিহ্নিত করা: ~ a channel. ২ **~ up** ভাসিয়ে রাখা; (লাক্ষ.) আশা ইত্যাদি উজ্জীবিত রাখা।

buoy·ancy [ˈবয়ান্সি] *n* [U] ১ প্লবতা; প্লবনশীলতা। ২ (লাক্ষ.) প্রাণোচ্ছলতা; প্রফুল্লতা; লঘুচিত্ততা; প্রাণশক্তি; (স্টকবাজার সম্বন্ধে) তেজি ভাব।

buoy·ant [ˈবয়ান্ট্] *adj* প্লবনশীল; উৎপতিষ্ণু; প্লবমান; (লাক্ষ.) প্রাণোচ্ছল; প্রফুল্ল; লঘুচিত্ত; (স্টক বাজার সম্বন্ধে) তেজি। **~·ly** *adv*

bur, burr [বা(র্)] *n* চোরকাঁটা; (লাক্ষ.) নাছোড়বান্দা; গায়ে-পড়া লোক।

burble [ˈবাব্ল্] *vi* গদগদ/ কলকল শব্দ করা।

bur·den [ˈবাড্ন্] *n* ১ ভার; বোঝা; গুরুভার; (সাহিত্য. ও লাক্ষ.) বোঝা; যা বহন করা কঠিন। **be a ~ to sb** কারো বোঝা/ গলগ্রহ হওয়া। **beast of ~** ভারবাহী পশু। ২ [U] জাহাজের বহনক্ষমতা; ধারণক্ষমতা: a ship of 5000 tons ~. ৩ **the ~ of proof** প্রমাণের দায়। ৪ ধুয়ো; ধ্রুবপদ; (def art-সহ) বিবৃতি, বক্তৃতা ইত্যাদির মুখ্যবিষয়; মর্ম; সারকথা। □*vt* **~ sb/oneself (with)** বোঝা চাপানো। **~·some** [-সাম্] *adj* দুর্বহ; ক্লান্তিকর; ক্লেশাবহ।

bur·dock [ˈবাডক্] *n* ভাঁটুই গাছ (burrs).

bureau [ˈবিউ্যরৌ] *n* (*pl* -reaux, [-রৌজ্]) ১ (GB) দেরাজযুক্ত লেখার টেবিল; বুওরো। ২ সরকারি বা পৌর দপ্তর/অফিস; ব্যুরো; দপ্তর: Information B~; Tourist B~. ৩ [US] (সাধা. আয়নাসহ) দেরাজওয়ালা আলমারি (কাপড় চোপড় রাখার জন্য)।

bureau·cracy [বিউ্যআˈরক্র াসি] *n* [U] আমলাতন্ত্র; আমলাদের পরিচালিত প্রশাসনিক ব্যবস্থা; [C] (*pl* -cies) এই ধরনের সরকারের দৃষ্টান্ত; আমলাদের সমষ্টি।

bureau·crat [ˈবিউ্যআরক্র্যাট্] *n* (প্রায়শ অপক.); সরকারি কর্মকর্তা; (ক্ষমতাসীন আমলা; আমলাতন্ত্রবাদী ব্যক্তি। **~ic** [ˌবিউ্যআরাˈক্র্যাটিক্] *adj* আমলাসুলভ; আমলাতান্ত্রিক। **~i·cally** [-টিক্লি] *adv* আমলাতান্ত্রিকভাবে।

burette [বিউ্যআˈরেট্] *n* নিঃসৃত তরলপদার্থ মাপার জন্য ট্যাপযুক্ত; মাত্রাঙ্কিত কাচের নলবিশেষ; বুরেট।

burg [বা্গ্] *n* (US কথ্য) শহর; নগর।

bur·geon [ˈবাজান্] *vi* (কাব্যিক) পল্লবিত হওয়া; অঙ্কুরিত হওয়া। (লাক্ষ.) দ্রুত বেড়ে ওঠা; দ্রুত বিকশিত হওয়া।

bur·ger [ˈবাগা(র্)] *n* (কথ্য) = hamburger.

burgh [ˈবারা] *n* স্কটল্যান্ডের বারো; সংসদে এক বা একাধিক সদস্য প্রেরণের অধিকারপ্রাপ্ত নগর বা নগরাংশ; পৌরসভা-শাসিত এবং রাজকীয় আজ্ঞাপত্রবলে স্ব-শাসনের অধিকারভোগী নগরী।

bur·gher [ˈবাগা(র্)] *n* (প্রা. প্র.) (বিশেষত ওলন্দাজ, ফ্লেমীয় ও জর্মন কোনো নগরের) নাগরিক।

bur·glar [ˈবাগ্‌লা(র্)] *n* সিঁধেল চোর। **bur·glary** [ˈবাগ্‌লারি] *n* [U] সিঁধ কেটে যে চুরি; [C] (*pl* -ries) চুরি। ˈ**~-alarm** *n* চুরি সম্বন্ধে সতর্ক করবার জন্য যান্ত্রিক উপায়। ˈ**~-proof** *adj* তস্কর-অভেদ্য। **burgle** [ˈবাগ্‌ল্] *vt,vi* চুরি করা। **~i·ous** [বাˈগ্‌লেআরিআস্] *adj* (আইন.) চৌর্যঘটিত; চৌর্যমূলক।

burgo·mas·ter [ˈবাগামা:স্টা(র্)] US –ম্যাস্–] *n* ওলন্দাজ, ফ্লেমীয় ও জর্মন নগরীর মেয়র; নগরাধ্যক্ষ।

Bur·gundy [ˈবাগান্‌ডি] *n* [U] (মধ্য ফ্রান্সের) বার্গান্ডি অঞ্চলের (সাধা. লাল রঙের) বিভিন্ন প্রকার মদ; বার্গান্ডি।

burial [ˈবেরিআল্] *n* [U,C] সমাধিস্থকরণ; দাফন। ˈ**~-ground** *n* সমাধিভূমি; গোরস্তান। ˈ**B~ Service** অন্ত্যেষ্টিক্রিয়া; সৎক্রিয়া।

burke [বাক্] *vt* এড়ানো; বর্জন করা: ~ publicity; প্রতিষিদ্ধ করা: ~ an enquiry.

bur·lap [ˈবাল্যাপ্] *n* [U] (ব্যাগ, প্রচ্ছদ ইত্যাদি তৈরি করার জন্য) মোটা ক্যানভাসবিশেষ; বার্ল্যাপ।

bur·lesque [বাˈলেস্ক্] *n* ১ [C] কৌতুক বা পরিহাসের উদ্দেশ্যে বই, ভাষা, ব্যক্তিবিশেষের আচরণ ইত্যাদির অনুকরণ। ২ [U] কৌতুকজনক অনুকরণ; উৎপ্রাসন। ৩ (US) বিচিত্রানুষ্ঠান; বিনোদন-অনুষ্ঠান। দ্র. variety (৫)। ৪ (*adj* বা attrib রূপে) ঔৎপ্রাসিক। ৫ *vt* প্রহসিত করা; উৎপ্রাসন করা।

burly [ˈবালি] *adj* স্থূলকায়; স্থূল; মহাকায়।

burn[1] [বান্] *n* (স্কট) সরিৎ; ক্ষুদ্র নদী।

burn[2] [বান্] *vt,vi* (*pt,pp* burnt [বান্‌ট্] অথবা burned [বান্‌ড্]) (*adv part* ও *preps*–সহ প্রয়োগের জন্য নীচে ৬ দ্র.) ১ পোড়ানো: This engine ~s diesel. ২ ~ to পোড়ানো; দগ্ধ করা; পুড়িয়ে ফেলা: Don't ~ your fingers while cooking. **~ one's fingers,** দ্র. finger. ˈ**~ing glass** আতশ কাচ। ৩ পোড়া; জ্বলা: The ship is ~ing. ৪ তাপের সাহায্যে তৈরি করা; (কোনো বস্তুকে) পুড়িয়ে কিছু তৈরি করা: ~ bricks; ~ a hole in a piece of cloth. ৫ পুড়ে যাওয়া; দগ্ধ/ ভস্মীভূত হওয়া; পুড়ে ছাই হওয়া; (লাক্ষ.) তীব্র আবেগ অনুভব করা; জ্বলা; (লজ্জায়) লাল হওয়া: The meat has ~t; He is ~ing with anger. ৬ (*adv par* ও *preps*–সহ বিশিষ্ট প্রয়োগ) ঃ **burn (sth) away (ক)** জ্বলতে/ পুড়তে থাকা: The cinder is ~ing away. **(খ)** পুড়ে/ জ্বলে যাওয়া; পুড়ে/ জ্বলে শেষ হওয়া; নষ্ট হওয়া: Half his face was ~t away. **burn (sth) down** (আগুনে) পুড়ে ছাই হওয়া/ করা; পুড়িয়ে ফেলা/ দেওয়া: The building (was) ~t down. ~ (down) (low), কম জ্বলা/পোড়া। **burn sth out (ক)** (পুড়তে পুড়তে) নিবে যাওয়া: The candle ~t (itself) out; **(খ)** (রকেট সম্বন্ধে) জ্বালানি শেষ করে ফেলা; **(গ)** (বৈদ্যুতিক মোটর, কয়েল সম্বন্ধে) পুড়ে যাওয়া; **(ঘ)** (সাধা. কর্মবাচ্যে) ভস্মীভূত হওয়া: ~t out houses. **~oneself out** (অতি পরিশ্রমে, অমিতাচারে) স্বাস্থ্য নষ্ট করা; শরীর ভেঙে ফেলা। **~ sth up (ক)** জ্বলে ওঠা; প্রজ্জ্বলিত করা: The fire ~t up, as it came in contact with dried stalks. **(খ)** পুড়িয়ে ফেলা: B~ up the rubbish. **(গ)** (বায়ুমণ্ডলে প্রবেশী রকেট ইত্যাদি সম্বন্ধে) আগুন লেগে জ্বলে যাওয়া। ˈ**~-up** *n* (GB অপ.) জনপথে মোটর সাইকেলে আরোহী তরুণদের তীব্রগতি দৌড়-প্রতিযোগিতা।

burn[3] [বান্] *n* ১ দাহ; অগ্নিদাহ; অগ্নিক্ষত; পোড়া ঘা। ২ (নভ.) রকেটের একবার সমিন্ধন (firing): another ~ to correct the course of the rocket.

burner [ˈবানা(র্)] *n* ১ দহনকারী: a ˈcharcoal ~, কয়লা পোড়ায় যে। ২ চুল্লি; দাহক; তাপক; দীপক।

bur·ning [ˈবানিঙ্] *adj* ১ তীব্র: a ~ thirst. ২ উত্তেজনাকর; জ্বলন্ত; উত্তপ্ত: a ~ question. ৩ কুখ্যাত; কলঙ্কজনক; গর্হিত: a ~ disgrace.

bur·nish [ˈবানিশ্] *vt,vi* (ধাতু) ঘষা-মাজা; সম্মার্জনা করা; উজ্জ্বলিত করা; মাজনীয় হওয়া: This metal ~ es well.

bur·nous(e) [বাˈনূস্] *n* আরব ও মুরদের পরিধেয় মস্তকাবরণযুক্ত ঢিলেঢালা পরিচ্ছদ; বুর্নুস।

burp [বাপ্] *n* [C] (কথ্য) ঢেকুর। □*vt,vi* ঢেকুর তোলা/ তোলানো: ~ a baby.

burr[1] *n* দ্র. bur.

burr[2] [বা(র্)] *n* ১ ঘর্ঘর শব্দ। ˈ**~-drill** *n* দন্ত-চিকিৎসকদের ব্যবহৃত দাঁত ছিদ্র করার যন্ত্রবিশেষ; দন্তবেধনী। ২ 'র' ধনির প্রকট উচ্চারণ; প্রকট (গ্রামীণ) উচ্চারণ; টান।

bur·row [ˈবারৌ] *n* বিবর; গর্ত। □*vi,vt* **~ (into sth)** (গর্ত) খোঁড়া; (লাক্ষ.) (কোনো গুপ্ত বিষয়ে) তদন্ত করা।

bur·sar [ˈবাসা(র্)] *n* ১ (বিশেষত কোনো কলেজের) ধনাধ্যক্ষ; কোষাধ্যক্ষ। স্কটল্যান্ডের কোনো বিশ্ববিদ্যালয়ের বৃত্তিধারী ছাত্র কিংবা উচ্চশিক্ষা অর্জনের জন্য বৃত্তিপ্রাপ্ত শিক্ষার্থী: British Council ~s in great Britain. **~y** *n* ১ ধনাধ্যক্ষের দপ্তর। ২ বৃত্তি।

burst[1] [বাস্‌ট্] *vi,vt* (*pt,pp* burst) (*adv part* ও *prep* –সহ প্রয়োগের জন্য নীচে ৫ দ্র.) ১ ফাটা; বিস্ফোরিত হওয়া; (নদীতীর) প্লাবিত হওয়া; (ফোঁড়া, বুদ্বুদ) ফাটা; (কুঁড়ি) ফোটা; উদ্ভিন্ন হওয়া; (পাতা) মেলা; উদ্ভিন্ন হওয়া। **be ~ing to** উৎকণ্ঠিত/ ব্যগ্র হওয়া: I am ~ing to tell you the story. ২ ফাটানো; ফোটানো; বিস্ফোরিত করা: ~ a tyre/ balloon; ভাঙা: The police ~ the door open. **৩ ~ with** ফেটে পড়া; টইটম্বুর হওয়া; উপচে পড়া: sacks ~ with grains. He is ~ing with happiness/ health. ৪ অকস্মাৎ বা বলপূর্বক পথ করে নেওয়া; ভেদ করে বেরোনো: The oil ~ (= gushed) out of the ground; The stranger ~ into the room. ৫ (*adv part* ও *prep* সহ প্রয়োগ): **~ forth,** দ্র. ~ out. **~ in (on/upon) (ক)** বিঘ্নিত/ ব্যাহত করা: She ~ in upon your conversation. **(খ)** হঠাৎ উদিত হওয়া: The police will be ~ing on you in no time. **~ into (ক)** হঠাৎ ঘটা: The aeroplane ~ into flames. **(খ)** ফেটে পড়া; হঠাৎ শুরু করা: ~ into tears / laughter; ~ into song. **(গ)** ~ into bloom/ blossom, মঞ্জরিত/ মুকুলিত হওয়া। **(ঘ)** ~ into view / sight, হঠাৎ দৃশ্যমান হওয়া। **~ out (into)** চিৎকার করে ওঠা; কথা বলতে শুরু করা: 'Would you let me finish?' he ~ out (= forth). **~ out laughing/ crying** হঠাৎ হাসতে/ কাঁদতে শুরু করা। **burst on/ upon** অকস্মাৎ/ অপ্রত্যাশিতভাবে প্রত্যক্ষ হওয়া: The prospect ~ upon his sight. The truth will one day ~ upon you.

burst[2] [বাস্‌ট্] *n* ১ বিস্ফোরণ; বিদারণ: the ~ of a bomb. ২ সংক্ষিপ্ত; উদগ্র প্রযত্ন; দমক: a ~ of energy/

speed. ৩ প্রাদুর্ভাব; দমক; বিস্ফোরণ: a ~ of anger/ tears/ applause. ৪ স্বল্পকাল স্থায়ী উৎক্ষেপণ; বর্ষণ: a ~ of gunfire. ৫ দ্র. bust[2].

bur·then [ˈবার্দ়ন্] burden–এর প্রাচীন রূপ।

bur·ton [ˈবো°টন্] (একমাত্র ব্যবহার) **gone for a ~** (GB অপ.) পটল তুলেছে; নিখোঁজ।

bury [ˈবেরি] *vt* ১ সমাহিত করা; কবর/ গোর দেওয়া; (যাজক সম্বন্ধে) অন্ত্যেষ্টিক্রিয়া সম্পন্ন করা; (স্বজনদের সম্বন্ধে) মৃত্যুতে (স্বজন) হারানো: He has buried two wives. ২ মাটির নীচে রাখা; মাটি, পাতা ইত্যাদি দিয়ে ঢাকা; লুকানো; পুতে ফেলা; মাটি–চাপা দেওয়া: buried treasure; He was buried alive. **~ oneself in the country** গ্রামে নির্জনবাস/ অজ্ঞাতবাস করা। **~ oneself in one's books/ studies** বইয়ে/ অধ্যয়নে নিমগ্ন হওয়া। **be buried in thoughts/ memories of the past** গভীর চিন্তায়/ স্মৃতিমন্থনে নিমগ্ন হওয়া। **ˈ~ing ground** *n* গোরস্তান; সমাধিস্থল।

bus [বাস্] *n* ১ বাস। **miss the bus** (কথ্য) বিলম্বের কারণে সুযোগ গ্রহণে ব্যর্থ হওয়া; অবহেলায় সুযোগ হারানো। **ˈbus·man** [–মান্] *n* বাসচালক। **ˌbus·man's ˈholiday** যে অবকাশ স্বাভাবিক কাজকর্মেই অতিবাহিত হয়। **ˈ~ stop** *n* বাসস্টপ; বাসবিরতি। ২ (অপ.) উড়োজাহাজ; মোটরগাড়ি। □*vi,vt* (-ss-) বাসে করে যাওয়া/ নেওয়া; (বিশেষত US) শিশুদের স্কুলে পরিবহণ করা।

busby [ˈবাজ়্বি] *n (pl* -bies) আনুষ্ঠানিক কুচকাওয়াজে কোনো কোনো ব্রিটিশ সেনাদলের সৈনিকদের পরিহিত পশমি টুপিবিশেষ; বাজবি।

bush [বুশ্] *n* ১ [C] গুল্ম; ঝোপ; ঝাড়।: ˈrose ~; ˈfruit ~es, যেমন আঙুর; গুজবেরি। ২ [U] (প্রায়শ **the ~**) বিশেষত আফ্রিকা ও অস্ট্রেলিয়ায় বৃক্ষগুল্মাবৃত কিংবা বৃক্ষগুল্মহীন অকর্ষিত অরণ্যভূমি; আরণ্যভূমি। অপিচ দ্র. telegraph. **ˈB~·man** [–মান্] *n (pl* -men) দক্ষিণ–পশ্চিম আফ্রিকার আদিবাসীবিশেষ; বুশম্যান। **~y** *adj* ১ তরুগুল্মাবৃত; ঝোপঝাড়ময়। ২ ঘন; নিবিড়: ~y eyebrows; লোমশ: a fox's ~y tail.

bushed [বুশ্‌ট্] *ped adj* (কথ্য) পরিশ্রান্ত; ক্লান্ত।

bushel [ˈবুশ্‌ল্] *n* (মেট্রিক পদ্ধতি প্রবর্তিত হওয়ার পূর্বে) শস্য ও ফলের মাপ (৮ গ্যালন); দ্রোণ, বুশেল। দ্র. পরি. ৫। **hide one's light under a ~** নিজ সামর্থ্য, গুণাবলী ইত্যাদি সম্পর্কে নিরভিমান হওয়া; আত্মাভিমানবর্জিত হওয়া।

busier, busiest, busily, দ্র. busy.

business [ˈবিজ়্‌নিস্] *n* ১ [U] ব্যবসা; কারবার; বাণিজ্য; ক্রয়বিক্রয়। **on ~** কর্মব্যপদেশে; কার্যোপলক্ষে। **ˈ~ address** কর্মস্থলের ঠিকানা। তুল. home address। **ˈ~ hours** লেনদেনের সময়; দৈনিক কার্যসময়। **ˈ~-like** শৃঙ্খলা, ক্ষিপ্রতা, যত্ন ইত্যাদির পরিচয়বহ; ব্যবসাসুলভ; কারবারি। **ˈ~·man** [–ম্যান্] *n (pl* -men) ব্যবসায়ী; বণিক; কারবারি। ২ [C] দোকান; ব্যবসা; ব্যবসা–প্রতিষ্ঠান; কারবার: He runs a wholesale ~. ৩ [U] কর্তব্য; কৃত্য; কার্য; করণীয়; দায়িত্ব: That is not my ~. **get down to ~** অত্যাবশ্যকীয় কাজ শুরু করা। mind **one's own ~** নিজের চরকায় তেল দেওয়া। **mean ~** আগ্রহান্বিত/ আন্তরিক হওয়া। **send sb about his ~** নাক গলাতে নিষেধ করে চটপট বিদায় করা। ৪ [U] অধিকার: He has no ~ to say that. ৫ *(indef art*–সহ) কঠিন বিষয়/ কাজ: What a ~ it is to make him understand ! ৬ (প্রায়শ অবজ্ঞাসূচক) ব্যাপার; বিষয়; কৌশল: I am fed up with the whole ~. ৭ (কথ্য): the ~ end of a pin / chisel, etc. তীক্ষ্ণ প্রান্ত; কাজের দিক। ৮ [U] (মঞ্চ) চরিত্র–রূপায়ণে নটনটীদের অঙ্গ–সঞ্চালন, ভাবভঙ্গি, ইঙ্গিত ইত্যাদি দ্বারা অভিনয়; আঙ্গিকাভিনয়।

bus·ker [ˈবাস্কা(র্)] *n* অর্থের প্রত্যাশায় খোলা জায়গায় অনানুষ্ঠানিকভাবে যে চিত্তবিনোদন করে, যেমন প্রেক্ষাগৃহের সামনে অপেক্ষমান মানুষের উদ্দেশে যারা নাচে, গায়; রঙ্গজীবক।

bus·kin [ˈবাস্কিন্] *n* প্রাচীন ট্র্যাজিক নটনটীদের পরিধেয় উঁচু পাশযুক্ত জুতাবিশেষ; জঙ্ঘাত্র।

bust[1] [বাস্ট্] *n* ১ পাথর, কাঁসা, জিপসাম ইত্যাদির তৈরি আবক্ষ মূর্তি; আবক্ষ প্রতিমা; ঊর্ধ্বকায় প্রতিমা। ২ নারীবক্ষ; উত্তমাঙ্গ; বক্ষপরিধি।

bust[2] [বাস্ট্] *vt,vi* (burst–এর অপ.) **~ sth** গুঁড়িয়ে ফেলা; চূর্ণবিচূর্ণ করা। **go ~** ব্যর্থ হওয়া; কপর্দকশূন্য হওয়া; লালবাতি জ্বালানো। □*n* **have a ~; go on the ~** উদ্দাম আনন্দোৎসব। **ˈ~-up** *n* (অপ.) কলহ, বিবাদ।

bus·tard [ˈবাস্টাড্] *n* দ্রুত দৌড়াতে পারে এমন বড়ো ধরনের পাখিবিশেষ।

bus·ter[1] [ˈবাস্টা(র্)] *n* (যৌগশব্দে) সম্পূর্ণ ধ্বংসসাধনে সক্ষম বোমা বা গোলা: ˈdam-~, সেতুভঞ্জক; ˈtank-~ ট্যাংক–ভঞ্জক; ˈblock-~, গৃহপংক্তি–বিনাশক।

bus·ter[2] [ˈবাস্টা(র্) *n* (US অপ. সম্বোধন) ভায়া; ব্যাটাচ্ছেলে (= GB mate[1].

bustle[1] [ˈবাস্‌ল্] *vi,vt* ব্যস্তসমস্তভাবে চলাফেরা করা বা করানো: The inmates were bustling about / in and out। □*n* [U] উত্তেজিত কর্মব্যস্ততা: The house was in a ~.

bustle[2] [ˈবাস্‌ল্] *n* মহিলাদের স্কার্টের পিছনের দিক ফোলানোর জন্য আগেকার দিনে ব্যবহৃত কাঠামোবিশেষ।

busy [ˈবিজ়ি] *adj* (busier, busiest) ১ কর্মরত; ব্যাপৃত; ব্যস্ত; কর্মব্যস্ত: He is a ~ man. **be ~ doing sth** কোনো কাজে ব্যস্ত থাকা: I am ~ gathering facts. **get ~** শুরু করা: He would better get ~ preparing for the test. **ˈ~·body** *n (pl* -bodies) অনর্থব্যস্ত; পরাধিকারচর্চক। ২ কর্মব্যস্ত; কর্মচঞ্চল; কর্মমুখর; ব্যস্ত: a ~ day; a ~ shop: It is the busiest crossing of the city. ৩ (টেলিফোন লাইন সম্বন্ধে) ব্যস্ত। □*vt* **~ oneself (with); ~ oneself (by/ in) doing sth** ব্যস্ত থাকা; ব্যাপৃত হওয়া/ থাকা; নিজকে ব্যস্ত রাখা; নিজকে নিয়োজিত রাখা/ করা: He busied himself with running the family business. **busi·ly** [বিজিলি] *adv* ব্যস্তভাবে; ব্যস্ততাসহকারে।

but[1] [বাট্] *adv* শুধু; কেবল; মাত্র (এখন এই অর্থে সচরাচর only ব্যবহৃত হয়): You can ~ request. **can not but +** *inf* (আনুষ্ঠা.) = can only + *inf* বাধ্য হওয়া; কোনো বিকল্প না থাকা: I cannot ~ assume that ... আমি ধরে নিতে বাধ্য হচ্ছি যে...। I could not ~ appreciate his courage, তার সাহসের কদর না করে পারিনি।

but[2] [ব ট্; জোরালো রূপ: বাট্] *conj* ১ (coordinating): কিন্তু; তবে। ২ (subordinating, নঞর্থক ব্যঞ্জনাবহ): He never writes a word ~ he carefully weighs (= সতর্কতার সঙ্গে পরিমাপ না করে)

its implications. No man is so depraved ~ he may regenerate spiritually.

but[3] [বাট্; জোরালো রূপ: বাট্] *prep* (but-এর *prep* এবং *conj* রূপে প্রয়োগের মধ্যে সব সময়ে সুস্পষ্ট পার্থক্য নির্দেশ করা যায় না। ব্যক্তিবাচক সর্বনামের কর্তার রূপগুলি but-এর পরে প্রায়শ 'ব্যতীত' অর্থে ব্যবহৃত হয়, যেন but একটি *prep*)। (No one, *none,nothing* প্রভৃতি নঞর্থক সর্বনাম, *who*-এর মতো প্রশ্নবোধক সর্বনাম এবং *all,every one* প্রভৃতি শব্দের সঙ্গে) ব্যতিরেকে, ছাড়া: None ~ the brave deserve the fair. Who ~ my dear friend will come to my aid ? **first/ next/ last but one/ two/ three** বাদ দিয়ে: He was the last ~ one to leave. ˈ**but for** ছাড়া, নইলে, না + অসমাপিকা ক্রিয়া: B~ for his timely assistance I would not be here. ˈ**but that** (এমন) না হলে: He would have joined the party ~ that he was suddenly taken ill. ˈ**but then** অন্যদিকে: He is not a paragon of virtue, but then he is also the most companionable person I have ever met.

but[4] [বাট্] *rel pron* (বিরল; আনুষ্ঠা.) এমন কেউ/ কিছু যে/ যা .... না: There is not one of them ~ wants to deceive us.

bu·tane [ˈবিউটেইন্] *n* [U] ধাতব আধারে সরবরাহকৃত পেট্রোলিয়ামজাত গ্যাসবিশেষ; বুটেন।

butch [বুচ্] *adj* (কথ্য) (স্ত্রীলোক সম্বন্ধে) পুরুষালি আচরণ ও পুরুষোচিত প্রতি প্রবণতাসম্পন্ন; মর্দানি; (পুরুষ মানুষ সম্বন্ধে) অতিরিক্ত রকম পুরুষস্বভাববিশিষ্ট।

butcher [ˈবুচা(র্)] *n* ১ কশাই। **~'s meat** গৃহপালিত পাখি, বুনো পশুপাখি ও বেকন ব্যতীত অন্যান্য মাংস; কশাইয়ের মাংস। **the ~'s** কশাইয়ের দোকান। ২ অপ্রয়োজনীয় মৃত্যুর জন্য দায়ী ব্যক্তি, যেমন অধীনস্থ সৈনিকদের জীবন-অপচয়কারী সেনাপতি; অকারণে, বর্বরোচিতভাবে যে হত্যা করে; কশাই। □*vt* নিষ্ঠুরভাবে, বিশেষত ছুরির সাহায্যে হত্যা করা; জবাই করা। **~y** *n* [U] ১ (attrib) কশাইগিরি; কশাইয়ের পেশা। ২ অহেতুক নিষ্ঠুর হত্যাকাণ্ড; কশাইগিরি।

but·ler [ˈবাট্‌লা(র্)] *n* (মদ্যপ্রকোষ্ঠ, ভাঁড়ার ঘর, মূল্যবান সামগ্রী ইত্যাদির দায়িত্বে নিয়োজিত) প্রধান পরিচর; খানসামা।

butt[1] [বাট্] *n* জালা; পিপা।

butt[2] [বাট্] *n* ১ মাছ-ধরা ছিপ, বন্দুক ইত্যাদির (সাধা. কাঠের) স্থূলতর প্রান্ত; কুঁদো; বাট। ২ সিগার, সিগারেট বা মোমবাতির অদগ্ধীভূত প্রান্ত; গোড়া; পরভাগ।

butt[3] [বাট্] *n* ১ (সাধা. *def art*-সহ *pl*) নিশানা; লক্ষ্য; চাঁদমারি; শরব্য। ২ হাস্যকৌতুকের লক্ষ্যস্থলস্বরূপ ব্যক্তি; কৌতুকপাত্র: He is the ~ of the whole village.

butt[4] [বাট্] *vt,vi* ১ ঢুঁ মারা: ~ someone in the stomach. ২ **~ in** (কথ্য) জোর করে অন্যদের কথোপকথন বা আসরে ঢুকে পড়া; অনাহূত শরিক হওয়া। **~ into** মুখোমুখি ধাক্কা খাওয়া/ দেওয়া।

but·ter [ˈবাটা(র্)] *n* [U] ১ মাখন; ননী। **~ will / would not melt in sb's mouth** ভাজা মাছটি উল্টে খেতে জানে না। ˈ**~-bean** বড়ো জাতের শুকনো শিমবিশেষ; শিম্বিক। ˈ**~·cup** *n* হলুদ ফুলযুক্ত বুনো উদ্ভিদবিশেষ; নবনীপুট। ˈ**~·fin·gers** কোনো কিছু শক্ত করে ধরে রাখতে, বিশেষত বল ধরতে অপারগ ব্যক্তি; নবনীকর। ˈ**~milk** *n* ঘোল। ˈ**~·scotch** *n* [U] চিনি ও মাখন একত্রে জ্বাল দিয়ে তৈরি মিষ্টান্নবিশেষ। ২ অন্য বস্তু থেকে তৈরি মাখনসদৃশ দ্রব্য: cocoa ~; peanut ~. □*vt* ১ মাখন মাখানো (বিশেষত পাউরুটিতে)। দ্র. অপিচ bread (2). ২ **~ sb up** কাউকে তৈল মর্দন করা।

but·ter·fly [ˈবাটাফ্লাই] *n* (*pl* -flies) প্রজাপতি। ˈ**~ (stroke)** সাঁতারে হস্তসঞ্চালনের পদ্ধতিবিশেষ; দুই হাত সম্মুখে প্রসারিত করে একসঙ্গে উপর-নীচে চালনা; প্রজাপতি-তাড়ন। **have butterflies (in one's stomach)** (কোনো দুশ্চিন্তাহেতু) পেট মোচড়ানো; বমি বমি লাগা।

buttery [ˈবাটারি] (*pl* -ries) (কোনো কোনো ব্রিটিশ বিশ্ববিদ্যালয়ে) যে স্থলে রুটি, মাখন, বিয়ার ইত্যাদি মজুত রাখা হয় এবং যেখান থেকে এসব পরিবেশন করা হয়।

but·tock [ˈবাটাক্] *n* ১ নিতম্বের একার্ধ। ২ (*pl*) **the ~s** পাছা; নিতম্ব; শ্রোণি।

but·ton [ˈবাট্‌ন্] *n* ১ বোতাম। ˈ**~·hole** *n* বোতাম-ঘর; বোতাম-ঘরে পরিহিত ফুল। □*vt* (দৃষ্টি আকর্ষণের জন্য) কারো বোতাম-ঘর চেপে ধরা; ঠেসে ধরা। ˈ**~·hook** *n* বোতাম-ঘরের ভিতর দিয়ে টেনে যথাস্থানে বোতাম সন্নিবেশ করার জন্য গ্রহণীবিশেষ; বোতাম-গ্রহণী। ˈ**~-wood** *n* এক ধরনের দীর্ঘ গাছ, যার ফলের আকৃতি বোতামের মতো; ঐ গাছের শক্ত, মূল্যবান কাঠ। ২ ছোট, গোলাকার বোতামসদৃশ বস্তু, বিশেষত যা বৈদ্যুতিক সংযোগস্থাপনের জন্য ব্যবহৃত হয়; বোতাম; চাবি; কান: press/ push/ touch the ~. ৩ ক্ষুদ্র; অফুটন্ত ছত্রাক/ ব্যাঙের ছাতা; ছত্রমুকুল। ৪ (*pl*) (কথ্য) ক্লাব, হোটেল ইত্যাদিতে অনুচর হিসাবে নিযুক্ত উর্দিপরা বালক; ছোকরা। দ্র. bellhop. □*vt,vi* **~ (up/ down)**/ বোতাম আঁটা/ লাগানো। **~ up** (কথ্য) অবশেষে নির্বিঘ্নে সম্পন্ন করা; সুরাহা হওয়া/ করা। ˌ**~ed-ˈup** *adj* (কথ্য) মিতবাক; মুখে চাবি-আঁটা।

but·tress [ˈবাট্রিস্] *n* দেয়ালের ঠেকনা বা আলম্ব; বহিরালম্ব; (লাক্ষ.) আলম্ব; উপাশ্রয়; উপস্তম্ভ; ভিত্তি। □*vt* ~ *(up)* শক্তিশালী/ মজবুত করা; আলম্বের সাহায্যে ধরে রাখা; (লাক্ষ.) সমর্থন/ বলবৃদ্ধি করা।

buxom [ˈবাকসাম্] *adj* (স্ত্রীলোক সম্বন্ধে) সুন্দরী, স্বাস্থ্যবতী ও নধরকান্তি।

buy [বাই] *vt,vi* ১ (*pt,pp* bought [বো°ট্]) ১ কেনা; ক্রয়/ খরিদ করা। **buy sth back** কিছু বিক্রি করে আবার কিনে নেওয়া: She sold her car only to buy it back again. **buy sth in (ক)** মজুত করার জন্য কিনে রাখা: buy in coal for the winter. **(খ)** (নিলামে অন্যদের প্রস্তাবিত দর খুব বেশি নিচু বলে বিবেচিত হলে) প্রস্তাবিত সর্বোচ্চ দরের চেয়েও বেশি দর হেঁকে (নিজ পণ্য) কিনে নেওয়া। **buy sth off** অর্থের বিনিময়ে (অন্যায় দাবি বা ব্ল্যাকমেইলারের হাত থেকে) অব্যাহতি লাভ করা। **buy sb out** কোনো পদ, সম্পত্তি কিংবা নিজ ব্যবসায়ের শরিকানা ছেড়ে দেওয়ার জন্য কাউকে অর্থ প্রদান করা। **by sb over** ঘুষ দেওয়া বা দুর্নীতিগ্রস্ত করা। **buy sth up** কোনো কিছু সম্পূর্ণত কিংবা যতটা সম্ভব কিনে ফেলা। ২ ত্যাগের বিনিময়ে অর্জন করা: He bought power and influence at the cost of his peace of mind. □*n* (কথ্য) ক্রয়: a good buy, সুলভে ক্রয়। **buyer** *n* ক্রেতা। **buyer's market** যে অবস্থায় পণ্যের প্রাচুর্য এবং অর্থের দুষ্প্রাপ্যতার দরুন দ্রব্যমূল্যের স্বল্পতা ক্রেতার সপক্ষে কাজ করে; ক্রেতার বাজার।

buzz [বাজ্] *vi,vt* ১ গুঞ্জন/ ভনভন করা। ২ দ্রুত বা উত্তেজিতভাবে চলা: ~ about/ around. **~ off** (অপ.) কেটে পরা। ৩ (কান সম্বন্ধে) বোঁ বোঁ করা। ৪ (বিমান সম্বন্ধে) হুমকিস্বরূপ অন্য কোনো বিমানের খুব কাছ দিয়ে কিংবা সামান্য উপর দিয়ে উড়ে যাওয়া: The bombers ~ed the airliner. □*n* গুঞ্জন, বন বন, বোঁ বোঁ, ঘর্ঘর ইত্যাদি। **give sb a ~** (অপ.) টেলিফোন করা। **~er** *n* (সময়ের সংকেত, টেলিফোনের আহ্বান ইত্যাদি জ্ঞাপনের জন্য) গুঞ্জনধ্বনি সৃষ্টির বৈদ্যুতিক কৌশলবিশেষ; গুঞ্জক।

buz·zard [ˈবাজ়াড়্] *n* শ্যেনজাতীয় পাখিবিশেষ; বাজ।

by[1] [বাই] *adv part* ১ কাছে; নিকটে: She opened the parcel when nobody was ~. **standby,** দ্র. stand[1] (১৩)। ২ অতিক্রম করার ভাব: The soldiers marched ~ in small contingents. ৩ **lay/ put/ set sth by,** ভবিষ্যতে ব্যবহারের জন্য রেখে দেওয়া; সঞ্চয় করা। ৪ (বাক্যাংশ) **by and by** পরবর্তী কালে; পরে। **by the by (e), by the way** (নতুন বা বিস্মৃত কোনো আলোচ্যবিষয়ের সূচনা করার জন্য ব্যবহৃত) ভালো কথা; প্রসঙ্গত; তাছাড়া। **by and large** মোট কথা; সামগ্রিকভাবে।

by[2] [বাই] *prep* ১ কাছে; পাশে; নিকটে; ধারে: The child sat by his mother. **by oneself** একা: I went to the sea front (all) ~ myself. নীচে (১২) দ্র.। **have sth by one** কোনো কিছু হাতের কাছে রাখা/থাকা: I have a dictionary ~ me when I write. **stand by sb** তাকে সমর্থন করা; তার পাশে থাকা। ২ (দিক নির্ণয়কালে) দিকে: North by East, উত্তর এবং উত্তর–পূর্ব কোণের মাঝামাঝি। ৩ (চলার দিক–নির্দেশনায়) দিয়ে; মধ্য দিয়ে; হয়ে: He came by road. We went to Chittagong ~ Comilla. ৪ অতিক্রম করার ভাব (পাশ দিয়ে): He goes ~ the library every day. ৫ (সময় সম্বন্ধে, বিশেষত অবস্থা ও পরিস্থিতি নির্দেশের জন্য): He prefers travelling ~ night, রাত্রিবেলা। ৬ (সময় সম্বন্ধে) নির্ধারিত সময়ের মধ্যে; যতক্ষণে: We shall reach London ~ to-morrow. B~ the time he finishes the work you will be miles away. ৭ (সময়, দৈর্ঘ্য, ওজন, সংখ্যা বিষয়ক, adv phrase তৈরি করার জন্য) হিসাবে; –এর মাপে: hire a taxi ~ the hour; sell eggs ~ the dozen; a room 10 m. by 7m. ৮ দ্বারা; দিয়ে; কর্তৃক; মাধ্যমে: The building was designed ~ a famous architect. The turbine is turned ~ steam. ৯ (পথ, পরিবহনমাধ্যম) করে, মাধ্যমে: travel by land/ sea/ air; by bus/ car/ boat; send sth by post/ hand. ১০ (শরীরের ধৃত বা স্পৃষ্ট কোনো অঙ্গ নির্দেশের জন্য): seize sb ~ the neck; take sb ~ the hand। ১১ **know/ learn sth by heart** মুখস্থ করা। **know sb by name/ reputation/ sight** নামে/ সুখ্যাতিতে/ চেহারায় চেনা। ১২ (রীতিসূচক *adv* phrase–এ) **by accident/ mistake** ঘটনাক্রমে/ ভুলবশত। **by oneself** নিজ চেষ্টায়/ সাধ্যে। উপরে(১) দ্র.। ১৩ অনুযায়ী; অনুসারে; –ক্রমে: by order; by request; by the terms of the agreement. ১৪ অনুযায়ী: we must not judge by appearnces! by rights, অধিকার বলে; by one's watch, ঘড়িতে। That's nothing to go by, এর থেকে কোনো সিদ্ধান্ত নেওয়া চলে না। ১৫ এই পরিমাণ: He missed the target ~ 3 cms, তিন সেন্টিমিটারের জন্য। She is taller than me ~ 2 cms. He's too clever ~ half, অতিচালাক। দ্র. far[2](২)। ১৬ (শপথ উচ্চারণে) নামে: I swear ~ God that ... ১৭ (বর্গ বা ঘন মাপ প্রকাশের জন্য): a canvas 5m by 3m. ১৮ (পাটি.) (ভাগ প্রকাশের জন্য = দ্বারা বিভক্ত): 24 by 8 is / equals 3.

bye [বাই] *n* ১ গৌণ বা আপতিক কোনো কিছু: by the bye। দ্র. by[1](৪)। ২ (ক্রিকেট) ব্যাটসম্যান ও উইকেটকিপারকে অতিক্রম করে যাওয়া বলের ওপর সংগৃহীত রান।

bye·bye [বাই-বাই] *n* (শিশুদের ভাষায়) ঘুম; বিছানা: go to ~s [ˈবাই বাইজ়্]। □*int* [ˌবাই ˈবাই] (কথ্য) চলি।

by-elec·tion [ˈবাই ইলেক্‌শ্‌ন্] *n* উপ–নির্বাচন। দ্র. general election.

by-gone [ˈবাইগন] US গো°ন্] *adj* বিগত: in ~ days. □*n (pl)* অতীত; অতীত অপরাধ। **Let ~s be ~** অতীতের কথা ভুলে যান।

by·law, bye·law [ˈবাইলো°] *n* স্থানীয় কোনো কর্তৃপক্ষ–প্রণীত বিধি বা আইন; উপবিধি; উপব্যবস্থা।

by-pass [ˈবাই পা:স্ US -প্যাস্] *n* যানচলাচলের জন্য জনবহুল নগর–এলাকা বা গ্রামের চারদিক দিয়ে নির্মিত নতুন, প্রশস্ত সড়ক; উপসরণি। □*vt* ১ উপসরণির ব্যবস্থা করা: ~ a town. ২ (নগরী ইত্যাদি) ঘুরে যাওয়া; (লাক্ষ.) পাশ কাটিয়ে যাওয়া; উপেক্ষা করা: The President ~ed the proposal.

by·path [ˈবাইপা:থ্ US –প্যাথ্] *n* কম গুরুত্বপূর্ণ বা কম সোজা পথ; ঘুরপথ; উপপথ।

by·play [ˈবাইপ্লেই] *n* [U] (মঞ্চ) গর্ভনাটিকা; মূকাভিনয়।

by-prod·uct [ˈবাইপ্রডাকট্] *n* [C] উপজাত।

by-road [ˈবাইরৌড্] *n* পার্শ্বসড়ক; যে রাস্তা তেমন ব্যবহৃত হয় না।

by·stander [ˈবাইস্ট্যান্ডা(র্)] *n* পার্শ্বস্থ; তত্রস্থ; পার্শ্বস্থজন।

byte [বাইট্] *n* ৬ বা ৮ বিটের সমষ্টি, যা কম্পিউটারে তথ্যের অবিভক্ত একক হিসাবে প্রক্রিয়াভুক্ত হয়। দ্র. bit(৩)।

by-way [ˈবাইওয়েই] *n* গৌণ বা পার্শ্বপথ; (লাক্ষ.) ~s of history/ literature, etc. ইতিহাস ইত্যাদির স্বল্প পরিচিত বিভাগ; উপবর্ত্ম।

by·word [ˈবাইওয়া°ড্] *n* উল্লেখযোগ্য দৃষ্টান্ত (সাধা. কদর্থে) রূপে বিবেচিত ও কথিত ব্যক্তি, স্থান ইত্যাদি; উপনাম: He served as the ~ of the town; The locality is a ~ for treachery.

C c

C, c [সী] (*pl* C's, c's [সীজ্]) ইংরেজি বর্ণমালার তৃতীয় বর্ণ; রোমক সংখ্যা ১০০–এর প্রতীক। দ্র. পরি. ৪।

cab [ক্যাব্] *n* ১ সংক্ষিপ্ত ভ্রমণের জন্য ভাড়া করার উপযোগী গাড়ি (অধুনা সাধা. মোটরযুক্ত = taxi-cab); ভাড়াটে গাড়ি; ট্যাক্সি। ২ **cab·man** [ˈক্যাবম্যান্] *n (pl*

-men) ট্যাক্সিওয়ালা। ˈ**cab-rank** *n* ভাড়ায় খাটার জন্য অপেক্ষমাণ গাড়ির সারি; যানপংক্তি। ˈ**cab·stand** *n* যাত্রীর অপেক্ষায় ভাড়াটে গাড়ির দাঁড়াবার অনুমোদিত স্থান; ট্যাক্সিস্থল। দ্র. hansom; taxi. ২ চালক ও ফায়ারম্যানের ব্যবহারের জন্য রেল-ইনজিনের অংশবিশেষ; বাস, লরি ইত্যাদিতে চালকের জন্য নির্ধারিত স্থান।

ca·bal [কˈব্যাল্] *n* (বিশেষত রাজনীতিতে) গোপন ষড়যন্ত্র; (ষড়যন্ত্রের উদ্দেশ্যে সঙ্ঘবদ্ধ) গুপ্ত চক্র; গুপ্ত সঙ্ঘ।

cab·aret [ˈক্যাবারেই US ˌক্যাবাˈরেই] *n* (অপিচ ˈ~ **show)** রেস্তোরাঁ ইত্যাদিতে আহাররত অতিথিদের সামনে আয়োজিত বিনোদনমূলক অনুষ্ঠান; ক্যাবারে।

cab·bage [ˈক্যাবিজ্] *n* [C] বাঁধাকপি; [U] সবজি হিসাবে রান্না-করা কিংবা সালাদ হিসাবে ভোজ্য বাঁধাকপির পাতা। দ্র. coleslaw.

cab·bala [ˈক্যাবালা:] *n* বাইবেলের গুহ্য তাৎপর্য উদ্‌ঘাটনপ্রয়াসী ইহুদি ধর্মগুরুদের গুহ্যতত্ত্ব। **cab·ba·lism** *n* উক্ত তত্ত্ববিষয়ক বিশেষ জ্ঞান। **cab·ba·list** *n* উক্ত তত্ত্বাভিজ্ঞ পণ্ডিত। **cab·ba·listic** *adj* উক্ত তত্ত্বঘটিত।

cabby [ˈক্যাবি] *n* (কথ্য) ট্যাক্সিওয়ালা।

cabin [ˈক্যাবিন্] *n* ১ বিশেষত ঘুমাবার জন্য জাহাজ বা উড়োজাহাজের কক্ষ; কেবিন। ˈ**~ cruiser** *n* এক বা একাধিক কেবিনবিশিষ্ট বৃহৎ মোটর-তরী; প্রমোদতরী। ২ কুটির; কুঁড়ে-ঘর; রেলওয়ের সঙ্কেত-কুঠরি।

cabi-net [ˈক্যাবিনিট্] *n* ১ জিনিসপত্র সংরক্ষণ বা প্রদর্শনের জন্য দেরাজ বা তাকযুক্ত আসবাববিশেষ; আলমারি: a ˈmedicine ~; a ˈfiling ~, চিঠিপত্র, দলিল-দস্তাবেজ সংরক্ষণের জন্য আলমারি; a china ~, চিনামাটির অলঙ্কৃত তৈজসপত্র প্রদর্শনের জন্য, প্রায়শ কাচের সম্মুখভাগ-বিশিষ্ট আলমারি। ˈ**~-maker** *n* আসবাবপত্র-নির্মাতা। ২ রেডিও কিংবা রেকর্ড বাজাবার যন্ত্রাদি রক্ষণের জন্য প্লাস্টিক কাঠ বা ধাতু-নির্মিত আধারবিশেষ। ৩ মন্ত্রীপরিষদ। ˈ**C~ Minister** মন্ত্রী; মন্ত্রীপরিষদ-সদস্য। ৪ (প্রা. প্র.) খাস কামরা।

cable [ˈকেইব্‌ল্] *n* ১ [C,U] জাহাজ বাঁধার জন্য (তন্তু বা তারের) মোটা মজবুত রজ্জু; নোঙরের কাছি বা শিকল। ২ ˈ**~ ('s)-length** *n* ৪০০ হাত বা ১৮০ মিটার; বাঁও; এক রশি। দ্র. পরি. ৫। ৩ সেতু ইত্যাদির আলম্বনস্বরূপ তারের মোটা কাছি; প্রগ্রহ। ˈ**~-car,** ˈ**~-railway** দুরারোহ পর্বতের উপরে ধাতব রজ্জু ও স্থাবর ইনজিনের সাহায্যে চালিত যানবিশেষ। ৪ বৈদ্যুতিক তারলিপির সাহায্যে বার্তা প্রেরণের জন্য (ভূগর্ভে বা সমুদ্রের তলদেশে ন্যস্ত) অন্তরিত তারের সুরক্ষিত গোছা; উক্ত উপায়ে প্রেরিত বার্তা (= ~gram). ৫ ভূপৃষ্ঠের উর্ধ্বে কিংবা ভূতল দিয়ে বৈদ্যুতিক শক্তি পরিবাহিত করবার জন্য অন্তরিত তার। □*vt,vi* ~(৪)-এর সাহায্যে বার্তা পাঠানো/ সংবাদ দেওয়া। ˈ**~·gram** [ˈকেইব্‌লগ্র্যাম্] *n* তারবার্তা।

ca·boose [কাবূস্] *n* ১ রান্নার জন্যে নৌপৃষ্ঠস্থ কক্ষ; জাহাজের রান্নাঘর। ২ (US) মালগাড়ির পিছনে রেল-কর্মচারীদের ব্যবহারের জন্য ছোট পরিবহন-যান।

ca·cao [কˈকা:ঔ] *n* ১ (অপিচ ˈ**~-bean)** গ্রীষ্মমণ্ডলীয় বৃক্ষবিশেষের বীজ, যা থেকে কোকো ও চকোলেট প্রস্তুত করা হয়; কাকাও। ২ (অপিচ ˈ**~-tree)** কাকাও গাছ।

cache [ক্যাশ্] *n* পরবর্তীকালে ব্যবহারের জন্য খাদ্যদ্রব্য, গোলাবারুদ ইত্যাদি লুকিয়ে রাখার স্থান কিংবা ঐরূপ সামগ্রী; গুপ্ত ভাণ্ডার। □*vt* গুপ্তস্থানে সংরক্ষণ করা।

ca·chet [ˈক্যাশেই US ক্যাˈশেই] *n* (উৎকর্ষ, প্রামাণিকতার) ছাপ; মোহর।

ca· chou [ˈক্যাশূ US কাˈশূ] *n* মুখে তামাকের গন্ধ দূর করার জন্য আগেকার দিনে ধূমপায়ীদের ব্যবহারের জন্য সুগন্ধিযুক্ত মিষ্ট দ্রব্যবিশেষ।

cackle [ˈক্যাক্‌ল্] *n* [U] হাঁস-মুরগির প্যাঁক প্যাঁক; কক কক; [C] অট্টহাস্য; হা হা; [U] আবোলতাবোল; বাজে বকুনি। □*vi* কক কক/ প্যাঁক প্যাঁক করা, উচ্চ শব্দে হাসা বা কথা বলা। **cack·ler** *n*

ca·coph·ony [ক্যাˈকফানি] *n* কাকুধ্বনি; বেসুর discord (৩)। দ্র. **ca·coph·onous** [-নাস্] *adj* শ্রুতিকটু; বেসুরো।

cac·tus [ˈক্যাকটাস্] (*pl* - es) বা **cacti** [ˈক্যাকটাই] নাগফণী; ফণিমনসা।

cad [ক্যাড্] *n* নীচ; দুরাশয়; পামর; ইতর। **cad·ish** [ˈক্যাডিশ্] *adj* নীচ; ইতরোচিত: a ~ish trick.

ca·daver [কাˈডেইভা(র্) US কˈড্যাভার্] *n* মড়া; শব; লাশ। **~·ous** [কাˈড্যাভারাস্] *adj* মড়ামুখো; শবসদৃশ; বিবর্ণ; নীরক্ত; মড়ার মতো পাণ্ডু।

caddy, caddie [ˈক্যাডি] *n (pl* -dies) গলফের মাঠে খেলোয়াড়ের যষ্টি-বহনকারী বেতনভুক ব্যক্তি।

caddy[2] [ˈক্যাডি] *n* চায়ের পেটিকা।

ca·dence [ˈকেইড্‌নস্] *n* ছন্দঃস্পন্দ; ছন্দোলয়; কণ্ঠস্বরের উত্থান-পতন; (সঙ্গীত) লয়।

ca·denza [কˈডেন্‌জ়া] *n* যন্ত্রসঙ্গীতের কনচের্তোতে সাধা. একটি সঙ্গীতাংশের শেষভাগে একক যন্ত্রীকর্তৃক বাদনীয় অলঙ্কারক অনুচ্ছেদবিশেষ; কাদেন্‌জা।

ca·det [কˈডেট্] *n* ১ নৌ, সামরিক বা. বিমানবাহিনীর কলেজের শিক্ষার্থী; ক্যাডেট। ˈ**~ corps** *n* (কোনো কোনো ব্রিটিশ স্কুলে) বয়োজ্যেষ্ঠ ছাত্রদের সামরিক প্রশিক্ষণ-দানের সংগঠন; ক্যাডেট-বাহিনী। ২ কোনো জীবিকার উদ্দেশ্যে প্রশিক্ষণার্থী তরুণ: ˈpolice ~s; British Council ~s.

cadge [ক্যাজ] *vt,vi* **~ (from)** ভিক্ষা করা; ভিক্ষা নেওয়া বা নেবার চেষ্টা করা: ~ a cigarette from a stranger; be always cadging. **cad·ger** *n* ভিক্ষুক; অর্থী।

cad·mium [ˈক্যাডমিঅম্] *n* [U] নরম, রুপালি রঙের রাং-সদৃশ ধাতু (প্রতীক Cd); ক্যাডমিয়ম।

cadre [ˈকা:ডা(র্) US ˈক্যাড্‌রি]*n* ১ কাঠামো; সংস্থিতি। ২ (সাম.) একটি বাহিনীর স্থায়ী সংস্থাপন, যা প্রয়োজনমতো সম্প্রসারিত করা যায়; সুতরাং, গুরুত্বপূর্ণ কিছু ব্যক্তিকে নিয়ে গঠিত ক্ষুদ্র দল; পরিকাঠামো।

caesar [ˈসীজ়া(র্)] *n* অগাস্টাস থেকে হাড্রিয়ান পর্যন্ত রোমক সম্রাটদের উপাধি; যেকোনো রোমক সম্রাট; সম্রাট। **~·ian** [সিˈজ়েঅরি অন্] **(section/birth)** উদর ও জরায়ু কেটে সন্তান-প্রসব; সিজারীয় ব্যবচ্ছেদ।

cae·sium [ˈসীজ়িঅম্] *n* [U] রুপালি রঙের ক্ষার-ধাতুবিশেষ (প্রতীক Cs); সিজিয়ম।

caesura [সিˈজ়িউ্যআরা US -ˈজুআরা] *n* কবিতার পংক্তিতে (সাধা.) মাঝখানে যতি; ছন্দোযতি।

cafe·teria [ˌক্যাফ়িˈটিআরিআ] *n* যে রেস্তোরাঁয় খদ্দেররা খাদ্যসামগ্রী কাউন্টারে খাঞ্চায় করে সংগ্রহ করে টেবিলে নিয়ে খেতে বসেন; ক্যাফেটিরিয়া।

caf·feine [ˈক্যাফীন্] *n* [U] চায়ের পাতা এবং কফি-বীজে বিদ্যমান জৈব যৌগ; ক্যাফিন।

caf·tan [ˈক্যাফ্‌ট্যান্] *n* মধ্যপ্রাচ্যে পুরুষের পরিধেয় কটিবন্ধনযুক্ত প্রশস্ত পরিচ্ছদবিশেষ; স্ত্রীলোকদের শিথিলবদ্ধ প্রলম্বিত দীর্ঘ বসনবিশেষ; কাফ্‌তান।

cage [কেই জ্] *n* ১ খাঁচা; পিঞ্জর। ২ (যুদ্ধে) বন্দীশিবির। ৩ খনিকূপে ধারণপাত্র ওঠানো–নামানোর জন্য কাঠামোবিশেষ; পিঞ্জর। □*vt* খাঁচায় রাখা; খাঁচাবদ্ধ করা।

cagey [ˈকেইজি] *adj* (কথ্য) মনোভাব প্রকাশে অতিসতর্ক/ অনীহ; চাপা; বাগ্‌যত; পিঁজুরে। **cag·ily** *adv*

ca·goule [কˈগূল্] *n* বৃষ্টি থেকে আত্মরক্ষার জন্য কাপড়ের উপর পরিধেয় মস্তকাবরণ ও দীর্ঘ আস্তিনযুক্ত হালকা, জল–অভেদ্য বস্ত্রবিশেষ; বর্ষাতি।

cai·man, cay·man [ˈকেই মান্] *n* দক্ষিণ আমেরিকায় দৃষ্ট কুমির সদৃশ সরীসৃপ।

cairn [কেআন্] *n* সীমানানির্দেশের জন্য কিংবা স্মৃতিরক্ষার্থে স্থাপিত (পিরামিড আকৃতির) শিলাস্তূপ।

cais·on [ˈকেইস্‌ন্] *n* ১ সাধা. চক্রবাহিত কামানের সঙ্গে যুক্ত গোলাবারুদের পেটি বা গাড়ি; রসদপেটি। ২ জলের নীচে কাজ করার জন্য (যেমন সেতু ইত্যাদির ভিত্তিস্থাপনকালে) জল–নিবারক বৃহৎ বাক্স বা প্রকোষ্ঠ: ~ disease, দ্র. bend[2] (৩)।

cai·tift [ˈকেইটিফ্] *n* (প্রা. প্র.) হীন কাপুরুষ।

ca·jole [কˈজৌল্] *vi* **~ sb (into/out of doing sth)** মিষ্টি কথায়/স্তোকবাক্যে ভুলিয়ে কাউকে দিয়ে কিছু করানো বা কিছু করা থেকে কাউকে বিরত রাখা। **ca·jol·ery** *n* স্তোকবাক্য।

cake [কেই ক্] *n* ১ [C,U] কেক; অপূপ; পিঠা। **a piece of ~** (অপ.) অত্যন্ত সহজ ও আরামপ্রদ বস্তু; ডালভাত। **(both) have one's cake and eat it** অসম্ভব বস্তু/ সোনার পাথর বাটি চাওয়া। **~s and ale** আমোদফুর্তি। **(selling) like hot ~ s** অতি দ্রুত; গরম পিঠের মতো। **take the ~** (কথ্য) কোনো কিছুর চরম দৃষ্টান্ত হওয়া। দ্র. biscuit (১)। ২ [C] সাধা. গোলাকৃতি বা অলঙ্কৃত ভিন্নজাতীয় খাদ্য; বড়া: ˈfish -~s; ˈoat -~s. ৩ অন্য বস্তু বা দ্রব্যের সাকার পিণ্ড: a ~ of soap/tobacco, সাবানের খণ্ড/ তামাকের টিকে। □*vt,vi* (শুকালে শক্ত হয় এমন কিছু দিয়ে) লিপ্ত করা/ হওয়া; পিণ্ডীভূত হওয়া: My trousers are ~d with mud.

cala·bash [ˈক্যালাˈব্যাশ্] *n* লাউ, লাউয়ের গাছ বা খোলা।

ca·lam·ity [কˈল্যামাটি] *n* (*pl* -ties) দুর্দৈব; বিপর্যয়; চরম দুর্দশা। **ca·lami·tous** [কাˈল্যামিটাস্] *adj* দুর্দশাজনক; বিপর্যয়জনক; দৈবোপহত।

cal·cify [ˈক্যাল্‌সিফাই] *vt,vi* চুনে পরিণত করা/ হওয়া; চূর্ণীভূত হওয়া/করা; চুন জমে শক্ত হয়ে যাওয়া।

cal·cine [ˈক্যাল্‌সাইন্] *vt,vi* ভস্মীভূত করা; তাপপ্রয়োগে কলিচুনে পরিণত করা বা হওয়া। **cal·ci·na·tion** [ˌক্যাল্‌সিˈনেইশ্‌ন্] *n* পুড়িয়ে ধাতুকে তার অক্সাইডে পরিণত করা; ভস্মীকরণ।

cal·cium [ˈক্যাল্‌সিআম্] *n* কোমল, সাদা ধাতুবিশেষ (প্রতীক Ca), জীবনের পক্ষে অপরিহার্য বহু যৌগের রাসায়নিক ভিত্তি; খটিক; ক্যালসিয়ম। ˌ**~ ˈcarbide** *n* ক্যালসিয়ম ও কার্বনের যৌগ (CaC_2); এসিটিলিন গ্যাস (C_2H_2) তৈরি করার জন্য পানির সঙ্গে ব্যবহৃত হয়। **~ hydroxide** [হাইˈড্রক্‌সাইড়] *n* (চুনে পানি মিশিয়ে রাসায়নিক পরিবর্তন ঘটানোর পর) কলিচুন।

cal·cu·lable [ˈক্যাল্‌কিউলোˈব্‌ল্] *adj* গণনীয়; পরিমেয়; নির্ভরযোগ্য।

cal·cu·late [ˈক্যাল্‌কিউলেইট্] *vt,vi* ১ গণনা/ হিসাব/ সংখ্যা করা। ˈ**calculating machine** *n* গণনযন্ত্র। ২ **be ~d to** অভিপ্রায়ে পরিকল্পিত: The move was ~ed to hoodwink the enemy. **a ~d insult** উদ্দেশ্যমূলক (–ভাবে কৃত) অপমান। ৩ **~ on** (US) নির্ভর/ ভরসা করা (G B depend/ count on). ৪ (US) suppose, believe; মনে করা; বিশ্বাস করা। ৫ বিচার–বিবেচনা করে (কিছু ঘটবে বলে) নিশ্চিত হওয়া; **cal·cu·lat·ing** *adj* ধূর্ত; সুচতুর; শঠ। **cal·cu·la·tion** [ˌক্যাল্‌কিউলেইশ্‌ন্] *n* [U] গণনা; সংখ্যান; সতর্কবিচার; [C] গণনা ইত্যাদির ফল, হিসাব: The decision was taken after much calculation. **calcu·la·tor** [–টা(র্)] *n* গণনাকারী; গণনযন্ত্র।

cal·cu·lus [ˈক্যাল্‌কিউ্যলাˈস্] *n* (*pl* -li [–লাই] অথবা – luses [–লˈসিজ্], ১ গণিতের দুই ভাগে বিভক্ত শাখাবিশেষ (differential ~, অন্তরকলন এবং integral ~, সমাকলন); ক্যালকুলাস। ২ (চিকি.) পাথুরি রোগ।

cal·dron [ˈকো°ল্‌ড্রান্] *n* = cauldron.

cal·en·dar [ˈক্যালিন্‌ডা(র্)] *n* ১ বর্ষপঞ্জি; গোষ্ঠীবিশেষের পক্ষে গুরুত্বপূর্ণ তারিখের তালিকা: the academic ~; the Christian ~. ২ কালগণনার পদ্ধতি: the Bangla ~; the Gregorian ~. ˈ**~ month** *n* (২৮ দিনের চান্দ্রমাসের সঙ্গে বৈপরীত্যক্রমে) বর্ষপঞ্জিতে চিহ্নিত মাস।

cal·en·der [ˈক্যালিন্‌ডা(র্)] *n* ইস্ত্রি। □*vt* ইস্ত্রি করা।

calf[1] [কা: ফ্ US ক্যাফ্] *n* ১ (*pl* calves [কা: ভ্‌জ্ US ক্যাভ্‌জ্] বাছুর; গোবৎস; এক বৎসর বয়স পর্যন্ত তিমি, হাতি, সিল প্রভৃতি জন্তুর শাবক। তুল. bull, cow, heifer, ox, steer. **cow in/ with ~** গর্ভবতী গাভী; গাভীন। ˈ**~-love** *n* কৈশোর–প্রেম; বাল্যলীলা। ২ [U] (অপিচ ˈ**~ skin)** বাছুরের চামড়া।

calf[2] [কা: ফ্ US ক্যাফ্] *n* (*pl* calves [কা: ভ্‌জ্ US ক্যাভ্‌জ্]) পায়ের ডিম বা গুল।

cali·brate [ˈক্যালিব্রেইট্] *vt* (তাপমানযন্ত্র, মাপনযন্ত্র প্রভৃতি ক্রমাঙ্কিত যন্ত্রের) ক্রমাঙ্ক নির্ণয় বা সংশোধন করা। **cali·bra·tion** [ˌক্যালিˈব্রেইশ্‌ন্] *n* ক্রমাঙ্কন।

cal·ibre (US = **cali·ber)** [ˈক্যালিবা(র্)] *n* ১ [C] (বন্দুক/ নাল/ চোঙ ইত্যাদির) অন্তর্ব্যাস; ছিদ্রব্যাস। ২ [U] ধীশক্তি; চারিত্রশক্তি; (ব্যক্তির) মর্যাদা বা গুরুত্ব; a man of high ~.

cal·ico [ˈক্যালিকৌ] *n* [U] বিছানার চাদর বা পোশাকের জন্য সাদা বা রঙিন নকশা–করা ভারতবর্ষীয় বস্ত্রবিশেষ; কেলিকো।

cali·for·nium [ˌক্যালিˈফো°নিআম্] *n* [U] কিউরিয়ম থেকে কৃত্রিম উপায়ে উৎপন্ন ধাতব মৌলবিশেষ (প্রতীক Cf); ক্যালিফোর্নিয়ম।

ca·liph, calif [ˈকেইলিফ্] *n* হজরত মুহম্মদের (দঃ) বংশধর অথবা উত্তরসূরি শাসকদের উপাধি; বিশ্বমুসলিম–সমাজের স্বীকৃত জাগতিক ও ধর্মীয় নেতা (১৯২৪ খ্রিঃ থেকে অবলুপ্ত); খলিফা।

calk[1] [কো °ক্] *vt,n* অশ্বখুর বা জুতার তলায় নাল পরানো।

calk[2] [কো °ক] *vt* = Caulk.

call[1] [কো °ল্] *n* ১ আহ্বান; ডাক; চিৎকার: a ~ for help. **within ~** কাছাকাছি; ডাকের নাগালে। ২ পাখির ডাক; (ভেরি ইত্যাদির সাহায্যে) সামরিক সংকেত। ৩ (কারো বাড়ি ইত্যাদিতে) স্বল্পকালীন অভ্যাগম; তশরিফ;

(কোনো স্থানে) সংক্ষিপ্ত অবস্থান: I paid a ~ on him. He did not return my **~**. **port of ~** যে বন্দরে কোনো জাহাজ সংক্ষিপ্ত সময়ের জন্য যাত্রাভঙ্গ করে; বিরতি–বন্দর। **৪** বার্তা; আহ্বান; আমন্ত্রণ: telephone ~s; He gave me a **~**; The ~ of the sea, নাবিক হওয়ার ডাক। **ˈ~-box** *n* ছোটো প্রকোষ্ঠ (ব্রিটেনে telephone kiosk নামে অধিকতর পরিচিত), যেখানে সাধারণ্যের ব্যবহারের জন্য টেলিফোন রাখা হয়; টেলিফোন–প্রকোষ্ঠ। **ˈ~-girl** *n* টেলিফোনযোগে ডাকা যায় এমন পতিতা/ বারবনিতা। **৫** অর্থের দাবি (বিশেষত কোম্পানির অংশগ্রাহীদের কাছ থেকে অপরিশোধিত পুঁজির); যে কোনো ধরনের দাবি; He has many ~s on his time. **ˈ~-loan; ˈ~-money; money on ~; money payable at/on ~** যাচঞামাত্র প্রত্যর্পণযোগ্য ঋণ/ অর্থ। **৬** [U] (প্রধানত interr ও neg) প্রয়োজন; উপলক্ষ: There's no ~for him to be suspicious. **৭** (ব্রিজ খেলায়) ডাক।

call[2] [কো°ল্] *vt, vi* (*adv part* ও *preps*-সহ বিশিষ্ট প্রয়োগের জন্য নীচে (৯) দ্র. **১** ডাকা; চিৎকার করা; চিৎকার করে কিছু বলা: Did you hear me ~ing? The child ~ed to his mother for help. **~ out** সাহায্যের জন্য কিংবা ভয়, বিস্ময়, যন্ত্রণা ইত্যাদি কারণে চিৎকার করা। নীচে ৯ দ্র.। **২ ~ (on sb/at a place)** যাওয়া; আসা; গিয়ে সাক্ষাৎ করা: He ~ed on Mr. Burton. The gentleman ~ed when I was out. **~ for** কিছু নেবার জন্য কারো বাড়িতে যাওয়া কিংবা কাউকে সঙ্গে নিয়ে কোথাও যাবার জন্য তার নিকট যাওয়া: The man ~ed for old clothes. **~er** দর্শনার্থী; অভ্যাগত। **৩** (নামে) ডাকা; নাম দেওয়া; বর্ণনা করা: We ~ the baby Tom. অপিচ দ্র. spade[1]. **~ sb names** গালমন্দ/ অপমান করা। **~ sth one's own** নিজের বলে দাবি করা। **~ into being** সৃষ্টি করা। **~ it a day,** দ্র. day(v). **~ into play,** দ্র. play[2](৮)। **৪** বিবেচনা/ মনে করা: I ~ that deception. Shall we ~it five quid ? (কথ্য) পাঁচ টাকায় (মূল্য ইত্যাদি) রফা করা। **৫** ডাকা; জাগানো; খবর পাঠানো: We ~ed a doctor immediately; Please ~ me early in the morning; This is London ~; (কথ্য) Would you ~ me a porter please? **be/feel ~ed to do sth** কর্তব্য বলে অনুভব করা: ~ed to be a teacher/to teach. **~·ing** *n* বিশেষ কর্তব্য; পেশা; বৃত্তি। **৬** (noun-এর সঙ্গে বিশেষ প্রয়োগ) **~ sb's bluff,** দ্র. bluff[2]. **~ a halt (to)** বন্ধ করতে বলা: ~a halt to corruption. **~ a meeting** সভা ডাকা/আহ্বান করা। **~ the roll,** দ্র. roll[2](8)। **~ a strike** ধর্মঘট আহ্বান করা। **৭** (তাস খেলায়) ডাকা। দ্র. call[1](৯)। **৮** (বাক্যাংশ) **~(sb) to account,** দ্র. account[1](8)। **~ attention to** মনোযোগ আকর্ষণ করা। **~ the banns,** দ্র. banns. **be ~ed to the bar,** দ্র. bar[1](১২)। **~ sth in/into question** কোনো কিছু সম্বন্ধে সন্দেহ ব্যক্ত করা/প্রশ্ন তোলা। **~ sb/a meeting to order** কাউকে/ সভার সদস্যদের শৃঙ্খলা বজায় রাখতে বলা। **৯** (adv. par. ও prep-সহ বিশিষ্ট প্রয়োগ) **call by** (কথ্য) (সাধা. কারো বাসস্থান ইত্যাদির সামনে দিয়ে যাবার সময়) অল্প সময়ের জন্য সাক্ষাৎ করা; (বাড়ি ইত্যাদি) হয়ে যাওয়া। **call sb down** (US অপ.) (তীব্র ভাষায়) ভর্ৎসনা/ তিরস্কার করা। **~ sth down** আবাহন করা; (অভিসম্পাত ইত্যাদি) নেমে আসার জন্য প্রার্থনা করা। **call for** প্রয়োজনীয়/ আবশ্যক হওয়া: The situation ~s for immediate measures. **call sth forth (ক)** কারণ হওয়া: His statement ~ed forth much controversy. **(খ)** উৎপাদন ও প্রয়োগ করা; খাটানো: He has to ~ forth his own resources. **call sth in** ফেরত চাওয়া: The librarian **~ed** in all books for physical verification. **call sth off (ক)** সরিয়ে/ফিরিয়ে নেওয়া; ডেকে পাঠানো: I asked him to ~ his dog off. **(খ)** প্রত্যাহার/বাতিল ঘোষণা করা: The meeting has been ~ed off. **call on/upon (sb) (ক)** কারো সঙ্গে সাক্ষাৎ করা। উপরে ২ দ্র.। **(খ) ~ on/upon sb (to do sth)** আবেদন/ আমন্ত্রণ/ আহ্বান করা; কর্তব্য বলে বিবেচনা করা: I ~ upon the secretary to present his report. He felt ~ed upon to give his views. **call sb out (ক)** (সাধা. আপৎকালে) তলব করা: Militiamen were ~ed out to fight the insurgents. **(খ)** (শ্রমিকদের) ধর্মঘটের ডাক দেওয়া: The dockers were ~ed out by the labour leaders. **call sth over** উপস্থিতি জানার জন্য নাম ডাকা। **ˈ~-over** *n* (অপিচ **ˈroll-~**) নাম ডাকা। **call sb/sth up (ক)** টেলিফোন করা: He ~ed me up this morning. **(খ)** মনে করিয়ে দেওয়া; স্মরণ করানো; মনে জাগানো: ~ up the image. **(গ)** (সামরিক ইত্যাদি) দায়িত্ব পালনের জন্য তলব করা: Reservists were ~ed up at the outbreak of hostilities. **ˈ~-up** *n* জরুরি তলব।

cal·ligra·phy [ˈকালিগ্রাফি] *n* [U] সুন্দর লিখনবিষয়ক বিদ্যা; লিপিকলা; চারুলিপি। **ca·ligra·pher** *n* চারুলিপিকর।

cal·li·pers [ˈক্যালিপার্স্] *n pl* **(pair of) ~ ১** গোলাকার বস্তুর ব্যাস কিংবা নল ইত্যাদির ছিদ্রব্যাস মাপার যন্ত্রবিশেষ; ব্যাসমাপনী; ক্যালিপার্স। **২** পঙ্গু, অশক্ত ব্যক্তিদের চলাফেরায় সাহায্য করার জন্য পায়ের সঙ্গে সংযুক্ত ধাতব আলম্বনবিশেষ।

cal·lis·then·ics [ˌক্যালিস্ˈথেনিক্স্] *n pl* (সাধা. sing *v*-সহ) বলিষ্ঠ, সুঠাম শরীর গঠনের জন্য উদ্ভাবিত ব্যায়াম–পদ্ধতি; তেজস্কান্তিক ব্যায়াম।

cal·los·ity [ক্যা ˈলসাটি] *n* (*pl* -ties) কঠিনীভূত মোটা ত্বক; কড়া; কিণাঙ্ক।

cal·lous [ˈক্যালাস্] *adj* **১** (ত্বক সম্বন্ধে) কিণাঙ্কিত। **২ ~ (to)** (লাক্ষ.) বিচেতন; নিশ্চেতন; উদাসীন: ~ to his family/ criticism/ suffering of others. **~·ness** *n* নিশ্চেতনা; ঔদাসীন্য।

cal·low [ˈক্যালৌ] *adj* অজাতপক্ষ; অর্বাচীন; অনভিজ্ঞ: a ~ youth. **~·ness** *n* অর্বাচীনতা; অনভিজ্ঞতা।

cal·lus [ˈক্যালাস্] *n* মোটা কঠিন ত্বক; কিণাঙ্ক; কড়া।

calm [কা:ম্] *adj* (-er, -est) **১** (আবহাওয়া সম্বন্ধে) শান্ত; নির্বাত; (সাগর সম্বন্ধে) স্থির; শান্ত; নিস্তরঙ্গ। **২** অনুত্তেজিত; প্রশান্ত; প্রসন্ন: keep ~. □*n* **a ~** যে সময়ে সবকিছু শান্ত ও প্রসন্ন থাকে; প্রশান্তি। □*vt,vi* **~ (down)** শান্ত হওয়া/ করা: The patient ~ed down. **~·ly** *adv* শান্তভাবে। **~·ness** *n* শান্ততা; বিশ্রান্ততা।

calo·mel [ˈক্যালামেল্] *n* [U] (সাদা, অদ্রাব্য, স্বাদহীন) পারদঘটিত রেচক ঔষধবিশেষ; ক্যালোমেল।

Calor gas [ˈক্যালা গ্যাস্] *n* [U] (P) বুটেন গ্যাস।

cal·orie [ˈক্যালারি] *n* তাপের একক; খাদ্য থেকে প্রাপ্ত কর্মশক্তির একক; ক্যালরি। **cal·or·ific**

[ক্যাল'রিফিক্] *adj* তাপকর: calorific value, (খাদ্য ও জ্বালানি সম্বন্ধে) (একটি নির্দিষ্ট পরিমাণ থেকে প্রাপ্ত) তাপ/ শক্তি; তাপমূল্য।

calque [ক্যাল্ক্] *n* বিদেশী শব্দের অনুকরণে গঠিত নতুন শব্দ; কৃতঋণ অনুবাদ; অনুহরণ: French 'l'homane de la rue' is a ~ on English 'man of the street'.

cal·umny ['ক্যালাম্নি] *n (pl* -nes) (আনুষ্ঠা.) [C] কারো চরিত্র হননের জন্য প্রদত্ত মিথ্যা বিবৃতি; পরিবাদ; অভিশংসন; আক্ষার; [U] অপবাদ; কলঙ্ক। **ca·lum·ni·ate** [ক'লাম্নিএইট্] *vt* কুৎসা/ কলঙ্ক রটনা করা। **ca·lum·ni·atory, ca·lum·ni·ous** *adj;* অপবাদমূলক।

Cal·vary ['ক্যাল্ভারি] *n* জেরুজালেমের উপকণ্ঠে যে পাহাড়ে যিশুখ্রিস্ট ক্রুশারোপিত হয়েছিলেন; খ্রিস্টের ক্রুশারোপণের খোদাই-করা বিগ্রহ; ক্যালভারি।

calve [কা:ভ্ US ক্যাভ্] *vi* বাছুর প্রসব করা।

Cal·vin·ism ['ক্যাল্ভিনিজ়াম্] *n* ফরাসি প্রোটেস্ট্যান্ট ধর্মতাত্ত্বিক জঁ কালভ্যাঁর (১৫০৯-১৫৬৪) ধর্মীয় মতবাদ; কাল্ভ্যাঁবাদ। **cal·vin·ist** *n* কালভিনীয়।

ca·lyp·so [ক'লিপ্সৌ] *n (pl* -s [-সৌজ়্]) চলতি বিষয়ে প্রত্যুৎপন্নভাবে রচিত গান, যেমন পশ্চিম ভারতীয়দের; কবিয়ালি।

ca·lyx ['কেইলিক্স্] *n (pl* ~es কিংবা calyces ['কেইলিসীজ]) পুষ্পকোরকের বহিরাবরণ; বৃতি।

cam [ক্যাম্] *n* চক্রগতিকে উর্ধ্বাধ কিংবা সম্মুখপশ্চাৎ গতিতে রূপান্তরিত করার জন্য চাকা বা ঈষার অভিক্ষিপ্ত অংশ; দন্তক; ক্যাম। **cam·shaft** ['ক্যাম্শা:ফ্‌ট্ US -শ্যাফ্‌ট্] *n* (যেমন গাড়িতে) যে ঈষার সঙ্গে দন্তক সংযুক্ত থাকে; দন্তক ঈষা।

cama·rad·erie [ক্যাম 'রা:ডা রি US - 'র্যাডা-] *n* (ফ.) [U] সহকর্মী/ সতীর্থদের মধ্যে বন্ধুত্ব ও পারস্পরিক আস্থা; সহমর্মিতা; সৌহার্দ্য।

cam·ber ['ক্যাম্বা(র্)] *n* কোনো বক্ররেখার (যেমন কোনো রাস্তার উপরিভাগের) উর্ধ্বগামী ঢাল; উত্তল বক্রিমা। □*vt,vi* (কোনো তল সম্বন্ধে) বক্রিমা থাকা/ সৃষ্টি করা।

cam·bric ['কেইম্ব্রিক্] *n* [U] উৎকৃষ্ট, মিহি কার্পাস বা ক্ষৌম বস্ত্রবিশেষ; নয়নসুখ; অংশুক।

came, come-এর *pt.*

camel ['ক্যাম্‌ল্] *n* উট; উষ্ট্র। '**cameleer** *n* উষ্ট্রচালক। '**cameline** *adj* ঔষ্ট্র। '**camelish** *adj* উষ্ট্রসুলভ; একগুঁয়ে। '**camel-corps** *n* উষ্ট্রারোহী সেনাদল। '**~-hair** *n* উষ্ট্রলোম; শিল্পীদের তুলির উপকরণ হিসাবে কাঠবিড়ালির লেজের লোম; উটের লোমের তৈরি মোটা, নরম কাপড়বিশেষ।

ca·mel·lia [ক'মীলিআ] *n* উজ্জ্বল পাতা এবং সাদা, লাল বা পাটল বর্ণের গোলাপ-সদৃশ পুষ্পবিশিষ্ট চীন ও জাপান দেশীয় গুল্মবিশেষ; উক্ত ফুল; ক্যামেলিয়া।

Cam·em·bert ['ক্যামম্বেআ(র্)] *n* (ফ.) ফ্রান্সের নরম্যান্ডি অঞ্চলে উৎপন্ন নবনীসমৃদ্ধ নরম পনির বিশেষ; কামঁবের।

cameo ['ক্যামিঔ] *n (pl* -s [-ঔজ়্] ১ বিশেষত দ্বিবর্ণবিশিষ্ট মণিবিশেষ, যার উপর মূর্তি খোদাই করে অলঙ্কাররূপে ব্যবহার করা হয়; ক্যামেও। ২ কোনো ব্যক্তি, ঘটনা, স্থান ইত্যাদির সারভূত গুণাবলী-প্রকাশক সংক্ষিপ্ত রচনা বা অভিনয়াংশ; চুম্বকনাট্য।

cam·era ['ক্যামারা] *n* ১ ক্যামেরা: 'film/ 'movie T'V~. '**~-man** [-ম্যান্] *n (pl* -men), চিত্রগ্রাহক; ক্যামেরাম্যান। ২ **in ~** (লা.) বিচারকের খাস কামরা; বিচারালয়ে নয়; একান্তে; রুদ্ধদ্বার।

camo·mile, chamo·mile ['ক্যামামাইল্] [U] ডেইজিসদৃশ পুষ্পবিশিষ্ট সুগন্ধ ওষধিবিশেষ; ঔষধরূপে ব্যবহৃত উক্ত ওষধির শুষ্ক পাতা ও ফুল; ক্যামোমিল।

cam·ou·flage ['ক্যামুফ্লা:জ়্] *n* [U] ১ যা কোনো কিছুর উপস্থিতি বা স্বরূপ-উপলব্ধিতে ব্যাঘাত সৃষ্টি করে; কপটবেশ; কূটবেশ: Many animals make use of their colour as a natural ~ against their enemies. ২ (যুদ্ধে) শত্রুকে ধোঁকা দেওয়ার জন্য রঙ, জাল, গাছের ডাল ইত্যাদির সাহায্যে সৃষ্ট মিথ্যা প্রতিভাস; ধোঁকার টাটি; কূটাবরণ। □*vt* ধূম্রজাল সৃষ্টি করা; চোখে ধুলো দেওয়া; কূটাবরণের সাহায্যে শত্রুকে প্রতারিত করা; কূটবেশ ধারণ করা।

camp[1] [ক্যাম্প্] *n* ১ যে স্থানে লোকে (যেমন অবকাশযাপনকারী, সৈনিক, বয়স্কাউট, অনুসন্ধাতা) তাঁবু বা কুটিরে কিছুকালের জন্য বসবাস করে; শিবির; ছাউনি: be in a ~; pitch a ~; strike/break up ~, (তাঁবু ইত্যাদি) গুটানো। ,**~-'bed/ 'chair/ -'stool** ক্যাম্পখাট; ক্যাম্পচেয়ার; ক্যাম্পটুল। '**~-fire** *n* খোলা আকাশের নীচে প্রজ্জ্বলিত কাঠ ইত্যাদির আগুন; তাঁবুর আগুন। '**~-follower** *n* পণ্য বা সেবা বিক্রির জন্য যে ব্যক্তি (অসৈনিক) কোনো সেনাবাহিনীর অনুসরণ করে; সেনাচর। অপিচ দ্র. concentration **~**. '**~(ing)-site** *n* যে স্থলে সাধা. অবকাশযাপনের উদ্দেশ্যে কিছু দিনের জন্য তাঁবু খাটিয়ে বসবাসের অনুমতি দেওয়া হয় এবং যেখানে প্রায়শ প্রক্ষালন ইত্যাদির ব্যবস্থা থাকে; অবকাশযাপন-শিবির। ২ (বিশেষত ধর্ম ও রাজনীতিতে) একই মতাবলম্বী ব্যক্তিবর্গ; শিবির: We're in the same ~. □*vi* **~ (out)** তাঁবু বা শিবিরে বাস করা; তাঁবু গাড়া/ পোঁতা/ ফেলা: Are you ~ing here? **go ~ing** তাঁবু ইত্যাদিতে ছুটি কাটানো: They intend to go ~ing this summer. **~er** *n* **~·ing** *n* (gerund) [U]: a ~ing holiday শিবিরে অবকাশযাপন।

camp[2] [ক্যাম্প্] *adj* (কথ্য) অতিরঞ্জিতভাবে জাঁকালো/ ভঙ্গিপ্রধান: ~ acting; ইচ্ছাকৃতভাবে এবং কৌতুকজনকভাবে সেকেলে: such ~ old blustering plays; কৃত্রিমভাবে মেয়েলি: a ~ walk. □*n* উপরোক্ত ধরনের অতিরঞ্জন ও কৃত্রিম আচরণ। □*vi,vt* **~ (it up)** উক্ত প্রকার আচরণ করা।

cam·paign [ক্যাম 'পেইন্] *n* [C] সাধা. একটি এলাকায় সুনির্দিষ্ট লক্ষ্যে অনেকগুলি সামরিক তৎপরতা; সমরাভিযান; বিশেষ উদ্দেশ্য সাধনের জন্য পরিকল্পিত প্রযত্নপরম্পরা অভিযান; প্রচারাভিযান: a political ~; ~ to raise funds. □*vi* অভিযান পরিচালনা করা; অভিযানে অংশ নেওয়া। □**~er** *n* অভিযানকারী: He is an old ~er, পরিস্থিতি সামাল দেওয়ার প্রচুর অভিজ্ঞতাসম্পন্ন; ঝানু/ পোড়খাওয়া লোক।

cam·pa·nile [,ক্যাম্পা'নীলি] *n* গির্জার (সাধা. পৃথক) ঘণ্টাঘর।

cam·phor ['ক্যাম্ফা(র্)] *n* [U] কর্পূর। '**~ ball** কীটপতঙ্গ থেকে বস্ত্রাদি সংরক্ষণের জন্য কর্পূরের ছোট গুলি; কর্পূরের গোল্লা। **~·ated** ['ক্যাম্ফারেইটিড্] *adj* কর্পূরীয়; কর্পূরমিশ্রিত।

cam·pion [ˈক্যাম্‌পিঅন্] *n* [U] পথের ধারে বা মাঠে উদ্‌গত (বিভিন্ন ধরনের) সাদা বা লাল রঙের সুপরিচিত বুনো ফুল এবং ঐ ফুলের গাছ; ঘাসফুল।

cam·pus [ˈক্যাম্‌পাস্] [(*pl* --es –পাসিজ্] কোনো স্কুল, কলেজ বা বিশ্ববিদ্যালয়ের এলাকা; ক্যাম্পাস।

can[1] [ক্যান্] *n* ১ তরল পদার্থ ইত্যাদি রাখার জন্য সাধা. ঢাকনাওয়ালা ধাতব পাত্র; ক্যানেস্তারা: ˈoil-can, ˈmilk-can. **carry the can (for sb)** দোষের ভাগী হওয়া; নিজের ঘাড়ে দোষ নেওয়া। **(be) in the can** (ফিল্ম, ভিডিও–টেপ সম্বন্ধে) ধারণকৃত ছবিসহ ব্যবহারের জন্য প্রস্তুত। ২ (পূর্বে কেবলমাত্র US, এখন ব্রিটেনেও) খাদ্য, পানীয় ইত্যাদির জন্য টিনের তৈরি বায়ুনিরোধক পাত্র; উক্ত পাত্রের আধেয়; টিন; a ~ of beer / mangoes. দ্র. tin. ৩ (US অপ.) ফাটক। □*vt* (-nn-) (খাদ্য ইত্যাদি) টিনে বায়ুমুক্ত অবস্থায় বন্ধ করা; সংরক্ষণ করা; টিনজাত করা: ~ned beef; ~ned music, (অপ.) রেকর্ড ইত্যাদিতে ধারণকৃত সঙ্গীত। **canned** [ক্যান্ড্] *adj* মাতাল। **can·nery** [ˈক্যানারি] *n* যেস্থলে খাদ্য ইত্যাদি টিনজাত করা হয়।

can[2] [ক ন্; জোরালো রূপ: ক্যান্] *anom fin* (*neg* cannot [ˈক্যানাট্] বা can't [কা:ন্ট্ US ক্যান্ট্] *pt* could [কˈড্; জোরালো রূপ: কুড্], *neg* couldn't [ˈকুড্‌ন্ট্]) ১ পারা: Can you climb that wall ? (Could অতীতে কোনো কিছু করার শক্তি বা ক্ষমতা নির্দেশ করে): He could read and write at the age of five. (উক্ত বা উহ্য শর্ত নির্দেশের জন্য *if* - clause-এ could ব্যবহৃত হয়: Could you climb that tree (অর্থাৎ চেষ্টা করলে এখন)? (উল্লেখ্য যে অতীতকালে কোনো বিচ্ছিন্ন কার্যের ক্ষেত্রে শর্ত ছাড়া could-এর প্রয়োগ হয় না। তার বদলে be able to, manage to কিংবা succeed in (doing sth) ব্যবহার করা শ্রেয়): When the house collapsed, we were able to/managed to get out. ২ (সংবোধমূলক ক্রিয়াপদের সঙ্গে কিংবা সরল কালের স্থলে সচরাচর can ব্যবহৃত হয়। তাতে অর্থের কোনো পরিবর্তন ঘটে না) পাওয়া: I can see the bus coming. ৩ (কথ্য রীতিতে অনুমতি বোঝাতে may-র স্থলে can ব্যবহৃত হয়) পারা: You ~ come in. ৪ (সম্ভাবনা বা সম্ভাব্যতা নির্দেশে can/could ব্যবহৃত হয়) পারা: He left at 5 o'clock—he can/ could (=may) be at home by now. ৫ (বিস্ময়, কিংকর্তব্যবিমূঢ়তা অধৈর্য ইত্যাদি নির্দেশ করতে প্রশ্নবোধক বাক্যে (বিশেষত what(ever), where, how-এর সঙ্গে। এক্ষেত্রে can-এর জোরালো রূপ ব্যবহৃত হয়) পারা: How can/ could he be so insolent ? ৬ (স্বভাবসিদ্ধতা/ স্বাভাবিক প্রকৃতি বোঝাতে can/ could ব্যবহৃত হয়। প্রায়শ পৌনঃপুন্যসূচক adverbials (যেমন at times, sometimes)-ও উপস্থিত থাকে) পারা: He can sometimes be very rude, ৭ ('ইচ্ছা করা' বোঝাতে could ব্যবহৃত হয়): He could blow his brains out ! ৮ (কথ্যরীতিতে আদেশের প্রবলতাসহ 'অবশ্যকর্তব্য' নির্দেশে 'can' ব্যবহৃত হয়) পারা: Tell Mr. Hardy that he can get the letter typed now. ৯ শিষ্টাচারসম্মত অনুরোধে can/could ব্যবহৃত হয়; দ্র. will[1] (৩)): Could you close the door ? দয়া করে দরজাটা বন্ধ করুন।

Ca·na·dian [কাˈনে ইডিআন্] *n,adj* কানাডীয়।

ca·nal [ক ˈন্যাল্] *n* ১ (মানুষের কাটা) খাল। ˈ**~ boat** *n* খালে চালিত লম্বা সরু নৌকাবিশেষ, যা অনেক সময়ে ঘোড়া দিয়েও টানানো হয়ে থাকে; ছিপ নৌকা। ২ উদ্ভিদ বা জীবদেহে খাদ্য, বায়ু ইত্যাদির জন্য নালী বা নল: the alimentary ~, পৌষ্টিক নালী। **~·ize** [ˈক্যানালাইজ্] *vt* (নদীকে বাঁধ ইত্যাদির সাহায্যে সোজা করে) খালে পরিণত করা; (লাক্ষ.) পরিচালিত/এক খাতে প্রবাহিত করা: ~ize one's energies into humanitarian efforts. **~·iz·ation** [ˌক্যানালাইˈজেইশন্ US –নালি ˈজে–] *n* প্রণালীভূতকরণ।

can·apé [ˈক্যানাপেই US ˌক্যানাˈপেই] *n* (ফ.) মশলাদিযুক্ত মাছ, পনির ইত্যাদি মাখানো রুটির পাতলা টুকরা; কানাপে।

ca·nard [ক্যা ˈনা:ড্] *n* (ফ.) মিথ্যা বৃত্তান্ত; গুজব; অপবার্তা; রটনা।

ca·nary [ক ˈনেআরি] *n* (*pl* -ries) ১ (অপিচ ˈ**~-bird)** সাধা. পিঞ্জরাবদ্ধ; পীত পালকযুক্ত; ছোট গানের পাখিবিশেষ; ক্যানারি; [U] উক্ত পাখির হালকা হলুদ রঙ। ২ (অপিচ ˈ**~-wine)** ক্যানারি দ্বীপপুঞ্জের সুমিষ্ট সাদা মদ।

ca·nasta [ক ˈন্যাস্তা] *n* দুই তাড়া তাস নিয়ে দুই থেকে ছয় জন খেলোয়াড়ের খেলাবিশেষ; ক্যানাস্তা।

can·can [ˈক্যান্‌ক্যান্] *n* উদ্দাম; প্রাণবন্ত নৃত্যবিশেষ; দীর্ঘ স্কার্ট-পরিহিত রমণীরা দল বেঁধে উঁচুতে পা ছুড়ে এই নাচ নেচে থাকেন; ক্যানক্যান।

can·cel [ˈক্যান্‌স্‌ল্] *vt,vi* (-ll-, US -l-) ১ (শব্দ বা সংখ্যা) কেটে (বাদ) দেওয়া; (ডাকটিকেট ইত্যাদির পুনর্ব্যবহারের প্রতিকার হিসাবে) ছাপ যারা: ~led stamps. ২ বাতিল/ রদ করা: The meeting was ~led. ৩ **~ out** (পাটী.) (লব ও হরের পদ সম্বন্ধে) পরস্পর সমান হওয়া; কাটাকাটি হওয়া/ করা; (লাক্ষ.) পারস্পরিকভাবে বাতিল হওয়া/ করা: The propositions ~ (each other) out. **~·la·tion** [ˌক্যান্‌সাˈলেইশ্‌ন্] *n* [U] বাতিলকরণ; [C] বাতিল করার চিহ্ন; ছাপ।

can·cer [ˈক্যান্‌সা(র্)] *n* (C, U) ক্যান্সার; (লাক্ষ.) (যেমন সমাজের) দুষ্ট ক্ষত। **~·ous** [ˈক্যান্‌সারাস্] *adj* ক্যান্সারসদৃশ; ক্যান্সারাক্রান্ত।

Can·cer [ˈক্যান্‌সা(র্)] *n* **Tropic of ~** কর্কটক্রান্তি; উত্তরায়ণ; কর্কট রাশি।

can·dela [ˌক্যান্‌ˈডেইলা] *n* আলোর তীব্রতা পরিমাপের একক; ক্যান্ডেলা।

can·de·la·brum [ˌক্যান্‌ডিˈলা:ব্রম্] *n* (*pl* -bra [-ব্রা]) ঝাড়বাতিদান।

can·did [ˈক্যানডিড্] *adj* ১ frank; অকপট; মনখোলা; সরল; নির্ব্যাজ। ২ **~ camera** মানুষের ঘরোয়া বা ভঙ্গিমাহীন ছবি তোলার জন্য ছোট ক্যামেরাবিশেষ। **~·ly** *adv* অকপটে; খোলামনে।

can·di·date [ˈক্যান্‌ডিডাট্ US –ডেইট্] *n* ১ প্রার্থী; অভ্যর্থী; পদপ্রার্থী। ২ পরীক্ষার্থী। **can·di·da·ture** [ˈক্যান্‌ডিডাচা(র্)] *n* প্রার্থিতা।

can·died দ্র. candy.

candle [ˈক্যান্‌ড্‌ল্] *n* মোমবাতি; দীপ। **burn the ~ at both ends** অধিক শক্তি ব্যয় করে ফেলা; খুব ভোর থেকে অনেক রাত পর্যন্ত কাজ করা। **can't/is not fit to hold a ~ to** তুলনার/ পায়ের নখের যোগ্য নয়। **The game is not worth the ~** খাজনার চেয়ে বাজনা বেশি। ˈ**~·light** *n* মোমের আলো। ˈ**~-power** *n* আলো মাপার এককবিশেষ; মোমশক্তি: a twenty ~-power lamp. ˈ**~·stick** *n* মোমদানি; পিলসুজ।

can·dour (US = **-dor**) [ˈক্যান্‌ডা(র্‌)] *n* অকপটতা; সারল্য; স্পষ্টবাদিতা।

candy [ˈক্যান্‌ডি] *n* ১ (অপিচ ˌ**sugar**-ˈ~) [U] বার বার জ্বাল দিয়ে শক্ত পিণ্ডে পরিণত করা চিনি; উপলা; মিছরি; [C] (কেবল US; GB = sweet (s)) সাধা. ফলের রস, দুধ, বাদাম ইত্যাদি যুক্ত এবং স্বাদগন্ধের জন্য অন্যান্য উপকরণমিশ্রিত পক্ব চিনি, সিরাপ ইত্যাদির সাকার খণ্ড; মিঠাই; সিতাখণ্ড। □*vt,vi* ১ (ফল ইত্যাদি) চিনিতে জ্বাল দিয়ে সংরক্ষণ করা; মোরব্বা বানানো: candied cherries. ২ চিনির দানায় পরিণত করা।

candy·tuft [ˈক্যান্‌ডিটাফ্‌ট্‌] *n* সাদা, গোলাপি বা নীল–লোহিত বর্ণের ফুলের চেটালো স্তবকবিশিষ্ট উদ্যান–উদ্ভিদবিশেষ।

cane [কেইন্‌] *n* ১ [U] সমষ্টিগতভাবে এবং আসবাব ইত্যাদি তৈরির উপকরণ হিসাবে বড়ো নল কিংবা তৃণসদৃশ উদ্ভিদের (যেমন বাঁশ, আখ) দীর্ঘ, ফাঁপা, গ্রন্থিযুক্ত কাণ্ড অথবা [C] এসব উদ্ভিদের একক কাণ্ড কিংবা কাণ্ডের অংশবিশেষ (যেমন উদ্ভিদের আলম্ব কিংবা যষ্টি): cane-chair, বেতের চেয়ার; canefruit, যেসব ফল মাচার ওপর ফলানো হয়। ˈ~ **sugar** *n* আখের চিনি। ২ (শিশুদের শাস্তি দেওয়ার জন্য) বেত। **getthe ~** বেত খাওয়া। □*vt* বেত মারা।

ca·nine [ˈকেইনাইন্‌] *adj* কুকুরসম্বন্ধী; কুক্কুরীয়; শৌব। ˈ~ **tooth** *n* (মানুষের) শ্বদন্ত বা ছেদক দন্ত।

can·is·ter [ˈক্যানিস্‌টা(র্‌)] *n* ১ চা ইত্যাদি রাখার জন্য (সাধা. ধাতুনির্মিত) ঢাকনাযুক্ত পাত্র; ক্যানেস্তারা; টিন। ২ বেলনাকৃতি পাত্রবিশেষ, যা নিক্ষিপ্ত হলে বা কামান থেকে উৎক্ষিপ্ত হলে বিস্ফোরিত হয়ে অভ্যন্তরস্থ আধেয় ছড়িয়ে দেয়; গোলা; ক্যানেস্তারা: a ˈtear-gas ~.

can·ker [ˈক্যাঙ্‌কা(র্‌)] *n* ১ [U] বৃক্ষাদির ক্ষয়রোগবিশেষ; মানুষের মুখে এবং কুকুর, বিড়াল ইত্যাদির কানে ক্ষতসৃষ্টিকারী রোগবিশেষ; বিদ্রধি। ২ (লাক্ষ.) ক্ষয়কর অশুভ প্রভাব বা প্রবণতা; দুষ্টক্ষত। □*vt* দুষ্টক্ষতের দ্বারা ধ্বংস করা; দুষ্টক্ষতস্বরূপ হওয়া। ~·**ous** [ক্যাঙ্‌কারাস্‌] *adj* দুষ্টক্ষতসদৃশ; দুষ্টক্ষতঘটিত; ক্ষতোৎপাদক।

canna [ˈক্যানা] *n* উজ্জ্বল হলুদ, লাল বা কমলা রঙের ফুলবিশেষ; উক্ত ফুলের গাছ; সর্বজয়া; কালবতী।

can·na·bis [ˈক্যানাবিস্‌] *n* [U] ভাং; গাঁজা। দ্র. hemp.

can·ni·bal [ˈক্যানিব্‌ল্‌] *n* (মানুষ সম্বন্ধে) নরখাদক; রাক্ষস; যে পশু স্বজাতীয়ের মাংস ভক্ষণ করে; স্বজাতিখাদক; (attrib) নরখাদকসম্বন্ধী; রাক্ষুসে; a ~ feast. ~·**ism** [ˈক্যানিবালিজ়াম্‌] *n* স্বজাতীয় জীবের মাংস ভক্ষণের অভ্যাস; স্বজাতিভক্ষণ। ~·**is·tic** [ˌক্যানিবাˈলিস্‌টিক্‌] *adj* রাক্ষুসে। ~·**ize** [ˈক্যানিবালাইজ়্‌] *vt* বিকল যন্ত্র থেকে যন্ত্রাংশ নিয়ে একই রকম অন্য যন্ত্রে তা ব্যবহার করা।

can·non [ˈক্যানান্‌] *n* ১ (collective; *pl*-এর স্থলে প্রায়শ sing ব্যবহৃত হয়) (বিশেষত ধাতুর তৈরি নিরেট গোলা–নিক্ষেপক, প্রাচীন) কামান (এতে ব্যবহৃত গোলাকে ˈ~-ball বলা হয়। আধুনিক অস্ত্রের ক্ষেত্রে gun ও shell শব্দ ব্যবহৃত হয়)। ২ আধুনিক সামরিক বিমানে ব্যবহৃত গোলানিক্ষেপক ভারী, স্বয়ংক্রিয় কামান। ˈ~-**fodder** *n* যুদ্ধে অপচয়যোগ্য বলে বিবেচিত সৈনিক বা অন্য মানুষের দল; কামানের ইন্ধন। ~·**ade** [ˌক্যানাˈনেইড্‌] *n* কামানের অবিশ্রান্ত গোলাবর্ষণ। □~ **into sb/sth** কারো/ কোনো কিছুর সঙ্গে প্রচণ্ডভাবে ধাক্কা খাওয়া।

can·not [ˈক্যানট্‌] দ্র. can².

canny [ˈক্যানি] *adj* (-ier, -iest) (বিশেষত অর্থ সম্বন্ধে) হুঁশিয়ার; চতুর; বিচক্ষণ। **can·nily** *adv* চতুরভাবে; বিচক্ষণতার সঙ্গে।

ca·noe [কাˈনূ] *n* ডিঙি–জাতীয় নৌকাবিশেষ। □*vt* ডিঙিতে চড়া। ~·**ist** *n* ডিঙির চালক।

canon [ক্যানান্‌] *n* ১ গির্জা কর্তৃক বিজ্ঞাপিত বিধি বা বিধান: ~ law, গির্জার বিধান। ২ যে সর্বজনীন মান বা মূলসূত্র অনুযায়ী কোনো কিছুর বিচার করা হয়; বিধি; বিধান: the ~ s of conduct / good taste. ৩ যথার্থ বলে স্বীকৃত রচনাবলী; খ্রিস্টীয় ধর্মসঙ্ঘ কর্তৃক যথার্থ বলে স্বীকৃত বাইবেলের পুস্তকাবলী; প্রামাণিক রচনা: the ~ scripture; the Chaucer ~. ৪ কোনো কর্তৃপক্ষ কর্তৃক প্রণীত তালিকা; আধিকারিক তালিকা। ৫ ক্যাথিড্রালে নির্দিষ্ট দায়িত্বে নিযুক্ত পাদ্রিমণ্ডলীর একজন (উপাধি the Rev ~). দ্র. chapter (৩)। **ca·noni·cal** [ক্যাননিক্‌ল্‌] *adj* গির্জার অনুশাসন অনুযায়ী; অনুমোদিত; বিধিসম্মত; কানুনি: ~ books; ~ dress, পাদ্রিদের পরিধান।

canon·ize [ˈক্যানানাইজ়্‌] *vt* (RC ধর্মসঙ্ঘ) সিদ্ধ [দ্র. saint (৩)] বলে, ধর্মীয় অধিকারবলে ঘোষণা করা; (কথ্য) স্থায়ীভাবে ক্ষমতা দান করা। **canon·iz·ation** [ক্যানানাইজ়েইশন্‌ US -নিজ়ে–] *n* সিদ্ধ ঘোষণা; স্থায়ী ক্ষমতাপ্রদান।

ca·ñon [ˈক্যানিয়ান্‌] দ্র. canyon.

can·opy [ˈক্যানাপি] *n* (*pl* -pies) চাঁদোয়া; চন্দ্রাতপ; শামিয়ানা; বিমানে ককপিটের উপরের আচ্ছাদন; (লাক্ষ.) মাথার উপর যে কোনো আচ্ছাদন: the ~ of the heavens, আকাশ; a ~ of leaves, পল্লববিতান।

cant[1] [ক্যান্‌ট্‌] *n* [U] ১ কপটবাক্য (বিশেষত কপট ধার্মিকতাসূচক); ভণ্ডোক্তি; ভণ্ডামি। ২ কোনো শ্রেণী বা সম্প্রদায়ের বিশেষ বুলি বা শব্দ; অবভাষা; বিভাষা: thieves' ~; (attrib) a ~ phrase.

cant[2] [ˈক্যান্‌ট্‌] *n* ঢালু বা কাত করা অবস্থা। □*vt,vi* কাত করা/ হওয়া: ~ a boat for repairs.

can't [কা:ন্‌ট্‌ US ক্যান্‌ট্‌] = cannot, দ্র. can².

can·ta·loup, -loupe [ˈক্যান্‌টালূপ্‌] *n* ফুটি বা খরমুজ।

can·tank·er·ous [ক্যান্‌ ˈট্যাঙ্‌কারাস্‌] *adj* বদমেজাজি; কলহপ্রিয়।

can·tata [ক্যান্‌ ˈটা:টা] *n* মূল গায়ক এবং দোহারগণ পরিবেশিত নাটকীয় কাহিনীনির্ভর এক ধরনের সংক্ষিপ্ত গান; গীতিকা। দ্র. oratorio, opera.

can·teen [ক্যান্‌ ˈটীন্‌] *n* ১ (বিশেষত কারখানা, অফিস, সৈন্যাবাসে) যে স্থলে খাদ্য ও পানীয় বিক্রয় হয় এবং কিনে খাওয়া হয়; ক্যান্টিন। ২ তৈজসপত্র এবং ছুরিকাঁটা রাখার বাক্স বা ভাণ্ড: a ~ of cutlery, ছুরিকাঁটার বাক্স। ৩ সৈন্যদের পানাহারের পাত্র।

can·ter [ˈক্যান্‌টা(র্‌)] *n* (ঘোড়া সম্বন্ধে) অশ্বের গতিবিশেষ; চার পায়ে ঘোড়ার দ্রুততম গতির চেয়ে কিছুটা কম গতি; রেচিত; অর্ধবল্গিত: The horse was running at a ~. □*vt,vi* অর্ধবল্গিতগতিতে ঘোড়া ছোটানো।

can·ticle [ˈক্যান্‌টিক্‌ল্‌] *n* (বিশেষত বাইবেল থেকে সংগৃহীত) স্তুতিগীত।

can·ti·lever [ˈক্যান্‌টিলীভা(র্‌)] *n* (ঝুল–বারান্দা ইত্যাদি ধারণ করার জন্য) দেয়াল বা ভিত্তিমূল থেকে প্রসারিত দীর্ঘ, প্রশস্ত বাহুসদৃশ বন্ধনী; বহির্বাহু। ˈ~

bridge *n* স্তম্ভের সঙ্গে যুক্ত বহির্বাহুর উপর নির্মিত সেতু; বহির্বাহু সেতু।
canto [ˈক্যান্টৌ] *n (pl* -s [-টৌজ়]) দীর্ঘ কবিতার (যেমন মহাকাব্যের) সর্গ বা কাণ্ড।
can·ton [ˈক্যান্টন্] *n* কোনো দেশের (বিশেষত সুইৎজারল্যান্ডের) প্রশাসনিক উপবিভাগবিশেষ।
can·ton·ment [ক্যান্ ˈটূন্মান্ট্ US –টৌন্–] *n* সেনানিবাস; সেনাছাউনি।
can·tor [ˈক্যান্টো°(র্)] *n* গির্জা বা সিনাগগের মুখ্য গায়ক।
ca·nuck [কˈনুক্] *n* (US অপ.) (ফ.) কানাডীয়।
can·vas [ˈক্যান্ভাস্] *n* [U] তাঁবু, পাল, থলে ইত্যাদি এবং তৈলচিত্রের পট হিসাবে ব্যবহৃত মজবুত, মোটা কাপড়বিশেষ; টাট: [C] তৈলচিত্রের জন্য উক্ত বস্ত্রের খণ্ড; তৈলচিত্র। **under ~** (ক) (সৈনিক, স্কাউট প্রভৃতি সম্বন্ধে) তাঁবুতে বসবাসরত; তাঁবুবাসী। (খ) (জাহাজ সম্বন্ধে) মুক্ত পালে; পাল–তোলা।
can·vass [ˈক্যান্ভাস্] *vt,vi* ১ ~ **(for)** ভোট, পণ্য সরবরাহের ফরমাশ, চাঁদা ইত্যাদি সংগ্রহের প্রত্যাশায় কিংবা কোনো প্রশ্নে সাধারণের মতামত জানবার জন্য দ্বারে দ্বারে ঘোরা; যাচ্ঞা করে ফেরা; প্রচারণা চালানো: Are you ~ing for the local candidate? ২ পুঙ্খানুপুঙ্খরূপে আলোচনা করা; আলোচনার মাধ্যমে পরীক্ষা করা: ~ views/opinions. □*n* ~·**ing** যাচ্ঞা; প্রচারণা।
can·yon, cañon [ˈক্যানিয়ান্] *n* (সাধা. মধ্য দিয়ে প্রবাহিত নদীসহ) গভীর গিরিখাত।
cap [ক্যাপ্] *n* ১ টুপি; ফুটবল দল ইত্যাদির সদস্যদের প্রদত্ত কিংবা পদমর্যাদাসূচক বিশেষ টুপি: a cardinal's ~, কার্ডিনালের মস্তকাভরণ; চেটালো উপরিভাগ এবং প্রলম্বক (ট্যাসেল) যুক্ত শিক্ষাজাগতিক শিরঃপরিচ্ছদ: wearing his ~ and gown. ২ সেবিকাদের এবং অতীতে বৃদ্ধাদের গৃহমধ্যে পরিধেয় শিরোবস্ত্র। ৩ টুপিসদৃশ আবরণ (যেমন দুধের বোতলের); পিধান। ৪ **per'cussion cap** কাগজ ইত্যাদির মোড়কে রক্ষিত আস্ফোটক (ডেটনেটর) হিসাবে স্বল্পপরিমাণ বারুদ; প্রতিঘাত পিধান। ৫ (বাক্যাংশ) **cap and bells** সেকালে ভাঁড়দের পরিধেয় ঘন্টিযুক্ত টুপিবিশেষ। **if the cap fits** মন্তব্যটি নিজের সম্পর্কে প্রযোজ্য মনে হলে। **cap in hand** সবিনয়ে; বিনম্রভাবে। **set one's cap at sb** (তরুণী বা মহিলা সম্বন্ধে) পাণিপ্রার্থী হিসাবে কাউকে আকৃষ্ট করবার চেষ্টা করা; কারো উপর (বিবাহের উদ্দেশ্যে) তাক করা। □*vt* (-pp-) ১ টুপি পরা; উপরিভাগ আবৃত করা। ২ (অন্যে যা করেছে বা বলেছে তার চেয়ে) ভালো কিছু করা বা বলা। **cap a story/joke** অধিকতর কৌতুককর কোনো গল্প/কৌতুক বলা। ৩ (ফুটবল দল ইত্যাদির সদস্যরূপে কোনো খেলোয়াড়কে) সম্মানসূচক টুপি প্রদান করা: He was ~ped by the captain for his extraordinary performance. (স্কটিশ বিশ্ববিদ্যালয়ে) উপাধি প্রদান করা।
ca·pa·bil·ity [ˌকেইপাˈবিলাটি] ১ [U] কোনো কিছু করার ক্ষমতা; শক্তি; সামর্থ্য; বিকাশযোগ্যতা: nuclear ~, পারমাণবিক সামর্থ্য। ২ (*pl* - ties) অবিকশিত চিত্তবৃত্তি; বিকাশক্ষম গুণাবলী; সুপ্ত সম্ভাবনা: He has great capabilities.
ca·pable [ˈকেইপাব্ল্] *adj* ১ শক্তিমান; সক্ষম; শক্তিধর; দক্ষ: a very ~ doctor/ nurse/ teacher. ২ ~ **of** (ক) (ব্যক্তি সম্বন্ধে) শক্তি– ক্ষমতা– বা প্রাবণ্য–বিশিষ্ট: I know what you are ~ of. ৩ (বস্তু, পরিস্থিতি ইত্যাদি সম্বন্ধে) সম্ভাবনা আছে এমন; উন্মুখ: The system is ~ of change for the better. **ca·pably** *adv* যোগ্যতা/ দক্ষতার সঙ্গে।
ca·pa·cious [কাˈপেই শাস্] *adj* সুপরিসর; প্রশস্ত; বিশাল; ধারণক্ষমতাসম্পন্ন: a ~ memory. ~**ness** *n* বিশালতা; ধারণক্ষমতা।
ca·pac·ity [কˈপ্যাসাটি] *n* ১ [U] (এবং *indef art*-সহ) ধারণক্ষমতা; শেখার ক্ষমতা; ধারণশক্তি; ধীশক্তি; সামর্থ্য; সামাই; সংকুলান: The theatre has a seating ~ of 200; She has a great ~ for happiness. ২ [C] (*pl* -ties) পদমর্যাদা; চারিত্র। **in one's ~ as** ক্ষমতাবলে; হিসাবে: He took this action in his ~as the president of the society.
cap-á-pie [ক্যাপ্ আˈপী] *adv* (অস্ত্রসজ্জা সম্বন্ধে) আপাদমস্তক; আনখশির।
ca·pa·rison [কˈপ্যাˈরিসান্] *n* অশ্বের বস্ত্রাবরণ; সাজসজ্জা। □*vt* (ঘোড়াকে) বস্ত্রাবৃত করা; দামি পোশাক–পরিচ্ছদ পরানো।
cape[1] [কেই প্] *n* ঢিলা; আস্তিনহীন (ঊর্ধ্বাঙ্গের) জামাবিশেষ; প্রাবার।
cape[2] [কেই প্] *n* অন্তরীপ। **the C~** (দক্ষিণ আফ্রিকায়) উত্তমাশা অন্তরীপ; কেইপ প্রদেশ।
ca·per[1] [ˈকেইপা(র্)] *vi* (খেলাচ্ছলে) লাফানো; তিড়িং বিড়িং করা। □*n* **cut a ~/~s** (খেলাচ্ছলে) নেচে বেড়ানো; মূর্খের মতো বা উদ্ভট আচরণ করা।
ca·per[2] [ˈকেইপা(র্)] *n* কণ্টকগুল্ম; *(pl)* বিশেষ ধরনের চাটনি বানাবার জন্য ঐ গুল্মের সংরক্ষিত মুকুল: ~ sauce.
cap·il·lary [কˈপিলারি US ˈক্যাপালেরি] *n (pl* -ries*)* কৈশিক নালী: (attrib) ~ attraction, কৈশিক আকর্ষণ।
capi·tal[1] [ˈক্যাপিট্ল্] *n* (প্রায়শ attrib) ১ রাজধানী। ২ (বর্ণমালার বর্ণ সম্বন্ধে) বড়ো ছাঁদের (বর্ণ)। ৩ স্তম্ভের ঊর্ধ্বভাগ; স্তম্ভশীর্ষ; থামাল। □*adj* ১ প্রাণদণ্ডার্হ: ~ offences. ২ (প্রাচীন কথ্য) অত্যুৎকৃষ্ট; খাসা; চমৎকার: He gave a ~ performance.
capi·tal[2] [ˈক্যাপিট্ল্] *n* [U] পুঁজি; মূলধন। ~ **expenditure** *n* যন্ত্রপাতি ক্রয়, ইমারত নির্মাণ ইত্যাদি খাতে ব্যয়িত অর্থ; মূলধনীয় ব্যয়। ~ **gain** *n* বিনিয়োগকৃত অর্থ কিংবা সম্পত্তিবিক্রয়জনিত মুনাফা; মূলধনীয় মুনাফা। ~ˈ**gains tax** *n* যে কোনো মূলধনীয় মুনাফার উপর দেয় কর; মূলধনীয় মুনাফা কর। ~ **goods** *n* অন্য পণ্য উৎপাদনের জন্য ব্যবহৃত পণ্য; মূলধনীয় পণ্য। ~ **intensive** *adj* (শিল্পোৎপাদন–পদ্ধতি ইত্যাদি সম্বন্ধে) বিপুল অঙ্কের অর্থের বিনিয়োগ আবশ্যক এমন; পুঁজিঘন। দ্র. labour intensive. ~ **levy** *n* দেশের সমস্ত ব্যক্তিগত সম্পত্তি থেকে রাষ্ট্রকর্তৃক অংশবিশেষ প্রতিগ্রহণ; সম্পত্তি শুল্ক। ~ **transfer** *n* বড়ো অর্থের অঙ্ক অন্য কোনো ব্যক্তিকে প্রদান; পুঁজি–হস্তান্তর। ~ **transfer tax** *n* দানের মূল্য দাতার জীবদ্দশায় বা মৃত্যুর পরে একটা নির্দিষ্ট অঙ্ক অতিক্রম করলে পুঁজি হস্তান্তরের উপর দেয় কর; পুঁজি–হস্তান্তর কর। ˈ**fixed ~** যন্ত্রপাতি, ইমারত ইত্যাদি; স্থাবর পুঁজি। ˈ**floating ~** অস্থাবর পুঁজি (= মূলধনীয় পণ্য)। **a ~ of** মূল্যের পুঁজি। **make ~ of sth** পুঁজি করা।
capi·tal·ism [ˈক্যাপিটলিজ়াম্] *n* [U] পুঁজিতন্ত্র; পুঁজিবাদ। দ্র. socialism. **capi·tal·ist** *n* ১ পুঁজিপতি।

২ পুঁজিবাদী; পুঁজিতান্ত্রিক। □*adj* পুঁজিবাদী; পুঁজিতান্ত্রিক: a capitalist economy. **capi·tal·is·tic** *adj* পুঁজিতান্ত্রিক।

capi·tal·ize [ˈক্যাপিটালাইজ়্] *vt,vi* ১ বড়ো ছাঁদের অক্ষরে লেখা বা ছাপানো। ২ পুঁজিতে রূপান্তরিত করা; (লাক্ষ.) সুযোগ/ সুবিধা গ্রহণ করা; নিজের সুবিধার্থে ব্যবহার করা; পুঁজি করা। ৩ ~ **on** লাভবান হওয়া; (থেকে) মুনাফা হাসিল করা: ~ on the mistakes of a rival. **capi·tal·iza·tion** [ˌক্যাপিটালাইˈজেইশ্ন্ US -লিˈজেইশ্ন্] *n* পুঁজিতে রূপান্তরীকরণ।

capi·ta·tion [ˌক্যাপিˈটেইশ্ন্] *n* মাথাপিছু সমান অঙ্কের কর, শুল্ক, মাশুল বা অনুদান (গণনা); মাথাপিছু কর (গণনা)।

capi·tol [ˈক্যাপিটল্] *n* মার্কিন যুক্তরাষ্ট্রের কংগ্রেসভবন।

ca·pitu·late [কˈপিচুলেইট্] *vt* (নির্ধারিত শর্তে) আত্মসমর্পণ করা। **ca·pitu·la·tion** [কাˌপিচুˈলেইশ্ন্] *n* [U] (নির্ধারিত শর্তে) আত্মসমর্পণ।

ca·pon [ˈকেইপান্ US -পন্] *n* খাসি-করা মোরগ; ছিন্নমুষ্ক কুক্কুট।

ca·price [কˈপ্রীস্] *n* ১ খেয়ালখুশি; লৌল্য; মন-লৌল্য; চাপল্য; অস্থিরচিত্ততা; মেজাজমর্জি। ২ শাস্ত্র-বিরুদ্ধ, প্রাণবন্ত গীত বা বাদিত সঙ্গীতবিশেষ; খেয়াল।

ca·pri·cious [কˈপ্রিশাস্] *adj* খেয়ালি; চপল; লোলচিত্ত; অস্থিরমতি। ~**·ly** *adv* খেয়ালখুশিমতো; মর্জিমাফিক।

Cap·ri·corn [ˈক্যাপ্‌রিকো°ন্] *n* **Tropic of ~**, মকরক্রান্তি বা দক্ষিণায়ন; মকররাশি।

cap·si·cum [ˈক্যাপ্‌সিকম্] *n* লঙ্কার চারা; কটুবীরা; কুমরিচ; লঙ্কা। দ্র. cayenne, pepper (২)।

cap·size [ক্যাপ্ ˈসাইজ়্] *vt,vi* (বিশেষত নৌকা সম্বন্ধে) উল্টে যাওয়া/ দেওয়া।

cap·stan [ˈক্যাপ্‌স্টান্] *n* নোঙর বাঁধার খুঁটা; জাহাজ ভেড়ানোর জন্য ব্যবহৃত মোটা দড়ি বা তার যে খুঁটায় বাঁধা হয়; তার বা দড়ি গুটিয়ে রাখার যন্ত্র; নাটাই।

cap·sule [ˈক্যাপ্‌সিউল্ US ˈক্যাপ্‌সল্] *n* ১ বীজকোষ। ২ (অল্পমাত্রায় ওষুধ ইত্যাদির) ক্ষুদ্র আধার; কোশিক। ৩ (বৈজ্ঞানিক যন্ত্রপাতি কিংবা নভশ্চরদের জন্য) নভোযান থেকে ক্ষেপণযোগ্য আধারবিশেষ; কোশিকা; ক্যাপসুল।

cap·tain [ˈক্যাপ্‌টিন্] *n* ১ মুখ্য আদেষ্টা বা নেতা; অধিনায়ক: the ~ of a ship/ fire-brigade/ football team. ২ (সেনা-ও নৌ-বাহিনীতে) ক্যাপ্টেন। □*vt* (ফুটবল দল ইত্যাদির) অধিনায়কত্ব করা।

cap·tion [ˈক্যাপশ্ন্] *n* সাময়িক পত্রিকাদিতে প্রকাশিত নিবন্ধের সংক্ষিপ্ত আখ্যা; আলোকচিত্র বা শোভাবর্ধক ছবির সঙ্গে মুদ্রিত শব্দাবলী; চলচ্চিত্রে কাহিনীর স্থান-কালনির্দেশক শব্দ বা শব্দগুচ্ছ (যেমন, ঢাকা ১৯৭১); শিরোনাম; আখ্যান। তুল. sub-titles.

cap·tious [ˈক্যাপশাস্] *adj* (আনুষ্ঠা.) ছিদ্রান্বেষী; খুঁতখুঁতে; দোষগ্রাহী। ~**·ly** *adv* ছিদ্রান্বেষীর মতো; ছিদ্রান্বেষণপূর্বক।

cap·ti·vate [ˈক্যাপ্‌টিভেইট্] *vt* বিমোহিত/ বিমুগ্ধ/ সম্মোহিত করা।

cap·tive [ˈক্যাপ্‌টিভ্] *n,adj* ১ বন্দী (মানুষ, পশু)। **be taken/hold sb ~** কাউকে বন্দী করা বা করে রাখা। ˌ**~ balˈloon** (রজ্জুর সাহায্যে) বন্দী বেলুন। ২ ˌ**~ ˈaudience** যে শ্রোতারা সহজে সরে যেতে পারে না বলে প্রভাবের শিকার হয় (যেমন, টিভির সামনে শিশুরা); বন্দী শ্রোতৃমণ্ডলী। **cap·tiv·vity** [ক্যাপ্ˈটিভ়াটি] *n* [U] বন্দীদশা; বন্দিত্ব।

cap·tor [ˈক্যাপটা(র্)] *n* বন্দীকর্তা।

cap·ture [ˈক্যাপ্‌চা(র্) *vt* বন্দী/গ্রেপ্তার করা; জিতে নেওয়া; ছলে বলে কৌশলে হস্তগত করা। □*n* [U] বন্দীকরণ; করায়ত্তকরণ; [C] বন্দীকৃত/ অধিকৃত/ হস্তগত বস্তু।

car [কা:(র্)] *n* ১ মোটরগাড়ি। ˈ**car-ferry** *n* (সমুদ্র বা বিমান-পথে) গাড়ি পারাপারের জন্য খেয়াতরী; গাড়ি-খেয়া। ˈ**car-port** *n* মোটরযানের জন্য উন্মুক্ত-পার্শ্ব আশ্রয়স্থল; গাড়ির আড়ং। ২ (ব্রিটেনে রেলগাড়িতে) কামরা: ˈdining-car; ˈsleeping-car; (US) মালবাহী বগি; freight-car (GB= ˈgoods-wagon). ৩ বেলুন, হাওয়াই জাহাজ বা লিফটের যে অংশ আরোহীরা ব্যবহার করেন; কক্ষ। ৪ (কাব্যিক) চক্রযান; রথ: the ~ of the sun-god.

ca·ra·bine, দ্র. carbine.

cara·cul, Kara·kul [ক্যাˈরাকূল্] *n* ঘন রঙের কোঁকড়া পশমবিশিষ্ট এশীয় ভেড়া; তজ্জাত পশমি বস্ত্র বা সদৃশ বস্তু।

ca·rafe [কˈর‍্যাফ্] *n* টেবিলে ব্যবহারের জন্য পানি বা মদের বড়ো পাত্রবিশেষ; সুরাহি।

cara·mel [ˈক্যারামেল্] *n* ১ [U] (খাদ্যদ্রব্যে রঙ ও স্বাদ যুক্ত করার জন্য ব্যবহৃত) দগ্ধ শর্করা। ২ [C] জ্বালচিনির আঠালো সাকার খণ্ড; মিঠাই।

cara·pace [ˈক্যারাপেইস্] *n* কচ্ছপ, কাঁকড়া, চিংড়ি ইত্যাদির শক্ত খোলস; কবচ।

carat [ˈক্যারাট্] *n* ১ রত্নাদির মাপের একক (= ২০০ মি. গ্রা.)। দ্র. পরি. ৫। ২ (US = karat) সোনার বিশুদ্ধতার মাপ; বিশুদ্ধ সোনার ক্যারাট ২৪।

cara·van [ˈক্যারাভ্যান্] *n* ১ কাফেলা। ২ বসবাসের জন্য (যেমন জিপসিরা কিংবা অবকাশযাপনকারীরা করে থাকে), বিশেষত (অধুনা) মোটরযানের পিছনে সংলগ্ন, আবৃত গাড়িবিশেষ; কারাভাঁ। দ্র. trail (১) ভুক্তিতে trailer. ~**·ning** *n* কারাভাঁয় অবকাশযাপন। ~**·sary,** ~**·serai** [ˌক্যারাˈভ্যান্সারি, -সারাই] *n* কারাভাঁ-সরাই।

cara·way [ˈক্যারাওয়েই] *n* কারোয়া; শা-জিরা; বিশালী; কেওড়া।

car·bide [ˈকা:বাইড্] *n* কার্বনের যৌগ। দ্র. calcium.

car·bine [ˈকা:বাইন্] *n* খাটো বন্দুকবিশেষ (আদিতে অশ্বারোহী সৈনিকদের জন্য); কার্বাইন।

carbo·hy·drate [ˌকা:বৌˈহাইড্রেইট্] *n* [C,U] জৈব যৌগবিশেষ, শর্করা ও শ্বেতসার যার অন্তর্ভুক্ত; *(pl)* শ্বেতসার জাতীয় খাদ্য।

car·bolic acid [কা:ˈবলিক্ ˈঅ্যাসিড্] *n* [U] পূতিনিবারক ও জীবাণুনাশকরূপে ব্যবহৃত তীব্রগন্ধযুক্ত শক্তিশালী তরল পদার্থবিশেষ; কার্বলিক এসিড।

car·bon [ˈকা:বান্] *n* ১ [U] সকল জীবশরীরে উপস্থিত অ-ধাতব মৌল (প্রতীক C); অঙ্গারক। ˈ**~ black** *n* তেল, কাঠ ইত্যাদি আংশিকভাবে পুড়িয়ে প্রাপ্ত কালো চূর্ণ; অঙ্গারচূর্ণ। ˈ**~ dating** অঙ্গারের তেজস্ক্রিয় আইসোটোপের ক্ষয়ের পরিমাণের ভিত্তিতে প্রাগৈতিহাসিক বস্তুর কালনির্ণয়-পদ্ধতি। ২ [C] বৈদ্যুতিক অর্ধবৃত্তাকার বাতিতে ব্যবহৃত অঙ্গারের কাঠি বা পেন্সিল। ৩ [C] (অপিচ ˈ**~-paper)** কার্বন; কার্বন কাগজ। ৪ [C] (অপিচ **~ copy)** কার্বন প্রতিলিপি। ৫ **~ di-ˈoxide** *n*

জীবশরীরে উৎপন্ন এবং ফুসফুস থেকে নিঃশ্বসিত গ্যাসবিশেষ (CO_2); পানীয়ের সঙ্গে মিশ্রিত কৃত্রিমভাবে উৎপন্ন উক্ত গ্যাস। ˌ~ **monˈoxide** *n* অঙ্গারদহনে উৎপন্ন বিষাক্ত গ্যাসবিশেষ (**CO**). **~·ated** [ˈকা:বানেইটিড্] *adj* কার্বন ডাই-অক্সাইডযুক্ত; অঙ্গারায়িত: ~ ated beverages. **~·if·er·ous** [কা:বাˈনিফ়ারাস্] *adj* (ভূতত্ত্ব) আঙ্গার্য: ~iferous strata, আঙ্গার্যস্তর। **~·ize** *vt* (পুড়িয়ে) অঙ্গারিত করা। **~·iz·ation** [ˌকা:বানাইˈজ়েইশ্‌ন্ US -নিˈজ়েই] *n* অঙ্গারীভবন; অঙ্গারীকরণ।

car·bonic acid [কা: ˌবনিক্ ˈঅ্যাসিড্] *n* [U] জলে দ্রবীভূত কার্বন ডাই-অক্সাইড (যেমন, সোডা ওয়াটারের ঝাঁঝালো স্বাদের কারণ উক্ত গ্যাসের উপস্থিতি); অঙ্গারাম্ল।

car·buncle [ˈকা:বাঙক্‌ল্] *n* ১ রক্তবর্ণ মূল্যবান রত্নবিশেষ; সর্পমণি; শবচেরাগ। ২ বিস্ফোটক; দুষ্টব্রণ।

car·bu·ret·tor (US **-retor**) [ˌকা:বিউˈরেটা(র্) US ˈকা:র্‌বারে ইটার্] *n* অন্তর্দাহ ইঞ্জিনের যে অংশে বিস্ফোরক মিশ্রণ তৈরির জন্য পেট্রোলের সঙ্গে বায়ু মিশ্রিত করা হয়; অঙ্গারীকারক; কার্বিউরেটর।

car·cass, car·case [ˈকা:কাস্] ১ (বিশেষত টুকরো করে মাংসরূপে ভক্ষণের জন্য প্রস্তুত পশুপাখির) মৃতদেহ: ~ meat, তাজা মাংস (টিনে সংরক্ষিত নয়)। ২ (অবজ্ঞাসূচক) ধড়; বপু। ৩ (অসমাপ্ত বাড়ি, জাহাজ ইত্যাদির) কাঠামো; খোলস।

car·cino·gen [কা:সিন াজেন্] *n* (প্যাথ.) যে বস্তু ক্যান্সার উৎপাদন করে; ক্যান্সারহেতু। **~ic** *adj* ক্যান্সারজনক।

card[1] [কা:ড্] *n* ১ কার্ড: ˈvisiting ~ (US ˈcalling ~), অভ্যাগম কার্ড; ˈChristmas/ New ˈyear/ ˈBirthday ~s, বড়োদিনের/ নববর্ষের/ জন্মদিনের কার্ড; ˈrecord ~ (তথ্য, টীকাটিপ্পনী ইত্যাদি বাক্স বা দেরাজে সংরক্ষণের জন্য) লেখ্য কার্ড। **~ index** কার্ডসূচি। **~-carrying member** *n* (কোনো সমিতি, দল ইত্যাদির) নিবন্ধিত সদস্য। ˈ**~ vote** *n* শ্রমিক সমিতির সভায় গৃহীত ভোট, যে সভার প্রত্যেক প্রতিনিধির হাতে কয়েকজন শ্রমিকের প্রতিনিধিত্বসূচক কার্ড থাকে; কার্ড ভোট। ২ কোনো দৌড় প্রতিযোগিতা বা খেলাধুলার বিস্তারিত অনুষ্ঠানসূচি, যেখানে ফলাফল চিহ্নিত করার জন্য শূন্যস্থানও থাকে: a ˈscore card, (যেমন ক্রিকেটে) বিগণনপত্র। ৩ তাস। **have a ~ up one's sleeve** (প্রয়োজনে ব্যবহারের জন্য) কোনো গোপন পরিকল্পনা বা ফন্দি হাতে থাকা। **hold/keep one's ~s close to one's chest,** দ্র. chest (2). **make a ~** কার্ড দিয়ে এক দান জিতে নেওয়া। **on the ~** (তাসের সাহায্যে ভাগ্য গণনা থেকে) সম্ভবপর; সম্ভাবনীয়। **one's best/strongest ~** কারো মোক্ষম/ বলবত্তম যুক্তি; কার্যসিদ্ধির প্রকৃষ্ট/ মোক্ষম পন্থা। **play one's ~s well** নৈপুণ্য/ বিচক্ষণতার সঙ্গে নিজ কর্তব্য করা। **play a sure/ safe/ doubtful ~** নিশ্চিত/ নিরাপদ/ অনিশ্চিত পরিকল্পনা বা কৌশল প্রয়োগ করা। **put one's ~s on the table** উদ্দেশ্য; অভিপ্রায়; পরিকল্পনা খোলাখুলি ব্যক্ত করা। ˈ**~-sharper** *n* জুয়াচোর। ৪ (হাস্য.) অদ্ভুত বা মজার লোক।

card[2] [কা:ড্] *n* শণ বা পশম আঁচড়ানোর চিরুনি; উর্ণামাজনী। □*vt* উর্ণামাজনী দিয়ে শণ বা পশম পরিষ্কার করা।

car·da·mom [ˈকা:ডামাম্] *n* [U] এলাচ।

card·board [ˈকা:ড্‌বো:ড্] *n* [U] বাক্স তৈরি, বই বাঁধাই ইত্যাদি কাজে ব্যবহৃত মোটা, শক্ত কাগজ; পিচবোর্ড।

car·diac [ˈকা:ডিঅ্যাক্] *adj* হৃদ্-সম্বন্ধীয়; হার্দ; হৃদ্য: ~ muscle, হৃদ্-পেশি; ~ symptoms, হৃদ্‌রোগের লক্ষণ।

car·di·gan [ˈকা:ডিগান্] *n* কলারবিহীন, আস্তিনওয়ালা, পশমের বোনা পোশাকবিশেষ, যার সামনের দিকে বোতাম লাগানো হয়; কার্ডিগান।

car·di·nal [ˈকা:ডিন্‌ল্] *adj* প্রধান; মুখ্য; অগ্রগণ্য; অপরিহার্য: the ~ virtues. **~ numbers** অঙ্কবাচক সংখ্যা (যেমন ১, ২, ৩ ...); (তুল. ordinal numbers). **the ~ points** (কম্পাসের) দিকচতুষ্টয়। □*n* রোমান ক্যাথলিক ধর্মসঙ্ঘে পোপের নির্বাচনে অংশগ্রহণ করার অধিকারী বিশপ; কার্ডিনাল।

car·dio [ˈকা:ডিও] *n* হৃদ্-। **car·dio·graph** [ˈকা:ডিওগ্রা:ফ্] *n* হৃদ্‌স্পন্দন লিপিবদ্ধ করবার জন্য যন্ত্রবিশেষ; হৃল্লেখযন্ত্র। **car·dio·logy** [কা:ডিˈওলাজি] *n* হৃদ্‌বিজ্ঞান। **car·dio·logist** *n* হৃদ্‌বিজ্ঞানী।

care[1] [কেঅ্যা(র্)] *n* ১ [U] সতর্কতা; সাবধানতা; যত্ন: Take ~ not to spoil the book. ২ [U] তত্ত্বাবধান; দায়িত্ব: leave it in his ~. **~ of** (প্রায়শ **C/O**) প্রযত্নে। **Child C~ officer** (GB, তবে অধুনা অচলিত, বর্তমানে social worker নামে পরিচিত) গৃহহীন, অনাথ কিংবা পিতামাতার অযত্নে লালিত শিশুদের তত্ত্বাবধানে নিযুক্ত কর্মকর্তা। **take into ~** (উপরোক্ত কর্মকর্তা সম্বন্ধে) উক্তরূপ শিশুদের কোনো প্রতিষ্ঠানে নিয়ে যাওয়া। **take ~ of** (কথ্য) ব্যবস্থা করা; ভার নেওয়া। ˈ**~·taker** *n* তত্ত্বাবধায়ক। (US = **janitor**). **C~·taker Government** তত্ত্বাবধায়ক সরকার। ৩ [U] উদ্বেগ; দুশ্চিন্তা; দুর্ভাবনা: free from ~. ˈ**~·free** *adj* ভাবনাহীন; দুশ্চিন্তামুক্ত। ˈ**~·laden,** ˈ**~·worn** *adj* চিন্তাকুল; দুর্ভাবনাপীড়িত; সন্তাপিত। ৪ [C] (সাধা. *pl*) দুঃখ ও উদ্বেগের কারণ; দুর্ভাবনা; দুশ্চিন্তা: C~s of all sorts ruined his health.

care[2] [কেঅ্যা(র্)] *vi* ১ (উপবাক্যের পূর্বে সাধা. *prep* উহ্য থাকে) **~ about** আগ্রহ/ উদ্বেগ/ দুঃখ বোধ করা; আগ্রহান্বিত/ উদ্বিগ্ন/ দুঃখিত হওয়া; মাথাব্যথা/ পরোয়া থাকা: He doesn't ~ what happens next. Whatever you say, I don't ~. ২ **~ for** চাওয়া; পেতে চাওয়া; উৎসাহ থাকা; আগ্রহান্বিত হওয়া: Do you ~ for the car ? ৩ **~ for** ভালোবাসা; পছন্দ করা; অভিরুচি থাকা: I don't ~ for jaz. ৪ **~ for** যত্ন নেওয়া; দেখাশোনা করা: A friend will ~ for the family during my absence. পছন্দ করা; আগ্রহী/ ইচ্ছুক হওয়া (কেবল inter ও neg): Would you ~ to attend the meeting ?

ca·reen [কাˈরীন্] *vt,vi* ১ (মেরামত বা পরিষ্কার করার জন্য জাহাজ) কাত করা। ২ (এক দিকে) ঝোঁকা বা ঝোঁকানো।

ca·reer [কাˈরিঅ্যা(র্)] *n* ১ জীবনের পথে অগ্রগতি/ অগ্রসরণ; দল/ সূত্র ইত্যাদির বিকাশ ও অনুক্রমণ; জীবনায়ন; জীবনপ্রক্রম; বিকাশক্রম; বিকাশধারা: C~s of great men can teach us a great deal. ২ [C] জীবিকা; পেশা; বৃত্তি: Which ~ do you prefer ? (attrib) পেশাজীবী; পেশাদার: a ~ diplomat; a ˈ~ girl, (বিশেষত) যে বিবাহিত জীবনের চেয়ে পেশাকেই অধিক

গুরুত্ব দেয়। ৩ [U] প্রচণ্ড বা ত্বরিৎ সম্মুখগতি: in full ~, পূর্ণ বেগে; stop (sb) in mid ~. □*vi* **~about/ along/ past/ through etc** ঝড়ের বেগে ছুটে যাওয়া। **~·ist** *n* কর্মজীবনে ব্যক্তিগত উন্নতিই যার প্রধান লক্ষ্য; একনিষ্ঠ পেশাজীবী।

care·ful [ˈকেঅ্যাফ্‌ল্] *adj* ১ (pred) **be ~ (about/of)** (ব্যক্তি সম্বন্ধে) সতর্ক/ হুঁশিয়ার/ সাবধান/ মনোযোগী/ যত্নবান হওয়া: Be ~ (about/of) what you say. Be ~ of your money. ২ যত্নের সঙ্গে করা বা যত্নের পরিচায়ক; সতর্ক; সযত্ন: ~ observation; a ~ scrutiny of the details. **~·ly** [-ফ়লি] *adv* সযত্নে; সতর্কভাবে। **~·ness** *n* সতর্কতা; সাবধানতা।

care·less [ˈকেঅ্যলিস্] *adj* ১ (ব্যক্তি সম্বন্ধে) যত্নহীন; অসাবধান; অসতর্ক; অমনোযোগী; অনবধান। ২ যত্ন ব্যতিরেকে করা; অযত্নপ্রসূত; অনবধানতাপ্রসূত: a ~ mistake. ৩ (সাহিত্য.) চপল; লঘুচিত্ত: ~ little maids. ৪ **~ of** (সাহিত্য.) নির্লিপ্ত; উদাসীন; নিস্পৃহ; নির্মোহ: She is ~ of her good name. **~·ly** *adv* অসাবধানে; অসতর্কভাবে। **~·ness** *n* অসতর্কতা; অযত্ন: a piece of ~ness, অযত্নপ্রসূত কাজ।

ca·ress [কˈরেস্] *n* [C] স্নেহস্পর্শ; প্রণয়স্পর্শ; আদর; সোহাগ। □*vt* সস্নেহে স্পর্শ করা বা হাত বোলানো; আদর/সোহাগ করা। **~·ing** *adj* প্রণয়স্পর্শযুক্ত; স্নেহস্পর্শযুক্ত; প্রেমময়; স্নেহময়; আদরপূর্ণ; সোহাগপূর্ণ। **~·ing·ly** *adv* আদরভরে; সোহাগভরে।

caret [ˈক্যারাট্] *n* লেখায় বা ছাপায় কোনো কিছু যোগ করার নির্দেশসূচক চিহ্ন (^); কাকপদ।

cargo [ˈকা:গৌ] *n* (*pl* ~ es, US অপিচ ~s [গৌজ়]) [C,U] জাহাজ, বিমান ইত্যাদিতে বাহিত পণ্য; মাল: a ˈ~ ship/ plane, পণ্যবাহী জাহাজ/ বিমান। তুল. goods/ freight train.

cari·bou [ˈক্যারিবূ] *n* (*pl* - s, অথবা সমষ্টিবাচক *pl* ~) উত্তর আমেরিকান বল্গা-হরিণ।

cari·ca·ture [ˈক্যারিক ˈটিউঅ্যা(র্)] *n* ১ [C] কৌতুক বা পরিহাসের উদ্দেশ্যে কোনো কোনো বৈশিষ্ট্যের উপর অধিক গুরুত্ব দিয়ে কোনো বস্তু বা ব্যক্তির চিত্র কিংবা ব্যক্তিবিশেষের কণ্ঠ, আচরণ ইত্যাদির অনুকরণ; ব্যঙ্গচিত্রণ; ব্যঙ্গকরণ; ব্যঙ্গ-কৌতুক। ২ [U] ঐরূপ অনুকরণের কৌশল; ব্যঙ্গচিত্রণ। □*vt* ব্যঙ্গকৌতুক করা। **cari·ca·tur·ist** *n* ব্যঙ্গকার।

car·ies [ˈকেঅ্যারীজ়্] *n* [U] চিকি.) (অস্থি অথবা দাঁতের) ক্ষয়: dental **~,** দন্তব্যসন; দন্তক্ষয়। **cari·ous** [ˈকেঅ্যারিঅ্যাস্] *adj* (অস্থি সম্বন্ধে) ক্ষয়াক্রান্ত।

car·il·lon [কˈরিলিয়ান্ US ক্যারালন্] *n* মিনারের চূড়ায় স্থাপিত ঘণ্টামালা।

Car·mel·ite [ˈকা:মালাইট্] *n,adj* ১১৫৫ খ্রিস্টাব্দে প্রতিষ্ঠিত একটি ধর্মসঙ্ঘভুক্ত তপস্বী বা তপস্বিনী; উক্ত ধর্মসঙ্ঘবিষয়ক; কার্মেলীয়।

car·mine [ˈকা:মাইন্] *n,adj* গাঢ় লাল রঙ ও রঞ্জক পদার্থবিশেষ; আলতা।

car·nage [ˈকা:নিজ্] *n* [U] (সাহিত্য.) ব্যাপক হত্যাকাণ্ড; হত্যাযজ্ঞ; সংহার: a scene of ~, যেমন যুদ্ধক্ষেত্র।

car·nal [ˈকা:নল্] *adj* (আনুষ্ঠা.) শরীর বা রক্তমাংসসম্বন্ধীয়; ঐন্দ্রিয়িক (আত্মিকের বিপরীত); ইন্দ্রিয়াসক্ত; শিশ্নোদরপরায়ণ; দৈহিক: ~ desires, কাম; কামাসক্তি; ভোগবাসনা। **~·ly** *adv* দৈহিকভাবে ইত্যাদি।

car·na·tion [কা: ˈনেইশ্‌ন্] *n* সাদা, গোলাপি কিংবা লাল রঙের সুগন্ধি পুষ্পবিশেষ এবং তার গাছ; কার্নেশান।

car·ni·val [ˈকা:নিভ্‌ল্] *n* [U,C] বিশেষত রোমান ক্যাথলিক দেশসমূহে বসন্তকালে উদ্‌যাপিত সর্বজনীন আনন্দোৎসব ও পানাহার, সাধা. বিচিত্র বেশভূষায় সজ্জিত হয়ে শোভাযাত্রা সহকারে জনসাধারণ এই উৎসব উদ্‌যাপন করে; প্রমোদবাজার।

car·ni·vore [ˈকা:নিভো°(র্)] *n* মাংসাশী (পশু)। **car·ni·vor·ous** [কা:ˈনিভ়ারাস্] *adj* মাংসাশী।

carol [ˈক্যারাল্] *n* আনন্দ বা প্রশংসার গান, বিশেষত বড়োদিনের স্তবগান; ভক্তিগীত: ˈ~ singers, যেসব গায়ক বড়োদিনের সময়ে (সাধা. অর্থসংগ্রহের উদ্দেশ্যে) উক্ত গান গেয়ে বাড়ি বাড়ি ঘোরে। □*vt,vi* (-ll-, US অপিচ -l-) সহর্ষে গান গাওয়া; ভক্তিগীতি গেয়ে গুণগান করা। **~·ler** *n* ক্যারলগায়ক।

carom [ˈক্যারাম্] *n* carambole-এর সংক্ষিপ্ত রূপ; ক্যারম খেলা।

ca·ro·tene [কˈরৌটীন্] *n* উদ্ভিদে বিদ্যমান পীতলোহিত বর্ণের বিভিন্ন প্রকারের রঞ্জনদ্রব্য; কারোটিন।

ca·ro·tid [কˈরটিড্] *n* মস্তিষ্কে রক্তসরবরাহকারী (ঘাড়ের দুই পার্শ্ববর্তী) দুটি প্রধান ধমনীর যেকোনো একটি; বৃহদ্ধমনী □*adj* **the ~ pulse** বৃহদ্ধমনীর স্পন্দন।

ca·rouse [কˈরাউজ়্] *vt* (হৈ-হল্লোড়পূর্ণ ভোজসভায়) প্রচুর মদ্যপান করে ফুর্তি করা; পানোন্মত্ত হওয়া। **ca·rousal** [কাˈরাউজ়্‌ল্] *n* পানোৎসব।

carp[1] [কা:প্] *n* (*pl* অপরিবর্তিত) স্বাদুজলের বড়ো আকারের মাছবিশেষ; পোনামাছ।

carp[2] [কা:প্] *vt* ~ **at** (সামান্য কারণে) গঞ্জনা করা; খিটমিট করা; ছিদ্রান্বেষণ করা: a ~ing tongue; ~ing criticism.

car·pal [ˈকা:প্‌ল্] *adj* (ব্যব.) মণিবন্ধ বা প্রকোষ্ঠসম্বন্ধীয়; প্রাকোষ্ঠিক। □*n* (ব্যব.) প্রকোষ্ঠাস্থি; কব্জির হাড়।

car·pen·ter [ˈকা:পিন্‌টা(র্)] *n* সূত্রধর; ছুতার; কাঠমিস্ত্রি। দ্র. joiner. **car·pen·try** [-ট্রি] *n* [U] ছুতারগিরি।

car·pet [ˈকা:পিট্] *n* [C] ১ গালিচা; আস্তরণ। **on the ~** তিরস্কৃত হচ্ছে এমন; ধোলাই হওয়ার অবস্থায়। **sweep sth under the ~** প্রতিকার বিলম্বিত করা; দোষ এড়ানো ইত্যাদি উদ্দেশ্যে কিছু লুকানো বা উপেক্ষা করা; কিছু গায়েব করা। ˈ**~-bag** *n* (প্রা.) গালিচার তৈরি পর্যটন-ব্যাগ; পশমি থলে। ˈ**~·bag·ger** *n* (US) আমেরিকান গৃহযুদ্ধের সময়ে (১৮৬১-৫) রাজনৈতিক ও অর্থিক লাভের আশায় যারা উত্তর থেকে দক্ষিণে চলে গিয়েছিল। ˈ**~-knight** *n* যে সৈনিক কখনো প্রত্যক্ষ সংগ্রামে অংশগ্রহণ করেনি; ঘরকুনো বা গৃহজীবী সৈনিক; রমণীআসক্ত পুরুষ; নারীষ্ঠ। ˈ**~-slippers** *n pl* (প্রা.) পশমি কাপড়ের উপরিভাগযুক্ত নরম চটিবিশেষ; পশমি চটি। ˈ**~-sweeper** *n* গালিচা, কম্বল ইত্যাদি ঝাঁট দেওয়ার জন্য ঘূর্ণ্যমান ঝাঁটাযুক্ত যান্ত্রিক কৌশলবিশেষ; গালিচামার্জনী। ২ গালিচাসদৃশ বস্তু; a ~ of grass. □*vt* ১ গালিচা দিয়ে বা গালিচার মতো আবৃত করা; to ~ the floors, আস্তীর্ণ করা। ২ (অপ.) তিরস্কার/ধোলাই করা: He is being ~ed by the master.

car·riage [ˈক্যারিজ্] *n* ১ [C] বিশেষত যাত্রীবাহী, অশ্ববাহিত চার চাকার বাহন; ঘোড়ার গাড়ি a ~ and pair, দুই ঘোড়ার গাড়ি। দ্র. coach[1]. ˈ**~·way** *n* যানবাহন চলাচলের রাস্তা বা রাস্তার অংশ। ˌ**dual**

ˈ~·**way** উভয় দিকে যানবাহন চলাচলের জন্য (পাঁচিল, সান-বাঁধানো বা তৃণাচ্ছাদিত জমির ফালি দিয়ে) বিভক্ত সড়ক (US=divided highway); বিভক্ত রাজপথ। ২ [C] রেলগাড়িতে যাত্রীদের কামরা (US = car); বগি; He always travels by first class ~. ৩ [U] একস্থান থেকে অন্যস্থানে পণ্য-পরিবহন (-এর মাশুল); পণ্য-পরিবহন; পরিবহন-মাশুল। ~ **forward** প্রাপককর্তৃক প্রদেয় পরিবহন মাশুল। ~ **free/ paid** প্রেরক পরিশোধিত পরিবহন। ৪ [C] কোনো ভারী বস্তুর (যেমন কামান) সঞ্চালনের জন্য উক্ত বস্তুর চাকাযুক্ত আলম্বন; বাহন: gun ~; কোনো যন্ত্রের সচল অংশ (যেমন মুদ্রাক্ষরযন্ত্রের বর্তনী বা রোলার), যা অন্য অংশের অবস্থান পরিবর্তন করে; সঞ্চালক। ৫ (কেবল *sing)* (হাঁটা, বসা বা দাঁড়াবার সময়ে) মাথা বা শরীরের ভঙ্গি; দেহভঙ্গিমা: graceful ~. দ্র. carry (৮)।

car·rier [ˈক্যারিঅ(র্)] *n* ১ অর্থের বিনিময়ে যেসব ব্যক্তি বা কোম্পানি পণ্য বা মানুষ পরিবহন করে; পরিবাহক। ২ সাইকেল, গাড়ি ইত্যাদিতে মালামাল বহনের জন্য সংযুক্ত অবলম্বন; বাহক। ৩ (রোগজীবাণুর) বাহন। ৪ সেনা, বিমান, ট্যাংক ইত্যাদি পরিবহনের জন্য ব্যবহৃত জাহাজ, যানবাহন ইত্যাদি; পরিবাহক। দ্র. aircraft-~, Bren-~, troop-~. ৫ ˈ~-**bag** *n* দোকান থেকে সওদা কিনে নিয়ে যাবার জন্য মজবুত কাগজ বা প্লাস্টিকের হাতলওয়ালা থলে। ˈ~-**pigeon** *n* (সংবাদ আদানপ্রদানের কাজে ব্যবহৃত) বাহক কপোত।

car·rion [ˈক্যারিঅন্] *n* [U] গলিত শব বা মাংস; পূতিমাংস। ˈ~-**crow** পূতিমাংস ও ক্ষুদ্র প্রাণীভোজী কাক।

car·rot [ˈক্যারাট্] *n* গাজর। **the stick and the ~** ভীতিপ্রদর্শন ও ঘুষ; লাঠি ও মুলা। **hold out/offer a ~ to sb** সামনে ঝুলিয়ে রাখা। ~**y** *adj* (বিশেষত চুল সম্বন্ধে) পিঙ্গলবর্ণ।

carry[1] [ˈক্যারি] *vt,vi (pt,pp* carried) *(adv part* ও *preps*-সহ প্রয়োগের জন্য নীচে (১১) দ্র.) ১ বহন করা; নিয়ে যাওয়া; বয়ে নেওয়া: He carried the parcel to the post office; Who carried the news to the parents ? This amount of petrol will not ~ you far. ˈ~-**cot** *n* শিশুদের বহন করার জন্য হাতলযুক্ত হালকা দোলনাবিশেষ; দোলা। ২ সঙ্গে রাখা; পরা; থাকা; He always carried a stick. He had to ~ this blemish all through his life, বহন করতে হয়েছিল। ৩ (ভার) বহন করা; ধারণ করা: The foundation is too weak to ~ the weight of the structure. ৪ জড়িত থাকা; কিছুর সঙ্গে অচ্ছেদ্যভাবে থাকা; অপরিহার্য ফলরূপে ঘটানো; বহন করা: His word carries conviction. His position carries great responsibility (বাংলায় অনেক সময়ে ক্রিয়াপদ উহ্য থাকে কিংবা 'আছে' 'রয়েছে' প্রভৃতি ক্রিয়াপদ ব্যবহৃত হয়)।৫ (নল, তার ইত্যাদি সম্বন্ধে) বহন করা; নেওয়া: These pipes ~ water to the village. ৬ দীর্ঘায়িত হওয়া; সম্প্রসারিত করা; (কোনো নির্দিষ্ট দিকে, নির্দিষ্ট বিন্দুতে) নিয়ে যাওয়া: ~ a fence round a field; ~ pipes under a river; ~ a joke too far, যখন কৌতুক আর রস সৃষ্টি করে না। ৭ জয় করা দখল করে নেওয়া; (অন্যের) বিশ্বাস জন্মানো; (কোনো কিছু) করতে সম্মত করা; (বিপদ ইত্যাদি) অতিক্রম করা/ কাটিয়ে ওঠা: The paratroops carried the rebels' entrenchment; The motion was carried, সংখ্যাগরিষ্ঠের সম্মতিলাভ করেছে। ~ **the day** জয়ী হওয়া। ~ **everything before one** পূর্ণ সাফল্য অর্জন করা। ~ **one's point** স্বীয় বক্তব্য প্রতিষ্ঠিত করা। ৮ নিজেকে/ নিজের শরীর/ মাথা একটি নির্দিষ্ট ভঙ্গিতে রাখা: He carried himself like an athlete, ক্রীড়াবিদের মতো হাঁটতেন এবং দাঁড়াতেন। ৯ (আগ্নেয়াস্ত্র সম্বন্ধে) গোলা ইত্যাদি একটা নির্দিষ্ট দূরত্বে নিক্ষেপ করা; (ক্ষেপণাস্ত্র, ধ্বনি, কণ্ঠস্বর ইত্যাদি সম্বন্ধে) নির্দিষ্ট দূরত্ব অতিক্রম করার ক্ষমতা রাখা: His voice carries far enough. ১০ (সংবাদপত্র ইত্যাদি সম্বন্ধে) ছাপানো: This newspaper carries a special supplement. ১১ *(adv part* ও *preps*-সহ: **carry sb/sth away (ক)** (সাধা. passive) আত্মসংযম হারানোর কারণ হওয়া: She was carried away by her anger. **(খ)** (নৌ.) উড়ে যাওয়া; ভেঙে হারিয়ে যাওয়া: The roof of the boat was carried away during the tornado. **carry sb back** স্মৃতিতে ফিরিয়ে নিয়ে যাওয়া: The smell carried me back to my childhood, মনে করিয়ে দিয়েছে। **carry sth forward** (বাণিজ্য. হিসাব.) পরপৃষ্ঠায় জের টানা। **carry sth off** জিতে নেওয়া: He carried off the most coveted prize. ~ **it/sth off (well)** কঠিন পরিস্থিতিতে সফল হওয়া; দোষ ইত্যাদি ঢাকা। **carry (sth) on (ক)** চালানো; চালিয়ে যাওয়া; অব্যাহত রাখা: He could not ~ on his father's trade due to family disputes. **(খ)** অনর্গল বা নালিশের সুরে কথা বলা; উদ্ভট বা সন্দেহজনক আচরণ করা: Look ! How they are carrying on ! সুতরাং, ~·**ings-on** *n pl* উদ্ভট বা সন্দেহজনক ব্যাপার: Do you find such queer ~ings-on amusing? ~ **on with** (কোনো কিছু) করে/ চালিয়ে যাওয়া; Whatever happens, I will ~ on (with my work). ~ **on (an aftair) (with)** (প্রায়শ অননুমোদনসূচক) পিরিত/ প্রেম/ ফষ্টিনষ্টি করা। **(sth) to ~ on with** আপাতত চালিয়ে নেবার মতো (কোনো কিছু): It is a paltry sum, but it is something to ~ on with. **carry sth out (ক)** পালন/ কার্যকর/ সম্পন্ন করা: ~ out a plan/ threat/ promise etc. **(খ)** চালানো; সম্পন্ন/ নিষ্পন্ন করা; ~ out experiments/ tests. **carry sb/sth through (ক)** (বাধাবিপত্তির মধ্য দিয়ে) সাহায্য করা; সহায় হওয়া: His tenacity has carried him through; পূর্ণ/ পালন করা: The contract must be carried through.

carry[2] [ˈক্যারি] *n* ১ বন্দুক ইত্যাদির পাল্লা; (গোলা ইত্যাদির) অতিক্রান্ত দূরত্ব। ২ বহন; ভার-বহন; বহনব্যয়; ঢোলাই; নৌকা ইত্যাদি বহন, বিশেষত এক নদী/ হ্রদ থেকে অন্য নদীতে/ হ্রদে; যে স্থলে এই বহনের কাজ অপরিহার্য।

cart [কা:ট্] *n* দুই চাকার ঘোড়ার গাড়ি; এক্কা। অপিচ hand ~. **put the ~ before the horse** ঘোড়ার আগে গাড়ি জোতা; কার্যকে কারণ বলে মনে করা। **turn** ˈ~-**wheels** পাশাপাশি ডিগবাজি খাওয়া। ˈ~-**horse** *n* পরিশ্রমের কাজের জন্য শক্তিশালী ঘোড়াবিশেষ। ˈ~-**load** *n* একগাড়ি: a ~-load of rice. ˈ~-**road/-rack** (এবড়ো-খেবড়ো) কাঁচা রাস্তা। □*vt* ১ এক্কা গাড়িতে বহন করা/ টানা। ২ (কথ্য) হাতে/ কাঁধে করে বয়ে বেড়ানো: He has been ~ing these bags all the day. ~**age** [ˈকা:টিজ্] *n* [U] গাড়িতে বহন; গাড়ি খরচা। ~**er** *n* গাড়োয়ান। দ্র. carrier (১)।

carte blanche [ˌকা:ট্ ˈব্লন্‌শ্] *n* (ফ.) (কোনো বিষয়ে নিজের বিচারবুদ্ধি প্রয়োগের) পূর্ণ অধিকার ও স্বাধীনতা; নিরঙ্কুশ ক্ষমতা।

car·tel [কা: ˈটেল্] *n* (বাণিজ্য.) উৎপাদন, বিপণন, মূল্য ইত্যাদি নিয়ন্ত্রণ করার জন্য ব্যবসায়ী, উৎপাদনকারী প্রভৃতির জোট; বাণিজ্য-জোট।

car·ti·lage [ˈকা:টিলিজ্] *n* [C,U] জীবদেহে অস্থিসন্ধির সঙ্গে সংযুক্ত দৃঢ়, শুভ্র তন্তুময় গঠন বা তার অংশবিশেষ; উপাস্থি। **car·ti·lagi·nous** [ˌকা:টিল্যাজিনাস্] *adj* উপাস্থিক।

car·togra·pher [কা: ˈটগ্রাফা(র্)] *n* মানচিত্রকর। **car·togra·phy** [কা:ˈটগ্রাফি] *n* মানচিত্রাঙ্কনবিদ্যা।

car·ton [কা:টন্] *n* পিচবোর্ডের বাক্স; কার্টন।

car·toon [ˈকা:টুন্] *n* ১ সাম্প্রতিক (বিশেষত রাজনৈতিক) প্রসঙ্গাদি নিয়ে কৌতুকাত্মক বা ব্যঙ্গাত্মক চিত্রাঙ্কন; ব্যঙ্গচিত্র। ২ চিত্রপট, চিত্রযবনিকা, মস্তোদকচিত্র (ফ্রেসকো), মোজাইক (পচ্চীকারী) ইত্যাদির আদর্শস্বরূপ ব্যবহৃত, কাগজে অঙ্কিত পূর্ণদৈর্ঘ্য প্রাথমিক আলেখ্য; আলেখ্যাদর্শ। ৩ (= animated ~) চিত্রপরম্পরার আলোকচিত্র গ্রহণের মাধ্যমে নির্মিত চলচ্চিত্রবিশেষ; রঙ্গচিত্র; কার্টুন। **~·ist** *n* ব্যঙ্গচিত্রী; ব্যঙ্গরচয়িত্রী।

car·tridge [ˈকা:ট্রিজ্] *n* ১ (বিস্ফোরণের জন্য) শুধু বিস্ফোরকপূর্ণ কিংবা (রাইফেল বা বন্দুক থেকে বর্ষণের জন্য) বুলেট বা গুলিসহ বিস্ফোরকপূর্ণ (ধাতু, পিচবোর্ড ইত্যাদির) আধার; টোটা; কার্তুজ। দ্র. blank *n* (৪)। **ˈ~-belt** *n* কার্তুজ-বেল্ট। **ˈ~-paper** (ক) টোটার খোলশ তৈরির জন্য ব্যবহৃত কাগজবিশেষ; কার্তুজ-কাগজ। (খ) পেনসিল ও কালিতে ছবি আঁকার জন্য মোটা, শাদা কাগজবিশেষ। ২ (রেকর্ড প্লেয়ারে) শব্দগ্রাহক যন্ত্রাংশের বিযোজনযোগ্য শীর্ষ, যার মধ্যে কুর্চিকা (স্টাইলাস) থাকে; সম্পুটক। ৩ (US) ক্যাসেট।

carve [কা: ভ্] *vt,vi* ১ কাঠ অথবা পাথর কেটে কোনো কিছু তৈরি করা; (লাক্ষ.) বিপুল প্রয়াস দ্বারা কোনো কিছু অর্জন করা: ~ out a career for oneself. ২ খোদাই করা। ৩ (রান্না মাংস) কেটে টুকরা করা। **carving-knife/-fork** *n* মাংস কাটার ছুরি। **carver** *n* মাংস-কাটা ছুরি; যে ব্যক্তি মাংস টুকরা করে। *(pl)* মাংস-কাটা ছুরি ও কাঁটা-চামচ। **carving** *n* ভাস্কর্য। দ্র. sculptor, sculpture.

cary·atid [ক্যারি ˈঅ্যাটিড্] *n* (স্থাপত্য) অট্টালিকায় স্তম্ভরূপে ব্যবহৃত আচ্ছাদিত নারীমূর্তি।

cas·cade [ক্যাস্ ˈকেইড্] *n* জলপ্রপাত; বৃহৎ, ভগ্ন জলপ্রপাতের একাংশ; ফিতা, ঝালর ইত্যাদির তরঙ্গিত পতন। □*vi* জলপ্রপাতের মতো নেমে আসা।

case[1] [কেই স্] *n* ১ ঘটনা; প্রকৃত অবস্থা; ব্যাপার; কোনো ব্যক্তি বা বস্তুর সঙ্গে সম্পর্কিত বিশেষ পরিস্থিতি: Is it the ~ (= এটা কি সত্য) that you have lost all your money? If that is the ~ (= পরিস্থিতি যদি এমনই হয়) you will have to work much harder. I can't make an exception in your ~ (= তোমার ব্যাপারে)। Such being the ~ (= এমতাবস্থায়) you can't go away. ২ (চিকি.) রোগী; রুগ্ণ অবস্থা: There were five ~s of cholera (= কলেরা আক্রান্ত পাঁচ ব্যক্তি)। ৩ মামলা, মকদ্দমা। **a ~ in point,** দ্র. point[1](৯)। **in ~** ঘটনাচক্রে। **in ~ of** এমন ঘটলে, এমতাবস্থায়। **in any ~** যা-ই ঘটুক না কেন। **in no ~** কোনো অবস্থাতেই না। **in this/ that ~** এমন/তেমন অবস্থায়, এমন/তেমন ঘটলে। **make out a ~ (for)** কোনো ব্যক্তি বা কাজের পক্ষে যুক্তি দেখানো। **make out one's ~** আত্মপক্ষ সমর্থন করা। ৪ (ব্যাক.) কারক।

case[2] [কেই স্] *n* ১ বাক্স; খাপ; কোষ; আধার; আবরণ। ˌ**~-ˈhardened** *adj* (লাক্ষ.) অভিজ্ঞতার চাপে কঠিন হয়ে-যাওয়া মানুষ। ২ (মুদ্রণ) **upper ~** বড়ো হাতের অক্ষর। **lower ~** ছোট হাতের অক্ষর। □*vt* বাক্সবন্দী করা; কোষবদ্ধ করা।

casein [ˈকেইসীন্] *n* [U] দেহ-গঠনকারী দুগ্ধজাত খাদ্য (প্রোটিন); ননী; পনিরের মৌলিক উপাদান।

case·ment [ˈকেইস্‌মান্ট্] *n* যে জানালা দরোজার মতো বাহিরের কিংবা ভিতরের দিকে খোলা যায়, কিন্তু নীচ থেকে উপরে বা উপর থেকে নীচের দিকে খোলা যায় না। দ্র. sash window; (কাব্যিক) জানালা।

cash [ক্যাশ্] *n* [U] ১ মুদ্রায় বা নোটে বিনিময়যোগ্য নগদ অর্থ, নগদ টাকা: I have no ~ with me (আমার কাছে নগদ টাকা নেই)। **ˈ~ crops** *n* বিক্রির জন্য উৎপাদিত শস্য (যেমন, পাট, সর্ষে ইত্যাদি)। **ˈ~ desk** (দোকান ইত্যাদিতে) নগদ প্রদানের জন্য ব্যবহৃত কাউন্টার। **ˈ~ dispenser** (কোনো কোনো ব্যাংকের বহির্ভাগে স্থাপিত) যন্ত্র বিশেষ যা ব্যক্তিগত সাংকেতিক কার্ড ব্যবহার করে নগদ অর্থ প্রদান করে থাকে। **ˈ~ flow** (বেচা-কেনার সূত্রে) ব্যবসায়ে অর্থের প্রবাহ। **~ on delivery** মাল সরবরাহ মাত্র দাম দেওয়া। দ্র. credit[1](১)। **ˈ~ price** *n* তাৎক্ষণিকভাবে দেয় মূল্য; নগদ দাম। **~ register** *n* গৃহীত নগদ অর্থ রাখার বাক্স; জমা-খরচের খাতা। **~ and ˈcarry store** *n* (সাধা. অপেক্ষাকৃত কম দামে) যেখানে নগদ অর্থের বিনিময়ে মালপত্র বিক্রি করা হয়। ২ অর্থ; টাকা: be rolling in ~, টাকায় গড়াগড়ি যাওয়া; out of ~, টাকা না-থাকা। □*vt,vi* ১ (কোনো কিছুর বিনিময়ে) নগদ অর্থ গ্রহণ বা প্রদান করা: Can you ~ this cheque for me ? আমার হয়ে/ জন্য এই চেকটি ভাঙাতে পারো? ২ **~ in (on)** সুযোগ নেওয়া; লাভ করা: Shopkeepers often ~ in on shortages by putting up prices, দোকানদারেরা অনেক সময়ে ঘাটতির সুযোগ নিয়ে দাম বাড়িয়ে লাভ করে। **~·able** [ক্যাশাব্‌ল্] *adj* নগদ অর্থে রূপান্তরযোগ্য।

ca·shew [ˈক্যাশু] *n* কাজু বাদাম; কাজু বাদামের গাছ।

cash·ier[1] [ক্যা ˈশিআ(র্)] *n* ব্যাংক, দোকান, হোটেল, রেস্তোরাঁ ইত্যাদিতে যে ব্যক্তি নগদ অর্থ দেওয়া-নেওয়া করে; কোষাধ্যক্ষ, খাজাঞ্চি, ক্যাশিয়ার।

cash·ier[2] [কাˈশিআ(র্)] *vt* (কোনো কর্মকর্তাকে) অপমানপূর্বক বরখাস্ত করা।

cash·mere [ক্যাশ্ˌˈমিআ(র্)] *n* [U] মিহি নরম কাশ্মীরি পশম; এশীয় ছাগল: a ~ shawl, কাশ্মীরি শাল।

cas·ing [ˈকেইসিঙ্] *n* আবরণ; আচ্ছাদন: a ~ of rubber.

ca·sino [কা ˈসীনৌ] *n* জুয়া ও অন্যান্য বিনোদনমূলক ক্রিয়াকলাপের জন্য ব্যবহৃত কক্ষ বা ভবন; সর্বসাধারণের জন্য উন্মুক্ত নৃত্যশালা।

cask [কা:স্ক্ US ক্যাস্ক্] *n* পিপা, জালা; পিপায় ধারণকৃত পদার্থের পরিমাণ।

cas·ket [ˈকা:স্কিট্ US ˈক্যাস্কিট্] *n* ১ চিঠিপত্র, অলঙ্কার, দেহাবশেষ ইত্যাদি রাখার ছোট বাক্স বা কৌটা। ২ (US) শবাধার।

cas·sava [ক'সা:ভা] *n* [U] গ্রীষ্মমণ্ডলীয় উদ্ভিদ, যার শিকড় থেকে শ্বেতসার জাতীয় খাদ্য তৈরি হয়। সদৃশ শস্য বের করা হয়। দ্র. vegetable.

cas·ser·ole ['ক্যাসারৌল্] *n* ঢাকনাযুক্ত তাপনিরোধক পাত্রবিশেষ, যাতে খাদ্যদ্রব্য রান্না ও পরিবেশন করা হয়। □*vt* এরূপ পাত্রে (মাংস, সবজি ইত্যাদি) রান্না করা।

cas·sette [ক'সেট্] *n* [C] (US = cartridge) যাতে চুম্বকীয় টেপ বা ছবি তুলবার ফিল্ম ধারণ করা হয়; ক্যাসেট। দ্র. tape.

cas·sock ['ক্যাসক্] *n* (সাধা. যাজকদের পরিধেয়) আলখিল্লা। দ্র. vestment.

cas·so·wary ['ক্যাসাওআরি] *n* বড়ো আকারের দক্ষিণপূর্ব এশীয় পাখিবিশেষ—যারা উড়তে পারে না।

cast[1] [কা:স্ট্ US ক্যাস্ট্] *vt,vi* (*pt,pp* cast) ১ নিক্ষেপ করা, ছোড়া; পড়তে দেওয়া। **~ anchor** নিচু করা; নোঙর ফেলা। **be cast down** ভারাক্রান্ত বা হতাশাগ্রস্ত হওয়া। দ্র. downcast. **~ lots; ~ in one's lot with,** দ্র. **lot**[2]. **~ a vote** ভোট দেওয়া। **casting vote** *n* পরস্পরবিরোধী পক্ষদ্বয়ের ভোট সমান হলে জয়পরাজয় নির্ধারণের জন্য সভাপতি যে ভোটটি দিয়ে থাকেন। **~ sth in sb's teeth,** দ্র. tooth. ২ কোনো নির্দিষ্ট দিকে বা লক্ষ্যে ঘোরানো বা চালিত করা: ~ one's eye over sth, (খুঁটিয়ে) দেখা; পরীক্ষা করা। **~ a gloom / shadow on sth** কোনো কিছুকে বিষণ্ন বা ভারাক্রান্ত করে তোলা। ~ a new light on a problem, স্পষ্টতর, সহজতর করে তোলা; নতুন আলোকপাত করা। **~ about for** (উৎকণ্ঠিতচিত্তে মিত্র, অজুহাত ইত্যাদি) সন্ধান করা; খুঁজে পেতে চেষ্টা করা। ৩ (গলিত ধাতু) ছাঁচে ঢালা; ছাঁচে ঢেলে (মূর্তি ইত্যাদি) তৈরি করা: a figure ~ in bronze, ব্রোন্জ-নির্মিত মূর্তি। **~ iron** *n* ঢালাই লোহা। **'~-iron** *adj* (ক) ঢালাই লোহা দিয়ে তৈরি; (খ) (লাক্ষ.) লৌহ-কঠিন; অক্লান্ত; অদম্য: a man with a ~-iron will. ৪ **~ (sb/sth) aside** পরিত্যাগ করা; খারিজ করা। **~ (sth) off** (ক) (নৌকার) বাঁধন খুলে ভাসিয়ে দেওয়া; (খ) পরিত্যাগ করা। **'~-offs** *n pl* মালিকের পরিত্যক্ত বস্ত্রাদি। ৫ (অভিনেতা/ নেত্রীদেরকে) নাটকের ভূমিকা বণ্টন করা। **~·ing** *n* ১ [C] ছাঁচে ঢালাই করে তৈরি করা বস্তু। ২ [U] নাটক, ছায়াছবি ইত্যাদিতে অভিনয়ের জন্য অভিনেতা/ অভিনেত্রী নির্বাচনের প্রক্রিয়া।

cast[2] [কা:স্ট্ US ক্যাস্ট্–] *n* ১ নিক্ষেপ। ২ ছাঁচে ঢেলে নির্মিত বস্তু। ৩ ছাঁচ; আদল। ৪ নাটকের অভিনেতা-অভিনেত্রী সমূহ। ৫ ধাঁচ বা গুণ; প্রবণতা। ৬ তির্যকদৃষ্টি; টেরা।

cas·ta·nets [ˌক্যাস্টা'নেট্স্] *n pl* শক্ত কাঠ বা হাতির দাঁতনির্মিত করতালবিশেষ।

cast·away ['কা:স্টাওএই US 'ক্যাস্টা] *n* বিধ্বস্ত জাহাজ থেকে ভেসে-আসা সমুদ্রযাত্রী, বিশেষত যিনি কোনো আজব দেশ বা নির্জন দ্বীপে পৌঁছেছেন।

caste [কা:স্ট্ US ক্যাস্ট্] *n* জাত; জাতিপ্রথা; বর্ণাশ্রম। **loose ~ with/ among** শ্রদ্ধার অধিকার হারানো; জাত খোয়ানো।

cas·tel·lated ['ক্যাস্টালেইটিড্] *adj* (দুর্গের মতো) মিনার ও প্রাকার আছে এমন; দুর্গবৎ।

cas·ti·gate ['ক্যাস্টিগেইট্] *vt* প্রহার বা তীব্র নিন্দাজ্ঞাপনের মাধ্যমে কঠোরভাবে শাস্তি দেওয়া। **cas·ti·ga·tion** [ˌক্যাস্টি'গেইশ্ন্] *n* [C,U] কঠোর শাস্তি।

castle ['কা:স্ল্ US 'ক্যাস্ল্] *n* (বিশেষত বিগতকালে দুর্গদ্বারা সুরক্ষিত) প্রাসাদ; দুর্গ; দাবাখেলার নৌকা। দ্র. **chess. ~s in the air; ~s in Spain** দিবা-স্বপ্ন, আকাশকুসুম কল্পনা; অবাস্তব আশা বা পরিকল্পনা। □*vi* (দাবাখেলায়) রাজাকে আড়াআড়িভাবে নৌকার দিকে দুই ঘর এগিয়ে দেওয়া এবং নৌকাকে রাজার পার-হওয়া ঘরে স্থাপন করা।

cas·tor, cas·ter ['কা:সটা(র্) US 'ক্যাস্–] *n* ১ (সহজে ঘোরানোর জন্য ব্যবহৃত) আসবাব-এর পায়ার নীচে লাগানো ছোট চাকা। ২ লবণ, চিনি ইত্যাদি রাখার ছিদ্রযুক্ত বোতল বা ধাতবপাত্র। **'~ suger** *n* সাদা মিহি চিনি।

cas·tor oil [ˌকা:সটার'অয়ল্ US 'ক্যাস্টার অয়ল্] *n* [U] রেড়ির তেল।

cas·trate [ক্যাস্'ট্রেইট্ US 'ক্যাস্ট্রেই ট্] *vt* (পুরুষজাতীয় প্রাণীকে) খোজা বা খাসি করা; প্রজননক্ষমতা হরণ করা। **cas·tra·tion** [ক্যাস্'ট্রেইশন্] *n* প্রজননক্ষমতা রোহিতকরণ; নপুংসকরণ।

cas·ual ['ক্যাজুআল্] *adj* ১ আকস্মিক; অভাবিতপূর্ব; হঠাৎ; নৈমিত্তিক। ২ অসতর্ক; অমনোযোগী; অপরিকল্পিত; খাপছাড়া; রীতিবিবর্জিত। ৩ অনিয়মিত; ধারাবাহিকতাহীন। **~·ly** *adv*

casu·alty ['ক্যাজুআল্টি] *n* [C] ১ দুর্ঘটনা, বিশেষত যাতে প্রাণহানি ঘটে। ২ নিহত, আহত বা নিখোঁজ সৈনিক বা নাবিক; দুর্ঘটনায় নিহত বা গুরুতর আহত ব্যক্তি। **'C ~ Ward/ Department** *n* হাসপাতালের যে বিভাগে (সড়ক দুর্ঘটনা ইত্যাদিতে) আহত ব্যক্তিদের জরুরি চিকিৎসা প্রদান করা হয়।

casu·ist ['ক্যাজিউইস্ট্] *n* কূটতার্কিক। **~ry** [-রি] *n* [U] কেতাবি বিদ্যা, সামাজিক প্রথা ইত্যাদির উপর নির্ভর করে ন্যায়-অন্যায় বিচার; [C] কূটতর্ক। **casu·is·tic, -ti·cal** [ˌক্যাজিউ'ইস্টিক, –টিক্ল্] *adj* কূটতর্ক সম্বন্ধীয় বা কূটতর্ক সদৃশ।

cat [ক্যাট্] *n* ১ বিড়াল; (= wild cat) বাঘ, সিংহ, চিতাবাঘ গোত্রের যে কোনো প্রাণী। **bell the cat,** দ্র. bell(২). **let the cat out of the bag,** দ্র. bag[1](১). **like a cat on hot bricks** অত্যন্ত স্নায়ুকাতর, অত্যন্ত ঘাবড়ানো স্বভাবের। **put/ set the cat among the pigeons** ভয় ও বিভ্রান্তি সৃষ্টি করা; সোরগোল বাধানো। **wait for the cat to jump; see which way the cat jumps** অন্যরা কী করছে বা ভাবছে তা দেখার অপেক্ষায় নিজে নিষ্ক্রিয় বা নিশ্চুপ থাকা। **ˌcat-and-'dog life** কলহময় জীবন। ২ (সংক্ষিপ্ত রূপ)। **ˌcat-o-'nine-tails** *n* দুষ্কৃতকারীদের শাস্তিদানের জন্য একদা ব্যবহৃত গ্রন্থিযুক্ত চাবুক। **room to swing a cat in** টায় টায় হয় এমন পরিসর; যথামাত্রার পরিসর। ৩ **'cat burglar** *n* দেয়াল, পাইপ ইত্যাদি বেয়ে যে চোর ঘরে ঢোকে। **'cat·call** *n,v* (রাজনৈতিক সভা ইত্যাদিতে) ধিক্কারজ্ঞাপক তীক্ষ্ন শিস এরূপ শব্দ করা বা শিস দেওয়া। **'cat·fish** *n* মাগুর, সিঙি প্রভৃতি মাছ। **'cat-nap, 'cat-sleep** *n* (চেয়ার ইত্যাদিতে বসে) স্বল্পস্থায়ী নিদ্রা। **ˌcat's 'cradle** *n* শিশুদের খেলা বিশেষ। **'cat's eye** *n* অন্ধকারে যানবাহন চলাচল নিয়ন্ত্রণের জন্য রাস্তায় স্থাপিত আলোক প্রতিফলক। **'cat's paw** *n* যে ব্যক্তি অন্যের হাতিয়ার হিসাবে ব্যবহৃত হয়। **'cat suit** *n* এক কাপড়ে সারা শরীর ঢাকে এরকম (বিশেষত মহিলা বা শিশুর জন্য তৈরি) আঁটসাট পোশাক। **'cat-walk** *n* সেতুর উপর দিয়ে

বা যন্ত্রপাতির সমাবেশের ভিতর দিয়ে সংকীর্ণ পায়ে-চলা পথ।

cata·clysm [ˈক্যাটাক্লিজ়াম্] *n* [C] আকস্মিক এবং প্রচণ্ড পরিবর্তন (যথা, প্লাবন, ভূমিকম্প, মহাযুদ্ধ, রাজনৈতিক বা সামাজিক বিপ্লব)। **cata·clys·mic** [ˌক্যাটাˈক্লিজ়্মিক্] *adj*

cata·combs [ˈক্যাটাকূম্জ়্] *n pl* ভূ-গর্ভস্থ সমাধি।

cata·falque [ˈক্যাটাফ্যাল্ক্] *n* অন্ত্যেষ্টিক্রিয়ায় শবাধার স্থাপনের জন্য সজ্জিত মঞ্চ।

cata·lepsy [ˈক্যাটালেপ্সি] *n* [U] যে রোগে থেকে থেকে আক্রান্ত ব্যক্তির সংজ্ঞা লোপ পায় এবং তার মাংসপেশি শক্ত হয়ে ওঠে; ফিটের ব্যামো। **cataleptic** [ক্যাটাˈলেপ্টিক্] *adj* এই রোগ সম্পর্কিত; এই রোগে আক্রান্ত। □*n* যার এই রোগ আছে।

cata·logue (US অপিচ catalog) [ˈক্যাটালগ্ US -লো°গ] *n* সুবিন্যস্ত তালিকা। □*vt* তালিকাভুক্ত করা; তালিকা প্রস্তুত করা।

ca·ta·ly·sis [কˈট্যালাসিস্] *n* যে প্রক্রিয়ায় নিজে পরিবর্তিত না হয়েও একটি পদার্থ কোনো রাসায়নিক প্রক্রিয়াকে ত্বরান্বিত করে; অনুঘটন। **cata·lyst** [ˈক্যাটালিস্ট্] *n* [C] পরিবর্তনসাধনকারী এরূপ অপরিবর্তিত পদার্থ; অনুঘটক; (লাক্ষ.) যে ব্যক্তি বা বস্তু পরিবর্তন সাধনে সহায়ক হয়। **cata·lyt·ic** [ˌক্যাটাˈলিটিক্] *adj* এরূপ প্রক্রিয়া সম্পর্কিত; অনুঘটক; অনুঘটিত।

cata·maran [ˌক্যাটামাˈর‍্যান্] *n* দুই কাঠামোবিশিষ্ট নৌকা; কাঠের ভেলাবিশেষ; পাশাপাশি বাঁধা দুটি নৌকা বা ভেলা।

cat·a·pult [ˈক্যাটাপুল্ট্] *n* ১ গুলতি; (প্রাচীনকালে ব্যবহৃত) ভারী পাথর নিক্ষেপের যুদ্ধাস্ত্রবিশেষ। ২ উড্ডয়ন-পথ ছাড়াই বিমান উড্ডীন করার যান্ত্রিক ব্যবস্থা বিশেষ (যেমন বিমানবাহী জাহাজের ডেকে ব্যবহার করা হয়)। □*vt* এরূপ ব্যবস্থার সাহায্যে (বিমান) উড্ডীন করা; গুলতি থেকে ছোড়া।

cata·ract [ˈক্যাটার‍্যাক্ট্] *n* [C] ১ বৃহৎ খাড়া জলপ্রপাত। ২ (রোগ) চোখের ছানি। দ্র. eye.

ca·tarrh [কˈটা:(র্)] *n* [U] সর্দি; শ্লেষ্মা।

ca·tas·trophe [কˈট্যাস্ট্রফি] *n* [C] বিপর্যয়; আকস্মিক বিপত্তি (যথা, বন্যা, ভূমিকম্প, অগ্নিকাণ্ড)। **cata·strophic** [ˌক্যাটাˈস্ট্রফিক্] *adj*

catch[1] [ক্যাচ্] *vt,vi (pt,pp* caught [কো°ট্]) ১ ধরা; লুফে নেওয়া। **~ sb out** (ক্রিকেট) ব্যাটসম্যান কর্তৃক শূন্যে আঘাত-করা বল মাটিতে পড়বার আগে ধরে তাকে আউট করা। ২ পাকড়াও করা; গ্রেফতার করা; ফাঁদে বা জালে ধরা; নাগাল পাওয়া: I caught him (= নাগাল পেলাম) just as he was leaving the house. ৩ অপ্রত্যাশিতভাবে (কাউকে বিশেষত অন্যায় কাজে রত অবস্থায়) ধরে ফেলা: I caught the boys stealing mangoes from my garden; দেখতে পাওয়া; ধরতে পাওয়া: You won't ~ me doing that again ! **~ sb at it; ~ sb in the act (of doing sth)** (কোনো কিছু) করতে থাকা অবস্থায় (কাউকে) ধরে ফেলা: Just let me ~ you at it again ! **~ sb out** ভুল করতে থাকা অবস্থায় (কাউকে) দেখতে পাওয়া বা ধরে ফেলা। **~ sb napping** দ্র. nap (১) । ৪ যথাসময়ে ধরতে পারা: ~ a train. ৫ **~ sb up; ~ up (with sb)** (a) (পিছনে থেকেও এগিয়ে এসে) সহগামীর নাগাল ধরা: Go on in front, I'll soon ~ you up / ~ up (with you). (b) সমস্ত বাকি কাজ সেরে ফেলা: Habib was away from school for a month, so now he's got to work hard to ~ up with the rest of the class. ৬ **~ (in/on)** জড়িয়ে যাওয়া: Her dress caught on a nail; আটকে পড়া: I caught my fingers in the door. ৭ বুঝতে পারা; উপলব্ধি করা: I don't quite ~ your meaning; শুনতে পাওয়া: I didn't ~ the end of the sentence. **~ on (to sth)** বুঝতে পারা। **~ it** তিরস্কৃত হওয়া, শাস্তি পাওয়া, আঘাতপ্রাপ্ত হওয়া ইত্যাদি: You'll ~ it if you're not careful ! He caught it right in the eye. **~ sb's attention/ fancy** কারো মনোযোগ/ মন আকর্ষণে সমর্থ হওয়া। **~ sb's eye** কারো (চোখে পড়লে) দৃষ্টি আকর্ষণের জন্য তার দিকে তাকানো। এই সূত্রে **ˈeye-~ing** *adj,*দ্র. eye (৩)। **~ sight / a glimpse of** ক্ষণকালের জন্য দেখা। ৮ আক্রান্ত হওয়া: ~ a disease. ৯ **~ at** আঁকড়ে ধরার চেষ্টা করা: A drowning man will ~ at a straw. দ্র. clutch[1]. **~ up** আঁকড়ে ধরা; (লাক্ষ.) আবিষ্ট হওয়া: ~ up a loose end of rope. He was caught up in the wave of enthusiasm. **~ hold of** আঁকড়ে ধরা। ১০ **~ (fire)** আগুন ধরা। ১১ আঘাত করা: ~ sb a blow. ১২ **~ one's breath** (বিস্ময় ইত্যাদিতে) দম ফেলতে না-পারা। **ˈ~-crop** *n* অপরাপর শস্যের সারির ভিতর লাগানো দ্রুত ফলনশীল শস্য (যথা, লেটুস)। **ˈ~·penny** *adj* সস্তা; শুধুমাত্র পয়সা করার উদ্দেশ্যে তৈরি বা রচিত: a book with a ~ penny title. **ˈ~phrase** *n* বহুল প্রচলিত প্রবাদ বা স্লোগান। **ˈ~·word** *n* দৃষ্টি-আকর্ষণী শব্দ, যথা, কোনো অনুচ্ছেদের বিষয়বস্তু, কলামের উপরিভাগে মুদ্রিত অভিধানের পৃষ্ঠার প্রথম বা শেষ শব্দ। **~·ing** *adj* (বিশেষত রোগ বিষয়ে) সংক্রামক। **~y** *adj* ১ (সুর বা গান বিষয়ে) সহজে মনে পড়ে এমন; মনোগ্রাহী। ২ চাতুরীময়; ভুল বোঝা যায় এমন।

catch[2] [ক্যাচ্] *n* ১ (বল ইত্যাদি) ধরা। ২ যা ধরা হয় বা ধরার যোগ্য: He is a good ~ for a young woman. ৩ যা ঠকানোর অভিপ্রায়যুক্ত; চতুর প্রশ্ন বা কৌশল। ৪ ছিটকিনি। দ্র. latch. ৫ সমবেত সঙ্গীত।

catch·ment [ˈক্যাচ্মান্ট্] *n* **ˈ~ (-area)** যেখান থেকে বৃষ্টির পানি নদীতে নামে (বিকল্প রূপ **ˈ~-basin**); (লাক্ষ.) যে অঞ্চল বা অঞ্চলসমূহ থেকে কোনো কেন্দ্রীয় প্রতিষ্ঠান বা সংস্থা তার সদস্য সংগ্রহ করে (যথা, স্কুলের জন্য ছাত্র, হাসপাতালের জন্য রোগী); [U] বৃষ্টি ইত্যাদির ধারণকৃত পরিমাণ।

cat·echism [ˈক্যাটিকিজ়াম্] *n* [U] (বিশেষত ধর্মবিষয়ে) প্রশ্নোত্তরে শিক্ষাদান; [C] এই উদ্দেশ্যে প্রণীত প্রশ্নোত্তরের সংখ্যা ও ক্রম: put a person through his ~, কাউকে খুঁটিয়ে প্রশ্ন বা জেরা করা। **cat·echize** [ˈক্যাটিকাইজ়্] *vt* প্রশ্নের পর প্রশ্ন করে শিক্ষা দেওয়া বা পরীক্ষা করা।

cat·egori·cal [ˌক্যাটিˈগরিক্ল্] *adj* (বক্তব্য বা বিবৃতি সম্বন্ধে) নিঃশর্ত; চরম; বিশদ, পুঙ্খানুপুঙ্খ; স্পষ্ট, প্রত্যক্ষ। **~·ly** [- ইক্লি] *adv*

cat·egory [ˈক্যাটিগারি US -গো°রি] *n* কোনো স্বয়ংসম্পূর্ণ রীতি, প্রণালী প্রভৃতির অন্তর্গত বিভাগ বা শ্রেণী। **cat·egor·ize** [ˈক্যাটিগারাইজ়্] *vt* কোনো স্বয়ংসম্পূর্ণ রীতি, প্রণালী, প্রভৃতির অন্তর্ভুক্ত করা।

cater [ˈকেইটা(র্)] *vi* ১ **~ for** খাদ্য সরবরাহ করা। ২ **~ for / to** খাদ্যাদি সরবরাহ করা, আকাঙ্ক্ষিত বা প্রয়োজনীয় বস্তুর চাহিদা পূরণ করা, মনোরঞ্জন করা।

~**er** *n* যে ব্যক্তি বাহির থেকে খাদ্যাদি সংগ্রহ করে ক্লাব, বাসা ইত্যাদিতে সরবরাহ করে; হোটেল, রেস্তোরাঁ ইত্যাদির মালিক বা নির্বাহক।

ca·ter·pil·lar [ˈক্যাটাপিলা(র্)] *n* ১ শুঁয়া পোকা, দ্র. butterfly. ২ (ট্যাংক বা তজ্জাতীয় গাড়ির) খাঁজকাটা চাকার উপরের ধাতুপাতের বেলট। ~ **tractor** এরূপ বেলযুক্ত ট্রাক্টর।

cat·er·waul [ˈক্যাটায়ো°ল্] *vi,n* বিড়ালের মতো চিৎকার করা; বিড়ালের মতো চিৎকার।

cat·gut [ˈক্যাটগাট্] *n* [U] বেহালা, টেনিস, র‍্যাকেট ইত্যাদির তার তৈরির উপাদান।

ca·thar·sis [কাˈথা:সিস্] *n* ১ [C,U] চিকি.) দেহের দূষিত, বর্জ্য পদার্থের নিষ্ক্রমণ; রেচন। ২ আবেগমুক্তি, মোক্ষণ (নাটক, বিশেষত ট্র্যাজেডি দর্শন করে বা গভীর অনুভূতির কথা অন্যকে জানাবার ফলে যে আবেগমুক্তি ঘটে)। **ca·thar·tic** [কাˈথা:টিক্] *n* (চিকি.) রেচক ঔষধ; বিশোধক পদার্থ। □*adj* রেচক; বিশোধক।

ca·thedral [কাˈথীড্রাল্] *n* বিশপের এলাকাধীন প্রধান গির্জা, যেখানে বিশপের আসন থাকে।

cath·eter [ˈক্যাথিটা(র্)] *n* (চিকি.) যে সরু নল মূত্রথলিতে ঢুকিয়ে তরল পদার্থ প্রবেশ করানোর বা বের করার কাজে ব্যবহার করা হয়।

cath·ode [ˈক্যাথৌড্] *n* ঋণাত্মক বৈদ্যুতিক তার। ~ˈ**ray** *n* ঋণাত্মক বৈদ্যুতিক তার থেকে নির্গত অদৃশ্য ইলেকট্রন প্রবাহ।

cath·olic [ˈক্যাথালিক্] *adj* ১ উদার; সাধারণ; সর্বগ্রাহী; সর্বজনীন: a man with ~ tastes. ২ **the C~ Church** সমগ্র খ্রিস্টান সম্প্রদায়। **Roman C~** *n,adj* পোপ-এর নেতৃত্বাধীন চার্চ-এর অনুসারী; এই চার্চ বিষয়ক। দ্র. Pope, Protestant, Roman (৩)।

ca·tholicism [কাˈথলাসিজ়্ম্] *n* পোপ-এর নেতৃত্বাধীন চার্চ-এর শিক্ষা, বিশ্বাস ইত্যাদি। **cath·ol·ic·ity** [ˌক্যাথাˈলিসাটি] *n* [U] ঔদার্যগুণ।

cat·kin [ˈক্যাটকিন্] *n* [C] কাশফুল; এই জাতীয় ফুল।

cat·sup [ˈক্যাট্সাপ্] *n* = ketchup.

cat·tish, cat·ty [ˈক্যাটিশ্, ˈক্যাটি] *adj* (বিশেষত) ধূর্ত ও বিদ্বেষপূর্ণ। **cat·ti·ness** *n*

cattle [ˈক্যাট্ল্] *n,pl* গবাদি পশু। ˈ~-**cake** *n* [U] গবাদি পশুর খাদ্য। ˈ~ **grid** *n* পথিমধ্যস্থ নর্দমার উপর পাতা ঝাঁঝরি, যার উপর দিয়ে যানবাহন পার হতে পারে, কিন্তু গবাদি পশু পারে না।

cau·casian [কো°ˈকেইজ়িআন্ US কো°ˈকেইজ়ন্] *n,adj* ইন্দো-য়োরোপীয় নৃ-গোষ্ঠীর সদস্য; ককেশীয় বা ইন্দো-য়োরোপীয়।

cau·cus [ˈকো°কাস্] *n* রাজনৈতিক দলের সাংগঠনিক কমিটি; এই কমিটির সভা।

caught [কো°ট্] catch-এর *pt,pp*

caul [কো°ল্] *n* (শারীর.) ভ্রূণ-আচ্ছাদক ঝিল্লিবিশেষ, জন্মকালে নবজাতকের মাথায় এই ঝিল্লির আবরণ থাকলে তার পানিতে ডুবে মৃত্যু হয় না — একদা এই ধারণা ছিল।

caul·dron [ˈকো°লড্রান্] *n* বড়ো কড়াই।

cauli·flower [ˈকলিফ্লাওআ(র্)/ US ˈকো°লি –] *n* [C,U] ফুলকপি; দ্র. vegetable.

caulk [কো°ক্] *vt* দড়ি বা আঠালো বস্তু দিয়ে পাটাতনের মধ্যস্থ ফাঁক বন্ধ করা।

causal [ˈকো°জ্ল্] *adj* কার্য-কারণ সম্বন্ধীয়; নিমিত্তার্থক; নিমিত্তবাচক। ~·**ity** [কো°ˈজ্যালাটি] *n* [U] কার্য ও কারণের সম্বন্ধ; কারণ ছাড়া কোনো কিছু ঘটতে পারে না — এই নীতি: the law of ~ity.

cau·sa·tion [কো°ˈজ়েইশ্ন্] *n* [U] ~ity-এর অনুরূপ; সংঘটন; সংঘটায়ক বা সংঘটায়মান; নিমিত্ত হেতু।

cau·sa·tive [ˈকো°জ়াটিভ্] *adj* নিমিত্তস্বরূপ; নিমিত্তবাচক।

cause [কো°জ়্] *n* ১ [C,U] কারণ, হেতু; কোনো কিছুর উৎপাদক বা উৎস। ২ [U] যুক্তি: There is no ~ for anxiety. ৩ [C] উদ্দেশ্য: fight in the ~ of freedom. **make common ~ with (sb)** (রাজনৈতিক, সামাজিক ইত্যাদি আন্দোলনে) কারো সহযোগী হওয়া। □*vt* কোনো কিছুর কারণ হওয়া; ঘটানো; What ~d. his death ? ~·**less** *adj* স্বাভাবিক বা জ্ঞাত কারণ ছাড়া; অকারণ।

caus·erie [ˈকৌজ়ারি] *n* অনানুষ্ঠানিক আলোচনা।

cause·way [ˈকো°জ়ওয়েই] *n* বিশেষত নিচু জমি বা জলাভূমির উপর দিয়ে নির্মিত উঁচু সড়ক বা পায়ে-চলা পথ।

caus·tic [ˈকো°স্টিক্] *adj* ১ রাসায়নিক ক্রিয়ার দ্বারা পোড়াতে বা ধ্বংস করতে সক্ষম; দাহক; ক্ষারীয়। ~ **soda** *n* (Sodium Hydroxide / NaOH) সাবান তৈরিতে ব্যবহৃত ক্ষয়কর রাসায়নিক পদার্থ; ক্ষার। ২ (লাক্ষ.) তীব্র; তিক্ত; বিদ্রূপাত্মক: ~ remark. **caus·ti·cally** [–কলি] *adv*

cau·ter·ize [ˈকো°টারাইজ্] *vt* (বিষাক্ত ক্ষতের সংক্রমণ রোধের জন্য) ক্ষারজাতীয় পদার্থ বা গরম লোহা দিয়ে পুড়িয়ে দেওয়া।

cau·tion [ˈকো°শ্ন্] *n* [U] ১ সতর্কতা অবলম্বন; মনোযোগ দান। ২ সতর্কতাসূচক কথা; সতর্কীকরণ। ৩ (*sing* with *indef art*) (অপ.) যে ব্যক্তির চেহারা, আচরণ বা কথাবার্তা হাসির উদ্রেক করে। □*vt* ~ **(against)** (কাউকে) সতর্ক করা। ~·**ary** [ˈকো°শানরি] সতর্কতামূলক।

cau·tious [ˌকো°শাস্] *adj* সতর্ক। ~·**ly** *adv*

cav·al·cade [ˌক্যাভ্ল্কেইড্] *n* [C] অশ্বারোহীদের বা শকটযাত্রীদের শোভাযাত্রা।

cava·lier [ˌক্যাভাˈলিআ(র্)] *n* ১ (প্রা. প্র.) অশ্বারোহী, বীরব্রতী ভদ্রবংশীয় সামন্তযোদ্ধা (knight); (১৭ শতকে ইংল্যান্ডের গৃহযুদ্ধে) রাজা প্রথম চার্লস্-এর সমর্থক। □*adj* ঐকান্তিকতাহীন; তাৎক্ষণিক; অশালীন; দাম্ভিক; উদ্ধত। ~·**ly** *adv*

cav·alry [ˈক্যাভ্ল্রি] *n* (সাধা. *pl v* সহযোগে, collect.) অশ্বারোহী সেনাদল: (attrib) ~ soldier / officer.

cave [কেইভ্] *n* পর্বত-গুহা; গহ্বর। ˈ~-**dweller** (বিশেষত প্রাগৈতিহাসিক যুগের) গুহাবাসী। ˈ~·**man** [–ম্যান্] *n* গুহাবাসী; (কথ্য) আদিম স্বভাবের মানুষ। □*vi,vt* ~ **in** পড়ে যাওয়া; চাপে ভেঙে পড়া: The roof of the tunnel ~ in. ˈ~-**in** *n*

ca·veat [ˈকেইভিঅ্যাট্] *n* ১ (আইন.) কার্যধারা মুলতবি রাখার প্রক্রিয়া। ২ (আনুষ্ঠা.) গুণ; যোগ্যতা; শর্ত।

cav·ern [ˈক্যাভান্] *n* (সাহিত্য.) গুহা। ~·**ous** *adj* গুহার মতো; গুহাময়; ভাসা চোখের বিপরীত ভিতরে ঢোকানো ডাবা চোখ।

caviar, cavi·are [ˈক্যাভিআ:(র্)] *n* [U] নোনা পানি; চাটনি ইত্যাদিতে রসিয়ে নেওয়া সামুদ্রিক মাছের ডিম। ~ **to the general** সাধারণ মানুষ যার মর্ম বোঝে না।

cavil [ˈক্যাভ্‌ল্] *vi* ~ **(at)** (আনুষ্ঠা.) অকারণ আপত্তি তোলা; খুঁত বের করা।
cav·ity [ˈক্যাভ়টি] *n* গর্ত; গহ্বর; ছিদ্র; শূন্যস্থান।
ca·vort [কˈভো°ট্] *vi* (কথ্য) উত্তেজিত ঘোড়ার মতো লাফানো; তিড়িং বিড়িং করে লাফালাফি করা।
caw [কো°] *n* ১ কাকের ডাক; কা–কা ধ্বনি। □*vi,vt* এরূপ ধ্বনি করা; কা–কা রবে ডাকা। ২ **caw out** কাকের সুরে বলা।
cay·enne [কেইˈয়েন্] *n* (অপিচ ~ ˈ**pepper**) [U] অত্যন্ত ঝাল জাতের লাল মরিচ।
cay·man, দ্র. caiman.
cease [সীস্] *vt,vi* ~ **(from)** (আনুষ্ঠা.) ক্ষান্ত হওয়া বা বিরত হওয়া; থামা। ˌ**~-ˈfire** *n* গুলিবর্ষণ বন্ধের সংকেত; যুদ্ধবিরতি। □*n* (শুধুমাত্র) **without ~** অবিরাম। **~·less** *adj* অন্তহীন। **~·less·ly** *adv*
cedar [ˈসীডা(র্)] *n* [C] পাইন জাতীয় চিরহরিৎ বৃক্ষবিশেষ; [U] এই বৃক্ষের কাঠ।
cede [সীড্] *vt* ~ **(to)** (অপর রাষ্ট্র ইত্যাদির কাছে ভূমি, অধিকার ইত্যাদি) ছেড়ে দেওয়া।
ce·dilla [সিˈডিল া] *n* কতিপয় ফরাসি, স্পেনীয় এবং পর্তুগিজ শব্দের বানানে 'C' বর্ণের নীচে যে (ç) চিহ্ন বসানো হয়, এই চিহ্ন দ্বারা 'C'–এর উচ্চারণ 'স'–এর মতো বোঝানো হয়ে থাকে; যথা, façade [ফ্যাˈসা:ড্]।
ceil·ing [ˈসীলিঙ্] *n* ১ ঘরের ছাদের বা চালার নীচের পিঠ। ২ মেঘের তল; বিমানের ঊর্ধ্বাকাশে আরোহণের সর্বোচ্চ সীমা। ৩ সর্বাধিক উচ্চতা, সর্বশেষ সীমা বা স্তর: price ~s; wage ~s.
cel·an·dine [ˈসেলান্ডাইন্] *n* হলুদ ফুলবিশিষ্ট ছোট বুনো গাছ।
cel·ebrant [ˈসেলিব্রান্ট্]*n* যে ধর্মযাজক খ্রিস্টীয় পর্ববিশেষে উপাসনার কাজ পরিচালনা করেন।
cel·ebrate [ˈসেলিব্রেইট্] *vt* ১ উদ্‌যাপন করা। ২ শ্রদ্ধা ও সম্মান প্রদর্শন করা। **cel·ebrated** *(adj* রূপে *pp)* প্রসিদ্ধ। **cel·ebra·tion** [ˌসেলিব্রেইশ্‌ন্] *n* [C,U] উদ্‌যাপন। **ce·leb·rity** [সিলেব্রˈাটি] *n* ১ [U] উদ্‌যাপনা বা সম্মাননা; খ্যাতি ও সম্মান। ২ প্রসিদ্ধ ব্যক্তি: the celebrities of the cultural arena.
ce·ler·ity সি ˈলেরˈাটি] *n* [U] (আনুষ্ঠা.) দ্রুততা; তৎপরতা।
cel·ery [ˈসেলˈারি] *n* [U] শাকবিশেষ।
ce·les·tial [সিˈলেস্‌টি আল্/ US সিˈলেস্‌চ্‌ল্] *adj* ১ আকাশ সম্পর্কীয়: ~ bodies (= গ্রহ, নক্ষত্র); স্বর্গীয়; দিব্য। ২ স্বর্গীয় কল্যাণময়; দিব্যসুন্দর।
celi·bacy [ˈসেলিবˈাসি] *n* [U] (বিশেষত ধর্মীয় বিধি অনুসৃত) কৌমার্য; কৌমার্য–ব্রত। **celi·bate** [ˈসেলিবˈাট্] *n* [C] কুমার; কুমার–ব্রতী (বিশেষত কৌমার্যব্রত গ্রহণকারী ধর্মযাজক)।
cell [সেল্] *n* ১ (বিশেষত কারাগার বা মঠের অভ্যন্তরে) এক ব্যক্তির জায়গা হয় এমন ছোট ঘর। ২ (বিশেষত মৌচাকে দৃষ্ট) বৃহত্তর কাঠামোর অন্তর্গত ক্ষুদ্র প্রকোষ্ঠ; খোপ। ৩ রাসায়নিক ক্রিয়ার দ্বারা বিদ্যুৎ–প্রবাহ সৃষ্টিকারী যন্ত্রসমূচয়ের অংশ; এসিড–এ নিমজ্জিত ধাতব পাত। ৪ জীবকোষ। ৫ (সাধা.) (বিপ্লবী) রাজনৈতিক কর্মকাণ্ডের (ব্যক্তি সমন্বয়ে গঠিত) কেন্দ্র: communist ~s in an industrial town.
cel·lar [ˈসেলˈা(র্)] *n* কয়লা, মদ ইত্যাদি সংরক্ষণের জন্য ভূগর্ভস্থ ঘর; (কোনো ব্যক্তির) মদ্য–ভাণ্ডার। **~·age** [ˈসেলˈারিজ্] *n* উক্ত ঘরের আয়তন; উক্ত ঘর ব্যবহারের ভাড়া।
cello [ˈচেলৌ] *n* খাদে বা উদারায় বাঁধা বেহালাবিশেষ, বাদকের দুই হাঁটুর মাঝখানে রেখে যা বাজাতে হয়।
cel·lo·phane [ˈসেলায়েন্] *n* (U) (P) মোড়ক জড়াবার কাজে ব্যবহৃত পাতলা আর্দ্রতানিরোধক স্বচ্ছ কাগজ বা অনুরূপ পদার্থবিশেষ।
cel·lu·lar [ˈসেলিউলা(র্)] *adj* ১ কোষবিশিষ্ট। ২ (বস্ত্রাদি সম্বন্ধে) হালকা বুনোনি বা হালকা জমিনবিশিষ্ট।
cel·lu·loid [ˈসেলিউলয়ড্] *n* [U] (P) খেলনা, প্রসাধনসামগ্রী (এবং পূর্বে ছবি তুলবার ফিল্ম) ইত্যাদি তৈরির জন্য ব্যবহৃত দাহ্য প্লাস্টিক পদার্থ।
cel·lu·lose [ˈসেলিউলৌস্] *n* ১ উদ্ভিদের প্রধান অংশ গঠনকারী কোষপুঞ্জ, এবং এই সূত্রে, কাগজ ও বহুসংখ্যক বস্ত্রতন্তুর কোষ; কাষ্ঠতন্তু। ২ (সাধারণ্যে ˌ~ˈ**acetate**–এর অর্থে) বিস্ফোরক, অলঙ্কার, শক্ত কাঁচ প্রভৃতি তৈরির কাজে ব্যবহৃত প্লাস্টিক পদার্থ।
Celsius [ˈসেল্‌সিআস্] *n* (তাপমাপক যন্ত্র বা থারমোমিটার সম্বন্ধে) = সেন্টিগ্রেড; আন্দেরেই সেলসিয়াসের নামানুসারে শতাংশে বিভক্ত তাপমানের এককের নাম।
Celt [কেল্ট্ US সেল্ট্] *n* অ্যাংলো–স্যাক্সনদের আগে ব্রিটেনে বসতিস্থাপনকারী সর্বশেষ উদ্বাস্তুগোষ্ঠীর সদস্য; (শিথিলভাবে) এখনকার আইরিশ, ওয়েল্‌শ্, গেলিক্ বা ব্রেটন্ সম্প্রদায়ের লোক। **~ic** *n,adj* কেল্ট্ সম্প্রদায়–বিষয়ক; এই সম্প্রদায়ের ভাষা।
ce·ment [সিˈমেন্ট্] *n* [U] ১ নির্মাণকাজে ব্যবহৃত চুন ও কাদা দিয়ে তৈরি ধূসর রঙের আসঞ্জনশীল চূর্ণ; সিমেন্ট। দ্র. concrete. ˈ**~-mixer** *n* কংক্রিট তৈরির জন্য অন্য উপাদানের সঙ্গে সিমেন্ট মিশাবার যন্ত্রের ঘূরন্ত পিপা। ২ জোড়া দেওয়া বা ছিদ্র (যথা, দাঁতের ছিদ্র) ভরাট করার কাজে ব্যবহৃত সিমেন্ট–এর মতো যে কোনো পদার্থ। □*vt* সিমেন্ট লাগানো; সিমেন্ট দিয়ে জোড়া দেওয়া; (লাক্ষ.) শক্তিশালী করা; দৃঢ়ভাবে মিলিত করা: ~ a friendship.
cem·etery [ˈসেমাট্রি US ˈসেমˈাটেরি] *n* সমাধিক্ষেত্র; গোরস্তান।
ceno·taph [ˈসেনটা:ফ্ US –ট্যাফ্] *n* অন্যত্র সমাহিত ব্যক্তি বা ব্যক্তিবর্গের স্মৃতিস্তম্ভ।
cen·ser [ˈসেন্‌স(র্)] *n* (গির্জায় ব্যবহৃত) ধূপাধার।
cen·sor [ˈসেনসা(র্)] *n* ১ যে সরকারি কর্মকর্তা চিঠিপত্র, বই, সাময়িকী, নাটক, ছায়াছবি ইত্যাদি পরীক্ষা করেন এবং নীতিবিগর্হিত বা কোনোভাবে আপত্তিকর বা যুদ্ধাবস্থায় শত্রুপক্ষের সহায়ক হতে পারে এমন অংশ থাকলে তা কেটে বাদ দেন। ২ প্রাচীন রোম–এ যে রাজকীয় কর্মকর্তা আদমশুমারি প্রস্তুত করতেন এবং জনসাধারণের নৈতিক চরিত্রের তত্ত্বাবধান করতেন। □*vt* (পুস্তকাদির অংশবিশেষ) পরীক্ষা করা, কেটে বাদ দেওয়া; এরূপ কাজের সরকারি ক্ষমতাপ্রাপ্ত কর্মকর্তা হিসাবে কাজ করা। **~·ship** [–শিপ্] *n* এরূপ কর্মকর্তার কাজ বা দায়িত্ব।
cen·sori·ous [সেন্ˈসো°রিআস্] *adj* ত্রুটি–সন্ধানী; সমালোচনামুখর।
cen·sure [ˈসেনশা(র্)] *vt* ~ **sb (for)** কাউকে (কোনো কিছুর জন্য) সমালোচনা করা; ~sb for negligence. □*n* [U] তিরস্কার; আপত্তি; [C] সমালোচনা বা আপত্তিজ্ঞাপক কথা।
cen·sus [ˈসেন্‌সাস্] *n* সরকারি আদমশুমারি; লোকগণনা।

cent [সেন্ট] *n* মার্কিন ডলার এবং অন্য বহু মেট্রিক এককবিশিষ্ট মুদ্রার এক শতাংশ; এক শতাংশ মূল্যবিশিষ্ট ধাতব মুদ্রা। **per ~** (%) শতকরা। **(agree, etc) one hundred per ~** শতকরা একশ ভাগ, সম্পূর্ণ (রাজি হওয়া ইত্যাদি)।

cen·taur [ˈসেন্টো°(র্)] *n* (গ্রিক পুরাণ) কল্পিত জীব, যার দেহের অর্ধভাগ মানুষের মতো এবং অর্ধভাগ ঘোড়ার মতো। দ্র. Minotaur.

cen·ten·ar·ian [ˌসেন্টিˈনেআরিআন্] *adj* (যে ব্যক্তির বয়স) শত বা ততোধিক বছর; শতায়ু।

cen·ten·ary [সেন্ˈটীনারি US ˈসেন্টানেরি] *adj,n* শতবার্ষিক; শতবার্ষিক উৎসব; শতবার্ষিকী।

cen·ten·nial [সেন্ˈটেনিআল্] *adj,n* শতবার্ষিক; শতবার্ষিকী। **~·ly** [-আলি] *adv*

cen·ter [ˈসেন্টা(র্)] *n* (US) = centre.

centi- [ˈসেন্টি] *pref* শতাংশ। দ্র. পরি. 5.

cen·ti·grade [ˈসেন্টিগ্রেইড্] *adj* যে তাপমাত্রায় পানির হিমাঙ্ক ও স্ফুটনাঙ্কের তাপমাত্রিক ব্যবধান একশ ডিগ্রিতে বিভক্ত; শত-ডিগ্রি বিশিষ্ট। দ্র. Fahrenheit এবং পরি. 5.

cen·time [ˈসন্টীম্] *n* ফরাসি বা সুইস ফ্রাংকের শতাংশ।

cen·ti·pede [ˈসেন্টিপীড্] *n* (বিছা, কেন্নো, কেঁচো প্রভৃতি) বহু গ্রন্থি ও পদবিশিষ্ট ক্ষুদ্র প্রাণী।

cen·tral [ˈসেন্ট্রাল] *adj* ১ কেন্দ্রীয়; কেন্দ্রী। **~ heating** কোনো কেন্দ্রীয় উৎস থেকে পাইপ বাহিত বাষ্প, গরম বাতাস বা গরম পানির সাহায্যে ভবন গরম রাখার ব্যবস্থা। **~ processor, ~ processing unit** (কম্পি.) কম্পিউটারের যে অংশ যন্ত্রের গাণিতিক ও যৌক্তিক প্রক্রিয়া নিয়ন্ত্রণ করে এবং গৃহীত কার্যক্রমের নির্দেশাবলী বহন করে। ২ প্রধান; সবচেয়ে গুরুত্বপূর্ণ: the ~ idea of a poem. **the ~ government** *n* কেন্দ্রীয় সরকার। □*n* (US) টেলিফোন এক্সচেন্জ। **~·ly** [ˈসেন্ট্রালি] *adv*

cen·tral·ize [ˈসেন্ট্রালাইজ্] *vt,vi* কেন্দ্রীভূত করা; কেন্দ্রীয় নিয়ন্ত্রণাধীন করা বা হওয়া। **cen·tral·ization** [ˌসেন্ট্রালাইজ়েইশন্ US -লি-] *n*

centre (US = center) [ˈসেন্টা(র্)] *n* ১ কেন্দ্রবিন্দু; কেন্দ্র। দ্র. circle. **~ of gravity** বস্তুর যে বিন্দুতে যে কোনো অবস্থানে ওজনের ভারসাম্য বজায় থাকে। **ˈ~-bit** কাঠ ছিদ্র করার হাতিয়ার। দ্র. brace. **ˈ~-board** পালের নৌকায় ব্যবহৃত তক্তা বা পাটাতন বিশেষ — নৌকার তলিতে নির্মিত খাঁজের সাহায্যে এই পাটাতন উঁচু বা নিচু করা যায়, যাতে বাতাসের অনুকূলে নৌকা ভেসে না যায়। **ˈ~-piece** টেবিল বা সিলিং-এর মধ্যভাগে সাজিয়ে রাখার জন্য শৌখিন সামগ্রী; (লাক্ষ.) সবচেয়ে গুরুত্বপূর্ণ বা আকর্ষণীয় অংশ। ২ কর্মচঞ্চল স্থান; বিশেষত যেখানে পার্শ্ববর্তী অঞ্চলের লোকেরা আকৃষ্ট হয় বা যেখান থেকে লোকেরা চতুর্দিকে ছড়িয়ে পড়ে: a ~ of learning. ৩ কৌতূহল, মনোযোগ ইত্যাদি আকর্ষণকারী ব্যক্তি বা বস্তু ঃ She loves to be the ~ of interest. ৪ যে বা যা মধ্যবর্তী অবস্থান গ্রহণ করে, যেমন, রাজনীতিতে মধ্যপন্থী ব্যক্তি। □*vt,vi* ১ কেন্দ্রে স্থাপন করা; কেন্দ্রীভূত বা কেন্দ্রবর্তী হওয়া; কেন্দ্রে অবস্থান করা। **~ on/ upon** আবর্তিত হওয়া: My thoughts ~d on/ upon just one problem.

cen·tri·fu·gal [সেন্ˈট্রিফ়িউগ্ল্] *adj* কেন্দ্র থেকে অপসরণশীল; কেন্দ্রাতিগ; বহির্মুখ ঃ ~ force, যে শক্তির গুণে কেন্দ্র-প্রদক্ষিণকারী বস্তু কেন্দ্র থেকে সরে যাবার প্রবণতা লাভ করে; বহির্মুখ বা কেন্দ্রাতিগ শক্তি।

cen·tri·fuge [ˈসেন্ট্রিফ়িউজ্] *n* (বল.): ~ machine, তরল পদার্থে বস্তুকণিকাকে ঘূর্ণনগতির দ্বারা পরস্পর থেকে পৃথক করার কাজে ব্যবহৃত যন্ত্র।

cen·tri·pe·tal [সেন্ˈট্রিপিটল্] *adj* কেন্দ্রাভিমুখ; অভিকেন্দ্র।

cen·tur·ion [সেন্ˈটিউআরিআন্ US -টুআ-] *n* (প্রাচীন রোম-এ) একশ সদস্যবিশিষ্ট সেনাদলের নেতা।

cen·tury [সেন্চারি] *n* [C] ১ শতবর্ষ; শতাব্দী। ২ যিশু খ্রিস্টের জন্মের আগের বা পরের যে কোনো শতবর্ষকাল বা শতাব্দী: the 20th ~ AD 1901–2000 (খ্রিস্ট-উত্তর ১৯০১-২০০০ বর্ষপর্ব)। ৩ (ক্রিকেট) এক ইনিংস-এ ব্যাটস্‌ম্যান-এর সংগৃহীত শতরান।

ce·ramic [সিˈর্যামিক্] *adj* মৃৎশিল্প বিষয়ক। **ceramics** *n* ১ *(sing v)* মৃৎশিল্প। ২ *(pl v)* চীনামাটির তৈরি বাসনপত্র।

cer·eal [ˈসিআরিআল্] *n* (সাধা. *pl)* যে কোনো প্রকার খাদ্যশস্য; এরূপ শস্য থেকে তৈরি (বিশেষত সকালের) খাবার।

cere·bel·lum [সেরিˈবেল ম্] *n (pl* -la/-la : / lums [-লামজ্]) (চিকি.) মস্তিষ্কের যে ভাগ স্বেচ্ছাচালিত পেশির আন্দোলন নিয়ন্ত্রণ করে; লঘুমস্তিষ্ক।

cer·ebral [ˈসেরিব্রাল US সাˈরীব্রাল্] *adj* ১ মস্তিষ্ক-সংক্রান্ত। দ্র. spastic. ২ বুদ্ধিনির্ভর; আবেগবর্জিত।

cer·ebra·tion [ˌসেরিˈব্রেইশন্] *n* [U] (আনুষ্ঠা.) মস্তিষ্কের ক্রিয়া; চিন্তন।

cer·emo·nial [ˌসেরিˈমৌনিআল্] *adj* আনুষ্ঠানিক; পর্ব বা অনুষ্ঠানাদিতে ব্যবহার্য (পোশাক ইত্যাদি)। □*n* [C,U] বিশেষ পর্ব বা অনুষ্ঠান উপলক্ষে পালনীয় বিশেষ বিধি। **~·ly** *adv*

cer·emo·ni·ous [ˌসেরিˈমৌনিআস্] *adj* অনুষ্ঠানপ্রিয়; আনুষ্ঠানিকতাময়; সাড়ম্বর। **~·ly** *adv*

cer·e·mo·ny [ˈসেরিমানি US -মৌনি] *n* ১ [C] বিবাহ শেষকৃত্য, নতুন ভবন উদ্বোধন ইত্যাদি উপলক্ষে আয়োজিত বিশেষ ক্রিয়া(দি), ধর্মীয় অনুষ্ঠান ইত্যাদি। **ˌMaster of Ceremonies** *n* এই সকল অনুষ্ঠানের দায়িত্বপ্রাপ্ত ব্যক্তি। ২ [U] কোনো প্রতিষ্ঠানের কর্মকর্তাবৃন্দ বা কোনো বিশেষ গোষ্ঠীভুক্ত ব্যক্তিবর্গের মধ্যে প্রচলিত প্রথাসম্মত আচরণ: There's no need for ~ between friends. **stand on ~** আচরণবিধি অক্ষরে অক্ষরে পালন করা: Please don't stand on ~, দয়া করে ভব্যতা কোরো না; সহজ স্বাভাবিক হও।

ce·rise [সাˈরীজ় US -রীস্] *adj,n* হালকা; উজ্জ্বল লালবর্ণবিশিষ্ট।

ce·rium [ˈসিআরিআম্] *n* [U] খাদে ব্যবহৃত ধূসর ধাতব উপাদান।

cert [সাট্] *n* (অপ.) যা অবশ্যই ঘটবে বলে ধরা হয় বা যা অবশ্যই ঘটেছে: a dead ~.

cer·tain [ˈসাট্ন্] *adj* (কেবল *pred)* ১ নিশ্চিত; সন্দেহাতীত। **for ~** নিঃসন্দেহে: I cannot say for ~. (ক) নিশ্চিত হবার জন্য খোঁজ নেওয়া: I think there's a train at 8:30 but you ought to make ~. (খ) নিশ্চিত হবার জন্য কোনো কিছু করা: I'll go to the theatre and make ~ of our seats. ২ বিশ্বাসযোগ্য; অবশ্যম্ভাবী। ৩ (কেবল attrib) অনুক্ত, অনুল্লেখিত, যদিও নাম ধরে বলা বা উল্লেখ করা সম্ভব: for a ~ reason; a ~ person met yesterday. ৪ (কেবল attrib) সামান্য,

কিন্তু বেশি নয়: I could feel a ~ coldness in his attitude towards me. ~·ly *adv* ১ নিঃসন্দেহে। দ্র. surely. ২ (প্রশ্নের উত্তরে) হ্যাঁ: Will you lend me the book? C~ly! ~·ty *n* [C] যা নিশ্চিত: for a ~ty নিঃসন্দেহে। ৩ [U] নিশ্চয়তা; সংশয়মুক্ত অবস্থা।

cer·ti·fi·able [ˌসাটিফাইআব্‌ল্] *adj* প্রশংসাপত্র প্রদানযোগ্য; প্রত্যায়নযোগ্য।

cer·ti·fi·cate [সাˈটিফিকাট্] *n* স্বীকৃত কর্তৃত্বের অধিকারী বা সকলের আস্থাভাজন ব্যক্তি কর্তৃক প্রদত্ত ও কোনো কিছুর প্রমাণ হিসাবে ব্যবহার্য লিখিত বা মুদ্রিত বিবৃতি বা সাক্ষ্য; সার্টিফিকেট: a birth ~; প্রত্যায়নপত্র; প্রশংসাপত্র। □*vt* এরূপ বিবৃতি বা সাক্ষ্য বা সার্টিফিকেট প্রদান করা; প্রত্যায়ন করা। **cer·ti·fi·cated** [-কেইটিড্] প্রশংসাপত্র বা সার্টিফিকেট পাবার ফলে অর্জিত অধিকার বা কর্তৃত্বসম্পন্ন: a ~ doctor. **cer·ti·fi·ca·tion** [ˌসাটিফিˈকেইশ্‌ন্] *n* [U] প্রশংসাপত্র প্রদান; প্রত্যায়ন; প্রত্যায়িত অবস্থা; [C] যা প্রশংসিত করে বা প্রত্যায়ন করে।

cer·tify [ˈসাটিফাই] *vt,vi* ১ (সাধা. প্রশংসা বা প্রত্যায়নপত্র প্রদান করে) কোনো কিছু সত্য, যথার্থ, বিধিসম্মত বলে ঘোষণা দেওয়া; প্রত্যায়ন করা। **certified cheque** ব্যাংকের গ্যারান্টিযুক্ত চেক। ২ ~ **to sth** কোনো কিছু প্রত্যায়ন করা: certify to sb's character, কারো চরিত্র সৎ, বিশ্বস্ত ইত্যাদি মর্মে ঘোষণা দেওয়া।

cer·ti·tude [ˈসাটিটিউড্ US -টূড্] *n* [U] (আনুষ্ঠা.) নিশ্চয়তা।

ceru·lean [সিˈরূলি অন্] *adj* (আনুষ্ঠা.) আকাশনীল।

cer·vix [ˈসাভিক্‌স্] *n* (ব্যব.) গর্ভাশয়ের সংকীর্ণ অংশ। দ্র. reproduce. **cer·vi·cal** [সাˈভাইক্‌ল্ US ˈসাভিক্‌ল্] *adj* গর্ভাশয়ের উক্ত অংশ সম্পর্কিত।

Cesar·ean = Caesarean.

ces·sa·tion [সেˈসে ইশ্‌ন্] *n* [U] (আনুষ্ঠা.) ক্ষান্তি; বিরতি: ~ of hostilities.

ces·sion [ˈসেশ্‌ন্] *n* [U] (চুক্তি মোতাবেক জমি, অধিকার ইত্যাদি) পরিত্যাগ বা সমর্পণ; [C] সমর্পিত বস্তু।

cess·pit [ˈসেস্‌পিট্], **cess·pool** [ˈসেস্‌পুল্] *n* নর্দমার নোংরা পানি ধারণ করার জন্য আচ্ছাদিত গর্ত, খানা, কুয়া বা ভূগর্ভস্থ মলাধার; (লাক্ষ.) নোংরা স্থান।

chafe [চেইফ্] *vi,vt* ১ (গায়ের চামড়া, হাত) ঘষে গরম করা। ২ ঘষে ঘষে কর্কশ বা ক্ষত করা বা হওয়া। ৩ ~ **at/under** (কোনো কারণে) অসহ্য বা বিরক্ত বোধ করা: ~ at the delay; ~ under restraints. □*n* চামড়ার উপর ঘষে-যাওয়া স্থান।

chaff[1] [চা:ফ্ US চ্যাফ্] *n* [U] ১ শস্য-দানার বহিরাবরণ; খোসা; তুষ; ভুসি। ২ গবাদিপশুর খাদ্য হিসাবে কাটা খড়। □*vt* (খড়) কাটা।

chaff[2] [চা:ফ্ US চ্যাফ্] *n* [U] হাস্য-পরিহাস; তামাশা; ইয়ারকি। □*vt* ঠাট্টা করা; তামাশা করা।

chaf·finch [ˈচ্যাফিন্‌চ্] *n* ছোট জাতের য়োরোপীয় গায়ক-পাখি।

chaf·ing dish [ˈচেইফিঙ্ ডিশ্] *n* রান্না করার বা খাবার গরম রাখার জন্য তলায় চুল্লিযুক্ত পাত্রবিশেষ।

chag·rin [ˈশ্যাগ্রিন্ US শাˈগ্রীন্] *n* [U] (ব্যর্থতা, ভুল ইত্যাদির কারণে) হতাশা বা বিরক্তিবোধ। □*vt* (সাধা. passive) বিরক্ত বা হতাশাগ্রস্ত করা।

chain [চেইন্] *n* ১ শৃঙ্খল; শিকল; অলঙ্কারবিশেষ (যথা, গলার হার); *(pl)* বন্দীদের জন্য ব্যবহৃত লোহার বেড়ি; নিগড়। **in chains** বন্দীদশা; শৃঙ্খলিত অবস্থা। ২ পরস্পর সংযুক্ত বা গ্রথিত বস্তু, ঘটনা ইত্যাদি; a ~ of mountains/ events. ৩ (৬৬ ফুট পরিমিত) দৈর্ঘ্যের মাপ বিশেষ। ৪ (যৌগিক শব্দে) ˈ**~-armour/-mail** ধাতব শৃঙ্খল নির্মিত বর্মবিশেষ। দ্র. armour. ˈ**~-gang** কারাগারের বাইরে কর্মরত একত্রে শৃঙ্খলিত কয়েদি দল। ˈ**~-letter** যে চিঠির প্রাপককে ঐ চিঠির একাধিক কপি করে অন্যদের পাঠাতে বলা হয়, যাতে উদ্দিষ্ট অন্য প্রাপকদের প্রত্যেকেও অনুরূপ প্রক্রিয়া অবলম্বন করে। ˈ**~ reaction** যে রাসায়নিক পরিবর্তনে পরিবর্তন-সৃষ্ট বস্তু স্বয়ং অধিকতর পরিবর্তন ঘটায় যার ফলে এই প্রক্রিয়ার ক্রমাগত পুনরাবৃত্তি হতে থাকে (যেমন আণবিক বোমার ক্ষেত্রে)। ˈ**~ saw** ঘূর্ণ্যমান শিকলের উপর ধারালো দাঁত বসানো শক্তিচালিত করাত। ˈ**~-smoker** যে ব্যক্তি একটার পর একটা সিগারেট খায়। ˈ**~-stitch** এক রকম সেলাই যাতে প্রতিটি ফোঁড় এক একটি ফাঁস তৈরি করে যার ভিতর দিয়ে পরের ফোঁড়টি দিতে হয়; শিকল-ফোঁড়। ˈ**~-store** একই মালিকানায় একজাতীয় বহুসংখ্যক বিপণির মধ্যে একটি। □*vt* শিকল দিয়ে বাঁধা।

chair [চেআ(র্)] *n* ১ কেদারা; চেয়ার। ˈ**~-lift** *n* পর্বতের ঢালুদেশে ওঠা-নামা করার জন্য চেয়ার-বাঁধা ঝুলন্ত দড়ির পথ। তুল. ski-lift. ২ **the ~** সভাপতির আসন বা দপ্তর। **be in/take the ~** সভাপতিত্ব করা। **leave the ~** সভার কাজ শেষ করা। ৩ অধ্যাপকের পদ: the C~ of Poetry. □*vt* ১ চেয়ারে বসানো; বিজয়ীকে চেয়ারে বসিয়ে বহন করে নিয়ে যাওয়া। ২ সভাপতিত্ব করা। ˈ**~·man** [-মান্] *n* সভাপতি; কোম্পানি বা কমিটির সভাপতি।

chaise [শেইজ্] *n* (এককালে) প্রমোদভ্রমণে ব্যবহৃত দুই বা চার চাকাবিশিষ্ট ঘোড়ায়-টানা নিচু গাড়ি। ˌ~ ˈ**long** [-লঙ্ US -লোংঙ্] (ফ.) শোবার জন্য ব্যবহৃত এবং হাতলবিশিষ্ট নিচু, লম্বা চেয়ারবিশেষ।

chalet [ˈশ্যালেই] *n* সুইজারল্যান্ডের পার্বত্য এলাকায় নির্মিত দাওয়ায় নেমে-আসা খাড়া চালাবিশিষ্ট কাঠের কুটির; একই রীতিতে তৈরি গ্রীষ্মকুটির; অবকাশযাপনকেন্দ্রের ছোট কুটির।

chal·ice [ˈচ্যালিস্] *n* (বিশেষত) খ্রিস্টীয় পর্ববিশেষে ব্যবহৃত পানপাত্র।

chalk [চো°ক্] *n* ১ [U] চুনা-পাথর। ˈ**~·pit** *n* চুনা-পাথরের খনি। ২ [C,U] চুনা-পাথর বা এই জাতীয় পদার্থ দিয়ে তৈরি লেখা ও আঁকার খড়ি। দ্র. blackboard. ৩ **as different as ~ and cheese; as like as ~ (is) to cheese** প্রকৃতিগতভাবে ভিন্ন। **by a ˈlong ~** ঢের ঢের বেশি। □*vt* চক-খড়ি দিয়ে লেখা, আঁকা, দাগ দেওয়া; চক-খড়ি দিয়ে সাদা করা। **~ sth up** বিবরণ লিপিবদ্ধ করা। **~ out** পরিকল্পনা বা ছক তৈরি করা। **~y** *adj* চুনা-পাথর বিষয়ক; চুনা-পাথর সম্বলিত; চুনা-পাথর জাতীয়।

chal·lenge [ˈচ্যালিন্‌জ্] *n* ১ শ্রেষ্ঠত্ব প্রমাণের জন্য প্রতিদ্বন্দ্বিতা, দ্বন্দ্বযুদ্ধ ইত্যাদিতে আহ্বান। ২ কাউকে থামতে বলে পরিচয় প্রদানের জন্য প্রহরী কর্তৃক উচ্চারিত নির্দেশ। □*vt* ~ **(to)** শ্রেষ্ঠত্ব প্রমাণের জন্য প্রতিদ্বন্দ্বিতা, দ্বন্দ্বযুদ্ধ ইত্যাদিতে আহ্বান করা; (বক্তব্য ইত্যাদির সমর্থনে) তথ্য উপস্থাপন করতে বলা। **chal·len·ger** *n* দ্বন্দ্বযুদ্ধ, প্রতিদ্বন্দ্বিতা ইত্যাদিতে আহ্বানকারী ব্যক্তি।

cham·ber [ˈচেইম্‌বা(র্)] *n* ১ (প্রা. প্র.) ঘর, কক্ষ বিশেষত শোবার ঘর। ˌ**~ of ˈhorrors** যেখানে ভয়ঙ্কর বস্তুর প্রদর্শনী হয়। ˈ**~·maid** (বর্তমানে প্রধানত হোটেলে

ইত্যাদির) শয়নকক্ষের পরিচারিকা। ˈ~ **music** স্বল্পসংখ্যক বাদকের জন্য যন্ত্র–সঙ্গীত। ˈ~-**pot** শয়নকক্ষে ব্যবহৃত মূত্রাধার। ২ *(pl)* আদালতে প্রেরণীয় নয় এমন মামলার জন্য ব্যবহৃত বিচারকের কক্ষ; (US ব্যতিরেকে) বসবাসের জন্য বা দপ্তর হিসাবে ব্যবহারের জন্য বৃহৎ ভবনের কামরাগুচ্ছ। ৩ প্রায়শ ˈUpper C~ (উচ্চকক্ষ বা পরিষদ) ও Lower C~ (নিম্নকক্ষ বা পরিষদ) নামে পরিচিত আইনপ্রণেতাবর্গ (যথা, আমেরিকার সিনেট ও প্রতিনিধি পরিষদ) বা এদের ব্যবহৃত হল–ঘর। ৪ (বিশেষত বিলেতের Inns of Court-এ অবস্থিত) আইনজীবীদের দপ্তর। ৫ ব্যবসা উপলক্ষে সংগঠিত ব্যক্তিবর্গ ঃ C~ of Commerce. ৬ প্রাণীদেহের বা বৃক্ষগাত্রের অভ্যন্তরে পরিবেষ্টিত স্থান ঃ ~ of the heart.

cham·ber·lain [ˈচেইম্‌বালিন্] *n* (প্রা. প্র.) রাজ–সংসারের ব্যবস্থাপনায় নিয়োজিত কর্তাব্যক্তি; প্রাসাদ–সরকার।

cha·me·leon [কাˈমীলিআন্] *n* নিজ রং পালটাতে সক্ষম গিরগিটি; ভোল পালটাতে সক্ষম ব্যক্তি; বহুরূপী।

chammy-leather [ˈশ্যামি লেদ়া(র্)] *n* শ্যামোয়া–র চামড়া।

cham·ois [ˈশ্যামোআ: US ˈশ্যামি] *n* য়োরোপ ও দক্ষিণ–পশ্চিম এশিয়ার উঁচু পর্বতমালায় বিচরণকারী ক্ষুদ্র ছাগসদৃশ প্রাণী; কৃষ্ণসার হরিণ।

chamo·mile *n* (US) = camomile.

champ[1] [চ্যাম্‌প্] *vt,vi* ১ (ঘোড়া সম্পর্কে) সশব্দে চিবানো। ২ (লাক্ষ.) অসহিষ্ণুতা দেখানো: ~ with rage.

champ[2] [চ্যাম্‌প্] *n* champion (২)–এর কথ্য সং।

cham·pagne [শ্যাম্ˈপেইন্] *n* ফরাসি মদ্যবিশেষ।

cham·pion [ˈচ্যাম্‌পিআন্] *n* ১ যে ব্যক্তি অপরের সমর্থনে বা কোনো অভীষ্টের জন্য যুদ্ধ করে, তর্কে নামে বা কথা বলে: a ~ of democracy. ২ প্রতিযোগিতায় বিজয়ী ব্যক্তি, দল ইত্যাদি। □*adj,adv* (কথ্য) চমৎকার (ভাবে)। □*vt* সমর্থন করা; রক্ষা করা। ~·**ship** [-শিপ্] *n* [U] (কারো বা কোনো কিছুর) পক্ষ সমর্থন; [C] বিজয়ীর আসন; বিজয়মুকুট; বিজয়ী নির্ধারণী প্রতিযোগিতা।

chance[1] [চা:ন্‌স্ US চ্যান্‌স্] ১ [U] দৃষ্টিগ্রাহ্য বা বোধগম্য কারণ ছাড়া যা ঘটে; দৈব ঘটনা; ভাগ্য; কপাল। **by ~** দৈবক্রমে; দৈবাৎ। **game of ~** ভাগ্যের খেলা। **take one's ~** ঝুঁকি নেওয়া। ২ [C,U] সম্ভাবনা: I have no ~ of winning. **on the (off) ~ that/of doing sth** এই সম্ভাবনা মনে রেখে; এই আশায়: I'll call at his office on the ~ that I'll see/ of seeing him before he leaves. ৩ [C] সুযোগ: the ~ of a lifetime. **stand a good/fair ~(of...)** (কোনো কিছুর) যথেষ্ট সম্ভাবনা বা আশা থাকা। **the ˌmain ~** অর্থ উপার্জনের সুযোগ। ৪ (attrib) দৈবাৎ ঘটিত (১): a ~ meeting.

chance[2] [চা:ন্‌স্ US চ্যান্‌স্] *vi,vt* ১ ~ **on/ upon** দৈবাৎ পাওয়া বা দেখা হওয়া। (it-এর পরে থাকলে) দৈবাৎ ঘটা: It ~d that they were out when the roof gave in. ২ ঝুঁকি নেওয়া; বিশেষত **~ it; ~ one's arm** (কথ্য) ব্যর্থতার সম্ভাবনা সত্ত্বেও সাফল্যের আশায় ঝুঁকি নেওয়া।

chan·cel [ˈচা:ন্‌সল্ US ˈচ্যানসল্] *n* বেদি ঘিরে গির্জার পূর্বাংশ, যে অংশটি যাজক ও গির্জার গায়কবৃন্দ ব্যবহার করেন। দ্র. church.

chan·cel·lery [ˈচা:ন্‌সালরি US চ্যান্‌স্–] *n* ১ মুখ্যমন্ত্রী, প্রধান বিচারপতি, দূতাবাসের মুখ্য সচিব বা বিশ্ববিদ্যালয়ের আচার্যের পদ, দফতর বা বাসভবন। ২ দূতাবাসের বাণিজ্যকেন্দ্র; বাণিজ্যদূতের দফতর।

chan·cel·lor [ˈচা:ন্‌সালা(র্) US চ্যান্‌স্–] ১ (কতিপয় দেশে, যথা, জার্মানিতে) রাজ্যের মুখ্যমন্ত্রী। ২ (কতিপয় বিশ্ববিদ্যালয়ের) খেতাবি প্রধান বা সভাপতি; আচার্য (নির্বাহী দায়িত্ব উপাচার্য পালন করে থাকেন)। ৩ (GB) দূতাবাসের মুখ্য সচিব। ৪ বিভিন্ন পর্যায়ের সরকারি কর্মকর্তা।

chan·cery [ˈচা:ন্‌সারি US চ্যান্‌স্–] *n* ১ (GB) প্রধান বিচারালয়ে প্রধান বিচারপতির দফতর বা বিভাগ। **ward in ~** (পিতা–মাতার মৃত্যুর কারণে) প্রধান বিচারপতির তত্ত্বাবধানে আনীত অপ্রাপ্তবয়স্ক সন্তান। ২ (GB) সাধারণ আইনে নিষ্পত্তি হয় না, এমন মামলার বিচার যে আদালতে সম্পন্ন হয়। ৩ সরকারি নথিপত্রের দফতর। ৪ বাণিজ্যদূতের দফতর।

chancy [ˈচা:ন্‌সি US ˈচ্যান্‌সি] *adj* (কথ্য) ঝুঁকিপূর্ণ; অনিশ্চিত।

chan·de·lier [ˌশ্যানড়াˈলিআ(র্)] *n* (সাধা. ঘরের ছাদ থেকে ঝুলন্ত) অলঙ্কৃত বাতির ঝাড়।

chan·dler [ˈচা:ন্‌ড্‌লা(র্) US চ্যান্‌ড্–] *n* ১ যে ব্যক্তি মোমবাতি, তেল, সাবান, রং ইত্যাদি তৈরি বা বিক্রি করে। ২ **ship's ~** জাহাজের জন্য প্রয়োজনীয় ক্যাম্বিস–কাপড়, দড়ি ও অন্যান্য সামগ্রীর কারবারি।

change[1] [চেইন্‌জ্] *vt,vi* ১ ~ **(from/out of) (to/into); ~ (for)** একস্থান ছেড়ে অন্যস্থানে যাওয়া; স্থান পরিবর্তন করা; পোশাক পরিবর্তন করা: It wont take me five minutes to ~, পোশাক পালটাতে পাঁচ মিনিটও লাগবে না। I've ~d my address, বাসা বদল করেছি। The car has ~d hands several times, গাড়ি অনেকবার কেনাবেচা হয়েছে, হাতবদল হয়েছে। **~ (trains)** ভ্রমণকালে ট্রেন বদল করা। **~ up/ down** (মোটরগাড়ি চালনায়) উঁচু/নিচু গিয়ারে ওঠানামা করা, গিয়ার পালটানো। ২ **~ sth (for/into sth else)** (কিছু) দিয়ে (কিছু) গ্রহণ করা; বিনিময় করা: Can you ~ this five-taka note? পাঁচ টাকার নোটটা ভাঙিয়ে দিতে পারবে? Shall we ~ seats? আমরা কি জায়গা/ আসন বদল করব? ৩ **~ (from) (in/to)** পরিবর্তন করা বা হওয়া: He has ~d my life, সে আমার জীবনটা পালটে দিয়েছে। You have ~d a lot, অনেক বদলে গেছ। **~ over (from) (to)** পুরনো পদ্ধতি ছেড়ে নতুন পদ্ধতি গ্রহণ করা: The country has ~d over from military to democratic rule. ˈ**~-over** *n :* The country has made a ~over from military to democratic rule. **~ one's mind** মন পরিবর্তন করা। **~ one's note/ tune** সুর পালটানো। **~ step** (কুচকাওয়াজকালে) একপায়ে তাল রেখে চলা। **~·able** *adj* যে বা যা পরিবর্তিত হতে পারে; যে বা যা প্রায়শ পরিবর্তিত হয়; পরিবর্তনক্ষম। ~·**able·ness** *n*

change[2] [চেইন্‌জ্] *n* ১ [C] পরিবর্তিত বা ভিন্ন অবস্থা; অন্য বস্তুর পরিবর্তে ব্যবহৃত বস্তু; স্থানান্তরে গমন। **a ~ of air/climate** হাওয়া পরিবর্তন। **ring the ~s,** দ্র. ring[2] (১১)। ২ [U] খুচরো টাকা; ফেরত–পাওনা টাকা: I left my ~ on the shop counter. **get no ~ out of (sb)** (কথ্য) কোনো সাহায্য, কথা, তথ্য, সুযোগ না পাওয়া/বের করতে না পারা। ৩ [C,U]

পরিবর্তন; পরিবর্তনশীল। **for a ~** বৈচিত্র্যের জন্য; গৎবাঁধা কাজ থেকে ভিন্নতার জন্য। **~of life** = menopause. **~·ful** [-ফুল্] *adj* যে বা যা ক্রমাগত পরিবর্তিত হচ্ছে; যে বা যা পরিবর্তিত হতে পারে। **~·less** *adj* পরিবর্তনহীন; অপরিবর্তনীয়।

change·ling [ˈচেইনজ্‌লিঙ্] *n* শৈশবে এক শিশুর বদলে গোপনে রেখে-যাওয়া অন্য শিশু; বিশেষত (পুরনো কথা-কাহিনীতে) পরীদের দ্বারা চুরি-করা শিশুর জায়গায় রেখে যাওয়া অন্য এক কিম্ভুত, কদাকার বা নির্বোধ শিশু।

chan·nel [ˈচ্যান্‌ল্] *n* ১ প্রণালী। ২ প্রাকৃতিক বা কৃত্রিম জলপথ; খাল; তরল পদার্থ নিঃসরণের পথ বা খাত। ৩ কোনো জলপথের গভীরতর অংশ। ৪ (লাক্ষ.) যে মাধ্যম বা সূত্রে খবর, তথ্য, ধ্যান-ধারণা ইত্যাদি প্রবাহিত হতে পারে ঃ ~s of information. **Through the usual ~s** (ব্যক্তি, গোষ্ঠী ইত্যাদির ভিতর) যোগাযোগের প্রচলিত সূত্রের মাধ্যমে, যথা, আইন পরিষদে নির্বাচিত রাজনৈতিক নেতৃবৃন্দের মাধ্যমে। ৫ বেতার যোগাযোগের (যথা, রেডিও, টিভি) ক্ষেত্রে ব্যবহৃত ধ্বনিতরঙ্গের নির্দিষ্ট মাত্রা। □*vt* খাল বা খাত সৃষ্টি করা; পথ কাটা বা পথ করা: The river ~s its way through the forest.

chant [চা:ন্ট্, US চ্যান্ট্] *n* [C] স্তব; পুনরাবৃত্ত সুর, কথা বা গান; একই সুরে বাঁধা মাত্রা বা শব্দগুচ্ছ। দ্র. hymn. □*vt* গান করা; (প্রার্থনা ইত্যাদি) সুর করে গাওয়া; স্তব করা। **~ sb's praises** (লাক্ষ.) সারাক্ষণ কারো গুণকীর্তন করা।

chantey, chanty [চ্যান্‌টি] *n* (US) = shanty.

chaos [ˈকেইঅস্] *n* [U] নৈরাজ্য; বিশৃঙ্খলা; বিভ্রান্তি।

cha·otic [কেই ˈঅটিক্] *adj* নৈরাজ্যিক; বিশৃঙ্খল; বিভ্রান্তিকর। **cha·oti·cally** [কেইˈঅটিক্‌লি] *adv*

chap[1] [চ্যাপ্] *vt,vi* ১ (চামড়া সম্বন্ধে) খসখসে হওয়া; ফেটে যাওয়া। ২ খসখসে করা বা ফাটল ধরানো। □*n* বিশেষত চামড়ার ফাটল।

chap[2] [চ্যাপ্] *n* (অপিচ *chop*) (*pl*) বিশেষত জীব-জন্তুর চোয়াল; গাল।

chap[3] [চ্যাপ্] *n* (কথ্য) লোক; ছেলে; বেটা।

chapel [ˈচ্যাপ্‌ল্] *n* ১ সাধা. বড়ো পরিবার, স্কুল, কারাগার ইত্যাদিতে খ্রিস্টীয় উপাসনার জন্য রক্ষিত স্থান। ২ গির্জার অভ্যন্তরে ব্যক্তিগত উপাসনার জন্য ব্যবহৃত বেদিযুক্ত ক্ষুদ্র স্থান যা সাধা. উৎসর্গিত হয়ে থাকে, যথা: Lady's C~, খ্রিস্ট-মাতা মেরিকে উৎসর্গিত চ্যাপ্‌ল্। দ্র. church. ৩ (GB; বিলীয়মান ব্যবহার) ইংল্যান্ডের প্রতিষ্ঠিত ধর্মমতের (Anglican Church/ Church of England) বাইরে অবস্থানকারীদের ব্যবহৃত উপাসনালয়: The Methodist ~. ˈ**~·goer** [-গৌআ(র্)] *n* (ইংল্যান্ডে) ভিন্নমতাবলম্বী খ্রিস্টান। ৪ চ্যাপল-এ অনুষ্ঠিত উপাসনা। ৫ ছাপাখানায় সংগঠিত ট্রেড ইউনিয়ন সদস্যবৃন্দ।

chap·er·on [ˈশ্যাপারৌন্] *n* সামাজিক অনুষ্ঠানে বালিকা বা অবিবাহিতা তরুণীর বিবাহিতা বা বয়স্কা অভিভাবিকা। □*vt* এরূপ অভিভাবিকার দায়িত্ব পালন করা।

chap·fallen [ˈচ্যাপ্‌ফ্লেঁ°লান্] *adj* চোয়াল বসে গেছে বা নেই এমন; (আল.) বিষণ্ন, হতাশ।

chap·lain [ˈচ্যাপ্‌লিন্] *n* বিশেষত নৌ. সেনা বা বিমানবাহিনীর অথবা ব্যক্তি বা প্রতিষ্ঠানের নিজস্ব উপাসনালয়ে কর্তব্যরত ধর্মযাজক। দ্র. padre. **~·cy** [-সি] *n* এরূপ ধর্মযাজকের দায়িত্ব, এলাকা বা বাসগৃহ।

chap·let [ˈচ্যাপ্‌লিট্] *n* (ফুল, পাতা, মণিমুক্তা ইত্যাদি দিয়ে তৈরি) মাথার মালা, শিরোমাল্য; তসবি; জপমালা।

chap·ter [ˈচ্যাপ্টা(র্)] *n* ১ অধ্যায়; পরিচ্ছেদ। **~ of accidents** একের পর এক ঘটে-যাওয়া দুর্ভাগ্যের সমাহার; দুর্ভাগ্যের অধ্যায়। **~ and verse** কোনো বক্তব্যের সমর্থনে উপস্থাপিত যথাযথ নজির। ২ নির্দিষ্ট কালপর্ব; পর্যায়কাল; পর্যায়; বিশেষ ঘটনাদ্বারা সূচিত কাল-অধ্যায়: the most barren ~ in the history of Bengali Literature. ৩ কোনো প্রধান গির্জা বা মঠের সকল সদস্য-যাজকের সাধারণ সম্মেলন বা সভা। ˈ**~·house** *n* এরূপ সম্মেলনের জন্য ব্যবহৃত ভবন।

char[1] [চা:(র্)] *vt,vi* (কোনো কিছুর উপরিভাগ সম্বন্ধে) পুড়ে কালো হওয়া বা পুড়িয়ে কালো করা।

char[2] [চা:(র্)] *vi* ঠিকা কাজ করা। ˈ**~·lady** ˈ**~·woman** *n* ঠিকা-ঝি।

char[3] [চা:(র্)] *n* [U] (GB অপ.) চা: a cup of ~.

char·ac·ter [ˈক্যারাক্‌টা(র্)] *n* ১ [U] মানসিক বা নৈতিক গুণাবলীর সমন্বিত রূপ; চরিত্র। **in/out of ~** কারো চরিত্রের পরিচয়বাহী কথা, কাজ ইত্যাদির সঙ্গে সঙ্গতি/ অসঙ্গতিপূর্ণ: This is completely in/out of character with Kaiser's professed aestheticism. ২ [U] নৈতিক শক্তি: a man of ~. ৩ [U] প্রকৃতি; বৈশিষ্ট্য: the ~ of village fairs. ৪ [C] সুপরিচিত ব্যক্তি; নাটক, উপন্যাস ইত্যাদিতে বিধৃত চরিত্র; যার স্বভাব আর দশজনের সঙ্গে ঠিক মেলে না; খাপছাড়া লোক: Safa is quite a ~. ˈ**~ actor** অস্বাভাবিক বা বাতিকগ্রস্ত চরিত্র রূপায়ণে যিনি পারদর্শী। ৫ [C] (প্রা.প্র.) পরিচয়পত্র (বর্তমানে ব্যবহৃত শব্দ testimonial). ৬ [U] খ্যাতি। ৭ [C] লিখন বা মুদ্রণ প্রণালীতে ব্যবহৃত বর্ণ, অক্ষর, চিহ্ন ইত্যাদি: Arabic ~s. **~·is·tic** [ˌক্যারাকটাˈরিস্‌টিক্] *adj* কারো/কোনো কিছুর চরিত্রের পরিচয়বাহী; বৈশিষ্ট্যময়: with his ~istic sneer. □*n* [C] বৈশিষ্ট্য: the ~istics of local market. **~is·ti·cally** [ˌক্যারাˈক্টারিস্‌টিক্‌লি] *adv* ˈ**~·ize** [-রাইজ্] *vt* বৈশিষ্ট্য প্রদর্শন করা; বিশিষ্টতা দান করা; বিশেষভাবে চিহ্নিত করা। **~·less** *adj* চরিত্রহীন; বিশিষ্টতাহীন; সাদামাটা।

cha·rade [শˈরা:ড্, US -ˈরেইড্] *n* [C] যে খেলায় পর্যায়ক্রমে কোনো শব্দ ও তার প্রতিটি মাত্রার ইঙ্গিতবাহী অভিনয় দেখে দর্শকরা শব্দটি অনুমান করে নেয়, সেই খেলার পর্ববিশেষ; (*pl* with *sing v*) এরূপ খেলা; (লাক্ষ.) তাৎপর্যহীন কাজ; ভণিতা।

char·coal [ˈচা:কৌল্] *n* [U] কাঠ-কয়লা। ˈ**~·burner** *n* যে ব্যক্তি কাঠকয়লা তৈরি করে; যে উনুনে শুধু কাঠকয়লা জ্বালানি হিসাবে ব্যবহার করা হয়।

chard [চা:ড্] *n* (প্রায়শ Swiss ~) এক প্রকার বিট, যার পাতা সবজি হিসাবে ব্যবহৃত হয়।

charge[1] [চা:জ্] *n* ১ অভিযোগ, বিশেষত কারো বিরুদ্ধে আইনভঙ্গের অভিযোগ। **bring a ~ (of sth) against sb** (কোনো অপরাধে) কাউকে অভিযুক্ত করা। **face a ~ (of sth)** আদালতে (কোনো অভিযোগের) জবাবদিহি করা। **lay sth to sb's ~** কারো বিরুদ্ধে কোনো কিছুর অভিযোগ আনা। ˈ**~-sheet** থানায় রক্ষিত মামলাসংক্রান্ত নথিপত্র। ২ (সৈন্য, বন্য প্রাণী, ফুটবল খেলোয়াড় ইত্যাদির দ্বারা) আকস্মিক, তীব্র, বিদ্যুৎগতি আক্রমণ। ৩ মূল্য; মাশুল; ভাড়া: hotel ~s. ˈ**~ account** *n* (US) ঋণপত্র। দ্র.

credit[1](১)। ৪ বন্দুকে বা বিস্ফোরণে ব্যবহৃত বারুদের মাত্রা; বিদ্যুৎ সঞ্চায়কযন্ত্রে সঞ্চরণযোগ্য বিদ্যুৎশক্তির মাত্রা: a positive/ negative ~. ৫ [C] অর্পিত কাজ; কারো তত্ত্বাবধানে অর্পিত ব্যক্তি বা বস্তু; [U] দায়িত্ব; আস্থা: The patient is in the ~ of Dr Haq. **Put sb/be in ~ (of)** (কারো, কোনো কিছুর) দায়িত্বপ্রাপ্ত হওয়া: Selina was (put) in ~ of the kitchen. **Put sb/be in sb's ~** কারো তত্ত্বাবধানে অর্পণ করা বা অর্পিত হওয়া: The kitchen was (put) in Selina's ~. **give sb in ~** কাউকে পুলিশে দেওয়া। **take ~ of** দায়িত্ব গ্রহণ করা। ৬ নির্দেশাবলী: the officer's ~ to his assistant.

charge[2] [চা:জ্] *vt,vi* ১ **~ sb (with)** কাউকে (কোনো কিছুর জন্য) অভিযুক্ত করা; কারো বিরুদ্ধে (কোনো কিছুর) অভিযোগ উত্থাপন করা: He was ~d with theft. ২ অকস্মাৎ তীব্রভাবে আক্রমণ করা; ছুটে গিয়ে আক্রমণ করা: We ~d the enemy. ৩ **~ (for)** দাম/ ভাড়া চাওয়া: The vendor ~d (me) ten taka (for the silver-ware). ৪ **~ to, ~ up, ~ upto** বাকির খাতায় লেখা: Please ~ these purchases to my account. ৫ (বন্দুকে) গুলি ভরা; বিদ্যুৎশক্তি সঞ্চারণ করা। ৬ **~ with** দায়িত্ব দেওয়া; কারো দায়িত্বে অর্পণ করা; I was ~d with an important mission. ৭ (বিশেষত বিচারক বা ক্ষমতাধিকারী ব্যক্তি কর্তৃক) আদেশ বা নির্দেশ দেওয়া।

charge·able [ˈচা:জব্‌ল্] *adj* ১ অভিযুক্ত হতে পারে এমন; অভিযোগ্য। ২ **~ on / to** (বাণিজ্য) বকেয়া হিসাবে ধার্য বা যুক্ত হতে পারে এমন: sums ~ to one's account; costs of repairs ~ on the tenant.

chargé d'affaires [ˌশা:জেই ড্যাˈফেআ(র্)] *n* যে কর্মকর্তা রাষ্ট্রদূত বা মন্ত্রীর অবর্তমানে তার স্থান গ্রহণ করেন।

char·iot [ˈচ্যারিআট্] রথ। **char·io·teer** [ˌচ্যারিআˈটিআ(র্)] *n* সারথি; রথী।

cha·ris·ma [কˈরিজ্‌মা] *n* ১ (ধর্মতত্ত্ব) ঐশ্বরিক করুণা; আধ্যাত্মিক শক্তি, সৌন্দর্য বা মহিমা। ২ ভক্তি ও উৎসাহ সঞ্চারের ক্ষমতা। **char·is·matic** [ক্যারিজ্‌ˈম্যাটিক্] *adj*

chari·table [ˈচ্যারিটাব্‌ল্] *adj* পরহিতকর; পরোপকারী; দয়া বা দাক্ষিণ্যময়: a ~ institution, দাতব্য প্রতিষ্ঠান। **chari·tably** [–ব্লি] *adv*

char·ity [ˈচ্যারাটি] *n* ১ [U] সদয়তা; পরজনপ্রীতি; পরহিত; বদান্যতা: ~ begins at home (প্রবাদ). ২ দরিদ্র–সেবা; দান। **live on/off ~** অপরের দয়ায় বেঁচে থাকা। ৩ [C] দাতব্য প্রতিষ্ঠান: He subscribes liberally to charities (to charitable institutions).

chari·vari [ˌশা:রিˈভা:রি US শিˌভ়াˈরী] *n* [U] সোরগোল; হট্টগোল।

char·lady [ˈচা:লেইডি] *n* ঠিকে ঝি। দ্র. char[2].

char·la·tan [ˈশা:লাটান্] *n* যে ব্যক্তি স্বীয় মাত্রার অতিরিক্ত দক্ষতা, জ্ঞান বা সক্ষমতার ভণিতা করে; বিশেষত হাতুড়ে বৈদ্য বা ডাক্তার।

char·lock [ˈচা:লক্] *n* বুনো রাই–সরিষা; হলুদ ফুলবিশিষ্ট বুনো লতাবিশেষ।

charm [চা:ম্] *n* ১ [U] আকর্ষণীয়তা; মনোহারিতা; [C] প্রীতিকর গুণ বা বৈশিষ্ট্য। ২ [C] জাদু বা মায়া; জাদুমন্ত্র: **under a ~** জাদুগ্রস্ত; মন্ত্রমুগ্ধ। **work like a ~** জাদুমন্ত্রের মতো কাজ করা; সম্পূর্ণ ফলপ্রসূ হওয়া। □*vt,vi* ১ আকৃষ্ট করা; মুগ্ধ করা; আনন্দ দেওয়া: The beauty of the land ~ed us. ২ মায়াজাল বিস্তার করা; সম্মোহিত করা; জাদুবলে প্রভাবিত বা রক্ষা করা: He led a ~ed life, সে জাদুর গুণে বিপদমুক্ত জীবন যাপন করেছে। The music ~ed away my sorrow, সঙ্গীত যেন জাদুবলে দুঃখ ভুলিয়ে দিল। **~·ing** মনোমুগ্ধকর; আনন্দদায়ক। **~·ing·ly** *adv*. **~er** *n* (সাধা. কৌতুক) মায়াবী তরুণ বা মায়াবিনী তরুণী। **ˈsnake ~er** *n* জাদুবলে সর্পবশে সক্ষম ব্যক্তি; ওঝা।

char·nel house [ˈচা:ন্‌ল্ হাউস্] *n* মানুষের শব বা অস্থি সংরক্ষণের স্থান।

chart [চা:ট্] *n* ১ নাবিকদের ব্যবহৃত সমুদ্রের মানচিত্র। ২ (আবহাওয়া, দ্রব্যমূল্য, ব্যবসা পরিস্থিতি ইত্যাদি বিষয়ে) তথ্যজ্ঞাপক, রেখাচিত্র: a ˈweather ~. □*vt* কোনো কিছুর মানচিত্র/ রেখাচিত্র তৈরি করা; মানচিত্রের/রেখাচিত্রের সাহায্যে (কোনো কিছু) দেখানো।

char·ter [ˈচা:টা(র্)] *n* ১ শাসক বা সরকার কর্তৃক প্রদত্ত অধিকার বা অনুমতি সংক্রান্ত (লিখিত বা মুদ্রিত) সনদপত্র; সরকারি সনদ; ফরমান। ২ (বিমান, জাহাজ ইত্যাদির) চুক্তিভিত্তিক নিয়োগ : a ˈ~ flight. □*vt* ১ সনদ প্রদান করা; সুবিধা দান করা। **ˌ~ed acˈcountant** (GB) রাজকীয় সনদপ্রাপ্ত Institute of Accountants-এর সদস্য। ২ জাহাজ, বিমান ইত্যাদি চুক্তিতে ভাড়া করা বা নিয়োগ করা: a ~ed ship. **ˈ~-party** *n* (বাণিজ্য) জাহাজের ব্যবহার সম্পর্কে জাহাজ–মালিক ও বণিকের মধ্যে সম্পাদিত চুক্তি।

Chart·ism [ˈচা:টিজ়াম্] *n* উনিশ শতকের গোড়ার দিকে সমাজ ও শিল্প সংস্কারের দাবিতে সংগঠিত শ্রমিক অন্দোলন। **Chart·ist** [– ইস্ট্] *n*

char·treuse [শা: ˈট্রো°জ্ US –ট্রুজ্] *n* ফরাসি মঠবাসী ভিক্ষুদের তৈরি এক প্রকার মদ্য।

char·woman [ˈচা:উম্যান্] *n* দ্র. char[2].

chary [ˈচেঅরি] *adj* ~ **(of)** সতর্ক; সাবধানী; হিসাবি: ~ of lending books. **char·ily** *adv*

cha·ryb·dis [কˈরিব্‌ডিস্] *n* দ্র. Scylla.

chase[1] [চেইস্] *vt,vi* ১ **~ (after)** তাড়া করা; ধাওয়া করা। ২ (কথ্য) তাড়াতাড়ি করা; (কারো, কোনো কিছুর পিছনে) ছোটা: The children ~d after the magician. □*n* ধাওয়া। **give ~ (to)** পিছনে ছোটা; পশ্চাদ্ধাবন করা। **in ~ of sb/ sth** কারো/ কোনো কিছুর পিছনে ধাওয়া করে। **(go on) a ˌwild ˈgoose ~** অর্থহীন অভিযান, অনুসন্ধান ইত্যাদি (–তে নেমে পড়া)। **chaser** *n* (যৌগিক শব্দে) যে ব্যক্তি বা বস্তু ধাওয়া করে; পশ্চাদ্ধাবক; (কথ্য) কড়া পানীয়ের পর গ্রহণ করা হালকা পানীয় ঃ whisky with beer ~rs.

chase[2] [চেইস্] *vi* (ধাতু বা অন্য কোনো কঠিন পদার্থের উপর) নকশা খোদাই করা: ~d bronze.

chasm [ˈক্যাজ়াম্] *n* গভীর ফাটল; খাদ; গহ্বর; (লাক্ষ.) (ব্যক্তি, গোষ্ঠী, জাতি ইত্যাদির ভিতর বিদ্যমান অনুভূতি বা স্বার্থের) দুস্তর ব্যবধান।

chas·sis [ˈশ্যাসি] *n* মোটরগাড়ি, রেডিও বা টিভি–র তলদেশের কাঠামো।

chaste [চেই স্ট্] *adj* ১ কথায়, চিন্তায় ও কাজে সদ্‌গুণসম্পন্ন; ধর্মপরায়ণ; নিষ্পাপ; (বিশেষত যৌন জীবনে) বহুচারিতা থেকে মুক্ত বা যৌনসংস্রব থেকে সম্পূর্ণভাবে মুক্ত; কুমার/ কুমারী। ২ (রীতি, রুচি সম্বন্ধে) সহজ; সরল; নিরলঙ্কার; শুদ্ধ। **~·ly** *adv*

chas·ten [ˈচেইস্‌ন্] *vt* ১ সংশোধনের জন্য শাস্তি দেওয়া; দমন বা সংযত করা। ২ সহজ, অলঙ্কারমুক্ত বা শুদ্ধ করা।

chas·tise [চ্যাস্‌ˈটা ইজ্] *vt* কঠোরভাবে শাস্তি দেওয়া। **~·ment** *n* [U] শাস্তি।

chas·tity [ˈচ্যাস্‌টাটি] *n* [U] সতীত্ব; কৌমার্য; কুমারীত্ব; শুদ্ধতা।

chas·uble [ˈচ্যাজ়িউব্‌ল্] *n* (গির্জা) বিশেষত খ্রিস্টীয় ধর্মানুষ্ঠানে যাজকের পরিহিত ঢিলা, হাতা-কাটা পরিচ্ছদ।

chat [চ্যাট্] *n* [C] খোশগল্প। □*vt,vi* ১ খোশগল্প করা। ২ **~ sb(up)** (কথ্য) বন্ধুত্ব পাবার জন্য বা নিছক আমোদের জন্য কারো সাথে খোশগল্প করা। **~ty** *adj* খোশগল্পে আড্ডাবাজ।

chaâ·teau [ˈশ্যাটৌ] *n* ফরাসি দেশীয় দুর্গ; ফ্রান্সের গ্রামাঞ্চলে অবস্থিত সামন্ত ভবন।

chat·tel [ˈচ্যাট্‌ল্] *n* (আইন.) ব্যক্তিগত অস্থাবর সম্পত্তি।

chat·ter [ˈচ্যাটা(র্)] *vi* ১ অনর্থক বকবক করা; বেশি কথা বলা। ২ (বানর ও কতিপয় পাখির ডাক সম্বন্ধে) কিচিরমিচির করা; (টাইপরাইটারের শব্দ ও শীতে বা ভয়ে দাঁতে দাঁত লাগা সম্বন্ধে) ঠকঠক করা। □*n* [U] এরূপ শব্দ। ˈ**~·box** যে ব্যক্তি অনর্থক বকবক করে; বাচাল, বিশেষত শিশু।

chauf·feur [ˈশৌফা(র্) US শোˈফার] *n* ব্যক্তিগত মোটরগাড়ির মাইনে-করা চালক। **chauf·feuse** [ˈশৌফাজ় US শৌˈফাজ়্] *n* এরূপ চালিকা।

chau·vin·ism [ˈশৌভিনিজ়াম্] *n* [U] অন্ধ স্বদেশপ্রেম; উৎকট স্বাদেশিকতা। **chau·vin·ist** [-ইস্‌ট্] *n* অন্ধ স্বদেশভক্ত উগ্র স্বদেশী। **male chauvinist; chauvinist male** (আধু. প্র.) নারী অপেক্ষা পুরুষ শ্রেষ্ঠ — এই বিশ্বাস যে পুরুষ পোষণ করে ও তদনুযায়ী কাজ করে। **chau·vin·is·tic** [ˌশৌভিˈনিস্‌টিক্] *adj* অন্ধ স্বদেশভক্তি বা অন্ধ স্বদেশভক্ত সম্পর্কিত।

cheap [চীপ্] *adj* ১ সুলভ; সস্তা। **go ~** সস্তা যাওয়া: Cigarette lighters are going cheap these days. **on the cheap** কম দামে; সস্তায়: I bought it on the ~. ২ দামের তুলনায় ভালো: Given the high price of electronic goods, you've bought your TV quite cheap. ৩ নিম্নমানের। ˈ**~-jack** *adj* সস্তা ও বাজে। ৪ অগভীর; কৃত্রিম: ~ sentiments. ৫ **feel ~** (কথ্য) লজ্জাবোধ করা। **hold sth ~** দাম না দেওয়া; অবজ্ঞা করা। **make oneself ~** নিজেকে সস্তা করা; নিজের সুনাম ক্ষুণ্ন করা। **~ gibe** অনুদার মন্তব্য; বিদ্রূপ। **~·ly** *adv* সস্তায়। **~·ness** *n*

cheapen [ˈচীপান্] *vt,vi* খাটো করা বা খাটো হওয়া; দাম কমানো।

cheat [চীট্] *vt,vt* ঠকানো; প্রতারণা করা। **~ sb (out of sth)** কাউকে ঠকিয়ে নেওয়া: He ~ed me out of my money, সে আমার টাকা ঠকিয়ে নিয়েছিল। **~ (in / at sth)** (কোনো বিষয়ে) ঠকানো। □*n* প্রতারক; ধাপ্পাবাজ; প্রতারণা; ধাপ্পা।

check[1] [চেক্] *vt,vi* ১ কোনো কিছু সঠিক কিনা পরীক্ষা করে দেখা: Have you ~ed the bill ? **~ sth off** সঠিক বলে চিহ্নিত করা। **~ sth up; ~ up on sth, (US = ~ sth out)** সঠিক কিনা তা পরীক্ষা করে বা মিলিয়ে দেখা। **~ up on sb** পরিচয়-পত্রাদি পরীক্ষা করে কারো পরিচিতির সত্যতা যাচাই করা। ২ সম্বরণ করা; নিবৃত্ত বা সংযত করা; থামানো; রোধ করা: The government is trying hard to ~ the inflation. I could not ~ my anger. ৩ (দাবা খেলায়) কিশতি দেওয়া। ৪ **~ in/ at** হোটেল/ কারখানা ইত্যাদিতে হাজির হয়ে নাম লেখানো। **~·in (desk)** *n* বিশেষত বিমান-যাত্রার আগে বিমানবন্দরের যে স্থানে নাম-ধাম ইত্যাদি লেখাতে হয়। **~-in time** *n* হাজিরা দেবার সময়। **~ out (from)** পাওনা শোধ করে (হোটেল ইত্যাদি) ত্যাগ করা। ˈ**~-out time** ঘর ইত্যাদি ছেড়ে দেবার বা খালি করে দেবার নির্ধারিত সময়। ˈ**~-out** *n* বিশেষত যে নির্দিষ্ট স্থানে (যেমন, কোনো বিপণিকেন্দ্রের বেলায়) পাওনা শোধ করে জিনিসপত্র গুছিয়ে স্থান ত্যাগ করতে হয়। ৫ (ট্রেনযোগে প্রেরিত মালপত্র, থিয়েটারের প্রবেশপথে রক্ষিত কোট, টুপি ইত্যাদি) বুঝে নেবার টিকিট, চাকতি ইত্যাকার চিহ্ন বা নিদর্শন সংগ্রহ করা: Have you ~ed your luggage, মালপত্র বুঝে নেবার টিকিট জোগাড় করেছ? **~er** *n* যে ব্যক্তি মিলিয়ে বা পরীক্ষা করে দেখে।

check[2] [চেক্] *n* [U] ১ নিয়ন্ত্রণ; নিবৃত্তি; নিবৃত্তকারী ব্যক্তি বা বস্তু: A free press acts as a ~ upon abuse of power by governments. ˌ**~s and balances** *n,* ক্ষমতার অপব্যবহার রোধকল্পে সরকারি নিয়ন্ত্রণপদ্ধতি বা ব্যবস্থা। ২ সঠিকতা নিশ্চিতকরণের পরীক্ষা; সঠিক প্রমাণিত হবার নিদর্শন স্বরূপ ব্যবহৃত চিহ্ন। ˈ**~-list** *n* সত্যতা যাচাইয়ের জন্য ব্যবহৃত নামের তালিকা। ˈ**~·out** *n* দ্র. check[1](৪). ˈ**~·point** *n* যেখানে যানবাহন থামিয়ে বৈধতা পরীক্ষা করা হয়। ˈ**~·up** *n* বিশেষত স্বাস্থ্য-পরীক্ষা। ৩ কারো কাছে হস্তান্তরিত মালামাল বুঝে নেবার জন্য ব্যবহৃত (নম্বরযুক্ত কাগজ, কাঠ বা ধাতুর) ফলক। ˈ**~·room** (US) জমা-দেওয়া মালামাল সংরক্ষণের অফিস। ৪ **in ~** (দাবা খেলায়) সরাসরি আক্রমণের মুখোমুখি প্রতিপক্ষের রাজার অবস্থান। দ্র. checkmate. ৫ (US) = cheque. ˈ**~·book** (US) = chequebook. ৬ (US) = প্রাপ্য টাকার হিসাব; বিল।

check[3] [চেক্] *n* ১ চৌখুপি নকশা; চেক; এরূপ নকশাযুক্ত কাপড়; চেক-কাটা বস্ত্র। ২ (attrib) a ~ pattern. **checked** [চেক্‌ট্] *adj* চেকযুক্ত।

checker [ˈচেকা(র্)] *vt* (US) = chequer.

check·ers [ˈচেকাজ্] (US) = draughts.

check·mate [ˈচেকমেইট্] *vt* (দাবা খেলায়) কিশতি মাত করা। দ্র. check[2](৪)। ২ (কাউকে) বাধা দিয়ে পরাজিত করা; (কারো পরিকল্পনা) বানচাল করা। □*n* সম্পূর্ণ পরাজয়।

ched·dar [ˈচেডা(র্)] *n* [U] এক ধরনের শক্ত হলুদ পনির।

cheek [চীক্] *n* গাল; গণ্ড; কপোল। **~ by jowl** পাশাপাশি; কাঁধে-কাঁধে। **turn the other ~** অহিংসা দিয়ে হিংসার মোকাবেলা করা; একগালে চড় খেয়ে আরেক গাল বাড়িয়ে দেওয়া। ˈ**~·bone** *n* চোখের নিম্নাংশের হাড়। **tongue-in-~,** দ্র. tongue. ২ [U] ধৃষ্টতা। □*vt* ধৃষ্ট আচরণ করা; ধৃষ্টতা দেখানো। **cheeked** *suff* (with an *adj*): rosy- ~ed girls, গোলাপ-কপোল মেয়েরা। **~y** *adj* ধৃষ্ট। **~·ily** *adv*

cheep [চীপ্] *vi,n* (পাখির ছানার মতো) মৃদু; চিঁচিঁ ধ্বনি করা; এরূপ ধ্বনি।

cheer[1] চিআ(র্)] *vt,vi* **~ sb (up)** ১ উদ্দীপিত বা উৎসাহিত করা; সান্ত্বনা দেওয়া: In those hard days her songs always ~ed us (up). **~·ing** *adj*

উদ্দীপক। ২ ~ **up** সান্ত্বনা পাওয়া; খুশি হওয়া। **~(on)** (কারো বা কোনো কিছুর প্রতি) উল্লাস, সম্মতি বা উৎসাহজ্ঞাপক ধ্বনি করা: He was loudly ~ed by the audience. We ~ ed on our football team. **~·ing** *n* [U] উল্লাস, সম্মতি বা উৎসাহজ্ঞাপক ধ্বনি।

cheer[2] [চিআ(র্)] *n* ১ (প্রা.প্র.) আশার ভাব; খুশির কথা: words of ~. ২ [U] **good** ~ (প্রা.প্র.) তুষ্টিকর পানাহার। ৩ [C] উল্লাস বা উৎসাহজ্ঞাপক ধ্বনি: give three ~s for, তিনবার 'হুররে' ধ্বনি করা। **ˈ~-leader** *n* (US) উল্লাসদল-নেতা। ৪ **C~s !** কারো স্বাস্থ্য কামনা করে পানকালে ব্যবহৃত শব্দ।

cheer·ful [ˈচিআফ়ল্] *adj* ১ আনন্দদায়ক বা আনন্দব্যঞ্জক; মনোরম: a ~ smile. ২ প্রফুল্ল ও তুষ্ট; আগ্রহী। **~·ly** [-ফ়ালি] *adv*. **~·ness** *n*

cheer·io [ˌচিআরিˈওউ] *int* (কথ্য) ১ বিদায় সম্ভাষণ বিশেষ। ২ (US-এ নয়, প্রা.) (পানকালে) স্বাস্থ্য কামনায় ব্যবহৃত শব্দ: ~ to your health.

cheer·less [ˈচিআলিস্] *adj* সান্ত্বনাবিরহিত; বিমর্ষ, নিরানন্দ; অস্বস্তিকর। **~·ly** *adv*. **~·ness** *n*

cheery [ˈচিআরি] *adj* প্রাণবন্ত; উজ্জীবক; নম্র; প্রফুল্ল; হাসিখুশি। **cheer·ily** [ˈচিআরালি] *adv*

cheese [চীজ়্] *n* [U] পনির। [C] মোড়কে জড়ানো পনির-বল। **ˈ~-cake (ক)** পনিরের পুর-দেওয়া পিঠা। **(খ)** (অপ.) (আলোকচিত্র, বিজ্ঞাপন ইত্যাদিতে) সুঠাম নারীদেহের প্রদর্শনী। **ˈ~-cloth** পনির বাঁধার জালি-কাপড়; জামা ইত্যাদি তৈরির জন্য ব্যবহৃত এ জাতীয় জালি-কাপড়। **ˈ~-paring** টাকাকড়ি খরচের ব্যাপারে মাত্রাতিরিক্ত সতর্কতা; ব্যয়কুণ্ঠা।

chee·tah [ˈচীটা] *n* চিতাবাঘ।

chef [শেফ়্] *n* হোটেল, রেস্তোরাঁ ইত্যাদির প্রধান বাবুর্চি।

chef-d´oeuvre [ˌশেইˈডাভ্‌রা] *n* (ফ.) (কারো) শ্রেষ্ঠ কীর্তি; শ্রেষ্ঠ অবদান।

chemi·cal [ˈকেমিক্‌ল্] *adj* রাসায়নিক; রাসায়নিক প্রক্রিয়াজাত: ~ warfare (যে যুদ্ধে বিষাক্ত গ্যাস, বিষাক্ত ধোঁয়া, আগুনে বোমা ইত্যাদি ব্যবহৃত হয়)। □*n* (সাধা. *pl*) রাসায়নিক প্রক্রিয়ায় ব্যবহার্য পদার্থ। **~·ly** [-ক্লি] *adv*

che·mise [শাˈমীজ়্] *n* মহিলাদের লম্বা ঢিলা অন্তর্বাসবিশেষ; শেমিজ।

chem·ist [ˈকেমিস্ট্] *n* ১ রসায়নবিদ। ২ (US = druggist) ঔষধপত্রাদি প্রস্তুতকারক ও বিক্রেতা: a ~'s shop, ঔষধালয়।

chem·is·try [ˈকেমিস্ট্রি] *n* [U] রসায়নবিদ্যা।

chemo·ther·apy [ˌকেমৌˈথেরাপি] *n* [U] রোগজীবাণুনাশক ঔষধ প্রয়োগে রোগচিকিৎসা।

che·nille [শাˈনীল্] *n* পোশাক ও আসবাবের সৌন্দর্যবর্ধনের জন্য ব্যবহৃত মখমলের দড়ি; মখমলতন্তু; এরূপ তন্তু দ্বারা প্রস্তুত বস্ত্র।

cheque [চেক্] *n* (US = **check**) ব্যাংক থেকে টাকা তুলবার নির্দেশপত্র; ব্যাংকের চেক। **ˈ~-book** *n* চেক-বই। **ˈ~ card** = banker's card. দ্র. bank[4].

chequer [ˈচেকা(র্)] *vt* (US = **checker**) (সাধা. passive) বিচিত্র বর্ণের চৌখুপি নকশা দ্বারা চিহ্নিত বা শোভিত করা; (লাক্ষ.) ভাগ্যের বিচিত্র উত্থান-পতন দ্বারা বিধৃত করা বা বিধৃত হওয়া: a ~ed life.

cher·ish [ˈচেরিশ্] *vt* ১ সযত্নে লালন করা। ২ (আশা, আকাঙ্ক্ষা ইত্যাদি) হৃদয়ে পোষণ করা।

che·root [শাˈরূট্] *n* চুরুট।

cherry [ˈচেরি] *n* [C] জাম জাতীয় ফলের গাছ; [U] এই গাছের কাঠ। □*adj* রক্তিম; লাল: ~ lips.

cherub [ˈচেরাব্] *n* ১ অনিন্দ্যসুন্দর শিশু; (শিল্পকলায়) এরূপ ডানাযুক্ত শিশু। ২ (*pl* ~im / ˈচেরাবিম্) (বাই.) দ্বিতীয় সারির দেবদূত। দ্র. seraph.

che·ru·bic [চিˈরুবিক্] *adj* (বিশেষত) মধুর ও নিষ্পাপদর্শন; স্বর্গীয়; চন্দ্রমুখ; নধরকান্তি।

chess [চেস্] *n* [U] দাবাখেলা। **ˈ~·man** [- ম্যান্] দাবার ঘুঁটি। **ˈ~-board** [-বো°ড্] দাবাখেলার ছককাটা ফলক বা বোর্ড।

chest [চেস্ট্] *n* ১ সিন্দুক। ~ **of ˈdrawers** দেরাজওয়ালা আলমারি বা টেবিল। ২ (ব্যব.) বক্ষদেশ; বুক। **get sth off one's ~** (কথ্য) চেপে-রাখা কথা বলে হালকা হওয়া। **hold / keep one's cards close to one's / the ~** কথা চেপে রাখা বা গোপন করা। ৩ (US) গণপ্রতিষ্ঠানের কোষাগার; the community ~.

ches·ter·field [ˈচেস্টাফ়ীল্ড্] *n* গদি-আঁটা সোফা।

chest·nut [ˈচেস্‌নাট্] *n* ১ [C,U] একপ্রকার বাদাম; বাদামগাছ বিশেষ; এই গাছের কাঠ। ২ বাদামি রং। ৩ বাদামি রং-এর ঘোড়া। ৪ (কথ্য) অতি-পুরনো বা অতি-পরিচিত গল্প বা ঠাট্টা-তামাশা।

cheval glass [শাˈভ্যাল্ গ্লা:স্ US গ্ল্যাস্] *n* খাড়া দণ্ডের সঙ্গে সংযুক্ত কাত বা সোজা করা যায় এমন পূর্ণদৈর্ঘ্য আয়না।

chev·ron [ˈশেভ্‌রান্] *n* সৈনিক, পুলিশ ইত্যাদির পোশাকের হাতায় আঁটা V-আকারের পদমর্যাদাসূচক ফিতা।

chew [চূ] *vt,vi* চিবানো। **ˈ~·ing-gum** *n* [U] ক্রমাগত চিবাতে হয় এমন লজেনচুষ। **~ sth over; ~ (up) on sth** (কথ্য) (কোনো কিছু নিয়ে) মাথা ঘামানো। **~ the rag** (প্রাচীন অপ.) বিশেষত পুরনো অভিযোগ নিয়ে কথা বলা। □*n* চর্বণ; চর্বিতব্য বস্তু: a ~ of tobacco, খৈনি।

Chi·anti [কিˈঅ্যান্টি] *n* [U] ইতালীয় মদ্যবিশেষ।

chi·aro·scuro [ˌকিআ:রাˈস্কুআরৌ] *n* (বিশেষত চিত্রাঙ্কনে) আলো-আঁধারের সম্পাত।

chic [শীক্] *n* [U] (বেশভূষায়) মার্জিত ধরন বা শৈলী। □*adj* শৈলীময়।

chi·can·ery [শিˈকেইনারি] *n* [U] প্রতারণা; বৈধ চাতুরী; এর ব্যবহার; [C] চোরা যুক্তি।

chi·chi [ˈশীশী] *adj* (কথ্য) দাম্ভিক; ধৃষ্ট; ভণিতাপূর্ণ; ঠাটসর্বস্ব; অমার্জিত।

chick [চিক্] *n* ১ পাখির (বিশেষত হাঁস-মুরগির) ছানা। **ˈ~·pea** *n* [C] এক জাতের হলুদ ভোজ্য মটর-দানা; এই দানাবহনকারী উদ্ভিদ। **ˈ~·weed** *n* [U] ছোট আগাছা, যার পাতা ও বীজ পাখিরা খায়। ২ ছোট শিশু; খোকা বা খুকু; (অপ.) মেয়ে।

chicken [ˈচিকিন্] *n* ১ পাখির (বিশেষত মুরগির) ছানা। (লাক্ষ.অপ.) তরুণী; কাঁচা-বয়সী: Rehana is no ~, রেহানা এখন আর খুকিটি নয়। **(Don't) count one's ~s before they are hatched** সাফল্যের সম্ভাবনা নিয়ে অতিরিক্ত আশাবাদী হওয়া (না-হওয়া)। **ˈ~-feed** *n* (লাক্ষ. অপ.) তুচ্ছ বস্তু। **ˌ~-ˈhearted** [-হা:টিড্] *adj* ভীরু। **ˈ~·pox** [U] জলবসন্ত। **ˈ~-run** *n* হাঁস-মুরগির ছানার বিচরণের জন্য জাল বা বেড়া দিয়ে

ঘেরা জায়গা। ২ [U] মুরগির মাংস। □*pred adj* (অপ.) ভীরু স্বভাবের।

chicle ['চিকল্] *n* [U] লজেনচুষ তৈরির মুল উপাদান।

chic·ory ['চিকরি] *n* সবজি ও সালাদ হিসাবে ভোজ্য উদ্ভিদবিশেষ; এর শিকড় ভেজে গুঁড়া করে কফির সঙ্গে মিশিয়ে বা কফির পরিবর্তে খাওয়া হয়।

chide [চা ইড়] *vt,vi* বকুনি দেওয়া; তিরস্কার করা।

chief [চী ফ্] *n* ১ নেতা বা শাসক। ২ বিভাগীয় প্রধান; সর্বোচ্চ কর্মকর্তা: C~ of Staff, প্রধান স্টাফ অফিসার। **in chief** প্রধানত; বিশেষত: For many reasons, and this one in ~ - - -. **-in-'~** সর্বময়; সর্বপ্রধান: the Commander-in-~, সর্বাধিনায়ক। □*adj* (শুধুমাত্র attrib; comp বা superl নয়) ১ প্রধান; সবচেয়ে গুরুত্বপূর্ণ: the ~ rivers of Bangladesh. ২ পদমর্যাদায় প্রথম: the C~ Justice. **~·ly** *adv* ১ সবার উপরে; প্রথমত। ২ মুখ্যত; প্রধানত: We are ~ly concerned with - - -.

chief·tain ['চীফ্‌টন্] *n* উপজাতীয় সর্দার; গোষ্ঠীপতি; (দল, গোষ্ঠী) প্রধান। **~cy** ['চীফ্‌টন্‌সি] সর্দার, গোষ্ঠীপতি, দলপ্রধান ইত্যাদির পদ।

chif·fon ['শিফ়ন্ US শি'ফ়ন্] *n* [U] মিহি স্বচ্ছ সিল্কের কাপড়বিশেষ।

chif·fon·ier [ˌশিফ়'নিআ(র্)] *n* ১ (GB) উপরিভাগকে টেবিল হিসাবে ব্যবহার করা যায় এমন নিচু চালনযোগ্য আলমারি। ২ [U] দেরাজওয়ালা উঁচু আলমারি।

chi·gnon [ˌশীনিঅন্] *n* (ফ.) চুলের জটা বা চুলের গোছা।

chil·blain ['চিল্‌ব্লেইন্] *n* [C] (বিশেষত শীতপ্রধান দেশে) অতিরিক্ত ঠাণ্ডায় সৃষ্ট হাত-পায়ের যন্ত্রণাদায়ক স্ফীতি। **~ed** [-এইন্‌ড্] *adj* এরূপ স্ফীতি-আক্রান্ত।

child [চা ইল্‌ড্] *n* অজাত বা নবজাত মানবশিশু; বালক বা বালিকা; (যে কোনো বয়সের) পুত্র বা কন্যা। **'~'s play** যা খুব সহজে করা যায়, ছেলেখেলা। **be with ~** (পুরা.) গর্ভবতী হওয়া। **'~·bearing** *n* [U] সন্তান-ধারণ। **~ 'benefit** *n* (GB) নির্দিষ্ট বয়সের সন্তানাদির জন্য পিতা-মাতাকে প্রদত্ত নিয়মিত সরকারি ভাতা। **'~·birth** *n* [U] সন্তান প্রসবের প্রক্রিয়া: His mother died in ~ birth. **'~hood** [- হুড্] *n* [U] বাল্য; শৈশব। **second ~hood** বার্ধক্যজনিত মনোবৈকল্য; ভীমরতি। **~·proof** *adj* (যন্ত্রপাতি, উপকরণ ইত্যাদি সম্বন্ধে) শিশুরা ব্যবহার করতে বা চালাতে পারে না এমন; শিশু-রোধক। **~·ish** *adj* বালসুলভ; চপল; লঘুপ্রকৃতি। **~·less** *adj* নিঃসন্তান। **~·like** *adj* শিশুর মতো; সরলপ্রকৃতি; নিষ্পাপ; অকপট।

chile, chili ['চিলি] *n* (US) = chilli.

chill [চিল্] *n* ১ হিম কনকনে ঠাণ্ডা। ২ (লাক্ষ.) নিস্তেজক প্রভাব; হতোদ্যমকারী বস্তু: The news of his defeat at the polls cast a ~ over the gathering. ৩ [C] সর্দি-কাঁপুনি: catch a ~. □*adj* প্রচণ্ড ঠাণ্ডা: a ~ wind; (লাক্ষ.) নিষ্প্রাণ; শীতল: a ~ welcome. □*vt,vi* হিম করা বা হিম হওয়া; ঠাণ্ডায় জমে যাওয়া: I'm ~ed to the bone ! (লাক্ষ.) নিরুৎসাহিত বা হতোদ্যম করা: That angry look ~ed my enthusiasm. শীতাধারে রক্ষিত গোমাংস। **~y** *adj* ১ হিমেল; ঠাণ্ডা। ২ (লাক্ষ.) অবন্ধুসুলভ; উষ্ণতাহীন: a ~y reception.

chilli, chilly, chile, chili ['চিলি] *n* শুকনো লঙ্কা; শুকনো লঙ্কার গুঁড়া।

chime [চা ইম্] *n* সুরে বাঁধা ঘণ্টাপুঞ্জ: a ~ of bells. □*vi,vt* ১ সুরে বাঁধা ঘণ্টাধ্বনি করা; ঘণ্টাধ্বনি দ্বারা সময় নির্দেশ করা: The bells are chiming; The town clock ~d the hour of evning prayer. **~ in** সাধা. সম্মতি জ্ঞাপনের জন্য অন্যের কথার মধ্যে কথা বলা: 'That's right', he ~d in. **~ (in) with** একমত হওয়া; মিলে যাওয়া: It seems my plans will chime in with yours.

chim·era, chim·aera [কাই মিআরা] *n* ১ (গ্রিক পুরাণ) সিংহের মাথা; ছাগলের দেহ ও সাপের লেজবিশিষ্ট দানব। ২ কল্পনাপ্রসূত বীভৎস জীব। ৩ (লাক্ষ.) উদ্ভট বা অসম্ভব ধারণা; অলীক কল্পনা। **chim·eri·cal** [কাই'মেরিকল্] *adj* অবাস্তব; কাল্পনিক; অতিপ্রাকৃত; অলৌকিক।

chim·ney ['চিম্‌নি] *n* ১ চিমনি। **'~·breast** *n* চিমনি ধারণকারী (প্রসারিত) দেয়াল। **'~ corner** (শীতপ্রধান দেশে) শীতনিবারক উনুনের পাশে আগুন পোহানোর জায়গা বা আসন। **'~·piece** *n* এরূপ উনুনের উপরিস্থ তাক। **'~·pot** *n* চিমনির (মৃৎ বা ধাতব) নল। **'~·stack** n সারিবদ্ধ চিমনির মাথা। **'~-sweep(er)** *n* যে ব্যক্তি চিমনি থেকে উদ্‌গীরিত ধোঁয়ার গুঁড়া, ঝুল ইত্যাদি পরিষ্কার করে; চিমনি-ঝাড়ুদার। ২ কুপি, লণ্ঠন ইত্যাদির চিমনি। ৩ (পর্বতারোহণকলায়) যে সংকীর্ণ ফাটল দিয়ে পাহাড়ের সম্মুখভাগে আরোহণ করা যায়।

chimp [চিম্প্] *n* (কথ্য সং.) শিম্পানজি।

chim·pan·zee [ˌচিম্প্যান্'জ়ী] *n* আফ্রিকীয় বনমানুষবিশেষ; শিম্পান্‌জি।

chin [চিন্] *n* চিবুক; থুতনি। **keep one's ~ up** (কথ্য) নির্ভয়ে সঙ্কটের মুখোমুখি হবার দৃঢ়তা প্রদর্শন করা। **'~-strap** *n* থুতনিতে আটকে রাখার জন্য শিরস্ত্রাণে লাগানো (চামড়ার) সরু ফালি বা স্ট্র্যাপ। **'~-wagging** *n* (কথ্য) বকবকানি; খোশগল্প।

china ['চাইনা] *n* [U] চীনামাটি। (collect) চীনামাটির বাসনপত্র। **'~-closet** *n* চীনামাটির বাসনপত্র রাখার বা প্রদর্শন করার জন্য ব্যবহৃত তাকওয়ালা ছোট আলমারি। **'~·ware** *n* [U] চীনামাটির বাসনপত্র, অলঙ্কার ইত্যাদি।

chin·chil·la [চিন্ 'চিলা] *n* [C] দক্ষিণ আমেরিকার কাঠবিড়ালসদৃশ জন্তুবিশেষ; [U] এর নরম ধূসর লোম।

chine [চা ইন্] *n* জন্তুর শিরদাঁড়া বা শিরদাঁড়ার মাংস।

chink[1] [চিঙ্ক্] *n* ফাঁক; ফাটল।

chink[2] [চিঙ্ক্] *vt,vi* ধাতব মুদ্রা, কাঁচ ইত্যাদির পরস্পর ঘর্ষণে টুংটাং বা ঝনঝন শব্দ সৃষ্টি করা। □*n* এরূপ টুংটাং বা ঝনঝন শব্দ।

chintz [চিন্‌ট্‌স্] *n* পর্দা, আসবাবপত্রের আচ্ছাদন ইত্যাদির জন্য ব্যবহৃত ছিটকাপড়।

chip [চিপ্] *n* ১ (কাঠ, পাথর, চীনামাটি, কাঁচ ইত্যাদি থেকে কেটে-নেওয়া বা ভেঙে-আসা) ছোট পাতলা টুকরা। **'~·board** *n* বর্জ্য কাঠের ফালি, কাঠের গুঁড়া ও সিরিশের আঠার সংমিশ্রণে তৈরি নির্মাণসামগ্রী। **~ off / of the old block** পিতা-সদৃশ পুত্র; বাপকা বেটা। **have a '~ on one's shoulder** যুদ্ধংদেহী মনোভাব পোষণ করা; লোকে বিরূপ মনোভাব পোষণ করছে — এই (প্রায়শ ভ্রান্ত) ধারণা থেকে অসন্তোষ পোষণ বা প্রকাশ করা। ২ আপেল, আলু প্রভৃতির পাতলা ফালি। ৩ (কাপ, প্লেট প্রভৃতির) যে স্থান থেকে ছিলকা বা ফালি উঠে এসেছে। ৪ (কম্পি.) দ্র. microchip। ৫ ঝুড়ি, টুপি ইত্যাদি তৈরিতে ব্যবহৃত কাঠ, তালপাতা ইত্যাদির সরু ফালি। ৬ (বিশেষত জুয়া খেলায়) টাকার প্রতীক হিসাবে ব্যবহৃত

প্লাস্টিকের চাকতি। **have had one's ~s** (অপ.) কারো শেষ সুযোগ। **(when) the ~s are down** (যখন) সঙ্কট-মুহূর্ত উপনীত হয়েছে। □*vt,vi* ১ ছিলকা বা ফালি কেটে নেওয়া, ভেঙে আনা বা তুলে নেওয়া। ২ ফালি করা: ~ped potatoes. ৩ (জিনিস সম্পর্কে) কিনার দিয়ে সহজে ভেঙে যাওয়া। ৪ **~ in** (কথ্য) **(ক)** কথার মাঝখানে বাধা দেওয়া; (আলাপে) যোগ দেওয়া। **(খ)** (কোনো তহবিলে) অর্থসাহায্য প্রদান করা। ৫ (কুড়াল বা বাটালি দিয়ে) চেঁচে কোনো কিছু তৈরি করা। **ˈ~·pings** *n* ফালি করে কাটা পাথর বা মার্বেলের টুকরা।

chip·munk [ˈচিপ্‌মাঙ্ক্] *n* উত্তর আমেরিকার ছোট ডোরাকাটা কাঠবিড়াল সদৃশ ইঁদুর জাতীয় প্রাণী।

Chip·pen·dale [ˈচিপান্‌ডেইল্] *n* (অষ্টাদশ শতকের ইংল্যান্ডে) বৈঠকখানার জন্য হালকা ধাঁচের আসবাবপত্র।

chi·rop·odist [কিˈরপাডিস্‌ট্] *n* পায়ের পাতা ও পায়ের নখ সংক্রান্ত রোগের চিকিৎসক। **chi·rop·ody** [কিˈরপাডি] *n* উল্লিখিত রোগের চিকিৎসা।

chiro·prac·tor [ˈকাইআরৌপ্র্যাকটা(র্)] *n* অস্থিসন্ধির (বিশেষত মেরুদণ্ডের) নিপুণ সঞ্চালন দ্বারা রোগ-চিকিৎসায় বিশেষজ্ঞ ব্যক্তি।

chirp [চাপ্] *vi,vt* (ছোট পাখি বা পতঙ্গ সম্বন্ধে) কিচিরমিচির শব্দ করা; কিচিরমিচির করে বলা। □*n* কিচিরমিচির শব্দ।

chirpy [ˈচাপি] *adj* (কথ্য) প্রাণবন্ত; হাসিখুশি। **chirp·ily** [ˈচাপিলি] *adv*. **chirpi·ness** *n*

chir·rup [ˈচিরাপ্] *vt,vi,n* ক্রমাগত কিচিরমিচির শব্দ (করা)।

chisel [ˈচিজ্‌ল্] *n* বাটালি। □*vt* ১ বাটালি দিয়ে কাটা বা খোদাই করা। **~led features** (কারো চেহারা সম্বন্ধে) তীক্ষ্ণ; ধারালো; কাটা-কাটা। ২ (কথ্য) ঠকানো; প্রতারণা করা। **~·ler** [ˈচিজালা(র্)] *n* প্রতারক; ঠগবাজ।

chit[1] [চিট্] *n* শিশু; (অবজ্ঞায়) ক্ষীণকায়া তরুণী; ছুকরি।

chit[2] [চিট্] *n* হাতচিঠি; চিরকুট; (হোটেলে খাবার জন্য) দেয় টাকার চিরকুট।

chit·chat [ˈচিট্‌চ্যাট্] *n* [U] হালকা আলাপ; বিশ্রাম্ভালাপ।

chiv·al·ry [ˈশিভ্‌ল্‌রি] *n* [U] মধ্যযুগীয় য়োরোপে নাইটদের আচরিত (ধর্মীয়, নৈতিক ও সামাজিক) রীতিনীতি; বীরব্রত, বীরধর্ম (তুল. ক্ষাত্রধর্ম); নাইটসুলভ (ক্ষাত্রীয়) গুণাবলী, যথা: সাহস; মর্যাদা; সৌজন্য; আনুগত্য; দুর্বল ও অসহায়ের প্রতি সহানুভূতি; নারীসেবা। **chiv·al·rous** [ˈশিভ্‌লরাস্] *adj* বীর্যবত্তার যুগবিষয়ক; মধ্যযুগীয় বীরব্রতী নাইটকুল সম্পর্কিত; মর্যাদাবান; সৌজন্যময়; শালীন।

chive [চাইভ্] *n* [C] পেঁয়াজ জাতীয় গাছ; যার সরু পাতা সালাদ প্রভৃতিতে মুখরোচক হিসাবে ব্যবহার করা হয়।

chivy, chivvy [ˈচিভি] *vt* (কথ্য) **~ sb about / along / up** জ্বালাতন করা; পিছে তাড়া করা; খেদানো; হয়রানি করা।

chlor·ide [ˈক্লো°রাইড্] *n* [U] (রস.) ক্লোরিন নামক রাসায়নিক পদার্থের নাম।

chlor·ine [ˈক্লো°রীন্] *n* [U] (রস.) সবুজাভ-হলুদ কটুগন্ধযুক্ত বিষাক্ত গ্যাস (প্রতীক Cl) — সাধারণ লবণ থেকে প্রাপ্ত এই গ্যাস জীবাণুমুক্ত করার কাজে ও শিল্পোৎপাদনে ব্যবহৃত হয়। **chlor·in·ate** [ˈক্লো°রিনেইট্] *vt* ক্লোরিন মেশানো, ক্লোরিন দ্বারা জীবাণুমুক্ত করা: chlorinated water, ক্লোরিনের সাহায্যে জীবাণুমুক্ত পানি। **chlori·na·tion** [ˌক্লো°রিˈনেইশ্‌ন্] *n*

chloro·form [ˈক্লরাফো°ম্ US ˈক্লো°রা-] *n* [U] পাতলা বর্ণহীন তরল পদার্থবিশেষ: অস্ত্রোপচারকালে রোগীকে অচেতন করার জন্য এক সময়ে প্রয়োগ করা হতো।

chloro·phyll [ˈক্লরাফিল্ US ˈক্লো°রা-] *n* [U] (উদ্ভিদ) গাছের পাতায় যে উপাদানের ক্রিয়ায় পাতা সবুজ হয়; পত্রহরিৎ।

chock [চক্] *n* (চাকা, পিপা দরজার পাল্লা প্রভৃতির) গতিরোধের জন্য ব্যবহৃত কীলক; কাঠের গুঁড়ি। □*vt* **~ (up)** ১ কীলকের সাহায্যে ঠেকা দেওয়া, কীলক জুড়ে দিয়ে (চাকা ইত্যাদির) গতিরোধ করা। ২ (কথ্য) ঠেসে ভরা; a trunk ~ed up with books. **ˈ~-full (of); ˌ~-a-ˈblock (with); ˌ~-a-ˌblockˈfull (of)** *adjj* (pred) কানায় কানায় পূর্ণ।

choc·olate [ˈচক্‌লাট্] *n* ১ [U] কোকো গুঁড়া করে তৈরি মণ্ড; এরূপ মণ্ড গরম পানি বা দুধে মিশিয়ে তৈরি পানীয়; [C,U] (কথ্য সং. **choc** [চক্]) এই মণ্ড থেকে তৈরি মিঠাইবিশেষ; চকলেট; (attrib) **~ biscuit** চকলেটের আস্তরণ-দেওয়া বিস্কুট। ২ চকলেট মণ্ডের রঙ, গাঢ় বাদামি। **choc-ice** [ˈচক্‌আইস্] *n* (কথ্য) চকলেটের আস্তরণ-দেওয়া আইসক্রিম।

choice [ˈচয়স্] *n* ১ বাছাই; পছন্দ। ২ বেছে নেবার অধিকার বা সম্ভাবনা: You have no choice in the matter. **for ~** পছন্দ অনুসারে; বেছে নিতে হলে: I should go for this one for ~. **Hobson's ~** পছন্দের অবকাশ আদৌ নেই কারণ একটিমাত্র জিনিস নেবার বা করবার আছে। ৩ বেছে নেওয়া যায় এমন বৈচিত্র্যের সম্ভার: a shop with a wide ~ of clothes. ৪ পছন্দ করা ব্যক্তি বা বস্তু: She is my ~. □*adj* সযত্নে বা সতর্কতার সাথে নির্বাচিত; অসাধারণভাবে ভালো: ~ food.

choir [ˈকোয়াইআ(র্)] *n* ১ বিশেষত গির্জায় ঐকতানবদ্ধ ধর্মসঙ্গীতে নেতৃত্বদানকারী গায়কবৃন্দ। ২ এরূপ গায়কবৃন্দের জন্য গির্জার নির্ধারিত অংশ। **ˈ~-school** *n* ধর্মসঙ্গীতে প্রশিক্ষণপ্রাপ্ত বালকদের জন্য গির্জাসংশ্লিষ্ট গ্রামার স্কুল (grammar school).

choke[1] [চৌক্] *vi,vt* ১ শ্বাসরুদ্ধ হওয়া বা শ্বাসরোধ করা। ২ **~ (with)** শ্বাসরোধ করা: The dust almost ~d me. ৩ **~ (up) (with)** কোনো পরিষ্কার পথ, স্থান, ইত্যাদিকে আংশিক বা সম্পূর্ণ ভরে ফেলা: a lane ~ed (up) with garbage. ৪ **~ sth back/ down:** কোনো কিছু চেপে রাখা; দমন করা: ~ back one's tears; ~ down one's anger. **~ sb off** (কথ্য) কাউকে (কোনো কিছু করা থেকে) নিরুৎসাহিত করা; কাউকে অন্যায় করার জন্য তিরস্কার করা: I got ~d off for being late. **ˈ~-damp** কয়লাখনিতে বিস্ফোরণের পর জমে-থাকা কার্বন-ডাইঅক্সাইড গ্যাস।

choke[2] [চৌক্] *n* বায়ু-গ্রহণ নিয়ন্ত্রণের জন্য পেট্রলচালিত ইনজিনের ভাল্‌ভ বা যন্ত্রাংশবিশেষ।

choker [ˈচৌকা(র্)] *n* ১ (hum) জামার খাঁড়া উঁচু কলার বা গলবন্ধনী; ধর্মযাজকীয় গলবন্ধনী। ২ আঁট করে তৈরি করা গলার হার বা আঁটসাঁট স্কার্ফ।

chol·era [ˈকলারা] *n* [U] ওলাওঠা; কলেরা।

chol·eric [ˈকলারিক্] *adj* খিটখিটে; বদমেজাজি।

cho·les·terol [ক ˈলেস্‌টরাল্] *n* [U] প্রাণীদেহের রক্তে ও কোষে বিদ্যমান চর্বিজাতীয় পদার্থ। **~ level** *n* রক্তে এই পদার্থের পরিমাণের মাপ: high ~ level.

choose [চূজ্] *vt,vi* ১ **~ (from/ out of/between)** বেছে নেওয়া; পছন্দ করা: There is nothing/not much/little to ~ between (two or more people or things), (প্রায় একই রকম), (কাজেই) বেছে নেবার/পছন্দ করার একেবারেই/তেমন কিছু নেই। ২ মনঃস্থির করা; যেমন ইচ্ছা করা; সঙ্কল্পবদ্ধ হওয়া: He chose to be a doctor. Do as you ~. **Cannot ~ but** (সাহিত্য.) অবশ্যই: I cannot ~ but do his bidding.

choosy, choosey [ˈচূজি] *adj* (কথ্য, ব্যক্তি সম্বন্ধে) খুঁতখুঁতে; সহজে তুষ্ট হয় না এমন।

chop[1] [চপ্] *vt,vi* **~ (up) (into)** (দা, কুড়াল ইত্যাকার ধারালো অস্ত্র দিয়ে) টুকরা-টুকরা করে কাটা; কুচিয়ে কাটা; কোপানো: ~ ping wood; ~ a branch off a tree; ~ meat up into pieces. **~ at sth** কোপ দিতে উদ্যত হওয়া; কোপ তোলা।

chop[2] [চপ্] *n* ১ কোপ। ২ একজনের জন্য পাকানো হাড়সহ মাংসের পুরু ফালি; মাংসের বড়া; চপ। ৩ **be for/get the ~** মরণের মুখে পা দেওয়া / মারা পড়া বা চাকরি খোয়ানো। ৪ (মুষ্টিযুদ্ধে) এক ধরনের মুষ্ট্যাঘাত।

chop[3] [চপ্] *vi* ১ **~ and change** ক্রমাগত মত / মন পালটানো; অসঙ্গত বা স্ববিরোধী হওয়া : I am not one to ~ and change. ২ **~ about** (বায়ুপ্রবাহ সম্বন্ধে) গতি বা দিক পরিবর্তন করা।

chop[4] [চপ্] *n* দ্র. chap[2].

chop·per[1] [ˈচপা(র্)] *n* মাংস, কাঠ ইত্যাদি টুকরা টুকরা করার ভারী ধারালো অস্ত্র; কাটারি।

chop·per[2] [ˈচপা(র্)] *n* (কথ্য) হেলিকপটার।

choppy [ˈচপি] *adj* (সমুদ্র সম্বন্ধে) ছোট এলোমেলো ঢেউ-এর আকারে প্রবাহিত; (বায়ুপ্রবাহ সম্বন্ধে) ক্রমাগত পরিবর্তনশীল; এলোমেলো।

chop·sticks [ˈচপ্‌স্টিক্‌স্] *n* চীনা ও জাপানিরা যে জোড়াকাঠি দিয়ে মুখে খাবার তোলে।

chop suey [ˌচপ্ˈসূয়ি] *n* [U] (চীনা রেস্টুরেন্ট-এ) ভাত, গোটা পেঁয়াজ ইত্যাদি সহযোগে পরিবেশিত খাসি, মুরগি বা গোমাংস।

choral [ˈকো°রাল্] *adj* বৃন্দগীতি বা বৃন্দগায়ক বিষয়ক: a ~ service.

chorale [ক ˈরা:ল্] *n* (সাধা. গির্জার) বৃন্দগায়ক ও সমবেত উপাসকবৃন্দের সম্মিলিতভাবে গাওয়া সহজ স্তবগান।

chord [কা°ড্] *n* ১ (জ্যা.) বৃত্তের পরিধিস্থ দুই বিন্দুর সংযোগকারী সরলরেখা; জ্যা। ২ (সঙ্গীত) ঐকতান সঙ্গীতে একসঙ্গে ধ্বনিত হওয়া তিন বা ততোধিক স্বরের মিশ্রণ। ৩ (বর্তমান বানান cord) (ব্যব.) নালী: The vocal ~s. ৪ বাদ্যযন্ত্রের তার ঃ touch the right ~, (লাক্ষ.) হৃদয়তন্ত্রীতে ঘা দেওয়া; মনের তারে টোকা দেওয়া।

chore [চো°(র্)] *n* বিশেষত ঘরের দৈনন্দিন টুকিটাকি কাজ; গৃহস্থালী; অপ্রিয় বা ক্লান্তিকর কাজ।

chor·eogra·phy [ˌকরিˈয়গ্রাফি US কো°র-] *n* ব্যালে-নৃত্যের প্রণয়ন-কলা। **chor·eogra·pher** *n*

chor·is·ter [ˈকরিস্‌টা(র্) US ˈকো°র -] *n* (ধর্মীয়) বৃন্দগায়ক।

chortle [ˈচো°ট্‌ল্] *vi,n* উল্লাসধ্বনি (করা); (আনন্দে) খলখল শব্দ (করা)।

chorus [ˈকো°রাস্] *n* ১ সমবেত সঙ্গীত; বৃন্দগীতি। **ˈ~-girl** গীতিনাট্যে অংশগ্রহণকারী বালিকাদলের সদস্য। ২ (একক কণ্ঠে গাইবার পর) গানের যে অংশ সমবেত কণ্ঠে গাওয়া হয়: Shahana sang the solo and we joined in the ~. ৩ সমস্বরে বলা কথা; সমবেত চিৎকার: We rejected his proposal in a ~ of disapproval. **in ~** সমস্বরে; সমবেত কণ্ঠে। দ্র. unison. ৪ (প্রাচীন গ্রিক নাটকে) নাটকের অন্তর্গত নর্তক ও গায়কের দল, যারা সমবেতভাবে নেচে ও গেয়ে নাটকের ঘটনাপ্রবাহের ব্যাখ্যা, বিশ্লেষণ ও সারাৎসার দর্শক-শ্রোতার সামনে উপস্থাপন করতো। ৫ যে অভিনেতা নাটকের প্রস্তাবনা ও উপসংহার দর্শক-শ্রোতার উদ্দেশ্যে আবৃত্তি করে (দ্র. শেকসপীয়রীয় নাটক)। □*vt* সমবেত কণ্ঠে গাওয়া, বলা ইত্যাদি।

chose [চৌজ্] choose-এর *pt*

chosen [ˈচৌজ্‌ন্] choose-এর *pp*

chow [চা:উ] *n* ১ চীনা কুকুর। ২ (অপ.) খাবার।

Christ [ক্রাই স্‌ট্] *n* যিশুকে প্রদত্ত আখ্যা, বর্তমানে যিশুর নামের অংশ বা বিকল্প হিসাবে ব্যবহার করা হয়। **ˈ~-like** *adj* যিশু সম্পর্কে বা যিশুর মতো; যিশু-তুল্য।

christen [ˈক্রিস্‌ন্] *vt* ১ পবিত্র পানিতে সিঞ্চন করে (কাউকে) খ্রিস্টধর্মে দীক্ষাদান করা; খ্রিস্ট ধর্মমতে (কারো) নামকরণ করা। ২ কোনো কিছুর নাম দেওয়া। **~·ing** *n* নামকরণ অনুষ্ঠান।

Christen·dom [ˈক্রিস্‌ন্‌ডাম্] *n* পৃথিবীর যে অংশ খ্রিস্টধর্মের অনুসারী; খ্রিস্টান-জগৎ।

Chris·tian [ˈক্রিস্‌চন্] *adj* যিশু ও তাঁর প্রবর্তিত শিক্ষা বিষয়ক; এই শিক্ষাকে ভিত্তি করে প্রবর্তিত ধর্ম; ধর্মীয়-বিশ্বাস ইত্যাদি বিষয়ক। **~ era** খ্রিস্টাব্দ। **ˈ~ name** খ্রিস্টধর্মে দীক্ষা দানকালে প্রদত্ত নাম। তুল. family name. **ˌ~ ˈScience** আধ্যাত্মিক উপায়ে রোগ নিরাময়ে বিশ্বাসী খ্রিস্টীয় প্রাতিষ্ঠানিক ও ধর্মীয় পদ্ধতি। □*n* খ্রিস্ট ধর্মাবলম্বী ব্যক্তি; খ্রিস্টান। **Chris·ti·an·ity** [ˌক্রিস্‌টিঅ্যানাটি] *n* [U] খ্রিস্টধর্ম; খ্রিস্টীয় চারিত্র।

Christ·mas [ˈক্রিস্‌মাস্] *n* (অপিচ **~ˈday**) যিশু খ্রিস্টের বাৎসরিক জন্মোৎসব, ২৫শে ডিসেম্বর; ২৪শে ডিসেম্বর শুরু হওয়া সপ্তাহ: (attrib) the ~ holidays. **ˈ~-box** *n* (US-এ নয়) ডাক পিয়ন, ট্রাফিক পুলিশ, দোকান কর্মচারী, প্রভৃতির মতো জনসেবামূলক কাজে নিয়োজিতদেরকে প্রদত্ত ক্রিসমাসের বকশিশ। **ˈ~card** ক্রিসমাস উপলক্ষে বন্ধু-পরিজনকে প্রেরিত অভিনন্দন লিপি। **ˌFather ˈ~** যিনি শিশুদেরকে ক্রিসমাসের উপহার দেন বলে লোকশ্রুতি আছে (**=Santa Claus**). **ˈ~-tide/ time** ক্রিসমাস ঋতু। **ˈ~-tree** *n* ক্রিসমাস উপলক্ষে চুমকি, মোমবাতি, উপহারসামগ্রী ইত্যাদি দিয়ে সাজানো ছোট চিরসবুজ গাছ।

chro·matic [ক্রৌ ˈম্যাটিক্] *adj* ১ রঙ বিষয়ক; রঙিন। ২ (সঙ্গীত) পাশ্চাত্য সঙ্গীত সুরের আরোহ বা অবরোহ বিষয়ক।

chrome [ক্রৌম্] *n* ক্রোমিয়াম-ঘটিত লবণ থেকে উৎপাদিত রঙিন পদার্থ। **ˈ~ steel** *n* ক্রোমিয়াম ও ইস্পাতের মিশ্রণ।

chro·mium [ˈক্রৌমিঅম্] *n* [U] ধাতব উপাদানবিশেষ (প্রতীক Cr).

chro·mo·some [ˈক্রৌমাসৌম্] *n* [C] (জীব.) প্রাণী ও উদ্ভিদকোষের প্রতিটি কেন্দ্রে অবস্থিত অতি সূক্ষ্ম তন্তু, যা জিন (gene) বহন করে।

chro·nic ['ক্রনিক্] *adj* ১ (রোগ বা অবস্থা সম্বন্ধে) অবিরাম, দীর্ঘস্থায়ী: ~ fever. দ্র. acute (২)। ২ (অপ.) তীব্র; কঠিন। **chro·ni·cally** [-ক্লি] *adv*

chron·icle ['ক্রনিক্ল্] *n* [C] কালানুক্রমিক ঘটনাপঞ্জি। □*vt* ঘটনাপঞ্জি রচনা করা; ঘটনাপঞ্জিতে লিপিবদ্ধ করা।

chro·no·logi·cal [ˌক্রনা'লজিক্ল্] *adj* কালানুক্রমে; কালানুক্রমিক। **~ly** [-ক্লি] *adv*

chro·no·logy [ক্র'নলাজি] *n* [U] কালনিরূপণবিজ্ঞান; [C] ঘটনাপঞ্জির কালানুক্রমিক গ্রন্থনা; কাল নির্ঘণ্ট।

chro·no·meter [ক্র'নমিটা(র্)] *n* সূক্ষ্ম সময়-নিরূপক ঘড়িবিশেষ; সমুদ্রে দ্রাঘিমাংশ নিরূপণের কাজে যা ব্যবহৃত হয়।

chry·sa·lis ['ক্রিসালিস্] *n* শুঁয়াপোকা; শুঁয়াপোকার আবরক কোষ।

chry·san·the·mum [ক্রি'স্যান্থামাম্] *n* হেমন্তে ও শীতে ফোটা উদ্যানশোভন ফুল; এই ফুলের গাছ।

chubby ['চাবি] *adj* নাদুশনুদুশ; গোলগাল: a ~ child.

chuck[1] [চাক্] *vt* (কথ্য) ১ ছুঁড়ে ফেলা; ফেলে দেওয়া: ~ away useless things. ˌ**~er-'out** *n* (অপ.) (সরাইখানা, রাজনৈতিক সভা ইত্যাদি থেকে) অবাঞ্ছিত লোকদের বের করে দেওয়া যে ব্যক্তির কাজ। ২ ~ **(up)** পরিত্যাগ করা; (বিতৃষ্ণাভরে) ছেড়ে দেওয়া: ~ up one's job. C~ it, (অপ.) থামো; হয়েছে—আর নয়। **~ sb under the chin** খেলাছলে কারো থুতনি ধরে নাড়া দেওয়া। □*n* **the ~** (অপ.) চাকরি খোয়ানো; চাকুরিচ্যুতি: get the ~.

chuck[2] [চাক্] *n* লেদ মেশিন বা কুঁদ যন্ত্রের যে অংশ যন্ত্রে তোলা জিনিস আঁকড়ে ধরে রাখে।

chuckle ['চাক্ল্] *n* চাপা হাসি। □*vi* মুখ টিপে হাসা।

chug [চাগ্] *vi* (ধীর গতিতে চলাকালে তেল-চালিত ইনজিনের) ভটভট শব্দ করা। □*n* এরূপ ভটভট শব্দ।

chuk·ker ['চাক(র্)] *n* (পোলো খেলার) পর্যায়বিশেষ।

chum [চাম্] *n* (বিশেষত ছেলেদের মধ্যে) অন্তরঙ্গ বন্ধু; (অস্ট্রেলিয়ায়) **new ~** নবাগত; বসবাসের জন্য সম্প্রতি বিদেশাগত; [US] একই কক্ষে বাসকারী সঙ্গী; রুমমেট। □*vi* **~ up (with sb)** বন্ধুতা করা। **~my** *adj* বন্ধুভাবাপন্ন; বন্ধুর মতো।

chump [চাম্প্] *n* ১ কাঠের ছোট মোটা খণ্ড। ২ মাংসের পুরু টুকরা। ৩ (অপ.) বোকা; মাথামোটা। ৪ (অপ.) মাথা। **off one's ~** উন্মাদ; মাথাখারাপ।

chunk [চাঙ্ক্] *n* রুটি, মাংস, পনির ইত্যাদির পুরু খণ্ড বা টুকরা। **~ y** *adj* ছোট ও পুরু; খাটো ও মোটা।

church [চাচ্] *n* ১ খ্রিস্টীয় উপাসনালয়; গির্জা। দ্র. chapel. **~ register** *n* যে খাতায় কোনো যাজক-পল্লীতে সংঘটিত জন্ম, মৃত্যু ও বিবাহের তথ্য লিপিবদ্ধ করা হয়। '**~·yard** *n* গির্জাসংলগ্ন সমাধিক্ষেত্র। দ্র. cemetery. ২ [U] গির্জায় সম্পন্ন উপাসনা: We were at ~, গির্জায় উপাসনারত ছিলাম। তুল. We were in the ~, গির্জার ভিতরে ছিলাম। '**~·goer** [-গৌআ(র্)] *n* গির্জার নিয়মিত উপাসক। ৩ [U] **the C~ (of Christ)** সমগ্র খ্রিস্টান সম্প্রদায়। **the C~ of England** ষোড়শ শতাব্দীতে রাজা অষ্টম হেনরি কর্তৃক প্রতিষ্ঠিত ইংল্যান্ডের সরকারি প্রটেস্ট্যান্ট চার্চ। **enter the C~** যাজকবৃত্তি গ্রহণ করা। **~·war·den** *n* church of England-এর অন্তর্গত যাজকপল্লীর নির্বাচিত নির্বাহী প্রতিনিধি, কিন্তু স্বয়ং যাজক নন।

churl [চাল্] *n* বদ-মেজাজি লোক। **~·ish** *adj* বদ-মেজাজি; অভদ্র; ইতর। **~·ish·ly** *adv*

churn [চান্] *n* ১ মাখন তোলার ভাণ্ড বা পাত্র। ২ (US-এ নয়) দুগ্ধখামার থেকে দুধ পরিবহনের বড়ো পাত্র। □*vt,vi* ১ মাখন তোলা, মাখনভাণ্ডে মাখন ইত্যাদি মন্থন করা। ২ **~ (up)** সবেগে ঘোরানো বা মন্থন করা: The swimmers ~ed up the water with their moving hands and legs (লাক্ষ.) প্রবলভাবে উত্তেজিত করা: The leader's assassination ~ed up public anger. **~out** গাদায় গাদায় বানানো বা তৈরি করা: ~ out cheap novels.

chute [শূট্] *n* ১ দীর্ঘ, সংকীর্ণ; ঢালু পথ। ২ ঢালু পথ বেয়ে নেমে-আসা মসৃণ জলপ্রপাত। ৩ (কথ্য সং) parachute.

chut·ney ['চাট্নি] *n* [U] চাটনি।

cic·ada [সি'কা:ডা] *n* স্বচ্ছ পাখাবিশিষ্ট পোকা--এজাতীয় পুরুষ পতঙ্গেরা গ্রীষ্মকালে তীক্ষ্ণ কিচিরমিচির শব্দ করে; ঘুগরা পোকা।

cica·trice ['সিকাট্রিস্], **cica·trix** ['সিকাট্রিক্স্] *n* শুকানো ক্ষতের দাগ।

cice·rone [ˌচিচা'রৌনি] *n* যে প্রদর্শক বা গাইড দর্শনীয় স্থান ও বস্তু সম্পর্কে সম্যক ধারণা রাখে এবং দর্শনার্থীদের তা বুঝিয়ে বলতে পারে।

cider ['সাইডা(র্)] *n* আপেল থেকে প্রস্তুত সুরা। '**~-press** *n* আপেল নিঙড়িয়ে রস বের করার যন্ত্র।

cigar [সি'গা:(র্)] *n* চুরুট। '**~-shaped** চুরুট আকৃতির।

ciga·rette [ˌসিগা'রেট্ US 'সিগ রেট্] *n* সিগারেট। '**~-case** *n* পকেটে বহনযোগ্য সিগারেট রাখার বাক্স। '**~-holder** *n* সিগারেট ধরার পাইপ। '**~-paper** *n* সিগারেট তৈরির কাগজ।

cin·chona [সিঙ্'কৌনা] *n* যে গাছের ছাল থেকে কুইনিন প্রস্তুত হয়।

cin·der ['সিন্ডা(র্)] *n* আংশিক পোড়া কয়লা, কাঠ, ইত্যাদির টুকরা; অঙ্গার। **burned to a ~** (কেক, পিঠা ইত্যাদি সম্বন্ধে) পুড়ে শক্ত ও কালো হওয়া। '**~-track** *n* মিহি অঙ্গারের আস্তরণ দিয়ে তৈরি করা দৌড়ানোর পথ।

cin·de·rella [ˌসিনডা'রেলা] *n* যে মেয়ের বা নারীর রূপ ও গুণ স্বীকৃতি পায়নি; (লাক্ষ.) দীর্ঘ উপেক্ষিত বস্তু।

cine- ['সিনি] *pref* যৌগশব্দে cinema-র পরিবর্তে ব্যবহৃত শব্দরূপ। '**~-cam·era** *n* চলচ্চিত্রে ব্যবহৃত ক্যামেরা। '**~-film** *n* এরূপ ক্যামেরায় ব্যবহৃত ফিল্ম। '**~-pro·jec·tor** *n* যে যন্ত্রের সাহায্যে চলচ্চিত্র দেখানো হয়।

cin·ema ['সিনামা] *n* ১ (US-এ নয়) প্রেক্ষাগৃহ; ছবিঘর। ২ **(the) ~** চলচ্চিত্র শিল্প। **~·tic** [ˌসিনা'ম্যাটিক্] *adj* চলচ্চিত্রশিল্প বিষয়ক। **~·to·graphy** [ˌসিনামা'টগ্রাফি] *n* [U] চলচ্চিত্র শিল্প; চলচ্চিত্র বিজ্ঞান।

cin·na·mon ['সিনামান্] *n* [U] দারুচিনি; দারুচিনি রং।

cinque·foil ['সিঙ্কফয়ল্] *n* এক জাতের গাছ, যার পাতা পাঁচভাগে বিভক্ত এবং ফুল ছোট ও হলুদবর্ণের; পঞ্চদলবৃক্ষ; পঞ্চদলপুষ্প।

cipher, cypher ['সাইফা(র্)] *n* ১ শূন্য প্রতীক, *o*। ২ ১ থেকে ৯ পর্যন্ত যে কোনো আরবি সংখ্যা। ৩

(লাক্ষ.) গুরুত্বহীন ব্যক্তি বা বস্তু। ৪ গুপ্তলিখন; গুপ্তলিখন প্রণালী; গুপ্তলিখন-উন্মোচনী: a message in ~; a ~ key. □*vt,vi* ১ গুপ্ত প্রণালীতে লেখা। ২ (কথ্য) অঙ্ক কষা; যোগ, ভাগ ইত্যাদি করা; অঙ্ক কষে সমাধান করা।

circa [ˈসাকা] prep (লা. সং *c,ca* বা *circ*) (সন-তারিখসহ) প্রায়; আনুমানিক: born ~ 250 A D.

circle [ˈসাকল্] *n* ১ (জ্যা.) বৃত্ত; পরিধি; পরিধি রেখা। ২ বৃত্তাকার বস্তু: We stood in a ~. **a vicious ~,** দ্র. vicious. ৩ রঙ্গমঞ্চ বা মিলনায়তনে এক সারির উপরে আর এক সারিতে বৃত্তাকারে সাজানো আসনমালা। ৪ একসূত্রে বাঁধা ব্যক্তিবৃন্দ: business ~s. ৫ পূর্ণচক্র: the ~ of the seasons, ঋতুচক্র। **come full ~** সূচনাবিন্দুতে এসে শেষ হওয়া। □*vt,vi* বৃত্তাকারে ঘোরা; ঘুরে ঘুরে চলা: The bird ~d (over) the tree.

circ·let [ˈসাক্‌লিট্] *n* অলঙ্কার হিসাবে মাথায়, গলায় বা বাহুতে পরার (সোনার বা ফুলের তৈরি) বলয়।

cir·cuit [ˈসাকিট্] *n* ১ প্রদক্ষিণ; সূচনা বিন্দুতে সমাপ্ত হওয়া; প্রদক্ষিণ পথ। **make a ~ of** প্রদক্ষিণ করা। ২ ইংল্যান্ড ও ওয়েলস-এ দেওয়ানি ও ফৌজদারি মামলার শুনানির জন্য বিচারক ও আইনজীবীদের মফস্বল শহরে নিয়মিত সফর— ১৯৭২ সনে এই প্রথার স্থলে Crown Courts প্রবর্তিত হয়। **go on ~** এই সফরে যাওয়া। ৩ একই ব্যবস্থাপনার অধীন পরস্পর সংযুক্ত প্রেক্ষাগৃহ, রঙ্গমঞ্চ ইত্যাদি। ৪ বিদ্যুৎ প্রবাহের গতিপথ; বিদ্যুৎবাহী যন্ত্রপাতি। **closed ~** (TV), দ্র. close[4](২)। **short ~,** দ্র. short[1](১)। ৫ যাজক বিনিময়কারী মেথডিস্ট চার্চসমূহের আঞ্চলিক সঙ্ঘ।

cir·cu·itous [স ˈকিউইটাস্] *adj* (আনুষ্ঠা.) পরোক্ষ; ঘোরানো; বৃত্তাকার: a ~ route.

cir·cu·lar [ˈসাকিউল(র্)] *adj* গোল; বৃত্তাকার; বৃত্তাকারে পরিভ্রাম্যমাণ: a ~ tour/trip, এক জায়গায় একবার মাত্র থেমে সূচনাবিন্দুতে সমাপ্ত হওয়া যাত্রা। **~ letter** *n* বহুজনের কাছে প্রেরিত পত্র। **~ saw** *n* যন্ত্রচালিত বৃত্তাকার করাত। □*n* বিজ্ঞপ্তি; ইশতেহার। **~·ize** [-রা ইজ্] *vt* বিজ্ঞপ্তি, ইশতেহার ইত্যাদি প্রেরণ করা।

cir·cu·late [ˈসাকিউলেইট্] *vi,vt* ১ বৃত্তাকারে ক্রমাগত ঘোরা; একস্থান থেকে অন্যস্থানে মুক্তভাবে চলাচল করা: The rumour ~d freely. **circulating library** যে গ্রন্থাগার থেকে চাঁদার বিনিময়ে পাঠককে ঘরে পড়ার জন্য বই ধার দেওয়া হয়। ২ ছড়িয়ে দেওয়া: partisans circulating false news.

cir·cu·la·tion [ˌসাকিউˈলেইশ্‌ন্] *n* ১ [U,C] প্রদক্ষিণ, পরিভ্রমণ, বিশেষত রক্তসঞ্চালন প্রক্রিয়া। ২ [U] প্রচারিত থাকার অবস্থা: a book withdrawn from ~. ৩ দৈনিক বা সাময়িক পত্রিকার প্রচার-সংখ্যা; কাটতি।

cir·cum·cise [ˈসাকাম্‌সাইজ্] *vt* লিঙ্গাগ্রের ত্বকচ্ছেদ করা বা স্ত্রী অঙ্গের ভগাঙ্কুর কেটে বাদ দেওয়া। **cir·cum·cision** [ˌসাকামˈসিজ্‌ন্] বিশেষত ইহুদি ও মুসলমানদের মধ্যে প্রচলিত খৎনা দেবার ধর্মীয় প্রথা।

cir·cum·fer·ence [সাˈকাম্‌ফ্রান্‌স্] *n* (জ্যা.) বৃত্তের বা বৃত্তাকার বস্তুর পরিধি; পরিধি-রেখা; পরিধির মাপ: The ~ of the earth.

cir·cum·flex [ˈসাকাম্‌ফ্লেক্‌স্] *n* (অপিচ ~ **accent**) স্বরধ্বনির উচ্চারণ নির্দেশক চিহ্নবিশেষ, যথা— ফরাসি rôle.

cir·cum·lo·cu·tion [ˌসাকাম্‌লাˈকিউশ্‌ন্] *n* [C,U] ঘুরিয়ে কথা-বলা; প্রয়োজনের অতিরিক্ত শব্দের প্রয়োগ।

cir·cum·navi·gate [ˌসাকাম্‌ˈন্যাভিগেইট্] *vt* (আনুষ্ঠা.) বিশেষত জলযানে পৃথিবী প্রদক্ষিণ করা। **cir·cum·naviga·tion** [ˌসাকাম্‌ˌন্যাভিˈগেইশ্‌ন্] *n*

cir·cum·scribe [ˈসো°কাম্‌স্ক্রাইব্] *vt* (আনুষ্ঠা.) চতুর্দিক ঘিরে রেখা টানা; সীমা চিহ্নিত করা; সীমা টেনে দেওয়া; সীমিত করা: ~ one's movements. **cir·cum·scrip·tion** [ˌসাকাম্‌সˈক্রিপ্‌শ্‌ন্] *n* ১ [U] পরিবেষ্টন বা পরিবেষ্টিত হবার অবস্থা। ২ [C] মুদ্রার চারদিকে উৎকীর্ণ শব্দাবলী।

cir·cum·spect [ˌসাকাম্‌স্‌পেক্‌ট্] *adj* কাজে নামার আগে সবকিছু খুঁটিয়ে খেয়াল করে এমন; সতর্ক। **~·ly** *adv* **cir·cum·spec·tion** [ˌসাকাম্‌সˈপেক্‌শ্‌ন্] *n* [U] বিচক্ষণতা; সতর্কতা।

cir·cum·stance [ˈসাকাম্‌স্টান্‌স্] *n* ১ (সাধা. *pl*) পারিপার্শ্বিক অবস্থা; পরিস্থিতি। **C~s alter cases** (প্রবাদ) এক পরিস্থিতিতে যা ভালো, অন্য পরিস্থিতিতে তা খারাপ হতে পারে। **in/under the ~s** এমন অবস্থায়; এই পরিস্থিতিতে। **in/ under no ~s** কোনো অবস্থাতেই না; যা-ই ঘটুক না কেন। ২ ঘটনা; তথ্য; অংশ; অবস্থা: You didn't mention one important ~. ৩ (*pl*) আর্থিক অবস্থা: in easy ~s সচ্ছল অবস্থায়। ৪ (*sing*) (একমাত্র ব্যবহার) **pomp and ~** শান-শওকত; জমকালো।

cir·cum·stan·tial [ˌসাকাম্‌সˈট্যান্‌শ্‌ল্] *adj* ১ (বর্ণনা সম্বন্ধে) পূর্ণ তথ্যজ্ঞাপক; অবস্থাগত; আনুষঙ্গিক। ২ (প্রমাণ সম্বন্ধে) অবস্থা-বিচারে জোরালোভাবে কোনো কিছু ইঙ্গিত করে কিন্তু প্রত্যক্ষ প্রমাণ বহন করে না এমন। **~·ly** [-নশালি] *adv*

cir·cum·vent [ˌসাকাম্‌ˈভেন্‌ট্] *vt* (আনুষ্ঠা.) (পরিকল্পনা) বাস্তবায়নের পথে বাধা দেওয়া; কোনো উপায়ে (আইন, বিধি, সমস্যা ইত্যাদির) পাশ কাটিয়ে যাওয়া। **cir·cum·ven·tion** [ˌসাকাম্‌ˈভেন্‌শ্‌ন্] *n*

cir·cus [ˈসাকাস্] *n* ১ (প্রাচীন রোম-এ) চতুর্দিকে আসন পরিবেষ্টিত বৃত্তাকার ক্রীড়াভূমি। ২ (আধুনিককালে) মানুষ, জীব-জন্তু ইত্যাদির ভ্রাম্যমাণ ক্রীড়া-প্রদর্শনী; সার্কাস; এরূপ প্রদর্শনীতে অংশগ্রহণকারী মানুষ ও জীব-জন্তুর দল। ৩ (বিশেষত নির্দিষ্ট ব্যক্তি বা বস্তুনামের ক্ষেত্রে) একাধিক রাজপথের সঙ্গমস্থল ঃ (লন্ডনের) Piccadilly C~.

cir·rho·sis [সিˈরৌসিস্] *n* [U] অন্ত্রের স্থায়ী (ও প্রায়শ জীবননাশক) রোগবিশেষ।

cir·rus [ˈসিরাস্] *n* উঁচু আকাশে পালকের মতো নরম হালকা মেঘ।

cissy [ˈসিসি] *adj,n* = sissy.

cis·tern [ˈসিস্টান্] *n* জলাধার (যথা শৌচাগারে মলপাত্র সংলগ্ন জলাধার বা ভবনের ছাদে পানি সংরক্ষণের জলাধার)।

cita·del [ˈসিটাডল্] *n* নগর রক্ষাকারী দুর্গ; নগরদুর্গ। (লাক্ষ.) নিরাপদ স্থান বা আশ্রয়স্থল।

cite [সাইট্] *vt* ১ (বিশেষত যুক্তি ইত্যাদির সমর্থনে বই থেকে) উদ্ধৃতি দেওয়া। ২ [US] যুদ্ধে সাহসিকতার জন্য উল্লেখ করা। (আইন.) সমন জারি করা; তলব করা। **ci·ta·tion** [সাইˈটেইশ্‌ন্] *n* [U] উদ্ধৃতিদান; [C] উদ্ধৃতি; (US) (যুদ্ধে সাহসিকতার জন্য) সরকারি নথিতে উল্লেখ।

citi·zen [ˈসিটিজ্‌ন্] *n* ১ নগরবাসী: the ~s of Dhaka. ২ রাষ্ট্রের প্রজা বা নাগরিক : a Bangladeshee ~; ~ of the world, যে ব্যক্তি সব দেশকেই নিজের দেশ মনে করে; সঙ্কীর্ণ স্বাদেশিকতামুক্ত ব্যক্তি; বিশ্ব নাগরিক। ~·**ship** [-শিপ্] *n* নাগরিকত্ব।

cit·ric [ˈসিট্রিক্] *adj* ~ **acid** *n* (রস.) লেবুজাতীয় ফল থেকে প্রাপ্ত অ্যাসিড।

cit·ron [ˈসিট্রান্] *n* লেবুজাতীয় ফল; এ জাতীয় ফলের গাছ।

cit·rous [ˈসিট্রাস্] *adj* লেবুজাতীয় ফল বিষয়ক।

cit·rus [ˈসিট্রাস্] *n* (উদ্ভিদ) লেবু-গোত্রের গাছসমূহ: লেবু, জামির, বাতাবি লেবু, কমলা ও আঙুর; (attrib) এই গোত্রের গাছ বিষয়ক।

city [ˈসিটি] *n* ১ বড় শহর; মহানগরী। **the C~** লন্ডন শহরের প্রাচীনতম অংশ। ২ মহানগরবাসী। ৩ (attrib) ˌ~ ˈ**centre** মহানগরীর কেন্দ্র; ˌ~ ˈ**editor** (GB) রাজস্ব-বার্তার সম্পাদক; [US] স্থানীয় সংবাদের সম্পাদক; ˌ~ ˈ**hall** মহানগরীর সরকারি কাজ-কর্ম সম্পাদনের জন্য ব্যবহৃত নগরভবন; **a** ˈ**C~ man** ব্যবসা-বাণিজ্য বা মূলধন বিনিয়োগে জড়িত ব্যক্তি। ~ **state** যে নগর একই সঙ্গে একটি সার্বভৌম রাষ্ট্র; নগররাষ্ট্র (যথা, প্রাচীনকালের এথেন্স নগরী)।

civet [ˈসিভিট্] *n* ১ (অপিচ ˈ**~-cat**) আফ্রিকা, এশিয়া ও য়োরোপে প্রাপ্ত বিন্দু চিত্রিত বিড়াল-সদৃশ ক্ষুদ্রাকার জন্তু। ২ [U] এই জন্তুর কতিপয় গ্রন্থি থেকে প্রাপ্ত কড়া গন্ধযুক্ত পদার্থ।

civic [ˈসিভিক্] *adj* নগর বা নাগরিক বিষয়ক; পৌর: ~ duties; a ~ centre, যে স্থানে সরকারি ভবনসমূহ একত্রে অবস্থিত। **civ·ics** *n* পৌরনীতি বা পৌরবিজ্ঞান।

civ·ies [ˈসিভিজ্] *n* (GB অপ.) বেসামরিক পোশাক।

civil [ˈসিভিল্] *adj* ১ মানবসমাজ বিষয়ক; মানবসম্প্রদায়গত: ~ rights. ˌ~ ˌ**disoˈbedience** (বিশেষত রাজনৈতিক প্রচারাভিযানের অংশ হিসাবে) সংগঠিত আইন অমান্য আন্দোলন। ˌ~ ˌ**engiˈneering** খাল-খনন, সড়ক-রেলপথ, জাহাজ-ঘাট ইত্যাদির নকশা প্রণয়ন ও নির্মাণকাজ; পূর্তকর্ম। ˌ~ ˈ**law** নাগরিক অধিকার সংক্রান্ত আইন; দেওয়ানি বিধি। ˌ~ ˈ**marriage** ধর্মীয় প্রথানুসারে নয়, আদালতে সম্পন্ন আইনসিদ্ধ বিবাহ। ˌ~ ˈ**rights** নাগরিক অধিকার। ˌ~ ˈ**rights movement** সংগঠিত শাসনতান্ত্রিক অধিকার আন্দোলন। ˌ~ ˈ**war** গৃহযুদ্ধ। ২ বেসামরিক। **C~ Deˈfence Corps** (বিশেষত বিমান আক্রমণের পরিপ্রেক্ষিতে সংগঠিত) নাগরিক প্রতিরক্ষা সংগঠন। **the** ˌ**C~** ˈ**Service** নৌ, স্থল ও বিমানবাহিনী ব্যতীত সকল সরকারি বিভাগ; উচ্চপদ সরকারি কর্ম; উচ্চপদস্থ সরকারি কর্মকর্তাবাহিনী। ৩ ভদ্র; ভদ্রজনোচিত ঃ He gave me a ~ answer. ৪ ˈ**~ list** (GB) পার্লামেন্ট কর্তৃক রাজপরিবার ও রাজকীয় বৃত্তির জন্য প্রদত্ত অর্থভাতা। ~·**ly** [ˈসিভ়ালি] *adv* ভদ্রভাবে।

ci·vil·ity [সিভ়িলিটি] *n* [U] ভদ্রতা; (*pl*) ভদ্রকাজ।

ci·vil·ian [সিˈভ়িলিআন্] *n,adj* বেসামরিক ব্যক্তি; বেসামরিক: Millions of ~s were killed in the two World Wars. He will soon leave the army and return to civilian life.

civi·li·za·tion [সিভ়ালা ইˈজ়েশন্ US -অলিˈজ়ে-] *n* ১ [U] সভ্যতা: the ~ of mankind. ২ [C] সমাজবিকাশের পদ্ধতি বা পর্যায়বিশেষ ঃ the ~s of ancient Egypt and India. ৩ [U] সভ্য দুনিয়া: The assassination of Martin Luther King horrified ~.

civi·lize [ˈসিভ়ালাইজ়্] *vt* ১ আদিম বা অজ্ঞ অবস্থা থেকে উন্নততর অবস্থায় তুলে আনা সভ্য করা। ২ উন্নত ও শিক্ষিত করা; মার্জিত রুচি করা: His roughness melted under the civilizing influence of his wife.

civ·vies [ˈসিভ়িজ়্] *n,pl* = civies.

Civvy Street [ˈসিভ়ি স্ট্রীট্] *n* (GB অপ.) বেসামরিক জীবন।

clack [ক্ল্যাক্] *vi,n* খটখট শব্দ করা; এরূপ শব্দ: The ~ of type writers.

clad [ক্ল্যাড্] প্রা. clothe-এর *pp*: richly ~, দামি পোশাকে সজ্জিত; (কাব্যিক): snow-~ mountain-tops, তুষারাচ্ছাদিত পর্বতশিখর; (যৌগশব্দে): ˈsteel-~.

claim[1] [ক্লেইম্] *vt,vi* ১ (অধিকার, স্বীকৃতি প্রভৃতি) দাবি করা ঃ Do you ~ this book? She ~ed that she owned the house. ~ **damages** (আইন.), দ্র. damage. ২ দৃঢ়ভাবে বলা; কোনো কিছু সত্য বলে দাবি করা: He ~ed to have done it all by himself. ৩ (বস্তু সম্পর্কে) প্রয়োজন বোধ করা; যথার্থভাবে (মনোযোগ ইত্যাদি) দাবি করা: The poor condition of the city-streets ~s the attention of the municipal authority.

claim[2] [ক্লেইম্] *n* ১ [C] দাবি: I make no ~ to selfless love. **lay ~ to** (কোনো কিছু) নিজের বলে দাবি করা: She laid ~ to the house. ২ [C] বিমার চুক্তি অনুযায়ী ক্ষতিপূরণ বাবদ দাবি-করা অর্থ: make/put in a ~ (for sth). ৩ [U,C] চাইবার অধিকার: I suppose I have no ~ on your sympathies. ৪ [C] দাবিকৃত বস্তু; (বিশেষত স্বর্ণসমৃদ্ধ অঞ্চলে) খনি-শ্রমিককে বন্টন-করা জমি: stake out a ~, খুঁটি পুঁতে সীমানা চিহ্নিত করে মালিকানা ঘোষণা করা। ~·**ant** [ˈক্লেইমানট্] *n* বিশেষত আইনে যে ব্যক্তি দাবি উত্থাপন করে; দাবিদার।

clair·voy·ance [ক্লেআˈভ়য়আন্স্] *n* [U] ইন্দ্রিয়বর্তী নয় এমনকিছু দেখার বা শোনার ক্ষমতা; অলোকদৃষ্টি; অসাধারণ অন্তর্দৃষ্টি। = telepathy. **clair·voy·ant** [ক্লেআˈভ়য়আন্ট্] এরূপ ক্ষমতা বা দৃষ্টিসম্পন্ন ব্যক্তি; অলোকদ্রষ্টা।

clam [ক্ল্যাম্] *n* খাদ্য হিসাবে ব্যবহৃত ঝিনুক জাতীয় বৃহদাকার দ্বিকপাটক খোলকি জলচর প্রাণী; ভেনাস-ঝিনুক। **~-bake** [ক্ল্যাম্‌বেইক্] *n* [US] ভেনাস-ঝিনুক ও অন্যান্য খাদ্যের ভাজি সহযোগে সমুদ্রতীরে আনন্দভোজ। □*vi (-mm)* ভেনাস-ঝিনুক ধরতে যাওয়া। ~ **up** (কথ্য) (হঠাৎ) চুপ করে যাওয়া।

clam·ber [ক্ল্যাম্‌বা(র্)] *vi* হাত ও পায়ের সাহায্যে কষ্টসহকারে আরোহণ করা। □*n* কষ্টকর আরোহণ।

clammy [ক্ল্যামি] *adj* (-ier, iest) স্যাঁতসেঁতে; ঠাণ্ডা ও চটচটে। **clam·mi·ly** *adv*

clam·our (US **clam·or**) [ক্ল্যামা(র্)] *n* [C,U] উচ্চ কলরব (বিশেষত নালিশ, দাবি প্রভৃতি জানানোর জন্য)। □*vi,vt* উচ্চস্বরে চেঁচামেচি করা। **clam·orous** [ক্ল্যামারাস্] *adj* শোরগোলপূর্ণ; শোরগোলকারী।

clamp [ক্ল্যাম্প্] *n* ১ স্ক্রুর সাহায্যে কোনো জিনিস দৃঢ়ভাবে আটকে রাখার যন্ত্র। ২ দৃঢ়ীকরণের জন্য ব্যবহৃত লোহার বন্ধনী। □*vi,vt* ১ উক্ত যন্ত্র বা বন্ধনী দিয়ে আটকানো। ২ ~ **down on** (কথ্য) দমন করা; (সংবাদপত্রাদির) কণ্ঠরোধ করা। ˈ**~-down** *n*

clan [ক্ল্যান্] *n* গোত্র, বংশ; প্রধানত স্কটল্যান্ডের পার্বত্যাঞ্চলের একবংশীয় জাতি।

clan·des·tine [ক্ল্যানডেস্টিন্] *adj* গোপন; গুপ্ত।

clang [ক্ল্যাং] *n* ঢং ঢং শব্দ। □*vi,vt* ঢং ঢং শব্দে বাজা বা বাজানো। **~er** *n* (অপ.) **drop a ~er** অসমীচীন বা বিব্রতকর কিছু বলা।

clang·our (US **clangor**) [ক্ল্যাংগা(র্)] *n* অবিরাম ঢং ঢং শব্দ। **clangor·ous** [ক্ল্যাংগারাস] *adj*

clank [ক্ল্যাংক্] *vt,vi,n* মৃদু ঝনঝন বা টুংটাং শব্দ (করা বা হওয়া)।

clan·nish [ক্ল্যানিশ্] *adj* গোত্রপ্রীতিসম্পন্ন; বংশসচেতন; গোত্রসম্পর্কীয়।

clans·man [ক্ল্যান্‌জ্‌মান্] *n* (*pl* -men) জ্ঞাতি।

clap[1] [ক্ল্যাপ্] *vt,vi* (-pp-) ১ করতালি দেওয়া; করতালি দিয়ে প্রশংসা করা। ২ মৃদু চাপড় মারা: ~ sb on the back. ৩ দ্রুত ঢুকিয়ে ফেলা: ~ sb in prison; দ্রুত বসানো: ~ one's hat on. □*n* ১ (বজ্রাদির) প্রচণ্ড বিস্ফোরক শব্দ। ২ করতালির শব্দ।

clap[2] [ক্ল্যাপ্] *n* [U] **(the)** ~ (অপ.) যৌনব্যাধি, বিশেষত প্রমেহ।

clap·board [ক্ল্যাপ্‌বো°ড US ক্ল্যাবো°] *n* = weather board.

clap·per [ক্ল্যাপা(র্)] *n* ঘণ্টার দোলক বা জিভ; (পাখি ইত্যাদি তাড়ানোর জন্য ব্যবহৃত) শব্দকর যন্ত্রবিশেষ। **ˈ~·board** *n* (চলচ্চিত্র) বিভক্ত, কব্জা-লাগানো এবং চিহ্নিত বোর্ড বা কাষ্ঠফলক যা চিত্রগ্রহণের শুরু নির্দেশ করার জন্য দ্রুত বন্ধ করা হয়।

clap·trap [ˈক্ল্যাপ্‌ট্র্যাপ্] *n* [U] নিছক মনোযোগ আকর্ষণ বা বাহবা কুড়ানোর উদ্দেশ্যে কৃত ভাবভঙ্গি বা মন্তব্য; অর্থহীন কথা: A speech full of ~.

claret [ক্ল্যারাট্] *n* [U] (ফরাসি শহর বর্দুতে তৈরি) এক ধরনের গাঢ় লাল বর্ণের মদ। □*adj* ঐ মদের বর্ণ; গাঢ় রক্তবর্ণ।

clari·fy [ক্ল্যারি ফাই] *vt,vi* পরিষ্কার করা বা হওয়া; শোধন করা। **clari·fi·ca·tion** [ক্ল্যারিফিকেইশন্] *n* [U] পরিষ্কৃতকরণ, শুদ্ধিকরণ বা শুদ্ধিভবন; ব্যাখ্যা।

clari·(o)net [ক্ল্যারিনেট্] *n* এক ধরনের বাঁশি; ক্ল্যারিনেট। **~·ist; ~·tist** *n* ক্ল্যারিনেট-বাদক।

clar·ion [ক্ল্যারি আন্] *n* জাগানো বা উদ্দীপিত করার জন্য উচ্চ বা তীক্ষ্ণস্বরের ডাক; (attrib) জোরালো বা পরিষ্কার: ~ call; a ~ voice.

clar·ity [ক্ল্যারিটি] *n* [U] পরিষ্কার ভাব; স্পষ্টতা।

clash [ক্ল্যাশ্] *vt,vi* ১ ঝনঝন শব্দ করা বা হওয়া: Their swords ~ed. ২ সংঘর্ষে আসা; সংঘৃষ্ট হওয়া। ৩ দুটি ঘটনা একই সময়ে অনুষ্ঠিত হবার কারণে সংঘর্ষ হওয়া: The two concerts ~ed. ৪ **~ with** বিরোধী হওয়া; অমিল হওয়া। □*n* ১ ঝনঝন শব্দ। ২ সংঘর্ষ; বিরোধ; অমিল।

clasp [ক্লা:স্প্ US ক্ল্যাস্প্] *n* [C] ১ কব্জা; খিল; হুড়কা। **ˈ~-knife** কব্জার সহায়তায় বাঁটের মধ্যে ফলা মুড়ে রাখা যায় এমন চাকু। ২ পদক; ফিতার উপর আটকানো রৌপ্য ইত্যাদির পাত (যাতে পুরস্কৃত ব্যক্তি যে যুদ্ধ অভিযান ইত্যাদিতে অংশগ্রহণ করেছিলেন তার নাম খোদাই করা থাকে)। ৩ দৃঢ়মুষ্টি; আলিঙ্গন; করমর্দন। □*vt,vi* ১ দৃঢ়ভাবে ধরা; জড়িয়ে ধরা। ২ কব্জাদির সাহায্যে আটকানো।

class [ক্লা:স্ US ক্ল্যাস্] *n* ১ শ্রেণী; পদমর্যাদার মান। ২ [U] সামাজিক মর্যাদার শ্রেণীভেদ; জাতপ্রথা। **ˈ~-conscious** শ্রেণীসচেতন। **ˈ~-feeling** শ্রেণী চেতনা। **ˈ~-ˈstruggle, ˌ~-ˈwarfare** শ্রেণীসংগ্রাম। ৩ একই সামাজিক মর্যাদার অধিকারী সকল ব্যক্তি: upper, middle and lower ~es of the society. ৪ বিদ্যালয়ের পাঠশ্রেণী। **ˈ~-fellow / -mate** সহপাঠী। **ˈ~-room** শ্রেণীকক্ষ। ৫ [US] যে ছাত্রদল একই বছরে স্কুলে প্রবেশ করে এবং একসঙ্গে স্কুল ত্যাগ করে: the ~ of 1973, যারা ঐ বছর স্কুলের পড়া শেষ করে। ৬ কোনো এক বছরে সেনাবাহিনীর চাকরিতে (বাধ্যতামূলকভাবে) নিযুক্ত ব্যক্তিবর্গ: the 1970 ~. ৭ (US-এ নয়) মূল্যায়নের মান: first ~ M.A. **ˈ~-list** সসম্মান স্নাতক-উপাধিপ্রাপ্ত ব্যক্তিদের নামের তালিকা। ৮ (কথ্য) (প্রায়শ attrib হিসাবে) উচ্চমান: He is a ~ pianist. □*vt* শ্রেণীভুক্ত করা। **~·less** *adj* শ্রেণীবৈষম্যহীন: a ~less society.

clas·sic [ক্ল্যাসিক্] *adj* ১ সর্বোচ্চ মানসম্পন্ন; স্বীকৃত ও অবিসম্বাদী মান বা মর্যাদাসম্পন্ন। ২ প্রাচীন গ্রিক ও লাতিন সাহিত্য; শিল্প ও সংস্কৃতির অনুরূপ মানসম্পন্ন। ৩ প্রাচীন গ্রিক ও লাতিন শিল্পের অনুরূপ গুণসম্পন্ন অর্থাৎ সরল সুসমঞ্জস ও সংযত। ৪ সুদীর্ঘ ইতিহাসের কারণে খ্যাত: a ~ event. ৫ (পোশাক-পরিচ্ছদ ইত্যাদির স্টাইল সম্পর্কে) ঐতিহ্যগত; অনাধুনিক। □*n* ১ অত্যুচ্চমানের লেখক, শিল্পী বা রচনা। ২ প্রাচীন গ্রিক লাতিন ভাষায় রচিত সাহিত্য। **C~s** বিশ্ববিদ্যালয়ে এইসব বিষয়ের পাঠ: He read C~s at Oxford. ৩ সুদীর্ঘ ইতিহাসের কারণে খ্যাত কোনো ঘটনা।

clas·si·cal [ˈক্ল্যাসিক্‌ল্] *adj* ১ প্রাচীন গ্রিক ও রোমান শিল্প ও সাহিত্য সম্পর্কিত: ~ studies. ২ কালজয়ী হওয়ার কারণে উচ্চমানের বলে প্রমাণিত; চিরায়ত: ~ music. ৩ সরল ও সংযত।

clas·si·cist [ক্ল্যাসিসিস্ট্] *n* প্রাচীন কালের শ্রেষ্ঠ রচনাদি আদর্শ হিসাবে গ্রহণকারী; ক্ল্যাসিক সাহিত্যে পণ্ডিত ব্যক্তি।

clas·si·fi·ca·tion [ˌক্ল্যাসিফিকেইশন্] *n* [U] শ্রেণীভুক্তকরণ।

clas·sify [ক্ল্যাসি ফ়াই] *vi* শ্রেণীতে বিন্যস্ত করা; শ্রেণীভুক্ত করা। **clas·si·fied** *adj* শ্রেণীবিন্যস্ত। **clas·si·fiable** [ক্ল্যাসি ফ়াইআবল্] *adj* শ্রেণী-বিন্যাসোপযোগী।

classy [ˈক্লা:সি US ক্ল্যাসি] *adj* (-ier, iest) (কথ্য) আড়ম্বরপূর্ণ; উচ্চতর পদমর্যাদাসম্পন্ন; উচ্চশ্রেণী।

clat·ter [ˈক্ল্যাটা(র্)] *n* (কেবল *sing*) ১ দীর্ঘ অবিরাম ঠনঠন শব্দ। ২ শোরগোলপূর্ণ কথাবার্তা। □*vi,vt* ঠনঠন শব্দ করা; কোনো কিছুকে ঠনঠন শব্দে বাজানো: The cutleries ~ twice a day in the dining hall.

clause [ক্লো°জ্] *n* ১ (ব্যাক.) কোনো জটিল বাক্যের অংশবিশেষ, যার নিজস্ব উদ্দেশ্য ও বিধেয় বা কর্তা ও ক্রিয়া আছে এবং যা বিশেষভাবে বিশেষ্য, বিশেষণ বা ক্রিয়াবিশেষণের ভূমিকা পালন করে থাকে। ২ (আইন.) চুক্তি, দলিল, আইন প্রভৃতির ধারা বা একটি সম্পূর্ণ অনুচ্ছেদ।

claus·tro·pho·bia [ˌক্লো°স্ট্রাফৌবিআ] *n* [U] (গুহা, খনি ইত্যাদির ন্যায়) আবদ্ধস্থানে থাকার আতঙ্করূপ ব্যাধি।

clavi·chord [ˈক্ল্যাভিকো°ড্] *n* পিয়ানোর পূর্বসূরি তারযন্ত্রবিশেষ।

clav·icle [ক্ল্যাভিকল্] *n* (ব্যব.) কণ্ঠাস্থি। **clavi·cu·lar** [ক্ল্যাভিকিউলা(র্)] *adj* কণ্ঠাস্থিসংক্রান্ত; কণ্ঠাস্থিসদৃশ।

claw [ক্লো°] *n* ১ পশুপাখির পায়ের তীক্ষ্ণ নখর; নখরযুক্ত পা। ২ কাঁকড়া-চিংড়ি প্রভৃতির সাঁড়াশির ন্যায় দাঁড়া। ৩ নখরের ন্যায় যন্ত্র। **ˈ~-hammer** *n* পেরেক টেনে তুলে ফেলার জন্য ব্যবহৃত হাতুড়ি। □*vt* **~ at, ~ (back)** (নখর দ্বারা) আঁচড়ানো; ছিন্ন করা বা আঁকড়ে ধরা। **ˈ~-back** *n* (কথ্য) অবিরাম প্রচেষ্টার মাধ্যমে কোনো কিছুর পুনরুদ্ধার।

clay [ক্লেই] *n* [U] কাদামাটি; এঁটেলমাটি। **~ey** [ক্লেইই] *adj* কাদামাটি দ্বারা গঠিত; কাদামাটিপূর্ণ; কাদামাটির ন্যায়।

clean[1] [ক্লীন্] *adj* (-er, -est) ১ নির্মল; পরিষ্কার: a ~ bomb, পারমাণবিক বা হাইড্রোজেন বোমা যা তেজস্ক্রিয় ধূলিনিক্ষেপ ছাড়াই বিস্ফোরিত হয় বলে দাবি করা হয়। ২ অব্যবহৃত: Give me a ~ sheet of paper. ৩ বিশুদ্ধ; পবিত্র: ~ life; ত্রুটিমুক্ত: a ~ copy; নির্দোষ: a ~ record. ৪ সুগঠিত: ~ figure, ~-limbed. □*adj* সুগঠিত অঙ্গপ্রত্যঙ্গবিশিষ্ট। ৫ মসৃণ; সুষম। ৬ দক্ষ; চটপটে। ৭ পরিচ্ছন্ন অভ্যাসসম্পন্ন। ৮ খাদ্য হিসাবে (ধর্মীয় মতে) উপযুক্ত বলে বিবেচিত: ~ animals. ৯ সম্পূর্ণ; ডাহা: ~ treachery. □*adv* সম্পূর্ণরূপে: ~ forgot about it. **come ~** অপরাধাদি সম্পূর্ণ স্বীকার করা। **ˌ~-ˈcut** *adj* স্পষ্ট; খোলাখুলি। **ˌ~-ˈliving** *adj* বিশুদ্ধ ও মার্জিত। **ˌ~-ˈshaven** *adj* দাড়িগোঁফ নিখুঁতভাবে কামানো।

clean[2] [ক্লীন্] *vt,vi* ১ পরিষ্কার করা। ২ পরিষ্কার হওয়া: this sink ~s easily. **~ sth down** কোনো কিছু ঝেড়েমুছে পরিষ্কার করা। **~ sb out** কাউকে (জুয়াখেলা ইত্যাদিতে) কপর্দকশূন্য বা ফতুর করা। **~ sth out** (বক্ষ ইত্যাদির) ভিতর সাফ করা। **be ~ed out** (কথ্য) কপর্দকশূন্য হয়ে পড়া। **~ up** পরিষ্কার করে ফেলা; গোছগাছ করা। **~ sth up** অপরাধী বা দুষ্কৃতকারীর হাত থেকে সম্পূর্ণ মুক্ত করা: The Mayor has decided to ~ up the city; (কথ্য) টাকাপয়সা লাভ করা। **ˈ~-up** *n* অপরাধ দুর্নীতি ইত্যাদি দূরীকরণ। **~er** *n* পরিষ্কারকারী ব্যক্তি বা বস্তু।

cleanly[1] [ˈক্লেন্‌লি] *adj* (-ier, -iest) পরিপাটি; পরিচ্ছন্ন অভ্যাসসম্পন্ন। **clean·li·ness** [ক্লেনলিনিস্] *n* [U] পরিচ্ছন্নতা।

cleanly[2] [ক্লেন্‌লি] *adv* নিখুঁতভাবে; পরিচ্ছন্নভাবে; ঠিকমতো।

cleanse [ˈক্লেন্‌জ্] *vt* পরিষ্কার করা; বিশোধন করা। **cleanser** *n* [C,U] বিশোধক।

clear[1] [ক্লিআ(র্)] *adj* ১ স্বচ্ছ: ~ glass; মেঘমুক্ত; নির্মল: a ~ sky; উজ্জ্বল; পরিষ্কার: a ~ light, a ~ photograph. ২ নির্দোষ; গ্লানিমুক্ত: a ~ conscience. ৩ স্পষ্ট: a ~ voice. ৪ **~ about** (মন প্রসঙ্গে) নিঃসংশয়; নিশ্চিত; অবাধ; সহজ। **ˌ~-ˈheaded** তীক্ষ্ণবুদ্ধিসম্পন্ন। **ˌ~-ˈsighted** ভালোভাবে দেখতে; চিন্তা করতে এবং বুঝতে সক্ষম; (লাক্ষ.) বিচক্ষণ। ৫ **~ of** মুক্ত: ~ of debt. ৬ সম্পূর্ণ: for three ~ days. □*n* **in the ~** সন্দেহ/বিপদ থেকে মুক্ত। **~·ness** *n* [U] পরিষ্কার অবস্থা; স্বচ্ছতা; পরিচ্ছন্নতা।

clear[2] [ক্লিআ(র্)] *adv* ১ স্পষ্টভাবে। **ˌ~-ˈcut** *adv* সুনির্দিষ্ট; সুস্পষ্ট: ~-cut ideas/plans. ২ সম্পূর্ণরূপে। ৩ **~ of** একান্তে; তফাতে: Stand ~ of the gates of the lift. দূরে থাকা; এড়িয়ে চলা।

clear[3] [ক্লিআ(র্)] *vt,vi* ১ **~ sth of / from** অপসারণ করা; অবাঞ্ছিত কিছু থেকে মুক্তি পাওয়া; পরিষ্কার করা: ~ the streets of snow / ~ snow from the streets. **~ one's throat** (কেশে) গলা পরিষ্কার করা। ২ অতিক্রম করা; পার হওয়া (স্পর্শ না করে): He ~ed six feet. ৩ নিট লাভ বা মুনাফা হিসাবে পাওয়া; ব্যয়, পাওনাদারের দাবি ইত্যাদি মিটিয়ে ফেলা। ৪ বন্দরে প্রবেশ বা বন্দর ত্যাগের সময়ে কাগজপত্রাদি স্বাক্ষরকরণ; শুল্ক প্রদান ইত্যাদির মাধ্যমে জাহাজ বা এর মালপত্র বিমোচিত করা: ~ goods through customs, শুল্ক কর্তৃপক্ষের দাবি পূরণ করে মালপত্র বিমোচিত করা; ~ goods through customs, শুল্ক কর্তৃপক্ষের দাবি পূরণ। **~ away** সরে যাওয়া: The clouds have ~ed away. **~ sth away** সরিয়ে নেওয়া। **~ off** (কথ্য, ব্যক্তি সম্পর্কে) চলে যাওয়া; নিষ্কৃতি পাওয়া। **~ sth off** কিছুর অবসান ঘটানো; কোনো কিছু থেকে নিষ্কৃতি পাওয়া। **~ out** (কথ্য) চলে যাওয়া; ত্যাগ করা। **~ sth out** খালি করা; শূন্য করা। **~ up** পরিষ্কার হওয়া। **~ sth up** (ক) গোছগাছ করা; (খ) পরিষ্কার করা; সমাধান করা (রহস্য, জটিলতা ইত্যাদির)।

clear·ance [ˈক্লিআরান্‌স্] *n* ১ পরিষ্করণ; খালিকরণ; গোছগাছকরণ। **a ~ sale** দোকানের অপ্রয়োজনীয় বাড়তি মজুদ কমিয়ে ফেলার উদ্দেশ্যে বিশেষ বিক্রি; নিকাশ-বিক্রি। ২ [C,U] খালি জায়গা: There is not ~ for large lorries passing under the bridge. ৩ শুল্ক বিভাগের দাবিদাওয়া পূরণের পর যাওয়ার জন্য জাহাজকে প্রদত্ত অনুমতিপত্র; ছাড়পত্র।

clear·ing [ˈক্লিআরিং] *n* বনের মধ্যে গাছ কেটে ফেলে পরিষ্কার করা হয়েছে এমন খোলা জায়গা। **ˈ~-house** যে দপ্তরে চেক, হুন্ডি ইত্যাদি ভাঙানো হয়; নিকাশালয়।

clear·ly [ˈক্লিআলি] *adv* পরিষ্কারভাবে; সুস্পষ্টভাবে।

cleat [ক্লীট্] *n* গোঁজ; খিল; কীলক।

cleav·age [ক্লীভিজ্] *n* ফাটল; চিড়; বিদারণ।

cleave[1] [ক্লীভ্] *vt,vi* (*pt* clove, cleft, cleaved; *pp* cloven, cleft বা cleaved) ১ চেরা; ফাটানো; সবলে বিচ্ছিন্ন করা। ২ ফেটে যাওয়া; বিচ্ছিন্ন হওয়া। ৩ **~ through** কেটে প্রস্তুত করা: ~ one's way through the crowd. **in a cleft stick** (লাক্ষ.) বদ্ধ বা সমস্যাসঙ্কুল অবস্থান, যেখান থেকে সামনে এগোনো বা পিছনে সরা সম্ভব নয়। **ˌcleft ˈpalate** *n* জন্মের পূর্বে তালুর উভয় পার্শ্ব জোড়া না লাগার কারণে এর ত্রুটিপূর্ণ গঠন; বিদীর্ণ তালু। **ˌcloven ˈhoof** *n* গরু-ভেড়া ইত্যাদির দ্বিখণ্ডিত খুর।

cleave[2] [ক্লীভ্] *vi* (*pt* ~d বা clave, *pp* ~d) **~ to** দৃঢ়ভাবে এঁটে থাকা; (লাক্ষ.) অনুগত থাকা।

cleaver [ˈক্লীভা(র্)] *n* মাংস কাটার জন্য ব্যবহৃত ভারী ছুরি।

cleavers [ˈক্লীভাজ়্] *n* (*sing,pl*) চোরকাঁটা।

clef [ক্লেফ্] *n* (সঙ্গীত) সুরের পর্দার চাবিতে স্থাপিত স্বরগ্রাম নির্দেশক প্রতীক।

cleft[1] [ক্লেফ্‌ট্] *n* চিড় বা ফাটল; ফাটলের দ্বারা সৃষ্ট খোলা মুখ।

cleft[2] [ক্লেফ্‌ট্] cleave[1]-এর *pp,pt*

cle·ma·tis [ˈক্লেমাটিস্] *n* [U] এক ধরনের বনলতা (সাদা, হলুদ, নীল বা বেগুনি রঙের ফুলবিশিষ্ট)।

clem·ency [ˈক্লেমান্‌সি] *n* [U] ক্ষমাশীলতা; নম্রতা; কোমলতা; মৃদুতা।

clem·ent [ˈক্লেমান্ট্] *adj* ক্ষমাশীল; মৃদু; নরম (মেজাজ, আবহাওয়া ইত্যাদি সম্পর্কে)।

clench [ক্লেন্চ্] ১ দৃঢ়ভাবে চেপে ধরা; দৃঢ়ভাবে বন্ধ করা। ২ দৃঢ়মুষ্টিতে আঁকড়ে ধরা। ৩ = clinch.

clere·story [ˈক্লিআস্টোরি] *n* (*pl* -ries) বৃহৎ গির্জার দেয়ালের উপরের অংশ; জানালা বা ভেন্টিলেটরযুক্ত রেলগাড়ির কামরার ছাদের উঁচু অংশ।

clergy [ˈক্লাজি] *n* গির্জার যাজকমণ্ডলী। ˈ**~·man** [-মান্] (*pl* -men) যাজক।

cleric [ক্লেরিক্] *n* = clergyman.

cleri·cal [ˈক্লেরিক্ল্] *adj* ১ যাজকমণ্ডলীসংক্রান্ত। ২ কেরানিসংক্রান্ত: ~ work; a ~ error, নকল করা বা লিখনসংক্রান্ত ত্রুটি।

cleri·hew [ˈক্লেরিহিউ] *n* কৌতুকপূর্ণ বা অর্থহীন ছড়া কবিতা।

clerk [ক্লা:ক US ক্লা:র্ক্] *n* ১ কেরানি। ২ দলিলপত্র সংরক্ষণকারী কর্মচারী। ৩ (US) দোকানের বিক্রয় সহকারী। ৪ যাজক; পুরোহিত। □*vi* (কেবলমাত্র US) দোকানে বিক্রয় সহকারী হিসাবে কাজ করা।

clever [ˈক্লেভা(র্)] *adj* (-er, -est) ১ চালাক; চতুর; দক্ষ। ২ (সম্পাদিত কাজ সম্পর্কে) সামর্থ্য ও দক্ষতা প্রকাশকারী: a ~ speech. ৩ চটপটে। **~·ly** *adv*. **~·ness** *n*

clew [ক্লু] *n* ১ (নৌ.) নৌকাদির পালের নীচের দিকের কোনার সঙ্গে লাগানো ধাতব ফাঁস। ২ জাহাজের হ্যামকের তারের সঙ্গে লাগানো ফাঁস। ৩ রহস্যাদি সমাধানের সূত্র। □*vt* (অপিচ clue) (নৌ.) পাল টেনে তোলা বা নামানো।

cliché [ˈক্লীশেই US ক্লীˈশেই] *n* [C] সস্তা বা গতানুগতিক পদসমষ্টি; অতি ব্যবহৃত বা অনাধুনিক ধারণা বা কথাবার্তা।

click[1] [ক্লিক্] *vi,n* ক্লিক বা টিক শব্দ করা; ঐ ধরনের শব্দ।

click[2] [ক্লিক্] *vi* (কথ্য, US-এ নয়) সঙ্গে সঙ্গে পরস্পরকে ভালো লাগা: The two of us ~ed the moment we met.

cli·ent [ˈক্লাইআন্ট্] *n* ১ উকিল প্রভৃতির মক্কেল। ২ খরিদ্দার। **cli·en·tele** [ক্লীআনˈটেল্ US ক্লাই আনটেল্] *n* খরিদ্দারবৃন্দ; রেস্তোরাঁ থিয়েটার ইত্যাদির পৃষ্ঠপোষকবৃন্দ।

cliff [ক্লিফ্] *n* উঁচু খাড়া পাহাড়; বিশেষত সমুদ্র কিনারে। ˈ**~-hanger** *n* কাহিনী বিতর্ক ইত্যাদির অংশবিশেষ যা এর পরিণতি সম্পর্কে পাঠক দর্শককে উৎকণ্ঠায় রাখে।

cli·mac·ter·ic [ক্লাইˈম্যাক্ট রিক্] *n* ১ মানুষের সঙ্কটকাল; আপৎকাল; (মধ্যযুগে) ৪৫-৬০ মধ্যবর্তী বয়সে ঐরূপ সঙ্কট। ২ জীবনের সঙ্কটকাল (৭ বৎসর অন্তর ঘটে বলে ধারণা)। **cli·mac·terical** সঙ্কটকালীন; সঙ্কটপূর্ণ। **the grand climacteric** কোনো ব্যক্তির তেষট্টিতম বৎসর যা চরম সঙ্কটপূর্ণ বলে মনে করা হতো।

cli·mac·tic [ক্লাইˈম্যাক্টিক্] *adj* চরম, পরিণতি সৃষ্টিকারী; চরম সীমায় পৌঁছে দেয় এমন।

cli·mate [ˈক্লাইমিট্] *n* ১ জলবায়ু। ২ জলবায়ু-অঞ্চল। ৩ বিদ্যমান অবস্থা : the political ~. **cli·matic** [ক্লাইˈম্যাটিক্] *adj* জলবায়ু সংক্রান্ত। **cli·ma·tol·ogy** [ক্লাইমাˈটলাজি] *n* [U] জলবায়ুবিদ্যা।

cli·max [ˈক্লাইম্যাক্স্] *n* ১ কাহিনী নাটক প্রভৃতির গুরুত্ব-ক্রমের শেষ ধাপ; চরম পরিণতি। ২ যৌন উত্তেজনার চরম অবস্থা; রাগমোচন। □*vt,vi* ১ চরম পরিণতির দিকে আনা বা আসা। ২ যৌন উত্তেজনার শীর্ষে আনা বা আসা।

climb [ক্লাইম্] *vt,vi* আরোহণ করা; অবতরণ করা; কোনো কিছু বেয়ে ওঠা বা নামা; (উড়োজাহাজ ইত্যাদি সম্পর্কে) ঊর্ধ্বে ওঠা; (উদ্ভিদ সম্পর্কে) লতিয়ে ওঠা। **~ down** (লাক্ষ.) ভুল বা অযৌক্তিক আচরণ বা গর্ব সম্পর্কে স্বীকার করা। ˈ**~-down** *n* ভুল বা অযৌক্তিক আচরণ ইত্যাদির স্বীকৃতি। **~er** *n* আরোহণকারী বা অবতরণকারী; সামাজিকভাবে এগিয়ে যাবার প্রচেষ্টাকারী ব্যক্তি।

clime [ক্লাইম্] *n* (কাব্যিক) দেশ; ভূখণ্ড।

clinch [ক্লিন্চ্] *vt,vi* ১ পেরেক ইত্যাদির মাথা বাঁকিয়ে এবং পিটিয়ে ভিতরে ঢোকানো। ২ ভালোভাবে উপলব্ধি করানো (যুক্তি ইত্যাদি); কোনো বিতর্কের চূড়ান্ত মীমাংসা করা। ৩ (মুষ্টিযুদ্ধে) প্রতিপক্ষের দেহ হাত দিয়ে জাপটে ধরা। □*n* (মুষ্টিযুদ্ধে) প্রতিপক্ষকে হাত দিয়ে জাপটে ধরার অবস্থা; (কথ্য) আলিঙ্গন। **~er** *n* (কথ্য) অকাট্য যুক্তি।

cline [ক্লাইন্] *n* (জীব.) শ্রেণীগত পার্থক্যের ধারাবাহিকতা।

cling [ক্লিং] *vi* (*pt,pp* clung [ক্লাং]) এঁটে থাকা; দৃঢ়ভাবে লেগে থাকা; দৃঢ়ভাবে আসক্ত বা অনুরক্ত থাকা। **~-ing clothes** *n* যে পোশাক শরীরের সঙ্গে সেঁটে থেকে দেহরেখাকে স্পষ্ট করে তোলে।

cli·nic [ˈক্লিনিক্] *n* ১ বিশেষ উদ্দেশ্যে প্রতিষ্ঠিত চিকিৎসাকেন্দ্র: a birth-control ~; আরোগ্যশালা (সাধা. ব্যক্তিগতভাবে পরিচালিত)। ২ হাসপাতালের অংশবিশেষ বা কোনো চিকিৎসা-প্রতিষ্ঠান যেখানে রুগিদের শয্যাপার্শ্বে পর্যবেক্ষণের মাধ্যমে ছাত্রদের ব্যবহারিক শিক্ষা দেওয়া হয়; ঐ জাতীয় শিক্ষা; ঐ জাতীয় শিক্ষাপ্রাপ্ত ছাত্রবর্গ।

cli·ni·cal [ˈক্লিনিক্ল্] *adj* ১ (চিকিৎসা শিক্ষাদান প্রসঙ্গে) হাসপাতালের শয্যাপার্শ্বে। **~ thermometer** শরীরের তাপমাত্রা মাপার যন্ত্র। ২ বস্তুনিষ্ঠ; ব্যক্তিনিরপেক্ষ: ~ judgement.

clink[1] [ক্লিংক্] *vt,vi,n* ঠুন শব্দ (করা); পরস্পরের পানপাত্রে মৃদু টোকা দিয়ে পান শুরু করা: The party started with the clinking of glasses.

clink[2] [ক্লিংক্] *n* (অপ.) জেলখানা; হাজত।

clinker [ˈক্লিংকা(র্)] *n* [C,U] অমসৃণ অতি-কঠিন ধাতুমল জাতীয় বস্তুপিণ্ড; ঝামা।

clinker-built [ˈক্লিংকাবিল্ট্] *adj* (নৌকা সম্পর্কে) বাইরের পৃষ্ঠদেশের তক্তা বা ধাতবপাতের একটির অংশবিশেষ অপর একটির নীচে বিস্তৃত হয়ে থাকে এমনভাবে প্রস্তুত।

clip[1] [ক্লিপ্] *n* [C] (কাগজ, চুল ইত্যাদি) একত্রে এঁটে ধরে রাখবার কল; ক্লিপ।

clip[2] [ক্লিপ্] *vt* (-pp-) ১ কাঁচি, কাস্তে ইত্যাদি দিয়ে কাটা; ছেঁটে ফেলা (পশুর পশম, লেজ, পাখির ডানা, বাগানের বেড়া হিসাবে ব্যবহৃত ক্ষুদ্র বৃক্ষের ঘন সারির অগ্রভাগ ইত্যাদি): ~ s.o.'s wings; (লাক্ষ.) কাউকে নিজ আকাঙ্ক্ষা অনুযায়ী কাজ করতে বাধা দেওয়া। ২ (শব্দের অক্ষর বা ধ্বনি ইত্যাদি) বাদ দেওয়া। ৩ বাস ট্রাম ইত্যাদির টিকিট ব্যবহারের প্রমাণস্বরূপ ফুটা করা। ৪ (অপ.) সজোরে ঘুষি মারা বা আঘাত করা। □*n* ১ কর্তন; ছাঁটাই; বাদ। ২ ভেড়ার পাল থেকে একবারে কেটে নেওয়া পশমের পরিমাণ। ৩ প্রচণ্ড আঘাত বা ঘুষি। ৪ [US] দ্রুত গতি। **~·ping** *n* কেটে নেওয়া কিছু: newspaper ~ping.

clip·per [ˈক্লিপা(র্)] ১ কর্তন যন্ত্র: nail ~s. ২ দ্রুতগতিসম্পন্ন পাল-তোলা জাহাজ; প্রপেলার-চালিত উড়োজাহাজ।

clique [ক্লীক] *n* (সাধা. মন্দার্থে) একই স্বার্থে আবদ্ধ ক্ষুদ্র দল। **cliquish** দলাদলির মনোভাবসম্পন্ন। **cliquy** দলাদলিতে অভ্যস্ত।

clit·oris [ˈক্লিটরিস্] *n* (ব্যব.) ভগাঙ্কুর।

cloak [ক্লো উক্] *n* আলখাল্লা; (লাক্ষ.) ছদ্মবেশ; আবরণ; ভান। **~ and dagger** *adj* গোয়েন্দাকাহিনীর ন্যায় রোমাঞ্চকর; চাঞ্চল্যকর; চক্রান্তধর্মী। **ˈ~-room** *n* টুপি, কোট, পার্সেল ইত্যাদি অল্প সময়ের জন্য রেখে দেবার জায়গা (রেল–স্টেশন, থিয়েটার ইত্যাদিতে); (সুভা.) পায়খানা। □*vt* গোপন করা।

clob·ber[1] [ˈক্লবা(র্)] *vt* ১ সজোরে বার বার আঘাত করা। ২ সম্পূর্ণরূপে পরাজিত করা: ~ the tax-payer; গুরুতর করভারে করদাতাদের জর্জরিত করা।

clob·ber[2] [ˈক্লবা(র্)] *n* (GB উপ.) পোশাক; সাজসজ্জা।

cloche [ক্লশ্] *n* [C] ১ নরম চারাগাছের উপর লম্বা সারির আকারে স্থাপিত কাচ বা স্বচ্ছ প্লাস্টিকের আবরণ; (প্রা. প্র.) চারাগাছের জন্য ব্যবহৃত ঘণ্টা আকৃতির কাচের আবরণ। ২ মহিলাদের আঁটসাট টুপিবিশেষ।

clock [ক্লক্] *n* ঘড়ি (সব সময়ে বহন করার মতো বা হাতে পরার মতো নয় এমন ধরনের); ঘণ্টানির্দেশক সময়: eight O'clock, আটটা। **put the ~ back** ঘড়ির কাঁটা পিছনের দিকে ঘুরিয়ে দেওয়া; (লাক্ষ.) প্রতিক্রিয়াশীল ব্যবস্থা গ্রহণ করা। **work against the ~** নির্ধারিত সময়ের আগে শেষ করার জন্য দ্রুত কাজ করা। **round the ~** দিনরাত। **ˈ~-face /-dial** ঘড়ির যে পৃষ্ঠদেশে ঘণ্টানির্দেশক সংখ্যা চিহ্নিত থাকে। **ˈ~-wise / anti ˈ~-wise** (movement) দক্ষিণাবর্তী / বামাবর্তী (চলন)। **ˈ~-work** (প্রায়শ attrib) ঘড়ির ন্যায় কলকব্জা–বিশিষ্ট: ~ work toys, ~ work precision. □*vt,vi* ১ কোনো কিছুর সময় পরিমাপ করা, স্বয়ংক্রিয় ঘড়ির সাহায্যে সময় লিপিবদ্ধ করা: He ~ed 10 seconds for the 100 meter sprint. ২ **~ (sb) in / out, ~ (sb) on / off** (শ্রমিক–কর্মচারী প্রভৃতির আগমন/ প্রস্থান–এর সময় স্বয়ংক্রিয় ঘড়ির সাহায্যে লিপিবদ্ধ করা)।

clod [ক্লড্] *n* পিণ্ড; ঢেলা (মাটি কাদা ইত্যাদির)। **ˈ~-hopper** [- হপা(র্)] *n* (তুচ্ছ) গেঁয়ো চাপ।

clog[1] [ক্লগ্] *n* ১ কাঠের তলিওয়ালা পাদুকা; খড়ম। **ˈ~-dance** কাষ্ঠপাদুকা–নৃত্য। ২ কাঠের কুঁদা; (লাক্ষ.) প্রতিবন্ধক; বাধা।

clog[2] [ক্লগ্] *vt,vi* (-gg-) **~ (up)** ১ আবর্জনা ময়লা চর্বিজাতীয় পদার্থ ইত্যাদির দ্বারা তরল পদার্থের প্রবাহে প্রতিবন্ধকতা সৃষ্টি করা বা হওয়া। ২ ব্যাহত করা; ভারাক্রান্ত করা। **~gy** *adj* (-ier, iest) দলার ন্যায় আঠালো।

cloi·sonne´ [ক্লোআজ়নে ই (US) ক্লয়জ়ানেই] *n* [U] এনামেল দ্রব্য— যাতে নকশার রং সরু ধাতব ফালির দ্বারা আলাদা করা থাকে; ক্লোয়াজনে।

clois·ter [ˈক্লয়স্টা(র্)] *n* ১ প্রধানত মঠ গির্জা কলেজভবন ইত্যাদির মধ্যে আচ্ছাদিত উদ্যানপথ। ২ মঠ বা আশ্রম (–এর জীবন)। **the ~** মঠ আশ্রম ইত্যাদি স্থানের নিঃসঙ্গতা। □*vt* মঠ বা আশ্রমে রাখা বা সেখানে নিঃসঙ্গ জীবনযাপন করা। **~ed** *adj* নিঃসঙ্গ: ~ed life.

clone [ক্লো উন্] *n* (জীব.) ১ এক পূর্বপুরুষ হতে অযৌন প্রক্রিয়ায় উদ্ভূত অনুজীব বা বৃক্ষের গোত্রের সদস্য। □*vt* ঐরূপ অনুজীব বা বৃক্ষ হিসাবে জন্মাতে দেওয়া।

close[1] [ক্লো উস্] *adj* (-r,-st) ১ নিকটবর্তী; কাছাকাছি: ~ range, ~ proximity. **a ~ call / thing** প্রায় দুর্ঘটনা বা বিপর্যয়। **a ~ shave** (লাক্ষ.) সংঘর্ষ বা দুর্ঘটনা থেকে অল্পের জন্য পরিত্রাণ। **ˈ~ up** *n* অত্যন্ত অল্প দূরত্বে গৃহীত আলোকচিত্র; নিকট–দৃশ্য। ২ ঘেঁসাঘেঁসি: ~ texture, ঠাস বুনুনি। ৩ কড়াকড়ি; কঠোর: a ~ blockade. ৪ পুঙ্খানুপুঙ্খ; ফাঁকহীন: a ~ consideration; a ~ examination; a ~ argument. ৫ অন্তরঙ্গ: ~ friendship. ৬ নিয়ন্ত্রিত; সবার জন্য উন্মুক্ত নয় এমন: ~ scholarship. ৭ প্রায় সমান পর্যায়ের: ~ contest / finish. ৮ (ধ্বনিতত্ত্বে স্বরবর্ণ সম্পর্কে) জিহ্বা এবং মুখগহ্বরের উপরিপৃষ্ঠ খুব কাছাকাছি এনে উচ্চারিত। ৯ (অপিচ **ˌ~-ˈfisted**) ব্যয়কুণ্ঠ; কৃপণ। ১০ আলোবাতাস প্রবেশের পথহীন; বদ্ধ; শ্বাসরোধী। ১১ গোপন; গুপ্ত। **~·ly** *adv.* **~·ness** *n* কাছাকাছি অবস্থা।

close[2] [ক্লো উস্] *adv* ঘনিষ্ঠভাবে; আবদ্ধভাবে; দৃঢ়ভাবে; কাছাকাছি। **~ at hand** হাতের কাছে। **~ by (sth); ~ to (sth)** কাছে: The man lives ~ by the market. The bank is close to the office. **~ up(to sb / sth)** খুব অল্প দূরত্বে। **~ on / upon** প্রায়; খুব কাছাকাছি: My father is ~ upon seventy. It was ~ on freezing point. **ˌ~-ˈcropped/ ˈcut** *adj* (চুল ঘাস ইত্যাদি) খুব ছোট করে কাটা। **ˈ~-ˈfitting** *adj* (পোশাক ইত্যাদি সম্পর্কে) আঁটসাট। **ˌ~-ˈgrained** *adj* ঠাসবুনান; (কাঠ সম্পর্কে) ঘন দানাদার **ˌ~-ˈset** *adj* পরস্পর খুব কাছাকাছি স্থাপিত: close-set teeth.

close[3] [ক্লো উস্] *n* গির্জা, মঠ, স্কুল ইত্যাদির চারপাশের জমি–সংলগ্ন ভবনসমূহসহ।

close[4] [ক্লো উস্] *vt,vi* ১ বন্ধ করা; বন্ধ হওয়া। **~d book** (লাক্ষ.) যে বিষয়ে কেউ কিছুই জানে না: Cybernatics is a ~d book to him. ২ বন্ধ থাকা; বন্ধ বলে ঘোষণা করা বা ঘোষিত হওয়া: The road is still ~d to traffic. Admissions have been ~d for semester. **ˌ~d ˈcircuit** *n* (টেলিভিশনে) যে বর্তনীর দ্বারা তড়িৎপ্রবাহ ক্যামেরা থেকে স্ক্রিনে সরাসরি (শূন্যপথের পরিবর্তে) তারের মধ্য দিয়ে সঞ্চারিত হয়। ৩ শেষ করা বা শেষ হওয়া: to ~ a programme. **ˈ~ a deal** লেনদেন সম্পর্কিত চুক্তি সম্পন্ন করা। **ˈclosing prices** দিনের লেনদেন শেষে স্টক এক্সচেঞ্জ কর্তৃক উদ্ধৃত শেয়ারমূল্য। ৪ কাছাকাছি আনা বা আসা। **~ down** কারবার ইত্যাদি বন্ধ করে দেওয়া; গুটিয়ে ফেলা; বেতার ও টেলিভিশন স্টেশন সম্পর্কে প্রচারে বিরতি দান: the station is just ~d down. **~ in** হ্রস্ব হওয়া। **~ in on/ upon** ঢেকে ফেলা; ঘিরে ফেলা (আক্রমণের উদ্দেশ্যে)। **~ with** সন্নিহিত হওয়া; (প্রস্তাব) গ্রহণ করা।

close[5] [ক্লো উস্] *n* (কেবল *sing*) শেষ; সমাপ্তি। **draw / bring sth to a ~** শেষ করা।

closet [ˈক্লজ়িট্] *n* ১ (প্রধানত US) জিনিসপত্র রাখার ছোট কক্ষ। ২ (প্রা. প্র.) ব্যক্তিগত সাক্ষাৎকারের উদ্দেশ্যে ব্যবহৃত ক্ষুদ্র কক্ষ। ৩ (প্রা. প্র.) পায়খানা। □*adj* (কথ্য) গোপনে সক্রিয়; সাধারণে পরিচিত নয় এমন। □*vt* (সাধারণত কর্মবাচ্যে) **be ~ed with together / with sb** (কারও সঙ্গে) গোপন সাক্ষাৎকার হওয়া: The secretary was ~ed with the minister for an hour.

clo·sure [ক্লো উজ়া(র্)] *n* ১ (US = cloture) [C,U] (পার্লামেন্টে) কোনো প্রস্তাবের উপর ভোট গ্রহণের মাধ্যমে বিতর্ক শেষ করার ব্যবস্থা। ২ বন্ধকরণ; সমাপ্তকরণ; সমাপ্তি; ছুটি।

clot [ক্লট্] *n* [C] ১ তরল পদার্থের (বিশেষত রক্তের) ঘনীভূত পিণ্ড বা চাপ। ২ (অপ.) জড়বুদ্ধি বোকা। □*vt,vi*

চাপ বাঁধানো বা বাঁধা: clotted hair, ময়লা ইত্যাদির কারণে জটবাঁধা চুল।

cloth [ক্লথ্ US ক্লো°থ্] *n* *(pl* ~s) [ক্লথ্স্ US ক্লো°দ্জ্] ১ [U] (সুতা, পশম, রেশম প্রভৃতিতে তৈরি) কাপড়; বস্ত্র। ২ [U] পরিহিত পোশাক দ্বারা প্রদর্শিত পেশা। **the ~** যাজকমণ্ডলী।

clothe [ক্লো°দ্] *vt* পোশাক পরানো; পোশাক জোগানো। ২ (লাক্ষ.) প্রকাশ করা।

clothes [ক্লো°দ্জ্ US ক্লো°জ্] *n (pl)* ১ পোশাক পরিচ্ছদ। ২ ˈ**bed-~** বিছানার চাদর, কম্বল ইত্যাদি। ˈ**~-basket** কাপড়চোপড় ধোয়ার আগে বা ধোয়ার পর যে ঝুড়িতে রাখা হয়। ˈ**~-horse** কাপড়চোপড় ধোয়া ও শুকানোর পর হাওয়া লাগানোর জন্য যে ফ্রেমে টাঙানো হয়। ˈ**~-line** ধোয়া কাপড়চোপড় শুকানোর জন্য ব্যবহৃত দড়ি। ˈ**~-pig / -pin** শুকাতে দেওয়া কাপড়চোপড় দড়িতে আটকে রাখার পিন বা ক্লিপ।

cloth·ing [ক্লো°দিং] *n* আবরণ; পোশাক পরিচ্ছদ।

clo·ture [ক্লো°টশা(র্)] *n* (US) = closure (১).

cloud [ক্লাউড্] *n* ১ মেঘ। ˈ**~-bank** *n* নিচু মেঘের ঘন স্তূপ। ˈ**~-burst** আকস্মিক ও প্রচণ্ড বৃষ্টিঝড়। ˈ**~-capped** *adj* (পাহাড়াদির) চূড়া মেঘে ঢাকা অবস্থা। ২ একত্রে চলমান দল; ঝাঁক: a ~ of flies. ৩ বাতাসে ভাসমান ধোঁয়া; ধূলিবালির পুঞ্জ। ৪ তরল বা স্বচ্ছ পদার্থের উপর বা ভিতরে অস্বচ্ছ আবরণ। ৫ বিষণ্ণতা বা ভয়ের সৃষ্টি করে এমন কিছু: ~s of war. **under a ~** বিপদে পতিত; সন্দেহের শিকার; হতমান। ৬ *(pl)* **(have one's head) in the clouds** (লাক্ষ.) অলীক; কাল্পনিক। □*vt,vi* **~ (over)** অস্পষ্ট হওয়া বা করা। **~·less** *adj* নির্মেঘ; পরিষ্কার। **~y** *adj* (-ier, -iest) ১ মেঘাচ্ছন্ন। ২ (বিশেষত তরল পদার্থ সম্পর্কে) ঘোলা; অপরিষ্কার।

clout [ক্লাউট্] *n* ১ (কথ্য) আঘাত; ধাক্কা (মাথা ইত্যাদিতে হাতের সাহায্যে প্রদত্ত)। ২ (কথ্য) ফলপ্রসূ কাজের ক্ষমতা; কোনো ব্যক্তিকে বা কোনো কিছুকে প্রভাব করার ক্ষমতা: He has a lot of ~ with the minister.

clove[1], cleave[1]-এর *pt*

clove[2] [ক্লো°ভ্] *n* লবঙ্গ। **oil of** ˈ**~s** লবঙ্গ নির্যাস।

clove[3] [ক্লো°ভ্] *n* (রসুনাদির) কোয়া।

clove hitch [ˈক্লোভ্ হিচ্] *n* দণ্ড, খাম্বা ইত্যাদি দড়ি দিয়ে বাঁধার গিঁট।

cloven, clove[1]-এর *pp*

clo·ver [ˈক্লো°ভা(র্)] *n* [U] গবাদি পশুর ভোজ্য; (সাধা.) এক বোঁটায় তিনপাতাবিশিষ্ট ছোট গাছবিশেষ। **be/live in ~** অতি আরাম-আয়েশে থাকা। ˈ**~-leaf** মহাসড়কের সংযোগস্থল, যেখানে এক সড়কের উপর দিয়ে অন্য এক সড়ক চলে যাবার সময়ে এক বোঁটায় চারপাতার মতো প্যাটার্ন সৃষ্টি করে।

clown [ক্লাউন্] *n* [C] বিশেষত সার্কাস, নির্বাক নাটক ইত্যাদিতে কৌতুকাভিনয়কারী ব্যক্তি; ভাঁড়, বিদূষক, ক্লাউন; অমার্জিত জবুথবু ধরনের লোক। □*vi* ভাঁড়ামি করা; ভাঁড়চরিত্রে অভিনয় করা। **~·ish** *adj* ভাঁড়সুলভ; অমার্জিত; গেঁয়ো।

cloy [ক্লয়] *vt,vi* সম্পদ খাদ্য আনন্দ প্রভৃতির আতিশয্যের দ্বারা অরুচির সৃষ্টি করা বা অরুচি বোধ করা: ~ed with sweets.

club[1] [ক্লাব্] *n* ১ গদা; মুগুর। ২ গলফ ও হকি খেলার বল মারার জন্য ব্যবহৃত বাঁকানো মাথাওয়ালা লাঠি। □*vt* (-bb-) উক্ত লাঠির সাহায্যে আঘাত করা। ˌ**~-foot** *n* জন্ম হতে ভারী ও বিকৃত পা; কৃশপা। ˌ**~-footed** *adj* বিকৃত চরণ।

club[2] [ক্লাব্] *n* চিড়িতন (বিশেষ তাস)।

club[3] [ক্লাব্] *n* সঙ্ঘ; সমিতি; ক্লাব; সমিতি বা ক্লাব কর্তৃক ব্যবহৃত কক্ষ বা ভবন। ˈ**~house** ক্লাব-ভবন। □*vi* (-bb-) **~ together** সঙ্ঘবদ্ধ হওয়া। **~·bable** *adj* ক্লাবের সদস্য হওয়ার যোগ্য; মিশুক।

cluck [ক্লাক্] *vi,n* মুরগির ডাক বা ঐরূপ ধ্বনি করা।

clue [ক্লু] *n* কোনো সমস্যার সমাধানে সাহায্য করতে পারে এমন কোনো বিষয়, ধারণা বা যোগসূত্র। **not have a ~** (কথ্য) কোনো বিষয়ে সম্পূর্ণ অজ্ঞ থাকা বা কিছুই বুঝতে না পারা। □*vi* **be ~d up (about sth)** কোনো বিষয়ে অনেক কিছু জানা। **~ sb up (about / on sth)** কোনো বিষয়ে কাউকে ভালোভাবে জানানোর ব্যবস্থা করা: He has been ~d up about the party arrangements.

clue·less [ˈক্লুলাস্] *adj* (কথ্য) ১ যোগসূত্রহীন। ২ অদক্ষ; নির্বোধ।

clump[1] [ক্লাম্প্] *n* গুচ্ছ; ঝাড় (বৃক্ষাদির)। □*vt* ঝাড় বেঁধে গাছ লাগানো।

clump[2] [ক্লাম্প্] *vi* গুরুভার পীড়িত পা টেনে টেনে চলা: ~ about.

clumsy [ˈক্লামজি] *adj* (-ier, iest) ১ কদাকার; জবরজং; অমার্জিত। ২ বেমানান; আনাড়ি; অপটু। **clum·sily** *adv* . **clum·si·ness** *n*

clung [ক্লাং] cling-এর *pt,pp*

clunk [ক্লাঙ্ক্] *vi,n* ভারী ধাতব পদার্থাদির সংঘর্ষজনিত নিস্তেজ শব্দ (করা)।

cluster [ক্লাস্টা(র্)] *n* ১ গুচ্ছ; ঝাঁক; ঝাড়; স্তবক; দল: a ~ of trees, flowers, bees. □*vi* **~ (together) (round)** ঝাঁক বাঁধা; গুচ্ছবদ্ধ হওয়া; একত্রে ঝুঁকে পড়া।

clutch[1] [ক্লাচ্] *vt,vi* **~ at** এঁটে ধরা; দৃঢ়মুষ্টিতে আঁকড়ে ধরা; বলপূর্বক অধিকার করা; ছিনিয়ে নেওয়া। □*n* ১ দৃঢ়মুষ্টি; দৃঢ়মুষ্টিতে আঁকড়ে ধরার ক্রিয়া; ছোঁ: make a ~ at sth. ২ *(pl)* নিয়ন্ত্রণক্ষমতা। **be in / out of the ~es of; get into / out of the ~es, of.** ৩ কোনো মেশিন বা ইনজিন বন্ধ বা চালু করার নিয়ন্ত্রক কল।

clutch[2] [ক্লাচ্] *n* একটি মুরগি একবারে যতগুলি ডিমে তা দেয়; এইভাবে তা দেওয়া ডিম থেকে উৎপন্ন মুরগির ঝাঁক।

clut·ter [ˈক্লাটা(র্)] *vt* **~ (up)** ভিড় করে বা গাদাগাদি করে বিশৃঙ্খল বা এলোমেলো অবস্থার সৃষ্টি করা: The table is ~ed up with books. □*n* এলোমেলো অবস্থা।

co- [কৌ°] *pref* সহার্থক উপসর্গ— সহ; একত্রে: ~-author; ~-education.

coach[1] [কৌ°চ্] *n* ১ চার চাকাওয়ালা ঘোড়ার গাড়ি। ২ **drive a ~ and horses through (sth)** শব্দ ব্যবহারের ত্রুটির সুযোগ নিয়ে (আইন-কানুন ইত্যাদির) উদ্দেশ্য ব্যর্থ করা। ৩ (US = car) রেলগাড়ির কামরা (যাত্রীদের) জন্য। ৪ (ˈ**motor-~**) দূরপাল্লার যাত্রীবাহী মোটরগাড়ি।

coach[2] [কৌ°চ্] *n* গৃহশিক্ষক; খেলাধুলার পেশাদার প্রশিক্ষক: football coach. □*vt,vi* শিক্ষাদান করা; প্রশিক্ষণ দেওয়া।

co·agu·late [কো উঅ্যাগিউলেইট্] *vt,vi* (তরল পদার্থ সম্পর্কে) ঘনীভূত করা বা হওয়া। **co·agu·lation** *n*

coal [কৌল্] *n* [U] কয়লা; [C] কয়লার টুকরা; জ্বলন্ত কয়লা। **carry ~s to Newcastle** (লাক্ষ.) তেলা মাথায় তেল দেওয়া। **heap ~s of fire on sb's head** অপকারের বিনিময়ে উপকার করে মনস্তাপ সৃষ্টি করা। **ˈ~-field** কয়লাখনি অঞ্চল। **ˈ~-gas** আলো জ্বালার এবং তাপ সৃষ্টির উদ্দেশ্যে কয়লা হতে প্রস্তুত গ্যাস; অঙ্গার-গ্যাস। **ˈ~-mine / pit** *nn* কয়লা খনি। **ˈ~-scuttle** *n* কয়লা রাখার ঝুড়ি। **ˈ~-seam** *n* ভূগর্ভস্থ কয়লাস্তর। **ˈ~-tar** *n* কয়লাজাত আলকাতরা। □*vi* (উনুনে) কয়লা নেওয়া: to ~ a ship. **ˈ~ing station** যে বন্দরে জাহাজে কয়লা নেওয়ার ব্যবস্থা আছে।

co·alesce [ˌকৌআˈলেস্] *vi* মিলিত হওয়া; একাঙ্গীভূত হওয়া। **co·ales·cence** *n*

co·ali·tion [কৌ আˈলিশ্ন্] *n* [U] মিলন; [C] বিশেষ উদ্দেশ্যে রাজনৈতিক দলসমূহের সাময়িক মিলন: a ~ government; to form a ~.

coam·ing [ˈকৌমিং] *n* পানি ঠেকানোর জন্য জাহাজের ডেকের চারপাশে উঁচু প্রান্তদেশ।

coarse [কো°স্] *adj* (-r, -st) ১ মোটা; অসূক্ষ্ম: ~ rice, ~ cloth. ২ (খাদ্য সম্পর্কে) সাধারণ; নিকৃষ্টমানের; বাজে: ~ fish. ৩ অমার্জিত; অনিষ্ট: ~ manners; ~ jokes. **coarsen** [ˈকো°স্ন্] *vt,vi* মোটা স্থূল সাধারণ ইত্যাদি মানে পরিণত করা বা হওয়া। **~·ly** *adv*. **~·ness** *n*

coast[1] [কৌস্ট্] *n* [C] সমুদ্রতীর; উপকূল। **ˈ~·guard** *n* উপকূল প্রহরী। **ˈ~·line** *n* উপকূল রেখা। **~al** *adj* উপকূল সম্পর্কিত; উপকূলবর্তী। **ˈ~·wise** উপকূল বরাবর।

coast[2] [কৌস্ট্] *vi,vt* ১ **~ along** (জাহাজাদিতে) উপকূল ধরে চলা। ২ পাহাড়ের ঢাল বেয়ে গড়িয়ে নামা (যেমন ঢালু পথে সাইকেলে চেপে প্যাডেল না ঘুরিয়ে নামতে থাকা)। **~er** *n* ১ যে জাহাজ সমুদ্রের উপকূল ধরে বন্দর থেকে বাণিজ্য করে। ২ টেবিলে খাবার গ্লাসের নীচে বিছানোর জন্য ছোট মাদুরবিশেষ।

coat [কৌট্] *n* ১ জামার উপরে পরার লম্বা হাতাওয়ালা এবং বুক-খোলা পোশাক; কোট। **turn one's coat** পক্ষ বা মত পরিবর্তন করা। **ˌ~ of ˈarms** বংশমর্যাদাসূচক বা শহর বা বিশ্ববিদ্যালয়ের পরিচয়বাহী নকশা বা চিত্র; ঐরূপ চিত্রাঙ্কিত ঢাল। **ˌ~ of ˈmail** ধাতব বলয় বা পাত নির্মিত বক্ষাবরণ। ২ জ্যাকেট। ৩ পোশাকতুল্য যে কোনো আবরণ। ৪ প্রলেপ; পোঁচ। □*vt* পোশাকে আবৃত করা; আস্তরণ পড়া: ~ed with dust, লেপন করা। **ˈ~·ing** *n* ১ পাতলা স্তর বা আবরণ। ২ [U] কোটের কাপড় বা আস্তরণের কাপড়।

coax [কৌক্স্] *vt,vi* **~ (from / into/out of)** মিষ্ট কথায় ভুলানো; প্রলুব্ধ করা। **~·ing** *n* [U,C] প্রলোভন; আদর। **~·ing·ly** *adv*

cob [কব্] *n* ১ রাজহাঁস। ২ খাটো পাওয়ালা ছোট তেজি ঘোড়া। ৩ (অপিচ **ˈcob-nut)** এক জাতীয় বড়ো আকারের বাদাম। ৪ ভুট্টা-শিষের মধ্যভাগ— যেখানে শস্য জন্মে।

co·balt [ˈকৌবো°ল্ট্] *n* শক্ত রুপালি সাদা ধাতু; কোবাল্ট (রাসায়নিক প্রতীক Co).

cob·ber [ˈকবা(র্) *n* (অস্ট্রেলিয়া, কথ্য) সাথি।

cobble[1] [ˈকব্ল্] *n* (অপিচ **ˈ~-stone**) খোয়া। □*vt* খোয়া বা পাথর দিয়ে বাঁধানো: ~d path.

cobble[2] [ˈকব্ল্] *vt* মেরামত করা (জুতা ইত্যাদি) তালি দেওয়া; জোড়া দেওয়া।

cobbler [ˈকব্লা(র্)] *n* ১ মুচি। ২ অমার্জিত শ্রমিক। ৩ [US] এক ধরনের পিঠা। **aload of old ~s** (GB কথ্য) বাজে কথা।

co·bra [ˈকৌব্রা] *n* গোখুরা সাপ।

cob·web [ˈকব্ওয়েব্] *n* [C] মাকড়সার জাল; ঊর্ণা।

Coca·Cola [ˈকৌকাˈকৌলা] *n* (P) পানীয় বিশেষ; কোকা-কোলা।

co·caine [কৌ ˈকেইন্] *n* [U] মাদকদ্রব্যবিশেষ; কোকেন।

cochi·neal [ˌকচিনীল্] *n* [U] কোনো কোনো কীটের শুষ্কীকৃত দেহ হতে প্রস্তুত উজ্জ্বল লাল রঞ্জক পদার্থ।

cock[1] [কক্] *n* ১ মোরগ। **ˈ~-crow** *n* প্রত্যূষ। **ˌ~-a-ˈhoop** *adj,adv* জয়োল্লাসপূর্ণ; জয়োল্লাসের সঙ্গে। **~-a-doodle-doo** মোরগের ডাক। **~-and- ˈbull story** অবিশ্বাস্য, আষাঢ়ে বা অলীক গল্প। **ˈ~-fighting** মোরগের লড়াই। **live like ˈfighting ~s** সর্বোত্তম খাদ্য খেয়ে জীবন ধারণ করা। **~ of the walk** অন্যের উপর প্রাধান্য বিস্তারকারী ব্যক্তি; সর্দার। ২ (যৌগশব্দে) (যে কোনো পাখি সম্পর্কে) পুং-: ~ sparrow, পুং চড়াই।

cock[2] [কক্] *n* ১ নল পিপে ইত্যাদি হতে তরল পদার্থ বা গ্যাসের নির্গমন নিয়ন্ত্রক কল। ২ বন্দুকের ঘোড়া। **at half/ full ~** গুলি ছোঁড়ার ব্যাপারে অর্ধ/ পূর্ণ প্রস্তুতিতে। **go off at half ~** (পরিকল্পনাদি সম্পর্কে) যথাযথ প্রস্তুতি ছাড়া শুরু করা। ৩ (অপ.) জননেন্দ্রিয়।

cock[3] [কক্] *vt* **~ (up)** ১ উপরের দিকে উল্টানো, খাড়াভাবে স্থাপন করা: ears ~ed up. **ˌ~ed ˈhat** সামনে ও পিছনে সুচালো ত্রিকোণাকৃতি টুপিবিশেষ। **knock sb/ sth into a ~ hat** বেদম প্রহার করা; পিটিয়ে চেহারা বিকৃত করে দেওয়া। ২ গুলি করার উদ্দেশ্যে বন্দুকের ঘোড়া টানা। ৩ **~up** (অপ.) ওলটপালট করা; ভণ্ডুল করা। **ˈ~-up** *n*

cock[4] [কক্] *n* খড় গোবর প্রভৃতির মোচাকৃতি ক্ষুদ্র স্তূপ □*vt* খড় স্তূপ করে রাখা।

cock·ade [ক ˈকেইড্] *n* টুপিতে ব্যাজ (কোনো কিছুর নিদর্শন) হিসাবে পরিহিত ফিতার গিঁট।

cocka·too [ˌকক ˈতূ] *n* [C] কাকাতুয়া।

cock·chafer [ˈককচেইফা(র্)] *n* গাছপালার ধ্বংসসাধনকারী পতঙ্গবিশেষ।

cocker[1] [ˈকক(র্)] *n* **~ spaniel** স্পেনিয়েল জাতের পক্ষীশিকারি কুকুরবিশেষ।

cocker[2] [ˈকক(র্)] *vt* আদর দেওয়া; লাই দেওয়া।

cock·erel [কক রাল্] *n* এক বছর কম বয়সের বাচ্চা মোরগ।

cock-eyed [ˈককআইড্] *adj* (অপ.) ১ বাঁকা; তেরছা চাহনি বিশিষ্ট; টেরা। ২ অসঙ্গতিপূর্ণ; উদ্ভট।

cock·horse [ˌককˈহো°স্] *n* (ছোটদের জন্য কাঠের তৈরি) দোলনা-ঘোড়া।

cockle [ˈককল্] *n* ১ ভোজ্য গেঁড়িশামুক; (অপিচ **ˈ~-shell**) এই জাতীয় শামুকের খোলা। ২ ডিঙি নৌকা। ৩ **warm/delight the ~s of one's heart** মনপ্রাণ প্রফুল্ল করা।

cock·ney ['কক্‌নি] *n* লন্ডনের পূর্বপ্রান্তের অধিবাসী; খাস লন্ডনবাসী। □*adj* খাস লন্ডনবাসীর বৈশিষ্ট্যপূর্ণ: a ~ accent.

cock·pit ['কক্‌পিট্] *n* ১ মোরগের লড়াই-এর জন্য ঘেরা জায়গা; প্রায়শ যুদ্ধ সংঘটিত হয়েছে এরূপ জায়গা। ২ ছোট এরোপ্লেন ইত্যাদিতে বসবার কক্ষ।

cock·roach ['ককরৌচ্] *n* আরশোলা; তেলাপোকা।

cocks·comb (অপিচ **coxcomb**) ['কক্‌সকৌম্] *n* ১ মোরগের লাল চূড়া; মোরগচূড়া। ২ ভাঁড়ের টুপি। ৩ মোরগচূড়া ফুলগাছ।

cock·sure [ˌকক্‌'শুঅ] *adj* কোনো বিষয়ে অতিনিশ্চিত; অতিআস্থাবান।

cock·tail ['কক্‌টেইল্] *n* ১ বিভিন্ন মদের মিশ্রণে প্রস্তুত পানীয়বিশেষ। ২ ফলের রস; মসলাযুক্ত টমাটো-রস ইত্যাদির মিশ্রণে তৈরি পানীয়। ৩ বিভিন্ন ফলের কুচির মিশ্রণে তৈরি সালাদ।

cocky ['ককি] *adj* (-ier, -iest) (কথ্য) অতিনিশ্চিত; অতিশয় আত্মগর্বসম্পন্ন।

coco [কৌকৌ] *n* (অপিচ '**~-palm**, '**~-nut palm**) নারিকেল গাছ। **~·nut** [কৌক নাট্] নারিকেল। ˌ**~nut·'matling** নারিকেল ছোবড়ার তৈরি মাদুর।

co·coa [কৌকৌ] *n* [U] কোকো-গাছের বীজ বা ফল; কোকোবীজের গুঁড়ার সঙ্গে পানি বা দুধ মিলিয়ে প্রস্তুত গরম পানীয় কোকো।

co·coon [ক 'কূন্] *n* রেশম-গুটি। □*vt* সম্পূর্ণ আবৃত্তকরণের মাধ্যমে রক্ষা করা।

cod[1] [কড্] *n* ১ [C] (*pl* অপরিবর্তিত) (অপিচ **cod·fish**) বৃহদাকার সামুদ্রিক মৎস্যবিশেষ; কডমাছ। ২ [U] খাদ্য হিসাবে পরিবেশিত কডমাছ। **~-liver oil** *n* [U] ঔষধ হিসাবে ব্যবহৃত কডলিভার তেল।

cod[2] [কড্] *vt,vi* (কথ্য) বোকা বানানো; ধোঁকা দেওয়া।

coda [কৌড া] *n* সঙ্গীতের সমাপ্তি অংশ।

coddle ['কড্‌ল্] *vt* ১ অত্যধিক আদরযত্নে লালন-পালন করা; অতিরিক্ত প্রশ্রয় বা লাই দেওয়া। ২ স্ফুটনাঙ্কের নীচের তাপমাত্রায় পানিতে সিদ্ধ করা।

code [কৌড্] *n* [C] ১ আইনের সঙ্কলনগ্রন্থ; সংহিতা। ২ কোনো সমাজ বা মানবগোষ্ঠী কর্তৃক গৃহীত নীতিমালা ও নিয়মাবলী। ৩ [U] গোপনীয়তা, সংক্ষেপ ইত্যাদি প্রয়োজনে ব্যবহৃত সঙ্কেতাদি, সঙ্কেতলিপি; গূঢ়লেখ। **break a ~** সঙ্কেতলিপির পাঠ উদ্ধার করা। □*vt* সঙ্কলনভুক্ত করা; সঙ্কেতলিপির সাহায্যে লেখা বা বলা।

co·deine ['কৌডীন্] *n* [U] আফিমজাত মাদকদ্রব্যবিশেষ।

co·dex ['কৌডেক্‌স্] *n* (*pl* codices) ['কৌডিসীজ্] প্রাচীন গ্রন্থাদির পাণ্ডুলিপি।

codger [কজা(র্)] *n* (কথ্য) অদ্ভুত বৃদ্ধ ব্যক্তি লোক।

codi·ces দ্র. codex.

codi·cil ['কৌডিসিল্ US 'কডাস্‌ল্] *n* উইলের পরিশিষ্ট বা বিশেষ সংযোজনী।

codi·fy ['কৌডিফাই US কড ফাই] *vt* সঙ্কলন বা সারসংগ্রহের আকারে গ্রথিত করা। **codi·fi·cation** *n*

cod·ling ['কড্‌লিং] *n* কডমাছের বাচ্চা।

co-ed ['কৌ-এড্] *n* (US কথ্য) সহশিক্ষা ব্যবস্থাধীন স্কুল-কলেজ (-এর মেয়ে)।

co-education [ˌকৌˌএজু'কেইশ্‌ন্] *n* [U] ছেলেমেয়েদের একত্রে শিক্ষা; সহশিক্ষা। **~al** *adj*

co-efficient [ˌকৌই'ফিশ্‌ন্ট্] *n* ১ (গণিত) গুণক হিসাবে কোনো রাশির পূর্বে ব্যবহৃত সংখ্যা বা প্রতীক; সহগ। ২ (পদার্থ.) কোনো পদার্থের ধর্ম পরিমাপক গুণাঙ্ক; গুণাঙ্ক।

co·erce [কৌ 'আস্] *vt* **~ sb (into doing sth)** জোরপূর্বক (কোনো কিছু করতে কাউকে) বাধ্য করা; দমন করা। **co·ercion** [কৌ'আশ্‌ন্ US – জ়্‌ন্] দমন; দমননীতির দ্বারা শাসন। **co·ercive** *adj* দমনমূলক।

co·eval [ˌকৌ'ঈভ্‌ল্] *adj* **~(with)** সমবয়স্ক; সমসাময়িক। □*n* সমবয়স্ক ব্যক্তি; সমসাময়িক ব্যক্তি বা বস্তু।

co·exist [ˌকৌইগ্‌'জিস্ট্] *vi* **~ (with)** একই সময়ে অবস্থান করা; সহ-অবস্থান করা। **~·ence** *n* [U] সহ-অবস্থান।

cof·fee ['কফি US কো° ফি] *n* [U] কফি (পানীয়, বীজ, বীজচূর্ণ); [C,U] পানীয়: two black ~s, দুকাপ দুধ ছাড়া কফি। '**~ bar** ছোট পানশালা যেখানে কফি ও হালকা পানীয় পরিবেশন করা হয়। '**~-house** (প্রা. GB) সাহিত্যানুরাগী ব্যক্তিরা কফিপান ও আলোচনার উদ্দেশ্যে ক্লাব হিসাবে ব্যবহার করতেন এমন জায়গা; কফিখানা। '**~-mill** কফিবীজ গুঁড়া করার যন্ত্র। '**~-stall** গরম কফি বা খাবার বিক্রয়ের জন্য ভ্রাম্যমাণ দোকান; ভ্রাম্যমাণ কফিখানা।

cof·fer ['কফা(র্)] *n* ১ বৃহৎ মজবুত পেটিকা যার মধ্যে ধনরত্নাদি রাখা হয়। ২ ছাদের নিম্নপৃষ্ঠদেশে নির্মিত কারুকার্যময় আড়া।

coffin ['কফিন্] *n* শবাধার; কফিন। **drive a nail into sb's ~** এমন কিছু করা যার দ্বারা ঐ ব্যক্তির মৃত্যু বা ধ্বংস ত্বরান্বিত হয়; কারও মৃত্যু বা সর্বনাশ ডেকে আনা। □*vt* শবাধারের মধ্যে রাখা।

cog [কগ্] *n* চাকার প্রান্তদেশে কাটা দাঁত বা খাঁজ। **be a ~ in the machine** (লাক্ষ.) বড়ো ব্যবসাপ্রতিষ্ঠান বা সংস্থার নগণ্য অংশ হওয়া। '**~·wheel** খাঁজকাটা চাকা।

co·gent ['কৌজান্ট্] *adj* (যুক্তি-সম্পর্কে) জোরালো এবং দৃঢ় প্রত্যয়োৎপাদক। **co·gency** [কৌজান্‌সি] *n* [U] (যুক্তির) দৃঢ়তা; অকাট্যতা।

cogi·tate ['কজিটেইট্] *vi,vt* ধ্যান করা; গভীরভাবে চিন্তা করা: ~ upon sth; ~ mischief against sb. **cogi·ta·tion** [ˌকজিটেইশ্‌ন্] *n* ১ ধ্যান; গভীর চিন্তা। ২ (*pl*) চিন্তাভাবনা।

cognac ['কন্‌ইয়্যাক্] *n* [U] উৎকৃষ্ট ফরাসি মদ্যবিশেষ; কনইয়াক।

cog·nate ['কগনেইট্] *adj* ১ **~ (with)** একই মূল থেকে উদ্ভূত; সমোদ্ভব: ~ languages. ২ পরস্পর সম্পর্কিত। □*n* শব্দ ইত্যাদি যা অন্য একটির সঙ্গে সম্পর্কিত।

cog·ni·tion [কগ্ 'নিশ্‌ন্] *n* [U] (দর্শন) অবধারণ; বোধ।

cog·ni·zance ['কগ্‌নিজ়ান্‌স্] *n* [U] ১ (আইন.) (কোনো কিছু সম্পর্কে) অবগতি; সচেতন জ্ঞান। **take ~ of** আনুষ্ঠানিকভাবে অবহিত হওয়া। ২ কোনো বিষয় আদালতে বিচারের অধিকার। **fall within/go beyond one's ~** কারও এক্তিয়ারের মধ্যে থাকা/এক্তিয়ার বহির্ভূত হওয়া। **cog·ni·zant** ['কগ্‌নিজ়ান্ট্] *adj* **~ of** জ্ঞাত; অবগত।

co·habit [কৌ ˈহ্যাবিট্] *vi* (আনুষ্ঠা.) (সাধা. অবিবাহিত নারী-পুরুষ সম্পর্কে) একত্রে বাস করা। **co·habi·ta·tion** [কৌহ্যাবিটেইশ্‌ন্] *n*

co·here [কৌ °হিঅ(র্)] *vi* (আনুষ্ঠা.) একত্রে এঁটে থাকা; সংযুক্ত হওয়া বা থাকা; (যুক্তি সম্পর্কে) সঙ্গতিপূর্ণ হওয়া। **co·her·ence** [ˌকৌহি অরান্‌স্] *n* **co·her·ency,** *n* **co·her·ent** [-রান্ট্] *adj* একত্র আসঞ্জনশীল। ২ সঙ্গতিপূর্ণ; প্রাঞ্জল **co·herent·ly** *adv*

co·he·sion [কৌ ˈহীজ়্‌ন্] *n* ১ একত্র এঁটে থাকার অবস্থা বা প্রবণতা; আসঞ্জন; যে শক্তিবলে অণুসমূহ পরস্পর আসঞ্জিত বা দৃঢ়ভাবে একত্র লেগে থাকে। **co·he·sive** [কৌˈহীসিভ্] আসঞ্জনশীল; আসঞ্জনপ্রবণ।

co·hort [ˈকৌহো°ট্] *n* ১ প্রাচীন রোমান সেনাবাহিনীর এক-দশমাংশ। ২ (একত্রে অবস্থিত ব্যক্তিদের) দল।

coif·feur [কোআ° ফ্য(র্)] *n* (ফ.) (অপরের) কেশবিন্যাসকারী।

coif·fure [কোআ° ফ্রিউঅ(র্)] *n* কেশবিন্যাসরীতি।

coil [কয়ল্] *vt,vi* কুণ্ডলী করা বা হওয়া; গোলাকারভাবে গুটাতে থাকা। □*n* ১ কুণ্ডলী। ২ তড়িৎপ্রবাহ পরিবাহী কুণ্ডলীকৃত তার। ৩ (কথ্য) জরায়ু-অভ্যন্তরে স্থাপনীয় কুণ্ডলী-আকৃতির গর্ভনিরোধক বস্তুবিশেষ।

coin [কয়ন্] *n* [C,U] মুদ্রা। **the other side of the ~** (লাক্ষ.) বিষয়ের অন্যদিক; মুদ্রার অপরপিঠ। **pay a man back in the same/ his own ~** (লাক্ষ.) দুষ্ট ব্যক্তিকে নিজের ফাঁদে ফেলা; কারও খারাপ আচরণের সমুচিত জবাব দেওয়া। □*vt* মুদ্রা তৈরি করা; উদ্ভাবন করা (বিশেষত নতুন কোনো শব্দ)। **~ money** দ্রুত অর্থোপার্জন করা। **~·age** [ˈকয়নিজ্] *n* ১ মুদ্রা প্রস্তুতকরণ; টঙ্কন। ২ [U] নতুন শব্দ উদ্ভাবন; উদ্ভাবিত নতুন শব্দ। **~er** *n* জাল মুদ্রা প্রস্তুতকারী।

co·incide [কৌইন্‌সা ইড্] *vi* ১ **~ (with)** অধিকৃত স্থান বা রূপরেখার দিক থেকে মিলে যাওয়া। ২ (ঘটনাদি সম্পর্কে) যুগপৎ সংঘটিত হওয়া। ৩ (ধারণাদি সম্পর্কে) সামঞ্জস্যপূর্ণ হওয়া; মিলে যাওয়া: My tastes ~ with those of my wife.

co·inci·dence [কৌ ˈইন্‌সিডান্‌স্] *n* [U] সমস্থানিকতা; সমকালীনতা; মিল; হঠাৎ যুগপৎ সংঘটন; আকস্মিক যোগাযোগ: what a ~! **co·inci·dent** *adj* সমস্থানিক; সমকালীন; সদৃশ; মিলযুক্ত। **co·inci·den·tal** *adj;* মিলধর্মী।

coir [ˈকয়অ(র্)] *n* নারকেল ছোবড়ার আঁশ।

co·ition [ˈকৌইশ্‌ন্] *n* = *coitus.*

co·itus [ˈকৌইটাস্] *n* [U] (আনুষ্ঠা.) যৌনমিলন; রতিক্রিয়া।

coke[1] [কৌক্] *n* [U] তাপ প্রয়োগের দ্বারা পাথুরে কয়লা থেকে গ্যাস বের করে নেবার পর যে হালকা অমসৃণ পদার্থ অবশিষ্ট থাকে; কোক-কয়লা। □*vt* কোক-কয়লাতে রূপান্তরিত করা।

coke[2] [কৌক্] *n* (কথ্য) Coca-Cola-এর সংক্ষিপ্ত রূপ।

coke[3] [কৌক্] *n* (অপ.) কোকেন।

col [কল্] *n* পর্বতমালার মধ্যবর্তী টোল বা সংকীর্ণ পথ।

cola [কৌলা] *n* = kola.

col·an·der, cul·len·der [ˈকালান্ডা(র্)] *n* (রান্নার কাজে চাল, সবজি ইত্যাদি ধোয়ার পর জল ঝরানোর উদ্দেশ্যে ব্যবহৃত) চালুনি; ঝাঁঝারি।

cold[1] [কৌল্ড্] *adj* ১ ঠাণ্ডা; শীতল; নিরুত্তাপ। **give sb the ~ shoulder** (লাক্ষ.) কারও সংসর্গ অপছন্দ করা; কাউকে ধমক দিয়ে দাবিয়ে রাখা। **ˌ~·ˈshoulder** *vt* ধমক দিয়ে দাবিয়ে রাখা। **have ~ feet** ঝুঁকিপূর্ণ কোনো কাজ করতে ভয় পাওয়া বা পিছপা হওয়া। **leave one ~** কারও মনের উপর দাগ কাটতে বা মন গলাতে ব্যর্থ হওয়া। **~ ˈcomfort** দুর্বল সান্ত্বনা। **ˈ~ cream** গাত্রত্বক পরিষ্কার বা নরম করার জন্য ব্যবহৃত মলম। **ˌ~ ˈwar** প্রকৃত যুদ্ধ ব্যতিরেকে প্রতিপক্ষের বিরুদ্ধে অপপ্রচার; অর্থনৈতিক ব্যবস্থা গ্রহণ ইত্যাদির মাধ্যমে শ্রেষ্ঠত্বের লড়াই; ঠাণ্ডা লড়াই। **ˌ~·ˈblooded** *adj* (লাক্ষ.) অনুভূতিহীন; নিষ্ঠুর: ~·blooded murder. ২ (লাক্ষ.) (ক) সৌজন্যহীন; আন্তরিকতাহীন; নিষ্প্রাণ: ~ reception. (খ) উত্তেজনাহীন; আবেগহীন। ৩ (রং সম্পর্কে) নিষ্প্রাণ (যথা—ধূসর ও নীল)। **~·ly** *adv* **~·ness** *n*

cold[2] [কৌল্ড্] *n* ১ [U] **(the)** ~ নিম্ন তাপমাত্রা; শৈত্য। **be left out in the ~** (লাক্ষ.) উপেক্ষিত বা অবহেলিত হওয়া। ২ [U] (পদার্থ.) পানির হিমাঙ্ক বা তার নীচের তাপমাত্রা। ৩ [C,U] সর্দি: catch/have a ~.

cole·slaw [ˈকৌলস্‌লো] *n* [U] কুচি কুচি করে কাটা কাঁচা বাঁধাকপির সালাদ।

colic [কলিক্] *n* [U] পেটের শূলবেদনা। **colicky** [কলিকি] *adj* শূলবেদনাতুল্য; শূলবেদনাযুক্ত।

co·li·tis [ক লাইটিস্] *n* (চিকি.) মলাশয় প্রদাহ।

col·lab·or·ate [ক ˈল্যাবারেইট্] *vi* ১ **~ (on sth) (with sb)** সহযোগীরূপে কাজ করা (বিশেষত সাহিত্য বা শিল্পকর্মে)। ২ **~ with** (দখলদার শত্রুবাহিনীর সঙ্গে) রাষ্ট্রদ্রোহমূলক সহযোগিতা করা। **col·lab·or·ator** [কˈল্যাবারেইটা(র্)] *n* সহযোগী; রাষ্ট্রদ্রোহমূলক কাজে শত্রুবাহিনীর সহযোগী। **col·lab·oration** [কˌল্যাবারেইশ্‌ন্] *n* [U] সহযোগিতা। **col·lab·or·ation·ist** *n* যে ব্যক্তি রাষ্ট্রদ্রোহমূলক কাজে শত্রুবাহিনীর সহযোগিতা করে।

col·lage [ˈকলা:জ্] *n* [U,C] (কলা) কাগজ, কাপড়, আলোকচিত্র, ধাতু ইত্যাদির টুকরা জোড়া দিয়ে তৈরি বিশেষ ধরনের চিত্র।

col·lapse [ক ˈল্যাপ্‌স্] *vi* ১ পতিত হওয়া; ভেঙে পড়া: The wall ~d under heavy pressure. ২ দৈহিক শক্তি, মনোবল ইত্যাদি হারানো, ভেঙে পড়া: Just after the injection the patient ~d; ~ of a bank, ~ of prices, etc. ৩ (যন্ত্রাদি সম্পর্কে) বন্ধ হওয়া; ভাঁজ হয়ে গুটিয়ে যাওয়া। ৪. *vt* বন্ধ করা; ভাঁজ করে গুটানো। □*n* পতন; অবসান; বিলুপ্তি; বন্ধকরণ। **col·laps·ible,-able** *adj* ভেঙ্গে বন্ধ করা যায় এমন: ~ible chair.

col·lar [ˈকলা(র্)] *n* ১ (জামা কোট ইত্যাদির) কলার। **ˈ~ stud** *n* জামার সঙ্গে কলার এঁটে রাখবার বোতাম। ২ গলবন্ধনী। ৩ কুকুর ঘোড়া ও অন্যান্য প্রাণীর গলায় বাঁধা চামড়া ইত্যাদির ফিতা। ৪ **ˈ~·bone** কাঁধ ও বক্ষাস্থি সংযোগকারী অস্থি। □*vt* ১ কারও কলার চেপে ধরা; পাকড়াও করা। ২ বিনা অনুমতিতে নিয়ে যাওয়া: sb has ~ed my lighter.

col·late [ক ˈলেইট্] *vt* (বই, পাণ্ডুলিপি ইত্যাদির কপি) বিচারের উদ্দেশ্যে সতর্কভাবে তুলনা করা।

col·lat·eral [ক ˈল্যাটারাল্] *adj* ১ একই উৎসজাত দ্বিতীয় পর্যায়ের; পাশাপাশি, সহগামী, অতিরিক্ত: ~ circumstances; ~ evidence, পরোক্ষ। ২ একই বংশের ভিন্ন পরিবারে জাত। □*n* [U]: ~ security, ঋণ আদায় নিশ্চিত করার জন্য অতিরিক্ত জামানত।

col·la·tion [ক'লেইশ্‌ন্] *n* [C] (আনুষ্ঠা.) নিয়মিত খাবারের সময় ভিন্ন অন্য সময়ের হালকা খাবার। (সাধা.): cold ~.

col·league ['কলীগ্] *n* [C] সহকর্মী।

col·lect[1] ক'লেক্ট্] *vt,vi* ১ ~ **(up/ together)** সংগ্রহ করা; একত্র করা; সঞ্চয় করা: He ~ed all necessary documents. ২ শখ হিসাবে বই ডাকটিকিট ইত্যাদির নমুনা সংগ্রহ করা: ~ stamps. ৩ ~ **(together)** একত্র হওয়া; সমবেত হওয়া। ৪ নিয়ে আসা: ~ sb or sth from a place. ৫ (চিন্তাভাবনা, শক্তি ইত্যাদি) গুছিয়ে নেওয়া; আয়ত্তে আনা। □*adj,adv* (US বাণিজ্য) সরবরাহ করার পর বা সেবা পাওয়ার পর পরিশোধনীয়: a ~ telegram; telegram sent ~; pay for goods ~. ~**ed** *adj* (বিশেষত কোনো ব্যক্তি সম্পর্কে) শান্ত; সংহত। ~**ed·ly** *adv*

col·lect[2] [ক লেক্ট্] *n* রোমের বা ইংল্যান্ডের গির্জার হ্রস্ব প্রার্থনাবিশেষ।

col·lec·tion [ক'লেক্‌শ্‌ন্] *n* ১ [U] সংগ্রহ; [C] সংগ্রহের ঘটনা বা দফা: ~ of letters are made twice a day. ২ সংগৃহীত বস্তু: a ~ of paintings. ৩ পুঞ্জ; স্তূপ: a ~ of rubbish. ৪ সভা সমিতি ইত্যাদিতে সংগৃহীত চাঁদা।

col·lec·tive [ক লেক্‌টিভ্] *adj* ১ যৌথ: ~ leadership; ~ ownership. ~ **bargaining** (বেতন-মজুরি ইত্যাদি বিষয়ে) কর্তৃপক্ষ ও শ্রমিক-কর্মচারী ইউনিয়নের মধ্যে যৌথ দর কষাকষি। ~ **farm** (সরকারি মালিকানাধীন এবং শ্রমিকদের দ্বারা সকল নাগরিকের কল্যাণার্থে পরিচালিত) যৌথ খামার। ২ ~ **noun** (ব্যক্তি.) সমষ্টিবাচক বিশেষ্য। **col·lec·tiv·ize** [কা'লেক্‌টিভাইজ্] *vt* (জমি খামার ইত্যাদি প্রসঙ্গে) ব্যক্তি মালিকানা থেকে রাষ্ট্রীয় নিয়ন্ত্রণে যৌথ মালিকানাধীনে আনা। **col·lec·tiviz·ation** [কা'লেক্‌টিভাইজেইশ্‌ন্ US: -ভিজ-] *n*

col·lec·tor [কা'লেক্‌টা(র্)] *n* সংগ্রহকারী ব্যক্তি; সংগ্রাহক। ~'**s item/piece** সংগ্রাহকগণ খোঁজ করেন এমন দুষ্প্রাপ্য বস্তু।

col·leen ['কলীন্] *n* (আইরিশ) অল্পবয়স্ক মেয়ে।

col·lege ['কলিজ্] *n* [C,U] ১ মহাবিদ্যালয়, কলেজ; বিশ্ববিদ্যালয়ের অংশ হিসাবে বিবেচিত শিক্ষা প্রতিষ্ঠান: the Oxford and Cambridge ~s. ২ [C] একই উদ্দেশ্য ও পেশার ব্যক্তিদের সঙ্ঘ: the ~ of physicians. **col·le·giate** [ক'লীজিআট্] *adj* কলেজ-সংক্রান্ত; কলেজতুল্য; কলেজছাত্রের ন্যায়: ~iate life.

col·lide [ক'লাইড্] *vi* ১ ~ **(with)** পরস্পর সংঘৃষ্ট হওয়া; ধাক্কা খাওয়া। ২ পরস্পরবিরোধী হওয়া।

col·lie ['কলি] *n* (স্কটল্যান্ডে) মেষপালের প্রহরার কাজে দক্ষ লোমশ কুকুরবিশেষ।

col·lier ['কলিআ(র্)] *n* ১ কয়লাখনির শ্রমিক। ২ কয়লাবাহী জাহাজ।

col·liery ['কলিআরি] *n* কয়লাখনি (এতদ্‌সংলগ্ন এলাকা ও ভবনাদিসহ)।

col·li·sion [ক'লিজ্‌ন্] *n* [U] সংঘর্ষ; ধাক্কা; সংঘর্ষের ঘটনা। **be in/ come into ~ (with)** সংঘৃষ্ট হওয়া; সংঘর্ষ হওয়া; (লাক্ষ.) বিরোধ।

col·lo·cate ['কলাকেইট্] *vi,vt* ১ ~ **(with)** (শব্দ সম্পর্কে) ভাষার বৈশিষ্ট্য হিসাবে সম্পর্কিত হওয়া বা মিলে যাওয়া। ২ একত্রে স্থাপন করা বা বিন্যস্ত করা।

col·lo·cation [ˌকলাকেইশ্‌ন্] *n* (শব্দাদির) একত্র বিন্যাস বা পাশাপাশি অবস্থান।

col·lo·quial [কা'লৌক্যু ইআল্] *adj* কথোপকথনে ব্যবহৃত; কথ্য। ~**ly** *adv.* ~**ism** *n* [C] কথ্য শব্দ।

col·lu·quy ['কলাক্যুই] *n* (*pl* -quies) [C,U] (আনুষ্ঠা.) কথোপকথন।

col·lu·sion [ক'লুজ্‌ন্] *n* ষড়যন্ত্রাদির উদ্দেশ্যে গোপন চুক্তি বা সহযোগিতা। **col·lus·ive** [কা'লূসিভ্] *adv*

colly·wobbles ['কলিওঅব্‌ল্‌জ্] *n* (কথ্য) পেটের ব্যথা; মৃদু শঙ্কিত ভাব।

co·lon[1] ['কৌলান্] *n* মলাশয়।

co·lon[2] ['কৌলান্] *n* লেখায় ও মুদ্রণে অব্যবহিত পরবর্তী বিষয়ের প্রতি দৃষ্টি আকর্ষণের জন্য ব্যবহৃত যতিচিহ্নবিশেষ (ঃ); কোলন।

co·lo·nel ['কা নল্] *n* সেনাবাহিনীতে লেফটেন্যান্ট কর্নেল-এর পরবর্তী উচ্চতর পদমর্যাদার সেনাপতি; কর্নেল।

co·lo·nial [ক'লৌনিআল] *adj* ১ উপনিবেশ সম্পর্কিত; ঔপনিবেশিক। ২ (বিশেষত US) বিপ্লবের সময়ের ও তৎপরবর্তী উত্তর আমেরিকার ব্রিটিশ উপনিবেশের স্থাপত্যরীতির ন্যায়। □*n* উপনিবেশের অধিবাসী; বিশেষত উপনিবেশ স্থাপনকারীদের বংশধর। ~·**ism** *n* [U] ঔপনিবেশিকতাবাদ; অন্য দেশকে উপনিবেশ হিসাবে রাখার মতবাদ। ~·**ist** *n* ঔপনিবেশিকতাবাদের সমর্থক।

col·on·ist ['কলানিস্ট্] *n* উপনিবেশ স্থাপনের পর তথায় বসবাসকারী ব্যক্তি; ঔপনিবেশিক।

col·on·ize ['কলানাইজ্] *vt* (কোনো স্থানে) উপনিবেশ স্থাপন করা; উপনিবেশে পরিণত করা: France ~d many countries in North Africa. **col·on·iz·ation** [কলানাইজেইশ্‌ন্ US: -নি'জেই-] *n* [U] উপনিবেশ স্থাপন। **col·on·izer** *n* উপনিবেশ স্থাপনে সহায়তাকারী ব্যক্তি।

col·on·nade [ˌকলানেইড্] *n* (সাধা.) সমব্যবধানে স্থাপিত স্তম্ভের সারি। **col·on·naded** স্তম্ভসারিতে সজ্জিত।

col·ony ['কলানি] *n* ১ উপনিবেশে বহিরাগত ব্যক্তিদের দ্বারা বসতি স্থাপনের উদ্দেশ্যে অধিকৃত ও তাদের নিয়ন্ত্রণকারী দেশ। ২ এক জায়গায় বসবাসকারী একই দেশের বহিরাগত ব্যক্তিবর্গ: the American ~ in Paris. ৩ (জীব.) একত্রে বসবাসকারী বা বেড়ে ওঠা প্রাণীদল বা তরুশ্রেণী।

color(US) = colour.

col·ora·tura [ˌকলারাটুআরআ] *n* [U] কণ্ঠসঙ্গীতে অলঙ্কারপূর্ণ অংশসমূহ।

co·los·sal [ক'লস্‌ল্] *adj* প্রকাণ্ড; বিশাল।

co·los·sus [ক'লসাস্] *n* (*pl* -lossi [-'লসাই] ~es [-'লসাসিজ্]) অতিকায় মূর্তি (বিশেষত কোনো মানুষের, বাস্তব আকার অপেক্ষা অনেক বড়ো)।

col·our[1] (US=color) [কালা(র্)] *n* ১ [U] বর্ণ; রং; আভা; [C] রঙের প্রভাব বা ছাপ। '~-**blind** *adj* বর্ণান্ধ; বিশেষ বর্ণের মধ্যে পার্থক্য করতে বা বিশেষ বিশেষ বর্ণ দেখতে অক্ষম। '~ **scheme** *n* কোনো নকশায় বিভিন্ন রঙের মিশ্রণ সম্পর্কিত পরিকল্পনা। '~-**wash** *n* গৃহাদিতে রঙের প্রলেপ। ২ [U] মুখের রক্তিমাভা। **change ~** স্বাভাবিক অপেক্ষা বেশি বিবর্ণ বা রক্তিম হওয়া। **have a high ~** রক্তিম বর্ণের হওয়া। **lose ~**

বিবর্ণ হওয়া। **be/feel/look off ~** (কথ্য) অসুস্থ বোধ করা; (কোনো কিছুতে) উৎসাহ না পাওয়া। ৩ *(pl)* চিত্রকর্মে ব্যবহৃত রঞ্জক পদার্থ: water ~s; রং ব্যবহারের ফলে কোনো বস্তুর স্বরূপ; (লাক্ষ.) বিশেষরূপে প্রতিভাত করা: see sth appear in its true ~s. ৪ [U] (ঘটনাদি প্রসঙ্গে) বাস্তবতার স্বরূপ; অজুহাত; ছুতা। **give/ lend ~ to** সম্ভাব্যতার ইঙ্গিত দেওয়া; বিশ্বাসযোগ্য করে তোলা। **give false ~ to** কোনো কিছুতে মিথ্যা রং চড়ানো। ৫ **local ~** (সাহিত্য.) কোনো স্থান, দৃশ্য বা কালের বর্ণনা বাস্তবধর্মী করার প্রয়োজনে খুঁটিনাটি বিবরণ। ৬ [U] (সঙ্গীত) ধ্বনিবৈশিষ্ট্য; সুর; প্রকাশ–বৈচিত্র্য। ৭ *(pl)* স্কুল, ক্লাব প্রভৃতির প্রতীক হিসাবে পরিহিত ফিতা, টুপি বা পোশাক। **get/ win one's ~** (কলেজ / বিশ্ববিদ্যালয়ের) খেলোয়াড়দলে স্থান লাভ করা। ৮ *(pl)* (জাহাজের) পতাকা; সেনাদলের প্রতীক চিহ্ন। **come through/off with flying ~s** কোনো কিছুতে বিরাট সাফল্য লাভ করা। **lower one's ~s** দাবি ত্যাগ করা; আত্মসমর্পণ করা। **nail one's ~s to the mast** কোনো সিদ্ধান্ত গ্রহণ করে তা ঘোষণা করা এবং তাতে অটল থাকা। **sail under false ~s** ভণ্ডামি করা। **show one's true ~s** নিজের স্বরূপ প্রকাশ করা। **stick to one's ~s** নিজের দল বা মত না বদলানোর ব্যাপারে অটল থাকা। ৯ [U] গাত্রচর্মের বর্ণের জাতিগত বৈশিষ্ট্য; অশ্বেতকায় জাতি। **ˈ~-bar** অশ্বেতকায় জাতিসমূহের প্রতি আরোপিত বিধিনিষেধ। **~·ful** *adj* রঙিন; উজ্জ্বল; আনন্দময়। **~·less** *adj* বিবর্ণ; নিষ্প্রাণ; অনুজ্জ্বল।

col·our[2] (US=**color**) [ˈকালা(র্)] *vt vi* ১ রং করা বা রং দেওয়া। ২ **~(up)** রঙিন হওয়া; লজ্জায় লাল হওয়া। ৩ বিকৃতভাবে বর্ণনা করা; অতিরঞ্জিত করা। **~ed** *adj* ১ রঙিন। ২ (ব্যক্তি সম্পর্কে) অশ্বেতকায়। **~·ing** *n* [U] রঞ্জক পদার্থ; রং করার রীতি; শিল্পী কর্তৃক রং দেবার ধরন।

colt[1] [কৌল্ট্] *n* অশ্বশাবক; (লাক্ষ.) প্রায় অনভিজ্ঞ তরুণ। **~·ish** *adj* অশ্বশাবকের ন্যায়; অনভিজ্ঞ তরুণের ন্যায়; ক্রীড়াচঞ্চল।

colt[2] [কৌল্ট্] *n* (US) পুরনো ধরনের পিস্তলবিশেষ।

col·ter [ˈকৌলটা(র্)] (US) = coulter.

col·um·bine [ˈকলাম্‌বাইন্] *n* ঝাঁক বাঁধা ঘুঘুর ন্যায় ফুল ও পাতা বিশিষ্ট বাগান–বৃক্ষ।

col·umn [ˈকলাম্] *n* ১ সাধা. পাথর বা ইটের তৈরি স্তম্ভ; থাম। ২ স্তম্ভাকৃতি কোনো বস্তু: a ~ of mercury in the thermometer. ৩ মুদ্রিত পৃষ্ঠার উল্লম্ব বিভাগ; (সংবাদপত্রের) একই বিষয়ের জন্য নির্ধারিত বিভাগ: sports ~. ৪ স্তম্ভাকারে বিন্যস্ত সংখ্যাশ্রেণী। ৫ স্তম্ভাকারে স্থাপিত সেনাদল; একটির পিছনে আর একটি একইভাবে সজ্জিত জাহাজের সারি। **col·um·nist** [ˈকলাম্‌নিস্ট্] *n* বিশেষ বিষয়ের উপর নিয়মিত লেখেন এমন সাংবাদিক।

coma[1] [ˈকৌমা] *n* সাধারণত গুরুতর রোগাবস্থায় গাঢ়নিদ্রা; আচ্ছন্নতা। **be in a ~ / go into a ~** গাঢ় নিদ্রাবস্থায় থাকা/ উপনীত হওয়া। **~·tose** [ˈকৌমাটোস্] *adj* গাঢ় নিদ্রাচ্ছন্ন; অচেতন।

coma[2] [ˈকৌমা] *n* ১ (উদ্ভিদ) ঝাঁকড়া; গাছের মাথা; (জ্যোতি.) ধূমকেতুর ঊর্ধ্ববিন্দুর অস্পষ্ট আবরণ।

co'mal, co'mate, co'mose, co·mous *adjj*

comb [কৌম্] *n* ১ চিরুনি। ২ চিরুনিসদৃশ যন্ত্রাংশ। ৩ মোরগ ইত্যাদির ঝুঁটি। ৪ মৌচাক। ৫ বড়ো ঢেউ–এর চূড়া। □*vt,vi* ১ চিরুনি দিয়ে (পশম ইত্যাদি) আঁচড়ানো। ২ তন্ন তন্ন করে খোঁজা: ~ a city in an effort to find sb. ৩ **~ out** (লাক্ষ.) তন্ন তন্ন করে খুঁজে কোনো অবাঞ্ছিত ব্যক্তি বা বস্তু খুঁজে বের করে সরিয়ে ফেলা বা তা থেকে কোনো জায়গা মুক্ত করা।

com·bat [ˈকম্‌ব্যাট্] *n* যুদ্ধ; সংগ্রাম। **single ~** কেবল দুজনের মধ্যে যুদ্ধ। □*vt,vi* **~ (against/ with)** (কিছুর বিরুদ্ধে/ সঙ্গে) সংগ্রাম করা; যুদ্ধ করা। **~·ant** [ˈকমবাটান্ট্] সংগ্রামী। □*n* যোদ্ধা। **~·ive** *adj* যুদ্ধবাজ। **~·ive·ly** *adv*

com·bi·na·tion [ˌকম্‌বিনেইশন্] *n* ১ মিলন; মিশ্রণ; সংযুক্তি। ২ সম্মিলিত ব্যক্তিবর্গ বা বস্তুরাশি। ৩ *(pl)* একত্রে দেহ ও পা আচ্ছাদনকারী অন্তর্বাসবিশেষ। ৪ তালা, সিন্দুক ইত্যাদি বন্ধ করার বা খোলার জটিল ব্যবস্থা বা সূত্র (= ˈ**~-lock**).

com·bine[1] [কম্ˈবাইন্] *vt vi* (~ **with**) সংযুক্ত করা বা হওয়া; মিলিত হওয়া; মেশা বা মেশানো। **~d operations/ exercises** স্থল, নৌ এবং বিমান–বাহিনীর যৌথ আক্রমণ/ মহড়া।

com·bine[2] [ˈকম্‌বাইন্] *n* ১ বিশেষ উদ্দেশ্যে সম্মিলিত ব্যক্তিবর্গ, ব্যবসা, কোম্পানি ইত্যাদি। ২ (অপিচ ˌ**~ ˈharvester**) যে কলে একই সঙ্গে শস্য কাটা ও মাড়াই হয়।

com·bust·ible [কম্ˈবাস্টাব্‌ল্] *adj* সহজে দাহ্য; (লাক্ষ.) (ব্যক্তি সম্পর্কে) সহজে উত্তেজিত হয় এমন। □*n* (সাধা. *pl)* দাহ্য পদার্থ।

com·bus·tion [কম্ˈবাস্‌চন্] *n* [U] দহন; দাহ।

come [কাম্] *vi (pt* came [কেইম্] *pp* come) আসা, আগমন করা, পৌঁছানো, উপনীত হওয়া; ফলস্বরূপ উদ্ভূত হওয়া; পরিণত হওয়া; নির্দিষ্ট পরিমাণ হওয়া; হওয়া বা হয়ে ওঠা; ঘটা: the total ~s to 500, যোগফল ৫০০; All our efforts came to nothing, আমাদের সকল প্রচেষ্টা বিফলে গেল; What he says comes to this, সে যা বলছে তার অর্থ দাঁড়াচ্ছে এই: He will be 50 ~ June, আগামী জুনে সে পঞ্চাশে পা দেবে। ১ **~ to an agreement** সম্মত হওয়া; মতৈক্যে পৌঁছা। **~ into sight/view** দৃষ্টিগোচর হওয়া। **~ to realise** অনুধাবন করতে পারা। **How ~ (that)** কী করে এমনটি হলো বা হয়? **in years to ~** আগামী বছরগুলিতে। **come about** ঘটা। **come across sb/ sth** (ক) হঠাৎ দেখতে পাওয়া বা সাক্ষাৎ হওয়া। (খ) মনে উদিত হওয়া: the idea came across his mind. **come across (with)** (অপ.) দেনা শোধ করা; তথ্য সরবরাহ করতে সম্মত হওয়া। **come after (sb)** কাউকে অনুসরণ করা। **come along** (ক) (imper) আরও চেষ্টা করা: ~ along, one must find a way out ! (খ) এগিয়ে চলা, (কিছুর) উন্নতি হওয়া; (গ) এসে পড়া; উপস্থিত হওয়া: when the opportunity ~s along. (ঘ) (imper) ত্বরা করা। **come apart** টুকরা টুকরা হওয়া। **come at sb/sth** (ক) কারও বা কিছুর নাগাল পাওয়া। (খ) আক্রমণ করা; কারও দিকে তেড়ে আসা। **come away (from)** বিচ্ছিন্ন হওয়া। **come back** ফিরে আসা; পুনরায় চালু হওয়া (ফ্যাশন ইত্যাদি)। **come-back** *n* প্রত্যাবর্তন, পুনরাবির্ভাব। **come before sb/sth** (ক) আলোচনার বিষয় হিসাবে সামনে আসা; (খ) (অন্য কিছুর উপর) অগ্রাধিকার পাওয়া। **come between** (ক) কোনো সম্পর্কের ক্ষেত্রে বাধা হয়ে দাঁড়ানো; (খ) কোনো কিছু পেতে কাউকে বাধা দেওয়া। **come by sth** (ক) চেষ্টার মাধ্যমে পাওয়া:

His wealth was honestly ~ by. (খ) (হঠাৎ করে আঘাত ইত্যাদি) পাওয়া: How did you ~ by the injury? **come down** (ক) আকস্মিক পতন: The roof came down on the floor. (খ) (বৃষ্টি, বরফ ইত্যাদি) পড়া; (গ) তাপমাত্রা, দর ইত্যাদি পড়ে যাওয়া; (ঘ) বড়ো শহর থেকে ছোট জায়গায় আসা; (ঙ) (কথ্য) অর্থ বিলানো। **come down (from)** বিশ্ববিদ্যালয় (বিশেষত অক্সফোর্ড বা কেম্ব্রিজ) ত্যাগ করা। **come down in the world** সামাজিক মর্যাদা হারানো; গরিব হয়ে যাওয়া। **come-down** *n* সামাজিক মর্যাদাচ্যুতি। **come down in favour of sb/sth, come down on the side of sb/ sth** (কাউকে/কোনো কিছুকে) সমর্থনের সিদ্ধান্ত নেওয়া। **~ down on sb** (কথ্য) কাউকে কঠোরভাবে তিরস্কার করা। **~ down on sb for sth** পাওনা পরিশোধের জন্য চাপ দেওয়া। **come down to** বংশানুক্রমে হস্তান্তরিত হওয়া। **come down to doing sth** মানহানিকর কিছু করতে বাধ্য হওয়া: He came down to begging. **come down to earth** বাস্তবে (বাস্তবতার জগতে) ফিরে আসা। **come down with** (কথ্য) চাঁদা দেওয়া: He had to ~ down with 500/- Taka to the charity. **come forward** (ক) এগিয়ে আসা; (খ) লভ্য হওয়া। **come from** (কোনো বিশেষ স্থানে) জন্মগ্রহণ করা: He ~s from Jessore. **come in** (ক) (জোয়ার সম্পর্কে) ফুলে ওঠা: The tide will soon ~ in. (খ) সময়োপযোগী হওয়া; (গ) চালু হওয়া; (ঘ) (ক্রিকেট ব্যাটস্‌ম্যান সম্পর্কে) উইকেটে তার অবস্থান গ্রহণ করা; (ঙ) দৌড়ের ফলাফলে স্থান লাভ করা; (চ) নির্বাচিত হওয়া, ক্ষমতাসীন হওয়া; (ছ) আয় হিসাবে গৃহীত হওয়া; (জ) ভূমিকা পালন করা; ভূমিকা থাকা: This is where you ~ in, এইখানে থাকবে তোমার ভূমিকা। **Come in handy/ useful (for sth)** কাজে লাগা: This may ~ in handy some day. **come in for** (ক) উত্তরাধিকার হিসাবে অংশলাভ করা; (খ) কোনো কিছুর বিষয়বস্তু বা উপলক্ষ হওয়া। **come in on** যোগদান করা; অংশগ্রহণ করা। **come of** (ক) বংশোদ্ভূত হওয়া: He ~s of a respectable family. (খ) ফল হিসাবে আসা: what will ~ of it? **come off** (ক) সংঘটিত হওয়া; (খ) সফল বা ফলপ্রসূ হওয়া; (গ) (ব্যক্তি সম্পর্কে) অগ্রসর হওয়া; নিজেকে প্রতিপন্ন করা। **come off sth** (কিছু থেকে) বিচ্ছিন্ন হওয়া; পড়ে যাওয়া; নেমে যাওয়া। **come off it** (কথ্য) থামাও তোমার বকবকানি! **come on** (ক) অনুসরণ করা; (খ) চ্যালেন্জ হিসাবে: Come on! let's do it ourselves. (গ) উন্নতি লাভ করা; আরোগ্য লাভ করা; (ঘ) শুরু হওয়া: Suddenly the rain came on. (ঙ) প্রশ্ন, মামলা ইত্যাদি আলোচনা বা শুনানির জন্য উপস্থাপিত হওয়া; (চ) (ক্রিকেট খেলায় বোলার সম্পর্কে) বল করতে শুরু করা; (ছ) (নাটক সম্পর্কে) মঞ্চস্থ হওয়া; (অভিনেতা সম্পর্কে) মঞ্চে আবির্ভূত হওয়া। **come out** (ক) দৃষ্টিগোচর হওয়া; আবির্ভূত হওয়া; (খ) প্রকাশিত হওয়া; (গ) জানাজানি হওয়া; (ঘ) (শ্রমিকদের সম্পর্কে) ধর্মঘট করা: Workers have ~ out again. (ঙ) (গুণাগুণ সম্পর্কে) প্রকাশ পাওয়া: His insolence came out in his talk; (চ) (দাগ, রং ইত্যাদি) মলিন হওয়া, উঠে যাওয়া বা দূর হওয়া; (ছ) (সমস্যাদি) সমাধান করা; (জ) জনসমক্ষে প্রথম আত্মপ্রকাশ করা; (ঝ) (অর্থ ইত্যাদি) পরিষ্কার হওয়া। **come over** (ক) দূরবর্তী কোনো স্থান থেকে আসা: My friend will ~ over here for a holiday. (খ) পক্ষ বা মত পরিবর্তন করা। **come over sb** (বিশে... কোনো অনুভূতি) কাউকে আচ্ছন্ন করা। **come roun...** (ক) সোজা পথের পরিবর্তে ঘুরে আসা; (খ) অনানুষ্ঠানিক সাক্ষাৎকারে আসা; (গ) পুনরায় আসা; (ঘ) আরোগ্য লাভ করা, সংজ্ঞা ফিরে পাওয়া; (ঙ) মত পরিবর্তন করে অন্য মত গ্রহণ করা: to ~ round t... other way of thinking. **come through** (ক) কঠিন অসুস্থতা, দুর্ঘটনা ইত্যাদির বিপদ কাটিয়ে ওঠা (খ) (টেলিফোন রেডিও ইত্যাদির মাধ্যমে কোনো বার্তা) এসে পৌঁছা। **come to** আরোগ্য লাভ করা। **com... under sth** শ্রেণীভুক্ত হওয়া। **come up** (ক) (বীজ চারা ইত্যাদির) উদ্গত হওয়া; মাটি ভেদ করে ওঠা; (খ) দেখা দেওয়া। **~ up against** (অসুবিধা বাধা ইত্যাদির মুখোমুখি হওয়া (আলোচনার জন্য) উত্থাপিত হওয়া; (গ) সামাজিক মর্যাদা উন্নীত হওয়া। **~ up to** কোনো কি... পর্যন্ত পৌঁছা বা কোনো কিছুর সমান হওয়া: Hi... performances did not ~ up to my expectations. **come up with** (কারও বা কিছুর) নাগাল ধর... **come upon sb/sth** হঠাৎ আক্রমণ করা।

com·edian [কা'মীডিঅন্] *n* হাস্যরসাত্মক নাটকাদি... চরিত্রাভিনেতা বা লেখক। **com·edienn...** [কামীডি'য়েন্] *n (fem)*

com·edy ['কমাডি] *n* ১ হাস্যরসাত্মক বা মিলনান্ত নাটক। ২ [C,U] বাস্তব জীবনের হাস্যরসাত্মক কাণ্ড... ঘটনা।

come·ly ['কাম্‌লি] *adj* (-ier, -iest) (প্রা. প্র., ব্যক্তি সম্পর্কে) মনোরম, সুন্দর। **come·li·ness** *n*

comer ['কামা(র্)] (মূলত যৌগশব্দে) আগমনকারী the first ~, the late ~.

com·est·ibles [কা'মেস্টাবল্‌জ্] *n pl* (আনুষ্ঠা. ভক্ষ্য দ্রব্য।

comet ['কমিট্] *n* ধূমকেতু।

come·up·pance [কাম্'আপান্স্] *n* প্রাপ্য শাস্তি বা দুর্ভোগ।

com·fort ['কাম্‌ফাট্] *n* ১ [U] আরাম; স্বস্তি; আয়েশ তৃপ্তি। ২ সান্ত্বনা। **cold** ~ নামে মাত্র সান্ত্বনা। আরামদায়ক বা সান্ত্বনাদায়ক ব্যক্তি বা বস্তু। **'~ statio...** (US) গণশৌচাগার। □*vt.* সান্ত্বনা দেওয়া; আরাম দেওয়া যন্ত্রণামুক্ত করা। **~·less** *adj* সান্ত্বনাহীন; অস্বস্তিকর আরামহীন।

com·fort·able ['কাম্‌ফ্‌টাবল্ US -ফার্ট্-] *adj* আরামদায়ক: a ~ bed. ২ আয়েশি: a ~ life. ৩ স্বস্তিপূর্ণ; চিন্তামুক্ত। **com·fort·ably** *adv.* **b... comfortably off** আরাম-আয়েশে থাকার জন্য প্রচু... অর্থ থাকা।

com·forter ['কাম্‌ফাটা(র্)] *n* ১ আরামদানকারী সান্ত্বনাদানকারী ব্যক্তি। **the Comforter** শক্তিদাতা পবিত্র আত্মা। ২ (GB) গলায় জড়ানোর জন্য পশ... কাপড়বিশেষ।৩ (US) লেপ।

com·frey ['কাম্‌ফ্রি] *n* [U] খসখসে পাতা এবং সা... বা রক্তবেগুনি ফুলবিশিষ্ট উঁচু বন্যবৃক্ষবিশেষ।

comfy ['কাম্‌ফি] *adj* (-ier, -iest) (কথ্য) com·fortable এর সংক্ষিপ্ত রূপ।

comic ['কমিক্] *adj* ১ হাস্যোদ্রেককর। ২ হাস্যরসাত্ম... নাটক সংক্রান্ত। □*n* ১ হাস্যোদ্রেককারী অভিনেতা। ২ (...

= ˈ~ book) চিত্র-গল্প সম্বলিত বই বা সাময়িক পত্রিকা।

omi·cal [ˈকমিক্‌ল্] *adj* মজাদার; আনন্দদায়ক; হাস্যোদ্রেককর। **~ly** *adv*

oming [ˈকামিং] *n* আগমন। □*adj* আগামী। **a ~ man** খ্যাতিমান হওয়ার সম্ভাবনাপূর্ণ কোনো ব্যক্তি।

omma [ˈকমা] *n* যতিচিহ্নবিশেষ (,) **inverted ˈ~s** উদ্ধৃতিচিহ্ন (" ") বা (' ')।

ommand[1] [কাˈমা:ন্ড্ US -ˈম্যানড্] *vt,vi* ১ আদেশ করা; হুকুম করা। ২ কোনো কিছুর উপর কর্তৃত্ব বা নিয়ন্ত্রণ বজায় রাখা: Who ~s here? ৩ নিয়ন্ত্রণ করা: ~ one's temper. ৪ ব্যবহার করার মতো অবস্থায় থাকা: He ~s a lot of facilities. ৫ পাওয়ার দাবি রাখা বা যোগ্য হওয়া: He ~s our respect. ৬ (জায়গা সম্পর্কে) অন্য কিছুর উপর সুবিধাজনক বা নিয়ন্ত্রণক্ষম অবস্থানে থাকা: The palace ~s the entrance to the valley. **~·ing** *adj* নিয়ন্ত্রণকারী; আদেশদানকারী।

ommand[2] [কাˈমা:ন্ড্ US -ˈম্যানড্] *n* ১ [C] আদেশ: at the word of ~; (সাম.) আদেশক্রমে। ২ [U] কর্তৃত্ব; নিয়ন্ত্রণক্ষমতা। **ˈ~ module** মহাশূন্যযানের যে অংশ আরোহী এবং নিয়ন্ত্রণকারী-যন্ত্রাংশ বহন করে। ৩ [C] সেনাবাহিনী, বিমানবাহিনী ইত্যাদির পৃথক নিয়ন্ত্রণাধীন অংশবিশেষ: Bomber command. ৪ [U] দক্ষতা: a good ~ of language.

om·man·dant [ˌকমান্ড্যান্ট্] *n* আদেশদানকারী অফিসার।

om·man·deer [ˌকমানˈডিআ(র্)] *vt* সামরিক প্রয়োজনে জোরপূর্বক ঘরবাড়ি, মালামাল, গাড়িঘোড়া ইত্যাদি দখল করা।

om·mander [কাˈমা:নডা(র্) US -ম্যান-] *n* সেনাপতি; আদেশপ্রদানকারী বা নিয়ন্ত্রণকারী অফিসার; অধিনায়ক। **ˌ~-in-ˈChief** সর্বাধিনায়ক।

om·mand·ment [কাˈমান্ডমান্ট্ US -ˈম্যানড্] *n* ঐশিক আদেশ। **the Ten Commandments** মুসা নবীকে প্রদত্ত খোদার দশটি বিধান।

om·mando [কাˈমান্ডো US -ˈম্যান্ -] *n* (*pl* **~s** *or* **~es**) আক্রমণ অভিযান চালানোর উদ্দেশ্যে বিশেষভাবে বাছাইকৃত এবং প্রশিক্ষিত বাহিনী (-এর সদস্য)।

om·mem·or·ate [কাˈমেমারেইট্] *vt* কোনো ব্যক্তি বা ঘটনাকে স্মরণীয় করে রাখা বা ঐ ব্যক্তি বা ঘটনার সম্মানে অনুষ্ঠানাদি করা। **com·mem·or·ative** স্মৃতিরক্ষামূলক স্মারক: ~ stamps.

om·mem·or·ation [কাˌমেমাˈরেইশ্‌ন্] *n* [U] স্মৃতিরক্ষণ; স্মৃতিরক্ষার্থে অনুষ্ঠান।

om·mence [কাˈমেন্স্] *vt,vi* (আনুষ্ঠা.) আরম্ভ করা বা হওয়া। **~·ment** *n* ১ আরম্ভ। ২ আমেরিকার বিশ্ববিদ্যালয়সমূহে (এবং কেমব্রিজ ও ডাবলিনে) ডিগ্রি প্রদান অনুষ্ঠান।

om·mend [কাˈমেন্ড্] *vt* ১ **~ sb (on/ upon sth); ~ sb/sth (to sb)** প্রশংসা করা; যোগ্য বলে সুপারিশ করা। ২ বিশ্বাসের সঙ্গে কাউকে কিছু অর্পণ করা: ~ one's soul to God. ৩ **~ oneself/ itself to** গ্রহণীয় হওয়া: The proposal did not ~ itself to me. **~·able** *adj* প্রশংসনীয়। **com·men·da·tion** [ˌকমেনˈডেইশ্‌ন্] *n* [U] প্রশংসা; অনুমোদন।

om·men·sur·able [কাˈমেনশারাব্‌ল্] *adj* **~ (to/with)** একই মান দ্বারা পরিমেয়; প্রমেয়।

com·men·sur·ate [কাˈমেনশারাট্] *adj* **~ (to/with)** যথাপরিমাণ; যথোপযুক্ত: The pay is not ~ with this work.

com·ment [ˈকমেন্ট্] *n* [C,U] মন্তব্য; টীকা; সমালোচনা। **no ~** মন্তব্য নিষ্প্রয়োজন। □*vi* **~ (on/upon)** কিছু সম্পর্কে মন্তব্য করা; মতামত দেওয়া।

com·men·tary [ˈকমান্ট্রি US -টেরি] *n* (*pl* -ries) ১ মন্তব্য; টীকা। ২ ভাষ্য; বিবরণী। **a running ~** ধারাভাষ্য। **com·men·tate** [ˈকমান্টেইট্] *vi* **~ on** ভাষ্য বা বিবরণী প্রদান করা। **com·men·ta·tor** [ˈকমানটেইটা(র্)] *n* ভাষ্যকার; ভাষ্যলেখক।

com·merce [ˈকমাস্] *n* [U] বাণিজ্য; পণ্য-বিনিময়। **Chamber of ~** বাণিজ্য-সমিতি; বণিকসঙ্ঘ।

com·mer·cial [কাˈমাশ্‌ল্] *adj* বাণিজ্যিক। □*n* [C] রেডিও বা টেলিভিশন অনুষ্ঠানের ভিতর প্রচারিত বিজ্ঞাপন: rest of the news after the ~. **~·ly** [-শালি] *adv* বাণিজ্যিকভাবে। **~·ize** *vt* বাণিজ্যিক পণ্যে পরিণত করা; নিছক অর্থোপার্জনের জন্য কিছু করা।

com·miser·ate [কাˈমিজারেইট্] *vi* **~ with** সমবেদনা অনুভব করা বা জানানো। **com·miser·ation** *n* [C,U] কারও জন্য সমবেদনা (-এর প্রকাশ)।

com·mis·sar [ˈকমিসা:(র্)] ১ (প্রা. প্র.) রাশিয়ার যে কোনো সরকারি বিভাগের অধ্যক্ষ। ২ (প্রা. প্র.) রাশিয়ার সেনাবাহিনীর রাজনৈতিক কর্মকর্তা।

com·mis·sar·iat [ˌকামিˈসেআরিআট্] *n* ১ (প্রা. প্র.) রাশিয়ার সরকারি বিভাগ। ২ (প্রা. প্র.) সেনাবাহিনীর জন্য খাদ্য ও অন্যান্য দ্রব্যসম্ভার সরবরাহের ভারপ্রাপ্ত বিভাগ। ৩ খাদ্য সরবরাহ।

com·mis·sary [ˈকমিসরি US -সেরি] *n* (*pl* -ries) ১ (আনুষ্ঠা.) প্রতিনিধি। ২ (প্রা. প্র.) সেনাবাহিনীর খাদ্য সরবরাহকারী কর্মকর্তা। **ˌ~ ˈgeneral** সেনাবাহিনীর খাদ্য ও রসদ সরবরাহকারী দফতরের প্রধান।

com·mis·sion [কাˈমিশ্‌ন্] *n* ১ [U] অন্যকে ক্ষমতা অর্পণ; [C] ক্ষমতা অর্পণের ঘটনা; যে বিষয়ে ক্ষমতা দেওয়া হয়। ২ [U] সাধন বা সম্পাদন: ~ of crimes. ৩ দালালি; কমিশন। ৪ কর্তৃত্ব অর্পণকারী সনদ; সেনাবাহিনীতে নিয়োগের সরকারি সনদ। ৫ নির্দিষ্ট কর্মসম্পাদনে নিযুক্ত ব্যক্তিবর্গ; কমিশন: Public Service Commission. **in ~** (জাহাজ সম্পর্কে) প্রয়োজনীয় লোকজন ও জিনিসপত্র নিয়ে সমুদ্রযাত্রার জন্য প্রস্তুত। **out of ~** প্রয়োজনমতো নিয়োগ করার জন্য পৃথক করে রাখা হয়েছে এমন; (লাক্ষ.) কর্মবিরত; লভ্য নয় এমন। □*vt* ক্ষমতা অর্পণ করা; কর্মভার অর্পণ করা; নিযুক্ত করা: He has been ~ed to write a book. **com·mis·sioned** *adj* সরকারি সনদবলে নিযুক্ত: ~ officer.

com·mis·sion·aire [কাˌমিশানেআ(র্)] *n* হোটেল সিনেমা প্রভৃতির উর্দি-পরিহিত দ্বাররক্ষক।

com·mis·sioner [কাˈমিশনা(র্)] *n* ১ বিশেষ দায়িত্বে নিযুক্ত ব্যক্তিবর্গ তথা কমিশনের সদস্য: Municipal Commissioner. ২ বিশেষ ক্ষমতাপ্রাপ্ত ব্যক্তি: a ~ for oaths. ৩ উচ্চ পদমর্যাদার প্রতিনিধি: The British High C ~ in Dhaka.

com·mit [কাˈমিট্] *vt* ১ (সম্পাদন) করা: ~ a crime/mistake. ২ **~ sb/sth to** ভার অর্পণ করা; কারও বা কিছুর উপর দায়িত্ব সমর্পণ করা। **~ to memory** মুখস্থ করা। ৩ **~ oneself to** নিজেকে দায়ী

করা; দায়িত্ব গ্রহণ করা। ৪ প্রতিশ্রুতিবদ্ধ হওয়া। ~·**ment** *n* গৃহীত দায়িত্ব; অঙ্গীকার: ~ to society.

com·mit·tee [ক ˈমিটি] *n* বিশেষ কাজ সম্পাদনের জন্য নির্বাচিত ব্যক্তিবর্গ; কমিটি; সমিতি। **in ~** কোনো কমিটির সদস্য হিসাবে কার্যরত।

com·mode [কা ˈমৌড়] *n* ১ দেরাজওয়ালা আলমারি। ২ শয়নকক্ষ বা তৎসংলগ্ন স্থানে মলত্যাগের পাত্র; কমোড।

com·modi·ous [ক ˈমৌডিআস্] *adj* স্থানবহুল; প্রশস্ত।

com·modi·ty [ক ˌমডাটি] *n* (*pl* -ties) [C] পণ্যদ্রব্য; প্রয়োজনীয় সামগ্রী।

com·mo·dore [কম ˈডৌ(র্)] *n* ক্যাপ্টেনের উপর ও রিয়ার অ্যাডমিরালের নীচের পদমর্যাদাসম্পন্ন নৌ-বাহিনী অফিসার। **Air ~** বিমানবাহিনীর অফিসার।

com·mon[1] [কম ˈন্] *adj* ১ সর্বসাধারণের জন্য ভোগ্য/ ব্যবহর্তব্য/ স্বার্থে: ~ room; একাধিক ব্যক্তি দ্বারা সমভাবে ভোগ্য বা ব্যবহর্তব্য; এজমালি; সাধারণ: All the foreign students here had English as a ~ language. ~ **ground** (লাক্ষ.) সবার কাছে গ্রহণীয় যুক্তির ভিত্তি। ~ **knowledge** যা প্রায় সবারই জানা। ~ **factor/ multiple** সাধারণ উপাদান; সাধারণ গুণনীয়ক বা উৎপাদক। ~ **law** (ইংল্যান্ডে পুরনো প্রথা হতে উদ্ভূত) অলিখিত আইন। **the Common Market** (the European Economic Community) য়োরোপীয় সাধারণ বাজার। **a ~ nuisance** গোটা সম্প্রদায়ের জন্য ক্ষতিকর কোনো অপরাধ। ২ গতানুগতিক সচরাচর বা প্রায় সর্বত্র দেখা যায় এমন: a ~ flower. ~ **sense** সাধারণ জ্ঞান। ৩ (কথ্য) (ব্যক্তি ও তাদের আচরণ ইত্যাদি প্রসঙ্গে) মামুলি; বাজে; ইতর; নিকৃষ্ট। ~·**ly** *adv* ১ সাধারণত; সচরাচর। ২ নিকৃষ্টভাবে; অতি সাধারণভাবে।

com·mon[2] [ˈকমান্] *n* ১ [C] (সাধা. কোনো গ্রামের ভিতর বা পাশে) সর্বসাধারণের ব্যবহারের জন্য খোলা জায়গা। ২ সাধারণ কিছু। **have in ~ with** পরস্পরের মধ্যে কোনো ব্যাপারের মিল থাকা। **in ~ with** একসঙ্গে। **out of the ~** অস্বাভাবিক।

com·moner [ˈকমানা(র্)] *n* সাধারণ লোক (অভিজাত সম্প্রদায়ের কেউ নয়)।

com·mon·place [ˈকমানপ্লেইস্] *adj* গতানুগতিক; বৈশিষ্ট্যহীন। □*n* গতানুগতিক কোনো মন্তব্য, ঘটনা ইত্যাদি।

com·mons [ˈকমানজ্] *n pl* **the ~** (প্রা. প্র.) সাধারণ লোক। **The House of Commons** সাধারণ লোক কর্তৃক নির্বাচিত পরিষদ; বৃটিশ পার্লামেন্টের নিম্নকক্ষ; লোকসভা।

com·mon·wealth [ˈকমান্‌ওয়েলথ্] *n* ১ রাষ্ট্র; সাধারণ মঙ্গলের জন্য রাজনৈতিকভাবে সম্মিলিত রাষ্ট্রপুঞ্জ; ২ **the Commonwealth** গ্রেট ব্রিটেনের প্রাক্তন উপনিবেশসমূহের (বর্তমানে যেগুলো স্বাধীন সার্বভৌম রাষ্ট্র) সমন্বয়ে গঠিত মৈত্রীজোট।

com·mo·tion [ˈকামৌশ্‌ন্] *n* [U] হৈচৈ; উত্তেজনা। [C] উত্তেজনার ঘটনা; আন্দোলন; বিক্ষোভ।

com·mu·nal [ˈকমিউন্‌ল্] *adj* ১ সাম্প্রদায়িক; প্রাদেশিক। ২ যৌথ; এজমালি।

com·mune[1] [ক ˈমিউন্] *vi* ~ **(together) (with)** একাত্মবোধ করা; পরস্পর নিবিড়ভাবে ভাব বিনিময় করা; অত্যন্ত আন্তরিকতার সঙ্গে কথা বলা।

com·mune[2] [কমিউন্] *n* ১ (ফ্রান্স, বেলজিয়াম, ইতালি, স্পেন প্রভৃতি দেশে) স্বশাসিত ক্ষুদ্রতম প্রশাসনিক ইউনিট। ২ সঙ্ঘ।

com·muni·cable [ক ˈমিউনিকাবল্] *adj* প্রদান-যোগ্য; জানানোর যোগ্য।

com·muni·cant [ক ˈমিউনিকান্ট্] *n* ১ (নিয়মিতভাবে যিশুখ্রিস্টের শেষ সান্ধ্যভোজ উৎসবে) প্রসাদ গ্রহণকারী ব্যক্তি। ২ সংবাদদাতা।

com·muni·cate [ক ˈমিউনিকেইট্] *vt vi* ১ ~ **sth (to)** অন্যকে প্রদান করা; অন্য কারও মধ্যে বা অন্য কিছুতে সঞ্চারিত করা। ২ ~ **with** আদানপ্রদান বা বিনিময় করা (বার্তা ইত্যাদি); যোগাযোগ করা। ৩ অবহিত করা। ৪ (ঘর, সড়ক, বাগান ইত্যাদি) যুক্ত হওয়া। **communicating rooms** সংযোগকারী দরজাবিশিষ্ট কক্ষ।

com·muni·ca·tion [ক ˈমিউনিকেইশ্‌ন্] *n* ১ [U] আদান-প্রদান। যোগাযোগ। ২ [C] বার্তা; চিঠিপত্র। ৩ [C,U] যোগাযোগের মাধ্যম; সড়ক, রেলপথ, টেলিফোন, রেডিও ও টেলিভিশন। ˈ~**cord** বিপদকালে ট্রেনের কামরায় স্থাপিত যে শিকল টেনে ট্রেন থামানো যায়।

com·muni·ca·tive [ক ˈমিউনিকাটিভ্ U. -কেইটিভ্] *adj* কথা বলায় ও বার্তা প্রদানে আগ্রহী; আলাপী।

com·mu·nion [ক ˈমিউনিঅন্] *n* ১ অভিন্ন লোকঐতিহ্য; অংশগ্রহণ; ২ [U] ভাবের আদান-প্রদান; আলাপ; যোগাযোগ। ৩ একই ধর্মবিশ্বাস বিশিষ্ট ব্যক্তিদের দল। **(Holy) Communion** (খ্রিস্টান গির্জায়) যিশুখ্রিস্টের শেষ ভোজ উপলক্ষে অনুষ্ঠান।

com·mu·niqué [ক ˌমিউনিকেই] *n* ইশতেহার; সরকারি ঘোষণা।

com·mu·nism [ˈকমিউনিজ়াম্] *n* [U] ১ সাম্যবাদ; শ্রেণীবৈষম্য বিলোপ সম্পর্কিত মার্কসীয় দর্শন। ২ (কথ্য) কমিউনিস্ট বা শ্রমিক দল ক্ষমতা গ্রহণের রাজনৈতিক ব্যবস্থা। **com·mu·nist** *n* মার্কসীয় দর্শনে বিশ্বাসী এর সমর্থনকারী ব্যক্তি। □*adj* সাম্যবাদী।

com·mu·nity [ক ˈমিউনাটি] *n* (*pl* -ties) ১ **the ~** সমাজ একই অঞ্চল বা দেশে বসবাসকারী মানবগোষ্ঠী। ˈ~ **centre** (সর্বসাধারণের শিক্ষা ও বিনোদনের জন্য ব্যবহৃত) সমাজ ভবন। ~ **chest** (US) জনকল্যাণ তহবিল। ২ সম্প্রদায়। ৩ একসঙ্গে সমভাবে অংশগ্রহণের অবস্থা। **in ~** একসঙ্গে। ˈ~ **singing** সংগঠিত সমবেত সঙ্গীত।

com·mut·able [ক ˈমিউটাবল্] *adj* ~ **into / fo**... বিনিময়যোগ্য পরিবর্তনসাধ্য।

com·mu·ta·tion [ˌকমিউটেইশ্‌ন্] *n* ১ বিনিময়; পরিবর্তন; এক ধরনের পরিবর্তে অন্য ধরনের মূল্য প্রদান (যেমন, সেবার পরিবের্ত অর্থ)। ২ [C] হ্রাসকৃত শাস্তি। ৩ ~ **ticket** (US) সিজন-টিকিট।

com·mu·ta·tor [ˈকমিউটেইটা(র্)] বিদ্যুৎপ্রবাহের দিক পরিবর্তনকারী যন্ত্র; কমুটেটর।

com·mute [ক ˈমিউট্] *vt vi* ১ ~ **(into/fo**... বিনিময় করা; এক ধরনের পরিবর্তে অন্য ধরনে পরিশোধ করা: ~ one's pension for a lump sum. ২ ~ **(t**... শাস্তির কঠোরতা হ্রাস করা: ~ a death sentence ... one of life-term imprisonment. ৩ ট্রেন, ... ইত্যাদিতে নিয়মিত কর্মস্থলে যাতায়াত ক... **com·muter** *n* যে ব্যক্তি ট্রেন, বাস ইত্যাদিতে নিয়মিত কর্মস্থলে যাতায়াত করে।

com·pact[1] [ˈকম্প্যাক্ট্] *n* চুক্তি; পারস্পরিক শর্ত...

com·pact[2] [ক ˈম্প্যাক্ট্] *adj* নিবিড়; ঘ... ঘনবিন্যস্ত; ঠাসাঠাসি। ~·**ly** *adv*. ~·**ness** *n*

com·pact[3] [কম্প্যাক্ট্] *n* পাউডার রাখার ক্ষুদ্র কৌটাবিশেষ।

com·pan·ion[1] [কাম্'প্যানি আন্] *n* ১ সঙ্গী; সহচর। ২ অন্যের কাজ আনন্দ দুর্ভাগ্য ইত্যাদিতে অংশীদার। ৩ সমমনা ব্যক্তি; একই রকম রুচি বা স্বার্থের অধিকারী ব্যক্তি। ৪ জোড়ার একটি; অনুপূরক। ৫ বেতনভুক পার্শ্বচর। ৬ সারগ্রন্থ বা সহায়ক গ্রন্থ। **~·able** *adj* সঙ্গী হবার যোগ্য; মিশুক। **~·ship** সঙ্গ; সাহচর্য।

com·pan·ion[2] [ক ম্'প্যানিআন্] *n* (সাধা.) **'~·way** নীচের কেবিনে সূর্যালোক আসার জন্য জাহাজের পাটাতনের উপর উঁচু করে তৈরি কাঠগড়া।

com·pany ['কামপানি] *n* ১ [U] সঙ্গ; সংসর্গ; সাহচর্য। **in ~ (with)** সঙ্গে। **keep ~ with sb** (কারও) সঙ্গে থাকা বা চলা। **part ~ (with sb)** (কাউকে) ছেড়ে যাওয়া। ২ [U] অতিথিবৃন্দ। ৩ সহচরবৃন্দ (প্রায়শ শব্দসংক্ষেপ Co); [C] (*pl* -nies) বণিকসঙ্ঘ; কোম্পানি। ৪ একসঙ্গে কর্মরত দল। ৫ ক্যাপ্টেন বা মেজরের অধীন পদাতিক বাহিনীর উপবিভাগবিশেষ।

com·par·able ['কম্পারাব্ল্] *adj* **~ (to/with)** তুলনীয়; তুল্য; সমতুল।

com·para·tive [ক ম্প্যারাটিভ্] *adj* ১ তুলনামূলক: ~ study. ২ অপেক্ষকৃত অন্যের তুলনায়। ৩ (ব্যাক.) দুই-এর মধ্যে অধিক বোঝানোর জন্য বিশেষণ বা ক্রিয়াবিশেষণ। □*n* (ব্যাক.) তুলনামূলক মাত্রা: 'longer' is ~ of 'long'. **~·ly** *adv*

com·pare [ক ম্'পেআ(র্)] *vt, vi* ১ **~ (with)** তুলনা করা। **~ notes** মতামত বা ধারণা বিনিময় করা। ২ **~ to** পরস্পরের মধ্যে মিল বা সম্পর্ক নির্দেশ করা: This work cannot be ~ed to that one, they are quite different. ৩ **~ (with)** সমান হওয়া বা তুল্য হওয়া। □*n* (কাব্যিক) তুলনা। **beyond/ past/ without ~** তুলনাহীন।

com·pari·son [ক ম্'প্যারিসন্] *n* ১ [U] তুলনা। **by ~** তুলনামূলকভাবে। **in ~ with** কিছুর বা কারও সঙ্গে তুলনা করলে। ২ তুলনামূলক বিচার। ৩ তুলনাসাধ্যতা। **bear/ stand ~ with** কারও বা কিছুর সমকক্ষ বা তার চেয়ে উৎকৃষ্ট বলে প্রতিপন্ন হতে পারা।

com·part·ment [ক ম্'পা:ট্মান্ট্] *n* (বিশেষত রেলগাড়ির) পৃথকভাবে ভাগ করা কামরা। **com·part·men·tal·ize** [ˌকম্পা:ট্'মেনটালাইজ] *vt* কামরায় বা শ্রেণীতে বিভক্ত করা।

com·pass[1] ['কামপাস্] *n* ১ **(magnetic) ~** দিকনির্ণয় যন্ত্র; কম্পাস। ২ (প্রা. প্র.) **pair of ~es** বৃত্ত বা বৃত্তচাপ আঁকার জন্য ব্যবহৃত V-আকৃতির অঙ্কনশলাকা। ৩ পরিধি সীমা।

com·pass[2] ['কামপাস্] *vt* (=encompass) পরিবেষ্টন করা; ঘেরাও করা।

com·pas·sion [ক ম্'প্যাশন্] *n* [U] করুণা; সমবেদনা। **~·ate** করুণাময়; করুণাপ্রদর্শনকর: ~ate leave.

com·pat·ible [ক ম্'প্যাটব্ল্] *adj* **~ (with)** (ধারণা, যুক্তি, নীতি ইত্যাদি প্রসঙ্গে) সুসংগত; উপযুক্ত। **com·pat·ibly** [-আব্লি] *adv* সুসংগতভাবে। **com·pati·bil·ity** *n* [U] সুসংগতি; উপযুক্ততা।

com·patriot [ক ম্'প্যাটরিআট্ US -'পেই ট্] *n* স্বদেশবাসী।

com·peer ['কম্পিআ(র্)] *n* (মর্যাদা বা ক্ষমতায়) সমকক্ষ ব্যক্তি।

com·pel [ক ম্'পেল্] *vt* (-ll) ১ (কাউকে বা কোনো কিছু করতে) বাধ্য করা; বাধ্য করানো। ২ **~ (from)** জোর করে আদায় করা।

com·pen·di·ous [ক ম্'পেনডিআস্] *adj* (গ্রন্থকার, গ্রন্থ ইত্যাদি সম্পর্কে) সংক্ষেপে প্রচুর তথ্য সরবরাহকারী; সংক্ষিপ্ত অথচ তথ্যবহুল।

com·pen·dium [ক'পেনডিআম্] *n* সংক্ষিপ্ত ও তথ্যবহুল বিবরণী; সংক্ষিপ্তসার।

com·pen·sate ['কম্পেনসেইট্] *vt, vi* ক্ষতিপূরণ করা; খেসারত দেওয়া। **com·pen·sa·tory** [কাম্'পেন্সাটারি US -টারি] *adj* ক্ষতিপূরণমূলক।

com·pen·sa·tion [ˌকম্পেন্'সেইশন্] *n* [U] ক্ষতিপূরণ; খেসারত।

com·père ['কম্পেআ(র্)] *n* (ফ.) (রেস্তোরার বা বেতারের) বিনোদন অনুষ্ঠানের সংগঠন এবং শ্রোতা-দর্শকদের সামনে শিল্পীদের পরিচয়প্রদানকারী ব্যক্তি।

com·pete [কম্ 'পীট্] *vi* প্রতিযোগিতা বা পরীক্ষায় অংশগ্রহণ করা; প্রতিদ্বন্দ্বিতা করা।

com·pet·ence ['কম্পিটান্স্] *n* ১ যোগ্যতা; সামর্থ্য। ২ পর্যাপ্ততা; স্বচ্ছন্দে জীবন যাপন করার মতো আয়। ৩ আইনগত যোগ্যতা।

com·pet·ent ['কম্পিটান্ট্] *adj* ১ (ব্যক্তি সম্পর্কে) উপযুক্ত; সক্ষম; দক্ষ। ২ (গুণ সম্পর্কে) পর্যাপ্ত। **~·ly** *adv*

com·pe·ti·tion [ˌকম্পা'টিশন্] *n* প্রতিযোগিতা; প্রতিদ্বন্দ্বিতা।

com·peti·tive [ক ম্'পেটাটিভ্] *adj* প্রতিযোগিতা-মূলক; প্রতিযোগিতাপূর্ণ।

com·peti·tor [ক ম্'পেটিটা(র্)] *n* প্রতিযোগী।

com·pile [ক ম্'পাইল্] *vt* ১ তথ্যাদি সংগ্রহ করে পুস্তক তালিকা প্রতিবেদন ইত্যাদিতে বিন্যস্ত করা; সংকলন করা। ২ (কম্পি.) কোনো উঁচু স্তরের ভাষার নির্দেশ-তালিকা এমনভাবে রূপান্তরিত করা যা যন্ত্র (কম্পিউটার) বুঝতে পারে এবং কাজে ব্যবহার করতে পারে। **com·pi·la·tion** [ˌকম্পি'লেইশন্] *n* [U] সংকলনের কাজ; সংকলিত বিষয়। **~r** *n* সংকলক।

com·pla·cence [ক ম্'প্লেইস্ন্স্] *n* [U] আত্মতুষ্টি; আত্মপ্রসাদ; পরিতৃপ্তি। **com·pla·cency** *n*

com·pla·cent [ক ম্'প্লেইস্ন্ট্] *adj* আত্মতুষ্ট; পরিতৃপ্ত। **~·ly** *adv*

com·plain [ক ম্'প্লেইন্] *vi* **~ (to sb) (about of sth)** (কারও কাছে কোনো বিষয়ে) অসন্তোষ, অন্যায়, দুর্ভোগ, যন্ত্রণা ইত্যাদি প্রকাশ করা; অভিযোগ করা; নালিশ জানানো। **~·ing·ly** *adv*

com·plain·ant [ক ম্'প্লেইনান্ট্] *n* (আইন.) বাদী; ফরিয়াদি।

com·plaint [ক ম্'প্লেইন্ট্] *n* ১ নালিশ; অভিযোগ; নালিশের বা অভিযোগের কারণ। ২ পীড়া; অসুস্থতা।

com·plais·ance [ক ম্'প্লেইজান্স্] *n* [U] মনের স্বচ্ছন্ন প্রকৃতি; অপরকে সন্তুষ্ট করার আগ্রহ বা ইচ্ছা; পরম সৌজন্য। **com·plais·ant** [-জান্ট্] *adj* অপরের সন্তোষ উৎপাদনে আগ্রহী; সৌজন্যপূর্ণ।

com·ple·ment ['কম্প্লিমান্ট্] *n* যা কোনো কিছুকে পূর্ণ করে; প্রয়োজনীয় পূর্ণ সংখ্যা বা পরিমাণ; পূরক। **~·ary** [ˌকম্'প্লিমেন্টরি] *adj* পূরক। □*vt* পূরণ করা।

com·plete[1] [কাম্'প্লীট্] *adj* ১ সম্পূর্ণ: C~ poems of Wordsworth. ২ সমাপ্ত; যা শেষ করা হয়েছে: He has ~d his studies. ৩ পুরাপুরি; সর্বতোভাবে: He is a ~ stranger to me. ~·ly *adv*. ~·ness *n*

com·plete[2] [ক ম্‌'প্লীট্] *vt* সম্পূর্ণ করা; শেষ করা; পূর্ণাঙ্গ করা: The building is not ~d yet. He has to ~ his studies.

com·ple·tion [ক ম্প্লীশ্‌ন্] *n* [U] সম্পূর্ণতা; সম্পূর্ণকরণ: He went to America on ~ of his studies.

com·plex[1] ['কম্‌প্লেক্‌স্] US [কম্ °প্লেক্‌স্] *adj* পরস্পর সম্পর্কিত অংশ নিয়ে গঠিত; জটিল; যৌগিক; দুর্বোধ্য: A ~ argument/ situation.

com·plex[2] ['কম্‌প্লেক্‌স্] *n* [C] ১ সম্পর্কিত অংশ নিয়ে গঠিত জটিল গঠন; জটিলভাবে সম্পর্কিত অসদৃশ অংশসমূহ: an industrial ~. ২ (মনো.) (অস্বাভাবিক) মনের স্বাভাবিক অবস্থালোপী ধারণাসমূহ; মনোবিকৃতি; চিত্তাচ্ছন্নতা; গূঢ়ৈষা; অবদমিত প্রেষণা কিংবা অতীত ঘটনা দ্বারা সমাচ্ছন্ন একরৈখিক চিত্তভাব: He has a ~ about his weight. He suffers from inferiority / superiority ~. দ্র. inferiority, superiority.

com·plexion [ক ম্‌'প্লেক্‌শ্‌ন্] *n* [C] স্বাভাবিক গাত্রবর্ণ, বিশেষত মুখের: She has a fair ~; মেজাজ বা মনোভাব; চেহারা, রূপ বা আকার-প্রকার: The death of the General changed the ~ of the war, যুদ্ধের প্রকৃতি পাল্টে গেল, সম্ভাব্য ফলাফল পরিবর্তিত হল ইত্যাদি।

com·plex·ity [ক ম্‌'প্লেক্‌সাটি] *n* জটিলতা; দুর্বোধ্যতা।

com·pli·ance [ক ম্‌'প্লাইআন্‌স্] *n* [U] পরের ইচ্ছাপূরণ বা ইচ্ছাপূরণে সম্মতি; মেনে নেওয়া; সম্মতি দেওয়া: He did it in ~ with your wishes; পরের মত বা ইচ্ছা মেনে নেওয়ার প্রবণতা; অত্যধিক পরানুগত্য।

com·pliant [ক ম্‌'প্লেইন্‌ট্] *adj* অন্যের ইচ্ছাপূরণে সম্মত; নমনশীল; ভদ্র।

com·pli·cate ['কম্‌প্লিকেইট্] *vt* জটিল করা; একত্রে পাকানো বা জড়ানো; বিজড়িত করা বা ফাঁদে ফেলা; কোনো কিছুকে এমনভাবে জটিল করা যাতে তা দুঃসাধ্য বা দুর্বোধ্য হয়ে ওঠে: This ~s matters. **Com·pli·cated** *adj* বহু অংশে গঠিত জটিল; দুর্বোধ্য: a ~ matter; ~ business deals.

com·pli·ca·tion [কম্‌প্লি'কেই শ্‌ন্] [C] ১ জটিলতা; দুর্বোধ্যতা; কোনো কিছু যা নতুন জটিলতা বা অসুবিধা যোগ করে: There were further ~s to worry us. ২ (চিকি.) নতুন রোগ, বা রোগের নতুন মোড় নেওয়া যার ফলে নিরাময় কঠিন হয়ে পড়ে: He had influenza with ~s.

com·plic·ity [ক ম্‌'প্লিসটি] *n* [U] ~ **(in)** দুষ্কর্মে সহযোগিতা।

com·pli·ment ['কম্‌প্লিমান্‌ট্] *n* [C] ১ প্রশংসাসূচক, শ্রদ্ধাসূচক বা সৌজন্যসূচক কথা: A's words of ~ brought tears in B's eyes. ২ (আনুষ্ঠা.) শ্রদ্ধাজ্ঞাপন; শুভেচ্ছা: My ~s to your wife; with the author's ~s. □*vt* প্রশংসা করা; তোষণ করা; সশ্রদ্ধ উপহার প্রদান করা (কাউকে, কোনো কিছুর জন্য): ~ed him on his success.

com·pli·men·tary [কম্‌প্লি'মেন্‌ট্রি] *adj* প্রশংসা বা শ্রদ্ধাজ্ঞাপক; শ্রদ্ধা বা সৌজন্যবশত প্রদত্ত; বিনামূল্যে প্রদত্ত: a ~ ticket/copy of a book.

com·ply [ক ম্‌'প্লাই] *vt* পরের ইচ্ছা পূরণে সম্মত হওয়া; মেনে নেওয়া; মত দেওয়া: We cannot ~ with your request. They have to ~ with the rules of the organisation.

com·po·nent [ক ম্‌'পৌনান্‌ট্] *n* গঠনে সহায়তাকারী অন্যতম উপাদান বা অংশ: ~s of the camera lens, ক্যামেরা লেন্সের অংশসমূহ।

com·port [ক ম্‌'পো°ট্] *vt,vi* (আনুষ্ঠা.) ১ (সাধা. reflex) আচরণ করা: ~ oneself repulsively. ২ ~ **with** সামঞ্জস্যপূর্ণ/ সঙ্গতিপূর্ণ হওয়া: Your behaviour don't ~ with your position. ~·**ment** *n* আচরণ; চালচলন।

com·pose [ক ম্‌'পৌজ়্] *vt* ১ একত্র হয়ে বা একত্র করে গঠন করা: Water is ~d of Oxygen and Hydrogen. This class is ~d of 100 students. ২ রচনা বা সৃজন করা, যেমন, কবিতা বা সঙ্গীত; স্বরলিপি: He ~d a poem/ a song/a speech. ৩ ছাপার জন্য মুদ্রাক্ষর সাজানো। দ্র. compositor. ৪ শান্ত হওয়া; আবেগ বা চিন্তার উপর নিয়ন্ত্রণ প্রতিষ্ঠা করা: She ~d herself to answer the letter.

com·poser [ক ম্‌'পৌজ়া(র্)] *n* কোনো কিছু রচনাকারী; বিশেষত সঙ্গীত রচনা করে এমন ব্যক্তি।

com·pos·ite [কম্প জ়িট্] *adj* বিভিন্ন অংশ বা উপাদানে গঠিত; যৌগিক: a ~ illustration, দুই বা ততোধিক অংশ জোড়া দিয়ে গঠিত রেখাচিত্র ইত্যাদি।

com·po·si·tion [,কম্‌পা'জ়িশ্‌ন্] *n* ১ রচনা বা রচনা কৌশল, বিশেষত সাহিত্য রচনা বা সঙ্গীত রচনা। ২ কোনো কিছু যা রচিত বা গঠিত; যথা—একটি কবিতা, একটি বই, একটি সঙ্গীত বা চিত্রায়িত করা হবে বা আলোকচিত্র নেওয়া হবে এমন বস্তুসমষ্টি ও সুশৃঙ্খল একত্রীকরণ।

com·po·si·tor [ক ম্‌'পজ়িটা(র্)] *n* ছাপাখানায় মুদ্রণের জন্য যে ব্যক্তি মুদ্রাক্ষর বা টাইপ সাজায়।

com·post ['কম্‌পস্‌ট্] *n* মিশ্র সার; বিভিন্ন জৈব উপাদানে প্রস্তুত সার।

com·po·sure [ক ম্‌'পৌজ়া(র্) *n* শান্তি; স্থৈর্য; আত্মসংবরণ: He behaved with great ~.

com·pote ['কম্‌পট্] *n* চিনি বা পানির সিরাপে ভিজিয়ে সংরক্ষিত ফল।

com·pound[1] [ক ম্‌'পাউন্‌ড্] *vt* ১ মিশ্রিত বা একত্র করা বা হওয়া; উপাদানসমূহ একত্র করে নতুন কিছু তৈরি করা: ~ of a medicine. ২ মীমাংসা করা (ঋণ কিংবা বিবাদ): He ~ed with his creditors.

com·pound[২] ['কম্‌পাউন্‌ড্] *n, adj* ১ দুই বা ততোধিক সংযুক্ত অংশ নিয়ে গঠিত: Common salt is a ~ of Sodium and Chlorine. ২ (ব্যাক.) দুই বা ততোধিক অংশ নিয়ে গঠিত শব্দ বা বাক্য (bus conductor; dining room).. ~ **sentence** যৌগিক বাক্য; and, but ইত্যাদি দ্বারা যুক্ত দুটি coordinate clause একটি বাক্য গঠন করলে তা compound sentence (Karim came but Rahim didn't; Rina sang and Lila danced). ৩ মিশ্রিত বা যৌগিক; (গণিত) বিভিন্নজাতীয় সংখ্যা, রাশি, মান প্রভৃতি সংবলিত (~ addition); (গণিত) চক্রবৃদ্ধি। ,~'**interest** চক্রবৃদ্ধি হারে সুদ।

com·pound[3] ['কম্‌পাউন্‌ড্] *n* পরিবেষ্টিত জায়গা যার মধ্যে দালান-কোঠা, অফিসগৃহ ইত্যাদি আছে।

om·pra·dor [কম্প্রা'ডো] *n* মুৎসুদ্দি; বিদেশী প্রতিষ্ঠানের দেশীয় দালাল; বেনিয়ান; (লাক্ষ.) বিদেশী শক্তি/রাষ্ট্রের দেশীয় দালাল।

om·pre·hend [কম্প্রি'হেন্ড্] *vt* ১ উপলব্ধি করা; বোঝা। ২ অন্তর্ভুক্ত করা।

om·pre·hen·sible [কম্প্রি'হেন্সিব্ল্] *adj* বোধগম্য। **com·pre·hen·si·bil·ity** *n* বোধগম্যতা।

om·pre·hen·sion [কম্প্রি'হেন্শ্ন্] *n* ১ উপলব্ধি; উপলব্ধির ক্ষমতা: The problem is beyond *ny* ~.

om·pre·hen·sive [কম্প্রি'হেন্সি ভ্] *adj* ১ সমন্বিত; বিভিন্ন অংশ অন্তর্ভুক্ত করে এমন: a ~ school; a ~ programme. ২ উপলব্ধি করার ক্ষমতাসম্পন্ন: He has a ~ mind.

om·press[1] [ক ম্'প্রেস্] *vt* ১ একত্রে ঠাসা বা চাপা; সংক্ষিপ্ত করা; চাপ দিয়ে ছোট করা: to ~ cotton or jute into bales, তুলা বা পাটের গাঁট বাঁধা। ২ বক্তব্য অল্প কথায় প্রকাশ করা।

om·press[2] ['কম্প্রেস্] *n* রক্তপাত বন্ধ করার জন্য, কিংবা সেঁক দেওয়ার জন্য, কিংবা জ্বর কমানোর জন্য ব্যবহৃত প্যাড বা কাপড়ের পুঁটুলি: a cold ~/ a hot ~ ইত্যাদি।

om·pres·sion [ক ম্'প্রেশ্ন্] *n* চাপ দিয়ে ছোট করা; একত্রে ঠেসে রাখা; সংক্ষেপণসাধ্যতা; সংক্ষেপ: a ~ of ideas. **compre'ssive** *adj* চাপ দিয়ে ছোট করতে সক্ষম; সংক্ষেপ করতে সক্ষম।

om·prise [ক ম্'প্রাইজ্] *vt* অংশ সহযোগে গঠিত হওয়া; (অংশ বা অঙ্গরূপ) অন্তর্ভুক্ত করা: The committee ~d of 10 members.

om·pro·mise ['কম্প্রামাইজ্] *n.* [U] আপোস –মীমাংসা; বিরোধের এমন নিষ্পত্তি যাতে বিরোধীপক্ষগুলো সবাই কিছু ব্যাপারে ছাড় দেয়: The rival parties sought a ~. □*vt* ১ আপোসে মীমাংসা করা। ২ এমন কাজ করা যাতে কর্তার সততা বা সুনাম সম্পর্কে অন্যের সন্দেহ জন্মে: You will ~ your reputation by spending all your money in gambling. **compromising** [কাম্প্রা'মাইজিঙ্] *adj* আপোসমূলক: ~ attitude; আপোসপ্রবণ; সন্দেহজনক: The boss was seen in ~ situation with the secretary.

omp·trol·ler [কন্'ট্রোলা(র্)] *n* controller শব্দটির ভিন্ন বানান: The C ~ and Auditor General.

om·pul·sion [ক ম্'পাল্শ্ন্] *n* [U] বলপ্রয়োগে বাধ্য করা; জবরদস্তি; নিপীড়ন; শাসন; বাধ্যবাধকতা: We agreed to do it under ~.

om·pul·sive [কা ম্'পাল্সিভ্] *adj* বাধ্য করতে পারে এমন, ক্ষমতাসম্পন্ন; পীড়ন করা; এমন মানসিক অবস্থাসম্পন্ন যাতে নিজের ইচ্ছার বিরুদ্ধে কোনো কাজ বাধ্যতামূলকভাবে করতে হয়: a ~ TV viewe, যে টিভি না দেখে স্থির থাকতে পারে না।

om·pul·sory [কা ম্'পাল্সারি] *adj* বাধ্যতামূলক: Is Arithmetic a ~ subject in your school? **com·pul·sor·ily** *adv*

om·punc·tion [ক ম্'পাঙ্ক্শ্ন্] *n* [U] বিবেক–যন্ত্রণা; করুণামিশ্রিত মর্মযাতনা।

om·pu·ta·tion [কম্পিয়ু 'টেইশ্ন্] *n* [U] গণনা; হিসাব; গণনার ফল: It will cost Taka 10,000 at the lowest ~.

com·pute [ক ম্'পিউট্] *vt, vi* গণনা করা; হিসাব করা। **compu'tative** *adj* হিসাবমূলক। **computable** *adj* হিসাব করা যায় এমন।

com·puter [কা ম্'পিউটা(র্)] *n* ১ হিসাবকারী; গণনাকারী। ২ ইলেকট্রনিক যন্ত্রবিশেষ যার সাহায্যে তথ্যাদি সংরক্ষণ ও বিশ্লেষণ করা যায়। **micro·~** ছোট আকারের কম্পিউটার।

com·rade ['কম্রেইড্] *n* ১ অন্তরঙ্গ সঙ্গী বা সহকর্মী; বিশ্বস্ত বন্ধু। **comrades in arms** সহযোদ্ধা। ২ সমাজতান্ত্রিক সমাজে সম্বোধনকালে ও নামোল্লেখকালে ব্যবহৃত: C~ Lenin. **~·ship** *n* বন্ধুত্ব; সহমর্মিতা।

con[1] [কন্] *adv* বিরুদ্ধে। **Pro and Con** পক্ষে–বিপক্ষে: They argued pro and con for hours. **Pros and cons** *n* পক্ষে–বিপক্ষে যুক্তিসমূহ।

con[2] [কন্] *n* (অশিষ্ট.) confidence-এর সংক্ষেপ। **con·man** বিশ্বস্ত লোক।

con·cat·ena·tion [কন্ক্যাটি 'নেইশ্ন্] *n* [U] গ্রথিতকরণ; পরস্পর সংগ্রথিত বস্তু বা ঘটনার মালা। **concatenate** *vi* শ্রেণীবদ্ধ করা; সংগ্রন্থন করা।

con·cave ['কঙ্কেইভ্] *adj* অবতল; ধনুকের ন্যায় ভিতরের দিকে বক্রতাযুক্ত: ~ lenses. **con·cav·ity** [কঙ্'কেইভাটি] *n* অবতলতা।

con·ceal [ক ন্'সীল্] *vt* গোপন করা; লুকিয়ে রাখা; গুপ্ত বা অব্যক্ত রাখা; ছদ্মবেশ পরানো: He ~ed the fact that he was married. The bag of money was ~ed under a heap of rubbish. **~·ment** [কন্'সীল্মান্ট্] *n* গুপ্তকরণ; লুক্কায়ন; গোপন অবস্থা।

con·cede [ক ন্'সীড্] *vt* মেনে নেওয়া; স্বীকার করা; অনুমতি দেওয়া: You must ~ that our team had tried hard to win.

con·ceit [ক ন্'সীট্] *n* [U] ১ অতিমাত্রায় আত্মগর্ব; নিজের সম্পর্কে অত্যধিক উচ্চ ধারণা: He is full of ~. ২ বুদ্ধিদীপ্ত মন্তব্য; সরস বাক্য ব্যবহার। □*vt* (প্রা.) কল্পনা করা। **In one's own conceit** আপন বিচারে। **~ed** *adj* আত্মাভিমানী; আত্মদর্পী। **~less** মূর্খ।

con·ceive [ক ন্'সীভ্] *vt vi* ১ ধারণা করা; কল্পনা করা: I ~d that there must be some difficulties in the task. I cannot ~ of such a thing. ২ *vt, vi* গর্ভবতী হওয়া; গর্ভধারণ করা। **con·ceiv·able** [কন্'সীভাব্ল্] *adj* কল্পনাসাধ্য। **con·ceiv·ably** *adv*

con·cen·trate ['কন্সন্ট্রেট্] *vt, vi* ১ একই কেন্দ্রীভূত করানো বা হওয়া। ২ পূর্ণ মনোযোগ দেওয়া। ৩ বাষ্পীভবনের মাধ্যমে দ্রবণাদি গাঢ় করা।

con·cen·tra·tion [,কন্সন্'ট্রেশ্ন্] *n* পূর্ণ মনো–যোগ: This book requires great ~. ২ কেন্দ্রীকরণ; একস্থানে জড়ো অবস্থা: There is a heavy ~ of enemy troops on the borders. **~ camp** যুদ্ধবন্দী কিংবা অসামরিক ব্যক্তিদের আটক রাখার স্থান: Nazi ~ camp.

con·cen·tric [ক ন্'সেন্ট্রিক্] *adj* **~ with** (জ্যা.) এককেন্দ্রিক; এককেন্দ্রবিশিষ্ট; সমকেন্দ্র: ~ circles. **~ity** *n* এককেন্দ্রিকতা।

con·cept ['কানসেপ্ট্] *n* [C] ধারণা: the ~ of progress, প্রগতির ধারণা।

con·cep·tion [ক ন্'সেপ্শ্ন্] *n* [U] ১ কল্পনা; পরিকল্পনা; কোনো বিষয়কে বোঝার মানসিক অবস্থা: I have no ~ of what you mean. ২ গর্ভাবস্থা; গর্ভধারণ।

con·cep·tual [ক ন্‌'সেপ্‌চুঅল্‌] *adj* কল্পনাসংক্রান্ত; ধারণাসংক্রান্ত।

con·cern[1]. [কন্‌'সান্‌] *n* [C] ১ কোনো বিষয় যাতে কেউ উৎসাহী বা যা কারো কাছে গুরুত্বপূর্ণ: It is no ~ of yours. ২ ব্যবসা বা উদ্যোগ: This is big business ~. **a going ~** লাভজনক চালু ব্যবসা। ৩ উদ্বেগ: There is no cause for ~, he will come round soon.

con·cern[2] [ক ন্‌'সান্‌] *vt* ১ সম্পর্কযুক্ত করা; সংশ্লিষ্ট করা; গুরুত্ববহ হওয়া: Don't trouble about things that do not ~ you. As far as I am ~ed, ব্যাপারটি আমার জন্য যতটুকু গুরুত্বপূর্ণ তা হলো ...। ২ (passive) **be ~ed about/ for** উদ্বিগ্ন হওয়া: I am ~d about your safety. **~·ing** *prep* সম্পর্কে।

con·cert[1] ['কন্‌সাট্‌] ১ *n* (সঙ্গীত) ঐকতানবাদন; প্রেক্ষাগৃহে সঙ্গীতযন্ত্রবাদকদের মিলিত বাদন। ২ ঐকমত্য, সঙ্গতি বা সামঞ্জস্য। **to work in ~ with:** He works in ~ with his colleaghes. **'~-hall** যে প্রেক্ষাগৃহে কনসার্ট অনুষ্ঠিত হয়। **at ,~ 'pitch** (লাক্ষ.) পূর্ণ সক্ষম অবস্থা; পূর্ণ তৎপর বা প্রস্তুত অবস্থা।

con·cert[2] [ক ন্‌সাট্‌] *vt* অন্যের সাথে মিলে মিশে সমন্বিতভাবে কাজ করা। **a ~ed effort** সম্মিলিত প্রচেষ্টা।

con·cer·tina [কন্‌স টীনা] *n* বাদ্যযন্ত্রবিশেষ।

con·certo ['কান্‌চেঅটৌ] *n (pl ~s)* এক ধরনের বাজনা যেখানে একটি অর্কেস্ট্রার সহযোগিতায় এক বা একাধিক ব্যক্তিবাদকের সঙ্গীত বাজানো হয়: a piano ~; a ~ for two violins.

con·ces·sion [ক ন্‌'সেশ্‌ন্‌] *n* ১ [U] বিশেষ অধিকার বা সুবিধা; ছাড়। ২ [C] আলোচনার পর কোনো জিনিস স্বীকার করা বা মেনে নেওয়া।

conch [কন্‌চ্‌] *n* শঙ্খ; শাঁখ। **con·chol·ogy** শঙ্খবিদ্যা।

con·ci·erge [কন্‌সি 'এঅজ্‌] *n* (ক) দ্বাররক্ষী বা দ্বাররক্ষিণী।

con·cili·ate [ক ন্‌'সিলিএইট্‌] *vt* শুভেচ্ছা, সমর্থন অর্জন করা; মন পাওয়া; মিষ্ট কথা বা যুক্তির সাহায্যে রাগ প্রশমিত করা; বিরোধ দূর করা। **con·cili·atory** [কান্‌'সিলিঅটারি] *adj* সৌহার্দ্য অর্জন করে এমন; বিরোধ দূর করে এমন; আপোসমূলক: It was a ~ gesture on the part of the opponent.

con·cili·ation [ক ন্‌সিলিএইশ্‌ন্‌] *n* [U] আপোস; বিরোধ দূরীকরণ; মীমাংসা। **~ board** আপোসরফার জন্য গঠিত সমিতি; সালিসি বোর্ড।

con·cise [ক ন্‌'সাইস্‌] *adj* সংক্ষিপ্ত; অল্পকথায় অধিক তথ্য প্রদানে সক্ষম। **~·ness** *n* সংক্ষিপ্ততা; সংক্ষেপ।

con·clave [কন্‌ 'ক্লেইভ্‌] *n* [C] গোপন বা একান্ত সভাকক্ষ।২ পোপ নির্বাচনের জন্য কার্ডিনালরা যে গোপন সভাকক্ষে মিলিত হন।

con·clude [ক ন্‌'ক্লূড্‌] *vt vi* ১ উপসংহার করা বা হওয়া; সমাপ্ত করা বা হওয়া: The meeting ~d with the national anthem. ২ পাকাপাকিভাবে সম্পাদন করা: India ~d a treaty with the Soviet Union in 1971. ৩ সিদ্ধান্ত করা; সিদ্ধান্তে উপনীত হওয়া: The judge ~d from the evidence that the accused man was guilty.

con·clusion [ক ন্‌'ক্লূজ্‌ন্‌] *n* [C] ১ উপসংহার সমাপ্তি; শেষ; অবসান: The matter should b brought to a ~. ২ পাকাপাকিভাবে সম্পাদনা: We a awaiting a speedy ~ of the peace treaty. সিদ্ধান্ত; বিচারবিবেচনার ফলাফল: We reached the that.... **a foregone conclusion** যে সিদ্ধান্ত পূর্বে স্থির হয়ে আছে বা স্থির হয়ে গেছে।

con·clus·ive [ক ন্‌'ক্লূসিভ্‌] *adj* চূড়ান্ত; ফলাফ নিরূপণকারী; সমাপ্তিমূলক; সিদ্ধান্তমূলক: We got a evidence of his guilt. **~·ly** *adv*

con·coct [ক ন্‌'ককট্‌] *vt* বিভিন্ন উপাদান মিশি তৈরি করা; প্রস্তুত করা; উদ্ভাবন করা; মিথ্যা কাহিনী রচ করা; বানিয়ে বলা। **con·coc·tion** [ক ন্‌ককশ্‌ন্‌] বিভিন্ন উপাদানে প্রস্তুত দ্রব্য; বানানো গল্প।

con·comi·tant [ক ন্‌'কমিটান্ট্‌] *adj* সহগামী ব আনুষঙ্গিক; সহবিদ্যমান: ~ circumstances. □*n* সঙ্গ বা আনুষঙ্গিক বস্তু; সহবিদ্যমান ব্যক্তি বা বস্তু: Infirmi is a ~ of old age, অশক্ততা বার্ধক্যের সঙ্গী/সহগামী।

con·cord ['কঙ্‌কো°ড্‌] *n* ১ [U] মতৈক্য বা মি নানা সুরের মধুর মিলন। ২ (ব্যাক.) [U] সামঞ্জস্য; যেম verb এবং তার Subject এর মধ্যে number এর মিল

con·cord·ance [ক ন্‌'কো°ডান্‌স্‌] *n* ১ [U] মি সামঞ্জস্য।২ [C] পুস্তকে (বিশেষত বাইবেলে) ব্যবহৃত লেখক কর্তৃক ব্যবহৃত শব্দাবলীর অথবা বিষয়সমূহে বর্ণানুক্রমিক সূচি: a Shakespeare ~.

con·cord·ant [ক ন্‌'কো°ডান্ট্‌] *adj* সামঞ্জস্যপূর্ণ

con·course [কঙ্‌ 'কো°স্‌] *n* ১ বস্তু, ঘটনা ব্যক্তির সমাবেশ; সমাপতন: a ~ of events. ২ স্থান খোলা জায়গা; যেখানে লোকজনের সমাবেশ ঘটে; (US রেলস্টেশনের বিশাল হল ঘর।

con·crete[1] ['কঙ্‌ক্রীট্‌] *adj* স্পর্শগ্রাহ্য; অনুভবযোগ্য Our body is ~ but our thoughts are not. ২ বাস্ত সুনির্দিষ্ট: ~ proposals/ proofs.

con·crete[2] ['কঙ্‌ক্রীট্‌] *n* চুন বা বালির সাথে সিমেন্টের মিশ্রণে তৈরি নির্মাণসামগ্রী: roads/walls of ~ ২ *vi* চুন বা বালির মিশ্রণ দ্বারা লেপ দেওয়া: to ~ road.

con·crete[3] ['কঙ্‌ক্রীট্‌] *vi* পিণ্ডে পরিণত হওয়া করা। **con·cretion** *n* পিণ্ডে পরিণতকরণের প্রক্রিয়া।

con·cu·bine ['কঙ্‌কিউবাইন্‌] *n* (প্রা.) উপপত্নী রক্ষিতা; যে অবিবাহিতা রমণী কোনো পুরুষের স্ত্রীরূপে বাস করে। **con·cu·binage** *n* বিবাহিতা না হয়ে স্ত্রীরূপে ব্যবহৃত হওয়ার ঘটনা।

con·cu·pis·cence [ক ন্‌'কিউপিসন্‌স্‌] *n* [U (আনুষ্ঠা.) কামপ্রবৃত্তি; উদগ্র কামনা।

con·cur [ক ন্‌'কা(র্‌) *vt vi* ১ একমত হওয়া: W ~red with the speaker on various points. একত্রে বা এককালে ঘটা: Everything ~red to mak Mujib a great leader.

con·cur·rent [ক ন্‌'কারান্ট্‌] *adj* এককালে সংঘটিত বা সংঘটনশীল; ঐকমত্য। **con·cur·renc** [কান্‌'কারান্‌স্‌] *n* ঐকমত্য; একত্র সংঘটন। **~·ly** *adv*

con·cuss [ক ন্‌'কাস্‌] *vt* প্রচণ্ডভাবে আলোড়িত কর উত্তেজিত বা আতঙ্কিত করা; মস্তিষ্কে আঘাত সৃষ্টি করা।

con·cus·sion [ক ন্‌'কাশ্‌ন্‌] *n* [C,U] ১ প্রচ আলোড়ন, আঘাত বা উত্তেজনার ফলে মস্তিষ্কের ক্ষতি। (কারও উপর) অন্যায় বা অত্যধিক চাপ।

con·demn [ক ন্'ডেম্] ১ *vt* দোষ দেওয়া; নিন্দা করা; কোনো কিছুকে বাতিল বা ব্যবহারের অযোগ্য বলে ঘোষণা করা। ২ *vi* বিচারে দোষী সাব্যস্ত করা: The judge ~ed the murderer to life imprisonment. **con·dem·na·tion** *n* নিন্দা; দোষারোপ। **~·able** *adj* নিন্দনীয়।

con·den·sa·tion [কন্‌ডেন্'সে ইশ্‌ন্] *n* [U] ঘনীভবন; সংক্ষেপণ; (রস.) তরল অংশ বাদ দিয়ে বিভিন্ন যৌগিকের দুই বা অধিক পরমাণুর মিলন।

con·dense [ক ন্'ডেন্‌স্] ১ *vt vi* ঘন করা: to ~ milk by taking out water. ২ *vt* সংক্ষেপ করা; অল্প কথায় প্রকাশ করা।

con·den·ser [ক ন্'ডেন্‌সা(র্)] *n* ১ বাষ্পকে ঘনীভূত করে তরল করার জন্য যন্ত্র। ২ আলোকে কেন্দ্রীভূত করার জন্য (যেমন ফিল্ম প্রজেক্টরে) ব্যবহৃত কাচবিশেষ।

con·de·scend [কন্‌ডি'সেন্‌ড্] *vt* ১ স্বেচ্ছায় উচ্চাসন থেকে নেমে আসা। ২ নিজেকে অবনমিত করা; ছোট করা: He often ~ed to take bribes. ৩ নিজের শ্রেষ্ঠত্ব সম্পর্কে পূর্ণ সচেতন থেকে অন্যের প্রতি সদয় বা প্রসন্ন ব্যবহার করা: Our boss often ~s to chat with us. **con·de·scen·sion** *n* উচ্চাসন ছেড়ে নেমে আসার ঘটনা; অধীনস্থ লোকের প্রতি সৌজন্য।

con·dign [ক ন্'ডাইন্] *adj* (আনুষ্ঠা.) কঠোর; সমুচিত (শাস্তি, প্রতিশোধ ইত্যাদি)।

con·di·ment ['কন্‌ডিমান্‌ট্] *n* [C,U] খাদ্যকে সুস্বাদু করার জন্য ব্যবহৃত দ্রব্য, যথা, গুড়া মশলা, আচার, চাটনিপ্রভৃতি।

con·di·tion[1] [ক ন্'ডিশ্‌ন্] *vt* ১ নিরূপণ; নিয়ন্ত্রণ: Our lives are ~ed by our circumstances. ২ প্রার্থিত অবস্থায় আনা। **~ed** *part adj*: air ~ed cinema hall, **C~ed reflex** (মনো.) আগে থেকে শিক্ষা পাওয়ার বা অভ্যাসের ফলে স্বীয় স্বভাববহির্ভূত ক্ষেত্রেও প্রতিক্রিয়া।

con·di·tion[2] [ক ন্'ডিশ্‌ন্] *n* ১ অবস্থা; হাল; পারিপার্শ্বিক অবস্থা; পরিবেশ। ২ শর্ত; প্রয়োজনীয় গুণাবলী; যোগ্যতা: Perseverance is one of the ~s of success. ৩ সামাজিক অবস্থান; পদমর্যাদা: He is a man of ~, উচ্চসামাজিক অবস্থাসম্পন্ন।

con·di·tional [ক ন্'ডিশান্‌ল্] *adj* শর্তাধীন; শর্তসাপেক্ষ।

con·dole [ক ন্'ডৌল্] *vi* অপরের শোকে শোকপ্রকাশ করা; সমবেদনা জানানো। **con·dol·ence** [কান্'ডৌল ন্‌স্] *n* শোকপ্রকাশ: Please accept my ~s.

con·dom ['কন্‌ডম্] *n* পুরুষের ব্যবহার্য গর্ভনিরোধক খাপবিশেষ।

con·do·min·ium [কন্‌ড 'মিনিঅম্] *n* দুই বা ততোধিক সার্বভৌম রাষ্ট্রের যুগ্ম শাসন।

con·done [ক ন্'ডৌন্] *vt* ১ (অপরাধ) ক্ষমা করা; না দেখার ভান করা। ২ ক্ষতিপূরণ করা; পুষিয়ে যাওয়া: His honesty ~s his many shortcomings. **condo·na·tion** *n* ক্ষমা; মার্জনা।

con·dor [কন্ 'ডো°(র্)] (দক্ষিণ আমেরিকার) বৃহৎ শকুনবিশেষ।

con·duce [ক ন্'ডিউস্ US -ডূস্] *vt* সংঘটনে সাহায্য করা। **con·duc·ive** *adj* সহায়ক; উপকারী: Fresh air is ~ to good health.

con·duct[1] ['কন্‌ডাক্‌ট্] *n* [U] ১ আচরণ: good ~, সদাচরণ। ২ পথনির্দেশ; পরিচালনা; বহন।

con·duct[2] [কন্ 'ডাক্‌ট্] *vt, vi* ১ পরিচালনা করা; পথনির্দেশ করা: The meeting was ~ed by the secretary. I was ~ed to the door by the housekeeper. ২ আচরণ করা: He ~s himself well. ৩ পরিচলনে সাহায্য করা: Copper ~s electricity. **con·duc·tive** *adj* (তাপ, বিদ্যুৎ ইত্যাদি) পরিবাহী।

con·duc·tor [ক ন্'ডাক্‌টা(র্)] *n* ১ পথপ্রদর্শক; ট্রামবাস ইত্যাদির কন্ডাকটর। ২ যে ব্যক্তি বাদকদল, গায়কদল কিংবা অর্কেস্ট্রা পরিচালনা করে। ৩ যে বস্তু তাপ বা বিদ্যুৎপরিবাহী: Copper is a good ~ of electricity.

con·duit ['কন্‌ডিট্ US -ডূই ট্] *n* তরল পদার্থ নিষ্কাশনের জন্য নল বা নালা; ইলেকট্রিকের তার প্রভৃতির আবরক নল।

cone [কৌন্] *n* ১ গোলাকার ও সমতল তলদেশ বিশিষ্ট মোচাকৃতি বস্তু। ২ ফার, পাইন, সেডার প্রভৃতি চিরহরিৎ বৃক্ষের ফলবিশেষ। **conic, conical** *adj* মোচাকার।

con·fab ['কন্‌ফ্যাব্] *n* বন্ধুত্বপূর্ণ ও একান্ত আলাপ আলোচনা।

con·fec·tion [ক ন্'ফেক্‌শ্‌ন্] *n* ১ মিষ্ট দ্রব্যাদির মিশ্রণ; কেক। ২ মিশ্রণ। ৩ (বিশেষত মেয়েদের) শৌখিন তৈরি পোশাক। **~·ery** মিষ্টান্ন, কেক, পেস্ট্রি, চকলেট ইত্যাদি; এইসব জিনিসের প্রস্তুতকারক, প্রস্তুত কারখানা বা ব্যবসা।

con·fed·er·acy [ক ন্'ফেডারাসি] *n* রাষ্ট্র, দল, বা ব্যক্তির সঙ্ঘ; এমন সঙ্ঘের সভা; ষড়যন্ত্র।

con·fed·er·ate [ক ন্'ফেডারাট্] *adj* ১ মৈত্রীচুক্তিবদ্ধ। ২ দুষ্কর্মের সহযোগী।

con·fed·er·ation [ক ন্ফেডা'রেইশ্‌ন্] *n* বিভিন্ন রাষ্ট্রের মৈত্রী বা মিত্রসঙ্ঘ।

con·fer [ক ন্'ফা(র্)] *vt vi* ১ খেতাব, উপাধি, ডিগ্রি বা অনুগ্রহ প্রদান করা: The Vice-Chancellor ~red degrees on the graduates. ২ মন্ত্রণা বা পরামর্শ করা: He ~red with his lawyer before moving the writ petition.

con·fer·ence ['কন্‌ফারান্‌স্] *n* আলোচনাসভা; মন্ত্রণা; মতবিনিময়।

con·fess [ক ন্'ফেস্] ১ *vt, vi* (অপরাধাদি) স্বীকার করা: কবুল করা। ২ *vt* (প্রধানত রোমান কাথলিক ধর্মমতে) পাদ্রি বা ধর্মগুরুর কাছে কৃত পাপের স্বীকারোক্তি প্রদান করা।

con·fes·sion [ক ন্'ফেশ্‌ন্] *n* ১ স্বীকারোক্তি; অপরাধ স্বীকার: The priest heard the ~s of the criminal. On his own ~, he took part in the murder. ২ ধর্মীয় বিশ্বাস সম্পর্কিত ঘোষণা বা ঘোষণাপত্র: a ~ of faith.

con·fes·sional [ক ন্'ফেশ্‌নল্] *n* গির্জার নির্দিষ্ট স্থান যেখানে বসে খ্রিস্টান পুরোহিতগণ পাপকর্মের স্বীকারোক্তি শোনেন।

con·fes·sor [ক ন্'ফেসা(র্)] *n* পাপীদের পাপস্বীকার শোনেন যে পুরোহিত।

con·fetti [ক ন্'ফেটি] *n* ১ মিষ্টান্ন; মিঠাই। ২ উৎসব বা বিবাহ-অনুষ্ঠানে সমবেত লোকদের ওপর ছুঁড়ে দেওয়া রঙিন কাগজের টুকরা।

con·fide [ক ন্'ফাইড্] *vt, vi* ১ বিশ্বাস করে কাউকে গোপন কথা বলা: He ~d his secrets to a friend. ২

(দায়িত্ব বা কাজ) ন্যস্ত করা: The child was ~d to the care of neighbour. ৩ বিশ্বাস করা; নির্ভর করা: I can ~ in his honesty.

con·fi·dant [ˈকন্‌ফ়িড্যান্‌ট্] *n* বিশ্বস্ত ব্যক্তি; বন্ধু যাকে গোপন কথা বলা যায় বা বলা হয়। **conf·id·ante** *n* (fem)

con·fi·dence [ˈকন্‌ফ়িডান্‌স্] *n* ১ আত্মবিশ্বাস; দৃঢ়তা; সাহস; আস্থা। ২ বিশ্বাস করে গোপন কথা জ্ঞাপন বা ঐ ভাবে জ্ঞাপিত বিষয়: They were exchanging ~s in a secret place. **take into ~** আস্থায় নেওয়া: I took him in my ~.

con·fi·dent [ˈকন্‌ফ়িডান্‌ট্] *adj* আত্মবিশ্বাসী; আস্থাশীল; নিশ্চিত: Our players are ~ of winning the game. **~·ly** *adv*

con·fi·den·tial [কন্‌ফ়িˈডেন্‌শ্‌ল্] *adj* ১ গোপনভাবে রক্ষিত; গুপ্ত: ~ information/ file. ২ অন্যের গোপন তথ্য জানে বা রক্ষা করে এমন: a ~ clerk/secretary. ৩ গোপন তথ্য ফাঁস করে দেবার প্রবণতাসম্পন্ন (ব্যক্তি): Don't become too ~ with unknown persons.

con·figur·ation [ক ন্‌ফ়িগিউরেশ্‌ন্] *n* বাহ্যিক আকার; সাজানোর পদ্ধতি; (গ্রহাদির) আপেক্ষিক অবস্থান।

con·fine [ক ন্‌ˈফ়াইন্] *vt* ১ সীমাবদ্ধ করা; সীমিত করা; সীমার মধ্যে রাখা। ২ আটকে রাখা; আটক থাকা। ৩ (প্রা.) সন্তান প্রসবের জন্য শয্যাশায়ী থাকা।

con·fines [ˈকন্‌ফ়াইনজ্] *n pl* সীমা; সীমান্ত; চৌহদ্দি।

con·fine·ment [ˈকন্‌ফ়াইনমান্‌ট্] *n* ১ অবরোধ; আটকাবস্থা; বন্দিত্ব। ২ কারাগার বা মানসিক হাসপাতালে অবরুদ্ধ অবস্থা। ৩ (সন্তান প্রসবের জন্য) ঘরের বাইরে যেতে না পারার অবস্থা: She will go into ~ next week.

con·firm [ক ন্‌ˈফ়াম্] *vt* ১ দৃঢ়ভাবে প্রতিপন্ন করা; (ক্ষমতা, মালিকানা, মত, অধিকার) দৃঢ়তরভাবে বলবৎ করা: The news is not yet ~ed. His appointment has been ~ed. ২ সমর্থন ও অনুমোদন করা। **~ed** *part adj* পাকা; যার পরিবর্তন হওয়া বা ভালো হওয়া মোটামুটি অসম্ভব: a ~ report, পাকা খবর; a ~ rogue, পাকা বদমাশ।

con·fir·ma·tion [কন্ ফ়াˈমেইশ্‌ন্] *n* নিশ্চিত প্রমাণ; পাকাপাকি স্বীকৃতি (confirm এর সকল অর্থে): We are waiting for the ~ of the report. He has applied for the ~ of his job.

con·fis·cate [ˈকন্‌ফ়িস্‌ˈকেইট্] *vt* (শাস্তি হিসাবে বা সরকারি ক্ষমতাবলে) বাজেয়াপ্ত করা। **con·fis·ca·tion** [কন্‌ফ়িস্‌ˈকেশ্‌ন্] *n* বাজেয়াপ্তকরণ।

con·fla·gra·tion [কন্ ফ্লাˈগ্রেইশ্‌ন্] *n* বিশাল এবং ধ্বংসকারী অগ্নিকাণ্ড বিশেষত যাতে ঘরবাড়ি এবং বনজঙ্গল পুড়ে যায়। **conflagrate** [কন্‌ফ্লাগ্রেইট্] *vt, vi* জ্বলে ওঠা; জ্বালিয়ে দেওয়া।

con·flict[1] [ˈকন্‌ফ্লিক্‌ট্] *n* ১ দ্বন্দ্ব; সংঘাত; যুদ্ধ; প্রতিদ্বন্দ্বীদের সংঘর্ষ। ২ (মতামত, ইচ্ছা ইত্যাদি সম্পর্কিত) বিরোধ; পার্থক্য: The ~ between ability and desire, সাধ এবং সাধ্যের বিরোধ।

con·flict[2] [ক ন্‌ˈফ্লিক্‌ট্] *vt* বিরাধী হওয়া; সংগ্রাম করা: His report of the incident ~s with ours. **~·ing** *adj* বিরুদ্ধ; (পরস্পর)-বিরোধী: We received ~ing reports regarding the war.

con·flu·ence [ˈকনফ্লুআন্‌স্] *n* (নদীর) মিলিত প্রবাহ; দুই নদীর মিলিত হবার স্থান বা সঙ্গম। **con·flu·ent** [ˈকনফ্লুআন্‌ট্] *adj* একত্রে প্রবহমান; সম্মিলিত (ধারা)।

con·form [ক ন্‌ˈফো°ম্] *vt vi* ১ অনুরূপ হওয়া; (প্রতিষ্ঠিত রীতি বা আচার) মেনে চলা: We should ~ to the rules of the society. ২ অনুরূপ করা; নিজেকে খাপ খাইয়ে নেওয়া: One has to ~ one's life to certain principles. **~·able** *adj* বাধ্য; আইনমান্যকারী; একমত।

con·form·a·tion [ক নফো°ˈমেইশ্‌ন্] *n* গঠনপ্রণালী; অবয়ব; কাঠামো।

con·for·mist [ক ন্‌ˈফো° মিস্‌ট্] *n* যে ব্যক্তি প্রতিষ্ঠিত আচার বা রীতি মেনে চলে; গতানুগতিক ব্যক্তি; (ইতি.) সরকার অনুমোদিত গির্জার অনুগামী ব্যক্তি।

con·form·ity [ক ন্‌ˈফো° মাটি] *n* প্রথাগত রীতির অনুসরণ; স্বাভাবিকতা। **in ~ with** অনুসারে; সঙ্গতিপূর্ণ।

con·found [ক ন্‌ˈফাউন্‌ড্] *vt* ১ বিভ্রান্ত বা কিংকর্তব্যবিমূঢ় করা; বিস্মিত করা: I was ~ed by her behaviour. ২ তালগোল পাকিয়ে ফেলা। **~ed** *adj* বিভ্রান্ত; হতবুদ্ধি; বিস্মিত। (কথ্য) মস্ত; শোচনীয়: a ~ed folly, মস্ত বোকামি।

con·frater·nity [ক ন্‌ˈফ্র্যাটানাটি] *n* (প্রধানত) ধর্মীয় ভ্রাতৃসঙ্ঘ; দল।

con·front [ক ন্‌ˈফ্রান্‌ট্] *vt* ১ মুখোমুখি হওয়া বা করা: We were ~ed with grave danger. ২ (পরস্পর) বিপরীত হওয়া।

con·fron·ta·tion [কন্ ফ্রান্‌ˈটেইশ্‌ন্] *n* মুখোমুখি অবস্থা; সংঘর্ষমূলক বিরুদ্ধতা বা সংঘর্ষের ঘটনা: the ~ between Iraq and Iran.

con·fu·cian [ক নˈফ়িউশ্‌ন্] *adj* চীনা দার্শনিক [কান্‌ফ়িউশাস্]-এর অনুসারী।

con·fuse [ক ন্‌ˈফ়ি উজ্] *vt* ১ গুলিয়ে ফেলা; বিশৃঙ্খল করা; বিভ্রান্ত বা কিংকর্তব্যবিমূঢ় হওয়া বা করা: I was ~d by his questions. ২ এক জিনিসকে অন্য জিনিস ভাবা; পার্থক্য না বোঝা: Don't ~ Nepal with Naples.

con·fusion [ক নˈফ়িউজ্‌ন্] *n* বিশৃঙ্খলা; গোলমাল; বিভ্রান্তি; কিংকর্তব্যবিমূঢ় অবস্থা; দুই জিনিসের মধ্যে পার্থক্য করতে অক্ষমতা: If you have any ~ you should talk to the teacher. There has been some ~of names, নামের গোলমাল।

con·fute [ক নˈফ়িউট্] *vt* মিথ্যা বা ভুল বলে প্রমাণিত করা; কোনো যুক্তিকে অসার প্রতিপন্ন করা; খণ্ডন করা। **con·fu·ta·tion** *n* খণ্ডন।

con·geal [কান্‌ˈজীল্] *vt, vi* জমাট বাঁধা বা বাঁধানো; দানা বাঁধা রক্ত জমাট বাঁধা; (বিশেষত ঠাণ্ডায় বা ভয়ে): His blood was ~ed in fear.

con·gen·ial [ক নˈজীনিআল্] *adj* ১ সদৃশ; সমপ্রকৃতিসম্পন্ন; সমমনোভাবাপন্ন: He found nobody ~ to him in the village. ২ উপযোগী; রুচিসম্মত; অনুকূল: We worked in a ~ atmosphere.

con·geni·tal [ক নˈজেনিট্‌ল্] *adj* জন্মগত (ব্যাধি ইত্যাদি); জন্ম থেকে অথবা জন্মের আগে থেকে বর্তমান: ~ blindness/idiocy.

con·ger ['কঙ্গা(র্)] *n* বড়ো আকারের সামুদ্রিক বাইন মাছ।

con·gested [ক ন্'জেস্টিড্] *adj* ১ অতিমাত্রায় পূর্ণ; অত্যন্ত জনসমাকীর্ণ; ভিড়াক্রান্ত। ২ (শারীরিক অঙ্গ যেমন মস্তিষ্ক, ফুসফুস) রক্তাধিক্যের ফলে পীড়িত।

con·ges·tion [ক ন্'জেস্চান্] *n* (ফুসফুস, মস্তিষ্ক ইত্যাদিতে) রক্তাধিক্যজনিত অবস্থা; ভিড়; গাদাগাদি অবস্থা।

con·glom·er·ate[1] [ক ন্'গ্লমারেইট্] *adj* একাধিক বস্তু বা অংশের একত্রীভবনের মাধ্যমে গঠিত। □*n* (লাক্ষ. বাণিজ্য.) বহুসংখ্যক বাণিজ্য প্রতিষ্ঠানের সমন্বয়ে গঠিত বৃহৎ কর্পোরেশন।

con·glom·erate[2] [ক ন্'গ্লমারেইট্] *vt, vi* একত্রে মিশিয়ে পিণ্ড করা।

con·glom·er·ation [ক নগ্লমা'রেইশন্] *n* একত্রী-ভবন; পিণ্ডীভবন; একত্রীভূত বস্তুর পিণ্ড।

con·gratu·late [ক ন্'গ্র্যাচিউলেইট্] *vt* ~ **sb(on/ upon sth)** অভিনন্দন জানানো: I ~d him on/upon his success. **Con·gratu·la·tory** [কান্'গ্র্যাচিউলাটারি] *adj* অভিনন্দনমূলক: a congratulatory letter/ telegram.

con·gratu·la·tion [ক নগ্র্যাচু'লেইশন্] *n* অভিনন্দন; অভিনন্দনবাক্য বা বার্তা।

con·gre·gate ['কঙ্গ্রিগেইট্] *vt vi* সমাবেশ করা/হওয়া; জড় করা বা হওয়া: A huge crowd ~ed at the stadium.

con·gre·ga·tion [কঙ্গ্রি 'গেইশন্] *n* সমাবেশ; গির্জায় নিয়মিত উপাসকবৃন্দ। □*adj* সমাবেশ সংক্রান্ত; উপাসকমণ্ডলীসংক্রান্ত।

con·gress ['কঙ্গ্রেস্ US 'কঙ্গ্রাস্] *n* ১ মহাসভা; সমিতিসমূহের প্রতিনিধিদের সম্মেলন বা আলোচনা সভা: a medical ~. ২ মার্কিন যুক্তরাষ্ট্রের আইনসভা; ভারতের রাজনৈতিক দলবিশেষ। **'~·man/ '~·woman** মার্কিন যুক্তরাষ্ট্রের আইনসভার সদস্য–সদস্যা। **con·gres·sional** *adj* মহাসভা সংক্রান্ত; মার্কিন যুক্তরাষ্ট্রের কংগ্রেস সংক্রান্ত।

con·gru·ence ['কঙ্গুআন্স্] *n* মিল; সদৃশতা; যথাযথতা।

con·gru·ent ['কঙ্গুআন্ট্] *adj* ১ ~ **(with)** সদৃশ; উপযোগী; যথাযথ। ২ (জ্যা.) সর্বসম: ~ triangles, সর্বসম ত্রিভুজ।

con·gru·ity ['কঙ্গুইটি] *n* মিল; সঙ্গতি; উপযুক্ততা; যথাযথতা। **con·gru·ous** [কঙ্গুআস্] *adj* উপযোগী; মানানসই; সঙ্গতিপূর্ণ।

conic ['কনিক্] *adj* চোঙাকৃতি।

coni·fer ['কনিফা(র্) *n* এমন বৃক্ষ (পাইন, ফার প্রভৃতি) যাতে মোচাকৃতি বা চোঙাকৃতি ফল ধরে। **co·nif·er·ous** [কনিফারাস্] *adj* চোঙাকৃতি ফলবিশিষ্ট/ ফলপ্রদায়ী।

con·jec·ture [ক ন্'জেক্চা(র্)] ১ *n* অনুমান; সঙ্গত কারণ ব্যতিরেকে গঠিত ধারণা: He was right in his ~s about the election results. ২ *vt, vi* অনুমান করা: We ~d about the election results. **con·jec·tural** *adj* অনুমানমূলক।

con·join ['কনজয়ন্] *vt, vi* (আনুষ্ঠা.) যুক্ত করা বা হওয়া; মিলিত করা বা হওয়া। **~t·ly** *adv* মিলিতভাবে; যুক্তভাবে।

con·ju·gal ['কনজুগল্] *adj* বিবাহসম্পর্কিত; দাম্পত্য: ~ happiness. **con·ju·ga·li·ty** *n* দাম্পত্যজীবন; বিবাহিত অবস্থা।

con·ju·gate ['কনজু'গেইট্] *vt, vi* (ব্যাক.) ধাতুরূপ করা।

con·junc·tion [কন্ 'জাঙ্ক্শন্] *n* ১ (ব্যাক.) সংযোজক অব্যয় পদ, যেমন, and, but, or ইত্যাদি। ২ মিলন; সংযোগ; সংযুক্ত অবস্থা; যুগ্মতা। ৩ (ঘটনাদির) সমাপতন; সংযোগ: an unusual ~ of events. **In conjunction with** একত্রে; সংযোগে। **~al** *adj* মিলনাত্মক; সংযোগমূলক।

con·junc·tiva [ক ন্জাঙ্ক্'টাইভ া] *n* (ব্যব.) চোখের কর্নিয়ার পাতলা স্বচ্ছ আচ্ছাদন; নেত্রবর্ত্মকলা। **con·junc·ti·vi·tis** [কন্জাঙ্টিভাইটিস্] নেত্রবর্ত্মকলা বা conjunctiva এর প্রদাহ।

con·junc·tive [ক ন্'জাঙ্ক্টিভ্] *adj* সংযোজক; মিলনসংসাধক: a ~ word.

con·junc·ture [ক ন্'জাঙ্ক্চা(র্) *n* ঘটনাদির সন্ধিক্ষণ; সঙ্কটমুহূর্ত।

con·jure ['কান্জা(র্)] *vt vi* ১ জাদুকরের হাতসাফাই করা: The magician ~d a rabbit out of a hat. ২ ~ **up** ভেল্কিবাজির মাধ্যমে শূন্য থেকে কোনো কিছু আনয়ন করা; মন্ত্রোচ্চারণ দ্বারা ভূত নামানো বা ঝাড়া; মানসপটে কোনো স্মৃতিচিত্র আনয়ন করা: to ~ up the visions of the past. ৩ [ক ন্জু'আ(র্)] (আনুষ্ঠা.) সনির্বন্ধ অনুরোধ বা মিনতি করা: I ~ you not to divulge the secret. **a name to conjure with** যে নামের প্রভাব জাদুর মতো কাজ করে।

con·jur·ation [ক ন্জু'রেইশন্] *n* জাদু; সনির্বন্ধ অনুরোধ বা মিনতি; ষড়যন্ত্র। **con·juror, con·jurer** ['কানজারা(র্)] জাদুকর।

conk[1] [কঙ্ক্] *n* (GB অশিষ্ট) নাক। **conky** *n* লম্বা নাকঅলা লোক।

conk[2] [কঙ্ক্] *vt* [কথ্য.) (গাড়ি বা যন্ত্রসম্পর্কিত) অচল হয়ে পড়া; বিগড়ে যাওয়া; বিগড়ানোর লক্ষণ দেখা যাওয়া।

con·ker [কঙ্ক া(র্)] *n* (কথ্য.) বৃক্ষবিশেষ।

con-man ['কন্ম্যান্] *n* বিশ্বস্ত ব্যক্তি। দ্র. confidence.

con·nect [ক 'নেক্ট্] *vt, vi* ~ **(up) (to/ with)** সংযুক্ত করা; সম্বন্ধ স্থাপন করা: well-connected,. উত্তম যোগাযোগসম্পন্ন; উঁচুমহলে যাতায়াত বা পরিচয় বা আত্মীয়স্বজন থাকার সুবিধাসম্পন্ন।

con·nec·tion [ক 'নেকশন্] *n* ১ সংযোগ; যে স্থানে দুটি বস্তু সংযুক্ত হয়; যে বস্তু সংযোগ সাধন করে: There is a ~ between the two incidents. They had a new telephone ~. ২ (ট্রেন, বিমান ইত্যাদির) সময়সূচির এমন সমন্বয় যাতে একটি যানবাহন অন্যটি আসার পর ছাড়ে (যাতে যাত্রীরা এক যানবাহন থেকে অন্যটিতে স্থানান্তরের সুযোগ পায়): The plane was late and I missed my ~. ৩ যোগাযোগ; জনসংযোগ; চেনাজানা: His business will thrive because he has good ~s in the well-to-do society.

con·nect·ive [ক 'নেক্টিভ্] *adj* সংযোগকারী; (ব্যাক.) সংযোজক শব্দ।

con·nex·ion, connection এর ভিন্ন বানান (GB).

con·nive [ক 'নাইভ্] *vi* ~ **at** (দোষাদির প্রতি) চোখ বুঁজে থাকা; দেখেও না দেখার ভান করা: প্রতিবাদ করা

উচিত জেনেও প্রতিবাদ না করা; উপেক্ষা করা (এমনভাবে, যাতে নীরব সম্মতিই প্রকটিত হয়): He ~ed at the stealing of important documents from the office. **con·niv·ance** [কা'নাইভ়ান্স্] *n* পরোক্ষ সম্মতি বা সমর্থন; ঘটমান অপরাধের প্রতি চোখ বুঁজে থেকে তাকে সহায়তা দান: All the crimes happened at the ~ of the office superintendent.

con·nois·seur [কনা'সা(র্)] *n* প্রধানত চারুকলা (আর্ট) বিষয়ে রসজ্ঞ; পণ্ডিত বিচারক; সমঝদার: a ~ of painting/ wine. **~·ship** *n* সমঝদারি; রসজ্ঞতা।

con·note [ক'নৌট্] *vt* অর্থ বোঝানো; মূল অর্থের অতিরিক্ত দ্যোতনা বা ব্যঞ্জনা প্রদান করা: The word 'Democracy' connotes... . **con·no·ta·tion** [কনা'টেইশ্ন্] *n* অর্থ; মূল অর্থের অতিরিক্ত দ্যোতনা; গূঢ়ার্থ।

con·nu·bial [ক'নিউবিঅল্] US [ক'নূবিঅল্] *adj* বিবাহসম্পর্কিত; স্বামী–স্ত্রী সম্পর্কিত।

con·quer ['কঙ্কা(র্)] *vt* ১ জয় করা; শক্তিবলে দখল করা: Akbar ~ed the whole of India. ২ পরাজিত করা; (শত্রু বা কুপ্রবৃত্তিকে) বশ করা।

con·quest [কঙ্কোএস্ট্] *n* বিজয়; (কোনো দেশ বা জনগোষ্ঠীর উপর) প্রভুত্ব স্থাপন।

con·san·guin·ity [কন্স্যাঙ্'গু ইনাটি] *n* (রক্তের) সম্পর্ক; সগোত্রতা। **con·san·guine** *adj* [কন্'স্যাঙ্গুইন] রক্তের সম্পর্কযুক্ত; সগোত্র।

con·science ['কন্শান্স্] *n* বিবেক; নীতিচেতনা; ভালো ও মন্দের মধ্যে পার্থক্য করায় সক্ষম অন্তর্গত চেতনা। **(have something) on one's ~** কৃত কোনো কাজের জন্য বা কোনো কাজ না করার জন্য অনুতাপ বোধ। **'~ money** বিবেকতাড়িত হয়ে পূর্বে ফাঁকি দেওয়া কোনো দেনাবাবদ প্রদত্ত অর্থ। **'~-stricken** *adj* বিবেকতাড়িত। **speak one's ~** স্বীয় মতামত প্রকাশ করা। **In all ~** ন্যায়ত: cannot in all ~ agree. **~·less** নির্বিবেক; বিবেকহীন।

con·scien·tious [কন্শি 'এন্শাস্] *adj* বিবেকবান; বিবেকবুদ্ধিসম্পন্ন। **~·ness** *n* বিবেকিতা। **~·ly** *adj*

con·scious ['কন্শাস] *adj* ১ সচেতন; সজ্ঞান: I am fully ~ of what I am doing. The patient was ~ to the last. ২ (নিজের কাজ বা অনুভব সম্পর্কে) সচেতন: He always speaks with ~ superiority.

con·scious·ness ['কন্শাস্নিস্] *n* ১ চেতনা; সচেতনতা; সজ্ঞানতা: He lost his ~ after the accident. ২ কোনো ব্যক্তি বা ব্যক্তিসমূহের চিন্তাধারা; অনুভূতি, আকাঙ্ক্ষা, স্মৃতি ইত্যাদি: the political ~ of the people of Bangladesh.

con·script [ক ন্'স্ক্রিপ্ট্] *vt* বাধ্যতামূলকভাবে অথবা জোর করে কাউকে সৈন্যবাহিনীতে ভর্তি করা। □*n* বাধ্যতামূলকভাবে সৈন্যবাহিনীতে নিযুক্ত ব্যক্তি। **con·scrip·tion** *n* বাধ্যতামূলকভাবে সৈন্যদলে নিয়োগ; যুদ্ধের জন্য করারোপ বা সম্পত্তি বাজেয়াপ্তকরণ।

con·se·crate ['কন্সিক্রেইট্] *vt* পবিত্র উদ্দেশ্যে ব্যবহার করার জন্য পৃথক করে রাখা; পবিত্র করা; উৎসর্গ করা: He ~d his life to the service of the poor. The Church has been ~d by the Archbishop of Canterbury.

con·se·cration [কন্সি 'ক্রেইশ্ন্] *n* পবিত্রকরণ; উৎসর্গ; বিশপের পদে নিযুক্তি।

con·secu·tive [ক ন্'সেকিউটিভ্] *adj* ধারাবাহিক; পরপর ঘটমান: on four ~ days. **~·ly** *adv* ধারাবাহিকভাবে।

con·sen·sus [কান্'সেন্স াস্] *n* মিল; ঐক্য; ঐকমত্য।

con·sent [ক ন্'সেন্ট্] *vi* **~ (to)** রাজি হওয়া: He ~ed to the proposal. □*n* সম্মতি; অনুমতি: She got her father's ~ to the marriage. **with one ~** সর্বসম্মতিক্রমে। **age of ~** বিবাহ করার জন্য ন্যূনতম আইনসঙ্গত বয়স।

con·se·quence ['কন্সিকোআন্স্] *n* ১ ফলাফল; পরিণতি। ২ গুরুত্ব; সামাজিক প্রতিষ্ঠা বা প্রতিপত্তি: It is of no ~. He is a man of **~,** গণ্যমান্য; প্রতিষ্ঠাশালী ব্যক্তি।

con·se·quent ['কন্সিকোআন্ট্] *adj* **~ on/upon** (আনুষ্ঠা.) (প্রধানত কোনো কিছুর ফলস্বরূপ) অনুবর্তী; অনুগামী: The rise of price is ~ upon the failure of the crops.

con·se·quen·tial [কন্সি 'কোআন্শিআল্] *adj* ১ ফলস্বরূপ। ২ আত্মাভিমানী (ব্যক্তি)। **~·ly** *adv*

con·ser·vancy [কান্'সাভ়ান্সি] *n* ১ সরকারি সংরক্ষণ ব্যবস্থা (বন ইত্যাদির)। ২ নদী, অরণ্য, বন্দর প্রভৃতির তত্ত্বাবধান ও নিয়ন্ত্রণের জন্য গঠিত কর্তৃপক্ষ (কমিশন)।

con·ser·va·tion [কন্স 'ভ়েইশ্ন্] *n* সংরক্ষণ; ক্ষয়, পচন ও ক্ষতি থেকে রক্ষা: the ~ of forests; the ~ of energy/ matter, শক্তি/ বস্তুর অবিনাশিতাবাদ।

con·ser·va·tism [ক ন্'সাভ়াটিজ় ম্] *n* ১ রক্ষণশীলতা; নতুন কিছু বা হঠাৎ পরিবর্তন মেনে নিতে অস্বীকৃতি; (রাজনীতিতে) স্থিতাবস্থা বজায় রাখতে আগ্রহ। ২ ব্রিটিশ রাজনীতিতে রক্ষণশীল দল (Conservative party)-এর নীতিসমূহ।

con·ser·va·tive [ক ন্'সাভ়টিভ়] *adj* ১ রক্ষণশীল; পরিবর্তনবিরোধী। ২ পরিমিত; সতর্ক: The value of the property will exceed ten crores by even a ~ estimate. □*n* ব্রিটিশ রাজনীতিতে রক্ষণশীল দলের সদস্য।

con·ser·va·toire [ক ন্'সাভ়াটোআ(র্)] *n* (ফ.) সঙ্গীত ও নাটকের জন্য সাধারণ শিক্ষালয়।

con·ser·va·tory [ক ন্সা ভ় টরি US [কান্সাভ়াটো°রি] *n* কাচের ঘরে সংরক্ষিত গাছপালার উদ্যান।

con·serve [ক ন্'সাভ়্] ১ *vt* সংরক্ষণ করা; অপরিবর্তিত রাখা; ধ্বংস বা ক্ষয় থেকে রক্ষা করা। □*n pl* চিনির আরকে সংরক্ষিত ফল; জ্যাম।

con·sider [ক ন্'সিডা(র্)] *vt* ১ মনোযোগের সাথে ভাবা: You should ~ the difficulties before taking the decision. ২ বিবেচনা করা; গণ্য করা: The judge ~ed his young age and gave him a light punishment. **All things ~ed** সমস্ত কিছু বিবেচনাপূর্বক। ৩ মত পোষণ করা; ধারণা করা: The people ~ed him a great leader.

con·sider·able [ক ন্'সিডারাব্ল্] *adj* গুরুত্বপূর্ণ; বিবেচনাযোগ্য; বেশ কিছু (পরিমাণ): a ~ distance; a man of ~ importance. **con·sider·ably** *adv*

con·sider·ate [ক ন্সিডরাট্] *adj* সুবিবেচিত; সুবিবেচকের মতো; পরের জন্য সহানুভূতিপূর্ণ

বিবেচনাযুক্ত: It was very ~ of you to give me the news in time. **~·ness** *n* . **~·ly** *adv*

con·sider·ation [ক ন্‌সিডা'রেইশ্‌ন্] *n* ১ চিন্তা; বিবেচনা: We rejected the offer after careful ~. Your proposal is still under ~. ২ অন্যের ইচ্ছা; অনুভূতিকে মূল্য দান: You should have some ~ for the feelings of your parents. ৩ হেতু, বাস্তব অবস্থা যা বিবেচনা বা গণ্য করা উচিত: Time is an important ~ in this matter. ৪ পুরস্কার; আর্থিক প্রাপ্তি: He would do anything for a ~, অর্থাৎ পয়সা পেলে সে সব কিছু করতে পারে। **Take something into ~** বিবেচনায় আনা; বিবেচনা করে ছাড় দেওয়া: While giving him the punishment, the judge took his young age into ~. **On no ~** কোনো অবস্থাতেই না; কোনো যুক্তিতেই না। ৫ গুরুত্ব: When honour is at stake, money is of no ~ at all.

con·sider·ing [ক ন্‌'সিডারিঙ্] *prep* বিবেচনা করে দেখার পর: She did very well, ~ her age.

con·sign [কান্‌'সা ইন্] *vt* ~ **(to)** ১ (মালপত্র) প্রেরণ: The goods have been ~ed by rail. ২ হস্তান্তর করা; ন্যস্ত করা; হেফাজতে দেওয়া: The child has been ~ed to its uncle's care. **~ee** *n* যে ব্যক্তির কাছে হস্তান্তর/ ন্যস্ত করা হয়; প্রেরিত মালের প্রাপক। **~er** *n* যে ব্যক্তি মাল প্রেরণ করে।

con·sign·ment [ক ন্‌'সাইন্‌মান্ট্] *n* ১ হস্তান্তর; সমর্পণ; প্রেরণ। ২ প্রেরিত মাল; একত্রে প্রেরিত মালসমূহ।

con·sist [ক ন্‌'সিস্ট্] ১ *vi* ~ **of** গঠিত হওয়া: The parliament ~s of 300 members. ২ ~ **(in)** মূল অথবা একমাত্র উপাদান হিসাবে বিদ্যমান থাকা: True happiness ~s in contentment.

con·sist·ence [ক ন্‌'সিস্টান্‌স্] অথবা **con·sist·ency** [কা ন্‌'সিস্টান্‌সি] *n* ১ পূর্বাপর মিল; সঙ্গতি; চিন্তা বা কাজে সর্বদা একই নীতির অনুসরণ: There is no ~ in what he says or does. ২ ঘনত্ব; দৃঢ়সংবদ্ধতা (বিশেষত কোনো তরল পদার্থ কিংবা তরল পদার্থ মিশিয়ে বানানো কোনো কিছুতে): to mix flour and water to the right ~; mixtures of various ~ies.

con·sis·tent [ক ন্‌'সিসটান্ট্] *adj* ১ (কোনো ব্যক্তির আচরণ, নীতি) সঙ্গতিপূর্ণ; একটি নিয়মিত রীতিমাফিক; পূর্বাপর একই রকম: The ideas in his various writings are not ~. ২ ~ **(with)** সঙ্গতিপূর্ণ: What he does is not ~ with what he professes. **~·ly** *adv*

con·so·la·tion [কন্‌স 'লেইশ্‌ন্] *n* সান্ত্বনা; প্রবোধ: I send him a letter of ~. **'~ prize** (অকৃতকার্য প্রতিযোগীকে) সান্ত্বনা দেওয়ার জন্য প্রদত্ত পুরস্কার।

con·sola·tory [ক ন্‌'সলাটরি US কান্‌'সলাটো°রি] *adj* সান্ত্বনামূলক; সান্ত্বনাদায়ক: a ~ letter.

con·sole[1] [কা ন্‌'সৌল্] *vt* সান্ত্বনা দেওয়া; (দুঃখী বা হতাশ কাউকে) সহানুভূতি জানানো: I tried to ~ him for his loss. **con·sol·able** *adj* সান্ত্বনা বা প্রবোধ দেওয়া যায় এমন।

con·sole[2] ['কন্‌সৌল্] *n* ১ দেয়ালে তাক ঝোলানোর জন্য ব্রাকেট। **'~ table** দেয়ালের সাথে ব্রাকেট দ্বারা যুক্ত সরু টেবিল। ২ অর্গানের কি-বোর্ড; ঘাটসমূহ ধারণকারী ফ্রেম। ৩ সরাসরি মেঝেতে দাঁড় করিয়ে রাখা যেতে পারে এমন রেডিও বা টেলিভিশন ক্যাবিনেট।

con·soli·date [ক ন্‌'সলিডেইট্] *vt, vi* ১ দৃঢ় করা বা হওয়া; সংহত করা: He ~d his position in the party. ২ একত্রীকরণ: Three companies were consolidated into one. ৩ (সাম.) (বাহিনীকে) পুনর্বিন্যাস করে শক্তিশালী করা।

con·soli·dation [ক ন্‌সলি'ডেইশ্‌ন্] *n* [U] দৃঢ়করণ; সংহতকরণ। [C] দৃঢ়করণ বা সংহতকরণের ঘটনা।

con·sommé [ক ন্‌'সমেই US কন্‌স 'মেই] *n* (ফ.) মৃদু আঁচে জ্বাল দিয়ে তৈরি মাংসের পাতলা ঝোল।

con·son·ance ['কন্‌সানান্‌স্] *n* [U] ১ মতৈক্য; মিল। ২ (সঙ্গীত) ঐকতান; বিভিন্ন সুরের সমন্বয়; হার্মোনি।

con·son·ant[1] ['কন্‌সানান্ট্] *n* [C] (ব্যাক.) ব্যঞ্জনধ্বনি; ব্যঞ্জনবর্ণ; (ধ্বনিতত্ত্ব) শ্বাসবায়ুকে পুরাপুরি অথবা আংশিক বাধাগ্রস্ত করার মাধ্যমে উচ্চারিত বাগ্‌ধ্বনি (speech sound).

con·so·nant[2] [কন্‌স 'নান্ট্] *adj* (আনুষ্ঠা.) ~ **with** সঙ্গতিপূর্ণ: Your actions should be ~ with your beliefs.

con·sort[1] [কন্‌সো°ট্] *n* ১ স্বামী অথবা স্ত্রী (বিশেষত কোনো শাসকের)। ২ সঙ্গী। ৩ (বিশেষত যুদ্ধের সময়ে নিরাপত্তার কারণে) এক জাহাজের সাথে চলাচলকারী অন্য জাহাজ।

con·sort[2] [ক ন্‌'সো°ট্] *vi* ~ **with** ১ সঙ্গী হওয়া; সময় কাটানোর জন্য কারো সাথে সংসর্গ করা: One should ~ only with one's equals. ২ সামঞ্জস্যপূর্ণ হওয়া: What he practises does not ~ with what he preaches, তার কথা ও কাজ সঙ্গতিপূর্ণ/সামঞ্জস্যপূর্ণ নয়।

con·sor·tium [ক ন্‌'সো°টিআম্ US কান্‌'সো°শিআম্] *pl* **consortia** [ক ন্‌'সো°টিআ U S কান্‌'সো°শিআ] *n* কোনো বিশেষ উদ্দেশ্যে বিভিন্ন আন্তর্জাতিক শক্তি সংস্থা, কোম্পানি বা ব্যাংক ইত্যাদির মধ্যেকার সাময়িক সহযোগিতা বা গঠিত সঙ্ঘ।

con·spec·tus [ক ন্‌'স্পেকটাস্] *n* সাধারণভাবে কোনো বস্তু বা দৃশ্য পর্যবেক্ষণ; সংক্ষিপ্তসার।

con·spicu·ous [ক ন্‌'স্পিকিউআস্] *adj* দৃষ্টি আকর্ষক; সহজে দেখা যায় এমন; দর্শনীয়: Traffic signs should be ~. **make oneself ~** (অস্বাভাবিক ব্যবহার বা উদ্ভট পোশাক পরে) নিজের প্রতি দৃষ্টি আকর্ষণ করার চেষ্টা। **~·ness** *n* . **~·ly** *adv*

con·spir·acy [ক ন্‌'স্পিরাসি] *n* ১ ষড়যন্ত্র; চক্রান্ত; ষড়যন্ত্রকারী দল: There was a ~ against the President's life. ২ ষড়যন্ত্রের মাধ্যমে স্থিরীকৃত কর্মপন্থা: a ~ of silence, কোনো বিষয়ে জনসমক্ষে কিছু না বলার গোপন চুক্তি।

con·spire [ক ন্‌'স্পাইআ(র্)] *vi, vt* ~ **(with) (against)** ১ ষড়যন্ত্র করা; চক্রান্ত করা: The enemies ~d against the country. ২ একাধিক ঘটনার সমাপতন হওয়া; একযোগে সংঘটনে সাহায্য করা: A number of events ~d to bring about his downfall.

con·spira·tor [ক ন্‌'স্পিরাটা(র্)] *n* ষড়যন্ত্রকারী। **con·spira·tor·ial** *adj* ষড়যন্ত্রমূলক; ষড়যন্ত্রবিষয়ক।

con·stable ['কান্‌স্টাবল্ US 'কন্-] ১ নিম্নপর্যায়ের পুলিশ কর্মচারী; কনস্টবল। **Chief Constable** ব্রিটেনের কাউন্টির পুলিশবাহিনীর প্রধান। ২ (ইতি.)

রাজবাড়ির প্রধান কর্মচারী; দুর্গাধিপতি ইত্যাদি। **con·sta·bu·lary** [কান্স্টাব্যিউলারি] পুলিশবাহিনী।

con·stancy [ক ন্স্টান্সি] *n* [U] স্থিরতা; দৃঢ়চিত্ততা; অপরিবর্তনীয়তা: ~ of purpose, উদ্দেশ্যের স্থিরতা।

con·stant [ˈকন্স্টান্ট্] *adj* ১ স্থির; অপরিবর্তনীয়; বারবার ঘটছে এমন: He has a ~ pain in the chest. ২ বিশ্বস্ত; নির্ভরযোগ্য: a ~ friend. ৩ (গণিত, পদার্থ.) অপরিবর্তনীয় সংখ্যা বা পরিমাণ; ধ্রুবক। **~·ly** *adv* অবিরত; ক্রমাগত; প্রায়শ।

con·stel·la·tion [কন্স্টলেই শ্ন্] *n* ১ একত্রে অবস্থিত নক্ষত্রপুঞ্জ। ২ (লাক্ষ.) বিশিষ্ট ব্যক্তিদের দল বা সমাবেশ। ৩ (জ্যোতি.) গ্রহপ্রভাব; গ্রহদৃষ্টি।

con·ster·na·tion [কন্স্টা'নে ইশ্ন্] *n* [U] আতঙ্ক। **con·ster·nate** *vt* আতঙ্কিত করা।

con·sti·pate [ˈকন্স্টিপেইট্] *vt* কোষ্ঠবদ্ধ করা; কোষ্ঠকাঠিন্য ঘটানো। **con·sti·pated** *adj* কোষ্ঠকাঠিন্যযুক্ত; কোষ্ঠবদ্ধ।

con·sti·pa·tion [কন্স্টি'পেই শ্ন্] *n* কোষ্ঠকাঠিন্য।

con·sti·tu·ency [ক ন্স্টিটিউআন্সি] *n* [C] নির্বাচকমণ্ডলী; একই এলাকায় বসবাসকারী ভোটারবৃন্দ যারা সংসদ সদস্য নির্বাচনের জন্য ভোট দেয়।

con·sti·tu·ent[1] [ক ন্স্টিটিউআন্ট্] *n* ১ নির্বাচকমণ্ডলীর সদস্য। ২ গঠনকারী অংশ বা উপাদান: Hydrogen and Oxygen are the ~s of water.

con·sti·tu·ent[2] [ক ন্স্টিটিউআন্ট্] *adj* ১ শাসনতন্ত্র রচনা বা সংশোধন করার ক্ষমতা বা অধিকারসম্পন্ন: a ~ assembly. ২ সমগ্রকে গঠনকারক বা গঠনে সহায়ক: a ~ part.

con·sti·tute [ˈকন্স্টিটিউট্ US টুট্] *vt* ১ স্থাপন করা; (কোনো কমিটি ইত্যাদিকে) আইনগত ক্ষমতা প্রদান করা: The commission has been ~d under section 3 of the constitution. ২ নিয়োগ করা: The President ~d him Chief Adviser. ৩ গঠন করা; স্থাপন করা: 12 months ~ a year.

con·sti·tu·tion [কন্স্টি'টিউশ্ন্] *n* ১ শাসনতন্ত্র; যে আইন বা নীতিসমূহ দ্বারা রাষ্ট্র পরিচালিত হয়। ২ কোনো ব্যক্তির শারীরিক বা মানসিক গঠন; ধাত: Only people with strong ~s should go to the army. ৩ কোনো বস্তুর সাধারণ গঠন।

con·sti·tu·tional [কন্স্টি'ট্যিউশ ন্ল্ US –টু–] *adj* ১ শাসনতন্ত্র সম্পর্কিত: ~ reform; ~ committee; ~ government, শাসনতান্ত্রিক উপায়ে গঠিত সরকার। ২ গঠনগত: a ~ weakness, গঠনগত দুর্বলতা বা ত্রুটি। □(প্রা. কথ্য.) স্বাস্থ্যরক্ষার জন্য স্বল্পভ্রমণ: He used to take a ~ every morning. **~·ly** *adv*. **~·ism** *n* নিয়মতান্ত্রিকতা; নিয়মতান্ত্রিক সরকার বা শাসনতন্ত্রের প্রতি আনুগত্য বা বিশ্বাস। **~·ist** *n* নিয়মতান্ত্রিক/ শাসনতান্ত্রিক রীতিনীতিতে বিশ্বাসী।

con·strain [ক ন্স্ট্রেইন্] *vt* ১ কাউকে কোনো কিছু করার জন্য চাপ দেওয়া বা প্ররোচিত করা; (বিবেক বা অন্তরের তাড়নায়) বাধ্য হওয়া: I feel ~ed to confess my guilt to you. ২ আটক করা; কারারুদ্ধ করা; জোর করে সীমাবদ্ধ রাখা। **~ed** *part adj* অস্বাভাবিক, অস্বস্তিপূর্ণ ও কষ্টকৃত (কণ্ঠস্বর, আচরণ ইত্যাদি)।

con·straint [ক ন্স্ট্রেইন্ট্] *n* [U] ১ চাপ; বাধ্যকরণ; সীমাবদ্ধতা: we have to work under a lot of ~. ২ বিব্রতভাব; সংযম; মনোভাব সংদমন।

con·strict [ক ন্স্ট্রিক্ট্] *vt* সংকুচিত করা; (শিরা পেশিকে) আঁটো ও সংকীর্ণ করা: This medicine · the pupils of the eye; (লাক্ষ.) a ~ outlook, সংকী দৃষ্টিভঙ্গি। **~ion** *n* সংকোচন; আঁটোভাব কোনো কিছু আঁটো করে। **~or** *n* সংকোচক; সংকোচক মাংসপেশি; সাপ শিকারকে জড়িয়ে ধরে পিষে মারে (b constrictor).

con·struct [ক ন্স্ট্রাক্ট্] *vt* নির্মাণ করা; গঠন ক একত্রে সংস্থাপন করে গঠন করা: They ~ed a b factory in the country side; a well ~ed nov **~or** *n* নির্মাতা; নির্মাণকারী ব্যক্তি বা সংস্থা।

con·struc·tion [ক ন্স্ট্রাকশ্ন্] *n* ১ [U] নির্মা গঠন; গঠনকৌশল: The bridge is still under ~. [C] নির্মিত বস্তু; দালান। ৩ [C] অর্থ; ব্যাখ্যা; যে অ কোনো কথা বা বক্তব্যকে বোঝা হয়: Do not put wrong ~ on his action, তার কাজকে ভুল বুঝো ন দ্র. construe. ৪ (ব্যাক.) বাক্যের অভ্যন্তরে অবস্থি শব্দসমূহের মধ্যে সম্পর্ক এবং তাদের বিন্যাস: dictionary should not only give meanings words but also illustrate their ~s.

con·struc·tive [ক ন্স্ট্রাকটিভ্] *adj* গঠনমূলক ~ criticism; ~ proposals. **~·ly** *adv*. **~·ness** *n*

con·strue [ক ন্স্ট্রু] *vt, vi* ১ কথা, বক্তব্য কাজের অর্থ করা ব্যাখ্যা দান করা: His remarks in th conference were wrongly ~d by the audience. (ব্যাক.) বাক্যের বিশ্লেষণ করা; ব্যাকরণ অনুযায়ী গঠ করা। ৩ ব্যাকরণগত ব্যাখ্যার উপযোগী হওয়া: Th sentence won't ~.

con·sul [ˈকন্স্ল্] *n* ১ রাষ্ট্রীয় প্রতিনিধি; রাষ্ট্রদূত যিনি অন্যদেশে বসবাসকারী স্বদেশী নাগরিকদের সাহা ও সুরক্ষার জন্য দায়িত্বপ্রাপ্ত। ২ প্রাচীন রোমের (সাম্রাজ প্রতিষ্ঠার পূর্বকালে) দুইজন প্রধান শাসকের যে কো একজন। ৩ ফরাসি সাধারণতন্ত্রের (১৭৯৯–১৮০৪) তিনজ প্রধান শাসকের একজন। **~·ship** কন্সলের পদ কন্সলের দায়িত্বকাল। **~ar** *n* কন্সলের কাজ বা কন্স সম্পর্কিত।

con·su·late [ˈকন্সিউলাট্ US –সা–] *n* কন্সলে পদ; কন্সলের দপ্তর; ফ্রান্সে কন্সল-শাসনের কাল।

con·sult [ক ন্সাল্ট্] *vt, vi* ১ মন্ত্রণা বা উপদে চাওয়া; পরামর্শ করা: to ~ a lawyer/ a dictionary. (প্রা.) বিবেচনায় আনা; গণ্য করা: We have to ~ hi inconvenience. ৩ **~ with** (কারো সাথে) আলোচন বা পরামর্শ করা: I must ~ with my boss befor taking a decision.

con·sul·tant [ক ন্সালটান্ট] *n* বিশেষজ্ঞ মতামত দানকারী ব্যক্তি; পেশাদার উপদেষ্টা (যেমন চিকিৎসক স্থপতি বা প্রকৌশলী): a ~ physician; a ~ fir ইত্যাদি।

con·sul·ta·tion [কন্সল্ 'টেইশ্ন্] *n* ১ [U পরামর্শ: The minister did it in ~ with th secretary.

con·sult·ative [ক ন্সাল্টাটিভ্] *ad* পরামর্শমূলক; পরামর্শদায়ক: a ~ committee.

con·sume [ক ন্সিউম্ US –সূম্] *vt, vi* ১ আহার ব পান করা। ২ নিঃশেষ করা; ব্যবহার করে ফুরিয়ে ফেল আগুনে ধ্বংস করা বা হওয়া; অপচয় করা: He ~d a his energies. Fire ~d the whole village **con·sum·ing** *adj* আধিপত্য করে বা গ্রাস করে এমন a consuming ambition.

con·sumer [কন্'সিউমা(র্) US –'সূমা(র্)] *n* ভোগ্যপণ্য ব্যবহারকারী, যেমন—পোশাকব্যবহারকারী, ক্রেতা, খাদ্যের ভোক্তা। ~ **goods** *n* ভোগ্যপণ্য (যা সরাসরি মানুষের প্রয়োজন মেটায় যেমন খাদ্য, পোশাক ইত্যাদি)। ~ **research** ভোগ্যপণ্য-প্রস্তুতকারী প্রতিষ্ঠানের পক্ষ থেকে সংশ্লিষ্ট পণ্যের চাহিদা-নির্ণায়ক গবেষণা। ~ **sales resistance** কোনো পণ্য ক্রয় করায় ক্রেতাদের অনীহা। ~·**ism** *n* ভোগ্যপণ্য ক্রেতাদের স্বার্থসংরক্ষণ। দ্র. consumption.

con·sum·mate[1] [কন্'সামাট্] *adj* অতিমাত্রায় দক্ষ; নিখুঁত: a ~ artist.

con·sum·mate[2] [কন্ 'সামেইট্] *vt* ১ নিখুঁত করা; পূর্ণাঙ্গ করা: His happiness was ~d when he got promoted to the topmost rank. ২ (যৌনমিলনের মাধ্যমে) বিবাহকে পূর্ণাঙ্গ ও আইনসিদ্ধ করা।

con·sum·ma·tion [কন্স 'মেইশ্‌ন্] *n* পূর্ণতা দান; পূর্ণাঙ্গতা; পরিপূরণ: the ~ of a marriage. দ্র. Consummate[2] (২).

con·sump·tion [কন্'সাম্‌প্‌শ্‌ন্] *n* ১ ফুরিয়ে ফেলা; ভোগ করা; খরচ করা; ভোগকৃত দ্রব্যের পরিমাণ: The ~ of rice does not vary, দেহের ক্ষয়। ২ বক্ষ:ব্যাধি; ক্ষয়রোগ বা যক্ষ্মার প্রচলিত নাম।

con·sump·tive [কন্'সাম্‌প্‌টিভ্] *adj* ক্ষয়শীল; যক্ষ্মারোগাক্রান্ত; যক্ষ্মারোগের প্রবণতা আছে এমন। □*n* : a ~ person.

con·tact ['কন্ট্যাক্‌ট্] *n* ১ [U] স্পর্শ অথবা যোগ; পরস্পর সংস্পর্শে আসার প্রক্রিয়া। **be in/out of contact (with)** সংস্পর্শে আসা; মুখোমুখি হওয়া: Our army came in ~ with the enemy. A steel cable came into ~ with an electric line. **Make ~** সাক্ষাৎ করা; যোগাযোগ করা: They made ~ with the Headquarters by the radio. I finally made ~ with him in London. '~ **lens** দৃষ্টিশক্তি বাড়ানোর জন্য অক্ষিগোলকের ওপর স্থাপিত প্লাস্টিক নির্মিত লেন্স। ২ [C] সম্পর্ক; জানাশোনা; পরিচিতি: He made many ~s/ has many ~s among high officials. ৩ [C] বিদ্যুৎপ্রবাহের বর্তনী; বিদ্যুৎসংযোগের স্থান বা বিদ্যুৎসংযোগের যন্ত্র। ৪ [C] (চিকি.) সম্প্রতি সংক্রামক রোগের সংস্পর্শে এসেছে এমন ব্যক্তি। □*vt* **get in ~ with (sb)** কারো সাথে টেলিফোন বা চিঠির মাধ্যমে যোগাযোগ করা।

con·tagion [কন্'টেইজান্] *n* [U] সংস্পর্শের মাধ্যমে দেহ থেকে দেহান্তরে রোগের সংক্রমণ; সংক্রামক ব্যাধি; (লাক্ষ.) মতবাদ, গুজব বা অনুভূতির (যেমন ক্রোধ, ভয় ইত্যাদি) সংক্রামক বিস্তার: A ~ of anger swept through the crowd.

con·tagious [কন্'টেইজাস্] *adj* ১ সংক্রামক। ২ সংক্রামক রোগবহনকারী। ৩ (লাক্ষ.) দেখাদেখি বিস্তৃত হয় এমন: Laughter is often ~, হাসি প্রায়শ সংক্রামক।

con·tain [কন্'টেইন্] *vt* ১ ধারণ করা: The jar ~s a litre of milk; Milk ~s vitamins B & D. ২ সমপরিমাণ হওয়া: A kilogram ~s 1000 grams. ৩ আবেগানুভূতি, শত্রু ইত্যাদিকে নিয়ন্ত্রণে রাখা; সংযত রাখা। ৪ **to ~ oneself** আত্মসংবরণ করা: He could not ~ his joys. The cholera outbreak has been ~ed, কলেরার প্রাদুর্ভাব বা বিস্তার থামানো হয়েছে। ৫ (জ্যা.) সীমাবদ্ধ করা/ হওয়া: The angle ~ed by the lines AB and AC is a right angle, AB ও AC রেখা দ্বারা সীমাবদ্ধ কোণটি একটি এক সমকোণ। ৬ (গণিত) নিঃশেষে বিভাজ্য হওয়া: 16 ~s 2, 4 and 8.

con·tainer [কন্'টেইনা(র্)] *n* ১ ধারক; ধারণপাত্র; কৌটা; টিন; কেনেস্তারা। ২ পণ্যাদি পরিবহনের জন্য (সমুদ্র, সড়ক বা বিমানপথে) ব্যবহৃত বড়ো আকারের ধাতুনির্মিত বাক্স। ~·**ment** *n* কোনো রাষ্ট্রকে তার প্রভাববলয় বিস্তৃত করার প্রচেষ্টায় বাধাদানের নীতি।

con·tami·nate [কন্'ট্যামিনেইট্] *vt* দূষিত করা; স্পর্শ বা অবিশুদ্ধ বস্তু মিশ্রণের মাধ্যমে নোংরা, দূষিত বা রোগগ্রস্ত করা: Water is ~d by factory wastes.

con·tami·na·tion [কন্‌ট্যামি'নেইশ্‌ন্] *n* ১ দূষণ; দূষিতকরণ: the ~ of water supply. ২ যা দূষিত করে।

con·tem·plate [কন্‌টেম্‌প্লেই ট্] *vt, vi* ১ গভীরভাবে চিন্তা করা; ধ্যান করা। ২ নিবিষ্টভাবে অবলোকন করা: She was contemplating herself in the mirror. ৩ কোনো কিছু করার জন্য মনঃস্থ করা; পরিকল্পনা করা: She was contemplating a visit to India. ৪ প্রত্যাশা করা: I do not ~ any opposition from him.

con·tem·pla·tion [কন্‌টেম্ 'প্লেইশ্‌ন্] *n* [U] গভীর চিন্তা; ধ্যান; পরিকল্পনা; প্রত্যাশা: He is in deep ~, সে গভীর চিন্তায় মগ্ন।

con·tem·pla·tive [কন্'টেম্‌প্লাটিভ্] *adj* চিন্তাশীল; ধ্যানমগ্ন: The boy is of a ~ turn of mind. He was in a ~ mood.

con·tem·por·aneous [কন্'টেম্‌পারেইনাস্] *adj* সমকালীন; সমসাময়িক। ~·**ly** *adv*. **contemporaneity** *n*

con·tem·por·ary [কন্'টেম্‌পরারি] *adj* সমকালীন; সমসাময়িক। □*n* সমকালীন ব্যক্তি: Satyendranath was a ~ of Rabindranath Tagore.

con·tempt [কন্'টেম্‌প্ট্] *n* ১ ঘৃণা: I felt ~ for the criminal. Beneath **~,** ঘৃণারও অযোগ্য। ২ অবজ্ঞা: He rushed forward in ~ of danger (বিপদকে অবজ্ঞা করে)। ৩ ঘৃণিত হওয়ার অবস্থা: He fell into ~ by foolish behaviour. **Familiarity breeds ~** (প্রবচন) অতি সংসর্গ ঘৃণার জন্ম দেয়। দ্র. familiarity. ,~ **of court** আদালতের আদেশকে বা বিচারককে অবমাননা।

con·tempt·ible [কন্'টেম্‌প্টাবল্] *adj* ঘৃণ্য; অবজ্ঞেয়।

con·temptu·ous [কন্'টেম্‌পচুআস্] *adj* ঘৃণা বা অবজ্ঞা করে এমন; উদ্ধত; ধৃষ্ট; ঘৃণাপূর্ণ।

con·tend [কন্'টেন্ড্] *vt, vi* ১ ~ **with/ against/ for** চেষ্টা করা; প্রতিদ্বন্দ্বিতা বা প্রতিযোগিতা করা: He ~ed with difficulties to succeed. ~·**ing** *adj* দ্বন্দ্বমূলক; পরস্পরবিরোধী (আবেগ, বিচারবুদ্ধি ইত্যাদি সম্পর্কে): ~ passions. ২ তর্ক করা; মত দেওয়া: Scientists ~ that... . ~**er** *adj* প্রতিদ্বন্দ্বী; প্রতিযোগী।

con·tent[1] ['কন্টেন্ট্] *n pl* ১ অভ্যন্তরস্থ বস্তু; আধেয়: I showed him the ~s of my pocket; ~ of a room/a book. **table of ~s** বই কিংবা সাময়িকপত্রের সূচিপত্র। ২ ধারণক্ষমতা; কোনো পাত্রে যে পরিমাণ জিনিস ধরে: The ~ of a barrel. ৩ *(sing)* সারমর্ম, কোনো বই, বক্তৃতা ইত্যাদির মূলকথা। ৪ ~ **of**

sth কোনো কিছুর অংশ; উপাদান: the silver ~ of a coin, মুদ্রার ভিতরে রুপার ভাগ বা পরিমাণ।

con·tent[2] ['কন্‌টেন্‌ট্] *adj* ১ তৃপ্ত; পরিতৃপ্ত। **~ with** যা আছে তাই নিয়ে খুশি: I am ~ with my present salary. ২ **~ to do sth** কোনো কিছু করতে রাজি প্রস্তুত। ❑*n* পরিতৃপ্ত অবস্থা: He is living in peace and ~. **To one's heart's ~** পূর্ণতৃপ্তি সহকারে; আশ মিটিয়ে। ❑*vt* **~ sb/oneself with** তৃপ্ত করা: It's impossible to ~ all people. ❑*n* তুষ্টি; পরিতৃপ্তি; সন্তোষ।

con·ten·tion [কান্'টেন্‌শন্] *n* [U] ১ তর্ক; যুক্তিপ্রদর্শন; কলহ। ২ বিতর্কে প্রদর্শিত যুক্তি: My ~ was that ...; Bone of ~, দ্র. Bone.

con·ten·tious [ক ন্'টেন্‌শাস্] *adj* বিবাদমূলক; কলহপ্রিয়; ঝগড়াটে; বিতর্ক সৃষ্টি করতে পারে এমন।

con·test [ক ন্'টেস্‌ট্] *vt, vi* ১ আপত্তি করা; প্রতিবাদ করা; তর্ক করা: ~ a statement, যুক্তি দেখিয়ে কোনো বক্তব্যকে ভুল প্রমাণিত করা। ২ প্রতিদ্বন্দ্বিতা করা; জয়লাভের চেষ্টা করা: to ~ a seat in the parliament. ৩ দখলে রাখার জন্য লড়াই: The enemy ~ every inch of the land. ❑*n* ['কন্‌টেস্‌ট্] প্রতিযোগিতা; লড়াই; জয়লাভের প্রচেষ্টা: There was a keen ~ for the Parliament seat; a ~ of skill; a speed ~; (মুষ্টিযুদ্ধ) প্রতিযোগিতা। **~ant** *n* প্রতিযোগী; প্রতিদ্বন্দ্বী; বিবাদী; তর্ককারী; আপত্তিকারী।

con·text ['কন্‌টেক্‌স্‌ট্] *n* ১ রচনার কোনো অংশের বর্ণনা প্রসঙ্গ: Explain the passage with reference to the ~; My words were quoted out of ~, প্রসঙ্গবহির্ভূতভাবে (আমি যা বোঝাতে চেয়েছি সে সম্পর্কে ভুল ধারণা দেওয়ার জন্য) আমার কথা উদ্ধৃত করা হয়েছে। ২ যে পরিস্থিতিতে কোনো ঘটনা ঘটে। **~ual** *adj* প্রাসঙ্গিক।

con·ti·guity [কন্‌টি 'গিউআটি] *n* সন্নিহিত; সংলগ্নতা; নিকটবর্তী অবস্থান।

con·ti·gu·ous [ক ন্'টিগিউআস্] *adj* **~ to** (আনুষ্ঠা.) ছুঁয়ে আছে এমন; সংলগ্ন; প্রতিবেশী; নিকটস্থ। **~·ly** *adv*

con·ti·nence ['কন্‌টিনান্‌স্] *n* আত্মসংযম; মিতাচার; আবেগ এবং রিপুর উপর নিয়ন্ত্রণক্ষমতা; ধার্মিকতা; সচ্চরিত্রতা; সতীত্ব।

con·ti·nent[1] ['কন্‌টিনান্‌ট্] *n* মহাদেশ, যেমন এশিয়া, আফ্রিকা ইত্যাদি। **the C~** ব্রিটেনের অধিবাসীরা য়োরোপের মূলখণ্ডকে যে নামে ডাকে। **~al** *adj* ১ মহাদেশীয়; কোনো মহাদেশের বৈশিষ্ট্যপূর্ণ কোনো কিছু: ~ climate; ~ wars. **C~ breakfast** কেবলমাত্র কফি ও পাঁউরুটি সহযোগে প্রাতরাশ। ❑*n* য়োরোপীয় মূল ভূখণ্ডের অধিবাসী।

con·ti·nent[2] ['কন্‌টিনান্‌ট্] *adj* (আনুষ্ঠা.) সংযত; মিতাচারী; সংযমী; জিতেন্দ্রিয়; ধার্মিক; সৎ; আবেগ (বিশেষত যৌনাবেগ) সংদমনে সক্ষম; (চিকি.) স্বেচ্ছায় মলমূত্রের বেগ চেপে রাখতে সক্ষম।

con·tin·gency [ক ন্'টিন্‌জেন্‌সি] *n* আকস্মিকতা; অনিশ্চিত সম্ভাবনা; আকস্মিক ঘটনা: We should be prepared for all contingencies; (attrib.) ~ fund আকস্মিক বা অনির্ধারিত খরচ নির্বাহের জন্য তহবিল।

con·tin·gent[1] [ক ন্'টিন্‌জান্‌ট্] *adj* ১ অনিশ্চিত; আকস্মিক; ঘটনাচক্রজাত। ২ **~ upon** (কোনো কিছু) সাপেক্ষ (ঘটতে পারে আবার না-ও পারে)।

con·tin·gent[2] [ক ন্'টিন্‌জান্‌ট্] *n* [C] সৈন্যবাহিনীর দল, জাহাজের দল যা বৃহত্তর সৈন্যবাহিনী বা নৌবহরের অংশ হয়; বৃহত্তর দলের অংশ কিছু ব্যক্তির দল।

con·tin·ual [ক ন্'টিনিউআল্] *adj* অবিরাম; (স্বল্পবিরতিসহ) বারংবার: We grew tired of the ~ rain. **~·ly** *adv* অবিরামভাবে; বারংবার।

con·tin·uance [ক ন্'টিনিউআন্স্] *n* ১ স্থায়িত্বকাল। ২ বহাল অবস্থা; স্থায়িত্ব: a ~ of affluence.

con·ti·nue [ক ন্'টিনিউ] *vt. vi* ১ চলতে থাকা; অবিরাম অনুবৃত্তি করা; স্থায়ী থাকা; বহাল থাকা: The plains ~d as the eyes could reach. He ~d his studies. **Con·tinu·ation** *n* অনুবর্তন। ২ (বিরতির পর) পুনরায় চলতে থাকা: The film will be ~d (on the TV) next week. ৩ বহাল রাখা (পদ ইত্যাদিতে): The Secretary was ~d in his office after the expiry of his term.

con·ti·nu·ity [কন্‌টি 'নিউআটি US -'টিনূ -] *n* ১ অবিরাম চলমানতা; অবিচ্ছিন্নতা: There is no ~ of plot in the novel. ২ (সিনেমা, টিভি ইত্যাদিতে) দৃশ্যপরম্পরা; কোন দৃশ্যের পর কোন দৃশ্য তার তালিকা। ৩ (টিভি বেতার) অনুষ্ঠানের দুই অংশের মাঝখানে সংযোগকারী মন্তব্য, ঘোষণা ইত্যাদি।

con·tinu·ous [ক ন্'টিনিউআস্] *adj* একটানা; লাগাতার; অবিশ্রাম। (ব্যাক.) **~ tense,** দ্র. progressive. **~·ly** *adv* অবিশ্রান্তভাবে; একটানাভাবে।

con·tinu·um [ক ন্'টিনিউআম্] *n* ১ কোনো কিছু যা একটানা চলে। ২ পার্থক্যের স্তর বিন্যস্ত পরম্পরা। দ্র. cline.

con·tort [ক ন্'টো°ট্] *vt* দুমড়ানো; মুচড়িয়ে কোনো কিছুর আকার পাল্টে দেওয়া: His face was ~ed with pain. **con·tor·tion** *n* দুমড়ানো অবস্থা। **con·tor·tion·ist** *n* যে বাজিকর নিজের শরীর দুমড়িয়ে মুচড়িয়ে কসরত দেখায়।

con·tour ['কন্‌টুআ(র্)] *n* দেহরেখা; কোনো বস্তুর অবয়বের পরিচয় নির্দেশক নকশা। **'~ line** মানচিত্রে প্রদর্শিত সমুদ্রপৃষ্ঠ থেকে সমুন্নত রেখা; সমুন্নতি রেখা। **'~ map** সমান ব্যবধানে স্থাপিত সমুন্নতিরেখাবলী সম্বলিত মানচিত্র। **'~ ploughing** পাহাড়ের ঢালুতে ভূমিক্ষয় নিবারণের উদ্দেশ্যে ঢালচিহ্ন বরাবর চাষ। ❑*vt* নকশাসম্মত রেখাদ্বারা চিহ্নিত করা।

contra- [কন্‌ট্রা] *Pref* বিরুদ্ধে; বিরুদ্ধ; প্রতি-।

contra·band ['কন্‌ট্রাব্যান্‌ড্] *adj* (attrib) বেআইনি; নিষিদ্ধ: ~ goods. ❑*n* নির্দিষ্ট বস্তু দেশের ভিতরে আনা বা দেশ থেকে বাইরে পাচার; এমনভাবে আনা বা বাইরে পাচার করা বস্তু। **~ of war** যুধ্যমান রাষ্ট্রদেরকে নিরপেক্ষ দেশকর্তৃক সরবরাহকৃত এমন যুদ্ধ সরঞ্জাম যা যুদ্ধরত যে কোনো পক্ষ বাজেয়াপ্ত করতে পারে।

contra·cep·tion [কন্‌ট্রা'সেপ্‌শন্] *n* [U] গর্ভনিরোধ; জন্মশাসন। **Contra·cep·tive** *n* [C] গর্ভনিরোধক দ্রব্যাদি। ❑*adj* গর্ভনিরোধক: ~ pills, গর্ভনিরোধ বড়ি।

con·tract[1] ['কন্‌ট্র্যাক্‌ট্] *n* ১ চুক্তি (ব্যক্তি, দল কিংবা রাষ্ট্রসমূহের মধ্যে)। ২ একটি নির্দিষ্ট দামে মালপত্র সরবরাহ করা; কোনো কাজ সম্পাদন করার চুক্তি: **Enter into a ~** এরকম কাজের জন্য চুক্তিবদ্ধ হওয়া। **Sign**

a ~ চুক্তিসই করা। **breach of ~** চুক্তিভঙ্গ। ৩ বিবাহের সম্বন্ধ। ৪ ˌ~ ˈ**bridge** তাসখেলা বিশেষ।

con·tract[2] [ক ন্ˈট্র্যাক্ট্] *vt, vi* ১ চুক্তি করা: ~ to build a bridge. ২ বিবাহ সম্বন্ধ করা: to ~ a marriage. ৩ সম্পর্ক স্থাপন করা: to ~ an alliance with another country. ৪ রোগাক্রান্ত হওয়া: He ~ed veneral diseases. **~or** [কন্ ট্র্যাকটর] *n* ব্যক্তি বা ব্যবসা প্রতিষ্ঠান যারা চুক্তিতে কাজ করে; ঠিকাদার। **con·trac·tual** *adj* চুক্তির অধীন।

con·tract[3] [ক ন্ˈট্র্যাক্ট্] *vt, vi* ১ সংকুচিত করা বা হওয়া; ছোট বা খাটো করা: Metals ~ as they cool. ২ সংকীর্ণতর হওয়া বা করা: He ~ed his brow, তিনি ভুরু কোঁচকালেন। **~·ible** *adj* সংকোচনযোগ্য; সংকোচনক্ষম: ~ible wings of an insect, গুটিয়ে রাখা যায় এমন পাখা।

con·trac·tion [ক ন্ˈট্র্যাক্শ্ন্] ১ সংকোচন: The medicine causes ~ of the muscles. ২ কোনো শব্দের সংক্ষিপ্ত রূপ, যেমন—Can't হলো cannot এর contraction বা সংক্ষিপ্ত রূপ।

con·tra·dict [কন্ট্রাˈডিক্ট্] *vt* ১ অস্বীকার করা; প্রতিবাদ করা; বিরুদ্ধ মত প্রকাশ করা: I ~ed the statement made by the chairman. ২ বিরুদ্ধ বা বিসদৃশ হওয়া: The reports ~ each other.

con·tra·dic·tion [কন্ট্র্যাˈডিক্শ্ন্] *n* ১ বিরোধিতা; অসঙ্গতি। ২ মতানৈক্য। **be in ~** অসঙ্গতিপূর্ণ হওয়া: Your statement is in ~ with what we know to be true. **con·tra·dic·tory** *adj* পরস্পরবিরোধী: ~ory statements, পরস্পরবিরোধী বক্তব্য।

contra·dis·tinc·tion [কন্ট্রাডি ˈস্টিঙ্ক্শ্ন্] *n* (আনুষ্ঠা.) বৈষম্যমূলক বৈশিষ্ট্য; পার্থক্য। **contra·dis·tinc·tive** *adj* বিষমতামূলক; পার্থক্যমূলক।

contra·flow [কন্ট্রাˈফ্লৌ] *n* রাস্তার একদিকে যানবাহন চলাচল (যখন অন্য অর্ধেকে বিপরীত দিকে যানবাহন চালানো হচ্ছে)।

contra·in·di·cation [কন্ট্রাইন্ডি ˈকেইশ্ন] *n* কোনো কোনো ক্ষেত্রে কোনো বিশেষ ঔষধ বিরূপ প্রতিক্রিয়া সৃষ্টি করতে পারে তার নির্দেশনা।

con·tralto [কন্ ট্র্যাল্টৌ] মেয়েদের কণ্ঠস্বরের সবচেয়ে নিচু পর্দা; এ রকম কণ্ঠস্বর বিশিষ্ট গায়িকা।

con·trap·tion [ক ন্ˈট্র্যাপ্শন্] *n* (কথ্য.) (অদ্ভুত চেহারার) যন্ত্র বা কল।

contrari·wise [কন্ট্রারিও —আইজ়] *adj* বিপরীতভাবে; অন্যদিকে; বিকৃতভাবে; বিরুদ্ধভাব প্রকটিত হয় এমনভাবে।

con·trary[1] [ˈকন্ট্রারি US ˈকন্ট্রেরি] *adj* ১ (বিপরীত স্বভাব বা প্রবণতা): 'High' and 'low' are ~ terms. ২ বিরূপ; বিরুদ্ধ (বাতাস কিংবা আবহাওয়া): The ship was delayed by ~ weather. ৩ একরোখা; একগুঁয়ে। ৪ বিপরীত: What you have done is ~ to rules. **con·trar·ily** [ˈকন্ট্রারালি] *adv.* **con·trari·ness** *n* বিরুদ্ধতা; বিষমতা; বৈপরীত্য।

con·trary[2] [কন্ট্রারি] *n* বিপরীত বস্তু/ধারণা: The ~ of 'high' is 'low'. **On the ~** অন্যদিকে; সম্পূর্ণ বিপরীতে। **To the ~** ভিন্ন ফল দেয় এমনভাবে: I'll join next Sunday unless the authority orders me to the ~. **contrariety** *n* বৈপরীত্য; বিরুদ্ধতা।

con·trast[1] [ক ন্ˈট্রা:স্ট্ US –ট্র্যাস্ট্] *vi, vt* ১ **~(with/and)** তুলনা করা; তুলনামূলক বৈষম্য প্রদর্শনের জন্য বিরুদ্ধে স্থাপন করা। ২ **~ with** (তুলনা করার ফলে) বিপরীত বা বিরুদ্ধ বলে প্রতীয়মান হওয়া: His actions ~ sharply with his promises.

con·trast[2] [ˈকন্ট্রা:স্ট্ US –ট্র্যাস্ট্] *n* ১ তুলনা; প্রতিতুলনা: ~ may make something appear more beautiful than it is when seen alone. ২ বৈষম্য; বৈসাদৃশ্য: The ~ of light and shade is important in painting.

con·tra·vene [কন্ট্রাˈভীন্] *vt* ১ (আইন বা রীতি) লঙ্ঘন করা; বিরুদ্ধ কাজ করা। ২ (কোনো বক্তব্য বা নীতিকে) আক্রমণ করা। ৩ (কোনো বস্তুর) বিরোধী হওয়া; অসঙ্গতিপূর্ণ হওয়া।

con·tra·ven·tion [কন্ট্রাˈভেনশ্ন্] *n* (আইন ইত্যাদি) লঙ্ঘন। **In ~ with** আইন বা রীতিলঙ্ঘন পূর্বক।

contre·temps [ˈকন্ট্রটম্] *n* (ফ.) দুঃখজনক ঘটনা; অপ্রত্যাশিত ঘটনা; অপ্রত্যাশিত দ্বন্দ্ব।

con·trib·ute [ক ন্ˈট্রিবিউট্] *vt,vi* ১ কোনো ব্যাপারে অন্যদের সাথে কিছু দেওয়া বা অংশ গ্রহণ করা, যেমন—চাঁদা দেওয়া, সাময়িকপত্রে লেখা দেওয়া, কোনো সংগঠনে সাহায্য করা: We ~d to the to Relief Fund. He regularly ~s to the 'Monthly Nation'. ২ ঘটতে সাহায্য করা: Gambling ~d to his ruin. **con·tribu·tor** *n* যে ব্যক্তি চাঁদা দান করে অথবা সাময়িকপত্রে লেখা দান করে; প্রদায়ক।

con·tri·bu·tion [কন্ট্রি ˈবিউশ্ন্] *n* [U] ১ দান; অংশগ্রহণ; যা প্রদান করা হয়: ~s to the relief fund; সাময়িক পত্রের জন্য প্রদত্ত লেখা। ২ বাধ্যতামূলক চাঁদা: (to) lay under ~, (বিজেতাকর্তৃক বিজিতের নিকট থেকে) বলপূর্বক অর্থ আদায় করা।

con·tribu·tory [ক ন্ˈট্রিবিউট্রি US কন্ˈট্রিবিউটো°রি] *adj* ১ সহায়ক। ২ প্রদানমূলক; (কোনো কাজের জন্য) চাঁদা ভিত্তিক: a C~ pension scheme.

con·trite [ˈকন্ট্রাইট্] *adj* কৃতকর্মের জন্য গভীরভাবে অনুতপ্ত; পাপবোধ দ্বারা পীড়িত। **~·ly** *adv*

con·trition [ক ন্ˈট্রিশ্ন্] *n* পাপ, অসৎকর্ম ইত্যাদির জন্য গভীর দুঃখবোধ বা অনুতাপ; অনুশোচনা।

con·triv·ance [ক ন্ˈট্রাইভ়ান্স্] *n* ১ কৌশল; ফন্দি; আবিষ্কার; উদ্ভাবিত বস্তু: Botanists use a ~ to fertilize flowers. ২ উদ্ভাবন ক্ষমতা: Some things are beyond human ~. ৩ ঠকানোর কৌশল।

con·trive [ক ন্ˈট্রাইভ্] *vt,vi* আবিষ্কার করা; ডিজাইন করা; কোনো কিছু করার জন্য ফন্দি বা কৌশল বের করা: The convicts ~ a means of escape from the prison. Can you ~ to come out of office a bit early.

con·trol[1] [ক ন্ˈট্রৌল্] *n* ১ নিয়ন্ত্রণ; কর্তৃত্ব; শাসন: Children should be kept under parental ~. The management has no ~ over the workers. **Be in ~ of** নিয়ন্ত্রণ ক্ষমতার অধিকারী হওয়া। **Get under ~** নিয়ন্ত্রণে আনা; সংযত করা; সঠিকভাবে কার্যক্ষম করা। **lose ~ of** নিয়ন্ত্রণে, আয়ত্তে বা কর্তৃত্বাধীনে রাখতে অক্ষম হওয়া; নিয়ন্ত্রণ হারিয়ে ফেলা। **take ~ of** নিয়ন্ত্রণ ভার হাতে নেওয়া: The Chairman took ~ of the company as soon as he joined. ২ ব্যবস্থাপনা; নির্দেশনা: traffic ~, Birth ~, জন্মশাসন; জন্মনিয়ন্ত্রণ। ৩ বিধিনিষেধ: Gorvernment ~s on trade and industry. ৪ যন্ত্রাদির গতি বা কাজ নিয়ন্ত্রণের জন্য যন্ত্রের অভ্যন্তরে যে বিশেষ ব্যবস্থা থাকে: the ~s of an aircraft; the volume ~ of a radio etc. ৫ যে স্টেশনে রেসে অংশগ্রহণকারী মোটরগাড়ি থামতে পারে। ৬ (অধ্যাত্মবিদ্যা/প্রেতচর্চায়) মিডিয়াম বা মাধ্যম; ব্যক্তির উপর যে আত্মা ভর করে।

con·trol² [ক ন্'ট্রৌল্] *vt* ১ নিয়ন্ত্রণ করা; শাসন করা; দমন করা। ২ (দ্রব্যমূল্য ইত্যাদি) নিয়ন্ত্রণে রাখা। ৩ নিরীক্ষা করা: to ~ the accounts. **~·lable** *adj* নিয়ন্ত্রণযোগ্য।

con·trol·ler [ক ন্'ট্রৌলা(র্)] *n* ১ ব্যয় এবং হিসাবপত্র নিয়ন্ত্রণকারী ব্যক্তি; নিয়ামক; নিয়ন্ত্রক। ২ কোনো বিরাট প্রতিষ্ঠানের একটি বিভাগের নিয়ন্ত্রণকারী ব্যক্তি: the C~ of Examinations of Dhaka University.

con·tro·ver·sial [কন্ট্রা'ভ্যশ্‌ল্] *adj* বিতর্কিত; বিতর্ক তুলতে পারে এমন: a ~ speech. **~·ly** *adv*. **~·list** *n* বিতর্ক সৃষ্টি করতে পারঙ্গম বা বিতর্ক সৃষ্টিতে আনন্দ পায় এমন ব্যক্তি।

con·tro·ver·sy ['কন্ট্রাভ্যাসি] *n* বিতর্ক; বিরোধ; মতান্তর; কোনো সামাজিক; নৈতিক বা রাজনৈতিক প্রশ্ন নিয়ে দীর্ঘস্থায়ী বাদানুবাদ: The speech of the leader of the opposition in the Parliament caused a lot of ~.

con·tro·vert ['কন্ট্রাভ্যট্] *vt* (আনুষ্ঠা.) বিরোধিতা করা; অস্বীকার করা।

con·tu·ma·cious [কন্টিউ 'মেইশাস্] *adj* (আনুষ্ঠা.) অবাধ্য; একগুঁয়ে; বিদ্রোহী ও বেপরোয়া। **~·ly** *adv* একগুঁয়েভাবে।

con·tu·macy [কন্টিউমাসি US –টূ-] *n* (আনুষ্ঠা.) একগুঁয়েভাবে বাধাদান; অবাধ্যতা।

con·tu·mely ['কন্টিউম্‌লি US –টূ-] *n* (আনুষ্ঠা.) অশালীন গালাগাল; দুর্ব্যবহার; অপমান।

con·tuse [কান্'টিউজ্ US –টূ-] *vt* (চিকি.) ক্ষত সৃষ্টি করা; আঘাত পূর্বক আহত করা (কিন্তু যাতে চামড়া ছেঁড়ে না বা হাড় ভাঙে না)। **con·tusion** *n* আহত অবস্থা।

co·nun·drum [কা'নান্‌ড্রাম্] *n* কঠিন প্রশ্ন; ধাঁধা।

con·ur·ba·tion [কন া'বেইশ্‌ন্] *n* যে অঞ্চল জুড়ে পাশাপাশি কয়েকটি শহর গড়ে উঠেছে।

con·va·lesce [কন্ ভা'লেস্] *vi* রোগমুক্তির পর ক্রমে ক্রমে স্বাস্থ্য ফিরে পাওয়া: He is convalescing after a long illness. **con·va·les·cent** *adj* রোগমুক্তির পর ক্রমে স্বাস্থ্য ফিরে পাচ্ছে এমন ব্যক্তি। **con·va·les·cence** *n* রোগমুক্তির পর স্বাস্থ্যের ক্রমোন্নতি।

con·vec·tion [ক ন্'ভেক্‌শ্‌ন্] *n* (তরলপদার্থ বা গ্যাসের) একাংশ থেকে অন্য অংশে তাপের সঞ্চালন; পরিচলন।

con·vec·tor [ক ন্'ভেক্‌টা(র্)] *n* ঘরের বাতাস গরম রাখার জন্য ব্যবহৃত যন্ত্রবিশেষ।

con·vene [ক ন্'ভীন্] *vt,vi* সভা আহ্বান করা; সমবেত হওয়া বা হওয়ার জন্য আহ্বান জানানো। **~r** *n* আহ্বায়ক; কোনো সমিতির এমন সদস্য যার দায়িত্ব হলো সভা আহ্বান করা।

con·veni·ence [ক ন্'ভীনিঅন্‌স্] *n* ১ সুবিধা: I always carry a portfolio for ~. **at sb's earliest ~** সুবিধামতো সময়ে। **A marriage of ~** এমন বিবাহ যাতে আর্থিক বা অন্যরকম সুবিধা প্রাপ্তিই প্রদান বিবেচনার বিষয়। ২ যন্ত্র, হাতিয়ার বা অন্য কিছু যা সহায়ক বা সুবিধাজনক: The house has all the modern ~s. **make a ~ of (sb)** কারো ভালো-মানুষির সুযোগ গ্রহণ করা। **'~ food** টিনজাত; প্যাকেটকৃত খাবার।

con·veni·ent [ক ন্'ভীনিঅন্ট্] *adj* সুবিধাজনক: This is a ~ place for me to live in. We should arrange a ~ time for the meeting. **~·ly** *adv*

con·vent ['কনভান্ট্ US 'কন্ ভেন্ট্] *n* সংসারত্যাগী সন্ন্যাসীদের (বিশেষ করে সন্ন্যাসিনীদের) আবাস; সঙ্ঘ; মঠ। দ্র. monastery. **~ school** সন্ন্যাসিনীদের দ্বারা পরিচালিত স্কুল।

con·ven·tion [ক ন্'ভেন্‌শ্‌ন্] *n* ১ সমিতি, রাজনৈতিক দল ইত্যাদির সদস্যদের সম্মেলন; ব্যবসা বা বাণিজ্যের সাথে সংযুক্ত ব্যক্তিদের সভা। ২ বিভিন্ন রাষ্ট্রের বা শাসকদের মধ্যে কোনো ব্যাপারে সমঝোতা (কিন্তু আনুষ্ঠানিক চুক্তি নয়): Geneva ~s, যুদ্ধবন্দীদের প্রতি কিরূপ ব্যবহার করা হবে সে বিষয়ে আন্তর্জাতিক সমঝোতা। ৩ চলতি প্রথা বা রীতি (বিশেষ করে আচার ব্যবহার সম্পর্কে): A man living in society has to abide by its ~s. ৪ দাবা, তাস ইত্যাদি খেলায় 'ডাক' দেওয়া, ঘুঁটি চালা ইত্যাদির নিয়মকানুন।

con·ven·tional [ক ন্'ভেন্‌শান্‌ল্] *adj* ১ রীতিমাফিক; রীতিসম্মত। ২ ঐতিহ্যগত; গতানুগতিক: a ~ warfare. **~·ly** *adv*

con·ven·tion·al·ity [ক ন্‌ভেনশা'ন্যালাটি] *n* প্রথাগত গুণ বা চরিত্র।

con·verge [ক ন্'ভ্যজ্] *vi* ~ **(at/ on/upon)** একই বিন্দু অভিমুখী হওয়া এবং একই বিন্দুতে এসে মিলিত হওয়া; সমকেন্দ্রাভিমুখী বা সমকেন্দ্রী হওয়া: Freedom fighters of all areas ~d on Dhaka.

con·ver·gence [কান্‌ভ্যজ ান্‌স্] *n* সমকেন্দ্রিকতা; সমধর্মিতা; একই কেন্দ্র অভিমুখে যাত্রা। **con·ver·gent** *adj* সমকেন্দ্রাভিমুখ; সমধর্মী; সমস্বভাব।

con·ver·sant [ক ন্'ভ্যাস্‌ন্ট্] *adj* ~ **with** অবগত; গভীর জ্ঞানসম্পন্ন: The teacher is ~ with the grammatical rules.

con·verse¹ [ক ন্'ভ্যাস্] *vi* ~ **(with sb) (about/on sth)** (আনুষ্ঠা.) আলাপ আলোচনা করা; সংলাপ চালানো।

con·ver·sa·tion [কন্ ভ্যা'সেইশ্‌ন্] *n* কথোপকথন; আলাপ-আলোচনা; সংলাপ। **~al** *adj* আলাপচারিতামূলক; কথ্য।

con·verse² [কন্ 'ভ্যাস্] *n,adj* ১ বিপরীত। ২ বিপরীত বস্তু বা বিষয়; (গণিত ও ন্যায়.) বিপরীত প্রতিজ্ঞা বা উপাত্ত। **~·ly** *adv*

con·ver·sion [ক ন্'ভ্যাশ্‌ন US –'ভ্যাজ্‌ন্] *n* পরিবর্তন; ধর্মান্তরিতকরণ; অন্য ধর্ম গ্রহণ: There was a large scale ~ to Islam in India; রূপান্তর: This firm specializes in ~s of houses (into flats).

con·vert¹ [ক ন্'ভ্যাট্] *vt* ১ পরিবর্তন করা; রূপান্তরিত করা: to ~ rags into paper/taka into dollars. ২ ধর্মান্তরিত করা: He was ~ed from Hinduism to Islam. ৩ অসৎপথ থেকে সৎপথে আনা: to ~ from evil ways to goodliness.

con·vert² ['কন্‌ভ্যাট্] *n* ধর্মান্তরিত ব্যক্তি; এক বিশ্বাস থেকে অন্য বিশ্বাসে আস্থা স্থাপনকারী ব্যক্তি: a ~ to Islam; a ~ to socialism.

con·vert·ible [ক ন্‌ভ়াটাব্‌ল্‌] *adj* পরিবর্তনযোগ্য; রূপান্তরযোগ্য: Banknotes are not ~ into gold. □*n* গুটানো যায় এমন ছাদঅলা ভ্রমণগাড়ি। **con·verti·bil·ity** *n* রূপান্তরযোগ্যতা।

con·vex ['কন্‌ভ়েক্‌স্‌] *adj* উত্তল; বৃত্তের মতো ক্রমোন্নত তলবিশিষ্ট: a ~ lens দ্র. concave. **con·vex·ity** *n* উত্তলতা।

con·vey [ক ন্‌'ভ়েই] *vt* ১ ~ **(from/to)** বহন করা; গাড়িতে করে পৌঁছে দেওয়া; একস্থান থেকে অন্যস্থানে পরিবহন করা। ২ মতামত, অনুভূতি, চিন্তা ইত্যাদি অন্যকে জ্ঞাপন করা: Words fail to ~ my meaning. ৩ (জমি বা সম্পত্তির) পূর্ণ অধিকার বা মালিকানা প্রদান করা। **conveyer/conveyor** ব্যক্তি বা যন্ত্র যা কোনো জিনিসকে একস্থান থেকে অন্যস্থানে নিয়ে যায়। '**~er-belt** (কারখানায়) চাকার উপর চলমান ফিতা বা বেল্টের সাহায্যে জিনিসপত্র একস্থান থেকে অন্য স্থানে নেওয়া হয়।

con·vey·ance [ক ন্‌'ভ়েইঅন্‌স্‌] *n* ১ পরিবহন। ২ গাড়ি বা অন্য যানবাহন যা পরিবহনে ব্যবহৃত হয়। ৩ সম্পত্তি হস্তান্তরের দলিল। **con·vey·ancer** *n* সম্পত্তি হস্তান্তরের দলিল রচনাকারী। **con·vey·ancing** *n* সম্পত্তি হস্তান্তরের আইনগত প্রক্রিয়া।

con·vict[1] ['কন্‌ভিক্‌ট্‌] *n* দণ্ডিত অপরাধী।

con·vict[2] [কান্‌'ভিক্‌ট্‌] *vt* ~ **sb (of sth)** ১ দোষী সাব্যস্ত করা; অপরাধী বলে রায় দেওয়া: The man was ~ed of murder.

con·vic·tion [কান্‌'ভিক্‌শ্‌ন্‌] *n* ১ কাউকে দোষী সাব্যস্তকরণ: He cannot escape ~ if the case is taken to the court. ২ দৃঢ় বিশ্বাস বা প্রত্যয়: I have the firm ~ that... . ৩ বিশ্বাস উৎপাদন: the act of ~ or bring certainly to the mind. **(not) carry ~** বিশ্বাসযোগ্য না হওয়া। **be open to ~** নিজের বিশ্বাস উৎপন্ন হতে পারে এমন সাক্ষ্য শ্রবণে প্রস্তুত থাকা।

con·vince [ক ন্‌'ভিন্‌স্‌] *vt* প্রমাণ, যুক্তি ইত্যাদির সাহায্যে দৃঢ় প্রত্যয় উৎপাদন করা; কাউকে বোঝানো: He gave me the job only when he was ~d of my honesty. **con·vinc·ing** *adj* দৃঢ় প্রত্যয় উৎপাদক; বিশ্বাসযোগ্য। **con·vinc·ible** *adj* বোঝালে বোঝে এমন (ব্যক্তি)।

con·viv·ial [কন্‌ 'ভিভিআল্‌] *adj* ১ আড্ডা, উল্লাস বা মদ্যপান পছন্দ করে এমন (ব্যক্তি)। ২ আনন্দ– উল্লাসময়: a ~ evening, উল্লাসমুখর। **~·ity** *n* মদ্যপানোৎসবপ্রিয়তা, ভোজোৎসবপ্রিয়তা।

con·vo·cation [কন্‌ 'ভ়াকেইশ্‌ন্‌] *n* ১ সমবেত হওয়ার জন্য আহ্বান। ২ বিশ্ববিদ্যালয়সমূহের সমাবর্তন সভা (যেখানে ডিগ্রি প্রদান করা হয়)।

con·voke [কান্‌'ভৌক্‌] *vt* (আনুষ্ঠা.) সমবেত হওয়ার জন্য ডাকা; সভা আহ্বান করা: to ~ a meeting of the Senate.

con·vol·uted ['কন্‌ভ়ালূটিড্‌] *part adj* (জীব. প্রাণী.) জটপাকানো, কুণ্ডলীকৃত, মোচড়ানো (যেমন ভেড়ার শিঙ); (লাক্ষ.) জটিল এবং দুরূহ: a ~ argument.

con·vol·ution [কন ভ়া'লূশ্‌ন্‌] *n* কুণ্ডলী, পাক, মোচড়: the ~s of a snake.

con·vol·vu·lus [কন্‌ 'ভাল্‌ভ্যিলাস্‌] *n* পেঁচিয়ে পেচিয়ে বড়ো হয় এমন ফুলগাছবিশেষ।

con·voy[1] ['কনভ়য়্‌] *vt* যুদ্ধ জাহাজকে নিরাপত্তা দেওয়ার জন্য তার সঙ্গে অন্য কোনো যুদ্ধ জাহাজের চলা; (নিরাপত্তার জন্য) একত্রে গমন: The warships were ~ed across the Bay.

con·voy[2] ['কন্‌ভয়্‌] *n* ১ নিরাপত্তা দেওয়ার জন্য একত্রে গমন; নিরাপত্তা। ২ (যুদ্ধ জাহাজ, সেনাদলের) নিরাপত্তাদায়ী শক্তি। ৩ নিরাপত্তা ব্যবস্থার অধীনে অনেক জাহাজ; সরবরাহ যানবাহনের একত্রে গমন: The army ~ was ambushed by the guerillas.

con·vulse [ক ন্‌'ভাল্‌স্‌] *vt* ১ (সাধা. passive) প্রবলভাবে আলোড়িত বা কম্পিত হওয়া: Lebanon is being ~d by a civil war. ২ (শরীরের অঙ্গ) আক্ষিপ্ত হওয়া বা আক্ষেপ ঘটানো: His body ~d with pain.

con·vul·sion [ক ন্‌'ভ়ালশ্‌ন্‌] *n* ১ সহিংস আলোড়ন; বিধ্বংসী আলোড়ন: Earthquake causes a ~ of nature. In 1969, Bangladesh saw a political ~. ২ (সাধা. *pl*) শরীরের বা শরীরের কোনো প্রত্যঙ্গের ভয়ানক আলোড়ন; পেশির সঙ্কোচনের ফলে প্রবল আক্ষেপ: Tetenus causes ~s in the body. ৩ প্রবল হাস্যরোল: His jokes were so funny that we were all in ~s.

con·vul·sive [ক ন্‌'ভাল্‌সিভ়্‌] *adj* ভয়ানক বিক্ষুব্ধ, আক্ষিপ্ত অথবা (পেশিগত) আক্ষেপ সৃষ্টিকারী।

cony, coney ['কৌনি] *n* ১ [US] খরগোশ। ২ খরগোশের চামড়া, বিশেষ করে যখন একে এমনভাবে রঙ ও প্রক্রিয়াজাত করা হয় যাতে অন্য প্রাণীর পশম বলে ভ্রম হয়। ৩ স্ত্রীলোককে প্রিয় নামে ডাকার সম্বোধন বিশেষ।

coo [কূ] *n* কূজন; ঘুঘুর ডাক। □*vt,vi,* কূজন করা; কপোত কূজনের মতো করে মধুর স্বরে কথা বলা। দ্র. bill[2].

cook [কুক্‌] *vt,vi* ১ রান্না করা। ২ রান্না বা সিদ্ধ হওয়া: This meat has not ~ed well. ৩ বানানো; বানিয়ে (গল্প) বলা: He ~ed up a story of illness to deceive his teachers. □*n* বাবুর্চি। '**~·book** = cookery-book, পাকপ্রণালীসম্পর্কিত বই। '**~·house** *n* বাইরের রন্ধনশালা (যেমন ক্যাম্পে); জাহাজের গ্যালি এলাকা। **too many ~s spoil the broth** অনেক লোকে এক কাজ করলে কাজটি পণ্ড হয়; 'অধিক সন্ন্যাসীতে গাজন নষ্ট।' **What's cooking** (কথ্য.) কি ব্যাপার চলছে?

cooker [কুক'(র্‌)] *n* ১ রান্নার যন্ত্র, যেমন চুলা, স্টোভ ইত্যাদি। ২ রান্নার জন্য ফলানো ফলাদি (যেমন আপেল, নাশপাতি ইত্যাদি)।

cook·ery [কুক রি] *n* [U] রন্ধনশৈলী; পাকপ্রণালী।

cooky, cookie [কুকি] *n* ছোট পাতলা মিষ্টি কেক (বিশেষত গৃহে তৈরি); [US] বিস্কুট।

cool[1] [কূল্‌] *adj* ১ ঈষৎ ঠাণ্ডা: a ~ day. ২ অনুত্তেজিত, শান্ত: Keep ~ in the face of danger. ,**~-'headed** শান্তস্বভাবসম্পন্ন। ৩ আবেগহীন, নিরুত্তাপ, অনান্তরিক: a ~ reception. **Play it ~** শান্তভাবে পরিস্থিতি মোকাবেলা করা। ৪ (টাকার অঙ্ক) শীতলভাবে উল্লেখ করা। ৫ (US অশিষ্ট) মধুর, উপভোগ্য। □*n* ১ (সাধা. **the** ~): in the ~ness of evening, সন্ধ্যার শীতলতায়। ২ (কথ্য.) শান্তভাব। **keep one's ~** চিত্তের শান্তভাব বজায় রাখা।

cool[2] [কূল্‌] *vt,vi* ঠাণ্ডা করা বা হওয়া: Wait for his anger to ~. **cool down / off** (লাক্ষ.) শান্ত হওয়া; উত্তেজনা বা উৎসাহের উপশম হওয়া; মিইয়ে যাওয়া: His love gradually ~ed down. **a ,~ing 'off period** (শিল্প ক্ষেত্রে) শ্রমিকরা ধর্মঘটের হুমকি দিলে কর্তৃপক্ষ

তাদের মেজাজের উগ্রতা যাতে ঠাণ্ডা হয়ে পড়ে সেজন্য যে কালহরণের কৌশল নেন। ˈ**cooling-tower** *n* শিল্পকারখানায় গরম পানিকে ঠাণ্ডা করার কাজে ব্যবহৃত বিশাল জলাধার।

cool·ant [ˈকূলান্ট্] *n* ঠাণ্ডা বা শীতল করার জন্য (পারমাণবিক চুল্লিতে) ব্যবহৃত তরল পদার্থ।

cooler [কূলা(র্)] *n* যে পাত্রে কোনো বস্তুকে ঠাণ্ডা করা হয়: water ~, air ~; (অশিষ্ট) জেলখানার সেল।

coolie [কূলি] *n* কুলি; ভাড়াটে বা চুক্তিবদ্ধ হয়ে বিদেশে গমনকারী ভারতীয় বা চীনা অদক্ষ শ্রমিক (তুচ্ছার্থে অশিষ্ট)।

coon [কূন্] *n* আমেরিকার ভালুক জাতীয় প্রাণীবিশেষ; (অশিষ্ট) নিগ্রো; চতুর ব্যক্তি।

coop [কূপ্] *n* বাচ্চাসহ মুরগি রাখার খাঁচা। □*vt* ~ **up** খাঁচায় রাখা; (কোনো ব্যক্তিকে) আটকে রাখা: He stayed ~ed up in the jail for 7 years.

co-op [কৌঅপ্] *n* **the** ~ (কথ্য) সমবায় সমিতি; সমবায়ের ভিত্তিতে পরিচালিত দোকান ইত্যাদি।

cooper [ˈকূপা(র্)] *n* টব, পিপে ইত্যাদির নির্মাতা।

co-op·er·ate [কৌ ˈঅপারেইট্] *vi* ~ **(with sb) (in during/ to do sth)** কোনো কিছু করতে, ঘটাতে সহযোগিতা করা: If you all ~, we will be successful.

co-op·er·ation [কৌ অপাˈরেইশ্‌ন্] *n* সহযোগিতা। **in ~ with** সহযোগিতায়।

co-op·er·ative [কৌ অপারাটিভ্] *adj* সহযোগিতামূলক; সমবায়ী; সহযোগিতা প্রদানে ইচ্ছুক। **a ~ society** সমবায় সমিতি। □*n* সমবায় সমিতি পরিচালিত দোকান, খামার ইত্যাদি।

co-opt [কৌ ˈঅপ্‌ট্] *vt* (কমিটি সংক্রান্ত) যারা কমিটির সদস্য আছে তাদের ভোটে নতুন কোনো ব্যক্তিকে সদস্যপদ দান করা: We ~ed a new member to the Executive Committee.

co-or·di·nate[1] [কৌ ˈও°ডানাট্] *adj* সমপদস্থ; সমগুরুত্বসম্পন্ন; (ব্যাক.) মিশ্র বাক্যে উপস্থিত clause বা বাক্যাংশ যাকে প্রায়শ সংযোজক অব্যয় (conjunction) দ্বারা অন্য clause বা clauses এর সাথে যুক্ত করা হয়। দ্র. subordinate. **~·ly** *adv*

co-or·di·nate[2] [কৌও °ডিনাট্] *vt* সমগুরুত্বসম্পন্ন করা; সঠিক সম্পর্কে অন্বিত করা; সমন্বয় বিধান করা: to ~ the work of different departments of the office. **co-or·di·na·tors** *n* সমন্বয়কারী।

co-or·di·na·tion [কৌও °ডিˈনেইশ্‌ন্] *n* সমন্বয়; সমন্বিত অবস্থা। **C~ Geometry** বৈশ্লেষিক জ্যামিতি।

coot [কূট্] *n* সাঁতার এবং ডুব দিতে পারে এমন কয়েক প্রকার পাখির সাধারণ নাম।

cop[1] [কপ্] *n* (অশিষ্ট) পুলিশ।

cop[2] [কপ্] *vt,vi* (অশিষ্ট) ১ ~ **it** শাস্তি পাওয়া। ২ ~ **out** কোনো কাজ; দায়িত্ব পরিত্যাগ করা।

co-part·ner [কৌ ˈপা:ট্‌না(র্)] *n* সমঅংশীদার। **~·ship** *n* ব্যবসা বা শিল্পউদ্যোগে অংশীদার রাখার প্রথা।

cope[1] [কৌপ্] *n* বিশেষ অনুষ্ঠানে খ্রিস্টান পুরোহিতরা যে ধরনের ঢোলা আলখাল্লা পরে থাকেন।

cope[2] [কৌপ্] *vt,vi* ~ **(with)** সাফল্যের সাথে আয়ত্ত করা; পেরে ওঠা; সমানে সমানভাবে প্রতিদ্বন্দ্বিতা করতে পারা: The work load is so big that I cannot ~ with it.

co·peck [ˈকৌপেক্] *n* রাশিয়ার মুদ্রা—এক রুবলের একশ ভাগের একভাগ।

co·per·ni·can [কাˈপার্নিকান্] *adj* **the ~ system/theory** পোলিশ জ্যোতির্বিদ কোপার্নিকাস (১৪৭৩–১৫৪৩) প্রবর্তিত তত্ত্ব—যার প্রতিপাদ্য হলো, পৃথিবীসহ সকল গ্রহ সূর্যের চারদিকে ঘুরছে।

cop·ing [ˈকৌপিঙ্] *n* (স্থাপত্য) দেওয়ালের উপরিভাগে পাথর বা ইটের বাড়তি অংশ।

copi·ous [ˈকৌপিঅস্] *adj* প্রাচুর্যপূর্ণ: a ~ supply; (লেখক সম্পর্কে) প্রচুর লেখেন এমন। **~·ly** *adv*

cop·per[1] [ˈকপা(র্)] *n* ১ তামা (রাসায়নিক প্রতীক cu): (attrib) ~ wire, তামার তার। ২ ধাতু নির্মিত বিশাল পাত্র, বিশেষত যার ভিতর কাপড় চোপড় সিদ্ধ করা হয়। ৩ তামার তৈরি মুদ্রা। ৪ ~ **beech** তামারঙের পাতা ধরে এমন বীচ গাছ। ~ **captain** ভুয়া সেনাপতি। ˌ~-ˈ**bottomed** (জাহাজ সম্পর্কিত) তলদেশ তামার পাতে মোড়া এমন। ˈ**~·head** *n* আমেরিকার বিষাক্ত সাপবিশেষ। **~·ˈplate** তাম্রফলক। ˈ**~·smith** তাম্রকার।

cop·per[2] [ˈকপা(র্)] *n* (অশিষ্ট) পুলিশ।

cop·pice [ˈকপিস্] *n* ছোট ছোট গাছের ঝাড় (যা মাঝে মাঝে কেটে ফেলার জন্যই জন্মানো হয়)।

Copt [কপ্‌ট্] *n* প্রাচীন মিশরীয়দের বংশোদ্ভূত মিশরীয় খ্রিস্টান (বর্তমান মিশরের লোকসংখ্যার এক–দশমাংশ এরা)। **Cop·tic** *n* মিশরের প্রচলিত খ্রিস্টান ধর্ম; এইধর্মের অনুষ্ঠানে ব্যবহৃত ভাষা। □*adj* Copt সম্পর্কিত।

cop·ula [ˈকপ্যিউলা] *n* (ব্যাক.) ক্রিয়ারূপ যা Subject এবং Complement–কে যুক্ত করে; যেমন 'be' verb এর বিভিন্নরূপ, যথা—is, am, are ইত্যাদি।

copu·late [ˈকপ্যিউলেইট্] *vi* ~ **(with)** (বিশেষত জন্তু জানোয়ারের) যৌনসঙ্গমে মিলিত হওয়া। **copu·la·tion** যৌনসঙ্গম। **copu·la·tive** [ˈকপ্যিউলাটিভ্] *adj* (আনুষ্ঠা.) সংযোজনকারী। □*n* সংযোজক অব্যয়।

copy[1] [ˈকপি] *n* ১ অনুকরণ; . অনুকৃতি; অনুলিপি; প্রতিলিপি; নকল। **rough ~** প্রাথমিক খসড়া। **fair ~** সংশোধিত এবং চূড়ান্ত খসড়া। ˈ**~·book** *n* আদর্শলিপি; হাতের লেখা ভালো করে শেখার জন্য ব্যবহৃত বই। **~·book maxims** নীতিকথার বাঁধা বুলি যা আগের দিনে copybook-এ পাওয়া যেতো। ˈ**~·cat** (কথ্য.) মাছিমারা কেরানি; দাসমনোবৃত্তিসম্পন্ন নকলবাজ। ২ বই বা খবরের কাগজের একটি; সংখ্যা: complimentary ~; সৌজন্যসংখ্যা। ৩ মুদ্রকের কাছে প্রেরিত পাণ্ডুলিপি: Send your ~ to the printer in time. ˈ**~·holder** যে ব্যক্তি প্রুফসংশোধককে পাণ্ডুলিপি পড়ে শোনায়।

copy[2] [ˈকপি] *vt,vi* ১ প্রতিলিপি করা: He copied the letter. ২ অনুকরণ করা; নকল করা: Young people ~ the styles of filmstars. ৩ পরীক্ষায় অন্যকে বা কোনো কাগজখণ্ড দেখে লেখা এবং এর মাধ্যমে প্রতারণা করা।

copy-right [ˈকপিরাইট্] *n* গ্রন্থস্বত্ব; কোনো লেখক বা শিল্পী কর্তৃক তাঁর সৃষ্টকর্মের উপর একটি নির্দিষ্ট সময়ে স্থায়ী আইনগত অধিকার। □*vt* (কোনো বই ইত্যাদির জন্য) গ্রন্থস্বত্ব নেওয়া।

co·quetry [ˈককিট্রি] *n* ছেনালিপনা; ছেনালিপূর্ণ ব্যবহার। **co·quet·tish** *adj* ছেনালিপূর্ণ: ~ smiles. **co·quette** *n* ছেনাল।

cor·acle [ˈকরাক্ল্] *n* বেত, বাঁশ ইত্যাদি দিয়ে বানানো ভেলা (এদের উপর জল নিরোধক আচ্ছাদন দেওয়া থাকে)।

coral [ˈকরাল্ US ˈকো°রাল্] *n* প্রবাল। ˌ**~ ˈisland** প্রবালদ্বীপ। ˈ**~ reef** প্রবাল প্রাচীর। □*adj* প্রবাল রঙের; লাল বা গোলাপি: ~lips. **~·line** *adj* প্রবালসম্পর্কিত, প্রবালতুল্য।

co·ra·mine [কর ˈমাইন্] *n* হৃদযন্ত্রের উত্তেজক ওষুধবিশেষ।

cor·bel [ˈকো°ব্ল্] *n* (স্থাপত্য) ভাররক্ষার্থে প্রাচীরগাত্রের বাড়তি অংশ (যে একটি কার্নিশ বা খিলানকে ধরে রাখে)।

cord [কো°ড়] *n* ১ দড়ি; রশি। ২ জীবদেহের তন্ত্রী: Spinal **~,** মেরুরজ্জু; vocal ~s, স্বরতন্ত্রী। ৩ জ্বালানি কাঠের পরিমাপ বিশেষ (সাধা. ১২৮ cubic ft). □*vt* দড়ি দিয়ে বাঁধা।

cord·age [কো°ডিজ্] *n* (বিশেষত জাহাজে ব্যবহৃত) দড়িদড়া।

cor·dial [ˈকো°ডিঅল্ US ˈকো°জাল্] *adj* আন্তরিক, হার্দ্য, উষ্ণ, সহৃদয় (ব্যবহার, অভ্যর্থনা ইত্যাদি বিষয়ক): We were accorded a ~ welcome. □*n* সুমিষ্ট বলবর্ধক ওষুধ; সুধা। **~·ly** *adj* . **~ity** *n* আন্তরিকতা, সহৃদয়তা।

cor·dite [ˈকো°ডাইট্] *n* ধোঁয়াহীন বিস্ফোরক দ্রব্য।

cor·don [ˈকো°ড্ন্] *n* ১ রক্ষাব্যূহ; পুলিশ, সৈন্য কিংবা সামরিক চৌকি দ্বারা গঠিত বেষ্টনী: Police **~**· **a Sanitary** ~সংক্রামক রোগাক্রান্ত ও রোগমুক্ত এলাকাকে পৃথককারী রেখা বা বেষ্টনী। ২ সম্মানসূচক ফিতা বা পদক। **~ bleu** [কো°ড্ন্ব্লা] রন্ধনকুশলতার জন্য বাবুর্চিকে প্রদত্ত পদক। □*vt* **~ off** বেষ্টনীদ্বারা ঘেরাও বা পৃথক করা।

cor·du·roy [ˈকো°ডারয়] *n* ১ সস্তা ও মোটা সুতিকাপড়বিশেষ। ২ এমন কাপড়ে তৈরি ট্রাউজার। ৩ **~ rood** কর্দমাক্ত জলা জায়গার উপর আড়াআড়ি কাঠের খণ্ড ফেলে তৈরি রাস্তা।

cords [কো°ড্জ্] *n pl* (কথ্য) সস্তা সুতি কাপড়ের তৈরি ট্রাউজার।

core [কো°(র্)] *n* ১ ফলের শক্ত শাঁস। ২ কোনো জিনিসের সবচেয়ে গুরুত্বপূর্ণ অংশ; মর্মবস্তু: Try to get to the ~ of the subject. **to the ~** পুরাপুরি: rotten to the **~**· □*vt* **take out the ~ of** শাঁস বের করে আনা: to ~ an apple.

co-re·ligion·ist [কৌরি ˈলিজানিস্ট্] *n* একই ধর্মাবলম্বী ব্যক্তিদের একজন; সমধর্মী; ধর্মভাই।

co-re·spon·dent [কৌরি ˈস্পন্ডান্ট্] *n* (আইন.) বিবাহ-বিচ্ছেদের মামলায় অভিযুক্ত স্বামী বা স্ত্রীর সঙ্গে ব্যভিচারের দায়ে যে ব্যক্তি অভিযুক্ত হয়; বিবাহবিচ্ছেদের মামলার বিবাদী; বিবাদিনী।

corgi [ˈকো°গি] *n* ছোট আকারের ওয়েলস্ কুকুরবিশেষ।

cori·ander [করিˈঅ্যান্ডা(র্)] *n* ধনেগাছ। **~·seed** ধনে।

Co·rin·thian [কˈরিন্থিঅন্] *n* ১ গ্রিসের অন্তর্গত করিন্থ-এর অধিবাসী; করিন্থীয়। ২ (স্থাপত্য) গ্রিক স্থাপত্যে দৃষ্ট তিনরকম স্তম্ভের একটি। ৩ (প্রা.) শৌখিন; আমোদপ্রিয় ব্যক্তি।

cork [কো°ক্] *n* ১ ওক জাতীয় বৃক্ষবিশেষ যার ছাল খুব পাতলা, স্থিতিস্থাপক ও শক্ত। ২ বোতলের ছিপি। ˈ**~-screw** ছিপি খোলার যন্ত্র। □*vt* ছিপিযুক্ত করা; ছিপি লাগানো: to ~ a bottle; (লাক্ষ.) to ~ up one's emotions, আবেগ দমিয়ে রাখা।

cork·age [ˈকো°কিজ্] *n* ১ বোতলে ছিপি আঁটার কাজ। ২ খরিদ্দারের সঙ্গে আনা মদের বোতল খুলে দেওয়ার জন্য রেস্টুরেন্টের পরিচারকের প্রাপ্য মজুরি।

corker [ˈকো°কা(র্)] *n* (অশিষ্ট) (প্রা.) ১ আশ্চর্যজনক কোনো কিছু। ২ অনুত্তরযোগ্য প্রশ্ন; যুক্তি।

cor·mor·ant [ˈকো°মারান্ট্] *n* লম্বা গলাওয়ালা, বড়ো আকারের সামুদ্রিক পাখিবিশেষ, যার ঠোঁটের নীচে থলে থাকে।

corn[1] [কো°ন্] *n* ১ শস্যকণা, শস্য বা বীজ; গম, যব (বিশেষত US), ভুট্টা ইত্যাদি শস্য-উদ্ভিদ। দ্র. cereal. ˈ**~-cob** ভুট্টার মোচা যার গায়ে দানাগুলো আটকানো থাকে। ˈ**~·crake** সাধারণ য়োরোপীয় পাখিবিশেষ। ˈ**~-exchange** ভুট্টাব্যবসায়ীরা যে স্থানে ব্যবসার জন্য মিলিত হয়। ˈ**~·flakes** *n pl* ভুট্টার দানা দিয়ে বানানো একপ্রকার খাদ্য। ˈ**~·flour** (US **~-starch)** ভুট্টা বা চাউলের ময়দা। ˈ**~·flower** নীল ঝুমকার মতো দেখতে ফুল। ˈ**~ pone** ভুট্টার রুটি। ২ গম ইত্যাদির একটি দানা।

corn[2] [কো°ন্] *n* প্রধানত পায়ের কড়া। **tread on sb's ~s** (লাক্ষ.) কারো মনে আঘাত দেওয়া।

corn[3] [কো°ন্] *vt* লবণ দিয়ে (মাংস) সংরক্ষণ: ~ed beef.

cor·nea [কো°নিঅ] *n* (ব্যব.) অক্ষিগোলকের স্বচ্ছ আবরণ; অচ্ছোদপটল, কর্নিয়া। **~l** *adj* কর্নিয়াসংক্রান্ত।

cor·nel·ian [ˈকো°ˈনীলিঅন্] *n* রক্তবর্ণ, রক্তিমাভ-খয়েরি কিংবা সাদা রঙের মূল্যবান পাথরবিশেষ।

cor·ner [ˈকো°না(র্)] *n* ১ কোণ; পথের বাঁক বা মোড়: a street-cor ner shop; Just round the corner; (কথ্য.) খুব নিকটে; গুপ্ত বা নিভৃত স্থান; সঙ্কট। **cut off a ~** কোনাকুনি পার হওয়া। **drive sb into a ~** (লাক্ষ.) কাউকে কোণঠাসা করা; বেকায়দায় ফেলা। **turn the ~** (লাক্ষ.) অসুখের সঙ্কটময় অবস্থা পার হয়ে আসা। **be in tight ~** বেকায়দা অবস্থায় পড়া। **~·stone** *n* **(ক)** অট্টালিকার দুই দেয়ালের মধ্যে সংযোগস্থাপক প্রস্তরখণ্ড; ভিত্তিপ্রস্তর; **(খ)** মূলভিত্তি: Perseverance was ~stone of the boys success. ২ অঞ্চল; এলাকা: the four corners of the earth. ৩ (বাণিজ্য) বাজার থেকে কোনো দ্রব্য যত বেশি সম্ভব কিনে রাখা যাতে ঐ দ্রব্য পরবর্তীকালে ইচ্ছামতো দামে এবং একচেটিয়াভাবে বিক্রি করা যায়। ৪ (ফুটবল খেলায়) ˈ**~-kick** খেলার মাঠের কোনা থেকে বল চালিত করা। □*vt,vi* ১ **force into a ~** কোণঠাসা করা; গ্রেপ্তার করা: The murderer was ~ed at last. ২ *n* **make a ~** গম ইত্যাদির ব্যবসায় একচেটিয়াত্ব অর্জন করা। ৩ রাস্তার কোনা ঘুরে আসা (গাড়ি বা যানবাহন সম্পর্কিত): His newly purchased car ~ well. **~ed** *adj* কোনাযুক্ত: a three ~ed table.

cor·net [ˈকো°নিট্] *n* ১ বাঁশির মতো বাদ্যযন্ত্রবিশেষ। ২ কাগজ দিয়ে বানানো চোঙাকৃতি ঠোঙা (মিষ্টান্ন, চানাচুর ইত্যাদির জন্য)। ৩ কোন-আইসক্রিমের চোঙাকৃতি ধারক।

cor·nice [ˈকো°নিস্] *n* কার্নিশ (স্থাপত্য); ছাদের অব্যবহিত নীচে কক্ষের চারদিকের দেয়ালে আলঙ্কারিক নকশা (প্লাস্টারে নির্মিত); পাহাড়ের চূড়ায় জমে থাকা এবং ঝুলে থাকা বাড়তি অংশযুক্ত বরফের চাঁই।

cor·nu·co·pia [কো °নিঊকৌপিআ] *n* চারুকলায় চিত্রিত ছাগলের শিং; যাতে ফুল; ফল ও শস্যাদির চিত্রের অলঙ্করণ বাহুল্য থাকে; (লাক্ষ.) প্রাচুর্য।

corny [ˈকো° নি] *adj* গতানুগতিক; মামুলি: corny jokes.

co·rolla [ক ˈরলা] *n* (উদ্ভিদ) পুষ্পের দলমণ্ডল; পাপড়ি দ্বারা গঠিত অভ্যন্তরভাগ।

co·rol·lary [ক ˈরলারি] *n* কোনো কিছুর স্বাভাবিক পরিণতি বা ফলাফল; কোনো কিছু প্রমাণিত হওয়ার পর যা স্বতই পরিস্ফুট হয়; অনুসিদ্ধান্ত।

co·rona [ক ˈরোনা] *n* সূর্য বা চন্দ্রের চারদিকে বক্রাকার আলোর বেষ্টনী (যেমন গ্রহণকালে দেখা যায়); জ্যোতির্বলয়।

cor·on·ary [ˈকরানরি US কো°রানারি] *adj* হৃৎপিণ্ডে রক্তসরবরাহকারী ধমনী সম্পর্কিত। ~ **thrombosis** হৃদরোগবিশেষ যাতে ধমনীতে রক্ত জমাট বেঁধে যায়। □*n* (কথ্য) ~ thrombosis এর আক্রমণ।

cor·on·ation [কর ˈনেইশ্‌ন্] *n* রাজাভিষেক রাজা বা রানীর সিংহাসনে আরোহণের অনুষ্ঠান।

cor·oner [ˈকরানা(র্) US কো°রানার] *n* অপঘাতজনিত বা সন্দেহজনক মৃত্যুর কারণ তদন্তকারী বিচারক। **~'s inquest** অপঘাতজনিত বা সন্দেহজনক মৃত্যুর তদন্ত।

cor·onet [ˈকরানাট্] *n* রাজসভাসদ কর্তৃক পরিহিত ছোট আকারের মুকুট; অত্যন্ত দামি দ্রব্যে তৈরি মহিলাদের শিরোভূষণ; ফুলের মালা।

cor·poral[1] [ˈকো°পারাল্] *n* (সাম.) সুবেদারের চেয়ে নিম্নপদস্থ সামরিক কর্মকর্তা; নায়েক; (নৌবাহিনীতে) পুলিশের দায়িত্বপ্রাপ্ত নিম্নপদস্থ নৌসেনা।

cor·poral[2] [ˈকো°পারাল্] *adj* (আনুষ্ঠা.) মানবদেহ সম্পর্কিত; শরীরী। ~ **punishment** দৈহিক শাস্তি, যেমন—বেত্রাঘাত, পিটুনি।

cor·por·ate [ˈকো°পারাট্] *adj* ১ আইন দ্বারা এক সংস্থাভুক্ত। ২ মিলিত; যৌথ: ~ responsibility, যৌথ দায়িত্ব। ৩ একই দলে একীভূত: a ~ body.

co·por·ation [কো °পাˈরেইশন্] *n* ১ পৌরসভা; নগরশাসনের জন্য নির্বাচিত ব্যক্তিবর্গ: Dhaka Municipal ~. ২ আইনবলে গঠিত যৌথসংস্থা বা প্রতিষ্ঠান: Bangladesh small and Cottage Industries ~. ৩ (US) সীমিত দায়সম্পন্ন ব্যবসা; কোম্পানি। ৪ (কথ্য) বিরাটাকৃতি উদর; ভুঁড়ি।

cor·por·eal [কো °পো°রিঅল্] *adj* (আনুষ্ঠা.) ১ শরীর সংক্রান্ত: ~ needs, দৈহিক চাহিদা; শরীরগত প্রয়োজনসমূহ, যেমন—খাদ্য, নিদ্রা ইত্যাদি। ২ ভৌতিক (আত্মিক-এর বিপরীত), দৈহিক।

corps [কো °(র্)] *n* ১ সৈন্যবাহিনীর ভাগবিশেষ: Army Engineering ~. ২ দুই বা ততোধিক ডিভিশন নিয়ে গঠিত সামরিক বাহিনী। ৩ ~ **de ballet** [কো দা ˈব্যালেং] ˈব্যালে-নৃত্যের নর্তক দল। **the Diplomatic** (ফ.) ~ একটি রাজধানী বা রাজদরবারে বিদেশী রাষ্ট্রসমূহের সকল রাষ্ট্রদূত, অ্যাটাচি ও দূতাবাসাধ্যক্ষদের সমষ্টিগত নাম।

corpse [কো °প্‌স্] *n* মৃতদেহ, শব (বিশেষত মানুষের)। দ্র. carcass.

cor·pu·lent [ˈকো°পিউলান্ট্] *adj* (কোনো মানুষ বা তার দেহ সম্পর্কিত) স্থূল এবং ভারী। **cor·pu·lence** অত্যধিক মাংসলতা; স্থূলতা।

cor·pus [কো °পাস্] *n* দেহ; কোনো বিশেষ বিষয়ের উপর লিখিত রচনাসমূহের সংগ্রহ; অধ্যয়নযোগ্য বস্তুর সমাহৃতি।

cor·puscle [ˈকো°পাস্‌ল্] *n* রক্তের শ্বেত কিংবা লোহিত কণিকা।

cor·ral [ক ˈরা:ল্ US কাˈর্যাল্] *n* ১ গবাদি পশু বা ঘোড়ার খোঁয়াড়; বন্য প্রাণী ধরার জন্য ব্যবহৃত খোয়াড়। ২ দ্র. laager □*vt* গবাদি পশুকে তাড়িয়ে এনে খোঁয়াড়ে আবদ্ধ করা।

cor·rect[1] [ক ˈরেক্ট্] *adj* ১ সঠিক; নির্ভুল; সত্য; খাঁটি: a ~ answer. My watch keeps ~ time. He was ~ in all points. ২ (আচারব্যবহার, পোশাক, ভব্যতা সম্পর্কিত) যথাযথ; সুরুচিসম্মত; নিয়মানুগ। **~·ness** *n*

cor·rect[2] [ক ˈরেক্ট্] *vt* ১ ঠিক করা; সংশোধন করা: I ~ed his pronunciation. The typist ~ed the date of the letter. ২ ভুলত্রুটি দেখিয়ে দেওয়া; শাস্তি দেওয়া: The father ~ed the child for disobedience.

cor·rec·tion [ক ˈরেক্‌শ্‌ন্] *n* ১ সংশোধন: Speak under ~, বক্তব্যে ভুল থাকতে পারে অর্থাৎ সংশোধনের প্রয়োজন হতে পারে একথা জেনেই বক্তব্য রাখা। ২ শাস্তি: house of ~, জেলখানা (প্রা. প্র.)। ৩ ভুল সংশোধন করার পর সে জায়গায় যা লেখা হয়: I have shown the ~ in red ink.

cor·rec·tive [ক ˈরেক্‌টিভ্] *n adj* সংশোধনক্ষম; সংশোধনকারী; যাতে সংশোধন হয় এমন কিছু: ~ measures.

cor·re·late [ˈকরালেইট্ US ˈকো°রালেইট্] *vt,vi* ~ **(with)**পরস্পর সম্পর্কযুক্ত হওয়া বা করানো: It is difficult to ~d the findings of the two groups of researchers.

cor·re·la·tion [কর ˈলেইশ্‌ন্] *n* পারস্পরিক সম্পর্ক: There is a ~ between temperature and rainfall.

cor·relative [ক ˈরেলাটিভ্] *n adj* পরস্পর সম্পর্কযুক্ত; আপেক্ষিক: 'neither' and 'nor' are ~conjunctions.

cor·re·spond [করিˈস্‌পন্‌ড্] *vi* ১ ~ **(with)** সঙ্গতিপূর্ণ হওয়া: His actions does not ~ with his belief. ২ ~ **(with)** চিঠিপত্র আদানপ্রদান করা।

cor·re·spon·dence [করিˈস্‌পন্‌ডান্‌স্ US কো°রিস্‌প্‌ডান্‌স্] *n* ১ অনুরূপতা; ঐক্য; সাদৃশ্য: There is not much ~ between my father's political views and mine. ২ চিঠিপত্রের আদানপ্রদান: I had a ~ with the University of Leeds regarding admission possibilities. ˈ**~ course** পত্রযোগে শিক্ষাদানের কোর্স।

cor·re·spon·dent [করিˈস্‌পন্‌ডান্‌ট্ US কো রিস্‌পন্‌ডান্‌ট্] *n,adj* ১ অনুরূপ; সদৃশ। ২ চিঠিপত্রের প্রাপক বা লেখক। ৩ খবরের কাগজের নিয়মিত সংবাদদাতা: our Chittagong ~, foreign ~. ৪ (বাণিজ্য) ব্যক্তি, ব্যবসা প্রতিষ্ঠান, ব্যাংক ইত্যাদি।

cor·ri·dor [ˈকরিডো°(র্)] *n* ১ অট্টালিকার বিভিন্ন কক্ষের মধ্যে বা রেলগাড়ির বিভিন্ন কামরার মধ্যে সংযোগ স্থাপক পথ। ২ কোনো রাষ্ট্রের যে সংকীর্ণ ভূখণ্ড অন্য রাষ্ট্রের মধ্য দিয়ে কোনো বন্দরে যাবার পথ হিসাবে বা কোনো ছিটমহলে যাবার পথ হিসাবে ব্যবহৃত হয়, যেমন, দহগ্রাম আঙ্গরপোতা ছিটমহলে যাবার জন্য 'তিনবিঘা'

করিডোর। '~ **train** যে ট্রেনের একপ্রান্ত থেকে অন্যপ্রান্ত পর্যন্ত যাবার জন্য করিডোর থাকে।

corri·gen·dum [করি'জেন্‌ডাম্‌ US কো°রি–] *n* সংশোধনীয় বিষয়।

cor·ri·gible ['করিজাব্‌ল্‌ US কোরি–] *adj* (আনুষ্ঠা.) সংশোধনযোগ্য; (ব্যক্তিসম্পর্কে) নিজেকে সংশোধন করতে রাজি।

cor·rob·or·ate [কা'রবারেইট্‌] *vt* (কোনো বক্তব্য, বিশ্বাস বা তত্ত্বকে) সত্য বলে দৃঢ়ভাবে সমর্থন করা। **cor·rob·or·at·ive** *adj*

cor·rob·or·ation [কারবা'রেইশ্‌ন্‌] *n* অধিকতর প্রমাণাদির সাহায্যে দৃঢ়তরভাবে সত্যতা প্রমাণ; অতিরিক্ত প্রমাণ।

cor·rode [কা'রৌড্‌] *vt,vi* ধীরে ধীরে ক্ষয় করা বা ক্ষয় হওয়া (রাসায়নিক প্রক্রিয়া বা রোগের ফলে): Smoking ~s health; Rust ~s iron; Brass does ~ easily. **cor·rosion** [কা'রৌজ্‌ন্‌] *n* ক্ষয়; অবক্ষয়।

cor·ros·ive [কা'রৌসিভ্‌] *n adj* ক্ষয়কারী বস্তু; ক্ষয়িষ্ণু: Rust is a ~.

cor·ru·gate [কো°রৌগেইট্‌] US ['কো°র–] *vt,vi* ভাঁজ করা; ঢেউ খেলানো আকৃতি দান করা; কুঞ্চিত করা। **~d Iron sheet (C. I. Sheet)** ঢেউ তোলা টিন। **~ed roads** বৃষ্টি ও অন্যান্য কারণে ক্ষয়িত হয়ে এবড়ে খেবড়ো হয়ে যাওয়া রাস্তা। **cor·ru·ga·tion** *n* কুঞ্চন; ভাঁজ।

cor·rupt[1] [কা'রাপ্‌ট্‌] *adj* ১ (ব্যক্তি, ব্যক্তির আচরণ সম্পর্কিত) দুর্নীতিগ্রস্ত, নীতিবর্জিত, অসৎ, ঘুষখোর। ~ **practices** দুর্নীতিমূলক কাজ, বিশেষত ঘুষ দেওয়া বা নেওয়া। ২ পচা; কলুষিত; বিকৃত: ~ air. ৩ (ভাষা সম্পর্কিত) অবিশুদ্ধ; বিকৃত; ভুল উচ্চারণ বা বানানে ভর্তি: A ~ form of English is popular in India. **~·ly** *adv*. **~·ness** *n*

cor·rupt[2] [কা'রাপ্‌ট্‌] *vt,vi* বিকৃত করা বা হওয়া; অসৎ হওয়া বা কাউকে অসৎ বানানো; পচে যাওয়া; পচতে সাহায্য করা: Love for power has ~ed him totally. Pornography ~s young minds. **~·ible** *adj* যাকে অসৎ করা যায়। **~·i·bi·lity** *n*

cor·rup·tion [কা'রাপ্‌শ্‌ন্‌] *n* দুর্নীতি; পচন; দূষণ: the ~ of the mind; the ~ of air and water by smoke.

cor·sage [কো°'সা:জ্‌] *n* কাঁচুলি; রমণীরা ঊর্ধ্বাঙ্গে যে জামা পরে; (US) কাঁচুলিতে বা কোমরে পরিহিত ছোট ফুলের মঞ্জরি।

cor·sair [কো°সেআ(র্‌)] *n* জলদস্যু বা জলদস্যুদের জাহাজ (বিশেষত উত্তর আফ্রিকার) যারা য়োরোপীয়দের জাহাজের উপর আক্রমণ চালাতো।

corse·let, cors·let ['কো°স্‌লিট্‌] *n* ঊর্ধ্বাঙ্গ রক্ষাকারী যুদ্ধবর্ম।

cor·set ['কো°সিট্‌] *n* কোমর এবং নিতম্বকে আঁটসাট রাখার জন্য ব্যবহৃত অন্তর্বাস।

cor·tege, cor·te·ge [কো°'টেইজ্‌] *n* (ফ.) কোনো রাজা বা রাষ্ট্রপতির শবাধারের অনুগমনকারী শোকমিছিল বা অনুচরবর্গের সারি।

cor·tex ['কো°টেক্‌স্‌] *n (pl* cortices) বহিরাবরণ, বিশেষত গাছের ছাল; মস্তিষ্কের শ্বেত পদার্থের (grey matter) বহিরাবরণ; বৃক্কের বহিরংশ। **cor·ti·cal** *adj* ~সম্পর্কিত।

cor·ti·sone ['কো°টিজৌন্‌] *n* এক ধরনের পদার্থ (গলরসগ্রন্থি থেকে আহৃত এক রকম হরমোন) যা আর্থরাইটিস (arthritis) এবং কিছু কিছু এলার্জির চিকিৎসায় ব্যবহৃত হয়।

co·run·dum [কা'রান্‌ডাম্‌] *n* ১ শক্ত স্ফটিকীকৃত খনিজ পদার্থ যাকে গুঁড়া আকারে পরিণত করে পালিশের কাজে ব্যবহার করা হয়। ২ মূল্যবান খনিজ রত্নবিশেষ; চুনি।

cor·us·cate ['করাস্‌কেইট্‌] *vi* ঝলমল করা। **cor·us·cant** *adj* ঝলমলে; ঝকমকে। **cor·us·ca·tion** *n*

cor·vette [কো°'ভেট্‌] *n* (প্রা.) রণতরীবিশেষ; (আধুনিক অর্থ) বাণিজ্যজাহাজের সহগামী ছোট দ্রুতগতিসম্পন্ন যুদ্ধজাহাজ।

cos[1] [কস্‌] *n* একপ্রকার লম্বা পাতাঅলা লেটুস শাক।

cos[2] [কস্‌] *n* cosine-এর সংক্ষিপ্ত রূপ।

cos[3] [কাজ্‌] *conj* Because-এর কথ্য সংক্ষিপ্ত রূপ।

cosh [কশ্‌] *vt,n* সীসার তৈরি পাইপ; দণ্ড; মুগুর; এসব দ্বারা আঘাত করা।

co·signa·tory [কৌ'সিগ্‌নাটরি US কৌসিগ্‌নাটো°রি] *n,adj* অন্যের সঙ্গে যৌথভাবে স্বাক্ষরদানকারী।

co-sine [কৌ'সাইন্‌] *n* (ত্রিকোণ.) (সংক্ষেপে cos) সমকোণ অপেক্ষা ক্ষুদ্রতর কোণের পূরক রেখা।

cos·metic [কজ়্‌'মেটিক্‌] *adj* সৌন্দর্যবর্ধক (বিশেষত ত্বক এবং চুলের)। □*n* প্রসাধন দ্রব্য, যেমন—face-powder, lipstick ইত্যাদি। ~ **surgery** মুখের চেহারার ত্রুটি সারানোর জন্য শল্যচিকিৎসা। **cos·me·tician** প্রসাধনদ্রব্য প্রস্তুতকারক বা বিক্রেতা।

cos·mic ['কজ়্‌মিক্‌] *adj* বিশ্বব্রহ্মাণ্ড সম্পর্কিত; cosmos সম্পর্কিত; মহাজাগতিক। ~ **rays** মহাজাগতিক রশ্মি।

cos·mog·ony [কজ়্‌'মগানি] *n* পৃথিবীর উৎপত্তি সৃষ্টি এবং বিবর্তন; এ সম্পর্কিত তত্ত্ব।

cos·mo·naut ['কজ়্‌মনো°ট্‌] *n* নভোচারী।

cos·mo·poli·tan [কজ়্‌মা'পলিটান্‌] *adj* ১ বিশ্বের সকল বা বহু অঞ্চল থেকে আগত: the ~ crowds of London. ২ উদার দৃষ্টিভঙ্গি সম্পন্ন; স্বাদেশিকতার সংকীর্ণতা থেকে মুক্ত: He is a politician with a ~ outlook. □*n* সংকীর্ণ জাতীয় চিন্তা থেকে মুক্ত বিশ্বজনীনতার উদার আদর্শে উদ্বুদ্ধ ব্যক্তি, যিনি সকল দেশকেই নিজের দেশ মনে করেন: He is a ~.

cos·mos ['কজ়্‌মস্‌] *n* বিশ্বব্রহ্মাণ্ড; শৃঙ্খলাবদ্ধ মহাজগৎ (যার বিপরীতে আছে অসীম শৃঙ্খলাহীনতা; নৈরাজ্য।

cos·set ['কসিট্‌] *n* পোষা মেষশাবক। □*vt* আদর করা; প্রশ্রয় দেওয়া।

cost[1] [কস্‌ট্‌ US কো°স্‌ট্‌] *vi* ১ দাম হওয়া: The watch ~ me three hundred Taka. ২ কোনো কিছু হারাতে বাধ্য করা: Rash driving ~ him his life. ৩ দুর্ভোগ ঘটানো: The boy's truancy ~ his father many sleepless nights. ৪ (বাণিজ্য) উৎপাদন খরচের প্রেক্ষিতে দ্রব্যের দাম নির্ধারণ করা। **~·ing** দাম নির্ধারণ।

cost[2] [কস্‌ট্‌ US কো°স্‌ট্‌] *n* মূল্য; দাম। **the ~ of living** জীবনযাপনের খরচ; ব্যয়। **the ~ price** কোনো দ্রব্যের উৎপাদনখরচ বা ক্রয়মূল্য। '~ **accountant** যে ব্যক্তি ব্যবসার সকল খরচের হিসাব

রাখে। ˈ**running ~s** নির্বাহী খরচ; কোনো যন্ত্রকে চালু রাখার খরচ। **at ˈall ~s** যে কোনো মূল্যে। **at the ~ of** কোনো লোকশান বা খরচের বিনিময়ে: Independence was won at the ~ of three million lives. **count the ~** ঝুঁকি বিবেচনা করা। **to one's ~** কারো ক্ষতি বা অসুবিধা ঘটিয়ে। ˌ**~-efˈfective** *adj* ব্যয়সাশ্রয়ী।

co-star [কৌ ˈস্টা:(র্)] *n* সহ–চিত্রতারকা। **~ with** অন্যতারকার সাথে একযোগে অভিনয়রত।

co·ster·monger [ˈকস্টমাঙ্গা(র্)] *n* রাস্তায় ঠেলাগাড়ি থেকে ফল, শাকসবজি বিক্রি করে এমন ব্যক্তি।

costly [কস্‌ট্‌লি US কো°স্‌ট্‌লি] *adj* মূল্যবান; দামি; প্রচুর ক্ষতি বা উৎসর্গ দাবি করে এমন। **cost·li·ness** *n*

cos·tume [ˈকস্‌ট্যুম্ US ˈকস্‌টুম্] *n* ১ পোশাক; পোশাক পরার ধরন। ˈ**~ jewellery** নকল অলঙ্কার। ২ (প্রা.) নারীদের পোশাক। দ্র. bathing· **cos·tumier** [কস্‌ˈটিউমিআ(র্)] *n* পোশাকপ্রস্তুতকারী; পোশাকবিক্রেতা।

cosy[1] [ˈকৌজ়ি] *adj* আরামদায়ক; উষ্ণ: a ~ room. **cos·ily** *adv* . **cosi·ness** *n*

cosy[2] [কৌজ়ি] *n* চায়ের পাত্রকে গরম রাখার জন্য ব্যবহৃত ঢাকনা।

cot [কট্] *n* (US crib) ১ ছোট; অপ্রশস্ত; সহজে সরানো যায় এমন খাট; বাচ্চাদের খাট। ২ ক্যাম্প খাট; জাহাজের বাঙ্ক। ˈ**cot death** ঘুমন্ত শিশুর রহস্যজনকভাবে মৃত্যু।

cote [কৌট্] *n* গৃহপালিত পশু বা পাখির বাসা; ঘের বা খোঁয়াড়।

co-ten·ant [কৌ ˈটেনান্ট্] *n* সহ–ভাড়াটে।

co·terie [ˈকৌটারি] *n* অভিন্ন স্বার্থসম্পন্ন ব্যক্তিদের গোষ্ঠী; (রাজনৈতিক, সামাজিক বা সাহিত্যিক) উপদল: Politicians always look after their ~ interests.

co·termi·nous [কৌ ˈটো°মিনাস্] *adj* একই সীমানাযুক্ত।

cot·tage [ˈকটিজ্] *n* কুটির; ছোট বাড়ি (বিশেষত গ্রামাঞ্চলে); গ্রীষ্মকালীন আবাস। **~ industry** কুটিরশিল্প।

cot·tar, cot·ter [ˈকটা(র্)] *n* (স্কট.) কুটিরবাসী লোক; খামারে কর্মরত লোক।

cot·ton [ˈকটন্] *n* ১ কার্পাস তুলা: a soft fibrous substance round the seeds of the ~ plant. **~ yarn** তুলা থেকে প্রাপ্ত সুতা। **~ cloth** সুতি কাপড়। ২ সুতা। □*vi* একমত হওয়া; আসক্ত হওয়া। ˌ**~ seed ˈoil** কার্পাস তুলাবীজ থেকে প্রাপ্ত তেল। ˌ**~ wool** পরিষ্কৃত তুলা যা ব্যান্ডেজে ব্যবহৃত হয়।

coty·ledon [ˌকটিলীড্‌ন্] *n* (উদ্ভিদ) বীজপত্র; বীজে গজানো প্রথম পাতা।

couch[1] [কাউচ্] *n* দিনের বেলায় বসা অথবা শোয়ার জন্য গদি–আঁটা আসন।

couch[2] [কাউচ্] *vt,vi* শোয়া অথবা শোয়ানো; (বর্শা ইত্যাদি) তাক করা; (প্রাণীদের ক্ষেত্রে) ওত পেতে শুয়ে থাকা। **~ (in)** (চিন্তা, বক্তব্য ইত্যাদি) শব্দে প্রকাশ করা: ~ed in elegant terms.

couch[3], **couch-grass** [ˈকাউচ (গ্রা:স্ US গ্র্যাস্)] *n* তৃণলতাবিশেষ।

couch·ant [ˈকাউচান্ট্] *adj* (প্রাণীদের ক্ষেত্রে) পায়ের উপর শরীর রেখে মাথা উঁচু করে শোয়া।

cou·chette [ˈকু:ˈশেট্] *n* (রেলগাড়িতে) শোবার বার্থ।

cou·gar [ˈকু:গা(র্) *n* বনবিড়ালবিশেষ; পুমা।

cough[1] [কফ্ US ক:ফ্] *vi,vt* জোরে কাশা। **(to) ~ down** কাশার ভঙ্গিতে চুপ করানো। **(to) ~ up** একান্ত অনিচ্ছায় কিছু বলা বা করা।

cough[2] [কফ্ US ক:ফ্] *n* কাশি। ˈ**~-drop, ~-lozenge** কাশি উপশমের ড্রপ বা লজেন্স।

could [কুড্] *can* এর *pt* এবং *pp;* (নাবাচক–ˈকুডন্ট্) দ্র. can.

coul·ter (US = **col·ter**) [ˈকৌলটা(র্)] *n* লাঙ্গলের ফাল।

coun·cil [ˈকাউন্‌স্‌ল্] *n* আইন প্রণয়ন; পরামর্শদান ও পরিকল্পনা–বাস্তবায়নের জন্য সরকার কর্তৃক মনোনীত অথবা নির্বাচিত ব্যক্তিবর্গ; পরিষদমণ্ডলী। ˈ**~-chamber** সভা–কক্ষ। ˈ**~ house** সভা–গৃহ।

coun·cil·lor [ˈকাউন্‌সাল(র্)] *n* পরিষদের সদস্য; উপদেষ্টা।

coun·sel[1] [ˈকাউন্‌স্‌ল্] *n* উপদেশ; মন্ত্রণা; ব্যারিস্টার। **a ~of perfection** চমৎকার কিন্তু অবাস্তব উপদেশ। **keep one's own ~** মনোভাব গোপন রাখা। **King's/Qeen's ˈC~** রাষ্ট্রনিযুক্ত ব্যারিস্টার।

coun·sel[2] [ˈকাউন্‌স্‌ল্] *vt* উপদেশ দান করা। **(to) ~ (one) against** সাবধান করা।

coun·sel·lor (US **coun·sel·or**) [ˈকাউনসাল(র্)] *n* উপদেষ্টা; (আয়ারল্যান্ড ও US) আইনজীবী।

count[1] [কাউন্ট্] *vt,vi* গোনা; হিসাব করা; বিবেচনা করা: He ~s himself fortunate. ˈ**~·able** *adj* গণনাযোগ্য। **~·less** *adj* অসংখ্য। ˈ**~ing-house** *n* ব্যাংকের হিসাব–নিকেশ কক্ষ। (*adv part* এবং *prep* সহযোগে বিশেষ ব্যবহার) **~ against** বিয়োগের ঘরে; বিরুদ্ধে। **~ among** গণ্য করা: He does not ~ me among his friends. **~ down** উল্টো গোনা অর্থাৎ ১০, ৯, ৮.....১ ক'রে গোনা। **(not) ~ for anything** হিসাবের বাইরে। **~ on/upon** নির্ভর করা। **~ out** (মুষ্টিযুদ্ধে) ভূপাতিত হবার পর দশ সেকেন্ড বা দশ গনার মধ্যে উঠতে না পারা: The boxer was ~ed out in the second round. **~ up** মোট যোগফল বের করা।

count[2] [কাউন্ট্] *n* গণনা–কর্ম: He was declared elected after three ~.

count[3] [কাউন্ট্] *n* কয়েকটি য়োরোপীয় দেশের অভিজাত ব্যক্তিবর্গের পদবি। দ্র. countess.

coun·ten·ance[1] [কাউন্‌টিন ন্স্] *n* প্রসন্ন/অপ্রসন্ন মুখভাব; (আনুষ্ঠা.) সমর্থন। **stare sb out of ~** একদৃষ্টিতে তাকিয়ে থেকে কাউকে অস্বস্তিতে ফেলা।

coun·ten·ance[2] [ˈকাউন্‌টিনান্স্] *vt* সমর্থন দান করা।

counter[1] [ˈকাউন্টা(র্) *n* ব্যাংক, দোকান অথবা কোনো প্রতিষ্ঠানের কাউন্টার—যে টেবিলে অথবা যে স্থানে লেনদেন চলে। **under the ~** খদ্দেরের আড়ালে।

counter[2] [ˈকাউন্টার্] *n* খেলার হিসাব রাখার জন্য ব্যবহৃত ধাতুখণ্ড; মেশিনারির হিসাব সম্পর্কিত যন্ত্রবিশেষ। **Speed ~** গতি নির্ণায়ক।

counter[3] [ˈকাউন্টা(র্) *adv* **~ to** বিপরীতে; বিরুদ্ধে।

counter[4] [ˈকাউন্টা(র্) *vt,vi* **~ (with)** বিরুদ্ধাচরণ করা; পাল্টা জবাব দেওয়া।

counter- [ˌকাউন্টা(র্) *pref* প্রতি–; পাল্টা–।

counter·act [ˌকাউন্টারˈঅ্যাক্ট্] *vt* ব্যর্থ করে দেওয়া; পাল্টা ব্যবস্থা নেওয়া।

ounter-at·tack [ˈকাউন্টার অ্যাট্যাক] *n* পাল্টা আক্রমণ।
ounter-at·trac·tion [ˌকাউনটার অ্যাট্র্যাক্শন্] *n* (C) বিকর্ষণ; প্রতি–আকর্ষণ; বিপরীত আকর্ষণ।
ounter-bal·ance [ˈকাউন্টাব্যালান্স্] *n* (C) ভারসাম্য; ভারসাম্য–রক্ষাকারী বিপরীত প্রান্তের ওজন অথবা বল। □*vt* [ˌকাউন্টব্যালান্স্] ভারসাম্য–রক্ষাকারী শক্তি হিসাবে কাজ করা।
ounter·blast [কাউন্ট ব্লা:স্ট্ US -ব্ল্যাস্ট্] *n* (C) তীব্র প্রতিবাদ; (প্রতিপক্ষের) বিস্ফোরণ।
ounter-charge [কাউন্টার চার্জ্] *n* পাল্টা অভিযোগ।
ounter·claim [কা উন্টাক্লেইম্] *n* পাল্টা দাবি।
ounter-clock·wise [ˌকাউন্টা ˈক্লক্ওয়াইজ্] *adv* বাঁয়ে ঘুরে; ঘড়ির কাঁটার বিপরীতে।
ounter-espion·age [ˌকাউন্টার এসপিঅনা:জ্] *n* (U) শত্রুপক্ষের গুপ্তচরবৃত্তির বিরুদ্ধে পরিচালিত গুপ্তচরবৃত্তি।
ounter·feit [ˈকাউন্টাফিট্] *n,adj* জাল; নকল; কৃত্রিম; জাল টাকা; নকল হীরা; কৃত্রিম শোক। □*vt* জাল করা; নকল করা; ভান করা। **~er** জালকারী; নকলকারী; প্রতারক।
ounter·foil [ˈকাউন্টাফ়ইল্] *n* জমাকারী কর্তৃক প্রমাণ হিসাবে রক্ষিত চেক বা রশিদের অংশবিশেষ; প্রতিপত্র; চেক–মুড়ি; প্রমাণ–চেক।
ounter-in·tel·li·gence [ˌকাউন্টার ইনটেলিজান্স্] *n* (U) শত্রুপক্ষের গুপ্তচরবৃত্তির বিরুদ্ধে পরিচালিত গুপ্তচরবৃত্তি।
ounter-ir·ri·tant [ˌকাউন্টার ˈইরিটান্ট্] *n* প্রতি–উত্তেজক; রোগ–যন্ত্রণা প্রশমনের উদ্দেশ্যে ব্যবহৃত উত্তেজক ঔষধ।
ounter·mand [ˌকাউন্টাˈমা:নড্ US -ম্যানড্] *vt* আদেশ প্রত্যাহার করা; পূর্ব ঘোষণা বাতিল করা।
ounter·measure [ˈকাউন্টামেজ়া(র্)] *n* (প্রায়শ *pl*) বিকল্প–ব্যবস্থা; বিপদ প্রতিরোধে পাল্টা–ব্যবস্থা।
ounter·offer [ˈকাউন্টারঅফ়া(র্)] *n* পাল্টা –প্রস্তাব; বিকল্প–প্রস্তাব।
ounter·pane [কাউ ন্টাপেইন্] *n* শুজনি; বেড–কভার।
ounter·part [কাউ ন্টাপা:ট্] *n* প্রতিমূর্তি; কোনো ব্যক্তি অথবা জিনিসের সাথে হুবহু মিল আছে এমন অন্য ব্যক্তি বা জিনিস।
ounter·plot [ˈকাউন্টাপ্লট্] *n* পাল্টা–ষড়যন্ত্র; পাল্টা–চক্রান্ত। □*vt,vi* পাল্টা ষড়যন্ত্র করা; পাল্টা চক্রান্ত করা।
ounter·point [ˈকাউন্টাপইন্ট্] *n* (সঙ্গীতে) শ্রুতিমধুর সুরের মিশ্রণ; শ্রুতিমধুর সুরের সাথে অন্য কোনো শ্রুতিমধুর সুরের মিশ্রণপ্রণালী।
ounter·poise [ˈকাউন্টাপইজ্] *n* ১ ভারসাম্য স্থাপনকারী ওজন অথবা শক্তি। ২ ভারসাম্য রক্ষিত আছে এমন অবস্থা। □*vt* ভারসাম্য স্থাপন করা।
ounter-rev·ol·ution [ˌকাউন্টা রেভ়াˈলু:শন্] *n* [U, C] প্রতি–বিপ্লব; পাল্টা–বিপ্লব। **~·ary** [– রেভ়াˈলু:শানারি US –নেরি] *adj* প্রতি–বিপ্লবী।
ounter·sign [ˈকাউন্টাসাইন্] *n* [C] প্রহরীকে প্রদত্ত গোপন সঙ্কেত; প্রতিস্বাক্ষর। □*vt* প্রতিস্বাক্ষর করা।
counter·sink [ˈকাউন্টাসিঙ্ক্] *vt* (*pt*-সাঙ্ক/–স্যাঙ্ক) স্ক্রু ঢোকানোর উপযোগী করে ছিদ্র বড় করা; ছিদ্রে ঢোকাও; বল্টু লাগাও।
counter·tenor [ˌকাউন্টাˈটেনা(র্)] *n* (সঙ্গীতে) কোনো পুরুষের চড়া সুরের চাইতে বেশি চড়া সুর।
counter·vail [ˈকাউন্টাভ়েইল্] *vt,vi* ভারসাম্য আনা। **~·ing duties** যে পণ্যের উপরে রপ্তানিকারক দেশে ভর্তুকি দেওয়া হয় সেই পণ্যের উপরে আমদানিকারক দেশে প্রদত্ত শুল্কের অংশবিশেষ।
count·ess [ˈকাউন্টিস্] *n* কাউন্ট/ আর্লের স্ত্রী/ বিধবা; আর্লের দায়িত্বপ্রাপ্ত মহিলা; আর্ল–পদমর্যাদা অর্জনকারী মহিলা।
count·less [ˈকাউন্টলিস্] *adj* অসংখ্য।
coun·tri·fied [ˈকান্ট্রিফাইড্] *adj* গেঁয়ো; পাড়াগাঁয়ে বসবাসকারী অমার্জিত স্বভাবের।
count·ry [ˈকান্ট্রি] *n* (**pl**-ries) দেশ; রাষ্ট্র; জন্মভূমি; স্বদেশ; কোনো জাতি–অধিকৃত ভূখণ্ড; পৃথিবীর বিশেষ কোনো অংশ (যেমন বাংলাদেশ); পাড়া গাঁ। **go to the ~** (GB) সরকার গঠনের অধিকার লাভের উদ্দেশ্যে নির্বাচনের মাধ্যমে জনগণের কাছে যাওয়া; জনগণের রায় চাওয়া। **~ cousin** শহুরে জীবনে অনভ্যস্ত ব্যক্তি; গেঁয়ো ব্যক্তি। **~ dance** লোক–নৃত্য। **~-house, ~-seat** পল্লীর সম্ভ্রান্ত ব্যক্তির বাসগৃহ। **~ life** *(attrib)* পাড়াগাঁর (সরল/ মধুর) জীবন। ˈ**~ party** কৃষিখাতে অত্যুৎসাহী রাজনৈতিক দল।
country·man [ˈকান্ট্রিমান্] *n* (*pl* -men) দেশবাসী; দেশের জনগণ; স্বদেশবাসী।
country·side [ˈকান্ট্রিসাইড্] *n* পল্লী–এলাকা; গ্রামাঞ্চল।
county [ˈকাউনটি] *n* যুক্তরাজ্যের প্রশাসনিক বিভাগ/জেলা; কাউন্টি। **~ cricket** যুক্তরাজ্যের বিভিন্ন বিভাগ/জেলার মধ্যে প্রচলিত ক্রিকেট প্রতিযোগিতা। **~ family** কোনো কাউন্টিতে বহু প্রজন্ম ধরে বসবাসকারী পরিবার।
coup [কূ] *n* (*pl*~s [কূজ্]) (ফ.) অভ্যুত্থান; ক্ষমতা দখলের উদ্দেশ্যে আকস্মিক পদক্ষেপ গ্রহণ। **~ d´état** [ˌকূদেইˈতা:] সহিংস অথবা অসাংবিধানিক পদ্ধতিতে সরকার পরিবর্তন (যেমন সামরিক অভ্যুত্থান)। **~ de grâc** [কূ দা ˈগ্রা:স্ US ˈগ্র্যাস্] (চিত্রে) শেষ টান বা পোঁচ।
coupé [ˈকূপেই US কূˈপেই] *n* (*pl* ~s [–পে ইজ্]) ১ ভিতরে দুজনের জন্য ও বাইরে চালকের জন্য এক আসন বিশিষ্ট পর্দা ঘেরা ঘোড়ার গাড়ি। ২ [US কূ:প] দুইজনের জন্য নির্মিত দুই দরোজার মোটরগাড়ি।
couple[1] [ˈকাপ্ল্] *n* যুগল; দম্পতি; জোড়াজোড়া: They are married ~s. They came back with a ~ of birds.
couple[2] [কাপ্ল্] *vt,vi* ১ বাঁধা; একত্রে জুড়ে দেওয়া। ২ বিয়ে করা; (জানোয়ারের ক্ষেত্রে) যৌনসম্পর্কে আবদ্ধ হওয়া।
coup·let [ˈকাপ্লিট্] *n* দ্বিপদী; শ্লোক; কবিতার অন্ত্যমিল বিশিষ্ট ও সমান মাপের দুইটি চরণ: a heroic ~.
coup·ling [ˈকাপ্লিং] *n* (U) সংযোজনকর্ম; কোনো বস্তু বিশেষ যানবাহনের দুটি অংশের সংযোজক।
cou·pon [ˈকূপন] *n* কুপন; টিকিট; প্রমাণ–পত্র।
cou·rage [ˈকারিজ্] *n* সাহস; মনোবল। **have the ~ of one's convictions** আত্মবিশ্বাসে বলীয়ান হওয়া। **not have the ~ (to do sth)** (কোনো

কাজে) অতিসাহসী না হওয়া। **lose ~** মনোবল হারানো। **take/ pluck up/muster up/summon up ~** মনে সাহস আনা; মনোবল সঞ্চয় করা। **take one's ~ in both hands** কর্তব্যকাজে এগিয়ে যাওয়ার জন্য সাহস সঞ্চয় করা।

cou·rageous [ক'রেইজাস্] *adj* সাহসী; নির্ভয়। **~·ly** *adv*

cour·gette [কুআজ্জেট্] *n* (US = Zucchini) কুমড়া।

cour·ier ['কুরিআ(র্)] *n* ১ কুরিয়ার; অর্থের বিনিময়ে ভ্রমণে সহায়তাদানকারী ব্যক্তি। ২ সরকারের গুরুত্বপূর্ণ কাগজপত্র অথবা সংবাদবহনকারী ব্যক্তি।

course[1] [কো°স্] *n* ১ (U) গতি; গতিপথ: the ~ of a river. **in ~ of** প্রক্রিয়ায়। **in due ~** যথাসময়ে; স্বাভাবিক নিয়মে। **in the ~ of** চলাকালে: in the ~ of the discussion. **in the (ordinary) ~ of nature/ events/ things** স্বভাবত প্রকৃতি/ ঘটনা/ বস্তুর স্বাভাবিক নিয়মে। **in (the) ~ of time** অবশেষে; শেষ পর্যন্ত। **run/take its ~** স্বাভাবিক পরিণামের দিকে এগিয়ে যাওয়া। **(as) a matter of ~** যথানিয়মে। **of ~** অবশ্যই; নিশ্চিতভাবে। **on/off ~** সঠিক/ ভুল পথে। ২ খেলার মাঠ: a 'golf ~; a race ~. **Stay the ~** হাল ছেড়ো না। ৩ বক্তৃতামালা; কথামালা; চিকিৎসা-ক্রম: a ~ in modern Linguistics; a ~ of pills. ৪ খাবার তালিকার অন্যতম পদ: the main ~. ৫ (নৌ.) মাস্তলের সর্বনিম্ন প্রান্তের পাল।

course[2] [কো°স্] *vt,vi* ১ (কুকুর নিয়ে) ধাওয়া করা। ২ (তরল পদার্থের ক্ষেত্রে) দ্রুত সঞ্চালিত হওয়া অথবা গড়িয়ে যাওয়া। **cours·ing** ['কো°সিং] *n* শিকারি নিয়ে খরগোশের পিছনে ধাওয়া করা (আমোদবিশেষ)।

court[1] [কো°ট্] *n* ১ বিচারালয়; আদালত; বিচারকমণ্ডলী; কোর্ট: a '~-room আদালত কক্ষ। **a military ~** সামরিক আদালত। **be ruled/put out of ~; put oneself/ out of ~** বিশেষ কিছু বলা বা করার জন্য আদালতের অধিকার হারানো। **~ of assaize; ~ of quarter sessions** ইংল্যান্ড ও ওয়েলসের ১৯৭১-পূর্ব আদালত বিশেষ। **Crown C~** (১৯৭১-পরবর্তী ইংল্যান্ড ও ওয়েলসে) ম্যাজিস্ট্রেট কোর্টের চাইতে উচ্চ-পর্যায়ের কোর্ট। ২ রাজপ্রাসাদ। **be presented at ~** রাষ্ট্রীয় অভ্যর্থনায় প্রথম রাজদরবারে উপস্থিত হওয়া। **hold** '~, দ্র. hold'. **'~-card** সাহেব-বিবি-গোলাম নিয়ে তাস খেলা। ৩ কোনো কোনো খেলার নির্ধারিত স্থান: a tennis ~. ৪ **'~·yard** প্রাচীরবেষ্টিত ছাদবিহীন অঙ্গন। ৫ **'~·yard** বাড়ির উঠান। ৬ (U) **pay ~ to (a woman)** (কোনো নারীর) কৃপালাভে সচেষ্ট হওয়া; মন জয়ের চেষ্টা করা (আনুষ্ঠা.)।

court[2] [কো°ট্] *vt,vi* ১ প্রণয়-প্রার্থনা করা; বিয়ের উদ্দেশ্যে মন জয়ের চেষ্টা করা: Raju had been ~ing Rina for eight months. ২ কোনো কিছু জয় অথবা আদায়ের চেষ্টা করা। ৩ খারাপ পরিণতি হতে পারে এমন কাজ করা।

cour·teous ['কো°টিআস্] *adj* ভদ্র; নম্র; সজ্জনসুলভ। **~·ly** *adv* ভদ্রতার সাথে; বিনয়ের সাথে।

court·esan [,কো°টিজ্যান্ US কো°টিজ্ন্] *n* (প্রা. প্র.) রাজ-গণিকা; বারবনিতা (তু. বাঈজি)।

cour·tesy ['কাটসি] *n* ১ (U) শিষ্টাচার। ২ **'~ title** (GB) আভিজাত্যসূচক কোনো পদবি যা আইনসিদ্ধ নয়। **by ~ of** সৌজন্যে।

court·ier ['কো°টিআ(র্)] *n* সভাসদ; অমাত্য।

court·ly ['কো°টলি] *adj* (-ier, -iest) ভদ্র; বিনয়ী **court·li·ness** *n* ভদ্রতা।

court-mar·ti·al [,কো°ট্মা:শ্ল্] *n* (*pl* courts martial) সামরিক আদালত।

court·ship ['কো°টশিপ্] *n* পূর্বরাগ; প্রাক-বৈবাহি প্রেম।

court·yard ['কো°টইয়া:ড্] *n* = court[1] (8).

cousin ['কাজ্ন্] *n* মামাতো/ খালাতো/ চাচাতো ফুফাতো ভাই অথবা বোন। **first ~** আপন মামা/ খালা চাচা/ ফুফুর ছেলে/ মেয়ে। **second ~** বাবা-মার মামাতো/ ফুফাতো/ চাচাতো/ খালাতো ভাই/ বোনের ছেলে/ মেয়ে। **~·ly** *adj* মামাতো/ ফুফাতো/ খালাতো চাচাতো ভাই/ বোন-সুলভ: ~ly affection.

cou·ture [কু'টুআ(র্) *n* (ফ.) (মহিলাদের) উন্নতমানের ও ফ্যাশন-সম্মত পোশাক-পরিচ্ছদের নকশা তৈরি এবং প্রস্তুতকরণ। **cou·turier** [কু'টুআরিআই] ফ্যাশন-সম্মত পোশাক-পরিচ্ছদের নকশাকারী।

cove [কৌ ভ্] *n* ছোট উপসাগর; খাড়ি।

coven ['কাভ্ন্] *n* ডাইনি-সভা; ডাইনি-সমাবেশ।

cov·en·ant ['কাভ়নান্ট্] *n* ১ (আইন আইনসম্মত চুক্তিপত্র। **,deed of '~** সম্পত্তি-সম্পর্কি চুক্তিপত্র। ২ কোনো ট্রাস্টে অর্থপ্রদান সংক্রান্ত মুচলেকা/ অঙ্গীকার। □*vt,vi* **~ (with sb) (for sth)** চুক্তিপত্র সম্পাদন করা।

cov·en·try ['কভ়ান্ট্রি] *n* ওয়ারবিকশায়ার-এর একটি শহর। **send a person to ~** সঙ্গ ত্যাগ করা তাকে একঘরে করা।

cover[1] ['কাভ়া(র্)] *vt* ১ ঢেকে দেওয়া; ঢেকে ফেলা আড়াল করা; লুকিয়ে ফেলা; প্রসারিত করা: ~ the chair The floods ~ large areas of Bangladesh; Tina ~ed her face with her hands (to hide nervousness). **~ in** ভরাট করা: The hole was ~ed in. **~ over** ছিদ্র বন্ধ করবার জন্য উপরে কিছু ছড়িয়ে দেওয়া: to ~ over a hole in a roof. **~ 'up** আচ্ছাদিত করা। **'~ -up** *n* (লাক্ষ., কথ্য) মনোভাব গোপন করা: a ~ -up for her sorrow. **~ed wagon** *n* (US) প্রথম ভ্রমণকারীদল ব্যবহৃত (বিস্তীর্ণ তৃণভূমি দিয়ে) ক্যানভাসে ঢাকা বাঁকা ছাদবিশিষ্ট গাড়ি। ২ **be ~ed with (ক)** ছেয়ে যাওয়া: trees ~ed with fruit. **(খ)** জন্মগতভাবেই আচ্ছাদিত থাকা: The sheep is ~ed with fur. ৩ ছিটানো: The car went by and ~ed us with mud. ৪ রক্ষা করা। ৫ (দূরত্ব) অতিক্রম করা। ৬ যুদ্ধক্ষেত্রে অবস্থান নেওয়া। ৭ ওত পেতে থাকা। ৮ খরচ মিটানো। ৯ পূর্ণতা দান করা; সর্বাঙ্গীনতা দান করা: His lectures ~ed the subject completely. ১০ ক্রিকেট ও বেসবল খেলায় প্রতিপক্ষের খেলোয়াড়ের পেছনে দাঁড়ানো। ১১ (সাংবাদিকতায়) প্রতিবেদন তৈরি করা: ~ the political conference. **~·ing** *n* প্রতিবেদন। **~ing letter** প্রেরিত দলিল-পত্রের বর্ণনা সংবলিত চিঠি।

cover[2] [কাভ়া(র্)] *n* ১ ঢাকনা; ঢাকনি। ২ প্রচ্ছদ; মলাট। **from ~ to ~** প্রথম থেকে শেষ পর্যন্ত। **'~ girl** প্রচ্ছদ-নায়িকা; প্রচ্ছদ-নারী। ৩ **under separate ~** পৃথক মোড়কে; পৃথক পার্সেলে। ৪ আশ্রয়স্থান; আশ্রয়-শিবির। **take ~** নিরাপদ স্থানে আশ্রয়গ্রহণ। **under ~** আশ্রিত। ৫ **under ~ of** ছলনার মাধ্যমে; ছলনার আবরণে: under ~ of patriotism. ৬ খাবার টেবিলের সাজানো স্থান। **'~ charge** (রেস্তোরাঁয়) পানাহারের

অতিরিক্ত খরচ। ৭ সম্ভাব্য ক্ষতিপূরণের জন্য গচ্ছিত টাকা। ৮ ক্ষতিপূরণের উদ্দেশ্যে কৃত বিমা। ˈ~ **note** সাময়িকভাবে পরিশোধের জন্য বিমা কোম্পানি কর্তৃক প্রদত্ত কাগজ-পত্র।

over·age [ˈকাভারিজ্] *n* [U] প্রতিবেদন প্রচার: TV ~, দ্র. cover[1](১১)।

over·let [ˈকাভ়লিট্] *n* বিছানার চাদর; শুজনি।

ov·ert[1] [ˈকাভ়্ট্] *adj* লুক্কায়িত; চাপা: ~ glances/threats. **~·ly** *adv* লুকিয়ে লুকিয়ে। দ্র. overt.

ov·ert[2] [ˈকাভ়া(র্)] *n* ঝোঁপ-ঝাড়। **draw a ~** (শিয়ালজাতীয় প্রাণীর ক্ষেত্রে) খুঁজে বের করা।

ovet [ˈকাভিট্] *vt* প্রবলভাবে কামনা করা; লোভ-লালসা করা (বিশেষ করে পর-ধনে)।

ovet·ous [কা ভিটাস্] *adj* ~ **of** পর-ধন লোলুপ। ~·**ly** *adv* লালসার সাথে। ~·**ness** *n* লোলুপতা।

ovey [ˈকাভি] *n* (*pl* ~s) তিতির পাখির ছানার ঝাঁক।

ow[1] [কাউ] *n* গাভী, গরু, হস্তিনী, স্ত্রী রাইনোসেরাস, স্ত্রী তিমি ইত্যাদি। দ্র. bull[1] (1), calf[1], heifer, steer[1]. **cow-catcher** রেললাইন থেকে কোনো বাধা অপসারণের জন্য রেল-ইনজিনের সামনে ব্যবহৃত ধাতু-নির্মিত ফ্রেম। ˈ**cow·herd** রাখাল। ˈ**cow·hide** গো-চর্ম; গরুর চামড়ার চাবুক। ˈ**cow-house,** ˈ**cow·shed** গোয়ালঘর; গো-শালা। ˈ**cow·man** [-মান্] (*pl*-men) দোহাল। ˈ**cow·skin** গো-চর্ম।

ow[2] [কাউ] *vt* (কাউকে) আতঙ্কগ্রস্ত করানো; ভয় পাওয়ানো।

ow·ard [ˈকাওআড্] *n* ভীরু; কাপুরুষ। **turn ~** ভীরুতে পরিণত হওয়া। ~·**ly** *adv* ১ ভীরু স্বভাবের। ২ কাপুরুষোচিত।

ow·ard·ice [ˈকাওআডিস্] *n* (U) ভীরুতা; কাপুরুষতা।

ower [ˈকাওআ(র্)] *vi* দুঃখে; ভয়ে; লজ্জায়; ঠাণ্ডায় জড়সড় হয়ে দাঁড়ানো বা বসা; গুটিসুটি মারা।

owl [কাউল্] *n* ১ সন্ন্যাসী-ব্যবহৃত টুপিযুক্ত আলখাল্লা; মস্তকাবরণ। ২ চিমনির ঢাকনি। ~·**ing** বিমান-ইনজিনের ঢাকনি।

ow·pox [ˈকাউপক্স্] *n* গো-বসন্ত; একজাতীয় ভাইরাসের কারণে সংক্রমিত গবাদি-পশুর রোগ। ভাইরাসটি বিচ্ছিন্ন করলে গুটি বসন্তের টিকায় পরিণত হয়।

ow·rie [ˈকাউরি] *n* (*pl* ~s) কড়ি (অতীতে এশিয়া-আফ্রিকার কোনো কোনো দেশে মুদ্রা হিসাবে ব্যবহৃত হতো)।

ow·slip [ˈকাউস্লিপ্] *n* হলুদ-ফুলের ছোট গাছবিশেষ।

ox [কক্স্] *n* (cox·swain শব্দের সংক্ষেপিত ও কথ্য রূপ)। □*vt,vi* হাল ধরা: The boat was coxed by... .

ox·comb [ˈকক্সকৌম্] *n* ভাঁড়; বোকা লোক; ফুলবাবু।

ox·swain [ˈকক্স্ন্] *n* নৌকা-বাইচের কর্ণধার।

oy [কয়] *adj* [-er, -est] লাজুক; অতি-বিনয়ী; কপট-বিনয়ী। **coy·ly** *adv* লাজ-নম্র হয়ে। **coy·ness** লজ্জা; শরম।

oy·ote [কয়ওউট্ US কাই ওউট্] *n* পশ্চিম-উত্তর আমেরিকার নেকড়েবিশেষ।

oypu [ˈকয়পূ] *n* ইঁদুর অথবা কাঠবিড়ালি জাতীয় আমেরিকার লোমশ প্রাণী।

cozen [ˈকাজ্ন্] *vt* ~ **sb (out) of sth** (সাহিত্য.) বঞ্চিত করা; প্রতারণা করা।

cozy [ˈকৌজি] *adj* উষ্ণ ও আরামদায়ক; US = cosy.

crab[1] [ক্র্যাব্] *n* কাঁকড়া; কাঁকড়ার গোশ্ত। **catch a ~** ভুলভাবে দাঁড় টানা।

crab[2] [ক্র্যাব্] *n* (অপিচ ˈ~-**apple**) বুনো আপেল গাছ; বুনো টক আপেল।

crab[3] [ক্র্যাব্] *vt,vi* (কথ্য) অভিযোগ করা; সমালোচনা করা; খিটিমিটি করা।

crack[1] [ক্র্যাক্] *n* ১ ফাটল; সামান্য ফাঁক। **open sth a ~** একটু ফাঁক করা; অতি সামান্যভাবে খোলা। **The ~ of dawn** (কথ্য) দিনের সূচনা; প্রভাত। ২ (রাইফেল অথবা চাবুকের) আকস্মিক তীক্ষ্ণ আওয়াজ। **The ~ of doom** শেষ বিচারের দিনের বজ্রের শব্দ। ৩ মুষ্ট্যাঘাত। ৪ চুটকি; কৌতুক। ৫ উদ্যোগ। **have a ~ at sth** কঠিন কাজে উদ্যোগী হও। ৬ (attrib) প্রথম শ্রেণীর; সুচতুর; অভিজ্ঞ। ৭ ~ **brained** *adj* পাগলাটে; হাবা।

crack[2] [ক্র্যাক্] *vt,vi* ১ ফাটল ধরানো; চিড় খাওয়ানো। ২ (বয়ঃসন্ধিকালে) কণ্ঠস্বর কর্কশ হওয়া। ৩ তাপ এবং চাপের মাধ্যমে পেট্রোলিয়াম জাতীয় পুরু পদার্থকে হালকা করা। ˈ~ **plant** এ কাজের জন্য কারখানাবিশেষ। ৪ (কথ্য) ~ **down on sb/sth** কারো বিরুদ্ধে শৃঙ্খলামূলক শাস্তির ব্যবস্থা করা। ~ **up** (বার্ধক্যে) শক্তি হারানো; মানসিক ভারসাম্য হারানো; ভেঙে পড়া। **(খ)** (যানবাহনের ক্ষেত্রে) ক্ষতিগ্রস্ত হওয়া। ~ **a bottle** বোতল খোলা এবং বোতলের সম্পূর্ণ পানীয় পান করা। ~ **a joke** কৌতুক করা; ঠাট্টা করা। **get ~ing** (আশু কর্মে) ব্যস্ত হও।

cracker [ˈক্র্যাকা(র্)] *n* ১ পাতলা মচমচে বিস্কুট। ২ পটকা। ˈ**Christmas ~** রঙিন পটকা। ৩ **nut ~s** সুপারি কাটার বা বাদাম ভাঙার যন্ত্রবিশেষ।

crackers [ˈক্র্যাকাজ্] *pred adj* (GB) পাগল; বাতিকগ্রস্ত।

crackle [ˈক্র্যাক্ল্] *vi* ক্রমাগত পটপট আওয়াজ হতে থাকা। □*n* ১ ক্রমনির্গত পটপট আওয়াজ। ২ (অপিচ ˈ~-**china/ ~-ware)** ফাটল-সদৃশ শিল্পকর্ম বিশিষ্ট চীনে মাটির বাসন।

crack·ling [ˈক্র্যাক্লিং] *n* (U) দ্র. crackle(১); শূকরের সুসিদ্ধ মচমচে চামড়া।

crack·pot [ˈক্র্যাক্পট্] *n* বাতিকগ্রস্ত ব্যক্তি; তোঘলকি চিন্তাধারার ব্যক্তি।

cracks·man [ˈক্র্যাক্স্মান্] *n* (*pl* - men) সিঁধেল চোর।

cradle [ˈক্রেইড্ল্] *n* ১ দোলনা। **from the ~** আশৈশব। **from the ~ to the grave** জন্ম থেকে মৃত্যু পর্যন্ত। ২ (লাক্ষ.) সূতিকাগার: India, the ~ of Eastern culture. ৩ জাহাজ তৈরি অথবা মেরামতে ব্যবহৃত দোলনাকার কাঠামো; টেলিফোনের অংশবিশেষ যেখানে রিসিভার রাখা হয়। □*vt* রাখা; স্থাপন করা।

craft [ক্রা: ফ়্ট্ US ক্র্যা: ফ়্ট্] *n* ১ দক্ষতা-নির্ভর পেশা; শিল্প-কৌশল। ˈ**wood·~** কাঠের শিল্প। ˈ**handi·~** হস্ত-শিল্প। ˈ**stage-~** মঞ্চকলা। ২(*pl* অপরিবর্তিত) নৌযান, জাহাজ ইত্যাদি। দ্র. air(৭). ৩ [U] ধূর্ত; প্রবঞ্চক। ~**y** *adj* (-ier, -iest) কুশলী; শঠ। ~·**ily** *adv* শঠতার সাথে। ~**i·ness** *n* শঠতা।

crafts·man ['ক্রা:ফ্‌ট্‌স্‌মান্‌ US ক্যাফ্‌ট্‌স্‌–] *n (pl* -men) কারিগর। **~·ship** [–শিপ্‌] *n* কারিগরিদক্ষতা; শিল্প–নৈপুণ্য।

crag [ক্র্যাগ্‌] *n*[C] উঁচু, খাড়া পাহাড় অথবা পর্বতচূড়া। **~·ged** ['ক্র্যাগিড্‌] (কবিতায়) **~gy** (-ier, iest) *adj* শৃঙ্গময়। '**crags·man** [–মান্‌] *n (pl* -men) কুশলী পর্বতারোহী।

crake [ক্রে ইক্‌] *n* একজাতীয় পাখি। দ্র. corncrake at corn[1](১).

cram [ক্র্যাম্‌] *vt,vi* ১ **~ (into); ~ (up) (with)** ঠেসে ঠেসে ভরা; কানায় কানায় ভরা। ২ না বুঝে মুখস্থ করা বা করানো। **~·full** *adj ,adv* পেট ঠাসা–ঠাসা অবস্থা। **~·mer** *n* মুখস্থ–বিদ্যার স্কুল; মুখস্থ–বিদ্যার অধিকারী।

cramp[1] [ক্র্যাম্‌প্‌] *n* [U] (ঠাণ্ডায় অথবা অতিরিক্ত পরিশ্রমে) পেশি–সংকোচন।

cramp[2] [ক্র্যাম্‌প্‌] *vt* ১ ব্যাহত করা; রুদ্ধ করা; অপ্রশস্ত স্থানে রাখা। **be ~ed for room/ space etc** অপ্রশস্ত/ সংকীর্ণ ঘরে আবদ্ধ হওয়া। **~ one's style** (কথ্য) অগ্রগতির পথ রুদ্ধ করে দাও। ২ পেশি–সংকোচন হওয়া। ৩ সাঁড়াশি দিয়ে বেঁধে দাওয়া। **cramped** *part adj* (হস্তাক্ষর প্রসঙ্গে) দুর্বোধ্য।

cramp[3] [ক্র্যাম্‌প্‌] *n* ১ (অপিচ '**~-iron)** রাজমিস্ত্রিদের ব্যবহৃত সাঁড়াশি। ২ দ্র. clamp[1].

cram·pon ['ক্র্যাম্‌পন্‌] *n* (সাধা. *pl)* বরফের উপর হাঁটার জন্য অথবা পর্বতারোহরণে ব্যবহৃত জুতার উপর পরার জন্য বিশেষ ধরনের তীক্ষ্মমুখ লোহার পাত।

cran·berry ['ক্র্যানবারি US –বেরি] *n (pl* -rics) সুস্বাদু লাল ছোটফল বিশেষ—যে ফল জেলি ও সস তৈরিতে ব্যবহৃত হয়।

crane[1] [ক্রে ইন্‌] *n* ১ সারস। ২ ক্রেন।

crane[2] [ক্রে ইন্‌] *vt,vi* ঘাড় বাঁকানো; (সারসের মতো) গলা টেনে।

crane-fly ['ক্রেইন্‌ ফ্লাই] *n (pl* -flies) লম্বা পা–বিশিষ্ট মাছি।

cran·ial ['ক্রেইনিঅল্‌] *adj* (ব্যব.) হাড়সংক্রান্ত; করোটি বিষয়ক।

cran·ium ['ক্রেইনিঅম্‌] *n* (ব্যব.) মাথার খুলি; করোটি; মস্তিষ্কের চারপাশের মাংসল অংশ।

crank[1] [ক্র্যাঙ্ক্‌] *n* সামনে পেছনে কোনো যন্ত্র ঘোরাবার জন্য ইংরেজি 'এল' আকৃতির হাতলবিশেষ; ক্রাংক। '**~·shaft** ঘূর্ণায়মান দণ্ড। □*vt* **~ up** (যন্ত্রের ক্ষেত্রে) ক্র্যাংক ঘুরিয়ে স্টার্ট নেওয়া।

crank[2] [ক্র্যাঙ্ক্‌] *n* সিদ্ধান্তে অনড় বাতিকগ্রস্ত ব্যক্তি। **~y** *adj* খেয়ালি।

cranny ['ক্র্যানি] *n (pl* -nnies) ছোট ছোট ফাটল। **cran·nied** *adj* অসংখ্য ফাটলবিশিষ্ট।

crap [ক্র্যাপ্‌] *vi* পায়খানা হওয়া। □*n* ১ পায়খানা। ২ মলত্যাগকর্ম। ৩ বাজে বস্তু; অমার্জিত বা অশোভন উক্তি। **~py** *adj* বাজে; অশোভন।

crape [ক্রে ইপ্‌] *n* [U] (বিশেষত, শোকপ্রকাশের জন্য অতীতে ব্যবহৃত) ভাঁজবিশিষ্ট কালো কাপড়। দ্র. crépe.

craps [ক্র্যাপ্‌স্‌] *n* (অপিচ '**crap-shooting)** [U] (US) জুয়াখেলা বিশেষ। **shoot ~** ক্র্যাপস খেলা।

crash[1] [ক্র্যাশ্‌] *n* ১ ভয়ানক পতন; বিধ্বস্ত হওয়ার শব্দ: Air ~. '**~ barrier** বিপজ্জনক রাস্তার ধারের দেয়াল অথবা বেড়া। '**~-dive** (আক্রমণ এড়ানোর জন্য) সাবমেরিনের আকস্মিক ডুব। □*vi* সাবমেরিনের আকস্মিক ডুব দেওয়া। ,**~-'land** *vi,vt* নিয়ন্ত্রণ বহির্ভূত বিমানে অবতরণ করা। ,**~-'landing** *n* বিমানের জরু অবতরণ। '**~-helmet** দুর্ঘটনায় মাথা বাঁচাবার জন মোটর সাইকেল চালক অথবা অন্যান্য চালক–ব্যবহৃ হেলমেট। '**~ programme** ত্বরিত ফল লাভের উদ্দেশ্যে গৃহীত জরুরি কর্মসূচি। ২ ব্যবসায় লালবাতি জ্বলা। □*ad* পতনের শব্দসহ।

crash[2] [ক্র্যাশ্‌] *vt,vi* ১ মড়মড় করে ভেঙে পড়া; প্রচ শব্দে বিধ্বস্ত হওয়া। ২ ভেঙেচুরে এগিয়ে যাওয়া। ব্যবসায় লালবাতি জ্বলে যাওয়া।

crash[3] [ক্র্যাশ্‌] *n* [U] তোয়ালে তৈরিতে ব্যবহৃত মো কাপড়বিশেষ।

crass [ক্র্যাস্‌] *adj* স্থূল; ডাহা; হাঁদা।

crate [ক্রে ইট্‌] *n* ১ ঝুড়ি। ২ বহুব্যবহৃত বাতি মোটরকার। □*vt* বাতিল করা।

cra·ter [ক্রে ইটা(র্‌)] *n* অগ্নিগিরির জ্বালামুখ; বোমা আঘাতে সৃষ্ট গর্ত। **~ lake** সুপ্ত অগ্নিগিরির মুখে অবস্থি হ্রদ।

cra·vat [ক্রভ্যাট্‌] *n* গলবন্ধ; নেক–টাইয়ের বদলে ব্যবহৃত রুমাল।

crave [ক্রে ইভ্‌] *vt,vi* **~ (for)** ব্যাকুলভাবে কাম করা; ব্যাকুল ইচ্ছে জাগা। □**crav·ing** ['ক্রেইভিং] *n* (C ব্যগ্রকামনা; ব্যগ্রতা।

cra·ven ['ক্রেইভ্‌ন্‌] *n,adj* কাপুরুষ; ভীরু।

craw·fish ['ক্রো°ফিশ্‌] স্বাদু পানির চিংড়ি জাতী প্রাণী।

crawl [ক্রো °ল্‌] *vi* ১ (কীটপতঙ্গের ক্ষেত্রে) বুকে ভ দিয়ে চলা; (মানুষের ক্ষেত্রে) হামাগুড়ি দিয়ে চলা: Th soldier ~ed. **~ to sb** (কথ্য) অনুগ্রহলাভের চে করা। ২ অতি ধীরে চলা। ৩ পূর্ণ হওয়া; ঢেকে যাওয়া। গায়ে পোকামাকড় হেঁটে চলার চিন্তায় শিরশির অনুভূ হওয়া। □*n* ১ **a ~ing movement** শম্বুকগতি '**pub-~** *vi,n* একের পর এক বিভিন্ন 'পাব'–এ ঘুরে ঘু মদ পান (করা): go on a pub ~. ২ **(the) ~** হাত–প নেড়ে দ্রুত সাঁতার (কাটা)। **~er** *n* এ রকম সাঁতারু।

cray·fish ['ক্রেইফিশ্‌] *n* বাগদা–চিংড়ি (তু. গলদা চিংড়ি)।

crayon ['ক্রেইঅন্‌] *n* হালকা রঙের চকখড়ি। □*v* হালকা রঙের চকখড়ি দিয়ে লেখা।

craze [ক্রে ইজ্‌] *n* ক্ষণস্থায়ী উৎসাহ; হুজুগ।

crazed [,ক্রেইজ্‌ড্‌] *adj* (অপিচ **half-~)** খ্যাপা; আধ–পাগলা।

crazy ['ক্রেইজ়ি] *adj* (-ier, -iest) ১ **~ (about** বাতিকগ্রস্ত; অত্যুৎসাহী (কথ্য)। ২ দিশেহারা। ৩ (দালান কোঠার ক্ষেত্রে) অনিরাপদ; পড়ো পড়ো। **craz·ily** *ad* অত্যুৎসাহে। **crazi·ness** *n* অত্যুৎসাহ; বাতি খেপামি।

creak [ক্রীক্‌] *n,vi* ক্যাঁচ ক্যাঁচ শব্দ; ক্যাঁচ ক্যাঁচ শব করা। **~y** *adj* (-ier, -iest) ক্যাঁচ ক্যাঁচে শব্দে। **~·il** *adv* ক্যাঁচ ক্যাঁচ শব্দ করে।

cream [ক্রীম্‌] *n* [U] ১ দুধের সর মাখন। মাখনজাতীয় পদার্থ: ~ cheese; ice-~. ৩ প্রসাধ হিসাবে অথবা জুতার পালিশ হিসাবে ব্যবহৃত ক্রিম: face ~; vanishing ~; shoe -~. ৪ শ্রেষ্ঠাংশ; সেরা: The of society. □*vt* **take ~ from (milk)** মাখন তোল **make ~** তেলতেলে করা। **~y** *adj* মসৃণ; তেলতেলে **~·ery** *n (pl*-ries) ১ দুধ–মাখনের দোকান। ২ মাখন পনির তৈরির কারখানা।

crease [ক্রীস্] *n* ১ কাপড় বা কাগজের ভাঁজ-পড়া দাগ। ২ (ক্রিকেটে) ব্যাট্‌সম্যান ও বলার-এর অবস্থান বোঝাবার জন্য মাঠের সাদা দাগ। □*vt,vi* **make a ~** ভাঁজ পড়ানো; কোঁচকানো; কুঁচকে যাওয়া।

cre·ate [ক্রী'এ ইট্] *vt* ১ সৃষ্টি করা। ২ (সাহিত্য.) মৌলিক কিছু সৃষ্টি করা। **~ a part** (অভিনেতা প্রসঙ্গে) চরিত্রে রূপদান করা। ৩ জন্ম দেওয়া; সূচনা করা: He tried to ~ a sensation; Don't ~ a scene. ৪ নতুন পদ-সৃষ্টি করা; পদে নিযুক্ত করা: A new post was ~d; The King ~d him a poet laureate.

cre·ation [ক্রী'এ ইশ্‌ন্] *n* ১ (U) সৃষ্টি; সৃষ্টিজগৎ: The ~ of god. ২ সৃষ্টি; সৃষ্টিকর্ম: The ~ of a new post is not at all necessary; His literature will be treated as a great ~.

cre·ative [ক্রী'এ ইটিভ্] *adj* সৃজনশীল: ~ artist. **~·ly** *adv* সৃজনশীলতার সাথে। **~·ness** *n* সৃজনশীলতা।

cre·ator [ক্রী'এ ইটা(র্)] *n* স্রষ্টা।

crea·ture ['ক্রীচা(র্)] *n* ১ প্রাণী। ২ সৃষ্টি: a lovely ~; a poor ~. **~ comforts** (খাদ্য-পানীয় সংক্রান্ত) পার্থিব সুখ-সুবিধা। ৩ অন্যের আদেশ-পালনকারী ব্যক্তি; আজ্ঞাবহ: a mere ~ of the King.

creche [ক্রে ইশ্ US ক্রেশ্] *n* ১ (GB) কর্মজীবী মহিলাদের সন্তান-পালনকারী প্রতিষ্ঠান।

cre·dence ['ক্রীড্‌ন্‌স্] *n* (U) বিশ্বাস; আস্থা। **give/attach ~ to** (আনুষ্ঠা.) গাল-গল্পে বিশ্বাস স্থাপন করা। **letter of ~** পরিচয়পত্র।

cre·den·tials [ক্রি'ডেন্‌শ্‌ল্ জ্] *n* প্রমাণ-পত্র; প্রশংসা-পত্র: Karim produced his ~ before the interview board.

cred·ible ['ক্রেডাব্‌ল্] *adj* বিশ্বাসযোগ্য। **cred·ibly** *adv* বিশ্বাসের সাথে; প্রত্যয়ের সাথে। **credi·bil·ity** [ক্রেডিবিলাটি] *n* [U] বিশ্বাসযোগ্যতা। **credi'bility gap** কথায় ও কাজে ফারাক।

credit[1] ['ক্রেডিট্] *n* ১ (U) ঋণের টাকা ফেরত লাভের ব্যাপারে কোনো ব্যক্তি বা প্রতিষ্ঠানের উপর আস্থা: He will not be given any ~. **by/ sell on ~** ধারে মাল কেনা-বেচা। **'~ account** (US) = charge account কোনো দোকান অথবা স্টোরের সাথে নির্দিষ্ট সময়ে ঋণের টাকা পরিশোধের চুক্তি। **~ card** ব্যবসায় প্রতিষ্ঠান কর্তৃক কোনো ব্যক্তিকে বাকিতে মাল-সংগ্রহের জন্য ইস্যুকৃত কার্ড। **'~ note** অতিরিক্ত মূল্য-ধার্যকৃত মাল অথবা ফেরত দেওয়া মালের জন্য বিক্রেতা কর্তৃক ঋণের স্বীকৃতি। **'~ sales** ধারে মাল বিক্রির চুক্তি। **,letter of '~** ঋণপত্র। **'~-worthy** *adj* ঋণযোগ্য; বিশ্বাসী ঋণগ্রহীতা। ২ [U] ব্যাংকের হিসাবে জমার ঘরের টাকা: I do not have money to my ~. ৩ [C] (কোনো অর্থলগ্নী প্রতিষ্ঠান কর্তৃক প্রদত্ত) অগ্রিম ঋণ। **'~ squeeze** মুদ্রাস্ফীতি নিয়ন্ত্রণের উদ্দেশ্যে সরকারের ঋণসংকোচন নীতি। ৪ (বুককিপিং) লেন-দেন নথি। **'~-side** অর্থ-প্রাপ্তির হিসাব রাখতে লেন-দেন খাতার ডান দিকের অংশ। ৫ [C] (US) শিক্ষা-কার্যক্রম সমাপ্তিসূচক তালিকায় অন্তর্ভুক্তি: ~s in Bengali and English. ৬ সম্মান; কৃতিত্ব; সুনাম; স্বীকৃতি: The highest ~ goes to the organiser. **get/take ~ (for sth)** স্বীকৃতি/সম্মান অর্জন। **give ~ (to sb) (for sth)** স্বীকৃতিপ্রদান। ৭ **do sb ~; do ~ to sb; be/ stand sb's ~; reflect ~ on sb** সুনামবৃদ্ধি। **be a ~ to sb/ sth** কোনো ব্যক্তি অথবা প্রতিষ্ঠানের সুনামবৃদ্ধির কারণ। **'~ titles** সিনেমা-টিভির পর্দায় প্রদর্শিত শিল্পী-কুশলীদের নামের তালিকা। ৮ [U] আস্থা অর্জন: The false statement is gaining ~. **lend ~ to** আস্থাবৃদ্ধি।

credit[2] ['ক্রেডিট্] *vt* **~ sb/sth (with sth); ~ sth (to sb/ sth)** ১ কোনো কিছুতে আস্থা স্থাপন করা। ২ হিসাব-নিকাশের জমার ঘরে শামিল হওয়া।

credi·table ['ক্রেডিটাব্‌ল্] *adj* **~to** প্রশংসনীয়। **credi·tably** ['ক্রেডিটাব্‌লি] *adv* প্রশংসনীয়ভাবে।

credi·tor ['ক্রেডিটা(র্) *n* ঋণদাতা; উত্তমর্ণ।

credo [ক্রীডৌ] *n (pl-s/-*[ডৌজ]) (ধর্মীয়) মতবাদ; মতবিশ্বাস।

cre·du·lity [ক্রিডইউলাটি US -ডূ] *n (pl* -ties) [U,C] বিশ্বাসপ্রবণতা।

credu·lous ['ক্রেডইউলাস্ US -জু-] *adj* সরল বিশ্বাসী; বিশ্বাসপ্রবণ: The politicians sometimes cheat the ~ people. **~·ly** *adv* সরলবিশ্বাসে।

creed [ক্রীড্] *n* (C) ধর্মীয় মতবিশ্বাস অথবা মতবাদ। **the C~** খ্রিস্টীয় মতবাদের সার-সংক্ষেপ।

creek [ক্রীক্] *n* (GB) খাঁড়ি; (উত্তর আমেরিকার) ছোট নদী। **be up the ~** সঙ্কটাপন্ন; অগাধ জলে পতিত হওয়া।

creel [ক্রীল্] *n* খালই; মাছ রাখার চাঙারি।

creep [ক্রীপ্] *vi (pt,pp* crept) ১ হামাগুড়ি দিয়ে চলা; চুপিসারে চলা। ২ (সময়, যুগ প্রসঙ্গে) নিঃশব্দে পেরিয়ে যাওয়া। ৩ (লতা-পাতা প্রসঙ্গে) দেয়াল অথবা বেড়ায় লতিয়ে ওঠা। ৪ ভয়ে গা শিরশির করে ওঠা। □*n* ১ নামমাত্র উপকারের বিনিময়ে বড়ো ধরনের অনুগ্রহলাভের চেষ্টাকারী ব্যক্তি। ২ **give sb the ~s** (কথ্য) কারো গা শিরশির করানো; কারো ঘৃণার ভাব উদ্রেক করানো।

creeper ['ক্রীপা(র্) *n* পতঙ্গ, পাখিবিশেষ; লতা-পাতা।

creepy ['ক্রীপি] *adj* (-ier, -iest) (কথ্য) গা ছমছম করে ওঠে এমন কিছু: a ~ story.

cre·mate [ক্রি'মে ইট্] *vt* পোড়ানো; শব-দাহ করা: Mr. Gandhi will be ~d. **cre·ma·tion** [ক্রি'মে ইশ্‌ন্] *n* (U) দাহ-কর্ম। **cre·ma·tor·ium** [,ক্রেমাট: রিআম] *n* শব-চুল্লি। **cre·ma·tory** ['ক্রেমাটারি US টা:রি] *n (pl* -ries) = crematorium.

cren·el·lated ['ক্রেনালেইটিড্] *adj* (দুর্গের ছাদে) কামান-গোলা নিক্ষেপের জন্য ছিদ্রবিশিষ্ট।

Cre·ole ['ক্রীঔল্] *n,adj* ১ (ব্যক্তিপ্রসঙ্গে) ওয়েস্ট ইন্ডিজ, স্প্যানিশ-আমেরিকা প্রভৃতি দেশে বসবাসরত মিশ্র অথবা অমিশ্র য়োরোপীয় এবং আফ্রিকান বংশোদ্ভূত। ২ আমেরিকা ও ওয়েস্ট ইন্ডিজে বসবাসরত য়োরোপীয় এবং আফ্রিকান বংশোদ্ভূতদের ব্যবহৃত ফরাসি-স্প্যানিশ অথবা মিশ্র ইংরেজি ভাষা।

creo·sote [ক্রিআসৌট্] *n* (U) আলকাতরা থেকে প্রাপ্ত তেলতেলে পদার্থবিশেষ।

crêpe, crepe [ক্রে ইপ্] *n* ১ এক ধরনের কাপড় বা কাগজ যা ভাঁজে পূর্ণ। ২ **~ rubber** জুতার সোল হিসাবে ব্যবহৃত কাঁচা রাবার। ৩ **~ paper** ভাঁজবিশিষ্ট পাতলা কাগজ।

crepi·tate ['ক্রেপিটেইট্] *vi* পটপট শব্দ করা; ঘড়ঘড় করা। **crepi·ta·tion** [ক্রেপি'টেইশ্‌ন্] *n* পটপট/ঘড়ঘড় আওয়াজ।

crept [ক্রেপ্‌ট্] দ্র. creep.

cre·pus·cu·lar [ক্রিপাস্‌কইউলা(র্‌)] *adj* (আনুষ্ঠা.) গোধূলিকালীন।
cres·cendo [ক্রিশেন্‌ডৌ] *n* (*pl* ~s [-ডৌ জ্‌]) *adv,adj* (সঙ্গীত) ক্রমাগত চড়া হয়ে ওঠা (সুর); (লাক্ষ.) ক্রমশ চরমের দিকে যাওয়া।
cres·cent [ˈক্রেসন্‌ট্‌] *n* ১ অর্ধচন্দ্রাকার। ২ **the C~** (লাক্ষ.) ইসলাম ধর্ম ও মতবাদ। ৩ (attrib) **~-shaped** ক্রমাগত বৃদ্ধিশীল।
cress [ক্রেস্‌] *n* [U] (সালাদে ব্যবহৃত) পাতাবিশিষ্ট ঝাল স্বাদের শাক-গাছ।
crest [ক্রেস্‌ট্‌] *n* ১ পাখির ঝুঁটি। ˈ**~-fallen** (লাক্ষ.) বিষণ্ণ; হতাশ। ২ শিরস্ত্রাণে ব্যবহৃত পাখির পালক; (কাব্যিক) শিরস্ত্রাণ। ৩ বর্মছাপ; সিলমোহর: the family ~, পারিবারিক সিলমোহর। ৪ পাহাড়ের শৃঙ্গ; ঢেউএর চূড়া: on the ~ of a wave; (লাক্ষ.) সুসময়ে। **~ed** *adj* ঝুঁটিবিশিষ্ট। □*vt,vi* শীর্ষে ওঠা।
cre·ta·cious [ক্রি'টে ইশাস্‌] *adj* (ভূ.) চকখড়িসদৃশ: The ~ age, চক-প্রস্তর যুগ।
cre·tin [ˈক্রেটিন্‌ US ক্রীটন্‌] *n* মানসিক প্রতিবন্ধী। **~·ous** [ˈক্রেটিনাস্‌ US ক্রীট-] *adj* মানসিকভাবে বিকলাঙ্গ।
cre·tonne [ˈক্রেটন্‌] *n* [U] পর্দা ও সোফায় ব্যবহৃত ছাপা সুতিকাপড়।
cre·vasse [ক্রি ˈভ্যাস্‌] *n* হিমবাহের তুষারের উপরিভাগে গভীর ফাটল।
crev·ice [ˈক্রেভিস্‌] *n* (পাহাড় অথবা দেয়ালের) ফাটল।
crew[1] [ক্রু] *n* ১ (collective noun) জাহাজের নাবিক; বিমানের ক্রু; রেলকর্মী। **ground ~** বিমান-মেরামতে নিয়োজিত কারিগর; স্থল-ক্রু। ২ একত্রে কোনো কাজে নিয়োজিত ব্যক্তিবর্গ। ˈ**~-cut** *n* কদম ছাঁট। ˈ**~-neck** *n* গোলাকার কলার। □*vi* নাইয়া-মাঝিদের মতো তৎপর হওয়া।
crew[2] [ক্রু] crow[2]-এর *pt*
crib[1] [ক্রিব্‌] *n* ১ কাঠের গামলা। ২ (US) লবণ, ভুট্টা ইত্যাদি রাখার পাত্র। ৩ (US) = creche) ক্রিসমাসে গির্জায় স্থানীয়দের প্রতিনিধিত্ব। ৪ শিশুদের ঘের দেওয়া শয্যা। □*vt* সংকীর্ণস্থানে আবদ্ধ হওয়া।
crib[2] [ক্রিব্‌] *n* ১ নকল-রচনা। ২ আক্ষরিক অনুবাদ। □*vt,vi* নকল করে সাহিত্য রচনা করা।
crib·bage [ˈক্রিবিজ্‌] *n* (U) তাস-খেলা বিশেষ।
crick [ক্রিক্‌] *n* **(a ~)** গলা ও পিঠের পেশিতে টানপড়া; ব্যথা। □*vt* ব্যথা হওয়া; ব্যথা জন্মানো।
cricket[1] [ˈক্রিকিট্‌] *n* ঝিঁঝি পোকা।
cricket[2] [ˈক্রিকিট্‌] *n* (U) ক্রিকেট খেলা। **not ~** (কথ্য) অন্যায়; অখেলোয়াড়োচিত। **~er** *n* খেলোয়াড়।
cried [ক্রাই ড্‌] দ্র. cry[1].
crier [ক্রাইআ(র্‌)] *n* ১ নকিব; আদালতের ঘোষক। **town-** ˈ~ (প্রা.) নকিব। ২ কাঁদুনে শিশু।
cries [ক্রাই জ্‌] দ্র. cry[1]., cry[2].
cri·key [ˈক্রাইকি] *int* (কথ্য) বিস্ময়সূচক চিৎকার।
crime [ক্রাই ম্‌] *n* ১ (C) অপরাধ। ˈ**~ fiction** অপরাধ-উপন্যাস; রহস্যোপন্যাস। ২ আইনের দৃষ্টিতে অপরাধ নয় এমন কোনো ভুল কাজ; অন্যায়: It woud be a ~ if you do not help the poor relatives. ৩ (সেনাবাহিনীতে) আইনভঙ্গের অপরাধ। ˈ**~ sheet** সৈন্যদের অপরাধ তালিকা।
crimi·nal [ˈক্রিমিনল্‌] *adj* অপরাধ সম্পর্কিত: a ~ act; ~ law. □*n* অপরাধী ব্যক্তি। **~·ly** [-অলি] *adv*
crimi·nol·ogy [ক্রিমি ˈনলাজি] *n* (U) অপরাধতত্ত্ব; অপরাধ-বিদ্যা।
crimp [ক্রিম্প্‌] *vt* (তাপ দিয়ে) চুল কোঁকড়ানো।
crim·son [ক্রিম্‌জন্‌] *adj,n* গাঢ় লাল; টকটকে লাল। □*vt,vi* লাল করা; লাল হওয়া।
cringe [ক্রিন্‌জ্‌] *vi* ১ ~ **(at)** ভয়ে পিছিয়ে যাওয়া অথবা নুইয়ে পড়া: He will ~ like a dog. ২ দাস-সুলভ আচরণ করা; একেবারে ছোট হয়ে যাওয়া: He ~s before a rich man.
crinkle [ˈক্রিংকল্‌] *n* সামান্য ভাঁজ; কুঞ্চন। □*vt,vi* ~ **(up)** ভাঁজ পড়া; ভাঁজ পড়ানো। **crinkly** [ˈক্রিংকলি] *adj* (-ier, iest) কুঞ্চিত (চুল), ভাঁজযুক্ত।
crino·line [ˈক্রিনালিন্‌] *n* ১ শক্ত মোটা কাপড়। ২ স্কার্ট ফাঁপানোর জন্য হালকা কাজবিশেষ।
cripple [ˈক্রিপ্‌ল্‌] *n* পঙ্গু লোক। □*adj* খোঁড়া; খঞ্জ। □*vt* খোঁড়া করা; (লাক্ষ.) পঙ্গু করে দেওয়া।
cri·sis [ˈক্রাইসিস্‌] *n* (*pl* crises - সীজ]) সঙ্কটকাল; চূড়ান্ত পর্যায়; সন্ধিক্ষণ।
crisp [ক্রিস্‌প্‌] *adj* ১ (খাদ্যসংক্রান্ত) মচমচে। ২ (আবহাওয়া সংক্রান্ত) কুয়াশাপূর্ণ; ঠাণ্ডা অথচ শুকনো: The ~ air. ৩ কেতাদুরস্ত □*n* (US) = chip) (অপিচ **poˌtato** ˈ~) চিপ; আলুর চিপ। □*vt,vi* মচমচে হওয়া; মচমচে করা। **~·ly** *adv* কেতাদুরস্তভাবে। **~·ness** *n* মচমচে ভাব; কেতাদুরস্ত স্বভাব।
criss·cross [ˈক্রিস্‌ক্রস্‌ US -ক্রো°স্‌] *adj* আঁকা-বাঁকা; ক্রসের মতো রেখাসম্পন্ন। □*vt,vi* এঁকেবেঁকে চলা; ক্রসের মতো রেখাটানা।
cri·terion [ক্রাই ˈটিআরিআন্‌] *n* (*pl* -ril [রি আ] বা -s) বিচারের মাপকাঠি; মানদণ্ড।
critic [ˈক্রিটিক্‌] *n* ১ সমালোচক। ২ খুঁতসন্ধানী; নিন্দুক।
criti·cal [ˈক্রিটিকল্‌] *adj* ১ সঙ্কটপূর্ণ: a ~ moment. ২ সমালোচনামূলক: ~ judgements on literature. **~·ly** [-ইকল্‌] *adv* সমালোচনার দৃষ্টিতে।
criti·cism [ˈক্রিটিসিজ়াম্‌] *n* ১ শিল্প-সাহিত্য সমালোচনা। ২ খুঁতসন্ধান।
criti·cize [ˈক্রিটিসাইজ়্‌] *vt,vi* ~ **(for)** সমালোচনা করা; ত্রুটিনির্দেশ করা।
cri·tique [ক্রিটীক্‌] *n* (C) সমালোচনামূলক নিবন্ধ।
croak [ক্রৌক্‌] *n* ব্যাং অথবা দাঁড়কাকের কর্কশ ডাক। □*vt,vi* **~(out)** কর্কশ স্বরে ডাকা।
cro·chet [ˈক্রৌশেই US ক্রো ˈশেই] *vt,vi* কাপড়ে ফুল তোলা; (শাল ইত্যাদি) হাতে বোনা। □*n* (U) হাতে বোনা লেস ইত্যাদি।
crock[1] [ক্রক্‌] *n* মাটির কলসি; মৃৎপাত্র; কলসির কানা; খোলামকুচি।
crock[2] [ক্রক্‌] *n* (কথ্য) বৃদ্ধ; দুর্বল ঘোড়া; অথর্ব ব্যক্তি; অতি পুরনো মোটরযান। □*vt,vi* ~ **up** অথর্ব পরিণত করা/ হওয়া; অকেজো করা/ হওয়া।
crock·ery [ˈক্রকারি] *n* [U] চীনেমাটির পাত্র; বাসন-কোসন।
croco·dile [ˈক্রকাডাইল্‌] *n* ১ কুমির। ˈ**~ tears** *n pl* কুম্ভীরাশ্রু; মায়াকান্না। ২ (GB কথ্য) স্কুলছাত্রদের দুজনি মিছিল।

cro·cus [ˈক্রৌকাস্] *n* (*pl* ~es/-সিজ্) ক্রোকাস; প্রথম বসন্তে জন্মানো রঙিন ফুলের গাছবিশেষ।

croe·sus [ˈক্রীসাস্] *n* খ্রিস্টপূর্বকালের এশিয়া মাইনরের ধনাঢ্য ব্যক্তি। **a ~** মহাসম্পদশালী ব্যক্তি।

croft [ক্রফ্‌ট্ US ক্র: ফ্‌ট্] *n* (GB) ছোট খামার। **~er** *n* ছোট খামার-মালিক।

crom·lech [ˈক্রম্‌লেক্] *n* খাড়া পাথরের উপর আড়াআড়িভাবে স্থাপিত বৃহৎ চ্যাপ্টা পাথর দিয়ে তৈরি প্রাগৈতিহাসিক কালের স্থাপত্য; প্রস্তরনির্মিত বৃত্তাকার সমাধিস্থল।

crone [ক্রৌন্] *n* বিগত-যৌবনা (বৃদ্ধা)।

crony [ক্রৌনি] *n* (অশিষ্ট) ঘনিষ্ঠবন্ধু; সঙ্গী; একান্ত সহচর।

crook [ক্রুক্] *n* ১ রাখালছেলেদের ব্যবহৃত ছড়ি। ২ নদী অথবা পথের বাঁক। ˈ**~-back(ed)** কুঁজো। ৩ (কথ্য) অসদুপায়ে জীবনযাপনকারী। ৪ **on the ~** অসৎ(ভাবে)। □*vt,vi* কুঁজো হওয়া; বেঁকে যাওয়া; বাঁকানো।

crooked [ˈক্রুকিড্] *adj* ১ আঁকাবাঁকা; বঙ্কিম, বক্র। ২ (ব্যক্তির ক্ষেত্রে) অসৎ; জটিল। **~·ly** *adv* বাঁকাভাবে। **~·ness** *n* বক্রতা; জটিলতা।

croon [ক্রুন্] *vt,vi* গুনগুন করে গান করা; শোকপ্রকাশক গান করা; বিলাপ করা। **~er** *n* (১৯৩০ ও ৪০ এর দশকে) জনপ্রিয় গায়ক; জনসভার গায়ক।

crop[1] [ক্রপ্] *n* [C] ১ শস্য; (*pl*) গাছ-গাছালি। **~-dusting** (বিমান থেকে) সার ও কীটনাশক ছিটানো। ২ বর্গ; গুচ্ছ: a ~ of questions.

crop[2] [ক্রপ্] *n* [C] ১ পাখির গলার থলেজাতীয় অংশ। **neck and ~**, দ্র. neck. ২ চাবুকের হাতল (অপিচ **hunting-~**) ৩ খুব ছোট করে চুল ছাঁটার পদ্ধতি।

crop[3] [ক্রপ্] *vt,vi* ১ (পশুদের ক্ষেত্রে) আগা খেয়ে ফেলা। ২ (কোনো ব্যক্তির চুল অথবা ঘোড়ার লেজ) ছেঁটে দেওয়া। ৩ **~ (with)** বীজ বোনা। ৪ ফসল হওয়া। ৫ **~ up/out** (খনিজ পদার্থ) উত্তোলন কর। **~ up** (অপ্রত্যাশিতভাবে) আবির্ভূত হওয়া; উত্থাপিত হওয়া।

crop·per [ˈক্রপা(র্)] *n* ১ **good/ bad/ heavy/ light ~** ফলদায়ক গাছ-গাছালি। ২ ছাঁটবার লোক অথবা যন্ত্র; কাস্তে। ৩ **come a ~** (কথ্য) পড়ে যাওয়া; পরীক্ষায় ফেল করা।

cro·quet [ˈক্রৌকেই US ক্রৌˈকেই] *n* [U] ঘাসের মাঠে কাঠের বলখেলাবিশেষ।

cro·quette [ক্রৌ ˈকেট্] *n* [C] গোশ্‌ত, মাছ অথবা আলুর তৈরি গোলাকার কোপ্তাবিশেষ।

crore [ক্রো°(র্)] *n* (বাংলাদেশ, ভারত ও পাকিস্তানে) কোটি।

cro·sier, cro·zier [ক্রৌজ়িআ(র্) US -জ়া(র্)] *n* বিশপের দণ্ড।

cross[1] [ক্রস্ US ক্রো°স্] *n* ১ ক্রুশচিহ্ন। **make one's ~** (প্র.) দলিলপত্রে স্বাক্ষরের বদলে নিরক্ষর জনগণ কর্তৃক ক্রশ টানা। ২ (প্র.) ক্রুশবিদ্ধ করবার জন্য আড়াআড়িভাবে স্থাপিত কাঠের টুকরা; ক্রুশ। **the C~** যিশুখ্রিস্ট যে ক্রুশে মৃত্যুবরণ করেছিলেন; এ ক্রুশ অনুসরণে খ্রিস্টানদের ধর্মীয় প্রতীক। ˈ**market-~** গ্রাম অথবা শহরের বাজার এলাকায় নির্মিত ক্রুশাকৃতির স্মৃতিস্তম্ভ। ধর্মীয় বিধির অংশ হিসাবে ডানহাতে ক্রশ টানা। ৩ (লাক্ষ.) জীবন-যন্ত্রণা; দুঃখের বোঝা। ৪ নাইট পদবিধারীদের ব্যবহৃত তারকা অথবা ক্রুশাকারের প্রতীক। ৫ পারাপার স্থান। **cut on the ~** (পোশাক তৈরির ক্ষেত্রে) তির্যকভাবে কাটা। ৬ সঙ্করসৃষ্টি।

cross[2] [ক্রস্ US ক্রো°স্] *vt,vi* ১ **~ (from) (to)** পার হওয়া; একপ্রান্ত থেকে অন্যপ্রান্তে যাওয়া। **~ a person's path** মুখোমুখি হওয়া। **~ one's mind** চিন্তার/ ভাবনার উদ্রেক হওয়া। ২ **~ (off/ out/ through)** আড়াআড়ি লাইন টেনে বাতিল করা। **~ a cheque** চেক ক্রস করে দেওয়া। ˌ**~ed** ˈ**cheque** *n* ব্যাংকের মাধ্যমে পরিশোধ্য চেক। **~ one's t's and dot one's i's** (লাক্ষ.) সতর্ক ও যথাযথ হওয়া। ৩ আড়াআড়িভাবে বা উপরে রাখা: to ~ one's legs; to ~ one's arms. **~ sb's palm with silver** তাকে (বিশেষ করে ভাগ্যগণনাকারীকে) একটি মুদ্রা দাও। **~ swords with sb** যুদ্ধ অথবা বিতর্ক কর। **keep one's finger's ~ed** (লাক্ষ.) পরিকল্পনার চরম সাফল্য সম্পর্কে আশা পোষণ করা। ৪ **~ oneself** ভয় পেয়ে স্রষ্টার কাছে আশ্রয় লাভের উদ্দেশ্যে নিজদেহে ক্রুশ আঁকা। ৫ পরস্পরকে অতিক্রম করা। **~ed line** ক্রস কানেকশন; ভুলক্রমে টেলিফোনে ভিন্ন লাইনের সংযোগ। ৬ বিরুদ্ধাচরণ অথবা বাধাদান করা। ৭ **~ (with)** সঙ্কর সৃষ্টি করা। **~ swords; ~ (with sb)** দ্বন্দ্বযুদ্ধে অবতীর্ণ হওয়া; তর্কযুদ্ধে প্রবৃত্ত হওয়া।

cross[3] [ক্রস্ US ক্রো°স্] *adj* ১ (কথ্য) বদরাগী; খিটখিটে মেজাজের। **as ~ as two sticks** (কথ্য) অত্যন্ত বদরাগী। ২ (ঝড়-বাতাস সম্পর্কিত) প্রতিকূল; বিরোধী; উল্টা। **~·ness** *n* বাতাসের প্রতিকূলতা।

cross·bar [ক্রস্‌বা:(র্) US ক্রো°স্-] *n* ফুটবল খেলায় গোলপোস্টে দুটি খাড়া খুঁটির উপর পাতা সংযোগকারী খুঁটি; ক্রসবার।

cross·beam [ˈক্রস্‌বীম্ US ক্রো°স্-] *n* দালানের কড়িকাঠ; আড়া।

cross-benches [ˈক্রস্‌বেন্‌চিজ় US ˈক্রো°স্-] *n* (*pl*) হাউস অব কমনস-এর স্বতন্ত্র সদস্যদের ব্যবহৃত বেঞ্চসমূহ। **cross-bencher** হাউস অব কমনস-এর স্বতন্ত্র সদস্য।

cross·bones [ˈক্রস্‌বৌন্‌জ় US ˈক্রো°স্-] *n* (*pl*) মৃত্যুর প্রতীক হিসাবে ব্যবহৃত করোটির নীচে আড়াআড়িভাবে স্থাপিত উরুর দুটি হাড় এ প্রতীক একসময়ে জল-দস্যুদের পতাকায় ব্যবহৃত হতো।

cross·bow [ˈক্রস্‌বৌ US ˈক্রো°স্-] *n* ধনুকবিশেষ; আড়ধনু।

cross·bred [ˈক্রস্‌ব্রেড্ US ˈক্রো°স্-] *adj* সঙ্কর; সঙ্কর-জাত।

cross·breed [ˈক্রস্‌বীড্ US ˈক্রো°স্-] সঙ্কর-প্রজাতি। □*vt* সঙ্কর-প্রজাতি সৃষ্টি করা।

cross-check [ˌক্রস্ˈচেক US ˈক্রো°স্-] *vt,vi* বিভিন্ন পদ্ধতি অবলম্বন করে হিসাব-নিকাশ নিরীক্ষা করা। □*n* ক্রস-নিরীক্ষণ।

cross-country [ˌক্রস্ˈকান্ট্রি US ˈক্রো°স্-] *adj,adv* রাস্তার বদলে মেঠো পথে চলা।

cross-cur·rent [ˈক্রস্ কারেন্ট US ˈক্রো°স্-] *n* আড়াআড়ি প্রবাহিত স্রোতোধারা; (লাক্ষ.) (জনস্বার্থ সংশ্লিষ্ট বিষয়ে) সংখ্যাগুরু বিরোধী মনোভাব; বিরোধী স্রোত।

cross·cut [ˈক্রস্‌কাট্ US ˈক্রো°স্-] *adj* আড়াআড়িভাবে কাটতে পারে এমন দাঁতবিশিষ্ট (করাত); আড়াআড়ি কাটতে সক্ষম। □*n* তির্যক-কর্তন; সংক্ষিপ্ত পথ।

cross-division [ˌক্রস্ ˈডিভিজ়ন্ US ˈক্রো°স্-] *n* [U] এমনভাবে বিভিন্ন শ্রেণী বা দলে বিভাজন, যে ক্ষেত্রে

এক শ্রেণী বা দলের মধ্যে অন্য শ্রেণী বা দলের অংশবিশেষ থেকে যায়।

cross-examine [ˌক্রস্ ইগ্ˈজ্যামিন্ US ˈক্রো°স্-] *vt* জেরা করা। **cross-examiner** [–মিনা(র্)] *n* জেরাকারী। **cross-exam·in·ation** [ˌক্রস্ ইগ্জ্যামিˈনেইশ্ন্, US ˈক্রো°স্-] *n* জেরা; প্রশ্নোত্তর।

cross·eyed [ˈক্রস্ আইড্ US ˈক্রো°স্-] *adj* টেরা।

cross-fer·ti·lize [ˌক্রস্ ˈফ্যা:টালাই জ্ US ˈক্রো°স্-] *vt* (উদ্ভিদ) সঙ্কর-প্রজনন করা। **cross·fer·ti·li·za·tion** [ˌক্রস্ ˌফ্যা:টালাইˈজেইশ্ন্ US ˈক্রো°স্-] *n* সঙ্কর-প্রজনন।

cross·fire [ˌক্রস্‌ফাইআ(র্) USˈক্রো°স্-] *n* [U,C] (সাম.) দুই বা ততোধিক স্থান থেকে গুলি বিনিময়; ক্রসফায়ার; (লাক্ষ.) একই ব্যক্তির প্রতি একসঙ্গে একাধিক প্রশ্নবাণ নিক্ষেপ।

cross-grained [ˌক্রস্‌গ্রেইন্ড্ US ˈক্রো°স্-] *adj* ১ (কাঠের ক্ষেত্রে) আড়াআড়ি-কাটা। ২ (লাক্ষ.) বিকৃত; একরোখা; অবাধ্য। □*adv* আড়াআড়িভাবে।

cross-head(·ing) [ˈক্রস্ হেড্(ইং) US ˈক্রো°স্-] *n* (সংবাদপত্রে) দুই কলাম জুড়ে শিরোনামা।

cross-index [ˌক্রস্ ˈইনডেক্স্ US ˈক্রো°স্-] *n,vt* গ্রন্থের একপৃষ্ঠায় প্রদত্ত বক্তব্যের সঙ্গে ভিন্নপৃষ্ঠায় প্রদত্ত সম্পর্কযুক্ত বক্তব্য; সম্পর্কযুক্ত বক্তব্য উপস্থাপন করা।

cross·ing [ˈক্রসিং US ˈক্রো°স্-] *n* ১ [U,C] পারাপার: You will face a rough ~ from Chittagong to Sandwip. ২ (C) পথের সঙ্গমস্থল; রেল-ক্রসিং। ˌ**level** ˈ~ সেতুবিহীন পারাপার। ৩ **peˌdestrian/ ˌzebra** ˈ~ পথচারী পারাপার; জেব্রাক্রসিং। (US = crosswalk).

cross-legged [ক্রস্ ˈলেগ্ড্ US ˈক্রো°স্-] *adv* (ব্যক্তিপ্রসঙ্গে) পায়ের উপর পা তুলে।

cross·patch [ˈক্রস্‌প্যাচ্ US ˈক্রো°স্-] *n* (কথ্য) বদমেজাজি; মিশ্রস্বভাবের লোক।

cross-piece [ˈক্রস্‌পীস্ US ˈক্রো°স্-] *n* আড়াআড়িভাবে স্থাপিত টুকরা।

cross-pur·poses [ˌক্রস্‌ˈপাপাসিজ্ US ˈক্রো°স্-] *n pl* **be at ~** পরস্পর ভুল বোঝাবুঝি; ভিন্নমুখী এবং পরস্পরবিরোধী উদ্দেশ্য।

cross-question [ˌক্রস্‌ˈকোয়েশ্চান্ US ˈক্রো°স্-] *vt* = cross-examine.

cross·ref·er·ence [ˌক্রস্ ˈরেফ্রান্স্ US ˈক্রো°স্-] *n* [C] অতিরিক্ত তথ্য প্রদানের উদ্দেশ্যে গ্রন্থের এক অংশের সাথে অন্য অংশের প্রসঙ্গ নির্দেশ।

cross·road [ˈক্রস্‌রৌড্ US ˈক্রো°স্-] *n* ১ দুই রাস্তার সংযোগস্থল। ২ **a/the ~s** (*sing v* এর সাথে ব্যবহৃত) দুই রাস্তার সংযোগস্থল: They came to a ~s. ৩ **at the ~s** (লাক্ষ.) (জীবনের) গুরুত্বপূর্ণ মোড় পরিবর্তনের কালে।

cross-sec·tion [ˌক্রস্‌ˈসেকশ্ন্ US ˈক্রো°স্-] *n* [C] গাছ-পালার আড়াআড়িভাবে কাটা টুকরা। (লাক্ষ.) বিভিন্ন শ্রেণীর প্রতিনিধি: a ~ of the students.

cross-stich [ˈক্রস্ স্টিচ্ US ˈক্রো°স্-] *n* [C] আড়াআড়িভাবে স্থাপিত দুইকাঁটা বিশিষ্ট সেলাইয়ের ফোঁড়।

cross-talk [ˈক্রস্ টো°ক্ US ˈক্রো°স্-] *n* [U] (GB) (কথ্য) কৌতুকাভিনেতার কথার মারপ্যাঁচ; কথা কাটাকাটি; ক্রসকানেকশনের সময়ে টেলিফোনে শোনা কথা।

cross·trees [ˈক্রস্‌ট্রীজ় US ˈক্রো°স্-] *pl* মাস্তুল ও দড়িকাছিতে ব্যবহৃত আড়-কাঠ।

cross·walk [ˈক্রস্ য়ো°ক্ US ˈক্রো°স্-] *n* দ্র. crossing (৩).

cross·wind [ˈক্রস্ ওয়িন্ড US ˈক্রো°স্-] *n* [C] বিমানের উড্ডয়নপথের ডান কোণে প্রবাহিত বাতাস।

cross-wise [ˈক্রস্ ওয়াইজ় US ˈক্রো°স্-] *adv* আড়াআড়িভাবে; তির্যকভাবে; ক্রুশাকারে।

cross·word [ˈক্রস্‌ওয়াড্ USˈক্রো°স্-] *n* (অপিচ ˈ**~ puzzle**) শব্দ-সাজানোর ধাঁধাবিশেষ।

crotch [ক্রচ্] *n* গাছের যে স্থান থেকে ডাল গজায়।

crotchet [ˈক্রচিট্] *n* ১ (সঙ্গীত) (US = quarter note) কালো ফোঁটার স্বরলিপিবিশেষ। ২ অযৌক্তিক চিন্তাধারা। **~y** *adj* অযৌক্তিক চিন্তাধারাবিশিষ্ট।

crouch [ক্রাউচ্] *vi* ~ **(down)** ভয়ে অথবা পালানোর উদ্দেশ্যে অবনত হওয়া; গুটিসুটি মারা। □*n* : ~ing position.

croup[1] [ক্রূপ্] *n* [U] শিশুদের গলাফোলা রোগ; কাশি ও শ্বাসকষ্ট।

croup[2] [ক্রূপ্] *n* কোনো কোনো প্রাণীদেহের পিছনের অংশ।

crou·pier [ˈক্রূপিএই US –পি আ(র্)] *n* জুয়ার টেবিলে বাজি সংগ্রহকারী ও বিজয়ীকে টাকা প্রদানকারী ব্যক্তি।

crow[1] [ক্রৌ] *n* কাক। **as the** ˈ**~ flies** সোজা পথে। ˈ**~'s-nest** চতুর্দিক দেখবার উদ্দেশ্যে জাহাজের মাস্তুলের উপর নির্মিত কক্ষ। ˈ**~'s-feet** *n pl* কোনো ব্যক্তির চোখের কোণের কাছের চামড়ার কুঞ্চন।

crow[2] [ক্রৌ *vi* (*pt* crowed or (archaic) crew [ক্রূ] *pp* crowed) ১ (মোরগের ক্ষেত্রে) কর্কশভাবে ডাকা। ২ (শিশুদের ক্ষেত্রে) আনন্দধ্বনি করা। ৩ ~ **(over)** (ব্যক্তির ক্ষেত্রে) বিজয়োল্লাস-ধ্বনি করা। □*n* : ~ing sound.

crow·bar [ˈক্রৌবা:(র্)] *n* ভারী মালামাল স্থানান্তরের কাজে ব্যবহৃত বাঁকা প্রান্তবিশিষ্ট লৌহদণ্ড।

crowd [ক্রাউড্] *n* [C] ১ বিশৃঙ্খল জনতা। **(would) pass in a ~** চোখে না পড়ার মতো দোষক্রটি। ২ **the ~** জনতা; জনসাধারণ। **follow/ move with the ~** সংখ্যাগরিষ্ঠের স্রোতে ভেসে চলা; দশজনের মতো চলা। ৩ (কথ্য) কোনো না কোনোভাবে সঙ্ঘবদ্ধ কিছু লোক। ৪ অগোছালো জিনিসপত্র। □*vi,vt* ১ ভিড় করা। **~ round** বৃত্তাবদ্ধ হওয়া। **~ through/in/into; ~ (sth) with** ভিড়ের মধ্যে চালিয়ে নেওয়া। **~ sb/sth out (of)** ভিড়ের বাইরে রাখা। ২ (নৌ.) **~ on sail** অনেক পাল টানা। ৩ (কথ্য) চাপ প্রয়োগ করা। **~ed** *part adj* জনাকীর্ণ।

crown[1] [ক্রাউন্] ১ *n* মুকুট; রাজশক্তি; নৃপতি। **C~ colony** গ্রেটব্রিটেনের উপনিবেশ। **~ prince** সিংহাসনের উত্তরাধিকারী যুবরাজ। **~ princess** উত্তরাধিকারী যুবরাজের পত্নী। **~ witness** রাজসাক্ষী। ২ বিজয়-মাল্য। ৩ ২৫ পেন্স সমমানের বৃটিশ মুদ্রা। **half a ~; a half ~** (১৯৭১ পর্যন্ত) ১২½ পেন্স মূল্যের ব্রিটিশ মুদ্রা। ৪ মাথার চাঁদি অথবা টুপির চূড়া।

crown[2] [ক্রাউন্] *vt* ১ মুকুট পরানো। ২ রাজপদে বরণ করা: He was ~ed as king. ২ **~ (with)** পুরস্কৃত হওয়া; রাজসম্মান লাভ করা। ৩ **~ (with)** শীর্ষে অবস্থান করা। ৪ আনন্দদায়ক সমাপ্তি টানা। **to ~ (it) all** ভাগ্য/ সর্বনাশের চূড়ান্ত; শেষ কলা পূর্ণ হওয়া: I was jobless, we had no money, and to ~ all, lost my father. ৫ ভাঙা দাঁতের উপর কৃত্রিম আবরণ দেওয়া।

~·ing *part adj* (কোনো attrib) সমাপ্তিসূচক; নিখুঁত পর্যায়ে নিয়ে যাওয়া: ~ing glory.
cro·zier [ˈক্রৌজিআ(র্) US - জ়ার] *n* = crosier.
cru·cial [ˈক্রুশ্‌ল্] *adj* অত্যন্ত গুরুত্বপূর্ণ; সঙ্কটপূর্ণ; মীমাংসাসূচক। the ~ test, the ~ moment.
cru·cible [ˈক্রুসিব্‌ল্] *n* ধাতু-গলানোর পাত্র। (লাক্ষ.) মহাপরীক্ষা; মহাসঙ্কট।
cru·ci·fix [ˈক্রুসিফিক্‌স্] *n* যিশুখ্রিস্টের আকৃতি সংবলিত ক্রুশের মডেল।
cru·ci·fixion [ˌক্রুসিফিক্‌শ্‌ন্] *n* [U] মেরে ফেলা; ক্রুশবিদ্ধ করে মারা। **the C~** যিশুখ্রিস্টের মৃত্যু।
cru·ci·form [ˈক্রুসিফো°ম্] *adj* ক্রুশাকৃতির।
cru·cify [ˈক্রুসিফাই] *vt* ক্রুশবিদ্ধ করে মারা।
crud [ক্রাড্] *n* (GB অশিষ্ট) অপ্রিয় ব্যক্তি। **~dy** *adj* অপ্রিয়।
crude [ক্রুড্] *adj* ১ (দ্রব্যপ্রসঙ্গে) অশোধিত; অপরিবর্তিত: ~ oil. ২ স্থূল। ৩ অসমাপ্ত; ত্রুটিপূর্ণ। **~·ly** *adv.*
cruel [ক্রুঅল্] *adj* (-ller, -llest) ১ (ব্যক্তির ক্ষেত্রে) নিষ্ঠুর। ২ নৃশংস। অন্যের যন্ত্রণায় উদাসীন। **~·ly** [ˈক্রুআলি] *adv* নিষ্ঠুরভাবে।
cruelty [ˈক্রুঅলটি] *n* ১ [U] নিষ্ঠুরতা; নিষ্ঠুর আনন্দ; নিষ্ঠুর প্রকৃতি। ২ নিষ্ঠুর কাজ।
cruet [ˈক্রুইট্] *n* ১ লবণ; গোলমরিচ; সির্কার শিশি বা বোতল। ২ (অপিচ ˈ**~-stand**) সির্কার বোতল; চাটনির বৈয়াম; লবণ; গোলমরিচের গুড়ার পাত্র ইত্যাদি রাখবার স্ট্যান্ড।
cruise [ক্রুজ়্] *vi* ১ প্রমোদের উদ্দেশ্যে অথবা শত্রুর জাহাজের উদ্দেশ্যে তরী ভাসানো। ২ (গাড়ি ও বিমানের ক্ষেত্রে) কম জ্বালানি খরচ করে ভ্রমণ করা। □*n* **cruising voyage** প্রমোদভ্রমণ। **cruiser** [ˈক্রুজ় (র্)] *n* দ্রুতগতিসম্পন্ন যুদ্ধজাহাজ। ˈ**cabin-~r** শয্যাসজ্জিত প্রমোদতরী।
crumb [ক্রাম্] *n* ১ [C] শুকনো খাবারের ছোট্ট টুকরা; পাউরুটির ভিতরের নরম অংশ। দ্র. crust(১) ২ (লাক্ষ.) যৎকিঞ্চিৎ; অতি সামান্য।
crumble [ˈক্রাম্‌ব্‌ল্] *vt,vi* ভাঙা; ভেঙে টুকরা টুকরা করা; ভেঙে পড়া; (সাম্রাজ্যের) পতন হওয়া। (লাক্ষ.) (আশা) ধুলায় লুটিয়ে যাওয়া; ধূলিসাৎ হওয়া।
crum·bly [ˈক্রাম্‌বলি] *adj* ভঙ্গুর।
crummy [ˈক্রামি] *adj* (অপ.) খারাপ; অযোগ্য; ফালতু; যা-তা।
crum·pet [ˈক্রাম্‌পিট্] *n* (GB) ১ গরম বড়াবিশেষ। ২ (অপ.) মাথা। ৩ (অপ.) যৌনাবেদনময়ী রমণী।
crumple [ˈক্রাম্‌প্‌ল্] *vt,vi* ১ চাপ দিয়ে ভাঁজ পড়ানো: to ~ one's clothes. ২ ভাঁজ ভাঁজ হওয়া। ৩ **~ up** (সাহিত্য., লাক্ষ.) ভেঙে টুকরা টুকরা করা; চূর্ণবিচূর্ণ হওয়া।
crunch [ক্রান্‌চ্] *vt,vi* ১ কচকচ শব্দ করে চিবানো। ২ মচমচ শব্দে ভাঙ্গা। □*n* কচকচানি। **when it comes to the ~; when the ~ comes** (কথ্য) সঙ্কটকাল; চূড়ান্ত সিদ্ধান্ত গ্রহণের সময়।
crup·per [ˈক্রাপা(র্)] *n* ঘোড়ার পিঠের জিন-সংলগ্ন চর্মবন্ধনী; ঘোড়ার পিছন ভাগ।
cru·sade [ক্রুসেই ড্] *n* ১ ক্রুসেড; মুসলিম-খ্রিস্টান ধর্মযুদ্ধ। ২ ন্যায়ের সংগ্রাম: a ~ against copying. □*vi* **~ (for/against)** ক্রুসেডে অংশগ্রহণ করা। **cru·sader** *n* ধর্মযুদ্ধে অংশগ্রহণকারী; মুজাহিদ।

crush[1] [ক্রাশ্] *vt,vi* ১ চাপ দিয়ে অথবা চাপের ফলে ভাঙা; নিংড়ানো; দুমড়ে-মুচড়ে যাওয়া: He was ~ed to death in a car accident; Sugar is made by ~ing canes. **~ up** পাউডারের মতো গুঁড়া করা। **~ out (of)** রস-নিংড়ানো। ২ ভাঁজের দাগ পড়া; যেখানে সেখানে ভাঁজ পড়া। ৩ ধ্বংস করা; পরাজিত করা: His opponents were ~ed. ৪ **~ in/ into/ through/ past etc** ভিড় ঠেলে ভিতরে ঢোকা; ভিড় ঠেলে এগিয়ে যাওয়া। **~·ing** *adj* মনোবলচূর্ণকারী: a ~ing defeat. **~·ing·ly** *adv* চরম বিনষ্টিসাধন করে।
crush[2] [ক্রাশ্] *n* ১ **a/the ~** জনতার ভিড়। ˈ**~ barrier** ভিড় এড়ানোর জন্য নির্মিত দেয়াল/বেড়া। ২ (কথ্য) জনাকীর্ণ সভা-সমাবেশ। ৩ (sl) **get/ have ~ on sb** (তরুণদের ক্ষেত্রে) প্রেমভাবে ভাবিত হওয়া। ৪ ফলের রসের পানীয়।
crust [ক্রাস্‌ট্] *n* ১ [C,U] রুটির মচমচে উপরিভাগ। ২ [C,U] কঠিন উপরিভাগ: a ~ of ice. ৩ মদের বোতলের ভিতরের শক্ত স্তর। □*vt,vi* **~ (over)** শক্ত আবরণ ঢাকা/ঢেকে পড়া।
crus·ta·cean [ক্রাˈস্টেই শ্‌ন্] *n* কঠিন খোলাবিশিষ্ট কাঁকড়াজাতীয় প্রাণী।
crusted [ˈক্রাস্‌টিড্] *adj* ১ কঠিন আবরণে আবৃত; খোলাযুক্ত। ২ প্রাচীন; শ্রদ্ধেয়। ৩ স্থায়ী; অনড়; বদ্ধমূল: ~ prejudices.
crusty [ˈক্রাস্‌টি] *adj* (-ier, -iest) ১ কঠিন আবরণযুক্ত: ~ bread. ২ (ব্যক্তির ব্যবহার প্রসঙ্গে) খিটখিটে মেজাজের; অশোভন আচরণের অধিকারী; অভদ্র।
crutch [ক্রাচ্] *n* ১ (পঙ্গু-ব্যবহৃত) ক্রাচ। ২ ক্রাচের মতো দেখতে কোনো 'ভর'। (লাক্ষ.) নৈতিক সমর্থন; নির্ভরযোগ্যতা। ৩ দ্র. crotch (২).
crux [ক্রাক্‌স্] *n* (*pl* ~es) অত্যন্ত জটিল; সমাধান-বহির্ভূত (সমস্যা)।
cry[1] [ক্রাই] *vi,vt* (*pl,pp* cried) ১ **cry (out)** কাঁদা; আর্তনাদ করা। ২ নিঃশব্দে কাঁদা; অশ্রুবিসর্জন করা। **cry one's/ heart out** অঝোরে কান্না; আকুল কান্না। **cry oneself to sleep** কাঁদতে কাঁদতে ঘুমিয়ে পড়া। **give sb sth to cry for / about** অকারণ কান্নার জন্য শাস্তি দেওয়া। ৩ আর্ত চিৎকার: He cried for help. **cry for the moon** অসম্ভব দাবি করা। দ্র. shame (৩). ৪ ফেরিওয়ালার হাঁক; নিলাম ডাকা। ৫ **cry sth down** তুচ্ছ বিষয় সম্পর্কে ধারণা দেওয়া; মূল্যহীনতা সম্পর্কে বুঝিয়ে বলা। **cry off** দায়িত্ব থেকে অব্যাহতি চাওয়া: । had to cry off at the last moment. **cry sth up** উচ্চপ্রশংসাকরা।
cry[2] [ক্রাই] *n* (*pl* cries) ১ আর্ত চিৎকার। **a far/long cry from** অনেক দূরের ব্যাপার: It is a far cry from getting an olympic gold; in full cry, শিকার সন্ধানে শিকারি কুকুরের ঘেউ ঘেউ; (আল.) অতি উৎসাহে আক্রমণ। **within cry (of)** ডাক-শোনার আওতায়। ২ ফেরিওয়ালা/চৌকিদারের হাঁক। ৩ নীতি-নির্ধারণী শব্দ: a war-cry; 'Bengal for the Bengalees' is their cry. ˈ**cry-baby** ছিচকাঁদুনে ছেলেমেয়ে।
cry·ing [ˈক্রাইং] *attrib adj* অতি জরুরি; প্রণিধানযোগ্য: a ~ need.
crypt [ক্রিপ্‌ট্] *n* (গির্জার) ভূগর্ভস্থ কক্ষ।
cryp·tic [ˈক্রিপ্‌টিক্] *adj* গুপ্ত; দুর্বোধ্য। **cryp·ti·cally** [-ক্‌লি] *adv* দুর্বোধ্যভাবে।

crypto- [ˌক্রিপ্টৌ] (অন্য শব্দের সাথে যুক্ত হয়ে ব্যবহৃত) গুপ্ত–; ছদ্ম–: *a* ~-fascist.
crypto·gram [ˈক্রিপ্টগ্র্যাম্] *n* [C] সঙ্কেত–লিপিতে লিখিত কোনো কিছু।
crys·tal [ˈক্রিস্‌ট্‌ল্] *n* ১ [U] স্ফটিক স্কোয়ার্টস–এর মতো প্রাকৃতিক উপাদান; অলঙ্কার হিসাবে ব্যবহৃত স্ফটিক টুকরা। ~ **clear** স্ফটিক–স্বচ্ছ; (লাক্ষ.) সহজবোধ্য। ˈ~-**gazing** ভবিষ্যৎ জানার উদ্দেশ্যে স্ফটিক–বলের প্রতি দৃষ্টিপাত। ২ [U] পেয়ালা; জগ ইত্যাদি বানানো যায় এমন পুরু কাঁচ। ৩ [C] (বিজ্ঞান) কয়েকটি পদার্থের অণুর প্রাকৃতিক নিয়মে সুনির্দিষ্ট আকার ধারণ। ৪ (US) ঘড়ির কাঁচ।
cry·stal·line [ক্রিস্‌টালাইন্] *adj* স্ফটিক–নির্মিত; স্ফটিক–সদৃশ; অতি স্বচ্ছ।
cry·stal·lize [ক্রিস্‌ট লাইজ] *vt,vi* ১ স্ফটিকীকরণ। ২ চিনি/মিছরির দানা দিয়ে (ফল ইত্যাদি) ঢাকা। ৩ (ভাবনা–চিন্তার ক্ষেত্রে, লাক্ষ.) স্ফটিক–স্বচ্ছ। **crys·tal·li·za·tion** [ˌক্রিস্‌টলাইˈজেইশ্‌ন্ US –ˈলিজ্–] *n* স্ফটিকীকরণ।
cub [কাব্] *n* ১ সিংহ, ভালুক, বাঘ ইত্যাদির শাবক। **cub reporter** কমবয়সী অনভিজ্ঞ সংবাদদাতা। **Cub (Scout)** জুনিয়র স্কাউট। ২ অভদ্র তরুণ।
cubby-hole [ˈকাবি হৌল্] *n* বদ্ধপ্রকোষ্ঠ; ক্ষুদ্র বেড়া-দেওয়া স্থান।
cube [কিয়ূব্] *n* ১ ঘনক্ষেত্র; ঘনক্ষেত্রাকৃতির প্রস্তরখণ্ড অথবা কাঠের গুঁড়ি। ২ (গণিত) ঘনফল (যেমন ৩^{৩} = ৩ × ৩ × ৩ = ২৭)। □*vt* ঘনফলে পরিণত করা।
cu·bic [ˈকিয়ূবিক্] *adj* ঘনক্ষেত্রবিশিষ্ট; ঘনক্ষেত্র–সংক্রান্ত।
cu·bi·cal [ˈক্রিয়ূবিক্‌ল্] *adj* = cubic.
cu·bicle [ˈকিয়ূবিক্‌ল্] *n* আলাদা কক্ষ হিসাবে ব্যবহারের জন্য বড়ো কক্ষের পর্দা দেওয়া অংশ।
cub·ism [ˈকিয়ূবিজ়াম্] *n* কিউবিজম; জ্যামিতিক গঠনের শিল্পকর্মবিশেষ। **cub·ist** [ˈকিয়ূবিস্‌ট্] কিউবিজম পদ্ধতির শিল্পী।
cu·bit [ˈকিয়ূবিট্] *n* আঠারো থেকে বাইশ ইঞ্চি সমমানের দৈর্ঘ্যের পরিমাপ।
cuck·old [কাকৌল্ড] *n* (পুরা.) ব্যভিচারী স্ত্রীর স্বামী। □*vt* কাউকে ব্যভিচারী স্ত্রীর স্বামীতে পরিণত করা।
cuckoo [ˈকুকূ] *n* কোকিল। ˈ~-**clock** যে ঘড়ির ঘণ্টা কোকিল–ডাকে ধ্বনিত হয়।
cu·cum·ber [ˈকিয়ূকামবা(র্)] *n* [C,U] শশা। **as cool as a** ~ নিরুত্তেজ; আত্মমগ্ন।
cud [কাড্] *n* [U] জাবর; জাবরকাটা; (লাক্ষ.) রোমন্থন করা; একই কথার পুনরাবৃত্তি করা।
cuddle [ˈকাড্‌ল্] *vt,vi* ১ কোলে নিয়ে বুকের কাছে নেওয়া। ২ ~ **up (to/together)** পরস্পর জড়াজড়ি করে আরামে শোয়া। □*n act* **of cuddling** আদর–সোহাগ। ~·**some** [–সাম্], **cud·dly** [কাড্‌লি] *adj* আদরযোগ্য; আদর করতে ইচ্ছা করে এমন।
cud·gel [ˈকাজ্‌ল্] *n,vt* মুগুর; মুগুরপেটা করা। **take up the ~s for** (আল.) সংগ্রাম করা; ঝাঁপিয়ে পড়া। ~ **one's brains** মাথা ঘামানো; স্মরণ করতে চেষ্টা করা।
cue[1] [কিউ] *n* [C] ১ কিউ; অভিনেতার সংলাপের শেষ বাক্য যেখান থেকে অন্য অভিনেতা সংলাপ শুরু করতে পারে। ২ কিভাবে আচরণ করতে হবে অথবা কী করতে হবে তার ইঙ্গিত। **take one's cue from sb** পথনির্দেশ লাভ করা।
cue[2] [কিউ] *n* বিলিয়ার্ড খেলোয়াড়ের লাঠি ও বিলিয়ার্ড ছড়ি।
cuff[1] [কাফ্] *n* ১ কাফ; জামার হাতার কব্জি–সংলগ্ন অংশ। **play it off the** ~(কথ্য) উপস্থিত বুদ্ধি। ˈ~-**links** কাফলিঙ্ক; বোতামবিশেষ। ২ (US) পায়ের পাতা–সংলগ্ন প্যান্টের গুটানো অংশ (GB = turn up). ৩ (*pl* কথ্য) হাত–কড়া।
cuff[2] [কাফ্] *vt,n* ঘুসি মারা; ঘুসি।
cuir·ass [কুয়ুইˈর‍্যাস] *n* বর্ম। **cuir·as·sier** বর্মধারী অশ্বারোহী সৈনিক।
cui·sine [কুয়ুই জ়ীন্] *n* [U] রান্নার পদ্ধতিবিশেষ।
cul-de-sac [ˈকাল্ দ্য স্যাক্] *n* কানাগলি।
cu·li·nary [ˈকালিনারি US –নেরি] *adj* রান্নাঘর অথবা রান্নাবান্না সম্পর্কিত।
cull [কাল্] *vt* (ফুল) চয়ন করা; নির্বাচন করা। □*n* নির্বাচিত (যেমন, ডিম দেওয়ার অনুপযুক্ত বিবেচনায় জবাইয়ের জন্য নির্বাচিত মুরগি)।
cul·len·der [ˈকালানডা(র্)] *n* = colander.
cul·mi·nate [ˈকাল্‌মিনেইট্] *vt* ~ **in** শীর্ষবিন্দুতে পৌঁছানো। **cul·mi·na·tion** [ˈকালমিনেইশ্‌ন্] শীর্ষবিন্দু।
culp·able [ˈকাল্‌পাব্‌ল্] *adj* (আইন.) দণ্ডনীয় (অপরাধ); শাস্তিযোগ্য। **culp·ably** [ˈকালপাবলি *adv* **cul·pa·bil·ity** [কাল্‌পাˈবিলাটি] *n* শাস্তিযোগ্যতা।
cul·prit [ˈকাল্‌প্রিট্] *n* দোষী; অপরাধী।
cult [ˈকাল্ট্] *n* [C] ১ ধর্মীয় প্রার্থনার প্রথা। ২ কোনো ব্যক্তির প্রতি অপরিসীম শ্রদ্ধা। ৩ (এক শ্রেণীর ব্যক্তির ভক্তি আছে এমন কোনো) জনপ্রিয় ফ্যাশন: (attrib) a ˈ~ word, জনপ্রিয় বিশেষ ফ্যাশনে বিশ্বাসী ব্যক্তিদের ব্যবহৃত বিশেষ শব্দ।
cul·ti·vable [ˈকাল্‌টিভ়াব্‌ল্] *adj* চাষযোগ্য; আবাদযোগ্য।
cul·ti·vate [ˈকাল্‌টিভ়েইট্] *vt* ১ (জমি) চাষ করা; আবাদ করা; শস্য ফলানো। ২ বিকাশ সাধন করা: to ~ the literary faculty. **cul·ti·vated** *adj* (ব্যক্তির ক্ষেত্রে) সংস্কৃত; পরিমার্জিত; শিক্ষিত।
cul·ti·va·tion [ˌকাল্‌টিˈভ়েইশ্‌ন্] *n* [U] চাষ।
cul·ti·va·tor [ˈকাল্‌টিভ়েইটা(র্)] চাষি; কৃষিযন্ত্রবিশেষ।
cul·tural [ˈকাল্‌চারাল] *adj* সংস্কৃতিবিষয়ক; সাংস্কৃতিক: the ~ ministry; a ~ function.
cul·ture [ˈকাল্‌চা(র্) *n* ১ [U] সংস্কৃতি; কৃষ্টি। ২ [U] মানবসমাজের মানসিক বিকাশের প্রমাণ: Educational institutions should be centres of ~. ৩ একটি জাতির মানসিক বিকাশের অবস্থা; কোনো জাতির বিশেষ ধরনের মানসিক বিকাশ: the Bengalee ~. ৪ কোনো জাতির বৈশিষ্ট্যসূচক শিল্প–সাহিত্য; বিশ্বাস; সমাজনীতি: the ~ of the Chakmas. ৫ (মৌমাছি, গুটিপোকা প্রভৃতি) পালন বা উৎপাদন। ৬ [C] (জীব.) (বৈজ্ঞানিক পরীক্ষা–নিরীক্ষার উদ্দেশ্যে) ব্যাকটেরিয়া উৎপাদন: a ~ of choiera germs. **cul·tured** *adj* (ব্যক্তির ক্ষেত্রে) সংস্কৃতিবান। ˈ~**d pearl** কৃত্রিম উপায়ে উৎপন্ন মুক্তা।
cul·vert [ˈকাল্‌ভ়াট্] *n* কালভার্ট; ভূগর্ভস্থ বৈদ্যুতিক তার স্থাপনের সময় সড়ক, রেলপথ অথবা বাঁধের নীচের সংযোগকারী পয়োনালী ও নর্দমা।
cum·ber·some [ˈকাম্‌বাসাম্] *adj* ঝামেলাপূর্ণ; দুর্বহ; কষ্টসাধ্য।
cum·mer·bund [ˈকামাবন্দ্] কোমরবন্ধ; কোমরবন্ধনী।

cumu·lat·ive [কিয়ূমিয়ুলাটি ভ্ US -লেইটিভ্] *adj* ক্রমবর্ধমান।

cumu·lus [কিয়ূমিয়ুলাস্] *n* (*pl* -li [-লাই]) *adj* (মেঘসম্পর্কে) পুঞ্জ পুঞ্জ।

cunei·form [ˈকিয়ূনিফো°ম্ US খুনেইয়ো°ম্] *adj* কীলকাকার; প্রাচীন পারসিক ও এশিরীয় হস্তলিপিতে ব্যবহৃত পদ্ধতি।

cun·ning[1] [ˈকানিং] *adj* ১ ধূর্ত। ২ (প্রা. প্র.) দক্ষ: a ~ carpenter. ৩ (US) আকর্ষণীয়; সুদর্শন: a ~ baby. ~·**ly** *adv* ধূর্ততার সাথে।

cun·ning[2] [ˈকানিং] *n* [U] ১ ধূর্তব্যক্তি। ২ (প্রা.প্র.) দক্ষতা: His hand has lost its ~.

cunt [কান্ট্] *n* ১ স্ত্রী জননেন্দ্রিয়। ২ (দ্র.) কামের সামগ্রী হিসাবে বিবেচিত স্ত্রীলোক। ৩ (নিন্দার্থে) ঘৃণ্যব্যক্তি।

cup[1] [কাপ্] *n* ১ কাপ; পেয়ালা: a teacup. **not my cup of tea** (কথ্য) অপছন্দের জিনিস। ২ = chalice. ৩ (লাক্ষ.) কোনো ব্যক্তির সঞ্চয়; অভিজ্ঞতা: His cup of happiness. ৪ (পুরস্কার হিসাবে প্রদত্ত সোনারুপার) কাপ। ˌ**cup-ˈfinal** (ফুটবল) প্রতিযোগিতার শেষ দিন। ˈ**cup-tie** (ফুটবলে) বাছাই খেলা। ৫ **in his cups** আংশিক অথবা পূর্ণমাতাল। ˈ**cup-bearer** উৎসবে পানীয় সরবরাহকারী রাজ-পরিচারক। ৬ পেয়ালা আকৃতির কোনো কিছু: the cups of a bra. ৭ বরফযুক্ত সুগন্ধি মদ: ˈcider-cup. **cup-full** [ˈকাপফুল] *n* (*pl* cupfuls) কানায় কানায় পূর্ণ; পেয়ালা-ভর্তি।

cup[2] [কাপ্] *vt* পেয়ালাকৃতির কিছুতে রাখা: to cup his hands.

cup·board [ˈকাবাড্] *n* হাড়ি-পাতিল রাখার আলমারি; কাপ-বোর্ড। ˈ**~-love** উদ্দেশ্যপ্রণোদিত ভালোবাসা; কিছু পাওয়ার লোভে আদর-সোহাগ; কপট ভালোবাসা।

Cu·pid [ˈকিয়ূপিড্] *n* রোমান পুরাণে বর্ণিত প্রেমের দেবতা; কিউপিড; (তীর-ধনুক হাতে পাখাবিশিষ্ট) প্রেমের প্রতীক সুদর্শন বালক।

cu·pid·ity [ˈকিয়ূপিডাটি] *n* [U] ধন-সম্পত্তির লোভ।

cu·pola [ˈকিয়ূপালা] *n* ছোট গম্বুজ।

cuppa [ˈকাপা] *n* (GB অপ.) চায়ের পেয়ালা।

cu·pric [কিয়ূপ্রিক্] *adj* তাম্রপূর্ণ।

cu·pro-nickel [কিয়ূপরৌ ˈনিকল্] *n* [U] মুদ্রা তৈরিতে ব্যবহৃত তামা ও নিকেলের খাদবিশেষ।

cur [কা(র্)] *n* রাগী স্বভাবের বাজে কুকুর; কাপুরুষোচিত ও অভদ্র আচরণকারী ব্যক্তি।

cur·able [ˈকিয়ূরবল্] *adj* (রোগ) নিরসনযোগ্য; উপশমযোগ্য। **cura·bil·ity** [ˌকিয়ূআরাˈবিলাটি] *n* উপশমযোগ্যতা।

cura·cao,-coa [ˌকিয়ূরˈসাউ US -সা ˈউ] *n* [U] তিতা কমলার সুগন্ধযুক্ত মিষ্টস্বাদের মদ।

cur·acy [ˈকিয়ূআরাসি] *n* (*pl* -cies) ইংল্যান্ডের আঞ্চলিক গির্জার সহকারী যাজকের অফিস।

curate [ˈকিয়ূআরাট্] *n* ইংল্যান্ডের আঞ্চলিক গির্জার সহকারী পাদ্রি।

cura·tive [ˈকিয়ূআরাটিভ্] *adj* উপশম-সহায়ক; আরোগ্য-সহায়ক: the ~ value of sea air.

cu·ra·tor [কিয়ূআরে ইটা(র্)] *n* যাদুঘর-রক্ষক; যাদুঘর-পরিচালক।

curb [কা্ব্] *n* ১ লাগাম; ঘোড়াকে নিয়ন্ত্রণে রাখার উদ্দেশ্যে চোয়ালের নীচে স্থাপিত চেইন। ২ (লাক্ষ.) রাস; লাগাম: Put a ~ on his activities. ৩ = Kerb. □*vt* ১ লাগাম পরানো। ২ (মনোভাব) নিয়ন্ত্রণ করা।

curd [কা্ড্] *n* ১ (প্রায়ই *pl*) দই। ২ (যৌগশব্দ) দই-সদৃশ বস্তু: ˌlemon-ˈ~.

curdle [ˈকাড্ল্] *vi,vt* দই এ পরিণত হওয়া/করা: Don't ~ this milk. (লাক্ষ.) **a blood-curdling** (ভয়ে) রক্ত জমে যাওয়া।

cure[1] [কিয়ুআ(র্)] *n* [C] ১ চিকিৎসা; উপশম। ২ ঔষধ অথবা চিকিৎসাপদ্ধতি। ৩ আত্মার পরিচর্যা; উক্ত দায়িত্ব।

cure[2] [কিয়ুআ(র্)] *vt,vi* ১ ~ **sb (of sth)** চিকিৎসা করা; অপদেবতার হাত থেকে রক্ষা করা। ˈ**~-all** *n* সর্বরোগহর মহৌষধ। ২ লবণ দিয়ে অথবা শুকিয়ে মাংস-সংরক্ষণ করা।

curé [ˈকিয়ু ˈরেই] *n* ফ্রান্সের আঞ্চলিক গির্জার পাদ্রি।

cur·few [ˈকা:ফিয়ূ] *n* ১ (প্রা. প্র.) বাতি নেভানো এবং আগুন ঢাকবার সঙ্কেত হিসাবে বাজানো ঘণ্টা। ২ (আধুনিক ব্যবহার) সান্ধ্য আইন।

curio [ˈকিয়ুআরিও] *n* (*pl* ~s) অভূতপূর্ব শিল্পকর্ম।

curi·os·ity [ˈকিয়ুআরিˈঅসাটি] *n* ১ [U] ঔৎসুক্য। ২ [C] (*pl* -ties) অদ্ভুত অথবা দুর্লভ বস্তু; আজব বস্তু।

curi·ous [ˈকিয়ুআরিআস্] *adj* ১ ~ **(to do sth); ~ (about sth)** (সদর্থক) উৎসুক: He is a ~ baby. ২ ~ **(about sth)** নাক গলানো স্বভাবের; অত্যুৎসুক: ~ freinds. ৩ আজগুবি; দুর্বোধ্য; অস্বাভাবিক। ৪ (প্রায়শ প্রা. প্র.) যত্নের ফল। ~·**ly** *adv* উৎসুকভাবে।

cu·rium [ˈকিয়ুআরিআম্] *n* [U] ইউরেনিয়াম থেকে কৃত্রিমভাবে তৈরি ধাতব-উপাদান।

curl[1] [কা:ল] *n* ১ [C] বাঁক; পাক; কোঁকড়ানো চুলের গুচ্ছ। ২ [U] বাঁকা ভাব।

curl[2] [কা্ল্] *vt,vi* ~ **(up)** কুঞ্চিত করা; (চুল) কোঁকড়ানো; গোলাকার করা: He will ~ his hair; The smoke of his cigarette ~ed upwards. **~ (sb) up** পড়ে যাওয়া; ফেলে দেওয়া। ˈ**~er** চুল কোঁকড়ানোর যন্ত্রবিশেষ। ˈ**~ing-tongs/-irons** চুল কোঁকড়ানো অথবা বাঁকা চুল সোজা করবার যন্ত্রবিশেষ। ˈ**~ing-pins** চুল কোঁকড়ানোর ক্লিপ।

cur·lew [ˈকালিয়ূ] *n* জলাভূমির লম্বা-ঠোঁটবিশিষ্ট পাখিবিশেষ।

curl·ing [ˈকালিং] *n* [U] ভারী চ্যাপ্টা পাথর দিয়ে বরফের উপর অনুষ্ঠিত স্কটদেশীয় খেলাবিশেষ।

curly [ˈকালি] *adj* (-ier, -iest) কুঞ্চিত; কোঁকড়ানো চুলবিশিষ্ট: ~ hair.

cur·mudgeon [কা ˈমাজান্] *n* (কথ্য) বদরাগী অথবা কৃপণ ব্যক্তি।

cur·rant [ˈকারান্ট্] *n* ১ কিশমিশ। ২ কালো, লাল অথবা সাদা রঙের রসালো ফলবিশেষ।

cur·rency [ˈকারান্সি] *n* ১ [U] প্রচলন; প্রচার: The publicity gained ~. **Give ~ to** প্রচার করা; ছড়িয়ে দেওয়া। ২ [C,U] (*pl* -cies) মুদ্রাব্যবস্থা: paper ~; foreign ~.

cur·rent[1] [ˈকারান্ট্] *adj* ১ প্রচলিত; সর্বজনস্বীকৃত; ~ coin; ~ beliefs. ২ সাম্প্রতিক: ~ affairs. ৩ ~ **account** (ব্যাংকের) চলতি হিসাব। ~ **assets** চলতি মূলধন। ~·**ly** *adv* সম্প্রতিকালে।

cur·rent[2] [ˈকারান্ট্] *n* ১ জল-স্রোত; বায়ু-স্রোত: The ~s in the Bay of Bengal. ২ বিদ্যুৎপ্রবাহ। ৩ চিন্তাধারা; মতবাদ: the ~ of thought.

cur·ricu·lum [কা'রিকিয়ুল ম্] *n* (*pl* ~s or -la [-লা]) পাঠ্যসূচি; পাঠক্রম। ~ **vitae** ['ভীটাই] (লাতিন) জীবন-তথ্য (US = *résumé*), Bio-data.

cur·rish ['কারিশ্] *adj* খেঁকি-কুকুর স্বভাবের; কাপুরুষোচিত। ~·**ly** *adv* কাপুরুষের মতো; কুকুরের মতো ঘেউঘেউ করে।

curry[1] ['কারি] *n* (*pl -ries*) [C,U] তরকারি; ঝোল। '~-**powder** মশলা। □*vt* ঝাল-রান্না করা: curried mutton.

curry[2] ['কারি] *vt* (ঘোড়ার) গায়ে হাত বুলিয়ে সাফ করা; চামড়া ট্যান করা। ~ **favour (with sb)** (তোষামোদ করে) অনুগ্রহ লাভের চেষ্টা করা।

curse[1] [ক্যাস্] *n* ১ অভিশাপ। **be under a ~** অভিশাপের ফলে শাস্তি ভোগ করা। **call down ~s (from Heaven) upon sb** অভিশাপ দেওয়া। **lay sb under a ~** অভিশাপগ্রস্ত করা। ২ দুর্ভাগ্যের কারণ: The wealth of Debdas proved a ~ to him. ৩ কঠোর ভাষায় গালাগাল। ৪ **the ~** (কথ্য) ঋতুস্রাব।

curse[2] [ক্যাস্] *vt,vi* ১ অভিশাপ দেওয়া; কঠোর ভাষায় গালাগাল করা। ২ ~ **(at)** শাপ দেওয়া: to ~ at fate. ৩ **be ~d with** অভিশপ্ত হওয়া।

cursed ['ক্যাসিড্] *adj* অভিশপ্ত; ঘৃণ্য।

cur·sive ['ক্যাসিভ্] *adj* গোটা গোটা হাতের লেখাবিশিষ্ট।

cur·sory ['ক্যাসারি] *adj* তড়িঘড়িতে করা (কাজ); দায়সারা গোছের (কাজ)। **cur·sor·ily** ['ক্যাসারালি] *adv* দায়সারাভাবে; তড়িঘড়ি করে।

curst [ক্যাস্ট্] *adj* = cursed.

curt [ক্যাট্] *adj* স্বল্পভাষী; কাঠখোট্টা ধরনের: a ~ reply; a ~ way of talking. ~·**ly** *adv* কাঠখোট্টাভাবে। ~·**ness** *n* কাঠখোট্টা ভাব।

cur·tail [ক্যা'টেইল্] *vt* কাটছাঁট করা: to ~ the plan; to ~ the salary. ~·**ment** *n* (U,C) কাট-ছাঁট কর্ম; কাটছাঁটের ফল।

cur·tain ['কাট্ন্] *n* ১ (দরজা-জানালার) পর্দা। **draw a ~ over sth** (লাক্ষ.) (প্রসঙ্গের) যবনিকা টেনে দাও। '~-**lecture** (প্রা. প্র.) কোনো স্ত্রী কর্তৃক তার স্বামীকে ভর্ৎসনা। ২ (মঞ্চের) যবনিকা; পর্দা: The ~ falls. '~-**call** অভিনয়ের প্রশংসা করবার উদ্দেশ্যে পর্দার সামনে অভিনেতাদের দাঁড়াবার জন্য দর্শকদের অনুরোধ। '~-**raiser** মূল নাটকের আগে মঞ্চায়িত ক্ষুদ্র কোনো অংশ। '**safety**-~ অগ্নিনিরোধক পর্দা। ৩ আবরণ: a ~ mist. *qvt* ১ পর্দা দিয়ে ঢেকে দেওয়া। ২ ~ **off** পর্দা দিয়ে বিভক্ত করা: to ~ off a room.

curt·sey, curtsy ['ক্যাট্সি] *n* (*pl -s,-sies*) সৌজন্য; মেয়েদের শ্রদ্ধা-প্রদর্শনের ভঙ্গি। □*vi* (*pt,pp ~ed*) সৌজন্য প্রদর্শন।

cur·va·ture ['ক্যাভাচা(র্) US - চুঅর্] *n* [U] বক্রতা; বেঁকে যাওয়া অবস্থা।

curve [ক্যাভ্] *n* বাঁক; বক্রতা: a ~ in the map. *qvt,vi* বেঁকে যাওয়া; বাঁক নেওয়া; বাঁকানো: The canal ~s round the village.

cushion ['কুশ্ন্] *n* ১ গদি; তাকিয়া। ২ বিলিয়ার্ড টেবিলের ভিতরে চারিদিকের তুলতুলে অংশ। □*vt* গদি-আঁটা: ~ed seats; (লাক্ষ.) ক্ষতিকর পরিবর্তন থেকে রক্ষা করা: He was ~ed against falls in prices.

cushy ['কুশি] *adj* (-ier, -iest) (অপ.) (চাকরি অথবা কাজ-কাম প্রসঙ্গে) কম খাটুনির (কাজ); আরামপ্রদ।

cusp [কাস্প্] *n* (পাতার) তীক্ষ্ণ ডগা।

cuss [কাস্] *n* (অপ.) ১ অভিশাপ। **not give/care to ~** পাত্তা না দেওয়া; মাথা না ঘামানো। **not worth a tinker's ~** হিসাবের বাইরে; সম্পূর্ণ অযোগ্য; ফালতু। ২ ব্যক্তি: an old ~.

cussed ['কাসিড্] *adj* (কথ্য) গোঁয়ার। ~·**ly** *adv* গোঁয়ারের মতো। ~·**ness** *n* একগুঁয়েমি।

cus·tard ['কাস্টাড্] *n* [C,U] **(egg-) ~** দুধ ও ডিমের সমন্বয়ে রান্না করা মিষ্টান্ন; পুডিং।

cus·tod·ian [কা'স্টৌডিঅন্] *n* রক্ষক; জিম্মাদার।

cus·tody ['কাস্টাডি] *n* [U] ১ প্রহরা; তত্ত্বাবধান; রক্ষণাবেক্ষণ: He was placed in the ~ of his relatives. She had left her ornaments in safe ~. ২ কারাগার। **(be) in ~** হাজতে। **give (sb) into ~** পুলিশের হাতে তুলে দেওয়া। **take (sb) into ~** বন্দী করা।

cus·tom ['কাস্টাম্] *n* ১ [U] প্রথা; অভ্যাস: Everybody should know his social ~. To observe the death anniversary of my father has become the ~ of our family. ২ সামাজিক রীতিনীতি। ৩ কোনো ব্যবসায়ীর প্রতি খরিদ্দারদের নিয়মিত সমর্থন। ৪ (*pl*) আমদানি-রপ্তানি শুল্ক। '~ **house** শুল্ক-ভবন। '~**s union** বিভিন্ন রাষ্ট্র বা প্রদেশের মধ্যে শুল্ক চুক্তি। ,~-'**built** খরিদ্দারকর্তৃক নির্দিষ্ট। ,~-'**made** *adj* (পোশাক-পরিচ্ছদ সম্পর্কে) মাপ দিয়ে তৈরি; মাপ অনুসারে তৈরি।

cus·tom·ary ['কাস্টামারি US -মেরি] *adj* প্রথানুসারী; প্রথানুগ; রেওয়াজ-মাফিক: The ~ vote of thanks. **cus·tom·ar·ily** ['কাসটমারালি US ,কাসটমেরালি] *adv* প্রথানুসারে।

cus·tomer ['কাস্টমা(র্) *n* ১ খরিদ্দার। ২ (কথ্য) গোঁয়ার লোক।

cut[1] [কাট্] *vt,vi* (*pp,pt* cut) ১ কাটা (ক) কেটে ফেলা: She cut her finger herself. (খ) ফসল কাটা: He will cut (= harvest) paddy soon. (গ) ছাঁটা: He will have his hair-cut. '**hair-cut** *n* চুল-কাটা। চুলের ছাঁট। (ঘ) কেটে বাদ দেওয়া; বিভাজন করা। (ঙ) কমানো: They have cut my salary. (চ) ছোট ছোট টুকরায় বিভক্ত করা; টুকরা টুকরা করে কাটা: He has cut the bread. (ছ) দু'ভাগে ভাগ করা; (ফিতা) কাটা: The President will cut the tape and open the show. (জ) পথ, সুড়ঙ্গ ইত্যাদি কাটা: They will cut a tunnel through the hill. ২ (ক) (ভালো/খারাপ কাটে এমন যন্ত্র প্রসঙ্গে): This knife cuts well. (খ) (কোনো দ্রব্য কাটছাঁটের যোগ্যতা প্রসঙ্গে): The tailor could not cut the cloth well. ৩ (কথ্য) কেটে পড়া; কাট মারা: to cut a class. ৪ (রেখা প্রসঙ্গে) পরস্পর ছেদ করা: the line AB cuts CD. ৫ (ক্রিকেট, টেনিস ইত্যাদি খেলার ক্ষেত্রে) স্পিন করবার মতো করে (বলে) আঘাত করা; বলের একধারে আঘাত করা; কাট করা। ৬ **cut one's coat according to one's cloth** আয় বুঝে ব্যয় করা। **cut (off) a corner** কোনাকুনি যাও। **cut corners** (লাক্ষ.) সংক্ষেপ করা। **cut a disc/record** গান ইত্যাদি রেকর্ড করা। **cut the ground from under sb/from under sb's feet** কারো পায়ের তলা থেকে মাটি সরিয়ে দেওয়া; কারো পরিকল্পনা বানচাল করে দেওয়া। **cut no/ not much ice (with sb)** (কারো পর) কোনো প্রভাব না পড়া। **cut**

one's losses আর্থিক অপচয়ের সম্ভাবনায় পরিকল্পনা বাতিল করা। **cut a tooth** দাঁত ওঠা। **cut one's teeth on sth** শেখা; অভিজ্ঞতা লাভ করা: You should accept this job to cut your teeth on. **cut both ways** (বিতর্কে) পক্ষে-বিপক্ষে সমান তালে যুক্তি উপস্থাপন করা। ৭ **cut sb dead** দেখে না দেখার ভান করা; চিনে না চেনার ভান করা: He cut me dead in the party. **cut it fine** (কথ্য) কম সময়ে কিছু করা। **cut sb/sth free (from)** কেটে মুক্ত হওয়া: Don't bind me with the ropes, I will cut myself free, ঢিলে করা; বিচ্ছিন্ন হওয়া (যেমন পরিবার থেকে)। **cut sth open** ফাটিয়ে ফেলা। **cut sth short** সংক্ষেপিত করা: to cut a long lecture short. ৮ **C~!** (সিনেমায়) কাট; অভিনয় এবং দৃশ্যগ্রহণ থামানো। ৯ *(pp* -সহ ব্যবহার) **cut and dried** (মতামতের ক্ষেত্রে) পরিবর্তনের সম্ভাবনাহীন সৃষ্ট জনমত। ˌ**cut ˈflowers** ঘর-দোর সাজানোর উদ্দেশ্যে ফুল-কাটা। ˌ**cut ˈglass** ফুল-তোলা/আঁকা গ্লাস। ˌ**cut ˈprice** *attrib adj* কম দামে ছাড়া; হ্রাসকৃত মূল্যের। ˌ**cut-ˈrate** attrib *adj* = cut-price. ˌ**cut toˈbacco** খণ্ডিত-বিখণ্ডিত। **cut·ting** *part adj* (ক) প্রবল: a cutting wind. (খ) ব্যঙ্গ; মর্মভেদী: cutting remarks. ১০ *(adv part* এবং *pres* -সহ ব্যবহার **cut across sth** (ক) কোনাকুনি পথ ধরা। (খ) ভিন্নমত পোষণ করা। **cut at sb/sth** কঠোর আঘাত হানার উদ্দেশ্যে তলোয়ার, চাবুক ইত্যাদি তাক করা। **cut sth away** কেটে ফেলে দেওয়া; কেটে অংশবিশেষ বাদ দেওয়া: The doctor cut away the infectious finger. **cut sth back** (ক) (ঝোঁপ-ঝাঁড় প্রসঙ্গে) ছেঁটে দেওয়া। (খ) কমানো; হ্রাস করা: cut back production. ˈ**cut·back** *n* উৎপাদন-হ্রাস। **cut sth/sb down** (ক) কেটে নামানো: to cut down a tree (খ) মেরে ফেলা অথবা তলোয়ার/ ধারালো অস্ত্র দিয়ে আহত করা। (গ) (রোগের ফলে) স্বাস্থ্য নষ্ট হওয়া। (ঘ) পরিমাণ কমানো; ব্যয়-সংকোচন: cut down expenses. (ঙ) মূল্যহ্রাসে রাজি করানো: They have managed to cut him down by 50. (চ) দৈর্ঘ্য কমানো: They have cut down my article. **cut down on** বিভাগের পরিমাণ কমানো: I have been trying to cut down on whisky. **cut sb down to size** (কথ্য) কোনো ব্যক্তি যদি নিজেকে খুব গুরুত্বপূর্ণ ভাবে, তাকে বুঝিয়ে দেওয়া যে সে ততো গুরুত্বপূর্ণ নয়: I will cut him down to size. **cut in (on)** পিছন থেকে এসে দ্রুত অতিক্রম করা: Some drivers always cut in (on other cars). **cut sb in** (কথ্য) লাভজনক কর্মকাণ্ডে অন্তর্ভুক্ত করা: The businessmen have cut him in. **cut in (on) into** (কথোপকথনে) নাক-গলানো; কথার মাঝে কথা বলা: He always cuts into the story. **cut in half/ two/ three, etc; cut into halves/ quarters/ thirds etc** বিভক্ত করা/ হওয়া: She has cut the mangoes into halves. **cut into sth** (ক) ভিতরে ছুরি চালিয়ে কাটা: She has cut into her birthday cake. (খ) বাধা সৃষ্টি করা: The meeting has cut into my free time. **cut sb/sth off (fom)** (ক) কেটে ফেলে দেওয়া: He has cut his infectious fingers off. (খ) বিচ্ছিন্ন করা/হওয়া: Dhaka was cut off by the floods. **cut out** থেমে যাওয়া; বন্ধ হওয়া। **cut sth out** (ক) (সংবাদ-সাময়িকী থেকে) কেটে নেওয়া: Sometimes I cut the articles out. (খ) কেটে কেটে বের করা: Cut out a path through the jungle. (গ) (কাপড়) কেটে আকৃতি দেওয়া: Cut out a dress. (ঘ) (কথ্য) বাদ দেওয়া, বাতিল করা: He has cut out the details. (ঙ) (কোনো কিছু) করা থেকে বিরত থাকা। **cut sb out** বাতিল করা; সরিয়ে দেওয়া: They have cut out all the rivals. **cut it/that out** (কথ্য); (imper) যুদ্ধ থামাও: Now just cut it out, you two. **cut out (the) dead wood** (কথ্য) অপ্রয়োজনীয় অংশ বাদ দেওয়া। **(not) be cut out for** যোগ্যতাসম্পন্ন হওয়া (না-হওয়া): He is not cut out for that hard work. **have one's work cut out (for one)** যথাসম্ভব কাজ করা: He will have his work cut out for him. ˈ**cut-out** *n* (ক) ডিজাইন। (খ) (বিদ্যুৎ) সার্কিট বিচ্ছিন্ন রাখবার পদ্ধতিবিশেষ। **cut sb to the heart/quick** মনে কষ্ট দেওয়া: His behaviour will cut her to the heart **cut sb/sth to pieces** ধ্বংস করে দেওয়া: He has cut the enemy to pieces. **cut sth/sb up** (ক) টুকরা করে কাটা: cut up one's meat. (খ) ধ্বংস করা: cut up the enemy's forces. (গ) মনে কষ্ট পাওয়া: They were badly cut up by the news of their defeat. (ঘ) কঠোর সমালোচনা করা: The critics have cut up the latest book of Mr. khan. **cut up (into)** কাটা যেতে পারে: This piece of cloth will cut up into four shirts. **cut up (for)** (কথ্য) যোগ্যমূল্যের হওয়া: He had left ৳ 100,000 for his heir though he was cut up for twenty thousand. **cut up rough** (অপ.) আক্রমণাত্মক আচরণ করা: They will cut up rough, if you do not support him.

cut² [কাট্] *n* ১ কাটার কাজ; তলোয়ার/চাবুকের আঘাত/খোঁচা; আঘাতের দাগ: a deep cut in the leg. He has some cuts on his face. **cut and thrust** (প্রায়শ লাক্ষ.) প্রবল তর্ক-বিতর্ক: The cut and thrust of debate. ২ আকার, পরিমাণ ও দৈর্ঘ্য হ্রাস: a cut in salaries. ৩ চলচ্চিত্রে (সম্পাদনায়) ব্যবহৃত পরিভাষা: There were several cuts in the film. ৪ কাটার ফলে প্রাপ্ত জিনিস: a nice cut up beef. ৫ পোশাক-পরিচ্ছদ কাটার স্টাইল: You will like the cut of the young tailor. ৬ (ক্রিকেট, টেনিস) দ্রুত ও জোরালো মার: a cut to the boundary. ৭ কাউকে আঘাত করে এমন মন্তব্য: That remark was a cut at me. ৮ চেনা-শোনার ব্যাপার অস্বীকার: give sb a cut. ৯ **short cut** সংক্ষিপ্ত (পথ)। ১০ **a cut above** (কথ্য) যোগ্যতর: He is a cut above the other colleagues. ১১ সুড়ঙ্গ; রেল-পথ; খাল। ১২ ব্লক অথবা প্লেট; যেগুলোতে কেটে ছবি আঁকা হয়: wood cut.

cute [কিয়ূট্] *adj* (-r, -st) ১ তীক্ষ্ণবুদ্ধিসম্পন্ন; তীক্ষ্ণধী। ২ (US কথ্য) আকর্ষণীয়; সুন্দর; মনোরম। **~·ly** *adv* বুদ্ধির সাথে; আকর্ষণীয়ভাবে। **~·ness** *n* তীক্ষ্ণবুদ্ধি; রম্যতা।

cu·ti·cle [ˈকিয়ূটিক্‌ল্] *n* চামড়ার বাইরের স্তর।

cut·lass [ˈকাট্‌লাস্] *n* ১ (ইতি.) কিছুটা বক্রদাঁতবিশিষ্ট নাবিক-ব্যবহৃত ছোট একধারী তলোয়ার। ২ কোকো-উৎপাদনকারীদের ব্যবহৃত কাটারি।

cut·ler [ˈকাট্‌লা(র্)] *n* ছুরি কাঁটা-চামচ ইত্যাদি নির্মাতা ও মেরামতকারী। **~y** *n* [U] উক্তরূপ সামগ্রীর ব্যবসায়; স্টেনলেস স্টিলের তৈরি টেবিলে ব্যবহার্য ঐ জাতীয় সামগ্রী।

cut·let ['কাট্‌লিট্] *n* কাটলেট: a veal ~.
cut·purse ['কাট্‌পা্স্] *n* (ইতি.) পকেটমার।
cut·ter ['কাট(র্) *n* ১ কাটার লোক অথবা যন্ত্র: a tailor's ~; a wire-~. ২ এক-মাস্তুল বিশিষ্ট নৌ-যান; তীর এবং জাহাজের মাঝে ব্যবহৃত জাহাজের নিজস্ব নৌকা।
cut-throat ['কাট্‌থ্রৌট্] *n* ১ খুনি। ২ (attrib ব্যবহার) বর্বর; নিষ্ঠুর: ~ competition, দুর্বল প্রতিদ্বন্দ্বীদের ধ্বংস করবার প্রতিযোগিতা। **~ razor** ক্ষুর।
cut·ting ['কাটিং] *n* ১ সড়ক; রেলপথ অথবা খালের জন্য মাটি কেটে তৈরি উন্মুক্ত পথরেখা। ২ (সংবাদপত্রের) কাটিং (=US clipping). ৩ (গাছের) কলম। ৪ [U] চলচ্চিত্র-সম্পাদনার পদ্ধতিবিশেষ। **'~-room** চলচ্চিত্র-সম্পাদনার কক্ষবিশেষ। □*part adj* দুঃখজনক শব্দ: ~ remarks.
cut·tle·fish ['কাট্‌ল্‌ফিশ্] *n* সামুদ্রিকপ্রাণীবিশেষ।
cy·an·ide ['সাইঅ্যানাইড্] *n* [U] বিষাক্ত রাসায়নিক পদার্থবিশেষ: potassium ~.
cy·ber·net·ics [ˌসাইবা'নেটিক্‌স্] *n (sing v)* সাইবারনেটিকস; জীববিজ্ঞানের সমতুল্য বিষয়াবলীর সঙ্গে যান্ত্রিক ও বৈদ্যুতিক নিয়ন্ত্রণ-তুলনার প্রায়োগিক তত্ত্ব। **cy·ber·netic** *adj*
cyc·la·men ['সিক্‌লমান্ US 'সাইক্-] *n* তীক্ষ্ণ-গন্ধের ফুলবিশিষ্ট গাছবিশেষ।
cycle ['সাইক্‌ল্] *n* ১ ঘটনাচক্র; চক্র; আবর্ত: The ~ of the cyclones. ২ সৃষ্টিশীল কোনো রচনার পূর্ণাঙ্গ সেট অথবা সিরিজ: a song ~, eg by Tagore; the Arabian night ~. ৩ বাইসাইকেল অথবা মোটর সাইকেলের সংক্ষিপ্ত রূপ। □*vi* সাইকেল চালানো।
cyc·lic ['সাইক্লিক্] *adj* বৃত্তাকারে বিন্যস্ত; আবর্তন-শীল।
cyc·li·cal ['সাইকলিক্‌ল্] *adj* = cyclic.
cyc·list ['সাইকলিস্‌ট্] *n* সাইকেল-আরোহী।
cyc·lone ['সাইক্‌লৌন্] *n* সাইক্লোন; ঘূর্ণিঝড়। **cy·lonic** ['সাইক্লনিক্] *adj* ঘূর্ণিঝড়সংক্রান্ত; ঘূর্ণিঝড়-আক্রান্ত।
cyclo·pae·dia [ˌসাইকল'পীডিআ] *n* = encyclopaedia.
Cyclo·pean [ˌসাইক্‌লৌপিঅ্যান্] *adj* একচক্ষু দৈত্য সাইকলাপস সংক্রান্ত; বৃহদাকার।
cyclo·style ['সাইক্‌লাস্টাইল্] *n* সাইক্লোস্টাইল যন্ত্র। □*vt* সাইক্লোস্টাইল করা।
cyclo·tron ['সাইকলট্রন্] *n* পারমাণবিক গবেষণাগারে ব্যবহৃত যন্ত্রবিশেষ।
cyder ['সাইডা(র্) *n* = cider.
cyg·net ['সিগ্‌নিট্] *n* মরালশাবক।
cyl·in·der ['সিলিনডা(র্) *n* ১ সিলিন্ডার। ২ ইনজিনে ব্যবহৃত সিলিন্ডার-আকৃতির পাত্রবিশেষ: a six-~ engine. **(working) on all ~s** (কথ্য) সর্বশক্তি প্রয়োগ করে। **cy·lin·dri·cal** [সি'লিন্‌ড্রিক্‌ল্] *adj* সিলিন্ডারের আকৃতিবিশিষ্ট।
cym·bal ['সিম্‌ব্‌ল্] *n* মন্দিরা; করতাল।
cynic ['সিনিক্] *n* হতাশাবাদী; চিরবিষণ্ণ; দোষদর্শী ব্যক্তি। **cyni·cism** ['সিনিসিজ়াম্] *n* [U] হতাশাবাদ; নৈরাশ্যবাদ।
cyni·cal ['সিনিক্‌ল্] *adj* নৈরাশ্যবাদীর আচরণসম্পন্ন। **~·ly** (-ক্‌লি) *adv* নিরাশাজনক আচরণের সাথে।
cyno·sure [ˌসিনজ়িঙ(র্) US সাইনাশুঅর্] *n* দৃষ্টি আকর্ষণে দক্ষ ব্যক্তি; আকর্ষণীয় ব্যক্তিত্ব।
cy·pher ['সাইফা(র্)] *n* = cipher.
cy·press ['সাইপ্রেস্] *n* সাইপ্রেস বৃক্ষ।
Cyril·lic [সিরিলিক্] *adj* **The ~ alphabet** স্লাভ ভাষাগোষ্ঠীর ব্যবহৃত বর্ণমালা সংক্রান্ত।
cyst [সিস্‌ট্] *n* প্রাণীদেহের মলকোষ বা পুঁজকোষ।
cys·ti·tis [সি'স্‌টাই টিস্] *n* (কেবল *sing*) (চিকি.) মূত্রাশয়ের বৃদ্ধি।
czar [জা:(র্)] *n* (অপিচ **tsar**) (১৯১৭ সাল-পূর্ব) রাশিয়ার জার (সম্রাট)। **czar·ina** [জা:রীনা] *n* জার-পত্নী।
Czech [চেক্] *n* চেকজাতি; চেকোশ্লোভাকিয়ার অধিবাসী; চেক (জাতির) ভাষা।

D d

D, d [ডী] (*pl* D's, d's [ডী জ়্]) ইংরেজি বর্ণমালার চতুর্থ বর্ণ; রোমক সংখ্যা = ৫০০। **'d** (বিশেষত I, We, you, he, she, they, who-এর পরে) had ও would-এর পরিবর্তে ব্যবহৃত হয়।
dab[1] [ড্যাব্] *vt,vi* (-bb-) ~ **(at)** আলতোভাবে ছোঁয়া; পরা; (তুলির) ছোঁয়া লাগানো: ~ one's cheek with a powder puff; ~ paint on a canvas. □*n* [C] ১ (অল্পপরিমাণ রঙ ইত্যাদির) ছোঁয়া। ২ মৃদু চাপড়; টোকা; (না ঘষে) কোনো পৃষ্ঠভাগে কোনো কিছুর স্বল্পকালীন প্রয়োগ; ছোঁয়া: a ~ with a moist piece of cloth.
dab[2] [ড্যাব্] *n* বড়ো আকারের চাঁদামাছ।
dab[3] [ড্যাব্] *n* ~ **(hand)** (কথ্য) (খেলা ইত্যাদিতে, কার্যসম্পাদনে) পটু; কুশলী; পারদর্শী ব্যক্তি।
dabble ['ড্যাব্‌ল্] *vt,vi* ১ (হাত পা ইত্যাদি দিয়ে) জল ছিটানো; (বার বার) চোবানো। ২ ~ **at/in** (শিল্প, রাজনীতি ইত্যাদি) পেশা হিসাবে না নিয়ে শখ হিসাবে চর্চা করা; নাড়াচাড়া করা। **dab·bler** ['ড্যাবলা(র্)] *n* পল্লবগ্রাহী।
dace [ডেই স্] *n* (*pl* অপরিবর্তিত) স্বাদু জলের ছোট মাছবিশেষ।
dacha ['ড্যাচা] *n* রুশদেশীয় গ্রামস্থ বাসভবন; দাচা।
dachs·hund ['ড্যাক্‌স্‌হুনড্] *n* খাটো পা-ওয়ালা ছোট জাতের কুকুরবিশেষ; ডাখ্‌সহুন্ড।
da·coit [ড'কয়ট্] *n* ডাকাত। **~y** *n* (*pl* -ties) ডাকাতি।
dacron ['ড্যাক্রন্] *n* [P] কৃত্রিম তন্তুবিশেষ; ডেক্রন।
dac·tyl [ড্যাকটিল্] *n* (ছন্দ) যথাক্রমে একটি স্বরিত (accented) এবং দুটি অস্বরিত অক্ষরযোগে গঠিত পর্ব (-vu); (সংস্কৃত ছন্দের পরিভাষায়) ভ।
dad [ড্যাড্] *n* (কথ্য) বাবা।
dada·ism ['ডা:ডাইজ়াম্] *n* ১৯১৬ খ্রিস্টাব্দে আরব্ধ ঐতিহ্যবিরোধী শিল্প ও সাহিত্য আন্দোলনবিশেষ; দাদাইজম।

daddy [ˈড্যাডি] *n (pl* -dies) (শিশুর বুলি) বাপ্পি। ˌ**~-ˈlong·legs** *n* এক ধরনের অতি দীর্ঘপদ মক্ষিকা (–র লোকপ্রচলিত নাম); বগা মাছি।

dado [ˈডেইডৌ] *n (pl* -s, US -es [–ডৌজ্]) ঘরের ভেতরের দিকের দেয়ালের নিম্নভাগ, যদি তা রঙ বা উপাদানের দিক থেকে ঊর্ধ্বভাগ থেকে ভিন্ন হয়; ভিত্তিকা।

dae·mon [ˈডীমান্] *n* = demon.

daf·fo·dil [ˈড্যাফ়ডিল্] *n* কন্দ থেকে জাত; সরু দীর্ঘ পত্রবিশিষ্ট পীত পুষ্পবিশেষ; ড্যাফডিল।

daft [ডা: ফ়্ট্ US ড্যাফ়্ট্] *adj* (-er, -est) (কথ্য) হাবা; জড়বুদ্ধি; বোকা; খেপা। **~·ly** *adv* হাবার মতো।

dag·ger [ˈড্যাগা(র্)] *n* ১ অস্ত্ররূপে ব্যবহৃত খাটো; তীক্ষ্ণ; দুধারি ছুরিবিশেষ; ছোরা; খঞ্জর। **at ~s drawn (with sb)** উদ্যতখঞ্জর; আক্রমণোদ্যত। **look ~s at sb** ঘৃণা ও বিদ্বেষ-ভরে/ কটমট করে তাকানো। ২ (মুদ্রণ) অভিসম্বন্ধ বা রেফারেন্সের চিহ্ন (†)।

dago [ˈডেইগৌ] *n (pl -s* [–গৌজ্]) (নিষেধ.) (অপ., অবজ্ঞাসূচক) ইতালীয়, স্পেনীয় বা পর্তুগিজ।

da·guerreo·type [ডা ˈগেরাটাইপ্] *n* ফরাসি উদ্ভাবক জাক্ দাগের (১৭৮৭–১৮৫১) কর্তৃক ১৮৩৮ সনে উদ্ভাবিত আলোকচিত্র গ্রহণ পদ্ধতি এবং ঐ পদ্ধতিতে গৃহীত আলোকচিত্র; দাগেরোচিত্র।

dah·lia [ˈডেইলিআ US ˈড্যালিআ] *n* কন্দজাত; উজ্জ্বল বর্ণের উদ্যানপুষ্পবিশেষ; ঐ ফুলের গাছ; ডালিয়া।

Dail Eire·ann [ডয়ল্ ˈএআরান্] *n* আইরিশ প্রজাতন্ত্রের ব্যবস্থাপক সভা; ডয়ল এয়ারান।

daily [ˈডেইলি] *adj,adv* প্রাত্যহিক; দৈনিক; প্রত্যহ; প্রতিদিন। **~ dozen** প্রাত্যহিক (নিয়মিত) ব্যায়াম। **one's ~ bread** কারো প্রাত্যহিক খাদ্যাদি; নিত্যপ্রয়োজনীয় দ্রব্য। □*n* ১ (সংবাদপত্র) দৈনিক। ২ (কথ্য) ছুটো কাজের লোক।

dainty[1] [ˈডেইন্‌টি] *adj* (–ier, -iest) ১ (ব্যক্তি সম্বন্ধে) সুশ্রী; পরিচ্ছন্ন এবং নাজুক স্বাস্থ্য ও সূক্ষ্ম রুচিবোধ–সম্পন্ন; সুকুমার: a ~ little lady. ২ (ব্যক্তি ও প্রাণী সম্বন্ধে) খুঁতখুঁতে রুচির জন্য খুশি করা কঠিন এমন; খুঁতখুঁতে: My daughter is ~ about her dress. ৩ (বস্তু সম্বন্ধে) সুকুমার; নাজুক; সূক্ষ্ম; ভঙ্গুর: ~ Chinaware. ৪ (খাদ্য সম্বন্ধে) হালকা ও মুখরোচক; সুস্বাদু। **dain·tily** *adv* সুকুমার রূপে। **dain·ti·ness** *n* সৌকুমার্য; সূক্ষ্মতা।

dainty[2] [ˈডেইন্‌টি] *n (pl -ties)* (সাধা. *pl*) সুস্বাদু, রসনারোচক খাদ্য; সুখাদ্য: The table was laid with dainties of every kind.

dairy [ˈডেআরি] *n (pl -ries)* ১ যে ভবন বা ভবনের যে অংশে দুগ্ধ সংরক্ষণ এবং দুগ্ধজাত পণ্য উৎপাদন করা হয়; গব্যশালা; গব্যগৃহ। ˈ**~-farm** যে খামারে দুধ ও মাখন উৎপন্ন হয়; গব্যখামার। **~ing,** ˈ**~-farming** গব্য–খামার ব্যবসা। ˈ**~ cattle** দুধের জন্য যেসব গাভী পোষা হয়; দুধের গরু। ˈ**~-maid** গব্যশালায় কর্মরত নারী; গোপকন্যা। ২ যে দোকানে দুধ, মাখন, ডিম ইত্যাদি বিক্রি হয়; দুগ্ধবিপণি। ˈ**~-man** [–মান্] *(pl* -men) দুগ্ধ ইত্যাদির কারবারি; দুগ্ধব্যবসায়ী।

dais [ˈডেইইস্] *n (pl* ~es –সিজ্)] মঞ্চ; বেদি।

daisy [ˈডেইজ়ি] *n (pl* -sies) হলুদ কেন্দ্রবিশিষ্ট (সাধা. বুনো) ছোট সাদা ফুলবিশেষ; একই প্রজাতির কিংবা অনুরূপ ভিন্ন জাতের ফুল (Michaelmas ~ ইত্যাদি); ডেইজি। **push up the daisies,** দ্র. Push[1] (৮)।

dale [ডেই ল্] *n* (বিশেষত উত্তর ইংল্যান্ডে এবং কবিতায়) উপত্যকা। **dales·man** [ˈডেইল্‌জ্‌মান্] *n (pl* -men) (উত্তর ইংল্যান্ডের) উপত্যকাবাসী।

dal·li·ance [ˈড্যালিআন্স্] *n* [U] চপল আচরণ; চপলতা; ছেলেখেলা; ফষ্টিনষ্টি; প্রেমবিলাস।

dally [ˈড্যালি] *vi* ১ **~ with** চপলতা/ ছেলেখেলা/ ছিব্‌লেমি/ ফষ্টিনষ্টি করা; অলস মনে চিন্তা করা: ~ with an idea or proposal; ~ with a girl's sentiments. ২ **~ (over)** সময় নষ্ট করা; কালক্ষেপণ করা: He is just ~ing over the matter.

dal·ma·tian [ড্যাল্ ˈমেইশ্‌ন্] *n* সাদার ওপর কালো দাগযুক্ত, খাটো লোমওয়ালা বড়ো জাতের কুকুরবিশেষ; ড্যালমাশিয়ান।

dam[1] [ড্যাম্] *n* ১ (জলাধার নির্মাণ, জলবিদ্যুৎ উৎপাদন ইত্যাদির জন্য) জলের গতিরোধ করে তার স্তর উন্নীত করার জন্য নির্মিত প্রাকার; জলবন্ধন; আলি। (দ্র. barrage, সাধা. পানিসেচের উদ্দেশ্যে নদীর এপার থেকে ওপার পর্যন্ত বিস্তৃত প্রতিবন্ধক; বাঁধ)। ২ (উক্তরূপ জলবন্ধনের দ্বারা সৃষ্ট জলাধার। □*vt* (-mm-) **~ (up)** (কোনো সঙ্কীর্ণ উপত্যকার এপার–ওপার) জলবন্ধন নির্মাণ করা; জলবন্ধনের দ্বারা ধরে রাখা; (লাক্ষ.) ধরে রাখা; সংযত করা: to ~ up one's emotions/sb's anger.

dam[2] [ড্যাম্] *n* (চতুষ্পদ জন্তুর) মা। দ্র. sire(৩)।

dam·age [ˈড্যামিজ্] *n* ১ [U] **~ to** ক্ষতি; হানি; লোকসান। ২ *(pl)* (আইন.) ক্ষতিপূরণ; খেসারত। ৩ **what's the ~?** (কথ্য) কতো খসবে? □*vt* ক্ষতিগ্রস্ত করা।

dam·as·cene [ˈড্যামাসীন্] *adj* দামেস্কের; দামেস্ক–। □*vt* দামেস্ক–ইস্পাতে পরিণত করা।

dam·ask [ˈড্যামাস্‌ক্] *n* [U] ১ রেশম বা শণের তৈরি বস্ত্রবিশেষ, যার সূক্ষ্ম কারুকার্য আলোর প্রতিফলনে দৃষ্টিগোচর হয়; দামেস্ক চেলি: (attrib) ~ table-cloths; ~ silk. ২ তরঙ্গিত রেখার কারুকাজ কিংবা স্বর্ণ বা রৌপ্য–খচিত ইস্পাতবিশেষ; দামেস্ক ইস্পাত: (attrib) ~ (কিংবা damascane) steel। ৩ ˈ**~ rose** দামেস্ক গোলাপ; (ঐ ফুলের) উজ্জ্বল গোলাপি রঙ।

dame [ডেই ম্] *n* ১ (প্রা. প্র.) নারী, বিশেষত বিবাহিত নারী। ২ (GB) রাষ্ট্রীয় খেতাবের কোনো–একটি বর্গে সর্বোচ্চ উপাধিপ্রাপ্ত মহিলা; ঐ উপাধি: D~ Ellen Terry. (তুল. Lady উপাধি)। ৩ **D~ Nature, D~ Fortune** ইত্যাদি ক্ষেত্রে প্রযুক্ত উপাধি; দেবী। ৪ (US অপ.) স্ত্রীলোক; মেয়েমানুষ।

damn [ড্যাম্] *vt* ১ (ঈশ্বর সম্বন্ধে) নরকদণ্ড দেওয়া; জাহান্নামে পাঠানো। ২ নিন্দা করা; মূল্যহীন বা গর্হিত বলে ঘোষণা করা: The performance was ~ed by the audience. ৩ (কথ্য) (বিশেষত *int* রূপে) ক্রোধ, বিরক্তি, অধৈর্য ইত্যাদি প্রকাশের জন্য ব্যবহৃত (চুলোয় যাক! শালা! নিকুচি করি): D~! D~ it all! D~ your dirty trick! □*n* (কথ্য) **not give/care a ~** কানাকড়ি জ্ঞান/পরোয়া না করা। **not (be) worth a ~** কানাকড়ি দাম নেই। □*adj,adv* (কথ্য) (কথায় জোর দেওয়ার জন্য) : Don't be a ~ fool, আকাট মূর্খ; বোকার হদ্দ। **~ well** অবশ্য।

dam·nable [ˈড্যাম্‌নাবল্] *adj* ঘৃণ্য; গর্হিত; গর্হনীয়; জঘন্য; (কথ্য) বিশ্রী : ~ weather. **dam·nab·ly** [ˈড্যাম্‌নাবলি] *adv* জঘন্য/গর্হিত রূপে ইত্যাদি।

dam·na·tion [ড্যাম্ ˈনেইশ্‌ন্] *n* [U] নরকদণ্ড; অভিসম্পাত; ধ্বংস: to suffer eternal ~.

damned [ড্যাম্ড্] *adj* ১ **the ~** নরকপ্রাপ্ত/ অভিশপ্ত আত্মারা। ২ (কথ্য) ঘৃণ্য; জঘন্য: You ~ liar ! □*adv* (কথ্য) অত্যধিক; ভীষণ; দারুণ: ~ nasty/humid.

Damocles [ˈড্যামাক্লীজ্] *n* **sword of ~** (গ্রিক পুরাকাহিনী থেকে) সম্পদের মধ্যে বিপদের আশঙ্কা; ডেমক্লিসের তরবারি।

damp[1] [ড্যাম্প্] *adj* (-er, -est) পুরোপরি শুষ্ক নয় এমন; কিঞ্চিৎ আর্দ্র; আর্দ্র; সেঁতসেঁতে; ভেজা: ~ clothes. **~ squib**, দ্র. squib. □*n* [U] ১ আর্দ্রতা; জলকণা; কুয়াশা; আর্দ্র আবহাওয়া: The ~ outside caused him to squeez terribly. দ্র. course[1] (৫) ভুক্তিতে ~-course. ২ **cast/strike a ~ over** (লাক্ষ.) হতোদ্যম করা; উৎসাহ ভঙ্গ করা: His father's death cast a ~ over the festivities. ৩ (অপিচ ˈ**fire-~**) কয়লার খনিতে উদ্ভূত বিপজ্জনক গ্যাসবিশেষ; ধূমিকা। **~·ish** *adj* সেঁতসেঁতে। **~·ly** *adv* আর্দ্রভাবে। **~·ness** *n* আর্দ্রতা; জলীয়তা; সেঁতসেঁতে ভাব।

damp[2] [ড্যাম্প্] *vt,vi* ১ ঈষৎ আর্দ্র করা; জলের ছিটে দেওয়া। ২ (অপিচ ˈ**dam·pen**) দমানো; হতোদ্যম করা: Even that crushing defeat could not ~ his morale. ৩ **~ down** (ছাই স্তূপীকৃত করে কিংবা চুলো ইত্যাদিতে বায়ুপ্রবাহ নিয়ন্ত্রিত করে) জ্বাল কমানো। ৪ **~ off** (চারা গাছ সম্বন্ধে) (অত্যধিক জলীয়তার জন্য) পচে মরে যাওয়া।

dampen [ˈড্যাম্পান্] *vt* = damp[2] (২)।

damper [ˈড্যাম্পা(র্)] *n* ১ চুলো বা উনোনের আগুনে বায়ুপ্রবাহ নিয়ন্ত্রণ করার জন্য ধাতুর আলগা পাত; নিয়মন-ফলক। ২ কম্পন রোধ করার জন্য পিয়ানোর তারের সঙ্গে লাগানোর ক্ষুদ্র উপধানবিশেষ (প্যাড); কম্পনরোধক। ৩ যে ব্যক্তি বা বস্তু নিবৃত্ত বা নিরুৎসাহিত করে; উৎসাহভঞ্জক। দ্র. damp[1] (২)।

dam·sel [ˈড্যাম্জ্ল্] *n* (প্রা. প্র.) বালিকা; কুমারী; যুবতী।

dam·son [ˈড্যাম্জ্ন্] *n* নীললোহিত বর্ণের আলুবোখারাজাতীয় ফল; ঐ ফলের গাছ; নীল লোহিত বর্ণ।

dance[1] [ডা:ন্স্ US ড্যান্স্] *n* [C] ১ নৃত্য, নাচ; নাচের সঙ্গে সংশ্লিষ্ট বিশেষ বিশেষ সুর বা সঙ্গীত, যেমন ভাল্‌স্, ট্যাঙ্গো ইত্যাদি। **lead sb a (pretty) ~** নাকানি-চোবানি খাওয়ানো; সাত ঘাটের জল খাওয়ানো। ২ নাচের জন্য সামাজিক সমাবেশ; সামাজিক নৃত্যোৎসব: to give a ~, নৃত্যোৎসবের আয়োজন করা। ৩ (attrib): ˈ~·rhythm, নৃত্যচ্ছন্দ। ˈ**~-band/ orchestra** নাচের বৃন্দবাদ্য/অর্কেস্ট্রা। ˈ**~-hall** *n* (সর্বসাধারণের নাচের জন্য) নৃত্যশালা। দ্র. ball[2] ভুক্তিতে ballroom.

dance[2] [ডা:ন্স্ US ড্যান্স্] *vi,vt* ১ নাচা; নৃত্য করা। ২ বিশেষ বিশেষ ধরনের নাচ নাচা: to ~ a waltz/a ballet/a tango. **~ attendance upon sb** কারো মোসাহেবি করা। **~ to sb's tune** কারো কথায় উঠ-বস করা। ৩ দ্রুত লয়ে; উজ্জ্বলভাবে; উপরে-নীচে সঞ্চরণ করা; নাচা: I ~d for joy. Look how the leaves are dancing. ৪ নাচানো: to ~ a child on one's knee. **dancer** *n* নর্তক; নর্তকী; নৃত্যশিল্পী। দ্র. ballerina, ballet-~r. **danc·ing** *part adj* নৃত্যপর: a dancing bird..□(gerund) [U] ১ (attrib) (gerund-এর উপর জোর): ˈdancing-master, পেশাদার নৃত্যশিক্ষক; নর্তয়িতৃ; ˈdancing-partner, নৃত্যসঙ্গী; ˈdancing-shoes, নাচের (হালকা) জুতা। ২ (পূর্বপদে জোর): ˈballet-dancing, ব্যালে নৃত্য।

dan·de·lion [ˈড্যান্ডিলাইআন্] *n* খাঁজ-কাটা পাতা এবং উজ্জ্বল হলুদ বর্ণের পুষ্পবিশিষ্ট বুনো ওষধিবিশেষ; সিংহদন্তী।

dan·der [ˈড্যান্ডা(র্)] *n* (কথ্য, কেবলমাত্র বাগ্‌ধারায়) **get sb's ~ up** কাউকে চটানো। **get one's ~ up** চটা।

dandle [ˈড্যান্ড্ল্] *vt* (শিশু প্রভৃতিকে) কোলে বা হাঁটুতে করে দোলানো।

dan·druff [ˈড্যান্ড্রাফ্] *n* [U] খুশকি; শিরোমল; মরামাস।

dandy[1] [ˈড্যান্ডি] *n* নিজের চেহারা ও বেশভূষা সম্বন্ধে অত্যধিক সচেতন ও যত্নবান ব্যক্তি; ফুলবাবু; ড্যান্ডি। **dan·di·fied** [ˈড্যান্ডি ফাইড্] *adj* ড্যাণ্ডিভূত: a dandified appearance.

dandy[2] [ˈড্যান্ডি] *adj* (অপ.) চমৎকার; খাসা: fine and ~.

Dane [ডেইন্] *n* ডেনমার্কের অধিবাসী; দিনেমার।

dan·ger [ˈডেইনজা(র্)] *n* ১ [U] বিপদ; ঝুঁকি; আশঙ্কা; শঙ্কা। **at ~**: The signal was at ~, বিপদসূচক অবস্থানে ছিল। **in ~ (of)**; My life is in ~, আমার জীবন বিপন্ন। **out of ~** বিপন্মুক্ত। ˈ**~ money** ঝুঁকি-ভাতা। ২ [C] বিপদ ঘটাতে পারে এমন; বিপজ্জনক কিছু; বিপদ: He is a. ~ to the society. He is careful about hidden ~s.

dan·ger·ous [ˈডেইন্জারাস্] *adj* **~ (to/for)** বিপজ্জনক; বিপৎসঙ্কুল। **~·ly** *adv* বিপজ্জনকভাবে।

dangle [ˈড্যাঙ্গ্ল্] *vi,vt* ঝোলা; দোলা; ঝোলানো; দোলানো: The severed arm was dangling, to ~ a doll in front of a child; (লাক্ষ.) to ~ bright prospects before a man.

Dan·ish [ˈডেইনিশ্] *n,adj* ডেনমার্ক বা দিনেমার সম্পর্কিত; ডেনীয়; ডেনীয় ভাষা।

Daniel [ˈড্যানিআল্] *n* বাইবেলোক্ত দানিয়েলের মতো অত্যন্ত ন্যায়পরায়ণ বিচারক।

dank [ড্যাঙ্ক্] *adj* (-er, -est) সেঁতসেঁতে; a ~ and dark room.

daphne [ˈড্যাফ্নি] *n* পুষ্পল গুল্মবর্গবিশেষ; দাফনি।

dap·per [ˈড্যাপা(র্)] *adj* (সাধা. ছোটোখাটো মানুষ সম্বন্ধে) চেহারায় পরিচ্ছন্ন ও চৌকশ; চটপটে; পরিপাটি; কর্মচঞ্চল।

dapple [ˈড্যাপ্ল্] *vt* (সাধা. *pp*) (বিশেষত প্রাণী বা আলোছায়া সম্বন্ধে) বিভিন্ন রঙের কিংবা ভিন্ন ভিন্ন মাত্রায় একই রঙের গোলাকার ছোপ দিয়ে চিহ্নিত করা বা হওয়া: ~d deer, চিত্রহরিণ; a ~d horse, চিত্রঘোটক; ~d shade, বিচিত্র আলোছায়া। ˌ**~-ˈgrey** *adj,n* (ঘোড়া সম্বন্ধে) ধূসর রঙের উপর গাঢ় ছোপযুক্ত।

Darby and Joan [ˌডা:বি অ্যান্ জৌন্] *n* প্রেমময় প্রাচীন বিবাহিত দম্পতি: a ~ club, উক্তরূপ দম্পতিদের জন্য ক্লাব।

dare[1] [ডেআ(র্)] *anom fin (pt* dared [ডেআড্] কিংবা অপেক্ষাকৃত অল্প প্রচলিত durst [ডাস্ট্]) (dare not-এর সংক্ষিপ্ত রূপ daren't [ডেআন্ট্]; 3rd pers. *sing.* dares নয়, dare) (প্রধানত না-বোধক বাক্যে to ছাড়া inf-এ ব্যবহৃত হয়—hardly, never, no one ও nobody-সঙ্গে থাকতে পারে; প্রশ্নবোধক, শর্তমূলক ও সন্দেহজ্ঞাপক বাক্যে to ছাড়া inf-এ ব্যবহৃত হয়) কোনো কিছু করার মতো সাহস, ধৃষ্টতা বা নির্লজ্জতা থাকা: Don't (you) ~say it ! How ~ you ask me such obnoxious question ! I will never ~ try it again. **I ~ say** অনুমান করি: I ~ say he's leaving by tomorrow.

are[2] [ডেআ(র্)] *vt,vi* ১ (to-সহ কিংবা to ছাড়া) কোনো কিছু করার মতো সাহস করা: I didn't ~ (to) contract him. He's never ~d (to) challenge me. I wonder how you ~ (to) insult him ! ২ ঝুঁকি নেওয়া; মোকাবেলা করা: I shall ~ anything. ৩ **~ sb (to do sth)** স্পর্ধা দেখানোর জন্য আহ্বান করা; কোনো কিছু করার সাহস বা ক্ষমতা নেই, এরকম ইঙ্গিত দেওয়া: I ~ you to do it again ! Come on, beat him ! I ~ you ! **ˈ~-devil** *n* (প্রায়শ attrib) প্রগল্ভ; বেপরোয়া; অতিসাহসী; You ~-devil ! □চ্যালেন্জ; সমাহ্বান। **do sth for a ~** সমাহূত হয়ে কিছু করা।

ar·ing [ˈডেআরিঙ্] *n* [U] দুঃসাহস; অসমসাহস: The ~ of the commandoes. □*adj* দুঃসাহসী, অসমসাহসী: a ~ operation. **~·ly** *adv* অসমসাহসের সঙ্গে।

ark[1] [ডা:ক্] *n* [U] ১ অন্ধকার, আঁধার, তিমির, তমসা। **before / after ~** সূর্যাস্তের আগে/ পরে। ২ (লাক্ষ.) অজ্ঞতা, অনবধানতা। **keep sb/be in the ~ (about sth)** কাউকে অনবহিত রাখা/ অনবহিত থাকা: He was kept completely in the ~ about our plans.

ark[2] [ডা:ক্] *adj* (-er, -est) ১ আঁধার, অন্ধকার: It is getting ~. **ˈ~ lantern** যে লণ্ঠনের আলো ঢেকে রাখা যায়; আচ্ছাদিত লণ্ঠন। **ˈ~-room** আলোকচিত্রের কাজের জন্য যে ঘর অন্ধকার করে ফেলা যায়; নিরালোক কক্ষ। ২ (রঙ সম্বন্ধে) প্রায় কালো: a ~ suit; ঘন: ~ blue/green ইত্যাদি। ৩ (ত্বক সম্বন্ধে) শ্যাম, শ্যামলা: a ~ complexion. ৪ (লাক্ষ.) গূঢ়, রহস্যময়: a ~ secret. **keep it ~** গোপনীয় রাখা। **the D~ Continent** অন্ধকার মহাদেশ; আফ্রিকা (যখন এ মহাদেশের অধিকাংশ অজ্ঞাত ও অপরিচিত ছিল)। **a ~ horse** অপ্রত্যাশিত বা অজ্ঞাত ক্ষমতাসম্পন্ন দৌড়ের ঘোড়া; অচেনা ঘোড়া; (লাক্ষ.) যে ব্যক্তির সত্যিকার শক্তি-সামর্থ্য তার জ্ঞাত শক্তি-সামর্থ্যের চেয়ে অধিক হতে পারে। ৫ নৈরাশ্যজনক, শোকাবহ; অন্ধকার: He is apt to look on the ~ side of things. ৬ (শ্রেয়োনীতি বা বুদ্ধিবৃত্তির দিক থেকে) অজ্ঞ, অজ্ঞান। **the D~ Ages** (য়োরোপীয় ইতিহাস) অন্ধকার যুগ (৬ষ্ঠ থেকে ১২শ শতাব্দী; অপিচ রোমক সাম্রাজ্যের শেষভাগ—৩৯৫ খ্রিস্টাব্দ থেকে ১০ম শতাব্দী পর্যন্ত)। ৭ অস্পষ্ট; অস্বচ্ছ: a ~ saying. **~·ly** *adv* অন্ধকারপূর্ণভাবে ইত্যাদি। **~·ness** *n* [U] অন্ধকার, তিমির, তমিস্র।

larken [ˈডা:কান্] *vt,vi* অন্ধকার করা বা হওয়া। **~ sb's door** (পরিহাস) কারো বাড়িতে পদধূলি দেওয়া।

Darkey, Darkie, Darky [ˈডা:কি] *n* (নিষেধ) (কথ্য) কৃষ্ণাঙ্গ নর বা নারী (-সূচক অপমানকর নাম); কেলো।

dar·ling [ˈডা:লিঙ্] *n* ১ অতি প্রিয় ব্যক্তি বা বস্তু; প্রিয়তম; সুপ্রিয়; দুলাল; ইষ্টতম; প্রাণপ্রিয়: My ~ ! ২ (attrib, কথ্য) মনোরম; রমণীয়; মনোহর: a ~ little house.

darn[1] [ডা:ন্] *vt,vi* (বিশেষত বোনা কোনো বস্ত্র) রিফু করা। □রিফু বা রিফু-করা অংশ। **~·ing** *n* (বিশেষত) রিফুর প্রয়োজন এমন বস্তু; রিফু-কর্ম। **ˈ~ing-needle** রিফুর (জন্য বড়ো) সুচ।

darn[2] [ডা:ন্] *vt* (অপ.) = damn (৩); ক্রোধ প্রভৃতি অন্তর্ভাবসূচক: I'll be ~ed if I retreat.

dart[1] [ডা:ট্] *n* [C] ১ অকস্মাৎ তীব্রগতিতে সম্মুখ-ধাবন: He made a sudden ~ towards the door. ২ (পালকযুক্ত, তীক্ষ্ণমুখ) ক্ষুদ্র, শাণিত ক্ষেপণাস্ত্রবিশেষ, যা 'ডার্ট'-নামক খেলায় (বাণখেলা) সংখ্যাচিহ্নিত নির্দিষ্ট লক্ষ্যস্থলে নিক্ষেপ করতে হয়; বাণ। **ˈ~·board** *n* উক্ত খেলার জন্য বিভিন্ন অংশে বিভক্ত চক্রাকার ফলক; বাণ-ফলক।

dart[2] [ডা:ট্] *vi,vt* অকস্মাৎ তীব্রবেগে ছোটা বা ছোটানো; তীরবেগে ছোটা বা ছোটানো; হানা: The horse ~ed away in a wink. The Headmaster ~ed an angry look at the pupil. She ~ed into the room.

dash[1] [ড্যাশ্] *n* ১ [C] বেগে ধাবন; প্রচণ্ডগতি: to make a ~ for shelter ; to make a ~ at an opponent. **at a ~** ক্ষিপ্রবেগে; দৃপ্ত ভঙ্গিতে: The sergeant rode off at a ~. ২ (সাধা. **a/the ~ of**) (তরল পদার্থের কিংবা তরল পদার্থের উপর) আঘাত, অভিঘাত, প্রহার এবং তা থেকে উদ্ভূত শব্দ; ছিটে; ছপছপ: the ~ of the waves on the cliff; the ~ of oars striking the water. A ~ of cold water brought him back to consciousness. ৩ [C] কোনো কিছুর অল্পপরিমাণ মিশ্রণ বা সংযোজন; চিমটে; ফোঁটা; ছিটে: a ~ of rose-water in the sherbet; a ~ of pepper in the salad; blue with a ~ of yellow. ৪ [C] ছেদচিহ্নবিশেষ (—); কষি। দ্র. পরি. ৬। ৫ **the ~** স্বল্প দূরত্বের দৌড়: the 100 metres ~. ৬ [U] প্রবল কর্মতৎপরতা (-র সামর্থ্য); কর্মশক্তি, উদ্যম: He handled the case with competence and ~. **cut a ~** (চেহারায় ও আচরণে) চমৎকারিত্ব দেখানো; চোখ ধাঁধানো। **ˈ~-board** (ক) রাস্তায় কাদার ছিটে থেকে বাঁচার জন্য কোনো ঘোড়ার গাড়ি, গরুর গাড়ি ইত্যাদির সম্মুখভাগে সংযুক্ত আড়ালবিশেষ; পরিস্থিতি। (খ) মোটরগাড়িতে বাতাবরণের নীচে বেগমাপক যন্ত্র, বিভিন্ন নিয়ন্ত্রণ-কৌশল ইত্যাদি যুক্ত ফলক; নিয়ন্ত্রণ-পীঠ।

dash[2] [ড্যাশ্] *vt,vi* ১ প্রচণ্ড বেগে নিক্ষেপ করা বা নিক্ষিপ্ত হওয়া; প্রচণ্ড বেগে ধাবিত হওয়া; প্রবল বেগে চালনা করা: The torrents ~ed over the fallen tree. The raft was ~ed against the beach. A lorry ~ed past the old man. The wild horoes ~ed through the field. **~ sth off** চটপট লিখে/এঁকে ফেলা: He ~ed off a sketch before breakfast. ২ **~ sb's hopes** কারো আশা চুরমার/বরবাদ করা। ৩ (কথ্য, Damn-এর অক্ষুন্ন বিকল্পরূপে ব্যবহৃত) জাহান্নামে যাক: D~ it ! **~·ing** *adj* উচ্চণ্ড; বেপরোয়া; প্রাণোদ্দীপ্ত; প্রাণবন্ত; তেজস্বী; করিৎকর্মা; অকুতোভয়: a ~ing commando attack; a ~ing horseman. **~·ing·ly** *adv* উচ্চণ্ডভাবে ইত্যাদি।

das·tard [ˈডা:স্টা(র্)ড্] *n* কাপুরুষ। **~·ly** *adj adv* কাপুরুষোচিত(ভাবে)।

data [ˈডেইটা] *n pl* (লা. datum-এর *pl*) ১ তথ্য; উপাত্ত; (সাধা. *sing v*-সহ) প্রক্রিয়াজাতকরণের জন্য কম্পিউটার-পূর্বলেখ (প্রোগ্রাম)-এর জন্য প্রস্তুত এবং পূর্বলেখের মাধ্যমে সঞ্চালিত তথ্য; উপাত্ত: The data may be processed now. **ˈ~ bank** কম্পিউটারের নথিভুক্ত উপাত্তের ব্যাপক সংগ্রহশালা; উপাত্তসংগ্রহ কেন্দ্র। **ˈ~ base** কম্পিউটারজাত উপাত্তের বৃহৎ ভাণ্ডার, বিশেষত প্রতিবেদন, বৃত্তান্ত ইত্যাদির তালিকা কিংবা সারাংশ; উপাত্ত-ভাণ্ডার। **ˌ~ ˈprocessing** তথ্য উদ্ধার,

সমস্যার সমাধান ইত্যাদি উদ্দেশ্যে কম্পিউটারের কার্য পরিচালনা; উপাত্ত প্রক্রিয়াজাতকরণ।

date[1] [ডেইট্] *n* ১ তারিখ। **'~-line** (ক) (Intermediate ~-line) (আন্তর্জাতিক) তারিখ-রেখা। (খ) সংবাদ-সাময়িকীতে নিবন্ধের তারিখ ও স্থানজ্ঞাপক বাক্যাংশ; দিনাঙ্ক। ২ [U] যুগ; আমল: Monuments of Sultani ~ are abundant in Bangladesh. ৩ (বাক্যাংশ) **be/go ˌout of '~** সেকেলে হয়ে যাওয়া। সুতরাং, **'out-of-date** *adj* সেকেলে; অব্যবহারিক: out-of-date ideas/ clothes. **be/bring sth ˌup to '~** (ক) হালফিল হওয়া/ কালোন্নীত করা। (খ) সাম্প্রতিক কাল পর্যন্ত সম্প্রসারিত করা/ হওয়া; কালোন্নীত করা/ হওয়া: bring a catalogue up to ~. দ্র. update. সুতরাং **'up-to-~** *adj* কালোন্নীত; অধুনাতন: up-to-~ styles/information. **to ~** এ যাবৎ; এখন পর্যন্ত: We have received no information to ~. ৪ (কথ্য) নির্দিষ্ট স্থান ও সময়ে কারো সঙ্গে সামাজিক সাক্ষাৎকার; দর্শন: Have you got a ~ with her ? **ˌblind '~** আগে কখনো সাক্ষাৎ হয়নি, এমন কারো সঙ্গে সামাজিকভাবে সাক্ষাৎ করবার ব্যবস্থা; অজ্ঞাতদর্শন। ৫ (সম্প্রসারিত অর্থে) পুরুষের ক্ষেত্রে সঙ্গিনী এবং স্ত্রীর সঙ্গে সঙ্গী, যার সঙ্গে সাক্ষাতের স্থানকাল নির্ধারিত হয়েছে; অভিসারী / অভিসারিণী। **~·less** *adj* অনন্ত; স্মরণাতীত; স্মরণাতিগ।

date[2] [ডেইট্] *vt,vi* ১ তারিখ বসানো/দেওয়া: to ~ letters. ২ তারিখ নির্ণয় করা: to ~ old manuscripts. ৩ **~ from / back** (অতীতের) কোনো সময় থেকে বিদ্যমান থাকা: The monument ~s back to the 16th century. ৪ সেকেলে হওয়ার লক্ষণ প্রকাশ পাওয়া: These poems are beginning to ~. ৫ সাক্ষাতের স্থানকাল স্থির করা। **dated** *adj* সেকেলে; অচলিত। **datable** *adj* তারিখ নির্ণয় করা যায় এমন।

date[3] [ডেইট্] *n* খেজুর; খর্জুর।

dat·ive [ডেইটিভ্] *n,adj* (ব্যাক.) (লাতিন ও অন্যান্য বিভক্তিমূলক ভাষায়) ক্রিয়ার গৌণকর্মসূচক শব্দরূপ; (ইংরেজিতে শিথিলভাবে) গৌণকর্ম; সম্প্রদান; সম্প্রদান কারক। দ্র. case[1] (৩)।

datum ['ডেইটাম্] *n* তথ্য; উপাত্ত। দ্র. data.

daub [ডো°ব্] *vt,vi* ১ লেপা; লেপন করা; প্রলেপ দেওয়া; মাখানো: to ~ paint on a canvas; to ~a wall with plaster. ২ আনাড়ির মতো আঁকা। ৩ নোংরা করা: floor ~ed with paints. □১ প্রলেপ। ২ [C] কাঁচা/অপটু হাতে আঁকা ছবি; কুচিত্র। **~er** *n* আনাড়ি আঁকিয়ে।

daugh·ter ['ডো°টা(র্)] *n* কন্যা; মেয়ে; আত্মজা; তনয়া। **~-in-law** ['ডো°টা(র্) ইন্ লো°] (*pl* ~s-in-law ['ডো°টাজ্ ইন্ লো°]) বধূ; পুত্রবধূ। **~·ly** *adj* কন্যাসুলভ: ~ly affection.

daunt [ডো°ন্ট্] *vt* নিরুৎসাহ/সন্ত্রস্ত করা: nothing ~ed, অদম্য; নিঃশঙ্ক।

daunt·less ['ডো°ন্ট্লিস্] *adj* অদম্য; নির্বিশঙ্ক; অকুতোভয়; অধ্যবসায়ী। **~·ly** *adj* অকুতোভয়ে; নির্ভয়ে।

dau·phin ['ডো°ফিন্] *n* ফরাসি রাজার জ্যেষ্ঠপুত্রের উপাধি (১৩৪৯ থেকে ১৮০০ পর্যন্ত); যুবরাজ।

dav·en·port [ড্যা ভ্‌ন্‌পো°ট্] *n* ১ (GB) একাধিক দেরাজ এবং কব্জা-আঁটা পাল্লাযুক্ত আসবাববিশেষ (পাল্লাটি খুলে লেখার ডেস্ক হিসাবে ব্যবহার করা যায়); ড্যাভনপোর্ট। ২ (US) দুতিনজন মানুষের বসার জন হাতল ও হেলানওয়ালা দীর্ঘ আসনবিশেষ। দ্র. settee.

davit [ড্যাভিট্] *n* জাহাজের নৌকো ঝুলিয়ে রাখা এব নামানো-ওঠানোর জন্য ছোট ছোট দুটি দণ্ডের যেকোনে একটা; নৌক্রোঞ্চ।

dawdle ['ডো°ড্‌ল্] *vi,vt* **~ (away)** দেরি করা কালক্ষেপ করা: Tell him not to ~ away his time You are always dwadling. **daw·dle** ['ডো°ড্‌লা(র্)] *n* কালক্ষেপক; দীর্ঘসূত্রী।

dawn[1] [ডো°ন্] *n* ১ [U, C] উষা; ভোর; প্রত্যূষ প্রভাত; নিশান্ত। ২ [U,C] (লাক্ষ.) আরম্ভ; সূচনা; উন্মেষ the ~ of civilization/ love/ understanding.

dawn[2] [ডো°ন্] *vi* ১ ভোর হওয়া; আলো ফোটা: The day is ~ing. ২ **~ (on/upon sb)** প্রতিভাত হতে শুরু করা; (মনে) স্পষ্ট হতে শুরু করা; উন্মেষিত হওয়া Don't worry, the truth will ~ upon you. It has jus ~ed on the victim that....

day [ডেই] *n* ১ [U] দিন; দিবস; দিনমান; দিবাভাগ **before day** সূর্যোদয়ের/ভোর হওয়ার আগে। **by day** দিনের বেলা; দিনমানে: We travalled by ~. **pass the time of day (with sb)** সম্ভাষণ বিনিময় কর (যেমন 'good morning' বলা)। ২ [C] (মধ্যরাত্রি থেকে) চাব্বিশ ঘণ্টা সময়; দিন; এক দিন: There are seven ~s in a week. **the day after tomorrow** আগামী পরশু। **the day before yesterday** গত পরশু **this day week** এক সপ্তাহ পর (আজকের এই দিন): If today is 1 November, this day week will be 8 November. **this day fortnight** পক্ষকাল পরে (আজকের এই দিন)। **day after day; every day** দিনের পর দিন; প্রতিদিন; প্রত্যহ। **day in, day out** (অনির্দিষ্ট কাল) দিনের পর দিন; অবিরাম। **from day to day; from one day to the next** দিনে দিনে (দিনে দিনে দিন ফুরাবে); একদিন পরে: Who knows what will happen from day to day. **one day** একদা; একদিন (অতীত বা ভবিষ্যতে)। **the other day** সেদিন; কয়েকদিন আগে। **some day** (কোনো) একদিন (ভবিষ্যতে)। **one of these days** (প্রতিশ্রুতিদানে বা ভবিষ্যদ্বাণী দিতে গিয়ে) অদূর ভবিষ্যতে; অচিরে। **One of those days** সেই দুঃখ/দুর্দশার দিনে। **that'll be the day** (বক্রোক্তি) সেটা কখনো ঘটবে না। **if he's a day** (বয়স সম্বন্ধে) কম করে হলেও; অন্তত: She's fifty if she's a day ! **not be one's day** অশুভ দিন: It's not my day. **to a/the day** ঠিক এই দিন: five years ago to the/a day. *day* -এর পরে সাপেক্ষ সর্বনামের অনুপস্থিতি লক্ষণীয়: the day (on which) she left school. ৩ কাজের জন্য নির্ধারিত সর্বমোট সময়; দিন; কার্যদিবস: The workers want a six-hour day. My working day is eight hours. You have done a good day's work. **call it a day** আজকের মতো যথেষ্ট কাজ হয়েছে বলে স্থির করা; নিবৃত্ত/ক্ষান্ত হওয়া: Let us call it a ~, আজকের মতো ক্ষান্ত হওয়া যাক। **all in a/the day's work** স্বাভাবিক নিত্যক্রমের সকল অংশ। **at the end of the day** দিনের কাজের শেষে; দিনের শেষে। **early/late in the day** অতি আগেভাগে/অতি বিলম্বে। **day off** ছুটির দিন। ৪ (প্রায়শ *pl*) সময়; কাল; আমল; দিন; জীবন; বেলা: in my boyhood ~s; in the ~s of British Raj; in his school ~s; in ~s of old/in olden ~s, সেকালে; বিগত দিনে; in ~s to come, ভবিষ্যতে; অনাগত দিনে; the men of other ~s, সেকালের/ সে যুগের মানুষ। **better days** সুদিন: He saw better ~s. **fall on evil days** দুঃখদুর্দশায় পড়া; (কারো জন্য) দুর্দিন/ দুঃসময় যাওয়া। **the present days** একাল; বর্তমান সময়। সুতরাং, **present-day** *attrib adj* একালের; আধুনিক: present-day scientists. **(in) these days** আজকের দিনে। **in those days** সেকালে; সেযুগে। **in this day and age** (বুকনি) বর্তমান কালে/যুগে। ৫ (পূর্বপদ his, her, their ইত্যাদি-সহ *sing)* জীবৎকাল; জীবদ্দশা; সাফল্য, সমৃদ্ধি, ক্ষমতা ইত্যাদির কাল; সুদিন: She was a beauty in her ~. Monarchy had its ~. **Every dog has its day** (প্রবাদ) সকলের জীবনেরই সৌভাগ্য বা সাফল্যের একটা সময় থাকে। **Those were the days** (বুকনি) তখন ছিল সুসময়। ৬ **the day** প্রতিদ্বন্দ্বিতা: They will win/carry the day. We've lost the day. The day is yours. ৭ (সাধা. attrib এবং যৌগশব্দে) ˈ**day bed** দিনের বেলা শোওয়া বা বিশ্রামের জন্য শয্যা; দিবাশয্যা। ˈ**day-book** (বাণিজ্য) হিসাবপুস্তকে স্থানান্তরিত করার উদ্দেশ্যে প্রতিদিনের বিক্রয়ের তাৎক্ষণিক হিসাবের খাতা; বিক্রয়-পুস্তক। ˈ**day-boy/girl** বাড়ি থেকে গিয়ে যে প্রতিদিন স্কুলে হাজিরা দেয়; অনাবাসিক ছেলে/মেয়ে। ˈ**day·break** *n* [U] ঊষা; প্রভাত; ভোর। ˌ**day** ˈ**care** *n* [U] ছোট শিশুদের জন্য দিনের বেলায় বাড়ি থেকে দূরে তত্ত্বাবধানের ব্যবস্থা; দিবাকালীন তত্ত্বাবধান: a day-care centre. ˈ**day-dream** *n,vi* দিবাস্বপ্ন (দেখা); জাগর স্বপ্ন। ˈ**day-labourer** দিনমজুর। ˈ**day-long** *adj,adv* দিনভর; সারাদিনের; দিনব্যাপী। সারাদিন ধরে। ˈ**day nursery;** দিবাকালীন শিশুশালা। ˌ**day reˈlease** *n* [U] শিক্ষাগ্রহণের উদ্দেশ্যে কর্মচারীদের দায়িত্ব থেকে অব্যাহতিদানের (যেমন সপ্তাহে একদিন) ব্যবস্থা; আহ্নিক অব্যাহতি। ˌ**day reˈturn** *n* [C] একদিনের জন্য বৈধ (অনেক সময় রেয়াতি হারে) যাওয়া-আসার টিকিট; এক দিনের ফেরত টিকিট। ˈ**day-school** (আবাসিক, নৈশ স্কুল এবং রবিবারের স্কুলের সঙ্গে বৈপরীত্যক্রমে)। ˈ**day shift** বিশেষত খনিতে দিবাভাগের নির্দিষ্ট নিরতকাল এবং তখন কর্মরত শ্রমিকবৃন্দ; দিবাকালীন পর্যায়। ˈ**day-spring** (কাব্যিক) ঊষা; নিশান্ত; অরুণোদয়। ˈ**day-time** [=day (1)] দিনের বেলা; দিবাকালে।

day·light [ˈডেইলাইট্] *n* [U] ১ দিবালোক; দিনের আলো: You can reach the next village in ~, দিনের আলো থাকতে থাকতে। **~ robbery** *n* [U] প্রকাশ্যে প্রতারণা; দিনদুপুরে ডাকাতি। **~ saving** *n* [U] ঘড়ির কাঁটা এগিয়ে দেওয়া, যাতে দেরিতে রাত হয়; দিবালোক সাশ্রয়। দ্র. summer ভুক্তিতে summertime. ভোর; প্রভাত: leave/arrive before ~.

daze [ডেই জ়্] *vt* হতবুদ্ধি/ স্তম্ভিত করা; মাথা ঘুরিয়ে দেওয়া: I felt ~ed, as the stone hit me on the head. The victim was in a ~ed state. □*n* **in a ~** বিমূঢ় অবস্থায়। **dazed·ly** [ডেইজিড্লি] *adv* বিমূঢ়ভাবে।

dazzle [ˈড্যাজ্ল্] *vt* চোখ ধাঁধানো: ~ed by bright light. **dazzling** *adj* চোখ-ধাঁধানো; দৃষ্টিসন্তাপক। □*n* দীপ্তি; দ্যুতি; উজ্জ্বল্য।

D-day [ˈডী ডেই] *n* দ্বিতীয় মহাযুদ্ধকালে যেদিন (৬ জুন 1944) ব্রিটিশ ও মার্কিন বাহিনী উত্তর ফ্রান্সে অবতরণ করে (তার সাঙ্কেতিক নাম); ডি-ডে; গুরুত্বপূর্ণ কাজ শুরু করার নামহীন দিন।

dea·con [ˈডীকান্] *n* খ্রিস্টানদের কোনো কোনো গির্জাসঙ্গঠনে (যেমন ইংলন্ডীয় গির্জায় বিশপ ও পাদ্রির অধস্তন; নন-কনফর্মিস্ট গির্জায় ইহজাগতিক বিষয়াদির তত্ত্বাবধানে নিযুক্ত সামান্যজন) নানাবিধ দায়িত্বে নিয়োজিত পুরোহিত বা কর্মকর্তা; উপপুরোহিত। **~·ess** [ˈডীকানিস্] *n* উক্তরূপ দায়িত্বে নিয়োজিত মহিলা।

de·ac·ti·vate [ডীˈঅ্যাক্টিভেইট্] *vt* নিষ্ক্রিয় করা; সক্রিয়তা হ্রাস করা।

dead [ডেড্] *adj* ১ (উদ্ভিদ, প্রাণী, ব্যক্তি সম্বন্ধে) মৃত; মরা; নিষ্প্রাণ: ~ flowers/leaves. **D~ men tell no tales,** (প্রবাদ, গোপনীয় ব্যাপারে খবর রাখে বলে বিপজ্জনক হতে পারে, এমন ব্যক্তিকে হত্যা করার সপক্ষে যুক্তি হিসাবে ব্যবহৃত) মরা মানুষ গল্প শোনাতে আসে না। **wait for a ~ man's shoes** কারো পদ দখল করার জন্য তার মৃত্যু পর্যন্ত অপেক্ষা করা। **the ~** মৃত বা নিহতদের সমষ্টি: to rise from the ~; the ~ and the wounded. **~ march** অন্ত্যেষ্টিক্রিয়ার জন্য ধীর লয়ের ভাবগম্ভীর সঙ্গীতাংশ; অন্ত্যেষ্টিসঙ্গীত। ২ জড়; নিশ্চেতন: ~ matter. ৩ কর্মচাঞ্চল্যরহিত: in the ~ hours of the night, মধ্যরাতে; নিস্তব্ধ নিশীথে; (*n* হিসাবে) in the ~ of winter, যখন তৃণগুল্মাদি জন্মে না, আবহাওয়ার প্রতিকূলতা গৃহবহির্বর্তী কর্মতৎপরতা দুরূহ করে তোলে; ভরা শীতে, পরিপূর্ণ শীতকালে। **~ end** কানাগলি। **be at/come to a ~ end,** (লাক্ষ.) যেস্তরের পরে আর অগ্রসর হওয়া অসম্ভব; কানাগলিতে পৌঁছা। দ্র. নীচে (৯)। ৪ (ভাষা, লোকাচার ইত্যাদি সম্বন্ধে) মৃত; অচলিত। **~ language** মৃত ভাষা। **~ letter (ক)** যে বিধির প্রতি এখন আর মনোযোগ দেওয়া হয় না; গতায়ু বিধি। **(খ)** প্রাপক ও প্রেরকের সন্ধান মেলেনি বলে যে চিঠি ডাকঘরে রাখা হয়েছে; মরা চিঠি। ৫ (হাত, পা ইত্যাদি সম্বন্ধে) নিঃসাড়; অসাড়: ~ fingers. **~ to** নিশ্চেতন; নিঃসাড়: ~ to all feelings of humiliation; ~ to the world, (লাক্ষ.) ঘুমে অচেতন; সুষুপ্ত। ৬ সম্পূর্ণ; আকস্মিক; যথাযথ: to come to a ~ stop, হঠাৎ থেমে যাওয়া; runners on a ~ level, পাশাপাশি ধাবমান; a ~ calm, নির্বাত প্রশান্তি। **go into/be in a ~ faint** সম্পূর্ণরূপে জ্ঞান হারানো; মূর্ছা যাওয়া। **~ heat** যে দৌড়ে একাধিক প্রতিযোগী একসঙ্গে বিজয়স্তম্ভে উপনীত হয়; অমীমাংসিত প্রতিযোগিতা। **~ loss** কোনো ক্ষতিপূরণ ছাড়া সম্পূর্ণ লোকসান; নির্জলা/ডাহা লোকসান; (অপ. ব্যক্তি সম্বন্ধে) যে কারো কোনো কাজে আসে না; লোকসানের মাল। **the ~ centre** যথাযথ/শুদ্ধ কেন্দ্র। **~ shot** যে ব্যক্তি লক্ষ্যভেদে বিফল হয় না; যে তীর বা গুলি যথাযথ বিন্দুতে আঘাত করে; লক্ষ্যভেদী, অব্যর্থলক্ষ্য ব্যক্তি/ তীর/ গুলি। **~ silence** পরিপূর্ণ নিঃস্তব্ধতা; নৈঃশব্দ্য। **~ sleep** গভীর নিদ্রা (মড়ার মতো)। ৭ যা আর ব্যবহারযোগ্য নয়: a ~ match, দগ্ধ দেয়াশলাই; a ~ wire, যার মধ্যে বিদ্যুৎ প্রবাহিত হয় না; মরা তার; The telephone went ~, নিঃসাড় হয়ে গেল। ৮ (শব্দ সম্বন্ধে) ভারী, নিস্তেজ, গম্ভীর; (রং সম্বন্ধে) অনুজ্জ্বল, নিষ্প্রভ; (ক্রিকেট, টেনিস ইত্যাদি) বল মন্দগতিতে চলে এমন (ধরনের মাঠ); মন্থর: a ~ pitch; (বিভিন্ন খেলায় বল সম্বন্ধে) খেলার বিধি অনুযায়ী যেখানে থাকা উচিত সেখানে নেই এমন (বল); মরা। ৯ (বিবিধ ব্যবহার) ˈ**~·line** *n* সময়সীমা: meet a ~line. **~·pan** *adj*

(কথ্য) (কারো মুখাবয়ব, চেহারা সম্বন্ধে) আবেগ–অনুভূতির অভিব্যক্তিবিহীন; ভাবলেশহীন; মড়ামুখো। ~ **weight** *n* ১ (*indef art*-সহ) গুরুভার জড়বস্তু; জগদ্দল পাথর। ২ (বাণিজ্য) জাহাজে বাহিত পণ্য; জ্বালানি; নাবিক ও আরোহীদের ওজন; বোঝাই ওজন। □*adv* পুরোপুরি; নিশ্চিতভাবে; সম্পূর্ণরূপে: ~ ˈbeat/tired, পরিক্লান্ত; ~ ˈcertain/ ˈsure, সম্পূর্ণ নিশ্চিন্ত; ~ ˈdrunk, বদ্ধ/বেহেড মাতাল; ~ slow, মন্থরতম গতিতে; ~ ahead, একদম সোজা(সুজি); নাক বরাবর; The wind was ~ against the boat, সম্পূর্ণ উল্টো দিক থেকে; You're ~ right ! সম্পূর্ণ যথার্থ। **cut sb ~,** দ্র. cut[1] (৭)।

deaden [ˈডেড্‌ন্] *vt* শক্তি; অনুভূতি; উজ্জ্বলতা হরণ করা; ভোঁতা করা; নিষ্প্রভ/নিঃসাড়/হ্রাস করা: drugs to ~ the pain; wooden panels that ~ outside noises, শব্দ নিবারণ করে: That jacket with padded shoulders that ~ed the impact of the blow.

dead·lock [ˈডেড্‌লক্] *n* [C, U] অচলাবস্থা: to reach ~; come to a total ~. **break the ~** অচলাবস্থা নিরসন করা।

deadly [ˈডেড্‌লি] *adj* (-ier, -iest) ১ মারাত্মক; প্রাণান্তক; প্রাণঘাতী; সাংঘাতিক: ~ weapons/poison. ২ বিদ্বেষপূর্ণ; বিদ্বিষ্ট: ~ enemies, প্রাণের শত্রু; বদ্ধবৈরী। ৩ নরকদণ্ডার্হ: the seven ~ sins. ৪ মৃত্যুসদৃশ; মৃত্যুকল্প: a ~ paleness. ৫ (কথ্য) অত্যন্ত; আত্যন্তিক: a ~ determination, দৃঢ় সঙ্কল্প। □*adv* মৃত্যুকল্প: ~ pale; (কথ্য) অতিমাত্রায়: ~ serious.

deaf [ডেফ্] *adj* ১ (সম্পূর্ণ বা আংশিক) বধির; কালা; কানে খাটো: to be ~ in one ear. ˈ**~-aid** *n* শ্রবণশক্তিহীন মানুষের শোনার সাহায্যস্বরূপ ছোট, সাধা. ইলেকট্রনিক কৌশলবিশেষ; শ্রুতিসহায়। ˌ**~ ˈmute** *n* বোবাকালা; মূকবধির। ২ শোনে না বা গ্রাহ্য করে না এমন; কর্ণপাত করে না এমন: ~ to all advice. He turned a ~ ear to all our entreaties. **~·ness** *n* বধিরতা।

deafen [ˈডেফ্‌ন্] *vt* কানে তালা লাগানো; কান ফাটানো। ˈ**~·ing** *adj* কর্ণবিদারী; কান–ফাটা।

deal[1] [ডীল্] *n* ফার বা পাইন কাঠ এবং ঐ কাঠের তক্তা; দারুকাষ্ঠ: (প্রধানত attrib) ~ furniture; a ~ table; made of white ~.

deal[2] [ডীল্] *n* **a (good/great) ~ (of sth)** অনেক; অনেকটা; অনেকখানি; প্রচুর; প্রভূত; ঢের: a good ~ of energy; a great ~ of caution; be a good ~ better; ঢের শ্রেয়: see sb a great ~, প্রায়ই দেখাসাক্ষাৎ করা।

deal[3] [ডীল্] *vt,vi* (*pt,pp* dealt [ডেল্ট্]) ১ **~ (out)** (অনেকের মধ্যে) বণ্টন করা; বাঁটা; বিলি করা: Could you ~ out the money ? The cards were fairly ~t. A judge must ~ out justice, সুবিচার করা। **~ sb a blow; ~ a blow at/to sb** (ক) আঘাত বা প্রহার করা: The robber ~t me a blow on the head. (খ) (লাক্ষ.) আহত/ ক্ষুব্ধ করা; মানসিকভাবে বিপর্যস্ত করা: The incident ~t him a severe blow. ২ **~ in sth** ব্যবসা/ কারবার করা: He ~s in writing materials; সময় ব্যয় করা: to ~ in gossip and slander. ৩ **~ with sb/at a place** ব্যবসা/ লেনদেন করা: He is a dishonest businessman, I do not ~ with him. Do you ~ at Rizvi's ? ৪ **~ with** (ক) মেলামেশা/ সম্পর্ক রক্ষা করা: She is easy / impossible/ difficult to ~ with. (খ) আচর[ণ] ব্যবহার করা: I don't know how to ~ with suc[h] precocious children. (গ) (কাজ–কারবার সম্বন্ধে) ব্যবস্থা / বিহিত করা: Let's ~ with one problem [at] a time. (ঘ) উপজীব্য করা; বিষয়বস্তু রূপে নেওয়া: The article ~s with rural poverty. ৫ ~ **well/badly by sb** তার সঙ্গে ভালো/ম[ন্দ] ব্যবহার/আচরণ করা (সাধা. passive): He's be[en] well ~t by.

deal[4] [ডীল্] *n* [C] ১ (খেলায়) তাস বণ্টন: It's my ~ **a new ~** (মূলত **the New D~**) (US) সামাজিক [ও] অর্থনৈতিক সংস্কার কর্মসূচি; ন্যায্য ও সুবিচারসম্মত ব[লে] বিবেচিত যে কোনো নতুন পরিকল্পনা; নতুন বণ্টনব্যবস্[থা]। ২ (ব্যবসায়িক) লেনদেন কিংবা সংবিদা; (কথ্য) পা[কা] কথা: well, it's a ~, ঐসব শর্তে আমি আপনার স[ঙ্গে] ব্যবসা করতে সম্মত; I'll do a ~ with you, একটা সমঝোতায় আসব। **a fair/square ~** ন্যায্য ব্যবহা[র]; ন্যায়সঙ্গত আচরণ। **a raw/rough ~** অন্যায় বা র[ূঢ়] ব্যবহার।

dealer [ˈডীলা(র্)] *n* ১ (তাস) বণ্টনকারী। ২ ব্যবসা[য়ী]; বণিক; ব্যাপারি; কারবারি: a ˈhorse-~; a ~ in stol[en] goods; a ˈcar ~, তুল. a coal merchant.

dealing [ˈডীলিঙ্] *n* ১ [U] বণ্টন; বাঁটা; (অপরে[র] প্রতি) আচরণ: I appreciate your fair ~. ২ (... বাণিজ্যিক/ ব্যবসায়িক সম্পর্ক; লেনদেন: I've fou[nd] nothing suspicious in his ~s with me.

dealt [ডেল্ট্] deal[3]-এর *pt,pp*

dean [ডীন্] *n* ১ একটি ক্যাথিড্রালের অন্ত[র্ভুক্ত] পাদ্রিমণ্ডলীর নেতৃত্বদানকারী কর্মকর্তা; ডিন। ২ **rural** একজন আর্চডিকনের অধীনে অনেকগুলি গির্জা–এলা[কা] (প্যারিশ) দায়িত্বে নিয়োজিত পুরোহিত; গ্রামিক ডিন। (কোনো কোনো বিশ্ববিদ্যালয়ে) শৃঙ্খলারক্ষার দায়ি[ত্বে] নিয়োজিত ব্যক্তি; কোনো কোনো বিভাগ বা অনুষ[দের] প্রধান; অনুষদপ্রধান। ৪ = doyen. **~·ery** [ˈডিনারি] (*pl*-ries) ডিনের দপ্তর বা বাসস্থান; একজন গ্রা[মিক] ডিনের অধিকারভুক্ত গির্জা–এলাকা।

dear [ডিআ(র্)] *adj* (-er, -est) ১ **~ (to)** প্রি[য়]; আদুরে; প্রীতিভাজন: a ~ little child. **hold sth/** ~ (আনুষ্ঠা.) অতিপ্রিয় বলে বিবেচনা করা। ২ সম্বো[ধন] রূপে ব্যবহৃত (শিষ্ট ও বক্রোক্তিমূলক): D~ Mada[m] Sir. ৩ দুর্মূল্য; দুষ্ক্রেয়; আক্রা; চড়া দামের: Don't [you] find that shop too ~? ˈ**~ money** (যখন ঋণ পা[ওয়া] কঠিন, তখন) চড়া সুদে নেওয়া ঋণ; মহার্ঘ অর্থ। ৪ **(to)** মহার্ঘ; বহুমূল্য: That little memento was v[ery] ~ to me. □*adv* চড়া দামে: To buy cheap and [sell] ~ is his practice. □*n* ১ ভালোবাসার যোগ্য ব্য[ক্তি]: Isn't she a ~ ! ২ (অপিচ. **~·est**) কোনো ব্যক্তি[কে] সম্বোধন করবার জন্য ব্যবহৃত) প্রিয়, প্রিয়তম: 'y[ou] ~'; (বিশেষত কাউকে মিষ্টি কথায় ভোলানোর জন্য *in[def] art*-সহ ব্যবহৃত): Please get ready, Mary, the[re's] 'a ~'. □*int,* বিস্ময়, অধৈর্য, চমক, ত্রাস ইত্যাদি প্রকা[শের] জন্য—আরে ! উহ ! হা কপাল: Oh ~ ! D~ me ! ~ *adv* ১ অত্যন্ত; সাংঘাতিক; ভীষণ: I love the c[hild] ~ly. ২ চড়া দামে; বহুমূল্যে: Our freedom was [dearly] bought. ~·**ness** *n* মহার্ঘতা; দুর্মূল্যতা।

dearth [ডাথ্] *n* ~ **(of)** (কেবল *sing*) অভাব; অনটন; আকাল: in time of ~; a ~ of daily necessities. দ্র. shortage.

deary, dearie [ˈডিঅরি] *n* (কথ্য) প্রিয়জন; লক্ষ্মীসোনা, সোনামণি (বিশেষত বয়োজ্যেষ্ঠরা ছোটদের উদ্দেশে ব্যবহার করেন, (যেমন শিশুকে সম্বোধনকালে মা)।

death [ডেথ্] *n* [C,U] ১ মৃত্যু; মরণ; জীবনহানি: The accident resulted in many ~s. **at ~'s door** মৃত্যুর দ্বারপ্রান্তে; মুমূর্ষু। **to ~** যাতে মৃত্যু ঘটে: The thief was beaten to ~. He worked himself to ~ অতিরিক্ত পরিশ্রমের দরুন মারা গেছে। **bore sb to ~** অত্যধিক বিরক্তি উৎপাদন করা; বিরক্ত করে মারা। **sick to ~of sth/sb** চরম বিরক্ত, ক্লান্ত ইত্যাদি। **ˈ~-bed** অন্তিমশয্যা, মৃত্যুশয্যা: a ~-bed confession, মৃত্যুকালীন স্বীকারোক্তি। **ˈ~-duties** মৃত ব্যক্তির সম্পত্তি উত্তরাধিকারীদের অধিকারভুক্ত হওয়ার আগে প্রদেয় কর; মৃত্যু-কর। **ˈ~'s head** (মৃত্যুর চিহ্ন হিসাবে ব্যবহৃত) নরকরোটি। **ˈ~ rattle** *n* মুমূর্ষু ব্যক্তির গলায় অস্বাভাবিক ঘড়ঘড় শব্দ; নাভিশ্বাস। ২ হত্যা; প্রাণহরণ: The criminal is under sentence of ~, প্রাণদণ্ডে দণ্ডিত। **be in at the ~** (শিয়াল-শিকার) শিয়ালকে মরতে দেখা; (লাক্ষ.) কোনো প্রতিষ্ঠানের অন্তিম মুহূর্তের সাক্ষী থাকা। **put sb to ~** হত্যা করা; প্রাণহরণ করা। **stone sb to ~** প্রস্তরনিক্ষেপে হত্যা করা। **ˈ~-roll** (যুদ্ধ, ভূমিকম্প ইত্যাদিতে) নিহতদের তালিকা। **ˈ~-trap** মরণফাঁদ। **ˈ~-warrant** অপরাধী; বিশ্বাসঘাতক প্রভৃতির প্রাণনাশের জন্য সরকারি হুকুম; (লাক্ষ.) জীবন বা সুখের সম্ভাবনা-বিনাশী; মৃত্যুর পরোয়ানা। ৩ [U] মৃত্যুর অবস্থা; মৃত্যু: eyes closed in ~, মৃত্যুতে নিমীলিতচক্ষু; united in ~, মৃত্যুতে একত্রিত। **(a fate) worse than ~** মৃত্যুর চেয়েও দুর্ভাগ্যজনক; অতি ভয়ঙ্কর। **ˈ~-mask** মৃত্যুর পরে নেওয়া মুখের আদল; মরণ-মুখোশ। ৪ **be the ~ of sb** কারো মৃত্যুর কারণস্বরূপ হওয়া; মৃত্যু ডেকে আনা: That dilapidated old house will be the ~ of them. **catch one's ~ (of cold)** (কথ্য) মারাত্মক সর্দি/মরণসর্দি লাগা। **ˈ~-blow** মারাত্মক আঘাত; (লাক্ষ.) চরম আঘাত: a ~-blow to his aspirations. **the Black ˈD~** চতুর্দশ শতকের য়োরোপীয় মহামারীবিশেষ; মহামড়ক। ৫ (লাক্ষ.) ধ্বংস; অবসান: the ~ of one's hopes/plans.

death·less [ˈডেথ্লিস্] *adj* মৃত্যুহীন; অমর; অমর্ত্য; অবিনশ্বর: ~ fame.

death·like [ˈডেথ্লাইক্] *adj* মৃত্যুতুল্য: a ~ silence.

deathly [ˈডেথ্লি] *adj* মৃত্যুর মতো; মৃত্যুকল্প: a ~ stillness. □*adv* মৃত্যুর মতো; মৃত্যুতুল্য; মড়ার মতো: ~ pale.

deb [ডেব্] *n* débutante-এর সংক্ষেপ।

dé·bâcle [ডেই ˈবা:কল্] *n* (ফ.) হুড়াহুড়ি; অভিধাবন; মহাদুর্যোগ; পতন; অধঃপতন; ধ্বংস; সমূহ বিনাশ।

de·bar [ডিˈবা:(র্)] *vt* (-rr-) **~ sb from** নিবারিত করা; বাইরে রাখা; আইনের সাহায্যে কাউকে কোনো অধিকার থেকে বঞ্চিত করা কিংবা কিছু করা থেকে বিরত রাখা; প্রতিষিদ্ধ করা: ~ persons from voting at elections.

de·bark [ডিˈবা:ক্] *vt,vi* = disembark; জাহাজ ইত্যাদি থেকে তীরে নামা; অবতরণ/ উত্তরণ/ অবরোহণ করা; জাহাজ ইত্যাদি থেকে তীরে নামানো; অবতীর্ণ/ উত্তীর্ণ করা। **de·bar·ka·tion** [ˌডীবা:ˈকেইশ্ন্] *n* = disembarkation; অবতরণ; উত্তরণ; অবরোহণ; অবতারণ; উত্তারণ।

de·base [ডিˈবেইস্] *vt* মূল্য, গুণ, চরিত্র ইত্যাদির অধঃপতন ঘটানো; অধঃপতিত/ অপভ্রষ্ট করা: to ~ the coinage, (যেমন রুপার পরিমাণ কমিয়ে) মুদ্রার অপকর্ষ সাধন করা। **~·ment** *n* অধঃপতন; অপকর্ষণ; অপভ্রংশন।

de·bat·able [ডিˈবেইটাবল্] *adj* প্রশ্নসাপেক্ষ; বিচারসাপেক্ষ; তর্কসাপেক্ষ; বিচার্য: ~ ground.

de·bate [ডিˈবেইট্] *n* [C,U] আনুষ্ঠানিক আলোচনা; বিতর্ক; বাগ্‌যুদ্ধ; তর্ক; বিতণ্ডা: The decision followed a long ~. The question under ~. □*vt,vi* বিতর্ক বা তর্ক করা; বিতর্কে যোগ দেওয়া; বিচারবিবেচনা করা: to ~ about sth; to ~ (upon) a question with sb. **de·bater** *n* তার্কিক।

de·bauch [ডিˈবো°চ্] *vt* (কাউকে) চরিত্রভ্রষ্ট/ নীতিভ্রষ্ট করা; দূষিত/নষ্ট/অধঃপাতিত/পাপাসক্ত করা। □*n* [C] (সাধা. দল বেঁধে) অপরিমিত মদ্যপান ও নীতিবিগর্হিত আচরণের অনুষ্ঠান; ব্যসন: a drunken ~, উৎকট ব্যসনবিলাস। **~·ery** [ডিˈবো°চারি] *n* [U] অসংযম ও ভোগলালসা; ইন্দ্রিয়পরতন্ত্রতা: a life of ~ery; (*pl* -*ries*) ইন্দ্রিয়পরতন্ত্রতার দৃষ্টান্ত ও পর্যায়কাল। **~ee** [ডিˌবোˈ°চী] *n* ব্যসনী; দুরাচার; পাপিষ্ঠ; লম্পট।

de·ben·ture [ডিˈবেন্চা(র্)] *n* [C] আসল পরিশোধ না করা পর্যন্ত একটা নির্দিষ্ট হারে সুদ দেওয়া হবে; এই শর্তে ব্যবসা-প্রতিষ্ঠান ইত্যাদিতে প্রদত্ত ঋণের প্রত্যায়নপত্র; প্রতিজ্ঞাপত্র; ঋণস্বীকারপত্র।

de·bili·tate [ডিˈবিলিটেইট্] *vt* দুর্বল করা: a debilitating climate, দৌর্বল্যকর জলবায়ু।

debit [ˈডেবিট্] *n* (হিসাব.) (হিসাবের খাতায়) যে দেনা এখনো পরিশোধ করা হয়নি; তার ভুক্তি; দেনা; বিকলন। **ˈ~-side** হিসাবের খাতার বাঁ দিক; যেখানে উপরোক্ত দেনা লিপিবদ্ধ করা হয়; বিকলনের ঘর। দ্র. credit[1](৮)। □*vt* **~ sth (against/to sb)** (কারো হিসাবে) বিকলনের ঘরে টাকার অঙ্ক লেখা; বিকলন করা: ~ £ 10 against his account. **~ sb (with sth)** কারো হিসাব থেকে বিকলন করা: ~ sb/sb's account with £ 10.

deb·on·air [ˌডেবাˈনেআ(র্)] *adj* প্রফুল্ল; খোশমেজাজি; সদানন্দ।

de·bouch [ˈডিবাউচ্] *vt,vi* উদ্ভূত হওয়া বা করা; বেরিয়ে আসা বা বের করা।

de·brief [ˌডীˈব্রীফ্] *vt* তথ্য সংগ্রহের জন্য (বিশেষত কোনো মিশন থেকে প্রত্যাগত ব্যক্তিদের) জিজ্ঞাসাবাদ করা; পরীক্ষা করা। দ্র. brief[2].

de·bris, dé·bris [ˈডেব্রীঃ US ডাˈব্রীঃ] *n* [U] ইতস্তত বিক্ষিপ্ত ভগ্নাংশ; ধ্বংসাবশেষ।

debt [ডেট্] *n* [C,U] ঋণ; দেনা; ধার; কর্জ: a ~ of gratitude, কৃতজ্ঞতাপাশ। **be in/out of ~** ঋণী

থাকা/ঋণমুক্ত হওয়া। **get into/out of ~** ঋণগ্রস্ত হওয়া/ঋণ থেকে অব্যাহতি লাভ করা। **National D~** ঋণদাতাদের কাছে রাষ্ট্রীয় ঋণ; জাতীয় দেনা। দ্র. bad[1] (8), honour[2](২)। **~or** [-ট া(র্)] *n* ঋণী; অধমর্ণ; দেনাদার।

de·bug [ˌডীবাগ্] *vt* (-gg-) ১ (কম্পিউটারের পূর্বলেখন, পণ্য-উৎপাদনের যন্ত্র ইত্যাদিতে) ত্রুটিবিচ্যুতির সম্ভাব্য কারণ অনুসন্ধান এবং তা অপনোদন করা; উপদ্রবমুক্ত করা। ২ বাড়ি বা কক্ষের আসবাবপত্র, দেয়াল ইত্যাদির মধ্যে লুকানো মাইক্রোফোন খুঁজে বের করা এবং তা অপসারিত করা; আপদমুক্ত করা।

de·bunk [ডীˈবাঙক্] *vt* (ব্যক্তি, ভাব, প্রতিষ্ঠান সম্বন্ধে) অমূলক অনুভূতি, ঐতিহ্যপরম্পরা ইত্যাদি ছিন্ন করে আসল সত্য প্রকটিত করা; খোলসমুক্ত করা; খোলস ভাঙা।

debut, début [ˈডেইবিউ US ডিˈবিউ] *n* (বিশেষত কোনো তরুণী সম্বন্ধে) প্রাপ্তবয়স্কদের আসরে এবং অন্যান্য সামাজিক অনুষ্ঠানে প্রথম আত্মপ্রকাশ; (অভিনেতা, গায়ক গায়িকা প্রভৃতি সম্বন্ধে) প্রকাশ্য মঞ্চে প্রথম উপস্থিতি; প্রথম প্রকাশ: to make one's ~.

debu·tante, déb- [ˈডেবিউটা:ন্ট্] *n* উঁচু সমাজে প্রথম আত্মপ্রকাশকারিণী তরুণী; নবাগতা।

deca- [ডেকা](মেট্রিক পদ্ধতিতে) *pref* দশ।

dec·ade [ˈডেকেইড্] *n* দশক: the first ~ of the 20th century, অর্থাৎ ১৯০০—১৯০৯।

deca·dence [ˈডেকাডান্স্] *n* (শিল্প, সাহিত্য, শ্রেয়োনীতি ইত্যাদিতে বিশেষত অত্যন্ত সমৃদ্ধিশালী যুগের পরে) অধঃপতন; অবক্ষয়।

deca·dent [ˈডেকাডান্ট্] *adj* ক্ষয়িষ্ণু। □*n* অবক্ষয়ী।

de·caf·fein·ate [ডীˈক্যাফীনেই ট্] *vt* বিশেষত কফি (সম্পূর্ণ বা আংশিক) ক্যাফিনমুক্ত করা । **~d** *adj* সম্পূর্ণ বা আংশিক ক্যাফিনমুক্ত।

Deca·logue [ˈডেকালগ্ US -লো°গ্] *n* **the ~** মুসার দশ আদেশমালা। দ্র. commandment; দ্র. Exod 20: 1-17.

de·camp [ডিˈক্যাম্প্] *vt* **~ (with)** (প্রায়শ গোপনে) প্রস্থান করা ; কেটে/ সরে পড়া; চম্পট/ পিঠটান দেওয়া; পালানো।

de·cant [ডিˈক্যান্ট্] *vt* (মদ ইত্যাদি) বোতল থেকে অন্য পাত্রে এমনভাবে ঢালা যাতে তলানিতে নাড়া না লাগে; গড়িয়ে নেওয়া; স্রাবণ করা। **~er** *n* পিধানযুক্ত, সাধা. কারুকার্যময় কাচের তৈরি পাত্র, যাতে সুরা ইত্যাদি তলানিমুক্তভাবে ঢালা হয়; কাচকূপী; সোরাহি।

de·capi·tate [ডিˈক্যাপিটে ইট্] *vt* (বিশেষত আইনসম্মত শাস্তিস্বরূপ) শিরশ্ছেদ করা। **de·capi·ta·tion** [ডিˌক্যাপিˈটেইশ্ন্] *n* শিরশ্ছেদন।

de·car·bon·ize [ˌডীˈকা:বনাইজ্] *vt* (বিশেষত অন্তর্দাহ ইনজিন থেকে) অঙ্গার অপসারণ করা; অঙ্গারমুক্ত করা।

deca·syl·lable [ˈডেকাসিলাবল্] *n* দশ অক্ষরযুক্ত চরণ। **deca·syl·labic** [ˌডেকাসিˈল্যাবিক] *adj* দশাক্ষরিক।

de·cath·lon [ডিˈক্যাথ্লন্] *n* দশটি খেলার সমবায়ে অনুষ্ঠিত ক্রীড়াপ্রতিযোগিতা, যেখানে প্রতিটি প্রতিযোগীকে সবগুলি খেলায়ই অংশগ্রহণ করতে হয়; ক্রীড়াদশক।

de·cath·lete [ডিˈক্যাথ্লীট্] *n* যে ক্রীড়াবিদ উক্ত প্রতিযোগিতায় অংশগ্রহণ করে; দশক্রীড়ক।

de·cay [ডিˈকেই] *vi* খারাপ/ক্ষয়প্রাপ্ত হওয়া; ক্ষয় পাওয়া: ~ing teeth/vegetables; Even in his old age his intellectual powers didn't ~. □*n* [U] ক্ষয়; পরিক্ষয়: the ~ of the teeth, দন্তব্যসন; The monument is in ~.

de·cease [ডিˈসীস্] *n* [U] (আনুষ্ঠা., আইন.) (কোনো ব্যক্তির) মৃত্যু, প্রাণবিয়োগ। □*vi* মরা; প্রাণত্যাগ করা; মারা যাওয়া। **the ~d** (আনুষ্ঠা., আইন.) মৃত ব্যক্তি।

de·ceit [ডিˈসীট্] *n* ১ [U] কপট; কপটতা; প্রতারণা; প্রবঞ্চনা। ২ [C] মিথ্যা; ছলনা; কৈতব; শঠতা।

de·ceit·ful [ডিˈসীট্ফ্ল্] *adj* ১ কপটী; কাপটিক; ছলনাপর: I've never seen such a ~ boy. ২ প্রতারণার উদ্দেশ্যে ব্যবহৃত; প্রতারণাপূর্ণ; কপটতাপূর্ণ কপট: ~ words/behaviour. **~·ly** [- ফ্লি] *adv* সকপটে; প্রতারণামূলকভাবে। **~·ness** *n* কপটতা; কাপট্য; ছলনাপরতা; প্রতারণাপরায়ণতা।

de·ceive [ডিˈসী ভ্] *vt* **~ (in/into)** যা নয় তাই বলে বিশ্বাস জন্মানো; প্রতারিত করা; ধোঁকা/ভাওতা দেওয়া; ঠকানো; বিভ্রান্ত করা: Don't ~ yourself, you can't escape punishment, আত্মপ্রতারণা করো না; I've been ~d in you, তোমাকে চিনতে ভুল করেছি; I was ~d into the belief/~d into believing that... আমাকে মিথ্যে বোঝানো হয়েছিল...। **de·ceiver** [-ভ়(র্)] *n* প্রতারক; শঠ।

de·cel·er·ate [ˌডীˈসেলারেইট্] *vt,vi* বেগ মন্দীভূত করা; গতিহ্রাস করা। দ্র. accelerate. **de·cel·er·ation** [ˌডীসেলাˈরেইশ্ন্] *n* [U] গতিহ্রাসকরণ; সময়ের প্রতি এককে গতিহ্রাসের হার; বিত্বরণ।

De·cem·ber [ডিˈসেম্বা(র্)] *n* ইংরেজি বর্ষের দ্বাদশ মাস; ডিসেম্বর।

de·cem·vir [ডিˈসেম্ ভ়া(র্)] *n* দশ সদস্যবিশিষ্ট পরিষদের একজন সদস্য; বিশেষত রোমে যারা *Laws of Twelve Tables* (৪৫১-৫০ খ্রি. পূর্বাব্দ) প্রণয়ন করেন। **de·cem·vi·rate** *n* দশ সদস্যবিশিষ্ট পরিষদ; উক্ত পরিষদের কার্যকাল।

de·cency [ˈডীস্ন্সি] *n* ১ [U] শালীনতা; শোভনতা; শিষ্টতা; ঔচিত্য; শিষ্টাচার: an offence against ~. ২ *(pl)* **the decencies** সমাজে সভ্য আচরণের জন্য যা প্রয়োজন শালীনতা; শিষ্টাচার: One has to observe the decencies.

de·cent [ˈডীস্ন্ট্] *adj* ১ যথোচিত; শোভন; শিষ্টাচারসম্মত; যথোপযুক্ত; Can't you put on some ~ clothes ? He is too poor to hire a ~ house. ২ অন্যকে আহত বা বিব্রত করে না এমন; শালীন; রুচিসম্মত: ~ language and behaviour. ৩ (কথ্য) ভালোবাসার যোগ্য; তুষ্টিজনক: He is a ~ fellow সজ্জন; সুজন: That was a ~ dinner. **~·ly** *adv* শিষ্টাচারসম্মতভাবে; রুচিসম্মতভাবে: ~ly dressed;

behave ~ly (কথ্য) He's doing very ~ly, সে বেশ ভালো করছে।

de·cen·tra·lize [ডীসেন্ট্রলাইজ্] *vt* কেন্দ্র থেকে দূরবর্তী স্থান, শাখা ইত্যাদিকে অধিকতর ক্ষমতা দেওয়া; বিকেন্দ্রীভূত করা। **de·cen·tra·lization** [ডীসেন্ট্রালাইজেইশন্ US -লি'জেই-] *n* বিকেন্দ্রীকরণ।

de·cep·tion [ডি'সেপ্শন্] *n* ১ [U] প্রতারণা; চাতুরী; ছলনা; প্রবঞ্চনা; ধোঁকা; ভাওতা: to practise ~ on the public. ২ [C] প্রতারণার উদ্দেশ্যে অবলম্বিত কৌশল; ছল।

de·cep·tive [ডি 'সেপ্টিভ্] *adj* প্রতারণামূলক; ভ্রান্তিজনক: His simplicity is ~. **~·ly** *adv* প্রতারণামূলকভাবে।

deci- [ডেসি] *pref* (মেট্রিক পদ্ধতিতে) এক–দশমাংশ।

deci·bel ['ডেসিবেল্] *n* ধ্বনির (শব্দের) আপেক্ষিক উচ্চতার একক; ডেসিবেল।

de·cide [ডি'সাইড্] *vt,vi* ১ (প্রশ্ন বা সন্দেহের) মীমাংসা/নিষ্পত্তি করা; ফয়সালা করা; (মধ্যে, পক্ষে, বিপক্ষে, অনুকূলে) রায় দেওয়া; বিচার করা: You cannot ~ every question by pure speculation. I am unable to ~ between the two. The judge ~d for/against the defendant. ২ ~ **(on/against)** সিদ্ধান্ত নেওয়া; মন স্থির করা; ঠিক করা; সঙ্কল্পবদ্ধ হওয়া: It was ~d that a delegation will meet the management. He ~d not to join the post. I ~d on selling the house. ৩ সিদ্ধান্ত গ্রহণের কারণ হওয়া: His insistence ~d me to cancel the trip. **de·cided** *adj* ১ সুস্পষ্ট; সুনির্দিষ্ট: Men of ~d opinions are difficult to persuade. ২ (ব্যক্তি সম্বন্ধে) সঙ্কল্পবদ্ধ; স্থিরসঙ্কল্প: Are you ~d about it ? **de·cid·ed·ly** *adv* সুস্পষ্টভাবে; নির্দিষ্টভাবে; সন্দেহাতীতভাবে: answer ~dly; ~dly better.

de·cidu·ous [ডি'সিডিউআস্] *adj* (গাছ সম্বন্ধে) প্রতি বছর (বিশেষত হেমন্তকালে) পাতা ঝরে যায় এমন; পাতুক; পর্ণমোচী।

deci·mal ['ডেসিম্ল্] *adj* দশগুণিত বা এক–দশমাংশ; দশমিক: the '~ system, দশমিক পদ্ধতি; a ~ fraction, দশমিক ভগ্নাংশ; যেমন ০.০৫৩; the ~ point, দশমিক বিন্দু। **~·ize** *vt* দশমিকে রূপান্তরিত করা : $5\frac{1}{4}$ ~ ized is 5·25; দশমিক পদ্ধতি গ্রহণ করা: ~ ize the currency. **~·iz·ation** [ডেসিমলাই'জেইশন্ US –লি'জেই-] *n* দশমিকীকরণ।

deci·mate ['ডেসিমেইট্] *vt* বিপুল সংখ্যায় হত্যা বা ধ্বংস করা: a population ~d by famine, দুর্ভিক্ষে বহুলাংশে হ্রাসপ্রাপ্ত জনসংখ্যা।

de·cipher [ডি'সাইফ়া(র্)] *vt* (সঙ্কেতলিপি, কদর্য হস্তাক্ষর কিংবা দুর্বোধ্য বা হতবুদ্ধিকর কিছুর) অর্থোদ্ধার করা। **~·able** [ডি'সাইফ়রাবল্] *adj* অর্থোদ্ধারযোগ্য।

de·ci·sion [ডি'সিজ়ন্] *n* ১ [U,C] সিদ্ধান্ত; মীমাংসা; নিষ্পত্তি: give a ~ on a case; reach/ come to/ arrive at/ take/ make a ~. ২ [U] সিদ্ধান্তগ্রহণ এবং সেই সিদ্ধান্ত অনুযায়ী কাজ করবার ক্ষমতা; সিদ্ধান্তগ্রহণক্ষমতা; সঙ্কল্পবদ্ধতা: He lacks ~.

de·ci·sive [ডি 'সাইসিভ্] *adj* ১ নিশ্চায়ক; নিষ্পত্তিকারক; চূড়ান্ত: a ~ battle. ২ সিদ্ধান্তগ্রহণক্ষমতার পরিচয়সূচক; সুস্পষ্ট; চূড়ান্ত: We are yet to get a ~ answer. **~·ly** *adv* সুস্পষ্টভাবে; চূড়ান্তভাবে।

deck[1] [ডেক্] *n* ১ জাহাজের কাঠামোর উপরে বা ভিতরে সাধা. কাষ্ঠফলকনির্মিত যে কোনো তল; নৌতল; ডেক। clear the ~s, দ্র. clear[3] (১)। '~ **cabin** খোলা ডেকের উপরকার প্রকোষ্ঠ; ডেক কেবিন। '~ **chair** ঘরের বাইরে ব্যবহারের জন্যে কাঠ বা ধাতুর কাঠামোর উপর ক্যানভাস দিয়ে তৈরি সঙ্কোচনযোগ্য আসন; ডেক চেয়ার। '~ **hand** জাহাজের ডেকে কর্মরত কর্মী; ডেক–কর্মী। '~ **officers** (প্রকৌশলীদের বাদ দিয়ে) জাহাজের অধিনায়ক ও অন্যান্য কর্মকর্তা; ডেক কর্মকর্তা। '~ **passenger** ডেকেই পানাহার ও শয়ন করে এমন যাত্রী (কেবিনের যাত্রী নয়); ডেক–যাত্রী। '~ **quoits** [কয়ট্স্] রিং–সহযোগে ডেকের খেলাবিশেষ; চক্রক্রীড়া। ২ ডেকের অনুরূপ যে কোনো তল, যেমন বাসের তল: the top ~ of a bus. ৩ (প্রধানত US) তাসের তাড়া; (বাণিজ্য.) বিশেষত কোনো নথি থেকে নেওয়া ছিদ্রিত কার্ডের সমষ্টি। **~er** *n* (যৌগশব্দে) একটি নির্দিষ্ট–সংখ্যক তলবিশিষ্ট: a three -~er ship, তিনতলা জাহাজ; a single/double - ~er bus; a double ~/ triple - ~er sandwich, দুই/তিন পরতের স্যান্ডউইচ।

deck[2] [ডেক্] ১ ~ **(with/out in)** খচিত/ ভূষিত/ সজ্জিত/ অলঙ্কৃত করা: streets ~ed with festoons. ~ed out in one's choicest apparels. ২ (জাহাজ, নৌকা) তলযুক্ত করা।

deckle-edged [ডেক্ল্এজ্ড্] *adj* (কোনো কোনো প্রকার কাগজ সম্বন্ধে) আছাঁটা প্রান্তযুক্ত।

de·claim [ডি'ক্লেইম্] *vi,vt* ১ ~ **(against)** উদ্দীপ্তভাবে কথা বলা; (কথায়) আক্রমণ করা; বিষোদগার করা। ২ বক্তৃতা বা আবৃত্তির ঢঙে কথা বলা; (কবিতা ইত্যাদি) বক্তৃতার ঢঙে আবৃত্তি করা।

dec·la·ma·tion [ডেক্লা'মেইশন্] *n* [U,C] উদ্দীপ্ত ভাষণ; উদ্ভাষণ; অভিভাষণ; উত্তপ্ত বচন। **de·clama·tory** [ডি'ক্ল্যামাটরি US –টো°রি] *adj* উদ্ভাষিত।

dec·lar·ation [ডেক্লা'রেইশন্] *n* [U] ঘোষণ; বিঘোষণ; প্রখ্যাপন; [C] ঘোষণা; প্রজ্ঞাপন: a ~ of war; the D~ of Independence, (উত্তর আমেরিকার ব্রিটিশ উপনিবেশসমূহের) স্বাধীনতা–ঘোষণা (৪ জুলাই, ১৭৭৬); a ~ of income.

de·clare [ডি'ক্লেআ(র্)] *vt,vi* ১ সুস্পষ্টভাবে বা আনুষ্ঠানিকভাবে জানানো; ঘোষণা/ বিজ্ঞাত করা: to ~ results of an election. He ~d the conference opened. ~ **(an innings closed)** (ক্রিকেট) (দলের অধিনায়ক সম্বন্ধে) ইনিংস সমাপ্ত না হওয়া সত্ত্বেও দল ব্যাটিং করবে না বলে ঘোষণা দেওয়া; ইনিংস সমাপ্ত ঘোষণা করা: West Indies ~d after scoring 350. ~ **trumps** (ব্রিজ খেলায়) রং জানানো। ~ **war (on/against)** যুদ্ধ ঘোষণা করা। ২ (যথাবিধি) ঘোষণা করা: The accused ~d that he was not guilty. ৩ ~ **for / against** সপক্ষে/ বিপক্ষে সমর্থন ঘোষণা বা জ্ঞাপন করা। ৪ (শুল্কযোগ্য পণ্য শুল্ককর্মকর্তার কাছে) ঘোষণা করা: Have you anything to ~? ৫ *(int)* বিস্ময়সূচক: Well, I ~ ! আশ্চর্য! **de·clar·able** [ডি'ক্লেআরাবল্] *adj* অবশ্যজ্ঞাপনীয়।

de·class·ify [ডীক্ল্যাসিফাই] *vt* (বিশেষত এযাবৎ গোপনীয় কোনো কিছু) বিশেষ শ্রেণী থেকে অপসারিত করা; বর্গচ্যুত করা; বিগ্রথিত করা: ~ information concerning military strategies. **de·class·ifi·cation** [ডীক্ল্যাসিফ়িকেইশন্] *n* বর্গচ্যুত করণ; বিগ্রথিতকরণ।

de·clen·sion [ডি'ক্লেনশন্] *n* (ব্যাক.) [U] বাক্যে ব্যবহার অনুযায়ী বিশেষ্য, বিশেষণ ও সর্বনামের বিভক্তি

পরিবর্তন (যেমন লাতিন ও সংস্কৃত); পদসাধন; শব্দরূপ। দ্র. case[1](৩), decline[1](৪)। [C] বিভিন্ন কারকে যেসব শব্দে একই প্রকার বিভক্তি যুক্ত হয়, তাদের শ্রেণী; শব্দরূপের বর্গ।

de·cli·na·tion [ˌডেক্লি'নেইশ্‌ন্] *n* দিগ্‌দর্শন যন্ত্রের কাঁটার যথার্থ উত্তর থেকে পূর্ব বা পশ্চিমে বিচ্যুতি; ক্রান্তি।

de·cline[1] [ডি 'ক্লাইন্] *vt,vi* ১ প্রত্যাখ্যান/অস্বীকার করা: to ~ an invitation. He ~d to make any comments. ২ ক্রমশ ক্ষুদ্রতর/ দুর্বলতর/ নিম্নতর হওয়া; হ্রাস পাওয়া; ক্ষীণতর/ অপচিত হওয়া: a declining birthrate, অপচীয়মান জন্মহার; declining sales, ক্ষীয়মান বিক্রয়; declining years, বার্ধক্য, As his strength ~d··. ৩ (ব্যাক.) শব্দরূপ সাধন করা। দ্র. case[1] (৩), inflect (১)।

de·cline[2] [ডি'ক্লাইন্] *n* [C] প্রত্যাখ্যান; অস্বীকৃতি; উত্তরোত্তর শক্তিক্ষয়; পরিক্ষয়; অবক্ষয়; অবচয়: the ~ of the Moghul Empire; a ~ in prices/ property, মূল্যের/ অর্থের অবচয়। **fall into a ~** শক্তি হারানো। **on the ~** ক্ষীয়মাণ।

de·cliv·ity [ডি'ক্লিভ়াটি] *n* [C] (*pl* -ties) ঢাল; উৎরাই। দ্র. acclivity.

de·clutch [ˌডিক্লাচ্] *vi* (মোটর গাড়িতে অন্তর্যোজনা বা গিয়ার বদলানোর আগে) সংগ্রাহ (ক্লাচ) বিযুক্ত করা।

de·code [ˌডীকৌড়] *vt* (সঙ্কেতলিপিতে লিখিত কোনো কিছুর) অর্থোদ্ধার করা; সঙ্কেত উদ্‌ঘাটন করা। দ্র. encode. **de·coder** *n* (বিশেষত) এক সঙ্কেতলিপিতে লিপিবদ্ধ উপাত্ত অন্য সঙ্কেতলিপিতে রূপান্তরিত করবার কৌশল; সঙ্কেতোদ্‌ঘাটক।

dé·colleté [ডেই'কল্‌টেই US –কল্'টেই] *adj* (ফ.) (গাউন ইত্যাদি সম্বন্ধে) ঘাড় ও কাঁধ-কাটা; মুক্তস্কন্ধ। (স্ত্রীলোক সম্বন্ধে) উক্তরূপ পোশাক-পরিহিতা; মুক্তস্কন্ধ।

de·col·on·ize [ˌডীকলনাইজ্] *vt* ঔপনিবেশিক অবস্থা থেকে মুক্ত করা; ঔপনিবেশিকতামুক্ত করা। **de·col·on·iz·ation** [ˌডীˌকলানাই'জেইশ্‌ন্ US –নি'জেই–] *n* ঔপনিবেশিকতামোচন।

de·col·o(u)r·ize [ˌডী'কালারাইজ্] *vt* বিবর্ণ করা; রং মুছে ফেলা। **de·col·our·iz·ation** [ˌডীˌকালারাই'জেইশ্‌ন্ US -রি'জেই-] *n* বিবর্ণীকরণ; বিবর্ণীভবন।

de·com·pose [ˌডীকাম্'পৌজ্] *vt,vi* ১ (পদার্থ, আলো ইত্যাদির) মূল উপাদানগুলি পৃথক করা বা হওয়া; বিশ্লিষ্ট করা বা হওয়া: Light ~s when it passes through a prism. ২ পচা বা পচানো; ক্ষয় পাওয়া বা করা। **de·com·po·si·tion** [ˌডীকম্‌পা'জিশ্‌ন্] *n* পৃথককরণ; পৃথগ্‌ভবন; পচন; পরিক্ষয়।

de·com·press [ডীকাম্'প্রেস্] *vt* (কাউকে সঙ্কুচিত বায়ু থেকে) স্বাভাবিক চাপে নিয়ে আসা (যেমন ডুবুরির পোশাক খুললে); (কোনো কিছুর) অভ্যন্তরে চাপ কমানো; বিসঙ্কুচিত করা। **de·com·pression** [ˌডীকাম্'প্রেশ্‌ন্] *n* বিসঙ্কোচন: a ~ion chamber.

de·con·gest·ant [ˌডীকান্'জেস্‌টান্‌ট্] *n* [C,U] (চিকি.) (বিশেষত নাসারন্ধ্রের) বদ্ধতানিবারক ভেষজ; নিস্রাবরোধক। □*adj*: ~ tablets.

de·con·tami·nate [ˌডীকান্'ট্যামিনেইট্] *vt* কোনো বস্তু (যেমন, বিষাক্ত গ্যাস কিংবা তেজস্ক্রিয়তা–সংক্রামিত বস্তু) থেকে দূষণ দূর করা; দূষণমুক্ত করা। **de·con·tami·na·tion** [ˌডীকান্ˌট্যামি'নেইশ্‌ন্] *n* দূষণমুক্তকরণ; দূষণমোচন।

de·con·trol [ˌডীকান্'ট্রৌল্] *vt* (-ll-) নিয়ন্ত্রণমুক্ত করা (যেমন যুদ্ধকালে ব্যবসাবাণিজ্যের উপর আরোপিত সরকারি নিয়ন্ত্রণ থেকে); বিনিয়ন্ত্রিত করা।

dé·cor [ডেইকো°(র্) US ডেই'কো°(র্)] *n* সাজসজ্জা (যেমন, রঙ্গমঞ্চ বা কোনো কক্ষের)।

dec·or·ate ['ডেকারেইট্] *vt* ১ **~ with** অলঙ্কারাদি পরা; অলঙ্কৃত/ মণ্ডিত/ ভূষিত/ শোভিত করা: to ~ a house/a street. ২ (ইমারতের বহির্ভাগ) রঞ্জিত/ আস্তৃত করা; (ইমারতের অভ্যন্তর) রং, দেয়াল–কাগজ ইত্যাদি দিয়ে সজ্জিত/ পরিশোভিত/ অলঙ্কৃত করা। ৩ **~ (for)** (পদক ইত্যাদি দিয়ে) ভূষিত/ মণ্ডিত/ সম্মানিত করা। **dec·or·ator** [–টা(র্)] *n* শোভাকার; শোভাকৃৎ: interior decorators.

dec·ora·tion [ˌডেকা'রেইশ্‌ন্] *n* ১ [U] অলঙ্করণ; ভূষণ; মণ্ডণ; শোভাবর্ধন; সম্মাননা। ২ [C] শোভাবর্ধনের জন্য ব্যবহৃত সামগ্রী; অলঙ্করণ–সামগ্রী: Christmas ~s. ৩ [C] সম্মান বা পুরস্কার হিসাবে প্রদত্ত পদক, রিবন ইত্যাদি; আভরণ; অলঙ্করণ।

dec·or·ative ['ডেকারাটিভ়্ US 'ডেকারেইটিভ়্] *adj* অলঙ্করিষ্ণু; শোভাকর; শোভাবর্ধক।

dec·or·ous ['ডেকারাস্] *adj* বিনয়ী; নম্র; শোভন। **~·ly** *adv* নম্রভাবে; শোভনভাবে।

de·corum [ডি 'কো°রাম্] *n* [U] শিষ্টতা; ভব্যতা; ঔচিত্য; সুরীতি।

de·coy ['ডীকয়্] *n* ১ শিকারের উদ্দেশ্যে অন্য পশুপাখিকে আকৃষ্ট করবার জন্য ব্যবহৃত (প্রকৃত কিংবা নকল) পশু বা পাখি; আকর্ষক পশু বা পাখি; কুনকি; উক্তরূপ শিকারের স্থান; ফাঁদ। ২ (লাক্ষ.) কাউকে প্রলুব্ধ করে বিপদে ফেলার উদ্দেশ্যে ব্যবহৃত ব্যক্তি বা বস্তু; কুনকি; টোপ; ফাঁদ। □*vt* [ডি'কয়্] (কাউকে বা কোনো কিছুকে) কুনকির সাহায্যে ছলনা করে বিপদে ফেলা; টোপ ফেলা; টোপ গেলানো; ফাঁদ পাতা; ফাঁদে ফেলা: He was ~ed into the deserted house and made a prisoner.

de·crease [ডি'ক্রীস্] *vt,vi* কমা; কমানো; হ্রাস করা বা পাওয়া। □*n* ['ডীক্রীস্] [U] হ্রাস; হ্রসিমা; [C] হ্রাসের পরিমাণ: We've recorded a ~ in our transactions **on the ~** হ্রাস পাচ্ছে এমন; নিম্নগামী: The population is on the ~.

de·cree [ডি'ক্রী] *n* [C] ১ কোনো শাসক বা কর্তৃপক্ষ কর্তৃক ঘোষিত এবং আইনের মর্যাদাসম্পন্ন আদেশ; হুকুম অধ্যাদেশ; আজ্ঞপ্তি: issue a ~; rule by ~. ২ আদালতবিশেষের সিদ্ধান্ত; রায়; ডিক্রি: a ~ of divorce **~ nisi** [ডিˌক্রী'নাইসাই] *n* নির্দিষ্ট সময়সীমার মধ্যে বিপক্ষে কারণ দর্শাতে না পারলে বিবাহবিচ্ছেদ কার্যকর হবে, এই মর্মে আদালতের রায়; শর্তসাপেক্ষ তালাকের রায়। □*vt* ডিক্রি/অধ্যাদেশ জারি করা; রায় দেওয়া।

de·crepit [ডি'ক্রেপিট্] *adj* জরাজীর্ণ; জরাগ্রস্ত; জরাতুর হাড়–জিরজিরে: a ~ horse. **de·crepi·tude** [ডি'ক্রেপিটিউড্ US - টূড্] *n* [U] জীর্ণদশা; জরাগ্রস্ত জরাবস্থা; জীর্ণতা।

de·cry [ডি'ক্রাই] *vt* কোনো কিছুর বিরুদ্ধে মতামত ব্যক্ত করে তার মূল্য, উপযোগিতা ইত্যাদি কমাবার চেষ্টা করা নিন্দার্হ বলে ঘোষণা করা; উচ্চৈস্বরে নিন্দা করা; চিৎকার করে থামিয়ে বা বসিয়ে দেওয়া।

dedi·cate ['ডেডিকেইট্] *vt* **~ (to)** ১ (কোনো মহৎ উদ্দেশ্য বা লক্ষ্যে) নিয়োজিত/ উৎসর্গ করা: to ~ life to the service of the poor. ২ (ঈশ্বরের উদ্দেশ্যে কিংবা পুণ্যার্থে) ভাবগম্ভীর অনুষ্ঠানাদির মধ্য দিয়ে নিবেদিত

উৎসর্গ করা। ৩ (লেখক সম্বন্ধে) (বন্ধুত্ব কিংবা কৃতজ্ঞতা জ্ঞাপনের জন্য) উৎসর্গ করা। **dedi·ca·tion** [ˌডেডি'কেইশ্‌ন্] *n* [U] উৎসর্জন; উৎসর্গ; [C] উৎসর্গপত্র।

de·duce [ডি'ডিউস্ US 'ডিডূস্] *vt* ~ **(from)** যুক্তির সাহায্যে জ্ঞান, প্রতীতি, তত্ত্ব ইত্যাদিতে উপনীত হওয়া; সিদ্ধান্তে পৌঁছা; অনুমান করা: ~ a fact. **de·duc·ible** [ডি'ডিউ্যসাব্‌ল্ US ডিডূসেব্‌ল্] *adj* অনুমেয়; অবগম্য।

de·duct [ডি 'ডাকট্] *vt* (পরিমাণ বা অংশবিশেষ) ব্যবকলন/বিয়োগ করা। দ্র. সংখ্যার ক্ষেত্রে subtract. ~·**ible** [ডিডাকটব্‌ল্] *adj* বিয়োজ্য; ব্যবকলীয়।

de·duc·tion [ডি 'ডাকশ্‌ন্] *n* ১ [U] বিয়োজন; ব্যবকলন; [C] বিয়োজিত অংশ; ব্যবকলন; বিয়োজন: ~s from pay. ২ [U] অবরোহ; অনুমান; [C] সামান্য নিয়ম থেকে যুক্তির সাহায্যে লব্ধ বিশেষ দৃষ্টান্ত; অনুমান; অনুমিতি। **de·duct·ive** [ডি'ডাকটিভ্] *adj* অবরোহী। **de·duct·ively** *adv* অনুমানত।

deed [ডীড্] *n* ১ কার্য; ক্রিয়া: good ~s, bad ~s. ২ (আইন.) বিশেষত স্বত্ব বা অধিকার বিষয়ক লিখিত বা মুদ্রিত সংবিদ; দলিল; লেখপ্রমাণ: ~ of conveyance, দানপত্র। ˌ**~ of 'covenant,** দ্র. covenant (১)। '**~-box** *n* দলিলের বাক্স। '**~·poll** *n* একক ব্যক্তির দ্বারা সম্পন্ন দলিল; একক দলিল।

deem [ডীম্] *vt* (আনুষ্ঠা.) বিশ্বাস/ বিবেচনা/ মনে করা: He ~ed it necessary to... .

deep[1] [ডীপ্] *adj* ১ গভীর; অগাধ: a ~ well/river. দ্র. shallow. ˌ**~-ˌsea,** ˌ**~-ˌwater,** *attrib adjj* সাগরের গভীরতর অংশসম্বন্ধে: ~-sea fishing, গভীর সমুদ্রে মৎস্যশিকার। **go (in) off the '~ end,** দ্র. end[1] (9). **in ~ water(s)** (লাক্ষ.) মহাবিপদে। ২ উপরিভাগ বা প্রান্ত থেকে দূরগামী: গভীর; গাঢ়: a ~ shelf; a ~ wound; a ~-chested athlete. ৩ (বিস্তারসূচক শব্দসহযোগে) পশ্চাৎ; ভিতর বা নীচ পর্যন্ত বিস্তৃত; গভীর: a hole five metres ~; hands ~ in pockets; ankle-~ in mud, গোড়ালি গভীর কাদায়; ~ in debt, ঋণে নিমজ্জিত; a plot of land 200 feet ~, রাস্তা বা অন্য সীমানা থেকে ২০০ ফুট বিস্তৃত; The crowd stood forty ~ to listen to the politician. ৪ (ধ্বনি সম্বন্ধে) গম্ভীর; গভীর; মন্দ্র: in a ~ voice. ৫ (নিদ্রা সম্বন্ধে) গভীর; গাঢ়: in a ~ sleep. ৬ (রং সম্বন্ধে) ঘন; গাঢ়; উজ্জ্বল; তীব্র: a ~ blue. ৭ অনেক নীচ থেকে উত্থিত; গাঢ়; দীর্ঘ; গভীর: a ~ sight; ~ feeling/sympathy. ৮ ~ **in** নিমগ্ন; নিবিষ্ট; তন্ময়: ~ in study/ thought/ a book. ৯ (লাক্ষ.) বোঝা বা শেখা কঠিন; গভীর; দুর্ভেদ্য; দুরূহ; অতলস্পর্শ; প্রগাঢ়; গূঢ়: a ~ mystery; a ~ secret; (ব্যক্তি সম্বন্ধে) যার সত্যিকার মনোভাব/ অভিপ্রায় গুপ্ত থাকে; সুচতুর: He's a ~ one, গভীর জলের মাছ। ১০ (লাক্ষ.) গভীরগামী; মর্মভেদী; বিদগ্ধ; অগাধ: ~ learning; ~ insight; a ~ thinker. **~en** ['ডীপান্] *vt,vi* গভীরতর করা বা হওয়া। **~·ly** *adv* গভীরভাবে; তীব্রভাবে; অনেক দূর: I'm ~ly interested in Philosophy. He was ~ly affected by the incident. **~·ness** *n* গভীরতা; গাঢ়তা; তীব্রতা; ঘনতা।

deep[2] [ডীপ্] *adv* গভীরে; অতলে; গভীরভাবে: The boat went ~ into water. ~ into the night, গভীর রাত্রি পর্যন্ত। **Still waters run ~** (প্রবাদ) সত্যিকার অনুভূতি, ভাবনা ইত্যাদি স্পষ্টভাবে প্রকাশিত হয় না এমন ব্যক্তি সম্বন্ধে প্রযোজ্য; শান্তজল গভীরগামী। ˌ**~-'freeze** *vt* (খাদ্য দীর্ঘদিন সংরক্ষণের জন্য) দ্রুত হিমায়িত করা: ~-frozen fish, দ্রুত হিমায়িত মাছ। □*n* দ্রুত হিমায়নের উদ্দেশ্যে ব্যবহৃত বিশেষ ধরনের হিমায়নযন্ত্র (কিংবা সাধারণ হিমায়নযন্ত্রের বিশেষ অংশ); গাঢ় হিমায়নযন্ত্র। ˌ**~-'laid** (ফন্দিফিকির সম্বন্ধে) গোপনে, সতর্কভাবে পরিকল্পিত; নিগূঢ়। ˌ**~-'mined** (কয়লা সম্বন্ধে) মামুলি খনি থেকে আহৃত (open-cast-এর সঙ্গে বৈপরীত্যক্রমে; দ্র. open[1](১১) গভীর-খনিত। ˌ**~-'rooted** সহজে অপসারিত হবার নয়; দৃঢ়মূল, বদ্ধমূল: ~-rooted hatred. ˌ**~-'seated** দৃঢ়ভাবে প্রতিষ্ঠিত: গভীরে প্রোথিত: The causes of his abnormal behaviour are ~-seated.

deep[3] [ডীপ্] *n* (কাব্যিক) **the ~** সাগর; অতল।

deer [ডিঅ(র্)] *n* (*pl* অপরিবর্তিত) হরিণ; মৃগ। '**~·skin** হরিণের চামড়া। '**~-stalker** (ক) চুপি চুপি হরিণের কাছে গিয়ে হরিণ শিকার করে যে শিকারি। (খ) সামনে ও পেছনে দুটো চূড়াবিশিষ্ট টুপিবিশেষ। '**~-stalking** চুপিসারে বা গুপ্তস্থান থেকে হরিণ শিকার করবার খেলা।

de-esca·late [ˌডীএস্‌কালেইট্] *vt* (যুদ্ধ ইত্যাদির) প্রকোপ হ্রাস করা। **de-esca·la·tion** [ডীˌএস্‌কা'লেইশ্‌ন্] *n* বিপ্রকোপন; প্রকোপহ্রাস।

de·face [ডিফেইস্] *vt* (উপরিভাগের ক্ষতিসাধন কিংবা রেখাঙ্কন দ্বারা) আকৃতিনাশ করা; বিকৃত/বিবর্ণ করা; (সমাধিফলক ইত্যাদির) উৎকীর্ণ লেখন অস্পষ্ট করে ফেলা। **~·ment** *n* [U] বিকৃতিসাধন; আকৃতিনাশন; বিকৃতি; উচ্ছেদন; [C] যা বিকৃতিসাধন করে।

de facto [ˌডেইফ্যাকটৌ] *adj,adv* (লা.) কার্যত (বিধিগতভাবে হোক কি না হোক): the ~ king.

de·fal·ca·tion [ˌডীফ্যাল্'কেইশ্‌ন্] *n* [U] (আইন.) তহবিল-তসরুফ; অর্থ-আত্মসাৎ; [C] তহবিল-তসরুফের ঘটনা; আত্মসাৎকৃত অর্থ।

de·fame [ডিফেইম্] *vt* মানহানি করা; কুৎসা রটনা করা। **defa·ma·tion** [ˌডেফা'মেইশ্‌ন্] *n* [U] মানহানি; অপবাদ; পরিবাদ। **de·fama·tory** [ডিফ্যামাট্রি US -টো°রি] *adj* মানহানিকর; মানহানিমূলক; অপবাদমূলক: defamatory statements.

de·fault[1] [ডিফোল্ট্] *n* [U] অনুপস্থান; অভাব: to win a case/game by ~, অন্য পক্ষের অনুপস্থানহেতু জয়লাভ। **in ~ of** (কিছুর) অভাব ঘটলে; (কিছু) না পেলে বা না ঘটলে; অনুপস্থানে।

de·fault[2] [ডিফো°ল্ট্] *vi* কর্তব্যপালনে/ হাজিরা দিতে ব্যর্থ হওয়া (যেমন আদালতে); ঋণ পরিশোধে ব্যর্থ হওয়া। **~er** *n* ১ নিয়মলঙ্ঘী; ব্যত্যয়কারী। ২ সামরিক কোনো অপরাধে অভিযুক্ত সৈনিক; নিয়মলঙ্ঘী।

de·feat [ডিফীট্] ১ পরাজিত/ পরাভূত/ ব্যর্থ করা। ২ নির্মূল/ নিষ্ফল করা: His hopes will not be ~ed. □*n* [U,C] পরাজয়; পরাভব; হার; ব্যর্থতা। **~·ism** [-ইজ়াম্] *n* [U] পরাজিত মনোভাব; পরাজিতম্মন্যতা। **~·ist** [-ইস্‌ট্] *n* পরাজিতম্মন্য।

de·fe·cate ['ডেফাকেইট্] *vi* (চিকি.) মলত্যাগ করা। **def·eca·tion** [ˌডেফা'কেইশ্‌ন্] *n* মলত্যাগ।

de·fect[1] ['ডীফেক্‌ট্] *n* [C] ত্রুটি; বিচ্যুতি; খুঁত; অভাব; দোষ।

de·fect[2] [ডিফেক্‌ট্] *vt* ~ **(from) (to)** স্বদেশ বা স্বপক্ষ পরিত্যাগ করা; বশ্যতা অস্বীকার করা: The diplomat ~ed from Belandia to Benitania. **de·fec·tor** [-টা(র্)] *n* স্বপক্ষত্যাগী; স্বদেশত্যাগী; দলত্যাগী; দলদ্রোহী: ~tors from the Socialist Party.

de·fec·tion [ডিফেক্‌শন্‌] *n* ১ [U] রাজনৈতিক দল বা দলের নেতা, ধর্ম কিংবা কর্তব্যের প্রতি আনুগত্য পরিহার করে সরে যাওয়া; দলদ্রোহিতা; স্বপক্ষত্যাগ; [C] দলত্যাগ, স্বপক্ষত্যাগ ইত্যাদির দৃষ্টান্ত: ~ from the Radical Party. ২ (সাধা. রাজনৈতিক মতপার্থক্যের কারণে স্থায়ীভাবে) দেশত্যাগ; [C] উক্তরূপ দেশত্যাগের দৃষ্টান্ত ঃ ~s from Belandia.

de·fec·tive [ডিফেক্‌টিভ্‌] *adj* ত্রুটিপূর্ণ; অপূর্ণ; অপক্ব: ~ in workmanship/moral value; mentally ~, মানসিকভাবে অপরিপক্ব/ অপরিণত; a ~ verb, যে ক্রিয়াপদের সকল কালের সকল রূপ পাওয়া যায় না, যেমন must, অসম্পূর্ণ ক্রিয়াপদ। **~·ly** *adv* ত্রুটিপূর্ণভাবে। **~·ness** *n* ত্রুটিপূর্ণতা; অসম্পূর্ণতা; ন্যূনতা।

de·fence (US = **de·fense**) [ডিফেন্‌স্‌] *n* ১ [U] প্রতিরক্ষা; আত্মরক্ষা; রক্ষণ: national ~. He fought in self-~. ২ [C] আত্মরক্ষা বা প্রতিরক্ষার উপায়/উপকরণ: coastal ~s, উপকূলীয় প্রতিরক্ষাব্যবস্থা; a strong wall as a ~ against enemies. ৩ [C,U] (আইন.) আত্মপক্ষ সমর্থন; বিবাদীর/আসামির কৈফিয়ত; বিবাদী পক্ষের উকিল (গণ): The ~ pleaded for mercy. **~·less** *adj* অরক্ষিত; প্রতিরক্ষাহীন; নিঃশরণ। **~·less·ly** *adv* অরক্ষিতভাবে। **~·less·ness** *n* প্রতিরক্ষাহীনতা; অরক্ষণ।

de·fend [ডিফেন্ড্‌] *vt* ১ ~ **(against)** রক্ষা/ আত্মরক্ষা করা; নিরাপত্তাবিধান করা। ২ সমর্থনে বলা বা লেখা; সমর্থন/পক্ষালম্বন করা: ~ (= uphold) a claim; ~ (= contest) a law suit; to ~ an idea. **~er** *n* ১ সমর্থক; রক্ষক। ২ (খেলাধুলায়, যেমন ফুটবলে) রক্ষণভাগের খেলোয়াড়; রক্ষক; রক্ষী।

de·fend·ant [ডিফেন্‌ডান্ট্‌] *n* প্রতিবাদী; বিবাদী। দ্র. plaintiff.

de·fense [ডিফেন্‌স্‌] (US) দ্র. defence.

de·fens·ible [ডি'ফেন্‌সাব্‌ল্‌] *adj* রক্ষণীয়; সমর্থনযোগ্য।

de·fens·ive [ডিফেন্‌সিভ্‌] *adj* আত্মরক্ষামূলক; প্রতিরক্ষামূলক: ~ warfare/ measures. □*n* (সাধা.) **be/act on the ~** আত্মরক্ষামূলক অবস্থানে থাকা; অবস্থান গ্রহণ করা। **~·ly** *adv* আত্মরক্ষামূলকভাবে।

de·fer[1] [ডি 'ফা(র্)] *vt,* (-rr-) স্থগিত/মুলতবি রাখা; বিলম্বিত করা: a ~red telegram, দেরিতে সুলভ হারে প্রেরিত তারবার্তা, বিলম্বিত তারবার্তা; a ~red annuity, বিলম্বিত বর্ষলভ্য; to ~ one's departure; payments on ~red terms, কিস্তিতে মূল্যপরিশোধ। দ্র. hire-purchase. **~·ment** *n* বিলম্বন; স্থগিতকরণ।

de·fer[2] [ডিফা(র্)] *vi* (-rr-) **~ to** (অনেক সময় সম্মান প্রদর্শনার্থ) নতি স্বীকার করা; সম্মান প্রদর্শন করা; বশ্যতা স্বীকার করা; মেনে নেওয়া: to ~ to one's elders/ to sb's opinions.

de·fer·ence ['ডেফারান্‌স্‌] *n* [U] অন্যের ইচ্ছার কাছে নতি স্বীকার; অন্যের মতামত গ্রাহ্যকরণ; মান্যত্ব; বশবর্তিতা; সম্মান; শ্রদ্ধা: to treat sb with ~; to show ~ to a teacher. **in ~ to** শ্রদ্ধাবশত। **de·fer·en·tial** [ˌডেফ 'রেন্‌শ্‌ল্‌] *adj* শ্রদ্ধাবান; শ্রদ্ধাপূর্ণ। **de·fer·en·tially** [-শালি] *adv* শ্রদ্ধার সঙ্গে; সশ্রদ্ধভাবে।

de·fiance [ডিফাইআন্‌স্‌] *n* [U] প্রকাশ্যে অবাধ্যতা বা প্রতিরোধ; বিরুদ্ধাচরণ; স্পর্ধা; অবজ্ঞা। **in ~ of** অবজ্ঞাভরে; উপেক্ষা করে; বিরুদ্ধাচরণপূর্বক: to act in ~ of orders.

de·fiant [ডিফাইআন্ট্‌] *adj* স্পর্ধিত; অবজ্ঞাপূর্ণ; অবাধ্য। **~·ly** *adv* স্পর্ধাসহকারে; অবজ্ঞার সঙ্গে।

de·fi·ciency [ডিফিশ্‌ন্‌সি] *n* ১ (*pl* -cies) [U, C] অভাব; ন্যূনতা; হীনতা: ~ of food; ~ diseases, অপুষ্টিজনিত রোগ। ২ [C] প্রয়োজনের তুলনায় কোনো কিছু যে পরিমাণে ন্যূন; ন্যূনতা; অভাব; অল্পতা; কমতি: a ~ of £ 2. ৩ [C] ত্রুটি; অসম্পূর্ণতা; দোষ: deficiencies of nature.

de·fi·cient [ডিফিশ্‌ন্ট্‌] *adj* হীন; ন্যূন; খাটো: ~ in intelligence; a mentally ~ person, অপরিণতমনস্ক ব্যক্তি।

defi·cit ['ডেফিসিট্‌] *n* [C] ঘাটতি; অভাব। দ্র. surplus.

de·file[1] [ডিফাইল্‌] *vt* নোংরা/দূষিত/কলুষিত করা: The waters of the lake are ~d by waste from the town. **~·ment** *n* [U] দূষণ; কলুষ; কল্মষ।

de·file[2] ['ডীফাইল্‌] *n* গিরিসঙ্কট; গিরিকন্দর। □*vt* [ডিফাইল্‌] (সৈন্যদল সম্বন্ধে) এক এক করে সারিবদ্ধ হয়ে অগ্রসর হওয়া; সারিবদ্ধ হয়ে অগ্রসর হওয়া; দণ্ডব্যূহ রচনা করে অগ্রসর হওয়া।

de·fine [ডিফাইন্‌] *vt* ১ সংজ্ঞার্থ নির্ণয়/লক্ষণ ব্যাখ্যা করা (যেমন শব্দের)। ২ নির্দিষ্ট করে বলা বা দেখানো; সীমা নির্দেশ করা; নিরূপণ করা: Would you kindly ~ my duties ? The powers of the committee are ~d by the statutes. **de·fin·able** [-নাব্‌ল্‌] *adj* নিরূপণীয়; নির্ধারণীয়।

defi·nite [ডেফিনাট্‌] *adj* সুস্পষ্ট; নির্দিষ্ট; দ্ব্যর্থহীন। ˌ~ 'article *n* নির্দিষ্ট সন্ধিকা: the. **~·ly** [ডেফিনাট্‌লি] *adv* ১ সুস্পষ্টভাবে; নিশ্চিতভাবে। ২ (কথ্য, প্রশ্নোত্তরে) হাঁ; অবশ্য; নিশ্চয়ই।

defi·ni·tion [ˌডেফিনিশন্‌] *n* ১ [U] সংজ্ঞার্থ নির্ণয়; লক্ষণ ব্যাখ্যান; [C] সংজ্ঞার্থ; লক্ষণ ব্যাখ্যা। ২ সুস্পষ্টতা; পরিচ্ছন্নতা; (ক্যামেরা ও দূরবীক্ষণে) পরকলার সুস্পষ্টভাবে রূপরেখা দেখাবার শক্তি।

de·fini·tive [ডিফিনাটিভ্‌] *adj* নিশ্চায়ক; চূড়ান্ত; নিশ্চিন্ত: a ~ offer/answer. **~·ly** *adv* চূড়ান্তভাবে; নিশ্চিতভাবে।

de·flate [ডিফ্লেইট্‌] *vt* ১ বায়ু বা গ্যাস নিষ্কাশন করে (টায়ার, বেলুন ইত্যাদি) ছোট করা; বিস্ফীত করা; (লাক্ষ.) কারো আত্মম্ভরিতা হ্রাস করা; দর্পচূর্ণ করা; বিস্ফীত করা: ~ a pretentious scholar. ২ [ˌডীফ্লেইট্‌] পণ্যমূল্য হ্রাস করা বা স্থিতিশীল রাখার উদ্দেশ্যে মুদ্রাসরবরাহ কমানোর জন্য পদক্ষেপ গ্রহণ করা; মুদ্রাস্ফীতি হ্রাস করা। **de·fla·tion** [-এইশ্‌ন্‌] *n* [U] বিস্ফীতকরণ; মুদ্রাস্ফীতি হ্রাসকরণ। **de·fla·tion·ary** [ডীফ্লেইশ্‌নারি US -নেরি] *adj* মুদ্রাস্ফীতি হ্রাসকর: deflationary measures.

de·flect [ডিফ্লেক্ট্‌] *vt,vi* **~ (from)** বিভ্রষ্ট/ বিচ্যুত/ বিমার্গগামী হওয়া বা করা; এক পাশে সরে যাওয়া বা সরানো: After hitting the post the ball was ~ed from its course. **de·flec·tion** [ডিফ্লেকশ্‌ন্‌] *n* বিভ্রষ্টতা; বিচ্যুতি; বিমার্গগামিতা।

de·flower [ডীফ্লাউআ(র্)] *vt* (সাহিত্য অথবা প্রা. প্র.) কুমারীত্ব/ সতীত্ব হরণ করা; নষ্ট করা; বিপ্লুত করা।

de·foli·ate [ˌডীফৌলিএইট্‌] *vt* পত্রহীন/ নিষ্পত্র করা **de·foli·ated** *part adj* হৃতপত্র; নষ্টপত্র: ~d forests.

de·foli·ation [ˌডীফৌলিএইশ্‌ন্] *n* নিষ্পত্রীকরণ; বিপত্রীকরণ। **de·foli·ant** [ˌডীফৌলিঅন্ট্] *n* পত্রনাশক।
de·for·est [ˌডীফরিস্ট্ US -ˈফো°রি–] *vt* (বিশেষত US) = disafforest.
de·form [ডিˈফো°ম্] *vt* বিকৃত/ বিকলাঙ্গ করা। **de·formed** *part adj* (শরীর বা অঙ্গ সম্বন্ধে; লাক্ষ. মন সম্বন্ধে) বিকৃত; বিকলাঙ্গ; কুগঠিত; অস্বাভাবিক; কদাকার: a ~ed foot.
de·form·ity [ডিˈফো°মটি] *n* [U] বিকৃতি; বৈকৃত্য; অঙ্গবৈকল্য; অঙ্গবিকৃতি; বিকলাঙ্গতা; [C] (*pl* -ties) (বিশেষত শরীরের) বিকৃত অংশ; বিকৃতি।
de·fraud [ডিˈফ্রো°ড্] *vt* **~ (of)** ঠকিয়ে নেওয়া; প্রবঞ্চিত করা: ~ a partner of his shares.
de·fray [ˈডিফ্রেই] *vt* অর্থ জোগানো; ব্যয় বহন করা। **~al** [ডিˈফ্রেইঅল্] *n.* **~·ment** *n* ব্যয় বহন; অর্থ সরবরাহ।
de·frock [ˌডীফ্রক্] *vt* = unfrock.
de·frost [ˌডীফ্রস্ট্ US ˌডীফ্রো°স্ট্] *vt* (হিমায়নযন্ত্র, মোটর গাড়ির বাতাবরণ প্রভৃতিতে) তুষারকণা বা বরফ দূর করা; তুষারমুক্ত/ হিমানীমুক্ত করা। **~er** *n* হিমানীনাশক।
deft [ডেফ্‌ট্] *adj* ক্ষিপ্র ও চতুর (বিশেষত আঙুলের ব্যবহার বিষয়ে); পটু; দক্ষ। **~·ly** *adv* সুপটুভাবে; দক্ষতার সঙ্গে। **~·ness** *n* পটুত্ব; দক্ষতা।
de·funct [ডি ˈফাঙ্‌ক্ট্] *adj* (ব্যক্তি সম্বন্ধে) মৃত; পরলোকগত; (বস্তু সম্বন্ধে) বিলুপ্ত; বাতিলকৃত। **the ~** (আইন.) (আলোচনার উপজীব্য) মৃত ব্যক্তি।
de·fuse [ˌডীফ়িউজ়্] *vt* (বোমা, গোলা, মাইন ইত্যাদির) ফুর্জক (ফিউজ) অপসারণ করা কিংবা অকেজো করে দেওয়া; বিফুর্জিত করা; (লাক্ষ.) শান্ত/ শমিত করা; উত্তেজনা হ্রাস করা; তীব্রতা লাঘব করা: ~ a situation/ crisis.
defy [ডিˈফ়াই] *vt (pt,pp -fied)* ১ প্রকাশ্যে বিরোধিতা করা; যুদ্ধার্থে আহ্বান করা; স্পর্ধা দেখানো। ২ মান্য করতে কিংবা সম্মান দেখাতে অস্বীকার করা; উপেক্ষা/ অমান্য করা; পরোয়া/ গ্রাহ্য না করা: ~ing one's elders. It was foolish of you to ~ the law. ৩ অনতিক্রম্য বাধা সৃষ্টি করা; প্রতিহত করা: The problem defied solution. The message defied all efforts to decode it. ৪ **~ sb to do sth** কারো পক্ষে কোনো কিছু করা অসম্ভব জেনে তা করার জন্য তাকে আহ্বান করা; স্পর্ধাপূর্বক আহ্বান করা: I ~ you to prove your innocence.
de·gauss [ˌডীগাউস্] *vt* চৌম্বক ক্ষেত্র (যেমন টিভির পর্দা) নিষ্ক্রিয় করে ফেলা; চুম্বকত্বহীন করা।
de·gen·er·ate [ডি ˈজেনারেইট্] *vi* **~ (into)** পর্যবসিত/ অধঃপতিত/ পরিভ্রষ্ট হওয়া: Moderation should not ~ into cowardice. Do you think that these people are morally degenerating? ☐*adj* [ডিˈজেনারাট্] অধঃপতিত; স্বধর্মচ্যুত; পরিভ্রষ্ট; অপজাত: a ~ race. ☐*n* [ডিˈজেনারাট্] অধঃপতিত ব্যক্তি বা প্রাণী; অপজাত। **de·gen·er·acy** [ডিˈজেনারাসি] *n* [U] অধঃপতন; ধর্মভ্রষ্টতা; আপজাত্য। **de·gen·er·ation** [ডিˌজেনাˈরেইশ্‌ন্] *n* [U] অধঃপতন; স্বধর্মচ্যুতি।
de·grade [ˈডিগ্রেইড্] *vt* ১ পদ বা মর্যাদার হানি করা; পদভ্রষ্ট/ মর্যাদা লাঘব করা; অধিকারভ্রষ্ট করা। ২ (কাউকে) কম সদাচারী বা কম সম্মানার্হ করা; অশ্রদ্ধেয়/ অধঃপাতিত করা: He ~d himself by resorting to deception. **degra·da·tion** [ˌডেগ্রাˈডেইশ্‌ন্] *n* [U] মর্যাদাহানি; অধিকারভ্রষ্টতা; পদভ্রষ্টতা; অধঃপাত; অপকৃষ্টতা; পাতিত্য: a family living in degradation, অমর্যাদাকর পরিবেশে বাস করা, যেমন বস্তিতে।
de·gree [ডিˈগ্রী] *n* ১ কোনো পরিমাপের একক; অংশ; ডিগ্রি: an angle of ninety ~; a ~ of latitude, অক্ষাংশের ডিগ্রি (প্রায় ৬৯ মাইল)। ২ তাপমাত্রা: Water boils at hundred ~ Celsius. ৩ [C,U] কোনো মাপকাঠি বা প্রক্রিয়ার স্তর বা পর্যায়: The plants are at various ~s of development. **by ~s** ক্রমে ক্রমে; ক্রমশ। **to a ~** (কথ্য) = to the highest ~, উচ্চতম মাত্রায়; যার পর নাই: He is honest to a ~. **to a high/highest ~** অত্যধিক; অতিমাত্রায়; বেজায়: She is conceited to a high ~. **to what ~** কতোটা; কী পরিমাণ; কতোখানি: To what ~ is he interested in politics ? **first ~** গুরুত্বের স্তর: first ~ burns; first ~ murder. **third ~** তথ্য বা স্বীকারোক্তি আদায়ের জন্য (যেমন পুলিশ কর্তৃক) অভিযুক্ত ব্যক্তিকে দীর্ঘক্ষণ স্থায়ী কঠোর জিজ্ঞাসাবাদ: The police used third-~ methods to get information. ৪ [U] সামাজিক মর্যাদা; পদ; পদবি: persons of high ~. ৫ (শিক্ষাজাগতিক) উপাধি; (কোনো পরীক্ষায় উত্তীর্ণ হওয়ার পর বিশ্ববিদ্যালয় কর্তৃক প্রদত্ত) উপাধি। দ্র. graduate, undergraduate. ৬ (সঙ্গীত) সাঙ্কেতিক স্বরলিপিতে দুই স্বরের মধ্যবর্তী ব্যবধান; স্বরক্রম। ৭ (ব্যাক.) *adj* বা *adv*-এর তুলনার তিনটি রূপের যে কোনো একটি; তারতম্য: 'Bad', 'worse' and 'worst' are the positive, comparative and superlative ~s of 'bad'.
de·hu·man·ize [ˌডীহিউম্যানাইজ়্] *vi* মানবীয় গুণাবলী হরণ করা; অমানুষে পরিণত করা; মনুষ্যত্বহীন করা। **de·hu·man·iza·tion** *n* অমানবিকীকরণ।
de·hy·drate [ˌডীহাইড্রেইট্] *vt* জলশূন্য/ আর্দ্রতামুক্ত করা: ~d vegetables/ fruits. **de·hy·dra·tion** [ˌডীহাইড্রেইশ্‌ন্] *n* [U] নির্জলীকরণ; নির্জলীভবন: Severe dehydration may cause death.
de·ify [ˈডীইফ়াই] *vt (pt,pp* -fied) দেবতায় পরিণত করা; দেবতাজ্ঞানে পূজা করা; দেবত্বে অধিষ্ঠিত করা; দেবত্ব আরোপ/দেবত্ব দান করা। **de·ified** *part adj;* দেবত্বপ্রাপ্ত। **de·ifi·ca·tion** [ˌডীইফ়িকেইশ্‌ন্] *n* [U] দেবত্বারোপ; দেবত্বদান; দেবত্বপ্রাপ্তি: the deification of a national hero.
deign [ডেইন্] *vi* **~ to do sth** কৃপাবশত কিছু করা; নিজের মর্যাদার সঙ্গে সঙ্গতিপূর্ণ না হলেও দয়া বা সৌজন্যবশত কিছু করা: She ~ed to cast a look on me, সে আমার প্রতি কৃপাদৃষ্টি নিক্ষেপ করেছে।
de·ism [ˈডীইজ়্‌ম্] *n* ঐশী প্রত্যাদেশ বা ধর্মীয় বিধিবিধানে আস্থা ব্যতিরেকে এক পরমসত্তার অস্তিত্বে বিশ্বাস; আস্তিক্য; একাত্মবাদ। **de·ist** [ˈডীইস্ট্] *n* একাত্মবাদী।
de·ity [ˈডীইটি] *n* ১ [U] দেবত্ব। ২ [C] *(pl -ties)* দেব; দেবতা; দেবী। **the D~** ঈশ্বর; পরমেশ্বর;
déja vu [ˌডেইজ়া ˈভিউ্য] *n* [U] (ফ.) যে ঘটনার অভিজ্ঞতা নেই কিংবা যে দৃশ্য আগে দেখা হয়নি, তা মনে পড়ে যাওয়ার একটা অনুভূতি; (কথ্য) কোনো কিছু খুব বেশি ঘন ঘন দেখা বা শোনা হয়েছে এ রকম একটা অনুভূতি; পূর্বদৃষ্ট।

de·ject [ডি'জেক্‌ট্] *vt* (সাধা. *pp*) বিষণ্ন/ বিমর্ষ/ বিমনা/নিরানন্দ করা। **de·jec·ted** *part adj* মনমরা; বিমর্ষ; বিমনা: He looks ~ed. **de·ject·ed·ly** *adv* সবিষাদে; বিষণ্নভাবে। **de·jec·tion** [ডি'জেক্‌শ্‌ন্] *n* [U] বিষণ্নতা; বিমর্ষতা।

de jure [ˌডেইজুআরি] *adj,adv* (লা.) ন্যায়সম্মতভাবে; ন্যায়ত; আইনসম্মতভাবে; আইনত: the ~ king; king ~. দ্র. de facto.

dekko ['ডেকৌ] *n* (অপ.) **have a ~** এক নজর দেখা বা (কোনো কিছুর প্রতি) এক নজর তাকানো।

de·lay [ডিলেই] *vt,vi* ১ বিলম্ব/ দেরি করা; বিলম্ব/ দেরি করানো; কালক্ষেপ করা: Don't ~. The journey was ~ed (for) three hours. **~ed-action** *adj,n* কিছু সময় অতিবাহিত হলে কাজ করে এমন; বিলম্বিত; স্থগিত: a ~ed-action bomb, বিলম্বিত স্ফুর্জন বোমা; বিলম্বিত তৎপরতা; বিলম্বন; কালক্ষেপণ। ২ স্থগিত/ মুলতবি করা: Why has she ~ed going to the dentist ? □*n* ১ [U] বিলম্ব; দেরি; কালক্ষেপণ: Please answer with ~. ২ [C] বিলম্বের দৃষ্টান্ত; যতোটা সময় বিলম্ব করা হয়েছে; বিলম্ব; দেরি: after a ~ of two months.

de·lec·table [ডি'লেকটব্‌ল্] *adj* (সাহিত্য.) আনন্দদায়ক; রমণীয়; মনোহর; সুখকর।

de·lec·ta·tion [ˌডীলেক্'টেইশ্‌ন্] *n* [U] (সাহিত্য., বক্রোক্তি.) আমোদ; আহ্লাদ; বিনোদন; উপভোগ: He writes for the ~ of half-witted adolescents.

del·egacy ['ডেলিগাসি] *(pl* -cies) প্রতিনিধিত্বের ব্যবস্থা; প্রতিনিধিবর্গ।

del·egate[1] ['ডেলিগাট্] *n* প্রতিনিধি; প্রতিভূ।

del·egate[2] ['ডেলিগেইট্] *vt* **~ (to)** (কাউকে) প্রতিনিধিরূপে প্রেরণ করা; (কাউকে দায়িত্ব, অধিকার ইত্যাদি) অর্পণ করা: to ~ sb to attend a meeting; to ~ powers to a subordinate.

del·ega·tion [ˌডেলি'গেইশ্‌ন্] *n* ১ [U] নিয়োজন; প্রতিনিধিরূপে প্রেরণ; প্রতিনিধিত্ব; দায়িত্ব/ ক্ষমতা অর্পণ। ২ [C] প্রতিনিধিদল।

de·lete [ডি'লীট্] *vt* **~ (from)** (লিখিত বা মুদ্রিত কোনো কিছু কেটে/ তুলে দেওয়া: to ~ a word/ line. **de·le·tion** [ডি'লীশ্‌ন্] *n* [U] মোচন; বিলোপন; [C] যা মোছা হয়েছে বা কেটে দেওয়া হয়েছে; কাটা (বর্ণ, শব্দ ইত্যাদি)।

del·eteri·ous [ˌডেলি'টিআরিআস্] *adj* (আনুষ্ঠা.) (শরীর বা মনের পক্ষে) ক্ষতিকর; ক্ষতিকারক; অপকারক।

delft [ডেল্‌ফ্‌ট্] (অপিচ **delf** [ডেল্‌ফ্] অথবা **'~-ware)** *n* [U] মূলত হল্যান্ডের ডেলফ্‌ট শহরে উৎপাদিত; সাধা. নীল নকশা কিংবা অলঙ্করণসমৃদ্ধ; কাচান্বিত মৃৎভাণ্ডাদি; ডেল্‌ফ–সামগ্রী।

de·lib·er·ate[1] [ডি'লিবরাট্] *adj* ১ ইচ্ছাকৃত; উদ্দেশ্যপ্রণোদিত; সুচিন্তিত: a ~ lie/injury. ২ (কথাবার্তা, কাজকর্ম ইত্যাদিতে) ধীর ও সতর্ক; অপ্রমত্ত; অত্বরিত; সুমিত: a ~ speech. She walked with ~ steps, মৃদু পাদনিক্ষেপে; ধীর পায়ে। **~·ly** *adv* উদ্দেশ্যপ্রণোদিতভাবে; সুচিন্তিতভাবে; অত্বর সতর্কতার সঙ্গে।

de·lib·er·ate[2] [ডি'লিবরেইট্] *vt,vi* **~ (over/ on/ upon)** সযত্নে বিবেচনা করা; বিচার–বিবেচনা/ যন্ত্রণা/ পরামর্শ করা: They are deliberating whether to appoint a new secretary. **de·lib·er·ative** [ডিলিবরাটিভ্ US -রেইটিভ্] *adj* বিচারবিবেচনা, পরামর্শ বা মন্ত্রণার উদ্দেশ্যে গঠিত; মন্ত্রণা; পরামর্শ: a deliberative assembly, পরামর্শসভা; মন্ত্রণাসভা।

de·lib·er·ation [ডেলিবা'রেইশ্‌ন্] *n* ১ [C,U] বিচারবিবেচনা; মন্ত্রণা; পরামর্শ; বিতর্ক: Their ~s are still on. ২ [U] সতর্কতা; সুবিবেচনা; বিচক্ষণতা; ধীরতা; মৃদু পাদবিক্ষেপ; মন্থরগতি: to speak/enter a room with ~.

deli·cacy ['ডেলিকাসি] *n* (*pl* -cies) [U] কমনীয়তা; কোমলতা; পেলবতা; মৃদুতা; সূক্ষ্মতা; ভঙ্গুরতা; তনুতা; লঘুতা; ক্ষীণতা; কৃশতা; উপাদেয়তা; রোচকতা; স্বাদুতা; লাবণ্য; লালিত্য; সৌকুমার্য; শিষ্টতা; শালীনতা; সহৃদয়তা: The ~ of her features makes her unusually attractive. The boy's ~ is a constant source of anxiety to his parents, নাজুক স্বাস্থ্য। The ~ of her skin compels her to be very cautious about cosmetics. The situation is one of great ~, নাজুক পরিস্থিতি। The canvas shows great ~ of touch. [C] উপাদেয়/ রসনারোচক/ সুস্বাদু খাদ্য; সুখাদ্য: The restaurant offers many delicacies, but they are expensive. দ্র. delicate(৮)।

deli·cate ['ডেলিকাট্] *adj* ১ সুকুমার; পেলব; কোমল; কমনীয়: the ~ skin of a child. Silk is a ~ material. ২ সূক্ষ্ম; সুকুমার: articles of ~ craftsmanship. ৩ ভঙ্গুর; নাজুক; সুকুমার: ~ health; ~ glassware/plants. ৪ সতর্ক পরিচর্যা বা দক্ষ পরিচালনার প্রয়োজন হয় এমন; সূক্ষ্ম; নাজুক: a ~ experiment; a ~ situation. ৫ (বর্ণ সম্বন্ধে) কোমল; অনুগ্র; হালকা: a ~ shade of blue. ৬ (ইন্দ্রিয়বোধ, যন্ত্রপাতি সম্বন্ধে) অতি সামান্য পরিবর্তন বা তারতম্য নির্দেশ বা নিরূপণ করতে সক্ষম; সূক্ষ্ম: ~ instruments; a ~ sense of smell. ৭ শিষ্টাচারবিরোধী না হবার এবং অন্যের অনুভূতিকে আহত না করবার ঐকান্তিক প্রযত্নপ্রসূত; সূক্ষ্ম অনুভূতিসম্পৃক্ত; সহৃদয়: a ~ speech. ৮ (খাদ্য এবং খাদ্যের স্বাদ সম্বন্ধে) অনুগ্র স্বাদযুক্ত অথচ রুচিকর; সুস্বাদু; উপাদেয়; সুপাচ্য: Patients should be served ~ food. **~·ly** *adv* সূক্ষ্মভাবে ইত্যাদি।

deli·ca·tessen [ˌডেলিকা'টেস্‌ন্] *n* [C,U] সদ্য পরিবেশনযোগ্য খাবার (বিশেষত রান্না–করা মাংস, ধূম শোষিত মাছ, সংরক্ষিত সবজি); প্রস্তুত খাবার; প্রস্তুত খাবারের দোকান।

de·li·cious [ডি'লিশাস্] *adj* (বিশেষত স্বাদ, গন্ধ ও কৌতুকবোধের পক্ষে) আনন্দদায়ক; তৃপ্তিকর; রসনারোচক; মধুর; সরস; উপাদেয়: a ~ dish. A ~ joke ! The dessert smells ~. **~·ly** *adv* তৃপ্তিকরভাবে; উপাদেয়ভাবে; আনন্দদায়করূপে।

de·light[1] [ডি'লাইট্] *n* ১ [U] (পরম) আনন্দ; হর্ষ; উল্লাস; পুলক: to give ~ to sb. **take ~ in** (কোনো কিছুতে) আনন্দ পাওয়া; পুলক বোধ করা: He takes ~ in leg-pulling. ২ [C] (পরম) আনন্দের বস্তু/উৎস; আনন্দ: Reading is his chief ~. **~·ful** [–ফ্‌ল্] *adj* আনন্দদায়ক; আনন্দকর: ~ful evening. **~·fully** [–ফালি] *adv* আনন্দদায়কভাবে।

de·light[2] [ডি'লাইট্] *vt,vi* ১ (পরম) আনন্দ দেওয়া; হর্ষোৎফুল্ল/ উল্লসিত করা: His superb performance ~ed the audience. ২ (passive) **be ~ed** (পরম) আনন্দিত হওয়া; প্রীত হওয়া। ৩ **~ (in)** আনন্দ পাওয়া/ বোধ করা: She ~s in poking fun at her friends.

de·limit [ডী'লিমিট, **de·limi·tate** ডী'লিমিটেইট্] *vt* সীমা নির্দেশ/ চিহ্নিত করা। **de·limi·ta·tion** [ডী,লিমি'টেইশ্ন্] *n* [C,U] সীমানির্দেশকরণ; সীমানির্ণয়।

de·lin·eate [ডি'লিনিএইট্] *vt* (আনুষ্ঠা.) চিত্র বা বর্ণনার সাহায্যে দেখানো; চিত্রিত/ বর্ণিত/ অঙ্কন করা। **de·lin·ea·tion** [ডি,লিনি'এইশ্ন্] *n* [C,U] চিত্রণ; অঙ্কন; আলেখন।

de·link [ডি'লিঙ্ক্] *vt* সংযোগচ্যুত/ বিচ্ছিন্ন করা।

de·lin·quency [ডি'লিঙকোয়ান্সি] *n* ১ [U] দুষ্কৃতি; অপচার; অপকর্ম; কর্তব্যবিমুখতা: the problem of juvenile ~, কিশোর অপরাধ। ২ [C] (*pl*-cies) উপরোক্ত কর্মের বিশেষ দৃষ্টান্ত; দুষ্ক্রিয়া; দুষ্কৃত।

de·lin·quent[ডি'লিঙকোয়ান্ট্] *n,adj* (ব্যক্তি সম্বন্ধে) দুষ্কৃতী; কৃতাপরাধ; কর্তব্যবিমুখ; কর্তব্যপরান্মুখ।

deli·ques·cent [,ডেলি'কোয়েস্ন্ট্] *adj* (রস.) (আর্দ্রতা শোষণ করে) বাতাসে গলে যায় এমন; উদ্‌গ্রাহী।

de·liri·ous [ডি'লিরিঅস্] *adj* ১ ভ্রান্তচিত্ত; প্রলাপকারী; বিকারগ্রস্ত; নষ্টচেতন; উন্মত্ত: She became ~, as her temperature rose to 42°G. The audience was ~ with excitement. ২ চিত্তবৈকল্য, জ্বরবিকার, প্রবল উত্তেজনা ইত্যাদির পরিচয়বহ; উন্মত্ত: ~ speech, উন্মত্ত প্রলাপ। **~·ly** *adv* বিকারবশত; উন্মত্তভাবে।

de·lirium [ডি 'লিরিঅম্] *n* [U] রোগের প্রকোপে, বিশেষত জ্বরের ঘোরে অনেক সময় প্রলাপসহ প্রচণ্ড মানসিক বিকার; চিত্তবৈকল্য; চিত্তবিভ্রম; প্রলাপ। ,**~ 'tremens** [ট্রীমেন্জ্] (সাধা. dt(s) [ডীটী(জ্)]) অত্যধিক পানাসক্তিহেতু চিত্তবিকার; উল্লল চিত্তবৈকল্য।

de·liver [ডি'লিভা(র্)] *vt* ১ (চিঠিপত্র, পার্সেল, পণ্য ইত্যাদি বিলি করা; সরবরাহ করা; পৌঁছে দেওয়া; নিবেদন করা। **~ the goods** (লাক্ষ.) যথোচিত ব্যবস্থা নেওয়া; বিহিত করা। ২ **~ (from)** (প্রা. প্র.) মুক্ত/ উদ্ধার/ রক্ষা/ ত্রাণ/ নিস্তার করা। ৩ (বক্তৃতা, ভাষণ ইত্যাদি) দেওয়া; উচ্চারণ করা। ৪ (ধাত্রী, শুশ্রূষাকারী প্রভৃতি সম্বন্ধে) প্রসব করানো: to be ~ed of a child. ৫ **~ (up/over) (to)** ফেরত দেওয়া; প্রত্যর্পণ/ অর্পণ/ হস্তান্তর করা। ৬ (আঘাত ইত্যাদি) হানা: to ~ a blow. **~er** *n* ত্রাতা; ত্রাণকর্তা; মুক্তিদাতা; তারক।

de·liver·ance [ডে'লিভারান্স্] *n* [U] **~ (from)** মুক্তি; ত্রাণ; পরিত্রাণ; নিস্তার।

de·liv·ery [ডে'লিভারি] *n* ১ [U] (চিঠিপত্র, পার্সেল, পণ্য ইত্যাদি) বিলি; বিতরণ; [C] (*pl*-ries) নির্দিষ্ট সময়ান্তর বিতরণ; বিলি: Prompt ~ is assured. There are five deliveries a week in this locality. **On ~** বিতরণের সময়ে। **take ~ of** প্রতিগ্রহণ করা; সংগ্রহ করা: Please take ~ of your new suit. **'~-note** *n* প্রাপকের প্রাপ্তি-স্বীকারের জন্য পণ্যের সঙ্গে প্রেরিত সাধা. দুই প্রস্থ দাবিপত্র; আদানপত্র। **'~ truck** *n* (US) পরিবহন ভ্যান। ২ (কেবল *sing)* বাচনভঙ্গি: brilliant/poor ~. ৩ (সন্তান) প্রসব: an easy/a difficult ~.

dell [ডেল্] *n* সাধা. বৃক্ষশোভিত ছোট উপত্যকা/ ঢালু জায়গা; দরী; কন্দর।

de·louse [ডীলাউস্] *vt* উকুনমুক্ত করা।

del·phin·ium [ডেল্'ফিনিঅম্] *n* সাধা. নীল পুষ্পশোভিত দীর্ঘ শিষযুক্ত কয়েক ধরনের উদ্যান-উদ্ভিদ; ভরতকণ্টক।

delta ['ডেল্টা] *n* গ্রীক বর্ণ Δ (দেলতা); ব-দ্বীপ। ,**~-winged** (উড়োজাহাজ সম্বন্ধে) ত্রিকোণাকার পাখাযুক্ত।

de·lude [ডিলূড্] *vt* **~ sb with sth/into doing sth** (উদ্দেশ্যমূলকভাবে) প্রতারিত/বিভ্রান্ত করা: to ~ oneself with impractical ideas; to ~ sb/oneself into thinking that... .

del·uge ['ডেলিউ্জ্] *n* [C] ১ মহাপ্লাবন; জলোচ্ছ্বাস; ধারাসম্পাত। **the D ~** নূহের প্লাবন। দ্র. Gen 7. ২ প্রবলভাবে আগত যে কোনো কিছু; প্রবাহ; তোড়; ঝড়: a ~ of words/questions/protests. □*vt* **~ (with)** প্লাবিত করা; (কোনো কিছু বা কারো উপর) প্লাবনের মতো নেমে আসা।

de·lusion [ডি'লূজ্ন্] *n* [U] প্রতারণা; বঞ্চনা; [C] (বিশেষত বাতুলতার লক্ষণস্বরূপ) অলীক বিশ্বাস বা মত; ব্যামোহ; বিভ্রম; মতিবিভ্রম: to be under a ~ /under the ~ that ...; to suffer from ~s.

de·lus·ive [ডি'লূসিভ্] *adj* অলীক; ভ্রান্তিজনক; প্রতারণামূলক। **~·ly** *adv* বিভ্রান্তিকরভাবে।

de luxe [ডি 'লাক্স্] *adj* (ফ.) অত্যুৎকৃষ্ট; মহার্ঘ; অতি উন্নত মানের: a ~ edition.

delve [ডেল্ভ্] *vt,vi* ১ (প্রা. প্র.) খনন করা; খোঁড়া। ২ **~ into** অনুসন্ধান করা; ঘাঁটা; খোঁড়াখুঁড়ি করা: to ~ into old records; to ~ into sb's past.

de·mag·net·ize [,ডীম্যাগ্নিটাইজ্] *vt* চুম্বকত্বহীন করা। **de·mag·net·iz·ation** [,ডীম্যাগ্নিটাইজেশন্ US -টি'জেই-] *n* বিচৌম্বকীকরণ।

dema·gogue ['ডেমাগগ্ US -গো°গ্] *n* যে রাজনৈতিক নেতা যুক্তিতর্ক উপস্থাপনের বদলে আবেগ উদ্দীপ্ত করে জনসাধারণকে খেপানোর চেষ্টা করেন; বক্তৃতাবাগীশ নেতা। **dema·gogy** ['ডেমাগগি] *n* [U] বক্তৃতাসর্বস্ব/ গলাবাজির রাজনীতি। **dema·gogic** [,ডেমা'গগিক্] *adj* বক্তৃতাসর্বস্ব; লোক-খেপানো।

de·mand[1] [ডি'মা:ন্ড্ US -'ম্যান্ড্] *n* **~ (for)** ১ [C] চাহিদা; দাবি; যাচ্ঞা: I'm unable to satisfy your ~s. He has too many ~s on his time, নানাবিধ কাজের চাপে তিনি অত্যধিক ব্যতিব্যস্ত থাকেন; There have been ~s that the chairman should meet a delegation of employees. **on ~** যাচ্ঞামাত্র: a cheque on ~. **'~ (note)** দেনা পরিশোধের জন্য নির্দেশসহ প্রেরিত পত্র, যেমন আয়কর, বিভাগ থেকে; যাচ্ঞাপত্র। ২ [U] (অথবা *indef art* ও *adj* সহ) (পণ্য, সেবা ইত্যাদি) ক্রয় বা নিয়োজনে আগ্রহী ব্যক্তিবর্গের অভিলাষ; চাহিদা; অর্থনা। **in ~** অর্থিত; কাঙ্ক্ষিত; জনপ্রিয়: These books are always in ~.

de·mand[2] [ডি'মা:ন্ড্ US -'ম্যান্ড্] *vt* ১ চাওয়া; দাবি/ হুকুম/ তলব করা। ২ প্রয়োজন হওয়া: The situation ~s a lot of tact.

de·mar·cate [ডীমা:কেইট্] *vt* সীমানা চিহ্নিত/ নির্ধারণ করা।

de·mar·ca·tion [,ডীমা:'কেইশ্ন্] *n* [U] সীমানির্ধারণ; সীমানানির্ধারণ; পৃথককরণ: a line of ~, সীমারেখা; ~ problems in industry, যেমন বিভিন্ন বৃত্তিতে নিয়োজিত শ্রমিকদের কাজের প্রকৃতি স্থির করা; সীমানির্ধারণ সমস্যা।

dé·marche [ডেইমা:শ্] *n* (ফ.) রাজনৈতিক পদক্ষেপ; (বিদেশী সরকারের কাছে) কূটনৈতিক পদক্ষেপ বা আবেদন।

de·mean [ডি'মীন্] *vt* **~ oneself** ছোট/হীন করা; মর্যাদা লাঘব করা।

de·mean·our (US= -**or)** [ডিমীন(র্)] *n* [U] আচার–আচরণ; চালচলন: I resent his self-important

de·mented [ডি'মেন্‌টিড্] *adj* উন্মত্ত; মতিভ্রষ্ট; পাগল; (কথ্য) উদ্বেগে অস্থির; মাথা–খারাপ।

deme·rara [ˌডেমা'রেঅরা] *n* [U] **~ sugar** (গাইয়ানা দেশীয়) হালকা বাদামি রঙের অশোধিত চিনি; লাল চিনি।

de·merit [ডী'মেরিট্] *n* [C] দোষ; ত্রুটি; অপকর্ম।

de·mesne [ডি'মেইন্] *n* [U] (আইন.) নিজস্ব বলে ভূসম্পত্তির ভোগদখল: land held in ~; [C] খাস জমি; নিজস্ব সম্পত্তি; খাসমহল।

demi·god [ˈডেমিগড্] *n* অর্ধদেবতা; উপদেবতা; দেবতুল্য; নরদেবতা।

demi·john [ˈডেমিজন্] *n* সাধা. বাঁশ, বেত ইত্যাদির বুননি দ্বারা পরিবেষ্টিত, সংকীর্ণগ্রীব, বৃহৎ বোতলবিশেষ; ডেমিজন।

de·mili·tar·ize [ˌডীˈমিলিটারাইজ্] *vt* (কোনো দেশ বা দেশের অংশবিশেষ সম্বন্ধে) সন্ধি বা চুক্তির অধীনে সেনাদল ও সমরসজ্জা থেকে মুক্ত রাখা; সেনামুক্ত করা: a ~d zone, সেনামুক্ত এলাকা। **de·mili·tar·iza·tion** *n* নিঃসামরিকীকরণ।

de·mise [ডি'মাইজ্] *n* (আইন.) মৃত্যু; সম্পত্তি হস্তান্তর; (উত্তরাধিকারীকে) রাজ্যাধিকার দান। □*vt* সম্পত্তি হস্তান্তর করা।

de·mission [ডি'মিশন্] *n* পদত্যাগ; (অধিকার, ক্ষমতা) পরিত্যাগ; অধঃপাতন।

de·mist [ˌডীˈমিস্ট্] *vt* (যেমন মোটরগাড়ির বাতাবরণ থেকে) কুয়াশা অপসারণ করা। **~er** [–স্টা(র্)] *n* কুয়াশানিবারক।

de·mit [ডি'মিট্] *vt* পদত্যাগ করা; (অধিকার ইত্যাদি) ত্যাগ করা।

de·mob [ˌডীমব্] *vt* (-bb-) ও *n* demobilize ও demobilization-এর কথ্য সংক্ষেপ (GB); সৈনিকবৃত্তি থেকে অব্যাহতি দেওয়া; সেনানিবৃত্তি: He got ~bed/his ~ after two years.

de·mo·bil·ize [ডীমৌবালাইজ্] *vt* সামরিক দায়িত্ব থেকে অব্যাহতি দেওয়া। **de·mo·bil·iz·ation** [ডিˌমৌবালাইˈজেইশন্ US -লিজে–] *n* সামরিক দায়িত্ব থেকে অব্যাহতি দান; সেনানিবৃত্তি।

democ·racy [ডি'মক্রাসি] *n* (*pl*-cies) [C,U] গণতন্ত্র; গণতান্ত্রিক দেশ; গণতান্ত্রিক সরকার/সমাজ।

demo·crat [ˈডেমাক্র্যাট্] *n* ১ গণতন্ত্রের পক্ষপাতী বা সমর্থক ব্যক্তি; গণতান্ত্রিক। ২ **D~** (US) ডেমক্র্যাট দলের সদস্য।

demo·cratic [ˌডেমা'ক্র্যাটিক্] *adj* ১ গণতান্ত্রিক। ২ **the ˈD~ Party** (US) যুক্তরাষ্ট্রের দুটি প্রধান রাজনৈতিক দলের একটি; গণতান্ত্রিক দল। দ্র. Republican. **demo·crati·cally** [–ক্‌লি] *adv* গণতান্ত্রিকভাবে; গণতান্ত্রিক পদ্ধতিতে।

de·moc·ra·tize [ডি'মক্রাটাইজ্] *vt* গণতান্ত্রিক করা; গণতান্ত্রিক রীতিপদ্ধতি প্রবর্তন করা। **de·moc·ra·tiz·ation** [ডিˌমক্রাটাইˈজেইশন্ US -টিজেই –] *n* গণতন্ত্রীকরণ।

de·mog·ra·phy [ডি'মগ্রাফি] [U] একটি জনগোষ্ঠীর অবস্থা নির্ণয়ের জন্য জন্ম, মৃত্যু, রোগব্যাধি ইত্যাদির পরিসংখ্যান এবং এতদ্‌বিষয়ক বিদ্যা; জনসংখ্যাতত্ত্ব। **de·mog·rapher** [ˌডিˈমগ্রাফা(র্)] *n* জনসংখ্যাবিদ, জনসংখ্যাতাত্ত্বিক। **de·mog·raphic** [ডিমা'গ্র্যাফিক্] *adj* জনসংখ্যাতাত্ত্বিক।

de·mol·ish [ডি ˈমলিশ্] *vt* ভেঙে ফেলা; ধ্বংস/বিধ্বস্ত/ চুরমার করা; উচ্ছিন্ন/ উন্মূলিত করা; (যুক্তি ইত্যাদি) নস্যাৎ/ খণ্ডন করা। **demo·li·tion** [ˌডেমা'লিশন্] *n* [C,U] বিনাশ; ধ্বংস; উচ্ছেদন; উন্মূলন; সংহার।

de·mon [ডীমান্] *n* দুষ্ট, অশুভ কিংবা নিষ্ঠুর অতিপ্রাকৃত সত্তা বা শক্তি; অপদেবতা; পিশাচ; প্রেত; দানব; (কথ্য) প্রচণ্ড কর্মশক্তিসম্পন্ন ব্যক্তি; কর্মদানব: a ~ bowler; (ক্রিকেট) উচ্চণ্ড/দুর্দান্ত বোলার: He's a ~ for work. **~ic** [ডী'মনিক্] *adj* দানবীয়; দানবিক; আসুরিক।

de·monet·ize [ˌডী'মানিটাইজ্] *vt* মুদ্রা হিসাবে (কোনো ধাতুকে) মূল্যবিরহিত করা; (কোনো ধাতুকে) মুদ্রারূপে ব্যবহার থেকে প্রত্যাহার করা; মুদ্রামূল্যরহিত করা। **de·monet·ized** মুদ্রামূল্যরহিত। **de·monet·iz·ation** [ডী'মানিটাইˈজেইশন্ US -টিজেই–] *n* মুদ্রামূল্য রহিতকরণ।

de·mon·iac [ডি'মৌনিঅ্যাক্] *n,adj* পৈশাচিক; কর্মদানব; আসুরিক। **~al** [ˌডীমাˈনাইঅকল্] *adj* = ~. **~·ally** [ˌডীমাˈনাইঅক্‌লি] *adv* পৈশাচিকভাবে; অসুরের মতো।

de·mon·strable [ˈডেমান্‌স্ট্রাবল্] *adj* যা প্রতিপাদন করা যায় বা যুক্তির দ্বারা প্রমাণ করা যায়; প্রতিপাদনযোগ্য; প্রতিপাদনীয়; মীমাংস্য। **de·mon·strably** [–ব্‌লি] *adv* প্রতিপাদনীয়রূপে।

dem·on·strate [ˈডেমান্‌স্ট্রেইট্] *vt,vi* ১ প্রতিপাদন করা: to ~ a fact/a theory; কার্যপ্রণালী প্রদর্শন করা; হাতে–কলমে দেখানো: Could you ~ the new typewriter? ২ বিক্ষোভ প্রদর্শন করা।

dem·on·stra·tion [ˌডেমান্‌ˈস্ট্রেইশন্] *n* [C, U] ১ প্রতিপাদন; প্রমাণ: to teach sth by ~; প্রত্যক্ষ প্রমাণ; চাক্ষুষ প্রমাণ: a ~ of sympathy; কার্যপ্রণালী প্রদর্শন: a ~ of a new video recorder. ২ বিক্ষোভ প্রদর্শন।

de·mon·stra·tive [ডিমনস্ট্রাটিভ্] *adj* ১ (ব্যক্তি সম্বন্ধে) আবেগ–অনুভূতি খোলাখুলি প্রকাশ করে এমন; অভিব্যক্তিশীল: She is more ~ than her husband. ২ আবেগ–অনুভূতির প্রকাশ্য অভিব্যক্তি–সংবলিত; আবেগোচ্ছল; সোচ্চার: ~ behaviour. ৩ (বিশেষত ব্যাক.) নির্দেশক। ˌ**~ ˈpronoun** (this, these, that, those) নির্দেশক সর্বনাম। **~·ly** *adv* আবেগোচ্ছলভাবে।

dem·on·stra·tor [ˈডেমান্‌স্ট্রেইটা(র্)] *n* ১ বিক্ষোভকারী। ২ যে ব্যক্তি প্রত্যক্ষ প্রমাণের সাহায্যে বোঝান বা ব্যাখ্যা করেন; প্রতিপাদক; প্রদেষ্টা।

de·moral·ize [ডি'মরলাইজ্ US -মো° রা–] *vi* (কারো, যেমন কোনো সৈন্যদলের) সাহস, আত্মবিশ্বাস, শৃঙ্খলা ইত্যাদি দুর্বল করা; মনোবল ভেঙে দেওয়া। দ্র. morale. **de·moral·ized** *part adj* হৃতমনোবল; মনোবলহীন। **de·moral·iz·ation** [ডিমরালাইˈজেইশন্ US -ˌমো° রালিজেই–] *n* মনোবল হরণ; মনোবলহীনতা।

de·mos [ডীমস্] *n* (প্রধানত তুচ্ছ.) গণদেবতা।

de·mote [ˌডীˈমৌট্] *vt* হীনপদস্থ/পদভ্রষ্ট করা; পদমর্যাদা লাঘব করা। **de·moted** *part adj* পদভ্রষ্ট। দ্র. promote. **de·motion** [ডী'মৌশন্] *n* পদভ্রংশ।

de·motic [ˌডিমাটিক্] *adj* সাধারণ মানুষ সম্বন্ধীয়: ~ greek, আধুনিক গ্রিক ভাষার কথ্যরূপ; দিমতিক গ্রিক।

de·mur [ডি'মা(র্)] *vi* (-rr-) **~ (at/to)** (আনুষ্ঠা.) আপত্তি উত্থাপন করা; ইতস্তত করা; আশঙ্কা প্রকাশ করা: to

~ to a proposal; to ~ at contributing to a charity fund. □*n* [U] দ্বিধা; আপত্তি; সংশয়: (প্রধানত) without ~, নির্দ্বিধায়।

de·mure [ডি'মিউআ(র্)] *adj* প্রশান্ত গম্ভীর; প্রসন্ন: a ~ old gentleman; উক্তরূপ হাবভাবযুক্ত: She gave the young man a ~ smile, প্রশান্ত গম্ভীরভাবে হাসলো। **~·ly** *adv* প্রশান্ত গম্ভীরভাবে; প্রসন্নভাবে। **~·ness** *n* শান্ত গাম্ভীর্য।

de·my [ডি'মাই] *n* কাগজের মাপবিশেষ; ছাপার জন্য ২২! × ১৭! " ইঞ্চি; লেখার জন্য ২০! × ১৫(ইঞ্চি); ২১×১৬ ইঞ্চি; ডিমাই।

de·mys·tify [ˌডী'মিস্টিফাই] *vt* (*pt,pp* -fied) রহস্যমুক্ত করা; স্পষ্ট করা। **de·mys·ti·fi·ca·tion** [ডীমিস্টিফি'কেইশ্ন্] *n* [U] রহস্যমোচন; রহস্যমুক্তকরণ: The demystification of religious rites is shocking to many fundamentalists.

den [ডেন্] *n* ১ জন্তুর গুপ্ত আবাস, যেমন গুহা, ডেরা, বিবর, গর্ত। ২ গোপন আশ্রয়; আখড়া; আড্ডা: a ~ of thieves. ৩ (কথ্য) যে কক্ষে কোনো ব্যক্তি একান্ত নিবিষ্টচিত্তে অধ্যয়ন বা অন্য কার্য নির্বাহ করেন; বিবর।

den·ary ['ডীনারি] *adj* = decimal.

de·nation·al·ize [ˌডীন্যাশানালাইজ্] *vt* (রাষ্ট্রীয়কৃত শিল্প ইত্যাদি) ব্যক্তিমালিকানায় হস্তান্তর করা; বিরাষ্ট্রীয় করা। দ্র. nationalize. **de·nation·al·ized** *part adj* বিরাষ্ট্রীয়কৃত; ব্যক্তিমালিকানায় হস্তান্তরিত। **de·nation·al·iz·ation** [ˌডীন্যাশানালাইজেইশ্ন্ US -লি'জেই–] *n* বিরাষ্ট্রীয়করণ।

de·natu·ral·ize [ˌডীন্যাচারালাইজ্] *vt* অস্বভাবী করা; স্বধর্মচ্যুত করা; দেশজাধিকারচ্যুত করা। **de·natu·ral·ized** *part adj* অস্বভাবিকীকৃত; স্বধর্মচ্যুত; দেশজাধিকারচ্যুত। **de·natu·ral·iz· ation** [ˌডীন্যাচারালাই'জেইশ্ন্ US -লি'জেই–] *n* অস্বভাবিকীকরণ; বিদেশীয়করণ।

de·natured [ˌডী'নেইচাড্] *adj* পানাহারের পক্ষে অনুপযোগীকৃত (তাবৎ অন্য উদ্দেশ্যে ব্যবহারযোগ্য), অস্বভাবীকৃত: ~ alcohol; নষ্টগুণ: ~ rubber, যে রবার স্থিতিস্থাপকতা হারিয়েছে।

de·ni·able [ডি'নাইঅবল্] *adj* অস্বীকার্য।

de·nial [ডি'নাইঅল্] *n* **~ (of)** ১ [C,U] অস্বীকার; প্রত্যাখ্যান; অপহ্নব; ব্যপনয়ন: the ~ of justice/a request for succour. ২ [C] কোনো কিছু সত্য নয় বলে প্রদত্ত বিবৃতি; অস্বীকৃতি; অপহ্নুতি: The magistrate was not convinced by the accused person's repeated ~s.

den·ier [ডেনিআ(র্)] *n* রেয়ন; নাইলন ও রেশম সুতার সূক্ষ্মতার একক; ডেনিয়ার: 20 ~ socks.

deni·grate [ˌডেনিগ্রেইট্] *vt* মানহানি/কালিমালেপন করা। **deni·gra·tion** [ˌডেনি'গ্রেইশ্ন্] *n* মানহানি; কালিমালেপন।

denim ['ডেনিম্] *n* ১ [U] (জিনস, ওভার-অল ইত্যাদি তৈরি করার জন্য) টুইল কাপড়বিশেষ; দেনিম। ২ (*pl*) (কথ্য) দেনিম জিনস।

deni·zen ['ডেনিজ়ন্] *n* কোনো পূর্বোল্লিখিত অঞ্চল ইত্যাদিতে স্থায়ীভাবে জন্মে বা বাস করে এমন ব্যক্তি, প্রাণী বা উদ্ভিদ; স্থায়ী; জাতক: ~s of the Antarctic.

de·nomi·nate [ডি'নমিনেইট্] *vt* নাম বা আখ্যা দেওয়া; অভিহিত/ আখ্যায়িত করা।

de·nomi·na·tion [ডিˌনমি'নেইশ্ন্] *n* [C] ১ (বিশেষত কোনো শ্রেণী কিংবা ধর্মীয় গোষ্ঠী বা সম্প্রদায়কে প্রদত্ত) নাম বা আখ্যা; অভিধা; সংজ্ঞা: The Shiite belong to one of the major ~s of Islam. ২ (দৈর্ঘ্য, প্রস্থ, ওজন, সংখ্যা, মুদ্রা ইত্যাদির) শ্রেণী বা একক: The paisa is the lowest ~ of Bangladeshi coin. Fractions can be reduced to the same ~, যেমন ১/৪, ৩/৪ = ২/৮, ৬/৮। **~al** [–'নেইশানল্] *adj* আখ্যাসম্বন্ধী: ~al schools, সম্প্রদায়ভিত্তিক বিদ্যালয়।

de·nomi·na·tor [ডিˌনমিনেইটা(র্)] *n* (গণিত.) হর; বিভাজক।

de·note [ডি'নৌট্] *vt* ১ কোনো কিছুর সঙ্কেত বা প্রতীক হওয়া; সূচিত করা: The sign + ~s addition. ২ নির্দেশ করা: The abbreviation n ~s a noun.

dé·noue·ment [ˌডেই'নূমোঁঙ্ US ডেইনূ'মঙ্] *n* (ফ.) গল্প, নাটক ইত্যাদির বিকাশের অন্তিম স্তর, যেখানে সবকিছু স্পষ্ট হয়ে ওঠে; গ্রন্থিমোচন।

de·nounce [ডি'নৌন্স্] *vt* ১ (কাউকে) জনসমক্ষে অভিযুক্ত করা; (কারো) বিরুদ্ধে তথ্য সরবরাহ করা বা অপরাধ ফাঁস করে দেওয়া; ফাঁসিয়ে দেওয়া; (প্রকাশ্যে) নিন্দাবাদ করা: to ~ a sacrilege; to ~ sb as a traitor. ২ (চুক্তি বা সংবিদা সম্বন্ধে) বাতিল করার বিজ্ঞপ্তি প্রদান করা।

dense [ডেন্স্] *adj* (-r, -st) ১ ঘন; নিবিড়; সান্দ্র: a ~ smoke; a ~ crowd; a ~ forest. ২ (কথ্য) মূঢ়; জড়বুদ্ধি; স্থূলবুদ্ধি। **~·ly** *adv* নিবিড়ভাবে; ঘনরূপে; সঘন: a ~ly populated country, ঘনবসতিপূর্ণ/ জনবহুল দেশ; ~ly wooded, নিবিড় বনাকীর্ণ। **~·ness** *n* ঘনত্ব; নিবিড়তা।

den·sity ['ডেনসাটি] *n* ১ [U] ঘনতা; নিবিড়তা: the ~ of the population/ of a forest. ২ [C,U] (*pl* -ties) (পদার্থ.) ঘনমানের সঙ্গে ওজনের সম্বন্ধে; ঘনত্ব; ঘনাঙ্ক।

dent [ডেন্ট্] *n* কোনো কঠিন উপরিতলে আঘাত বা চাপের ফলে সৃষ্ট গর্ত; টোল; (লাক্ষ. কথ্য) আঘাত; চোট: a ~ in one's pride. □*vt,vi* ১ টোল খাওয়ানো/পরানো/ধরানো: a badly ~ed motor-car. ২ টোল খাওয়া/ পড়া/ ধরা/ লাগা: This metal ~s easily. **dented** *part adj* টোল-খেকো।

den·tal ['ডেন্টল্] *adj* ১ দন্ত্য; দন্ত–: a ~ plate, = a denture, (কৃত্রিম) দাঁতের ফলক; a ~ surgeon, দন্ত–শল্যবিদ। ২ (ধ্বনি.) দন্ত্য: ~ sounds, দন্ত্যধ্বনি (যেমন ত, থ)।

den·ti·frice ['ডেন্টিফ্রিস্] *n* দাঁতের মাজন; গুঁড়া বা পিষ্টিক।

den·tist [ডেন্টিস্ট্] *n* দন্তচিকিৎসক। **~ry** ['ডেন্টিস্ট্রি] *n* [U] দন্তচিকিৎসা।

den·ture ['ডেন্চা(র্)] *n* [C] (মাঢ়ির সঙ্গে যুক্ত) কৃত্রিম দাঁতের পংক্তি।

de·nude [ডিনিউড্ US -'নূড্] *vt* **~ (of)** ১ নগ্ন/ নিরাবরণ/ অনাবৃত/ রিক্ত করা; হীন করা; (কিছু) হরণ করা: tress ~d of leaves, হৃতপত্র/ নিষ্পত্র/ রিক্তপত্র বৃক্ষ; a forest ~d of trees, বৃক্ষশূন্য/ রিক্তবৃক্ষ অরণ্য। ২ বঞ্চিত/ নিঃস্ব করা: He was ~d by his friends of the little money he had. **de·nud·ation** [ডীনিউ'ডেইশ্ন্ US -নূ–] *n* নগ্নীকরণ; রিক্তীকরণ; উচ্ছেদন; হরণ।

de·nunci·ation [ডিˌনান্সি'এইশ্ন্] *n* [C,U] অভিযোগখ্যাপন; অভিযুক্তকরণ; (চুক্তি ইত্যাদি) বিজ্ঞপ্তি প্রদান: the ~ of a spy.

deny [ডিনাই] *vt* ১ সত্য বলে স্বীকার না করা; অসত্য বলে ঘোষণা করা; অস্বীকার করা: The prisoner denied the charge brought against him. I ~ knowing anything about your intentions. ২ নিজের বলে স্বীকার না করা; অস্বীকার/অগ্রাহ্য করা; না মানা: He denied his involvement in the affair. I can't ~ the signature, অর্থাৎ সইটা আমারই; He denies even God. ৩ (অনুরোধ ইত্যাদি) প্রত্যাখ্যান করা; (কোনো কিছু থেকে) বঞ্চিত করা/ রাখা/ হওয়া: You cannot ~ this to your children.

deo·dar [ˈডিঅডা:(র্)] *n* পাইন জাতীয় গাছ; দেওদার।

de·odor·ant [ডীˈওডারান্ট্] *n* (বিশেষত শরীরের) গন্ধ গোপন করে বা শুষে নেয় এমন পদার্থবিশেষ; গন্ধহারী; গন্ধনাশক।

de·odor·ize [ডীˈওডারাইজ্] *vt* গন্ধ (বিশেষত দুর্গন্ধ) দূর করা; দুর্গন্ধমুক্ত করা।

de·part [ডি ˈপা:ট্] *vt* ১ ~ **(from)** চলে যাওয়া; (বিশেষত সময়সূচিতে) প্রস্থান করা; নিষ্ক্রান্ত/ বহির্গত হওয়া: *dep Dhaka 7·30 am.* দ্র. arrive. ২ ~ **from** বিচ্যুত/ ব্যতিক্রান্ত হওয়া: ~ from the rule/ routine/ old customs; ~ from the truth. ৩ ~ **(from) this life** (পুরা.) তিরোধান করা; ইহলোক ত্যাগ করা; লোকান্তরিত হওয়া। **~ed** *part adj* প্রয়াত; লোকান্তরিত; বিগত; অতীত: ~ed glories. □*n* **the ~ed** *(sing)* সম্প্রতি মৃত ব্যক্তি; মরহুম; বিদেহী আত্মা; *(pl)* মৃত ব্যক্তিগণ; প্রয়াত ব্যক্তিরা: pray for the souls of the ~ed.

de·part·ment [ডিˈপা:টমন্ট্] *n* ১ (সরকার, ব্যবসা, দোকান, বিশ্ববিদ্যালয় ইত্যাদির) বিভাগ: The shipping ~; the women's clothing ~; a ˈ~ store, খুব বড়ো দোকান যেখানে বিভিন্ন বিভাগে বিভিন্ন পণ্য বিক্রয় হয়; বিপণিবীথি। ২ (ফ.) প্রশাসনিক এলাকাবিশেষ; জেলা। **~al** [ডীপা:ˈটমেন্ট্ল্] *adj* বিভাগীয়: ~al duties/action.

de·par·ture [ডিˈপা:চা(র্)] *n* ~ **(from)** ১ [C,U] প্রস্থান; বহির্গমন; নিষ্ক্রমণ: I saw her off at the time of her ~. ~ platform. [C,U] ব্যতিক্রম; পরিবর্তন; বিচ্যুতি; বিসৃতি: a ~ from routine; a new ~ in biology, নতুন বিসৃতি, যেমন জেনেটিক প্রকৌশলের উদ্ভাবন।

de·pas·ture [ডিˈপা:সচা(র্)] *vt,vi* (মাঠ ইত্যাদিতে চরে) তৃণশূন্য করে ফেলা; চরানো; চরা।

de·pau·per·ate [ডিˈপো°পারেইট্] *vt* দরিদ্র/ নিঃস্ব করা। **deˈpau·per·ated** *part adj* দরিদ্রীকৃত; নিঃস্বীকৃত।

de·pau·per·ize [ˌডিপো°পারাইজ্] *vt* দারিদ্র্যমুক্ত করা; নিঃসম্বল অবস্থা থেকে মুক্তি দেওয়া।

de·pend [ডিˈপেন্ড্] *vi* ~ **on/upon** ১ (progressive tense গুলিতে ব্যবহার নেই) নির্ভর/ অবলম্বন করা; নির্ভরশীল/ আশ্রয়ী/ মুখাপেক্ষী/ সাপেক্ষ হওয়া: Success ~s on hard work. Orphans ~ on people's generosity for food and clothing. **that ~s; it (all) ~s** (স্বতন্ত্রভাবে বা বাক্যের শুরুতে) সেটা (অন্য কিছু বা অনেক কিছুর উপর) নির্ভর করে: It ~s how much money you are ready to spend. ২ আস্থা/ ভরসা রাখা; নিশ্চিত থাকা: You can ~ upon his presence/ ~ upon it that he will want to be present. **~ upon it** (বাক্যের শুরুতে বা শেষে) আপনি নিঃসন্দেহ/ নিশ্চিত থাকুন: This party will join forces with the rulers, ~ upon it. **~·able** *adj* নির্ভরযোগ্য।

de·pend·ence [ডিˈপেন্ডান্স্] *n* ~ **on/upon** [U] ১ নির্ভরতা; পরনির্ভরতা; মুখাপেক্ষিতা: His ~ upon his relations is revolting. ২ আস্থা; ভরসা: I cannot put much ~ on him. ৩ নির্ভরশীলতা; অধীনতা; বশ্যতা: the ~ of the crops upon the weather; drug ~, মাদক-বশ্যতা।

de·pend·ency [ডিˈপেন্ডান্সি] *n* (*pl* -cies) অন্য দেশ কর্তৃক শাসিত বা নিয়ন্ত্রিত দেশ; আশ্রিত রাজ্য: Many dependencies attained full independence after the second World War.

de·pend·ent (অপিচ **-ant**) [ডিˈপেন্ডান্ট্] *n* আশ্রিত; পোষ্য।

de·pict [ডিˈপিক্ট্] *vt* চিত্রিত/ বর্ণনা/ অঙ্কন করা।

de·pilate [ডি ˈপিলেইট্] *vt* লোমহীন/ কেশহীন করা।

de·pila·tory [ডিˈপিলট্রি US -টো° রি] *adj,n* কেশনাশক; লোমনাশক।

de·plete [ডিপ্লীট্] *vt* ~ **(of)** শূন্য করে ফেলা; শেষ/ খালি করা; ফুরিয়ে দেওয়া: to ~ a lake of fish, মৎস্যশূন্য করা; ~d supplies, নিঃস্ব ভাণ্ডার। **de·pletion** [ডিপ্লীশ্ন্] *n* [U] শূন্যীকরণ; শূন্যত্ব; রিক্তীকরণ; রিক্ততা।

de·plore [ডিˈপ্লো°(র্)] *vt* (কিছুর জন্য) মনস্তাপ বা খেদ ব্যক্ত করা; অনুশোচনা প্রকাশ করা; নিন্দা করা।

de·plor·able [ডিˈপ্লো°রাব্ল্] *adj* শোচনীয়; মনস্তাপজনক: deplorable conduct; a deplorable accident. **de·plor·ably** [-রাব্লি] *adv* শোচনীয়ভাবে; দুঃখজনকভাবে।

de·ploy [ডি ˈপ্লয়] *vt,vi* (সাম., সৈন্যদল ইত্যাদি সম্বন্ধে) ব্যূহ থেকে ছড়িয়ে পড়া বা ছড়িয়ে দেওয়া; বিকীর্ণ করা; (লাক্ষ.) প্রয়োগ করা: ~ arguments. **~·ment** *n* বিস্তারণ।

de·pon·ent [ডিˈপৌনান্ট্] *n* (আইন.) যে ব্যক্তি আদালতে ব্যবহারের জন্য লিখিত সাক্ষ্য দেয়; প্রমাতা।

de·popu·late [ˌডীˈপপিউলেইট্] *vt* জনশূন্য করা; জনসংখ্যা হ্রাস করা: a country ~d by famine/ epidemic. **de·popu·la·tion** [ˌডীপপিউˈলেইশ্ন্] *n* জনশূন্যকরণ; জনশূন্যতা।

de·port [ডিˈপো°ট্] *vt* বিবাসিত/ নির্বাসিত/ বিতাড়িত করা: The diplomat was accused of spying and ~ed. **de·port·ation** *n* [U] বিবাসন; নির্বাসন; বিতাড়ন: In British India many freedom-fighters were sentenced to ~ation to Andaman Islands. **~ee** [ˌডীপো°ˈটী] *n* নির্বাসিত; বিবাসিত।

de·port·ment [ˌডিˈপো°টমান্ট্] *n* [U] আচরণ; চালচলন; হাঁটা ও দাঁড়াবার ভঙ্গি।

de·pose [ডিˈপৌজ্] *vt,vi* ১ পদচ্যুত/ ক্ষমতাচ্যুত/ রাজ্যভ্রষ্ট/ সিংহাসনচ্যুত করা। ২ ~ **(to** + *gerund)* (আইন.) বিশেষত হলফ করে সাক্ষ্য দেওয়া।

de·posit[1] [ডিˈপজ়িট্] *vt* ১ রাখা; ন্যস্ত করা; (ডিম) পাড়া: These insects ~ their eggs under the leaves. ২ গচ্ছিত রাখা; জমা দেওয়া: to ~ money in a bank/ papers with one's lawyer. ৩ আমানত রাখা; অপরের প্রাপ্য অর্থ আংশিক শোধ করা; জমা দেওয়া: Buyers must ~ half of the price of the apartment at the time of signing the contract. (বিশেষত নদী, তরল পদার্থ ইত্যাদি সম্বন্ধে) তলানি, পলি ইত্যাদি ফেলা: At high tide the Padma ~s a layer of sediment on its banks.

de·posit[2] [ডি'পজ়িট্] *n* [C] ১ গচ্ছিত অর্থ; আংশিক মূল্য হিসাবে গচ্ছিত অর্থ; আমানত; ন্যাস: The bookseller agreed to keep the books for me as I left/paid/made a ~. **money on ~** জমা; আমানত। **'~ account** নির্ধারিত সুদে ব্যাংকে গচ্ছিত অর্থ, যা পূর্বে এত্তেলা না দিয়ে প্রত্যাহার করা যায় না; আমানতি হিসাব; ন্যস্ত হিসাব। দ্র. current[1] (৩) চুক্তিতে current account. **'~ safe** ব্যাংকের দুর্ভেদ্য প্রকোষ্ঠে মূল্যবান সামগ্রী সংরক্ষণের জন্য ভাড়া দেওয়া সিন্দুক; আমানতি সিন্দুক। ২ (পলি, তলানি ইত্যাদির) স্তর; আস্তরণ: The flood-waters left a thick ~ of sediment on the land. ৩ (প্রায়শ ভূগর্ভে নিহিত, স্বাভাবিকভাবে সঞ্চিত কঠিন বস্তুর) স্তর: ~s of tin/copper.

de·posi·tion [ˌডেপা'জ়িশ্ন্] *n* ১ [U] (ক্ষমতা থেকে) অপসারণ; রাজ্যভ্রংশ। ২ [C] (আইন.) সাক্ষ্য। ৩ (কাদা পলি ইত্যাদি সম্বন্ধে) অবক্ষেপ; অবক্ষেপণ।

de·posi·tor [ডি'পজ়িটা(র্)] *n* আমানতকারী; ন্যাসকর্তা।

de·posi·tory [ডি'পজ়িট্রি US- টো°রি] *n* (*pl*-ries) যেস্থলে পণ্যাদি গচ্ছিত রাখা হয়; আশয়; ভাণ্ডার।

de·pot ['ডেপৌ US 'ডীপৌ] *n* ১ গুদাম; ভাণ্ডার (বিশেষত সামরিক রসদ সরবরাহের জন্য); আগার; (বাস ইত্যাদি) যানবাহন সংরক্ষণের স্থান; যানাগার। ২ (US) রেল বা বাস স্টেশন।

de·prave [ডি'প্রেইভ্] *vt* নৈতিক দিক থেকে কলুষিত করা; নষ্ট/ বিকৃত করা; (সাধা. *pp*) অন্তর্দুষ্ট করা; ~d persons, অন্তর্দুষ্ট/ নষ্টধী ব্যক্তি; দুরাত্মা; দুরাচার; ~d (=vicious বা perverted) tastes, বিকৃত/ দূষিত রুচি।

de·prav·ity [ডি'প্র্যাভাটি] *n* [U] বিকৃত রুচি; দুঃশীলতা; দুরাচারত্ব; নীচাশয়তা: sunk in ~; [C] (*pl* -ties) দুষ্কর্ম; অপকর্ম।

dep·re·cate ['ডেপ্রাকেইট্] *vt* (আনুষ্ঠা.) অপ্রসন্নতা বোধ ও প্রকাশ করা; অনুমোদন না করা: We ~ changing the membership rules without consulting the general members. **dep·reca·tion** [ˌডেপ্রা'কেইশ্ন্] *n* অননুমোদন; অপ্রসাদ; বিপ্রিয়তা।

de·pre·ci·ate [ডি'প্রীশিএইট্] *vt,vi* মূল্য পড়ে যাওয়া বা কমানো; মূল্যাপকর্ষণ করা/ হওয়া; মূল্য হ্রাস করা/ হওয়া: Perishable goods ~ rapidly. You seem to ~ my capabilities. **de·pre·ci·atory** [ডি'প্রীশাটারি US -টো°রি] *adj* মূল্যাপকর্ষক; গুণাপকর্ষক: depreciatory remarks about his latest novel. **de·pre·ci·ation** [ডিˌপ্রীশি'এইশ্ন্] মূল্যাপকর্ষণ; গুণাপকর্ষণ।

dep·re·da·tion [ˌডেপ্রা'ডেইশ্ন্] *n* (সাধা. *pl*) (আনুষ্ঠা.) লুণ্ঠন; ধ্বংস; লুটপাট।

de·press [ডি'প্রেস্] *vt* ১ চাপ দেওয়া; চাপা: to ~ a lever/the keys of a type-writer. **ˌ~ed classes** অনুন্নত সম্প্রদায়সমূহ; অবনমিত শ্রেণীসমূহ। ২ বিষাদগ্রস্ত করা; দমানো; মন খারাপ করা: Bad weather never ~es me. I've some ~ing news for you, উদ্বেগজনক খবর। ৩ মন্দা সৃষ্টি করা; মন্দা যাওয়া: The market is ~ed due to rumours of an impending war. **ˌ~ed 'area** যে এলাকায় বাজার মন্দা যায় (ফলে দারিদ্র্য ও বেকারত্ব বৃদ্ধি পায়); মন্দাগ্রস্ত এলাকা।

de·press·ion [ডি'প্রেশ্ন্] *n* ১ [U] বিষাদ; খেদ; বিষাদগ্রস্ততা; মন-মরা ভাব; দীনমনস্কতা: An excess of ~ may lead to suicide. ২ [C] কোনো কিছুর উপরিভাগে, বিশেষত ভূপৃষ্ঠে নিচু স্থান; অবতল; খানা-খন্দ: On-rush of flood waters left ~s in the roads and highways. ৩ [C] মন্দা। ৪ [C] বায়ুচাপের নিম্নতা; নিম্নচাপ: a ~ over the Bay of Bengal.

de·press·ive [ডি'প্রেসিভ্] *adj* মন্দা সৃষ্টি করতে পারে এমন; মন্দাজনক; বিষাদসম্পর্কিত; বিষাদী: a ~ fit, বিষাদের ঘোর। □*n* বিষাদপ্রবণ ব্যক্তি; বিষাদগ্রস্ত।

de·prive [ডি'প্রাইভ্] *vt* **~ of** বঞ্চিত/বিরহিত করা: to ~ sb of his rights. **de·prived** *adj* = underprivileged; বঞ্চিত; অধিকারবঞ্চিত। **depri·va·tion** [ˌডেপ্রি'ভেইশ্ন্] *n* [U] বঞ্চনা; বাঞ্চিতকরণ; হানি: deprivation of one's rights, অধিকারহরণ; [C] যে বস্তু থেকে বঞ্চিত করা হয়েছে; বঞ্চনা।

depth [ডেপ্থ্] *n* ১ [C,U] গভীরতা; ঘনতা: What is the ~ of the river at this point ? The ice is six feet in ~. **in ~** সাদ্যন্ত; পুঙ্খানুপুঙ্খ(ভাবে); আনুপুঙ্খিক: a study in ~. **be/ go/ out of one's ~ (ক)** অথৈ জলে পড়া/ যাওয়া: He went out of his ~ and was drowned. **(খ)** (লাক্ষ.) অত্যন্ত দুরূহ কোনো বিষয়ে আলোচনার প্রয়াস; অথৈ জলে পড়া; চোখে অন্ধকার দেখা: When the physicist started talking about relativity, I was out of my ~. **'~-bomb/ charge** ডুবোজাহাজের বিরুদ্ধে ব্যবহৃত বোমা; ডুবো বোমা। ২ [C,U] গভীর জ্ঞান, চিন্তা, অনুভূতি ইত্যাদি; গভীরতা; প্রগাঢ়তা: The essay reveals fine feelings and ~ of thought. ৩ **the ~(s)** সবচেয়ে কেন্দ্রীয় অংশ: in the ~ of one's heart, হৃদয়ের অন্তস্থলে; in the ~ of despair, হতাশার গভীরে; in the ~ of winter, গভীরতম শীতে; in the ~ of the country, দেশের প্রত্যন্ততম অঞ্চলে।

depu·ta·tion [ˌডেপিউ্যা'টেইশ্ন্] *n* নিয়োজন; প্রেষণ; নিয়োজিত; প্রতিনিধি(বর্গ)।

de·pute [ˌডেপিউ্ট্] *vt* **~ sth to sb/sb to do sth** (নিজের কাজ, কর্তৃত্ব ইত্যাদি) কোনো প্রতিনিধিকে অর্পণ করা; প্রতিনিধি/ প্রতিপুরুষ নিয়োগ করা।

depu·tize [ডেপিউটাইজ়্] *vt* **~ (for sb)** প্রতিনিধিত্ব করা; প্রতিপুরুষরূপে কাজ করা।

dep·uty ['ডেপিউ্যটি] *n* (*pl* -ties) ১ প্রতিপুরুষ; প্রতিনিধি; স্থলবর্তী: He gladly acted as (a) ~ for me as I travelled abroad. ২ (কোনো কোনো দেশে, যেমন ফ্রান্সে) ব্যবস্থাপক সভার সদস্য।

de·rail [ডি'রেইল] *vt* (ট্রেন ইত্যাদি) লাইনচ্যুত করা: Several compartments were ~ed. **~·ment** *n* লাইনচ্যুতি।

de·range [ডি'রেইন্জ্] *vt* বিকল/ বিক্ষিপ্ত/ অব্যবস্থিত/ অনবস্থিত করা। **de·ranged** *part adj* উন্মত্ত; বিকৃতমস্তিষ্ক। **~·ment** *n* বৈকল্য; উন্মাদনা; চিত্তবৈকল্য; মস্তিষ্কবিকৃতি; অব্যবস্থা; বিক্ষিপ্ততা।

de·rate [ডী'রেইট্] *vt* (GB) (শিল্প-কারখানা ইত্যাদি) আংশিকভাবে স্থানীয় করমুক্ত করা।

derby[1] [ˈডা:বি US ডারবি] *n* ১ **The D~** ইংল্যান্ডের এপ্‌সমে অনুষ্ঠিত বার্ষিক ঘোড়দৌড়; ডার্বি। ˈ**D~ Day** উক্ত ঘোড়দৌড়ের দিন (জুন মাসে); ডার্বি–দিবস। ২ (US) বেশ কয়েকটি বার্ষিক ঘোড়দৌড়ের যে কোনো একটি। ৩ ক্রীড়া–প্রতিযোগিতা। **local ~** স্থানীয় ক্রীড়া–প্রতিযোগিতা।

derby[2] [ডাবি] *n* (US) = bowler hat; শক্ত; গোলাকার (সাধা.) কালো হ্যাট।

der·el·ict [ˈডেরালিক্‌ট্] *adj* পরিত্যক্ত ও ধ্বংসোন্মুখ; পরিবর্জিত: a ~ house; a ~ ship; ~ areas, পতিত কুৎসিত এলাকা, যেমন ভূমিপৃষ্ঠের সামান্য নীচে খনিজ পদার্থ ও পাথর খননের দরুন হয়ে থাকে। **der·el·ic·tion** [ˌডেরাˈলিক্‌শ্‌ন্] *n* [U] ধ্বংস; বিনষ্টি: The army operations left the countryside in utter ~ion.

de·requi·si·tion [ˌডীরেকোয়িˈজিশ্‌ন্] *v t* (হুকুমদখলকৃত বা অধিগৃহীত সম্পত্তি ইত্যাদি) ছেড়ে দেওয়া; অধিগ্রহণমুক্ত করা। **~ed** অধিগ্রহণমুক্ত।

de·re·strict [ˌডীরিˈস্ট্রিক্‌ট্] *vt* নিয়ন্ত্রণমুক্ত/ নিবন্ধনমুক্ত/ বিনিয়ন্ত্রিত করা: ~ a road, রাস্তা থেকে গতিসীমা তুলে নেওয়া।

de·ride [ডিˈরাইড়] *vt* উপহাস/ ঠাট্টা/ তামাসা/ অবজ্ঞা করা; অবজ্ঞাভরে উড়িয়ে দেওয়া: They ~d my suggestion as utopian.

de riqueur [ডা রিˈগা(র্)] *pred adj* (ফ.) শিষ্টাচার বা আদবকায়দার পক্ষে অত্যাবশ্যক; আবশ্যিক; রীতিসম্মত; A dress suit is ~ at the party.

de·rision [ডিরিজ্‌ন্] *n* [U] উপহাস; অবহাস; তামাসা; পরিহাস: hold sb/sth in ~, উপহাস্যাস্পদ/ উপহাসের বস্তু বা পাত্ররূপে গণ্য করা; be/ become an object of ~; make sb/sth an object of ~, উপহাসের বস্তু বা পাত্রে পরিণত করা।

de·ris·ive [ডিˈরাইসিভ্] *adj* উপহাসমূলক; অবজ্ঞাপূর্ণ; হাস্যকর: ~ laughter; a ~ offer.

de·ris·ory [ডিˈরাইসারি] *adj* = derisive.

deri·va·tion [ˌডেরিˈভেইশ্‌ন্] *n* ১ [U] প্রাপ্তি; আহরণ; উৎপত্তি; উদ্ভব: a word of Greek ~, গ্রিক থেকে উদ্ভূত শব্দ; the ~ of words from Sanskrit. ২ [C] শব্দের আদি রূপ ও অর্থ; শব্দের গঠন ও পরিবর্তন বিষয়ক বিবৃতি; শব্দোৎপত্তি; শব্দসাধন: to study the ~s of words.

de·riva·tive [ডিˈরিভাটিভ্] *adj,n* [C] (অন্য শব্দ, বস্তু, পদার্থ থেকে) উৎপন্ন শব্দ, বস্তু, পদার্থ; মৌলিক বা আদি নয় এমন; উৎপন্ন, ব্যুৎপন্ন; ব্যুৎপন্ন শব্দ; উৎপন্ন বস্তু: 'Attendant' is a ~ of 'attend'.

de·rive [ডিˈরাইভ্] *vt,vi* ১ **~ from** (আনুষ্ঠা.) পাওয়া; আহরণ করা: to ~ pleasure from reading poetry. He ~d little comfort from the good words of his neighbours. ২ **~ from** উৎপন্ন/ উদ্ভূত হওয়া: A large portion of the Bengali vocabulary ~s/ is ~d from Aryan Spoken Dialects.

der·ma·ti·tis [ˌডার্মাˈটাইটিস্] *n* [U] (চিকি.) ত্বকের প্রদাহ।

der·ma·tol·ogy [ˌডার্মাˈটলাজি] *n* [u] ত্বক, ত্বকের রোগ ইত্যাদি বিষয়ক চিকিৎসাশাস্ত্রীয় গবেষণা ও আলোচনা; ত্বক্‌বিজ্ঞান। **der·ma·tol·ogist** [ˌডার্মাˈটলজিস্‌ট্] *n* ত্বক বিজ্ঞানী।

dero·gate [ˈডেরাগেইট্] *vi* **~ from** (আনুষ্ঠা.) (গুণ, কৃতিত্ব, মর্যাদা, অধিকার ইত্যাদি) হাসি/ লঘু/ খর্ব করা; লাঘব/ হেয় করা। **dero·ga·tion** [ˌডেরাˈগেইশ্‌ন্] *n* [U] (কর্তৃত্ব, মর্যাদা, খ্যাতি ইত্যাদির) হানি; লঘুকরণ; ন্যূনীকরণ।

de·roga·tory [ডিˈরগাট্রি US -টো°রি] *adj* **~ (to)** (সম্মান, মর্যাদা, খ্যাতি ইত্যাদির পক্ষে) হানিকর; অবমাননাকর: He considered the remarks ~ to his reputation. The word 'guy' is not as ~ as 'bloke'.

der·rick [ˈডেরিক্] *n* ১ **~ crane** বিশেষত জাহাজে ভারী বস্তু সঞ্চালন ও উত্তোলনের জন্য বৃহৎ ক্রেন; ডেরিক ক্রেন। (অপিচ, oil-rig) তেলের কূপের উপর যন্ত্রপাতি ধরে রাখার জন্য নির্মিত মঞ্চ; খনন–স্তম্ভ।

der·vish [ˈডাভিশ্] *n* মুসলমান সাধকসম্প্রদায়বিশেষের সদস্য; দরবেশ: dancing ~es, নাচুনে দরবেশ; howling ~es, গাজুনে দরবেশ।

de·sali·nate [ˌডীˈস্যালিনেইট্] *vt* (সমুদ্রের পানি বা নোনা পানি থেকে) লবণাক্ততা দূর করা; লবণমুক্ত করা। **de·sali·na·tion** [ˌডীˌস্যালিˈনেইশ্‌ন্] *n* বিলবণীকরণ।

de·salt [ˌডীˈসো°ল্‌ট্] *vt* = desalinate.

de·scale [ˌডীˈস্কেইল] *vt* জলের পাইপ, বয়লার ইত্যাদির অভ্যন্তরে সঞ্চিত চুনাজাতীয় মল দূর করা; মলমুক্ত/নির্মল করা।

des·cant [ˈডেস্‌ক্যানট] *n* (সঙ্গীত) কোনো সুর বা গীতের সঙ্গে পরিবেশনের জন্য স্বতন্ত্র ও অতিরিক্ত (প্রায়শ তাৎক্ষণিকভাবে রচিত) সঙ্গীত; বিগীত। □*vi* [ডিস্ˈক্যান্ট্] **~ on/upon** (ক) (সঙ্গীত) বিগীত গাওয়া বা বাজানো। (খ) বিস্তারিত আলোচনা করা; বাকবিস্তার করা।

de·scend [ডিˈসেন্‌ড্] *vt,vt* ১ (আনুষ্ঠা.) অবতরণ/ অবরোহণ করা; নামা: The garden ~ed gradually to the river. I passed her as she was ~ing the stairs. ২ **be ~ed from** উদ্ভূত/ সম্ভূত হওয়া; বংশধর হওয়া: He is ~ed from an aristocratic family. ৩ (সম্পত্তি, অধিকার, গুণাবলী সম্বন্ধে) উত্তরাধিকার সূত্রে আসা; বংশানুক্রমে বর্তানো। ৪ **~ on/ upon** আকস্মিকভাবে আক্রমণ করা; হামলা করা; ঝাঁপিয়ে পড়া; (কথ্য) অপ্রত্যাশিতভাবে আবির্ভূত হওয়া: The highwayman ~ed on the unsuspecting way-farer. ৫ **~ to** নিজেকে নীচে নামানো; নীচ হওয়া: He would even ~ to deception/ ruse. ৬ **~ to particulars** আনুপুঙ্খিক আলোচনায় প্রবেশ করা। **~·ant** [-অন্‌ট্] *n* বংশধর; সন্ততি।

de·scent [ডিˈসেন্‌ট্] *n* ১ [C,U] অবতরণ; অবরোহণ; উৎরাই; অধোগতি; অবপাত: The terrace slopes to the river by a gradual ~. The ~ of the mountain is not easy. ২ [U] জন্ম; বংশ; উদ্ভব: of Arab ~, আরব বংশোদ্ভূত। ৩ [C] **~ on/upon** আকস্মিক আক্রমণ; হামলা; অভিক্রম; (কথ্য) অপ্রত্যাশিত অভ্যাগম: Mahmud of Ghazni made numerous ~s upon the Indian princes. ৪ [U] সম্পত্তি, পদবি, গুণাবলী ইত্যাদি উত্তরাধিকারক্রমে বর্তানো; বংশক্রমাগম; ক্রমাগম।

de·scribe [ডিˈস্ক্রাইব] *vt* ১ **~ (to/for)** বর্ণনা করা/দেওয়া; চিত্রিত করা: He cannot ~ what he saw. ২ **~ as** কোনো গুণের অধিকারী বলে পরিচয় দেওয়া; বলা: Would you ~ yourself as a writer ? You cannot ~ him as brilliant. ৩ (বিশেষত জ্যামিতিক চিত্র) অঙ্কন করা: to ~ a circle.

de·scrip·tion [ডি'স্ক্রিপ্‌শ্‌ন্] *n* ১ [U,C] বর্ণনা; অঙ্কন: Please give me a ~ of the gentleman. দ্র. answer[2] (৪)। ২ [C] (কথ্য) ধরন; রকম: Books of every ~ are sold here.

de·scrip·tive [ডি 'স্ক্রিপ্‌টিভ্] *adj* বর্ণনাত্মক; বর্ণনামূলক: He excells in ~ writing.

des·ecrate ['ডেসিক্রেইট্] *vt* (কোনো পবিত্র বস্তু বা স্থান) অনুচিতভাবে বা পাপকর্মে ব্যবহার করা; অপবিত্র/ দূষিত করা। **des·ecra·ted** *part adj* অপবিত্রীকৃত; ভগ্নসংস্কার। **des·ecra·tion** [,ডেসি'ক্রেইশ্‌ন্] *n* [U] অপবিত্রীকরণ; সংস্কারদূষণ।

de·seg·re·gate [,ডীসেগ্রিগ্রেইট্] *vt* (প্রতিষ্ঠানাদিতে বিশেষত বর্ণভিত্তিক) পৃথককরণ রহিত করা; বর্ণবিভেদমুক্ত করা: ~ schools in Alabama. **de·seg·re·gated** *part adj* বর্ণবিভেদরহিত। **de·seg·re·ga·tion** [,ডীসেগ্রি'গেইশ্‌ন্] *n* বর্ণবিভেদলোপ।

de·sen·si·tize [,ডীসেন্‌সিটাইজ্] *vt* (আলোক, বেদনা ইত্যাদি সম্বন্ধে) কম সংবেদনশীল বা সংবেদনহীন করা; সংবেদনরহিত করা। **de·sen·si·tized** *part adj* সংবেদনরহিত। **de·sen·si·tiz·ation** [,ডীসেন্‌সিটাইজেইশন্ US -টিজেই-] *n* সংবেদনহীনকরণ।

de·sert[1] ডি'জাট্] *vt,vi* ১ পরিত্যাগ করা; ছেড়ে পালানো: The demonstrators ~ed the street at the approach of the police. ~ed village/ street/ house etc, জনমানবশূন্য। ২ বিশেষত অনুচিত বা নিষ্ঠুরভাবে অসহায় অবস্থায় ছেড়ে যাওয়া; পরিত্যাগ করা: The cruel father ~ed his children and married a local dolly bird. ৩ পালানো; পলায়ন করা; (বিনা অনুমতিতে বিশেষত জাহাজ বা সেনাবাহিনীর দায়িত্ব পরিহার করে) পালিয়ে যাওয়া: The soldier was court-martialled for ~ing his post. ৪ ছেড়ে যাওয়া; লোপ পাওয়া: In the face of imminent danger, his courage ~ed him. **~er** *n* পলায়ী; সেনাপলাতক। **de·ser·tion** [ডিজাশ্‌ন্] *n* [C,U] পলায়ন; সেনাত্যাগ।

de·sert[2] ['ডেজ়ট্] *n* [C,U] মরু; মরুভূমি। □*adj* ১ অনুর্বর; ঊষর; মরু: the ~ areas of Western India.

de·serts [ডি 'জাট্‌স্]*n (pl)* যোগ্যতা; উপযোগ্যতা; অর্হত্ব; প্রাপ্যতা; প্রাপ্য: to be rewarded/ punished according to one's ~; to get/ meet with one's ~.

de·serve [ডি'জা্ভ্] *vt,vi* (progressive tense—এ ব্যবহার নেই; দ্র. deserving) ১ (কাজ, আচরণ, গুণাবলী ইত্যাদির দরুন) যোগ্য/উপযুক্ত হওয়া: His work ~s praise, প্রশংসার্হ। You surely ~ to be censured. ২ **to ~ well/ill of** ভালো/মন্দ ব্যবহার পাওয়ার যোগ্য হওয়া: He ~s well of his friends. **de·served** *adj* উচিত; উপযুক্ত; যোগ্য: ~ed praise/ reward/ punishment. **de·serv·ed·ly** [ডিজ়াভিড্‌লি] *adv* যথোচিতভাবে; ন্যায়ত; ন্যায্যত; ন্যায়সঙ্গতভাবে: to be ~ly promoted.

de·serv·ing [ডিজ়াভিং] *adj* **~ (of)** যোগ্য; উপযুক্ত; -অর্হ: to be ~ of help; to support a ~ cause; a ~ case, পরিস্থিতির কারণে সাহায্য; সহানুভূতি; সুনজর ইত্যাদি পাওয়ার যোগ্য।

dés·habillé [,ডেহজ্যা'বীএ] *n* (ফ.) = dishabille, বিস্রস্তবসন অবস্থা; অর্ধবিবসন অবস্থা; অপরিপাট্য।

des·ic·cant ['ডেসিকান্ট্] *n* (US) আর্দ্রতা শোষণ করার জন্য ব্যবহৃত পদার্থ; বিশোষক।

des·ic·cate [ডেসিকেইট্] *vt* সংরক্ষণের উদ্দেশ্যে বিশেষত শক্ত খাবারের সমস্ত আর্দ্রতা শুকিয়ে ফেলা; শুষ্ক করা: ~d fruit.

de·sid·er·atum [ডি,জ়িডারা:টম্] *n* (*pl* -rata [-'রা:টা] প্রয়োজনীয় বলে অভাব অনুভূত হয় এমন বস্তু; অভিকাঙ্ক্ষিত।

de·sign [ডি'জ়াইন্] *n* ১ [C] যে আলেখ্য বা রূপরেখা অবলম্বনে কিছু তৈরি করা হয়; নকশা; আলেখন; চিত্রলেখা; আকল্প: ~s for a dress/garden; [U] অঙ্কনকলা; চিত্রলেখবিদ্যা: a school of ~, অঙ্কন-বিদ্যালয়। ২ [U] (চিত্র, পুস্তক, ইমারত, যন্ত্র ইত্যাদির) সামগ্রিক বিন্যাস বা পরিকল্পনা; আকল্প; নকশা: The building is faulty in ~. ৩ [C] অলঙ্করণের উদ্দেশ্যে রেখা; আকৃতি ও অনুপুঙ্খাদির বিন্যাস; প্যাটার্ন; নকশা; কারুকাজ: a carpet with a beautiful ~ of leaves and branches. ৪ [C,U] উদ্দেশ্য; অভিপ্রায়; অভিসন্ধি: I trampled on her toes by accident, not by ~. **have ~s on/ against** (হস্তগত/ আত্মসাৎ করার) অভিসন্ধি থাকা: Your neighbour has ~s on your property (কথ্য) ঘনিষ্ঠ সান্নিধ্যলাভের ইচ্ছা পোষণ করা: You seem to have ~s on that young lady, মেয়েটির ওপর চোখ পড়েছে। □*vt,vi* ১ নকশা/ পরিকল্পনা/ সংকল্পনা করা: to ~ a dress/ garden. ২ নকশা আঁকা/তৈরি করা: I have heard, you ~ for a textile company. ৩ **~ to do sth, ~ for sb/sth, ~ as sth** (কারো উদ্দেশ্যে) পৃথক করে রাখা; পরিকল্পনা করা: The building was ~ed as a community centre. This therapy is specially ~ed to help children coming from broken homes. **~·ed·ly** [-ইড্‌লি] *adv* উদ্দেশ্যমূলকভাবে; জ্ঞানত; অভিপ্রায়ক্রমে।

des·ig·nate[1] ['ডেজ়িগ্‌নেইট্] *adj* (বিশেষ্যের পরে নিবেশিত) কোনো পদে নিয়োজিত; কিন্তু এখনো অভিষিক্ত হননি এমন; মনোনীত: the director ~.

des·ig·nate[2] ['ডেজ়িগ্‌নেইট্] *vt* ১ চিহ্নিত/ নির্দেশ করা; নাম বা আখ্যা দেওয়া: to ~ boundaries. ২ নিযুক্ত করা: He was ~d to succeed Mr. Jones as chairman.

des·ig·na·tion [,ডেজ়িগ্'নেইশ্‌ন্] *n* [U] (কোনো পদে) নিয়োজন; নিয়োগ; [C] নাম; পদমর্যাদা; আখ্যা; বিবরণ।

de·sign·er [ডি 'জ়াইনা(র্)] *n* আলেখক; নকশাবিদ; আভিসন্ধিক।

de·sign·ing [ডিজ়াইনিঙ্] *adj* ধূর্ত; চক্রান্তপরায়ণ; ফন্দিবাজ। □*n* [U] নকশাবিদ্যা; আলেখনবিদ্যা।

de·sir·able [ডি 'জ়াইআরাব্‌ল্] *adj* কাম্য; কাঙ্ক্ষিত; বাঞ্ছিত; স্পৃহনীয়; বাঞ্ছনীয়; প্রার্থনীয়; আকাঙ্ক্ষণীয়: It is ~ that you arrive by 8 o'clock. **de·sir·abil·ity** [ডি,জ়াইআরা'বিলটি] *n* কাম্যতা; বাঞ্ছনীয়তা; স্পৃহনীয়তা।

de·sire[1] [ডিজ়াইআ(র্)] *n* ১ [U,C] কামনা; কাম; ইচ্ছা; বাসনা; স্পৃহা; অভিলাষ: He has a strong ~ for fame. We cannot satisfy all your ~s. ২ (*sing*) অনুরোধ; অভিরুচি: at the ~ of the buyer. ৩ [C] মনস্কামনা; অভীষ্ট বস্তু: He got all his heart's ~s.

de·sire[2] [ডি'জ়াইআ(র্)] *vt* ১ (আনুষ্ঠা.) কামনা/ আকাঙ্ক্ষা করা: What more can you ~? She had everything a woman can ~. Do you ~ me to give you a lift ? ২ (দাপ্তরিক রীতি) অনুরোধ করা: It is ~d that the school staff shall be punctual in taking classes.

de·sir·ous [ডি'জ়াইআরাস্] *adj* **~ (of)** (আনুষ্ঠা. দাপ্তরিক) অভিলাষী; কামী; অভিকাঙ্ক্ষী: ~ of peace; ~ that ...

de·sist [ডি'জ়িস্ট্] *vi* **~ (from)** (আনুষ্ঠা.) নিরত/ নিবৃত্ত হওয়া: ~ from eavesdropping.

desk [ডেস্ক্] *n* ১ লেখাপড়া বা দাপ্তরিক কাজের জন্য সমতল বা ঢালু উপরিভাগ এবং দেরাজযুক্ত আসবাববিশেষ; ডেস্ক। ২ অভ্যর্থনা ডেস্ক; দ্র. reception (১): In the absence of the reception clerk he will take care of the ~ (of the hotel). '**~ clerk** *n* (US) অভ্যর্থনা করণিক।

deso·late ['ডেসালেট্] *adj* ১ (স্থান সম্বন্ধে) জনমানবশূন্য; নির্মনুষ্য; বিধ্বস্ত; হতশ্রী; (দেশ বা ভূমি সম্বন্ধে) নিরালয়; মনুষ্যবসতিহীন; মনুষ্যবর্জিত; পতিত; উচ্ছিন্ন: a ~, barren, hilly area. ২ নির্বান্ধব; নিঃসঙ্গ; দীনহীন; হতশ্রী; নিরানন্দ; বিষাদিত: a forsaken, ~ woman; a ~ life. **~·ly** *adv* □ *vt* ['ডেসালেইট্] জনমানবশূন্য/ হতশ্রী/ উচ্ছিন্ন করা; নির্বান্ধব/ নিঃসঙ্গ/ বিষাদিত করা। **deso·la·tion** [,ডেসা'লেইশ্‌ন্] *n* [U] উৎসাদন; উচ্ছিন্নতা; নির্মনুষ্যীকরণ; জনমানবশূন্যতা; ধ্বংস; বিষণ্ণতা; নিঃসঙ্গতা: the desolation caused by famine and epidemic.

des·pair[1] [ডি'স্পেআ(র্)] *n* [U] ১ হতাশা; নৈরাশ্য; নিরাশা; বৈক্লব্য: He left the meeting in ~. I was filled with ~ when I received your telegram. ২ **be the ~ of** কারো হতাশার কারণ হওয়া: He is the ~ of his parents. He is the ~ of all other violinists.

des·pair[2] [ডি'স্পেআ(র্)] *vt* **~ (of)** হতাশ/ নিরাশ হওয়া: to ~ of success. **~·ing·ly** *adv* হতাশভাবে।

des·patch [ডি'স্প্যাচ্] *n,vt* = dispatch.

des·per·ado [,ডেস্পা'রা:ডৌ] *n* (*pl* ~es; US অপিচ ~s [-ডৌজ়্]) যে কোনো অপরাধ সংঘটনে প্রস্তুত ব্যক্তি; অগ্রপশ্চাদ্‌বিবেচনাহীন/ বেপরোয়া দুর্বৃত্ত।

des·per·ate ['ডেস্পারাট্] *adj* ১ (ব্যক্তি সম্বন্ধে) নিদারুণ হতাশায় ভয়ভাবনাহীন এবং যে কোনো পদক্ষেপ গ্রহণে অকুণ্ঠিত; মরিয়া; বেপরোয়া: Our soldiers became ~ in their attempt to break through the enemy defences. ২ দুরাচার; উচ্ছৃঙ্খল; হিংস্র; দুর্ধর্ষ: ~ criminals. ৩ অত্যন্ত গুরুতর; ভয়াবহ: The situation is ~. ৪ সাফল্যের সম্ভাবনা অকিঞ্চিৎকর এমন; অন্য সব কিছু ব্যর্থ হওয়ার পর অন্তিম চেষ্টাস্বরূপ; নিঃপ্রত্যাশ: ~ remedies. **~·ly** *adv* মরিয়া হয়ে; বেপরোয়াভাবে; উন্মত্তবৎ। **des·per·ation** [,ডেস্পা'রেইশ্‌ন্] *n* [U] মরিয়া/ বেপরোয়া হয়ে ওঠা অবস্থা: The long-suffering woman committed suicide in desperation.

des·pic·able [ডে'স্পিকাব্‌ল্] *adj* অবজ্ঞেয়; ঘৃণ্য; তুচ্ছ; নিন্দার্হ। **des·pic·ably** [-অব্‌লি] *adv* গর্হিতভাবে; কুৎসিতভাবে।

des·pise [ডি'স্পাইজ়্] *vt* অবজ্ঞা/ ঘৃণা/ তুচ্ছজ্ঞান/ তাচ্ছিল্য করা: A position carrying a salary of £ 5000 p. a. is not to be ~d.

des·pite [ডি'স্পাইট্] *prep* in spite of, (কিছু) সত্ত্বেও: ~ his opposition to the idea ---.

de·spoil [ডি'স্পয়্‌ল্] *vt* **~ sb (of)** (সাহিত্য.) (কাউকে) সর্বস্বান্ত করা; (কারো যথাসর্বস্ব) লুণ্ঠন করা।

de·spon·dency [ডি'সপন্‌ডান্‌সি] *n* [U] নৈরাশ্য; নির্বেদ; নির্বিণ্ণতা: to fall into ~. **de·spon·dent** [ডি'স্পন্‌ডান্‌ট্] *adj* নির্বিণ্ণ; হতাশ; মন–মরা। **de·spon·dent·ly** *adv* হতাশভাবে; সবিষাদে।

des·pot ['ডেস্পট্] *n* অসীম ক্ষমতার অধিকারী শাসক; বিশেষত যিনি এই ক্ষমতা অন্যায়ভাবে বা নির্মমভাবে প্রয়োগ করেন; স্বৈরশাসক; উৎপীড়ক। **~·ic** [ডি'স্পটিক] *adj* স্বৈর; স্বৈরবৃত্ত; স্বৈরাচারী; স্বৈরতান্ত্রিক। **~·ism** ['ডেস্পাটিজ়াম্] *n* [U] স্বৈরতন্ত্র; উৎপীড়ন; [C] স্বৈরশাসকের অধীন দেশ; স্বৈরতন্ত্র।

des·sert [ডি'জ়া:ট্] *n* ১ ভোজের শেষ পদরূপে পরিবেশিত ফল; মিষ্টান্ন ইত্যাদি; ফলাহার: (attrib) a '~ apple. '**~·spoon** মাঝারি আকারের চামচ। '**~·spoon·ful** [-ফুল্] *n* মাঝারি আকারের চামচের এক চামচ। দ্র. tea ভুক্তিতে teaspoon, table ভুক্তিতে tablespoon. ২ (US) ভোজের শেষ পর্বে পরিবেশিত পুডিং, আইসক্রিম ইত্যাদি যে কোনো মিষ্টান্ন (GB = sweet, pudding) ।

des·ti·na·tion [,ডেস্‌টি'নেইশ্‌ন্] *n* যে স্থলে কোনো বস্তু বা ব্যক্তি যাচ্ছে বা তাদের পাঠানো হচ্ছে; উদ্দিষ্ট; গন্তব্যস্থল।

des·tine ['ডেস্‌টিন্] *vt* (সাধা. passive) **~ (for)** পূর্ব–নির্ধারিত করা; নিয়তিনির্ধারিত হওয়া: As the only child of a banker, he was ~d for a career in banking, ব্যাংকারের পেশা তার জন্য পূর্বনির্ধারিত ছিল। They were ~d to marry each other.

des·tiny ['ডেস্‌টিনি] *n* ১ নিয়তি; ভাগ্য; অদৃষ্ট: He did not lose heart, even after being overwhelmed by ~. ২ [C] (*pl* -nies) নিয়তি কর্তৃক পূর্বনির্ধারিত বলে মনে হয় এমন ঘটনা; নিয়তি: It was his ~ to lead his country to victory.

des·ti·tute ['ডেস্‌টিটিউট্ US -টূট্] *adj* খাদ্য; বস্ত্র ও অন্যান্য নিত্যপ্রয়োজনীয় দ্রব্য থেকে বঞ্চিত; দুঃস্থ; দুর্গত; নিঃস্ব: As the flood waters receded, many well-to-do families were left ~. ২ **~ of** –হীন; –বিবর্জিত: He is ~ of any sense of humour. **des·ti·tu·tion** [,ডেস্‌টিটিউ্যশ্‌ন্ US –টূশ্‌ন্] *n* [U] দুঃস্থতা; দুর্গতি; চরম দারিদ্র্য: reduced to destitution.

de·stroy [ডি'স্ট্রয়] *vt* ১ ধ্বংস/ নষ্ট/ বিধ্বস্ত/ বরবাদ/ পয়মাল করা: The building was completely ~ed by fire. Don't ~ his hopes. ২ *vt* (impers) (কুকুর, বিড়াল, ঘোড়া ইত্যাদি) সুপরিকল্পিতভাবে হত্যা করা, বিশেষত পশুটি রুগ্ন বা অবাঞ্ছিত হলে; সংহার/ নিধন/ বিনাশ করা; মেরে ফেলা: The horse is in a pitiable condition, it will have to be ~ed. **~er** *n* ১ যে ব্যক্তি বা বস্তু ধ্বংস/বিনাশ করে; বিনাশক; বৈনাশিক। ২ বৃহত্তর রণতরী বা বাণিজ্যবহর রক্ষার জন্য ছোট; দ্রুতগামী রণপোতবিশেষ; বিধ্বংসী পোত।

de·struc·tible [ডি ˈস্ট্রাকটবল্] *adj* ধ্বংসনীয়; নাশনীয়; ধ্বংসসাধ্য; বিনশ্বর। **de·struc·ti·bil·ity** [ডি,স্ট্রাকটাবিলাটি] *n* ধ্বংসনীয়তা; বিনশ্বরতা।

de·struc·tion [ডিˈস্ট্রাকশ্‌ন্] *n* [U] ধ্বংস; বিনাশ; বিনষ্টি; সর্বনাশ; ধ্বংস বা সর্বনাশের হেতু: Intemperance will be your ~.

de·struc·tive [ডিˈস্ট্রাকটিভ্] *adj* ধ্বংসাত্মক; ধ্বংসকর; বৈনাশিক: a ~ hurricane; ~ criticism. **~·ly** *adv* ধ্বংসাত্মকভাবে। **~·ness** *n* ধ্বংসকরতা; বৈনাশিকতা।

desue·tude [ডিˈসিউ্যটিউড্ US –টূড্] *n* [U] (আনুষ্ঠা. বিশেষত) **fall into ~** অচল হয়ে যাওয়া; অচলিত হওয়া: Words that have fallen into ~ are not included in this dictionary.

des·ul·tory [ˈডেসল্‌ট্রি US -টো°রি] *adj* উদ্দেশ্যহীন; অসংলগ্ন; এলোমেলো; বিক্ষিপ্ত: ~ reading.

de·tach [ডি ˈট্যাচ্] *vt* ১ ~ **(from)** বিযুক্ত/বিচ্ছিন্ন করা: to ~ a button from a shirt. ২ (সৈন্যদল, জাহাজ ইত্যাদি) মূল বাহিনী থেকে বিচ্ছিন্ন করে দূরে পাঠানো: A contingent of infantrymen were ~ed to ambush the enemy. **de·tached** *part adj* ১ (মন, মতামত ইত্যাদি সম্বন্ধে) নিরাসক্ত; নির্লিপ্ত; নিরপেক্ষ; (কথ্য) নির্বিকার; নিরাবেগ: to take a ~ed view of an event. ২ (বাড়ি সম্বন্ধে) (পরস্পর–) অসংলগ্ন; অযুক্ত। দ্র. semi-~ed. **~·able** *adj* বিযোজনযোগ্য: a ~able antenna.

de·tach·ment [ডিˈট্যাচ্‌মান্‌ট্] *n* ১ [U] বিয়োজন: the ~ of a coach from a train. ২ [U] নিরাসক্তি; নির্লিপ্ততা; নির্বিকারত্ব; নিরপেক্ষতা: He reviewed the past with an air of ~. ৩ [C] (বিশেষত কর্তব্যপালনের জন্য প্রেরিত) মূল বাহিনী থেকে বিযুক্ত সেনা, জাহাজ ইত্যাদির ছোট দল।

de·tail[1] [ˈডীটেইল্ US ডিˈটেইল্] *n* ১ [C] ক্ষুদ্র; বিশেষ তথ্য বা উপাত্ত; অনুপুঙ্খ; খুঁটিনাটি; আনুপুঙ্খিক তথ্য: You should not neglect a single ~. Now you have all the ~s. Every ~ of the story has to be minutely examined. ২ [U] আনুপুঙ্খিক তথ্যাদির সমাহার। **go/enter into ~** আনুপুঙ্খিক আলোচনায় প্রবেশ করা। **explain sth in ~** সবিস্তার/ পুঙ্খানুপুঙ্খরূপে ব্যাখ্যা করা। ৩ [U] (শিল্পকলায়) সামগ্রিকভাবে বিবেচিত ক্ষুদ্রতর বা কম গুরুত্বপূর্ণ অংশসমূহ; আনুপুঙ্খিক বিষয়: Too much ~ makes the picture clumsy. ৪ [C] = detachment (৩)।

de·tail[2] [ˈডীটেইল্ US ডিˈটেইল্] *vt* ১ ~ **(to/for)** সবিস্তারে/ পুঙ্খানুপুঙ্খভাবে বর্ণনা করা: a ~ed description. ২ বিশেষ দায়িত্ব পালনে নিযুক্ত করা: A company was ~ed to storm the fort. দ্র. detail[2](৪)।

de·tain [ডি ˈটেইন্] *vt* আটকে/ঠেকিয়ে রাখা; বিলম্ব করানো; নিবারিত/ নিরুদ্ধ করা: The travellers were ~ed at the airport by the immigration authorities. The next item will not ~ us long. The police ~ed the impostor for interrogation. **~ee** [,ডীটেইˈনী] *n* (বিশেষত রাজনৈতিক আন্দোলন, অপরাধ ইত্যাদির সঙ্গে জড়িত সন্দেহে পুলিশ কর্তৃক) নিরুদ্ধ ব্যক্তি; আটক–বন্দী।

de·tect [ডিˈটেকট্] *vt* (কোনো ব্যক্তি বা বস্তুর উপস্থিতি বা অস্তিত্ব, অপরাধীর পরিচয় ইত্যাদি) খুঁজে বের করা বা আবিষ্কার করা; পরিজ্ঞান/ নিরূপণ/ সনাক্ত করা: The inspector could ~ no fault in the engine. He ~ed a small hole in the wall. **~·able** [–অব্‌ল্] *adj* পরিজ্ঞেয়; নির্ণেয়। **~or** [–টা(র্)] *n* চাপ ও তাপের পরিবর্তন, বেতার–সঙ্কেত ইত্যাদি আবিষ্কার করার জন্য যন্ত্র; নিরূপক। **ˈlie-~or,** দ্র. lie[1].

de·tec·tion [ডি ˈটেকশ্‌ন্] *n* [U] শনাক্তকরণ; আবিষ্করণ; নিরূপণ: the ~ of crime.

de·tec·tive [ডিˈটেকটিভ্] *n* গোয়েন্দা। **ˈ~ story/novel** গোয়েন্দা–গল্প/ উপন্যাস।

dé·tente [,ডেইটা:ন্‌ট্] *n* [U] (ফ.) বিশেষত দুই দেশের মধ্যে সন্তপ্ত অবস্থার প্রশমন; বিততি।

de·ten·tion [ডিˈটেন্‌শ্‌ন্] *n* (শাস্তিমূলক) আটকাবস্থা; বিনা বিচারে আটক বন্দী; (ভারত ও বাংলাদেশে) রাজনৈতিক কারণে বিনাবিচারে অনির্দিষ্টকালের জন্য বন্দীত্ব; বিনা বিচারে আটক রাজনৈতিক বন্দী। **~ centre** তরুণ বয়সের অভিযুক্তদের স্বল্পকালীন আটক রাখার স্থান।

de·ter [ডিˈটা(র্)] *vt* ~ **from** নিরুৎসাহিত করা; বাধা দেওয়া: Nothing can ~ me from trying again. **~·rence** *n* বাধা। **~·rent** *adj* নিরোধক: Do you think that capital punishment is a ~rent to crimes ?

de·ter·gent [ডিˈটাজান্‌ট্] *adj n* ময়লা পরিষ্কারকারী (দ্রব্য): The company has marketed a new ~ powder.

de·terio·rate [ডিˈটিঅরিআরেইট] *vt,vi* অবনতি ঘটা বা ঘটানো: The political situation ~d quickly. **de·terio·ra·tion** *n* অবনতি।

de·ter·mi·nant [ডিˈটামিনান্‌ট্] *adj n* নির্ধারক; সিদ্ধান্তকারী (বস্তু, কারণ, উপাদান ইত্যাদি); (গণিত) ছক।

de·ter·mi·nate [ডিˈটামিনাট্] *adj* সীমাবদ্ধ; নির্ধারিত; চূড়ান্ত।

de·ter·mi·na·tion [ডিটামিˈনেইশ্‌ন্] *n* ১ দৃঢ়সংকল্প: He has a firm ~ to learn English. ২ স্থিরীকরণ: The ~ of the meaning of the word created some problems. ৩ (কোনো কিছুর সংখ্যা বা পরিমাণ) গণনা।

de·ter·mine [ডিˈটামিন্] *vt,vi* ১ দৃঢ় সিদ্ধান্ত করা; দৃঢ় সংকল্প করা: We ~ to reach the city before sunset. ২ সিদ্ধান্ত করা; সঠিকভাবে নির্ণয় বা নিরূপণ করা: We tried to ~ the exact meaning of the word. ৩ গণনা করে বের করা: A Bengalee engineer ~d the height of the Everest.

de·ter·mi·na·tive [ডিˈটামিনাটিভ্] US [–নেইটিভ্] *n adj* সীমানানির্দেশক; নিষ্পত্তিকর; সিদ্ধান্তকর; অবসানকর ক্ষমতাসম্পন্ন।

de·ter·miner [ডিˈটামিনা(র্)] (ব্যাক.) যে শব্দ কোনো Noun এর পূর্বে বসে ঐ Noun এর অর্থকে নির্দিষ্ট বা সীমিত করে।

de·test [ডিˈটেস্‌ট্] *vt* তীব্রভাবে ঘৃণা করা। **~·able** *adj* ঘৃণার্হ; ঘৃণিত। **de·tes·ta·tion** তীব্র ঘৃণা।

de·throne [ডী ˈথ্রৌন্] *vt* (কোনো শাসককে) সিংহাসনচ্যুত করা; (লাক্ষ.) কাউকে প্রভাবশালী অবস্থান বা পদ থেকে সরিয়ে দেওয়া। **~·ment** *n* সিংহাসনচ্যুতি।

det·on·ate [ডেটানেইট্] *vt,vi* উচ্চশব্দে বিস্ফোরিত হওয়া বা বিস্ফোরণ ঘটানো। **det·on·ator** *n* বোমা বা

গোলার যে অংশটি প্রথম বিস্ফোরিত হয়ে বোমা বা গোলাকে বিস্ফোরিত করে। **det·on·ation** *n* বিস্ফোরণ; বিস্ফোরণের শব্দ।

de·tour [ডীটুআ(র্)] US ডিটুআ(র্)] *n* ঘোরানো পথ; মূল পথ বন্ধ থাকলে যে বিকল্প পথ ব্যবহৃত হয়। □*vt* বিকল্প পথ ব্যবহার করা।

de·toxify [ডীটক্‌সিফ়াই] *vt* কোনো বস্তু থেকে বিষাক্ত উপাদান সরিয়ে দেওয়া। **de·toxi·fi·ca·tion** *n* বিষাক্ত উপাদান অপসারণ প্রক্রিয়া।

de·tract [ডিট্র্যাক্‌ট্] *vi* ~ **from** হরণ করা; (গুণ) খর্ব করা; মানহানি বা কুৎসা করা: The poor texture ~s from the cloth's quality. **det·rac·tor** *n* নিন্দুক; কুৎসাকারী; যে ব্যক্তি অন্যের খ্যাতিকে খর্ব করতে চেষ্টা করে। **de·trac·tion** *n* হরণ; খর্বকরণ; নিন্দা।

de·tri·ment [ডেট্রিমান্ট্] ক্ষতি *n* **to the ~ of** ক্ষতি বা অনিষ্ট সাধন করে: He worked hard to the ~ of his health. **det·ri·men·tal** *adj* ক্ষতিকর: Smoking is ~al to health. **det·ri·men·tally** *adv*

de·tri·tus [ডিট্রাইটাস্] *n* শিলাদির ঘর্ষণজনিত ক্ষয়ে সৃষ্ট পদার্থ, যেমন—কাঁকর, বালি, পলি।

de trop [ডা'ট্রৌ] *adj* (ফ.) অবাঞ্ছিত।

deuce[1] [ডিউস্ US ডূস্] *n* ১ পাশার দুয়া বা তাসের দুরি। ২ (টেনিস খেলায়) যে অবস্থায় পর পর দুটি পয়েন্ট পেলে প্রতিদ্বন্দ্বীদের একজন বিজয়ী হয়।

deuce[2] [ডিউস্ US ডূস্] *n* [(প্রাচীন কথ্য) (বিরক্তিসূচক উক্তিতে) শয়তান; দুর্ভাগ্য। **~d** *adj* শয়তানোচিত।

de·value [ডীভ্যালিউ] **de·val·u·ate** [ডীভ্যালিউট্] *vt* মূল্যহ্রাস করা (যেমন মুদ্রার): Taka has been devaluated several times. **de·valu·ation** মূল্যহ্রাস; নতুন এবং নিম্নতর মূল্যমান স্থির করা।

dev·as·tate [ডেভ়াস্‌টেইট্] *vt* ধ্বংস করা; বিধ্বস্ত করা: The entire coastal area was ~d by cyclone. **dev·as·ta·tion** *n* ধ্বংস।

de·vel·op [ডি'ভেলাপ্] *vt,vi* ১ বড়ো হওয়া (বা করা); পূর্ণতর; পক্বতর হওয়া (বা করা): Plants ~ from seeds. We must ~ our country economically. The idea of the poem gradually ~ed in the poet's mind. ,**~ing** '**country** উন্নয়নশীল দেশ। ২ ক্রমে ক্রমে (লক্ষণাদি) প্রকাশিত হওয়া: Symptoms of typhoid ~ed. He ~ed chronic dysentery. ৩ রাসায়নিক দ্রব্যাদি প্রয়োগের মাধ্যমে ফিল্মের নেগেটিভ থেকে ছবি পরিস্ফুট করা। ৪ বাড়িঘর বানানোর জন্য নিচু জমিকে ভরাট করে উন্নত করা।

de·vel·op·ment [ডি'ভেলাপমন্ট্] ১ উন্নয়ন (develop এর সকল অর্থে)। ২ কোনো ঘটনার সর্বশেষ অবস্থা বা পর্যায়: Do you know the latest ~s in the Iran-Iraq war?

de·vi·ant [ডীভিআন্ট্] *n adj* যে ব্যক্তির নৈতিক ও সামাজিক মান স্বাভাবিক বা সচরাচর দৃষ্ট মান থেকে ভিন্ন; স্বাভাবিক মান থেকে ভিন্ন।

de·vi·ate [ডীভিএইট্] *vi* ~ **from** পথভ্রষ্ট হওয়া; স্বাভাবিক মান থেকে চ্যুত হওয়া: One should not ~ from the truth.

de·vi·ation [ডীভিএইশ্‌ন্] *n* বিচ্যুতি; স্বাভাবিক পথ থেকে সরে আসা; পার্থক্য: Even slight ~s from the rules will not be tolerated. **~·ist** *n* সামাজিক বা রাজনৈতিক প্রতিষ্ঠানের রীতিনীতি থেকে বিচ্যুত ব্যক্তি; রীতি লঙ্ঘনকারী ব্যক্তি। **~·ism** *n*

de·vice [ডি'ভাইস্] *n* ১ পরিকল্পনা; ফন্দি; কৌশল: The burglar thought of a ~ to cheat the police. ২ কল: a ~ for killing mice; a nuclear ~, পারমাণবিক বোমা। ৩ সাজসজ্জার নকশা বা সাজসজ্জায় ব্যবহৃত প্রতীক।

devil[1] ['ডেভ্‌ল্] *n* ১ অশুভ আত্মা; প্রেত; নিষ্ঠুর বা ষড়যন্ত্রকারী ব্যক্তি। **between the ~ and the deep sea** উভয়সংকট; শাঁখের করাত। **give the ~ his due** বদমাশকেও তার প্রাপ্য প্রশংসা বা সুযোগ দেওয়া। **Go to the ~!** গোল্লায় যাও! **the Devil** পাপাত্মাদের অধিপতি; শয়তান। **to play the devil** বিপুল অনিষ্টসাধন করা। **to raise the devil** হট্টগোল করা। ২ **(poor) devil** বেচারা ব্যক্তি; দুর্ভাগা ব্যক্তি। **printer's ~** (প্রা.প্র.) ছাপাখানায় ফুটফরমাশ খাটবার ছেলে। ৩ (কথ্য) (জোর বোঝানোর জন্য): Where the ~ have you been, তুমি কোন চুলোয় গিয়েছিলে? ,**~-may-'care** বেপরোয়া; ধৃষ্ট।

devil[2] ['ডেভ্‌ল্] *vt,vi* ১ গুড়ামশলা ইত্যাদি দিয়ে ঝাঁঝরিতে করে ভাজা: ~led kidneys.

devil·ish [ডেভ়ালিশ্] *adj* শয়তানোচিত; অতি মন্দ; নিষ্ঠুর। □*adv* (কথ্য.) অত্যন্ত: it's ~ hot.

devil·ment [ডেভ্‌লমান্ট্], **dev·ilry** [ডেভ্‌ল্‌রি] *n* ১ শয়তানি; বদমাইশি। ২ অতিশয় উচ্ছলতা: He's full of ~.

de·vi·ous [ডীভিঅাস্] *adj* ১ ঘোরানো; সর্পিল; অসরল: We took a ~ route to avoid the busy market place. ২ চাতুর্যপূর্ণ; শঠতাপূর্ণ: Some people use ~ means to get rich quickly.

de·vise [ডি'ভাইজ্] *vt* কল্পনা করা; পরিকল্পনা করা; ভেবে বের করা; উদ্ভাবন করা: We ~d a scheme to raise funds for our trip.

de·vital·ize [ডী'ভাইটালাইজ্] *vt* জীবনীশক্তি বা তেজ হরণ করা হীনবল করা। **de·vital·iz·ation** *n*

de·void [ডি'ভয়ড্] *adj* ~ **of** বিহীন; বর্জিত: ~ of sense/ shame.

de·vol·ution [ডীভা'লূশ্‌ন্] *n* বিকেন্দ্রীকরণ; ক্ষমতা হস্তান্তর করা।

de·volve [ডি'ভল্‌ভ্] *vi,vt* ১ ~ **on/upon** কাজ বা দায়িত্ব হস্তান্তরিত হওয়া; উত্তরাধিকারসূত্রে হস্তান্তরিত হওয়া বা করা: When the Speaker of the Parliament is ill, his duties ~ upon the Deputy Speaker.

de·vote [ডি'ভৌট্] *vt* ~ **oneself/sth to** নিজেকে অথবা কোনো কিছু (যেমন—সময়, শক্তি) নিয়োজিত করা: He ~d himself to social work. He ~d his time to tennis. **de·voted** *adj* একান্তভাবে নিয়োজিত; অনুরক্ত।

devo·tee [ডেভ়া'টী] *n* ~ **of** যে ব্যক্তি কোনো কিছুতে নিজেকে নিয়োজিত করে: He is a ~ of music; কোনো বিশেষ ধর্ম বা ধর্মীয় গোত্রের একান্ত ভক্ত, এর জন্য আত্মোৎসর্গকারী। দ্র. votary.

de·vo·tion [ডি'ভৌশ্‌ন্] *n* ১ ~ **(for)** গভীর অনুরক্তি; ধার্মিকতা; আরাধনা; ঈশ্বরভক্তি; পরম বিশ্বস্তভাবে সেবা। ২ ~ **(to)** আত্মনিয়োজন: ~ to the cause of independence. ৩ *(pl)* প্রার্থনা: The old man was at his ~s. **~al** ভক্তিমূলক: ~ songs.

de·vour [ডি'ভৌ(র্)] *vt* ১ গোগ্রাসে গেলা; লোভীর মতো খাওয়া: The hungry man ~ed his dinner.

(লাক্ষ.) Teenagers ~ everything that is shown on the T.V. The fire ~ed the whole village. ২ **be ~ed by** কৌতূহল, উদ্বেগ ইত্যাদি দ্বারা সম্পূর্ণভাবে গ্রস্ত হওয়া।

de·vout [ডি'ভাউট্] *adj* ১ ধর্মপ্রাণ; ধার্মিক: He is a ~ Christian/ Muslim. ২ (প্রার্থনা, আশীর্বাদ ইত্যাদি সম্পর্কিত) আন্তরিক; সাগ্রহ: My father had ~ wishes for my success. **~·ly** *adv* আন্তরিকভাবে; ভক্তিপূর্ণভাবে। **~·ness** *n*

dew [ডিউ US ডূ] *n* শিশির; নীহার। '**dew drop** শিশিরবিন্দু। **dewy** *adj* শিশিরসিক্ত।

dew·lap ['ডিউল্যাপ্] গরু বা ঘোড়ার গলকম্বল।

dex·ter·ity [ডেক'স্টেরাটি] *n* দক্ষতা (বিশেষত হাত দিয়ে কাজ করায়); নিপুণতা।

dex·ter·ous, dex·trous ['ডেকস্ট্রাস্] *adj* দক্ষ; হাতের কাজে পারদর্শী; কুশলী। **~·ly** *adv*

dex·trose ['ডেকস্ট্রোজ্] *n* গ্লুকোজ; দ্রাক্ষা-শর্করা।

dhow [ডাউ] *n* আরব নাবিকদের দ্বারা ব্যবহৃত এক-মাস্তুলবিশিষ্ট জাহাজ।

dia·betes [ডাইআ'বীটিজ্] *n* বহুমূত্ররোগ; মধুমেহ; ডায়াবেটিস।

dia·betic [ডাইআ'বেটিক্] *adj* বহুমূত্ররোগগ্রস্ত; বহুমূত্ররোগসংক্রান্ত।

dia·bolic [ডাইআ'বলিক্] *adj* শয়তানসুলভ; নারকীয়/ নিষ্ঠুর। **~al** *adj.* **dia·boli·cally** *adv.* **dia·bolis** *n* শয়তানি; নারকীয়; নিষ্ঠুর আচরণ; শয়তানের উপাসনা।

dia·critic [ডাইআ'ক্রিটিক্] *adj n* লেখা বা মুদ্রণে ব্যবহৃত বিশেষ চিহ্ন যা দ্বারা একটি বর্ণের (letter) বিভিন্ন ধরনের উচ্চারণের ইঙ্গিত পাওয়া যায়। **~al** *adj* = ~.

dia·dem [ডাইআডেম্] *n* মুকুট, উষ্ণীষ ইত্যাদি।

di·aer·esis, di·er·esis [ডাই'এরাসিস্] *n* কোনো স্বরবর্ণের উপর প্রদত্ত চিহ্ন যা দ্বারা বোঝানো হয় যে ঐ স্বরবর্ণটিকে পূর্ববর্তী স্বরবর্ণ থেকে পৃথকভাবে উচ্চারণ করতে হবে, যেমন—naive.

di·ag·nose [ডাইআগ্‌নৌজ্] *vt* লক্ষণ দেখে রোগনির্ণয়: The disease was ~d as typhoid.

di·ag·nosis [ডাইআগ্'নৌসিস্] *n* রোগনির্ণয়; রোগনির্ণয়পত্র।

di·ag·nos·tic [ডাইআগ্'নস্টিক্] *adj* রোগনির্ণয় সম্পর্কিত। **~s** রোগনিদানতত্ত্ব।

di·ag·onal [ডাইআগানল্] *n adj* (সরলরেখা যা) জ্যামিতিক ক্ষেত্রে দুই অসন্নিহিত কোণের মধ্যে সংযোগস্থাপক বা উক্ত কোণদ্বয় ভেদক; তির্যক; (জ্যামিতি) কর্ণ।

dia·gram [ডাইঅগ্র্যাম্] *n* কোনো কিছু ব্যাখ্যা করার জন্য ব্যবহৃত চিত্র; রেখাচিত্র। **~·matic, ~·mati·cal** *adj*. **~·mati·cally** *adv*

dial [ডাইআল্] □*n* ১ সময়মাপক যন্ত্রবিশেষ; ঘড়ি। ২ ঘড়ির মুখপাত, যেখানে সংখ্যাচিহ্ন বা সময়জ্ঞাপক অন্য কোনো চিহ্ন খচিত থাকে। ৩ রেডিওসেটে যুক্ত চাকতি বা ফলক যাতে বিভিন্ন বেতারকেন্দ্রের তরঙ্গদৈর্ঘ্যের সংখ্যা খচিত থাকে। ৪ টেলিফোনের আবর্তনসাধ্য ফলক যাতে সংখ্যা খচিত থাকে এবং যা ঘুরিয়ে টেলিফোন লাইনের সংযোগ ঘটানো যায়; ডায়াল। □*vt* টেলিফোনের ডায়াল ঘুরিয়ে সংযোগ স্থাপন করা।

dia·lect [ডাইআলেক্ট্] □ *n* ভাষার আঞ্চলিক রূপ; উপভাষা; আঞ্চলিক উচ্চারণপ্রণালী; স্থানিক ভাষা বা বাচন; সামাজিক শ্রেণীভেদে উচ্চারণ পার্থক্য। **~al** *adj* উপভাষাগত; উপভাষাসংক্রান্ত।

dia·lec·tic [ডাইআ'লেকটিক্] *n* (অপিচ *pl*) দ্বান্দ্বিকতা; অস্তি-নাস্তির বিরোধভিত্তিক বিচারশাস্ত্র বা ন্যায়শাস্ত্র। **~al** *adj* দ্বান্দ্বিকতামূলক। **~al ma'terialism** কার্ল মার্কস প্রবর্তিত দ্বান্দ্বিক বস্তুবাদ। **dia·lec·tician** *n* দ্বান্দ্বিক ন্যায়শাস্ত্রে পণ্ডিত ব্যক্তি।

dia·logue ['ডাইআলগ্] *n* ১ সংলাপ; কথোপকথন: The ~ of the film has been written by a famous writer. ২ মতবিনিময় (যেমন নেতাদের মধ্যে): a ~ between the government and the opposition political parties.

di·aly·sis [ডাই'অ্যালিসিস্] *n* (চিকি.) রোগীর জীবন রক্ষা করার জন্য বিশেষ ব্যবস্থা। **Renal ~** রোগীর কিডনি অকেজো হয়ে গেলে যে পদ্ধতিতে তাকে বাঁচিয়ে রাখা হয়।

di·am·eter [ডাই'অ্যামিটা(র্)] *n* ১ ব্যাসরেখা; ব্যাস। ২ লেন্স বা চশমার কাচের বিবর্ধনশক্তির পরিমাপের একক: This lens magnifies 10 ~s.

dia·metri·cally [ডাইআ'মেট্রিক্‌লি] *adv* সম্পূর্ণভাবে; পুরোপুরি (উল্টা): The two brothers hold ~ opposite views about politics.

dia·mond [ডাইআমানড্] *n* ১ উজ্জ্বল মূল্যবান রত্নপাথরবিশেষ; হীরা; হীরক: a ~ ring. **~ jubilee** হীরকজয়ন্তী; ৬০ বৎসরপূর্তি উদ্‌যাপন। **rough ~** বাহ্যিকভাবে রূঢ় কিন্তু অন্তরে সদয় ব্যক্তি; অমার্জিত প্রতিভাবান ব্যক্তি। ২ তাসের খেলার রুহিতন। ৩ হীরকনির্মিত কোনো বস্তু।

dia·per [ডাইআপা(র্)] *n* ১ বুটিদার কাপড়। ২ (US) বাচ্চাদের জড়িয়ে রাখার জন্য তোয়ালে।

di·apha·nous [ডাই'অ্যাফানস্] *adj* স্বচ্ছ (পোশাক বা বোরখার কাপড় বিষয়ক); নির্মল।

dia·phragm [ডাইঅফ্র্যাম্] *n* ১ বক্ষ এবং উদরের মধ্যবর্তী ঝিল্লির পর্দা; মধ্যচ্ছদা। ২ (লেন্সের ভিতর দিয়ে) ক্যামেরায় আলোক প্রবেশ নিয়ন্ত্রণের কৌশলবিশেষ। ৩ কম্পনশীল পাত বা চোং যা কোনো কোনো যন্ত্রে (যেমন টেলিফোন গ্রাহকযন্ত্র, লাউডস্পিকার) শব্দতরঙ্গ সৃষ্টির কাজে ব্যবহৃত হয়।

di·ar·rhoea [ডাইআ'রিআ] *n* উদরাময়; ঘন ঘন পাতলা পায়খানা।

diary [ডাইআরি] *n* ব্যক্তিগত দৈনিক জীবনযাত্রার কাহিনী; দিনলিপি; রোজনামচা; দৈনিক দেখাসাক্ষাৎ; কর্তব্যকর্ম; চিন্তাভাবনা টুকে রাখার খাতা। **dia·rist** *n* দিনলিপিকার।

dia·tribe [ডাইঅট্রাইব্] *n* তীব্র এবং তীক্ষ্ণ ভাষায় ভর্ৎসনা; প্রচণ্ড নিন্দামূলক বক্তৃতা।

dibble ['ডিব্‌ল্] *n* মাটিতে গর্ত করার জন্য সুচালো মুখবিশিষ্ট খননযন্ত্র; খুরপি। □*vt* ঐরূপ যন্ত্রের সাহায্যে (চারা ইত্যাদি) গর্তে রোপণ করা।

dice [ডাইস্] *n (pl)* জুয়াখেলার জন্য ফুটকিচিহ্নিত ঘুঁটি; পাশা। '**~-box** *n* ঘুঁটি চালার আগে যে সরু বাক্সের মধ্যে সেটিকে ঝাঁকানো হয়। □*vt* ১ পাশা খেলা। **to ~ with death** মৃত্যুর ঝুঁকি নিয়ে কোনো কাজ করা; জীবন-বাজি রাখা। ২ (মুলা, গাজর ইত্যাদি) জুয়ার ঘুঁটির মতো চাকচাক করে কাটা।

dicey [ডাইসি] *adj* (কথ্য) ঝুঁকিপূর্ণ; অনিশ্চিত।

di·chot·omy [ডাই'কটামি] *n* দ্বি-বিভাগ; দ্বি-বিভাজন; (সাধা.) পরস্পরবিরোধী দুই ভাগে বা জোড়ায় বিভক্ত করা: The ~ of truth and falsehood.

dicky[1], **dickey** [ডিকি] *n* (কথ্য) ১ দুই আসনবিশিষ্ট মোটর সাইকেলের পেছন দিকের গুটানো অতিরিক্ত আসন। ২ ˈ**~-bird** পাখি বোঝাতে শিশুদের ব্যবহৃত শব্দ।

dicky[2] [ডিকি] *adj* (অশিষ্ট) দুর্বল; নাজুক: He has a ~ heart.

di·coty·le·don [ডা ইকটালীডন] *n* অঙ্কুরোদ্‌গমের সময়ে দুটি পাতা গজায় এমন সপুষ্পক উদ্ভিদ।

Dic·ta·phone [ˈডিক্‌টফৌন্] *n* কথা রেকর্ড করার যন্ত্রবিশেষ।

dic·tate [ডিক্‌ˈটেইট্ US ˈডিকটেইট] *vt,vi* ১ অপরকে দিয়ে লেখানোর জন্য শব্দ করে পাঠ করা বা বলা: He ~d a letter to the secretary. ২ কর্তৃত্ব প্রতিষ্ঠিত করার জন্য নির্দেশ দেওয়া: The General ~d terms to the defeated enemy. ৩ **~ to** হুকুম করা: You cannot ~ to me ! □*n* (বিশেষত যুক্তি বা বিবেকের) নির্দেশ: In doing this, I only followed the dictates of my heart.

dic·ta·tion [ডিক্‌ˈটেইশন্] *n* ১ শ্রুতলিপি। ২ আদেশ।

dic·ta·tor [ডিকটেইটা(র্)] *n* একনায়ক; সার্বভৌম ক্ষমতাপ্রাপ্ত শাসক; শক্তিবলে বা অবৈধ উপায়ে ক্ষমতাপ্রাপ্ত শাসক। **~·ship** *n* একনায়কত্ব; যে শাসনব্যবস্থায় একজন শাসক সর্বময় ক্ষমতার অধিকারী হন; এমন শাসনব্যবস্থাধীন দেশ। **dic·ta·torial** *adj* একনায়কসুলভ: ~ial government; ~ial manner. **dic·ta·tori·ally** *adv*

dic·tion [ˈডিক্‌শন্] *n* শব্দচয়ন; শব্দ ব্যবহার; লেখায় বা বাচনে অবলম্বিত শৈলী।

dic·tion·ary [ˈডিক্‌শানারি] *n* অভিধান।

dic·tum [ˈডিক্‌টাম্] *n* বাণী; নীতিবাক্য; অনুশাসন।

did [ডিড্] দ্র. do.

di·dac·tic [ডিˈড্যাক্‌টিক্] US [ডাই°ড্যাক্‌টিক্] *adj* ১ শিক্ষামূলক; নীতিমূলক। ২ শিক্ষকসুলভ: Nobody likes his ~ attitude. **di·dac·ti·cally** *adv*

diddle [ডিড্‌ল্] *vt* ~ **sb** (কথ্য) প্রতারণা করা।

didn't [ˈডিডন্ট্] দ্র. do.

die[1] [ডাই] *n* ১ (*pl* dice) দ্র. dice. ২ (*pl* dies) [ডাইজ্] মুদ্রা বানানোর ধাতব ছাঁচ। ˈ**die-cast** *adj* ছাঁচে ধাতু ঢালাই করে বানানো: die cast toys, ছাঁচে বানানো খেলনা, যেমন—ছোট্ট খেলনা মোটরগাড়ি।

die[2] [ডাই] *vi,(pt,pp* died, *pres. part* dying) ১ প্রাণ হারানো; মারা যাওয়া: Plants die if they do not get water. **die of** রোগ; অনাহার বা দুঃখে মারা যাওয়া। **die by one's own hand** আত্মহত্যা করা। **die for one's country** দেশের জন্য আত্মদান করা। এ ছাড়া, to die through neglect; to die in battle; to die a beggar/martyr ইত্যাদি। ২ বিশেষার্থবোধক বাক্যাংশসমূহ, **die in one's bed** স্বাভাবিক মৃত্যুবরণ করা। **die with one's boots on** কর্মক্ষম অবস্থায়, যুদ্ধরত অবস্থায় মারা যাওয়া। **die in the last ditch** আত্মরক্ষার প্রাণপণ সংগ্রামের পর মারা যাওয়া। **die in harness** কর্মরত অবস্থায় মারা যাওয়া। ৩ **die for sth/to be dying for sth** কোনো কিছুর জন্য তীব্র আকাঙ্ক্ষা অনুভব করা: I am dying for a cup of tea. ৪ অবলুপ্ত হওয়া: His fame as a musician will never die. ৫ ˈ**die-hard** (attrib) অতিরিক্ত গোঁড়াসমর্থক: He is a die-hard marxist. ৬ বিবিধ ব্যবহার (adv part সহযোগে) **die away**: আস্তে আস্তে ক্ষীণ হওয়া; মিলিয়ে যাওয়া: The noise soon died away. **die down** আগুনের আঁচ ক্রমে নির্বাপিত হওয়া; (শব্দ বা আওয়াজ) কমে যাওয়া: The fire/the noise died down. **die off** একে একে মরে যাওয়া: The plants of this garden are dying off. **die out** অবলুপ্ত হওয়া: With the death of the youngest son, the family died out. Many old superstitions are dying out.

die·sel [ডীজ়্‌ল্] *n* **~ engine** জ্বালানি তৈল চালিত ইনজিন (বাস বা ট্রেনের) যেখানে পেট্রল ব্যতীত অন্য তৈল ব্যবহার করা হয়। ˈ**~ oil** *n* ভারী জ্বালানি তৈলবিশেষ।

diet[1] [ˈডাইআট্] *n* ১ (কোনো ব্যক্তি বা জনগোষ্ঠীর) সাধারণ খাদ্য: The ~ of the Bengalees compirse rice, fish and vegetables. ২ চিকিৎসাগত কারণে নির্ধারিত খাদ্য; বাছাই করা খাদ্যসামগ্রী: The doctor put me on a ~. □*vt,vi* নিজকে বা অন্যকে একটি নির্দিষ্ট খাদ্যতালিকায় সীমাবদ্ধ করা: He is still ~ing. **die·tary** *adj* পথ্য ও পথ্যবিধি সংক্রান্ত: A patient must follow the ~ary rules prescribed for him. **dietary taboos** খাদ্যবিষয়ক নিষেধ: Beef is a ~ary taboo for Hindus. **die·tet·ics** পথ্যব্যবস্থাবিদ্যা **dietician** পথ্যবিদ্যাবিশারদ।

diet[2] [ডাইআট্] *n* জাতীয়; আন্তর্জাতিক; বিষয়ে আলোচনার জন্য সম্মেলনমালা।

dif·fer [ˈডিফা(র্) *vi* ১ **~ (from)** ভিন্নরূপ হওয়া: The two sisters ~ in their physical appearance. ২ **~ from (sb) (about)/on sth)** ভিন্নমত প্রকাশ করা; প্রতিবাদ করা: I ~ from you on this question.

dif·fer·ence [ˈডিফ্রান্‌স্] *n* ১ পার্থক্য: The ~ between the two things is clear. ২ বিয়োগফল: The ~ between 10 and 3 is 7. ৩ মতানৈক্য: We tried to settle our differences amicably. ৪ **make a/ some/ no/ any/ not much/ a great deal of difference** অল্প পার্থক্য হওয়া।

dif·fer·ent [ডিফ্‌রান্ট্] *adj* ১ ভিন্নতর; অন্যরকম: The two things are different in size and shape. **different from/ to/** (US) **than**: Your dress is different from mine. ২ পৃথক: These two boxes are to be kept in ~ rooms. **~·ly** *adv*

dif·fer·en·tial [ডিফাˈরেন্‌শ্‌ল্] *adj* ১ পার্থক্যমূলক; পার্থক্যনির্ভর; (গণিত) ন্যূনতম বিয়োগফল সংক্রান্ত। **~ calculus** ব্যবকলনী ক্যালকুলাস। □*n* ন্যূনতম বিয়োগফল; পার্থক্য (যেমন দক্ষ এবং অদক্ষ শ্রমিকের মজুরির মধ্যে): The new increase in the wages of unskilled labour will upset the wage ~.

dif·fer·en·ti·ate [ডিফাˈরেনশিএইট্] *vt* ১ পার্থক্য করা; পার্থক্য দেখানো: One should be able to ~ between right and wrong. **dif·fer·en·ti·ation** *n* পার্থক্যকরণ।

dif·fi·cult [ˈডিফিকাল্‌ট্] *adj* ১ কঠিন; দুঃসাধ্য; শ্রমসাধ্য: We face many ~ problems in life. Food problem is very ~ to solve. ২ (এমন ব্যক্তি) যে সহজে সন্তুষ্ট হয় না; যে সহজে রুষ্ট হয়; অবাধ্য: a ~ person to get on with.

dif·fi·dent [ˈডিফিডান্ট্] *adj* আত্মপ্রত্যয়হীন; নিজের শক্তিতে আস্থাহীন; সংশয়ী। **~·ly** *adv* **dif·fi·dence** *n* আত্মপ্রত্যয়হীনতা; অবিশ্বাস।

dif·fract [ডি ˈফ্র্যাক্‌ট্] *vt* গুঁড়িয়ে ছড়িয়ে দেওয়া; আলোকরশ্মিকে বর্ণালিরূপে বিচ্ছুরিত করা। **dif·frac·tion** *n* (আলোকরশ্মির) অপবর্তন। **dif·frac·tive** *adj* অপবর্তনমূলক।

dif·fuse[1] [ডি'ফ্যিউজ্] *vt,vi* ১ বিকীর্ণ করা; চারদিকে ছড়িয়ে দেওয়া; পরিব্যাপ্ত করা; প্রচার করা: Aligarh University was established to ~ learning among the Muslims. **dif·fu·sion** *n* ব্যাপন।

dif·fuse[2] [ডি'ফ্যিউস্] *adj* ১ বিস্তৃত; বিকীর্ণ; ছড়ানো-ছিটানো: a ~ light. ২ (রচনাদি সম্পর্কিত) শব্দবহুল; বাকবহুল; অযথা ফেনানো হয়েছে এমন। **~·ly** *adv*. **~·ness** *n*

dig[1] [ডিগ্] *vt,vi (pt,pp* dug ডাগ্) ১ খনন করা; খোঁড়া; কোদাল বা খনিত্র দিয়ে মাটিতে গর্ত করা; মাটি খুঁড়ে কোনো কিছু উত্তোলন করা: They dug a pond near their house. ২ (অশিষ্ট) উপভোগ করা; বোঝা; হৃদয়ঙ্গম করা: I am sorry I don't dig modern poetry. ৩ *adv part* এবং *prep* সহযোগে বিবিধ ব্যবহার: **dig in, dig into sth** তৃপ্তিসহকারে খেতে শুরু করা: I dug into the food as soon as it was served. **dig sth in** মাটি খুঁড়ে তার সাথে কিছু (যেমন সার) মিশানো। **dig sth into sth** ঢুকিয়ে দেওয়া; বিদ্ধ করা: The soldier dug his bayonet into the man's belly. **dig sth out** খুঁড়ে বের করা: The archeologists dug up a statue of Buddha. (লাক্ষ.) The newspaper dug up a new scandal about the minister.

dig[2] [ডিগ্] *n* ১ ব্যঙ্গপূর্ণ উক্তি; খোঁচা দেওয়া কথা: It was a dig at me. ২ প্রত্নতত্ত্ববিদদের খনন-স্থান। ৩ (G. B. কথ্য.) ছাত্রাবাস (১/২ কামরা, কোনো পরিবারের সঙ্গে)।

di·gest[1] ['ডাইজেস্ট্] *n* সার-সংক্ষেপ; প্রধানত আইনাদির সারসংকলন।

di·gest[2] [ডি 'জেস্ট্] *vt,vi* ১ খাদ্যদ্রব্য হজম করা; পরিপাক করা; হজম বা পরিপাক হওয়া: Potatoes do not ~ easily. ২ আত্মস্থ করা: You cannot ~ all the information contained in that book. **~·ible** *adj* সহজপাচ্য; হজমসাধ্য। **~·ti·bili·ty** *n* সহজপাচ্যতা।

di·ges·tion [ডি'জেস্চান্] *n* পরিপাক: This food is difficult of ~, হজমক্ষমতা: Children usually have good ~.

di·ges·tive [ডি'জেস্টিভ্] *adj* ১ পরিপাকসংক্রান্ত; হজমসংক্রান্ত: He suffers from ~ trouble. ২ হজমি; পরিপাকশক্তিবর্ধক: These are ~ tablets. **the '~ system** পরিপাকতন্ত্র। **'~ tube** পরিপাকনালী।

dig·ger ['ডিগা(র্)] *n* ১. খননকারী; খনি-খনক। ২ যান্ত্রিক খনক; খননযন্ত্র। ৩ (অশিষ্ট) অস্ট্রেলিয়ার অধিবাসী।

dig·ging ['ডিগিঙ্] *n* খননকার্য; যে স্থানে লোকে সোনা বা অন্য ধাতুর সন্ধানে খননকাজ চালায়।

digit ['ডিজিট্] *n* ১ ০ থেকে ৯ পর্যন্ত সংখ্যার যে কোনো একটি। ২ হাত বা পায়ের (প্রধানত বুড়ো) আঙুল। **digi·tal** *adj* অঙ্গুলিসংক্রান্ত; সংখ্যাঘটিত: a ~al watch; a ~al computer.

dig·nify ['ডিগ্নিফাই] *vt* সম্মান বা মর্যাদা দান করা; মহীয়ান করা: A good dress dignifies a man. **dig·ni·fied** *part adj* সম্মানিত; মর্যাদাবান; গম্ভীর: a dignified man.

dig·ni·tary [ডিগনিটারী] *n* উচ্চপদস্থ ব্যক্তি।

dig·nity ['ডিগ্নাটি] *n* ১ সম্মানিত বা মর্যাদাপূর্ণ অবস্থা; মর্যাদা: the ~ of labour. ২ প্রশান্ত গাম্ভীর্য: You should not lose your ~ in the face of danger. **beneath one's ~** কারো পক্ষে মর্যাদা-হানিকর; অপমানকর: It's beneath my ~ to talk to such a scoundrel. **stand on/upon one's ~** যথোচিত সম্মানপূর্ণ ব্যবহার পাওয়ার জন্য জেদ। ৩ উচ্চপদ; মর্যাদা; উপাধি।

di·graph ['ডাইগ্রাফ্ US ডাইগ্র্যাফ্] *n* যে বর্ণদ্বয় মিলিতভাবে একটি ধ্বনি সৃষ্টি করে (যেমন sh / শ /)

di·gress [ডাই'গ্রেস্] *vi* ~ **(from)** লেখায় বা ভাষণে মূল প্রসঙ্গ থেকে চ্যুত হওয়া; অপ্রাসঙ্গিক হওয়া। **di·gression** *n* মূল প্রসঙ্গ থেকে বিচ্যুতি; অপ্রাসঙ্গিকতা।

dike, dyke [ডাইক্] ১ খাল; নালা; পরিখা। ২ মাটির দীর্ঘ বাঁধ (বন্যা নিরোধের জন্য)। ৩ (অশিষ্ট) পুরুষ সমকামী। ❑*vi,vt* বাঁধ নির্মাণ বা পরিখা খনন করা।

dil·api·dated [ডি'ল্যাপিডেইটিড্] *adj* (দালানকোঠা, আসবাব ইত্যাদি সম্পর্কিত) ধ্বংসপ্রাপ্ত; মেরামতহীন; ক্ষয়িত; ধ্বংসস্তূপে পরিণত: Its risky to live in a ~ building. **dil·api·da·tion** *n* ধ্বংসপ্রাপ্ত বা ধ্বংসস্তূপে পরিণত অবস্থা।

di·late [ডাই'লেইট্] *vi,vt* ১ প্রসারিত হওয়া বৃহত্তর হওয়া; প্রসারিত বা বড়ো করা। ২ ~ **upon** (আনুষ্ঠা.) কোনো বিষয়ে সামগ্রিকভাবে বলা বা লেখা: For want of time, I could not ~ upon the subject. **di·la·tion** *n* প্রসারণ; বিস্তারণ।

dila·tory ['ডিলাটারি] *adj* দীর্ঘসূত্রী; শ্লথগতিসম্পন্ন।

di·lemma ['ডিলেমা] *n* উভয়-সঙ্কট; এমন অবস্থা যখন দুটি সমান অগ্রহণযোগ্য বা অসুবিধাজনক বিকল্পের একটিকে বেছে নিতে হয়। **Horns of a ~** উভয়-সঙ্কটাবস্থা; শাঁখের করাত; জলে কুমির, ডাঙায় বাঘ।

dil·et·tante [ডিলি'ট্যান্টি] *n* কাব্য বা সঙ্গীত ইত্যাদির অনুরাগী কিন্তু এসব বিষয়ে অগভীর জ্ঞানসম্পন্ন বা এসব ব্যাপারে যথেষ্ট অভিনিবেশ নেই এমন ব্যক্তি।

dili·gence ['ডিলিজান্স্] *n* অধ্যবসায়; পরিশ্রম।

dili·gent ['ডিলিজান্ট্] *adj* অধ্যবসায়ী; পরিশ্রমী। **~·ly** *adv*

dill [ডিল্] *n* আচার ইত্যাদিকে সুগন্ধি করার জন্য ব্যবহৃত একপ্রকার লতা।

dilly-dally ['ডিলিড্যালি] *vi* হেলায় ফেলায় সময় কাটানো; ইতস্তত ঘোরাফেরা করে সময় কাটানো; সময় অপচয় করা।

di·lute [ডাই'লিউট্] *vt* ~ **(with)** (প্রধানত জল মিশিয়ে) কোনো তরল পদার্থকে অধিকতর তরল বা পাতলা করা: This medicine has to be ~d with water. ❑*adj* (অ্যাসিড ইত্যাদি) তরলীকৃত করার ফলে কমশক্তিসম্পন্ন। **di·lu·tion** *n* তরলীকরণ; তরলীভবন। **~·ly** *adv* অনুজ্জ্বলভাবে; অস্পষ্টভাবে। **~·ness** *n* নিষ্প্রভতা; অস্পষ্টতা।

dim [ডিম্] *adj* ১ অনুজ্জ্বল; অস্পষ্ট; মৃদু: I could hardly see his face in the dim light of a candle. ২ (চোখ বা চোখের দৃষ্টি সম্পর্কিত) ঝাপসা: His eyesight is getting dim. **take a dim view of** (কথ্য.) নৈরাশ্যমূলক ধারণা পোষণ করা।

dime [ডাইম্] *n* দশ সেন্ট মূল্যের মুদ্রা (মার্কিন যুক্তরাষ্ট্র ও কানাডার)।

di·men·sion [ডি'মেন্শন্] *adj,n* ১ দৈর্ঘ্য, প্রস্থ, বেধ বা উচ্চতা—এদের যে কোনো একটি; মাত্রা: A box has three ~s, i.e. it has length, breadth and depth. ২ আয়তন; মাপ; ব্যাপ্তি: We have to know the ~s of the problem. ৩ (বীজগ.) সংখ্যাদির ঘাতমাত্রা। **~al** *adj* (নির্দিষ্টসংখ্যক) মাত্রাযুক্ত: three ~al object. **~al. 3D** (Three এর সংক্ষেপ) ত্রিমাত্রিক 3D films.

dim·in·ish [ডি'মিনিশ্] *vt,vi* হ্রাস করা; হ্রাসপ্রাপ্ত হওয়া: Profit ~es as the cost rises.

dim·inu·endo [ডিমিনিউ 'এন্ডৌ] *n* (সঙ্গীত) স্বরোচ্চতার ক্রমহ্রাস।

dim·in·ution [ডিমি'নিউশ্ন্ US ডিমি'নূশ্ন্] *n* হ্রাস; হ্রাসপ্রাপ্তি; হ্রাসকৃত পরিমাণ।

dim·inu·tive [ডি'মিনিউটিভ্] *adj* ১ হ্রাসপ্রাপ্ত আকারসম্পন্ন; অতি ক্ষুদ্র। ২ (ব্যাক.) ক্ষুদ্রতাবোধক অনুসর্গ। □*n* ক্ষুদ্রতাবোধক অনুসর্গযুক্ত শব্দ, যেমন— booklet.

dim·ity ['ডিমিটি] *n* উঁচু উঁচু ডোরাযুক্ত শক্ত সুতি কাপড়।

dimple ['ডিম্প্ল্] *n* গালের টোল; মৃদু বাতাসে সৃষ্ট জলের উপরিভাগের গর্ত। □*vt,vi* টোল পড়া, টোল সৃষ্টি করা।

din ['ডিন্] *n* একটানা উচ্চ শব্দ; হট্টগোল: The students are making a din in the corridor. □*vt,vi* ১ হট্টগোল করা; নিনাদিত হতে থাকা: The cries of the injured soldiers were still dinning in his ears. ২ **din sth into sb** ক্রমাগত বলে কোনো কথা কারো কানে ঢোকানোর চেষ্টা করা।

dine [ডাইন্] *vi,vt* ১ [আনুষ্ঠা.] ভোজন করা। ২ ভোজ দেওয়া। '**dining-car** ট্রেনে খাবারগাড়ি '**dining-table** ভোজন–টেবিল। '**dining-room** খাবার–ঘর।

diner ['ডাইনা(র্)] *n* ১ ভোজনকারী। ২ রেলগাড়িতে খাবারগাড়ি। ৩ (US) রেলের খাবারগাড়ির আকৃতিতে বানানো রেস্তোরাঁ।

ding-dong [ডিঙ্'ডঙ্] *n,adv* ঘন্টাধ্বনি; ঢং ঢং আওয়াজ; ঘন্টাধ্বনির মতো। **a ~ struggle** যে প্রতিদ্বন্দ্বিতায় দুই পক্ষ পালাক্রমে সুবিধা পায়।

dingle ['ডিঙগ্ল্] *n* বৃক্ষশোভিত গভীর উপত্যকা।

dingy ['ডিন্জি] *adj* নোংরা; মলিন; নিরানন্দ; নিষ্প্রভ: a ~ part of the old town.

din·ghy ['ডিঙ্গি] *n* ছোট নৌকা; ডিঙি–নৌকা; বাতাস দিয়ে ফুলানো যায় এমন রাবারের নৌকা (যা উড়োজাহাজে থাকে, আপৎকালীন ব্যবহারের জন্য)।

dinky ['ডিঙ্কি] *adj* (GB) (কথ্য) ফুটফুটে; ছিমছাম।

din·ner ['ডিনা(র্)] *n* দিনের প্রধান ভোজ; খানা; ভোজ। '**~-jacket** আনুষ্ঠানিক ভোজসভায় পুরুষদের পরিধেয় কালোরঙের জ্যাকেট।

dino·saur ['ডাইনাসো°(র্)] *n* বিশালকায় সরীসৃপবিশেষ (বর্তমানে লুপ্ত)।

dint [ডিন্ট্] ১ ধাক্কার ফলে সৃষ্ট গর্ত বা খাদ। ২ **by ~ of** বলে; সাহায্যে; দ্বারা: He succeeded by ~ of perseverance.

dio·cese [ডাইঅসিস্] *n* বিশপের এলাকা। **di·ocesan** *adj* বিশপের এলাকাসংক্রান্ত।

di·ox·ide [ডাই'অক্সাইড্] *n* (রসা) অক্সিজেনের দুই অণু এবং অন্য ধাতু বা মৌলর এক অণুর সংযোগের ফলে সৃষ্ট অক্সাইড: Carbon ~ (CO_2).

dip[1] [ডিপ্] *vt,vi* ১ ~ **in/into** তরল পদার্থে চোবানো। ২ ডুব দিয়ে তোলা; ডুবে যাওয়া; তলিয়ে যাওয়া। '**dip-stick** কোনো পাত্রে তরল পদার্থ কতটুকু আছে তা মাপার দণ্ড (যেমন গাড়ির ইনজিনের ট্যাংকে।) ৩ **dip into** (লাক্ষ.): to dip into one's purse, খরচ করা; to dip into the future, ভবিষ্যত কেমন হবে তা অনুমান করা; to dip into a book/author, কোনো বই বা লেখক কেমন তার ধারণা নেওয়ার জন্য নজর বোলানো। ৪ তলিয়ে যাওয়া: The Sun dipped into the horizon. ৫ একবার নামিয়ে পুনরায় ওঠানো: to dip a flag.

dip[2] [ডিপ্] *n* ১ দ্রুত স্নান: to have a dip; ডুব দেওয়ানোর মাধ্যমে দীক্ষিত করা। ২ ভেড়াকে স্নান করানোর জন্য ব্যবহৃত পরিষ্কারক তরল পদার্থ। ৩ নিম্নমুখী ঢাল (রাস্তার)।

diph·theria [ডি ফ্'থিআরিআ] *n* কণ্ঠনালীর সংক্রামক রোগবিশেষ।

diph·thong ['ডিফ্থঙ্ US 'ডিফ্থোঙ্] *n* দ্বি–স্বর; দুইটি স্বরধ্বনির মিলনে একটি যৌগিক স্বরধ্বনি; দুটি স্বরবর্ণের যৌগিক রূপ, যেমন—aI/ (piped শব্দে)।

di·ploma [ডি'প্লৌমা] *n* শিক্ষাগত যোগ্যতার সনদপত্র।

di·plo·macy [ডি'প্লৌমাসি] *n* ১ কূটনীতি; দূত এবং দূতাবাসের মাধ্যমে বহির্দেশের সঙ্গে সম্পর্করক্ষাব্যবস্থা; এই কাজে দক্ষতা। ২ ব্যবসায়িক স্বার্থে বা অন্য কারণে মানুষের সাথে সম্পর্ক রাখার কূটকৌশল।

diplo·mat ['ডিপ্লাম্যাট্] *n* ১ কূটনীতিক; কূটনীতিবিদ; কূটনৈতিক দূত। ২ মানুষের সঙ্গে সম্পর্ক গড়ার ক্ষেত্রে কুশলী ব্যক্তি।

diplo·matic [ডিপ্লাম্যাটিক্] *adj* ১ কূটনৈতিক: ~ service; ~ relations between India and Bangladesh. ২ কুশলী; কূটনীতিকসুলভ; চতুর: a ~ answer. **diplo·mati·cally** *adv* কূটনৈতিকভাবে।

di·ploma·tist [ডি'প্লৌমাটিস্ট্] = diplomat.

dip·per ['ডিপা(র্)] *n* ১ পেয়ালা আকৃতির লম্বা হাতাযুক্ত পাত্র যা দ্বারা তরল পদার্থ বণ্টন করা হয়। ২ (US) **the Big ~; the Little D~** উত্তর আকাশের তারকামণ্ডলী।

dip·so·mania [ডিপ্সা'মেইনিআ] *n* মদ্যপানের তীব্র আসক্তিজনিত ব্যাধি। **dip·so·manic** *n* উক্ত ব্যাধিগ্রস্ত ব্যক্তি।

dire ['ডাইআ(র্)] *adj* ভয়াবহ; ভীষণ: ~ necessity; ~ news.

di·rect[1] [ডি'রেক্ট্] *adj* ১ সোজা; সরাসরি: There is a ~ road from Dhaka to Mymensingh. ২ অব্যবহিত: I was in ~ contact with the chairman. ৩ সরাসরি; খোলাখুলি; স্পষ্ট; দ্ব্যর্থহীন; দ্বিধাহীন: Give me a ~ answer. ৪ সঠিক; বিপ্রতীপ: The two things are in direct opposition. ৫ বিবিধ ব্যবহার: **~ action** প্রত্যক্ষ সংগ্রাম (দাবি আদায়ের জন্য ধর্মঘট বা হরতালের মাধ্যমে)। **D~ Current** (DC) একমুখী বিদ্যুৎপ্রবাহ। '**~ tax** প্রত্যক্ষ কর (করারোপিত ব্যক্তিকেই যে কর দিতে হয়, যেমন—আয়কর) □*adv* বিরতিহীন: The bus goes there ~. **~·ness** *n*

di·rect[2] [ডি'রেক্ট্] *vt,vi* ১ কাউকে দিকনির্দেশনা দেওয়া; পথ বাৎলে দেওয়া: Can you ~ me to the nearest bus stop? ২ (চিঠিপত্রাদি) ঠিকানায় প্রেরণ: The letter was ~ed to his home address. ৩ পরিচালনা করা; নিয়ন্ত্রণ করা: The film was ~ed by Satyajit Ray. ৪ আদেশ দেওয়া। ৫ **~ to/towards** কোনো কিছুর অভিমুখে চালিত হওয়া/করা: We should ~ our whole attention to study.

di·rec·tion [ডি'রেক্শ্ন্] *n* ১ গতিপথ; চলার দিক: The buses ply in diffrent ~s from the Central Bus Station. '**~-finder** বেতারতরঙ্গ কোন দিক থেকে আসছে তা নিরূপণ করার যন্ত্র। ২ **have a good/poor sense of ~** আপন অবস্থান বা লক্ষ্য সম্পর্কে সঠিক জ্ঞানসম্পন্ন হওয়া/না হওয়া। ৩ (সাধারণত *pl)* কর্তব্যকর্ম, গন্তব্য, কর্মপ্রণালী ইত্যাদি সম্পর্কিত নির্দেশ: D~s about using the medicine are printed on the label. ৪

নির্দেশনা; ব্যবস্থাপনা; নাটক/চিত্র পরিচালনা: Everybody has to work under the supervisor's ~. ৫ চিঠিপত্রাদিতে প্রাপকের নামঠিকানা: You should write the ~s on the parcel carefully.

direc·tive [ডি'রেক্টিভ্] *n* সাধারণ বা বিস্তারিত নির্দেশ।

di·rect·ly [ডি'রেক্‌ট্‌লি] *adv* ১ সরাসরিভাবে: He looked at me ~. ২ অবিলম্বে: Come home ~. ৩ অল্পক্ষণের মধ্যে: We will reach home ~. □*conj* যেইমাত্র: D~ he had reached there, he felt that he was in danger.

di·rec·tor [ডি'রেক্টা(র্)] *n* পরিচালক (ব্যবসা প্রতিষ্ঠানের; নাটকের; সিনেমার ইত্যাদি)। **~·ship** কোনো প্রতিষ্ঠানের পরিচালকের পদ; উক্ত পদে বহাল থাকার মেয়াদ। **the Board of D~s** ব্যবসা প্রতিষ্ঠানের পরিচালকমণ্ডলী।

di·rec·tor·ate [ডি'রেক্টরাট্] *n* ১ পরিচালকের পদ; পরিচালকের দপ্তর; পরিদপ্তর: ~ of Education, শিক্ষা পরিদপ্তর। ২ পরিচালকমণ্ডলী।

di·rec·tory [ডি'রেক্টারি] *n* যে বইতে কোনো স্থানের অধিবাসী, ব্যবসা প্রতিষ্ঠান ইত্যাদির ঠিকানা থাকে; নির্দেশিকা; টেলিফোন গ্রহীতাদের নাম ঠিকানা বর্ণানুক্রমিকভাবে সাজানো থাকে এমন বই: Telephone ~.

dirge [ডাজ্] *n* অন্ত্যেষ্টিক্রিয়ার সময় গাওয়া শোকসঙ্গীত; মৃতের জন্য শোকগীতি।

dirk [ডাক্] *n* একপ্রকার ছোরা।

dirndl ['ডান্‌ড্‌ল্] *n* আঁটসাট উর্ধ্ববসনযুক্ত ঘাগরা।

dirt [ডাট্] *n* ১ ময়লা দ্রব্য (যেমন—ধুলা, মাটি, কাদা ইত্যাদি) ২ আলগা মাটি: a ~ road, (US) কাঁচা রাস্তা। **as cheap as ~** সস্তা; নিম্নশ্রেণীর; অশ্লীল। **fling/throw ~ at sb** কারো প্রতি নোংরা বাক্যবর্ষণ। **treat sb like ~** তুচ্ছ জ্ঞান করা। **to eat ~** হীনভাবে বশ্যতা স্বীকার করা; অপমান হজম করা। ,**~-'cheap** মূল্যহীন; সস্তা। '**~-track** মোটর-রেসের জন্য অঙ্গারচূর্ণ দ্বারা তৈরি রাস্তা। ৩ অপবিত্র চিন্তা বা অশ্লীল বাক্যালাপ।

dirty[1] [ডাটি] *adj* ১ অপরিষ্কার; ময়লা; ধূলিময়: My hands are ~; ~ work. ২ (আবহাওয়া সম্পর্কিত) ঝোড়ো; দুর্যোগপূর্ণ: Do not go out on such a ~ night. ৩ অশ্লীল: ~ books কুরুচিপূর্ণ বই। ৪ (কথ্য.) নীচ; অসম্মানজনক: ~ trick; বিরক্তিপূর্ণ: He gave me a ~ look. **dirt·ily** *adv*

dirty[2] [ডাটি] *vt,vi,* নোংরা করা; ময়লা করা; ময়লা হওয়া: She dirtied her clothes while playing in the garden. Black dresses do not dirty easily.

dis·abil·ity [ডিসা'বিলাটি] *n* ১ অক্ষমতা। ২ কোনো কিছু যা অক্ষম করে বা অযোগ্য করে: He has a ~ in speech.

dis·able [ডিস 'এইবল্] *vt* অক্ষম করা; বিশেষ অঙ্গচালনার শক্তি থেকে বঞ্চিত করা; বিকলাঙ্গ করা: The accident ~d him for life. **~·ment** *n* পঙ্গুত্ব; বিকলাঙ্গতা।

dis·abuse [ডিসা°বিউজ্] *vt.* ভ্রান্ত ধারণা থেকে মুক্ত করা; কাউকে সঠিক ধারণায় স্থিত করা: Proper education can ~ a man of communal prejudices.

dis·ad·van·tage [ডিসাড্'ভ়ানটিজ্ US 'ডিসাড্'ভ্যানটিজ্] *n* ১ অসুবিধা; সাফল্য বা উন্নতির পথে বাধাস্বরূপ প্রতিকূল অবস্থা বা পরিস্থিতি।

dis·af·fected [ডিসা'ফেক্‌টিড্] *adj* বিরক্ত; বিরূপ; বৈরী; বিদ্রোহী; অবাধ্য। **dis·af·fec·tion** *n* রাজনৈতিক অসন্তোষ; অনানুগত্য; দ্রোহ।

dis·af·for·est [ডিসা'ফরিস্ট্] = disforest.

dis·agree [ডিসা'গ্রী] *vt* ১ ~ **(with)** ভিন্নমত পোষণ করা: I ~ with you on this point. ২ বিসদৃশ হওয়া; ভিন্ন হওয়া: The two reports ~ on several points. ৩ অনুপযোগী হওয়া: The climate of this place ~s with his health. **~·able** *adj* বিসদৃশ; বেমানান; ভিন্নমতসম্পন্ন; বিরোধী; অনুপযোগী। **~·able·ness** *n*

dis·agree·ment [ডিস 'গ্রীমান্ট্] *n* মতানৈক্য; ভিন্নমত; মতভেদ; বৈসাদৃশ্য; ছোটখাটো কলহ: Every family has ~s.

dis·al·low [ডিস'লাউ] *vt* অনুমতি না দেওয়া; কোনো কিছু ঠিক বলে মেনে নিতে অস্বীকার করা।

dis·ap·pear [ডিস'পিআ(র্)] *vi* অদৃশ্য হওয়া; দৃষ্টির বাইরে চলে যাওয়া। **~·ance** *n* অন্তর্ধান।

dis·ap·point [ডিসা'পয়ন্ট্] *vt* ১ সাধ বা আশা পূর্ণ না করা; হতাশ করা: His performance in the exam ~ed me. ২ আশা বা পরিকল্পনা বাস্তবায়নে বাধা দেওয়া: My employer ~ed my expectations for a rise in the salary. **~ed** *part adj* প্রার্থিত কিছু না পাওয়ায় হতাশ; দুঃখিত: I was ~ed not to get him in his office. **~·ing** *adj* হতাশাব্যঞ্জক; হতাশাদায়ক।

dis·ap·point·ment [ডিসা'পয়ন্ট্‌মন্ট্] *n* ১ হতাশা; নিরাশা; আশাভঙ্গ। ২ আশাভঙ্গকারী ঘটনা।

dis·ap·pro·ba·tion [ডিস্অ্যাপ্র 'বেইশ্‌ন্] *n* (আনুষ্ঠা.) অননুমোদন। **dis·ap·pro·ba·tory** *adj* অননুমোদনাত্মক।

dis·ap·prove [ডিসা'প্রূভ্] *vi,vt* ~ **(of)** অনুমোদন না করা; অগ্রাহ্য করা; বৈরী মতামত প্রকাশ করা: My father ~s of my going to cinema. **dis·ap·proval** *n* অননুমোদন। **dis·ap·prov·ing·ly** *adv*

dis·arm [ডিস্'আ:ম্] *vi,vt* ১ নিরস্ত্র করা। ২ অস্ত্রের ব্যবহার হ্রাস করা; সৈন্যবাহিনীর আকার হ্রাস করা। ৩ প্রতিপক্ষের ক্রোধ, সন্দেহ, সমালোচনাকে শক্তিহীন বা অসম্ভব করা: I was angry with her, but her frank admission of guilt soon ~ed me. ~ **dis·arma·ment** *n* নিরস্ত্রীকরণ।

dis·ar·range [ডিসা'রেইন্‌জ্] *vt* বিশৃঙ্খল করা; বিঘ্নিত করা; এলোমেলো করে দেওয়া।

dis·ar·ray [ডিসা'রেই] *n,vt* বিশৃঙ্খলা; বিশৃঙ্খল করা: The army was in complete ~.

dis·as·so·ci·ate [ডিসা'সৌশিএট্] *vt* ~ **from** = dissociate.

dis·as·ter [ডি'জ়া:স্টা(র্) US ডি'জ্যাস্টার] *n* ১ আকস্মিক দুর্ঘটনা; বিপর্যয় (যেমন—বন্যা, ভূমিকম্প, যুদ্ধে পরাজয় অথবা বিরাট আর্থিক লোকসান ইত্যাদি)। ২ বিরাট দুর্ভাগ্য বা কষ্ট। **dis·as·trous** দুর্ভাগ্যমূলক; বিপর্যয়কারী: disastrous cyclone/train accident. **dis·as·trous·ly** *adv*

dis·avow [ডিসা'ভাউ] *vt* (আনুষ্ঠা.) অস্বীকার করা: The political prisoner ~ed his share in the conspiracy. **~al** *n* অস্বীকার।

dis·band [ডিস্'ব্যানড্] *vt,vi* (সৈন্যদল ইত্যাদি) ভেঙে দেওয়া। **~·ment** *n*

dis·be·lieve [ডিস্‌বি'লীভ্] *vt,vi* **~ in** অবিশ্বাস করা; বিশ্বাস করতে অনিচ্ছুক হওয়া। **dis·be·lief** *n* অবিশ্বাস; বিশ্বাস করতে অনিচ্ছা।

dis·burse [ডিস্‌'বাস্] *vt,vi* প্রাপ্য অর্থ প্রদান করা। **~·ment** *n* অর্থপ্রদান; প্রদত্ত অর্থের পরিমাণ।

disc, disk [ডিস্ক্] *n* ১ পাতলা; গোলাকার সমতল থালার মতো বস্তু; চাকতি; গ্রামোফোন রেকর্ড। **'~ jockey** রেডিও বা টেলিভিশনে যে ব্যক্তি গানের অনুষ্ঠানে রেকর্ড বাজিয়ে শোনান এবং তার পরিচিতি দেন। ২ (শারীর.) দুই কশেরুকার মধ্যবর্তী তরুণাস্থির পর্দা। **a slipped ~** কিঞ্চিৎ স্থানচ্যুত disc. ৩ কম্পিউটারে ব্যবহৃত চাকতি যাতে তথ্য রেকর্ড করা থাকে।

dis·card [ডি'স্কা:ড্] *vt* বাতিল করা; ফেলে দেওয়া; অপ্রার্থিত; অবাঞ্ছিত কিছু পরিত্যাগ করা: We have to ~ our old-fashioned ideas. □*n* ['ডিস্‌কা:ড] তাসের খেলায় অপ্রয়োজনীয় বা অবাঞ্ছিত মনে করে হাতের যে তাস বর্জন করা হয়।

dis·cern [ডি'সান্] *vt* চোখ অথবা বোধশক্তি দ্বারা নির্ণয় করা; দেখা বা উপলব্ধি করতে পারা: The truth of the matter is difficult for us to ~. **discerning** *adj* নির্ণয় করতে বা উপলব্ধি করতে সক্ষম; প্রাজ্ঞ। **~·ible** *adj* নির্ণয়সাধ্য; বোধগম্য। **~·ment** *n* উপলব্ধি করার আগ্রহ।

dis·charge[1] ['ডিস্‌চা:জ্] *vt,vi* ১ জাহাজ থেকে মাল খালাস করা। ২ (বন্দুক ইত্যাদি থেকে) গুলি বর্ষণ করা; তীর ছোঁড়া। ৩ কাউকে স্থানান্তরে পাঠানো; স্থান ত্যাগে অনুমতি দেওয়া; দায়িত্ব থেকে অব্যাহতি দেওয়া; অপরাধ থেকে খালাস দেওয়া: The accused was ~d. ৪ তরল পদার্থ বেরিয়ে যাওয়া। ৫ দায়িত্বপালন।

dis·charge[2] [ডিস'চা:জ্] *n* discharge[1]–এর সকল অর্থে: We should be sincere in the ~ of our duties.

dis·ciple [ডি'সাইপ্‌ল্] *n* শিষ্য; কোনো নেতা, ধর্মমত, শিল্পধারা ইত্যাদির অনুসারী; ভক্ত: The Twelve Disciples, যিশুখ্রিস্টের দ্বাদশ শিষ্য।

dis·ci·pli·nar·ian [ডিসাপ্লি'নেঅরিঅন্] *n* কঠোর শাসক; কঠোর নিয়মানুবর্তিতাপ্রিয় লোক।

dis·ci·pline[1] ['ডিসিপ্লিন্] *n* ১ নিয়মানুবর্তিতা; শৃঙ্খলা। ২ মানসিক ও চারিত্রিক শিক্ষা বা অভ্যাস যার ফলে আত্ম–সংযম; নিয়মানুবর্তিতা গড়ে ওঠে। ৩ শাস্তি। ৪ জ্ঞানের শাখা; পাঠ্য বিষয়: Psycholinguistics is a new ~. **dis·ci·plin·ary** শাস্তিমূলক।

dis·ci·pline[2] ['ডিসিপ্লিন্] *vt* নিয়মানুবর্তী করা; অভ্যস্ত করানো; নিয়মানুবর্তিতা শিক্ষা দেওয়া; শাস্তি দেওয়া।

dis·claim [ডিস্‌'ক্লেইম্] *vt* দাবি পরিত্যাগ করা; সম্পর্ক অস্বীকার করা; ত্যাজ্য করা: He ~ed knowledge of the incident. **~er** *n* দাবিত্যাগ বা কোনো কিছুর সাথে সম্পর্ক অস্বীকারমূলক বিবৃতি।

dis·close [ডিস্‌'ক্লৌজ্] *vt* অনাবৃত করা; খুলে দেওয়া; প্রকাশ করা। **dis·clos·ure** *n* উন্মোচন; দৃষ্টিগোচরকরণ; প্রকাশ; যা প্রকাশিত হয়েছে।

disco [ডিস্‌কৌ] *n* (কথ্য) = discotheque.

dis·col·our [ডিস্‌'কালা(র্)] *vt,vi* ১ রং উঠে যাওয়া; বিবর্ণ হওয়া। **dis·col·our·ation** *n* বিবর্ণতা; রং উঠে যাওয়ার প্রক্রিয়া।

dis·com·fit [ডিস্‌'কাম্‌ফিট্] *vt* বিভ্রান্ত করা; হতভম্ব করা; বিব্রত করা, (যুদ্ধ ইত্যাদিতে) পরাজিত করা। **dis·com·fi·ture** *n* বিহ্বলতা; ছত্রভঙ্গ অবস্থা; পরাজয়।

dis·com·fort [ডিস্‌'কামফ়ট্] *n* ১ আরামহীনতা; অস্বস্তি; অস্বাচ্ছন্দ্য (শারীরিক কিংবা মানসিক)। ২ অস্বস্তিদায়ক বস্তু বা ঘটনা: the ~s of being old.

dis·com·mode [ডিস্‌ক'মৌড্] *vt* (প্রাতিষ্ঠা.) (কাউকে) অসুবিধায় ফেলা।

dis·com·pose [ডিস্‌কাম্‌'পৌজ্] *vt* অস্বস্তি সৃষ্টি করা; অস্থির বা উত্তেজিত করা; প্রশান্তি বিঘ্নিত করা।

dis·con·cert [ডিস্‌কান্'সাট্] *vt* অস্থির বা উত্তেজিত করা; বিব্রত বা অপ্রতিভ করা: I was ~ed to find that the train was late.

dis·con·nect [ডিস্‌কা'নেক্‌ট্] *vt* **~ (from)** সংযোগ ছিন্ন করা; বিযুক্ত করা: The water supply was ~ed by the Municipality. **~ed** *adj* সংযোগহীন; বিচ্ছিন্ন; (রচনাদি সম্পর্কে) অসংলগ্ন; অসম্বন্ধ।

dis·con·so·late [ডিস্‌'কন্‌সলাট্] *adj* কোনো কিছু হারানোর শোকে পীড়িত; যে শোকের সান্ত্বনা নেই।

dis·con·tent [ডিস্‌কন্'টেন্ট্] *n* অসন্তোষ; অতৃপ্তি; অসন্তোষের কারণ; অভিযোগ। **~ed** *adj* অতৃপ্ত; অসন্তুষ্ট। **~·ed·ly** *adv*

dis·con·tinue [ডিস্‌কান্'টিনিউ] *vt,vi* বন্ধ হওয়া; থেমে যাওয়া; শেষ হওয়া; পরিত্যাগ করা: He ~d his studies. **dis·con·tinu·ance** *n* অবসান; (কোনো কাজ) পরিত্যাগ।

dis·con·tinu·ous [ডিস্‌ক'টিনি্উআস্] *adj* ধারাবাহিকতাহীন।

dis·cord [ডিস্‌কো°ড্] *n* ১ মতানৈক্য; ঝগড়া। ২ বিরোধ। ৩ (সঙ্গীত) বিবিধ সুর এবং তানের অসামঞ্জস্য। ৪ হৈ চৈ। **dis·cor·dance** *n* বৈসাদৃশ্য; মতানৈক্য। **dis·cor·dant** *adj* বিসদৃশ; বেসুরো।

dis·co·theque ['ডিসকটেক্] *n* ক্লাব বা পার্টি, যেখানে ডিস্ক রেকর্ডের গানের সাথে সাথে লোকজন নাচে।

dis·count[1] [ডিস্‌কাউন্ট্] *n* বাটা; পূর্ণ মূল্য থেকে কিছু পরিমাণ ছাড়: There is a 10 per cent ~ on all dresses. **'~ broker** দালাল; যে ক্রেতা ও বিক্রেতা উভয়ের কাছ থেকে ডিসকাউন্ট পায়।

dis·count[2] [ডিস্'কাউন্ট] *vt* কোনো খবর বা ঘটনা পুরাপুরি বিশ্বাস না করে কিছু বাদ দিয়ে, অতিরঞ্জন বাবদ কিছু কমিয়ে বিশ্বাস করা: You should discount about fifty percent of what he says.

dis·coun·ten·ance [ডিস্‌কাউন্‌টিনান্‌স্] *vt* (আনুষ্ঠা.) অপ্রতিভ করা; সমর্থন না করা; নিরুৎসাহিত করা।

dis·cour·age [ডিস্'কারিজ] *vi* ১ নিরুৎসাহিত করা; নিরুদ্যম করা বা আত্মবিশ্বাস কমিয়ে দেওয়া; দমিয়ে দেওয়া: Failure ~d him. ২ **~ sb from doing sth** কাউকে কোনো কাজে নিরুৎসাহিত করা; বাধা দেওয়া। **~·ment** *n* [U] নিরুৎসাহ; নিরুৎসাহকারক ঘটনা।

dis·course [ডিসকো°স্] *n* বক্তৃতা; ভাষণ; ধর্মোপদেশ; নিবন্ধ। **~ upon** (আনুষ্ঠা.) বিশদভাবে কোনো বিষয়ে বক্তৃতা দেওয়া; ধর্মপ্রচার করা।

dis·cour·teous [ডিস্'কাটিঅস্] *adj* অশিষ্ট; সৌজন্যহীন; বেয়াদব। **~·ly** *adv* অশিষ্টভাবে। **dis·cour·tesy** *n* বেয়াদবি; অভদ্রতা।

dis·cover [ডিস্ 'কাভা(র্)] *vt* আবিষ্কার করা; আবরণমুক্ত করা; অস্তিত্ববান কিন্তু অজানা কোনো কিছুকে জ্ঞানের মধ্যে আনা; নতুন বা অভাবিত কোনো কিছু বুঝতে পারা: The astronomer ~ed a new planet. The scientist ~ed a new cure for pneumonia. **~er** *n* আবিষ্কারক।

dis·covery [ডিস্‌কাভ়ারি] *n* ১ আবিষ্কার: The ~ of America changed the history of mankind. ২ যা আবিষ্কৃত হয়েছে: Scientists have made many new discoveries.

dis·credit[1] [ডিস্‌'ক্রেডিট্] *vt* আস্থা স্থাপন করতে অস্বীকার করা; কোনো কিছুর মূল্য বা কারো মর্যাদা সম্পর্কে সন্দেহ প্রকাশ করা: His evidence in the court was ~ed by the jury.

dis·credit[2] [ডিস্‌'ক্রেডিট্] *n* ১ সুনামহানি; কলঙ্ক: He brought ~ upon himself by lying to his colleagues. ২ কুলের কলঙ্ক: He is a ~ to the whole family. ৩ সন্দেহ; অবিশ্বাস। **~·able** *adj* কলঙ্কদায়ী: a discreditable behaviour. **~·ably** *adv*

dis·creet [ডিস্‌'ক্রীট্] *adj* সতর্ক; কৌশলী; কথা বা কাজ ভেবেচিন্তে করে এমন; বিচক্ষণ: We should be ~ about our political opinions. **~·ly** *adv* সতর্কভাবে; বিচক্ষণতার সাথে।

dis·crep·ancy [ডিস্‌'ক্রেপান্‌সি] *n* পার্থক্য; অনৈক্য; অমিল (বক্তব্য বা হিসাবে); বৈষম্য: There are considerable discrepancies between the two statements. **dis·crep·ant** *adj* বৈষম্যমূলক।

dis·crete [ডিস্‌ 'ক্রীট্] *adj* পৃথক; বিযুক্ত; ধারাবাহিকতাহীন; অসংলগ্ন।

dis·cre·tion [ডিস্‌'ক্রেশ্‌ন্] *n* ১ বিচারবুদ্ধিসম্পন্নতা; বিচক্ষণতা; সতর্কতা: You should use your ~ in deciding your course of action. **years/age of ~** সঠিকভাবে বিচার করার ক্ষমতা জন্মে যে বয়সে; সাবালকত্ব। **D~ is the better part of valour** (প্রবাদ) অপ্রয়োজনীয় ঝুঁকি না নেওয়াই সাহসের পরিচয় (পরিহাসমূলক অর্থে)। ২ নিজস্ব বিচার-বিবেচনা অনুসারে কাজ করার স্বাধীনতা: The whole thing is within the chairman's ~. **~·ary** *adj* স্বেচ্ছাধীন; মর্জিমাফিক; অবাধ (ক্ষমতা): The manager of the firm has ~ary powers.

dis·crimi·nate [ডিস্‌'ক্রিমিনেইট্] *vt,vi* ১ পার্থক্য নিরূপণ করতে পারা; বিচার করা: One should ~ between good and evil counsel. ২ **~ against** বৈষম্যমূলক আচরণ করা: The laws of South Africa ~ against the Black. **dis·crimi·nat·ing** *adj* ১ সূক্ষ্ম পার্থক্য লক্ষ করতে সক্ষম। ২ বৈষম্যমূলক: discriminating laws.

dis·crimi·na·tion [ডিস্‌ক্রিমি'নেইশ্‌ন্] *n* পার্থক্যকরণের ক্ষমতা; পার্থক্যকরণ; বৈষম্য: We are against racial ~. **dis·crim·i·na·tory** বৈষম্যমূলক; পক্ষপাতমূলক: ~ laws.

dis·cur·sive [ডিস্‌'কাসিভ্] *adj* অসংলগ্ন; বিষয় থেকে বিষয়ান্তরে গমনকারী; অপ্রাসঙ্গিক; অবান্তর। **~·ly** *adv.* **~·ness** *n*

dis·cus [ডিস্‌কাস্] *n* ভারী পাথর, ধাতু বা কাঠের চাকতি, প্রচীন রোমান এবং গ্রিক ক্রীড়াবিদরা যা ছুঁড়ে শক্তিমত্তা প্রদর্শন করতো; আধুনিক এথলেটিক্সে ব্যবহৃত এক ধরনের চাকতি: the ~ throw, চাকতি নিক্ষেপের খেলা।

dis·cuss [ডিস্‌'কাস্] *vt* **~ (with)** আলোচনা করা; কোনো বিষয় গভীরভাবে বিচার ও সে সম্পর্কে যুক্তি উত্থাপন করা: Let us ~ the problem coolly.

dis·cussion [ডিস্‌'কাশ্‌ন্] *n* আলোচনা; গভীরভাবে বিচার; বিতর্ক। **under ~** আলোচিত হচ্ছে এমন।

dis·dain [ডিস্‌'ডেইন] *vt* ১ ঘৃণা করা; অবজ্ঞা করা; তাচ্ছিল্য করা; অসম্মানজনক মনে করা। □*n* ঘৃণা; তাচ্ছিল্য: He treated me with ~. **~·ful** *adj* ঘৃণাপূর্ণ; তাচ্ছিল্যপূর্ণ: The man gave the beggar a ~ful look. **~·fully** *adv*

dis·ease [ডি'জ়ীজ়্] *n* অসুখ; ব্যাধি; রোগ। **~d** *adj* রুগ্ন; অসুস্থ।

dis·em·bark [ডিসিম্‌'বা:ক্] *vt vi* (জাহাজ) তীরে ভিড়ানো; জাহাজ থেকে নামানো; জাহাজ বা বিমান থেকে নামা। **dis·em·bar·ka·tion** *n* জাহাজ বা বিমান থেকে অবতরণ।

dis·em·body [ডিসিম্‌'বডি] *vt* (*pp* disembodied) দেহ থেকে (আত্মাকে) পৃথক করা; বিদেহী করা: Ghosts are thought to be disembodied spirits.

dis·em·bowel [ডিসিম্‌'বাঔআল্] *vt* নাড়িভুঁড়ি বের করে নেওয়া।

dis·en·chant [ডিসিন্‌'চা:ন্ট্ US ডিসিন্‌'চ্যান্ট্] *vt* জাদু থেকে বা মোহ থেকে মুক্ত করা: People were soon ~ed with the Muslim League government. **~·ment** *n* মোহমুক্তি।

dis·en·cum·ber [ডিসিন'কামবা(র্)] *vt* **~ from** (আনুষ্ঠা.) ঝঞ্ঝাট বা দায় থেকে মুক্ত করা।

dis·en·franchise [ডিসিন্ 'ফ্র্যান্‌চাইজ্] *vt* = disfranchise.

dis·en·gage [ডিসিন্'গেইজ্] *vt vi* সংযোগ বিচ্ছিন্ন হওয়া বা করা; পৃথক হওয়া: The Iranian and the Iraqui army finally ~ed from the long drawn out battle. **~d** *adj* হাতে কাজ নেই এমন।

dis·en·tangle [ডিসিন্'ট্যাঙ্‌গ্‌ল্] *vt,vi* **~ from** বিজড়িত/ জট পাকানো অবস্থা থেকে মুক্ত করা বা হওয়া; জট খোলা। **~·ment** *n*

dis·equi·lib·rium [ডিসীকুই 'লিব্রিঅম্] *n* ভারসাম্যহীনতা; মানসিক অস্থিরতা।

dis·es·tab·lish [ডিসি'স্ট্যাবলিশ্] *vt* প্রতিষ্ঠান ইত্যাদি ভেঙে দেওয়া। **~·ment** প্রতিষ্ঠান তুলে দেওয়ার ঘটনা; গির্জাকে রাষ্ট্র বা সরকার থেকে পৃথকীকরণ।

dis·favour [ডিস্‌'ফেইভ়া(র্)] *n* বিরাগ; অননুমোদন: He fell into ~; He incurred the minister's ~. □*vi* বিরাগের সাথে দেখা; অনুমোদন না করা।

dis·figure [ডিস্‌'ফিগ(র্)] *vt* চেহারা বা আকৃতি বিকৃত করা; নষ্ট করা: The accident ~d his face. **~·ment** *n* বিকৃতি।

dis·for·est [ডিস্‌'ফরিস্‌ট্] *vt* বন উজাড় করা; বনশূন্য বা বৃক্ষশূন্য করা।

dis·fran·chise [ডিস্‌'ফ্র্যান্‌চাইজ্] *vt* নাগরিকের অধিকার থেকে বঞ্চিত করা; ভোটাধিকার হরণ করা। **~·ment** *n* ভোটাধিকার হরণ।

dis·gorge [ডিস্‌'গো°জ্] *vt* উগরানো; বমি করা; (লাক্ষ.) পরিত্যাগ করা (বিশেষত অন্যায়ভাবে আত্মসাৎ করা কোনো কিছু)।

dis·grace[1] [ডিস্‌'গ্রেইস্] *n* ১ সম্মানহানি; খ্যাতিনাশ: He brought ~ to his family. **be in ~** অসম্মানজনক অবস্থায় পতিত হওয়া। ২ **a ~** লজ্জা বা কুখ্যাতির কারণ কোনো বস্তু, ব্যক্তি বা ঘটনা: The poverty of the people is a ~ to the nation.

dis·grace[2] [ডিস্'গ্রেইস্] *vt* ১ লজ্জার কারণ হওয়া; অপমানিত করা। ২সম্মানের পদ থেকে অপসারণ করা; (কাউকে) অনুগ্রহ থেকে বঞ্চিত করা।

dis·gruntled [ডিস্'গ্রান্ট্‌ল্ড্] *adj* অসন্তুষ্ট; হতাশ; মেজাজ বিগড়েছে এমন।

dis·guise[1] [ডিস্'গাইজ্] *vt* ১ ছদ্মবেশ ধারণ করা; প্রতারণা করার জন্য বা নিজের পরিচয় গোপন করার জন্য চেহারা পাল্টে ফেলা: He ~d himself as a doctor to gain entry. ২ গোপন করা: He ~d his bad motives under a smiling face.

dis·guise[2] [ডিস্'গাইজ্] *n* ১ ছদ্মবেশ: He entered the prison in the ~ of an officer. ২ ছদ্মবেশ ধারণের জন্য ব্যবহৃত পোশাক; আবরণ।

dis·gust[1] [ডিস্'গাস্ট্] *n* **~ (at sth/ with sb)** বিরাগ; নিদারুণ বিরক্তি (দুর্গন্ধ, বিস্বাদ, ভীতিকর দৃশ্য কিংবা দুষ্কর্ম ইত্যাদির ফলে যে অনুভূতি হয়): He turned his face in ~ seeing the horrible scene.

dis·gust[2] [ডিস্'গাস্ট্] *vt* বিরাগ বা তীব্র বিরক্তির উদ্রেক করা: His ill-temper ~ed us. **~·ing** *adj* অতিশয় বিরক্তিকর: He has a ~ing way of scolding his juniors. **~ed** *pp* বিরক্ত।

dish[1] [ডিশ্] *n* ১ থালা, সানকি, যা থেকে খাবার-টেবিলে খাবার পরিবেশন করা হয়। ২ **the ~es** ভোজনের কাজে ব্যবহৃত সকল প্রকার বাসন (থালা, বাটি, পেয়ালা, পিরিচ ইত্যাদি)। **'~·cloth** ডিশ্ মোছার কাপড়। **'~·washer** থালা-বাসন মাজার বৈদ্যুতিক যন্ত্র। ৩ খাবার টেবিলে পরিবেশনকৃত খাদ্য: My favourite ~ is rice with chicken.

dish[2] [ডিশ্] *vt* ১ **~ sth up** থালা বা গামলায় খাদ্য তোলা; পরিবেশনের জন্য প্রস্তুত করা; (লাক্ষ.) তথ্য বা যুক্তি প্রস্তুত করা; উপস্থাপন করা: They ~ed up new arguments to place them before the meeting. **to ~ sth out** বিতরণ করা। ২ (কথ্য) প্রতিহত করা; অসুবিধায় ফেলা; নষ্ট করা: All his hopes were ~ed by his defeat in the election.

dis·habille [ˌডিস্অ্যা'বীল্] *n* (সাধা. নারীদের সম্পর্কে) শিথিলবসন বা আংশিক বসনাবৃত অবস্থা।

dis·har·mony [ডিস্'হা:মানি] *n* অনৈক্য; অমিল; অসঙ্গতি। **dis·har·moni·ous** *adj* অসঙ্গতিপূর্ণ।

dis·hearten [ডিস্'হা:ট্‌ন্] *vt* হতাশ করা; নিরুৎসাহ করা: His failure in the election did not ~ him.

di·shev·elled [ডি'শেভ্‌ল্ড্] *adj* আলুথালু; অবিন্যস্ত (চুল); বিস্রস্তবসন; অগোছালো।

dis·hon·est [ডিস্'অনিস্ট্] *adj* অসৎ; অসাধু; প্রতারণামূলক। **~·ly** *adv* অসৎভাবে; প্রতারণামূলকভাবে। **dis·hon·esty** *n* অসাধুতা; অসততা; প্রতারণা।

dis·hon·our [ডিস্'অনা(র্)] *n* অপমান; অসম্মান; অমর্যাদা; সম্মানহানি; মর্যাদানাশ: He brought ~ to his family; শ্লীলতাহানি; সতীত্বনাশ। □*vt* ১ অসম্মান করা; অপমান করা। ২ (চেক বা বিল ইত্যাদির) নির্দেশানুযায়ী টাকা দিতে অস্বীকার করা।

dis·il·lusion [ˌডিসি'লূজ্‌ন্] *vt* মোহমুক্ত করা; সুন্দর অথবা অলীক ধারণা থেকে চ্যুত করা; সুখস্বপ্ন ভেঙে দেওয়া: The people who fought for independence were soon ~ed. □*n* মোহমুক্ত অবস্থা। **~·ment** *n* মোহমুক্তি; ভ্রান্তি নিরসন।

dis·in·cen·tive [ডিসিন্'সেন্টিভ্] *n* নিরুৎসাহকারী কাজ, পদক্ষেপ, ঘটনা: Low salary is a ~ for the teachers.

dis·in·cli·na·tion [ডিসিনক্লি'নেইশ্‌ন্] *n* **~ (for sth/ to do sth)** অনিচ্ছা; নিস্পৃহতা: Some students have a strong ~ for physical exercise.

dis·in·cline [ডিসিন্ 'ক্লাইন্] *vt* (সাধা. Passive) অনিচ্ছুক হওয়া।

dis·in·fect [ডিসিন্'ফেক্ট্] *vt* ব্যাকটেরিয়ার সংক্রমণ থেকে মুক্ত করা: You should ~ the syringe before use. **dis·in·fec·tant** *adj,n* সংক্রামক রোগজীবাণুনাশক (দ্রব্য, ঔষধ)। **dis·in·fec·tion** *n* সংক্রামক রোগজীবাণুনাশকরণ।

dis·in·fest [ডিসিন্'ফেস্ট্] *vt* কীটপতঙ্গ, ইঁদুর ইত্যাদির উপদ্রব থেকে মুক্ত করা। **dis·in·fes·ta·tion** *n*

dis·in·fla·tion [ডিসিন'ফ্লেইশ্‌ন্] *n* মুদ্রাস্ফীতি থেকে স্বাভাবিক অবস্থায় প্রত্যাবর্তন; মুদ্রাস্ফীতির অবসান।

dis·in·genuous [ডিসিন'জেনিউআস্] *adj* (আনুষ্ঠা.) অসরল; কুটিল; কপট। **~·ly** *adv.* **~·ness** *n*

dis·in·herit [ডিসিন'হেরিট] *vt* উত্তরাধিকার থেকে বঞ্চিত করা। **dis·in·heri·tance** *n* উত্তরাধিকারবঞ্চিত অবস্থান।

dis·in·te·grate [ডিসিন্'টিগ্রেইট্] *vt,vi* নানা অংশে বিভক্ত; খণ্ডিত করা বা হওয়া: The Mughal empire ~d during the reign of the last Mughal Kings. **dis·in·te·gra·tion** বিখণ্ডায়ন।

dis·inter [ডিসিন'টা(র্)] *vt* মাটি খুঁড়ে বের করা; কবর থেকে তোলা। **~·ment** *n*

dis·in·ter·ested [ডিস্'ইনট্রস্টিড্] *adj* নৈর্ব্যক্তিক; স্বার্থশূন্য; নিরপেক্ষ। **~·ly** *adv* . **~·ness** *n* নৈর্ব্যক্তিকতা; নিরপেক্ষতা।

dis·joint [ডিস্'জয়ন্ট্] *vt* গ্রন্থি থেকে বিচ্ছিন্ন করা; টুকরা করা।

dis·jointed [ডিস্ 'জয়নটিড্] *adj* (বক্তৃতা বা লেখা বিষয়ক) অসংলগ্ন; অসম্বন্ধ; ছাড়া-ছাড়া।

dis·junc·tive [ডিস্'জাঙ্ক্টিভ্] *adj* বিচ্ছিন্ন করে এমন; (ব্যাক.) বিয়োজক অব্যয়; (যেমন—either .... or) ।

disk [ডিস্ক্] *n* = disc.

dis·like [ডিস্'লাইক্] *vt* অপছন্দ করা। **take a ~ to sb** কাউকে অপছন্দ করতে শুরু করা। **likes and ~s** পছন্দ-অপছন্দ: Every man has his likes and ~s.

dis·lo·cate [ডিসলাকেইট্] *vt* ১ স্থানচ্যুত করা; অস্থি স্থানচ্যুত করা: He fell from his bicycle and ~d his collarbone. ২ বিচ্ছিন্ন হওয়া (বিশেষত কোনো যন্ত্র, যোগাযোগ ইত্যাদি): The train communication was ~d after the accident.

dis·lodge [ডিস্'লজ্] *vt* **~ (from)** বাসস্থান বা অধিকৃত স্থান থেকে উৎখাত করা; সরিয়ে দেওয়া: The enemy soldiers were ~d from their bunkers.

dis·loyal [ডিস্'লইআল্] *adj* অবাধ্য; রাষ্ট্রদ্রোহী; বিশ্বাসঘাতক। **~·ty** *n* দ্রোহিতা; অবাধ্যতা; অনানুগত্য।

dis·mal [ডিজ্'মাল্] *adj* নীরস; বিষণ্ণ; নিরানন্দ; দুঃখদায়ক: a ~ place/ weather/ voice. **~·ly** *adv*

dis·mantle [ডিস্'ম্যান্ট্‌ল্] *vt* ১ অংশ বিচ্ছিন্ন করা; টুকরা টুকরা করা: The engine was ~d. ২ নগ্ন বা নিরাবরণ করা (সাজসজ্জা ইত্যাদি খুলে নেওয়ার মাধ্যমে)।

dis·may [ডিস্'মেই] *n* হতাশার অনুভূতি বা আতঙ্ক: To my utter ~, I discovered that I had lost my passport. □*vt* হতাশ করা; আতঙ্কিত করা: We were ~ed at the news.

dis·mem·ber [ডিস্'মেমবা(র্)] *vt* ১ অঙ্গপ্রত্যঙ্গ বিচ্ছিন্ন করা: The body was ~ed by a pack of wolves. ২ (লাক্ষ.) বিভক্ত করা (দেশ, ভূখণ্ড ইত্যাদি)। **~·ment** *n* ছিন্নভিন্ন অবস্থা; বিভক্তি।

dis·miss [ডিস্'মিস্] *vt* **~ from** ১ চাকরি থেকে বরখাস্ত করা: He was ~ed form his job. ২ বিদায় দেওয়া; চলে যেতে অনুমতি দেওয়া: The class was ~ed at 2·O' Clock. ৩ মন থেকে কোনো চিন্তা দূর করা; কোনো বিষয়ে আর না ভাবা: He ~ed all thoughts of returning to his native country. ৪ (মামলা) খারিজ করা। **~al** *n* বরখাস্ত; খারিজ; পদচ্যুতি: His ~al from the army came as a bolt from the blue.

dis·mount [ডিস্'মাউন্ট্] *vi,vt* ১ **~ (from)** (বাহন থেকে) অবতরণ করা: He ~ed from his horse/ bicycle (তুলনীয় alight, বাস, ট্যাক্সি, ট্রেন থেকে নামা)। **~ed** part *adj* (অশ্বারোহীবাহিনী সম্পর্কে) পদাতিক বাহিনী হিসাবে যুদ্ধরত।

dis·obedi·ence [ডিস'বীডিঅন্স্] *n* **~ (to)** অবাধ্যতা। **dis·obedi·ent** *adj* অবাধ্য। **dis·obedi·ent·ly** *adv* অবাধ্যভাবে।

dis·obey [ডিস'বেই] *vt* আদেশ অমান্য করা; কোনো ব্যক্তিকে বা আইনকে অগ্রাহ্য করা।

dis·oblige [ডিস'ব্লাইজ] *vt* সাহায্য করতে অস্বীকার করা; অন্যের আশা-আকাঙ্ক্ষা বা প্রয়োজন সম্পর্কে ভাবতে অস্বীকৃত হওয়া: I sought his help, but he ~d me.

dis·order [ডিস্'ওডা(র্)] *n* ১ বিশৃঙ্খলা; গোলমাল। ২ রাজনৈতিক গণ্ডগোলের ফলে অরাজকতা; দাঙ্গা: The police dealt severely with the disorder. ৩ দেহ বা মনের ব্যাধি: abdominal ~, পেটের অসুখ; mental ~, মানসিক ব্যাধি।

dis·order·ly [ডিস্ওডালি] *adj* ১ বিশৃঙ্খল অবস্থায় আছে এমন। ২ উচ্ছৃঙ্খল; অরাজক; অস্বাভাবিক: A ~ mob.

dis·or·gan·ize [ডিস্'ওগানাইজ্] *vt* বিশৃঙ্খল করা; স্বাভাবিক কর্মপদ্ধতি ব্যাহত করা: The postal service is totally ~d by the strike of the mailmen.

dis·orien·tate [ডিস্'ওরিঅন্টেইট্] *vt* (লাক্ষ.) কাউকে কোনো কিছুর চালচলন চিনতে বা বুঝতে না দেওয়া। **dis·orien·ta·tion** *n*

dis·own [ডিস্'ঔন্] *vt* মানতে অস্বীকার করা; কাউকে বা কোনো কিছু জানে একথা অস্বীকার করা; ত্যাজ্য করা; বর্জন করা: The boy's father ~ed him.

dis·par·age [ডি'স্প্যারিজ্] *vt* অবমূল্যায়ন করা; অবজ্ঞা করা; হীনতর কোনো কিছুর সাথে তুলনা করে অসম্মান করা। **~·ment** *n*. **dis·par·ag·ing** *adj* অপমানজনক; মর্যাদা হানিকর।

dis·par·ate [ডিস্পারাট্] *adj* অসদৃশ; অসম; গুণ বা পরিমাণে তুলনীয় নয় এমন; এমন পৃথক দুটি বস্তু, যাদের মধ্যে তুলনা অসম্ভব।

dis·par·ity [ডিস্'প্যারাইটি] *n* বৈষম্য; অসমতা: ~ between East and West Pakistan caused serious discontent in the East.

dis·pas·sion·ate [ডি'স্প্যাশনাট্] *adj* আবেগমুক্ত; নিরাবেগ; পক্ষপাতহীন; শান্ত। **~·ly** *adv*. **~·ness** *n* আবেগমুক্ততা; পক্ষপাতহীনতা।

dis·patch[1], **des·patch** [ডিস্'প্যাচ্] *n* ১ দ্রুত প্রেরণ: The dispatch of the letter was delayed. ২ দ্রুত প্রেরিত কোনো কিছু, বিশেষত সরকারি, সামরিক বা সংবাদপত্রের রিপোর্ট: Reuter sent the news of Indira Gandhi's death in a ~ from Delhi. **'~-rider** মোটর সাইকেলে করে সামরিক সংবাদ বহনকারী ব্যক্তি।

dis·patch[2], **des·patch** [ডি'স্প্যাচ] *vt* ১ **~ to** কোনো বিশেষ উদ্দেশ্যে কোথাও প্রেরণ করা: He ~ed a letter to the head office. ২ কোনো কাজ, খাদ্যগ্রহণ দ্রুত শেষ করা। ৩ হত্যা করা: The executioner ~ed the criminal with one blow from his axe.

dis·pel [ডি'স্পেল্] *vt* দূর করা; ছড়িয়ে দিয়ে অদৃশ্য করা: His statement ~led all our doubts.

dis·pens·able [ডি'স্পেন্সাবল্] *adj* পরিহার্য; যা ছাড়াও চলে; অপ্রয়োজনীয়।

dis·pens·ary [ডি'স্পেন্স'রি] *n* ঔষধ তৈরি করে বিতরণকারী প্রতিষ্ঠান; ঔষধের দোকান, হাসপাতালের অনাবাসিক রোগীদের ঔষধ দেওয়ার জন্য বিভাগ।

dis·pen·sa·tion [ডি'স্পেন্'সেইশ্ন্] *n* ১ বন্টন বা প্রয়োগ: the ~ of justice/ food/ charity. ২ নিয়তির বা প্রকৃতির বিধান: Death is a ~ of Providence. ৩ শাস্তি বা দায়িত্ব বা কর্তব্য থেকে অব্যাহতি: Muslims are granted ~ from fasting during illness.

dis·pense [ডি'স্পেন্স্] *vt,vi* ১ **~ (to)** বন্টন করা; প্রয়োগ করা: to ~ justice/ charity/ favour. ২ ঔষধাদি তৈরি ও প্রদান করা: Medicines are usually ~d to a prescription. ৩ **~ with** পরিহার করা; কোনো কিছু ছাড়াই চলতে পারা।

dis·perse [ডি'স্পাস্] *vt,vi* ছত্রভঙ্গ হওয়া; সবদিকে ছড়িয়ে দেওয়া বা পড়া: The crowd ~d after the meeting. **dis·per·sal** *n* বিচ্ছুরণ; ছত্রভঙ্গ। **dis·per·sion** *n* আলোর বিকিরণ।

dis·pirit [ডি'স্পিরিট্] *vt* নিরুৎসাহিত করা; মন বা মনোবল ভেঙে দেওয়া। **~ed** *pp* নিরুৎসাহিত; দমিত। **~·ed·ly** *adv*

dis·place [ডিস্'প্লেইস্] *vt* স্থানচ্যুত করা। **~d 'person** বাস্তুচ্যুত; নির্বাসিত ব্যক্তি; স্বস্থানচ্যুত ব্যক্তি। ২ কাউকে হটিয়ে স্থান দখল করা: Mr. Ali has been ~d by a new officer.

dis·place·ment [ডিস্'প্লেইসমান্ট্] *n* ১ স্থানচ্যুতি; স্থানচ্যুতকরণ: Machines are causing ~ of human labour.

dis·play[1] [ডিস্'প্লেই] *vt* ১ প্রদর্শন করা। ২ জাহির করা।

dis·play[2] [ডিস্'প্লেই] *n* প্রদর্শন; প্রদর্শনী: The pictures are on ~.

dis·please [ডিস্'প্লীজ্] *vt* অসন্তুষ্ট করা; বিরক্ত করা; ক্রুদ্ধ করা। **dis·pleas·ing** *adj* অসন্তোষজনক। **dis·pleas·ing·ly** *adv*

dis·pleasure [ডিস্'প্লেজ়া(র্)] *n* অসন্তোষ।

dis·port [ডিস্'পো°ট্] *vt* **~ oneself** (আনুষ্ঠা.) খেলা করা; আনন্দ লাভ করা, যেমন—জলক্রীড়া বা সূর্যাবগাহনের মাধ্যমে।

dis·pos·able [ডিস্‌পৌজ়াব্‌ল্‌] *adj* এমনভাবে তৈরি যাতে ব্যবহারের পর ফেলে দেওয়া চলে: ~ handkerchieves/ cups.

dis·posal [ডি'স্‌পৌজ়াল্‌] *n* **~ (of)** ১ পরিত্যাগকরণ; বিক্রি: the ~ of property, হস্তান্তর; a bomb ~ unit, বোমা অপসারণের দল; the ~ troops, সৈন্যদলকে যথাস্থানে নিয়োগ; the ~ of business affairs, ব্যবসায়িক কর্ম সম্পাদন। ২ নিয়ন্ত্রণ; ব্যবস্থাপনা: at one's disposal, নিজের ইচ্ছামত ব্যবহারের ক্ষমতার অন্তর্গত।

dis·pose [ডিস্‌পৌ'জ়্‌] *vi,vt* ১ **~ of** শেষ করা; পরিত্যাগ করা: to ~ of the old car; বিক্রি বা হস্তান্তর করা; অব্যাহতি পাওয়া: The autocratic ruler ~d of his opponents by putting them into prison. ২ মীমাংসা করা; কার্যাদি সম্পাদনা করা: All the business deals were ~d efficiently. **Man proposes God ~s** (প্রবাদ) মানুষ চায় এক, খোদা করেন আর। ৩ কাউকে কোনো কিছু করতে ইচ্ছুক বা প্রস্তুত করা: I'm not ~d to lend money to that deceitful person. **be well/ill ~d (towards)** কারও প্রতি প্রসন্ন/অপ্রসন্ন হওয়া: The boss is ill/well ~d towards me.

dis·po·si·tion [ডিস্‌পা'জ়িশ্‌ন্‌] *n* ১ বিন্যাস; বিন্যস্তকরণ: I do not like ~ of the furniture in my office. ২ স্বভাব; মেজাজ: He has a romantic ~; cheerful ~. ৩ প্রবণতা: Students have a general ~ to dislike their textbooks. ৪ হস্তান্তর; হস্তান্তরের অধিকার: I have the full ~ to sell this property.

dis·pos·sess [ডিস্‌পা'জ়েস্‌] *vt* **~ sb of sth** অধিকারচ্যুত করা; পরিত্যাগ করতে বাধ্য করা (যেমন—বাড়ি)। **dis·pos·session** *n*

dis·proof [ডিস্‌প্রূফ়্‌] *n* (যুক্তি) খণ্ডন; মিথ্যা প্রতিপাদন।

dis·pro·por·tion [ডিস্‌প্র 'পো° শ্‌ন্‌] *n* অনুপাতের অভাব; অসামঞ্জস্য। **~·ate** *adj* অনুপাতহীন; অসমঞ্জস: His punishment was ~ate to his crime. **~·ate·ly** *adv*

dis·prove [ডিস্‌প্রুভ্‌] *vt* ভুল বা মিথ্যা প্রমাণ করা।

dis·put·able [ডি 'স্‌পিউটাব্‌ল্‌] *adj* বিতর্কিত; প্রশ্নসাপেক্ষ।

dis·pu·tant [ডিস্‌পিউটান্‌ট্‌] *n* বিতর্ক বা বিরোধকারী ব্যক্তি।

dis·pu·ta·tion [ডিস্‌পিউটেইশ্‌ন্‌] *n* বিতর্ক; বিরোধ; বাদানুবাদ; বিতর্কানুশীলন।

dis·pu·ta·tious [ডিস্‌পিউ'টেইশাস্‌] *adj* তর্কপ্রবণ; ঝগড়াটে।

dis·pute[1] [ডি'স্‌পিউট্‌] *n* ১ বিতর্ক; বিরোধ; যুক্তি। **in ~** বিতর্কিত বিষয়। **beyond all ~** তর্কাতীত: His excellence as a writer is beyond ~. **In ~ with** বিরোধে জড়িত। ২ বিবাদ: There is a legal ~ on this piece of land.

dis·pute[2] [ডিস্‌পিউট্‌] *vt,vi* ১ **~ (with/against sb)** তর্ক করা; বাক্যের কলহ। ২ আলোচনা করা; কোনো কিছুর সত্যতা সম্পর্কে প্রশ্ন করা। ৩ জয়ের জন্য চেষ্টা করা; সংগ্রাম করা।

dis·qua·li·fi·ca·tion [ডিস্‌কুঅলিফ়িকেইশ্‌ন্‌] *n* অযোগ্যতা; অযোগ্যতার কারণ।

dis·qual·ify [ডিস্‌কুঅলিফ়াই] *vt* **~ sb (for sth/from doing sth)** অযোগ্য করা; অক্ষম করা।

dis·quiet [ডিস্‌কোয়াইঅট্‌] *vt* চিন্তিত করা; উদ্বিগ্ন করা: We were ~ed by the news of his illness. □*n* উদ্বেগ; দুশ্চিন্তা: The news of his illness caused much ~ in the office.

dis·qui·si·tion [ডিস্‌কুইজ়িশ্‌ন্‌] *n* **~ on sth** কোনো বিষয়ের উপর দীর্ঘ; বিস্তৃত বক্তৃতা বা রচনা।

dis·re·gard [ডিস্‌রি'গা:ড্‌] *vt* অগ্রাহ্য করা; পাত্তা না দেওয়া; অমান্য করা। □*n* অগ্রাহ্যকরণ; অবহেলা: You should not show ~ to your parents.

dis·re·pair [ডিস্‌রি'পেআ(র্‌)] *n* মেরামতের অভাবে দুর্দশা: The house has been in ~ for a long time.

dis·repu·table [ডিস্‌ 'রেপিউটাব্‌ল্‌] *adj* কুখ্যাত; অসম্ভ্রান্ত; কলঙ্কজনক; অশোভন: The house is a ~ one. **dis·repu·tably** *adj*

dis·re·pute [ডিস্‌রি'পিউট্‌] *n* কুখ্যাতি; দুর্নাম; খ্যাতিহানি: The institution has fallen into ~.

dis·re·spect [ডিস্‌রি'স্‌পেক্‌ট্‌] *n* অসম্মান; অশ্রদ্ধা। **~·ful** *adj* অসম্মানজনক; অশ্রদ্ধাপূর্ণ। **~·fully** *adv* অশ্রদ্ধাপূর্ণভাবে।

dis·robe [ডিস্‌'রৌব্‌] *vi,vt* পোশাক খুলে ফেলা; নগ্ন হওয়া।

dis·rupt [ডিস্‌'রাপ্‌ট্‌] *vt* ভাঙা; চূর্ণ করা; শক্তিপ্রয়োগে আলাদা করা; ব্যাহত করা: The factional quarrel ~ed the party. **dis·rup·tion** *n* ব্যাহতকরণ। **dis·rup·tive** *adj* ব্যাহতকারী; ধ্বংসকারী।

dis·sat·is·fac·tion [ডিস্‌ 'স্যাটিস্‌'ফ়্যাকশ্‌ন্‌] *n* অসন্তোষ; অতৃপ্তি।

dis·sat·isfy [ডি'স্যাটিস্‌ফ়াই] *vt* অসন্তুষ্ট করা; তৃপ্ত বা সন্তুষ্ট করতে ব্যর্থ হওয়া; ক্ষুব্ধ করা: He was dissatisfied with the kind of life he was forced to live.

dis·sect [ডি'সেক্‌ট্‌] *vt* ১ (প্রাণীদেহ, উদ্ভিদ ইত্যাদি পরীক্ষার জন্য) ব্যবচ্ছেদ করা। ২ (যুক্তি বা তত্ত্বকে) বিশ্লেষণ করে সত্যাসত্য যাচাই করা। **dis·sec·tion** ব্যবচ্ছেদ; বিশ্লেষণ।

dis·semble [ডি 'সেম্‌ব্‌ল্‌] *vt,vi* (আনুষ্ঠা.) ছদ্মবেশ ধারণ করা; আসল মনোভাব গোপন করা। **dis·semb·ler** *n* প্রতারক; শঠ; নিজ মনোভাব গোপনকারী কপট ব্যক্তি।

dis·semi·nate [ডি'সেমিনেইট্‌] *vt* ধারণা; তত্ত্ব ইত্যাদি প্রচার করা; বিতরণ করা। **dis·semi·na·tion** *n*

dis·sen·sion [ডি'সেন্‌শ্‌ন্‌] *n* ক্রুদ্ধ বাদানুবাদ; ঝগড়া: There is a serious inter party ~ on the question of the form of government.

dis·sent[1] [ডি'সেন্ট্‌] *n* ভিন্নমতের প্রকাশ; মতদ্বৈধ।

dis·sent[2] [ডি'সেন্‌ট্‌] *vi* ১ **~ from** ভিন্নমতাবলম্বন করা; ভিন্নমত প্রকাশ করা; অনুমোদন করতে অস্বীকার করা: He ~ed from what the chief speaker said.

dis·ser·ta·tion [ডিসা'টেইশ্‌ন্‌] *n* গবেষণামূলক দীর্ঘ নিবন্ধ; অভিসন্দর্ভ (যা বিশ্ববিদ্যালয়ের উচ্চতর ডিগ্রি লাভের জন্য প্রস্তুত করা হয়)।

dis·ser·vice [ডিস্‌'সা:ভিস্‌] *n* অহিতসাধন; ক্ষতিকর কাজ: You have done me a ~ by not telling me the news.

dis·si·dent [ডিসিডান্‌ট্‌] *adj* ভিন্নমতাবলম্বী। □*n* ভিন্নমতাবলম্বী ব্যক্তি। **dis·si·dence** *n* ভিন্নমত; মতদ্বৈধ।

dis·simi·lar [ডি'সিমিলা(র্)] *adj* ~ **(from/to)** অসদৃশ; বিসদৃশ; ভিন্ন: People with ~ tastes cannot get on well together. **~·ity** *n* পার্থক্য; ভিন্নতা। **dis·sim·ilar·ly** *adv*. **dis·sim·ili·tude** = dissimilarity.

dis·simu·late [ডি 'সিমিউলেইট্] *vt,vi* (আনুষ্ঠা.) প্রকৃত মনোভাব; অনুভূতি গোপন করে ভিন্ন অবস্থার ভান করা। **dis·simu·la·tion** *n*

dis·si·pate ['ডিসিপেইট্] *vt,vi* ১ দূর করা: His assurance ~d our fear/doubt. ২ অপচয় করা: Don't ~ your energy in worthless pursuits. **dis·si·pated** *part adj* অর্থহীন কিংবা ক্ষতিকর আমোদপ্রমোদে লিপ্ত: He leads a ~d life.

dis·si·pa·tion [ডিসি'পেইশ্ন্] *n* তুচ্ছ বা ক্ষতিকর আমোদপ্রমোদে লিপ্ত অবস্থা: a life of ~.

dis·so·ci·ate [ডি 'সৌশিআট্] *vt* ~ **(from)** পৃথক করা; সংশ্লিষ্ট না থাকা: সংযোগ অস্বীকার বা ছিন্ন করা: He ~d himself from politics. **dis·so·cia·tion** *n* সংযোগচ্ছেদন; বিচ্ছিন্নতা; সঙ্ঘচ্যুতি।

dis·sol·uble [ডি'সলিউব্ল্] *adj* যা দ্রব করা যায়; যা ভাঙা যায়; চূর্ণনযোগ্য; যা বাতিল করা যায়।

dis·so·lute [ডিসালিউট্] *adj* অসচ্চরিত্র; চরিত্রহীন; অনৈতিক জীবনযাপনকারী: He leads a ~ life. **~·ly** *adv*

dis·sol·ution ['ডিসা'লূশ্ন্] *n* ~ **(of)** দ্রবণ; (সংগঠনাদির/বৈবাহিক সম্পর্কের) অবসান; (বিশেষত নির্বাচনের আগে) পার্লামেন্টের অবলুপ্তি।

dis·solve [ডি'জ়ল্ভ্] *vt,vi* ১ গলানো; গলে যাওয়া; দ্রবীভূত হওয়া: Salt is ~d in water. ২ অদৃশ্য হওয়া; মিশে যাওয়া: The view ~d in mist. ৩ লুপ্ত হওয়া।

dis·son·ance ['ডিসানান্স্] *n* সুরের অমিল; অনৈক্য। **dis·son·ant** ['ডিসানান্ট্] *adj* বেসুরো; ঐক্যহীন।

dis·suade [ডি'স্ওয়ে ইড্] *vt* ~ **sb (from sth/from doing sth)** কোনো কাজ করা থেকে বিরত করা: He ~d his son from joining the army. **dis·sua·sion** *n* বিরতকরণ।

dis·taff ['ডিস্টা:ফ্] *n* সুতা কাটার সময় পশম, শণ ইত্যাদি জড়িয়ে রাখার জন্য ব্যবহৃত কাটিম। **on the '~ side** বংশধারায় মায়ের দিক।

dis·tance ['ডিস্টান্স্] *n* ১ দূরত্ব: The house can be seen from a ~ of two miles. **at a ~** খুব কাছে নয়। **In the ~** দূরে। **Keep sb at a ~** কাউকে দূরে রাখা। **Keep one's ~** খুব বেশি অন্তরঙ্গ না হওয়া; জড়িয়ে না যাওয়া। **Long-~** *adj* দূরপাল্লার (দৌড়, ভ্রমণ ইত্যাদি)। ২ সময়ের ব্যবধান: to look back over a ~ of 20 years.

dis·tant [ডিস্টান্ট্] *adj* ১ দূরবর্তী: The station is 3 miles ~ from the town. ২ দূরসম্পর্কীয় (আত্মীয়): He is a ~ uncle of ours. ৩ সহজে দৃশ্যযোগ্য নয় এমন (সাদৃশ্য): There is only a ~ similarity between the two pictures. **~·ly** *adv*

dis·taste [ডিস্'টেইস্ট্] *n* ~ **(for)** অপছন্দ; অরুচি; বিরাগ: I have a ~ for science fiction. **~·ful** *adj*: It is ~ful to me to lie to anybody. **~·ful·ness** *n*

dis·temper[1] [ডি 'স্টেম্পা(র্)] *n* ঘরের দেয়াল রং করার পদ্ধতি; রং। □*vt* এই পদ্ধতিতে ঘরের দেয়াল রং করা: They have used blue ~ on the walls.

dis·temper[2] [ডি'স্টেম্পা(র্)] *n* (প্রধানত পশুদের) কাশি এবং দুর্বলতাদায়ক ব্যাধি।

dis·tend [ডি'স্টেন্ড্] *vt,vi* ফোলা বা ফোলানো। **dis·ten·sion** *n* ফোলা অবস্থা।

dis·til [ডি'স্টিল্] *vt,vi* ~ **sth (from sth)** ফোঁটায় ফোঁটায় ঝরা বা ঝরানো পাতনের সাহায্যে তরল পদার্থ শোধন করা; চোলাই করা। **dis·til·la·tion** *n* পাতন; এই পদ্ধতিতে প্রাপ্ত দ্রব্য।

dis·til·ler [ডিস্টিল'(র্)] *n* চোলাইকারী (বিশেষত হুইস্কির)। **~y** *n(pl* ries) চোলাই করার কারখানা।

dis·tinct [ডি'স্টিঙ্কট্] *adj* ১ সহজে দৃষ্ট; সহজে চিহ্নিতকরণযোগ্য: He has a ~ handwriting. ২ ~ **(from)** পৃথক; স্বতন্ত্র: The two sounds have ~ articulations. **~·ly** *adv* স্পষ্টভাবে। **~·ness** *n* স্পষ্টতা; পার্থক্য।

dis·tinc·tion [ডি'স্টিঙ্ক্শ্ন্] *n* ১ পার্থক্য; স্বাতন্ত্র্য; পৃথকীকরণ: Everybody enjoys equal rights without ~ of caste and creed. **a ~ without a difference** প্রকৃতপক্ষে কোনো পার্থক্য নয়। ২ পার্থক্যসূচক বৈশিষ্ট্য: What is the ~ between a road and a highway? ৩ বিশিষ্টতা: He is a writer of ~. ৪ সম্মান: He won many ~s as a scholar.

dis·tinc·tive [ডি 'স্টিঙ্কটিভ্] *adj* স্বাতন্ত্র্যসূচক: 'i' and 'i:' are two distinctive vowel sounds in English. **~·ly** *adv*

dis·tin·guish [ডি'স্টিঙ্গুইশ্] *vt,vi* ১ ~ **one thing from another; ~ between two things** দুটি জিনিসের মধ্যে পার্থক্য শোনা, দেখা, বোঝা: One should be able to ~ between good and bad. ২ শুনে বা দেখে চিহ্নিত করতে পারা: He has poor eyesight and cannot ~ distant objects. ৩ পৃথক করা: The faculty of reasoning ~es men from the animals. ৪ ~ **oneself** নিজেকে স্বাতন্ত্র্যমণ্ডিত করা: He has ~ed himself as a scholar. **~·able** *adj* পার্থক্যকরণযোগ্য; চেনা যায় এমন। **~ed** বিশিষ্ট; স্বতন্ত্র; সম্মানিত: He is a ~ed scholar.

dis·tort [ডি'স্টো°ট্] *vt* ১ বিকৃত করা: His face was ~ed by anger. ২ মিথ্যা; বিকৃত বিবরণ দেওয়া: His account of the incident is ~ed. **dis·tor·tion** *n* বিকৃতি; বিকৃত ঘটনা।

dis·tract [ডি'স্ট্র্যাক্ট্] *vt* ~ **(from)** মনোযোগ ভিন্নমুখী করা: The loud music upstairs ~ed me from my studies. **~ed** *adj* বিক্ষিপ্তচিত্ত; বিহ্বল: He was ~ed with grief. **~·ed·ly** বিহ্বলভাবে।

dis·trac·tion [ডিস্ট্র্যাক্শ্ন্] *n* ১ চিত্তবিক্ষেপ। ২ বিরক্তিকর; মনোযোগ নষ্টকারী কোনো কিছু। ৩ চিত্তবিনোদনের ব্যবস্থা: There is little ~ in this small town. ৪ উন্মত্ততা; মানসিক বিভ্রান্তি ও বিহ্বলতা: I was driven to ~ by his nagging behaviour.

dis·train [ডি'স্ট্রেইন্] *vt* ~ **(upon)** (আইন.) (প্রধানত বাকি ভাড়া বা মূল্যের দায়ে) মাল ক্রোক করা। **dis·traint** *n* ক্রোক।

dis·trait [ডিস্ট্রেই] *adj* (ফ.) আনমনা; অমনোযোগী।

dis·traught [ডি'স্ট্রো°ট্] *adj* বিক্ষিপ্তচিত্ত; বিহ্বল; ক্ষ্যাপা; উন্মাদগ্রস্ত: He is ~ with grief.

dis·tress[1] [ডি'স্ট্রেস্] *n* ১ নিদারুণ বেদনা বা যন্ত্রণা; আর্থিক দৈন্যঘটিত দুর্দশা: We should all try to relieve the ~ of the poor. ২ চরম বিপদ; সঙ্কট: The ship sent a ~ signal on the wireless.

dis·tress[2] [ডি'স্ট্রেস্] *vt* বেদনা, যন্ত্রণা বা মর্মপীড়া দেওয়া; He was ~ed to hear the news of his son's illness. ˌ**~ed 'area** বেকারত্বপীড়িত অঞ্চল। **~·ful**, **~·ing** *adjj* . **~·fully, ~·ing·ly** *advv*

dis·tri·bute [ডি'স্ট্রিবিউট্] *vt* ১ ~ **(to/among)** বিতরণ করা; বণ্টন করে দেওয়া: The minister ~d relief materials among the flood-victims. ২ ছড়িয়ে দেওয়া। ৩ শ্রেণীকরণ করা। ৪ (মুদ্রণ) কম্পোজ ভেঙে টাইপসমূহকে পুনরায় টাইপের খোপে রাখা। **dis·tribu·tor** *n* বিতরণকারী ব্যক্তি বা বস্তু।

dis·tribu·tion [ডিস্ট্রি'বিউশন্] *n* বিতরণ; বিতরণপদ্ধতি; বণ্টন: The socialists want an equitable ~ of wealth among the people. The ~ of the Ganges water.

dis·tribu·tive [ডি'স্ট্রিবিউটিভ্] *adj* ১ বিতরণ সম্পর্কিত। ২ (ব্যাক.) কোনো জাতি বা শ্রেণীর প্রত্যেককে বোঝানো, যেমন—'each', 'every', 'either'. **~·ly** *adv*

dis·trict ['ডিস্ট্রিক্ট্] *n* ১ জেলা; দেশের একটি অঞ্চল; প্রশাসনিক এলাকাবিশেষ: There are 64 administrative ~s in Bangladesh. ২ শহর বা দেশের অংশ যা বিশেষ কোনো কাজের জন্য চিহ্নিত: The postal ~s. ~ **council** জেলা পরিষদ।

dis·trust [ডিস্ট্রাস্ট্] *n* সন্দেহ; অবিশ্বাস: He looked at me with ~. □*vt* অবিশ্বাস করা; সন্দিহান হওয়া: Everybody ~s a liar. **~·ful** *adj* সন্দিহান; সন্দিগ্ধ; অবিশ্বাসপ্রবণ: She looked at me with ~ful eyes. **~·fully** *adv*. **~·ful·ness** *n*

dis·turb [ডি 'স্টাব্] *vt* বিশৃঙ্খল করা; স্বাভাবিক অবস্থাকে বিঘ্নিত করা; মনোযোগ নষ্ট করা: I don't want to be ~ed while I am studying. He was ~ed by the news. ~ **the peace** শান্তি বিঘ্নিত করা, দাঙ্গা ঘটানো ইত্যাদি।

dis·turb·ance [ডিস্'টাবন্স্] *n* বিশৃঙ্খলা, উত্তেজনা, অশান্তি, সামাজিক বা রাষ্ট্রীয় গোলযোগ।

dis·union [ডিস্'ইউনিঅন্] *n* সংযোগছিন্নতা; অনৈক্য; বিচ্ছেদ; বিবাদ।

dis·unite [ডিস্ইউনাইট] *vt vi* বিচ্ছিন্ন করা।

dis·unity [ডিস্'ইউনাটি] *n* অনৈক্য; একতার অভাব।

dis·use [ডিস্'ইউস্] *n* অব্যবহার; অপ্রচলন: The key is rusty from ~. The word has fallen into ~. **~d** *part adj* অব্যবহৃত; পরিত্যক্ত: a ~d warehouse.

di·syl·labic [ডিসিল্যাবিক্] *adj* দুই অক্ষর (সিলেব্‌ল্) বিশিষ্ট (শব্দ); দ্বি-স্বরা (শব্দ)।

ditch [ডিচ্] *n* পরিখা; খাত; পয়োনালী; খানা; ডোবা। **dull as '~ water,** অতিমাত্রায় নীরস। □*vt,vi* ১ পরিখা খনন করা। ২ পরিখা বা নালার মধ্যে ছুঁড়ে ফেলা; সমুদ্রে বিমানকে জরুরি অবতরণ করানো: The pilot ~ed his plane; (লাক্ষ. অশিষ্ট) পরিত্যাগ করা: The drunkard ~ed his car; হঠাৎ কাউকে অসহায় অবস্থায় ফেলে চলে যাওয়া: The boy ~ed his girl friend when she got with a child.

dither ['ডিদা(র্)] *vi* (কথ্য) ইতস্তত করা। □*n* (কথ্য) দ্বিধাগ্রস্ত; নার্ভাস; সিদ্ধান্তহীন অবস্থা: He is in a ~.

ditto ['ডিটৌ] *n* (সং do) পূর্বোল্লেখিত; একই রকম আগের মতো (সাধা. তালিকায় একই শব্দ পুনরায় লেখা পরিহার করার জন্য do ব্যবহৃত হয়)। **say ~ to** (কথ্য) একই কথা বলা; একমত হওয়া; মতৈক্য প্রকাশ করা; হুঁ হুঁ করে যাওয়া।

ditty ['ডিটি] *n* ক্ষুদ্র; সাদাসিধে গান।

di·ur·etic [ডাইইউরেটিক্] *n,adj* (চিকি) মূত্রবর্ধক মূত্রবর্ধক ঔষধ।

di·ur·nal [ডাই'আনল্] *adj* (আনুষ্ঠা.) আহ্নিক (যেমন—আহ্নিক গতি): diurnal motion of the sun একদিনব্যাপী; ঐকাহিক।

di·va·gate [ডাইভগেইট্] *vi* ~ **(from)** (আনুষ্ঠা.) বিপথে যাওয়া; মূল প্রসঙ্গ থেকে বিচ্যুত হওয়া **di·va·ga·tion** *n*

di·van [ডি'ভ্যান্ US ডাইভ্যান্] *n* ১ হেলান দেওয়ার ব্যবস্থাবিহীন লম্বা, নিচু এবং নরম আসন। **'~-bed** শয়নের জন্য ব্যবহৃত ডিভান। ২ (মুসলিম দেশের) রাজসভা, যেমন—দিওয়ান-এ-আম, দিওয়ান-এ-খাস।

dive[1] [ডাইভ্] *n* ১ পানিতে বা শূন্যে ঝাঁপ; ডুব। ২ (কথ্য) মদ বিক্রি হয় বা জুয়া খেলা হয় এমন জায়গা; ঠেক।

dive[2] [ডাইভ্] *vi* ১ মাথা নীচের দিকে দিয়ে পানিতে ঝাঁপ দেওয়া: The man ~d into water in order to save a drowning man. ২ (ডুবুরি বা ডুবোজাহাজ) পানির নীচে ডুব দেওয়া। **'diving-board** স্থিতিস্থাপক/ নমনীয় পাটাতন যেখান থেকে ক্রীড়াবিদরা ঝাঁপ দেয় (সুইমিং পুলে)। **'diving-dress** ডুবুরিদের ব্যবহৃত বায়ুশূন্য শিরস্ত্রাণ সমন্বিত পোশাক। ৩ দ্রুত উচ্চ স্তর থেকে নিচু স্তরে নেমে আসা: The air plane ~d. **'~-bomber** *n* নীচের দিকে নেমে এসে যে বোমারু বিমান বোমা ফেলে পুনরায় উপরে উঠে যায়। **diver** ডুবুরি।

di·verge [ডাইভাজ্] *vi* ~ **(from)** নির্দিষ্ট কেন্দ্র থেকে বিভিন্ন দিকে ছড়িয়ে পড়া; নির্দিষ্ট কেন্দ্র (শুরুর স্থল) থেকে অথবা চলার পথে পরস্পর থেকে আরো দূরে সরে যাওয়া; মূল ধারা থেকে সরে আসা বা বেরিয়ে যাওয়া। **di·ver·gence** *n* অপসরণ; বিচ্যুতি; কেন্দ্রচ্যুতি; বিকিরণ। **di·ver·gent** *adj* বিপথগামী; বিচ্যুত; অপসরণশীল।

di·verse [ডাইভাস্] *adj* নানা রকম; বিভিন্ন; একাধিক: Professions are extremely ~ in the urban areas. **~·ly** *adv*

di·ver·sify [ডাই'ভাসিফাই] *vt* ১ বিভিন্ন রকম করা; বিচিত্র করা: A university student should have diversified interests. ২ বহুমুখী হওয়া (যেমন ব্যবসাপ্রতিষ্ঠানে একটি দ্রব্যের প্রস্তুতিকরণ ও বাজারজাতকরণে সীমাবদ্ধ না থেকে বিবিধ দ্রব্যাদি তৈরি ও বাজারজাতকরণের মাধ্যমে ব্যবসায়ের ঝুঁকি কমিয়ে আনা): The paper-manufacturer diversified into packaging and publishing.

di·ver·sion [ডাই'ভাশন্ US ডাইভাজ্‌ন্] *n* গতিপরিবর্তন; ভিন্নমুখীকরণ: the Tongi ~ road; সেতু মেরামতের জন্য যানবাহনকে বিকল্প পথে চালিতকরণ।

আমোদপ্রমোদ; বিনোদন: One needs ~s after continued hard work. ৩ চিত্তবিক্ষেপ; মনোযোগহরণ; (যুদ্ধে শত্রুর) মনোযোগ ভিন্নমুখী করার জন্য গৃহীত কৌশল। **~·ist** অন্তর্ঘাতকারী ব্যক্তি।

di·ver·sity [ডাই'ভ্যাসাটি] *n* বহুমুখিতা; বৈচিত্র্য।

di·vert [ডাই'ভ্যট্] *vt* **~ (from)** ১ গতিপথ পাল্টে দেওয়া: India ~ed the course of the river. ২ আনন্দ দেওয়া; মনোযোগ অন্য দিকে সরিয়ে নেওয়া: We were greatly ~ed by the show. The sudden hue and cry ~ed my attention from the book I was reading.

di·vest [ডাই'ভেস্ট্] *vt* **~ sb of** ১ (আনুষ্ঠা.) পোশাক খুলে নেওয়া: The priest was ~ed of his robes. ২ ক্ষমতা কেড়ে নেওয়া: The ruler was ~ed of all his powers. ৩ পরিহার করা; পরিত্যাগ করা: He could not ~ himself of the idea of marriage.

di·vide[1] [ডি'ভাইড্] *vt,vi,* ১ **~ sth (up/out); ~ sth between/among sb; ~ sth from sth** পৃথক করা; ভাঙা: We ~d the oranges among the children. India was ~d in 1947. The Jamuna ~s North Bengal from East Bengal. ২ **~ into; ~ by** ভাগ করা: Can you ~ 40 by 10 ? ৩ ক্ষুদ্রতর অংশে ভাগ করা: The book is ~d into 5 chapters. ৪ মতানৈক্য সৃষ্টি করা; মতানৈক্য হওয়া: The jury was ~d on the verdict.

di·vide[2] [ডি'ভাইড্] *n* বিভাজনকারী কোনো বিষয় বা বস্তু, বিশেষত দুই নদীর অববাহিকার বিভাজক রেখা; জলবিভাজিকা।

divi·dend ['ডিভিডেন্ড্] *n* ১ (গণিত) ভাজ্য। দ্র. divisor. ২ (বাণিজ্য) ঋণের সুদ বা (যৌথ ব্যবসায়ে) লভ্যাংশরূপে প্রদেয় বা প্রাপ্য অর্থ; বিমাকারীকে প্রদত্ত লভ্যাংশ; **'~-warrant** কোনো ব্যাংককে লভ্যাংশ দেওয়ার জন্য প্রদত্ত আদেশ।

di·vid·ers [ডি'ভাইডাজ্] *n* **(pair of) ~** রেখা বা কোণ বিভক্ত করার জন্য ব্যবহৃত কম্পাস ইত্যাদি।

div·i·nation [ডিভি'নেইশ্ন্] *n* ভবিষ্যৎ কথন; অতিপ্রাকৃত উপায়ে ভবিষ্যৎ জানার পদ্ধতি; চতুর অনুমান।

di·vine[1] [ডি'ভাইন্] *adj* ১ ঐশ্বরিক; দেবসুলভ; দৈব; দিব্য: Love is divine, পবিত্র। **D~ service** ঈশ্বরের উপাসনা। ২ (কথ্য) অনুপম; অতীব সুন্দর: The scenery of the Himalayas look divine. □*n* ধর্মবেত্তা।

di·vine[2] [ডি'ভাইন্] *vt,vi* ভবিষ্যৎ সম্পর্কে জানা; গুহ্য রহস্য জানা; ভবিষ্যদ্বাণী করা: We cannot ~ how this law-suit is going to end. **~·ly** *adv*

di·viner [ডি'ভাইনা(র্)] *n* ভবিষ্যদ্বক্তা, গণক, বিশেষত যারা মাটির নীচে কোথায় জল বা কোনো ধাতু আছে তা বলে দিতে পারে বলে দাবি করে। **Di'vining-rod SX** Y আকারের লাঠিবিশেষ, যার সাহায্যে এ ধরনের গণকরা ভূগর্ভস্থ জল ইত্যাদি আবিষ্কারের দাবি করেন।

di·vin·ity [ডি'ভিনাটি] *n* ১ দেবত্ব; দেবতা। ২ ধর্মশাস্ত্র; স্বর্গীয় বিষয়াদি সম্পর্কিত শাস্ত্র: a doctor of ~, ধর্মশাস্ত্রে ডক্টরেট ডিগ্রিপ্রাপ্ত।

di·vis·ible [ডি'ভিজাবল্] *adj* (গণিত) নিঃশেষে বিভাজ্য: 10 is ~ by 2.

di·vi·sion [ডি'ভিজ্ন্] ১ বিভাজন; ভাগ; বণ্টন: The ~ of the profit among the shareholders. ২ বিভাগ: The Accounts D~ of the company is on the 3rd floor. ৩ বিভাজনরেখা: The river marks the ~ between the two districts. ৪ মতানৈক্য: There was a sharp ~ among the members of the party. ৫ প্রদেশের অংশ; বিভাগ: Bangladesh is divided into 5 ~s. ৬ সেনাবাহিনীর অংশ: 3 divisions of soldiers were sent to the borders.

di·vi·sive [ডি'ভাইসিভ্] *adj* বিভেদকারী; বিবাদ সৃষ্টিকারী: The government's ~ policies caused much discontent. **~·ly** *adv*. **~·ness** *n*

div·isor [ডি'ভাইজ়া(র্)] *n* (গণিত) ভাজক।

di·vorce[1] [ডি'ভো°স্] *n* ১ বিবাহবিচ্ছেদ; তালাক। ২ সংযোগছেদ বা সম্পর্কের বিলুপ্তি বা অবসান: The ~ between politics and religion.

di·vorce[2] [ডি'ভো°স্] *vt* **~ (from)** ১ বিবাহবিচ্ছেদ ঘটানো; তালাক দেওয়া। ২ (লাক্ষ.) সম্পর্কযুক্ত জিনিসকে পরস্পর থেকে বিচ্ছিন্ন করা: When politics is ~d from morality it turns into fascism. **di·vor·cee** *n* তালাকপ্রদানকারী স্বামী/স্ত্রী; তালাকপ্রাপ্ত স্বামী/স্ত্রী।

di·vulge [ডাই'ভালজ] *vt* গোপন কথা ফাঁস করা। **di·vul·gence** *n* গোপন তথ্য ফাঁসের ঘটনা।

dizzy ['ডিজি] *adj* ১ মাথা ঘোরাচ্ছে এমন (ব্যক্তি); মানসিকভাবে বিহ্বল; হতবুদ্ধি। ২ (স্থান বা অবস্থা সম্পর্কিত) বিহ্বল করে দেওয়ার মতো; মাথা ঘোরানোর অনুভূতি সৃষ্টি করে এমন; (লাক্ষ.) খুব উঁচু পদ বা অবস্থান: His fame rose to a ~ height. **diz·zily** *adv*

do[1] [ডা] strong form [ডু], *neg* don't [ডৌন্ট্]; *3rd person sing pres t* does [ডাজ্], *neg* doesn't [ডাজ়ন্ট্]; *pt* did [ডিড্], *neg* didn't [ডিড্ন্ট্]; *pp* done [ডান্] ১ main verb–এর সাথে ব্যবহার (ক) *neg* বাক্যে not সহকারে: Don't go there. (খ) প্রশ্নবোধক বাক্যে: Does/did he go there ? (গ) জোর বোঝানোর জন্য: He did say this. ২ (ক) main verb-এর পরিবর্তে: He is earning more money than he did (i. e. earned) last year. (খ) Tag question-এ: He wants to go there, doesn't he?

do[2] [ডু] *vt,vi* ১ কোনো কিছু করা: What is he doing in the garden ? What does your father do ? (পেশা কি?) What man has done, man can do. **Do it yourself** (DIY) নিজে করা, যেমন—ঘরদোর সারাই, মেরামত, চুনকাম ইত্যাদি; আসবাবপত্র নিজে বানানো। **Easier said than done** বলা সহজ করা কঠিন। **No sooner said than done** যেমন বলা তেমন কাজ। ২ (ক) সৃষ্টি করা; ঘটানো; বানানো: Patience can do wonders. Can you do five copies of this letter for me ? (খ) কোনো কাজে ব্যস্ত থাকা: He is doing his homework. (গ) সম্পাদন করা: We should do our duty to our country. (ঘ) পাঠ গ্রহণ করা: He is doing honours at Dhaka University. (ঙ) সুশৃঙ্খল করা; সাজানো: The house has been done beautifully; She did her hair carefully. **do-gooder** *n* (কথ্য) (প্রায়শ ব্যঙ্গার্থে) এমন ব্যক্তি, যে সব সময়ে পরের ভালো করতে চায়। ৩ *(pp* এবং perfect tenses) সমাপ্ত করা; সাঙ্গ করা: It's done; উপযোগী হওয়া: This pen won't do for my purpose; যথেষ্ট হওয়া: Four shirts will do at present. **How do you do** ? (সম্ভাষণ জানানোর ফর্মুলা বাক্য)। ৪ ভ্রমণে পথ অতিক্রম করা: We did 50 miles a day on our tour through India. ৫ দৃশ্য দেখা; বেড়ানো: Have you done the parks of this town ? ৬ **have to do with** সম্পর্কযুক্ত হওয়া; জড়িত হওয়া: The problem of crime in the city has to do with the drug-trafficking. **do away with** বাতিল করা; পরিহার করা: You should do away with your bad habits; হত্যা করা: The king did a way with all his enemies. **do for sb/sth** (কথ্য) চাকরি করা, বিশেষত গৃহস্থালীতে: Abdul has been doing for us for 10 years; জীর্ণ হয়ে যাওয়া; ধ্বংস হওয়া: I am done for ! **be done in** ক্লান্ত হওয়া: I was done in after the long day's work. **do sth up** মেরামত করা; নবায়ন করা: They have done the house up recently. **do with sb/sth (ক)** What did you do with my pen ? (কোথায় রেখেছ?) **(খ)** সহ্য করা: He couldn't do with his son's disobedience. **(গ)** I feel as if I can do with a cup of tea, এক কাপ চা হলে ভালো হতো। **do without sb/sth** কোনো কিছু ছাড়াই চলা: I can't do without your service. We cannot do without water even for a day.

do[3] [ডু] *n (pl* does অথবা do's [ডূজ্]) ১ (অশিষ্ট) প্রতারণা; ধাপ্পাবাজি: The whole thing is a do. ২ (কথ্য) আমোদপ্রমোদ, খানাপিনা বা নাচগানের আসর: There was a big do at the club last night. ৩ রীতিনীতি; আইনকানুন: Religion is a sumtotal of do's and don'ts.

do[4] [ˈডিটৌ] ditto-এর সংক্ষেপ।

do[5] [ডৌ] *n* (সঙ্গীত) স্বরগ্রামের প্রথম স্বর, ষড়জ বা সা।

dob·bin [ˈডবিন্] *n* খামারের ঘোড়ার আদুরে বা ঘরোয়া নাম।

doc·ile [ˈডৌসাইল্ US ˈডস্‌ল্] *adj* সহজে বশ মানে এমন; বাধ্য; সহজে শেখানো যায় এমন: Teachers like ~ pupils. **do·cil·ity** [ডৌˈসিলাটি] *n* বাধ্যতা।

dock[1] [ডক্] *n* ১ জাহাজঘাটা, ডক; ফেরিঘাট; যেখানে জাহাজ বা নৌকা মেরামত করা হয়, মাল খালাস করা হয়: The ship entered the ~. ˈ**dry/** ˈ**groving ~** যে ডক থেকে পাম্প দিয়ে পানি নিষ্কাশন করা যায়। ˈ**floating ~** ভাসমান ডক। ˈ**wet ~** যে ডকে পানিকে উঁচু জোয়ারাঙ্কে রাখা যায়। ˈ**~-dues** ডক ব্যবহারের জন্য মাশুল। ২ *(pl)* অনেকগুলো ডকের সারি, যেখানে জাহাজঘাটা, অফিস ও আনুষঙ্গিক সুবিধাদি থাকে। ˈ**~·yard** জাহাজ নির্মাণ ও মেরামত কারখানা। **~er** *n* ডকইয়ার্ডের মালিক।

dock[2] [ডক্] *vi,vt* ১ (জাহাজের) ডকে ঢোকা ও বেরিয়ে যাওয়া। ২ জাহাজকে ডকে ঢোকানো। ৩ আকাশে দুটি বিমানকে যুক্ত করার কৌশল দেখানো।

dock[3] [ডক্] *n* কাঠগড়া; আদালতে আসামির দাঁড়াবার স্থান।

dock[4] [ডক্] *vt* **~ (off)** ১ (কোনো প্রাণীর লেজ) কেটে ছোট করা। ২ বেতন, পারিশ্রমিক ইত্যাদি কমিয়ে দেওয়া: The new management ~ed the wages of the labourers.

dock[5] [ডক্] *n* বড়ো পাতা এবং ছোট সবুজ ফুল ধরে এমন এক ধরনের সাধারণ আগাছা।

docket [ˈডকিট্] *n* ১ চিঠি বা দলিলের বিষয়বস্তুর সারসংক্ষেপ। ২ (বাণিজ্য) সরবরাহকৃত মালামালের তালিকা; মালের বস্তা বা বান্ডিলের উপর ভিতরের মালের পরিচিতিমূলক লেবেল; মোড়কের উপর প্রদত্ত ব্যবহারবিধি □*vt* তালিকাভুক্ত করা; লেবেল লাগানো।

doc·tor [ˈডকটা(র্)] *n* ১ চিকিৎসক = physician, surgeon. ২ বিশ্ববিদ্যালয়ের সর্বোচ্চ ডিগ্রি (Ph. D.) প্রাপ্ত ব্যক্তি। □*vt* ১ (কথ্য) চিকিৎসা করা; বিড়াল বা ছাগল ইত্যাদিকে খাসি করা: to doctor a tomcat. ২ ভেজাল মেশানো। ৩ (লাক্ষ.) হিসাবপত্র জাল করা।

doc·tor·ate [ˈডকটারট্] *n* যে উপাধি (ডিগ্রি) অর্জন করলে ডক্টর হওয়া যায়: Dr. Ali did his ~ in Physics.

doc·tri·naire [ডক্ট্রিˈনেআ(র্)] *adj* তাত্ত্বিক; কোনো তত্ত্বে অন্ধ বিশ্বাসী; তত্ত্বগত।

doc·trinal [ডক্ˈট্রাইনল্ US ˈডক্‌ট্রিনল্] *adj* মতবাদগত মতবাদ বিষয়ক।

doc·trine [ডক্‌ট্রিন্] *n* মতবাদ; রাজনৈতিক দলের তত্ত্বগত শিক্ষা; কোনো ধর্মসম্প্রদায়ের বিশ্বাস ও উপদেশাবলীর সমাহার; বিজ্ঞানীদের বিশেষ মতধারা বা school: Many Christians believe in the ~ of trinity. The Communist Party believes in the Marxist ~.

docu·ment [ˈডকিউমান্‌ট্] *n* প্রমাণ; দলিল □[ˈডকিউমেন্‌ট্] *vt* দলিল দেখিয়ে প্রমাণ করা; দলিল দেখানো। **docu·men·ta·tion** *n* [U] দলিল রচনা উপস্থাপন বা ব্যবহার।

docu·men·tary [ডকিউˈমেন্‌ট্‌রি] *adj* দলিল সংক্রান্ত; প্রামাণিক; দলিল দ্বারা সমর্থিত: ~ proof/evidence. ২ ˌ**~ (**ˈ**film)** প্রকৃত ঘটনাদির চলচ্চিত্র বাস্তব জীবনকে ভিত্তি করে রচিত চলচ্চিত্র; প্রামাণ্য চিত্র।

dod·der [ˈডডা(র্)] *vi* (কথ্য) কাঁপা বা কম্পমান হওয়া (জরা, দুর্বলতা ইত্যাদির কারণে): to ~ along টলটলায়মান বা স্খলিত পদে চলা। **~er** *n* বার্ধক্যাদির ফলে কম্পমান বা থুত্থুরে বুড়ো। **~·ing, ~y** *adj* কম্পমান; জরাগ্রস্ত।

dodge[1] [ডজ্] *n* ১ (কোনো আঘাত এড়ানোর জন্য) হঠাৎ পাশ কাটানোর ক্রিয়া। ২ (কথ্য) কৌশল; ছল। ৩ (কথ্য) কোনো কাজ সিদ্ধ করার একটি চতুর পরিকল্পনা বা উপায়।

dodge[2] [ডজ্] *vt,vi* ১ হঠাৎ সরে গিয়ে আঘাত বা কোনো কিছু এড়িয়ে যাওয়া; (কোনো সমস্যা বা অসুবিধা) কৌশলে পরিহার করা। **~er** *n* চতুর বা কৌশলী ব্যক্তি।

dodgy [ˈডজি] *adj* (কথ্য) ১ কৌশলপূর্ণ। ২ ঝুঁকি অথবা ক্ষতির সম্ভাবনা আছে এমন।

dodo [ˈডৌডৌ] *n (pl* ~es, ~s) মরিশাস দ্বীপপুঞ্জের উড্ডয়নক্ষমতাহীন অধুনালুপ্ত বড়ো পাখিবিশেষ।

doe [ডৌ] *n* স্ত্রী জাতীয় হরিণ অথবা খরগোশ। ˈ**~ skin** *n* এ ধরনের প্রাণীর খাল; [U] এ ধরনের খাল থেকে প্রস্তুত নরম চামড়া। ˈ**~-eyed** *adj* হরিণীর ন্যায় কালো রঙের চোখবিশিষ্ট।

doer [ডূআ(র্)] *n* যে কাজ করে: He is a ~, not just a talker or thinker. (evil- ~, **wrong- ~** ইত্যাদি compound -এও ব্যবহৃত হয়)।

does [ডাজ্], **doesn't** [ডাজ্‌ন্‌ট্] দ্র. **do**[1].

doff [ডফ্ US ডো°ফ্] *vt* (পুরা.) (do+off) ছাড়া, খুলে ফেলা, ত্যাগ করা।

dog[1] [ডগ্ US ডো°গ্] *n* ১ কুকুর; সারমেয়; অবজ্ঞাসূচক উক্তি; ঘৃণ্য; নীচ প্রকৃতির লোক: You lucky ~ ! ২ (phrase) **a case of ~ eating dog** ব্যবসা বা অন্য কোনো কাজে দুরন্ত প্রতিযোগিতা, যেখানে নির্মম উপায় অবলম্বন করতে হয়। **die like a ~, die a dog's death** লজ্জা, অপমান বা দুর্দশাপীড়িত হয়ে মৃত্যুবরণ করা। **a ~ in the manger** নিজেও ভোগ করতে না পারা এবং অপরকেও ভোগ করতে না দেওয়ার (নীতি)। **dressed like dog's dinner** (কথ্য) এমনভাবে সাজপোশাকে সজ্জিত, যা বিশেষভাবে দৃষ্টি আকর্ষক। **Every ~has his day** (প্রবাদ), সকলেরই (এমনকি দুর্দশাগ্রস্ত ব্যক্তির) জীবনেও সুদিন আসে। **give a ~ a bad name (and hang him)** (প্রবাদ) (গুরুতর ক্ষতি সাধনের পূর্বে) কোনো ব্যক্তির দুর্নাম রটনা করা। **give/throw sth to the ~s** অপ্রয়োজনীয় পদার্থ বোধে কোনো কিছু ছুড়ে ফেলে দেওয়া; আত্মরক্ষার্থে কোনো কিছু বর্জন করা। **go to the ~s** গোল্লায় যাওয়া; সর্বনাশগ্রস্ত হওয়া। **help a lame ~ over a stile** বিপদগ্রস্ত ব্যক্তিকে সাহায্য করা। **lead a ~'s life** সর্বদা সমস্যাপরিপূর্ণ অসুখী জীবন যাপন করা। **lead sb a ~'s life** কাউকে শান্তি না দেওয়া; সব সময়ে অস্থির বা জ্বালাতন করা। **Let sleeping ~s lie** (প্রবাদ); না ঘাটানো; স্বেচ্ছায় নিজেকে বিপদে বা ঝামেলায় না জড়ানো। **look like a ~'s break-fast/dinner** (কথ্য) অপরিচ্ছন্ন; এলোমেলো; অগোছালো। **Love me, love my ~s** (প্রবাদ) আমাকে চাইলে আমার বন্ধুদেরও চাইতে বা পছন্দ করতে হবে। **not stand (even) a ~'s chance** প্রতিকূল অবস্থা থেকে রক্ষা পাওয়ার কোনো সুযোগ বা সম্ভাবনা না থাকা। **be top dog** কর্তৃত্ব করা যায় এমন পদ বা অবস্থায় থাকা। **be (the) underdog** বশ্যতা স্বীকার বা তোয়াজ করে চলতে হয় এমন পদ বা অবস্থায় থাকা। **treat sb like a ~** কারো প্রতি জঘন্য আচরণ করা; দুর্ব্যবহার করা। ৩ **the dogs** (কথ্য); গ্রে-হাউন্ড কুকুরের দৌড় প্রতিযোগিতা। ৪ (যৌগশব্দ) **ˈ~-bee** পুরুষ মৌমাছি; **ˈ~-berry** জাম জাতীয় বুনো ফল। **ˈ~-biscuit** কুকুরে খাওয়ার উপযোগী মোটা শক্ত বিস্কুট। **ˈ~-cart** দুজন যাত্রীর উপযোগী (পিঠে পিঠ লাগিয়ে বসতে পারে এমন) ঘোড়ার গাড়ি। **ˈ~-collar** কুকুরের গলা বেষ্টনকারী বন্ধনী, যার সাথে চামড়ার রজ্জু লাগানো যায়; খ্রিস্টান ধর্মযাজকদের পরিহিত শক্ত কলার, যা গলার পেছন দিকে বাঁধা হয়। **ˈ~-days** বছরের উষ্ণতম সময় (জুলাই–আগস্ট মাস)। **ˈ~-eared** (বই সম্পর্কে) ব্যবহারের ফলে পাতার কোনাগুলো বেঁকে গিয়েছে এমন। **ˈ~-fish** ছোট ধরনের হাঙ্গর মাছ। **ˈ~ fight** কুকুরের লড়াই; জঙ্গি বিমানের এলোমেলো লড়াই। **ˈ~-house** [US] কুকুরের থাকার ঘর। **in the ~-house** (কথ্য) হীন বা বা দুর্দশাগ্রস্ত অবস্থা। **ˈ~'s-body,** কলুর বলদ। **ˈ~-tired** অতিশয় ক্লান্ত; পরিশ্রান্ত। **ˈ~-trot** কুকুরের ধীর ও স্বচ্ছন্দ গতি। **ˈ~-watch** বিকেল ৪টা থেকে সন্ধ্যা ৬টা বা সন্ধ্যা ৬টা থেকে রাত ৮টা পর্যন্ত জাহাজের প্রহরা। **ˈ~-like** কুকুরের ন্যায়: ~-like devotion. **doggy, doggie** [ডগি, US ডো°গি] শিশুদের ভাষায় কুকুরের নাম।

dog[2] [ডগ্ US ডো°-] *vt* (-gg-) (কুকুরের মতো) নিবিড়ভাবে অনুসরণ করা: We were ~ged by misfortune throughout the journey.

dog·ged [ডগিড্ US ˈডো°-] *adj* একগুঁয়ে; নাছোড়বান্দা। **~·ly** *adv* . **~·ness** *n*

dog·gerel [ডগারাল্ US ˈডো°–] *n* [U] অনিয়মিত ছন্দের মূল্যহীন বা বাজে কবিতা।

dogma [ˈডগ্‌মা US ˈডো°-] *n* ১ [C] অন্ধ বিশ্বাস বা গোঁড়া মতবাদ; ধর্মমত।

dog·matic [ডগ্‌ˈম্যাটিক্ US ডো°–] *adj* ১ (ব্যক্তি সম্পর্কে) যে যুক্তিহীন বা গোঁড়া মতবাদ প্রকাশ করে। ২ (উক্তি সম্পর্কে) যুক্তি বা তথ্যনির্ভর নয় এমন মতবাদ বা বিশ্বাস। **dog·mati·cally** *adv*

dog·ma·tism [ˈডগ্‌ম্যাটিজ়াম্ US ডো–]*n* [U] গোঁড়ামি; যুক্তিহীন মতবাদ।

dog·ma·tize [ˈডগ্‌মাটাইজ় US ˈডো° -] *vi,vt* প্রমাণ উপস্থাপন না করে নিশ্চিত মত প্রকাশ করা; যুক্তি-তর্ক উপেক্ষা করে নিজের অন্ধবিশ্বাস জাহির করা।

doh [ডৌ] দ্র. **do**[5].

doily, doy·ley, doyly [ডঃলি] *n* (*pl* -lies) বৌল বা ডিশের নীচে স্থাপিত গোলাকার বা চতুষ্কোণ কাগজ, কাপড়ের টুকরা বা ম্যাট।

do·ings [ˈডূইঙ্‌জ্] *n pl* (কথ্য) কার্যকলাপ; ঘটনাবলী; আচরণ।

dol·drums [ˈডলড্রামজ্] *n pl* ১ নিরক্ষীয় শান্ত বলয়, যেখানে পালতোলা জাহাজসমূহ স্থির হয়ে পড়তো। ২ (কথ্য) **in the ~ (ক)** মনমরা ভাব; বিষণ্ণতা; **(খ)** কর্মতৎপরতাহীন অবস্থা।

dole [ডৌল্] *n* ১ অংশ বা ভাগ। দানরূপে বণ্টিত দ্রব্য। ২ [U] বেকার ব্যক্তিকে রাষ্ট্র কর্তৃক প্রদত্ত সাপ্তাহিক ভাতা। **be/go on the ~** এ ধরনের ভাতা পাওয়া বা পেতে শুরু করা। □*vt* **~out** খাদ্য বা অর্থ স্বল্প পরিমাণে ভাগ করে দেওয়া।

dole·ful [ˈডৌল্‌ফ্‌ল্] *adj* বেদনাময়; শোকপূর্ণ। **~·ly** *adv* . **~·ness** *n*

doll[1] [ডল্] *n* ১ পুতুল। ২ (অশিষ্ট) সুসজ্জিতা কিন্তু নির্বোধ সুন্দরী তরুণী। ৩ (অশিষ্ট) মোহনীয় তরুণী বা রমণী।

doll[2] [ডল্] *vt,vi* **~ up** (কথ্য) সযত্নে সাজপোশাক করা: ~ up for a dinner party.

dol·lar [ডলা(র্)] *n* আমেরিকা; কানাডা; অস্ট্রেলিয়াসহ পৃথিবীর কয়েকটি দেশে ব্যবহৃত মুদ্রার নাম।

dol·lop [ডলপ্] *n* (কথ্য) খাদ্যদ্রব্যের আকারহীন দলা: a ~ of rice.

dolly [ডলি] *n* (*pl* -lies) ১ (শিশুদের ভাষায়) পুতুল। ২ ভারী বস্তু এদিক সেদিক নেবার জন্য চাকাওয়ালা কাঠামো বা মঞ্চ। ৩ (অশিষ্ট) আকর্ষণীয়ভাবে সজ্জিতা নির্বোধ তরুণী বা বালিকা।

dol·men [ˈডলমেন্] *n* পাথরের টেবিল; প্রাগৈতিহাসিক যুগের প্রস্তরনির্মিত সমাধিকক্ষ (এতে দুটি প্রস্তরখণ্ডের উপর অপর একটি প্রস্তরখণ্ড লম্বা করে রাখা হতো)।

dol·our [US = **-lor** ডলার্ US ˈডৌ–] *n* (কাব্য) শোক; দুঃখ; মর্মযাতনা। **~·ous** [– রাস্] *adj* দুঃখপূর্ণ; বিষাদময়।

dol·phin [ˈডল্‌ফিন্] *n* তিমি জাতীয় সামুদ্রিক প্রাণী; শুশুক।

dolt [ডৌল্‌ট্] *n* নির্বোধ ব্যক্তি। **~·ish** *adj* নির্বোধ।

do·main [ডৌমেইন্] *n* ১ রাজ্য। ২ (লাক্ষ.) চিন্তা, কর্ম, জ্ঞান ইত্যাদির এলাকা বা ক্ষেত্র।

dome [ডৌম্] *n* গম্বুজ; (কাব্য) প্রাসাদ; অট্টালিকা; **~d** *adj* গম্বুজাকৃতির; গম্বুজবিশিষ্ট।

Domes·day Book [ˈডূম্‌জ়্‌ডেই বুক্] *n* ১০৮৬ খ্রিস্টাব্দে রাজা প্রথম উইলিয়ামের নির্দেশে প্রণীত সমগ্র ইংলন্ডের ভূমিসমূহের মালিকানা, আয়তন ও মূল্য সম্পর্কিত খতিয়ান বা বিবরণ।

do·mes·tic [ডাˈমেস্‌টিক্] *adj* ১ ঘরোয়া; পারিবারিক; গার্হস্থ্য। ২ স্বদেশী; নিজ দেশীয়। ৩ (জীবজন্তু সম্পর্কে) গৃহপালিত; পোষা। ৪ ঘরকুনো; গৃহপ্রিয়।

do·mes·ti·cate [ডাˈমেস্‌টিকেইট্] *vt* ১ (ব্যক্তি সম্পর্কে) সাংসারিক করা। ২ (জীবজন্তু সম্পর্কে) পোষ মানানো। **~d** *adj* সাংসারিক জীবনে অভ্যস্ত; ঘরকুনো; পোষ–মানা।

do·mes·tic·ity [ˌডামেস্‌ˈটিসাটি] *n* [U] গার্হস্থ্য বা পারিবারিক জীবন।

domi·cile [ডমিসাইল্] *n* ১ (আনুষ্ঠা.) বাসা; বাসস্থান। □*vt,vi* স্থায়ীভাবে নিবাসিত করা বা হওয়া। **~d** *adj* স্থায়ীভাবে নিবাসিত।

dom·i·cili·ary [ˌডমিˈসিলিঅ্যরি] *adj* (আনুষ্ঠা.) স্থায়ী নিবাস সংক্রান্ত। **a ~ visit** বৈধ ক্ষমতাবলে কোনো কর্মচারী কর্তৃক তল্লাশির জন্য কারো গৃহে গমন; ডাক্তার কর্তৃক রোগীর বাড়িতে গমন।

domi·nant [ডমিনান্‌ট্] *adj* ১ প্রবল; প্রধান; কর্তৃত্বময়; বিশিষ্টতম; প্রভাবশালী। ২ (উচ্চতা সম্পর্কে) সর্বোচ্চ **~·ly** *adv* . **dom·i·nance** [–নান্‌স্] *n* কর্তৃত্ব; আধিপত্য; সর্বোচ্চতা; প্রাধান্য।

domi·nate [ডমিনেইট্] *vt,vi* ১ কর্তৃত্ব করা; শাসন করা; আধিপত্য করা; প্রবল হওয়া। ২ (স্থান সম্পর্কে, বিশেষ উচ্চতা) অন্যদের ছাপিয়ে ওঠা। ৩ বিশিষ্টতম হওয়া। **domi·na·tion** [ডমিˈনেইশন্] *n* [U] শাসন; কর্তৃত্ব; নিরঙ্কুশ ক্ষমতা; অত্যাচার।

domi·neer [ˌডমিˈনিঅ(র্)] **~ (over)** আধিপত্যসুলভ কাজ করা বা কথা বলা; অত্যাচারীর মতো আচরণ করা; দাম্ভিক হওয়া; উদ্ধত ব্যবহার করা। **~·ing** *adj* প্রভুত্বব্যঞ্জক; দাম্ভিক; উদ্ধত। **~·ing·ly** *adv*

Dom·ini·can [ডˈমিনিকান্] *n,adj* ১২১৫ খ্রিস্টাব্দে খ্রিস্টীয় সাধু সন্ত ডোমিনিক প্রবর্তিত মঠবাসী ভিক্ষু সম্প্রদায়।

domi·nie [ˈডমিনি] *n* (স্কট.) বিদ্যালয়ের শিক্ষক।

do·min·ion [ডাˈমিনিঅন্] *n* ১ [U] কর্তৃত্ব; প্রভুত্ব; আধিপত্য; নিয়ন্ত্রণ। ২ [C] রাজত্ব; শাসিত এলাকা। ৩ [C] (পুরা.) ব্রিটিশ কমনওয়েলথের অন্তর্ভুক্ত স্বায়ত্তশাসিত রাজ্যসমূহ।

dom·ino [ˈডমিনৌ] *n (pl* -es or ~s [–নৌজ]) ১ ফোঁটা দিয়ে চিহ্নিত সমতল আয়তাকার কাঠ বা হাড়ের টুকরা। ২ [U] এ ধরনের টুকরা নিয়ে যে খেলা হয়। ৩ বল নাচে পরিচয় গোপন করার জন্য মুখোশসহ এক ধরনের আলখাল্লা।

don[1] [ডন্] *n* ১ (GB) বিশ্ববিদ্যালয়ের শিক্ষক। ২ স্পেন দেশীয় ভদ্রলোক; স্পেনীয় ভাষায় Sir/Mr. **~·rish** উক্ত শিক্ষক সম্পর্কিত; শিক্ষকসুলভ (আচরণ); পণ্ডিতধর্মী।

don[2] [ডন্] *vt* (-nn-) (পুরা.) = do + on পোশাকাদি পরিধান করা। তুল. doff.

do·nate [ডৌˈনেইট্ US ˈডৌনেইট্] *vt* (টাকা পয়সা ইত্যাদি) দান করা।

do·na·tion [ডৌˈনেইশন্] *n* [U] ১ দান কর্ম। ২ দান হিসাবে প্রদত্ত বস্তু।

don·jon [ডনজান্] *n* সুরক্ষিত প্রধান দুর্গমিনার; দুর্গকূট।

don·key [ডঙ্‌কি] *n* (pl -s [-কিজ়্]) গাধা; গর্দভ; নির্বোধ; স্থূলবুদ্ধিসম্পন্ন লোক। **ˈ~ engine** *n* জাহাজের মাল খালাসের কাজে ব্যবহৃত ছোট বাষ্পীয় ইনজিন। **ˈ~-jacket** *n* শ্রমিকদের পরিহিত ছোট মোটা কোট। **ˈ~-work** *n* একঘেয়ে ক্লান্তিকর কাজ; কোনো কাজের কঠিন ও বিরক্তিকর অংশ।

do·nor [ˈডৌনা(র্)] *n* দাতা; যে দান করে (অর্থ, সম্পদ ইত্যাদি)। **blood ~** যে অপরের দেহে পরিসঞ্চালনের জন্য নিজের রক্ত দান করে।

don't [ˈডৌন্‌ট্] ১ = do not দ্র. do[1]. ২ **do's and ~s** দ্র. do[3] (৩).

doodle [ˈডূড্‌ল্] *vi* (কথ্য) অন্যমনস্কভাবে হিজিবিজি কাটা। □*n* এ ধরনের কাজ।

doodle·bug [ডূড্‌লবাগ্] *n* (কথ্য) চালকহীন উড়ন্ত বোমা বা ক্ষেপণাস্ত্র (দ্বিতীয় বিশ্বযুদ্ধের সময় লন্ডন শহরের ওপর জার্মান আক্রমণে ব্যবহৃত)।

doom[1] [ডূম্] *n* ১ (সাধা. sing) সর্বনাশ, মৃত্যু, অনিবার্য ধ্বংস; বিপর্যয়। ২ **Doomsday** [ডূমজ়্‌ডেই] শেষ বিচারের দিন, পৃথিবীর শেষ। **till D~sday** অনন্তকাল পর্যন্ত।

doom[2] [ডূম্] *vt* **~ (to)** (সাধা. passive) ১ দণ্ডাজ্ঞা দেওয়া। ২ ভাগ্য নির্দিষ্ট করা। **~ed** *adj* ভাগ্যনির্দিষ্ট; দণ্ডপ্রাপ্ত।

door [ˈডো°(র্)] *n* ১ দরজা; দ্বার; দুয়ার; কপাট। ২ **back ~** খিড়কি দড়জা; বাড়ির পেছন দিকের দরজা **front ~** সামনের দরজা; রাস্তার দিকে প্রধান দরজা। **next ~** পাশের বাড়ি: He lives next ~. **next ~ to** (লাক্ষ.) প্রায়। **two/three ~s away/down/off** দুই তিনখানা বাড়ির পর। **from ~ to ~** (ক) এক দরজা থেকে অন্য দরজায়; দ্বারে দ্বারে: He begs from ~ to ~. (খ) বাড়ি বাড়ি: He sells goods from ~ to ~. (গ) *adj* a ~-to-~ salesman. **out of ~s** ঘরের বাইরে; খোলা যায়গায়। **within ~s** ঘরের মধ্যে; বাড়ির ভেতর **lay sth at sb's ~** কাউকে কোনো কিছুর জন্য দায়ী করা বা কোনো কিছু দেওয়া। **show sb the ~** কাউকে চলে যেতে বলা বা তেমন মনোভাব প্রকাশ করা। **to show someone to the ~** কাউকে বিদায় জানানোর জন্য সৌজন্যবশত দ্বার পর্যন্ত সাথে যাওয়া। **shut the ~ in someone's face** বিমুখ করা; মুখের ওপর দরজা বন্ধ করে দেওয়া। **by the back ~** গোপনে বা কৌশলে। **at the ~** নিকটবর্তী; দ্বারে উপস্থিত The examination is at the ~. ২ (লাক্ষ.) উপায়। **to shut/ close the ~ to/ on** অসম্ভব করে তোলা The union has shut the ~ to any new agreement.

ˈ**~-knob** দরজার গোলাকার হাতল, যা ঘোরালে তালা খোলে। ˈ**~-man** হোটেল বা প্রেক্ষাগৃহের সম্মুখে উর্দিপরিহিত দারোয়ান। ˈ**~-mat** পাপোশ। ˈ**~-nail** যে গৃহের সবাই মারা গেছে সেই গৃহের দরজায় বসানো পেরেক। **dead as a ~-nail** নিশ্চিতভাবে মৃত। ˈ**~-plate** নামফলক; বাড়ি বা ঘরের দরজায় আটকানো গৃহস্বামীর নাম লেখা ফলক। ˈ**~-post** কপাটের এক পার্শ্বস্থ খাড়া কাঠ। **deaf as a ~-post** সম্পূর্ণ বধির; বদ্ধ কালা। ˈ**~-step** বাড়ির দরজার সামনে সিঁড়ির ধাপ। ˈ**~-sill** দরজার নিম্নস্থ কাঠ বা পাথরের ফলক। ˈ**~-stopper** (ক) দরজা খোলা রাখার জন্য দ্বারদেশে স্থাপিত বস্তু; (খ) দরজা যাতে দেয়ালে আঘাত না করতে পারে এজন্য দেয়ালের গায়ে লাগানো রবারের মাথাওয়ালা ঠেকা। ˈ**~-way** দ্বারদেশ; দেওড়ি; প্রবেশপথ।

dope [ডৌপ্] *n* [U] ১ বার্নিশের কাজে ব্যবহৃত এক প্রকার ঘন ও ভারী তরল পদার্থ। ২ কলকব্জা মসৃণভাবে চালানোর জন্য ব্যবহৃত ঘন তরল পিচ্ছিলকারী পদার্থ। ৩ (কথ্য) আফিম; ক্ষতিকর মাদক দ্রব্য; নিদ্রাচ্ছন্নতা উদ্রেককারী ও চেতনানাশক মাদক দ্রব্য। ৪ (অপ.) তথ্য। ৫ মূর্খ লোক। □*vt* **give ~ to** মাদকদ্রব্য প্রয়োগ করে অচৈতন্য করা বা উদ্দীপ্ত করা। **~y** [ডৌপি] *adj* (অপ.) মাদক দ্রব্য সেবনের ফলে নিদ্রাচ্ছন্ন বা হতচেতন; বোকা।

Dorian [ˈডো°রিঅন্] *adj* ১ গ্রিস দেশের অন্তর্গত ডরিস প্রদেশ বিষয়ক। ২ ডরিসের অধিবাসী।

Doric [ˈডরিক্ US ডো:-] *adj* ১ (স্থাপত্য) প্রাচীন গ্রিসের ডরিস প্রদেশের স্থাপত্যরীতি অনুযায়ী নির্মিত স্তম্ভ। ২ ঐ প্রদেশের ভাষা সংক্রান্ত।

dor·mant [ডো°মান্ট্] *adj* ১ সুপ্ত; নিদ্রিত; ঘুমন্ত; নিষ্ক্রিয়; এখনও অবচেতন: a ~ volcano. ২ অব্যবহৃত; অন্তর্নিহিত: ~ mental powers. **dor·mancy** *n* সুপ্তাবস্থা; নিষ্ক্রিয় অবস্থা।

dor·mi·tory [ডো°মিট্রি US -টো°রি] *n* (*pl* -ries) ১ বহু শয্যাবিশিষ্ট শয়নকক্ষ। ২ [US] স্কুল, কলেজ বা বিশ্ববিদ্যালয়ের ছাত্রছাত্রীদের থাকা ও পড়াশোনার জন্য একাধিক শয্যাবিশিষ্ট কক্ষসমূহসম্বলিত ভবন।

dor·mouse [ডো°মাউস্] *n* (*pl* -mice) ইঁদুর বা কাঠবেড়ালির মতো এক প্রকার ছোট প্রাণী।

dor·sal [ˈডো°স্‌ল্] *adj* (ব্যব.) পৃষ্ঠদেশীয়; পৃষ্ঠদেশ সংক্রান্ত।

dory[1] [ডো°রি] *n* (*pl* -ries) ১ জাহাজের বাতি বা আলোক। ২ উত্তর আমেরিকায় কড মাছ ধরার জন্য জেলেদের ব্যবহৃত চ্যাপটা তলাবিশিষ্ট দাঁড়টানা নৌকা।

dory[2] [ডো°রি] (অপিচ ˌ**John** ˈ**D ~**) এক ধরনের ভক্ষণযোগ্য মাছ।

dos·age [ˈডৌসিজ্] *n* [U] মাত্রা অনুযায়ী ঔষধ প্রদান; এক মাত্রা পরিমাণ ঔষধ।

dose [ডৌস্] *n* ১ মাত্রা বা পরিমাপকৃত অংশ; এক মাত্রা ঔষধ। ২ অরুচিকর খাদ্যদ্রব্য; অরুচিকর বিষয়। ৩ (অপ.) গনোরিয়া রোগ। □*vt* এক মাত্রা করে (ঔষধ) ভাগ করা।

doss [ডস্] *n* (GB, অপ.) ১ শয্যা; বিছানা; ঘুমানোর জায়গা। ২ স্বল্প সময়ের ঘুম: have a ~. □*vt* (GB, অপ.) **~ down** ঘুমানো ˈ**~-house** যেখানে সস্তায় রাত্রিবাসের জন্য বিছানা পাওয়া যায়। **~er** [ˈডসা(র্)] *n* যে লোকের নির্দিষ্ট কোনো বাসস্থান নাই; ভবঘুরে ব্যক্তি।

dos·sier [ˈডসিঅ(র্) US ডো°-] *n* কোনো ব্যক্তি বা ঘটনার তথ্যাবলী সম্বলিত দলিল বা কাগজপত্র; সংক্ষিপ্তসার।

dot [ডট্] *n* ১ ফোটা; ফুটকি; বিন্দু; দশমিক চিহ্ন। **~ and dashes** তারবার্তা প্রেরণ করার মোর্স কোড বা পদ্ধতি। **on the ~** (কথ্য) ঠিক নির্দিষ্ট মুহূর্তে। ২ ফোটা বা বিন্দুর মতো কোনো চিহ্ন। □*vt* (-tt-) ১ বিন্দু দিয়ে চিহ্নিত করা। **~ the/ones i's and cross the/one's t's** (লাক্ষ.) খুঁটিনাটি সব বিষয়ের প্রতি নজর দেওয়া; কোনো কিছু নির্ভুলভাবে করা। ২ বিন্দু দিয়ে আবৃত বা ঢাকা: a field ~ted with trees; ~ted about, ছড়িয়ে ছিটিয়ে আছে এমন। **a ~ted line** কোনো দলিলে সই করার জায়গা। **sign on a ~ted line** ইতস্তত বা প্রতিবাদ না করে রাজি হওয়া।

dot·age [ডৌটিজ্] *n* [U] ১ অত্যধিক অনুরাগ। ২ ভীমরতি; বার্ধক্যজনিত বুদ্ধিনাশ।

do·tard [ডৌটাড্] *n* জড়বুদ্ধিসম্পন্ন লোক; নির্বোধ বৃদ্ধ ব্যক্তি।

dote, doat [ডৌট্] *vi* ১ **~ on/upon** অত্যধিক অনুরাগ বা ভালোবাসা প্রকাশ করা।

dotty [ˈডটি] *adj* (-ier, -iest) ১ ফুটকি দ্বারা চিহ্নিত। ২ (কথ্য) নির্বোধ; পাগলা; বাতিকগ্রস্ত; দুর্বলচিত্ত।

double[1] [ডাব্‌ল্] *adj* ১ দ্বিগুণ; দুই গুণ। ২ একই ধরনের দুটি অংশবিশিষ্ট: a gun with a ~ barrel. ৩ দুই জনের জন্য উপযুক্ত বা নির্মিত: a ~ bed; a ~ room. ৪ দুই প্রকার: ~ purpose; ~ meaning. ৫ (ফুল সম্পর্কে) দ্বিদল চক্র; দুই চক্র পাপড়িবিশিষ্ট: a ~ rose.

double[2] [ডাব্‌ল্] *adv* ১ দ্বিগুণ; দুই গুণ: Production now is ~ of what was two years ago. ২ যুগলভাবে; জোড়ায় জোড়ায়।

double[3] [ডাব্‌ল্] *n* ১ দ্বিগুণ (পরিমাণ, সংখ্যা): Four is the ~ of two. **~ or quits** 'ছক্কা না হয় ফক্কা', জুয়া খেলায় ছক্কা ফেলে দ্বিগুণ অর্থলাভ বা সব হারানোর ঝুঁকি নেবার সিদ্ধান্ত। ২ কোনো ব্যক্তি বা বস্তু দেখতে হুবহু অপর কোনো ব্যক্তি বা বস্তুর মতো হওয়া: He is the ~ of his brother. ৩ (*pl*) (টেনিস বা ঐ জাতীয় খেলায়) জোড়ায় জোড়ায় প্রতিদ্বন্দ্বিতা। **mixed ~s** একজন পুরুষ ও মহিলার জোটের সাথে অন্য একজন পুরুষ ও মহিলার জোটের প্রতিদ্বন্দ্বিতা। ৪ **at the ~** (বিশেষত সৈন্যদের চলার গতি সম্পর্কে) হাঁটা ও দৌড়ের মধ্যবর্তী অবস্থা। ৫ [C] (ব্রিজ খেলা) 'ডবল' দেওয়ার ঘোষণা বা কর্ম।

double[4] [ডাব্‌ল্] *vt,vi* ১ দুই গুণ করা বা হওয়া: His income has ~ed. ২ **~ up/ over/ across** ভাঁজ করা। **~ (back)** গ্রেফতার এড়ানোর জন্য হঠাৎ উল্টা দিকে সবেগে ছোটা।

double[5] [ডাব্‌ল্] (যৌগশব্দে) ˌ**~-**ˈ**agent** *n* প্রতিদ্বন্দ্বী দুটি শক্তির জন্য একই সাথে কাজ করে এমন ব্যক্তি। ˌ**~-**ˈ**barrelled** *adj* দোনলা: a ~-barrelled gun; (লাক্ষ.) দ্ব্যর্থক, ˌ**~-**ˈ**bedded** *adj* দুই জনের উপযুক্ত বিছানা সম্বলিত শয়নকক্ষ। ˌ**~** ˈ**bind** *n* উভয়সঙ্কট। ˌ**~-**ˈ**breasted** *adj* বুকের একপাশ আড়াআড়িভাবে অপর পাশ পর্যন্ত সম্মুখ দিকে ঢাকা যায় এমন (কোট)। ˌ**~-**ˈ**check** *vt* ভুলভ্রান্তি এড়ানোর উদ্দেশ্যে দুবার খতিয়ে দেখা। ˌ**~-**ˈ**cross** *vt* উভয় পক্ষের সাথে বিশ্বাসঘাতকতা করা। □*n* এরূপ কর্ম। ˌ**~-**ˈ**crown** *n* ৫১×৭৬ সে:মি: বা ২০×৩০ ইঞ্চি মাপের কাগজ। ˌ**~-**ˈ**dealer** *n* প্রতারক; শঠ; মোনাফেক। ˌ**~-**ˈ**dealing** *n.adj* প্রতারণা। ˌ**~-**ˈ**decker** দোতালা বাস, ট্রাম বা জাহাজ। ˌ**~-**ˈ**dutch** *n* (কথ্য) অর্থহীন বা বোধগম্য নয় এমন কথা বা বাক্য। ˌ**~-**ˈ**dyed** গাঢ়ভাবে রঞ্জিত; (লাক্ষ.) অনুদ্ধারণীয়ভাবে দুষ্কর্মে নিয়োজিত। ˌ**~-**ˈ**edged** *adj* দুধারী; দুই দিকে ধারবিশিষ্ট; (লাক্ষ.) কোনো তর্ক বা প্রশংসা যা পক্ষে বা বিপক্ষে উভয় প্রকারে ভাবা যায়। ˌ**~-**ˈ**entry** *n* প্রতিটি আদান প্রদান এক

বার জমার ঘরে আরেক বার খরচের ঘরে—এভাবে দুই জায়গায় লিপিবদ্ধ করার রীতি। ˌ~-ˈ**faced** *adj* (=two faced) দুমুখো; কপট। ˌ~-ˈ**glazing** *n* ঠাণ্ডা প্রতিরোধ করার জন্য এক স্তর কাঁচের পর বিছানো অন্য এক স্তর কাঁচ। ˌ~-ˈ**glazed** *adj*. ˌ~ ˈ**jeopardy** দ্বিগুণ ঝুঁকি বা বিপদ। ˌ~-ˈ**minded** *adj* দ্বিধাগ্রস্ত। ˌ~-ˈ**quick** *adj,adv* অতি দ্রুতবেগে। ˌ~-ˈ**standard** অসম নীতি; এক ব্যক্তির জন্য এক প্রকার নিয়ম, অন্য ব্যক্তির জন্য অন্য প্রকার নিয়ম। ˈ~-**talk** *n* যে প্রকার বাহ্যিক ও প্রকৃত উক্তির অর্থ ভিন্ন। ˈ~-**think** *n* দুটি সম্পূর্ণ বিপরীত চিন্তাধারা একত্রে পোষণ করার ক্ষমতা। ˌ~-ˈ**tongued** *adj* একমুখে দুই কথা বলে এমন প্রতারক; শঠ।

doub·let [ডাব্‌লিট্] *n* ১ ১৪০০–১৬০০ সন পর্যন্ত য়োরোপে পুরুষের পরিধেয় হাতাওয়ালা বা হাতাহীন আঁটো জামাবিশেষ। ২ জুড়ি; জোড়ার একটি (বিশেষত একই উৎস থেকে উৎপন্ন দুটি শব্দ, যা ভিন্ন রূপ বা অর্থ লাভ করেছে, যেমন: balm, balsam > Lat. balsamum).

doubly [ডাব্‌লি] *adv* ১ দ্বিগুণভাবে: to be ~ sure.

doubt[1] [ডাউট্] *n* [U] সংশয়; অনিশ্চয়তা; [C] সন্দেহ। **in ~** অনিশ্চিত। **without ~** নিশ্চিতভাবে। **beyond/past all ~** সন্দেহাতীতভাবে। **no ~** নিঃসন্দেহে; সন্দেহের অবকাশ নেই। **throw ~ upon sth** কোনো কিছুর নিশ্চয়তা বা বিশ্বাসযোগ্যতা সম্পর্কে সন্দেহ জাগানো।

doubt[2] [ডাউট্] *vt* **~ (if / whether)** অনিশ্চিত হওয়া; সন্দেহ করা; অবিশ্বাস করা; সংশয়াপন্ন হওয়া।

doubt·ful [ডাউট্‌ফ্‌ল্] *adj* **~ (about/of)** সন্দিগ্ধ; সন্দেহাপন্ন; দ্বিধাগ্রস্ত; অনিশ্চিত। **~ly** *adv*

doubt·less [ডাউট্‌লিস্] *adv* নিঃসন্দেহ; নিশ্চিত। **~·ly** *adv* নিশ্চিতভাবে।

douche [ডুশ্] *n* চিকিৎসার প্রয়োজনে শরীরের বাইরে বা ভেতরে নলের সাহায্যে প্রযুক্ত জলধারা; ডুশ দেওয়া; ডুশ দেওয়ার যন্ত্র।

dough [ডৌ] *n* [U] মাখা ময়দার তাল; (অশিষ্ট) টাকা পয়সা। ˈ~·**nut** চিনি ও ময়দা মাখিয়ে তেলে ভেজে প্রস্তুত বৃত্তাকার বা বলয় সদৃশ পিঠা। **~y** *adj* ময়দার তালের মতো নরম।

doughty [ডাউটি] *adj* (পুরা. বা কৌতুক) সাহসী ও বলবান: a ~ soldier.

dour [ডুআ(র্)] *adj* কঠোর; জেদি; একগুঁয়ে।

douse, dowse [ডাউস্] *vt* পানিতে ডুবানো; জলমগ্ন করা; পানি ছিটানো বা ঢালা। **~ the glim** (কথ্য) আলো নেভানো।

dove[1] [ডাভ্] ১ ঘুঘু, পায়রা; শান্তি বা নম্রতার প্রতীক। ˈ~-**cote** [-কৌট্] *n* ঘুঘুর বাসা; পায়রার খোপ; আদর সূচক সম্বোধন। **flutter the ~-cotes** (কথ্য) শান্ত ব্যক্তিদের শঙ্কিত করে তোলা।

dove[2] [ডৌভ্] (US) dive (ঝাপ দেওয়া) শব্দের অতীত কালের রূপ।

dove·tail [ডাভ্‌টেইল্] *n* দুই টুকরা কাঠ জোড়া লাগানোর জন্য কাঠমিস্ত্রিদের এক ধরনের জোড়া। □*vt,vi* **~ (with/into)** এভাবে সংযুক্ত করা বা জোড়া লাগানো; (লাক্ষ.) খাপ খাওয়ানো।

dowa·ger [ডাউআজা(র্)] *n* ১ মৃত স্বামীর খেতাব বা সম্পত্তি প্রাপ্তানারী। ২ (কথ্য) সম্ভ্রান্ত বর্ষিয়সী মহিলা।

dowdy [ডাউডি] *adj* (-ier, -iest) ১ (পোশাক পরিচ্ছদ সম্পর্কে) জীর্ণ; অপরিপাটি। ২ (ব্যক্তি সম্পর্কে) অপরিপাটি বা জীর্ণ পোশাক পরিহিত।

dowel [ডাউআল্] *n* দুই টুকরা কাঠ বা ধাতু জোড়া লাগানোর জন্য ব্যবহৃত পেরেক বা পিন।

dower [ডাউআ(র্)] *n* ১ বিধবাকে প্রদত্ত স্বামীর সম্পত্তি। ২ যৌতুক। ৩ প্রকৃতির দান (যেমন—সৌন্দর্য, বুদ্ধিমত্তা)। □*vt* যৌতুক দেওয়া।

down[1] [ডাউন্] *n* [U] ১ কোমল/নরম পালক বা কেশ। ২ এ ধরনের কোনো কোমল, নরম বস্তু। **ups and ~s** উত্থানপতন; ভাগ্যের পরিবর্তন: ups and ~s in life.

down[2] [ডাউন্] *adv* ১ (গতি নির্দেশক ক্রিয়াপদের সাথে) উচ্চ অবস্থান থেকে নিম্ন অবস্থানে: The sun went ~. ২ (গতি নির্দেশক ক্রিয়া পদের সাথে) খাড়া অবস্থান থেকে শায়িত অবস্থানে: He is ~ with flu. ৩ (অবস্থান নয় ভঙ্গিমার পরিবর্তন নির্দেশ করে এমন ক্রিয়াপদের সাথে) Please sit ~. ৪ (অবস্থান নির্দেশক ক্রিয়াপদের সাথে) She is not ~ yet (তৈরি হয়ে নীচে নামেননি)। ৫ অধিকতর গুরুত্বপূর্ণ স্থান থেকে কম গুরুত্বপূর্ণ স্থানে; অভ্যন্তরভাগ থেকে সৈকতে: We went ~ to Cox's Bazar from Chittagong; Down from the university, বিশ্ববিদ্যালয় থেকে। ৬ হ্রাস, সংকোচন বা স্তিমিত হওয়ার অর্থে: The fire has burned ~. The wind has died ~. The seas have calmed ~. ৭ কাগজে লিখিত রূপে: write sth ~. Take ~ this letter. ৮ পূর্ববর্তী কাল থেকে পরবর্তী কাল পর্যন্ত: This jewel has been passed ~ in our family by our ancestors. ৯ গলাধঃকরণকৃত: Can you get the medicine ~ ? ১০ (বিভিন্ন phrase-এ) **D~ with** নিপাত যাক: D~ with dictators. **~ under** (কথ্য) য়োরোপ থেকে ভূগোলকের অপর পৃষ্ঠে (অস্ট্রেলিয়া বা নিউজিল্যান্ড)! ১১ **Up and ~** এদিক সেদিক: He is walking up and ~. **money/cash ~** নগদ অর্থে ক্রয়। **be ~ and out** (কথ্য) (ক) (মুষ্টিযুদ্ধে) ভূপাতিত হওয়ার পর প্রতিযোগিতায় অংশ গ্রহণ করতে অক্ষম হওয়া; (খ) (লাক্ষ.) জীবনসংগ্রামে পরাজিত হওয়া; বেকার ও অর্থশূন্য হওয়া। **get ~ to work/business** কাজে মনোনিবিষ্ট হওয়া। **be ~ on sb** কারো প্রতি বিদ্বেষভাবাপন্ন হওয়া। **~ in the dumps** (কথ্য) বিষণ্ণ; হতোদ্যম। **~ in the mouth** (কথ্য) গোমড়ামুখ; বিষণ্ণবদন। **~ on one's luck** (কথ্য) ভাগ্যাহত; ভাগ্যপীড়িত। **come ~ in the world** নিম্নতর সামাজিক অবস্থায় পতিত হওয়া। **come ~ on sb** কাউকে তীব্রভাবে তিরস্কার বা ভর্ৎসনা করা। ˌ~-**to-**ˈ**earth** *adj* বাস্তব; কল্পনাপ্রসূত নয়।

down[3] [ডাউন্] *prep* ১ নীচে; নিম্নে; নিম্নাভিমুখে; নীচের দিকে। ২ নিম্নাংশে; দূরবর্তী অংশে; বরাবর: walking ~ the street. ৩ স্রোতধারা যেদিকে প্রবাহিত হয় সেদিকে: to go ~ the river. ৪ (সময় সম্পর্কে) অতীত থেকে নিকটবর্তী সময়: ~ the ages.

down[4] [ডাউন্] *vt* (কথ্য) ভূপাতিত বা ধরাশায়ী করা। **~ tools** (শ্রমিক সম্পর্কে) ধর্মঘট করা; কাজ বন্ধ করা।

down[5] [ডাউন্] *adj* ১ নিম্ন স্থানে, বিশেষত ভূতলে: The plane is ~. ২ দিগন্তের নীচে: The sun is ~. ৩ নীচের তলায়: Nobody is ~ yet. ৪ নিম্ন স্তরে: Sales are ~. ৫ বিষণ্ণ; হতোদ্যম। **~ at heel** (ব্যক্তি সম্পর্কে) গোড়ালি ক্ষয়প্রাপ্ত জুতা পরিধানকারী অথবা এমন পোশাক পরিহিত ব্যক্তি, যা তার আর্থিক দৈন্য প্রকাশ করে।

down·cast [ডাউন্‌কাস্ট্ US -ক্যাস্ট্] *adj* ১ (ব্যক্তি সম্পর্কে) অবসাদগ্রস্ত; ক্লান্ত; দুঃখিত; হতোদ্যম। ২ (চক্ষু সম্পর্কে) আনত; অবনত।

down·fall [ডা উন্‌ফো°ল] *n* (সাধা. *sing*) পতন; অধঃপতন; সর্বনাশ।

down·grade [ডাউন্‌গ্রেইড্] *vt* নীচে নামানো; তুচ্ছ করা।

down·hearted [ডাউন্‌'হা:টিড্‌] *adj* মনমরা; হতোদ্যম।

down·hill [ডাউন্‌'হিল্‌] *adv* ক্রমনিম্ন; ঢালু। □*n* ক্রমনিম্ন ভূমি; ঢালু জমি। **go ~** (লাক্ষ.) অবস্থার অবনতি হওয়া; অবস্থা খারাপ হওয়া (অর্থ, স্বাস্থ্য ইত্যাদি)।

down·pour [ডাউন্‌পো°(র্‌)] *n* (সাধা. *sing*) প্রচুর বৃষ্টিপাত ইত্যাদি।

down payment [ডাউন্‌'পেইমান্ট্‌] *n* ক্রয়কালে অথবা পণ্যদ্রব্য গ্রহণের সময় পুরো দামের যে অংশ নগদ প্রদান করা হয়।

down·right [ডাউন্‌রাইট্‌] *adj* ১ সহজ; সরল; সৎ: a ~ sort of person. ২ সম্পূর্ণরূপে; ডাহা: a ~ lie. □*adv* পুরাদস্তুর। **~·ness** *n*

downs [ডাউন্‌জ্‌] *n* ১ উন্মুক্ত উচ্চ ভূমি। ২ **the D~s** দক্ষিণপূর্ব ইংলন্ডের কেন্ট উপকূলবর্তী সমুদ্র।

down·stairs [,ডাউন্‌'স্টেঅজ্‌] *adj,adv* নীচ তলায়, বিশেষত এক তলায়।

down·stream [ডাউন্‌স্ট্রীম্‌] *n* নদীর স্রোত যেদিক প্রবাহিত হয় সেদিক; ভাটি।

down·town ['ডাউন্‌ টাউন্‌] *adv* (বিশেষত US) শহরের নিম্ন এলাকায়; ব্যবসা–বাণিজ্যের কেন্দ্রস্থলে।

down·trod·den [ডাউন্‌] *adj* উৎপীড়িত; নিপীড়িত; পদদলিত।

down·ward [ডাউন্‌ ওআড্‌] *adj* নিম্নগামী; নিম্নাভিমুখী। **~(s)** *adv* নিম্নে; নিম্নদিকে।

downy ['ডাউনি] *adj* কোমল; কোমল পালকে আবৃত।

dowry ['ডাউআরি] *n* (*pl* -ries) [C] বরপণ; বিয়ের সময় বরকে প্রদত্ত অর্থ ও সম্পত্তি; যৌতুক; বিয়ের সময় স্ত্রীকে প্রদত্ত উপঢৌকন।

dowse [ডাউস্‌] *vt* দ্র. douse.

dows·ing ['ডাউজ়িঙ্‌] *n* [U] Y-আকৃতির দণ্ডের সাহায্যে ভূগর্ভস্থ পানি বা ধাতুর সন্ধান, দ্র. diviner. **dowser** *n* ঐরূপ অনুসন্ধানকারী ব্যক্তি।

doxy [ডক্‌সি] *n* দুশ্চরিত্রা স্ত্রীলোক।

dox·ol·ogy [ডক্‌'সলাজি] *n* (pl -gies) বিশেষত গির্জায় গাওয়া হয় এমন (সাধা. সংক্ষিপ্ত) ঈশ্বরের বন্দনাগীতি বা প্রশংসাসূচক গান।

doyen ['ডয়অন্‌] *n* শিক্ষা প্রতিষ্ঠানের বিভাগীয় ডিন; কূটনৈতিক সংস্থার কর্মচারীদের মধ্যে প্রবীনতম সদস্য; কোনো শ্রেণী বা গোষ্ঠীর সহকর্মীদের মধ্যে প্রবীণতম ব্যক্তি।

doy·ley, doyly *n* = doily.

doze [ডৌজ্‌] *vi* ঘুমে ঢুলু ঢুলু করা; তন্দ্রাচ্ছন্ন হওয়া; ঝিমানো। **~ away** তন্দ্রাচ্ছন্ন হয়ে সময় অতিবাহিত করা। **~ off** তন্দ্রাচ্ছন্ন হয়ে পড়া; অনিচ্ছাকৃতভাবে ঘুমিয়ে পড়া। □*n* [C] পাতলা ঘুম; তন্দ্রা।

dozen [ডাজ্‌ন্‌] *n* (সাধা. *pl* অপরিবর্তিত, অনির্দিষ্ট সংখ্যা বোঝাতে *pl* হয়) ১ তিন গণ্ডা, বাটা, এক ডজন: Mangoes are Tk. 60 a ~. Give me three ~ of mangoes. We buy them in ~s. **talk nineteen to the ~** অবিরত কথা বলা। ২ **~s of** বিপুল সংখ্যক: I have seen ~s of people during the last few days. half a ~ = ছয়টি। **around ~** পূর্ণ ডজন।

drab [ড্রাব্‌] *adj* ১ (অপিচ *n*) নিষ্প্রভ বাদামি বা মেটে রং। ২ (লাক্ষ.) নীরস; একঘেয়ে; বৈচিত্র্যহীন; আকর্ষণীয় নয়। ৩ (কথ্য) ইতর বা বাজে মেয়েলোক; বেশ্যা।

drachma [ড্র্যাক্‌মা] *n* আধুনিক গ্রিক মুদ্রা।

dra·co·nian [ড্রাকৌনিঅন্‌] *adj* (আইন সম্পর্কে) অতিশয় কঠোর ও নির্মম: ~ laws/measures. (খ্রি. পূ. ৬২১ সনে এথেন্সে Draco প্রবর্তিত আইনের ন্যায়)।

draft[1] [ড্রাফ্‌ট্‌ US ড্র্যা-] *n* [C] ১ রূপরেখা; খসড়া; মুসাবিদা: a ~ for a speech/ letter/Bill. ২ ব্যাংক কর্তৃক টাকা প্রদান করার আদেশনামা: 'bank-~. ৩ বিশেষ কোনো উদ্দেশ্যে বৃহৎ কোনো দল থেকে একটি ক্ষুদ্র দল বাছাই করা; এভাবে নির্বাচিত দল বা তার অন্তর্ভুক্ত ব্যক্তি। **the ~** এ ধরনের নিযুক্তি। '**~ card** সেনাবাহিনীতে বাধ্যতামূলক চাকরির জন্য আহূত হওয়ার চিঠি বা কার্ড ৪ (US) = draught.

draft[2] [ড্রাফ্‌ট্‌ US ড্র্যা-] *vt* ১ খসড়া বা মুসাবিদা করা: to ~ a speech. ২ (US) বাধ্যতামূলকভাবে সেনাবাহিনীতে চাকরির জন্য নির্বাচন করা; বৃহৎ দল থেকে ক্ষুদ্রতর দল বাছাই করা। **~·ee** *n* (US) সেনাবাহিনীতে বাধ্যতামূলকভাবে চাকরির জন্য বাছাইকৃত/ নির্বাচিত। **~·ing** খসড়া বা মুসাবিদা করার কাজ; যেভাবে তা করা হয়েছে: The ~ing of the bill is ambiguous.

drafts·man [ড্রাফ্‌ট্‌মন US ড্র্যা-] *n* (*pl* -men) খসড়া প্রণয়নকারী ব্যক্তি, বিশেষত স্থাপত্য কর্মের নকশা অঙ্কনকারী; কোনো বিল বা দলিল যেভাবে প্রণীত/ লিখিত হয়েছে সেই কর্মের জন্য দায়ী ব্যক্তি।

drafty [ড্রাফ্‌টি US 'ড্র্যা-] *adj* (-ier, -iest), (US) = draughty.

drag[1] [ড্র্যাগ্‌] *n* ১ যা টেনে বা আছড়িয়ে নেওয়া হয়। '**~-net** (ক) মাছ ধরা বা নদীর তলদেশে যা আছে তা তোলার জন্য টানা জাল; ভারী মই; মাটি আঁচড়ানোর যন্ত্রবিশেষ; (খ) অপরাধীদের ধরার জন্য গৃহীত বিভিন্ন ব্যবস্থা। ২ (কথ্য) অগ্রগতি বা উন্নতির পথে অন্তরায়। ৩ [U] (অপ.) পুরুষ কর্তৃক স্ত্রীলোকের পোশাক পরিধান: The play was performed in ~; পুরুষগণ স্ত্রীলোকের ভূমিকায় অভিনয় করেছেন এমন নাটক। ৪ (অপ.) সিগারেট বা চুরুটে এক টান।

drag[2] [ড্র্যাগ্‌] *vt,vi* (-gg-) ১ ভারী কোনো বস্তুকে সজোরে ও ধীরে ধীরে টেনে নেওয়া। **~ sb into doing sth** কাউকে তার ইচ্ছার বিরুদ্ধে কোনো কর্মে নিয়োজিত করা। ২ টেনে টেনে চলা; অনুসরণ করা। **~ one's feet** (প্রায়শ লাক্ষ.) গড়িমসি করা; ইচ্ছা করে মন্থর গতিতে কাজ করা। **~ up (a child)** (কথ্য) খারাপভাবে শিক্ষা বা প্রশিক্ষণ দেওয়া। ৩ **~ (on)** (সময়, কাজ ক্লান্তিকরভাবে ধীরে ধীরে অগ্রসর হওয়া বা চলতে থাকা; (চিত্তবিনোদন) নীরস হওয়া। **~ out** (সময় সম্পর্কে) অপ্রয়োজনীয়ভাবে দীর্ঘ করা; বিলম্বিত করা। ৪ হারানো কোনো জিনিস উদ্ধারের জন্য নদী, হ্রদ ইত্যাদির তলদেশে জাল টানা।

drag·gle [ড্র্যাগ্‌ল্‌] *vt,vi* মাটির ওপর দিয়ে টেনে নোংরা করা। **~d** *adj* (প্রায়শ **be ~d)** এমনভাবে ভিজিয়ে ময়লা বা নোংরা করা যেন ধুলাকাদার উপর দিয়ে টেনে নিয়ে যাওয়া হয়েছে।

drago·man [ড্র্যাগৌমান্‌] *n* (*pl* -s) বিশেষত আরবিভাষী অঞ্চলে কর্মরত দোভাষী ও পথনির্দেশক (গাইড)।

dragon [ড্র্যাগন্‌] *n* শিশুকাহিনীতে কল্পিত সরীসৃপ জাতীয় পাখাওয়ালা বিশাল প্রাণী, যা নিঃশ্বাসে অগ্নি উদ্‌গিরণ করে এবং ধনাগার পাহারা দেয়; (কথ্য) ভয় উদ্রেককারী; রুদ্রমূর্তি ব্যক্তি। **~-kite** ড্র্যাগন সদৃশ ঘুড়ি।

drag·on·fly [ড্র্যাগন্‌ ফ্লাই] *n* (*pl* -ies) ফড়িং।

dra·goon [ড্রা'গূন্] *n* অশ্বারোহী সৈন্য। □*vt* **~ sb (into doing sth)** কাউকে বলপ্রয়োগে কোনো কিছু করতে বাধ্য করা; হয়রান করা।

drain[1] [ড্রেইন্] *n* ১ নালা; নর্দমা; পয়নালা। **~s** *(pl)* পয়ঃপ্রণালী। **go down the ~** (লাক্ষ.) অপচয়িত হওয়া: All the money spent on him has gone down the ~. **'~-pipe** ময়লা, জল ইত্যাদি নিষ্কাশনের নল বা পাইপ; নর্দমার নল। **'~pipe trousers** চোঙ্গা বা চোস্ত ফুল প্যান্ট। ২ (লাক্ষ.) যা অবিরতভাবে অর্থ, শক্তি বা সময় নিঃশেষিত করে; অপচয় বা লোকসানের কারণ: Military expenditure has been a great ~ on the country's economy. **'brain ~** *n* মেধা পাচার; কারিগরি বিদ্যা বা বিজ্ঞানে শিক্ষাপ্রাপ্ত ব্যক্তিগণের অধিক উপার্জন বা সুযোগের আশায় বিদেশ গমন।

drain[2] [ড্রেইন্] *vt,vi* **~ away/off** (তরল পদার্থ) নিষ্কাশন বা প্রবাহিত করা। ২ (ভূমি সম্পর্কে) শুষ্ক করা, শুকানো; পানি বের করে দেওয়া: to ~ swamps/marshes). ৩ **~ (away/off), ~ (of)** (লাক্ষ.) ক্রমান্বয়ে শক্তি বা সম্পদ ব্যয়িত বা ক্ষয়প্রাপ্ত হওয়া: His life was ~ away. ৪ পান করা; শূন্য করা: to ~ a glass.

drain·age [ড্রেইনিজ্] *n* [U] ১ নিষ্কাশনপ্রক্রিয়া। ২ নিষ্কাশনের পথ বা উপায়, যেমন—ড্রেন; শহরের নর্দমা ব্যবস্থা। ৩ নিষ্কাশিত পদার্থ।

drake [ড্রেইক্] *n* পুরুষ পাতিহাঁস।

dram [ড্র্যাম্] *n* ১ (বিশেষত ঔষধের বা তরল পদার্থের ওজন) মাত্রা বা পরিমাণ (⅛ আউন্স)। ২ স্বল্প পরিমাণ সুরা।

drama ['ড্রামা] *n* ১ [C] নাটক; [U] **(the) ~** নাট্য সাহিত্য, নাটকের রচনা, পরিবেশনা ও মঞ্চায়ন। ২ [C,U] চমকপ্রদ বা উত্তেজনাপূর্ণ ঘটনাপ্রবাহ।

dra·matic [ড্রাম্যাটিক্] *adj* ১ নাটক সম্বন্ধীয়: a ~ performance. ২ নাটকীয়; চমকপ্রদ (ঘটনা)। ৩ (কোনো ব্যক্তির কথা বলার ধরন বা আচরণ সম্পর্কে) নাটকোচিত; নাটুকেপনা। **dra·mati·cally** [কৃলি] *adv* নাটকীয়ভাবে; নাটকোচিতভাবে। **dra·mat·ics** *n* (সাধা. *sing* verb-এর সাথে) ১ নাট্যকৌশল, অভিনয় ইত্যাদি সম্পর্কে আলোচনা। ২ নাটকীয় আচরণ বা প্রকাশভঙ্গি।

drama·tis per·sonae [ড্র্যামাটিস্ পা'সৌনাই] *n pl* (লা.) নাটকের চরিত্রসমূহ; কুশীলবগণ।

drama·tist [ড্র্যামাটিস্ট্] *n* নাট্যকার।

drama·tize ['ড্র্যামটাইজ্] *vt* ১ কোনো গল্প বা উপন্যাসের নাট্যরূপ দান করা। ২ কোনো ঘটনাকে নাটকীয়তা প্রদান করা; নাটকীয় করা। **drama·tiz·ation** [ড্র্যামাটাইজেইশন্ US -টি–] *n* [C,U]

drank [ড্রাঙ্ক্] drink শব্দের *pt*

drape [ড্রেইপ্] *vt* ১ **~ (round/over)** পর্দা বা ভাঁজ করা কাপড় দিয়ে ঢাকা; আবৃত করা: to ~ curtains over a window, to ~ a flag round a coffin. ২ **~ (with)** আচ্ছাদিত করা; সাজানো: The walls were ~ed with flags. ৩ **~ (round/over)** হালকাভাবে ঝুলে থাকতে দেওয়া: He ~d his legs over the arms of the chair. □*n* [C] (প্রধানত US) পর্দা; ঝুলে থাকা ভাঁজ করা কাপড়।

drap·er [ড্রেইপা(র্)] *n* (GB) পর্দা, কাপড় ইত্যাদি। **~y** *n* ১ [U] ঝালর, পর্দা ইত্যাদির ব্যবসা: a ~y store. ২ [C,U] *(pl* -ries) পর্দা; ঝালর ইত্যাদি তৈরির কাজে ব্যবহৃত কাপড়: He deals in ~y.

dras·tic [ড্র্যাস্টিক] *adj* (ঔষধ, কার্য বা পদ্ধতি সম্পর্কে) জোরালো; আকস্মিক; অত্যন্ত কঠোর; তীব্র: ~ measures. **dras·ti·cally** [–কলি] *adv*

draught (US = **draft**) [ড্রাফ্ট্, US ড্র্যাফ্ট্] ১ [C,U] ঘর বা আবদ্ধ কোনো স্থানে বায়ুপ্রবাহ। ২ [C] এক বার জাল টানলে যতগুলো মাছ ধরা পড়ে; এক খেপের মাছ: ~net; মাছ ধরার টানা জাল। ৩ [U] জাহাজ ভাসানোর জন্য পানির যে গভীরতার প্রয়োজন হয়: a ship with a ~ of 10 feet. ৪ [U] টানা, আকর্ষণ করা; পিপা বা অন্য কোনো পাত্র থেকে তরল পদার্থ টেনে নেওয়ার কাজ: beer on ~. ৫ [C] এক চুমুক; এক ঢোক: a ~ of water. ৬ *(pl,sing* এর সাথে) (US = checkerp) দাবা জাতীয় এক প্রকার খেলা **'~s(men)** ঐ খেলায় ব্যবহৃত ঘুটি। □*vt* দ্র. draft[2]. **'~-horse/animal** গাড়ি টানার কাজে ব্যবহৃত ঘোড়া বা পশু, দ্র. pack[1](১) ভুক্তিতে pack-horse. **draughts·man** [ড্রাফ্ট্স্মান্ US 'ড্র্যা–] *n (pl* -men) ১ = draftsman, মুসাবিদাকারী; নকশা অঙ্কনকারী। ২ দাবা জাতীয় খেলার ঘুটি, দ্র. উপরে(৬)।

draughty (US = **drafty**) [ড্রাফ্টি US 'ড্র্যা–] *adj* শীতল; বায়ুপ্রবাহপূর্ণ।

draw [ড্র] *n* ১ টান; যা টানা হয়েছে; লটারি: When is the next ~? অমীমাংসিত অবস্থা: The game ended in a ~. ২ আকর্ষণ; যা আকৃষ্ট করে, দ্র. draw[2] (৫): The panda is a great draw at the zoo. ৩ **be quick/slow on the ~** যে ঝট্ করে অস্ত্র (তরবারি, পিস্তল, ইত্যাদি) খাপমুক্ত করতে পারে/পারে না; (লাক্ষ.) কোনো কিছু দ্রুত বুঝতে সক্ষম/ অক্ষম।

draw[2] [ড্র] *vt,vi* (*pt* drew [ড্রু], *pp* drawn [ড্রন্]) ১ টানা; টেনে আনা; টেনে সরানো: to ~ a net through water; to ~ a chair near the table; to ~ a curtain across a window . ২ পিছন পিছন টেনে নিয়ে যাওয়া; সবলে কারো বা কোনো কিছুর অভিমুখী করা: A train is ~n by an engine. A carraige is ~n by horses. ৩ **~ (out); ~ (from/out of)** টেনে বের করা: to ~ blood; to ~ nails from a board; to ~ cards (তাস খেলায় তাস টানা); to ~ lots, দ্র. lot[2] (১). **to ~ a gun (on sb)** গুলি করতে উদ্যত হওয়া। **~ a blank** কোনো কিছু না পাওয়; অকৃতকার্য হওয়া। ৪ **~ (from/out of)** প্রাপ্ত হওয়া: to ~ water from a well; to ~ one's salary; to ~ conclusions. **~ tears/applause, etc** কারণ হওয়া: Her story ~ the tears of the listeners. ৫ আকর্ষণ করা: The play is ~ing well. His meetings ~ large crowds. ৬ নিঃশ্বাস; বাতাস প্রভৃতি গ্রহণ করা: to ~ a deep breath. **to ~ one's first/last breath** জন্মগ্রহণ/ মৃত্যুবরণ (শেষ নিঃশ্বাস ত্যাগ) করা। ৭ চিমনি বা কোনো কিছু এমনভাবে নির্মিত হওয়া যাতে তার মাঝ দিয়ে বাতাস বা ধোঁয়া সহজে প্রবাহিত বা বের হতে পারে: This chimney ~s badly. ৮ **~ sb (out)** কোনো ব্যক্তির কাছ থেকে খবর বের করা বা তার অনুভূতি জানা: You can know the whole thing if you can ~ him out. ৯ (ব্যবহৃত শব্দ/*adv* অনুযায়ী বিভিন্ন অর্থে) নিকটবর্তী হওয়া: The examination was ~ing near; সমাপ্ত হওয়া: The day drew to its close; পিছিয়ে যাওয়া: She drew back in fear; সরে যাওয়া: She drew away from him when he tried to kiss her; প্রস্থান করা: The enemy drew off seeing our forces; সমঅবস্থানে আসা: to ~ level. ১০ নির্দিষ্ট দিকে চালিত করা: to ~ someone aside. ১১ পেন্সিল, কলম ইত্যাদির

সাহায্যে কোনো কিছু অঙ্কন করা: to ~ a straight line/ circle; to ~ a picture/diagram; (লাক্ষ.) কথায় বর্ণনা করা: Dickens ~s his characters very well. ~ **distinction (between)** দুইটি বিষয়ের মধ্যে পার্থক্য বর্ণনা করা। ~ **parallel/ comparison/ analogy (between)** দুইটি বিষয়ের মধ্যে সাদৃশ্য বর্ণনা করা। ~ **the/ a line (at)** সীমারেখা নির্দেশ করা কী কী করা যাবে/ যাবে না তা বলা ও তার বাইরে যেতে অস্বীকার করা: We must ~ the line at stealing; It is difficult to ~ a line between science and philosophy. ১২ লিখা: to ~ a cheque. ১৩ (জাহাজ সম্পর্কে) ভাসার জন্য একটি নির্দিষ্ট পরিমাণ পানির গভীরতার প্রয়োজন হওয়া: The ship ~s 30 feet of water. ১৪ জয়–পরাজয় নির্ধারিত না হয়ে কোনো খেলা সমাপ্ত হওয়া: The teams drew by 3-3 goals. ১৫ নির্যাস বের করা। ১৬ (সাধা. *pp*) (আকৃতি বা চেহারা সম্পর্কে) স্বাভাবিক অবস্থা থেকে ভিন্ন হওয়া: a face ~n with despair. ১৭ (*prep* এবং *adv part*সহ বিশেষ ব্যবহার) ~ **aside** নিভৃতে বা সংগোপনে কথা বলা: He drew me aside and whispered the news into my ears. ~ **away** সরে যাওয়া: He drew away from the crowd. ~ **back** (লাক্ষ.) পূর্ব প্রতিশ্রুতি পালনে অনীহা প্রকাশ করা: He drew back from his agreement. ~ **down** আনয়ন করা: to ~ down blame on one's head. ~ **for** ভাগ্য নির্ধারণের জন্য লটারি করা: Let's ~ for who will go first. ~ **in** (দিন সম্পর্কে) (ক) শেষ হওয়া। (খ) ক্রমশ সংক্ষিপ্ত হওয়া; (যানবাহন সম্পর্কে) গন্তব্যে পৌঁছা ও নেমে যাওয়া: The train has drawn in. ~ **into** জড়িত করা: He was drawn into the fight. ~ **on** নিকটবর্তী হওয়া: Evening is ~ing on. ~ **on/upon sth/sb** ব্যাংক, মহাজন প্রভৃতির ওপর চেক বা হুন্ডি কাটা; কারো সম্পদ, অভিজ্ঞতা ইত্যাদির উপর নির্ভর করা: You can ~ on our resources. ~ **out** (ক) (দিন সম্পর্কে) ক্রমশ বড় হওয়া: The days began to ~ out as summer began. (খ) টেনে বড়ো করা: drawn-out speech. (গ) ব্যাংক থেকে টাকা তোলা। (ঘ) (ট্রেন ইত্যাদি সম্পর্কে) স্টেশন থেকে যাত্রা করা: The train drew out as the guard blew the whistle. ~ **up** (ক) (যানবাহন সম্পর্কে) এসে থামা: The car drew up in front of the building. (খ) প্রস্তুত বা তৈরি করা: The committee has drawn up a plan. (গ) (সাধা. passive, সৈন্যদল ইত্যাদি সম্পর্কে) যুদ্ধক্ষেত্রে শ্রেণীবদ্ধভাবে দণ্ডায়মান হওয়া। ~ **oneself up** সোজাভাবে দণ্ডায়মান হওয়া: He drew himself up to his full height.

raw·back ['ড্রব্যাক্] *n* ১ [C] অসুবিধা; বাধা।

raw·bridge ['ড্রব্রিজ্] *n* ১ জাহাজ ইত্যাদি যেতে দেওয়ার জন্য নদী বা খালের উপর স্থাপিত যে সেতু বিভক্ত করে এর অংশগুলো উত্তোলিত করা যায়। ২ দুর্গের চারদিকে বেষ্টনকারী খালের উপর স্থাপিত যে সেতু এক প্রান্তে টেনে তোলা যায়।

rawer [ড্রো°(র্)] *n* ১ দেরাজ; ড্রয়ার। ২ *(pl)* পূর্বে ব্যবহৃত বিশেষত মহিলাদের পা–ওয়ালা অন্তর্বাসবিশেষ। ৩ ড্রো°আ(র্)] চিত্র অঙ্কনকারী; চেক সইকারী ব্যক্তি।

raw·ing [ড্রো°ইঙ্] *n* [U] অঙ্কনবিদ্যা; পেন্সিল ইত্যাদির সাহায্যে রেখা টেনে ছবি আঁকার পদ্ধতি; এভাবে আঁকা ছবি। **~·board** চিত্রকর বা নকশা অঙ্কনকারী যে সমতল বোর্ডে ছবি আঁকার কাগজ আটকে রাখেন; (লাক্ষ.) পরিকল্পনার পর্যায়। '**~-pin** (US = thumb-tack) ছবি আঁকার বোর্ড বা নোটিস বোর্ডে কাগজ আটকে রাখার জন্য চ্যাপটা মাথাওয়ালা পিন।

draw·ing-room [ড্রো°ইঙ্ রুম্ US রুম্] *n* বৈঠকখানা; অভ্যর্থনাকক্ষ।

drawl [ড্রো°ল্] *vi,vt* ধীরে ধীরে টেনে টেনে কথা বলা; বিশেষ স্বরধ্বনিকে দীর্ঘায়িত করা: The speaker ~ed on. □*n* উক্তভাবে কথন।

drawn [ড্রো°ন্] draw শব্দের *pp*

dray [ড্রে] *n* চার চাকার মালবাহী ঠেলাগাড়ি।

dread [ড্রেড্] *n* [U] ভয়; আতঙ্ক; ভয়ের বস্তু। □*vt,vi* আতঙ্কিত হওয়া। **~ed** *part adj* ভীষণ ভয় করা হয় এমন। **~·ful** [- ফ়ল্] *adj* ১ ভয়ঙ্কর: What a ~ful story ! ২ (কথ্য) খুব খারাপ; অপ্রীতিকর; নিরানন্দ: What a ~ful weather ! ৩ নীরস; উপভোগ্য নয়: The play last night was ~ful. **~·fully** [-ফ়লি] *adv* ১ ভীষণভাবে; ভয়ঙ্করভাবে: ~fully hurt. ২ (অনানুষ্ঠা., সৌজন্যমূলক বাক্যে): I am ~fully sorry. **~·ful·ness** *n.* **~·less** *adj* নির্ভীক; অকুতোভয়।

dread·nought [ড্রেড্নো°ট্] *n* বিংশ শতাব্দীর গোড়ার দিকে ব্যবহৃত শক্তিশালী রণতরীবিশেষ।

dream[1] [ড্রীম্] *n* [c] ১ স্বপ্ন। '**~·land;** '**~ world** স্বপ্নলোক; কল্পনারাজ্য। ২ অলীক কল্পনা; কাল্পনিক বিষয়। ৩ ভবিষ্যতের কল্পিত চিত্র। ৪ (কথ্য) প্রীতিকর বা মনোরম ব্যক্তি, বস্তু বা অভিজ্ঞতা। **~·less** *adj* স্বপ্নহীন। **~·like** স্বপ্নবৎ; স্বপ্নের মতো। '**~·boat** *n* বিপরীত লিঙ্গের অত্যন্ত আকর্ষণীয় ব্যক্তি।

dream[2] [ড্রীম্] *vi,vt (pt,pp* ~ed [ড্রীম্ড্] অথবা dreamt [ড্রেম্ট্]): ১ ~ **(about/of)** স্বপ্ন দেখা; কল্পনা করা: He ~s in his sleeps. He often ~s in his sleeps. I never ~t such a thing would happen! ২ ~ **away one's time** অলসভাবে, কাজকর্ম না করে স্বপ্ন দেখে সময় কাটিয়ে দেওয়া। ৩ ~ **up** (কথ্য) মনে মনে অবাস্তব পরিকল্পনা করা। **~er** *n* স্বপ্নদর্শী; ভাবুক; কল্পনাবিলাসী।

dreamy [ড্রীমি] *adj* ১ স্বপ্নাবিষ্ট; স্বপ্নিল। ২ অস্পষ্ট। ৩ মনোরম। **dream·ily** *adv*

dreary ['ড্রিঅরি] *adj* (-ier, -iest) (কাব্যিক **drear)** বিষণ্ণ; নিরানন্দ। **drear·ily** *adv*

dredge[1] [ড্রেজ্] *n* নদী বা সমুদ্রের তলদেশ থেকে কর্দমাদি তোলার যন্ত্র। □*vt,vi* ~ **(up)** এরূপ যন্ত্রের সাহায্যে কর্দমাদি উত্তোলন করা। **~r** *n* এরূপ যন্ত্র বহনকারী পোত।

dredge[2] [ড্রেজ্] *vi,vt* ছিটানো: to ~ sugar over a cake. **~r** *n* চিনি বা ময়দা ছিটানোর কাজে ব্যবহৃত পাত্র যার ঢাকনায় ছিদ্র থাকে।

dregs [ড্রেগ্জ্] *n pl* ১ গাদ; তলানি: **drink/drain to the** ~ তলানি পর্যন্ত/নিঃশেষে পান করা। ২ (লাক্ষ.) নিকৃষ্টতম অংশ: Murderers are the ~ of society. **dreggy** *adv* তলানিপূর্ণ; পঙ্কিল।

drench [ড্রেন্চ্] *vt* সিক্ত করা: to be ~ed with rain. **~·ing** *n* পরিপূর্ণভাবে সিক্ত।

dress[1] [ড্রেস্] *n* ১ [C] স্ত্রীলোকের ঘাগরা। ২ [U] পোশাক; পরিচ্ছদ; পরিধেয় বস্ত্র। ৩ '**~ circle** নাট্যশালার প্রথম গ্যালারির আসন, যেখানে দর্শকবৃন্দ এককালে সান্ধ্য পোশাক পরিধান করতেন। '**~ coat** পুরুষদের সান্ধ্য কোট। '**~·maker** বিশেষত মেয়ে ও শিশুদের পোশাক প্রস্তুতকারী মহিলা। '**~ rehearsal**

যথোচিত পোশাক পরিধান করে নাটকাদির পূর্ণাঙ্গ মহড়া। ˈ**evening ~** সামাজিক অনুষ্ঠান বা সান্ধ্য ভোজে পরিধেয় পোশাক। ˌ**full** ˈ**~** বিশেষ অনুষ্ঠানে পরিধেয় পোশাক।

dress[2] [ড্রেস্] *vt,vi* ১ পোশাক পরিধান করা বা করানো। **~ up** অনুষ্ঠানাদির জন্য বিশেষ পোশাকে সজ্জিত হওয়া: He is ~ed up for the party. ২ সান্ধ্য পোশাক পরিধান করা: put on evening ~. ৩ রীতিগত বা অভ্যাসগতভাবে পোশাক পরিধান করা: He ~es well. ৪ **be ~ed in** পরিহিত: The woman ~ed in black has lost her husband. ৫ পোশাক পরতে দেওয়া: It costs a lot to ~ the family. ৬ ব্যবহারের জন্য প্রস্তুত করা: to ~ leather; নরম ও মসৃণ করা, to ~ a salad, দ্র. dressing(3); to ~ a chicken, পালক ইত্যাদি ফেলে মুরগির বাচ্চাকে রান্নার জন্য প্রস্তুত করা। ৭ চুল আঁচড়ানো বা পরিপাটি করা: to ~ one's hair. **~ sb down** (লাক্ষ.) কাউকে ভীষণভাবে তিরস্কার করা: scold him severely. ˌ**~ing-**ˈ**down** *n* ভীষণ তিরস্কার। ৮ ক্ষতস্থান পরিষ্কার করা ও পট্টি দেওয়া। ৯ মনোরম ও আকর্ষণীয় করা: to ~ a shop window. ১০ (সাম.) সৈন্যদের শ্রেণীবদ্ধ করা বা এক সারিতে দাঁড় করানো: The officer ~ed the soldiers.

dresser[1] [ড্রেস(র্)] *n* যে পোশাক পরিধান করায়, বিশেষত (ক) অস্ত্রচিকিৎসকের সহকারী হিসাবে যে ক্ষতস্থান পরিষ্কার করে ও পট্টি বাঁধে; (খ) রঙ্গমঞ্চের রূপসজ্জাকর, যে অভিনেতা-অভিনেত্রীদের পোশাক পরিধান করায়। ˈ**hair ~** যে ব্যক্তি চুল ছাঁটে বা পরিপাটি করে।

dresser[2] [ড্রেস(র্)] *n* ১ রান্নাঘরে বাসনপত্র, ছুরি, কাঁটা-চামচ ইত্যাদি রাখার আলমারিবিশেষ। ২ (US) যে টেবিলের উপর রান্নার জন্য মাংস ইত্যাদি তৈরি করা হয়।

dress·ing [ড্রেসিঙ্] *n* ১ [U] পোশাক পরিধান বা ক্ষতস্থান পরিষ্কার করে পট্টি বাঁধার কাজ।ˈ**~-case** ভ্রমণে ব্যবহৃত দ্রব্যাদির বাক্স। ˈ**~-gown** (US = bath-robe) আলখাল্লা জাতীয় ঢিলা জামাবিশেষ, যা পাজামার সাথে পরা হয় (নিজ গৃহে পোশাক পরার পূর্বে পরিহিত)। ˈ**~-room** সাজঘর; পোশাক পরিধানের ঘর। ˈ**~-table** প্রসাধন বা সাজসজ্জা করার জন্য বড়ো আয়নাওয়ালা টেবিল। ২ [C,U] যা দিয়ে ক্ষতস্থান পরিষ্কার করা হয় ও পট্টি বাঁধা হয়—তুলা, ব্যান্ডেজ ইত্যাদি। ৩ [C,U] সালাদ বা ঐ জাতীয় খাবারের স্বাদ বাড়ানোর জন্য তেল, সিরকা ও চূর্ণ মসলা সহযোগে প্রস্তুত তরল পদার্থবিশেষ। ৪ [U] সুতি বা রেশমি কাপড় প্রস্তুতকালে তা শক্ত করার জন্য ব্যবহৃত মাড় বা কলপ।

dressy [ˈড্রেসি] *adj* (-ier, -iest) (কথ্য) ১ (ব্যক্তি সম্পর্কে) সাজপোশাকপ্রিয় ব্যক্তি। ২ (পোশাক সম্পর্কে) শৌখিন, কেতাদুরস্ত।

drew [ড্রু] draw[2] শব্দের *pp*

dribble [ড্রিব্ল্] *vt,vi* ১ (তরল পদার্থ সম্পর্কে) ফোঁটা ফোঁটা করে পড়া বা পড়তে দেওয়া; লালা ঝরানো: A dribbling baby needs a bib; (লাক্ষ.) ক্রমে ক্রমে নিঃশেষিত হওয়া: Our money is dribbling away. ২ (ফুটবল) পায়ে পায়ে বল গড়িয়ে নিয়ে যাওয়া; কৌশলে বল কাটিয়ে নিয়ে যাওয়া। □*n* ঝরে পড়া ফোঁটাসমূহ; বল কাটিয়ে নেওয়ার কাজ।

drib·let [ˈড্রিব্‌লিট্] *n* অতি ক্ষুদ্র ফোঁটা অতি অল্প পরিমাণ। **in/by ~s** একটু একটু করে।

dribs and drabs [ড্রিব্জ্ এন্ ড্র্যাব্জ্] *n pl* (কথ্য) সামান্য বা তুচ্ছ পরিমাণ।

dried [ড্রাইড্] dry[2] শব্দের pt ও pp. **~** ˈ**fruit** *n* শুষ্ক ফল। ˌ**~** ˈ**milk** n [U] গুঁড়া দুধ।

drier [ড্রাইআ(র্)] comp *adj*.দ্র. dry[1]; *n* দ্র. dry[2] *n* শুকানোর যন্ত্র: hair ~.

drift[1] [ড্রিফ্‌ট্] *n* ১ [U] চালনা; তাড়না; প্রবাহ; স্রোত। ˈ**~·age** [ড্রিফ্‌টিজ্] *n* (জাহাজ সম্পর্কে) স্রোত, বায়ুপ্রবাহ বা জোয়ারের কারণে নির্ধারিত গতিপথ থেকে বিচ্যুতি। ˈ**~-net** স্রোতে ভাসমান মাছ ধরার জাল। ২ [C] প্রবাহতাড়িত বস্তুসমূহ: snow-~ s. ˈ**~-ice** বায়ুপ্রবাহে ভাসন্ত তুষারপিণ্ড। ˈ**~-wood** স্রোতে ভেসে আসতে আসতে তীরে নিক্ষিপ্ত কাঠের গুড়ি। ৩ [U] ঝোঁক; প্রবণতা; সাধারণ অর্থ: I could not get the ~ of what he was saying. ৪ [U] ঘটনাপ্রবাহ। ৫ [U] নিষ্ক্রিয় অবস্থা ও কোনো কিছু ঘটার প্রতীক্ষা।

drift[2] [ড্রিফ্‌ট্] *vi,vt* ১ স্রোতে বা বাতাসে ভেসে চলা: The boat ~ed out to sea; (লাক্ষ.) উদ্দেশ্যহীনভাবে পারিপার্শ্বিক অবস্থার অধীন হয়ে চলা: The country is ~ing towards ruin. ২ তাড়িয়ে নেওয়া; একত্রে চালিত হওয়া। **~er** *n* ১ সমুদ্রপথে মাইন বসানো বা তুলে নেওয়ার কাজে ব্যবহৃত নৌকা বা জলযান। ২ প্রবাহতাড়িত বস্তু বা ব্যক্তি; (লাক্ষ.) উদ্দেশ্যহীন লোক। **~·less** *adj* উদ্দেশ্যহীন।

drill[1] [ড্রিল্] *n* তুরপুন; শক্ত বস্তুতে ছিদ্র করার যন্ত্র। □*vt,vi* তুরপুন দিয়ে ছিদ্র করা। ˈ**~·ing rig,** দ্র. rig[1](২)।

drill[2] [ড্রিল্] *n* [C,U] ১ সৈন্যদের অনুশীলনী বা কুচকাওয়াজ। ২ মৌখিক পুনরাবৃত্তি বা বার বার অনুশীলনের মাধ্যমে শিক্ষাদান: pronunciation ~s. ৩ জরুরি অবস্থায় পালনীয় কার্যাবলীর অনুশীলন: a fire-~. □*vt,vi* বারংবার অনুশীলনের মাধ্যমে শিক্ষাদান করা।

drill[3] [ড্রিল্] *n* খাত; খাত করে বা সারি বেঁধে বীজ বপন করার যন্ত্র; এভাবে রোপিত বীজ। □*vt* সারি বেঁধে বীজ বপন করা।

drill[4] [ড্রিল্] *n* [U] খসখসে ও মোটা সুতি কাপড়।

drink[1] [ড্রিঙ্ক্] *n* [C,U] ১ পানীয় দ্রব্য। ২ সুরা; মদ। **be in ~ /under the influence of ~** মাতাল; সুরামত্ত বা মদমত্ত অবস্থা। **drive sb to ~** কাউকে সুরাপানের দিকে ঠেলে দেওয়া: Unhappy family life drove him to the ~. **take to ~** নিয়মিত ও বেশি পরিমাণে মদ পানে অভ্যস্ত হওয়া। ৩ **The ~** (অপ.) সমুদ্র।

drink[2] [ড্রিঙ্ক্] *vt,vi* (*pt* drank [ড্র্যাঙ্ক্], pp drunk [ড্রাঙ্ক্]) ১ পান করা। **~ sth off/up** নিঃশেষে পান করা। ২ **~ (in/up)** (বৃক্ষ-তৃণাদি, ভূমি সম্পর্কে) শুষে নেওয়া: The thirsty soil drank up the water at once. ৩ **~ sth in** (লাক্ষ.) আগ্রহের সাথে শ্রবণ করা, মনে গ্রহণ করা ইত্যাদি। ৪ সুরা পান করা বিশেষত মাত্রাতিরিক্তভাবে। ৫ **~ (to)** মদ্যপানকালে গ্লাস উঁচু করে ধরে কারো স্বাস্থ্য, সাফল্য ইত্যাদি কামনা করা। **~·able** *adj* পান করার যোগ্য: ~ water. **~er** *n* বিশেষত যে ব্যক্তি বেশি মাত্রায় সুরা পান করে: a heavy ~, **~·ing** *n* বিশেষত সুরাপান: She is fond of ~ing. ˈ**~·ing-bout** মদ্যপানোৎসব। ˈ**~·ing-fountain** সদর জায়গায় স্থাপিত ঝরনা বা কল যেখান থেকে জনগণ পানীয় জল পেতে পারে।

drip [ড্রিপ্] *vi,vt* (-pp-) (তরল পদার্থ সম্পর্কে) ফোঁটায় ফোঁটায় পড়া বা পড়তে দেওয়া; ঝরা বা ঝরানো: Blood was ~ing from the cut in her finger. **~ping wet** সম্পূর্ণ সিক্ত। ˌ**~-**ˈ**dry** *adj* (বস্ত্র সম্পর্কে) পানি ঝরে দ্রুত শুকিয়ে যায় এমন: ~-dry shirts. □*n* ১ ফোঁটার আকারে পতন বা পতিত বস্তু: She was given saline ~ at the hospital. ২ (অপ.) নীরস ব্যক্তি।

drip·ping [ড্রিপিঙ্] *n* [U] ঝলসানো বা রোস্ট করা মাংস থেকে নির্গত চর্বি। ˈ**~-pan** রোস্ট করা মাংস থেকে নির্গত চর্বি যে পাত্রে জমা করা হয়।

drive[1] [ড্রাইভ্] *n* ১ মোটর গাড়িতে ভ্রমণ (বাসে নয়): We went for a ~ in our car. ২ (অপিচ US ˈ**~-way)** বড় রাস্তা থেকে বাড়ির দরজা বা গ্যারেজ পর্যন্ত সংক্ষিপ্ত ব্যক্তিগত পথ; উদ্যানের মধ্য দিয়ে গাড়ি চালানোর জন্য নির্দিষ্ট রাস্তা। ৩ [U] ক্রিকেট, গলফ্ ইত্যাদি খেলায় বলে বা ঘুটিতে সজোরে মার; [C] আঘাত বা মার। ৪ [U] কর্মশক্তি; উদ্যম; প্রেরণা: a man with ~. ৫ বিশেষত প্রচেষ্টা, অভিযান: anti-smuggling ~. ৬ ক্রীড়া প্রতিযোগিতায়, বিশেষত তাস খেলায়: a ˈbridge ~. ৭ (কারিগরি) বিশেষত গাড়ি চালানোর উদ্দেশ্যে ব্যবহৃত যন্ত্রপাতি: four wheel ~. ৮ জীবজন্তুকে তাড়িয়ে শিকারির দিকে আনয়ন।

drive[2] [ড্রাইভ্] *vt,vi* (*pt* drove [ড্রৌভ্] *pp* driven [ড্রিভ্‌ন্]) ১ চিৎকার করে, আঘাত করে বা অন্য কোনো উপায়ে জীবজন্তু বা মানুষকে একটি বিশেষ দিকে ধাবিত করা বা তাড়িয়ে নেওয়া: to ~ the cattle. **~ sb into a corner** (লাক্ষ.) কোণঠাসা করা; সঙ্গিন অবস্থায় ফেলা। ২ রেল-ইনজিন, বাস, মোটরগাড়ি বা অন্য কোনো যানবাহন চালনা করা; জীবজন্তু বা জীবজন্তুর টানা শকট, লাঙ্গল ইত্যাদি নিয়ন্ত্রণ বা পরিচালনা করা: to ~ a taxi/cart. ˈ**driving licence** কর্তৃপক্ষ কর্তৃক প্রদত্ত মোটরগাড়ি চালানোর অনুমতিপত্র। ˈ**driving school** যে প্রতিষ্ঠানে মোটরগাড়ি চালানোর শিক্ষা দেওয়া হয়। ˈ**driving test** মোটরগাড়ি চালানোর অনুমতিপত্র লাভের জন্য গাড়ি চালানোর যোগ্যতা পরীক্ষা। ৩ ব্যক্তিগত মোটরগাড়িতে যাওয়া বা ভ্রমণ করা (জনসাধারণের ব্যবহৃত যানবাহনে নয়)। ˈ**~ in cinema/ restaurant** যে বিশেষ ধরনের সিনেমা বা রেস্তোরাঁয় লোকজন তাদের গাড়িতে বসে চলচ্চিত্র উপভোগ বা খাদ্য গ্রহণ করতে পারে। ৪ ব্যক্তিগত মোটরগাড়িতে কাউকে কোথাও নিয়ে যাওয়া বা পৌঁছে দেওয়া: I will ~ you to the airport. ৫ (সাধা. passive) (বৈদ্যুতিক, বাষ্পীয় বা অন্য কোনো শক্তি সম্পর্কে) চালিত: Early train engines were driven by steam-power. ˈ**driving-belt** যে বেল্টের সাহায্যে ইনজিন বা মোটর থেকে যন্ত্রে গতি সঞ্চারিত হয়। ˈ**driving wheel** যে চাকা একটি যন্ত্রের বিভিন্ন অংশে শক্তি বিতরণ করে। ৬ (বায়ু বা পানি সম্পর্কে) কোনো বস্তুকে একটি বিশেষ দিকে নিক্ষিপ্ত করা বা তাড়িয়ে নেওয়া। ৭ দ্রুত ও সবলে চলা বা অগ্রসর হওয়া। ৮ **~ sth in; ~ sth into** পেরেক, স্ক্রু ইত্যাদি কোনো কিছুর মধ্যে ঢোকানো/ প্রবেশ করানো। ৯ সজোরে আঘাত করা; (ক্রিকেট) সজোরে বল মারা বা পিটানো: to ~ a ball to the boundary line. **~ sth home** (লাক্ষ.) কোনো কিছু স্পষ্টভাবে উপলব্ধি করা। **let ~ at** কারো প্রতি আঘাত তাক করা (তরবারি, মুষ্টি ইত্যাদি দ্বারা)। ১০ কাউকে কোনো অবস্থার মধ্যে পড়তে বাধ্য করা: You will ~ me mad. ১১ কঠোর পরিশ্রম করা: He drove himself very hard. ১২ খোঁড়া বা গর্ত করা: to ~ a tunnel through a hill. ১৩ সম্ভব করা; ঘটানো। ১৪ **~ at** (কেবল progressive tense এ) বোঝাতে চাওয়া; অর্থ করা: What are you ~ing at ? ১৫ স্থগিত করা বা রাখা: You should not ~ decisions till the end.

drivel [ড্রিভ্‌ল্] *vi* (-ll- US -l-) ১ (শিশুর মতো) লালা ঝরানো। ২ মূর্খ বা বোকার মতো কথা বলা; বোকা হওয়া। □n [U] ১ লালা। ২ অর্থহীন কথা বা বোকার মতো কথা। **~-ler**, US **~er** [ড্রিভেলা(র্)] *n* লালা ঝরানো ব্যক্তি; (লাক্ষ.) বোকা; হাবা।

driven [ড্রিভ্‌ন্] **drive**[2] এর *pp*

driver [ড্রাইভা(র্)] *n* ১ গাড়োয়ান; মোটরগাড়ি, রেলইনজিন ইত্যাদির চালক: a taxi/bus- ~, ২ যে ব্যক্তি জীবজন্তু তাড়িয়ে নিয়ে যায়। **slave-~**. দ্র. slave. ৩ (কারিগরি) যন্ত্রের যে অংশ সরাসরি শক্তি গ্রহণ করে, যথা ইনজিনের driving wheel. ৪ (গল্‌ফ) খেলার শুরুতে যে লম্বা দণ্ডের সাহায্যে বলকে সজোরে আঘাত করা হয়।

drizzle [ড্রিজ্‌ল্] *vi* গুড়ি গুড়ি বা খুব হালকাভাবে বৃষ্টি হওয়া। □*n* [U] গুড়ি গুড়ি বৃষ্টি। **driz·zly** *adj* গুড়ি গুড়ি বৃষ্টিপূর্ণ: ~ weather.

drogue [ড্রৌগ্] *n* ১ সমুদ্রে জাহাজকে স্থির গতিসম্পন্ন করার জন্য নোঙ্গরবিশেষ। ২ বায়ুর গতি নির্দেশ করার জন্য মাস্তুলের ওপর বিমানবন্দরে উড্ডীন চটের নল বা বেলুন। ৩ জঙ্গি বিমান থেকে গোলাবর্ষণের মহড়ার জন্য অন্য বিমানের পিছনে টেনে নিয়ে যাওয়া বস্তু। ৪ ˈ**~ parachute** বড়ো প্যারাসুটকে তার থলি থেকে টেনে বের করার জন্য ব্যবহৃত ছোট প্যারাসুট; অবতরণকারী বিমান বা পতনশীল বস্তুর গতি হ্রাস করার কাজে ব্যবহৃত প্যারাসুট।

droll [ড্রৌল্] *adj* অদ্ভুত; মজাদার; হাস্যকর। **~ery** *n* [U] ভাঁড়ামি; ঠাট্টা; তামাশা; হাস্যরস। [C] (pl -ries) এ ধরনের কাজ।

drom·edary [ড্রমাডারি US -ˈড্রমডেরি] *n* দ্রুতগামী এক কুঁজওয়ালা উট।

drone [ড্রৌন্] *n* ১ পুং মৌমাছি। ২ পরমুখাপেক্ষী; আলসে; নিষ্কর্মা লোক। ৩ [C] একঘেয়ে, ক্লান্তিকর বক্তা বা বক্তৃতা। ৪ রেডিও নিয়ন্ত্রিত চালকহীন বিমান বা নৌযান। □*vt,vi* ১ গুন গুন করা। ২ ক্লান্তিকর বা একঘেয়েভাবে বাজা বা কথা বলা। ২ একঘেয়েভাবে বাজা, গান করা বা বক্তৃতা করা। **~ on** ক্লান্তিকর বা একঘেয়েভাবে কথা বলা।

drop[1] [ড্রপ্] *n* ১ (ক) বিন্দু; ফোঁটা: a ~ of water. (খ) *(pl)* ঔষধের ফোঁটা: ear/eye ~s. **in ~s; ~ by ~** ধীরে ধীরে; ফোঁটায় ফোঁটায়। ২ অত্যন্ত স্বল্প পরিমাণ। **only a drop in the ocean** নগণ্য পরিমাণ। ৩ মাতাল করে এমন পানীয়: He had a ~ too much. ৪ ফোঁটার আকার সদৃশ কোনো কিছু, দ্র. ear[1](১); কর্ণালঙ্কার। ৫ পতন: a sudden ~ in temperature. **at the ~ of a hat** সঙ্কেত দেওয়ামাত্র; চটপট; সাগ্রহে। ৬ যা ফেলা হয় বা পতিত হয়: a ~ of food from an aircraft. **a ~ in the gallows** ফাঁসিতে লটকানো ব্যক্তির পদতল থেকে পড়ে যাওয়া মাচান। ˈ**~-curtain** দৃশ্যযবনিকা; নাটকের অঙ্কশেষে যে পর্দা ফেলে রঙ্গমঞ্চকে দর্শকদের চোখের আড়াল করা হয়।

drop[2] [ড্রপ্] *vt,vi* (-pp-) ১ (তরল পদার্থ সম্পর্কে) ফোঁটায় ফোঁটায় পড়া বা পড়তে দেওয়া। ২ ফোঁটায় ফোঁটায় ঝরা বা ঝরতে দেওয়া। **~ anchor** নোঙ্গর ফেলা। **~ a stich** পশমের জামা বোনায় ঘর বাদ ফেলা। ৩ কমা বা কমতে দেওয়া: The wind has ~ped. ৪ পতিত করা বা হওয়া: ~ing zone. ৫ তেমন ভাবনাচিন্তা না করে বা উপস্থিতমতো কিছু বলা লিখে পাঠানো: ~ a line. ৬ উচ্চারণে বা লেখায় বাদ পড়া বা দেওয়া: He often ~s h's when he speaks. ৭ কাউকে গাড়ি থেকে কোথাও নামানো: Drop me at the corner. ৮ সংশ্রব ত্যাগ করা। ৯ বাদ দেওয়া: to ~ a bad habit. ১০ প্রসঙ্গের ইতি টানা: Let's ~ the subject. ১১ **~ across sb/sth** (= run across) হঠাৎ কারো বা কোনো কিছুর দেখা পাওয়া। **~ away =** ~ off (ক). **~ back; ~ behind** পিছিয়ে পড়া। **~ in on sb, ~ by/in/over/round** অনির্ধারিতভাবে/ হঠাৎ দেখা করতে যাওয়া বা আসা: He

~s in on me quite often. He ~ped in for tea. He ~ped by to see me. **~ off** (ক) সংখ্যায় কমে যাওয়া; সরে পড়া: His friends ~ped off one by one. (খ) ঘুমিয়ে পড়া; তন্দ্রালু হওয়া: He ~ped off during the lecture. **~ out** কোনো কাজ/ প্রতিদ্বন্দ্বিতায় অংশগ্রহণ থেকে বিরত হওয়া: He ~ped out of the game. **~-out** *n* (ক) যে শিক্ষার্থী শিক্ষালাভ থেকে বিরত হয়: school ~-outs. (খ) যে ব্যক্তি সামাজিক কর্মে অংশগ্রহণ থেকে বিরত থাকে। **~ through** (কথ্য) পণ্ড হওয়া; ভেস্তে যাওয়া: The scheme has ~ped through.

drop·per [ˈড্রপা(র্)] *n* ১ যে ব্যক্তি কিছু ফেলে যায়। ২ একদিকে রবারের বন্ধ টিউবসহ মুখের দিকে সরু কাঁচের নল, যা দিয়ে তরল পদার্থ ফোঁটায় ফোঁটায় ফেলা যায়।

drop·pings [ড্রপিঙ্জ্] *n* জীবজন্তুর অন্ত্রনিসৃত পদার্থ বা মল।

dropsy [ˈড্রপ্সি] *n* [U] জলউদরী বা পেটফোলা রোগ; শোথ রোগ। **drop·si·cal** [ˈড্রপ্সিক্ল্] *adj* শোথ সম্বন্ধীয়; উদরী রোগাক্রান্ত।

dross [ড্রস US ড্রো°স্] *n* [U] ১ ধাতু গলালে যে ময়লা বা গাদ জমে; ধাতুমল; ময়লা। ২ (লাক্ষ.) মূল্যহীন বস্তু; আবর্জনা। **~ y** *adj* বাজে; অপরিশোধিত; ভেজাল। **dro·ssi·ness** *n*

drought [ড্রা উট্] *n* [C,U] অনাবৃষ্টি; বৃষ্টির অভাব; পিপাসা; শুষ্কতা। **~y** *adj* বৃষ্টিহীন; জলশূন্য; তৃষিত; অতিশয় শুষ্ক।

drove[1] [ড্রৌভ্] drive[2]-এর *pt*

drove[2] [ড্রৌ ভ্] *n* একত্রে তাড়িত পশুপাল; চলমান জনতা: ~ s of tourists. **~r** *n* পশুপাল তাড়িয়ে বিক্রয়কেন্দ্রে নিয়ে যাওয়া যার পেশা; পশু ব্যবসায়ী।

drown [ড্রাউন্] *vt,vi* ১ ডুবে মরা বা ডুবিয়ে মারা: He ~ed the kitten; He was ~ed; নিমজ্জিত করা। ২ **~ out** (শব্দ সম্পর্কে) এত তীব্র হওয়া যে তা অন্য শব্দকে অস্পষ্ট করে: The noise ~ed her voice. ৩ (লাক্ষ.) নিমগ্ন করা লুপ্ত করা: He ~ed himself in work.

drowse [ড্রা উজ্] *vi,vt* ঝিমানো; তন্দ্রাচ্ছন্ন বা নিদ্রালু হওয়া; ঘুমের ঘোরে ঢুলা; নিষ্ক্রিয় হওয়া। **~ away** ঘুমের ঘোরে বা তন্দ্রাচ্ছন্ন হয়ে সময় কাটানো: to ~ away one's time. □*n* তন্দ্রাচ্ছন্ন অবস্থা।

drowsy [ড্রাউ জ়ি] *adj* (-ier, -iest) তন্দ্রালু; অলস; নিষ্ক্রিয়; নিদ্রা উদ্রেক করে এমন: a ~ afternoon. **drows·ily** *adv*. **drow·si·ness** *n*

drub [ড্রাব্] *vt* (-bb-) পেটানো; লাঠি দিয়ে আঘাত করা। **~·bing** *n* লাঠিপেটা: give sb a sound ~bing.

drudge [ড্রাজ্] *n* চাকর, মজুর; যে ব্যক্তি একঘেয়ে ক্লান্তিকর খাটুনি খাটে। □*vi* একঘেয়ে ক্লান্তিকর খাটুনি খাটা; অপ্রিয় ও নিচু কাজে কঠোর পরিশ্রম করা। **drndg·ery** *n* নীরস একঘেয়ে খাটুনি বা পরিশ্রম।

drug [ড্রাগ্] *n* [C] ১ ঔষধ বা ঔষধ তৈরি করার কাজে ব্যবহৃত উপাদান। ˈ**~·store** ঔষধ বিক্রয়ের দোকান; (US) যে দোকানে ঔষধ ও প্রসাধনী ছাড়াও রকমারি দ্রব্য, হালকা খাবার ও পানীয় বিক্রি করা হয়। ২ নেশা উদ্রেককারী বস্তু বা মাদকদ্রব্য (যেমন আফিম, কোকেন), যা নিদ্রাচ্ছন্নতা বা অসাড়তা আনয়ন করে: a ~ addict, মাদকাসক্ত ব্যক্তি; ˈ~ addiction, মাদকাসক্তি; a ˈ~ pedlar, মাদকদ্রব্য বিক্রেতা; ফেরিওয়ালা। ৩ অভ্যাস সৃষ্টি করে এমন বস্তু। ৪ **a ~ on the market** অবিক্রয়যোগ্য পণ্য; যে পণ্যদ্রব্যের চাহিদা নেই। □*vt* কাউকে নিদ্রিত বা অচেতন করার জন্য খাদ্য বা পানীয়ে মাদক দ্রব্য মেশানো বা মাদক দ্রব্য খাওয়ানো: They ~ged the guards and robbed the bank.

drug·get [ˈড্রাগিট্] *n* [C, U] মেঝে ঢাকার জন্য মোটা পশমি বস্ত্রবিশেষ।

drug·gist [ড্রাগিস্ট্] *n* ১ (GB) ঔষধ বা ঔষধের উপাদান বিক্রেতা। ২ (US) ঔষধ ও প্রসাধনী ছাড়াও যে ব্যক্তি অন্যান্য বস্তু, হালকা খাবার ও পানীয় বিক্রি করে।

Druid, druid [ড্রুইড্] *n* প্রাচীন গল, আইরিশ ও ব্রিটেনবাসী কেল্টদিগের পুরোহিত। **~·ism** এ ধরনের পুরোহিতদের প্রচারিত ধর্মমত।

drum[1] [ড্রাম্] *n* ১ (সঙ্গীত) ঢাক বা ঢোল। ˈ**~·fire** *n* বড়ো কামান থেকে ক্রমাগত নিক্ষিপ্ত ভারী গোলা। ˈ**~·head** *n* ঢাকের চর্মাবরণ; জাহাজের কাছি জড়ানোর যন্ত্রের উপরিভাগ। ˈ**~·head court-martial** যুদ্ধকালে অপরাধীদের দ্রুত বিচারের জন্য গঠিত সামরিক আদালত। ˌ**~-ˈmajor** [ড্রাম্ ˈমেইজা(র্)] *n* কুচকাওয়াজকারী সামরিক বাদকদলের নেতা; (US) যে কোনো বাদকদলের পুরুষ নেতা। ˌ**~-majoˈrette** [-মেইজারেট্] (US) বাদকদলের অগ্রে গমনকারী সুসজ্জিতা মেয়ে। ˈ**~·stick** (ক) ঢোল বাজানোর কাঠি; ঢোলের কাঠি। (খ) রান্না করা মুরগি বা পাখির ঠ্যাং। ২ ঢোল সদৃশ কোনো বস্তু যেমন তেলের পিপা। ৩ ঢাকের শব্দ।

drum[2] [ড্রাম্] *vt,vi* (-mm-) ১ ঢাক পিটানো। ২ **~ (on)** ঢোল বাজানোর মতো শব্দ করা; ক্রমাগত পেটানো বা বাজানো: to ~ on the table with fingers. ৩ **~ up** ঢাক পিটিয়ে ডাকা; আহ্বান করা; লোক সংগ্রহ করা; ঢোলসহরত করে প্রচার করা; (লাক্ষ.) কোনো কাজের প্রতি লোকের সমর্থন লাভের জন্য প্রচারকার্য চালানো **~ out** অপমান করে বা লজ্জা দিয়ে কাউকে তাড়ানো। ৪ **~ sth into sb's head** বারবার উল্লেখ করে মনে করিয়ে দেওয়া।

drunk [ড্রাঙ্ক্] *adj (pp* of drink[2]) মদোন্মত্ত; মাতাল: He was so ~. that he could not walk. **get ~** মদোন্মত্ত হওয়া। **~ with sth** (লাক্ষ.) উল্লসিত: He was ~ with joy. □ *n* মদোন্মত্ত ব্যক্তি; মাতাল; মাতলামির জন্য পুলিশ কর্তৃক অভিযুক্ত ব্যক্তি। **~·ard** *n* মদ্যপ।

drunken [ˈড্রাঙ্কান্] *adj* (সাধা. attrib) ১ মাতাল; মদ্যপানাসক্ত। ২ অতিরিক্ত মদ্যপানের ফলে সংঘটিত: a ~ sleep. **~·ly** *adv*. **~·ness** *n*

drupe [ড্রুপ্] *n* (উদ্ভিদ) আঁটিযুক্ত রসালো ফল, যেমন চেরি বা প্লাম।

dry[1] [ড্রাই] *adj* (drier, driest) ১ শুষ্ক; জলীয় বাষ্পহীন। ˌ**dry as a ˈbone; ˌbone-ˈdry** সম্পূর্ণ শুষ্ক। ২ বৃষ্টিহীন; বৃষ্টিশূন্য: ~ weather; অপর্যাপ্ত বাৎসরিক বৃষ্টিপাত সম্পন্ন: a ~ climate. ৩ নির্জলা; শুষ্ক; খটখটে: a ~ well; দুগ্ধবতী নয়: a ~ cow. ৪ কঠিন বা শক্ত; তরল নয়: ~ goods, দ্র. ১২। ৫ মাখন ব্যতীত: ~ bread. ৬ (মদ, ইত্যাদি সম্পর্কে) সুমিষ্ট বা ফলের ঘ্রাণসমৃদ্ধ নয়: ~ wine. ৭ (কথ্য) তৃষ্ণার্ত: feel ~; তৃষ্ণা উদ্রেককারী: ~ work. ৮ আকর্ষণীয় নয়; নীরস: a ~ subject. ˌ**~ as ˈdust** অতিশয় শুষ্ক বা নীরস। ৯ আবেগপূর্ণ নয়; উষ্ণ অনুভূতিপূর্ণ নয়; শীতল: a ~ welcome; বাহ্য প্রতীয়মান নয়: ~ humour. ১০ সহজ সরল; অপ্রচ্ছন্ন: give me the ~ facts and nothing else. ১১ তরল পদার্থের সাথে সম্পর্কযুক্ত নয়: a ~ cough, শুষ্ক কাশি (শ্লেষ্মাহীন); a ~ death, পানিতে ডুবে নয় এমন মৃত্যু। ১২ (যৌগশব্দ) ˌ**~ ˈcell** শুষ্ক বৈদ্যুতিক কোষ যার রাসায়নিক উপাদানসমূহ

আঠালো পিণ্ডের আকারে খাপের মধ্যে আবদ্ধ থাকে; চুয়ায় না: dry cell battery, শুষ্ক বৈদ্যুতিক কোষসম্পন্ন ব্যাটারি। ˌ~-ˈ**clean** *v* পানি ছাড়া (পেট্রোল ইত্যাদি দিয়ে) বস্ত্রাদি পরিষ্কার করা। ˌ~-ˈ**cleaner,** ˌ~-ˈ**cleaning** *nn,*ˌ~ ˈ**dock,** দ্র. dock[1](১) জাহাজ তৈরি বা মেরামতের জন্য যে পোতাশ্রয়ের পানি পাম্পের সাহায্যে বের করে দেওয়া যায়। ˌ~ ˈ**goods** শুষ্ক পণ্যদ্রব্য, যেমন খাদ্যশস্য; (US) কাপড়, পোশাক, পর্দা ইত্যাদি। ˌ~ ˈ**ice** ঘনীভূত বা শক্ত অবস্থা প্রাপ্ত কার্বন-ডাই-অক্সাইড, যা খাদ্যদ্রব্য বা অন্যান্য জিনিস ঠাণ্ডা রাখার জন্য ব্যবহৃত হয়। ˌ~ ˈ**measure** শুষ্ক ফসলাদির মাপ। ˈ**~ nurse** স্তন্যদান না করে যে ধাত্রী শিশুপালন করে। ˌ~ ˈ**rot** *n* বাতাস না পাওয়ার কারণে কাঠের ক্রমশ ক্ষয়প্রাপ্তি ও গুড়ায় পরিণতি; (লাক্ষ.) প্রচ্ছন্ন সামাজিক ও নৈতিক অবক্ষয়। ˈ**~-shod** *adj,adv* জুতা বা পা ভেজে না এমনভাবে। ˌ~-ˈ**walling** চুন-সুরকি ব্যতীত প্রাচীর নির্মাণ। **drily** *adv*. **~·ness** *n*

dry[2] [ড্রাই] *vt,vi (pt,pp* dried) ১ **~ (out)** শুষ্ক করা বা হওয়া। **~ up** সম্পূর্ণ শুষ্ক করা বা হওয়া: The ponds and rivers have dried up. His imagination seems to have dried up. **Dry up** ! (অপ.) চুপ কর ! ২ (সাধা. *pp)* জলীয় বাষ্প দূর করে সংরক্ষিত: ~ fish/meat/milk. **dryer, drier** [ড্রাইঅ(র্)] *n* ১ (ব্যক্তি) যে শুষ্ক করে। ২ শুষ্ক বা জলবিহীন করার যন্ত্র বা উপাদান: a hair dryer.

dryad [ড্রাইঅড্] *n* (গ্রিক পুরাণ) বনপরী।

dual [ডিউঅল্ US ডূঅল্] *adj* দুইটি অংশ সম্বলিত; দ্বিগুণ; দ্বৈত: ~ control; ~ ownership. ˌ~ ˈ**carriageway** (US) দুইটি অংশে বিভক্ত রাস্তা, যার একটি অংশে কেবল এক দিকেই গাড়ি যেতে পারে। **~·ism** *n* দ্বৈতবাদ। **~·ist** *n* দ্বৈতবাদী। **~·ity** দ্বৈততা; দ্বিত্ব।

dub [ডাব্] *vt* (-bb-) ১ কাঁধে তরবারি ছুঁইয়ে কাউকে 'নাইট' উপাধি দান করা; খেতাব দেওয়া; উপনামে অভিহিত করা: They ~bed her Fatty, because she was fat. ২ পৃথকভাবে শব্দ গ্রহণ করে ফিল্মের পার্শ্বস্থ শব্দ বহনকারী ফিতায় সংযোজন করা, বিশেষত এভাবে চলচ্চিত্রকে ভাষান্তরিত করা।

dub·bin [ডাবিন্] *n* [U] চামড়াকে নরম ও পানিরোধক করার জন্য ব্যবহৃত ঘন চর্বি।

du·biety [ˈডিউবাইআটি US ˈডূ –] *n* [U] সন্দেহ; সংশয়; সন্দিগ্ধতা; অনিশ্চয়তা; [C] *(pl - ties)* অনিশ্চিত ব্যাপার।

du·bious [ˈডিউবিঅস্ US ˈডূ–] *adj* ১ সন্দেহপূর্ণ; সন্দিগ্ধ: I am still ~ about the plan. ২ (ব্যক্তি সম্পর্কে) সন্দেহজনক (সম্ভবত অসৎ, বিশ্বাসযোগ্য নয়): He is a ~ character. ৩ (বস্তু বা কাজ সম্পর্কে) সন্দেহজনক; অনিশ্চিত; দ্ব্যর্থক: a ~ compliment.

du·cal [ˈডিউকল্] US ˈডূ–] *adj* ডিউকের বা ডিউকের মতো।

ducat [ˈডাকাট্] *n* য়োরোপে প্রচলিত পুরাতন স্বর্ণমুদ্রাবিশেষ।

duchess [ডাচিস্] *n* ডিউকপত্নী; ডিউকের বিধবা স্ত্রী; ডিউকের সমমর্যাদাসম্পন্ন মহিলা।

duchy [ডাচি] *n (pl* -chies) ডিউকশাসিত এলাকা বা রাজ্য।

duck[1] [ডাক্] *n (pl* ~s, collective noun হলে রূপ অপরিবর্তিত থাকে) ১ [C] পাঁতিহাস (msc. দ্র. drake); [U] এই পাখির মাংস। ˌ**lame** ˈ~ যে ব্যক্তি বা জাহাজকে অকর্মণ্য করা হয়েছে; যে ব্যবসা বা বাণিজ্যিক প্রতিষ্ঠান অর্থনৈতিক অসুবিধায় পতিত হয়েছে। **like a ~ to water** প্রকৃতিগতভাবে; নির্ভয়ে; নির্দ্বিধায়; বিনা কষ্টে। **like water off a ~'s back** বিফলে; বৃথায়। **~s and drakes** পানির উপরিতল ছুঁয়ে ছুঁয়ে খোলামকুচি নিক্ষেপের খেলা। **play ~s and drakes** যথেচ্ছা ব্যয় করা; অপব্যয় করা (যেমন, অর্থ)। **a sitting ~** সহজ লক্ষ্যবস্তু; অসহায় শিকার। ২ (কথ্য, অপিচ **~y)** (GB) প্রিয়জন; আদরের সম্বোধন। ৩ যে উভচর সামরিক যান সৈন্যদের নদীতীরে বা উপকূলে নামানোর কাজে ব্যবহৃত হয়। ৪ (ক্রিকেট অপিচ **~'s egg)** ব্যাটস্‌ম্যানদের শূন্য রান: be out for a ~. ৫ (যৌগশব্দ) ˈ**~·bill,** ˌ**~·billed** ˈ**platypus,** দ্র. **platypus.** ˈ**~·boards** চলাফেরার সুবিধার জন্য পাঁক, কাদা বা খাদের ওপর যে তক্তা পেতে দেওয়া হয়। ˈ**~·weed** অগভীর জলাশয়ের ওপর যে সপুষ্পক উদ্ভিদ জন্মে। ˈ**~·ling** *n* হাঁসের বাচ্চা। ˌ**ugly** ˈ**~ling** যে হাবাগোবা শিশু বড়ো হয়ে আকর্ষণীয় ও প্রতিভাবান হয়।

duck[2] [ডাক্] *vt,vi* ১ (আঘাত বা দৃষ্টি এড়ানোর জন্য) হঠাৎ মাথা নিচু করা। ২ অল্পক্ষণের জন্য পানিতে চোবানো বা ডুব দেওয়া। **~ out of** (দায়িত্ব, ইত্যাদি) এড়িয়ে যাওয়া। □ *n* নিম্ন বা পার্শ্বদিকে দ্রুত মাথা/শরীর ঝুকানো; (নদী বা জলাশয়ে গোসল করার সময়) দ্রুত মাথা বা শরীর নিমজ্জিত করণ। **~·ing** আচ্ছামতো ভেজানো বা পানিতে চোবানো। ˈ**~ing-stool** প্রাচীন কালে অপরাধীকে শাস্তি দেওয়ার জন্য যে টুলের সাথে বেঁধে জলে চোবানো হতো। **ducker** *n* পানকৌড়ি; ডুবুরি।

duck[3] [ডাক্] *n* [U] ছোট পাল; থলে প্রভৃতি তৈরির জন্য মোটা কাপড়বিশেষ; *(pl)* উক্ত কাপড়ে তৈরি পোশাক।

duct [ডাক্‌ট্] *n* নল, বৃক্ষগাত্রে বা প্রাণীদেহে নালী বা পথ, যার মধ্য দিয়ে তরল পদার্থ বাহিত হয়: tear ~s. ২ বিমান, জাহাজ বা গৃহে বায়ু সঞ্চারিত করার জন্য ধাতব নল: There are air ~s above seats on aeroplanes. ৩ যে কোনো ধরনের নল বা পাইপ, যার মধ্য দিয়ে তরল পদার্থ, বৈদ্যুতিক তার ইত্যাদি এক প্রান্ত থেকে অন্য প্রান্তে পৌঁছানো হয়, দ্র. aqueduct, viaduct.

duc·tile [ডাক্‌টাইল্ US -টল্] *adj* ১ (ধাতু সম্পর্কে) নমনীয়, ঠাণ্ডা অবস্থায় যা পেটানো যায় এবং যার কোনো আকৃতি প্রদান করা যায়, যেমন তামা; (অন্যান্য বস্তু সম্পর্কে) যার রূপ সহজে পরিবর্তন করা যায়। ১ (লাক্ষ.) (কোনো ব্যক্তি বা তার চরিত্র সম্পর্কে) যাকে সহজে পরিচালনা করা যায় বা প্রভাবান্বিত করা যায়। **duc·til·ity** [ডাক্‌টিলাটি] *n* [U] নমনীয়তা।

dude [ডিউড্ US ডূড্] *n* (US) ১ ফুলবাবু যে ব্যক্তি সুন্দর পোশাক পরতে ভালোবাসে। ২ শহরবাসী; শহুরে লোক। ˈ**~ ranch** *n* (US) পর্যটকদের অবকাশ যাপনের জন্য খামারবাড়ি।

dudg·eon [ˈডাজন্] *n* **in high ~** তীব্র অসন্তোষ জনিত ক্রোধের বশবর্তী।

due[1] [ডিউ US ডূ] *adj* ১ দেয়; পরিশোধনীয়: My rent is due on the first of every month. ২ (কেবল attrib) উপযুক্ত; সঠিক; যথোচিত: affer ~ consideration, যথোচিত বিবেচনার পর; in ~ course/time যথাসময়ে, উপযুক্ত বা সঠিক সময়ে। **~ly** *adv* যথাযথভাবে; উপযুক্তরূপে; যথাসময়ে। ৩ পূর্বনির্ধারিত: The train is ~ at 4·30. ৪ **due to** কারণ বশত: His absence was ~

to illness. তুল. **owing to** (=কারণে, because of). □*adv* (কম্পাসের দিক সম্পর্কে) সোজাসুজি: **~ north.**

due[2] [ডিউ US ডু] *n* ১ (শুধু *sing*) ন্যায্য পাওনা: give sb his ~. **Give the devil his due** (প্রবাদ) কোনো অপছন্দনীয় ব্যক্তির প্রতিও সুবিচার করা। ২ *(pl)* মাশুল, চাঁদা ইত্যাদি।

duel [ˈডিউঅল্ US ডূঅল্] *n* (ইতি.) (পিস্তল বা তরবারি নিয়ে সম্মানের প্রশ্ন মীমাংসার জন্য দুই ব্যক্তির মধ্যে আহূত) দ্বন্দ্বযুদ্ধ; দুই ব্যক্তি বা পক্ষের লড়াই: a ~ of wits. □*vi* (-ll-, US -l-) দ্বন্দ্বযুদ্ধ করা; দ্বন্দ্বযুদ্ধে অবতীর্ণ হওয়া। **~·ist** *n* দ্বন্দ্বযোদ্ধা।

duet [ডিউয়েট্ US ডূ-] *n* দ্বৈতসঙ্গীত; দুই ব্যক্তির মিলিত সঙ্গীত বা বাদন।

duff [ডাফ়্] *n* মাখানো ময়দার তাল; সেদ্ধ করা আটা বা ময়দার শক্ত কাই। □*vt* ১ নতুনের মতো রূপ দেওয়া; গবাদি পশু চুরি করা অথবা তাদের মার্কা বদলানো। ২ তালগোল পাকানো; (গলফ়) বলে আঘাত ফসকিয়ে তার পেছনে মাটিতে আঘাত করা। □*adj* (কথ্য) বাজে।

duffel, duf·fle [ডাফ়্ল্] *n* [U] খসখসে লোমশ মোটা পশমি কাপড়বিশেষ। ˈ**~ bag** কাপড়চোপড় ও অন্যান্য দ্রব্য বহন করার জন্য মোটা কাপড়ে তৈরি নলাকার ব্যাগবিশেষ। ˈ**~ coat** মাথার আবরণীসহ বোতামের পরিবর্তে কাঠের টুকরা লাগানো খসখসে মোটা লোমশ পশমের তৈরি কাপড়ের কোটবিশেষ।

duffer [ডাফ়া(র্) *n* অকর্মণ্য বা নির্বোধ লোক; সহজে শিখতে পারে না এমন ব্যক্তি; জালমুদ্রা; শূন্যগর্ভ খনি; যে ব্যক্তি পণ্যদ্রব্যাদির নকল বের করে বা চোরাই গবাদি পশুর গায়ের মার্কা পরিবর্তিত করে।

dug[1] [ডাগ্] *dig* -এর *pt,pp*

dug[2] [ডাগ্] *n* স্তন্যপায়ী জন্তুর দুধের বাট।

du·gong [ডুগঙ্] *n* স্তন্যপায়ী বড়ো সামুদ্রিক জীববিশেষ, দ্র. manatee.

dug-out [ডাগ্ আউট্] *n* ১ সৈন্যদের খননকৃত মাটির ছাদওয়ালা যুদ্ধকালীন আশ্রয়স্থল। ২ গাছের গুঁড়ি খুঁড়ে প্রস্তুত নৌকাবিশেষ; ডোঙ্গা।

duke [ডিউক্ US ডূক্] *n* ১ অভিজাত ব্যক্তি বা ভূস্বামী; যুবরাজের অব্যবহিত নিম্নপদ; ক্ষুদ্র রাজ্যের নৃপতি। **~-dom** [-ডাম্] *n* ডিউকের উপাধি বা পদবি। ২ (=duchy) ডিউকশাসিত রাজ্য।

dul·cet [ডাল্সিট্] *adj* (বিশেষত শব্দ সম্পর্কে) সুমিষ্ট; সুমধুর।

dul·ci·mer [ˈডাল্সিম(র্)] *n* তার দিয়ে তৈরি বাদ্যযন্ত্রবিশেষ, যা দুটি দণ্ড দিয়ে বাজানো হয়।

dull [ডাল্] *adj* (-er, -est) ১ নিষ্প্রভ; অনুজ্জ্বল: a ~ colour; মেঘাচ্ছন্ন; অন্ধকারাচ্ছন্ন: a ~ weather. **~ of hearing** কানে খাটো। ২ স্থূলবুদ্ধি; নির্বোধ: a ~ student. ৩ একঘেয়ে; নীরস; নিরানন্দ: a ~ play. ৪ ভোঁতা: a knife with a ~ edge. ৫ (ব্যথা সম্পর্কে) অনুভূতিহীন; বোধহীন; (পণ্যদ্রব্য সম্পর্কে) চাহিদাবিবর্জিত (ব্যবসা-বাণিজ্য সম্পর্কে) তেজি নয় এমন; মন্দাজনক। □*vt,vi* স্থূলবুদ্ধি; অচেতন; নিষ্প্রভ; নীরস; একঘেয়ে, অন্ধকারাচ্ছন্ন বা ভোঁতা করা বা হওয়া। **~·ish** *adj* ঈষৎ স্থূলবুদ্ধি; বোকাটে; নিষ্প্রভ। ˈ**~·ness** *n* নির্বুদ্ধিতা; নিষ্প্রভতা; নিরানন্দ ভাব। **~·y** *adv* বোকার মতো; নিরানন্দভাবে।

dull·ard [ডালাড্] *n* স্থূলবুদ্ধিসম্পন্ন লোক; নির্বোধ ব্যক্তি; মূর্খ লোক।

duly, দ্র. *due.*

dumb [ডাম্] *adj* (-er, -est) ১ বোবা; মূক; বাকশক্তিহীন: ~ from birth. ২ নীরব; নিস্তব্ধ: She remained ~ during her trial. **strike ~** বোবা করা; ভয়ে বা বিস্ময়ে হতবাক করা: The terrible news struck us ~. ˈ**~ show** *n* মূকাভিনয়। ৩ (US, কথ্য) নির্বোধ; অকর্মণ্য। **~·ly** *adv* কথা না বলে; নীরবে। **~·ness** *n* [U] নীরবতা।

dumb·bell [ডাম্বেল্] *n* ১ ডাম্বেল; বাহু ও কাঁধের মাংশপেশির ব্যায়ামের জন্য দুই হাতে মুঠি করে ধরা যায় এমন কাঠের দণ্ড; যার দুপাশে লোহার বল রয়েছে।

dumb·found (US অপিচ **dum·found)** [ডাম্ˈফাউন্ড্] *vt* বিহ্বল করা; হতবুদ্ধি করা; বিস্ময়াবিষ্ট করা। **~·ed** *pt,pt* বিস্ময়াবিষ্ট।

dumb·waiter [ডাম্ ˈওয়েইটা(র্)] *n* ১ খাবার টেবিলে খাদ্যদ্রব্য পরিবেশনের জন্য ঘূর্ণায়মান তাকসম্পন্ন রেকাব। ২ (US) (GB = food-lift) তাকওয়ালা বাক্স, যা কোনো দণ্ডের সাহায্যে রেস্তোরাঁ বা অন্য কোথাও এক তলা থেকে অন্য তলায় ওঠানামা করার কাজে ব্যবহৃত হয়।

dum·dum [ডাম্ডাম্] *n* ˈ**~ bullet** দমদম বুলেট; যা দেহের সংস্পর্শে এসে প্রসারিত হয় এবং চওড়া ক্ষতের সৃষ্টি করে।

dummy [ˈডামি] *n* ১ প্রতিরূপ নকল মূর্তি বা কাঠামো: a tailor's ~. ২ (attrib) নকল বা মেকি দ্রব্য: a ~ gun. ৩ (কার্ড, বিশেষত ব্রীজ খেলায়) যে হাতা পাতা হয় বা নামানো হয়; এমন খেলোয়াড় যার হাত নামানো হয়েছে। ৪ কোনো ঘটনা ঘটার সময় যে ব্যক্তি উপস্থিত থাকে, কিন্তু সক্রিয়ভাবে অংশগ্রহণ করেনা; সাক্ষী-গোপাল। ৫ (attrib) **~ ˈrun** আক্রমণ, প্রদর্শনী ইত্যাদির মহড়া বা অনুশীলন।

dump [ডাম্প্] *n* ১ আবর্জনা ইত্যাদি ফেলার স্থান, আস্তাকুড়; আবর্জনার স্তূপ। ২ সামরিক দ্রব্যাদির অস্থায়ী ভাণ্ডার: an ammunition ~. ৩ নোংরা বা অপরিচ্ছন্ন স্থান। □*vt* ১ বোঝা নামানো; ধপ করে নামানো। ২ (বাণিজ্য) স্বদেশে চাহিদা নেই এমন দ্রব্য বিদেশে অল্প দামে বিক্রয় করা; (লাক্ষ.) অবাঞ্ছিত বস্তু বা ব্যক্তি চালান দেওয়া। **~er** *n* (অপিচ ˈ**~ truck)** আবর্জনা, মাটি ইত্যাদি বহনকারী গাড়ি বা ট্রাক।

dump·ling [ˈডাম্পলিঙ্] *n* ১ ময়দার তাল বা পিণ্ডের মধ্যে মাংস বা তরকারি ভরে সিদ্ধ করে প্রস্তুত ছোট গোল পিঠাজাতীয় খাদ্য। ২ ময়দার পিণ্ডের মধ্যে আপেল বা অন্য ফল পুরে তা সেঁকে প্রস্তুত ছোট গোল মিষ্টি পিঠাজাতীয় খাদ্য। ৩ (কথ্য) ছোটখাটো গোলগাল চেহারার ভালো মানুষ।

dumps [ডাম্প্স্] *n pl* **(down) in the ~** (কথ্য) বিষণ্ণ ও অবসাদগ্রস্ত।

dumpy [ˈডাম্পি] *adj* (-ieer, -iest) (ব্যক্তি সম্পর্কে) বেঁটে এবং মোটা। □*n* বেঁটে এবং মোটা লোক। **dumpiness** *n* খর্বতা ও স্থূলতা।

dun[1] [ডান্] *adj n* ১ পিঙ্গল বর্ণ; মেটে বর্ণ। ২ এ ধরনের বর্ণের ঘোড়া।

dun[2] [ডান্] *vt* (-nn-) ঋণ পরিশোধের জন্য তাগাদা প্রদান করা। □*n* যে ঋণদাতা পাওনা পরিশোধের জন্য ঘন ঘন তাগাদা প্রদান করে; ঋণ পরিশোধের তাগাদা; ঋণের অর্থ সংগ্রহকারী: ~ing letter, ঋণ পরিশোধের তাগাদাপত্র।

dunce [ডান্স্] *n* গবা ছাত্র সহজে বুঝতে পারে না বা ধীর গতিতে শেখে এমন ছাত্র; স্থূল বুদ্ধিসম্পন্ন বা নির্বোধ ব্যক্তি। ˈ**~'s cap** বিদ্যালয়ের গবা ছাত্রকে শাস্তি স্বরূপ যে কাগজের তৈরি চূড়াকার টুপি পরানো হয়; তুল. গাধার টুপি।

dun·der·head [ˈডান্ডাহেড্] *n* জড়বুদ্ধিসম্পন্ন লোক; নির্বোধ ব্যক্তি।

dune [ডিউন্ US ডূন্] *n* বালিয়াড়ি; সমুদ্রউপকূলে বা মরুভূমিতে বায়ুপ্রবাহে সৃষ্ট বালির স্তূপ।

dung [ডাঙ্] *n* [U] পশুর মল, বিশেষত গোবর যা জমিতে সার রূপে ব্যবহৃত হয়। ˈ**~-cake** *n* ঘুটে। **~-cart** *n* গোবর বহনকারী গাড়ি। ˈ**~-hill** *n* গোবর-গাদা।

dunga·rees [ডাঙ্গ্যাˈরীজ্] *n pl* সাধা. মোটা সুতি কাপড়ে প্রস্তুত আলখাল্লা জাতীয় বহিরঙ্গের পোশাক, যা মূল পোশাককে ময়লা থেকে রক্ষা করে; উক্ত উদ্দেশ্যে পরিধেয় ট্রাউজার বা একত্র সংযুক্ত শার্ট ও ট্রাউজার।

dun·geon [ডান্জন্] *n* (ইতি.) ভূগর্ভস্থ অন্ধকার কারাকক্ষ।

dunk [ডাঙ্ক্] *vt* তরল পদার্থে খাদ্যদ্রব্য চুবানো বা ডুবানো।

duo [ˈডিউ US ˈডূ–] *n (pl* -s) ১ দ্বৈত সঙ্গীত বা বাদন। ২ কোনো বন্ধনে আবদ্ধ দুই ব্যক্তির জোড়: They make a good ~.

duo·deci·mal [ˌডিউআ ˈডেসিম্ল US ˌডূআ–] *adj* দ্বাদশমিক; দ্বাদশাংশিক।

duo·denum [ˌডিউআˈডীনাম্ US ডূআ -] *n* (ব্যব.) গ্রহণী; ক্ষুদ্রান্ত্রের প্রথম অংশ। **duo·denal** *adj* গ্রহণী সংক্রান্ত: a duodenal ulcer.

duo·logue [ˈডিউআলগ্] US ˈডিউ আলো.গ্] *n* দুই ব্যক্তির মধ্যে কথোপকথন।

dupe [ˈডিউপ্ US ডূপ্] *vt* প্রতারণা করা;বোকা বানানো। □*n* যে প্রতারিত হয়।

du·plex [ˈডিউপ্লেক্স্ US ˈডূ –] *adj* দ্বিগুণ; দ্বৈত: a ~ apartment (US), এমন ফ্ল্যাট বাড়ি যার দুই তলায় কক্ষসমূহ এবং ভিতরে সিঁড়ি রয়েছে।

du·pli·cate¹ [ˈডিউপ্লিকাট্ US ˈডূ–] *adj* ১ সদৃশ; অনুরূপ: ~ keys. ২ দুটি অনুরূপ অংশ বিশিষ্ট; দ্বিগুণ। □*n* [C] অবিকল নকল; অনুলিপি; প্রতিলিপি: a ~ copy. **in** ~ (দলিলপত্র ইত্যাদি সম্পর্কে) প্রতিলিপি সহ।

du·pli·cate² [ডিউপ্লিকে ইট্] *vt* ১ হুবহু নকল করা; প্রতিলিপি করা। ২ দ্বিগুণিত করা। **du·pli·ca·tion** [ˌডিউপ্লিˈকেইশন্ US ˌডূ–] *n* [U] প্রতিলিপিকরণ; [C] প্রতিলিপি। **du·pli·ca·tor** [-টা(র্)] n প্রতিলিপি মুদ্রণের যন্ত্রবিশেষ।

du·plic·ity [ডিউ ˈপ্লিসাটি US ডূ–] *n* [U] কপটতা; শঠতা; চাতুরী।

dur·able [ˈডিউরব্‌ল্ US ˈডূ –] *adj* টেকসই; মজবুত: ~ shoes. □*n* (সাধা. *pl*) টেকসই দ্রব্যাদি: consumer ~s. **dura·bil·ity** [ˌডিউআরাˈবিলাটি US ˈডুআ্] *n* [U] টেকসই হওয়ার গুণ বা শক্তি।

du·rance [ˈডিউঅরান্স্ US ˈডুআ -] *n* পুরা.) কয়েদ; আটকাবস্থা; অবরোধ।

dur·ation [ডিউরেশন্ US ডু–] *n* [U] স্থিতিকাল; স্থায়িত্ব: of long ~.

dur·bar [ˈডাবা:(র্)] *n* (ইতি.) দরবার; উপমহাদেশীয় রাজন্যবর্গের রাজসভা; উপমহাদেশীয় রাজাবাদশাহ্ কর্তৃক প্রদত্ত অভ্যর্থনা।

dur·ess [ˈডিউরেস্ US ডু–] *n* [U] জবরদস্তি করে বা ভয় দেখিয়ে কাউকে কোনো কিছু করতে বাধ্যকরণ: The statement was given under ~.

dur·ing [ˈডিউঅরিঙ্ US ডুআ–] *prep* ১ যাবৎ, ব্যাপী; কোনো সময় বা স্থিতিকাল ধরে: We stayed in England ~ the summer. ২ স্থিতিকালের কোনো সময়ে: He came in ~ the night.

dusk [ডাস্ক্] *n* [U] সন্ধ্যার প্রাক্কাল; গোধূলি; আংশিক অন্ধকার; রঙের কালচে ভাব।

dusky [ডাস্কি] *adj* (-ier, -iest) ঈষৎ অন্ধকারাচ্ছন্ন; কৃষ্ণ বর্ণ; ঝাপসা।

dust¹ [ডাস্ট্] *n* ১ [U] ধূলা; ধূলিকণা; গুড়া; চূর্ণ; কণা; রেণু: tea-~, gold-~. **bite the ~** (অপ.) আহত বা নিহত হয়ে ভূপাতিত হওয়া। **(humbled) in (to) the ~** অপদস্থ বা অবমাননাকৃত যথা শত্রুপদাবনত। **shake the ~ off one's feet** সক্রোধে বা ঘৃণাভরে প্রস্থান করা। **throw ~ in a person's eyes** কারো চোখে ধুলা দেওয়া; ফাঁকি দেওয়া। ˈ**~-bowl** যে এলাকা খরা বা মানবসৃষ্ট কারণে বৃক্ষলতাপাতাহীন ধূলিময় স্থানে পরিণত হয়েছে। ˈ**~-coat** ভেতরের পোশাক; ধুলাময়লা থেকে রক্ষা করার জন্য পরিহিত কোট। ˈ**~-jacket/ wrapper/cover** বইয়ের মলাটকে ধুলাময়লার হাত থেকে রক্ষা করার জন্য বহিরাবরণ। ˈ**~-pan** ঘর ঝাটানো ধুলাময়লা মেঝে থেকে তোলার জন্য হাতলওয়ালা চ্যাপ্টা পাত্র। ˈ**~-sheet** অব্যবহৃত আসবাবপত্র ধুলাময়লা থেকে রক্ষা করার উদ্দেশ্যে ঢেকে রাখার আবরণী। ২ ধূলিময় অবস্থা। **a cloud of ~** ধূলির মেঘ: The car raised a cloud of ~; (লাক্ষ.) গোলযোগ; হৈ চৈ; আলোড়ন। **kick up/make/ raise a ~** (অপ. লাক্ষ.) গোলযোগ বা হাঙ্গামা বাধানো। ৩ গৃহস্থালী ময়লা বা আবর্জনা। (তুল. US *refuse, trash, garbage*) ˌ**~ bin** (তুল. US ash-car, garbage-box) গৃহস্থালী ময়লা-আবর্জনা ফেলার পাত্র (সাধা. চাকাওয়ালা)। ˈ**~-cart** (US garbage truck) যে গাড়িতে গৃহস্থালী ময়লা বা জঞ্জাল ঢেলে নিয়ে যাওয়া হয়। ˈ**~-man** ধাঙ্গড়; ময়লা বা আবর্জনা সরানোর কাজে নিয়োজিত ব্যক্তি। ৪ (পুরা. কাব্য বা সাহিত্য) দেহাবশেষ: 'to ~ returnest', কবর; মৃত্তিকা; মাটি; হীন অবস্থা।

dust² [ডাস্ট্] *vt* ১ **~ sth (down/off)** ধূলি ঝাড়া; ধূলিমুক্ত করা: **~ sb's jacket** (কথ্য) কাউকে পেটানো বা প্রহার করা। ˈ**~-up** *n* (কথ্য) মারামারি বা ঝগড়া। ২ (গুড়া বা চূর্ণ) ছিটা দেওয়া; ছিটানো: to ~ cake with sugar/to ~ sugar on a cake. **~er** *n* ঝাড়ন; ধুলা ঝাড়ার জন্য ব্যবহৃত ন্যাকড়া বা বুরুশ।

dusty [ডাস্টি] *adj* (-ier, -iest) ধূলিতে আচ্ছাদিত; ধূলির ন্যায়: a ~ road; (রং সম্পর্কে) ধূলিমলিন: ~ brown; প্রাণচঞ্চল বা উৎফুল্ল নয়; শুষ্ক। **~ answer** অসন্তোষজনক উত্তর।

Dutch [ডাচ্] *adj* ১ হল্যান্ডের, হল্যান্ডবাসীর বা ওলন্দাজদের অথবা তাদের ভাষা সম্পর্কে। ২ (কথ্য ব্যবহারসমূহ) **~ auction** যে নিলামে ক্রেতা না পাওয়া পর্যন্ত ক্রমশ দাম কমানো হয়। **~ courage** মদ্যপানের

ফলে সঞ্চারিত সাহস। ~ **treat** যে ভোজ বা উৎসবে অংশগ্রহণকারীরা নিজ নিজ ব্যয়ভার বহন করে। **go ~ (with sb)** খরচের অংশ বহন করা। **talk to sb like a ~ uncle** খোলাখুলি কিন্তু দৃঢ়ভাবে কাউকে তিরস্কার বা ভর্ৎসনা করা। □*n* ১ **the ~** হল্যান্ড-এর জনগণ। ২ হল্যান্ডবাসীদের ভাষা। **double ~** অবোধ্য ভাষা। **~·man** হল্যান্ডবাসী; ওলন্দাজ।

du·te·ous [ডিউটিঅস্ US ˈডূ -] কর্তব্যনিষ্ঠ; অনুগত; বাধ্য।

duti·able [ˈডিউটিঅবল্ US ˈডূ-] *adj* শুল্ক ধার্যের যোগ্য বা উপযোগী: ~ goods, দ্র. **duty**(৩).

duti·ful [ˈডিউটিফ্‌ল্ US ডূ-] *adj* **~ (to)** কর্তব্যনিষ্ঠ; কর্তব্যপরায়ণ; অনুগত; বাধ্য; শ্রদ্ধাশীল: a ~ son. **~ly** *adv* কর্তব্যপরায়ণতার সাথে।

duty [ˈডিউটি US ˈডূটি] *n (pl -ties)* ১ [C, U] কর্তব্য; করণীয় কাজ; দায়িত্ব; কর্মভার। **on ~** কর্মরত অবস্থা অথবা একটি নির্দিষ্ট সময়কালে কাজের জন্য ডাকা হতে পারে এমনভাবে প্রস্তুত অবস্থা: doctors on ~. **off ~** অবকাশ; ছুটি; উপরে বর্ণিত অবস্থার বিপরীত। **~ bound** দায়িত্ব বা কর্তব্যবোধের অনুশাসনে আবদ্ধ; সম্মানের দায়ে আবদ্ধ। **~ officer** কোনো নির্দিষ্ট সময়ে দায়িত্ব পালনে নিয়োজিত কর্মচারী। **do ~ for** কারো স্থলাভিষিক্ত হয়ে কর্তব্য করা। ২ (attrib) নৈতিক দায়িত্ব। ˈ**~ call** দায়িত্ববোধ থেকে কাউকে দেখতে যাওয়া। ৩ [C,U] শুল্ক: ˈcustoms duties, আমদানি বা রপ্তানির ওপর নির্ধারিত শুল্ক; ˈexcise duties, দেশে উৎপাদিত পণ্যদ্রব্যের ওপর অর্পিত শুল্ক, ইত্যাদি। **~-free** (পণ্যদ্রব্য সম্পর্কে) শুল্কমুক্ত: ~-free shop, শুল্কমুক্ত বিপণিকেন্দ্র (যেমন বিমানবন্দরে); ~-free goods, যার ওপর শুল্ক ধার্য হয় না এমন দ্রব্য।

duvet [ˈডিউভেট্ US ডূˈভেট্] *n* পালকের তৈরি লেপ।

dwarf [ডোয়ো°ফ্] *n (pl -s)* বামন; ক্ষুদ্রাকৃতির মানব; পশু বা তরুলতা; (রূপকথার গল্পে) জাদুকরী ক্ষমতাসম্পন্ন ক্ষুদ্রাকৃতির মানব বা পশু; (attrib) বেঁটে; ক্ষুদ্রাকৃতি। **~·ish** *adj* বামনের মতো; ঈষৎ বেঁটে; ক্ষুদ্রাকৃতি: ~ish trees. □*vt* ১ পূর্ণভাবে বেড়ে ওঠার পথে বাধা জন্মানো। ২ দূরত্ব বা বৈপরীত্যের মাধ্যমে খর্ব বা হ্রস্ব বলে প্রতীয়মান করানো: All the neighbouring buildings have been ~ed by the new tower.

dwell [ডুয়েল্] *vi (pt* dwelt) (সাহিত্য.) ১ বাস করা: ~ in/at a place. ২ **~ on/upon** কোনো কিছু নিয়ে চিন্তাভাবনা করা বা বিশদভাবে আলোচনা করা: She ~s upon her past whenever she is alone. **~er** *n* (যৌগশব্দ) বসবাসকারী; বাসিন্দা; অধিবাসী: ˈtown ~ers, cave ~ers. **~·ing** বসবাসের স্থান; বাড়ি; বাসস্থান। ˈ**~ing-house** বসতবাটি; বাসস্থান।

dwindle [ˈডুয়িন্‌ড্‌ল্] *vt* হ্রাস পাওয়া; ক্ষয়প্রাপ্ত হওয়া; ক্ষীণ হওয়া; ক্রমশ কমে যাওয়া: His hopes ~ed.

dye[1] [ডাই] *vt,vi (3rd pers sing prest* dyes, *pt,pp* dyed, *pres part* dyeing) ১ রং করা বা রঞ্জিত করা; বিশেষত তরল পদার্থে চুবিয়ে: She ~ed the cloth red. **~ in the wool/in grain** কোনো বস্তু কাঁচা অবস্থায় রঞ্জিত করা। ˌ**dyed-in-the-ˈwool** *adj* (লাক্ষ.) পাকাভাবে রঞ্জিত: He is a dyed-in-the-woo[l] republican. ২ আভা প্রদান করা; রঞ্জিত করা: The sunset dyed the sky red. ৩ রং গ্রহণ করা: This cloth does not dye well. **dyeing** *n* রঞ্জনকার্য; বস্ত্র ইত্যাদি রং করার বিদ্যা।

dye[2] [ডাই] *n* [C, U] যে জিনিস বা দ্রব্য দিয়ে রং করা হয়; রঞ্জক; রং বা বর্ণ। **a villain/scoundrel of the blackest/deepest ~** নিকৃষ্টতম দুর্বৃত্ত। ˈ**~-works** যে কারখানায় রং প্রস্তুত করা হয় অথবা বস্ত্র রং করা হয়। **~r** *n* যে বস্ত্র রং করে; রঞ্জক।

dy·ing, দ্র. die[2] , মুমূর্ষু।

dy·ke *n* দ্র. dike.

dy·namic [ডাইন্যামিক্] *adj* ১ গতিবিদ্যা সম্বন্ধীয়, দ্র. static. ২ (ব্যক্তি সম্পর্কে) গতিময়; প্রাণবন্ত; কর্মশক্তিপূর্ণ। □*n* ১ (*sing v*-সহ *pl)* গতিবিদ্যা। ২ বেগবান বা সক্রিয় শক্তি। **dy·nami·cally** *adv*. **dy·na·mism** [ডাইনামিজ়াম্] *n* [U] সক্রিয়তা বা গতিশীলতা।

dy·na·mite [ˈডাইনামাইট্] *n* [U] শক্তিশালী বিস্ফোরক; ডিনামাইট। □*vt* ডিনামাইট দিয়ে উড়িয়ে দেওয়া।

dy·namo [ডাইনামৌ] *n (pl ~* s [-মৌজ্]) বিদ্যুৎ উৎপাদক যন্ত্র।

dyn·ast [ˈডিনেস্ট্ US ˈডাইন্যাস্ট্] *n* নৃপতি; কোনো রাজবংশের শাসক বা লোক। **~y** [ˈডিনেস্টি US ˈডাইন্যাস্টি] *n (pl* -ties) কোনো রাজবংশের শাসকদের পরম্পরা বা পর পর আগমন: The Mughal ~y. **~ic** [ডিˈন্যাসটিক্ US ˈডাইন্যাস্টিক্] *adj* রাজবংশীয়।

dyne [ডাইন্] *n* মেট্রিক পদ্ধতিতে শক্তির একক।

dys·en·tery [ˈডিসন্‌ট্রি US টারি] *n* [U] আমাশয়।

dys·lexia [ডিস্ˈলেক্‌সিআ] *n* [U] শব্দান্ধতা; পড়তে বা ˈবানান করতে অক্ষমতা বা বিশেষ অসুবিধা। **dys·lexic** *adj*

dys·pep·sia [ডিসˈপেপ্‌সিআ] *n* [U] অজীর্ণ রোগ; বদহজম। **dys·pep·tic** *adj* অজীর্ণ রোগগ্রস্ত। □*n* অজীর্ণ রোগগ্রস্ত ব্যক্তি।

E e

E,e [ঈ] *(pl* E's, e's [ঈজ্]) *n* ইংরেজি বর্ণমালার পঞ্চম অক্ষর।

each [ঈচ্] *adj* প্রত্যেক (আলাদাভাবে); (বিশেষত Sing [C] noun -এর পূর্বে): Each boy was given a book. □*pron* ১ প্রত্যেক (বস্তু বা ব্যক্তি): Each of them is good. ২ all ও both-এর ন্যায় সমন্বিত প্রয়োগ: They each want to buy a book. ৩ ক্রিয়াবিশেষণিক রূপে প্রত্যেকটি: The mangoes are Tk. 5 each. ৪ **~ other** (subject হিসাবে নয়) একে অপরকে পরস্পর (দুইজন ব্যক্তির মধ্যে) John and Mary kissed ~ other (one another, দুই বা ততোধিক ব্যক্তি, উভয়ক্ষেত্রে ব্যবহৃত হয়)।

eager [ঈগা(র্)] *adj* **~ (for sth/to do sth)** উৎসুক; আগ্রহান্বিত; আকুল; ব্যাগ্র; অধীর। ˌ**~ ˈbeaver**

(কথ্য) পরিশ্রমী ও (অতি) উৎসাহী ব্যক্তি। ~·**ly** *adv* আগ্রহের সাথে। ~·**ness** *n* আগ্রহ।

eagle [ঈগ্‌ল্] *n* ঈগল পাখি। ˌ~-ˈ**eyed** *adj* তীক্ষ্ণ দৃষ্টিসম্পন্ন। **eag·let** [ঈগ্‌লিট্] *n* ঈগল শাবক।

ear[1] [ইআ(র্)] *n* ১ কান; কর্ণ; শ্রবণেন্দ্রিয়। **be all ears** মনোযোগের সাথে শোনা: Tell us what happened, we're all ~s. **fall on deaf ~s** কানে না ঢোকা; মনোযোগ আকর্ষণ করতে ব্যর্থ হওয়া: My appeal fell on deaf ~s. **feel one's ~s burning** কারো অনুপস্থিতিতে তার সম্পর্কে আলোচনা হচ্ছে কল্পনা করা। **give one's ~s (for sth/to do sth)** যে কোনো ত্যাগ স্বীকার করা। **go in (at) one ~ and out (at) the other** এক কান দিয়ে ঢুকে অন্য কান দিয়ে বের হয়ে যাওয়া; শুনেও না শোনা; মনে রেখাপাত না হওয়া। **have an ~ to the ground** কান পেতে রাখা; কী ঘটছে সে ব্যাপারে সজাগ থাকা। **(have) a word in sb's ~** কাউকে বিশ্বাস করে গোপনে কিছু বলা। **have/win/sb's ~(s)** কোনো কথার প্রতি কারো অনুকূল মনোযোগ আকর্ষণ করতে সমর্থ হওয়া। **lend an ~** কর্ণপাত করা; শোনা। **over head and ~s** গভীরভাবে: He is over head and ~s in love with her. **prick up one's ~s** কান খাড়া করা; উৎকর্ণ হওয়া। **set (persons) by the ~s** কলহরত করানো। **turn a deaf ~ to** কর্ণপাত না করা। **upto the/one's ~s in (work, etc)** (কাজ ইত্যাদিতে) নিমজ্জিত: I can't go out tonight, I'm upto my ~s in work. **wet behind the ~s** সরল; অনভিজ্ঞ। ˈ~-**ache** কানের ব্যথা; কর্ণশূল। ˈ~·**drop** কানের দুল; কর্ণালঙ্কার। ˈ~·**drum** কানের পর্দা; কর্ণপটহ। ˈ~·**ful** ভর্ৎসনা; গালিগালাজপূর্ণ কথা: If he comes here again, he will get an ~ful from me. ˈ~·**mark** *n* (সাধা. পশুর কানে) মালিকানা নির্দেশিত করার চিহ্ন; (লাক্ষ.) বৈশিষ্ট্যসূচক চিহ্ন। ~**mark sb/sth (for sth)** মালিকানা নির্দেশক বা বৈশিষ্ট্যসূচক চিহ্ন অঙ্কিত করা; কোনো বিশেষ উদ্দেশ্যের জন্য আলাদা করে রাখা: The money has been ~marked for flood relief. ˈ~·**piece** টেলিফোনের গ্রাহকযন্ত্রের যে অংশটি কথা শোনার জন্য কানে লাগানো হয়। ˈ~·**phone** মাথার ওপর দিয়ে দুই দিকে সংযুক্ত শ্রবণযন্ত্র যা রেডিও বা অন্য কোনো যন্ত্র থেকে উৎসারিত শব্দ শোনার জন্য দুই কানে লাগানো হয়; এক কানে প্রবেশ করিয়ে শোনার জন্য এক ধরনের ক্ষুদ্র শ্রবণযন্ত্র যা তারের সাহায্যে রেডিও বা অন্য কোনো যন্ত্রে লাগানো যায়। ˈ~·**ring** কানের রিং। ˈ~·**shot** শুনতে পাওয়ার মতো দূরত্ব: whithin/out of ~shot. ˈ~-**trumpet** বধির ব্যক্তিরা অপরের কথা ভালোভাবে শোনার জন্য এক সময়ে যে শিঙ্গার মতো নল বা চোঙ ব্যবহার করতো। ২ শ্রবণশক্তি; শব্দ বা ধ্বনির পার্থক্য নির্ণয় করার শক্তি: He has a good ~ for music. **(play sth) by ~** স্বরলিপি না দেখেও স্মৃতি থেকে কোনো বাদ্য বাজানো। **play it by ~** পূর্ব-প্রস্তুতি ছাড়া/তাৎক্ষণিকভাবে পরিস্থিতির মোকাবেলা করা।

ear[2] [ই আ(র্)] *n* শিষ; শস্যের মঞ্জরি। □*vi* শিষ বের হওয়া।

earl [আল্] *n* (*fem* countess) উচ্চ পদমর্যাদাসম্পন্ন সম্ভ্রান্ত ইংরেজ ব্যক্তির পদবি। ~·**dom** আর্লের শাসিত এলাকা বা পদমর্যাদা।

early [আ্লি] (-ier, -iest) *adj,adv* কোনো সময়ের প্রারম্ভে; নির্ধারিত বা যথাসময়ের পূর্বে: ~ morning; an ~ breakfast; an ~ riser; keep ~ hours সকাল সকাল শয়ন ও শয্যাত্যাগ করা। ˌ~-ˈ**closing (day)** (GB) সপ্তাহের যে দিন দোকানপাট বিকেলে বন্ধ হয়ে যায়। **~ on** অধিক সময় অতিক্রান্ত হওয়ার পূর্বে। **earlier on** কোনো একটি নির্দিষ্ট সময়ের পূর্বে। **~ days (yet)** কোনো বিষয় কী রূপ লাভ করবে তা বলার সময় না হওয়া। **the ~ bird catches/gets the worm** (প্রবাদ) যে ব্যক্তি আগে আসে, পৌঁছায় বা শুরু করে সে সফলতা লাভ করে। **~ and late** সর্বদা। ˌ~-ˈ**warning** শত্রু বিমান বা ক্ষেপণাস্ত্রের আক্রমণে আগাম সতর্ক সংকেত যে রাডার ব্যবস্থার মাধ্যমে দেওয়া হয়।

earn [আন্] *vt* উপার্জন করা; কাজের বিনিময়ে অর্থ প্রাপ্ত হওয়া; কোনো গুণাবলীর জন্য স্বীকৃত হওয়া: He has ~ed fame as a writer; লগ্নীকৃত অর্থের ওপর লাভ হওয়া: Money invested in fixed deposits ~s 12% interest. ˈ~·**ings** উপার্জন; মাহিনা: He spends all his ~ings. ~·**ings yield** (বাণিজ্য) বাৎসরিক লাভ এবং মূলধনের অনুপাত।

ear·nest[1] [আ্নিস্‌ট্] *adj* অত্যন্ত; উৎসুক; ব্যগ্র; আন্তরিক; ঐকান্তিক; স্থিরসংকল্প। □*n* **in ~** স্থিরসংকল্পভাবে; ঐকান্তিকতার সাথে। ~·**ly** *adv* আন্তরিকতার সাথে: We ~ly hope that you will succeed. ~·**ness** *n*

ear·nest[2] [আ্নিস্‌ট্] *n* ১ (অপিচ ˈ~-**money)** দাদন; বায়না; পরিপূর্ণ অর্থ প্রদানের অঙ্গীকারস্বরূপ আংশিক অর্থ প্রদান। ২ পরবর্তী সময়ে কী ঘটবে তার নিদর্শনস্বরূপ প্রাথমিক কার্য।

earth [আথ্] *n* ১ **(the) ~** পৃথিবী; যে গ্রহে আমরা বাস করি; স্থল ও সমুদ্র। ২ [U] পৃথিবীর স্থলভাগ; ভূতল; ভূমি। **come down/back to ~** দিবাস্বপ্ন ত্যাগ করা; বাস্তবে ফিরে আসা। **move heaven and ~ (to do sth)** সম্ভব সকলভাবে চেষ্টা করা। **who/ why/ when/ where/ how/ what/ on ~** কেইবা; কেনইবা; কখনইবা; কোথায়ইবা; ক্যামনেইবা; কিইবা (বক্তব্যে জোর প্রদানের জন্য ব্যবহৃত) ঃ What on ~ are you doing? ৩ [U] মাটি; মৃত্তিকা। ˈ~-ˌ**born** মৃত্তিকাজাত। ˈ~-**bound** পৃথিবী অভিমুখী; জাগতিক বন্ধনে আবদ্ধ। ˈ~-**closet** মাটিতে গর্ত করে যে পায়খানা তৈরি করা হয়। ˈ~·**nut** বাদাম। ˈ~·**work** প্রতিরক্ষার জন্য নির্মিত মাটির বাঁধ; মাটি খোঁড়া বা বাঁধ নির্মাণের কাজ; সড়ক বা রেললাইন নির্মাণের জন্য মাটি ফেলার কাজ। ˈ~·**worm** কেঁচো;

(লাক্ষ.) হীন বা নীচ ব্যক্তি। ৪ [C] শেয়াল বা অন্য কোনো বন্য প্রাণীর গর্ত: to stop an ~ এ ধরনের গর্ত বন্ধ করে দেওয়া। **run/go to ~** (শেয়াল সম্পর্কে) নিজ গর্তে ঢোকা। ৫ [C,U] (বিদ্যুৎ) বৈদ্যুতিক প্রবাহকে নিরাপদ করার জন্য মাটির সাথে সংযুক্ত তার। ৬ [C] (রসা) এক ধরনের ধাতব অক্সাইড □*vt* ১ **~ up** মাটি চাপা দেওয়া; ঢাকা দেওয়া: to ~ the potatoes. ২ (বিদ্যুৎ) কোনো বৈদ্যুতিক যন্ত্রকে নিরাপদ রাখার জন্য ঐ যন্ত্রে ব্যবহৃত বৈদ্যুতিক প্রবাহকে মাটির সাথে সংযুক্ত করণ। **~y** *adj* ১ মাটির মতো: an ~y smell. ২ (লাক্ষ.) স্থূল; পার্থিব প্রবৃত্তিসম্পন্ন।

earthen [আ্যথ্‌ন্] *adj* মাটির তৈরি; মৃন্ময়: ~ walls; পোড়া মাটির তৈরি: an ~ pot. ˈ**~·ware** *n* [U] পোড়ামাটির বাসন বা তৈজসপত্র।

earthly [আ্যথ্‌লি] *adj* ১ ঐহিক; পার্থিব; জাগতিক: ~ joys/ possessions. ২ (কথ্য) সম্ভব; কল্পনাসাধ্য: He hasn't got an ~ (chance), কোনো সুযোগই নেই।

earth·quake [আ্যথ্‌কোএইক্] *n* [C] ভূমিকম্প।

earth·shaking [আ্যথ্‌শেইকিঙ্] *adj* জগৎ কাঁপানো; পৃথিবীর জন্য অত্যন্ত গুরুত্বপূর্ণ: an ~ news.

ear·wig [ইআউইগ্] *n* পেটের নীচের দিকে চিমটাওয়ালা ক্ষুদ্র পোকাবিশেষ।

ease[1] [ঈজ়্] *n* [U] আরাম; শান্তি; বিশ্রাম; আয়াসহীনতা; সহজসাধ্যতা; স্বাচ্ছন্দ্য; উদ্বেগহীনতা: a life of ~. **ill at ~** উদ্বিগ্ন; বিব্রত। **stand at ~** সামরিক কুচকাওয়াজ (আদেশ) 'আরামে দাঁড়াও'; দুই পা ফাঁক করে পেছনে হাত বেঁধে দাঁড়ানোর নির্দেশ। **take ones ~** কাজ থেকে বিরত হওয়া; নিরুদ্বেগ হওয়া। **with ~** সহজে; বিনা ক্লেশে।

ease[2] [ঈজ়্] *vt,vi* **~ (of)** ১ আরাম দেওয়া; স্বস্তি বিধান করা; যন্ত্রণা বা উদ্বেগ দূর করা: ~ sb of his pains/troubles. ২ আলগা বা ঢিলা করা; শক্তি বা গতি কমানো। ৩ **~ (off/out)** শান্ত বা সহজ হওয়া: The situation ~ed off. **~·ful** *adj* আরামদায়ক; স্বাচ্ছন্দ্যকর। **~·ment** *n* আয়েশ; আরাম; পথ চলার অধিকার।

easel [ঈজ়্‌ল্] *n* ছবি আঁকার সময় চিত্রকরেরা যে ফ্রেমের ওপর ছবি রাখে; ব্ল্যাকবোর্ড রাখার কাঠের ফ্রেম।

east [ঈস্ট্] *n* ১ **the ~** পূর্ব দিক; প্রাচ্য জগৎ; প্রাচ্য দেশসমূহ; বলকান পর্বতমালা থেকে চীন পর্যন্ত বিস্তৃত দেশসমূহ। **the ˌFar ˈE~** দূরপ্রাচ্য (চীন, জাপান ইত্যাদি)। **the ˌMiddle ˈE~** মধ্যপ্রাচ্য; মিশর থেকে ইরান পর্যন্ত দেশসমূহ। **The ˌNear ˈE~** নিকটপ্রাচ্য (তুরস্ক ইত্যাদি)। **the ˈE~** (ক) প্রাচ্য। (খ) আমেরিকার উত্তর পূর্ব অঞ্চল। ২ (attrib) **an ~ wind** পূর্ব দিক থেকে অথবা পূর্ব দিকে প্রবাহিত বায়ু। **the ˌE~ End** (লন্ডন) শহরের পূর্বাঞ্চল। **ˌ~·ender** শহরের পূর্বাঞ্চলবাসী। □*adv* পূর্বাভিমুখে: towards the ~. **~·ward(s)** *adj* পূর্বাভিমুখে। ˈ**~·bound** *adv* পূর্বগামী; পূর্বদিকে ভ্রমণরত।

Easter [ইস্টা(র্)] *n* খ্রিস্টান ধর্মমতে কবর থেকে যিশুর পুনরুত্থান উপলক্ষে ২১শে মার্চ বা তৎপরবর্তী রবিবারে যে অনুষ্ঠান পালিত হয়: ~ Day; ~ Sun-day; ~ week; the ~holidays. ˈ**~ egg** ইস্টার উৎসব উপলক্ষে ব্যবহৃ রঞ্জিত ডিম বা চকোলেটের তৈরি ডিম।

east·er·ly [ঈস্টালি] *adj* পূর্বদিকস্থ; পূর্ব দিক থে আগত (বায়ু)। □*adv* পূর্বাভিমুখে: in an ~ directio □*n (pl* -ies) পুবাল বাতাস।

east·ern [ঈস্টান্] *adj* পূর্ব দিকের; পূর্বদেশীয়; প্রাচ্যদে সম্পর্কীয়; প্রাচ্যবাসী। **~ block** সোভিয়েট ইউনিয়নে নীতি সমর্থনকারী পূর্ব য়োরোপীয় দেশসমূহের গোষ্ঠী। **th E~ church** প্রাচ্যদেশীয় গির্জা; গ্রিস; পূর্ব য়োরো রাশিয়া প্রভৃতি দেশসমূহে যে খ্রিস্টীয় মতবাদ প্রচলিত। **th E~ Hemisphere** পূর্ব গোলার্ধ; আফ্রিকা; এশিয়া য়োরোপ। **~·most** [-মৌস্ট্] সর্বাপেক্ষা পূর্বদিগ্‌বর্তী।

easy [ঈজ়ি] *adj* (-ier, -iest) ১ অনায়াস; সহজ; স্বচ্ছ অবাধ। ২ আরামদায়ক; যন্ত্রণা; ঝঞ্ঝাট বা উদ্বেগ থেকে মুক্ত স্বস্তিপূর্ণ; শান্তিপূর্ণ। **an ˈ~ chair** আরাম কেদারা। **on terms** সহজ শর্তে; কোনো দ্রব্য ক্রয় করার সময় অ কিস্তিতে টাকা প্রদানের ব্যবস্থা। **~ of access** সহজে প্রবেশাধিকার লাভ করা যায় এমন। **~ on the ear/ey** শুনতে বা দেখতে প্রীতিকর। **~·come, ~·go** (অর্থ টাকা পয়সা সম্পর্কে) সহজে অর্জিত; সহজে ব্যয়িত **ˌ~ˈgoing** (ব্যক্তি সম্পর্কে) অলস, শান্ত, ধীর; যে চলছে তাতেই সন্তুষ্ট। **~·ˈmanners** সহজ আচরণ চালচলন। ৩ (বাণিজ্য) (পণ্যদ্রব্য এবং অর্থঋণ) সহজলভ □*adv* সহজভাবে। **take it ~** (আদেশ) বেশি পরিশ্রম তাড়াহুড়া করো না। **go ~ on/with** অতিরিক্ত ব্যয় করা। **Easier said than done** (প্রবাদ) বলা সহ কিন্তু করা কঠিন। **stand ~!** (কুচকাওয়াজ আদেশ), **ease**[1]; 'আরামে দাঁড়াও' অবস্থার চেয়ে বেশি নড়াচড়া ক যায় এমনভাবে দাঁড়ানোর আদেশ। **eas·ily** [ঈজ়ালি] *ac* ১ সহজে; আয়াসহীনভাবে। ২ নিঃসন্দেহে: She is eas the prettiest girl in the class. ৩ সম্ভবত: That m easily be the case.

eat [ঈট্] *vt,vi (pt* ate [এট্ US এইট্] *pp* eaten [ঈটন্] খাওয়া; আহার করা; ভক্ষণ বা ভোজন করা; গলাধঃক করা। **to eat up** সম্পূর্ণ খেয়ে বা গিলে ফেলা: T mother told the child to ~ up his food. **~ one head off** (বিশেষত প্রাণী সম্পর্কে) পশুকে খাওয়ানো খরচ সেই পশুর মূল্যমানের অধিক হওয়া। **~ one heart out** নীরবে যন্ত্রণাদগ্ধ হওয়া; মরমে মরা। **one's words** কথায় ভুল ছিল তা স্বীকার করা; ব ফিরিয়ে নেওয়া। ২ ক্রমশ ক্ষয় করা বা ক্ষয় হওয়া: T acid has eaten away/into/through the met (লাক্ষ.) সম্পূর্ণরূপে গ্রাস করা: He is ~en up w jealousy. ˈ**~ing-apple** কাঁচা অবস্থায় খাও উপযোগী আপেল। ˈ**~ing-house** ভোজনশা রেস্তোরাঁ; যে দোকানে বসে খাওয়া যায়। **~s** *n pl* (অপ রান্না করা বা তৈরি খাদ্য: There were plenty of ~ **~·able** *adj* খাওয়ার যোগ্য; ভক্ষণযোগ্য। □*n* (সাধা. খাদ্যদ্রব্য বিশেষত কাঁচা। **~er** *n* ১ ভক্ষণকারী। ২ না রেঁ খাওয়ার উপযুক্ত ফল, যেমন—আপেল, নাসপাতি।

eau [ঔ] *n* **eau de Cologne** [ঔ ডা কলৌন্] [ক কলোন শহরে প্রস্তুত সুগন্ধিবিশেষ।

eaves [ঈভ্‌জ়্] *n* ছাঁইচ; ছাদ বা চালের প্রান্তভাগ; ঘ ছাদের প্রলম্বিত অংশ।

eaves·drop [ঈভ্‌জ্‌ড্রপ্] *vi* (-pp-) ১ ~ **(on)** আড়ি পাতা; গোপনে অন্য লোকের কথা শোনা। ~·**per** যে ব্যক্তি আড়ি পাতে।

ebb [এব্] *vi* ১ ভাটা পড়া; জোয়ারের জল নেমে যাওয়া। ২ (লাক্ষ.) কমে যাওয়া; হ্রাস পাওয়া: His luck is beginning to ~. □*n* ১ ভাটা। ২ (লাক্ষ.) অবনতি; অধোগতি; মন্দা: His fortune is at low ~ now. ˌ~·ˈ**tide** *n* ভাটা; ভাটার টান বা স্রোত।

eb·on·ite [এবানাইট্] *n* [U] (বাণিজ্য) কঠিনকৃত কালো রবারবিশেষ।

eb·ony [এবানি] *n* [U] আবলুস কাঠ। □*adj* আবলুস কাঠের তৈরি; আবলুস কাঠের মতো কালো।

ebul·lient [ইবালিঅন্‌ট্] *adj* উচ্ছ্বসিত। **ebul·lience** [-লিঅন্‌স্] *n* উচ্ছ্বাস।

ec·cen·tric [ইক্‌'সেন্‌ট্রিক্] *adj* ১ (কোনো ব্যক্তি বা তার আচরণ সম্পর্কে) অদ্ভুত; অস্বাভাবিক; খামখেয়ালি; পাগলাটে। ২ (বৃত্ত সম্পর্কে) ভিন্নকেন্দ্রী। □*n* ১ ~ **person** অদ্ভুত স্বভাবের; পাগলাটে বা খামখেয়ালি লোক। ২ (বল) ঘূর্ণায়মান গতিকে অগ্র-পশ্চাৎ গতিতে রূপান্তরিত করার কৌশল।

ec·cen·tric·ity [ˌএক্‌সেন্‌'ট্রিসাটি] *n* ১ [U] খামখেয়ালিপনা; অস্বাভাবিকতা ইত্যাদি। ২ [C] (*pl* -ties) এ ধরনের আচরণ বা অভ্যাস।

ec·cle·si·as·tic [ইˌক্লীজি'অ্যাস্‌টিক্] *n* পুরোহিত, বিশেষত খ্রিস্টান ধর্মযাজক; পাদরি। **ec·cle·si·as·ti·cal** [-কল্] *adj* গির্জা বা যাজক সম্পর্কীয় (অপিচ ecclesiastic) **ec·clesi·as·ti·cally** *adv*

eche·lon [এশালন্] *n* ১ ক্ষমতা বা দায়িত্বের স্তর: the higher ~s of the bureaucracy. ২ সৈন্যদল; রণতরী; বিমান প্রভৃতির সোপানবৎ বিন্যাস।

echo[1] ['একৌ] *n* (*pl* ~es [-জ্]) ১ [C,U] প্রতিধ্বনি; অনুরণন। ˈ~ **chamber** প্রতিধ্বনি তৈরি করার জন্য স্বাভাবিক বা কৃত্রিম স্থান। ˈ~-**sounding** ১ প্রতিধ্বনির সাহায্যে সমুদ্রের গভীরতা বা পানির নীচের কোনো বস্তুর পানির উপরিভাগ থেকে দূরত্ব পরিমাপের পদ্ধতি। ˈ~-**sounder** *n* এইকাজে ব্যবহৃত যন্ত্র। ২ (বক্তব্য সম্পর্কে) পুনরুক্তি; অনুকরণ।

echo[2] [একৌ] *vi,vt* ~ **(back)** ১ (স্থান সম্পর্কে) প্রতিধ্বনি করা বা হওয়া। ২ (শব্দ সম্পর্কে) প্রতিধ্বনিত বা অনুরণিত হওয়া। ৩ পুনরাবৃত্তি বা অনুকরণ করা; পুনরুক্তি হওয়া।

éclat [এই্ক্লা US এইক্লা] *n* [U] (ফ.) জাঁকজমক; আড়ম্বর; বিশেষ সাফল্য বা কৃতিত্ব; প্রশংসা।

ec·lec·tic [ইক্লেক্‌টিক্] *adj* (ব্যক্তি বা পদ্ধতি সম্পর্কে) সারগ্রাহী।

ec·lipse [ইক্লিপস্] *n* [C] ১ গ্রহণ; সূর্য এবং পৃথিবীর মধ্যে চাঁদ এসে পড়লে, অথবা সূর্য এবং চাঁদের মধ্যে পৃথিবী এসে পড়লে, তেমন অবস্থায় সূর্য বা চাঁদের অলোর সাময়িক, আংশিক বা পূর্ণ আচ্ছাদন: lunar ~, চন্দ্রগ্রহণ; solar ~, সূর্যগ্রহণ। ২ (লাক্ষ.) সুনাম, শক্তি, দীপ্তি বা ঔজ্জ্বল্য হ্রাস। □*vt* ১ (চাঁদ, গ্রহ ইত্যাদি সম্পর্কে) ম্লান করা; অন্ধকার করা। ২ (লাক্ষ.) দীপ্তিতে ছাড়িয়ে যাওয়া; ঔজ্জ্বল্য ম্লান করে দেওয়া: Her beauty ~d the beauty of all other women in the party.

eclip·tic [ইক্লিপ্‌টিক্] *n* আকাশে সূর্যের পরিক্রমণ পথ; গ্রহণরেখা।

ecol·ogy [ঈ'কলজি] *n* [U] বাস্তব্যবিদ্যা; যে বিদ্যায় পরিবেশের সাথে প্রাণীজগতের সম্পর্ক আলোচিত হয়। **eco·logi·cal** [ঈকা'লজিক্‌ল্] *adj* বাস্তব্যবিদ্যাসংক্রান্ত; পরিবেশদূষণ সংক্রান্ত: the ecological effects of nuclear tests. **eco·logi·cally** [-ক্‌লি] *adv* **ecol·ogist** [ঈ'কলজিস্‌ট্] বাস্তব্যবিদ্যার ছাত্র; বাস্তব্যবিদ্যাবিদ।

econ·omic [ˌঈকা'নমিক US ˌএক-] *adj* ১ অর্থনীতিসংক্রান্ত; অর্থনৈতিক: the ~ policy. ২ শিল্প-বাণিজ্য সংক্রান্ত: ~ geography.

econ·omi·cal [ˌঈকানমিক্‌ল্ US ˌek-] *adj* মিতব্যয়ী; হিসেবী। ~·**ly** [-ক্‌লি] *adv*

econ·omics [ˌঈকা'নমিক্‌স US ˌএক-] *n* [U] অর্থনীতি; দ্রব্যের উৎপাদন; বণ্টন ও ভোগ সংক্রান্ত বিজ্ঞান। **econ·om·ist** [ইকনামিস্‌ট্] *n* ১ অর্থনীতিবিদ। ২ মিতব্যয়ী।

econ·om·ize [ই'কনামাইজ্] *vt,vi* ~ **(on sth)** মিতব্যয়ী হওয়া; ব্যয় সঙ্কোচ করা: He will ~ on domestic expenses.

econ·omy [ইকনামি] *n* (*pl* -mies) ১ [C,U] অপব্যয় পরিহার; মিতব্যয়: ~ class, সুলভশ্রেণী (বিশেষত বিমানে)। ২ [U] অর্থনীতি; অর্থ; দ্রব্য ও জনসম্পদের নিয়ন্ত্রণ ও ব্যবস্থাপনা: political ~; domestic ~.

eco·sys·tem [ঈকৌসিস্‌টাম্] *n* গাছপালা; পশু-পাখির সাথে তাদের প্রাণহীন পরিপার্শ্বের পারস্পরিক ক্রিয়া।

ec·stasy [একস্‌টাসি] *n* (*pl* -sies) [U,C] পরমানন্দ; আধ্যাত্মিক সিদ্ধিলাভের অনুভূতি: ~ of joy. **ec·static** [ইক্‌'স্ট্যাটিক্] *adj* পরমানন্দদায়ক। **ec·stati·cally** [-লি] *adv*

ec·to·plasm [একটাপ্ল্যাজ়াম্] *n* [U] সাধনার উচ্চতম স্তরে (সমাধি) সাধকের দেহ থেকে নির্গত কল্পিত আধ্যাত্মিক বস্তু।

ecu·meni·cal [ˌঈকইউ'মেনিক্‌ল্] *adj* ১ সমগ্র খ্রিস্ট-জগতের প্রতিনিধিত্বমূলক। ২ খ্রিস্টান-গির্জার ঐক্য সংক্রান্ত: the ~ movement.

ec·zema [এক্‌সিমা] *n* [U] একজিমা; চুলকানো চর্মরোগ।

eddy [এডি] *n* (*pl* -dies) পাক; আবর্ত; কুণ্ডলী; চক্র (যেমন ঘূর্ণিপাক, জলাবর্ত, কুয়াশা-কুণ্ডলী): ~ of dust. □*vi* বৃত্তাকারে চলা।

Eden [ঈড্‌ন্] *n* (বাই.) নন্দন-কানন; আদম-হাওয়া যে কাননে বাস করতেন; রমণীয় উদ্যান বা স্থান।

edge[1] [এজ্] *n* ১ ছুরি, তলোয়ার অথবা যে কোনো অস্ত্রের ধারালো প্রান্ত: sharp ~. **be on** ~ উত্তেজিত হওয়া। **give sb the ~ of one's tongue** কঠোর ভাষায় তিরস্কার করা। **have the ~ on sb** (কথ্য) সুবিধাজনক অবস্থানে থাকা। **set sb's teeth on ~** কারো সাহস বিনষ্ট করে দেওয়া। **take the ~ off sth** কমানো; ক্ষুধা কমানো। ২ প্রান্তসীমা: a house on the ~ of a village. **edgy** [এজি] *adj* ধারালো; খিটখিটে স্বভাবের।

edge[2] [এজ্] *vt,vi* ১ ~ **(with)** সীমানা চিহ্নিত করা; সীমানা দেওয়া: to ~ a table cloth with lace. ২ ধারালো; শান দেওয়া। ৩ ধীরে ধীরে কিনার ঘেঁষে চলা বা চালানো; পথ কেটে চলা।

edge·ways, edge·wise [এজ্‌ওয়েইজ্, -ওয়াইজ্] *adv* কিনার ঘেঁষে। **not get a word in ~** বাচালের সামনে কথা খুঁজে না পাওয়া।

edging [এজিং] *n* (পোশাকের) ঝালর। ˈ**~-shears** উঠোনের প্রান্তসীমার ঘাস কাটার যন্ত্র।

edi·ble [এডিবল্] *adj* ভোজ্য; বিষমুক্ত। ❑*n* (সাধা. *pl*) ভোজ্য পদার্থ। **edi·bil·ity** [এডিবিলাটি] *n* আহারযোগ্যতা।

edict [ঈডিক্ট] *n* ডিক্রি; অধ্যাদেশ।

edi·fi·ca·tion [এডিফ়িকেইশ্ন্] *n* [U] মানসিক অথবা নৈতিক উন্নতি।

edi·fice [এডিফ়িস্] *n* [C] প্রাসাদ; অট্টালিকা; (লাক্ষ.) স্বপ্ন-সৌধ।

edify [এডিফ়াই] *vi (pt,pp* -fied) নৈতিক অথবা মানসিক উন্নতি সাধন করা।

edit [এডিট্] *vt* ১ সম্পাদনা করা: ~ Tagore's writings. ২ চলচ্চিত্র সম্পাদনা করা। ৩ কম্পিউটার-প্রসেসিং-এর জন্য ডাটা সাজানো।

edition [ইডিশ্ন্] *n* ১ (গ্রন্থ) সংস্করণ; প্রকাশিত গ্রন্থের আকার: a pocket ~. ২ একই টাইপে প্রকাশিত (গ্রন্থ, সংবাদপত্রের) মোটসংখ্যা: the third ~. দ্র. impression (৩).

edi·tor [এডিটা(র্)] সম্পাদক; সংবাদপত্রের কোনো পাতা বা অংশের সম্পাদক: the ˈsports ~.

edi·tor·ial [এডিটো°রিঅল্] *adj* সম্পাদকীয়। ❑*n* [C] সম্পাদকীয় নিবন্ধ।

edu·cate [এজুকেইট্] *vt* শিক্ষাদান করা: ~ your children. **edu·ca·tor** [-টা(র্)] *n* শিক্ষক; প্রশিক্ষক।

edu·ca·tion [এজুকেইশ্ন্] *n* [U] ১ শিক্ষা: The children should be given proper ~. ২ জ্ঞান, কর্মদক্ষতা, চরিত্র ও মানসিক শক্তির বিকাশের জন্যে প্রশিক্ষণ। **~al** [-শান্ল্] *adj* শিক্ষামূলক; শিক্ষা-সংক্রান্ত: an ~al programme. **~·ist** [-শনিস্ট্] **~·al·ist** [-শানালিস্ট্] *n* শিক্ষাবিদ।

eel [ঈল্] *n* বান মাছ। **as slippery as an eel** বান মাছের মতো পিচ্ছিল; (লাক্ষ.) (ব্যক্তিপ্রসঙ্গে) বিশ্বাসের অযোগ্য; অনির্ভরযোগ্য; নিয়ন্ত্রণ-অযোগ্য।

eery, eerie [ইআরি] *adj* (-ier, -iest) রহস্যজনক; আতঙ্কজনক। **eer·ily** [ইআরালি] *adv* **eeri·ness** *n* রহস্যময়তা।

ef·face [ইˈফ়েইস্] *vt* ১ মুছে ফেলা; (লাক্ষ.) নিশ্চিহ্ন করা; বিলোপ করা। ২ ~ **oneself** দৃষ্টির অন্তরালে থাকা; নিজেকে লোকচক্ষুর অন্তরালে রাখা; নিজেকে গৌণভাবে উপস্থাপিত করা। **~·ment** *n*

ef·fect [ইফ়েক্ট্] *n* ১ [C,U] ফলাফল; পরিণতি; প্রভাব: Our advice had no ~ on him; the ~s of medicine. **Of no ~** বৃথা; কাজে না আসা। **in ~** (ক) কার্যত; সত্যিকার অর্থে। (খ) (নিয়ম-কানুনের ক্ষেত্রে) কার্যকর: The law is still in ~. **bring/ carry/ put sth into ~** কার্যে পরিণত করা; কার্যকর করা। **come into ~** কার্যে পরিণত হওয়া: Your plan did not come into ~. **give ~ to** সক্রিয় করা; পরিণতির দিকে এগিয়ে নেওয়া। **take ~** (ক) উদ্দিষ্ট ফলাফল পাওয়া। (খ) বলবৎ হওয়া; সক্রিয় হওয়া। ২ [C,U] দর্শক; শ্রোতা; পাঠকের মনে প্রতীতি জন্মানো। ৩ **to this/that ~** এই/সেই অর্থে। **to the ~ that** বর্ণনাবহ: He has received a cable to the ~ that .... **to the same ~** একই মর্মে। ৪ *(pl)* দ্রব্য; সম্পদ: personal ~s. **no ~s** (সংক্ষেপে N/E) জমাকারীর হিসাবে টাকা না থাকলে চেক ফেরত দেওয়ার সময় ব্যাংক কর্মচারীগণ চেকের ওপর ঐ কথাগুলো লিখে রাখেন। ❑*vt* কার্যকর করা; সম্পাদন করা; ফলপ্রসূ করা।

ef·fec·tive [ইফ়েক্টিভ্] *adj* ১ ফলপ্রসূ; কার্যকর: ~ measures. ২ মনে দাগ কাটতে সক্ষম: an ~ scheme. ৩ বাস্তবিক; বিদ্যমান: the ~ membership. **~·ly** *adv* কার্যকরভাবে। **~·ness** *n* কার্যকারিতা।

ef·fec·tual [ইফ়েকচুঅল্] *adj* (ব্যক্তির ক্ষেত্রে প্রযোজ্য নয়) সার্থক: an ~ measure. **~ly** [-লি] *adv.* **~·ness** *n*

ef·femi·nate [ইফ়েমিনাট্] *adj* (পুরুষদের ক্ষেত্রে নিন্দার্থে) মেয়েলি (স্বভাবের)। **ef·femi·nacy** [ইফ়েমিনাসি] *n* [U] মেয়েলিস্বভাব; মেয়েলিপনা।

ef·fendi [এˈফ়েনদি] (আরবদেশে) শিক্ষিত অথবা ক্ষমতাশালী ব্যক্তি; (তুরস্কে) মহাশয়।

ef·fer·vesce [এফ়াˈভ়েস্] *vi* বুদ্‌বুদ নির্গত করা; (গ্যাসের ক্ষেত্রে) বুদ্‌বুদ আকারে ছাড়া; (লা.) (ব্যক্তির ক্ষেত্রে) আনন্দে উচ্ছ্বসিত। **ef·fer·ves·cence** [এফ়াˈভ়েসন্স্] *n* [U] ভাবোচ্ছ্বাস; চরম উত্তেজনা। **ef·fer·ves·cent** [-সন্ট্] *adj* উচ্ছ্বাস-প্রবণ; উৎফুল্ল।

ef·fete [ইফ়ীট্] *adj* বিধ্বস্ত; বিলুপ্ত: ~ culture. **~·ness** বিলুপ্তি; জীর্ণতা।

ef·fi·ca·cious [এফ়িˈকেইশস্] *adj* (ব্যক্তির ক্ষেত্রে ব্যবহৃত হয় না) ঈপ্সিত ফলপ্রদানে সক্ষম। **~·ly** *adv.* **ef·fi·cacy** [এফ়িকাসি] *n* [U] ফলপ্রসূতা।

ef·fi·cient [ইফ়িশ্নট্] *adj* ১ (ব্যক্তির ক্ষেত্রে) সুদক্ষ। ২ কার্যকর: ~ method. **~·ly** *adv* দক্ষভাবে; দক্ষতার সাথে। **ef·fi·ciency** [ইফ়িশ্নসি] *n* দক্ষতা।

ef·figy [এফ়িজি] *n* (*pl* -gies) [C] কোনো ব্যক্তির পুত্তলিকা; প্রতিমূর্তি (কাঠ, পাথর ইত্যাদিতে তৈরি)। **in ~** প্রতীক হিসাবে: burn a person in ~, ঘৃণার প্রতীকরূপে কুশপুত্তলিকা দাহ করা।

ef·flor·es·cence [এফ়্লাˈরেস্ন্স্] *n* [U] (আনুষ্ঠা.) কুসুমের কাল; পুষ্পবিকাশ; ফুল-ফোটা **ef·flor·es·cent** [-স্নট্] *adj* পুষ্পিত; ফুল ফুটছে এমন।

ef·flu·ent [এফ়্লুঅন্ট্] *n* ১ [C] স্রোতোধারা। ২ [U] কল-কারখানা থেকে নির্গত ময়লা পানি।

ef·flux [এফ়্লাক্স্] *n* [U] গ্যাস/তরল পদার্থের উৎসরণ; উৎসরণশীল বস্তু।

ef·fort [এফ়ট্] *n* [U] প্রচেষ্টা; শক্তিপ্রয়োগ: I can do it without ~. **~·less** *adj* উদ্যমহীন; বিনা-প্রচেষ্টায়।

ef·front·ery [ইফ্রান্টারি] *n* [U] ঔদ্ধত্য; নির্লজ্জসাহস; [C] (*pl* -ries).

ef·fu·sion [ইফ়িউজ়্ন্] *n* ১ (তরল পদার্থের, যেমন—রক্তের) উৎসরণ; নির্গমন। ২ [C] (অপ্রতিরোধ্য) ভাবোচ্ছ্বাস: emotional ~.

ef·fu·sive [ইফ়িউসিভ্] *adj* উচ্ছ্বাসপ্রবণ; আবেগ-প্রবণ। **~·ly** *adv.* **~·ness** *n* আবেগপ্রবণতা।

eft [এফ্ট্] *n* গোসাপ।

egali·tar·ian [ইগ্যালিˈটেঅরিঅন্] *n adj* (ব্যক্তির ক্ষেত্রে) সমতাবাদী; যিনি সকল নাগরিকের সমান অধিকার ও সমান সুযোগ-সুবিধার নীতি বিশ্বাস করেন। তুল. elitist **~·ism** [-ইজ়াম্] *n* সমতাবাদ।

egg[1] [এগ্] *n* ডিম; ডিম্বকোষ। **a bad egg** (কথ্য) অযোগ্য অথবা অসৎ ব্যক্তি। **as sure as eggs** (কথ্য) নিঃসন্দেহে। **in the egg** অঙ্কুরোদ্গম কালে;

প্রাথমিক পর্যায়ে; অবিকশিত। **put all one's eggs in one basket** যথাসাধ্য চেষ্টা করা; সর্বশক্তি প্রয়োগ করে ঝুঁকি নেওয়া। **teach one's grandmother to suck eggs** অধিকতর বিজ্ঞব্যক্তিকে পরামর্শ দেওয়া। **ˈegg-cup** সিদ্ধডিম ধারণের উপযোগী ছোট কাপ। **ˈegg-head** *n* (কথ্য) বুদ্ধিজীবী; তাত্ত্বিক। **ˈegg·plant** বেগুন জাতীয় গাছ। **ˈegg-shell** ডিমের খোলা। **ˈegg-whisk** ডিম ফাটানোর পাত্র।

egg[2] [এগ্] *vt* **egg sb on** প্ররোচিত করা।

eg·lan·tine [এগ্লান্টাইন্] *n* [U] একজাতীয় গোলাপফুল।

ego [ˈএগৌ US ˈঈগৌ] *n* **(the) ego** (মনো.) অহংবোধ; স্বাতন্ত্র্যবোধ; আত্মমর্যাদা। **ˈego·trip** *n* (কথ্য) আত্মকেন্দ্রিকতা। □*vi* আত্মকেন্দ্রিক হয়ে কাজ করা।

ego·cen·tric [ˌএগৌˈসেন্ট্রিক্ US ˌঈগৌ–] *adj* আত্মকেন্দ্রিক; অহংসর্বস্ব।

ego·ism [ˈএগৌইজ়াম্ US ˈঈগৌ–] *n* [U] ১ (দর্শন) অহংবাদ। ২ আত্মবাদ। দ্র. altruism. **ego·ist** [–ইস্ট্] *n* অহংবাদী; আত্মবাদী। **ego·istic** [ˌএগৌইসটিক্ US ˌঈগৌ–]. **ego·isti·cal** [–ক্ল্] *adj* অহংবাদী; অহঙ্কারী।

ego·tism [এগৌটিজ়াম্ US ঈগৌ–] *n* [U] আত্মপ্রচার। **ego·tist** [–টিসট্] আত্মপ্রচারক; স্বার্থপর ব্যক্তি। **ego·tis·tic** [ˌএগৌটিস্টিক্ US ˌঈগ–] *adj* আত্মশ্লাঘাপূর্ণ। **ego·tis·ti·cally** [কলি] *adv*

egre·gi·ous [ইˈগ্রীজিঅস্] *adj* (আনুষ্ঠা.) কুখ্যাত; অসাধারণ (খারাপ ব্যক্তি অথবা খারাপ কিছুর ক্ষেত্রে ব্যবহৃত): ~ folly.

egress [ˈঈগ্রেস্] *n* (আনুষ্ঠা.) [U] বহির্গমনের (অধিকার); প্রস্থান।

egret [ˈঈগ্রেট্] *n* পিঠে এবং লেজে সুন্দর ও লম্বা পালকবিশিষ্ট একপ্রকারের সারস পাখি।

Egyp·tian [ইজিপ্‌শ্ন্] *adj* মিশরীয়।

eh [এ ই] *int* বিস্ময়, সন্দেহ অথবা চুক্তিসম্পাদনে সম্মতিসূচক শব্দ।

eider·down [ˈআইডাডাউন্] *n* তুলতুলে পালক–ভরা লেপ।

eight [এইট্] *adj n* ১ আট; অষ্ট। **have one over the ~** অতিমাত্রায় মদ পান করা। ২ **crew of ~ in a rowing boat.** দ্র. bow[3](২), stroke(৩). **eighth** [এইট্‌থ্] *adj,n* অষ্টম। **eighth·ly** *adv.* **~·pence** [এইটপানস্ US -পেন্স্] *n* **~·penny** [এইট্পানি US -পেনি] *adj* **~·een** [এইটীন্] *adj,n* আঠারো। **~·eenth** [এইটীন্‌থ্] *adj,n* আঠারোতম। **~y** [এইটি] *adj,n* আশি। **the ~·ies** আশির দশক। **~ieth** [এইটিআথ্] *adj,n* আশিতম।

eight·some [এইট্সাম্] *n* আটজন নৃত্যশিল্পীর স্কটিশ নাচবিশেষ।

ein·stein·ium [ˌআইনস্টাইনিআম্] *n* [U] প্লুটোনিয়াম থেকে কৃত্রিমভাবে নির্মিত অথবা হাইড্রোজেন বোমা বিস্ফোরণের পর প্রাপ্ত ধাতব পদার্থ [প্রতীক Es]।

either [ˈআইদা(র্) US ˈঈদার্] *adj,pron* ১ **~ (of)** দুয়ের যে কোনো একটি: take ~ half; ~ of you should do this. ২ **~ (of)** (তুল both and each-এর ব্যবহার): ~ end of the table. □*adv,conj* ১ না–সূচক বর্ণনা এবং not-এর ব্যবহার: I don't like him and I don't like his sister ~. ২ (না–সূচক বাক্যাংশের পর ব্যবহার) তাছাড়া; উপরন্তু। ৩ **~...or** হয়.... নয়: ~ you do or I will do it. He is a novelist or a playwright.

ejacu·late [ইˈজ্যাকইউলেইট্] *vt* ১ আচমকা এবং সংক্ষেপে বলা। ২ শরীর থেকে কিছু নির্গত করা; বীর্যপাত করা। **ejacu·la·tion** [ইজ্যাকইউলেইশ্ন্] *n* ১ [C] বিস্ময়প্রকাশ; আকস্মিক উক্তি। ২ বীর্যপাত।

eject [ইˈজেক্ট্] *vt,vi* **~ (from)** ১ কাউকে স্থানত্যাগে বাধ্য করা; বহিষ্কার করা। ২ নির্গত হওয়া। ৩ বিমান থেকে প্যারাসুট যোগে জরুরি অবতরণ করা। **ejec·tion** [ইজেকশ্ন্] *n* জরুরি অবতরণ। **ejec·tor** [–টা(র্)] *n* নিক্ষেপক; পিচকারী। **éjec·tor-seat** প্যারাসুটযোগে পাইলটের অবতরণের সুবিধার্থ বিশেষ আসন।

eke [ঈক্] *vt* **eke sth out** যৎসামান্য দিয়ে সহায়তা করা: He tries to eke out his family.

elab·or·ate [ইল্যাবারাট্] *adj* বিস্তারিত; সুনির্মিত: ~ plans. □*vt* [ইল্যাবারেইট] বিশদভাবে সম্পন্ন করা; বিস্তারিত করা। **~·ly** *adv.* **~·ness** *n* . **elabor·ation** বিস্তৃতি; বিশদ বর্ণনা।

élan [এইলা:ন্] *n* [U] (ফ.) উৎসাহ; প্রাণাবেগ।

elapse [ইল্যাপ্স্] *vi* (সময়) অতিক্রান্ত হওয়া।

elas·tic [ইˈল্যাস্টিক্] *adj* ১ নমনীয় স্থিতিস্থাপক: Rubber is ~. ২ (লাক্ষ.) খাপ খাওয়াতে সক্ষম এমন। □*n* [U] স্থিতিস্থাপক ফিতা। **~·ity** [ˌএল্যাস্টিসাটি US ইˌল্যা–] *n* স্থিতিস্থাপকতা; নমনীয়তা: elasticity of demand.

elate [ইˈল্যাইট্] *vt* (সাধা. passive) অনুপ্রাণিত হওয়া: He was ~d by his success. **ela·tion** [ইলেইশ্ন্] *n* [U] অনুপ্রেরণা।

el·bow [ˈএল্বৌ] *n* কনুই; জামার হাতার অংশ বিশেষ। **at one's ~** ঘনিষ্ঠ; খুব কাছের। **out at ~s (ক)** (পোশাকের ক্ষেত্রে) জীর্ণ। **(খ)** (ব্যক্তির ক্ষেত্রে) জীর্ণ পোশাক–পরিহিত। **ˈ~ grease** *n* [U] কঠোর শ্রম। **ˈ~ room** *n* [U] সহজে চলাফেরার মতো পর্যাপ্ত জায়গা। □*vt* কনুই মারা।

el·der[1] [এলডা(র্)] *adj* (পরিবারের সদস্য বিশেষ করে আত্মীয়তার বন্ধনে আবদ্ধদের ক্ষেত্রে প্রযোজ্য) জ্যেষ্ঠ; বয়সে বড়ো: He is ~ to me. **the ~** (একই নামের দুজনকে আলাদা করে বোঝানোর জন্য নামের আগে অথবা পরে ব্যবহৃত): Karim the ~; the ~ Rahim. **ˌ~ ˈstatesman** [–মান] *(pl -men)* দীর্ঘ অভিজ্ঞতাসম্পন্ন ব্যক্তি যার কাছে পরামর্শ চাওয়া হয়। □*n* ১ *(pl)* বয়োজ্যেষ্ঠ ব্যক্তিবৃন্দ: advice of the ~s. ২ কোনো কোনো খ্রিস্টান গির্জার কর্মচারী। ৩ **the/sb's ~** দুজনের মধ্যে বয়সে বড়ো।

el·der[2] [এলডা(র্)] *n* সাদা ফুল এবং লাল ফলের গুচ্ছবিশিষ্ট ঝোঁপ অথবা ছোট গাছ। **ˌ~·berry ˈwine** এলডার ফল থেকে তৈরি মদ।

el·der·ly [এল্ডালি] *adj* বয়োজ্যেষ্ঠ; প্রৌঢ়; প্রবীণ।

el·dest [এল্ডিস্ট্] *adj* জ্যেষ্ঠতম; প্রথমজাত।

El Dorado [ˌএল্ ডাˈরা:ডৌ] *n (pl* ~s [–ডৌ জ়্]) সোনা–দানায় ভর্তি কল্পিত দেশ অথবা নগরী; সব পেয়েছির দেশ।

elect[1] [ইলেক্ট্] *adj* ১ (*n* –এর পরে) নির্বাচিত; মনোনীত: the member ~ (এখনো অফিসের কাজ শুরু হয়নি)। ২ **the ~** সর্বশ্রেষ্ঠ হিসাবে নির্বাচিত অথবা মনোনীত ব্যক্তিবৃন্দ।

elect[2] [ইলেক্ট্] *vt* ১ **~ (to)** (ভোটের মাধ্যমে) নির্বাচিত করা। ২ পছন্দ করা; সিদ্ধান্ত নেওয়া: ~ed to become a professor.

election [ই'লেক্‌শ্‌ন্] *n* [U] নির্বাচন।: ~ menifesto; general ~, সাধারণ নির্বাচন; দেশব্যাপী নির্বাচন। ˌ**local** ˈ~ স্থানীয় নির্বাচন (GB councillors). ˈ**by-~** উপনির্বাচন। ~·**eer·ing** [ই্লেকশানিআরিং] *n* [U] নির্বাচনে প্রচার।

elec·tive [ইলেক্‌টিভ্] *adj* ১ নির্বাচনের ক্ষমতাসম্পন্ন। ২ মনোনয়ন অথবা নির্বাচনের মাধ্যমে শূন্যপদে পূরণযোগ্য। ৩ [US] ঐচ্ছিক: ~ subjects. দ্র. optional.

elec·tor [ইলেক্‌টা(র্)] *n* ভোটার; নির্বাচক। ~**al** [ইলেক্‌টারাল্] *adj* নির্বাচন-সংক্রান্ত; ভোটার তালিকা নির্বাচকগণ দ্বারা গঠিত: The E~al college. ~·**ate** [ইল্যাক্‌টরাট্] *n* নির্বাচকমণ্ডলী।

elec·tric [ইলেক্‌ট্রিক্] *adj* বৈদ্যুতিক: ~ light.

elec·tri·cal [ইলেক্‌ট্রিক্‌ল্] *adj* ১ বিদ্যুৎ-সংক্রান্ত; তড়িৎ-সংক্রান্ত: ~ engineering. ২ (লাক্ষ.) (সংবাদের ক্ষেত্রে) রোমাঞ্চকর। ~**ly** [-কলি] *adv*

elec·tri·cian [ই্লেক্'ট্রিশ্‌ন্] *n* বিদ্যুৎ-মিস্ত্রি।

elec·tric·ity [ইলেক্'ট্রিসাটি] *n* [U] ১ বিদ্যুৎ। ২ বিদ্যুৎ সরবরাহ।

elec·trify [ই'লেক্‌ট্রিফাই] *vt* ১ বিদ্যুতায়িত করা। ২ (রেলওয়ে ইত্যাদিকে) বিদ্যুৎ-সরঞ্জামে সজ্জিত করা। ৩ (লাক্ষ.) তড়িৎপ্রবাহ দ্বারা যেন চমকে দেওয়া। **elec·trifi·ca·tion** [ইলেকট্রিফি'কেইশ্‌ন্] *n* বিদ্যুতায়ন।

electro- [ইলেক্‌ট্রো] *pref* (যৌগশব্দে) বিদ্যুৎ-; বৈদ্যুতিক-; তড়িৎ-: ˌ~ˈ**cardio·gram** [-কা:ডিওগ্র্যাম্] বৈদ্যুতিক কার্ডিওগ্রাম; হৃদযন্ত্রের চিকিৎসা পদ্ধতি বিশেষ। ˌ~ˈ**cardio·graph** [-কা:ডিওগ্রা: ফ্ US -গ্র্যা ফ্] বৈদ্যুতিক কার্ডিওগ্রাফ; হৃদযন্ত্রের পেশিতে বিদ্যুৎ-ক্রিয়া পরিমাপক যন্ত্র। ˌ~ˈ**chem·is·try** বিদ্যুৎ রসায়ন। ˌ~ˈ**mag·net** বিদ্যুৎ-চুম্বক; লোহার পাতে জড়ানো তারের মধ্যে বিদ্যুৎ প্রবাহিত করে যখন পাতটিকে চুম্বকায়িত করা হয়। ˌ~·**mag**·ˈ**netic** *adj* বিদ্যুৎ-চুম্বকগুণসম্পন্ন। ˈ~-**plate** *vt* বৈদ্যুতিক পদ্ধতিতে রুপার প্রলেপ লাগানো। □*n* [U] রুপার প্রলেপ দেওয়া পদার্থ।

elec·tro·cute [ইলেক্‌ট্রাকিউট্] *vt* বিদ্যুৎস্পৃষ্ট করে মারা। **elec·tro·cu·tion** [ই্লেকট্রাকিউশ্‌ন্] *n* বিদ্যুৎ স্পৃষ্টকরণ।

elec·trode [ই'লেক্‌ট্রোড্] *n* বিদ্যুৎবহ। দ্র. anode, cathode.

elec·tro·ly·sis [ই্লেক্‌ট্রলাসিস্] *n* [U] তড়িৎ-বিশ্লেষ; বিদ্যুৎ-প্রবাহ দ্বারা কোনো পদার্থকে বিভিন্ন রাসায়নিক অংশে বিভক্তিকরণ।

elec·tron [ই'লেক্‌ট্রন্] *n* [C] (পদার্থ.) ইলেকট্রন; ঋণাত্মক বিদ্যুৎ-শক্তিসম্পন্ন পদার্থের পরমাণু-কণা। ~ **microscope** ইলেকট্রন-অণুবীক্ষণ যন্ত্র—এ যন্ত্রে দৃশ্যমান আলোর বদলে ইলেকট্রন ব্যবহৃত হয়। ~**ic** [ইলেক্‌ট্রনিক্] *adj* ইলেকট্রন-সংক্রান্ত; ইলেকট্রন-চালিত। ~**ic music** ইলেকট্রনিক সঙ্গীত; ইলেকট্রনিক যন্ত্রপাতির সহায়তায় প্রাকৃতিক অথবা কৃত্রিমধ্বনির নিপুণ ব্যবহার। ˌ~**ic** ˌ**data** ˈ**processing** ইলেকট্রনিক তথ্যবিন্যাস প্রক্রিয়া। ~·**ics** *n* (with *sing v*) ইলেকট্রনবিদ্যা।

el·ee·mosy·nary [ˌএলীˈমসিনারি US -নেরি] *adj* (আনুষ্ঠা.) দাতব্য।

elegant [এলিগান্ট্] *adj* রুচিশীল; অভিজাত; রুচি; দক্ষতা ও যত্নকৃত: ~ man. ~·**ly** *adv* **el·egance** [-গানস্] *n* [U] মার্জিতভাব; পোশাকের চমৎকারিত্ব।

el·egiac [এলিˈজাইআক্] *adj* ১ (ছন্দের ক্ষেত্রে) শোকগাথা রচনার উপযুক্ত: ~ couplets. ২ শোকাবহ। □*n pl:* ~ verses.

el·egy [এলাজি] *n* (*pl* -gies) শোকগাথা।

el·ement [এলিমান্ট্] *n* ১ উপাদান। ২ (বিজ্ঞানে) সাধারণ রাসায়নিক পদ্ধতিতে বিশ্লিষ্ট করা যায় না এমন পদার্থ। ৩ (প্রাচীন দার্শনিকের মতে) ভূমণ্ডল-সংগঠনের (চারটি) উপাদান (মাটি, বায়ু, আগুন ও পানি)। **in/out of one's ~** সন্তোষজনক/অসন্তোষজনক পরিবেশের মধ্যে: He is out of his ~. ৪ (*pl*) **the ~s** প্রকৃতির শক্তিসমূহ, যেমন বায়ু, ঝড় ইত্যাদি। ৫ (*pl*) কোনো বিষয়ের প্রারম্ভিক অংশ অথবা রূপরেখা; সর্বাগ্রে শিক্ষণীয় অংশ: The ~s of mathematics. ৬ আবশ্যিক অথবা বৈশিষ্ট্যসূচক উপাদান। ৭ ইঙ্গিত। ৮ হিটার-জাতীয় বৈদ্যুতিক সরঞ্জামে প্রতিরোধক তার।

ele·men·tary [ˌএলিˈমেন্টরি] *adj* প্রাথমিক: ~ geography. **Ele·men·tar·ily** [এলিমেন্টারালি US ˌএলিমন্‌ˈটেরালি] *adv* প্রাথমিকভাবে।

el·eph·ant [এলিফান্ট্] *n* হাতি। ˌ**white** ˈ~ (লাক্ষ.) শ্বেতহস্তী; কাজে আসে না অথচ দামি ও অসুবিধাজনক। **el·ephan·ti·asis** [ˌএলিফানˈটাই-আসিস] *n* [U] গোদ; পা-ফোলা রোগ। **el·ephan·tine** [ˌএলিˈফ্যান্টাইন] *adj* হস্তীসদৃশ; ভারী।

el·ev·ate [এলিভেইট্] *vt* ~ **(to)** (আনুষ্ঠা.) উত্তোলন করা; উন্নীত করা; (লাক্ষ.) মানসিক উন্নতিসাধন করা।

el·ev·ation [এলিˈভেইশ্‌ন্] *n* ১ মানোন্নয়ন। ২ সমুন্নতি: ~ of style. ৩ [C] উচ্চতা (বিশেষ করে সমুদ্র পৃষ্ঠ থেকে); পাহাড় অথবা উঁচু জায়গা: an ~ of 300 metres. ৪ [C] দালানের একাংশের পরিকল্পনা।

el·ev·ator [এলিভেইটা(র্)] *n* ১ শস্য তোলার যন্ত্র। ২ গুদামঘর; গোলাঘর। ৩ বিমানের উড্ডয়ন-অবতরণযন্ত্র। ৪ লিফ্‌ট।

eleven [ই'লেভ্‌ন্] *adj,n* এগারো। **elev·enth** [ইলেভ্‌নথ্] *adj,n* একাদশ। **at the ~th hour** অন্তিম মুহূর্তে। **elev·enses** [ই'লেভ্‌নজিজ্] *n.pl* (GB) প্রাতরাশ; সকালের নাস্তা।

elf [এল্‌ফ্] *n* (*pl* [elves]) ডাইনি। **elfin** [এল্‌ফিন্] *adj* ডাইনিসুলভ। **elf·ish** [এলফিশ্] *adj* দুষ্ট; ক্ষতিকর; ডাইনি-সদৃশ।

eli·cit [ইলিসিট্] *vt* ~ **sth (from sb)** কোনো কিছু টেনে বের করা অথবা কাউকে কোনো কিছু প্রকাশে বাধ্য করা: to ~ the fact. **eli·ci·ta·tion** [ইলিসিˈটেইশ্‌ন্] *n*

elide [ই'লাইড্] *vt* ধ্বনি অথবা অক্ষর লোপ করা। দ্র. elision.

eli·gible [এলিজাব্‌ল্] *adj* ~ **(for)** উপযুক্ত; যোগ্য; যোগ্যতাসম্পন্ন: ~ for the post. **el·igi·bil·ity** [এলিজাবিলাটি] *n* [U] যোগ্যতা।

elim·in·ate [ই'লিমিনেইট্] *vt* ~ **(from)** বর্জন করা; উচ্ছেদ করা; নিষ্কাশন করা। **elim·in·ation** [ইলিমি'নেইশ্‌ন্] *n* বর্জন; নিষ্কাশন।

eli·sion [ই'লিজ্‌ন্] *n* ধ্বনিলোপ, অক্ষরলোপ, যেমন—haven't–এ।

élite [এই'লীট্] *n* অভিজাত; ক্ষমতা, প্রতিভা অথবা সুযোগ–সুবিধার কারণে সমাজের উৎকৃষ্ট বলে বিবেচিত শ্রেণী: an industrial ~. দ্র. egalitarian. **elitism** [-টিজ়াম্] *n* অভিজাততন্ত্র। **elitist** [-টিস্ট্] *n*

elixir [ই'লিক্‌স(র্)] *n* [C] ১ (মধ্যযুগের বিজ্ঞানীদের বিশ্বাস অনুসারে) পরশমণি; অমরত্ব–সুধা। ২ মহৌষধ।

Eliza·bethan [ই,লিজ়াবীথ্‌ন্] *adj* এলিজাবেথীয়; এলিজাবেথের যুগের: the ~ age. □*n* এলিজাবেথের যুগে বসবাসকারী ব্যক্তি (যেমন শেক্সপীয়র)।

elk [এল্ক্] *n* বৃহদাকৃতির হরিণবিশেষ।

el·lipse [ই'লিপ্‌স্] *n* ডিম্বাকার ক্ষেত্র; উপবৃত্ত। **el·lip·tic** [ই'লিপ্‌টিক্], **el·lip·ti·cal** [-ক্‌ল্] *adj* ডিম্বাকৃতির।

el·lip·sis [ই'লিপ্‌সিস্] *n (pl* -[pses] [U] বাক্যের গঠনের জন্য প্রয়োজনীয় শব্দ–বর্জন। **el·lip·ti·cal** [ই'লিপ্‌টিক্‌ল্] *adj* শব্দ–বর্জন সংবলিত।

elm [এল্‌ম্] *n* [C] দেবদারুজাতীয় বৃক্ষবিশেষ।

elo·cu·tion [এল'কিউশ্‌ন্] *n* [U] বাচনভঙ্গি। **~·ary** [-শানারি US -শানেরি] *adj* বাচনভঙ্গিসংক্রান্ত; বাচনিক। **~·ist** [-শানিস্ট্] বাকদক্ষ।

elon·gate [ঈলঙ্‌গেইট্ US ই'লোঙ্–] *vt,vi* দীর্ঘ করা; সম্প্রসারিত করা। **elon·ga·tion** [ঈলংগেইশ্‌ন্ US -লোং–] *n* [U] দীর্ঘকরণ; সম্প্রসারণ।

elope [ই'লৌপ্] *vi* ~ **(with)** (নারীদের ক্ষেত্রে) প্রেমিকের সাথে পিতা অথবা স্বামীর ঘর থেকে পলায়ন করা। **~·ment** *n* প্রেমিকের সাথে পলায়ন।

elo·quence [এল'কোয়ান্‌স্] *n* [U] বাকপটুতা; বাগ্মীতা। **elo·quent** [-অন্ট্] *adj* বাকপটু; বাগ্মী। **eloquent·ly** *adv* সুন্দর বাচনভঙ্গিতে।

else [এল্‌স্] *adv* ১ *(indef* অথবা *interr pron* সহ) তাছাড়া; উপরন্তু: What ~ you want? Nothing ~. **little ~** আর বেশি না। ২ নৈলে; যদি না হয়: Go (or) ~ you miss the train.

else·where [,এল্‌স্'ওয়েআ(র্) US -হোয়ে অর্] *adv* অন্যত্র।

elu·ci·date [ই'লূসিডেইট্] *vt* (আনুষ্ঠা.) ব্যাখ্যা করা; বিচার বিশ্লেষণ করা। **elu·ci·dation** [ই,লূসিডেইশ্‌ন্] *n* ব্যাখ্যা।

elude [ই'লূড্] *vt* সুকৌশলে পলায়ন করা; এড়িয়ে চলা।

elu·sive [ই'লূসিভ্] *adj* পলায়নপর; বিস্মৃতিপ্রবণ।

el·ver [এলভা(র্)] *n* ছোট বান মাছ।

elves [এল্‌ভ্‌জ়্] elf–এর *pl*

elv·ish [এলভিশ্] *adj* =elfish.

Ely·sium [ই'লিজ়িঅম্] *n* (গ্রি. myth) মৃত্যুর পর পুণ্যবানদের আবাসভূমি; চিরশান্তির দেশ। **Ely·sian** [ই'লিজ়িঅন্] *adj* স্বর্গীয়; মঙ্গলময়।

'em [অম্] *pron* (কথ্য) = them.

em·aci·ate [ই'মেইশিএইট্] *vt* হালকা–পাতলা ও দুর্বল করা (সাধা. passive) **emaciation** [ই,মেইসিএইশ্‌ন্] *n* [U] শারীরিক দুর্বলতা।

ema·nate [এমানেইট্] *vi* ~ **from** (আনুষ্ঠা.) (কোনো উৎস থেকে) বয়ে আসা; প্রবাহিত হয়ে আসা। **ema·na·tion** [,এমা'নেইশ্‌ন্] *n* [U] প্রবাহ; যা প্রবহমান।

eman·ci·pate [ই'ম্যানসিপেইট্] *vt* ~ **(from)** মুক্তি দেওয়া (বিশেষ করে রাজনৈতিক অথবা নৈতিক অবরোধ থেকে)।

eman·ci·pa·tion [ই,ম্যান্‌সি'পেইশ্‌ন্] *n* [U] মুক্তি; বন্ধন–মুক্তি: ~ of slaves.

emas·cu·late [ই'ম্যাস্‌খুলেইট্] *vt* পৌরুষবর্জিত করা; হীনবীর্য করা; খোজায় পরিণত করা; খাসি করা। **emas·cula·tion** [ই,ম্যাসকিউলেইশ্‌ন্] *n* খোজায় পরিণত করবার প্রথা।

em·balm [ইম্ 'বা:ম্] *vt* মমি করা; (মৃতদেহকে) রাসায়নিক প্রক্রিয়ায় ক্ষয় থেকে রক্ষা করা; সুবাসিত করা। **~·ment** *n* মমি করার পদ্ধতি।

em·bank·ment [ইম্'ব্যাংক্‌মান্ট্] *n* [C] বেড়িবাঁধ।

em·bargo [ইম্'বা:গৌ] *n (pl* ~es [-গৌজ়্] বাণিজ্যিক নিষেধাজ্ঞা; সরকারি নিষেধাজ্ঞা। **lift raise/remove an ~ (from sb)** নিষেধাজ্ঞা বাতিল; পুনরায় বাণিজ্য শুরু করা। **place/lay sb under an ~; put an ~ on sb** কারো ওপর নিষেধাজ্ঞা আরোপ। □*vt (pt,pp* ~ed) [-গৌড্] নিষেধাজ্ঞা আরোপ করা; সরকারি স্বার্থে মাল ক্রোক করা।

em·bark [ইম্'বা:ক্] *vi,vt* ১ জাহাজে চড়ে যাত্রা করা; জাহাজে তোলা। ২ ~ **on/ upon** শুরু করা; অংশগ্রহণ করা। **em·bar·ka·tion** [,এমবা:'কেইশ্‌ন্] *n*

em·bar·rass [ইম্'ব্যারস্] *vt* অস্বস্তি অথবা লজ্জায় ফেলা; মানসিক দুশ্চিন্তা অথবা অসুবিধার সৃষ্টি করা: ~ing situation. **~·ing** *adj*. **~·ing·ly** *adv* .**~·ment** *n* [U] অস্বস্তি।

em·bassy [এম্‌বাসি] *n (pl* -ssies) রাষ্ট্রদূতের দায়িত্ব; দূতাবাস; রাষ্ট্রদূত ও তার কর্মচারীবৃন্দ ঃ the American ~.

em·battled [ইম্ 'ব্যাটল্ড্] *adj* (সামরিক বাহিনীর ক্ষেত্রে) যুদ্ধের জন্য প্রস্তুত; (লাক্ষ.) আত্মরক্ষার অবস্থানে; (অট্টালিকার ক্ষেত্রে) গুলি চালানোর সচ্ছিদ্র দেয়ালবিশিষ্ট।

em·bed [ইম্'বেড্] *vt* (সাধা. passive) ~ **(in)** দৃঢ়ভাবে গেঁথে যাওয়া। (লাক্ষ.): ~ed in his heart.

em·bel·lish [ইম্'বেলিশ্] *vt* ~ **(with)** সুন্দর করা; অলঙ্কৃত করা; চুমকি বসানো। **~·ment** *n* [U] অলঙ্করণ।

em·ber [এম্‌বা(র্)] *n* (সাধা. *pl)* জ্বলন্ত কয়লা; *(pl)* জ্বলন্ত উনুনের ছাই।

em·bezzle [ইম'বে জ়্‌ল্] *vt* (কারো জিম্মায় রক্ষিত টাকা) আত্মসাৎ করা। **~·ment** *n* [U] অর্থ–আত্মসাৎ।

em·bit·ter [ইম্'বিটা(র্) *vt* তিক্ততার অনুভূতি জাগানো; তিক্ত করা। **~·ment** *n* তিক্ততা।

em·blem [,এম্‌ব্লাম্] *n* প্রতীক: an ~ of peace. **~·atic** [,এম্‌ব্লা'ম্যাটিক্] *adj* ~ **(of)** প্রতীক–প্রতিম।

em·body [ইম্'বডি] *vt* ~ **(in)** ১ ভাবনার বাস্তবরূপ দান করা: ~ truth. ২ অন্তর্ভুক্ত করা। ৩ প্রতিমূর্তি নির্মাণ করা। **em·bodi·ment** [ইম্'বডিমান্ট্] *n* [C] মূর্ত প্রকাশ।

em·bolden [ইম্'বৌল্ডান্] *vt* সাহস দেওয়া; আত্মবিশ্বাস সঞ্চার করা: Your feeling will ~ me to finish the job.

em·boss [ইম্'বস্ US ~'বো°স্] *vt* ~ **(with)** বুটি দ্বারা খচিত করা; চিত্র-শোভিত করা।

em·brace [ইম্'ব্রেইস্] *vt,vi* ১ আলিঙ্গন করা: He ~d me. ২ গ্রহণ করা; সদ্ব্যবহার করা। ৩ অন্তর্ভুক্ত করা।

em·brasure [ইম্'ব্রেইজ্যা(র্)] *n* ১ তীর চালাবার জন্য দুর্গপ্রাচীরের উন্মুক্ত পরিসর। ২ প্রাচীন দুর্গের অন্দরপথ বিশেষ।

em·bro·ca·tion [ˌএম্ব্র'কেইশ্‌ন্] *n* [U] মালিশের লোশন।

em·broider [ইম্'ব্রইডা(র্)] *vt,vi* ১ নকশি করা; (কাপড়ে) ফুল তোলা। ২ (লাক্ষ.) কাহিনীতে বিশদ ও চমৎকার বর্ণনা সংযোজন করা। ~**y** [-ডারি] *n* [U] নকশি-কর্ম; সূচিশিল্প।

em·broil [ইম্'ব্রইল্] *vt* ~ **sb/oneself (in)** ঝগড়ায় জড়িয়ে পড়া: Don't ~ yourself in a quarrel.

em·bryo [ˌএম্ব্রিঔ] *n (pl* ~s [-ঔজ্]) [C] ভ্রূণ; (লাক্ষ.) যা প্রাথমিক পর্যায়ে। **in** ~ (সাহিত্য., লাক্ষ.) এখনও অবিকশিত; সূচনাপর্যায়ে। **em·bry·onic** [ˌএম্ব্রি'অনিক্] *adj* প্রাথমিক; ভ্রূণসংক্রান্ত।

emend [ইমেন্ড্] *vt* ভুল সংশোধন করা। **emendation** [ˌঈমেন্'ডেইশ্‌ন্] *n* [U] ~**·ing** সংশোধন।

em·er·ald [ˌএমারাল্ড্] *n* পান্না; পান্নার রঙ।

emerge [ই'মা:জ্] *vi* ~ **(from)** ১ প্রকাশিত হওয়া; (পানি থেকে) বেরিয়ে আসা। ২ (ঘটনা, চিন্তাধারার ক্ষেত্রে) আবির্ভূত হওয়া; উদ্ভূত হওয়া: new idea ~d. **emerg·ence** [-জান্স্] *n* [U] আবির্ভাব; উত্থান। **emerg·ent** [-জন্ট্] *adj* উত্থানশীল; গুপ্তাবস্থা থেকে প্রকাশমান।

emerg·ency [ই'মা:জন্‌সি] *n (pl* -cies) ১ [U,C] জরুরি অবস্থা: He was arrested in the period of ~. This should be used only in ~. ২ (attrib রূপে): an ~ fund.

emeri·tus [ইমেরিটাস্] *adj* (লা.) ইমেরিটাস; চাকরি থেকে অবসর গ্রহণের পর যাঁর পদ ও পদবি (অবৈতনিক বা অবৃত্তিক) অক্ষুণ্ণ থাকে: ~ professor.

em·ery [ˌএমারি] *n* [U] পালিশের কাজে ব্যবহৃত ধাতব গুঁড়া; সিরিশ গুঁড়া: '~ paper.

em·etic [ইমেটিক্] *n* বমি উদ্রেককারী ঔষধ; খাদ্যে বিষক্রিয়া হলে ব্যবহৃত হয়।

emi·grate ['এমিগ্রেইট্] *vt* ~ **(to) (from)** দেশত্যাগ করা; দেশান্তরিত হওয়া (অন্যদেশে স্থায়ীভাবে বসবাসের উদ্দেশ্যে)। দ্র. immigrate. **imi·grant** ['এমিগ্রান্ট্] দেশত্যাগকারী: ~s to India. **emi·gra·tion** [ˌএমি'গ্রেইশ্‌ন্] *n* (U) দেশান্তর।

émi·gré [এমিগ্রেই US ˌএমি'গ্রেই] *n* (ফ.) (সাধা.) রাজনৈতিক কারণে দেশত্যাগকারী।

emi·nence [এমিনান্স্] *n* ১ [U] খ্যাতি; বিশিষ্টতা: acquire ~ as a professor. ২ [C] উচ্চ ভূমির এলাকা। ৩ **His/your E~** কার্ডিনালদের পদবি।

emi·nent [এমিনান্ট্] *adj* ১ (ব্যক্তি ক্ষেত্রে) প্রখ্যাত; বিশিষ্ট ঃ He is an ~ personality. ২ (গুণাবলীর ক্ষেত্রে) মহৎ। ~**·ly** *adv* বিশিষ্টতার সাথে; খ্যাতি বজায় রেখে।

emir [এ'মি(র্)] *n* আমির; মুসলিম-শাসকের পদবি। ~**·ate** [এ'মিআরেইট্] আমিরাত; আমির শাসিত ভূ-খণ্ড অথবা আমিরের পদ: the United Arab ~ates.

em·iss·ary ['এমিসারি] *n (pl* -ries) দূত; গুপ্তচর।

emission [ই'মিশ্‌ন্] *n* ~ **(of)** [U] প্রেরণ; নিক্ষেপ; নির্গতকরণ।

emit [ই'মিট্] *vt* (tt) প্রেরণ করা; নিক্ষেপ করা; নির্গত করা।

emol·lient [ই'মলিইঅন্ট্] *n,adj* ত্বক কোমল করে এমন (পদার্থ)।

emolu·ment [ই'মলিউমন্ট্] *n* [C] (সাধা. *pl)* (আনুষ্ঠা.) চাকরির আয়; উপার্জন; বেতন।

emo·tion [ই'মৌশ্‌ন্] *n* [U] আবেগ; অনুভূতি: He described the situation with ~. ~**·less** *adj* নিরাবেগ; অনুভূতিহীন। ~**al** [-শান্‌ল্] *adj* ১ আবেগপূর্ণ: ~ song. ২ আবেগপ্রবণ: an ~al artist. ~**·ally** [-শানালি] *adv* আবেগের সাথে। **emot·ive** [ই'মৌটিভ্] *adj* মানসিক চাঞ্চল্য উদ্রেককারী।

em·pale [ইম্'পেইল্] *vt* = impale.

em·panel [ইম্'প্যানল্] *vt* (-ll-, US অপিচ-l-) (কোনো ব্যক্তির নাম) তালিকাভুক্ত করা; প্যানেলভুক্ত করা।

em·pa·thy [এম্পাথি] *n* [U] (মনস্তত্ত্ব) কোনো শিল্পকর্মে কিংবা কোনো ধ্যানগম্য বিষয়ে আত্মনিবিষ্ট হওয়ার ক্ষমতা; অন্যের আবেগ-অনুভূতির সঙ্গে একাত্ম হওয়ার ক্ষমতা।

em·peror [এম্পারা(র্)] *n* সম্রাট। দ্র. empress.

em·pha·sis [এম্‌ফাসিস্] *n (pl* -ases [-ফাসীজ]) [C,U] গুরুত্ব নির্দেশের উদ্দেশ্যে কোনো শব্দের ওপর জোর প্রদান; গুরুত্ব প্রদান: He put maximum ~ on the subject. **em·pha·size** [এমফাসাইজ্] *vt* জোর দেওয়া। **em·phatic** [ইম'ফ্যাটিক্] *adj* জোরালো। **em·phati·cally** [-কলি] *adj* জোরালোভাবে।

em·phy·sema [ˌএম্ফি'সীম] *n* (চিকি.) ফুসফুসের রোগবিশেষ, যে রোগে শ্বাসকষ্ট দেখা দেয়।

em·pire [ˌএম্পাইআ(র্)] *n* ১ [C] সাম্রাজ্য: The Mughal ~. ২ [U] সর্বোচ্চ রাজনৈতিক ক্ষমতা।

em·piric, em·piri·cal [ইম্'পিরিক্,-ক্‌ল্] *adj* বাস্তব-অভিজ্ঞ; যিনি তত্ত্বের চাইতে পর্যবেক্ষণ ও পরীক্ষা-নিরীক্ষার ওপর নির্ভরশীল; প্রায়োগিক। **em·piri·cally** [-ক্‌লি] *adv* **em·piri·cism** [ইম্'পিরিসিজ়াম্] *n* অভিজ্ঞতাবাদ। **em·piri·cist** [-সিস্ট্] *n* অভিজ্ঞতাবাদী।

em·place·ment [ইম্'প্লেইসমান্ট্] *n* কামান-স্থাপনের মঞ্চ।

em·ploy [ইম্'প্লই] *vt* ১ নিয়োগ করা: They will try to ~ me as a lecturer. ২ কাজে লাগানো; সদ্ব্যবহার করা: He will ~ his spare time in the household works. □~**·able** [-অব্‌ল্] *adj* নিয়োগযোগ্য। ~**er** [-অ(র্)] *n* নিয়োগকারী। ~**ee** [এম্প্লই'ঈ] *n* চাকরিজীবী; নিয়োগপ্রাপ্ত ব্যক্তি; কর্মচারী।

em·ploy·ment [ইম্'প্লইমন্ট্] *n* [U] চাকরি: He will be given an ~. **be in/out of** ~ কর্মরত/বেকার। '~ **agency** চাকরি-সন্ধানী সংস্থা।

em·por·ium [ইম্'প:রিঅম্] *n* বাণিজ্য-কেন্দ্র; বাজার; খুচরা বিক্রির বড়ো দোকান।

em·power [ইম্'পাউআ(র্)] *vt* ~ **sb to do sth** কাউকে ক্ষমতা অর্পণ করা; ক্ষমতা প্রদান করা।

em·press [এম্‌প্রিস্] *n* সম্রাজ্ঞী; সম্রাটপত্নী।

empty[1] [এম্প্‌টি] *adj* শূন্য; খালি: An ~ vessel sounds much. **feeling ~** ক্ষুধার্ত (কথ্য)। ,**~-handed** *adj* কপর্দকশূন্য; রিক্তহস্ত। ,**~-'headed** *adj* নির্বোধ; মাথায় কিছু নেই এমন। **emp·ti·ness** [এম্পটিনিস] *n* শূন্যতা।

empty[2] [এম্‌প্‌টি] *vt,vi (pt,pp* -tied) **~ (out)** খালি করা।

em·purpled [ইম্'পাপ্‌ল্‌ড্‌] *adj* রক্তিম করা হয়েছে এমন।

emu [ঈম্‌ইউ] *n* উটপাখি অপেক্ষা ক্ষুদ্রতর; উড্ডয়ন-অক্ষম দ্রুতগামী (অস্ট্রেলিয়ান) পাখিবিশেষ।

emu·late [এমিউলেইট্] *vt* সমকক্ষ হতে অথবা ছাড়িয়ে যেতে চেষ্টা করা।

emu·la·tion [,এমিউলেইশ্‌ন্] *n* [U] সমকক্ষ হবার সাধনা।

emul·sion [ইমাল্‌শ্‌ন্] *n* [C,U] ক্রিমযুক্ত তৈলাক্ত তরল পদার্থ: ~ paint. **emul·sify** [ই'মালসিফাই] *vt (pt,pp* -fied) ক্রিমযুক্ত তৈলাক্ত তরল পদার্থে পরিণত করা; ইমালশান তৈরি করা।

en·able [ইনেইব্‌ল্] *vt* সক্ষম করা; ক্ষমতা প্রদান করা।

en·act [ইন্যাক্ট্] *vt* ১ আইনে পরিণত করা; আইন পাশ করা। ২ মঞ্চস্থ করা। **~·ment** *n* [U] বিধিবদ্ধকরা আইন।

en·amel [ইন্যাম্‌ল্] *n* [U] ১ এনামেল; ধাতব-পদার্থের আবরণ হিসাবে ব্যবহৃত কাচজাতীয় পদার্থ: '~ ware. ২ দাঁতের শক্ত বহিরাবরণ। □*vt* (-ll- US অপিচ-l-) এনামেল-সজ্জিত করা; কলাই করা।

en·amour (US = -amor) [ই'ন্যামা(র্)] *vt* (সাধা. passive) **be ~ed of** মুগ্ধ/ অনুরক্ত হওয়া; প্রেম-মুগ্ধ হওয়া: He is ~ed of her beauty.

en bloc [,অন্ 'ব্লক্] *adv* phrase (ফ.) একসাথে; সবাই মিলে: They left ~.

en·camp [ইন্ 'ক্যাম্প্] *vt,vi* তাঁবুতে বাস করা। **~·ment** *n* সৈনিকদের শিবির।

en·case [ইন্'কেইস্] *vt* **~ (in)** খাঁচায় আবদ্ধ করা; চতুর্দিক ঘিরে ফেলা অথবা আবৃত করা: a soldier ~d in armour.

en·caus·tic [এন্'কো°সটিক্] *adj* পোড়ানো রঙিন মাটি দ্বারা নকশা-অঙ্কিত (যেমন ইঁট): ~ bricks.

en·cepha·li·tis [,এন্‌কেফা'লাইটিস্] *n* [U] মস্তিষ্কপ্রদাহ।

en·chain [ইন্'চেইন্] *vt* শৃঙ্খলাবদ্ধ করা; শিকল দিয়ে বাঁধা।

en·chant [ইনচা:ন্ট্ US -'চ্যান্ট্] *vt* ১ মন্ত্র-মুগ্ধ করা; মোহিত করা; পুলকিত করা: He ~ed the audience with his music. ২ জাদু করা। **~er** [-আ(র্)] *n* জাদুকর; যে ব্যক্তি মুগ্ধ করে। **~·ress** [-ট্রিস্] *n* মহিলা জাদুকর; মোহিনী। **~·ing·ly** *adv.* **~·ment** *n* জাদু; মোহিনীশক্তি।

en·circle [ইন্'সাক্‌ল্] *vt* বৃত্তাকারে ঘিরে ফেলা; বৃত্তাবদ্ধ করা: ~ by enemies. **~·ment** *n* বেষ্টন।

en clair [,অন্ 'ক্লেআ(র্)] *adv,phrase* (ফ.) (টেলিগ্রাম, অফিসের কাজ-কর্মে ব্যবহৃত) (= in clear) সাধারণ ভাষায় (অর্থাৎ সঙ্কেতের ভাষায় নয়)।

en·clave [এন্‌ক্লেইভ্] *n* [C] অন্যদেশের মধ্যস্থিত একটি দেশের অঞ্চল।

en·close [ইন্'ক্লৌজ্] *vt* ~ **(with)** ১ চতুর্দিকে বেড়া, দেয়াল ইত্যাদি দিয়ে ঘিরে ফেলা: They have ~ed the field with a wall. ২ খামের ভিতরে কিছু রাখা; সংগ্রথিত করা।

en·clos·ure [ইন্'ক্লৌজ়া(র্)] *n* ১ [U] বেড়া; দেয়াল; সীমানা। ২ [C] সংগ্রথিত কোনো কিছু (বিশেষ করে চিঠির সাথে)।

en·code [ইন্'কৌড্] *vt* সঙ্কেতে আবদ্ধ করা। দ্র. code *v*

en·co·mium [ইন্'কৌমিঅম্] *n* (সাধা. *pl)* (আনুষ্ঠা.) উচ্চ প্রশংসা।

en·compass [ইন্'কম্‌পাস্) *vt* চতুর্দিক ঘিরে ফেলা; বেষ্টন করা; আবৃত করা।

en·core ['অঙকো°(র্)] *int* আবার! আবার! □*vt.n* (কোনো সঙ্গীতশিল্পীকে) আবার পরিবেশন করতে অনুরোধ জানানো: The audience ~d the singer.

en·coun·ter [ইন্'কাউন্টা(র্)] *vt* বিপদের মুখোমুখি হওয়া; শত্রুর সামনে পড়া; অপ্রত্যাশিতভাবে (বন্ধুর) দেখা পাওয়া। □*n* [C] **~ (with)** অপ্রত্যাশিত সাক্ষাৎ (বিশেষ করে বিরোধীদের সাথে)।

en·cour·age [ইন্'কারিজ্] *vt* **~ sb in sth/to do sth** উৎসাহিত করা; সাহস দেওয়া; আশ্বস্ত করা: He will ~ him. **~·ment** *n* [U] উৎসাহ: Everybody needs ~.

en·croach [ইন্ 'ক্রৌচ্] *vi* **~ on/upon** অবৈধ অস্বাভাবিক অথবা অনভিপ্রেতভাবে অগ্রসর হওয়া; সীমালঙ্ঘন করা: The river is ~ing (up) on the land. **~·ment** *n* [C,U] সীমালঙ্ঘন; অবৈধপথে কোনো কিছু লাভ।

en·crust [ইন্'ক্রাস্ট্] *vt,vi* ~ **(with)** ১ কঠিন আবরণে আবৃত করা; সোনাদানা অথবা দামি সামগ্রীদ্বারা আবৃত করা। ২ কঠিন আবরণে পরিণত হওয়া।

en·cum·ber [ইন্'কাম্‌বা(র্) *vt* **~ (with)** ১ পথরোধ করা; ব্যাহত করা; ঋণগ্রস্ত হওয়া: a country ~ed with debts. ২ পূর্ণ হওয়া: a room ~ed with useless books. **en·cum·brance** [ইন্'কামব্রান্‌স্] *n* [C] বাধা; বোঝা; দায়।

en·cyc·li·cal [ইন্'সিক্‌লিক্‌ল্] *adj.n* ব্যাপক প্রচারের জন্য (পোপলিখিত পত্র)।

en·cy·clopedia (অপিচ -paedia) [ইন্‌সাইক্লা'পীডিআ] *n* বিশ্বকোষ; জ্ঞানকোষ। **en·cy·clo·pedic, -paedic** [ইন্‌সাইক্লা'পীডিক্] *adj* বিশ্বকোষ সম্পর্কিত; মহাজ্ঞানী।

end[1] [এন্‌ড্] *n* ১ প্রান্ত: the end of a street; the north end of a village. **begin/start at the wrong end** ভুলপথে। **get hold of the wrong end of the stick** সম্পূর্ণভাবে ভুল বোঝা; উদ্দিষ্ট অর্থ ধরতে না পেরে সম্পূর্ণ ভুল ধারণা পোষণ করা। **Keep one's 'end up (GB)** বিপদের মুখে লড়াকু মেজাজে এগিয়ে যাওয়া। **at a loose end** গুরুত্বপূর্ণ অথবা আনন্দজনক কিছু করার নেই এমন অবস্থা। **On end (ক)** খাড়া; **(খ)** বিরামহীন একটানা: three days on end. **end on** মুখোমুখি। **end to end** এ প্রান্ত থেকে ও প্রান্ত। **go(in) off the deep end** নিয়ন্ত্রণ না করে আবেগ প্রকাশ করা। **make (both) ends meet** আয় বুঝে ব্যয় করা। **(reach) the end of the line/road** (লাক্ষ.) চূড়ান্ত সীমায় পৌঁছে যাওয়া। ২ অবশেষ। **'end·papers** পুস্তানি; প্রচ্ছদের ভেতরের খালি কাগজ। ৩ সমাপ্তি; উপসংহার: the end of a lecture. **(be) at an end; at the end (of)** শেষ হওয়া; শেষ সীমায় উপনীত হওয়া। **come to an end** সমাপ্ত হওয়া। **come to a bad end** ধ্বংসের সীমায় উপনীত হওয়া।

draw to an end ধীরে ধীরে সমাপ্তির দিকে এগিয়ে যাওয়া। **make an end of sth; put an end to sth** সমাপ্তি টানা। **in the end** অবশেষে। **no end of** (কথ্য) অনেক। **without end** সমাপ্তিহীন। ৪ মৃত্যু: His glorious life came to an end. ৫ উদ্দেশ্য; লক্ষ্য: with this end in view. **The end justifies the means** (প্রবাদ) সদুদ্দেশ্যে ভুলপন্থাও অনুমোদনযোগ্য।

end[2] [এন্ড্] *vi,vt* সমাপ্ত হওয়া; শেষ করা: The story ends here. **end in sth** ভালোমন্দ কোনো পরিণতি লাভ করা: The five year plan ended in failure. **end (sth) off** শেষ করা। **end (sth) up** সমাপ্ত করা। **end-all** দ্র. be[3] (4). **end·ing** *n* [C] শব্দ অথবা কাহিনীর সমাপ্তি।

en·dan·ger [ইন্'ডেইনজা(র্)] *vt* বিপদে ফেলা; বিপন্ন করা।

en·dear [ইন্'ডিআ(র্)] *vt* ~ **sb/oneself to** নিজেকে প্রিয় (প্রিয়তর) করা। ~·**ing·ly** *adv*. ~·**ment** *n* [C,U] আদর; সোহাগ।

en·deav·our (US **-vor**) [ইন্'ডেভা(র্)] *n* [C] (আনুষ্ঠা.) প্রচেষ্টা: He became successful in his ~s. □*vt* (আনুষ্ঠা.) প্রচেষ্টা নেওয়া।

en·demic [এন্'ডেমিক্] *n,adj* কোনো দৈশিক; আঞ্চলিক বা পেশার সঙ্গে যুক্ত রোগবিশেষ।

en·dive ['এন্ডিভ্ US -ডাইভ্] *n* [C] সালাদে ব্যবহৃত পাতাবিশেষ।

end·less ['এনড্লিস্] *adj* অফুরন্ত; অশেষ। ~·**ly** *adv*

en·dorse [ইন্'ডো°স্] *vt* ১ দলিল অথবা চেক এর উল্টোপিঠে অনুমোদনসূচক সই করা; সত্যায়িত করা: I have ~d the document. ২ অনুমোদন করা; দাবি সমর্থন করা। ~·**ment** *n* [U] সত্যায়ন।

en·dow [ইন্'ডাঙ] *vt* ~ **(with)** ১ কোনো প্রতিষ্ঠানের নিয়মিত আয়ের জন্য টাকা বা সম্পত্তি দান করা। ২ (সাধা. passive) জন্মসূত্রে অধিকারী হওয়া। ~·**ment** *n* ১ [U] বৃত্তিদান। ~·**ment policy** *n* এক ধরনের জীবনবিমা যেখানে বিমাকৃত ব্যক্তিকে নির্দিষ্ট সময়ে নির্দিষ্ট অঙ্কের টাকা প্রদান করা হয়।

en·due [ইন্'ডিয়্যু US -'ডু] *vt* (প্রায়শ passive) **be ~d with** প্রাপ্ত হওয়া।

en·dur·ance [ইন্'ডিয়্যুআরান্স US -'ডুআ–] *n* [U] ধৈর্য; সহ্যক্ষমতা; সহিষ্ণুতা: His endurance was appreciated. **past/beyond ~** সহ্যের বাইরে; সহনাতীত। '~ **test** সহ্যক্ষমতার পরীক্ষা।

en·dure [ইন্'ডিয়্যুআ(র্) US -ডুআ(র্)] *vt,vi* ১ দুঃখকষ্ট ভোগ করা। ২ (প্রায়ই না–সূচক) সহ্য করা: He cannot ~ his wife. ৩ টিকে থাকা; স্থায়ী হওয়া। **en·dur·able** [-রাবল্] *adj* সহনীয়; টেকসই। **en·dur·ing** *adj* স্থায়ী। **en·dur·ingly** *adv*

end·ways ['এনড্ওয়েইজ্], **end·wise** [-ওয়াইজ্] *adv* দর্শকমুখী প্রান্ত করে; এক প্রান্ত থেকে অন্য প্রান্ত পর্যন্ত।

en·ema ['এনিমা] *n* মলদ্বারের ভেতর তরল পদার্থ ঢোকানো (এবং এ কাজে ব্যবহৃত সিরিন্জ)।

en·emy ['এনামি] *n (pl* -mies) ~ **(of/to)** ১ শত্রু: He is my ~. He is an ~ to vices. ২ **the ~** (যুদ্ধে) শত্রুপক্ষ। ৩ শত্রুসেনা; শত্রুপক্ষের লোক। ৪ ক্ষতিকারক যে কোনো কিছু: Idleness is his ~.

en·ergy ['এনাজি] *n* ১ [U] বল; ক্ষমতা; শৌর্যবীর্য। ২ *(pl* -gies) (ব্যক্তির ক্ষেত্রে) কর্মশক্তি। ৩ [U] (বিজ্ঞান) শক্তি।

en·er·getic [৷এনা'জেটিক্] *adj* কর্মশক্তি–সম্পন্ন; উদ্যমী। **en·er·geti·cally** [-ক্লি] *adv*

en·er·vate ['এনাভেইট্] *vt* শারীরিক ও মানসিকভাবে দুর্বল করা; স্নায়ুহীন করা: Most tropical countries have ~ing climate.

en famille [৷অন্ ফ্যা'মী] *adv* (ফ.) বাড়িতে; পরিবারের সান্নিধ্যে।

en·fant ter·rible [৷অনফন্ টে'রীবল্] *n* (ফ.) তরুণ অথবা নবাগত কোনো ব্যক্তি—যার ব্যবহার; চিন্তাচেতনা; প্রচলিত ধ্যান–ধারণায় বিশ্বাসী ব্যক্তিদের বিরক্ত করে অথবা অপ্রতিভ করে।

en·feeble [ইন্'ফীবল্] *vt* দুর্বল করা।

en·fold [ইন্'ফৌল্ড্] *vt* ~ **sb(in)** জড়িয়ে ধরা; আলিঙ্গনাবদ্ধ করা।

en·force [ইন্'ফো°স্] *vt* ১ ~ **(on/up)** অনুগত করা; কার্যকরী করা; আরোপ করা। ২ জোরদার করা: ~ argument. ~·**able** [-অবল্] *adj* বলপ্রয়োগ উপযোগী। ~·**ment** *n* কার্যকরীকরণ।

en·fran·chise [ইন্'ফ্র্যানচাইজ্] *vt* ১ ভোটাধিকার প্রদান করা। ২ (ক্রীতদাসদের) মুক্ত করে দেওয়া। ~·**ment** [ইন্'ফ্রানচিজ্‌মন্ট্] *n* নাগরিক অধিকারপ্রাপ্তি (যেমন ভোটাধিকার)।

en·gage [ইন্'গেইজ্] *vt,vi* ১ নিয়োগ করা: They have ~ed a servent. ২ শপথ বা চুক্তিদ্বারা আবদ্ধ হওয়া। ৩ ~ **in** অংশগ্রহণ করা; বিজড়িত থাকা: ~ in politics. ৪ **be ~d to/to marry** বাগ্‌দান করা: Karim is ~d to Rina. ৫ **be ~d (in)** ব্যস্ত থাকা; কোনো কাজে জড়িত থাকা: ~d in business. ৬ (সাধা. passive) আকর্ষণ করা: His attention was ~d by new things; আক্রমণ করা: He did not ~ his rivals. ৭ ~ **(with)** (যন্ত্রপাতির অংশবিশেষ) জুড়ে দেওয়া। **en·gag·ing** *adj* আকর্ষণীয়। **en·gag·ingly** *adv*

en·gage·ment [ইন্'গেইজ্‌মন্ট্] *n* [C] ১ (আনুষ্ঠা.) প্রকাশ্য অথবা লিখিত অঙ্গীকার। ২ বিয়ের চুক্তি; বাগ্‌দান। '~ **ring** বাগ্‌দান আংটি। ৩ নির্দিষ্ট সময়ে কোথাও যাওয়া অথবা কারো সাথে সাক্ষাতের চুক্তি। ৪ যুদ্ধ। ৫ [C,U] (যন্ত্রপাতি) জোড়া লাগানোর কাজ।

en·gen·der [ইন্'জেন্ডা(র্) *vt* (কোনো পরিস্থিতির) কারণ স্বরূপ হওয়া।

en·gine ['এন্জিন্] *n* ১ ইনজিন; যন্ত্রপাতি। '~**-driver** *n* (esp) রেলইনজিন–চালক। ২ (প্রা. প্র) যুদ্ধে ব্যবহৃত যে কোনো যন্ত্র।

en·gin·eer [৷এন্জিনিআ(র্)] *n* ১ প্রকৌশলী: a chemical ~. ২ সুদক্ষ এবং প্রশিক্ষিত ইনজিনচালক। ৩ সামরিক বাহিনীর ইনজিনিয়ারিং কোর–এর সদস্য। □*vt,vi* ১ প্রকৌশলীর কাজ করা। ২ (কথ্য) দক্ষতার সাথে করা।

en·gin·eer·ing [৷এন্জি'নিআরিং] *n* [U]. প্রকৌশল: civil ~.

English ['ইংলিশ্] *n* [U] ইংরেজি ভাষা। **in plain ~** সরল ইংরেজিতে। **The** ৷**Queen's/King's** '~ স্টান্ডার্ড; শিক্ষিত জনের ইংরেজি। □*adj* ১ ইংল্যান্ডের অধিবাসী; ইংরেজ। **the ~** *(pl)* ইংরেজ জাতি। **E~ breakfast** বেকন্, ডিম, টোস্ট, মার্মালেড চা অথবা কফির সমন্বয়ে ইংরেজদের সকালের নাস্তাবিশেষ। ২ ~·**man** [মন্] *(pl* -men) *n* ইংরেজ পুরুষ। ~·**woman** [-ওয়ুমন্] *(pl* -women) *n* ইংরেজ মহিলা।

en·graft [ইন্'গ্রাফ্ট্ US -'গ্র্যাফ্ট্] *vt* ~ **(into/ one/ upon)** গাছের কলম লাগানো। ~ **(in)** (লাক্ষ.) মনে গেঁথে দেওয়া।

en·grave [ইন্'গ্রেইভ্] *vt* ১ ~ **on/upon** খোদাই করা; মিনা করা: ~ a design. ২ ~ **with** খোদাইকৃত লেখা অথবা নকশাদ্বারা শোভিত করা। ৩ ~ **on/upon** (লাক্ষ.) মনে গভীর ছাপ ফেলা। **en·graver** *n* খোদাইকার। **en·grav·ing** [ইন্'গ্রেইভিং] *n* [U] খোদাই–কর্ম।

en·gross [ইন্'গ্রৌস্] *vt* ১ (সাধা. passive) সব সময়ে কাজে লেগে থাকা: ~ed in his work. ২ (আইন.) বড়ো করে লেখা অথবা আনুষ্ঠানিক রীতিতে লেখা।

en·gulf [ইন্'গাল্‌ফ্] *vt* গ্রাস করা (যেমন সাগরে): a ship ~ed by the sea.

en·hance [ইন্'হা:ন্‌স্ US -'হ্যান্‌স্] *vt* বাড়ানো; বৃদ্ধি করা (যেমন—মূল্য, আকর্ষণ, শক্তি ইত্যাদি)।

enigma [ই'নিগ্‌মা] *n* [C] বিভ্রান্তিকর প্রশ্ন, ব্যক্তি, জিনিস, পরিস্থিতি ইত্যাদি। **enig·matic** [এনিগ্'ম্যাটিক্] *adj* বিভ্রান্তিকর; হেঁয়ালিমূলক। **enig·matically** [–কলি] *adv*

en·join [ইন্'জইন্] *vt* ~ **(on sb)** আদেশ প্রদান করা; নির্দেশ দান করা।

en·joy [ইন্'জয়] *vt* ১ উপভোগ করা; আনন্দলাভ করা: I have ~ed the soup. ২ সুযোগ–সুবিধা অথবা কোনো কিছু লাভ করা: ~ good health. ৩ ~ **oneself** আনন্দের অভিজ্ঞতা সঞ্চয় করা। ~**·able** [–আব্‌ল্] *adj* আনন্দদায়ক। ~**·ably** [–আব্‌লি] *adv*

en·joy·ment [ইন্'জয়মান্ট্] *n* [U] আনন্দ: to live for ~.

en·kindle [ইন্'কিন্‌ড্‌ল্] *vt* প্রজ্বলিত করা; উত্তেজিত করা।

en·large [ইন্'লা:জ্] *vt,vi* ১ এনলার্জ করা; বড় করা: ~ a map. ২ ~ **on/upon** কথা অথবা লেখা বিস্তৃত করা: I want to ~ upon this matter. ~**·ment** বাড়ানোর কাজ।

en·lighten [ইন্'লাইট্‌ন্] *vt* ~ **(on)** জ্ঞান দান করা; অজ্ঞতা, ভুল বোঝাবুঝি অথবা মিথ্যা বিশ্বাসসমূহ দূর করা: He has ~ed me. ~**ed** *part adj* অজ্ঞতামুক্ত; সংস্কারমুক্ত; আলোকপ্রাপ্ত। ~**·ment** *n* [U] শিক্ষা; সংস্কৃতি; আলোকসম্পাত। **The E~ment** যুক্তি ও বিজ্ঞানের বিকাশের কাল (বিশেষ করে য়োরোপীয় ইতিহাসে অষ্টাদশ শতাব্দী)।

en·list [ইন্'লিস্ট্] *vt,vi* ১ তালিকাভুক্ত করা বা হওয়া; সামরিক বাহিনীর সদস্য হিসেবে যোগদান করা: ~ in the army. ২ ~ **(in/for)** পাওয়া; সমর্থন লাভ করা। ~**·ment** *n* [U] তালিকাভুক্তি।

en·liven [ইন্'লাইভ্‌ন্] *vt* প্রাণবন্ত করা।

en masse [অন্ 'ম্যাস্] *adv* (ফ.) একত্রে; সবাই মিলে।

en·mesh [ইন্'মেশ্] *vt* ~ **(in)** জালে ফেলা; বিজড়িত করা।

en·mity [এন্‌মাটি] *n* [U] শত্রুতা; [C] (*pl* -ties) প্রতিপক্ষতা বিশেষ বা ঘৃণার মনোভাব।

en·noble [ই'নৌব্‌ল্] *vt* ১ কাউকে অভিজাত বা সম্ভ্রান্ত শ্রেণীতে উন্নীত করা। ২ (লাক্ষ.) নৈতিকতাকে উন্নীত করা; মর্যাদাসম্পন্ন করা। ~**·ment** *n* নৈতিক মানোন্নয়ন।

en·nui [অন্'ওয়ী] *n* [U] (ফ.) মনের মতো কাজ না পাওয়ার কারণে মানসিক ক্লান্তি; বিষণ্ণতা; অবসাদ; নির্বেদ।

enor·mity [ই'নো°মাটি] *n* ১ [U] মহা অপরাধ। ২ বিশালতা; বিরাটত্ব: the ~ of the crisis.

enor·mous [ই'নো°মাস্] *adj* প্রচুর। ~**·ly** *adv* প্রচুরভাবে। ~**·ness** *n* প্রাচুর্য।

enough [ই'নাফ্] *adj,n* যথেষ্ট: ~ money. ~ **(of the/ this/ that/ his etc** + noun) **(for sb/to do sth)**: Is this ~ for you? ~ **is as good as a feast** প্রয়োজনীয় খাবার পেয়ে আনন্দিত। **more than** ~ পর্যাপ্ত পরিমাণ □*adv* of degree (*adjj,advv* এবং *pp* –এরপরে বসে; noun এর পরে বসে *adj* হিসাবে ব্যবহৃত হয়)। ১ প্রয়োজন অনুসারে; যথেষ্টভাবে: boiled ~. He knows well ~. ২ আরো ভালো/বেশি হতে পারত এ রকম ভাব প্রকাশক।

en·plane [এন্'প্লেইন্] *vi,vt* দ্র. emplane.

en·quire, en·quiry [ইন্'কোয়াইআ(র্), ইন্'কোয়াইআরি] *v,n* =inquire, inquiry.

en·rage [ইন্'রেইজ্] *vt* রাগানো; ক্রুদ্ধ করা।

en·rap·ture [ইন্'র্যাপ্‌চা(র্)] *vt* পরমানন্দিত করা।

en·rich [ইন্'রিচ্] *vt* ~ **(with)** ধনী করা; সমৃদ্ধ করা; মানোন্নয়ন করা; উর্বর করা: ~ mind (with knowledge); ~ed with fertiliser. ~**·ment** *n* মানোন্নয়ন; উন্নতিসাধন।

en·roll, en·rol [ইন্'রৌল্] *vt,vi* ~ **(in)** (ছাত্র, ক্লাব–সদস্য প্রমুখদের) তালিকাভুক্ত করে নেওয়া: to ~ students. ~**·ment** তালিকাভুক্তি; তালিকা।

en route [অন্'রূট্] *adv* ~ **(from/to)** পথে; পথিমধ্যে: He will stop at London ~ to New York.

en·sconce [ইন্'স্কন্‌স্] *vt* ~ **oneself in** (নিরাপদ, গোপন, আরামদায়ক স্থানে) নিজেকে প্রতিষ্ঠিত করা।

en·semble [অন্'সম্‌ব্‌ল্] *n* [C] (ফ.) ১ কোনো কিছু সামগ্রিক দৃষ্টিতে দেখা। ২ (সঙ্গীত) সঙ্গীতের যে অংশ বাদকদল একসাথে বাজিয়ে থাকেন; একই গ্রুপের বাদকদল। ৩ (বাণিজ্যিক) মহিলাদের ম্যাচ করা পোশাক।

en·shrine [ইন্'শ্রাইন্] *vt* ~ **(in)** (আনুষ্ঠা.) পবিত্রস্থানে রাখা (যেমন মন্দির–মসজিদ); সংরক্ষিত; সন্নিবেশিত।

en·shroud [ইন্'শ্রাউড্] *vt* সম্পূর্ণরূপে ঢেকে ফেলা।

en·sign [এন্‌সান্] *n* ১ (নৌ.) পতাকা অথবা ব্যানার: red ~, ব্রিটিশ বাণিজ্য–পোতে ব্যবহৃত পতাকা। ২ (US) নৌবাহিনীর সর্বনিম্ন কমিশনপ্রাপ্ত অফিসার।

en·slave [ইন্ 'স্লেইভ্] *vt* ক্রীতদাসে পরিণত করা। ~**·ment** *n* দাসত্ব।

en·snare [ইন্'স্নেআ(র্)] *vt* ~ **(in)** ফাঁদে ফেলা।

en·sue [ইন্'সিউ US -'সূ] *vi* ~ **(from)** পরবর্তী ঘটনা; ঘটনার জের। **ensuing** *adj* আসন্ন।

en suite [অন্' সওয়ীট্] *adv* phrase (ফ.) এক ইউনিটভুক্ত: bathroom ~.

en·sure (US = **in·sure**) [ইন্'শুআ(র্)] *vt,vi* ১ নিশ্চিত করা। ২ ~ **(sb) against sth** নিরাপদ করা। ৩ আশ্বস্ত করা: ~ a post.

en·tail [ইন্'টেইল্] *vt* ~ **(on)** ১ (ব্যয়ভার) চাপিয়ে দেওয়া। ২ (আইন) উত্তরাধিকারীদের এমনভাবে সম্পত্তি হস্তান্তরের ব্যবস্থা করা, উত্তরাধিকারীরা যাতে সে সম্পত্তি বিক্রি অথবা হস্তান্তর করতে না পারে।

en·tangle [ইন্'ট্যাঙ্গ্‌ল্] *vt* ~ **(in)** ১ জড়িয়ে পড়া; জট পাকানো: The bird ~d itself into the net. ২ (লাক্ষ.) ঝামেলায় জড়িয়ে পড়া।

en·tente [অন্'টন্ট্] *n* [C] (ফ.) আঁতাত; (কয়েকটি দেশের মধ্যে) বন্ধুত্বপূর্ণ সমঝোতা।

en·ter [এন্‌টা(র্)] *vt,vi* ১ আসা অথবা ভেতরে প্রবেশ করা। ২ সদস্য হওয়া; যোগদান করা। ৩ ~ **into sth (with sb)** শুরু করা: ~ into business with a firm. ~ **into sth** (ক) আলোচনা শুরু করা। (খ) সহানুভূতিশীল হওয়া; বুঝতে সক্ষম হওয়া ও প্রশংসা করা। (গ) কোনো কিছুর অংশভুক্ত হওয়া। ৪ ~ **on/upon** (ক) অধিকার লাভ করা; উপভোগ করতে শুরু করা। ৫ ~ **in/up** নথিভুক্ত করা। ৬ ~ **for; ~ sb for** প্রতিযোগিতায় অংশগ্রহণের উদ্দেশ্যে কারো নাম প্রদান করা: ~ for the swimming.

en·teric [এন্‌'টেরিক্] *adj* অন্ত্রসম্বন্ধীয়; টাইফয়েড। **en·ter·itis** [এন্‌টা'রাইটিস্] *n* [U] অন্ত্রপ্রদাহ।

en·ter·prise [এন্‌টপ্রাইজ্] *n* [C] ১ সাহসী উদ্যোগ। ২ কোনো উদ্যোগ গ্রহণ করবার সাহস ও ইচ্ছে: We must appreciate his ~. ৩ [U] শিল্পোদ্যোগ: private ~. দ্র free[1] (3); private(1). **ent·er·pris·ing** *adj* উদ্যোগী। **en·ter·pris·ing·ly** *adv* পূর্ণোদ্যমে।

en·ter·tain [এন্‌টা'টেইন্] *vt* ১ ~ **(to)** আদরে গ্রহণ করা; আপ্যায়ন করা: He is ready to ~. ২ ~ **(with)** চিত্তবিনোদন করা; আনন্দ দান করা: The juggler ~ed the audience with his tricks. ৩ বিবেচনা করতে প্রস্তুত। ~**·ing** *adj* আমোদজনক। ~**·ing·ly** *adv*. ~**·ment** *n* আমোদপ্রমোদ। ~**er** *n* পেশাদার আনন্দদানকারী।

en·thral (US **en·thrall**) [ইন্‌'থ্রো°ল্] *vt* বিমুগ্ধ করা: Runa ~ed the audience by her songs. ২ ক্রীতদাসে পরিণত করা (লাক্ষ.): ~ed by a leader's speech.

en·throne [ইন্‌'থ্রৌন্] *vt* সিংহাসনে বসানো; (লাক্ষ.) স্নেহ ভালোবাসায় উচ্চ আসনে অধিষ্ঠিত করা। ~**·ment** *n* রাজ্যাভিষেক।

en·thuse [ইন্‌'থ্যিউজ্ US -যূজ্] *vi* ~ **over** (কথ্য) উৎসাহ দেখানো।

en·thusi·asm [ইন্‌থ্যিউজিঅ্যাজাম US -'থূ] *n* [U] ~ **for/about** প্রবল উৎসাহ।

en·thusi·ast [ইন্‌থ্যিউজিঅ্যাস্ট্, US -'থূ-] *n* ~ **(for/about)** উৎসাহী ব্যক্তি: an ~ about literature.

en·thusi·astic [ইন্‌থ্যিউজি'অ্যাস্টিক্ US -থূ-] *adj* ~ **(about/over)** অত্যুৎসাহী। **en·thusi·asti·cally** [-কলি] *adv* প্রবল উৎসাহে।

en·tice [ইন্‌'টাইস্] *vt* প্ররোচিত করা অথবা রাজি করানো: He ~d her to elope with him. ~**·ment** *n* [U] প্ররোচনা; প্রলোভন।

en·tire [ইন্‌'টাইআ(র্)] *adj* সম্পূর্ণ; পুরো; অখণ্ড: The ~ area was hit by cyclone. ~**·ly** *adv* সম্পূর্ণরূপে; পুরাপুরি। ~**ty** [ইন্‌'টাইআরাটি] *n* সম্পূর্ণতা; অখণ্ডতা।

en·title [ইন্‌'টাইট্‌ল্] *vt* ১ **be ~d** শিরোনামে: a book ~d Hamlet. ২ ~ **sb to sth/to do sth** (সাধা. passive) অধিকার প্রদান করা: He was ~ to do the work. ~**·ment** *n* অধিকার।

en·tity [এন্‌টাটি] *n* (pl -ties) ১ সত্যিকার অস্তিত্ব আছে এমন কিছু (গুণাবলী জাতীয় কিছু নয়)। ২ অস্তিত্ব; স্বতন্ত্র সত্তা।

en·tomb [ইন্‌টূম্] *vt* সমাধিস্থ করা।

ento·mol·ogy [৷এন্‌টা'মলাজি] *n* [U] পতঙ্গতত্ত্ব; কীটতত্ত্ব। **en·tomol·ogist** *n* পতঙ্গবিশারদ। **en·to·mo·logi·cal** [৷এন্‌টামলজিক্‌ল্] *adj* পতঙ্গসম্পর্কিত।

en·tour·age [৷অন্‌টুরা:জ্] *n* উচ্চপর্যায়ের সফরসঙ্গী; সহচর: The Prime Minister and his ~.

en·trails [এন্‌ট্রেইল্‌জ্] *n* অন্ত্র; নাড়িভুঁড়ি।

en·trance[1] [এন্‌ট্রান্স্] *n* ১ [C] প্রবেশদ্বার: The ~ to the auditorium. ২ [C,U] প্রবেশ; অভিনেতার মঞ্চে প্রবেশ: The actor does not know the ~s and exits. ৩ প্রবেশাধিকার। '~**-money** প্রবেশমূল্য।

en·trance[2] [ইন্‌'ট্রা:ন্স্ US -ট্র্যান্স্] *vt* ~ **(at, with)** (সাধা. passive) আবেগাপ্লুত করা; অভিভূত করা: ~d with the performance.

en·trant ['এন্‌ট্রান্ট্] *n* প্রবেশকারী; পেশায় নতুন যোগদানকারী; প্রতিযোগী।

en·trap [ইন্‌'ট্র্যাপ্] *vt* (=trap) ফাঁদে ফেলা।

en·treat [ইন্‌'ট্রীট্] *vt* ~ **(of)** (আনুষ্ঠা.) অনুনয়বিনয় করা; সনির্বন্ধ অনুরোধ জানানো। ~**·ing·ly** *adv* সবিনয়।

en·treaty [ইন্ 'ট্রীটি] *n* (pl -ies) [C,U] সনির্বন্ধ অনুরোধ।

en·trée ['অন্‌ট্রেই] *n* (ফ.) ১ [U] প্রবেশাধিকার। ২ [C] মাছ এবং মাংসের মাঝখানে পরিবেশিত ব্যঞ্জন।

en·trench [ইন্‌'ট্রেন্‌চ্] *vt* ১ ট্রেঞ্চ খনন করে রক্ষা করা। ২ দৃঢ়ভাবে স্থাপন করা।

entre·pot ['অন্‌ট্রাপৌ] *n* (ফ.) গুদামঘর; আমদানি-রপ্তানি মালামাল সংগ্রহ ও বিতরণের সওদাগরি আড়ত।

entre·pre·neur [৷অন্‌ট্রাপ্রা'না(র্)] *n* উদ্যোক্তা; শিল্প/বাণিজ্য সংগঠক। ~**·ial** [-না'রিঅল্] *adj*

en·trust [ইন্‌'ট্রাস্ট্] *vt* ~ **sth to sb, ~ sb with sth** বিশ্বাস স্থাপন করা।

en·try ['এন্‌ট্রি] *n* [C] (pl -tries) ১ প্রবেশ; শুভাগমন: ~ visa, প্রবেশ-ভিসা। ২ [C,U] প্রবেশ-পথ; প্রবেশাধিকার: No ~. ৩ অন্তর্ভুক্তি: dictionary entries, bill of ~. দ্র. bill[3] (খ). ৪ প্রতিযোগী তালিকা।

en·twine [ইন্ 'টোয়াইন্] *vt* ~ **(with/round)** পাকানো; বাঁকানো।

enu·mer·ate [ই'নিয়্যুমারেইট্ US ই'নূ] *vt* গণনা করা; এক এক করে নামোল্লেখ করা। **enu·mer·ation** [ই৷নিয়্যুমা'রেইশ্‌ন্ US ই৷নূ-] *n* [U] গণনা; [C] তালিকা।

enun·ci·ate [ই'নান্‌সিএইট্] *vt,vi* ১ উচ্চারণ করা। ২ সুস্পষ্টভাবে কোনো তত্ত্ব ব্যাখ্যা করা। **enun·ci·ation** [ই৷নান্‌সি'এইশ্‌ন্] *n*

en·velop [ইন্‌'ভেলাপ্] *vt* ~ **(in)** ঢেকে ফেলা; আবৃত করা। ~**·ment** *n*

en·vel·ope ['এন্‌ভালৌপ্] *n* খাম; লেফাফা; বেলুন-কভার।

en·venom [ইন্‌'ভেনাম্] *vt* বিষপ্রয়োগ করা; অস্ত্রে বিষ মাখানো; (লাক্ষ.) ঘৃণায় বিষিয়ে তোলা।

en·vi·able ['এন্‌ভিঅব্‌ল্] *adj* ঈর্ষণীয়: an ~ performance.

en·vi·ous ['এন্‌ভিআস্] *adj* ~ **(of)** হিংসুক; পরশ্রীকাতর। ~**·ly** *adv*

en·viron·ment [ইন্‌'ভাইআরান্‌মান্ট্] *n* [U,C] চতুর্পার্শ্ব; পরিবেশ: We should appreciate the ~ of our locality. **Department of the E~** (GB) ভূমি-পরিকল্পনা, শিল্প-নির্মাণ, যাতায়াত, জনসম্পদ, দূষণ ইত্যাদি দায়িত্বে নিয়োজিত সরকারি দফতর। ~**al** [ইন্৷ভাইআরান্'মেন্টল্] *adj* পারিপার্শ্বিক; পরিবেশ সম্পর্কিত। ~**·ally** [-টলি] *adv*. ~**·al·ist** [-টালিস্ট্] *n* পরিবেশ-উন্নয়নে উৎসাহী ব্যক্তি।

en·virons [ইন্‌'ভাইঅরান্‌জ্‌] *n* কোনো শহরের চারদিকের জেলাসমূহ: Dhaka and its ~.
en·vis·age [ইন্‌'ভিজিজ্‌] *vt* মনে মনে ছবি আঁকা।
en·voy[1] [এন্‌ভই] *n* বিশেষ বার্তাবহ; রাষ্ট্রদূতের পরবর্তী পদমর্যাদার কূটনীতিক।
en·voy[2] (অপিচ **envoi**) [এন্‌ভই] *n* [C] পুরনো দিনের কবিতার শেষ স্তবক।
envy[1] ['এন্‌ভি] [U] ১ **~ at sth/of sb** ঈর্ষা; পরশ্রীকাতরতা: He is full of ~. ২ ঈর্ষাবস্তু।
envy[2] [এন্‌ভি] *vt* (pt, pp -vied) হিংসা করা: I ~ you.
en·wrap [ইন্‌'র‍্যাপ্‌] *vt* (-pp-) = wrap (বেশি প্রচলিত)।
en·zyme [এন্‌জাইম্‌] *n* [C] জীবন্ত প্রাণীর দেহকোষে উৎপন্ন জৈবরাসায়নিক পদার্থবিশেষ, যা নিজে পরিবর্তিত না হয়ে অন্য পদার্থের পরিবর্তন সাধন করে।
eon ['ঈঅন্‌] *n* = aeon.
ep·aulet (অপিচ **ep·aul·ette**) [এপালেট্‌] *n* নৌ অথবা স্থলবাহিনীর অফিসারের ইউনিফর্মের কাঁধের অলঙ্করণ।
épée ['এইপেই] *n* (ফ.) তলোয়ার-যুদ্ধে ব্যবহৃত তীক্ষ্ণধারসম্পন্ন তলোয়ার।
ephem·er·al [ইফেমারাল্‌] *adj* স্বল্পজীবী; স্বল্পস্থায়ী।
epic [এপিক্‌] *n* মহাকাব্য: Ramayan is the famous ~ of India. □*adj* (কথ্য) মহাকাব্যিক: an ~ achievement.
epi·centre (US = **-center**) [এপিসেন্টা(র্‌)] *n* ভূকম্পন বিন্দু—যে বিন্দুতে কোনো ভূকম্পন পৃথিবীর উপরিভাগ স্পর্শ করে।
epi·cure [এপিকিয়ুঅ(র্‌)] *n* পান-ভোজনরসিক।
epi·cur·ean [এপিকিউরীঅন্‌] *n,adj* (ব্যক্তির ক্ষেত্রে) ইন্দ্রিয়বিলাসী; ভোগবাদী তত্ত্ব বা মত (গ্রিক দার্শনিক এপিকিউরাস প্রবর্তিত)।
epi·demic [এপি'ডেমিক্‌] *n,adj* (রোগের ক্ষেত্রে) মহামারী; মহামারী সংক্রান্ত।
epi·der·mis [এপিডার্মিস্‌] *n* [U] চামড়া বা ত্বকের বাইরের দিক।
epi·dia·scope [এপিডায়াস্‌কোপ্‌] স্বচ্ছ-অনচ্ছ পদার্থ পর্দায় প্রতিফলিত করে দৃষ্টিগ্রাহ্য করবার জন্য ব্যবহৃত আলোক যন্ত্রবিশেষ।
epi·glot·tis [এপিগ্লটিস্‌] *n* আলজিভ।
epi·gram ['এপিগ্র্যাম্‌] *n* শ্লেষসমৃদ্ধ ক্ষুদ্র কৌতুক-কবিতা। **~·matic** [এপিগ্রা'ম্যাটিক্‌] *adj* বুদ্ধিদীপ্ত; (ব্যক্তির ক্ষেত্রে) শ্লেষ-প্রিয়।
epi·lepsy [এপিলেপ্‌সি] *n* [U] স্নায়ু রোগ বিশেষ—যে রোগে কোনো ব্যক্তি অচেতন হয়ে পড়ে; মৃগী রোগ; সন্ন্যাস রোগ। **epi·lep·tic** [এপি'লেপ্‌টিক্‌] *adj* স্নায়ুরোগ সংক্রান্ত। □*n* স্নায়ুরোগী; মৃগীরোগী।
epi·logue (US = **-log**) ['এপিলগ্‌, US = -লো°গ্‌] *n* সাহিত্য-কর্মের সমাপ্তি অংশ; নাটক-শেষে দর্শকের উদ্দেশ্যে অভিনেতার বিশেষ সংলাপ।
epiph·any [ই'পিফ়ানি] *n* বেথেলহেমে যিশুখ্রিস্টের কাছে Magi [মেইজাই]-র আগমন দিবস; ১২ই জানুয়ারি।
epis·co·pal [ই'পিস্‌কাপ্‌ল্‌] *adj* বিশপ-শাসিত; বিশপ-সংক্রান্ত। **epis·co·pa·lian** [ইপিস্‌কা'পেইলিঅন্‌] *n,adj* বিশপ-শাসিত গির্জার সদস্য; গির্জা-সংক্রান্ত।
epi·sode [এপিসৌড্‌] *n* [C] কোনো সুদীর্ঘ কাহিনীর অন্তর্গত উপাখ্যান। **epi·sodic** [এপি'সডিক্‌] *adj* কাহিনীমূলক।
epistle [ইপিস্‌ল্‌] *n* (প্রা.প্র.) পত্র। **the E~s** এপোসল লিখিত নিউ টেস্টামেন্টের অন্তর্ভুক্ত পত্রাবলী। **epis·tol·ary** (ই'পিসটালারি, US -লেরি) *adj* পত্র অথবা পত্রের বক্তব্য সংক্রান্ত।
epi·taph [এপিটা:ফ্‌, US -ট্যাফ্‌] *n* [C] এপিটাফ; সমাধিলিপি।
epi·thet [এপিথেট্‌] *n* কোনো চরিত্রের গুণাবলীসূচক বিশেষণ অথবা বর্ণনা, যেমন—Akbar the great.
epit·ome [ই'পিটামি] *n* সার-সংক্ষেপ; গুণাবলীর প্রতীক: The ~ of a selfless beader. **epit·om·ize** [ই'পিটমাইজ্‌] *vt* প্রতীক হওয়া; প্রতিনিধিত্ব করা: He ~s a constant friend.
ep·och ['ঈপক্‌ US 'এপাক্‌] *n* ইতিহাসের ঘটনাবহুল অথবা বৈশিষ্ট্যসূচক সময়। **'~-making** নবযুগের সূচনাকারী: an ~-making creation.
Ep·som salts [এপ্‌সাম্‌ 'সো°ল্টস্‌] *pl* পেট খালি করাবার উদ্দেশ্যে ডাক্তারদের দ্বারা ব্যবহৃত ম্যাগনেসিয়াম সালফেটের যৌগবিশেষ।
equable [একওয়াবল্‌] *adj* অপরিবর্তনীয়। **equably** [এক্‌ওয়াবলি] *adv* ধীরস্থিরভাবে।
equal ['ঈক্‌ওয়াল্‌] *adj* ১ সমমাপের; সমসংখ্যক; সমপরিমাণের। ২ **~ to sth/to doing sth** সমান যোগ্যতাসম্পন্ন। □*n* সমান যোগ্যতা সম্পন্নব্যক্তি: He is not ~ to me. □*vt* (-ll-, US অপিচ -l-). He will never ~ me. **~ly** ['ঈক্‌ওয়ালি] *adv* সমানভাবে: ~ly intelligent. **~·ity** [ই'কোয়লাটি] *n* [U] সমযোগ্যতা: on terms of ~ (with). **~i·tarian** [-ই্‌কোয়লি'টেঅরিঅন্‌] *n* = egalitarian; সমতাবাদী। **~·ize** ['ঈকোয়ালাইজ্‌] *vt* সমান করা। **~·iz·ation** [ঈকোয়ালাই'জেইশন্‌ US -লিজে-] *n* সমতা।
equa·nim·ity [একওয়া'নিমাটি] *n* [U] মন-মেজাজের প্রশান্তি।
equate [ই'কোয়েইট্‌] *vt* **~ (with)** সমান বিবেচনা করা।
equa·tion [ই'কোয়েইজ্‌ন্‌] *n* ১ (গণিতে) [C] সমীকরণ। ২ [U] **~ (with)** সমান করা অথবা ভারসাম্য স্থাপনের প্রক্রিয়া (যেমন, চাহিদা ও সরবরাহের ক্ষেত্রে)।
equa·tor [ই'কোয়েইটা(র্‌)] *n* বিষুবরেখা। **~·ial** [একওয়া'টো°রিঅল্‌] *adj* বিষুবরেখা সংক্রান্ত অথবা বিষুবরেখা সংলগ্ন।
equerry [ই'কোয়েরি] *n* (*pl* -rries) সভাসদ; রাজপরিবারের কোনো সদস্যের সহচর; রাজকর্মচারী।
eques·trian [ই'কোয়েসট্রিঅন্‌] *adj* অশ্বারোহণ-সংক্রান্ত। □*n* চতুর অশ্বারোহী।
equi·dis·tant [ঈক্‌ওই'ডিস্টান্ট্‌] *adj* **~ (from)** সমদূরত্ব দ্বারা বিচ্ছিন্ন।
equi·lat·eral [ঈক্‌ওয়ি'ল্যাটারাল্‌] *adj* সমপার্শ্ববিশিষ্ট; সমভুজ।
equi·lib·rium [ঈক্‌ওয়ি'লিব্রিঅম্‌] *n* [U] ভারসাম্য।
equine [একওয়াইন্‌] *adj* (আনুষ্ঠা.) অশ্বসংক্রান্ত; অশ্বতুল্য।
equi·noc·tial [ঈক্‌ওয়িনক্‌শ্‌ল্‌] *adj* সূর্যের বিষুবরেখা অতিক্রমের সময়-সংক্রান্ত।
equi·nox [ঈক্‌ওয়িনক্‌স্‌] *n* সূর্যের বিষুবরেখা অতিক্রমের কাল—এসময় দিন-রাত্রি সমান হয়।
equip [ই'কোয়িপ্‌] *vt* (-pp-) **~ (with)** সজ্জিত করা; প্রস্তুত করা: ~ soldiers with arms. **~·ment** *n* ১ সজ্জা; প্রস্তুতি। ২ (collective noun) যন্ত্রপাতি।

equi·poise [ˈএক্ওয়িপইজ়্] *n* [U] ভারসাম্য; ভারসাম্যস্থাপনকারী বস্তু।
equi·table [এক্ওয়িটাবল্] *adj* ন্যায়সঙ্গত। **equi·tably** [-ব্লি] *adv* ন্যায়সঙ্গত পন্থায়।
equity [এক্ওয়াটি] *n* ১ [U] ন্যায়পরায়ণতা; ব্রিটিশ আইনের ভুল-সংশোধনের নীতিমালাবিশেষ। ২ (প্রায়ই *pl*) (-ties) স্থায়ী সুদ নেই এমন স্টক-শেয়ার।
equiv·al·ent [ইকোয়িভ়ালন্ট্] *adj* **~ (to)** সমমূল্যের; সমার্থক। ☐*n* সমার্থক বস্তু: ~ word. **equiv·al·ence** [-লান্স্] *n* [U] সমার্থকতা; সমমূল্যতা।
equivo·cal [ইকোয়িভ়িক্‌ল্] *adj* ১ দ্ব্যর্থবোধক। ২ সন্দেহজনক। **equivo·ca·tion** [ইˌকোয়িভ়াকেইশ্‌ন্] *n* কথার দুটি অর্থ হয় এমন ভাব; বাকচাতুরী।
era [ইআরা] *n* [C] যুগ: the Mughal era.
eradi·cate [ইˈর‍্যাডিকেইট্] *vt* সমূলে উৎপাটন করা; সমাপ্তি টানা; মুক্তিলাভ করা। **eradi·ca·tion** [ইর‍্যাডিˈকেইশ্‌ন্] *n* মূলোৎপাটন; রোগ-নিবারণ।
erase [ইরেইজ় US ইˈরেইস্] *vt* মুছে ফেলা; নিশ্চিহ্ন করে দেওয়া। **~r** [ইরেইজ়া(র্) US -সার্] *n* ইরেজার। **eras·ure** [ইরেইজ়া(র্)] *n* [U] যে স্থান থেকে কিছু ঘষে তুলে ফেলা হয়েছে।
er·bium [আর্বিআম্] *n* [U] কোনো কোনো খাদ-এ ব্যবহৃত নরম ধাতব উপাদান।
ere [এআ(র্)] *adv,prep* (প্রা. প্র. অথবা কবিতায়) আগে (before)।
erect[1] [ইরেক্ট্] *adj* খাড়া; সিধা। **~·ly** *adv* খাড়াভাবে। **~·ness** *n* খাড়াভাব; ঋজুতা।
erect[2] [ইˈরেক্ট্] *vt* ১ নির্মাণ করা; স্থাপন করা; প্রতিষ্ঠা করা: ~ a building. ২ খাড়াভাবে স্থাপন করা। **erec·tile** [ইরেক্টাইল্, US -ট্‌ল্] *adj* (শারীর.) শিরার প্রসারণ রোধ করে অনমনীয় হতে সক্ষম। **erec·tion** *n* ১ [U] উত্তোলন; (শারীর.) পুরুষের লিঙ্গোত্থান। ২ নির্মাণ।
erg [আগ্] *n* মেট্রিক পদ্ধতিতে শক্তির একক।
ergo [আগৌ] *adv* (লা.) অতএব।
ergo·nom·ics [ˌআগাˈনমিক্স্] *n pl* ১ (*sing v* সহ) শ্রমিকের কর্মদক্ষতা ও পরিবেশ সংক্রান্ত বিদ্যা।
ermine [অ্যামিন্] *n* প্রাণীবিশেষ, যাদের লোম গ্রীষ্মে বাদামি এবং শীতে সাদা হয়ে যায়। ২ [U] এ ধরনের প্রাণীর লোম; এ লোম থেকে তৈরি পোশাক।
erode [ইˈরৌড্] *vt* ধীরে ধীরে ক্ষয় করা; খেয়ে ফেলা। **ero·sion** [ইরৌজন্] *n* [U] ক্ষয়সাধন; ক্ষয়: soil erosion. **ero·sive** [ইরৌসিভ়্] *adv* ক্ষয়শীল; ক্ষয়িষ্ণু।
erogen·ous [ইরজানাস্] *adj* (কেবলমাত্র) : ˌ~ ˈzone কামোত্তেজক অঙ্গ।
erotic [ইরটিক্] *adj* যৌন-কামনা উদ্রেককারী। **erot·ica** [ইˈরটিকা] *n pl* যৌনকামনা উদ্রেককারী স্থূলরুচির চিত্র; গ্রন্থ। **eroti·cism** [ইরটিসিজ়াম্] *n* [U] যৌন-কামনা।
err [আ(র্), US এআর্] *vi* (আনুষ্ঠা.) ভুল করা: To ~ is human.
er·rand [এরান্ড্] *n* ১ কোনো কিছু গ্রহণ অথবা পাওয়ার জন্য সংক্ষিপ্ত ভ্রমণ। ২ এ জাতীয় ভ্রমণের উদ্দেশ্য। **fool's ~** উদ্দেশ্যহীন ভ্রমণ; নিরর্থক কাজ।
er·rant [এরান্ট্] *adj* ভ্রান্ত; বিপথগামী: an ~ wife.
er·ratic [ইর‍্যাটিক্] *adj* ১ (ব্যক্তি অথবা তার আচরণের ক্ষেত্রে) স্থূল; কথাবার্তায় অসাবধানী। ২ (বস্তুর ক্ষেত্রে) অনিয়মিত (যেমন—ঘড়ি); অনিশ্চিত গতিসম্পন্ন। **er·raticaly** [-ক্‌লি] *adv*
er·ratum [এˈরা:টাম্] *n* (pl -ta [-টা] (লা.) লেখা অথবা ছাপার ভুল: an errata list.
er·ron·eous [ইরৌনিআস্] *adj* অশুদ্ধ; ভ্রান্ত। **~·ly** *adv*
er·ror [এরা(র্)] *n* ১ [C] ভুল; ভ্রম। ২ ভুল ধারণা।
er·satz [ˈএআজ়্যাট্স্ US এআজ়া:ট্স্] *adj* (জ.) অনুকরণ; বদলি; নকল (বিশেষত নিম্নমানের)।
eru·dite [এরূডাইট্] *adj* (আনুষ্ঠা.) পাণ্ডিত্যপূর্ণ। **~·ly** *adv* . **eru·di·tion** [এরূডিশ্‌ন্] *n* [U] বিদ্যা।
erupt [ইˈরাপ্ট্] *vi* (অগ্নিগিরির ক্ষেত্রে) লাভা নির্গত হওয়া। **erup·tion** (ইˈরাপ্‌শ্‌ন্] *n* [C,U] অগ্ন্যুৎপাত (লাক্ষ.) যুদ্ধ, মড়ক ইত্যাদির হঠাৎ প্রাদুর্ভাব।
ery·sip·elas [ˌএরিˈসিপিলাস্] *n* [U] বিসর্প রোগ; জ্বর ও প্রদাহ হয় এ রকম চর্মরোগবিশেষ।
es·ca·late [এস্‌কালেইট্] *vt,vi* ধাপে ধাপে বৃদ্ধি পাওয়া; তীব্রতর হওয়া।
es·ca·la·tor [ˈএস্‌কালেইটা(র্)] *n* এসকালেটর; ওঠানামার জন্য গতিশীল সিঁড়ি।
es·ca·lope [এস্‌কালৌপ্] *n* মাংসের হাড়বিহীন টুকরা (বিশেষ করে বাচ্চা গরুর)।
es·ca·pade [ˌএস্‌কাˈপেইড্] *n* [C] ঝুঁকিপূর্ণ দুঃসাহসিক কাজ; গুজব সৃষ্টিকারী উচ্ছৃঙ্খল আচরণ।
es·cape[1] [ইস্কেইপ্] *n* ১ [C,U] পলায়ন। ˈ~ **velocity** কোনো মহাশূন্যযানের মাধ্যাকর্ষণক্ষেত্র অতিক্রমি গতি। ২ [C] পলায়নের উপায়। ৩ (এমন কিছু) যা কঠিন বাস্তব থেকে মন ফেরাতে সহায়তা করে (যেমন—গান, পড়া-শোনা ইত্যাদি)। **es·cap·ism** [-ইজ়াম্] *n* [U] পলায়নবাদ। **es·cap·ist** [-ইস্ট্] *n* পলায়নী প্রবৃত্তিসম্পন্ন: (attrib) escapist literature.
es·cape[2] [ইস্কেইপ্] *vi,vt* ১ **~ (from)** মুক্তি পাওয়া; পালিয়ে যাওয়া, বাষ্প ইত্যাদি বেরিয়ে যাওয়া। ২ এড়িয়ে যাওয়া; নিরাপদ দূরত্বে রাখা: He tried to ~ punishment. ৩ বিস্মৃত হওয়া অথবা নজরে না পড়া: His address ~ me on that occassion.
es·carp·ment [ইˈস্কা:প্‌মন্ট্] *n* দুটি ভিন্ন উচ্চতার এলাকাকে বিচ্ছিন্নকারী পাহাড়; পাহাড়ের ঢাল।
es·cha·tol·ogy [ˌএস্‌কাˈটলজি] *n* [U] পরলোকতত্ত্ব; শেষ বিচার; বেহেশ্‌ত-দোজখ নিয়ে ধর্মতত্ত্বের যে শাখা আলোচনা হয়।
es·chew [ইস্ˈচু] *vt* (আনুষ্ঠা.) এড়িয়ে চলা; নিজেকে দূরে সরিয়ে রাখা; বিরত থাকা।
es·cort[1] [এস্‌কো°ট্] *n* [C] ১ প্রতিরক্ষা-সহচর রক্ষীবাহিনী। ২ নিরাপত্তা দানকারী অথবা সম্মান প্রদর্শনকারী জাহাজ, বিমান ইত্যাদি।
es·cort[2] [ইস্‌কো°ট্] *vt* প্রতিরক্ষা সহচর হিসাবে যাওয়া: I will ~ her home.
es·cre·toire [ˌএস্‌ক্রিট্ওয়া:(র্) *n* দেরাজযুক্ত লেখার টেবিল; ডেস্ক।
es·cutcheon [ইস্কাচান্] *n* বর্মবিশেষ। **a blot on one's ~** সুনামে কলঙ্ক।
Es·kimo [এস্‌কিমৌ] *n* (*pl* ~s or ~es [-মৌজ়্] এস্কিমো জাতি।
esopha·gus (অপিচ **oesopha·gus**) [ঈসফ়াগস্] *n* খাদ্যনালী; গলবিল থেকে পাকস্থলী পর্যন্ত পথ।
eso·teric [ˌএসৌˈটেরিক্] *adj* কেবল দীক্ষিত ব্যক্তিরা বুঝতে পারে এমন; দুর্বোধ্য।
es·palier [ইস্প্যালিএই] *n* লতা বেড়ে ওঠার জন্য মাচা।

es·pecial [ইস্পেশ্‌ল্] *adj* বিশেষ; ব্যতিক্রমি। **~·ly** [-শালি] *adv* বিশেষভাবে।

Es·per·anto [এস্পা'র‍্যান্টৌ] *n* [U] আন্তর্জাতিকভাবে ব্যবহারের উদ্দেশ্যে পরিকল্পিত কৃত্রিম ভাষাবিশেষ।

espion·age [এস্পিআনা:জ্] *n* [U] গুপ্তচরবৃত্তি।

es·pla·nade [এস্‌প্ল্যা'নেইড্] *n* [C] গড়ের মাঠ; আনন্দভ্রমণ এবং অশ্বারোহণের জন্য নির্মিত সমুদ্রতীরের সমতল এলাকা।

es·pouse [ইস্পাউজ্] *vt* সমর্থন দান করা (যেমন, কোনো মতবাদের প্রতি)। **es·pousal** [ইস্পাউজ্‌ল্] *n* মতবাদ সমর্থন।

es·presso [এ'স্প্রেসৌ] **'~ 'coffee** গুঁড়ো কফির উপর ফুটন্ত পানির চাপ সৃষ্টি করে তৈরি কফি।

esprit [এ'স্প্রী] [U] (ফ.) বুদ্ধিমত্তা। **~ de corps** [এ'স্প্রীদাক:(র্)] *n* কোনো গ্রুপ অথবা সমাজের সদস্যদের আনুগত্য অথবা ত্যাগের মনোভাব যা তাদের একত্র করে।

espy [ইস্পাই] *vt* দূর থেকে দেখা।

es·quire [ই'স্কোআইআ(র্), US 'এস্-] *n* সৌজন্য পদবি—যা চিঠির ঠিকানায় পারিবারিক নামের পরে ব্যবহৃত হয় (নামের আগে Mr এর বদলে), যেমন—William Shakespeare, Esq.

es·say[1] [এসেই] প্রবন্ধ; রচনা। **~·ist** [-ইস্ট্] *n* প্রাবন্ধিক।

es·say[2] [এ'সেই] *vt,vi* চেষ্টা করা; পদক্ষেপ গ্রহণ করা: ~ to do sth □*n* ['এসেই] ১ মূল্যমান যাচাই। ২ প্রচেষ্টা।

es·sence [এস্‌ন্‌স্] *n* ১ [U] সারাংশ; মৌলিক স্বভাব অথবা কোনো বস্তুর সবচাইতে গুরুত্বপূর্ণ গুণাবলী। ২ নির্যাস।

es·sen·tial [ইসেন্‌শ্‌ল্] *adj* ১ প্রয়োজনীয়; অপরিহার্য: Exercise is ~ for health. ২ নির্যাস-সংক্রান্ত: ~ oils. ৩ মৌলিক: ~ part of the character. □*n* [C] (সাধা. *pl*) মৌলিক উপাদান। **~·ly** [ইসেন্‌শালি] *adv* অপরিহার্যভাবে; মূলত।

es·tab·lish [ইস্ট্যাব্‌লিশ্] *vt* ১ স্থাপন করা; প্রতিষ্ঠা করা। ২ প্রতিষ্ঠিত করা: He was ~ed as a writer. ৩ কোনো বিশ্বাস; দাবি অথবা প্রথা গ্রহণে জনগণকে রাজি করানো; আইনের মাধ্যমে (কোনো গির্জাকে) জাতীয়করণ করা।

es·tab·lish·ment [ইস্ট্যাব্‌লিশ্‌মন্ট্] *n* ১ [U] প্রতিষ্ঠান: the ~ of a new province. ২ [C] প্রতিষ্ঠান। ৩ **the E~** (GB) সমাজের প্রতিষ্ঠিত ও প্রভাবশালী ব্যক্তিবর্গ।

es·tami·net [এস্ট্যামিনেট্ US এাস্টামি'নেট্] *n* (ফ.) ছোট আকারের ফরাসি কাফে; যেখানে বিয়ার; ওয়াইন ও কফি বিক্রি হয়।

es·tate [ই'স্টেইট্] *n* ১ [C] ভূ-সম্পত্তি: He is the owner of a large ~. **'~ agent** (US = Realtor) জমি এবং দালান ক্রয়-বিক্রয়কারী, জমি ও বাড়ির দালাল। **'housing ~** এমন একটি এলাকা যেখানে সরকারি বা বেসরকারি উদ্যোগে বহু বাসগৃহ নির্মিত হয়। **industrial ~** শিল্প-এলাকা। ২ [U] (আইন) কোনো ব্যক্তির সকল সম্পদ। **'real ~** ভূমি এবং দালান। **'personal ~** অর্থ এবং যাবতীয় সম্পদ। ৩ [C] রাজনৈতিক অথবা সামাজিক শ্রেণী: the three ~s of the realm, the lords spritual (Bishops in the house of Lords), the Lords Temporal (other lords) and the House of commons. **the fourth ~** সংবাদপত্র। ৪ (প্রা.প্র) অবস্থা; জীবনের পর্যায়। ৫ **'~ car** (US = station-wagon) বিশেষ ধরনের মোটরযান।

es·teem [ই'স্টীম্] *vt* ১ (আনুষ্ঠা.) উচ্চ ধারণা পোষণ করা; অত্যন্ত শ্রদ্ধা করা। ২ (আনুষ্ঠা.) বিবেচনা করা; গণ্য করা। □*n* [U] শ্রদ্ধা: He is held in great ~ here.

es·thetic [ঈস্'থেটিক্] = aesthetic.

es·ti·mable ['এস্টিমাব্‌ল্] *adj* শ্রদ্ধেয়।

es·ti·mate[1] [এস্টিমাট্] *n* [C] মূল্যবিচার; আনুমানিক হিসাব (ব্যয় ইত্যাদির): The architect has given me a rough ~.

es·ti·mate[2] [এস্টিমেইট্] *vt,vi* **~ (at)** মূল্যবিচার করা; ব্যয়, মূল্য, আকার ইত্যাদির হিসাব করা।

es·ti·ma·tion [এস্টি'মেইশ্‌ন্] *n* [U] মূল্যায়ন; বিবেচনা।

es·trange [ই'স্ট্রেইনজ্] *vt* **~ (from)** বিচ্ছেদ ডেকে আনা; বিচ্ছিন্ন করা; পর করা: His behaviour ~d all his relatives. **~·ment** *n* [U] বিচ্ছেদ।

es·tu·ary [এস্‌চুঅরি US -চুয়েরি] *n* (*pl* -ries [C], নদীর মোহনা।

et cet·era [ইট্ 'সেটরা US এট্-] (লা. প্রায়ই সংক্ষিপ্তরূপ etc ব্যবহৃত হয়) ইত্যাদি।

etch [এচ্] *vt,vi* ধাতবপ্লেটে ছবি আঁকতে সুচ এবং এসিড ব্যবহার করা; এ পদ্ধতিতে ছবি আঁকা। **~er** *n* উপর্যুক্ত পদ্ধতিতে ছবি অঙ্কনকারী। **~·ing** *n* [U] এচিং।

eter·nal [ই'টান্‌ল্] *adj* ১ চিরন্তন; আদি-অন্তহীন: the E~ God. ২ (কথ্য) অবিরাম। **the ~ triangle** ত্রিভুজপ্রেম। **~ly** [ই'টানালি] *adv* চিরদিন; (কথ্য) অত্যন্ত ঘন ঘন।

eter·nity [ই'টানাটি] *n* (*pl* -ties) ১ [U] অনন্তকাল; পরকাল। ২ **an ~** অনন্তকাল বলে মনে হচ্ছে এরকম সময়। ৩ (*pl*) চিরন্তন সত্য।

ether ['ঈথা(র্)] *n* [U] ১ এলকোহল থেকে তৈরি তরল পদার্থ যা শিল্পে এবং চিকিৎসাক্ষেত্রে (এন্যাস্থেটিক তৈরিতে) ব্যবহৃত হয়। ২ আলোক-তরঙ্গ প্রেরণের কল্পিত মাধ্যম। ৩ (কবিতায়) মেঘের ওপরের নির্মল বাতাস।

eth·ereal [ই'থিঅরিঅল্] *adj* ১ উচ্চমার্গীয়; বায়বীয়। ২ (কবিতায়) মেঘের ওপরের নির্মল বাতাস সম্পর্কিত।

ethic [এথিক্] *n an ~* নৈতিক নীতিমালার পদ্ধতি; জীবন-বিধান। **eth·ics** *n pl* (ক) (*sing v*-সহ) নীতিবিদ্যা; দর্শনশাস্ত্রের শাখাবিশেষ। (খ) (*pl v*-সহ) নৈতিক বল। **ethi·cal** [-ক্‌ল্] *adj* নীতি অথবা নৈতিক প্রশ্ন সম্পর্কিত: an ~ basis, **ethi·cally** [-ক্‌লি] *adv* নীতিগতভাবে।

eth·nic ['এথ্‌নিক্] *adj* নৃতাত্ত্বিক; (কথ্য) বিশেষ সংস্কৃতির অধিকারী কোনো শ্রেণী সম্পর্কিত: ~ culture; an ~ restaurant. **eth·ni·cally** [ক্‌লি] *adv*

eth·no·gra·phy [এ থ্'নগ্রাফি] *n* [U] মানবজাতির বৈজ্ঞানিক বিবরণ। **eth·no·gra·pher** [এথ্'নগ্রাফা(র্)] *n* **eth·no·graphic** [এথ্‌নগ্র্যাফিক্] *adj* মানবজাতির বিবরণ সম্পর্কিত।

eth·nol·ogy [এ থ্'নলাজি] *n* [U] নৃতত্ত্ব। **eth·nol·o·gist** [-জিস্ট্] *n* নৃতাত্ত্বিক; নৃবিজ্ঞানী।

eth·no·logi·cal [ˌএথ্‌না'লজিক্‌ল্] *adj* নৃতত্ত্ব সম্পর্কিত।

ethos ['ঈথস্] *n* বিশেষ সামাজিক শ্রেণী অথবা সংস্কৃতির বৈশিষ্ট্য; কোনো সমাজের মূল্যবোধ।

ethyl ['এথিল্] *n* **~ alcohol** মদজাতীয় পানীয় তৈরির মৌলিক উপাদান; (জ্বালানি বা দ্রাবক হিসাবেও ব্যবহৃত হয়)।

eti·ology [ˌঈটি'অলাজি] *n* কারণতত্ত্ব; (চিকি.) রোগের কারণ নিয়ে গবেষণা।

eti·quette ['এটিকেট্] *n* [U] বিশেষ পেশায় বা সমাজের বিশেষ স্তরে প্রচলিত আদবকায়দা; নম্র আচরণ: legal ~.

ety·mol·ogy [ˌএটি'মলাজি] *n* ১ [U] শব্দের উৎপত্তি ও ইতিহাসসংক্রান্ত বিজ্ঞান। ২ [C] ব্যুৎপত্তি। **ety·mol·ogist** [-জিস্ট্] *n* ব্যুৎপত্তিতে দক্ষ পণ্ডিত। **ety·mo·logi·cal** [ˌএটিমা'লজিক্‌ল্] ব্যুৎপত্তিসংক্রান্ত।

euca·lyptus [ˌইউকা'লিপ্‌টাস্] *n* বিশেষ ধরনের তৈল-প্রসূ ইউক্যালিপটাস গাছ।

Eu·char·ist ['ইউকারিস্ট্] *n* **the E~** যিশুখ্রিস্টের নৈশভোজোৎসব; এ উৎসবে পরিবেশিত রুটি এবং মদ।

Eu·clid·ean [ইউ'ক্লিডিঅন্] *adj* ইউক্লিদ-এর জ্যামিতির নীতিমালা সংক্রান্ত; ইউক্লিদীয়।

eu·gen·ics [ইউ'জেনিক্‌স্] *n pl (sing v-সহ)* সুপ্রজনন বিদ্যা।

eu·logize ['ইউলাজাইজ্] *vt* (আনুষ্ঠা.) বক্তৃতায় অথবা লিখিতভাবে উচ্চপ্রশংসা করা। **eu·logis·tic** [ˌইউলা'জিস্‌টিক্] *adj* উচ্চপ্রশংসাযোগ্য। **eu·logy** ['ইউলাজি] *n (pl* -gies) [C,U] উচ্চপ্রশংসা; উচ্চপ্রশংসাসমৃদ্ধ রচনা।

eu·nuch ['ইউনাক্] *n* খোজা (বিশেষ করে মোগল হারেমের)।

eu·phem·ism ['ইউফামিজ়াম্] *n* [C,U] সুভাষণ; সত্যিকার শব্দের পরিবর্তে অন্য কোনো শব্দের ব্যবহার—যেমন 'মৃত্যু' শব্দের বদলে 'পরলোক গমন' বাক্যাংশের ব্যবহার। **eu·phem·is·tic** [ˌইউফা'মিস্‌টিক্] *adj* সুভাষিত।

eu·phony ['ইউফানি] *n* [U] ধ্বনি মাধুর্য; [C,U] *(pl* -nies) মধুর ধ্বনি।

eu·phoria [ইউ'ফ়ো°রিআ] [U] মঙ্গল ও আনন্দজনক অবস্থা; রমরমা। **eu·phoric** [ইউ'ফ়রিক্ US -'ফ়ো°রি-] *adj* আনন্দদায়ক।

Eur·asia [ইউআ'রেইজ়া] *n* য়োরোপ এবং এশিয়া। **Eur·asian** [ইউআ'রেইজ়ন্] *n,adj* এশীয় ও য়োরোপীয় মিশ্র পিতা-মাতার সন্তান; য়োরোপ এবং এশিয়ার।

eu·reka [ইউআ'রীকা] *int* (গ্রি. = আমি পেয়েছি) ইউরেকা; কোনো আবিষ্কারে আনন্দ চিৎকার।

eu·rhyth·mics (অপিচ **eu·ryth-**) [ইউ'রিদ্‌মিক্‌স্] *n pl (sing v*সহ) ছন্দায়িত ব্যায়াম; সঙ্গীতের সুরে সুরে শরীরচর্চার পদ্ধতি।

Euro·com·mu·nism [ˌএউআরা'কমইউনিজ়াম্] *n* [U] পশ্চিম য়োরোপীয় দেশসমূহে অনুসৃত সোভিয়েত কমিউনিস্ট পার্টি-নিরপেক্ষ সাম্যবাদী ব্যবস্থা।

Euro·crat ['ইউআরাক্র্যাট্] *n* য়োরোপীয়ান ইকোনমিক কমিউনিটি (ই.ই.সি.) প্রশাসনে কর্মরত উচ্চ-পদস্থ আমলা।

Euro·dollar ['ইউআরৌডল(র্)] *n* আন্তর্জাতিক মুদ্রা হিসাবে ব্যবহারের জন্য য়োরোপীয় ব্যাংকসমূহে রক্ষিত মার্কিন ডলার।

Euro·pean [ˌইউআরা'পিঅন্] *n,adj* য়োরোপীয়ান; য়োরোপবাসী; য়োরোপীয়: ~ countries.

euro·pium [ইউআ'রৌপিঅম্] *n* [U] রঙিন টেলিভিশন নির্মাণে ব্যবহৃত নরম ধাতব উপাদান (সঙ্কেত Eu)।

Euro·vision ['ইউআরভিজ়ন্] *n* য়োরোভিশন; য়োরোপীয় টিভি কার্যক্রম।

Eu·sta·chian tube [ইউ'স্টেইশন্ 'টিউব্, US 'টূব্] *n* (ব্যব.) মধ্যকান থেকে গলবিল পর্যন্ত নলী।

eu·tha·nasia [ˌইউথা'নেইজ়িআ, US -'নেইজ়া] *n* [U] যন্ত্রণাহীন মৃত্যু; দুরারোগ্য ব্যাধিতে আক্রান্ত রোগীদের জন্য যন্ত্রণাহীন মৃত্যু।

evacu·ate [ই'ভ্যাকইউএইট্] *vt* ১ সৈন্য অপসারণ করা। ২ **~ sb (from) (to)** স্থানান্তরিত করা (বিশেষ করে যুদ্ধের সময়): He had ~d his children from the capital to the village. ৩ পেট খালি করা। **evacu·ation** [ইˌভ্যাকইউ'এইশন্] *n* [U] অপসারণ; স্থানান্তর; পেট খালিকরণ। **evacuee** [ইˌভ্যাকিউ'ঈ] *n* অপসারিত অথবা স্থানান্তরিত ব্যক্তি।

evade [ই'ভেইড্] *vt* ১ কৌশলে এড়ানো। ২ কৌশলে পরিহার করা।

evalu·ate [ই'ভ্যালিউএইট্] *vt* মূল্যায়ন করা। **evalu·ation** [ইˌভ্যালিউ'এইশন্] *n* মূল্যায়ন।

evan·escent [ˌঈভা'নেস্‌ন্ট, US ˌএভ-] *adj* বিলীয়মান; বিস্মৃতিপ্রবণ। **evan·escence** [-স্‌ন্‌স্] *n* বিস্মৃতি; বিলুপ্তি।

evan·geli·cal [ˌঈভ্যান্'জেলিক্‌ল্] *adj* ১ (খ্রিস্টানদের) সুসমাচার মতবাদ অনুসারে; সুসমাচার অথবা গস্পেল সম্পর্কিত। ২ প্রটেস্ট্যান্টদের মধ্যে যারা বিশ্বাস করে, যিশুখ্রিস্টের ওপর বিশ্বাস রাখলেই আত্মার ত্রাণ হতে পারে।

evan·gel·ist [ই'ভ্যানজালিস্ট্] *n* ১ সুসমাচারের চার লেখকের অন্যতম (ম্যাথু, মার্ক, লুক অথবা জন)। ২ সুসমাচার-প্রচারক। **evan·gel·is·tic** [ইˌভ্যানজা'লিসটিক্] *adj*

evap·or·ate [ই'ভ্যাপারেইট্] *vt,vi* ১ বাষ্পে পরিণত করা; বাষ্পীভূত হওয়া। ২ কোনো পদার্থ থেকে তরল পদার্থ নিষ্কাশণ করা (যেমন তাপ দিয়ে): ~d milk. **evap·or·ation** *n* বাষ্পীভবন।

evas·ion [ই'ভেইজ়ন্] *n* ১ কৌশলে পরিহার। ২ এড়িয়ে যাওয়ার কৌশল।

evas·ive [ই'ভেইসিভ্] *adj* এড়িয়ে যেতে সচেষ্ট। **~·ly** *adv.* **~·ness** *n* পরিহার-প্রবণতা।

Eve [ঈভ্] *n* সৃষ্টি-বিবরণে বাইবেল ও কোরআন বর্ণিত প্রথম নারী বিবি হাওয়া; ঈভ।

eve [ঈভ্] *n* প্রাক্কাল; চার্চ-উৎসবের আগের দিন অথবা সন্ধ্যা; খ্রিস্টমাস ইভ।

even[1] ['ঈভ্‌ন্] *adj* ১ সমতল; মসৃণ: A tennis-lawn must be ~. ২ নিয়মিত; অবিচলিত; দৃঢ়মনোভাব-সম্পন্ন: His work is not very ~. ৩ (গণনা, দূরত্ব মূল্যের ক্ষেত্রে) সমান: The scores are ~. **be/get ~ with sb** প্রতিশোধ গ্রহণ করা। **~ odds** পক্ষে-বিপক্ষে সমান সুযোগ। **break ~** (কথ্য) লাভ-লোকসান কোনোটাই না

হওয়া। ৪ (সংখ্যা ক্ষেত্রে) যে সংখ্যাকে দুই দিয়ে ভাগ করলে কোনো অবশিষ্ট থাকে না। ৫ ভারসাম্যপূর্ণ। **~-handed** *adj* ন্যায়সঙ্গত। ৬ (মেজাজের ক্ষেত্রে) শান্ত, ধীরস্থির: an ~-tempered boy. □*vt* ~ **(up)** সমান করা। **~·ness** *n*

even[2] [ঈভ্ন্] *adv* ১ এমনকি; He did not ~ listen to my words. ২ ~ **if/though** যদিও; তথাপি: I'll get there ~ if I have to pawn my watch.. (comparative সহ) তদপেক্ষা; আরও: He works ~ less than I feared. ৩ ~ **as** এমন সময়: E~ as I gave the sign, the boy ran away. ~ **now/then** এ সত্ত্বেও; এমন পরিস্থিতিতে: E~ now he hates me. E~ then he would not accept his defeat. ~ **so** যদিও ঘটনাটি তদ্রূপ।

even[3] [ঈভ্ন্] *n* (কাব্যিক) সাঁঝ; সন্ধ্যা। ˈ**~·song** *n* ইংল্যান্ডের গির্জায় সান্ধ্য প্রার্থনা। ˈ**~·tide** *n* (কাব্যিক) সাঁঝ; সন্ধ্যা।

even·ing [ঈভ্নিং] *n* ১ [C,U] সন্ধ্যাকাল। (prep ব্যতিরেকে) yesterday ~. ২ (attrib): ~ **dress** সান্ধ্যকালীন আনুষ্ঠানিক পোশাক। ˌ~ ˈ**paper** সান্ধ্য দৈনিকপত্র। ˌ~ ˈ**prayer** সান্ধ্যপ্রার্থনা। **the** ˌ~ ˈ**star** সন্ধ্যাতারা (যেমন শুক্র, বুধ)।

even·song [ঈভ্ন্সং US -সো°ং] সান্ধ্য উপাসনা–সঙ্গীত।

event [ইভেন্ট্] *n* ১ গুরুত্বপূর্ণ ঘটনা: The ~s of 1971. **in the natural/ normal usual course of ~s** স্বাভাবিক ঘটনাপ্রবাহ। ২ ঘটলে। ৩ ফলাফল। **at all ~s** ফলাফল যা–ই হোক না কেন। **in any ~** যাই ঘটুক না কেন। **in either ~** দুটির মধ্যে যেটাই ঘটুক না কেন। **in that ~** যদি তাই হয়। **in the ~** এমন ক্ষেত্রে। ৪ ক্রীড়া প্রতিযোগিতার অন্যতম খেলা। **~·ful** [ফ্ল্] *adj* ঘটনাবহুল।

event·ual [ইভেন্চুঅল্] *adj* পরিণামস্বরূপ: His negligence and ~ failure. **~·ly** [– চুঅলি] *adv* অবশেষে; পরিণামে: He started gambling and ~ly lost everything. **~·ity** [ইভেন্চুˈঅ্যালাটি] *n* (*pl* -ties) [C] সম্ভাব্য ঘটনা।

ever [এভ়ার্] *adv* ১ আদৌ যদি: If you ~ do this. ২ পুরাঘটিত বর্তমান কালের প্রশ্নসূচক বাক্যে: Have you ~ been up in a balloon? ৩ (comp ও suprl-এর পরে): He has been working harder than ~. ৪ (বাক্যাংশের সাথে) সব সময়, অনবরত; নিরন্তর: for ~. ৫ (কথ্য) (জোর দেওয়ার উদ্দেশ্যে) ˈ~ **so**, ˈ~ **such** (কথ্য) অত্যন্ত; যথেষ্ট। ৬ প্রশ্নবোধক–এর পরে জোর দেওয়ার উদ্দেশ্যে ব্যবহৃত। ৭ বিস্ময়সূচক। **As if ~** বিস্ময়সূচক; সন্দেহসূচক। ৮ **yours ~** চিঠির সমাপ্তিতে লেখা হয়।

ever·green [এভাগ্রীন্] *n adj* চির সবুজ (বৃক্ষ)। দ্র. deciduous.

ever·last·ing [ˌএভাˈলা:স্টিং US -ˈল্যাস্টি–] *adj* ১ চিরস্থায়ী; নিরন্তর: ~ glory. **the E~** স্রষ্টা। ২ পুনরাবৃত্ত: The man and his ~ grievances.

ever·more [ˌএভ়াˈমো°(র্)] *adv* চিরকাল।

every [এভ়্রি] *adj* (*sing n*–এর attrib ব্যবহার, all-এর *pl n*-এর ব্যবহারের সাথে তুলনীয়)। ১ তুল. every এবং each every ব্যবহারের সময়ে কোনো পুরো ব্যাপারের সকল এককের দিকে খেয়াল রাখা হয়, অন্যদিকে each ব্যবহারের সময় একটি এককের দিকে খেয়াল রাখা হয়: E~ boy in the class (= all the boys) passed the examination. ২ all এবং plural noun এর স্থলে ব্যবহার করা যায় না: He enjoyed ~ minute of his holiday. ৩ (abstract noun–এর সাথে ব্যবহৃত) যথাসম্ভব; পুরোপুরি: He has ~ reason to do that ... . ৪ পরিমাণবাচক ও অবস্থানজ্ঞাপক সংখ্যা, এবং other ও few এর সাথে ব্যবহৃত হয়; ঘটনা পরম্পরা অথবা বিরতি বোঝাবার জন্য। **~ now and then/ again** মাঝে মাঝে; সময় সময়: He visits me ~ other day. ৫ (all+*p* -এর পরিবর্তে): He tries to meet her ~ wish. ৬ (বাক্যাংশে) **~ bit** সম্পূর্ণ। **~ time** (ক) সর্বদা: He quarrels ~ time. (খ) যখনই: E~ time she visits me, she comes with this request. **~ one of them/us/you** প্রত্যেকেই। **in ~ way** সর্বতোভাবে: He is in ~ way better than Rina. **~·body** [এভ্‌রিবডি]; **~·one** [এভ্‌রি ওয়ান্] *pron* প্রত্যেক ব্যক্তি: In a small town ~ one knows ~one else. **~·day** [এভ্‌রিডেই] (comp ও suprt–এর পরে attrib কেবল) প্রাত্যহিক; নিত্যনৈমিত্তিক: ~day affairs. ˈ**~·place** (US) কথ্য) সর্বত্র। **~·thing** [এভ্‌রিথিং] *pron* (ক) সবকিছু: He told me ~thing. (খ) (pred) সবচাইতে গুরুত্বপূর্ণ কোনো কিছু: She's wealthy, no doubt, but wealth is not ~thing. **~·where** [এভ্‌রিওয়েঅ(র্)] *adv* সর্বত্র: He moves ~where.

evict [ইˈভিক্ট্] *vt* ~ **(from)** আইন বলে উচ্ছেদ করা: He was ~ed from the house. **evic·tion** [ইভিক্‌শন্] *n* [U] উচ্ছেদ।

evi·dence [এভিডান্স্] *n* ১ [U] সাক্ষ্যপ্রমাণ। **(be) in ~** সহজে দেখা যায় এমন: Signs of poverty are very much in ~. **bear/give/show ~ of** লক্ষণ: The area bore abundant ~ of the tidal bore. **turn Queen's/King's (US) state's ~** রাজসাক্ষী। ২ (*pl* –এ ব্যবহৃত) ইঙ্গিত; লক্ষণ: The ~s are not sufficient. □*vt* প্রমাণ করা।

evi·dent [এভিডান্ট্] *adj* (দৃষ্টি অথবা মনে মনে) সহজবোধ্য। **~·ly** *adv* স্পষ্টত।

evil [ˈঈভ্ল্] *adj* ১ দুষ্ট; পাপী; মন্দ; বদমাশ: ~-men. **the** ˈ**E~ one** শয়তান। ˌ**~-**ˈ**minded** *adj* অসৎ মানসিকতাসম্পন্ন। ২ ক্ষতিকারক। **~ eye** কুনজর; কুদৃষ্টি। □১ [U] পাপ; মন্দ কাজ। ˈ**~-doer** *n* মন্দলোক। ২ [C] দুর্যোগ। **be/choose the lesser of two ~s** দুই অসতের মধ্যে তুলনামূলক–ভাবে কম অসৎকে পছন্দ করা। **~·ly** [ˈঈভালি] *adv* খারাপভাবে।

evince [ইভিন্স্] *vt* (আনুষ্ঠা.) (আন্তরিকতা, গুণাবলী ইত্যাদি) আছে প্রমাণ করা; প্রকাশ করা।

evis·cer·ate [ইভিসারেইট্] *vt* নাড়িভুঁড়ি বের করে ফেলা।

evoca·tive [ইভকাটিভ্] স্মৃতি–জাগানিয়া।

evoke [ইˈভৌক্] *vt* ডেকে আনা; স্মৃতিতে জাগিয়ে তোলা। **evo·ca·tion** [ঈভৌˈকেইশ্ন্] *n* ডাকা; স্মৃতিচারণ।

evol·ution [ˌঈভাˈলূশ্ন্ US ˌএভ–] *n* ১ [U] বিকাশের প্রক্রিয়া; বিবর্তনপ্রক্রিয়া: He prefers ~ to revolution. ২ প্রাণের বিকাশ সংক্রান্ত বিবর্তন মতবাদ। ২ (সৈন্যদল, যুদ্ধ–জাহাজ অথবা নৃত্যশিল্পীদের) পরিকল্পিত পদচারণা। **~·ary** [ˌঈভাˈলূশনরি US ˌএভাˈলূশনেরি] *adj* বিবর্তনমূলক।

evolve [ইভল্‌ভ্‌] *vi,vt* স্বাভাবিকভাবে বিকশিত হওয়া অথবা বিকশিত করা: The present practice ~ out of older ones.

ewe [ইউ] *n* ভেড়ী। দ্র. ram.

ewer [ইউআ(র্‌)] *n* বড়ো কলসি; জগ।

ex- [এক্‌স্‌-] *pref* দ্র. পরি.৩।

ex [এক্‌স্‌] *n* (কথ্য) **my ex** প্রাক্তন (স্বামী অথবা স্ত্রী)।

ex·acer·bate [ইগ্‌'জ্যাসাবেইট্‌] *vt* (আনুষ্ঠা.) (ব্যক্তির ক্ষেত্রে) উত্তেজিত করা; (দুঃখের, রোগের, ঘটনার ক্ষেত্রে) আরো খারাপের দিকে যাওয়া। **ex·acer·ba·tion** [ইগ্‌জ্যাসা'বেইশ্‌ন্‌] *n* বিরক্তি; অবনতি।

exact[1] [ইগ্‌'জ্যাক্‌ট্‌] *adj* ১ যথার্থ; যথাযথ; নির্ভুল: I want the ~ word. ২ যথাযথ হতে সক্ষম এমন। **~ly** *adv* ১ নির্ভুলভাবে; যথাযথভাবে: He is ~ly right. ২ (সমর্থনসূচক) আসলে তাই; যা বল্লেন তাই। **~·ness, ~i·tude** [ইগ্‌'জ্যাকটিউড্‌ US -টূড্‌] *nn* যথার্থতা।

exact[2] [ইগ্‌'জ্যাক্‌ট্‌] *vt* **~ (from)** ১ দাবি করা ও আদায় করা: ~ taxes (from people)। ২ জেদ করা। ৩ (পরিস্থিতির ক্ষেত্রে) জরুরিভাবে চাওয়া; প্রয়োজনীয় করা। **~·ing** *adj* অধিক চাহিদাসম্পন্ন; কঠোর; কড়া। **ex·action** [ইগ্‌'জ্যাকশ্‌ন্‌] *n* ১ [U] (টাকা) আদায়। ২ [C] অতিরিক্ত দাবি।

exag·ger·ate [ইগ্‌'জ্যাজারেইট্‌] *vt,vi* অতিরঞ্জিত করা; অত্যুক্তি করা; বাড়িয়ে বলা: He ~s the stories. **exag·ger·ation** [ইগ্‌জ্যাজা'রেইশ্‌ন্‌] *n* [U] অতিরঞ্জন; অতিকথন।

exalt [ইগ্‌'জো°ল্‌ট্‌] *vt* ১ পদোন্নতি দেওয়া। ২ উচ্চপ্রশংসা করা। **~ed** *adj* মর্যাদাসম্পন্ন। **exal·ta·tion** [এগ্‌জো°ল্‌'টেইশ্‌ন্‌] *n* [U] (লাক্ষ.) উন্নয়ন; পরমানন্দ।

exam [ইগ্‌'জ্যাম্‌] *n* examination–এর কথ্য ও সংক্ষিপ্ত রূপ।

exam·in·ation [ইগ্‌জ্যামি'নেইশ্‌ন্‌] *n* ১ [U] পরীক্ষা; অনুসন্ধান; তদন্ত। ২ [C] পরীক্ষা **(ক)** বিদ্যা অথবা দক্ষতার পরীক্ষা: ~ papers. **(খ)** নিরীক্ষা: an ~ of bank-accounts. **(গ)** জেরা: a cross ~.

exam·ine [ইগ্‌'জ্যামিন্‌] *vt* ১ **~ (for)** সতর্কতার সাথে পরীক্ষা করে দেখা। ২ **~ (in)** প্রশ্নের মাধ্যমে বিদ্যা তথ্য যাচাই করা: ~ pupils in Sanskrit. **exam·iner** *n* পরীক্ষক।

example [ইগ্‌'জা:ম্প্‌ল্‌ US -'জ্যাম্প্‌ল্‌] *n* ১ উদাহরণ। **for ~** (সংক্ষিপ্ত eg) উদাহরণস্বরূপ: Rabindranath Tagore has written many plays, Raktakarabi and Bisarjan, for ~. ২ নমুনা উদাহরণ: This is a good ~ of Tagore's lyric poetry. ৩ [C,U] অনুকরণীয় চরিত্র। ৪ সাবধানবাণী: This is an ~ to you. **make an ~ of sb** দৃষ্টান্তমূলক শাস্তি প্রদান কর।

exas·per·ate [ইগ্‌'জ্যাস্‌পারেইট্‌] *vt* উত্তেজিত করা; জাগানো; ধৈর্যচ্যুতি ঘটানো। **exas·per·ation** [ইগ্‌জ্যাস্‌পা'রেইশ্‌ন্‌] *n* উত্তেজনা; ক্রোধ; অসহিষ্ণুতা।

ex·ca·vate [এক্‌স্‌কাভেইট্‌] *vt* (কোনো কিছু আবিষ্কারের উদ্দেশ্যে) খনন করা: The archaeolo-gists ~ Paharpur. **ex·ca·vator** [-টা(র্‌)] *n* খননকার্যে নিয়োজিত ব্যক্তি অথবা যন্ত্র। **ex·ca·va·tion** [এক্‌স্‌কা'ভেইশ্‌ন্‌] *n* [U] খনন; খনিত এলাকা।

ex·ceed [ইক্‌'সীড্‌] *vt* ১ কাউকে অতিক্রম করা; ছাড়িয়ে যাওয়া। ২ অনুমতি অথবা প্রয়োজনের বাইরে যাওয়া: He always ~s the limit. **~·ing·ly** *adv* চূড়ান্তভাবে; অস্বাভাবিকহারে: an ~ingly slow progress.

ex·cel [ইক্‌'সেল্‌] *vi,vt* (-ll) **~ (in/at)** ১ অন্যদের চাইতে ভালো করা। ২ ছাড়িয়ে যাওয়া।

ex·cel·lence [এক্‌সালন্‌স্‌] *n* [U] ১ **~ (in/at)** (বস্তু, ভাব বা রুচির) উৎকর্ষ, শ্রেষ্ঠতা: He won a prize for ~ in good handwriting. ২ [C] যে গুণ বা বিষয় ব্যক্তিকে বিশিষ্টতা দান করে: His ~s are well-known.

ex·cel·lency [এক্‌সালান্‌সি] *n (pl* -cies) রাষ্ট্রদূত, গভর্নর এবং তাদের স্ত্রীদের পদবি: His/ Her ~.

ex·cel·lent [এক্‌সালান্ট্‌] *adj* চমৎকার; উন্নতমানের। **~·ly** *adv* চমৎকারভাবে।

ex·cept[1] [ইক্‌'সেপ্ট্‌] *prep* ব্যতীত; ছাড়া। **~ (for)** ব্যতীত। **~ that** এ ছাড়া।

ex·cept[2] [ইক্‌'সেপ্ট্‌] *vt* **~ (from)** বাতিল করা; তালিকা থেকে বাদ দেওয়া: He was ~ed from the list of the players. **present company ~ed** উপস্থিত ব্যক্তিবর্গ বাদে। (not, always এবং without–এর পরে ব্যবহৃত) ব্যতীত: **~·ing** *prep* all the members of the team ~ing the coaches.

ex·cep·tion [ইক্‌'সেপ্‌শ্‌ন্‌] *n* ১ [U,C] ব্যতিক্রম। **make an ~ (of sb/sth)** কাউকে ব্যতিক্রম হিসাবে গণ্য করা। **with the ~ of** ব্যতীত। **without ~** কোনো ব্যতিক্রম ছাড়া। ২ [C] নিয়মবহির্ভূত: ~s to a rule. ৩ আপত্তি: take ~ (to sth). **~·able** [-অবল্‌] *adj* আপত্তিজনক **~al** [-শান্‌ল্‌] *adj* ব্যতিক্রমী; অসাধারণ। **~·ally** [- শানলি] *adv:* an ~ally good boy.

ex·cerpt [এক্‌সাপট্‌] *n* [C] কোনো গ্রন্থের ভিন্নভাবে ছাপানো অংশবিশেষ।

ex·cess[1] [ইক্‌'সেস্‌] *n* ১ **an ~ of** অতিরিক্ত: an ~ of courage. **in ~ of** তুলনামূলকভাবে বেশি। **to ~** অত্যধিক মাত্রায়: She is emotional to ~. ২ *(pl)* ভালো ব্যবহারের সীমা ছাড়িয়ে যায় এমন আচরণ। **~·ive** [ইক্‌'সেসিভ্‌] *adj* অতিরিক্ত, অপরিমিত। **~·ively** *adv*

ex·cess[2] ['এক্‌সেস্‌] *adj* অতিরিক্ত, বাড়তি: excess postal charges for additional weight.

ex·change[1] [ইক্‌স্‌'চেইন্‌জ্‌] *n* ১ [C,U] বিনিময় (–এর কাজ): ~ of a pen for sth ২ [U] এক দেশের মুদ্রার পরিবর্তে অন্য দেশের মুদ্রা প্রদান ও গ্রহণ; বিভিন্ন দেশের মুদ্রার মধ্যে মূল্যগত সম্পর্ক: the rate of ~, বিনিময় হার। '**Exchange Control** মুদ্রা নিয়ন্ত্রণ ব্যবস্থা; স্বর্ণ ও বৈদেশিক মুদ্রার মজুদ সংরক্ষণের ব্যবস্থা। ৩ ব্যবসায়ী ও বিনিয়োগকারীগণ যে স্থানে ব্যবসা উপলক্ষে মিলিত হয়। ৪ বিদেশী মুদ্রা ভাঙানোর দপ্তর। ৫ '**telephone ~** টেলিফোন সংযোগ নিয়ন্ত্রণ অফিস।

ex·change[2] [ইক্‌স্‌চেইন্‌জ্‌] *vt* বিনিময় করা। **~ blows** মারামারি করা। **~ words** ঝগড়া করা বা কথা কাটাকাটি করা। **~·able** [-'বল্‌] *adj* বিনিময়যোগ্য; বিনিময়ে।

ex·chequer [ইক্‌স্‌চেকা(র্‌)] *n* ১ **the E ~** (GB) সরকারি বাজার দপ্তর।।**Chancellor of the ~** রাজস্ব দপ্তরের মন্ত্রী; অর্থমন্ত্রী। ২ অর্থ সরবরাহ; সরকারি অর্থভাণ্ডার।

ex·cise[1] [এক্‌সাইজ্‌] *n* [U] দেশে উৎপন্ন; বিক্রীত অথবা ব্যবহৃত কোনো কোনো দ্রব্যের উপর ধার্য সরকারি কর বা শুল্ক; অন্তঃশুল্ক।

ex·cise[2] [ইক্‌'সাইজ্‌] *vt* (আনুষ্ঠা.) কেটে ফেলা; কর্তনের মাধ্যমে অপসারিত করা। **ex·cision** [ইক্‌'সিজ্‌ন্‌] *n* [U] কর্তন; ছেদন; [C] কর্তিত বস্তু।

ex·cite [ইক্‌সাইট্] *vt* ১ ~ **(to)** আন্দোলিত করা; উত্তেজিত করা; আবেগকম্পিত করা। ২ ~ **(in sb)** সাড়া জাগানো। ৩ (শরীরের অঙ্গাদি) সক্রিয় করা। **ex·cit·able** [ইক্‌সাইটাব্‌ল্] *adj* সহজে উত্তেজিত বা আন্দোলিত করানো যায় এমন; উত্তেজনসাধ্য। **ex·cit·ability** [ইক্‌সাইটাবিলাটি] *n* উত্তেজনসাধ্যতা; **ex·cit·ed·ly** *adv* উত্তেজিতভাবে।

ex·cite·ment [ইক্‌সাইট্‌মান্ট্] *n* ১ [U] উত্তেজনা। ২ [C] উত্তেজক বস্তু, ঘটনা, বিষয় ইত্যাদি।

ex·claim [ইক্‌স্‌ক্লেইম্] *vt,vi* (বেদনা, ক্রোধ, বিস্ময় ইত্যাদিতে) অকস্মাৎ উক্তি করে ওঠা।

ex·cla·mation [এক্‌স্‌ক্লামেইশ্‌ন্] *n* ১ বিস্ময়, বেদনা ইত্যাদির কারণে আকস্মিক চিৎকার। ২ বিস্ময়প্রকাশের জন্য বাক্যের মধ্যে বা শেষে যতিচিহ্ন।

ex·clama·tory [ইক্‌স্‌ক্ল্যামাট্রি US -টো°রি] *adj* আকস্মিক চিৎকার প্রকাশক; বিস্ময়সূচক: an ~ sentence.

ex·clude [ইক্‌স্‌ক্লূড্] *vt* ~ **(from)** ১ (কাউকে কোথাও ঢুকতে বা অধিকার লাভ করার ব্যাপারে) বাধা দেওয়া: ~ sb from membership of a club. ২ বাদ দেওয়া। **ex·clu·sion** [ইক্‌স্‌ক্লুজ্‌ন্] *n* [U] ~ **(from)** বাধাদান; বাদ; বর্জন; ব্যতিক্রম।

ex·clus·ive [ইক্‌স্‌ক্লুসিভ্] *adj* (কোনো দল বা সমিতি সম্পর্কে) নতুন সদস্য গ্রহণে অনাগ্রহী; বর্জনকর; বিশিষ্ট; অনন্য; একচেটিয়া। ~ **of** ব্যতীত; বাদ দিয়ে। ~**·ly** *adv*

ex·com·muni·cate [এক্‌স্‌কামিউনিকেইট্] *vt* (শাস্তিস্বরূপ) গির্জা বা ধর্মসম্প্রদায় থেকে বহিষ্কৃত করা; **ex·com·muni·ca·tion** *n* [U] গির্জা বা ধর্মসম্প্রদায় থেকে বহিষ্কার; [C] ঐ ধরনের বহিষ্কারের ঘটনা।

excre·ment [এক্‌স্‌ক্রিমান্ট্] *n* [U] পশুবিষ্ঠা।

ex·cres·cence [ইক্‌স্‌ক্রেস্‌ন্‌স্] *n* [C] প্রাণীদেহে বা সবজির গায়ে অস্বাভাবিক (সচরাচর কদাকার ও অপ্রয়োজনীয়) বৃদ্ধি; উপবৃদ্ধি।

ex·creta [ইক্‌স্‌ক্রীটা] *n pl* দেহ থেকে নির্গত (বিষ্ঠা, মূত্র, ঘাম ইত্যাদি) বর্জ্যপদার্থ।

ex·crete [ইক্‌স্‌ক্রীট্] *vt* প্রাণী বা উদ্ভিদদেহ থেকে ঘাম ও অন্যান্য বর্জ্যপদার্থ নিঃসরণ করা। **ex·cretion** *n* ঘর্ম, মল ইত্যাদি নিঃসরণ; নিঃসৃত মল ঘর্ম ইত্যাদি।

ex·cru·ciat·ing [ইক্‌স্‌ক্রূশিয়েইটিঙ্] *adj* (দৈহিক বা মানসিক ব্যথা সম্পর্কে) তীব্র যন্ত্রণাদায়ক। ~**·ly** *adv*

ex·cul·pate [এক্‌স্‌কাল্‌পেইট্] *vt* ~ **(from)** অভিযোগাদি থেকে নিষ্কৃতি দেওয়া।

ex·cur·sion [ইক্‌স্‌কাশ্‌ন্ US –জ্‌ন্] *n* [C] সংক্ষিপ্ত ভ্রমণ (বিশেষত দল বেঁধে); বহির্গমন; প্রমোদভ্রমণ। ˈ~ ticket হ্রাসকৃত মূল্যে প্রদত্ত টিকিট।

ex·cuse[1] [ইক্‌স্‌কিউস্] *n* [C] কৈফিয়ত; রেহাই পাওয়ার জন্য প্রদর্শিত ওজর; অব্যাহতি।

ex·cuse[2] [ইক্‌স্‌কিউস্] *vt* কৈফিয়ত দিতে চেষ্টা করা বা ওজর দেখানো: to ~ one's failure; ত্রুটি ইত্যাদি উপেক্ষা করা; দায়িত্ব, শাস্তি ইত্যাদি থেকে অব্যাহতি দেওয়া; ক্ষমা করা; মাফ করা। **ex·cus·able** [ইক্‌স্‌কিউজাব্‌ল্] *adj* ক্ষমার্হ; ক্ষমা করার যোগ্য; অব্যাহতি পাওয়ার যোগ্য। **ex·cus·ably** *adv*

ex-di·rec·tory [এক্‌স্‌ডিরেক্টারি] *adj* (টেলিফোন নম্বর সম্পর্কে) টেলিফোন নির্দেশিকা বহির্ভূত (গোপনীয়তা নিরাপত্তা ইত্যাদি কারণে)।

ex·ecrable [এক্‌সিক্রাব্‌ল্] *adj* খুব খারাপ; জঘন্য।

ex·ecrate [এক্‌সিক্রেইট্] *vt* ঘৃণ্য করা; অভিশাপ দেওয়া। **ex·ecra·tion** *n* অভিসম্পাত; ঘৃণ্য বা জঘন্য বস্তু।

ex·ecute [এক্‌সিকিউট্] *vt* ১ সম্পাদন করা; নির্বাহ করা। ২ (আইনে) কার্যকর করা; চালু করা। ৩ আইনবলে প্রাণবধ করা। **ex·ecu·tant** [ইগ্‌জেক্যুটান্ট্] *n* কার্যনির্বাহক; সঙ্গীত ইত্যাদি সম্পাদনকারী ব্যক্তি।

ex·ecu·tion [এক্‌সিকিউশ্‌ন্] *n* ১ (পরিকল্পিত কার্যাদি) সম্পাদন। **put sth into** ~ কিছু সম্পন্ন করা; পরিকল্পনা অনুযায়ী সমাপ্ত করা। ২ সঙ্গীত ইত্যাদি সম্পাদনে দক্ষতা। ৩ মৃত্যুদণ্ড প্রদান বা কার্যকরীকরণ। **ex·ecu·tioner** *n* সরকারি ঘাতক বা জল্লাদ।

execu·tive [ইগ্‌জেক্যুটিভ্] *adj* সম্পাদনকারী; নির্বাহী; কার্যনির্বাহী; শাসনমূলক। □*n* নির্বাহী কর্মকর্তা।

execu·tor [ইগ্‌জেক্যুটা(র্)] *n* উইল কার্যকর করার ভারপ্রাপ্ত ব্যক্তি; নির্বাহক। **execu·trix** [ইগ্‌জেক্যুট্রিক্‌স্] *n* মহিলা নির্বাহক।

exe·gesis [এক্‌সিজীসিস্] *n* [U] (কোনো লিখিত পুস্তকের) ব্যাখ্যা। **exe·getical** *adj* ব্যাখ্যামূলক।

exemp·lary [ইগ্‌জেম্‌প্লারি] *adj* আদর্শস্বরূপ; দৃষ্টান্তমূলক: ~ conduct/ punishment.

exemp·lify [ইগ্‌জেম্‌প্লিফাই] *vt (pt,pp* -fied) উদাহরণ সহকারে ব্যাখ্যা করা; দৃষ্টান্তস্বরূপ হওয়া। **exemp·lifi·ca·tion** উদাহরণসহযোগে ব্যাখ্যাকরণ; দৃষ্টান্ত।

exempt [ইগ্‌জেম্‌ট্] *vt* ~ **from** (বাধ্যবাধকতা ইত্যাদি থেকে) রেহাই বা অব্যাহতি দেওয়া। □*adj* রেহাইপ্রাপ্ত; দায়মুক্ত। **exemption** [ইগ্‌জেম্‌পশ্‌ন্] *n* [U] অব্যাহতি; রেহাই; দায়মোচন।

ex·er·cise[1] [এক্‌সাসাইজ্] *n* ১ [U] অনুশীলন; চর্চা। ২ [C] কর্মতৎপরতা। ৩ *[pl]* সামরিক কুচকাওয়াজ। ৪ *[pl,*-US] অনুষ্ঠানমালা।

ex·er·cise[2] [এক্‌সাসাইজ্] *vt,vi* ১ অনুশীলন করা বা করানো। ২ নিয়োগ করা; প্রয়োগ করা: ~ authority over sb. ৩ হতবুদ্ধি করা; মনকে পীড়ন করা: He is ~ed about the future plan.

exert [ইগ্‌জাট্] ১ ~ **(on/upon)** প্রয়োগ করা; প্রদর্শন করা। ২ ~ **oneself** সচেষ্ট হওয়া।

exer·tion [ইগ্‌জাশ্‌ন্ US-জ্‌ন্] *n* প্রচেষ্টা; প্রয়াস: All my ~s failed.

ex·eunt [এক্‌সিআন্ট্] *n* (লা.) (মঞ্চনির্দেশনায়) অভিনেতা/ অভিনেত্রীর মঞ্চ ত্যাগ (প্রস্থান) দ্র. exit.

ex gratia [এক্‌স্ গ্রেইশা] (লা.) ~ **payment** আইনগত কারণে নয় নৈতিক বাধ্যবাধকতার কারণে প্রদত্ত অর্থ।

ex·hale [এক্‌স্‌হেইল্] *vt,vi* নিঃশ্বাসের সঙ্গে (বাতাস) বের করে দেওয়া; (গ্যাস বাষ্প ইত্যাদি) নিঃসৃত করা বা হওয়া। **ex·ha·la·tion** *n* নিশ্বাসের সঙ্গে বাতাস ত্যাগ; গ্যাস বাষ্প ইত্যাদি নিঃসারণ; নিঃসৃত বস্তু।

ex·haust[1] [ইগ্‌জো°স্ট্] *n* [U] ইনজিন বা মেশিন থেকে অনাবশ্যক বাষ্পাদির নির্গমপথ। ˈ~**-pipe** *n* যে নল দ্বারা উক্ত বাষ্পাদি নির্গত হয়; নির্গম নল।

ex·haust[2] [ইগ্‌জো°স্ট্] *vt* ১ সম্পূর্ণরূপে ব্যয় করে ফেলা: to ~ one's energy. ২ খালি করা। ৩ কোনো

বিষয়ে যা বলবার বা জানবার তা নিঃশেষে বলে বা জেনে ফেলা: to ~ a subject.

ex·haus·tion [ইগ্‌জো°সশ্‌ন্] *n* [U] নিঃশেষিত অবস্থা; চরম পরিশ্রান্তি।

ex·haus·tive [ইগ্‌জো°স্টিভ্] *adj* সম্পূর্ণ; পুঙ্খানুপুঙ্খ। **~·ly** *adv*

ex·hibit[1] [ইগ্‌'জিবিট্] *n* [C] ১ প্রদর্শন সামগ্রী। ২ আদালতে প্রমাণ হিসাবে পেশকৃত দলিল বা কোনো বস্তু। ৩ [US] প্রদর্শনী।

ex·hibit[2] [ইগ্‌'জিবিট্] *vt* ১ জনসমক্ষে বিক্রয়, প্রতিযোগিতা, আনন্দ ইত্যাদির জন্য প্রদর্শন করা: ~ paintings. ২ কোনো গুণের সুস্পষ্ট পরিচয় তুলে ধরা। **ex·hibi·tor** *n* প্রদর্শনকারী; প্রদর্শক।

ex·hi·bi·tion [এক্‌সিবিশ্‌ন্] *n* ১ প্রদর্শনী; জনসমক্ষে প্রদর্শিত বস্তুর (যেমন—চিত্র) সমাহার; বাণিজ্যিক বা শিল্পদ্রব্যের প্রদর্শন। ২ প্রদর্শন; জাহির: ~ of one's strength. ৩ (GB) স্কুল-কলেজের ছাত্রকে প্রদত্ত বৃত্তি। **~er** *n* ঐ বৃত্তিপ্রাপ্ত ছাত্র। **~ism** *n* [U] নিজেকে জাহির করার প্রবণতা। **~·ist** *n* নিজেকে জাহির করতে ব্যগ্র ব্যক্তি।

ex·hil·ar·ate [ইগ্‌'জিলারেইট্] *vt* (সাধা. কর্মবাচ্যে) উৎফুল্ল করা; উল্লসিত করা। **ex·hil·ar·ation** [ইগ্‌জিলারেইশ্‌ন্] *n* উল্লাস।

ex·hort [ইগ্‌'জো°ট্] *vt* ~ **sb to sth/to do sth** সনির্বন্ধ অনুরোধ করা; বিশেষভাবে উপদেশ দেওয়া বা উদ্বুদ্ধ করা। **ex·hor·ta·tion** [এক্‌সো°টেইশ্‌ন্] *n* সনির্বন্ধ অনুরোধ; উপদেশ; পরামর্শ; প্রেরণাদান।

ex·hume [এক্‌স'হিউম্ US ইগ্‌'জুম্] *vt* কবর থেকে (মৃতদেহ) তুলে আনা (পরীক্ষার জন্য)। **exhum·ation** [একস্‌হিউমেইশ্‌ন্] *n* [U] কবর খুঁড়ে তুলে আনার ব্যাপার বা ঘটনা।

exi·gency [এক্‌সিজেন্‌সি] *n* (*pl* -cies) [C] জরুরি প্রয়োজন; জরুরি অবস্থা। **exi·gent** *adj* ১ জরুরি। ২ অত্যধিক দাবি করে এমন।

exigu·ous [এগ্‌'জিগিউআস্] *adj* (আনুষ্ঠা.) পরিমিত; সামান্য।

exile [এক্‌সাইল্] *n* ১ [U] নির্বাসন। ২ [C] নির্বাসিত ব্যক্তি। □*vt* নির্বাসিত করা।

exist [ইগ্‌'জিস্ট্] *vi* ১ অস্তিমান বা বিদ্যমান থাকা; অস্তিত্ব থাকা। ২ টিকে থাকা। **~·ence** *n* [U] ১ অস্তিত্ব; বিদ্যমানতা। ২ জীবনযাত্রা: lead a happy ~ence. **~·ent** [-টান্ট্] *adj* অস্তিমান; বিদ্যমান; বাস্তব।

exis·ten·tial·ism [এগ্‌জি'স্টেন্‌শলিজাম্] *n* দিনেমার দার্শনিক কির্কেগার্ড (১৮১৩-৫৫) থেকে উদ্ভূত এবং ফরাসি দার্শনিক ও সাহিত্যিক সার্ত্রে (১৯০৫-৮০) কর্তৃক প্রচারিত এই মতবাদ যে, নির্লিপ্ত ও প্রতিকূল বিশ্বে মানুষ এক অনন্য নিঃসঙ্গ প্রাণী, যে নিজ কর্মের জন্য দায়ী এবং নিজ নিয়তি নির্ধারণের ব্যাপারে স্বাধীন; অস্তিত্ববাদ।

exit [এক্‌সিট্] *n* ১ মঞ্চ থেকে অভিনেতা বা অভিনেত্রীর প্রস্থান: make one's ~, (প্রস্থান করা)। ২ (সিনেমা হল, সভাকক্ষ ইত্যাদি থেকে) বের হওয়ার পথ; নিষ্ক্রমণ দ্বার।

ex·odus [এক্‌সাডাস্] *n* বহুলোকের একত্রে বহির্গমন; অভিনিষ্ক্রমণ। **the Exodus** (আনুমানিক) খ্রি.পূ. ১৩০০ অব্দে মিশর থেকে ইসরাইলিয়দের দলবদ্ধ প্রস্থান।

ex officio [এক্‌স্ অফিশিওউ] *adv,adj* (লা.) পদাধিকারবলে; পদাধিকারজনিত।

exon·er·ate [ইগ্‌'জ নারেইট্] *vt* ~ **sb (from)** (অভিযোগাদি হতে) মুক্তি দেওয়া। **exon·eration** [ইগ্‌জনারেইশ্‌ন্] *n* (অভিযোগাদি থেকে) মুক্তি।

exor·bi·tant [ইগ্‌'জো°বিটান্ট্] *adj* (মূল্য দাবি ইত্যাদি প্রসঙ্গে) অত্যধিক; মাত্রাতিরিক্ত। **~·ly** *adv* . **exor·bi·tance** [-টান্‌স্] *n* আধিক্য।

ex·or·cise ['এক্‌সো°সাইজ্] *vt* ~ **(sth from)/(sb of)** মন্ত্রাদির সাহায্যে (ভূতপ্রেতাদিকে) দূরীভূত করা।

exotic [ইগ্‌'জো°টিক্] *adj* ১ (গাছপালা, ফ্যাশন, শব্দ, ভাবধারা ইত্যাদি প্রসঙ্গে) বিদেশী; বহিরাগত। ২ অদ্ভুত; উদ্ভট; বিচিত্র; চমকপ্রদ।

ex·pand [ইক্'সপ্যান্ড্] *vt,vi* ১ প্রসারিত করা বা হওয়া। ২ ছড়ানো বা ছড়িয়ে পড়া; প্রস্ফুটিত হওয়া; ফুল্ল হওয়া; বিস্তারিত হওয়া। ৩ (ব্যক্তি সম্পর্কে) খোশমেজাজি হওয়া।

ex·panse [ইক্‌স্প্যান্‌স্] *n* [C] বিস্তৃত এবং উন্মুক্ত এলাকা।

ex·pan·sion [ইক্'স্প্যান্‌শ্‌ন্] *n* [U] বিস্তার; বিস্তারণ; প্রসারণ।

ex·pan·sive [ইক্'স্প্যানসিভ্] *adj* ১ প্রসারণশীল; বিস্তারণসাধ্য। ২ (ব্যক্তি, কথা ইত্যাদি প্রসঙ্গে) উচ্ছল; উচ্ছলিত; উচ্ছলতাপূর্ণ। **~·ly** *adv.* **~·ness** *n*

ex·parte [এক্‌স্পা(র্)টি] (লা.) *adj.adv* একতরফা।

ex·patiate [ইক্'স্পেইশিএইট্] *vi* ~ **upon** (আনুষ্ঠা. সবিস্তারে লেখা বা আলোচনা করা।

ex·patri·ate [এক্‌স্'প্যাটরিআট্ US 'পেইট্-] *n* বিদেশে প্রবাসী ব্যক্তি। □*vt* ~ **oneself** বিদেশে বসবাসের উদ্দেশ্যে নিজ দেশ ত্যাগ করা; নাগরিকত্ব ত্যাগ করা।

ex·pect [ইক্'সপেক্ট্] *vt* প্রত্যাশা করা; অনুমান করা **~·ancy** [-টান্‌সি] *n* প্রত্যাশা। **~·ant** *adj* প্রত্যাশী প্রত্যাশিত: expectant mother, সন্তানসম্ভবা মাতা **~·ant·ly** *adv* প্রত্যাশিতভাবে। **~ed** প্রত্যাশিত।

ex·pec·ta·tion [এক্‌স্পেক্টেইশ্‌ন্] *n* [U] ১ প্রত্যাশা প্রতীক্ষা। ২ (প্রায়শ *pl*) প্রত্যাশিত বস্তু। **beyond ~** প্রত্যাশার বাইরে; আশাতিরিক্ত। **contrary to ~(s** আশার বিপরীত। **fall short of/not come up to one's ~(s)** আশানুরূপ না হওয়া; প্রত্যাশিত ফললাভ না করা। ৩ (*pl*) ভবিষ্যৎ সম্ভাবনা (বিশেষত উত্তরাধিকারসূত্রে প্রাপ্তির সম্ভাবনা)। **~ of life** প্রত্যাশিত আয়ু; সম্ভাব্য জীবনকাল।

ex·pec·tor·ate [ইক্'সপেকটারেইট্] *vt,vi* (আনুষ্ঠা.) মুখ থেকে জোর করে নির্গত করানো; কাশির সাহায্যে গলা বা ফুসফুস থেকে (শ্লেষ্মাদি) তুলে ফেলা। **ex·pec·tor·ant** [-রান্ট্] *n* কাশির সাহায্যে শ্লেষ্মা বের করে ফেলার সহায়ক ঔষধ।

ex·pedi·ent [ইক্'সপীডিআন্ট্] *adj* উদ্দেশ্যসাধনের পক্ষে উপযোগী; নীতিবিরোধী হলেও সুবিধাজনক। □*n* [C] উপযোগী বা সুবিধাজনক পরিকল্পনা, কৌশল

ইত্যাদি। ~·ly *adv.* **ex·pedi·ence, ex·pedi·ency** *n* [U] উপযুক্ততা, সুযোগ, নিজের স্বার্থ বা সুবিধা।

ex·pedite [ˈএক্স্পিডাইট্] *vt* (আনুষ্ঠা.) অগ্রগতিতে সহায়তা করা; (কার্যাদি) ত্বরান্বিত করা।

ex·pedi·tion [ˌএক্স্পিডিশ্‌ন্] *n* ১ [C] নির্দিষ্ট উদ্দেশ্যে ভ্রমণ বা অভিযান। ২ [U] (আনুষ্ঠা.) তৎপরতা; দ্রুতি; ত্বরা। **~·ary** [-শানারি US -নেরি] *adj* অভিযানমূলক।

ex·pedi·tious [ˌএক্স্পিডিশাস্] *adj* (আনুষ্ঠা.) দ্রুত কার্যকর, তৎপর ও দক্ষ। **~·ly** *adv*

ex·pel [ইক্ˈস্পেল্] *vt* **~ (from)** বহিষ্কার করা; বিতাড়িত করা।

ex·pend [ইক্ˈসপেন্ড্] *vt* **~ sth (on/upon sth/in doing sth)** ১ ব্যয় করা। ২ ব্যবহার করে নিঃশেষিত করে ফেলা। **~·able** *adj* ব্যয়সাধ্য; বিশেষ উদ্দেশ্য সাধনের জন্য ত্যাগ করা বা উৎসর্গ করা যায় এমন।

ex·pen·di·ture [ইক্ˈসপেন্‌ডিচা(র্)] *n* ১ [U] ব্যয়। ২ [C,U] ব্যয়ের পরিমাণ।

ex·pense [ইক্ˈস্পেন্‌স্] *n* [U] ১ ব্যয়; খরচ; মূল্য। **at the ~ of** (কোনো কিছুর) মূল্যে: He acquired wealth at the ~ of his health. **go to the ~ of** কোনো ব্যাপারে অর্থ ব্যয় করা। ˈ**~ account** খরচের হিসাব। ২ (সাধা. *pl*) কোনো কিছুর জন্য ব্যয়িত অর্থ।

ex·pen·sive [ইক্ˈসপেন্‌সিভ্] *adj* ব্যয়সাধ্য; ব্যয়বহুল; দামি। **~·ly** *adv*

ex·peri·ence [ইক্ˈস্পিআরিআন্‌স্] *n* ১ [U] অভিজ্ঞতা। ২ [C] যে ঘটনা বা কাজ অভিজ্ঞতা সৃষ্টি করে। □*vt* কোনো কিছু সম্পর্কে অভিজ্ঞতা লাভ করা; অনুভব করা। **~ed** *adj* অভিজ্ঞ।

ex·peri·ment [ইক্ˈসপেরিমান্ট্] *n* [C] পরীক্ষা; গবেষণা। □*vi* (কিছু নিয়ে) পরীক্ষা বা গবেষণা করা। **~·ation** [-ˈইশ্‌ন্] *n* পরীক্ষণ; পরীক্ষা।

ex·peri·men·tal [ইক্ˌসপেরিমেন্‌ট্‌ল্] *adj* পরীক্ষামূলক; গবেষণামূলক; গবেষণানির্ভর। **~ly** *adv*

ex·pert [ˈএক্স্পাট্] *n* বিশেষজ্ঞ বা দক্ষ ব্যক্তি। □*adj* সুদক্ষ; অভিজ্ঞ; কুশলী; বিশেষজ্ঞসুলভ। **~·ly** *adv.* **~·ness** *n* দক্ষতা; কুশলতা।

ex·pert·ise [ˌএক্স্পাটীজ়্] *n* [U] ১ (বাণিজ্য) বিশেষজ্ঞ মূল্যায়ন; মূল্যাবধারণ। ২ বিশেষজ্ঞের প্রতিবেদন। ৩ বিশেষ জ্ঞান ও দক্ষতা।

ex·pir·ation [ˌএক্স্পিরেশ্‌ন্] *n* [U] ১ **~ (of)** অবসান (বিশেষত কোনো মেয়াদকালের)। ২ (আনুষ্ঠা.) শ্বাসত্যাগ।

ex·pire [ইক্ˈস্পাইআ(র্)] *vt* ১ (মেয়াদকাল সম্পর্কে) অবসান হওয়া; নিঃশ্বাস ফেলা। ২ মরে যাওয়া; মৃত্যুবরণ করা।

ex·piry [ইক্ˈস্পাইআরি] *n* (*pl* -ries) **~ (of)** (বিশেষত চুক্তি ইত্যাদি মেয়াদের) অবসান; সমাপ্তি: ~ of the lease.

ex·plain [ইক্ˈস্প্লেইন্] *vt* ১ **~ sth (to sb)** ব্যাখ্যা করা; বোধগম্য করা; অর্থ পরিষ্কার করা। ২ কৈফিয়ত দেওয়া। **~ sth away** কৈফিয়ত দিয়ে এড়িয়ে যাওয়া।

ex·pla·na·tion [ˌএক্স্প্লানেইশ্‌ন্] *n* ব্যাখ্যা; কৈফিয়ত।

ex·plana·tory [ইক্ˈস্প্ল্যানাট্রি US -টো°রি] *adj* ব্যাখ্যামূলক; কৈফিয়তমূলক।

ex·ple·tive [ইক্ˈস্প্লীটিভ্ US ˈএক্স্প্লাটিভ্] *n* [C] প্রচণ্ড বিস্ময় প্রকাশক (প্রায়ই অর্থহীন) উক্তি (যেমন— 'My goodness')।

ex·plic·able [এক্ˈস্প্লিকাব্‌ল্] *adj* (আনুষ্ঠা.) ব্যাখ্যাসাধ্য; বর্ণনাসাধ্য।

ex·pli·cate [ˈএক্স্প্লিকেইট্] *vt* (আনুষ্ঠা.) সবিস্তারে ব্যাখ্যা ও বিশ্লেষণ করা; প্রকাশ করা।

ex·plicit [ইক্সপ্লিসিট্] *adj* (কোনো বিবরণ ইত্যাদি প্রসঙ্গে) পরিষ্কারভাবে এবং পরিপূর্ণভাবে প্রকাশিত। সুনির্দিষ্ট। **~·ly** *adv* **~·ness** *n*

ex·plode [ইক্ˈস্প্লৌড্] *vt,vi* ১ উচ্চরবে বিদীর্ণ বা বিস্ফোরিত করানো বা হওয়া। ২ (অনুভূতি ইত্যাদি) ফেটে পড়া; (ব্যক্তি সম্পর্কে) তীব্র আবেগ প্রদর্শন করা। ৩ ধ্বংস করা; প্রকাশ করা; অসারতা তুলে ধরা: an ~d idea, পরিত্যক্ত ধারণা।

ex·ploit[1] [ˈএক্সপ্লইট্] *n* [C] দুঃসাহসিক বা বীরত্বপূর্ণ কাজ; গৌরবময় কীর্তি; চমকপ্রদ কাজ।

ex·ploit[2] [ইক্ˈস্প্লইট্] *vt* ১ (দেশের সম্পদ) কাজে লাগানো। ২ কেবল নিজের স্বার্থ বা লাভের জন্য ব্যবহার করা; (কিছুর) সুযোগ গ্রহণ করা। **ex·ploi·ta·tion** [ˌএক্স্প্লইটেইশ্‌ন্] *n* [U] নিজ স্বার্থসাধন; নিজস্ব স্বার্থে ব্যবহার; (কিছুর) সুযোগ গ্রহণ; শোষণ।

ex·plore [ইক্ˈস্প্লো°(র্)] *vt* ১ জ্ঞানলাভ বা গবেষণার উদ্দেশ্যে (কোনো দেশ অঞ্চল ইত্যাদি) ভ্রমণ করা। ২ পুঙ্খানুপুঙ্খভাবে পরীক্ষা করে দেখা: ~ possibilities, সম্ভাব্যতা পরীক্ষা করে দেখা। **ex·plorer** *n* তথ্য আহরণের উদ্দেশ্যে ভ্রমণকারী ব্যক্তি; পুঙ্খানুপুঙ্খরূপে পরীক্ষাকারী ব্যক্তি। **ex·plo·ra·tion** *n* তথ্য আহরণমূলক ভ্রমণ বা তদন্তের উদ্দেশ্যে অনুসন্ধান।

ex·plosion [ইক্ˈস্প্লৌজ়্‌ন্] *n* [C] ১ বিস্ফোরণ; বিস্ফোরণজনিত প্রচণ্ড আওয়াজ: a bomb ~. ২ **~ (of)** আকস্মিক বহিঃপ্রকাশ: ~ of laughter, ~ of anger. বহুল পরিমাণে আকস্মিক বৃদ্ধি: population ~.

ex·plos·ive [ইক্ˈস্প্লৌসিভ্] *n* বিস্ফোরক পদার্থ। □*adj* বিস্ফোরক; বিস্ফোরণধর্মী। **~·ly** *adv*

expo [ˈএক্সপৌ] *n* (পণ্যাদির) আন্তর্জাতিক প্রদর্শনী।

ex·po·nent [ইক ˈস্পৌনানট্] *n* **~ (of)** ১ প্রকাশক বা ব্যাখ্যাকারী ব্যক্তি বা বস্তু; প্রতিনিধিত্বকারী বা উদাহরণ হিসাবে উপস্থাপনীয় ব্যক্তি বা বস্তু: He was a great ~ of this theory. ২ (বীজগণিত) কোনো গুণনীয়কের শক্তিচিহ্ন; সূচক (a^x রাশিতে x a-র সূচক)।

ex·port[1] [ˈএক্সপো°ট্] *n* ১ [U] রপ্তানি। ২ [C] রপ্তানিকৃত দ্রব্য।

ex·port[2] [ˈইক্ˈসপো°ট] *vt* রপ্তানি করা। **~er** *n* রপ্তানিকারক। **~·able** *adj* রপ্তানিযোগ্য।

ex·porta·tion [ˈএক্সপো°টেইশ্‌ন্] *n* [U] পণ্যের রপ্তানি; রপ্তানিকৃত পণ্য।

ex·pose [ইক্ˈস্পৌজ়্] *vt* **~ (to)** ১ অনাবৃত করা; খোলা বা অসংরক্ষিত রাখা। ২ প্রদর্শন করা; পরিচিত করা। ৩ (আলোক.) ক্যামেরার ফিল্ম ইত্যাদিতে আলো প্রবেশ করতে দেওয়া।

ex·posé [এক্ ˈস্পৌজ়েই US এক্স্পাˈজ়েই] *n* ১ তথ্যাদি বা বিশ্বাস সংক্রান্ত বিবরণ। ২ জনসমক্ষে অপকীর্তিসমূহের প্রকাশ।

ex·po·si·tion [ˌএক্স্পাজ়িˈশ্‌ন্] *n* ১ [U] ব্যাখ্যাকরণ (তত্ত্ব, পরিকল্পনা ইত্যাদির) ব্যাখ্যা। ২ [C] (সং. **Expo**) পণ্যাদির প্রদর্শনী।

ex·postu·late [ইক্ 'স্পস্চ্যুলেইট্] *vi* ~ **(with sb) (on/about sth)** মৃদু অনুযোগ করা; যুক্তি দেখানো বা তর্ক করা। **ex·postu·la·tion** *n* [C,U] মৃদু অনুযোগ; যুক্তি প্রদর্শন।

ex·po·sure [ইক্ 'স্পোজ়া(র্)] *n* ১ অনাবৃতকরণ; প্রকাশিতকরণ; প্রদর্শন। ২ (আলোক.) সূর্যালোকসম্পাত বা সূর্যালোকসম্পাতের কাল। ৩ অনাবৃত বা প্রকাশিতকরণের ঘটনা। '**~ meter** *n* (আলোক.) দীপন পরিমাপের এবং ফিল্মে সঠিক আলোক সম্পাতকাল নির্দেশের যন্ত্র।

ex·pound [ইক্ 'স্পাউন্ড্] *vt* ~ **(to)** ব্যাখ্যা করা; বিস্তারিত বর্ণনার সাহায্যে অর্থ পরিষ্কার করা।

ex·press[1] [ইক্ 'স্প্রেস্] *adj* ১ পরিষ্কারভাবে এবং সুনির্দিষ্টভাবে বর্ণিত: an ~ command. ২ দ্রুতগামী: an '~ train. '**~way** *n* (Us) দ্রুতগতিতে গাড়ি চলাচলের সড়ক। **~·ly** *adv* ১ সুস্পষ্টভাবে। ২ বিশেষভাবে; বিশেষ উদ্দেশ্যে।

ex·press[2] [ইক্ 'স্প্রেস্] *n* ১ দ্রুতগামী ট্রেন: Karnaphuli E~. ২ (US) মালামাল দ্রুত এবং নিরাপদে সরবরাহ করার দায়িত্বপালনকারী কোম্পানি। ৩ ডাক, রেল ইত্যাদির দ্রুত মালামাল পরিবহন ব্যবস্থা: ~ delivery; ~ fee.

ex·press[3] [ইক্ 'স্প্রেস্] *vt* ১ প্রকাশ করা; কথায়, লেখায় ও আচরণে প্রদর্শন করা: to ~ one's opinion. ২ (চিঠি মালপত্র ইত্যাদি) দ্রুত পৌঁছানোর বিশেষ ব্যবস্থায় প্রেরণ করা। ৩ ~ **(from/out of)** (আনুষ্ঠা.) চাপ প্রয়োগে নির্যাসাদি বের করা।

ex·press·ion [ইক্ 'স্প্রেশ্ন্] *n* প্রকাশ, অভিব্যক্তি; প্রকাশ বা অভিব্যক্তির উপায়, শব্দ বা কথা; (গণিত.) একটি রাশিপ্রকাশক প্রতীকগুচ্ছ, যেমন— $2a^2b$. **~·less** *adj* প্রকাশহীন; ভাবলেশহীন।

ex·press·ion·ism [ইক্ 'স্প্রেশানিজ়াম্] *n* [U] (চিত্রকলা, সঙ্গীত ইত্যাদিতে) আবেগনির্ভর অভিজ্ঞতার প্রতীকী প্রকাশ; অভিব্যক্তিবাদ। **ex·press·ion·ist** [-ইস্ট্] *n*

ex·press·ive [ইক্ 'স্প্রেসিভ্] *adj* ~ **(of)** প্রকাশক; অভিব্যক্তিপূর্ণ; ভাবপূর্ণ। **~·ly** *adv*

ex·pro·pri·ate [একস্ 'প্রৌপ্রিএইট্] *vt* ~ **(from)** দখলচ্যুত করা। **ex·pro·pri·ation** *n* [U]

ex·pul·sion [ইক্ 'স্পাল্শ্ন্] *n* ~ **(from)** বহিষ্কার; বিতাড়ন: the ~ of a student from the University.

ex·punge [ইক্ 'স্পান্জ্] *vt* ~ **(from)** (আনুষ্ঠা.) (বই খাতা ইত্যাদি থেকে নাম বা কোনো বিষয়) মুছে ফেলা; নিশ্চিহ্ন করা; লোপ করা; লিখিত প্রতিবেদন থেকে কোনো কিছু বাদ দেওয়া।

ex·pur·gate ['এক্স্পাগেইট্] *vt* (বই ইত্যাদি থেকে) আপত্তিকর বা ভ্রমাত্মক অংশ বাদ দিয়ে সংশোধন করা: an ~d edition of the novel. **ex·pur·ga·tion** ['এক্স্পা'গেইশ্ন্] *n* আপত্তিকর অংশ বাদ দিয়ে সংশোধন।

ex·quis·ite ['এক্স্কুয়িজ়িট্ US এক্'স্কুইজ়িট্] *adj* ১ নিখুঁত চমৎকারিত্বপূর্ণ; অপরূপ সুন্দর। ২ (ব্যথা, আনন্দ ইত্যাদি প্রসঙ্গে) তীব্র। ৩ (অনুভব ক্ষমতা সম্পর্কে) সূক্ষ্ম। **~·ly** *adv*. **~·ness** *n*

ex-ser·vice [,এক্স্ 'স্যাভিস্] *adj* পূর্বে সেনাবাহিনীতে নিযুক্ত ছিল এমন; সেনাবাহিনী থেকে অবসরপ্রাপ্ত। **~·man** প্রাক্তন সৈনিক।

ex·tant [এক্ 'স্ট্যান্ট্ US 'একস্টান্ট্] *adj* (পুরাতন দলিল ইত্যাদি প্রসঙ্গে) এখনও বিদ্যমান: ~ copy; ~ specimen.

ex·tem·por·ary [ইক্ 'স্টেম্পারারি US -প'রেরি] *adj* = extempore. **ex·tem·por·ar·ily** *adv*

ex·tem·pore [এক্ 'স্টেমপারি] *adv,adj* পূর্বচিন্তা বা পূর্বপ্রস্তুতি ছাড়া (উক্ত বা রচিত বা কৃত): an ~ speech, উপস্থিত বক্তৃতা। **ex·tem·poraneous·ly** [এক্সটেম্পারেইনিআস্(লি)] = extempore.

ex·tend [ইক 'স্টেন্ড্] *vt,vi* ১ প্রসারিত করা বা হওয়া; (স্থান বা সময়) বাড়ানো; সম্প্রসারিত করা বা হওয়া। ২ ছড়িয়ে দেওয়া; বাড়িয়ে দেওয়া: ~ one's hand to sb, কারো সঙ্গে করমর্দন করা। ৩ ~ **sth (to sb)** প্রদান করা: ~ an invitation; ~ a warm welcome to sb. ৪ বিস্তৃত হওয়া বা পৌঁছানো। ৫ পৌঁছে দেওয়া বা বিস্তৃত করা। ৬ (সাধা. কর্মবাচ্যে) অতিরিক্ত খাটানো: The horse was fully ~ed.

ex·tension [ইক 'সটেন্শ্ন্] *n* ১ [U] সম্প্রসারণ; বিস্তার; প্রসার; ব্যাপ্তি: ~ of knowledge. ২ [C] সংযোজিত অংশ; সংযোজন; বৃদ্ধি: ~ of a building; ~ of leave.

ex·ten·sive [ইক 'টেন্সিভ্] *adj* বিস্তৃত; ব্যাপক; বিশাল।

ex·tent [ইক্ 'স্টেন্ট্] *n* [U] ১ সীমা; আয়তন; চৌহদ্দি; ব্যাপ্তি। ২ মাত্রা; পরিমাণ: to a certain/to some ~, অংশত; কিছু পরিমাণে; কিছুটা।

ex·tenu·ate [ইক্ 'স্টেনিউএইট্] *vt* (কৈফিয়ত প্রদানের মাধ্যমে অপরাধাদির) গুরুত্ব হ্রাস করা; প্রশমিত করা; হ্রাস করা: extenuating circumstances, অপরাধের গুরুত্ব লাঘব করে এমন অবস্থানসমূহ। **ex·tenu·ation** [ইক্'সটেনিউএইশ্ন্] *n* প্রশমন; গুরুত্ব লাঘবকরণ; আংশিক কৈফিয়ত।

ex·terior [ইক্ 'স্টিআরিআ(র্)] *adj* বহিঃস্থ; বাহ্যিক; বহিরাগত। □*n* বর্হির্দেশ; বহিরাবরণ; বাহির; বাহ্যিক গঠন; চেহারা। **~·ize** [-রাইজ] = externalize, বহির্মুখীকরণ।

ex·ter·mi·nate [ইক্ 'স্টামিনেইট্] *vt* শেষ করা; সম্পূর্ণ ধ্বংস করা। **ex·ter·mi·na·tion** *n*

ex·ter·nal [ইক্ 'স্টান্ল্] *adj* বহিঃস্থ; বহির্মুখ; বাহ্যিক: medicine for ~ application, গাত্রচর্মে লাগানোর ওষুধ; বহিরাগত: ~ examiner; বিদেশী; বৈদেশিক: ~ affairs. □*n* বাহির; *(pl)* বহিরাংশসমূহ: ~s of religion, ধর্মের বাহ্যিক আচার অনুষ্ঠানাদি; বাইরের চেহারা।

ex·ter·ri·tor·ial [,এক্স্ টেরিটোরিআল্] *adj* স্বদেশবর্হিভূত; অতিরাষ্ট্রিক: ~ privileges and rights.

ex·tinct [ইক্ 'স্টিঙ্কট্] *adj* ১ নির্বাপিত; অধুনানিষ্ক্রিয়: an ~ volcano. ২ (অনুভূতি, আবেগ ইত্যাদি প্রসঙ্গে) মৃত। ৩ অধুনালুপ্ত: an ~ species.

ex·tinc·tion [ইক্ 'স্টিঙ্কশ্ন্] *n* নির্বাপন; লোপ; মৃত্যু; ধ্বংস।

ex·tin·guish [ইক্ 'স্টিঙ্গুইশ্] *vt* ১ নেভানো (আগুন, আলো ইত্যাদি)। ২ শেষ করা; অবসান ঘটানো (আশা ভালোবাসা আবেগ ইত্যাদির)। ৩ মিটিয়ে দেওয়া (দেনা)। **~er** *n* অগ্নিনির্বাপক যন্ত্র।

ex·tir·pate ['এক্সটাপেইট্] *vi* (আনুষ্ঠা.) উম্মূলিত করা; সম্পূর্ণ ধ্বংস করা: ~ social evils. **ex·tir·pa·tion** *n* [U]

ex·tol [ইক্'স্টৌল্] *vt* উচ্চপ্রশংসা করা।

ex·tort [ইক্'সটো°ট্] *vt* ~ **(from)** বলপ্রয়োগ, হুমকি প্রদান বা ভীতি প্রদর্শনের মাধ্যমে আদায় করা: ~ money from sb; use torture to ~ a confession from sb. **ex·tor·tion** *n*

ex·tor·tion·ate [ইক্'সটো°শনাট্] *adj* (দাবি, মূল্য ইত্যাদি প্রসঙ্গে) অত্যধিক বেশি। ~·**ly** *adv*

extra ['এক্স্ট্রা] *adj* অতিরিক্ত, অস্বাভাবিক বা অপ্রত্যাশিত। □*adv* ১ স্বাভাবিক অপেক্ষা বেশি: ~ large size. ২ অতিরিক্ত(ভাবে): rent Tk. 5000/-, gas and light charges ~. □*n* ১ বাড়তি বা অতিরিক্ত কিছু। ২ (ক্রিকেটে) ব্যাট থেকে আসেনি এমন রান। ৩ (চলচ্চিত্র নাটক ইত্যাদিতে) খুব নগণ্য ভূমিকায় অভিনয়ের জন্য নিয়োজিত ব্যক্তি।

ex·tract [ইক্স্ট্র্যাক্ট্] *vt* ~ **(from)** ১ (সাধা. বলপ্রয়োগের মাধ্যমে) টেনে বের করা: to ~ a tooth; (লাক্ষ.) জোর করে আদায় করা: to ~ money or information from sb. ২ (নির্যাসাদি) বের করা। ৩ (শব্দ, উদাহরণ, অনুচ্ছেদ ইত্যাদি) পুস্তকাদি থেকে বেছে নিয়ে উপস্থাপিত করা। □*n* ['এ–] ১ নির্যাস। ২ গ্রন্থাদি থেকে উদ্ধৃত অংশ। **extraction** [ইক্'স্ট্র্যাক্শ্ন্] ১ বলপূর্বক উৎপাটন বা টেনে বের করার কাজ: ~ of a tooth. ২ বংশ; কূল: He is of German ~.

extra·cur·ricu·lar [ˌএক্সট্রাক'রিকিউলা(র্)] *adj* নিয়মিত পাঠক্রম বা অধ্যয়ন কাজের বাইরের; পাঠক্রম–বর্হিভূত: ~ activities, পড়াশোনার অতিরিক্ত সঙ্গীত অভিনয়, খেলাধুলা ইত্যাদি ক্রিয়াকলাপ।

ex·tra·dite ['এক্সট্রাডাইট্] *vt* ১ বিদেশে পলাতক আসামিকে সেই রাষ্ট্রের সরকারের কাছে অর্পণ করা যেরাষ্ট্রে সে দোষী সাব্যস্ত হয়েছে। ২ বিচারের জন্য অনুরূপ ব্যক্তিকে পাওয়া। **ex·tra·di·tion** [ˌএক্স্ট্রা'ডিশ্ন্] *n*

extra·ju·dicial [ˌএক্সট্রাজুডিশ্ল্] *adj* আদালতের এখতিয়ার বহির্ভূত; (স্বাভাবিক) আইনের ক্ষমতার বাইরে।

extra·mari·tal [ˌএক্সট্রাম্যারিট্ল্] *adj* বিবাহবন্ধনের বহির্ভূত। ~ relations, ব্যভিচার; অবৈধ যৌনসংসর্গ।

extra·mural [ˌএক্সট্রামিউরাল্] *adj* ১ সীমানাবহির্ভূত। ২ (বিশ্ববিদ্যালয় কলেজ ইত্যাদিতে) পূর্ণকাল ক্রিয়াকলাপের অতিরিক্ত: ~ lectures/ studies/ students.

ex·traneous [ইক্ 'স্ট্রেইনিআস্] *adj* অসংশ্লিষ্ট; নিজস্ব নয় এমন; বহিরাগত; বাইরের: ~ interferance.

extra·ordi·nary [ইক্ 'স্ট্রো°ডন্রি US ডানেরি] *adj* ১ অসাধারণ; সাধারণ নয় এমন বিশিষ্ট: ~ leave। ২ (কর্মকর্তা সম্পর্কে) নির্দিষ্ট সংখ্যার অতিরিক্ত; বিশেষ উদ্দেশ্যে নিযুক্ত। ~·**ly** *adv*

ex·trapo·late [ˌইকস্ট্র্যাপালেইট্] *vt* ১ জ্ঞাত তথ্যাদি বিচারের মাধ্যমে অজ্ঞাত কোনো কিছুর মূল্যবিচার করা। ২ (গণিত) জ্ঞাত মান পরিমাপ হতে অজ্ঞাত কিছুর হিসাব করা। **ex·trapo·la·tion** *n* [U]

extra·sen·sory [ˌএক্সট্রাসেন্সরি] *adj* ইন্দ্রিয়াতিরিক্ত অনুভূতিসংক্রান্ত: ~ perception (abbr.ESP), ইন্দ্রিয়ের সাহায্য ছাড়া বাহ্যিক ঘটনাবলীর অনুধাবন।

extra·ter·res·trial [ˌএক্সট্রাটিরেস্ট্রিআল্] *adj* পৃথিবী ও এর বায়ুমণ্ডলের বাইরের; পৃথিবীবহির্ভূত।

extra·terri·tor·ial [ˌএক্স্ট্রাˌটেরিটো°রিআল্] *adj* = exterritorial.

ex·trava·gant [ইক্স 'ট্র্যাভ্াগান্ট্] *adj* ১ অপচয়কর; অপব্যয়ী। ২ (ধারণা, কথা, আচরণ ইত্যাদি সম্পর্কে) সীমালঙ্ঘনকর; অসংযত। ~·**ly** *adv*. **ex·trava·gance** [-গান্স্] *n* সীমালঙ্ঘন; অসংযম; অপচয়; অসংযত উক্তি বা আচরণ।

ex·trava·gan·za [ইক্ ˌস্ট্র্যাভ়াগ্যান্জ়া] *n* [C] (সঙ্গীত, নাটক, সাহিত্য) উদ্ভট রচনা; অসংযত আচরণ বা উক্তি।

ex·treme [ইক্ 'স্ট্রীম্] *n* ১ যে কোনো কিছুর শেষ সীমা; (লাক্ষ.) চরম সীমা; চরমমাত্রা। ২ *(pl)* যথাসম্ভব দূরবর্তী বা একেবারে পৃথক গুণাবলী, মান ইত্যাদি। **go to/be driven to ~s** চরম; চূড়ান্ত। ৩ (ব্যক্তি, মত ইত্যাদি প্রসঙ্গে) চরমপন্থী। ~·**ly** *adv*. **ex·trem·ist** *n* চরমপন্থী (ব্যক্তি)। **ex·trem·ity** [ইক্'স্ট্রেমাটি] *n (pl* -ties) ১ চরম বিন্দু; প্রান্ত; সীমা। *(pl)* হাত ও পা। ২ (কেবল *sing*) চরম মাত্রা (আনন্দের, দুর্দশার বিশেষত দুর্ভাগ্যের)। ৩ (সাধা. *pl)* (শাস্তিমূলক) চরম ব্যবস্থা।

ex·tri·cate ['এক্স্ট্রিকেইট্] *vt* ~ **(from)** মুক্ত করা। **ex·tri·cable** মুক্ত করা যায় এমন। **ex·tri·ca·tion** *n* [U]

ex·trin·sic [এক 'স্ট্রিন্সিক্] *adj* ~ **(to)** (গুণ, মান ইত্যাদি সম্পর্কে) বহিঃস্থ; বাহ্যিক; অপরিহার্য নয় এমন।

ex·tro·vert ['এক্স্ট্রাভ়াট্] *n* বর্হিজগৎ সম্পর্কে অধিক কৌতূহলী ব্যক্তি; (কথ্য) সামাজিক; প্রাণবন্ত; হাসিখুশি ব্যক্তি; (attrib): ~ behaviour. □*vt* বহির্মুখী করা; বহির্জগৎ সম্পর্কে কৌতূহলী করা। **extro·version** *n* বহির্মুখী অবস্থা।

ex·trude [ইক্ 'স্ট্রুড্] *vt* ~ **(from)** বলপূর্বক পরিষ্কার করা; (প্লাস্টিক, ধাতু ইত্যাদি) ছাঁচের মাধ্যমে চাপ প্রয়োগ করে বিশেষ আকার দেওয়া। **ex·tru·sion** *n*

ex·uber·ant [ইগ্ 'জ়িউবারান্ট্ US 'জূ–] *adj* ১ সবলভাবে বর্ধনশীল: সমৃদ্ধ; প্রাচুর্যপূর্ণ। ২ প্রাণোচ্ছল; উচ্ছ্বসিত; উদ্বেলিত। ~·**ly** *adv*. **ex·uber·ance** [–রান্স্] *n* সমৃদ্ধি; প্রাচুর্য; উচ্ছ্বাস।

ex·ude [ইগ্ 'জিউড্ US -'জূড্] *vt,vi* (তরল পদার্থের ফোঁটা সম্পর্কে) ঝরা বা ঝরানো; চোঁয়ানো।

ex·ult [ইগ্ 'জ়াল্ট্] *vi* অতিশয় আনন্দ করা বা উল্লসিত হওয়া: ~ at/in one's success; বিজয়োল্লাস করা: ~ over a defeated rival. ~·**ant** [– আন্ট্] *adj* মহোল্লসিত; জয়োল্লসিত ~·**antly** *adv*. **ex·ul·ta·tion** [এগ্জাল্টেইশ্ন্] *n* [U] মহোল্লাস; জয়োল্লাস।

eye[1] [আই] *n* ১ চোখ; চক্ষু; নেত্র; অক্ষি। **an ~ for an ~** চোখের বদলে চোখ (সমুচিত প্রতিশোধ)। **~s right/left** (ড্রিল ইত্যাদিতে) ডাইনে/বামে তাকাও। **if you had half an ~** তুমি যদি এত স্থূলবুদ্ধি/উদাসীন না হতে। **under/before one's very ~s** কারো চোখের সামনেই; কারও উপস্থিতিতে বা প্রকাশ্যে। **with an ~ to** কোনো উদ্দেশ্যে; প্রত্যাশায়। **be all ~s** গভীর মনোযোগের সঙ্গে লক্ষ করা। **be in the public ~** সর্বসাধারণের দৃষ্টিগোচর হওয়া; সুপরিচিত হওয়া। **close one's ~ to** লক্ষ করতে না চাওয়া। **get one's ~ in** (ক্রিকেট বা অন্যান্য বল খেলায়) অনুশীলনের মাধ্যমে বলের গতিবিধি লক্ষ রাখতে পারা। **give sb a black ~, black sb's ~** কাউকে ঘুসি মেরে চোখের চারপাশে কালসিটে ফেলে দেওয়া। **have an ~ for** কোনো

বিষয়ে ভালো বিচারক্ষমতাসম্পন্ন বা বোধশক্তিসম্পন্ন হওয়া। **have an ~ to keep an ~ on** (লাক্ষ.) নজর রাখা। **make ~s at** প্রণয়পূর্ণ দৃষ্টিতে তাকানো। **make sb open his ~s** লক্ষ করার ব্যাপারে কাউকে সহায়তা করা। **open sb's ~s to** কাউকে উপলব্ধি করানো। **see ~ to ~ (with)** সম্পূর্ণরূপে একমত হওয়া; অভিন্ন মত পোষণ করা। **see sth with half an ~** এক নজর দেখা। **never take one's ~s off** নজর রাখতে কখনও বিরত না হওয়া। ২ চক্ষুর মতো কোনো বস্তু: the ~ of a needle. **ˈ~-ball** *n* অক্ষিগোলক। **~ball to ~ball** (কথ্য) মুখোমুখি; সামনাসামনি। **ˈ~-bath, ˈ~-cup** *nn* চক্ষুপ্রক্ষালক ঔষধ রাখার গ্লাস যাতে চক্ষু প্রক্ষালন করা হয়। **ˈ~-brow** *n* ভ্রূ। **raise one's ~brows** বিস্ময় সংশয় প্রভৃতি প্রকাশ করা (তু. চোখ কপালে তোলা)। **ˈ~-catching** *adj* সহজে লক্ষণীয় এবং দেখতে সুন্দর এমন আকর্ষণীয়। **ˈ~-ful** [ফুল্] *n* যতোটা দেখতে পারা সম্ভব; এক নজরে যতোটা দর্শন সম্ভব। **have/get an ~ful (of)** নয়নভরে দেখা: We got an ~ful of Tajmahal at a moonlit night. **ˈ~-glass** *n* এক চোখে ব্যবহার্য লেনস্। **ˈ~-glasses** *n (pl)* চশমা। **ˈ~-lash** *n* অক্ষিপক্ষ (চোখের পাতার লোম)। **ˈ~-less** *adj* চক্ষুহীন। **ˈ~-lid** *n* চোখের পাতা। **hang on by the ~lids** খুব দুর্বলভাবে লেগে থাকা। **ˈ~-opener** *n* যে বিষয় বা পরিস্থিতি জ্ঞানচক্ষু খুলে দেয়। **ˈ~-shadow** *n* [U] চোখের পাতায় ব্যবহার্য প্রসাধনী। **ˈ~-shot** *n* [U] দৃষ্টির নাগাল। **ˈ~-sight** *n* [U] দৃষ্টিশক্তি; দৃষ্টি। **ˈ~-sore** *n* চক্ষুশূল। **ˈ~-strain** *n* [U] চোখের ক্লান্ত অবস্থা। **ˈ~-tooth** *n* আক্কেল দাঁত **ˈ~-wash** *n* [U] (ক) চক্ষুপ্রক্ষালক তরল ঔষধ (খ) (কথ্য) প্রতারণা বা ছলনা; বাজে কথা। **ˈ~-witness** *n* প্রত্যক্ষদর্শী/সাক্ষী। **-~d** (যৌগশব্দে) চক্ষুবিশিষ্ট এই অর্থে: a blue-~d girl.

eye[2] [আই] *vt* লক্ষ করা: Why are you eying me so suspiciously?

eye·let [ˈআইলিট্] *n* [C] বস্ত্র; নৌকার পাল প্রভৃতিতে রশি পরানোর জন্য ক্ষুদ্র ছিদ্র; ঐরূপ ছিদ্রকে দৃঢ় করার উদ্দেশ্যে এটিকে ঘিরে স্থাপিত ধাতব আংটা।

eyrie, eyry [এআরি] দ্র. aerie.

F f

F, f [এফ্] *(pl* F's f's [এফ্‌স্]) ইংরেজি বর্ণমালার ষষ্ঠ বর্ণ।

fa [ফা:] *n* স্বরগ্রামের চতুর্থ স্বর; মধ্যম (মা)।

Fabian [ˈফেইবিআন্] *n adj* ১ বিরোধীপক্ষকে হয়রান করার লক্ষ্যে সতর্ক ও কালহরণকারী কৌশলাবলম্বী (ব্যক্তি): a ~ policy. ২ (GB) ধীর ও ক্রমান্বয়িক সমাজতান্ত্রিক পরিবর্তনের সমর্থক: ~ society.

fable [ˈফেইব্‌ল্] *n* ১ [C] জীবজন্তুর আচরণ ও কথাবার্তার মাধ্যমে নীতিকথা তুলে ধরার উদ্দেশ্যে রচিত কল্পকাহিনী। ২ [U] (Collect. *sing*) পৌরাণিক কাহিনী; উপকথা। ৩ [C] মিথ্যা বিবরণ। **fabled** [ফেইব্‌ল্‌ড্] *adj* উপকথাখ্যাত; পৌরাণিক।

fab·ric [ˈফ্যাব্‌রিক্] *n* [C,U] ১ বস্ত্র: woolen ~ s. ২ গঠন; কাঠামো: the ~ of society; নির্মাণ; অট্টালিকা; সৌধ।

fab·ri·cate [ˈফ্যাব্‌রিকেইট্] *vt* নির্মাণ করা; (অংশাদি) জোড়া লাগানো; মিথ্যা কিছু উদ্ভাবন বা রচনা করা; (দলিলাদি) জাল করা। **fab·ri·ca·tion** [ˈফ্যাব্‌রিˈকেইশ্‌ন্] *n* [U] নির্মাণকরণ, মিথ্যাকাহিনী, জাল দলিল ইত্যাদি।

fabu·lous [ˈফ্যাবিউলাস্] *adj* ১ পৌরাণিক কাহিনী বা উপকথায় বর্ণিত: ~ heroes. ২ অবিশ্বাস্য; অসম্ভব; অবাস্তব। ৩ (কথ্য) চমৎকার। **~·ly** *adv* অবিশ্বাস্য রকমের: ~ly rich.

fa·Çade [ফাˈসা:ড্] *n* [C] অট্টালিকার সম্মুখভাগ বা সদরের বহির্ভাগ; (লাক্ষ.) মুখোশ; নকল বা বিভ্রান্তিকর চেহারা: a ~ of unconcern.

face[1] [ফেইস্] *n* ১ মুখমণ্ডল; মুখ। **~ to ~** মুখোমুখি; সামনাসামনি। **look sb in the ~** কারও দিকে স্থির দৃষ্টিতে তাকিয়ে থাকা। **be unable to look sb in the ~** লজ্জা ভয় ইত্যাদি কারণে কারও প্রতি চোখ তুলে তাকাতে না পারা। **set one's ~ against sb** কারও বিরোধিতা করা। **show one's ~** দেখা দেওয়া; মুখ দেখানো: He could show his ~ here after that incident. **in (the) ~ of** (ক) মোকাবেলায় কোনো কিছুর সম্মুখীন হয়ে: In the ~ of all provocations he kept silent. **fly in the ~ of sth** খোলাখুলিভাবে আগ্রহ্য করা। **to one's ~** প্রকাশ্যে; মুখের উপর। ২ (যৌগশব্দে) **ˈ~-card** *n* (তাসের) সাহেব, বিবি বা গোলাম। **ˈ~-cream** *n* মুখে ব্যবহার্য প্রসাধনী ক্রিম মুখের ক্রিম; **ˈ~-lifting** *n* মুখমণ্ডলে চামড়ার ভাঁজ দূর করার জন্য অস্ত্রোপচার (কমনীয়তা বৃদ্ধির উদ্দেশ্যে)। **ˈ~-pack** *n* মুখমণ্ডলের ত্বক পরিষ্কার ও সজীব করার জন্য ব্যবহৃত মলম জাতীয় প্রসাধনী। **ˈ~-powder** *n* মুখের প্রসাধনী পাউডার। ৩ চেহারা; অভিব্যক্তি: a smiling ~. **keep a straight ~** (হাসি দমন করে) নিজের উল্লাস বা আমোদ গোপন করা। **make/pull a ~/ ~s (at sb)** মুখভঙ্গি করা; ভেংচানো। **put on/wear a long ~** গম্ভীর হওয়া বা মুখ ভার করা। ৪ (বিশিষ্টার্থে) **have the ~ (to do sth)** সাহস বা ধৃষ্টতা থাকা (কিছু করার জন্য)। **lose ~** অপমানিত হওয়া; ছোট হওয়া; মুখ না পাওয়া। **put a good/bold/brave ~ on sth** কোনো কিছুর চেহারা সুদৃশ্য করা; কোনো কিছু করতে সাহস দেখানো। **put a new ~ on sth** কোনো কিছুর চেহারা বদলানো। **save one's ~** মর্যাদাহানি এড়ানো। **ˈ~-saver** মুখরক্ষাকর। **on the ~ of it** আপাতদৃষ্টিতে। ৫ পৃষ্ঠদেশ; সম্মুখভাগ। **~ value** অভিহিত মূল্য; (লাক্ষ.) কারো বা কোনো কিছুর চেহারা দেখে যা মনে হয়। **take sth at its ~ value** দেখতে যেমন মনে হয় সেইভাবেই গ্রহণ করা। ৬ (মুদ্রণ) অক্ষরের আদল: bold-~type. **~-less** *adj* (লাক্ষ.) অজ্ঞাতনামা।

face[2] [ফেইস্] *vt vi* ১ (কোনো কিছুর দিকে) মুখ ঘুরানো বা ঐ অবস্থায় থাকা; অভিমুখী হওয়া: The window ~s the garden. ২ দৃঢ়ভাবে মোকাবেলা করা: to ~ the enemy; সম্মুখীন হওয়া; মুখোমুখি হওয়া; I am not afraid of facing any challenge. **~ sth/it out** হার না মানা; সাহসের সঙ্গে চালিয়ে যাওয়া। **~ the music** পরীক্ষা বা বিপদের সময় ভীত না হওয়া। **~ up to (sth)** কোনো সত্য বাস্তবতা ইত্যাদি মেনে নিয়ে আন্তরিকতা এবং সাহসের সঙ্গে আচরণ করা **let's ~ it**

(কথ্য) এটাকে মেনে নিতেই হবে। ৩ (কোনো কিছুর) অস্তিত্ব স্বীকার করা। ৪ কারও বা কিছুর সামনে উপস্থিত হওয়া বা দেখা দেওয়া: What is the problem that ~s you? ৫ ~ **(with)** ভিন্ন বস্তুর প্রলেপ দিয়ে ঢেকে দেওয়া: to ~ a wall with concrete. **facer** *n* (GB কথ্য) হঠাৎ করে বা অপ্রত্যাশিত ভাবে কেউ যে অসুবিধার সম্মুখীন হয়।

facet [ˈফ্যাসিট্] *n* কাটা পাথর বা রত্নের বহু অংশের যে কোনো একটি পার্শ্ব; (লাক্ষ.) সমস্যাদির বিশেষ দিক।

fa·cetious [ফ়াˈসীশাস্] *adj* ইয়ারকিপূর্ণ বা ঠাট্টাবিদ্রূপপূর্ণ; অশালীন ঠাট্টাপূর্ণ বা তাতে অভ্যস্ত: a ~ remark/man. **~·ly** *adv.* **~·ness** *n*

facia [ˈফ়েইশ্] *n* =fascia.

fa·cial [ˈফ়েইশ্ল্] *adj* মুখ সম্পর্কিত বা মুখের জন্য। □*n* মুখের জন্য: ~ massage.

facile [ˈফ্যাসাইল্ US -সল্] *adj* ১ সহজসাধ্য; সহজলব্ধ: a ~ victory. ২ (ব্যক্তি সম্পর্কে) কোনো কিছু সহজে করতে সক্ষম; (বক্তৃতা বা লেখা সম্পর্কে) অবলীলাক্রমে সম্পন্ন বা রচিত; অবলীলাক্রমে করা হয় এমন: a ~ remark.

fa·cili·tate [ফ়াˈসিলিটেইট্] *vt* (কোনো বস্তু বা প্রক্রিয়া সম্পর্কে) সহজ করা; কোনো অসুবিধা বা কষ্ট লাঘব করা; সহজতর করা: Computer has ~d office-work (কর্তা হিসাবে ব্যক্তির সঙ্গে এই ক্রিয়া ব্যবহৃত হয় না)।

fa·cil·ity [ফ়াসিলাটি] *n* (*pl* -ties) ১ [U] সহজসাধ্যতা, সাবলীলতা, সহজে করতে বা লিখতে সাহায্য করে এমন গুণ। ২ *(pl)* সুযোগসুবিধা; সুযোগ-সুবিধা প্রদানকারী উপকরণাদি: Trains, buses and air services are examples of facilities for travel.

facing [ˈফ়েইসিঙ্] *n* ১ ভিন্ন উপাদানের প্রলেপ বা আস্তরণ। ২ *(pl)* পোশাকের উপর ভিন্ন রঙের উপাদান।

fac·sim·ile [ফ্যাকˈসিমলি] *n* [C] লেখা; মুদ্রণ; ছবি প্রভৃতির অবিকল প্রতিরূপ।

fact [ফ্যাক্ট্] *n* ১ (প্রকৃত) ঘটনা। **accessary before the ~** (আইন) যে ব্যক্তি অপরাধ সংঘটিত হওয়ার আগে অপরাধ কার্যে সহায়তা করে। **accessary after the ~** (আইন) অপরাধ সংঘটিত হবার পর জেনেশুনে যে ব্যক্তি অপরাধীকে সহায়তা করে। ২ [C] সত্য (হিসাবে বিদিত বা গৃহীত কিছু) তথ্য। **ˈ~-finding** *adj* তথ্যানুসন্ধানী; তথ্যানুসন্ধানমূলক: a ~-finding commission. ৩ [U] বাস্তবতা; যা সত্য; যার অস্তিত্ব আছে: to distinguish ~ from fiction; the ~ of the matter is ...প্রকৃত সত্য হচ্ছে এই যে, ... **in ~, as a matter of ~** বাস্তবিকপক্ষে।

fac·tion [ˈফ্যাক্শন্] *n* ১ [C] (বিশেষত রাজনৈতিক) দলের অভ্যন্তরে ক্ষুব্ধ এবং প্রায়শ স্বার্থান্বেষী বা চক্রান্তকারী গোষ্ঠী। ২ [U] দলাদলি। **fac·tious** [ফ্যাক্শাস্] *adj* দলাদলিপ্রবণ; দলাদলিমূলক।

fac·ti·tious [ফ্যাকˈটিশাস্] *adj* (আনুষ্ঠা.) অস্বাভাবিক; কৃত্রিম; অভিসন্ধিমূলকভাবে রচিত বা সৃষ্ট।

fac·tor [ˈফ্যাক্টা(র্)] *n* ১ (পাটিগণিত) উৎপাদক; গুণনীয়ক। ২ উপাদান; হেতু; কারণ; কোনো পরিণতির জন্য সহায়ক ঘটনা বা পরিস্থিতি। ৩ প্রতিনিধি; দালালির বিনিময়ে অপরের বাণিজ্যিক লেনদেনে প্রতিনিধিত্বকারী; গোমস্তা। **~·ize** *vt* (গণিত) উৎপাদক বা গুণনীয়ক বের করা।

fac·tory [ˈফ্যাক্টারি] *n* (*pl* -ries) ১ কারখানা: ~ workers, কারখানার শ্রমিক। ২ (ইতি.) বিদেশে বণিক-কোম্পানির বাণিজ্য কুঠি।

fac·tual [ˈফ্যাকচুআল্] *adj* সত্য ঘটনা সম্পর্কিত; বাস্তব তথ্যপূর্ণ; তথ্যমূলক; প্রকৃত।

fac·ulty [ˈফ্যাকাল্‌টি] *n* (*pl* -ties) [C] ১ (মানসিক) শক্তি; ক্ষমতা (কোনো কিছু করার): the ~ of acting, speech etc. ২ (বিশ্ববিদ্যালয়ে) অনুষদ; শিক্ষাবিভাগ বা পরস্পর সম্পর্কিত বিভাগ সমূহের সমষ্টি: the F~ of Arts/ Science/ Law; (US) বিশ্ববিদ্যালয়ের সমগ্র শিক্ষকমণ্ডলী।

fad [ফ্যাড্] *n* [C] সাময়িক খামখেয়াল; খেপামি। **faddy** খামখেয়ালি; খোশখেয়ালি; খেয়ালি; পছন্দ-অপছন্দ সংবলিত **fad·dily** [ˈফ্যাডিলি] *adv*

fade [ফ়েইড] *vt vi* ~ **(away)** ১ বর্ণ; ঔজ্জ্বল্য, সজীবতা বা তেজ হারানো বা কমিয়ে ফেলা; ম্রিয়মাণ করা/হওয়া; বিবর্ণ করা/হওয়া। ২ ধীরে ধীরে বিলীন হওয়া: The daylight/sound ~d away. ৩ চলচ্চিত্র, বেতার সম্প্রচার ইত্যাদিতে শক্তির হ্রাস বৃদ্ধি ঘটানো।

faeces (US = **feces**) [ˈফ়ীসীজ্] *n (pl)* (চিকি.) মল; বিষ্ঠা।

fag[1] [ফ্যাগ্] *n* ১ [C,U] (কেবল *sing*) (কথ্য) ক্লান্তিকর কাজ; একঘেয়ে কাজ। ২ (পূর্ব ইংল্যান্ডের পাবলিক স্কুলসমূহে) উপরের শ্রেণীর কোনো ছাত্রের বিশেষ দায়িত্ব পালনকারী নীচের শ্রেণীর কোনো ছাত্র। ৩ (GB অপ.) সিগারেট। ৪ = faggot(৩).

fag[2] [ফ্যাগ্] *vi,vt* (-gg-) ১ ~ **(at)** (কথ্য) ক্লান্তিকর একঘেয়ে কাজ করা। ২ ~ **(out)** (কথ্য) (কাজ সম্পর্কে) অত্যন্ত পরিশ্রান্ত করে তোলা: The work ~ged me out. ৩ ~ **(for)** উপরের শ্রেণীর কোনো ছাত্রের বিশেষ দায়িত্ব পালন করা।

fag-end [ফ্যাগ্-এনড্] *n* (কথ্য) কোনো কিছুর নিকৃষ্ট বা অপ্রয়োজনীয় অবশিষ্টাংশ; পোড়া সিগারেটের মাথা।

fag·got (US অপিচ **fagot**) [ˈফ্যাগাট্] *n* ১ জ্বালানি হিসাবে ব্যবহার্য আঁটি বাঁধা লাঠি বা ডালপালা। ২ মাংসের বড়াবিশেষ।৩ (US অপ. তুচ্ছ) সমকামী পুরুষ।

Fahr·en·heit [ˈফ্যারান্‌হাইট্] *n* হিমাঙ্ক ৩২° এবং স্ফুটনাঙ্ক ২১২° চিহ্নিত তাপমান স্কেল।

fa·ience [ˌফ়েইˈআ:ন্স্] *n* [U] (ফ) চিত্রিত ও চকচকে মৃৎপাত্র বা চিনামাটির পাত্র।

fail[1] [ফ়েইল্] *n* (কেবল without সহযোগে) **without ~** নিশ্চিতভাবে; অতি অবশ্য: You must come to-morrow without ~.

fail[2] [ফ়েইল্] *vi,vt* ~ **(in)** ১ অকৃতকার্য হওয়া; ব্যর্থ হওয়া। ২ প্রত্যাখ্যান করা; নাকচ করা; ফেল করানো: The selection committee ~ed majority of the candidates. ৩ (কারও জন্য বা কোনো কিছুর পক্ষে) পর্যাপ্ত না হওয়া; প্রয়োজন বা প্রত্যাশা থাকা সত্ত্বেও হঠাৎ করে শেষ হয়ে যাওয়া: words ~ed him, the electricily ~ed. ৪ হঠাৎ নিষ্ক্রিয় হওয়া বা থেমে যাওয়া: the engine ~ed. ৫ (স্বাস্থ্য, দৃষ্টিশক্তি ইত্যাদি সম্পর্কে) দুর্বল বা ক্ষীণ হওয়া: He has been ~ing in health for the last six months. ৬ বাদ দেওয়া; সম্পাদন করতে অপরাগ হওয়া; ভুল করা: He never ~s to salute me. ৭ দেউলিয়া হওয়া: The bank ~ed during the recent depression. ৮ ~ **in** অভাব থাকা: He ~s in patience.

fail·ing[1] ['ফ়েইলিঙ্] *n* [C] দুর্বলতা; ত্রুটি; বিচ্যুতি: No man is without some ~s.

fail·ing[2] ['ফ়েইলিঙ্] *prep* অপরাগতায়; (কিছুর) অভাবে; না হলে: ~ this, এটা না হলে বা না ঘটলে; ~ an answer, কোনো উত্তর না পেলে।

fail·ure ['ফ়েইলিআ(র্)] *n* ১ [U] ব্যর্থতা; অসফলতা; বিফলতা। ২ [C] ব্যর্থতার ঘটনা, ব্যর্থ ব্যক্তি, প্রচেষ্টা ইত্যাদি। ৩ অপর্যাপ্ততা; স্বাভাবিক ক্রিয়া ব্যাহত হওয়া বা থেমে যাওয়ার অবস্থা: heart ~, engine ~, ~ of crops. ৪ দেউলিয়া অবস্থা। ৫ [C,U] অবহেলা; বিচ্যুতি; অপারগতা: His ~ to consult the doctor in time had serious consequences.

faint[1] [ফ়েইন্ট্] *adj* (-er, est). ১ দুর্বল; অস্পষ্ট; অপরিষ্কার: Gradually the sound became ~er; a ~ voice; ~ traces. ২ (মনোগত বিষয় সম্পর্কে) ক্ষীণ; অস্পষ্ট: a ~ hope; a ~ idea. ৩ (দৈহিক অঙ্গ সঞ্চালন, শ্বাসপ্রশ্বাস, শক্তি ইত্যাদি সম্পর্কে) দুর্বল; নিস্তেজ। ৪ (কেবল pred) (ব্যক্তি সম্পর্কে) মূর্ছাপ্রবণ: He felt ~. ৫ (কেবল pred) (ব্যক্তি সম্পর্কে) দুর্বল; পরিশ্রান্ত। ৬ (ক্রিয়া ইত্যাদি সম্পর্কে) দুর্বল; যথেষ্ট ফলপ্রসূ হওয়ার সম্ভাবনাবিহীন: a ~ attempt. ৭ **~ heart** ভীরু ভাব; ভীরু ব্যক্তি। ,**~-'hearted** *adj* ভীরু; দুর্বলচিত্ত। **~·ly** *adv.* **~·ness** *n*

faint[2] [ফ়েইন্ট্] *vi* ১ মূর্ছা যাওয়া। ২ দুর্বল হওয়া; নিস্তেজ হওয়া। ৩ ক্ষীণ; মলিন; ম্রিয়মাণ হওয়া। □*n* মূর্ছা। **in a dead ~** (সম্পূর্ণ) অচেতন।

fair[1] [ফ়েআ(র্)] *adj* ১ পক্ষপাতহীন; ন্যায্য: ~ deal; ~price shop. ২ চলনসই; বেশ ভালো: ~ condition; ~ chance. ৩ (আবহাওয়া সম্পর্কে) সুন্দর; মনোরম; বৃষ্টিহীন। ,**~-weather 'friend** সুসময়ের বন্ধু। ৪ সন্তোষজনক; প্রাচুর্যময়; সম্ভাবনাময়। ৫ (ত্বক, চুল ইত্যাদি সম্পর্কে) উজ্জ্বল; সোনালি: a ~ complexion. ৬ (বক্তৃতা, প্রতিজ্ঞা ইত্যাদি সম্পর্কে) আনন্দদায়ক। ৭ পরিষ্কার; নির্মল; নির্দোষ। ৮ (প্রা.প্র.) সুন্দর: a ~ maiden. **the '~·sex** নারীজাতি।

fair[2] [ফ়েআ(র্)] *adv* ১ পক্ষপাতহীনভাবে; ন্যায্যভাবে। ২ পরিষ্কারভাবে; নির্দোষভাবে। ৩ ((প্রা.প্র.) বিনম্রভাবে; সৌজন্যের সঙ্গে।

fair[3] [ফ়েআ(র্)] *n* ১ মেলা। **a day before/after the ~** অনেক আগে/ অতি বিলম্বে। ২ বাণিজ্যিক ও শিল্প পণ্যের প্রদর্শনী।

fair·ly[1] ['ফ়েআলি] *adv* ১ পক্ষপাতহীনভাবে; ন্যায়সঙ্গতভাবে; ন্যায্যভাবে। ২ (কথ্য) একেবারে; সম্পূর্ণভাবে: His words ~ stunned me.

fair·ly[2] ['ফ়েআলি] *adv of degree* বেশ মোটামুটি: a ~ light job; a ~ spacious room.

fair·way ['ফ়েআওএ্ই] *n* ১ জাহাজ চলাচলের উপযোগী নৌপথ। ২ (গলফ) গলফ মাঠের 'টি' ও 'গ্রিন'-এর মধ্যবর্তী মসৃণ তৃণাচ্ছাদিত অংশ।

fairy ['ফ়েআরি] *n* (*pl* -ries) ১ পরী। '**~ lamps/lights** আলোকসজ্জায় ব্যবহৃত রঙিন কাচের ছোট বাতি। '**~·tale** (ক) পরীর গল্প; (খ) রূপকথা। ২ (অপ.) (তুচ্ছ.) সমকামী পুরুষ। □*adj* পরীর ন্যায় (সুন্দর, কোমল)।

fait accompli [,ফ়েইট্ আ'কম্প্লী US আকম্'প্লী] *n* (ফ, = accomplished fact) যে কাজ হয়ে গেছে এবং কোনোভাবেই আর ফেরানো বা অন্যথা করা সম্ভব নয়।

faith [ফ়েইথ্] *n* ১ [U] **~ (in sb/sth)** বিশ্বাস; আস্থা। '**~ cure** ধর্মবিশ্বাসের জোরে আরোগ্যলাভ। '**~-healing** ঔষধের সাহায্য ছাড়া প্রার্থনার মাধ্যমে; ধর্মবিশ্বাসের জোরে ব্যাধি নিরাময়; ব্যাধি নিরাময়ের উক্ত প্রক্রিয়ায় বিশ্বাস। ২ [C] ঈশ্বরে বিশ্বাস; ধর্ম: Muslim by ~. ৩ [U] প্রতিশ্রুতি; শপথ। **give/pledge one's ~ to sb** কাউকে সমর্থনের জন্য প্রতিশ্রুতিবদ্ধ হওয়া। ৪ [U] আনুগত্য; বিশ্বস্ততা। **in bad ~** প্রতারণার উদ্দেশ্যে। **in good ~** সরল বিশ্বাসে।

faith·ful [ফ়েইথ্‌ফুল্] *adj* **~ to** ১ বিশ্বস্ত; অনুগত (কোনো ব্যক্তি, বিষয় বা প্রতিজ্ঞার প্রতি)। ২ সত্যানুগ; যথাযথ: a ~ description. ৩ **the ~** *n pl* ঈশ্বর বিশ্বাসী নরনারী (বিশেষত ইসলাম ও খ্রিস্টধর্মের)। **~ly** *adv.* **yours ~ly** ব্যবসায়িক চিঠিপত্রাদিতে ব্যবহৃত পত্রের সমাপ্তিসূচক পাঠ; আপনার বিশ্বস্ত। **~·ness** *n*

faith·less ['ফ়েইথ্‌লিস্] *adj* বিশ্বাসহীন; আস্থাহীন; অবিশ্বাসী; অবিশ্বস্ত; অবিশ্বাসযোগ্য। **~·ly** *adv.* **~·ness** *n*

fake [ফ়েইক্] *n* [C] মেকি বা জাল বস্তু; জালিয়াত; প্রবঞ্চক: (attrib) a ~ picture □*vt* **~ (up)** জাল করা: to ~ a painting; a ~d (up) story.

fakir ['ফ়েইকিআ(র্) US ফ়াকি–] *n* ফকির; সন্ন্যাসী।

fal·con ['ফ়োˑল্‌কান্ US 'ফ়্যালকান্] *n* বাজপাখি; শ্যেন। **~·ry** [-রি] *n* [U] বাজপাখির সাহায্যে শিকার করার খেলা; বাজপাখিকে প্রশিক্ষণ দানের বিদ্যা।

fall[1] [ফ়োˑল্] *n* [C] ১ পতন; পড়ে যাওয়ার ক্রিয়া: a ~ of a person from a horse; ~ of a fruit from a tree; the ~ of an empire; হ্রাস: a ~ in price/temparature. **the F ~ (of man)** আদমের পাপ ও এর পরিণতি। '**~ guy** *n* (কথ্য) সহজে প্রতারিত ব্যক্তি; যাকে অন্যের দুষ্কর্মের বা নিন্দার বোঝা বইতে হয়। ২ বৃষ্টিপাতের পরিমাণ; কোনো কিছুর পতনকালে বা নিম্নমুখী গমনকালে অতিক্রান্ত দূরত্ব: The ~ of the river here is over ten feet. ৩ (প্রায়শ বহুবচন) জলপ্রপাত: Niagara F~s. ৪ (US) শরৎকাল: in the ~; last year of (attrib) ~ fashions.

fall[2] [ফ়োˑল্] *vi* (*pt* fell, *pp* ~en) ১ **~ (down/over)** পড়া; পড়ে যাওয়া; পতিত হওয়া। **~ on one's feet** (লাক্ষ.) সৌভাগ্যবান হওয়া; সাফল্যজনকভাবে বিপদ কাটিয়ে ওঠা। **~ short** (ক্ষেপণাস্ত্র সম্পর্কে) বেশিদূর না যাওয়া। **~ short of** কম হওয়া; অপেক্ষাকৃত নিম্নমানের হওয়া: His work fell short of our expectations. ,**~ing 'star** উল্কা। ২ **~ (down/over)** ভূপতিত হওয়া; ধ্বংসপ্রাপ্ত হওয়া; নিহত হওয়া: He fell in battle; পতন ঘটা বা শেষ হওয়া: All the wickets fell before the lunch, **~ flat** (লাক্ষ.) ঈপ্সিত ফললাভে ব্যর্থ হওয়া: All his attempts fell flat. **~ flat on one's face** উপুড় হয়ে পড়া। **~ 'over oneself** জবুথবু হওয়ার ফলে বা অতি ব্যস্ততার ফলে পড়ে যাওয়া; (লাক্ষ.) অতিশয় ব্যগ্র হওয়া। **the ~en** যুদ্ধে নিহত ব্যক্তিবর্গ। ৩ **~ down** ঝুলে পড়া। ৪ কমে যাওয়া; হ্রাস পাওয়া; নিস্তেজ হওয়া। ৫ **~ (into)** হওয়া, বিশেষ অবস্থায় পৌঁছা: to ~ lame, খোঁড়া হওয়া; to ~ assleep, ঘুমিয়ে পড়া; to ~ into poverty, দরিদ্রদশায় পৌঁছা বা গরিব হয়ে পড়া। **~ in love (with)** (কারও) প্রেমে পড়া। **~ out of love (with)** (কারও) প্রেমে থেকে বিচ্যুত হওয়া। ৬ **~ (upon)** নেমে আসা: Darkness fell upon the spot,

জায়গাটিতে অন্ধকার নেমে এলো অর্থাৎ জায়গাটি অন্ধকার হয়ে গেল; Stillness fell upon everything, সবকিছু নীরব হয়ে গেল; Fear fell upon him, সে ভীত হয়ে পড়লো। ৭ (প্রা. প্র.) পাপ করা; অন্যায়ের কাছে নতি স্বীকার করা। ˌ**~en ˈwoman** (প্রা. প্র.) বিবাহের পূর্বে সতীত্বহানি হয়েছে এমন মহিলা (তু. পতিতা)। ৮ (নগর, দুর্গ ইত্যাদির) পতন ঘটা বা শত্রুকবলিত হওয়া। ৯ **~on** (কিছুর ওপর) পড়া: My eye suddenly fell on the picture. The light fell on her face. ১০ **~ on/upon/to** ঘটনাচক্রে বা অনিবার্যভাবে (কারও ওপর) এসে পড়া: The blame fell upon me, আমার ওপর দোষ এসে পড়লো; আমার ঘাড়ে দোষ পড়লো। ১১ ঢালু হওয়া: River-beds ~ towards the sea. ১২ সংঘটিত বা অনুষ্ঠিত হওয়া: My birthday will ~ on Sunday. ১৩ উচ্চারিত হওয়া: Not a word fell from his lips, তার মুখ থেকে কোন কথাই বের হলো না। ১৪ বিশেষ প্রয়োগ: **fall about (laughing/with laughter)** (কথ্য) হাসতে হাসতে গড়িয়ে পড়া; হাসিতে ফেটে পড়া। **fall among sb** কারও সঙ্গে জড়িয়ে পড়া: to ~ among evil companions. **fall away** পরিত্যাগ করে চলে যাওয়া: All his friends fell away; অদৃশ্য হওয়া: Differences of opinions soon fell away. **fall back** পশ্চাদপসরণ করা; পিছু হটা। **fall back on sth** শেষ অবলম্বন হিসাবে রাখা। **fall behind (with sth)** পিছনে পড়ে থাকা; পিছিয়ে পড়া। **fall down (on sth)** (কথ্য) কোনো কাজে বা প্রত্যাশায় ব্যর্থ হওয়া। **fall for sth/sb** (কথ্য) কারও বা কিছুর মায়া বা আকর্ষণে মুগ্ধ হওয়া। **fall in** (ক) ভেঙ্গে পড়া; (খ) (সাম.) কুচকাওয়াজের জন্য সারি বেঁধে দাঁড়ানো; (গ) মেয়াদোত্তীর্ণ হওয়া। **fall in with sb/sth** সাক্ষাৎ পাওয়া; সম্মত হওয়া। **fall into line (with sb/sth)** একমত হওয়া; গ্রহণ করা (কোনো কর্মপদ্ধতি ইত্যাদি)। **fall off** ক্ষুদ্রতর হওয়া; কম হওয়া: Sale proceeds fell off last year. **fall on sth/sb** আক্রমণ করা; ঝাঁপিয়ে পড়া। **fall out** (ক) (সাম.) লাইন ত্যাগ করে সরে যাওয়া; (খ) ঘটা: It so fell out that he could not manage time; (গ) পরিত্যাগ করা: the fall-out rate of students. **fall out (with sb)** (কারও সঙ্গে) কলহ করা। **fall-out** *n* [U] নিউক্লীয় বিস্ফোরণের পর বায়ুমণ্ডলে সঞ্চারিত তেজস্ক্রিয় ধূলিরাশি। **fall through** ব্যর্থ হওয়া: The plan fell through. **fall to** কোনো কিছু করতে শুরু করা। **fall under sth** শ্রেণীভুক্ত হওয়া; আওতাভুক্ত হওয়া: The total expenditure falls under two major heads.

fal·lacy [ˈফ্যালাসি] *n (pl* -cies) ১ [C] ভুল বা মিথ্যা বিশ্বাস। ২ [U] মিথ্যা যুক্তি; হেত্বাভাস। **fal·lacious** [ফ়াˈলেইশাস্] *adj* বিভ্রান্তিকর; ভ্রান্তিমূলক; প্রতারক।

fallen = fall[2]-এর *pp*

fal·lible [ˈফ্যালাবল্] *adj* ভ্রমপ্রবণ; পতনপ্রবণ। **fal·li·bil·ity** *n* ভ্রমপ্রবণতা।

Fallopian tube [ফ়াˈলাউপিআন্ ˈটিউব US ˈটূব] *n* (ব্যব.) = oviduct, ডিম্বনালী।

fal·low [ফ্যালাউ] *adj,n* [U] পতিত (জমি)।

fal·low-deer [ˈফ্যালাউ ডিআ(র্)] *n (pl* অপরিবর্তিত) লালচে হলুদ গাত্রাবরণযুক্ত ছোট য়োরোপীয় হরিণবিশেষ।

false [ফো°ল্স্] *adj* ১ ভ্রান্ত; মিথ্যা: a ~ statement. ২ প্রতারণামূলক। **sail under ~ colours** (ক) (জাহাজ সম্পর্কে) ব্যবহার করার অধিকার নেই এমন পতাকা বহন করা; (খ) (লাক্ষ.) যা নয় তা হবার ভান করা। **a ~ bottom** স্যুটকেস সিন্দুক ইত্যাদির তলদেশ সংলগ্ন গুপ্ত অংশ। ৩ কৃত্রিম; মেকি; জাল। ৪ অযথার্থভাবে অভিহিত: the ~ acacia. **play sb ~** কাউকে প্রতারণা করা বা ঠকানো। **~·ly** *adv.* **~·ness** *n*

false·hood [ˈফো°ল্স্হুড] *n* [C] ১ মিথ্যা; মিথ্যা বিবরণ। ২ মিথ্যাভাষণ; মিথ্যাকথন।

fal·setto [ফো°ল্সেটাউ] *n (pl ~*s) (পুরুষদের) অতিউচ্চ কণ্ঠস্বর; চড়া সুর।

fal·sies [ˈফো°ল্সিজ়] *n pl* (কথ্য) স্তনাকৃতি সুদৃশ্য করার উদ্দেশ্যে ব্যবহৃত নরম বস্ত্রাদির পট্টিযুক্ত বক্ষবন্ধনী বা ব্রা।

fals·ify [ˈফো°ল্সিফাই] *vt (pt pp* -fied) ১ জাল করা: to ~ records. ২ মিথ্যা বর্ণনা করা; অসত্যভাবে তুলে ধরা: to ~ a story. **falsi·fi·ca·tion** *n* [U] জালকরণ; মিথ্যা বর্ণনা প্রদান; [C] প্রতারণামূলক পরিবর্তন।

fals·ity [ˈফো°ল্সাটি] *n* ১ [U] মিথ্যা; ভ্রান্তি। ২ [C] *(pl* -ties) মিথ্যা প্রতারণামূলক বা বিশ্বাসঘাতকতামূলক কর্ম, আচরণ, বিবৃতি ইত্যাদি।

fal·ter [ˈফো°ল্টা(র্)] *vi,vt* ১ ভয়ে বা দুর্বলতায় অনিশ্চিত বা দ্বিধাপূর্ণভাবে চলা; স্খলিতচরণে চলা; হোঁচট খাওয়া। ২ (স্বর সম্পর্কে) স্খলিতকণ্ঠে বলা বা তোতলানো। **~ (out)** (ব্যক্তি সম্পর্কে) দ্বিধাগ্রস্তভাবে বা ভগ্নস্বরে বলা। **~ing·ly** *adv*

fame [ফেইম্] *n* [U] খ্যাতি; যশ। **famed** *adj* খ্যাত।

fam·il·iar [ফ়াˈমিলিআ(র্)] *adj* ১ **~ with** কিছুর সঙ্গে সুপরিচিত; কিছু সম্পর্কে ভালো জ্ঞান আছে এমন। ২ **~ to** কারও কাছে সুপরিচিত বা সুবিদিত। ৩ সাধারণ; চেনাজানা; প্রায়ই দেখা বা শোনা যায় এমন: a ~ voice. ৪ ঘনিষ্ঠ; অন্তরঙ্গ; ব্যক্তিগত: He is on ~ terms with Mr. Karim. ৫ মাত্রাতিরিক্তভাবে ঘনিষ্ঠ। □*n* ঘনিষ্ঠ বন্ধু। **~·ly** *adv* অন্তরঙ্গভাবে; ঘরোয়াভাবে।

fam·ili·ar·ity [ফ়াˌমিলিঅ্যারাটি] *n (pl* -ties) ১ [U] **~ with/to** পরিচয়; পরিচিতি; ভালো জ্ঞান; (প্রণয়জনিত) ঘনিষ্ঠতা। **F~ breeds contempt** (প্রবাদ) অতি ঘনিষ্ঠতা অশ্রদ্ধা বা বিরাগের জন্ম দেয়। ২ *(pl)* অনানুষ্ঠানিকতা; ঘনিষ্ঠ আচরণ।

fam·il·iar·ize [ফ়মিলিআরাইজ্ˏ] *vt* ১ **~ sb/oneself with** পরিচিত করানো: ~ oneself with local customs. ২ সুপরিচিত বা সুবিদিত করা: These words have recently been ~d by the news media.

fam·ily [ˈফ্যামালি] *n (pl* -lies) ১ [C] পরিবার;পরিজনবর্গ। ২ [U] বংশ: He comes of a respectable ~. ৩ [C] প্রাণী উদ্ভিদ ভাষা প্রভৃতির দল বা বর্গ: IndoEuropean ~ of languages; animals of the Cat ~. ৪ (attrib) পরিবার সম্পর্কিত বা পারিবারিক: the ~ estate; in the ~ way (অপ. মহিলা সম্পর্কে) গর্ভবতী। **~ doctor** সাধারণ চিকিৎসক। ˈ**~ man** সংসারাসক্ত মানুষ (তু. ছাপোষা মানুষ)। **~ name** পারিবারিক নাম; বংশনাম। **~ planning** পরিবার পরিকল্পনা। **~ tree** বংশতালিকা।

fam·ine [ˈফ্যামিন্] *n* ১ [U] দুর্ভিক্ষ; চরম খাদ্যাভাব। ২ [C] দুর্ভিক্ষের ঘটনা। ৩ (attrib) দুর্ভিক্ষজনিত: ~ prices, অগ্নিমূল্য।

fam·ish ['ফ্যামিশ্] *vi,vt* ১ প্রচণ্ড ক্ষুধায় মৃতপ্রায় হওয়া: the old man was ~ing for food. ২ (সাধা. কর্মবাচ্যে) ক্ষুধায় মৃতপ্রায় করে ফেলা: I'm ~ed! (কথ্য) আমি ভীষণ ক্ষুধার্ত।

fa·mous ['ফ়েইমাস্] *adj* ১ বিখ্যাত; সুবিদিত। ২ (বর্তমানে কথ্য) চমৎকার। **~·ly** *adv* চমৎকারভাবে।

fan[1] [ফ্যান্] পাখা; হাতপাখাতুল্য কিছু (যথা ময়ূরের পেখম)। '**fan·light** *n* দরজার উপরে পাখা আকৃতির জানালা।

fan[2] [ফ্যান্] *vt,vi* ১ বাতাস করা: ~ a fire আগুন উস্কে দেওয়া: ~the flame, (লাক্ষ.) উত্তেজনা বাড়ানো। ২ (বাতাস সম্পর্কে) মৃদু বয়ে যাওয়া: The breeze fanned our faces. ৩ **~ out** পাখার আকৃতিতে খুলে যাওয়া। ৪ পাখার আকৃতিতে বিস্তৃত করা।

fan[3] [ফ্যান্] *n* (কথ্য) গোঁড়া ভক্ত; অনুরাগী: a football ~.

fa·natic [ফ়ান্যাটিক্] *n* (সাধা. ধর্ম সম্পর্কে) অতিশয় গোঁড়া ব্যক্তি। □*adj* (অপিচ **fa·nati·cal**) অতিমাত্রায় গোঁড়া। **fa·nati·cism** [-সিজ়্ম্] *n* [U] উগ্র যুক্তিহীন উৎসাহ; [C] এর দৃষ্টান্ত।

fan·cier ['ফ্যান্সিআ(র্)] *n* কোনো বিশেষ দ্রব্য প্রাণী ইত্যাদি সম্পর্কে বিশেষ জ্ঞান এবং আকর্ষণ বা অনুরাগবিশিষ্ট ব্যক্তি (নামটি এই শব্দের পূর্বে বসানো হয়) a 'rose ~; a 'pigeon ~.

fan·ci·ful ['ফ্যান্সিফুল্] *adj* ১ (ব্যক্তি সম্পর্কে) অলীক কল্পনাসম্পন্ন; খেয়ালি; কল্পনাপ্রবণ: a ~ writer. ২ অবাস্তব; উদ্ভট। **~·ly** *adv*

fancy[1] [ফ্যান্সি] *n (pl* -cies) ১ [U] অলীক কল্পনা: a world of mere ~. ২ [C] কল্পিত কোনো কিছু; অসার বা অলীক ধারণা/ বিশ্বাস: the fancies of a poet. ৩ [C] **a ~ (for)** শখ; পছন্দ; কামনা: He has a ~ for wall paintings. **take a ~ to** কারও বা কিছুর প্রতি আকৃষ্ট হওয়া: **take/catch the ~ of** আকৃষ্ট করা: The picture caught her ~. **a passing ~** সাময়িক শখ। **~-'free** *adj* নিরাসক্ত; অনুরাগহীন; নিরুদ্বিগ্ন; ভাবনাচিন্তাহীন।

fancy[2] [ফ্যান্সি] *adj* (attrib) ১ (বিশেষত ক্ষুদ্র দ্রব্যাদি সম্পর্কে) উজ্জ্বল; বর্ণাঢ্য; নয়নাভিরাম: ~ cakes. ২ সাদামাটা নয় এমন: ~ bread. **~ dress** জাঁকজমকপূর্ণ পোশাক। '**~-work** সুচের কারুকার্য। ৩ বিশেষ সৌন্দর্যের কারণে পালিত: ~ dogs. **~ pansies** দুই বা ততোধিক বর্ণবিশিষ্ট। ৪ অত্যধিক সীমাছাড়া: ~ prices; অসংযত বা বেপরোয়া: ~ ideas. ৫ (US দ্রব্যাদি সম্পর্কে) উচ্চমানের। ৬ কল্পিত: a ~ portrait.

fancy[3] [ফ্যান্সি] *vt (pt pp* -cied) ১ কল্পনা করা; মনে ছবি আঁকা: I have always fancied him as a hero. ২ (সুনিশ্চিত না হয়ে বা যথেষ্ট যুক্তি ব্যতিরেকে) অনুমান করা বা ধারণা করা: I fancied him by now to be abroad. ৩ (কথ্য) পছন্দ করা; কামনা করা: I do not ~ that type of girl/house. ৪ **~ oneself** নিজের সম্পর্কে খুব উচ্চ ধারণা পোষণ করা। ৫ বিস্ময়সূচক কথায় ব্যবহৃত: Fancy that, now! Just ~ ! কী অবাক কাণ্ড; ভাবো তো!

fan·light দ্র. fan[1].

fang [ফ্যাঙ্] *n* [C] লম্বা তীক্ষ্ণ দাঁত (বিশেষত কুকুর ও নেকড়ে বাঘের); সাপের বিষদাঁত।

fan·fare ['ফ্যান্ফেআ(র্)] *n* [C] (সঙ্গীত) তূর্যনিনাদ; ট্রাম্পেট, বিউগেল ইত্যাদির ঝঙ্কার।

fan·ny ['ফ্যানি] *n (pl* -nies) (US অপ.) নিতম্ব; পাছা।

fan·tasia [ফ্যান্'টেইজ়িআ US -টেই জ়া] *n* উদ্ভট রীতিতে রচিত সঙ্গীত বা শিল্পকর্ম।

fan·ta·size [ফ্যান্টাসাইজ়্] *vi vt* **~ (about)** (কোনো কিছু সম্পর্কে) উদ্ভট কল্পনা করা বা ধারণা হওয়া। **fan·ta·sist** *n* কল্পনাপ্রবণ ব্যক্তি।

fan·tas·tic [ফ্যান্ট্যাস্টিক্] *adj* ১ অদ্ভুত কল্পনাপূর্ণ ও বিচিত্র; উদ্ভট। ২ (ধারণা বা পরিকল্পনা সম্পর্কে) অবাস্তব। ৩ (অপ.) চমৎকার; দারুণ।

fan·tasy ['ফ্যান্টাসি] *n (pl* -sies) ১ [u] অলীক কল্পনা; বাঁধনহারা কল্পনা: world of ~. ২ [C] কল্পনার ফসল। ৩ [C] = fantasia (উদ্ভট রচনা)।

far[1] [ফা:(র্)] *adj* ১ (সাধা. সাহিত্যরীতিতে) দূরবর্তী: a ~ country; a far cry; কোনো কিছু থেকে বহু দূর; (লাক্ষ.) অত্যন্ত ভিন্ন কিছু। ২ **the Far East** দূরপ্রাচ্য (জাপান, কোরিয়া প্রভৃতি দেশ)। **the Far West** আমেরিকা যুক্তরাষ্ট্রের প্রশান্ত মহাসাগরীয় উপকূল অঞ্চল। ৩ (= farther) আরও দূরের: ~ end of the road.

far[2] [ফা:(র্)] *adv* ১ অপেক্ষাকৃত দূরে (সাধা.) প্রশ্নবোধক এবং না-সূচক বাক্যে ব্যবহৃত: How ~ did you go? We didn't go ~. ২ (অন্য ক্রিয়াবিশেষণ বা অব্যয়ের সঙ্গে) (অনেক দূর বা ব্যবধান বোঝানোর জন্য) সুদূরে: ~ away; ~ beyond out reach. **far from** আদৌ নয়: This is ~ from acceptable. **by far** (তুলনায়) অনেক বেশি পরিমাণে বা মাত্রায়: That was by ~ the best offer. **from far** বহুদূর থেকে। **go far** (ক) (ব্যক্তি সম্পর্কে) সফল হওয়া, অত্যধিক করা। (খ) (অর্থ সম্পর্কে) মালামাল সেবা ইত্যাদি কিনতে পারা: A dollar does not go so far to-day as it did ten years ago. **go/carry sth too far** কিছু নিয়ে বাড়াবাড়ি করা; যুক্তিগ্রাহ্যতার সীমা লঙ্ঘন করা: The example should not be carried too far; do not carry the joke too far. **go far towards/to doing sth** যথেষ্ট অবদান রাখা বা সহায়তা করা: The assurance went ~ towards pacifying the students. **far and near/wide** সর্বত্র। **far be it from me to do sth** আমার দ্বারা কখনও এটা করা সম্ভব হবে না। '**so far** এ যাবৎ ,**so far so good** এ যবাৎ সবকিছু ভালোই চলেছে। **as/so far as** (ক) উল্লিখিত স্থান পর্যন্ত: We walked as ~ as the bus-stoppage. (খ) সমান দূরত্ব: You will not have to do so ~ as the others. (গ) যত দূর/যতটা: so ~ as I have been informed, আমি যতদূর খবর পেয়েছি। ৩ (বিশেষণ বা ক্রিয়াবিশেষণের সঙ্গে) যথেষ্ট পরিমাণে; অনেক বেশি: far better, It fell ~ short of my expectations, **far and a way** (তুলনায়) যথেষ্ট পরিমাণে বা যথেষ্ট মাত্রায় (তু. by far). '**far-away** *adj* (ক) বহু দূরবর্তী। (খ) (কোনো লোকের চোখের দৃষ্টি সম্পর্কে) আবিষ্ট; আনমনা। ,**far-'famed** *adj* (আল.) ব্যাপকভাবে পরিচিত। ,**far-'fetched** *adj* (তুলনা সম্পর্কে) কষ্টকল্পিত; অস্বাভাবিক। ,**far-'flung** *adj* (আল.) সুদূর প্রসারিত। ,**far-'gone** (রোগ, ঋণ ইত্যাদিতে) বিষমভাবে আক্রান্ত বা জর্জরিত। ,**far-'off** *adj* = far-away. ,**far-'reaching** *adj* সুদূরপ্রসারী। ,**far-'seeing** *adj* দূরদর্শিতাপূর্ণ। ,**far-'sighted** *adj* (ক) কাছের বস্তু অপেক্ষা দূরের বস্তু অধিকতর স্পষ্টভাবে

দেখতে সক্ষম। (খ) (লাক্ষ.) ভবিষ্যতের প্রয়োজন বিচার করতে সক্ষম দূরদর্শী।

farce [ফা:স্] *n* ১ [C] প্রহসন; হাস্যরসোদ্দীপক নাটিকা [U] নাটকের এই রীতি। ২ [C] হাস্যকর ঘটনাবলী; অবাস্তব ও অসার কার্যক্রম: The trial was nothing but a ~. **far·ci·cal** *adj.* **far·ci·cally** *adv*

fare[1] [ফ্রেআ(র্)] *n* ১ যানবাহনাদির ভাড়া। ২ ভাড়াটে গাড়ির যাত্রী: The taxidriver had no ~ in the morning.

fare[2] [ফ্রেআ(র্)] *n* [U] পরিবেশিত খাবার। **bill of ˈ~** খাবার তালিকা; মেনু।

fare[3] [ফ্রেআ(র্)] *vi* ১ অগ্রসর হওয়া; চালিয়ে যাওয়া; ফল লাভ করা: He ~d well in his venture. **You may go farther and ~ worse** (প্রবাদ) নিজের বর্তমান অবস্থায় সন্তুষ্ট থাকা উচিত। ২ (প্রা. প্র.) ভ্রমণ করা। **~ forth** যাত্রা শুরু করা।

fare·well [ˌফ্রেআˈওয়েল্] *int* বিদায়। **did/say ~ to** বিদায় দেওয়া; পরিত্যাগ করা। □*n* বিদায়: (attrib) a ~ speech, বিদায় সম্ভাষণ।

farm[1] [ফা:ম্] *n* ১ খামার; গোলাবাড়ির উঠান। ২ (অপিচ **ˈ~house, ˈ~-stead**) খামার সংলগ্ন কৃষকের বসতবাড়ি।

farm[2] [ফা:ম্] *vt,vi* ১ কৃষিকাজ; পশুপালন ইত্যাদির জন্য ভূমি ব্যবহার করা: My friend ~s now over 100 acres. Where is he ~ing? ২ **~ out (to)** (ক) ইজারা দেওয়া। (খ) (কোনো কিছুর) দেখাশোনার ব্যবস্থা করা। **~er** *n* জোতদার; কৃষক।

far·rago [ফ়াˈরা:গাঊ] *n (pl ~s)* বিভিন্ন প্রকৃতির বস্তুর মিশ্রণ; জগাখিচুড়ি।

far·rier [ˈফ্যারিআ(র্)] *n* যে ব্যক্তি ঘোড়ার খুরে নাল পরায়।

far·row [ˈফ্যারাউ] *vt* শূকরছানা প্রসব করা: The sow will soon ~. □*n* (একবারে জাত) শূকরছানার পাল।

fart [ফা:ট্] *vi,n* (অশিষ্ট) পায়ুপথে বায়ু নিঃসারণ; বাতকর্ম করা/করণ।

far·ther [ˈফা:দ্া(র্)] *adv* (for-এর comp) অধিকতর দূরত্বে বা গভীরতায়; আরও দূরে বা অভ্যন্তরে: We went ~ into the forest. □*adj* অধিকতর দূরবর্তী: at the ~ end of the park.

far·thest [ˈফা:দিস্ট্] *adv,adj* (far-এর *supl)* সর্বাপেক্ষা অধিক দূরে বা ভিতরে: That station is ~ from the city centre. **at (the) ~** (ক) খুব বেশি দূরে হলে: It's 10 kilometer away at the ~, খুব বেশি হলে ১০ কিলোমিটার দূরে হবে। (খ) (সময় সম্পর্কে) খুব দেরি হলে: You must be here by five O'clock at the ~.

far·thing [ˈফা:দিঙ্] *n* (পূর্বে প্রচলিত) সিকি পেনি। **He doesn't care/It doesn't matter a ~** সে মোটেই গ্রাহ্য করে না/আদৌ কিছু এসে যায় না।

fas·cia (অপিচ **facia**) [ˈফেইশা] *n* মোটরগাড়ির ড্যাশবোর্ড।

fas·ci·nate [ˈফ্যাসিনেইট্] *vt* ১ মুগ্ধ করা; প্রবলভাবে আকর্ষণ করা। ২ সাপের মতো চোখে চোখে চেয়ে থেকে চলচ্ছক্তি রহিত করা। **fas·ci·nat·ing** *adj* মুগ্ধ করে এমন আকর্ষণীয়। **a ~ game/ story. fas·ci·nat·ing·ly** *adv.* **fas·ci·nation** [ফ্যাসিˈনেইশন্] *n* [u] মুগ্ধতা; আকর্ষণ; আকর্ষণক্ষমতা; মোহিনীশক্তি; মোহ।

fas·cism [ˈফ্যাশিজ়াম্] *n* ফ্যাসিবাদ। **fas·cist** [ফ্যাশিস্ট্] *n* ফ্যাসিবাদের সমর্থক। □*adj* ফ্যাসিবাদী; চরম দক্ষিণপন্থী; প্রতিক্রিয়াশীল।

fashion [ˈফ্যাশ্ন্] *n* ১ **a/the ~** (কিছু করার) ধরন; কায়দা; কেতা; ঢং: He talks/walks in a peculiar ~. **after/ in a ~** কোনো রকমে; খুব সন্তোষজনকভাবে নয়। **after the ~ of** অনুকরণে; ঢঙে; কায়দায়: a play after the ~ of Ibsen. ২ [C,U] চলতি প্রথা বা রীতি; ফ্যাশন: F~ for women's clothes change frequently. **be all the ~** (পোশাক, আচরণ, ভঙ্গি ইত্যাদি) খুব জনপ্রিয় হওয়া। **come into ~** জনপ্রিয় হওয়া। **go out of ~** জনপ্রিয়তা হারানো। **follow/be in the ~** ফ্যাশন অনুযায়ী চলা। **set the ~** নতুন ফ্যাশন নিজে অবলম্বন করে চালু করা। **a man/woman of ~** কেতাদুরস্ত সমাজের লোক/মহিলা। **ˈ~ plate** *n* পোশাকের রীতি প্রদর্শনকারী ছবি। □*vt* তৈরি করা। আকার প্রদান করা।

fashion·able [ˈফ্যাশনাবল্] *adj* কেতাদুরস্ত; ফ্যাশন অনুসরণকারী; কেতাদুরস্ত ব্যক্তি তথা ধনী ব্যক্তিদের দ্বারা পৃষ্ঠপোষিত: ~ clothes; a ~ shop, **fashion·ably** [অব্লি] *adv* কেতাদুরস্তভাবে।

fast[1] [ফা:স্ট US ফ্যাস্ট্] *adj* ১ দৃঢ়; অটল। **hard and ~ rules** ধরাবাঁধা বা অনড় নিয়ম। ২ স্থির; অনুগত; ঘনিষ্ঠ: a ~ friend. ৩ (বর্ণ সম্পর্কে) ফিকে হয় না এমন পাকা। □*adv* শক্তভাবে; সুরক্ষিতভাবে; দৃঢ়ভাবে; (নিদ্রা সম্পর্কে) গাঢ়ভাবে; গভীরভাবে: He was ~ asleep. **stand ~** অবিচল থাকা বা পিছু না হটা। **stick ~** (ক) = stand ~. (খ) অগ্রগতিসাধনে ব্যর্থ হওয়া। **F~ bind, fast find** (প্রবাদ) সামলে রাখলে খোয়াবে না। **play ~ and loose with** বার বার আচরণ পরিবর্তন করা; নিছক মজা করা: Don't play ~ and loose with her love.

fast[2] [ফা:স্ট US ফ্যাস্ট্] *adj* (-er, -est) ১ দ্রুত; ক্ষিপ্র; দ্রুতগামী = ~ train. ২ (সেকেলে) (কোনো ব্যক্তির জীবনযাত্রা সম্পর্কে) অতিমাত্রায় আমোদপ্রমোদপ্রবণ ও উত্তেজনাময়; বেপরোয়া ও অসংযমী: lead a ~ life. ৩ (ঘড়ি সম্পর্কে) প্রকৃত সময় অপেক্ষা অগ্রগামী। ৪ দ্রুতগতির অনুকূল: a ~ cricket pitch. ৫ (আলোকচিত্রের ফিল্ম সম্পর্কে) খুব অল্প সময় আলো প্রবেশ করানোর প্রয়োজন হয় এমন।

fast[3] [ফা:স্ট US ফ্যাস্ট্] *adv* ১ দ্রুত; তাড়াতাড়ি: He speaks too ~. ২ **live ~** আমোদফূর্তির মাধ্যমে উচ্ছৃঙ্খল জীবনযাপন করা। ৩ (প্রা. প্র.) কাছাকাছি: ~ by the TU tower.

fast[4] [ফা:স্ট US ফ্যাস্ট্] *vi* উপবাস করা; রোজা রাখা। □*n* ১ উপবাস: a ~ of three days; break one's ~. ২ উপবাসের দিন বা সময়।

fas·ten [ˈফা:স্ন US ˈফ্যাস্ন্] *vt,vi* ১ **~ up/ down** দৃঢ় করা; একত্রে বাঁধা বা যুক্ত করা। ২ **~ on/ upon** কারও উপর (নিন্দা, দোষ ইত্যাদি) আরোপ করা; কারও প্রতি (দৃষ্টি, মনোযোগ ইত্যাদি) নিবদ্ধ করা। ৩ দৃঢ় সুরক্ষিত হওয়া বা করা আবদ্ধ করা বা হওয়া। ৪ **~ on/upon** আঁকড়ে ধরা। **~er** যে বস্তু অন্য বস্তুকে আঁকড়ে ধরে বা আবদ্ধ করে: a paper ~er. **~·ing** *n* আবদ্ধকারী বস্তু (খিল, ছিটকিনি ইত্যাদি)।

fas·tid·ious [ফ্যস্টিডিআস US ফ্যা–] খুঁতখুঁতে, দোষ ধরতে তৎপর: ~ about dress, **~·ly** *adv.* **~·ness** *n*

fast·ness [ˈফ্লা:স্‌টনিস্ US ˈফ্ল্যাস্‌-] ১ [C] সুরক্ষিত আশ্রয়; দুর্গ। ২ [U] দৃঢ় হওয়ার গুণ; দৃঢ়তা।

fat[1] [ফ্ল্যাট্] *adj* (-ter, -test) ১ চর্বিযুক্ত: ~ meat. **ˈfat·head** *n* স্থূলবুদ্ধি ব্যক্তি। ২ মোটা; স্থূলকায়। **a ˈfat lot** (অপ.) অনেক পরিমাণে (বক্রোক্তি = খুব সামান্য)। ৩ ধনী; উর্বর: ~ lands. **fat·tish** *adj* বেশ মোটা।

fat[2] [ফ্ল্যাট্] *n* [C,U] চর্বি; মেদ; উদ্ভিজ্জ তৈল। **chew the fat** কোনো কিছু নিয়ে অনবরত অসন্তোষ প্রকাশ করা। **live off/on the fat of the land** সবকিছুর সেরা অংশ ভোগ করা। **The fat's in the fire** যা ঘটে গেছে (সাধা. যার বিরুদ্ধে কিছু করার নেই) তাতে খুব ঝামেলা পোহাতে হবে। **fat·less** *adj* চর্বিহীন; মেদহীন।

fat[3] [ফ্ল্যাট্] *vt* (-tt-) মোটা করা। **kill the fatted calf** (লাক্ষ.) কেউ ফিরে এলে তাকে উল্লাসের সঙ্গে/সমাদরে গ্রহণ করা; অতিশয় আতিথ্য দেখানো।

fatal [ˈফ়েইট্‌ল্] *adj* ১ ~ **(to)** প্রাণনাশক; মারাত্মক: a ~ accident. ২ নিয়তির মতো; নিয়তিমূলক; নিয়তিনির্ধারিত: the ~ day. ~·**ly** *adv*

fatal·ism [ˈফ়েইটালিজ় ম্] *n* [U] অদৃষ্টবাদ; নিয়তিবাদ; সবকিছুই নিয়তি–নির্ধারিত এই বিশ্বাস। **fatal·ist** *n* নিয়তিবাদে বিশ্বাসী (ব্যক্তি)। **fatal·is·tic** *adj* নিয়তিবাদ সম্পর্কিত; নিয়তিবাদী।

fatal·ity [ফ়াট্যালাটি] *n (pl* -ties) ১ [C] দুর্ভাগ্য; চরম বিপর্যয়; মারাত্মক বা সর্বনাশা অবস্থা। ২ [C] দুর্ঘটনা, যুদ্ধ ইত্যাদিতে সংঘটিত মৃত্যু। ৩ [U] নিয়তিগত অবস্থা। ৪ [U] মারাত্মক প্রভাব; প্রাণনাশক পরিণতি।

fate [ফ়েইট্] *n* ১ [U] নিয়তি; অদৃষ্ট। **The Fates** মানুষের জন্ম জীবন ও মৃত্যু নিয়ন্ত্রণকারী গ্রিক ভাগ্যদেবীত্রয়। ২ [C] ভবিতব্য। ৩ *(sing)* মৃত্যু; ধ্বংস; চরম পরিণতি: meet one's ~, নিহত হওয়া বা মৃত্যুমুখে পতিত হওয়া। □*vt* (সাধা. কর্মবাচ্যে) নিয়তি–নির্দিষ্ট করা। ~**d** নিয়তি–নির্দিষ্ট।

fate·ful [ফ়েইট্‌ফ্‌ল্] *adj* ১ নিয়তিনির্দিষ্ট; গুরুত্বপূর্ণ ও চূড়ান্ত; চরম; অবশ্যম্ভাবী। ২ ভবিষ্যদ্বাণীমূলক। ~**ly** *adv*

fa·ther[1] [ফ়া:দ়া(র্)] *n* ১ বাবা; পিতা; জনক। **The child is the ~ to the man** (প্রবাদ) মানুষের শৈশবকাল ভবিষ্যতের ইঙ্গিতবহ। **The wish is ~ to the thought** (প্রবাদ) আমরা সম্ভবত তাই বিশ্বাস করি যা সত্যি হোক বলে আমরা কামনা করি। **ˈ~-in-law** [ˈফাদার ইনলো] *n (pl* ~s -in-law) শ্বশুর। **ˈ~ figure** সর্বজনশ্রদ্ধেয় পিতৃতুল্য বৃদ্ধ নেতা। ২ (সাধা. *pl)* পূর্বপুরুষ। ৩ প্রতিষ্ঠাতা বা প্রথম নেতা। ৪ **Our (Heavenly) Father** ঈশ্বর। ৫ যাজকদের আখ্যা (the Holy Father, পোপ)। ৬ ব্যক্তিত্ব আরোপমূলক আখ্যা (Father Time)। **ˈ~·hood** [–হুড্] *n* [U] পিতৃত্ব। **ˈ~·land** *n* স্বদেশ। **~-less** পিতৃহীন। **~·ly** *adj* পিতৃসুলভ বা পিতার ন্যায়: ~ly affection.

fa·ther[2] [ফ়া:দ়া(র্)] *vt* ১ কোনো ধারণা পরিকল্পনা ইত্যাদির উদ্ভাবক হওয়া। ২ অগত্যাদিরূপে গ্রহণ করা। ৩ **~ on/upon** পিতৃত্ব/মালিকানা ইত্যাদি আরোপ করা: Why are you fathering the feature on me! I haven't written it.

fathom [ˈফ্ল্যাদাম্] *n* পানির গভীরতার পরিমাপক বাঁও (৬ ফুট)। □*vt* গভীরতা মাপা; (লাক্ষ.) তলদেশে পৌঁছা বা তল পাওয়া। **~·less** অগাধ; অতল।

fa·tigue [ফ়াটীগ্] *n* ১ [U] শ্রান্তি; ক্লান্তি; অবসাদ। ২ [U] দীর্ঘস্থায়ী পীড়নের ফলে ধাতুতে দুর্বলতা। ৩ [C] ক্লান্তিকর কাজ; সৈনিকদের বেসামরিক দায়িত্ব (রান্না, কাপড় ধোয়া ইত্যাদি)। **ˈ~-party** ঐরূপ দায়িত্বপ্রাপ্ত সৈন্যের দল। □*vt* শ্রান্ত বা ক্লান্ত করা।

fat·ten [ফ্ল্যাটেন্] *vt,vi* ~ **(up)** মোটা করা বা হওয়া।

fatty [ˈফ্ল্যাটি] *adj* (-ier, -iest) চর্বিযুক্ত।

fatu·ous [ˈফ্ল্যাচিউআস্] *adj* বোকা; জড়বুদ্ধি; বোকার ন্যায় আত্মতুষ্টি প্রদর্শনকারী: a ~ smile. **~·ly** *adv*. **fa·tu·ity** [ফ়াটিউআটি US –টূ–] *n* জড়ত্ববোধসম্পন্ন অবস্থা। [C] *(pl* -ties) ~ remark.

fau·cet [ˈফ়ো°সিট্] *n* (বিশেষত US) তরল পদার্থ বের করার জন্য পিপা সংলগ্ন নল বা কল (তুলনীয় GB tap)।

fault [ফ়ো°ল্ট্] *n* ১ [C] ত্রুটি; দোষ। **at ~** ভুল অবস্থায়; হতবুদ্ধি অবস্থায়। **to a ~** অতিমাত্রায়। **find ~ (with)** খুঁত বা দোষ ধরা; অভিযোগ করা। **ˈ~-finder** *n* ছিদ্রান্বেষণকারী (ব্যক্তি)। **ˈ~-finding** ছিদ্রান্বেষণ। ২ [U] ভুল হওয়ার দায়িত্ব; ভুল: It was my ~ that we missed the train. ৩ খুঁত; ভুলভাবে করা কিছু। ৪ [C] স্তরচ্যুতি; স্তরভঙ্গ: a ~ in rock. □*vt* দোষ ধরা: He always ~s my performance. **~·less** *adj* নিখুঁত; ত্রুটিহীন; নির্দোষ। **~·less·ly** *adv*. **~y** ত্রুটিযুক্ত; ত্রুটিপূর্ণ **~·ily** ত্রুটিপূর্ণভাবে।

faun [ফ়ো°ন্] *n* (রোমান উপকথা) ছাগলের শিং এবং পাযুক্ত বনদেবতাবিশেষ।

fauna [ফ়ো°না] *n pl* কোনো জায়গায় কোনো বিশেষ সময়ের প্রাণীকুল।

faux pas [ˌফ়ৌ'পা:] *n* (ফ.) (বহুবচনে অপরিবর্তনীয়) সামাজিক ভুল পদক্ষেপরূপে গণ্য অদূরদর্শী বা হঠকারী আচরণ মন্তব্য; বেখাপ্পা আচরণ, কথা ইত্যাদি।

fa·vour[1] (US = **fa·vor)** [ˈফ়েইভ়া(র্)] *n* ১ [U] অনুগ্রহ; সুনজর: win someone's ~. **be/stand high in sb's ~** কারও সুনজরে থাকা বা অনুগ্রহভাজন হওয়া। **find ~ with sb** কারও অনুগ্রহ পাওয়া। **lose ~ with sb** কারও অনুগ্রহ থেকে বঞ্চিত হওয়া। ২ [U] সহায়; সমর্থন; আনুকূল্য। **in ~ of (ক)** সমর্থনে; পক্ষে: We are in ~ of election. **(খ)** কারও পক্ষে বা কারও হয়ে; অনুকূলে: The cheque was drawn in ~ of the firm. **in sb's ~** কারও স্বার্থে: The decision was in his ~. ৩ [U] প্রশ্রয়; পক্ষপাতিত্ব। **without fear or ~** সম্পূর্ণ পক্ষপাতহীনভাবে। ৪ [C] অনুগ্রহ (অনুগ্রহ প্রদর্শনকারী কাজ): Would you please do me a ~. ৫ [C] অনুগ্রহের চিহ্নস্বরূপ প্রদত্ত পদক, অভিজ্ঞান ইত্যাদি।

fa·vour[2] (US = **fa·vor)** [ˈফ়েইভ়া(র্)] *vt* ১ অনুগ্রহ করা বা দেখানো; সমর্থন করা। ২ পক্ষপাতিত্ব প্রদর্শন করা। The examiner ~ed the particular student. ৩ ~ **sb with sth** (প্রা. প্র. বা আনুষ্ঠা) কিছুর মাধ্যমে কিছু করে দিয়ে কাউকে অনুগৃহীত করা; ধন্য করা: ~ sb with a recommendation. ৪ (পরিস্থিতি সম্পর্কে) সম্ভবপর বা সহজসাধ্য করা: The grant ~ed our mission. ৫ (প্রা. প্র.) অনুরূপ বৈশিষ্ট্যের হওয়া: The child ~s its father. **ill/well ~ed** কুদর্শন/সুদর্শন।

fa·vour·able (US = **-vor-)** [ˈফ়েইভারাব্‌ল্] *adj* অনুকূল; সহায়ক; সুবিধাজনক: a ~ report; ~ circumstances. **fa·vour·ably** *adv* অনুকূলে; সহায়করূপে; সুবিধাজনকভাবে।

fa·vour·ite (US = **-vor-)** [ˈফ়েইভ়ারিট্] *n* অপেক্ষাকৃত বেশি পছন্দের বা প্রিয় ব্যক্তি/বস্তু: My ~ writer. **the ~** খেলা, ঘোড়দৌড় ইত্যাদিতে সম্ভাব্য জয়ী

দল, ঘোড়া ইত্যাদি: That football team was the ~ in last year's cup-final. ৩ সর্বাপেক্ষা বেশি সুবিধাপ্রাপ্ত বা আনুকূল্যপ্রাপ্ত ব্যক্তি। **fa·vour·it·ism** *n* [U] প্রিয় ব্যক্তিদের প্রতি পক্ষপাতিত্ব।

fawn[1] [ফ়োʼন্] *n* ১ হরিণশিশু। ২ হালকা হলুদ বাদামি রঙ।

fawn[2] [ফ়োʼন্] *vi* ~ **(on)** ১ (কুকুর সম্পর্কে) লাফিয়ে বা লেজ নেড়ে আনন্দ প্রকাশ করা। ২ (ব্যক্তি সম্পর্কে) হীনমন্যতাপূর্ণ তোষামোদ বা চাটুকারিতার মাধ্যমে কারও অনুগ্রহলাভের চেষ্টা করা।

fay [ফ়েই] *n* পরী।

fear[1] [ফ়িআ(র্)] *n* ১ [C,U] ভয়; আতঙ্ক। **for ~ of** (কারও বা কিছুর) ভয়ে। **for ~ that/lest** ---পাছে কিছু না ঘটে এই ভয়ে। ২ [U] আশঙ্কা: ~ of life ৩ [U] ভীতি (ভক্তিসহ): the fear ~ God, ঈশ্বরভীতি। **~·ful** *adj* (ক) ভীতিকর; ভয়ানক; ভয়ঙ্কর। (খ) শঙ্কিত; ভীত। **~·fully** *adv.* **~·ful·ness** *n* ভয়ঙ্করতা। **~·less** *adj* নির্ভীক শঙ্কাহীন। **~·less·ly** *adv.* **~·less·ness** *n* নির্ভীকতা; দুঃসাহসিকতা। **~·some** [ˈফ়িআসাম্] *adj* (সাধা. ঠাট্টায়) ভয়ঙ্করদর্শন।

fear[2] [ফ়িআ(র্)] *vt,vi* ১ কাউকে বা কিছুকে ভয় করা: There is nothing to ~ him. ২ ভীত হওয়া ভয় পাওয়া; আশঙ্কাগ্রস্ত হওয়া: Do not ~ to speak the truth. ৩ ~ **(for)** কিছুর জন্য উদ্বিগ্ন বা আশঙ্কাগ্রস্ত হওয়া। ৪ কোনো কিছুর ব্যাপারে আশঙ্কা প্রকাশ করা: ~ (that) he will be late. ৫ ভক্তির সঙ্গে ভয় করা: to ~ God.

feas·ible [ˈফ়ীজ়াব্ল্] *adj* ১ সম্ভব; যা করা যেতে পারে: The realization of this plan is not ~, এ পরিকল্পনা বাস্তবায়নযোগ্য নয়। ২ (কথ্য) বিশ্বাসযোগ্য; আপাতদৃষ্টিতে যুক্তিসঙ্গত: His story sounds quite ~, তার কাহিনী বিশ্বাসযোগ্য বলে মনে হয়। **feasi·bil·ity** *n*

feast [ফ়ীস্ট্] *n* ১ পর্ব; ধর্মীয় উৎসব। ২ ভোজ; (লাক্ষ.) তৃপ্তিদায়ক উপভোগ। □*vt vi* ১ পর্ব বা ভোজে অংশগ্রহণ করা; উৎসব বা পর্ব পালন করা; আনন্দোৎসব করে সময় কাটানো। ২ **~ on** তৃপ্তি সহকারে উপভোগ করা: I ~ed my eyes on her beauty.

feat [ফ়ীট্] *n* কৃতিত্বপূর্ণ কাজ; কৃতিত্ব।

feather[1] [ˈফ়েদা(র্)] *n* পাখির পালক। **a ˈ~ in one's cap** যথার্থ গর্বের ব্যাপার। **in full/high ~** খোশমেজাজে। **birds of a ~ (flock together)** (মন্দার্থে) একই দলভুক্ত দুষ্ট প্রকৃতির ব্যক্তিগণ (তু. চোরে চোরে মাসতুতো ভাই)। **show the white ~** ভয়ের লক্ষণ প্রদর্শন করা। □*vt* উদার সাহায্য প্রদানের মাধ্যমে প্রশ্রয় দেওয়া; কারও জন্য কোনো কাজ সহজ করে দেওয়া **ˈ~-braind** *adj* শূন্যমস্তিষ্ক; অস্থিরচিত্ত। **ˈ~·weight** *n* (বিশেষত মুষ্টিযোদ্ধা) ৫৩.৫ থেকে ৫৭ কিলোগ্রাম মধ্যবর্তী ওজনের। **~y** *adj* পালকতুল্য হালকা ও নরম: ~y snow.

feather[2] [ˈফ়েদা(র্)] *vt* পালকশোভিত করা: ~ an arrow. **~ one's nest** নিজের জন্য আরামের ব্যবস্থা করা; নিজের আখের গোছানো; স্বার্থ সাধন করা। **~ one's oar** (নৌকা বাইচ) নৌকার গতি বদলিয়ে সমান পানির উপর দিয়ে যাওয়া (ঢেউ এড়িয়ে)।

fea·ture [ˈফ়ীচা(র্)] *n* [C] ১ মুখমণ্ডলের বিশেষ কোনো প্রত্যঙ্গ: Her eyes are her best ~. ২ *(pl)* মুখের আদল; মুখ: a man of handsome ~s, সুন্দর মুখবিশিষ্ট। ৩ বৈশিষ্ট্য: the main ~s of a plan. ৪ পত্রিকাদির গুরুত্বপূর্ণ প্রবন্ধ বা আলোচ্য বিষয়; পূর্ণদৈর্ঘ্য চলচ্চিত্র: ~ programme, উল্লেখযোগ্য ঘটনা অবলম্বনে নাট্যকারের তৈরি বেতার বা টেলিভিশনের কর্মসূচি। □*vt* ১ কিছুর উপাদান বা বৈশিষ্ট্য হওয়া; কারও বা কিছুর বৈশিষ্ট্য তুলে ধরার জন্য বিশেষ নিবন্ধ রচনা করা; লক্ষণীয়ভাবে উপস্থাপিত করা: The film ~ed the great tragedy. **~·less** *adj* বৈশিষ্ট্যহীন।

feb·rile [ফ়ীব্রাইল্] *adj* জ্বরসংক্রান্ত; জ্বরভাবাপন্ন; জ্বরো জ্বরো।

Feb·ru·ary [ফ়েব্রু আরি US –রুএরি] *n* ইংরেজি বর্ষের দ্বিতীয় মাস।

feces, দ্র. faeces.

feck·less [ˈফ়েক্লিস্] *adj* ব্যর্থ; অক্ষম; দায়িত্বহীন। **~·ly** *adv.* **~·ness** *n*

fec·und [ˈফ়ীকান্ড্ US ফ়ে–] *adj* উর্বর; প্রচুর উৎপাদনশীল। **~·ity** [ফ়িˈকান্ডাটি] *n* [U] উর্বরতা; উৎপাদনশীলতা।

fed (feed–এর *pt,pp*) **fed up** বিরক্ত; চরমভাবে হতাশ (কিছু সম্পর্কে)।

fed·er·al [ˈফ়েডারাল্] *adj* ১ সন্ধি বা চুক্তি সংক্রান্ত; অভ্যন্তরীণ বিষয়াদি ব্যতীত অন্যান্য বিষয়ে সঙ্ঘবদ্ধ বিভিন্ন রাষ্ট্রের জোট সংক্রান্ত; আমেল–; কেন্দ্রীয়; ফেডারেল। **Federal Bureau of Investigation** (abbr. FBI) আমেরিকা যুক্তরাষ্ট্রের আইনভঙ্গ জনিত অপরাধে তদন্ত এবং জাতীয় নিরাপত্তা রক্ষাকার্যে নিয়োজিত সরকারি দপ্তর। **F~ Govt.** কেন্দ্রীয় সরকার (বিপরীত State Govt. রাজ্য সরকার)। **~·ism** *n* আমেলবাদ; ফেডারেলবাদ। **~·ist** আমেলপন্থী; ফেডারেলপন্থী।

fed·er·ate [ˈফ়েডারেইট্] *vt,vi* (রাজ্য, সমিতি, সংস্থা ইত্যাদি সম্পর্কে) জোটবদ্ধ করা বা হওয়া; আমেলবদ্ধ করা বা হওয়া।

fed·era·tion [ˌফ়েডারেইশ্ন্] *n* ১ [C] যে রাজনৈতিক ব্যবস্থায় একাধিক রাজ্য বা রাষ্ট্র বৈদেশিক বিষয় প্রতিরক্ষা ও অন্যান্য কিছু গুরুত্বপূর্ণ বিষয় কেন্দ্রীয় সরকারের হাতে ন্যস্ত করে অন্যান্য ক্ষমতা নিজ নিয়ন্ত্রণে রাখার ব্যাপারে চুক্তিবদ্ধ থাকে। ২ ঐরূপ চুক্তিবদ্ধ রাষ্ট্রজোট, সমিতি বা ট্রেড ইউনিয়নসমূহের অনুরূপ জোট। ৩ আমেলবদ্ধ হওয়ার ব্যাপার।

fee [ফ়ী] *n* ১ [C] ডাক্তার, উকিল, গৃহশিক্ষক অনুরূপ ইত্যাদি পেশাজীবীদের কাজের জন্য প্রদেয় অর্থ বা সম্মানী; পরীক্ষা, ক্লাব ইত্যাদিতে ভর্তির জন্য প্রদেয় অর্থ; ফি। ২ [U] (আইন) প্রজাস্বত্ব; উত্তরাধিকার; জায়গির। □*vi* কাউকে ফি প্রদান করা; ফি দিয়ে নিযুক্ত করা: to ~ a legal adviser.

feeble [ˈফ়ীব্ল্] *adj* দুর্বল; নিস্তেজ; ক্ষীণ। **~-minded** [-মা ইন্ডিড্] *adj* দুর্বলচিত্ত। **feebly** [ˈফ়ীব্লি] *adv.* **~·ness** *n*

feed[1] [ফ়ীড্] *n* ১ [C] (প্রধানত প্রাণী ও শিশুদের, ব্যক্তিদের ক্ষেত্রে ঠাট্টায়) একবারের খাবার: The cat must have a ~ now. ২ প্রাণীখাদ্য: We have enough ~ for the cats. ৩ [C] যন্ত্রের মধ্যে রসদ সরবরাহের নল; সরবরাহকৃত রসদ। **ˈ~·back** *n* [U] ১ উৎপন্ন দ্রব্যের অংশবিশেষের (উৎপাদন প্রক্রিয়ায়) পুনঃপ্রত্যাবর্তন। ২ (কথ্য) কোনো দ্রব্য সম্পর্কে ব্যবহারকারী কর্তৃক সরবরাহকারীকে প্রদত্ত তথ্য; কোনো বিষয়ের গুণাগুণ সম্পর্কে ঐ বিষয়ের সঙ্গে যুক্ত ব্যক্তিদের মতামত।

feed[2] [ফীড়] *vt,vi (pt,pp* fed [ফেড়]) ১ ~ **(on)** খাওয়ানো; খাদ্য জোগানো। ~ **oneself** মুখে খাবার তোলা। ~ **up** বাড়তি খাবার দেওয়া; পুষ্টিবর্ধক খাবার দেওয়া: The sick boy needs ~ing up. **be fed up (with)** (লাক্ষ.) কোনো ব্যাপারে অত্যন্ত বিরক্ত হওয়া; চরম হতাশ হওয়া। ˈ**~ing-bottle** মাইপোষ। ২ ~ **to** কোনো প্রাণীকে খাবার হিসাবে দেওয়া: to ~ meat to dogs. ৩ (প্রধানত প্রাণীদের ক্ষেত্রে) খাদ্য গ্রহণ করা; খাওয়া। ৪ ~ **on** খেয়ে বেঁচে থাকা: The cow ~s chiefly on grass. ৫ রসদ জোগানো; প্রয়োজনীয় উপকরণ সরবরাহ করা: This end ~ raw material into the machine.

feeder [ফীডা(র্)] *n* [C] ১ (উদ্ভিদ ও প্রাণী সম্পর্কে, বিশেষ সহযোগে) ভক্ষক; খাদক। ২ শিশুর মাইপোষ। ৩ (প্রায়শ attrib) মূল সড়ক; রেলপথ খাল বা বড় নদীর সঙ্গে সংযোগ স্থাপনকারী শাখা সড়ক, শাখানদী ইত্যাদি: ~ canal; ~ road.

feel[1] [ফীল্] *n* (কেবল *sing*) ১ **the** ~ স্পর্শানুভূতি। ২ **the** ~ পরশ। ৩ অনুভবকরণ।

feel[2] [ফীল্] *vt vi (pt,pp* felt [ফেল্ট্]) ১ স্পর্শ দ্বারা অনুভব করা; উপলব্ধি করা: to ~ the pulse. ~ **one's way** (ক) অন্ধকারে চলার ন্যায় সতর্কভাবে হাতড়ে চলা। (খ) কোনো ব্যাপারে সতর্কতার সঙ্গে অগ্রসর হওয়া। ২ ~ **(about) (for)** হাত পা বা লাঠির সাহায্যে খোঁজা; হাতড়ানো: He felt in his pocket for the lighter. ৩ (স্পর্শের মাধ্যমে) সচেতন হওয়া। ৪ টের পাওয়া; অনুভব করা (স্পর্শ বা সংযোগ ছাড়া): I felt the earth quake. **to ~ sb out** সর্তকভাবে কারও মতামত জানতে চেষ্টা করা। ৫ বোধ করা: I ~ hungry/happy. ৬ অনুভব করা: The dead cannot ~. ৭ ~ **for/with** কারও জন্য সহানুভূতি থাকা: I really ~ for him. ৮ ~ **as if/though** কারও মনে হওয়া বা অনুভূতি জাগা: He felt as if his head was splitting, তার মনে হচ্ছিলো তার মাথা যেন ছিঁড়ে পড়ছে। ৯ হওয়ার ধারণা দেওয়া বা মনে হওয়া: Your hands ~cold, তোমার হাত ঠাণ্ডা মনে হচ্ছে। ১০ ˈ**~ like** (ব্যক্তি সম্পর্কে) আগ্রহী হওয়া: I don't ~ like going now out of room. ~ **equal to** (কথ্য) ~**upto** এঁটে উঠতে পারা; সক্ষম হওয়া: He doesn't ~ up to a long walk now-a-days. ১১ কিছু সম্পর্কে স্পর্শকাতর হওয়া; কিছুর জন্য কষ্ট ভোগ করা। ১২ ধারণা করা; মত পোষণ করা: He felt that the programme was not feasible. ১৩ যথাযথভাবে বুঝতে পারা: I felt the hints he gave.

feeler [ফীলা(র্)] *n* [C] ১ প্রাণীদের শুঙ্গ বা শুঁয়া; স্পর্শের দ্বারা কোনো কিছু পরীক্ষা করার প্রত্যঙ্গ। ২ অন্যের মতামত বা অনুভূতি আগেই জানার উদ্দেশ্যে কৃত প্রস্তাব, কৌশল ইত্যাদি। **put out ~s** সুকৌশলে অন্যের মতামত যাচাই করে নেওয়া।

feel·ing [ফীলিঙ্] *n* ১ [U] বোধ; অনুভূতি; স্পর্শানুভূতি। ২ [C] দৈহিক বা মানসিক সচেতনতা। ৩ *(pl)* আবেগ। ৪ [U] সহানুভূতি; দরদ: He has no ~ for the sufferings of the poor. **good ~** সদ্ভাব। **ill/bad ~** অসদ্ভাব; বিদ্বেষ। ৫ [C,U] ক্রোধ; মানসিক উত্তেজনা। ৬ [U] সংবেদনশীলতা; রুচি ও উপলব্ধি: ~ for music. □*adj* সহানুভূতিপ্রবণ; আবেগপ্রবণ। **~·ly** *adv*

feet [ফীট্] *n* foot–এর *pl*

feign [ফেইন্] *vt* ১ ভান করা: ~ illness. ২ উদ্ভাবন করা: ~ an excuse.

feint [ফেইন্ট্] *n* ১ ভান। ২ কৃত্রিম আক্রমণ; (যুদ্ধে/মুষ্টিযুদ্ধে) আক্রমণ করার বা আক্রমণ এড়ানোর উদ্দেশ্যে পেঁচ খেলা। □*vi* কৃত্রিম আক্রমণ করা; কৌশলে আক্রমণ করা; আক্রমণ এড়ানো: make a ~ at / upon / against.

feld·spar, fel·spar [ˈফেল্ড্স্পা:(র্), ফেল্স্পা:র্] *n* [U] কেলাসিত খনিজ শিলাবিশেষ।

fel·ici·tate [ফ়লিসিটেইট্] *vt* ~ **sb on/upon sth** (আনুষ্ঠা.) অভিনন্দিত করা। **fel·ici·ta·tion** [ফ়লিসিˈটেইশন্] *n* অভিনন্দন; অভিনন্দিতকরণ।

fel·ici·tous [ফ়াˈলিসিটস্] *adj* (আনুষ্ঠা.) (শব্দ, মন্তব্য ইত্যাদি প্রসঙ্গে) সুনির্বাচিত; সুখপূর্ণ; মনোরম। **~·ly** *adv*

fel·ici·ty [ফ়াˈলিসাটি] *n* (আনুষ্ঠা.) ১ [U] পরম সুখ বা পরিতৃপ্তি। ২ [U] বলা বা লেখার মনোরম সুখকর ভঙ্গি; [C] *(pl* -ties) সুনির্বাচিত শব্দাবলী।

fe·line [ফীলাইন্] *adj* বিড়ালসংক্রান্ত; বিড়ালজাতীয়; বিড়ালের ন্যায়: walk with ~ grace.

fell[1] fall[2]–এর *pt*

fell[2] [ফেল্] *n* পশুচর্ম; পশমে ঢাকা গাত্রচর্ম।

fell[3] [ফেল্] *n* শিলাময় উচ্চ পতিত ভূখণ্ড (বিশেষত উত্তর ইংল্যান্ডের)।

fell[4] [ফেল্] *vt* ভূপাতিত করা; (গাছ) কেটে ফেলা; ধরাশায়ী করা।

fel·lah [ˈফেলা] *n (pl* ~in, ~een) কৃষক (আরব দেশসমূহে)।

fel·low [ফেলাউ] *n* ১ (কথ্য) লোক: He is a nice ~. ২ (সাধারণত *pl)* সঙ্গী; সাথী; সহকর্মী: school ~s. ˌ~-ˈ**feeling** *n* [U] সহানুভূতি। ৩ (attrib) একই শ্রেণীর বা ধরনের একত্রে বসবাসরত বা কর্মরত সঙ্গী: ~-citizen, একই রাষ্ট্রের নাগরিক; ~-countrymen, স্বদেশবাসী। ˌ~-ˈ**traveller** *n* (ক) সহযাত্রী; কোনো রাজনৈতিক দলের (বিশেষত কমিউনিস্ট পার্টির) লক্ষ্যের প্রতি সহানুভূতিশীল অথচ তার সদস্য নয় এমন ব্যক্তি। ৪ কোনো বিশ্ববিদ্যালয় বা বিদ্বৎসমিতির বিশিষ্ট সভ্য: F~ of Bangla Academy . ৫ জোড়ার একটি।

fel·low·ship [ফেলাউশিপ্] *n* [U] ১ বন্ধুভাব; সাহচর্য; সহকারিতা। ২ [C] সম্মিলিত ব্যক্তিবৃন্দ; সঙ্ঘ; [U] ঐরূপ সঙ্ঘের সদস্যতা। ৩ [C] বিশ্ববিদ্যালয়, কলেজ বা কোনো বিদ্বৎসমিতির পদ।

fel·ony [ˈফেলানি] *n (pl* -nies) [C,U] (নরহত্যা, সশস্ত্র ডাকাতি, অগ্নিসংযোগ ইত্যাদির ন্যায়) গুরুতর অপরাধ। **felon** [ফেলান] গুরুতর অপরাধে দোষী ব্যক্তি। **fel·oni·ous** [ফ়িলাউনিআস্] *adj* অপরাধমূলক।

fel·spar দ্র. feldspar.

felt[1] feel[2]–এর *pt,pp*

felt[2] [ফেল্ট্] *n* [U] পশমি বস্ত্রবিশেষ: (attrib) ~ hats/slippers.

fe·male [ˈফীমেইল্] *adj* ১ স্ত্রীজাতীয়; মাদি: a ~ dog (উদ্ভিদ সম্পর্কে) ফলদায়ী (যাতে ফল জন্মায় এমন): ২ মহিলা; নারী: ~ workers, মহিলাশ্রমিক। □*n* স্ত্রীজাতীয় প্রাণী; (তুচ্ছার্থে) মেয়েলোক।

femi·nine [ˌফেমানিন্] *adj* ১ স্ত্রীলোকসংক্রান্ত; মেয়েলি: a ~ voice. ২ (ব্যাক.) স্ত্রীলিঙ্গাত্মক। **fem·i·nin·ity** [ˌফেমাˈনিনাটি] *n* [U] স্ত্রীসুলভ গুণ; মেয়েলিপনা।

fem·in·ism [ˈফেমিনিজাম্] *n* [U] নারীদের জন্য পুরুষদের সমান (আইনগত, রাজনৈতিক ইত্যাদি)

অধিকার প্রতিষ্ঠার দাবি সম্পর্কিত আন্দোলন। **fem·in·ist** *n* উল্লিখিত নারী আন্দোলনের সমর্থক।

fe·mur ['ফীমা(র্)] *n* (ব্যব.) উর্বাস্থি।

fen [ফেন্] *n* নিচু জলাভূমি; বিল।

fence[1] [ফেন্স্] *n* [C] বেড়া। **come down on one side or other of the ~.** নির্দিষ্টভাবে প্রতিদ্বন্দ্বীপক্ষদ্বয়ের কোনো একটিকে সমর্থন করা। **come down on the right side of the ~** বিজয়ীপক্ষে যোগদান করা। **mend one's ~s** সন্ধি করা। **sit/be on the ~** কোনো পক্ষ অবলম্বন না করে সুবিধালাভের উদ্দেশ্যে পরিস্থিতি লক্ষ করা। **'~-sitter** পরিস্থিতি পর্যবেক্ষণকারী। **'~-sitting** পরিস্থিতি পর্যবেক্ষণ। □*vt* বেড়া দেওয়া; সুরক্ষিত করা। **fen·cing** [ফেন্সিঙ্] *n* [U] বেড়া নির্মাণের উপাদান; বেড়া নির্মাণ।

fence[2] [ফেন্স্] *vi* অসিক্রীড়া অভ্যাস করা; (লাক্ষ.) কোনো প্রশ্নের সরাসরি জবাব এড়িয়ে যাওয়া: ~ with a question. **fencer** *n* অসিক্রীড়া অভ্যাসকারী ব্যক্তি; অসিক্রীড়াবিদ। **fenc·ing** *n* [U] অসিক্রীড়ার কৌশল; অসিক্রীড়া।

fence[3] [ফেন্স্] *n* (অপ.) চোরাইমাল গ্রহণকারী; চোরাইমাল গ্রহণস্থল।

fend [ফেন্ড্] *vt,vi* ১ **~ off** আত্মরক্ষার্থে প্রতিরোধ গড়ে তোলা: fend off a blow. ২ **~ for oneself** নিজেই নিজের ভরণপোষণ ও দেখাশুনা করা: Javed had to fend for himself, since he lost his parents at an early age.

fend·er ['ফেন্ডা(র্)] *n* ১ ছাই, কয়লা ইত্যাদি যাতে উপচে না পড়ে তজ্জন্য উনুনের চার পাশের ধাতব ঘেরবিশেষ। ২ সংঘর্ষকালে ক্ষতির পরিমাণ যাতে কম হয় তজ্জন্য কোনো যানবাহনের সম্মুখস্থ মজবুত ডাণ্ডাবিশেষ। ৩ অন্য কোনো জাহাজের সঙ্গে ধাক্কা এড়ানোর জন্য জাহাজের পার্শ্বদেশে রাখা দড়ি-দড়ার গুচ্ছ। ৪ (US) = wing, দ্র. wing(২).

Fen·ian ['ফেনিআন] *n* ১ রাজতন্ত্র উচ্ছেদের জন্য গঠিত আইরিশ বিপ্লবী বাহিনীর সদস্য। □*adj* আইরিশ বিপ্লবী-সংক্রান্ত।

fen·nel ['ফেন্ল্] *n* [U] সুগন্ধিযুক্ত ও রুচিকর করার জন্য (বিশেষত রন্ধনকার্যে) ব্যবহৃত হলুদ পুষ্পবিশিষ্ট এক ধরনের সবজি।

fe·ral ['ফিআরআল্] *adj* বন্য; পোষ মানানো যায়নি এমন; মারাত্মক; পাশবিক।

fer·ment[1] ['ফামেন্ট্] *n* ১ [C] এমন কোনো পদার্থ, বিশেষত খাম্বিরা, যা অন্যান্য পদার্থকে গজিয়ে তুলতে সাহায্য করে। ২ **in a ~** (লাক্ষ.) সামাজিক; রাজনৈতিক উত্তেজনা ও আন্দোলনের অবস্থা।

fer·ment[2] [ফা'মেন্ট্] *vt,vi* ১ গাজিয়ে তোলা (জীবাণুঘটিত রাসায়নিক পরিবর্তনের কারণে): Fruit juices ~ if they are kept a long time. ২ (লাক্ষ.) সক্রিয় করা; উত্তেজিত করা। **fer·men·ta·tion** [ফামেনটেইশ্ন্] *n* [U] (লাক্ষ.) উত্তেজনা ও অস্থিরতা।

fer·mium ['ফামিঅম্] *n* [U] প্লুটোনিয়াম থেকে কৃত্রিম উপায়ে তৈরি উপাদান বিশেষ (সংকেত Fm)।

fern [ফান্] *n* [C] ফার্নগাছ। **~y** *adj*

fer·ocious [ফা'রউশাস্] *adj* হিংস্র; নিষ্ঠুর; বর্বর; দুর্দান্ত। **~·ly** *adv*

fer·oc·ity [ফারসাটি] *n* [U] হিংস্রতা; বর্বরোচিত নিষ্ঠুরতা। [C] *(pl* -ties) হিংস্রতামূলক নিষ্ঠুর কর্ম।

fer·ret ['ফেরিট্] *n* ১ নকুল-জাতীয় সাদা রঙের প্রাণীবিশেষ। ২ সুতা বা রেশমের তৈরি সরু ফিতা। □*vt,vi* **~ sth out; ~ about (for sth)** খুঁজে বের করা; খোঁজা।

fer·ro·con·crete [ফেরাউ'কংক্রীট্] *n* [U] লৌহঘটিত কাঠামোঅলা কংক্রিট।

fer·rous ['ফেরাস্] *adj* লৌহঘটিত: ~ chloride ($FeCl_2$)

fer·rule ['ফেরাল্ US 'ফেরাল্] *n* ১ দণ্ড; নল; টিউব ইত্যাদির মাথায় ধাতুনির্মিত আংটা বা বন্ধনী। ২ শাস্তি প্রদানের উদ্দেশ্যে ব্যবহৃত বেত বা লাঠি।

ferry ['ফেরি] *n (pl* -ies) [C] খেয়াতরী; খেয়া পথ; খেয়াঘাট। □*vt,vi* খেয়া পার করা বা হওয়া। **'~-boat** *n* খেয়া নৌকা। **'~-man** *(pl* -men) খেয়া মাঝি।

fer·tile ['ফাটাইল্ US –টল্] *adj* ১ উর্বর: **~ fields/soil.** ২ ফলপ্রসূ; ফলনশীল: ~ seeds/ eggs. দ্র. sterile. **fer·til·ity** [ফা'টিলাটি] *n* [U] উর্বরতা।

fer·til·ize ['ফাটালাইজ্] *vt* ১ উর্বর বা ফলনশীল করা: ~ the soil (সার ইত্যাদির সাহায্যে)। ২ গর্ভবতী করা। ৩ সমৃদ্ধ করা। **fer·ti·lizer** [–জা(র্)] *n* [U] রাসায়নিক সার; কৃত্রিম সার; [C] অনুরূপ দ্রব্য। **fer·ti·lization** [ফাটালাই'জেইশ্ন্] *n* [U] সার প্রদান; উর্বরকরণ।

fer·vent ['ফাভান্ট্] *adj* ১ গরম; তপ্ত; গনগনে। ২ ঐকান্তিক; হৃদয়ের উত্তাপ আছে এমন: ~ love/ hatred; a ~ lover/ admirer. **~·ly** *adv.* **fer·vency** [ফাভান্সি] *n*

fer·vid ['ফাভিড্] *adj* উদ্দীপ্ত; ঐকান্তিক: a ~ orator. **~·ly** *adv*

fer·vour ['ফাভা(র্)] *n* [U] অনুভূতির উত্তাপ বা শক্তিমত্তা; ঐকান্তিকতা।

fes·tal ['ফেস্টল্] *adj* ১ উৎসব-সংক্রান্ত; উৎসব-মুখর: a ~ occasion; ~ music. ২ হাসিখুশি; প্রফুল্ল। ৩ ছুটি-সংক্রান্ত।

fes·ter ['ফেস্টা(র্)] *vi* ১ (কাটা ঘা বা ক্ষতসংক্রান্ত) পুঁজপূর্ণ করানো; পচা; পচানো: Keep the cut out of dirt, otherwise it will ~. ২ (লাক্ষ.) মনের ভিতর বিষবৎ কাজ করা; সম্পর্কাদি তিক্ত করা: The insult ~ed in his mind.

fes·ti·val ['ফেস্টিভ্ল্] *n* ১ আনন্দময় দিন বা ঋতু; পর্ব; উৎসব; সামাজিক আমোদ-প্রমোদ: Eid is a religious ~. ২ বিভিন্ন সময়ে (বছরে সাধা. একবার) অনুষ্ঠিত অনুষ্ঠানমালা (সঙ্গীত, নাচ, গান ইত্যাদিসহ): a jazz ~. ৩ (attrib) উৎসবমুখর; উৎসব বা উৎসব-দিবস-সংক্রান্ত; ভোজ-সংক্রান্ত।

fes·tive ['ফেস্টিভ্] *adj* উৎসব-সংক্রান্ত; পর্ব-সংক্রান্ত; উৎসবমুখর; ভোজ-সংক্রান্ত; আনন্দঘন: a '~ season, যথা, ঈদ, ক্রিসমাস ইত্যাদি; the ~ board, যে টেবিলে ভোজের খাবারাদি সাজানো হয়।

fes·tiv·ity [ফে'স্টিভাটি] *n (pl* -ties) ১ [U] আনন্দ-উল্লাস; আমোদ-প্রমোদ। ২ *(pl)* আনন্দঘন ঘটনা: wedding festivities.

fes·toon [ফে'স্টুন্] *n* [C] ১ সাজসজ্জার অঙ্গ হিসাবে দুপাশে দুই দণ্ডের মাথায় ঝোলানো মালাবিশেষ (ফুল, পাতা, রিবন ইত্যাদি দিয়ে তৈরি)। ২ ফেস্টুন; মালার ন্যায় ঝোলানো স্লোগান-সম্বলিত কাগজ বা বস্ত্র ইত্যাদি। □*vt* সাজানো; সজ্জিত করা; ফেস্টুন লাগানো: This room is ~ed with christmas decorations.

fetch [ফ্রেচ্] *vt,vi* ১ কোনো কিছু গিয়ে নিয়ে আসা: Please ~ your children from the school. ~ a doctor at once. **~ and carry (for)** ছোট কাজ নিয়ে সারাক্ষণ ব্যস্ত থাকা; কারো চাকরে পরিণত হওয়া: Why do you expect everyone to ~ and carry for you all day ? ২ বের করা; আনা: Karim ~es a deep sigh. ৩ দাম পাওয়া: These eggs will ~ you some money. ৪ (কথ্য) আঘাত করা: He ~ed his servant a slap on the face. **~ off** বিপদ থেকে উদ্ধার করা। **~ out** টেনে লম্বা করা। **~ up** আরোগ্য করা; পুনরুদ্ধার করা। **~·ing** *adj* (কথ্য) আকর্ষণীয়; আনন্দময়: Pijush is always with a fetching smile between his lips.

fête [ফ্রেইট্] *n* উৎসব; পর্ব; আনন্দময় অনুষ্ঠান (সাধারণত ঘরের বাইরে—মাঠে, প্রাঙ্গণে): The village ~. **ˈ~-day** সন্তদের দিন, দ্র. saint (৫)। □*vt* সম্মান দেখানো: Uttam Kuman was ~d by all wherever he went, ভোজ খাওয়ানো।

fetid [ˈফেটিড্] *adj* পূতিগন্ধময়।

fet·ish [ˈফ্রেটিশ্] *n* ১ এমন কোনো বস্তু যাকে ভূতাশ্রিত ভেবে (ঐ ভূত-শক্তির সাহায্য লাভের আশায়) পৌত্তলিক ও প্যাগানরা পূজা করে থাকে। ২ এমন কোনো কিছু যার প্রতি অস্বাভাবিক বা মাত্রাতিরিক্ত মনোযোগ প্রদান করা হয়; (কথ্য) আবেশ; বদ্ধ-সংস্কার: Some women make a ~ of clothes.

fet·lock [ˈফ্রেটল্ক্] *n* ১ অশ্বখুরের উপরের ও পিছনের অংশের কেশগুচ্ছ। ২ (অশ্বখুরের উপরস্থিত) পায়ের যে অংশে উপর্যুক্ত কেশগুচ্ছ জন্মায়।

fet·ter [ˈফ্রেটা(র্)] *n* ঘোড়া বা বন্দীর পায়ে পরানো শৃঙ্খল বা বেড়ি; (লাক্ষ. সাধা. *pl)* যা অগ্রগতিকে ব্যাহত করে; প্রতিবন্ধক। □*vt* বেড়ি পরানো: শৃঙ্খলিত করা; (লাক্ষ.) বাধা দেওয়া; ব্যাহত করা।

fettle [ˈফ্রেটল্] *n* **in fine/good ~** (শারীরিক দিক থেকে) উত্তম অবস্থায়; চমৎকার ফুরফুরে মেজাজে।

fe·tus, দ্র. foetus.

feud [ˈফ্যিউড্] *n* [C] ১ দুই ব্যক্তি/ পরিবার/ বংশ/ গোষ্ঠীর মধ্যে দীর্ঘদিনের দ্বন্দ্ব, কলহ ইত্যাদি। ২ বেতনের পরিবর্তে প্রদত্ত জায়গির; সামন্তাধিকার।

feu·dal [ˈফ্যিউড্ল্] *adj* মধ্যযুগের য়োরোপে (মালিকদের কাজকর্ম করে স্থির টাকার পরিবর্তে) জমি ভোগ করার যে পদ্ধতি চালু ছিল (the ~ system) তৎ-সংক্রান্ত; সামন্ততান্ত্রিক; জায়গির-সংক্রান্ত: ~ law, সামন্ততান্ত্রিক আইন; The ~ barons. দ্র. vassal. **~·ism** [-ইজাম্]। *n* [U সামন্ততান্ত্রিক পদ্ধতি; সামন্ততন্ত্র।

fe·ver [ফীভা(র্)] *n* [U,C] ১ মানবশরীরের তাপমাত্রা যখন স্বাভাবিকের চেয়ে বেশি (বিশেষত অসুস্থতার লক্ষণ স্বরূপ); জ্বর: The child has a high ~. **ˈ~ heat** জ্বরের সময় শরীরের উষ্ণ তাপ। ২ [U] যে সব অসুখের সময় শরীরে তাপমাত্রা বেশি থাকে তার যে কোনো একটি: yellow ~; typhoid ~; rheumatic ~. ৩ (সাধা. **a ~**) উত্তেজিত অবস্থা; স্নায়বিক উত্তেজনা: Mr. Mahmud is now in a ~ of impatience. **at/to ˈ~ pitch** উত্তেজনার চরমে: The students coming out in proccssions are at ~ pitch. **~ed** *adj* উত্তেজনাগ্রস্ত: a ~ed imagination, চরম উত্তেজিত। **~·ish** [-রিশ্] *adj* জ্বরের লক্ষণযুক্ত; অতি উত্তেজিত; অতি ব্যাকুল: ~ish condition; ~ish dreams. **~·ish·ly** *adv*

few [ফ্যিউ] *adj* [-er, -est] *pron* [many-এর সঙ্গে বৈপরীত্যসূচক; দ্র. little, less, much) ১ *(pl n* -এর সঙ্গে, attrib) বেশি নয়; স্বল্প: Few people in Bangladesh earn Taka 5000.00 per month and fewer still earn Taka 10,000.00. Jamil made the fewest mistakes among all the students of this class. ২ (pred, কথ্য রীতিতে) বিরল: Such occasions are few. Members are very few today. ৩ **a few** স্বল্প-সংখ্যক (few না-বোধক এবং a few হাঁ-বোধক): This winter we shall go to Cox's Bazar for a few days. **some few; a good few; quite a few; not a few** বেশ কিছু; উল্লেখযোগ্য সংখ্যক। ৪ **every few minutes/days, etc** দ্র. every (৫)। ৫ **the few** সংখ্যালঘু সম্প্রদায়; উনজন। □*pron* **few of** (neg) বেশি সংখ্যক নয়: Few of these apples are in good condition. **a few of** (positive) স্বল্প সংখ্যক: A few of the students of this class obtained 60% marks. **few·ness** *n*

fey [ফ্রেই *adj* ১ (স্কট.) মৃত্যু যেন ঘনিয়ে আসছে এমন অনুভূতি। ২ অলোকদৃষ্টিসম্পন্ন। ৩ পারলৌকিক।

fez [ফ্রেজ্] *n* ফেজ টুপি; মুসলমানদের ব্যবহার্য এক প্রকার লাল টুপি।

fi·ancé *(fem* fi·ancee) [ফ্রি ˈআন্সেই US ˌফীআন্ˈসেহ্] *n* (ফ.) বাগ্‌দত্ত বা বাগ্‌দত্তা।

fi·asco [ফিˈঅ্যাস্কাউ] *n (pl* ~s US অপিচ ~es [-কাউজ্]) কোনো উদ্যোগে চরম ব্যর্থতা; (মূলত) সঙ্গীত, নাট্যাভিনয় ইত্যাদিতে ব্যর্থতা; চরম ব্যর্থতা; কলঙ্ককর পরিণতি: Yesterday's play at the Mahila Samiti auditorium was a ~.

fi·at [ˈফ্লাইঅ্যাট্ US ˈফীআট্] *n* [C] ১ শাসক কর্তৃক প্রদত্ত হুকুম বা আদেশ। ২ রায়। ৩ ক্ষমতা প্রদান।

fib [ফ্রিব] *n* (কথ্য) গুল; অসত্য বর্ণনা (বিশেষত এমন বিষয় যা তেমন গুরুত্ববহ নয়)। □*vi* (-bb-) গুল মারা; মিথ্যা বলা। **fib·ber** *n* যে গুল মারে বা মিথ্যা বলে। **fib·bing** *n* [U] অসত্য বর্ণনা প্রদান।

fibre (US = **fiber)** [ˈফ্লাইবা(র্)] *n* ১ [C] আঁশ, তন্তু; প্রাণীদেহ বা উদ্ভিদের লম্বাকৃতি কোষসমষ্টি। ২ [U] উদ্ভিদের আঁশ দিয়ে তৈরি বস্তু যা নানাবিধ নির্মাণ কাজে ব্যবহার করা হয়: hemp ~, দড়ি বানানোর জন্য; cotton ~, সুতা-কাটার জন্য। **ˈ~·board** *n* [U] আঁশসমূহে চাপ দিয়ে তৈরি বোর্ড। **ˈ~·glass** *n* [U] রাসায়নিক পদ্ধতিতে কাঁচ দিয়ে তৈরি আঁশ (যা দিয়ে কাপড় তৈরি করা যায় কিংবা নৌকা তৈরিতে যা ব্যবহৃত হয়ে থাকে)। ৩ [U] গঠন; বিন্যাস; বুনন-বিন্যাস: material o coarse ~; (লাক্ষ.) চরিত্র: Rahman is a person o strong moral ~. **fi·brous** [ˈফ্লাইব্রাস্] *adj* তন্তু দিয়ে তৈরি; তন্তুবৎ; আঁশালো।

fib·ula [ˈফিবিউলা] *n* (anat) অনুজঙ্ঘাস্থি; পা ও হাঁটুর মধ্যকার দুটি লম্বা অস্থির মধ্যে যেটি বাইরের দিকে অবস্থিত।

fickle [ˈফিক্ল্] *adj* (আবহাওয়া, মনোভাব ইত্যাদি সম্পর্কিত) প্রায়শ পরিবর্তনশীল; দৃঢ়ভাবে অনুগত নয় এমন: a ~ lover; ~ fortune. **~·ness** *n*

fic·tion [ˈফিক্‌শন্] *n* ১ [C] কল্পিত বা বানানো কিছু (সত্য-এর সঙ্গে বৈপরীত্যসূচক)। **a legal/ polite ~** সামাজিক বা আইনানুগ সুবিধার্থে কোনো কিছুকে সত্য বলে ধরে নেওয়া যা প্রকৃত প্রস্তাবে সত্য না-ও হতে পারে। [U] গল্প, উপন্যাস, রোমান্স-কাহিনী ইত্যাদি (সাহিত্যে

শাখা বিশেষ): Truth is often stranger than ~! I prefer reading history to ~.

fic·ti·tious [ফিক্ ˈটিশাস্] *adj* বাস্তব নয়; কল্পিত বা আবিষ্কৃত: The way he describes his experience is quite ~.

fiddle [ˈফিড্ল্] *n* ১ (কথ্য) বেহালা; বেহালা গোত্রের অন্য যে কোনো বাদ্যযন্ত্র। **have a face as long as a ~** বিষণ্ণ মুখ; বিরস বদন। **Fit as a ~** খুব ভালো; সুস্থ ও স্বাস্থ্যবান। **play second fiddle (to)** আপেক্ষাকৃত কম গুরুত্বপূর্ণ ভূমিকা গ্রহণ। ˈ**~-stick** *n* বেহালার ছড়। ˈ**~-sticks** *int* অর্থহীন; বাজে। ২ বেহালা বাজানোর কাজ। □*vt* ১ (কথ্য) বেহালা বাজানো; বেহালায় সুর তোলা। ২ **~ (about with)** উদ্দেশ্যহীনভাবে নাড়াচাড়া করা; উদ্দেশ্যহীনভাবে বাজানো (আঙুলে কিছু নিয়ে) বা খেলা করা: Stop fiddling ! He was fiddling (about) with a piece of thing. ৩ (ব্যবসার হিসাব ইত্যাদির ক্ষেত্রে) সততার পরোয়া না করে ভুল হিসাবপত্র তৈরি করে রাখা: ~ an income-tax return, সঠিক করপ্রদান এড়িয়ে যাওয়ার জন্য আয়ের মিথ্যা বা ভুল হিসাব প্রদান করা। **fid·dler** *n* ১ বেহালাবাদক। ২ প্রতারক; জোচ্চোর। ৩ ক্ষুদ্র কাঁকড়াজাতীয় প্রাণী। **fid·dling** *adj* (কথ্য.) তুচ্ছ; গৌণ: fiddling little jobs.

fi·del·ity [ফ্যিˈডেলাটি] *n* [U] **~ (to)** ১ আনুগত্য; বিশ্বস্ততা: ~ to one's principles/ religion/ leader/ husband/ wife etc. ২ যথার্থতা; সত্যতা: When you translate something, please do it with the greatest ~; high ~ equipment, উচ্চমানের শব্দ ধারণ; গ্রহণ ও প্রক্ষেপন যন্ত্রাদি। দ্র. hi-fi.

fidget [ˈফিজিট্] *vi,vt* ~ **(about) (with)** শরীর বা শরীরের অংশবিশেষ অস্থিরভাবে নাড়াচড়া করা বা করানো; অধীর বা অস্থিরভাবে চলাফেরা করা; স্নায়বিক অস্থিরতায় ভোগা: The boy was ~ing (about) with knife and fork. Whats ~ing you? তোমার স্নায়বিক অস্থিরতার কারণ কী? □*n* ১ (সাধা. **the ~s**) অস্থিরতাপূর্ণ চলাফেরা: As the passengers waited for a long time at the station, many of their children were in the ~s. ২ যে ব্যক্তি অস্থিরভাবে চলাফেরা করে; যে ব্যক্তি অস্থিরতায় ভোগে: You are indeed, a fidget. **~y** *adj* অস্থির; বিকারগ্রস্ত: a ~y child.

fie [ফ়াই] *int* অনুমোদন বা বিরক্তিসূচক অব্যয়বিশেষ-- ছি: ছি:; ধিক: fie upon.

field [ফ়ীল্ড্] *n* [C] ১ আবাদযোগ্য জমি বা গবাদি পশুর চারণভূমি যার চারপাশে ঝোপঝাড় বা বেড়ার ঘেরাও থাকে: What a fine ~ of paddy ! The farmers are working in the ~s. The cows are grazing in the ~. ২ মাঠ; ময়দান; উন্মুক্ত প্রাঙ্গণ: an ice-~, যেমন উত্তর মেরুর চারপাশে; a ˈflying-~; a ˈlanding ~ (উড়োজাহাজের জন্য); a Cricket/ Hockey/ Footbol ~. ˈ**~ events** *n pl* লাফ-ঝাপ-দৌড় ইত্যাকার বহিরঙ্গন ক্রীড়া প্রতিযোগিতা (কিন্তু ঘোড় দৌড়, ফুটবল, হকি ইত্যাদি নয়)। ˈ**~ glasses** *n pl* বহিরঙ্গনে ব্যবহারের জন্য দূরপাল্লার দুরবিনবিশেষ। ˈ**~ sports** *n pl* শিকার; শুটিং ও মৎস-শিকার। ৩ (সাধা. যৌগশব্দে) যে জমি বা ভূমিতে খনিজ পদার্থ ইত্যাদি পাওয়া যায়: ˈgold-~s; ˈoil-~; ˈcoal-~s. ৪ অধ্যয়ন বা কর্মের ক্ষেত্র বা এলাকা: the field of politics/ arts/ science/ medicine/ literature. That is outside my ~, অর্থাৎ আমি যেসব বিষয় অধ্যয়ন করেছি বিষয়টি তার মধ্যে নেই। ˈ**~ work** *n* [U] গবেষণাগার বা বিদ্যায়তনের পরিধির বাইরে গিয়ে জরিপকাজ; ভূতত্ত্ববিদ বা সমাজবিজ্ঞানের ছাত্রছাত্রীবৃন্দ সরেজমিনে পরিদর্শন, পর্যবেক্ষণ ও সংশ্লিষ্ট ব্যক্তিবর্গের সঙ্গে আলাপ-আলোচনার আলোকে যে সব বৈজ্ঞানিক, কারিগরি বা সমাজতত্ত্বমূলক অনুসন্ধান পরিচালনা করে থাকে। ৫ আওতা; পরিধি (প্রয়োগের, কাজের ব্যবহারের); ক্রিয়াশীলতার এলাকা: a magnetic ~ কোনো চুম্বকের চারপাশে যতদূর পর্যন্ত চৌম্বক শক্তি ক্রিয়াশীল থাকে; a wide ~ of vision; the earth's gravitational ~. ৬ যুদ্ধক্ষেত্র: the ~ of battle; take the ~ যুদ্ধে যাওয়া; ˈ**~ artillery**; ˈ**~ gun** *nn* যুদ্ধে ব্যবহার্য হালকা ও স্থানান্তরযোগ্য কামানসমূহ; লঘুভার গোলন্দাজবাহিনী। ˈ**~ day** *n* যেদিন সামরিক মহড়া, প্রদর্শনী ইত্যাদি হয়ে থাকে; (লাক্ষ.) বিশেষ বা বড়ো উপলক্ষ। **a ~ day** (লাক্ষ.) বিজয়-দিবস; পরম দিবস। ˈ**~-hospital** *n* যুদ্ধক্ষেত্রের পাশে অস্থায়ীভাবে স্থাপিত ছোট হাসপাতাল। ˌ**F~** ˈ**Marshal** *n* সর্বোচ্চ পর্যায়ের সামরিক অফিসার। ˈ**~-officer** *n* মেজর বা কর্নেল। ˈ**~·work** *n* যুদ্ধক্ষেত্রে সৈনিকরা যে অস্থায়ী দুর্গ তৈরি করে। ৭ (ক্রীড়া ও শরীরচর্চা); (শৃগাল-শিকার ইত্যাদিতে) শিকারে যারা অংশগ্রহণ করে তারা সবাই; (কোনো প্রতিযোগিতায়, বিশেষত ঘোড়দৌড়ে) সকল প্রতিযোগী; (ক্রিকেটে ও বেসবলে) যে টিম ব্যাট করছে না; যে টিম ফিল্ডিং (ক্রিকেটে) করছে।

field[2] [ফ়ীল্ড্] *vt,vi* ১ (ক্রিকেটে ও বেসবলে) বল ধরা বা থামিয়ে দেওয়া: Apart from his batting, Azharuddin is also famous for his smart ~ing. ২ (ফুটবল, হকি ইত্যাদির বেলায়) মাঠে নামানো: This year a balanced team is being ~ed by West Germany for the World Cup. **~er; fields·man** [-মান্], *n* (*pl* -men); (ক্রিকেট ইত্যাদিতে) যে ব্যক্তি বল ধরে বা থামায়; যে ফিল্ডিং করে।

fiend [ফ়ীন্ড্] *n* শয়তান; অতি দুষ্ট বা নিষ্ঠুর ব্যক্তি; কোনো কিছুতে আসক্ত ব্যক্তি: a drug ~; a fresh air ~. **~·ish** [-ইশ্] *adj* বর্বর ও নিষ্ঠুর। **~·ishly** *adv*

fierce [ফ়িআস্] *adj* (-r, -st) ১ হিংস্র ও রাগী: ~ dogs/ wind; have a ~ look on one's face. ২ (উত্তাপ, ইচ্ছা ইত্যাদির ক্ষেত্রে) তীব্র; প্রচণ্ড: ~ hatred. **~·ly** *adv* . **~·ness** *n*

fiery [ˈফ়াইআরি] *adj* ১ অগ্নিময়; শিখায়িত; অগ্নিগর্ভ; দেখতে আগুনের মতো গরম: a ~ sky . ২ (ব্যক্তি, ব্যক্তির আচরণ ইত্যাদি সম্পর্কে) খিটখিটে; একটুতেই উত্তেজিত: A ~ temper. **fier·ily** [-অলি] *adv* **fieri·ness** *n*

fi·esta [ফ়িˈএস্টা] *n* (হিস্পা.) ধর্মীয় উৎসব; ছুটির দিন; উৎসব; পর্ব।

fife [ফ়াইফ়্] *n* ক্ষুদ্র বাঁশিবিশেষ (সামরিক বাদ্যের সঙ্গে ব্যবহৃত): a drum and ~ band.

fif·teen [ˌফ়িফ়্টীন্] *n,adj* পনের, দ্র. পরি.(৪); রাগবি খেলোয়াড়দের দল। **~th** [ˌফ়িফ়্টীন্থ্] *n,adj* পঞ্চদশ।

fifth [ফ়িফ়্থ্] *n,adj* পঞ্চম; দ্র. পরি. (৪)। ˌ**~**ˈ**column** শত্রুর সঙ্গে গোপনে সহযোগিতাকারী দেশদ্রোহী দল বা বাহিনী। **~·ly** *adv:* in the ~ place.

fifty ['ফিফ্‌টি] *n (pl* -ties), *adj* পঞ্চাশ। দ্র. পরি. (৪)। **the fifties** ৫০–৫৯। **go ˌ~-ˈ~(with)**; **be on a ˌ~-ˈ~basis (with)** সমান অংশ পাওয়া। **a ˌ~-ˈ~ chance** সমান সম্ভাবনা। **fif·tieth** ['ফিফ্‌টিআথ্‌]*n,adj* দ্র. পরি.(৪)।

fig [ফিগ্‌] *n* ডুমুর গাছ বা ফল। **not care/give a fig (for)** মোটেও গ্রাহ্য না করা; মূল্যহীন ও গুরুত্বহীন বিবেচনা করা। **ˈ~-leaf** (আদম ও হাওয়ার গল্পে উল্লিখিত) প্রাচীন চিত্র, মূর্তি প্রভৃতিতে যৌনাঙ্গ ঢেকে রাখার সনাতন পন্থা।

fight[1] [ফাইট্‌] *n* ১ [C] যুদ্ধ; লড়াই। **Put up a good/poor ~** সাহস ও সঙ্কল্পের সঙ্গে/ সাহসহীন ও সঙ্কল্পহীনভাবে যুদ্ধ করা। **a free ~,** দ্র. free[1](৩). **A stand-up ~,** দ্র. stand[2](11). ২ [U] যুদ্ধ করার ক্ষমতা, সাহস, ইচ্ছা ইত্যাদি: As soon as the guerilla leader surrender, all the ~ seemed to have taken out from his followers. **show ~** যুদ্ধ করার প্রস্তুতি প্রদর্শন।

fight[2] [ফাইট্‌] *vi,vt (pt,pp* fought [ফো°ট্‌]) ১ যুদ্ধ করা; লড়াই করা; শত্রুকে পরাজিত করার সম্ভাব্য সকল শক্তি প্রয়োগ করা: to ~ poverty. The dogs were ~ing over a bone. The people of Bangladesh fought for their independence. **~ to a finish** সিদ্ধান্ত না হওয়া পর্যন্ত যুদ্ধ করা। **~ shy of** দূরে দূরে থাকা; জড়িত হয়ে না পড়া। ২ দ্বন্দ্বে প্রবৃত্ত হওয়া: ~ a battle/duel/an election. ৩ **~ sth down** হারিয়ে দেওয়া; জয় করা: ~ down a feeling of repugnance. **~ sb/sth off** দূর করা; তাড়িয়ে দেওয়া: He fought off a cold by taking aspirin. **~ ones way forward/out (of)** যুদ্ধ করতে করতে এগিয়ে যাওয়া। **~ it out** নিষ্পত্তি না হওয়া পর্যন্ত যুদ্ধ চালিয়ে যাওয়া; শেষ পর্যন্ত সংগ্রাম করা: The captain fought his ship well. **~er** *n* যোদ্ধা; শত্রুর বোমারু বিমানকে ঘায়েল করার জন্য পাঠানো যোদ্ধা বিমান: a jet-ˈ~er; (attrib) a ˈ~er pilot. **~·ing** *n* [U]: ˈstreet ~ing. **a ~ing chance** আপ্রাণ চেষ্টা করলে শেষ পর্যন্ত যে সাফল্য লাভ করা যেতে পারে। **~ing-cock** লড়াকু মোরগ; ঝগড়াটে লোক; নাছোড়বান্দা।

fig·ment ['ফিগ্‌মন্ট্‌] *n* [C] কল্পিত বা আবিষ্কৃত কিছু: ~s of the imagination.

figu·rat·ive ['ফিগ্যারাটিভ্‌] *adj* (শব্দ ও ভাষা সম্পর্কিত) আলঙ্কারিক; আক্ষরিক অর্থে নয় বরং অন্য অর্থে (কল্পনাশ্রিত অর্থে) [যথা fiery শব্দের অর্থ 'অগ্নিময়' না বুঝিয়ে 'খিটেখিটে' বোঝানো।] **~·ly** *adv*

fig·ure ['ফিগা(র্‌)] US ['ফিগ্যার্‌] *n* ১ সংখ্যা; রাশি; অঙ্ক; (বিশেষত *o* থেকে ৯ পর্যন্ত); মূল্য: Every month he has an income of five ~s, Tk 10,000.00 or more. Mr. Karim bought his new car at a low ~. **double ~s** ১০ থেকে ৯৯ পর্যন্ত যে কোনো সংখ্যা। ২ *(pl)* পাটিগণিত: Sajjad is very good at ~s. ৩ নকশা; উদাহরণ; চিত্র; জ্যামিতিক চিহ্ন বা চিত্র: The teacher drew a number of geometrical ~s on the black board. ৪ মানব-মূর্তি; প্রতিমা; আকার; প্রাণী-মূর্তি; খোদাইকৃত মূর্তি; অঙ্কিত চেহারা। **ˈ~-head** *n* (ক) জাহাজ ইত্যাদির অগ্রভাগে শোভাবর্ধক হিসাবে স্থাপিত মূর্তি বা প্রতিমা। (খ) বিশাল ব্যক্তিত্ব (যে ব্যক্তির বেশ উঁচুতে অবস্থান, কিন্তু বাস্তব ক্ষমতা তেমন কিছু নেই)। ৫ মানব-আকৃতি, বিশেষত চেহারা: Mrs. Rahman keeps a good ~ even in her fifties. You are a ~ of distress. **cut a fine/poor/sorry ~** সুন্দরভাবে/ নিঃস্বভাবে/ বেদনাহতভাবে আবির্ভূত হওয়া। ৬ কোনো ব্যক্তি, বিশেষত তাঁর চরিত্র বা তাঁর প্রভাব: ~s like the Hitlers always determine a nation's fate in a negative way. ৭ **~ of speech** বাক্যালঙ্কার; উপমা, উৎপ্রেক্ষা ইত্যাদি। □*vi,vt* ১ কল্পনা করা; মনের চোখ দিয়ে দেখা: ~ sth to oneself. ২ **~ (in)** আবির্ভূত হওয়া; অংশ হয়ে দেখা দেওয়া: প্রধান হয়ে ওঠা: He ~s in all the books of the subject. ৩ **~ sth/sb out** কোনো বিষয় পূর্ণভাবে না বোঝা পর্যন্ত চিন্তা করা; গভীর চিন্তা সহকারে সমাধান নির্ণয় করা; খুঁজে বের করা: It's really hard to ~ him out in the crowd. ৪ **~ (on)** (US) ভরসা করা; হিসাবে ধরা; সিদ্ধান্তে পৌঁছা: I ~ed (that) he was honest. **fig·ured** *adj* অলঙ্কৃত; সজ্জিত: a ~d glass window, যে জানালার কাচে বিবিধ নকশা অঙ্কিত আছে।

fila·ment ['ফিলামানট্‌] *n* [C] খুব সরু সুতার ন্যায় জিনিস (যেমন বৈদ্যুতিক বাল্বের ভিতরে থাকে); সূত্র; আঁশ।

fil·bert ['ফিল্‌বাট্‌] *n* [C] কৃষিজাত hazel বৃক্ষের বাদাম।

filch [ফিল্‌চ্‌] *vt* চুরি; ছিঁচকে চুরি করা।

file[1] [ফ়াইল্‌] *n* কাঠ, লোহা বা তজ্জাতীয় কঠিন বস্তু মসৃণ করা বা কাটার জন্য ব্যবহৃত যন্ত্র বিশেষ; উখা। □*vt* উখা দিয়ে কাটা বা মসৃণ করা ইত্যাদি: ~ ones finger-nails, হাতের নখ কেটে মসৃণ করা; ~ an iron rod in two একটি লৌহদণ্ড কেটে দুভাগ করা। **fil·ings** ['ফাইলিঙ্‌স্‌] *n pl*

file[2] [ফ়াইল্‌] *n* [C] কাগজপত্রাদি গেঁথে বা সাজিয়ে রাখার জন্য তার বাক্স খাতা বা অন্য কোনো অনুরূপ বস্তু; নথি; ফাইল: Please keep this letter in the relevant ~ **on ~** ফাইলের মধ্যে। □*vt* ফাইলে বা নথিতে রাখা লিপিবদ্ধ করা: Have you ~d your application? **ˈfiling clerk** যে করণিক ফাইল রক্ষণাবেক্ষণ করে বা ফাইলের দায়িত্বে আছে।

file[3] [ফ়াইল্‌] *n* এক জনের পেছনে আরেক জন সারিবদ্ধভাবে দাঁড়ানো অবস্থা; মানবসারি; (সাম.) সামনের সারির ঠিক পেছনে দাঁড়ানো অন্য সৈনিক। **(in) single file; (in) Indian ~** এক সারিতে; একজনের পেছনে আরেকজন। **the rank and ~** যেসব সৈনিক অফিসার নন; (আল.) সাধারণ; অপরিচিত ব্যক্তি। □*vi* সারিবদ্ধভাবে বা এক লাইনে এগিয়ে যাওয়া: The men ~ed in/out, যারা লাইনে ঢুকলেন/ লাইন থেকে বেরিয়ে এলেন।

fil·ial ['ফিলিয়াল্‌] *adj* সন্তান-সংক্রান্ত বা সন্তানোচিত: ~ duty/piety.

fili·bus·ter ['ফিলিবাস্‌টা(র্‌)] *n* ১ যে ব্যক্তি সংসদ বা কোনো সভায় দীর্ঘ বক্তৃতা প্রদান করে সিদ্ধান্ত গ্রহণের ক্ষেত্রে বিঘ্ন ঘটায়। ২ অনুরূপ দীর্ঘ বক্তৃতা। ৩ দস্যুবৃত্তিধারী সৈনিক বা নাবিক □*vi* ১ সভার কাজে বিঘ্ন ঘটানো; সিদ্ধান্ত গ্রহণে বাধা দান করা। ২ বিনা অধিকারে যুদ্ধ বাধানো।

fili·gree [ˈফিলিগ্রী] *n* [U] সোনা ও রুপার ঝালরের কারুকার্যবিশেষ: (attrib.) a ~ brooch; ~ ear-rings.

fil·ings *n* [ˈফাইলিংজ্] *pl* দ্র. file[1].

fill[1] [ˈফিল্] *n* ১ [U] পরিপূর্ণ সরবরাহ; পূর্ণ পরিমাণ; যে পরিমাণ দ্বারা পরিপূর্ণ বা পরিতৃপ্ত হওয়া যায়: eat/drink one's ~. **have one's ~ (of sth)** (কথ্য.) যতটুকু বহনযোগ্য ততটুকু নেওয়া। ২ [C] পূর্ণ করার পক্ষে যথেষ্ট: Mr. Rafiq is having a ~ of tobacco in his pipe. **~·ing** *n* [C] ভরা; ভরাটকরণ (একটার ভেতর আরেকটা কিছু দিয়ে): a ~ing in a tooth.

fill[2] [ফিল্] *vt,vi* ১ **~ (with)** পূরণ করা; পূর্ণ হওয়া; প্রাপ্ত সবটুকু স্থান অধিকার করা: The tank is ~ed with water. Listening to the sad news, her eyes were ~ed with tears.The smoke ~ed the room. The auditorium soon ~ed with spectators. **~ in** যতটুকু প্রয়োজন ততটুকু দিয়ে পূর্ণ করা: Please ~ in your application with all the necessary particulars. **~ in an outline** বিস্তারিত তথ্য যুক্ত করা। **~ out (ক)** স্ফীত করা বা হওয়া (যথোচিত মাত্রায়): His cheeks began to ~ out. **(খ)** (বিশেষত US) = ~ in. **~ up** সম্পূর্ণ পূর্ণ করা বা হওয়া; শূন্যস্থান পূর্ণ করা বা হওয়া: The channel of the river is ~ed up with mud and sand. **ˈ~·ing station** যেখানে গাড়িচালকদের কাছে পেট্রল, তৈল ইত্যাদি বিক্রয় করা হয়। (তুল. service station যেখানে মটরগাড়ি মেরামত করা হয়)। ২ কাউকে বিশেষ পদে বা অবস্থানে বসানো (বিশেষ. শূন্যপদে): The vacancy has already been ~ed. **~ someone's shoes** কারো জায়গায় অন্য কারো নিযুক্তি এবং নিযুক্ত ব্যক্তি প্রথমোক্ত ব্যক্তির সমকক্ষ হওয়া: Munier Chowdhury was a wonderful teacher; it is really difficult to find someone to ~ his shoes. **~ the bill** (কথ্য) চাহিদাপূরণ করা; প্রত্যাশা পূর্ণ করা: The post of chief executive is still lying vacant, we are looking for sb to ~ the bill.

fil·let [ˈফিলিট্] *n* ১ (মাথায় জড়ানোর বা) চুল বাধার দড়ি বা ফিতা (অলঙ্কারস্বরূপ)। ২ মাছের কাঁটাহীন টুকরা বা মাংসের হাড়বিহীন টুকরা। □*vt* (মাছ ইত্যাদি) টুকরা করে কাটা: ~ed piece.

fil·lip [ˈফিলিপ্] *n* [C] টোকা বা টুসকি (দ্রুত লয়ে); (আল.) উদ্যম বা প্রেরণার: Advertisement companies often give a ~ to sales.

filly [ˈফিলি] *n* (-ies) বাচ্চা ঘোটকী, দ্র. colt[1]; (আল.) চঞ্চলা স্বাস্থ্যবতী বালিকা বা ছুকরি।

film[1] [ফিল্ম্] *n* ১ [C] পাতলা চামড়া; ছাল; ঝিল্লি; হাল্কা আবরণী: a ~ of oil on water. ২ [C,U] আলোকচিত্র গ্রহণের ফিল্ম: a roll (US = spool) of ~. **~ stock** চলচ্চিত্রের যে ফিল্ম এখনো পরিশ্রুত করা হয়নি। **ˈ~-strip** একটা লম্বা ফিল্ম যাতে অনেকগুলো আলোকচিত্র গ্রহণ করা হয়েছে (চলচ্চিত্রের নয়)। ৩ [C] বায়স্কোপ; চলচ্চিত্র। **the ~s** চলচ্চিত্র। **ˈ~test** সিনেমায় অভিনয়েচ্ছুদের জন্য আলোকচিত্র-পরীক্ষা (অর্থাৎ আলোকচিত্র গ্রহণের পর তাদের চেহারা, অভিনয় ইত্যাদির উপযুক্ততা পরীক্ষা)। **ˈ~-star** সিনেমার প্রখ্যাত অভিনেতা বা অভিনেত্রী। **filmy** *adj* (-ier, -iest) ~(১) এর মতো: ~y clouds.

film[2] [ফিল্ম্] *vt,vi* ১ চলচ্চিত্র তৈরি করা: ~ a play. They have been ~ing for last two years. ২ **~ (over)** হাল্কা আবরণী বা ফিল্ম দিয়ে আবৃত করা বা হওয়া: This mirror is ~ed over by dust. ৩ চলচ্চিত্রের উপযোগী করা বা চলচ্চিত্রে অভিনীত করানো: She ~s well . **~·able** [অব্ল্] *adj* চলচ্চিত্রায়ণের উপযোগী (কোন উপন্যাস, নাটক ইত্যাদি)।

fil·ter [ˈফিল্টা(র্)] *n* ১ জল বা তরল পদার্থ পরিশ্রুত করার যন্ত্র; ফিল্টার; (ক্যামেরায় ব্যবহৃত) রঙিন কাচবিশেষ; (রেডিও) অবাঞ্ছিত সংকেত বাতিল করার যন্ত্র। **ˈ~ tip** সিগারেটের গোড়ায় লাগানো বস্তু যা ধূম্র ছাঁকনির কাজ করে। **ˈ~-tipped** *adj* □*vt,vi* ফিল্টার ব্যবহার করে পরিশ্রুত করা; বিশোধন করা; চোয়ানো: ~paper, চোষ-কাগজবিশেষ; ছিদ্রময় একপ্রকার কাগজ যা পরিস্রাবণ কার্যে ব্যবহৃত। ২ (আল. খবর, ধারণা, রাস্তায় চলাচল ইত্যাদি অর্থে) পথ করে নেওয়া; প্রবাহিত হওয়া বা করা: New ideas ~ing into people's mind. ৩ (গ্রেটব্রিটেনে ট্রাফিক সম্পর্কিত) লাল ট্রাফিক সিগন্যাল জ্বলে ওঠার কারণে যদি সোজাসুজি বা ডানে যাওয়া না যায় তবে বামদিকে যাওয়ার অনুমতি প্রদান।

filth [ফিল্থ্] *n* [U] নোংরা বস্তু; ময়লা; অশ্লীলতা; যা পঙ্কিল করে। **~y** *adv* (-ier, -iest) বিরক্তিকরভাবে নোংরা; অশ্লীল; (কথ্য) অতি নোংরা। **~y rich** (কথ্য) খুব সমৃদ্ধ। **~·ily** *adj.* **~i·ness** *n*

fil·trate [ফিল্ট্রে ইট্] *vt,vi* = filter *v* (১) **fil·tra·tion** [-ˈট্রেইশ্ন্] *n* [U] ফিল্টার করার প্রক্রিয়া; পরিশ্রুতকরণ প্রক্রিয়া। □*n* [ˈফিল্ট্রেইট্] পরিশ্রুত তরল পদার্থ।

fin [ফিন্] *n* মাছ বা অন্যান্য জলচর প্রাণীর ডানা যা সাঁতারের সময় ব্যবহৃত হয়। অনুরূপ বস্তু, যথা: ˈtail-fin, বিমানের অনুরূপ আকৃতির ডানা।

fi·nal [ˈফ়াইন্ল্] *adj* ১ সর্বশেষ; চরম; পরম: This is the ~ chapter of the book. ২ চূড়ান্ত; সব সন্দেহ ও যুক্তিতর্কের শেষে সিদ্ধান্ত উপনীত: After long conversations we come to a ~ decision. □ *n* ১ (প্রায়শ *pl)* কোনো পরীক্ষা বা প্রতিযোগিতার সর্বশেষ পর্যায়: the law ~(s); the tennis ~(s), প্রতিযোগিতার শেষে; the Cup ~ একটি প্রতিযোগিতার সর্বশেষ ফুটবল ম্যাচ। ২ (কথ্য) একই দিনে প্রকাশিত খবরের কাগজের সর্বশেষ সংস্করণ: ˈLate night ~. **~·ist** [-নালিস্ট্] *n* ১ যে খেলোয়াড় প্রতিযোগিতার চূড়ান্ত পর্বে উন্নীত। ২ যে স্নাতকপূর্ব ছাত্র শেষ বর্ষে পদার্পণ করেছে। **~·ly** [- নালি] *adv* ১ সবশেষে; উপসংহারে। ২ চিরকালের জন্য: Let us settle the matter ~ly.

fi·nale [ফ়িˈনালি US -ˈন্যালি] *n* (সঙ্গীতে) কোনো সঙ্গীত বা সিম্ফনির সর্বশেষ স্পন্দন; কোনো নাটক বা অপেরার শেষ দৃশ্য; পরিসমাপ্তি।

fi·nal·ity [ফ়াইন্যালাটি] *n* [U] চূড়ান্ত অবস্থা; যার পর আর কিছু থাকে না: Very few people can speak with an air of ~.

fi·nal·ize [ˈফাইনালাইজ্] *vt* চূড়ান্ত রূপ প্রদান করা।

fi·nance [ˈফ়াইন্যান্স্ US ফ়িˈন্যান্স্] *n* ১ [U] টাকা-পয়সা হিসাব ও ব্যবস্থাপনা বিদ্যা: He is an outstanding expert in ~; the Minister of F~ (US (the chancellor of the Exchequer). **ˈ~ house/company** যে অর্থ সংস্থান করে। ২ *(pl)* অর্থ; আর্থিক অবস্থা (কোনো সরকার বা ব্যবসায়ী কোম্পানির):

The ~s of most the third world countries are not sound. □*vt* অর্থ প্রদান করা (স্কিম ইত্যাদির জন্য)।

fi·nan·cial [ফাইন্যান্শ্ল্ US ফিন্যা-] *adj* অর্থ-সংক্রান্ত; আর্থিক: Now-a-days I am in ~ difficulties. a ~ centre, যথা লন্ডন বা নিউইয়র্ক। **the ~ year** অর্থ-বছর। **fi·nan·cia·ly** [-শালি] *adv*

fin·an·cier [ফাইন্যান্সিআ(র্)] US ,ফিনান্'সিয়ার] *n* অর্থ-বিশেষজ্ঞ; আর্থিক ব্যাপারে পণ্ডিত; ধনিক; পুঁজিপতি।

finch [ফিন্চ্] *n* এক রকম ক্ষুদ্র পাখি: 'chaf ~, 'green ~, 'bull- ~ ইত্যাদি।

find[1] [ফাইন্ড্] *n* [C] প্রাপ্তি; প্রাপ্ত বস্তু (বিশেষ. মূল্যবান কোনো কিছু): You may often make great ~s in a secondhand book house.

find[2] [ফাইন্ড্] *vt (pt,pp* found [ফাউন্ড্]) ১ খুঁজে পাওয়া (হারানো বা বিস্মৃত কাউকে, কোনো কিছুকে): Would you please help me lo ~ my pen? The missing child has not been found yet. **~ one's place** (বইপুস্তক ইত্যাদিতে) সেই পৃষ্ঠা খোলা যে পৃষ্ঠা থেকে কেউ শুরু করতে চায়। **~ one's voice/ tongue** কথা বলতে সমর্থ হওয়া (লজ্জা বা তজ্জাতীয় কোনো কারণে চুপ থাকার পর)। ২ পাওয়া; আবিষ্কার করা (এমন কিছু যা হারিয়ে যায়নি বা যা বিস্মৃত নয়): At last she found the solution to this sum. Doctors did not ~ a remedy for cancer till now. Do you ~ anything new to say on this subject ? **~ favour with sb,** দ্র. favour[1](১). **~ fault (with),** দ্র. fault. **~ one's feet** (ক) দাঁড়াতে ও হাঁটতে সক্ষম হওয়া (যেমন একজন শিশুর বেলায়): Is the baby old enough to find its feet? (খ) অন্যদের সাহায্য বা পরামর্শ ব্যতিরেকে স্বাধীনভাবে কাজ করতে সমর্থ হওয়া। **~ oneself** নিজেদের পেশা বা বৃত্তি ঠিক করতে পারা; নিজের শক্তি-সামর্থ্য সম্পর্কে সচেতন হওয়া এবং তাকে যথার্থভাবে ব্যবহার করতে শেখা। দ্র. নিম্নের ৫। **~ it in one's heart/oneself to do sth** (can/could সহযোগে মূলত *neg* ও interr) নির্দয় বা উদাসীন হওয়া: How can you ~ it in your heart to drown these little kittens? ৩ স্বাভাবিকভাবে এসে পড়া বা পৌঁছে যাওয়া: The Ganges ~s its way to the Bay of Bengal. ৪ হঠাৎ ধরে ফেলা; আকস্মিকভাবে পাওয়া: Rahim was found lying injured beside the road. ৫ (অভিজ্ঞতাসূত্রে বা বিচারপূর্বক কারো সম্পর্কে বা কোনো কিছু সম্পর্কে) সংবাদ তথ্য আহরণ করা বা পাওয়া: He was found guilty. They found him (to be) the right man for the job. I ~ it difficult to understand him. **~ oneself** + *adj,adv* উপলব্ধি করা; আবিষ্কার করা: When he regained consciousnes, he found himself in hospital. He found himself alone with a strange woman. ৬ **~ (out)** অধ্যয়ন করে, হিসাব করে বা তদন্ত করে শেখা বা জানা: What do you ~ the total? Please ~ out when the train starts. **~ sb out** অপকর্মে লিপ্ত থাকাকালে কাউকে ধরে ফেলা: The police succeeded in ~ing the hijackers out. ৭ (subject যখন one বা you তখন আবিষ্কার বা 'অনুসন্ধান' অর্থে ব্যবহৃত হয় না): One doesn't/you don't find much vegetation in this area. ৮ সরবরাহ; সংগ্রহ; অর্জন: Our secretary will ~ the money for this picnic. **all found** সবকিছু সরবরাহ করা হয়েছে এমন: Wanted a good cook, Tk 1000.00 a month and all found, অর্থাৎ বেতন বাদে থাকা, খাওয়া সব কিছু ফ্রি। ৯ রায় প্রদান করা (আইন.): The jury found the accused man guilty. **~ for** কারো সপক্ষে সিদ্ধান্ত গ্রহণ করা: ~ for the defendant. **~er** *n* ১ প্রাপক; যে খুঁজে পাবে: Lost, a money-bag— ~er will be rewarded. ২ ক্যামেরার যন্ত্রাংশবিশেষ ('View-~er) বা টেলেস্কোপ যা দিয়ে যে বস্তুর ছবি তোলা হবে সেটিকে দেখা যায়। **~·ings** *n* (সাধা. *pl)* ১ তদন্ত বা অনুসন্ধানের পর প্রাপ্ত তথ্য: the ~ings of the commission. ২ জুরিগণ কর্তৃক গৃহীত সিদ্ধান্ত ইত্যাদি।

fine[1] [ফাইন্] *n* [C] আইন বা বিধি ভাঙার কারণে জরিমানা হিসাবে প্রদত্ত টাকা; অর্থদণ্ড। □*vt* **~ (for)** অর্থদণ্ড দিয়ে শাস্তিপ্রদান: ~ sb for an offence. **~·able** (অপিচ **finable)** *adj* জরিমানার যোগ্য।

fine[2] [ফাইন্] *n* (কেবল) **in ~** (প্রা.প্র.) উপসংহারে; সংক্ষেপে।

fine[3] [ফাইন্] *adj* (-r, -st) 1 ১ (আবহাওয়া সংক্রান্ত) উজ্জ্বল; ফর্সা; বৃষ্টি নেই এমন: It rained all morning, but turned ~ later. **One ~ day** (গল্প বলার সময়ে) অতীতে বা ভবিষ্যতে কোনো একদিন। **One of these ~ days** ভবিষ্যতে কোনো এক (অস্পষ্ট) সময়। ২ মনোরম; চমৎকার: Have a ~ time. Its a ~ view. That's a ~ excuse, (পরিহাসছলে) যে সাফাই তেমন গ্রহণযোগ্য নয়। ৩ সূক্ষ্ম; মিহি: ~ workmanship. ~ silk. ৪ ক্ষুদ্র কণিকা দিয়ে তৈরি; ক্ষুদ্র কণিকাময়: ~ dust. ৫ সরু; পাতলা; তীক্ষ্ণ: This is a pencil with a ~ point. **not to put too ~ a point on it** সাদামাটাভাবে বর্ণনা করা। **~-tooth comb,** দ্র. tooth (2). ৬ খাঁটি; বিশুদ্ধ (ধাতু সম্পর্কিত): ~ gold. ৭ যা কষ্ট করে দেখতে হয়; যা সহজে দেখা যায় না: a ~ distinction; যা খুব সূক্ষ্মভাবে অনুভবযোগ্য: a ~ sense of humour; a ~ taste in art. **the ~ arts; ~ art** চিত্রাঙ্কন; ভাস্কর্য প্রভৃতি চারুকলা। ৮ (বক্তৃতা বা রচনা সম্পর্কিত) খুব বেশি অলঙ্কৃত বা সজ্জিত। ৯ সুস্বাস্থ্যসম্পন্ন: I am feeling ~. **~·ly** *adv* ১ চমৎকারভাবে: ~ly dressed. ২ ছোট ছোট কণা বা টুকরো করা হয়েছে এমন: Carrots ~ly chopped up. **~·ness** *n*

fine[4] [ফাইন্] *adv* ১ (কথ্য.) খুব ভালো: That may suit me ~. ২ (যৌগশব্দে) ,~-'drawn সূক্ষ্ম; ,~-'spoken যে প্রশংসায় আন্তরিকতার ঘাটতি আছে। ,~-'spun মিহি; সূক্ষ্মভাবে বোনা। ৩ **cut it ~,** দ্র. cut[1](৭).

fin·ery ['ফাইনারি] *n* [U] জাঁকালো পোশাক বা অলঙ্কার ইত্যাদি: young men in their ~ (চমৎকার পোশাক); the garden in its summer ~ (বাগানের উজ্জ্বল ফুল, সবুজ লন ইত্যাকার শোভা)।

fi·nesse [ফি'নেস্] *n* [U] কোনো পরিস্থিতি সুকৌশলে মোকাবেলা করার পদ্ধতি; কৌশলের সূক্ষ্মতা; চাতুর্য: You should show ~ in dealing with others. [C] (তাস) attempt to win using ~ (চাতুর্য)।

fin·ger ['ফিঙ্গা(র্)] *n* হাতের অঙ্গুলি: There are five ~s (or four ~s and one thumb) on each hand. **sb's ~s are all thumbs** পোশাকে-আশাকে চাল-চলনে কাজেকর্মে অত্যন্ত জবরজঙ্গ লোক, দ্র. thumb. **burn one's ~s** অসাবধানতা বা অন্যায় হস্তক্ষেপের কারণে ভোগান্তি ইত্যাদি। **have a finger in**

every/the pie, দ্র. pie. **keep one's ~s crossed,** দ্র. cross[2] (3). **lay a ~ on** স্পর্শ করা (যত হালকাভাবেই হোক) শাস্তি দেওয়া: I forbid you to lay a ~ on the boy. **lay one's ~s on** সঠিকভাবে নির্দেশিত করা (যখন ভুল, প্রমাদ ইত্যাদি হওয়ার সম্ভাবনা থাকে)। **not lift a ~ (to help sb)** যথার্থ প্রয়োজনের সময়ে কোনো সাহায্য না করা। **put the ~ on sb** (অশিষ্ট) কারো বিরুদ্ধে গোপন সংবাদ প্রদান (অপরাধী ইত্যাদির বিরুদ্ধে)। **slip through one's ~s,** দ্র. slip[1](৩). **twist sb round one's (little) ~** কাউকে নিজের আঙুলে নাচানো (অর্থাৎ কাউকে ইচ্ছেমতো পরিচালনা করতে পারা)। ˈ**~-alphabet** *n* অন্ধ, মূক ও বধিরদের লেখাপড়ার জন্য উচ্চারিত বিশেষ বর্ণমালা (উঁচু-উঁচু-করা এই বর্ণমালা আঙ্গুল দিয়ে স্পর্শ করে পড়া হয়ে থাকে)। ˈ**~·board** *n* বেহালা, গিটার প্রভৃতি তারের বাদ্যযন্ত্রের (উপরকার কাঠ) যেখানে অঙ্গুলি-সঞ্চালন করে বাজানো হয়। ˈ**~-bowl** *n* হাত ধোয়ার জন্য ভোজ-টেবিলে যে জলপাত্র দেওয়া হয়ে থাকে। ˈ**~('s) breadth** *n* অঙ্গুলি-পরিমাণ (= ¾″)। ˈ**~-mark** *n* হাতের আঙ্গুলের ছাপ। ˈ**~-nail** *n* হাতের নখ। ˈ**~-post** *n* হাতের আঙ্গুল-আঁকা যে খুঁটি পথনির্দেশক বা দিকনির্দেশক হিসাবে ব্যবহৃত হয়। ˈ**~·print** *n* হস্তাঙ্গুলির রেখাসমূহের ছাপ (সাধারণত অপরাধীদের সনাক্ত করার জন্য বই ছাপ নেওয়া হয়)। ˈ**~-stall** *n* হস্তাঙ্গুলি রক্ষা করার আবরণ; অঙ্গুলিত্র; মেজরাফ (সাধারণত আহত আঙ্গুলে থাকে)। ˈ**~·tip** হস্তাঙ্গুলির ডগা, (আল. সহজ নাগাল বা আয়ত্তি। □*vt* অঙ্গুলি দিয়ে স্পর্শ করা: ~ a piece of cloth, ছুঁয়ে দেখা; অনুভব করা (গুণাগুণ পরীক্ষা করার জন্য)।

fin·icky [ˈফিনিকি] *adj* আহার, পরিধেয় ইত্যাদি বিষয়ে অতিশয় খুঁতখুঁতে।

fi·nis [ˈফিনিস্] *n* (শুধু *sing*) (লা.) পরিসমাপ্তি; (কোনো গ্রন্থের শেষে) উপসংহার।

fin·ish [ˈফিনিশ্] *vt,vi* ১ শেষ করা; সম্পূর্ণ করা: ~ one's work. Term ~es next month. That long climb almost ~ed me, (কথ্য.) আমার মৃত্যুর কারণ হয়েছিলো প্রায়। **~ sb off** (আশা.) কাউকে হত্যা করা; ধ্বংস করা: That fever nearly ~ed him off. **~ sth off/up** সবকিছু খেয়ে সাবাড় করা: They ~ed up everything on the table. **~ (up) with sth** সবশেষে যা খাওয়া হয়: We had an excellent dinner, and finished up with fruits. **~ with sb/sth** কারো সঙ্গে কিংবা কোনো কিছুতে আর জড়িত না থাকা: I have not finished with you yet (অর্থাৎ এখনো কিছু বলার আছে). Have you ~ed with that dictionary? ২ পরিপূর্ণ করা বা নিখুঁত করা: পালিশ করা; The woodwork is beautifully ~ed (মসৃণ করে পালিশ করা হয়েছে). The artist gave the picture a few ~ing touches. ˈ**~·ing** যে বেসরকারি বিদ্যালয়ে মেয়েদেরকে সামাজিক জীবনের উপযোগী করে গড়ে তোলা হয়। □*n* (শুধু *sing*) ১ [C] সর্বশেষ অংশ: the ~ of a race. It was a close ~ (অর্থাৎ শেষ মুহূর্তে প্রতিযোগীরা প্রায় সবাই খুব কাছাকাছি দূরত্বে ছিল)। **be in at the ~** শিকার অভিযানের চূড়ান্ত মুহূর্তে শৃগালকে হত্যা করার সময় উপস্থিত থাকা; (আল.) শেষ অবস্থায় উপস্থিত থাকা (সংগ্রাম ইত্যাদির)। **a fight to the ~** এক পক্ষ পরাজিত না হওয়া পর্যন্ত। ২ [C,U] সম্পূর্ণ বা নিখুঁত হওয়ার অবস্থা; যে পদ্ধতিতে কোনো কিছু চূড়ান্ত করা হয়ে থাকে: woodwork with a smooth ~. His manners lack ~.

fi·nite [ˈফাইনাইট্] *adj* ১ সীমাবদ্ধ; সসীম: Human understanding is ~ (অর্থাৎ এমন অনেক কিছু বাকি আছে যা মানুষ বুঝতে পারে না।) ২ (ব্যাক.) সমাপিকা ক্রিয়া: 'Am', 'is', 'are', 'was' ও 'were' হলো 'be'-এর finite রূপ; এবং 'be', 'being' ও 'been' হচ্ছে non-finite রূপ।

Finn [ফিন্] *n* ফিনল্যান্ডের লোক বা অধিবাসী; ফিন্-গোষ্ঠীর লোক। **~·ish** *adj n* ফিন্-গোষ্ঠীর ভাষা। ফিন-গোষ্ঠী সংক্রান্ত।

finnan [ˈফিনান্] *n* (অপিচ ˌ~ ˈ**haddock/ haddie** [ˈহ্যাডি]) ধূম্র-প্রয়োগে সংরক্ষিত এক ধরনের কড-জাতীয় মৎস্য বা হ্যাডক।

fiord, fjord [ফিˈও°ড়] *n* লম্বা, সরু ও পর্বত-ঘেরা উপসাগর বা সামুদ্রিক খাঁড়ি (যেমন নরওয়েতে আছে)।

fir [ফ্যা(র্)] *n* দেবদারুজাতীয় বৃক্ষবিশেষ যার পাতা সুচের মতো। [U] ঐ বৃক্ষের কাঠ বা তক্তা। ˈ**fir-cone** *n*

fire[1] [ˈফাইআ(র্)] *n* [U]১ অগ্নি; আগুন; জ্বলন্ত অবস্থা: F~ burns. **there is no smoke without fire** (প্রবাদ) যে কোনো গুজবের পেছনে নিশ্চয়ই কোনো কারণ আছে। **On ~** আগুনের কবলে: Troy was on ~. **play with ~** বোকামিপূর্ণ ঝুঁকি নেওয়া। **set sth on ~; set ~ to sth** কোনো কিছুতে আগুন ধরিয়ে দেওয়া: The man set the haystack on ~. **not (ever)/never set the** ˈ**Thames on ~** খুব উল্লেখযোগ্য কিছু না করা: There are few boys who will ever set the ˈThames on ~. **take/catch ~** পুড়তে শুরু করা: Paper catches ~ easily. **strike ~ from** কোনো কিছুতে আঘাত করে বা ঘসে স্ফুলিঙ্গ বের করা: strike ~ from flint. ২ [U] ধ্বংসাত্মক অগ্নিকাণ্ড: You should insure your house against ~. **~ and sword** (যুদ্ধে) অগ্নিকাণ্ড ও হত্যা। ˈ**~risk** আগুনের সম্ভাব্য কারণসমূহ। ৩ [C] ধ্বংসাত্মক অগ্নিকাণ্ডের উদাহরণ: a ~ in a coal-mine. ৪ [C] চুল্লি ইত্যাদির জ্বালানি (যা দিয়ে কক্ষ, দালান ইত্যাদি গরম করা যায় বা রান্না করা যায়): There is a ~ in the next room. **lay a ~** আগুন জ্বালানোর জন্য কাঠ, কয়লা, কাগজ ইত্যাদি একত্রীকরণ বা সাজানো (আল. উনুন সাজানো)। make a ~ আগুন জ্বালানো। **make up a ~** আগুন কমে এলে শিখা বাড়ানোর জন্য আরো জ্বালানি প্রদান। **elˌectric** ˈ**~** এক রকম বৈদ্যুতিক চুল্লি। ˈ**gas ~** একরকম গ্যাস চুল্লি। ৫ [U] গুলি ছোঁড়া (বন্দুক ইত্যাদি থেকে)। **between two ~s** উভয় দিক থেকে নিক্ষিপ্ত গোলাগুলির মধ্যে। **running ~ (ক)** সৈন্যদল কর্তৃক অবিশ্রান্ত গুলি চালনা। **(খ)** (আল.) অব্যাহতভাবে সমালোচনা বা আক্রমণাত্মক প্রশ্ন উত্থাপন। ৬ [U] বলিষ্ঠ আবেগ; ক্রোধ বা উত্তেজনাপূর্ণ অনুভূতি: His speech always lacks ~. ৭ (যৌগশব্দে) ˈ**~-alarm** *n* অগ্নি-সঙ্কেত; আগুন লাগলে সবাইকে জানানোর বা সতর্ক করার জন্য যে ঘণ্টা বাজানো হয়। ˈ**~·arm** *n* (সাধা. *pl)* রাইফেল, বন্দুক, পিস্তল বা রিভলভার; আগ্নেয়াস্ত্র। ˈ**~·ball** *n* বিস্ফোরিত আণবিক বোমার কেন্দ্রগত অংশ। ˈ**~·bird** *n* কমলা ও কালো রঙের পুচ্ছবিশিষ্ট পাখিবিশেষ (উত্তর আমেরিকায় পাওয়া যায়)। ˈ**~-bomb** *n* আগুনে বোমা; অগ্নি-বোমা; যে বোমা বিস্ফোরিত হলে ধ্বংসকর আগুনের সৃষ্টি হয়ে থাকে। ˈ**~·box** *n* বাষ্পচালিত ইনজিনের যেখানে জ্বালানি থাকে। ˈ**~·brand** *n* এক

টুকরো জ্বলন্ত কাঠ; (আল.) যে ব্যক্তি সামাজিক বা রাজনৈতিক কলহের সৃষ্টি করে। ˈ~·break *n* (ক) দাবানল ইত্যাদির প্রসার রোধ করার জন্য অরণ্যের মধ্যে বৃক্ষশূন্য ফাঁকা জায়গা। (খ) অগ্নিকাণ্ড রোধ করার জন্য কোনো কারখানা বা গুদামে অদাহ্য বস্তু দিয়ে তৈরি দেয়াল বা প্রতিবন্ধক। ˈ~·brick *n* আগুনে ইঁট; এক ধরনের ইঁট যা চুল্লি, চিমনি ইত্যাদিতে ব্যবহৃত হয়ে থাকে। ˈ~-brigade *n* দমকল বাহিনী। ˈ~·bug *n* (অশিষ্ট.) যে ব্যক্তি আগুন লাগায়। ˈ~·clay *n* [U] ইট তৈরি করার জন্য ব্যবহৃত মাটি (যা পুড়িয়ে ইট বানানো হয়)। ˈ~-control *n* [U] কামান, বন্দুক ইত্যাদির গোলাবর্ষণ নিয়ন্ত্রণের পদ্ধতি। ˈ~-cracker *n* পটকা–বাজি। ˈ~·damp *n* [U] কয়লার খনিতে জাত গ্যাসবিশেষ (যা বাতাসের সংস্পর্শে এলেই বিস্ফোরিত হয়)। ˈ~·dog *n* উনানের শিক বা ঝিঁকা। ˈ~-eater *n* যে বাজিকর আগুন খাওয়ার খেলা দেখিয়ে রোজগার করে; যে ব্যক্তি সহজেই ঝগড়া লাগায়; কলহপ্রিয় ব্যক্তি। ˈ~-engine *n* দমকল (আগুন নেভানোর কাজে ব্যবহৃত)। ˈ~-escape *n* অগ্নি–তারণ পথ; আগুন লাগলে যে পথ দিয়ে অট্টালিকা প্রভৃতি থেকে বের হয়ে আসা যায়। ˈ~-extinguisher *n* আগুন নেভানোর জন্য যে যন্ত্র থেকে রাসায়নিক পদার্থ ছিটানো হয়; অগ্নি–নির্বাপক যন্ত্র। ˈ~-fighter *n* দমকল–কর্মী; যে ব্যক্তি অগ্নিকাণ্ড নির্বাপিত করে। ˈ~·fly *n* (*pl* -flies) জোনাকি। ˈ~·grate *n* আগুনের তাওয়া। ˈ~-guard *n* চুল্লি বা উনান ইত্যাদির সামনে ধাতুনির্মিত যে আবরণ বা ঘের বা জাফরি থাকে। ˈ~-hose *n* আগুন নেভানোর কাজে ব্যহৃত জলবাহী নল। ˈ~-irons *n* আগুন খোঁচানোর চিমটা ইত্যাদি। ˈ~·light *n* চুল্লি, উনান ইত্যাদির আগুন থেকে যে আলো আসে। ˈ~-lighter *n* অগ্নি–প্রজ্জ্বলক; যে কাঠ বা জ্বালানি দিয়ে আগুন ধরানো হয়। ˈ~·man [-মান্] *n* (*pl* -men) (ক) যে ব্যক্তি ফার্নেস বা বাষ্পীয় ইনজিনে জ্বালানি তত্ত্বাবধান করে। (খ) দমকল কর্মী। ˈ~·place *n* বাসগৃহের যেস্থানে আগুন জ্বালানো হয়ে থাকে (সাধা. দেয়ালে থাকে); উনান। ˈ~-policy *n* অগ্নিবিমা পত্র। ˈ~-power *n* প্রতি মিনিটে কতবার কামান দাগানো যায়; তার পরিমাপ। ˈ~-proof *adj* আগুনে পোড়ে না; অদাহ্য। ˈ~-raising *n* অন্যের ঘরে আগুন লাগানো। ˈF~ Service *n* দমকল বাহিনী। ˈ~·side *n* the ~side উনানের পাশের জায়গা; উনান–পার্শ্ব: sitting at the ~side; (আল.) গার্হস্থ্য জীবন: (attrib) a ~side chair; a homely ~side scene. ˈ~-station *n* দমকলের আস্তানা। ˈ~-stone *n* অদাহ্য পাথর (যেমন উনানে বা চুল্লিতে থাকে)। ˈ~-walking *n* অগ্নিতপ্ত প্রস্তর বা তপ্ত ছাইঢাকা পথের উপর দিয়ে নগ্নপদে হাঁটা। ˈ~-walker *n* ˈ~-watcher *n* (দ্বিতীয় বিশ্বযুদ্ধে) বিমান থেকে বোমা পড়ার সঙ্গে সঙ্গে ঐ বোমায় সৃষ্ট আগুন নির্বাপনের জন্য নিয়োজিত সৈনিক। ˈ~-watching *n* [U]. ˈ~-water *n* [U] (কথ্য) হুইসকি, জিন, রাম প্রভৃতি উগ্র সুরা। ˈ~·wood *n* জ্বালানি হিসাবে ব্যবহৃত কাঠ। ˈ~·work *n* [C] (সংকেত হিসাবে বা আমোদ–প্রমোদের জন্য) আতশবাজি; (*pl*) (আল.) বুদ্ধি, আবেগ, ক্রোধ ইত্যাদির প্রকাশ।

fire[2] [ফাইআ(র্)] *vt,vi* ১ আগুন দেওয়া/লাগানো; অগ্নিসংযোগ করা; পুড়িয়ে ফেলা: ~ a heap of dead leaves. ২ পোড়ানো; অগ্নিদগ্ধ করা; সেঁকা: ~ bricks in a kiln; ~ tea. ৩ জ্বালানি সরবরাহ করা; জ্বালানি–যোগে চালু করা: a diesel ~d furnace. ৪ ~ up (ব্যক্তি সম্বন্ধে) (ক্রোধে, উত্তেজনায়) জ্বলে ওঠা: The manager ~ed up when he was accused of lying. ৫ উত্তেজিত/উদ্দীপিত করা। ~ sb with sth উৎসাহিত/উদ্দীপ্ত করা। ৬ গুলি/ গোলা বর্ষণ করা: তোপধ্বনি করা: ~ a gun. ~ at/ into/ on/ upon লক্ষ্য করে গুলি নিক্ষেপ বা বর্ষণ করা: ~ at a target. ~ away (ক) গুলি/ গোলা বর্ষণ করতে থাকা; অবিরাম গুলি/ গোলা বর্ষণ করা: The soldiers are firing away at the enemy. (খ) (লাক্ষ.) শুরু করা; এগিয়ে যাওয়া। (গ) খরচ করে ফেলা: Don't ~ away all your ammunition. ˈfiring-line *n* (খন্দকের) যে সম্মুখ সারি থেকে সৈন্যরা শত্রুদের উপর গুলি বর্ষণ করে। ˈfiring-party/-squad *n* সামরিক অন্ত্যেষ্টিক্রিয়ায় কিংবা সামরিক মৃত্যুদণ্ড কার্যকর করার জন্য গুলি বর্ষণে নিয়োজিত সেনাদল; তোপচিদল। ৭ (কথ্য) (কর্মচারীকে) বরখাস্ত করা।

fir·kin [ˈফ়াকিন্] *n* ছোট পিপা।

firm[1] [ফ়াম্] *adj* (-er, -est) ১ দৃঢ়; কঠিন; শক্ত; ঘন; টানটান: ~ flesh/ muscle. **be on ~ ground** নিজের তথ্যভিত্তি সম্বন্ধে সুনিশ্চিত থাকা। ২ অনড়; অটল; বলিষ্ঠ; স্থির; অনমনীয়; কড়া; দৃঢ়; দৃঢ়চিত্ত: a ~ conviction; ~ in/of purpose. ৩ (ব্যক্তি, শরীর, চলন, শারীরিক বৈশিষ্ট্য ইত্যাদি সম্বন্ধে) অকম্প্র; স্থির; দৃঢ়: a ~ voice. □*vt,vi* দৃঢ়, কঠিন ইত্যাদি হওয়া বা করা। ~·**ly** *adv* দৃঢ়ভাবে; শক্ত করে ইত্যাদি। ~·**ness** *n* দৃঢ়তা; দার্ঢ্য; কাঠিন্য; অনমনীয়তা; বলিষ্ঠতা; দৃঢ়চিত্ততা।

firm[2] [ফ়াম্] *n* [C] ব্যবসায়ে নিয়োজিত (দুই বা ততোধিক) ব্যক্তিবর্গ; ব্যবসা–প্রতিষ্ঠান; ব্যবসা।

fir·ma·ment [ˈফ়ামামান্ট্] *n* **the ~** গ্রহনক্ষত্র ও চন্দ্রসূর্য সমেত আকাশ; নভোমণ্ডল; মহাকাশ; অন্তরীক্ষ।

first[1] [ফ়াস্ট্] *adj* ১ (সং **lst**) প্রথম; পয়লা; আদি; আদ্য: ~ principles, মূল সূত্রাবলী। **at ~ sight** প্রথম দৃষ্টিতে; আপাতদৃষ্টিতে। **in the ˈ~ place** প্রথমত; প্রথম কথা। **~ thing** প্রথম কাজ/পদক্ষেপ। **~ things ~** সবচেয়ে জরুরি কাজ সবার আগে। **not to know the ~ thing about sth** (কোনো বিষয়ে) কিছুই না জানা। ২ (যৌগশব্দে বিশিষ্ট প্রয়োগ) ˌ~ ˈ**aid** *n* [U] প্রাথমিক চিকিৎসা। ˌ~ ˈ**base** (বেইসবল) মাঠে প্রথম বেইস (দ্র. base[1] (৬)). **get to ~ base** (লাক্ষ.) সাফল্যের সঙ্গে শুরু করা। ˌ~ ˈ**class** *n* (জাহাজ, ট্রেন, বিমান ইত্যাদিতে) প্রথম শ্রেণী। দ্র. class(৭). ˌ~-ˈ**class** *adj* প্রথম শ্রেণীর; উৎকৃষ্ট: a ~-ˈclass degree. □*adv* প্রথম শ্রেণীতে: travel ˌ~-class. ˌ~ ˈ**cost** *n* (বাণিজ্য) মুনাফা বাদে খরচ। ˌ~ **deˈgree**, দ্র. degree. ˌ~ ˈ**floor** *n* (GB) দোতলা; (US) নীচের তলা। **~ form** *n* (GB) মাধ্যমিক বিদ্যালয়ের সর্বনিম্ন শ্রেণী। ˈ~-**fruits** *n* (pl) মৌসুমের প্রথম ফসল; (লাক্ষ.) কাজের প্রাথমিক ফল। ˌ~ ˈ**gear** সর্বনিম্ন গিয়ার gear (১) দ্র.। ˌ~-ˈ**hand** *adj,adv* সরাসরি(ভাবে); প্রত্যক্ষসূত্রে (প্রাপ্ত): ~-hand information. **at ~ hand** সরাসরি; প্রত্যক্ষভাবে। ˌ~ ˈ**lady** *n* (US) রাষ্ট্রপ্রধান বা কোনো রাজ্যের গভর্নরের পত্নী। ˈ~ **name** *n* (পারিবারিক নামের সঙ্গে বৈপরীত্যক্রমে) প্রদত্ত নাম; প্রথম নাম। ˌ~ ˈ**night** *n* (নাটক, অপেরা ইত্যাদি মঞ্চায়নের) প্রথম রজনী। সুতরাং, ˌ~-ˈ**nighter** যে ব্যক্তি নিয়মিতভাবে নাটক ইত্যাদির প্রথম রজনীতে দর্শক হিসাবে উপস্থিত থাকে। ˌ~ ˈ**mate** *n* দ্র. mate (২). ˌ~ **ofˈfender** যে অপরাধী পূর্বে কখনো দণ্ডিত হয়নি; প্রথম অপরাধী। ˌ~

ˈperson (ব্যাক.) উত্তম পুরুষ। ˌ~-ˈrate *adj* সর্বোৎকৃষ্ট শ্রেণীর; শ্রেষ্ঠ; অত্যুত্তম: a ~-rate novel. □*adv* (কথ্য.) চমৎকার-ভাবে: getting on ˌ~-ˈrate. **~-ly** *adv* প্রথমত; সর্বপ্রথমে।

first² [ফ়াস্‌ট্] *adv* ১ (জোর দেওয়ার জন্যে অনেক সময় **~ of all; ~ and foremost**) সবার আগে; সর্বাগ্রে; সর্বপ্রথম: I came ~. **F~ come, ~ served** যারা আগে আসবে তারা আগে পরিসেবা পাবে; প্রথমাগতের অগ্রাধিকার। **last in, ~ out** (বিশেষ.) বরখাস্তের ক্ষেত্রে সবশেষে নিয়োগপ্রাপ্ত ব্যক্তিকে আগে বরখাস্ত করা। **~ and last** সব মিলিয়ে; সামগ্রিকভাবে। **ˈ~·born** *n adj* প্রথম/জ্যেষ্ঠ (সন্তান)। ২ প্রথমবার: I met him ~ in a party. ৩ আগে: You should go to the station ~. ৪ বরঞ্চ; পছন্দনীয়ভাবে: I would beg ~, অসৎ পথে জীবিকা অর্জন করার চেয়ে ভিক্ষা করাও উত্তম।

first³ [ফ়াস্‌ট্] *n* ১ **at ~** প্রথমে। **from the ~** প্রথম/শুরু থেকে। ২ (পরীক্ষা বা প্রতিযোগিতায়) প্রথম শ্রেণী; প্রথম শ্রেণীতে উত্তীর্ণ ব্যক্তি: She hopes to get a ~ in Chemistry.

firth [ফ়াথ্] *n* সাগরের সঙ্কীর্ণ শাখা; খাড়ি; (বিশেষ, স্কটল্যান্ডে) নদীর মোহনা।

fiscal [ফ়িস্‌ক্‌ল্] *adj* সরকারি রাজস্বসংক্রান্ত। দ্র. year (৪)।

fish¹ [ফ়িশ্] *n (pl* ~ বা ~es) ১ [C] মাছ; মৎস্য; মীন। **a ˈpretty kettle of ~** বিশৃঙ্খল অবস্থা। **have ˈother ~ to fry** আরো জরুরি কিছু করার থাকা। **There's as good ~ in the sea as ever came out of it** (প্রবাদ) একটি সুযোগ নষ্ট হলেও সুযোগের অভাব হবে না। ২ [U] খাদ্য হিসাবে মাছ। ৩ (যৌগশব্দ) **ˈ~·bone** *n* (মাছের) কাঁটা। **ˈ~·cake** আলু, ডিম, পাউরুটির টুকরা ইত্যাদি মেশানো কোপ্তা-করা মাছের বড়াবিশেষ; মাছের বড়া। **ˌ~ and ˈchips** তপ্ত তেলে ডুবিয়ে ভাজা মাছ ও আলুর ফালি। **~·creel** মাছের ঝুড়ি। **ˌ~ ˈfinger** (US **ˌ~ˈstick**) পাউরুটির ভেতরের অংশ দিয়ে মাখানো মাছের ছোট ছোট সরু টুকরা, যা ভেজে বা সেঁকে খেতে হয়। **ˈ~-hook** বড়শি। **ˈ~-knife** মাছ খাওয়ার ছুরি। **ˈ~·monger** মৎস্যব্যবসায়ী; মেছো। **ˈ~·paste** (স্যান্ডউইচ ইত্যাদির ওপর লাগানো) মাছের পিষ্টিক। **ˈ~-slice** মাছ কেটে পরিবেশনের জন্য টেবিলে ব্যবহৃত ছুরি বিশেষ। **ˈ~-wife** (কথ্য) অমার্জিত; দুর্মুখ স্ত্রী। **~y** *adj* ১ মাছের গন্ধ বা স্বাদযুক্ত; মেছো; আঁশটে: a ~y smell. ২ (কথ্য) সন্দেহজনক: a ~y story.

fish² [ফ়িশ্] *vi,vt* ১ মাছ ধরা; মৎসশিকার করা; (লাক্ষ.) পরোক্ষ উপায়ে পাওয়ার চেষ্টা করা: ~ for information/compliments. **~ in troubled waters** বিশৃঙ্খল অবস্থার সদ্ব্যবহার করে নিজের জন্য সুবিধা আদায়ের চেষ্টা করা; ঘোলা জলে মৎস্য শিকার করা। ২ (নদী, জলাশয় ইত্যাদিতে) মাছ ধরার চেষ্টা করা: ~ a river/a pool; ধরার চেষ্টা করা: ~ catfish. ৩ **~ up (out of)/(from); ~ out (of/from)** তোলা; তুলে নেওয়া; ওঠানো: ~ out a ring from a tub. **~·ing** *n* [U] মৎস্যশিকার; মাছ-ধরা। **ˈ~·ing-line** *n* (মাছ ধরার জন্য) বড়শিসহ সুতা। **ˈ~·ing-rod** *n* মাছ-ধরা ছিপ। **ˈ~ing-tackle** *n* [U] মাছ ধরার সরঞ্জাম।

fisher [ˈফ়িশা(র্)] *n* (প্রা. প্র.) জেলে; ধীবর। **~·man** [-মান্] *n (pl* -men) মৎস্যজীবী; জেলে; ধীবর।

fish·ery [ˈফ়িশারি] *n* ১ *(pl* -ries) সাগরের যে অংশে মাছ ধরা হয়; মৎস্যশিকার এলাকা। ২ মাছের খামার; মৎস্যচাষ।

fish·plate [ˈফ়িশ্‌প্লেইট্] *n* যে দুটি (লোহার) পাতের সাহায্যে স্লিপারের সঙ্গে রেলকে যুক্ত করা হয়, তাদের যে কোনো একটি।

fis·sile [ফ়ি সা ইল্ US ˈফ়িস্‌ল্] *adj* বিদীর্ণ হওয়ার প্রবণতাবিশিষ্ট; বিদারপ্রবণ: ~ material (যেমন যে ধরনের পদার্থকে পারমাণবিক চুল্লিতে বিদীর্ণ করা যেতে পারে)।

fis·sion [ˈফ়িশ্‌ন্] *n* [U] বিদারণ, বিভাজন (যেমন— এক কোষ ভেঙে দুই কোষ হওয়া কিংবা পারমাণবিক বোমা বিস্ফোরণে ইউরেনিয়ম প্রভৃতির পরমাণু-কেন্দ্রের বিদারণ)। **~·able** [-নাব্‌ল্] *adj* বিদারণীয়।

fis·sipar·ous [ফ়িˈসিপ রাস্] *adj* (কোষ সম্বন্ধে) বিদারণ-জনিত।

fis·sure [ˈফ়িশা(র্)] *n* [C] চিড়; ফাটল; রন্ধ্র; সন্ধি।

fist [ফ়িস্‌ট্] *n* মুষ্টি; মুঠা। **~i·cuffs** [ˈফ়িস্‌টিকাফ্‌স্] *n pl* (সাধা. হাস্য.) মুষ্টামুষ্টি; ঘুসাঘুসি।

fis·tula [ফ়িস্‌টিউ লা] *n* সরু মুখবিশিষ্ট নলসদৃশ দীর্ঘ ক্ষত; ভগন্দর; নালীব্রণ।

fit¹ [ফ়িট্] *adj* (fitter, fittest) ১ **fit (for)** যোগ্য; উপযুক্ত; যোগ্যতাসম্পন্ন: It is not ~ for human consumption. ২ উচিত; সঙ্গত: It is not ~ that you should abuse that innocent boy. **think/see fit (to do sth)** উপযুক্ত মনে করা; মনস্থির করা: I don't see ~ to comply with your request. ৩ প্রস্তুত; ভালো অবস্থায়; (অপিচ কথ্য *adv* রূপে): We kept on marching till we were ~ to sink to the ground. ৪ খেলাধুলা করার উপযুক্ত; সুস্থসবল; শারীরিকভাবে উপযুক্ত: ~ for work; keep ~. **fit·ly** *adv* উপযুক্ত রকম, উচিতভাবে ইত্যাদি। **fit·ness** *n* [U] ১ উপযোগিতা; ঔচিত্য: the fitness of things, যা ন্যায়সঙ্গত ও যথোপযোগী। ২ শারীরিক যোগ্যতা; স্বাস্থ্য-সবলতা।

fit² [ফ়িট্] *vt,vi* (tt-) ১ মানানসই/মাপসই হওয়া; (গায়ে, পায়ে ইত্যাদিতে) লাগা; মেলা: The frock ~s her well. ২ **fit (on)** (বিশেষ করে বস্ত্রাদি) ঠিকমতো গায়ে লাগে কিনা; যাচাই করে দেখা। ৩ **fit (on)** লাগানো; বসানো: ~ a new coat-hanger on a wall. ৪ **fit (for)** তৈরি করা; উপযুক্ত/ মানানসই/ লাগসই/ যোগ্য করা: This training will ~ you for the new job. ৫ **fit in (with)** খাপ খাইয়ে নেওয়া; সামঞ্জস্যপূর্ণ/উপযোগী করা বা হওয়া: The programme must ~ in with my holidays. ৬ **fit sb/sth out/up** সুসজ্জিত করা; প্রয়োজনীয় সাজসরঞ্জাম সরবরাহ করা; তৈরি/প্রস্তুত করা: a conference room ~ted up with modern amenities. □*n* (সাধা. a + *adj* + ~) কোনো বস্তু (যেমন পোশাক) যে ভাবে মানায়: The suit is a perfect ~.

fit³ [ফ়িট্] *n* ১ রোগের আকস্মিক (সাধা. ক্ষণস্থায়ী) আক্রমণ বা প্রকোপ; দমক; আবেশ: a ~ of coughing; a fainting fit, মূর্ছা। ২ চৈতন্যলোপ ও প্রচণ্ড আক্ষেপসহ সন্ন্যাস, মৃগী বা পক্ষাঘাত রোগের আকস্মিক আক্রমণ; মূর্ছা; উন্মাদাবেশ: fall down in a ~ , মূর্ছিত/মূর্ছাপ্রাপ্ত হওয়া। **give sb a fit** (কথ্য) (বিস্ময়ে, মানসিক আঘাতে) হতচেতন করা; ভির্মি লাগানো। **have a fit**

(কথ্য) হতচেতন হওয়া; ভির্মি খাওয়া। ৩ স্বল্পস্থায়ী; আকস্মিক প্রকাশ; স্ফুরণ: a fit of energy/ enthusiasm/ anger. **by/in fits and starts** থেকে থেকে; অনিয়মিতভাবে। ৪ মেজাজ; উদ্দীপনা: He will work frenziedly while the ~ is on. **fit·ful** [-ফ্‌ল্] *adj* থেকে-থেকে ঘটে বা আসে যায় এমন; ক্ষণস্থায়ী; অনিয়মিত; দমকা: a fitful breeze; fitful bursts of enthusiasm. **fit·fully** [-ফ়ালি] *adv* থেকে থেকে; দমকে দমকে।

fit·ment [ˈফিটমান্ট্] *n* সাজ-সরঞ্জাম; আসবাব: kitchen ~, যেমন সিঙ্ক, তাক, কাজ করার টেবিল, বিশেষ. যখন এগুলি একটি কেতার একক হিসাবে তৈরি করা হয়।

fit·ter [ˈফিট(র্)] *n* ১ (দর্জির ব্যবসায়ে) যে ব্যক্তি পোশাক কেটে-ছেঁটে মাপসই করে। ২ (প্রকৌ.) যে কারিগর ইনজিন, যন্ত্র ইত্যাদির তৈরি অংশসমূহ সংযোজিত ও সমন্বিত করে; ফিটার-মিস্ত্রি।

fit·ting [ˈফিটিঙ্] *adj* ১ উপযুক্ত; সমুচিত; যোগ্য; সঙ্গত; যথাযথ। □*n* ১ মানানসই/লাগসই করার কাজ: The dress requires a ~. ২ কোনো ভবনে সংযোজিত প্রয়োজনীয় সাজ-সরঞ্জাম বিশেষ; স্থায়ীভাবে সংযোজিত বস্তুসমূহ *(pl)*; সংযোজনাদি: gas and electric light ~s. ৩ *(pl)* সরঞ্জাম: office ~s.

five [ফ়াইভ়্] *n,adj* পাঁচ, পঞ্চ, দ্র. পরি. ৪, ৫। ˈ**~·fold** *adj* পাঁচ অংশযুক্ত, পঞ্চধা; পাঁচ গুণ। ~·**pence** [ফ়াইফ়্‌পান্‌স্] *n* পাঁচ পেনির মুদ্রা। ~·**penny** [ফ়াইফ়্‌পানি] *adj* পাঁচ পেনি দামের। **fiver** [ফ়াইভ়া(র্)] *n* (কথ্য) (GB) পাঁচ পাউন্ডের নোট; (US) পাঁচ ডলারের নোট।

fives [ফ়াইভ্‌জ্] *n* (GB) বলের খেলাবিশেষ যা দেয়ালঘেরা কোর্টে হাত বা ব্যাট দিয়ে খেলা হয়।

fix[1] [ফ়িক্‌স্] *vt,vi* ১ নিবদ্ধ/নিবিষ্ট করা; পোঁতা; প্রোথিত করা; সংলগ্ন করা; সাঁটা; আঁটা: ~ a post in the ground; ~ dates/facts etc in one's mind. ২ **fix on** (দৃষ্টি, মনোযোগ ইত্যাদি) নিবদ্ধ করা। ৩ (বস্তু সম্বন্ধে) দৃষ্টি বা মনোযোগ আকৃষ্ট বা নিবদ্ধ করে রাখা: The uncommon beauty of the girl ~ed his attention. ৪ স্থির/ নির্ধারণ/ অবধারণ করা; ব্যবসিত করা: ~ a date for a meeting; ~ed price. **fixed odds,** দ্র. odds. ৫ (ফিল্ম, রং ইত্যাদি) প্রক্রিয়াজাত করা (যাতে আলোতে তা বিবর্ণ না হয়); পাকা করা। ৬ (কারো প্রতি) বিশেষভাবে দৃষ্টিপাত করা; দৃষ্টিক্ষেপ করা: ~ a man with an angry stare. ৭ **fix sb up (with sth); fix sth up (with sb)** (চাকরি ইত্যাদির) ব্যবস্থা করা; জোগানো; আয়োজন/ বন্দোবস্ত করা; গোছানো: ~ sb up with a job; ~ up a friend for the night, থাকার ব্যবস্থা করা; ~ one's room/drawers up. ৮ **fix on/upon** নিতে মনস্থ করা; পছন্দ করা: We've ~ed upon an independent house. ৯ (ক) ঘুষ, প্রতারণা, অবৈধ প্রভাব ইত্যাদির আশ্রয় নেওয়া; হাত করা: The accused is trying to ~ the investigating officer. (খ) (কারো ওপর) শোধ তোলা; উচিত শিক্ষা দেওয়া: I'll ~ that fellow. ১০ (কথ্য) গোছানো; পরিপাটি করা; ঠিক করা; তৈরি করা: ~ one's hair; ~ a radio; ~ a salad. **fixed** [ফ়িক্‌স্‌ট্] অটল; স্থির; অনড়; নিশ্চল; অপরিবর্তিত; বাঁধা: fixed costs, উপরিব্যয় (= overhead expenses); a fixed idea, বদ্ধমূল ভাবনা যা মনকে অতিমাত্রায় জুড়ে থাকে; a fixed star, স্থির নক্ষত্র (আপাতদৃষ্টিতে একই স্থানে অবস্থান করে বলে মনে হয়)। **fix·ed·ly** [ফ়িক্‌সিড্‌লি] *adv* স্থিরভাবে; একদৃষ্টে: look/gaze fixedly at sb.

fix[2] [ফ়িক্‌স্] *n* ১ **be in/get oneself into a fix** উভয় সঙ্কটে/ফাঁপরে/বিব্রতকর অবস্থায় পড়া। ২ গ্রহ নক্ষত্রের পর্যবেক্ষণ থেকে অবস্থান নির্ণয় করা; ঐরূপ নির্ণীত অবস্থান। ৩ (অপ.) মাদকদ্রব্যের (যেমন হেরোইন) ইনজেকশন।

fix·ate [ফ়িক্ ˈসেইট্] *vt* ১ স্থির- বা এক-দৃষ্টিতে তাকানো। ২ (সাধা. passive) দ্র. fixation (২). **~ed (on)** (কথ্য) কোনো কিছুতে একনিবিষ্ট (= obsessed).

fix·ation [ফ়িক্ ˈসেইশ্‌ন্] *n* ১ সন্নিবেশ; সংস্থাপন; সংযোজন; নিবদ্ধকরণ: ~ of a photographic film. ২ [C] **~ (on)** (মন.) অপরিণত বয়সে কারো প্রতি অস্বাভাবিক আসক্তি, যা অন্যের সঙ্গে স্বাভাবিক সম্বন্ধ গড়ার ক্ষেত্রে প্রতিবন্ধকতা সৃষ্টি করে; (কথ্য) বদ্ধমূল ভাবনা; বন্ধন; সংসক্তি।

fixa·tive [ˈফ়িক্‌সাটিভ়্] *n* ফিল্ম, রং ইত্যাদি পাকা করার জন্য ব্যবহৃত দ্রব্য; আণুবীক্ষণিক পরীক্ষার জন্য যথাস্থানে রাখার জন্য ব্যবহৃত দ্রব্য; বন্ধনী; আসঞ্জনদ্রব্য।

fix·ture [ˈফ়িক্‌সচা(র্)] *n* -[C] ১ যথাস্থানে নিবদ্ধ সামগ্রী, বিশেষ. *(pl)* দেওয়ালে সাঁটা তাক, আলমারি, বৈদ্যুতিক সরঞ্জাম ইত্যাদি, যা বাড়ির স্থায়ী উপকরণ হিসেবে বাড়ির সঙ্গেই ক্রয় করা হয়; নিবদ্ধ সামগ্রী; সাটান; স্থাবর দ্রব্যাদি: ~s and fittings. ২ ক্রীড়ানুষ্ঠান এবং অনুষ্ঠানের নির্দিষ্ট দিন: hockey and football ~s. ৩ (কথ্য) এমন বস্তু বা ব্যক্তি যার কোনো নির্দিষ্ট স্থান থেকে সরার বা চলে যাবার কোনো সম্ভাবনা নেই; স্থায়ী অঙ্গ: Dr. Hill seems to be a ~ in the hospital.

fizz [ফ়িজ্] *vi* হিসহিস করা (যেমন তরল পদার্থ থেকে গ্যাস-নির্গমনকালে)। □*n* [U] হিসহিস; কার্বন ডাই-অক্সাইড-যোজনা: The beer is going to loose its ~. **~y** *adj* (-ier, -iest) হিসহিসে; গ্যাসযুক্ত।

fizzle [ফ়িজ্‌ল্] *vi* আস্তে আস্তে হিসহিস করা; ভুড়ভুড়/ভুসভুস করা। **~ out** দুর্বলভাবে শেষ হয়ে যাওয়া; মিইয়ে যাওয়া।

fjord [ফ়িˈও°ড্] = fiord.

flab·ber·gast [ˈফ্ল্যাবাগা:স্ট্ US -গ্যাস্ট্] *vt* (কথ্য) বিস্ময়ে অভিভূত করা; হতভম্ব করা।

flabby [ফ্ল্যাবি] *adj* (-ier, -iest) ১ (মাংস ও পেশিসমূহে) কোমল; শিথিল; লোল; ঢিলা; থলথলে। ২ (লাক্ষ.) দুর্বল; নিস্তেজ : a ~ will/character. **flab·bily** [-বিলি] *adv* শিথিলভাবে; দুর্বলভাবে; শ্লথভাবে। **flab·bi·ness** *n* শিথিলতা।

flac·cid [ˈফ্ল্যাক্‌সিড্] *adj* থলথলে; ঢিলমিলে। **~·ity** [ফ্ল্যাক্‌সিডাটি] *n* থলথলে ভাব; শিথিলতা।

flag[1] [ফ্ল্যাগ্] *n* পতাকা; নিশান; ঝাণ্ডা; কেতন। **~ of convenience** কর ফাঁকি দেবার জন্য জাহাজের সত্যিকার মালিকানা গোপন করবার উদ্দেশ্যে ব্যবহৃত পানামা, লাইবেরিয়া প্রভৃতি দেশের পতাকা; ভুয়া পতাকা। **lower/strike one's ~** (আত্মসমর্পণের সঙ্কেতরূপে) পাতাকা নামানো। ˈ**~-captain** *n* জাহাজের অধ্যক্ষ। ˈ**~-day** (ক) দাতব্য কাজের জন্য প্রকাশ্যে চাঁদা সংগ্রহের দিন (চাঁদাদাতাদের ছোট ছোট পতাকা উপহার দেওয়া হয় বলে)। (খ) (US) পতাকা-দিবস (১৪ই জুন; ১৭৭৭

তারিখের এই দিনে যুক্তরাষ্ট্রের জাতীয় পতাকা আনুষ্ঠানিক স্বীকৃতি লাভ করে)। ˈ~ **officer** অ্যাডমিরাল। ˈ~·**pole** পতাকার খুঁটি। ˈ~·**ship** পতাকাবাহী জাহাজ (যে জাহাজে একজন অ্যাডমিরাল থাকেন)। ˈ~·**staff** = ~; pole। অপিচ দ্র. black, white[2] ও yellow. □*vt* (-gg-) ১ পতাকা টানানো বা উত্তোলন করা; পতাকাশোভিত করা। ২ ~ **(down)** (কারো কাছে) সঙ্কেত দেওয়া; প্রসারিত বাহু উঁচুনিচু করে বা পতাকা দুলিয়ে ট্রেন; গাড়ি ইত্যাদি থামানো। দ্র. Semaphore.

flag[2] [ফ্ল্যাগ্] *vi* (-gg-) (উদ্ভিদ ইত্যাদি সম্বন্ধে) মিইয়ে/নেতিয়ে পড়া; ঝুলে পড়া; (লাক্ষ.) নিস্তেজ/অবসন্ন হয়ে পড়া।

flag[3] [ফ্ল্যাগ্] *n* (অপিচ ~·**stone**) মেঝে, রাস্তা বা ফুটপাথে বসানোর জন্য চ্যাপ্টা, বর্গাকার বা আয়তাকার প্রস্তরখণ্ড; প্রস্তরফলক।

flag[4] [ফ্ল্যাগ্] *n* বর্চ–জাতীয় উদ্ভিদ।

flagel·et [ফ্ল্যাজো'লেট্] *n* একপ্রান্তে ফুঁ দিয়ে বাজাবার ক্ষুদ্র বাঁশিবিশেষ।

flagel·lant [ˈফ্ল্যাজালান্ট্] *n* যে ব্যক্তি ধর্মীয় প্রায়শ্চিত্ত হিসাবে নিজের বা অন্যের শরীরে কশাঘাত করে; আত্মনিগ্রাহক; নিগ্রাহক। **flagel·late** [ˈফ্ল্যাজালেইট্] *vt* চাবুক মারা; কশাঘাত করা। **flagel·la·tion** [ফ্ল্যাজাˈলেইশন্] *n* কশাঘাত।

fla·gi·tious [ফ্ল্যাˈজিশাস্] *adj* অতিদুর্বৃত্ত; অতি–পাপিষ্ঠ; দুর্বৃত্তসুলভ; নারকীয়; পৈশাচিক। ~·**ly** *adv* নারকীয়ভাবে ইত্যাদি। ~·**ness** *n* দুর্বৃত্তপনা; নারকীয়তা; পৈশাচিকতা; পাপিষ্ঠতা।

flagon [ফ্ল্যাগান্] *n* ১ সাধারণ বোতলের প্রায় দ্বিগুণ ধারণক্ষমতাসম্পন্ন বৃহৎ গোলাকার বোতল, যাতে করে মদ, গাঁজানো আপেলের রস ইত্যাদি বিক্রি করা হয়; পেট–মোটা বোতল। ২ মদ্য পরিবেশনের জন্যে হাতল, নল ও ঢাকনাযুক্ত পাত্র; সোরাহি।

fla·grant [ফ্লেইগ্রান্ট্] *adj* (অপরাধ, অপরাধী ইত্যাদি সম্বন্ধে) প্রকাশ্যভাবে এবং স্পষ্টত গর্হিত; ঘোর; বিষম; নিদারুণ; জাজ্বল্যমান: ~ offences/sinners. ~·**ly** *adv* জাজ্বল্যমানভাবে; প্রকাশ্যে ইত্যাদি।

flail [ফ্লেইল্] *n* শস্য মাড়ানোর জন্যে সেকেলে যন্ত্রবিশেষ (একটি মজবুত কাঠির সঙ্গে একটি দীর্ঘ হাতল লাগিয়ে এই যন্ত্র তৈরি হতো); কস্তনী। □*vt* ঐরূপ যন্ত্র দিয়ে পিটানো।

flair [ফ্লেআ(র্)] *n* [U,C] (কোনো কিছু ভালোভাবে সম্পন্ন করবার, বাছাই করবার, কোনটা সর্বোত্তম, সবচেয়ে কার্যকর ইত্যাদি চট করে বোঝার) স্বাভাবিক বা সহজাত ক্ষমতা; সহজ দক্ষতা/নৈপুণ্য: have a ~ for languages.

flak [ফ্ল্যাক্] *n* [U] বিমান–বিধ্বংসী কামান বা কামানের গোলাবর্ষণ; (লাক্ষ.) সমালোচনা: get/take a lot of ~. ˈ~ **jacket** ধাতুর প্রলেপযুক্ত ভারী কাপড়ে তৈরি আচ্ছাদন।

flake [ফ্লেইক্] *n* [C] ছোট ছোট হালকা পাতলা টুকরা; পরত; তবক; শকল: ˈsnow -~s; ˈsoap -~s. □*vi* ~ **off** পরতে পরতে/ঝরঝুর করে খসে পড়া। **flaky** *adj* (-ier, -iest) পরতে পরতে তৈরি। **flaki·ness** *n* পরতের স্বভাব।

flam[1] [ফ্ল্যাম্] *n* বানোয়াট গল্প; চালাকি; ধাপ্পা।

flam[2] [ফ্ল্যাম্] *n* ঢাকের গায়ে একক বাড়ি।

flam·beau [ফ্ল্যাম্‌বৌ] *n* (বিশেষ. অনেকগুলি মোমমাখা মোটা পলিতাযুক্ত) মশাল।

flam·boy·ant [ফ্ল্যামˈবইঅন্ট্] *adj* ১ উজ্জ্বল বর্ণশোভিত; চিত্রবিচিত্র; জাঁকালো; বর্ণাঢ্য। ২ (ব্যক্তি, চরিত্র ইত্যাদি সম্বন্ধে) জৌলুসপূর্ণ; বর্ণাঢ্য; জেঁকো। ~·**ly** *adv* বর্ণাঢ্যরূপে ইত্যাদি। **flam·boy·ance** [–আন্‌স্] *n* বর্ণাঢ্যতা।

flame[1] [ফ্লেইম্] *n* ১ [C,U] শিখা; অগ্নিশিখা; ফুৎশিখা; আগুনের শিষ; বহ্নিশিখা; অর্চি। ˈ~·**thrower** *n* যুদ্ধাস্ত্রবিশেষ, যা অবিরল ধারায় জ্বলন্ত দাহ্যপদার্থ নিক্ষেপ করে; অগ্নিবর্ষুক। ২ [C] আগুনের ঝলক বা হলকা, অগ্নিপ্রভা; উজ্জ্বল বর্ণ: the ~s of sunset. ৩ [C] ক্রোধ, ঘৃণা প্রভৃতি ভাবাবেগ: a ~ of anger/ enthusiasm/ indignation. ৪ [C] (কথ্য) প্রেমিক বা প্রেমিকা।

flame[2] [ফ্লেইম্] *vi* শিখাবিস্তার করে জ্বলা; (দাউ দাউ করে) জ্বলে ওঠা; আরক্ত হওয়া; অগ্নিবর্ণ ধারণ করা; উদ্দীপ্ত হওয়া: make the fire ~ up. Her face ~d with indignation. **flam·ing** *adj* জ্বলন্ত; অগ্নিবর্ষী: a flaming sun; (কথ্য, অশিষ্ট, গুরুত্বসূচক) = bloody (৩): You flaming fool !

fla·mingo [ফ্লাˈমিঙগৌ] *n* (*pl* ~s, ~es [-গৌজ়্]) গোলাপি পালক, লম্বা লম্বা পা ও দীর্ঘ গলা-যুক্ত বৃহৎ জলচর পাখিবিশেষ; কানঠুটি; কলহংস।

flam·mable [ˈফ্ল্যামাব্‌ল্] *adj* (= inflammable; তবে যুক্তরাষ্ট্রে এবং প্রযুক্তিগত প্রসঙ্গে অধিক প্রচলিত) শিখাবিস্তার করে জ্বলে উঠে তাড়াতাড়ি পুড়ে যাওয়ার প্রবণতাবিশিষ্ট; দাহ্য; আশুদাহ্য।

flan [ফ্ল্যান্] *n* [C] ফলাদি যোগে তৈরি পেস্ট্রিবিহীন কেকবিশেষ।

flange [ফ্ল্যান্জ্] *n* যথাস্থানে নিবদ্ধ রাখার জন্য (চাকা প্রভৃতির) প্রলম্বিত কানা; ধার; কিনার; বেড়।

flank [ফ্ল্যাঙ্ক্] *n* ১ মানুষ বা জন্তুর শেষ পাঁজর ও নিতম্বের মাংসল অংশ; কক্ষ; কুক্ষি; পার্শ্বাঙ্গ। ২ ভবন বা পর্বতের পার্শ্বদেশ; উৎসঙ্গ; সানুদেশ। ৩ সেনাদলের ডান বা বাম পার্শ্ব। □*vt* ১ পার্শ্বদেশে অবস্থিত হওয়া। ২ (শত্রুপক্ষের) পার্শ্বদেশ ঘুরে যাওয়া।

flan·nel [ˈফ্ল্যানল্] *n* ১ [U] আলগাভাবে বোনা পশমি বস্ত্রবিশেষ; ফ্ল্যানেল। ২ (*pl*) গ্রীষ্মকালীন খেলাধুলার ব্যবহারের জন্যে ফ্ল্যানেলের প্যান্ট। ৩ [C] ঘষামাজা ইত্যাদির জন্য ফ্ল্যানেলের টুকরা। ৪ [U] (অপ.) বাজে কথা; আবোলতাবোল। ~·**ette** [ˌফ্ল্যানাˈলেট] *n* [U] ফ্ল্যানেলসদৃশ সুতি বস্ত্রবিশেষ।

flap[1] [ফ্ল্যাপ্] *n* [C] ১ (লেজ ইত্যাদির) ঝাপটা বা ঝাপটার শব্দ। ২ পকেট, খাম ইত্যাদির ঢাকনা; আলগাভাবে ঝুলে থাকে এমন কিছু; লম্বিকা: the ~ of a table, কব্জা দ্বারা বিভিন্ন অংশ জোড়া দিয়ে তৈরি, খোলা ও বন্ধ করার উপযোগী টেবিলের যে অংশ গুটিয়ে রাখা অবস্থায় ঝুলে থাকে। দ্র. gate (২) ভুক্তিতে gate-legged. ৩ উড়োজাহাজের ডানার যে অংশ উড্ডয়নকালে উর্ধ্বগতি ও গতিবেগ পরিবর্তনের জন্য উত্তোলন করা যায়। ৪ **be in/get into a** ~ (অপ.) ঘাবড়ানো; ভেবরে যাওয়া।

flap[2] [ফ্ল্যাপ্] *vt,vi* (-pp-) ১ ঝাপটানো; পাখসাট মারা; বিধুনিত করা বা হওয়া; ঝাপটা মারা; পতপত করা: The wind is ~ping the curtains. ২ পাখা ইত্যাদির ঝাপটা

মারা: ~ the flies off/away. ৩ ঘাবড়ানো; ভেবরে যাওয়া।

flap·doodle ['ফ্ল্যাপ্‌ডুড্‌ল্] *n* আবোলতাবোল; বাজে কথা।

flap·jack ['ফ্ল্যাপ্‌জ্যাক্] *n* [C] জইয়ের মিষ্টি কেকবিশেষ; (US) প্যান্‌কেক (pancake দ্র.)।

flap·per ['ফ্ল্যাপা(র্)] *n* ১ মশামাছি মারার জন্যে চওড়া, চেটালো কোনো বস্তু; পাখনা। ২ (মাছের) চওড়া পাখনা। ৩ (১৯২০-এর দশকে অপ. প্রয়োগ) কেতাদুরস্ত তরুণী।

flare[1] [ফ্লেআ(র্)] *vi* ১ দপদপ/ধক ধক করে জ্বলা বা জ্বলে ওঠা। ২ ~ **up** দাউ দাউ করে জ্বলে ওঠা; (লাক্ষ.) রাগে জ্বলে ওঠা বা ফেটে পড়া; (দাঙ্গাহাঙ্গামা সম্পর্কে) হঠাৎ প্রাদুর্ভূত হওয়া। অতএব, '**~·up** *n* হঠাৎ জ্বলে ওঠা; (ক্রোধ) ইত্যাদির আকস্মিক বিস্ফোরণ। □*n* ১ [U] দপদপানি; ধকধ্বক; ধকধকানি: the ~ of torches. ২ [C] সঙ্কেতরূপে ব্যবহারের উদ্দেশ্যে দপদপে আলো তৈরির কৌশলবিশেষ; সঙ্কেতশিখা। '**~-path** *n* উড়োজাহাজের অবতরণের জন্য আলোকিত সরণি।

flare[2] [ফ্লেআ(র্)] *vi,vt* (স্কার্ট, প্যান্টের পা, জাহাজের পাশ ইত্যাদি সম্বন্ধে) ক্রমশ প্রশস্ততর করা বা হওয়া; ক্রমশ ছড়িয়ে যাওয়া। □*n* (স্কার্ট ইত্যাদির) ক্রমিক প্রসারণ; ছড়ানি; (জাহাজের পার্শ্বদেশ ইত্যাদির) ঊর্ধ্বমুখ স্ফীতি।

flash[1] [ফ্ল্যাশ্] *n* ১ আলোর ঝলক; চমক; স্ফুরণ; ঝলকানি; ক্ষণদ্যুতি; চমকানি। **in a ~** চকিতে; এক চমকে। **a ~ in the pan** যে প্রচেষ্টা প্রায় শুরুতেই ব্যর্থতায় পর্যবসিত হয় বা চিরতরে খতম হয়ে যায়। '**~·back** *n* (অপিচ cutback) (চল.) চলচ্চিত্রের অংশবিশেষ যাতে কাহিনীর পূর্ববর্তী কোনো দৃশ্য (যেমন নায়কের বাল্যজীবন) দেখানো হয়। '**~·bulb** *n* (আলোক.) ক্ষণিকের জন্যে উজ্জ্বল আলোকদানকারী বাল্‌ব। '**~·gun** *n* (আলোক.) ফ্ল্যাশ-বালব বা ইলেকট্রনিক আলোর উজ্জ্বলন এবং ক্যামেরার শাটারের উন্মোচন সমকালবর্তী করার যন্ত্রকৌশলবিশেষ। '**~·light** *n* (ক) বাতিঘর ইত্যাদিতে সঙ্কেত হিসাবে ব্যবহৃত আলো; চমকানো আলো। (খ) (অপিচ ~ বা '**photo-~**) গৃহের অভ্যন্তরে কিংবা স্বাভাবিক আলোর অনুজ্জ্বলতায় ছবি তোলার জন্য আলোর ঝলক-সৃষ্টির যে কোনো কৌশল। (গ) (US) টর্চ (GB) = torch). '**~·point** *n* যে তাপমাত্রায় তেলের বাষ্প জ্বলে উঠতে পারে; জ্বলনাঙ্ক। ২ সামরিক উর্দিতে (যেমন স্কন্ধদেশে) পরিচিতিসূচক সঙ্কেত হিসাবে যুক্ত রঙিন কাপড়ের ফালি। তুল. a badge of rank. ৩ (অপিচ '**news·~**) টেলিফোন, তার, টেলিগ্রাম ইত্যাদির মাধ্যমে প্রাপ্ত সংক্ষিপ্ত সংবাদ। ৩ (attrib প্রয়োগ; কথ্য) চটকদার; জাঁকালো: a ~ sports car.

flash[2] [ফ্ল্যাশ্] *vt,vi* ১ চমকানো; ঝলকানো। ২ (দৃষ্টিপথে বা মনে) হঠাৎ উদিত হওয়া; বিদ্যুতের মতো চমকে ওঠা বা চলে যাওয়া: The incident ~ed into/through my mind. The car ~ed past the lonely street. ৩ হঠাৎ আলো ফেলা; হঠাৎ বা চকিতে পাঠানো; তাৎক্ষণিকভাবে প্রচার করা: ~ a light in sb's eyes; ~ a signal; ~ news across the world. ৪ ঠিকরানো; স্ফুরণ করা: The boy's eyes ~ed fire/defiance.

flashy [ফ্ল্যাশি] *adj* (-ier, -iest) উজ্জ্বল ও আকর্ষণীয় কিন্তু রুচিবিগর্হিত; চটকদার; ভড়কালো; জেল্লাদার; চটুকে; রগরগে; জেঁকো: ~ clothes; ~ men. **flash·ily** [-শিলি] *adj* রগরগেভাবে: a flashily-dressed girl. চটকদার/রগরগে পোশাক-পরা মেয়ে।

flat[1] [ফ্ল্যাট্] *n* (US = apartment) বাসস্থান হিসাবে কোনো ভবনের একই তলায় অবস্থিত কক্ষ-পরম্পরা (বসার ঘর, শোবার ঘর, রান্নাঘর ইত্যাদি); ফ্ল্যাট। **~·let** [-লিট্] *n* ক্ষুদ্র ফ্ল্যাট।

flat[2] [ফ্ল্যাট্] *adj* (-ter, -ttest) ১ সমতল; মসৃণ; চেপ্টা; চেটালো: a ~ surface. ,**~-'bottomed** *adj* (নৌকা সম্বন্ধে) চেপ্টা বা সমতল তলাবিশিষ্ট। '**~-car** *n* (US) মাল বহনের জন্যে ছাদহীন বা পার্শ্বহীন বগি। **~·fish** *n* চেটালো শরীরযুক্ত বিভিন্ন ধরনের মাছ; যারা একদিকে কাত হয়ে সাঁতার কাটে; চাঁদামাছ। ,**~-'footed** *adj* (ক) চেটালো পা-যুক্ত; পাতা-পা। (খ) (কথ্য) পুরোদস্তুর; ডাহা; স্থির; অটল। '**~-iron** *n* দ্র. iron[1] (২). '**~ racing; the F~,** (ঘোড়দৌড়) সমতলভূমিতে (প্রতিবন্ধকহীন ধাবন। দ্র. steeple ভুক্তিতে steeplechase. '**~·tap** *n* (US কথ্য) বিমানবাহী জাহাজ। ২ অগভীর ও সমতল উপরিভাগবিশিষ্ট; থেবড়া; খেলো; অনুদ্ঘাতী: ~ plates/dishes/pans. The cake was ~, কেকটা ফোলেনি। ৩ একঘেয়ে; বৈচিত্র্যহীন; নীরস; বিরস; বিস্বাদ; a ~ character. The stew is ~. **fall ~,** দ্র. fall[2] (২). ৪ (সঙ্গীত) কোমল। দ্র. sharp(১০)। ৫ স্পষ্ট; নির্জলা; সরাসরি; সম্পূর্ণ: give sb a ~ denial/refusa. ৬ (বাণিজ্য) '**~ rate** বহুল পরিমাণে কেনা বিভিন্ন বস্তু বা সেবার প্রতিটির সাধারণ মূল্য; একদর; বাঁধা দর। ৭ (রঙ, রঙিন তল ইত্যাদি সম্বন্ধে) একঘেয়ে; ম্যাড়ম্যাড়ে। ৮ (ব্যাটারি সম্বন্ধে) নিস্তেজ; বসে গেছে এমন। ৯ (ব্যাসযুক্ত তরল পদার্থাদি সম্বন্ধে) গ্যাসহীন; ঝাঁঝহীন: This soda-water has gone ~. দ্র. fizz . ১০ ,~ '**spin** (ক) অনুভূমিক; ঘূর্ণ্যমান উড়োজাহাজের (প্রায়শ অনিয়ন্ত্রিত) দ্রুত অবতরণ। (খ) (কথ্য) উদ্‌ভ্রান্ত বা বিভ্রান্ত (মানসিক) অবস্থা ঃ in a ~ spin. □*adv* ১ একঘেয়ে/একটানা-ভাবে: sing ~. ২ চিত/চিতপাত হয়ে বা করে: fall ~ on one's back. ৩ সোজাসুজি; স্পষ্ট করে; পষ্টাপষ্টি: I told him ~ that .... **~ broke** (কথ্য) একদম ফতুর। **৪ ~ out (ক)** (কথ্য) সমস্ত শক্তি ও সম্বল দিয়ে; পড়ি কি মরি করে: I am working ~ out. (খ) অবসন্ন; নিঃশেষিত। **~·ly** *adv* সোজাসুজি; সরাসরি; মুখের উপর: He ~ly refused to sign the paper. **~·ness** *n* সমতা; সমানতা; অলাবণ্য।

flat[3] [ফ্ল্যাট্] *n* ১ **the ~ (of)** কোনো বস্তুর চেটালো অংশ; চেটো: the ~ of the hand; with the ~ of the sword. ২ (সাধা. *pl*) বিশেষ. জলের ধারে নিচু সমতলভূমি; সমভূমি; নাবাল ভূমি: 'mud ~s; 'salt ~s. ৩ (সঙ্গীত) কোমল সুর। ৪ (বিশেষ. US) বসে-যাওয়া টায়ার। ৫ মঞ্চের স্থাবর দৃশ্যপট।

flat·ten ['ফ্ল্যাট্‌ন্] *vt,vi* **~ (out)** চেপ্টা/চেটালো করা বা হওয়া: ~ oneself against a wall, দেয়ালের সঙ্গে সেঁটে যাওয়া (যেমন ট্রাকের ধাক্কা খাওয়ার ভয়ে); (কথ্য) আবার অনুভূমিক ভাবে ওড়া।

flat·ter ['ফ্ল্যাটা(র্)] *vt* চাটূক্তি/চাটুবাদ করা; স্তাবকতা/তোষামোদ করা; ফোলানো। ২ আনন্দবোধ/শ্লাঘা উদ্রিক্ত করা: He felt ~ed by our request to preside over the meeting. ৩ (ছবি, শিল্পী প্রভৃতি সম্বন্ধে) আসলে যা তার চেয়ে আরো সুন্দর রূপে উপস্থাপন করা: This protrait ~s me. ৪ ~

oneself that ..., (কিছু বলে) তৃপ্তি/আত্মশ্লাঘা বোধ করা: She ~ed herself that her appearance would enthral the public. **~er** *n* স্তাবক; চাটুকার; মোসাহেব; চাটুবাদী। **~y** *n* [U] (*pl* - ries) স্তাবকতা; চাটু; তোষামোদ; চাটুবাদিতা; স্তুতিবাক্য; স্তোকবাক্য; মিষ্টি কথা: She was not to be deceived by her flatteries.

flatu·lence ['ফ্ল্যাটিউলান্স্] [U] পেট-ফাঁপা; উদরাধ্মান। **flatu·lent** *adj* ফাঁপা; বাতবদ্ধ।

flaunt [ফ্লো°ন্ট্] *vt,vi* ১ (আত্মতৃপ্তির সঙ্গে) জাহির করা: জাঁক/ভড়ং করা: ~ oneself; ~ one's new clothes. ২ সগর্বে/সদর্পে আন্দোলিত হওয়া বা করা: flags ~ing in the breeze.

flau·tist ['ফ্লো°টিস্ট্] *n* ফ্লুটবাদক; বংশীবাদক।

fla·vin ['ফ্লেইভীন্] *n* উদ্ভিদ ও জীবদেহে বিদ্যমান কতকগুলি হলুদ রঞ্জনদ্রব্যের যে কোনো একটি; এক ধরনের ওক গাছের ছাল থেকে নিষ্কাশিত এ রকম একটি সামগ্রী রং ও জীবাণুনাশক হিসাবে ব্যবহৃত হয়; ফ্লেভিন।

fla·vour (US = **-vor**) [ফ্লেইভা(র্)] *n* ১ [U] (খাওয়ার সময়) স্বাদগন্ধ। ২ [C] বিশিষ্ট্য স্বাদ; বিশেষ গুণ বা বৈশিষ্ট্য: a ~ of vanilla; a novel with a ~ of pornography. □*vt* স্বাদগন্ধযুক্ত করা: ~ a soup with garlic. **~·ing** *n* [C,U] (খাদ্যাদিতে) স্বাদগন্ধযুক্ত করার জন্য যা ব্যবহৃত হয়; মশলা। **~·less** *adj* স্বাদগন্ধহীন।

flaw [ফ্লো°] *n* [C] চিড়; ফাট; খুঁত; ত্রুটি; কলঙ্ক; দোষ: ~s in a machine/an argument/a person's character. **~·less** *adj* নিখুঁত; নিটোল। **~·less·ly** *adv* নিখুঁতভাবে।

flax [ফ্ল্যাক্স্] *n* [U] শণ বা শণগাছ; অতসী; ক্ষৌম; তিসি; মসিনা। **~en** ['ফ্ল্যাক্স্ন্] *adj* ক্ষৌম; (চুল সম্বন্ধে) হালকা হলুদ; পীতাভ; আপীত।

flay [ফ্লেই] *vt* (পশুর) ছাল ছাড়ানো; (লাক্ষ.) নির্মম সমালোচনা করা; বকে ছাল তোলা।

flea [ফ্লী] *n* মানুষ ও পশুর রক্তপায়ী পক্ষহীন ক্ষুদ্র কীটবিশেষ; মক্ষিকা; দেহিকা। **(go off/send sb with a) ~ in his ear** হুল-ফুটানো বকুনি বা তিরস্কার (সহকারে)। **'~-bite** *n* (লাক্ষ.) সামান্য অসুবিধা; মশার/পিঁপড়ার কামড়। **'~-bitten** *adj* (লাক্ষ.) (পশুর চামড়া সম্বন্ধে) ফুটকি-ওয়ালা; দাগওয়ালা। **'~ market** সস্তা ও পুরনো জিনিসপত্রের খোলা বাজার। **'~·pit** *n* (কথ্য) বিনোদনের জন্য পুরনো ও নোংরা কোনো জায়গা (যেমন—কোনো সিনেমা, থিয়েটার)।

fleck [ফ্লেক্] *n* [C] ১ ছোট ছোট ফোঁটা বা দাগ; ফুটকি; ছাপ; ছোপ: ~ s of colour on a bird's wing. ২ (ধূলি ইত্যাদির) কণা। □*vt* ফোঁটা বা দাগ কাটা: a sky ~ed with clouds, মেঘের ফুটকি-আঁকা আকাশ।

fledged [ফ্লেজ্ড্] *adj* (পাখি সম্বন্ধে) পুরোপরি পাখার পালক গজিয়েছে এমন; উড়তে সক্ষম; পক্ষবান; উদ্গতপক্ষ। **'fully-'~** (লাক্ষ.) *adj* অভিজ্ঞ ও প্রশিক্ষণপ্রাপ্ত; পূর্ণাঙ্গ: a fully-~ doctor.

fledg(e)·ling ['ফ্লেজ্লিঙ্] *n* (মাত্র উড়তে শিখেছে এমন) উদ্গতপক্ষ পাখি; (লাক্ষ.) তরুণ অনভিজ্ঞ ব্যক্তি।

flee [ফ্লী] *vi,vt* (*pt,pp* fled [ফ্লেড্]) পালানো; পালিয়ে যাওয়া; পলায়ন করা; ভাগা।

fleece [ফ্লীস্] *n* ১ [C,U] ভেড়া এবং অনুরূপ জন্তুর লোমসম্ভার; একবারে একটি ভেড়ার যতটা লোম ছাঁটা হয়। ২ ভেড়ার লোমসম্ভারের মতো চুলভর্তি মাথা। □*vt* **~ sb (of sth)** (লাক্ষ.) ঠকিয়ে বা ধাপ্পা দিয়ে নেওয়া। **fleecy** *adj* (-ier, -iest) ভেড়ার লোমের মতো: fleecy clouds, ঊর্ণামেঘ; তুলট মেঘ।

fleet[1] [ফ্লীট্] *n* [C] ১ এক অধিনায়কের আজ্ঞাধীন রণতরীসমূহ; কোনো দেশের সমস্ত রণতরী; নৌবহর। ২ একক কর্তৃত্ব বা মালিকানার অধীন জাহাজ, বিমান, বাস ইত্যাদির সমষ্টি; বহর।

fleet[2] [ফ্লীট্] *adj* (কাব্যিক, সাহিত্য.) ক্ষিপ্র; দ্রুত-গামী: ~ of foot, ~-footed, ক্ষিপ্রগামী। **~·ly** *adv* ক্ষিপ্রগতিতে। **~·ness** *n* ক্ষিপ্রগামিতা।

Fleet Street ['ফ্লীট্ স্ট্রীট্] *n* (লন্ডনের কেন্দ্রস্থলবর্তী সড়ক, যেখানে বহু সংবাদপত্রের অফিস রয়েছে, তাই) সংবাদপত্রসমূহ, প্রেস; লন্ডনের সাংবাদিকতা।

fleet·ing ['ফ্লিটিঙ্] *adj* ক্ষণিকের; ক্ষণকালীন; ক্ষণস্থায়ী: pay sb a ~ visit; ~ happiness.

Flem·ing ['ফ্লেমিঙ্] *n* ফ্ল্যান্ডার্সবাসী।

Flemish ['ফ্লেমিশ্] *adj* ফ্ল্যান্ডার্স; ঐ দেশের অধিবাসী বা ভাষা-সম্বন্ধী; ফ্লেমিশ। □*n* ১ (collect) ফ্ল্যান্ডার্সবাসী। ২ ফ্লেমিশ ভাষা।

flence, flense [ফ্লেন্শ্] *vt* (তিমি, ছাল-ছাড়ানো সিল ইত্যাদির) চর্বি টুকরা টুকরা করা; তিমির হাড় থেকে চর্বি কেটে ছাড়ানো; সিলের ছাল ছাড়ানো।

flesh [ফ্লেশ্] *n* [U] ১ মাংস; আমিষ দ্রব্য; পিশিত। **~ and blood** আবেগ-অনুভূতি, দুর্বলতা ইত্যাদি সমেত মানবপ্রকৃতি; রক্তমাংসের শরীর: more than ~ and blood can stand. **one's own ~ and blood** নিজের নিকট আত্মীয়স্বজন; নিজের রক্তমাংস। **in the ~** জীবনে; মরদেহে; সশরীরে। **go the way of all ~** ভবলীলা সাঙ্গ করা। **have/demand one's pound of ~** কড়ায় গণ্ডায় ঋণ শোধের জন্য নিষ্ঠুরভাবে জবরদস্তি করা। দ্র. শেক্সপীয়রের ***Merchant of Venice.*** Act IV, scene 1. **make a person's ~ creep** (বিশেষ. অতিপ্রাকৃত কোনো কিছুর ভয়ে) লোম খাড়া করা; গায়ে কাঁটা দেওয়া। **put on/lose ~** (weight অধিক প্রচলিত) মোটা/রোগা হওয়া। **'~·pots** *n pl* উত্তম খাদ্য ও আরাম আয়েশ (যেসব স্থানে পাওয়া যায়)। **'~-wound** *n* মাংসের ক্ষত (অস্থি পর্যন্ত যা পৌঁছেনি)। ২ **the ~** দৈহিক কামনাবাসনা; জৈব ক্ষুধা; যৌন ভোগাকাঙ্ক্ষা: The sins of the ~. ৩ (মন ও আত্মার সঙ্গে বৈপরীত্যক্রমে) দেহ; শরীর। **The spirit is willing but the ~ is weak** মন চায় কিন্তু শরীর অক্ষম; সাধ আছে; সাধ্য নেই। ৪ ফল ও সবজির মাংসল অংশ; শাঁস। **~·ly** *adj* শারীরিক; দৈহিক; ভোগসুখাত্মক; ইন্দ্রিয়তৃপ্তিজনক। **~·y** *adj* স্থূল; মাংসল হৃষ্টপুষ্ট; মোটা; নাদুসনুদুস; মাংসসম্বন্ধী।

fleur-de-lis, -lys [ফ্লা ডা লী] *n* (*pl* fleurs-de-lis,-lys, উচ্চারণ অপরিবর্তিত) কুলচিহ্নসূচক লিলির নকশা; ফ্রান্সের রাজকীয় চিহ্ন।

flew [ফ্লু] fly[1]-এর *pt*

flews [ফ্লুজ্] *n* pl ডালকুত্তা বা অন্য বড়ো গ্রাসওয়ালা কুকুরের চোয়াল।

flex[1] [ফ্লেক্স্] *n* [C, U] বৈদ্যুতিক নমনীয়; অন্তরিত তার।

flex[2] [ফ্লেক্স্] *vt* বাঁকানো; (পেশি) ফোলানো।

flex·ible [ˈফ্লেকস্‌বল্‌] *adj* নমনশীল; আনম্য; নম্য; নমনীয়। **flexi·bil·ity** [ফ্লেকস৷ˈবিল৷টি] *n* [U] নম্যতা; নমনীয়তা। **flex·ibly** *adv* নমনীয়ভাবে।

flexi·time [ˈফ্লেকসিটাইম্‌] *n* [U] কর্মব্যবস্থাবিশেষ; যাতে কর্মীরা সর্বমোট কাজের ঘণ্টা ঠিক রেখে যে কোনো সময় নিজের পছন্দমতো সময়ে কাজ শুরু বা শেষ করতে পারে; নমনীয় সময়।

flib·ber·ti·gib·bet [ˌফ্লিবাটিˈজিবিট্‌] *n* গল্পগুজবপ্রিয় ফচকে লোক; ফক্কড়।

flick [ফ্লিক্‌] *n* [C] ১ (চাবুক, আঙুলের ডগা প্রভৃতির) ঘন ঘন আলতো আঘাত; টুসকি। ২ ঝাঁকা; ঝাঁকুনি; ঝাঁকি। ˈ**~-knife** *n* যে ছুরির (হাতলের ভেতরে ঢোকানো) ফলা আলতো আঘাতে বা ঝাঁকুনিতে বেরিয়ে আসে; টুসকিচাকু। ৩ (অপ.) চলচ্চিত্রের ফিল্ম। **the ~s** সিনেমা। □*vt* ১ আলতো আঘাত করা; টুসকি/টোকা মারা: ~ a horse with a whip; ~ a switch. ২ **~ sth away/off** টুসকি মেরে/টোকা দিয়ে দূর করা বা ফেলে দেওয়া। **~ through** দ্রুত পৃষ্ঠা ওল্টানো।

flicker [ˈফ্লিকা(র্‌)] *vi* ১ (আলো, আশা ইত্যাদি সম্বন্ধে) মিট মিট করা/করে জ্বলা; টিম টিম করে জ্বলা। ২ ঝির ঝির করে কাঁপা; দোলা: leaves ~ing in the wind. **~·ing** *adj* লকলকে; চঞ্চল; কম্পমান: the ~ ing tongue of a snake; ~ing shadows. □*n* (সাধা. *sing*) কাঁপন: a ~ of hope, একটুখানি টিমটিমে আশা।

flier [ফ্লাইআ(র্‌)] = flyer.

flight[1] [ফ্লাইট্‌] *n* ১ [U] উড্ডয়ন; উড়াল; প্রডীন। **in ~** উড্ডয়নকালে; উড়ন্ত অবস্থায়। ২ বিমান-ভ্রমণ; অতিক্রান্ত দূরত্ব; উড়াল; উড্ডয়ন: 6 hours' ~; the spring and autumn ~s of birds. ˈ**~ deck** *n* (বিমানবাহী জাহাজে) বিমানের উড্ডয়ন ও অবতরণের জন্য ডেক; উড়াল-ডেক; (উড়োজাহাজের ভেতরে) বিমানচালক; গতিপথনির্দেশক; প্রকৌশলী প্রভৃতি যে প্রকোষ্ঠে অবস্থান করে; উড্ডয়ন-প্রকোষ্ঠ। ˈ**~ path** *n* বিমান বা রকেট যে পথে আকাশে ওড়ে; উড়াল-পথ। ˈ**~ recorder** *n* বিমানের পশ্চাদ্‌ভাগে সন্নিবিষ্ট ইলেকট্রনিক কৌশল, যাতে উড্ডয়ন-কালে বিমানের চলাচল-সম্পর্কিত তথ্যাদি লিপিবদ্ধ হয়। ˈ**~ simulator** *n* ভূমিতে স্থাপিত যান্ত্রিক ব্যবস্থা, যা উড়ন্ত বিমানের আভ্যন্তর অবস্থা অবিকল পুনঃসৃষ্টি করে; উড্ডয়ন-অনুকারী। ৩ [U] বায়ুর ভেতর দিয়ে গমন ও গমন-পথ: the ~ of an arrow; (attrib) the ~ path of an aeroplane, উড়োজাহাজের উড্ডয়ন-পথ। ৪ [C] (উড্ডীয়মান) ঝাঁক: a ~ of arrows/swifts. **in the first ~** মুখ্যস্থলবর্তী; সম্মুখসারির। ৫ [U] দ্রুত গতি: the ~ of time. ৬ [C] উর্ধ্বগতি; অনন্যসাধারণত্ব; আকাশচুম্বিতা: a ~ of ambition /fancy/ imagination/wit. ৭ [C] কোনো দেশের বিমানবাহিনীতে বিমানের থোক বা ঝাঁক। **F~ Lieutenant** স্কোয়াড্রন লিডারের অধস্তন পদ। **F~ Sergeant** ওয়ারান্ট অফিসারের অধস্তন পদ। □*vt* (ক্রিকেট) ব্যাটসম্যানকে ধোঁকা দেওয়ার জন্য (বল) ডানে-বাঁয়ে নাড়ানো: a well-~ed delivery. **~·less** *adj* উড়তে অক্ষম।

flight[2] [ফ্লাইট্‌] *n* ১ [U] (বিপদ-ভয়ে) পলায়ন: put the enemy to ~; পলায়ন করা; পালিয়ে যাওয়া। ২ [C] পলায়ন বা পাচার (যেমন অর্থনৈতিক সঙ্কটকালে)।

flighty [ফ্লাইটি] *adj* (আচরণ ও চরিত্র সম্বন্ধে) খেয়ালি, অস্থির; চঞ্চল; চপলমতি; উচ্ছৃঙ্খলবুদ্ধি।

flim·flam [ˈফ্লিমফ্ল্যাম্‌] *n* তুচ্ছ বিষয় বা বস্তু; আগড়ম-বাগড়ম; আলাৎপালাৎ; ধোঁকা; ধাপ্পাবাজি।

flimsy [ˈফ্লিমজি] *adj* (-ier, -iest) (বস্ত্র সম্বন্ধে) হালকা ও পাতলা; ফিনফিনে; (বস্তু সম্বন্ধে) পলকা; ভঙ্গুর; ঠুনকো; (লাক্ষ.) a ~ excuse/argument, ঠুনকো অজুহাত/যুক্তি। □*n* [U] ফিনফিনে পাতলা কাগজ যেমন, বহুসংখ্যক অনুলিপি তৈরি করার জন্য মুদ্রাক্ষরযন্ত্রে ব্যবহৃত কাগজ)। **flims·ily** [-জিলি] *adv* ঠুনকো অজুহাতে ইত্যাদি। **flim·si·ness** *n* অসারতা।

flinch [ফ্লিনচ্‌] *vi* **~ (from)**, পিছিয়ে যাওয়া; সঙ্কুচিত/কুণ্ঠিত/ পরাঙ্মুখ/ বিকম্পিত হওয়া: He won't ~ from this unpleasant duty.

flin·ders [ˈফ্লিনডাজ্‌] *n pl* টুকরা; খণ্ড।

fling [ফ্লিঙ্‌] *vt,vi* (*pt,pp* flung [ফ্লাঙ্‌]) ১ সজোরে নিক্ষেপ করা; ছুঁড়ে মারা: ~ a stone at sb; ~ one's clothes on, চটপট পরে নেওয়া; ~ caution to the winds, সব সতর্কতা বিসর্জন দেওয়া; ~ off one's pursuers, তাদের হাত থেকে পালানো। ২ নিজেকে, নিজের হাত-পা ইত্যাদি প্রচণ্ডভাবে, তাড়াহুড়া করে, রাগের বশে সঞ্চালন করা; ছোঁড়া: ~ oneself into a chair, চেয়ারে ধপাস করে বসে পড়া। ৩ বেগে বা সক্রোধে নিষ্ক্রান্ত হওয়া; ঝড়ের মতো বেরিয়ে যাওয়া: ~ out of a room. □*n* [C] ১ বিক্ষেপ; ছোঁড়াছুঁড়ি। **have a ~at**, (shot or go অধিক প্রচলিত) চেষ্টা করা। ২ এক ধরনের তেজোদৃপ্ত নাচ: the Highland ~, স্কটল্যান্ডের এই রকম নাচ। **have one's ~** বেপরোয়া আমোদফুর্তির সুযোগ পাওয়া।

flint [ফ্লিন্ট্‌] *n* [U,C] চকমকি (পাথর), অরণি; [C] স্ফুলিঙ্গ-সৃষ্টির জন্য সিগারেট-লাইটারে ব্যবহৃত কঠিন সংকর ধাতু। ˈ**~·stone** *n* [U] দেওয়াল ইত্যাদি তৈরির জন্যে চকমকি পাথরের নুড়ি। **~y** *adj* (-ier, -iest) অতিকঠিন; চকমকি সদৃশ; অগ্নিপ্রস্তরময়।

flip [ফ্লিপ্‌] *vt,vi* (-pp-) বুড়ো আঙুল ও তর্জনীর সাহায্যে পাক দিয়ে (কোনো কিছু) ছুঁড়ে মারা; পাক দিয়ে ছুঁড়ে মারা: ~ coin (down) on the counter. □*n* ১ ঘন ঘন মৃদু আঘাত; টুসকি। ২ উড়োজাহাজে স্বল্পকালীন বিহার। □*adj* (কথ্য) চটুল; বাকপটু; কথার ধোকড়। **the** ˈ**~ side** (কথ্য) (গ্রামোফোন রেকর্ডের) উল্টো পিঠ।

flip·pant [ˈফ্লিপান্ট্‌] *adj* ধৃষ্টতাপূর্ণ; প্রগল্‌ভ; ফিচেল; জেঠা; চপল: a ~ answer/remark. **~·ly** *adv* ফাজিলের মতো; চটুলভাবে; চপলতা করে। **flip·pancy** [-পান্‌সি] *n* [U,C] চপলতা; ধার্ষ্টামি; ফাজলামি; বাবদূকতা; চপল মন্তব্য; বাকচাপল্য।

flip·per [ফ্লিপা(র্‌)] *n* ১ সাঁতার কাটার জন্য সিল, কচ্ছপ, পেঙ্গুইন প্রভৃতির অঙ্গবিশেষ; তাড়নী। ২ সাঁতারের সময় পদসঞ্চালনের চাপ বাড়ানোর জন্য পায়ের পাতায় বাঁধা কৌশলবিশেষ; তাড়নী।

flirt [ˌফ্লাট্‌] *vi* **~ (with)** ১ আন্তরিক কোনো অভিপ্রায় ছাড়া কেবল আমোদের জন্য ভালোবাসা দেখানো; ফষ্টিনষ্টি করা; মাখামাখি/লেপচালেপচি করা; প্রেমের ভান করা; ছিনালি করা। ২ আগ্রহান্বিত হওয়ার ভাব দেখানো; কোনো খেয়াল মনে মনে হালকাভাবে নাড়াচাড়া করা: He's been ~ing with the idea of learning Greek. □*n* যে ব্যক্তি বহুজনের সঙ্গে আন্তরিকতাহীন চটুল প্রেমে লিপ্ত হয়; প্রেমবিলাসী; ছিনাল; প্রগল্‌ভা। **flir·ta·tion** [ফ্লাˈটেইশ্‌ন্‌] *n* [U,C] সস্তা প্রেম; প্রেমবিলাস; প্রণয়কৌতুক ফষ্টিনষ্টি;

প্রেমললিত। **flir·ta·tious** [ফ্লার্টেইশ্‌স্] *adj* প্রেমবিলাসী; প্রণয়কৌতুকী; প্রেমবিলাসপূর্ণ; প্রেমবিলাসঘটিত।

flit [ফ্লিট্] *vi* (-tt-) ১ হালকাভাবে দ্রুত চলা বা ওড়া; ফুরফুর করে ওড়া বা বেড়ানো; ফুরফুর করা: bees ~ting from flower to flower. (লাক্ষ.) So many fancies are ~ing through his mind. ২ (কথ্য) এক বাড়ি থেকে অন্য বাড়িতে ওঠা; পাওনাদারের হাত এড়ানোর জন্য (গোপনে) বাসাবদল করা। □*n* (কথ্য) গোপনে বাড়ি ছেড়ে পলায়ন: do a (moonlight) ~.

flitch [ফ্লিচ্] *n* ১ শূকরের পার্শ্বদেশের লবণজারিত মাংস; বল্লূর। ২ গাছের গুড়ি থেকে সাধা. বাকলসহ লম্বালম্বিভাবে কর্তিত ফালি।

flitter [ফ্লিট া(র্)] *vt* ফুরফুর করে ওড়া বা বেড়ানো; পতপত করা। **ˈ~-mouse** *n* বাদুড়।

float[1] [ফ্লৌট্] *n* [C] ১ ফাৎনা। ২ ফাঁপা বল বা অন্য বায়ুপূর্ণ আধার, যেমন সিস্টার্নে জলের স্তর নিয়ন্ত্রণের জন্য কিংবা পানিতে উড়োজাহাজ ভাসিয়ে রাখার জন্য ব্যবহৃত হয়; ভাসান। ৩ শোভাযাত্রা সহকারে দ্রব্যসম্ভার প্রদর্শন করার জন্য চাকাযুক্ত নিচু মঞ্চ; নিচু তলযুক্ত এক ধরনের শকট।

float[2] [ফ্লৌট্] *vi,vt* ১ ভাসা; ভেসে থাকা/যাওয়া। ২ ভাসানো। ৩ (বাণিজ্য.) শুরু করার জন্য (বিশেষ. আর্থিক) সহায়তা পাওয়া; চালু করা: ~ a new business company. ৪ (অর্থ-ব্যব.) (কোনো মুদ্রার) বৈদিশিক বিনিময় মূল্যের (সাধা. সংকীর্ণ সীমার মধ্যে) হেরফের হতে দেওয়া; ভাসানো: ~ the dollar/pound. ৫ প্রচার করা; রটানো; ছাড়া; ছড়ানো: ~ an idea/a rumour. **~·ing** *adj* ১ প্লবমান; পরিবর্তনশীল; ভাসমান: the ~ing population, যাদের সংখ্যা বাড়ে কমে; the ~ing vote. ২ **~ing debt** যে ঋণের অংশবিশেষ যাচ্ঞামাত্র কিংবা নির্ধারিত সময়ে শোধ করতে হবে। **ˈ~ing rib** (ব্যব.) বুকের খাঁচার সর্বনিম্নে যে পাঁজর-জোড়া উরঃফলকের সঙ্গে যুক্ত নয়, তাদের একটি; ঝুলন্ত পাঁজর। ৩ (বাণিজ্য.) (পণ্য সম্বন্ধে) সমুদ্রপথে জাহাজে (গুদামে নয়); ভাসন্ত।

floa·tage [ˈফ্লৌটিজ্] *n* ১ ভাসন; ভাসান। ২ জাহাজডুবির পর ভগ্ন জাহাজের বা পণ্যসামগ্রীর বিক্ষিপ্ত ভাসমান অংশসমূহ; ভাসা মাল; এসব অংশ দখলে নেওয়ার অধিকার। ৩ নদীতে ভাসমান জাহাজ ইত্যাদি; ভাসমান বস্তুপিণ্ড। ৪ জাহাজের যে অংশ জলপৃষ্ঠের উপরে অবস্থিত।

floa·ta·tion, flo·ta·tion [ফ্লৌˈটেইশ্‌ন্] *n* [C,U] (ব্যবসা-প্রতিষ্ঠানের) প্রবর্তন।

floa·ter [ˈফ্লৌটা(র্)] *n* ১ সরকারি স্টক-সার্টিফিকেট, যা জামিন বা প্রাতিভাব্য (security) হিসাবে গ্রহণ করা হয়। ২ ভাসমান ভোটার। ৩ (অপ.) ভুল।

floc·cule [ˈফ্লকিউল্] *n* পশমের গুচ্ছের মতো ছোট কোনো জিনিস।

flock[1] [ফ্লক্] *n* ১ (পাখির) ঝাঁক; (পশুর) পাল। ২ (মানুষের) দল: come in ~s. ৩ খ্রিস্টানদের ধর্মীয় সমাবেশ; কারো তত্ত্বাবধানাধীন ব্যক্তিসমষ্টি, যূথ: a priest and his ~. □*vi* দলে দলে/ঝাঁকে ঝাঁকে জমায়েত হওয়া, আসা বা যাওয়া।

flock[2] [ফ্লক্] *n* [C] চুল বা পশমের গোছা; *(pl)* তোশক, জাজিম ইত্যাদি ভরার জন্য পশম বা তুলার বর্জ্য।

floe [ফ্লৌ] *n* [C] ভাসমান বরফের আস্তরণ।

flog [ফ্লগ্] *vt* (-gg-) ১ লাঠি বা চাবুক দিয়ে নির্দয়ভাবে প্রহার করা; চাবকানো। **~ a dead horse** বৃথা চেষ্টা করা। **~ sth to death** কোনো ভাবনা, কৌতুক ইত্যাদি এমনভাবে পুনরাবৃত্তি করতে থাকা যে লোকে তাতে আগ্রহ হারিয়ে ফেলে; কচলাতে কচলাতে তেতো করে ফেলা। ২ (তাপ.) (বিশেষ. অবৈধ কোনো বস্তু বা পুরানো জিনিস) বিক্রি বা বিনিময় করা; চালিয়ে দেওয়া: ~ stolen goods. **~·ging** *n* [U,C] ঠেঙানি; চাবকানি; কশাঘাত।

flong [ফ্লঙ্] *n* ছাঁচ গড়ার জন্য কাগজের মণ্ড; কাগজের মণ্ডের তৈরি ছাঁচ।

flood[1] [ফ্লাড্] *n* [C] ১ বান; বন্যা; প্লাবন; জলপ্লাবন। **in ~** (নদী সম্বন্ধে) উদ্‌বেলিত; কূলাতিক্রান্ত; কূল-ছাপানো। **the F~; Noah's F~** (বাই.) নূহের বন্যা। ২ প্রবল বর্ষণ বা প্রচণ্ড বিস্ফোরণ; প্রবাহ: ~s of rain/tears; a ~ of light/anger/words/letters. ৩ (অপিচ **ˈ~-tide)** জোয়ার। দ্র. ebb. **ˈ~-gate** *n* খাল বা নদীর পানি ওঠানো বা নামাবার জন্য দরজা, বিশেষ রোধনীর (lock দ্র.) দুটি দরজার নীচেরটি; জলদ্বার, জল নির্গমনদ্বার। **ˈ~·lights** *n pl* রঙ্গমঞ্চে নিক্ষিপ্ত কৃত্রিম; উজ্জ্বল; প্রশস্ত আলোকরশ্মি; ধাররশ্মি। **ˈ~·light** *vt (pt,pp* -lighted, -lit [লিট্]) উজ্জ্বল আলোকসম্পাতে/ধাররশ্মিতে আলোকিত করা।

flood[2] [ফ্লাড্] *vt,vi* ১ ~ **(with)** প্লাবিত/জলমগ্ন করা; আপ্লুত/পরিপ্লুত করা; ডুবিয়ে দেওয়া। ২ (বৃষ্টি সম্বন্ধে) (নদীতে) প্লাবন সৃষ্টি করা; প্লাবিত করা: rivers ~ed by heavy rainstorms. ৩ **~ out** বন্যা হেতু চলে যেতে বাধ্য করা: Many villagers were ~ed out. ৪ **~ in** বন্যার মতো আসা; অজস্র সংখ্যায় আসা: condolences ~ed in.

floor[1] [ফ্লো°(র্)] *n* ১ মেজে; মেঝে; গৃহতল। **wipe the ~ with sb** (মারামারিতে, তর্কে) কাউকে ধরাশায়ী করা; নাস্তানাবুদ করা। **ˈ~·board** *n* মেঝেতে কাঠের আস্তরণ দেওয়ার জন্যে তক্তা। **ˈ~ show** ক্যাবারের বিনোদন। ২ (বাড়ির) তল; তলা; তবক। **ˈground ~** (GB) নীচের তলা। **ˈfirst ~** (GB) দোতলা; (US) নীচের তলা। **ˈsecond/ˈthird etc ~** (GB) তেতলা/চারতলা ইত্যাদি; (US) দোতলা/ তেতলা ইত্যাদি। **get in on the ground ~**, দ্র. ground[1](১০)। **ˈ~-walker** *n* (US) = shop-walker. ৩ সাগর, গুহা ইত্যাদির তলদেশ। ৪ সংসদ-ভবন, কংগ্রেস প্রভৃতির মিলনায়তনের অংশবিশেষ, যেখানে সদস্যরা বসেন। **cross the ~** বিতর্কসভায় বিরুদ্ধ দলে যোগ দেওয়া। **take the ~** (বিতর্কে) বক্তব্য উপস্থাপন করা বা বক্তৃতা দেওয়া। ৫ (ceiling-এর বিপরীত) মূল্য ইত্যাদির নিম্নতম সীমা। **~·ing** *n* [U] মেঝে-নির্মাণের উপাদান, যেমন বোর্ড ইত্যাদি।

floor[2] [ফ্লো°(র্)] *vt* ১ মেঝে নির্মাণ বা পত্তন করা। ২ ধরাশায়ী; চিত করা: ~ a man in a boxing match. ৩ (সমস্যা, যুক্তি ইত্যাদি সম্বন্ধে) বেকায়দায়/ ফাঁপরে/ বিপাকে ফেলা; ধরাশায়ী/ অভিভূত/ পরাভূত করা।

floozy, floo·zie [ফ্লুজি] *n* (অপ.) দুশ্চরিত্রা; নষ্টা।

flop [ফ্লপ্] *vi,vt* (-pp-) এলোপাতাড়িভাবে বা অসহায়ভাবে পড়া বা নড়াচড়া করা; তড়পানো; আথালিপাথালি/ধড়ফড় করা; ভেঙে পড়া: The slaughtered birds were ~ping on the ground. ~ down one's knees and beg for mercy. ২ **~ down** দুম করে ফেলে দেওয়া: ~ down a heavy sac. ৩ (অপ.) (বই, নাটক ইত্যাদি সম্বন্ধে) ব্যর্থ বিফল হওয়া। □*n* ১ তড়পানি; ধড়ফড়ানি; ধুপ; ধপাস; দুম। ২ বিফল/ব্যর্থ বই, নাটক ইত্যাদি। □*adv* দুম/ধুপ/ধপাস করে: fall ~ into the water. **~py** *adj* (-ier, -iest) পড়-পড়; টিলটিলে; ঢলঢলো: a ~py hat.

flora ['ফ্লো°রা] *n pp* কোনো বিশেষ এলাকা বা যুগের সকল গাছগাছড়া; উদ্ভিদকুল; উদ্ভিদসম্পদ।

floral ['ফ্লোরাল্] *adj* পুষ্পসংক্রান্ত; পুষ্পময়; ফুলেল; ফুলদার; বুটিদার: ~ designs.

flor·escence [ফ্লো'রেসেন্স্] *n* ফুল ফোটার অবস্থা বা কাল; পুষ্পায়ন। **flor·escent** *adj* পুষ্পিত।

floret ['ফ্লোরিট্] *n* [C] (উদ্ভিদ.) যৌগপুষ্পের অন্তর্গত ক্ষুদ্র পুষ্প; যে কোনো ক্ষুদ্র পুষ্প; পুষ্পিকা।

flori·ate ['ফ্লোরিএইট্] *vt* ফুলের নকশা দিয়ে সাজানো; বুটি তোলা।

flori·cul·ture ['ফ্লো°রিকাল্চা(র্) *n* [U] ফুলের চাষ; পুষ্পোদ্যানবিদ্যা।

florid ['ফ্লরিড্ US 'ফ্লো°রিড্] *adj* ১ অত্যধিক অলঙ্কৃত; অলঙ্কারবহুল; পুষ্পল; অতিপল্লবিত; জমকালো; বর্ণাঢ্য: ~ carving; a ~ style. ২ (মানুষের মুখমণ্ডল সম্বন্ধে) স্বভাবত লাল; রক্তিমাভ: a ~ complexion. **~·ly** *adv* অলঙ্কারবহুলভাবে ইত্যাদি।

flori·ferous [ফ্লো°'রিফেরাস্] *adj* প্রচুর পরিমাণে পুষ্পোৎপাদী; পুষ্পবহুল।

florin ['ফ্লরিন্ US 'ফ্লো°] *n* একটি ব্রিটিশ মুদ্রার সাবেক নাম, এক-পাউন্ডের এক দশমাংশ (১৯৭১ পর্যন্ত দুই শিলিং; এখন দশ পেনি)।

flor·ist ['ফ্লরিস্ট্ US ফ্লো°-] যে ব্যক্তি ফুলের চাষ করে কিংবা ফুল বিক্রি করে; পুষ্পজীবী।

flory ['ফ্লুরি] *adj* লিলির (fleur-de-lis দ্র.) নকশা-শোভিত।

floss [ফ্লস্ US ফ্লো°স্] *n* ১ রেশমগুটির বহির্দেশস্থ মোটা রেশম; রেশমের ফেঁসো। ২ (অপিচ '**~ silk**) সেলাইয়ের কাজে ব্যবহৃত উপর্যুক্ত রেশমের সুতা। '**candy-~** রেশমি মেঠাই। '**dental** ~ দাঁতের ফাঁক থেকে খাদ্যকণা দূর করার জন্যে ব্যবহৃত সাধা. মোম দিয়ে মাজা সুতা।

flo·ta·tion [ফ্লৌ'টেইশ্‌ন্] = floatation.

flo·tilla [ফ্লটিলা] *n* ছোট ছোট রণতরীর (যেমন-- ডেস্ট্রয়ারের) বহর; ক্ষুদ্র বহর।

flot·sam [ফ্লট্সাম্] *n* [U] (আইন.) বিধ্বস্ত জাহাজের বা জাহাজের মালামালের ভাসমান ইতস্তত বিক্ষিপ্ত অংশ; ভাসা মাল। দ্র. jotsam.

flounce[1] [ফ্লাউন্স্] *vi* অস্থিরভাবে বা গটগট করে চলা: ~ out of / about the room. □*n* [C] বিক্ষেপ; অঙ্গবিশেষ; ঝাঁকুনি; শরীরের আকস্মিক অসহিষ্ণু ঝাঁকুনি।

flounce[2] [ফ্লাউন্স্] *n* [C] (প্রায়শ শোভাবর্ধনের জন্য) কাপড়ের ফালি বা জালি (লেস) যার উপরের কিনার স্কার্টের সঙ্গে সেলাই করে দেওয়া হয়; পাড়। □*vt* পাড় লাগানো।

floun·der[1] [ফ্লাউন্ডা(র্)] *vi* ১ উৎকট এবং সাধা. বৃথা চেষ্টা করা (যেমন ঘন বরফের ভেতর থেকে কিংবা সাঁতার না জেনে গভীর জল থেকে বার হয়ে আসার চেষ্টায়); নাকানিচোবানি খাওয়া। ২ (লাক্ষ.) কিছু করার সময় দ্বিধা করা; ভুল করা; হোঁচট খাওয়া: ~ through a speech.

floun·der[2] [ফ্লাউন্ডা(র্)] *n* খাদ্য হিসাবে ব্যবহৃত ছোট চেটালো মাছবিশেষ।

flour [ফ্লাউআ(র্)] *n* [U] ময়দা; আটা; গোধুমচূর্ণ। □*vt* ময়দা ছড়িয়ে বা ছিটিয়ে দেওয়া। **~y** *adj* ময়দার; ময়দার মতো; ময়দা-ছিটানো।

flour·ish ['ফ্লারিশ্] *vi,vt* ১ সতেজে বেড়ে ওঠা; সুস্থসবল থাকা; সমৃদ্ধিলাভ/ সমৃদ্ধি অর্জন করা; ফুলেফেঁপে ওঠা: The business is ~ing. ২ সঞ্চালন/ আন্দোলন করা: ~ a sword. ৩ (বিখ্যাত ব্যক্তি সম্বন্ধে) (উল্লিখিত সময়ে) সক্রিয়ভাবে বর্তমান থাকা: Alchemists ~ed in the Middle ages. □*n* [C] ১ সঞ্চালন; আন্দোলন। ২ বক্ররেখা, ভূষণ; হস্তলিপির অলঙ্করণ যেমন স্বাক্ষরের সঙ্গে কসি। ৩ সঙ্গীতের উচ্চনাদী; আবেগোদ্দীপক অনুচ্ছেদ; সুতীব্র ঝঙ্কার: a ~ of trumpets.

flout [ফ্লাউট্] *vt* বিরোধিতা করা; তাচ্ছিল্য করা; অবজ্ঞার/ অশ্রদ্ধার সঙ্গে উড়িয়ে দেওয়া: ~ sb's wishes/ advice.

flow [ফ্লৌ] *vi* (*pt,pp* ~ed) ১ বওয়া; বয়ে চলা/ যাওয়া; প্রবাহিত হওয়া; নির্গত/ নিঃসৃত/ নিষ্যন্দিত হওয়া; গড়িয়ে/ ঝরে পড়া; বেরিয়ে যাওয়া: gold ~ing out of the country. ২ (চুল, পোশাক-পরিচ্ছদ সম্বন্ধে) ঝুলে পড়া; লম্বিত হওয়া: ~ing robes; hair ~ing down one's neck. ৩ উদ্ভূত হওয়া; আসা; ফলস্বরূপ হওয়া: riches ~ing from hard work. ৪ (জোয়ার সম্বন্ধে) আসা; স্ফীত হওয়া। দ্র. ebb. □*n* (কেবল *sing*) প্রবাহ; জোয়ার; স্রোত; ধারা; তোড়: ~ of water; a ~ of angry words. **~·ing** *n* প্রবহমান; বহমান; সাবলীল; স্বচ্ছন্দগতি। **~ of spirits** স্বাভাবিক/স্বভাবগত আনন্দোচ্ছলতা; হাসিখুশি ভাব।

flower [ফ্লাউআ(র্)] *n* ১ ফুল; কুসুম; পুষ্প; প্রসূন। **in ~** পুষ্পিত; কুসুমিত। '**~·bed** *n* ফুলের কেয়ারি। '**~-girl** *n* ফুলওয়ালি (মেয়ে)। '**~ children/people** (কথ্য, ১৯৬০-এর দশকে) হিপ্পি ছেলেমেয়ে, যারা সর্বজনীন প্রেম ও শান্তির সপক্ষে কথা বলতো। '**~ power** হিপ্পিদের আদর্শ। '**~·pot** *n* ফুলের চাষ করার জন্য মাটি বা প্লাস্টিকের পাত্র; ফুলের টব। '**~ show** *n* পুষ্প-প্রদর্শনী। ২ **the ~ of** শ্রেষ্ঠ অংশ; পরিপূর্ণতা; পূর্ণ প্রস্ফুটিত অবস্থা: in the ~ of one's strength; the ~ of the nation's manhood. ৩ **~ of speech** (কথার) অলঙ্কার; অলঙ্কারমূলক বাক্যাংশ। □*vi* ফুল ফোটানো; পুষ্পিত হওয়া: ~ing plants. **flow·ered** *adj* ফুলদার; ফুলের নক্সা-কাটা; বুটিদার, ফুল-তোলা। **~y** *adj* (-ier, -iest) পুষ্পিত; পুষ্পময়; পুষ্পাকীর্ণ: ~y fields; (লাক্ষ.) অলঙ্কারবহুল; অলঙ্কারমণ্ডিত: ~y language. **~·less** *adj* পুষ্পহীন; অপুষ্পক।

flown [ফ্লৌন্] fly[2]-এর *pp*

flu [ফ্লু] *n* (কথ্য সং.) ইনফ্লুয়েন্জা।

fluc·tu·ate ['ফ্লাকচুএইট্] *vi* (স্তর, মূল্য ইত্যাদি সম্বন্ধে) ওঠানামা করা; অনিয়মিত হওয়া; দোলা: দোলায়িত হওয়া: ~ between hope and despair. **fluc·tu·ation** [ফ্লাকচুএইশ্‌ন্] *n* [U], [C] ওঠানামা; অস্থিরতা; অস্থিতি; উঠতি-পড়তি; হ্রাসবৃদ্ধি।

flue[1] [ফ্লু] *n* [C] তাপ, উষ্ণ বায়ু বা ধোঁয়া পরিবহনের জন্য বয়লার, চুল্লি ইত্যাদির সঙ্গে যুক্ত নল; ধূমপথ। **~·gas** *n* বয়লারের চুল্লিতে গ্যাসের মিশ্রণ।

flue[2] [ফ্লু] *n* = flu.

flue[3] [ফ্লু] *n* এক ধরনের মাছ–ধরা জাল।

flue[4] [ফ্লু] তুলা, লোম ইত্যাদির আলগা কণা একত্র হয়ে সৃষ্ট পদার্থ।

flu·ent [ফ্লুআন্ট্] *adj* (ব্যক্তি সম্বন্ধে) সহজে এবং অনর্গল কথা বলতে সক্ষম; স্বচ্ছন্দভাষী: a ~ speaker; (ভাষা সম্বন্ধে) সাবলীল; স্বচ্ছন্দ: speak ~ English. **~·ly** *adv* স্বচ্ছন্দে; অনর্গল; সাবলীলভাবে। **flu·ency** [ফ্লুআন্‌সি] *n* [U] (কথা বলার) সাবলীলতা; স্বচ্ছন্দতা।

fluff [ফ্লাফ্] *n* ১ [U] কম্বল বা অন্য কোনো নরম পশমি কাপড় থেকে নিঃসৃত নরম তুলতুলে বস্তু; নরম লোম, পালক ইত্যাদি; তুলো; ফেঁশো। ২ পণ্ড প্রচেষ্টা। নীচে ২ দ্র.। □*vt* ১ ~ **(out)** ঝাড়া; মেলা; মেলে দেওয়া; ছড়িয়ে দেওয়া; ফোলানো: ~ out a pillow. The sparrow ~ed (out) its feather. ২ পণ্ড করা: ~ a stroke. **~y** *adj* (-ier, -iest) তুলার মতো ফুলোফুলো; তুলতুলে; ফেঁশো–ঢাকা।

fluid [ফ্লুইড্] *adj* ১ (গ্যাস ও তরল পদার্থের মতো) প্রবাহিত হতে সক্ষম; তরল। ২ (ভাব ইত্যাদি সম্বন্ধে) অস্থির; পরিবর্তনশীল; চঞ্চল; চপল; বায়বীয়: ~ opinions/plans. □*n* [C,U] (রস.) তরল পদার্থ; বিশেষ. জল; বায়ু; পারদ; (কথ্য) তরল পদার্থ। ~ **ounce,** দ্র. পরি. ৫। **~·ity** [ফ্লুইডাটি] *n* প্রবহনশীলতা; তারল্য।

fluke[1] [ফ্লূক্] *n* [C] অপ্রত্যাশিত বা আকস্মিকভাবে প্রাপ্ত কোনো কিছু; আকস্মিক সৌভাগ্য: win by a ~.

fluke[2] [ফ্লূক্] *n* ১ নোঙরের কাঁটার চওড়া; চেটানো; ত্রিকোণ প্রান্তভাগ। ২ তিমি মাছের লেজের যে কোনো একটি পাতা।

fluke[3] [ফ্লূক্] *n* ভেড়ার যকৃতে প্রাপ্ত পরজীবী চেপ্টা কৃমিবিশেষ।

flume [ফ্লূম্] *n* [C] শিল্প সংক্রান্ত কাজে জল সরবরাহ করার জন্য কৃত্রিম নালা (যেমন—মিলে জলচালিত চাকা ঘোরানোর জন্য কিংবা কাঠের গুঁড়ি পরিবহনের জন্য)।

flum·mox [ফ্লামাক্স্] *vt* (কথ্য) হতবুদ্ধি/বিহ্বল/অপ্রতিভ/বিব্রত করা।

flump [ফ্লাম্প্] *vi* ধপ/ধপাস করে পড়া। □*n* ধপ; ধপাস।

flung [ফ্লাঙ্] fling–এর *pt,pp*

flunk [ফ্লাঙ্ক্] *vi,vt* ~ **(out)** (US কথ্য) (পরীক্ষায়) ফেল করা বা করানো: to ~ physics/ to be ~ed (out) in physics.

flun·key, flunky [ফ্লাঙকি] *n (pp* -keys, -kies [-কিজ্]) (তুচ্ছ.) উর্দিপরা ভৃত্য; চাপরাশি।

flu·or·escent [ফ্লো'রেসন্ট্] *adj* (পদার্থ সম্বন্ধে) বিকিরণ গ্রহণ করে তা আলোরূপে ফিরিয়ে দেয় এমন; প্রতিপ্রভ: ~ lamps/lighting. **flu·or·escence** [-স্‌ন্‌স্] *n* প্রতিপ্রভা।

flu·or·ine ['ফ্লুআরীন্] *n* (রস.) (প্রতীক F) মৌলবিশেষ; ক্লোরিন–সদৃশ পীতাভ গ্যাস; ফ্লোরিন। **flu·or·ide** [ফ্লুআরাইড্] *n* (রস.) ফ্লোরিনের যে কোনো যৌগ। **flu·ori·date** [ফ্লুআরিডেইট্] *vt* দাঁতের ক্ষয়রোধ করার জন্য (জল–সরবরাহ–ব্যবস্থায়) ফ্লুআরাইড যুক্ত করা। **flu·ori·dation**[ফ্লুআরি'ডেইশ্‌ন্] *n* ফ্লুআরাইড –যোজন। **flu·ori·diz·ation** [ফ্লুআরিডাই'জেইশ্‌ন্ US -ডি'জেই-] *n* = fluoridation.

flurry ['ফ্লারি] *n (pl* -ries) [C] আকস্মিক ও ক্ষণস্থায়ী বায়ুবেগ; বৃষ্টিপাত বা তুষারপাত; দমকা; (লাক্ষ.) স্নায়বিক চাঞ্চল্য/অস্থিরতা/ব্যাকুলতা: The news of her son's illness put the lady in a ~. □*vt* অস্থির/ চঞ্চল/ ব্যাকুল/ ব্যতিব্যস্ত করা: Keep calm ! Don't get flurried.

flush[1] [ফ্লাশ্] *adj* ~ **(with)** ১ সমস্তরবর্তী; সমতলবর্তী: doors ~ with the walls. ২ (pred) সম্পন্ন; প্রচুর আছে এমন: ~ of money.

flush[2] [ফ্লাশ্] *n* ১ আকস্মিক প্রবাহ; মুখমণ্ডলে আকস্মিক রক্তোচ্ছ্বাস; (উক্ত কারণে) রক্তিমাভা/ রক্তিমা/লালিমা; আকস্মিক আবেগ/উত্তেজনা/উচ্ছ্বাস: in the first ~ of victory. ২ [U] **(first)** ~ গাছপালা ইত্যাদির নবজীবন; শক্তির শীর্ষবিন্দু বা নতুন প্রাপ্তি; উচ্ছ্বাস: the first ~ of spring; in the first ~ of youth.

flush[3] [ফ্লাশ্] *n* (তাসের খেলায়) যে হাতের সমস্ত তাসই এক রঙের। **royal ~** (পোকার) যে হাতের উচ্চতম মানের পাঁচটি তাসই এক রঙের।

flush[4] [ফ্লাশ্] *vi,vt* ১ (ব্যক্তি ও মুখমণ্ডল সম্বন্ধে) লাল/আরক্ত হওয়া; রাঙা হয়ে ওঠা: The General ~ed crimson with rage. ২ (স্বাস্থ্য, তাপ, আবেগ ইত্যাদি সম্বন্ধে) (মুখমণ্ডল) আরক্ত/ রক্তিমাভ/ লাল করা; (লাক্ষ.) গর্বিত/ উৎসাহিত/ উদ্বেলিত করা: Indignation ~ed his cheeks. The children were ~ed with joy. ৩ জলপ্রবাহে পরিষ্কার বা বিধৌত করা: ~ the drains. **~·ing** *n* বিস্রাবণ। ৪ (জল) বন্যার বেগে প্রবাহিত হওয়া।

flush[5] [ফ্লাশ্] *vt,vi* ১ (পাখি সম্বন্ধে) হঠাৎ উড়ে যাওয়া বা উড়িয়ে দেওয়া। ২ ~ **from/out of** গুপ্তস্থান থেকে বার করে আনা বা বিতাড়িত করা।

flus·ter [ফ্লাস্টা(র্)] *vt* হতভম্ব/ কিংকর্তব্যবিমূঢ়/ বিচলিত করা। □*n* হতবুদ্ধি/বিচলিত অবস্থা; ব্যতিব্যস্ততা: all in a ~.

flute[1] [ফ্লুট্] *n* একপাশে ফুঁ দিয়ে বাজাবার বাঁশিবিশেষ, যার ছিদ্রগুলি চাবির সাহায্যে খোলা ও বন্ধ করা হয়; ফ্লুট। □*vi* ফ্লুট বাজানো। **flut·ist** [ফ্লুটিস্ট্] *n* ফ্লুটবাদক।

flute[2] [ফ্লুট্] *vt* (স্তম্ভ ইত্যাদিতে) লম্বালম্বি খাঁজ কাটা: ~d columns. **flut·ing** *n* (অলঙ্করণ হিসাবে কোনো কিছুর উপরিভাগে কাটা) খাঁজ; স্তম্ভরেখা।

flut·ter [ফ্লাটা(র্)] *vt,vi* ১ (পাখি সম্বন্ধে) পাখা ঝাপটানো; পক্ষ বিধুনন করা; কাঁপা: The wings of the wounded bird are ~ing. ২ পতপত করা বা করানো; পতপত করে ওড়া; দোলা; (হৃৎপিণ্ড সম্বন্ধে) ধড়ফড় করা; অস্থিরভাবে চলাফেরা করা: ~ nervously about the room. □*n* ১ (সাধা. *sing)* ঝাপটা; ঝাপটানি; পতপত; স্পন্দন; বিধুনন: the ~ of wings. ২ **a ~** অস্থিরতা; বিক্ষোভ; চাঞ্চল্য: in a ~; cause/make a ~. ৩ [U] কম্পন: wing ~, উড়ন্ত উড়োজাহাজের যান্ত্রিক ত্রুটি হিসাবে। ৪ [C] (কথ্য) জুয়োখেলার উদ্যোগ; ফুর্তি: go to the races and have ~, বাজি ধরা।

fluty [ফ্লুটি] *adj* বাঁশির মতো; বংশীনিন্দিত।

flu·vial [ফ্লুভিআল্] *adj* নদীসংক্রান্ত; নদীজ।

flux [ফ্লাক্স্] *n* ১ [U] নিরন্তর পরিবর্তনপরম্পরা: in state of ~. ২ [C] (কেবল *sing)* প্রবাহ; প্রবহন; স্রোত। ৩ [C] গলনের সাহায্যার্থে ধাতুর সঙ্গে মিশ্রিত পদার্থ।

fly[1] [ফ্লাই] *n (pl* flies) মাছি; মক্ষিকা। **a fly in the ointment** (লাক্ষ.) সুখের পরিপূর্ণতার অন্তরায়স্বরূপ অকিঞ্চিৎকর পরিস্থিতি। **There are no flies on**

him (লাক্ষ., অপ.) সে বোকা নয়; তাকে ফাঁকি দেওয়া চাট্টিখানি কথা নয়। **ˈfly-blown** *adj* (মাংস সম্বন্ধে) মাছির ডিম-ভর্তি (এবং সেই হেতু পচনশীল); (লাক্ষ.) পচা; বাসী। **ˈfly·catcher** *n* পাখিবিশেষ; কটকটে। **ˈfly-paper** *n* মাছি ধরার জন্য চটচটে কাগজবিশেষ। **ˈfly-fish** *vi* টোপ হিসাবে কৃত্রিম মাছি ব্যবহার করে মাছ ধরা। সুতরাং, **ˈfly-fishing** *n* [U] কৃত্রিম মাছি দিয়ে মৎস্যশিকার। **ˈfly-trap** *n* মাছি ধরার ফাঁদ। **ˈfly·weight** *n* ১১২ পা. বা তার কম ওজনবিশিষ্ট মুষ্টিযোদ্ধা।

fly[2] [ফ্লাই] *vi,vt* (*pt* flew [ফ্লু], *pp* flown [ফ্লৌন্]) ১ ওড়া; উড়াল দেওয়া; উড়ে যাওয়া। **fly high** উচ্চাকাঙ্ক্ষী হওয়া। **The bird is/has flown** কাঙ্ক্ষিত ব্যক্তিটি পালিয়েছে; পাখি উড়ে গেছে। ২ (উড়োজাহাজ) চালনা করা; বিমানপথে পরিবহন করা। ৩ শাঁ করে/হনহন করে চলে যাওয়া বা আসা; দুদ্দাড় করে ছুটে আসা: fly down the road. The boys flew to have a glimpse of the princess. The window flew open, দড়াম করে খুলে গেল; a flying visit, ক্ষণিকের জন্য আগমন। **fly at sb** (ক্রুদ্ধ হয়ে) কারো ওপর ঝাঁপিয়ে পড়া। **let fly (at)** দ্র. let[1] (৪)। **fly off the handle,** দ্র. handle. **fly in the face of** (ক) প্রকাশ্যে অগ্রাহ্য/অমান্য করা: You must not fly in the face of law. (খ) সম্পূর্ণ বিরুদ্ধ বা বিরোধী হওয়া: Your statement flies in the face of what the doctor said. **fly into a rage/ passion/ temper** রাগে জ্বলে ওঠা; হঠাৎ খেপে যাওয়া। **fly to arms** সাগ্রহে অস্ত্র তুলে নেওয়া। **fly to bits/into pieces** খান খান হয়ে ছড়িয়ে পড়া। **make the ˈfeathers/ˈfur fly** ঝগড়া বা মারামারি লাগানো। **make the money fly** টাকা ওড়ানো। **send sb flying** মেরে ধরাশায়ী করা। **send things flying** (প্রচণ্ড রাগে) জিনিসপত্র ইতস্তত ছুঁড়ে মারা বা ফেলা। ৪ (ঘুড়ি/পতাকা) ওড়ানো। ৫ ছেড়ে পালানো: fly the country.

fly[3] [ফ্লাই] *n* (*pl* lies) ১ (অপিচ কথ্য, *sing* অর্থে *p* প্রয়োগ) পোশাকে চেইন বা বোতামের ঘর লাগাবার বা ঢাকার জন্য কাপড়ের ফালি (যেমন প্যান্টের সম্মুখভাগে)। ২ তাঁবু বা আচ্ছাদিত গাড়ির প্রবেশপথে ক্যানভাসের ঢাকনা। ৩ (প্রা.প্র.) এক ঘোড়ার ছেকড়া/ভাড়াটে গাড়ি। ৪ পতাকার যে প্রান্ত খুঁটি থেকে দূরে থাকে।

fly[4] [ফ্লাই] *adj* (অপ.) ধূর্ত; হুঁশিয়ার; ধড়িবাজ।

flyer, flier [ˈফ্লাইআ(র্)] *n* ১ অসাধারণ দ্রুতগতিসম্পন্ন জন্তু, যানবাহন ইত্যাদি; উড়ুক্কু। ২ বৈমানিক।

fly·ing [ˈফ্লাইইঙ্] *part adj,gerund* উড়ন্ত; উড়ুক্কু। (যৌগশব্দে) **ˈ~ boat** in পানিতে ভাসতে পারে এমন অবয়ববিশিষ্ট উড়োজাহাজ; উড়তি তরী। **ˌ~-ˈbomb** *n* বহুদূরে নিক্ষেপযোগ্য বিস্ফোরক-ভর্তি রকেট; উড়ন্ত বোমা। **ˌ~ ˈbuttress** *n* (স্থাপত্য) কোনো থাম থেকে দেওয়াল পর্যন্ত প্রলম্বিত ঠেকনা; তেরছা আলম্ব। **ˈ~ club** ক্রীড়া হিসাবে বিমান চালনায় আগ্রহী ব্যক্তিদের সঙ্ঘ; উড্ডয়ন-সঙ্ঘ। **ˌ~ ˈclours** (অনুষ্ঠানাদিতে) উড্ডীয়মান পতাকাশ্রেণী। **come through/off with ~ colours,** দ্র. colour[1] (৮)। **ˌ~ ˈcolumn** (সাম.) দ্রুত স্বাধীনভাবে সঞ্চলনক্ষম সেনাদল। **ˈ~-fish** উড়ুক্কু মাছ। **ˌ~-ˈfox** বড়ো (ফলভোজী) বাদুড়। **ˈF~ Officer** ফ্লাইট লেফটেন্যান্টের অধস্তন কর্মকর্তা। **ˌ~-ˈjump** যে লাফ দেওয়ার শুরুতে দৌড় দিতে হয়; উড়ুক্কু লাফ। **ˌ~ ˈsaucer** গ্রহান্তর থেকে আগত বলে কথিত অজ্ঞাত পরিচয় উড়ন্ত বস্তু; উড়ন-চাকতি। **ˈ~-squad** (সন্দেহভাজন) অপরাধীদের অনুসরণ করার জন্য গঠিত (দ্রুতগামী গাড়িসহ) পুলিশের দল; দ্রুতগামী পুলিশদল। **ˌ~ ˈvisit** (কোথাও যাবার পথে) ক্ষণিকের দর্শন।

fly·leaf [ফ্লাইলীফ্] *n* বইয়ের শুরুতে বা শেষে সংযুক্ত সাদা পৃষ্ঠা।

fly·over [ফ্লাইঔভা(র্)] *n* ১ (US = overpass) অন্য রাস্তা ইত্যাদির উপর দিয়ে আড়াআড়িভাবে নির্মিত রাস্তা, সেতু ইত্যাদি (যেমন মোটর সড়কের উপর); অধিসরণি। ২ (GB) = flypast.

fly·past [ফ্লাইপা:স্ট্ US -প্যাস্ট্] *n* সামরিক প্রদর্শনীর অংশ হিসাবে সাধা. নিচু দিয়ে উড়ন্ত বিমানব্যূহ; বিমান-শোভাযাত্রা।

fly·post [ফ্লাইপৌস্ট্] *vt* (বিজ্ঞপ্তি ইত্যাদি) দ্রুত (এবং প্রায়শ বেআইনিভাবে) আঁটা/লাগানো। **~er** *n* ক্ষিপ্রহস্তে আঁটা বিজ্ঞপ্তি ইত্যাদি; যে ব্যক্তি ক্ষিপ্রহস্তে বিজ্ঞপ্তি আঁটে।

foal [ফৌল্] *n* [U] ১ ঘোড়ার বাচ্চা; অশ্বশাবক। **in/with ~** (ঘোড়ি সম্বন্ধে) গর্ভবতী; গাবিন; গাভিন। □*vi* বাচ্চা প্রসব করা।

foam [ফৌম্] *n* [U] ১ ফেনা; ফেন। ২ (অপিচ **ˌ~ rubber**) (গদি, জাজিম ইত্যাদিতে ব্যবহৃত) স্পনজের মতো রাবার; ফোম। □*vi* ফেনা ওঠা/তোলা; ফেনায়িত হওয়া বা করা: (লাক্ষ.) He's ~ing with rage, রাগে ফুঁসছে। **~y** *adj* সফেন; ফেনিল; ফেনায়িত।

fob[1] [ফব্] *vt* (-bb-) **~ sth off on sb; ~ sb with sth** চালাকি করে বা ধোঁকা দিয়ে কাউকে কোনো সামান/দ্রব্য গছিয়ে দেওয়া।

fob[2] [ফব্] *n* [C] (আগেকার দিনে কোমরবন্ধে) ঘড়ির পকেট।

fo·cal [ˈফৌকল্] *adj* অধিশ্রয়ণ বা ফোকস-সম্বন্ধী অধিশ্রয়ণিক: the ~ length/ distance of a lens পরকলার তল থেকে অধিশ্রয়ণ পর্যন্ত দূরত্ব; ~ point অগ্রকর; অগ্রাংশু।

fo·cus [ˈফৌকাস্] *n* (*pl* ~es বা foci [ˈফৌসাই]) আলো, তাপ ইত্যাদির মিলনবিন্দু; (দৃষ্টিতে, দূরবীক্ষণের মধ্য দিয়ে, ক্যামেরার পরকলার ভিতর দিয়ে ক্যামেরার প্লেটে) যে বিন্দুতে বা দূরত্বে সবচেয়ে পরিষ্কার ছবি পাওয়া যায়; অধিশ্রয়ণ; ফোকস: to bring the object into ~. ২ (মনোযোগ, প্রবণতা ইত্যাদির) কেন্দ্রবিন্দু: the ~ of an earthquake/ storm/ disease. □*vt,vi* (-s অথবা -ss-) ১ **~ (on)** অধিশ্রয়ণে মিলিত হওয়া বা করা; (যন্ত্রপাতি) অধিশ্রয়ণবদ্ধ করা: ~ the sun's rays on st with a burning-glass: ~ the lens of a telescope. ২ **~ on** সংহত/ কেন্দ্রীভূত/ নিবদ্ধ করা: ~ one's attention/ efforts/ thoughts on a problem.

fod·der [ˈফডা(র্)] *n* [U] গবাদি পশুর শুকনা খাদ্য; জাবনা ইত্যাদি; বিচালি।

foe [ফৌ] *n* (কাব্যিক) শত্রু।

foe·tus (US = **fe·tus**) [ˈফীটাস্] *n* ভ্রূণ। **foe·tal** (US = **fe·tal**) [ˈফীটল্] *adj* ভ্রূণসংক্রান্ত; ভ্রূণের: the foetal position, (গর্ভে) ভ্রূণের অবস্থান।

fog [ফগ্ US ফো°গ্] *n* ১ [U] কুয়াশা; কুহেলিকা; কুজ্ঝটিকা; ধূমিকা। **in a fog** (লাক্ষ.) হতবুদ্ধি; বিমূঢ়। **ˈfog·bank** *n* সাগরে কুয়াশার স্তূপ। **ˈfog·bound** *adj* কুয়াশার জন্য অগ্রসর হতে অক্ষম; কুয়াশায় আটকা-পড়া। **ˈfog·horn** *n* কুয়াশার মধ্যে জাহাজকে সতর্ক করে দেওয়ার জন্য ব্যবহৃত যন্ত্রবিশেষ; কুহেলি-বাঁশি

ˈ**fog·lamp** কুয়াশাচ্ছন্ন আবহাওয়ায় ব্যবহারের জন্য (যানবাহনের) সম্মুখের তীব্র আলোকরশ্মি নিক্ষেপক্ষম ল্যাম্প। ˈ**fog·signal** কুয়াশার সময় রেললাইনে পেতে রাখা কৌশলবিশেষ যার উপর দিয়ে ট্রেন চললে বিস্ফোরিত হয়ে গাড়ির চালকদের সতর্ক করে দেয়; কুয়াশা সঙ্কেত। ২ [C] কুয়াশার সময়; আবহাওয়ার অস্বাভাবিক অন্ধকারাচ্ছন্ন অবস্থা। ৩ [C,U] আলোকচিত্রের নেগেটিভে অস্পষ্টতা বা ঝাপসা দাগ। □*vt* (-gg-) কুয়াশায় ঢাকা; হতবুদ্ধি/উদ্‌ভ্রান্ত করা। **foggy** *adj* ১ (-ier, -iest) ১ কুয়াশাচ্ছন্ন: foggy weather. ২ ঝাপসা; অস্পষ্ট: a foggy idea.

fog[2] [ফগ্] *n* ঘাস বা ফসল কাটার পর আবার যে ঘাস জন্মে; দোকর ঘাস। □*vt* জমিতে দোকর ঘাস গজাতে দেওয়া: (গবাদি পশুকে) দোকর ঘাস খাওয়ানো।

fogey (US = **fogy**) [ˈফৌগি] *n* (*pl* ~s US fogies) **(old)** ~ মান্ধাতার আমলের ধ্যানধারণাসম্পন্ন লোক; যে তার ধ্যানধারণা পাল্টাতে রাজি নয়।

foible [ফ়ইব্‌ল্] *n* [C] ব্যক্তির গৌণ চরিত্র, যা নিয়ে সে অহেতুক গর্ববোধ করে; দুর্বলতা।

foil[1] [ফ়ইল্] *n* ১ [U] তবক; ধাতুপাত: lead/tin/aluminium ~. ২ [C] যে ব্যক্তি বা বস্তু বৈপরীত্যের মাধ্যমে অন্য ব্যক্তি বা বস্তুর গুণাবলীকে প্রকট করে তোলে।

foil[2] [ফ়ইল্] *n* অসিখেলার জন্য হালকা তরবারি, যার ফলকে কোনো ধার থাকে না এবং ডগায় একটি বোতাম লাগানো থাকে; ভোঁতা তরবারি।

foil[3] [ফ়ইল্] *vt* ব্যর্থ/ নিষ্ফল/ পর্যুদস্ত/ বিফল/ ব্যাহত/ ভণ্ডুল/ পরাহত করা: You can't ~ him/his plans.

foist [ফ়ইস্‌ট্] *vt* ~ **sth (off) on sb** চালাকি করে (কোনো বাজে জিনিস) গছিয়ে দেওয়া।

fold[1] [ফৌল্‌ড্] *vt,vi* ১ ভাঁজ করা; পাট করা। ২ পাট/ভাঁজ হওয়া; পাট/ ভাঁজ করা যায় এমন হওয়া: a ~ing bed/boat/chair; ~ing doors. ~ **(up)** (লাক্ষ; কথ্য) খতম হওয়া; পটল তোলা; উঠে যাওয়া। ৩ ~ **one's arms** বুকে আড়াআড়ি হাত বাঁধা। ~ **sb/sth in one's arms** বুকে জড়িয়ে ধরা; আলিঙ্গন করা। ৪ মোড়া; জড়ানো; পেঁচানো; ঢাকা: ~ sth (up) in paper; hills ~ed in mist. ৫ (রান্না) কাঠের চামচ দিয়ে ঘুটে একটি উপকরণ (যেমন ফেটানো ডিম) অন্য উপকরণের (যেমন ময়দা) সঙ্গে মেশানো; ঘুটে দেওয়া। □*n* ১ ভাঁজ; পাট। ২ (পর্বতের) বলি; ভাঁজ। ~**er** *n* ১ আলগা কাগজপত্র রাখার জন্য (ভাঁজ করা কার্ডবোর্ড বা অন্য শক্ত উপাদানে তৈরি) আধার; পত্রাধার। ২ মুদ্রিত বিজ্ঞাপন, রেলের সময়সূচি ইত্যাদি সহ ভাঁজ-করা কার্ড বা কাগজ; (US) (দেয়াশলাই প্রভৃতির) আধার হিসাবে ঐরকম কার্ড বা কাগজ।

fold[2] [ফৌল্‌ড্] *n* [C] মেষের খোঁয়াড়; (লাক্ষ.) কোনো বিশেষ ধর্মমতে বিশ্বাসীদের সমাজ; কোনো খ্রিস্টান সম্প্রদায়ের সদস্য। return to the ~, ঘরে ফেরা; বিশেষত নিজ ধর্মীয় সমাজে ফিরে আসা বা যাওয়া। □*vt* খোঁয়াড়ে (মেষ) আটকে রাখা।

fo·li·aceous [ফৌলিˈএ ইশাস্] *adj* পত্রসদৃশ; পত্রবিষয়ক; ফলকাকার; পত্রাকার।

fo·li·age [ফৌলিই্ জ্] *n* [U] কোনো গাছ বা গাছড়ার পত্রসমষ্টি; পত্রসম্ভার; পর্ণরাজি।

fo·li·ate [ˈফৌলিএইট্] *vt* পিটিয়ে পাত বা তবক বানানো; (খিলান ইত্যাদিতে) পাতার নকশা কাটা; বইয়ের পাতা (পৃষ্ঠা নয়) পর পর সংখ্যাত করা। □[ˈফৌলিইট্] *adj* পত্রসদৃশ; পত্রবিশিষ্ট; পত্রী। **fo·li·ation** [ফৌলিˈএইশ্‌ন্] *n*

fo·lic [ফৌলিক্] *adj* ফোলিক অ্যাসিড-যুক্ত; ফোলিক অ্যাসিড সম্বন্ধী। ~ **acid** *n* ভিটামিন বি বর্গের একটি ভিটামিন, যার অভাব রক্তশূন্যতার অন্যতম কারণ।

fo·lio [ফৌলিউ] *n* (*pl* ~s) ১ কেবল এক পিঠে নম্বরযুক্ত কাগজের ফর্দ; মুদ্রিত বইয়ের পৃষ্ঠাসংখ্যা; (হিসাবরক্ষণ) জমাখরচ দেখানোর জন্য খতিয়ানের বিপরীত পৃষ্ঠাদ্বয়। ২ বড়ো এক খণ্ড কাগজ একভাঁজ করে তৈরি দুই পাতা বা চারপৃষ্ঠা; এ রকম কাগজের খণ্ড দিয়ে তৈরি গ্রন্থ: ~ volumes.

folk [ফৌক্] *n* ১ (collect *n,pl v* সহ ব্যবহৃত হয়) সাধারণভাবে মানুষ; লোক: Country ~ are happier than towns ~. ২ (যৌগশব্দে) দেশের সাধারণ মানুষ সম্বন্ধী; লোক-। ˈ**~-dance** *n* লোকনৃত্য। ˈ**~·lore** *n* [U] কোনো সম্প্রদায়ের পরম্পরাগত বিশ্বাস, গল্পকাহিনী ইত্যাদি এবং এতদ্‌বিষয়ক বিদ্যা; লোকাচারবিদ্যা; ফোকলোর। **~·lorist** *n* লোকাচারবেত্তা। ˈ**~ music** *n* লোকসঙ্গীত। ˈ**~ song** *n* লোকগীতি। ˈ**~·tale** *n* লোককাহিনী। ৩ *pl* (কথ্য) আত্মীয়স্বজন: the old ~s at home.

folksy [ˈফৌক্‌সি] *adj* (কথ্য) চালচলনে নিরহঙ্কার; সাদাসিধা; খোলামেলা; মিশুক।

fol·licle [ˈফলিক্‌ল্] *n* ১ (ব্যব.) ক্ষুদ্র থলে; ক্ষুদ্র রসস্রাবী গ্রন্থি; লোমকূপ। ২ রেশমগুটি। ৩ (উদ্ভিদ.) যে ফল একটিমাত্র গর্ভপত্র থেকে জন্মে এবং তলের রেখা বরাবর ফাটে। **fol·li·cular, fol·li·cu·lated** *adj* ক্ষুদ্র থলেসদৃশ; কোষাকার ইত্যাদি।

fol·low [ˈফলৌ] *vt,vi* ১ পরে আসা, যাওয়া, বসা; পিছে পিছে আসা/যাওয়া; অনুসরণ/অনুগমন করা: She ~ed the old man. **as ~s** নিম্নরূপ। **~ on** (ক) কিছুকাল পর অনুসরণ করা। (খ) (ক্রিকেট, এক পক্ষ সম্বন্ধে) প্রয়োজনীয় সংখ্যক রান অর্জনে ব্যর্থ হয়ে আবার ব্যাট করা। সুতরাং, ~-ˈ**on** *n* প্রথম ইনিংসের অব্যবহিত পরবর্তী দ্বিতীয় ইনিংস। ~ **through (ক)** (টেনিস, গলফ্ ইত্যাদি) বলে আঘাত করে র‍্যাকেট, লাঠি ইত্যাদি ঘুরিয়ে মার সম্পূর্ণ করা। সুতরাং, ˈ**~-through** *n* [C] উক্তরূপ মার। (খ) দায়িত্ব সম্পন্ন করা; প্রতিশ্রুতি রক্ষা করা। ২ (রাস্তা ইত্যাদি) ধরে/ বরাবর চলা; অনুসরণ করা। ৩ (কথা, যুক্তি ইত্যাদি) বুঝতে পারা: Could you ~ his argument ? ৪ ব্যবসা, পেশা ইত্যাদিতে নিয়োজিত হওয়া: ~ the law. ৫ পথ-নির্দেশ, দৃষ্টান্ত ইত্যাদি হিসাবে গ্রহণ করা; অনুসরণ করা: ~ sb's advice; ~ the fashion. ~ **suit** এইমাত্র অন্য কেউ যা করেছে, তা-ই করা; অনুগমন করা। ৬ আবশ্যিকভাবে সত্য হওয়া: Because he is clever, it does not ~ that he will be successful. ৭ ~ **sth out** (কিছু) শেষ পর্যন্ত চালিয়ে যাওয়া বা দেওয়া: ~ out an enterprise. ~ **sth up** (সুবিধা ইত্যাদি) ধরে রাখার জন্য আরো কাজ করা; লেগে থাকা: ~ up an advantage/victory. সুতরাং, ˈ**~-up** *n* (বিশেষত) পূর্ববর্তী পত্র, বিজ্ঞপ্তি, সাক্ষাৎকার ইত্যাদির সূত্রে দ্বিতীয় পত্র ইত্যাদি; অনুক্রমণ; অনুবর্তন। ~**er** *n* ১ সমর্থক; শিষ্য; অনুচর; অনুসারী; অনুবর্তী; অনুগামী। ২ পশ্চাদ্ধাবনকারী; অনুধাবক। **~·ing** *adj* পরবর্তী, অনুগামী, অনুবর্তী ইত্যাদি। **the ~ing** নিম্নবর্ণিত; নিম্নোল্লিখিত। □*n* সমর্থকমণ্ডলী; অনুগামীবৃন্দ: a political leader with a large ~ing.

folly [ফলি] *n* (*pl* -lies) [U] নির্বুদ্ধিতা; বোকামি; মূঢ়তা; বাতুলতা; [C] বোকার মতো কাজ, চিন্তা বা চালচলন; হাসির ব্যাপার।

fo·ment [ফৌ'মেন্‌ট্] *vt* ১ (ব্যথা কমানোর জন্য শরীরের অংশবিশেষ) সেক দেওয়া। ২ (লাক্ষ.) (বিশৃঙ্খলা, অসন্তোষ, বিদ্বেষ ইত্যাদি) উদ্দীপিত করা; প্রকোপিত করা; (বিশৃঙ্খলা ইত্যাদিতে) ইন্ধন জোগানো। **fo·men·ta·tion** [ˌফৌমেনটেইশ্‌ন্] [U] সেক; উদ্দীপক; উত্তেজন; [C] ইন্ধন।

fond [ফন্‌ড্] *adj* (-er, -est) ১ (কেবল pred) **be ~ of** ভালোবাসা, পছন্দ করা, (কোনো কিছুর অনুরাগী বা কোনো কিছুতে আসক্ত হওয়া। ২ স্নেহময়; মমতাময়; সস্নেহ; স্নেহপরিপূর্ণ; প্রেমময়: a ~ mother; ~ looks. ৩ স্নেহান্ধ; প্রেমান্ধ; অত্যনুরক্ত: a young wife with a ~ husband. ৪ (আশা, আকাঙ্ক্ষা ইত্যাদি সম্বন্ধে) পূর্ণ হওয়ার সম্ভাবনা না থাকলেও পোষিত; সযত্নলালিত। **~·ly** *adv* ১ সস্নেহে; প্রেমপূর্ণদৃষ্টিতে: look ~ly at sb. ২ মূঢ়োচিত আশাবাদের সঙ্গে; বোকার মতো: I ~ly hoped that he would keep his words. **~·ness** *n* অনুরাগ; অত্যনুরাগ; আসক্তি; স্নেহান্ধতা; প্রেমান্ধতা; মমতা।

fondle ['ফন্‌ড্‌ল্] *vt* (হাত বুলিয়ে) আদর করা; সোহাগ করা: ~ a baby / doll / kitten.

font [ফন্‌ট্] *n* ১ অপ্সুদীক্ষার জন্য (baptism) (প্রায়শ পাথর কুঁদে তৈরি) জলাধার; পবিত্র জল রাখার জন্য আধার বা বেসালি। ২ = fount (২)।

food [ফুড্] *n* ১ [U] খাদ্য; আহার্য; ভোজ্য; খাবার; অন্ন; অশন: (attrib) ~ rationing; (লাক্ষ.) ~ for thought/reflection, চিন্তার খোরাক। ২ [C] বিশেষ প্রকারের খাদ্য: breakfast/frozen/packaged ~s. **'~-control** খাদ্যনিয়ন্ত্রণ। **'~ poisoning** *n* খাদ্যে ক্ষতিকর ব্যাক্টেরিয়া বা জৈব বিষের দরুন পীড়া; খাদ্যে বিষক্রিয়া। **'~-stuff** *n* খাদ্যদ্রব্য; ভোজ্যবস্তু। **'~ value** *n* খাদ্যমূল্য। **~·less** *adj* খাদ্যহীন; নিরন্ন।

fool[1] [ফুল] *n* ১ বোকা; মূঢ়; মূর্খ; হাবা; ভ্যাবা। **be a ~ for one's pains** এমন কিছু করা যেজন্য পুরস্কারও মেলে না, ধন্যবাদও পাওয়া যায় না। **be/ live in a ~'s paradise** ভাবনাহীন আনন্দের মধ্যে থাকা, যে আনন্দ বেশিদিন টিকবে না; বোকার স্বর্গে থাকা/বাস করা। **be sent/go on a ~'s errand** এমন কোনো কাজে প্রেরিত বা বহির্গত হওয়া, যা শেষে নিরর্থক প্রমাণিত হয়; পণ্ডশ্রম করতে প্রেরিত হওয়া বা যাওয়া। **make a ~ of sb** বোকা বানানো; হাস্যাস্পদ করা। **play the ~** বোকার মতো আচরণ করা; ভাঁড়ামি করা। **no ~ like an old ~** (প্রবাদ) (বয়স্ক প্রেমিক সম্বন্ধে বলা হয়) বুড়ো বোকা সব বোকার সেরা। ২ (মধ্যযুগে) (রাজা বা অমাত্য কর্তৃক নিযুক্ত) ভাঁড়; বিদূষক; বৈহাসিক। ৩ **ˌApril '~** পণ্ডশ্রমে প্রেরিত ব্যক্তি; প্রতারণার শিকার। **ˌAll 'F~s' Day** পয়লা এপ্রিল। ৪ (attrib প্রয়োগ, কথ্য) বোকা; নির্বোধ: ~ politicians. □*vi,vt* ১ **~ (about/ around)** বোকার মতো আচরণ করা; ফচকেমি/ ফাজলামো করা। ২ **~ sb (out of sth)** ঠকানো; বোকা বানানো।

fool[2] [ফূল] *n* ছেঁচা ফলের (বিশেষত গুজবেরির) সঙ্গে ননী বা কাস্টার্ড মিশিয়ে জ্বাল দিয়ে তৈরি ঘন; মসৃণ তরল পদার্থবিশেষ।

fool·ery ['ফূলারি] *n* [U] বোকামি; মূর্খতা; মূর্খের আচরণ; (*pl* -ries) বোকামিপূর্ণ কথাবার্তা, ধ্যানধারণা বা কার্যকলাপ।

fool·hardy ['ফূল্‌হা:ডি] *adj* হঠকারিতাপূর্ণ; গোঁয়ার্তুমিপূর্ণ; প্রগলভ। **fool·hardi·ness** *n* হঠকারিতা; অবিমৃষ্যকারিতা; গোঁয়ার্তুমি; প্রগলভতা।

fool·ish ['ফূলিশ্] *adj* বোকামিপূর্ণ; মূর্খতাপূর্ণ; হাস্যকর; অসঙ্গত; নির্বোধ; হাবা; বোকা: It was ~ of you to have trusted him, তোমার বোকামি হয়েছে। **~·ly** *adv* বোকার মতো; বোকামি করে। **~·ness** *n* বোকামি; মূঢ়তা।

fool·proof ['ফূল্‌প্রূফ্] *adj* ব্যর্থতা, ভুল বা ভুল ব্যাখ্যার সম্ভাবনাহীন; অব্যর্থ; মোক্ষম: a ~ scheme / design / gadget.

fools·cap ['ফূল্‌স্‌ক্যাপ্] *n* লেখার বা ছাপার কাগজের মাপ (১৭ × ১৩½ ইঞ্চি); ফুলস্ক্যাপ।

foot[1] [ফুট্] *n* (*pl* feet [ফীট্]) ১ পা, পদ, পাদ, চরণ; (মোজা ইত্যাদির) পা: rise to one's ~, দাঁড়ানো। **on ~** (ক) (পায়ে) হেঁটে; পায়দল; পদব্রজে। তুল. by bus / car / train etc. (খ) (লাক্ষ.) আরব্ধ: A scheme is on ~ to protect the town. **be on one's feet** (ক) (কথা বলার জন্য) উঠে দাঁড়ানো: The advocate was at once on his feet to argue the case. (খ) দাঁড়িয়ে থাকা: How long have you been on your feet? (গ) (লাক্ষ.) অসুখের পরে আবার সুস্থ হয়ে ওঠা; সুস্থ সবল হয়ে ওঠা: Soon you will be on your feet again. **fall on one's feet** (কথ্য) ভাগ্যবান হওয়া। **find one's feet,** দ্র. find[2](২). **have feet of clay** দুর্বল বা কাপুরুষ হওয়া। **have one ~ in the grave** এক পা কবরে ঠেকা। **keep one's feet** না পড়া (যেমন বরফের উপর হাঁটতে গিয়ে); পা না ফস্কানো। **put one's ~ down** (কথ্য) আপত্তি/প্রতিবাদ করা; দৃঢ় হওয়া। **put one's ~ in it** (কথ্য) বোকার মতো বা অন্যায় কিছু বলা বা করা; মারাত্মক ভুল করা। **put one's feet up** (কথ্য) পা সামনে ছড়িয়ে দিয়ে বিশ্রাম করা। **put one's best ~ forward** যথাসাধ্য দ্রুত চলা (লাক্ষ. কাজ করা)। **set sth/ sb on its/ his feet** নিজের পায়ে দাঁড় করানো; আত্মনির্ভর করা। **set sth on ~** শুরু করা; চালু করা। **sweep sb off his feet** প্রবল উৎসাহে উদ্দীপ্ত করা; বেসামাল করা। **under ~** পায়ের তলে/নীচে। **wait on/bind sb hand and ~,** দ্র. hand[1](১)। ২ পদক্ষেপ; পা; পদ: **light/swift/fleet of ~** লঘুগতি; ক্ষিপ্রগতি। ৩ অধোভাগ; পাদদেশ; তলা: at the ~ of নীচে; নিম্নে; তলায়। ৪ শয্যা বা কবরের নিম্নভাগ; পায়ের দিক। দ্র. head[1](১০)। ৫ দৈর্ঘ্যের মাপ; ফুট: (*pl* অপরিবর্তিত) He is five ~ eight. ৬ কবিতার চরণের ভাগ বা একক; পর্ব। ৭ [U] (সাম, প্রা.প্র) পদাতিক বাহিনী: ~ and horse. ৮ (যৌগশব্দে) **ˌ~-and-'mouth disease** গবাদি পশুর খুরাচাল রোগ। **'~-bath** *n* পা ধোয়া; পা ধোয়ার জন্য গামলা; পাদগাহ। **'~-board** *n* (ঘোড়ার গাড়ি ইত্যাদিতে) চালকের পা রাখার জন্য ঢালু ফলক; পা-দান। **'~-bridge** *n* পথচারীদের জন্য সেতু (গাড়ির জন্য নয়)। **'~-fall** *n* পদধ্বনি। **'~-fault** *n* (টেনিস) পা রাখার ত্রুটির জন্য বাতিল বলে গণ্য সার্ভিস। **'~-hills** *n pl* পর্বত বা পর্বতশ্রেণীর পাদদেশে অবস্থিত পাহাড়সমূহ। **'~-hold** *n* পা রাখার জায়গা; পায়ের আলম্ব (যেমন পর্বতারোহণের সময়); (লাক্ষ.) নিরাপদ অবস্থান। **'~-lights** *n* (রঙ্গমঞ্চের) পাদপ্রদীপ। **the ~ lights** (লাক্ষ.) নট পেশা। **'~-loose** *adj*

(অপিচ **~loose and fancy free)** স্বচ্ছন্দানুবর্তী, হাত-পা-ঝাড়া। **ˈ~·man** [-মান্] *n (pl* men) অতিথি-অভ্যর্থনা এবং খাবার টেবিলে পরিবেশনের দায়িত্বে নিয়োজিত গৃহভৃত্য; খানসামা। **ˈ~·mark** *n* = ~print. **ˈ~·note** *n* পাদটীকা। **ˈ~·path** *n* পথচারীদের চলার পথ, বিশেষত মেঠোপথ বা গ্রামের রাস্তার পাশের পথ; পায়ে-চলা পথ। তুল. US trail. দ্র. side[1](১৪) ভুক্তিতে pavement, sidewalk. **ˈ~·plate** *n* চালক ও কয়লা জোগানোর কাজে নিয়োজিত, কর্মচারীদের চলাচলের জন্য রেল-ইনজিনের পাশে মঞ্চবিশেষ; পার্শ্বমঞ্চ। **ˈ~·pound** *n* সম্পাদিত কাজের একক (এক পাউন্ড এক ফুট পর্যন্ত তুলতে যতটা কাজ হয়); ফুট-পাউন্ড। **ˈ~·print** *n* পায়ের দাগ; পদাঙ্ক; পদচিহ্ন। **ˈ~·race** *n* দৌড় প্রতিযোগিতা। **ˈ~ rule** *n* (১২ ইঞ্চি লম্বা) রুলার। **ˈ~-slog** *vi* (কথ্য) কষ্টে পায়ে হেঁটে দীর্ঘপথ অতিক্রম করা। সুতরাং, **ˈ~-slogger** *n* (কথ্য) পদব্রাজক। **ˈ~·sore** *adj* (বিশেষত হাঁটার জন্য) আহত পা-বিশিষ্ট। **ˈ~·step** *n* পদশব্দ: পদপাত; পদচিহ্ন; পদক্ষেপ। **follow in one's father's ~steps** পিতার পদাঙ্ক অনুসরণ করা। **ˈ~·stool** *n* পা রাখার জন্য নিচু টুল। **ˈ~·sure** *adj* হোঁচট খায় না এমন; দৃঢ়চরণ; দৃঢ়পদ। **ˈ~·wear** (ব্যবসায়ীদের ভাষায়) জুতা, বুট ইত্যাদি; পাদুকা। **ˈ~·work** *n* [U] (মুষ্টিযুদ্ধ, নাচ ইত্যাদিতে) পায়ের কাজ।

foot[2] [ফুট্] *vt,vi* ১ (মোজা ইত্যাদির) পা বোনা। ২ **~ it** (কথ্য) (পায়ে) হাঁটা; পা চালানো। **~ the bill** (কথ্য) বিল পরিশোধ করা; পাওনা মেটানো। **~ed** (যৌগশব্দে) উল্লিখিত ধরনের পাবিশিষ্ট: ˌflat-ˈ~ed/ˌsure-ˈ~ed/ˌwet-ˈ~ed.

foot·age [ˈফুটিজ্] *n* [U] ফুটের মাপে দৈর্ঘ্য (যেমন সিনেমা ফিল্মের)।

footer [ফুটা(র্)] *n* (যৌগশব্দে) a, six-ˈ~, ছয় ফুট লম্বা লোক।

foot·ing [ˈফুটিঙ্] *n* [C] (কেবল *sing)* ১ পদস্থাপন; পা রাখার ঠাঁই: loose one's ~, হোঁচট খাওয়া; পা ফস্কানো বা পিছলানো। ২ (সমাজে, দলে) অবস্থান; প্রতিষ্ঠা; মর্যাদা; সম্বন্ধ; অবস্থা। **be/get on a...~ (with)** সম্পর্ক বজায় রাখা/গড়ে তোলা: be on a friendly ~ with sb. ৩ অবস্থা; সেনাবাহিনী ইত্যাদির অবস্থা: on a peace/ war ~, শান্তিকালীন/ যুদ্ধকালীন অবস্থা।

fop [ফপ্] *n* নিজের বেশভূষা ও চেহারাসুরত সম্বন্ধে অত্যধিক মনোযোগী ব্যক্তি; শৌখিনবাবু; ফুলবাবু। **fop·pish** [-পিশ্] *adj* বাবুসুলভ।

for[1] [ফা(র্); জোরালো রূপ: ফো°(র্)] *prep* ১ (কোনো কিছুর দিকে আভিমুখ্য, অগ্রগতি বা প্রচেষ্টাসূচক) **(ক)** (*vv*-এর পরে) উদ্দেশে; অভিমুখে; লক্ষ্যে; দিকে: set out for home. **(খ)** (pp-এর পরে) অভিমুখী; -গামী: the plane for Paris; passengers for New York. ২ (for-এর পরবর্তী *n*-এর দ্বারা নির্দিষ্ট লক্ষ্যের দিকে নির্দেশ করে) জন্য: He was destined for the army. ৩ (প্রাপ্তির সম্ভাবনাসূচক) জন্য: We've sth for you. **be for it** (কথ্য) বিপদে পড়া; শাস্তি পাওয়ার সম্ভাবনা থাকা। ৪ (পরিস্থিতির মোকাবেলায় প্রস্তুতিসূচক) জন্য: get ready for work; prepare for a long journey. ৫ (উদ্দেশ্যসূচক) **(ক)** (inf এর স্থলে বসে) জন্য; উদ্দেশ্যে: go for a walk/stroll; dance for pleasure. **what...for** কী জন্য; কিসের জন্য; কেন; কী উদ্দেশ্যে: what's that box for? দ্র. নীচে ২৪ (ছ)। **(খ)** (gerund-এর পূর্বে) জন্য: a tool for making holes. ৬ (complement-এর পূর্বে) হিসাবে; বলে: I mistook him for the headmaster. He was chosen for their captain. **take sb/sth for sb/sth** কাউকে/কোনো কিছুকে অন্য কেউ/কিছু বলে ভুল করা; ঠাওরানো: I took you for your sister. **for certain** নিশ্চয় করে; নিশ্চিতভাবে। ৭ (আশা, কামনা, অনুসন্ধান ইত্যাদির উদ্দিষ্টসূচক শব্দের পূর্বে) জন্য: hope for one's recovery; ask for the Principal, অধ্যক্ষকে চাওয়া। ৮ (পছন্দ, অনুরাগ ইত্যাদি নির্দেশক) প্রতি; জন্য: have a liking for sb or sth, কাউকে বা কিছু ভালো লাগা; sympathy for the poor. ৯ (স্বাভাবিক ক্ষমতা বা ঝোঁক-নির্দেশক): a good ear for music, সঙ্গীতের কান; an apetitete for foreign languages, বিদেশী ভাষা শেখার ঝোঁক বা সহজ দক্ষতা। ১০ (উপযোগিতা-নির্দেশ) জন্য: Fit/unfit for food, খাওয়ার যোগ্য/অযোগ্য; a suitable man for the job. ১১ (too + adj + for বা *adj + enough + for* প্যাটার্নে): It's too good for mortal eyes. ১২ (পরিস্থিতি ইত্যাদি) বিবেচনা করলে; হিসাবে; তুলনায়: It's fairly cold for October. The child is tall for his age. **for all that** এতো সমস্ত/সবকিছু সত্ত্বেও। ১৩ স্থলে; প্রতিনিধিত্বকারী; বদলে: D for David; the member for Essex; act for sb. **stand for** প্রতিনিধিত্ব করা; বোঝানো: What do these letters stand for? ১৪ পক্ষে; সপক্ষে; অনুকূলে: He is for the proposal. ১৫ বিষয়ে; সম্বন্ধে; নিয়ে: for my part, আমার কথা/ বিষয়ে বলতে পারি; আমার দিক থেকে; hard up for money, অর্থসঙ্কটগ্রস্ত। ১৬ কারণে; হেতু; জন্য; দরুন: for the sake of, খাতিরে; for fear of, ভয়ে; dance/cry for joy, আনন্দে নাচা/ কাঁদা। ১৭ (তুলনাবাচক বিশেষণের পরে) দরুন: He's not any the better for his long rest. ১৮ সত্ত্বেও: For all you say, I shall not give up hope, আপনারা যা-ই বলুন। ১৯ উল্লিখিত পরিমাণে: I've put your name for £ 20, আপনার নামে ২০ পাউন্ড লিখেছি; (ক্রিকেট) all out for 120, সব উইকেট হারিয়ে ১২০ রান। ২০ বদলে: How much did you pay for the tie? কতো দিয়ে কিনেছেন? for nothing, বিনা পারিশ্রমিকে; translate word for word, আক্ষরিক অনুবাদ করা। ২১ বৈপরীত্যক্রমে: For one man lost on our side, the enemy lost ten, আমাদের পক্ষে একজন মরলে শত্রুপক্ষে দশজন মরেছে। ২২ (সময়ের ব্যাপ্তি-নির্দেশক) জন্য: He's on vacation for a week. **for good,** দ্র. good[2](২)। ২৩ (স্থানের ব্যাপ্তি-নির্দেশক; *v*-এর অব্যবহিত পরে for উহ্য থাকতে পারে) ধরে: The soldiers marched (for) five miles; for miles and miles. মাইলের পর মাইল। ২৪ (for + noun/pronoun + to-inf) **(ক)** (বাক্যের কর্তা রূপে; সাধা. অনুক্রমণিকাসূচক it-সহ) পক্ষে; জন্য: For a single man to resist these formidable enemies is impossible. It's impossible for them to continue. **(খ)** (complement রূপে): Our only way out is for Billy to arrive on time. **(গ)** (adj-এর পরে, বিশেষত too ও enough-সহ): We are eager for you and Margaret to get married, তোমার ও মার্গারেটের বিয়ের জন্য আমরা উদ্গ্রীব। **(ঘ)** (*nn*-এর পরে): It's time for young people to work hard,

তরুণদের এখন কঠিন পরিশ্রম করার সময়; There is no need for anybody to come along, কারো আসার দরকার নেই। (ঙ) (vv-এর পরে; এমন vv-এর কোনোটির পরে স্বাভাবিকভাবে for ব্যবহৃত হয়, কোনোটির পরে হয় না): Would you wait for others to turn up? অন্যদের আসা পর্যন্ত অপেক্ষা করবেন কি? (চ) (than ও as (if)–এর পরে): There's nothing more painful than for an ambitious young man to drudge at an office desk. He opened the doors as if for the birds to fly into the cage. (ছ) (উদ্দেশ্য, অভিপ্রায়, সঙ্কল্প ইত্যাদিসূচক) জন্য; বলে: It's not for me to judge. I took the account for him to check.

for[2] [ফা(র্); জোরালো রূপ: (ফো°(র্)] *conj* (কথ্য ইংরেজিতে বিরল; বাক্যের শুরুতে ব্যবহৃত হয় না) কেননা; যেহেতু; কারণ; বলে: He couldn't buy the house, for he had no money.

for·age [ফরিজ্ US ফো°রি–] *n* [U] অশ্ব ও গবাদি পশুর খাদ্য; জাব; জাবনা; বিচালি। □*vt* **~ (for)** (খাদ্য ইত্যাদির) অন্বেষণ করা।

for·as·much as [ˌফো°রাজ্ˈমাচআজ়্] *conj* (আইন.) যেহেতু।

foray [ফরেই US ফো°রেই] *n* [C] আকস্মিক হানা বা আক্রমণ; হামলা: go on/make a ~. □*vi* হানা দেওয়া।

for·bad, for·bade [ফাˈব্যাড US -ˈবেইড়] forbid-এর *pt*

for·bear[1] [ফো°ˈবেআ(র্)] *vt,vi* (pt forbore, [ফো°ˈবো°(র্)]), (*pp* forborne [ফো°ˈবো°ন্]) **~ (from)** (আনুষ্ঠা.) বিরত থাকা; ব্যবহার বা উল্লেখ না করা; ধৈর্য ধারণ করা: I ~ from mentioning all the names. I beg you to ~. **~·ance** [ফো°ˈবেআরান্স্] *n* [U] ধৈর্য; আত্মসংযম; ধৈর্যশীলতা; তিতিক্ষা।

for·bear[2] (US = **fore·bear**) [ˈফো°বেআ(র্)] *n* (সাধা. *pl*) পূর্বপুরুষ।

for·bid [ফাˈবিড়] *vt* (*pt* forbade বা forbad [ফাˈব্যাড় US -ˈbeid], *pp* forbidden [ফাˈবিড্ন্]) নিষেধ/মানা/বারণ করা; নিষিদ্ধ করা। **god ~ that ...** ঈশ্বর না করুন; খোদা না খাস্তা। **ˌ~den ˈfruit** নিষিদ্ধ ফল (বাইবেলোক্ত আদম–হাওয়া ও স্বর্গোদ্যান সম্পর্কিত)। **~·ding** *adj* কঠোর; উগ্র; রুদ্র; ভীষণদর্শন; ভীতিপ্রদ; নিবৃত্তিকর: a ~ding appearance/ look; a ~ding coast. **~·ding·ly** *n* নিবৃত্তিকরভাবে।

for·bore, for·borne, দ্র. forbear[1].

force[1] [ফো°স্] *n* ১ [U] বল; শক্তি; জোর। **in ~** (সাধা. মানুষ সম্বন্ধে) বিপুল সংখ্যায়। ২ [C] যেসব ব্যক্তি বা বস্তু বিরাট পরিবর্তন সূচিত করে; শক্তি: the ~ s of nature; political ~s. ৩ [C] সশস্ত্র বা সুশৃঙ্খল বাহিনী; সেনাবল; বাহিনী: the armed ~s of a country, সশস্ত্র বাহিনী; (attrib) a F~s newspaper, সশস্ত্র বাহিনীর জন্য সংবাদপত্র; the police ~. **join ~s (with)** শক্তিবৃদ্ধির জন্য কারো সঙ্গে যোগ দেওয়া। ৪ [C,U] কোনো একটি বিন্দুতে প্রযুক্ত চাপ বা প্রভাব, যা গতি সঞ্চারিত করতে পারে; বল। ৫ [U] (আইন.) কর্তৃত্ব; মান্যতা; বলবত্তা। **in/into ~** বলবৎ; বহাল; শুদামদ: put a law into ~, বলবৎ করা।

force[2] [ফো°স্] *vi* ১ বাধ্য করা; জবরদস্তি করা; বলপ্রয়োগ করে কিছু করা বা করানো; জোর করা; জোর/বলপ্রয়োগ করে কিছু আদায় করা: ~ a way in/out/through; ~ a confession from sb; ~ (open) a door. **ˌ~d ˈland·ing** দৈবিক/বাধ্যতামূলক অবতরণ। সুতরাং, **ˌ~-ˈland** *vt,vi* বাধ্য হয়ে অবতরণ করা। **ˌ~d ˈmarch** (যেমন জরুরি পরিস্থিতিতে) বিশেষ ক্লেশপূর্বক যাত্রা; আয়াসসাধ্য যাত্রা। **~ sb's hand** অনিচ্ছাসত্ত্বেও কিংবা তাঁর ইপ্সিত সময়ের পূর্বেই কিছু করানো; জবরদস্তি কিছু করানো। ২ উদ্ভিদ ইত্যাদি স্বাভাবিক সময়ের পূর্বেই পরিপক্ব করা (যেমন অতিরিক্ত উষ্ণতা সঞ্চারিত করে): (লাক্ষ.) ~ a pupil, অতিরিক্ত লেখাপড়া করিয়ে তার শিক্ষাকে ত্বরান্বিত করা। ৩ জোর করে করা: ~ a smile, (যেমন কষ্টের মধ্যেও) জোর করে হাসা; a ~d laugh, কাষ্ঠ হাসি।

force-feed [ˈফোস্ফীড্] *vt (pt,pp* force-fed [ˈফো°স্ফেড়]) (জীবজন্তু, বন্দী বা রোগীকে) জোর করে খাওয়ানো।

force·ful [ˈফো°স্ফ্ল্] *adj* (ব্যক্তি, তার চরিত্র, যুক্তি ইত্যাদি সম্বন্ধে) বলিষ্ঠ; তেজস্বী; শক্তিমান; প্রবল; জবরদস্ত ওজস্বী: a ~ speaker/style of writing. **~ly** [-ফ়লি] *adv* বলিষ্ঠভাবে ইত্যাদি। **~·ness** *n* বলিষ্ঠতা; ওজস্বিতা; শক্তিমত্তা।

force majeure [ˌফো°স্ ম্যাˈজা(র্)] *n* [U] (ফ.) (আইন.) জবরদস্তি; বলপ্রয়োগ; প্রবলতর শক্তি।

force·meat [ˈফো°স্মীট্] *n* [U] মুরগির রোস্ট ইত্যাদির ভিতরে পুর দেওয়ার জন্য মশলাদিযুক্ত মাংসের কিমা।

for·ceps [ˈফো° সেপ্স্] *n pl* দন্তচিকিৎসক ও শল্যবিদদের ছোট সাঁড়াশি বা সন্না; সন্দংশ।

forc·ible [ˈফো° সাব্ল্] *adj* ১ জবরদস্তিমূলক; বলপূর্বক: a ~ entry into a building; ~ expulsion. ২ (ব্যক্তি, তাঁর কার্যকলাপ, কথা ইত্যাদি সম্বন্ধে) প্রত্যয়জনক; প্রতীতিসমুৎপাদী; ওজস্বী। **forc·ibly** [-সাব্লি] *adv* জবরদস্তি; বলপূর্বক; প্রত্যয়জনকভাবে।

ford [ফো°ড়] *n* [C] নদীর অগভীর অংশ, যা হেঁটে বা গাড়িতে পার হওয়া যায়; প্রতর। □*vt* হেঁটে বা গাড়িতে (নদী) পার হওয়া। **~·able** [-ডব্ল্] *adj* হেঁটে বা গাড়িতে উত্তরণীয়।

fore [ফো°(র্)] *adj* (শুধু attrib) সম্মুখে অবস্থিত; সম্মুখ (back ও aft-এর বিপরীত): in the ~ part of the train; the ~ hatch. □*n* [U] (জাহাজের) সম্মুখভাগ; গলুই। **to the ~** হাতের কাছে; তৎক্ষণাৎ; অকুস্থলে; অগ্রগণ্য; প্রধান: come to the ~, অগ্রগণ্যতা অর্জন করা। **~ and aft** জাহাজের সম্মুখে ও পিছনে; দৈর্ঘ্যবরাবর: ~ and aft sails/rigged, দৈর্ঘ্যবরাবর পাল–খাটানো। দ্র. square-rigged. □*int* (গল্ফ) (সম্মুখের লোকজনের উদ্দেশে) খেলোয়াড় বল মারতে যাচ্ছে; এই হুঁশিয়ারি।

fore·arm[1] [ˈফো°রা:ম্] *n* কনুই থেকে কব্জি বা আঙুলের ডগা পর্যন্ত হাত; কলাচিকা; কলাচী।

fore·arm[2] [ˌফো°রˈআ:ম্] *vt* (সাধা. passive-এ) আগে থেকে অস্ত্রশস্ত্রে সজ্জিত করা; সংঘাতের জন্য আগাম প্রস্তুত করা।

fore·bear *n* = forbear[2].

fore·bode [ফো°ˈবৌড়] *vt* (আনুষ্ঠা.) ১ সঙ্কেত/লক্ষণ/ আলামত/ হুঁশিয়ারি হওয়া: The rainstorms ~ floods in the low-lying parts of the town. ২ (সাধা. অমঙ্গলের) আশঙ্কা অনুভব করা: ~ disaster

fore·bod·ing *n* [C,U] আসন্ন বিপদের অনুভূতি; পূর্বানুভব।

fore·cast [ˈফো°কা:স্‌ট্ US –ক্যাস্‌ট্] *vt (pt,pp* ~ কিংবা ~ed) পূর্বাভাষ দেওয়া; ভবিষ্যদ্বাণী করা। □*n* পূর্বাভাষ: weather ~s.

fore·castle, fo'c'sle [ˈফৌক্‌স্‌ল্] *n* (কোনো কোনো সওদাগরি জাহাজে) জাহাজের সম্মুখভাগের পাটাতনের নীচে নাবিকদের থাকা ও ঘুমাবার স্থান; সম্মুখ প্রকোষ্ঠ।

fore·close [ফো°ˈক্লৌজ়্] *vt,vi* ~ **(on)** (আইন.) যথাসময়ে সুদ বা আসল পরিশোধ না করলে (বন্ধকের চুক্তি অনুযায়ী) সম্পত্তি দখলের অধিকার প্রয়োগ করা: The Bank is going to ~ (on) (the mortgage). **fore·clos·ure** [ফো°ˈক্লৌজা(র্)] *n* [C,U] বন্ধকী সম্পত্তির দখলগ্রহণ।

fore·court [ˈফো°কো°ট্] *n* বাড়ির সামনের পরিবেষ্টিত স্থান; অঙ্গন; আঙিনা।

fore·doom [ˈফো°ডূম্] *vt* ~ **(to)** (সাধা. passive) পূর্ব থেকেই নির্ধারিত করা: ~ed to failure.

fore·father [ˈফো°ফা:দা(র্)] *n* (সাধা. *pl*) পূর্বপুরুষ; পিতৃপুরুষ।

fore·fin·ger [ˈফো°ফিঙ্‌গা(র্) *n* তর্জনী; প্রদর্শনী।

fore·foot [ˈফো°ফুট্] *n (pl* forefeet [ˈফো°ফীট্]) চতুষ্পদ জন্তুর সম্মুখের যে কোনো একটি পা; অগ্রপদ।

fore·front [ˈফো°ফ্রান্‌ট্] *n* **the** ~ অগ্রভাগ; পুরোভাগ: in the ~ of the battle.

fore·gather, দ্র. forgather.

forego[1] [ফো°ˈগৌ] *vt,vi (pt* forewent [ফো°ˈওয়েন্‌ট্], *pp* foregone [ফো°ˈগন্ US -ˈগো°ন্]) অগ্রবর্তী বা পূর্ববর্তী হওয়া। **fore·going** *adj* পূর্ববর্তী; পূর্বোল্লিখিত। **fore·gone** [ফো°ˈগন্ US -গো°ন্] *adj* পূর্বগত। **a foregone conclusion** যে পরিণাম প্রথম থেকেই দেখা সম্ভব (ছিল); পূর্বগত পরিণাম।

forego[2], দ্র. forgo.

fore·ground [ˈফো°গ্রাউন্‌ড্] *n* ১ (বিশেষত ছবিতে) দৃশ্যের যে অংশ দর্শকের সবচেয়ে নিকটবর্তী; পুরোভূমি। ২ (লাক্ষ.) সবচেয়ে সুপ্রত্যক্ষ অবস্থান; পুরোভাগ: Keep oneself in the ~.

fore·hand [ফো°হ্যান্‌ড্] *adj* (টেনিস ইত্যাদি খেলায় র‍্যাকেটের বাড়ি সম্বন্ধে) হাতের তালু সামনের দিকে ফিরিয়ে মারা। (তুল. backhand)।

fore·head [ˈফরিড্ US ˈফো°রিড্] *n* কপাল; ললাট; ভাল।

foreign [ˈফরান্ US ˈফো°-] *adj* ১ বিদেশী; ভিনদেশী; বৈদেশিক; পরদেশী; বহিরাগত। **the F~ office** বৈদেশিক মন্ত্রণালয়। ˌ**F~ ˈSecretary** পররাষ্ট্র মন্ত্রণালয়ের প্রধান; পররাষ্ট্র–সচিব। ~ **exchange** বৈদেশিক বিনিময় মুদ্রা। ২ ~ **to** অসম্পর্কিত; স্বভাবসিদ্ধ নয় এমন: Deception is ~ to her nature, তার প্রকৃতিবিরুদ্ধ। ৩ বাইরে থেকে আগত; বাইরের: a ~ body in the eye. **~er** *n* বিদেশী; ভিনদেশী; পরদেশী।

fore·knowl·edge [ˌফো°ˈনলিজ্] *n* [U] (কোনো ঘটনার বা কোনো কিছুর অস্তিত্বের) পূর্বজ্ঞান।

fore·land [ˈফো°লান্‌ড্] *n* অন্তরীপ; উদগ্রভূমি।

fore·leg [ˈফো°লেগ্] *n* (চতুষ্পদ জন্তুর) সামনের পা।

fore·lock [ˈফো°লক্] *n* কপালের ঠিক উপরিবর্তী কেশগুচ্ছ; চূর্ণকুন্তল। **take time by the ~** সুযোগ হাতছাড়া না করা; সুযোগের সদ্ব্যবহার করা।

fore·man [ˈফো°মান্] *n (pp* -men [-মেন্]) ১ শ্রমিকদের প্রধান; অগ্রকর্মী। ২ জুরির প্রধান সদস্য ও মুখপাত্র।

fore·mast [ˈফো°মা:স্‌ট্ US -ম্যাস্‌ট্] *n* জাহাজের সবচেয়ে অগ্রবর্তী মাস্তুল; অগ্রমাস্তুল।

fore·most [ˈফো° মৌস্‌ট্] *adj* প্রথম; প্রধান; বিশিষ্টতম; প্রধানতম: the ~ painter of his period. □*adv* সর্বাগ্রবর্তী; সর্বাগ্রে। **first and ~** সর্বাগ্রে; প্রথমত; সবার আগে।

fore·name [ˈফো°নেইম্] *n* (ফর্ম ইত্যাদিতে দাপ্তরিক শৈলী) পারিবারিক নামের পূর্ববর্তী নাম; আদ্যনাম।

fore·noon [ˈফো°নূন্] *n* (প্রা. প্র.) পূর্বাহ্ণ।

for·en·sic [ফ়াˈরেন্‌সিক্] *adj* আদালতে ব্যবহৃত বা আদালত–সম্বন্ধী; আদালতি; আদালতঘটিত: ~ skill, (উকিল–ব্যারিস্টারদের) মামলা–পরিচালন নৈপুণ্য; ~ medicine, আইনঘটিত চিকিৎসাবিদ্যা (যেমন খুন, বিষপ্রয়োগ ইত্যাদি বিষয়ক মামলায় প্রয়োজন হয়)।

fore·or·dain [ˌফো°রো°ˈডেইন্] *vt* পূর্ব থেকেই নির্দিষ্ট বা নির্ধারিত করে দেওয়া; পূর্ববিহিত করা: what God has ~ed. **fore·or·di·nation** *n* পূর্বনিধান।

fore·play [ˈফোপ্লেই] *n* [U] শৃঙ্গার।

fore·run·ner [ˈফোরানা(র্)] *n* ১ পূর্বলক্ষণ; অগ্রদূত: The cuckoo is a ~ of spring. ২ যে ব্যক্তি আরেক ব্যক্তির আগমন সূচিত করেন; অগ্রদূত।

fore·see [ফো°ˈসী] *vt (pt* foresaw [ফো°ˈসো°], *pp* foreseen [ফোˈসীন্]) আগাম জানা; আগেই বোঝা: ~ trouble. **~·able** [-অব্‌ল্] *adj* আগাম জানা যায় এমন; পূর্বপরিজ্ঞেয়। **the ~able future** যে ভবিষ্যতের (অর্থাৎ ভবিষ্যতের যতদূর পর্যন্ত) ঘটনাবলী আগাম জানা যায়; পূর্বপরিজ্ঞেয় ভবিষ্যৎ।

fore·shadow [ফো°ˈশ্যাডৌ] *vt* (আসন্ন কোনো কিছুর) লক্ষণ বা হুঁশিয়ারি হওয়া; পূর্বাভাস দেওয়া; পূর্বলক্ষণ হওয়া।

fore·shore [ফোˈশো°(র্)] *n* সাগর ও স্থলের মধ্যবর্তী তটের যে অংশে চাষাবাদ, নির্মাণ কাজ ইত্যাদি করা হয়; অগ্রতট।

fore·shorten [ফো°ˈশো°ট্‌ন্] *vt* (চিত্র অঙ্কনে) (কোনো বস্তুকে) পরিপ্রেক্ষিত ব্যবহারের দ্বারা প্রদর্শন করা (দ্র. perspective)।

fore·show [ˈফো°শৌ] *vt* ভবিষদ্বাণী করা; পূর্বাভাস দেওয়া; ভবিষ্যতের লক্ষণ প্রকাশ করা।

fore·sight [ˈফো°সাইট্] *n* [U] দূরদর্শিতা; ভবিষ্যৎদর্শিতা; দূরদৃষ্টি।

fore·skin [ˈফো°স্‌কিন্] *n* লিঙ্গের অগ্রভাগের আবরক ত্বক; অগ্রত্বক।

for·est [ˈফরিস্‌ট্ US ˈফো° -] *n* ১ [C,U] অরণ্য; বন; কানন; জঙ্গল; (attrib) বুনো; বন্য; আরণ্য; আরণ্যক: ~ animals; ~ fires, দাবানল; দাবাগ্নি। **conservator of ~** অরণ্যরক্ষক; অরণ্যপাল। ২ (GB) (বৃক্ষময় না হলেও) যে এলাকায় পশুপাখি (যেমন হরিণ) শিকার (এবং সংরক্ষণ) করা হয় কিংবা হতো; মৃগয়া ভূমি; যে অঞ্চল এক সময় অরণ্যময় ছিল কিন্তু এখন আংশিক চাষাবাদের অধীন (যেমন Sherwood F~): the deer ~s of Scotland. ৩ (লাক্ষ.) অরণ্যের গাছের সঙ্গে তুলনীয় কোনো কিছু: a ~ of masts. **~er** *n* বনপাল। **~ry** *n* [U] অরণ্যবিদ্যা।

fore·stall [ফো°ˈস্টো°ল্] *vt* কোনো কাজ আগেই সম্পন্ন করে অন্য কাউকে তা করা থেকে বিরত রাখা;

কোনো কিছু অপ্রত্যাশিতভাবে আগেভাগে সম্পন্ন করে কাউকে বিপর্যস্ত করা কিংবা পরিকল্পনা ইত্যাদি বানচাল করা; আগাম নিরস্ত বা পথরোধ করা; আগাম বানচাল বা পণ্ড করা: ~ a competitor, আগাম প্রতিহত করা।

fore·swear [ফো°'সোয়েআ(র্)] *v* = forswear.

fore·taste ['ফোটেইস্ট্] *n* ~ **(of)** কোনো কিছুর আগাম আংশিক অভিজ্ঞতা; অগ্রস্বাদ; পূর্বাস্বাদ: a ~ of suffering/pleasure.

fore·tell [ফো°'টেল্] *vt (pt,pp* foretold [ফো'টৌল্ড্] আগাম বলা; ভবিষ্যদ্বাণী করা: ~ sb's future.

fore·thought ['ফো°থো°ট্] *n* [U] ভবিষ্যৎচিন্তা; পূর্বপরিকল্পনা; পরিণামদৃষ্টি।

fore·told, foretell-এর *pt,pp.*

fore·top ['ফো°টপ্] *n* (নৌ.) অগ্রমাস্তুলের শীর্ষদেশস্থ মঞ্চ।

for·ever [ফ়া'রেভা(র্)] *adv* সর্বদা; চিরদিন; অনন্ত কাল ধরে।

fore·warn [ফো°'ওয়ো°ন্] *vt* আগাম সতর্ক করা।

fore·woman [ফো°'ওয়ুমান্] *n (pl* women [-ওয়িমিন্]) মহিলা কর্মীদের প্রধান।

fore·word ['ফো°ওয়াড়] *n* [C] গ্রন্থের প্রথমে মুদ্রিত (বিশেষত লেখক ভিন্ন অন্য কারো লেখা) প্রারম্ভিক মন্তব্য; মুখবন্ধ।

for·feit ['ফো°ফিট্] *vt* শাস্তি বা পরিণাম হিসাবে কিংবা নিয়মকানুনের দরুন ক্ষতিস্বীকার করা বা ক্ষতিস্বীকার করতে বাধ্য হওয়া; (অধিকার) খোয়ানো: ~ the good opinion of one's friends; ~ one's health. □*n* [C] ১ খেসারত; মাশুল; দণ্ড; জরিমানা: His career was the ~ he paid for his impudence. ২ *(pl)* খেলা–বিশেষ: এতে একজন খেলোয়াড়কে তাঁর ভুলের জন্য বিভিন্ন সামগ্রী হাতছাড়া করতে হয় এবং হাস্যকর কিছু করে সেগুলি পুনরুদ্ধার করতে হয়। **~·ure** ['ফোফিচা(র্)] *n* [U] অধিকারহানি; অধিকারভ্রংশ: (the) ~ure of one's property.

for·fend [ফো°'ফেন্ড্] *vt* প্রতিহত/ব্যাহত করা।

for·gather, fore·gather [ফো°'গ্যাদা(র্)] *vt* একত্র হওয়া; মিলিত হওয়া।

for·gave [ফ়া'গেইভ্] forgive-এর *pt*

forge[1] [ফো°জ্] *n* [C] *vt* ১ কামারশালা। ২ ধাতু গলানো বা পরিশুদ্ধ করার জন্য চুল্লি; ঐরূপ চুল্লিযুক্ত কারখানা; হাপর।

forge[2] [ফো°জ্] *vt* ১ তাপ প্রয়োগ করে এবং হাতুড়ি দিয়ে পিটিয়ে তৈরি করা; গড়া: ~ an anchor; (লাক্ষ.) an intimacy ~d by shared convictions. ২ জাল করা। **forger** *n* জালিয়াত; জালকারক; জালসাজ। **forg·ery** ['ফো°জারি] *n* ১ [U] জালিয়াতি; জালসাজি। ১ [C] *(pl* ries) জাল দলিল, স্বাক্ষর ইত্যাদি। **forg·ing** *n* [C] তাপে গলিয়ে, পিটিয়ে কিংবা চাপ প্রয়োগে আকার দেওয়া ধাতুখণ্ড।

forge[3] [ফো°জ্] *vi* ~ **ahead** দৃঢ়ভাবে অগ্রসর হওয়া; (প্রতিযোগিতা ইত্যাদিতে) অগ্রগামী হওয়া।

for·get [ফ়া'গেট্] *vt,vi (pt* forgot [ফ়া'গট্], *pp* forgotten [ফ়া'গট্‌ন্]) ১ ~ **(about)** ভুলে যাওয়া; মনে না থাকা; বিস্মৃত হওয়া। **forget-me-not** [ফ়া'গেট্ মি নট্] *n* নীল রঙের ফুলবিশিষ্ট ক্ষুদ্র উদ্ভিদবিশেষ। ২ অবহেলা করা বা (কিছু করতে) ব্যর্থ হওয়া; ভোলা; ভুলে যাওয়া: Don't ~ to return the book. ৩ মন থেকে মুছে ফেলা; ভুলে যাওয়া: Can't you ~ the past? ৪ মনোযোগ না দেওয়া; ভোলা: He did not ~ the cabin boy, তাকেও বখশিশ দিতে ভোলেনি। ৫ ~ **oneself** (ক) অবিবেচকের মতো এমন আচরণ করা যা নিজের মর্যাদা বা পরিস্থিতির সঙ্গে মানানসই নয়; আত্মবিস্মৃত হওয়া। (খ) কেবল অন্যের স্বার্থের কথা ভেবে নিঃস্বার্থভাবে কাজ করা। **~·ful** [-ফ়ল্] *adj* ভুলো; বিস্মরণশীল; ভুলো মন। **~·fully** [-ফ়লি] *adv* ভুলে গিয়ে। **~·ful·ness** *n* বিস্মরণ প্রবণতা।

for·give [ফ়া'গিভ্] *vt,vi (pt* forgave [ফ়া'গেইভ্], *pp* forgiven [ফ়া'গিভ্‌ন্]) ১ ~ **sb (sth/for doing sth)** ক্ষমা/মাফ/মার্জনা করা। ২ (ঋণ) প্রত্যর্পণ দাবি না করা; মাফ/মার্জনা করা: Have you ~n the debt. **for·giv·able** [-অব্‌ল্] *adj* ক্ষমার্হ; ক্ষমাযোগ্য; মার্জনীয়। **for·giv·ing** *adj* ক্ষমাশীল: a forgiving nature. **for·giv·ing·ly** *adv* ক্ষমাশীলতার সঙ্গে। **~·ness** *n* [U] ক্ষমা; ক্ষমাশীলতা: ask for ~ness; full of ~ness.

forgo [ফো°'গৌ] *vt (pt* forwent [ফো°ওয়েন্ট্], *pp* forgone [ফো°'গন US -'গো°ন্] ছাড়া; ত্যাগ করা; বর্জন করা; ছেড়ে দেওয়া: ~ a privilege.

for·got, for·got·ten, দ্র. forget.

fork [ফো°ক্] *n* [C] ১ (য়োরোপীয় প্রথায় খাওয়ার জন্য) কাঁটা। '~ **lunch/ supper** যে ভোজে অতিথি যার যার খাবার নিজে তুলে নিয়ে দাঁড়িয়ে দাঁড়িয়ে আহার করে। ২ খামারে বা বাগানে মাটি ভাঙা, খড়বিচালি তোলা ইত্যাদি কাজের জন্য হাতিয়ারবিশেষ; চাঙ্গাল। ৩ রাস্তা, গাছের কাণ্ড ইত্যাদি যে স্থানে শাখা–প্রশাখায় বিভক্ত হয়; সন্ধিস্থল; সাইকেলের যে অংশের সঙ্গে চাকা যুক্ত থাকে। অপিচ দ্র. tune ভুক্তিতে tuning-~. ৪ ,**~-lift** '**truck** পণ্যসামগ্রী যান্ত্রিকভাবে উত্তোলন ও অবতারণের ব্যবস্থা সংবলিত ট্রাক বা ট্রলি। □*vt,vi* ১ দিয়ে ওঠানো; সরানো; টানা: ~ hay/straw; ~ the ground over, চাঙ্গাল দিয়ে মাটি উল্টে দেওয়া। ২ (নদী, রাস্তা ইত্যাদি সম্বন্ধে) শাখায় বিভক্ত হওয়া; (ব্যক্তি সম্বন্ধে) (ডাইনে বা বাঁয়ে) মোড় নেওয়া: They ~ ed left at the post office. ৩ ~ **sth out; ~ up/out** (কথ্য) হাতে তুলে দেওয়া; পাওনা পরিশোধ করা: ~ out a lot of money to the collector of Taxes. **~ed** *adj* শাখান্বিত; দ্বিধাবিভক্ত; দ্বিশিখ দুই বা ততোধিক শাখায় বিভক্ত: a ~ed road; the ~ed tongue of a snake; ~ed lightning, বিদ্যুৎ–লতা।

for·lorn ['ফ়ালো°ন্] *adj* (কাব্যিক বা সাহিত্য.) অসুখী; হতভাগ্য; নিঃসহায়; নিঃশরণ; নিরাশ্রয়; পরিত্যক্ত; অপবিদ্ধ। ~ **hope** মরিয়া হয়ে ওঠা প্রযত্ন; যে পরিকল্পনা বা উদ্‌যোগের সফলতার সম্ভাবনা একেবারেই ক্ষীণ; নিষ্ফল প্রয়াস। **~·ly** *adv* নিঃসহায়ভাবে। **~·ness** *n* নিঃসহায়ত্ব; অসহায়ত্ব।

form[1] [ফো°ম্] *n* ১ [U,C] রূপ; আকার; আকৃতি; বাহ্য অবয়ব; মূর্তি; গঠন; শরীর: take ~; a well-proportioned ~. ২ [U] সামগ্রিক বিন্যাস বা নির্মিতি; সংস্থানকৌশল; রূপ: a piece of music in concerto ~; literary ~, সাহিত্যরূপ; a sense of ~, রূপ সচেতনতা। ৩ [C] বিশেষ ধরনের বিন্যাস বা নির্মিতি; রূপ: ~ of government; ~s of animal and vegetable life. ৪ [U,C] (ব্যাক.) (শব্দের) রূপ: change ~; different in ~ but identical in meaning. ৫ [U] প্রথা বা শিষ্টাচার সম্মত চলন–বলন; লৌকিকতা; রীতি: do sth for ~'s sake. **good/bad** ˈ~ সুরীতি/কুরীতি; শিষ্টাচারসম্মত/শিষ্টাচার বিরুদ্ধ আচরণ। ৬ আচরণ ইত্যাদির বিশেষ বিশেষ রূপ; আচার; রীতি–নীতি; রূপ: pay too much attention to ~s; ~s of worship. ৭ [C] জ্ঞাতব্য বিষয় দিয়ে পূর্ণ করার জন্য ছক–কাটা কাগজ; নিদর্শ; ফর্ম: application ~s; অধিক সংখ্যায় প্রেরিত ছাপানো বা টাইপ করা চিঠি; মুদ্রিত চিঠি (**~ letter** নামেও পরিচিত)। ৮ [U] (বিশেষত ঘোড়া ও ক্রীড়াবিদদের) স্বাস্থ্য ও প্রশিক্ষণের অবস্থা; হাল তবিয়ত: in good of ~. **in/out of ~; on/off ~** ভালো/মন্দ অবস্থায়: He's on ~ and hopes to win the 400 metres race. ৯ [U] মেজাজ; মানসিক অবস্থা: Look, the old man is in great ~. ১০ [C] কাঠের লম্বা (সাধা. পিঠবিহীন) বেঞ্চ। ১১ [C] ব্রিটেনের স্কুলে শ্রেণী (১ম থেকে ৬ষ্ঠ)। **~·less** *adj* আকারবিহীন; নিরবয়ব। **~·less·ly** *adv* আকারহীনভাবে।

form[2] [ফো°ম্] *vt,vi* ১ আকার দেওয়া; বানানো; তৈরি করা; গঠন করা; রচনা করা: ~ words and sentences; ~ one's style on good models. ২ বিকশিত করা; গঠন করা; গড়া: ~ a child's character/mind; ~ good habits; ~ ideas/plans/opinions. ৩ সংগঠিত করা; গঠন করা: ~ a committee/a class for adults. ৪ উপাদান বা অঙ্গস্বরূপ হওয়া; অন্যতম হওয়া: This amount ~s part of our contributions to the relief fund. ৫ ~ **into** (সাম.) বিশেষ কোনো রূপে বিন্যস্ত করা বা হওয়া; গঠন করা বা গঠিত হওয়া: ~ a regiment into columns. ৬ অস্তিত্ব পরিগ্রহ করা; কঠিন হওয়া; রূপ পরিগ্রহ করা; গঠিত হওয়া; গড়ে ওঠা; The poem ~ed slowly in his mind.

for·mal [ˈফো°মল্] *adj* ১ আনুষ্ঠানিক: ~ dress; a ~ receipt, বাণিজ্যিক রীতি অনুযায়ী; নিয়মানুগ ও যথাযথ। ২ জ্যামিতিক; প্রতিসম; নকশার দিক থেকে নিয়মিত বা জ্যামিতিক: ~ gardens. ৩ রূপগত (সারগত নয়); বাহ্যিক: a ~ resemblance between two things. ৪ ˌ~ ˈ**grammar** শব্দরূপ, বাক্যরীতি ইত্যাদি–ঘটিত ব্যাকরণ; রৌপ ব্যাকরণ। **~·ly** [–মালি] *adv* আনুষ্ঠানিকভাবে। **~·ism** [–লিজ়াম্] *n* [U] ধর্মীয় কর্তব্য, আচরণ ইত্যাদিতে রীতিনীতি ও অনুষ্ঠানাদির যথাযথ পালন; আচারনিষ্ঠা; আচারপ্রিয়তা।

for·mal·de·hyde [ফো°ম্যাল্‌ডিহা ইড্] *n* [U] (রস.) বর্ণহীন গ্যাসবিশেষ (HCHO), যা জলে দ্রবীভূত করে রক্ষনোপাদান ও জীবাণুনাশক রূপে ব্যবহৃত হয়; ফর্ম্যালডিহাইড। **for·malin** [ফো°মালিন্] *n* [U] (রস.) জীবাণুনাশকরূপে ব্যবহৃত ফর্ম্যালডিহাইডের দ্রবণ; ফর্মালিন।

for·mal·ity [ফো°ম্যালাটি] *n* (*pp* -ties) ১ [U] আনুষ্ঠানিকতা। ২ [C] আনুষ্ঠানিক কার্য; আনুষ্ঠানিকতা: legal formalities. **a mere ~** নিছক আনুষ্ঠানিকতা (যা তাৎপর্যহীন হলেও পালন করতে হয়)।

for·mat [ˈফো°ম্যাট্] *n* ১ বইয়ের (মুদ্রণ, কাগজ ও বাঁধাই–সহ) আকার ও আয়তন: reissue a book in a new ~. ২ বিন্যাস; কার্যবিধি; রীতি; শৈলী; ধরন: the ~ of a conference/interview/meeting.

for·ma·tion [ফো°মেইশ্‌ন্] *n* ১ [U] গঠন; সৃজন: the ~ of character/of ideas in the mind; [C] যা গঠিত হয়েছে। [U] বিন্যাস; ব্যূহ; সজ্জা: warships in ˈbattle ~; (attrib) ˈ~ flying/dancing; [C] বিশেষ বিন্যাস বা ক্রম: rock ~s, শিলার স্তরবিন্যাস; [C] (ফুটবল, রাগবি প্রভৃতি) খেলার শুরুতে খেলোয়াড়দের বিন্যাস; সমাবেশ।

for·ma·tive [ˈফো°মাটিভ্] *adj* ১ রূপদায়ক বা রূপদানের প্রবণতাবিশিষ্ট; গঠনাত্মক: ~ influences (যেমন কোনো শিশুর চরিত্রের উপর)। ২ নমনীয়; গঠনাত্মক: the ~ years of a child's life, যে বয়সে তার চরিত্র গঠিত হয়।

forme [ফো°ম্] *n* (মুদ্রণে) ফর্মা।

for·mer [ˈফো°মা(র্)] *ad* ১ আগেকার; পূর্বের; পূর্বতন; প্রাক্তন; সাবেক; ভূতপূর্ব; বিগত: in ~ times; the ~ headmaster. ২ (অপিচ pron হিসাবে) **the ~** (**the latter**-এর বিপরীত) প্রথমোক্ত; প্রথমটি: Of the two solutions he prefered the ~. **~·ly** *adv* আগেকার দিনে; পূর্বকালে।

for·mic [ˈফো°মিক্] *adj* ˌ~ ˈ**acid** (কীটনাশক বা ধূপনদ্রব্যাদি তৈরিতে ব্যবহৃত) অম্লবিশেষ, যা স্বাভাবিকভাবে পিঁপড়ার দেহনিঃসৃত রসে থাকে; ফর্মিক অ্যাসিড।

for·mica [ফো ˈমাইকা] *n* [U] (p) (আসবাবপত্র ইত্যাদির উপরিভাগ আচ্ছাদিত করার জন্য) অপরোধী প্লাস্টিকের পাতবিশেষ; ফর্মাইকা।

for·mi·dable [ˈফো°মিডাব্‌ল্] *adj* ১ ভয়ানক; ভয়ঙ্কর; ভীতিকর: a man with a ~ appearance. ২ দুর্জয়; দুর্ধর্ষ; দারুণ; বিপুল; দুর্দান্ত: ~ obstacles/ opposition/ enemies/ debts. **for·mi·dably** [–ডাব্‌লি] *adv* ভয়ঙ্করভাবে ইত্যাদি।

for·mula [ˈফো°মিউলা] *n* (*pl* -s কিংবা; বৈজ্ঞানিক প্রয়োগে; -e [–লী]) ১ প্রতিনিয়ত ব্যবহৃত শব্দাবলী (যেমন 'How, d'you do?', 'Excuse me', 'Thank you'); মামুলি বুলি; আইনঘটিত দলিল; গির্জার অনুষ্ঠান ইত্যাদিতে প্রায়শ ব্যবহৃত বাক্য বা বাক্যাংশ; বাঁধাগৎ। ২ বিশেষত সঙ্কেত বা সংখ্যার সাহায্যে ব্যক্ত নিয়ম, তথ্য ইত্যাদির বিবৃতি, সূত্র, আর্যা; (রস.) কোনো বস্তুর গঠন উপাদানসমূহের প্রতীকী অভিব্যক্তি; সঙ্কেত (যেমন H_2O, জল)। ৩ ওষুধ বানানোর জন্য সাধা. প্রতীকের সাহায্যে প্রদত্ত নির্দেশাবলী; নিয়ম; ব্যবস্থা; পদ্ধতি: a ~ for a cough mixture.

for·mu·late [ˈফো°মিউলেইট্] *vt* স্পষ্ট করে; যথাযথভাবে প্রকাশ করা; সূত্রবদ্ধ করা: ~ one's thoughts/a doctrine. **for·mu·la·tion** [ফো°মিউ্যালেইশ্‌ন্] *n* [U] সূত্রবদ্ধকরণ; [C] সূত্রবদ্ধ বিবৃতি; সূত্র।

for·ni·ca·tion [ˌফো°নিˈকেইশ্‌ন্] *n* [U] বিবাহিত কিংবা অবিবাহিত পুরুষ ও অবিবাহিতা নারীর মধ্যে স্বতঃপ্রবৃত্ত যৌনমিলন; ব্যভিচার; লাম্পট্য। দ্র. adultery. **for·ni·cate** [ˈফো°নিকেইট্] *vti* ব্যভিচারে লিপ্ত হওয়া; লাম্পট্য করা।

for·sake [ফ়াˈসেইক্] *vt* (*pt* forsook [ফ়াˈসুক্], *pp* forsaken [ফ়াˈসেইকান্]) পরিত্যাগ করা; ছেড়ে দেওয়া; বর্জন/অপবর্জন করা; সম্পর্কচ্ছেদ করা: ~ one's wife and children; ~ bad habits.

for·sooth [ফো°সূথ্] *adv* (বক্রাঘাতে) নিঃসন্দেহে; সত্যিই।

for·swear [ফো ˈসোয়েআ(র্)] *vt* (*pt* forswore [ফো°সোয়ো°(র্)], *pp* forsworn [ফো°সোয়ো°ন্]) ১ (অভ্যাস ইত্যাদি) ছেড়ে দেওয়া; পরিত্যাগ করা: ~ bad habits/smoking. ২ ~ **oneself** হলফ করার পর জ্ঞাতসারে মিথ্যা বলা; সত্যভঙ্গ করা।

fort [ফো°ট্] *n* দুর্গ; গড়; কেল্লা।

forte[1] [ফো°টেই US ফো°ইট্] *n* কোনো ব্যক্তির বিশেষ ক্ষমতা বা গুণ; বিশেষ পারঙ্গমতা: Mathematics is not my ~.

forte[2] [ফো°টেই] *adj,adv* (ইতা., সঙ্গীত) (সং. F) প্রবল(ভাবে)।

forth [ফো°থ্] *adv* ১ (পুরা.) বাহিরে; (আনুষ্ঠা.) সামনের দিকে: from this day ~, আজকের দিন থেকে। ২ **and so ~** ইত্যাদি, প্রভৃতি। **back and ~** সামনে-পিছনে (to and fro এই অর্থে অধিক প্রচলিত)। ৩ **hold ~**, দ্র. hold[1](১৪)।

forth·com·ing [ˌফো°থ্'কামিঙ্] *adj* ১ অধুনা; অধুনা প্রকাশিতব্য: a list of ~ books. ২ (pred) প্রয়োজনের সময় ব্যবহার করা যায় এমন: The contributions they hoped for was not ~, তাদের হস্তগত হয়নি। ৩ সাহায্য করতে, তথ্যাদি জানাতে আগ্রহী/প্রস্তুত: The gentleman at the information desk was not ~.

forth·right ['ফো°থ্রাইট্] *adj* স্পষ্টবাদী; স্পষ্টভাষী; স্পষ্টবাক; ঠোঁটকাটা; ঋজুপ্রকৃতি; ঋজুগ।

forth·with [ˌফো°থ্'ওয়িথ্ US -'ওয়িদ্] *adv* এই মুহূর্তে; তৎক্ষণাৎ; অবিলম্বে; সঙ্গে সঙ্গে।

for·ti·eth ['ফোটিআথ্] দ্র. forty.

for·tify ['ফোটিফাই] *vt* (*pt,pp* -fied) **~ (against)** (প্রাচীর, পরিখা, কামান ইত্যাদির সাহায্যে) আক্রমণের বিরুদ্ধে (কোনো স্থানকে) সুরক্ষিত দুর্ভেদ্য করা: a fortified city/zone; ~ oneself against the cold, যেমন গরম কাপড় পরে। **fortified wine** আঙুরের রসের ব্র্যান্ডি ইত্যাদি মিশ্রিত মদ (যেমন শেরি); সমৃদ্ধ মদ। **for·ti·fi·ca·tion** [ˌফো°টিফি'কেইশ্ন্] *n* [U] পরিখাপ্রাচীরাদিনির্মাণ; দৃঢ়করণ; দুর্গকরণ।

for·ti·tude ['ফো°টিটিউড্ US -টূড্] *n* [U] বিপদ, যন্ত্রণা বা অসুবিধার মুখে স্থৈর্য; আত্মসংযম; বীরোচিত ধৈর্য; তিতিক্ষা।

fort·night ['ফো°টনাইট্] *n* পক্ষকাল; পক্ষ। **~·ly** *adj,adv* পাক্ষিক; পাক্ষিকভাবে; পক্ষকাল অন্তর: go ~ly, প্রতি পক্ষে একবার যাওয়া।

fortran, FORTRAN [ফো°ট্র্যান্] *n* কম্পিউটারের পূর্বলেখের ভাষাবিশেষ, যা প্রধানত বিজ্ঞান ও গণিতের গণনায় ব্যবহৃত হয়; ফরট্র্যান (formula translation-এর সংক্ষেপ)।

for·tress ['ফো°ট্রিস্] *n* সুরক্ষিত ভবন বা নগর; দুর্গ; গড়; নগরদুর্গ।

for·tu·itous ['ফো°টিউটাস্ US -টূ-] *adj* (আনু.) আকস্মিক; দৈবিক: a ~ meeting. **~·ly** *adv* দৈবাৎ; আপাতকভাবে।

for·tu·nate ['ফো°চনাট্] *adj* ভাগ্যবান; সৌভাগ্য-পূর্ণ; শুভ; অনুকূল। **~·ly** *adv* সৌভাগ্যক্রমে; ভাগ্যবলে; ভাগ্যগুণে।

for·tune ['ফো°চূন্] *n* ১ [C,U] দৈব্য; ভাগ্য; অদৃষ্ট; বরাত; বিধি; কপাল; নিয়তি; সৌভাগ্য বা দুর্ভাগ্য: have ~ on one's side, ভাগ্য সুপ্রসন্ন হওয়া। **the ~(s) of war** যুদ্ধের সৌভাগ্য-দুর্ভাগ্য। **try one's ~** ভাগ্য পরীক্ষা করা; ঝুঁকিপূর্ণ পদক্ষেপ নেওয়া। **tell sb his ~** কারো ভাগ্য গণনা করা। '**~ teller** *n* গণক; গ্রহাচার্য; জ্যোতিষী। ২ [C,U] সমৃদ্ধি; সৌভাগ্য; সাফল্য; অঢেল ধনসম্পদ; ঐশ্বর্য: man of ~, বিত্তশালী ব্যক্তি। **come into a ~** বিপুল অর্থের উত্তরাধিকারী হওয়া। **make a ~** অঢেল অর্থ উপার্জন করা। **marry a ~** উত্তরাধিকার সূত্রে ধনাঢ্য কারো পাণিগ্রহণ করা। **a small ~** এক কাড়ি টাকা: spend a small ~ on cosmetics. '**~ hunter** *n* যে ব্যক্তি ধনাঢ্য কোনো মহিলাকে বিয়ে করে ধনী হতে চায়; ভাগ্য-শিকারি।

forty ['ফো°টি] *adj,n* চল্লিশ। দ্র. পরি. ৪। **the forties** ৪০ থেকে ৪৯, চল্লিশের দশক। **have ~ winks,** দ্র. wink. **for·ti·eth** ['ফো°টিআথ্] *adj,n* চত্বারিংশত্তম; চল্লিশতম।

fo·rum ['ফো°রাম্] *n* (প্রাচীন রোমে) সর্বসাধারণের সভাস্থল; যে কোনো প্রকাশ্য আলোচনাস্থল; মঞ্চ: a ~ for the discussion of public affairs.

for·ward[1] ['ফো°ওয়াড়] *adj* (দ্র. backword) ১ সম্মুখাভিমুখী; অগ্রবর্তী; অগ্রগামী; সম্মুখস্থ; পুরোগামী; পুরোস্থিত; আগুয়ান: a ~ march. ২ (উদ্ভিদ, ফসল, ঋতু ও শিশু সম্বন্ধে) বেশ অগ্রসর; বর্ধিষ্ণু; বাড়ন্ত; অকালপক্ব: a ~ spring. ৩ ব্যগ্র বা অধৈর্য; উদগ্রীব: ~ to help others; প্রগলভ; অহঙ্কারী: a ~ young girl. ৪ অগ্রসর বা চরম: ~ opinions. ৫ (বাণিজ্য) অগ্রিম; আগাম: ~ prices; a ~ contract. □*n* ফুটবল, হকি ইত্যাদি খেলায় সম্মুখভাগের খেলোয়াড় (ফুটবলে অধুনা প্রায়শ একে striker বলা হয়)। **~·ness** *n* [u] প্রত্যুৎপন্নতা; ব্যগ্রতা; প্রগল্‌ভতা; নির্লজ্জতা।

for·ward[2] ['ফো°ওয়াড়] *vt* ১ এগিয়ে নেওয়া; উন্নতিতে/অগ্রগতিতে সাহায্য বা সহায়তা করা: ~ sb's plans. ২ পাঠানো; প্রেরণ করা: ~ goods to sb. '**~ing agent** *n* যে ব্যক্তি বা বাণিজ্যিক প্রতিষ্ঠান পণ্যদ্রব্যাদি যথাস্থানে প্রেরণের কাজ করে; প্রেরণ-প্রতিনিধি। '**~ing instructions** পণ্যাদি প্রেরণবিষয়ক নির্দেশাবলী। ৩ কোনো ব্যক্তির চিঠিপত্র, পার্সেল ইত্যাদি তাঁর নতুন ঠিকানায় পাঠানো: The parcel was ~ed to his new address.

for·ward(s) ['ফো°ওয়াড়(জ্)] *adv* (নীচের ৪ ছাড়া অন্যত্র ~s -এর প্রয়োগ বিরল) ১ (অগ্রগতি সাধনের জন্য) সামনের দিকে; সম্মুখে: rush / step ~; go ~. দ্র. carriage (৩)। ২ ভবিষ্যতের দিকে; কালের দিক থেকে সামনে: from this time ~, এখন থেকে; look ~; ভবিষ্যৎ চিন্তা করা; আগাম চিন্তা করা। **look ~ to sth,** দ্র. look[1] (৭)। ৩ সম্মুখে। সম্মুখ সারিতে: bring ~ new evidence, নতুন সাক্ষ্যপ্রমাণের প্রতি দৃষ্টি আকর্ষণ করা; come ~, এগিয়ে আসা। ৪ **backward(s) and ~(s)** সামনে-পিছনে।

fosse [ফস্] *n* [C] পরিখা; গড়খাই; খানা; খন্দক।

fos·sil ['ফস্ল্] *n* [c] ১ জীবাশ্ম: (attrib) ~ bones / shells, অশ্মীভূত অস্থি/খোলা। ২ (কথ্য) নতুন চিন্তা-ভাবনা মেনে নিতে অসমর্থ সে-কেলে লোক। **~·ize** ['ফসালাইজ্] *vt,vi* অশ্মীভূত হওয়া বা করা; (লাক্ষ.) সেকেলে হওয়া বা করা। **~·iz·ation** [ˌফসালাই'জেইশ্ন্ US -লি'জেই-] *n* অশ্মীভবন।

fos·ter ['ফস্টা(র্) US 'ফো°-] *vt* লালন-পালন/প্রতিপালন করা; পোষণ/লালন করা: ~ a child; ~ evil thoughts. '**~-brother/ -sister***nn* নিজ পিতামাতা কর্তৃক প্রতিপালিত ভাই/বোন। '**~-child** *n* প্রতিপালিত সন্তান। **~-parent/ -mother/ -father** *n* পালক পিতা/মাতা ইত্যাদি। দ্র. adopt.

fought [ফো°ট্] fight -এর *pt,pp*

foul[1] [ফ়াউল্] *adj* ১ নোংরা; পূতিগন্ধ; বিস্বাদ; বিশ্রী; জঘন্য: a ~ meal, (অপ.) যাচ্ছে–তাই খাবার। ২ দুষ্ট; কদর্য; গর্হিত; পাপ–; (ভাষা সম্বন্ধে) অশ্লীল; অকথ্য; (আবহাওয়া সম্বন্ধে) দুর্যোগপূর্ণ; ঝোড়ো। **,~-'spoken/-'mouthed** *adj* নোংরা–মুখ; অশ্লীলভাষী। **by ,fair means or '~** যেমন করেই হোক; ন্যায়ের পথেই হোক আর অন্যায়ের পথেই হোক। ৩ **,~ 'play (ক)** (খেলাধুলায়) নিয়মবিরুদ্ধ খেলা। **(খ)** হিংস্র অপরাধ, বিশেষত খুন: The police suspects ~ play. ৪ জট–পাকানো: a ~ rope. ৫ (পাইপ, নালি, বন্দুকের নল ইত্যাদি সম্বন্ধে) বদ্ধ; বোজা: The chimney is ~. ৬ **fall ~ of (ক)** (জাহাজ সম্বন্ধে) সংঘৃষ্ট হওয়া; জড়িয়ে যাওয়া। **(খ)** (লাক্ষ.) জটিলতায়/ঝামেলায় জড়িয়ে পড়া: fall ~ of the law. □*n* ১ [C] (খেলাধুলা) নিয়মবিরুদ্ধ খেলা; অনিয়ম। ২ [U] **through fair and ~** সুদিনে–দুর্দিনে; সকল অবস্থায়। **~·ly** ['ফ়াউল্লি] *adv* জঘন্যভাবে: The traveller was ~ly murdered. **~·ness** *n* জঘন্যতা ইত্যাদি।

foul[2] [ফ়াউল্] *vt,vi* **~ (up)** ১ নোংরা/দূষিত/কলুষিত/কলঙ্কিত করা; রুদ্ধ করা: ~ a drain/gun-barrel. ২ সংঘৃষ্ট হওয়া; ধাক্কা খাওয়া; জড়িয়ে যাওয়া। ৩ (খেলাধুলা) নিয়মভঙ্গ করে খেলা বা কাউকে আঘাত করা: ~ an opponent.

fou·lard [ফ়ূলেআড়] *n* পাতলা রেশম কিংবা রেশম ও কার্পাস–মিশ্রিতবস্ত্রবিশেষ।

found[1] [ফ়াউন্ড্] find -এর *pt,pp*

found[2] [ফ়াউন্ড্] *vt* ১ ভিত্তিস্থাপন করা; পত্তন/স্থাপন করা। ২ অর্থ সরবরাহ করে (বিশেষত দানের সাহায্যে) কিছুর সূত্রপাত করা; প্রতিষ্ঠা করা: ~ a new school. ৩ **~ sth on/upon** ভিত্তি করা; ভিত্তি হিসাবে গ্রহণ করা: a novel ~ed on fact.

foun·da·tion [ফ়াউন্'ডেইশ্ন্] *n* ১ [U]স্থাপন; পত্তন; সংস্থাপন। ২ [C] প্রতিষ্ঠান। ৩ [C] (প্রায়শ *pl*) ভিত্তি; বুনিয়াদ: the ~(s) of a block of flats. **'~-stone** *n* ভিত্তিপ্রস্তর; ভিত্তিশিলা। ৪ [C,U] অন্তর্নিহিত মূলসূত্র; সূচনাবিন্দু; ভিত্তি: the ~s of religious beliefs. ৫ **'~ garment** (বাণিজ্যিক প্রয়োগ) মেয়েদের শরীরের আলম্বনস্বরূপ কটিদেশ ও নিতম্বের অন্তর্বাসবিশেষ (অনেক সময় কাঁচুলিযুক্ত)। **'~ cream** (প্রসাধনী) অন্য প্রসাধনী ব্যবহার করবার আগে ত্বকের উপর লাগাবার ক্রিমবিশেষ।

foun·der[1] ['ফ়াউন্ডা(র্)] *n* প্রতিষ্ঠাতা; প্রতিষ্ঠাপয়িতা; স্থাপক; স্থাপয়িতা। **~ member** *n* কোনো প্রতিষ্ঠানের প্রতিষ্ঠাতাদের একজন; প্রতিষ্ঠাতা সদস্য। **found·ress** ['ফ়াউন্ড্রিস্] *n* প্রতিষ্ঠাত্রী; স্থাপিকা; স্থাপয়িত্রী।

foun·der[2] ['ফ়াউন্ডা(র্)] *vi,vt* ১ (জাহাজ সম্বন্ধে) ডোবা বা ডোবানো; নিমজ্জিত হওয়া বা করা। ২ (ঘোড়া সম্বন্ধে) (বিশেষত কাদায় বা অতি শ্রমের দরুন) বসে পড়া; ভূপাতিত হওয়া; অতিরিক্ত পরিশ্রম করিয়ে অচল করা। ৩ (পরিকল্পনা ইত্যাদি সম্বন্ধে) ব্যর্থ হওয়া; ভেস্তে যাওয়া।

found·ling ['ফ়াউন্ড্লিঙ্] *n* নাম–না–জানা পিতা–মাতার পরিত্যক্ত শিশু; বে–ওয়ারিশ শিশু। **'~ hospital** (প্রা.প্র.) (পরিত্যক্ত শিশুদের পরিচর্যার জন্য) শিশুসদন।

foun·dry ['ফ়াউন্ড্রি] *n* (*pl* -dries) ধাতু বা কাচ ঢালাইয়ের কারখানা; ঢালাইখানা: a 'type ~.

fount [ফ়াউন্ট্] *n* ১ (কাব্যিক) ঝর্না; প্রস্রবণ; ফোয়ারা; নির্ঝর। ২ (অপিচ font) একই রকম আকার ও আয়তনবিশিষ্ট মুদ্রাক্ষরসমূহ; এক ছাঁচের মুদ্রাক্ষর। ৩ (কাব্যিক বা আল.) উৎস; উদ্ভব।

foun·tain ['ফ়াউন্টিন্ US -ট্ন্] *n* ১ (বিশেষত কৃত্রিম) প্রস্রবণ; ফোয়ারা। **'drinking-~** *n* জনসাধারণের জন্য খোলা জায়গায় পানীয় জল সরবরাহের ফোয়ারা। **'~-pen** *n* ঝর্না–কলম। **'soda-~,** দ্র. soda. ২ (লাক্ষ.) উৎস; প্রভব: the ~ of justice. **'~-head** *n* মূল উৎস; উৎসমুখ; আদি উৎস।

four [ফ়ো(র্)] *n,adj* চার: a coach and ~, চার ঘোড়ার গাড়ি; the ~ corners of the earth, পৃথিবীর সুদূরতম প্রান্ত। দ্র. পরি. ৪। **,~-letter 'word** চার বর্ণের শব্দ, যা অশ্লীল বলে বিবেচিত (যেমন shit)। **on all ~s** হামাগুড়ি দিয়ে; চার হাত পায়ে। **be on all ~s (with)** হুবহু/অবিকল একরকম হওয়া। **a ~** চার মাল্লার বাইচের নৌকা; (ক্রিকেট) চার রানের মার। **,~-in-'hand** *n* সামনে অশ্বারোহী উপরক্ষ ছাড়া চার ঘোড়ার গাড়ি। **'~-part** *adj* (সঙ্গীত) চার কণ্ঠের উপযোগী। **~·pence** ['ফ়ো·পান্স্] *n* ৪ পেনি। **~·penny** ['ফ়ো·পনি US -পেনি] *adj* চার পেনি দামের: a ~penny loaf. **'~-ply** *adj* (পশম, কাঠ ইত্যাদি সম্বন্ধে) চার সুতার। **,~-'poster** *n* পর্দা বা চাদোয়া টানাবার জন্য চার খুঁটিওয়ালা খাট। **,~-'pounder** *n* ৪ পাউন্ড ওজনের গোলা নিক্ষেপের উপযোগী কামান। **'~·score** *adj. n* চার কুড়ি; আশি। **'~·square** *adj* বর্গাকার; (লাক্ষ.) স্থির; সুদৃঢ়। **,~-'wheeler** *n* চার চাকার ছেকড়া গাড়ি। **~·fold** ['ফ়ো·ফ়ৌল্ড্] *adj,adv* চারগুণ; চার ভাগে বিভক্ত। **~·some** ['ফ়ো·সাম্] *n* দুই যুগলের মধ্যে (বিশেষ গলফ) খেলা: a mixed ~some, প্রত্যেক জোড়ায় একজন পুরুষ এবং একজন মহিলা–সহ। **~·teen** [,ফ়ো'টীন্] *n,adj* চৌদ্দ, চতুর্দশ, দ্র. পরি. ৪। **~·teenth** [,ফ়ো'টীন্থ্] *n,adj* চৌদ্দতম; চতুর্দশ। দ্র. পরি. ৪। **fourth** [ফ়ো থ্] *n,adj* চতুর্থ। দ্র. পরি. ৪। **fourth of July** [US] স্বাধীনতা ঘোষণা–দিবস (১৭৭৬)। **Fourth·ly** *adv* চতুর্থত।

fowl [ফ়াউল্] *n* ১ (প্রা. প্র.) যে কোনো পাখি: The ~s of the air. ২ (pref –সহ) যে কোনো বড়ো আকারের পাখি: 'wild ~, বুনোপাখি; 'water ~, জলচর পাখি। ৩ গৃহপালিত মোরগ–মুরগি। **'~-pest** *n* মুরগির মড়ক। **'~-run** (সাধা. ঘেরাও করা) মুরগির খামার। ৪ [U] (খাদ্য হিসাবে) মুরগি: roast ~ for dinner. □*vi* (সাধা. gerund হিসাবে) বুনোপাখি ধরা বা শিকার করা: go ~ing. **'~·ing-piece** *n* পাখি শিকারের জন্য হালকা বন্দুকবিশেষ। **~er** *n* পাখি শিকারি; ব্যাধ।

fox[1] [ফ়ক্স্] *n* (*fem* **vixen** ['ভিক্স্ন্]) খেঁকশিয়াল; শৃগাল; শিবা। **'fox-glove** *n* নীললোহিত কিংবা শাদা ফুলের দীর্ঘ মঞ্জরিবিশিষ্ট উদ্ভিদবিশেষ। **'fox·hole** *n* (সাম.) শত্রুদের গোলাগুলি থেকে আত্মরক্ষার জন্য এবং গুলি করার অবস্থান হিসাবে মাটিতে খোঁড়া গর্ত; শৃগালবিবর। **'fox·hound** *n* শিয়াল শিকারের জন্য প্রশিক্ষণ দেওয়া ডালকুত্তাবিশেষ। **'fox·hunt** *n,vi* (কুকুর লেলিয়ে) শৃগালশিকার (করা)। **,fox-'terrier** *n* গর্ত থেকে শিয়ালকে তাড়া দিয়ে বার করার জন্য ব্যবহৃত ছোট, চটপটে, খাটো লোমওয়ালা কুকুরবিশেষ। **'fox·trot** *n* ধীর ও দ্রুত লয়ের সামাজিক নৃত্যবিশেষ এবং এই নাচের সহগামী বাদ্য; শিয়াল নাচ। **foxy** *adj* ধূর্ত, ধূর্ত চেহারার; খল।

fox[2] [ফ়ক্স্] *vt* (কথ্য) শঠতার দ্বারা ঠকানো; প্রতারিত করা; বিভ্রান্ত করা।

foyer [ˈফ্যএই US ˈফয়অর্] *n* বিরতির সময় দর্শকদের ব্যবহারের জন্য রঙ্গালয়ে প্রশস্ত উন্মুক্ত স্থান; সিনেমা বা হোটেলের প্রবেশ কক্ষ।

fra·cas [ˈফ্র্যাকা: US ˈফ্রেইকাস্] *n* (*pl* GB ~ [-কা:জ্], US-es [-কাসাস্] হৈচৈ; হট্টগোল; হাঙ্গাম-হুজ্জৎ।

frac·tion [ˈফ্র্যাকশ্ন্] *n* ১ ক্ষুদ্র অংশ; ভগ্নাংশ। ২ ভগ্নাঙ্ক; ভগ্নাংশ (যেমন $\frac{5}{8}$, ০.৩৫)। **~al** [-শান্ল্] *adj* ভগ্নাংশঘটিত; ভগ্নাংশে। **~al distillation** বিভিন্ন স্ফুটনাঙ্কবিশিষ্ট তরল পদার্থকে (যেমন পেট্রল) ক্রমান্বয়ে তাপ প্রয়োগে পৃথককরণ; আংশিক পাতন।

frac·tious [ˈফ্র্যাকশাস্] *n* [U] খিটখিটে; রগচটা; কোপনস্বভাব; বদমেজাজি। **~·ly** *adv* খিটমিট করে। **~·ness** *n* খিটখিট; খিটখিটানি; খিটিমিটি।

frac·ture [ˈফ্র্যাক্চা(র্)] *n* [U,C] ভঙ্গ; বিভঙ্গ: ~ of a bone, অস্থিভঙ্গ; compound/ simple ~s, ত্বকের জখমসহ/জখম ছাড়া ভঙ্গ। □*vt,vi* ভাঙা; ফাটা: ~ one's leg.

frag·ile [ˈফ্র্যাজাইল্ US -জাল্] *adj* ভঙ্গুর; ঠুনকো; পলকা; ক্ষণভঙ্গুর; নশ্বর; নাজুক: ~ child/ health/ happiness. **fra·gil·ity** [ফ্রাˈজিলাটি] *n* [U] ভঙ্গুরতা; ক্ষণভঙ্গুরতা; নশ্বরতা।

frag·ment [ˈফ্র্যাগ্‌মান্ট্] *n* [C] খণ্ড; টুকরা; ক্ষুদ্রাংশ; অসম্পূর্ণ অংশ: The ~s of a broken vase. □*vt* [ফ্র্যাগ্ˈমেন্ট্] খণ্ড খণ্ড/টুকরা টুকরা হওয়া। **frag·men·tary** [ফ্র্যাগ্‌মান্ট্রি US -টেরি] *adj* খণ্ডিত; অসম্পূর্ণ: a ~ary report. **frag·men·ta·tion** [ফ্র্যাগমেন্ˈটেইশ্ন্] *n* খণ্ডন; খণ্ডকরণ। ˈ**~ation bomb** যে বোমা ফেটে খণ্ড খণ্ড হয়ে যায়; খণ্ডন-বোমা।

fra·grant [ˈফ্রেইগ্রান্ট্] *adj* সুগন্ধ; সুরভিত; সুরভি; সুগন্ধি; সুবাস; (লাক্ষ.) সুখকর; সুরভিত: ~ memories. **fra·grance** [-গ্রান্স্] *n* [U,C] সুগন্ধ; সুরভি; সুবাস।

frail [ফ্রেইল্] *adj* দুর্বল; নাজুক; পলকা; ক্ষণস্থায়ী; রোগা: a ~ child; a ~ support; ~ happiness. **~ty** [ফ্রেইল্‌টি] *n* [U] ভঙ্গুরতা; নশ্বরতা; ক্ষণিকতা: the ~ty of human life; [C] (*pl* -ties) নৈতিক দুর্বলতা; ত্রুটিবিচ্যুতি; দোষত্রুটি; খুঁত।

frame[1] [ফ্রেইম্] *n* [C] ১ জাহাজ, ভবন ইত্যাদির মূল কাঠামো; কঙ্কাল; ডৌল; আড়া; চাঁচা। ˈ**~ aerial** *n* যে এয়ারিঅ্যাল তার দুটি খুঁটির মধ্যে না টানিয়ে একটি কাঠামোর চারিদিকে পেঁচানো থাকে। ˈ**~ house** *n* কাঠের তক্তা দিয়ে ঘেরা কাঠের কাঠামোবিশেষ; কাঠাম-ঘর। ২ (ছবি, দরজা, জানালা ও চশমার) ফ্রেম; পরিকাঠামো; বেষ্টনী। ৩ মানুষ বা প্রাণীর শরীর; কাঠামো; গড়ন: a girl of slender ~. ৪ উদ্ভিদকে ঠাণ্ডা থেকে রক্ষা করার জন্য কাঠ বা কাচের বাক্সবিশেষ; ঠাট: a cold/heated ~. ৫ **~ of mind** মনের সাময়িক অবস্থা; মেজাজ: in a cheerful ~ of mind. ৬ (ˈ~ work অধিক প্রচলিত) প্রতিষ্ঠিত ব্যবস্থা বা সংশ্রয়; কাঠামো: the ~ of society. ৭ (আলোকচিত্রের) ফিল্মে একবারের (অর্থাৎ একটি ছবির জন্য) সূর্যালোকসম্পাত। ˈ**~·work** *n* কোনো নির্মিতির যে অংশ আকৃতি ও অবলম্বন দান করে; নির্মাণ কাঠামো: a bridge with a steel ~work; the ~work of a policy.

frame[2] [ফ্রেইম্] *vt,vi* ১ গড়া; গঠন করা; প্রণয়ন করা; রচনা করা; উদ্ভাবন করা; নির্মাণ করা: ~ a plan/a theory/sentence. ২ ফ্রেমে আঁটা; পরিকাঠামো লাগানো: ~ a photograph. ৩ বিকশিত হওয়া; বিকাশলাভের প্রতিশ্রুতিবদ্ধ হওয়া: plans that ~ well/badly. ৪ (অপ.) কাউকে দোষী সাব্যস্ত করার জন্য ফন্দি আঁটা; কারো বিরুদ্ধে মিথ্যা অভিযোগ দাঁড় করানো; কাউকে অভিশংসিত করা। ˈ**~-up** *n* (অপ.) নির্দোষ ব্যক্তিকে দোষী প্রতীয়মান করার জন্য ফন্দি বা দুরভিসন্ধি; অভ্যাখ্যান।

franc [ফ্র্যাঙ্ক্] *n* ফ্রান্স, বেল্‌জিয়ম, সুইটৎজারল্যান্ড প্রভৃতি দেশের মুদ্রার একক; ফ্রাঁ।

fran·chise [ˈফ্র্যান্‌চাইজ্] *n* ১ [U] **the ~** কোনো দেশ বা নগরী কর্তৃক প্রদত্ত পূর্ণ নাগরিক অধিকার বিশেষত ভোটাধিকার; জনাধিকার। ২ (প্রধানত US) কর্তৃপক্ষ কর্তৃক কোনো ব্যক্তি বা প্রতিষ্ঠানকে প্রদত্তবিশেষ অধিকার: a ~ for a bus service. □*vt* বিশেষ অধিকার দান করা।

Fran·cis·can [ফ্র্যান্ˈসিস্কান্] *n,adj* ১২০৯ খ্রিস্টাব্দে সেন্ট ফ্রান্সিস অফ আসিসি কর্তৃক প্রতিষ্ঠিত ধর্মসঙ্ঘ সম্বন্ধী; ঐ সঙ্ঘের সদস্য বা সদস্যা; ফ্রান্সিস্কান।

Franco- [ফ্র্যাঙ্কৌ] *pref* (যৌগশব্দে ব্যবহৃত) ফরাসি-; ফ্রাঙ্কো-: the ˌ~-German ˈwar of 1870; ˈ~ phile, ফরাসিপ্রেমী; ˈ~ phobe, ফরাসিবৈরী। ˈ**~phone** ফরাসিভাষী; যে দেশ ফরাসি ভাষাকে আন্তর্জাতিক যোগাযোগের ভাষা হিসাবে ব্যবহার করে।

franco·lin [ˈফ্র্যাঙ্কোলিন্] *n* চকোর; জীবঞ্জীব।

frank[1] [ফ্র্যাঙ্ক] *adj* অকপট; মন-খোলা; নিষ্কপট; অমায়িক; নির্ব্যাজ; উদার: a ~ look/face; make a ~ confession of one's guilt. **~·ly** *adv* অকপটে; খোলাখুলি। **~·ness** *n* অকপটতা; অমায়িকতা।

frank[2] [ফ্র্যাঙ্ক্] *vt* (চিঠি ইত্যাদিতে) ডাকমাশুল দেওয়া হয়েছে দেখানোর জন্য সিল বা ছাপ মারা; মাশুলযুক্ত করা। ˈ**~·ing-machine** *n* চিঠিপত্রে ছাপ দেওয়ার জন্য স্বয়ংক্রিয় যন্ত্রবিশেষ, যাতে মোট মাশুল দেখাবার জন্য একটি গণনা-কৌশলও অন্তর্ভুক্ত থাকে; ছাপকল।

frank·furter [ˈফ্র্যাঙ্কফাট(র্)] *n* মশলাদিযুক্ত গো- ও শূকর মাংসের ধূমপক্ক সসেজবিশেষ (sausage); ফ্র্যাঙ্কফার্টার।

frank·in·cense [ˈফ্র্যাঙ্কিনসেন্স্] *n* [U] গাছ থেকে প্রাপ্ত রজনবিশেষ, যা পুড়লে সুগন্ধ ছড়ায়; কুন্দু।

fran·tic [ˈফ্র্যান্টিক্] *adj* আনন্দ, বেদনা, উদ্বেগ ইত্যাদিতে চরম উত্তেজিত; ক্ষিপ্ত; আত্মহারা: ~ cries for help. **fran·ti·cally** [-ক্লি] *adv* ক্ষিপ্তভাবে; উন্মত্তভাবে।

fra·ter·nal [ফ্রাˈটান্ল্] *adj* ভ্রাতৃসুলভ; ভ্রাতৃক; ভ্রাত্রীয়; ভ্রাতৃসম। **~ly** [-নালি] *adv* ভ্রাতৃভাবে।

fra·ter·nity [ফ্রাˈটানাটি] *n* ১ (*pl* -ties) [U] ভ্রাতৃত্ব; ভ্রাতৃত্ববোধ; সৌভ্রাত্র। ২ [C] পরস্পর সমকক্ষ বলে বিবেচনা করে এমন ব্যক্তিবর্গের (যেমন সন্ন্যাসীদের) সঙ্ঘ; অভিন্ন স্বার্থে সম্মিলিত ব্যক্তিবর্গ; ভ্রাতৃসঙ্ঘ; ভ্রাতৃসমাজ: the ~ of the Press, সংবাদপত্রের লেখকসম্প্রদায়। ৩ [C] (US) বিভিন্ন কলেজে শাখাসমেত ছাত্রসমিতি, যাদের নাম সাধা. গ্রিক বর্ণসহযোগে গঠিত হয়। ভ্রাতৃসঙ্ঘ। দ্র. sorority.

frat·er·nize [ˈফ্র্যাটানাইজ্] *vi* ~ **(with)** ভ্রাতৃরূপে মেলামেশা করা; ভাই-ভাই হওয়া। **frat·er·niz·ation** [ফ্র্যাটানাইˈজেইশ্ন্ US -নিজেই-] *n* ভ্রাতৃবৎ সংসর্গ।

frat·ri·cide [ˈফ্র্যাট্রিসাইড়] *n* [C,U] ভ্রাতৃহন্তা; ভগ্নীহন্তা; ভ্রাতৃহত্যা বা ভগ্নীহত্যা। **frat·ri·cidal** *adj* ভ্রাতৃঘাতী।

Frau [ফ্রাউ (*pl* Frauen [ফ্রাউঅন্])) (জ.) বেগম; শ্রীমতী; মিসেস; জর্মন মহিলা।

fraud [ফ্রো°ড়] *n* ১ [U, C] দণ্ডনীয় প্রতারণা; জুয়াচুরি; ছলনা; প্রবঞ্চনা: get money by ~. ২ [C] প্রতারক; জুয়াচোর; প্রবঞ্চক; শঠ। **~u·lent** [ফ্রোড্‌ইউলন্ট্ US -জু-] *adj* প্রতারণাপূর্ণ; ছলনাপূর্ণ; প্রতারণার দ্বারা অর্জিত; প্রতারণামূলক: ~ulent gains. **~u·lent·ly** *adv* প্রতারণামূলকভাবে।

fraught [ফ্রো°ট্] *pred adj* ১ পূর্ণ; ঝুঁকিপূর্ণ: an expedition ~ with danger. ২ পূর্ণ; পরিপূর্ণ; ময়: ~ with meaning.

fräu·lein [ফ্রয়লাইন] *n* (জ.) কুমারী; মিস; অবিবাহিতা জর্মন স্ত্রীলোক।

fray[1] [ফ্রেই] *n* (জ.) প্রতিদ্বন্দ্বিতা; দ্বন্দ্ব: eager for the ~.

fray[2] [ফ্রেই] *vt,vi* (কাপড়, দড়ি ইত্যাদি সম্বন্ধে) ঘষে ঘষে ক্ষয় করে ফেলা বা ক্ষয় হওয়া; তন্তুসার হওয়া বা করা; ~ed cuffs, ঘষায় ঘষায় ক্ষয় হয়ে যাওয়া (যেমন কোটের আস্তিনে); (লাক্ষ.) খিচড়ানো; বিগড়ানো; অত্যন্ত উত্যক্ত করা: ~ed nerves/ tempers.

frazzle [ˈফ্র্যাজ্‌ল্] *n* অবসন্ন/কাহিল অবস্থা: worn to a ~.

freak [ফ্রীক্] *n* ১ অস্বাভাবিক বা উদ্ভট ভাব, কার্য বা ঘটনা; খেয়াল; বিলাস: (attrib) a ~ storm. ২ (অপিচ ˌ~ **of nature)** অস্বাভাবিক গড়নের ব্যক্তি, প্রাণী বা উদ্ভিদ; খেয়াল; চাপল্য; উদ্ভট সৃষ্টি। □*vi,vt* **~ out** (অপ.) তীব্র আবেগিক অভিজ্ঞতা হওয়া বা ঐরূপ অভিজ্ঞতা লাভের কারণ হওয়া (যেমন কোনো কোনো মাদকদ্রব্য সেবনে হয়)। **~·ish** [-ফিশ্] *adj* খেয়ালি; অস্বাভাবিক; উদ্ভট: ~ish behaviour. **~·ish·ly** *adv* উদ্ভটভাবে। **~·ish·ness** *n* খামখেয়াল; মর্জি; লীলা; খেয়ালিপনা; স্বৈরিতা। **~y** *adj* = ~ish.

freckle [ˈফ্রেক্‌ল্] *n* তিল; তিলক; *(pl)* রোদে পোড়ার ফলে হাতে ও মুখে অনুরূপ দাগ; মেচেতা। □*vt,vi* মেচেতায় ঢাকা: a ~d forehead.

free[1] [ফ্রী] *adj* (freer [ফ্রীআ(র্)], freest [ফ্রীইস্ট্]) ১ (ব্যক্তি সম্বন্ধে) স্বাধীন; মুক্ত; স্বচ্ছন্দ; স্ববশ; স্বেচ্ছানুবর্তী; আত্মতন্ত্র; অনন্যপরতন্ত্র। অপিচ দ্র. নীচে ~ labour. ˈ**~·born** *adj* স্বাধীনতা ও নাগরিক অধিকার নিয়ে জাত; জন্ম-স্বাধীন। ˈ**~·man** [-মান্] *n* (*pl* -men) ক্রীতদাস বা ভূমিদাস নয় এমন ব্যক্তি; স্বাধীন নাগরিক। অপিচ দ্র. নীচে (৯)-তে ~man. ২ (রাষ্ট্র, রাষ্ট্রের নাগরিক ও প্রতিষ্ঠানসমূহ সম্বন্ধে) পরাধীন নয়; স্বাধীন; স্বতন্ত্র। ৩ অবদ্ধ; স্বচ্ছন্দ; অবাধ; অবারিত; স্বচ্ছন্দগতি; নিয়ন্ত্রণমুক্ত; সাবলীল; খোলা; আলগা; অপ্রতিহত: You are ~ to go anywhere you please; leave one end of the rope ~; ~ hydrogen. **allow sb/give sb/have a ~ hand** ইচ্ছামতো/ যথেচ্ছভাবে কাজ করা পূর্ণ অধিকার দেওয়া/পাওয়া। ˌ**~** ˈ**agent** *n* স্বাধীনভাবে কাজ করার অধিকারপ্রাপ্ত ব্যক্তি; নিরঙ্কুশ/স্বচ্ছন্দানুবর্তী প্রতিনিধি। ˌ**~-and-**ˈ**easy** *adj* লৌকিকতাবর্জিত; অনাড়ম্বর। ˌ**F ~** ˈ**Church** *n* (ক) (ইংল্যান্ডে) সরকারি গির্জা সংগঠন বহির্ভূত ধর্মসঙ্ঘ। (খ) রাষ্ট্রীয় নিয়ন্ত্রণমুক্ত গির্জা। ˌ**~** ˈ**enterprise** *n* ন্যূনতম রাষ্ট্রীয় নিয়ন্ত্রণাধীন শিল্প ও ব্যবসা-বাণিজ্য; স্বাধীন শিল্পোদ্যোগ। ˌ**~** ˈ**fall** *n* অনেক উঁচুতে উড্ডীয়মান বিমান থেকে (প্রয়োজন না হওয়া পর্যন্ত) প্যারাসুট ছাড়া পতন; অবাধ প্রপতন: a ~-fall parachutist. ˌ**~** ˈ**fight** যে লড়াইতে উপস্থিত যে কেউ যোগ দিতে পারে; এলোপাথাড়ি/বেবন্দোবস্ত লড়াই। ˈ**~-for-all** *n* যে বিবাদ বা কলহে সকলেই নিজ নিজ মতামত ব্যক্ত করতে এবং নিজের দৃষ্টিভঙ্গির সপক্ষে লড়াই করতে পারেন; অবাধ লড়াই। ˈ**~·hand** *adj* (অঙ্কন সম্বন্ধে) (যন্ত্রপাতির সাহায্য ছাড়া) শুধু হাতে আঁকা: a ~hand sketch. ˌ**~-**ˈ**handed** *adj* মুক্তহস্ত; উদার; অকুণ্ঠ। ˈ**~·hold** *n* (আইন.) নিরঙ্কুশ মালিকানাধীন সম্পত্তি; নিরঙ্কুশ মালিকানা। দ্র. lease ভুক্তিতে leasehold. ˈ**~ house** *n* (GB) কোনো ভাটিখানার নিয়ন্ত্রণাধীন নয় এমন পানশালা; যেখানে সব ধরনের বিয়ার ইত্যাদি বিক্রয়ের জন্যে মজুত রাখা হয়; স্বাধীন পানশালা/আপান। দ্র. tie[2] ভুক্তিতে tied house. ˌ**~** ˈ**kick** *n* (ফুটবল) দণ্ডস্বরূপ বিপক্ষের কোনো খেলোয়াড়ের বাধাদান ব্যতিরেকে মারা বল; অবাধ পদাঘাত। ˌ**~** ˈ**labour** *n* শ্রমিক সমিতি-বহির্ভূত শ্রমিকগণ; স্বাধীন শ্রমজীবী। উপরে ১ দ্র.। ˈ**~·lance** [-লা:ন্‌স্ US -ল্যান্‌স্] *n* (ক) (মধ্যযুগে) অর্থের বিনিময়ে যে কোনো যুদ্ধের সৈনিক; স্বাধীন সৈনিক। (খ) স্বচ্ছন্দানুবর্তী সাংবাদিক, লেখক প্রভৃতি যারা কোনো বাঁধা চাকরি করেন না; স্বেচ্ছা সৈনিক। □*vi* স্বাধীন সাংবাদিক লেখক প্রভৃতি হিসাবে কাজ করা। ˌ**~-**ˈ**liver** *n* বিশেষত পান-ভোজনে যথেচ্ছাচারী ব্যক্তি; যথেচ্ছাজীবী। ˌ**~-**ˈ**living** *adj,n* যথেচ্ছাজীবন; যথেচ্ছজীবী। ˌ**~-**ˈ**load** *vi* অন্যের ঘাড়ে চাপা/সুতরাং। ˌ**~·**ˈ**loader** *n* পরগাছা; পরজীবী। ˌ**~** ˈ**love** *n* [U] (প্রা.প্র.) বিবাহ ব্যতিরেকে উভয়ের সম্মতিক্রমে যৌনসম্বন্ধ; অবাধ সংসর্গ; যথেচ্ছমিলন। ˈ**~ port** *n* বাণিজ্যিক বিধিনিষেধ, কর, শুল্ক ইত্যাদি থেকে মুক্ত সকল ব্যবসায়ীর জন্যে অবারিত বন্দর; মুক্ত বন্দর। ˌ**~-**ˈ**range** *adj* (হাঁসমুরগি সম্বন্ধে) স্বচ্ছন্দবিহারী (খোপে পোষা হাঁসমুরগির সঙ্গে বৈপরীত্যক্রমে)। ˌ**~** ˈ**speech** *n* [U] বাকস্বাধীনতা। ˌ**~-**ˈ**spoken** *adj* অকপটে/অবাধে উক্ত; অকপট বক্তা; অকপটবাদী। ˌ**~-**ˈ**standing** *adj* নিরাবলম্ব; (সবদিক থেকে দেখা যায় এমনভাবে) অবলম্বন ছাড়া দণ্ডায়মান। ˈ**~·stone** *n* [U] করাত দিয়ে সহজে কাটা যায় এমন বেলেপাথর ও চুনাপাথর; সহজভেদ্য পাথর। ˈ**~·style** *n* [U] (সাঁতার) যে প্রতিযোগিতায় সাঁতারু তাঁর ইচ্ছামতো ভঙ্গিতে সাঁতার কাটে; যথেচ্ছভঙ্গির সাঁতার। ˌ**~-**ˈ**thinker** *n* যে ব্যক্তি প্রচলিত ধর্মবিশ্বাস না মেনে যুক্তির ওপর নিজের ধ্যানধারণাকে প্রতিষ্ঠিত করতে চায়; স্বাধীনচিন্তক। সুতরাং, ˌ**~-**ˈ**thinking** *adj* স্বাধীনচিন্তক। ˌ**~-**ˈ**thought** *n* [U] স্বাধীন চিন্তা। ˌ**~-**ˈ**trade** *n* [U] যে বাণিজ্য আমদানি নিয়ন্ত্রণ কিংবা দেশীয় শিল্পের সংরক্ষণের জন্যে আরোপিত শুল্কাদি থেকে মুক্ত; অবাধ বাণিজ্য। সুতরাং, ˌ**~-**ˈ**trader** *n* অবাধ বাণিজ্যনীতির সমর্থক। ˌ**~ trans**ˈ**lation** *n* স্বচ্ছন্দ অনুবাদ; ভাবানুবাদ। ˌ**~** ˈ**verse** *n* [U] নিয়মিত ছন্দ ও মিলহীন চরণ; মুক্তচ্ছন্দ (কবিতা)। ˈ**~·way** *n* (US) অনেকগুলি লেনবিশিষ্ট জনপথ; মোটরপথ। ˌ**~-**ˈ**wheel** *vi* সাইকেলের পাদানি না চালিয়ে সামনের দিকে চলা (যেমন ঢালু পথে নামার সময়); (লা.) যত্নে বা অবাধে কাজ করা/জীবনযাপন করা; স্বচ্ছন্দগতিতে চলা। ˌ**~** ˈ**will** *n* [U] (বহির্জগতের সীমাবদ্ধতা, সামাজিক পরিবেশ এবং উত্তরাধিকারসূত্রে প্রাপ্ত বৈশিষ্ট্যসমূহ-সাপেক্ষে) ব্যক্তির কর্মকাণ্ড পরিচালন ও নির্বাচনের ক্ষমতা; স্বাধীন সঙ্কল্পশক্তি: do sth of one's own ~ will. ˈ**~·will** *adj* স্বতঃপ্রণোদিত: a ~will offering. ৪ **~ from** মুক্ত; বিমুক্ত; ঊর্ধ্বে; রহিত; বিহীন: ~ from blame/error/anxiety. **~ of** (ক) বাইরে: as soon as he was ~ of the prison cell. (খ) মুক্ত; বিহীন: a harbour ~ of ice. ৫ বিনা মূল্যে/মাশুলে/পয়সায়: ~ tickets for the theatre; 50p post ~, ডাকমাশুলসহ ৫০ পেনি। **(get sth) for ~** (কথ্য) বিনা মূল্যে (পাওয়া)। **ˈ~-list** *n* (ক) (রঙ্গালয়, কনসার্ট হল প্রভৃতি স্থানে) বিনামূল্যে প্রবেশকদের তালিকা। (খ) শুল্কমুক্ত পণ্যের তালিকা। **ˌ~ ˈpass** *n* বিনা ভাড়ায় ভ্রমণের অধিকার। **ˌ~ on ˈboard** (সং. **fob**) (বাণিজ্য) জাহাজে পণ্য ওঠাবার সব ব্যয় রপ্তানিকারকের। ৬ (স্থান সম্বন্ধে) খালি; শূন্য; (কাল সম্বন্ধে) অবসর বা অবকাশের: ~ time, অবসর সময়; (ব্যক্তি সম্বন্ধে) ব্যাপৃত নয় এমন: He is ~ in the evening, তাঁর অবসর আছে। **have one's hands ~** (ক) হাত খালি থাকা (খ) যা ইচ্ছা করতে পারা; গুরুতর কোনো কাজ না থাকা। দ্র. tie[2] ভুক্তিতে be tied up. ৭ অঢেল; সুপ্রচুর; অপরিমিত; অকৃপণ; উদার; মুক্তহস্ত: a ~ flow of water; ~ with his money/advice; ~ bloomers, যেসব উদ্ভিদে অজস্র ফুল ফোটে। ৮ অসংযত; লাগামহীন: be ~ in one's conversation. **make ~ with sth/sb** বস্তু বা ব্যক্তিকে নিজস্ব বলে বা যথেচ্ছ ব্যবহার করা: Don't be/make too ~ with the waitresses, তাদের সঙ্গে অন্তরঙ্গ কিংবা রূঢ় আচরণ করো না। ৯ **make sb ~ of** কোনো কোম্পানির বিশেষ সুযোগসুবিধা ভোগের অধিকার দেওয়া; কোনো নগরীর নাগরিকত্ব দান করা; নিজের গ্রন্থাগার ইত্যাদি যথেচ্ছ ব্যবহার করতে দেওয়া। **~·man** [-মান্] *n* (*pl* -men) কোনো নগরীর বিশেষাধিকারপ্রাপ্ত (সাধা. বিশিষ্ট) ব্যক্তি; বরিষ্ঠ ব্যক্তি। উপরে (১) দ্র.। **~·ly** *adv* স্বাধীনভাবে, মুক্তহস্তে, সানন্দে ইত্যাদি।

free[2] [ফ্রী] *vt* (*pt,pp* freed [ফ্রীড়]) ~ **(from/of)** মুক্ত করা; ছেড়ে দেওয়া; স্বাধীনতা/মুক্তি দেওয়া; উদ্ধার করা। **freed·man** [ফ্রীড্‌মান্] *n* (*pl* -men) মুক্তিপ্রাপ্ত ক্রীতদাস।

free·dom [ˈফ্রীডাম্] *n* [U,C] স্বাধীনতা; মুক্তি; মোক্ষ: the four ~s, বাকস্বাধীনতা; ধর্মানুশীলনের স্বাধীনতা; নির্ভয়তা ও অভাবমোচন; speak with ~, নির্ভয়ে/মন খুলে কথা বলা; the ~ of the sea, (আন্তর্জাতিক আইনে) যুদ্ধে লিপ্ত দেশসমূহের হস্তক্ষেপ ব্যতিরেকে নিরপেক্ষ দেশের জাহাজের সমুদ্রযাত্রার অধিকার। **give sb/receive the ~ of a town/city** (বিশিষ্ট অবদানের জন্যে) পূর্ণ নাগরিক অধিকার দেওয়া/পাওয়া। **ˈ~ fighter** *n* মুক্তিযোদ্ধা।

Free·mason [ˈফ্রীমেইস্‌ন্] *n* পারস্পরিক সাহায্য ও সাহচর্যের লক্ষ্যে গঠিত (য়োরোপ ও আমেরিকার বিভিন্ন অংশে শাখা-সংবলিত) একটি গুপ্তসঙ্ঘের সদস্য; ফ্রিম্যাসন। **~ry** *n* [U] ফ্রিম্যাসনদের রীতিনীতি ও প্রতিষ্ঠানসমূহ; **(f~ry)** অনুরূপ স্বার্থের কিংবা একই জাতের (যেমন স্ত্রী বা পুরুষ) মানুষের মধ্যে সহজাত সহমর্মিতা: the f~ry of the Press.

free·sia [ˈফ্রীজিঅ US ˈফ্রীজ়া] *n* বিভিন্ন ধরনের কন্দজ ফুলের গাছ; ফ্রিজিয়া।

freeze [ফ্রীজ়্] *vt,vi* (*pt* froze [ফ্রৌজ়্], *pp* frozen [ফ্রৌজ়্‌ন্]) ১ (impers) পানি জমে বরফ হওয়ার মতো ঠাণ্ডা পড়া: It's freezing tonight. **ˈ~ing-point** *n* যে তাপমাত্রায় কোনো তরলপদার্থ (বিশেষত পানি) জমে কঠিন হয়; হিমাঙ্ক। ২ **~ (over/up)** (জল সম্বন্ধে) জমে বরফ হওয়া; (অন্য তরল পদার্থ সম্বন্ধে) কঠিন হওয়া; (অন্য পদার্থ সম্বন্ধে) ঠাণ্ডায় শক্ত হওয়া। **make one's blood ~** আতঙ্কিত করা; রক্ত হিম করা। ৩ অত্যন্ত ঠাণ্ডা লাগা বা বোধ করা: The victims froze to death, ঠাণ্ডায় মারা গেছে। ৪ **~ (over/up)** শীতল করা; শক্ত করা; হিমায়িত করা: forzen food. দ্র. refrigerate ভুক্তিতে refrigeration; frozen road. **~ one's blood** আতঙ্কিত করা; রক্ত হিম করা। **ˈfreezing-mixture** *n* তরলপদার্থকে জমানোর জন্য ব্যবহৃত লবণ, তুষার ইত্যাদির মিশ্রণ। ৫ (অর্থ-ব্যব.) পরিসম্পৎ, সঞ্চয় ইত্যাদি সাময়িকভাবে কিংবা স্থায়ীভাবে অর্থের সঙ্গে বিনিময়ের অযোগ্য করা; মূল্য; মজুরি; বেতন স্থিতিশীল করা: ˈprice-ˌfreezing ও ˈwage-ˌfreezing (মুদ্রাস্ফীতির প্রতিকারের পদ্ধতি হিসাবে); অবরুদ্ধ করা। ৬ **~ sb out** (কথ্য) প্রতিযোগিতা, ঔদাসীন্য ইত্যাদির দ্বারা কাউকে ব্যবসা, সমাজ ইত্যাদি থেকে বিতাড়িত করা। ৭ **~ on to sth** (কথ্য) দৃঢ় মুষ্টিতে/শক্ত হাতে ধরা; কড়া নিয়ন্ত্রণে রাখা। ৮ নিশ্চল হওয়া (যেমন, দৃষ্টি এড়ানোর জন্য কোনো কোনো জীবজন্তু করে থাকে)। **~ up** (অভিনেতা সম্বন্ধে) মঞ্চে কথা বলতে, চলাফেরা করতে অসমর্থ হওয়া; নির্বাক-নিশ্চল হওয়া। □*n* ১ হিমশীতল আবহাওয়ার সময়। ২ (অর্থ-ব্যব.) আয়, বেতন, লভ্যাংশ ইত্যাদির উপর কঠোর নিয়ন্ত্রণ; অবরোধ: a wage-~. ৩ **ˌdeep-ˈ~** হিমায়ন যন্ত্র (বা ঐ যন্ত্রের অংশবিশেষ), যাতে অত্যন্ত নিম্ন তাপমাত্রা ব্যবহৃত হয়। অপিচ দ্র. deep[2] ভুক্তিতে deep-freeze.

freezer [ফ্রীজ়া(র্)] *n* দীর্ঘকাল ধরে অতি নিম্ন তাপমাত্রায় খাদ্যদ্রব্য ইত্যাদি মজুত রাখার হিমায়ন-যন্ত্র (বা যন্ত্রের অংশবিশেষ) বা কক্ষ।

freight [ফ্রেইট্] *n* [U] জলপথে (US স্থলপথেও) পণ্য পরিবহন; পরিবহন-মাশুল; পরিবাহিত পণ্য। **ˈ~·liner** *n* = দ্র. liner (2). **ˈ~-train** *n* (US) মালগাড়ি, দ্র. goods (2). □*vt* **~ (with)** (জাহাজ) মালবোঝাই করা; (পণ্য) প্রেরণ বা বহন করা: a ship ~ed with wheat. **~er** *n* মালবাহী জাহাজ বা বিমান।

French [ফ্রেন্‌চ্] *adj* ফরাসি। **take ~ leave** অনুমতি না নিয়ে বা না জানিয়ে কিছু করা বা চলে যাওয়া। **~ ˈbread/ˈloaf** *n* লম্বা; সরু; মচমচে; হালকা সাদা রুটিবিশেষ। **ˌ~ ˈdressing** *n* [U,C] সালাদের জন্যে তেল ও সির্কার উপচার; ফরাসি উপচার। **ˌ~ ˈfries** *n pl* [US] আলুর চিপস। **ˌ~ ˈhorn** *n* পিতলের তৈরি শুষির যন্ত্রবিশেষ (বাদ্যযন্ত্র)। **ˌ~ letter** *n* (GB কথ্য) কনডম। দ্র. sheath (2). **ˌ~ ˈwindow** একাধারে জানালা ও দরজা, যা বাগান বা ঝুল বারান্দার দিকে খোলে। □*n* ফরাসি ভাষা। **ˈ~·man** [- মান্], **ˈ~·woman** *nn* ফরাসি (পুরুষ/ নারী)।

fren·etic [ফ্রানেটিক্] *adj* ক্ষিপ্ত; উন্মত্ত; সংরব্ধ।

frenzy [ˈফ্রেন্‌জ়ি] *n* প্রবল উত্তেজনা; উন্মত্ততা; ক্ষিপ্ততা: in a ~ of despair/enthusiasm. **fren·zied** [ˈফ্রেন্‌জ়ি ড়্] *adj* উত্তেজনায় উন্মাদিত; ক্ষিপ্ত। **fren·zied·ly** *adv* উন্মত্তের মতো।

fre·quency [ফ্রীকোআন্‌সি] *n* ১ [U] পুনঃপুন সংঘটন; পৌনঃপুন্য: the ~ of cyclones in Bangladesh. ২ [C] (*pl* -cies) সংঘটনের হার; (একটি নির্দিষ্ট সময়ে) আবৃত্তির সংখ্যা; পৌনঃপুন্য: a ~ of 25 per second.

fre·quent[1] [ফ্রিকোআন্ট্] *vt* (কোনো স্থানে) ঘন ঘন/প্রায়ই যাতায়াত করা, যাওয়া; প্রায়ই দেখতে পাওয়া যাওয়া: Do you ~ that ill famed house!

fre·quent[2] [ˈফ্রীকোআন্‌ট্] *adj* প্রায়শ সংঘটিত; প্রায়িক; পৌনঃপুনিক; নিয়মিত; অভ্যস্ত: a ~ visitor. **~·ly** *adv* ঘন ঘন; প্রায়ই; বারংবার; পুনঃপুন।

fresco [ˈফ্রেস্‌কৌ] *n* (*pp* ~s, ~es [-কৌজ্‌]) ১ [U] ভেজা পলেস্তারার উপরিভাগে লাগিয়ে শুকাতে দেওয়া রঞ্জক পদার্থ; সদ্যোরঙ্গ; মস্তোদক; উক্ত রঞ্জকদ্রব্যে ছবি আঁকার পদ্ধতি: painting in ~, সদ্যোরঙ্গে চিত্রাঙ্কন; মস্তোদক চিত্র। ২ [C] এইভাবে চিত্রিত ছবি; সদ্যোরঙ্গে আঁকা ছবি: The ~(e)s in the Sistine Chapel. □*vt* (দেয়াল ইত্যাদি) সদ্যোরঙ্গে চিত্রিত করা।

fresh [ফ্রেশ্‌] *adj* (-er, -est) ১ টাটকা; তাজা; সদ্য; তরতাজা; ঝরঝরে: ~ paint, এখনো আর্দ্র; কাঁচা; a man ~ from the country, গ্রাম থেকে সদ্য আগত; a young man ~ from university, বিশ্ববিদ্যালয় থেকে সদ্য বেরিয়ে-আসা। **ˈ~·man** [-মান্‌] *n* (*pl* -men) কলেজ বা বিশ্ববিদ্যালয়ের প্রথম বর্ষের ছাত্র। ২ (খাদ্য সম্বন্ধে) লবণযুক্ত, টিনজাত বা হিমায়িত নয়; টাটকা; তাজা: ~ meat, সদ্যোমাংস; (পানি সম্বন্ধে) স্বাদু; মিঠা: ~ water fish. ৩ নতুন বা ভিন্ন; অভিনব; টাটকা: ~ news; a ~ sheet of paper. **break ~ ground** (লাক্ষ.) নতুন কিছু শুরু করা; নতুন তথ্য উদ্‌ঘাটন করা। ৪ (হাওয়া, আবহাওয়া সম্বন্ধে) ঈষৎ ঠাণ্ডা; মৃদু; বিশুদ্ধ; প্রফুল্লকর: in the ~ air, মুক্ত বাতাসে। **~ breeze/ wind** বেশ প্রবল/ মন্দ মন্দ হাওয়া/ বাতাস। ৫ উজ্জ্বল ও বিশুদ্ধ; তরতাজা; কাঁচা; সতেজ; সজীব: ~ colours; a ~ complexion. ৬ (US কথ্য) (বিশেষত বিপরীত লিঙ্গের কোনো ব্যক্তির প্রতি) ধৃষ্ট; গায়েপড়া: get/be so ~ with a young lady. □*adv* (হাইফেনযুক্ত যৌগশব্দে) সদ্য; সদ্যো: ~-caught fish, সদ্যো-ধরা; ~-killed meat; ~-painted doors. **~·ly** *adv* (হাইফেন ছাড়া কেবল *pp*-সহ) সম্প্রতি; সদ্য; সবে; এইমাত্র: ~ly picked mangoes. **~er** *n* = ~man. **~·ness** *n* সজীবতা; সদ্যস্কতা।

freshen [ˈফ্রেশ্‌ন্‌] *vi vt* ~ **(up)** চাঙ্গা/ ঝরঝরে/ তাজা/ সতেজ হওয়া বা করা; পুনরুজ্জীবিত হওয়া বা করা: feel ~ed up after a nap; ~en a drink, আরো পানীয় যোগ করা; the breeze ~ed, প্রবলতর হয়ে উঠেছে।

fret[1] [ফ্রেট্‌] *vi,vt* (-tt-) ১ অস্থির হওয়া বা করা; ছটফট করা; মেজাজ বিগড়ানো বা খিচড়ানো; বিক্ষুব্ধ হওয়া বা করা; পীড়া দেওয়া: She ~s over mere trifles. ২ ঘষে যাওয়া বা কামড়ে ক্ষয় করা; ক্ষয়ে যাওয়া; ক্ষয় হওয়া: a house ~ting its bit; a ~ted rope. □*n* ছটফটানি; অস্থিরতা; খিটিমিটি: in a ~. **~·ful** [-ফ্‌ল্‌] *adj* অসন্তুষ্ট; খিটখিটে; বদমেজাজি; অস্থির: a ~ful baby. **~·fully** [-ফ়লি] *adv* অস্থিরভাবে; ছটফট করে।

fret[2] [ফ্রেট্‌] *vt (-tt-)* (কাঠ) কেটে নকশাশোভিত করা বা কারুকার্যমণ্ডিত করা। **ˈ~·saw** *n* কাঠের পাতলা তক্তায় নকশা কাটার জন্য ফ্রেমে আঁটা সরু করাতবিশেষ; নকশা-কাটা করাত। **ˈ~·work** *n* [U] নকশার কাজ; নকশাকাটা কাঠ।

fret[3] [ফ্রেট্‌] *n* গিটার, বেহালা ইত্যাদি বাদ্যযন্ত্রের তারে যাতে যথাস্থানে চাপ পড়ে সেজন্যে আঙ্গুলকে সহায়তা করার জন্যে পটরি বা সারিকাস্থানের ওপর কিছু দূর পর পর স্থাপিত ধাতুনির্মিত পলতোলা রেখা; পর্দা।

Freud·ian [ˈফ্রয়ডিআন্‌] *adj* সিগমুন্ড ফ্রয়ডের মনঃসমীক্ষণ তত্ত্ববিষয়ক; ফ্রয়ডীয়। **ˌ~ ˈslip** (কথ্য) বক্তা কর্তৃক তার ইচ্ছার বিরুদ্ধে এমন কিছু দৈবাৎ উচ্চারণ, যা তাঁর আসল মনোভাব ব্যক্ত করে; ফ্রয়ডীয় স্খলন।

fri·able [ˈফ্রাইঅবল্‌] *adj* সহজেই ভাঙে বা গুঁড়া হয় এমন। **fria·bil·ity** [ˌফ্রাইআবিলাটি] *n*

friar [ˈফ্রাইআ(র্‌)] *n* ধর্মসঙ্ঘবিশেষের সদস্য; খ্রিস্টান ভিক্ষু।

frible [ফ্রিব্‌ল্‌] *vi* ছেবলামি/ ছেলেমানুষী/ চপলতা করা। □*n* চপলপ্রকৃতি ব্যক্তি।

fric·assee [ˈফ্রিকাসী] *n* [C,U] সমসহযোগে পরিবেশিত খণ্ড খণ্ড করে ভাজা বা সিদ্ধ মাংসের ব্যঞ্জনবিশেষ।

frica·tive [ˈফ্রিকাটিভ্‌] *adj,n* (ধ্বনি.) ঘর্ষণজাত; ঘৃষ্ট (ব্যঞ্জন) (যেমন f, v, θ).

fric·tion [ˈফ্রিক্‌শ্‌ন্‌] *n* ১ [U] ঘর্ষণ; ঘষা; উদ্‌ঘর্ষণ। ২ [C,U] যে মতপার্থক্য থেকে তর্ক-বিতর্ক বা বিবাদের উদ্ভব হতে পারে; বিরোধ; মন-কষাকষি; সংঘর্ষ: political ~ between two countries.

Fri·day [ˈফ্রাইডি] *n* শুক্রবার। **ˌGood ˈ~** ইস্টারের পূর্ববর্তী শুক্রবার; যিশুর ক্রুশবিদ্ধ হওয়ার দিন; শুভ শুক্রবার। **ˌmanˈ~** (রবিনসন ক্রুসোর গল্প থেকে) একান্ত বিশ্বস্ত ভৃত্য।

fridge [ফ্রিজ] *n* refrigerator-এর সং।

fried [ফ্রাইড্‌] *fry*-এর *pt,pp*

friend [ফ্রেনড্‌] *n* ১ বন্ধু; বান্ধব; সখা; সুহৃদ; মিত্র; বয়স্য। **be ~s with** (কারো) বন্ধু হওয়া। make ~s, পরস্পর বন্ধুত্ব করা। **make ~s again** (মনোমালিন্য ইত্যাদির পরে) আবার বন্ধু হওয়া। **make ˈ~s with; make a ˈ~ of** (কারো সঙ্গে) বন্ধুত্ব করা। ২ সাহায্যকারী বস্তু বা গুণ; বন্ধু; সহায়: In that strange environment his guitar was his best ~. ৩ **F~** জর্জ কক্‌স্‌ কর্তৃক প্রতিষ্ঠিত বন্ধুসভার (society of F~s) সদস্য; কোয়েকার। **~·less** *adj* বন্ধুহীন; নির্বান্ধব; নিঃসহায়। **~·less·ness** *n* বন্ধুহীনতা।

friend·ly [ফ্রেনড্‌লি] *adj* (ier, -iest) বন্ধুত্বপূর্ণ; বন্ধুজনোচিত; বন্ধুভাবাপন্ন; সহৃদয়; মিত্রোচিত; বন্ধুসুলভ; সানুরাগ; প্রীতিপূর্ণ; a ~ match/game, (পুরস্কারের জন্য নয়) বন্ধুসুলভ প্রতিযোগিতা। **ˈF~ Society** সভ্যদের পারস্পরিক কল্যাণার্থে (যেমন রোগ; বেকারত্ব ও বার্ধক্যের সময়) প্রতিষ্ঠিত সভা; বন্ধুসভা। **friend·li·ness** *n* [U] বন্ধুভাব; বন্ধুভাবাপন্নতা; হৃদ্যতা।

friend·ship [ˈফ্রেনড্‌শিপ] *n* ১ [U] বন্ধুত্ব; সখ্য; মিত্রতা; মৈত্রী; সৌহার্দ্য; মৈত্র; বন্ধুতা। ২ [C] বন্ধুত্বের দৃষ্টান্ত বা কাল: a ~ of twenty years, বিশ বছরের বন্ধুত্ব।

frieze[1] [ফ্রীজ্‌] *n* [C] দেয়ালের (সাধা.) উপরিভাগে অলঙ্করণমূলক সরু অংশবিশেষ, যেমন কোনো ভবনের বাহিরে অনুভূমিক টানা ভাস্কর্য কিংবা অন্তঃছাদের ঠিক নীচে বিশেষ নকশা-সংবলিত দেয়াল-কাগজের ফালি; স্তম্ভাদির মাথাল ও কার্নিসের মধ্যবর্তী কারুকার্যময় অংশ।

frieze[2] [ফ্রীজ্‌] *n* সাধা. একপিঠ খসখসে মোটা পশমি কাপড়বিশেষ; বরাশি।

frig·ate [ফ্রিগাট্‌] *n* পূর্বকালের দ্রুতগামী পালতোলা রণতরী; (আধু. প্র.) (GB) দ্রুতগামী রক্ষী জাহাজ; (US) মাঝারি আকারের রণতরী।

fright [ˈফ্রাইট্‌] *n* ১ [U,C] আকস্মিক প্রচণ্ড ভীতি; আতঙ্ক; ত্রাস; সন্ত্রাস; শঙ্কা: take ~ (at sth), আতঙ্কিত হওয়া। **give sb/ get/ have a ~** (কাউকে)আতঙ্কিত/

সন্ত্রাসিত করা; সন্ত্রাসিত/ আতঙ্কিত হওয়া। ২ [C] দেখতে হাস্যকর লাগে এমন ব্যক্তি বা বস্তু; কিম্ভূত: What a ~ she looks in that gown! □*vt* (কাব্যিক) আতঙ্কিত করা।

frighten [ফ্রাইট্‌ন্] *vt* ভীত/ আতঙ্কিত/ সন্ত্রাসিত করা; ভয় পাইয়ে দেওয়া। **~ sb into/ out of doing sth** কাউকে ভয় দেখিয়ে কিছু করানো/ নিবৃত্ত করা। **fright·ened** *adj* (কথ্য.) ভীত; শঙ্কিত; সন্ত্রস্ত। **~·ing** *adj* আতঙ্কজনক; ভীতিপ্রদ।

fright·ful [ˈফ্রাইট্‌ফ়্‌ল্] *adj* ১ ভয়ঙ্কর; ভয়ানক; ভয়াবহ; ভীতিজনক। ২ (কথ্য) অত্যধিক; ভীষণ; অপ্রীতিকর; ভয়ঙ্কর: a ~ mess; a ~ journey. **~·ly** [-ফ়লি] *adv* ১ ভয়ঙ্কররূপে ইত্যাদি। ২ (কথ্য) অত্যন্ত; দারুণভাবে। **~·ness** *n* ভয়ঙ্করত্ব; ভয়াবহতা; ভীষণত্ব।

frigid [ফ্রিজিড্] *adj* ১ ঠাণ্ডা; শীতল; শীতপ্রধান: a ~ climate; the ~ zone, মেরু অঞ্চল। ২ নিরাবেগ; নিষ্প্রাণ; আন্তরিকতাহীন: a ~ welcome; a ~ manner; a ~ woman, কামশীতল মহিলা। **~·ly** *adv* শীতলভাবে, নিষ্প্রাণভাবে ইত্যাদি। **frigid·ity** [ফ্রিˈজিডাটি] *n* [U] শীতলতা; নিষ্প্রাণতা; কামশীতলতা।

frill [ফ্রিল্] *n* ১ (কাপড়ের) চুনট; ঝালর। ২ *(pl)* (রচনা, বক্তৃতা প্রভৃতির) অনাবশ্যক অলঙ্কার; জাঁক; আস্ফালন; হামবড়াই; কৃত্রিমতা। **fril·led** *adj* ঝালরওয়ালা: a ~ed skirt. **frilly** *adj* ঝালরওয়ালা; (কথ্য) অলঙ্কারবহুল।

fringe [ফ্রিন্‌জ্] *n* ১ বিশেষত কম্বল ও শালের আলগা সুতার অলঙ্করণমূলক পাড়; সঞ্জাব। ২ (ভিড়, বন ইত্যাদির) কিনার; প্রান্ত। ˈ**~ area** জেলা ইত্যাদির সীমান্তবর্তী এলাকা; (আল.) কম গুরুত্বপূর্ণ এলাকা; প্রান্তিক এলাকা। ˈ**~ benefits** (বেতনের সঙ্গে প্রদত্ত) প্রান্তিক সুযোগসুবিধা (যেমন বিনা ভাড়ার বাড়ি, গাড়ি ব্যবহারের সুযোগ ইত্যাদি)। ˈ**~ group** বৃহত্তর কোনো গোষ্ঠী বা দলের সঙ্গে শিথিলভাবে যুক্ত ব্যক্তিবর্গ (যারা কোনো কোনো ব্যাপারে বিদ্রোহী বা ভিন্নমতাবলম্বী হতে পারে); প্রান্তিক দল; সুতরাং ˌ~ ˈmedicine/ˈtheatre etc. ৩ কপালের ওপর ঝুলন্ত ছোট করে ছাঁটা চুল; কুরুল। □*vt* ঝালর দেওয়া; ঝালরস্বরূপ হওয়া: a roadside ~d with trees.

frip·pery [ফ্রিপ ারি] *n* [U] বিশেষত পোশাক-পরিচ্ছদের অনাবশ্যক অলঙ্কার; রংচং; [C] *(pl* -ries) সস্তা অলঙ্কার; বাজে জিনিস।

frisk [ফ্রিস্‌ক্] *vi,vt* ১ খেলাচ্ছলে তিড়িং-বিড়িং করে লাফানো। ২ লুকানো অস্ত্রের সন্ধানে কারো গায়ে হাত বুলানো। **~y** *adj* প্রাণবন্ত; চনমনে; ছটফটে; তিড়বিড়ে। **~·ily** [-কিলি] তিড়িং বিড়িং করে।

fris·son [ˈফ্রীসন্ US ফ্রীˈসন্] *n* (ফ.) শিহরণ; রোমাঞ্চ; লোমহর্ষণ: a ~ of delight/horror.

frit [ফ্রিট্] *n* কাচ তৈরির উপাদানরূপে ব্যবহৃত বালু ও অন্যান্য উপাদানের দগ্ধ মিশ্রণ।

frit·ter[1] [ˈফ্রিটা(র্)] *vt* **~ sth away** লক্ষ্যহীনভাবে অপচয় করা: ~ away one's time/ energy/ money.

frit·ter[2] [ˈফ্রিটা(র্)] *n* [C] ময়দা, ডিম, দুধ ইত্যাদির লেইর মধ্যে (সাধা.) ফলের পাতলা খণ্ড দিয়ে ভাজা পিঠাবিশেষ।

frivol [ˈফ্রিভ্‌ল্] *vi,vt* (-ll-) ১ ছেবলামি করা; চপলতা করা; হেলাফেলা করা। ২ **~ away** বোকার মতো সময়, অর্থ ইত্যাদি অপচয় করা।

friv·ol·ous [ˈফ্রিভলাস্] *adj* ১ তুচ্ছ; হালকা; চপল অকিঞ্চিৎকর: ~ remarks/behaviour. ২ (ব্যক্তি সম্বন্ধে) লঘুচিত্ত; ছেবলা; হালকা। **~·ly** *adv* হালকাভাবে; লঘুচিত্তে; ছেবলামি করে। **friv·ol·ity** [ফ্রিˈভলাটি] *n* ১ [U] হালকাপনা; হালকামি; ছেবলামি; লঘুচিত্ততা। ২ [C] *(pl* -ties) হালকা কাজ বা কথাবার্তা।

frizz [ফ্রিজ্] *vt* (চুল সম্বন্ধে) কুঞ্চিত করা; কোঁকড়ানো। **~y** *adj* (চুল সম্বন্ধে) কুঞ্চিত; কোঁকড়া।

frizzle[1] [ˈফ্রিজ্‌ল্] *vt,vi* ছেঁক-কলকল করে রান্না করা বা হওয়া: catfish frizzling in the pan.

frizzle[2] [ˈফ্রিজ্‌ল্] *vt,vi* **~ up** (চুল সম্বন্ধে) ছোট ছোট থোকায় কুঞ্চিত করা।

fro [ফ্রৌ] *adv* **to and fro** সামনে-পেছনে; ইতস্তত: journeys to and fro between Rome and Milan.

frock [ফ্রক্] *n* ১ স্ত্রীলোক বা বালিকাদের পোশাকবিশেষ; ফ্রক। ২ খ্রিস্টান সন্ন্যাসীদের ঢিলা আস্তিনওয়ালা লম্বা জোব্বাবিশেষ; আলখাল্লা। ৩ ˌ**~-ˈcoat** *n* সাধা. বর্গাকার কোণবিশিষ্ট লম্বা কোটবিশেষ, যা উনিশ শতকে পুরুষের পরিধেয় ছিল।

frog[1] [ফ্রগ্ US ফ্রো°গ্] ১ ব্যাঙ; ভেক; মণ্ডূক; দর্দুর। ˈ**~·man** [-মান্] *n* *(pl* -men) শ্বাসযন্ত্র এবং পায়ে বাঁধা তাড়নীর সাহায্যে জলের নীচে সন্তরণে দক্ষ ব্যক্তি; অন্তর্জল-সাঁতারু। ˈ**~·march** *vt* (বন্দীকে) চারজনে তার হাত-পা ধরে, মুখ নীচের দিকে ফিরিয়ে টেনে নিয়ে যাওয়া। ২ জোব্বা, আলখাল্লা প্রভৃতির সামনের দিক আটকাবার জন্য লম্বা বোতাম ও ফাঁস; হুড়কা। ৩ তরবারি, সঙ্গিন ইত্যাদি ঝোলানোর জন্য কোমরবন্দের সঙ্গে যুক্ত বন্ধনীবিশেষ; ফাঁস।

frog[2] [ফ্রগ্] *n* অশ্বখুরের নিম্নভাগে স্থিতিস্থাপক শৃঙ্গময় পদার্থ।

frog[3] [ফ্রগ্] *n* রেললাইনগুলি যেখানে পরস্পর ছেদ করে সেখানে স্থাপিত খাঁজ-কাটা লৌহখণ্ড।

frolic [ফ্রলিক্] *vt* *(pt,pp* ~ked) প্রাণবন্ত ও আনন্দোচ্ছলভাবে খেলে বেড়ানো; ফুর্তি করা; আনন্দ-কৌতুকে উচ্ছল হওয়া। □*n* [C] আনন্দোচ্ছলতা; ক্রীড়াকৌতুক; আমোদপ্রমোদ। **~some** [-সাম্] *adj* আমুদে; রঙ্গপ্রিয়; ক্রীড়াচঞ্চল; লীলাচঞ্চল।

from [ফ্রাম্; জোরালো রূপ: ফ্রম্] *prep* ১ (আরম্ভস্থলের সূচক) থেকে; হতে; অবধি: travel ~ Paris to Berlin. ২ (কালের প্রারম্ভসূচক) থেকে; হতে; অবধি: ~ childhood. ৩ (যে স্থান, বস্তু ইত্যাদির দূরত্ব, অনুপস্থিতি ইত্যাদি উল্লেখ করা হয়েছে, তাদের নির্দেশক) থেকে; হতে: twenty km ~ the city; far ~ blaming him, তাকে দোষারোপ করা দূরের কথা। ৪ (দাতা, প্রেরক প্রভৃতির সূচক): a parcel ~ his mother. ৫ (শিল্প; আদর্শ, নমুনা ইত্যাদির সূচক) থেকে: painted ~ nature/ life. ৬ (নিম্নতম সীমা নির্দেশক) থেকে: There are ~ ten to twelve defaulters. ৭ (উৎসনির্দেশক) থেকে: quotations ~ Bacon; ~ this point of view. ৮ (নির্মাণ-উপাদান-নির্দেশক) থেকে: sugar is obtained ~ plant juices. ৯ (পৃথককরণ, অপসারণ, প্রতিষেধ, পলায়ন, পরিহার, বঞ্চনা ইত্যাদিসূচক) দ্র. *v* ও *n* ভুক্তিতে *v/n*+ ~) থেকে: The thief escaped ~ the prison. What stopped him ~ attending the meeting? ১০ (পরিবর্তনসূচক) থেকে: The number of students has dropped ~ thirty to twenty. ১১ (যুক্তি, কারণ বা উদ্দেশ্যসূচক) থেকে; দরুন; কারণে: suffer ~ headaches. F~ what I heard, he is blameless in this matter. ১২ (বিশিষ্টতা বা পার্থক্যসূচক): distinct/different ~ others. ১৩ *(advv*

এবং *prep* phrases-এর নিয়ন্ত্রক হিসাবে) থেকে: seen ~ above/below; looking at the child ~ above/under his spectacles.

frond [ফ্রন্ড্] *n* ফার্ন বা তালগাছের যে অংশ পাতাসদৃশ।

front [ফ্রান্ট্] *n* ১ **the ~** সম্মুখ; সম্মুখভাগ; মুখ; সদর: the ~ of a building; (attrib) a ~ seat, সামনের আসন; a ~ room; the ~ page of newspaper, প্রথম পৃষ্ঠা। **(be) in the ~ rank** (লাক্ষ.) প্রথম সারির/নামজাদা/গুরুত্বপূর্ণ হওয়া। **come to the ~** (লাক্ষ.) বিশিষ্ট স্থান অধিকার করা; অগ্রস্থান অধিকার করা। **in ~** *(adv),* **in ~ of** *(prep)* সামনে; সম্মুখে। ,**~ 'runner** *n* (নির্বাচন ইত্যাদিতে) অগ্রগামী/সম্ভাব্য জয়ী ব্যক্তি। অপিচ দ্র. bench, door. ২ [C] (যুদ্ধ) রণাঙ্গন; রণক্ষেত্র; (লাক্ষ.) কর্মতৎপরতার জন্য সংগঠিত দল বা বিভাগ: You should look after the domestic ~, (কথ্য) সাংসারিক দিক। ৩ শহরের সমুদ্রমুখী অংশের কিনারা রাস্তা বা বিহারস্থান; হ্রদের কিনারাবর্তী রাস্তা; (সাগর) কিনার: a house on the ~; drive along the ('Sea)~. ৪ [U] **have the ~ (to do sth)** (কিছু করার) আস্পর্ধা হওয়া। **put on/ show/ present a bold ~** (আপাত) সাহসের সঙ্গে মোকাবেলা করা বা সম্মুখীন হওয়া। ৫ **('shirt) ~** শার্টের (বিশেষত পুরুষের শার্টের মাড় দেওয়া) সম্মুখভাগ বা ছিনা। ৬ (রঙ্গালয়) দর্শকমণ্ডলীর জন্য নির্ধারিত স্থান। ৭ (আবহ.) শীতল ও উষ্ণ বায়ুরাশির মধ্যবর্তী সীমারেখা; বায়ুরেখা: a cold/ warm ~. ৮ (কাব্যিক, আল.) ললাট; মুখমণ্ডল। ৯ কোনো বেনামা ব্যক্তি বা গোষ্ঠীর গোপন বা অবৈধ কার্যকলাপের আচ্ছাদন হিসাবে কর্মরত আপাত নেতা (**'~ man**) বা ব্যক্তিবর্গ (**'~ organization);** বাহ্যিক নেতা বা প্রতিষ্ঠান। □*vt,vi* ১ মুখ করা; মুখী হওয়া: a house that ~s the sea. ২ (প্রা.প্র.) বিরোধিতা করা; সংঘর্ষে লিপ্ত হওয়া; মোকাবেলা করা; ~ danger.

front·age ['ফ্রান্টিজ্] *n* [C] বিশেষত রাস্তা বা নদীর কিনার ধরে কোনো জমি বা ভবনের সম্মুখভাগের বিস্তৃতি; রোক; মুখপাত; মোহড়া: residential plot with ~s on two streets.

frontal ['ফ্রান্টল্] *adj* সম্মুখের; সামনা-সামনি; মুখোমুখি; সম্মুখ: a ~ attack; full ~ nudity. দ্র. flank; rear.

fron·tier ['ফ্রানটিআ(র্) US ফ্রান্'ট্রিআর্] *n* [C] ১ সীমান্ত; (বিশেষত অতীতে US) জনবসতিপূর্ণ এলাকার শেষসীমা, যার পর শুধুই অনাবাদি বা জনবসতিহীন ভূমি: (attrib) ~ disputes/incidents **'~s·man** [-জ্‌মান্] *n* (*pl* -men) সীমান্তবাসী; সীমান্তবর্তী অঞ্চলে নতুন স্থাপিত বসতিতে অগ্রগামী ব্যক্তি। ২ (লাক্ষ.) শেষসীমা: the ~s of knowledge, (বৈজ্ঞানিক গবেষণা ইত্যাদির) অনুন্নত/অনগ্রসর ক্ষেত্র।

front·is·piece ['ফ্রান্টিস্‌পীস্] *n* ১ কোনো গ্রন্থের নামপত্রের উল্টাদিকে স্থাপিত চিত্র; মুখচিত্র। ২ (অট্টালিকার) সদর দরজা/ সম্মুখভাগ।

frost [ফ্রস্ট্ US ফ্রো°স্ট্] *n* ১ [U] আবহাওয়ার যে অবস্থায় তাপমাত্রা হিমাঙ্কের নীচে নেমে যায়; [C] উক্ত রূপ আবহাওয়া যে সময়ে বিরাজ করে; হিম: plants killed by ~; early ~s, শরৎকালের হিম; late ~s, বসন্তকালের হিম। ,**Jack 'F~** ব্যক্তিরূপে কল্পিত হিম; হিম-মানব। **'~-bite** *n* [U] হিমায়িত হওয়ার দরুন দেহকলার জখম; হিম-দংশ। **'~-bitten** *adj* হিমদষ্ট। **'~-bound** *adj* (ভূমি সম্বন্ধে) হিমের দরুন কঠিনীভূত; হিমকঠিন। ২ [U] ভূমি, ছাদ, গাছপালা ইত্যাদির উপর হিমায়িত বাষ্পের গুঁড়ার আবরণ; নীহারকণা: 'white/'' hoar ~. ৩ [C] (কথ্য) যে ঘটনা প্রত্যাশা পূরণ করতে কিংবা উৎসাহ-উদ্দীপনা সৃষ্টি করতে ব্যর্থ: The show was a ~, কেউ উপভোগ করেনি। □*vt,vi* ১ নীহার কণায় ঢাকা: ~ed window-panes, নীহারাচ্ছাদিত শার্সি; (কেক ইত্যাদির উপর) চিনির মিহি গুঁড়া ছড়িয়ে দেওয়া। ২ (গাছপালা) হিমের দরুন মরে যাওয়া। ৩ অনচ্ছ করার জন্যে কাচের পিঠকে অমসৃণ করা: ~ed glass, ঘোলাটে কাচ। ৪ **~ (over/up)** নীহারকণায় ঢেকে যাওয়া: The window-panes ~ed over during the night. **~·ing** *n* [U] = icing (১).

frosty ['ফ্রস্‌টি US ফ্রো°স্‌টি] *adj* ১ হিমশীতল: ~ weather; a ~ morning. ২ (লাক্ষ.) অবন্ধুসুলভ; নিরুত্তাপ; হিমশীতল: ~ smiles; a ~ welcome.

froth [ফ্রথ্] *n* [U] ১ ফেনা; গাঁজলা। ২ হালকা; তুচ্ছ কথাবার্তা বা চিন্তাভাবনা; গাঁজলা; গাঁজানি। □*v i* ফেনা/গাঁজলা ওঠা; (মুখে) ফেনা ঝরা। **~y** *adj* (-ier, -iest) ফেনিল; ফেনানো; ফেনায়িত; সফেন; গাঁজযুক্ত: ~y beer/ conversation. **~·ily** [-টিলি] *adv* ফেনায়িত/ ফেনিল করে। **~i·ness** *n* ফেনিলতা।

fro·ward ['ফ্রৌওয়ার্ড] *adj* (পুরা.) বিকৃতরুচি; উচ্ছৃঙ্খল বিকৃতবুদ্ধি; অবাধ্য; একগুঁয়ে। **~·ly** *adv* উচ্ছৃঙ্খলভাবে ইত্যাদি। **~·ness** উচ্ছৃঙ্খলতা; বুদ্ধিবিকার।

frown [ফ্রাউন্] *vi* ভুরু কোঁচকানো; ভ্রূকুটি করা: ~ at sb. **~ on/upon** অনুমোদন না করা; বরদাশত না করা। □*n* [C] ভ্রূকুটি; ভ্রূকুঞ্চন; ভ্রূসঙ্কোচ। **~·ing·ly** *adv* ভ্রূকুটি সহকারে।

frowsty [ফ্রৌস্‌টি] *adj* (ঘরের আবহাওয়া সম্বন্ধে) ভেপসা; গুমসা।

frowzy ['ফ্রাউজ়ি] *adj* ১ পূতিগন্ধময়; গুমসা। ২ আলুথালু; যত্নহীন; অপরিপাটি।

froze, frozen, দ্র. freeze.

fruc·tify ['ফ্রাক্‌টিফ়াই] *vt,vi* (*pt,pp* -fied) (আনুষ্ঠা.) ফলবান/ ফলবতী/ উর্বর করা বা হওয়া। **fruc·ti·fi·ca·tion** [,ফ্রাক্‌টিফ়িকেশ্‌ন্] *n* ফলাগম; ফলোৎপাদন; ফলপ্রসূতা।

fruc·tose ['ফ্রাক্‌টৌস্] *n* [U] (জীব.) বহু ফলে ও মধুতে যে ধরনের চিনি পাওয়া যায়; ফলশর্করা।

fru·gal ['ফ্রূগ্‌ল্] *adj* **~ (of)** (বিশেষ. খাদ্য, ব্যয় ইত্যাদি সম্বন্ধে) সাবধান; মিতব্যয়ী; হিসাবি; সামান্য মূল্যের: a ~ meal; a ~ housekeeper. **~·ly** [-গালি] *adv* মিতব্যয়িতার সঙ্গে; হিসাব করে। **~·ity** [ফ্রূ'গ্যালাটি] *n* [U C] মিতব্যয়িতা।

fruit [ফ্রূট্] *n* ১ [U C] (collective *n*) ফল। **'~-cake** *n* কিশমিশ, ফলের খোসা ইত্যাদি দিয়ে তৈরি ভারী কেক; ফলের কেক। **'~-fly** *n* (*pl* -flies) ছোট মাছিবিশেষ যা পচা ফল খেয়ে বেঁচে থাকে; ফলের মাছি। **'~ knife** *n* খাওয়ার সময় ফল কাটার জন্যে অম্লরোধী ফলাযুক্ত ছুরি; ফল কাটার ছুরি। ,**~ 'salad** *n* [U,C] (GB) প্রায়শ মালাইসহ পরিবেশিত নানা জাতের কাটা ফলের মিশ্রণ; (US) ফলের টুকরা-সহযোগে প্রস্তুত জেলি; ফলের সালাদ। ২ [C] (উদ্ভিদ.) উদ্ভিদের যে অংশে বীজ তৈরি হয়; ফল; ফসল। ৩ **the ~s of the earth** উদ্ভিদ বা সবজি-জাত যা-কিছু খাদ্যরূপে ব্যবহার করা যায়; ধরার ফল-ফসল। ৪ (লাক্ষ., প্রায়শ *pl*) লাভ; (শ্রম, অধ্যবসায়,

অধ্যয়ন ইত্যাদির) ফল বা পুরস্কার; ফল: the ~s of industry. ৫ ˈ**~-machine** *n* (GB কথ্য) মুদ্রা-চালিত জুয়ার কলবিশেষ। □*vi* (গাছপালা, ঝোপঝাড় ইত্যাদি সম্বন্ধে) ফলবান হওয়া; ফলদান করা; ফলা। **~·erer** [ফ্রুটারা(র্)] *n* ফলবিক্রেতা; কুঁজড়া। **~·ful** [-ফ্ল্] *adj* ফলপ্রসূ; ফলবান; সফল; ফলবন্ত; সুফলদায়ক; ফলপ্রদ: a ~ful career. **~·fully** [-ফালি] *adv* ফলপ্রসূভাবে ইত্যাদি। **~·ful·ness** *n* ফলপ্রসূতা; সফলতা। **~·less** *adj* নিষ্ফল; বন্ধ্য; বিফল; নিরর্থক; পণ্ড: ~less efforts. **~·less·ly** *adv* নিষ্ফলভাবে। **~·less·ness** *n* নিষ্ফলতা; বিফলতা। **~y** *adj* ১ স্বাদে বা গন্ধে ফলের মতো। ২ (কথ্য) স্থূল (প্রায়শ অশ্লীল ইঙ্গিতপূর্ণ) রসিকতাপূর্ণ; রগরগে; রসালো: a ~y novel. ৩ (কথ্য) সমৃদ্ধ; সরস; কারুকার্যময়; সুমধুর: a ~y voice.

fru·ition [ফ্রুˈইশ্ন্] *n* [U] অভীষ্টসিদ্ধি; ফলপ্রসূতা; সফলতা: aims brought to ~.

fru·menty [ˈফ্রুম্যানটি] *n* খোসা-ছাড়ানো গম, দারুচিনি, চিনি ইত্যাদি সহ দুধে সিদ্ধ করে তৈরি খাদ্যবিশেষ; গমের পায়স।

frump [ফ্রাম্প্] *n* সেকেলে ঢং-এর বেঢপ পোশাক-পরিহিত ব্যক্তি। **~·ish** [-পিশ্], **~y** *adjj* জবড়জঙ্গ।

frus·trate [ফ্রাˈস্ট্রেইট্ US ˈফ্রাস্ট্রেইট্] *vt* বিফল/ব্যাহত/প্রতিহত করা; ব্যর্থ করা: ~ an enemy in his plans/the plans of an enemy. **frus·tra·tion** [ফ্রাˈস্ট্রেইশ্ন্] *n* [U,C] বিফলীকরণ; বিফলীভবন; আশাভঙ্গ; ব্যর্থতা; নিষ্ফলতা; নৈরাশ্য; হতাশা।

fry[1] [ফ্রাই] *vt,vi* (*pt,pp* fried [ফ্রাইড্]) ফুটন্ত তেল, মাখন ইত্যাদিতে ভাজা বা ভর্জিত হওয়া। ˈ**fry·ing-pan** (US অপিচ **fry-pan**) ভাজার জন্যে দীর্ঘ হাতলযুক্ত খোলাবিশেষ; ভাজন খোলা; কড়াই। **out of the frying-pan into the fire** ছোট বিপদ থেকে বড়ো বিপদে; কটাহ থেকে আগুনে। **fryer, frier** [ফ্রাইআ(র্)] *n* ভাজার উপযোগী বাচ্চা মুরগি।

fry[2] [ফ্রাই] *n pl* মাছের পোনা; চারা মাছ। ˈ**small fry** অর্বাচীন বা তুচ্ছ জীব; চুনোপুঁটি; সামান্য লোক।

fubsy [ˈফাব্‌জি] *adj* নুদো; হোঁৎকা; হোঁদলা।

fuchsia [ˈফিউশা] *n* গোলাপি, লাল বা বেগুনি রঙের; ঘণ্টার মতো; আনত ফুলবিশিষ্ট গুল্মবিশেষ।

fuch·sine [ˈফুক্‌সিন্] *n* ম্যাজেন্টার দানা।

fuck [ফাক্] *vt,vi* (নিষেধ) (অপ.) (কারো সঙ্গে) যৌনসংসর্গ করা; রমণ করা; উপগত হওয়া। **~ (it)**! (*int*, বিরক্তি, ক্রোধ ইত্যাদি সূচক) লাথি মার। **~ off** (বিশেষত imper) দূর হওয়া। **~ sth up** পণ্ড/ভণ্ডুল করা; বারোটা বাজানো। সুতরাং, **~ed (up)** পণ্ড; ভণ্ডুল; কম্ম কাবার। ˈ**~-all** *n* কিছু না; ঢু ঢু; ফক্কিকার। **~er** *n* গণ্ডমূর্খ; হাঁদারাম। **~·ing** *adj* (বিরক্তি ইত্যাদি প্রকাশের জন্যে ব্যবহৃত হয়, তবে প্রায়শ অর্থহীন) দূর ছাই! **~ing well** নির্ঘাৎ।

fuddle [ˈফাড্‌ল্] *vt* (বিশেষত সুরাজাতীয় পানীয় দিয়ে) বিভ্রান্ত করা; (মাথা) ঘুলিয়ে দেওয়া।

fuddy-duddy [ˈফাডি ডাডি] *n* (*pl* -duddies) (কথ্য) অস্থিরচিত্ত সেকেলে লোক; ব্যস্তবাগীশ।

fudge [ফাজ্] *n* [U] দুধ, চিনি, চকলেট ইত্যাদি দিয়ে তৈরি নরম মিঠাইবিশেষ। □*vt* ১ কোনো কিছু অগোছালোভাবে বা অপর্যাপ্তভাবে করা; জোড়াতালি/গোঁজামিল দেওয়া: Being unable to answer correctly she ~d a reply. ২ প্রশ্নের মূল দিকগুলি এড়িয়ে যাওয়া; অপব্যাখ্যা; গোঁজামিল দেওয়া: to ~ the issues.

fuel [ˈফিউআল্] *n* [U, C] জ্বালানি; (লাক্ষ.) ইন্ধন। **add ~ to the flames** আগুনে ঘৃতাহুতি দেওয়া; ক্রোধ ইত্যাদি উসকে দেওয়া। □*vt,vi* (-ll-, US অপিচ -l-) জ্বালানি/ইন্ধন সরবরাহ বা সংগ্রহ করা: a power station ~led by natural gas; a ~ling station, জ্বালানি কেন্দ্র (যেখান থেকে তেল, কয়লা ইত্যাদি সংগ্রহ করা যায়)।

fug [ফাগ্] *n* (কথ্য) গুমট; গুমসানি। **fuggy** *adj* গুমসা; গুমা; ভাপসা।

fuga·cious [ফিউˈগেইশাস্] *adj* পলায়নপর; অধরা; চপল; ক্ষণস্থায়ী ক্ষণিক। **fuge·city** *n* পলয়ানপরতা; ক্ষণিকতা।

fugi·tive [ফিউজাˈটিভ্] *n* ~ **(from)** পলাতক; ফেরারি: ~s from an invaded country; ~s from justic; (attrib) a ~ prisoner. □*adj* (attrib) ক্ষণস্থায়ী; সাময়িক; ক্ষণকালীন; ক্ষণধ্বংসী; অচিরস্থায়ী; ক্ষণভোগ্য: ~ verses.

fugue [ফিউগ্] *n* [C] সাঙ্গীতিক রচনাবিশেষ, যাতে বিভিন্ন অংশ বা কণ্ঠের মধ্য দিয়ে পর্যায়ক্রমে এক বা একাধিক বিষয়বীজের অবতারণা করা হয় এবং তারপর সেগুলি একটি জটিল আকল্পের (design) মধ্যে বারবার আবৃত্ত হতে থাকে; ফিউগ।

ful·crum [ˈফুল্‌ক্রাম্] *n* (*pl* ~s বা fulcra [ফুল্‌ক্রা]) যে বিন্দুতে ভারশঙ্কু (lever) ঘোরে; উপস্তম্ভ; আলম্ব।

ful·fil (US অপিচ **ful·fill**) [ফুল্ˈফিল্] *vt* (-ll-) পালন/প্রতিপালন করা; সম্পন্ন/ নিষ্পন্ন করা; পূরণ/ পূর্ণ করা: ~ one's obligations/ duties/ sb's expectations or hopes. **~·ment** *n* সিদ্ধি; সংসিদ্ধি; পূরণ; পরিতৃপ্তি।

ful·gent [ˈফাল্‌জন্‌ট্] *adj* (কাব্যিক, আল.) উজ্জ্বল; দীপ্তিময়; জ্যোতির্ময়; চোখ-ধাঁধানো।

full [ফুল্] *adj* (-er, -est) ১ **~ (of)** ভর্তি; ভরা; পূর্ণ; পরিপূর্ণ; ভরপুর; সঙ্কুল; আকীর্ণ; সমাকীর্ণ; টইটম্বুর। **~ up** (কথ্য) পুরোপুরি ভর্তি; টইটম্বুর: The cupboard was ~ up to overflowing. ২ **~ of** কোনো কিছুর ভাবনায় সম্পূর্ণ মগ্ন: The household was ~ of the news, বাড়ির সকলের মুখেই ঐ এক খবর; She was ~ of herself, নিজের কথায় পঞ্চমুখ। ৩ গোলগাল; ভরাট; নধর; হৃষ্টপুষ্ট; ঢল ঢল; সুডৌল; সুগোল: a ~ figure; rather ~ in the face. ৪ (পোশাক-পরিচ্ছদ সম্বন্ধে) **(ক)** বড়ো বড়ো ভাঁজে বিন্যস্ত করে তৈরি; প্রশস্ত; দরাজ; ঢলঢলে: a ~ skirt. **(খ)** ঢিলা; ঢিলমিলা; ঢল্কো: to make a dress a little ~er across the back. ৫ স্বাভাবিক বা নির্ধারিত বিস্তার, সীমা, দৈর্ঘ্য ইত্যাদিতে উপনীত; পূর্ণ; পরিপূর্ণ; পুরা: in ~ blossom, পূর্ণ-বিকশিত; a ~ hour; fall ~ length, চিতপাত হয়ে পড়া। (বিশেষত comp ও superl - এ) পূর্ণ; সম্পূর্ণ; বিস্তৃত: a ~er account; the ~est account of the incident. ৬ (বাক্যাংশ ও যৌগশব্দ) **at ~ speed** পূর্ণগতিতে। **in full** পুরাপুরি; সম্পূর্ণ-ভাবে: pay a debt in ~; write one's name in ~, পুরা নাম লেখা। **in ~ career** অগ্রগতির সর্বোচ্চ গতিতে; চরম অগ্রগতির/উৎকর্ষের সময়। **to the ~** পুরাপুরি; সর্বতোভাবে: enjoy oneself to the ~. ˈ**~-back** *n* (ফুটবল ইত্যাদি খেলায়) মধ্যরেখা থেকে সবচেয়ে দূরে অবস্থিত রক্ষণভাগের খেলোয়াড়; ফুলব্যাক। ˌ~ˈ-

blooded *adj* **(ক)** তেজস্বী; বলিষ্ঠ; **(খ)** অবিমিশ্র বংশ বা প্রবংশজাত; শুদ্ধরক্ত; শুদ্ধ শোণিত। ˌ**~-ˈblown** *adj* (ফুল সম্বন্ধে) পূর্ণ-প্রস্ফুটিত। ˌ**~ ˈdress** *n* [U] আনুষ্ঠানিক পোশাক; পূর্ণ পরিচ্ছদ। ˌ**~-ˈdress** *adj* আনুষ্ঠানিকভাবে সম্পূর্ণ; পূর্ণপরিচ্ছদ: a ~-dress rehearsal; a ~-dress debate on an important question. ˌ**~-ˈface** *n* দর্শকের দিকে মুখ করা; সমক্ষ: a ~-face portrait, সমক্ষ-প্রতিকৃতি। দ্র. profile. ˌ**~-ˈfashioned** *adj* (পোশাক পরিচ্ছদ সম্বন্ধে, বাণিজ্যিক প্রয়োগ) গায়ে সেঁটে থাকে এমন; অঙ্গাঙ্গি; গায়ে-সাঁটা: ~-fashioned stockings/ sweaters. ˌ**~-fledged** *adj* (পাখি সম্বন্ধে) ওড়ার জন্য সকল পালক গজিয়েছে এমন; উদ্‌গতপক্ষ; উড্ডয়নক্ষম; (লাক্ষ.) প্রশিক্ষণ ইত্যাদি সম্পূর্ণ করেছে এমন; পুরাদস্তুর: a ~-fledged advocate. ˌ**~-ˈgrown** *adj* পূর্ণবর্ধিত; পূর্ণাঙ্গ; পূর্ণবয়স্ক। ˌ**~ ˈhouse** *n* (রঙ্গালয়) পূর্ণ প্রেক্ষালয়। ˌ**~-ˈlength** *adj* **(ক)** (প্রতিকৃতি সম্বন্ধে) পূর্ণ দৈর্ঘ্য; পূর্ণাবয়ব। **(খ)** প্রায়িক বা প্রমিত দৈর্ঘ্যসম্পন্ন; পূর্ণদৈর্ঘ্য; পূর্ণাঙ্গ: a ~-length novel. ˌ**~ ˈmarks** *n pl* পূর্ণ নম্বর। ˌ**~ ˈmoon** *n* পূর্ণচন্দ্র; পূর্ণিমা। ˌ**~-ˈpage** *adj* পুরো একপৃষ্ঠাব্যাপী; পূর্ণপৃষ্ঠা: a ~-page advertisement in a newspaper. ˌ**~-ˈscale** *adj* (অঙ্কন, পরিকল্পনা ইত্যাদি সম্বন্ধে) বিষয়বস্তুর সমান মাপের; সমমাপের; (কথ্য) সম্পূর্ণ; পূর্ণাঙ্গ। ˌ**~ ˈstop** পূর্ণচ্ছেদ; পূর্ণযতি (.)। দ্র. পরি. ৮। **come to a ~ stop** সম্পূর্ণ থেমে যাওয়া। ˌ**~-ˈtime** *n* ফুটবল প্রভৃতি খেলার পরিসমাপ্তি। ˌ**~-ˈtime** *adj,adv* পূর্ণকালীন; সার্বক্ষণিক; সার্বক্ষণিকভাবে: **~-**time employee; working ~-time. দ্র. part[1](১) ভুক্তিতে part-time. **~y** [ˈফুলি] *adv* ১ পুরাপুরি; সম্পূর্ণরূপে: ~y satisfied. ২ কমপক্ষে; অন্তত: The inspection will take ~ly three hours. **~y fashioned/ fledged/ grown,** উপরে (৭) দ্র.। **~·ness** *n* [U] পরিপূর্ণতা। **in the ~ness of time** যথাসময়ে; শেষ পর্যন্ত।

fuller [ˈফুলা(র্)] *n* সদ্য বোনা বস্ত্র যে পরিষ্কার ও খাপি করে। ˌ**~'s ˈearth** বস্ত্র শোধন ও খাপি করার কাজে ব্যবহৃত এক ধরনের মাটি; সাজিমাটি।

ful·mar [ˈফুল্‌মা(র্)] *n* আকারে প্রায় গাংচিলের সমান সামুদ্রিক পাখিবিশেষ।

ful·mi·nate [ˈফাল্‌মিনেইট্‌ US ˈফুল্-] *vi* **~ (against)** উচ্চকণ্ঠে তিক্ততার সঙ্গে প্রতিবাদ করা; তর্জন গর্জন/ ফোঁসফোঁস করা; ফুঁসে ওঠা; উষ্মা উদ্‌গিরণ করা: ~ against corrupt practices. **ful·mi·na·tion** [ˌফাল্‌মিˈনেইশ্‌ন্‌ US ˌফুল্ -] *n* [U, C] তর্জনগর্জন।

ful·some [ফুল্‌সাম্‌] *adj* (প্রশংসা তোষামোদ ইত্যাদি সম্বন্ধে) অত্যধিক এবং কপট; ন্যক্কারজনক; অতিবিগলিত; গদ্‌গদ। **~·ly** *adv* ন্যক্কারজনকভাবে; অতিবিগলিতভাবে। **~·ness** *n* আতিরেক্য; ন্যক্কারজনকতা।

ful·vous [ˈফাল্‌ভাস্‌] *adj* লালচে-হলুদ; পিঙ্গল; কটা।

fuma·role [ˈফিউমারৌল্‌] *n* ভূত্বকের রন্ধ্র, যার ভিতর দিয়ে গ্যাস ও বাষ্প নিঃসারিত হয়; ধূমরন্ধ্র।

fumble [ˈফাম্‌ব্‌ল্‌] *vi,vt* ১ (কিছু খোঁজার জন্য) হাতড়ানো; হাতড়ে বেড়ানো: ~ in the dark. ২ কোনো কিছু অস্থিরভাবে বা আনাড়ির মতো করা; অপটুহাতে করা: ~ a ball, আনাড়ির মতো বল মারা। **fumbler** [ˈফাম্‌ব্‌লা(র্)] *n* যে ব্যক্তি হাতড়ায়; আনাড়ি।

fume [ফিউম্‌] *n* ১ (সাধা. *pl)* উগ্রগন্ধ ধোঁয়া, গ্যাস বা বাষ্প: petrol ~s. ২ (সাহিত্য.) মনের উত্তেজিত অবস্থা; ঘোর: in a ~ of anxiety. □*vi,vt* ১ **~ (at)** ধূমোদ্‌গার করা; ধোঁয়া ছাড়তে ছাড়তে যাওয়া; (লাক্ষ.) চাপ ক্রোধ বা বিরক্তি প্রকাশ করা; গজরানো; ফোঁসা: ~ at sb's incompetence. ২ (কাঠ ইত্যাদির উপরিভাগ কালচে করার জন্য) ধোঁয়ার সাহায্যে প্রক্রিয়াজাত করা; ধূমিত করা: ~d oak.

fu·mi·gate [ˈফিউমিগেইট্‌] *vt* ধোঁয়ার সাহায্যে জীবাণুমুক্ত করা; ধূমন করা; উপধূপন করা: ~ a room. **fu·mi·ga·tion** [ˌফিউমিˈগেইশ্‌ন্‌] *n* ধূমন; উপধূপন।

fun [ফান্‌] *n* [U] ১ মজা; তামাসা; রঙ্গ; কৌতুক; হাসিঠাট্টা। ˈ**fun·fair** *n* প্রমোদোদ্যান; আনন্দমেলা। দ্র. amuse ভুক্তিতে amusement park. **fun and games** (কথ্য) আমোদ-প্রমোদ; রঙ্গতামাসা; ক্রীড়া-কৌতুক। **make fun of; poke fun at** কাউকে নিয়ে রঙ্গ/ কৌতুক/ মজা করা; হাস্যাস্পদ করা। **for/in fun** কৌতুকচ্ছলে; রসিকতাচ্ছলে; রঙ্গ করে। ২ মজার লোক/ জিনিস: He's a great fun. ৩ (attrib, কথ্য) মজার/আমোদের জন্যে ব্যবহৃত: a fun hat/car.

fun·am·bulist [ফিউˈন্যাম্‌বিউলিস্ট্‌] *n* যে ব্যক্তি দড়ির ওপর দিয়ে হাঁটার কসরৎ প্রদর্শন করে; দড়িবাজ।

func·tion [ˈফাঙ্ক্‌শ্‌ন্‌] *n* [C] ১ কোনো বস্তু বা ব্যক্তির বিশেষ কার্য; বৃত্তি; কর্ম; কাজ ব্যবহার; ব্যবসায়: The ~s of a magistrate; the ~ of the heart. ২ অনুষ্ঠান: to organize a ~. ৩ (গণিত) যে চল রাশির (variable) মান অন্য কোনো রাশির উপর নির্ভর করে; অপেক্ষক। □*vi* কাজ করা; দায়িত্ব পালন করা; বৃত্তি নির্বাহ করা। **~al** [-শান্‌ল্‌] *adj* ব্যবহারিক; প্রায়োগিক; বৃত্তিগত; বৃত্তীয়: ~al architecture, ব্যবহারিক স্থাপত্য (সৌন্দর্য যার মূল লক্ষ্য নয়)। **~al·ism** [-শানালিজ়াম্‌] *n* বস্তু ইত্যাদির (যেমন আসবাবপত্র, ভবন) নকশা, নির্মাণ-উপকরণ প্রভৃতি তাদের ব্যবহারের উদ্দেশ্যের দ্বারা নির্ধারিত হবে, এই তত্ত্ব; বৃত্তিবাদ। **~·al·ist** [-শানালিস্ট্‌] *n* বৃত্তিবাদী।

func·tion·ary [ˈফাঙ্ক্‌শানারি US -নেরি] *n (pl* -ries) (প্রায়শ তুচ্ছ.) কর্মভারপ্রাপ্ত বা পদাধিষ্ঠিত ব্যক্তি; কর্তাব্যক্তি; নিয়োগী।

fund [ফান্ড্‌] *n* [C] ১ ভাণ্ডার: a ~ of amusing stories. ২ (প্রায়শ *pl)* তহবিল: a relief ~; charity ~s. **the (public) ~s** এক ধরনের বিনিয়োগ হিসাবে জাতীয় ঋণের স্টক বা পরিপণ; জাতীয় ঋণভাণ্ডার: have £ 2000 in the ~s, অর্থাৎ সুদের বিনিময়ে সরকার যে ঋণ গ্রহণ করেন, তাতে ২০০০ পা. বিনিয়োগ করা। **no ~s** চেক প্রদানকারী ব্যক্তির হিসাবে কোনো টাকা নেই, এই মর্মে (ব্যাংক কর্তৃক প্রদত্ত) বিজ্ঞপ্তি; তহবিল শূন্য। □*vt* ১ তহবিল/অর্থ জোগান দেওয়া: a project ~ed by charities. ২ (অর্থ ব্যব.) নির্দিষ্ট সুদে (স্বল্পমেয়াদি ঋণকে) দীর্ঘমেয়াদী ঋণে রূপান্তরিত করা; বিধিতে পরিণত করা।

fun·da·ment [ˈফান্ডামান্ট্‌] *n* নিতম্ব; পাছা।

fun·da·men·tal [ˌফ্যান্ডা'মেন্ট্ল্] *adj* ~ **(to)** মৌলিক; মৌল; মূলিক; ভিত্তিগত; মূলগত; মূলীভূত; সারগত; সারভূত; প্রারম্ভিক: the ~ ideas. □*n* সারভূত অংশ; সারকথা। **the ~s** মূলসূত্রাবলী: the ~s of chemistry. **~·ly** [-টালি] *adv* মূলগতভাবে। **~·ism** [-লিজ়াম্] *n*[U] খ্রিস্টান ধর্মের (কিংবা যে কোনো ধর্মের) সনাতন বিশ্বাসসমূহের (যেমন বাইবেলের প্রতিটি বিষয়ের যথার্থতা) আক্ষরিক ব্যাখ্যার সমর্থন; মৌলবাদ। **~·ist** [-লিস্ট্] *n* মৌলবাদী।

fu·neral [ফ্যি উনারাল্] *n* [C] ১ অন্ত্যেষ্টিক্রিয়া; শবসৎকার; উত্তরক্রিয়া; দাফন। ২ (attrib প্রয়োগ) অন্ত্যেষ্টিক্রিয়া সম্বন্ধী; শাব; শোকাবহ: a '~ procession, শব-শোভাযাত্রা; a '~ march, শোকাবহ; ভাবগম্ভীর সঙ্গীতবিশেষ; a '~ pile/pyre, চিতা; শ্মশান; চিতাগ্নি; a '~ parlor, (US) মুর্দাফরাশের দফতর। **its/that's 'my/ 'your etc ~** (কথ্য) আমার/ তোমার ... মাথা ব্যথা/ দুশ্চিন্তা। **fu·ner·eal** [ফ্যিউ'নিঅরিআল্] *adj* অন্ত্যেষ্টিক্রিয়াসম্বন্ধী; অন্ত্যেষ্টিক; শোকাবহ; বিষাদাচ্ছন্ন: a funereal expression.

fun·gus ['ফ্যাঙগাস্] *n* (*pl* -gi, [-গা ই] বা ~es [-গাসিজ়]) অন্য উদ্ভিদ বা পচনশীল বস্তুর (যেমন পুরনো কাঠ) উপর গজানো পত্রপুষ্প বা সবুজ রঞ্জকপদার্থবিহীন উদ্ভিদ; ছত্রাক; ছত্রক; ছাতা; কোঁড়ক; শিলীন্ধ্র। **fun·gi·cide** ['ফ্যান্জিসাইড্] *n* [U,C] ছত্রাকনাশক। **fun·goid** ['ফ্যাঙগয়ড্] *adj* ছত্রাকসম্বন্ধী বা ছত্রাকতুল্য; ছত্রাকীয়। **fun·gous** [ফ্যাঙগাস্] *adj* ছত্রাকীয়; ছত্রাকজনিত; ছত্রাকাকৃতি।

fu·nicu·lar [ফ্যিউ 'নিকিউলা(র্)] *n* ~ **(railway)** তার ও স্থির ইনজিনের সাহায্যে ঢালু পথে চালিত রেলগাড়ি; রজ্জুরেল।

funk [ফাঙ্ক্] *n* (কথ্য) ১ প্রচণ্ড ভয়; মহা আতঙ্ক; ত্রাস: be in a ~. ২ কাপুরুষ; ভীরু। □*vi,vt* ভীত হওয়া; ভয়ে পিছিয়ে আসা/যাওয়া। **~y** *adj* (US অপ.) (সঙ্গীত সম্বন্ধে) আবেগময় ও দ্রুত লয়ের; ভাবোদ্বেল।

funnel ['ফ্যান্ল্] *n* ১ (বোতল ইত্যাদির মধ্যে তরল বা গুঁড়া পদার্থ ঢালবার জন্যে) কুপি; চুঙ্গি। ২ বাষ্পীয় পোত, রেল-ইনজিন ইত্যাদির ধূম-নির্গমনের পথ; চোঙা। **ˌtwo/three-'~led** *adj* দুই/তিন চোঙাওয়ালা। □*vt,vi* (-ll-; US -l-) চোঙার মধ্য দিয়ে কিংবা অনুরূপভাবে চলা/চালানো।

funny ['ফ্যানি] *adj* (-ier, -iest) ১ মজার; মজাদার; কৌতুককর: ~ stories. ২ অদ্ভুত; আশ্চর্য; আজব। **'~-bone** *n* কনুইয়ের অংশবিশেষ, যার ওপর দিয়ে একটি অত্যন্ত সংবেদনশীল স্নায়ু চলে গেছে। **the funnies** *n pl* (কথ্য) = comic strips, রঙ্গচিত্র। **fun·nily** [-নিলি] *adv* কৌতুককরভাবে; অদ্ভুতরূপে। **fun·ni·ness** *n* মজা; কৌতুককরত্ব; অদ্ভুতত্ব।

fur [ফ্য(র্)] *n* ১ [U] কোনো কোনো জন্তুর (যেমন বিড়াল, খরগোশ) নরম মোটা লোম। **make the fur fly** গোলযোগ/হাঙ্গাম সৃষ্টি করা। **fur and feather** লোমশ জন্তু ও পক্ষীকুল। ২ [C] বিশেষত পোশাকরূপে ব্যবহৃত মোটা লোমযুক্ত পশুচর্ম; লোমশ চামড়া: a fox fur; expensive furs; (attrib) a fur coat, লোমশ চামড়ার কোট। ৩ [U] (অসুস্থ অবস্থায় জিহ্বার) কুলুক; জিহ্বামল; ছ্যাৎলা; চুনযুক্ত পানি ফুটানোর ফলে কেতলি, বয়লার ইত্যাদির তলায় সঞ্চিত কঠিন মল বা কাইট। □*vt,vi* (-rr-) ~ **(up)** মলযুক্ত/মলাবৃত হওয়া: a furred tongue/kettle. **furry** ['ফ্যারি] *adj* (ier, -iest) লোমবৎ; ঊর্ণাময়; লোমশ।

fur·be·low ['ফ্যাবিলৌ] *n* (প্রায়শ **frills and ~s** -তে ব্যবহৃত) (পোশাক ইত্যাদিতে) জমকালো বা অনাবশ্যক অলঙ্কার; সাজগোজ।

fur·bish ['ফ্যাবিশ্] *vt* ঘষামাজা; ঘষেমেজে উজ্জ্বল করা; উজ্জ্বলিত করা; নতুনের মতো করা; ঝকঝকে করা: ~ a sword.

fur·cate ['ফ্যাকেইট্] *adj* বিভক্ত; শাখাবিভক্ত। □*vi* বিভক্ত হওয়া।

furi·ous ['ফ্যিউ অরিআস্] *adj* উচ্চণ্ড; অভিসংরব্ধ; উন্মত্ত; ক্রোধোন্মত্ত; ক্ষিপ্ত; উৎকট; অসংযত: a ~ struggle/quarrel/storm. **fast and ~** প্রচণ্ড হৈ হুল্লোড়পূর্ণ। **~·ly** *adv* উচ্চণ্ডভাবে ইত্যাদি।

furl [ফ্যাল্] *vt,vi* (পাল, পতাকা, ছাতা ইত্যাদি সম্বন্ধে) গুটানো; সংবৃত করা বা হওয়া।

fur·long ['ফ্যালঙ US -লোঙ্] *n* এক মাইলের $\frac{1}{8}$ অংশ; ২২০ গজ (= ২০১ মিটার); ফার্লং।

fur·lough ['ফ্যালৌ] *n* [C,U] (বিশেষত বিদেশে কর্মরত সরকারি চাকুরে, সশস্ত্র বাহিনীর সদস্যদের) ছুটি; ফুরসত: six months' ~. দ্র. leave[2].

fur·nace ['ফ্যানিস্] *n* ১ নলের মাধ্যমে গরম জল বা বাষ্প চালিত করে বাড়ি গরম রাখার জন্যে আবৃত অগ্নিকুণ্ড; চুল্লি। ২ ধাতু গলানো, কাচ বানানো ইত্যাদি কাজের জন্যে পরিবেষ্টিত স্থান; অগ্নিকুণ্ড; হাপর।

fur·nish ['ফ্যানিশ্] *vt* **~ sth (to sb); ~ sb/sth with sth** সরবরাহ করা; জোগানো; সজ্জিত করা: ~ a room; a ~ed house/flat; আসবাব সজ্জিত ভাড়াটে বাড়ি/মহল। **~·ings** *n pl* আসবাবপত্র ও সাজসরঞ্জাম।

fur·ni·ture ['ফ্যানিচা(র্)] *n* [U] আসবাবপত্র; গৃহসজ্জা।

fu·rore (US = **fu·ror**) [ফ্যিউ'রো রি US 'ফ্যিউরো(র্)] *n* হৈ চৈ; উন্মাদনা; সাড়া: His latest novel has created a ~.

fur·rier ['ফ্যারিআ(র্)] *n* (পশুর) লোমশ চামড়ার কারবারি।

fur·row ['ফ্যারৌ] *n* [C] ১ ভূমিতে লাঙলের ফলার গভীর দাগ; হলরেখা; সীতা; হলি। ২ মুখমণ্ডলের, বিশেষত কপালের চামড়ার রেখা; ভাঁজ; কুঞ্চন; বলি। □*vt* হলরেখা ফেলা; বলি-অঙ্কিত করা: a forehead ~ed by old age.

furry ['ফ্যারি] দ্র. fur.

fur·ther ['ফ্যাদ(র্)] *adv,adj* ১ (প্রায়শ farther-এর স্থলে ব্যবহৃত হয়) আরো/অধিকতর দূরে: They did not go ~. ২ (এই অর্থে farther-এর স্থলে ব্যবহার করা যায় না) অধিকতর; অতিরিক্ত; আরো: until ~ order. We received no ~ advice. ৩ (অপিচ ~more, নীচে দ্র.) অধিকন্তু; তাছাড়া; অপিচ: She said it was too late to go for a walk and, ~, that it was raining. □*vt* আনুকূল্য করা; প্রবর্ধিত করা; এগিয়ে নেওয়া: ~ sb's interests; ~ the cause of peace. **~ edu'cation** *n* [U] বিদ্যালয় ত্যাগ করার পরে প্রদত্ত বিশ্ববিদ্যালয়ের শিক্ষাক্রম ব্যতীত অন্যবিধ আনুষ্ঠানিক শিক্ষা; অধিকতর শিক্ষা। **~·ance** [-রান্স্] *n* [U] অগ্রনয়ন; প্রবর্ধন; উন্নতিবিধান: for the ~ ance of public welfare.

~·more [ˌফার্দ্'মো°(র্)] *adv* অধিকন্তু; তাছাড়া; এতদ্ব্যতীত। **'~·most** [-মৌসট্] *adj* দূরতম; সবচেয়ে দূরবর্তী।

fur·thest ['ফার্দিস্ট্] *adj,adv* = farthest.

fur·tive ['ফার্টিভ্] *adj* চোরা; অলক্ষিত; গোপন; চোরা-চোরা; লুকাছাপা: a ~ glance· ~ behaviour. **~·ly** *adv* অলক্ষিতে; চুপিসারে; চুরি করে। **~·ness** *n* লুকাছাপা।

fur·uncle [ˌফ্যিউআ'রাঙ্‌ক্‌ল্] *n* ফোড়া; ব্রণ।

fury ['ফ্যিউআরি] *n* (*pl*- ries) ১ [U] প্রচণ্ড উত্তেজনা, বিশেষত ক্রোধ; অভিসংরম্ভ; চণ্ডতা; রোষ: the ~ of the elements, প্রচণ্ড ঝড়; ঝঞ্ঝা। ২ [C] অসংযত আবেগের বিস্ফোরণ; ক্ষিপ্ততা; ক্রোধোন্মত্ততা: to fly into a ~, ক্ষিপ্ত হয়ে ওঠা। ৩ [C] অতিকোপনা; ভয়ঙ্করী নারী; উগ্রচণ্ডা। ৪ **the Furies** অপরাধের শাস্তিবিধানের জন্য পাতাল থেকে প্রেরিত গ্রিক পুরাণোক্ত সর্পকেশী দেবীত্রয় (আলেক্তো, তিসিফোনি ও মেগাইরা)।

furze [ফ়াজ্] *n* [U] = gorse; অনাবাদি জমিতে উদ্গত, হলুদ ফুলবিশিষ্ট কণ্টকিত চিরহরিৎ গুল্মবিশেষ।

fus·cous ['ফাস্ক্যাস্] *adj* মলিন; বিষণ্ন; কৃষ্ণবর্ণ।

fuse[1] [ফ্যিউ জ্] *n* [U] ১ বারুদ ইত্যাদি বিস্ফোরিত করার জন্য স্ফুলিঙ্গবহ নল, দড়ি ইত্যাদি (যেমন পটকা, বোমা ইত্যাদির সঙ্গে থাকে); টাকু; পলিতা। ২ (US = fuze) গোলা বা মাইনের অংশবিশেষ যা বিস্ফোরক দ্রব্যকে স্ফূর্জিত করে; টাকু। **time-~** *n* যে টাকু নির্ধারিত সময়ের ব্যবধানে উক্তরূপ বিস্ফোরণ ঘটায়; মেয়াদি টাকু।

fuse[2] [ফ্যিউ জ্] *vt,vi* ১ গলা বা গলানো; গলে জোড়া লাগা, গলিয়ে জোড়া লাগানো: **~ two pieces of wire together.** ২ (বৈদ্যুতিক চক্র বা তার অংশবিশেষ সম্বন্ধে) গলনী বা ফিউজ গলে যাওয়ার ফলে বিচ্ছিন্ন/ বিকল হওয়া। ৩ (লাক্ষ.) সমগ্রে পরিণত করা; একীভূত করা। □*n* [C] (বৈদ্যুতিক চক্রে) তারের ক্ষুদ্র খণ্ডবিশেষ, যা বিদ্যুৎচক্রে বিদ্যুতের চাপ বেশি হলে গলে গিয়ে চক্র বিচ্ছিন্ন করে দেয়; গলনী। **~ 'wire** *n* [U] উক্ত উদ্দেশ্যে ব্যবহৃত তার; গলনী তার।

fu·sel·age ['ফ্যিউজ়ালা:জ্] *n* বিমানের মূল অবয়ব, (যার সঙ্গে ইনজিন, পাখা ও পুচ্ছ যুক্ত করা হয়); বিমানের কাঠামো।

fu·sil ['ফ্যিউজ়িল্] *n* হালকা বন্দুকবিশেষ; তবক।

fu·sil·ier [ফ্যি উ জ়ালিআ(র্)] *n* আগেকার দিনে (কোনো কোনো ব্রিটিশ রেজিমেন্টের) হালকা গাদাবন্দুকসজ্জিত সৈন্য; তরকি।

fus·il·lade [ˌফ্যিউজ়া'লেইড্ US –সা–] *n* [C] অবিরাম গুলিবর্ষণ।

fusion ['ফ্যিউজ়্ন্] *n* [C,U] গলন; একীভবন; সংমিশ্রণ: the ~ of copper and zinc; a ~ of races. **'~ bomb** *n* উদ্‌জান বোমা। দ্র. atomic.

fuss [ফ়াস্] *n* [U] অযথা স্নায়বিক অস্থিরতা (বিশেষত অকিঞ্চিৎকর বিষয়ে); ত্রস্তব্যস্ততা; বাড়াবাড়ি; অযথা উত্তেজনা: make ~; get into a ~. **make a ~** (ক) বিক্ষুব্ধ/ উত্তেজিত/ অস্থির/ ত্রস্তব্যস্ত হওয়া। (খ) ব্যস্তবাগীশ হওয়া। (গ) তেজের সঙ্গে নালিশ করা। **make a ~ of** লোক দেখানো মনোযোগ দেওয়া; বাড়াবাড়ি করা: She makes too much ~ of the children. **'~·pot** *n* (কথ্য) অত্যন্ত ব্যস্তবাগীশ বা অস্থির প্রকৃতির লোক; তিড়বিড়ে/ খুঁৎখুতে লোক। □*vt,vi* ত্রস্তব্যস্ত/ উত্তেজিত হওয়া বা করা: Why do you ~ about such trifles? **~y** *adj* (-ier, -iest) ১ অস্থির; তিড়বিড়ে; ত্রস্তব্যস্ত। ২ খুঁৎখুঁতে; খুঁৎমুতে: be ~y about one's dress. ৩ (পোশাক, শৈলী ইত্যাদি সম্বন্ধে) অত্যধিক অলঙ্কৃত; জমকালো; অনাবশ্যক খুঁটিনাটির ভারে পীড়িত। **~·ily** [-সিলি] *adv* ত্রস্তব্যস্তভাবে; হন্তদন্ত হয়ে। **~·i·ness** *n* ত্রস্তব্যস্ততা; খুঁৎমুতানি; অস্থিরতা।

fus·tian ['ফ়াস্টিঅন্ US -চন্] *n* [U] ১ পুরু; মজবুত; মোটা সুতি কাপড়বিশেষ; ধোকড়; (attrib) ধোকড়ের (তৈরি)। ২ (লাক্ষ.) বাগাড়ম্বর; বড়ো বড়ো কথা; লম্বাই চওড়াই; (attrib) বাগাড়ম্বরপূর্ণ; শূন্যগর্ভ; অসার।

fus·ti·gate ['ফ়াস্টিগেইট্] *vt* (কৌতুক.) মুগুর–পেটা করা; কোঁৎকানো।

fusty ['ফ়াস্টি] *adj* ছাতা–পড়া গন্ধযুক্ত; সেঁতাগন্ধ; (লাক্ষ.) চিন্তাভাবনায় সেকেলে; সেঁতা–পড়া: a ~ old professor.

fu·tile ['ফ্যিউটাইল্ US -ট্‌ল্] *adj* ১ (কার্যসম্বন্ধে) নিষ্ফল; বৃথা ঃ a ~ attempt. ২ (ব্যক্তি সম্বন্ধে) অসার; অন্তঃসারশূন্য; শূন্যগর্ভ; অপদার্থ। **fu·til·ity** [ফ্যিউ'টিলাটি] *n* (*pl* -ties) [U] নিষ্ফলতা; অন্তঃসারশূন্যতা; [C] নিষ্ফল প্রয়াস বা উক্তি।

fu·ture ['ফ্যিউচা(র্)] *n,adj* ১ [U,C] ভবিষ্যৎ; ভবিতব্য; ভাবী; ভবিষ্য; ভাবীকাল; উত্তরকাল। **for the ~** ভবিষ্যতের জন্যে: provide for the ~, ভবিষ্যতের সংস্থান করা। **in ~** ভবিষ্যতে। ২ (*adj* কিংবা *n* -এর attrib প্রয়োগ) ভবিষ্যৎ; ভাবী; ভবিষ্যমান: the ~ life, পরকাল; his ~ wife, তার ভাবী বধূ। ৩ (*pl*) (বাণিজ্য) যে পণ্য কেনার সময়ে উভয় পক্ষের সম্মতিক্রমে নির্ধারিত মূল্যে ক্রয় করা হলেও যার মূল্যপরিশোধ ও হস্তান্তর ভবিষ্যতে হবে; ভাবীপণ্য। **~·less** *adj* ভবিষ্যৎশূন্য।

fu·tur·ism ['ফ্যিউচারিজ়াম্] *n* [U] (বিশ শতকের গোড়ার দিকের) শিল্পকলা ও সাহিত্য আন্দোলনবিশেষ, যা ঐতিহ্যকে সম্পূর্ণ পরিত্যাগ করে আধুনিক যন্ত্র–প্রভাবিত সমসাময়িক জীবনের শক্তিমত্তাকে অভিব্যক্ত করতে আগ্রহী; ভবিষ্যবাদ। **fu·tur·ist** [-রিস্ট্] *n* ভবিষ্যবাদী।

fu·tur·ity [ফ্যিউ 'টিউআরাটি US -টুআ–] *n* (*pl* -ties) [U] ভবিষ্যৎ; উত্তরকাল; [U,C] ভবিষ্যতের ঘটনাবলী; ভবিতব্যতা।

fuze [ফ্যিউ জ্] *n* (US) = fuse[1].

fuzz [ফ়াজ্] *n* [U] (কম্বল কিংবা অন্য নরম পশমি বস্ত্র থেকে উত্থিত) আঁশ; ফেশো; চোচ; কোঁকড়া চুল। **the ~** (US অপ.) পুলিশ।

fuzzy ['ফ়াজ়ি] *adj* (-ier, -iest) আঁশের মতো; ঝাপসা; অস্পষ্ট; ঘোলাটে; আঁশ–আঁশ।

fyl·fot [ফ়িল্ ফট্] *n* স্বস্তিকা।

G g

G, g [জী] (*pl* G's, g's [জীজ়্]) ইংরেজি বর্ণমালার সপ্তম বর্ণ; (US অপ.) এক হাজার ডলার।

gab [গ্যাব্] *n* [U] (কথ্য) কথা; চোপা; বকবকানি: stop your gab, (কথ্য) চোপা থামাও। **have the gift of the gab** বাকপটুতা/চোপার জোর থাকা।

gab·ar·dine, gab·er·dine [ˌগ্যাবাˈডীন্] *n* [U] মজবুত; মসৃণ শিরাল বস্ত্রবিশেষ; গ্যাবার্ডিন।

gabble [গ্যাব্‌ল্] *vt,vi* দ্রুত, অস্পষ্টভাবে কথা বলা; হড়বড়ানো। □*n* [U] হড়বড়ানি।

gabelle [গ্যাˈবেল্] *n* (ইতি.) কর; বিশেষত ফরাসি বিপ্লবের পূর্বে লবণ-কর।

gable [ˈগেইব্‌ল্] *n* [C] ঢালু ছাদের নীচে বাইরের দেয়ালের ত্রিকোণাকার অংশ; চাঁদওয়ারি। **gabled** [ˈগেইব্‌ল্‌ড্] *adj* চাঁদওয়ারিযুক্ত: অ ~d house.

gad [গ্যাড্] *vi* (-dd-) **gad about** (কথ্য) উত্তেজনা বা সুখের সন্ধানে ছুটাছুটি করা। ˈ**gad·about** *n* সুখান্বেষী ব্যক্তি; সুখের ভ্রমর।

gad·fly [ˈগ্যাড্‌ফ্লাই] *n* (*pl* flies) ডাঁশ; দংশ মক্ষিকা।

gadget [ˈগ্যাজিট্] *n* (কথ্য) ছোট যন্ত্র; কল। **~ry** *n* [U] কলকব্জা।

gado·lin·ium [ˌগ্যাডাˈলিনিঅম্] *n* [U] নরম ধাতব মৌলবিশেষ (প্রতীক Gd), যা কেবলমাত্র অন্য পদার্থের সঙ্গে সম্পৃক্ত অবস্থায় পাওয়া যায়; গ্যাডলিনিয়ম।

Gael [গেইল্] *n* স্কটিশ বা আইরিশ কেল্ট-জাতীয় লোক; গেইল। **~ic** [ˈগেইলিক্] *adj,n* কেলটীয় (ভাষা)।

gaff[1] [গ্যাফ্] *n* ছিপে গাঁথা মাছ তীরে ওঠানোর জন্য বড়শিযুক্ত লাঠি; কোঁচা।

gaff[2] [গ্যাফ্] *n* **blow the ~** গুপ্ত রহস্য বা ষড়যন্ত্র ফাঁস করে দেওয়া; থলের বিড়াল বের করে দেওয়া।

gaffe [ˈগ্যাফ্] *n* [C] প্রমাদ; হঠকারী/অসতর্ক কর্ম বা উক্তি; ভুল পদক্ষেপ; হঠকারিতা।

gaffer [ˈগ্যাফা(র্)] *n* (কথ্য) বিশেষত গ্রামবাসী বুড়া লোক; শ্রমিকদের সর্দার। দ্র. boss[1], guvnor.

gag [গ্যাগ্] *n* [C] ১ মুখ খোলা রাখার জন্য মুখের মধ্যে ঢোকানো কোনো কিছু (যেমন দন্তচিকিৎসকরা ঢুকিয়ে থাকে) কিংবা কথা বলা বা চিৎকার থেকে বিরত রাখার জন্য মুখের ভিতরে বা উপরে স্থাপিত কোনো বস্তু; গোঁজ; মুখাবরোধ। ২ অভিনয়কালে অভিনেতা-কর্তৃক তাঁর অংশের মধ্যে প্রক্ষিপ্ত (স্বরচিত) উক্তি বা ক্রিয়াকলাপ; গোঁজ। ৩ বিশেষত (মঞ্চে, বেতারে বা টেলিভিশনে) কৌতুকাভিনেতার কর্মকাণ্ডের অংশ হিসাবে রসিকতা, কৌতুক ইত্যাদি। □*vt,vi* (-gg-) ১ মুখে গোঁজ ভরা; কণ্ঠরোধ করা; (লাক্ষ.) বাকস্বাধীনতা হরণ করা; মুখে ঠুলি পরানো। ২ (অভিনেতা প্রভৃতি সম্বন্ধে) স্বরচিত অংশ প্রক্ষিপ্ত করা; কৌতুককর গল্প ইত্যাদি যোগ করা; গোঁজ দেওয়া। ৩ (কথ্য) ওয়াক-ওয়াক করা।

gaga [ˈগা:গা:] *adj* (অপ.) ভীমরতিগ্রস্ত; আড়পাগলা।

gage[1] [গেইজ্] দ্র. gauge.

gage[2] [গেইজ্] *n* ১ জামানত হিসাবে প্রদত্ত প্রতিশ্রুতি, বন্ধকী ইত্যাদি। ২ দ্বন্দ্বযুদ্ধের আহ্বান; ঐরূপ আহ্বানের প্রতীকস্বরূপ ভূতলে নিক্ষিপ্ত দস্তানা ইত্যাদি।

gaggle [ˈগ্যাগ্‌ল্] *n* (হাঁসের) ঝাঁক; (হাস্য.) (অতিভাষী মেয়েদের) দল বা ঝাঁক।

gai·ety [ˈগেইআটি] *n* ১ [U] প্রফুল্লতা; আনন্দমুখরতা; আনন্দ-উল্লাস; প্রহর্ষ; ঔজ্জ্বল্য। ২ (*pl* -ties) আমোদ-উৎসব; আনন্দ-উল্লাস; আমোদ-প্রমোদ; উৎসব-আনন্দ: the gaieties of the Christmas season.

gaily [ˈগেইলি] *adv* দ্র. gay.

gain[1] [গেইন্] *n* ১ [U] বিত্তসঞ্চয়; লাভ; মুনাফা; প্রাপ্তি; বিষয়বৃদ্ধি: the love of ~. ২ (*pl*) **capital ~s,** দ্র. capital. **ill-gotten ~s** অসদুপায়ে অর্জিত সম্পদ। ৩ [C] পরিমাণ বা শক্তির বৃদ্ধি; লাভ; উৎকর্ষ: a ~ in weight/health. **~·ful** [-ফ্‌ল্] *adj* অর্থপ্রদ; অর্থকর; অর্থজনক; লাভজনক: ~ful occupations. **~·fully** [-ফ়লি] *adv* অর্থপ্রদভাবে ইত্যাদি: ~fully employed.

gain[2] [গেইন্] *vt,vi* ১ অর্জন করা; যোগ করা; বাড়ানো; উপচয় করা: ~ experience/ momentum/ weight. **~ ground** উন্নতি/অত্যুন্নতি করা; অগ্রসর হওয়া। **~ time** (নিজের সম্ভাবনা বৃদ্ধির জন্য) কালক্ষেপণ/দীর্ঘসূত্রতা করা। **~ the upper hand** জয়ী হওয়া; প্রাধান্য অর্জন করা। ২ **~ (from)** লাভবান/উপকৃত হওয়া; উন্নতি/বৃদ্ধি করা: ~ from an experience. ৩ (ঘড়ি সম্বন্ধে) দ্রুত চলা; এগিয়ে যাওয়া: My watch ~s five minutes a day. ৪ **~ on/upon** (ক) নাগাল ধরা/পাওয়া: ~ on the other runners in a race. (খ) কারো চেয়ে দ্রুততর বেগে ধাবিত হওয়া; আরো পিছনে ফেলে যাওয়া: ~ on one's persuers. (গ) (সাগর সম্বন্ধে) ক্রমশ এগিয়ে আসা এবং ভূমি গ্রাস করা। ৫ (বিশেষ কঠিন প্রয়াসে কাঙ্ক্ষিত স্থানে) উপনীত হওয়া; পৌঁছা: ~ the top of a summit.

gain·say [ˌগেইন্ˈসেই] *vt* (*pt. pp* -said [-ˈসেড্]) (সাহিত্য.), প্রধানত *neg* ও *inter*) অপলাপ/অস্বীকার/অপহ্নব করা: There is no ~ing his skill as a negotiator.

gait [গেইট্] *n* হাঁটার বা দৌড়াবার ভঙ্গি; গমন; চলন; অয়ন; চলার ধাঁচ বা ঢং: an awkward ~.

gai·ter [ˈগেইটা(র্)] *n* শুধু গুল্ফ কিংবা হাঁটু থেকে গুল্ফ পর্যন্ত কাপড় বা বস্ত্রের আবরণ; গুল্ফবন্ধনী; জঙ্ঘাত্রাণ।

gal [গ্যাল্] *n* (প্রা. কথ্য) মেয়ে; বালিকা।

gala [ˈগা:লা US ˈগেইলা] *n* পর্ব; পরব; পার্বণ; আনন্দোৎসব: (attrib) a ~ night, বিশেষ সমারোহপূর্ণ উৎসবমুখর রাত (যেমন রঙ্গমঞ্চে বিশেষ অনুষ্ঠানমালা-সংবলিত)।

ga·lac·tic [গাˈল্যাক্‌টিক্] *adj* ছায়াপথসংক্রান্ত; ছায়াপথবর্তী: extra-~ systems, আমাদের সৌরমণ্ডল যে ছায়াপথের অন্তর্গত; তার বাইরের সংশ্রয়সমূহ; ছায়াপথ-বহির্ভূত সংশ্রয়সমূহ।

gal·an·tine [ˈগ্যালান্‌টীন্] *n* হাড়-ছাড়ানো; মশলাযুক্ত; বেলনাকারে রান্না করা সাদা (অর্থাৎ হাঁসমুরগি, বাছুর বা শূকরের) মাংস, যা ঠাণ্ডা পরিবেশন করা হয়।

gal·axy [ˈগ্যালাক্‌সি] *n* ১ (*pl* -xies) মহাকাশে নক্ষত্রপুঞ্জ বা নীহারিকাসৃষ্ট সুদীর্ঘ জ্যোতির্ময় বেষ্টনী; ছায়াপথ। **the G~** সৌরমণ্ডল যে ছায়াপথের অন্তর্গত; ছায়াপথ (the 'Milky way' নামে পরিচিত)। ২ (লাক্ষ.) উজ্জ্বল/দেদীপ্যমান সমাবেশ; নক্ষত্রমণ্ডলী; তারার হাট: a ~ of talent/beautiful women.

gale [গেইল্] *n* ১ প্রবল বায়ু; দমকা; বাত্যা; ঝড়। ২ কোলাহলপূর্ণ আকস্মিক বিস্ফোরণ; দমকা: ~ s of laughter.

gal·ilee [গ্যাˈলিলী] *n* গির্জার প্রবেশপথে অবস্থিত অলিন্দ বা প্রার্থনাগৃহ।

gal·in·gale [ˈগ্যালিঙ্‌গেইল্] *n* ১ আগেকার দিনে রান্নায় ও ঔষধে বহুলব্যবহৃত, পূর্ব এশিয়া-জাত আদাজাতীয় কন্দবিশেষ; আম-আদা। ২ ইংল্যান্ডের জলাভূমিতে বা জলের ধারে উৎপন্ন ঘাসজাতীয় উদ্ভিদবিশেষ।

gall[1] [গো°ল্] *n* [U] ১ পিত্ত। ¹**~ bladder** *n* (ব্যব.) পিত্তাশয়; পিত্তকোষ। ¹**~·stone** *n* পিত্তের পাথরি। ২ তিক্ত অনুভূতি; বিদ্বেষ; কটুতা; গরল: with a pen dipped in ~. ৩ (কথ্য) ধৃষ্টতা।

gall[2] [গো°ল্] *n* [C] (অশ্বসজ্জা ইত্যাদির) ঘর্ষণের দরুন প্রাণীর বিশেষত ঘোড়ার শরীরে কষ্টদায়ক স্ফীতি; ঘষার ফলে অনাবৃত স্থান; ঘষটানি। □*vt* ১ ঘষে ছাল তোলা। ২ (লাক্ষ.) মনঃপীড়া দেওয়া; ছোট করা; অবমাননা করা: ~ sb with one's remarks.

gall[3] [গো°ল্] *adj n* ওক প্রভৃতি গাছের গায়ে কীটপতঙ্গজনিত অস্বাভাবিক বৃদ্ধি; বৃক্ষস্ফোট।

gal·lant [¹গ্যালান্ট্] *adj* ১ (পুরা.) সাহসিক; দুঃসাহসিক; অকুতোভয়; উদারচেতা: a ~ general; ~ deeds. ২ চমৎকার; জমকালো; মহীয়ান: a ~-booking ship. ৩ (অপিচ [গা¹ল্যান্ট্]) স্ত্রীলোকের প্রতি বিশেষ সম্মান ও সৌজন্য প্রদর্শন করে এমন; স্ত্রী-উপাসক; রমণীমোহন। □(অপিচ [গা¹ল্যান্ট্]) *n* কেতাদুরস্ত এবং বিশেষত স্ত্রীলোকদের প্রতি বিশেষ আগ্রহী ও মনোযোগী যুবক; নাগর। **~·ly** *adv* অকুতোভয়ে; বীরের মতো। **~ry** *n* ১ [U] সাহস; বীরত্ব। ২ [U] স্ত্রীলোকের প্রতি বিশেষ আনুগত্য ও শিষ্টাচারপূর্ণ মনোযোগ; রমণীতর্পণ। ৩ [C] (*pl* -ries) কোনো নারীর উদ্দেশে বিস্তৃতভাবে মার্জিত বা প্রণয়পূর্ণ আচরণ বা ভাষণ; প্রণয়ভাষণ; নাগরালি।

gal·leon [¹গ্যালিঅন্] *n* উঁচু পশ্চাদ্‌ভাগবিশিষ্ট (১৫ থেকে ১৭ শতকের) স্পেনীয় পালতোলা জাহাজ।

gal·lery [¹গ্যালারি] *n* (*pl* -ries) ১ শিল্পকর্ম প্রদর্শনের জন্য ভবন বা কক্ষ। ২ রঙ্গালয়ে সবচেয়ে উঁচু ও সস্তা আসনসমূহ; দর্শকমঞ্চ; গ্যালারি। **play to the ~** লোকসাধারণের রুচিকে তুষ্ট করে অনুমোদন বা জনপ্রিয়তা অর্জনের চেষ্টা করা। ৩ হলঘর, গির্জা প্রভৃতির আভ্যন্তর দেয়ালের সঙ্গে যুক্ত উঁচু তল বা মঞ্চ; প্রেক্ষণিকা: the press ~ of the Parliament. ৪ একদিকে আংশিক খোলা, আচ্ছাদিত বারান্দা বা অলিন্দ; সমান ব্যবধানে স্থাপিত স্তম্ভশ্রেণী; বহির্দ্বার প্রকোষ্ঠক। ৫ দীর্ঘ; সঙ্কীর্ণ কক্ষ: a shooting -~, গুলিচালনা অনুশীলনের জন্য লম্বা সরু প্রকোষ্ঠ। ৬ খনিতে ভূগর্ভস্থ আনুভূমিক পথ; সুড়ঙ্গপথ। দ্র. shaft.

gal·ley [¹গ্যালি] *n* (*pl* ~s) ১ (ইতি.) নিচু, চেটালো, একতলা পাল-তোলা জাহাজ, যা ক্রীতদাস বা অপরাধীরা দাঁড় টেনে চালাত; প্রাচীন গ্রিক বা রোমান রণতরী। ¹**~-slave** *n* গ্যালিতে দাঁড় টানার জন্য দণ্ডপ্রাপ্ত ব্যক্তি; দাঁড়টানা কয়েদি। ২ জাহাজের রান্নাঘর। ৩ সাজানো অক্ষরপংক্তি রাখার জন্য লম্বা ধাতুফলক; গ্যালি। ¹**~-proof** *n* উক্ত ফলকের উপর চাপ দিয়ে তোলা মুদ্রণ-পত্র (পৃষ্ঠায় ভাগ করার আগে); গ্যালি-প্রুফ।

Gal·lic [¹গ্যালিক্] *adj* গলদেশ বা গলজাতিসম্বন্ধী; গ্যালীয়; (প্রায়শ হাস্য.) ফরাসি।

gal·li·cism [¹গ্যালিসিজ়াম্] *n* [C] অন্য ভাষায় ফরাসিদের মতো করে বলা কোনো কিছু; ফরাসিয়ানা।

gal·lium [¹গ্যালিঅম্] *n* [U] ধাতব মৌলবিশেষ (প্রতীক Ga) যা তাপমাত্রার ব্যাপক হেরফেরেও তরল থাকে—নিম্ন তাপমাত্রার গলনাঙ্ক-বিশিষ্ট সঙ্কর ধাতুতে এবং উচ্চ তাপমাত্রার তাপমানযন্ত্রে এটি ব্যবহৃত হয়; গ্যালিয়ম।

gal·li·vant [ˌগ্যালি¹ভ্যান্ট্] *vi* **~ about/off** (ক্রিয়ার সরল কালগুলিতে ব্যবহৃত হয় না) = gad about, দ্র. gad[1]; ফুর্তির খোঁজে বেরনো।

gal·lon [¹গ্যালান্] *n* তরল পদার্থের মাপ (৪.৫ লিটার); গ্যালন। দ্র. পরি. ৫।

gal·lop [¹গ্যালাপ্] *n* (ঘোড়া ইত্যাদি সম্বন্ধে) চার পা এক সঙ্গে তুলে দ্রুততম বেগে ধাবন; বল্গিত (গতি); আস্কন্দন ride away at a ~; at full ~. ২ প্লুতগতিতে। □*vi,vt* ১ বল্গিত গতিতে ধাবিত হওয়া বা করা। ২ তাড়াহুড়া করা; দ্রুত অগ্রসর হওয়া: ~ through one's lecture/work.

gal·lows [¹গ্যালৌজ়্] *n pl* (সাধা. *sing v*-সহ) ফাঁসিকাঠ: send a man to the ~, ফাঁসিকাঠে ঝোলাবার আদেশ দেওয়া। ¹**~-bird** *n* (কারো কারো বিবেচনায় ফাঁসির যোগ্য ব্যক্তি; ফাঁসির ঘুঘু।

Gallup poll [¹গ্যালাপ্ পৌল্] *n* (p) বিশেষত পূর্বাভাস দেওয়ার উদ্দেশ্যে কোনো বিষয়ে (যেমন জনসাধারণ কোনো নির্বাচনে কিভাবে ভোট দেবে) জনমত যাচাইয়ের জন্য জনসাধারণের মধ্য থেকে প্রতিনিধিত্বমূলক কিছু মানুষ বাছাই করে তাঁদের প্রশ্নকরণ; গ্যালাপ পল।

ga·lop [¹গ্যালাপ্] *n* ২/৪ তালের প্রাণবন্ত নৃত্যবিশেষ। □*vi* গ্যালপ নাচ নাচা।

ga·lore [গা¹লো°(র্)] *adv* প্রচুর পরিমাণে: a dinner with chicken and wine ~.

ga·loshes [গা¹লশি জ়্] *n pl* **(pair of) ~** বৃষ্টির দিনে পরার জন্য রাবারের উপর-পাদুকা (যার ভিতরে জুতা পরিচ্ছন্ন বা শুকনা থাকে)।

ga·lumph [গা¹লাম্ফ্] *vi* (gallop ও triumph জোড়া দিয়ে তৈরি) বিজয়ের আনন্দে ধেই ধেই করে নাচা।

gal·van·ism [¹গ্যাল্ভানিজ়াম্] *n* [U] ব্যাটারি থেকে রাসায়নিক ক্রিয়ায় উৎপন্ন বিদ্যুৎ; উক্ত বিদ্যুৎ-বিষয়ক বিজ্ঞান; চিকিৎসার ক্ষেত্রে উক্ত বিদ্যুতের ব্যবহার; গ্যালভানিজম। **gal·vanic** [গ্যাল্¹ভ্যানিক্] *adj* ১ উক্ত বিদ্যুৎ-বিষয়ক; গ্যালভানিক। ২ (লাক্ষ.) (হাসি, নড়াচড়া ইত্যাদি সম্বন্ধে) (বিদ্যুৎস্পৃষ্টের মতো) আকস্মিক ও কষ্টোৎপন্ন।

gal·van·ize [¹গ্যাল্ভানাইজ়্] *vt* ১ (লোহার পাত ইত্যাদির উপর) দস্তা প্রভৃতি ধাতুর প্রলেপ দেওয়া; কলাই করা: ~d iron. ২ **~ sb (into doing sth)** কাউকে কিছু করতে উদ্দীপ্ত করা; ঘা মেরে কিছু করানো।

gam·bade, gami ba·do [গ্যাম্¹বে ইডৌ] *n* (*pl* -os, ~oes) ঘোড়ার লাফ; খেয়াল; উচ্ছৃঙ্খল আচরণ।

gam·bit [¹গ্যামবিট্] *n* দাবাখেলার প্রারম্ভিক চালবিশেষ (যাতে খেলোয়াড় বিশেষ কোনো উদ্দেশ্যে প্রতিপক্ষকে তাঁর বড়ে বা অন্য কোনো ঘুঁটি মারতে দেন); গোড়ার চাল; (লাক্ষ.) যে কোনো প্রাথমিক পদক্ষেপ: the opening ~ in a negotiation.

gamble [¹গ্যাম্ব্‌ল্] *vi,vt* ১ জুয়া খেলা; সম্ভাব্য লাভ বা সুবিধার আশায় বড়ো ধরনের ঝুঁকি নেওয়া: ~ on the Stock Exchange. ২ **~ sth away** জুয়া খেলে হারানো/ওড়ানো: Don't ~ away your fortune. □*n* [C] জুয়া; জুয়াখেলা; বড়ো ধরনের ঝুঁকিপূর্ণ উদ্যোগ। **take a ~ (on sth)** ঝুঁকি নেওয়া। **gam·bler** *n* জুয়ারি। **gamb·ling** *n* [U] জুয়াখেলা। ¹**gambling-den/house** *nn* (প্রা. প্র.) জুয়ার আড্ডা বা আখড়া; জুয়াখানা। দ্র. game[3].

gam·boge [গ্যামবূজ্ US -¹বৌজ্] *n* [U] চিত্রশিল্পীদের ব্যবহৃত গাঢ় হলুদ রঙের রঞ্জন দ্রব্যবিশেষ; গ্যাম্বোজ।

gam·bol [¹গ্যাম্ব্‌ল্] *n* (সাধা. *pl*) (মেষশাবক, শিশু প্রভৃতির) দ্রুত; সলীল লম্ফঝম্ফ; তিড়িং বিড়িং; লীলাচাপল্য। □vi (-ll-, US অপিচ -l-) তিড়িং বিড়িং করা।

game[1] [গেইম্] *n* ১ [C] (বিশেষত সুনির্দিষ্ট নিয়মকানুন-সংবলিত) খেলা; ক্রীড়া। **be off one's ~** ভালো খেলতে না পারা। **have the ~ in one's hands** খেলা হাতের মুঠোয় থাকা; বিজয় নিশ্চিত হওয়া। **play the ~** নিয়ম মেনে চলা; (লাক্ষ.) অকপট ও সৎ হওয়া। **ˈ~s-master/-mistress** ক্রীড়া-শিক্ষক/-শিক্ষিকা। **~s·man·ship** [ˈগেইমজ্‌মন্‌শিপ্] *n* (কথ্য) প্রতিপক্ষের আত্মবিশ্বাসে ফাটল ধরিয়ে খেলায় জিতবার কৌশল; ক্রীড়াচাতুর্য। ২ [U] খেলার সরঞ্জাম (যেমন লুডুর বোর্ড, ঘুঁটি ইত্যাদি); খেলা। ৩ (*pl*) (আন্তর্জাতিক) ক্রীড়া-প্রতিযোগিতা; ক্রীড়া: the Olympic/ Commonwealth/ Asian ~s; (প্রাচীনকালে গ্রিস ও রোমে) ক্রীড়া ও নাট্য প্রতিযোগিতা। ৪ [C] টেনিস প্রভৃতি খেলায় একক দফা; জয়লাভের জন্য প্রয়োজনীয় পয়েন্ট; খেলার অবস্থা: win three ~s first set, প্রথম পর্যায়ে তিনটি খেলায় জেতা; the ~ is three all; ~ all, উভয়পক্ষ সমান। ৫ [C] অভিসন্ধি; ফন্দি; চাতুরী; চালাকি; উদ্যোগ; কূটকৌশল; খেলা: play a deep ~; a ~ two people can play, দুজনেই এক খেলা খেলছে। The ~ is up, খেলা খতম (ফন্দি ধরা পড়ে গেছে)। play sb's ~, অজ্ঞাতসারে অন্যের চালাকিতে সাহায্য করা; অন্যের খেলা খেলা। None of your little ~s, আমার সঙ্গে চালাকি চলবে না। **ˌgive the ˈ~ away** গোপন অভিসন্ধি, চালাকি ইত্যাদি ফাঁস করা। ৬ [U] (সমষ্টিগত) শিকার; শিকার-করা পশু-পাখি। **big ~** *n* [U] বড়ো জানোয়ার (হাতি, সিংহ, বাঘ)। **fair ~** *n* [U] বৈধ শিকার (যা শিকারে আইনগত বাধা নেই); (লাক্ষ.) যে ব্যক্তি বা প্রতিষ্ঠানকে ন্যায়ত আক্রমণ করা যায়; বৈধ আক্রমণস্থল। **ˈ~-bag** *n* শিকারের থলে। **ˈ~-bird** *n* শিকারের পাখি (চকোর প্রভৃতি বুনো পাখি)। **ˈ~-cock** *n* লড়িয়ে মোরগ। **ˈ~-keeper** *n* গ্রামস্থ এস্টেটে শিকারের পশুপাখির রক্ষণাবেক্ষণে নিয়োজিত ব্যক্তি; শিকার-রক্ষক। **ˈ~ laws** *n pl* শিকারের পশুপাখি হত্যা ও সংরক্ষণ-বিষয়ক বিধিবিধান; শিকারের আইন। **ˈ~-licence** *n* শিকারের অনুমতিপত্র। **gamy** [ˈগেইমি] *adj* শিকার-করা পশুপাখির মাংসের (বিশেষত ঈষৎ বাসি) স্বাদগন্ধযুক্ত; বুনো স্বাদের।

game[2] [গেইম্] *adj* ১ সাহসী; তেজি; তেজস্বী; এক পায়ে খাড়া; লড়াকু। ২ **~ for/to do sth** যথেষ্ট তেজস্বী; উৎসাহী; উৎসুক: He's no ~ for a cross-country race.

game[3] [গেইম্] *vi,vt* জুয়া খেলা। **ˈgaming-rooms/table** (সাধা. অনুমতিপ্রাপ্ত) জুয়ার ঘর/টেবিল।

game[4] [গেইম্] *adj* (কথ্য) (হাত, পা ইত্যাদি সম্বন্ধে) খঞ্জ; পঙ্গু; বিকল; অক্ষম।

gamete [ˈগ্যামীট্] *n* জীবাকর জাতীয় বস্তু, যা অনুরূপ অন্য বস্তুর সঙ্গে মিলিত হয়ে নতুন একক গঠনে সক্ষম; জননকোষ; গ্যামিট। **gam·etic** *adj* জননকোষীয়; গ্যামিটিক।

gamin [গ্যামান্] (fem. gamine [গ্যামীন্]) *n* (ফ.) চেঙ্গড়া/ঠ্যাঁটা ছেলে; ছোকরা।

gamma [ˈগ্যামা] *n* গ্রিক বর্ণমালার তৃতীয় বর্ণ; গামা। দ্র. পরি. ৪। **ˈ~-rays** *n pl* তেজস্ক্রিয় পদার্থ থেকে বিচ্ছুরিত অত্যন্ত হ্রস্ব তরঙ্গ-দৈর্ঘ্যবিশিষ্ট রশ্মি; গামা-রশ্মি।

gam·ma globu·lin [ˌগ্যামা গ্লাবিউলিন্] *n* (চিকি.) রক্ত-রস থেকে প্রাপ্ত এক ধরনের প্রোটিন, যা কোনো কোনো রোগের প্রতিষেধক রূপে কাজ করে; গামা গ্লোবিউলিন।

gam·mon [ˈগ্যামান্] *n* [C] পিছনের পা-সহ শূকরের পাশের মাংসের বল্লুর (bacon দ্র.); [U] শূকরের পায়ের উর্ধ্বাংশের লবণজারিত মাংস (hamদ্র.); গ্যামন।

gammy [ˈগ্যামি] *adj* (কথ্য) = game[4]: a ~ leg.

gamp [গ্যা ম্প্] *n* (কৌতুক.) ছাতা।

gamut [ˈগ্যামাট্] *n* সম্পূর্ণ স্বরগ্রাম। **the ~** কোনো কিছুর পূর্ণ বিস্তার বা ব্যাপ্তি: the whole ~ of feeling. **run the ~ (of sth)** কোনো কিছুর আদ্যন্ত অভিজ্ঞতা লাভ করা।

gan·der [ˈগ্যান্ডা(র্)] *n* (*fem* goose) কলহংস।

gang [গ্যাঙ্] *n* ১ (বিশেষত অপরাধীদের) দল; দঙ্গল। দ্র. gangster. ২ (কথ্য) বক্তার অপছন্দ ব্যক্তিবর্গ, যারা এক সঙ্গে চলাফেরা করে; পাল: See, how that gang is loafing about. □*vi* **~ up** জোট বাঁধা; দলবদ্ধ হওয়া: ~ up on/against sb. **~er** [ˈগ্যাঙা(র্)] *n* দলের প্রধান ব্যক্তি; পালের গোদা।

gan·gling [ˈগ্যাঙ্‌গ্লিঙ্] *adv* (ব্যক্তি সম্বন্ধে) ঢেঙা; লম্বা, পাতলা ও বেঢপ।

gan·glion [ˈগ্যাঙ্‌গ্লিঅন্] *n* (*pl* ~s বা -lia [-লিআ]) গুচ্ছবদ্ধ স্নায়ুকোষসমূহ, যার থেকে স্নায়ুতন্তুসমূহ বিকীর্ণ হয়; স্নায়ুগ্রন্থি।

gang·plank [ˈগ্যাঙ্‌প্ল্যাঙ্ক্] *n* (জাহাজ বা নৌকার) সিঁড়ি।

gan·grene [ˈগ্যাঙ্‌গ্রীন্] *n* [U] দেহের কোনো অংশের মৃত্যু ও ক্ষয় (যেমন রক্ত সরবরাহ বন্ধ হয়ে যাওয়ার দরুন); কোথ; মাংসপূতি। **gan·gren·ous** [ˈগ্যাঙ্‌গ্রিনাস্] *adj* কোথীয়; পূতিমাংসময়।

gang·ster [ˈগ্যাঙ্‌স্টা(র্)] *n* সশস্ত্র অপরাধীচক্রের সদস্য; দস্যু; গুণ্ডা: (attrib) ˈ~ films.

gang·way [ˈগ্যাঙ্‌ওয়েই] *n* ১ (জাহাজের) পার্শ্বদ্বার; পার্শ্বদ্বার থেকে তটে নামানো অস্থাবর সেতু বা সিঁড়ি। ২ (US = aisle) সংসদ, রঙ্গালয় বা কনসার্ট-হলে আসন-পংক্তির ভিতর দিয়ে কিংবা মানুষের সারির ভিতর দিয়ে চলাচল-পথ; পক্ষ। □*int* পথ দিন; দয়া করে।

gan·net [ˈগ্যানিট্] *n* এক জাতের বৃহদাকার সামুদ্রিক পাখি।

gan·try [ˈগ্যান্‌ট্রি] *n* (*pl* -ries) চলিষ্ণু ক্রেন, বহুসংখ্যক রেল লাইনের উপর দিয়ে রেল-সঙ্কেত প্রভৃতির ভার রক্ষার্থে ইস্পাতের দণ্ডনির্মিত কাঠামোবিশেষ; ভারমঞ্চ।

gaol, jail [জে ইল্] *n* (US সাধা. jail) [C] কারাগার; জেল; কয়েদখানা; কারাগৃহ; [U] কারাবাস; কয়েদ: five months in ~. **ˈ~-bird** *n* কয়েদি, বিশেষত যে বহু বার কয়েদ খেটেছে; জেলঘুঘু। **ˈ~-break** *n* [C] জেল থেকে পলায়ন। □*vt* জেলখানায় বন্দী করা; কয়েদ করা; কারাগারে পাঠানো। **gaoler, jailer, jailor** [ˈজেইলা(র্)] *nn* কারারক্ষক; কারাধ্যক্ষ; কারাপাল। **gap** [গ্যাপ্] ১ দেয়াল, বেড়া ইত্যাদির ভাঙা বা খালি অংশ; ফাঁক; ফাটল। ২ শূন্যস্থান; ব্যবধি; ব্যবধান; তফাত; ফারাক; বিভেদ: a wide ~ between the views of two leaders; a ~ in a conversation, বিরতি; বিরাম; নীরবতা। **bridge/fill/stop a gap** কোনো কিছুর অভাব পূরণ করা। দ্র. stop[1] (8) ভুক্তিতে stopgap. **crediˈbility gap** কোনো ব্যক্তি বা গোষ্ঠী যে সত্য কথা বলছে সে-বিষয়ে অন্য পক্ষের মনে তার প্রতীতি জন্মানোর অক্ষমতা; বিশ্বাসযোগ্যতার ব্যবধান। **ˌgeneˈration gap** নবীন ও প্রবীণ প্রজন্মের মধ্যে পরস্পরকে বোঝার বা পরস্পর ভাব-বিনিময় করবার

অক্ষমতা; প্রজন্মের ব্যবধান। ˈ**gap-ˈtoothed** [টূথ্ট্] *adj* ফাঁক ফাঁক দাঁত-ওয়ালা; বিরলদন্ত।

gape [গেইপ্] *vi* ~ **(at sb/sth)** ১ হাঁ করা; হাঁ করে তাকিয়ে থাকা; হাই তোলা; মুখব্যাদান করা। ২ মস্ত ফাঁক হওয়া; হাঁ করে থাকা: a gaping chasm. □*n* হাই; হাঁ; জৃম্ভণ; মুখব্যাদান; হাঁ-করা দৃষ্টি। **the ~s** (ক) হাঁসমুরগির রোগবিশেষ; এ-রোগে আক্রান্ত হলে হাঁসমুরগি হাঁ করে থাকে এবং এই অবস্থায়ই মারা যায়। (খ) (কৌতুক.) বার বার হাই-তোলা; হাই তোলার রোগ।

gar·age [ˈগ্যারা:জ্ US গাˈরা:জ্] *n* ১ গাড়ি রাখার জন্য বাড়ি বা ঘর; গাড়ি-ঘর। ২ (US = service station) রাস্তার ধারের পেট্রোলবিক্রয় ও পরিচর্যা-কেন্দ্র। □*vt* (মোটরযান) গাড়ি-ঘরে রাখা।

garb [গা:ব্] *n* [U] (বিশেষত কোনো বিশেষ ধরনের ব্যক্তির) পোশাক বা পোশাকের কেতা; লেবাস: a man in clerical ~. □vt (সাধা. passive) লেবাস পরানো।

gar·bage [ˈগা:বিজ্] *n* [U] ১ উচ্ছিষ্ট; ভুক্তাবশেষ; (US) আবর্জনা; জঞ্জাল; ওঁচলা; ঝোঁটানি। ˈ**~-can** *n* (US) জঞ্জাল ফেলার পাত্র; ডাস্টবিন। ২ (কথ্য) বাজে জিনিস; কম্পিউটারের কোনো সম্ভরণ-কৌশলে (storage) সঞ্চিত অর্থহীন বা অবান্তর উপাত্ত; জঞ্জাল।

garble [ˈগা:ব্‌ল্] *vt* বিশেষত ভুল ধারণা দেওয়ার জন্য বিবৃতি, তথ্য ইত্যাদির মধ্য থেকে অসম্পূর্ণভাবে কিংবা যথেচ্ছভাবে বেছে নেওয়া; যথেচ্ছ নির্বাচন করা: a ~d report of a speech, যথেচ্ছ নির্বাচিত/বিকৃত প্রতিবেদন।

gar·den [ˈগা:ড্‌ন্] *n* ১ [C, U] বাগান; বাগিচা; উদ্যান; উপবন; a kitchen ~, শাকসবজির বাগান; a market ~, বাজারে বিক্রয় করার জন্য যে বাগানে শাকসবজি, ফুল ও ফলের চাষ করা হয়; পণ্যোদ্যান। **lead sb up the ~ path** (কথ্য) বিভ্রান্ত/বিপথগামী করা। ~ ˈ**centre** *n* যে স্থানে বীজ, চারা, বাগান করার সাজসরঞ্জাম ইত্যাদি বিক্রয় করা হয়; উদ্যান-কেন্দ্র। ˌ~ ˈ**city/ˈsuburb** *n* (বহু উন্মুক্ত স্থান ও বৃক্ষরাজি-শোভিত) উদ্যান-নগরী/উদ্যান-উপনগর। ˈ**~ party** *n* উদ্যান-মিলন; উদ্যান-সম্মিলন। ২ (সাধা. *pl*) গণ-উদ্যান; পার্ক। □*vi* বাগান করা; বাগানের কাজ করা ˈ**~er** *n* বেতনভুক বা শখের উদ্যানপালক; মালী। **~·ing** *n* [U] উদ্যানপালন: (attrib) ~ tools, উদ্যানের হাতিয়ার।

gar·denia [গা: ˈডীনিআ] *n* সাধা. সাদা বা হলুদ পুষ্পপ্রসূ সুগন্ধি বড়ো বড়ো গাছ বা গুল্ম; গার্ডেনিয়া।

gar·gan·tuan [গা: ˈগ্যান্‌টিউঅন্] *adj* প্রকাণ্ড; সুবিপুল; দানবীয়।

gar·get [ˈগেঅাগেট্] *n* গাই বা ভেড়ির পালানের প্রদাহ।

gargle [ˈগা:গ্‌ল্] *vt,vi* মুখে পানি বা অন্য কোনো তরল পদার্থ নিঃশ্বাসের সাহায্যে সচল রেখে গলা পরিষ্কার করা; গড়গড়া করা; আচমন করা। □*n* গরগরা; আচমন।

gar·goyle [ˈগা:গয়ল্] *n* ভবনের (বিশেষত গথিক রীতির গির্জার) ছাদ থেকে বৃষ্টির পানি নিষ্কাশনের জন্য সাধা. বিকট চেহারার মানুষ বা পশুর আকারে পাথর বা ধাতু-নির্মিত চোঙ্গ।

gar·ish [ˈগেঅারিশ্] *adj* অপ্রীতিকরভাবে উজ্জ্বল; অত্যধিক রঞ্জিত বা অলঙ্কৃত; চটকালো; ক্যাটক্যাটে: ~ clothes. **~·ly** *adv* চড়কো/ক্যাটক্যাটে রকম।

gar·land [ˈগা:লান্ড্] *n* অলঙ্কার বা আভরণ হিসাবে ফুল বা পাতার মালা; মাল্য; আবলি; বিজয়মাল্য। □*vt* মাল্যভূষিত করা।

gar·lic [গা:লিক্] *n* [U] রসুন; a clove of ~, রসুনের কোয়া।

gar·ment [ˈগা:মান্ট্] *n* [C] পোশাক; পরিচ্ছদ: (US, attrib) the ˈ~ industry, পোশাকশিল্প।

gar·ner [ˈগা:না(র্)] □*vt* (কাব্যিক, আল.) ~ **(in/up)** মজুত করা; সঞ্চয়/গোলাজাত করা; সংগ্রহ/উপচিত করা।

gar·net [ˈগা:নিট্] *n* গাঢ় স্বচ্ছ লাল রঙের উপরত্নবিশেষ; তামড়ি।

gar·nish [ˈগা:নিশ্] *vt* ~ **(with)** (বিশেষত টেবিলে পরিবেশন করার জন্য) সাজানো; সজ্জিত/শোভিত করা: fish ~ed with parsley. □*n* টেবিলে খাদ্যবস্তু সাজানোর জন্য ব্যবহৃত কোনো কিছু; সজ্জা; সজ্জনা।

gar·ret [গ্যারাট্] *n* বাড়ির সর্বোচ্চ তলায়, বিশেষত ছাদের ঠিক নীচের (প্রায়শ ক্ষুদ্র, অন্ধকার) কুঠুরি; চিলেকোঠা।

gar·ri·son [ˈগ্যারিস্‌ন্] *n* [C] কোনো শহরে বা দুর্গে সন্নিবিষ্ট সেনাদল; রক্ষীসেনা; (attrib) a ~ town, যে শহরে একটি রক্ষীসেনাদল স্থায়ীভাবে নিয়োজিত; রক্ষীনগরী। □*vt* (কোনো শহরে) রক্ষীসেনা মোতায়েন করা; সেনাদলকে (দুর্গ বা শহর) রক্ষার দায়িত্বে নিয়োজিত করা।

gar·rotte, ga·rotte [গাˈরট্] *vt* (মৃত্যুদণ্ডে দণ্ডিত ব্যক্তিকে) শ্বাসরুদ্ধ করে বা গলা টিপে (শ্বাসনালীর উপর বাঁধা একটি রশিকে লাঠি দিয়ে পেঁচিয়ে ক্রমশ কষিয়ে) হত্যা করা; উক্ত প্রক্রিয়ায় কাউকে খুন করা। □*n* মৃত্যুদণ্ড কার্যকর করার উক্তরূপ পদ্ধতি; এই উদ্দেশ্যে ব্যবহৃত যন্ত্র; ফাঁসকল।

gar·ru·lous [ˈগ্যারালাস্] *adj* বাচাল; হাবড়া; প্রলাপী; বহুভাষী। **gar·ru·lity** [গাˈরূলাটি] *n* [U] বাচালতা; বহুভাষিতা।

gar·ter [ˈগা:টা(র্)] *n* মোজা যথাস্থানে ধরে রাখার জন্য পায়ে পরবার (স্থিতিস্থাপক) ফিতাবিশেষ; মোজাবন্ধনী। **the G~** ইংরেজ নাইটতন্ত্রের সর্বোচ্চ শ্রেণী এবং এই শ্রেণীর তমঘা; দি গার্টার।

garth [গা: থ্] *n* (পুরা.) ঘেরাও করা স্থান; প্রাঙ্গন; বাগান; ঘের।

gas [গ্যাস্] *n* (*pl* gases [গ্যাসিজ্]) ১ [C] বায়ুবৎ পদার্থবিশেষ, বিশেষত এই জাতীয় যে সব পদার্থ সাধারণ তাপমাত্রায় কঠিন বা তরল হয় না; গ্যাস। ২ [U] আলো ও তাপ উৎপাদনের জন্য ব্যবহৃত বিশুদ্ধ গ্যাস বা গ্যাসের মিশ্রণ, যেমন প্রাকৃতিক গ্যাস কিংবা কয়লা থেকে উৎপন্ন গ্যাস; যুদ্ধাস্ত্ররূপে ব্যবহৃত কিংবা স্বাভাবিকভাবে উৎপন্ন (যেমন কয়লার খনিতে) (বিষাক্ত) গ্যাস। ˈ**gas-bag** *n* **(ক)** গ্যাস-ভর্তি থলে (যেমন বিমানতরীতে); গ্যাসের থলে। **(খ)** (কথ্য) যে ব্যক্তি অযথা বকরবকর করে; কথার ধোকড়; গ্যাসের থলে। ˈ**gas-bracket** দেয়াল থেকে অভিক্ষিপ্ত, এক বা একাধিক বার্নারযুক্ত নল। ˈ**gas chamber** *n* প্রাণনাশের উদ্দেশ্যে গ্যাস-পূরিত কক্ষ; গ্যাস-প্রকোষ্ঠ। ˈ**gas-cooker** *n* গ্যাসের চুল্লি। ˈ**gas fire** *n* (ঘর গরম রাখার জন্য) গ্যাসের আগুন। ˈ**gas-fitter** *n* গ্যাস-মিস্ত্রি। ˈ**gas-fittings** *n pl* গ্যাসের সরঞ্জাম (নল, চুল্লি ইত্যাদি)। ˈ**gas-holder** *n* = gasometer. ˈ**gas·light** *n* [U] (কয়লার) গ্যাসের

আলো। ˈ**gas-mask** *n* ক্ষতিকর গ্যাস থেকে আত্মরক্ষার জন্য শ্বাসযন্ত্রবিশেষ; গ্যাস–মুখোশ। ˈ**gas-meter** *n* নির্গত গ্যাসের পরিমাণ–নির্ণায়ক যন্ত্র; গ্যাস–মিটার। ˈ**gas-oven** *n* (ক) গ্যাস–তন্দুর। (খ) = gas chamber. ˈ**gas poker** গ্যাস লাইনের সঙ্গে সংযুক্ত এক প্রান্তে ছিদ্রযুক্ত ধাতব দণ্ডবিশেষ, যা দিয়ে অগ্নিকুণ্ডে আগুন ধরানো হয়; গ্যাস–শলাকা। ˈ**gas-ring** *n* রান্নাবান্নার জন্য ছোট ছোট অসংখ্য ছিদ্রবিশিষ্ট, গ্যাসের সরবরাহযুক্ত ধাতব আংটাবিশেষ; গ্যাসের আংটা। ˈ**gas-stove** = gas-cooker. ˈ**gas-works** *n pl (sing v)* কয়লা থেকে গ্যাস উৎপাদনের কারখানা; গ্যাস–কারখানা। ৩ (অপিচ ˈlaughing-gas) অনুভূতিনাশক হিসাবে দন্তচিকিৎসকদের ব্যবহৃত নাইট্রাস অক্সাইড (N_2O); হাসানে গ্যাস। ৪ (US কথ্য) (gasoline–এর সং.) পেট্রল। **step on the gas** গতিবর্ধক পাদানিতে চাপ দেওয়া; গতিবৃদ্ধি করা। ˈ**gas-station** *n* (US) পেট্রল স্টেশন। ৫ (লাক্ষ., কথ্য) ফাঁকা বুলি; হামবড়াই; দম্ভোক্তি। □*vt,vi* (-ss-) ১ গ্যাস প্রয়োগ করা; গ্যাস–প্রয়োগে অভিভূত করা। ২ (কথ্য) দীর্ঘক্ষণ ধরে বাজে বকা; গ্যাস ছাড়া।

gas·eous [ˈগ্যাসিঅস্] *adj* গ্যাসীয়; বায়ব্য; বায়বীয়: a ~ mixture.

gash [গ্যাশ্] *n* [C] দীর্ঘ ও গভীর ক্ষত বা জখম; কাটা ঘা। □*vt* গভীরভাবে কাটা।

gas·ify [ˈগ্যাসিফ়াই] *vt,vi* গ্যাসীভূত করা বা হওয়া। **gasi·fi·ca·tion** [ˌগ্যাসিফ়িˈকেশ্ন্] *n* [U] গ্যাসীভাব।

gas·ket [ˈগ্যাস্কিট্] *n* ১ বাষ্প, গ্যাস ইত্যাদি যাতে বেরিয়ে যেতে না পারে সেই উদ্দেশ্যে জোড়া, চাপনল (পিস্টন) প্রভৃতি বাঁধার জন্য নরম, পাতলা কোনো পদার্থের খণ্ড বা ফালি; কর্ষণী। ২ (সাধা. *pl*) (নৌ.) গোটানো পাল আড়কাঠের সঙ্গে বাঁধবার ছোট ছোট দড়ি।

gaso·line (অপিচ -lene) [ˌগ্যাসালীন্] *n* [U] (US) পেট্রল; গাড়ির তেল।

gas·ometer [গ্যাˈসমিটা(র্)] *n* (সাধা. গ্যাসের কারখানায়) বৃহৎ গোলাকার আধারবিশেষ যাতে গ্যাস মজুদ ও পরিমাপ করা হয় এবং যেখান থেকে নলের সাহায্যে গ্যাস বিলি করা হয়; গ্যাসমিটার।

gasp [গা:স্প্ US গ্যাস্প্] *vi,vt* ১ অতিকষ্টে/ঘন ঘন শ্বাস টানা; দম বন্ধ হয়ে আসা; হাঁপানো: ~ing for breath.; ~ing (–রুদ্ধশ্বাস) with rage. ২ **~ out** হাঁপাতে হাঁপাতে বলা। □*n* [C] শ্বাসরোধ; নাভিশ্বাস; at one's last ~. মুমূর্ষু/নাভিশ্বাস ওঠার অবস্থায়।

gassy [ˈগ্যাসি] *adj* বায়বীয়; গ্যাসীয়; গ্যাসপূর্ণ; (কথাবার্তা সম্বন্ধে) ফাঁকা; শূন্যগর্ভ; হামবড়া।

gas·tero·pod, -tro·pod [ˈগ্যাস্টারাপড্] *n* শামুক জাতীয় প্রাণী, যাদের চলাচলের অঙ্গ উদরের নীচে অবস্থিত; উদরঙ্গম।

gas·tric [ˈগ্যাস্ট্রিক্] *adj* পাকাশয়–সংক্রান্ত; জাঠর: a ~ ulcer, পাকাশয়ের ক্ষত; ~ fever, পাকাশয়–ঘটিত জ্বর; ~ juices, পাচক রস। **gas.tri·tis** [গ্যাˈস্ট্র্যাইটিস্] *n* [U] পাকাশয়–প্রদাহ।

gastro·en·teri·tis [ˌগ্যাস্ট্রোএন্টোˈরাইটিস্] *n* [U] (চিকি.) পাকস্থলী ও অন্ত্রের প্রদাহ।

gas·tron·omy [গ্যা ˈস্ট্রনামি] *n* [U] উত্তম খাদ্য নির্বাচন, প্রস্তুতকরণ ও ভোজনের বিদ্যা; সুভোজনবিদ্যা। **gas·tron·omic** [গ্যাস্ট্রানমিক্] *adj* সুভোজন বিদ্যা–সংক্রান্ত।

gat [গ্যাট্] *n* পিস্তল বা অন্য আগ্নেয়াস্ত্র।

gate [গেইট্] *n* দ্বার; দরজা; ফটক; তোরণ; প্রতিহার; বহির্দ্বার। ˈ**~·crash** *vt* বিনা আমন্ত্রণে বা প্রবেশমূল্য না দিয়ে (ভিতরে কোনো একান্ত সামাজিক সম্মিলন অনুষ্ঠিত হচ্ছে এমন কোনো ভবনে) প্রবেশ করা; অনাহূত; অনাহূত ঢুকে পড়া। সুতরাং, ˈ**~·crasher** *n* অনাহূত-প্রবেশক। ˈ**~-house** *n* উদ্যান, ভবন প্রভৃতির সদর দরজার পাশে বা উপরে দ্বাররক্ষকের ব্যবহারের জন্য নির্মিত বাড়ি; ফটকের বাড়ি। ˌ**~-legged** ˈ**table** *n* ভাঁজ করে রাখার উপযোগী টেবিলবিশেষ যার উপরের পাল্লাটি তোরণসদৃশ একটি কাঠামোর উপর স্থাপন করা হয় এবং এই কাঠামোটি এক পাশে ঠেলে পাল্লাটি ঝুলিয়ে রাখা যায়; ফটক–পেয়ে টেবিল। ˈ**~ money** *n* স্টেডিয়াম ইত্যাদিতে সর্বসাধারণের জন্য উন্মুক্ত অনুষ্ঠানের প্রবেশমূল্যরূপে প্রাপ্ত মোট অর্থ; মোট প্রবেশমূল্য। ˈ**~-post** *n* দরজার বাজু। **between you (and) me and the ~- post** একান্ত গোপনে। ˈ**~·way** *n* দ্বারযুক্ত প্রবেশ বা বহির্গমন–পথ; তোরণ; (লাক্ষ.) প্রবেশপথ; সিংহদ্বার; সদর দরজা: a ~way to fame/Knowledge/ ২ = ~ money. উপরে (১) দ্র.। ৩ ˈ**starting ~** ঘোড়া বা ডালকুত্তার দৌড়ের শুরুতে (অনুভূমিক দড়ি কিংবা প্রতিবন্ধকযুক্ত খোপের) অন্তরায়; প্রারম্ভিক দ্বার। □*vt* (শাস্তি হিসাবে কোনো ছাত্রকে) স্কুল বা কলেজে আটক রাখা।

gâ·teau [ˈগ্যাটৌ US গ্যা ˈটৌ] *n* (ফ.) শৌখিন পিঠাবিশেষ।

gather [ˈগ্যাদা(র্)] *vt,vi* ১ জড়ো করা বা হওয়া: Children ~ed round him. **be ~ed to one's fathers** (সাহিত্য. বা আল.) মারা যাওয়া। ২ (ফুল ইত্যাদি) চয়ন করা বা তোলা; একত্র করা: He ~ed his papers and left. She is ~ing flowers in the garden. ৩ ক্রমান্বয়ে অর্জন করা; ধীরে ধীরে সঞ্চয় করা: ~ experience. ৪ বুঝে ওঠা: Did you ~ anything from his statement? উপসংহারে পৌছানো: We ~, from what they say, that . . . . ৫ (সেলাইতে) সুতা টেনে ভাঁজ করা; বস্ত্র, বিশেষত পোশাকের অংশসমূহ টেনে একত্র করা: a skirt ~ed at the waist. ৬ (ফোঁড়া বা ঘা সম্পর্কে) পেকে ফুলে ওঠা; পরিপূর্ণ হওয়া; জমে ওঠা। **~·ing** *n* [C] ১ জনসমাবেশ; সভা। ২ পুঁজপূর্ণ ফোঁড়া।

gauche [গৌশ্] *adj* সামাজিকভাবে অপ্রতিভ; আড়ষ্ট; কৌশলহীন। **gauch·erie** [ˈগৌশারি US ˈগৌশাˈরী] *n* [U] আড়ষ্ট আচরণ; [C] আড়ষ্ট কাজ, গতি, চলন ইত্যাদি।

gaucho [ˈগাউচৌ] *n* দক্ষিণ–আমেরিকার মিশ্রবর্ণের রাখালবিশেষ।

gaudy[1] [ˈগো° ডি] *adj* জমকালো; রুচিহীনভাবে চকচকে। **gaud·ily** [–ইলি] *adv*

gaudy[2] [ˈগো°ড] *n* প্রাক্তন সদস্যদের সম্মানে দেওয়া কলেজের বার্ষিক ভোজ।

gauge (US অপিচ gage) [গেইজ্] *n* ১ [U] পরিমাপের মান; মানদণ্ড; মাপ; বিস্তার; ব্যাপ্তি; সীমা: take the ~ of (*eg* sb's character); মূল্যায়ন করা; বিচার করা। ২ [U, C] রেললাইনের মধ্যবর্তী ব্যবধান: broad ~. ৩ [U] ধাতব তার বা পাত ইত্যাদির পুরুত্ব; বন্দুকের গুলি ইত্যাদির ব্যাস। ৪ [C] মাপার যন্ত্র। □*vt* সঠিকভাবে মাপা; (লাক্ষ.) (চরিত্র, ব্যক্তিত্ব, ক্ষমতা ইত্যাদির) মূল্যায়ন করা।

gaunt [গো °ন্ট্] *adj* (ব্যক্তি সম্পর্কে) রোগা; কৃশ; (স্থান সম্পর্কে) কঠিন; উষর; জনশূন্য।

gaunt·let[1] [গো°ন্‌ট্‌লিট্‌] *n* ১ মধ্যযুগে যোদ্ধাদের ব্যবহৃত লোহার দস্তানা। **throw down/pick up/take up the ~** দ্বন্দ্বযুদ্ধে আহ্বান করা/দ্বন্দ্বযুদ্ধের আহ্বান গ্রহণ করা। ২ গাড়ি চালনা, অসিক্রীড়া ইত্যাদিতে ব্যবহৃত কব্জি পর্যন্ত ঢাকা শক্ত দস্তানা।

gaunt·let[2] [গো°ন্‌ট্‌লিট্‌] *n* **run the ~** (কেবলমাত্র এই বাকবিধিতে) এক ধরনের শাস্তি, যাতে দণ্ডিত ব্যক্তিকে দুই সারিতে দাঁড়িয়ে থাকা দণ্ডদাতাদের ভিতর দিয়ে দৌড়ে যেতে হয় এবং দণ্ডদাতারা তাকে যথেচ্ছ প্রহার করে; (লাক্ষ.) বিরামহীন সমালোচনা, ঝুঁকি, বিপদ ইত্যাদির মুখোমুখি হওয়া: I had to run the ~ of my opponents.

gauze [গো°জ়্] *n* [U] (চিকিৎসার্থে ব্যবহৃত) তুলা বা রেশমের তৈরি কাপড় বিশেষ; (কীট-পতঙ্গ নিবারণের জন্য জানালায় ব্যবহৃত) মিহি তার দিয়ে তৈরি পর্দা বা ঘন জাল। **gauzy** *adj*

gave [গেই ভ্‌] give-এর *pt*

gavel [ˈগ্যাভ্‌ল্‌] *n* শৃঙ্খলা নির্দেশের বা মনোযোগ আকর্ষণের জন্য ব্যবহৃত নিলামদার বা সভাপতির হাতুড়ি।

gawky [গো°কি] *adj* (ব্যক্তি সম্বন্ধে) আড়ষ্ট; লাজুক। **~i·ness** *n*

gawp [গো°প্‌] *vi* **~ (at)** বোকার মতো এক দৃষ্টিতে তাকিয়ে থাকা।

gay [গেই] *adj* ১ লঘু-চেতা; হাসিখুশি; উচ্ছল। ২ আনন্দ ও উচ্ছলতাব্যঞ্জক: ~ music. ৩ (কথ্য) সমকামী। □*n* [C] (কথ্য) সমকামী ব্যক্তি। **gaily** [ˈগেইলি] *adv* উচ্ছল বা হাসিখুশিভাবে। **gay·ness** *n*

gaze [গেই জ়্] *n* (কেবল*sing*) স্থির দৃষ্টি। □*vi* **~ (at)** স্থির দৃষ্টিতে তাকিয়ে থাকা। **~ on/upon** (আনুষ্ঠা.) চোখে পড়া: You are the most beautiful woman I have ever ~ed upon.

ga·zelle [গা ˈজ়েল্‌] *n* ক্ষুদ্র; মনোরম হরিণবিশেষ; গজলা-হরিণ।

ga·zette [গা ˈজ়েট্‌] *n* ১ সরকারি ইশতেহার; গেজেট। ২ (নামের অংশ হিসাবে) সংবাদপত্র: the Bangladesh G~. □*vt* (সাধা. passive) **be ~d** গেজেটে প্রকাশিত হওয়া: (সেনা অফিসার সম্বন্ধে) be ~d to a regiment.

ga·zet·teer [ˌগ্যাজ়াˈটিআ(র্‌)] *n* (মানচিত্রের বই-এর শেষে সংযোজিত) ভৌগোলিক নামের সূচি; ভৌগোলিক অভিধান।

ga·zump [গা ˈজাম্‌প্‌] *vi,vt* বিক্রির শর্তাদি স্থির হবার পর দলিল সই-এর আগে সম্পত্তির দাম বাড়িয়ে ক্রেতাকে প্রতারণা করা।

gear [গিআ(র্‌)] *n* ১ [C] যন্ত্রের, বিশেষত যান্ত্রিক যানের চালক অংশ; গিয়ার; এরূপ চালক অংশ বা গিয়ারের নির্দিষ্ট অবস্থান: on the first/second/third ~ **high/low ~** গিয়ারের তুলনামূলকভাবে দ্রুত/মন্থর গতি সৃষ্টিকারী অবস্থান। **in/out of ~** গিয়ার-বদ্ধ/গিয়ার-বিচ্ছিন্ন। **top/bottom ~** উঁচুতম/নিচুতম গিয়ার। **ˈ~-box/-case** গিয়ারের বাক্স। **ˈ~ stick/ lever/shift** গিয়ার চালু বা বন্ধ করার কল। ২ [C] বিশেষ কাজের জন্য প্রস্তুত গিয়ার: the landing ~ of an aircraft. ৩ [U] (সাধারণভাবে) সরঞ্জাম: ˈhunting ~; (আধু. কথ্য) সাজ-পোশাক: Party ~. □*vt,vi* **~ up/down** (গতিবেগ বাড়ানো/কমানোর জন্য) অপেক্ষাকৃত উঁচু/নিচু গিয়ারে দেওয়া। **~ to** কোনো কিছুকে অন্য কিছুর সঙ্গে সঙ্গতিপূর্ণ করা; নির্ভরশীল করা: Our economy must be ~ed to the needs of our peasantry.

gecko [ˈগেকৌ] *n* টিকটিকি।

gee[1] (অপিচ **gee-up**) [ˌজী (ˈআপ্‌)] *int* (এগিয়ে যাবার বা আরো দ্রুত ছুটবার জন্য ঘোড়ার উদ্দেশ্যে ব্যবহার করা শব্দ) চল্‌-চল্‌, হেট্‌-হেট্‌; জোরে, আরো জোরে। **gee-gee** [ˈজী জী] *n* (শিশুদের ব্যবহৃত শব্দ) ঘোড়া।

gee[2] (অপিচ **gee whiz**) [ˈজী (উইজ়্)] *int* [US] বিস্ময়, মুগ্ধতা ইত্যাদি জ্ঞাপক মৃদু ধ্বনি।

geese [গীস্‌] *n* goose-এর *pl*

Geiger [ˈগাইগা(র্‌)] *n* (বিশেষত **ˈ~ counter**) তেজস্ক্রিয়তা নিরূপক যন্ত্রবিশেষ।

geisha [ˈগে ইশা] *n* জাপানি বাইজিবিশেষ।

gel [জেল্‌] *n* জেলির মতো ঘন বস্তু। □*vi* ১ জেলি বসানো। ২ = jell.

gela·tine [ˌজেলাˈটীন্‌ US ˈজেলাটিন্‌] (অপিচ **gelatin** [ˈজেলাটিন্‌]) জীব-জন্তুর হাড় ও বর্জ্য অংশ পানিতে সিদ্ধ করে তৈরি করা জেলির মতো স্বচ্ছ স্বাদহীন পদার্থ; জাউ; হালুয়া। **gel·ati·nous** [জিˈল্যাটিনাস্‌] *adj* নরম ও আঠালো; ঘনত্ব ইত্যাদিতে জেলির মতো।

geld [গেল্‌ড্‌] *vt* নির্বীর্য করা; খোজা বা খাসি করা। **~·ing** *n* খাসি করা পশু (বিশেষত ঘোড়া)।

gel·ig·nite [ˈজেলিগ্‌নাইট্‌] *n* [U] নাইট্রিক এসিড ও গ্লিসারিন থেকে তৈরি করা বিস্ফোরক।

gem [জেম্‌] *n* ১ মূল্যবান রত্ন। ২ যে কোনো সুন্দর, দামি ব্যক্তি বা বস্তু। **gem·med** *part adj* রত্ন-খচিত; যেন রত্ন-খচিত এমন: a sky gemmed with stars.

Gem·ini [ˈজেমিনি] মিথুনরাশি।

gen [জেন্‌] *n* (অপ.) **(the) gen** তথ্য; খবর। □*vt* **gen up** তথ্য সরবরাহ করা।

gen·darme [ˈজন্‌ডা:ম্‌] *n* (ফ্রান্সসহ কতিপয় য়োরোপীয় দেশে, কিন্তু GB বা US-এ নয়) পুলিশের দায়িত্বে নিয়োজিত সামরিক বাহিনীর সদস্য। **~·rie** [জন্‌ˈডা:মারি] *n (collective sing)* এরূপ সদস্যবাহিনী।

gen·der [ˈজেন্‌ডা(র্‌)] *n* ১ শব্দের (বিশেষ্য ও সর্বনাম) ব্যাকরণগত শ্রেণীবিন্যাস (পুরুষ, স্ত্রী ও ক্লীব)। ২ = sex (১).

gene [জীন্‌] *n* [C] (জীব.) বংশানুগতির অন্যতম নিয়ন্ত্রক উপাদান।

gen·eal·ogy [ˌজীনিˈঅ্যালাজি] *n* ১ [U] উদ্ভিদ ও প্রাণীর ক্রমবিকাশের ধারা বিষয়ক বিজ্ঞান; উদ্ভববিজ্ঞান। ২ [C] কোনো বৃক্ষ বা প্রাণীর উদ্ভব বা ক্রমবিকাশের চিত্র; কোনো ব্যক্তির বংশবৃত্তান্ত। **gen·eal·ogist** [ˌজীনিˈঅ্যালাজিস্ট্‌] *n* উদ্ভববিজ্ঞানী। **genea·logi·cal** [ˌজীনিআˈলজিকল্‌] *adj* উদ্ভববিষয়ক: a genealogical tree (বংশলতা)। **genea·logi·cally** [-ক্লি] *adv*

gen·era [ˈজেনারা] *n* genus-এর *pl*

gen·eral [ˈজেনরাল্‌] *adj* ১ সাধারণ; সর্বজনীন; সর্বজনগত; বিশিষ্ট বা স্থানীয় নয়: a matter of ~ interest; a ~ meeting. **as a ~ rule; in ~** অধিকাংশ ক্ষেত্রে; সাধারণত। **ˌ~ degree** দুই বা ততোধিক বিষয়ে লব্ধ বিশ্ববিদ্যালয়ের সাধারণ ডিগ্রি। **ˌ~ eˈlection** সমগ্র দেশব্যাপী আইনসভার সাধারণ নির্বাচন। **ˌ~ ˈknowledge** বহুবিস্তৃত জ্ঞান। **ˌ~ pracˈtitioner** (GB) বিশেষজ্ঞ নয় এমন সাধারণ চিকিৎসক। **ˌ~ ˈpractice** সাধারণ চিকিৎসা। ২ পুঙ্খানুপুঙ্খ নয়; সুনির্দিষ্ট নয়: a ~ outline. ৩ (সরকারি পদবির শেষে ব্যবহার্য) প্রধান: director-ˈ~. □*n* ফিল্ড মার্শালের পর সর্বোচ্চ সেনা-অফিসার।

gen·er·al·is·simo [ˌজেন্‌র্‌ˈলিসিমৌ] *n* সম্মিলিত স্থল, নৌ ও বিমান বাহিনীর প্রধান বা সর্বাধিনায়ক।

gen·er·al·ity [ˌজেনাˈর‍্যালাটি] *n* ১ [C] সাধারণ বিধি বা বিবৃতি; অস্পষ্ট বা অনির্দিষ্ট উক্তি বা মন্তব্য। ২ [U] **the ~ (of)** সংখ্যাগরিষ্ঠ বা বৃহত্তর অংশ: The ~ of Bangalees are ethnically of mixed origins. ৩ [U] সাধারণ্য বা সাধারণতা: a rule of great ~, যাতে ব্যতিক্রম প্রায় নেই বললেই চলে।

gen·er·al·iz·ation [ˌজেন্‌রলাইˈজেইশ্‌ন্‌ US -লিˈজেই-] *n* ১ [U] সাধারণ বা সর্বজনীনকরণ: You ought to be careful in ~. ২ [C] বিশেষত স্বল্পসংখ্যক দৃষ্টান্তের উপর ভিত্তি-করা সাধারণীকৃত উক্তি বা বিবৃতি: cheap ~s.

gen·er·al·ize [ˈজেন্‌র্‌লাইজ্‌] *vi,vt* ১ ~ **(from)** সাধারণ সিদ্ধান্ত টানা; সাধারণীকৃত উক্তি করা। ২ ~ **(from)** সাধারণীকৃত ভাষায় বা সূত্রের মাধ্যমে (কোনো কিছু) বিবৃত করা: ~ a conclusion from a collection of facts. ৩ সাধারণের ব্যবহারে লাগানো: ~ the native use of silk.

gen·erally [ˈজেন্‌র্‌লি] *adv* (সাধা. *finite v* -সহ) ১ সাধারণত, সচরাচর; সাধারণ নিয়ম হিসাবে: The shops ~ close at seven in the evening. ২ ব্যাপকভাবে; প্রায় ক্ষেত্রেই: The new budget was ~ criticised. ৩ মোদ্দা কথায়; খুঁটিনাটিতে না-গিয়ে: ~ speaking.

gen·er·ate [ˈজেনারেইট্‌] *vt* ঘটানো; উৎপাদন করা: ~ hatred.

gen·er·ation [ˌজেনাˈরেইশ্‌ন্‌] *n* ১ [U] উৎপাদন; সংঘটন: the ~ of heat; profit-~. ২ [C] বংশের একটি ধাপ বা পর্যায়; পুরুষ; প্রজন্ম: the third ~. ৩ [C] গড় কালপর্ব (৩০ বছর ধরা হয়) যার ভিতর সন্তানেরা বড়ো হয়, বিয়ে করে এবং নিজেরাই সন্তানের জন্ম দেয়: a ~ ago. ˈ**~gap**, দ্র. gap (২)। ৪ [C] একই সময়ে জন্মগ্রহণকারী এবং সে-কারণে একই বয়সের সকল ব্যক্তি: the coming ~.

gen·er·at·ive [ˈজেনারাটিভ্‌] *adj* উৎপাদনক্ষম; ফলদায়ক।

gen·er·ator [ˈজেনারেইটা(র্‌)] *n* [C] (বিদ্যুৎ, বাষ্প, গ্যাস ইত্যাদি) উৎপাদনযন্ত্র (US = dynamo).

gen·eric [জিˈনেরিক্‌] *adj* কোনো শ্রেণী বা গোষ্ঠীর জন্য সামগ্রিকভাবে প্রযোজ্য এমন। **gen·eri·cally** [-ক্লি] *adv*

gen·er·os·ity [ˌজেনাˈরসাটি] *n* ১ [U] উদারতা; মহত্ত্ব; সহৃদয়তা। ২ [C] উদার বা মহৎ কাজ ইত্যাদি।

gen·er·ous [ˈজেনারাস্‌] *adj* ১ উদার; সহৃদয়: He is always ~ to his friends. ২ পর্যাপ্ত; প্রচুর: a ~ supply of provisions. **~·ly** *adv*

gen·esis [ˈজেনাসিস্‌] *n* ১ সূচনা; প্রারম্ভিক-বিন্দু: the ~ of nationalism. ২ **G~**, Old Testament-এর অন্তর্ভুক্ত 'সৃষ্টিতত্ত্ব' নামক প্রথম গ্রন্থ।

gen·etic [জিˈনেটিক্‌] *adj* gene সম্বন্ধীয়; বংশানুগতি সম্বন্ধীয়। **gen·etics** *n pl* (*sing v* সহ) বংশগতিবিষয়ক বিজ্ঞান; প্রজনন-শাস্ত্র। ~ ˈ**code** *n* যে পদ্ধতি অনুসারে বংশানুগতির তথ্য বা সংকেতাবলী জীবকোষস্থিত chromosome-এ সঞ্চিত থাকে। ~ **engiˈneering** *n* একক gene-এর কাঠামো বা অবস্থান পরিবর্তন করে সাধিত বংশগত বৈশিষ্ট্যের পরিবর্তন। **gen·eti·cist** [জিˈনেটিসিস্‌ট্‌] *n* প্রজনন-শাস্ত্রবিদ।

genial [ˈজীনিঅল্‌] *adj* ১ সদয়; সহানুভূতিশীল; মিশুক: a ~ old man; a ~ attitude. ২ বৃদ্ধির অনুকূল; মৃদু; উষ্ণ: a ~ climate. **~·ly** *adv*. **~·ity** [জীনিˈঅ্যালাটি] *n* [U] সদয়তা; সহানুভূতিশীলতা; সঙ্গপ্রিয়তা; [C] সদয় দৃষ্টি, কাজ, উক্তি ইত্যাদি।

ge·nie [ˈজীনি] *n* (আরব্য কাহিনীতে) আশ্চর্য ক্ষমতাসম্পন্ন জিন বা দৈত্য।

geni·tal [ˈজেনিটল্‌] *adj* জনন সম্বন্ধীয় বা প্রাণীর প্রজনন-অঙ্গ সম্বন্ধীয়। **~s** *n pl* যৌনাঙ্গ।

geni·tive [ˈজেনাটিভ্‌] *adj* ~ **(case)** (ব্যাক.) সম্বন্ধপদসূচক কারকবিশেষ; ষষ্ঠী বিভক্তি।

gen·ius [ˈজীনিআস্‌] *n* ১ [U] প্রতিভা; সৃজনী ক্ষমতা: a man of ~. ২ প্রতিভাবান ব্যক্তি: Rabindranath was a poetic ~. ৩ **a ~ for** কোনো বিশেষ দিকে প্রবাহিত সহজাত ক্ষমতা: She has a ~ for dancing. ৪ **the ~ (of)** ব্যক্তি, স্থান বা প্রতিষ্ঠানের অদৃশ্য নিয়ন্তা শক্তি; এই সূত্রে কোনো ভাষা, কাল, প্রতিষ্ঠান ইত্যাদির অন্তর্নিহিত বৈশিষ্ট্য, ভাব বা নীতিমালা: the Bengalee ~; the ~ of the Bengalee renaissance. ৫ (*pl* genii [ˈজীনিআই]) অশরীরী আত্মা; ভূতপ্রেত। **one's good/evil ~** কারো স্বর্গ/নরকপ্রাপ্তি সাধনকারী অশরীরী শক্তি;
কারো শুভ/অশুভের উপর প্রবল প্রভাববিস্তারকারী ব্যক্তি।

geno·cide [ˈজেনাসাইড্‌] *n* [U] গণহত্যা।

genre [ˈজাঃন্‌রা] *n* ১ (ফ.) প্রকার, রকম; ধরন; (বিশেষত কাব্য, নাটক, উপন্যাস ইত্যাকার সাহিত্য-) বিভাগ বা শাখা। ২ (অপিচ ˈ**~-painting**) (চিত্রাঙ্কনে) সাধারণ জীবনের ছবি।

gent [জেন্‌ট্‌] *n* gentleman-এর কথ্য সংক্ষেপ; ভদ্রলোক। **the/a G~s** *n* (GB কথ্য) পুরুষদের ব্যবহৃত সাধারণ শৌচাগার।

gen·teel [জেন্‌ˈটীল্‌] *adj* (আধুনিক প্রয়োগে সাধারণত বিদ্রূপাত্মক, যদিও ইতিপূর্বে ঐকান্তিকভাবে ব্যবহৃত হতো) ভদ্র ও পরিশীলিত; কেতা-দুরস্ত; সমাজের উপরতলার বৈশিষ্ট্যবাহী; উপরতলায় মানায় এমন: living in ~ poverty, অভাব সত্ত্বেও উপরতলার ধাঁচে চলবার প্রয়াস করা। **~·ly** *adv*

gen·tian [ˈজেন্‌শ্‌ন্‌] *n* এক জাতের নীল পাহাড়ি ফুলের গাছ।

gen·tile [ˈজেনটাই ল্‌] *n,adj* ইহুদি নয় এমন (ব্যক্তি)।

gen·til·ity [জেন্‌ˈটিলাটি] *n* [U] ভদ্রতা; পরিশীলতা।

gentle [ˈজেন্‌ট্‌ল্‌] *adj* ১ অমায়িক; নম্র; মৃদু; শান্ত; সতর্ক: a ~ nature/touch; a ~ breeze. ২ (পরিবার সম্পর্কে) সুপ্রতিষ্ঠিত: a woman of ~ birth. ˈ**~·folk** *n pl* ভদ্র-সম্প্রদায়; ভদ্র-সমাজ। **~·ness** *n*

gentle·man [ˈজেন্‌ট্‌ল্‌মান্‌] *n* ১ সজ্জন ও অমায়িক ব্যক্তি; ভদ্রলোক। **~'s agreement** যে চুক্তি পারস্পরিক সম্মান ও শ্রদ্ধাবোধের উপর প্রতিষ্ঠিত, কিন্তু যার আইনগত ভিত্তি নেই। ২ (ইতি.) রাজদরবার বা রাজপরিবারের সঙ্গে সংযুক্ত সদ্বংশীয় ব্যক্তি: one of the king's gentlemen. ˈ**~-at-arms** সার্বভৌম রাজা বা রানীর দেহরক্ষী।

gentle·woman [ˈজেন্‌ট্‌ল্‌উওমান্‌] *n* ভদ্রমহিলা।

gen·tly [ˈজেন্‌ট্‌লি] *adv* আলতোভাবে; ধীরে: The nurse held the baby ~ in her arms.

gen·try [ˈজেন্‌ট্রি] *n* রাজন্যবর্গের পরবর্তী অভিজাত সম্প্রদায়। **gen·tri·fy** [ˈজেন্‌ট্রিফাই] *vt* (কথ্য) আধুনিক রূপ দেওয়া; ফ্যাশান-দুরস্ত বা ফিটফাট করা; (ঘর-বাড়ি, এলাকা ইত্যাদিকে) মধ্যবিত্তের বাসোপযোগী করে তোলা: ~ the Shankhari quarter of old Dhaka.

genu·flect [ˈজেনিউফ্লেক্‌ট্] *vi* (বিশেষত উপাসনার জন্য) নতজানু হওয়া। **genu·flec·tion, genu·flex·ion** [জেনিউˈফ্লেক্‌শ্‌ন্] *nn*

genu·ine [ˈজেনিউইন্] *adj* প্রকৃত; খাঁটি; অকৃত্রিম: ~ love; a ~ signature. **~·ly** *adv* **~·ness** *n*

ge·nus [ˈজীনাস্] *n* ১ (জীব.) প্রাণী বা উদ্ভিদের গণ। ˌ**~ ˈHomo** [ˈহৌমৌ] মানব। ২ প্রকার, জাত বা ধরন; শ্রেণী।

geo- [জীঔ] *pref* ('পৃথিবী'-বোধক গ্রিক শব্দবিশেষ, বিভিন্ন শব্দের আগে যুক্ত হয়ে ব্যবহৃত হয়); ভূ- । **geo·cen·tric** [ˌজীঔˈসেনট্রিক্] *adj* ভূ-কেন্দ্রিক। **geo·phys·ics** [ˌজীঔˈফ়িজ়িক্‌স্] *n pl (sing v)* পৃথিবীর মাধ্যাকর্ষণ, জলবায়ু ইত্যাদি বিষয়ক বিদ্যা; ভূবিদ্যা। **geo·physi·cal** [-ˈফ়ি জ়ি কল্] *adj* **geo·poli·tics** [ˌজীঔˈপলাটিক্‌স্] *n pl (sing v)* কোনো দেশের ভৌগোলিক অবস্থান দ্বারা নির্ধারিত রাজনীতি।

ge·ogra·phy [জিˈঅগ্রাফ়ি] *n* [U] ভূগোলবিদ্যা বা ভূবিজ্ঞান। **ge·ogra·pher** [জিˈঅগ্রাফ়া(র্)] *n* ভূগোলবিদ বা ভূবিজ্ঞানী। **geo·graphi·cal** [ˌজিঅˈগ্র্যাফ়িক্‌ল্] *adj* ভৌগোলিক। **geo·graphi·cally** [-ক্লি] *adv*

ge·ol·ogy [জিˈঅলাজি] *n* [U] ভূস্তর, শিলা ইত্যাদি ভিত্তিক পৃথিবীর ইতিহাস সম্পর্কিত বিজ্ঞান; ভূতত্ত্ব। **ge·ol·ogist** [জিˈঅলাজিস্‌ট্] *n* ভূতত্ত্ববিদ; ভূতাত্ত্বিক। **geo·logi·cal** [ˌজিআˈলজিক্‌ল্] *adj* ভূতত্ত্ববিষয়ক; ভূতাত্ত্বিক। **geo·logi·cally** [-ক্লি] *adv*

ge·ometry [জিˈঅমাট্রি] *n* [U] জ্যামিতি। **geo·met·ric, -metri·cal** [ˌজিআˈমেট্রিক্(ল্)] *adj* জ্যামিতি সংক্রান্ত; জ্যামিতিক। **geo**ˌ**metrical proˈgression** গুণোত্তর প্রগতি (১:৩:৯:২৭:৮১)। **geo·met·rically** [-ক্লি] *adv*

George [ˈজো°জ্] *n* ১ **St ~** ইংল্যান্ডের রক্ষক সাধুপুরুষ; St ~স্বস day, ২৩ এপ্রিল; St·ˌ~'s Cross, কেন্দ্রবিন্দুতে পরস্পরকে ছেদকারী লম্বমান ও অনুভূমিক লাল দণ্ড। ২ (অপ.) বিমানের স্বয়ংক্রিয় চালক। □*int* **by ~!** (প্রা.) বিস্ময়, সংকল্প ইত্যাদি জ্ঞাপক উক্তি।

geor·gette [জো°ˈজেট্] *n* [U] পাতলা; রেশমি কাপড়বিশেষ।

Geor·gian [ˈজো°জান্] *adj* ১ ব্রিটেনের রাজা ১ম বা ২য় বা ৩য় জর্জের শাসনামল সম্বন্ধীয় (১৭১৪ – ১৮১১); জর্জীয়: (বিশেষত) ~ architecture. ২ সোভিয়েত ইউনিয়নের অন্তর্গত Geor·gia [ˈজ্যজা] প্রজাতন্ত্র বা যুক্তরাষ্ট্রের Georgia প্রদেশবিষয়ক।

ger·anium [জাˈরে ইনিআম্] *n* একজাতের লাল, হালকা-লাল বা সাদা বাগানফুল বা এর গাছ; উদ্যান তরুবিশেষ।

geri·atrics [ˌজেরিˈঅ্যাট্রিক্‌স্] *n pl (sing v)* বৃদ্ধদের চিকিৎসা-ব্যবস্থা। **geri·atric** *adj* উক্ত চিকিৎসাব্যবস্থা সম্বন্ধীয়: the geriatric ward (of a hospital). **geria·tri·cian** [ˌজেরিআˈট্রিশ্‌ন্] *n* বার্ধক্যজনিত রোগবিশারদ।

germ [জাম্] *n* [C] ১ জীবাণু; (লাক্ষ.) (ভাব, ধারণা ইত্যাদির) উৎস বা সূচনা-বিন্দু বা অঙ্কুর। ২ রোগজীবাণু।

Ger·man [ˈজামান্] *adj* জার্মান দেশ ও তার অধিবাসী বিষয়ক। **~ ˈmeasles** *n* (চিকি.) এক ধরনের হাম। ˌ**~ ˈshepherd** *n* (US) = Alsatian (dog). □*n* জার্মানির অধিবাসী; জর্মন ভাষা। **~ic** [জাˈম্যানিক্] *adj* জার্মান, ইংলিশ ও ডাচ্ ভাষা-গোষ্ঠী বিষয়ক।

ger·mane [জাˈমে ইন্] *adj* **~ (to)** (কোনো কিছুর সঙ্গে) প্রাসঙ্গিক; সম্পর্কযুক্ত।

ger·man·ium [ˌজাˈমেইনিআম্] *n* [U] খাদকে শক্ত করবার কাজে ব্যবহৃত ধূসর সাদা উপাদান (প্রতীক Ge)।

ger·mi·cide [ˈজামিসাইড্] *n* জীবাণুনাশক পদার্থ।

ger·mi·nate [ˈজামিনেইট্] *vi,vt* (বীজ বিষয়ে) অঙ্কুরিত হওয়া বা করা। **ger·mi·na·tion** [ˌজামিˈনেইশ্‌ন্] *n* [U] বীজায়ন; অঙ্কুরোদ্গম।

ger·on·tol·ogy [ˌজেরন্ˈটলাজি] *n* (বিশেষত মানুষের মধ্যে ক্রিয়াশীল) বার্ধক্য প্রক্রিয়া বিষয়ক বিজ্ঞান; বার্ধক্যবিদ্যা।

gerry·man·der [ˌজেরিˈম্যান্‌ডা(র্)] *vt* নির্বাচনে কোনো বিশেষ দল বা গোষ্ঠীকে অন্যায় সুবিধাদানের জন্য অসদুপায় অবলম্বন করা; চাতুরী বা কূট-কৌশল ব্যবহার করা। □*n* এরূপ অসদুপায় অবলম্বন।

ger·und [ˈজেরান্‌ড্] *n* ১ (ব্যাক.) বিশেষ্য হিসাবে ব্যবহৃত ক্রিয়ারূপ। ২ ক্রিয়ার সঙ্গে -ing যোগ করে গঠিত ইংরেজি বিশেষ্য—swim + ing = swimming, dance + ing = dancing ইত্যাদি।

Ges·tapo [গেˈস্টা:পৌ] *n* জার্মানির নাৎসি আমলের গোয়েন্দা পুলিশ।

ges·ta·tion [জেˈস্টেইশ্‌ন্] *n* গর্ভধারণ; গর্ভধারণের কাল।

ges·ticu·late [জেˈস্টিকিউলেইট্] *vi* অঙ্গভঙ্গি করা। **ges·ticu·la·tion** [জেˌস্টিকিউˈলেইশ্‌ন্] *n* [U] অঙ্গভঙ্গি; [C] ভঙ্গি।

ges·ture [ˈজেস্‌চা(র্)] *n* ১ [C] ইশারা; ইঙ্গিত; সদিচ্ছাজ্ঞাপক ভঙ্গি, কাজ, পদক্ষেপ ইত্যাদি: a ~ of friendship. ২ [U] ইঙ্গিত বা ব্যঞ্জনাময় ভঙ্গির ব্যবহার: the art of ~. □*vi;* অঙ্গভঙ্গি করা।

get [গেট্] *vt,vi* ১ হওয়া; অবস্থান্তরে যাওয়া: get lost/excited/married/tired/wet. I hope he will soon get better again. Get lost! (অপ.) বিদায় হও। **get even with sb,** দ্র. even[2], দ্র. অপিচ wise[2]. ২ কোনো বিশেষ অবস্থায় উপনীত করা; হওয়ানো: Get the men ready for the day's work. I got the sum right, উত্তর মিলিয়েছি। **get sth done** কোনো কিছু সম্পূর্ণ করা: I must get my washing done before ৪. ৩ (কাজের কাজ) শুরু করা বা শুরু হওয়া: Get going, শুরু করো; It's time we get going, শুরু করার সময় এসেছে। ৪ কাউকে/কোনো কিছুকে (কোনো কিছুতে) সক্রিয় করা: It's hard to get him talking; can you get my old car going again (?), চালাতে বা সারাতে পারবে? ৫ কাউকে/কোনো কিছুকে বুঝতে পারা, অনুভব করা ইত্যাদি: As I got to know the natives I grew less wary of them. ৬ কাউকে/কোনো কিছুকে দিয়ে কোনো কিছু করানো; প্ররোচিত করা: I am trying to get someone to do the work. ৭ পাওয়া; সংগ্রহ করা; অর্জন করা; লাভ করা: get news of sth. I got the book for 50 taka. The farmers of this district get no bank loans. It's no longer easy for young men to get (earn) a decent living. I get (= receive) only local stations on my one-band transistor. He went to the nearest restaurant to get (= take, eat) his lunch. Get me some water, please. Get some more polao for him. ˈ**get one** = get one's goat, দ্র. goat. **Get the better/best of,** দ্র. better[3] ও best[3]. **Get the boot,** দ্র. boot[1] (১). **get a glimpse of,** দ্র. glimpse. **get hold of sth,** দ্র. hold[2] (১). **get the sack,** দ্র. sack[2]. **get (a) sight of,** দ্র. sight[1] (২). **get the upper hand (of),** দ্র. upper. **get one's own way,** দ্র. way. **get wind of,** দ্র. wind[1] (৪). **get the wind up,** দ্র. wind (১). **get the worst of,** দ্র. worst. ৮ (রোগে) আক্রান্ত হওয়া: get the measles; get religion, (কথ্য) ধর্মে মতি হওয়া। ৯ সাজা পাওয়া: got six months, ছয় মাস হাজত বাসের সাজা পেয়েছে। **get told off** (কথ্য) তিরস্কৃত হওয়া: I was late home last night and got told off. ১০ (কথ্য) বুঝতে পারা: He didn't get me, বুঝতে পারেনি; Get it? বুঝেছো? ১১ (বিশেষত *perfect tense*-এর ক্ষেত্রে) হতবুদ্ধি করা; তর্কে আটকিয়ে ফেলা; সদুত্তর দেওয়া যায় না এমন কথা তুলে কাউকে লা-জবাব করা: Ah! I've got you there! that's got him! ১২ **have got** (কোনো কিছুর) অধিকারী হওয়া: I've got a new camera. She has ~ beautiful hair. ১৩ **have got to** অবশ্যই; হবেই হবে: I've got to go, অবশ্যই যেতে হবে বা যেতেই হবে; You've got to finish it by to-morrow, কালকের মধ্যে শেষ করতেই হবে। ১৪ সফলকাম হওয়া: I never got to see him at close quarters, কাছ থেকে দেখার সুযোগ পাইনি। ১৫ (*adv part* ও *prep*সহ অকর্মক non-idiomatic ব্যবহার) কোনো নির্দিষ্ট বিন্দু বা জায়গার দিকে যাওয়া অথবা সেখান থেকে আসা কিংবা কোনো বিশেষ দিকে চলা: get about; চলাফেরা বা ঘোরাঘুরি করা: While in the country, she used to get about a good deal; get across, পার হওয়া; get away, ছুটি পাওয়া: I wouldn't manage to get away this summer; get back, সরে এসো; get back, ফেরা; ফিরে আসা; get by, যেতে দেওয়া: Please let me get by, দয়া করে যেতে দিন; get down, নেমে পড়া: get down from a train; get in/out, প্রবেশ করা/বেরিয়ে আসা; get off, ছেড়ে দেওয়া; নেমে পড়া: get off a train; get here/there, পৌঁছানো; get into, ঢোকা; ঢুকে পড়া; Get a move on, জল্‌দি করো; get over, অতিক্রম করা; পেরিয়ে যাওয়া: get over a wall/a shock; get to, যাওয়া: get to bed, বিছানায় যাওয়া। ১৬ **get sb/sth across** পার করানো; get sth back, ফিরে পাওয়া; get sb back, পৌঁছে দেওয়া: He got me back before dark; get sb home, বাসায় পৌঁছে দেওয়া; get sth off, খুলে ফেলা; get one's clothes on, পরিধান করা; পরা; get sth on/off, আটকানো; লাগানো/খুলে ফেলা; get sth through sth, কোনো কিছুর ভিতর দিয়ে কোনো কিছু পার করানো। ১৭ *adv part* ও *prep* সহ idiomatic ব্যবহার: **get about** (ক) (অসুস্থ ব্যক্তি সম্বন্ধে) বিছানায় বা ঘরে আর আবদ্ধ না থাকা: She is getting about again after her illness; (খ) (খবর, গুজব ইত্যাদি সম্বন্ধে) লোকের মুখে মুখে ছড়িয়ে পড়া: The news of their clandestine marriage soon got about. **get aˈbove oneself** নিজের মেধার তুলনায় অতিরিক্ত আত্মতৃপ্তি বোধ করা; নিজের সম্পর্কে অত্যন্ত উঁচু ধারণা পোষণ করা। **get sth across (to sb)** কোনো কিছু (কাউকে) উপলব্ধি করাতে বা বোঝাতে পারা: I tried hard to get my ideas across to my audience. **get ahead (of) sb** অন্যের চেয়ে এগিয়ে যাওয়া; উন্নতি করা: get ahead of one's friends. **get along** (ক) কাজ ইত্যাদি চালিয়ে যাওয়া: I don't think he can get along without our support. (খ) উন্নতি করা; এগিয়ে যাওয়া: He is getting along with his English. **get along (with sb)** (কারো সঙ্গে) পরতা পড়া বা মানিয়ে চলা: It's difficult to get along with him. **Get aˈlong with you** (কথ্য. (অনুজ্ঞা)) চলে যাও; কেটে পড়ো; (অথবা) এ-ও বুঝি আমাকে বিশ্বাস করতে হবে! ও-কথা বিশ্বাস করতে ব'লো না। **get at sb/sth** কারো/কোনো কিছুর নাগাল পাওয়া: He stretched his hands to get at the books on the uppermost shelf. এই অর্থে **get-ˈat-able** [গেট্ˈঅ্যাটব্‌ল্] *adj* ধরা যায় বা নাগাল পাওয়া যায় এমন; অভিগম্য। **get at sb** (ক) ঘুষ দেওয়া; কলুষিত করা: In most third world countries it is easy to get at public officials. (খ) উত্যক্ত করা; জ্বালাতন করা। **get at sth** আবিষ্কার করা; উদ্‌ঘাটন করা: get at the truth/the heart of the mystery. **be getting at** (কথ্য) ইঙ্গিত করা; বোঝাতে চাওয়া: What are gou getting at? **get away** সটকে পড়া; পালিয়ে যাওয়া।—এই অর্থে ˈ**get-away** *n:* make one's get-away (পলায়ন)। **get away with sth** ঝুঁকি সত্ত্বেও কোনো কিছু যথারীতি সাধন করা; অন্যায় করেও পার পাওয়া: He copied in the examination and managed to get away with it. **get back** ক্ষমতায় ফিরে আসা; পুনরায় ক্ষমতা লাভ করা: Mrs. Gandhi got back at the mid-term election in 1980. **get back at sb/get one's own back (on sb)** প্রতিশোধ নেওয়া: You insulted me publicly but I'll get my own back some day. **get by** (ক) পাশ দিয়ে যাওয়া; টীকা-টিপ্পনী বাঁচিয়ে গ্রহণযোগ্য হওয়া; চলনসই বিবেচিত হওয়া: Do you think I can get by in my panjabee and pajama at the dinner this evening at Sonargaon? (খ) চালিয়ে যাওয়া; টিকে থাকা: The oldman can't get by without the little boy. **get down** খাবার পর আসন ত্যাগ করা। **get sb down** (কথ্য.) বিষণ্ণ করা: The hot weather is beginning to get me down. **get sth down** (ক) গিলে ফেলা; I held my breath and got the pill down; (খ) লিখে নেওয়া: get a message down. **get down to sth** মন দিয়ে কাজে নেমে যাওয়া: get down to one's work. **get down to brass tacks,** দ্র. brass. **get home (to) sb** সম্পূর্ণভাবে উপলব্ধ হওয়া; Your message got home to us. **get in** (ক) পৌঁছানো; (খ) নির্বাচিত হওয়া: Kamal got in for his home constituency. **get sb in** কাজ করবার জন্য কাউকে বাসায় ডেকে আনা: get an electrician to check the wiring. **get sth in** (ক) সংগ্রহ করা; তুলে আনা: get in the crops; আদায় করা: get in taxes; (খ) যোগাড় করা: get warm clothes in for the winter. **get one's hand/eye in, not get a word in**

edgeways, get a blow in, দ্র. hand[1], eye[1] (১), edgeways, and blow[3] (১) **get into sth** (ক) (জামা-কাপড়) পরা: I can't get into this shirt; (খ) কোনো বিশেষ অবস্থায় পড়া: get into trouble, বিপদে পড়া; get into a rage/a temper, খেপে যাওয়া; চটে যাওয়া; get into debt, দেনার দায়ে পড়া। **get a girl into trouble** (কথ্য.) অন্তঃসত্ত্বা করা। (গ) (কু-অভ্যাস ইত্যাদিতে) পতিত হওয়া: get into bad habits. (ঘ) জড়িয়ে যাওয়া: get into bad company. (ঙ) ধীরে ধীরে আয়ত্ত করা: get into the habit of doing something. **got it/this into one's head that . . . .,** মাথায় ঢুকেছে যে . . .; বিশ্বাস করেছে; বুঝেছে যে. . . . **get off** রওনা দেওয়া; যাত্রা করা: We got off at dawn. **get off lightly/cheaply** অল্পে পার পাওয়া (কঠিন শাস্তি বা দুর্ভোগ থেকে রক্ষা পাওয়া)। **tell sb where to get off/where he gets off** (= put sb in his place), কাউকে বলে দেওয়া কোন পর্যন্ত তার দুর্ব্যবহার, বেয়াদবি ইত্যাদি সহ্য করা হবে বা আর সহ্য করা হবে না। **get sb/sth off** পাঠানো: get the parcels off quickly; get the children off to school. **get sth off one's chest/hands,** দ্র. chest (২), hand[1] (১). **get sb off** শাস্তি থেকে রক্ষা করা: Only the support of your colleagues can get you off. **get sb off to sleep** কাউকে ঘুমাতে সাহায্য করা। **get sth off** খুলে ফেলা: get off one's gloves. **get sth off (by heart)** মুখস্থ করা। **get off with sb** (কথ্য) কারো সঙ্গে রোমান্টিক বা যৌন সম্পর্কের অভিজ্ঞতা হওয়া: He got off with a Chinese girl at the Youth Festival. **get off with sth** অল্পে পার পাওয়া: He managed to get off with only a warning. **get on** (ক) বয়সে বাড়া; (খ) উন্নতি করা; এগিয়ে যাওয়া: How are you getting on with your research? **get on sth** আরোহণ করা: He got on the train. **get on one's feet** দাঁড়ানো; (লাক্ষ.) পুনরুজ্জীবিত হওয়া: The economy will need time to get on its feet again. **get on one's nerves,** দ্র. nerve (২). **be getting 'on for** (বয়স বা সময় সম্বন্ধে) কাছাকাছি হওয়া; নিকটবর্তী হওয়া: He is getting on for sixty, শিগগিরই ষাট বছরে পা দেবে। **get on to sb** (ক) (টেলিফোন ইত্যাদির সাহায্যে) যোগাযোগ করা; সংযোগ স্থাপন করা: I'm trying to get on to the editor of the newspaper. (খ) (কথ্য) (অসততা, প্রতারণা ইত্যাদি) ধরতে বা বুঝতে পারা: However cunning he might be, people are sure to get on to him one day. **get on (with sb)** (কারো সঙ্গে) মিলেমিশে চলতে পারা: She is not easy to get on with. **get on (with sth)** (কোনো কিছু নিয়ে) এগিয়ে চলা: I simply can't get on with this exacting work of a lexicographer. **get out** জানাজানি হওয়া: The secret got out. **get sth out** (ক) উচ্চারণ করা; বলা: She managed to get out a few broken words. (খ) (রচনা, পুস্তক ইত্যাদি) তৈরি করা; প্রকাশ করা; বিলি করা: We are trying hard to get the new English-Bengali dictionary out by the end of the year. **get out of (doing) sth** (ক) (লাক্ষ.) এড়িয়ে যাওয়া; কেটে পড়া: I couldn't get out of (attending) that meeting. (খ) (লাক্ষ) ধীরে ধীরে ছেড়ে দেওয়া: get out of a bad habit. **get sth out of sb** কারো কাছ থেকে কোনো কিছু বের করা; আদায় করা: It's no use trying to get a subscription out of him. **get over sb** (কথ্য) কাউকে ভুলে যাওয়া: He loved Salina passionately and never quite got over her. **get over sth** (ক) (অসুস্থতা, আঘাত, বিস্ময় ইত্যাদি) কাটিয়ে ওঠা: He never got over the shock of losing his wife. (খ) জয় করা; দমন করা: The bride couldn't get over her shyness. **get sth over (with)** (বিশেষত অপ্রীতিকর কোনো কিছু) চুকিয়ে দেওয়া: I have paid all my debts and I'm glad to get it over with. **get sth over (to sb)** কাউকে কোনো কিছু বুঝিয়ে দেওয়া। **get round sb** কাউকে বুঝিয়ে-সুঝিয়ে রাজি করানো; স্বপক্ষে আনা; পটানো: She knows how to get round her husband. **get round sth** (দণ্ডনীয় অপরাধ না করেই কোনো আইন বা বিধি) এড়িয়ে যাওয়া: He was clever enough to get round the law. **get round to (doing) sth** (অন্য কাজ সেরে) কোনো কিছুতে হাত দেওয়া: He hoped to be able to get round to (distributing) the relief materials soon. **get through (to sb)** পৌঁছানো; (কারো) নাগাল পাওয়া; (কারো সঙ্গে) যোগাযোগ করা: Did our message get through (to you)? I tried to catch him on the telephone but couldn't get through. **get through (sth)** (পরীক্ষা ইত্যাদিতে) পাশ করা: Habib managed to get through (this year's H. S. C. exam.). **get through (with) sth** শেষ করা; খরচ করে ফেলা: I think I can get through (with) my work in about an hour. I have got through (= spent) all my money. **get through to sb that . . . .** কাউকে জানিয়ে দেওয়া যে . . .: Will you please get through to him that he is ruining our reputation? **get sb through (sth)** পরীক্ষা ইত্যাদি পাশে সাহায্য করা: get one's pupils through (an examination). **get sth through** কোনো কিছু করা হবে এই নিশ্চয়তা বিধান করা; আইনে পরিণত করা: get a proposal through a committee; get a bill through Parliament. **get to sth/sb** (কোথাও, কোনো কিছুতে, কারো কাছে) পৌঁছানো। **get to work,** দ্র. work[1] (১). **get together (with sb)** (আলোচনা বা সামাজিক উপলক্ষ সামনে রেখে) একত্র হওয়া: get together for a friendly chat: এই অর্থে **get-together** *n* [C]. **get it/sth together** (কথ্য) আয়োজন করা বা ব্যবস্থা করা; গুছিয়ে আনা। **get oneself together** (কথ্য) নিজেকে, নিজের আবেগকে সামলে নেওয়া। **get people/things together** জড়ো করা। **get sth under control,** দ্র. control. **get sth under way,** দ্র. way (৮). **get up** (ক) (ঘুম থেকে, বিছানা থেকে) ওঠা; উঠে দাঁড়ানো (= stand up). এই অর্থে **ˌget-up-and-ˈgo** *n* [U] (কথ্য.) শক্তি; (খ) (ঘোড়ায়) চড়া; [C] উত্তাল হতে শুরু করা: The sea is getting up. **get sb/sth up** (ক) কাউকে/কোনো কিছুকে (বিছানা থেকে) উঠানো: Get me up at six in the morning. (খ) সাজানো: We got her up as Empress Nurjahan. The magazine is well got up, সুন্দর ছাপা ও বাঁধাই হয়েছে এই অর্থে। **ˈget-up** *n* (কথ্য) (ক) বই, পত্রিকা

ইত্যাদির অঙ্গ-সজ্জা। (খ) বিশেষত সাজ-পোশাকের অস্বাভাবিক ধরন: What a get-up to see you in! **get sth up** আয়োজন করা: get up a party. **get up steam,** দ্র. steam. **get up to sth/sb** (ক) পৌঁছে যাওয়া; ধরে ফেলা: Soon they got up to us, আমাদেরকে ধরে ফেললো; I got up to the last chapter of the book before tea. (খ) (অস্বাভাবিক কোনো কিছুতে) জড়িয়ে যাওয়া: What will he get up to next? **get sb with child** (পুরা.) গর্ভবতী করা। **get with it** (কথ্য) দ্র. with (১২).

geum [ˈজীঅম্] *n* [C] এক ধরনের ছোট উদ্যান-তরু।

gey·ser [ˈগীজ়া(র্)] US ˈগাইজ়ার্] *n* ১ উষ্ণ প্রস্রবণ। ২ (GB) পানি গরম করার যন্ত্রবিশেষ।

gharry [ˈগ্যারি] *n* (উপমহাদেশে) (ঘোড়ায় টানা) গাড়ি, ঘোড়ার গাড়ি।

ghast·ly [ˈগা:স্ট্‌লি US ˈগ্যাস্-] ১ মৃত্যু-সমান, মৃত্যুবৎ; অত্যন্ত বিবর্ণ ও অসুস্থ: looking ~. (অপিচ *adv* রূপে). ~ pale. ২ ভয়ঙ্কর: a ~ accident. ৩ (কথ্য) খুব বাজে; অত্যন্ত অপ্রীতিকর: ~ food.

ghat [গো°ট্] *n* [C] (উপমহাদেশে) নদী ইত্যাদির ঘাট। ˈ**burning ~** শ্মশান-ঘাট।

ghee [গী] *n* [U] ঘি; ঘৃত।

gher·kin [ˈগ্যাকিন্] *n* শসা জাতীয় ফল; ক্ষীরা।

ghetto [ˈগেটৌ] *n* ১ (কতিপয় দেশে একদা ব্যবহৃত) কোনো শহরের ইহুদি পাড়া। ২ শহরের যে এলাকায় সাধারণভাবে বা সম্প্রদায়গতভাবে বঞ্চিত শ্রেণীর মানুষেরা বাস করে।

ghost [গৌস্ট্] *n* ১ মৃত মানুষের আত্মা; প্রেতাত্মা; ভূত; প্রেত; অপদেবতা: She believes in ~s. ২ (প্রা. প্র.) জীবন-স্পন্দন। **give up the ~** মরে যাওয়া। ৩ ঈশ্বরের তেজ বা শক্তি বা আত্মা: (একমাত্র ব্যবহার) **the Holy G~,** Trinity (ত্রিমূর্তি: God the Father, God the Son ও the Holy Ghost)-এর তৃতীয় পুরুষ। ৪ ছায়ার মতো, ছায়াবৎ বা অন্তঃসারশূন্য। ˈ**~ town** জনমানবহীন; পরিত্যক্ত শহর। **not have the** ˈ**~-of a chance** কোনো আশা-ভরসা না থাকা। ৫ (অপিচ ˈ**~-writer**) যে ব্যক্তির লেখা তার মনিব স্বনামে চালায়; লেখক-কর্মচারী। ৬ টেলিভিশনের পর্দায় দেখানো প্রতিরূপ। □*vt,vi* (কারো জন্য) লেখক-কর্মচারী হিসাবে কাজ করা: ~ed memoirs, কোনো লেখক-কর্মচারী দ্বারা রচিত স্মৃতিকথা।

ghost·ly [ˈগৌস্ট্‌লি] *adj* ভূতুড়ে; অশরীরী; আবছায়া: a ~ appearance; shapes that looked ~ in the gathering darkness. ২ (পুরা.) আধ্যাত্মিক; পুরোহিত বা ধর্মযাজক দ্বারা ব্যক্ত: ~ counsel. **ghost·li·ness** *n*

ghoul [গুল্] *n* ১ (কথা-কাহিনীতে) মড়া-খেকো ভূত; পিশাচ। ২ পৈশাচিক ব্যক্তি। **~·ish** [-ইশ্] *adj* পৈশাচিক; বীভৎস।

GI [ˌজী ˈআই] *n* মার্কিন পদাতিক বাহিনীর তালিকাভুক্ত সৈন্য: a GI bride, এরূপ সৈন্যের (মার্কিন মুলুক ভিন্ন অন্য দেশ থেকে আসা) বিয়ের কনে।

gi·ant [ˈজাইঅন্ট্] *n* ১ (রূপকথায়) দৈত্য; দানব। ২ দানবীয় আকারের মানুষ, প্রাণী বা বৃক্ষ; অস্বাভাবিক বড়ো আকারের মানুষ, প্রাণী বা বৃক্ষ; (লাক্ষ.) অতিশয় ক্ষমতাবান বা প্রতিভাধর ব্যক্তি। ৩ (attrib) বিশাল আকার বা শক্তি সম্বন্ধে: ~ strength; a ~ pineapple. **~·ess** [ˈজাইঅন্টেস্] *n* দানবী।

gib·ber [ˈজিবা(র্)] *vi* অত্যন্ত দ্রুত কথা বলা বা অস্পষ্ট অর্থহীন আওয়াজ করা। **~·ish** [ˈজিবারিশ্] *n* [U] অর্থহীন আওয়াজ; বাজে বকবকানি; দুর্বোধ্য কথাবার্তা।

gib·bet [ˈজিবিট্] *n* ১ (ইতি.) ফাঁসিকাষ্ঠ। ২ ফাঁসির পর অপরাধীর মৃতদেহ হুঁশিয়ারি হিসাবে ঝুলিয়ে রাখার জন্য যে ক্রুশাকার দণ্ড এক সময়ে ব্যবহৃত হতো। ৩ ফাঁসিতে মৃত্যু।

gib·bon [ˈগিবান্] *n* দীর্ঘ-বাহু বানর বিশেষ। দ্র. ape.

gib·bous [ˈজিবাস্] *adj* ১ (চন্দ্র সম্বন্ধে) আলোকিত ভাগ অর্ধবৃত্তের চেয়ে বড়ো কিন্তু বৃত্তের চেয়ে ছোট এমন। দ্র. phase. ২ কুব্জপৃষ্ঠ; কুঁজো।

gibe, jibe [জাই ব্] *vi* ~ **(at)** উপহাস করা; ঠাট্টা করা: ~ at somebody's mistakes. □*n* ঠাট্টা; উপহাস; বিদ্রূপ: cheap ~s, সস্তা অকারণ বিদ্রূপ। **gib·ing·ly** [জাইবিঙ্‌লি] *adv*

gib·lets [ˈজিবলিট্‌স্] *n pl* হাঁস, মুরগি ইত্যাদির কলিজা, যকৃৎ, পাকস্থলী প্রভৃতি অভ্যন্তরীণ ভোজ্য অংশ: (attrib) giblet gravy, কলিজা প্রভৃতির রসা বা ঝোল।

giddy [ˈগিডি] *adj* ১ মাথা ঝিমঝিম করছে বা মাথা ঘুরছে এমন; মাথা ঘোরায় এমন: a ~ height; feeling giddy. ২ ইন্দ্রিয় বিলাসী; ঐকান্তি নয় এমন; নীতিশিথিল; a ~ young man; a ~ life of pleasure. **Play the ~ goat,** দ্র. goat. **gid·dily** *adv.* **gid·di·ness** *n*

gift [গিফ্‌ট্] *n* ১ [C] উপহার; দান। ১ সহজাত ক্ষমতা বা গুণ: a ~ for music. ৩ দেবার অধিকার বা ক্ষমতা: The Vice-Chancellorship of our Universities is in the ~ of the President, তাঁরই উপাচার্যপদ প্রদানের ক্ষমতা আছে। □*vt* কাউকে দান করা। **~ed** প্রভূত সহজাত গুণসম্পন্ন: a ~ed dancer/writer.

gig [গিগ্] *n* ১ (ইতি.) দুই চাকাওয়ালা ঘোড়ার গাড়ি। ২ (নৌ.) দাঁড় বা পাল রাখার জন্য জাহাজের সাথে লাগানো ছোট নৌকা। ৩ (কথ্য.) (পপ বা জ্যাজ সঙ্গীতে) বাজনার জন্য চুক্তি।

gi·gan·tic [জাই ˈগ্যান্‌টিক্] *adj* বিশালকার; প্রকাণ্ড; দানবীয়: a ~ appetite.

giggle [ˈগিগ্‌ল্] *vi* ফিকফিক করে হাসা; ফিকফিক করে হেসে প্রকাশ করা: giggle one's appreciation of a silly joke. □*n* ফিকফিকে হাসি।

gig·olo [ˈজ়িগলৌ] *n* বিত্তবতী মহিলারা ভাড়া করতে পারে এমন পেশাদার পুরুষ নৃত্যসহচর; অপেক্ষাকৃত বয়স্কা বিত্তবতী মহিলার বেতনপুষ্ট পুরুষ সঙ্গী।

gild[1] [গিল্ড্] *vt* সোনার পাত বা সোনালি রং দিয়ে গিলটি করা; সোনার মতো উজ্জ্বল করা: ~ a picture-frame. **~ the lily** অনাবশ্যক অলঙ্কার ব্যবহার করে কোনো কিছুর স্বাভাবিক সৌন্দর্য নষ্ট করা। **~ the pill** অপ্রীতিকর প্রয়োজনকে প্রীতিকর রূপ দেওয়া। **~ed youth** শৌখিন ও বিত্তবান যুব সম্প্রদায়। **~er** যে ব্যক্তি গিলটি করে। **~·ing** *n* [U] যে বস্তু দ্বারা গিলটি করা হয়।

gild[2], দ্র. guild.

gill[1] [গিল্] *n* (সাধা. *pl*) ১ মাছের শ্বাসযন্ত্র। ২ ছত্রাক বা ব্যাঙের ছাতার উল্টাদিকের পাতলা খাড়া পাত। ৩ (*pl*) কর্ণমূল ও চোয়ালের নীচের মাংস। **be green/white about the ~s** অসুস্থ/ভীত হওয়া।

gill[2] [জিল্] *n* তরল পদার্থের ওজনবিশেষ; পাইন্ট্-এর এক-চতুর্থাংশ (২.৫ আউন্স্)। দ্র. পরি. ৫।

gilt [গিল্ট্] *n* [U] যে বস্তু দ্বারা গিলটি করা হয়। দ্র. gild. **take the ~ off the gingerbread** (প্রব.) সবচেয়ে আকর্ষণীয় গুণ বা বৈশিষ্ট্য হরণ করা। ˌ**~-edged** ˈ**stocks/se**ˈ**curities** নিরাপদ বিনিয়োগ।

gim·bals ['জিম্‌বল্‌জ্] *n* (সাধা. *pl*) সমুদ্রবক্ষে জাহাজের কম্পাস ইত্যাদি যন্ত্রকে আনুভূমিক রাখার কলকব্জাবিশেষ।

gim·crack ['গিম্‌ক্র্যাক্] *adj* তুচ্ছ, ঠুনকো ও বাজেভাবে তৈরি।

gim·let ['গিম্‌লিট্] *n* কাঠ ইত্যাদি ছিদ্র করার জন্য ব্যবহৃত ছোট তুরপুনবিশেষ। ~ **eye** তীক্ষ্ণ দৃষ্টি।

gim·mick ['গিমিক্] *n* (কথ্য) জনপ্রিয়তালাভের বা দৃষ্টি আকর্ষণের উপায় বা কৌশল।

gin[1] [জিন্] *n* ১ জীব-জন্তু ধরবার ফাঁদ বা জাল। **(cotton)** ~ তুলা থেকে বীজ ছাড়াবার যন্ত্র। □*vt* ২ জালে বা ফাঁদে আটকানো। ৩ তুলা থেকে বীজ ছাড়ানো।

gin[2] [জিন্] *n* [U] একপ্রকার মদ।

gin·ger ['জিন্‌জা(র্)] *n* [U] ১ আদা। ২ সজীবতা; উদ্দীপনা; শক্তি; তেজস্বিতা: a '~ group, (সংসদে) সরকারকে আরো সক্রিয় হতে উদ্বুদ্ধকারী সংসদ-সদস্যদের গোষ্ঠী। ৩ (অপিচ *adv* রূপে) হালকা লালচে হলুদ রং: ~ hair 8 ,~ '**beer/'ale** আদা-মিশানো পানীয়। '~·**bread** *n* আদা-মিশানো গাঢ় রঙের কেক বা বিস্কুট। '~ **nut** আদা-মিশানো বিস্কুট। □*vt* ~ **(up)** আরো সক্রিয় বা প্রাণবন্ত করা।

gin·ger·ly ['জিন্‌জালি] *adv* কোনো ক্ষতি বা গোলমাল না হয় এমন; সতর্কতার সঙ্গে; নিঃশব্দচরণে: go about sth ~. □*adj* সতর্ক: in a ~ fashion.

ging·ham ['গিঙাম্] *n* [U] ছাপা সুতি বা রেশমি কাপড়।

gin·gi·vi·tis [,জিন্‌জি'ভাইটিস্] *n* [U] (চিকি.) মাড়ি ফোলা।

gingko ['গিঙ্‌কৌ] *n* তালপাতার মতো পাতাযুক্ত এক জাতের চীনা বা জাপানি গাছ।

gin·seng ['জিন্‌সেঙ্] *n* [U] এক জাতের গাছ, যার সুগন্ধি শিকড় ঔষধে ব্যবহৃত হয়।

gipsy, Gypsy ['জিপ্‌সি] *n* (*pl*-sies)১ **gipsy**(কৌতুক.) বিশেষত কালো জ্বলজ্বলে চোখের আকর্ষণীয় বা দুষ্টুমিভরা মানুষ। ২ **Gypsy** এশীয় বংশোদ্ভূত যাযাবর সম্প্রদায়ের মানুষ; বেদে: (attrib) a ~ camp/girl.

gi·raffe [জি'রা:ফ্, US -র‍্যাফ্] *n* অতিদীর্ঘ গ্রীবা ও লম্বা পাওয়ালা আফ্রিকী প্রাণী; জিরাফ।

gird [গাড্] *vt* (*pt,pp* girded বা girt [গাট]) (কাব্যিক বা আল.) ১ ~ **on** পেঁচিয়ে বাঁধা: ~ on a sword. ২ ~ **up** (কোমরবন্ধ ইত্যাদির সাহায্যে) উপরে তুলে বাঁধা: ~ up one's clothes. ~ **up one's loins** লড়াইএর জন্য প্রস্তুত হওয়া। ৩ বেষ্টন করা; ঘিরে রাখা: a sea-girt isle, সমুদ্রে ঘেরা দ্বীপ।

girder ['গাডা(র্)] *n* ছাদ ঠেকনো দেবার জন্য কাঠ, লোহা বা ইস্পাতের কড়ি বা বিম; কড়িকাঠ; সেতু ইত্যাদিতে ব্যবহৃত ইস্পাতের তৈরি কাঠামো।

girdle[1] ['গাড্‌ল্] *n* ১ কোমরবন্ধ; বেল্ট। ২ কাঁচুলি। ৩ কোমরবন্ধের মতো বস্তু; বেষ্টনী: a ~ of trees round a house. □*vt* ~ **about/around/with** বেষ্টন করা; ঘিরে থাকা: a field ~d with trees.

girdle[2] ['গাড্‌ল্] *n* (স্কট.) = griddle.

girl [গা:ল্] *n* বালিকা; মেয়ে; কন্যা; তরুণী; যুবতী মহিলা; কর্মজীবী মহিলা। '~·**(friend)** সঙ্গিনী। (GB) ,**G~ 'Guide,** (US) ,**G~ 'Scout** ব্রতচারিণী বালিকা। '~·**hood** [হুড্] *n* [U] বালিকাবস্থা; বালিকা-বয়স। ~·**ish** [-ইশ্] *adj* বালিকাসুলভ: ~ish behaviour. ~·**ish·ly** *adv*. ~·**ish·ness** *n*

giro ['জাইআরৌ] *n* [U] বাণিজ্য ব্যাংকসমূহের মধ্যে ঋণ হস্তান্তর/স্থানান্তর পদ্ধতি। **National G~** (GB) পোস্ট অফিস দ্বারা পরিচালিত অনুরূপ ঋণ হস্তান্তর পদ্ধতি।

girt [গাট্] দ্র. gird.

girth [গাথ্] *n* ১ জিন যথাস্থানে আটকে রাখার জন্য ঘোড়ার পেট পেঁচিয়ে যে সুতি বা চামড়ার বেল্ট বাঁধা হয়। ২ যে কোনো বেলনাকার বস্তুর পরিধির বা ঘেরের মাপ: a roller 5 metres in ~; my ~, আমার কোমরের মাপ।

gist [জিস্ট্] *n* **the** ~ মূলকথা; সারমর্ম।

give[1] [গিভ্] *vt, vi* ১ ~ **(to)** অর্পণ করা; (উপহার ইত্যাদি হিসাবে) দান করা: She gave me a book; The teacher gave a book to each of the children; He gives generously, তিনি অর্থ ইত্যাদি উদার হস্তে দান করেন। ২ ~ **(sb) (sth) for sth; ~ (sth) to do sth** (মূল্য বা ক্ষতিপূরণ হিসাবে) কোনো কিছুর বিনিময়ে কোনো কিছু দেওয়া: She gave fifty thousand taka for the diamond ring; I would ~ anything to get back my books. ৩ ~ **(to)** (কাউকে কোনো কিছুকে) কারো হেফাজতে অর্পণ করা: You can ~ your bags to the porter (to be looked after). ৪ (কাউকে) সময় দেওয়া; স্বীকার করা; মেনে নেওয়া: Give me five minutes and I'll do the sum. The watch is a very good one, 'Ok, I'll ~ you that (=আপনার কথা মেনে নিচ্ছি) but it's of an old model.' ~ **sb (some/no/any, etc) trouble** কাউকে (কম/বেশি ইত্যাদি) কষ্ট দেওয়া; জ্বালাতন করা: We all gave our parents much trouble when we were young. ৫ সরবরাহ করা: The sun ~s us warmth and light. ৬ (কোনো কিছুর) কারণ হওয়া: She's ~n me her cold, তার কাছ থেকে ঠাণ্ডা লেগেছে। ৭ উৎসর্গ করা: He gave his life to the cause of the poor. ৮ (গুরুত্ব বোঝাতে *imper*-এ ব্যবহৃত): G~ me liberty or ~ me death, হয় মুক্তি, না হয় মৃত্যু। ৯ (স্বয়ং *v* হিসাবে ব্যবহৃত হতে পারে এমন *n* এর সঙ্গে ক্ষেত্রবিশেষে ব্যবহার্য): ~ a groan/laugh/yell/sigh (*v* হিসাবে groan, laugh, yell, sigh), গোঙানি/ হাসি/চিৎকার; নিঃশ্বাস ফেলা; ~ sb a kick/push/ shove (*v* হিসাবে kick, push, shove), কাউকে লাথি/গাট্টা/ঠেলা দেওয়া; ~ sb a ring, কাউকে টেলিফোন করা। ১০ (নির্ধারিত phrase সমূহে) ~ **birth (to),** দ্র. birth. ~ **chase (to),** দ্র. chase[1]. ~ **currency (to),** দ্র. currency. ~ **one's ears,** দ্র. ear[1] (১). ~ **evidence of,** দ্র. evidence. ~ **ground,** দ্র. ground[1](২). ~ **place to,** দ্র. place[1] (১০). ~ **rise to,** দ্র. rise[1] (৫). ~ **or take** ধরে বা ছেড়ে দিয়ে; যোগ বা বিয়োগ করে: Nasim will be here at 5 O'clock, ~ or take a few minutes. ~ **sb best** (প্রা. প্র.) কারো শ্রেষ্ঠত্ব স্বীকার করা। ~ **sb to understand that** ... কাউকে জানানো; নিশ্চয়তা দেওয়া ...: We were ~n to understand that she would be sent here to assist in our project. ~ **it to sb** (কথ্য) কাউকে শাস্তি দেওয়া বা তিরস্কার করা। ~ **sb sth to cry for,** দ্র. cry[1] (২). ~ **sb what 'for/a piece of one's mind** (কথ্য) কাউকে শাস্তি দেওয়া বা তিরস্কার করা। ~ **way** (ক) সরে যাওয়া; পিছু হঠা: The enemy troops gave way. (খ) বহন করতে না পারা; ছিঁড়ে যাওয়া বা ভেঙে পড়া: The wall gave way. **~ way (to sth/sb)** (ক) জায়গা ছেড়ে দেওয়া বা পথ করে দেওয়া: We had to ~ way to the car coming in from the opposite direction. (খ) (কারো/কোনো কিছুর দ্বারা) স্থানচ্যুত হওয়া: Darkness gave way to light. (গ) কোনো কিছুর কাছে নিজেকে সমর্পণ করা: I tried hard not to ~ way to despair. (ঘ) নতি স্বীকার করা: These demands are unreasonable; you mustn't ~ way to them. ১১ শক্তি বা তীব্রতা হারিয়ে ফেলা; বেঁকে বা দেবে যাওয়া: My knees gave, আমি দাঁড়ানোর শক্তি হারিয়ে ফেললাম (ফলে পড়ে গেলাম); The storm is beginning to ~, ঝড়ের তীব্রতা কমে আসছে; The branch gave, শাখাটি বেঁকে গেল। ১২ **ˈ~n** *pp* (ক) (আনুষ্ঠানিক দলিলপত্রে) প্রদত্ত; অর্পিত: ~n under my hand and seal in this tenth day of March, 1972. (খ) যুক্তির খাতিরে কোনো কিছু আছে এই কথা ধরে নিয়ে: G~n a clear route, I can make the hundred miles in a couple of hours. (গ) স্বীকৃত; নির্ধারিত: under the ~ conditions; to meet at a ~ time and place. (ঘ) **ˈ~n name** পারিবারিক নাম বা উপাধির পূর্বে যুক্ত নাম, যথা: শওকত ওসমান—এই নামে শওকত। (ঙ) **be ~n to sth/doing sth** বদভ্যাস থাকা: He's ~n to gambling. ১৩ (*adv part* ও *prep* সহ ব্যবহার) **give sb away** (বিশেষ) কন্যাদান করা: The bride was ~n away by her father. **~ sth away** (ক) অন্যকে যাবার সুযোগ করে দেওয়া; ত্যাগ করা; ছেড়ে দেওয়া: This is my only chance and I'm not going to ~ it away. (খ) বিতরণ করা: The Headmaster will ~ away the prizes. (গ) বিনিময়ে কিছু প্রত্যাশা না করে দেওয়া: She gave away all her money. (ঘ) ইচ্ছাকৃতভাবে বা অনিচ্ছাকৃতভাবে ফাঁস করে দেওয়া: Don't ~ away my secret. **ˈ~-away** *n* (কথ্য) (ক) বিনামূল্যে দেওয়া বস্তু: The company presented ~-aways (=উপহার) to its patrons. (খ) যা ইচ্ছাকৃতভাবে বা অনিচ্ছাকৃতভাবে প্রকাশ পেয়েছে: The expression on the accused's face was a ~-away, আসামির মুখভঙ্গিতে তার অপরাধ ধরা পড়লো। **ˌ~ the ˈgame away**, দ্র. game[1] (৫). **ˈgive sth back (to sb); ~ sb back sth** ফেরত দেওয়া: G~ the horse back to its owner. G~ the man back his land. **give sth forth** (প্রা. প্র. বা সাহিত্য) (ধোঁয়া, গন্ধ ইত্যাদি) নিঃসৃত বা উদ্‌গিরণ করা। **give in (to sb)** আত্মসমর্পণ করা; নতি বা বশ্যতা স্বীকার করা: Our men were forced to ~ in. Salima usually had to ~ in to her husband. **~ sth in** যথাযথ কর্তৃপক্ষের হাতে তুলে দেওয়া: It's time for you to ~ in your examination papers. **~ one's name in (to sb)** (দায়িত্ব, প্রার্থীপদ ইত্যাদি গ্রহণে) নিজের ইচ্ছা বা প্রস্তুতির কথা জানিয়ে দেওয়া। **give sth off** (ধোঁয়া, গন্ধ ইত্যাদি) নিঃসৃত বা উদ্‌গিরণ করা। **give on to** (খোলা জানালা ইত্যাদি দিয়ে) দৃষ্টিপথে পড়া: My bedroom windows ~ on to the Shishu Park. **Give out** শেষ হওয়া; নিঃশেষিত হওয়া: My patience is beginning to ~ out. **~ sb out/not out** (ক্রিকেট খেলায় আম্পায়ার দ্বারা) ব্যাট্‌স্‌ম্যান আউট হয়েছে/আউট হয়নি বলে ঘোষণা করা। **~ sth out** বিলি করা: ~ out handbills. **~ sb out to be; ~ it out that sb is** ঘোষণা করা: It was ~n out that Mr. Huq would preside over the meeting. **give upon** = ~ on to. **Give over** (অপ.) ক্ষান্ত হওয়া; থামা: Will you please ~ over whining ? **~ sb/sth over (to sb)** (hand over প্রচলিত) হাতে তুলে দেওয়া; সোপর্দ করা: ~ a thief over to the police. **be ~n over to sth** (ক) (অনাকাঙ্ক্ষিত অবস্থায়) নিজেকে সঁপে দেওয়া বা নিমজ্জিত হওয়া: be ~n over to despair. (খ) অর্পিত হওয়া বা নিবেদিত হওয়া: The last days of her life were ~n over to earning for disabled children. **give up** চেষ্টা পরিত্যাগ করা; ছেড়ে দেওয়া: I can't solve the problem, I ~ up. He has ~n up all hope of getting a state scholarship. **~ sb up** (ক) কাউকে বা কারো অবস্থাকে হতাশাপূর্ণ মনে করা: His parents have ~n him up, তার পিতামাতা তাকে মানুষ করা যাবে না বলে ধরে নিয়েছেন; The doctors have ~n him up, ডাক্তার তাকে সারিয়ে তোলা যাবে না বলে জানিয়ে দিয়েছেন। (খ) (কথ্য) সংসর্গ পরিত্যাগ করা: His sloppiness forced her to ~ him up. (গ) কাউকে আর প্রত্যাশা না করা: Shahid was so late that we had ~n him up. **~ sb up for lost** কাউকে খুঁজে পাবার বা বাঁচাবার আশা ছেড়ে দেওয়া। **~ sb/oneself/sth up (to sb)** আত্মসমর্পণ করা; ছেড়ে দেওয়া: I gave up my seat to the old lady. The rebel leader gave himself up. **~ sth up** কোনো কিছু ছেড়ে দেওয়া: I don't believe he can ever ~ up gambling. **give up the ghost** মারা যাওয়া।

give[2] [গিভ্‌] *n* [U] স্থিতিস্থাপকতা: A stone floor has no ~ in it; (লাক্ষ.) (ব্যক্তি সম্বন্ধে) নমনীয়তা: There's no ~ in the present IG of Police. **~ and take** সন্ধি; পারস্পরিক দেওয়া-নেওয়া: ~ and take is essential to a happy marriage.

given [ˈগিভ্‌ন্‌] give[1]-এর *pp*

giver [ˈগিভা(র্‌)] *n* যে দান করে; অর্পণকারী; দাতা।

giz·zard [ˈগিজ়াড্‌] পাখির দ্বিতীয় পাকস্থলী; (লাক্ষ. কথ্য) গলা: It stacks in my ~ (এত অপছন্দ করি যে) গলায় আটকে যায়।

glacé [ˈগ্ল্যাসেই US গ্ল্যাˈসেই] *adj* (ফল সম্বন্ধে) বরফ দেওয়া; চিনি মাখানো; (চামড়া, কাপড় সম্বন্ধে) মসৃণ; পালিশ-করা।

gla·cial [ˈগ্লেইসিঅ্যাল্‌ USˈগ্লেইশ্‌ল্‌] *adj* তুষার বা তুষারযুগ বিষয়ক: The ~ era/epoch তুষারযুগ (যে যুগে উত্তর গোলার্ধের বিশাল অঞ্চল তুষারাচ্ছাদিত ছিল); (লাক্ষ.) হিমেল; নিরুত্তাপ: a ~ smile, ঠাণ্ডা হাসি।

gla·cier [ˈগ্ল্যাসিআ(র্‌) USˈগ্লে ইশ্‌র] *n* হিমবাহ; তুষারস্রোত।

glad [গ্ল্যাড্‌] *adj* ১ (কেবল *pred*) খুশি: be/look/feel ~ about sth; ~ to see someone. ২ আনন্দদায়ক; আনন্দময়: ~ news/tidings. **give sb the ~ hand** (অপ.) অভ্যর্থনার হাত প্রসারিত করা; স্বাগত জানানো। **ˈ~ rags** (অপ.) কোনো আনন্দোৎসবে ব্যবহার্য পোশাক। **~·den** [ˈগ্ল্যাড্‌ন্‌] *vt* খুশি করা; আনন্দিত করা। **~·ly** *adv* .**~·ness** *n*. **~·some** [-সাম্‌] *adj* (সাহিত্য.) খুশি; আনন্দময়।

glade [গ্লেইড্‌] *n* বনের ভিতর ফাঁকা জায়গা।

gladi·ator [ˈগ্ল্যাডিএইটা(র্)] *n* (প্রাচীন রোমে) শাসক ও সামন্ত প্রভুদের মনোরঞ্জনের জন্য মল্লভূমিতে প্রাণপণ যুদ্ধে প্রশিক্ষণপ্রাপ্ত ক্রীতদাস। **gladia·tor·ial** [গ্ল্যাডিআˈটো°রিআল্] *adj* এরূপ যোদ্ধা ক্রীতদাস বিষয়ক: ~ial combats.

gladi·olous [,গ্ল্যাডিˈঔউলাˈস্] *n* তলোয়ার-সদৃশ পাতা ও উজ্জ্বল ফুলের শিষযুক্ত এক জাতের গাছ।

glam·our (US **glamor**) [ˈগ্ল্যামা(র্)] *n* [U] ১ জাদু; মোহিনী শক্তি বা মায়া: The ~ of snow capped mountains drenched in moonlight. ২ (যৌন আবেদনময়) মোহিনী রূপ বা চমক। **glamor·ous** [–আস্] *adj* জাদুময়; মোহিনী রূপময়: a glamorous woman. **glamor·ize** [–আইজ্] *vt* মোহনীয় করে তোলা: glamorize the life of an actress.

glance [গ্লা:ন্স্ US গ্ল্যান্স্] *vi, vt* ১ ~ **at/over/through/round** এক পলক দেখা; পলকে দেখে নেওয়া: ~ at the watch; ~ over/through a letter; ~ round a room. ২ ~ **off** (অস্ত্র বা আঘাত সম্বন্ধে) দ্রুত ফসকে বা পিছলে বা গড়িয়ে যাওয়া: The spear ~d off his shield. ৩ (উজ্জ্বল বস্তু, আলো সম্বন্ধে) ঝলসে ওঠা; ঝলকানো: His sword ~d in the sunlight. □*n* ১ চকিত দৃষ্টি; এক পলকের দেখা: take a ~ at the contents of a book. **at a ~** দেখা মাত্র। **at first ~** = at first sight, দ্র. sight[1](২). ২ (আকস্মিক গতির ফলে উৎপন্ন) আলোর ঝলকানি: a ~ of arrows in the sunlight.

gland [গ্ল্যান্ড্] *n* লালাগ্রন্থি: sweat ~s; milk producing ~s in females. **~u·lar** [ˈগ্ল্যান্ডিউলা(র্) US-জিউ–] *adj* লালাগ্রন্থি বিষয়ক; লালাগ্রন্থি সদৃশ।

glan·ders [ˈগ্ল্যান্ডাজ্] *n* [U] ঘোড়ার এক প্রকার সংক্রামক রোগ, এ-রোগে চোয়াল ফুলে যায় এবং নাক ও গলায় ঘা দেখা দেয়।

glare[1] [গ্লেআ(র্)] *n* ১ [U] তীব্র; অসহনীয় আলো: the ~ of the sun; (লাক্ষ.) in the full ~ of publicity, লোকচক্ষুর নগ্ন আলোয়; লোকচক্ষুর কেন্দ্রবিন্দুতে। ২ [C] ক্রুদ্ধ বা তীব্র দৃষ্টি; স্থির দৃষ্টি।

glare[2] [গ্লেআ(র্)] *vi, vt* ২ চোখ ধাঁধিয়ে বা অসহনীয়ভাবে আলোকপাত করা: The mid-day sun ~d on us. ২ ~ **(at)** ক্রুদ্ধ বা তীব্র দৃষ্টিতে তাকানো: The rivals stood glaring at each other. ~ **(at)**: ~ hate/defiance at someone. **glar·ing** *adj* ১ চোখ-ধাঁধানো: glaring electric bulbs. ২ ক্রুদ্ধ; তীব্র: glaring eyes. ৩ স্থূল; জাজ্বল্যমান: glaring injustice. ৪ (রং সম্বন্ধে) রুচিহীন; চটকদার।

glass [গ্লা:স্ US গ্ল্যাস্] *n* ১ [U] কাচ। ২ [C] কাচের তৈরি জিনিস। **(ক)** কাচের পানপাত্র বা এই পাত্রমধ্যস্থ পানীয়: a ~ of water; have a ~ too much, অতিরিক্ত মদ্য পান করা; মাতাল হওয়া। **(খ)** (অপিচ ˈ**looking-~**) আয়না। **(গ)** দূরবীক্ষণ যন্ত্র বা দুরবিন। **(ঘ)** আবহাওয়ার তাপমাত্রা পরিমাপক যন্ত্র বা ব্যারোমিটার। **(ঙ)** (*pl*) (কদাচিৎ ˈ**eye-~es**) চশমা: I can't read without ~es. **(চ)** (*pl*) দুই-চোখা দুরবিন। **(ছ)** ˈ**magnifying ~** যে কাচের ভিতর দিয়ে দৃষ্ট বস্তু বড়ো দেখায়; বিবর্ধক কাচ। ২ (যৌগশব্দে) ˈ**~-blower** *n* যে ব্যক্তি কাচ গলিয়ে জিনিসপত্র তৈরি করে। ˈ**~-cutter** *n* যে ব্যক্তি কাচের উপর নকশা কাটে; কাচের কারিগর; কাচ-কাটা যন্ত্র। ˈ**~-house** (গাছ-গাছালি তৈরির জন্য) কাচের বেড়া ও কাচের ছাদযুক্ত ঘর; কাচ-ঘর; (অপ.) সামরিক কয়েদখানা। **People who live in ~ houses shouldn't throw stones** (প্রবাদ বাক্য) নিজের খুঁত থাকতে অন্যের খুঁত ধরা উচিত নয়। ˈ**~·ware** [–ওএআ(র্)] কাচের তৈজসপত্র। ,**~-ˈwool** *n* [U] ছাকনার জন্য ব্যবহৃত কাচের সূক্ষ্ম সুতা। ˈ**~·works** *n pl* (sing *v* সহ) কাচের কারখানা। □*vt* ~ **(in)** কাচ লাগানো; কাচের প্রলেপ দেওয়া; কাচের মতো চকচকে করা বা পালিশ করা। **~·ful** [–ফুল] *n* এক-গেলাস; গেলাস-ভরা। **~y** *adj* কাচের মতো দেখতে: a ~y surface; (সমুদ্র ইত্যাদি সম্বন্ধে) নিস্তরঙ্গ ও ঝকঝকে; **a ~y stare/look/ eye** নিষ্প্রাণ; ভাবলেশহীন; স্থির দৃষ্টি/চোখ।

glau·coma [গ্ল্যাˈকৌমা] *n* [U] চোখের রোগ: এতে ধীরে ধীরে দৃষ্টিশক্তি হারিয়ে যায়।

glau·cous [ˈগ্ল্যাকাস্] *adj* ১ ফিকে সবুজ বা নীল। ২ (পাতা, আঙ্গুর ইত্যাদি সম্বন্ধে) মিহি গুঁড়ার আস্তরণে ঢাকা।

glaze [গ্লেইজ্] *vt, vi* ১ ~ **(in)** কাচ লাগানো: ~ a window; ~ in a veranda, কাচ দিয়ে ঘিরে দেওয়া। ২ ~ **(over)** কাচের মতো চকচকে প্রলেপ দেওয়া: ~ porcelain. ৩ ~ **(over)** (চোখ সম্বন্ধে) কাচের মতো স্বচ্ছ; চকচকে স্থির হওয়া: Her eyes ~ed over. □*n* [C, U] মিহি স্বচ্ছ প্রলেপ।

glaz·ier [ˈগ্লেইজ়িআ(র্) US –জ়া(র্)] জানালা; দরজা ইত্যাদিতে কাচ লাগানোর কারিগর।

gleam [গ্লীম্] *n* [C] ১ (বিশেষত আসে যায় এমন) মৃদু দীপ্তি: the ~ of the distant stars. ২ (লাক্ষ.) কোনো আবেগ বা গুণের ক্ষণিক প্রকাশ: an occasional ~ of humour; a ~ of hope. □*vi* দীপ্তি বিচ্ছুরিত করা; জ্বলজ্বল করা: The cat's eyes ~ed in the dark.

glean [গ্লীন্] *vi, vt* ফসল তোলার পর মাঠে পড়ে থাকা শস্যদানা খুঁটে তোলা; ফসল কুড়ানো: ~ a field; ~ corn; (লাক্ষ.) টুকরো খবর সংগ্রহ করা: ~ news. **~er** *n* (ফসল/খবর-) কুড়ানি। **~·ings** *n pl* (সাধা. লাক্ষ.) বিভিন্ন উৎস থেকে আহরিত টুকরা জ্ঞানের কথা।

glee [গ্লী] *n* ১ [U] উল্লাস: shout with ~. ২ [C] বৃন্দসঙ্গীতে তিন বা চার কণ্ঠে এককে অংশ এককে জনে গাইবার জন্য গান। **~·ful** [–ফ়ুল্] *adj* উল্লসিত। **~·fully** [–ফ়ালি] *adv*

glen [গ্লেন্] *n* সংকীর্ণ উপত্যকা।

glib [গ্লিব্] *adj* (ব্যক্তি, তার কথা বা তার বলার ধরন সম্বন্ধে) অতি তৎপর; অতি মসৃণ কিন্তু আন্তরিক নয়: ~ excuses; have a ~ tongue. **~·ly** *adv.* **~·ness** *n*

glide [গ্লাইড্] *vi* ক্রমাগত মসৃণ গতিতে ভেসে চলা বা বয়ে চলা বা এগিয়ে চলা: The boat ~d down the river. □*n* এরূপ গতি। **~r** [ˈগ্লাইডা(র্)] *n* ইনজিনবিহীন বিমান। **gliding** *n* ইনজিনবিহীন বিমানে করে উড়বার খেলা।

glim·mer [ˈগ্লিমা(র্)] *vi* ক্ষীণ আলো দেওয়া; নিবুনিবু করে জ্বলা: lights ~ing in the distance. □*n* ক্ষীণ আলো: a ~ of light through a shuttered window; (লাক্ষ.) a ~ of hope.

glimpse [গ্লিম্প্স্] *n* (কারো বা কোনো কিছুর গতি) ক্ষণিক দৃষ্টি। **get/catch a ~ of sb/sth** কাউকে/কোনো কিছুকে এক নজর দেখতে পাওয়া। □*vt* এক নজর দেখা।

glint [গ্লিন্ট্] *vi* ঝলকে ওঠা জ্বলজ্বল করা। □*n* ঝলক; দীপ্তি।

glissando [গ্লি'স্যান্‌ডৌ] *adv, adj* (সঙ্গীতে) স্বরসপ্তকের দ্রুত ওঠা–নামা।

glis·ten ['গ্লিস্‌ন্] *vi* (বিশেষত ভেজা বা চকচক উপরিভাগ, জলভরা চোখ সম্বন্ধে) চিকচিক করা: The wet leaves ~ed in the morning sun; eyes ~ing with tears.

glit·ter ['গ্লিটা(র্)] *vi* ঝলমল করা: stars ~ing in the sky. □*n* [U] উজ্জ্বল ঝলমলে আলো: the ~ of diamond. **~·ing** *adj* উজ্জ্বল; আকর্ষণীয়: ~ing jewels.

gloat [গ্লৌট্] *vi* **~ (over sth)** সংকীর্ণ আত্মতৃপ্তিতে তাকিয়ে থাকা: ~ over one's gold. **~·ing·ly** *adv*

glo·bal ['গ্লৌবল্] *adj* পৃথিবীব্যাপী; সর্বব্যাপী।

globe [গ্লৌব্] *n* ১ গোলাকার বস্তু; পৃথিবীর ছাঁচ বা আদল; গ্লোব; ভূ-গোলক বা খ-গোলক। **the ~** পৃথিবী; ভূমণ্ডল। ২ গোলাকার কাচের পাত্র, বিশেষত বাতির ঢাকনা বা মাছের পাত্র। **'~fish** *n* পোটকা মাছ। **'~-trot** *vi* বহু দেশের ভিতর দিয়ে দ্রুত ভ্রমণ করা। **~'trotter** পৃথিবী-পর্যটক।

glob·ule ['গ্লবিউল্] *n* (বিশেষত তরল পদার্থের) ক্ষুদ্র বিন্দু বা ফোঁটা; বড়ি, বটিকা। **globu·lar** ['গ্লবিউলা(র্)] *adj* বটিকাকার; বটিকা-নির্মিত।

glock·en·spiel ['গ্লকান্‌স্পীল্] *n* বাদ্যযন্ত্রবিশেষ।

gloom [গ্লুম্] *n* [C, U] আধো-অন্ধকার; অস্পষ্টতা। ২ বিষাদ ও হতাশার ভাব: His death cast a ~ over the entire village.

gloomy ['গ্লুমি] *adj* ১ অন্ধকার; অনালোকিত। ২ বিষণ্ণ; বিষণ্ণকারক: a ~ landscape; feel ~ about one's future.

glor·ify ['গ্লো°রিফাই] *vt* ১ (ঈশ্বরকে) ভক্তি ও প্রশংসাবাদ নিবেদন করা; উপাসনা করা; (বীরকে) সম্মান ও যশ-গৌরব দান করা। ২ (সহজ বা সাধারণ কোনো কিছুকে) মহিমান্বিত করা; (কাউকে বা কোনো কিছুকে) অধিক গুরুত্ব বা কর্তৃত্ববহ করে তোলা: Your capital city is after all a glorified provincial town. **glori·fi·ca·tion** [গ্ল্যরিফি'কেইশ্‌ন্] *n* [U]।

glori·ous ['গ্লো°রিআস্] *adj* ১ দ্যুতিময়; চমৎকার; মহিমান্বিত: a ~ view. ২ সুপ্রসিদ্ধ; সম্মানিত; গৌরবান্বিত বা গৌরবদায়ক: a ~ success; the ~ reign of Akbar. ৩ (কথ্য) উপভোগ্য: have a ~ time. ৪ (বক্রোক্তি) ভয়াবহ; ভীষণ: what a ~ mess ! **~·ly** *adj*

glory ['গ্লো°রি] *n* [U] ১ যশ; বিজয় গৌরব; মহিমা। ২ ঈশ্বরকে নিবেদিত ভক্তি ও প্রশংসাবাদ: 'G~ to God in the highest.' ৩ চমৎকারিত্ব: the ~ of a northern spring day. ৪ (কখনো কখনো [C] *pl*) গর্বের কারণ; অহংকারের বিষয়; শ্রদ্ধা ও গৌরবের বস্তু: the glories of modern science. ৫ স্বর্গীয় জ্যোতি: the saints in ~. ৬ (কথ্য ব্যবহার): go to ~ ,মারা যাওয়া; send sb to ~, মেরে ফেলা। **'~-hole** *n* নানা জিনিসে অগোছালোভাবে ভরা ঘর বা দেরাজ। □*vi* **~ in** (কোনো কিছুতে) আনন্দোল্লাস করা; (কোনো কিছুতে) গর্ববোধ করা: ~ in one's success.

gloss[1] [গ্লস্] *n* ১ মসৃণ উজ্জ্বল তল বা উপরিভাগ: the ~ of silk and satin. **,~ 'paint** *n* ধোয়া যায় এমন উজ্জ্বল মসৃণ প্রলেপ সৃষ্টিকারী রং। ২ (সাধা. **a ~**) কপট বাহ্য রূপ; ছদ্মাবরণ: a ~ of respectability, (গোপন অসাধু জীবনধারা আড়াল করা) সাধুতার ছদ্মাবরণ বা ছদ্মবেশ। □*vt* **~ over** ছদ্মাবরণ পরানো; আড়াল করা বা দোষ কাটানো: ~ over sb's faults. **~y** *adj* মসৃণ ও উজ্জ্বল। **~·ily** [-ইলি] *adv.* **~i·ness** *n*

gloss[2] [গ্লস্] *n* [C] (কোনো রচনা বা বই-এর পাদটীকায় বা শেষে সংযোজিত তালিকায় দেওয়া বা ব্যবহৃত) শব্দের টীকা; মন্তব্য; ব্যাখ্যা। □*vt* টীকা সংযোজন করা; টীকা রচনা করা; মন্তব্য করা।

gloss·ary ['গ্লসারি] *n* [C] টীকাপুঞ্জ; ব্যাখ্যাবিশিষ্ট (যথা পরিভাষায় ব্যবহৃত বা অপ্রচলিত) শব্দের ব্যাখ্যা সম্বলিত তালিকা; (কোনো বই-এর) টীকাগ্রন্থ বা শব্দকোষ।

glot·tis ['গ্লটিস্] *n* শ্বাসরন্ধ্র। **glot·tal** ['গ্লটল্] *adj* শ্বাসরন্ধ্র বিষয়ক। **glottal stop** শ্বাসরন্ধ্র সম্পূর্ণ বন্ধ করে যে ভাষা-ধ্বনি উৎপন্ন করা হয়।

glove [গ্লাভ্] *n* দস্তানা। **fit like a ~** সম্পূর্ণ মাপসই হওয়া। **be hand in ~ (with)** ঘনিষ্ঠ সম্পর্কযুক্ত হওয়া। **take off the ~s to sb; handle sb without ~s** লড়াইয়ের মনোভাব নিয়ে কারো সঙ্গে তর্কে বা দ্বন্দ্বে অবতীর্ণ হওয়া। **'~-compartment** *n* মোটরগাড়ির ড্যাশবোর্ডের যে খুপরিতে ছোটখাট জিনিসপত্র রাখা হয়।

glow [গ্লৌ] *vi* ১ শিখা ব্যতিরেক উজ্জ্বলতা বা উত্তাপ বিকিরণ করা: ~ing charcoal. ২ (লাক্ষ.) (ব্যায়ামের পর বা উত্তেজিত অবস্থায় যেমন তেমনি) উষ্ণ বা আরক্ত হওয়া বা দেখানো বা অনুভব করা: ~ing with pride/enthusiasm. ৩ উষ্ণ বা কড়া রং ধারণ করা: trees ~ing with spring times. □*n* (শুধুমাত্র *sing*, *def* বা *indef art* সহ) রক্তিমাভা, শিখাহীন উজ্জ্বল বা উত্তপ্ত অবস্থা; উষ্ণ বা আরক্ত চেহারা; উষ্ণ অনুভূতি: in a ~ of enthusiasm; the ~ of health; the ~ of the sky at sunset. **'~-worm** *n* জোনাকি। **~·ing** *adj* উষ্ণ ও উজ্জ্বল বা (লাক্ষ.) আবেগোচ্ছল; অনুরঞ্জিত: a ~ing account of an event. **~·ing.ly** *adv*

glower ['গ্লাউআ(র্)] *vi* **~ (at)** ক্রুদ্ধ বা ভয়ঙ্কর দৃষ্টিতে তাকানো। **~·ing·ly** *adv*

glu·cose ['গ্লুকৌস্] *n* [U] (জীব.) আঙুরজাত চিনি; দ্রাক্ষা-শর্করা।

glue [গ্লু] *n* [U] শিরিসের আঠা। □*vt* **~ (to)** ১ আঠা দিয়ে জোড়া দেওয়া: ~ two things together. ২ শক্ত করে চেপে রাখা বা ঠেকিয়ে রাখা; আঠার মতো লেগে থাকা: Her ear was ~d to the keyhole. The boy remains ~d to the mother. **~y** ['গ্লুই] *adj* আঠালো।

glum [গ্লাম্] *adj* মনমরা; বিষণ্ণ। **~·ly** *adv* . **~·ness** *n*

glut [গ্লাট্] *vt* **~ (with)** ১ অত্যধিক সরবরাহ দ্বারা ছেয়ে ফেলা: ~ a market with foreign goods. ২ অতিরিক্ত খাওয়া; পরিপূর্ণভাবে তৃপ্ত করা: অতিমাত্রায় বোঝাই করা: ~ one's appetite; ~ted with pleasure. □*n* [C] চাহিদার অতিরিক্ত সরবরাহ: ~ bananas in the market.

glu·ten ['গ্লুটান্] *n* [U] ময়দায় প্রস্তুত আঠা। **glu·ti·nous** ['গ্লুটিনাস্ US -টানাস্] *adj* আঠালো।

glut·ton ['গ্লাটন্] *n* অতিভোজী ব্যক্তি, পেটুক; (লাক্ষ.) যে-কোনো বিষয়ে সদাপ্রস্তুত ও সদাআগ্রহী ব্যক্তি: a ~ for work, কাজ-পাগলা মানুষ। **~·ous**['গ্লাটানাস্] *adj* (খাদ্যে) অতিলোভী। **~·ous·ly** *adv.* **~y** [-টানি] *n* অতিভোজন।

gly·cer·ine (US= **gly·cer·in**) ['গ্লিসারীন US -রিন্] *n* [U] গ্লিসারিন।

G-man [ˈজী ম্যান্] *n* (US কথ্য.) আমেরিকার কেন্দ্রীয় গোয়েন্দা অফিসার।

gnarled [না:ল্‌ড্] *adj* (গাছের কাণ্ড সম্বন্ধে) পেঁচানো ও কর্কশ; গ্রন্থিযুক্ত: a ~ old tree; ~ (= গাঁটযুক্ত, বিকৃত) hands/fingers.

gnash [ন্যাশ্] *vt* (ব্যক্তি সম্বন্ধে) (রাগে) দাঁত কড়মড় করা: ~ one's teeth.

gnat [ন্যাট্] *n* ডাঁশ-মশা; (লাক্ষ.) ছোটখাট উৎপাত বা উপদ্রব। strain at a ~, তুচ্ছ বিষয়ে ইতস্তত করা।

gnaw [নো°] *vt, vi* ১ **~ (at)** (শক্ত কিছু) একনাগাড়ে কামড়ানো: a dog ~ing (at) a bone; rats ~ing away some of the woodwork. ২ **~ (at)** যন্ত্রণা দেওয়া; ক্ষয় করা: anxiety ~ing (at) the heart; suffer ~ing privations.

gnome [নৌম্] *n* কথা-কাহিনীতে পাতালবাসী বাসন ভূত, একে প্রায়শ সোনা-রুপার ভাণ্ডার রক্ষকের ভূমিকায় দেখা যায়।

gnu [নূ] *n* একজাতের হরিণ।

go[1] [গৌ] *vi* ১ (স্থানের বা দিকের প্রত্যক্ষ বা পরোক্ষ *adv* অথবা *prep* সহ) **go (from/to)** এক স্থান থেকে অন্য স্থানে যাওয়া; চলা; চলে যাওয়া: We shall go to Chittagong next Sunday. Let's go, চলো যাই; I took two dispirin (tabs.) but the pain didn't go (away), তবু ব্যথা (গেল না = সেরে গেল না)। ২ (ক) রক্ষিত হওয়া; স্বাভাবিক বা যথাযথভাবে থাকা: Where do you want this bag to go ? (কোথায় রাখবে?) This book goes on the top shelf, উপরের তাকে যাবে। (খ) এঁটে যাওয়া বা বসে যাওয়া: So many articles won't go into this small box (আঁটছে না)। ৩ **go (from/to)** পৌঁছানো; প্রসারিত হওয়া; স্থায়ী হওয়া; (কারো আচরণ, মতামত, কীর্তি বা অর্জিত বস্তু সম্বন্ধে) নির্দিষ্ট সীমা স্পর্শ করা: This road goes to Mymensingh. The rope is not long enough to go from the roof-top to the ground. The differences between the Marxists and the Liberals go deep, (তফাত খুব গভীর)। **go a long way** (ক) স্থায়ী হওয়া; টিকে থাকা: She knows how to make a little money go a long way, সে হিসাব করে খরচ করে অনেক জিনিস কিনতে জানে। (খ) (কথ্য.) যথেষ্ট হওয়া (আর নয়): Five minutes of his sermonizing goes a long way, পাঁচ মিনিটই যথেষ্ট (এর বেশি সহ্য করা যায় না)। **go a long way/go far towards doing sth** প্রভূত অবদান রাখা: The steps taken by the present Government went a long way towards rebuilding the economy. **go (very) far** (ক) স্থায়ী হওয়া; টিকে থাকা: A hundred taka doesn't go far these days, বেশিক্ষণ টিকে থাকে না (বেশি কিছু কেনা যায় না)। (খ) (ব্যক্তি সম্বন্ধে, ভবিষ্যৎকালে ব্যবহার্য) সফল হওয়া: He will go far in the legal profession, (সফল হবে, উন্নতি করবে)। **go too far** সীমা ছাড়িয়ে যাওয়া: You've gone too far, তুমি (সদাচরণের) সীমা ছাড়িয়ে গেছ। **go (any) further** কোনো নির্দিষ্ট সীমার বাইরে যাওয়া: I've said enough, I won't go any further, (এর বাইরে যাব না, এর বেশি বলব না)। **go as/so far as to do sth** (কোনো কিছু করার বা বলার ব্যাপারে) একটি নির্দিষ্ট সীমা পর্যন্ত যাওয়া: I won't go so far as to say that he is involved in drug trafficking, (মনে মনে সন্দেহ করলেও) মুখে অতদূর বলব না যে …… as far as it goes, এইটুকু পর্যন্ত (এর বাইরে নয়); What you say is true as far as it goes. এইটুকু পর্যন্ত সত্য (এর বাইরে গেলে আরো তথ্য-প্রমাণ দরকার হবে)। **go to great lengths/trouble/ pains (to do sth)** কোনো কিছু ভালোভাবে করবার জন্য যথাসাধ্য চেষ্টা করা: She went to great lengths to make it a pleasant trip. **go as low/high as** (মূল্য সম্বন্ধে) নির্দিষ্ট দাম পর্যন্ত যাওয়া: I'll go as high as Tk. 250/- for this blanket. **go one better (than sb)** (কারো চেয়ে) আর এক ধাপ এগিয়ে যাওয়া; আরো ভালো করা: I did the sum in five minutes, but Salam went one better and made it in four minutes. ৪ **go on a journey/trip/outing** ভ্রমণে/বেড়াতে যাওয়া। **go for a walk/swim etc** হাঁটতে/সাঁতার কাটতে যাওয়া। **go walking/swimming etc** হাঁটায়/ সাঁতারে অংশ নেওয়া: Do you often go walking ? তুমি কি প্রায়ই হাঁটতে যাও বা হাঁটতে বের হও? She has gone (out) shopping, সে কেনাকাটা করতে বেরিয়েছে। ৫ (go+*prep*+*n*-এই ছকে) (ক) *n* দ্বারা নির্দেশিত অবস্থায় পতিত হওয়া বা প্রবেশ করা অথবা উক্ত অবস্থা থেকে অবস্থান্তরে যাওয়া: go into abeyance, go from bad to worse, go into a coma/trance, go out of fashion, go into liquidation, go to pieces, go to pot, go to rack and ruin, go into retirement, go to seed, go to sleep, go out of use, go to war, দ্র. abeyance, bad[1] (৪), coma, trance, fashion, liquidation যথাক্রমে liquidate, piece[1] (১), pot[1](২), race[4], retirement at retire, seed, sleep[1] (৩), use[1] (১), ও war[1] ভুক্তিতে। (খ) যে উদ্দেশ্যের সাথে উল্লেখিত স্থান জড়িত, সেই উদ্দেশ্যে উক্ত স্থানে যাওয়া: go to the block/stake, দ্র. block[1] (৩), stake. **go to church** উপাসনার উদ্দেশ্যে গির্জায় যাওয়া। **go to hospital, go to market**, দ্র. hospital, market. **go to school/college/university** শিক্ষার্থে স্কুলে/কলেজে/বিশ্ববিদ্যালয়ে যাওয়া। **go to sea** নাবিক হওয়া। **go on the stage, go on the streets**, দ্র. stage, street. (গ) আশ্রয় নেওয়া; শরণাপন্ন হওয়া: go to the country, go to law, দ্র. country, law (৬). ৬ **go to sb** কারো অধিকারে যাওয়া; (কারো জন্য) বণ্টিত হওয়া: The property of the dead man went to his widow. The first prize went to Jamil. ৭ হওয়া; কোনো বিশেষ অবস্থায় পড়া: go mad/blind etc. She went purple with anger. Some vegetables tend to go bad (পচে যায়) sooner than others. **go bananas, go berserk** দ্র. banana, berserk. **go broke** কপর্দকশূন্য হওয়া। **go dry**, দ্র. dry[1] (১২). **go flat** (তরল পদার্থ সম্বন্ধে) গ্যাসীয় উপাদান হারিয়ে ফেলা: This orange juice has gone flat. **go haywire**, দ্র. hay. **go native** স্থানীয় অধিবাসীদের জীবনধারা গ্রহণ করা। **go phut** (কথ্য.) (যন্ত্র সম্বন্ধে) বিকল হওয়া: The car went phut just as it swerved to take the right turn; (লাক্ষ.) ভেস্তে যাওয়া: All my plan has gone phut. **go scot-free/unchallenged/ unpunished** দণ্ড বা শাস্তি থেকে মুক্ত থাকা; বিনা শাস্তিতে পার পাওয়া। ৮ চলা, কাজ করা ইত্যাদি: My watch isn't going (চলছে না). His recent play went (down) like a bomb, (কথ্য)

অত্যন্ত অনুকূল সাড়া পেয়েছে। **a going concern** চলতি ব্যবসা। ৯ কোনো বিশেষ অবস্থায় বা বিশেষ রীতিতে থাকা বা চলা: The poor of this locality often go hungry. Some tribal men go naked. She is six months gone, সে ছয়মাসের গর্ভবতী। ১০ (How–এর পরে ব্যবহার্য) এগিয়ে চলা: How's everything going ? সবকিছু কেমন চলছে? How goes it ? (কথ্য.) কেমন আছো? **go badly/well** (কাজ, ঘটনা সম্বন্ধে) ঠিকমতো চলা/না–চলা: I expect things to go well this time, এবার সব ঠিকমতো চলবে আশা করি। **go easy (with/on sb/sth)** জবরদস্তি না করা; কঠোর না হওয়া; যত্ন বা সতর্কতার সঙ্গে ব্যবহার করা: go easy on/with the rice (আর নেই/কম আছে, কাজেই) নষ্ট করো না; Go easy with him, he's too young to know what he's doing, ছেলেমানুষ, তার প্রতি কঠোর হয়ো না। **go slow (ক)** (যানবাহন চলাচল সম্বন্ধে) ধীর গতিতে অগ্রসর হওয়া। **(খ)** (কল–কারখানায় কর্মরত শ্রমিক সম্বন্ধে) কোনো কিছুর বিরুদ্ধে প্রতিবাদ হিসাবে বা দাবি–দাওয়ার প্রতি দৃষ্টি আকর্ষণের উপায় হিসাবে, উৎপাদন কমানোর জন্য ঢিমে তালে কাজ করা। এই অর্থে ˈ**go-slow** *n* **(গ)** ঢিমে তালের কাজ। **be going strong** প্রাণশক্তি নিয়ে এগিয়ে চলা; প্রাণপ্রাচুর্য নিয়ে অদ্যাবধি (বেঁচে) থাকা: He's eighty but still going strong. ১১ কাজ করা; চলা: In this part of the world some locomotives still go by steam. He's been going hard (at it) all day. ১২ (কেবল *progressive tense* সমূহে) প্রাপ্তিসাধ্য বা প্রদানযোগ্য হওয়া: Are there jobs going ? চাকরি আছে? ১৩ **go (to sb) for** (কারো কাছে, কম দামে বিক্রি হওয়া: Jute products are going cheap this year. He let his house go (=বিক্রি করেছে) for 7 lakhs. **go for a song**, দ্র. song. **Going ! Going ! Gone !** (নিলামের ডাকের সমাপ্তি ঘোষণার জন্য ব্যবহৃত হয়)। ১৪ **go on/in** (টাকা সম্বন্ধে) কোনো কিছুতে খরচ হওয়া: Almost all my money goes on food and accommodation. ১৫ পরিত্যক্ত হওয়া; হারিয়ে যাওয়া: We can't afford to have two servants, one must go, (একজনকে ছেড়ে দিতে হবে); My grandma's sight is going, (দৃষ্টিশক্তি হারিয়ে ফেলছেন)। ১৬ প্রচলিত থাকা; বিদিত থাকা: The story goes that ..., এ–কথা প্রচলিত/বিদিত যে... । ১৭ **as people/things go** গড়পড়তা ব্যক্তির/বস্তুর বিবেচনায়: They are honest men as men go nowadays. A hundred taka for a saree is not bad as things go these days, (আজকাল জিনিসপত্রের দাম বিবেচনা করলে)। ১৮ অচল বা দেউলিয়া হওয়া; ভেঙে যাওয়া বা ভেঙে পড়া: First the bamboo fence and then the tin-roof went in the storm. The bank may go any day (অচল হয়ে যেতে পারে)। **He's far gone** সে গুরুতরভাবে অসুস্থ বা (কথ্য) পাগল হয়ে গেছে। **let oneself go** আয়েশ করা; নিজেকে চেপে না–রেখে উপভোগ করা ইত্যাদি। ১৯ মারা যাওয়া: He has gone, dear fellow! মারা গেছে। **dead and gone** মৃত ও সমাধিস্থ। ২০ নিষ্পত্তি হওয়া: The case went against him, সে মামলায় হেরে গেছে। ২১ (বিভিন্ন Phrase–এ ব্যবহৃত) **go bail (for sb), go Dutch (with sb), go shares/halves (in sth with sb), go sick,** দ্র. bail[1], Dutch, share[1] (১), half, sick[1] (২). ˈ**go it** (কথ্য) পূর্ণোদ্যমে কোনো কিছু করা; অবাস্তব অসংযত খরচ করা। **go it alone** অন্যের সাহায্য ছাড়াই কোনো কিছু করা। ২২ **(ক)** (গান ইত্যাদিতে) বিশেষ কথা বা সুর থাকা: Do you know how the words go/tune goes? (কোনো গানের) কথা/সুর কি জান? **(খ)** (কবিতা বা গান সম্বন্ধে) কোনো বিশেষ সুরে আরোপ করা যায় এমন: It goes to the tune of 'Amara Parana Jaha Chay'। ২৩ (কথ্য.) (*and* ও অন্য একটি *v* সহযোগে) কোনো কিছু করতে যাওয়া: Go and shut the door; Now you've gone and done it, (অপ.) ভুল করেছ। ২৪ বিশেষ কোনো শব্দ করা: The clock goes 'tick-tock, tick-tock'. ২৫ (তাস খেলায়) ডাক দেওয়া: go two hearts/three spades। ২৬ কোনো ক্রিয়া শুরু করা: One, two, three, go ! ২৭ (ভবিষ্যৎ কাল প্রকাশক) **be going to do sth (ক)** অভিপ্রেত, স্থিরকৃত বা পরিকল্পিত কোনো কিছু নির্দেশের জন্য: I'm going to buy a new Oxford English Dictionary. **(খ)** সম্ভাব্য কোনো কিছু নির্দেশের জন্য: Look at the shady-looking customers around – there's going to be trouble. **(গ)** নিকট ভবিষ্যৎ বোঝাবার জন্য: I'm going to (= about to) tell you something you've never heard before. ২৮ (যৌগশব্দে) ˌ**go-as-you-ˈplease** *attrib adj* নিয়ম–কানুনের ধার না–ধারা, ইচ্ছামতো। ˌ**go-to-ˈmeeting** *attrib adj* (টুপি, পোশাক ইত্যাদি সম্বন্ধে প্রাচীন কথ্য) বিশেষ পালা–পার্বণ বা অনুষ্ঠানে পরিহিত: go-to-meeting clothes। ২৯ (*adv part* ও *preps* সহযোগে idiomatic ব্যবহার): **go about (ক)** এক জায়গা থেকে আর এক জায়গায় ঘুরে বেড়ানো; বেড়াতে যাওয়া: He goes about a lot. **(খ)** (গুজব ইত্যাদি সম্বন্ধে) মুখে মুখে প্রচারিত হওয়া: A rumour is going about that ... . **(গ)** (জাহাজ সম্বন্ধে) গতি পরিবর্তন করা। **go about sth** কোনো কিছুতে রত হওয়া: You'll have to go about it carefully. **go about one's business** নিজের কাজ দেখা। **go about with sb** (প্রকাশ্যে) কারো সঙ্গে নিয়মিত চলাফেরা করা: She goes about with an American pop-star. **go after sb/sth** পাবার জন্য চেষ্টা করা: She's going after that handsome young man. He's gone after a job in Saudi Arabia. **go against sb (ক)** বিরোধিতা করা: I dare not go against my father. **(খ)** প্রতিকূল হওয়া: The newspaper reports went against him. **go against sth** বিরুদ্ধ হওয়া: Does it go against your principles ? go against the grain, দ্র. grain. **go ahead (ক)** উন্নতিসাধন করা; এগিয়ে যাওয়া: She's going ahead fast; a go-ahead (=প্রগতিমনা) person. **(খ)** নির্দ্বিধায় অগ্রসর হওয়া বা শুরু করা: 'May I start now ?' 'Yes, go ahead'.এই অর্থে, ˈ**go-ahead** *n* অগ্রসর হবার বা শুরু করার অনুমতি: give someone the go-ahead. ˈ**go-ahead** *adj* নতুন পদ্ধতি পরীক্ষা–নিরীক্ষায় আগ্রহী: a go-ahead firm. **go along** অগ্রসর হওয়া; এগিয়ে যাওয়া: You will find it more interesting as you go along. **go along with sb (ক)** সঙ্গে যাওয়া: I proposed to go along with him as far as the railway station. **(খ)** একমত হওয়া: We've never been able to go along with each other on anything. **go at**

sb/sth (ক) চড়াও হওয়া; আক্রমণ করা: They went at each other like two mad bulls. (খ) পূর্ণোদ্যমে কোনো কিছু হাতে নেওয়া বা কোনো কিছুতে ঝাঁপিয়ে পড়া: He went at the job without wasting a minute, সে এক মিনিট সময়ও নষ্ট না করে কাজটিতে ঝাঁপিয়ে পড়লো। **go away** চলে যাওয়া। **go away with sb/sth** সঙ্গে নেওয়া; সঙ্গে নিয়ে চম্পট দেওয়া: He went away with my new fountain pen. **go back** (ক) ফিরে যাওয়া। (খ) স্থান বা কালের দিক থেকে পিছনের দিকে প্রসারিত হওয়া: The history of the family goes back to the Mughal days. **go back on/upon** (প্রতিশ্রুতি ইত্যাদি) পালনে ব্যর্থ হওয়া; (প্রতিশ্রুতি) ভঙ্গ করা; কথা না রাখা: I just didn't think he would go back on his word, সে কথা রাখবে না ভাবতে পারিনি। **go before (sth)** পূর্বগামী হওয়া; আগে যাওয়া: Pride goes before a fall. **go behind sth** (গুপ্ত বা অন্তর্নিহিত কোনো কিছুর) সন্ধান করা: go behind a person's words, কোনো ব্যক্তির কথার অন্তর্নিহিত অর্থ খোঁজা। **go behind sb's back** কারো অজান্তে কোনো কিছু করা বা বলা। **go beyond sth** কোনো কিছুকে অতিক্রম করে বা ছাড়িয়ে যাওয়া: go beyond the limits of decency. **go by** অতিক্রান্ত হওয়া; অতিবাহিত হওয়া: You scarcely notice how time goes by. ˈ**go by sth** (ক) কোনো কিছুর দ্বারা পরিচালিত হওয়া; কোনো কিছু মেনে চলা: You ought to go by what your teacher says. (খ) (কোনো কিছু থেকে) কোনো ধারণা তৈরি করা বা কোনো সিদ্ধান্তে উপনীত হওয়া: They have enough evidence to go by. Do not go by appearances. **go by the book** হুবুহু নিয়ম মেনে চলা। **go by/under the name of** (কারো, কোনো কিছুর) নাম ব্যবহার করা; নামাঙ্কিত হওয়া। ˈ**go-by** *n* **give sb/sth the go-by** (কথ্য.) উপেক্ষা করা; তাচ্ছিল্য করা: She gave me the go-by at the party last evening (সম্পূর্ণ উপেক্ষা করে গেল)। **go down** (ক) (জাহাজ ইত্যাদি সম্বন্ধে) ডুবে যাওয়া। (খ) (চন্দ্র, সূর্য ইত্যাদি সম্বন্ধে) অস্ত যাওয়া। (গ) (খাদ্য ও পানীয় সম্বন্ধে) গলা দিয়ে যাওয়া: This food won't go down, এ খাবার গেলা যাবে না। (ঘ) স্নাতক হবার পর ছুটিতে বিশ্ববিদ্যালয় ছেড়ে যাওয়া। (ঙ) (সমুদ্র, বাতাস ইত্যাদি সম্বন্ধে) শান্ত হওয়া; থেমে যাওয়া: The wind has gone down considerably, বাতাসের বেগ যথেষ্ট কমে এসেছে। (চ) (মূল্য সম্বন্ধে) হ্রাস পাওয়া: The price of rice has gone down. (ছ) go down to the sea/country, etc, সমুদ্রতীরে; গ্রামদেশে বেড়াতে যাওয়া। **go down before sb** পরাস্ত হওয়া: France went down before the invading Germans. **go down (in sth)** লিপিবদ্ধ হওয়া: He will go down in history as a great social reformer. **go down to** (কোনো সময়সীমা পর্যন্ত) বিস্তৃত হওয়া: This 'History of Bengal' goes down to 1947. **go down (with sb)** (ব্যাখ্যা বা কৈফিয়ত সম্বন্ধে; গল্প, নাটক ইত্যাদি সম্বন্ধে) (শ্রোতা, পাঠক, দর্শক ইত্যাদি দ্বারা) গৃহীত বা অনুমোদিত হওয়া: His new play went down well with the Dhaka audience. I offered an explanation, but it didn't go down well with my boss. **go down (with sth)** (কোনো রোগে) অসুস্থ হওয়া, বিছানায় পড়া: He has gone down with flu. **go for sb** (ক) ডেকে আনা: Will you please go for a doctor ? (খ) আক্রমণ করা: The bull turned round and went for him with renewed fury. (গ) প্রযোজ্য হওয়া: What is said about the party in power goes for the opposition, too. **go for nothing/little** বৃথা যাওয়া/নগণ্য বিবেচিত হওয়া: All my work went for nothing. **go forth** (আনুষ্ঠা.) প্রচারিত বা জারি হওয়া: The order went forth that ... . **go forward** (ক) অগ্রসরহওয়া: The police went forward to stop the looting. (খ) (কাজ ইত্যাদি) এগিয়ে যাওয়া: The work is going forward satisfactorily. **go in** (ক) প্রবেশ করা; ভিতরে যাওয়া: The table is too big; it won't go in (through the door). (খ) (চন্দ্র, সূর্য ইত্যাদি সম্বন্ধে) মেঘে ঢাকা পড়া: The sun went in and the play was stopped. (গ) (ক্রিকেট খেলায়) ইনিংস শুরু করা: The Shrilankans went in to bat. (ঘ) প্রতিযোগী হিসাবে অবতীর্ণ হওয়া: Go in and win ! যাও; গিয়ে জিতে নাও (উৎসাহ দানের জন্য বলা হয়ে থাকে)। **go in for sth** (ক) পরীক্ষা দেওয়া প্রতিযোগিতায় নামা। (খ) কোনো কিছুতে শখ থাকা; কোনো কিছুকে শখের পেশা হিসাবে গ্রহণ করা: Go in for photography. **go into sth** (ক) প্রবেশ করা; ঢোকা: Go into business, (খ) তদন্ত করা; খুঁটিয়ে দেখা বা পরীক্ষা করা: go into the evidence; go into a problem. (গ) (কোনো বিশেষ অবস্থায় নিজেকে) যেতে দেওয়া: She went into a fit of laughter. **go into mourning** শোকের চিহ্ন হিসাবে কালো পোশাক ধারণ করা। **go off** (ক) বিস্ফোরিত হওয়া; (গুলি) নিক্ষিপ্ত হওয়া: All the grenades went off simultaneously. (খ) গুণ হারিয়ে ফেলা; খারাপের দিকে যাওয়া: Her needle-work has started to go off. This soup has gone off. (টক হয়ে গেছে বা নষ্ট হয়ে গেছে)। (গ) নিদ্রায় বা মূর্ছায় অচেতন হওয়া: The baby has just gone off. She went off in a faint. (ঘ) (পণ্যসামগ্রী সম্বন্ধে) বিক্রির সুবাদে খালাস হওয়া: Do you think the goods will go off quickly? (ঙ) (ঘটনা সম্বন্ধে) ভালোভাবে এগিয়ে চলা: The seminar/meeting went off well. (চ) (মঞ্চ–নির্দেশ হিসাবে) প্রস্থান করা: Shahjahan goes off. **go off sb/sth** কারো/কোনো কিছুর প্রতি উৎসাহ হারিয়ে ফেলা: Salma seems to have gone off Adnan. I have gone off morog polao. **go off the beaten track, go off the deep end, go off one's head,** দ্র. beaten, end[1] (১), head[1](১৯). **go off with sb/sth** কাউকে/কোনো কিছুকে নিয়ে পালিয়ে যাওয়া বা চুরি করা: go off with sb's wife; go off with sb's treasured possessions. **go on** (ক) (সময় সম্বন্ধে) অতিবাহিত হওয়া; কেটে যাওয়া: As the days went on, he grew thinner. (খ) চলতে থাকা; অন্যায়, অশোভন বা লজ্জাকর আচরণ করা: If he goes on like this (= এভাবে চলতে থাকে, বাজে আচরণ করতে থাকে) he will soon get fired. (গ) ঘটা; চলতে থাকা: What's going on there ? There's something fishy going on here. The piano concert is still going on (এখনো চলছে)। (ঘ) (নাটকে) মঞ্চে প্রবেশ করা: He doesn't go on until Act Three. (ঙ) (কোনো কাজে) নিজের পালা শুরু করা; (ক্রিকেটে) বোলিং আরম্ভ করা: Imran asked Quadir to go on next. ˈ**go on sth**

(প্রমাণ হিসাবে) গ্রহণ করা: We have got no evidence to go on, সিদ্ধান্তে পৌঁছতে নির্ভর করতে পারি এমন প্রমাণ নেই। **go on the dole/social security/(US) welfare** (বেকার অবস্থায় সরকারি ভাতা) পাওয়া। **go on the pill** গর্ভনিরোধক বড়ি খেতে শুরু করা। **go on about sth** কোনো কিছু সম্বন্ধে বিরক্তিকরভাবে একনাগাড়ে কথা বলতে থাকা। **go on (at sb)** গালমন্দ করা; জ্বালাতন করা; তিরস্কার করা: She is not a woman to go at her husband. **be going on (for)** (বয়স বা সময় সম্পর্কে) কাছাকাছি হওয়া: He is going (for) sixty, তিনি ষাটের কাছাকাছি পৌঁছে গেছেন। **be gone on** (অপ.) মজে যাওয়া: Nobody thought Nisar would be so gone on Rehana. **go on to sth/to do sth** পরবর্তীতে করা বা বলা; পরেরটিতে যাওয়া: Let's go on to the next question. Bashir went on to say that..., পরবর্তীতে বললো যে...। **go on (with sth/doing sth)** চালিয়ে যাওয়া; অধ্যবসায় সহকারে করতে থাকা; চলতে থাকা: Go on with your studies. Go on trying. The cold spell went on for days. We have enough to go on with for the present, আপাতত চলার জন্য যথেষ্ট আছে। **go on (with you)** ! (কথ্য) কী যে বলো ! পাগল হয়েছ ! **ˌgoings-ˈon** *n pl* (কথ্য) (প্রায়শ Such strange/queer বিশেষণ সহকারে), কায়-কারবার; চাল-চলন: Have you ever seen such queer goings-on ? **ˈon-going** *adj* চলতি; বিকাশমান। **go out** (ক) বাইরে বের হওয়া: The children were dressed to go out. (খ) পার্টি, নাচ-গানের আসর ইত্যাকার সামাজিক অনুষ্ঠানে যাওয়া: Neena goes out a great deal. **go out on a spree/on the town**, দ্র. spree, town. (গ) নিভে যাওয়া: The candle went out. (ঘ) (ফ্যাশন ইত্যাদি সম্বন্ধে) অচল হওয়া: The fashion for red kurta has gone out. (ঙ) (সরকার সম্বন্ধে) ক্ষমতা থেকে সরে দাঁড়ানো। (চ) (নিজেদের সম্পর্কে শ্রমিকদের ব্যবহার) ধর্মঘট: We gained very little by going out. (ছ) (বছর সম্বন্ধে) শেষ হওয়া: The year went out happily. **go out on a limb,** দ্র. limb (২). **go out to** (স্বদেশ) ছেড়ে (বিদেশ) যাওয়া: He went out to Nigeria (for a better job). **go out to sb** (হৃদয়, অনুভূতি সম্বন্ধে) ধাবিত বা প্রসারিত হওয়া: My heart went out to the children orphaned by the 1971 War of Independence. **go out with sb** (কথ্য) কারো সংসর্গে নিয়োজিত থাকা: Firdous has been going out with Kamal ever since she met him. **go over** (কথ্য) ছাপ ফেলা; প্রভাবিত করা: We hope our new play will go over (দর্শকদের উপর ছাপ ফেলতে পারবে; দর্শকদের টানতে পারবে)। **go over sth** (ক) খুঁটিনাটি পরীক্ষা করে দেখা: I set aside everything else to go over the accounts. (খ) দেখা; ঘুরে দেখা: go over a house before buying/renting it. (গ) (নাটক ইত্যাদির) অনুশীলন করা; ভালো করে পড়া: He was going over his lesson/scene 4 again. এই অর্থে **ˌgoing-ˈover** *n* (pl goings-over) (ক). (কথ্য) পরীক্ষণ বা সুবিন্যস্ত-করণ: The accounts require a thorough going-over. (খ) (অপ.) প্রহার; মারধোর: They gave the gangster a thorough going-over. **go over to sb/sth** দল বদল করা; নেশা, অভ্যাস, পছন্দ ইত্যাদি পালটানো: He went over to the Awami League. I am going over to a new brand of shaving cream. **go round** (ক) সবার ভাগে পড়তে পারে সংখ্যায় বা পরিমাণে এমন যথেষ্ট হওয়া: There are enough bananas/is enough rice to go round. (খ) ঘুরপথে গন্তব্যে পৌঁছানো: The main entrance to the secretariat was blocked by the striking employees, so we had to go (a/the long way) round. **go round (to a place/to do sth)** দেখতে বা দেখা করতে যাওয়া: I am going round to see my mother the day after to-morrow. **go round the bend** (কথ্য) ক্রুদ্ধ, উন্মাদ, হিস্টিরিয়াগ্রস্ত ইত্যাদি হওয়া। **go through** (ক) পাস হওয়া বা অনুমোদিত হওয়া: The proposal went through, প্রস্তাব অনুমোদিত হলো। (খ) সমাপ্ত বা সম্পন্ন হওয়া: The deal did not go through. **go through sth** (ক) পুঙ্খানুপুঙ্খ আলোচনা করা: We went through the paper again. (খ) তল্লাশি করা: The customs man went through my pockets. (গ) সম্পাদন করা; অংশ নেওয়া: I am willing to go through a campaign to raise funds for the blind. (ঘ) (দুর্ভোগ) পোহানো; সহ্য করা; কষ্ট করা: go through hardships. (ঙ) (বই সম্বন্ধে) বিক্রি হওয়া: The novel has already gone through five editions, উপন্যাসটি পঞ্চম সংস্করণ পর্যন্ত বিক্রি হয়ে গেছে। (চ) (কোনো কিছুর) শেষে গিয়ে ঠেকা; ব্যয় করা: He has gone through all his money. **go through with sth** সম্পূর্ণ করা; অসম্পূর্ণ না-রাখা: The government is determined to go through with the project in spite of local opposition. **go to/towards sth** অবদান রাখা; যোগান দেওয়া: Compassion is one of the qualities that go to the making of a good doctor. **go together** (ক) (দুই বা ততোধিক বস্তু সম্বন্ধে) একত্রে চলা বা এক সূত্রে গাথা থাকা: Politics and dishonesty often go together. (খ) মানানসই হওয়া: Your blue shawl and pink saree don't seem to go together. **go under** (ক) ডুবে যাওয়া। (খ) (লাক্ষ.) অকৃতকার্য হওয়া: দেউলিয়া হওয়া: The business went under because of managerial incompetence. **go up** (ক) বৃদ্ধি পাওয়া: The temperature went up by two degrees. (খ) নির্মিত হওয়া: New buildings are going up everyday. (গ) (বিস্ফোরণে) উড়ে যাওয়া; আগুনে বা বিস্ফোরণে ধ্বংসপ্রাপ্ত হওয়া: Several yards of railtrack went up as a result of a bomb explosion. (ঘ) বিশ্ববিদ্যালয়ে প্রবেশ করা বা শহর, বিশেষত রাজধানী শহর ভ্রমণে যাওয়া: He went up (to the Dhaka University) last year. I am planning to go up to Dhaka/to town. **go up sth** আরোহণ করা: Go up a hill/ go up the wall, দ্র. wall. **go with sb/sth** (ক) সঙ্গে যাওয়া: He went with me; go with the tide, (সবার সঙ্গে তাল মিলিয়ে চলা)। (খ) একমত পোষণ করা: I don't go with you on that, ও-ব্যাপারে একমত পোষণ করি না। (গ) সংযুক্ত থাকা; অনুগামী হওয়া: A large garden of various tropical plants goes with the house, (ক্রেতার বা ভাড়াটের জন্য) বাড়ির সঙ্গে বাগান থাকবে; Disease goes with poverty. (ঘ) মানানসই হওয়া । (ঙ) (তরুণ বা তরুণী

সম্বন্ধে) (ক্ষেত্রবিশেষে) বিয়ের উদ্দেশ্য নিয়ে কারো সঙ্গে মেলামেশা করা: go with a girl. **go without (sth)** (কোনো কিছুর) অভাব বহন করা: The poor of this locality often go without food. **go without saying** না বললেও চলে: It goes without saying that he is a good draftsman.

go[2] [গৌ] *n* (সকল ব্যবহার কথ্য) **all systems go** (মহাশূন্যযান ইত্যাদি উৎক্ষেপণ বা চালনা সম্বন্ধে) সবকিছু প্রস্তুত। **all the go** অত্যন্ত জনপ্রিয় ফ্যাশনেবল। **at one go** একবারে: He emptied the glass at one go. **be full of go; have plenty of go** কর্মচঞ্চল হওয়া; উদ্যমে পূর্ণ হওয়া। **be on the go** সক্রিয় বা কর্মব্যস্ত থাকা: I have been on the go for the last three days. **have a go (at sth)** চেষ্টা করে দেখা **near go** অল্পের জন্য রক্ষা। **no go** (ক) ভুল যাত্রা। (খ) অসম্ভব ব্যাপার; অসম্ভবের বায়না: It's no go asking that niggard for a loan. **ˌno-ˈgo area** বহিরাগতের জন্য নিষিদ্ধ এলাকা।

goad [গৌড়] *n* সুচালো লাঠি; অঙ্কুশ; (লাক্ষ.) তাড়না; তাগিদ। □*vt* **~ sb on; ~ sb into doing sth** তাড়না দেওয়া; তাড়িত করা: The humiliation ~ed him into a fury. He was ~ed by hunger into stealing.

goal [গৌল্] *n* ১ দৌড়, সাঁতার ইত্যাদি প্রতিযোগিতার সমাপ্তিরেখা; ফুটবল খেলার গোলপোস্ট; এই খেলায় গোল দিয়ে অর্জিত পয়েন্ট: score a ~; win by three ~s to two. **ˈ~·keeper** (কথ্য.) **~ie** [ˈগৌলি] *n* গোলরক্ষক। **ˈ~-line** *n* গোল রেখা। ২ (লাক্ষ.) লক্ষ্য; উদ্দেশ্য: one's ~ in life.

goat [গৌট্] *n* ছাগল। **ˈshe-~** (বা ˈnanny-~) ছাগী। **ˈhe-~** (বা ˈbilly-~) পাঁঠা; ছাগ। **get one's ~** (অপ.) কাউকে বিরক্ত করা বা জ্বালাতন করা। **play/act the giddy ~** বোকামি করা; বোকার মতো আচরণ করা। **separate the sheep from the goats** ভালোকে মন্দ থেকে আলাদা করা। **ˈ~-herd** *n* ছাগলপালক। **ˈ~·skin** *n* [C, U] ছাগলের চামড়া (এর তৈরি পোশাক)। **~·ee** [গৌˈটী] *n* ছাগুলে দাড়ি।

gob[1] [গব্] *n* (অশিষ্ট) আঠালো পদার্থের দলা।

gob[2] [গব্] *n* (তুচ্ছ. অপ.) মুখগহ্বর; হাঁ।

gob[3] [গব্] *n* (US অপ.) নাবিক।

gob·bet [ˈগবিট্] *n* [C] বিশেষত মাংসের দলা বা খণ্ড বা চাকা।

gobble[1] [ˈগব্ল্] *vt, vi* **~ (up)** গোগ্রাসে গেলা; গবগব করে গেলা।

gobble[2] [ˈগব্ল্] *vi* (বড়ো মোরগ সম্বন্ধে) গলার মধ্যে ঘড়ঘড় আওয়াজ করা; (ব্যক্তি সম্বন্ধে) রাগে ঘড়ঘড় করা। □*n* এরূপ আওয়াজ।

gobble·dy·gook [ˈগব্ল্ডিগূক্] *n* [U] অর্থহীন লম্বাচওড়া কথা; বাগাড়ম্বর; বিশেষজ্ঞের ব্যবহৃত দুর্বোধ্য বা চটকদার ভাষা।

gob·bler [ˈগব্লা(র্)] *n* (US) বড়ো মোরগবিশেষ।

go-between [ˈগৌ বিটুয়ীন্] *n* মধ্যস্থতাকারী; ঘটক: a marriage arranged by a ~.

gob·let [ˈগব্লিট্] *n* হাতলছাড়া পানপাত্রবিশেষ।

gob·lin [ˈগব্লিন্] *n* অপদেবতা; কদাকার ভূত।

go-cart [ˈগৌ কা:ট্] *n* হালকা ঠেলাগাড়ি।

god [গড্] *n* ১ দেবতা; উপাস্য বিগ্রহ: The blind god (অথবা god of love), কামদেব (Cupid/ ˈকিউপিড); the god of the sea, সমুদ্রদেবতা (Neptune/ˈনেপ্টিউন্)। **a feast/sight for the gods** অসাধারণ বা অপরূপ কোনো কিছু। ২ **God** আল্লাহ; বিশ্বব্রহ্মাণ্ডের স্রষ্টা; পরমেশ্বর। **God (almighty) ! Good God!** *int* (কথ্য) আকস্মিক বেদনা, বিস্ময়, আঘাত ইত্যাদি সূচক উক্তি। **God willing** পরিস্থিতি অনুকূল থাকলে; খোদা চাহে তো। **God knows** = goodness knows, দ্র. goodness (৩). ৩ প্রগাঢ় ভক্তি ও শ্রদ্ধার পাত্র; অত্যন্ত প্রভাবশালী ব্যক্তি; যে বস্তুর প্রতি অতিরিক্ত মনোযোগ দেওয়া হয়: make a god of one's money, টাকা–পয়সা নিয়ে অতিরিক্ত ভাবা। **a (little) tin god** যে ব্যক্তি (কর্মকর্তা) মাত্রাতিরিক্ত সমীহ দাবি করে। ৪ (নাট্য জগৎ) **the gods** গ্যালারির আসন (এতে উপবিষ্ট দর্শকবৃন্দ)। ৫ (যৌগশব্দ) **ˈgod·child, ˈgod·daughter, ˈgod·son** *nn* ধর্ম–সন্তান; ধর্ম–কন্যা; ধর্ম–পুত্র। **ˈgod·damn(ed);** (US) **ˈgod·dam** [ˈগ্যাম্] *adj, adv* (নিষেধ) (অপ. intensive) অত্যন্ত; খুব; যারপর নেই। **ˈgod·father, ˈgod·mother, ˈgod·parent** *nn* ধর্মপিতা, ধর্মমাতা, ধর্মপিতা বা ধর্মমাতা। **ˈgod·fearing** *adj* ধর্মভীরু। **ˈgod·for·saken** *adj* (স্থান সম্বন্ধে) হতচ্ছাড়া; গুমোট; নিরানন্দ; নিষ্করুণ। **God's acre** *n* (প্রা. প্র.) গির্জা–প্রাঙ্গণ। **ˈgod·send** [–সেন্ড্] *n* দৈববর; প্রয়োজনের মুহূর্তে লব্ধ পরমোপকারী বস্তু। **ˌgod·ˈspeed** *n* **bid/wish sb god-speed** যাত্রা শুভ হোক—এই কামনা করা।

god·dess [ˈগডিস্] *n* দেবী।

god·head [ˈগড্হেড্] *n* [U] পরমেশ্বরত্ব বা দেবত্ব; স্বর্গীয় প্রকৃতি। **the G~** পরমেশ্বর; আল্লাহ্–তা–আলা।

god·less [ˈগড্লিস্] *adj* অধার্মিক; দুরাচার; নাস্তিক। **~·ness** *n*

god·like [ˈগড্লাইক্] *adj* ঈশ্বরতুল্য; দেবোপম।

god·ly [ˈগড্লি] *adj* ঈশ্বরপ্রেমী; গভীরভাবে ধার্মিক। **god·li·ness** *n*

go·down [ˈগৌডাউন্] *n* (প্রাচ্যে) গুদাম।

go-get·ter [ˌগৌ ˈগেটা(র্)] *n* (কথ্য) উদ্যোগী নাছোড়বান্দা মানুষ।

goggle [ˈগগ্ল্] *vi* **~ (at)** চোখ পাকানো; বিস্ফারিত চোখে তাকিয়ে থাকা: She ~d at him in surprise. **ˈ~-box** *n* (কথ্য) টেলিভিশন যন্ত্র। **ˈ~-eyed** *adj* আয়তচোখ (বিশিষ্ট); ঘুরচোখা।

goggles [ˈগগ্ল্জ়্] *n* ধুলাবালি ইত্যাদি থেকে চোখ রক্ষা করবার জন্য বড়ো গোল চশমাবিশেষ।

go·ing [ˈগৌইঙ্] *n* (go[1]– শিরোনামেও দ্রষ্টব্য) ১ [U] হাঁটা–চলার জন্য পথ–ঘাট ইত্যাদির অবস্থা: The ~ is soft across this dry river-bed. ২ [U] কাজের গতি বা পদ্ধতি; ভ্রমণের গতি বা পদ্ধতি: 50 miles an hour in this old car is good ~. ৩ (সাধা. *pl*) **comings and ~s** (আক্ষ. বা লাক্ষ.) আগমন–নির্গমন; আনাগোনা: the comings and ~s in the corridors of power, রাজা আসে রাজা যায়।

goitre (US= **goi·ter**) [ˈগয়টা(র্)] *n* গলগণ্ড; ঘেগ।

go-kart [ˈগৌকা:ট্] *n* নিচু ও ছোট আকারের রেসের গাড়ি।

gold [গৌল্ড্] *n* [U] ১ স্বর্ণ; সোনা। **worth one's weight in ~** অমূল্য; অপরিহার্য। ২ মোটা অঙ্কের টাকা; ধনসম্পদ। ৩ (লাক্ষ.) উজ্জ্বল বা অতিমূল্যবান বস্তু;

অনন্য গুণ: a heart of ~. ৪ সোনালি রং: the ~ of the setting sun. ৫ (যৌগশব্দ) ˈ**~-beater** *n* যে ব্যক্তি সোনার পাত তৈরি করে। ˈ**~-digger** যে ব্যক্তি সোনার সন্ধানে মাটি খোঁড়ে; স্বর্ণসন্ধানী; (অপ.) যে নারী পুরুষের কাছ থেকে টাকা আদায়ের জন্য তার রূপ-লাবণ্য ব্যবহার করে। ˈ**~-dust** *n* স্বর্ণরেণু। ˈ**~-field** *n* স্বর্ণখনি অঞ্চল। ˈ**~-finch** *n* উজ্জ্বল রং ও সোনালি পাখার গায়ক পাখি। ˈ**~-fish** *n* সোনালি মাছবিশেষ। ˌ**~-ˈfoil**, ˌ**~-ˈleaf** *n* [U] সোনার পাত। ˈ**~-mine** *n* সোনার খনি; (লাক্ষ.) সম্পদের উৎস। ˈ**~-ˈplate** *n* [U] সোনার বাসন-কোসন। ˈ**~-rush** *n* সদ্য আবিষ্কৃত সোনার খনির দিকে পড়িমরি ছুটে-যাওয়া। ˈ**~-smith** স্বর্ণকার; সেকরা। ˈ**~-standard**, দ্র. standard.

golden [ˈগৌল্ডান্] *adj* ১ স্বর্ণনির্মিত; দামে বা বর্ণে সোনার মতো; সোনালি: ~ hair. ২ অত্যন্ত মূল্যবান; দামি; চমৎকার; গুরুত্বপূর্ণ: a ~ opportunity. **the** ˌ**~** ˈ**age** (গ্রিক কথা-কাহিনীতে) ইতিহাসের সর্বপ্রথম ও সবচেয়ে সুখী অধ্যায়; কোনো জাতির ইতিহাসে শিল্প-সাহিত্যের সবচেয়ে সমৃদ্ধ যুগ; স্বর্ণযুগ। ˌ**~** ˈ**handshake** (ভালো কাজের স্বীকৃতিস্বরূপ) কোনো কোম্পানির উচ্চপদস্থ কর্মকর্তার অবসরগ্রহণকালে প্রদত্ত মোটা অঙ্কের টাকা। **the** ˌ**~** ˈ**mean** মধ্যপন্থা। **the** ˌ**~** ˈ**rule** যে কোনো গুরুত্বপূর্ণ আচরণবিধি (বিশেষত খ্রিস্টীয় ধর্মগুরু ম্যাথ্যুস-এর ৭: ১২ সংখ্যক বাণী: Treat others as you would like them to treat you)। ˌ**~** ˈ**wedding** পঞ্চাশতম বিবাহবার্ষিকী।

golf [গল্ ফ্] *n* [U] গল্‌ফ-খেলা। ˈ**~-ball** গল্‌ফ-খেলার বল। ˈ**~-club** গল্‌ফ-খেলার লাঠি। ˈ**~-course/links** গল্‌ফ-খেলার মাঠ। □*vi* গল্‌ফ খেলা। **~er** *n* গল্‌ফ খেলোয়াড়।

Gol·iath [গাˈলাইআথ্] *n* দৈত্য।

gol·li·wog [ˈগলিওঅগ্] *n* ঘন খাড়া চুলওয়ালা কালো পুতুল।

golly [ˈগলি] *int* (অপ.) বিস্ময়সূচক শব্দ।

go·losh *n* দ্র. galosh.

gon·dola [ˈগনডালা] *n* ভেনিস শহরের খালে ব্যবহার করা লম্বা সরু নৌকাবিশেষ। **gon·do·lier** [ˌগনডাˈলিআ(র্)] *n* উক্ত নৌকার মাঝি।

gone [গন্ US গ্যন্] go-এর *pp*

goner [ˈগনা(র্) US ˈগ্যন্] *n* (অপ.) সর্বনাশগ্রস্ত ব্যক্তি বা বস্তু।

gong [গঙ্] *n* ধাতুনির্মিত চাকতি আকারের ঘণ্টা।

gonna [ˈগনা] (US অপ.) = going to. দ্র. go[1] (২৭)

gon·or·rhea (অপিচ **-rhoea**) [ˌগনাˈরিআ] *n* [U] যৌনব্যাধিবিশেষ।

goo [গু] *n* [U] (অপ.) থলথলে আঠালো বস্তু; ভাবপ্রবণতা। **gooey** [গূয়ি] *adj* আঠালো।

good[1] [গুড্] *adj* ১ ভালো; তুষ্টিকর: a ~ weather; a ~ car. ২ উপকারী; কল্যাণকর; স্বাস্থ্যকর: Milk is ~ for children. It is good to walk in the open air. ৩ দক্ষ; যোগ্য: a ~ teacher; ~ at diving. ৪ সুখকর; মনোরম; সুবিধাজনক: ~ news. It's ~ to be back among childhood friends. It's always ~ to have an extra bit of money on you when you are travelling. **have a ~ time** উপভোগ করা। এই অর্থে ˈ**~-time girl** (কথ্য) ভোগ-বিলাসী মেয়ে। **(all) in ~ time** যথাসময়ে। **be a ~ thing** অনুমোদনযোগ্য হওয়া: I don't think a lower voting age would be a ~ thing. **be a ~ thing that** ... বরাত ভালো হওয়া: It was a good thing that I didn't take him on trust, বরাত ভালো যে তার মুখের কথায় বিশ্বাস করিনি। **have a good/bad night** ভালো ঘুম হওয়া/না-হওয়া। **put in /say a ~ word for sb** কারো অনুকূলে কিছু বলা; কারো জন্য দুটো ভালো কথা বলা। **start/arrive/leave in ~ time** সকাল-সকাল। ৫ দয়ালু; পরোপকারী: It's ~ of you to help him. (বিস্ময়, আকস্মিক আঘাত ইত্যাদি সূচক উক্তিতে) ˌ**G ~** ˈ**God!** ˌ**G~** ˈ**Gracious!** ˌ**G ~** ˈ**Heavens!** হায় আল্লাহ্! হায় কপাল! কী সর্বনাশ! ইত্যাদি। ৬ আচ্ছামতো; পুরাদস্তুর; পর্যাপ্ত; গভীর; যুক্তিসিদ্ধ: গ্রহণযোগ্য: give sb a ~ beating; have a ~ breakfast; find a ~ excuse. **have a ~ mind (to do sth)** তীব্র ইচ্ছা অনুভব করা: I have a ~ mind to turn you out of my office. ৭ সক্ষম; প্রাণোচ্ছল: My grandmother's eyesight is still ~. He was in ~ spirits. ৮ উপভোগ্য; মজাদার: a ~ joke. ৯ সজীব; টাটকা; ভোজ্য; নিষ্কলুষ; অমলিন। ১০ নির্ভরযোগ্য; নিরাপদ; নিঃসংশয়: a bicycle with ~ brakes; ~ debts, যে ঋণ নিশ্চিতভাবে ফেরত পাওয়া যাবে; He's a ~ life, স্বাস্থ্যবান; কাজেই জীবনবিমার জন্য গ্রহণযোগ্য। **~ for (ক)** (উল্লিখিত পরিমাণ অর্থ ইত্যাদি দিয়ে) নিরাপদে বিশ্বাস করা যায় এমন: His credit is ~ for Tk 10,000. **(খ)** (উল্লিখিত পরিমাণ অর্থ ইত্যাদির জন্য) লিখিত (চেক, হুন্ডি ইত্যাদি): ~ for Tk 75. **(গ)** প্রয়োজনীয় শক্তি, সামর্থ্য, ইচ্ছা প্রভৃতি আছে এমন: He is certainly ~ for a couple of years' more service. I am not ~ for this long and tedious journey. **(ঘ)** বলবৎ; বৈধ: This passport is ~ for five years. ˈ**~-for-nothing** *adj, n* অপদার্থ (ব্যক্তি)। ১১ (বিশেষত বালক বা বালিকা সম্বন্ধে) সুশীল; সুবোধ: Be a ~ boy. **as ~ as gold** নির্ঝঞ্ঝাট। ১২ নীতিবান; সৎ: live a ~ life. ˌ**~** ˈ**works** দরিদ্র, অসুস্থ ইত্যাদির সেবায় নিবেদিত কল্যাণকাজ। ১৩ ন্যায়; সঠিক; উপযোগী: I thought it ~ to give him shelter. (সপ্রশংস অনুমোদনজ্ঞাপক *int* হিসাবে) 'You will put him up for the night? G~!' ১৪ সম্ভাষণে ব্যবহার্য: G~ morning/evening/night. ১৫ ভদ্র (তবে প্রায়শ বিদ্রূপাত্মক, পিঠ-চাপড়ানো বা ক্রুদ্ধ) সম্ভাষণ হিসাবে: my ~ sir/man/friend; অথবা ভদ্র (তবে প্রায়শ দাক্ষিণ্য-ঘেঁষা) বর্ণনা হিসাবে: How is your ~ man (অর্থাৎ আপনার স্বামী)? How is the ~ lady (অর্থাৎ আপনার স্ত্রী)? **the** ˈ**~ people** পরীকুল। ১৬ প্রশংসোজ্ঞাপক রীতি হিসাবে: ~ men and true; G~ old kaiser! That's a ~'un [ˈগুড্‌ন্] (কথ্য) মজার গপ্পো। ১৭ সংখ্যা, পরিমাণ ইত্যাদির দিক থেকে পর্যাপ্ত বা যথেষ্ট: a ~ deal of money; a ~ many people; a ~ few, যথেষ্ট সংখ্যক; He has come a ~ way, যথেষ্ট দূর। ১৮ কম নয়; বেশি বই কম নয়: I waited for a ~ hour, এক ঘণ্টার কম নয়; We had to walk a ~ five miles to get a rickshaw, পাঁচ মাইলের বেশি বই কম হবে না। ১৯ **as ~ as** বস্তুতঃপক্ষে; বলতে গেলে; প্রায়: The harvest is as ~ as over, বলতে গেলে প্রায় শেষ হয়ে গেছে; He as ~ as said I was in cheat, প্রায় বলেই ফেলেছিল। ২০ কোনো কিছুতে সফলকাম হওয়া; উন্নতি লাভ করা: He went into business and soon made ~. **make sth ~ (ক)** ক্ষতিপূরণ করা: make ~ a loss. (খ) (উদ্দেশ্য) সাধন করা: make ~ one's escape. (গ) অভিযোগ, বক্তব্য বা বিবৃতি ইত্যাদির সত্যতা প্রমাণ করা। (ঘ) মজবুত অবস্থায় নিয়ে আসা: The wall's cracked; it will have to be made ~ before you can move into this room. ২১ (*phrase* ও যৌগশব্দ). ˌ**~-ˈfellowship** *n* সমাজ বা সঙ্গপ্রিয়তা; মেলামেশা করার যোগ্যতা। ˌ**~ ˈhumour** *n* খোশ-মেজাজ। ˌ**~-ˈhumoured** *adj* খুশি; সৌহার্দ্যময়। ˌ**~ ˈlooks** *n, pl* সুন্দর চেহারা। ˌ**_-ˈlooking** *adj* (সাধা. ব্যক্তি সম্বন্ধে) সুদর্শন। ˌ**~ ˈmoney (ক)** সাচ্চা টাকা। (খ) (কথ্য.) মোটা বেতন। **Throw ~ money after bad** হারানো টাকা উদ্ধার করতে গিয়ে টাকা খোয়ানো। ˌ**~-ˈnatured** *adj* দয়ালু; নিঃস্বার্থভাবে পরোপকারী। ˌ**~-ˈneighbourliness** *n* সৎপ্রতিবেশীসুলভ বা বন্ধুতাপূর্ণ আচরণ ও সম্পর্ক। ˌ**~ ˈsense** *n* [U] শুভবুদ্ধি; বিচক্ষণতা। ˌ**~-ˈtempered** *adj* শান্ত প্রকৃতির; ঠাণ্ডা মেজাজের।

good[2] [গুড়] *n* [U] ১ যা কিছু ভালো; যা কিছু ন্যায়, শুভ বা কল্যাণকর; উপকারী, উপযোগী, লাভজনক ইত্যাদি; যাকিছু দরকারি; মূল্যবান। **do ~** উপকার করা: What's the point in doing ~ when there's nobody to appreciate it? **(do sth) for the ~ of** কল্যাণের জন্য: to work for the ~ of one's country. **do sb ~** কারো উপকার করা: Take some rest, it will do you ~. Much ~ may it do you, (সাধা. বিদ্রূপাত্মক: এর অর্থ) এটা থেকে কোনো কিছু তুমি পাবে না। **be up to no ~** অপকর্মে রত হওয়া। **be no/not much/any/some ~ (doing sth)** কোনো কাজে লাগা/না-লাগা; কোনো মানে থাকা/না থাকা: It's no ~ trying to stop him. What ~ is it? এটা কি কাজে লাগবে? এর কোনো মানে আছে। ২ **for ~ (and all)** চিরদিনের জন্য; একেবারে: He left the country for ~ . ৩ **to the ~** পাকা লাভ হিসাবে: He was Tk 50 to the ~, খয়-খরচা বাদ দিয়ে ৫০ টাকা লাভ হয়েছে। ৪ (*pl, n* হিসাবে *adj*) সৎ বা চরিত্রবান ব্যক্তিবৃন্দ: G~ and bad alike voted for him.

good·bye [ˌগুড্ˈবাই] *int, n* (বিদায় সম্ভাষণ) বিদায় (বলা): 'I must say ~ now', এখন চলি; আমার যাবার সময় হয়েছে।

good·ish [ˈগুডিশ্] *attrib adj* বেশ কিছুটা বড়ো, বেশ খানিকটা দীর্ঘ ইত্যাদি: The medical centre is a ~ step from here, বেশ খানিকটা দূর।

good·ly [ˈগুড্লি] *adj* বেশ বড়ো; বড়োসড়ো: a ~ sum of money, বেশ বড়ো অঙ্কের টাকা।

good·ness [ˈগুড্নিস্] *n* [U] ২ ভালোত্ব; সদ্গুণ: ~ heart. **have the ~ to** অনুগ্রহ করে: Have the ~ to return the book in time. ২ শক্তি বা সারাংশ: milk with the ~ taken out. ৩ (বিস্ময়সূচক উক্তিতে) God!-এর পরিবর্তে ব্যবহৃত: G~ Gracious! Thank ~! I wish to ~ that..., মনেপ্রাণে চাই যে ...। **G~ knows (ক)** আমি জানিনা। (খ) উপরওয়ালা (আল্লাহ/ভগবান) সাক্ষী: G~ knows I never touched your money.

goods [গুড্জ্] *n, pl* ১ অস্থাবর সম্পত্তি; পণ্যদ্রব্য: leather ~s; foreign ~s. ˌ**~s and ˈchattels** (আইন.) (ব্যক্তিবিশেষের) যাবতীয় অস্থাবর সম্পত্তি। ২ রেল-বাহিত মালামাল: a ˈ~s station, যে স্টেশনে মালামাল ওঠানো-নামানো হয়। ˈ**~ train** মালগাড়ি।

piece of ~s (কথ্য) ব্যক্তি: He's a crazy little piece of ~s, পাগল মাল।

good·will [ˌগুড্ˈউইল্] *n* [U] ১ বন্ধুত্বের মনোভাব: a policy of ~; a ~ visit. ২ লব্ধ-প্রতিষ্ঠ ব্যবসায়ের উত্তরাধিকারী হিসাবে ব্যবসা করার সুযোগ (বিক্রয়যোগ্য) ব্যবসায়িক সুনাম: The business was sold along with its ~.

goody [ˈগুডি] *n* (কথ্য) মিঠাই; আকাঙ্ক্ষিত বস্তু।

goody-goody [ˈগুডি গুডি] *adj, n* নেকু; ন্যাকামি।

gooey [ˈগূয়ি] *adj* দ্র. goo.

goof [গূফ্] (অপ.) *n* ফালতু বা বোকা লোক। □*vi,vt* তালগোল পাকিয়ে ফেলা; জগাখিচুড়ি বানিয়ে ফেলা। **~y** *adj* বাজে; ফালতু; বাতিকগ্রস্ত।

goog·ly [ˈগূগ্লি] *n* (ক্রিকেটে) বল ছোড়ার এক বিশেষ ধরন; এতে বল মাটিতে পড়ার পর প্রত্যাশিত দিকে না ঘুরে উলটা দিকে মোড় নেয়।

goon [গূন্] *n* (অপ.) বোকা বা আনাড়ি লোক।

goose [গূস্] *n* ১ রাজ-হংসী; [U] এর মাংস। **cook sb's ~** কারো আশা ধূলিসাৎ করা; বিরক্তি উৎপাদন থেকে কাউকে বিরত করা। **Kill the ~ that lays the golden eggs** (প্রবাদ) বর্তমানের চাহিদা মেটাতে গিয়ে ভবিষ্যতের সুফল নস্যাৎ করা। **be unable to say 'boo' to a ~** ভয়ে জড়োসড়ো হওয়া। **All one's geese are swans** ব্যক্তির বা বস্তুর সদ্গুণকে বড়ো করে দেখার প্রবণতার ক্ষেত্রে বলা হয়ে থাকে। ˈ**~-flesh** *n* [U] রোমহর্ষ গায়ে-কাঁটা-দেওয়া। ˈ**~-step** *n* হাঁটু না-ভেঙে কদম বাড়ানোর ভঙ্গি। ২ মাথামোটা লোক: You silly ~! বোকা কোথাকার!

goose·berry [ˈগুজ্বারি US গূস্বেরি] *n* [C] বৈঁচি-জাতীয় ফল; বৈঁচি-লতা। **play ~** একই সঙ্গে দুজনকে (বিশেষত দুই প্রণয়ীকে) সঙ্গ দেওয়া।

go·pher [ˈগৌফা(র্)] *n* উত্তর আমেরিকার ইঁদুর জাতীয় প্রাণীবিশেষ।

Gor·dian [ˈগ্যডিঅন্] *adj* (কেবলমাত্র) **~ knot** যে গিঁট খোলা যায় না বা সহজে খোলে না; জটিল গ্রন্থি; দুরূহ সমস্যা বা কাজ। **cut the ~ knot** বলপ্রয়োগে বা বিধি-নিষেধ উপেক্ষা করে সমস্যার সমাধান করা।

gore[1] [গো°(র্)] *n* [U] (সাহিত্য., প্রধানত যুদ্ধ বর্ণনায়) জমাট-বাঁধা রক্ত।

gore[2] [গো°(র্)] *vt* শিং বা দাঁত দিয়ে বিদ্ধ করা: ~d to death by a bull.

gorge[1] [গো°জ্] *n* ১ গিরিসঙ্কট। ২ কণ্ঠনালী; পাকস্থলীতে জমা খাবার: The sight made my ~ rise, পেটের খাবার উঠে আসছিল; বমি আসছিল।

gorge[2] [গো°জ্] *vi, vt* **~ (oneself) (on/with sth)** রাক্ষসের মতো খাওয়া; খেয়ে ঢোল হওয়া: ~ on rich food; ~ oneself with biriani.

gorg·eous [ˈগো°জাস্] *adj* ১ জমকালো; চমৎকার: a ~ wedding; a ~ sunset. ২ (কথ্য.) সুখকর ও তুষ্টিদায়ক: ~ food. **~·ly** *adj*

Gor·gon [ˈগো°গান্] *n* [গ্রিক পুরাণ] সর্পকেশী ভগিনীত্রয়ের যে কোনো একজন—এদের চোখে চোখ পড়লে যে কেউ পাষাণে রূপান্তরিত হতো।

gor·illa [গাˈরিলা] *n* (আফ্রিকায় দৃষ্ট) গরিলা; বনমানুষ।

gor·man·dize [ˈগো°মান্ডাইজ্] *vi* গবগব করে খাওয়া।

gorse [গো°স্] *n* [U] হলুদ-বর্ণ ফুলবিশিষ্ট চিরসবুজ গুল্ম—পতিত জমিতে গজানো এই গুল্মের গায়ে কাঁটা থাকে।

gory ['গো°রি] *adj* রক্তাক্ত: a ~ incident.

gosh [গশ্] *int* (শাপান্ত করতে ব্যবহৃত অপ.) আল্লাহ্; ভগবান-এর নামে দিব্য।

gos·ling ['গজ্‌লিঙ্] *n* হংসছানা।

gos·pel ['গস্‌প্‌ল্] *n* **the G~** [U] (যিশুর জীবন-কাহিনী ও শিক্ষা সম্বলিত) নতুন বাইবেল (New Testament)-এর প্রথম চারটি গ্রন্থ; [C] এই গ্রন্থচতুষ্টয়ের যে কোনো একটি; যে নীতিমালায় কেউ গভীরভাবে বিশ্বাস করে; আচরিত নীতিমালা: The ~ of beauty.

gos·sa·mer ['গসামা(র্)] *n* ১ [C,U] মাকড়সার সুতা বা জাল। ২ [U] (মাকড়সার সুতার মতো) নরম; হালকা; মিহি পদার্থ: as light as ~.

gos·sip ['গসিপ্] *n* ১ [U] পরচর্চা; রটনা: fond of ~. ২ [U] চুটকি রচনা: the "~ column, (সংবাদপত্রের) চুটকির পাতা। ৩ [C] চুটকি; খোশ-গল্প: have a good ~ with someone. ৪ [C] খোশগল্পপ্রিয় বা পরচর্চাকারী ব্যক্তি, রটন্তী: She is an old ~. □*vi* পরচর্চা করা; খোশগল্প করা; চুটকি রচনা করা।

got [গট্] get-এর *pt, pp*

Gothic ['গথিক্] *adj* ১ দ্বাদশ থেকে ষোড়শ শতাব্দী পর্যন্ত পশ্চিম য়োরোপে প্রচলিত স্থাপত্যরীতির অন্তর্গত। ২ অষ্টাদশ শতকের ভৌতিক-রোমান্টিক সাহিত্যরীতির অন্তর্গত: a ~ novel. ৩ (মুদ্রাক্ষর সম্বন্ধে) মোটা বা ভারী। □*n* গথিক স্থাপত্য; গথিক মুদ্রাক্ষর।

gotta ['গটা] (US অপ.)= have got to.

got·ten (US-এ) get-এর *pp*

gouache [গুআ:শ্] *n* [U] চিত্রকর্মে ব্যবহৃত জলরংবিশেষ; এই রং ব্যবহার করা চিত্ররীতি।

gouge [গৌজ্] *n* এক ধরনের বাটালি। □*vt* **~ (out)** বাটালি দিয়ে কাটা; বাটালি দিয়ে তৈরি করা; বাটালি দিয়ে বের করে আনা: ~ out the stone from a horseshoe.

gourd [গুআড্] *n* লাউ, লাউগাছ; লাউ-এর শুকনা খোলস দিয়ে তৈরি পাত্র।

gour·mand ['গুআমান্ড্] *n* ভোজন-বিলাসী ব্যক্তি।

gour·met ['গুআমেই] *n* পান ও ভোজনরসিক ব্যক্তি।

gout [গাউট্] *n* [U] গেঁটেবাত। **~y** *adj* গেঁটেবাতগ্রস্ত।

gov·ern ['গাভ্‌ন্] *vt, vi* ১ (দেশ ইত্যাদি) শাসন করা; পরিচালনা করা: The Muslim League ~ed Pakistan for more than 20 years. ২ নিয়ন্ত্রণ করা; সংযত করা: Try to ~ your passions. ৩ (সাধা. passive) নির্ধারণ করা; প্রভাবিত করা: He is too easily ~ed by the opinions of his friends. ৪ (ব্যাক.) কারক নির্ণয় করা। **~·ing** *adj* নিয়ন্ত্রণ বা পরিচালনার ক্ষমতা বা কর্তৃত্বের অধিকারী; নির্ধারক: The ~ing body of a school.

gov·ern·ance ['গাভানান্স্] *n* [U] (আনুষ্ঠা.) শাসন বা পরিচালন প্রক্রিয়া; শাসন বা পরিচালন পদ্ধতি; কর্তৃত্ব; নিয়ন্ত্রণ।

gov·ern·ess ['গাভানিস্] *n* গৃহশিক্ষিকা।

gov·ern·ment ['গাভ্‌ন্‌মান্ট্] *n* ১ [U] শাসন; শাসনক্ষমতা। ২ [U] শাসনপদ্ধতি। ৩ শাসকবর্গ; সরকার: The Conservatives are trying to form a ~; The ~ is keen to improve relations with our neighbours. **G~ House** (প্রাদেশিক) গভর্নরের সরকারি বাসভবন। **G~ securities** সরকারি ঋণপত্র। **~al** [ˌগাভন্'মেন্‌ট্‌ল্] *adj* সরকারি; শাসনসংক্রান্ত।

gov·ernor ['গাভানা(র্)] *n* ১ **G~** প্রদেশের বা উপনিবেশের বা (US) রাজ্যের প্রশাসক; রাজ্যপাল: The G~ of Bengal. ˌ**G~-**"**General** *n* (ব্রিটিশ কমনওয়েল্‌থ-এ) রাজা বা রানীর প্রতিনিধি: The G~-General of (British) India. ২ কোনো প্রতিষ্ঠানের পরিচালকমণ্ডলীর সদস্য। ৩ (কথ্য) সর্দার; মালিক; মনিব; পিতা। ৪ যন্ত্রের গতি-নিয়ন্ত্রক অংশ বা রেগুলেটার।

gown [গাউন্] *n* ১ (বিশেষ বিশেষ ক্ষেত্রে বা অনুষ্ঠানে পরিধেয়) মহিলাদের পোশাকবিশেষ; গাউন: a "night-~. ২ বিশ্ববিদ্যালয়-সদস্য, বিচারক ইত্যাদির পরিহিত আলখাল্লাবিশেষ।

grab [গ্র্যাব্] *vt, vi* ~ **(at)** খপ করে ধরা; আঁকড়ে ধরা; কেড়ে বা ছিনিয়ে নেওয়া: He ~bed the boy by the shoulder; ~ at an opportunity. □*n* [C] ১ খপ করে ধরা; আঁকড়ে ধরা; কেড়ে নেওয়া: make a ~ at something. ২ কোনো বস্তু টেনে তুলবার বা স্থানান্তর করবার কলবিশেষ। **~·ber** *n* যে ব্যক্তি (কোনো কিছু) কেড়ে নেয়; অর্থলিপ্সু ব্যক্তি।

grace [গ্রেইস্] *n* ২ [U, C] গড়নে স্বাভাবিক সৌষ্ঠব; চলনে সাবলীলতা: She walks with ~. ২ [C] (সাধা. *pl*) প্রশংসনীয় গুণ; আচরণগত পরিমার্জনা। **airs and ~s** লোকের দৃষ্টি আকর্ষণের উদ্দেশ্যে চর্চা-করা বাচন ও আচরণভঙ্গি। ৩ [U] অনুগ্রহ; শুভেচ্ছা। **an act of ~** দয়ার দান। **days of ~** পাওনা পরিশোধের জন্য নির্ধারিত দিনের পরে দেওয়া সময়। **give sb a day's/week's, etc ~** (প্রতিশ্রুতি পালনের জন্য) কাউকে আরও একদিন/এক সপ্তাহ ইত্যাদি অতিরিক্ত সময় দেওয়া। **be in sb's good ~s** কারো অনুগ্রহ বা আনুকূল্য ভোগ করা। ৪ [U] **have the ~ to do sth** কোনো কিছুর যথার্থতা হৃদয়ঙ্গম করা ও তা সম্পাদন করা: He had the ~ to allow me a share in the money. **do sth with a good/bad ~** কোনো কিছু ইচ্ছায়/অনিচ্ছায় করা। ৫ [U, C] খাবার আগে বা পরে আল্লাহ্‌র শুকুর আদায়-করা; খাবার আগে বা পরে (ঈশ্বরকে নিবেদিত) প্রশংসাজ্ঞাপক সংক্ষিপ্ত প্রার্থনা: say (a) ~. ৬ [U] ঐশ্বরিক করুণা, এর প্রভাব ও পরিণতি। **in the year of ~** ১৯..., খ্রিস্টের জন্মের পর ১৯তম বছরে। **in a state of ~** ঐশ্বরিক করুণায় সঞ্জীবিত হওয়া; ক্ষমতাপ্রাপ্ত হওয়া; (ধর্মে) দীক্ষাপ্রাপ্ত হওয়া। **fall from ~** (ঈশ্বরের) করুণাচ্যুত হওয়া; শাপভ্রষ্ট বা নীতিভ্রষ্ট হওয়া। ৭ আর্চবিশপ, ডিউক বা ডাচেজ প্রভৃতিকে সম্বোধনের আখ্যাবিশেষ: His/Her/Your ~. ৮ **the G~s** (গ্রিক পুরাণ) সুখ ও সৌন্দর্যদায়িনী তিন দেবী-ভগিনী। □ *vt* শোভা বাড়ানো; সম্মান বা মর্যাদা প্রদান করা; অলঙ্কৃত করা বা অলঙ্কৃত হওয়া: The function was ~d by the presence of the Prime Minister.

grace·ful ['গ্রেইস্‌ফ্‌ল্] *adj* সহজ মাধুর্যময়; সাবলীল; শোভন; মার্জিত: a ~ dancer; a ~ note of thanks. **~ly** [-ফ়লি] *adv*

grace·less ['গ্রেইস্‌লিস্] *adj* অশোভন; যাথার্থ্যবোধশূন্য: ~ behaviour. **~·ly** *adv*

gra·cious ['গ্রেশাস্] *adj* ১ (ব্যক্তি ও ব্যক্তিগত আচরণ সম্বন্ধে) সদয়; উদার; ভদ্র; সৌজন্যময়: his ~ Majesty the King. It was ~ of him to return my call. ২ (ঈশ্বর সম্বন্ধে) করুণাময়। ৩ বিস্ময়সূচক উক্তিতে: Good(ness) G ~! G ~ me! **~·ly** *adv*. **~·ness** *n*

gra·da·tion [গ্র্ˈডেইশ্‌ন্ US গ্রেই –] *n* [C, U] বিকাশের ধাপ, পর্যায়, মাত্রা; ক্রমবিন্যাস, মাত্রাবিন্যাস; ক্রমান্বিত রূপান্তর বা অবস্থান্তর: ~(s) of colour.

grade[1] [গ্রেই ড্] *n* [C] ১ পদমর্যাদা, গুণাগুণ, মূল্য ইত্যাদির ধাপ, পর্যায় বা মাত্রা; একই জাতীয় বস্তুর সংখ্যা বা শ্রেণী: The rank of joint-secretary is one ~ higher than that of deputy-secretary. Jute is sold in ~s, and G~ A jute is of the finest quality. ২ (US) স্কুলের পাঠবিভাগ বা শ্রেণীবিভাগ; এক বছরের পড়া; এরূপ কোনো বিভাগে অধ্যয়নরত ছাত্র-ছাত্রীবৃন্দ: An elementary school in the US was eight ~s. ৩ স্কুলের কাজের জন্য ছাত্রকে প্রদত্ত নম্বর (যথা: ৮০%) বা মান (যথা: ভালো, খুব ভালো)। **make the ~** (কথ্য.) উত্তম মানে পৌঁছানো; প্রয়োজনীয় মান লাভ করা। ৪ (US) সড়ক, রেলপথ ইত্যাদির ঢাল, নতিমাত্রা (GB = gradient) **on the ˈup/ˈdown ~** উঠতি/পড়তি: Business is on the down ~, ব্যবসা পড়ে যাচ্ছে; পড়তি অবস্থায়। **~ crossing** (US) লেভেল ক্রসিং।

grade[2] [গ্রেই ড্] *vt* ১ ক্রমানুসারে সাজানো: ~ jute; ~d by height. ২ (বিশেষত রাস্তার জন্য) ঢাল কমিয়ে এনে মাটি সমান করা। ৩ **~ (up)** (গবাদি পশুর) উন্নত জাতের সঙ্কর উৎপাদন করা।

gradi·ent [ˈগ্রেইডিঅন্ট্] *n* ঢালের মাত্রা: a steep ~.

grad·ual [ˈগ্র্যাজুঅল্] *adj* ক্রমে ক্রমে সংঘটিত হচ্ছে এমন; ক্রমিক; (ঢাল সম্বন্ধে) খাড়া নয় এমন: a ~ improvement in the weather. **~·ly** [-জুলি] *adv* ক্রমশ; ক্রমাগত। **~·ness** *n*

grad·uate[1] [ˈগ্র্যাজুঅট্] *n* ১ (GB) বিশ্ববিদ্যালয়ের (বিশেষত স্নাতক) ডিগ্রিধারী ব্যক্তি; স্নাতক: DU ~s; a ~ student. ২ (US) যে ব্যক্তি কোনো শিক্ষা প্রতিষ্ঠানের পড়া শেষ করেছে: high school ~s; a ~ nurse, নার্সিং স্কুল বা নার্সিং কলেজ থেকে শিক্ষাপ্রাপ্ত (GB-তে trained nurse)।

grad·uate[2] [ˈগ্র্যাজুএইট্] *vt, vi* ১ পরিমাণ নিরূপণের জন্য মাত্রাবিভক্ত করা: a scale ~d in both inches and centimetres; a ~d glass, তরল পদার্থের পরিমাণ মাপার জন্য। ২ ক্রম-অনুসারে সাজানো। ৩ কোনো শিক্ষায়তনের (বিশেষত বিশ্ববিদ্যালয়ের স্নাতক) ডিগ্রি পাওয়া: He ~d from the Dhaka University. ৪ (প্রধানত US-এ) ডিগ্রি বা ডিপ্লোমা দেওয়া: The university ~s nearly a thousand students every year. **gradu·ation** [ˌগ্র্যাজুˈএইশ্‌ন্] *n* মাত্রাবিভক্তি, (স্নাতক) ডিগ্রি প্রাপ্তি, বা প্রদান; (US) ডিগ্রি প্রদানের অনুষ্ঠান।

graf·fito [গ্র ˈফীটৌ] *n* (*pl* *-ti* টী) (সাধা. *pl*) দেয়ালচিত্র; দেয়াল লিখন।

graft[1] [গ্রাঃ ফ্‌ট্ US গ্র্যাফ্‌ট্] *n* ১ গাছের কলম; জোড় কলম। ২ (শল্য.) কোনো জীবন্ত মানুষ বা প্রাণীর দেহে সংযোজিত অন্য (জীবন্ত) দেহের বা একই দেহের ভিন্ন অংশ থেকে নেওয়া চামড়া, হাড় ইত্যাদির টুকরা। □*vt, vi* কলম করা; ভিন্ন দেহের অংশ কোনো দেহে সংযোজন করা: ~ one variety on/upon/in/into another; ~ new skin.

graft[2] [গ্রাঃ ফ্‌ট্ US গ্র্যাফ্‌ট্] *n* [C, U] (রাজনৈতিক যোগাযোগের সুযোগ নেওয়া ইত্যাকার) অবৈধ বা অসাধু উপায়ে ব্যবসায়িক সুবিধালাভ, মুনাফা অর্জন ইত্যাদি; এরূপ সুবিধা বা মুনাফা অর্জনের দৃষ্টান্ত। □*vi* উল্লিখিত উপায়ে সুবিধা, মুনাফা ইত্যাদি লাভ করা।

grail [গ্রেই ল্] *n* (সাধা. **the Holy G~**) শেষ নৈশভোজ (the Last Supper) গ্রহণকালে যিশু যে পাত্র ব্যবহার করেছিলেন এবং যে পাত্রে জনৈক শিষ্য ক্রুশবিদ্ধ যিশুর রক্তবিন্দু ধারণ করেছিলেন।

grain [গ্রেই ন্] *n* ১ [U] (collective *sing*) খাদ্যশস্য: ~ import. ২ [C] শস্যকণা: a few ~s of rice. ৩ [C] শক্তকণা: ~s of sand; (লাক্ষ.) সামান্য পরিমাণ: a man without a ~ of sense; a ~ of comfort, এককণা সুখ। ৪ ওজন বিশেষ (০.০৬৫ গ্রাম)। ৫ কাঠ কাটার পর কাঠের যে স্বাভাবিক আঁশ-বিন্যাস বা গঠন দেখা যায়: woods of fine/course ~. **be/go against the ~** (লাক্ষ.) (কারো) প্রকৃতির বা প্রবণতার বিপরীত হওয়া বা বিপরীতে যাওয়া।

gram [গ্র্যাম্] *n* মেট্রিক পদ্ধতির ওজনের মাপবিশেষ।

gram·mar [ˈগ্র্যামা(র্)] *n* ১ [U] ব্যাকরণ। ২ [C] ব্যাকরণ বই। ˈ**~ school** (GB-তে) একশ্রেণীর মাধ্যমিক স্কুল। **~·ian** [গ্রˈমেঅরিঅন্] *n* ব্যাকরণ-শাস্ত্রে পণ্ডিত; বৈয়াকরণ।

gram·mati·cal [গ্র ˈম্যাটিক্‌ল্] *adj* ব্যাকরণগত; ব্যাকরণের নিয়মমাফিক: a ~ error/sentence. **~ly** [-ক্লি] *adv*

gramme [গ্র্যাম্] *n* = gram।

gramo·phone [ˈগ্র্যামাফৌন্] *n* (US = phonograph) কলের গান; গ্রামাফোন (বর্তমানে প্রচলিত শব্দ record-player)।

gram·pus [ˈগ্র্যাম্পাস্] *n* ডলফিনসদৃশ বড় সামুদ্রিক প্রাণী; যে ব্যক্তি সশব্দে নিঃশ্বাস নেয়।

gran [গ্র্যান্] *n* grandmother (দাদিমা, ঠাকুরমা)-এর কথ্যরূপ।

gran·ary [ˈগ্র্যানারি] *n* শস্যভাণ্ডার; ফসলের গোলা।

grand [গ্র্যান্ড্] *adj* ১ (সরকারি পদবিতে) প্রধান; সর্বোচ্চ: G~ Master, যথা, নাইট খেতাবের (knighthood) কতিপয় স্তর; a ~ master, দাবার শিরোপাধারী বা চ্যাম্পিয়ান; G~ Vizier, তুর্কি প্রধানমন্ত্রীর প্রাক্তন খেতাব। ২ সর্বাধিক গুরুত্বপূর্ণ: The ~ finale, সাড়ম্বর বা গুরু-গম্ভীর পরিসমাপ্তি; the ~ staircase/entrance, বৃহৎ ভবন বা অট্টালিকার সোপান/প্রবেশপথ। ৩ মহিমান্বিত; চমৎকার: a ~ performance. ৪ আত্মম্ভরি; শ্লাঘাসর্বস্ব; অহংকারী: He went about in a ~ manner. ৫ (কথ্য) অত্যন্ত উপভোগ্য বা মজাদার: They had a ~ time. ৬ পূর্ণ; পূর্ণাঙ্গ: a ~ orchestra, সর্বপ্রকার বাদ্যযন্ত্রসমন্বিত অর্কেস্ট্রা; the ~ total, পূর্ণ যোগফল; ~ result, পূর্ণাঙ্গ ফলাফল। ৭ উন্নত নৈতিক বা চারিত্রিক গুণে বলীয়ান: Hajee Mohsin had a ~ character. ৮ (phrase সমূহ) **the ˌG~ ˈNational** লিভারপুলে অনুষ্ঠিত বার্ষিক প্রতিবন্ধ-ঘোড়দৌড়। ˌ**~ ˈopera** গীতি-অপেরা। ˌ**~ piˈano** বড়ো পিয়ানো। ˌ**baby ~** ক্ষুদ্রাকার পিয়ানো। **G~ Prix** [ˌগ্রাঃন্ ˈপ্রী] (ফ.) আন্তর্জাতিক মোটর-প্রতিযোগিতা। ˈ**~·stant** যে কোনো প্রতিযোগিতায় দর্শকদের জন্য আচ্ছাদিত আসনের সারি। **the ˌG~ˈTour** (আগেকার দিনে) বিত্তবান পরিবারের

সন্তানদের জন্য প্রথাসিদ্ধ য়োরোপের প্রধান শহরসমূহে শিক্ষাসমাপনী ভ্রমণ। **~·ly** *adv*

grand- [গ্র্যান্ড্] *pref* **ˈ~·child**, **ˈ~·daughter**, ˈ~·son *nn* নাতি বা নাতনী; নাতনী; নাতি। **ˈ~·parent; ˈ~·father; ˈ~·mother** *nn* দাদা বা দাদী; ঠাকুরদা বা ঠাকুরমা; দাদু বা দিদিমা; দাদা, ঠাকুরদা, দাদু; দাদী, ঠাকুরদা, দিদিমা। **ˈ~·nephew; ˈ~·niece** *nn* ভাইপো বা বোনপোর, ভাইঝি বা বোনঝির ছেলে; ভাইপো বা বোনপোর, ভাইঝি বা বোনঝির মেয়ে। **ˈ~·uncle**, **ˈ~·aunt** *nn* বাবা বা মার চাচা, জেঠা, খুড়া, মামা, মেসো, পিসা, খালু, ফুপা; বাবা বা মার চাচী, জেঠী, খুড়ী, মামী, মাসি, পিসি, খালা, ফুপু। **ˈ~·father clock** *n* উঁচু কাঠের বাক্সে রক্ষিত ওজনচালিত ঘড়ি।

grand-dad, gran·dad [ˈগ্র্যান্ড্যাড্] *n* grandfather-এর কথ্যরূপ; দাদা; নানা; দাদু; ঠাকুরদা।

gran·dee [গ্র্যান্ˈডী] *n* (ইতি.) স্পেন বা পর্তুগালের উঁচু পদমর্যাদাসম্পন্ন সম্ভ্রান্ত অমাত্য।

gran·deur [ˈগ্র্যানজা(র্)] *n* [U] মহিমা; বিশালতা: the ~ of the Himalayas.

gran·dilo·quent [গ্র্যান্ˈডিল ৹কোঅান্ট্] *adj* বাগাড়ম্বরপূর্ণ: a ~ style. **gran·dilo·quence** [–অান্স্] *n* [U]

gran·di·ose [ˈগ্র্যানডিওস্] *adj* বড়ো আকারে পরিকল্পিত; সাড়ম্বর; প্রবল; কর্তৃত্বময়।

grand·ma [ˈগ্র্যান্মাঃ] *n* grandmother-এর কথ্য রূপ; দাদী; নানী; ঠাকুরমা; দিদিমা।

grand·pa [ˈগ্র্যান্পাঃ] *n* grandfather-এর কথ্য রূপ।

grange [গ্রেইন্জ্] *n* গোলাবাড়ি সংবলিত পল্লীভবন।

gran·ite [ˈগ্র্যানিট্] *n* [U] নির্মাণকাজে ব্যবহৃত কঠিন; ধূসর বর্ণের পাথর; গ্র্যানিট শিলা।

granny, gran·nie [ˈগ্র্যানি] *n* grandmother-এর কথ্য রূপ। ˈ~ knot একপ্রকার আলগা বাঁধন বা গেরো।

grant [গ্রাঃন্ট্ US গ্র্যান্ট্] *vt* ১ (প্রার্থিত বস্তু) প্রদান করতে সম্মত হওয়া: ~ a request ২ (কোনো কিছু সত্য বলে) স্বীকার করা বা মেনে নেওয়া: I ~ that he's a dependable man. **take sth for ~ed** কোনো কিছু সত্য বা অবধারিত বলে মনে করা। **take sb for ~ed** কারো উপস্থিতি ও কাজকর্মকে; অনুগ্রহ নয়; প্রাপ্য হিসাবে গ্রহণ করা। □*n* (টাকা বা জমির মতো) প্রদত্ত বা মঞ্জুরিকৃত বস্তু: ~s collected from various sources.

granu·lar [ˈগ্র্যানিউলা(র্)] *adj* শস্যদানার মতো বা শস্যদানাবিষয়ক।

granu·late [ˈগ্র্যানিউলেইট্] *vt, vi* দানায় পরিণত হওয়া; কোনো কিছুর উপরিভাগকে কর্কশ, এবড়ো-খেবড়ো বা অমসৃণ করা: ~d sugar.

gran·ule [ˈগ্র্যানিউল্] *n* [C] শস্যের কণা; ছোট শস্যদানা।

grape [গ্রেইপ্] *n* আঙ্গুর। **sour ~s; the ~s are sour** আঙ্গুর ফল টক; আকাঙ্ক্ষিত বস্তু না পেয়ে কেউ যখন তার অবমূল্যায়ন করে কথা বলে; তখন এ-কথা বলা হয়। **ˈ~-shot** *n* [U] (ইতি.) কামান থেকে গুচ্ছে গুচ্ছে নিক্ষিপ্ত লোহার ক্ষুদ্রাকার গোলা; ছটরা-গুলি। দ্র. shrapnel. **ˈ~-sugar** *n* পাকা আঙ্গুর ও কতিপয় অন্যান্য ফল থেকে প্রাপ্ত একপ্রকার চিনি; ডেক্সট্রোজ বা গ্লুকোজ। **ˈ~-vine** *n* (ক) আঙ্গুর-লতা। (লাক্ষ.) (খ) যে সূত্রে কোনো খবর ছড়ায়: I heard on the ~·vine that Selim is going to get married.

grape·fruit [ˈগ্রেইপ্‌ফ্রূট্] *n* [C] স্বাদে টক; বড়ো কমলা জাতীয় ফল; শরবতি লেবু; মোসম্বি লেবু।

graph [গ্রাঃফ্ US গ্র্যাফ্] *n* [C] নকশা; চিত্রলেখ; গ্রাফ। **ˈ~ paper** গ্রাফ অঙ্কনের জন্য সম-আয়তনের বর্গ-অঙ্কিত কাগজ।

graphic [ˈগ্র্যাফিক্] *adj* ১ চিত্রলেখ (অক্ষর চিত্রণ, নকশা, ডায়াগ্রাম) বিষয়ক: a ~ artist; the ~ arts. ২ (বর্ণনা সম্বন্ধে) চিত্রময়; জীবন্ত: a ~ account of an event. □*n pl* **~s** অক্ষর চিত্রণ; নকশা প্রভৃতি। **graphi·cally** [–ক্লি] *adv* লেখার বা নকশার দ্বারা; (লাক্ষ.) চিত্রময় বা জীবন্ত রূপে; সুস্পষ্টভাবে।

graph·ite [ˈগ্র্যাফাইট্] *n* [U] নরম; কৃষ্ণবর্ণ; কার্বন-জাতীয় পদার্থ।

grap·nel [ˈগ্র্যাপ্‌নাল্] *n* ১ এক প্রকার নঙ্গর; লোহার আঁকশিবিশেষ। ২ আগেকার দিনে জলযুদ্ধে শত্রুজাহাজ ধরে রাখবার জন্য ব্যবহৃত আঁকশিজাতীয় বস্তু।

grapple [ˈগ্র্যাপ্‌ল্] *vi* **~ (with)** শক্ত করে ধরা; আঁকড়ে ধরা; কারো/কোনো কিছুর সঙ্গে জাপটা-জাপটি করা; (লাক্ষ.) (সমস্যা ইত্যাদি) সমাধানের চেষ্টা করা: ~ with the enemy; ~ with a problem. **ˈgrappling-iron** লোহার আঁকশি।

grasp [গ্রাঃস্‌প্ US গ্র্যাস্‌প্] *vt, vi* ১ হাত দিয়ে শক্ত করে ধরা; আঁকড়ে ধরা; উপলব্ধি করা: ~ sb's hand; ~ an argument. ২ **~ at** আঁকড়ে ধরতে চেষ্টা করা; সাত তাড়াতাড়ি লুফে নেওয়া: ~ at an opportunity. □*n* (সাধা. *sing*) দৃঢ়মুষ্টি; কব্জা; আয়ত্তি; উপলব্ধি: in the ~ of a cruel enemy. His meaning is beyond my grasp, আমার বুদ্ধির অতীত। **~·ing** *adj* আঁকড়ে ধরবার জন্য উদ্‌গ্রীব; (টাকা-পয়সা ইত্যাদির জন্য) লালায়িত: a ~ man.

grass[1] [গ্রা:স্ US গ্র্যাস্] *n* ১ [U] ঘাস। **not let the ~ grow under one's feet** (লাক্ষ.) সময় নষ্ট না-করা। ২ [C] যে কোনো জাতের ঘাস। ৩ [U] তৃণভূমি; চারণক্ষেত্র: at ~, (গবাদি পশু সম্বন্ধে) চরে খাওয়ারত। **put/sent/turn animals out to ~** চরে খেতে দেওয়া। **~·land** [–ল্যান্ড্] *n* বৃক্ষহীন তৃণভূমি। **ˌ~·ˈroots** *n, pl* (প্রায়শ attrib) রাজনৈতিক সিদ্ধান্ত থেকে দূরবর্তী অরাজনৈতিক সাধারণ মানুষ: Our policy-makers show no concern for the ~roots. **ˌ~ ˈwindow** *n* সাময়িকভাবে পতিবিরহিণী নারী। **~y** *adj* ঘাসে-ঢাকা; তৃণাচ্ছাদিত।

grass[2] [গ্রাঃস্ US গ্র্যাস্] *vt, vi* ১ **~ (over)** ঘাসে ঢেকে দেওয়া; তৃণাচ্ছাদিত করা; (US) ঘাস খাওয়ানো। ২ **~ (on sb)** (GB অপ.) গোপনে খবর দেওয়া; বিশ্বাসঘাতকতা করা।

grass·hopper [ˈগ্রাঃস্‌হপা(র্) USˈগ্র্যাস্–] *n* ফড়িং।

grate[1] [গ্রেই ট্] *n* শীত-নিবারক উনুনের ঝাঁঝরি; শীত-নিবারক উনুন।

grate[2] [গ্রেই ট্] *vt, vi* ১ সাধা. খসখসে কোনো কিছুর সঙ্গে ঘষে গুঁড়া গুঁড়া করা: ঘষে গুঁড়া উঠিয়ে ফেলা। ২ ~

(on) খরখর আওয়াজ করা; (লাক্ষ.) পীড়ন করা: The gate ~s on its hinges. His swagger ~d on my nerves. **grat·ing·ly** *adv.* **~r** *n* খাদ্যদ্রব্য ইত্যাদি গুঁড়া করবার যন্ত্রবিশেষ।

grate·ful [ˈগ্রেইট্‌ফ্‌ল্] *adj* ১ **~ (to sb) (for sth)** কৃতজ্ঞ: I am ~ to you for your help. ২ (সাহিত্য.) মনোরম; আরামদায়ক: We rested under the ~ shade of the tree. **~ly** [-ফ়লি] *adv*

grat·ify [ˈগ্র্যাটিফ়াই] *vt* ১ খুশি করা বা সন্তোষবিধান করা: I am gratified with the result. It gratifies me to know that you have read my book. ২ প্রশ্রয় দেওয়া; (বাসনা) চরিতার্থ করা: ~ a child's whims; ~ one's craving for silks and satins. **~·ing** *adj:* It was ~ing to have our efforts rewarded. **grati·fi·ca·tion** [গ্র্যাটিফ়িˈকেইশ্‌ন্] *n* ১ [U] সন্তোষলাভ; সন্তোষবিধান; বাসনা পূরণ: He had the ~ of getting it done on time. ২ [C] তুষ্টিকর বা বাসনাপূরক বস্তু।

grat·ing [ˈগ্রেটিঙ্] *n* [C] জানালা প্রভৃতির গরাদ।

gra·tis [ˈগ্রেইটিস্] *adv, adj* বিনামূল্যে; মাগনা: be admitted ~.

grati·tude [ˈগ্র্যাটিটিউড্ US –ট্যূড্] *n* [U] **~ (to sb) (for sth)** কৃতজ্ঞতা।

gra·tu·itous [গ্র ˈটিউইটাস্ US –টূ–] *adj* ১ বিনামূল্যে প্রদত্ত বা প্রাপ্ত; বিনাপারিশ্রমিকে সম্পাদিত: ~ service. ২ অকারণ; ভিত্তিহীন: a ~ lie. **~·ly** *adv*

gra·tu·ity [গ্র ˈটিউআটি US –টূ–] *n* ১ চাকরি থেকে অবসরগ্রহণকারী ব্যক্তিকে প্রদত্ত (মাইনের অতিরিক্ত) ভাতা বা গ্র্যাচুয়িটি। ২ পারিতোষিক; বকশিশ।

grave[1] [গ্রেই ভ্] *adj* গুরুতর; গম্ভীর; রাশভারী। **~·ly** *adv*

grave[2] [গ্রেই ভ্] *n* সমাধি; কবর; সমাধিস্তম্ভ। **have one foot in the ~** মৃত্যুর কাছাকাছি হওয়া; অত্যন্ত বৃদ্ধ হওয়া। **ˈ~-clothes** *n pl* শববস্ত্র। **ˈ~·stone** *n* সমাধিফলক। **ˈ~·yard** সমাধিক্ষেত্র; করবখানা।

grave[3] [গ্রাঃ ভ্] *n* (অপিচ **~ accent**) স্বরবর্ণের উচ্চারণ নির্দেশক চিহ্ন, যথা, ফরাসি mère.

grave[4] [গ্রেই ভ্] *vt* (*pp* graven [ˈগ্রে ইভ্‌ন্]) খোদাই করা: ~n on one's memory, স্মৃতিতে খোদাই হয়ে আছে। **~ ˈimage** মূর্তি।

gravel [ˈগ্র্যাভ্‌ল্] *n* কাঁকর; নুড়ি: a ~ path, কাঁকর–বিছানো পথ। **grav·elly** [ˈগ্র্যাভ়ালি] *adj* (কণ্ঠস্বর সম্পর্কে) ভারী ও কর্কশ। □*vt* ১ কাঁকর বিছিয়ে দেওয়া: ~ a road. ২ (কথ্য) হতবুদ্ধি করা।

grav·ing dock [ˈগ্রেইভিঙ্ ডক্] *n* যে জাহাজঘাটা বা ডক থেকে পাম্পের সাহায্যে জল নিষ্কাশন করে দেওয়া যায় এবং যেখানে জাহাজের খোলের বহির্দেশ পরিষ্কার করা যায়।

gravi·tate [ˈগ্র্যাভিটেইট্] *vi* **~ to/towards** (কোনো কিছুর অভিমুখে) গমন করা বা (কোনো কিছুর দিকে) আকৃষ্ট হওয়া: The rural poor tend to ~ towards the cities. **gravi·tation** [গ্র্যাভ়িˈটেইশ্‌ন্] *n* [U] অভিগমন প্রক্রিয়া; অভিকর্ষ, বিশেষত মাধ্যাকর্ষণ শক্তি।

grav·ity [ˈগ্র্যাভ়াটি] *n* [U] ১ (পদার্থ.) অভিকর্ষ, বিশেষত মাধ্যাকর্ষণ শক্তি। ২ (পদার্থ.) ভর: centre of ~; speˌcific ˈ~, আপেক্ষিক গুরুত্ব। ৩ গুরুতর অবস্থা; গম্ভীর ভাব: the ~ of the political situation; the ~ of one's appearance.

gra·vure [গ্রাˈভিউআ(র্)] *n* = photogravure.

gravy [ˈগ্রেইভি] *n* [U] ১ মাংসের রসা বা ক্বাথ; এই ক্বাথ দিয়ে তৈরি চাটনি। **ˈ~-boat** *n* যে পাত্রে মাংসের রসা বা চাটনি পরিবেশন করা হয়। ২ (অপ.) সহজে বা অপ্রত্যাশিতভাবে পাওয়া টাকা। **ˈ~ train** *n* কাঁচা পয়সার উৎস: get on the ~ train, কাঁচা পয়সা আছে এমন কাজ পাওয়া।

gray [গ্রেই] *adj, n* = grey.

graze[1] [গ্রেই জ্] *vi, vt* ১ (গবাদি পশু সম্বন্ধে) ঘাস খাওয়া: cattle grazing in the fields. ২ (গবাদি পশু) চরানো: ~ cattle; গবাদি পশুর জন্য তৃণক্ষেত্র ব্যবহার করা: ~ a field. **ˈgrazing-land** *n* গোচারণভূমি। **graz·ier** [ˈগ্রেইজ়িয়া(র্) US ˈগ্রে ইজ্যা(র্)] *n* যে ব্যক্তি বিক্রির জন্য গবাদি পশু লালন করে।

graze[2] [গ্রেই জ্] *vt, vi* ১ আলতোভাবে স্পর্শ করে বা আঁচড় কেটে যাওয়া; (ছাল বা চামড়া) ছড়ে যাওয়া: The arrow ~d my arm. ২ ছুঁয়ে যাওয়া। □(দেহের) ছড়ে–যাওয়া জায়গা।

grease [গ্রীস্] *n* [U] ১ প্রাণীদেহের চর্বি। ২ চর্বিজাতীয় পদার্থ; গ্রিজ: axle ~. **ˈ~-gun** *n* যন্ত্রের বিভিন্ন অংশে গ্রিজ মাখাবার জন্য ব্যবহৃত কলবিশেষ। **ˈ~-paint** *n* [U] অভিনয়–প্রসাধনে ব্যবহৃত গ্রিজ ও রং মিশিয়ে তৈরি–করা এক জাতীয় মিশ্র। **ˈ~·proof** *adj* (কাগজ সম্বন্ধে) গ্রিজ–নিরোধক। □*vt* (বিশেষত যন্ত্রাংশে) গ্রিজ লাগানো বা মাখানো। **~ sb's palm** কাউকে ঘুষ দেওয়া। **~r** *n* যে ব্যক্তি যন্ত্রপাতিতে (বিশেষত জাহাজের ইনজিনে) গ্রিজ লাগানোর কাজ করে।

greasy [ˈগ্রীসি] *adj* চর্বিযুক্ত; পিচ্ছিল: ~ fingers; ~ stairs. **greas·ily** [-ইলি] *adv* **greasi·ness** *n*

great [গ্রেই ট্] *adj* ১ আকার, পরিমাণ বা মাত্রায় সাধারণের ঊর্ধ্বে, বড়ো; মস্ত: She takes ~ care of the children, খুব যত্ন নেয়; He is a ~ friend of mine, খুব আপন; অন্তরঙ্গ; বন্ধু। **ˈ~-coat** *n* ভারী ওভারকোট। ২ বিশিষ্ট ক্ষমতা বা গুণসম্পন্ন: ~ men; a ~ novelist. ৩ গুরুত্বপূর্ণ; সুবিদিত; উঁচুপদমর্যাদাসম্পন্ন: a ~ event; a ~ lady; Alexander the ~. ৪ (কথ্য সকল ক্ষেত্রে অপর একটি *adj*–এর আগে ব্যবহৃত এবং বিস্ময়, ক্রোধ, ঘৃণা ইত্যাদি প্রকাশক শব্দ): What a ~ big lie! কী সাংঘাতিক; কী ডাহা মিথ্যা কথা! a ~ bloody nonsense. ৫ (অপিচ **G~er**) দুই–এর মধ্যে বড়োর স্বাতন্ত্র্যসূচক বিশেষণ হিসাবে ব্যবহৃত: The G~ Bear, দ্র. bear[1] (৩). **G~ Britain** (সং GB) ইংল্যান্ড, ওয়েল্‌স্ ও স্কটল্যান্ড (উত্তর আয়ারল্যান্ড–এর অন্তর্ভুক্ত নয়)। **the G~ Lakes** যুক্তরাষ্ট্র ও কানাডার সীমান্তবর্তী বৃহৎ পঞ্চহ্রদ। **G~er London** লন্ডন ও আশপাশের শহরাঞ্চল নিয়ে গঠিত প্রশাসনিক অঞ্চল। **the G~ War** প্রথম বিশ্বযুদ্ধ। ৬ (শুধুমাত্র attrib) নামের যোগ্য: They are ~ friends, বন্ধু নামের যোগ্য। ৭ (সহায়ক noun–এর সঙ্গে; কেবলমাত্র attrib) প্রচুর পরিমাণ; উঁচু মাত্রায়: He is a ~ eater, প্রচুর খেতে পারে। ৮ পরিমাণ ইত্যাদি নির্দেশক শব্দ সহযোগে: a ~ deal, অত্যন্ত; প্রচুর; the ~

majority, বিপুলভাবে সংখ্যাগরিষ্ঠ অংশ। ৯ (কথ্য) চমৎকার; মনোরম : What a ~ time we had at school! It would be ~ if we could get back to the good old days. ১০ (কথ্য. কেবলমাত্র *pred*) ~ **at** (কোনো কিছুতে) দক্ষ; পাকা। ~ **on** (কোনো কিছু সম্পর্কে) ভালো জ্ঞান থাকা। ১১ সম্পর্কের আরো একটি ধাপ বোঝাবার জন্য জ্ঞাতিত্ববাচক (grand) শব্দের আদিতে: ˌ~-ˈ**grandfather** প্রপিতামহ বা প্রমাতামহ ˌ~-ˈ**grandson** প্রপৌত্র। ~·**ly** *adv* অত্যন্ত; যারপরনাই: ~ly delighted. ~·**ness** *n*

greaves [গ্রীভ্‌জ্‌] *n, pl* হাঁটুর নীচে পরবার বর্মবিশেষ।

grebe [গ্রীব] *n* একজাতের ছোট ডুবুরি পাখি।

Gre·cian [ˈগ্রীশ্‌ন্‌] *adj* গ্রিক (স্থাপত্য, মৃৎশিল্প, সংস্কৃতি, মুখাবয়ব বিষয়ক)।

greed [গ্রীড্‌] *n* [U] লোভ: ~ for money.

greedy [ˈগ্রীডি] *adj* ১ ~ **(for sth/to have sth)** লোভী; লোভাতুর: look at sth with ~ eyes; ~ for power. ২ ~ **(to do sth)** আকুল। **greed·ily** [-ইলি] *adv.* **greedi·ness** *n*

Greek [গ্রীক্‌] *n* [C] প্রাচীন বা আধুনিক গ্রিসের লোক; [U] গ্রিক ভাষা। **be ~ to one** বোধের অতীত হওয়া; অনধিগম্য হওয়া। □*adj* গ্রিস দেশ, গ্রিসের মানুষ বা গ্রিক ভাষা বিষয়ক।

green[1] [গ্রীন্‌] *adj* ১ সবুজ: a ~ Christmas, যে ক্রিসমাস ঋতুতে আবহাওয়া স্নিগ্ধ থাকে আর বরফ পড়ে না। ˌ~ ˈ**belt** সবুজ মেখলা অর্থাৎ নগরের চতুর্দিকে সংরক্ষিত বিস্তৃত সবুজ মাঠ ও বনভূমির বেষ্টনী। **give sb/get the ~ light** (ট্রাফিক আলোর সবুজ সঙ্কেত থেকে আহরিত, কথ্য) কোনো প্রকল্প বা পরিকল্পনা নিয়ে এগিয়ে যাবার অনুমতি দেওয়া বা পাওয়া। ২ (ফল সম্বন্ধে) কাঁচা: ~ mangoes; (কাঠ সম্বন্ধে) অপোক্ত, ব্যবহারের জন্য যথেষ্ট শুকনো নয় এমন: ~ wood. ৩ অনভিজ্ঞ; অপরিপক্ব; কাঁচা; সহজে ঠকানো যায় এমন: a young man who is still ~ at his job, কাজে এখনো অনভিজ্ঞ: She is not so ~ as to be taken in by that humbug. ৪ (লাক্ষ.) সজীব; তেজোদ্দীপ্ত: live to a ~ old age, বার্ধক্যেও তেজোদ্দীপ্ত; কর্মক্ষম থাকা; keep one's memory ~, স্মৃতিকে অম্লান রাখা। ৫ (গায়ের রং সম্বন্ধে) ফ্যাকাশে; মলিন; বিবর্ণ; রুগ্‌ণ। ˌ~-ˈ**eyed** ঈর্ষাপরায়ণ; হিংসুটে। **The** ˌ~-ˈ**eyed** ˈ**monster** ঈর্ষা; হিংসা। ~ **with envy** ঈর্ষানীল; অত্যন্ত ঈর্ষাকাতর। ৬ (বিশিষ্ট ব্যবহার ও যৌগশব্দ) ˈ~·**back** *n* উলটা পিঠ সবুজ রঙে মুদ্রিত আমেরিকার কাগজি-মুদ্রা বা ব্যাংক নোট। ˌ~ ˈ**fingers** *n* (কথ্য) বাগানের কাজে দক্ষতা। ˈ~·**fly** *n* (collective *pl*) [U] গাছপালায় থাকে এমন সবুজ রঙা এঁটেল পোকা। ˈ~·**gage** [-গে ইজ্‌] *n* আঁশশেওড়াজাতীয় ফল। ˈ~·**grocer** *n* তরিতরকারি ও ফল বিক্রেতা। ˈ~·**grocery** *n* তরিতরকারি ও ফলের ব্যবসা। ˈ~·**horn** *n* অনভিজ্ঞ ও সহজে প্রতারিত ব্যক্তি। ˈ~·**house** *n* আবহাওয়া থেকে সংরক্ষণ প্রয়োজন এমন গাছ-গাছালির চাষের জন্য কাচের দেয়াল ও কাচের ছাদ সহযোগে বিশেষভাবে নির্মিত ঘর। ˈ~ **room** *n* (নাটকের) সাজঘর। ˈ~-**stuffs, ~s** *n pl* সবুজ সবজি। ˈ~·**sward** *n* [U] সবুজ ঘাসের আচ্ছাদন। ˌ~ ˈ**tea** *n* বাষ্পে শুকানো পাতার তৈরি চা; সবুজ চা। ˈ~·**wood** *n* বিশেষত গ্রীষ্মের বনভূমি; (বিশেষত এককালে সমাজচ্যুতদের আস্তানা হিসাবে বিবেচিত ও ব্যবহৃত) পাতায়-ছাওয়া বন।

green[2] [গ্রীন্‌] *n* ১ [U, C] সবুজ রং; যে কোনো সবুজ বস্তু: a woman dressed in ~. ২ (*pl*) বাঁধাকপি জাতীয় সবুজ পাতার সবজি; গাছপালা; বৃক্ষজগৎ। ৩ [C] সবুজ ঘাসে ঢাকা মাঠ। (ক) সরকারি বা বারোয়ারি মাঠ: the village ~. (খ) ভারী বল খেলার মাঠ: a ˈbowling-~. (গ) গল্‌ফ-সুড়ঙ্গের মুখ ঘেরা ঘাসের বলয়: a ˈputting ~.

greenery [ˈগ্রীনারি] *n* [U] সবুজ পত্রপুঞ্জ; শ্যামলিমা: the ~ of the woods in spring.

greenish [ˈগ্রীনিশ্‌] *adj* সবুজাভ: (যৌগশব্দে) ˌ~ ˈyellow. ~·**ness** *n*

Greenwich [ˈগ্রেনিচ্‌] *n* লন্ডনের শহরতলী। ~ ˈ**mean time** (সং GMT) গ্রেনিচ শহরের মধ্যাকাশে সূর্যের অবস্থানকালীন গড়-সময়; এই গড়-সময় (বাংলাদেশ সময় থেকে ৬ ঘণ্টা কম) অনুযায়ী পৃথিবীর অধিকাংশ স্থানে সময় নির্ণয় করা হয়ে থাকে (GMT-কে বর্তমানে **Universal time** বলা হয়)।

greet [গ্রীট্‌] *vt* ~ **(with)** ১ সম্ভাষণ জ্ঞাপন করা; আনন্দ, বেদনা, ক্ষোভ ইত্যাকার অনুভূতি প্রকাশ করে (খবর, ঘটনা ইত্যাদি) গ্রহণ করা; (চিঠিপত্রে) শ্রদ্ধা, ভালবাসা, বন্ধুতা ইত্যাদি জ্ঞাপক শব্দ ব্যবহার করা: ~ someone by saying 'Good morning!' She ~ed me with a smile! The news was ~ed with shouts of joy. They ~ed him with a stream of abuse. ২ (দৃশ্য ও ধ্বনি সম্বন্ধে) দৃষ্টি ও কর্ণগোচর হওয়া: A cluster of huts ~ed us at the bend of the river. ~·**ing** *n* সম্ভাষণ: 'Good morning' and 'Dear Sir' are forms of ~ting.

greg·ari·ous [গ্রিˈগে আরিঅস্‌] *adj* দলবদ্ধভাবে বাস করে এমন; যূথচর; সঙ্গলিপ্সু। ~·**ly** *adv.* ~·**ness** *n*

Greg·or·ian [গ্রিˈগ্যরিআন্‌] *adj* ১ ~ **chant** পোপ প্রথম গ্রেগরি-র (৫৪০-৬০৪) নামে রচিত ধর্ম-সঙ্গীতবিশেষ। ২ ~ **calendar** পোপ ত্রয়োদশ গ্রেগরি (১৫০২-৮৫) কর্তৃক প্রবর্তিত এবং বর্তমানে প্রচলিত পঞ্জিকা বা ক্যালেন্ডার।

grem·lin [ˈগ্রেম্‌লিন্‌] *n* যান্ত্রিক গোলযোগের জন্য দায়ী অপদেবতা।

gre·nade [গ্রিˈনে ইড্‌] *n* ছোট বোমা, বিশেষত হাত-বোমা বা রাইফেল-বোমা; গ্রেনেড।

grena·dier [ˌগ্রেনাˈডিআ(র্‌)] *n* (আগেকার দিনে) গ্রেনেড নিক্ষেপকারী সৈনিক; (বর্তমানে) the G~s বা the ~ Guards নামে ব্রিটিশ পদাতিক রেজিমেন্টভুক্ত সৈনিক।

grew [গ্রু] grow-এর *pt*

grey, gray [গ্রেই] *adj* ধূসর; ছাই-রঙা: My hair is turning ~. ~ ˈ**area** *n* ১ (GB) যে এলাকায় বেকারত্বের হার অপেক্ষাকৃত বেশি। ২ পরিস্থিতির যে পর্যায়ে ন্যায়-অন্যায়ের ধরাবাঁধা নিয়ম থাকে না। ˈ~·**beard** *n* বুড়া মানুষ। ˌ~-ˈ**headed** *adj* বৃদ্ধ; বুড়া; দীর্ঘদিন কাজ করছে এমন। ˈ~ **matter** মাথার ঘিলু; মগজ। □*n* [U, C] ধূসর বর্ণ; ছাই রং; ছাই-রঙা পোশাক: dressed in ~. □*vt, vi* ধূসর হওয়া বা ধূসর করা।

grey·hound [ˈগ্রেইহাউন্ড্] *n* শিকারি কুকুরবিশেষ; ডালকুত্তা।

grey·ish [ˈগ্রেইইশ্] *adj* ঈষৎ ধূসর; ধূসরপ্রায়।

grid [গ্রিড্] *n* [C] ১ বিস্তীর্ণ এলাকায় বিদ্যুৎ সরবরাহের জন্য থামবাহিত বৈদ্যুতিক তারজালি। ২ মানচিত্রে নির্দেশক সংখ্যা–অঙ্কিত বর্গজালি। ৩ গরাদ: a ˈcattle ~, গবাদিপশু যাতে পথে বেরিয়ে যেতে না–পারে তার জন্য ফটক ইত্যাদিতে লাগানো গরাদবিশেষ। ৪ বেতারযন্ত্রের ভাল্‌ভ্‌-এ ব্যবহৃত (কুণ্ডলাকৃতি) তারের জালি। ৫ রান্নার ঝাঁঝরি।

griddle [ˈগ্রিড্‌ল্] *n* কেক সেকবার তাওয়াবিশেষ।

grid·iron [ˈগ্রিড্অাইঅান্] *n* ১ রান্নার ঝাঁঝরি। ২ (অসংখ্য সমান্তরাল রেখাঙ্কিত) আমেরিকান ফুটবল খেলার মাঠ।

grief [গ্রীফ্] *n* ১ [U] প্রচণ্ড দুঃখ; তীব্র শোক; মর্মপীড়া: ~-stricken. ২ [C] প্রচণ্ড দুঃখ বা পীড়াদায়ক বস্তু, ঘটনা ইত্যাদি: Her waywardness was a great ~ to her parents. ৩ **bring sb/come to ~** কাউকে দুর্দশাগ্রস্ত করা/দুর্দশাগ্রস্ত হওয়া।

griev·ance [ˈগ্রীভ্‌ন্‌স্] *n* [C] **~ (against)** (প্রকৃত বা কল্পিত) দুঃখ–দুর্দশার কারণ; দুঃখ–দুর্দশা।

grieve [গ্রীভ্] *vt, vi* ১ (কাউকে) দুঃখ দেওয়া: ~ one's parents. ২ দুঃখ বা শোক করা: ~ over sb's death; ~ about one's misfortunes.

griev·ous [ˈগ্রীভাস্] *adj* ১ দুঃখ বা কষ্টদায়ক: a ~ misfortune. ২ কঠিন; প্রচণ্ড; নিদারুণ: ~ pain. **~·ly** *adv*

grif·fin [ˈগ্রিফিন্] (অপিচ **griffon**, **gryphon** [ˈগ্রিফান্]) *n* (গ্রি. পুরাণ) কাল্পনিক জীব, এর মাথা ও ডানা ঈগল পাখির মতো এবং দেহ সিংহের মতো।

grill [গ্রিল্] *n* [C] জানালা–দরজা প্রভৃতির গরাদ বা জাফরি; গ্রিল; গরাদের ঘের; রান্নার ঝাঁঝরি। ২ চড়া তাপে সরাসরি পাকানো মাংস; কাবাব: a mixed ~. ৩ (অপিচ ˈ**~-room**) (হোটেল বা রেস্তোরাঁর) যে কামরায় কাবাব জাতীয় খাবার তৈরি ও পরিবেশন করা হয়। □*vt, vi* ১ ঝাঁঝরিতে করে রান্না করা বা রান্না হওয়া; প্রখর উত্তাপে নিজেকে অনাবৃত করা বা অনাবৃত রাখা: lie ~ing in the hot sun. ২ অত্যন্ত খুঁটিয়ে ও কঠিনভাবে জেরা করা।

grille [গ্রিল্] *n* উন্মুক্ত স্থান সংরক্ষণের জন্য ব্যবহৃত লোহা, কাঠ ইত্যাদির বেষ্টনী বা ঘের; গ্রিল; পোস্ট অফিস বা ব্যাংকের কাউন্টারে ব্যবহৃত অনুরূপ নিরাপত্তামূলক গ্রিল।

grim [গ্রিম্] *adj* কঠোর; ভয়ানক; নির্মম: a ~ struggle; a ~ expression. **hold on like ~ death** নির্দয় হাতে চেপে ধরা। **~·ly** *adv*. **~·ness** *n*

gri·mace [গ্রিˈমেইস্ US ˈগ্রিমিস্] *n* [C] মুখবিকৃতি; ভেংচি: The smile on his face soon turned into a ~. □*vi* মুখবিকৃতি করা; ভেংচি কাটা।

grime [গ্রাইম্] *n* [U] ময়লা, বিশেষত দেহের বা অন্য কোনো কিছুর উপরিভাগে ময়লার আস্তরণ; ঝুলকালি। □*vt* ময়লা আস্তরণ লেপে দেওয়া; পুরু করে ঝুলকালি মাখানো: ~d with dust. **grimy** [ˈগ্রাইমি] *adj* ময়লা আস্তরণে ঢাকা: a grimy face.

grin [গ্রিন্] *vi, vt* ১ দাঁত বের করে হাসা: ~ning with delight. **~ and bear it** নীরবে ব্যথা–বেদনা, হতাশা ইত্যাদি বহন করা। ২ দেঁতো হাসি হেসে প্রকাশ করা: ~ one's approval. □*n* [C] দেঁতো হাসি: ~s of derision.

grind [গ্রাইন্ড্] *vt, vi* ১ **~ (down) (to/into)** ঘষে চূর্ণ বা গুঁড়া করা: ~ corn into flour. ২ চূর্ণনযোগ্য হওয়া: This wheat ~s well. ৩ গুঁড়া করে তৈরি করা: ~ flour. ৪ **~ (down)** (সাধা. *passive*) (লাক্ষ.) উৎপীড়ন বা নিষ্পিষ্ট করা: The people in this part of the world are ground (down) by poverty. ৫ শক্ত কোনো কিছুর উপর বা শক্ত কোনো কিছু দিয়ে ঘষে চকচকে বা ধারালো করা: ~ a knife. **have an axe to ~**, দ্র. axe. ৬ পরস্পর সজোরে ঘর্ষণ করা: ~ one's teeth. **~ to a halt** (যানবাহন সম্বন্ধে) সশব্দে থেমে যাওয়া; (লাক্ষ.) (বিশেষত উৎপাদন প্রক্রিয়া সম্বন্ধে) ধীরে ধীরে থেমে যাওয়া: The strikes brought the Jute industry ~ing to a halt. ৭ ঘূর্ণনের সাহায্যে চালানো; ঘূর্ণনের সাহায্যে উৎপাদন করা: ~ a hand-mill; (লাক্ষ.) সক্লেশে ও মন্থরগতিতে সৃষ্টি করা: ~ out some verses. ৮ **~ (away) (at)** কঠোর ও নিরলসভাবে কাজ করা বা লেখাপড়া করা: ~ away at one's studies. □*n* (কথ্য.) দীর্ঘ; একঘেয়ে কাজ: the examination ~, পরীক্ষার প্রস্তুতি।

grinder [ˈগ্রাইনডা(র্)] *n* ১ যা চূর্ণ করে; চূর্ণক (যথা, মাঢ়ির দাঁত); চূর্ণন–যন্ত্র: a ˈcoffee-~. ২ (যৌগশব্দে) যে ব্যক্তি কোনো কিছু ঘষে চূর্ণ বা চকচকে করে; শানওয়ালা: a ˈknife-~.

grind·stone [ˈগ্রাইনড্‌স্টৌন্] *n* শান দেবার কাজে ব্যবহৃত চক্রাকার পাথরবিশেষ; শানপাথর। **keep sb's nose to the ~** কাউকে বিনাবিশ্রামে কঠোর পরিশ্রমে বাধ্য করা।

grip [গ্রিপ্] *vt, vi* ১ আঁকড়ে ধরা; শক্ত হাতে ধরা: ~ sb's hand. ২ আকর্ষণ করা বা প্রভাব বিস্তার করা: ~ the attention of an audience; a ~ping story. □*n* ১ (কেবলমাত্র *sing*) শক্ত করে ধরে রাখার কাজ, কৌশল বা ক্ষমতা: take a ~ on sth; have a good ~ (লাক্ষ. = সম্যক ধারণা) of a problem; have a good ~ on an audience, মনোযোগ ধরে রাখা। **come/get to ~s with** প্রাণপণ আক্রমণে রত হওয়া; বিষম দ্বন্দ্বে রত থাকা: get to ~s with a problem. **take a ˈ~ on oneself** (কথ্য) অমনোযোগ ও নিষ্ক্রিয়তা পরিত্যাগ করা। ২ [C] (যন্ত্রাদির) যে অংশ আঁকড়ে ধরার কাজ করে; আঁকড়া বা আংটা; (যন্ত্রাদির) যে অংশ আঁকড়ে ধরা হয়। ৩ [C] (অপিচ ˈ**~·sack**) [US] ভ্রমণকালে ব্যবহৃত হাতব্যাগ: a leather ~.

gripe [গ্রাইপ্] *vi* ১ অন্ত্রে তীব্র ব্যথা সৃষ্টি করা। ২ [C] (কথ্য) নালিশ করা; বিড়বিড় করে অসন্তোষ প্রকাশ করা: He has started griping again. □*n* ১(কথ্য) (সাধা. *pl*) **the ~s** পিত্তশূল বেদনা। ২ (কথ্য) নালিশ।

gris·ly [ˈগ্রিজ্‌লি] *adj* ভয়াবহ; বীভৎস।

grist [গ্রিস্ট্] *n* [U] চূর্ণ করার বা ভাঙানোর জন্য রক্ষিত শস্য (প্রধানত লাক্ষ. phrase সমূহে ব্যবহৃত)। **It's all ~ to the mill; All is ~ that comes to his mill** (প্রবাদ) তার কাছে কোনো কিছুই ফেলনা নয়।

gristle ['গ্রিস্‌ল্] *n* [U] প্রাণীদেহের, বিশেষত মাংসের কঠিন, স্থিতিস্থাপক কোষ; কোমলাস্থি: This meat is all ~.

grit [গ্রিট্] *n* [U] ১ (collect. *sing*) পাথর, বালি ইত্যাদির ক্ষুদ্র, শক্ত কণা, কাঁকর। ২ সাহস ও সহিষ্ণুতার গুণ: Our boys have plenty of ~. □*vt* **~ one's teeth** দাঁতে দাঁত চেপে রাখা; (লাক্ষ.) সাহস ও সহিষ্ণুতা প্রদর্শন করা। **~ty** *adj* কাঁকরের মতো; কাঁকরময়: I can't eat this rice–it's too gritty.

grits [গ্রিট্‌স্] *n, pl* খোসা ছাড়ানো হয়েছে কিন্তু ভাঙানো হয়নি এমন জই (যব); মোটা দানার জই-এর তৈরি খাবার।

grizzle ['গ্রিজ্‌ল্] *vi* (কথ্য) (বিশেষত শিশুদের সম্বন্ধে) ঘ্যানঘ্যান করা; ঘ্যানঘ্যান করে কাঁদা।

griz·zled ['গ্রিজ্‌ল্‌ড্] *adj* ধূসর; পলিত–কেশ।

griz·zly ['গ্রিজ্‌লি] *n* (also ~ **bear**) উত্তর আমেরিকার বৃহদাকার হিংস্র ভালুকবিশেষ।

groan [গ্রৌন্] *vi, vt* ১ যন্ত্রণায়, হতাশায় বা দুঃখে কাতর আর্তনাদ করা; গোঙানো: He ~ed as I tried to lift him. The nation is ~ing under tyranny. ২ (বস্তু সম্বন্ধে) গোঙানির মতো শব্দ করা: The entire bamboo structure ~ed during the storm. The chair ~ed under his weight. ৩ **~ (out)** কাতর ধ্বনির ভিতর দিয়ে প্রকাশ করা: ~ out a sad story. ৪ **~ down** গোঙানির শব্দ করে থামিয়ে দেওয়া। □*n* [C] গোঙানি; কাতরানি।

groats [গ্রৌট্‌স্] *n pl* (ভাঙানো) শস্যদানা; বিশেষত খোসা–ছাড়ানো জই (যব)।

grocer ['গ্রৌসা(র্)] *n* মুদি। **~y** *n* ১ [U] মুদির ব্যবসা। ২ (*pl*) **~ies** মুদিখানার জিনিস।

grog [গ্রগ্] *n* [U] (নাবিকদের ব্যবহৃত শব্দ) সুরা ও জল–মেশানো পানীয়বিশেষ।

groggy ['গ্রগি] *adj* ১ টলায়মান; ধসে বা ভেঙে পড়তে পারে এমন: The bamboo support of the roof looks ~. ২ অসুস্থতা, আঘাত, অনিদ্রা ইত্যাদির কারণে দুর্বল ও স্খলিতচরণ: That longish spell of flu left her rather ~.

groin [গ্রয়ন্] *n* ১ কুঁচকি। ২ (স্থাপত্য.) দুটি খিলানের সংযোগস্থল। ৩ (US) = groyne.

groom [গ্রুম্] *n* যে ব্যক্তি ঘোড়ার দেখাশোনা করে; সহিস। ২ বর। □*vt* ১ (ঘোড়ার) দেখাশোনা করা; (বাঁদর, হনুমান সম্বন্ধে) লোম ও চামড়া বেছে দেওয়া বা পরিষ্কার করে দেওয়া: a female ape ~ing her mate. ২ (ব্যক্তি সম্বন্ধে সাধা. *pp*–এ ব্যবহৃত): well/badly ~ed, (বিশেষত চুল, দাড়ি, কাপড়–চোপড়ে) পরিপাটি/ অপরিপাটি। ৩ (কথ্য) (বৃত্তি বা জীবিকার জন্য কাউকে) প্রস্তুত করা।

groove [গ্রূভ্] *n* ১ খাঁজ। ২ অভ্যাসে পরিণত জীবনরীতি। **get into/be stuck in a ~** বিশেষ জীবনরীতিতে অভ্যস্ত হয়ে যাওয়া; অভ্যাসের ফাঁদে আটকে পড়া।

grope [গ্রৌপ্] *vi, vt* **~ (about) (for/after)** (আক্ষ. বা লাক্ষ.) অন্ধের মতো হাতড়ে ফেরা: ~ for the light switch. We ~d our way in the darkness. **grop·ing·ly** *adv*

gross[1] [গ্রৌস্] *n* (*pl* অপরিবর্তিত) বারো ডজন; ১৪৪।

gross[2] [গ্রৌস্] *adj* ১ অশ্লীল; অমার্জিত: ~ language. ২ (খাদ্য সম্বন্ধে) মোটা; তৈলাক্ত; এ-জাতীয় খাবার পছন্দ করে এমন: a ~ eater. ৩ (ইন্দ্রিয় সম্বন্ধে) স্থূল; ভোঁতা। ৪ জাজ্বল্যমান; সরাসরি চোখে পড়ে এমন: ~ injustice; a ~ error. ৫ (উদ্ভিদ সম্বন্ধে) প্রচুর মাত্রায় বাড়ন্ত; প্রাচুর্যময়: the ~ vegetation of a tropical forest. ৬ (ব্যক্তি সম্বন্ধে) বিশ্রীরকম মোটা। ৭ (net–এর বিপরীত) মোট; পুরা; গোটা: the ~ amount; one's ~ income. **~ national product** (সং GNP) কোনো দেশের এক বছরে উৎপন্ন যাবতীয় দ্রব্য ও যাবতীয় কাজের মোট মূল্য; মোট জাতীয় উৎপাদন। ৮ **in (the) gross** পাইকারিভাবে; মোটের উপর; সামগ্রিকভাবে। □*v*[t] মোট লাভ হিসাবে আয় করা: His last novel ~ed seventy thousand pounds. **~·ly** *adv* অত্যন্ত; ভীষণ: ~ly unfair. **~·ness** *n*

gro·tesque [গ্রৌ 'টেস্ক্] *adj* ১ সামঞ্জস্য ব[া] পারম্পর্যহীন; অদ্ভুত; কিম্ভূতকিমাকার; অদ্ভুত ও সামঞ্জস্যহীন বলেই হাস্যকর: a ~ appearance. ২ (শিল্পকলায়) অদ্ভুতভাবে মানুষ, প্রাণী ও উদ্ভিদ রূপে[র] সংমিশ্রণ ঘটানো হয়েছে এমন; হাস্যকরভাবে বিকৃ[ত] আকৃতি ও নকশার সমন্বয়ে তৈরি। □*n* ১ কিম্ভূতকিমাক[ার] মানুষ, প্রাণী, আকৃতি বা নকশা। ২ **the ~** উপরোক্ত সংমিশ্রণরীতির অনুসারী চিত্রকলা বা ভাস্কর্যশিল্প। **~·l[y]** *adv*. **~·ness** *n*

grotto ['গ্রটৌ] *n* বিশেষত উদ্যান আচ্ছাদন হিসা[বে] কৃত্রিমভাবে নির্মিত গুহা।

grotty ['গ্রটি] *adj* (অপ.) অপ্রীতিকর; বিশ্রী; কদাকার।

grouch [গ্রাউচ্] *vi* (কথ্য) নালিশ □*n* আকস্মিক বদমেজাজ; নাখোশ; গোমড়ামুখো মানুষ। **~y** *adj*

ground[1] [গ্রাউন্‌ড্] ১ *n* **the ~** ভূপৃষ্ঠ; ভূতল: lie o[n] the ~; (যৌগশব্দে): ~-to-air missiles, ভূমি থেকে আকাশে নিক্ষেপযোগ্য ক্ষেপণাস্ত্র। **above ~** জীবিত। **below ~** মৃত ও সমাহিত। **fall/be dashed to th[e] ~** ব্যর্থ হওয়া; নিরাশ হওয়া: His plans fell to the ~. Her hopes were dashed to the ~. **get off the** [~] (বিমান সম্বন্ধে) আকাশে ওঠা; উড্ডয়ন করা; (লাক্ষ.) কোনো কাজ বা প্রকল্প সম্বন্ধে) পরিকল্পনার স্তর প[ার] হয়ে বাস্তবায়নের স্তরে প্রবেশ করা। ২ [U] ভূপৃ[ষ্ঠে] অবস্থান, আয়তন বা দূরত্ব। **cut the ~ from und[er] sb's feet** কারো পরিকল্পনা, যুক্তি, কলা–কৌশ[ল] ইত্যাদি পূর্বাহ্নে অনুমান করে তাকে হতবুদ্ধি করা। **cov[er] (much, etc) ~** (ক) দূরত্ব অতিক্রম করা; পরিভ্র[মণ] করা: They covered a lot of ~ in their search [for] the game, শিকারের সন্ধানে ঢের পথ পাড়ি দিল। (খ) (লাক্ষ. বক্তৃতা, প্রতিবেদন, তদন্ত ইত্যাদি সম্বন্ধে) ন[ানা] বিষয় নিয়ে কথা বলা বা আলোচনা করা; সুদূর–প্রস[ারী] হওয়া। **gain ~** অগ্রসর হওয়া; সাফল্য বা সুবিধা অ[র্জন] করা। **give/lose ~** পিছু হটে আসা; নিজের অবস্থান সুবিধা রক্ষা করতে না-পারা। **hold/stand/kee[p] one's ~** দৃঢ়ভাবে দাঁড়িয়ে থাকা; হার না-মানা; নিজে[র] দাবি, অভিপ্রায়, যুক্তি ইত্যাদি রক্ষা করা বা টিকিয়ে রা[খা]। **shift one's ~** নিজের যুক্তি, অবস্থান ইত[্যাদি]

পরিবর্তন করা। **suit sb down to the ~** পুরপুরি মানিয়ে যাওয়া: Teaching suits me down to the ~. **common ~** যে বিষয়ে বা ক্ষেত্রে একাধিক ব্যক্তি বা পক্ষ একমত পোষণ করে। **forbidden ~** নিষিদ্ধ বা সর্বতোভাবে পরিহার্য বিষয়। ৩ [U] মৃত্তিকা; মাটি: the ~ here is soft. **break fresh/new ~** (ক) অনাবাদি জমি আবাদ করা। (খ) (লাক্ষ.) নতুন কিছু করা; প্রথমবারের মতো কোনো বিষয়ের মোকাবেলা করা বা তার উপর আলোকপাত করা। ৪ [C] কোনো বিশেষ উদ্দেশ্যে রক্ষিত বা ব্যবহৃত মাঠ: a ˈfootball ~. ৫ (সর্বদা *pl*) কোনো ভবনের চতুর্দিকে (প্রায়শ) দেয়াল ইত্যাদি পরিবেষ্টিত জমি; বাগান: the ~s of Bangobhavan. ৬ [U] সমুদ্র ইত্যাদির তলদেশ: (প্রধানত) touch ~, (জাহাজ সম্বন্ধে) তলদেশ স্পর্শ করা। দ্র. aground. ৭ (*pl*) কঠিন পদার্থের যেসব কণা কোনো তরল পদার্থের তলদেশে ডুবে যায়: (বিশেষত) ˈcoffee-~s. ৮ (*pl* বা [U]) কোনো কিছু বলার, করার বা বিশ্বাস করার কারণ(সমূহ)। **be/give/have ~s for** কারণ থাকা/সৃষ্টি করা: There are no ~s for such open hostility between the two neighbours. He didn't give me much ~ for complaint. She had good ~s for believing that he stole her money. **on the ~s of** কারণে: discharged on the ~s of complicity in a crime. ৯ [C] (চারুকলায়) পটভূমি; অলংকৃত অংশ: a design of white roses on a blue ~. ১০ (যৌগশব্দে) ˈ~-bait *n* [U] মাছের চার। ˈ**~-fish** *n* গভীর জলের মাছ। ˈ~-ˈ**floor** *n* একতলা। **be/get in on the ~ floor** (কথ্য) কোনো কর্মোদ্যোগের শুরুতেই তাতে যোগ দেওয়া। ˈ**~·nut** *n* চীনাবাদাম। ˈ**~-plan** *n* অট্টালিকার সর্বনিম্ন তলের নকশা। ˈ**~-rent** *n* দালানকোঠা নির্মাণের জন্য ইজারা বা লিজ দেওয়া জমির খাজনা। ˈ**~s·man** *n* ক্রিকেটের মাঠের দেখাশোনা করার জন্য নিযুক্ত লোক। ˈ**~·sheet** *n* মাটির উপর বিছানো জলনিরোধক পাত চাদর। ˈ**~ speed** *n* মাটিতে থাকাকালীন বিমানের গতি। ˈ**~ staff/crew** *n* বিমানক্ষেত্রে অনুড্ডীন অবস্থায় থাকাকালে যে সব কারিগর বিমানের তদারক করে; বিমান চালনা করে না বিমানক্ষেত্রে কর্মরত এমন সব সদস্য। ˈ**~ swell** *n* [U] দূরবর্তী বা সাম্প্রতিক ঝড়ের ফলে সৃষ্ট ভারী; মন্থর-গতি সমুদ্র-তরঙ্গ। ˈ**~·work** *n* [U] (সাধা. লাক্ষ.) ভিত্তি; বনিয়াদ; মৌলিক গুরুত্ববাহী প্রারম্ভিক অংশ।

ground[2] [গ্রাউন্‌ড্] *vt, vi* ১ (জাহাজ সম্বন্ধে) সমুদ্রতল স্পর্শ করা; (বিমান ও বৈমানিক সম্বন্ধে) বিমানক্ষেত্রে অনুড্ডীন অবস্থায় থাকতে বাধ্য করা: The ship ~ed in shallow water. All aircraft at Dhaka Airport were ~ed by a dense fog this morning. ২ **~ arms** (সাম.) (বিশেষত রাইফেল) মাটিতে নামিয়ে রাখা। ৩ **~ sth on sth** (অধিক প্রচলিত শব্দ base) কোনো কিছুর উপর ভিত্তি করে কোনো কিছু দাঁড় করানো: He ~ed his arguments on facts; a well-~ed theory. ৪ **~ sb in sth** কাউকে কোনো কিছুতে সুশিক্ষা বা মৌলিক প্রশিক্ষণ দেওয়া: He ~ed his son in basic English. ৫ নিরাপত্তামূলক ব্যবস্থা হিসাবে মাটির সঙ্গে বিদ্যুৎবাহী তার বা অনুরূপ কিছুর সংযোগ করা (প্রচলিত শব্দ earth)। **~·ing** *n* কোনো বিষয়ের মৌলিক উপাদান সম্পর্কে পরিপূর্ণ শিক্ষণ: a good ~ing in arithmetic.

ground[3] [গ্রাউন্‌ড্] grind ক্রিয়ার *pt* ও *pp*-রূপ: ~ wheat, আটা বা ময়দা। **~ glass** ঘষে অস্বচ্ছ-করা কাচ।

ground·less [ˈগ্রাউন্‌ড্‌লিস্] *adj* ভিত্তিহীন; অকারণ: ~ fears.

ground·sel [ˈগ্রাউন্‌স্‌ল্] *n* [U] কতিপয় আগাছা, যা খাঁচার পাখির খাবার হিসাবে ব্যবহৃত হয়।

group [গ্রুপ্] *n* [C] গোষ্ঠী, দল, উপদল, শ্রেণী, শাখা; যুগ্মভাবে নিয়ন্ত্রিত ব্যবসা বা শিল্প প্রতিষ্ঠানসমূহ: a ~ of boys; Kohinoor ~ of industries. ˈ**G~ captain** বিমান বাহিনীর অফিসার। □*vt, vi* দলবদ্ধ করা বা হওয়া: The boys ~ed round their teacher.

grouse[1] [গ্রাউ স্] *n* শিকারের পাখিবিশেষ, যার পা পালকে ঢাকা থাকে; এক জাতের জংলি হাঁস।

grouse[2] [গ্রাউ স্] *vt* (কথ্য) রাগে বা অসন্তোষে গজগজ করা; নালিশ করা। □*n* নালিশ।

grove [গ্রৌ ভ্] *n* তরুদল; তরুবীথি; কুঞ্জবন।

grovel [ˈগ্রভ্‌ল্] *vi* মাটিতে মুখ গুঁজে শুয়ে পড়া; দয়া ভিক্ষা করে কারো সামনে বুকে ভর দিয়ে চলা; (লাক্ষ.) নিজেকে ছোট করা; আত্মমর্যাদাহীন আচরণ করা: ~ at the feet of a counqueror. **~·ler** *n* যে ব্যক্তি এরূপভাবে চলে বা এরূপ আচরণ করে।

grow [গ্রৌ] *vi, vt* ১ জন্মানো; বড়ো হওয়া; বৃদ্ধি পাওয়া: Jute ~s in Bangladesh. He's ~n taller than his father; She's ~ing quickly. **~ out of** (ক) কোনো কিছুর মাপে অতিরিক্ত বড়ো হওয়া: ~ out of one's clothes (অতিরিক্ত বড়ো হবার ফলে জামাকাপড় ছোট হয়ে যাওয়া)। (খ) (কোনো কিছুর জন্য মানানসই) বয়স পেরিয়ে যাওয়া; অভ্যাস ছেড়ে দেওয়া; ছেড়ে দেওয়া: ~ out of the habits of one's school days; ~ out of the habit of smoking. (গ) সৃষ্ট হওয়া: Most of our economic problems have ~n out of bad management of public funds. **~ up** (ক) (ব্যক্তি, প্রাণী সম্বন্ধে) প্রাপ্তবয়স্ক হওয়া; পরিপক্ব হওয়া: When the children ~ up ..., যখন তারা প্রাপ্তবয়স্ক (সাবালক/সাবালিকা) হবে...। (খ) বিকশিত হওয়া; গড়ে ওঠা: A warm intimacy grew up between the two boys. ˈ**~·ing-pains** *n pl* (ক) বাড়ন্ত শিশুদের অঙ্গ-প্রত্যঙ্গের বেদনা —দ্রুত বৃদ্ধি এই বেদনার কারণ বলে সচরাচর বিশ্বাস করা হয়। (খ) কোনো নতুন উদ্যোগের বিকাশকালে উদ্ভূত সমস্যাবলী: The new industry is still suffering from ~ing pains. ˈ**~n-up** [ˈগ্রৌনাপ্] *n* [C] প্রাপ্তবয়স্ক ব্যক্তি। □*adj* বয়োপ্রাপ্ত; পূর্ণতাপ্রাপ্ত; পাকা। ২ হওয়া: ~ pale. ৩ **~ to be/like, etc** কোনো কিছু হওয়া/পছন্দ করা, ইত্যাদির পর্যায়ে পৌছানো: My familiarity with the rural way of life grew to be considerable. We grew to like each other very much in the end. ৪ জন্মানো বা জন্মাতে দেওয়া; উৎপাদন করা: ~ rice. He has ~n a beard. ৫ **~ on/upon** (ক) ক্রমাগত দৃঢ়মূল হওয়া; গেড়ে বসা: The habit of taking sedative is ~ing on her. (খ) (কারো কাছে) অধিকতর আকর্ষণীয় হওয়া; (কারো) পছন্দসই হওয়া: This style of drawing is beginning to grow on me. **~er** *n* ১ যে ব্যক্তি জন্মায় বা উৎপাদন করে; উৎপাদক: Jute-~ers. ২ কোনো বিশেষভাবে জন্মানো বা বড়ো হওয়া উদ্ভিদ: a rapid ~er.

growl [গ্রাউল্] *vi, vt* ১ (জীবজন্তু, মানুষ, বজ্র সম্বন্ধে) গর্জন করা: The tiger ~s, thunder ~ing in the distance. ২ ~ **(out)** গর্জন করে বলা: He ~ed (out) the names of the offenders. □*n* [C] গর্জন; ক্রুদ্ধ অভিযোগ। **~·ing·ly** *adv*

grown [গ্রৌন্] grow-এর *pp:* a ~ man, পূর্ণবয়স্ক বা পরিপক্ব মানুষ।

growth [গ্রৌথ্] *n* ১ [U] ক্রমবৃদ্ধি; বিকাশ; উন্নতি; ক্রমোন্নতি; বৃদ্ধি প্রক্রিয়া: a rapid ~ of population. The plant has reached full ~, পূর্ণ বৃদ্ধি লাভ করেছে। ২ [U] বৃদ্ধি: ˈ~ shares, মূল্যমান বৃদ্ধির সম্ভাবনা আছে এমন শেয়ার। ৩ [U] উৎপাদন; চাষ: dates of foreign ~, বিদেশে উৎপাদিত। ৪ [C] যা জন্মায় বা জন্মেছে: a thick ~ of tall grass. ৫ [C] দেহে ব্যাধিগ্রস্ত অঙ্গের সৃষ্টি, যথা ক্যানসার: a cancerous ~.

groyne (US = **groin**) [গ্রয়ন্] *n* [C] সমুদ্র, নদী ইত্যাদির কূলের ক্ষয়রোধ করার জন্য কাঠ, পাথর, কংক্রিট ইত্যাদি দ্বারা নির্মিত বাঁধ।

grub[1] [গ্রাব্] *n* ১ [C] শূককীট। ২ [U] (কথ্য) খাবার।

grub[2] [গ্রাব্] *vt, vi* মাটি খুঁড়ে তোলা: ~bing up weeds.

grubby [ˈগ্রাবি] *adj* ১ নোংরা; আধোয়া। ২ পোকা (শূককীট) পড়েছে এমন।

grudge [গ্রাজ্] *vt* কোনো কিছু দিতে বা মেনে নিতে অনিচ্ছুক হওয়া: He didn't ~ me the applause I received from the audience, শ্রোতাদের প্রশংসা পাওয়াতে সে নারাজ হয়নি, অর্থাৎ ঐ প্রশংসা যে আমার প্রাপ্য তা মেনে নিয়েছে; I ~ having to pay so much (as rent) for such a small room. □*n* অমঙ্গল-ইচ্ছা, অসন্তোষ, ঈর্ষা, আক্রোশ বা ঘৃণা: I bear you no ~. He seems to have a ~ against me. **grudg·ingly** *adj* অনিচ্ছা বা অসন্তোষভরে: He handed over the key grudgingly.

gruel [ˈগ্রুঅল্] *n* [U] দুধ অথবা জলে ফোটানো জই-এর তৈরি তরল খাবার; জই-এর মণ্ড।

gruel·ling (US = **gruel·ing**) [ˈগ্রুঅলিঙ্] *adj* কঠিন; নিঃশেষিত করে এমন; পরিশ্রান্তিকর: a ~ling task.

grue·some [ˈগ্রুসাম্] *adj* বিভীষিকাময়; বিতৃষ্ণাকর; ভয়াবহ। **~·ly** *adv.* **~·ness** *n*

gruff [গ্রাফ্] *adj* (কোনো ব্যক্তি, তার কণ্ঠস্বর বা তার আচরণ সম্বন্ধে) কর্কশ; বদমেজাজি। **~·ly** *adv.* **~·ness** *n*

grumble [গ্রাম্ব্ল্] *vi, vt* ১ ~ **(at/about/over sth)** বিড়বিড়িয়ে ক্ষোভ বা অসন্তোষ প্রকাশ করা: She's always grumbling. ২ ~ **(out)** অসন্তোষভরে বলা: ~ (out) a reply. ৩ মৃদু গর্জনধ্বনি করা: thunder grumbling in the distance. □*n* [C] ক্ষুব্ধ অসন্তুষ্ট বিড়বিড়ানি: She is full of ~s. **grum·bler** [ˈগ্রাম্ব্‌লা(র্)] যে ব্যক্তি সর্বদা ক্ষোভে অসন্তোষে বিড়বিড় করে।

grumpy [ˈগ্রাম্পি] *adj* বদমেজাজি; রুষ্ট **grump·ily** [-ইলি] *adv.* **grumpi·ness** *n*

Grundy·ism [ˈগ্রানডিইজ়াম্] *n* [U] প্রথাসিদ্ধ যাথার্থ্য, ঔচিত্য বা শোভনতা; কথা-বার্তায়, আচার-আচরণে মাত্রাতিরিক্ত (এবং প্রায়শ মেকি) ঔচিত্যকামিতা।

grunt [গ্রান্ট্] *vi, vt* ১ (প্রাণী, বিশেষত শূকর সম্বন্ধে) ঘোঁতঘোঁত করা; অনুরূপ শব্দ করে বিরক্তি, মতানৈক্য, ইত্যাদি প্রকাশ করা। ২ ~ **(out)** ঘোঁতঘোঁত করে প্রকাশ করা: ~ (out) on answer. □*n* [C] ঘোঁতঘোঁত শব্দ।

gry·phon [ˈগ্রিফন্] *n* = griffin.

G-string [ˈজী স্ট্রিঙ্] কৌপীন বা নেংটিবিশেষ।

guano [ˈগোআঃনৌ] *n* [C] সার হিসাবে ব্যবহৃত সামুদ্রিক পাখির বিষ্ঠা।

guar·an·tee[1] [ˌগ্যারান্ˈটী] *n* [C] ১ (আইনে, **guaranty**) যে কোনো লেনদেনে স্বীকৃতি শর্তাবলী পূরণের (সাধা. লিখিত বা মুদ্রিত) অঙ্গীকার: a year's ~ with a refrigerator. ২ (আইনে, **guaranty**) জামিন। ৩ (আইনে, **guarantor**) জামিনদার। ৪ (আইনে, **guaranty**) জামানত: He offered his house and land as a ~. ৫ (কথ্য) যে বস্তু কোনো কিছুর সম্ভাবনাকে তুলে ধরে; সম্ভাবনার প্রতিশ্রুতি: Money is not always a ~ of good life.

guar·an·tee[2] [ˌগ্যারান্ˌটী] *vt* (কারো বা কোনো কিছুর জন্য) লিখিত অঙ্গীকার প্রদান করা; জামিন হওয়া।

guar·an·tor [ˌগ্যারান্টো°(র্)] *n* guarantee (৩)-এর আইনে ব্যবহৃত রূপ; জামিনদার।

guar·an·ty [ˈগ্যারান্টি] *n* guarantee (১, ২, ৪)-এর আইনে ব্যবহৃত রূপ।

guard[1] [গাঃড্] *n* ১ [U] প্রহরা: The sentry is on ~. ২ [U] আত্মরক্ষার প্রস্তুতি। **be on/off one's ~** আক্রমণের বিরুদ্ধে প্রস্তুত/অপ্রস্তুত থাকা: Be on your ~ against the enemy. He hit me while I was off my ~. ৩ প্রহরারত সৈনিক বা সৈনিকের দল; প্রহরী। **change ~** (সাম.) একজন সৈনিকের পাহারার পালা শেষ হলে আরেকজন সৈনিককে তার জায়গায় মোতায়েন করা। **mount ~** প্রহরী হিসাবে নিজের অবস্থান নেওয়া। **relieve ~** কোনো প্রহরীর পালা শেষ হলে তার জায়গা নেওয়া। **stand ~** প্রহরীর দায়িত্ব পালন করা। ৪ কারারক্ষী। ৫ (GB) রেলের গার্ড (US = brakeman). ৬ (*pl*) **G~s** (বৃটেনসহ কতিপয় দেশে) রাজা বা রানীর দেহরক্ষী: the Royal Horse G~s; a G~s officer. ˈ**~s·man** রাজকীয় (দেহ) রক্ষীবাহিনীর সদস্য। ৭ [C] কোনো ব্যক্তির দেহরক্ষা, তাকে সম্মান প্রদর্শন বা প্রহরা দিয়ে নিয়ে যাবার জন্য প্রশিক্ষণপ্রাপ্ত সৈনিকবৃন্দ; সম্মাননা বাহিনী: The king inspected the ~ of honour at the airport. ৮ (বিশেষত যৌগশব্দে) আঘাত বা ক্ষতিনিরোধক বস্তু বা সরঞ্জাম (বাইসাইকেল বা মোটরগাড়ির চাকার ওপর লাগানো): mud ~. ৯ (যৌগশব্দে) ˈ**~-boat** *n* পোতাশ্রয়ে নোঙর-করা নৌবহরের চতুর্দিকে পাহারা দেবার কাজে ব্যবহৃত রক্ষীযান বা গার্ডবোট। ˈ**~-house** *n* (সাম.) সামরিক রক্ষীভবন বা সামরিক কারাভবন। ˈ**~-rail** *n* (সিঁড়ি বা অন্য কোথাও ব্যবহৃত) নিরাপত্তামূলক রেলিং। ˈ**~-room** রক্ষীকামরা। ˈ**~-ship** পোতাশ্রয় রক্ষাকারী জাহাজ।

guard[2] [গাঃড্] *vt, vi* ১ রক্ষা করা; পাহারা দেওয়া: ~ a camp; ~ one's reputation. ২ কোনো কিছু নিরোধকল্পে সতর্ক থাকা: ~ disease. **~ed** *adj* (বক্তব্য, বিবৃতি ইত্যাদি সম্বন্ধে) সতর্ক: a ~ed answer **~·ed·ly** *adv* সতর্কভাবে।

guard·ian [ˈগাঃডিআন্] *n* তত্ত্বাবধায়ক; অভিভাবক। ˌ~ ˈ**angel** কোনো ব্যক্তি বা স্থানের অহিত-বিনাশী ও হিতসাধনকারী দেবদূত। ˈ**~·ship** [-শিপ্] *n* তত্ত্বাবধায়কের কাজ; অভিভাবকত্ব।

guava [ˈগোআঃভ়া] *n* পেয়ারা; পেয়ারাগাছ।

gu·ber·na·torial [ˌগূবানাটো°রিআল্] *adj* (US, নাইজেরিয়া ইত্যাদি দেশে) প্রাদেশিক গভর্নর বা রাজ্যপাল বিষয়ক।

gudg·eon [ˈগাজান্] *n* টোপ হিসাবে ব্যবহৃত ছোট মিঠা পানির মাছ।

guel·der rose [ˈগেল্‌ডা রৌজ়্] *n* ফুলের গাছ বিশেষ—এতে থোকায় থোকায় সাদা ফুল ফোটে; স্নোবল গাছ।

guer·rilla, guer·illa [গ ˈরিলা] *n* নিয়মিত সেনাবাহিনীর সদস্য নয় এমন যে ব্যক্তি ছোট ছোট গুপ্ত দলে বিভক্ত হয়ে শত্রুপক্ষের সঙ্গে যুদ্ধ করার রীতি অনুসরণ করে; গেরিলা যোদ্ধা। **~ warfare** *n* [U] গেরিলা-যুদ্ধ। **~ war** *n* [C] এক বা উভয়পক্ষে গেরিলাদের দ্বারা পরিচালিত যুদ্ধ। **urban ~** শুধু নগরে সক্রিয় গেরিলা যোদ্ধা; নগর-গেরিলা।

guess [গেস্] *vt, vi* **~ (at)** অনুমান করা; ধারণা করা: G~ what I have got in this bag. Can you ~ my weight? It's difficult to ~ at her age. I ~ (US কথ্য = আমি মনে করি, আমার মনে হয়) you're right. □*n* [C] অনুমান; ধারণা: make a ~ (at sth). **it's any body's guess** কেউ এ ব্যাপারে নিশ্চিত কিছু বলতে পারে না বা কারো পক্ষেই এ ব্যাপারে নিশ্চিত হওয়া সম্ভব নয়। **at a ~** অনুমান করে: At a guess I should say there were 20 people in the room. **by ~** অনুমানের উপর ভর করে: Don't answer by ~. ˈ**~·timate** [ˈগেস্‌টিমট্] *n* (আধুনিক কথ্য.) অনুমান আর যুক্তি মিশিয়ে বের-করা হিসাব। ˈ**~-work** *n* [U] অনুমান-কাজ; অনুমানজাত ফল।

guest [গেস্ট্] *n* অতিথি। ˈ**~·room** অতিথিদের জন্য রক্ষিত শোবার ঘর। ˈ**~·house** *n* অতিথিশালা। ˈ**~-night** *n* যে রাতে ক্লাব, কলেজ, মেস ইত্যাদির সদস্যরা বন্ধুদেরকে এনে অতিথি হিসাবে আপ্যায়ন করতে পারে। ˌ**paying** ˈ**~** যে ব্যক্তি খরচা দিয়ে কারো বাড়িতে থাকে ও খায়।

guf·faw [গা ˈফো°] *vi, n* অট্টহাসি (দেওয়া)।

guid·ance [ˈগাইড্‌ন্‌স্] *n* [U] পথনির্দেশ; পরিচালনা; নেতৃত্ব।

guide [গাইড্] *n* ১ পথপ্রদর্শক, বিশেষত যে ব্যক্তি পর্যটকদের দর্শনীয় বস্তু দেখানোর কাজে নিযুক্ত / Girl ˈ**G ~**, দ্র. girl. ২ যে বস্তু (আচরণ ইত্যাদি) পরিচালিত বা প্রভাবিত করে: Instinct is not always a good ~. ˈ**~-line** *n* (সাধা. *pl*) (সাধা. কর্তৃত্বে অধিষ্ঠিত কারো পক্ষ থেকে দেওয়া) নীতি ইত্যাদি বিষয়ক পরামর্শ বা নির্দেশাবলী: ~-lines on distribution of government land among the landless. ৩ (অপিচ ˈ**~·book**) পর্যটক বা পরিব্রাজকের জন্য কোনো স্থান সম্পর্কে বিভিন্ন তথ্য-সম্বলিত বই; পথপঞ্জি; গাইড: a ~ to Bangladesh. ৪ তথ্যপঞ্জি; নির্দেশিকা: a G~ to Horse-Breeding. ৫ দণ্ড বা রড বা যন্ত্রপাতির যে অংশ অন্যান্য অংশকে প্রয়োজন মতো চালাতে পারে। □*vt* (কারো) পথপ্রদর্শক হিসাবে কাজ করা। ˌ**~d** ˈ**missile** নিয়ন্ত্রিত ক্ষেপণাস্ত্র।

guild [গিল্ড্] *n* (পুরনো বানান **gild**) (পারস্পরিক সহযোগিতা, সমাজকল্যাণ, বাণিজ্য ইত্যাদির স্বার্থে গঠিত) সমবায় সঙ্ঘ। ˌ**G~** ˈ**hall** *n* মধ্যযুগে যে সভাকক্ষে গিল্ড্-সদস্যরা মিলিত হতো। **the** ˈ**G~-hall** লন্ডন নগর কর্পোরেশনের হলঘর, যেখানে অভ্যর্থনা, আপ্যায়ন ইত্যাদির আয়োজন করা হয়। **~ socialism** যে পদ্ধতিতে কোনো শিল্প প্রতিষ্ঠান তার সদস্যদের (মালিক, শ্রমিক, কর্মকর্তা, কর্মচারী) নিয়ে গঠিত পরিষদ বা কাউন্সিল দ্বারা নিয়ন্ত্রিত হয়।

guilder [ˈগিল্‌ডা(র্)] *n* নেদারল্যান্ড-এর মুদ্রা।

guile [গাইল্] *n* [U] প্রতারণা; ছলনা; ধূর্তামি; চাতুর্য। **~·less** *adj* প্রতারণাহীন। **~·ful** *adj* প্রতারণাময়।

guille·mot [ˈগিলিমট্] *n* মেরু অঞ্চলের সামুদ্রিক পাখি।

guillo·tine [ˈগিলাটীন্] *n* ১ (ফ্রান্সে অপরাধীদের) শিরচ্ছেদ করার যন্ত্রবিশেষ। ২ বই-এর কিনার, কাগজ ইত্যাদি কেটে সমান করার যন্ত্রবিশেষ। ৩ (আইনসভায়) (অতিরিক্ত বিতর্ক সৃষ্টির মাধ্যমে) কোনো প্রস্তাবিত বিল বা আইনের খসড়ার অনুমোদন ব্যাহত করার প্রয়াসকে ভোট গ্রহণের সময় নির্ধারণ করে থামানোর পদ্ধতি।

guilt [গিল্ট্] *n* দোষ; অপরাধ; অপরাধিতা। **~·less** *adj* **~·less (of)** নির্দোষ; নিরপরাধ: ~less of an offence. **~y** *adj* **~y (of)** ১ দোষী; অপরাধী: plead not ~y to a crime; be ~y of a crime. ২ অপরাধী দেখায় বা অপরাধ বোধ করে এমন: He looks ~y; I am feeling ~y; a ~y conscience, অপরাধবোধে পীড়িত বিবেক। **~·ily** [-ইলি] *adv*. **~·iness** *n*

guinea [ˈগিনি] *n* (*pl* ~s সং **gns**) ২১ শিলিং-এর সমপরিমাণ অর্থ।

guinea-fowl [ˈগিনি ফাউল্] *n* মোরগজাতীয় পাখিবিশেষ।

guinea-pig [ˈগিনি পিগ্] *n* ছোট কানবিশিষ্ট বড়ো ইঁদুরের মতো প্রাণী, বৈজ্ঞানিক গবেষণায় এই প্রাণীকে প্রায়শ ব্যবহার করা হয়; যে ব্যক্তি চিকিৎসাশাস্ত্রীয় বা অন্য কোনো গবেষণায় নিজেকে ব্যবহৃত হতে দেয়।

Guin·ness [ˈগিনিস্] *n* (P) এক প্রকার তিক্ত স্বাদের মদ।

guise [গাইজ়্] *n* [C] ১ (প্রা.প্র.) পোশাকের ধরন; বেশ: in the ~ of a monk, সন্ন্যাসীর বেশে। ২ **in/under the ~ of** ভান করে: under the ~ of friendship, বন্ধুত্বের ভান করে।

guitar [গিˈটাঃ(র্)] *n* (সাধা.) ছয় তার যুক্ত বাদ্যযন্ত্রবিশেষ; গিটার।

gulch [গাল্‌চ্] *n* [US] গভীর; সংকীর্ণ; পাহাড়ি উপত্যকা; গিরিখাত।

gul·den [ˈগুল্‌ডান্] *n* = guilder.

gulf [গাল্‌ফ্] *n* ১ প্রায় স্থলবেষ্টিত উপসাগর: the Persian G~. **the** ˈ**G~ stream,** মেক্সিকো উপসাগর থেকে উত্তরে য়োরোপের দিকে প্রবাহিত উষ্ণ সমুদ্রস্রোত। ২ গভীর খাদ; (লাক্ষ.) বিভাজন-রেখা; বিভেদ বা অনৈক্য।

gull[1] [গাল্] *n* সামুদ্রিক পাখিবিশেষ; শঙ্খচিল।

gull[2] [গাল্] *vt* ধোঁকা দেওয়া; প্রতারণা করা: He ~ed me out of my money. □*n* সহজে প্রতারিত হয় এমন ব্যক্তি। **~·ible** [-অবল্] সহজে প্রতারণাযোগ্য। **~i·bil·ity** [ˌগালাˈবিলাটি] *n*

gul·let [ˈগালিট্] *n* অন্ননালী; গলা।

gully [ˈগালি] *n* জলস্রোতে পর্বতের গা ক্ষয় হয়ে সৃষ্ট খাত; গিরিখাত; জল নিষ্কাশনের নালী; পয়োনালী।

gulp [গাল্‌প্‌] *vt, vi* ~ **(down)** গলাধঃকরণ করা; গবগব বা ঢকঢক করে গেলা: ~ down a glass of water; গলাধঃকরণের ভঙ্গি করা। □*n* [C] গলাধঃকরণ; গিলে ফেলা: He emptied the glass at one ~; যতোটুকু গেলা যায়; ততোটুকু; বড়ো এক ঢোক: a ~ of warm milk.

gum[1] [গাম্‌] *n* (সাধ. *pl*) দাঁতের মাড়ি। **gum·boil** [গাম্‌বয়্‌ল্‌] মাড়িতে ওঠা ফোঁড়া।

gum[2] [গাম্‌] *n* ১ [U] আঠা; গঁদ। ২ [U] বিশেষভাবে প্রস্তুত আঠা: chewing-gum; [C] (also **ˈgum-drop**) এক ধরনের মিষ্টি; হালুয়া। ৩ (**ˈgum-tree**) ইউক্যালিপটাস গাছ। **up a gum-tree** (অপ.) বেকায়দায়। **ˈgum·boot** রাবারের তৈরি উঁচু বুট জুতা। **ˈgum-shoe** [US] (ক) রাবারের জুতা। (খ) (অপ.) গোয়েন্দা। □*vt* আঠা দিয়ে জোড়া লাগানো; কোনো কিছুর উপর আঠা লাগানো: gum sth down; gum two pieces of paper together. **gummy** *adj* আঠালো।

gum[3] [গাম্‌] *n* (বিশেষত উত্তর ইংল্যান্ডে) (শপথে, শাপ–শাপান্তে) ঈশ্বর; আল্লাহ্‌: By gum! খোদার কসম!

gum·bo [ˈগাম্‌বৌ] *n* [US] এক ধরনের ঘন সবজির ঝোল।

gump·tion [ˈগাম্‌পশ্‌ন্‌] *n* [C] (কথ্য) সাধারণ বুদ্ধি ও কর্মোদ্যম; সফলতা আনতে পারে এমন গুণাবলী: He lacks ~.

gun [গান্‌] *n* ১ রাইফেল, বন্দুক, পিস্তল ইত্যাকার আগ্নেয়াস্ত্রের সাধারণ নাম; যে কোনো আগ্নেয়াস্ত্র। **be going great guns** বলিষ্ঠ ও সফলভাবে এগিয়ে যাওয়া। **blow great guns** (বাতাস সম্বন্ধে) প্রচণ্ডবেগে প্রবাহিত হওয়া। **stick to one's guns** যুক্তি–তর্ক বা আক্রমণের বিরুদ্ধে নিজের অবস্থান টিকিয়ে রাখা। **ˈgun·boat** *n* কামান বা দূরপাল্লার ক্ষেপণাস্ত্রবাহী ছোট যুদ্ধজাহাজ। **gun-boat diplomacy** (লাক্ষ.) যে কূটনীতির পিছনে বলপ্রয়োগের হুমকি থাকে। **ˈgun-carriage** *n* ভারী কামানের ভারবাহী চাকা–গাড়ি। **ˈgun-cotton** *n* [U] অ্যাসিড–সিক্ত তুলায় তৈরি বিস্ফোরক। **ˈgun·fire** *n* [U] বন্দুক বা কামান দাগা। **gun·man** [–মান্‌] *n* বন্দুকধারী। **ˈgun·metal** *n* পিতলের খাদ; নিষ্প্রভ বাদামি–নীল রং। **ˈgun·powder** *n* বারুদ। **the ˈGun powder Plot** ১৬০৫ খ্রিস্টাব্দের ৫ নভেম্বর ব্রিটেনের পার্লামেন্ট ভবন উড়িয়ে দেবার যে ষড়যন্ত্র করা হয়। **ˈgun·room** *n* (যুদ্ধজাহাজে) নিম্নপদস্থ অফিসারদের কামরা। **ˈgun-running** *n* [U] (বিদ্রোহে সাহায্যের জন্য) কোনো দেশে গোপন ও অবৈধভাবে আগ্নেয়াস্ত্র পাচার। **ˈgun-runner** *n* এরূপ আগ্নেয়াস্ত্র পাচারের কাজে জড়িত ব্যক্তি। **ˈgun·shot** *n* (ক) বন্দুক বা কামানের গোলা। (খ) বন্দুক বা কামানের পাল্লা: be out of/within gunshot. **ˈgun·smith** *n* ক্ষুদ্র আগ্নেয়াস্ত্রের প্রস্তুত ও মেরামতকারক। ২ শিকারি দলের একজন হিসাবে শিকারের বন্দুক ব্যবহারকারী ব্যক্তি। ৩ **big gun** (কথ্য) বিশিষ্ট বা ক্ষমতাশালী ব্যক্তি। □*vt* **gun sb (down)** কাউকে বন্দুক দিয়ে গুলি করা।

gun·ner [ˈগানা(র্‌)] *n* (স্থল বাহিনীতে) গোলন্দাজ সৈনিক; (নৌবাহিনীতে) কামানসমূহের দায়িত্বে নিয়োজিত ওয়ারেন্ট অফিসার। **~y** *n* [U] ভারী কামানের নির্মাণ ও পরিচালনব্যবস্থা।

gunny [ˈগানি] *n* [U] গুনচট।

gurgle [ˈগাগ্‌ল্‌] *n* [C, U] বুদবুদ ওঠার মতো গলগল শব্দ: ~s of delight. □*vi* এরূপ শব্দ করা: The baby was gurgling happily.

Gur·kha [ˈগাকা] *n* নেপালি; গোর্খা।

gush [গাশ্‌] *vi* ১ আকস্মিক ও প্রবলভাবে নিঃসৃত হওয়া বা ফেটে পড়া: blood ~ing from a wound. ২ অতি উৎসাহে কথা বলা: young boys ~ing over soccer super-stars. □*n* আকস্মিক নিঃসরণ বা বিস্ফোরণ: a ~ of oil; a ~ of enthusiasm. **~er** *n* যে তেলকূপ থেকে আপনাআপনি তেল নির্গত হয়। **~·ing** *adj:* ~ing anger. **~·ing·ly** *adv*

gus·set [ˈগাসিট্‌] *n* [C] (সাধা. তিনকোণা) কাপড়ের পটি, জামা–কাপড় টেকসই করবার বা বাড়াবার জন্য যা সেলাই করে জুড়ে দেওয়া হয়।

gust [গাস্‌ট্‌] *n* [C] আকস্মিক দমকা বাতাস; আকস্মিক ও ভারী বৃষ্টি বা শিলাপাত; আগুন বা ধোঁয়ার আকস্মিক উদ্‌গার; (লাক্ষ.) ভাবাবেগের আকস্মিক ও প্রবল অভিব্যক্তি: The wind is blowing in ~s. **~y** *adj* ঝড়ো: ~y wind.

gus·ta·tion [গাˈস্টেই শ্‌ন্‌] *n* [U] (আনুষ্ঠা.) স্বাদগ্রহণ।

gusto [ˈগাস্টৌ] *n* [U] কোনো কিছু করায় আনন্দ।

gut [গাট্‌] *n* ১ (*pl*) পেটের নাড়িভুঁড়ি; অন্ত্র: drive a knife into a man's guts. **hate sb's gut** (অপ.) কাউকে তীব্রভাবে ঘৃণা করা। ২ (*pl*) (কথ্য) বিষয়বস্তু বা সারবস্তু: a speech without guts in it, ফাঁপা বক্তৃতা; the real guts (= প্রকৃত সারবস্তু, সারাংশ) of a speech. ৩ (কথ্য) সাহস ও সংকল্প: There's a man with plenty of guts. ৪ [U] জীবজন্তুর নাড়ি থেকে তৈরি এবং বেহালা ইত্যাদি ব্যাদ্যযন্ত্রে ব্যবহৃত তার। □*vt* ১ (মাছ ইত্যাদির পেট থেকে) নাড়িভুঁড়ি বের করে নেওয়া। ২ কোনো কিছুর অভ্যন্তর বা বিষয়সামগ্রী ধ্বংস করা: The building was gutted by fire. **gut·less** *adj* সাহসহীন; সংকল্পহীন।

gutta-per·cha [ˌগাটা ˈপাচা] *n* [U] মালয়–এর বিভিন্ন গাছের রস থেকে তৈরি রাবার জাতীয় বস্তু।

gut·ter[1] [ˈগাটা(র্‌)] *n* [C] ১ বৃষ্টির জল নিষ্কাশনের জন্য ছাদের কিনারায় লাগানো (সাধা. ধাতব) নালী; একই উদ্দেশ্যে পথের পাশে তৈরি–করা নালা; পয়োনালী। ২ **the ~** (লাক্ষ.) দরিদ্র বা ইতর জীবন: the language of the ~, ইতর ও অশ্লীল ভাষা। **take a child out of the ~** দরিদ্র ও ইতর পরিবেশ থেকে তাকে সরিয়ে নেওয়া। **the ˈgutter press** যে খবরের কাগজের অধিকাংশ জুড়ে অশ্লীল ও মুখরোচক খবরাখবর থাকে। **ˈ~·snipe** [–স্নাইপ্‌] বস্তির শিশু; অনাথ ও নিরাশ্রয় শিশু।

gut·ter[2] [ˈগাটা(র্‌)] *vi* (মোমবাতি সম্বন্ধে) কেঁপে কেঁপে জ্বলা—যাতে গলে–যাওয়া মোম পাশ বেয়ে গড়িয়ে গড়িয়ে পড়ে।

gut·tural [ˈগাটারাল্‌] *n, adj* (যে ধ্বনি) কণ্ঠ থেকে উৎপন্ন (এমন প্রতীয়মান হয়)। **~·ly** *adv*

guv·nor [ˈগাভ্‌না(র্‌)] *n* (GB অপ.) মনিব।

guy[1] [গাই] *n* [C] কোনো কিছুকে স্থির বা সোজা রাখার জন্য ব্যবহৃত দড়ি বা শিকল, যথা —তাঁবুর দড়ি।

guy[2] [গাই] *n* ১ পুরনো পোশাকে সাজানো মানুষের মূর্তি; কুশপুত্তলিকা (ইংল্যান্ডে ৫ নভেম্বর Guy Fawkes–কৃত Gunpowder Plot স্মরণে এরকম মূর্তি বা কুশপুত্তলিকা দাহ করা হয়)। ২ অদ্ভুত সাজ পরা মানুষ। ৩ (অপ.)

লোক। □*vt* উপহাস করা; কারো কুশপুত্তলিকা তৈরি করে দেখানো।

guzzle [ˈগাজ্‌ল্] *vi, vt* (কথ্য) গবগব বা ঢকঢক করে গেলা: ~ beer. **guz·zler** [–জ্‌লা(র্)] *n* যে ব্যক্তি খাবার বা পানীয় এভাবে গলাধঃকরণ করে।

gybe (US **jibe**) [জাই ব্] *vi, vt* (নৌ.) (পাল বা মাস্তুল সম্বন্ধে) জাহাজের একপাশ থেকে আরেক পাশে ঘুরে যাওয়া; (জাহাজ বা তার নাবিকদের সম্বন্ধে) পাল বা মাস্তুলের এ রকম ঘুরে যাবার ব্যবস্থা করা।

gym [জিম্] *n* (gymnasium, gymnastics–এর অপ. সং) শরীরচর্চা কেন্দ্র; শরীরচর্চা: ˈgym-shoes. ˈ**gym-slip** *n* হাতকাটা ফ্রকবিশেষ।

gym·khana [জিম্ˈকাঃনা] *n* শরীরচর্চা; অশ্ব–চালনা বা গাড়ি–চালনা প্রতিযোগিতার উন্মুক্ত প্রদর্শনী।

gym·nasium [জিম্ˈনেইজ়িঅ্যম্] *n* শরীরচর্চা কেন্দ্র।

gym·nas·tic [জিম্ˈন্যাস্টিক্] *adj* শারীরিক প্রশিক্ষণ বিষয়ক। **~s** *n pl* শরীরচর্চা। **gym·nast** [ˈজিম্‌ন্যাস্ট্] শরীরকলাবিদ।

gynae·col·ogy [US = **gyne-**] [ˌগাইনিˈকলাজি] *n* স্ত্রীরোগ ও প্রসূতিবিজ্ঞান। **gynae·colo·gist** (US = **gyne-**) স্ত্রীরোগ ও ধাত্রীবিদ্যা বিশেষজ্ঞ। **gynae·co·logi·cal** (US = **gyne-**) [গাইনিকাˈলজিক্‌ল্] *adj*

gyp[1] [জিপ্] *vt* (অপ.) প্রতারণা করা; ঠকানো।

gyp[2] [জিপ্] *n* **give sb gyp** (অপ.) কাউকে নির্দয়ভাবে তিরস্কার করা বা শাস্তি দেওয়া।

gyp·sum [ˈজিপসাম্] *u* [U] খনিজ পদার্থবিশেষ, যার থেকে প্লাসটার অব প্যারিস তৈরি হয় এবং সার হিসাবেও ব্যবহার করা হয়।

Gypsy [ˈজিপ্‌সি] *n* দ্র. gipsy.

gy·rate [ˌজাইˈরেইট্ US ˈজাই রেইট্] *vi* চক্রাকারে ঘোরা; আবর্তিত হওয়া। **gy·ra·tion** [ˌজাইˈরেইশ্‌ন্] *n* [C, U] চক্রাকারে ঘূর্ণন; আবর্তন।

gyro [ˈজাইঅরৌ] *n* gyroscope–এর কথ্য সং।

gyro·scope [ˈজাইরাস্‌কৌপ্] *n* ঘূর্ণমান বস্তুসমূহের গতিতত্ত্ব ব্যাখ্যার যন্ত্রবিশেষ। **gyro·scopic** [ˌজাইরাস্‌কপিক্] *adj*

H h

H, h [এ ইচ্] ইংরেজি বর্ণমালার অষ্টম বর্ণ।

ha [হাঃ] *int* বিস্ময়, আনন্দ, বিজয়, সন্দেহ ইত্যাদি জ্ঞাপক ধ্বনি; মুদ্রণে পুনরাবৃত্ত হলে ('Ha ! Ha ! Ha !') এটি হাসি নির্দেশ করে।

ha·beas cor·pus [হেই বিঅ্যাস্ˈকো°পাস্] *n* (লা.; আইন.) **(writ of) ~,** কোনো ব্যক্তিকে অন্তরীণ রাখার বৈধতা যাচাই করার জন্য তাকে বিচারকের সামনে বা আদালতে হাজির করার নির্দেশ।

hab·er·dasher [ˈহ্যাবাড্যাশা(র্)] *n* জামা–কাপড়, সুচ–সুতা, বোতাম, ফিতা, চুলের কাঁটা ইত্যাদির দোকানদার। **~y** *n* [U] উল্লিখিত জিনিসপত্র বা তার কারবার।

habit [ˈহ্যাবিট্] *n* ১ [C] অভ্যাস: the ~ of drinking. **be in/ fall into/ get into the ~ of** কোনো কিছুর অভ্যাস থাকা/কোনো কিছুর অভ্যাস রপ্ত করা: He fell/got into the ~ of drinking. **fall/get into bad ~s** বদ অভ্যাস রপ্ত করা: He got into bad ~s soon after his father's death. **get sb into the ~ of/into bad ~s** কাউকে কোনো অভ্যাস/ বদ অভ্যাস রপ্ত করানো: I admit that I got him into the ~ of smoking. **fall/get out of the ~ of** কোনো অভ্যাস ত্যাগ করা: It's easier to get into a bad ~ than to get out of it. **make a ~ of sth** কোনো কিছুকে অভ্যাসে পরিণত করা বা কোনো কিছুর অভ্যাস করা: He has made a ~ of going to sleep with the lights on. ২ [U] সাধারণ আচরণ: H~ is second nature. **creature of ~** অভ্যাসের দাস। **do sth/ act from the force of ~** অভ্যাসবশে কিছু করা। **do sth/act out of ~** অভ্যাসবশে কিছু করা। ৩ [C] (প্রা.প্র.) (দেহের বা মনের) অবস্থা বা ধাত: a cheerful ~ of mind. ৪ কোনো ধর্মীয় সম্প্রদায়ের ব্যবহৃত পোশাক: a monk's ~. ˈriding ~, অশ্ব–চালনায় ব্যবহৃত মহিলাদের কোট ও স্কার্ট।

hab·it·able [ˈহ্যাবিটাব্‌ল্] *adj* বাসযোগ্য: I find the old house quite ~.

habi·tat [ˈহ্যাবিট্যাট্] *n* (উদ্ভিদ, জীবজন্তু সম্বন্ধে) স্বাভাবিক বিচরণ বা লালনক্ষেত্র; আবাসভূমি।

habi·ta·tion [ˌহ্যাবিˈটেইশ্‌ন্] *n* ১ [U] বাস: a house that is no longer fit for ~. ২ [C] (সাহিত্য.) বাসস্থান: For miles around we didn't see a single human ~.

ha·bit·ual [হাˈবিচুঅল্] *adj* ১ নিয়মিত; অভ্যস্ত: One's ~ seat (=অভ্যস্ত আসন) at the dining-table. ২ অভ্যাসতাড়িত; অভ্যাসগত: a ~ liar. **~ly**[–চুঅলি] অভ্যাসগতভাবে; স্বভাবত: He is ~ly late for dinner.

ha·bitu·ate [হাˈবিচুএইট্] *vt* **~ sb/oneself to sth** (আনুষ্ঠা.) (কাউকে/নিজেকে কোনো কিছুতে) অভ্যস্ত করানো: ~ oneself to a cold climate.

ha·bitué [হাˈবিচুএই] *n* যে ব্যক্তি কোনো স্থানে নিয়মিত যাতায়াত করে: a ~ of the Ramna Green.

haci·enda [ˌহ্যাসিˈএনডা] *n* (ল্যাটিন আমেরিকায়) বসতবাড়ি–সংবলিত বিশাল তালুক।

hack[1] [হ্যাক্] *vt,vi* **~ (at)** কোপানো, কুপিয়ে কাটা; দা, কুড়াল ইত্যাদি দিয়ে টুকরা–টুকরা করে কাটা: ~ at the branch of a tree; The body of the murdered man was ~ed to pieces. **~ing cough** ঘন–ঘন, শুকনা কাশি। ˈ**~·saw** *n* ধাতু কাটার করাত।

hack[2] [হ্যাক্] *n* ১ ভাড়াটে ঘোড়া। ২ ভাড়াটে লেখক। □*vi* ঘোড়ায় চড়ে পথ দিয়ে সাধারণ গতিতে চলা: go ~ing.

hackles [হ্যাক্‌ল্‌জ়্] *n pl* গৃহপালিত মোরগের ঘাড়ের লম্বা পালক; ঝুঁটি: with his ~ up, (মোরগ, কুকুর, মানুষ সম্বন্ধে) ক্রুদ্ধ, ক্ষিপ্ত; মারামারি করতে উদ্যত। **have one's/get sb's ~ up** চটে যাওয়া; কাউকে চটিয়ে দেওয়া।

hack·ney [ˈহ্যাক্‌নি] *n* ˈ**~ carriage** ভাড়াটে গাড়ি। **~ed** [ˈহ্যাক্‌নিড়] *adj* (বিশেষত কথা, প্রবচন সম্বন্ধে) অতি প্রচলিত; অতিব্যবহৃত; ব্যবহারজীর্ণ।

had [হ্যাড়] দ্র. have[1].

had·dock [ˈহ্যাডাক্] *n* খাদ্য হিসাবে বহু-ব্যবহৃত সামুদ্রিক মাছ।

hades [ˈহেইডীজ্] *n* (গ্রি. পুরাণ) পাতাল; মৃতের আত্মা যেখানে যায়।

Hadji [ˈহ্যাজি] *n* মক্কা-ফেরত মুসলিম তীর্থযাত্রীর পদবি; হাজি।

hadn't [ˈহ্যাড্‌নট্] = had not, দ্র. have[1].

haem = দ্র. hem.

haf·nium [ˈহ্যাফ্‌নিআম্] *n* পারমাণবিক চুল্লিতে ব্যবহৃত ধাতব উপাদান (প্রতীক Hf)।

haft [হাঃফ্‌ট্ US হ্যাফ্‌ট্] *n* কুড়াল, ছোরা, চাকু ইত্যাদির হাতল বা বাট।

hag [হ্যাগ্] *n* ডাইনি; বস্তুত বা বাহ্যত অপকর্মে রত কদাকার বুড়ি। ˈ**hag-ridden** দুঃস্বপ্নপীড়িত; হয়রানিক্লিষ্ট।

hag·gard [ˈহ্যাগাড্] *adj* (কোনো ব্যক্তি, তার মুখের চেহারা সম্বন্ধে) বিশেষত দুশ্চিন্তা, অনিদ্রা ইত্যাদির ফলে চোখমুখ বসে গেছে এমন।

hag·gis [ˈহ্যাগিস্] *n* ভেড়ার মাংস দিয়ে বিশেষভাবে তৈরি এক ধরনের স্কটদেশীয় খাবার।

haggle [ˈহ্যাগ্‌ল্] *vi* ~ **(with sb) (about/over sth)** দর-কষাকষি করা।

hagi·ol·ogy [ˌহ্যাগিˈঅলাজি] *n* সাধু মহাপুরুষদের জীবন-কাহিনী ভিত্তিক উপাখ্যানসমগ্র।

haha [ˈহাঃ হাঃ] *n* পার্ক বা বাগান ঘিরে রাখা খুব নিচু দেয়াল বা বেড়া।

hail[1] [হেই ল্] *n* ১ [U] শিলাবৃষ্টি। ˈ**~·stone** *n* [C] শিলাপিণ্ড। ˈ**~·storm** *n* শিলাঝড়; শিলাবৃষ্টি। ২ (সাধা. **a ~ of**) সবেগে বিপুল সংখ্যায় নেমে আসা কোনো কিছু: a ~ of blows. □*vi,vt* ১ (impers) শিলাবৃষ্টি হওয়া: It ~ed in the afternoon. ২ **~ (sth) down (on sb)** (কিল ঘুষি, ইত্যাদি সম্বন্ধে) দ্রুত ও নির্মমভাবে বর্ষণ করা বা বর্ষিত হওয়া: Blows ~ed down on him. The angry crowd ~ed curses down on the speaker who tried to defend monarchy.

hail[2] [হেই ল্] *vt,vi* ১ সম্ভাষণ জানানো; শুভেচ্ছা জ্ঞাপন করা; অভিনন্দিত করা; (দৃষ্টি আকর্ষণের জন্য) ডাক দেওয়া: The workers ~ed their new leader as he entered the factory premises. He was ~ed as a hero. He ~ed a taxi. ২ **~ from** কোথাও থেকে আসা: Where do you ~ from? কোত্থেকে এসেছো, তোমার দেশের বাড়ি কোথায়? They ~ from all parts of the country, (কথ্য) সারা দেশ থেকে আসে। □*n* সম্ভাষণ; হর্ষধ্বনি। **within ~** (বিশেষত জাহাজ সম্বন্ধে) সন্নিকটে। **be ˌ~-fellow-well-ˈmet (with sb)** (কারো সঙ্গে) সুপরিচিত ও বন্ধুভাবাপন্ন হওয়া।

hair [হেআ(র্)] *n* ১ [U] (collective *sing)* চুল; লোম: He has fine curly ~. a dog with a black coat of ~; [C] একগাছি চুল: find a ~ in the soup. **get sb by the ˈshort ~s** (অপ.) কাউকে বাগে পাওয়া। **keep your ˈ~ on** (অপ.) মাথা ঠাণ্ডা রাখো। **let one's ˈ~ down** (মহিলা সম্বন্ধে) চুলের/খোপার বাঁধন খুলে দেওয়া; (লাক্ষ.) ভদ্রতা করার পর হাত-পা ছড়িয়ে আরাম করা। **lose one's ~** (ক) টেকো হওয়া। (খ) মাথা গরম করা। **make one's ~ stand on end** ভয়ে মাথার চুল খাড়া করানো, আতঙ্কিত করা। **put one's ~ up** মাথার উপর চুল খোপা করে বাঁধা। **split ~s** চুল-চেরা বিচার করা। এই সূত্রে ˈ**~·splitting** *n* চুল-চেরা বিচার। **tear one's ~** (রাগে, দুঃখে) নিজের মাথার চুল ছেঁড়া। **not turn a ~** একটি চুলও না নড়ানো, বিচলিত হবার কোনো লক্ষণ না দেখানো। **to a ~** (কোনো কিছুর বর্ণনা সম্বন্ধে) যথাযথ, হুবহু। ২ (যৌগশব্দ) ˈ**~ ('s)-breadth** *n* চুল-পরিমাণ ব্যবধান: escape by a ~'s-breadth; a ~-breadth escape, কোনোমতে/অল্পের জন্য রক্ষা। ˈ**~·brush** *n* চুল আঁচড়ানোর বুরুশ। ˈ**~·cloth** *n* সুতা ও পশুর লোম মিশিয়ে তৈরি করা কাপড়। ˈ**~·cut** *n* চুল-ছাঁটাই বা চুল-ছাটাইয়ের ধরন। ˈ**~-do** *n* (কথ্য) চুল-ছাঁটাই। ˈ**~·dresser** *n* চুল-ছাঁটাই ও কেশবিন্যাস যে ব্যক্তির পেশা। ˈ**~-dye** চুলে মাখবার রং; কেশরঞ্জক। ˈ**~·line** *n* কপালের যে অংশ থেকে মাথার চুলের শুরু; একটি চুলের বিস্তার; (attrib) অত্যন্ত সরু: a ~line fracture. ˈ**~·net** *n* চুল বেঁধে রাখার জাল; কেশজাল। ˈ**~-oil** *n* চুলে মাখবার তেল; কেশতৈল। ˈ**~·piece** *n* নকল চুলের বেণী; পরচুলা। ˈ**~·pin** *n* (মহিলাদের) চুলের কাঁটা। ˌ**~pin ˈbend** *n* রাস্তার খাড়া (U-আকারের) বাঁক। ˈ**~-raising** *adj* ভয়ঙ্কর। ˌ**~-ˈshirt** *n* সুতা ও পশুর লোম মিশিয়ে তৈরি যোগী-তপস্বীদের পরিধেয় আরামহীন জামা। ˈ**~-slide** *n* চুলের ক্লিপ। ˈ**~·spring** *n* পকেট বা হাতঘড়িতে ব্যবহৃত অত্যন্ত সূক্ষ্ম স্প্রিং। ˈ**~·style** *n* চুল ছাটাইয়ের ধরন। ˈ**~·stylist** *n* = ~-dresser. ˈ**~-trigger** *n* ন্যূনতম চাপে যে ট্রিগার গুলি ছুড়তে পারে। **~·less** *adj* চুলহীন; টেকো। ˈ**~·like** *adj* চুলের মতো। **~y** *adj* চুল সম্পর্কিত বা চুলের মতো; চুলে ঢাকা; কেশাবৃত: a ~y chest. **~i·ness** *n*

hake [হেই ক্] *n* খাদ্য হিসাবে ব্যবহৃত কড্ জাতীয় মাছ।

hal·cyon [ˈহ্যাল্‌সিআন্] *adj* শান্ত; দুর্যোগহীন: ~ days/weather.

hale [হেই ল্] *adj* (সাধা. বৃদ্ধদের সম্পর্কে) স্বাস্থ্যবান। (**~ and hearty** = সুস্থ ও সবল, এই বিশিষ্টার্থক প্রয়োগ ছাড়া অন্যত্র সচরাচর ব্যবহৃত হয় না।)

half [হাঃ ফ্ US হ্যা ফ্] *n* (*pl* halves: হাঃভ্‌জ্ US হ্যাভজ) *adj,adv* ১ অর্ধেক: The ~ of 8 is 4. Two halves make a whole. **(do sth) by halves** অসম্পূর্ণভাবে। **go halves (with sb) (in sth)** (কারো সঙ্গে) (কোনো কিছুতে) সমান ভাগ নেওয়া বা সমান অংশীদার হওয়া। **too clever, etc by ~** অতি চালাক, ইত্যাদি। **one's better ~** কারো স্ত্রী, স্বামী ইত্যাদি। ২ (*adv* হিসাবে) অর্ধেকের মতো; আধাআধি; অর্ধেক মাত্রায়; যথেষ্ট মাত্রায়; প্রায়; কাছাকাছি: rice that is only ~ cooked; ~·cooked meat; ~ dead, (কথ্য) পরিশ্রান্ত; নিঃশেষিত; not ~ bad, (অপ.) মোটেও খারাপ নয়। **not ~** (অপ.) সম্ভব সর্বোচ্চ মাত্রায়; যতোটুকু সম্ভব: 'Is he angry?' 'Not ~ !' (অর্থাৎ যতোটা রাগা সম্ভব রেগে আছে, ভীষণ রেগে আছে)। ৩ (যৌগশব্দ) ˌ**~ a ˈdozen** *n* ছয়। ˌ**~ and ˈ~** এটার অর্ধেক আর ওটার অর্ধেক (নিয়ে/মিশিয়ে তৈরি কোনো কিছু)। ˈ**~-back** *n* (ফুটবল, হকি ইত্যাদি খেলায়) আক্রমণভাগ ও রক্ষণভাগের মধ্যবর্তী খেলোয়াড় বা তার অবস্থান। ˌ**~-baked** *adj* (কথ্য) মাথা-মোটা; স্থূল ও অনভিজ্ঞ: a ~-baked young man; বোকাটে; অসিদ্ধ; অনুৎকৃষ্ট: ~-baked ideas. ˈ**~-blood** *n* সৎমা বা সৎবাপের সূত্রে সৃষ্ট সম্পর্ক, এরূপ সম্পর্কযুক্ত ব্যক্তি। ˈ**~-breed** *n* (ক) দুই ভিন্ন জাতির বাবা ও মা-এর মিলনজাত ব্যক্তি। (খ) দুই ভিন্ন প্রজাতির প্রাণী বা উদ্ভিদের মিলনে সৃষ্ট প্রাণী বা উদ্ভিদ। ˈ**~-brother** *n* সৎ

ভাই। ˈ~-**caste** *n* জাতিসঙ্কর (half-breed) ব্যক্তি। ˌ~ ˈ**cock** *n* পিছনের দিকে আধ-টানা অবস্থায় বন্দুকের গোড়ার অবস্থান। **go off at ~ cock** (লাক্ষ.) সময় হবার আগেই কাজে হাত দিয়ে ব্যর্থ হওয়া। ˌ~-ˈ**hardy** *adj* (উদ্ভিদ সম্বন্ধে) তুষারপাত থেকে রক্ষা করতে হয়; কিন্তু অন্যান্য দিক থেকে উন্মুক্ত স্থানে জন্মানোর উপযোগী। ˌ~-ˈ**hearted** *adj* নিরুৎসাহ; নিরুদ্যম: a ~-hearted attempt. এই সূত্রে ˌ~-ˈ**heartedly** *adv* ˌ~-ˈ**holiday** *n* একবেলা ছুটি। ˌ~-**an** ˈ**hour, a** ˌ~-ˈ**hour** *nn* আধঘণ্টা। ˌ~-ˈ**hourly** *adj adv* আধ ঘণ্টা পর পর করা হয়; ঘটে এমন; আধঘণ্টা পর পর: a ~-hourly bus service; a wet rub to be given ~-hourly. ˌ~-ˈ**length** *adj* (প্রতিকৃতি সম্বন্ধে) আবক্ষ। **at** ˌ~-ˈ**mast** (পতাকা সম্বন্ধে) অর্ধনমিত (অবস্থায়): Flags fly at ~-mast on a day of national mourning. ˌ~-ˈ**pay** *n* [U] হ্রাসকৃত বেতন; অর্ধেক বেতন: He has been placed on ~-pay. ~-**penny** [ˈহেইপ্‌নি US ˈহ্যাফপেনি] *n* আধ-পেনি মূল্যমানের বৃটিশ মুদ্রা। ~·**penny·worth** [ˈহে ইপ্‌নিওআথ্ US হ্যাফ্ˈপেনিওআথ্], **ha'p'orth** [ˈহেইপাথ্] *n* যার মূল্য আধ-পেনির সমান; বর্তমানে এর ব্যবহার প্রধানত লাক্ষ: মূল্যহীন। ˌ~-ˈ**price** *adv* অর্ধেক দামে। ˌ~-**seas-ˈover** *pred adj* (কথ্য) আধ-মাতাল। ˈ~-**sister** *n* সৎ বোন। ˌ~-ˈ**size** সাধারণ মাপের অর্ধেকের সমান; আধমাপের। ˌ~-ˈ**timbered** *adj* (ভবন সম্বন্ধে) ইট, পাথর বা প্লাস্টারে পূর্ণ কাঠের কাঠাম দিয়ে তৈরি দেয়াল আছে এমন। ˌ~-ˈ**time** *n* [U] (ক) আধ-বেলার কাজ ও আধ-বেলার বেতন: be on ~-time. (খ) ফুটবল ইত্যাদি খেলার মধ্যবর্তী বিরতি বা বিশ্রাম। ˈ~-**tone** *n* সাধারণ কাগজে পুনর্মুদ্রিত সাদা-কালো ছবি, যথা, নিদর্শন বা উদাহরণস্বরূপ বই-পত্রে সংযোজিত চিত্র। ˈ~-**track** *n* সৈন্যবাহী যানবিশেষ। ˈ~-**truth** *n* অর্ধসত্য কথা বা উক্তি। ˌ~-ˈ**way** *adj* (ক) মাঝপথে অবস্থিত: The central Shahid Minar is half-way between Gulistan and Azimpur. (খ) মাঝামাঝি; অসম্পূর্ণ: ~-way measures, অসম্পূর্ণ বা মাঝামাঝি ব্যবস্থা। □*adv* মাঝপথে; মাঝামাঝি শর্তে: meet a person ~-way, সন্ধি করতে রাজি থাকা বা রাজি হওয়া। ˌ~-ˈwitted *adj* দুর্বল-মস্তিষ্ক; হাবা। এই সূত্রে ˈ~-**wit** *n* নির্বোধ বা হাবা লোক। ˌ~-ˈ**yearly** *adj,adv* ষাণ্মাসিক; বছরে দুই বার করে: ~-yearly examinations; money to be paid ~-yearly.

hali·but [ˈহ্যালিবাট্] *n* খাদ্য হিসাবে ব্যবহৃত সামুদ্রিক মাছ।

hali·tosis [ˌহ্যালিˈটৌসিস্] *n* [U] দুর্গন্ধযুক্ত শ্বাস।

hall [হো °ল্] *n* ১ সভাকক্ষ; মিলনায়তন; হলঘর (সম্বলিত ভবন): the Town H~; ˈdance-~s. ২ (ইংলিশ বিশ্ববিদ্যালয় সমূহের কলেজে) খাবার গ্রহণের জন্য বড় কামরা; ভোজনকক্ষ: dine in ~, (কলেজ সংশ্লিষ্ট) ভোজনকক্ষে আহার করা। ৩ বিশ্ববিদ্যালয়ের ছাত্রদের আবাসিক ভবন বা হল, ছাত্রাবাস: a ~ of residence, আবাসিক হল। ৪ (ইংল্যান্ডে) গ্রামাঞ্চলে অবস্থিত জমিদার বাড়ি। ৫ কোনো ভবনের প্রধান ফটকসংলগ্ন অন্দরমুখী ঢাকা বারান্দা বা পথ। ˈ~-**stand** টুপি, কোট, ছাতা ইত্যাদি রাখার জন্য (হলঘরে স্থাপিত) আলনা। ৬ সমবায় ভবন।

hal·le·lu·jah [ˌহ্যালিˈলূইয়া] *n,int* ঈশ্বরের উদ্দেশ্যে প্রশস্তি বা স্তব।

hal·liard [ˈহ্যাল্ইয়াড্] *n* = halyard.

hall·mark [ˈহো°ল্মা:ক্] *n* অলঙ্কারাদিতে ব্যবহৃত সোনা ও রুপার গুণগত মান নির্দেশক ছাপ; (লাক্ষ.) স্বাতন্ত্র্য বিধায়ক উৎকর্ষের লক্ষণ বা বৈশিষ্ট্য। □*vt* (কোনো কিছুর উপর) এমন ছাপ দেওয়া।

hallo [হ'লৌ] *int* = hullo.

hal·loo [হˈলূ] *int,n* শিকারি কুকুরকে শিকারের পিছনে লেলিয়ে দেবার জন্য করা চিৎকার। □*vi* বিশেষত কুকুরের প্রতি এমন চিৎকার করা।

hal·low[1] [ˈহ্যালৌ] *vt* (সাধা. passive) পবিত্র করা; পবিত্র বলে গণ্য করা: a land ~ed by the memories of great saints.

hal·low[2] [হ্যালৌ] *n* (শুধু) All H ~'s Day, দ্র. all[1] (৬)।

hal·low·e'en [ˌহ্যালৌˈঈন্] *n* ৩১ অক্টো., All Saints' Day বা All Hallows' Day-এর প্রাক্কাল।

hal·luci·nate [হˈলূসিনেইট্] *vi* যা চোখের সামনে নেই তা দেখা; কল্পিত বস্তু দেখা: She often ~s.

hal·luci·na·tion [হˌলূসিˈনেইশ্‌ন্] *n* [C,U] দৃষ্টিভ্রম, অবর্তমান বা কল্পিত কিছু দেখার প্রক্রিয়া বা দৃষ্টান্ত: In a drunken state people are sometimes subject to ~s. **hal·luci·na·tory** [হˈলূসিনাট্রি US-টো°রি] **hal·luci·no·genic** [হˌলূসিনাˈজেনিক্] *adj* (ঔষধ সম্বন্ধে) ভ্রমোৎপাদক।

halo [ˈহেইলৌ] *n* চন্দ্র বা সূর্য বেষ্টনকারী বা (প্রতিকৃতিতে) মহাপুরুষদের মাথা ঘিরে আঁকা আলোকের বলয়; জ্যোতিশ্চক্র; বর্ণবলয়।

halt[1] [হো °ল্ট্] *n* ১ (প্রধা. সাম. সৈন্য সম্বন্ধে) সাময়িক নিবৃত্তি; বিরতি। **call a ~ (to)** (সৈন্যদের) অভিযাত্রাপথে সাময়িকভাবে থামা; যাত্রাবিরতি করা: The officer called a ~. It's time to call a ~ to misuse of public money, (লাক্ষ.) নিবৃত্ত করা; থামানো। ২ (অধিকতর প্রচলিত ব্যবহার) **come to a ~** থামা; থেমে যাওয়া: The train came to a ~. ৩ রেলপথে (সাধারণ স্টেশনের চেয়ে ছোট এমন) থামার স্থান। □*vi,vt* ১ (সাম. আদেশ হিসাবে) অভিযাত্রা বা মার্চ থামাও; থামো; রোখো। ২ থামানো: The officer ~ed his troops for a rest.

halt[2] [হো °ল্ট্] *vi* ইতস্তত করা; দোমনা হওয়া; অনিশ্চিত ভঙ্গিতে হাঁটা: ~ between two views; in a ~ing manner. ~·**ing·ly** *adv* ইতস্ততভাবে; অনিশ্চিত ভঙ্গিতে।

hal·ter [ˈহো°ল্টা(র্)] *n* ১ ঘোড়ার গলার দড়ি। ২ ফাঁসির দড়ি।

halve [হা:ভ্ US হ্যাভ্] *vt* ১ দুই ভাগে ভাগ করা; দুই ভাগ করা: ~ a banana. ২ অর্ধেক কমানো: The new ferry-boat has ~d the time needed for crossing the Jamuna.

halves [হা:ভ্জ্ US হ্যাভ্জ্] দ্র. half.

hal·yard [ˈহ্যাল্ইআড্] *n* পাল বা পতাকা টাঙানো বা নামানো দড়ি।

ham [হ্যাম্] *n* [C] লবণ মাখিয়ে শুকানো বা আগুনে ঝলসানো শূকরের রান; [U] শূকরের মাংস: a slice of ~. ২ [C] (প্রধানত জীব-জন্তু সম্বন্ধে ব্যবহৃত) উরুর পশ্চাদ্ভাগ বা পিছনের দিক। ৩ (অপ.) কম দামি বা নিম্নমানের অভিনেতা; যে ব্যক্তি শখের বশে বা অপেশাদারি ভিত্তিতে বেতার সংকেত প্রেরণ ও গ্রহণ করে; (attrib) ham actors/acting/radio. ˌ**ham-ˈhanded/-ˈfisted** *adj* হস্তচালনায় অপটু। □*vt,vi*

ham (up) (কথ্য) ইচ্ছা করে কৃত্রিম, অতিরঞ্জিতভাবে আচরণ করা বা অভিনয় করা।

hama·dryad [ˌহ্যামা'ড্রাইআড্] *n* যে গাছে বাস করে সেই গাছের সঙ্গেই একত্রে মারা যায় এমন বনপরী; বিষধর ভারতীয় সাপ।

ham·burger ['হ্যাম্‌ব্যগা(র্)] *n* ১ গোল পিঠার আকারে ভাজা গোমাংসের কিমা/কুচি। ২ এমন গোমাংস ভিতরে দিয়ে তৈরি স্যান(ড)উইচ বা পাউরুটি।

ham·let ['হ্যামলিট্] *n* (বিশেষত মসজিদ, মন্দির বা গির্জা নেই এমন) ছোট গ্রাম।

ham·mer ['হ্যামা(র্)] *n* ১ হাতুড়ি। **be/go at it ~ and tongs** সশব্দে ও সর্বশক্তি নিয়ে মারামারি বা তর্কাতর্কি করা। **throwing the ~** ক্রীড়ায় হাতুড়িনিক্ষেপ প্রতিযোগিতা। ২ (পিয়ানো ইত্যাদি বাদ্যযন্ত্রে) হাতুড়িসদৃশ যে যন্ত্রাংশগুলো তারে আঘাত করে সুর সৃষ্টি করে। ৩ বন্দুক ইত্যাদির ঘোড়া। ৪ নিলামদারের ব্যবহৃত কাঠের ছোট হাতুড়ি। **be/come under the ~** নিলামে বিক্রি হওয়া। ৫ (ব্যব.) কানের হাড়; কর্ণাস্থি। □*vt,vi* ১ ~ **(in/out/down); ~ (at)** (যেন) হাতুড়ি দিয়ে আঘাত করা; হাতুড়ি মারা: ~ in a nail, হাতুড়ি মেরে পেরেক ঢোকানো; ~ down the lid of a box, হাতুড়ি দিয়ে বাক্সের ঢাকনা লাগানো; ~ sth out, হাতুড়ি পিটিয়ে কোনো কিছু সমান বা মসৃণ করা; ~ at the door, দরোজায় সজোরে করাঘাত করা; ~ at the Keys, অনুভূতির সংস্রব নেই এমনভাবে জোরে-জোরে পিয়ানো বাজানো। ২ (লাক্ষ.) ~ **out** কঠোর পরিশ্রম করে তৈরি করা: ~ out a programme of action. ~ **at** কোনো কিছু নিয়ে কঠোর পরিশ্রম করা: ~ away at a problem; জোর করে (কোনো কিছু) কারো মাথায় ঢোকানো: ~ an idea into sb's head. ৩ (কথ্য) যুদ্ধে বা খেলায় (কাউকে) নিদারুণভাবে হারিয়ে দেওয়া।

ham·mock ['হ্যামাক্] *n* জাহাজে বা বাগানে ব্যবহৃত চট বা দড়ির তৈরি দোলনা–বিছানা।

ham·per[1] ['হ্যাম্‌পা(র্)] *n* প্যাকিং বাক্স বা বিশেষত খাবার পাঠানোর জন্য ব্যবহৃত ঢাকনা লাগানো ঝুড়ি: a Christmas ~, খ্রিস্টমাস উপহার হিসাবে পাঠানো খাবার, পানীয় ইত্যাদি ভরা ঝুড়ি।

ham·per[2] ['হ্যাম্‌পা(র্)] *vt* বাধা দেওয়া; ব্যাহত করা: Her movement was ~ed by her heavy Banarasee saree.

ham·ster ['হ্যাম্‌স্‌টা(র্)] *n* ধেড়ে ইঁদুরের মতো প্রাণী।

ham·string ['হ্যাম্‌স্‌ট্রিঙ্] *vt* (ব্যক্তি বা প্রাণীর) হাঁটুর পিছন দিকের পেশিতন্তু কেটে খোঁড়া করে দেওয়া; (লাক্ষ.) (কারো) দক্ষতা বা কর্মক্ষমতা নষ্ট করে দেওয়া।

hand[1] [হ্যান্ড্] *n* ১ হাত। **at ~** কাছাকাছি: She lives close at ~, কাছাকাছি বাস করে। **at sb's ~s** কারো কাছ থেকে: I never expected such harsh treatment from his ~s. **bind sb ~ and foot** (আক্ষ., লাক্ষ.) কারো হাত–পা বাঁধা; কাউকে সম্পূর্ণ অসহায় করা। **serve/wait on sb ~ and foot** কারো সর্বপ্রকার হুকুম তামিল করা; সর্বপ্রকারে কারো সেবা করা। **by ~ (ক)** হাতে তৈরি: made by ~. **(খ)** (ডাক–যোগে নয়) হাতে–হাতে: a note delivered by ~. **bring up a baby/ a calf etc by ~** বোতলের দুধ খাইয়ে/হাতে ধরে বড়ো করা। **eat/feed out of one's ~ (ক)** (পাখি সম্বন্ধে) কারো হাত থেকে খাওয়া; কারো পোষ মানা। **(খ)** (লাক্ষ.) কারো অনুগত হওয়া। **from ~ to ~** একজন থেকে আরেক জনে; হাতে হাতে: The mug of mead went round from ~ to ~. **fight ~ to ~** হাতাহাতি/ সামনা-সামনি যুদ্ধ করা। এর থেকে, ~-to-~ fighting. **give/lend (sb) a ~ (with sth)** (কাউকে কোনো কাজে) সাহায্য করা; কোনো কাজে অংশ নেওয়া: She gave (me) a ~ with the washing up. **give one's ~ on a bargain** কোনো চুক্তি বা লেন-দেন সম্পন্ন করবার জন্য হাত মেলানো। **be ~ in glove (with sb),** দ্র. glove. **have one's ~s full** হাতে প্রচুর কাজ থাকা; পুরোপুরি ব্যস্ত থাকা। **have/get the upper ~ (of sb),** দ্র. upper. **have a free ~; give/allow sb a free ~,** দ্র. free[1](৩). **~ in ~** পরস্পর হাত–ধরাধরি করে; একত্রে; একসঙ্গে: They walked away ~ in ~ hand. (লাক্ষ.) Poverty and disease go ~ in ~ hand, একসঙ্গে চলে। **H~s off** ! খবরদার; ছোঁবে না! খবরদার; নাক গলাতে এসো না ! **H~s up** ! হাত উপরে তোলো ! আত্মসমর্পণ করো ! **~ over ~** (কোনো কিছুতে চড়তে গিয়ে যেমন তেমনি) এক হাতের পর আর এক হাত ব্যবহার করে; (লাক্ষ.) দ্রুত ও অবিচলভাবে। **in ~ (ক)** হাতে থাকা; তহবিলে থাকা: I have no money in ~, হাতে কোনো টাকা নেই; cash in ~, Tk. 500, তহবিলে বর্তমান, টা. ৫০০। **(খ)** দৃষ্টি দেওয়া হচ্ছে এমন; সম্পন্ন হবার পথে আছে এমন: The work is in ~, কাজটি চলছে/সম্পন্ন হবার পথে আছে; The authorities have the situation well in ~, কর্তৃপক্ষ পরিস্থিতি ভালোভাবে আয়ত্তে রেখেছে; পরিস্থিতির দিকে ভালোভাবে দৃষ্টি দিচ্ছে। **in the ~s of** কারো হাতে (কোনো কিছুর দেখাশোনা বা ব্যবস্থাপনার ভার) ন্যস্ত থাকা। **in good ~s** সযত্ন রক্ষণাবেক্ষণে বা উত্তম হেফাজতে আছে এমন; (কথ্য) ভাল হাতে পড়েছে এমন। **lay (one's) hands on sth/sb,** দ্র. lay[1](২). **lend a hand** উপরে দ্র. give a ~. **not lift a ~; not do a ~'s turn** হাত না নড়ানো; সাহায্যের জন্য ন্যূনতম চেষ্টাও না করা। **lift/raise a ~/one's ~** কাউকে শাসানো বা আক্রমণ করা। **live from ~ to mouth** দিন এনে দিন খাওয়া। এর থেকে a ~-to-mouth existence, দিন–এনে–দিন –খাওয়া জীবন। **(get sth) off one's ~s** হাত থেকে ঝেড়ে ফেলা; দায়িত্ব থেকে রেহাই পাওয়া: He was glad to get it off his ~s. **On ~** পাওয়া যায় এমন; সুলভ: They have some kashmiree shawls on ~, দোকানে আছে। **on one's ~s** কারো দায়িত্বে আছে এমন; কারো করণীয়: I have the packing of the books on my ~s. Time hangs heavy on her ~s, সময়কে বোঝার মতো মনে হয়, সময় কাটতে চায় না। **out of ~ (ক)** আয়ত্তের বা নাগালের বাইরে; শৃঙ্খলাহীন: The movement for democracy is slowly getting out of ~. **(খ)** অবিলম্বে; গড়িমসি না করে: The situation must be dealt with out of ~. **shake ~s with sb; shake sb's ~** করমর্দন করা। **take a ~ (in)** (কোনো কিছুতে) হাত লাগানো; সাহায্য করা; ভূমিকা গ্রহণ করা। **take sth/ sb in ~** কারো/কোনো কিছুর ভার নেওয়া। **be to ~** হাতে পাওয়া; হস্তগত হওয়া: Your letter is to ~, তোমার চিঠি হাতে পেয়েছি। **wash one's ~s of** দায়ভার ছেড়ে দেওয়া; আমি আর এর/এসবের মধ্যে নেই—এই কথা বলা। **win ~s down** সহজে জয়লাভ করা। **(rule) with a heavy ~** নিপীড়ন সহকারে; কঠোর

হাতে (শাসন করা)। **win a lady's ~** বিয়েতে কোনো মহিলার সম্মতি লাভ করা। ২ *(pl)* ক্ষমতা; অধিকার; দায়িত্ব। **in sb's ~s:** The matter is no longer in my ~s, বিষয়টি আর আমার হাতে নেই; Her entire property is in the ~s of her step-brother. **change ~s** অন্যের হাতে বা মালিকানায় যাওয়া; হাত বদল করা: The house has recently changed ~s, সম্প্রতি বিক্রি হয়েছে। ৩ (শুধুমাত্র *sing)* প্রভাব; ক্রিয়া; প্রতিনিধিত্ব: The ~ of an enemy was clearly at work in the recent bomb-blasts in the capital, শত্রুর হাত ছিল। ৪ (শুধুমাত্র *sing)* যে ব্যক্তির কাছ থেকে খবর ইত্যাদি আসে: (একমাত্র প্রয়োগ) **at first ~** সরাসরি: I got the news at first ~. **at second ~** পরোক্ষভাবে। ৫ (শুধুমাত্র *sing)* হাতের কাজে বা ব্যবহারে দক্ষতা: She has a light ~ at embroidery. I never tried my ~ at copy-writing. **get one's ˈ~ in** অনুশীলন দ্বারা নিজের স্বাভাবিক কর্মদক্ষতা অর্জন করা বা ফিরে পাওয়া। **keep one's ˈ~ in** অনুশীলন দ্বারা কোনো দক্ষতাকে জিইয়ে রাখা: He practises the sitar everyday to keep his hand in. ৬ [C] যে ব্যক্তি পরিবেশ–পরিস্থিতির প্রয়োজন অনুসারে কাজ করে; দক্ষ; কর্মনিপুণ ব্যক্তি: a good ~ at fencing, দক্ষ অসিচালক; He is an old ~ at this sort of work, এ ধরনের কাজে দীর্ঘ অভিজ্ঞতা আছে। ৭ কর্মী; (কারখানা প্রভৃতির) মজুর; নাবিক: All ~s on deck ! সব নাবিকের ডেকে থাকা প্রয়োজন; The factory has engaged some hundred extra ~s. ৮ কাজের পালা; কাজের ভাগ। **have a ~ (in sth)** (কোনো কিছুতে) ভাগ বা অংশ নেওয়া; (কোনো কিছুতে) হাত বা অংশ থাকা: Let me have a ~ now, এবার আমাকে কাজের ভাগ নিতে দাও; I dont think he had a ~ in it, আমার মনে হয় না এতে তার হাত ছিল। ৯ [C] ঘড়ি প্রভৃতির নির্দেশক কাঁটা: the hour ~ of a watch, ঘণ্টার কাঁটা। ১০ দিক; পাশ। **on every/either ~; on all ~s** সব দিকে বা সব দিক থেকে। **on the one ~ ... on the other ~** একদিকে ... আর এক/অন্য দিকে (যুক্তি–তর্ক, মতামত, ইত্যাদির বৈপরীত্য বোঝাবার জন্য ব্যবহৃত)। ১১ (শুধুমাত্র *sing)* হাতের লেখা: She writes an excellent ~, চমৎকার হাতের লেখা। ১২ (আনুষ্ঠা.) নাম সই; স্বাক্ষর: set one's ~ to a document. Given under my ~ and seal, আমার স্বাক্ষর ও সিলমোহর দ্বারা যাথার্থ্য প্রমাণিত। ১৩ (তাসখেলায়) (ক) কোনো খেলোয়াড় একবারে যতো তাস পেয়েছে বা তার হাতে যতো তাস আছে। **have a good/ bad/ poor ~** ভালো/ খারাপ/ বাজে তাস পাওয়া। **play a good/ bad ~** ভালো/ খারাপ খেলা। **take a ~ at sth** কোনো কিছুতে অংশ নেওয়া। **play into sb's ~s** এমন কিছু করা যাতে (অন্য) কারো সুবিধা হয়। (খ) তাসের খেলোয়াড়। (গ) তাসখেলায় একদান: We still have time to play one more ~. ১৪ ঘোড়ার উচ্চতা নির্ণয়ের জন্য ব্যবহৃত হাতের (প্রস্থের সমপরিমাণ) মাপ, প্রায় চার ইঞ্চির সমান। ১৫ (কথ্য) তালি বাজিয়ে প্রশংসা জানানো। **give sb/get a good ~** প্রচুর হাততালি দেওয়া/ পাওয়া। ১৬ (যৌগশব্দে) **ˈ~·bag** *n* মহিলাদের হাতব্যাগ (US = *purse)*. **ˈ~-barrow** *n* দুই চাকার ঠেলাগাড়ি। **ˈ~·bill** *n* ইশতেহার। **ˈ~·book** *n* প্রয়োজনীয় তথ্যপূর্ণ ছোট বই; পুস্তিকা; হাতবই; পথপঞ্জি; গাইডবুক। **ˈ~·brake** *n* হাত ব্রেক। **ˈ~-cart** *n* ঠেলাগাড়ি। **ˈ~·clap** *n* হাততালি: a slow ~, দর্শক–শ্রোতার অধৈর্য প্রকাশক মন্থর ছন্দোবদ্ধ হাততালি। **ˈ~·cuff** *n* (সাধা. *pl*) হাত–কড়া। **ˈ~·ful** *n* (ক) একমুঠো। (খ) স্বল্প সংখ্যা: Only a ~ful of students attended the class. (গ) (কথ্য) বাগ মানানো যায় না এমন ব্যক্তি বা প্রাণী: I was quite a ~ful in my own days. **ˈ~-grenade** *n* হাত–বোমা। **ˈ~-hold** *n* (বিশেষত) কোনো আরোহী হাত দিয়ে ধরতে পারে এমন যে কোনো কিছু। **ˈ~-luggage** *n* ভ্রমণকালে হাতে বহন করা যায় এমন হালকা মালপত্র। **ˌ~-ˈmade** *adj* হাতে তৈরি; হস্তনির্মিত। **ˈ~-me-down** *n* অন্যের হাতে পার করে দেওয়া (বিশেষত ব্যবহৃত ও পরিত্যক্ত) বস্তু। **ˈ~·note** *n* ঋণ স্বীকারের দলিল বা খত; হ্যান্ডনোট। **ˌ~-ˈpicked** *adj* সযত্নে নির্বাচিত বা বাছাই করা। **ˈ~-rail** *n* সিঁড়ির রেলিং। **ˈ~·saw** *n* একহাতে ব্যবহার–করা ছোট করাত; হাত–করাত। **ˈ~·shake** *n* করমর্দন। **ˈ~·stand** *n* হাতের উপর দাঁড়ানোর ব্যায়াম: Do a ~stand. **ˈ~-work** *n* [U] হাতের কাজ (মেশিনের নয়)। **ˈ~·writing** *n* [U] হাতের লেখা: Is this your ~writing? **ˌoff-ˈ~** *adj* দ্র. off-hand.

hand[2] [হ্যান্ড্] *vt* (কাউকে) দেওয়া বা (কারো) হাতে এগিয়ে দেওয়া; হাত বাড়িয়ে সাহায্য করা: Will you ~ me that book, please? He ~ed his old father down the stairs. **~ sth down (to sb)** ঐতিহ্য, উত্তরাধিকার ইত্যাদি রেখে যাওয়া বা হস্তান্তরিত করা: We must not neglect the traditions ~ed down to us by our forefathers. **~ sth on (to sb)** আর একজনকে কিছু পাঠানো বা দেওয়া: Please ~ on the paper to the guests who are attending the seminar. **~ sth out (to sb)** বিতরণ–করা; (কথ্য) ভিক্ষা দেওয়া। এর থেকে, **ˈ~-out** *n* (ক) সংবাদপত্রে প্রদত্ত (রাজনীতিবিদ প্রভৃতির) লিখিত বিবৃতি; বিনামূল্যে বিতরণ করা ইশতেহার। (খ) ভিক্ষা। **~ sb over (to sb)** (কাউকে) কর্তৃপক্ষের হাতে তুলে দেওয়া: The criminal was ~ed over to the police. **~ sth over (to sb)** (অন্যকে) দিয়ে দেওয়া বা ছেড়ে দেওয়া; হস্তান্তরিত করা: He has been holding the office for too long— it's time he ~ed it over to someone else. **~ it to sb** (কথ্য) কাউকে তার প্রাপ্য কৃতিত্ব দেওয়া: She has done exceedingly well ! We have got to ~ it to her.

handi·cap [ˈহ্যান্ডিক্যাপ্] *n* [C] ১ (কোনো প্রতিযোগিতায়) শক্তিসাম্য রক্ষার জন্য প্রতিযোগীর ওপর আরোপিত প্রতিবন্ধক বা বাঁধা, যথা, হাত–বাঁধা দৌড়। ২ যে কোনো ধরনের বাধা বা অন্তরায়: Poor eyesight is a ~ to a student. □অন্তরায়গ্রস্ত করা বা হওয়া: ~ped by ill health; a ~ped child, প্রতিবন্ধী শিশু।

handi·craft [ˈহ্যান্ডিক্রা:ফ্ট্ US -ক্র্যাফ্ট্] *n* [C] হস্তশিল্প।

handi·work [ˈহ্যান্ডিওআক্] *n* [U] হাতের কাজ; [C] হাতে–করা জিনিস; কোনো বিশেষ নামের ব্যক্তির কর্ম: That's some of Reza's ~.

hand·ker·chief [ˈহ্যাঙকাচিফ্] *n* রুমাল।

handle [ˈহ্যান্ড্ল্] *n* ১ হাতল; হ্যানডেল। **ˈ~·bar** *n* (সাধা. *pl*) বাইসাইকেল; রিকশা প্রভৃতির হ্যানডেল বার; হাতলদণ্ড। **fly off the ~** রাগে বেসামাল হয়ে পড়া। **give a ~ (to sb) (against sb)** (কাউকে) (কারো বিরুদ্ধে) অসুবিধা সৃষ্টির সুযোগ দেওয়া: His ways are indiscreet enough to give his enemies a ~

against him. ২ (অপ.) উপাধি; খেতাব: have a ~ to one's name, নামের সঙ্গে (রায়বাহাদুর, খানবাহাদুর, ইত্যাকার) খেতাব থাকা। □*vt* ১ হাত দিয়ে স্পর্শ করা; হাতে নেওয়া: Only an expert should ~ explosives like dynamite and gun-cotton. ২ পরিচালনা করা; মোকাবেলা করা; (অধীনস্থ লোকদের) নিয়ন্ত্রণ করা: He knows how to ~ his men. I just dont know how to ~ the situation. ৩ আচরণ করা: The referee was roughly ~ed by the supporters of the losing team. ৪ (বাণিজ্য) কেনাবেচা করা: This shop does not ~ stationery. **han·dler** [ˈহ্যান্ড্‌লা(র্)] *n* যে ব্যক্তি কোনো পশুকে (যথা, পুলিশি কুকুর) বিশেষ প্রশিক্ষণ দেয়।

hand·some [হ্যান্‌সাম্] *adj* ১ সুশ্রী; (পুরুষ সম্বন্ধে) সুদর্শন; সুপুরুষ; (নারী সম্বন্ধে) সুগঠিত দেহ; প্রাণশক্তি ও মর্যাদার অধিকারিণী: a ~ building; a ~ horse; a ~ man/woman. ২ (উপহার দান, আচরণ সম্বন্ধে) উদার; হাত-ভরা: He had quite a few ~ things to say about you; a ~ birthday present. **H~ is as/that ~ does** (প্রবাদ) যিনি কাজে উদার তিনিই সুন্দর। **~·ly** *adv* উদারভাবে।

handy [ˈহ্যান্ডি] *adj* ১ (ব্যক্তি সম্বন্ধে) হাতের কাজে পটু; কুশলী। **~·man** [-ম্যান্] *n* টুকিটাকি নানান কাজে পটু ব্যক্তি। ২ (বস্তু, স্থান সম্বন্ধে) সুবিধাজনক; দরকারি: A first aid kit is a ~ thing to have in the house. **come in ~** কোনো এক সময় কাজে লাগা: Don't throw the gunny bag away; it may come in ~. ৩ বেশি দূরে নয়; হাতের কাছে; ব্যবহারের জন্য মেলে এমন: Keep sth ~. **hand·ily** [-ইলি] *adv* **handi·ness** *n*

hang[1] [হ্যাঙ্] *n* (কেবল *sing*) ১ ঝোলার ধরন: The ~ of a shirt. ২ **get the ~ of sth** (কথ্য) **(ক)** কোনো কিছু (যথা, কোনো মেশিন) কেমন করে কাজ করে বা কেমনভাবে চলে তা দেখা: She is trying to get the ~ of her new sewing-machine. **(খ)** কথিত বা লিখিত কোনো কিছুর অর্থ বা তাৎপর্য বুঝতে পারা: I am not sure I get the ~ of your argument. ৩ **not give/care a ~** (কথ্য) (damn-এর অনুরঞ্জিত রূপ) একেবারে পাত্তা না দেওয়া।

hang[2] [হ্যাঙ্] *vt,vi* (*pt,pp* hung [হাঙ]) ১ ঝোলা; ঝুলে থাকা; ঝোলানো; ঝুলিয়ে রাখা: ~ sth from the ceiling; a picture ~ing on the wall; windows hung with curtains. ২ (*pt,pp* ~ed) ফাঁসি দেওয়া; ফাঁসি হওয়া; ফাঁসি নেওয়া: He was ~ed for murder, খুনের দায়ে ফাঁসি হয়েছে; He ~ed himself, ফাঁস নিয়ে মরেছে। ৩ (সেকেলে অপ.; damn-এর মৃদু বিকল্প): ~ it ! ধুত্তোর; নিকুচি করি। ৪ (বিবিধ ব্যবহার) ~ wallpaper, আঠা দিয়ে দেয়ালে দেয়ালকাগজ লাগানো; ~ bells, ঘণ্টা লাগানো বা পরানো; ~ a door, দরোজায় কব্জা লাগানো। **~ by a hair/a single thread** (কোনো ব্যক্তির ভাগ্য ইত্যাদি সম্বন্ধে) সুতায় ঝোলা; অত্যন্ত নাজুক অবস্থায় থাকা; অত্যন্ত ঠুনকো কোনো কিছুর উপর নির্ভর করা। **~ one's head** (লজ্জায়) মাথা নিচু করা। **~ fire (ক)** (বন্দুক সম্বন্ধে) চট করে গুলি বের না হওয়া। **(খ)** (ঘটনা সম্বন্ধে) ধীরে ধীরে ঘটা; চট করে না-ঘটা। **let things go ~** (কথ্য) চুলোয় যাক; আমার তাতে কী! (কোনো কিছুর প্রতি) অনীহা প্রদর্শন করা; উদাসীন থাকা। **~ in the balance** (ফলাফল, সিদ্ধান্ত ইত্যাদি সম্বন্ধে) অনিশ্চিত অবস্থায় থাকা। ৫ খাবার উপযোগী না-হওয়া পর্যন্ত ঝুলিয়ে বা টাঙিয়ে রাখা: Some meat needs to be well hung. ৬ (যৌগশব্দ) **~·man** [-মান্] *n* যে ব্যক্তি ফাঁসি দেয়; জল্লাদ। **ˈ~·dog** (attrib) *adj* (কারো চেহারা সম্বন্ধে) চাপা ও লজ্জিত। **ˈ~·over** *n* **(ক)** অতিরিক্ত মদ্যপানের পরবর্তী অপ্রীতিকর প্রতিক্রিয়া; খোয়ারি। **(খ)** (লাক্ষ.) সেকেলে নিয়ম-কানুন, বাসি খবরাখবর ইত্যাদির অবশেষ। ৭ (*adv part* ও *preps* সহ) **hang about/(a)round** লক্ষ্যহীনভাবে দাঁড়িয়ে থাকা বা ইতস্তত ঘোরাফেরা করা: men ~ ing about at street corners. **hang back** ইতস্তত করা; অনিচ্ছা প্রদর্শন করা: When I asked her to give me a hand with the washing-up, she hung back. **hang on (ক)** আঁট করে ধরা: If you ~ on like this for another five minutes, the rope will break. **(খ)** (কোনো কিছুতে) লেগে থাকা; নিরলস চেষ্টা করে যাওয়া: If you ~ on long enough you will succeed. **H~ on** (*a minute*)! (কথ্য) (এক মিনিট) সবুর করো! **~ on/upon sb's words** কারো কথা গেলা; মনোযোগ সহকারে কারো কথা শোনা। **~ on to sth** কোনো কিছু শক্ত করে ধরে থাকা। **hang out** (অপ.) বাস করা; থাকা: Where is he ~ing out now? আজকাল কোথায় থাকে? **~ sth out (ক)** (ভেজা কাপড়-চোপড় ইত্যাদি) শুকাতে দেওয়া: ~ out the washing. **(খ)** প্রদর্শন করা; টাঙানো: ~ out flags for the President's visit. **hang together (ক)** (ব্যক্তি সম্বন্ধে) পরস্পরকে সহায়তা দান করা; ঐক্যবদ্ধভাবে কাজ করা: If you all ~ together, you will come out successful; **(খ)** পরস্পর মিল পড়া; মিলে যাওয়া: Their accounts of the incident don't ~ together, পরস্পর মিলছে না। **hang up** টেলিফোন ছেড়ে দেওয়া: He hung up on me, (কথ্য) আমার কথা শেষ হবার আগেই সে টেলিফোন ছেড়ে দিল। **be hung up** (কথ্য) **(ক)** বিলম্বিত বা ব্যর্থমনোরথ হওয়া। **(খ)** মানসিকভাবে বাধাগ্রস্ত বা অশান্ত হওয়া। এর থেকে **ˈ~·up** *n* **(ক)** বাধা; দুঃসাধ্যতা। **(খ)** মানসিক বাধাগ্রস্ততা; অবদমন; মোহাচ্ছন্নতা; মোহাবিষ্টতা; স্নায়বিক পীড়া।

hang·ar [ˈহ্যাঙা(র্)] *n* বিমান-ছাউনি; বিমান-ঘর।

hang·er [ˈহ্যাঙা(র্) *n* যে বস্তুতে কোনো কিছু টাঙিয়ে রাখা হয়; ঝুলনা; (যৌগশব্দে): **ˈdress-/ˈclothes-/ˈcoat-~** কাপড়-চোপড় টাঙিয়ে রাখার ঝুলনা। **~-on** [হ্যাঙার ˈঅন্] *n* যে ব্যক্তি লাভের আশায় গায়ে পড়ে ভাব করতে আসে। **ˈpaper-~** যে ব্যক্তি দেয়ালে দেয়াল-কাগজ লাগানোরা কাজ করে।

hang·ing [ˈহ্যাঙিঙ্] *n* ১ [U,C] ফাঁসিতে মৃত্যু: There were as many as a dozen ~s after the abortive coup d'état. ২ (সাধা. *pl*) দেয়ালে টাঙানোর পর্দা, ঝালর ইত্যাদি।

hang·nail [ˈহ্যাঙনেইল্] *n* হাতের নখের গোড়ায় চামড়ার ছাল।

hank [হ্যাঙ্ক্] *n* সুতার ফেটি।

han·ker [ˈহ্যাঙ্কা(র্)] *vi* **~ after/for sth** কোনো কিছুর জন্য অত্যন্ত লালায়িত হওয়া: ~ after wealth. **~·ing** *n* তীব্র লালসা: have a ~ing for money.

hanky [ˈহ্যাঙ্‌কি] *n* (শিশুদের ব্যবহৃত শব্দ) রুমাল।

hanky-panky [ˌহ্যাঙ্‌কি ˈপ্যাঙ্‌কি] *n* [U] (কথ্য) গুপ্ত পন্থা; অসদুপায়; হাতের কারসাজি; অপকৌশল; প্রতারণা।

Han·sard [ˈহ্যান্‌সা:ড্] *n* পার্লামেন্টের কার্যবিবরণী।

han·som [ˈহ্যান্‌সাম্] *n* (অপিচ ~ˈ**cab**) (ইতি.) দুই আসনবিশিষ্ট দুই চাকার ঘোড়ার গাড়ি: এতে চালকের আসন গাড়ির ছাদ বরাবর পিছন দিকে থাকে এবং লাগাম ছাদের উপর দিয়ে যায়।

hap·haz·ard [হ্যাপ্‌ˈহ্যাজাড্] *adj adv* বিশৃঙ্খল; পরিকল্পনাহীন; এলোমেলো; এলোপাতাড়ি। **~·ly** *adv*

hap·less [ˈহ্যাপ্‌লিস্] *adj* (পুরা.) ভাগ্যহীন; দুর্ভাগা।

ha'p'orth [ˈহেইপাথ্] *n* (কথ্য) = halfpenny-worth, দ্র. half (৩).

hap·pen [ˈহ্যাপান্] *vi* ১ ~ **(to)** ঘটা; সংঘটিত হওয়া: How did it ~? What ~ed next ? If anything ~s to her ...(যদি তার কিছু হয়, যদি তার কোনো দুর্ঘটনা ঘটে)। ২ দৈবাৎ ঘটা বা দৈবাৎ হওয়া; ঘটনাক্রমে হওয়া: I ~ed to be there when the fight between the two groups broke out. It so ~ed that I had left the key in the lock. **as it ~s** দৈবাৎ; দৈবক্রমে: As it ~s, I have all my papers with me. ৩ ~ **on/upon** হঠাৎ বা দৈবক্রমে পাওয়া: I ~ed on just the book I had been looking for. **~·ing** [ˈহ্যাপানিঙ্] *n* (প্রায়শ *pl)* ঘটনা: strange ~ings.

happy [ˈহ্যাপি] *adj* ১ ভাগ্যবান; সুখী; তৃপ্ত: a ~ couple. **as ~ as the day is long** অত্যন্ত সুখী। ২ (বিনয়ভাষণে) খুশি: We shall be happy to accept your kind invitation. ৩ (ভাষা, আচরণ, প্রস্তাব সম্বন্ধে) সময়োপযোগী: a ~ thought/idea ইত্যাদি। **~-go-lucky** [ˌহ্যাপি গৌ ˈলাকি] *adj* যা পাওয়া যায় তা-ই নিয়ে সুখী এমন; ভাবনামুক্ত: He goes through life in a happy-go-lucky manner. **hap·pily** [-ইলি] *adv.* **hap·pi·ness** *n*

hara-kiri [ˌহ্যারা ˈকিরি] *n* [U] নিজের পেট চিরে আত্মহত্যা—অতীতে জাপানি সামুরাই যোদ্ধা কর্তব্যপালনে নিজেকে ব্যর্থ মনে করলে এভাবে আত্মহত্যা করতো।

har·angue [হ ˈর‍্যাঙ্] *n* লম্বা-চওড়া (এবং প্রায়শ তিরস্কারপূর্ণ) বক্তৃতা; লম্বা-চওড়া কথা। □*vt,vi* (কাউকে উদ্দেশ করে) এরকম বক্তৃতা দেওয়া।

har·ass [ˈহ্যারাস্ US হ্যˈর‍্যাস্] *vt* ১ হয়রান বা নাজেহাল করা; উদ্বিগ্ন করা: ~ed by the mob; ~ed by the cares of a large family. ২ বার বার আক্রমণ করা: In olden days the southernmost parts of Bengal were ~ed by the Mughs. **~·ment** *n* [U] হয়রানি; উৎপীড়ন।

har·bin·ger [ˈহা:বিন্‌জা(র্)] *n* অগ্রদূত: The cuckoo is a ~ of spring.

har·bour (US = bor) [ˈহা:বা(র্)] *n* ১ পোতাশ্রয়। ˈ**~ dues** *n pl* পোতাশ্রয়ে জাহাজ নোঙর করার জন্য দেয় মাশুল; নোঙর-ভাড়া। ২ (লাক্ষ.) আশ্রয়; নিরাপদ স্থান। □*vt,vi* ১ আশ্রয় দেওয়া; বিপদ ইত্যাদি থেকে রক্ষা করা; লুকিয়ে রাখা: ~ a criminal. ২ মনে স্থান দেওয়া; মনে মনে পোষণ করা: ~ thoughts of revenge. ৩ (পোতাশ্রয়ে) নোঙর করা। **~·age** [ˈহা:বারিজ্] *n* আশ্রয়স্থল।

hard[1] [হা:ড্] *adj* ১ (নরম-এর বিপরীতে) শক্ত; কঠিন: as ~ as rock. **a ~ nut to crack** (লাক্ষ.) কঠিন বা দুরূহ সমস্যা; অনমনীয় ব্যক্তি; কঠিন লোক। ২ (সহজ-এর বিপরীতে) বোঝা বা ব্যাখ্যা করা কঠিন এমন; দুর্বোধ্য; দুঃসাধ্য: ~ words, কঠিন-কঠিন শব্দ; a ~ subject; She is ~ to please. ৩ দুর্ভোগ বয়ে আনে এমন; কষ্টকর; পীড়াদায়ক; দুঃসহ: have a ~ time; in these ~ times. **(find sth) ~ going** (কোনো কিছু) কঠিন প্রতীয়মান হওয়া। **(find sb) ~ going** (কাউকে বোঝা) দুঃসাধ্য মনে হওয়া বা (কারো কথা) ক্লান্তিকর মনে হওয়া। **learn (sth) the ~ way** অধ্যবসায় ও কষ্টসহকারে (কোনো কিছু) শেখা। ৪ কঠোর; রূঢ়: a ~ husband, যে স্বামী স্ত্রীর সঙ্গে কঠোর আচরণ করে; ~ words, রূঢ় ভাষা। **be ~ on sb** কারো সঙ্গে কঠোর আচরণ করা। **drive a ~ bargain,** দ্র. bargain. **take a ~ liner** সন্ধিবিমুখ হওয়া। এর থেকে ˌ**~·ˈliner** *n* সন্ধিবিমুখ ব্যক্তি। দ্র. line[1](১১). ৫ (দেহ সম্বন্ধে) পেটানো; পেশল: Physical work makes people ~. **as ~ as nails (ক)** শক্ত ও পেশল; **(খ)** (লাক্ষ.) আবেগ বা সহানুভূতিহীন; নির্মম, কঠিন-হৃদয়। ৬ সজোর; কষ্টসাধ্য; শ্রমসাধ্য; পরিশ্রমী: a ~ blow; ~ work; a ~ worker. ৭ (আবহাওয়া সম্বন্ধে) অত্যন্ত ক্লেশকর; কঠিন; প্রতিকূল: a ~ winter. ৮ (ধ্বনি সম্বন্ধে) কঠিন: The letter 'C' is ~ in 'cat' and soft in 'city.' ৯ (বিবিধ ব্যবহার) **~ and fast (rules, etc)** বাঁধাধরা (নিয়ম ইত্যাদি)। **~of hearing** কানে কম শোনে এমন; বধির-প্রায়। ˈ**~·back/ ·cover** *n* শক্ত মলাটে বাঁধানো বই। এর থেকে ˈ**~-backed/ -covered/ -bound** *adj* . ˈ**~·board** [-বো°ড্] কাঠের বর্জিত অংশ দিয়ে তৈরি শক্ত তক্তাবিশেষ। ˌ**~** ˈ**cash** *n* [U] নগদ টাকা। ˈ**~ core** *n* **(ক)** (অট্টালিকার ভিত নির্মাণ, রাস্তা তৈরি প্রভৃতির জন্য ব্যবহৃত) ভাঙা ইট, পাথরের টুকরা প্রভৃতি। **(খ)** যে কোনো নিরেট, কেন্দ্রীয়, মৌলিক বা অন্তর্নিহিত অংশ; কেন্দ্রবিন্দু, প্রাণকেন্দ্র: the ~ core of the opposition. ˈ**~ court** *n* (টেনিস খেলার) সান-বাঁধানো মাঠ (তৃণাচ্ছাদিত নয়)। ˌ**~** ˈ**currency** *n* নির্ভরযোগ্য ও স্থিতিশীল মুদ্রা। ˌ**~** ˈ**drug** *n* মাদকাসক্তি সৃষ্টি করতে পারে এমন ভেষজ উপাদান; মাদকদ্রব্য —যথা, হেরোইন। ˌ**~-**ˈ**headed** [- ˈহেডিড্] *adj* বাস্তববুদ্ধিসম্পন্ন; ভাবাবেগহীন; ব্যবসাসুলভ। ˌ**~-**ˈ**hearted** [-ˈহা:টিড্] *adj* পাষাণহৃদয়; অনুভূতিহীন; সহানুভূতিহীন; নির্দয়। ˌ**~** ˈ**labour** *n* [U] সশ্রম কারাদণ্ড। ˌ**~** ˈ**liquor/** ˈ**drink** *n* [U] কড়া মদ। ˌ**~** ˈ**luck/**ˈ**lines** *n* [U] মন্দভাগ্য। এর থেকে, ˌ**~-**ˈ**luck story** করুণা উদ্রেকের উদ্দেশ্যে রচিত বা বর্ণিত কাহিনী। ˌ**~** ˈ**shoulder** *n* জরুরি অবস্থায় ব্যবহার্য সড়কের বাঁধানো পার্শ্বদেশ: He pulled his car over to the ~ shoulder when one of the tyres burst. ˌ**~** ˈ**standing** *n* [U] যানবাহনাদি সাময়িকভাবে রাখার বা পার্ক করার জন্য বাঁধানো স্থান। ˈ**~·ware** *n* [U] **(ক)** ধাতব সামগ্রীর ব্যবসা; গৃহস্থালিতে ব্যবহৃত খুন্তি কড়াই পেরেক তালা ইত্যাকার ধাতব সামগ্রী। **(খ)** military ~ware, যুদ্ধসম্ভার। **(গ)** computer ~ware, কমপিউটার যন্ত্রাংশ। ˌ**~** ˈ**water** *n* [U] খনিজ লবণমিশ্রিত পানি, এতে সাবানের ফেনা ওঠে না। ˈ**~·wood** *n* [U] (শাল, সেগুন প্রভৃতি) শক্ত; ভারী; টেকসই কাঠ। **~·ness** *n*

hard[2] [হা:ড্] *adv* ১ সজোরে; সকল শক্তি প্রয়োগ করে: push/work ~; অতিমাত্রায়: drink ~. ˌ**~-**ˈ**hitting** *adj* বলিষ্ঠ; তেজোদ্দীপ্ত; ঋজু; সরাসরি: a ~-hitting speech. ˌ**~-**ˈ**working** *adj* পরিশ্রমী। ২ কঠোরভাবে; প্রবলভাবে: raining ~. ৩ সক্লেশে;

কষ্টকরভাবে: ~-earned money, কষ্টার্জিত অর্থ। **be ~ hit** (আর্থিক ক্ষতি, প্রিয়জনের মৃত্যু ইত্যাকার কারণে) অত্যন্ত কষ্টে পড়া। **be ~ pressed (for sth)** (কোনো কিছুর জন্য) চাপে পড়া। **be ~ ˈput to it (to do sth)** (কোনো কিছু করা) কঠিন হয়ে পড়া: I was ~ put to it to explain the situation. **be ~ ˈup** অর্থকষ্টে পড়া। **be ~ up for (sth)** (কোনো কিছুর) অভাবে পড়া; (কোনো কিছু) খুঁজে না-পাওয়া: He is never ~ up for new ideas. ৪ যাতে শক্ত হয়; শক্ত করে: boil eggs ~. ˌ**~-ˈbaked** *adj* শক্ত করে সেঁকা; কড়া-সেঁকা। ˌ**~-ˈboiled** *adj* (ডিম সম্বন্ধে) শক্ত করে সিদ্ধ-করা; (লাক্ষ.) সহানুভূতিহীন; নির্বিকার। ˌ**~-ˈbitten** *adj* (ব্যক্তি সম্বন্ধে) দুর্দম; পোড়-খাওয়া। ৫ ঘনিষ্ঠভাবে; নিকট থেকে; অবিলম্বে: follow ~ upon someone. **~ by** কাছাকাছি। **run sb ~** কাউকে খুব কাছ থেকে অনুসরণ করা; কারো পশ্চাদ্ধাবন করা।

harden [ˈহা:ড্‌ন্] *vt,vi* শক্ত, মজবুত, কষ্টসহিষ্ণু ইত্যাদি করা বা হওয়া: ~ steel; ~ the body; ~ the heart; a ~ed criminal, ঘাগু আসামি। **be ~ed to** কোনো কিছুর প্রতি ভাবলেশহীন হওয়া। **~ off** (চারা গাছ সম্বন্ধে) বাইরে রোপণ করবার মতো শক্ত হওয়া বা শক্ত করা।

hardi·hood [ˈহা:ডিহুড্] *n* [U] সাহসিকতা; বলিষ্ঠতা; ধৃষ্টতা; স্পর্ধা।

hard·ly [ˈহা:ড্‌লি] *adv* ১ নামেমাত্র; সবেমাত্র; বড়ো একটা নয়; পুরোপুরি নয়: I ~ know him. He had ~ begun to speak when the audience broke into disorder. It was so dark I could ~ see anything. ২ (অসম্ভব বা অযৌক্তিক কোনো কিছু বোঝাবার জন্য ব্যবহৃত) They can ~ have finished counting the votes yet. You can ~ expect me to lend you any book again. ৩ (নেতিবাচক) প্রায় না; বলতে গেলে না: He ~ ever (= কদাচিৎ) goes to the theatre. There's ~ any rice left. Hardly anybody (= খুব কম লোক) attended the meeting.

hard·ship [ˈহা:ড্‌শিপ্] *n* ১ [C] কষ্টকর পরিস্থিতি: the ~s of war. ২ [U] দুর্ভোগ; কষ্ট: bear ~ in silence.

hardy [ˈহা:ডি] *adj* ১ শক্ত; কষ্টসহিষ্ণু। ২ (উদ্ভিদ সম্বন্ধে) চরম আবহাওয়ায় টিকে থাকতে পারে এমন। ৩ সাহসী; অকুতোভয়। **hardi·ness** *n*

hare [হেআ(র্)] *n* খরগোশ। **~ and hounds** এক ধরনের খেলা, যাতে 'খরগোশ' (hare) নাম দেওয়া দুজন কাগজের টুকরা ছড়াতে ছড়াতে মাঠ থেকে মাঠে দৌড়াতে থাকে আর তাদের ধরবার জন্য 'শিকারি কুকুর' (hound) নাম-পরা অন্যেরা পিছনে পিছনে ছুটতে থাকে। **run with the ~ and hunt with the hounds** বিবদমান উভয় পক্ষের মন জুগিয়ে চলা; দ্বৈত ভূমিকা পালন করা। **mad as a March ~** বদ্ধ উন্মাদ। **start a ~** অবান্তর কথা বা প্রসঙ্গ উত্থাপন করা। ˈ**~·bell** *n* গোল পাতা আর ঘণ্টার মতো নীল রঙের ফুলের গাছ; ঝুমকা ফুলবিশেষ, এর গাছ। ˈ**~-brained** *adj* তাড়াহুড়ো করে করা এমন; হঠকারী, অস্থিরচিত্ত; বোকামিতে ভরা; নির্বোধ: a ~-brained scheme. ˌ**~·lip** *n* (জন্ম থেকে) দুই ভাগে বিভক্ত উপরের ঠোঁট; খরগোশ-ঠোঁট। □*vi* জোরে ছোটা; ছুটে পালানো।

harem [ˈহা:রীম্] *n* হারেম; হারেম বা অন্তঃপুরবাসিনী নারীবৃন্দ।

hari·cot [ˈহ্যারিকৌ] *n* (অপিচ ~ **bean**) (ছোট শিমবিশেষ; শিম, বরবটি প্রভৃতি।

hark [হা:ক্] *vi* ১ (প্রধানত *imper*) **~ at** (কথ্য, খেপানোর জন্য) শোনা: Just ~ at her! ২ **~ back (to)** ইতিপূর্বে করা বা বলা কোনো কিছুর প্রসঙ্গে ফিরে যাওয়া।

har·le·quin [ˈহা:লিক্যুইন্] *n* ইটালীয় কমেডিতে আবির্ভূত চরিত্র; নাচ গান ভাঁড়ামিপূর্ণ ইংরেজি নাটকবিশেষের (pantomine) মূক চরিত্র: মুখোশ ও বিচিত্রবর্ণ পোশাক পরিহিত এই চরিত্রটি অত্যন্ত প্রাণবন্ত ও কৌতুকময়; এর থেকে, কৌতুকপ্রিয় ব্যক্তি; সং; ভাঁড়। **~·ade** [ˌহা:লিক্যুইˈনেইড] *n* উল্লিখিত ইংরেজি নাটকবিশেষের যে অংশে এই চরিত্রটি প্রধান ভূমিকা পালন করে।

har·lot [ˈহা:লাট্] *n* (প্রা.প্র. বা গালি হিসাবে) বেশ্যা।

harm [হা:ম্] *n* [U] ক্ষতি; আঘাত: She meant no ~, কারো কোনো ক্ষতি করতে বা কারো অনুভূতিতে আঘাত করতে চায়নি। **do sb ~** কারো ক্ষতি করা। **out of ~'s way** নিরাপদ স্থানে। □*vt* ক্ষতি করা: It won't ~ you. **~·ful** [-ফুল্] *adj* ক্ষতিকর। **~·fully** [-ফ‌ালি] *adv*. **~·less** *adj* ১ ক্ষতি করে না এমন: ~less snakes. ২ নির্দোষ; নিরীহ: Quite a few ~less men were wounded in yesterday's rioting. **~·less·ly** *adv*

har·mat·tan [ˌহা:ম্যাˈট্যান্] *n* পশ্চিম আফ্রিকায় ডিসেম্বর থেকে মার্চ মাস পর্যন্ত প্রবাহিত শুকনো হিমেল উত্তুরে বাতাস।

har·monic [হা:ˈমনিক্] *n* (সঙ্গীত) একসুরে বাঁধা ধ্বনি; ঐকতান।

har·mon·ica [হা:ˈমনিকা] *n* বাদ্যযন্ত্রবিশেষের নাম; মাউথঅর্গান।

har·moni·ous [হা:ˈমৌনিআস্] *adj* ১ সুদৃশ্যভাবে সাজানো: a ~ group of trees. ২ মিলবিশিষ্ট; বৈরিতামুক্ত: ~ neighbours. ৩ শ্রুতিমধুর; সুরেলা। **~·ly** *adv*

har·mo·nium [হা:ˈমৌনিআম্] *n* বাদ্যযন্ত্রবিশেষ; হারমোনিয়াম।

har·mon·ize [ˈহা:মানাইজ়্] *vt,vi* ১ **~ (with)** সমন্বয়সাধন করা; সাদৃশ্যবিধান করা; (সঙ্গীত) ঐকতান সৃষ্টি করা। ২ **~ (with)** মিল পড়া; খাপ খাওয়া: The colours ~ well with each other. **har·mon·iz·ation** [ˌহা:মানাইজ়েইশন্ US -নিˈজ়েইশ্‌ন্] *n*

har·mony [ˈহা:মানি] *n* ১ [U] (অনুভূতি, স্বার্থ, মতামত ইত্যাদির) সাদৃশ্য; মিল: There is a painful lack of ~ in national politics to-day. **be in ~ (with)** মিল পড়া; খাপ খাওয়া: My tastes are not in ~ with yours. ২ [C,U] সঙ্গতি, প্রীতিকর সংমিশ্রণ, এরূপ সঙ্গতি বা সংমিশ্রণের দৃষ্টান্ত: the ~ of colour in nature. ৩ [C, U] (সঙ্গীত) ঐকতান।

har·ness [ˈহা:নিস্] *n* (collective *sing*) ঘোড়াকে গাড়ির সঙ্গে জুড়ে দেবার ও তাকে নিয়ন্ত্রণ করার যাবতীয় সরঞ্জাম। **in ~** (লাক্ষ.) নিত্যকর্মে রত। **die in ~** কর্মরত অবস্থায় মারা যাওয়া (অবসরপ্রাপ্ত অবস্থায় নয়)। **work/run in double ~** সহযোগী বা স্বামী বা স্ত্রীর সঙ্গে কাজ করা। □*vt* ১ ঘোড়াকে সাজ পরানো। ২ (বিশেষত বিদ্যুৎ) শক্তি উৎপাদনের জন্য (নদী, জলপ্রপাত ইত্যাদি) ব্যবহার করা।

harp [হা:প্] *n* বাদ্যযন্ত্রবিশেষ। □*vi* ১ এই বাদ্যযন্ত্র বাজানো। ২ বার বার একই কথা বলা; প্যানপ্যান করা: ~ on sb's faults. **~er, ~·ist** হার্পবাদক।

har·poon [হা:ˈপূন্] *n* তিমি ও অন্যান্য বড়ো সামুদ্রিক প্রাণী শিকারের জন্য এক জাতের দড়ি–বাঁধা বর্শা; হারপুন। □*vt* হারপুন দিয়ে বিদ্ধ করা।

harp·si·chord [ˈহা:প্সিকো°ড্] *n* ষোড়শ থেকে অষ্টাদশ শতক পর্যন্ত ব্যবহৃত পিয়ানো সদৃশ বাদ্যযন্ত্র।

harpy [ˈহা:পি] *n* ১ (গ্রি. পুরাণ) নিষ্ঠুর দানবীবিশেষ, যার মুখমণ্ডল নারীর মতো ও দেহের বাকি অংশ পাখির মতো ধারালো নখ ও ডানা সম্বলিত। ২ অত্যন্ত নিষ্ঠুর; লোভী; নির্দয় নারী।

har·ri·dan [ˈহ্যারিডান্] *n* জীর্ণদেহ খিটখিটে বৃদ্ধা।

har·rier [ˈহ্যারিঅ(র্)] *n* ১ খরগোশ শিকারে ব্যবহৃত শিকারি কুকুর; *(pl)* শিকারিদের সঙ্গে যাওয়া এরকম শিকারি কুকুরের দল। ২ মেঠো দৌড়বিদ।

har·row [ˈহ্যারৌ] *n* জমিতে দেবার মই। □*vt* (জমিতে) মই দেওয়া; (লাক্ষ.) মর্ম বিদীর্ণ করা: a ~ing tale of misfortunes.

harry [ˈহ্যারি] *vt* ১ বিধ্বস্ত করা ও লুণ্ঠন করা; ঘনঘন আক্রমণ করা: The Mughs used to ~ the eastern parts of Bengal. ২ হয়রান বা নাকাল করা: Moneylenders are ~ing their debtors.

harsh [হা:শ্] *adj* ১ রূঢ়; কর্কশ: a ~ voice. ২ কঠোর; নিষ্ঠুর: a ~ judgement. **~·ly** *adv*. **~·ness** *n*

hart [হা:ট্] *n* প্রাপ্তবয়স্ক (বিশেষ লালরং) পুরুষ হরিণ।

harum-scarum [ˌহেঅরাম্ ˈস্কেঅরাম্] *adj,n* (কথ্য) বেপরোয়া (ব্যক্তি)।

har·vest [ˈহা:ভিস্ট্] *n* ১ ফসল কাটা ও ঘরে তোলার কাজ; এই কাজের সময়; ঘরে তোলা ফসল: This year's rice ~. ˌ~ ˈ**festival** ফসল তোলার পর ঈশ্বরের স্তুতিজ্ঞাপক খ্রিস্টীয় ধর্মানুষ্ঠান; নবান্ন। ~ ˈ**home** ফসল তোলার পর কৃষক কর্তৃক ক্ষেত–মজুরদেরকে দেওয়া ভোজ। ˌ~ ˈ**moon** *n* জলবিষুবের (= autumn equinox, ২২ বা ২৩ সেপ্টেম্বর) নিকটতম পূর্ণিমা। ২ (লাক্ষ.) কর্মফল; শ্রমের ফসল: reap the harvest of one's hard work, কঠোর পরিশ্রমের পুরস্কার পাওয়া। □*vt* ফসল কাটা বা ফসল তোলা: ~ rice. **~er** *n* ১ যে ব্যক্তি ফসল কাটে। ২ ফসল কাটা ও তোলার যন্ত্র, বিশেষত যে যন্ত্র ফসল বাঁধাই বা (**combine-ˈ~er**) মাড়াই–এর কাজও একই সঙ্গে করে।

has, দ্র. have[1].

has-been [ˈহ্যাজ্ বীন্] *n* (কথ্য) যে ব্যক্তি বা বস্তু তার আগেকার উৎকর্ষ হারিয়ে ফেলেছে; সেকেলে ব্যক্তি বা বস্তু।

hash [হ্যাশ্] *vt* ~ **(up)** (মাংস) কুচি–কুচি করে কাটা। □*n* ১ [U] কুচি–কুচি করে কাটা মাংসের তরকারি। ২ **make a ~ of sth** (লাক্ষ.) খুব খারাপভাবে কোনো কিছু করা; তালগোল পাকিয়ে ফেলা। **settle sb's ~** কারো সম্পর্কে এমন ব্যবস্থা গ্রহণ করা যাতে সে আর উৎপাত না করতে পারে। ৩ (কথ্য) গাঁজা; ভাং।

hash·ish [ˈহ্যাশীশ্] *n* [U] গাঁজা; ভাং।

hasn't [ˈহ্যাজ্‌নট্] = has not. দ্র. have[1].

hasp [হা:স্প্ US হ্যাস্প্] *n* দরজা, জানালা ইত্যাদির কড়া বা আংটা।

has·sle [ˈহ্যাস্‌ল্] *n* (কথ্য) ১ অসুবিধা; ধাক্কাধাক্কি, ঠেলাঠেলি: a ~ to get on the bus. ২ কথা কাটাকাটি; তর্কাতর্কি; ঝগড়া। □*vi,vt* ১ ~ **(with sb)** তর্ক করা; ঝগড়া করা। ২ বিব্রত করা; বিরক্ত করা: He kept hassling me.

has·sock [ˈহ্যাসাক্] *n* নতজানু অবস্থায় হাঁটু রাখার জন্য গদি।

haste [হেইসট্] *n* [U] দ্রুততা; ত্বরা; তাড়া; তাড়াতাড়ি: It was done in great ~. Make ~, জলদি করো। **More ~, less speed** (প্রবাদ) বেশি তাড়াহুড়ো করলে খুব বেশি আগানো যাবে না।

hasten [ˈহেইস্‌ন্] *vi,vt* ১ দ্রুত চলা বা করা: ~ home; ~ to do sth. ২ (কাউকে) তাড়াতাড়ি করানো; (কোনো কিছু) ত্বরান্বিত করা: Bad economic policies ~ed the fall of Mr. Smith's government.

hasty [ˈহেইস্‌টি] *adj* ত্বরিত; ব্যস্তগতি; চটজলদি: ~ preparations; a ~ departure; ~ words (হঠাৎ–বলা/ঝোঁকের মাথায় বলা কথা) regretted afterwords. **hast·ily** [–ইলি] *adv*. **hasti·ness** *n*

hat [হ্যাট্] *n* সাধা. কিনারাওয়ালা বাইরে পরার টুপি। **go/ come hat/ cap in hand** হীনভাবে; গোলামের মতো। **send/ pass round the hat** (সাধা. ক্ষতিগ্রস্ত কোনো ব্যক্তির জন্য) চাঁদা চাওয়া বা চাঁদা তোলা। **take one's hat off to** (লাক্ষ.) মুগ্ধ প্রশংসা প্রকাশ করা। এর থেকে, **hats off to ...!** চলুন, আমরা...কে অভিনন্দন জানাই! **talk through one's hat** (অপ.) বোকার মতো কথা বলা। **a bad hat** (অপ.) খারাপ লোক। ˈ**hat-band** *n* টুপিবন্ধনী। ˈ**hat-pin** *n* এক প্রকার লম্বা পিন, চুলের সঙ্গে টুপি আটকিয়ে রাখার জন্য মহিলারা আগেকার দিনে এই পিন ব্যবহার করতো। ˈ**hat trick** *n* (ক্রিকেট) পর পর তিন বলে তিনটি উইকেট নেওয়া; ফুটবল প্রভৃতি অন্যান্য খেলায় বা কাজেকর্মে অনুরূপ সাফল্য। **hat·ful** [–ফুল্] *n* একটি টুপিতে যতোটা ধরে। **hat·less** *adj* টুপি–ছাড়া। **hat·ter** *n* যে ব্যক্তি টুপি তৈরি করে বা বিক্রি করে। **as mad as a hatter** বদ্ধ পাগল।

hatch[1] [হ্যাচ] *n* ১ দরজা বা মেঝের ফাঁক, এই ফাঁকের উপরের স্থানান্তরযোগ্য ঢাকনা, বিশেষত (ˈ**~·way**) জাহাজের ডেকের যে ফাঁক দিয়ে মাল নামানো উঠানো হয়; দুই কক্ষের মধ্যবর্তী দেয়ালের ফাঁক, বিশেষ রান্নাঘর ও খাবার ঘরের মধ্যবর্তী দেয়ালের যে ফাঁক দিয়ে খাবার–দাবার আনা–নেওয়া করা হয়। **under ~es** ডেকের নীচে। ২ আড়াআড়িভাবে বিভক্ত দরজার নিম্নাংশ।

hatch[2] [হ্যাচ] *vt,vi* ১ ডিমে তা দেওয়া; ডিম ফুটিয়ে বাচ্চা বের করা বা ডিম ফুটে বাচ্চা বের হওয়া: ~ an egg. **Don't count one's chickens before they're ~ed** (প্রবাদ) অনিশ্চিত কোনো কিছুর উপর খুব বেশি ভরসা করতে নেই, গাছে কাঁঠাল গোঁফে তেল। ২ ষড়যন্ত্র করা; ফন্দি আঁটা। **~·ery** মাছের ডিম ফুটিয়ে পোনা বের করার স্থান।

hatch[3] [হ্যাচ] *vt* সমান্তরাল রেখা দ্বারা অঙ্কন করা বা খোদাই করা। **~·ing** *n* [U] এরূপ সমান্তরাল রেখা।

hatch back [হ্যাচ্ ব্যাক্] *n* এক ধরনের মোটর গাড়ি।

hatchet [ˈহ্যাচিট্] *n* হালকা; ছোট কুড়াল। **bury the ~** ঝগড়া মিটিয়ে ফেলা।

hate [হেইট্] *vt* ঘৃণা করা; অত্যন্ত অপছন্দ করা; (কথ্য) দুঃখ করা: He ~s politics. She ~s dirty beds. I ~

to bother you. □*n* ঘৃণা: She was filled with ~ for her rival.

hate·ful ['হেইট্‌ফ্‌ল্] *adj* ঘৃণ্য: The smell of the rotting weeds was ~ to me. **~·ly** [-ফ়লি] *adv*

hath (old use, poet) = have, has.

hatred ['হেইট্রিড্] *n* ঘৃণা; তীব্র বিরাগ।

hat·ter ['হ্যাটা(র্)] *n* দ্র. hat.

haughty ['হো°টি] *adj* উদ্ধত; অহঙ্কারী: ~ mien. **haught·ily** [-ইলি] *adv.* **haugh·ti·ness** *n*

haul [হো°ল্] *vt,vi* সবলে টানা: Elephants are ~ling logs. **~ down one's flag/colours** আত্মসমর্পণ করা। **~ sb over the coals** (অন্যায় করার জন্য) কাউকে কঠোরভাবে তিরস্কার করা। □*n* [C] ১ সবলে টানার কাজ; যতোদূর পর্যন্ত কোনো কিছু টেনে নিয়ে যাওয়া হয়: long ~s on the railways. ২ এক ধাক্কায় যতোটুকু পাওয়া যায়; জালের একটানে যে পরিমাণ মাছ ধরা যায়: a good ~ of fish.

haul·age ['হো°লিজ্] *n* [U] (মাল) পরিবহন: The road ~ industry, সড়ক পরিবহন শিল্প।

haul·ier ['হো°লিআ(র্)] *n* ট্রাকযোগে মাল পরিবহনে নিয়োজিত ব্যক্তি বা প্রতিষ্ঠান; পরিবহন ঠিকাদার।

haulm [হো°ম্] *n* (collective *sing*) শিম, কড়াই, মটর, আলু প্রভৃতির পরিত্যক্ত ডাঁটা।

haunch [হো°ন্চ্] *n* মানব বা প্রাণীদেহের পশ্চাদ্দেশ; পাছা, পাঁজর ও উরুর মধ্যবর্তী অংশ: He was sitting on his haunches.

haunt [হো°ন্ট্] *vt* অভ্যাসগতভাবে কিংবা হরহামেশা কোথাও যাতায়াত করা; (বিশেষত ভূতপ্রেত সম্বন্ধে) প্রায়শ উদয় হওয়া: The old Zamindar house is said to be ~ed. ২ ঘুরে ফিরে মনে আসা: a ~ing face. ~ed by fear. □*n* যে স্থানে কোনো ব্যক্তিবিশেষ বা ব্যক্তিবিশেষেরা হরহামেশা যাতায়াত করে; আস্তানা: a ~ of criminals.

hau·teur [ও উটা(র্)] *n* [U] ঔদ্ধত্য।

Ha·vana [হা'ভ্যানা] *n* কিউবায় তৈরি চুরুট; হাভানা–চুরুট।

have[1] ['I, we, you, they'-এর পর সাধা. রূপ: ভ্; বিরতির পর সাধা. রূপ: হাভ্; অন্যত্র সাধা. রূপ: আভ্; *strong* রূপ: হ্যাভ্/*aux v* (3rd pers sing হ্যাস্/সাধা. রূপ: জ্; শুধুমাত্র প, ট, ক, ফ়, থ্‌-এর পর: স্; শুধুমাত্র স, জ, শ, জ়, চ, জ্‌-এর পর: আজ্; বিরতির পর: হাজ্; *strong* রূপ: হ্যাজ্; *pt* হ্যাড্/ 'I, we, you, they'-এর পর সাধা. রূপ: ড্; বিরতির পর: হাড্; অন্যত্র সাধা. রূপ: আড্; *strong* রূপ: হ্যাড্; *neg* রূপসমূহ: haven't = 'হ্যাভ্‌ন্ট্, hasn't = 'হ্যাজ্‌ন্ট্, hadn't = 'হ্যাড্‌ন্ট্)] ১ *perfect tense*-সমূহ ও *perfect inf*-এ ব্যবহৃত: I ~/I've washed my hands. He has/He's done it. Have you finished? ২ (*finite* had-কে *subject*-এর আগে ব্যবহার করে *if-clause*-এর সমার্থ পাওয়া যায়): Had I (= If I had) known, যদি জানতাম.........

have[2] [হ্যা ভ্] *anom v (3rd pers sing* has [হ্যা জ্]; *pt,pp* had [হ্যাড্]; *neg* রূপসমূহ: haven't ['হ্যাভ্‌ন্ট্], hasn't ['হ্যাজ্‌ন্ট্] hadn't [হ্যাড্‌ন্ট্] ১ ('be' ক্রিয়া ব্যবহার করে পুনর্গঠিত করা যায় এমন সব বাক্যে ব্যবহৃত): I ~ no doubt (= There is no doubt in my mind) that ... . ২ বাস্তব কোনো কিছুর অধিকারী হওয়া: He has (got) a fine collection of old paintings. ৩ কোনো দৈহিক বা মানসিক বৈশিষ্ট্যের অধিকারী হওয়া: She has large dark eyes. He has a good memory. ৪ বিভিন্ন সম্পর্ক বোঝাবার জন্য ব্যবহৃত: I haven't many friends here. ৫ (*be+adj+to-inf* সমতুল্য বাক্যে *abstract n+to-inf* সহযোগে ব্যবহৃত): Will you ~ the goodness (= (please be good enough) to return my book? ৬ (সাধা. got সহযোগে কথ্য রীতিতে ব্যবহৃত) মনে রাখা; কোনো মানসিক ক্ষমতা প্রয়োগ করা; অভিজ্ঞতা লাভ করা: Have you (got)/Do you ~ any idea where she lives? What reason ~ you (got) for thinking that he's lying? What kind of assistance ~ you in mind? ৭ (শুধু *inf*-এ এবং সর্বদা *stressed)* মেনে নেওয়া; সহ্য করা: I won't ~ such nasty things said about me.

have[3] [উচ্চারণের জন্য have[2] দ্রষ্টব্য] *vt* ১ **~ to do sth** [have to: 'হ্যাফ্ টা; has to: 'হ্যাস্ টা; had to: 'হ্যাট্ টা] প্রয়োজন বা বাধ্যবাধকতা প্রকাশক: I ~ to go there. You don't ~ to attend to-day's meeting. ২ [প্রদত্ত উদাহরণে লক্ষণীয় অর্থসমূহে ব্যবহৃত): Do you often ~ colds? তোমার কি প্রায়ই সর্দি লাগে? H~ you (got) a cold now? তোমার কি এখন সর্দি লেগেছে? Do you ~ much time for reading? তুমি কি পড়াশুনা করার যথেষ্ট সময় পাও? H~ you (got) time to read these notes? এই নোটগুলো পড়ার মতো সময় কি তোমরা (হাতে) আছে? Has your cat (got) any kittens now? তোমার বিড়ালের কি এখন বাচ্চা আছে? How often does your cat ~ kittens? তোমার বিড়াল কখন–কখন বাচ্চা দেয়? Can you ~ the boy for a couple of days? ছেলেটাকে দিন দুয়েকের জন্য দেখে রাখতে পারবে?

have[4] [উচ্চারণের জন্য have[2] দ্রষ্টব্য] *non-anom v* ১ (খাবার বা পানীয় হিসাবে) গ্রহণ করা; পাওয়া: There was nothing to be had, পাবার কিছুই ছিল না; Did you ~ breakfast? What shall we ~ for lunch? ২ (*n* সহযোগে ব্যবহার্য, যাতে *have* ও উল্লিখিত *n* এই *n*-এর সঙ্গে অভিন্ন ক্রিয়ার সমার্থক হয়): ~ a walk; ~ rest. Let me ~ a look. Do you ever ~ dreams? তুমি কি কখনো স্বপ্ন দেখো? ৩ অভিজ্ঞতা লাভ করা; সহ্য করা বা ভোগ করা: I didn't ~ much difficulty. Did you ~ a pleasant trip? Let him/them ~ it, (অপ.) ঠেলা বুঝুক; উচিত শাস্তি পাক। **~ had it** (অপ.) কপাল মন্দ হওয়া; ভেস্তে যাওয়া: Here come the police—well, we've had it! ৪ **~ sth done** কোনো কিছু করানো: I must ~ my shirt ironed. ৫ **have sb do sth** কাউকে দিয়ে কোনো কিছু করাতে চাওয়া: What would you ~ me do? আমাকে কী করতে বলো? **~ to do with,** দ্র. do[2] (১৪). ৬ **~ sth done** কোনো কিছুর অভিজ্ঞতা হওয়া বা কোনো কিছু ভোগ করা: I had my pocket picked পকেট মারা গিয়েছিল। ৭ (কথ্য) **(ক)** ঠকানো; প্রতারণা করা: Don't let him ~ you, দেখো, সে যেন তোমাকে না ঠকায়। **(খ)** হারিয়ে দেওয়া: You had me there! হারিয়ে দিয়েছিলে! ৮ (*it* ও একটি *clause* সহ) প্রকাশ করা; (অভিমত ইত্যাদি) পোষণ করা: Rumour has it (= গুজব আছে) that the President is going to dissolve the Parliament. She will ~ it (জোর দিয়ে বলছে) that our calculations are wrong. ৯ (adv part ও *preps* সহ বিবিধ ব্যবহার): **have sth back** কোনো কিছু ফিরে

পাওয়া: You shall ~ it back (= তোমাকে ফেরত দেওয়া হবে) next week. **have sb down** কাউকে অতিথি হিসাবে আপ্যায়ন করা: I'm having Mr and Mrs Khan down for a few days. **have sb in** কাউকে ঘরে আনা: We shall be having the repairing men in next month, সামনের মাসে বাসা মেরামতের লোকেরা আসবে। **~ sth in** ঘরে কোনো কিছু থাকা: Do we have enough rice for the rains ? **have it off/away** (নিষিদ্ধ অপ.) কারো সঙ্গে যৌনসম্ভোগ করা। **have sb on** কাউকে ধোঁকা দেওয়া। **~ sth on (ক)** পরে থাকা: He had nothing on, তার গায়ে কিছু ছিল না। **(খ)** কাজ থাকা: I ~ nothing on this evening, আজ সন্ধ্যায় আমার কোনো কাজ নেই। **have sth out** কোনো কিছু তোলানো: ~ a tooth out, দাঁত তোলানো। **~ one's sleep out** আপনা থেকে জেগে না-ওঠা পর্যন্ত ঘুমানো; পূর্ণ নিদ্রা দেওয়া: Let him ~ his sleep out. **have it out with sb** কারো সঙ্গে (কোনো ব্যাপারে) বোঝাপড়া করা। **have sb over/ round** নিজ ঘরে কাউকে অতিথি হিসাবে পাওয়া: We had Mr. and Mrs. Samad for dinner last night. **have sb up (ক)** কাউকে অতিথি হিসাবে অভ্যর্থনা করা। **(খ)** (সাধা. passive) (কথ্য) কাউকে হাকিমের সামনে বা আদালতে হাজির করানো: He was up for disobeying the traffic signal.

have[5] [হ্যা ভ্] *n pl* **the ˌ~s and the ˈ~-nots** ধনী-নির্ধন।

ha·ven [ˈহেইভ্ন্] *n* পোতাশ্রয়; (লাক্ষ.) আশ্রয় বা বিশ্রামস্থল।

haven't [ˈহ্যাভ্ন্ট্] = have not. দ্র. have[1].

hav·er·sack [ˈহ্যাভাস্যাক্] *n* খাদ্য ইত্যাদি বহনের জন্য সৈনিক, পর্যটক প্রভৃতি কর্তৃক ব্যবহৃত ক্যাম্বিস কাপড়ের ঝোলা বা ব্যাগ।

havoc [ˈহ্যাভাক্] *n* [U] ব্যাপক ক্ষয়ক্ষতি; ধ্বংস: floods causing terrible ~. **play ~ with/among; make ~ of** ধ্বংস বা ক্ষতিসাধন করা।

haw[1] [হো°] *n* বৈঁচিজাতীয় ফল।

haw[2] [হো°] *vi,n* দ্র. hum (৪).

hawk[1] [হো°ক্] *n* ১ বাজপাখি। **ˌ~-ˈeyed** *adj* তীক্ষ্ণদৃষ্টিসম্পন্ন। ২ যে ব্যক্তি বৈদেশিক নীতির ক্ষেত্রে সামরিক শক্তি প্রয়োগের পক্ষপাতী। দ্র. dove.

hawk[2] [হো°ক্] *vt* **~ (about/around)** (জিনিসপত্র) ফেরি করা; (লাক্ষ.) ছড়ানো: ~ gossip about. **~er** *n* ফেরিওয়ালা।

haw·ser [ˈহো°জা(র্)] *n* ভারী, মোটা রশি বা দড়ি; (জাহাজে ব্যবহৃত) ইস্পাতের দড়ি।

haw·thorn [ˈহো°থো°ন্] *n* প্রায়শ বেড়া দেবার কাজে ব্যবহৃত কাঁটাগাছবিশেষ।

hay [হেই] *n* [U] খড়। **make hay** রোদ লাগার জন্য খড় উলটে দেওয়া; (এর থেকে) **ˈhay-maker, ˈhay-making** *nn*. **make hay of** বিশৃঙ্খল করা। **make ˌhay while the ˈsun shines** (প্রবাদ) সময় থাকতে সুযোগের সদ্ব্যবহার করা। **ˈhay·cock** *n* খড়ের মোচাকার গাদা। **ˈhay fever** *n* [U] ধুলা বা ফুলের রেণু দ্বারা সৃষ্ট নাক ও গলার রোগ। **ˈhay-fork** *n* খড় উলটে দেওয়া ও তোলার জন্য লম্বা হাতলওয়ালা আঁকশিবিশেষ। **ˈhay-rick, ˈhay·stack** *nn* খড়ের গাদা। **ˈhay·wire** *n* [U] খড়ের আঁটি বাঁধার তার। □*pred adj* (কথ্য) বিশৃঙ্খল; উত্তেজিত বা বিক্ষিপ্তচিত্ত। **go haywire** (ব্যক্তি সম্বন্ধে) বিক্ষিপ্তচিত্ত হওয়া বা বিভ্রান্ত বোধ করা; (পরিকল্পনা ইত্যাদি সম্বন্ধে) অত্যন্ত বিশৃঙ্খল বা অসংগঠিত হয়ে পড়া।

haz·ard [ˈহ্যাজ়াড্] *n* ১ [C] ঝুঁকি; বিপদ: ˈhealth ~s, স্বাস্থ্যশূল (যেমন, ধূমপান); a career exposed to many ~s; at all ~s, যতোই ঝুঁকি/ বিপদ আসুক/থাকুক না কেন। ২ [U] ঝুঁকিপূর্ণ পাশাখেলা। □*vt* ১ ঝুঁকি নেওয়া: ~ one's life, জীবনের ঝুঁকি নেওয়া। ২ সাহস করে কিছু বলা: ~ a remark. **~·ous** [-আস্] *adj* ঝুঁকিপূর্ণ।

haze[1] [হেই জ্] *n* [C, U] পাতলা কুয়াশা; (লাক্ষ.) মানসিক বিভ্রান্তি, আচ্ছন্নতা বা অনিশ্চয়তা।

haze[2] [হেই জ্] *vt* (US) (কাউকে) অপদস্থ করা; উৎপীড়ন বা নির্যাতন করা।

hazel [ˈহেইজ্ল্] *n* [C] ভোজ্য বাদামসম্বলিত এক প্রকার ঝাড়-গাছ; [U] (চোখ সম্বন্ধে) উক্ত বাদামের খোসার (লালচে-বাদামি) রং।

hazy [ˈহেইজি] *adj* কুয়াশাচ্ছন্ন: ~ weather; (লাক্ষ.) অস্পষ্ট; কিয়ৎপরিমাণে আচ্ছন্ন বা বিভ্রান্ত; অনিশ্চিত: a ~ picture of events; ~ about the future. **haz·ily** [-ইলি] *adv*. **hazi·ness** *n*

H-bomb [এইচ্ বম্] *n* হাইড্রোজেন বোমা।

he [*strong* বা *initial* (প্রারম্ভিক) রূপ: হী; *medial* (মধ্যবর্তী) weak রূপ: ঈ] *pron* ১ সে, তিনি (পুরুষ): Where's your father ? He is in Chittagong. ২ (*pref* হিসাবে) পুরুষ: ˈhe-goat. **ˈhe-man** [-ম্যান্] *n* শক্তিমান/ বীর্যবান পুরুষ। ৩ (সাহিত্য রীতি) **he who** যে সে; যে কেউ সে।

head[1] [হেড্] *n* ১ মস্তক; মাথা। ২ এক মাথার সমপরিমাণ দৈর্ঘ্যের মাপ: Kamal is taller than Jamal by a ~. **be ~ and shoulders above sb** (লাক্ষ.) বুদ্ধিতে বা ক্ষমতায় কারো চেয়ে অনেক গুণে শ্রেষ্ঠ। ৩ **~(s)** মুদ্রার যে পিঠে কোনো ব্যক্তির মাথা খোদিত থাকে; এর উলটো পিঠকে tails বা the tail বলা হয়। **H~s or tails ?** নিক্ষিপ্ত মুদ্রার পিঠ দেখে ভাগ্য নির্ণয়ের জন্য মুদ্রাটি উপরে ছুঁড়ে দেবার আগে সংশ্লিষ্ট কোনো এক পক্ষকে একথা বলা হয়। **be unable to make ~ or tail of sth** কোনো কিছু একেবারেই বুঝতে না পারা। ৪ জন; ব্যক্তি: Tk 25 a ~, মাথাপিছু/জনপ্রতি ২৫ টাকা। ৫ (*pl* অপরিবর্তিত) এক ঝাঁক পাখি বা একদল পশু (সাধা. ছাগল বা ভেড়া): 100 ~ of cattle; a large ~ (=সংখ্যা) of game. ৬ বুদ্ধি; মেধা; কল্পনাশক্তি। ৭ সহজাত ক্ষমতা: He has no ~ for business. ৮ আকারে বা অবস্থানে মাথার মতো এমন কোনো কিছু: the head of a pin; the ~ of a hammer. ৯ শিরোদেশ বা শীর্ষ: at the ~ of the page; at the ~ of the staircase, সিঁড়ির মুখে। ১০ উৎস; উৎসভাগ: The ~-waters of the Padma. ১১ (উদ্ভিদ সম্বন্ধে) বোঁটার মাথায় ফুল বা পাতার গুচ্ছ: a flower ~; a tight ~ of cabbage. ১২ (প্রায়শ attrib) শাসক; নেতা বা সর্দার; প্রধান: ~s of government; the ~ of a family; the ~ office. **ˌH~ of ˈstate** রাষ্ট্রপ্রধান। ১৩ সম্মুখভাগ; পুরোভাগ: at the ~ of a procession. ১৪ (প্রধানত ব্যক্তিনামের ক্ষেত্রে) অন্তরীপ। ১৫ (জলবিদ্যুৎ কেন্দ্র প্রভৃতির জন্য) কোনো নির্দিষ্ট উচ্চতায় রক্ষিত পানি; আবদ্ধ জলীয়বাষ্প প্রভৃতির আয়তনভিত্তিক চাপ বা শক্তি। ১৬ প্রবন্ধ, রচনা ইত্যাদির প্রধান বিভাগ: an essay written under several ~s. ১৭ ঢেলে-ফেলা তরল পদার্থের (বিশেষত মদের) ফেনা:

the ~ on a glass of beer . ১৮ পেকে-ওঠা ফোড়ার মুখ: The boil came to a ~. **come to a ~** (লাক্ষ.) চরম অবস্থায় পৌঁছানো; চরম আকার ধারণ করা। ১৯ (বিবিধ phrase) **above/over one's ~** বোঝা দুঃসাধ্য (এমনভাবে): talk above one's ~ এমনভাবে কথা বলা যাতে (কারো পক্ষে) বোঝা মুশকিল হয়ে পড়ে। **an old ~ on young shoulders** নবীনের ভিতর প্রবীণের জ্ঞান। **bite sb's ˈ~ off** কাউকে ক্রুদ্ধভাবে তিরস্কার করা। **eat one's ˈ~ off** (ঘোড়া সম্বন্ধে) প্রচুর পরিমাণে খাওয়া কিন্তু কাজ বলতে গেলে না করা। **give sb his ~** কাউকে ইচ্ছামতো চলতে দেওয়া। **go to one's ~** (ক) (মদ সম্বন্ধে) নেশাগ্রস্ত করা। (খ) উত্তেজিত করা: His successes have gone to his ~, তাঁর সাফল্য তাকে আত্মম্ভরি করেছে। **have a ˌgood ˈ~ on one's shoulders** কর্মক্ষমতা, বাস্তববুদ্ধি, কাণ্ডজ্ঞান ইত্যাদি থাকা। **~ over heels** এলোমেলো; বিশৃঙ্খল; ডিগবাজি খাওয়া অবস্থায়; (লাক্ষ.) গভীরভাবে বা সম্পূর্ণরূপে, পুরাদস্তুর: ~ over heels in love. **keep one's ~** মাথা ঠাণ্ডা রাখা। **keep one's ˈ~ above water** (লাক্ষ.) ঋণ, সমস্যা ইত্যাদি থেকে মুক্ত থাকা। **keep one's ~ down** বিপদ বা চিত্তবিক্ষেপের কারণগুলো এড়িয়ে চলা। **laugh/scream one's ~ off** অট্টহাসিতে ভেঙে পড়া; হেসে কুটি কুটি হওয়া; চিৎকারে আকাশ মাথায় করা। **lose one's ~** মাথা ঠিক না রাখা। **(go) off one's ~** মাথা খারাপ (হওয়া)। **(stand, etc) on one's ~** পা শূন্যে তুলে মাথার উপর (দাঁড়ানো): do sth (standing) on one's ~, (কথ্য) অতি সহজে করতে পারা। **(be promoted) over another's ~/over the ~s of others** যোগ্যতর আরেক জনের/ অন্যদের মাথা টপকে পদোন্নতি পাওয়া। **ˌput our/ your/ their ˈ~s together** একত্র বসে সলা-পরামর্শ করা। **put sth into a person's ˈ~** কারো মাথায় কিছু (ধারণা, ভাবনা) ঢুকিয়ে দেওয়া। **put sth out of one's ~** কোনো কিছুর ভাবনা বাদ দেওয়া: I put the idea of going abroad out of my ~. **put sth out of sb's ~** কাউকে কোনো কিছু ভুলিয়ে দেওয়া। **take sth into one's ˈ~** কোনো কিছু বিশ্বাস করা বা ধারণা করা: She took it into her ~ that he was going to desert her. **talk one's ˈ~ off** অতিরিক্ত বকবক করা। **talk sb's ~ off** বক বক করে কারো মাথা ধরিয়ে দেওয়া। **two ~s are better than one** (প্রবাদ) কোনো দ্বিতীয় ব্যক্তির মতামত, পরামর্শ ইত্যাদি সর্বদা মূল্যবান। **turn sb's ~** কাউকে আত্মম্ভরি করে তোলা। **(be) weak in the ~** দুর্বলমস্তিষ্ক বুদ্ধিমান নয়। ২০ (যৌগশব্দে) **ˈ~·ache** *n* [C,U] (ক) মাথাব্যথা। (খ) (অপ.) মাথা-ধরানো সমস্যা। **ˈ~·band** *n* মাথায় বাঁধার ফিতা। **ˈ~·dress** *n* বিশেষত মহিলাদের অলঙ্কৃত মস্তকাবরণী, পাগড়ি। **ˈ~·gear** *n* টুপি; পাগড়ি; মস্তকাবরণী। **ˈ~·hunter** *n* যে বর্বর বিজয়নিদর্শন হিসাবে বিজিত শত্রুর মাথা কেটে রেখে দেয়; (লাক্ষ.) নির্দয় রিক্রুটকারী। **ˈ~·lamp** *n* = headlight. **ˈ~·land** [-লান্‌ড়] *n* অন্তরীপ। **ˈ~·light** *n* রেল-ইনজিন, মোটরগাড়ি প্রভৃতির হেডলাইট। **ˈ~·line** *n* সংবাদ শিরোনাম; শিরোনাম বহনকারী লাইন; (*pl*) বেতারে বা টেলিভিশনে প্রচারিত সংবাদের মুখ্য অংশ: 'Here are the news ~lines'. **ˈ~·man** [-ম্যান্] *n* সর্দার; মোড়ল। **ˌ~ˈmaster/ -ˈmistress** *nn* স্কুলের প্রধান শিক্ষক/শিক্ষয়িত্রী। **ˌ~-ˈon** *adj.adv* (সংঘর্ষ সম্বন্ধে) মুখোমুখি: a ~-on collision. **ˈ~·phones** *n pl* মাথায় বেঁধে ব্যবহার্য (বেতারের) রিসিভার; হেডফোন। **ˈ~·piece** *n* (ক) শিরস্ত্রাণ; হেলমেট। (খ) বুদ্ধি; মগজ। **ˌ~ˈquarters** *n* (*sing* বা *pl*) সদর দফতর। **ˈ~-rest** *n* যাতে মাথা হেলান দেওয়া হয়। **ˈ~·room** *n* = clearance (২). **ˈ~·set** *n* হেডফোন। **ˈ~·ship** [-শিপ্] *n* প্রধান শিক্ষক বা প্রধান শিক্ষয়িত্রীর পদ। **ˈ~·stall** *n* লাগামের যে অংশ ঘোড়া প্রভৃতির মাথায় পরানো হয়। **ˈ~·stone** *n* সমাধিফলক। **ˈ~-waters** *n pl* নদী প্রভৃতির উৎসভাগ। **ˈ~·way** *n* [U] অগ্রগতি; উন্নতি। **ˈ~-wind** *n* সরাসরি বিপরীত দিক থেকে প্রবাহিত বাতাস। **ˈ~·word** *n* শিরোনাম হিসাবে ব্যবহৃত (মোটা অক্ষরে মুদ্রিত) শব্দ, যথা অভিধানে আলোচিত শব্দ। **~ed** *adj* (যৌগশব্দে) **ˌthree-ˈ~ed** তিন মাথাওয়ালা। **~·less** *adj* মাথা নেই এমন; মস্তকবিহীন।

head[2] [হেড্] *vt,vi* ১ পুরোভাগে বা শীর্ষে থাকা: ~ a procession. Shakil's name ~ed the list. ২ মাথা দিয়ে স্পর্শ বা আঘাত করা; হেড করা: He ~ed the ball into the net. ৩ **~ sth/ sb off** কারো/কোনো কিছুর সামনে যাওয়া: ~ off a flock of sheep (যাতে এরা ভুল পথে না যায়); বাধা দেওয়া; ঘটতে না দেওয়া: ~ off a quarrel. ৪ নির্দেশিত পথে বা দিকে অগ্রসর হওয়া: ~ north, উত্তরের দিকে যাওয়া; ~ straight for home, সোজাসুজি ঘরের দিকে যাওয়া; (লাক্ষ.) ~ing for disaster, সর্বনাশের পথে যাওয়া।

header [ˈহেডা(র্)] *n* ১ অধোমুখ লম্ফ, ঝম্ফ বা পতন: take a ~ into a swimming pool, সাঁতার-কুণ্ডে অধোমুখে ঝাঁপ দেওয়া। ২ (ফুটবল) মাথা দিয়ে বলে আঘাত; শিরাঘাত; ঢুস।

head·ing [ˈহেডিঙ্] *n* শিরোনামা।

head·long [ˈহেড্‌লঙ্ US -লো°ঙ্] *adv ,adj* ১ অধোমুখে; অধঃশিরে; অধোমুখ; অধঃশির; অবাঙ্‌মুখ: fall ~. ২ হঠকারিতা করে; হঠকারী: rush ~ into danger; a ~ decision.

head·strong [ˈহেড্‌স্ট্রঙ্ US -স্ট্রো°ঙ্] *adj* একগুঁয়ে; গোঁয়ার; একরোখা; স্বেচ্ছাচারী; যথেচ্ছচারী।

heady [ˈহেডি] *adj* (-ier, -iest) ১ হঠকারী; ঠেঁটা। ২ (নেশাকর পানীয় সম্বন্ধে) দ্রুত উন্মাদক; উচ্চণ্ড; তেজি; উৎকট: a ~ wine; (লাক্ষ.) উন্মাদক (যেমন কোনো আকস্মিক সাফল্য)।

heal [হীল্] *vt,vi* ১ (বিশেষত ক্ষত সম্বন্ধে) নিরাময় হওয়া/করা; সারা/সারানো: The wound is not going to be ~ed soon. ২ (পুরা. অথবা বাই.) (কোনো ব্যক্তিকে) সুস্থ/রোগমুক্ত/নিরাময় করা; (রোগের) শান্তি/ উপশম করা: ~ sb of a disease (cure-ই এখন বহুলব্যবহৃত)। অপিচ দ্র. faith ভুক্তিতে faith-~ing. ৩ অবসান ঘটানো; ঘোচানো; মেটানো: ~ a quarrel. Time ~s all sorrows. **~er** *adj* উপশমক; ভিষক: Time is a great ~er.

health [হেল্‌থ্] *n* ১ [U] স্বাস্থ্য: be in/ enjoy/ have good/ poor ~. **ˈ~ food** *n* [U] কৃত্রিম রাসায়নিক দ্রব্যাদি-মুক্ত পুষ্টিকর খাদ্য; স্বাস্থ্যকর খাবার: (*attrib*) a ~ food restaurant/shop. ২ (সংগঠন, সংস্থা ইত্যাদির নামের অংশরূপে): the World ˈH~Organisation (সংক্ষেপ WHO), বিশ্বস্বাস্থ্য সংস্থা; the Department of H~ and Social Security (GB সংক্ষেপ DHSS); the National H~ Service (GB সংক্ষেপ NHS). ৩ সুস্থতা; নিরাময়তা; রোগমুক্ত অবস্থা: restored to ~. ৪ **drink**

sb's ~; drink a ~ (to sb) (সামাজিক রীতি হিসাবে) পানপাত্র উঠিয়ে কারো সুস্বাস্থ্য কামনা করা। ~·ful [-ফুল্] *adj* স্বাস্থ্যপ্রদ; স্বাস্থ্যকর; স্বাস্থ্যজনক।

healthy [হেল্‌থি] *adj* (-ier, -iest) ১ স্বাস্থ্যবান; স্বাস্থ্যবতী; সুস্থ; নীরোগ; নিরাময়। (দ্র. সুনির্দিষ্ট প্রসঙ্গে well ব্যবহার করা বাঞ্ছনীয়: I am quite well. ২ স্বাস্থ্যকর; স্বাস্থ্যপ্রদ: a ~ climate; a ~ way of living. ৩ স্বাস্থ্যসূচক; সুস্থ: a ~ appetite. **health·ily** [-থিলি] *adv* স্বাস্থ্যপ্রদভাবে; সুস্থভাবে।

heap [হীপ্] *n* [C] ১ রাশি; স্তূপ; কাঁড়ি; গাদা; পাঁজা; পুঞ্জ: a big ~ of books; a ~ of sand. **be struck/ knocked all of a ~** (কথ্য) হতভম্ব/ হতচৈতন্য/ আক্কেলগুড়ুম হওয়া। ২ **~s (of)** (কথ্য) রাশি রাশি; ভূরি ভূরি; ঢের; মেলা; অঢেল; বিস্তর: He has ~s of money. I saw him ~s of times, বহুবার। ৩ **~s** (*adv* হিসাবে, কথ্য) অনেক; ঢের: feeling ~s better. □*vt* ১ **~ (up)** স্তূপীকৃত/ পুঞ্জীভূত/ গাদা/ জড়ো করা: ~ (up) books; ~ up riches. ২ **~ sth on/upon sb/sth; ~ sb/sth with sth** ভরা; ভর্তি/ পূর্ণ/বোঝাই করা: ~ a plate with food; ~ favours upon a person, অনুগ্রহ বর্ষণ করা; a ~ed spoonful, উপচীয়মান চামচের এক চামচ।

hear [হিআ(র্)] *vt,vi* (*pt,pp* heard [হাড্]) ১ (শব্দ ইত্যাদি) শোনা; শ্রবণ/কর্ণগোচর করা: Do you ~ me? ২ অবহিত হওয়া; শোনা: I ~d that his father is dead. **~ about sth** (কোনো কিছু সম্বন্ধে) শোনা; অবহিত হওয়া; সংবাদ/খবর পাওয়া/শোনা: Did you ~ about her illness/marriage? You will ~ about this later, কখনো কখনো ভবিষ্যৎ তিরস্কারের ইঙ্গিতবহ। **~ from sb** চিঠিপত্র; খবর ইত্যাদি পাওয়া: Hope to ~ from you soon. **~ of sb/sth** (কথা; নাম) জানা; শোনা: Have you ever ~d of Mr. Powells ? **~ tell of** বলতে/বলাবলি করতে শোনা: You should have ~d tell of such incidents. ৩ কর্ণপাত করা; মনোযোগ দেওয়া; শোনা; (আদালতে) বিচার করা: He ~d carefully what we had to say. The judge will ~ the case next Monday. **~ sb out** (কারো বক্তব্য) শেষ পর্যন্ত শোনা: H~ me out, before you take a decision. **not ~ of** (সাধা. will would-সহ) বিবেচনা বা বরদাশত করতেও নারাজ হওয়া; কর্ণপাত না করা; কান না দেওয়া: I wouldn't ~ of it ! ৪ ˌ**H~** ! ˈ**H~** ! উৎসাহ বা অনুমোদনসূচক অভিব্যক্তি; কখনো কখনো শ্লেষাত্মক; সাবাস ! সাবাস ! সাধু ! সাধু ! **~er** *n* শ্রোতা।

hear·ing [ˈহিআরিঙ্] *n* ১ শ্রবণ; শ্রবণশক্তি: His ~ is poor, সে কানে কম শোনে। **hard of ~** কানে খাটো। ˈ**~-aid** বধিরদের শুনতে সাহায্য করার জন্য ইলেকট্রোনিক যন্ত্রবিশেষ; শ্রবণ-সহায়। ২ [U] যে দূরত্বের মধ্যে শোনা যায়; শ্রবণের নাগাল: শ্রুতিগোচরতা: Be careful not to discuss the matter in the ~ of strangers. **with in/out of ~** শ্রুতিগোচরতার মধ্যে/বাইরে: Tell him to keep within ~, ডাকের নাগালে। ৩ [C] (বিশেষত আত্মপক্ষ-সমর্থনে) কথা বলার সুযোগ। **gain a ~** (আত্মপক্ষ, সমর্থনে) কিছু বলার সুযোগ পাওয়া। **give sb a fair ~** কারো বক্তব্য নিরপেক্ষভাবে শোনা। **get a fair ~** শ্রোতা নিরপেক্ষভাবে শুনবেন; এই সুযোগ লাভ করা; (আইন.) বিশেষত জুরি ছাড়া কেবলমাত্র বিচারকের সামনে মোকদ্দমার বিচার; শুনানি।

hearken [ˈহাকান্] *vi* (পুরা.) কর্ণপাত/ শ্রবণ করা।

hear·say [ˈহিআসেই] *n* [U] জনশ্রুতি; জনরব; লোকশ্রুতি; কিংবদন্তি; গুজব: This piece of information is no better than ~.

hearse [হাস্] *n* শব বহনের গাড়ি; শবযান।

heart [হা:ট্] *n* ১ হৃৎপিণ্ড; হৃদ্‌যন্ত্র; রক্তাশয়। ২ আবেগ-অনুভূতি, বিশেষত প্রেমানুভূতির উৎস; হৃদয়; প্রাণ; চিত্ত; অন্তর; মর্ম; মন; মানস; অন্তঃকরণ: a man with a kind ~; a kind-ˈ~ed man হৃদয়বান/ সহৃদয়/ মহানুভব ব্যক্তি। **sb after one's own ~** মনের মতো মানুষ। **at ~** মূলত; প্রকৃতিগতভাবে; অন্তঃপ্রকৃতিতে। **have sth at ~** কোনো কিছুর প্রতি গভীরভাবে আগ্রহান্বিত হওয়া; কোনো কিছু হৃদয়মন জুড়ে থাকা। **from (the bottom of) one's ~** অন্তর থেকে; মন থেকে; অন্তরের অন্তস্তল থেকে। **in one's ~ of ~s** অন্তরের অন্তস্তলে; অন্তরতম অনুভূতিতে। **to one's ~'s content** পরিতৃপ্তির শেষ সীমা অবধি; প্রাণ ভরে; মনের সাধ মিটিয়ে; পরম আত্মতৃপ্তি সহকারে। **with all one's ~** সর্বান্তঃকরণে; কায়মনোবাক্যে। **~ and soul** সম্পূর্ণত; সর্বতোভাবে। **break a person's ~** গভীর মর্মপীড়া দেওয়া; বুক ভেঙ্গে দেওয়া। সুতরাং, ˌ**broken-**ˈ**~ed**; ˈ**~·broken** *adjj* ভগ্নহৃদয়। **cry one's** ˈ**~ out** অন্তর্বেদনায় পরিখিন্ন হওয়া; ভেবে ভেবে ক্ষয় হয়ে যাওয়া। **do one's** ˈ**~ good** উৎসাহিত/ চাঙ্গা বোধ করানো; মনোভার লাঘব করা। **(get/learn/know sth) by ~** কণ্ঠস্থ/ মুখস্থ করা। **(have) a change of ~** মনোভাবের পরিবর্তন (ঘটা); মন টলা। **have a ~** সহানুভূতি/ সহমর্মিতা/ অনুকম্পা দেখানো। **have the ~ to** (can-could-সহ সাধা. *neg* বা *interr)* (এতো) নিষ্ঠুর/ কঠিনহৃদয়/ নির্মম/ নিষ্করুণ হওয়া: How can one have the ~ to desert such lovely children? কোনো প্রাণে এমন.... ? **have one's ~ in sth** মন লাগা/পড়া। **have one's ~ in one's boots** মন দমা/ভাঙা; হতোদ্যম হওয়া। **have one's ~ in the mouth** (ভয়ে) প্রাণ ওষ্ঠাগত হওয়া। **have one's ~ in the right place** যথাযথভাবে/ অন্তর দিয়ে অনুভব করা। **have one's ~ set on sth** মন পড়া/ ছোটা; (কোনো কিছু) মন টানা। **loose ~** নিরুৎসাহ হওয়া; মন ভাঙা; সাহস হারানো। **loose one's ~ to sb/sth** প্রেমে পড়া; (অন্য কারো সম্বন্ধে) মন কেড়ে নেওয়া। **set one's ~ on sth/having sth/doing sth. etc** (কোনো কিছু পাওয়া; করা ইত্যাদির জন্য) উৎকণ্ঠিত হওয়া; মন ঢালা/দেওয়া/লাগানো। **take (fresh) ~ (at sth)** আত্মপ্রত্যয়ী হওয়া। **wear one's ~ on/upon one's sleeve;** আবেগ-অনুভূতি খোলাখুলি প্রকাশ করা; হৃৎপিণ্ডটি হাতের মুঠায় করে বেড়ানো। ৩ কেন্দ্রীয় অংশ; অভ্যন্তর; মর্ম: in the ~ of the forest, বনের গভীরে/অভ্যন্তরে; the ~ of the matter, মর্মমূল; সারমর্ম; get to the ~ of a subject/ mystery; a cabbage with a good solid ~, চমৎকার ঘন শাঁসালো একটি বাঁধাকপি। ৪ [U] (জমি সম্বন্ধে) উর্বরতা: in good ~, সরস; out of ~, নীরস। ৫ হৃৎপিণ্ডের আকৃতিবিশিষ্ট বস্তু; বিশেষত তাসের হর্তন। ৬ প্রিয়সম্বোধন-বিষয়: dear ~; sweet ~, প্রিয়তম/প্রিয়তমা। ৭ (যৌগশব্দ) ˈ**~·ache** *n* [U] অন্তর্জ্বালা; অন্তর্বেদনা। ˈ**~·beat** *n* [C] হৃৎস্পন্দন (মিনিটে প্রায় ৭০ বার)। ˈ**~·break** *n* [U] প্রাণঘাতী/মর্মান্তিক দুঃখ; মর্মবিদারণ। ˈ**~·breaking** *adj*

হৃদয়বিদারক; মর্মবেধী; হৃদয়ভেদী। ˈ~·**broken** *adj* বিদীর্ণহৃদয়। ˈ~-**burning** *n* [U] (অপিচ *pl*-এ) সাধা. নৈরাশ্যপ্রসূত ঈর্ষা ও অসন্তোষের অনুভূতি: মনের জ্বালা/ঝাল; অন্তর্দাহ; গাত্রদাহ। ˈ~-**disease** *n* [U] হৃদ্‌রোগ। ˈ~·**felt** *adj* আন্তরিক; হৃদ্‌গত; হৃদয়জাত। ˈ~-**failure** *n* [U] হৃদ্‌বৈকল্য। ˈ~-**rending** *adj* ৪ মর্মভেদী; বুক–ভাঙা; মর্মঘাতী; অরুন্তুদ। ˈ~'**s-ease** *n* [U] = pausy; ভায়োলেট–জাতীয় এক প্রকার ফুল; হৃদয়মণি। ˈ~·**sick** *adj* মন-মরা; আতুরচিত্ত; বিমনা। ˈ~·**strings** *n pl* গভীরতম প্রণয়ানুভূতি; হৃদয়তন্ত্রী: play upon sb's ~ strings, অনুভূতিতে নাড়া দেওয়া; মর্মস্পর্শ করা। ~**ed** *adj* (যৌগশব্দে): hard-~ed, কঠিনহৃদয়; পাষাণহৃদয়; sad-~ed, শোকার্তচিত্ত; উদাসহৃদয়; faint ~ed, দুর্বলচিত্ত; ক্ষীণচিত্ত। ~·**less** *adj* হৃদয়হীন; নিষ্করুণ। ~·**less·ly** *adv* নির্মমভাবে; মর্মন্তুদভাবে। ~·**less·ness** *n* হৃদয়হীনতা; নিষ্করুণতা।

hearten [ˈহা:ট্‌ন্] *vt* উৎসাহ দেওয়া; উল্লসিত করা: ~ing news, উৎসাহব্যঞ্জক/উল্লাসজনক সংবাদ।

hearth [হা: থ্] *n* ঘর গরম রাখার জন্য মেঝের যে অংশে অগ্নিকুণ্ড থাকে; (লাক্ষ.) গৃহের প্রতীকস্বরূপ অগ্নিকুণ্ড বা অধিশ্রয়ণী, ভিটেমাটি: fight for ~ and altar, (আল.) দেশ ও ধর্ম রক্ষার্থে যুদ্ধ করা। ˈ~-**rug** *n* অগ্নিকুণ্ডের সামনে বিছানো কম্বল বা আস্তরণ।

heart·ily [ˈহা:টিলি] *adv* ১ সানন্দে; পূর্ণোদ্যমে; হৃষ্টচিত্তে: set to work ~; eat ~. ২ অত্যন্ত: ~ glad that .... .

hearty [ˈহা:টি] *adj* (-ier, -iest) ১ (অনুভূতি সম্বন্ধে) আন্তরিক; অকপট; নিষ্কপট; সাদর: a ~ welcome; give one's ~ approval/support. ২ মজবুত; সুস্থ–সবল; সতেজ: still hale and ~ at eighty. ৩ জাঁকালো; জবর: a ~ meal/ appetite.

heat[1] [হীট্] *n* ১ [U] **(the)** ~ তাপ; উত্তাপ; দাহ; উচ্চতাপ; গরম: to suffer from the ~. ˌ**prickly** ˈ~, দ্র. prickle. ২ [U] **(the)** ~ (লাক্ষ.) উত্তাপ; উগ্রতা; উচ্চগুতা: speak with considerable ~; in the ~ of the debate/ argument. ৩ [C] (চূড়ান্ত বা পরবর্তী খেলায় অংশগ্রহণের জন্য প্রতিদ্বন্দ্বী বাছাইয়ের উদ্দেশ্যে অনুষ্ঠিত) প্রাথমিক প্রতিদ্বন্দ্বিতা: trial/preliminary ~s. অপিচ দ্র. dead (৬) ভুক্তিতে dead ~. ৪ [U] (স্ত্রীজাতীয় স্তন্যপায়ীদের সম্বন্ধে) যৌন উত্তেজনার কাল বা অবস্থা; কামদশা। **be in/on/at ~** কামদশায় থাকা। ৫ (যৌগশব্দ) ˈ~ **barrier** *n* = thermal barrier, দ্র. thermal. ˈ~-**flash** *n* পারমাণবিক বোমা প্রভৃতির বিস্ফোরণ–জাত প্রচণ্ড উত্তাপ; তাপস্ফুরণ। ˈ~ **pump** (গৃহ ইত্যাদি তাপিত করার জন্য) অপেক্ষাকৃত নিম্নতাপযুক্ত পদার্থ থেকে উচ্চতাপযুক্ত পদার্থে তাপ স্থানান্তরিত করার যন্ত্রবিশেষ; তাপ–পাম্প। ˈ~ **shield** *n* (বিশেষত নভযানের সুচালো অগ্রভাগে) অত্যধিক তাপের বিরুদ্ধে প্রতিরক্ষণ–কৌশলবিশেষ; তাপ–ফলক। ˈ~·**spot** *n* সংবেদনশীল ত্বকে তাপজনিত দাগ বা বিন্দু; গর্মিতিল। ˈ~-**stroke** সর্দিগর্মি। ˈ~·**wave** *n* দীর্ঘদিন ধরে অস্বাভাবিক গরম আবহাওয়া; তাপপ্রবাহ।

heat[2] [হীট] *vt,vi* ~ **(up)** গরম/ উত্তপ্ত করা বা হওয়া: ~ (up) some water. ~·**ed** *adj* উত্তপ্ত; উত্তেজিত: a ~ed discussion. ~**ed·ly** *adv* উত্তেজিতভাবে; সরোষে। ~**er** *n* ঘর, জল ইত্যাদি গরম করার জন্য যন্ত্রকৌশলবিশেষ; তাপক: a ˈgas-~er; an ˈoil-~er. ~·**ing** *n* [U] তাপজননের উপায়; তাপন: electric/gas/oil ~ing. দ্র. central.

heath [হীথ্] *n* ১ [C,U] ঘন লাল, গোলাপি বা সাদা ঘণ্টাকৃতি ছোট ছোট ফুলবিশিষ্ট এক ধরনের চিরহরিৎ গুল্ম। ২ বিশেষত উপরোক্ত গুল্মাবৃত সমতল পতিত জমি; জঙ্গলাট; জঙ্গলাৎ।

hea·then [ˈহীদ্‌ন্] *n* ১ [C] (*pl* -*s*, অথবা সমষ্টিগতভাবে **the** ~) প্রধান বিশ্বধর্মগুলির বাইরে অন্য কোনো ধর্মে যে বিশ্বাস করে; বিধর্মী; পৌত্তলিক; ম্লেচ্ছ; কাফের: He fell prey to the ~s whom he tried to convert. ২ [C] (কথ্য) যে ব্যক্তির আচার–আচরণ, নৈতিকতা ইত্যাদি মনঃপূত নয়; অসভ্য; বেয়াদব; ম্লেচ্ছ: The boy was brought up as a young ~. ৩ (*attrib):* a ~ land, বর্বরদেশ; ম্লেচ্ছদেশ; ~ customs, ম্লেচ্ছাচার; দুরাচার। ~·**ish** [-নিশ্] *adj* ম্লেচ্ছসুলভ; বর্বর–; অসভ্য।

heather [ˈহেদা(র্)] *n* [U] heath (১)-এর প্রকারভেদ; স্কটল্যান্ডের সর্বত্র সহজলভ্য এই গুল্মের ফুলের রং হালকা গোলাপি বা সাদা। **take to the ~** (প্রাচীন কালে) তস্করের জীবন বেছে নেওয়া; দস্যুবৃত্তি অবলম্বন করা। ˈ~-**mixture** *n* উক্ত ফুলের মতো মিশ্রবর্ণের বস্ত্র; চিত্র–বিচিত্র বস্ত্র।

heave [হীভ্] *vt,vi (pt,pp* ~d কিংবা (নীচে ৬ ও ৭ দ্র.) নৌচালন প্রসঙ্গে hove [হৌভ্]) ১ (কোনো ভারী বস্তু) তোলা; উত্তোলন করা: ~ the anchor. ২ উচ্চারণ/উদ্‌গার করা; ছাড়া: ~ a sigh/groan. ৩ (কথ্য) (তুলে) ছুড়ে মারা: ~ sth overboard; ~ a brick through a window. ৪ ~ **(at/on sth)** সবলে টানা: ~ at a rope. H~ way ! H~ ho ! (দড়ি বা কাছি টানার সময় নাবিকদের চিৎকার) মারো টান ! হেঁইয়ো ! ৫ প্রবলভাবে তালে তালে উত্থিত ও পতিত হওয়া; স্পন্দিত/স্ফুরিত হওয়া; ফোঁসা: a heaving chest, স্পন্দমান বক্ষ; the heaving billows, তরঙ্গভঙ্গ। ৬ ~ **to** (পালের জাহাজ সম্বন্ধে) (নোঙর না ফেলে বা কাছি দিয়ে না বেঁধে) থামা বা থামানো। ৭ ~ **in sight** দৃষ্টিগোচর হওয়া। □*n* টান; উৎক্ষেপ: with a mighty ~.

heaven [ˈহেভ্‌ন্] *n* ১ স্বর্গ; স্বর্গলোক; জান্নাত; পরলোক; লোকান্তর: die and go to ~. ২ **H~** ঈশ্বর; আল্লাহ; বিধি; বিধাতা: the will of H ~. H ~ forbid ! Good H~s ! ˌ~-**sent** *adj* ঈশ্বরবিহিত; ঈশ্বরসিদ্ধ; বিধাতৃসিদ্ধ; বিধাতৃকৃত: a ~-sent opportunity. ৩ পরম সুখ; পরম সুখধাম। ৪ (প্রায়শ **the ~s)** আকাশ; গগন; অন্তরীক্ষ; নভ; ব্যোম। **move ~ and earth** যথাসাধ্য চেষ্টা করা; স্বর্গমর্ত্য তোলপাড় করা। ~·**ward(s)** [-ওয়াড্‌(জ্)] *adj,adv* স্বর্গাভিমুখ; আকাশাভিমুখ; স্বর্গাভিমুখে; আকাশাভিমুখে।

heav·en·ly [ˈহেভ্‌ন্‌লি] *adj* ১ স্বর্গীয়; দিব্য; অমর্ত্য; আন্তরীক্ষ: ~ angel/vision/voice. **the ~ bodies** চন্দ্র–সূর্য, গ্রহ–নক্ষত্র ইত্যাদি; খস্থপদার্থসমূহ। **the ~ city** স্বর্গধাম; সুরলোক। ২ পার্থিব উৎকর্ষের অতিশায়ী; পরম। ৩ (কথ্য) অত্যন্ত তৃপ্তিকর;

স্বর্গীয়: such ~ mangoes.

Heavi·side layer [ˈহেভিসাইড্ লেইআ(র্)] *n* দ্র. ionosphere.

heavy [ˈহেভি] *adj* (-ier, -iest) ১ ভারী; গুরু; গুরুভার; গরীয়ান। ˈ**~·weight** *n* ৭৯.৩ কিলো বা ততোধিক ওজনবিশিষ্ট মুষ্টিযোদ্ধা; ভারী মুষ্টিযোদ্ধা। ২ স্বাভাবিক আকার, পরিমাণ, শক্তি ইত্যাদির চেয়ে অধিক: ~ guns/artillery ভারী আগ্নেয়াস্ত্র/ তোপ/ কামান; ~ (=abundant) crops, সুপ্রচুর/ অপর্যাপ্ত/ অঢেল শস্য; ~ work, শ্রমসাধ্য কাজ; a ~ blow, প্রচণ্ড আঘাত; ~ rain, প্রবল বৃষ্টিপাত; অতিবৃষ্টি; a ~ fall, গুরুতর পতন; a ~ heart, ভারাক্রান্ত হৃদয়; ~ tidings, দুঃসংবাদ; অশুভ সংবাদ; ~ soil, যে মাটিতে চাষ করা শক্ত; কঠিন জমি; ~ roads, কর্দমিত দুস্তর পথ; a ~ sky, মেঘাচ্ছন্ন আকাশ; a ~ sea, তরঙ্গক্ষুব্ধ সাগর; ~ food, গুরুপাক খাদ্য; ~ bread, ময়দার তালের মতো ঘন আঁঠালো রুটি; এঁটেল রুটি; a ~ day, কর্মক্লান্ত দিন; a ~ sleep, গাঢ় নিদ্রা; a ~ sleeper, গাঢ়নিদ্রক; a ~ drinker, অতিপায়ী; a ~ smoker, অতিধূমপায়ী; ~ reading, দুরূহ পাঠ। ˌ~ ˈ**hydrogen** স্বাভাবিক হাইড্রোজেন পরমাণুর দ্বিগুণ ওজনবিশিষ্ট হাইড্রোজেন; আইসোটোপ; ভারী উদ্‌জান। ˌ~ ˈ**water** দুটি ভারী উদ্‌জান পরমাণু এবং একটি স্বাভাবিক অম্লজান পরমাণু নিয়ে গঠিত জল; ভারী জল। ৩ (ব্যক্তি সম্বন্ধে) স্থূলধী, জড়বুদ্ধি, জড়ভরত; (লেখা বা চিত্র সম্বন্ধে) নিষ্প্রভ; ক্লান্তিকর; একঘেয়ে; (মঞ্চনাটকের অংশবিশেষ সম্বন্ধে) গুরুভার; গুরুগম্ভীর; গম্ভীর: play the part of the ~ father; (শারীরিক অবস্থা সম্বন্ধে) নিষ্ক্রিয়; অসাড়: ~ with sleep, নিদ্রাতুর; তন্দ্রালস; ~ with wine, মদালস। **(find sth) ~ going** দুরূহ মনে হওয়া। **(find sb) ~ going** (কাউকে) দুরূহ/দুর্বোধ্য মনে হওয়া; (কারো কথা) ক্লান্তিকর (বোধ হওয়া)। **make ~ weather of sth,** দ্র. weather (১). ৪ (US অপ.) বিপজ্জনক; ক্লেশাবহ। ৫ (যৌগশব্দ) ˌ**~-duty** *adj* যথেচ্ছ ব্যবহার, খারাপ আবহাওয়া ইত্যাদি প্রতিকূলতার মধ্যে টিকে থাকার মতো করে নির্মিত; অতি মজবুত: ~-duty battery/clothing. ˌ**~-** ˈ**handed** *adj* আনাড়ি; অদক্ষ; স্থূল। ˌ**~-**ˈ**hearted** *adj* নির্বিণ্ণ; বিমর্ষ। **~ industry** *n* [U] ধাতু, ভারী যন্ত্রপাতি ইত্যাদি উৎপাদনক্ষম যন্ত্রশিল্প; ভারী শিল্প। □*adv* ভারী হয়ে: Time hangs ~ on his hands, তার সময় কিছুতেই কাটতে চায় না। ˌ**~-**ˈ**laden** *adj* অতি ভারী, সুভারবান; (লাক্ষ.) ভারাক্রান্ত (হৃদয়)। **heav·ily** [ˈহেভিলি] *adv* ভারী করে: a heavily loaded lorry, একটি অতি ভারবান লরি। **heaviness** *n* ভার; ভারিত্ব; জড়তা; মন্দতা; স্থূলতা; বিক্ষদ; বিমর্ষতা।

He·braic [হীˈব্রে ইক্] *adj* হিব্রু; ইহুদি; ইহুদীয়।

He·brew [ˈহীব্রু] *n* ১ [C] হিব্রু; য়িহুদি; ইসরাইলি। ২ [U] (প্রাচীন ও আধুনিক) হিব্রু ভাষা। □*adj* (ভাষা ও জাতি সম্বন্ধে) হিব্রু।

heckle [ˈহেক্‌ল্] *vt* জনসভায় বক্তাকে বার বার থামিয়ে দিয়ে তাঁকে নানান কূটপ্রশ্নে জর্জরিত করা; খোঁচাখুঁচি/উস্তমখুস্তন করা; জ্বালাতন/অতিষ্ঠ/উত্যক্ত করা। **heck·ler** [ˈহেকলা(র্)] *n* উত্যক্তকারী।

hec·tare [ˈহেক্টেআ(র্)] *n* মেট্রিক পদ্ধতিতে ১০,০০০ বর্গমিটার আয়তন (= ২.৪৭১ একর); হেক্টর। দ্র. পরি. ৫।

hec·tic [ˈহেক্টিক্] *adj* ১ অস্বাভাবিক লাল; রগরগে; জ্বরিত; জ্বরতপ্ত; যক্ষ্মা; ক্ষয়রোগসূচক: ~ checks; a ~ colouring. ২ (কথ্য) কর্মব্যস্ত; উদ্‌ব্যস্ত; কর্মকোলাহলময়; উত্তেজনাপূর্ণ: have a ~ time; lead a ~ life; for one ~ moment.

hecto- [ˈহেক্টৌ] *pref* (অন্য শব্দের যোগে) শত: ˈ~·gram(me), ১০০ গ্রাম। দ্র. পরি. ৫।

hec·tor [ˈহেক্টা(র্)] *vt,vi* তর্জনগর্জন করা; তর্জানো।

he'd [জোরালো বা আদ্যরূপ: হীড্; মধ্যবর্তী দুর্বল রূপ ঈড্] = he had; he would.

hedge [হেজ্] *n* ১ মাঠ, বাগান ইত্যাদির সীমানানির্দেশক ঝোপ, গুল্ম বা (সাধা. উপরের দিক সমান করে কাটা) দীর্ঘতরুর সারি; বৃতি, প্রাবৃতি, বেড়া: a ˈbeech-~, ভূর্জবেষ্টনী। ˈ**~-hop** *vi* (বিমানে) খুব নিচু দিয়ে উড়ে যাওয়া, যেমন শস্যক্ষেত্রে ওষুধ ছিটানোর সময়। ˈ**~·row** *n* ঝোপ বা গুল্মের বেড়া। ˈ**~-sparrow** *n* ব্রিটেন ও আমেরিকার মামুলি পাখি; কলবিঙ্ক; চড়ুই। ২ (লাক্ষ.) সম্ভাব্য ক্ষতি থেকে আত্মরক্ষার উপায়; রক্ষাকবচ: buy gold/diamond as a ~ against inflation. □*vt,vi* ১ বেড়া দেওয়া; পরিবৃত করা: ~ a field; (লাক্ষ.) প্রাচীরবেষ্টিত/ অবরুদ্ধ করা: ~ a person in/round with rules and regulations, বিধিনিষেধের বেড়াজালে আবদ্ধ করা। ২ টালবাহানা করা; সরাসরি জবাব এড়িয়ে যাওয়া: Give me a definite answer—don't ~ ! ৩ (কথ্য) বিশেষত বাজি রেখে খেলার সময় ক্ষতিপূরণমূলক লেনদেনের মাধ্যমে লোকসান বাঁচানো: ~ one's bets. ৪ বেড়া দেওয়া; বেড়ার ঝোপ ছেঁটে পরিপাটি করা।

hedge·hog [ˈহেজ্‌হগ্ US-হো°গ্] *n* শল্লকী; শজারু।

he·don·ism [ˈহীডানিজাম্] *n* [U] সুখ বা প্রীতিই পরমার্থ, এই বিশ্বাস; প্রেয়োবাদ। **he·don·ist** [-নিস্ট্] *n* প্রেয়োবাদী।

heed [হীড্] *vt* (আনুষ্ঠা.) অবধান/কর্ণপাত করা; সাবধান হওয়া; মনোযোগ দেওয়া। ~ a warning: ~ what a person says. □*n* **pay/give ~ (to); take ~ (of)** মনোযোগ দেওয়া; কর্ণপাত/লক্ষ করা; সাবধান/অবহিত হওয়া: pay no ~ to a warning. **~·ful** [-ফ্‌ল্] *adj* **~ful (of)** কৃতাবধান; মনোযোগী: be more ~ful of advice. **~·less** *adj.* **~less (of)** অমনোযোগী; অনবধান; অসাবধান: ~less of danger.

hee·haw [ˈহীহো°] *n* গাধার ডাক; গর্দভনাদ; অট্টহাসি; হা হা।

heel[1] [হীল্] *n* ১ মানুষের পা, মোজা, জুতা ইত্যাদির পশ্চাদ্‌ভাগ; গোড়ালি; পার্ষ্ণি। **at/on the ~s of sth; at/on sb's ~s** পায়ে পায়ে; পিছু পিছু: A severe epidemic followed on the ~s of the floods. **bring/come to ~** (কুকুর সম্বন্ধে) (নিয়ন্ত্রণের অধীনে) পিছে পিছে আনা/আসা; (লাক্ষ.) বশীভূত হওয়া বা করা। **down at ~** (জুতা সম্বন্ধে) গোড়ালি-ছেঁড়া; (ব্যক্তি সম্বন্ধে) উক্তরূপ জুতা-পরা; হতচ্ছাড়া; অপরিচ্ছন্ন। **head over ~s** চিতপাত; (লাক্ষ.) সম্পূর্ণভাবে। **kick/cool one's ~s** প্রতীক্ষা করতে বাধ্য হওয়া। **kick up one's ~s** (বিশেষত মুক্তির আনন্দে) ধেই ধেই করে নাচা; লম্ফঝম্প করা। **show a clean pair of ~s** ত্বরায় পৃষ্ঠপ্রদর্শন করা; নিমেষে চম্পট দেওয়া। **take to one's ~s** পালানো; দৌড়ে পালানো। **turn on one's ~s** সাঁ করে ঘুরে যাওয়া। **under the ~ of** (লাক্ষ.) কর্তৃত্বাধীন; প্রভুত্বাধীন। ২

(US অপ.) ইতর; পামর। □*vt* গোড়ালি লাগানো: sole and ~ a pair of shoes. ˌ**well-ˈ~ed** *adj* (অপ.) অত্যন্ত ধনী; শাঁসালো।

heel[2] [হীল্] *vi,vt* ~ **(over)** (জাহাজ সম্বন্ধে) কাত হওয়া বা করা।

hef·ty [ˈহেফ্‌টি] *adj* (-ier, -iest) (কথ্য) তাগড়া: a ~ farm worker.

he·gem·ony [ˈহিˈগামানি US ˈহেজামৌনি] *n* (*pl-nies*) [U,C] (আনুষ্ঠা.) বিশেষত কতকগুলি রাষ্ট্রের মধ্যে একটি রাষ্ট্রের নেতৃত্ব; কর্তৃত্ব ও প্রভাব; আধিপত্য; প্রভুত্ব।

He·gira, He·jira [ˈহেজিরা US হিˈজাইআরা] *n* হিজরাত; হিজরি।

heifer [ˈহেফা(র্)] *n* বকনা বাছুর; একবর্ষিকা।

heigh·ho [ˌহেইˈহৌ] *int* হতাশা, ক্লান্তি ইত্যাদি–সূচক অব্যয়; আ; উহ্; হা।

height [হাইট্] *n* ১ [U,C] উচ্চতা; উন্নতি; উত্তুঙ্গতা: the ~ of a mountain. ২ [C] উচ্চস্থান; চূড়া; শীর্ষ; শিখর: on the mountain ~s. ৩ [U] চূড়ান্ত পর্যায়; উত্তমাবধি; পরমাবধি: the ~ of his ambition; dressed in the ~ of fashion; in the ~ of summer, মধ্যগ্রীষ্মে; ভরাগ্রীষ্মে।

heighten [ˈহাইট্‌ন্] *vt,vi* বাড়া বা বাড়ানো; বর্ধিত/ উচ্চতর/ তীব্রতর/ বলবত্তর/ অধিকতর হওয়া বা করা: ~ a person's anger; ~ an effect; her ~ed colour, মুখমণ্ডলের (আবেগজনিত) বর্ধিত রক্তিমা।

hei·nous [ˈহেইনাস্] *adj* (অপরাধ সম্বন্ধে) ঘৃণ্য; জঘন্য; ঘোর; উৎকট; গর্হিত: a ~ crime, মহাপাতক। **~·ly** *adv* জঘন্যভাবে। **~·ness** *n* গর্হ্যতা; জঘন্যতা; ঘোরতা।

heir [এআ(র্)] *n* উত্তরাধিকারী; দায়াদ; রিক্‌থা; রিক্‌থহারী; ওয়ারিস। ˌ**~ apˈparent** *n* (*pl* ~s apparent) নিকটতর কোনো উত্তরাধিকারীর জন্মের দরুন যে উত্তরাধিকারীর অধিকার লোপ পায় না; প্রতীত উত্তরাধিকারী; যুবরাজ। ˌ**~ preˈsumptive** *n* নিকটতর কোনো উত্তরাধিকারীর জন্মের দরুন যার উত্তরাধিকার বাতিল হতে পারে; সম্ভাবিত–স্থানাধিকারী; আপাত উত্তরাধিকারী। **~·ess** [ˈএআরিস্] *n* উত্তরাধিকারিণী; দায়াদি।

heir·loom [ˈএআলূম্] *n* পুরুষপরম্পরাক্রমে প্রাপ্ত পারিবারিক কোনো বস্তু/অস্থাবর সম্পত্তি; পৈত্রধন।

He·jira [ˈহেজিরা US হিˈজাইআরা] *n* = Hegira.

held [হেল্‌ড্] hold-এর *pt,pp*

heli·cop·ter [ˈহেলিকপ্‌টা(র্)] *n* স্বল্প পরিসরে অবতরণক্ষম এবং বাতাসে স্থিরভাবে অবস্থান করতে সমর্থ, অনুভূমিকভাবে ঘূর্ণায়মান পাখাযুক্ত এক ধরনের বিমান; হেলিকপ্টার।

he·lio·trope [ˈহীলিআট্রৌপ্] *n* নীলাভ রক্তবর্ণ ছোট ছোট সুগন্ধি পুষ্পবিশিষ্ট উদ্ভিদ; সূর্যকমল; ভূরুণ্ডী; সূর্যকমলবর্ণ।

heli·port [ˈহেলিপো°ট্] *n* হেলিকপ্টারের অবতরণ–উড্ডয়ন ক্ষেত্র; হেলিবন্দর।

he·lium [ˈহীলিআম্] *n* [U] বর্ণহীন; হালকা অদাহ্য গ্যাসবিশেষ (প্রতীক He), যা বেলুন ও আকাশযানে ব্যবহৃত হয়; হিলিয়ম।

he·lix [ˈহীলিক্‌স্] *n* (*pl-lices*) [–লিসীজ্]) (বিজ্ঞান.) একটি কেন্দ্রবিন্দু বা রেখার চারিদিকে অগ্রসরমান কিংবা ঊর্ধ্বগ অবিচ্ছিন্ন বক্ররেখা; কম্বুরেখা: The DNA molecule is shaped like a ~. **he·li·cal** *adj* কম্বুরেখ; সর্পিল।

hell [হেল্] *n* ১ নরক; জাহান্নাম; দোজখ; রসাতল। ২ যন্ত্রণাদায়ক স্থান বা অবস্থা; নরক; নরকযন্ত্রণা: suffer ~ on earth; make sb's life a ~. ৩ (কথ্য, ক্রোধপ্রকাশে কিংবা অর্থের গুরুত্ববৃদ্ধিতে) H ~! The burglar ran like ~, প্রাণপণে; He liked the fellow a ~ of a lot, বড্ডো। **for the ~ of it** বিশেষ কোনো কারণে নয়; অহেতুক। **ride ~ for leather** ঊর্ধ্বশ্বাসে; পড়ি কি মরি করে। ˈ**~-cat** বিদ্বেষপরায়ণ কিংবা ক্রোধোন্মত্ত ব্যক্তি; নরক–মার্জার। **~·ish** [–ইশ্] *adj* নারক; নারকীয়। **be** ˌ**~-ˈbent on sth** (অপ.) কোনো কিছু করার জন্য বদ্ধপরিকর হওয়া। ˈ**~·fire** নরকাগ্নি। ˈ**~-hound** নরককুক্কুর।

he'll [জোরালো বা আদ্য রূপ: হীল্; মধ্যবর্তী দুর্বল রূপ প্রায়শ: ঈল্] = he will, he shall.

hel·lene [ˈহেলীন্] *n* গ্রিক নাগরিক; গ্রিক; প্রাচীন কালে প্রকৃত গ্রিক বংশোদ্ভূত ব্যক্তি। **Hel·lenic** [হেˈলীনিক US হেˈলেনিক] *adj* গ্রিক; গ্রিসীয়; হেলেনিক।

hello [হˈলৌ] *int* = hullo.

helm[1] [হেল্‌ম্] *n* (নৌকার) হাল; কর্ণ: the man at the ~, কর্ণধার; কাণ্ডারি: (লাক্ষ.) নেতা; the ~ of state, (লাক্ষ.) রাষ্ট্রের হাল; সরকার। ˈ**~s·man** [–জ্‌মান্] *n* (*pl* -men) কর্ণধার; কাণ্ডারি; মাঝি।

helm[2] [হেল্‌ম্] *n* (পুরা.) শিরস্ত্রাণ।

hel·met [ˈহেল্‌মিট্] *n* শিরস্ত্র; শিরস্ত্রাণ। অপিচ দ্র. sun ভুক্তিতে sun-~. **~ed** *adj* শিরস্ত্রধারী; শিরস্ত্রাণধারী।

help[1] [হেল্‌প্] *n* ১ [U] সাহায্য; সহায়তা; উপকার; অনুবল। **be of ~ (to sb); be (of) any/ much/ no/ some ~ (to sb)** সাহায্য করা; সাহায্যে/ উপকারে আসা; কাজে লাগা: He can be of much ~. ২ **a ~** সাহায্য করে এমন বস্তু বা ব্যক্তি: His recommendation was a great ~. ৩ [U] প্রতিকার; প্রতিবিধান; চারা: There is no ~ for it. দ্র. help[2] (৩). ৪ [C] গৃহস্থালির কাজে সাহায্য করে এমন (সাধা. অনাবাসিক ব্যক্তি; ছুটা (কাজের ছেলে/মেয়ে): a home ~, দ্র. home[1] (৩). The ~ came late today. **~·ful** [–ফ্‌ল্] *adj* উপকারী; সহায়ক; কাজের: be ~ful to one's friends. **~·fully** [–ফ়ালি] *adv* **~·ful·ness** *n* উপকারিতা; উপযোগিতা। **~·less** *adj* ১ সাহায্য–/ সহায়তা–বিহীন। ২ নিরুপায়; অসহায়; নিঃসহায়; গতিহীন: a ~less invalid. **~·less·ly** *adv* অসহায়ভাবে। **~·less·ness** *n* অসহায়ত্ব; নিরুপায়ত্ব। **~er** *n* সাহায্যকারী; সহায়। **~·ing** *n* (বিশেষত) আহারকালে পরিবেশিত খাবারের ভাগ: three ~ings of pie; a generous ~ing of tart.

help[2] [হেল্‌প্] *vt,vi* ১ সাহায্য/ সহায়তা/ উপকার করা। **~ out** (বিশেষত সঙ্কটকালে) সহায়তাদান/ আনুকূল্য করা। ২ **~ sb/oneself (to sth)** খাদ্য; পানীয় ইত্যাদি পরিবেশন করা: May I ~ you to some more pudding? ৩ **can ~ sth/doing sth** এড়ানো; পরিহার করা; নিবৃত্ত করা; বিরত হওয়া: I don't associate myself with him more than I can ~, প্রয়োজনের বেশি/পারতপক্ষে তার সঙ্গে মিশি না; The child burst into tears, it could n't ~ it, না কেঁদে উপায় ছিল না; It can't be ~ed, এটা অবশ্যম্ভাবী ছিল। ৪ So ~ me God (শপথ উচ্চারণে) (যেহেতু আমি সত্য কথা বলছি ইত্যাদি) ঈশ্বর আমার সহায় হোন।

help·mate [ˈহেল্প্মেইট্], **help·meet** [ˈহেল্প্মীট্] *nn* উপকারী সহবর্তী বা সহচর, বিশেষত স্বামী বা স্ত্রী; সহভাবী/সহভাবিনী।

hel·ter-skel·ter [ˌহেল্টা ˈস্কেল্‌ট(র্)] *adv* ছত্রখান হয়ে; এলোপাথারিভাবে। □*n* মেলা ইত্যাদিতে শিশুদের খেলার জন্য কাঠ বা ধাতুর সুউচ্চ ঢালু কাঠামোবিশেষ; স্খলনী।

helve [হেল্ভ্] *n* হাতিয়ার, বিশেষত কুড়ালের হাতল; মুষ্টি; পরশুদণ্ড।

hem[1] [হেম্] *n* কাপড়ের প্রান্ত বা আঁচল, বিশেষত পরিধেয় বস্ত্রের মুড়ি সেলাই করা পাড়; মগজি; দশা; ধারী। ˈ**hemming-stitch** *n* গাউন, স্কার্ট, ফ্রক ইত্যাদির পাড় সেলাই করার রীতিবিশেষ; মগজি/ তেরছা ফোঁড়। ˈ**hem·line** *n* (বিশেষত) স্কার্ট, ফ্রক, গাউন ইত্যাদির নিম্নভাগ; বসনপ্রান্ত: lower/ raise the hemline, ঝুল বাড়ানো/কমানো। □*vt* (-mm) ১ মুড়ি সেলাই করা; মগজি করা: ~ a handkerchief. ২ **hem about/ around/ in** পরিবৃত/ পরিবেষ্টিত করা: ~med in by the enemy.

hem[2] (অপিচ **h'm**) [হেম্, হ্ম্] *int* সন্দেহ বা বিদ্রূপ প্রকাশ কিংবা মনোযোগ আকর্ষণের জন্য ব্যবহৃত ধ্বনি: হুম। □*vi* (-mm-) হুম করা; আমতা আমতা/ ইতস্তত করা। **hem and haw/ ha** = hum and haw/ha, দ্র. hum.

he·ma·tite (অপিচ **hae-**) [ˈহেমাটাইট্] *n* লোহার প্রধান খনিজ উৎস আয়রন অক্সাইড (Fe_2O_3); লোহিতাশ্ম।

hemi·sphere [ˈহেমিস্‌ফিআ(র্)] *n* গোলার্ধ; অর্ধমণ্ডল; অর্ধভুবন। **the Northern/ Southern ~** বিষুবরেখার উত্তর/ দক্ষিণ; উত্তর/ দক্ষিণ গোলার্ধ। **the Eastern ~** য়োরোপ, এশিয়া, আফ্রিকা ও অস্ট্রেলিয়া; পূর্ব গোলার্ধ। **the western ~** উত্তর ও দক্ষিণ আমেরিকা; পশ্চিম গোলার্ধ।

hemi·stich [ˈহেমিস্টিক্] *n* শ্লোকার্ধ।

hem·lock [ˈহেমলক্] *n* সূক্ষ্মবিভক্ত পত্র এবং ক্ষুদ্র সাদা পুষ্পবিশিষ্ট উদ্ভিদ এবং এই উদ্ভিজ্জাত বিষ; বকেয়ান। ˈ**~ spruce** *n* আমেরিকা ও এশিয়ার চিরহরিৎ বৃক্ষবিশেষ, যার বাহাদুরি কাঠ অত্যন্ত মূল্যবান।

he·mo·glo·bin (অপিচ **hae-**) [হীমাˈগ্লৌবিন্] *n* [U] রক্তের লোহিতকণিকায় বিদ্যমান পদার্থবিশেষ; রক্তরঙ্গক।

he·mo·philia (অপিচ **hae-**) [ˌহীমাˈফিলিআ] *n* (সাধা. বংশগত) রোগবিশেষ: এ-রোগে ক্ষতস্থান থেকে নির্গত রক্ত জমাট বাঁধতে চায় না বলে রক্তক্ষরণ বন্ধ হয় না; রক্তক্ষরণপ্রবণতা। **he·mo·phil·iac** (অপিচ **hae-**) [হীমাˈফিলিঅ্যাক্] *n* রক্তক্ষরণপ্রবণতা।

hem·or·rhage (অপিচ **hae-**) [ˈহেমারিজ্] *n* [U,C] রক্তক্ষরণ; রক্তস্রাব।

hem·or·rhoids (অপিচ **hae-**) [হেমারয়ড্জ্] *n* অর্শ; অর্শরোগ।

hemp [হেম্প্] *n* [U] শণ। **(Indian) ~** শণজাতীয় উদ্ভিদের ফুল, বীজ ও আঠা থেকে প্রাপ্ত মাদকদ্রব্য; ভাং (অন্য নাম— cannabis, hashish, marijuana). **~en** [হেমপান্] *adj* শণের তৈরি; শাণ।

hem·stitch [ˈহেম্‌স্‌টিচ্] *n* অলঙ্করণমূলক সেলাইরীতি; রুমাল, তোয়ালে, স্কার্ট, গাউন ইত্যাদির প্রান্তভাগের কিছু সুতা বার করে নিয়ে টানা সুতাগুলি গুচ্ছবদ্ধ করে সেলাইকরণ; ঝালর সেলাই। □*vt* ঝালর সেলাই করা।

hen [হেন্] *n* মুরগি; কুক্কুটী। দ্র. cock[1](১). ˈ**hen·bane** *n* বিষাক্ত উদ্ভিদবিশেষ এবং এই উদ্ভিদ থেকে প্রাপ্ত নিদ্রাকর্ষক মাদকদ্রব্য; বানজ্। ˈ**hen-coop** *n* মুরগির খাঁচা। ˈ**hen-house** *n* (সাধা. কাঠের) মুরগির ঘর বা খোপ। ˈ**hen-party** *n* কেবলমাত্র মেয়েদের জন্য আয়োজিত মজলিশ; মহিলা–মাহফিল। দ্র. stag ভুক্তিকে stag party. ˈ**hen-pecked** *adj* (পুরুষ সম্বন্ধে) স্ত্রীবশ; স্ত্রীজিত; ভেড়ুয়া। ˈ**hen-roost** *n* ১ যে স্থানে মুরগিরা রাত্রিযাপন করে; কুক্কুটালয়। ২ স্ত্রীজাতীয় পাখি: Guinea-hen, চিনা মুরগি; ˈpea-hen, ময়ূরী।

hence [হেন্স্] *adv* (আনুষ্ঠা.) ১ এখান থেকে; এখন থেকে: a week ~, এক সপ্তাহের মধ্যে। ২ সুতরাং, অতএব, এ কারণে, এই হেতু। ˌ**~·ˈforth**, ˌ**~·ˈforward** *advv* অতঃপর; ভবিষ্যতে; অদ্যাবধি।

hench·man [ˈহেন্‌চ্মান্] *n* (*pl* -men [–মান্]) বিশ্বস্ত সমর্থক, বিশেষত যে রাজনৈতিক সমর্থক তার নেতার হুকুম বিনা বাক্যব্যয়ে তামিল করে; হুকুমবরদার; তলপিদার; তলপিবহ; খয়েরখাঁ: the Dictator and his henchmen.

henna [ˈহেনা] *n* [U] হেনা; মেহেদি। **hen·naed** [ˈহেনাড্] *adj* মেহেদি–রঞ্জিত।

hep [হেপ্] *n* দ্র. hip[4].

hepa·tic [হিপ ˈটিক্] *adj* যকৃৎসম্বন্ধী; পাণ্ডুবর্ণ; যকৃৎবর্ণ। □*n* যকৃতের ঔষধবিশেষ।

hepa·ti·tis [ˌহেপাˈটাইটিস্] *n* [U] যকৃৎপ্রদাহ; কামলা; কাঁওলা; ন্যাবা; পাণ্ডুরোগ; হলীমক।

hep·ta·gon [ˈহেপ্টাগান্ US -গন্] *n* (বিশেষত সমান) সাতটি বাহুবেষ্টিত ক্ষেত্র; সপ্তভুজ; সপ্তকোণ ক্ষেত্র।

her [জোরালো বা আদ্যরূপ: হা(র্); মধ্যবর্তী রূপ: আ(র্)] *pers pron* (she-এর কর্মকারকের রূপ) স্ত্রীবাচক তাকে/তাঁকে: She was here right now; did you see her? Tell her to come later. □*poss adj* স্ত্রীবাচক তার/তাঁর: Elizabeth has lost her passport. **hers** [হাজ্] *poss pron* স্ত্রীবাচক তার/তাঁর: I am a cousin of hers.

her·ald [হেরাল্ড্] *n* ১ (ইতি.) রাজার পক্ষে প্রকাশ্য ঘোষণা পাঠ কিংবা বার্তা বহনের কাজে নিয়োজিত ব্যক্তি; নকিব; রাজদূত; উদ্‌ঘোষক। ২ কোনো কিছুর বা কারো আগমনের পূর্বঘোষক বস্তু বা ব্যক্তি; অগ্রদূত: The southern wind is a ~ of spring. ৩ আভিজাতিক চিহ্ন (coat of arms)-প্রাপ্ত পরিবারসমূহের তথ্যাদি সংরক্ষণের জন্যে নিযুক্ত রাজকর্মচারী; কুলজ্ঞ; কুলতত্ত্ববিদ। **H~s' College** আভিজাতিক চিহ্ন প্রদান এবং অভিজাত পরিবারসমূহের তথ্য সংরক্ষণের জন্য সংস্থাবিশেষ; কুলজ্ঞপর্ষদ। □*vt* আগমন ঘোষণা করা। **her·al·dic** [হাˈর্যালডিক্] *adj* কুলতত্ত্ব- বা কুলতত্ত্ববিদ–বিষয়ক; কুলতাত্ত্বিক। **~ry** *n* [U] প্রাচীন পরিবারসমূহের কুলমর্যাদাচিহ্ন, বংশাবলী, ইতিহাস ইত্যাদি বিষয়ক বিদ্যা; কুলতত্ত্ব।

herb [হাব্ US আ্‌রব্] *n* ১ অনুচ্চ, কোমল নালবিশিষ্ট উদ্ভিদ, যা মৌসুম-শেষে মরে যায়; ঔষধি; তৃণলতা; হরীতক। ২ খাদ্যের স্বাদগন্ধবৃদ্ধিতে কিংবা ঔষধরূপে ব্যবহৃত উক্তরূপ উদ্ভিদ, যেমন পুদিনা, মৌরী, ধনেপাতা;

ভেষজ। ~ **beer** *n* উপরোক্ত উদ্ভিদ থেকে প্রস্তুত বিয়ার; হরীতকী বিয়ার। **~,·age** [-বিজ্] *n* সমষ্টিগতভাবে উক্তরূপ উদ্ভিদ; তৃণগুল্ম। **~·al** [হাবল্ US ˈআ়রব্‌ল্] *adj* (বিশেষত) রোগঘ্ন তৃণগুল্মবিষয়ক; ভেষজ; ~al remedies. **~al·ist** [ˈহাবালিস্ট্ US ˈআ়রবা-] *n* যে ব্যক্তি ভেষজ উদ্ভিদের চাষ করে এবং তা বিক্রি করে; ভেষজজীবী। **her·bi·vor·ous** [হাˈবিভারাস্ US আ-] *adj* (জন্তু সম্বন্ধে) তৃণভোজী। দ্র. carnivore ভুক্তিতে carnivorous.

her·ba·ceous [হাˈবেইশাস্ US আ-] *adj* (উদ্ভিদ সম্বন্ধে) ডাঁটা কাষ্ঠময় নয় এমন; হরীতকী: a ~ border, বছরের পর বছর উদ্গত ও পুষ্পিত হয় এমন উদ্ভিদ (লতাগুল্ম, ঔষধি, ঝোপ ইত্যাদি নয়) দিয়ে রচিত (উদ্যান-) প্রান্ত; হরীতকী কিনারা/উদ্যানপ্রান্ত।

her·ba·rium [হাˈবারিআম্] *n* (*pl* -s, herbaria) সংরক্ষিত; শুষ্ক উদ্ভিদের সংগ্রহশালা; শুষ্কৌষধিসংগ্রহ।

her·cu·lean [ˌহাকিউলীআন্] *adj* গ্রিক পুরাণোক্ত মহাবীর হারকিউলিস-সংক্রান্ত কিংবা তাঁর সদৃশ; হারকিউলীয়; মহাপরাক্রান্ত; অতিদুষ্কর: a ~ task.

herd [হাড়] *n* ১ (বিশেষত গবাদি পশুর) দল; পাল; দঙ্গল; যূথ; হলকা: a ~ of cattle/ deer/ elephants. ২ (প্রধানত যৌগশব্দে) পালক; রক্ষক; রাখাল: ˈcow~; ˈgoat~. ৩ (তুচ্ছ.) মানুষের দল: the common/ vulgar ~, সাধারণ্য/ইতর লোক সাধারণ; the ~ instinct, সাধারণ্যের সঙ্গে থাকার এবং তাদের মতো চিন্তাভাবনা বা কাজ করবার প্রবৃত্তি; গোষ্ঠীবুদ্ধি; গৌষ্ঠিক প্রবৃত্তি। □*vt,vi* দলবদ্ধ/যূথবদ্ধ হওয়া/করা; পালের দেখা শোনা করা; (গবাদি পশু) চরানো: people who ~ed/were ~ed together like cattle. **ˈ~s·man** [-মান্] *n* (*pl*-men) রাখাল; চারক।

here [হিআ(র্)] *adv* ১ এখানে; এইস্থানে; এদিকে: Look ~. ২ এই যে; ঐ যে: H~ comes the train! H~ you are/it is! এই যে (আপনি যা চেয়েছিলেন, খুঁজছিলেন ইত্যাদি)! ৩ (ঘটনাপরম্পরা, প্রক্রিয়া ইত্যাদির) এই স্থলে: H~ he fell asleep. **H~ goes!** এবার আমি শুরু করছি। ৪ (*preps*-এর পরে): come over ~, এখানে; আমার কাছে; He lives near ~, কাছাকাছি কোথাও। ৫ **~ and there** ইতস্তত; এখানে-ওখানে। **~, there and everywhere** সর্বত্র। **neither ~ nor there** (কথ্য) অবান্তর। ৬ (দৃষ্টি আকর্ষণে কিংবা কথায় জোর দেওয়ার জন্য বিশেষ্যের পরে): This gentleman ~ will tell you everything. ৭ (স্বাস্থ্য বা শুভ-কামনায়): H~'s to our new partners!' **~·abouts** [ˌহিআরাˈবাউট্‌স্] *adv* কাছে; কাছাকাছি। **~·after** [হিআর্ˈআফ্‌টা(র্) US -ˈঅ্যাফ্-] *adv,n* অতঃপর; পরবর্তীকালে; ভবিষ্যতে; উত্তরকাল; ভাবীকাল; পরকাল। **~·by** [হিআˈবাই] *adv* (আইন.) এতদ্দ্বারা। **~·in** [ˌহিআরˈইন্] *adv* (আইন.) এখানে; অত্র। **~·of** [হিআর্ˈঅভ্] *adv* (আইন.) এর; এতদ্বিষয়ক। **~·to** [হিআˈটূ] *adv* (আইন.) এ পর্যন্ত; এতৎসঙ্গে। **~·to·fore** [ˌহিআটূˈফো(র্)] *adv* (আইন.) এ যাবৎ; পূর্বকালে; ইতঃপূর্বে। **~·upon** [ˌহিআরাˈপন্] *adv* (আইন.) অই সময়; এরপর; এই হেতু। **~·with** [ˌহিআˈওয়িদ্ US -ˈওয়িথ্] *adv* (বাণিজ্য.) এতৎসঙ্গে; এতৎসহ।

her·edita·ment [ˌহেরিˈডিটামান্ট্] *n* (আইন.) উত্তরাধিকারসূত্রে প্রাপ্তব্য সম্পত্তি; দায়যোগ্য সম্পত্তি; ঔদ্ধারিক (সম্পত্তি)।

her·ed·itary [হিˈরেডিট্রি US টেরি] *adj* পুত্র পৌত্রাদিক্রমে প্রাপ্ত; পরম্পরীণ; পরম্পরাগত; ক্রমায়ত; কৌলিক; বংশানুক্রমিক: ~ rulers, বংশানুক্রমিক শাসক; ~ beliefs, পরম্পরাগত বিশ্বাস; ~ diseases; বংশানুক্রমিক রোগ; ~ estate, পৈত্রিক ভূসম্পত্তি।

her·ed·ity [হিˈরেডাটি] *n* [U] প্রাণীর নিজ বৈশিষ্ট্যাবলী সন্তানসন্ততির মধ্যে সঞ্চারিত করবার প্রবণতা; উক্তরূপে সঞ্চারিত বৈশিষ্ট্য, গুণাবলী ইত্যাদি; বংশগতি: ~ factors/genes.

her·esy [ˈহেরাসি] *n* (*pl* -sies) [C,U] বিশেষত ধর্মবিষয়ে প্রচলিত মতের বিরুদ্ধ বিশ্বাস (পোষণ); উৎপথ; নব্যতন্ত্র: fall into ~, উৎপথগামী হওয়া; be guilty of ~, উৎপথগামিতার অপরাধে অভিযুক্ত হওয়া। **her·etic** [ˈহেরাটিক্] *n* উৎপথগামী; নব্যতান্ত্রিক; রাফেজি; খারেজি। **her·eti·cal** [হিˈরেটিক্‌ল্] *adj* উৎপথ-প্রতিপন্ন; নব্যতান্ত্রিক; খারেজি: heretical beliefs.

heri·table [ˈহেরিটাব্‌ল্] *adj* (আইন.) উত্তরাধিকার/উত্তরাধিকারসূত্রে পাওয়ার যোগ্য: উদ্ধারিক; দায়যোগ্য।

heri·tage [ˈহেরিটিজ্] *n* রিকথ; উত্তরাধিকার।

her·maph·ro·dite [হাˈম্যাফ্রাডাইট্] *n* [C] একাধারে স্ত্রী ও পুংলিঙ্গ-কিংবা বৈশিষ্ট্য-সংবলিত প্রাণী, যেমন কেঁচো; উভলিঙ্গ।

her·metic [হাˈমেটিক্] *adj* সম্পূর্ণরূপে বাতাভেদ্য: a ~ seal; দুরবগাহ; দুর্বোধ্য; সংগূঢ়: a ~ poem. **her·meti·cally** [-ক্‌লি] *adv* বাতাভেদ্যরূপে: ~ally sealed.

her·mit [ˈহামিট্] *n* (বিশেষত খ্রিস্টধর্মের আদিযুগে) নির্জনবাসী ব্যক্তি; তপস্বী; যতী। **~·age** [-টিজ্] *n* তপস্বীদের বাসস্থান; আশ্রম।

her·nia [ˈহানিআ] *n* [U,C] ভঙ্গ বা স্ফোটর, বিশেষত উদরের মাংসল দেয়ালের কোনো দুর্বল অংশের ভিতর দিয়ে অন্ত্রের অংশবিশেষ প্রসারিত হওয়ার ফলে সৃষ্ট ভঙ্গ; অন্ত্রবৃদ্ধি।

hero [ˈহিআরৌ] *n* (*pl* -es [-রৌজ্]) ১ বীর; বীরপুরুষ; শূর। ২ (সাহিত্যে) নায়ক। **~·ine** [ˈহেরৌইন্] *n* বীরাঙ্গনা; নায়িকা। **~·ism** [ˈহেরৌইজ়াম্] *n* [U] বীরত্ব; শৌর্য; বীর্য; বিক্রম; পরাক্রম।

her·oic [ˈহিরৌইক্] *adj* ১ বীরোচিত; বীরত্বপূর্ণ; পরাক্রান্ত; সাহসিক: ~ deeds/tasks; use ~ remedies, ঝুঁকিপূর্ণ হলেও ব্যবহার করে দেখার যোগ্য দুঃসাহসী প্রতিকার। ২ প্রমাণসই আকারের চাইতে বড়ো; সুবিশাল: a statue of ~ size/on a ~ scale. ৩ বীরগাথাবিষয়ক। **,~ ˈverse** পরপর দুই চরণের মিলযুক্ত দশটি অক্ষর ও পাঁচটি প্রস্বন সংবলিত পদ্যবিশেষ; বীরবৃত্ত। ৪ (ভাষা সম্বন্ধে) ওজস্বী; ওজোগুণান্বিত; মহাকাব্যিক। **~s** *n pl* তেজোদ্দীপ্ত ভাষণ বা ভাবোচ্ছ্বাস। **he·roi·cally** [-ক্‌লি] *adv* সবিক্রম; বীরোচিতভাবে।

her·oin [ˈহেরৌইন্] *n* [U] আফিমের নির্যাস থেকে প্রস্তুত মাদকদ্রব্যবিশেষ, যা চিকিৎসার প্রয়োজনে নিদ্রাকর্ষক বা বেদনা উপশমের জন্য ব্যবহৃত হয়, কিংবা নেশার জন্য মাদকাসক্তরা ব্যবহার করে; হেরোইন।

heron [ˈহেরান্] *n* সারসজাতীয় পক্ষীবিশেষ; বক; কাঁকপাখি। **~ry** *n* (*pl* -ries) কাঁকপাখি যেখানে বাসা বাঁধে ও ডিম পাড়ে; কঙ্কভূমি; কাঁকচর।

her·pes [ˈহাপীজ়্] *n* [U] (চিকি.) ভাইরাসজনিত চর্মরোগবিশেষ; বিসর্প। **ˈgenital ~** *n* যৌন সংসর্গের মাধ্যমে সংক্রামিত ভাইরাসঘটিত রোগ; এতে জননেন্দ্রিয়কে ফি

অত্যন্ত পীড়াদায়ক স্ফোটক উদ্‌গত হয়; ঔপস্থিক বিসর্প। ~ ˈ**zoster** *n* = shingles, ঘুনশি ঘা।

Herr [হেআ(র্)] *n* (*pl* Herren [ˈহেরান]) জর্মন ভদ্রলোক, Mr.-এর তুল্যমূল্য; হের্।

her·ring [ˈহেরিঙ্] *n* (*pl* প্রায়শ অপরিবর্তিত থাকে) সামুদ্রিক মৎস্যবিশেষ, এরা বিশাল ঝাঁক বেঁধে বিচরণ করে; হেরিং। ˈ**~-bone** *n* [U] সেলাই, কাপড়ের বাহারি কাজ ইত্যাদিতে ব্যবহৃত (হেরিং মাছের পৃষ্ঠাস্থি ও কাঁটার মতো) নকশা। ˌ**red** ˈ**~**, দ্র. red(৩).

hers [হাজ়্] দ্র. her.

her·self [হাˈসেল্‌ফ়্; দুর্বল রূপ: আˈসে-] স্ত্রীবাচক *reflex,emph pron* ১ *(reflex)* নিজে; নিজেকে; নিজের; স্বয়ং: She hurt ~, সে/তিনি (নিজে) ব্যথা পেয়েছে (ন); She felt proud of ~, নিজের সম্বন্ধে গর্ববোধ করল। **(all) by ~** (ক) একাকী। (খ) কারো সাহায্য ছাড়া: She did by ~, নিজ চেষ্টায়/একলা করেছে। ২ (emph) নিজে; নিজেই; স্বয়ং: Did you meet the Queen ~? She ~ came to see me. ৩ She's not quite ~ today, পুরোপুরি সুস্থ/ প্রকৃতিস্থ নয়; She has come to ~, এখন প্রকৃতিস্থ হয়েছে। (তুল. She has come to, তার জ্ঞান ফিরেছে)।

hertz [হাট্‌স্] *n* (প্রতীক Hz) পৌনঃপুন্যের একক—প্রতি সেকেন্ডে এক চক্রের সমান; হার্ৎস।

hertz·ian [ˈহাট্‌সিআন্] *adj* **~ waves** বৈদ্যুৎচুম্বক তরঙ্গ, যা বেতারবার্তা প্রেরণে ব্যবহৃত হয়; হার্ৎসীয় তরঙ্গ।

he's [জোরালো বা আদ্যরূপ: হীজ়্; মধ্যবর্তী দুর্বল রূপ: ঈজ়্] = he is, he has.

hesi·tant [ˈহেজ়িটান্ট্] *adj* দ্বিধান্বিত; চলচিত্ত; দ্বিধাগ্রস্ত; দোলায়মানচিত্ত। **~·ly** *adv* দ্বিধার সঙ্গে; দোলায়মানচিত্তে। **hesi·tance** [-টান্‌স্], **hesi·tancy** [-টান্‌সি] *nn* [U] (আনুষ্ঠা.) দ্বিধা; সংশয়; চলচিত্ততা; দোলায়মানচিত্ততা।

hesi·tate [ˈহেজ়িটেইট্] *vi* দ্বিধা/ইতস্তত করা। **hesi·tat·ing·ly** *adv* দ্বিধার সঙ্গে; দ্বিধান্বিতভাবে।

hesi·ta·tion [ˌহেজ়িˈটেইশ্‌ন্] *n* [U,C] দ্বিধা; চলচিত্ততা।

hes·sian [ˈহেসিঅন্ US ˈহেশ্‌ন্] *n* [U] শণ বা পাটের মোটা মজবুত কাপড়; চট।

het·ero·dox [ˈহেটারাডক্‌স্] *adj* (বিশেষত ধর্মে) প্রচলিত মত থেকে আলাদা মতাবলম্বী; ভিন্নমতাবলম্বী; বৈধর্মিক। **~y** [-সি] *n* [C] ভিন্নমতাবলম্বন; বিধর্ম।

het·ero·gene·ous [ˌহেটারাজীনিআস্] *adj* বিভিন্ন উপাদানে গঠিত; অসমসত্ত্ব; বিষমসত্ত্ব; বিষমজাতীয়; পৃথগ্‌বিধ: the ~ population of the USA. দ্র. homogeneous. **het·ero·gen·eity** [ˌহেটো-রাজীনেইটি] *n* অসমসত্ত্বতা; বৈবিধ্য; বিষমজাতীয়তা।

het·ero·sex·ual [ˌহেটোরাˈসেকশুআল্] *adj* বিপরীতলিঙ্গ ব্যক্তির প্রতি আসক্ত; বিষমকামী; বিষমগামী। □*n* বিষমকামী ব্যক্তি। **~·ity** [ˌহেটোরাসেক্‌শুˈঅ্যালাটি] *n* [U] বিষমকাম; বিষমকামিতা; বিষমগমন; বিষমগামিতা।

het-up [ˌহেট্ˈআপ্] *adj* উত্তেজিত; উদ্‌বেজিত।

heu·ris·tic [হিউ আˈরিস্টিক্] *adj* স্বয়ং শিক্ষার্থীকেই সবকিছু আবিষ্কার করতে হবে, শিক্ষাবিজ্ঞানের এই তত্ত্ববিষয়ক; আবিষ্করণী। **~s** *n* অতীত অভিজ্ঞতার মূল্যায়নপূর্বক প্রয়াস ও প্রমাদের মধ্য দিয়ে আরোহী যুক্তিতর্কের মাধ্যমে সমস্যার সমাধান-পদ্ধতি; আবিষ্করণবিদ্যা।

hew [হিউ] *vt,vi* (*pt* hewed, *pp* hewed কিংবা hewn [হিউ্যন্]) ১ (কুপিয়ে) কাটা; কর্তন/ ছেদন/ খণ্ডবিখণ্ড করা; কেটে টুকরো করা: ~ down a branch. The highwayman ~ed the traveller to pieces. ২ কেটে আকৃতিদান করা: hewn timber, স্থূলভাবে আকৃতিপ্রাপ্ত কাষ্ঠখণ্ড; তষ্ট কাঠ। ৩ কঠিন পরিশ্রমে তৈরি করে নেওয়া: hew one's way through dense jungle; hew out a career for oneself, গায়ে খেটে নিজ উপজীবিকা নিশ্চিত করা। **hewer** *n* যে কাটে; ছেত্তা; বিশেষত কয়লার খনিতে যে কয়লা কাটে: hewers of wood and drawers of water, কাঠুরে ও ভিস্তিওয়ালা; খেটে-খাওয়া/শ্রমজীবী মানুষ।

hexa·gon [ˈহেক্‌সাগান্ US -গন্] *n* (বিশেষত সমান) ছয়টি বাহু-বেষ্টিত ক্ষেত্র; ষড়ভুজ। **hex·ag·onal** [হেক্‌স্ˈঅ্যাগান্‌ল্] *adj* ষড়বাহুবেষ্টিত; ষড়ভুজ।

hex·am·eter [হেকস্ˈঅ্যামিটা(র্)] *n* (বিশেষত গ্রিক ও লাতিনে) ছয়টি পদবিশিষ্ট (এক ধরনের) কাব্যপংক্তি; ষট্‌পদী।

hey [হেই] *int* মনোযোগ আকর্ষক কিংবা বিস্ময়- বা প্রশ্ন-সূচক অব্যয়বিশেষ; এই; অ্যাঁ। ˌ**Hey** ˈ**presto** ! যাদুকরের কোনো ভেলকির সমাপ্তি-ঘোষণায় উচ্চারিত বাক্যাংশ।

hey·day [ˈহেইডেই] *n* (কেবল *sing*) চূড়ান্ত শক্তি বা সমৃদ্ধির সময়; সোনালি সময়; স্বর্ণযুগ: in the ~ of youth; the ~ of colonialism.

hi [হাই] *int* ১ = hey. ২ (বিশেষত US) = hulls.

hi·atus [হাই ˈএইটাস্] *n* (*pl* -es [-সি জ়্]) (ধারাবাহিকতায় অসম্পূর্ণতাসূচক) ছেদ বা বিচ্ছেদ; ক্রমভঙ্গ।

hi·ber·nate [ˈহাইবানেইট্] *vi* (কোনো কোনো প্রাণী সম্বন্ধে) গোটা শীতকালটা বিচেতন অবস্থায় কাটানো। **hi·ber·na·tion** [ˌহাইবাˈনেইশ্‌ন্] *n* [U] শীতস্তম্ভ।

hi·bis·cus [হিˈবিস্‌ক স্ US হাই-) *n* (*pl* -es [-সিজ়্]) [C] (প্রধানত উষ্ণমণ্ডলীয় অঞ্চলে) উজ্জ্বলবর্ণের পুষ্পবিশিষ্ট উদ্যান-উদ্ভিদ বা গুল্মবিশেষ; হিবিস্কাস।

hic·cup, hic·cough [হিকাপ্] *vi,n* হিক্কা ওঠা; উৎকাশ; হিক্কা; হেঁচকি। **(the) ~s** হিক্কার দমক/ প্রকোপ: have the ~s.

hick [হিক্] *n adj* (অপ.; তুচ্ছ.) গেঁয়ো; চাষা।

hick·ory [ˈহিকারি] *n* (*pl -ries*) উত্তর আমেরিকার বাদামজাতীয় বৃক্ষবিশেষ এবং এই বৃক্ষের শক্ত কাঠ; হিকরি।

hid, hidden দ্র. hide[1].

hide[1] [হাই ড়্] *vt,vi* (*pt* hid [হিড়্], *pt* hidden [ˈহিড়্‌ন্] কিংবা (পুরা.) hid) ১ **~ (from)** লুকানো, গোপন/ আচ্ছন্ন করা: ~ oneself, আত্মগোপন করা; The stars were hidden by the clouds; hidden meaning. ২ আত্মগোপন করা; গা ঢাকা দেওয়া; লুকিয়ে থাকা: He is hiding in the jungle. **~-and-seek** [ˌহাইড্‌ন্ˈসীক্] *n* [U] লুকোচুরি; লুকাচুপি। □*n* (US=blind) যে স্থান থেকে বুনো জন্তু-জানোয়ার অলক্ষিতে পর্যবেক্ষণ করা যায়, যেমন আলোকচিত্রীরা করে থাকেন; অন্তরিত স্থান। ˈ**~-out/ -away** *nn* পালাবার স্থান; গুপ্তিস্থান: a guerrilla ~-out in the jungle. **hid·ing** *n* [U] (ব্যক্তি সম্বন্ধে প্রযোজ্য) **be in/go into hiding** আত্মগোপন করা; গা ঢাকা দেওয়া। **come out of hiding** গুপ্তিস্থান

থেকে বেরিয়ে আসা। ˈ**hiding-place** *n* গুপ্তিস্থান; গুপ্তস্থান।

hide[2] [হাইড়] *n* ১ [C] বিশেষত বাণিজ্য ও শিল্পোৎপাদনের উপকরণ হিসাবে পশুচর্ম; চামড়া; অজিন। ২ [U] (কথ্য) মানুষের চামড়া; ছাল। **save one's ~** প্রহার বা শাস্তি থেকে আত্মরক্ষা করা; গায়ের চামড়া বাঁচানো; গা বাঁচানো। **tan sb's ~** প্রহার করা; গায়ের চামড়া তোলা।

hide·bound [ˈহাইড্‌বাউন্‌ড্] *adj* সঙ্কীর্ণমনা, ক্ষুদ্রচেতা; বিধিবিধান ও ঐতিহ্যের প্রতি অতিরিক্ত শ্রদ্ধালু; চামড়া-মোড়া; অনুদার।

hid·eous [ˈহিডিঅাস্] *adj* অতি কুৎসিত; কদাকার; করাল; করালদর্শন; বীভৎস; ভয়ানক; বিকট; উৎকট: a ~ face/crime/noise. **~·ly** *adv* কুৎসিতভাবে; বীভৎসভাবে; ভীষণভাবে।

hid·ing [হাই ডিঙ্] *n* [C] প্রহার; পিটুনি: give sb/get a good ~. **hie** [হাই] *vi* (পুরা. কিংবা কৌতুক.) তাড়াতাড়ি/চট করে যাওয়া।

hi·er·archy [ˈহাইঅারা:কি] *n* (*pl* -chies) ১ [C] যে সংগঠন নিম্নতম থেকে উচ্চতম পর্যায় পর্যন্ত ক্রমবিভক্ত কর্তৃত্বের ভিত্তিতে সংগঠিত; ক্রমাধিকারতন্ত্র; আধিপত্যপরম্পরা; প্রাধান্যপরম্পরা: the ~ of the Civil Service. ২ [C] কর্তৃত্বে অধিষ্ঠিত ব্যক্তিবর্গের সমষ্টি; আধিপত্যপরম্পরা। ৩ [C] কোনো দেশের বিশপদের সমষ্টি; বিশপমণ্ডলী। **hi·er·archi·c(al)** [হাইআ্যারা:কিক্(ল্)] *adj* পুরোহিততান্ত্রিক।

hi·ero·glyph [ˈহাইঅারাগ্লিফ্] *n* শব্দ, অক্ষর বা ধ্বনির প্রতিরূপ হিসাবে কোনো বস্তুর ছবি বা প্রতিকৃতি, যেমন প্রাচীন মিশরীয় ও মেক্সিকানদের লিপিতে; অন্য গুহ্য বা দুর্বোধ্য লিপি; গূঢ়াক্ষর; গূঢ়লিপি। **~ic** [হাইআরাˈগ্লিফিক্] *adj* গূঢ়াক্ষরিক। **~·ics** *n pl* = গূঢ়লিপি।

hi-fi [ˌহাইˈফাই] *n,adj* high-fidelity-এর কথ্য সংক্ষেপ। high(১২) ভুক্তিতে উক্ত শব্দ দ্র.: a ~ (set).

higgle [ˈহিগ্‌ল্] *vi* দর কষাকষি করা। **~er** *n* দর কষাকষি যে করে। **higgling** *n* দর কষাকষি।

hig·gledy-pig·gledy [ˌহিগ্‌ল্‌ডি পিগ্‌ল্‌ডি] *adj,adv* (কথ্য) বিশৃঙ্খল(ভাবে); হযবরল; বেবন্দোবস্ত; এলোপাতাড়ি; হাণ্ডুল-বাণ্ডুল।

high [হাই] *adj* (-er, -est) (*nn,participle* ইত্যাদির সঙ্গে high-এর যৌগিক ব্যবহারের জন্য নীচে ১২ দ্র.) ১ নীচ থেকে উপরে বহুদূর পর্যন্ত বিস্তৃত; উঁচু, উচ্চ, তুঙ্গ (উল্লেখ যে tall কেবলমাত্র মানুষের বেলায় এবং প্রস্থের তুলনায় অতিশয় উচ্চ কতিপয় বস্তুর ক্ষেত্রে ব্যবহৃত হয়, যেমন a tall building/tower): Look at that kite ~ in the sky. It is one of the ~est peaks of the world. **~ and dry** (ক) (জাহাজ সম্বন্ধে) চড়ায়-ঠেকা; উৎকূলিত; উত্তীরিত। (খ) (লাক্ষ.) পরিত্যক্ত; বিচ্ছিন্ন; ঘটনাপ্রবাহ থেকে বিচ্ছিন্ন। **be/get on one's ~ horse,** দ্র. horse (১). **(do sth) with a ~ hand** উদ্ধতভাবে; অহঙ্কৃতভাবে (~ˈhanded(ly) অধিকতর বাঞ্ছনীয়)। ২ প্রধান; গুরুত্বপূর্ণ; উচ্চ; বরিষ্ঠ: a ~ official, উচ্চপদস্থ কর্মকর্তা; a ~ caste, উচ্চবর্ণ; the ~ altar, উচ্চবেদি। **~ and low** সমাজের সকলশ্রেণীর মানুষ; আপামর জনসাধারণ। ৩ (ধ্বনি সম্বন্ধে) উচ্চ; তীক্ষ্ণ; তার; তীব্র; কড়ি: speak in a ~ tone/ key. ৪ অত্যধিক; তীব্র; উচ্চ: ~ prices, উচ্চমূল্য; দুর্মূল্য: ~ temperatures, উচ্চ তাপমাত্রা; bought at a ~ price, চড়া দামে কেনা; a ~ wind, প্রবল বায়ু; in ~ favour, অতি প্রীতিভাজন; have a ~ opinion of sb, উচ্চ ধারণা পোষণ করা; in ~ spirits, হৃষ্টচিত্তে; মহানন্দে; ~ (=angry) words, ক্রুদ্ধবচন; সরোষ বাক্য; কড়া কথা: in ~ latitudes, মেরুর কাছে; have a ~ (= enjoyable) time, চমৎকার/ সুখের সময়; ~ (=luxurious) living, বিলাসবহুল জীবনযাত্রা; ~ noon/ summer, ভরদুপুর/ভরা গ্রীষ্ম। ৫ **~ time** যে সময়ে কোনো কিছু তাৎক্ষণিকভাবে করা প্রয়োজন: It's ~ time to come to his assistance, তাকে এখখুনি সাহায্য করা প্রয়োজন। ৬ মহৎ; উন্নত; উচ্চ; বরিষ্ঠ: a woman of ~ character, উন্নতচেতা/ উচ্চাশয়/ উঁচু চরিত্রের মহিলা; ~ aims, উচ্চাকাঙ্ক্ষা; মহদাভিলাষ; ~ ideals, উঁচু/মহৎ আদর্শ; a ~ calling, মহৎ পেশা/ব্রত, যেমন চিকিৎসক, সেবিকা, যাজক প্রভৃতির। ৭ **H~ Church** ইংল্যান্ডের গির্জা-সংগঠনের শাখাবিশেষ, যেখানে পুরোহিত-সম্প্রদায়, আচার-অনুষ্ঠান ও শাস্ত্রীয় বিধানকে প্রাধান্য দেওয়া হয়; হাই চার্চ। অতএব, **H~ Churchman.** ৮ (খাদ্য ও বিশেষত মাংসাদি সম্বন্ধে) ঈষদ্‌দূষিত; বাসি; পর্যুষিত। ৯ (কথ্য) মাতাল। ১০ (কথ্য) ভ্রমোৎপাদক মাদকদ্রব্যের প্রভাবাধীন; নেশার ঘোরগ্রস্ত: ~ on marijuana. ১১ (*n* হিসাবে) উচ্চ পর্যায়: from (on) ~, ঈশ্বর বা বিধাতার কাছ থেকে; Prices reached a new ~ this month, দ্রব্যমূল্য নতুন রেকর্ড করেছে। ১২ (যৌগশব্দ) ˈ**~·ball** *n* (US) উঁচু গ্লাসে পরিবেশিত সোডাজল, জিনজার বিয়ার ইত্যাদির সহযোগে হুইস্কি বা অন্য কোনো উগ্র সুরা; হাইবল। ˈ**~·boon** *adj* অভিজাত; সদ্বংশজাত; সম্ভ্রান্ত; কুলীন; শরিফ। ˈ**~·boy** *n* (US) শোবার ঘরের ৫-৬ ফুট উঁচু দেরাজওয়ালা আলমারিবিশেষ; প্রাংশুকোষ। ˈ**~·brow** *n,adj* (ব্যক্তি সম্বন্ধে) শ্রেষ্ঠ বলে বিবেচিত রুচি ও স্পৃহার অধিকারী (অনেক সময় অবজ্ঞার্থে intellectual অর্থে ব্যবহৃত); উঁচকপালে: ~ brow drama/music. ˌ**~ˈchair** *n* খাবার টেবিলের জন্য শিশুদের উঁচু পায়াযুক্ত চেয়ার কিংবা কব্জা দিয়ে জোড়া-দেওয়া খাঞ্চাযুক্ত চেয়ার; ঢেঙ্গা চেয়ার। ˌ**H~ ˈChurch** *n* উপরে ৭ দ্র.। ˌ**~-ˈclass** *adj* উৎকৃষ্ট; খাসা। ˌ**~ ˈcolour** *n* আরক্তিম মুখবর্ণ। ˌ**H~ Comˈmissioner** *n* কমনওয়েল্‌থভুক্ত এক দেশ থেকে অন্য দেশে রাষ্ট্রদূতের সমমর্যাদাসম্পন্ন প্রতিনিধি; হাই কমিশনার। ˈ**H~ Court** *n* উচ্চ আদালত। ˈ**~ day** *n* উৎসব-দিন; পর্বাহ; পার্বণ (কেবলমাত্র): ~ days and holidays, পর্বাহ ও উৎসবদিন। ˈ**~ er-ups** *n pl* (কথ্য) পদস্থতর কর্মকর্তাগণ; উপরওয়ালারা। ˌ**~ exˈplosive** *n* অতি শক্তিশালী বিস্ফোরক; যেমন টি এন টি। ˌ**~-faˈlutin** [ফ়ালূটিন্] *adj* (কথ্য) হাস্যকরভাবে বাগাড়ম্বরপূর্ণ; উচ্চনাদী: ~-falutin ideas/language. ˌ**~-fiˈdelity** *n,adj* (সংক্ষেপ **hi·fi**) (বেতারযন্ত্র, রেকর্ড, টেপ এবং শব্দ-প্রত্যুৎপাদনের যন্ত্রোপকরণ সম্বন্ধে) বিস্তৃত-পরিসর শব্দ-তরঙ্গ ব্যবহার করে বিশ্বস্তভাবে শব্দ-প্রত্যুৎপাদনক্ষম এবং শব্দ-প্রত্যুৎপাদনের এই গুণ; অতিবিশ্রব্ধতা; অতিবিশ্রব্ধ। ˌ**~·ˈflier/·ˈflyer** *n* উচ্চাভিলাষী ব্যক্তি, যে তার লক্ষ্য অর্জনের জন্য কোনো কিছুতেই পরাঙ্মুখ নয়; দুরাকাঙ্ক্ষী। ˌ**~·ˈflown** *adj* সমুন্নত; ওজস্বী; বাগাড়ম্বরপূর্ণ: a ~flown style. ˌ**~·ˈflying** *adj* (লাক্ষ.) (ব্যক্তি সম্বন্ধে) দুরাকাঙ্ক্ষী; উচ্চাভিলাষী। ˌ**~-ˈfrequency** *n* (সংক্ষেপ **hf**) বেতার-তরঙ্গের সেকেন্ডে ৩ থেকে ৩০ মেগাসাইকল পৌনঃপুন্য; উচ্চ পৌনঃপুন্য। **H~German** জর্মন সাহিত্যের ভাষা

এবং কথ্য মান ভাষা; উচ্চ জর্মন। ˌ~-ˈ**grade** *adj* উচ্চমানের; উৎকৃষ্ট। ˌ~-ˈ**handed** *adj* অন্যের অনুভূতির তোয়াক্কা না করে ক্ষমতা বা কর্তৃত্ব প্রয়োগ করে এমন; উদ্ধত; প্রভুত্বপরায়ণ; স্বেচ্ছাচারপূর্ণ। ˌ~-**handed·ly** *adv* উদ্ধতভাবে; ঔদ্ধত্যের সঙ্গে। ˌ~ ˈ**hat** *adj,n* নাক-উঁচু; অভিজাতম্মন্য। □*vt* (কারো সঙ্গে) উন্নাসিক আচরণ করা। ˈ~-**jack** *vt* hijack-এর বানানভেদ। ˌ~ ˈ**jinks,** দ্র. jinks. **the** ˈ~ **jump** *n* উঁচু লাফ; উল্লম্ফ: enter for/win the ~ jump. **be for the ~ jump** (অপ.) কঠিন শাস্তির উপযুক্ত হওয়া। ˌ~-ˈ**keyed** *adj* (উপরে ৩ দ্র.) তীব্রকণ্ঠ; চড়াসুর; (লাক্ষ.) রগচটা; কোপনস্বভাব। ˈ~·**land** [-ল্যান্ড্] *n* পার্বত্যদেশ; পাহাড়ি এলাকা; *(pl)* (কোনো দেশের) পাহাড়ি অঞ্চলসমূহ (বিশেষত **The H~ lands** উত্তর-পশ্চিম স্কটল্যান্ডের পার্বত্য এলাকা)। ˌ**H~ land** ˈ**fling** *n* সাধা. দুই জোড়া নরনারীর জন্য স্কটল্যান্ডীয় নৃত্যবিশেষ; উক্ত নৃত্যের সহগামী সঙ্গীত। ˈ**H~·lander** *n* (স্কটল্যান্ডের) পার্বত্যজন; (স্কটল্যান্ডীয় পার্বত্য বাহিনীর সৈনিক)। ˌ~-ˈ**level** *adj* (কেবল *attrib)* (সভা, সম্মেলন ইত্যাদি) উচ্চ পর্যায়ের। ˈ~ **life** *n* [U] (ক) বিলাসবহুল জীবনযাত্রা। (খ) (পশ্চিম আফ্রিকায়) লোকনৃত্য ও সঙ্গীতবিশেষ। ˈ~·**light** *n* (সাধা. *pl)* (ক) আলোকচিত্র, ছবি ইত্যাদিতে আলোর প্রতিফলনসূচক উজ্জ্বল অংশ; চকচকে বস্তুর উপর আলোর প্রতিফলন; উজ্জ্বলতর অংশ; আলোকচ্ছটা। (খ) (লাক্ষ.) সবচেয়ে সুপ্রত্যক্ষ বা সমুন্নত অংশ: The ~lights of the week, সপ্তাহের ঘটনাবলীর প্রধান প্রধান অংশ। □*vt* (উপর) গুরুত্ব আরোপ করা। ˌ**H~** ˈ**Mass** *n* (RC গির্জা) দ্র. Mass². ˌ~-ˈ**minded** [ˈমাইন্ডিড্] *adj* মহামনা; উন্নতচেতা; উচ্চমনা। ˌ~-**minded·ly** *adv* মহদাশয়তার সঙ্গে। ˌ~-ˈ**minded·ness** *n* মহামনস্কতা; উচ্চমনস্কতা; উচ্চচিত্ততা। ˌ~-ˈ**necked** *adj* (পোশাক সম্বন্ধে) উঁচু-গলা। ˌ~-ˈ**octane** *adj* উচ্চ-অকটেন, দ্র. octane. ˌ~-ˈ**pitched** *adj* (ক) (ধ্বনি সম্বন্ধে) তীক্ষ্ণ; কর্কশ। (খ) (ছাদ সম্বন্ধে) খাড়া। ˌ~-ˈ**powered** *adj* উচ্চ ক্ষমতাসম্পন্ন; আগ্রাসী; নাছোড়বান্দা: a ~-powered salesman. ˌ~-ˈ**pressure** *n* [U] উচ্চ চাপ, বিশেষত বায়ুমণ্ডলের চাপের চেয়ে বেশি; (লাক্ষ.) নির্বন্ধশীল; অত্যুদ্যমী; নাছোড়বান্দা: ~-ˈpressure salesmanship. ˌ~-ˈ**priced** *adj* দুর্মূল্য; মহামূল্য; আক্রা। ˌ~ ˈ**priest** *n* প্রধান পুরোহিত। ˌ~-ˈ**principled** *adj* উদারচেতা; সাধু; শুভাত্মা; ঋজুপ্রকৃতি। ˈ~-**ranking** *adj* উচ্চপদস্থ; ঊর্ধ্বতন। ˌ~ **re**ˈ**lief** *n* দ্র. relief² (১). ˈ~-**rise** *adj* (কেবল attrib) (বহুতলবিশিষ্ট অট্টালিকা সম্বন্ধে) উত্তুঙ্গ, অত্তুচ্চ: ~-rise flats. দ্র. tower ভুক্তিতে tower-block. ˈ~·**road** *n* রাজপথ; (লাক্ষ.) সহজ পথ; রাজপথ: ~road to success. ˈ**H~ School** *n* উচ্চ বিদ্যালয়। **the** ˌ~ ˈ**seas** *n pl* বিশেষ বিশেষ দেশের অধিকার-সীমার বহির্বর্তী সাগর ও মহাসাগর; খোলা/মুক্ত সাগর। ˈ~-**sounding** *adj* (রীতি সম্বন্ধে) চিত্তগ্রাহীরূপে আত্মাভিমানপূর্ণ; সাড়ম্বর; উচ্চনাদী। ˌ~-ˈ**speed** *adj* উচ্চ গতিসম্পন্ন। ˌ~-ˈ**spirited** *adj* তেজি; তেজস্বী; উর্জিতাশয়; (ঘোড়া সম্বন্ধে) তেজি। ˈ~ **spot** *n* সবচেয়ে লক্ষণীয় বা অসাধারণ বৈশিষ্ট্য, ঘটনা, স্মৃতি ইত্যাদি। ˈ~ **street** *n* শহরের প্রধান সড়ক; সদর রাস্তা। ~ˈ**table** *n* (মঞ্চোপরি) যে টেবিলের উপর কলেজের প্রবীণ অধ্যাপকগণ দিনের প্রধান আহার গ্রহণ করেন। ˌ~ ˈ**tea** *n* (GB) যে সব বাড়িতে দিনের প্রধান আহার সন্ধ্যায় খাওয়া হয় না, সেখানে সাধা. মাছমাংসসহ সন্ধ্যার শুরুতে ভক্ষিত আহার (কিংবা শেষ বিকেলের চা)। ˌ~-ˈ**tension** *adj* (বিদ্যুৎ) (তার সম্বন্ধে) উচ্চ ভোল্টেজের। ˌ~ ˈ**tide** *n* জোয়ার। ˌ~ ˈ**time** *n* দ্র. উপরে ৫। ˌ~ ˈ**treason** *n* [U] রাজা বা রাষ্ট্রের বিরুদ্ধে দ্রোহ; রাজাভিদ্রোহ; রাষ্ট্রাভিদ্রোহ। ˈ~-**up** *n* (কথ্য) উচ্চপদস্থ বা গুরুত্বপূর্ণ ব্যক্তি; কর্তাব্যক্তি; হোমরাচোমরা; কেষ্টুবিষ্টু। ˌ~ ˈ**water** *n* [U] জোয়ার; বান। ˌ~-ˈ**water mark** *n* জোয়ারজলের (কিংবা অন্য কোনো জলরাশির) সর্বোচ্চ স্ফীতি-সূচক রেখা; জোয়ার-রেখা; বেলা-রেখা; (লাক্ষ.) সর্বোচ্চ কীর্তি; চরিতার্থতার সর্বোচ্চ বিন্দু। ˈ~·**way** *n* প্রধান জনপথ; সংসরণ; রাজপথ; (জল, স্থল বা আকাশে) প্রধান পথ; (লাক্ষ.) সরলতম পথ; রাজপথ। ˌ**H~·way** ˈ**code** *n* জনপথ-ব্যবহারকারীদের জন্য সরকারিভাবে প্রস্তুত নির্দেশিকা; জনপথ-নির্দেশিকা। ˈ~·**way·man** [-ম্যান্] *n* (*pl* -men) (পূর্বকালে) পথিকদের সর্বস্বহারী (সাধা. অশ্বারোহী) দস্যু; পথতস্কর; রাহাজান।

high² [হাই] *adv* উচ্চে; উঁচুতে; তুঙ্গে: climb ~; aim ~; (সাহিত্য. লাক্ষ.) pay ~ , চড়া মূল্য দেওয়া; play ~, উঁচু মানের তাস, যেমন টেক্কা, খেলা; live ~, বিলাসী জীবনযাপন করা। **fly ~** (লাক্ষ.) উচ্চাকাঙ্ক্ষা পোষণ করা; উঁচুতে নজর রাখা। **hold one's head ~** মাথা উঁচু করে চলা/রাখা। **run ~** (ক) (সাগর সম্বন্ধে) জোয়ার-জলে স্ফীত হওয়া। (খ) (আবেগ-অনুভূতি সম্বন্ধে) আলোড়িত/উন্মথিত হওয়া: feelings/passions run ~. **search/hunt/look ~ and low (for sth)** (কোনো কিছু) তন্ন তন্ন/পাতি পাতি করে খোঁজা।

high·ly [হাই লি] *adv* উচ্চমাত্রায়; অত্যন্ত; যার পর নাই: a ~ paid official, উচ্চ বেতনভুক কর্মকর্তা; a ~ amusing book, অত্যন্ত মজার বই; think ~ of sb, তার সম্বন্ধে উচ্চ ধারণা পোষণ করা; speak ~ of sb, তার সুখ্যাতি করা।

high·ness [ˈহাইনিস্] *n* ব্রিটিশ এবং বিভিন্ন বিদেশী রাজপুত্রদের মর্যাদাসূচক উপাধিবিশেষ; মহামান্য: His/Her/Your Royal/Imperial H~.

hi·jack (অপিচ **high·jack)** [ˈহাইজ্যাক্] *vt* ১ (বিমান বা গাড়ি) মাঝপথে থামিয়ে মালামাল হরণ করা; ছিনতাই/অভিহরণ করা। ২ কোনো উদ্দেশ্য সিদ্ধি কিংবা কোনো অভীষ্ট গন্তব্যে পৌঁছার জন্য বিমান বা যানবাহনের নিয়ন্ত্রণে নিযুক্ত কর্মীদের উপর বলপ্রয়োগ করা বা বলপ্রয়োগের হুমকি দেওয়া; ছিনতাই/অভিহরণ করা। □*n* ছিনতাই; অভিহরণ। **~er** *n* ছিনতাইকারী; অভিহারক।

hike [হাইক্] *vi,n* (কথ্য) আনন্দ বা শরীরচর্চার জন্য গ্রামের পথে দীর্ঘ পথযাত্রা; পরিব্রাজন; পরিব্রাজনে বেরনো। **~r** *n* পরিব্রাজক। দ্র. hitch hike.

hil·ari·ous [হিˈলেআরি আস্] *adj* আনন্দ-উল্লাসপূর্ণ; আনন্দোচ্ছল। **~·ly** *adv* আনন্দোচ্ছলিতভাবে।

hil·ar·ity [হিˈল্যারাটি] *n* [U] আনন্দোচ্ছ্বাস; আনন্দ-হিল্লোল; আনন্দোচ্ছলতা; উচ্চহাস্য; হাস্যকলরব।

hill [হিল্] *n* ১ পাহাড়। ˈ~·**side** *n* পাহাড়ের পার্শ্ব। ˈ~·**top** *n* পাহাড়ের চূড়া। ২ রাস্তা ইত্যাদির ঢাল: push a bi-cyle up a steep ~. ৩ ঢিবি: ˈant-~s; ˈmole-~s. **~y** *adj* (-ier, -iest) পাহাড়ি: ~y country; a ~y road.

hill-billy [ˈহিল্ বিলি] *n* (*pl -lies)* (কথ্য, প্রায়শ তুচ্ছ.) মার্কিন যুক্তরাষ্ট্রের দক্ষিণ-পূর্ব পার্বত্য অঞ্চলের কৃষক; ক্ষেতমজুর প্রমুখ; পাহাড়ে গবল; (attrib) উক্ত শ্রেণীর মানুষ-সংক্রান্ত: ~ music.

hill·ock [ˈহিলাক্] *n* ছোট/অনুচ্চ পাহাড়; শৈল; গিরি।

hilt [হিল্ট্] *n* (তরবারি, কৃপাণ ইত্যাদির) মুষ্টি। **(up) to the ~** সম্পূর্ণভাবে; সন্দেহাতীতভাবে: Your involvement in the affair was proved to the ~.

him [জোরালো রূপ: হিম্; মধ্যবর্তী দুর্বল রূপ: ইম্] *pers pron* তাকে; তাঁকে।

him·self [হিম্ˈসেল্ফ্; দুর্বল রূপ ইম্ˈসে–] পুংবাচক *reflex,emph pron* ১ (reflex) নিজে; নিজেকে; নিজের; স্বয়ং: He hurt ~. He may feel proud of ~. **(all) by ~** (ক) একাকী। (খ) কারো সাহায্য ছাড়া। ২ (emph) নিজে; নিজেই; স্বয়ং: I saw Mr. Hill ~. He ~ came to receive us. ৩ He is not quite ~ today, পুরোপুরি সুস্থ/প্রকৃতিস্থ নন।

hind[1] [হাইন্ড্] *adj* (যেসব বস্তু সম্মুখে ও জোড়ায় থাকে তাদের সম্বন্ধে; তুল. fore) পেছনের; পশ্চাৎস্থিত: the ~ legs of a horse. ˌ~ ˈ**quarters** *n pl* খাদ্যরূপে ভেড়া, ছাগল, গরু ইত্যাদির পেছনের পা ও নিতম্ব; পশ্চাদ্‌ভাগ। ˈ**~·most** [–মৌস্ট্] *adj* সবচেয়ে পিছনের; পশ্চাত্তম; অপকৃষ্ট ˈ**~·sight** [–সাইট্] *n* [U] কোনো ঘটনা ঘটে যাওয়ার পর যে সম্বন্ধে সংবোধ; পশ্চাদ্দৃষ্টি।

hind[2] [হাইন্ড্] *n* মাদি (বিশেষত লাল) হরিণ; হরিণী; মৃগী; মৃগবধূ; কুরঙ্গী।

hin·der [হিন্ডা(র্)] *vt* ব্যাহত/ বিঘ্নিত/ বিলম্বিত করা: What did ~ you from getting here in time ?

Hindi [হিন্ডী] *n,adj* হিন্দি (ভাষা)।

hin·drance [ˈহিন্ড্রান্স্] *n* [C] বিঘ্ন; অন্তরায়; ব্যাঘাত; বাধা; প্রতিবন্ধ।

Hin·du [ˌহিন্ˈডূ US ˈহিনডূ] *n* হিন্দু। □*adj* হিন্দু। **~·ism** [ˈহিন্ডূইজ়াম্] *n* হিন্দুত্ব; হিন্দুয়ানি; হিন্দুধর্ম।

Hin·du·stani [ˌহিনডুˈস্টা:নি] *n,adj* হিন্দুস্তানি (ভাষা)।

hinge [হিন্জ্] *n* কব্জা; দ্বারসন্ধি; (লাক্ষ.) যে মূলসূত্রের উপর কোনো কিছুর কার্যকারিতা নির্ভর করে; কেন্দ্রবিন্দু: The storm took the door off its ~s. □*vt,vi* ১ কব্জা লাগানো। ২ **~ on/ upon** নির্ভর করা: Everything ~s upon the attitude of the Union leaders.

hint [হিন্ট্] *n* [C] ইঙ্গিত; আভাস। **drop (sb) a ~** ইঙ্গিত/আভাস দেওয়া। **take a ~** ইঙ্গিত বুঝে কাজ করা; ইঙ্গিত অনুসরণ করা। □*vt,vi* ১ **~ (to sb)** ইঙ্গিত/আভাস দেওয়া। ২ **~ at** পরোক্ষে উল্লেখ করা; ইঙ্গিত করা: I ~ed at his overbearing manner.

hin·ter·land [ˈহিন্টাল্যান্ড্] *n* কোনো দেশের উপকূল বা নদীতীরের পশ্চাদ্‌বর্তী অঞ্চলবিশেষ; পশ্চাৎপ্রদেশ; পশ্চাদ্‌ভূমি।

hip[1] [হিপ্] *n* উরুর অস্থি ও মধ্যশরীরের সংযোগস্থল; কটি। ˈ**hip-bath** *n* কটি পর্যন্ত ডুবিয়ে বসা যায় এরকম ছোট স্নানের টব। **hip·flask** *n* (ব্র্যান্ডি ইত্যাদি) বহন করার জন্য পেছনের পকেটে রাখার ছোট কুপি; কটিকূপি। ˌ**hip-ˈpocket** *n* (পাৎলুনের) পাছার পকেট।

hip[2] [হিপ্] *n* বুনো গোলাপের ফল, যা পাকলে লাল হয়।

hip[3] [হিপ্] *int* (কেবলমাত্র) ˌ**Hip, hip, hurˈrah**! হর্ষ বা অনুমোদনের ধ্বনি।

hip·pie [ˈহিপি] *n* দ্র. hippy.

hippo [ˈহিপৌ] *n* (*pl* -s [-পৌজ়্]) hippopotamus-এর কথ্য সংক্ষেপ; জলহস্তী।

Hip·po·cratic [ˌহিপাˈক্র্যাটিক্] *adj.* ˌ**~ ˈoath** চিকিৎসকের পেশায় যোগদানকালে প্রবেশক চিকিৎসকরা নৈতিক ও পেশাগত আচরণবিধি মেনে চলবার যে শপথ উচ্চারণ করেন; হিপক্র্যাটিক শপথ।

hip·po·drome [ˈহিপাড্রৌম্] *n* প্রাচীন গ্রিস ও রোমে ঘোড়া বা রথের দৌড়ের জন্য নির্ধারিত স্থান; ধাবনভূমি।

hip·po·pota·mus [ˌহিপাˈপটামাস্] *n* (*pl* -es [–সিজ়্] কিংবা -mi [–মাই]) জলহস্তী।

hippy, hip·pie [ˈহিপি] *n* (*pl* -pies) (১৯৬০–এর দশকের শেষভাগ) প্রতিষ্ঠিত সামাজিক রীতিনীতি ও বিধিবিধান অগ্রাহ্য করে অদ্ভুত বেশভূষা ও জীবনযাত্রার মাধ্যমে নিজের ব্যক্তিত্বকে প্রকাশ করে এমন ব্যক্তি; হিপ্পি।

hire [ˈহাইআ(র্)] *vt* **~ (out)** ভাড়া করা বা দেওয়া: ~ a horse/a concert-hall; ~ out boats (তুল. rent a house) □*n* ভাড়া: bicyles on ~; pay for the ~ of a hall; work for ~, ভাড়ায় খাটা। **(pay for/buy sth) on ~ purchase** (সংক্ষেপ **HP**) প্রথম কিস্তি পরিশোধ করলেই ব্যবহারের অধিকার পাওয়া যাবে, এই শর্তে কোনো কিছু কিস্তিতে কেনা; কিস্তিবন্দিতে কেনা। **~·ling** [ˈহাইআলিঙ্] *n* (তুচ্ছ.) অর্থের বিনিময়ে যার সাহায্য–সহযোগিতা বা সেবা ক্রয় করা যায়; ভাড়ার গোলাম।

hir·sute [ˈহ্যাসিউট্ US –সূট্] *adj* (আনুষ্ঠা.) লোমশ, লোমময়; রুক্ষ; উস্কখুস্ক।

his [জোরালো বা আদ্যরূপ: হিজ়্; মধ্যবর্তী দুর্বল রূপ: ইজ়্] *adj,pron* তার; তাঁর।

His·pa·nic [হিস্ˈপ্যানিক্] *adj* স্পেনীয়; হিস্পানি।

hiss [হিস্] *vt,vi* ১ (সাপের মতো) ফোঁস/ফোঁস ফোঁস করা; ফোঁসানো; ফোঁসা। ২ **~ (off); ~(at)** (অসন্তোষ বা বিরাগসূচক) হিস হিস শব্দ করা: ~ an actor off the stage; ~ (at) a new play. □*n* [C] ফোঁসফোঁসানি; হিসহিস: The proposal was turned down with ~es.

his·ta·mine [ˈহিস্টামীন্] *n* [U] (চিকি.) দেহকলায় উপস্থিত রাসায়নিক যৌগবিশেষ যা এলার্জিক প্রতিক্রিয়াবশত অধিক পরিমাণে নিঃসৃত হয়ে আক্রান্ত ব্যক্তির পক্ষে মারাত্মক হয়ে উঠতে পারে; হিস্টামিন।

his·tor·ian [হিˈসটো°রিআন্] *n* ঐতিহাসিক; ইতিহাসবেত্তা; ইতিহাসলেখক; ইতিবৃত্তকার।

his·toric [হিˈস্টরিক US -স্টো°-] *adj* ১ ঐতিহাসিক; ইতিহাসপ্রসিদ্ধ: a ~ spot/event/speech. **~ times** যে সময়ের লিখিত ইতিহাস রয়েছে কিংবা যে সময়ের ইতিহাস জানা যায় (বিপরীত pre-historic times); ঐতিহাসিক/ ইতিহাসভুক্ত যুগ। ২ **the ~ present** (ব্যাক.) ঐতিহাসিক বর্তমান।

his·tori·cal [হিˈস্টারিকল্ US –ˈস্টো°টি–] *adj* ১ ইতিহাসভুক্ত; ইতিহাসঘটিত; ঐতিহাসিক: ~ events and people, অর্থাৎ কাল্পনিক নয়; a ~ novel/ play/ film/ painting, ইতিহাসসম্পৃক্ত উপন্যাস ইত্যাদি। ২ ইতিহাসসম্বন্ধী; ঐতিহাসিক: ~ studies, ইতিহাসবিষয়ক পর্যেষণা। **~ly** [–কলি] *adv* ঐতিহাসিকভাবে।

his·tory [ˈহিস্ট্রি] *n* (*pl* -ries) ১ ইতিহাস; ইতিবৃত্ত: a student of ~. **make ~** ইতিহাস সৃষ্টি করা। **ancient ~** ৪৭৬ খ্রিস্টাব্দে পাশ্চাত্য রোমক সাম্রাজ্যের ধ্বংস পর্যন্ত য়োরোপীয় ইতিহাস; প্রাচীন ইতিহাস; পুরাবৃত্ত। **medieval ~** ১৪৫৩ খ্রিস্টাব্দে তুর্কিদের কন্‌স্ট্যান্টিনোপ্‌ল অধিকার পর্যন্ত ইতিহাস; মধ্যযুগের ইতিহাস। **modern ~** (১৪৫৩ থেকে আধুনিক কাল পর্যন্ত) আধুনিক যুগের ইতিহাস। ২ [C] ইতিহাসগ্রন্থ; ইতিহাস: a ~ of England. ৩ [C] কোনো ব্যক্তি বা বস্তুর সঙ্গে সম্পৃক্ত ঘটনাবলী; ইতিহাস: the inner ~ of the Communist Party. ৪ natural ˈ~ প্রাকৃতিক বিষয়াদির সুসম্বন্ধ বিবরণ; প্রাকৃতিক ইতিহাস।

his·tri·onic [হিস্‌ট্রি ˈঅনিক্] *adj* ১ নাটক; মঞ্চ ও অভিনয়-সম্বন্ধী: ~ ability অভিনয় নৈপুণ্য; মঞ্চ-কুশলতা। ২ নাটকীয়; কপট; আন্তরিকতাহীন। **his·tri·on·ics** *n pl* ১ নাট্যাভিনয়; মঞ্চাভিনয়; অভিনয়কলা। ২ নাটকীয় বা রঙ্গশালাযোগ্য, বিশেষত অতিরহিত আচরণ; কিলকিঞ্চিত।

hit [হিট্] *vt,vi* (-tt-; *pt,pp* hit) মারা; আঘাত করা; (লক্ষ্য ইত্যাদি) বেধ/ভেদ করা; (কিছুর সঙ্গে) সজোরে চোট খাওয়া: hit sb on the head; hit the mark. I ~ my forehead against the wall as I fell. **hit a man when he's down; hit a man below the belt** (মুষ্টিযুদ্ধের নিয়ম অমান্য করে) কোমরবন্দের নীচে আঘাত করা; (লাক্ষ.) অন্যায়/ অসহায়ত্বের সুযোগ গ্রহণ করা; মড়ার ওপর খাড়ার ঘা মারা। **hit it; hit the nail on the head** যথার্থ আঁচ করা; লাগসই/ জুতসই/ মোক্ষম কথা বলা বা কাজ করা। **hit it off (with sb/together)** একমত হওয়া; বনিবনা/ মনের মিল হওয়া: We hit it off well. ˌ**hit-and-ˈrun** *attrib adj* (সড়ক দুর্ঘটনা বা চালক সম্বন্ধে) অন্য গাড়ি বা পথচারীকে আঘাত করে পালানো; চাপা-দিয়ে-পালানো; (যুদ্ধকৌশল বা আক্রমণ সম্বন্ধে চকিতে আঘাত হেনে দ্রুত পালিয়ে যায় এমন; চোরাগোপ্তা। ২ **hit sb hard** কষ্টে/ বেকায়দায় ফেলা; কঠিন আঘাত হানা: The farmers were hard hit by the slump. ৩ উপনীত হওয়া; খুঁজে পাওয়া: hit the right path. **hit the headlines** (কথ্য; সংবাদ সম্পর্কে) (চাঞ্চল্যকর বলে) শিরোনামারূপে প্রকটভাবে মুদ্রিত হওয়া; (খবরের কাগজের) শিরোনামা হওয়া। **hit the road** (কথ্য) পথে বেরিয়ে পড়া। ৪ আঘাত হানা: Hit hard! **hit out (against)** সবলে আঘাত হানা; (লাক্ষ.) প্রচণ্ডভাবে আক্রমণ করা: The leader of the opposition hit out against the ruling party. ৫ **hit on/upon sth** অপ্রত্যাশিতভাবে বা দৈবক্রমে আবিষ্কার করা; (কোনো কিছু) হঠাৎ মনে উদয় হওয়া: hit upon an idea/the right answer/a plan for making money. ৬ **hit sb/sth off** (কথ্য) সংক্ষেপে এবং যথাযথভাবে বর্ণনা করা; দ্রুত একটি রেখাচিত্র উপস্থাপন করা। ৭ (ক্রিকেট) অর্জন বা সংগ্রহ করা: He hit 75 runs in the first half of the match. □*n* ১ আঘাত; প্রহার: three hits and five misses; a clever hit. ˈ**hit man** *n* (অপ.) ভাড়াটে খুনি/ঘাতক। ২ সার্থক প্রয়াস বা অনুষ্ঠান: hit songs, ˈsong hits, জননন্দিত/জনপ্রিয় গান; a lucky hit, অপ্রত্যাশিত সাফল্য। **make a hit (with sb)** (কথ্য) তার মনে দাগ কাটা; মন জয় করা। ˈ**hit parade** *n* সবচেয়ে বেশি কাটতি জনপ্রিয় রেকর্ডের তালিকা। ৩ বিদ্রূপাত্মক আঘাত; কটাক্ষ: That was not a hit at you.

hitch [হিচ্] *vi,vt* ১ ~ **sth up** হেঁচকা টান মেরে তোলা: ~ up one's trousers. ২ বাঁধা; জোড়া; জোতা; আটকানো; আটকে যাওয়া: ~ a horse to fence; ~ a rope round a bough of a tree. ৩ ~ **(a ride/lift)** (কথ্য) পথ-চলতি মোটরগাড়িতে বিনা ভাড়ায় সফর করার জন্য সঙ্কেত করা; বিনা ভাড়ায় সফরসঙ্গী হওয়া, দ্র. hitchhike. □*n* ১ হেঁচকা টান; ধাক্কা; ঝাঁকি; আকস্মিক ঠেলা। ২ (নাবিকদের) ফাঁস; গিঁট। ৩ সাময়িক গতিরোধ বা বিঘ্ন; গোলযোগ: go off without a ~, নির্বিঘ্নে সম্পন্ন হওয়া।

hitch·hike [ˈহিচ্‌হাইক্] *vi* (কথ্য সংক্ষেপ hitch) (পথচলতি মোটরযান থামিয়ে) বিনা ভাড়ায় সফরসঙ্গী হওয়া; সঙ্কেত-সফর করা। **hitch·hiker** *n* সঙ্কেত-পথিক।

hither [হিদা(র্)] *adv* (প্রা.প্র.) এই পর্যন্ত; এখানে। ~·**to** [ˌহিদাˈটু] *adv* এ যাবৎ এখন পর্যন্ত। ~ **and thither** ইতস্তত; এখানে-সেখানে।

hive [হাইভ্] *n* ১ (অপিচ ˈ**bee·~**) মৌমাছি-পালনের জন্য (কাঠ, খড় ইত্যাদি দিয়ে তৈরি) বাক্স; মধুকোষ। ২ কর্মচঞ্চল স্থান: a ~ of industry. □*vt,vi* ১ (মৌমাছিদের) মধুকোষে ঢোকানো: a ~ swarm; (মৌমাছি সম্বন্ধে) মধু সঞ্চয় করা। ২ মধুকোষে ঢোকা; (মৌমাছির মতো) ঠাসাঠাসি করে বাস করা। ~ **off (from)** (লাক্ষ.) (মৌমাছির দলের মতো) আলাদা হয়ে যাওয়া (এবং সম্ভবত স্বায়ত্তশাসন লাভ করা); (কোনো সংস্থার অংশবিশেষকে) স্বায়ত্তশাসন দান করা: ~ off parts of the nationalized textile industry.

hives [হাইভ্‌জ্] *n pl* লাল লাল দাগ ও চুলকানিযুক্ত চর্মরোগবিশেষ; রক্তস্ফোট।

h'm [হ্‌ম্] দ্র. hem[2].

ho [হৌ] *int* বিস্ময়, চমক ইত্যাদি সূচক ধ্বনি; হো! বাহ!

hoar [হো°(র্)] *adj* (সাহিত্য.) (চুল সম্বন্ধে) বার্ধক্যহেতু সাদা বা ধূসর; পলিত; (ব্যক্তি সম্বন্ধে) পলিতকেশ। ˈ~·**frost** *n* [U] সাদা বরফকণা; ঘাস, পাতা, ছাদ ইত্যাদির উপর জমাট শিশিরকণা; নীহারকণা।

hoard [হো°ড্] *n* ১ সযত্নে সঞ্চিত ও রক্ষিত অর্থ, খাদ্য বা অন্য মূল্যবান সম্পদ; সঞ্চিত ভাণ্ডার। ২ ভূগর্ভ খুঁড়ে বার করা প্রাচীনকালের মুদ্রা, মূল্যবান সামগ্রী ইত্যাদির সংগ্রহ; গুপ্ত ভাণ্ডার: a miser's ~. □*vt,vi* ~ **(up)** মজুত/পুঞ্জীভূত করা: ~ gold. ~**er** *n* মজুতদার।

hoard·ing [ˈহো°ডিঙ্] *n* (US = billboard) পতিত জমি, নির্মাণাধীন এলাকা ইত্যাদির চারিদিকে (প্রায়শ অস্থায়ী) তক্তার বেড়া, যা অনেক সময় বিজ্ঞাপন লাগানোর জন্য ব্যবহৃত হয়; বিজ্ঞাপন-মঞ্চ।

hoarse [হো°স্] *adj* (কণ্ঠ সম্বন্ধে) কর্কশ; ভাঙা; ফাটা; (ব্যক্তি সম্বন্ধে) কর্কশকণ্ঠ; ভাঙা-গলা; ভগ্নকণ্ঠ; ভগ্নস্বর: Many people shouted themselves ~, চেঁচিয়ে গলা ফাটিয়ে ফেলেছে। ~·**ly** *adv* কর্কশকণ্ঠে; ভগ্নকণ্ঠে; ভাঙা গলায়। ~·**ness** *n* স্বরভঙ্গ; স্বরভগ্নতা।

hoary [ˈহো°রি] *adj* (-ier, -iest) বয়সের দরুন ধূসর বা ধবল; পলিত; সুপ্রাচীন; the ~ ruins of Buddhist temples. **hoari·ness** *n* ধবলতা; কেশপক্বতা; পলিতত্ব।

hoax [হৌক্‌স্] *n* [C] কৌতুকচ্ছলে কাউকে নিয়ে অনিষ্টকর চালাকি; ধোঁকা; চাতুরী; ভেলকি; তামাশা; ছলনা; ধোঁকাবাজি। □*vt* ধোকা দেওয়া: ~ sb into believing or doing sth foolish. ~**er** *n* ধোঁকাবাজ; ভেলকিবাজ।

hob [হব্] *n* খাদ্যদ্রব্য বা পানি গরম রাখার জন্য লৌহচুল্লির (fireplace) পার্শ্বস্থ ধাতুনির্মিত তাক।

hobble [ˈহব্‌ল্] *vi,vt* ১ খোঁড়ানো; খুঁড়িয়ে চলা; লেংচানো: The old beggar ~d along the deserted street. ২ (ঘোড়া বা গাধা যাতে বেশি দূরে চলে যেতে না পারে সেজন্য) দুই পা বেঁধে রাখা। □*n* লেংচানি।

hobby [ˈহবি] *n* (*pl -bies*) নিজের নিয়মিত কর্তব্যের অতিরিক্ত অবসরবিনোদনমূলক কাজ; শখ; সাধ।

hobby·horse [ˈহবিহো°স্] *n* [C] (শিশুদের খেলার জন্য কিংবা নাগরদোলায় কাঠের) দোলনা-ঘোড়া; ঘোড়ামুখো দীর্ঘ লাঠি; (লাক্ষ.) (আলাপ-আলোচনার) প্রিয় প্রসঙ্গ; সাধের বিষয়: We were alarmed as he started on his ~.

hob·gob·lin [ˌহব্ˈগব্লিন্] *n* [C] দুষ্টপ্রকৃতির অশরীরী কাল্পনিক জীববিশেষ; খুদে শয়তান; কুৎসিত পাপাত্মা; পিশাচ।

hob·nail [ˈহবনেইল্] *n* ভারী জুতা বা বুটের তলায় মারার জন্য মোটা মাথাযুক্ত খাটো পেরেক; হোঁৎকা পেরেক। **~ed** *adj* (জুতা, বুট ইত্যাদি সম্বন্ধে) কাঁটাযুক্ত।

hob·nob [ˈহবনব্] *vi* (-bb-) **~ (together)/ (with sb)** মাখামাখি/ মেলামেশা করা: He likes to ~ with the rich.

Hob·son's choice [ˌহবসন্জ় ˈচয়স্] *n* দ্র. choice.

hock[1] [হক্] *n* [U] জন্তুর পেছনের পায়ের মাঝখানের জোড়া; মধ্যমসন্ধি।

hock[2] [হক্] *n* [U] জার্মানির সাদা মদবিশেষ; হক।

hock[3] [হক্] *vt* (অপ.) বন্ধক দেওয়া/ রাখা; রেহান দেওয়া/ রাখা। □*n* **in ~** বন্ধক।

hockey [ˈহকি] *n* [U] **ˈfield ~** এগার জন খেলোয়াড়-সংবলিত দুই দলের মধ্যে একটি বল এবং এগারটি যষ্টিসহযোগে ক্রীড়নীয় মেঠো খেলাবিশেষ; মেঠো হকি। **ˈice ~** জমাট বরফের উপর ছয়জন খেলোয়াড়-সংবলিত দুই দলের মধ্যে একটি রাবারের চাকতি-সহযোগে ক্রীড়নীয় খেলাবিশেষ (খেলোয়াড়দের পায়ে থাকে স্খলনপাদুকা এবং হাতে যষ্টি); তুষার হকি। **ˈ~ stick** হকি যষ্টি।

ho·cus-po·cus [ˌহৌকাস্ ˈপৌকাস্] *n* [U] কোনো কিছু থেকে দৃষ্টি সরানোর জন্য উদ্দেশ্য-প্রণোদিত কথা বা আচরণ; কুহক; ভেলকিবাজি; ছলনা; প্রতারণা।

hod [হড্] ইঁট ইত্যাদি কাঁধে করে বহন করার জন্য শ্রমিকদের ব্যবহারার্থ লম্বা হাতলযুক্ত হালকা খোলা বাক্সবিশেষ; চুবড়ি।

hodge·podge [ˈহজ্পজ্] *n* [U] = hotch-potch.

hoe [হৌ] *n* নিড়ানি। **dutch hoe** ঠেলে ঠেলে চালাতে হয় এমন নিড়ানি; ঠেলা নিড়ানি। □*vt,vi (pt,pp* hoed) নিড়ানি দেওয়া; নিড়ানো: hoeing the weeds.

hog [হগ্ US হো°গ্] *n* খাসি করা/ ছিন্নমুষ্ক শূকর, দ্র. boar (২), sow[1]; (লাক্ষ.) লোভী, নোংরা ও স্বার্থপর ব্যক্তি; শূকর। **go the whole ~** কোনো কিছু পুঙ্খানুপুঙ্খরূপে করা। **ˈhog·wash** *n* শূকরের খাদ্যরূপে ব্যবহৃত প্রধানত তরল উচ্ছিষ্ট; (লাক্ষ.) আগড়ম-বাগড়ম; (বিশেষত লেখা সম্বন্ধে) জঞ্জাল। □*vt* নিজের ন্যায্য পাওনার অধিক আত্মসাৎ করা; স্বার্থপর ও লোভীর মতো গ্রাস করা; গৃধ্রবৎ গলাধঃকরণ করা। **hog·gish** [-গিশ্] *adj* লোভী ও স্বার্থপর।

hogs·head [ˈহগ্জ়্হেড্ US ˈহো°গ্-] *n* বিয়ার রাখার জন্য বড়মাপের পিপাবিশেষ; তরল পদার্থের পরিমাণবিশেষ (ব্রিটেনে প্রায় ২৩৮.৫ লিটার, যুক্তরাষ্ট্রে ২৩৪.৫ লিটার)।

hoi pol·loi [ˌহয়্ˈপলয়্] *n* **the ~** (অপক.) সাধারণ্য; লোকসাধারণ; বাজে লোকজন।

hoist [হয়স্ট্] *vt* (দড়ি, কপিকল বা উত্তোলক যন্ত্রের সাহায্যে) তোলা; উত্তোলন করা: ~ a flag/sail; ~ casks and crates abroad. □*n* উত্তোলক (যন্ত্র): an ammunition ~, (যুদ্ধ জাহাজে) রসদ-উত্তোলক; (কথ্য) ঠেলা বা টান: give sb a ~, (যেমন দেয়াল টপকানোর সময় কাউকে) একটু উচিয়ে ধরা।

hoity-toity [ˌহয়টি টয় টি] *adj* (কথ্য) নাক-উঁচু; দেমাগি। □*int* নাক-উঁচু লোকের উদ্দেশে অসন্তোষ প্রকাশার্থে ব্যবহৃত অব্যয়শব্দ; বাস্! ঢের হয়েছে!

hold[1] [হৌল্ড্] *vt,vi (pt,pp* held [হেল্ড্]) (নীচে ১৪-তে *adv part* ও *preps*-সহ প্রয়োগ দ্র.।) ১ ধরা; ধারণ করা; ধরে রাখা/থাকা; আঁকড়ে ধরা/থাকা: Hold my hand! The boy held me by the sleeve. **~ the line** (টেলিফোন সংযোগ) ধরা; ধরে রাখা। অপিচ দ্র. baby, brief[2](১), pistol. ২ বিরত রাখা; ঠেকানো; ঠেকিয়ে রাখা; গতিরোধ করা: The police was unable to ~ the unruly mob. The dam would not ~ the flood waters. **~ one's breath** (ভয়ে বা উত্তেজনায়) শ্বাস রুদ্ধ করা: We held our breath as the bus was to collide with the car. **~ (one's) fire** (সাময়িকভাবে) গুলিচালনা বন্ধ করা। **~ one's tongue/ peace** চুপ করা; নীরব/মৌন থাকা। **There is no ~ing sb/sth** দমার পাত্র নয়; দমানোর/ঠেকানোর সাধ্য নেই। ৩ কোনো কিছু বা কাউকে নির্দিষ্ট ভঙ্গিতে বা অবস্থায় (ধরে) রাখা: She held herself still as the camera clicked, নিশ্চল/অনড় হয়ে ছিল; He held his head up, মাথা উঁচু করে ছিল। **~ oneself in readiness (for)** (সঙ্কট, আপৎকালীন অবস্থা ইত্যাদির জন্য) প্রস্তুত থাকা। **~ one's sides with laughter** হাসতে হাসতে পেটে খিল ধরা; প্রাণ খুলে হাসা। ৪ আঁকড়ে ধরা/থাকা: a car that ~s the road well, সহজে স্খলিত হয় না, যেমন বেগে মোড় ঘোরার সময়ও পিছলে যায় না; road-~ing qualities, পথ-সংলগ্নতা গুণ। ৫ ভার বহন করা/ সওয়া: This slight framework cannot ~ such a heavy load. ৬ ধারণ করা; ধরা; আঁটা; তাংড়ানো; পোষণ করা: This bottle ~s 2 litres. The bag will not ~ all my books. He ~s curious views on modern literature. **~ sth in one's head** মনে রাখা; স্মৃতিতে ধারণ করা। **(not) ~ water** ধোপে (না) টেকা। ৭ (আগ্রহ, মনোযোগ) ধরে রাখা: The play hold the audience spellbound, মন্ত্রমুগ্ধের মতো করে রেখেছিল। ৮ মনে করা; বিশ্বাস/বিবেচনা করা: ~ a man to be a fool; ~ the view that a project is unrealistic. **~ sb in high/ low esteem** শ্রদ্ধা/ অশ্রদ্ধার দৃষ্টিতে দেখা। **~ sth dear/cheap** মূল্যবান/ তুচ্ছ জ্ঞান করা। ৯ রক্ষা করা; দখলে রাখা: We held the airport against repeated assaults. **~ the fort** (লাক্ষ.) কারো অনুপস্থিতিতে দায়িত্বে বহাল হওয়া; ঘাঁটি সামাল দেওয়া: My daughter was to ~ the fort during her mother's illness. **~ one's own** অটল/অবিচলিত থাকা; দৃঢ়ভাবে মোকাবেলা করা; প্রতিহত করা: The troopers held their ground against heavy odds. **~ one's own** নিস্তেজ/শক্তিহীন না হওয়া; হার না মানা; অটল থাকা: Though seriously ill, the old man is ~ing his own. Mr Faber held his own, জোরালো যুক্তির সাহায্যে নিজ বক্তব্য প্রতিপন্ন করেন। ১০ ন্যায়সঙ্গত অধিকারী বা স্বত্বাধিকারী হওয়া: ~ shares/stock. দ্র. land[1](৬)-এ land ~er, share[1](৩)-এ share ~er, stock[1] (৫)-এ stock ~er. ১১ (পদে) অধিষ্ঠিত হওয়া;

অধিকার করা: The Republicans are ~ing office now. ˈ**office-~er** পদাধিকারী। ১২ অনুষ্ঠান করা: ~ a meeting/ debate/ examination/ election. ~ **court** (লাক্ষ.) গুণগ্রাহীদের আপ্যায়িত করা: a film-star ~ing court at the stadium. দ্র. court[1](২). ১৩ টেকা; স্থায়ী হওয়া; অব্যাহত/ বহাল/ বলবৎ/ সিদ্ধ থাকা: The cable will not ~ long. The argument still ~s (good/true). ১৪ *(adv part ও preps–সহ ব্যবহার)*: **hold sth against sb** নিজ অভিমতকে কোনো কিছু দিয়ে প্রতিকূলভাবে প্রভাবিত হতে দেওয়া: I shalln't ~ your police record against you. ~ **(oneself) aloof,** দ্র. aloof. ~ **back** ইতস্তত করা; অনিচ্ছা দেখানো: Once you've accepted the offer, you shouldn't ~ back. ~ **sb/sth back** (ক) উপরে ২ দ্র.। (খ) অগ্রগতি ব্যাহত/রুদ্ধ করা: The child's poor health is ~ing him back. (গ) গোপন রাখা: ~ back information. ~ **sb/sth down** (ক) উপরে ৩ দ্র.। (খ) দাবিয়ে রাখা; নির্যাতন/উৎপীড়ন করা: rulers who ~ the people down; to ~ prices down. ~ **a job down** (কথ্য) (যোগ্যতাবলে) বজায় রাখা। ~ **forth** বক্তৃতার ঢঙে কথা বলা। ~ **sth forth** (~ sth out অধিকতর বাঞ্ছনীয়) উপস্থাপন/প্রস্তাব করা। ~ **sth in** সংযত করা; দাবিয়ে/ঠাণ্ডা রাখা: ~ in one's temper; ~ oneself in, ক্রোধ ইত্যাদি অনুভূতি দমন করা; আত্মসংবরণ করা। ~ **off** (ক) দূরে/নিবৃত্ত থাকা: The storm held off until we reached the farmhouse. (খ) দেরি/বিলম্ব করা: Please ~ off for an hour. ~ **sb/sth off** দূরে রাখা; কাছে ঘেঁষতে না দেওয়া; নিরুৎসাহিত করা: Would you ~ your dog off ? ~ **on** (ক) আপদ-বিপদের মুখে অবিচলিত থাকা; তিষ্ঠানো: They cannot ~ on much longer. (খ) (সাধা. imper) থামা: H~ on a minute, আর আগে বাড়বেন না; অতো তাড়াহুড়া করবেন না। ~ **on to** (ক) হাত দিয়ে ধরে রাখা; আঁকড়ে থাকা: ~ on to one's hat on a windy day. (খ) হাতছাড়া না করা; ধরে রাখা: H~ on to your stocks until prices rise. ~ **sth on** যথাস্থানে/এঁটে রাখা: These screws ~ the blades on. ~ **out** (ক) প্রতিরোধ অব্যাহত রাখা; তিষ্ঠানো: The enemy could not ~ out against our determined assaults. (খ) টেকা; (সরবরাহ ইত্যাদিতে) চলা: Their supplies will not ~ out long. He's unable to ~ out much longer, প্রস্রাব চেপে রাখতে পারছে না। ~ **out for** দাবি অব্যাহত রাখা: The students are still ~ing out for the removal of the principal. ~ **out on** অনুরোধ প্রত্যাখ্যান করে চলা; কথায় কান না দেওয়া: How long will you ~ out on me ? ~ **sb/sth out** (ক) উপরে ৩ দ্র.। (খ) দেওয়া; দিতে পারা: The administration ~ out little hope of government assistance. ~ **sth over** মুলতুবি/স্থগিত করা/রাখা: Let's ~ the item over until the next meeting. ~ **sth over sb** হুমকির/ভয় দেখানোর উপায় হিসাবে ব্যবহার করা: He may ~ your criminal convictions over you. ~ **to sth** (ক) বিচ্যুত না হওয়া; অটল থাকা; (কোনো কিছুর প্রতি) একনিষ্ঠ থাকা: to ~ to one's convictions/ course of action/choice. (খ) বজায় রাখা: The aeroplane held to a Northerly course. ~ **sb to sth** কাউকে প্রতিশ্রুতি ইত্যাদি রক্ষায় বাধ্য করা: You should ~ the suppliers to their estimates, তাদের প্রাক্কলিত হিসাবের মধ্যে রাখতে হবে। ~ **sb (up) to ransom** জিম্মি রাখা; ভয় দেখিয়ে অর্থ দাবি করা: The bus-owners are ~ing the country (up) to ransom. দ্র. ransom. ~ **together** (ক) অক্ষুণ্ণ থাকা; খসে খসে না পড়া: The building hardly ~s together. (খ) ঐক্যবদ্ধ থাকা: The party should ~ together at this critical moment. ~ **sb/sth together** একত্রিত/ঐক্যবদ্ধ করা/রাখা: His leadership can ~ the country together. ~ **sb/sth up** (ক) উপরে ১, ২ দ্র.। (খ) আটকানো; বিলম্বিত করা: We were held up by traffic-jam/the police. (গ) ডাকাতির উদ্দেশ্যে বলপ্রয়োগে বা বলপ্রয়োগের হুমকি দেখিয়ে গতিরোধ করা; অবরোধ করা: The bus was held up by the robbers. সুতরাং, ˈ**~-up** *n* আটক; অবরোধ: a ~-up on the underground, যেমন বৈদ্যুতিক গোলযোগের জন্য; a bank ~-up, ব্যাংক ডাকাতি। (ঘ) দৃষ্টান্তরূপে উপস্থিত করা; তুলে ধরা; প্রদর্শন করা; ফলানো: We held him up as a model teacher. ~ **sb up to derision/ scorn/ ridicule** উপহাস/ অবজ্ঞা/ ঠাট্টা-বিদ্রূপ ইত্যাদির পাত্র করা। ~ **with sth** অনুমোদন/সমর্থন করা: Do you ~ with pornography in films ?

hold[2] [হৌল্ড্] *n* ১ [C,U] ধরার কাজ; ভঙ্গি; শক্তি; অবগ্রহ: catch/get/take/lay/seize ~ of sth, ধরে ফেলা; সেঁটে/চেপে ধরা; let go / loose (one's) ~ of sth, ছেড়ে দেওয়া; মুঠি শিথিল/ আলগা করা; He has a great ~ (=influence) over his subordinates. keep ~ over, নিয়ন্ত্রণে রাখা। ২ [C] ধরে থাকা যায় এমন কিছু; অবলম্বন; ধরনা: The steep hill provided lees ~s to climbers. দ্র. foot[1](৮) ভুক্তিতে foothold. ৩ (মুষ্টিযুদ্ধ ও কুস্তিতে) ধরার কায়দা; প্যাঁচ: all-in wrestling, with no ~s barred.

hold[3] [হৌল্ড্] *n* পণ্য রাখার জন্য জাহাজের অভ্যন্তরের অংশবিশেষ; খোল; গুপ্তি।

hold-all [ˈহৌল্ড্ ও°ল্] *n* ভ্রমণকালে কাপড়চোপড় ইত্যাদি বহন করার উপযোগী সুবহ, বৃহৎ থলে বা পেটিকা; হোল্ডল; বগলা। দ্র. hold[1](৬).

holder [ˈহৌল্ডা(র্)] *n* (ব্যক্তি বা বস্তু সম্বন্ধে) যা বা যে ধরে রাখে; ধারক; -ধারী; ধারয়: ˈshare ~, বখরাদার; অংশধারী; অংশগ্রাহী; অংশভাগী। a cigaˈrette-~, সিগারেট-ধারক; an office-~, পদাধিকারী; a ˈkettle-~, গরম কেতলি ধরার জন্য বস্ত্রখণ্ড; কেতলির হাতা।

hold·ing [ˈহৌল্ডিঙ্] *n* দখলে বা স্বত্বাধিকারে আছে এমন বস্তু, বিশেষত ভূসম্পত্তি; দখলি সম্পত্তি; (বিশেষত জমির) স্বত্বাধিকার; দখলি স্বত্ব; রায়তি। ˈ**small-~** *n* জোতদার নিজেই চাষ করে এমন ক্ষুদ্র ভূখণ্ড; ক্ষুদ্র জোত। **a** ˈ**~ company** অধীন একাধিক কোম্পানির অংশ (শেয়ার)-এর মালিকানা গ্রহণের জন্য গঠিত কোম্পানি; ধারক কোম্পানি।

hold-up [ˈহৌল্ড্ আপ্] *n* দ্র. hold[1](১৪).

hole [হৌল্] *n* ১ ছিদ্র; ছেদা; গর্ত; ফুটা; রন্ধ্র; গহ্বর; কুহর; বিবর: a ~ in a tooth; roads full of ~s, খানাখন্দময়; wear one's socks into ~s, ছেঁড়া-খোঁড়া না হওয়া পর্যন্ত পরা। **make a ~ in** (কিছুর) বড়ো অংশ খরচ করে ফেলা; খেয়ে ফেলা: His daughter's marriage has made a large ~ in his savings.

pick ~s in খুঁত ধরা; ত্রুটি খুঁজে বের করা (যেমন কারো যুক্তিতর্কের)। **a square peg in a round ~** কোনো পদের জন্য অনুপযুক্ত ব্যক্তি; খাপছাড়া/ বেমানান লোক। ২ (কথ্য) বিব্রতকর পরিস্থিতি; বেকায়দা: I did not want to put you in a bad ~. ৩ (ক) বিবর; গর্ত; গুহা: a mouse's ~/ˈmouse-~; the ~ of a fox. (খ) (লাক্ষ.) ক্ষুদ্র; অন্ধকার; নোংরা স্থান; গুপ্তস্থান; গর্ত; বিবর; ঘুপসি: He hated to live in that wretched, little ~. ˌ**~-and-ˈcorner** *adj* (কথ্য) (attrib) গোপন; চোরা গোপ্তা: ~-and-corner methods. ৪ (গল্ফ) বল মেরে যে গর্তের মধ্যে ফেলতে হয়; সবচেয়ে কম সংখ্যক আঘাতে এক গর্ত থেকে অন্য গর্তে বল মেরে খেলোয়াড় যে পয়েন্ট অর্জন করে: a ˈnine-~ golf course; win the first ~. □*vt,vi* ১ ছিদ্র/ছেদা/ফুটো করা: ~ a ship, যেমন শিলার সঙ্গে আঘাতের ফলে। ২ **~ (out)** (গল্ফ ইত্যাদিতে) বল গর্তে ফেলা: ~ out in one, প্রারম্ভ-বিন্দুতে থেকে এক বাড়িতে বল গর্তে ফেলা। ৩ **~ up** (অপ.) গা ঢাকা দেওয়া; লুকানো।

holi·day [ˈহলাডেই] *n* ১ ছুটির দিন। অপিচ. দ্র. bank[3] (১) ভুক্তিতে bank ~. ২ (প্রায়শ *pl*) (US = vacation) দীর্ঘ ছুটি; অবকাশ: the school ~s; (attrib) ˈ~ camps, অবকাশ শিবির। □*vi (pt,pp* holidayed, *pres part* holidaying) ছুটি কাটানো; অবকাশ যাপন করা: We ~ed in France. **on ~** ছুটিতে: He was away on ~ in July. ˈ**~-maker** *n* অপকাশযাপক।

holi·ness [ˈহৌলিনিস্] *n* ১ [U] পবিত্রতা; পুণ্যতা; সাধুতা; বিশুদ্ধচিত্ততা; পবিত্রচিত্ততা। ২ **His/Your H~** পোপের আখ্যা; ভগবান।

hol·ler [ˈহলা(র্)] *vi,vt* (অপ.) (উত্তেজনা ইত্যাদি প্রকাশে) চিৎকার করা; চেঁচানো।

hol·low [ˈহলৌ] *adj* ১ ফাঁপা; শূন্যগর্ভ: a ~ tree; a ~ ball. ২ (ধ্বনি সম্বন্ধে) ফাঁপা; ফাঁকা: a ~ voice/groan. ৩ (লাক্ষ.) অবাস্তব; অসার; ফাঁপা; ফাঁকা; মিথ্যা; কৃত্রিম; কপট; শূন্যগর্ভ; অন্তঃসারশূন্য: ~ sympathy/ words/ promises: a ~ laugh; ~ joys and pleasures; a ~ victory. ৪ ভাঙা; চুপসা; বসা: ~ cheeks; ˌ~-ˈeyed, কোটরগত চক্ষু। ৫ (কথ্য, *adv*-রূপে) **beat sb ~** পিটিয়ে তক্তা বানানো; বেদম পেটানো। □*n* গহ্বর; গর্ত; কোটর; খানা; শূন্যগর্ভ বা ফাঁপা জায়গা: a ~ in the ground; ছোট উপত্যকা: a wooden ~, তরুগুল্মাবৃত ছায়ানিবিড় উপত্যকা। □*vt* **~ (out)** গর্ত খোঁড়া; বেঁকে কোটরের রূপ নেওয়া: River banks ~ed out by rushing water.

holly [ˈহলি] *n* [U] শক্ত, চকচকে, গাঢ় সবুজ, তীক্ষ্ণাগ্র পত্রবিশিষ্ট চিরহরিৎ গুল্মবিশেষ শীতকালে যাতে জামজাতীয় লাল লাল ফল ধরে; আড়গুঁজি।

holly·hock [ˈহলিহক্] *n* [C] উজ্জ্বল বর্ণের পুষ্পবিশিষ্ট দীর্ঘ উদ্যান-উদ্ভিদবিশেষ; খাতামি।

hol·mium [হল্‌মি আম্] *n* [U] নরম ধাতব মৌলবিশেষ (প্রতীক Ho); হলমিয়ম।

holm·oak [ˈহৌম্ উক্] *n* [C] চিরহরিৎ ওক-গাছবিশেষ; চিরহরিৎ ওক।

holo·caust [ˈহলাকো°স্ট্] *n* [C] অগ্নিকাণ্ড ইত্যাদির ফলে ব্যাপক ধ্বংস, বিশেষত প্রাণহানি; ধ্বংসযজ্ঞ: a neuclear ~.

holo·graph [হল গ্রা°ফ্ US -গ্র্যা ফ্] *n* স্বহস্তলিখিত দলিল।

hol·ster [হৌল্‌স্টা(র্)] *n* পিস্তলের খাপ; পিস্তল-কোষ।

holy [ˈহৌলি] *adj* (-ier, -iest) ১ ঈশ্বরসম্বন্ধীয়; ঈশ্বর বা ধর্ম-সম্পৃক্ত; পবিত্র; পুণ্য: the H~ Bible; H~ writ, পবিত্র গ্রন্থ (বাইবেল); the ˈH~ Land, পুণ্যভূমি (যিশুর জন্মভূমি); the H~ City পুণ্যনগরী (জেরুসালেম); ˈH~ Week, পবিত্র সপ্তাহ (ইস্টারের রোববারের পূর্ববর্তী সপ্তাহ); H~ Communion, খ্রিস্টের মৃত্যু স্মরণে ভোজন অনুষ্ঠানবিশেষ, পুণ্য সঙ্গতি; the H~ Father, পবিত্র পিতা (পোপ); the H~ Office, পবিত্র বিচারসভা (উৎপথগামিতা, অবিশ্বাস ইত্যাদি উদ্‌ঘাটন ও দমনের জন্য রোমান ক্যাথলিক গির্জার বিচারসভা); the H~ Ghost/Spirit, পবিত্র আত্মা (খ্রিস্টান ধর্মবিশ্বাস মতে ঈশ্বরের ত্রয়েকত্বের তৃতীয় ব্যক্তিত্ব); ~ ground, পুণ্যতীর্থ; a ~ war, ধর্মযুদ্ধ; ~ water, (পুরোহিত কর্তৃক মন্ত্রপূত) পুণ্যবারি। ২ পুণ্যাত্মা; পুণ্যশ্লোক; ধার্মিক; পূতচরিত্র; পবিত্র: a ~ man; live a ~ life. ৩ **a ~ terror** (অপ.) রাশভারী লোক; ত্যাঁদড় (ছোকরা)। □*n* **the ˌH~ of ˈHolies** (ক) ইহুদিদের মন্দিরের অন্তরতম প্রকোষ্ঠ; যেখানে প্রধান পুরোহিত বছরে একবারমাত্র প্রবেশ করেন; পবিত্রতম প্রকোষ্ঠ। (খ) (লাক্ষ.) যে কোনো পুণ্যস্থান।

hom·age [ˈহামিজ] *n* [U] ১ শ্রদ্ধা; অভ্যর্থনা; শ্রদ্ধাঞ্জলি; প্রণতি; সম্মান; পাদবন্দনা। **do/pay ~ (to sb)** শ্রদ্ধা জ্ঞাপন/ নিবেদন করা; সম্মান/ প্রণতি জানানো; অভ্যর্থনা করা। ২ (সামন্ত যুগে) (প্রকাশ্যে আনুষ্ঠানিক) আনুগত্যস্বীকার।

home[1] [হৌম্] *n* ১ যেস্থানে বিশেষত সপরিবারে কেউ বাস করে; বাড়ি; ঘর; গৃহ; আলয়; স্বগৃহ; আবাস; বাসস্থান; বাসা; স্বদেশ: I lived in New York, but I look on London as my ~. When are you leaving Australia for ~? **at ~** (ক) বাড়িতে: Is he at ~? (খ) (ফুটবল ইত্যাদি) নিজ শহরে: The next match will be played at ~. সুতরাং, **the ~ team** যে দল নিজ শহরে খেলছে; স্থানীয় দল। (গ) নির্দিষ্ট সময়ে অভ্যাগতদের অভ্যর্থনা জানাতে প্রস্তুত: Mrs. Whitehead will be at ~ Friday, 5 April, 7 pm (স্বগৃহে অভ্যাগতদের স্বাগত জানাবেন)। **at-ˈ~** *n* সামাজিক অনুষ্ঠানবিশেষ, যাতে অতিথিদের পূর্বঘোষিত সময়ে প্রত্যাশা করা হয়; স্বগৃহে অতিথি-সৎকার/আপ্যায়ন অনুষ্ঠান। **not at ~ (to)** অভ্যাগতদের স্বাগত জানাতে অপারগ: Mrs. Aiken is not at ~ to anyone except relatives. **make oneself/ be/ feel at ~** (নিজের বাড়ির মতো) স্বচ্ছন্দ বোধ করা। **at ~ in** স্বচ্ছন্দ: to feel at ~ in a foreign language. **be ~ and dry** (কথ্য) সফল হওয়া। **a ~ from ~** যেস্থানে নিজগৃহের মতো সুখী ও স্বচ্ছন্দ বোধ করা যায়; পরগৃহে স্বনিলয়: This hotel is not exactly a ~ from ~. **nothing to write ~ about** (কথ্য) তেমন উল্লেখযোগ্য কিছু নয়। ২ (শিশু, বৃদ্ধ বা রোগীদের পরিচর্যার জন্য) প্রতিষ্ঠান বা স্থান; সদন; আশ্রম; নিকেতন: an ˈorphan's ~, অনাথ-আশ্রম; শিশুসদন: ˈmaternity ~, মাতৃসদন; a ˈnursing ~, সেবাসদন। ৩ (প্রায়শ *attrib*) পারিবারিক বা গার্হস্থ্য জীবন: the pleasures of ~, সংসার-সুখ; গার্হস্থ্য সুখ; ~ comforts/joys; ~ life. ˌ**~ ecoˈnomics** = housecraft, গার্হস্থ্যবিদ্যা। ˌ**~ ˈhelp** *n* (GB) (আত্মীয়স্বজনহীন) বৃদ্ধ, অশক্ত বা রুগ্ন ব্যক্তিদের সাহায্যার্থে নিয়োজিত ব্যক্তি; গার্হস্থ্য সহকারী। ৪

(=habitat) জন্তু বা উদ্ভিদের স্বাভাবিক আবাসস্থল; বসতি; স্বনিকেতন: the ~ of the tiger and the elephant. ৫ (খেলাধুলায়) গোল, লক্ষ্য; খেলোয়াড়দের জন্য নিরাপদ স্থল, যেখান থেকে কেউ তাকে ধরতে বা বহিষ্কৃত করতে পারে না। **the ˈ~ plate** (বেইস্‌বল) যে ঘাঁটিতে দাঁড়িয়ে ব্যাটসম্যান বল মারেন। **ˌ~ ˈrun** (বেইসবল) ব্যাটসম্যান বল মেরে একনাগাড়ে সবগুলি ঘাঁটি ঘুরে এলে যে রান অর্জিত হয়। **the ˌ~ ˈstraight/ stretch** দৌড়ের পাল্লায় লক্ষ্যস্থলের নিকটবর্তী সর্বশেষ ধাপ; শেষ ধাপ। ৬ (attrib) গৃহসম্বন্ধীয়; স্বদেশসম্বন্ধীয় (=domestic, inland): ~ industries/ products, স্বদেশী/ দেশী শিল্প/ পণ্য; the ~ trade/market, অভ্যন্তরীণ বাণিজ্য/ বাজার। **one's ˌ~ ˈtown** যে শহরে কেউ স্থায়ীভাবে বসবাস করে (জন্মস্থান না হলেও); নিজ শহর। **the ˌH~ ˈCounties** লন্ডনের চতুর্দিকবর্তী কাউন্টিসমূহ (স্থানীয় সরকারের বৃহত্তম একক); কেন্দ্রীয় কাউন্টিসমূহ। **the ˈH~ Office** স্বরাষ্ট্র মন্ত্রণালয়। ৭ (যৌগশব্দ) **ˌ~-ˈbaked** *adj* (রুটি, কেক ইত্যাদি সম্বন্ধে) ঘরে-সেঁকা; গৃহোৎপন্ন। **ˌ~-ˈbrewed** *adj* (বিয়ার ইত্যাদি সম্বন্ধে) গৃহে গাজানো; গৃহজাত। **ˌ~-coming** *n* গৃহাগমন; ঘরে-ফেরা; স্বগৃহে প্রত্যাবর্তন। **~coming weekend** (US) যে সপ্তাহান্তে প্রাক্তন ছাত্রছাত্রীরা তাদের বিদ্যাপীঠে ফিরে আসে; ঘরে ফেরার সপ্তাহান্ত। **ˌ~-ˈcured** *adj* (খাদ্য, বিশেষত শূকরের মাংস সম্বন্ধে) ধোঁয়া, লবণ ইত্যাদি যোগে গৃহে জারিত। **ˈ~-farm** *n* যে খামার কোনো বড়ো খামার-বাড়ি বা প্রতিষ্ঠানের চাহিদা মেটায়; নিজস্ব খামার; গার্হস্থ্য খামার। **the ˌ~ ˈfront** (যুদ্ধে লিপ্ত দেশের) বেসামরিক কর্মচারীবৃন্দ; অভ্যন্তরীণ রণাঙ্গণ। **ˌ~-ˈgrown** *adj*, (খাদ্য ইত্যাদি সম্বন্ধে) দেশজ। **ˌH~ ˈGuard** *n* (১৯৪০-৫৭) ব্রিটেনের বেসামরিক নাগরিকদের নিয়ে গঠিত বাহিনী এবং এই বাহিনীর সদস্য; রক্ষীবাহিনী; রক্ষীসেনা। **ˈ~-land** [-ল্যান্ড্] *n* স্বদেশ; জন্মভূমি; যে দেশ থেকে পূর্বপুরুষরা এসেছে; আদিনিবাস। **ˌ~-ˈmade** *adj* (রুটি, কেক ইত্যাদি সম্বন্ধে) গৃহোৎপন্ন; গৃহে প্রস্তুত। **ˌH~ Rule** স্বরাজ। **ˈ~-sick** *adj* ঘরে ফেরার জন্য কাতর; ঘরমুখো। **ˈ~-sick·ness** *n* গৃহকাতরতা। **ˈ~-spun** *adj n* (বিশেষত পশমি সুতায় বোনা কাপড় সম্বন্ধে) ঘরে-বোনা; (লাক্ষ.) সাদামাটা; চাকচিক্যহীন। **ˈ~-stead** [-স্টেড্] *n* বসতবাড়ি; বাস্তুভিটে; খামারবাড়ি; (US) গ্রহীতা স্বয়ং জমিতে বসবাস করবেন এবং জমি চাষ করবেন এই শর্তে রাষ্ট্রকর্তৃক প্রদত্ত জমি। **ˈ~ thrust** *n* (অস্ত্র বা কথার) লক্ষ্যভেদী আক্রমণ; মর্মঘাতী আঘাত/বাক্য। **ˌ~ ˈtruth** *n* যে অপ্রীতিকর সত্য সম্পর্কে কাউকে অবহিত করা হয়; নির্জলা/কাঁচা সত্য। **ˈ~-work** *n* [U] **(ক)** (ছাত্রছাত্রীদের) বাড়ির কাজ। **(খ)** (কথ্য) (প্রতিবেদন, আলোচনা ইত্যাদির জন্য) প্রস্তুতিমূলক কাজ। দ্র. house[1](9) ভুক্তিতে housework. **~-less** *adj* নিরালয়; গৃহহীন; নিরাশ্রয়। **~-like** *adj* ঘরোয়া। **~-ward** [-ওয়াড্] *adj* গৃহাভিমুখ। **~-ward(s)** [-ওয়াড্(জ্)] *adv* গৃহাভিমুখে; বাড়ির দিকে।

home[2] [হৌম্] *adv* ১ বাড়িতে; বাড়ির দিকে: Is Mrs Hill ~ yet ? Did you see her on her ~? He has to turn back and get ~ ? যাত্রার সূচনাস্থলে; স্থানটি তার বাসস্থান হোক কি না হোক। ২ যথাস্থানে; উদ্দিষ্ট লক্ষ্যে: drive a nail ~, পেরেকটি আমূল ঠুকে দেওয়া। **bring sth/come ~ to sb** পুরোপুরি উপলব্ধি করা বা করানো; স্পষ্টরূপে প্রতিভাত বা প্রকাশিত হওয়া: The weakness of her argument was brought/came ~ to him. **drive a point/an argument ~** বক্তব্য বা যুক্তির পরিপূর্ণ শক্তি উপলব্ধি করানো।

home·ly [ˈহৌম্‌লি] *adj* (-ier, -iest) ১ সাদাসিধা; সাদামাটা; মামুলি; অনাড়ম্বর: a ~-looking old lady, সাদামাটা বৃদ্ধা মহিলা: a ~ meal, মামুলি খানা। ২ ঘরোয়া: a ~ atmosphere. ৩ (US) (মানুষ, মানুষের চেহারা সম্বন্ধে) সুশ্রী বা আকর্ষণীয় নয় এমন; সাদামাটা। **home·li·ness** *n* ঘরোয়া পরিবেশ।

ho·meo·pathy *n* = homoeopathy.

homey [ˈহৌমি] *adj* (US কথ্য) গৃহের মতো; সুখোষ্ণ; সুখাবহ।

homi·cide [ˈহমিসাইড্] *n* [U] নরহত্যা; [C] নরহন্তা। **ˈ~ squad** (US) নরহত্যার তদন্তকারী পুলিশ কর্মকর্তাদের দল। দ্র. murder. **homi·cidal** [ˌহমিˈসাইড্‌ল্] *adj* নরঘাতী: a homicidal lunatic; homicidal tendencies.

hom·ily [ˈহমিলি] *n (pl* ˈ-lies) [C] ধর্মকথা; ধর্মব্যাখ্যান; ওয়াজ; হিতোপদেশমূলক দীর্ঘ ক্লান্তিকর বক্তৃতা। **homi·letic** [ˌহমিˈলেটিক্] *adj* ধর্মব্যাখ্যানমূলক; ধর্মকথাবিষয়ক। **homi·let·ics** *n pl* ধর্মপ্রচারকৌশল; ধর্মপ্রচারবিদ্যা।

hom·ing [ˈহৌমিঙ্] *adj* (কপোত সম্বন্ধে) (গৃহ থেকে বহু দূরে ছেড়ে দিলেও) গৃহপ্রত্যাবর্তনপ্রবণ; (টর্পেডো, ক্ষেপণাস্ত্র সম্বন্ধে) পূর্বনির্দিষ্ট লক্ষ্যে উপনীত হওয়ার জন্য ইলেকট্রনিক যন্ত্রাদিসজ্জিত; লক্ষ্যভেদী: ˈ~ devices, লক্ষ্যভেদকরণ কৌশল; a ˌ~ ˈguidance system, লক্ষ্যভেদী পরিচালনা-ব্যবস্থা।

hom·iny [ˈহমিনি] *n* [U] জল বা দুধে সিদ্ধ ভুট্টার গুঁড়া; ভুট্টার মণ্ড/ লেই: ~ grits, ভুট্টার বিস্কুট।

homo [ˈহৌমৌ] *n* (লা.) মানুষ। **ˌ~ ˈsapiens** [ˈস্যাপিএনজ্] প্রজাতি হিসাবে আধুনিক মানুষ; জ্ঞানক্ষম মানুষ।

ho·moe·opathy (US = **ho·me·o-**) [ˌহৌমিˈঅপাথি] *n* [U] সাধা. খুব অল্প মাত্রায় ঔষধ প্রয়োগের চিকিৎসাপদ্ধতিবিশেষ; সদৃশচিকিৎসাপদ্ধতি। **ho·moeo·path** (US = **ho·meo-**) [ˈহোমিআপ্যাথ্] *n* সদৃশচিকিৎসক।

ho·mo·gene·ous [ˌহমাজীনিআস্] *adj* সমপ্রকৃতির অংশসমূহ নিয়ে গঠিত; সমজাতীয়; সমজাতিক; সমঘন; সমমাত্র। দ্র. heterogeneous. **ho·mo·gene·ity** [ˌহমাজিনীআটি] *n* সমজাতীয়তা; সমঘনত্ব। **hom·ogen·ize** [হাˈমজিনাইজ্] *vt* সমজাতীয়/ সমঘন/ সমমাত্রা করা; (বিশেষত) দুধের স্নেহকণাসমূহ ভেঙে সংমিশ্রণ করে দুধের সান্দ্রতা সর্বত্র সমরূপ করা।

homo·graph [ˈহমাগ্রা°ফ্ US -গ্র্যাফ্] *n* যেসব শব্দের বানান অভিন্ন কিন্তু উচ্চারণ বা অর্থ বিভিন্ন, যেমন bow[1] [বৌ], bow[2] [বাউ]; সমলেখ শব্দ।

homologous [হˈমালাগাস্] *adj* সদৃশ; আপেক্ষিক অবস্থান, সামগ্রিক গঠন ও উদ্ভবের দিক থেকে তুলনীয়; তুল্যমূল্য। **homo·logue** [-লগ্] *n* যা অন্য কিছুর তুল্যমূল্য, যেমন মানুষের বাহু, পাখির পাখা, তিমি মাছের ডানা বা তাড়নী; সদৃশ বস্তু; তুল্যরূপ।

homo·nym [ˈহমানিম্] *n* সমলেখ বা সমস্বন শব্দ; যেসব শব্দের রূপ ও উচ্চারণ অভিন্ন কিন্তু অর্থ বিভিন্ন, যেমন see[1], see[2]; সমনাম। **homo·nymy** *n* সমনামিকতা।

homo·phone [ˈহমাফৌন্] *n* যেসব শব্দের উচ্চারণ অভিন্ন, কিন্তু অর্থ, বানান বা উৎপত্তি বিভিন্ন, যেমন some/sum [সাম্], knew/new [নিউ]; সমস্বন/সমোচ্চারিত শব্দ। **homo·phony** *n* সমস্বনতা/সমোচ্চারণ।

homo·sex·ual [ˌহমাˈসেক্শুঅল্] *adj* সমকামী। □*n* সমকামী ব্যক্তি। **~·ity** [ˌহমাসেক্শুˈঅ্যালটি] *n* [U] সমকাম; সমকামিতা।

hone [হৌন্] *n* [C] শান (-পাথর)। □*vt* শানানো; শান দেওয়া।

hon·est [ˈঅনিস্ট্] *adj* ১ সত্যবাদী; সত্যবৃত্ত; নিষ্কপট; অশঠ; সাধু; ঋজুপ্রকৃতি; সৎ; সত্যসন্ধ; অকৃত্রিম; সচ্চরিত্র: an ~ man; ~ in business; give an ~ opinion. **to be quite ~ about it** শ্রোতা বিশ্বাস করবে এই আশায় বিবৃতির শুরুতে ব্যবহৃত বাক্যাংশ; সত্যি কথা বলতে; আমি অকপটে বলতে পারি। **earn an ~ penny** সৎপথে অর্থোপার্জন করা। ২ মনের সাধুতাজাত কিংবা সাধুতার পরিচায়ক: an ~ face, নিষ্পাপ/নিষ্কপট চেহারা; look ~; an ~ piece of work, সততার সঙ্গে করা: ~ weight, ন্যায্য ওজন/মাপ। **make an ~ woman of sb** (প্রা.প্র.) কুলটা বানিয়ে বিয়ে করা; সতীসাধ্বী বানানো। **~·ly** *adv* সৎভাবে; অকপটে; প্রকৃতপক্ষে; সত্যি বলতে: Honestly, I know nothing about it. **hon·esty** *n* [U] সততা; সাধুতা; সত্যসন্ধতা; সত্যবাদিতা; ঋজুতা; অকপটতা; অস্তেয়।

honey [ˈহানি] *n* ১ [U] মধু; মৌ; (লাক্ষ.) মিষ্টতা; মাধুর্য। **ˈ~·bee** *n* মৌমাছি; মধুমক্ষিকা; মধুকর। **ˈ~·dew** *n* [U] (ক) গরম আবহাওয়ায় উদ্ভিদের পাতা ও কাণ্ডে নিঃসৃত মিষ্টি, আঁঠালো পদার্থবিশেষ; পত্রাসব। (খ) গুড়সহযোগে মিষ্টীকৃত তামাক; মিঠা তামাক। **~·suckle** [ˈহানিসাক্ল্] *n* [U] লতানো গুল্মবিশেষ, যাতে নলাকার হলুদ বা লালচে সুগন্ধি ফল ধরে; মধুমতি। **~·sucker** *n* পাখিবিশেষ; মৌচুষকি। ২ [C] (*pl* -s) (কথ্য, আদরের ডাক) সোনামণি; যাদুমণি: go to bed, my ~s. **~ed** [ˈহানিড্] *adj* মধুর মতো মিষ্টি; মধুর; মধুময়; মধুরিম: ~ed words.

honey·comb [ˈহানিকৌম্] *n* [C,U] মৌচাক; মধুচক্র; অলঙ্করণমূলক নকশাবিশেষ। □*vt* রন্ধ্র ও সুড়ঙ্গে পরিপূর্ণ করা; মধুচক্র রচনা করা: The rock is ~ed with caves and tunnels.

honey·moon [ˈহানিমূন্] *n* সদ্যবিবাহিত দম্পতির অবকাশযাপন; মধুচন্দ্রিমা; (লাক্ষ.) উদ্‌যোগ, প্রতিষ্ঠান ইত্যাদির সূচনালগ্নে বিদ্যমান সুসামঞ্জস্য; মধুচন্দ্রিমা।

honk [হঙ্ক্] *n* বুনোহাঁসের ডাক; হংসনাদ; হংসরুত; (সেকেলে ধরনের) মোটরগাড়ির ভেঁপুর শব্দ; প্যাঁ-পোঁ। □*vi* প্যাঁ-পোঁ করা।

hon·or·ar·ium [ˌঅনাˈরেঅরিআম্] *n* পেশাগত সেবার জন্য অযাচিতভাবে প্রদত্ত পারিশ্রমিক; পারিতোষিক; দক্ষিণা।

hon·or·ary [ˈঅনারারি US ˈঅনারেরি] *adj* ১ (লিখিত সংক্ষিপ্তরূপ **Hon)** (পদ সম্বন্ধে) অবৈতনিক: the ~ secretary. (পদমর্যাদা, উপাধি সম্বন্ধে) নিয়মমাফিক শর্তাদি পূরণ না করা সত্ত্বেও সম্মানজ্ঞাপনের জন্য প্রদত্ত; মানদ; সম্মানসূচক; সম্মানিক: an ~ degree/ doctorate; অবৈতনিক/ মানদ পদ বা উপাধির অধিকারী; সাম্মানিক: an ~ vice-president.

ho·nor·ific [ˌঅনাˈরিফিক্] *adj* গৌরববোধক; গৌরবসূচক। □*n* গৌরব-রূপ; গৌরববোধক শব্দ: H~s are frequently used in Bengali.

honour[1] (US = **honor)** [ˈঅনা(র্)] *n* ১ [U] সম্মান; সম্ভ্রম; শ্রদ্ধা: win ~ in war; a ceremony in ~ of the martyrs; show ~ to one's teachers. **do sb ~; do ~ to sb** শ্রদ্ধা/সম্মান প্রদর্শন করা। **ˌmaid of ˈ~** রানী বা রাজকুমারীর সহচরী/সহচারিণী। **ˌguard of ˈ~** সম্মান প্রদর্শনার্থ বিশিষ্ট ব্যক্তির অভিরক্ষণ বা তাঁকে স্বাগত জানানোর জন্য নির্বাচিত সৈন্যমণ্ডলী; সাম্মানিক সেনাব্যূহ। ২ [U] (সদাচরণ, সত্যনিষ্ঠা, বিশ্বস্ততা ইত্যাদি গুণের জন্য) সুনাম; সুখ্যাতি; মর্যাদা। **on one's ~** সুনামের দিব্যি/দোহাই। **an affair of ~** (ইতি.) সুনামঘটিত প্রশ্নের মীমাংসার জন্য অনুষ্ঠিত দ্বন্দ্বযুদ্ধ। **be/feel in ~ bound to do sth** আইনত বাধ্য না হলেও নৈতিক দায়িত্ব হিসাবে কিছু করার প্রয়োজন অনুভব করা। **one's word of ~** প্রতিশ্রুতি রক্ষার বা কর্তব্য পালনের নিশ্চয়তা। **pay/incur a debt of ~** শোধ করার জন্য আইনগত বাধ্যবাধকতা না থাকলেও সুনামের খাতিরে যে ঋণ শোধ করা আবশ্যক। **put sb on his ~** কারো ওপর আস্থা স্থাপন করা, যে আস্থার অবমাননা বা অঙ্গীকার ভঙ্গ করলে তার সুনাম ক্ষুণ্ন হবে। ৩ (শিষ্টাচারমূলক বাক্যে) সম্মান করা বা দেখানো। **do sb the ~** কাউকে সম্মানিত করা। **have the ~ of/to** সম্মানিত হওয়া/বোধ করা: May I have the ~ of your company ? (আনুষ্ঠানিক রীতি) I have the ~ to state that ... ৪ **Your/ His H~** কোনো কোনো বিচারকের আখ্যা; মাননীয়। ৫ **an ~** সুখ্যাতি বয়ে আনে এমন বস্তু বা ব্যক্তি; গৌরব: He is an ~ to his university. ৬ *(pl)* সম্মান, বিশিষ্টতা প্রভৃতির নিদর্শন; খেতাব; উপাধি; সৌজন্য; শিষ্টতা। **birthday ~s** (ব্রিটেনে) রাজা বা রানীর জন্মদিন উপলক্ষে প্রদত্ত খেতাব বা উপাধির তালিকা; জন্মদিনের খেতাবতালিকা। **New year H~s** ১লা জানুয়ারিতে ঘোষিত অনুরূপ তালিকা; নববর্ষের খেতাব তালিকা। **full military ~s** কোনো সৈন্যের অন্ত্যেষ্টিক্রিয়ায় কিংবা বিশিষ্ট অতিথির (যেমন রাষ্ট্রপ্রধানদের) উদ্দেশে সৈন্যদল কর্তৃক আয়োজিত সৎকার কিংবা সম্মানপ্রদর্শন; পূর্ণ সামরিক মর্যাদা। **do the H ~s** (কথ্য) (খাবার টেবিল, গৃহ ইত্যাদিতে) আমন্ত্রয়িতা বা আমন্ত্রয়িত্রীর দায়িত্ব পালন করা; শিষ্টাচারমূলক ছোটখাটো অনুষ্ঠান সম্পন্ন করা, যেমন পূর্ণ পানপাত্র হাতে স্বাস্থ্য, সাফল্য বা শুভকামনা করা; সৎকারের দায়িত্বসম্পন্ন করা। ৭ *(pl)* (বিশ্ববিদ্যালয়ে) স্নাতক পরীক্ষায় নম্বরের সর্বোচ্চ বিভাগ; সম্মান শ্রেণী; (অতিরিক্ত ব্যুৎপত্তির জন্য বিশেষ) সম্মান। **~s degree** (বিশেষ ব্যুৎপত্তিসূচক) স্নাতক সম্মান। দ্র. general, pass[1] (১). ৮ (ব্রিজ, হুইস্ট প্রভৃতি তাসের খেলায়) ১০ থেকে টেক্কা পর্যন্ত উচ্চমানের তাস।

hon·our[2] (US = *honor)* [ˈঅনা(র্)] *vt* ১ সম্মান/শ্রদ্ধা করা/ দেখানো; সম্মানিত বোধ করা: He felt ~ed as the speakers praised his courageous stand. ২ (বাণিজ্য) দেয় হলে তা স্বীকার ও পরিশোধ করা: ~ a bill/cheque/draft, etc, হুন্ডি/ চেক/ বরাতি চিঠি ইত্যাদি গ্রহণ ও পরিশোধ করা। **~ one's signature**

হুন্ডি, চেক ইত্যাদি স্বাক্ষরিত বলে স্বীকার করে অর্থ পরিশোধ করা; স্বাক্ষর অঙ্গীকার করা।

hon·our·able (US = **hon·or-**) [ˈঅনারাব্‌ল্] *adj* ১ সম্মান্য; মান্য; মানী; শ্রদ্ধার্হ; মর্যাদাবান; মর্যাদান্বিত; মহনীয়; সম্মানাস্পদ; সম্মানজনক; মর্যাদাকর: ~ conduct; conclude an ~ peace; ~ burial, সসম্মান/ মর্যাদপূর্ণ শেষকৃত্য। ২ **H~** (সংক্ষেপ **Hon**) বিচারক; মার্ক্যুইস অপেক্ষা নিম্নতর খেতাবধারী ব্যক্তিদের পুত্রকন্যা; (বিতর্কের সময়) লোকসভার সদস্য প্রভৃতির আখ্যা; সম্মান্য; যশস্বী: the H~ member for Chester. **Right H~** (সং **Rt Hon**) মন্ত্রীসভার সদস্য; প্রিভি কাউন্সিলর; মার্ক্যুইস অপেক্ষা নিম্নতর খেতাবধারী ব্যক্তি প্রভৃতির আখ্যা; মাননীয়; সম্মানাস্পদ। **hon·our·ably** [-নারাব্‌লি] *adv* সসম্মানে; সসম্ভ্রমে।

hood[1] [হুড্] *n* ১ মাথা ও ঘাড়ের থলে সদৃশ আবরণবিশেষ, যা অনেক সময় দীর্ঘ গাত্রাবরণের সঙ্গে যুক্ত থাকে; শিরোবস্ত্র; বোরখা; (বিশ্ববিদ্যালয়ে) গাউনের সঙ্গে পরিহিত বস্ত্রপুটবিশেষ, যার রং দেখে বোঝা যায় পরিধানকারী কী উপাধি লাভ করেছেন এবং কোন বিশ্ববিদ্যালয় তা প্রদান করেছে; শিরোবেষ্টন; শিরস্ক। ২ আকৃতি বা ব্যবহারে শিরোবস্ত্রতুল্য যে কোনো বস্তু; (রোদবৃষ্টি থেকে বাঁচার জন্য) ঘোড়ার গাড়ি বা মোটরগাড়ির উপর গোটানো আচ্ছাদন; ঢাকনা; (US) মোটরগাড়ির ইনজিনের উপর কব্জাযুক্ত আচ্ছাদন (GB = bonnet), শিরোবস্ত্র দ্বারা আবৃত করা: a ~ed falcon, শিরস্কমুক্ত শ্যেন ঝুঁটিওয়ালা বাজপাখি।

hood[2] [হুড্] *n* (US অপ.) hoodlum-এর সং।

hood·lum [ˈহূড্‌লাম্] *n* (অ.) গুণ্ডা; দুর্বৃত্ত; বদমাস।

hoo·doo [ˈহূডূ] *n* (প্রধানত US) দুর্ভাগ্য; অকল্যাণ; বদনসিব; অপয়া (ব্যক্তি বা বস্তু)। □*vt* অমঙ্গল ডেকে আনা; দুর্ভাগ্যগ্রস্ত করা।

hood·wink [ˈহুড্‌উয়িঙ্ক্] *vt* **~ sb (into)** প্রতারিত করা; ধাপ্পা/ধোঁকা দেওয়া; বিভ্রান্ত করা; (কারো সঙ্গে) ফেরেববাজি করা।

hoof [হূফ্] *n* (*pl* *-s* কিংবা hooves [হূভ্‌জ্]) খুর: buy cattle on the ~, গবাদি পশু জ্যান্ত কেনা।

hoo·ha [ˈহূহা:] *n* [U] (কথ্য) হৈ চৈ।

hook[1] [হুক্] *n* ১ ঝোলানো বা ধরে রাখার জন্য ধাতু বা অন্য কোনো পদার্থের বাঁকানো খণ্ড; গ্রহণী; আকর্ষী; আকশি: a ˈfish-~, বড়শি; a ˈcrocket ~, ক্রুশিকাঠি; a ˈclothes ~, আঁকড়া; আঁকড়ি; ~s and eyes, (পোশাক আটকানোর) আঁকড়া ও পুঁটে ঘরা। **~, line and sinker** (মাছ ধরা থেকে) সম্পূর্ণভাবে; আমূল; খোল নৈচেশুদ্ধ। **be/get off the ~** বড়শিমুক্ত হওয়া। **sling one's ~**, দ্র. sling[1]. ˈ**~-nosed** *adj* বক্রনাসিক। ˈ**~·worm** *n* বক্রকীট। ২ ছেদকাস্ত্রবিশেষ; কর্তরী; কাটারি: a ˈreaping-~ কাস্তে; a ˈbill-~ দা। **by ~ or by crook** যেমন করে হোক; ছলেবলে–কলেকৌশলে। (ক্রিকেট, গল্‌ফ) আঘাতের ধরনবিশেষ; (মুষ্টিযুদ্ধ) কনুইয়ের গুঁতা: a left ~.

hook[2] [হুক্] *vt,vi* ১ আঁকড়ি দিয়ে ধরা/ বাঁধা/ আটকানো: a dress that ~s/is ~ed at the back, পেছনে আঁকড়ি আঁটা পোশাক; ~ sth on/up কোনো কিছু আঁকড়িবদ্ধ করা; ~ a fish, মাছ বড়শিবিদ্ধ করা; ~ a husband, (লাক্ষ.) স্বামী ধরা/বড়শিতে তোলা! ২ বড়শি বা আঁকশির মতো বাঁকানো: ~ one's finger. ৩ **~ it** (অপ.) পালানো; সটকে পড়া। ৪ ˈ**~-up** *n* একই অনুষ্ঠান প্রচারের জন্য পরস্পরসংযুক্ত সম্প্রচারকেন্দ্র–সমূহের সমষ্টি; সম্প্রচারসংস্থান: speak over an international ~-up. **~ed** *adj* ১ বাঁকা; বক্র: a ~ed nose; আঁকড়াযুক্ত। ২ **~ed (on)** (অপ.) নেশাগ্রস্ত; আসক্ত; অনুরক্ত: be/get ~ed on hashish. He is ~ed on pornographic films.

hookah [হুক া] *n* হুঁকা; গড়গড়া।

hoo·li·gan [ˈহূলিগান্] *n* গুণ্ডা; মাস্তান। **~·ism** [-নিজ়াম্] *n* গুণ্ডামি; মাস্তানি।

hoop[1] [হূপ্] *n* ১ কাঠ, ধাতু ইত্যাদির চক্রাকার বলয়; চক্রবলয়। ২ (ক্রোকে খেলায়) মাটিতে পোঁতা লোহার ছোট অর্ধবৃত্তাকার বলয়বিশেষ, যার ভিতর দিয়ে বল মারতে হয়; আংটা। (সার্কাসে) বড়ো মাপের আংটাবিশেষ, যার ভিতর দিয়ে অশ্বারোহী বা জন্তুজানোয়ার লাফিয়ে চলে যায়; আংটা। **put sb/go through the ~(s)** (লাক্ষ.) অগ্নিপরীক্ষায় ফেলা; অগ্নিপরীক্ষার মধ্য দিয়ে যাওয়া। □*vt* (পিপা ইত্যাদি) ধাতব পাত দিয়ে বাঁধা।

hoop[2] [হূপ্] *vt* = whoop.

hoop-la [ˈহূপ লা:] *n* [U] একপ্রকার খেলা; এতে ছোট ছোট বস্তুর উপর আংটা ছুঁড়ে বস্তুটি আংটার দ্বারা বেষ্টিত করতে পারলে খেলোয়াড় সেটি জিতে নেয়; আংটামারি।

hoo·ray [হু ˈরেই] *int* = hurrah.

hoot [হূট্] *n* ১ পেঁচার ডাক; ঘুৎকার। ২ মোটরগাড়ির হর্ন, বাষ্পচালিত বংশী ইত্যাদির ধ্বনি; সিটি; ঘুৎকার; ভোঁ। ৩ অবজ্ঞা বা বিরাগসূচক ধ্বনি; শিস; ঘুৎকার। **not care a ~/ two ~s** (অপ.) একেবারেই/ লেশমাত্র গ্রাহ্য/ তোয়াক্কা না করা। □*vt vi* ১ শিস দেওয়া; ঘুৎকার/ হুটহুট করা: an owl ~ing in the graveyard. The audience ~ed and jeered at the actor. ২ শিস দিয়ে/হুট হুট করে বিতাড়িত করা: ~ a speaker; ~ an actor down/off/away. **~er** *n* বিশেষত কারখানায় কাজের শুরু বা সমাপ্তি ঘোষণার জন্য সাইরেন বা বাঁশি; পথচারী, অন্য চালক প্রভৃতিকে সতর্ক করার জন্য মোটগাড়িতে ব্যবহৃত অনুরূপ কৌশল; ভোঁ।

Hoov·er [ˈহূভা(র্)] *n* (P) গালিচা ইত্যাদির ধুলাবালি চুষে পরিষ্কার করার যন্ত্রবিশেষ; হুভার। □*vt* (গালিচা ইত্যাদি হুভার দিয়ে নীরজ/ পরিষ্কার করা।

hooves [হূভ্‌জ্] দ্র. hoof.

hop[1] [হপ্] *n* [C] থোকা থোকা ফুলবিশিষ্ট, দীর্ঘ লতানো উদ্ভিদবিশেষ; (*pl*) উক্ত উদ্ভিদের মোচাকার ফল (বীজাধার) যা শুকিয়ে বিয়ার ইত্যাদির সঙ্গে মিশিয়ে তিক্ত স্বাদযুক্ত করা হয়; আজিঘ। **hop-garden/-field** *nn* আজিঘবাগান। ˈ**hop·pole** *n* আজিঘের লতাটানা তারের উপর এলিয়ে দেবার জন্য ঐ তারের আলম্ব হিসাবে ব্যবহৃত দীর্ঘ খুঁটি। ˈ**hop-picker, hop·per** *nn* আজিঘ চয়নের জন্য নিযুক্ত শ্রমিক ও যন্ত্র।

hop[2] [হপ্] *vi,vt* (*-pp*) ১ (ব্যক্তি সম্বন্ধে) এক পায়ে লাফানো; (পাখি, ব্যাং, ফড়িং ইত্যাদি প্রাণী সম্বন্ধে) উভয় বা সব পা একত্র করে লাফানো; তড়কানো। **hop off; hop it** (অপ.) ভাগা; দূর হওয়া; সটকে পড়া। **hopping mad** (কথ্য) অতিক্রুদ্ধ; রেগে টগবগ। ২ (পরিখা ইত্যাদি) লাফিয়ে পার হওয়া। □*n* ১ (এক পায়ে) লাফ; তড়কা। **on the hop** কর্মঠ; ছটফটে; চঞ্চল;

অস্থির। **catch sb on the hop** আচমকা/ অতর্কিতে ধরে ফেলা। **Keep sb on the hop** তরতাজা/ কর্মঠ রাখা। ২ ছোটো লাফ। **hop, skip/ step and jump** (ক্রীড়া-প্রতিযোগিতায়) লাফ; ডিঙ্গন ও ঝাঁপ। ৩ (কথ্য) লোকপ্রিয় সঙ্গীতসহ ঘরোয়া মজলিশ ও নাচ; ঘরোয়া জলসা। ৪ (বিমানভ্রমণে) দূর পাল্লার উড়ালে একটি পর্যায়; লাফ: from London to Bangkok in three hops.

hop·scotch [ˈহপ্‌স্‌কচ্] *n* [U] এক্কাদোক্কা খেলা।

hope[1] [হৌপ্] *n* [C,U] ১ আশা; আশংসা; ভরসা; প্রত্যাশা। **hold out some/ no/ little/ not much ~ (of sth)** কোনো কিছুর সামান্যই ... আশা/ ভরসা দিতে (না) পারা: The doctor held out little ~ of an early recovery, **be past/ beyond ~; not have a ~** কোনো আশা না থাকা। **in the ~ of doing sth** কিছু করার আশায়/ আশা করে: He went to the town in the ~ of finding a job. **live in ~(s) (of sth)** আশায়/ অপেক্ষায় বুক বাঁধা: The family lived in the ~s of happier days. **raise sb's ~s** কারো (ধনসম্পদ ইত্যাদি লাভের) প্রত্যাশাকে উৎসাহিত করা: Perhaps I raised his ~s too much. ২ [C] আশা; ভরসা; আশাভরসা; ভরসাস্থল: The young lad is the only ~ of his parents. ˈ**~ chest** *n* (US) যে আলমারি বা তোরঙ্গে বিবাহেচ্ছু তরুণীরা পোশাকপরিচ্ছদ, ঘরকন্নার টুকিটাকি ইত্যাদি জমিয়ে রাখে (GB = bottom drawer); আশার পেটিকা।

hope[2] [হৌপ্] *vt,vi* আশা/ ভরসা/ প্রত্যাশা করা। **~ against ~** সম্ভাবনা অতি ক্ষীণ হওয়া সত্ত্বেও আশা করা।

hope·ful [ˈহৌপ্‌ফ্‌ল্] *adj* ১ আশান্বিত; আশাবাদী: be/feel ~ about the future; feel ~ of success. ২ আশাব্যঞ্জক; আশাপ্রদ; আশাজনক; প্রতিশ্রুতিময়: He is a ~ candidate. ৩ (*n* হিসাবে) **(young) ~** সাফল্যের সম্ভাবনাময় বালক বা বালিকা; আশাস্পদ। **~·ly** [-ফ়লি] *adv* ১ আশাপ্রদরূপে। ২ = আমি আশা করছি; আশা করা যায়। **~·ness** *n* আশাবাদ; আশাব্যঞ্জকতা; প্রতিশ্রুতিময়তা।

hope·less [ˈহৌপ্‌লিস্] *adj* ১ আশাবিহীন; নিরাশ; নিরাশ্বাস; নৈরাশ্যজনক: give way to ~ grief; a ~ case; a ~ illness. ২ অচিকিৎস্য; অপ্রতিকার্য: a ~ idiot. **~·ly** *adv* নৈরাশ্যজনকভাবে; অপ্রতিকার্যরূপে। **~·ness** *n* নৈরাশ্য; আশাহীনতা; অপ্রতিকার্যতা।

hopped-up [হপ্‌ট্ ˈআপ্] *adj* (US অপ.) supercharged; অন্তর্দাহ ইনজিনের সিলিন্ডারে অতিরিক্ত অক্সিজেন সরবরাহ করে ইনজিনের উৎপাদন বৃদ্ধির জন্য অত্যাধানযন্ত্র (supercharger)-যুক্ত; অত্যাহিত: a ~ engine.

hop·per[1] [ˈহপা(র্)] *n* = hop-picker. দ্র. hop[1].

hop·per[2] [ˈহপা(র্)] *n* ১ উল্টানো পানের খিলি বা দ্রোণীর আকারবিশিষ্ট নির্মিতিবিশেষ, যার ভিতর দিয়ে চূর্ণনযন্ত্রে শস্যাদি, চুল্লিতে কয়লা ইত্যাদি নীত হয়; যন্ত্রাদিতে কাঁচামাল সরবরাহ করার জন্য অনুরূপ যে কোনো কৌশল; ঠোলা; চোঙ্গা। ২ যে কোনো লাফানো কীট, যেমন মাছি, ফড়িং, পঙ্গ ইত্যাদি; (অস্ট্রেলিয়ায়) ক্যাঙ্গারু।

horde [হো°ড্] *n* ১ যাযাবর উপজাতি: a gipsy ~; ~s of Tartars. ২ (সাধা. অবজ্ঞাসূচক) দল; পাল; দঙ্গল: ~s of people. ৩ সমুচ্চয়; পাল: a ~ of locusts, পঙ্গপাল।

hor·izon [ˈহরাইজ্‌ন্] *n* ১ দিগ্‌বলয়; দিকচক্র; চক্রবাল; দিগন্তবৃত্ত। ২ (লাক্ষ.) কারো জ্ঞান, চিন্তা, অভিজ্ঞতা ইত্যাদির সীমা; দিগন্ত। **hori·zon·tal** [ˌহরিˈজন্‌ট্‌ল্ US ˌহো°রি–] *adj* অনুভূমিক; সমস্থ: a ~tal line. দ্র. vertical. □*n* অনুভূমিক রেখা ইত্যাদি। **~·tally** [-টালি] *adv* অনুভূমিকভাবে।

hor·mone [ˈহো°মৌন্] *n* অন্তঃস্রাবী গ্রন্থি থেকে নিঃসৃত (বিভিন্ন ধরনের) রস, যা রক্তের সঙ্গে মিশে প্রাণীদেহের অঙ্গপ্রত্যঙ্গসমূহকে উদ্দীপিত করে; এই ধরনের নিঃস্রাব থেকে প্রস্তুত ভেষজসামগ্রী; হর্মোন।

horn [হো°ন্] *n* ১ শিং; শৃঙ্গ; বিষাণ। ২ [U] যে পদার্থে শিং গঠিত হয়; শিং: a knife with a handle of ~/a ~ handle. ˈ**~-rimmed** *adj* (চশমা সম্বন্ধে) শিংসদৃশ উপাদানে তৈরি কাঠামযুক্ত; শিঙের কিনারযুক্ত। ৩ উক্ত উপাদান (কিংবা এর আধুনিক বিকল্প) থেকে প্রস্তুত সামগ্রী: a ˈshoe ~. **a ~ of plenty** (= cornucopia) চিত্রকলায় ফলফুল ও শস্যে পরিপূর্ণ অলঙ্করণমূলক শৃঙ্গ; (পুরাণ) লক্ষ্মীর ভাণ্ডার; অন্নপূর্ণার ঝাঁপি; (লাক্ষ.) অঢেল প্রাচুর্য। ৪ (সঙ্গীত) শিঙা; বিষাণ: a hunting ~. (French) ~ পিতলের তৈরি শুষিরযন্ত্রবিশেষ; ফরাসি শিঙা। **English ~** (অপিচ, বিশেষত GB **cor anglais** [ˌকো°র্ ˈঅঙগ্‌লেই US অঙগ্‌ˈলেই]) ন্যূনতর তিগ্নতাবিশিষ্ট বৃহৎ বাঁশিবিশেষ; ইংল্যান্ডীয় শানাই। ৫ সতর্কতামূলক ধ্বনি উৎপাদনের যন্ত্রবিশেষ; ভেঁপু; শিঙা: a ˈfog-~; a ˈmotor-~. ৬ শিংসদৃশ অংশ, যেমন গেঁড়ি শামুকের মাথার শিং। ˈ**~·bill** *n* ধনেশ (পাখি)। **draw in one's ~s** পিছিয়ে যাওয়া; শিং গুটানো। ৭ ক্ষীণচন্দ্রের যে কোনো প্রান্ত; চন্দ্রশিখা। **on the ~s of a dilemma** উভয়সঙ্কটে। □*vi* (অপ.) **~ in (on)** অনাহূত প্রবেশ করা; নাক গলানো। **~ed** *adj* শিংওয়ালা; শৃঙ্গী: ~ed cattle; the ~ed owl, ঝুঁটিওয়ালা পেঁচা। **~·less** *adj* শৃঙ্গহীন; নিঃশৃঙ্গ: ~less cattle. **~·like** *adj* শৃঙ্গসদৃশ। **~y** *adj* (-ier, iest) শিঙের তৈরি; শিঙের মতো কঠিন; শার্ঙ্গ; শৃঙ্গময়: hands ~y from hard work, শ্রমকিণাঙ্কিত করতল।

horn·beam [ˈহো°ন্‌বীম্] *n* একপ্রকার ক্ষুদ্র বৃক্ষ যা থেকে শক্ত কাঠ পাওয়া যায়।

hor·net [ˈহো°নিট্] *n* ভীমরুল। **stir up a ˈ~'s nest; bring a ˈ~'s nest about one's ears** শত্রুদের খেপানো; ভীমরুলের চাকে খোঁচা দেওয়া।

horn·pipe [হো°ন্‌পাইপ্] *n* [C] (বিশেষত নাবিকদের জন্য) দ্রুত লয়ের একক নৃত্য এবং আনুষঙ্গিক সঙ্গীত; নাবিকনৃত্য।

hor·ol·ogy [ˈহরলাজি] *n* [U] ঘড়ির নকশা ও নির্মাণবিষয়ক বিদ্যা; ঘড়িনির্মাণবিদ্যা।

horo·scope [ˈহরাস্কৌপ্ US ˈহো°রা –] *n* রাশিচক্র; জন্মপত্রিকা; কোষ্ঠী; কোষ্ঠিকা।

hor·ren·dous [ˌহˈরেন্ডাস্] *adj* (কথ্য) পৈশাচিক; ভয়াবহ; বীভৎস; ভয়ঙ্কর; নিদারুণ; ভীষণ: It's a ~ tale. **~·ly** *adv* দারুণ; ভীষণভাবে; ভয়ঙ্কর রকম: ~ly expensive.

hor·rible [ˈহরাব্‌ল্ US ˈহো°রা–] *adj* ১ বীভৎস; ভয়ানক; ভয়াবহ; ভয়াল: ~ cruelty/crimes. ২ (কথ্য) অপ্রীতিকর; দারুণ; ভয়াবহ: ~ weather. **hor·ribly** [-রাব্‌লি] *adv* দারুণভাবে; বীভৎসভাবে; ভয়ানকভাবে।

hor·rid [ˈহরিড্ US ˈহো°রিড্] *adj* ১ ভীষণ; ভয়ানক; বিকট; ভয়ঙ্কর। ২ (কথ্য) অপ্রীতিকর; ভয়ঙ্কর; ভয়াবহ; কুৎসিত: ~ weather. **~·ly** *adv* ভয়ানকভাবে; ভয়ঙ্করভাবে; ভীষণভাবে। **~·ness** *n* ভয়াবহতা; ভয়ঙ্করতা; বিকটত্ব।

hor·rific [হ্ˈরিফিক্] *adj* (কথ্য) ভয়ঙ্কর; লোমহর্ষক।

hor·rify [ˈহরিফাই US ˈহো°রি-] *vt (pt,pp* -fied) আতঙ্কিত/ আতঙ্কগ্রস্ত/ ভীতিবিহ্বল করা।

hor·ror [ˈহরা(র্) US ˈহো°রা(র্)] *n* [C,U] বিভীষিকা; আতঙ্ক; আতঙ্কবোধ: ~s of modern warfare. He turned away in ~ as the aeroplanes collided in the air. **ˌchamber of ˈ~s** অপরাধ; নিষ্ঠুরতা ইত্যাদির সঙ্গে সম্পর্কিত বস্তু, নিদর্শন প্রভৃতির সংগ্রহ; বিভীষিকাশালা। **ˈ~ fiction/ comics/ films** যেসব গল্প-উপন্যাস, কমিক ও চলচ্চিত্রের বিষয়বস্তু ও পরিচর্যার লক্ষ্য আতঙ্কবোধের উদ্দীপন; লোমহর্ষক গল্প-উপন্যাস/ কমিক/ চলচ্চিত্র। **ˈ~-struck/-stricken** *adj* আতঙ্কগ্রস্ত; আতঙ্কবিহ্বল; ভীতি-বিহ্বল; বিভীষিকাবিমূঢ়।

hors de com·bat [ˌও°ডাˈকম্বা:] *pred adj* (ফ.) আহত বা পঙ্গু হওয়ার দরুণ যুদ্ধে আর অংশগ্রহণ করতে অক্ষম; যুদ্ধাক্ষম; রণরঙ্ক।

hors d'oeuvres [ˌও°ˈদো°ভ্রা US ˈদো°ভ্] *n pl* রসনাতৃপ্তির জন্য আহারের শুরুতে পরিবেশিত ভোজ্য; প্রাবেশিক।

horse [হো°স্] *n* ১ ঘোড়া; অশ্ব; ঘোটক; তুরঙ্গ; তুরঙ্গম। দ্র. colt[1], filly, foal, mare, stallion. **a drak ~** যে ব্যক্তির সাফল্যের সম্ভাবনা এখনো অজ্ঞাত বা উপেক্ষিত; কালো ঘোড়া। **a ~ of another colour** সম্পূর্ণ ভিন্ন প্রসঙ্গ। **back the wrong ~** প্রতিদ্বন্দ্বিতায় পরাজিত পক্ষকে সমর্থন করা; হারা ঘোড়ার পক্ষ নেওয়া। **be/get on one's high ~** যোগ্য/উপযুক্ত সম্মান দাবি করা। **eat like a ~** প্রচুর/ঘোড়ার মতো গেলা। **work like a ~** কঠোর পরিশ্রম করা; গাধার মতো খাটা। **flog a dead ~,** flog দ্র.। **hold one's ~s** ইতস্তত করা; সংযম দেখানো; লাগাম টানা। **look a gift ~ in the mouth** কোনো কিছু অকৃতজ্ঞতার সঙ্গে গ্রহণ করা, বিশেষত প্রাপ্ত বস্তুর দোষত্রুটি বার করার জন্য খুঁটিয়ে পরীক্ষা করা (ঘোড়ার দাঁত দেখে বয়স বোঝা যায় বলে); তুল. ভিক্ষার চাল কাঁড়া আর আঁকাড়া। **put the cart before the ~,** দ্র. cart. **(straight) from the ~'s mouth** (উপদেশ, উদ্দেশ, বিশেষত ঘোড়দৌড়ে কোনো ঘোড়ার জেতার সম্ভাবনা বেশি এতদ্বিষয়ক গোপন সন্দেশ সম্বন্ধে) প্রত্যক্ষ সূত্র থেকে; টাটকা; (একেবারে) ঘোড়ার মুখ থেকে। ২ (সমষ্টিগত *sing)* অশ্বারোহী বাহিনী; আশ্বিক: ~ and foot, আশ্বিক ও পদাতিক বাহিনী; light ~, হালকা অস্ত্রসজ্জিত অশ্বারোহী সেনাদল, লঘু আশ্বিক; ~ artillery, অশ্বারূঢ় গোলন্দাজ বাহিনী; the ˈH ~ Guards, দ্র. guard[1](৬). ৩ কোনো কিছুর অবলম্বনস্বরূপ—অনেক সময় পায়াযুক্ত কাঠামো: a ˈclothes-~, কাপড় শুকোবার চৌপায়া; a ˈvaulting-~, লাফিয়ে পার হওয়ার জন্য ব্যায়ামশালায় রক্ষিত স্থূল কাষ্ঠ খণ্ডবিশেষ; উল্লম্ফন-কুঁদো। ৪ (যৌগশব্দ) **ˈ~-back** *n* অশ্বপৃষ্ঠ (কেবল) **on ~ back** অশ্বপৃষ্ঠে; অশ্বারোহণে। **ˈ~·box** রেলপথে কিংবা মোটরগাড়ির পিছনে জুড়ে অশ্বপরিবহনের জন্য বদ্ধ বাহনবিশেষ; অশ্ববাহ। **ˌ~-ˈchestnut** *n* স্তবকিত সাদা বা গোলাপি পুষ্পবিশিষ্ট; বিস্তীর্ণশাখ বৃহৎ বৃক্ষবিশেষ; ঐ বৃক্ষের উজ্জ্বল লালচে-তামাটে বাদাম; শাহ বালুত। **ˈ~-flesh** *n* [U] (ক) (খাদ্যরূপে) ঘোড়ার মাংস। (খ) (সমষ্টিগতভাবে) অশ্ব বা অশ্বজাতি: He is no judge of ~ flesh. **ˈ~-fly** *n (pl* - flies) ডাঁশ (মশা); ঘোড়া-মাছি। **ˈ~·hair** *n* [U] ঘোড়ার কেশর বা লেজের লোম; অশ্বলোম। **ˈ~-laugh** *n* কর্কশ অট্টহাসি; অশ্বহাস। **ˈ~·man** [-মান্] *n* (*pl*-men) অশ্বারোহী; ঘোড়সওয়ার; অশ্বকোবিদ। **ˈ~·manship** [- শিপ্] *n* [U] অশ্বচালনানৈপুণ্য। **ˈ~·meat** = ~ flesh. **ˈ~-play** *n* [U] স্থূল, হৈচৈপূর্ণ কৌতুক বা খেলা; অশ্বক্রীড়া। **ˈ~-pond** *n* ঘোড়ার জলপান ও স্নানের জন্য পুকুর; অশ্বতড়াগ। **ˈ~·power** *n* [U] অশ্বশক্তি (এক অশ্বশক্তি = প্রতি সেকেন্ডে ৫৫০ ফুট পাউন্ড)। **ˈ~-race** *n* ঘোড়দৌড়; অশ্বধাবন। **ˈ~-radish** [U] মূলাজাতীয় এক ধরনের ঝাঁঝালো স্বাদের কন্দ; কুরুকন্দক; সজিনা। **ˈ~-sense** *n* কাণ্ডজ্ঞান; হ্রস্বদীর্ঘজ্ঞান। **ˈ~·shoe** [ˈহো°স্শু] *n* (ঘোড়ার পায়ের) নাল; অশ্বখুরত্র; উক্ত নালের আকৃতিবিশিষ্ট কোনো কিছু: a ~shoe table. অশ্বখুরাকৃতি টেবিল। **ˈ~·whip** *n vt (-pp)* ঘোড়ার চাবুক; কশা; কশাঘাত করা। **ˈ~·woman** *n* অশ্বারোহিণী।

horsy [ˈহো°সি] *adj* ঘোড়াসম্পর্কিত; অশ্বীয়; আশ্ব; অশ্বপ্রিয়; অশ্বপ্রেমী; আশ্বিক; ঘোড়দৌড়প্রিয়।

hor·ta·tive [ˈহো°ট ˈটিভ্] *adj* (আনুষ্ঠা.) উপদেশক; প্রবোধক।

hor·ti·cul·ture [ˈহো°টিকাল্চা(র্)] *n* [U] উদ্যানকর্ষণ; উদ্যানবিদ্যা। **hor·ti·cul·tural** [ˌহো°টিˈকাল্চারাল্] *adj* উদ্যানবিষয়ক; উদ্যানবিদ্যাঘটিত: a horticultural society, উদ্যানবিদ্যা সমিতি। **hor·ti·cul·tur·ist** [ˌহো°টিˈকাল্চারিস্ট্] *n* উদ্যানবিদ্যাজ্ঞ; উদ্যানকোবিদ।

ho·sanna [হৌ ˈজ্যানা] *n,int* (ঈশ্বরের) প্রশংসসূচক ও বন্দনামূলক ধ্বনি; 'পরিত্রাহি'! (এই ধ্বনি)।

hose[1] [হৌজ্] *n* [C,U] (রাবার, ক্যানভাস কিংবা প্লাস্টিকের তৈরি জলবাহী) নমনীয় নল। **ˈ~-pipe** *n* জলনালী। □*vt* ~ **(down)** (বাগানে) নল দিয়ে জল সেচন করা; (মোটরগাড়ি ইত্যাদি) নল দিয়ে ধোয়া: ~ (down) the car.

hose[2] [হৌজ্] *n* ১ (সমষ্টিগত *pl*) মোজা (-র বাণিজ্যিক নাম)। ২ (ইতি.) কোমর থেকে হাঁটু বা পা পর্যন্ত সেকালের পুরুষের পরিধেয়বিশেষ; ইজের: dressed in doublet and ~.

ho·sier [ˈহৌজিআ(র্) US -জা(র্)] *n* মোজা এবং বোনা অন্তর্বাসের কারবারি; অন্তর্বাসিক। **ho·siery** [ˈহৌজিআরি US ˈহৌজারি] *n* [U] অন্তর্বাসিক কর্তৃক বিক্রীত পণ্যসামগ্রী; হোসিয়ারি।

hos·pice [ˈহস্পিস্] *n* ১ সরাই; পান্থনিবাস। ২ মুমূর্ষু ব্যক্তিদের হাসপাতাল; সেবাসদন।

hos·pi·tal [ˈহস্পিটল্] আরোগ্যশালা; আরোগ্যনিকেতন; হাসপাতাল। **go to ~** (চিকিৎসার জন্য) হাসপাতালে যাওয়া। **~·ize** *vt* হাসপাতালে পাঠানো/ভর্তি করা। **~·iz·ation** [ˌহস্পিটলাইˈজেইশ্‌ন্ US -লিˈজেই-] হাসপাতালে অবস্থান; হাসপাতালবাস।

hos·pit·able [হˈস্পিটব্‌ল্] *adj* অতিথিপরায়ণ; অতিথিবৎসল; অতিথিপ্রিয়। **hos·pit·ably** [-টব্‌লি] *adv* অতিথিপরায়ণতার সঙ্গে; সাতিথ্য।

hos·pi·tal·ity [ˌহস্পিˈট্যালাটি] *n* [U] আতিথেয়তা; অতিথিসেবা; আতিথ্য; অতিথিসৎকার; মেহমানদারি।

host[1] [হৌস্ট্] *n* ১ বিপুল/ অগণিত সংখ্যা; রাশি রাশি: The measure is likely to create ~s of enemies,

অসংখ্য শত্রু। ২ (পুরা.) সেনাদল; অনীকিনী: Lord of H~s, হিব্রুদের ঈশ্বর; অনীকেশ্বর; জেহোভা।

host[2] [হৌস্‌ট্] *n* ১ নিমন্ত্রাতা; আমন্ত্রয়িতা; আতিথ্যকর্তা; গৃহকর্তা। (বহুবচনে শব্দটি উভলিঙ্গ হিসাবে ব্যবহৃত হতে পারে): The Whiteheads are excellent ~s. ২ সরাইওয়ালা; হোটেলওয়ালা। ৩ (জীব.) যে জীব পরজীবীকে আশ্রয় দেয়; পরাশ্রয়। □*vt* (US কথ্য) নিমন্ত্রাতারূপে কাজ করা।

Host [হৌস্‌ট্] *n* **the ~** খ্রিস্টের মৃত্যুর স্মারণিক ভোজনে যে রুটি খাওয়া হয়; খ্রিস্টান্ন।

hos·tage [ˈহস্‌টিজ্] *n* দাবি মেটানোর প্রতিশ্রুতিস্বরূপ প্রদত্ত বা রক্ষিত ব্যক্তি (কদাচিৎ বস্তু); শরীরবন্ধক; জিম্মি: take sb ~. **give ~s to fortune** অসতর্ক পদক্ষেপের দ্বারা ভবিষ্যৎ বিপদের ঝুঁকি নেওয়া; দৈবের হাতে জিম্মি হওয়া।

hos·tel [ˈহস্‌টল্] *n* যে ভবনে (কর্তৃপক্ষের আনুকূল্যে) ছাত্রছাত্রী, প্রশিক্ষার্থী প্রভৃতির জন্য আহার ও বাসস্থানের ব্যবস্থা করা হয়; ছাত্রাবাস। ˈ**youth ~** অবকাশযাপনকালে তরুণদের ব্যবহারের জন্য অতিথিশালাবিশেষ; যুবনিবাস। **~·ler** [ˈহস্‌টলা(র্)] *n* ছাত্রাবাস থেকে ছাত্রাবাসে, বিশেষত যুবনিবাস থেকে যুবনিবাসে পর্যটনরত ব্যক্তি; যুবনিবাসবিহারী।

host·ess [ˈহৌসটিস্] *n* ১ আমন্ত্রয়িত্রী; আতিথ্যকর্ত্রী; গৃহকর্ত্রী। ২ সরাইওয়ালি; হোটেলওয়ালি।

hos·tile [ˈহস্‌টাইল্ US -টল্] *adj* ১ শত্রুপক্ষীয়; বৈরী: a ~ army, শত্রুবাহিনী। ২ প্রতিকূল; বৈরী; বিদ্বেষী; শত্রুভাবাপন্ন: a ~ crowd; ~ looks; ~ to reform. **~·ly** *adv* বৈরীভাবে।

hos·til·ity [হস্‌টিল টি] *n* [U] বৈর; বৈরিতা; বৈরভাব; শত্রুতা; বিপক্ষতা: feelings of ~; show ~ to sb. (*pl* -ties) যুদ্ধবিগ্রহ; যুদ্ধাবস্থা; বৈরিতা: open/suspend hostilities.

hot [হট্] *adj* (-ter, -test) ১ গরম; তপ্ত; উত্তপ্ত; প্রতপ্ত; উষ্ণ। **be in/get into hot water** (বোকামির দরুন) মুশকিলে পড়া; হতশ্রদ্ধ/ অশ্রদ্ধেয় হওয়া। **be/get hot under the collar** ক্ষুব্ধ/ রুষ্ট/ উত্তেজিত হওয়া; মেজাজ খারাপ হওয়া। **make a place/ make it too hot for sb** (লাক্ষ.) কারো বিরুদ্ধে লোকজনকে খেপিয়ে তুলে তাকে স্থানত্যাগে বাধ্য করা। ২ ঝাল; ঝাঁঝালো: Do you like ~ disk? ৩ উগ্র; উত্তেজিত; তীব্র; চণ্ড; প্রচণ্ড; প্রবল: get ~ over an argument; a man with a ~ temper. **be hot on the trail of sb/on sb's track** পায়ে পায়ে পশ্চাদনুসরণ/ পশ্চাদ্ধাবন করা। ৪ (শিকারে পশুর গন্ধ সম্বন্ধে) তীব্র ও টাটকা। ৫ (সঙ্গীত, বিশেষত জাজ সম্বন্ধে) আবেগোদ্দীপ্ত এবং দ্রুততালের; উচ্চণ্ড। ৬ (কথ্য, চোরাই মাল সম্বন্ধে) (হদিস করার জন্য পুলিশের দৃঢ়সঙ্কল্প তৎপরতার মুখে) বিলিব্যবস্থা/ হজম করা কঠিন; গরম। ৭ (*adv* হিসাবে) (ক) সম্প্রতি; টাটকা: ~ off the press, নীচে hot news দ্র.। (খ) **blow hot and cold** (লাক্ষ.) একবার গরম একবার নরম হওয়া। (গ) **give it sb hot** উত্তম শিক্ষা/ উত্তমমধ্যম দেওয়া। ৮ (*nn* ও *participle*-সহ বিশিষ্ট প্রয়োগ) **hot-air balloon** *n* দ্র. balloon. ˈ**hot·bed** *n* উদ্ভিদের দ্রুত প্রবৃদ্ধির জন্য পচা সার প্রয়োগে উত্তপ্ত কেয়ারি বা বীজতলা; সারালো জমি; (লাক্ষ.) উর্বর ক্ষেত্র/ লালনভূমি: a hotbed of vice/ crime. ˌ**hot-ˈblooded** *adj* সহজে আবেগোদ্দীপ্ত হয় এমন; উদ্দামপ্রকৃতি। ˌ**hot cross ˈbun** *n* গুড ফ্রাইডে পর্বে ভক্ষিত ক্রুশচিহ্নিত পিঠাবিশেষ। ˌ**hot ˈdog** *n* স্যান্ডউইচের মধ্যে পিয়াজ ও সরিষা সহযোগে খাওয়ার জন্য সসেজবিশেষ। ˌ**hot·ˈfoot** *adv* ব্যগ্রপদে; ক্ষিপ্রগতিতে: run hotfoot after the pickpocket. □*vi* তাড়াতাড়ি/পা চালিয়ে যাওয়া: hotfoot it down to the station. ˌ**hot ˈgospeller** *n* (কথ্য) অত্যুগ্র খ্রিস্টীয় ধর্মপ্রচারক। ˈ**hot·head** *n* মাথা-গরম লোক; খেপা। ˌ**hot-ˈheaded** *adj* মাথা-গরম; খেপা। ˈ**hot-house** *n* কোমল প্রকৃতির উদ্ভিদের চাষের জন্য সাধা. কাচনির্মিত; উত্তাপিত ঘর; উষ্ণোদ্যান। ˈ**hot line** *n* রাষ্ট্রপ্রধানদের মধ্যে—যেমন, মস্কো ও ওয়াশিংটনের মধ্যে সরাসরি যোগাযোগ-ব্যবস্থা (টেলিফোন বা টেলিপ্রিন্টার); প্রত্যক্ষ যোগাযোগ-সূত্র; সরাসরি সংযোগ। ˌ**hot ˈmoney** *n* [U] সুদের উচ্চহার এবং নিরাপত্তার লোভে এক অর্থব্যবস্থাপনা কেন্দ্র থেকে অন্য কেন্দ্রে ফটকাবাজারিদের দ্বারা স্থানান্তরিত স্বল্পমেয়াদি তহবিল; গরম টাকা। অপিচ উপরে ৬ দ্র.। ˌ**hotˈnews** *n* [U] সাম্প্রতিক (বিশেষত চাঞ্চল্যকর) সংবাদ; গরম/ টাটকা খবর। ˈ**hot·plate** *n* রান্নার চুল্লির চেটালো উপরিভাগ; রান্না করা, জল ফোটানো ইত্যাদি উদ্দেশ্যে গরম করা যায় (যেমন, বৈদ্যুতিকভাবে) এমন অনুরূপ কোনো তল (যা চুল্লির অংশ নয়); তাপফলক। ˌ**hot poˈtato** *n* (লাক্ষ., কথ্য) এমন কোনো বিষয় যার বিহিত করা দুরূহ বা অপ্রীতিকর; দগ্ধ বার্তাকু: a political hot potato. ˈ**hot rod** *n* (US অপ.) সুপারচার্জারযুক্ত গাড়ি; অত্যাহিত গাড়ি। **the ˈhot seat** *n* ১ (খুনিদের বিদ্যুৎস্পৃষ্ট করে হত্যা করার জন্য) বৈদ্যুতিক চেয়ার। ২ (লাক্ষ.) যেসব পদে অধিষ্ঠিত ব্যক্তিদের অনেক সময় দুরূহ যন্ত্রণাদায়ক সিদ্ধান্ত নিতে হয়, যেমন রাষ্ট্রপ্রধানদের; তপ্ততক্ত। ˈ**hot ˈstuff** *n* [U] (অপ.) (ব্যক্তি বা বস্তু সম্বন্ধে) খাসা মাল। ˌ**hot-ˈtempered** *adj* বদমেজাজ; রগচটা; খিটখিটে; উগ্রস্বভাব। ˌ**hot·ˈwater·bottle** *n* উষ্ণতার জন্য গরম পানি ভরে শয্যার নীচে রাখবার (সচরাচর রাবারের) আধারবিশেষ; গরম জলের বোতল। □*vt,vi* (-tt-) **hot (sth) up** (কথ্য) তাতা, তেতো/গরম হয়ে ওঠা; (লাক্ষ.) অধিকতর উত্তেজনাপূর্ণ হওয়া: The situation is ~ting up. **hot·ly** *adv* সরোষে; উত্তেজিতভাবে; উগ্রভাবে; তীব্রভাবে; He replied hotly ...; a hotly debated question.

hotch·potch [ˈহচ্‌পচ্] *n* জগাখিচুড়ি; নগরঘন্ট; হাবদা গোবদা: That article is a ~ of halfbaked ideas.

ho·tel [হৌˈটেল্] *n* (a বা an) হোটেল; উত্তরণশালা। **~·ier** [হৌˈটেলিএই US ˌহৌটেল্ˈইয়েই] *n* হোটেলওয়ালা; হোটেল-মালিক; হোটেলরক্ষক।

hound [হাউন্‌ড্] *n* শিকার বা দৌড়ের জন্য ব্যবহৃত কয়েক জাতের কুকুর; শিকারি কুকুর; ডালকুত্তা: ˈfox ~; ˈblood ~; ˈgrey ~ (শুধু hound বললে সচরাচর ˈfox~-কেই বোঝায়।). **follow the ~s; ride to ~s** ডালকুত্তার ঝাঁক নিয়ে শিকার করা। **Master of H~s** (ব্রিটেনে ঘোড়া ও কুকুর নিয়ে নিয়মিতভাবে শিয়াল ও হরিণ শিকারকালে) শিকারিদলের নেতা; সর্দার শিকারি। □*vt* ডালকুত্তা নিয়ে শিকার/ তাড়া/ অনুধাবন করা; হয়রানি/ হেনস্তা/ পরিপীড়িত করা: be ~ed by one's creditors.

hour [ˈআউআ(র্)] *n* ১ দিনের চব্বিশ ভাগের একভাগ; ঘণ্টা; সময়: the happiest ~s of her life. **at the eleventh ~** শেষ মুহূর্তে। **the small ~s** রাত তিনটা

বা চারটা; রাতের শেষ প্রহর। ˈ~·**glass** *n* বালিঘড়ি। ˈ~**hand** *n* ঘণ্টার কাঁটা। ২ দিনাংশ; নির্দিষ্ট কালপরিমাণ; ঘণ্টা: to strike the ~s; at an early ~, সকাল সকাল; at all ~s of the day and night, অবিরাম; অষ্টপ্রহর। ৩ *(pl)* (বিশেষত কাজের) নির্ধারিত সময়: ˈschool ~s; ˈoffice ~s. **after ~s** কাজের সময়ের পরে; অফিসের পরে। **out of ~s** কাজের সময়ের বাইরে বা আগেপরে। **keep good/ bad/ early/ late/ regular, etc ~s** যথাসময়ে/ দেরিতে/ সকাল সকাল—ঘুম থেকে ওঠা/ ঘুমানো; কাজ শুরু/ শেষ করা; বেরনো/ ফেরা ইত্যাদি; সময়স্রোতের কোনো নির্দিষ্ট বিন্দু; বর্তমান সময়: questions of the ~, বর্তমানের/আজকের প্রশ্ন; in the ~ of danger, বিপৎকালে; in a good/an evil ~, সুসময়ে/দুঃসময়ে।

houri [ˈহুআরি] *n* হুরি।

hour·ly [ˈআউ অলি] *adv* ১ প্রতি ঘণ্টায়; একঘণ্টা অন্তর; ঘণ্টায় ঘণ্টায়; ঘণ্টায় একবার। ২ যে কোনো মুহূর্তে: They are expecting news ~. □*adj* ১ প্রতি ঘণ্টায় ঘটে বা করা হয় এমন; ঘণ্টা–অন্তর: an ~ bus service. ২ অবিরাম: Live in ~ dread of bombing.

house[1] [হাউ স্] *(pl -s* [ˈহাউজিজ্]) ১ গৃহ; বাড়ি; ঘরবাড়ি; ভবন। দ্র. home[1](১). **get on like a** ˈ**~ on fire** (মানুষ সম্বন্ধে) চট করে বন্ধুত্ব/মনের মিল হয়ে যাওয়া। **under ~ arrest** গৃহবন্দী। ২ (সাধা. কোনো pref যোগে) কোনো উদ্দেশ্য বা কার্যোপলক্ষে নির্মিত বাড়ি: ˈhen **~;** ˈcow ~; ˈstore ~; ˈware ~; ˈalms ~; ˈbake ~; ˈcustom ~ etc. উক্ত ভুক্তিসমূহ দ্র.। **the H~ of God** গির্জা; ভজনালয়; খোদার ঘর। **~ of cards** তাসের ঘর। **on the ~** সরাই, কোম্পানি ইত্যাদির নিজ খরচে। ৩ ব্যবস্থাপকসভা; সংসদভবন: the H~ of Commons, লোকসভা; the H~ of Lords, লর্ডসভা; the H~s of Parliament, ব্যবস্থাপক সভা। **the H~** (কথ্য, GB) (ক) পরিপণভবন (স্টক এক্সচেঞ্জ)। (খ) লোকসভা বা লর্ডসভা: enter the H~, ব্যবস্থাপক সভার সদস্য হওয়া। (গ) (US) প্রতিনিধি–পরিষদ। (ঘ) ব্যবসায় প্রতিষ্ঠান। ৪ [U] **keep ~** ভালো খাবারদাবার এবং প্রচুর আরামআয়েশের ব্যবস্থা করা। **keep open ~** যে কোনো সময়ে অতিথিসৎকারে প্রস্তুত থাকা। **set/put one's** ˈ**~ in order** (নিজের) ঘর সামলানো/ পরিপাটি করা। ৫ সংসার; পরিবার–পরিজন; বংশ; রাজবংশ: The H~ of Windsor, ব্রিটিশ রাজবংশ; an ancient ~; an old trading ~, প্রাচীন ব্যবসায়–প্রতিষ্ঠান। ৬ রঙ্গালয়ের দর্শকমণ্ডলী; শোতৃবৃন্দ; প্রেক্ষাগৃহ: a full ~, পূর্ণ প্রেক্ষাগৃহ; The second ~ (=performance) starts..., দ্বিতীয় প্রদর্শনী/অনুষ্ঠান .... **bring down the ~; bring the** ˈ**~ down** তুমুল করতালি ও সমর্থন লাভ করা। ৭ (যৌগশব্দ) ˈ**~ agent** *n* (GB) বাড়ি বিক্রি ও ভাড়া দেওয়ার দালাল; বাড়ির আহিলদার। দ্র. (US) realtor. ˈ**~·boat** *n* বসবাস করার জন্য সুসজ্জিত নৌকা; বজরা। ˈ**~·bound** *adj* গৃহানুবদ্ধ (যেমন, স্বাস্থ্যহীনতার দরুন): ~·bound women and children. ˈ**~·breaker** *n* (ক) চুরি করার জন্য যে দিনের বেলায় অন্যের ঘরে প্রবেশ করে; গৃহতস্কর; গৃহভেদক। দ্র. burglar. (খ) (US = ˈ**~·wrecker)** পুরনো বাড়ি ভাঙার জন্য নিযুক্ত শ্রমিক; গৃহভঞ্জক। ˈ**~·coat** *n* দিনের বেলায় বাড়িতে পরার সুতি বা রেশমি মেয়েদের কোট; গৃহ–প্রাবার। ˈ**~·craft** *n* [U] গার্হস্থ্যবিদ্যা। ˈ**~·dog** *n* বাড়ি পাহারা দেওয়ার জন্য শিক্ষিত কুকুর; গৃহকুকুর; পাহারাদার কুকুর। ˈ**~-father** *n* কোনো প্রতিষ্ঠানে শিশুদের দায়িত্বে নিযুক্ত ব্যক্তি; শিশুপালক; শিশুরক্ষক। ˈ**~ flag** *n* কোম্পানিবিশেষের জাহাজে ওড়ানো পতাকা; কোম্পানির পতাকা। উপরে ৫ দ্র.। ˈ**~·fly** *n* *(pl* -flies) দ্র. fly[1]. **~·ful** [-ফুল্] *n* একঘর (পরিমাণ)। ˈ**~·hold** *n* সংসার; পরিবার–পরিজন; গৃহজন: ~hold cavalry/ troops, (রাজা বা রানীর) প্রাসাদরক্ষী অশ্বারোহী বাহিনী/ সেনাদল; ~hold duties, গৃহকার্য; গৃহব্যাপার; ~ hold expenses, সংসার–খরচ। ˌ**~·hold** ˈ**word** সচরাচর ব্যবহৃত শব্দ বা নাম; ঘরোয়া/ সুপরিচিত শব্দ। ˈ**~·holder** *n* যে ব্যক্তি নিজস্ব বা ভাড়াটে বাড়িতে বাস করে, হোটেলে বা অন্যের সঙ্গে ঘর ভাড়া করে থাকে না; গৃহস্বামী; গৃহাধিকারী। ˈ**~·keeper** *n* সংসারের কাজকর্ম দেখাশোনার জন্য নিযুক্ত ব্যক্তি; গৃহরক্ষক। ˈ**~·lights** *n pl* রঙ্গালয়, সিনেমা ইত্যাদিতে প্রেক্ষাগৃহের দীপাবলী; প্রেক্ষাপ্রদীপ। ˈ**~·maid** *n* (প্রধানত ঘরদোর পরিষ্কার করার জন্য) গৃহ–পরিচারিকা। ˌ**~maid's** ˈ**knee** (হাঁটু গেঁড়ে বসার জন্য) জানুপ্রদাহ। ˈ**~·man** [-মান্] *n (pl*-men) (GB) হাসপাতালে চিকিৎসক বা শল্যবিদের সহকারী (US = intern); আবাসিক সহকারী। ˈ**~ martin** *n* মামুলি পাখিবিশেষ, যা বাড়ির দেয়ালে বা পাহাড়ের গায়ে বাসা বাঁধে; আবাবিল। ˈ**~·master** *n* স্কুলের ছাত্রাবাসের দায়িত্বে নিয়োজিত শিক্ষক; গৃহাধ্যক্ষ। ˈ**~·mother** *n* কোনো প্রতিষ্ঠানে শিশুদের দায়িত্বে নিয়োজিত মহিলা; শিশুরক্ষিকা। ˈ**~-party** *n* গ্রামস্থ বাড়িতে কয়েক দিনের জন্য আমন্ত্রিত অতিথিদের আনন্দোৎসব; সাংবাসিক সমাবেশ। ˈ**~ physician** *n* (হাসপাতালে) আবাসিক চিকিৎসক।ˈ**~·proud** *adj* গৃহব্যাপারে অত্যন্ত যত্নশীল; গৃহব্রতী; গৃহগর্বী। ˈ**~·room** *n* স্থান; ঠাঁই: He wouldn't give that chest ~ room, উপহার হিসাবেও গ্রহণ করতে নারাজ। ˈ**~ sparrow** *n* ছাতার। ˈ**~ surgeon** *n* (হাসপাতালে) আবাসিক শল্যবিদ। ˈ**~·top** *n* গৃহচূড়া; গৃহশীর্ষ: cry/publish/proclaim sth from the ~ tops, কোনো কিছু তারস্বরে/ প্রকাশ্যে/ ঢাকঢোল পিটিয়ে ঘোষণা/প্রচার করা। ˈ**~-trained** *adj* (গৃহপালিত জীবজন্তু সম্বন্ধে) বাড়ির ভেতরে যাতে মলমূত্রত্যাগ না করে সেইভাবে শিক্ষাপ্রাপ্ত। ˈ**~-warming** *n* গৃহপ্রবেশ। ˈ**~·wife** *n* (ক) গৃহকর্ত্রী; গৃহবধূ। (খ) [ˈহাজিফ্] (সেকেলে) সুচ–সুতা রাখার পাত্র। ˈ**~·wife·ly** *adj* গৃহিণীসুলভ; গৃহস্থালিসংক্রান্ত। ˈ**~·wifery** [-ওয়িফ়ারি] *n* [U] গৃহিণীপনা। ˈ**~·work** *n* [U] গৃহকর্ম। দ্র. home[1](৭) ভুক্তিকে homework.

house[2] [হাউ জ্] *vt* ১ আশ্রয় বা বাসস্থান দান করা। ২ (পণ্য ইত্যাদি) তুলে রাখা; সংরক্ষণ করা।

hous·ing [ˈহাউজিঙ্] *n* [U] গৃহসংস্থান; গৃহায়ন; বাসস্থান। ˈ**~ association** *n* গৃহনির্মাণ ও সংস্থানের জন্য অলাভভিত্তিক সমিতি; গৃহায়ন সমিতি; গৃহসংস্থান সমিতি। ˈ**~ estate** *n* কোনো স্থানীয় কর্তৃপক্ষ বা অন্য সংস্থা কর্তৃক ভাড়া বা বিক্রয়ের জন্য পরিকল্পিত বা নির্মিত বাড়ির এলাকা; গৃহায়ন এলাকা।

hove [হৌ ভ্] heave-এর *pt,pp*

hovel [ˈহভ্ল্ US ˈহা ভ্ল্] *n* বাসের অনুপযোগী ছোট বাড়ি বা কুঁড়েঘর; জীর্ণ কুটির; খোলা বহির্বাটি; চালা।

hover [হ ভা(র্) US ˈহা ভা(র্)] *vi* (পাখি সম্বন্ধে) বাতাসে স্থির হয়ে বা ভেসে থাকা: a hawk ~ing overhead; a helicopter ~ing over the house. ˈ**~·craft** *n* জেট ইনজিনের দ্বারা সৃষ্ট বায়ুপূরিত গদির

ওপর ভর করে জলে বা স্থলে চলনক্ষম যানবিশেষ; প্লবযান। ২ (ব্যক্তি সম্বন্ধে) অপক্ষেমান/দোদুল্যমান থাকা: (লাক্ষ.) ~ between life and death.

how [হাঙ] *adv* ১ কিভাবে; কেমনে; কেমন করে; কী করে: Tell me how you got rid of your rivals ? ২ (প্রশ্নে এবং হর্ষবিষাদ ইত্যাদি প্রকাশে) কতো; কী; কেমন: How old are you ? How beautiful the poem is ! How peacefully he sleeps ? And how ? (দৃঢ়তাসূচক) = yes ! নিশ্চয়ই ! ৩ (স্বাস্থ্যসম্পর্কিত) কেমন: How are you ? How do you do ? (প্রচলনির্ভর মামুলি সম্ভাষণ, কেবলমাত্র 'you'-এর সঙ্গে ব্যবহৃত হয়)। **how-d' ye-do** [হাউ ডিয়া ডূ] *n* (কথ্য) বিব্রতকর পরিস্থিতি; লেঠা: a pretty how-d' ye-do. ৪ (পরোক্ষ উক্তির সূচনায়) যে; কিভাবে: You told me how you met your would-be wife in a strange situation. (মতামত, ব্যাখ্যা ইত্যাদি জানার উদ্দেশ্যে) কেমন: How about visiting our old freind ? **How come ...** (কথ্য) কী ব্যাপার ...; How come you look so embarrassed ? **How's that ?** (ক) এর ব্যাখ্যা কী ? (খ) আপনার কী মত ? (গ) (ক্রিকেটে আম্পায়ারের উদ্দেশ্যে) ব্যাটসম্যান আউট হয়েছে না হয়নি ? **How so ?** তা কী করে হয় ? **how·beit** [হাঙবীইট] *conj* (পুরা) তথাপি; তত্রাচ। **how·ever** [হাঙএভা(র্)] *adv* ১ যতো; যতোই: We shall not fall back, however arduous the path may be. ২ (অপিচ *conj*) তবে; অবশ্য: However, the authorities were duly informed.

how·dah [ˈহাঙডা] *n* হাওদা।

how·it·zer [ˈহাউইট্‌সা(র্)] *n* উচ্চ কোণে স্বল্প পাল্লায় গোলাবর্ষণের জন্য খাটো কামানবিশেষ; হাউইট্‌সার।

howl [হাঙ ল্] *n* [C] বিশেষত নেকড়ের একটানা হুঙ্কার; (মানুষের) আর্তনাদ; (অবজ্ঞা, কৌতুক ইত্যাদির) চিৎকার: ~s of derision. □*vt,vi* ১ গর্জন/ হুঙ্কার/চিৎকার করা: ~ing winds/wolves. ২ ~ **(down)** (কারো উদ্দেশে) হুঙ্কার/গর্জন করা; চিৎকার/হৈ হৈ করে থামিয়ে দেওয়া: ~ defiance at the enemy; ~ down a speaker. **~er** *n* (কথ্য) হাস্যকর বোকামি। **~·ing** *adj* (অপ.) চরম; উৎকট: a ~ing shame.

hoy·den [ˈহয়ড্‌ন্] *n* হুজুগে/ দস্যি মেয়ে। **~·ish** [-নিশ্] *adj* দস্যি মেয়ের মতো; দস্যিসুলভ।

hub [হাব্] *n* চাকার কেন্দ্রস্থল; নাভিগোলক; চক্রনাভি; (লাক্ষ.) কেন্দ্রবিন্দু; কেন্দ্রস্থল: a ~ of industry/commerce.

hubble·bubble [ˈহাবল্ বাবল্] *n* আলবোলা; গড়গড়া।

hub·bub [ˈহাবাব্] *n* [U] কোলাহল; হৈচৈ; হৈ হল্লা; হুড়দঙ্গল; হল্লা; কলরব; হাঙ্গামা।

hubby [ˈহাবি] *n* (GB) (কথ্য) স্বামী; কর্তা।

hu·bris [ˈহিউব্‌রিস্] *n* [U] (গ্রি.) প্রগল্‌ভ অহঙ্কার; দম্ভ; দর্প; আত্মাভিমান; অভিমানিতা; অহমিকা।

hucka-back [ˈহাকা ব্যাক্] *n* [U] তোয়ালে ইত্যাদির জন্য মোটা; মজবুত কাপড়বিশেষ।

huckle·berry [ˈহাক্‌ল্‌বারি US -বেরি] *n* (*pl* *-ries*) উত্তর আমেরিকার সহজলভ্য; অনুচ্চ গুল্মবিশেষ এবং এই গুল্মের ছোটো ছোটো গাঢ় নীল ফল; হাক্‌লবেরি।

huck·ster [ˈহাক্‌স্টা(র্)] *n* ফেরিওয়ালা।

huddle [ˈহাড্‌ল্] *vt.vi* ১ ঘেঁষাঘেঁষি/গাদাগাদি করে থাকা: Sheep huddling together for warmth. ২ ~ **up (against)** কারো গা ঘেঁষে কুণ্ডলী পাকিয়ে থাকা: The boy ~d up against his mother in bed. ৩ ঠাসাঠাসি করে রাখা; এলোমেলোভাবে জড়ো করা: ~ things up/ together/ into sth. □*n* বস্তু বা মানুষের বিশৃঙ্খল সমাহার। **be in/go into a ~** (কথ্য) শলাপরামর্শের জন্য জড়ো হওয়া।

hue[1] [হিউ] *n* [C] রং; রঙের সূক্ষ্ম তারতম্য: the hues of the rainbow. **hued** [হিউড্] (যৌগশব্দ) উল্লিখিত বর্ণযুক্ত: ˈdark-hued, কৃষ্ণবর্ণ; ˈmany-hued, নানাবর্ণ।

hue[2] [হিউ] *n* (কেবলমাত্র) **hue and cry** [ˌহিউ অ্যান্ ক্রাই] হৈচৈ; শোরগোল: raise a hue and cry against the new bill.

huff[1] [হাফ্] *n* ক্রোধাবেশ; রোষাবেশ। **be in/get into a ~** ক্রোধান্বিত হওয়া; তেলেবেগুনে জ্বলে ওঠা। **~·ish** [-ফিশ্], **~y** *adjj* ক্রোধান্বিত; কোপনস্বভাব; বদরাগী; রগচটা; বদমেজাজ ! **~·ily** [-ফিলি] *adv* ক্রোধাবেশে।

huff[2] [হাফ্] *vi* ফুঁ/ফুৎকার করা/দেওয়া; ফোঁকা।

hug [হাগ্] *vt* (-gg-) ১ আলিঙ্গন/বাহুবেষ্টিত করা; জড়িয়ে ধরা। ২ আঁকড়ে থাকা: ~ cherished beliefs. ৩ **hug oneself (with pleasure/delight) (over sth)** আহ্লাদে আটখানা/খুশিতে ডগমগ হওয়া। □*n* আলিঙ্গন; আশ্লেষ; বাহুবেষ্টন।

huge [হিউজ্] *adj* বিশাল; বিপুল। **~·ly** *adv* বিপুলভাবে; অত্যন্ত।

hug·ger-mug·ger [ˈহাগা মাগা(র্)] *n,adj,adv* ঢাকঢাক-গুড়গুড়; চাপাচুপি; ঢাকাঢুকি; বিশৃঙ্খলা; গোলমাল; গোলমেলে; বিশৃঙ্খলভাবে।

hulk [হাল্‌ক্] *n* ১১ পুরনো পরিত্যক্ত জাহাজ বা গুদামরূপে ব্যবহৃত জাহাজ; গুদামজাহাজ; (আগেকার দিনে) কারাগাররূপে ব্যবহৃত জাহাজ; জেলজাহাজ। ২ বৃহদাকার বেঢপ বস্তু, মানুষ বা জাহাজ; জরদ্গব। **~·ing** *adj* আনাড়ি; বেঢপ; হাঁদারাম: a ~ing idiot.

hull[1] [হাল্] *n* (কোনো কোনো ফল, শিম ইত্যাদির) খোসা; খোলা। □*vt* খোসা ছাড়ানো।

hull[2] [হাল্] *n* জাহাজের স্থূলভাগ বা কাঠামো; নৌশরীর। **~ down** (ক) (দূরে দিগন্তরেখার প্রায় অধঃস্থিত জাহাজ সম্বন্ধে) কেবলমাত্র মাস্তুল, চোঙা ইত্যাদি দেখা যায় এমন; অধঃশরীর। (খ) (ট্যাংক সম্বন্ধে) কেবলমাত্র কূটাগারটুকু (turret) দেখা যায় এমন; অধঃশরীর।

hul·la·ba·loo [ˌহালবাˈলূ] *n* হুড়দঙ্গল; হৈচৈ; শোরগোল।

hullo (অপিচ **hallo, hello**) [হাˈলৌ] *int* সম্ভাষণে; দৃষ্টিআকর্ষণে; বিস্ময়সূচনে এবং আহ্বানের প্রত্যুত্তরে (যেমন টেলিফোন ধরার সময়) ব্যবহৃত অন্তর্ভাবমূলক অব্যয়; এই যে; হ্যালো।

hum [হাম্] *vi,vt* (-mm-) ১ গুঞ্জন/গুন গন করা; গুনগুনানো। ˈ**humming·bird** *n* সাধা. ছোটো আকারের উজ্জ্বল রঙের কয়েক প্রজাতির পাখি, যাদের পাখার কম্পনে গুনগুন ধ্বনি উত্থিত হয়; গুঞ্জন পাখি। ˈ**humming-top** *n* এক ধরনের লাটিম, যা ঘোরার সময় বোঁ বোঁ শব্দ করে। ২ কর্মচঞ্চল থাকা: a factory humming with activity. ৩ সাধা. **hum and haw/ ha** (কথ্য) (দ্বিধা-বা সংশয়সূচক) হুঁ হাঁ করা। □*n* গুঞ্জন; গুঞ্জরণ; কূজন; কলরব।

hu·man ['হিউমান] *adj* ১ মানুষ বা মনুষ্যজাতিসম্বন্ধীয়; মানবীয়; মানবিক; মানুষি: a ~ being, মানুষ; ~ nature, মনুষ্যপ্রকৃতি; ~ affairs, মানুষি ব্যাপার। ২ মনুষ্যোচিত গুণাবলীবিশিষ্ট; মানবোচিত; মনুষ্যজাতীয়। **~·ly** *adv* মানবীয়ভাবে: মানুষের পক্ষে। ˌ**~·ˈkind** *n* [U] মানবজাতি; মনুষ্যজাতি।

hu·mane [হিউ'মে ইন্] *adj* ১ সহৃদয়; পরদুঃখকাতর; কোমলহৃদয়; দয়ালু; মানবিক: a man of ~ character. **~ killer** পশুকে ক্লেশ না দিয়ে হত্যা করার জন্য যন্ত্রবিশেষ; দরদি ঘাতক। ২ (জ্ঞানবিজ্ঞানের শাখা সম্বন্ধে) পরিমার্জিত সংস্কৃতির অনুকূল; মার্জিত; শিষ্ট; দ্র. humanity (৪). **~·ly** *adv* সদয়ভাবে।

hu·man·ism ['হিউমানিজ়াম্] *n* [U] ১ মানবিক বিষয়াদির প্রতি আগ্রহ; (ধর্মতত্ত্বকে বাদ দিয়ে) শ্রেয়োনীতিক মান এবং মনুষ্যজাতির পর্যেষণাকেন্দ্রিক দার্শনিক মতবাদ; মানবতন্ত্র; মানবতাবাদ। ২ (আনু. ১৪ থেকে ১৬ শতক পর্যন্ত) গ্রিক ও রোমান বিদ্যাভিত্তিক সাহিত্য-সংস্কৃতি; মানবতন্ত্র।

hu·man·ist ['হিউমানিস্ট্] *n* ১ (ধর্মীয় বিষয়াদির সঙ্গে বৈপরীত্যক্রমে) মানবচরিত্র ও মনুষ্যব্যাপারের অধ্যেতা; মানবতান্ত্রিক। ২ মানবতাবাদের সমর্থক; মানবতান্ত্রিক।৩ (বিশেষত ১৪ থেকে ১৬ শতকে) গ্রিক ও রোমান সাহিত্য ও প্রাচীন ইতিহাসের চর্চাকারী; মানবতান্ত্রিক।

hu·mani·tar·ian [হিউˌম্যানি'টে আরিআন্] *adj n* মানুষের ক্লেশলাঘব; দণ্ডনীতির সংস্কারসাধন ইত্যাদি উপায়ে যে ব্যক্তি সকল মানুষের কল্যাণের জন্য কাজ করেন; ঐরূপ ব্যক্তিবিষয়ক কিংবা ঐরূপ ব্যক্তি মতাবলম্বী; লোকহিতব্রতী; মানবহিতৈষী; লোকহিতকর; জনহিতকর। **~·ism** [নিজ়াম্] *n* লোকহিতৈষণা; মানবহিতৈষণা।

hu·man·ity [হিউ'ম্যানাটি] *n* [U] ১ মানবজাতি; মনুষ্যজাতি; মানবতা: crimes against ~. ২ মানবপ্রকৃতি; মনুষ্যত্ব; মানুষতা। ৩ সহৃদয়তা; সানুকম্প; মানবতা: treat people and animals with ~. ৪ *(pl)* **the humanities** প্রাচীন গ্রিক ও রোমান সংস্কৃতিবিষয়ক বিবিধ বিদ্যাশাখা; কলাবিদ্যা, বিশেষত সাহিত্য, ইতিহাস ও দর্শন; মানববিদ্যা।

hu·man·ize ['হিউমানাইজ়্] *vt vi* মনুষ্যোচিত/হৃদয়বান হওয়া বা করা; মনুষ্যগুণোপেত করা/হওয়া। **hu·man·iza·tion** *n* মানবিকীকরণ।

humble ['হাম্ব্ল্] *adj* (-r, -st) ১ বিনয়ী; নম্র; বিনম্র; বিনীত; নিরভিমান; বিনয়নম্র: I like his ~ manners. **eat ~ pie** ক্ষমা ভিক্ষা করা; নাকে খৎ দেওয়া। ২ (ব্যক্তি সম্বন্ধে) হীন পদমর্যাদাসম্পন্ন; নগণ্য; সামান্য; অখ্যাত; অবজ্ঞাত; অধম; (বস্তু সম্বন্ধে) সামান্য তুচ্ছ; অকিঞ্চিৎকর: men of ~ birth, হীন কুলোদ্ভব ব্যক্তি; অপজাত; ছোটলোক; a ~ home; a ~ occupation, হীনবৃত্তি। ❑*vt* হতগর্ব/ নতজানু করা; দর্পচূর্ণ করা: ~ one's enemies; ~ sb's pride. **humbly** *adv* সবিনয়ে; বিনীতভাবে: beg humbly for forgiveness; humbly born, অখ্যাত/ নগণ্য পিতামাতার সন্তান।

hum·bug ['হাম্বাগ্] *n* ১ [C,U] দমবাজি; ধোঁকাবাজি; কৈতব; [C] দমবাজ; ধোঁকাবাজ। ২ (GB) পেপারমেন্টের সুগন্ধযুক্ত কড়াপাকের মিষ্টান্নবিশেষ। ❑*vt* (-gg-) ধোঁকা দেওয়া; চালাকি করা; He tried to ~ me. ❑*int* ঘোড়ার ডিম ! যতো সব !

hum·drum ['হামড্রাম্] *adj* নীরস; একঘেয়ে; গতানুগতিক: live a ~ life; engaged in ~ tasks.

hu·merus ['হিউমারাস্] *n* (ব্যব.) কনুই থেকে স্কন্ধসন্ধি পর্যন্ত বাহুর অস্থি; প্রগণ্ডাস্থি।

hu·mid ['হিউমিড্] *adj* (বিশেষত বাতাস ও জলবায়ু সম্বন্ধে) আর্দ্র; সেঁতসেঁতে জলো। **~·ify** [হিউ'মিডিফাই] *vt (pt pp fied)* আর্দ্র/সিক্ত করা। **~·ity** [হিউ 'মিডাটি] *n* [U] আদ্রতা।

hu·mili·ate [হিউ'মিলিএই ট্] *vt* লজ্জিত/অবমানিত করা; লজ্জা দেওয়া: a nation that was ~d by defeat. **hu·mili·ating** [হিউ'মিলিএই টিঙ্] *adj* অবমাননাকর: humiliating peace terms. **hu·mili·ation** [হিউˌমিলি'এইশ্ন্] *n* [C,U] অবমাননা; অভিভব: the humiliation of having to surrender.

hu·mil·ity [হিউ'মিল াটি] *n* [U] বিনয়; বিনম্রতা; অনভিমান; দীনতা; হীনাবস্থা।

hum·ming·bird ['হামিঙ্বাড়্] *n* দ্র. hum(১).

hum·mock ['হামাক্] *n* ছোটো পাহাড়; টিলা; ঢিবি।

hu·mor·ist [হিউম ারিস্ট্] *n* হাস্যরসিক; বৈহাসিক; রসিক; রসিক লেখক বা কথক; সুরসিক।

hu·mor·ous ['হিউমারাস্] *adj* রসাত্মক; সরস; হাস্য-রসাত্মক; রসিকতাপূর্ণ; সকৌতুক: a ~ writer; ~ remarks. **~·ly** *adv* রসিকতাচ্ছলে; সকৌতুকে।

hu·mour (US = **hur·mor**) [হিউম া(র্)] *n* ১ [U] হাস্যরস; রস; রসিকতা; রসবোধ; হাস্যকৌতুক: a story full of ~; sense of ~. ২ [U] মানসিক অবস্থা; মেজাজ: in good/bad ~; when the ~ takes him, মন চাইলে। **out of ~** নাখোশ; বিকল-মেজাজ। ৩ [C] (প্রা.প্র.) মানুষের দৈহিক ও মানসিক গুণাবলীর নিয়ামক বলে কথিত রসচতুষ্টয়ের (বায়ু, পিত্ত, কফ, রক্ত) যে কোনো একটি; ধাতু। ❑*vt* মনোরঞ্জন/তুষ্ট করা; খোশমেজাজে রাখা; মন জুগিয়ে চলা; প্রশ্রয় দেওয়া: You should not always ~ your child.

hump [হাম্প্] *n* ১ কুঁজ; ককুদ। ˈ**~·back** *n* কুঁজো; কুব্জ। ˈ**~·backed** *adj* বক্রপৃষ্ঠ; কুঁজো; কুব্জ। ২ **have/give sb the ~** (অপ.) মেজাজ বিগড়ানো/খিচড়ানো। ❑*vt* **~ (up)** কাঁধ উঁচু করা; পিঠ বাঁকানো।

humph [হাম্প্ ফ় কিংবা বদ্ধ ওষ্ঠদ্বয় ফুৎকার শব্দে উন্মুক্ত করে স্বতঃস্ফূর্তভাবে উচ্চারিত ঘর্ঘর ধ্বনি] *int* সন্দেহ বা অসন্তোষসূচক অন্তর্ভাবমূলক অব্যয়; হুম্।

hump·ty-dump·ty ['হাম্টি ডাম্টি] *n* রূপকথায় বর্ণিত বেঁটে; নাদুশনুদুশ; ডিম্বাকার মানুষ; কুমড়োপটাশ।

hu·mus ['হিউমাস্] *n* [U] গাছ, লতাপাতা ইত্যাদির পচনের দ্বারা সৃষ্ট মাটি; উদ্ভিজ্জমৃত্তিকা।

hunch [হান্চ্] *n* ১ পুরু টুকরা; প্রস্ত; চাপড়া; কুঁজ। ˈ**~·back(ed)** = humpback(ed). ২ **have a ~ that ...** (কথ্য) কেন যেন মনে হচ্ছে ..., মন বলছে...। ❑*vt* **~ (up)** কুঁজো হওয়া: sitting with one's shoulders ~ed up.

hun·dred ['হানড্রড্] *n adj* শত, শ। দ্র. পরি. ৪। ˈ**~·weight** *n* (প্রায়শ cwt রূপে লেখা হয়) এক টনের $\frac{১}{২০}$ ভাগ; হন্দর। দ্র. পরি. ৫। ˈ**~·fold,** (US) ˌ**~·ˈfold** *adv* শতগুণ। **~th** ['হানড্রড্থ্] *n adj* শততম; শতাংশ।

hung [হাঙ্] *hang*-এর *pt,pp*

hun·ger ['হাঙ্গা(র্)] *n* ১ [U] ক্ষুধা; খিদা; বুভুক্ষা। **be/go on (a)** ˈ**~-strike** অনশন-ধর্মঘট করা। ˈ**~-march** *n* ভুখা-মিছিল। ˈ**~-marcher** *n* ভুখামিছিলকারী। ২ (লাক্ষ.) প্রবল আকাঙ্ক্ষা; ক্ষুধা; বুভুক্ষা: a ~ for fame/adventure. ❑*vi* **~ for/ to do**

sth ক্ষুধার্ত/বুভুক্ষিত হওয়া; ক্ষুধা বোধ করা: ~ for news.

hun·gry [ˈহাঙ্‌গ্রি] *adj* (-ier, iest) ক্ষুধার্ত; ক্ষুধিত; বুভুক্ষ; ক্ষুধাতুর; ক্ষুধা-উদ্রেককর: Rickshaw-pulling is ~ work. **hun·grily** [ˈহাঙ্‌গ্রালি] *adv* ক্ষুধার্তভাবে; গোগ্রাসে।

hunk [হাঙ্‌ক্] *n* মোটা খণ্ড; প্রস্ত; চাপড়া; বড়ো টুকরো: a ~ of bread/cheese.

hun·kers [ˈহাঙ্‌কাজ্] *n pl* (কথ্য) কুঁজগুলি; বিশেষত **on one's ~** উবু/ আসনপিঁড়ি হয়ে বসা।

hunt[1] [হান্‌ট্] *n* **a/the ~** ১ শিকার; মৃগয়া: have a good ~; find sth after a long ~, অনেক খোঁজাখুঁজির পর পাওয়া। ২ (বিশেষত GB) শিকারিদল; যারা শিকারি কুকুরসহ ঘোড়ার পিঠে নিয়মিতভাবে শিয়াল ও হরিণ শিকার করে; এরকম শিকারের জন্য নির্দিষ্ট এলাকা: a member of the ~; the Quorn H ~ . ˌ~ ˈ**ball** উক্তরূপ শিকারিদলের নাচের আসর।

hunt[2] [হান্‌ট্] *vi,vt* ১ শিকার/মৃগয়া করা। দ্র. shoot ভুক্তিতে shooting. ২ খোঁজা; অন্বেষণ করা। **~ down** পশ্চাদ্ধাবন করে ধরে ফেলা/পাকড়াও করা: ~ down a criminal. **~ for** খোঁজাখুঁজি/ তল্লাশ করা: ~ for a lost brief case. **~ out** খুঁজে বার করা: ~ out a family album which was put away and forgotten. **~ up** (খুঁজে পাওয়া দুরূহ এমন কিংবা লুকোনো কোনো বস্তু) অনুসন্ধান করা; খুঁজে দেখা; অন্বেষণ করা: ~ up old records/ references/ quotations. ৩ তাড়িয়ে দেওয়া: ~ stray dogs from the courtyard. ৪ (ব্রিটেনে বিশিষ্ট প্রয়োগ; শিয়ালশিকার) (কোনো এলাকায়) শিকারি কুকুরের পিছে পিছে ছোটা: ~ the country; (ঘোড়াকে) শিকারের কাজে খাটানো: ~ one's horse all winter; কুকুরের পালের রাখোয়াল বা অধ্যক্ষ হিসাবে কাজ করা: ~ the hounds, ডালকুত্তার পালরক্ষক রূপে কাজ করা। **~er** *n* ১ শিকারি; শৌনিক; ব্যাধ। ২ শিয়ালশিকারে ব্যবহৃত ঘোড়া; মৃগয়াশ্ব। ৩ পকেট ঘড়িবিশেষ, যার উপরের কাচের সুরক্ষার জন্য একক ধাতব আবরণ থাকে। **~·ing** *n* [U] ১ শিকার; মৃগয়া; (বিশেষত GB) শৃগালশিকার। ২ (attrib) a ˈ~ing·man শিকারি (মানুষ); a ˈ~ing·horn শিকারের শিঙা। ˈ**~ing ground** (লাক্ষ.) যে স্থানে সফল হওয়ার আশা নিয়ে কিছু খোঁজা যায়; মৃগয়াভূমি। ˌ**~ing pink** হালকা লাল রঙবিশেষ—শিকারিরা এই রঙের বস্ত্র ব্যবহার করে থাকে। **~·ress** [হান্‌ট্রিস্] *n* (সাহিত্য.) শিকারি স্ত্রীলোক, যেমন রোমান দেবী দিয়ানা; ব্যাধিনী।

hunts·man [ˈহ্যান্‌টস্‌মান্] *n* (*pl* -men) ১ শিকারি; ব্যাধ; শৌনিক। ২ (শিকারকালে) কুকুরপালের রক্ষক।

hurdle [ˈহাড্‌ল্] ১ (GB) অস্থায়ী বেড়া (যেমন ভেড়ার খোঁয়াড়ে) হিসাবে ব্যবহৃত কাঠের আয়তাকার, ঋজু, অস্থাবর কাঠামোবিশেষ; অবরোধ। ২ লাফিয়ে পার হওয়ার জন্য হালকা, খাড়া কাঠামোবিশেষ; প্রতিবন্ধক: ˈ~-race, প্রতিবন্ধক দৌড়। ৩ (লাক্ষ.) প্রতিবন্ধক; অন্তরায়। □*vt,vi* ১ **~ off** অবরোধ রচনা করা; অন্তরায় সৃষ্টি করা। ২ অবরোধ উল্লঙ্ঘন করা; লাফিয়ে বেড়া অতিক্রম করা; প্রতিবন্ধক-দৌড়ে অংশগ্রহণ করা। **hur·dler** *n* অবরোধক-নির্মাতা; প্রতিবন্ধক-দৌড়বিদ।

hurdy-gurdy [ˈহাডিগাডি] *n* সাধা. চাকার উপর আরোপিত স্ট্রিট পিয়ানো বা ব্যারেল অর্গ্যান, যা হাতল ঘুরিয়ে বাজানো হয়।

hurl [হাল্] *vt* সজোরে নিক্ষেপ করা: The mob ~ed stones at the police. The angry master ~ed himself at/upon the servant, ঝাঁপিয়ে পড়লেন। □*n* সজোরে নিক্ষেপ।

hurly-burly [ˈহালিবাˌলি] *n* [U] কোলাহল; হট্টগোল; হৈহৈ রৈরৈ; হুলুস্থুল।

hur·rah [হুˈরা] (অপিচ **hur·ray** [হুরেই]) *int* হর্ষ, অনুমোদন, স্বাগত ইত্যাদি সূচক অন্তর্ভাবমূলক অব্যয়; জয় ! H~ for the Queen! Hip, hip ~! □*vt* হর্ষধ্বনি/ হর্ষনাদ/ জয়ধ্বনি করা।

hur·ri·cane [ˈহারিকান্ US -কেইন্] *n* [C] প্রচণ্ড ঝঞ্ঝাবাত (বিশেষত পশ্চিম ভারতীয় দ্বীপপুঞ্জের ঘূর্ণিঝড়); হারিকেন। ˈ**~ lamp/ lantern** *nn* হারিকেন প্রদীপ/ লণ্ঠন।

hurry [ˈহারি] *n* [U,C] ত্বরা; তাড়া; ব্যস্ততা; তাড়াহুড়া: You can wait— there is no ~. **in a ~ (ক)** অধৈর্য; তাড়াহুড়া বা ব্যস্ততার মধ্যে: Our guests are in a ~ to leave. In my ~ to meet him at the airport I forgot to bring the papers. **(খ)** (কথ্য) শীঘ্র; স্বেচ্ছায়: I shan't call on that old boor again in a ~. **(গ)** (কথ্য) সহজে: You won't come upon a better bride in a ~. □*vt,vi (pt,pp -ried)* তাড়া দেওয়া; তাড়া/তাড়াহুড়া করা; ত্বরায় চলে যাওয়া; কিছু ত্বরিতে/অবিলম্বে করা: It is no use ~ing you. Pick up your books and ~ off ! A contingent of police was ~ ed to the spot. **hur·ried** *adj* তাড়াহুড়া করে করা; ত্বরিত: a hurried meal; a few hurried lines. **hur·ried·ly** *adj* সত্বর; অবিলম্বে; ত্বরিত।

hurt [হাট্] *vt,vi (pt,pp* hurt) ১ আঘাত/চোট পাওয়া/লাগা; আঘাত দেওয়া; (ব্যথা) লাগা: Don't jump, you may ~ yourself. I ~ my left leg as I fell over. Do these shoes ~ you ? ২ কষ্ট/পীড়া দেওয়া; (অনুভূতিকে) আহত করা: Your unkind remarks ~ me deeply. ৩ ক্ষতি হওয়া: It won't be ~ to wait a few days. □*n* [U] (কিংবা *indef art*-সহ) অনিষ্ট; আঘাত; ক্ষত; ব্যথা: ~ful to the health.

hurtle [ˈহাট্‌ল্] *vi* প্রচণ্ড বেগে ধাবিত বা উৎক্ষিপ্ত হওয়া: During the storm window-panes and chandeliers came hurtling down.

hus·band [ˈহাজ্‌বান্‌ড্] *n* স্বামী; পতি; বর। □*vt* পরিমিতভাবে ব্যবহার করা: ~ one's resources/ strength.

hus·band·man [ˈহাজ্‌বানড্‌মান্] *n* (*pl* -men) [–মান্]) (প্রা. প্র.) কৃষক; কৃষিজীবী। **hus·bandry** [ˈহাজ্‌বান্‌ড্রি] *n* [U] কৃষি; কৃষিকর্ম; নির্বহন; ব্যবস্থাপনা: animal husbandry; good/bad husbandry.

hush [হাশ্] *vt,vi* চুপ করা/হওয়া/করানো; শান্ত করা/হওয়া: H~ ! চুপ ! **~ sth up** (সংবাদ/তথ্য) গোপন করা; চাপা দেওয়া: Some high officials tried to ~ up the matter. □*n* **a/the ~** নিস্তব্ধতা; স্তব্ধতা; মৌনতা; নীরবতা: in the ~ of night. ˈ**~-money** *n* (সাধা. কলঙ্কজনক বা অকীর্তিকর কোনো কিছু) চাপা দেওয়ার জন্য প্রদত্ত অর্থ; চাপা দেওয়ার মাশুল। ˌ~-ˈ~ *adj* (কথ্য) অতি গোপনীয়: a ~-~ affair.

husk [হাস্‌ক্] *n* (সাধা. *pl*) খোসা; তুষ; ভুসি: rice in the ~, (ভানার আগে) শুকনা ধান; (লাক্ষ.) যে কোনো বস্তুর অকিঞ্চিৎকর বহিরাবরণ; খোসা; খোলস। □*vt* খোসা/তুষ ছাড়ানো; ভানা।

husky [হাস্‌কি] *adj* (ier, -iest) ১ (তুষের মতো) শুষ্ক। ২ (ব্যক্তি ও কণ্ঠ সম্বন্ধে) খটখটে; নীরস;

রসকষহীন; কর্কশ; রুক্ষ; শুষ্ক: a ~ voice/cough. ৩ (কথ্য) বড়োসড়ো এবং বলিষ্ঠ গড়নের; ধাকড়া: a fine ~ woman. □*n* উত্তর আমেরিকার এস্কিমোদের ঘনলোমাবৃত কুকুরবিশেষ; হাস্কি। **husk·ily** [-কিলি] *adv* খটখটে/ শুকনো গলায়; কর্কশ কণ্ঠে। **huski·ness** *n* রুক্ষতা; কার্কশ্য।

hus·sar [হুজা:(র্)] *n* হালকা অস্ত্রসজ্জিত অশ্বারোহী সেনাদলবিশেষের সদস্য; হুসার।

hussy ['হাসি] *n* (*pl*-sies) অপদার্থ/বাজে মেয়ে; বেহায়া/বেয়াদপ মেয়ে; ধিঙ্গি (মেয়ে)।

hus·tings ['হাস্টিঙ্জ্] *n pt* **the ~** সংসদীয় নির্বাচনের প্রাক্কালে প্রচারণা, জনসভা, বক্তৃতা ইত্যাদির প্রক্রিয়া; নির্বাচনী মঞ্চ।

hustle ['হাস্‌ল্] *vt,vi* ১ ঠেলা/ধাক্কা মারা; ঠেলে এগিয়ে নিয়ে যাওয়া: He was ~d by the mob into the stadium. ২ (বিশেষত US) (কথ্য) (বিশেষত ছলচাতুরীপূর্ণ) উদ্যমী কর্মতৎপরতাবলে কিছু বিক্রয় বা হস্তগত করা। ৩ (US অপ.) দেহব্যবসায়ে লিপ্ত হওয়া। □*n* (কেবল *sing*) ক্ষিপ্র; উদ্যমপূর্ণ কর্মতৎপরতা; কর্মচাঞ্চল্য: It was a scene of ~ and bustle. **hus·tler** *n* যে ব্যক্তি ঠেলা বা ধাক্কা মারে; করিৎকর্মা ব্যক্তি; (US অপ.) পতিতা; খানকি।

hut [হাট্] *n* ১ কুঁড়ে; কুটির; চালা: Alpine huts, (পর্বতারোহীদের ব্যবহারের জন্য) পার্বত্য কুটির। ২ সৈনিকদের জন্য অস্থায়ী কাঠের বাড়ি; ছাউনি।

hutch [হাচ্] *n* একদিকে তারের জাল-ঢাকা বাক্স বা খাঁচা; খরগোশের খাঁচা।

huzza [হু'জা:] *n,int* হর্ষধ্বনি; জয়ধ্বনি; মারহাবা।

hya·cinth ['হাইঅসিন্থ্] *n* কন্দজাত উদ্ভিদবিশেষ এবং এর সুমিষ্টগন্ধ ফুল; সুম্বুল। '**water ~** কচুরিপানা।

hy·aena [হাই ঈনা] দ্র. hyena.

hy·brid ['হাইব্রিড] *n,adj* ১ (জন্তু, উদ্ভিদ ইত্যাদি) সঙ্কর; দো-আঁশলা; সঙ্কীর্ণজাতি; সঙ্কীর্ণজাতীয়। (শব্দ সম্বন্ধে) সঙ্করশব্দ: 'Hypertension' is a ~, one half of which is Greek the other half being Latin. **~·ize** [-ডা ইজ্] *vt,vi* সঙ্কর সৃষ্টি বা উৎপাদন করা। **hi·brid·iz·ation** *n* সঙ্করীকরণ; সঙ্করীভবন।

hy·dra ['হাইড্রা] *n* (গ্রিক পুরাণ) বিপুলকলেবর; বহুশির সামুদ্রিক সর্পবিশেষ; যার শিরচ্ছেদ করলে তা আবার উৎপন্ন হয়; জলভুজঙ্গ; পুরুভুজ।

hy·drangea [হাই ড্রেইন্জা] *n* বড়ো বড়ো গোলাকার সাদা, নীল বা পাটল ফুলবিশিষ্ট গুল্মবিশেষ; অম্বপুট।

hy·drant ['হাইড্রান্ট্] *n* (বিশেষত রাস্তার ধারে) প্রধান জলবাহী নলের সঙ্গে সংযুক্ত মুখটিওয়ালা ছোট নল: রাস্তা ধোয়া, আগুন নেবানো ইত্যাদি প্রয়োজনে এর সঙ্গে হোজপাইপ লাগানো যায়; জলের কল।

hy·drate ['হাইড্রেইট্] *n* অন্য কোনো পদার্থের সঙ্গে পানির রাসায়নিক যৌগ। □*vt,vi* (উক্তরূপ যৌগ তৈরি করার জন্য) পানি মিশ্রিত করা; পানির সঙ্গে যৌগ তৈরি করা।

hy·drau·lic [হাই 'ড্রো°লিক্] *adj* নলের ভেতর দিয়ে প্রবহমান জলসম্বন্ধী; কোনো তরল পদার্থের, বিশেষত জলের চাপের দ্বারা চালিত; ঔদক: a ~ lift; ~ brakes, যাতে গতিরোধক শক্তি সংহৃত (compressed) তরলপদার্থের মাধ্যমে সঞ্চারিত হয়; জলের নীচে কঠিনীভূত হয় এমন: ~ cement. **hy·drau·lics** *n pl* শক্তি উৎপাদনের জন্য জলের ব্যবহারবিষয়ক বিজ্ঞান; জলশক্তিবিজ্ঞান।

hy·dro·car·bon [,হাইড্রা'কা:বান্] *n* [C] উদজান ও অঙ্গারযোগে গঠিত পদার্থ, যেমন বেনজিন; শিলাশিক্‌থ (প্যারাফিন), কয়লার গ্যাস; উদকাঙ্গারক।

hy·dro·chloric [,হাইড্রাক্লরিক্ US -ক্লো °রিক্] *adj* **~ acid** উদজান ও ক্লোরিন ঘটিত অম্ল (HCl); হাইড্রোক্লোরিক।

hy·dro·elec·tric [,হাইড্রোই'লেকট্রিক্] *adj* জলশক্তির দ্বারা উৎপন্ন বিদ্যুৎ-সম্বন্ধী; জলবৈদ্যুত। **~·ity** [-লেক'ট্রিসাটি] *n* জলবিদ্যুৎ।

hy·dro·foil ['হাইড্রাফ়ইল্] *n* ধাতব পাত বা পাখনাসজ্জিত নৌকাবিশেষ; চলার সময় এই পাখনা নৌকাটিকে জলপৃষ্ঠ থেকে উর্ধ্বে উত্তোলিত করে; উড়ো নৌকা।

hy·dro·gen ['হাইড্রাজান্] *n* [U] স্বাদ, বর্ণ ও গন্ধবিহীন গ্যাসবিশেষ (প্রতীক H), যা অম্লজানের সঙ্গে মিলিত হয়ে জল তৈরি করে; উদ্‌জান। '**~ bomb** (fusion bomb নামেও পরিচিত) পারমাণবিক বোমার প্রকারভেদ; উদ্‌জান বোমা। দ্র. atomic. ,**~ pe'roxide** *n* বর্ণহীন তরল পদার্থবিশেষ, যা জীবাণুনাশক ও ধবলীকরণের নিমিত্তরূপে ব্যবহৃত হয়; হাইড্রোজেন পারক্সাইড।

hydro·meter [,হাই'ড্রমিটা(র্)] *n* (বিজ্ঞান) তরল পদার্থের ঘনতাপরিমাপক যন্ত্র; জলমানযন্ত্র।

hy·drop·athy [হাই ড্রপাথি] *n* [U] রোগের চিকিৎসায় জলের অভ্যন্তরীণ ও বাহ্য প্রয়োগ; জলোপচার। **hy·dro·pathic** [,হাইড্রা'প্যাথিক্] *adj* জলোপচারঘটিত।

hy·dro·pho·bia [,হাইড্রা'ফ়ৌবিআ] *n* [U] জলাতঙ্ক; আলর্করোগ।

hy·dro·plane ['হাইড্রাপ্লেইন্] *n* = hydrofoil; জলপৃষ্ঠে আলতোভাবে খুব দ্রুত চলনক্ষম মোটরচালিত নৌকাবিশেষ; উড়ুক্কু নৌকা; জলপৃষ্ঠ থেকে উড্ডয়নক্ষম এবং জলপৃষ্ঠে অবতরণক্ষম বিমানের সেকেলে নাম; জলবিমান।

hy·dro·pon·ics [,হাইড্রা'পনিক্স্] *n pl* মাটি ছাড়া শুধু জলে প্রয়োজনীয় রাসায়নিক খাদ্য সরবরাহ করে উদ্ভিদচাষের পদ্ধতি; জলচাষ।

hy·ena, hy·aena [হাই 'ঈনা] *n* নেকড়ে-সদৃশ মাংসাশী বন্য জন্তুবিশেষ—এর চিৎকার হাসির মতো শোনায়; গোবাঘ; তরক্ষু; হায়না।

hy·giene ['হাইজীন্] [U] স্বাস্থ্যবিজ্ঞান; স্বাস্থ্যবিধি; পরিষ্কার-পরিচ্ছন্নতা। **hy·gienic** [হাই জীনিক্ US ,হাইজি'এনিক্] *adj* স্বাস্থ্যসম্মত; স্বাস্থ্যকর; স্বাস্থ্যবিজ্ঞানসম্মত।

hy·men [হাই মান্] *n* ১ **H~** গ্রিক বিবাহদেবতা। ২ (ব্যব.) সতীচ্ছদ।

hymn [হিম্] *n* ঈশ্বরস্তোত্র; ঈশ্বরবন্দনা; স্তোত্রগীত। □*vt* ঈশ্বরবন্দনা/নামগান করা; স্তুতিগান গাওয়া। **hym·nal** [হিম্নাল্] *n* স্তোত্রপুস্তক।

hy·per·ac·tive [,হাইপার্'অ্যাক্টিভ্] *adj* (চিকি.) (বিশেষত শিশুদের সম্বন্ধে) অস্বাভাবিকভাবে অতিমাত্রায় সক্রিয়; অত্যুদ্যুক্ত; অতিক্রিয়: He is a ~ child. **hy·per·ac·tiv·ity** *n* অত্যুদ্যোগ; অতিক্রিয়তা।

hy·per·bola [হাই 'পাবালা] *n* একটি সমতল শঙ্কুকে (cone) তার শিরোবিন্দু ছাড়া অন্য যে কোনো বিন্দুতে ছেদ করলে যে বক্ররেখা উৎপন্ন হয়; পরাবৃত্ত; অতিক্ষেত্র।

hy·per·bole [হাই 'পাবালি] *n* [U,C] অতিশয়োক্তি; অত্যুক্তি; অতিরঞ্জন।

hy·per·criti·cal [ˌহাইপা'ক্রিটিক্‌ল্] *adj* অত্যধিক সমালোচনামূলক; ছিদ্রান্বেষী; দোষৈকদর্শী। **~·ly** *adj* দোষগ্রাহিতার দৃষ্টিতে।

hy·per·market ['হাইপামা:কিট্] *n* শহরের বাইরে অবস্থিত; গাড়ি রাখার ব্যবস্থাসহ; বিশাল এলাকা জুড়ে স্বয়ংসম্পূর্ণ বিরাট পণ্যশালা; অতিবিপণি।

hy·per·sen·si·tive [ˌহাইপা'সেনসাটিভ্] *adj* ১ অনুভূতির দিক থেকে অতিমাত্রায় সংবেদনশীল; অতিসংবেদনশীল। ২ (চিকি.) ঔষধ ইত্যাদির প্রতি অস্বাভাবিকভাবে সংবেদনশীল; অতিসংবেদনশীল। **hy·per·sen·si·tiv·ity** *n* অতিসংবেদনশীলতা।

hy·per·ten·sion [ˌহাইপা'টেনশ্‌ন্] *n* [U] (চিকি.) স্বাস্থ্যের পক্ষে ক্ষতিকর অত্যন্ত উচ্চ রক্তচাপ; অত্যুচ্চ রক্তচাপ। **hy·per·ten·sive** [ˌহাইপা'টেন্‌সিভ্] *adj* রক্তচাপাধিক্যঘটিত।

hy·phen ['হাইফ্‌ন্] *n* যোজকচিহ্ন (-)। দ্র. পরি ৬। □*vt* যোজকচিহ্ন দিয়ে (শব্দ) যুক্ত করা; (যৌগশব্দ) যোজকচিহ্নসহ লেখা। **~·ate** [-নেইট্] *vt* = ~. **~a·tion** [-নেইশ্‌ন্] *n* যোজকচিহ্নের ব্যবহার।

hyp·no·sis [হিপ্'নৌসিস্] *n* (*pl*-*ses* [-সী জ়্]) [U,C] গভীর নিদ্রা সদৃশ অবস্থা—এ-অবস্থায় এক ব্যক্তির কার্যকলাপ অন্য ব্যক্তি নিয়ন্ত্রণ করতে পারে; সংবেশ; সংবেশন। **hyp·notic** [হিপ্'নাটিক্] *adj* সাংবেশিক: in a hypnotic state. **hyp·not·ism** ['হিপনাটিজ়ম্] *n* সংবেশন। **hyp·not·ize** ['হিপ্‌নাটাইজ়্] *vt* (কাউকে) সংবিষ্ট/ সম্মোহিত করা। **hyp·not·ist** ['হিপ্‌নাটিস্‌ট্] *n* সাংবেশিক; সম্মোহক; সংবেশনবিদ।

hypo ['হাইপৌ] *n* আলোকচিত্রকলায় চিত্র দৃঢ়ীকরণের রাসায়নিক উপকরণরূপে ব্যবহৃত সোডিয়াম থায়োসালফেটের ($Na_2S_2O_2$) কথ্য সংক্ষেপ; হাইপো।

hy·po·chon·dria [হাই পা'কনড্রিআ] *n* [U] কোনো আপাত কারণ ব্যতীত কিংবা নিজের স্বাস্থ্য সম্বন্ধে অহেতুক উৎকণ্ঠাজনিত মানসিক অবসাদ; ব্যাধিকল্পনা; মনোব্যাধি। **hy·po·chon·driac** [ˌহাইপাকনড্রিঅ্যাক্] *adj* ব্যাধিকল্পনামূলক; মনোব্যাধিগ্রস্ত। □*n* ব্যাধিকল্পক।

hy·poc·risy [হিপক্র াসি] *n* (*pl* -*sies*) [C,U] ভণ্ডামি; কুহনা; কুহনিকা; কপটধর্ম; মোনাফেকি। **hyp·ocrite** ['হিপাক্রিট্] *n* ভণ্ড; ভণ্ড তপস্বী; ধর্মধ্বজী; বকধার্মিক; বৈড়ালব্রতিক; মোনাফেক। **hy·po·criti·cal** [ˌহিপাক্রিটিক্‌ল্] *adj* ভণ্ডামিপূর্ণ; কাপটিক; কপটী। **hy·po·criti·cally** [-ক্‌লি] *adv* সকপটে।

hy·po·der·mic [ˌহাইপা'ডামিক্] *adj* (ঔষুধ ইত্যাদি সম্বন্ধে) ত্বকের নীচে অন্তঃক্ষিপ্ত; অধস্তাচ: ~ injections, অধস্তাচ্ অন্তঃক্ষেপণ; a ~ needle/ syringe, অধস্তাচ্ সুচ/বস্তু। □*n* অধঃস্তাচ্ অন্তঃক্ষেপ বা বস্তি।

hy·pot·en·use [হাই 'পটানিউজ়্, US -টনূস্] *n* সমকোণী ত্রিভুজের সমকোণের সম্মুখস্থ বাহু অতিভুজ।

hy·poth·ecate [ˌহাই'পথেকেইট্] *vt* দায়বদ্ধ করা; বন্ধক রাখা। **hy·poth·e'ca·tion** *n* দায়বদ্ধকরণ।

hy·po·ther·mia [ˌহাই'পথামিআ] *n* [U] (চিকি.) শরীরের অস্বাভাবিক নিচু তাপমাত্রা; ন্যূনতাপ।

hy·poth·esis [হাই 'পথাসিস্] *n* (*pl* -ses [-সী জ়্]) যুক্তিতর্ক বা ব্যাখ্যার সূচনাবিন্দুরূপে উপস্থাপিত ভাব, প্রস্তাব ইত্যাদি; উপপ্রমেয়; প্রকল্প। **hy·po·theti·cal** [ˌহাইপা'থেটিক্‌ল্] *adj* উপপ্রমেয়মূলক।

hy·poth·esize [হাই 'পথাসাইজ়্] *vi* উপপ্রমেয় গঠন বা রচনা করা।

hys·sop ['হিসাপ্] *n* আগেকার দিনে ভেষজরূপে ব্যবহৃত কটুগন্ধ উদ্ভিদবিশেষ; হিসপ্।

hys·ter·ec·to·my [ˌহিস্‌টা'রেকটমি] *n* (চিকি.) জরায়ুচ্ছেদ।

hys·teria [হি'সটিআরি আ] *n* [U] ১ আবেগের আকস্মিক অদম্য বিস্ফোরণসহ স্নায়ুমণ্ডলীর বিকার; স্নায়ুবৈকল্য; মূর্ছারোগ। ২ উন্মত্ত; অদম্য উত্তেজনা (যেমন ফুটবল খেলায় দর্শকদের মধ্যে); উন্মাদ; উন্মত্ততা। **hys·teri·cal** [হি'স্‌টেরিক্‌ল্] *adj* স্নায়ুবিকারগ্রস্ত; স্নায়ুবৈকল্যজনিত; উন্মত্ত: hysterical laughter; an hysterical outburst of fury. **hys·teri·cally** [-ক্‌লি] *adv* উন্মত্তভাবে। **hys·ter·ics** [হি'স্‌টেরিক্‌স্] *n* স্নায়ুবৈকল্যের আক্রমণ; কিলকিঞ্চিত: go into hysterics, স্নায়ুবিকারগ্রস্ত হওয়া।

I i

I[1], **i** [আই] (*pl* I's, i's [আই জ়্]), ইংরেজি বর্ণমালার নবম বর্ণ; রোমক ১ সংখ্যার প্রতীক। দ্র. পরি. ৪।

I[2] [আই] *Pers pron* আমি। তুল. me, we, us.

iam·bus [আই 'অ্যামবাস্] *n* (কবিতার ছন্দে) দ্বিমাত্রিক পর্ব-বিশেষ, যার প্রথম অক্ষর হ্রস্ব এবং দ্বিতীয় অক্ষর দীর্ঘ কিংবা প্রথম অক্ষর ঝোঁকহীন ও দ্বিতীয় অক্ষর ঝোঁকপূর্ণ হয়ে থাকে। **iam·bic** *adj* দ্বিমাত্রিক। □*n* দ্বিমাত্রিক পর্ব; ব্যঙ্গছন্দ।

ibex ['আইবেক্‌স্] *n* আল্‌প্‌স্ ও পিরেনিজ অঞ্চলের দীর্ঘ বাঁকানো শিংওয়ালা বুনো ছাগল; আইবেক্স।

ibis ['আইবিস্] *n* গ্রীষ্মপ্রধান অঞ্চলের হ্রদ ও জলাভূমিতে পরিদৃষ্ট বক বা সারস-সদৃশ বৃহৎ পাখিবিশেষ; আইবিস।

ice[1] [আই স্] *n* [U] ১ বরফ; তুষার; হিম; হিমানী। **break the ice** (লাক্ষ.) আনুষ্ঠানিকতা; দ্বিধাসঙ্কোচ কাটিয়ে ওঠা; সৌহার্দ্যপূর্ণ সম্পর্ক গড়ে তোলা; কোনো নাজুক ব্যাপারে প্রথম পদক্ষেপ গ্রহণ করা; বরফ ভাঙা। **cut no ice (with sb)** প্রভাব-প্রতিপত্তি/ জারিজুরি না খাটা; হালে পানি না পাওয়া। **keep sth on ice** ফ্রিজে রাখা; (লাক্ষ.) ভবিষ্যতের জন্য সংরক্ষণ করা। **be skating on thin ice** (লাক্ষ.) বিপজ্জনক বা নাজুক পরিস্থিতির মধ্য দিয়ে চলা। **dry ice,** dry[1](১২) দ্র.। ২ [C] বিভিন্ন ধরনের জমানো মিষ্টান্ন: water-ice; cream ices; two strawberry ices, নীচে ice-cream দ্র.। ৩ (যৌগশব্দ) **the 'Ice Age** *n* তুষার-যুগ; যখন উত্তর গোলার্ধের অধিকাংশ এলাকা তুষারাবৃত ছিল। **'ice-axe** *n* (পাহাড়ে বরফ কেটে পা রাখার স্থান তৈরি করার জন্য পর্বতারোহীদের ব্যবহৃত) বরফ-কাটারি। **'ice·berg** *n* (সমুদ্রে ভাসমান) হিমশৈল; (লাক্ষ.) আবেগবর্জিত মানুষ: an iceberg of a wife. **'ice·boat** *n* হিমায়িত হ্রদ বা সাগরের উপর ভ্রমণের জন্য পালযুক্ত নৌকা; বরফের নাও। **'ice·bound** *adj* (পোতাশ্রয় ইত্যাদি সম্বন্ধে) হিমবদ্ধ। **'ice·box** *n* খাবার শীতল রাখার জন্য

বরফভর্তি বাক্স; হিমাধার; (US) হিমায়নযন্ত্র। ˈ**ice·breaker** *n* বরফ ভেঙে পথ তৈরি করার জন্য শক্তিশালী; বাঁকানো সম্মুখভাগযুক্ত জাহাজ; বরফ-ভাঙা জাহাজ। ˈ**ice-cap** *n* উঁচু কোনো কেন্দ্রস্থলের সকল দিক ঘিরে বরফের স্থায়ী আবরণ; হিমমুকুট। ˌ**ice-ˈcream** *n* [C. U] মালাই বরফ; আইসক্রিম। ˈ**ice·cube** *n* (হিমাগারে বরফের খাঞ্জায় জমানো) বরফের ঘনক। ˈ**ice·fall** *n* হিমায়িত জলপ্রপাতের মতো দেখতে হিমবাহের খাড়া পার্শ্ব; হিমপ্রপাত। ˈ**ice·field** *n* মেরু-অঞ্চলে (বিশেষত সমুদ্র-এলাকায়) বরফের বিশাল বিস্তার; তুষার-প্রান্তর। ˈ**ice·floe** [-ফ্লৌ] *n* ভাসমান বরফের বিশাল চাঁই; হিমরাশি। ˈ**ice-free** *adj* (বন্দর বা পোতাশ্রয় সম্বন্ধে) বরফমুক্ত। উপরে icebound দ্র.। ˈ**ice-hockey**, দ্র. hockey. ˈ**ice·house** *n* গ্রীষ্মকালে ব্যবহারের উদ্দেশ্যে শীতকালে বরফ মজুত করার জন্যে (সাধা.) অংশত কিংবা সম্পূর্ণত ভূতলস্থ ভবন; বরফঘর। ˌ**ice-ˈlolly** *n* কাঠির মাথায় চিনি, ফলের রস ইত্যাদির জমানো খণ্ড; বরফচুষি। ˈ**ice·man** [-ম্যান] *n* (*pl*- men) (US) খুচরো বরফবিক্রেতা; বরফওয়ালা। ˈ**ice-pack** *n* **(ক)** সাগরের যে অংশ ভাঙা বরফের টুকরোর সমবায়ে গঠিত বৃহৎ চাকের নীচে ঢাকা পড়েছে; বরফ-মোড়া সাগর। **(খ)** শুশ্রূষার কাজে ব্যবহারের জন্য কুচা বরফপূর্ণ থলেবিশেষ; বরফের মোড়ক। ˈ**ice·pick** *n* বরফ-ভাঙা কুড়াল। ˈ**ice·rink** (গৃহাভ্যন্তরে স্কেটিং-এর জন্য কৃত্রিম) বরফের চত্বর। ˈ**ice·show** *n* (কৃত্রিম বরফের মেঝের উপর) স্খলনপাদুকা-পরিহিত শিল্পীদের দ্বারা পরিবেশিত বিনোদনমূলক অনুষ্ঠান; বরফ-বিচিত্রা। ˈ**ice-skate** *n* বরফের উপর স্কেটিং করার জন্য বুটের তলায় যুক্ত পাতলা ধাতব পাত; বরফের স্খলনপাদুকা। □*vi* বরফের উপর স্কেটিং করা। ˈ**ice-tray** *n* (হিমায়নযন্ত্রে বরফের ঘনক তৈরি করার জন্য) বরফের খাঞ্জা।

ice² [আইস্] *vt,vi* ১ হিমশীতল করা: ice a bottle of orange juice; ~ d water. ২ **~ over/up** বরফে আস্তৃত হওয়া বা করা: The lake (was) ~d over in winter. ৩ (কেকের উপর) চিনির শিরা ইত্যাদির আস্তরণ দেওয়া। দ্র. icing ।

icicle [ˈআইসিক্ল্] *n* চোয়ানো পানি জমাট বেঁধে গঠিত সূচ্যগ্র বরফখণ্ড; তুষারিকা।

icing [ˈআইসিঙ্] *n* [U] কেকের উপর ছড়িয়ে দেবার জন্য চিনি, ডিমের সাদা অংশ, স্বাদগন্ধবর্ধক উপকরণ ইত্যাদির মিশ্রণ; আস্তরণ।

icon [ˈআইকন্] *n* (প্রাচ্যদেশীয় খ্রিস্টান ধর্মীয় সংগঠনে) কোনো পুণ্যব্যক্তির চিত্রার্পিত, খোদাই-করা কিংবা মোজাইকের মূর্তি—এই মূর্তি আবার পবিত্র বলেও পরিগণিত; প্রতিমা।

icy [ˈআইসি] *adj* (-ier, -iest) অতিশয় শীতল; হিমেল; হিম: icy winds; তুষারাবৃত: icy roads; (লাক্ষ.) নিরুত্তাপ; শীতল; হিমশীতল: an icy welcome/manner. **icily** [আই সিলি] *adj* (সাহিত্য., লাক্ষ.) শীতলভাবে।

id [ইড্] *n* (মনো.) **(the) ~** ব্যক্তির অবচেতন উপজ্ঞা ও প্রবৃত্তিসমূহ; ইদম্।

I'd [আই ড্] = I had বা I would.

idea [আই ডিআ] *n* ১ ভাব; চিন্তা; ধারণা; The exhibition gave a clear ~ of the recent developments in technology. ২ পরিকল্পনা; সংকল্পনা; অভিপ্রায়; অভিসন্ধি; উদ্দেশ্য: We are not lacking in ~s. ৩. মতামত: I wouldn't force my ~s on you. ৪ অস্পষ্ট বিশ্বাস; ভাবনা; ধারণা; অনুভূতি: । had an ~ that he would fail to keep his word. ৫ ধারণা; উপলব্ধি: Can you give us your ~ of a good life. **put ˈ~s into sb's head** পূরণ হওয়ার সম্ভাবনা নেই এমন প্রত্যাশা দান করা; অমূলক ধারণা মাথায় ঢোকানো। ৬ (উৎক্রোশে) what an ~! (অবাস্তব, দৌরাত্ম্যপূর্ণ ইত্যাদি কারণে বিস্ময়সূচক) কী অদ্ভুত ধারণা!

ideal [আই ডিঅল্] adj ১ পরোৎকর্ষের ধারণাকে পরিতৃপ্ত করে এমন; আদর্শ: an ~ teacher. ২ (real-এর বিপরীত) মন; কল্পিত; মনোগত; ভাবজাগতিক; ভাবগত; আদর্শিক: ~ happiness; ~ schemes for changing the society. □*n* [C] উৎকর্ষের পরাকাষ্ঠারূপে বিবেচিত ভাব; নিদর্শন ইত্যাদি; আদর্শ; ভাবাদর্শ: high ~s. The boy looked upon his father as his ~. **~ly** [আই'ডিঅলি] *adv* আদর্শিকভাবে; ভাবজাগতিক দিক থেকে।

ideal·ism [আই ˈডিঅলিজ়াম্] *n* ১ আদর্শবাদ। ২ (শিল্পকলায়, বাস্তববাদের বিপরীত) কল্পনাশ্রয়ী পরিচর্যা; ভাববাদ। ৩ (দর্শনে) ভাবই একমাত্র বস্তু যার সম্পর্কে কিছু জানা সম্ভব, এই মতবাদ; ভাববাদ। **ideal·ist** [-লিস্ট্] *n* ভাববাদী। **ideal·istic** [আইˌডিঅˈলিস্টিক্] *adj* ভাববাদী।

ideal·ize [আই ˈডিঅলাইজ্] *vt* আদর্শায়িত করা: an ~d portrait. **ideal·iz·ation** [আইˌডিঅলাইˈজ়েইশ্ন্ US -লিˈজ়েই-] *n* আদর্শায়ন।

idem [ˈআইডেম্] *n* (লা.) অভিন্ন; একই লেখক, পুস্তক, পৃষ্ঠা ইত্যাদি।

ident·ical [আইˈডেন্টিকল্] *adj* **~ (to/with)** ১ এক; অভিন্ন; অভিন্নরূপ; অভিন্নসত্তা। ২ হুবহু অনুরূপ; সর্বতোভাবে একরূপ; তুল্যমূল্য; অনন্যরূপ: We hold ~ views. ৩ ˌ**~ ˈtwins** একই নিষিক্ত ডিম্ব থেকে জাত যমজ; অভিন্ন যমজ। **~ly** [-কলি] *adv* অভিন্নরূপে।

ident·ify [আই ˈডেনটিফ়াই] *vt,vi* (*pt,pp* -fied) ১ শনাক্ত/চিহ্নিত করা। ২ **~ sth with sth** অভিন্ন বলে গণ্য করা; এক করে ফেলা; তুল্যমূল্য জ্ঞান করা। ৩ **~ (oneself) with sb/sth** একাত্মতা বোধ করা; প্রকাশ করা; একাত্ম হওয়া: Would you ~ yourself with the new movement? **identi·fi·ca·tion** [আইˌডেন্টিফ়িˈকেইশ্ন্] *n* [U] শনাক্তকরণ; পরিচয় নির্ণয়; সমীকরণ; একীকরণ; সাযুজ্য।

iden·ti·kit [আই ˈডেন্টিকিট] *n* বহুজনের স্মৃতিবিধৃত মুখচ্ছবির সমন্বয়ে অঙ্কিত কোনো অজ্ঞাতপরিচয় ব্যক্তির (বিশেষত কোনো সন্দেহভাজন অপরাধীর) মুখাবয়বের যৌগিক চিত্র; যৌগপ্রতিকৃতি; বারোয়ারি প্রতিচ্ছবি।

ident·ity [আই ˈডেনটাটি] *n* (*pl* -ties) [U} ১ অভিন্নতা; অভেদ। ২ [C, U] পরিচয়; স্বরূপ; স্বরূপতা: We know nothing about his ~. **ˈ~ card/disc/certificate** পরিচয়জ্ঞাপক পত্র ইত্যাদি।

ideo·gram [ˈইডিআগ্র্যাম্], **ideo·graph** [ˈইডিআগ্রা:ফ় US -গ্র্যাফ়্] *nn* লিখিত বা মুদ্রিত লিপিবিশেষ, যাতে উদ্দিষ্ট বস্তুর ভাবটিই শুধু প্রতীকায়িত হয়, কিন্তু যে ধ্বনির সমবায়ে উক্ত ভাববোধক শব্দটি গঠিত হয়, তা অপ্রকাশিত থাকে, যেমন চীনা লিপিতে; ধারকলিপি। **ideo·graphic** [ˌইডিঅˈগ্র্যাফ়িক্] *adj* ধারকলিপিঘটিত।

ideol·ogy [ˌআইডিˈঅলাজি] *n* (*pl* -gies) ১ [C] ব্যক্তি, গোষ্ঠী প্রভৃতির বৈশিষ্ট্যসূচক চিন্তারীতি, ভাবধারা, বিশেষত তা যখন একটি অর্থনৈতিক বা রাজনৈতিক ব্যবস্থার বুনিয়াদ রচনা করে; ভাবাদর্শ: bourgeois, Marxist and totalitarian ideologies. ২ [U] নিষ্ফল/অজনক চিন্তা। **ideo·logi·cal**

[ˌআইডিআ'লজিকল্] *adj* ভাবাদর্শগত; ভাবাদর্শিক। **ideo·logi·cally** [-ক্লি] *adv* ভাবাদর্শিকভাবে; ভাবাদর্শের দিক থেকে।

id est [ˌইড্ 'এস্ট্] (সং. ie) (লা.) অর্থাৎ।

idi·ocy ['ইডিঅসি] *n* ১ [U] চরম বুদ্ধিহীনতা; বুদ্ধিজাড্য; অজ্ঞান। ২ [C] (*pl* -cies) চরম নির্বোধোচিত/স্থূলবুদ্ধি কার্য, মন্তব্য ইত্যাদি।

idio·lect ['ইডিঅলেক্ট্] *n* কোনো ব্যক্তির ভাষিক বিকাশের কোনো নির্দিষ্ট স্তরে অর্জিত তাঁর সামগ্রিক ভাষাজ্ঞান; স্বভাষা: The word 'recognizance' is not part of his ~.

id·iom ['ইডিঅম্] *n* ১ কোনো ভাষার বিশেষ অর্থবোধক শব্দগুচ্ছ; বাগ্‌ধারা; উক্ত ভাষার বিশিষ্ট চরিত্র, যেমন কোনো দেশ, এলাকা, জনগোষ্ঠী কিংবা ব্যক্তিবিশেষের নিজস্ব বাগ্‌রীতি: the English ~; the ~ of the New England countryside, নিউ ইংল্যান্ডের দেহাতি বুলি; Shakespeare's ~, শেক্সপীয়ারের ভাষারীতি। ২ [C] যেসব বাক্য বা বাক্যাংশের তাৎপর্য তাদের অন্তর্গত শব্দসমূহের আলাদা আলাদা অর্থের জ্ঞান থাকলেই অনুধাবন করা যায় না, বাক্য বা বাক্যাংশগুলির অর্থ সামগ্রিকভাবে জানতে হয়, যেমন pull through, be on the look out (for); বাগ্‌রীতি; বাগ্‌ধারা; বাগ্‌বৃত্তি। **idio·matic** [ˌইডিঅম্যাটিক্] *adj* ১ বাগ্‌রীতিসিদ্ধ: speak ~atic English. ২ বাগ্‌ধারাসমৃদ্ধ; বাগ্‌রীতিসম্মত: an ~atic language. **idi·om·ati·cally** [ˌইডিআ'ম্যাটিক্লি] *adv* বাগ্‌রীতিসিদ্ধভাবে।

idio·syn·crasy [ˌইডিআ'সিঙ্ক্রসি] *n* (*pl* -sies) [C] ব্যক্তির বিশিষ্ট চিন্তারীতি বা আচরণ; স্বভাব বৈশিষ্ট্য। **idio·syn·cratic** [ইডি অসিঙ্‌ক্র্যাটিক্] *adj* স্বাভাবিক।

id·iot ['ইডিঅট্] *n* ১ যৌক্তিক আচরণে অসমর্থ অল্পবুদ্ধি ব্যক্তি; জড়ধী। ২ (কথ্য) বোকা; হাবা। **idi·otic** [ˌইডি'অটিক্] *adj* নির্বোধ; মূঢ়। **~i·cally** [-ক্লি] *adv* নির্বোধের মতো।

idle ['আই ড্‌ল্] *adj* (–r, –st) ১ অলস; বেকার; নিষ্ক্রিয়; নিষ্কর্মা; নিশ্চেষ্ট: Many workers remain ~ for want of work (যদিও কর্মবিমুখ নয়); ~ hours. ২ (ব্যক্তি সম্বন্ধে কুঁড়ে; অলস; কর্মবিমুখ; শ্রমবিমুখ; আলস্যপরায়ণ; an ~, worthless fellow. ৩ বৃথা; নিরর্থক; অলস: ~ gossip/tales. □*vi,vt* ১ কুঁড়েমি/আলস্য করা; কালক্ষেপ করা। ২ **~ away** আলস্যে কালক্ষয় করা: He is wont to ~ away his time. ৩ (গাড়ির ইনজিন সম্বন্ধে) অক্রিয় গিয়ারে মন্দগতিতে চলা। **idler** ['আইড্‌লা(র্)] *n* আলস্যপরায়ণ ব্যক্তি; আলসে; কুঁড়ে। **idly** ['আইড্‌লি] *adv* অলসভাবে। **~·ness** *n* আলস্য; আলসেমি; কুঁড়েমি: live in ~ness.

idol ['আই ড্‌ল্] *n* ১ বিগ্রহ; প্রতিমা; দেবপ্রতিমা; পুত্তলিকা; অলীক দেবতা। ২ অত্যধিক প্রণয়ভাজন/ শ্রদ্ধাভাজন/ প্রশংসাভাজন ব্যক্তি বা বস্তু; আরাধ্য; উপাস্য; নয়নপুত্তলি: He was the ~ of his parents. **~·ater** [আই'ডলাটা(র্)] *n* ১ প্রতিমাপূজক; পৌত্তলিক। ২ পরম ভক্ত; পূজারী। **~·atress** [আই 'ডলাট্রিস্] *n* প্রতিমাপূজারিণী। **~·atrous** [আই'ডলট্রাস্] *adj* (ব্যক্তি সম্বন্ধে) পৌত্তলিক; প্রতিমাপূজক। **~·atrous·ly** *adv* পৌত্তলিকের মতো। **~·atry** [আই'ডলাট্রি] *n* ১ [C, U] পৌত্তলিকতা; পুতুল-পূজা; মূর্তিপূজা; প্রতিমাপূজা। ২ (কোনো ব্যক্তি বা বস্তুর প্রতি) অতিভক্তি; অত্যনুরাগ। **~·ize** ['আইডালাইজ্] *vt* আরাধ্য বস্তুতে পরিণত করা; দেবতাজ্ঞানে পূজা করা। **~·iz·ation** [ˌআইডালাই'জেইশ্‌ন্ US -লি'জেই-] *n* আরাধ্যবস্তুতে পরিণতকরণ; বিগ্রহীভবন।

idyll ['ইডিল্ US 'আই ডিল্] *n* ১ বিশেষত গ্রামীণ জীবনের কোনো সহজসরল দৃশ্য বা ঘটনার (সাধা. ছন্দোবদ্ধ) সংক্ষিপ্ত বর্ণনা; পল্লীচিত্র। ২ (লাক্ষ.) অনাবিল শান্তি ও সুখের সময়; স্বপ্নাসুখাচ্ছন্ন সময়। **idyl·lic** ['ইডিলিক্ US আই'ডি–] *adj* প্রশান্ত পল্লীপ্রকৃতিসদৃশ; শান্তসমাহিত; স্বপ্নালস।

if [ইফ্] *conj* ১ যদি। (ক) (If–যুক্ত উপবাক্যে Present বা Present Perfect Tense. এতে কোনো কিছু ঘটার সম্ভাবনা বা সম্ভাব্যতা প্রকাশ পায়): If you want to go, I will accompany you. (খ) (if-যুক্ত উপবাক্যে should–সহ এতে ঘটনার অসম্ভাব্যতা বা অসম্ভবনীয়তা নির্দেশ করে: If it should be necessary, he would help you. (গ) (If-যুক্ত উপবাক্যে will–সহ কেবলমাত্র শিষ্টাচারমূলক): If you will stop shouting, I will try to hunt out your bag. (ঘ) (If–যুক্ত উপবাক্যে past tense এতে এমন শর্ত যুক্ত হয় যা পূরণ হওয়ার সম্ভাবনা অল্প কিংবা যা পূরণ হওয়া অসম্ভব, কিংবা যে শর্ত বিবেচনাসাপেক্ষ): If I were to ask her out to dinner, would she agree? (ঙ) (If-যুক্ত উপবাক্যে past perfect tense শর্ত পূরণ হয়নি নির্দেশ করে): If we had made concerted efforts, we would have succeeded. ২ (সাহিত্যিক রচনারীতিতে if বাদ দিয়ে তার বদলে subject এবং aux. *vi*, বিশেষত were/had/should–এর অবস্থান–বিপর্যয় ঘটতে পারে): Had I known earlier... . should it be necessary... .; were I a skilled painter... . ৩ (If 'যখন' বা 'যখনি' অর্থে ব্যবহৃত হলে কোনো শর্ত আরোপিত হয় না: সেক্ষেত্রে মুখ্য উপবাক্য এবং if–যুক্ত উপবাক্যে একই tense ব্যবহৃত হতে পারে: If you are ill, you consult a physician. ৪ **(even) if** একথা মেনে নিলে; যদিবা: Even if I did cause him a lot of trouble, I did not intend it, তাকে বিপদে ফেললেও। ৫ **(even) if** যদিও: He will attend the meeting, even if he is awfully busy getting ready for his journey, দারুণ ব্যস্ত থাকলেও। ৬ (কথ্য) (প্রশ্নবোধক বাক্যের সূচনায় whether–এর বদলে if): He asked if I would come. (উল্লেখ্য: দ্ব্যর্থবোধকতার সম্ভাবনা থাকলে whether–এর স্থলে if ব্যবহার করা উচিত নয়; তুল. Let us know whether he is running for mayor, হাঁ এবং না-–উভয়ক্ষেত্রেই জানাতে হবে)। Let us know if he is running for mayor, কেবলমাত্র ইতিবাচক উত্তরের ক্ষেত্রে জানাতে হবে। ৭ **as if** যেন (it isn't as if ... বললে পরে যা বলা হচ্ছে তার উল্টোটাই সত্য বলে নির্দেশ করে): It is n't as if you were a mere child, তুমি যে নেহাত শিশু তা তো নয়। (অনেক সময় উৎক্রোশের সূচনায় as if ব্যবহৃত হয়): As if I would tolerate it ! আমি এ কিছুতেই বরদাশত করব না ! দ্র. as[2] (১১). ৮ **if only** (বিশেষত উৎক্রোশে কোনো মনোবাঞ্ছা কিংবা কোনো অপূর্ণ শর্ত নির্দেশ করে): If only you had accepted my proposal ! তুমি যদি আমার প্রস্তাবটি মেনে নিতে ! If only I had been informed in time! (কিন্তু যথাসময়ে অবহিত করা হয়নি)। ৯ (উৎক্রোশে if–এর পরে নঞর্থক ক্রিয়াপদ ব্যবহার করলে ভয়, বিস্ময় ইত্যাদি অভিব্যক্ত হয়): And if he didn't try to rob me of my purse! সে আমার পার্সটা ছিনিয়ে নিতে যাচ্ছিল।

ig·loo [ˈইগ্‌লু] *n* (*pl* -s) এস্কিমোদের বরফের ঘর; ইগলু।
ig·neous [ˈইগ্‌নিআস্] *adj* (শিলা সম্বন্ধে) আগ্নেয়।
ig·nite [ইগ্‌না ইট্] *vt,vi* জ্বালানো; জ্বলা; প্রজ্জ্বলিত করা/হওয়া। **ig·ni·tion** [ইগ্‌ˈনিশ্‌ন্] *n* [U] জ্বালান; (পেট্রল ইনজিনে) বিস্ফোরক গ্যাসের মিশ্রণে আগুন ধরানোর জন্য বৈদ্যুতিক যন্ত্রকৌশল; দীপন: switch on the ignition.
ig·noble [ইগ্‌ˈনৌবল্] *adj* নীচ; জঘন্য; কদর্য; লজ্জাকর; অকীর্তিকর; হীন: an ~ man/action; an ~ peace. **ig·nobly** [–ˈনৌবলি] *adv* জঘন্যভাবে; লজ্জাকরভাবে ইত্যাদি।
ig·nom·ini·ous [ˌইগনাˈমিনিআস্] *adj* অপমানকর; লজ্জাকর; অসম্মানজনক; কলঙ্কজনক; অকীর্তিকর: ~ behaviour; an ~ defeat. **~·ly** *adv* অপমানজনকভাবে; লজ্জাকরভাবে।
ig·nom·iny [ˈইগনামিনি] *n* ১ [U] অপমান; অখ্যাতি; অপযশ; কলঙ্ক; অবমাননা; মর্যাদাহানি; অমর্যাদা। ২ [C, U] (*pl*-nies) অপকীর্তি; কুকীর্তি।
ig·nor·amus [ˌইগনাˈরেইমাস্] *n* (*pl* -es [-মিজ্]) অজ্ঞ; অজ্ঞানী।
ig·nor·ance [ˈইগ্‌নারান্‌স্] *n* [U] **~ (of)** অজ্ঞতা; অজ্ঞানতা; অনভিজ্ঞান; অনভিজ্ঞতা।
ig·nor·ant [ইগ্‌নারান্ট্] *adj* ১ **~ (of)** (ব্যক্তি সম্বন্ধে) অজ্ঞ; অবিদ্য; অনবহিত: We are ~ of his whereabouts. অজ্ঞতাপ্রসূত; অনভিজ্ঞ; অবোধ; নির্বোধ: an ~ reply; ~ conduct. **~·ly** *adv* অজ্ঞের মতো।
ig·nore [ˈইগ্‌নো(র্) *vt* উপেক্ষা করা; ভ্রূক্ষেপ/গ্রাহ্য না করা: ~ rude remarks.
iguana [ইˈগোয়া:না] *n* উষ্ণমণ্ডলীয় আমেরিকার গোসাপজাতীয় বৃহৎ বৃক্ষচর সরীসৃপ; ইগুয়ানা।
ikon [আই কন্] *n* = icon.
ilex [ˈআইলেক্স্] *n* চিরহরিৎ বিশাল বৃক্ষবিশেষ; (উদ্ভিদ.) বৃক্ষের গণবিশেষ; আইলেক্স।
ilk [ইল্ক্] *n* **of that/his etc ilk** (কথ্য, হাস্য.) ঐ/তার ইত্যাদি গোত্রের, শ্রেণীর, ধাতের; সমগোত্রীয়; স্বজাতীয়।
I'll [আই ল্] = I will বা I shall.
ill [ইল্] *adj* ১ (সাধা. *pred*) পীড়িত; রোগার্ত; অসুস্থ; –গ্রস্ত; –আতুর: ~ with anxiety, উদ্বেগগ্রস্ত। **fall/be taken ill** অসুস্থ হয়ে পড়া। দ্র. worse, worst. ২ (attrib) অ, দু:, কু, অপ প্রভৃতি উপসর্গ–যোগে প্রকাশ্য; দুষ্ট; পাপ; মন্দ; কদর্য; অপকৃষ্ট: ill health, অস্বাস্থ্য; ill temper/humour, বদ মেজাজ; দুষ্প্রকৃতি; ill repute, কুখ্যাতি; do sb an ill turn, কারো অনিষ্ট/অপকার করা; ill luck, দুর্ভাগ্য; দুরদৃষ্ট; দুর্দৈব; a bird of ill omen, অলক্ষুণে পাখি। **It's an ill wind that blows ˈnobody any good** (প্রবাদ) যাতে কারোই কোনো উপকার হয় না সেটা নিশ্চয়ই খুব খারাপ ব্যাপার। **Ill weeds grow apace** (প্রবাদ) আগাছার বাড় বেশি। **ˈill-ˈbreeding** *n* অবিনয়; অশিষ্টতা; অসত্যতা। **ˌillˈfavoured** *adj* (ব্যক্তি সম্বন্ধে) কুৎসিত; বিকটদর্শন; কদাকার। **ˌill-ˈtreatment/-ˈusage** *n* [U] নিষ্ঠুরতা; নৃশংসতা; নির্দয় ব্যবহার। **ill ˈwill** *n* বিদ্বেষ; দ্রোহবুদ্ধি; বৈরভাব। □*n* ১ [U] অমঙ্গল; অকল্যাণ; অশুভ; পাপ; অনর্থ; অনিষ্টপাত; বিপত্তি; অহিত; আপদ; দুর্দশা: do ill. ২ [U] দুর্ভাগ্য; দুর্দশা; দুর্বিপাক; সন্তাপ; সঙ্কট: the various ills of life. □*adv* অ, অপ, কু, দুঃ ইত্যাদি উপসর্গযোগে প্রকাশিতব্য; অসম্পূর্ণভাবে; অপর্যাপ্তভাবে: It ill becomes him to find fault with you, তার পক্ষে অশোভন; He could ill afford the time for a holiday, তার পক্ষে সহজ ছিল না। **be/feel ill at ease** অস্বস্তি/অস্বাচ্ছন্দ্য বোধ করা। **speak ill of sb** কারো সম্বন্ধে কটূক্তি করা; কারো অখ্যাতি করা। **ˌill-adˈvised** *adj* অবিবেচনাপ্রসূত; হঠকারী; অবিচক্ষণ; অবিজ্ঞোচিত। **ˌill-afˈfected (towards)** *adj* অপ্রসন্ন; বিরক্ত। **ˌill-aˈssorted** *adj* পরস্পর ঠিক মেলে না এমন; বিষম। **ˌill-ˈbred** *adj* দুর্বিনীত; কুশিক্ষিত। **ill-conˈsidered** *adj* অসম্যকবিবেচিত; হঠকারী। **ill-deˈfined** *adj* অসম্যক-বর্ণিত; অসম্যকবিবৃত। **ˌill-disˈposed (towards)** *adj* (ক) (কারো প্রতি) বৈরভাবাপন্ন। (খ) (পরিকল্পনা ইত্যাদির প্রতি) প্রতিকূল; বিমুখ; অননুকূল। **ˌill-ˈfated** *adj* দৈবোপদৃত; দুর্দৈবগ্রস্ত; অভিশাপগ্রস্ত; অলক্ষুণে; অশুভ; অপয়া। **ˌill-gotten ˈgains** *n pl* অসদুপায়ে অর্জিত/দ্রোহার্জিত অর্থ। **ˌill-ˈjudged** *adj* অসময়োচিত; অবিবেকোচিত; হঠকারী: an ill-judged attempt. **ˌill-ˈtimed** *adj* অকালোচিত; অকালিক; অসময়োচিত। **ˌill-ˈtreat/-ˈuse** *vt* (কারো প্রতি) নির্দয়/অন্যায় আচরণ করা।
il·legal [ইˈলীগ্‌ল্] *adj* বেআইনি; বেকানুনি; অবৈধ; ব্যবহারবিরুদ্ধ। **~ly** [– গ ˈলি] *adv* বেআইনিভাবে; অবৈধভাবে। **~·ity** [ˌইলিˈগ্যালাটি] *n* [U] ব্যবহারবিরুদ্ধতা; অবৈধতা; [C] (*pl* -ties) বেআইনি/অবৈধ কার্যকলাপ।
il·leg·ible [ইˈলেজাবল্] *adj* দুষ্পাঠ্য; অস্পষ্টাক্ষর। **il·leg·ibly** [-জ াবলি] *adv* অস্পষ্টাক্ষরে। **il·leg·ibil·ity** [ইˌলেজাˈবিলাটি] *n* [U] দুষ্পাঠ্যতা।
il·lib·eral [ইˈলিবারাল্] *adj* অনুদার; সঙ্কীর্ণচিত্ত; হীনমনা; নীচাশয়; ব্যয়কুণ্ঠ; দীনচেতা; কৃপণস্বভাব। **~ly** [-রালি] *adv* অনুদারভাবে ইত্যাদি। **~·ity** [ইˌলিবাˈর্যালাটি] *n* [U] অনৌদার্য; অনুদারত্ব; সঙ্কীর্ণচিত্ততা; নীচাশয়তা; ব্যয়কুণ্ঠতা; কার্পণ্য।
il·licit [ইˈলিসিট্] *adj* নিষিদ্ধ; অবৈধ; ধর্মবিরুদ্ধ: The ~ sale of liquor. **~·ly** *adv* অবৈধভাবে।
il·limit·able [ইˈলিমিটাবল্] *adj* অনন্ত; অনন্ত্য; অন্তহীন; অমেয়; সীমাহীন; অসীম: ~ space/ambition.
il·lit·er·ate [ইˈলিটারাট্] *adj* নিরক্ষর; অক্ষরজ্ঞানহীন; মূর্খ; অজ্ঞ: an ~ letter, বানান ও ব্যাকরণগত ত্রুটিযুক্ত। □*n* নিরক্ষর (ব্যক্তি)। **il·lit·er·acy** [ইˈলিটারাসি] *n* [U, C] নিরক্ষরতা।
ill·ness [ˈইলানিস্] *n* ১ [U] রোগ; পীড়া; ব্যাধি; অসুস্থতা; রুগ্নতা; রোগব্যাধি; অসুখ। ২ [C] বিশেষ বিশেষ রোগ/ব্যাধি/পীড়া; অসুস্থতা; রুগ্নাবস্থা: ~es of children; a serious ~.
il·logi·cal [ইˈলজিকল্] *adj* অযৌক্তিক; ন্যায়বিরুদ্ধ; অন্যায্য। **~ly** [-কলি] *adv* অযৌক্তিকভাবে। **~·ity** [ইˌলজিˈক্যালাটি], **~·ness** *nn* [U, C] অযৌক্তিকতা; ন্যায়বিরুদ্ধতা; অন্যায্যতা।
il·lumi·nate [ইˈলুমিনেইট্] *vt* ১ আলোকিত/প্রদ্যোতিত/উদ্ভাসিত করা: a street ~d with electric lamps; poorly ~d rooms. ২ (সড়ক, ভবন ইত্যাদি) আলোকসজ্জিত করা। ৩ (মধ্যযুগের রেওয়াজ অনুযায়ী পাণ্ডুলিপির আদ্যবর্ণ) সোনালি, রুপালি এবং উজ্জ্বল রঙে রঞ্জিত করা; দীপিত করা। ৪ স্পষ্টতর ব্যাখ্যায় সহায়তা করা; উদ্দীপিত করা: ~ a difficult passage in a book. **il·lumi·na·tion** [ইˌলুমিˈনেইশ্‌ন্] *n* ১ [U]

দীপন; প্রদীপন; প্রদ্যোতন; উদ্ভাসন। ২ (সাধা. *pl*) আলোকসজ্জা; দীপমালা। ৩ (*pl*) (পাণ্ডুলিপির) অলঙ্করণ; কলধৌতলিপি। **il·lu·mine** [ই'লুমিন] *vt* (সাহিত্য.) আধ্যাত্মিকভাবে উদ্দীপিত করা; অন্তরে আলোকস্ফুরণ ঘটানো; উজ্জ্বলিত করা।

il·lu·sion [ই'লূজ্‌ন্] *n* ১ [C] মায়া; মোহ; ভ্রম; বিভ্রম; অধ্যাস; অলীকতা: an optical ~, দৃষ্টিবিভ্রম। **be under an ~** বিভ্রান্ত/মোহাচ্ছন্ন হওয়া। **cherish an ~/the ~ that ...** অধ্যাস লালন করা। **have no ~s about sb/sth** মোহ না থাকা। ২ [U] মোহ; মোহাচ্ছন্নতা। **~·ist** [–নিস্‌ট্] *n* ঐন্দ্রজালিক; মায়াজীবী; কুহকজীবী।

il·lu·sive [ই'লূসিভ্], **il·lu·sory** [ই'লূসারি] *adjj* মায়িক; অলীক; ইন্দ্রজালিক।

il·lus·trate ['ইলাস্‌ট্রেইট্] *vt* ১ চিত্র, দৃষ্টান্ত ইত্যাদি সহযোগে ব্যাখ্যা করা। ২ পুস্তক; নিবন্ধ; বক্তৃতা ইত্যাদিতে চিত্রাদি সন্নিবিষ্ট করা: a well-~d text book. **il·lus·tra·tor** [–টা(র্)] *n* যে ব্যক্তি পুস্তকাদির জন্য ছবি আঁকেন; চিত্রকর; বার্ণিক। **il·lus·tra·tion** [ˌইলা'স্‌ট্রেইশ্‌ন্] *n* ১ [U] সচিত্রীকরণ; নিদর্শন: He cited many instances in illustration of his theory, তাঁর তত্ত্বের নিদর্শনার্থ। ২ [C] ব্যাখ্যামূলক চিত্র, নকশা ইত্যাদি; চিত্রণ। **il·lus·tra·tive** ['ইলাস্‌ট্রাটিভ্ US ই'লাস্–] *adj* উদাহরণমূলক; দার্ষ্টান্তিক।

il·lus·tri·ous [ই'লাস্‌ট্রিআস] *adj* কীর্তিমান; বিশ্রুতকীর্তি; প্রথিতযশা; মহাযশস্ক; লব্ধপ্রতিষ্ঠ।

I'm [আই ম্] = I am. দ্র. be[1].

im·age ['ইমিজ্] *n* [C] ১ প্রতিমা; প্রতিমূর্তি: an ~ of Virgin Mary. ২ নিকটসাদৃশ্য; প্রতিচ্ছবি; প্রতিকৃতি; প্রতিরূপ; প্রতিমান; আদল: God created man in His own ~. **be the (very/spitting) ~ (of sth/sb)** অবিকল/হুবহু প্রতিকৃতি হওয়া। ৩ মনোগত ছবি বা ভাব; ভাবমূর্তি; মানসচিত্র: The report did great damage to his ~. ৪ চিত্রকল্প; প্রতিফলন; প্রতিচ্ছায়া। □*vt* ১ প্রতিকৃতি/ প্রতিমা রচনা করা। ২ বিম্বিত/ প্রতিবিম্বিত/ প্রতিফলিত করা। **~ry** ['ইমিজারি] *n* [U] চিত্রকল্পের ব্যবহার; চিত্রকল্পরাশি; প্রতিমাপুঞ্জ।

im·agin·able [ই'ম্যাজিনাব্‌ল্] *adj* কল্পনীয়; চিন্তনীয়।

im·agin·ary [ই'ম্যাজিনারি US -জ'নেরি] *adj* কাল্পনিক; মনঃকল্পিত; অবাস্তব; অমূলক।

im·agin·ation [ইˌম্যাজি'নেইশ্‌ন্] *n* ১ [C, U] কল্পনা; কল্পনাশক্তি; কল্পনাপ্রতিভা; কল্পনাবৃত্তি; বিভাবনা: I~ is the poetic faculty par excellence. ২ যা কল্পনা করা হয়; কল্পনা: Did you really see the burglar, or was it only ~? **im·agin·ative** [ই'ম্যাজিনাটিভ্ US -জ'নেইটিভ্] *adj* কল্পনাপ্রবণ; কল্পনাশ্রয়ী; কল্পনাশক্তিধর: imaginative writers.

im·ag·ine [ই'ম্যাজিন্] *vt* কল্পনা/মনে করা; ধরা; ভাবা।

imam [ই'মা:ম্] *n* ইমাম।

im·bal·ance [ˌইম্'ব্যালান্‌স্] *n* ভারসাম্যহীনতা; বৈষম্য; অসামঞ্জস্য: ~ in a country's export and import.

im·be·cile ['ইম্‌বাসীল্ US –স্‌ল্] *adj* জড়বুদ্ধি; অল্পবুদ্ধি; নির্বোধ: ~ remarks/ conduct. □*n* হাবা; হাঁদা; হাঁদারাম; নির্বোধ। **im·be·cil·ity** [ˌইম্‌বা'সিলাটি] *n* ১ [U] জড়বুদ্ধিত্ব; মূঢ়তা; নির্বুদ্ধিতা; বুদ্ধিজড়তা। ২ [C] (*pl* -ties) নির্বোধ কার্যকলাপ, মন্তব্য ইত্যাদি।

im·bibe [ইম্'বাইব্] *vt* (আনুষ্ঠা.) পান/ হজম করা; শুষে নেওয়া; আত্মসাৎ করা: ~ ideas/knowledge.

im·bro·glio [ইম্'ব্রৌলিওউ] *n* (*pl* -s [–জ্]) জটিল, গোলমেলে বা বিব্রতকর (বিশেষ রাজনৈতিক বা মানসিক) পরিস্থিতি; (রাজনৈতিক) জটিলাবস্থা; (মানসিক) বৈক্লব্য।

im·bue [ইম্'বিউ] *vt* (*pt,pp* - bued) **~ with** (আনুষ্ঠা.) পরিপূরিত/অনুপ্রাণিত করা: ~d with patriotism/hatred/love etc.

imi·tate ['ইমিটেইট্] *vt* ১ অনুকরণ/অনুবর্তন করা। ২ নকল করা: Some birds ~ human speech; সদৃশ হওয়া; সাদৃশ্য তৈরি করা: wood painted to ~ marble মর্মর পাথরের সাদৃশ্যে রঞ্জিত কাঠ। **imi·ta·tor** [–টা(র্)] *n* অনুকারক; অনুকারী; অনুবর্তী।

imi·ta·tion [ˌইমি'টেইশ্‌ন্] *n* ১ [U] অনুকরণ; অনুকৃতি; অনুক্রিয়া; অনুবর্তন। ২ (attrib) নকল; মেকি; কৃত্রিম: ~ leather/jewellery. ৩ [C] অনুক্রিয়াজাত কোনো কিছু; নকল: ~s of the cries of birds and animals.

imi·tat·ive ['ইমিটাটিভ্ US -টে ইটিভ্] *adj* অনুকরণমূলক; অনুকারাত্মক; অনুকরণপ্রবণ; অনুকরণশীল: The ~ arts, চিত্রকলা ও ভাস্কর্য; ~ words, অনুকরাত্মক শব্দ, যেমন —ding-dong, hum.

im·macu·late [ই'ম্যাকিউলাট্] *adj* ১ অকলঙ্ক; নিষ্কলঙ্ক; অনিন্দ্য; অনবদ্য; নির্মল; নিষ্কলুষ: ~ conduct. **the I~ conception** (RC গির্জা) কুমারী মেরি আদিপাপ থেকে মুক্ত ছিলেন, এই ধর্মবিশ্বাস; নিষ্কলঙ্ক গর্ভাধান। ২ সম্পূর্ণ ক্রটিমুক্ত; অনবদ্য; অনিন্দ্য; শুচিশুদ্ধ; পবিত্র; বেদাগ; নিষ্কল্মষ: an ~ suit/record. **~·ly** *adv* অনবদ্যভাবে ইত্যাদি: ~ly dressed.

im·ma·nent ['ইমানান্ট্] *adj* **~ (in)** (গুণাগুণ সম্বন্ধে) অন্তর্নিহিত; অন্তর্ভব; (ঈশ্বর সম্বন্ধে) সর্বব্যাপী। **im·ma·nence** [–নান্‌স্] *n* [U] ব্যাপিতা।

im·ma·terial [ˌইমা'টিআরিআল্] *adj* ১ **~(to)** গুরুত্বহীন; তাৎপর্যহীন: ~ objections. ২ অশরীরী; নিরবয়ব: as ~ as a ghost.

im·ma·ture [ˌইমা'টিউআ(র্) US -টু আ(র্)] *adj* অপক্ব; অপরিপক্ব; অপরিণত: an ~ boy; the ~ minds of young children. **im·ma·tur·ity** [ˌইমা'টিউআরাটি US -'টুআরাটি] *n* [U] অপক্বতা; অপরিপক্বতা; অপরিণতত্ব।

im·measur·able [ই'মেজ়ারাব্‌ল্] *adj* অমেয়; অপ্রমেয়; অপরিমেয়।

im·medi·ate [ই'মীডিআট্] *adj* ১ (স্থান ও কাল সম্বন্ধে) অব্যবহিত; আসন্ন; নিকট; সন্নিহিত; উপস্থায়ী: two objects in ~ contact; the ~ heir to the throne; our ~ neighbour; ~ information, প্রত্যক্ষ সংবাদ। ২ তাৎক্ষণিক; তাৎকালিক: an ~ answer; take ~ action. **im·medi·acy** [–আসি] *n* [U] আনন্তর্য; সদ্যস্কতা। **~·ly** *adv* ১ তৎক্ষণাৎ; অবিলম্বে; অচিরে; ঝটিতি। ২ অব্যবহিতভাবে; প্রত্যক্ষভাবে। □*conj* যেইমাত্র: He will start ~ly he receives the news, সংবাদ পাওয়ামাত্র সে রওনা হবে।

im·mem·or·ial [ˌইমা'মোরিআল্] *adj* স্মরণাতিগ; স্মরণাতীত: The ~ privileges of the House of Commons, লোকসভার অনাদিপরম্পরাগত বিশেষাধিকার। **from time ~** আবহমানকাল।

im·mense [ই'মেন্‌স্‌] *adj* বিশাল; সুবিশাল; বিপুল; অতিকায়; অপরিমেয়। **~·ly** *adj* বিপুলভাবে; (কথ্য) অত্যন্ত: We enjoyed ourselves ~ly. **im·men·sity** [ই'মান্‌সাটি] *n* [U] বিশালতা; অপ্রমেয়তা; (*pl* -ties) প্রকাণ্ড/সুবিশাল বস্তু।

im·merse [ই'মাস্‌] *vt* ~ **(in)** ১ ডোবানো; নিমজ্জিত করা: ~ one's head in the water. ২ নিবিষ্ট/অভিনিবিষ্ট/মগ্ন করা: be ~d in a book/work/thought. **im·mer·sion** [ই'মাশ্‌ন্‌ US -জ়্‌ন্‌] *n* নিমজ্জন; অবগাহন; (বিশেষত) সমগ্র শরীর জলে ডুবিয়ে অপ্সুদীক্ষা (ব্যাপ্টিজম)। **imm'ersion heater** জল গরম করার জন্যে (সাধা. গরম পানির চৌবাচ্চার তলদেশে দৃঢ়বদ্ধ) বৈদ্যুতিক যন্ত্রবিশেষ; মগ্নতাপক।

im·mi·grate ['ইমিগ্রেইট্‌] *vi* ~ **(to/into)** (অন্যদেশে) বসতিস্থাপনের/অভিবাসনের জন্য আসা। **im·mi·grant** [ˌইমি'গ্রান্‌ট্‌] *n* বহিরাগত; অভিবাসী। **im·mi·gra·tion** [ইমি'গ্রেইশ্‌ন্‌] *n* [U, C] অভিবাসন।

im·mi·nent [ইমিনান্‌ট্‌] *adj* (ঘটনা, বিশেষত বিপদ-আপদ সম্বন্ধে) আসন্ন; সমুপস্থিত; সমুপগত: ~ death; in the face of ~ danger. **~·ly** *adv* সমুপস্থিতরূপে। **im·mi·nence** [-নান্‌স্‌] *n* [U] আসন্নতা; সন্নিকটবর্তিতা।

im·mi·ti·gable [ই'মিটিগাব্‌ল্‌] *adj* উপশম করা বা তীব্রতা হ্রাস করা যায় না এমন; অশমনীয়। **im·mi·ti·gably** *adv* অশমনীয়রূপে।

im·mo·bile [ই'মৌবাইল্‌ US -ব্‌ল্‌] *adj* নিশ্চল; গতিহীন; স্থাবর; স্থানু। **im·mo·bi·lize** [ই'মৌবালাইজ্‌] *vt* নিশ্চল করা; (সশস্ত্রবাহিনী, যানবাহন ইত্যাদি) বিকল/অচল করে দেওয়া; (পুঁজি, টাকা পয়সা) অচল করে দেওয়া। **im·mo·bil·iz·ation** [ইˌমৌবালাই'জ়েইশ্‌ন্‌ US -লি'জ়েই-] *n* অচলীভবন; নিশ্চলীকরণ। **im·mo·bil·ity** [ইম'বিলাটি] *n* [U] নিশ্চলত্ব; স্থাবরত্ব; স্থানুত্ব।

im·mod·er·ate [ই'মডারাট্‌] *adj* অপরিমিত; অতিমাত্র; অমিত: ~ eating and drinking. **~·ly** *adv* অপরিমিতভাবে।

im·mod·est [ই'মডিস্‌ট্‌] *adj* ১ দুর্বিনীত; অবিনয়ী; নির্লজ্জ; অশোভন; অশালীন: an ~ dress; ~ behaviour. ২ প্রগল্‌ভ; ধৃষ্ট: ~ boasts. **~·ly** *adv* দুর্বিনীতভাবে, অশোভনভাবে ইত্যাদি। **~y** *n* [U] নির্লজ্জতা; প্রগল্‌ভতা; ধৃষ্টতা; [C] (*pl* -ties] নির্লজ্জ/ধৃষ্ট/ প্রগল্‌ভ কার্যকলাপ বা মন্তব্য।

im·mo·late ['ইমালেইট্‌] *vt* ~ **(to)** (আনুষ্ঠা.) বলি দেওয়া; উৎসর্গ করা। **im·mo·la·tion** [ˌইমা'লেইশ্‌ন্‌] *n* [U, C] বলি; বলিদান; উৎসর্জন।

im·moral [ই'মরাল্‌ US ই'মোরাল্‌] *adj* নীতিবিগর্হিত; অসাধু; পাপাত্মক; দুরাশয়; দুশ্চরিত্র; পাপপরায়ণ: ~ conduct; You ~ trickster! **~ly** [-রালি] *adv* নীতিবিগর্হিতভাবে ইত্যাদি। **~·ity** [ˌইমা'র্যালাটি] *n* [U] অধর্ম; দুশ্চরিত্রতা; পাপাচার; পাপাশয়তা; [C] (*pl* -ties) নীতিবিগর্হিত/ অসাধু কার্যকলাপ; দুষ্কর্ম।

im·mor·tal [ই'মো°ট্‌ল্‌] *adj* অমর; অমর্ত্য; অজর; অক্ষয়; অবিনশ্বর; অবিনাশী; শাশ্বত; নিত্য: the ~ gods/soul; ~ poetry/music; ~ fame. □*n* অমর। **the ~s** প্রাচীন গ্রিস ও রোমের দেবকুল; অমরবৃন্দ। **~·ity** [ˌইমো°'ট্যালাটি] *n* [U] অনন্ত জীবন; অমরত্ব; অবিনশ্বর যশ। **~·ize** [ই'মো°টালাইজ্‌] *vt* অমর করা; অমরত্ব দান করা।

im·mov·able [ই'মূভাব্‌ল্‌] *adj* ১ স্থাবর; নিশ্চল: ~ property. ২ অবিচল; স্থিরমনস্ক; দৃঢ়চিত্ত: ~ in purpose. **im·mov·ably** [-ভাব্‌লি] *adv* অবিচলিত্তে; স্থিরমনস্কভাবে; দৃঢ়চিত্তে।

im·mune [ই'মিউন্‌] *adj* ~ **(from/against/to)** মুক্ত; নিরাপদ; অনাক্রম্য: ~ from smallpox; ~ to/against poison/ disease/ infection/ criticism/ attack. **im·mun·ity** [ই'মিউনাটি] *n* [U] (রোগব্যাধি থেকে) নিরাপত্তা/ অনাক্রম্যতা; (কর, শুল্ক ইত্যাদি থেকে) রাহিত্য: diplomatic immunity. **im·mu·nize** ['ইমিউনাইজ্‌] *vt* ~ **(against)** অনাক্রম্য করা; (রোগব্যাধির বিরুদ্ধে) প্রতিষেধক দেওয়া। **im·mu·niz·ation** [ˌইমিউনাই'জ়েইশ্‌ন্‌ US -নি'জ়েই-] *n* [U] প্রতিষেধক প্রদান। **im·mu·nology** [ˌইমিউ'লাজি] *n* [U] প্রতিষেধকবিদ্যা; রোগপ্রতিরোধ বিজ্ঞান।

im·mure [ই'মিউআ(র্‌)] *vt* (আনুষ্ঠা.) কারারুদ্ধ করা; নিরুদ্ধ হয়ে থাকা; ~d in a prison cell; ~ oneself in one's study to work undisturbed.

im·mut·able [ই'মিউটাব্‌ল্‌] *adj* (আনুষ্ঠা.) অবিকার্য; অবিক্রিয়; বিকারক্ষম; নিত্য; অপরিবর্তনীয়। **im·mut·ably** [-টাব্‌লি] *adv* অবিক্রিয়ভাবে। **im·muta·bil·ity** [ইˌমিউটা'বিলাটি] *n* [U] অবিকার্যতা; নিত্যতা।

imp [ইম্‌প্‌] *n* শয়তানের ছানা; খুদে শয়তান; (কৌতুক) শয়তান ছেলে/মেয়ে।

im·pact ['ইম্‌প্যাক্‌ট্‌] *n* ~ **(on)** ১ [C] সংঘর্ষ। ২ [U] সংঘর্ষকালে এক বস্তুর ওপর অন্যবস্তুর অভিগাত; সংঘাত: The roof collapsed on ~ of the falling plane. ৩ (মানসিক) অভিঘাত; প্রভাব; ফল: the ~ of new ideas. □*vt* [ইম্‌'প্যাক্‌ট্‌] দৃঢ়ভাবে একত্র পুটীকৃত, প্রবিষ্ট বা সংবদ্ধ করা; অভিসংহত করা: ঠাসা: an ~ed tooth, যে দাঁত মাড়ি থেকে নির্গত হতে পারে না; অভিসংহত দাঁত।

im·pair [ইম'পেআ(র্‌)] *vt* হানি/ক্ষতি করা; বিকল করা: ~ one's health by overwork. **~·ment** *n* হানি; বৈকল্য।

im·pala [ইম্‌'পা:লা] *n* এক ধরনের আফ্রিকান হরিণ; ইমপালা।

im·pale [ইম্‌'পেইল্‌] *vt* বর্শাবিদ্ধ করা; শূলবিদ্ধ করা; শূলে ফুঁড়ানো। **~·ment** *n* শূলারোপণ।

im·pal·pable [ইম'প্যাল্‌পাব্‌ল্‌] *adj* ১ যা স্পর্শ বা অনুভব করা যায় না; অস্পর্শনীয়; স্পর্শাতীত। ২ দুরভিগ্রহ; দুরবগম্য; দুরধিগম্য।

im·panel [ইম'প্যান্‌ল্‌] = empanel.

im·par·ity [ইম্‌'প্যারিটি] *n* অসাম্য; বৈষম্য। দ্র. disparity.

im·par·tial [ইম্‌'পা:শ্‌ল্‌] *adj* নিরপেক্ষ; পক্ষপাতহীন; সমদর্শী। **~ly** *adv* নিরপেক্ষভাবে; পক্ষপাতশূন্যভাবে। **im·par·tial·ity** [ˌইম্‌পা:শি'অ্যালাটি] *n* [U] নিরপেক্ষতা; পক্ষপাতশূন্যতা; সমদর্শিতা।

im·pass·able [ইম্‌'পা:সাব্‌ল্‌ US -প্যাস-] *adj* অনতিক্রম্য; অতরণীয়; দুরুত্তর; দুরত্যয়; দুস্তর।

im·passe ['অ্যামপা:স্‌ US ইম'প্যাস্‌] *n* যে স্থান বা অবস্থান থেকে বেরিয়ে আসার কোনো উপায় নেই; কানাগলি; অচলাবস্থা।

im·pass·ive [ইম্ 'প্যাসিভ্] *adj* নির্বিকার; নিরাবেগ। **~·ly** *adv* নির্বিকারভাবে। **~·ness, im·pass·iv·ity** [ˌইম্প্যা'সিভ়টি] *nn* নির্বিকারত্ব।

im·pa·tient [ইম্ 'পেইশন্‌ট্] *adj* ১ **~ (at sth/with sb)** অসহিষ্ণু; অধৈর্য: ~ at delay. **~ of sth** (আনুষ্ঠা.) অসহিষ্ণু। ২ **~ (for sth/to do sth)** (আনুষ্ঠা.) অধীর; অস্থির; ব্যগ্র; উদ্‌গ্রীব: ~ to make a start. **~·ly** *adv* অসহিষ্ণুভাবে, অস্থিরভাবে ইত্যাদি। **im·pa·tience** [ইম্'পেইশন্‌শ্] *n* [U] অধৈর্য; ব্যগ্রতা; অধীরতা; অসহিষ্ণুতা; উৎকণ্ঠা; অস্থিরতা।

im·peach [ইম 'পীচ্] *vt* ১ (আনুষ্ঠা.) (কারো চরিত্র ইত্যাদি সম্বন্ধে) প্রশ্ন তোলা; সন্দেহ উত্থাপন করা: He seems to ~ your motives. ২ **~ sb for/of/ with sth; ~ sb for doing (sth)** (আইন.) অন্যায় আচরণের জন্যে অভিযুক্ত বা অভিশস্ত করা; (বিশেষত) রাষ্ট্রের বিরুদ্ধে অপরাধের অভিযোগে অভিযুক্ত করা; অভিশস্ত করা; অভিশংসিত করা: to ~ a judge for taking bribes. **~·ment** *n* [U,C] অভিশংসন; অভিযোগ; ব্যবহারাভিযোগ।

im·pec·cable [ইম্ 'পেকাব্‌ল্] *adj* (আনুষ্ঠা.) নিখুঁত; নিষ্কলঙ্ক; অন্যায় করতে অক্ষম; পাপাক্ষম; নিষ্পাপ: an ~ character/record. **im·pec·cab·ly** *adv* নিখুঁতভাবে; নিষ্কলঙ্করূপে।

im·pe·cuni·ous [ˌইম্পি'কিউনিঅস্] *adj* (আনুষ্ঠা.) নিঃসম্বল; কপর্দকশূন্য।

im·ped·ance [ˌইম্'পীডান্‌স্] *n* পরিবর্তী বিদ্যুৎপ্রবাহে বৈদ্যুতিক চক্রপথের (সার্কিট) দ্বারা সৃষ্ট প্রতিরোধ; সংরোধ।

im·pede [ইম্'পীড্] *vt* ব্যাহত/বাধিত/বাধাগ্রস্ত করা; বাধা দেওয়া।

im·pedi·ment [ইম্'পেডিমান্‌ট্] *n* [C] যে কোনো প্রতিবন্ধক, বিশেষত বাকবিষয়ক কোনো ত্রুটি, যেমন — তোতলামি; বাকবৈকল্য। **impedi·menta** [ইম্ˌপেডি'মেন্টা] *n* (বিশেষত সেনাবাহিনীর) লটবহর; মালমাত্তা।

im·pel [ইম্'পেল্] *vt* (-ll-) **~ (to)** বাধ্য/প্রণোদিত/প্ররোচিত/প্রবৃত্ত/প্রবর্তিত করা: The administration was ~led by the press to take stern measures against the smugglers. **~·ler** *n* (জেট ইনজিনের) ঘূর্ণমান ফলক; প্রবর্তক।

im·pend·ing [ইম্ 'পেন্‌ডিঙ্] *adj* আসন্ন; প্রত্যাসন্ন; সমুপস্থিত: the ~ storm; his ~ arrival.

im·pen·etrable [ইম 'পেনিট্রাব্‌ল্] *adj* **~ (to)** অভেদ্য; দুর্ভেদ্য; দুষ্প্রবেশ্য; অবেধ্য; গহন; বজ্রময়: ~ forests; ~ rock; ~ darkness; ~ to reason.

im·peni·tent [ইম্ 'পেনিটান্‌ট্] *adj* (আনুষ্ঠা.) অনুতাপশূন্য; অনুশোচনাবিহীন। **~·ly** *adv* শোচনাশূন্যভাবে। **im·peni·tence** [-টান্‌স্] *n* শোচনাশূন্যতা; অনুতাপহীনতা।

im·pera·tive [ইম্ 'পেরাটিভ্] *adj* ১ জরুরি; অপরিহার্য; অত্যাবশ্যক; আশুকর্তব্য: It is ~ to act vigorously against dangerous drivers. ২ অবশ্যপালনীয়; আজ্ঞাপক; আদেশব্যঞ্জক: The general's orders were ~. His voice was ~. ৩ (ব্যাক.) অনুজ্ঞাসূচক: the ~ mood. **~·ly** *adv* জরুরিভাবে, আদেশের সুরে ইত্যাদি।

im·per·cep·tible [ˌইম্পা'সেপ্টাব্‌ল্] *adj* ইন্দ্রিয়াগম্য; ইন্দ্রিয়াতীত; অব্যক্ত; বুদ্ধির অগম্য; অবোধ্য; আনুক্রমিক; ঈষৎ; কিঞ্চিৎ। **im·per·cep·tibly** [-টাব্‌লি] *adv* অব্যক্তভাবে; ক্রমশ ইত্যাদি।

im·per·fect [ইম্ 'পাফিক্‌ট্] *adj* ১ অসম্পূর্ণ; অপূর্ণ; ত্রুটিপূর্ণ; অসমাপ্ত। ২ **~ tense** (ব্যাক.) ক্রিয়াব্যাপারের ঘটমানতা ও অসম্পন্নতা-সূচক কাল (progressive বা continuous tense নামেও পরিচিত); ঘটমান কাল। □ *n* ঘটমান কাল। **im·per·fec·tion** [ˌইম্পা'ফেকশন্] *n* [U] অসম্পূর্ণতা; অপূর্ণতা; অসম্পন্নতা; [C] ত্রুটিবিচ্যুতি।

im·per·fo·rate [ইম্ 'পা:ফারিট্] *adj* নীরন্ধ্র; নিশ্ছিদ্র; অছিদ্রিত।

im·perial [ইম 'পিঅরিঅল্] *adj* ১ সাম্রাজ্য বা সাম্রাজ্যের শাসক-সম্বন্ধী; সাম্রাজ্যিক; মাহারাজিক: ~ trade; His I~ Majesty মহামান্য সম্রাট। ২ রাজকীয়; দেদীপ্যমান; মহামহিম; মহাপ্রভু। ৩ (ওজন ও মাপ সম্বন্ধে) আইনবলে যুক্তরাজ্যে ব্যবহৃত: an ~ pint/gallon. **~ly** [-রি অলি] *adv* রাজকীয়ভাবে; সম্রাটোচিতভাবে।

imperi·al·ism [ইম 'পিঅরিঅলিজ ম্] *n* সাম্রাজ্যবাদ। **im·per·ial·ist** [-লিস্ট্] *n* সাম্রাজ্যবাদী। **im·per·ial·is·tic** [ইম্ˌপিঅ'লিস্‌টিক্] *adj* সাম্রাজ্যবাদী।

im·peril [ইম 'পেরাল্] *vt* (-ll-), US অপিচ -l-; (সাহিত্য.) বিপন্ন/বিপদাপন্ন/বিপদগ্রস্ত/সংশয়স্থ করা।

im·peri·ous [ইম্ 'পিঅরিঅস্] *adj* (আনুষ্ঠা.) ১ আদেশব্যঞ্জক; কর্তৃত্বব্যঞ্জক; আজ্ঞাপক; উদ্ধত; ধৃষ্ট; প্রগল্‌ভ: ~ gestures/looks. ২ জরুরি; অত্যাবশ্যক; অপরিহার্য; আশুকর্তব্য। **~·ly** *adv* আদেশব্যঞ্জক-ভাবে; উদ্ধতভাবে ইত্যাদি। **~·ness** *n* ঔদ্ধত্য; ধৃষ্টতা; প্রগল্‌ভতা।

im·per·ish·able [ইম্ 'পেরিশাব্‌ল্] *adj* (আনুষ্ঠা.) অক্ষয়; অবিনশ্বর; অবিনাশী: ~ fame/glory.

im·per·ma·nent [ইম্ 'পামানান্‌ট্] *adj* (আনুষ্ঠা.) অস্থায়ী; অনিত্য; অস্থির; অচিরস্থায়ী। **im·per·ma·nence** [-নান্‌স্] *n* অস্থায়িত্ব; অনিত্যতা; অস্থিরতা; অস্থিতি।

im·per·me·able [ইম 'পামিঅব্‌ল্ *adj* **~· (to)** (আনুষ্ঠা.) অপ্রবেশ্য (বিশেষত তরলপদার্থের পক্ষে); অভেদ্য।

im·per·sonal [ইম্ 'পাসান্‌ল্] *adj* ১ নৈর্ব্যক্তিক; অনাত্মা: ~ remarks. **~ pronoun,** one[4] ও your[(2)] এই দুটি সর্বনাম; নৈর্ব্যক্তিক সর্বনাম। ২ ব্যক্তি হিসাবে অস্তিত্ব নেই এমন; নৈর্ব্যক্তিক: ~ forces. ৩ (ক্রিয়া সম্বন্ধে) ভাববাচক; অকর্তৃবাচক। **~ly** [-সান লি] *adv* নৈর্ব্যক্তিকভাবে।

im·per·son·ate [ইম্পা 'সানেইট্] *vt* ১ (নাটক ইত্যাদিতে) (কোনো ভূমিকায়) অভিনয় করা। ২ নিজেকে অন্য মানুষ বলে পরিচয় দেওয়া; সাজা; (অন্য কেউ বলে) ভান করা। **im·per·son·ation** [ইম্ˌপাসা'নেইশন্] *n* [U, C] ছদ্মবেশিতা; ভূমিকা-অভিনয়: The actor thrilled the audience with some ingenious impersonations of some well-known personalities.

im·per·ti·nent [ইম্'পা ˌটিনান্‌ট্] *adj* ১ অবিনয়ী; ধৃষ্ট; প্রগল্‌ভ; অশিষ্ট: ~ remarks; an ~ reply. ২ অপ্রাসঙ্গিক; অসঙ্গত। **~·ly** *adv* ধৃষ্টতার সঙ্গে; অপ্রাসঙ্গিকভাবে। **im·per·ti·nence** [-নান্‌স্] *n* [U] ধৃষ্টতা; প্রগল্‌ভতা; অপ্রাসঙ্গিকতা; [C] ধৃষ্ট/প্রগল্‌ভ/অপ্রাসঙ্গিক মন্তব্য বা কার্যকলাপ।

im·per·turb·able [ˌইম্‌পা'টাবাব্‌ল্‌] *adj* (আনুষ্ঠা.) নির্বিকার; অবিচলিতচিত্ত; শান্ত; অচঞ্চল। **im·per·turb·abil·ity** [ˌইম্‌পাটাবা'বিলাটি] *n* নির্বিকারত্ব; অবিচলিতচিত্ততা; অপরিপ্লবত্ব; অচাঞ্চল্য।

im·per·vi·ous [ইম্‌'পাভিঅস্‌] *adj* ~ **(to)** ১ (পদার্থ সম্বন্ধে) অভেদ্য; অপ্রবেশ্য; অব্যাপ্য: Plastic raincoats are ~ to water. ২ (লাক্ষ.) অবিচলিত; অনভিভূত; অভেদ্য: ~ to criticism/argument.

im·pe·tigo [ˌইম্‌পি'টাইগৌ] [U] ফুস্কুড়িওয়ালা ছোঁয়াচে চর্মরোগবিশেষ; ছোঁয়াচে ঘা।

im·petu·ous [ইম্‌'পেচুঅস্‌] *adj* ১ উচ্চণ্ড বেগ; মহাবেগ; উদীর্ণবেগ। ২ ঝোঁকের বলে কাজ করার প্রবণতাসম্পন্ন; প্রবৃত্তিতাড়িত; অগ্রপশ্চাদ্‌বিবেচনাহীন: ~ remarks/acts. **~·ly** *adv* উদীর্ণবেগে; ঝোঁকের বশে; তাৎক্ষণিক উন্মাদনায়। **im·petu·os·ity** [ইম্‌ˌপেচু'অসাটি] *n* [U] উচ্চণ্ডতা; উগ্রতা; হঠাৎকার; অগ্রপশ্চাদ্‌বিবেচনাহীনতা; [C] (*pl* -ties) অগ্রপশ্চাদ্‌বিবেচনাহীন/হঠকারী কাজ, মন্তব্য ইত্যাদি।

im·pe·tus ['ইম্‌পিটাস্‌] *n* (*pl* -es) [-সিজ্‌] ১ [U] (বস্তুর) গতিশক্তি; সংবেগ। [C] বেগ; গতি; চালিকাশক্তি; প্রণোদনা: an ~ to building activities.

im·pi·ety [ইম্‌'পাইঅটি] *n* (আনুষ্ঠা.) ১ [U] অধর্ম; অধার্মিকতা; অভক্তি; অশ্রদ্ধা। ২ [C] (*pl* -ties) অধর্মাচার; দুষ্কৃত; শ্রদ্ধাহীন মন্তব্য ইত্যাদি।

im·pinge [ইম'পিন্‌জ্‌] *vt* ~ **on/upon** (আনুষ্ঠা.) অভিঘাত সৃষ্টি করা; আঘাত হানা। **~·ment** *n* অভ্যাঘাত।

imp·ish ['ইম্‌পিশ্‌] *adj* শয়তানের বাচ্চা বা খুদে শয়তানের মতো; দুষ্টামিপূর্ণ; দুর্জনোচিত। **~·ly** *adv* দুর্জনোচিতরূপে **~·ness** *n* শয়তানি; দুষ্টামি; দুষ্টশীলতা।

im·plac·able [ইম্‌'প্ল্যাকাব্‌ল্‌] *adj* (আনুষ্ঠা.) শান্ত করা যায় না এমন; অপ্রশম্য; নিষ্করুণ; কৃপাহীন: an ~ enemy; ~ hatred/love.

im·plant [ইম্‌'প্লা:ন্‌ট্‌ US 'প্ল্যান্‌ট্‌] *vt* ~ **in** (ভাব, অনুভূতি, ধারণা ইত্যাদি) উপ্ত/প্রোথিত করা: deeply ~ed hatred; ~ sound principles in the minds of children.

im·ple·ment[1] ['ইম্‌প্লিমান্‌ট্‌] *n* হাতিয়ার; অস্ত্র: farm ~s; stone and bronze ~s of primitive man.

im·ple·ment[2] ['ইম্‌প্লিমান্‌ট্‌] *vt* কার্যে পরিণত করা; বাস্তবায়িত করা: ~ a scheme. **im·ple·ment·ta·tion** ['ইম্‌প্লিমেন্‌'টেইশ্‌ন্‌] *n* নিষ্পাদন; বাস্তবায়ন।

im·pli·cate ['ইম্‌প্লিকেইট্‌] *vt* ~ **(in)** (আনুষ্ঠা.) (অপরাধ ইত্যাদির সঙ্গে) জড়িত বলে দেখানো; জড়িত/বিজড়িত/সংসৃষ্ট করা: ~ officials in a bribery scandal. দ্র. involve.

im·pli·ca·tion [ˌইম্‌প্লি'কেইশ্‌ন্‌] *n* (আনুষ্ঠা.) ১ [U] (অপরাধ ইত্যাদির সঙ্গে) সংসৃষ্টকরণ; জড়ানো। ২ [C] ব্যঞ্জনার্থ; নিহিতার্থ; উপলক্ষ: The ~s of the statement are quite clear.

im·pli·cit [ইম্‌'প্লিসিট্‌] *adj* (আনুষ্ঠা.) ১ ~ **(in)** ইশারা-ইঙ্গিতে প্রকাশিত; নিহিত; চাপা: an ~ threat; ~ in the contract. দ্র. explicit. ২ অবিতর্কিত; অখণ্ড; অসংশয়: ~ belief. **~·ly** *adv* ইঙ্গিতে; নিহিতভাবে।

im·plore [ইম্‌প্‌ 'লো°(র্‌)] *vt* ~ **(for)** করজোড়ে প্রার্থনা করা; ভিক্ষা চাওয়া; কাকুতি-মিনতি/অনুনয় করা: ~ a judge for mercy; ~ a friend to help one; an imploring glance, মিনতিপূর্ণ দৃষ্টি। **im·plor·ing·ly** *adv* সানুনয়ে; সকাতরে।

im·plo·sion [ইম্‌'প্লৌজ়ন্‌] *n* [U, C] বাহিরের চাপে ভিতরের দিকে স্ফোটন; অন্তঃস্ফোটন। দ্র. emplosion.

im·ply [ইম্‌'প্লাই] *vt* (*pt. pp* -plied) ইঙ্গিত করা; সূচিত করা: an implied rebuke; নিহিত তিরস্কার: implied meaning, ফলিতার্থ।

im·po·lite [—।ইম্‌পা'লাইট্‌] *adj* (আনুষ্ঠা.) ১ (ব্যক্তি সম্বন্ধে) অনীতিজ্ঞ; অবিজ্ঞ; অবিবেচক; অকোবিদ। ২ (কার্য, উদ্‌যোগ ইত্যাদি সম্বন্ধে) অনুপযোগী; অনর্থকর; অহিতকর; অযুক্তিযুক্ত; অসমীক্ষাপ্রসূত।

im·pon·der·able [ইম্‌ 'পন্‌ডারাব্‌ল্‌] *adj* ১ (পদার্থ.) যা ওজন বা পরিমাপ করা যায় না; অগুরু; নির্ভার; অতোলনীয়। ২ আগেভাগে পরিণাম সম্বন্ধে ধারণা করা যায় না এমন; অজ্ঞেয়পরিণাম। □*n* অজ্ঞেয়পরিণাম বস্তু; (বিশেষত *pl*) যেসব গুণ, আবেগ ইত্যাদির পরিণাম সম্বন্ধে পূর্ব থেকে কিছু আঁচ করা যায় না; অজ্ঞেয়পরিণাম বিষয়।

im·port [ইম্‌'পো°ট্‌] *vt* ১ ~ **from (into)** আমদানি করা। (আনুষ্ঠা.) সূচিত করা: What does this import? এর মানে/ তাৎপর্য কী? □*n* ['ইম্‌পো°ট্‌] ১ (সাধা. *pl*) আমদানি পণ্য: food ~s, খাদ্য আমদানি। ২ [U] আমদানি। ৩ [U] অর্থ; তাৎপর্য; বিবক্ষা: Do you understand the ~ of what he said? ৪ [U] (আনুষ্ঠা.) গুরুত্ব; তাৎপর্য: questions of great ~. **~er** *n* আমদানিকারক। **im·port·ation** [ˌইম্‌পো°'টেইশ্‌ন্‌] *n* [U] আমদানি; [C] আমদানিকৃত পণ্য।

im·port·ant [ইম্‌ 'পো°টন্‌ট্‌] *adj* ১ গুরুত্বপূর্ণ; গুরুতর; তাৎপর্যপূর্ণ। ২ (ব্যক্তি সম্বন্ধে) গুরুত্বপূর্ণ; প্রভাবশালী। **~·ly** *adv* গুরুত্বসহকারে; তাৎপর্যপূর্ণভাবে। **im·port·ance** [-টন্‌স্‌] *n* [U] গুরুত্ব; তাৎপর্য; প্রতিপত্তি।

im·por·tu·nate [ইম্‌ 'পো°চুনাট্‌] *adj* (আনুষ্ঠা.) ১ (ব্যক্তি সম্বন্ধে) নির্বন্ধশীল; নাছোড়বান্দা; নেই-আঁকড়া: an ~ beggar. ২ (কাজ-কারবার সম্বন্ধে) জরুরি; সনির্বন্ধ: ~ demands/clamis. **~·ly** *adv* সনির্বন্ধভাবে; নির্বন্ধসহকারে। **im·por·tun·ity** [ˌইম্‌পা'টিউনাটি US -টূ-] *n* [U] নির্বন্ধ; নির্বন্ধাতিশয্য; (*pl* - ties) পীড়াপীড়ি।

im·por·tune [ˌইম্‌পা'টিউন্‌] *vt* ~ **(for)** (আনুষ্ঠা.) ১ পীড়াপীড়ি করা; সনির্বন্ধ অনুরোধ করা; কিছু চেয়ে অতিষ্ট করা: The beggar ~d the passers-by for alms. ২ (বারনারী সম্বন্ধে) দেহদানের জন্য উপযাচিকা হওয়া: ~d, উপযাচিত।

im·pose [ইম'পৌজ়্‌] *vt,vi* ১ ~ **on** (কর দায়িত্ব ইত্যাদি) আরোপ করা; চাপানো। ২ ~ **on sb** চাপিয়ে দেওয়া: He ~ed himself/his company on the organisers of the party. ৩ ~ **upon sth** সুযোগ নেওয়া: ~ upon sb's good nature. **im·pos·ing** *adj* আকার, প্রকার, চেহারা ইত্যাদির দরুন মনে দাগ কাটে এমন; জবরদস্ত; জমকালো; বিস্ময়কর; চিত্তচমৎকারী: an imposing old lady; an imposing display of knowledge. **im·pos·ing·ly** *adv* জবরদস্তরূপে, বিস্ময়করভাবে ইত্যাদি।

im·po·si·tion [ˌইম্‌পা'জ়িশ্‌ন্‌] *n* ১ [U] আরোপ; আরোপণ: ~ of new taxes. [C] আরোপিত কোনো কিছু, যেমন কর, বোঝা, দণ্ড, অবাঞ্ছিত অতিথি।

im·por·tu·nate [ইম্ ˈপো°চুনাট্] *adj* (আনুষ্ঠা.) ১ (ব্যক্তি সম্বন্ধে) নির্বন্ধশীল; নাছোড়বান্দা; নেই–আঁকড়া: an ~ beggar. ২ (কাজ–কারবার সম্বন্ধে) জরুরি; সনির্বন্ধ: ~ demands/clamis. **~·ly** *adv* সনির্বন্ধভাবে; নির্বন্ধসহকারে। **im·por·tun·ity** [ˌইম্পˈটিউনাটি US –টূ–] *n* [U] নির্বন্ধ; নির্বন্ধাতিশয্য; (*pl* - ties) পীড়াপীড়ি।

im·por·tune [ˌইম্পাˈটিউন্] *vt* ~ **(for)** (আনুষ্ঠা.) ১ পীড়াপীড়ি করা; সনির্বন্ধ অনুরোধ করা; কিছু চেয়ে অতিষ্ঠ করা: The beggar ~d the passers-by for alms. ২ (বারনারী সম্বন্ধে) দেহদানের জন্য উপযাচিকা হওয়া: ~d, উপযাচিত।

im·pose [ইম্ˈপৌজ্] *vt,vi* ১ ~ **on** (কর দায়িত্ব ইত্যাদি) আরোপ করা; চাপানো। ২ ~ **on sb** চাপিয়ে দেওয়া: He ~ed himself/his company on the organisers of the party. ৩ ~ **upon sth** সুযোগ নেওয়া: ~ upon sb's good nature. **im·pos·ing** *adj* আকার, প্রকার, চেহারা ইত্যাদির দরুন মনে দাগ কাটে এমন; জবরদস্ত; জমকালো; বিস্ময়কর; চিত্তচমৎকারী: an imposing old lady; an imposing display of knowledge. **im·pos·ing·ly** *adv* জবরদস্তরূপে, বিস্ময়করভাবে ইত্যাদি।

im·po·si·tion [ˌইম্পাˈজ়িশ্ন্] *n* ১ [U] আরোপ; আরোপণ: ~ of new taxes. [C] আরোপিত কোনো কিছু, যেমন কর, বোঝা, দণ্ড, অবাঞ্ছিত অতিথি।

im·poss·ible [ইম্ ˈপসাব্‌ল্] *adj* ১ অসম্ভব; অসাধ্য; সাধ্যাতীত: an ~ scheme/story. **the ~** অসম্ভব কিছু: He asked me to do the ~. ২ অসহ্য; দুঃসহ; অসহনীয়: an ~ situation; an ~ person. **im·poss·ibly** [–সাব্‌লি] *adv* অসম্ভব রকম। **im·possi·bil·ity** [ইম্ˌপসাˈবিলাটি] *n* [U] অসম্ভব পরিস্থিতি; অসম্ভব; [C] (*pl* - ties) অসম্ভব কাজ, দায়িত্ব ইত্যাদি।

im·pos·tor [ইম্ˈপস্‌টা(র্)] *n* কাপটিক; ভণ্ড; ধর্মধ্বজী; ছদ্মতাপস।

im·pos·ture [ইম্ ˈপস্‌চা(র্)] *n* [C] ভণ্ড/ছদ্মতাপসের প্রতারণা; ভণ্ডামি; বিপ্রলম্ভ; কৈতব; [U] জুয়াচুরি; ছলচাতুরি।

im·po·tent [ˈইম্পাটান্ট্] *adj* অক্ষম; নিবীর্য; অশক্ত; অসমর্থ; (পুরুষ সম্বন্ধে) নপুংসক; ক্লীব; পুরুষত্বহীন; ভগ্নধ্বজ। **~·ly** *adv* অক্ষমভাবে ইত্যাদি। **im·po·tence** [–টান্স্] *n* অক্ষমতা; নিবীর্যতা; ক্লীবত্ব; নপুংসকতা; ধ্বজভঙ্গ।

im·pound [ইম্ ˈপা:উন্‌ড্] *vt* ১ আইন বা ক্ষমতা বলে দখল করা; আটক/ক্রোক করা। ২ (আগেকার দিনে) খোঁয়াড়ে দেওয়া/ভরা। দ্র. pound.

im·pov·er·ish [ইম্ ˈপভ়ারিশ্] *vt* (আনুষ্ঠা.) দরিদ্র/নিঃস্ব করা; সদ্গুণাবলী লুপ্ত হওয়া। **im·pov·er·ished** *adj* দরিদ্রীকৃত; দরিদ্র হয়ে পড়েছে এমন: ~ed soil; ~ed rubber, যে–রবারের স্থিতিস্থাপকতাগুণ নষ্ট হয়েছে। **~·ment** *n* [U] দরিদ্রীকরণ; দরিদ্রীভবন।

im·prac·ti·cable [ইম্ ˈপ্র্যাক্‌টিকাব্‌ল্] *adj* ১ যা কার্যকর করা সম্ভব নয়; অসাধ্য; অসাধনীয়; অসম্ভব: an ~ scheme. ২ (যাতায়াতের পথ সম্বন্ধে) অগম্য; দুস্তর। **im·prac·ti·ca·bil·ity** [ইম্ˌপ্র্যাক্‌টিকাˈবিলাটি], **~·ness** *nn* অসাধ্যতা; অসাধনীয়তা; অগম্যতা।

im·prac·ti·cal [ইম্ ˈপ্র্যাক্‌টিক্‌ল্] *adj* ব্যবহারানুপযোগী; অব্যবহার্য; অব্যবহারিক; অবাস্তব; বাস্তবজ্ঞানবর্জিত; সংসারানভিজ্ঞ।

im·pre·ca·tion [ˌইম্প্রিˈকেইশ্‌ন্] *n* [C] (আনুষ্ঠা.) অভিসম্পাত; ধিক্কার।

im·pre·cise [ˌইম্প্রিˈসাইস্] *adj* অযথাতথ; অযথার্থ; অতথ্য; অযাথার্থিক: ~ measurements; ~ statements. **~·ly** *adv* অযথাতথভাবে; অযথার্থরূপে।

im·pre·ci·sion [ˌইম্প্রিˈসিজ়ন্] *n* [U] অযথার্থতা; অযাথার্থ্য।

im·preg·nable [ইম্ ˈপ্রেগ্‌নাব্‌ল্] *adj* দুর্জয়; অজেয়; অলঙ্ঘনীয়: an ~ fortress; ~ defences/arguments. **im·preg·nably** [–নাব্‌লি] *adv* দুর্জয়রূপে ইত্যাদি। **im·preg·na·bil·ity** *n* [U] দুর্জয়ত্ব; অজেয়তা; অলঙ্ঘনীয়তা।

im·preg·nate [ˈইম্প্রেগ্‌নেইট্ US ইম্ˈপ্রেগ্–] *vt* ~ **(with)** ১ গর্ভবতী/অন্তঃসত্ত্বা করা; (ডিম্বকোষ) নিষিক্ত করা। ২ পূর্ণ করা; সম্পৃক্ত করা: water ~d with salt. ৩ (নৈতিক গুণাবলী, অনুভূতি ইত্যাদিতে) পরিনিষিক্ত করা।

im·pre·sario [ˌইম্প্রিˈসা:রিউ] *n* (*pl* -s [–জ্]) ১ অপেরা বা বাদকদলের কর্মাধ্যক্ষ; অধিকারী; প্রযোজক। ২ বাণিজ্যিক বিনোদনমূলক অনুষ্ঠানের ব্যয়ভারবহন–কারী ব্যক্তি বা প্রতিষ্ঠান; প্রযোজক।

im·press [ইম্ˈপ্রেস্] *vt* ~ **(on/upon)/(with)** ১ ছাপ দেওয়া/ফেলা; মুদ্রিত/অঙ্কিত করা; মুদ্রাঙ্কিত করা: ~ wax with a seal; ~ a figure/design on sth. ২ রেখাপাত করা; দাগ কাটা; নিষ্ঠিত হওয়া; মুদ্রিত/প্রোথিত/নিবেশিত হওয়া: His speech did not ~ us; The candidate ~ed me unfavourably, প্রার্থী সম্বন্ধে আমার মনে একটা অননুকূল ধারণা সৃষ্টি হয়েছে। □*n* [ইম্‌প্রেস্] ছাপ; মুদ্রা।

im·pres·sion [ইম্ˈপ্রেশ্ন্] *n* [C] ১ ছাপ; মুদ্রা: the ~ of a seal on wax. ২ (খোদাই ইত্যাদির) মুদ্রণ। ৩ একবারে মুদ্রিত গ্রন্থসমূহ; মুদ্রণ: a first ~ of 5000 copies. দ্র. edition. ৪ মনোগত বা অনুভূতিগত প্রতিক্রিয়া; চিত্তসংস্কার; মনঃসংস্কার; অন্তর্মুদ্রা; ধারণা; আভাস: It is my ~ that ..., আমার ধারণা ...; My first ~ of New York was not very favourable. He got an unfavourable ~ of the whole affair. The Prime Minister's statement made a strong ~ on the House, একটা জোরালো অভিঘাত সৃষ্টি করে। ৫ (অস্পষ্ট বা অনিশ্চিত ধারণা; বিশ্বাস; আভাস: It is my ~ that she doesn't want to see you. **be under the ~ that...** একটা অস্পষ্ট ধারণার বশবর্তী হওয়া; মনে হওয়া। **~·ism** [–নিজ়াম্] *n* [U] চিত্রকলা বা রচনার পদ্ধতিবিশেষ, যাতে আনুপুঙ্খিকতা পরিহার করে একটি সামগ্রিক অভিঘাত সৃষ্টির চেষ্টা করা হয়; অন্তর্মুদ্রাবাদ। **~·ist** [–নিস্ট্] *n* অন্তর্মুদ্রাবাদী। **~·is·tic** [ইম্ˌপ্রেশাˈনিস্‌টিক্] *adj* ১ অন্তর্মুদ্রাবাদী; কেবলমাত্র একটা সামগ্রিক আভাস দেয় এমন; অন্তর্মুদ্রণাশ্রয়ী; অন্তর্মুদ্রণসর্বস্ব।

im·pres·sion·able [ইম্ ˈপ্রেশানাব্‌ল্] *adj* সহজে প্রভাবিত হয় এমন; সহজপ্রবণ; কাঁচা; কচি: children who are at the ~ age, সহজপ্রবণ/কাঁচা বয়সের ছেলেমেয়েরা; an ~ young lady, কোমলপ্রাণ বা সহজপ্রবণ তরুণী, যেমন যে তরুণী সহজে প্রেমে পড়ে।

im·pres·sive [ইম্ ˈপ্রেসিভ্] *adj* মনের উপর গভীর ছাপ ফেলে এমন; হৃদয়গ্রাহী; চিত্তাকর্ষক: an ~ ceremony. **~·ly** *adv* হৃদয়গ্রাহীরূপে। **~·ness** *n* হৃদয়গ্রাহিতা; চিত্তাকর্ষিতা।

im·pri·ma·tur [ˌইম্‌প্রি'মেইটা(র্)] *n* (RC গির্জা) কোনো কিছু মুদ্রণের দাপ্তরিক অনুমতি; মুদ্রণাজ্ঞা; (লাক্ষ.) অনুমোদন; মঞ্জুরি।

im·print [ইম্'প্রিন্ট্] *vt* **~ with/on** মুদ্রিত করা; ছাপ দেওয়া/মারা; ছাপানো: ~ a letter with a postmark; ideas ~ed on the mind, মনের উপর মুদ্রিত/হৃদয়ানিষ্ঠ/হৃদয়নিবেশিত ভাবরাশি। □*n* ['ইম্‌প্রিন্ট্] [C] ছাপ; মুদ্রা; চিহ্ন; অঙ্ক: the ~ of a foot, পদাঙ্ক/পদচিহ্ন; the ~ of suffering, দুঃখদুর্দশার ছাপ; a publisher's/printer's ~, বইয়ের নামপত্রে বা পশ্চাতে তার নাম ঠিকানা ইত্যাদি; প্রকাশকের/মুদ্রকের ছাপ।

im·prison [ইম্'প্রিজ্‌ন্] *vt* কারারুদ্ধ/কয়েদ করা। **~·ment** *n* [U] কারাবন্ধন; কারাবিরোধ; কয়েদ।

im·prob·able [ইম্'প্রবাব্‌ল্] *adj* ঘটার বা সত্য হওয়ার সম্ভাবনা-রহিত; অভাবনীয়; অঘটনীয়; অসম্ভাব্য; অসম্ভাবনীয়; অসম্ভাবিত: an ~ story/result. **im·prob·ably** [-বাব্‌লি] *adv* অভাবনীয়রূপে ইত্যাদি। **im·prob·abil·ity** [ইম্ˌপ্রবাবিল'াটি] *n* ১ [U] অসম্ভাব্যতা; অভাবনীয়তা; অসম্ভাবনীয়তা। ২ [C] (*pl* -ties) অসম্ভাব্য; অভাবনীয়/ অঘটনীয় বিষয়, ব্যাপার ইত্যাদি।

im·promptu [ইম্'প্রম্‌প্টিউ US -টু] *adj adv* প্রত্যুৎপন্ন, অযত্নপূর্ব, অচিন্তপূর্ব, উপস্থিত; প্রত্যুৎপন্নভাবে ইত্যাদি: an ~ speech; speak ~. □*n* উপস্থিতভাবে রচিত বলে প্রতীয়মান সাঙ্গীতিক রচনাবিশেষ; প্রত্যুৎপন্নসঙ্গীত।

im·proper [ইম্'প্রপা(র্)] ১ অনুপযুক্ত; অনুচিত; অনুপযোগী; অসঙ্গত; অসমীচীন: Such a fancy dress is ~ at a funeral procession. ২ ভ্রান্ত; অযথার্থ; ভুল: ~ diagnosis of disease. ৩ অশোভন; অশালীন; অশ্লীল: ~ stories. **~·ly** *adv* অসঙ্গতভাবে, অসমীচীনভাবে ইত্যাদি।

im·pro·pri·ety [ˌইম্‌প্রা'প্রাইআটি] *n* (আনুষ্ঠা.) [U] অনৌচিত্য; অযুক্ততা; অনুপযুক্ততা; ভ্রান্তি; অযাথার্থ্য; [C] (*pl* -ties) অনুচিত/অযথার্থ/ভ্রান্ত কার্যকলাপ, মন্তব্য ইত্যাদি।

im·prove [ইম্'প্রূভ্] *vt,vi* ১ উন্নতিসাধন/ উন্নতিবিধান/শ্রীবৃদ্ধি/উৎকর্ষবিধান করা; উন্নতি বা উৎকর্ষ লাভ করা। **~ on/upon** উৎকৃষ্টতর কিছু উৎপন্ন করা: He writes well; but you can always try to ~ upon him. ২ সদ্ব্যবহার করা: ~ the occasion. **~·ment** *n* ১ [U] উন্নতিসাধন; উন্নতিবিধান; উন্নতি; উৎকর্ষ; উৎকর্ষসাধন; শ্রীবৃদ্ধি: Do you see any ~ment in his composition? ২ [C] উন্নতিবিধায়ক কিছু; সৌন্দর্য, উপযোগিতা, মূল্য ইত্যাদি বৃদ্ধি করে এমন কিছু; উন্নতি; উৎকর্ষ: Do you notice any ~s in the town since your last visit?

im·provi·dent [ইম্'প্রভিডান্ট্] *adj* (আনুষ্ঠা.) অপব্যয়ী; অদূরদর্শী; অপরিণামদর্শী। **~·ly** *adv* অদূরদর্শিতাবশত, অপরিণামদর্শিতাবশত ইত্যাদি। **im·provi·dence** [-ডান্‌স্] *n* অপব্যয়; অদূরদর্শিতা; অপরিণামদর্শিতা; অদূরদৃষ্টি।

im·pro·vise [ইম্ প্রভাইজ্] *vt,vi* ১ বাজাতে বাজাতে সুর সৃষ্টি করা কিংবা আবৃত্তি করতে করতে কবিতা রচনা করা; প্রত্যুৎপন্নভাবে/উপস্থিত মতো রচনা করা: The actor ~d most of his dialogues. ২ প্রয়োজনের মুহূর্তে হাতের কাছে যা পাওয়া যায় তাই দিয়ে তাৎক্ষণিকভাবে কিছু তৈরি করা বা জোগান দেওয়া; তাৎক্ষণিকভাবে উদ্ভাবন/প্রস্তুত করা: an ~d meal for unexpected guests, অপ্রত্যাশিত অতিথিদের জন্য তাৎক্ষণিকভাবে/প্রত্যুৎপন্নভাবে প্রস্তুত আহার্য; an ~d bed, প্রত্যুৎপন্নভাবে রচিত শয্যা। **im·pro·vis·ation** [ˌইম্‌প্রাভাই'জেইশ্‌ন্ US -ভিজেই-] *n* [U, C] প্রত্যুৎপন্ন; উদ্‌ভাবনা।

im·prud·ent [ইম্ 'প্রূড্‌ন্ট্] *adj* অবিমৃষ্যকারী; অবিবেচক; অবিচক্ষণ; হঠকারী: It was ~ of him to trust the boy with such a big sum of money. **~·ly** *adv* অবিমৃষ্যকারিতাপূর্বক ইত্যাদি। **im·prud·ence** [-ডান্‌স্] *n* [U] অবিমৃষ্যকারিতা; অবিবেচনা; অবিচক্ষণতা; হঠকারিতা; [C] বিবেচনাশূন্য/ হঠকারী/ দুর্বিনীত কার্যকলাপ, মন্তব্য ইত্যাদি।

im·pu·dent ['ইমপিউডান্ট্] *adj* ধৃষ্ট; প্রগল্‌ভ; নির্লজ্জ: How dare you call me a liar, you ~ little twit! **im·pu·dence** [-ডান্‌স্] *n* [U] ধৃষ্টতা; প্রগলভতা; নির্লজ্জতা; ধৃষ্ট/প্রগলভ উক্তি বা কার্যকলাপ।

im·pugn [ইম্'পিউন্] *vt* (আনুষ্ঠা.) বিরোধিতা করা; (বিবৃতি, কার্য, গুণ ইত্যাদি সম্বন্ধে) সংশয় ব্যক্ত করা; প্রত্যাখ্যান করা।

im·pulse ['ইমপাল্‌স্] *n* ১ [C] বেগ; প্রণোদনা; প্রেরণা: give an ~ to trade/education. ২ [C] পরিণাম চিন্তা না করে কিছু করার প্রবণতা; তাড়না; আবেগ; প্রবর্তনা: seized with an ~ to do sth; feel an irresistible ~ to kill sb. ৩ [U] যে মানসিক অবস্থায় এ-রকম প্রবণতা দেখা দেয়; অগ্রপশ্চাৎ বিবেচনা না করে কাজ করার প্রবণতা; প্ররোচনা: a man of ~, হৃদয়ভাবক/হৃদয়াবেগচালিত মানুষ। **on (an) ~** প্রণোদনাবশে: phone sb on ~. **'~-buy** *vt,vi* প্রণোদনাবশে কেনা। ৪ (বিজ্ঞান) ক্ষণস্থায়ী; আকস্মিক বল; ঘাত।

im·pul·sion [ইম্'পাল্‌শ্‌ন্] *n* [U, C] অনুপ্রাণন; প্রণোদন; তাড়া।

im·pul·sive [ইম্'পালসিভ্] *adj* ১ (ব্যক্তি, ব্যক্তির আচরণ সম্বন্ধে) আবেগপ্রবৃত্ত; আবেগতাড়িত; অন্তরাবেগচালিত; হৃদয়ভাবক: a girl with an ~ nature, আবেগী প্রকৃতিবিশিষ্ট মেয়ে। ২ (বল সম্বন্ধে) প্রবর্তক। **~·ly** *adv* ঝোঁকের বশে; অন্তরাবেগবশত ইত্যাদি। **~·ness** হৃদয়ভাবকতা; আবেগপ্রবৃত্ততা।

im·pun·ity [ইম্'পিউনাটি] *n* [U] দণ্ড থেকে অব্যাহতি; অদণ্ড; দণ্ডাভাব; দণ্ডমুক্ততা। **with ~** আঘাত/অনিষ্ট ও শাস্তির ঝুঁকি ব্যতিরেকে।

im·pure [ইম 'পিউআ(র্)] *adj* অশুচি; অশুদ্ধ; অপবিত্র; দূষিত; সমল; গর্হিত; অসাধু: the ~ air of cities; ~ milk; ~ motives. **im·pur·ity** [-রাটি] *n* [U] অশুচিতা; অশুদ্ধতা; সমলতা; দূষিতত্ব; মালিন্য; অশৌচ; গর্হিতত্ব; [C] (*pl* - ties) অশুচি/ অপবিত্র/ দূষিত দ্রব্যাদি; অপদ্রব্য: impurities in food.

im·pute [ইম্'পিউট] *vt* **~ to** (আনুষ্ঠা.) (কোনো কিছুর) কার্য, গুণ বা পরিণামস্বরূপ বিবেচনা করা; আরোপ/অধ্যারোপ করা; দোষারোপ করা: They ~d the crime to the victim's associate. **im·pu·ta·tion** [ˌইম্‌পিউ'টেইশ্‌ন্] *n* [U] আরোপণ; অধ্যারোপণ; [C] দোষারোপণ: imputations on a person's character.

in[1] [ইন্] *adv part* (out-এর বিপরীত) ১ (বহু ক্রিয়াপদের সঙ্গে ব্যবহৃত হয়; এদের কতকগুলির অর্থ স্বতঃস্পষ্ট, যেমন, come in (=enter); আবার কতকগুলির অর্থ স্বতঃস্পষ্ট নয়, যেমন give in (=

surrender); ঐসব ক্রিয়াপদ দ্র.)। ২ **be in** (ক) বাড়িতে থাকা: I'll not be in until 8 o'clock. (খ) আসা; এসে পৌঁছা: The train is not in yet. (গ) (ফসল সম্বন্ধে) সংগৃহীত/গোলাজাত হওয়া: The rice crop is safely in. (ঘ) প্রাপণীয় হওয়া: Mangoes are in now, বাজারে উঠেছে; পাওয়া যাচ্ছে। (ঙ) চল হওয়া: Bell-bottomed trousers are in again. (চ) নির্বাচিত/ক্ষমতাসীন হওয়া: The Republicans are in. (ছ) জ্বলা: The fire is still in. (ঝ) (ক্রিকেট, বেইসবল) ব্যাট করা: The local team is in. ৩ **be in for sth** (ক) (বিশেষত কোনো অপ্রীতিকর) সম্ভাব্য অভিজ্ঞতার মুখোমুখি হওয়া: We'are in for an unpleasant surprise, আমরা বোধ করি একটা অপ্রীতিকর চমকের সম্মুখীন। (খ) যোগ দেওয়া; অংশগ্রহণ করা: She is in for the 100 metres sprint. **have it in for sb** প্রতিশোধ নেওয়ার জন্য অধীর হওয়া। **be in on sth** (কথ্য) যোগ দেওয়া; শরিক হওয়া: Do you like to be in on this project? **day in, day out; week in, week out; year in, year out** একটানা দিনের পর দিন; সপ্তাহের পর সপ্তাহ; বছরের পর বছর। **in and out** একবার ভিতরে; একবারে বাইরে: The old is always in and out of hospital, (বার বার অসুস্থ হয়ে) কেবলই হাসপাতালের ভিতর-বাইর করছেন। **be (well) in with sb** কারো সঙ্গে সম্পর্ক গড়ে তোলা (এবং তার বন্ধুত্ব থেকে সম্ভব মতো লাভবান হওয়া)। ৪ (বিশেষ্যের আগে) = ভেতরকার; আভ্যন্তর; অন্তর্বর্তী: an ˈin-hospital patient, অভ্যন্তর-রোগী —চিকিৎসাকালে যে রোগী হাসপাতালে অবস্থান করে (ˈout-patient–এর বিপরীত)।

in² [ইন্] *prep* (বহু *nn* ও *vv*–এর সহযোগে in–এর প্রয়োগ ঐসব *n* ও *v*–এর ভুক্তিতে দ্র., যেমন in print, in memory, fail in an examination) ১ (স্থান সম্বন্ধে; at দ্র.)–এ, –য়, –তে: in the world; in London; in the village; in the country; in the sky; in town; sitting in the corner of the room (তুল. at the seaside); lying in bed (তুল. Sitting on the bed); sitting in an arm-chair (তুল. on a chair without arms) ২ (দিক-নির্দেশনায়)–এ: in this/that direction; in all directions. ৩ (গতি বা কাজের দিক–সূচক; into দ্র.) –এ ইত্যাদি: break in two. He put his hands in his pocket. She fell in love. ৪ (সময় সম্বন্ধে: সেই সময়)–এ ইত্যাদি: in the 20th c; in the reign of; in autumn etc.; in his youth; in the morning etc (তুল. on Sunday morning); at 9 o'clock in the night (তুল. at night); in the beginning; in the day time; in the past/(the) future; in the hour of joy/death etc; She was a beauty in her days, যৌবনকালে; He has known many celebrities in his time, জীবদ্দশায়; The town was a quiet little place in my time, আমি যখন সেখানে ছিলাম। ৫ (সময় সম্বন্ধে) –এর মধ্যে/ভেতরে: in a moment; in a short time/a few days (তুল. in time). ৬ (অন্তর্ভুক্তি–সূচক)–এ ইত্যাদি: 24 hours in a day; 2 pints in a quart; a woman in her forties, চল্লিশের কোঠায় বয়স (৪০ থেকে ৪৯ বছর); in the early twenties of this century, বিশের দশকের গোড়ার দিকে (১৯২০ থেকে ২৪ বা ২৫)। There is 20 percent sales tax in the bill, ২০% বিক্রয়-কর অন্তর্ভুক্ত। ৭ (অনুপাত–সূচক)–এ; –এর মধ্যে; প্রতি ... –এ: a slope/gradient of one in five. Only two in fifteen candidates could answer the question. ৮ (পোশাক পরিচ্ছদ সম্বন্ধে)–পরিহিত: dressed in tattered clothes; the woman in white, শুভ্রবসনা; a prisoner in chains, হাতকড়া–পরানো বন্দী। ৯ (পারিপার্শ্বিক, পরিস্থিতি ইত্যাদির সূচক): এ ইত্যাদি: in an accident; in arms; sleep in the open; in the dark. ১০ (অবস্থা–দশা–সূচক): in good health; in his sleep; in despair; in secret; in debt; in doubt; in fun/jest/joke; in ruins; in earnest; in tears. ১১ (আকার, রূপ ও বিন্যাস–সূচক): a novel in four parts; in appearance; in good order; packed in bundles of five; sitting in rows; dancing in a ring; in alphabetical order. ১২ (প্রকাশের পদ্ধতি, মাধ্যম, উপায়, উপকরণ ইত্যাদি সূচক): in German; in this manner/way; in print; in round figure; in a word. ১৩ (বিস্তার ও মান–সূচক): in part; in some measure; in great number; in great strength; in all, মোট; সর্বসাকুল্যে। ১৪ (একাত্মতা–সূচক): We have lost a great friend in him, তাঁর মৃত্যুতে আমরা একজন অভিন্নহৃদয় বন্ধু হারিয়েছি। ১৫ (সম্পর্ক, সম্বন্ধ ও সম্মান–সূচক): five metres in length/depth/ height; in some/all respects; week in intelligence; deficient in courage; a country rich/ poor in minerals. ১৬ (পেশা, কার্যকলাপ ইত্যাদিসূচক): He is in the civil service/in business. He was killed in action, যুদ্ধক্ষেত্রে নিহত হয়েছেন। ১৭ (*in + n + prep* প্যাটার্নের অসংখ্য *prepositional phrase* –এ ব্যবহৃত হয়, যেমন) in defence of; in exchange for; in remembrance of; in obedience to. সংশ্লিষ্ট *n* দ্র.। ১৮ **in camera** (আইন.) বিচারকের একান্ত কক্ষে; প্রকাশ্য বিচারসভায় নয়; (কথ্য) গোপনে। **in that** যেহেতু; কেননা; কারণ: Children should not be given too much freedom in that they may misuse it. **in as/so far as** যতোটা . . . ততোটা: He is a Christian in so far as he was born in a Christian family but he became an agnostic in his early youth, একটি খ্রিস্টান পরিবারে জন্মগ্রহণ করার দরুণ যতোটা খ্রিস্টান হওয়া যায়, তিনি ততোটাই খ্রিস্টান. . . .। **in itself** প্রকৃতিগতভাবে; নিরঙ্কুশভাবে; সর্বস্ব; অনন্য সবকিছু থেকে বিচ্ছিন্ন করে দেখলে; এমনিতে: Horse-racing is not bad in itself; it is only when combined with gambling that it becomes harmful.

in³ [ইন্] *n* (কেবলমাত্র) **the ins and (the) outs** (ক) ক্ষমতাসীন ও ক্ষমতাচ্যুত (রাজনৈতিক) দল। (খ) বিভিন্ন অংশ; খুঁটিনাটি ও জটিলতা; নাড়িনক্ষত্র।

- in [ইন্] suff যৌথ কার্যকলাপ ইত্যাদিতে অংশগ্রহণ সূচিত করতে অন্য শব্দ (বিশেষত *v*)–এর সঙ্গে যুক্ত হয়। সংশ্লিষ্ট *v* দ্র., যেমন sit-in, teach-in.

in·abil·ity [ˌইনাˈবিলাটি] *n* [U] **~ (to do sth)** অক্ষমতা; অসামর্থ্য; অপারগতা।

in·ab·sen·tia [ইন্অ্যাবˈসেন্‌শিআ] *adv* অনুপস্থিতিতে।

in·ac·cess·ible [ˌইন্ অ্যাকˈসেসাব্‌ল্] *adj* **~ (to)** (আনুষ্ঠা.) অগম্য; দুর্গম; অনভিগম্য; অলভ্য; অপ্রাপ্য; অপ্রাপণীয়। **in·ac·cessi·bil·ity**

[ˌইন্অ্যাক্ˌসেসˈবিলাটি] *n* [U] অগম্যতা; অনতিগম্যতা; দুর্গমতা; অলভ্যতা; অপ্রাপণীয়তা।

in·ac·cur·ate [ইন্ ˈঅ্যাকিউআরাট্] *adj* অযথার্থ; অশুদ্ধ; অযথার্থিক; অসম্যক; অতথ্য। **~·ly** *adv* অযথার্থভাবে ইত্যাদি। **in·ac·cur·acy** [-রাসি] *n* [U] অযথার্থ্য; অশুদ্ধতা; অশুদ্ধি; অসম্যকত্ব; [C] (*pl* -cies) অযথার্থ বিবৃতি ইত্যাদি।

in·ac·tion [ইন্ ˈঅ্যাকশ্‌ন্] *n* [U] নিষ্ক্রিয়তা; নৈষ্কর্ম্য; অক্রিয়ত্ব; ঔদাসীন্য; অপ্রবৃত্তি।

in·active [ইন্ ˈঅ্যাকটিভ্] *adj* অক্রিয়; নিষ্ক্রিয়; নিশ্চেষ্ট; নিরুদ্যম; নিষ্কর্মা; অকর্মা। **in·ac·ti·vate** [ˌইন্ˈঅ্যাকটিভেইট্] *vt* অক্রিয়/নিষ্ক্রিয় করা: ~ a virus. **in·ac·tiv·ity** [ইন্ˈঅ্যাকটি ভ্যাটি] *n* [U] নিষ্ক্রিয়তা, অনুদ্যম, অপ্রবৃত্তি ইত্যাদি।

in·adap·ta·bil·ity [ˌইনাড্যাপ্টাˈবিলাটি] n খাপ খাওয়াবার বা মানিয়ে নেবার অক্ষমতা; অভিযোজনাক্ষমতা।

in·ad·equate [ইন্ ˈঅ্যাডিকোয়াট্] *adj* **~ (for sth/to do sth)** অপর্যাপ্ত; অপ্রভূত। **~·ly** *adv* অপর্যাপ্তভাবে। **in·ad·equacy** [ইন্ˈঅ্যাডিকোয়াসি] *n* [U] অপর্যাপ্ততা।

in·ad·miss·ible [ˌইনাড ˈমিসাবল্] *adj* অনাদেয়; অগ্রাহ্য; অগ্রহণীয়: ~ evidence; ~ in evidence.

in·ad·ver·tent [ˌইনাড্ˈভাটান্ট্] *adj* (আনুষ্ঠা.) অনবধান; অসাবধান; অনবহিত; অমনোযোগী। **~·ly** *adv* অনবধানতাবশত; অসাবধানতাবশত। **in·ad·ver·tence** [-টান্স্] *n* [U, C] অনবধানতা; অসাবধানতা; অনবেক্ষা; অমনোযোগিতা।

in·alien·able [ইন্ˈএইলিআনাবল্] *adj* (আনুষ্ঠা.) (অধিকার ইত্যাদি সম্বন্ধে) হস্তান্তরের অযোগ্য; অবিভেদ্য; অনন্যসমর্পণীয়।

in·ane [ইˈনেইন্] *adj;* অসার; নিঃসার; তুচ্ছ; ফাঁকা: an ~ remark. **~·ly** *adv* অসাররূপে। **in·an·ity** [ইˈন্যানাটি] *n* [U] অসারতা; [C] (*pl* -ties) অসার মন্তব্য ইত্যাদি।

in·ani·mate [ইন্ ˈঅ্যানিমাট্] *adj* ১ নিষ্প্রাণ; প্রাণহীন: ~ rocks and stones. ২ অচেতন; বিচেতন; জড়: ~ nature. ৩ নীরস; বিরস; নিষ্প্রাণ: ~ conversation.

in·ani·tion [ˌইনাˈনিশ্‌ন্] *n* [U] (আনুষ্ঠা.) ১ শূন্যতা; অসারতা। ২ খাদ্যাভাবজনিত চরম দুর্বলতা; নির্জীবতা; অবসন্নতা।

in·ap·pli·cable [ইন্ ˈঅ্যাপ্‌লিকাবল্] *adj* **~ (to)** অপ্রযোজ্য; অনুপযুক্ত; অপ্রয়োক্তব্য।

in·ap·po·site [ইন্ˈঅ্যাপাজ়িট্] *adj* অসঙ্গত; প্রস্তুত–বিরুদ্ধ; বেমানান; বেখাপ; অবান্তর। **~·ness** *n* প্রস্তুত–বিরুদ্ধতা।

in·ap·pre·hen·sible [ˌইন্অ্যাপ্রিˈহেনসিবল্] *adj* উপলব্ধি করা যায় না এমন; অনুপলব্ধ।

in·ap·proach·able [ˌইনাˈপ্রৌচাবল্] *adj* অনধিগম্য; অনুপগম্য।

in·ap·pro·pri·ate [ˌইনাˈপ্রৌপ্রিআট্] *adj* **~ to** অনুপযোগী; অযোগ্য।

in·apt [ইন্ ˈঅ্যাপ্ট্] *adj* অকুশল; অবান্তর; অসঙ্গত; অপ্রাসঙ্গিক: ~ remarks. **in·ap·ti·tude** [ইন্ˈঅ্যাপ্‌টিটিউড্ US –টূড্] *n* [U] অনুপযুক্ততা; অপাত্রতা; অনুচিতত্ব।

in·ar·ticu·late [ˌইনাːˈটিকিউলাট্] *adj* ১ (ক) (বাকশক্তি সম্বন্ধে) অস্ফুট; অপরিস্ফুট; অস্পষ্ট; অসম্বন্ধ। (খ) (ব্যক্তি সম্বন্ধে) স্পষ্টভাবে সচ্ছন্দগতিতে ভাবপ্রকাশে অসমর্থ; আড়ষ্টবাক; অস্পষ্টবাক; অব্যক্তবাক; বাগ্‌দরিদ্র। (গ) ভাষার প্রকৃতির সঙ্গে সম্বন্ধহীন; অব্যক্ত; ভাষাহীন; বাগ্‌দুষ্ট ঃ ~ letters/rage/sounds. ২ অসন্ধিত; অগ্রন্থিল: an ~-body, যেমন জেলি মাছের।

in·as·much as [ˌইনাজ়ˈমাচ আজ়] *adv* যেহেতু; কেননা।

in·at·ten·tion [ˌইনাˈটেনশ্‌ন্] *n* [U] অমনোযোগ; অনভিনিবেশ; অনবধানতা। **in·at·ten·tive** [ˌইনাˈটেন্টিভ্] *adv* অমনোযোগী; অনবধান।

in·aud·ible [ইন্ ˈও°ডাবল্] *adj* শ্রুতির অগোচর; শ্রবণাতীত; অশ্রবণীয়; শুনতে পাওয়া যায় না এমন। **in·audi·bil·ity** [ইন্ˌও°ডাˈবিলাটি] *n* [U] অশ্রবণীয়তা; শ্রুতির অগোচরতা; অকর্ণশ্রবতা।

in·aug·ural [ইˈনো°গিউরাল্] *adj* উদ্বোধন; প্রারম্ভিক: an ~-lecture. □*n* উদ্বোধন ভাষণ।

in·au·gur·ate [ইˈনো°গিউরেইট্] *vt* ১ অভিষিক্ত করা: ~ a president. ২ উদ্বোধন করা: ~ an exhibition. ৩ উদ্বোধন ঘটানো; সূচনা করা: ~ a new age. **in·aug·ur·ation** [ইˌনো°গিউˈরেইশ্‌ন্] *n* [U, C] অভিষেক; উদ্বোধন: the inauguration of the President of the US.

in·aus·picious [ˌইনো°ˈস্পিশাস্] *adj* অশুভ; অকল্যাণসূচক; অননুকূল। **~·ly** *Adv* অশুভলগ্নে।

in·board [ˌইন্ˈবো°ড্] *adj* জাহাজের খোলের অভ্যন্তরস্থ; খোলস্থ: an ~ motor. দ্র. out board.

in·born [ˌইন্ˈবো°ন্] *adj* (গুণ সম্বন্ধে) সহজ; সহজাত; স্বভাবজ; অন্তর্জাত: an ~-talent for acting; an inborn love of mischief.

in·bound [ˈইন্‌বাউন্ড্] *adj* (জাহাজ সম্বন্ধে) স্বদেশাভিমুখী।

in·bred [ˌইন্ˈব্রেড্] *adj* ১ সহজাত; স্বভাবজ; সহজ। ২ কয়েক বা বহু প্রজন্ম ধরে নিকটসম্পর্কিত পূর্বপুরুষের প্রজন্ম থেকে উদ্ভূত; আন্তর্জনিত। **in·breed.ing** [ˌইন্ˈব্রীডিঙ্] *n* [U] আন্তর্জনন।

in·built [ˌইন্ˈবিল্ট্] *adj* = built-in. দ্র. build[1] (৩).

in·cal·cu·lable [ইন্ ˈক্যালকিউলাবল্] *adj* ১ অপরিমেয়: The failure of the scheme has done ~ harm to his reputation. ২ আগে থেকে গণনা করা যায় না এমন; অবিগণ্য। (ব্যক্তি, ব্যক্তি–চরিত্র ইত্যাদি সম্বন্ধে) অনিশ্চিত; অস্থির: a lady of ~ moods, অস্থিরমতি মহিলা।

in·can·descent [ˌইনক্যান্ˈডেসন্ট্] *adj* উত্তপ্ত হলে আলো দেয় বা দিতে পারে এমন; ভাস্বর: an ~ filament. **in·can·descence** [–স্‌ন্‌স্] *n* [U] ভাস্বরতা।

in·can·ta·tion [ˌইনক্যান্ˈটেইশ্‌ন্] *n* [C, U] মন্ত্র; মন্ত্রোচ্চারণ; জাদু।

in·capable [ইন্ ˈকেইপাবল্] *adj* **~ (of)** অসমর্থ; অক্ষম: ~ of telling a lie. **drunk and ~** বদ্ধ মাতাল; বেহেড মাতাল। **in·capa·bil·ity** [ইন্ˌকেইপাˈবিলাটি] *n* [U] অসমর্থতা; অক্ষমতা।

in·ca·paci·tate [ˌইনকাˈপ্যাসিটেইট্] *vt* **~ sb (for)/from)** ১ অক্ষম/অসমর্থ করা; (কারো) শক্তি হরণ করা: I ~d by poor health, he could not undertake any hard work. ২ অযোগ্য/অনুপযুক্ত করা।

in·ca·pac·ity [ˌইন্‌ক্যা'পাসাটি] *n* [U] **~ (for sth/for doing sth/to do sth)** অক্ষমতা; অশক্তি; অসামর্থ্য।

in·car·cer·ate [ইন্ 'কা:সারেইট্] *vt* (আনুষ্ঠা.) কারারুদ্ধ করা। **in·car·cer·ation** [ইন্ˌকা:সা'রেইশ্‌ন্] *n* কারাবরোধ।

in·car·nate [ইন্ 'কা:নেইট্] *adj* ১ মূর্তিমান; মূর্ত: a devil ~/ an ~ fiend, মূর্তিমান শয়তান/শয়তানের প্রতিমূর্তি। ২ (ভাব, আদর্শ ইত্যাদি সম্বন্ধে) মনুষ্যরূপে আবির্ভূত; প্রমূর্ত; মূর্তিমান: Liberty ~. □*vt* ১ মূর্ত/প্রমূর্ত/মূর্তিমান করা: ~ an idea/ideal. ২ (ব্যক্তি সম্বন্ধে) (কোনো গুণের) প্রতিমূর্তি হওয়া: He ~d love and kindness.

in·car·na·tion [ˌইনকা:'নেইশ্‌ন্] *n* ১ the I~ যিশুর মধ্যে ঈশ্বরের শরীরপরিগ্রহ; যিশুরূপী ঈশ্বর। ২ [C] কোনো গুণের আদর্শরূপে বিবেচিত ব্যক্তি; অবতার; প্রতিমূর্তি: She was the ~ of faithfulness.

in·cau·tious [ইন 'কো°শাস্] *adj* অসাবধান; অসতর্ক। **~·ly** *adv* অসতর্কভাবে; অসাবধানে।

in·cen·di·ary [ইন্ 'সেন্‌ডিঅরি Us: -ডিএরি] *n pl* -ries] *adj* ১ (ব্যক্তি) অসদুদ্দেশে বেআইনিভাবে সম্পত্তিতে অগ্নিসংযোগকারী; গৃহদাহক। ২ উস্কানি/প্ররোচনাদায়ক: an ~ speech/newspaper article. ৩ (বোমা) আগ্নেয়; আগুনে। **in·cen·di·ar·ism** [ইন্'সেন্‌ডিঅরিজ্‌ ম্] *n* [U] অগ্নিসংযোগ।

in·cense[1] ['ইনসেন্‌স্] *n* [U] ধুনা; ধূপ।

in·cense[2] [ইন্ 'সেন্‌স্] *vt* ক্রুদ্ধ/কোপান্বিত/প্রকোপিত করা: ~d by sb's conduct; ~d at sb's remarks.

in·cen·tive [ইন্ 'সেন্‌টিভ্] *n* **~ (to/sth/to do sth/to doing sth)** [C, U] যা উৎসাহিত, উত্তেজিত বা উদ্দীপিত করে; উদ্দীপক; উদ্দীপনা; উত্তেজক; উত্তেজনা: The workers need some ~s to hard work.

in·cep·tion [ইন্ 'সেপ্‌শ্‌ন্] *n* (আনুষ্ঠা.) শুরু; আরম্ভ; উপক্রম।

in·cer·ti·tude [ইন্‌সাটিটিউড্ US -টূড্] *n* [U] (আনুষ্ঠা.) অনিশ্চয়; অনিশ্চয়তা।

in·cess·ant [ইন্ 'সেস্‌ন্ট্] *adj* অবিরাম; অবিরত; অনবরত; নিরন্তর; অবিরল; অবিশ্রান্ত; বিরামহীন: a week of ~ rain. **~·ly** *adv* অবিরাম, অবিশ্রান্তভাবে ইত্যাদি।

in·cest ['ইনসেস্ট্] *n* [U] নিকটাত্মীয়ের মধ্যে, যেমন, ভাইবোনের মধ্যে যৌনসংসর্গ; অজাচার; অগম্য-গমন। **in·ces·tuous** [ইন 'সেস্‌টিউআস্] *adj* অজাচারী; অজাচারমূলক; অগম্যাগামী; অগম্যগামিনী।

inch [ইন্‌চ্] *n* ১ ইঞ্চি। পরি. ৫ দ্র.। ২ অল্প পরিমাণ। **~ by ~** ক্রমশ; ক্রমে ক্রমে। **by ~es (ক)** অল্পের জন্য: The stone misses him by ~es. **(খ)** অল্পশ; ক্রমশ। **every ~** পুরাপুরি; আশিরনখ: He's every ~ a poet. **within an ~ of** খুব নিকটে; প্রায়: I came within an ~ of being hit by a stray bullet. **not yield an inch** আদৌ হার না মানা; একটুও না হটা; সূচ্যগ্রপরিমাণ স্থানও ছেড়ে না দেওয়া। □*vt,vi* একটু একটু করে অগ্রসর হওয়া; প্রান্ত ঘেঁষে চলা: ~ one's way forward.

in·cho·ate [ইন্ 'কৌএইট্] *adj* (আনুষ্ঠা.) সদ্য আরব্ধ; প্রারব্ধ; অপরিণত অর্ধগঠিত রূপবিশিষ্ট; অপূর্ণগঠিত। **in·choa·tive** [ইন 'কৌআটিভ্] *adj* প্রারম্ভিক: (ব্যাক.) *inchoative verbs* প্রারম্ভিক ক্রিয়া, যেমন, get dark-এ get.

in·ci·dence ['ইনসিডান্‌স্] *n* কোনো বস্তু অন্য কিছুর ওপর ক্রিয়াশীল হলে সেই ক্রিয়ার ধরন; আপতন; প্রকোপ; প্রাদুর্ভাব: the ~ of a disease, রোগের বিস্তার, আক্রান্ত ব্যক্তিদের সংখ্যা, শ্রেণী ইত্যাদি; the ~ of a tax, যেভাবে কোনো কোনো শ্রেণীর মানুষের উপর এই করভার আপতিত হয়; করভারের আপতন।

in·ci·dent[1] ['ইনসিডান্ট্] *adj* **~ to** (আনুষ্ঠা.) স্বাভাবিক বা প্রত্যাশিত অংশস্বরূপ; স্বাভাবিকভাবে সম্পর্কিত: the risks ~ to the life of a test pilot.

in·ci·dent[2] ['ইনসিডান্ট্] *n* ১ (বিশেষত অপেক্ষাকৃত কম গুরুত্বপূর্ণ) ঘটনা: frontier ~s, যেমন সংঘর্ষ। ২ সর্বসাধারণের দৃষ্টি আকর্ষণ করে এমন ঘটনা। ৩ (আধুনিক প্রয়োগ) যেসব ঘটনা—যেমন, বোমা-বিস্ফোরণ, বিদ্রোহ, যুদ্ধ—নানাবিধ কারণে কর্তৃপক্ষ যথাযথভাবে বর্ণনা করতে চান না। ৪ (নাটক বা কাব্যে) পৃথক ঘটনা; উপাখ্যান।

in·ci·den·tal ['ইন্‌সি'ডেন্‌ট্‌ল্] *adj* **~ (to)** ১ অনুগামী তবে আবশ্যিক অংশ নয়; প্রাসঙ্গিক: ~ music to a play. ২ অল্প এবং অপেক্ষাকৃত লঘু; নৈমিত্তিক; আনুষঙ্গিক: sufferings ~ to living an honest life. **~·ly** [-ট্‌লি] *adv* প্রসঙ্গক্রমে; দৈবাৎ।

in·cin·er·ate [ইন্ 'সিনারেইট্] *vt* ভস্মীভূত করা। **in·cin·er·ator** [-টা(র্)] *n* জঞ্জাল পোড়ানোর জন্য চুল্লি; অঙ্গারিণী। **in·cin·er·ation** [ইন্ˌসিনা'রেইশ্‌ন্] *n* [U] ভস্মসাৎকরণ।

in·cipi·ent [ইন্ˌসিপিঅন্ট্] *adj* আদ্য; প্রাথমিক স্তরবর্তী; উপক্রমিক: ~ decay of the teeth.

in·cise [ইন্ 'সাইজ্] *vt* ছেদন/বিচ্ছিন্ন করা; খোদাই করা। **in·ci·sion** [ইন্'সিজ্‌ন্] *n* [U] ছেদন; কর্তন; [C] ছিত্তি (যেমন অস্ত্রোপচারকালে)।

in·cis·ive [ইন্ 'সাইসিভ্] *adj* ১ ছেদকর; তীক্ষ্ণ। ২ (মন ও মন্তব্য সম্বন্ধে) তীক্ষ্ণ; তীক্ষ্ণবুদ্ধি; কৃশাগ্রবুদ্ধি; তীক্ষ্ণধী; সূক্ষ্মবুদ্ধি; কাটা-কাটা: ~ criticism. **~·ly** *adv* তীক্ষ্ণভাবে ইত্যাদি।

in·cisor [ইন 'সাইজা(র্)] *n* (মানুষের ক্ষেত্রে) উপরের ও নীচের মাড়িতে চারটি করে মোট আটটি ধারালো দাঁতের যে কোনো একটি; ছেদকদন্ত।

in·cite [ইন্ 'সাইট্] **~ sb (to sth/to do sth)** প্ররোচিত/উত্তেজিত করা; খেপানো; উস্কানি দেওয়া; উদ্দীপ্ত করা: He was found guilty of inciting his comrades to rebel against the government.

in·civ·il·ity [ˌইন্‌সি'ভিলাটি] *n* (আনুষ্ঠা.) [U] অশিষ্টতা; অসভ্যতা; অভব্যতা; [C] (*pl* -ties) অশিষ্ট কার্যকলাপ, মন্তব্য ইত্যাদি।

in·clem·ent [ইন 'ক্লেমান্ট্] *adj* (আনুষ্ঠা.) (আবহাওয়া বা জলবায়ু সম্বন্ধে) কঠোর, রুক্ষ, নির্মম; ঠাণ্ডা ও ঝোড়ো। **in·clem·ency** [-মান্‌সি] *n* [U] কঠোরতা; রুক্ষতা; নির্মমতা।

in·cli·na·tion [ˌইন্‌ক্লি'নেইশ্‌ন্] *n* ১ [C] নতি; আনতি; নম্রতা; ঢাল; উৎসঙ্গ: an ~ of the head, শিরঃপ্রণতি; মস্তক-আনমন; an ~ of the body, সম্মুখে আনমন। ২ [C, U] **~ (to sth/to do sth)** প্রবণতা;

ঝোঁক; প্রবৃত্তি; ইচ্ছা; অভিলাষ; আকাঙ্ক্ষা: Let her follow her own ~.

in·cline[1] [ইন্'ক্লাইন্] *vt,vi* ১ নত/আনত/অবনত হওয়া বা করা; বাঁকা বা বাঁকানো; ঝোঁকা বা ঝোঁকানো; নোয়া বা নোয়ানো: ~ head in prayer. ২ (সাহিত্য.) বিনিয়ত করা; প্রবর্তিত/প্রবৃত্ত করা; প্রবৃত্তি দেওয়া। ৩ (সাধা. passive) মনকে কোনো বিশেষ দিকে পরিচালিত করা; কারো মনে প্রবৃত্তি, প্রবণতা বা ইচ্ছা উদ্রেক করা; প্রবৃত্ত করা: The incident ~d him to take stern action against the officers. Do you feel ~d to witness the match? তাগিদ বোধ করছেন কি? ~d to be lazy, আলস্য প্রবণ; I am ~d to believe that he is dilly-dallying on purpose, বিশ্বাস করতে ইচ্ছে হচ্ছে। ৪ প্রবণ/ইচ্ছুক হওয়া: I ~ to believe his words. ৫ **~ to/towards sth** শারীরিক ও মানসিক প্রবণতা থাকা: He ~s towards atheism.

in·cline[2] ['ইন্ক্লাইন্] *n* ঢাল; উৎরাই: descend a steep ~. দ্র. gradient.

in·close, in·closure [ইন্ 'ক্লৌজ়, ইন্'ক্লৌজ়া(র্)] = enclose, enclosure.

in·clude [ইন্ 'ক্লুড়্] *vt* অন্তর্ভুক্ত/অন্তর্গত/অন্তর্বর্তী করা: The book comprises 300 pages including charts and diagrams, –সহ; –সমেত; His duties ~d opening the mail, তার দায়িত্বের অন্তর্ভুক্ত। **in·clu·sion** [ইন্'ক্লুজ়ন্] *n* [U] অর্ন্তভুক্তি।

in·clus·ive [ইন্ 'ক্লুসিভ্] *adj* **~ (of)** ১ –সমেত; –সহ; –ব্যাপী: £ 20 ~ of service; from 25 June to 5 July ~. দ্র. (US) Through[2 (8)]. ২ অনেক কিছু বা সব কিছু সমেত; সামুদয়িক: ~ terms (হোটেল ইত্যাদিতে) কোনো অতিরিক্ত ব্যয় ছাড়া; সামুদয়িক শর্ত। **~·ly** *adv* সামুদয়িকভাবে; সাকল্যে।

in·cog·nito [,ইন্কগ্'নীটৌ] *adj* ছদ্মবেশী; ছদ্মরূপী: a king ~ □*adv* ছদ্মবেশে; ছদ্মরূপে; প্রচ্ছন্নরূপে।

in·cog·niz·able [ইন্ 'কগনাইজ় ব্ল্] *adj* অজ্ঞেয়; অলক্ষ্য। **in·cog·niz·ant** *adj* জানে না এমন; অজ্ঞাত।

in·co·her·ent [ইন্কৌ'হি আরান্ট্] *adj* অসম্বন্ধ; অসংলগ্ন: so drunk as to be quite ~. **~·ly** *adv* অসংলগ্নভাবে। **in·co·her·ence** [–রান্স্] *n* অসম্বন্ধতা; অসংলগ্নতা।

in·co·he·sive [ইন্কৌ'হীসি ভ্] *adj* পরস্পর লেগে থাকে না এমন; অসংযুক্ত।

in·com·bus·tible [,ইনকাম্'বস্টাব্ল্] *adj* (আনুষ্ঠা.) অদাহ্য।

in·come ['ইঙ্কাম্] *n* আয়; আগম; অর্থাগম। **~-tax** ['ইঙ্কাম্ ট্যাক্স্] *n* আয়কর।

in·com·ing ['ইন্কামিঙ্] *adj* আসছে; আসন্ন; প্রত্যাসন্ন; আগম্যমান: the ~ tide/tenant.

in·com·men·sur·ate [,ইন্কা'মেন্সারাট্] *adj* **~ (to/with)** ১ আকারপরিমাণে তুলনীয় নয়; তুলনার অযোগ্য; অননুরূপ; অতুল্যপরিমাণ; অসঙ্গতিপূর্ণ: His qualifications are ~ with the office he holds. ২ তুলনা করা যায় না এমন; অসম; বিসদৃশ; বিষম।

in·com·mode [,ইন্কা'মৌড্] *vt* (আনুষ্ঠা.) ক্লেশ বা পীড়া দেওয়া; অসুবিধা বা বিঘ্ন সৃষ্টি করা: I hope it will not ~ you if you lend me your camera for a couple of days.

in·com·muni·cable [,ইন্কামিউ্যনিকাব্ল্] *adj* অপরকে জানাবার বা প্রদানের অযোগ্য; অনিবেদ্য; অদেয়।

in·com·muni·cado [,ইন্কা,মিউ্যনি'কা:ডৌ] *adj* (অবরুদ্ধ ব্যক্তি সম্বন্ধে) বাইরের কোনো ব্যক্তির সঙ্গে যোগাযোগ করার অনুমতিবিরহিত; যোগাযোগবিচ্ছিন্ন।

in·com·pact [,ইন্কাম্'প্যাক্ট্] *adj* অসংহত; অসম্বদ্ধ।

in·com·par·able [ইন্কম্'প্র ব্ল্] *adj* **~ (to/with)** তুলনীয় নয়; অতুল্য; অতুলনীয়; অনুপম; নিরূপম; অপ্রতিম; অনুপমেয়: her ~ beauty. **in·com·par·ably** [–রাব্লি] *adv* অতুলনীয়রূপে, অতুল্যরূপে ইত্যাদি।

in·com·pat·ible [,ইন্কাম্'প্যাটাব্ল্] *adj* **~ with** সঙ্গতিপূর্ণ নয়; সঙ্গতিহীন; সামঞ্জস্যহীন; পরস্পরবিরুদ্ধ; বিসঙ্গত: Indolence is ~ with prosperity. The couple proved to be sexually ~. **in·com·pati·bil·ity** [,ইন্কাম্'প্যাটা'বিলাটি] *n* [U] বিসঙ্গতি; বৈলক্ষণ্য; বৈপরীত্য।

in·com·pe·tent [ইন্ 'কম্পিটান্ট্] *adj* অযোগ্য; যোগ্যতাহীন; অনুপযুক্ত; অনধিকারী। **~·ly** *adv* অযোগ্যরূপে। **in·com·pe·tence** [–টান্স্], **in·com·pe·tency** [–টান্সি] *nn* [U] অযোগ্যতা; যোগ্যতাহীনতা।

in·com·plete [,ইন্কাম্'প্লীট্] *adj* অসম্পূর্ণ; অসম্পন্ন; অসমাপ্ত; খণ্ডিত; অপরিপূর্ণ। **~·ly** *adv* অসম্পূর্ণভাবে ইত্যাদি।

in·com·pre·hen·sible [ইন্,কম্প্রি'হেন্সাব্ল্] *adj* (আনুষ্ঠা.) অবোধগম্য; অভাবনীয়; অচিন্তনীয়; অচিন্ত্য; বোধাতীত। **in·com·pre·hen·si·bil·ity** [ইন্,কম্প্রি,হেন্সা'বিলাটি] *n* [U] অজ্ঞেয়তা; অবোধগম্যতা।

in·com·pre·hen·sion [ইন্,কম্প্রি'হেনশ্ন্] *n* [U] উপলব্ধির অভাব; অনুপলব্ধি; অনবধারণ।

in·com·press·ible [ইনক ম্'প্রেসাব্ল্] *adj* (আনুষ্ঠা.) চাপ দিয়ে সঙ্কুচিত করা যায় না এমন; অসঙ্কোচনীয়।

in·con·ceiv·able [,ইন্কান্'সীভ্ ব্ল্] *adj* অভাবনীয়; অচিন্তনীয়; (কথ্য) অবিশ্বাস্য; অসামান্য; অদ্ভুত।

in·con·clus·ive [,ইন্কান্'ক্লুসিভ়] *adj* (সাক্ষ্যপ্রমাণ, যুক্তি, আলোচনা ও কার্যকলাপ সম্বন্ধে) নিষ্পত্তিকারক বা নিশ্চয়জনক নয়; সুনির্দিষ্ট ফলোৎপাদক নয়; অপ্রামাণিক; অনিশ্চায়ক; অনির্ণায়ক। **~·ly** *adv* অনিশ্চায়কভাবে ইত্যাদি।

in·con·dite [ইন 'কন্ডাইট্] *adj* (রচনা ইত্যাদি সম্বন্ধে) সুসম্বদ্ধভাবে গ্রথিত নয়; অবিন্যস্ত; খাপছাড়া; এলোমেলো।

in·con·gru·ous [ইন্ 'কঙ্গ্রুআস্] *adj* **~ (with)** অসমঞ্জস; সামঞ্জস্যহীন; সঙ্গতিবিহীন। **~·ly** *adv* অসমঞ্জসরূপে ইত্যাদি। **in·con·gru·ity** [,ইন্কঙ্'গ্রূআটি] *n* [U] অসামঞ্জস্য; অসম্বদ্ধতা; অসঙ্গতি; [C] (*pl* -ties) অসমঞ্জস/সামঞ্জস্যহীন কোনো কিছু।

in·con·secu·tive [,ইন্কান্'সেকিউটিভ্] *adj* ধারাবাহিকতাহীন; অমানুপূর্বিক; অক্রমক।

in·con·sequent [ইন্'কন্সিকোয়ান্ট্] *adj* ১ যা বলা বা করা হয়েছে তার থেকে স্বাভাবিকভাবে উদ্ভূত নয়;

অসংলগ্ন; অসিদ্ধ; অযৌক্তিক; পূর্বাপরবিরুদ্ধ; যুক্তিবিরুদ্ধ; অবান্তর; পারম্পর্যহীন: an ~ remark. ২ (ব্যক্তি সম্বন্ধে) কথায় বা কাজে পারম্পর্যহীন। **~·ly** *adv* অসংলগ্নভাবে, পারম্পর্যহীনভাবে ইত্যাদি। **in·con·sequen·tial** [ইন্‌ˌকন্‌সিˈকোয়েনশ্‌ল্‌] adj = ~; অকিঞ্চিৎকর।

in·con·sid·er·able [ইনক ন্‌ˈসিড্রাব্‌ল্‌] *adj* বিবেচনার অযোগ্য; তুচ্ছ; সামান্য; স্বল্প; অত্যল্প।

in·con·sid·er·ate [ˌইন্‌কান্‌ˈসিডারাট্‌] *adj* (ব্যক্তি ও তার কার্যকলাপ সম্বন্ধে) অবিবেচক; অবিমৃশ্যকারী; অপরিণামদর্শী; অবিবেকী; বিবেচনাহীন; বিচারহীন; বিবেকহীন; অবিবেচনাপ্রসূত: ~ children; ~ remarks. **~·ly** *adv* নির্বিচারে, বিবেচনাহীনভাবে ইত্যাদি।

in·con·sist·ent [ˌইন্‌কান্‌ˈসিস্‌টান্‌ট্‌] *adj* ~ **(with)** ১ সঙ্গতিহীন; সামঞ্জস্যহীন; অসমঞ্জস: His way of life is ~ with his pretensions. ২ পরস্পরবিরুদ্ধ; পরস্পরবিরোধ; পূর্বাপরবিরুদ্ধ। **~·ly** *adv* সামঞ্জস্যহীনভাবে; পরস্পরবিরুদ্ধরূপে ইত্যাদি। **in·con·sist·ency** [–টান্‌সি] *n* [U, C] সামঞ্জস্যহীনতা; অসামঞ্জস্য; পূর্বাপরবিরোধী; পরস্পর–বিরোধিতা; অসঙ্গতি।

in·con·sol·able [ˌইন্‌কান্‌ˈসৌলাব্‌ল্‌] *adj* সা~না নেই এমন; অসা~নীয়: ~ grief. She was ~ when her husband died in an accident.

in·con·son·ant [ইন্‌ ˈকন্‌সনান্‌ট্‌] *adj* সঙ্গতিহীন; সামঞ্জস্যহীন: actions ~ with his principles. **in·con·son·ance** *n* বিসঙ্গতি; অসামঞ্জস্য।

in·con·spicu·ous [ˌইন্‌কান্‌ˈস্‌পিকিউআস্‌] *adj* সহজে চোখে পড়ে না এমন; অগোচর; অপ্রত্যক্ষ: After his defeat in the election he made himself ~. **~ colours** অনুগ্র রং। **~·ly** *adv* অগোচরে; লোকচক্ষুর অন্তরালে।

in·con·stant [ইন্‌ ˈকন্‌সটান্‌ট্‌] *adj* (আনুষ্ঠা.) (ব্যক্তি সম্বন্ধে) অনুভূতি, অভিপ্রায়, উদ্দেশ্য ইত্যাদি ব্যাপারে পরিবর্তনশীল; চপলচিত; অস্থিরচিত; তরলমতি; নিষ্ঠাহীন: an ~ lover. **in·con·stancy** [–টান্‌সি] *n* [U. C] চপলচিত্ততা; চলচিত্ততা; অস্থিরচিত্ততা; চিত্ততারল্য; চাপল্য।

in·con·test·able [ˌইন্‌কান্‌ˈটেস্‌টাব্‌ল্‌] *adj* তর্কাতীত; অপ্রত্যাখ্যেয়; অকাট্য।

in·con·ti·nent [ইন্‌ ˈকনটিনান্‌ট্‌] *adj* অসংযতেন্দ্রিয়; অসংযত; সংযমহীন; অসংযমী; (চিকি.) মল বা মূত্র নিয়ন্ত্রণে রাখতে অসমর্থ। **in·con·ti·nence** [–নান্‌স্‌] *n* অসংযম; অসংযতেন্দ্রিয়ত্ব।

in·con·tro·vert·ible [ইন্‌ ˌকনট্রাˈভাটাব্‌ল্‌] *adj* (আনুষ্ঠা.) অপ্রত্যাখ্যেয়; অবিবদনীয়; অখণ্ডনীয়।

in·con·ven·ience [ˌইন্‌কান্‌ˈভানিআন্‌স্‌] *n* [C, U] ক্লেশ; পীড়া; কষ্ট; আয়াস; বিড়ম্বনা; অসুবিধা; ক্লেশহেতু; পীড়াহেতু: I am loath to cause you any ~. □*vt* ক্লেশ, পীড়া ইত্যাদির কারণ হওয়া; ক্লেশ/কষ্ট দেওয়া; ঝামেলায় ফেলা।

in·con·ven·ient [ˌইন্‌কান্‌ˈভানিআন্‌ট্‌] *adj* ক্লেশকর; পীড়াদায়ক; বিড়ম্বনাকর; অসুবিধাজনক। **~·ly** *adv* ক্লেশকররূপে ইত্যাদি।

in·con·vert·ible [ˌইন্‌কান্‌ˈভাটাব্‌ল্‌] *adj* বদল করা যায় না এমন (যেমন কাগজের টাকা যার বদলে সোনা নেওয়া যায় না); অপরিবর্তনযোগ্য; অপরিবর্তনীয়।

in·con·verti·bil·ity [ˌইন্‌কান্‌ভাটাবিলাটি] *n* অপরিবর্তনীয়তা; অপরিবর্তনযোগ্যতা।

in·cor·por·ate[1] [ইন্‌ˈকো°প রাট্‌] *adj* কর্পোরেশন বা সমূহরূপে গঠিত; সমূহীভূত; একত্রীভূত; নিগমিত।

in·cor·por·ate[2] [ইন্‌ˈকো°পারেইট্‌] *vt,vi* ~ **(in/into/with)** ১ একীভূত হওয়া; একত্র করা; সংযুক্ত/সংসৃষ্ট করা বা হওয়া: This town was recently ~d into the kingdom. He was ~d a member of the Academy. (আইন.)সমূহ বা কর্পোরেশনরূপে গঠন করা বা গঠিত হওয়া; নিগঠিত/নির্গমবদ্ধ করা। **in·cor·por·ated** *adj* একত্রীভূত। **in·cor·por·ation** [ইন্‌ˌকো°পাˈরেইশ্‌ন্‌] *n* একত্রীকরণ বা একত্রীভবন।

in·cor·por·eal [ˌইন্‌কো°ˈপোরিআল্‌] *adj* (আনুষ্ঠা.) অশরীরী; নিরবয়ব।

in·cor·rect [ˌইন্‌কাˈরেক্‌ট্‌] *adj* অশুদ্ধ; অযথার্থ; অসত্য; (আচরণ, পোশাক–পরিচ্ছদ ইত্যাদি সম্বন্ধে) অসঙ্গত; অসমীচীন; অশোভন। **~·ly** *adv* অশুদ্ধ–ভাবে, অসঙ্গতভাবে ইত্যাদি। **~·ness** *n* অশুদ্ধতা; অসত্য; অযথার্থতা; অসঙ্গতি; অসমীচীনতা; অশোভনতা।

in·cor·ri·gible [ইন্‌ ˈকরিজাব্‌ল্‌ US –ˈকো°রি–] *adj* (ব্যক্তি, তার দোষত্রুটি ইত্যাদি সম্বন্ধে) অশোধনীয়; অশোধ্য; অপ্রতিকার্য: an ~ liar; ~ bad habits.

in·cor·rupt·ible [ইনক ˈরাপ্‌টাব্‌ল্‌] *adj* অক্ষয়; অনশ্বর; বিশেষত ঘুষ দিয়ে দুর্নীতিগ্রস্ত করা যায় না এমন। **in·cor·rupti·bil·ity** [ˌইন্‌কাˌপ্টাˈবিলাটি] *n* অক্ষয়তা; অনশ্বরতা; অদূষ্যতা; অবিকার্যতা।

in·crease[1] [ˈইঙ্‌ক্রীস্‌] *n* [U, C] **~ in** বৃদ্ধি; প্রবৃদ্ধি; উপচয়; বাড়। **on the ~** বর্ধমান; ক্রমবর্ধমান: The population of the country is still on the ~.

in·crease[2] [ইন্‌ˈক্রীস্‌] *vt,vi* বৃদ্ধি করা বা পাওয়া; বাড়া বা বাড়ানো; বর্ধিত করা/হওয়া। **in·creas·ing·ly** [ইন্‌ˈক্রীসিঙ্‌লি] *adv* উত্তরোত্তর ক্রমবর্ধমানভাবে।

in·cred·ible [ইন ˈক্রেডাব্‌ল্‌] *adj* অবিশ্বাস্য; অশ্রদ্ধেয়; (কথ্য) বিশ্বাস করা কঠিন; প্রত্যয়াতীত; বিস্ময়কর। **in·cred·ibly** [–ডাব্‌লি] *adv* অবিশ্বাস্যভাবে, প্রত্যয়াতীতভাবে ইত্যাদি। **in·credi·bil·ity** *n* অবিশ্বাস; অপ্রতীতি; অপ্রত্যয়।

in·credu·lous [ইন্‌ ˈক্রেডিউলাস্‌ US –জূ–] *adj* অপ্রত্যয়ী; অবিশ্বাসী: ~ looks/smiles, অবিশ্বাসের দৃষ্টি/হাসি। **~·ly** *adv* অবিশ্বাসের সঙ্গে। **in·cred·ul·ity** [ˌইন্‌ক্রিˈডিউলাটি US –ডূ–] *n* অবিশ্বাস; অপ্রতীতি।

in·crement [ˈইঙ্‌ক্রমান্‌ট্‌] *n* ১ [U] লাভ; বৃদ্ধি; বর্ধন; উপচয়: unearned ~, পরিশ্রম ছাড়া অন্য কোনো কারণে কোনো কিছুর বর্ধিত মূল্য, যেমন চাহিদাবৃদ্ধির জন্য জমির মূল্যবৃদ্ধি; অনর্জিত লাভ। ২ [U] বৃদ্ধির পরিমাণ; বৃদ্ধি। **~al** *adj* বৃদ্ধিজনিত; বৃদ্ধিঘটিত।

in·crimi·nate [ইন্‌ ˈক্রিমিনেইট্‌] *vt* অভিযুক্ত/দোষী/ দোষারোপ করা; (অপরাধের সঙ্গে) জড়ানো: The police produced some evidence incriminating both the father and the son. **in·crimi·na·tion** *n* দোষারোপণ; অপরাধীসংসৃষ্টতা।

in·crus·ta·tion [ˌইন্‌ক্রাˈসটেইশ্‌ন্‌] *n* [U] আচ্ছাদন; অন্তর্নিবেশন; [C] বহিরাবেষ্টন; শক্ত আবরণ; বাহ্যকোষ।

in·cu·bate [ইঙ্কিউবেইট্] *vt,vi* ১ ডিমে তা দেওয়া; তা দিয়ে বাচ্চা ফোটানো। ২ (রোগজীবাণু সম্বন্ধে) অনুকূল পরিবেশে বিকাশ লাভ করা। **in·cu·ba·tion** [ˌইঙ্কিউˈবেইশ্‌ন্] *n* [U] ১ ডিম্বস্ফোটন: artificial incubation, কৃত্রিম ডিম্বস্ফোটন। ২ ~ **(period)** (প্যাথ.) রোগসঞ্চার থেকে প্রথম রোগলক্ষণ দেখা দেওয়া পর্যন্ত কাল; সুপ্তাবস্থা। **in·cu·ba·tor** [–টা(র্)] *n* কৃত্রিম তাপে ডিম ফোটানোর জন্য কিংবা (বিশেষত অপূর্ণকালিক) ক্ষুদ্র, দুর্বল শাবকদের লালনের জন্য যন্ত্রবিশেষ; ডিম্বস্ফোটনযন্ত্র।

in·cu·bus [ˈইঙ্কিউবাস্] (*pl* -es [–সিজ্], কিংবা -bi [–বাই]) দুঃস্বপ্ন; ঘুমন্ত ব্যক্তির উপর ভারী হয়ে চেপে থাকে বলে কল্পিত প্রেতাত্মাবিশেষ; দুঃস্বপ্নের মতো কোনো কিছু, যেমন ঋণ, আসন্ন পরীক্ষা ইত্যাদি।

in·cul·cate [ˈইন্‌কালকেইট্ US ইন্ˈকাল্–] *vt* ~ **sth (in sb)** (আনুষ্ঠা.) (ভাব, আদর্শ ইত্যাদি) হৃদয়ে নিবিষ্ট/প্রোথিত করা; চিত্তনিষ্ঠ করা: ~ in young people the sense of duty.

in·culp·able [ইন্ ˈকালপাব্‌ল্] *adj* নির্দোষ; নিরপরাধ।

in·cul·pate [ˈইন্‌কাল্‌পেইট্ US ইন্ˈকাল্–] *vt* (আনুষ্ঠা.) (কাউকে কোনো দুষ্কৃতির জন্য দোষী করা; অপরাধের সঙ্গে জড়িত করা।

in·cum·bent [ইন্ˈকামব ন্‌ট্] *adj* **be ~ on/up sb (to do sth)** (আনুষ্ঠা.) দায়িত্ব/অবশ্য কর্তব্য: It is ~ upon me to warn him of the consequences of his evil designs. □*n* কোনো পদে অধিষ্ঠিত ব্যক্তি; পদাধিকারী। **in·cum·bency** [–বান্‌সি] *n* (*pl* -cies) পদাধিকার।

in·cur [ইন্ ˈকা(র্)] *vt* (-rr-) (নিজের উপর) ডেকে আনা; –ভাজন/–গ্রস্ত হওয়া; নিজ স্কন্ধে গ্রহণ করা: ~ debts; ঋণগ্রস্ত হওয়া; ঋণের বোঝা মাথায় নেওয়া; ~ hatred, ঘৃণার পাত্র হওয়া।

in·cur·able [ইন্‌কিউ অরাব্‌ল্] *adj* অচিকিৎস্য; অনারোগ্য: ~ diseases/habits. □*u* অচিকিৎস্য ব্যক্তি: a home for ~s. **in·cur·ably** [–রাব্‌লি] *adv* অচিকিৎসনীয়রূপে ইত্যাদি।

in·curi·ous [ইন্ ˈকিউঅরিআস্] *adj* (আনুষ্ঠা.) অনুৎসুক; অজিজ্ঞাসু; কৌতূহলশূন্য; উদাসীন; অমনোযোগী।

in·cur·sion [ইন্ ˈকাশ্‌ন্ US –জ্‌ন্] *n* ~ **on/upon** আকস্মিক আক্রমণ বা হামলা, যা সাধা. স্থায়ী দখল প্রতিষ্ঠার জন্য করা হয় না; অবস্কন্ধ; অভিদ্রব; অভিনির্মাণ: The ~s of Sultan Mahmud on Western India; (লাক্ষ.) উপদ্রব; হামলা: ~s upon one's leisure time.

in·curved [ˌইন্‌কাভ্‌ড্] *adj* ভিতরের দিকে বাঁকানো; বক্রীকৃত; অন্তর্নমিত।

in·debted [ইন্ ˈডেটিড্] *adj* ~ **to sb** ঋণী; ঋণবদ্ধ; কৃতজ্ঞতাপাশে আবদ্ধ; অনুগৃহীত। **~·ness** *n* ঋণবদ্ধতা; ঋণ।

in·de·cent [ইন্ ˈডীস্‌ন্ট্] *adj* ১ (আচরণ, কথাবার্তা ইত্যাদি সম্বন্ধে) গর্হিত; অশিষ্ট; শিষ্টাচারবিরুদ্ধ; অশ্লীল; অশ্রাব্য। ২ (কথ্য) অশোভন; অনুচিত; অসঙ্গত: leave a party in ~ haste. **~·ly** *adv* অশোভনভাবে, শিষ্টাচারবিগর্হিতভাবে ইত্যাদি। **in·de·cency** [–ন্‌সি] *n* [U] অশিষ্টতা; অশ্লীলতা; [C] (*pl* -cies) গর্হিত/অশ্লীল কার্যকলাপ/অঙ্গভঙ্গি/ অভিব্যক্তি ইত্যাদি।

in·de·cipher·able [ˌইন্‌ডিসাইফ্‌রাব্‌ল্] *adj* পাঠোদ্ধারযোগ্য নয় এমন; বোধগম্য নয় এমন; অনির্ণেয়।

in·de·cision [ইন্‌ডি ˈসিজ্‌ন্] *n* সিদ্ধান্তহীনতা; সংশয়; অস্থিরচিত্ততা; অনিশ্চয়; দ্বিধা।

in·de·cis·ive [ˌইন্‌ডিˈসাইসিভ্] *adj* অনিশ্চায়ক; অনির্ণায়ক; অনিশ্চিত: an ~ battle/answer; ~ evidence; দ্বিধান্বিত; অস্থির; অনবস্থিত: a man with an ~ manner. **~·ly** *adv* অনিশ্চায়কভাবে, দ্বিধান্বিতভাবে ইত্যাদি।

in·de·clin·able [ˌইন্‌ডিˈকলাইনাব্‌ল্] *adj* (ব্যাক.) বিভক্তিযোগে পরিবর্তিত হয় না এমন; অবিকার্য; অবিভক্তিক: an ~ word, অব্যয়; অব্যয়শব্দ। **in·de·clin·ably** *adv* অবিকার্যভাবে।

in·dec·or·ous [ইন্ˈডেকারাস্] *adj* (আনুষ্ঠা.) শিষ্টাচারবিরোধী; সভ্যাচারবিরুদ্ধ; অমার্জিত; কুরুচিপূর্ণ; অভব্য; অশালীন। **~·ly** *adv* শিষ্টাচারবিরুদ্ধভাবে, অশালীনভাবে ইত্যাদি।

in·de·cor·um [ˌইন্‌ডিকো°রাম্] *n* [U] অশিষ্টাচার; অসভ্যতা; অশালীনতা; অপচার; কুরীতি; কদাচার; কুচর্যা; দুঃশীলতা।

in·deed [ইন্ ˈডীড্] *adj* ১ সত্যি; বস্তুত; অবশ্য: It was ~ a pleasant trip; 'Are you glad of my success?' 'Yes, ~'. ২ (জোর দেওয়ার জন্য) সত্যিই; Thank you very much ~. ৩ আগ্রহ, বিস্ময়, শ্লেষ ইত্যাদি প্রকাশের জন্য ব্যবহৃত; সত্যি: 'He is a kind-hearted man', 'oh, ~ !' বটে !

in·de·fati·gable [ˌইন্‌ডিˈফ্যাটিগাব্‌ল্] *adj* (আনুষ্ঠা.) অক্লান্ত; ক্লান্তিহীন; অশ্রান্ত; শ্রান্তিহীন; অতন্দ্রিত: ~ workers.

in·de·feas·ible [ˌইন্‌ডিˈফ়ীজ়াব্‌ল্] *adj* (আনুষ্ঠা.) বিলোপ বা বাতিল করা যায় না এমন; অলোপ্য; অলোপনীয়; অবিনাশ্য: ~ rights/claims.

in·de·fens·ible [ˌইন্‌ডিˈফ়েন্‌সাব্‌ল্] *adj* পক্ষসমর্থন, প্রতিপাদন বা ক্ষমা করা যায় না এমন; অরক্ষণীয়; অমার্জনীয়; অক্ষমণীয়।

in·defin·able [ˌইন্‌ডি ˈফ়াইনাব্‌ল্] *adj* অনিরূপণীয়; অনির্বচনীয়; অনির্ধারণীয়।

in·defi·nite [ইন্ˈডেফ়িনাট্] *adj* অনির্দিষ্ট; অনিশ্চিত; অস্পষ্ট; ভাসা-ভাসা: give an ~ answer. **the ~ ˈarticle** অনির্দিষ্ট সন্ধিকা (a বা an). **~·ly** *adv* অনির্দিষ্টভাবে।

in·del·ible [ইন্ˈডেলাব্‌ল্] *adj* (দাগ, চিহ্ন, কালি কিংবা (লাক্ষ.) অসম্মান সম্বন্ধে) অনপনেয়; অমোচনীয়; অমোচ্য; দুরপনেয়: an ~ pencil; ~ shame. **in·del·ibly** [–লাব্‌লি] *adv* অনপনেয়রূপে ইত্যাদি।

in·deli·cate [ইন্ ˈডেলিকাট্] *adj* (ব্যক্তি এবং তার কথাবার্তা, আচরণ ইত্যাদি সম্বন্ধে) অমার্জিত, স্থূল; অশিষ্ট; অপরিশীলিত; শিষ্টাচারবিরুদ্ধ; ~ remarks. **in·deli·cacy** [– কাসি] *n* [U] স্থূলতা; অশিষ্টতা; অসৌকুমার্য; [C] (*pl* -cies) স্থূল/অমার্জিত কার্যকলাপ, কথাবার্তা ইত্যাদি।

in·dem·nify [ইন্ ˈডেম্‌নিফ়াই] *vt* (*pt,pp* -fied) ১ ~ **sb (from/against)** (আইন., বাণিজ্য) (কাউকে, নিজেকে) নিরাপদ করা; নিরাপত্তাবিধান করা: ~ a person against harm. ২ ~ **sb (for sth)** ক্ষতিপূরণ করা। **in·dem·ni·fi·cation** [ইন্ˈডেম্‌নিফ়িˈকেইশ্‌ন্] *n* [U, C] ক্ষতিপূরণ; খেসারত।

in·dem·nity [ইন্ˈডেম্নাটি] *n* (*pl* -ties) [U, C] (সম্ভাব্য ক্ষতি বা লোকসানের বিরুদ্ধে) নিরাপত্তা; নিরাপত্তা-প্রতিবিধান; ক্ষতিপূরণ; খেসারত।

in·dent [ইন ˈডেন্‌ট্] *vt,vi* ১ (দাঁত দিয়ে কাটার মতো) খাঁজ কাটা; দাঁতাল করা: an ~ed coastline, সভঙ্গ উপকূলরেখা। ২ (লেখায় বা মুদ্রণে) প্রান্তভাগ থেকে অন্যান্য পংক্তির তুলনায় কিছুটা বেশি দূরত্ব রেখে শুরু করা; ছাড় দিয়ে শুরু করা: ˈ~ the first line of the paragraph. ৩ ~ **(on sb) for sth)** (বাণিজ্য.) (বিদেশ থেকে) পণ্য আমদানির জন্য ফরমাশ করা: The firm ~s for all kinds of machinery. □*n* [ˈইনডেন্‌ট্] (বাণিজ্য) (পণ্য আমদানির জন্য) ফরমাশ-পত্র; পণ্যসংগ্রহের জন্য সরকারি ফরমাশ অধিযাচন। **in·den·ta·tion** [ˌইনডেন্ˈটেইশ্‌ন্] *n* ১ [U] ভঙ্গুরীকরণ; ফরমাশ-প্রেরণ; (মুদ্রণ ইত্যাদিতে) অবচ্ছেদন। ২ [C] (উপকূল-রেখার) গভীর অবচ্ছেদ; খাঁজ; (লেখা বা মুদ্রণে) ছাড়।

in·den·ture [ইন্ ˈডেন্‌চা(র্)] *n* বিশেষত শিক্ষানবিশ এবং তার শিক্ষাদাতার মধ্যে সম্পাদিত চুক্তি; যার দুটি অনুলিপি প্রস্তুত করা হয়; প্রতিজ্ঞাপত্র। **take up one's ~s** (প্রশিক্ষণ শেষে) প্রতিজ্ঞাপত্র ফেরত নেওয়া। □*vt* (শিক্ষানবিশরূপে) কাউকে প্রতিজ্ঞাবদ্ধ বা চুক্তিবদ্ধ করা।

in·de·pen·dence [ˌইনডি ˈপেন্‌ড্যান্‌স্] *n* [U] ~ **(from)** স্বাতন্ত্র্য; স্বাধীনতা; স্বাধিকার। ˈ**I~ day** স্বাধীনতা দিবস।

in·de·pen·dent [ˌইনডিˈপেন্‌ড্যান্‌ট্] *adj* ১ ~ **(of)** স্বাধীন; অপরতন্ত্র; আত্মতন্ত্র; স্বতন্ত্র; স্বচ্ছন্দ; নির্ভরতামুক্ত: He bought a car so as to be ~ of trains and buses. **~ means** নিজস্ব উপায়; নিজ সামর্থ্য। ২ পরাধীনতামুক্ত; স্বাধীন: an ~ country. ৩ নিজস্ব পন্থায় চিন্তা বা কাজ করে এমন; অন্যের দ্বারা অপ্রভাবিত; নিয়ন্ত্রণমুক্ত; নিরপেক্ষ; স্বাধীন; স্বচ্ছন্দবৃত্তি; স্বচ্ছন্দবুদ্ধি: an ~ thinker; an ~ witness; ~ proof/research. □*n* (বিশেষত) রাজনৈতিক দলের সদস্য নন এমন সংসদ-সদস্য; প্রার্থী ইত্যাদি; স্বতন্ত্র সদস্য/প্রার্থী; স্বাতন্ত্রিক: Are you voting for the ~? **~·ly** *adv* স্বাধীনভাবে, স্বতন্ত্রভাবে ইত্যাদি।

in·de·scrib·able [ˌইনডিˈস্ক্রাইবাব্‌ল্] *adj* অবর্ণনীয়; অনির্বচনীয়। **in·de·scrib·ably** [-বাব্‌লি] *adv* অবর্ণনীয়রূপে।

in·de·struct·ible [ˌইনডিˈস্ট্রাক্‌টাব্‌ল্] *adj* অবিনাশ্য; অবিনাশী; অবিনশ্বর; অক্ষয়: ~ plastics. **in·de·struct·ibil·ity** [ˌইন্‌ডিˌস্ট্রাক্‌টাˈবিলটি] *n* [U] অনাশ্যতা; অবিনাশিতা; অবিনশ্বরতা; অক্ষয়তা।

in·de·ter·mi·nate [ˌইনডিˈটামিনাট] *adj* অনির্দিষ্ট; অনিয়ত; অস্পষ্ট; অনির্ণীত; (গণিত): an ~ quantity, যে রাশির কোনো নির্দিষ্ট মূল্য নেই; অনির্দিষ্ট রাশি। **in·de·ter·min·able** [ˌইনডিˈটামিনাব্‌ল্] *adj*. অনির্ণেয়; অনবধার্য; (বিশেষত শিল্পসংক্রান্ত বিবাদ সম্বন্ধে) অমীমাংস্য। **in·de·ter·min·ably** [-নাব্‌লি] *adv* অনির্ণেয়ভাবে; অনবধার্যরূপে; অমীমাংস্যরূপে। **in·de·ter·min·acy** [-নাসি] *n* অনির্ণেয়তা; অমীমাংস্যতা; অনির্দেশ্যতা: the indeterminacy of small-scale physical events, ক্ষুদ্রাতিক্ষুদ্র ভৌত ঘটনাবলী আগে থেকে নির্ণয় করবার অসম্ভাব্যতা।

in·dex [ˈইনডেক্‌স্] *n* (*pl* -es, কিংবা বিজ্ঞানে **indices** [ˈইন্‌ডিসীজ্]) ১ সূচক; দেশক; নির্দেশক: The per capita consumption of electricity is an ~ of a country's development. **the** ˈ**~ finger** তর্জনী। ২ গ্রন্থশেষে সন্নিবেশিত নাম, বিষয়বস্তু ইত্যাদির, বর্ণানুক্রমিক তালিকা; অনুক্রমণিকা; নির্ঘণ্ট; (গ্রন্থাকারে) কার্ডে লিপিবদ্ধ লেখক ও বইয়ের বর্ণানুক্রমিক তালিকা (ˈ**card ~**). **the I~** (ইতি.) রোমান ক্যাথলিক গির্জার সদস্যদের জন্য নিষিদ্ধ বইয়ের তালিকা, যে সব বই পড়তে হলে গির্জার অনুমতি লাগত। ৩ ˈ**~ number/figure** (পূর্ববর্তী কোনো এক সময়ের জন্য) ১০০-কে একক ধরে বিশেষ কোনো তারিখে মূল্য, পারিশ্রমিক ইত্যাদির সূচক; সূচক-সংখ্যা: the cost of living ~; ~ linked/related, (পারিশ্রমিক, অবসর-ভাতা সম্বন্ধে) সূচক অনুযায়ী সমাযোজিত; সূচক-সংশ্লিষ্ট। ৪ (বীজ.) সূচক। □*vt* নির্ঘণ্ট/ অনুক্রমণিকা তৈরি করা; শব্দ, উল্লেখ ইত্যাদি নির্ঘণ্ট-ভুক্ত করা। **~er** *n* নির্ঘণ্টকার/নির্ঘণ্টকৃৎ।

In·dia [ˈইনডি আ] *n* ˈ**~ paper** *n* অত্যন্ত পাতলা এক প্রকার কাগজ; ইন্ডিয়া-কাগজ। ˌ**~-ˈrubber** *n* [C] পেন্সিল বা কালির দাগ ঘষে তোলার জন্য অত্যন্ত স্থিতিস্থাপক রাবার/ইন্ডিয়া রাবার।

In·dian [ˈইন্‌ডিআন্] *adj* , *n* ১ ভারতীয়; হিন্দুস্তানি। ২ **A**ˌ**merican** ˈ~ আমেরিকার আদিবাসীদের একজন; মার্কিন ইন্ডিয়ান। ˌ**West** ˈ~ পশ্চিম ভারতীয় দ্বীপপুঞ্জ (West Indies)-সংক্রান্ত বা ঐ দ্বীপপুঞ্জের অধিবাসী; পশ্চিম ভারতীয়। ৩ (বিবিধ প্রয়োগ) ˈ**~ club** শারীরিক ব্যায়ামের জন্য বোতলাকৃতি গদা; মুগুর। ˈ**~ corn** [U] ভুট্টা। **in ~ file** একজনের পিছনে একজন করে সারিবদ্ধ। ˌ**~** ˈ**hemp,** দ্র. hemp. ˌ**~** ˈ**ink** চীন ও জাপানে তৈরি ঘন কালো কালিবিশেষ; চীনা কালি। ˌ**~** ˈ**summer** বিশেষত আমেরিকার উত্তরাঞ্চলে শরতের শেষে শান্ত; শুষ্ক; ধোঁয়াটে আবহাওয়ার কাল; (লাক্ষ.) বৃদ্ধ বয়সে যৌবনের অনুভূতির পুনরুজ্জীবন; অকাল-যৌবন।

in·di·cate [ˈইন্‌ডিকেইট্] *vt* নির্দেশ করা; সূচিত করা; জানানো; জ্ঞাপন করা: The needle ~s pressure. His behaviour ~d nothing. **in·di·ca·tion** [ˌইনডিˈকেশ্‌ন্] *n* ১ [U] সূচনা; নির্দেশনা। ২ [C, U] লক্ষণ; পূর্ব লক্ষণ; ইঙ্গিত: I got an indication of his displeasure.

in·di·ca·tive [ইন্ˈডিকাটিভ্] *adj* ১ (ব্যাক.) নির্দেশক/নির্ধারক: the ~ mood, নির্দেশক/নির্ধারক ভাব। ২ **~ of/that** নির্দেশক; অভিব্যঞ্জক; জ্ঞাপক; সূচক: His rolling eyes are ~ of his anger.

in·di·cator [ˈইনডিকেইটা(র্)] *n* সূচক; নির্দেশক; অনুসূচক; জ্ঞাপক: ˈtraffic-~, মোটর গাড়িতে গতির পরিবর্তনজ্ঞাপক আলোর ঝলক বা অন্য কোনো কৌশল; চলাচল-নির্দেশক; ˈtrain~, ট্রেনের আসা-যাওয়ার সময়, প্ল্যাটফর্ম নম্বর ইত্যাদি দেখানোর জন্য স্টেশনে রক্ষিত নির্দেশক; ট্রেন-নির্দেশক।

in·di·ces [ˈইন্‌ডিসীজ্] index-এর *pl*

in·dict [ইন্ ˈডাইট্] *vt* (আইন.) (কাউকে) অভিযুক্ত করা: ~ sb for riot /as a rioter/on a charge of rioting. **~·able** [-টাব্‌ল্] *adj* অভিযোজ্য: ~able offences. **~·ment** *n* [C] অভিযোগ; অভিযোগপত্র: bring an ~ment against sb; [U] অভিযুক্তকরণ।

in·dif·fer·ence [ইন্ ˈডিফ্‌রান্‌স্] *n* [U] **~(to)** ঔদাসীন্য; উদাসীনতা; অনৌৎসুক্য; অনীহা; নিঃস্পৃহতা; বিতৃষ্ণা; বৈরাগ্য।

in·dif·fer·ent [ইন্ 'ডিফ্রান্ট্] *adj* ১ **~(to)** নিঃস্পৃহ; অনীহ; উদাসীন; নিরুৎসুক: He is ~ to the sufferings of his parents. It is ~ to him whether she comes back or not. ২ মামুলি; বাজে; মাঝারি; চলনসই: an ~ book; a very ~ painter. **~·ly** *adv* নিঃস্পৃহভাবে; নির্বিশেষে, নিরুৎসুকভাবে ইত্যাদি।

in·digen·ous [ইন্'ডিজিনাস্] *adj* **~ to** দেশজ; দেশী; দৈশিক; স্বদেশীয়; স্বদেশজাত: ~ language. Giraffes are ~ to Africa, আফ্রিকার নিজস্ব/স্বাভাবিক প্রাণী।

in·di·gent ['ইনডিজান্ট্] *adj* (আনুষ্ঠা.) দরিদ্র; নির্ধন; অকিঞ্চন। **in·di·gence** [-জান্স্] *n* [U] দারিদ্র্য; নির্ধনতা; অকিঞ্চনত্ব।

in·di·gest·ible [ˌইন্ডি'জাসটাব্ল্] *adj* অপাচ্য; দুষ্পাচ্য।

in·di·ges·tion [ˌইন্ডি'জেস্চান] *n* [U] অপরিপাক; অজীর্ণ; অজীর্ণতা; মন্দাগ্নি; অগ্নিমান্দ্য: suffer from ~; have an attack of ~.

in·dig·nant [ইন্ 'ডিগ্নান্ট] *adj* বিশেষত অবিচার কিংবা অন্যায় অপবাদের কারণে ক্রুদ্ধ ও অবজ্ঞাপূর্ণ; মহাকুপিত; রুষ্ট; ক্ষুব্ধ: ~ at a false accusation; ~ with a treacherous friend. **~·ly** *adv* সক্ষোভে ইত্যাদি।

in·dig·na·tion [ˌইন্ডিগ্'নেইশ্ন্] *n* [U] অবিচার, অসদাচরণ ইত্যাদি কারণে ক্রোধ; ক্ষোভ; কোপ; রোষ: arouse the ~ of the people.

in·dig·nity [ইন্ 'ডিগ্নাটি] *n* [U, C] অবমাননা; অপমান; অসম্মান; অমর্যাদা; অবজ্ঞা।

in·digo ['ইন্ডিগৌ] *n* [U] (উদ্ভিজ্জাত) নীল। **~ (blue)** ধূম্রনীল।

in·direct [ˌইন্ডি 'রেক্ট্] *adj* ১ অসরল; বক্র; কুটিল; বাঁকা; তির্যক; অপ্রত্যক্ষ: an ~ road; make an ~ reference to sb; an ~ answer to a question, পরোক্ষ জবাব; ~ lighting, প্রতিফলিত আলো; তির্যক আলো। ২ (কর সম্বন্ধে) পরোক্ষ। ৩ ˌ**~ 'object** গৌণ কর্ম, যেমন 'I gave him a book' বাক্যে him গৌণকর্ম। ˌ**~'question** পরোক্ষ উক্তিতে প্রশ্ন; পরোক্ষ প্রশ্ন। ৪ সরাসরিভাবে উদ্দিষ্ট নয় এমন; পরোক্ষ: an ~ result. **~·ly** *adv* পরোক্ষভাবে, তির্যকভাবে ইত্যাদি। **~·ness** *n* পরোক্ষতা; অপ্রত্যক্ষতা; অসারল্য; বক্রতা।

in·dis·cern·ible [ˌইনডি'সানাব্ল্] *adj* অপ্রত্যক্ষ; অলক্ষ্য; অদৃশ্য; অলোকনীয়।

in·dis·ci·pline [ইন্'ডিসিপ্লিন্] *n* [U] বিশৃঙ্খলা; অব্যবস্থা; অনিয়ম; উচ্ছৃঙ্খলতা।

in·dis·creet [ˌইন্ডি'সক্রীট্] *adj* অসতর্ক; অসাবধান; অবিচক্ষণ; অবিবেচক। **~·ly** *adv* অসতর্কভাবে, অসাবধানে ইত্যাদি। **in·dis·cre·tion** [ˌইন্ডি'সক্রেশ্ন্] *n* [U] অসাবধান/অসতর্ক আচরণ অসতর্কতা; অসাবধানতা; অবৈচক্ষণ্য; অবিচারণা; [C] অসতর্ক/অসাবধান মন্তব্য বা কার্যকলাপ; শিষ্টাচারবিরুদ্ধ কথা বা কাজ; অশিষ্টাচার; অভব্যতা।

in·dis·crete [ˌইন্ডি'সক্রিট্] *adj* পৃথক পৃথক অংশের সমবায়ে গঠিত নয় এমন; অবিচ্ছিন্ন।

in·dis·crimi·nate [ˌইনডি'সক্রিমিনাট্] *adj* বাছবিচারহীন; নির্বিশেষ; ভেদবুদ্ধিহীন: ~ in making friends; give ~ praise, নির্বিচার প্রশংসা; deal out ~ blows, এলোপাতাড়ি আঘাত। **~·ly** *adv* নির্বিচারে; নির্বিশেষে ইত্যাদি।

in·dis·pens·able [ˌইনডি'স্পেন্সাব্ল্] *adj* **~ to** অপরিহার্য; অপরিহরণীয়। **in·dis·pen·sa·bil·ity** [ˌইনডিˌস্পেন্সা'বিলাটি] *n* [U] অপরিহার্যতা; আবশ্যকত্ব।

in·dis·posed [ˌইনডি 'সপৌজ্ড্] *adj* ১ অসুস্থ। ২ **~ for/to do sth** অনিচ্ছু; পরাঙ্মুখ; বিমুখ: I am not ~ to help you.

in·dis·po·si·tion [ˌইনডিস্পা'জিশ্ন্] *n* [C, U] ১ অসুস্থতা। ২ **~ for/to do sth** বিরাগ; অনিচ্ছা; অনীহা; পরাঙ্মুখতা; অস্পৃহা; বিমুখতা; অপ্রবৃত্তি।

in·dis·put·able [ˌইনডি'স্পিউটাব্ল্] *adj* অবিসংবাদী; অবিতর্কনীয়; তর্কাতীত।

in·dis·sol·uble [ˌইনডি'সলিউব্ল্] *adj* (আনুষ্ঠা.) অচ্ছেদ্য; অখণ্ডনীয়; সুদৃঢ়; অলঙ্ঘ্য: the ~ bonds of friendship.

in·dis·tinct [ইনডি 'স্টিঙ্কট্] *adj* অস্ফুট; অস্পষ্ট; অব্যক্ত; অপরিস্ফুট: ~ speech; ~ sounds/memories. **~·ly** *adv* অস্পষ্টভাবে, অস্ফুটভাবে ইত্যাদি। **~·ness** *n* অব্যক্ততা; অস্পষ্টতা; অস্ফুটতা।

in·dis·tin·guish·able [ˌইনডি'স্টিঙগোয়িশব্ল্] *adj* অব্যক্ত; অপরিস্ফুট; অপরিচ্ছেদনীয়; অলক্ষ্য।

in·dite [ইন 'ডাইট] *vt* [U] ট্রানজিস্টর তৈরি করার জন্য ব্যবহৃত নরম ধাতব মৌল বিশেষ, যা আকরিক দস্তার মধ্যে সামান্য পরিমাণে পাওয়া যায় (প্রতীক In); ইন্ডিয়ম।

in·di·vid·ual [ˌইনডি'ভিজুআল] *adj* ১ (general-এর বিপরীত) বিশেষভাবে এক ব্যক্তি বা বস্তুর জন্য; পৃথক: As a teacher he tries to give ~ attention to his pupils. ২ ব্যক্তিক; ব্যক্তিগত; প্রাতিস্বিক; স্বতন্ত্র; বিশিষ্ট: an ~ style of speaking/dressing. □*n* ১ ব্যক্তি: the right of an ~. ২ (কথ্য) লোক; মানুষ; জন: He is a queer sort of ~. **~·ly** [-জু আলি] *adv* পৃথক পৃথক; আলাদা আলাদাভাবে; এক এক করে: Speak to each student ~ly.

in·di·vid·ual·ism [ˌইনডি 'ভিজুআলিজাম্] *n* [U] ১ সামাজিক তত্ত্ববিশেষ, যা রাষ্ট্রের আধিপত্যের চেয়ে ব্যক্তির স্বাধীন কর্মতৎপরতা এবং তার বিশ্বাসের পূর্ণ স্বাধীনতাকে অধিক গুরুত্ব দেয়; ব্যক্তিতন্ত্রতা; ব্যক্তিবাদ; ব্যক্তিস্বাতন্ত্র্য। ২ নিজের ব্যক্তিগত স্বার্থকে সব কিছুর উপরে স্থান দেয় এমন ব্যক্তির অনুভূতি বা আচরণ; আত্মকেন্দ্রিকতা; স্বার্থপরতা। **in·di·vid·ual·is·tic** [ˌইনডিˌভিজুআ'লিস্টিক] *adj* ব্যক্তিতান্ত্রিক।

in·di·vidu·al·ity [ˌইনডিˌভিজু'অ্যালাটি] *n* (*pl* -ties) ১ [U] একজন ব্যক্তির নিজস্ব বৈশিষ্ট্যসমূহ; ব্যক্তিতা; প্রাতিস্বিকতা; a man of marked ~. ২ স্বতন্ত্র অস্তিত্ব; প্রাতিস্বিকতা। ৩ (সাধা. *pl*) ব্যক্তিগত রুচি ইত্যাদি; ব্যক্তিস্বভাব।

in·di·vid·ual·ize [ˌইনডি'ভিজুআলাইজ্] *vt* ১ প্রাতিস্বিক বা বিশিষ্ট চরিত্র দান করা; প্রাতিস্বিকতা বা বৈশিষ্ট্যমণ্ডিত করা: His peculiar way of looking at things ~s his work. ২ নির্দিষ্ট করা; পৃথকভাবে সবিস্তারে আলোচনা বা পরিচর্যা করা: ~d service, ব্যক্তিনিষ্ঠ সেবা।

in·di·vis·ible [ˌইন্ডি'ভিজাব্ল্] *adj* অবিভাজ্য; অবিচ্ছেদ্য।

Indo- [ˌইনডৌ] *pref* (যৌগশব্দে) = Indian. ˌ**~-Euro'pean** ইন্দো-য়োরোপীয়।

in·do·cile [ইন্'ডৌসাইল US -'ডস্ল্] *adj* সহজে শিক্ষা গ্রহণ করে না বা বশ মানে না এমন; দুঃশাস্য;

অবাধ্য; অবিনেয়; দুর্দান্ত। **in·do·cil·ity** [ইনডৌ'সাইলাটি] *n* অবিনয়; অবাধ্যতা।

in·doc·tri·nate [ইন্'ডকট্রিনেইট্] *vt* **~ s b with** বিশেষ বিশেষ ভাব বা বিশ্বাসে কারো মনকে পূর্ণ করা; মন্ত্র দেওয়া; প্রতিবুদ্ধ করা। **in·doc·tri·na·tion** [ইন্,ডক্‌ট্রি'নেইশ্‌ন্] *n* [U] অনুশাসন; প্রতিবোধন।

in·do·lent ['ইনডালান্‌ট্] *adj* অলস; নিশ্চেষ্ট; নিরুদ্যম; নিরুদ্যোগী; পরিশ্রমবিমুখ। **~·ly** *adv* অলসভাবে, নিশ্চেষ্টভাবে ইত্যাদি। **in·do·lence** [–লান্‌স্] *n* [U] আলস্য; শ্রমবিমুখতা।

In·do·logy ['ইনডৌলাজি] *n* ভারতীয় ইতিহাস, সভ্যতা, সংস্কৃতি, সাহিত্য, শিল্পকলা ইত্যাদি বিষয়ক বিদ্যা; ভারতবিদ্যা।

in·domi·table [ইন্'ডমিটাবল্] *adj* অদম্য; দুর্দম; দুর্দমনীয়: ~ courage; an ~ will.

in·door ['ইনডো°(র্)] *adj* (কেবল attrib) ভবনের অভ্যন্তরস্থ; ভবনের অভ্যন্তরে সম্পন্ন; আভ্যন্তরীণ; গৃহস্থিত; ~ games/photography; an ~ swimming bath.

in·doors [,ইন্'ডো°জ্] *adj* গৃহাভ্যন্তরে; ঘরের ভিতর: go/stay ~; kept ~ by bad weather.

in·dorse [,ইন্'ডো°স্] = endorse.

in·drawn [,ইন্'ড্রো°ন্] *adj* ভিতরের দিকে টানা; প্রত্যাকৃষ্ট: an ~ breath, নিঃশ্বাস।

in·dubi·table [ইন্'ডিউবিট্ বল্ US –'ডূ–] *adj* (আনুষ্ঠা.) নিঃসংশয়; নিঃসন্দিগ্ধ; সন্দেহাতীত; সুনিশ্চিত। **in·dubi·tably** *adv* নিঃসন্দিগ্ধভাবে ইত্যাদি।

in·duce [ইন 'ডিউস্ US –'ডূস্] *vt* ১ **~ sb to do sth** প্রবর্তিত/উৎসাহিত করা; সম্মত/রাজি করা; পটানো: What ~d him to take so much trouble? ২ ঘটানো; উৎপাদন করা: illness ~d by overwork; জনিত/ঘটিত: ~ labour, (প্রসবকালে) কৃত্রিমভাবে প্রসব বেদনা উৎপন্ন করা; ~ magnetism in a piece of iron, চুম্বকত্ব সঞ্চারিত করা। **~·ment** *n* [C, U] উৎসাহের হেতু; প্রবর্তনা; অভ্যুপায়ন: He does not require any ~ment to work harder.

in·duct [ইন্'ডাক্‌ট্] *vt* **~ sb (to/into/as)** অভিষিক্ত/বরণ/অধিষ্ঠিত করা।

in·duc·tion [ইন্'ডাক্‌শ্‌ন্] ১ অভিষেক; অভিষেচন; বরণ; প্রবেশন: an ~ course, ভাবী ক্রিয়াকাণ্ড ও প্রয়োজনাদি সম্বন্ধে সামগ্রিক জ্ঞানদানের উদ্দেশ্যে পরিকল্পিত শিক্ষাক্রম; প্রবেশন–কার্যক্রম। ২ (তর্কশাস্ত্র) বিশেষ বিশেষ উপাত্ত বা দৃষ্টান্ত থেকে সাধারণ সূত্র আবিষ্কারের পদ্ধতি; সাধারণ বিবৃতি প্রমাণিত করার জন্য তথ্য উপস্থাপন; আরোহ। দ্র. deduction. ৩ কোনো বিদ্যুতায়িত বা চুম্বকায়িত বস্তুর সন্নিকর্ষে (প্রকৃত সংস্পর্শ ব্যতিরেকে) অন্য কোনো বস্তুতে বৈদ্যুতিক বা চৌম্বক গুণ সঞ্চারিত করা; আবেশ; অপবাহ: ~ coils/motors. দ্র. induce (২).

in·duc·tive [ইন্ 'ডাক্‌টিভ্] *adj* ১ (যুক্তি সম্বন্ধে) আরোহী। induction (২) দ্র.। ২ চৌম্বক বা বৈদ্যুতিক আবেশ সম্বন্ধী; অপবাহিক।

in·dulge [ইন্ 'ডাল্‌জ্] *vt,vi* ১ পরিতৃপ্ত করা; (বাসনা ইত্যাদি) চরিতার্থ করা; প্রশ্রয়/আশকারা/লাই দেওয়া; ইচ্ছাপূরণ করা; অনুবর্তন করা: to ~ a sick child. ২ **~ in** উপভোগ করার স্বাধীনতা নেওয়া; (নিজেকে) প্রশ্রয় দেওয়া; সাধ মেটানো: He never ~d in the luxury of good wines. **in·dul·gent** [–জান্‌ট্] *adj* প্রশ্রয়পূর্ণ; প্রশ্রয়ী; প্রশ্রয়দাতা: ~nt parents. **in·dul·gent·ly** *adv* প্রশ্রয়ের সঙ্গে; সপ্রশ্রয়ে।

in·dul·gence [ইন্ 'ডালজান্‌স্] *n* ১ [U] প্রশ্রয়; আশকারা; লাই; অনুবর্তন; পরিতোষণ; সন্তোষসাধন। ২ [U] **~ (in)** নিজ বাসনাদির চরিতার্থতা এবং চরিতার্থ করবার অভ্যাস; অনুবর্তন; সন্তোষণ; ছন্দানুবর্তন; অসংযম: ~ in bad habits; sexual ~, ইন্দ্রিয়সেবা। ৩ [C] কোনো ব্যক্তি যে বস্তু উপভোগের স্বাধীনতা নেয়; বিলাসিতা: A packet of cigarettes is his only ~. [U, C] (RC গির্জায়) ধর্মীয় আনুষ্ঠানিকতার মাধ্যমে পাপমোচনের পরে অবশিষ্ট পাপ থেকে নিষ্কৃতিদান; পাপক্ষেম।

in·dus·trial [ইন্'ডাস্‌ট্রি আল্] *adj* (যন্ত্র–) শিল্পসংক্রান্ত: the ~ areas of England, ইংল্যান্ডের শিল্প–এলাকাসমূহ। **~ action** *n* [U] শ্রমিক–ধর্মঘট। **~ alcohol** *n* [U] (পানের অনুপযুক্ত) শিল্পে ব্যবহারের উপযোগী কোহল বা সুরাসার; শিল্পোপযোগী কোহল। **~ dispute** *n* [C] শ্রমিক ও মালিক পক্ষের বিবাদ; শিল্প–বিবাদ। **~ estate** *n* [U] (উৎপাদনকারী প্রতিষ্ঠানের কাছে ভাড়া দেওয়ার উদ্দেশ্যে) কারখানা নির্মাণের জন্য পরিকল্পিত ও ব্যবহৃত এলাকা; শিল্পপল্লী। **~ relations** *n pl* কারখানা বা ব্যবসা–প্রতিষ্ঠানে ভর্তৃক (নিয়োগকর্তা) ও কর্মচারীদের মধ্যে সম্পর্ক; শিল্প–সম্পর্ক। **the I~ Revolution** *n* [C] (১৮ ও আদি ১৯ শতকের) শিল্প–বিপ্লব। **~·ism** [–লিজ়াম্] *n* সমাজ ব্যবস্থাবিশেষ; যাতে বৃহদায়তন শিল্পের গুরুত্বপূর্ণ ভূমিকা থাকে; শিল্পতন্ত্র। **~·ist** [– লিস্‌ট্] *n* শিল্পপতি: শিল্পতন্ত্রের সমর্থক; শিল্পতান্ত্রিক। **~·ized** [–লাইজ্ ড্] শিল্পায়িত। **~·ization** [–লাইজ়েইশ্‌ন্] *n* [U] শিল্পায়ন।

in·dus·tri·ous [ইন্'ডাস্‌ট্রিআস্] *adj* পরিশ্রমী; অধ্যবসায়ী; কর্মোদ্যুক্ত; কৃতশ্রম। দ্র. industry (১). **~·ly** *adv* বহু অধ্যবসায়ে; বহু পরিশ্রমে।

in·dus·try ['ইনডাস্‌ট্রি] *n* (*pl* -tries) ১ [U] পরিশ্রম; অধ্যাবসায়; কর্মোদ্যোগ। ২ [C,U] শিল্প; শ্রমশিল্প: the jute and textile industries.

in·ebri·ate [ই'নীব্রিএইট্] *vt* (আনুষ্ঠা. বা কৌতুক.) মাতাল/উন্মাদ/মদান্বিত/মদোন্মত্ত করা। □*n, adj* [ই'নীব্রিআট্] অভ্যাসক্রমে মাতাল; শৌণ্ড: an institution for ~s. **in·ebri·ety** [,ইনি'ব্রাইআটি], **in·ebri·ation** [ই,নীব্রি'এইশ্‌ন্] *nn* [U] মাতলামি; মদোন্মত্ততা; শৌণ্ডত্ব; প্রামাদ্য।

in·ed·ible [ইন্'এডিবল্] *adj* (আনুষ্ঠা.) অভোজ্য; অভক্ষ্য; অখাদ্য।

in·ef·fable [ইন্'এফ়াবল্] *adj* (আনুষ্ঠা.) অনির্বচনীয়; অবর্ণনীয়: ~ joy/beauty. **in·ef·fably** [–ফ়াব্‌লি] *adv* অনির্বচনীয়রূপে; অবর্ণনীয়রূপে।

in·ef·face·able [,ইনএ'ফ়েইসাবল্] *adj* মুছে ফেলা যায় না এমন; দুর্মোচ্য; অনপনেয়।

in·ef·fec·tive [,ইনি 'ফ়েক্‌টিভ্] *adj* নিষ্ফল; বিফল; ব্যর্থ; অনর্থক; (ব্যক্তি সম্বন্ধে) অক্ষম; অযোগ্য; কার্যাক্ষম। **~·ly** *adv* নিষ্ফলভাবে ইত্যাদি। **~·ness** *n* নিষ্ফলতা; অনর্থকতা; অক্ষমতা; অযোগ্যতা।

in·ef·fec·tual [,ইনি'ফ়েকচুআল্] *adj* নিষ্ফল; ফলহীন; ব্যর্থ; বিফল; আত্মবিশ্বাসহীন ও কার্যসাধনে অপারগ; অক্ষম; অযোগ্য: an ~ teacher/leader. **~·ly** [–চুআলি] *adv* নিষ্ফলভাবে, অক্ষমভাবে ইত্যাদি।

n·ef·fi·ca·cious [ˌইনেফ়িকেইশাস্] *adj* (ব্যক্তি সম্বন্ধে প্রযোজ্য নয়) ফল উৎপাদনে অক্ষম; নিষ্ফল; কার্যকারিতাহীন।

n·ef·fic·ient [ইনি ˈফ়ি শন্ট্] *adj* ১ (ব্যক্তি সম্বন্ধে) কর্তব্যকর্মে সময়, শক্তি ইত্যাদির অপচয়কারী; অকার্যকারী; দুর্বল; অকৃতী: an ~ management/administration. ২ (যন্ত্র, প্রক্রিয়া ইত্যাদি সম্বন্ধে) অপচয়কর; অপচয়ী; অনুপযোগী। **~·ly** *adv* অকার্যকরভাবে; অপচয়মূলকভাবে ইত্যাদি। **in·ef·fic·iency** [–ন্সি] *n* [U] অকার্যকারিতা; অকৃতিতা; অপচয়িতা।

n·elas·tic [ˌইনিˈল্যাস্টিক্] *adj* স্থিতিস্থাপকতাহীন; অস্থিতিস্থাপক; অনমনীয়; অনায়ম্য; আঁটসাঁট: an ~ programme/time-table.

n·el·egant [ˌইন্ˈএলিগান্ট্] *adj* অশোভন; অপ্রশস্য; অমার্জিত। **~·ly** *adv* অশোভনভাবে ইত্যাদি। **in·el·egance** [–গান্স্] *n* অশোভনতা; অপ্রশস্যতা; অপ্রশস্ততা।

n·eli·gible [ইন্এলিজাব্ল্] *adj* **~ (for)** অনধিকারী; অবরণীয়; অযোগ্য; যোগ্যতাহীন: ~ for a position. **in·eli·gi·bil·ity** [ˌইন্ˌএলিজাবিলাটি] *n* [U] অবরণীয়তা; যোগ্যতাভাব।

n·eluc·table [ˌইনিˈলাকটাব্ল্] *adj* (আনুষ্ঠা.) এড়ানো যায় না এমন; অনবক্রম্য; অনিস্তার্য; অপরিহার্য।

n·ept [ইˈনেপ্ট্] *adj* অপটু; অযোগ্য; অসময়োচিত: ~ remarks. **~·ly** *adv* অপটুভাবে ইত্যাদি। **in·ep·ti·tude** [ইˈনেপ্টিটিউড্ US – টূড্] *n* [U] অপটুতা; অযুক্ততা; [C] অপটু/অসময়োচিত কাজ মন্তব্য ইত্যাদি।

n·equal·ity [ˌইনিˈকোআলাটি] *n* (*pl* -ties) ১ [U, C] অসাম্য; বৈষম্য; অসাদৃশ্য; বিভিন্নতা; ভিন্নতা; তারতম্য। ২ (*pl*) (তল সম্বন্ধে) অসমত্ব; বিষমত্ব: the inequalities of the landscape.

n·equi·table [ইন্ˈএকোয়িটাব্ল্] *adj* (আনুষ্ঠা.) অন্যায্য; অন্যায়ী: an ~ division of the profits.

n·equity [ইন্ˈএকোয়াটি] *n* (*pl* -ties) [C, U] অন্যায্যতা; অন্যায়িত্ব; অবিচার।

n·eradi·cable [ˌইনিˈর্যাডিকাব্ল্] *adj* উচ্ছেদের অসাধ্য; অনুচ্ছেদ্য; অনুচ্ছেদনীয়; অনুৎপাটনীয়: an ~ fault/failing.

n·ert [ইˈনাট্] *adj* ১ জড়; অচেতন: ~ matter. ২ নিষ্ক্রিয় রাসায়নিক গুণবর্জিত; নিষ্ক্রিয়: ~ gases. ৩ (দেহ মনে) ভারী ও মন্থর; জড়; নিশ্চেষ্ট। **in·er·tia** [ইˈনাশা] [U] ১ জড়তা। ২ (পদার্থ.) জাড্য।

n·es·cap·able [ˌইনিˈসকেইপাব্ল্] *adj* এড়ানো যায় না এমন; অপরিহরণীয়; অনিস্তার্য: The conclusion was ~.

n·es·sen·tial [ইনি ˈসেনশ্ল্] *adj* অপরিহার্য নয় এমন; অনাবশ্যক; নিষ্প্রয়োজন।

n·es·ti·mable [ইন্ ˈএস্টিমাব্ল্] *adj* অমূল্য; অনর্ঘ্য; অনর্ঘ; অপরিমেয়।

n·evi·table [ইন্ˈএভিটাব্ল্] *adj* ১ অনিবার্য; অপরিহার্য; অবশ্যম্ভাবী; অনতিক্রম্য। ২ (কথ্য) অহরহ দেখা বা শোনা যায় বলে সুপরিচিত ও প্রত্যাশিত; অনিবার্য; অবশ্যম্ভাবী: a tourist with his ~ camera. **in·evi·ta·bil·ity** [ইন্ˌএভিটাˈবিলাটি] *n* [U] অনিবার্যতা; অবশ্যম্ভাবিতা; অনতিক্রম্যতা; অপরিহার্যতা।

n·ex·act [ˌইনিগ্ˈজ্যাক্ট্] *adj* অযাথার্থিক; অযথাযথ; অতাথ্যিক; অসম্যক। **in·ex·acti·tude** [ˌইনিগ্ˈজ্যাকটিটিউড্ US – টূড্] *n* [U, C] অযাথার্থ্য; অতাথ্যিকতা; অসম্যকত্ব: terminological ~ itudes, (কৌতুক. সুভা.) পারিভাষিক অতথ্য; অর্থাৎ মিথ্যা।

in·ex·cus·able [ˌইনিক্ ˈস্কিউজাব্ল্] *adj* ক্ষমার অযোগ্য; অমার্জনীয়; অক্ষমণীয়: ~ conduct/delays.

in·ex·haust·ible [ˌইনিগ্ˈজো°স্টাব্ল্] *adj* অফুরন্ত; অফুরান; অশেষ; অসীম: He is a man of ~ energy.

in·exis·tence [ইনিগ্ˈজি স্টান্স্] *n* অভাব; অনস্তিত্ব; অবৃত্তিতা।

in·exor·able [ইন্ˈএক্সারাব্ল্] *adj* নিরন্তর; নির্মম; অপ্রতিরোধ্য; অননুনেয়: ~ demands/pressure. **in·exor·ably** [–রাব্লি] *adv* নির্মমভাবে, অননুনেয়রূপে ইত্যাদি।

in·ex·pedi·ent [ˌইনিকˈস্পীডিঅন্ট্] *adj* অনুপযোগী; অযুক্তিযুক্ত; অনুচিত। **in·ex·pedi·en·cy** [–আন্সি] *n* [U] অনুপযোগিতা; অযুক্তিযুক্ততা; অনৌচিত্য; অনুপপাত্ত।

in·ex·pen·sive [ˌইনিক্ˈস্পেন্সিভ্] *adj* সস্তা; সুলভ; সুক্রেয়; কম দামি। **~·ly** *adv* সস্তায়; সুলভে; কম দামে।

in·ex·pe·ri·ence [ˌইনিক্ˈস্পিআরিঅন্স্] *n* [U] অনভিজ্ঞতা; অপরিপক্বতা। **in·ex·peri·enced** *adj* অনভিজ্ঞ; অপরিপক্ব।

in·ex·pert [ইন্ ˈএক্স্পাট্] *adj* অদক্ষ; অবিজ্ঞ; অবিচক্ষণ; অনভিজ্ঞ; আনাড়ি: ~ advice/guidance. **~·ly** *adv* অদক্ষরূপে; আনাড়ির মতো।

in·ex·pi·able [ইন্এক্স্পি আব্ল্] *adj* (আনুষ্ঠা.) ১ (অপরাধ সম্বন্ধে) প্রায়শ্চিত্তের অতীত; অশোধনীয়; অনিষ্করণীয়; অমার্জনীয়; অমোচনীয়। ২ (ক্ষোভ, রোষ, ঘৃণা ইত্যাদি সম্বন্ধে) অপ্রশম্য।

in·ex·plic·able [ˌইনিক ˈস্প্লিকাব্ল্] *adj* ব্যাখ্যার অতীত; অব্যাখ্যেয়।

in·ex·pli·cit [ইনিকস্ˈপ্লিসিট্] *adj* অস্পষ্ট; অস্পষ্টার্থ; অপরিব্যক্ত; অনভিব্যক্ত। **~·ly** *adv* অস্পষ্টভাবে; অনভিব্যক্তরূপে। **~·ness** *n* অনভিব্যক্ততা; অস্পষ্টতা।

in·ex·press·ible [ইনিকˈস্প্রেসাব্ল্] *adj* অবর্ণনীয়; অকথ্য; অনির্বাচ্য: ~ sorrow/anguish.

in·ex·tin·guish·able [ˌইনিক্ˈস্টিঙগোয়িশব্ল্] *adj* নেবানো বা শান্ত করা যায় না এমন; অনির্বাপ্য; অনির্বাণীয়; অশমনীয়; অপ্রশমনীয়; অশাম্য: ~ hatred.

in·ex·tri·cable [ˌইনিক ˈস্ট্রিকাব্ল্] *adj* জট ছাড়ানো যায় না এমন; অনুদ্ধরণীয়; সমাধানের অতীত; ব্যাখ্যাতীত; অমোচনীয়; অমোচ্য; অচ্ছেদ্য; নিস্তার নেই এমন; অনিস্তার্য: ~ confusion/difficulties.

in·fal·lible [ইন্ˈফ্যালাব্ল্] *adj* ১ ভুল বা অন্যায় করতে অসমর্থ; ভুলভ্রান্তির ঊর্ধ্বে; অভ্রান্ত; অপ্রমাদী: Man is not ~. ২ অমোঘ; অব্যর্থ: ~ remedies/ cures/ methods/ tests. **in·fal·li·bil·ity** [ইন্ˌফ্যালাˈবিলাটি] *n* ভুল করার সম্ভাবনা থেকে সম্পূর্ণ মুক্তি; অভ্রান্তিসত্ত্বতা: the infallibility of the Pope.

in·fa·mous [ইন্ ˈফামাস্] *adj* কুখ্যাত; লজ্জাকর; ঘৃণ্য; জঘন্য; অপযশস্কর: ~ behaviour; an ~ plot/traitor. **in·famy** [ˈইনফামি] *n* ১ [U] কুকীর্তি; অপযশ; কুখ্যাতি; কলঙ্ক; প্রকাশ্য অবমাননা: hold a person up to infamy, কুকীর্তি প্রকাশ করে দেওয়া। ২

[U] ঘৃণ্য আচরণ; [C] (*pl* -mies) গর্হিত কার্যকলাপ; কুকীর্তি।

in·fancy [ˈইন্‌ফান্‌সি] *n* [U] ১ বাল্য; বাল্যকাল; বালত্ব; শৈশব; শিশুত্ব; (GB আইন.) ১৮ বৎসরের পূর্ব পর্যন্ত বয়স; অপ্রাপ্তবয়স্কতা। ২ বৃদ্ধি বা বিকাশের আদিকাল; আরম্ভ; শৈশব: the ~ of a nation.

in·fant [ˈইন্‌ফান্‌ট্] *n* ১ শিশু; (আইন.) অপ্রাপ্তব্যবহার; অপ্রাপ্তবয়স্ক। ২ (attrib) শিশু–: ~ voiced; ~ food; ~-school. ৭ বছরের অনধিক বয়সের শিশুদের জন্য বিদ্যালয়; ~ industries.

in·fan·ti·cide [ইন্‌ˈফ্যান্‌টিসাইড্] *n* [U] শিশুহত্যা।

in·fan·tile [ˈইন্‌ফান্‌টাইল্] *adj* শিশুদের পক্ষে স্বাভাবিক; শৈশব; বালকীয়; বালযোগ্য: ~ diseases, শিশুরোগ; ~ pastimes, শিশুকৌতুক; বাললীলা; ~ paralysis = poliomyelitis, অস্থিসারপ্রদাহ; শিশুবিষ্টম্ভ। **in·fan·til·ism** [ইন্‌ˈফ্যান্‌টিলিজ়ম্] *n* [U] দৈহিক ও মানসিক অপরিণত বা প্রতিবন্ধী অবস্থা; বালকীয়ত্ব।

in·fan·try [ˈইন্‌ফান্‌ট্রি] *n* (সমষ্টিগত *sing*) [U] পদাতিকবাহিনী; পদাতিক। **ˈ~·man** [–মান্] *n* (*pl* -men) পদাতিক (সৈন্য)। দ্র. cavalry.

in·fatu·ate [ইন্‌ˈফ্যাচুএইট্] *vt* **be ~d with/by sb** কারো প্রতি মূঢ় প্রেমে জ্ঞানশূন্য হওয়া; মোহগ্রস্ত/উন্মোহিত হওয়া; মোহে পড়া: You are ~d with that young hussy. **in·fatu·ation** [ইন্‌ˌফ্যাচুএইশ্‌ন্] *n* [U] ব্যামোহ; মোহ; সম্মোহ [C] **~ for** উন্মোহন; অন্ধ প্রেম; প্রেমান্ধতা।

in·fect [ইন্‌ˈফেক্‌ট্] *vt* **~ (with)** দূষিত করা; রোগ, অনুভূতি, ভাব ইত্যাদি সংক্রমিত/সঞ্চারিত করা; রোগাক্রান্ত/রোগদুষ্ট করা: ~ a wound; ~ed with cholera. His enthusiasm ~ed the whole party.

in·fec·tion [ইন্‌ˈফেক্‌শ্‌ন্] *n* ১ [U] সঞ্চার; রোগসঞ্চার; সংক্রমণ; রোগসংক্রমণ (বিশেষত জল বা বায়ুর মাধ্যমে), দ্র. contagion. ২ [C] সংক্রামক রোগ বা (লাক্ষ.) প্রভাব; সংক্রমণ।

in·fec·tious [ইন্‌ˈফেক্‌শাস্] *adj* ১ সংক্রামক; সাংক্রামিক। দ্র. contagious. ২ (লাক্ষ.) অন্যদের দ্রুত প্রভাবিত করে এমন; অন্যদের মধ্যে ছড়িয়ে পড়তে পারে এমন; সংক্রামক: ~ laughter.

in·fer [ইন্‌ˈফ়া(র্)] *vt* (-rr-) **~(from sth) (that ...)** অনুমান করা; সিদ্ধান্তে আসা: We can ~ from what he said that he is innocent. **~·ence** [ˈইন্‌ফারান্‌স্] *n* ১ [U] অনুমান; উপপত্তি; অনুমিতি: by ~ence, অনুমানসিদ্ধভাবে। ২ [C] অনুমিতি; অনুমান; সিদ্ধান্ত: The ~ence is not supported by facts. **~en·tial** [ˌইন্‌ফ়াˈরেন্‌শ্‌ল্] *adj* অনুমানসিদ্ধ।

in·ferior [ইন্ ˈফ়িআরিআ(র্)] *adj* নিকৃষ্ট; অধস্তন; অবর; ন্যূন; হীন: ~ goods/workmanship; an ~ officer/court of law; make sb feel ~. □*n* অধস্তন ব্যক্তি। **~·ity** [ইন্‌ˈফ়িআরিˈঅরাটি US – ˈও°রাটি] *n* নিকৃষ্টতা; অপকৃষ্টতা; ন্যূনতা; হীনতা। **ˈ~·ity complex** হীনমন্যতাবোধ।

in·fer·nal [ইন্ ˈফ়ান্‌ল্] *adj* নারক; নারকী; নারকীয়; নরকস্থ; পৈশাচিক: the ~ regions, নরক; প্রেতলোক; রসাতল; অধোলোক; ~ cruelty. **~·ly** [–নালি] *adv* নারকীয়ভাবে ইত্যাদি।

in·ferno [ইন্ ˈফ়ানৌ] *n* (*pl* -s [–নৌজ়্]) নরক।

in·fer·tile [ইন্ ˈফ়াটাইল্ US –ট্‌ল্] *adj* অনুর্বর; বন্ধ্য। **in·fer·til·ity** [ইন্‌ফ়াˈটিলাটি] *n* [U] অনুর্বরতা; বন্ধ্যত্ব।

in·fest [ইন্‌ˈফ়েস্‌ট্] *vt* (ইঁদুর, কীটপতঙ্গ ইত্যাদি সম্বন্ধে) বহু সংখ্যায় উপস্থিত থাকা; উপদ্রব/উপসৃষ্ট করা। **in·fes·ted** *part adj* উপদ্রুত; উপসৃষ্ট: warehouses ~ed with rats; clothes ~ed with vermin/lice. **in·fes·ta·tion** [ˌইন্‌ফ়েˈস্‌টেইশ্‌ন্] *n* [U,C] উপদ্রব; উৎপাত।

in·fi·del [ˈইন্‌ফ়িডাল্] *n* ১ (ইতি.) যে ব্যক্তি ধর্মে, বিশেষত সত্য বলে বিবেচিত ধর্মে বিশ্বাস করে না; অবিশ্বাসী; নাস্তিক; কাফের। ২ (attrib) অবিশ্বাসী–সুলভ: an ~ disdain for religious rites.

in·fi·del·ity [ˌইন্‌ফ়িˈডেলাটি] *n* (*pl* -ties) [C, U] (আনুষ্ঠা.) নাস্তিক্য; বিশ্বাসভঙ্গ; বিশ্বাসঘাতকতা; ব্যভিচার; (স্ত্রী সম্বন্ধে) অসতীত্ব; অপাতিব্রত্য: conjugal ~, পরস্ত্রীগামিতা বা পরপুরুষগামিতা; দাম্পত্য বিশ্বাসভঙ্গ।

in-fight·ing [ˈইন্‌ফ়াইটিঙ্] *n* [U] খুব কাছাকাছি অবস্থানে মুষ্টিযুদ্ধ; ঘেঁষাঘেঁষি লড়াই; (বিশেষত শিল্প ও বাণিজ্য) সহকর্মী বা প্রতিদ্বন্দ্বীদের মধ্যে নির্মম প্রতিযোগিতা; অন্তর্বিরোধ।

in·fil·trate [ˈইন্‌ফ়িল্‌ট্রেইট্] *vt,vi* **~ sth (into sth); ~ (into/through)** ১ ক্ষরিত হওয়া; ক্ষরানো; চোয়ানো; চুইয়ে পড়া। ২ (সেনাদল সম্বন্ধে) অলক্ষিতে শত্রুপক্ষের প্রতিরক্ষা–ব্যূহ অতিক্রম করা; অনুপ্রবেশ করা। ৩ (ভাব সম্বন্ধে) মানুষের মনে অনুপ্রবিষ্ট/সঞ্চারিত হওয়া। **in·fil·tra·tion** [ˌইন্‌ফ়িল্‌ˈট্রেইশ্‌ন্] *n* [U] ক্ষরণ; পরিস্রাবণ; (বিশেষত) ছোট ছোট দলের (যেমন সৈন্য বা বসতিস্থাপনকারী দলের) ক্রমশ অলক্ষ্যে দেশ দখল; অনুপ্রবেশ।

in·fi·nite [ইন্‌ফ়িনাট্] *adj* অসীম; অনন্ত; অনাদ্যন্ত; নিরবধি; অপার; অপরিমেয়; অশেষ; অমিত: ~ space; the ~ goodness of God. Your advice did me ~ good. **the I~** ঈশ্বর; অনন্ত অসীম। **~·ly** *adv* নিরতিশয়: an ~ly small quantity. **in·fini·tesi·mal** [ˌইন্‌ফ়িনিˈটেসিম্‌ল্] *adj* ক্ষুদ্রাদপিক্ষুদ্র; অনীয়ান।

in·fini·tive [ইন্ ˈফ়িনাটিভ্] *adv,n* (ব্যাক.) (ইংরেজিতে) ক্রিয়াপদের সামান্যরূপ, যা to–সহ বা to ছাড়া ব্যবহৃত হয় (যেমন, let him speak; allow him to speak); (ক্রিয়ার) সামান্যরূপ; সংস্কৃত ব্যাকরণে এর প্রতীক 'চতুম্'।

in·fini·tude [ইন্‌ˈফ়িনিটিউড্ US –টূড্] *n* [U,C] (আনুষ্ঠা.) অনন্ততা, আনন্ত্য, অপারতা, অসীমত্ব, অপরিমেয়তা: the ~ of God's mercy; an ~ of small particles.

in·fin·ity [ইন্‌ˈফ়িনাটি] *n* [U] অনন্ততা; আনন্ত্য; অনাদিপরম্পরা; অসীমতা; (গণিত.) অসীম রাশি (প্রতীক ∞)।

in·firm [ইন্‌ˈফ়াম্] *adj* ১ দুর্বল; ক্ষীণবল; অশক্ত; জরাতুর; জরাগ্রস্ত: walk with ~ steps. ২ দুর্বলচিত্ত; দুর্বলপ্রকৃতি; দুর্বলচরিত্র। **~ of purpose** অস্থিরচিত্ত; অস্থিরসঙ্কল্প; অদৃঢ়সঙ্কল্প। **in·firm·ity** [ইন্‌ˈফ়ামাটি] *n* (*pl* -ties) [C, U] দুর্বলতা; দৌর্বল্য; বৈকল্য: old age and its attendant ~ities.

in·firm·ary [ইন্‌ˈফ়ামারি] *n* (*pl* -ries) ১ হাসপাতাল; আরোগ্যশালা। ২ (বিদ্যালয়, প্রতিষ্ঠান প্রভৃতিতে) রুগ্‌ণ বা আহতদের ব্যবহারের জন্য কক্ষ আরোগ্যঘর।

in·flame [ইন্ˈফ্লেইম্] *vt,vi* তপ্ত/ প্রকুপিত/ উত্তেজিত/ক্রুদ্ধ/প্রজ্জ্বলিত/রক্তবর্ণ করা বা হওয়া: ~d eyes, আরক্তিম/রোষকষায়িত চক্ষু; an ~d boil, সন্তপ্ত/দগদগে ফোড়া; speeches that ~d popular feeling, জ্বালাময়ী/উত্তেজনাকর বক্তৃতা: ~d with passion, আবেগোদ্দীপ্ত।

in·flam·mable [ইন্ˈফ্ল্যামাব্‌ল্] *adj* দাহ্য; সহজদাহ্য; রাগী; কোপনস্বভাব। দ্র. flammable.

in·flam·ma·tion [ˌইনফ্লাˈমেইশ্‌ন্] *n* [U,C] (বিশেষত কোনো অঙ্গপ্রত্যঙ্গের) প্রদাহ: ~ of the lungs/liver; ~ of the glands of the neck, গণ্ডমালা।

in·flam·ma·tory [ইন্ˈফ্ল্যামাটরি US -টো°রি] *adj* ১ উদ্দীপনাময়; জ্বালাময়; উত্তেজনাকর: ~ speeches. ২ প্রদাহসৃজনক্ষম; দাহযুক্ত; দাহিক; দাহজনক; দাহকারক: an ~ condition of the lungs যেমন নিউমোনিয়া (ফুসফুসপ্রদাহ)–র লক্ষণরূপে।

in·flate [ইন্ˈফ্লেই ট্] **~ sth (with)** ১ (টায়ার, বেলুন ইত্যাদি বায়ু বা গ্যাস ভরে) ফোলানো; স্ফীত/আধ্মাত করা; (লাক্ষ.) ~d with pride, দর্পাধ্মাত; দর্পোদ্ধত; ~d language, অন্তঃসারশূন্য আড়ম্বরপূর্ণ ভাষা। ২ মুদ্রাস্ফীতি ঘটানো। দ্র. deflate. **in·flat·able** [-টব্‌ল্] *adj* ফোলানো যায় এমন; আধ্মাপনযোগ্য: an inflatable rubber dinghy. **in·fla·tion** [ইন্ˈফ্লেইশ্‌ন্] *n* [U] ফোলানো; আধ্মাপন; স্ফীতি; (বিশেষত) মুদ্রাস্ফীতি; উৎসার। **in·fla·tion·ary** [ইন্ˈফ্লেইশ্‌নরি US –নেরি] *adj* মুদ্রাস্ফীতিজনক: the inflationary spiral, যে অর্থনৈতিক পরিস্থিতিতে মুদ্রাসরবরাহ বৃদ্ধি পায় এবং দ্রব্যমূল্য ও মজুরি পর্যায়ক্রমে বাড়তে থাকে; মুদ্রাস্ফীতির আবর্ত।

in·flect [ইন্ ফ্ˈলেক্ট্] *vt* ১ (ব্যাক.) বাক্যের অন্যান্য শব্দের সঙ্গে সম্পর্ক দেখানোর জন্য শব্দের শেষ বর্ণ বা রূপ পরিবর্তন করা; শব্দরূপ করা। ২ (কণ্ঠের) স্বরপরিবর্তন করা; নোয়ানো; বাঁকানো; আনত করা।

in·flec·tion [ইন্ ফ্ˈলেকশ্‌ন্] *n* ১ [U] আনতি; নম্রীকরণ; বক্রীকরণ; অবকুঞ্চন। ২ [C] শব্দরূপ (যেমন am, are, is); বিভক্তি। ৩ [U] স্বরবিভেদ; স্বরভিঙ্গ। **~al** [-শান্‌ল্] *adj* বিভক্তিবিষয়ক; বিভক্তিমূলক: ~al endings/forms.

in·flex·ible [ইন্ˈফ্লেক্স ব্‌ল্] *adj* অনমনীয়; (লাক্ষ.) সুদৃঢ়; কঠিন; অটল; কঠোর: ~ courage; an ~ will. **in·flex·ibly** [–সাব্‌লি] *adv* অনমনীয়ভাবে; সুদৃঢ়ভাবে। **in·flexi·bil·ity** [ইন্‌ˌফ্লেক্সাˈবিলাটি] *n* [U] অনমনীয়তা; দৃঢ়তা; অটলতা।

in·flex·ion [ইনফ্লেকশ্‌ন্] *n* = inflextion.

in·flict [ইন্ˈফ্লিক্ট্] *vt* **~ sth (on/upon)** (আঘাত ইত্যাদি) হানা; বসানো; দেওয়া; প্রদান করা; (দণ্ড) বিধান করা; চাপানো: ~ a blow upon (sb). The tribunal ~ed a heavy penalty upon the offenders. I don't want to ~ my company upon you. **in·flic·tion** [ইন্ˈফ্লিক্‌শ্‌ন্] *n* [U] (দুঃখ–কষ্ট, আঘাত ইত্যাদি) প্রদান: the unnecessary ~ion of pain and suffering; ~ion of punishment, দণ্ডপ্রয়োগ। [C] দুঃখ–বেদনা, আঘাত ইত্যাদিরূপে প্রযুক্ত কোনো কিছু; বেদনাদায়ক বা ক্লেশাবহ অভিজ্ঞতা।

in·flight [ইন্‌ফ্‌লা ইট্] *adj* উড়োজাহাজের উড্ডয়নকালে সরবরাহকৃত; উড্ডয়নকালীন: ~ entertainment.

in·flor·escence [ˌইন্‌ফ্লোˈরেস্‌ন্‌স্] *n* [U] উদ্ভিদের বৃন্তের উপর ফুলের বিন্যাস; পুষ্পবিন্যাস; (কোনো উদ্ভিদের সমগ্র) পুষ্প–সম্ভার; (সাহিত্য. বা লাক্ষ.) সমৃদ্ধি; পুষ্পায়ন।

in·flow [ˈইনফ্লৌ] *n* ১ [U] অভ্যন্তরমুখী প্রবাহ; আগম। ২ [C, U] যা ভিতরের দিকে প্রবাহিত হয়; আগম: an ~ of capital/investment; an ~ of 100 litres an hour; (attrib) an ~ pipe, আগম নল।

in·flu·ence [ˈইনফ্লুআন্‌স্] *n* **~ on/upon** ১ [U] প্রভাব; প্রতাপ; প্রতিপত্তি; ক্ষমতা; বল; প্রভুতা। [C] প্রভাব ইত্যাদি বিস্তার করে এমন ব্যক্তি, ঘটনা ইত্যাদি। [U] প্রভাব ইত্যাদি বিস্তার: good/bad ~, শুভ/অশুভ প্রভাব; under the ~ of alcohol. ২ [U] নৈসর্গিক শক্তির ক্রিয়া; প্রভাব: the ~ of the moon (on the tides); the ~ of climate (on vegetation). ৩ [U] ঐশ্বর্য, পদমর্যাদা ইত্যাদি হেতু ক্ষমতা; প্রভাব; প্রতাপ; প্রতিপত্তি: He used his ~ with the management to get his son a job. □*vt* প্রভাববিস্তার/প্রভাবিত করা: He was little ~d by his associates.

in·flu·en·tial [ˌইনফ্লুˈএনশ্‌ল্] *adj* প্রভাবশালী: ~ members; priorities which are ~ in framing a plan. **~·ly** [-শ ˈলি] *adv* প্রতাপের সঙ্গে, প্রভাবিষ্ণুরূপে ইত্যাদি।

in·flu·enza [ˌইন্‌ফ্লুˈএন্‌জা] *n* [U] (কথ্য সংক্ষেপ **flu**) ইনফ্লুয়েন্‌জা।

in·flux [ˈইন্‌ফ্লাক্‌স্] *n* [U] অভ্যন্তরমুখী প্রবাহ; আগম; [C] (*pl* -es) বৃহৎ পরিমাণ বা সংখ্যার অবিরাম আগম; অন্তঃপ্রবাহ: repeated ~es of visitors; an ~ of wealth, ধনাগম।

in·form [ইন্ ˈফো°ম্] *vt,vi* ১ **~ sb (of sth) (that...)** জানানো; জ্ঞাপন করা; সংবাদ/খবর দেওয়া; অবহিত/জ্ঞাপিত করা। **~ed** *pp* অবহিত; জ্ঞাপিত; ওয়াকিবহাল; তথ্যাভিজ্ঞ: well-~ed, বহুজ্ঞ; বহুদর্শী; অনেকদর্শী; বহুশ্রুত। ২ **~ against/on sb** (আইন.) (পুলিশের কাছে) কারো বিরুদ্ধে অভিযোগ আনা বা নালিশ করা; অপরাধ সূচিত করা। **~·ant** [–মান্ট্] *n* সংবাদদাতা; জ্ঞাপক; সন্ধানদাতা; (ভাষা.) কোনো ভাষার বিদেশী বিশ্লেষণের সহায়তাকারী ঐ ভাষার দেশীয় বক্তা; জ্ঞাপয়িতা। **~·er** *n* বিশেষত কোনো অপরাধী বা পলাতক আসামি সম্বন্ধে যে ব্যক্তি পুলিশকে অবহিত করে; সূচক; গুপ্তসংবাদদাতা; গুপ্তচর।

in·for·mal [ইন্ ˈফো° মল্] *adj* অনৈয়মিক; নিয়মব্যতিরেকী; অবৈধিক; লৌকিকতাবর্জিত; অনানুষ্ঠানিক; ঘরোয়া: ~ conversations between the two heads of state, ঘরোয়া আলাপ–আলোচনা; যার কোনো লেখ্য–প্রমাণ রাখা হয় না। **~·ly** [–মালি] *adv* অনৈয়মিকভাবে, ঘরোয়াভাবে ইত্যাদি। **~·ity** [ˌইনফো°ˈম্যালাটি] *n* [U] অনানুষ্ঠানিকতা; অবৈধিকতা। [C] (*pl* -ties) নিয়মব্যতিরেকী/ অনানুষ্ঠানিক/ঘরোয়া কর্মকাণ্ড ইত্যাদি।

in·for·ma·tion [ˌইনফাˈমেইশ্‌ন্] *n* [U] **~ on/about** ১ জ্ঞাপন; বিজ্ঞপ্তি। ২ সংবাদ; সমাচার; বার্তা; খবর; তথ্য: a useful piece/bit of ~.

in·forma·tive [ইন্ ˈফো°মাটিভ্] *adj* তথ্যপূর্ণ; তথ্যবহুল; শিক্ষামূলক; শিক্ষাপ্রদ: ~ books; an ~ talk. **~·ly** *adv* তথ্যপূর্ণভাবে ইত্যাদি।

in·fra [ˈইনফ্রা] *adv* (লা. আনুষ্ঠা.) নীচে; (পুস্তক ইত্যাদিতে) পরে: see ~ p 50. **ˌ~ ˈdig** [–ডিগ্] pred *adj* অমর্যাদাকর; অসম্মানজনক। □*pref* **ˌ~-ˈred** *adj* বর্ণালিতে লালের নিম্নবর্তী অদৃশ বর্ণসমূহ–সম্বন্ধী;

অবলোহিত। '~-**structure** *n* কোনো সংশ্রয়ের (সিস্টেম) উপাদানভূত অংশসমূহ; (বিশেষত) প্রতিরক্ষার বুনিয়াদস্বরূপ স্থায়ী সামরিক ব্যবস্থাসমূহ; অবকাঠামো। দ্র. supra.

in·frac·tion [ইন্'ফ্র্যাক্শ্ন্] *n* [U,C] বিধি, আইন, চুক্তি ইত্যাদির ভঞ্জন; লঙ্ঘন; খণ্ডন; আইনভঙ্গ; চুক্তিলঙ্ঘন; নিয়মভঙ্গ।

in·fre·quent [ইন্'ফ্রীকোয়েন্ট্] *adj* বিরল; বিরলাগত; অনৈত্যিক; অপৌনঃপুনিক। ~·**ly** *adv* কদাচিৎ; কৃচিৎ। **in·fre·quancy** [-কোয়ান্সি] *n* [U] বিরলতা; অপৌনঃপুন্য; অনিত্যতা।

in·fringe [ইন্'ফ্রিন্জ্] *vt,vi* ১ (বিধি ইত্যাদি) ভঙ্গ/লঙ্ঘন/খণ্ডন করা; অতিবর্তন/অতিক্রম করা: ~ a rule/on oath/a copyright/a patent. ২ ~ **upon** (পরাধিকার) লঙ্ঘন/আক্রমণ করা: None should ~ upon the rights of other people. ~·**ment** *n* [U] বিধিলঙ্ঘন; অধিকারলঙ্ঘন; পরাধিকারপ্রবেশ; অতিবর্তন। [C] ~**ment of** পরাধিকার লঙ্ঘন ইত্যাদি।

in·fruc·tuous [ইন 'ফ্লাক্টিউআস্] *adj* নিষ্ফল; বিফল।

in·furi·ate [ইন্ 'ফিউআরিএইট্] *vt* ক্রোধে ক্ষিপ্ত করা; ক্রোধান্ধ/ক্রোধোন্মত্ত করা: infuriating delays, উন্মাদকর বিলম্ব।

in·fuse [ইন্'ফ্বিউজ্] *vt,vi* (আনুষ্ঠা.) ১ ~ **into/with** (গুণ ইত্যাদি) ঢেলে দেওয়া; (কোনো গুণে কাউকে) পরিপূর্ণ করা; আসিক্ত/পরিপৃক্ত করা; সঞ্চার করা: ~ fresh courage/new life into solders; ~ soldiers with fresh courage. ২ (পাতা, ওষধি ইত্যাদির উপর) (গরম) তরলপদার্থ ফেলে বাসিত করা বা নির্যাস বের করা; ভাবিত/আসিক্ত করা: ~ herbs. ৩ ভাবিত/আসিক্ত হওয়া: The herbs should be allowed to ~ for five minutes.

in·fu·sion [ইন্'ফিউজ্ন্] *n* ১ ভাবন; কৃথন; বাসন। ২ [C] ভাবনপ্রক্রিয়াজাত তরল পদার্থ: নির্যাস; ক্বাথ। ৩ [U] সংমিশ্রণ: the ~ of new blood into old stock.

in·geni·ous [ইন্ 'জীনিআস্] *adj* ১ (ব্যক্তি সম্বন্ধে) উদ্ভাবনকুশল; উপায়জ্ঞ; বিচক্ষণ; উদ্ভাবনচতুর: an ~ mind. ২ (বস্তু সম্বন্ধে) সুযুক্তিনিষ্পন্ন; সুযুক্তিকৃত; সুপ্রযুক্ত: an ~ tool/toy. ~·**ly** *adv* উদ্ভাবনকুশলতার সঙ্গে, সুকৌশলে ইত্যাদি। **in·ge·nuity** [ইন্জি'নিউআটি US –নূটি] *n* [U] উদ্ভাবনকুশলতা; উদ্ভাবনপটুতা; উদ্ভাবকত্ব: ~ of design.

in·ge´·nue ['অ্যান্জেইনিউ] *n* (ফ.) (আনুষ্ঠা.) বিশেষত নাটকের টাইপ–চরিত্ররূপে সাদামাঠা; অকপট বালিকা; এ–ধরনের চরিত্রের অভিনেত্রী; সরলা।

in·genu·ous [ইন 'জেনিউআস্] *adj* (আনুষ্ঠা.) নিষ্কপট; অকপট; অকৈতব; নির্ব্যাজ; সরলচিত্ত; নির্মলচিত্ত: ~ smile. ~·**ly** *adv* অকপটে; সরলমনে ইত্যাদি। ~·**ness** *n* নিষ্কাপট্য; অকপটতা; সরলচিত্ততা; সারল্য।

in·gest [ইন 'জেস্ট্] *vt* (আনুষ্ঠা.) (সাহিত্য. বা লাক্ষ.) গলাধঃকরণ করা।

ingle ['ইঙ্গ্ল্] *n* (scot) অগ্নি; অগ্নিকুণ্ড। ~-**nook** [-নুক্] *n* (সেকেলে, চওড়া, গৃহাগ্নিকুণ্ডে) চুল্লিস্থান, যেখানে খোলা চুল্লিতে আগুন জ্বলে; গৃহাগ্নিকোণ।

in·glori·ous [ইন্'গ্লো'রি আস্] *adj* ১ অকীর্তিকর; অপমানজনক; কলঙ্ককর; লজ্জাকর। ২ অখ্যাত। ~·**ly** *adv* অকীর্তিকরভাবে, লজ্জাকরভাবে, নিন্দনীয়ভাবে ইত্যাদি।

in·going ['ইন্গোইঙ্] *adj* প্রবেশী: the ~ (=new) tenant of a house/flat.

in·got ['ইঙ্গট্] *n* [C] (সাধা. ইষ্টকাকৃতি) ছাঁচে–ঢালা ধাতুর (বিশেষত সোনা ও রুপার) পিণ্ড; ধাতুপিণ্ড; পিণ্ডসোনা, পিণ্ডরুপা ইত্যাদি।

in·graft [ইন্ 'গ্রা:ফ্ট্ US –'গ্র্যাফ্ট্] = engraft.

in·grained [ইন্ 'গ্রেইনড্] *adj* ১ (অভ্যাস, প্রবণতা ইত্যাদি সম্বন্ধে) বদ্ধমূল; অন্তর্নিবদ্ধ; অন্তর্নিবিষ্ট: ~ prejudices/honesty. ২ গভীরনিবদ্ধ: ~ dirt.

in·grate [ইন্'গ্রে ইট্] *adj ,n* অকৃতজ্ঞ; অনুপকৃতজ্ঞ।

in·grati·ate [ইন 'গ্রেইশিএইট্] *vt* ~ **oneself with sb** অনুগ্রহভাজন/অনুরাগভাজন হওয়া: with an ingratiating smile, অনুগ্রহোদ্দীপক/মন – গলানো/প্রসন্নকর হাসি। **in·grati·at·ing·ly** *adv* অনুগ্রহোদ্দীপকভাবে ইত্যাদি।

in·grati·tude [ইন্'গ্র্যাটিটিউড্ US -টূড্] *n* [U] অকৃতজ্ঞতা; কৃতঘ্নতা; নিমকহারামি।

in·gredi·ent [ইন্ 'গ্রীডিআন্ট্] *n* [C] উপাদান; উপকরণ: the ~s of an ice-cream; the ~s of a man's character.

in·gress ['ইন্গ্রেস্] *n* [U] (আনুষ্ঠা.) প্রবেশ; প্রবেশন; সংক্রম; প্রবেশাধিকার: a means of ~. দ্র. egress.

in·grow·ing ['ইনগ্রোইঙ্] *adj* ভিতরের দিকে বাড়ন্ত; অন্তর প্ররোহী: an ~ toe-nail.

in·habit [ইন্'হ্যাবিট্] *vt* বসবাস/বসতি/নিবাস করা; অধিকার করা। **in·hab·it·able** [-টাব্ল্] *adj* নিবসনীয়; বাসযোগ্য; বাসক্ষম; বসনীয়। **in·hab·it·ant** [-টান্ট্] *n* অধিবাসী; নিবাসী; স্থায়ী।

in·hale [ইন্ 'হেইল্] *vt,vi* শ্বাসের সঙ্গে টেনে নেওয়া; নিঃশ্বাস নেওয়া; ফুসফুসে টেনে নেওয়া: ~ air/gas/tobacco smoke. !~! Exhale! নিঃশ্বাস–প্রশ্বাস নিন ! **in·haler** *n* শ্বাসক্রিয়া সহজতর করার জন্য একটি রাসায়নিক বাষ্প উৎপাদনের যন্ত্রবিশেষ; শ্বাসক।

in·har·moni·ous [,ইন্হা:'মৌনিআস্] *adj* সঙ্গতিহীন; বেসুরো; বিস্বর; বিসঙ্গত।

in·herent [ইন্'হি অরান্ট্] *adj* ~ **(in)** স্বাভাবিক বা স্থায়ী অংশ বা গুণরূপে বিদ্যমান; সহজ; স্বাভাবিক; সাংসিদ্ধিক; অন্তঃস্থায়ী; অন্তঃশায়ী; আনুষঙ্গিক: ~ nature, স্বভাব; অন্তঃপ্রকৃতি; an ~ quality, স্বাভাবিক গুণ: an ~ love, সহজাত ভালোবাসা; the power ~ in the office of the President.

in·herit [ইন্'হেরিট্] *vt,vi* ১ উত্তরাধিকারী হওয়া; উত্তরাধিকার/রিক্থভাগ পাওয়া। ২ (গুণ ইত্যাদি) উত্তরাধিকারসূত্রে পাওয়া: He ~ed his mother's love for music. **in·herit·ance** [-টান্স্] *n* [U] উত্তরাধিকার; দায়াধিকার; উত্তরাধিকার প্রাপ্তি; রিক্থাধিকার; দায়ভাগ। **in·herit·or** *n* উত্তরাধিকারী; দায়াদ।

in·hibit [ইন্'হিবিট] *vt* ~ **sb (from sth/doing sth)** বাধাগ্রস্ত/প্রতিনিবৃত্ত করা; সংযত/নিয়ত/দমিত করা: ~ wrong desires and impulses; an ~ed person, নিজের অনুভূতি প্রকাশে অসমর্থ বা অনিচ্ছুক, নিরুদ্ধচিত্ত ব্যক্তি। **in·hi·bi·tion** [,ইনি'বিশ্ন্] *n* [U,C] (মনো.) যে কাজে বাসনা বা প্রবৃত্তি আছে তার সম্বন্ধে আভ্যাসিক সঙ্কোচ বা নিগ্রহ; সংবাধ: some drugs weakens a person's ~s. **in·hibi·tor**

[ইন্'হিবিটা(র্)] *n* সংবাধক। **in·hibi·tory** [ইন্'হিবিট্রি US –টো°রি] *adj* সংবাধসংক্রান্ত; সংবাধক।

in·hos·pi·table [,ইন্হ'স্পিটাব্ল্] *adj* অনাতিথেয়; আতিথ্যবিমুখ; (স্থান, উপকূল ইত্যাদি সম্বন্ধে) আশ্রয়দান করে না এমন; আতিথ্যবিমুখ: an ~ island. **~ ness** *n* অনাতিথ্য; অনাতিথেয়ত্ব।

in·hu·man [ইন্ 'হিউমান্] *adj* অমানুষিক; নির্মম; নৃশংস; হৃদয়হীন: ~ treatment. **~·ity** [ইন্হিউ্য'ম্যানাটি] [U] অমানুষিকতা; অমানবিকতা; নৃশংসতা: man's ~ity to man; [C] (*pl* -ties) অমানুষিক/হৃদয়হীন কার্যকলাপ।

in·hu·mane [,ইন্হিউ'মেইন্] *adj* অমানবিক; নিষ্ঠুর; নির্মম; নিষ্করুণ। **~·ly** *adv* অমানবিকভাবে, নির্মমভাবে ইত্যাদি।

in·imi·cal [ই'নিমিক্ল্] *adj* **~ (to)** (আনুষ্ঠা.) বৈরী; প্রতিকূল; অননুকূল; অহিতকর; অপরকারী; ক্ষতিকর: actions ~ to friendly relations.

in·imi·table [ই'নিমিটাব্ল্] *adj* (আনুষ্ঠা.) অননুকরণীয়; অনুপমেয়। **in·imi·tably** [–টাব্লি] *adv* অননুকরণীয়ভাবে।

in·iqui·tous [ই'নিকোয়িটাস্] *adj* ঘোর দুর্বৃত্ত; অন্যায়ী; দুর্বৃত্তাধম: an ~ system/regime. **~·ly** *adv* ঘোর দুর্বৃত্তের ন্যায়। **in·iquity** [ই'নিকোয়াটি] *n* [U] ন্যায়বিরুদ্ধতা; অন্যায়; পাপাচার; [C] (*pl* -ties) অন্যায়াচার; পাপাচার।

in·itial ['ইনিশ্ল্] *adj* আদ্য; আদি; প্রারম্ভিক; প্রাথমিক: the ~ letters of a word; the ~ stages of an enterprise. □*n* আদ্যবর্ণ; আদ্যক্ষর; (বিশেষত কারো নামের)। □*vt* (-ll-, US অপিচ -l-) (নামের) আদ্যক্ষর-চিহ্নিত করা; স্বাক্ষরিত করা: ~ a note/document. **~·ly** [–শালি] *adv* প্রারম্ভিকভাবে; প্রাথমিকভাবে।

in·iti·ate [ই'নিশিএইট্] *vt* ১ (পরিকল্পনা ইত্যাদি) চালু/প্রবর্তিত করা; (পরিকল্পনার) সূত্রপাত/প্রত্যুপক্রম করা: ~ a plan. **২ ~ sb into sth** (দল, গোষ্ঠী ইত্যাদির) সদস্য করে নেওয়া; দীক্ষিত করা। **৩ ~ sb into sth** কোনো বিষয়ের প্রাথমিক বা গূঢ় জ্ঞান দান করা; দীক্ষিত/অভিমন্ত্রিত করা: ~ students into the mysteries of quantum physics. □*n, adj* দীক্ষিত/অভিমন্ত্রিত (ব্যক্তি): an ~ member of a secret society. **in·iti·ation** [ই,নিশি'এইশ্ন্] *n* প্রত্যুপক্রম; উপনয়ন; দীক্ষা; দীক্ষাকরণ; অভিমন্ত্রণ; (attrib) ~ ceremonies, অভিমন্ত্রণ-অনুষ্ঠান; দীক্ষাকর্ম।

in·iti·at·ive [ই'নিশাটিভ্] *n* ১ [U,C] প্রথম পদক্ষেপ; প্রত্যুপক্রম: peace ~s. **act/do sth on one's own ~** নিজ উদ্যমে/প্রবর্তনায় করা। **have the ~** (যেমন যুদ্ধে) প্রথম পদক্ষেপ গ্রহণের মতো অবস্থানে থাকে; প্রত্যুপক্রমের অধিকারী হওয়া। **take the ~ (in doing sth)** প্রথম পদক্ষেপ নেওয়া; উদ্যোগী/প্রত্যুপক্রমী হওয়া। ২ [U] কর্তব্য নির্ণয় করবার ক্ষমতা এবং তা সম্পন্ন করবার উদ্যোগ: A great leader should have/show/display ~. ৩ [C] ব্যবস্থাপক-সভার বহির্বর্তী সাধারণ নাগরিকদের আইন-প্রণয়নের প্রস্তাব উপস্থাপন করবার ক্ষমতা বা অধিকার (যেমন সুইৎজারল্যান্ডে)।

in·ject [ইন্'জেক্ট্] *vt* **~ sth (into sb/sth); ~ sb/sth (with sth)** ১ তরল পদার্থ, ওষুধ ইত্যাদি প্রক্ষেপণীর (সিরিন্জ) সাহায্যে সজোরে প্রবিষ্ট করানো; অন্তঃক্ষেপ করা; সুচ দেওয়া: ~ penicilin into the blood-stream; ~ sb's arm with penicilin. ২ (লাক্ষ.) সঞ্চারিত করা: Your nomination will ~ some new life into the society. **in·jec·tion** [ইন্জেকশ্ন্] *n* [U,C] অন্তঃক্ষেপণ; অন্তঃক্ষেপ; সুচ: three ~s of morphia; [C] যে তরল পদার্থ অন্তঃক্ষেপ করা হয়। '**fuel injection** যে পদ্ধতিতে তরল জ্বালানি বাষ্পীভূত করে অন্তর্দাহ ইনজিনের সিলিন্ডারে সিঞ্চন করা হয়; জ্বালানি-নিক্ষেপণ।

in·ju·di·cious [,ইন্জূ'ডিশাস্] *adj* (আনুষ্ঠা.) বিবেচনাহীন; অবিবেচনাপ্রসূত; অবিবেকী: ~ remarks. **~·ly** *adv* বিবেচনাহীনভাবে, বিচারবুদ্ধিহীন-ভাবে ইত্যাদি।

in·junc·tion [ইন্ 'জাঙ্কশ্ন্] *n* [C] কোনো কিছু করতে হবে বা করা যাবে না, এই মর্মে কর্তৃপক্ষীয় (বিশেষত লিখিত) আদেশ।

in·jure [ইন্জা(র্)] *vt* আহত/আঘাত করা; ক্ষতি/অনিষ্ট করা; ব্যথা দেওয়া; ব্যথিত করা: ~d looks, আহত দৃষ্টি; in an ~d voice, ব্যথিত কণ্ঠে; the dead and the ~d.

in·juri·ous [ইন্ 'জুআরিআস্] *adj* **~ (to)** (আনুষ্ঠা.) ক্ষতিকর; অপকারী; অহিতকর; অনিষ্টকর।

in·jury ['ইন্জারি] *n* (*pl* -ries) ১ [U] অপকার; ক্ষতি; অনিষ্ট; আহত; পীড়া। **do sb an ~** ক্ষতি/অপকার/অনিষ্ট করা। ২ [C] ক্ষত; জখম; আঘাত।

in·jus·tice [ইন্ 'জাস্টিস্] *n* [U,C] অবিচার; অন্যায়। **do sb an ~** কারো প্রতি অন্যায়/অবিচার করা।

ink [ইঙ্ক্] *n* [U] কালি; মসি। '**ink-bottle** *n* কালির বোতল। '**ink-pot** *n* দোয়াত; মসিপাত্র। '**ink-pad** *n* (সিল মারার জন্য) কালির প্যাড। '**ink·stand** *n* দোয়াতদান। '**ink-well** *n* (ডেস্কে) (গর্তের মধ্যে রাখার উপযোগী দোয়াত; মসিধানী। □*vt* **~ (in)** মসিচিহ্নিত করা; কালির আঁচড় দেওয়া; কালি মাখানো: ~ one's fingers; ~ in a drawing, পেন্সিলে আঁকা ছবিতে কালির রেখা টানা। **inky** (-ier, -iest) মসিলিপ্ত; কালিমাখা; মসিবর্ণ; মসিকৃষ্ণ; মসিময়।

ink·ling ['ইঙ্ক্লিঙ্] *n* ([C] **give sb/have/get an/some no ~ (of sth)** (কোনো কিছুর) আভাস/ইঙ্গিত পাওয়া/দেওয়া ইত্যাদি।

in·laid [,ইন্'লেইড্] inlay-র *pp,pt*

in·land ['ইন্লান্ড্] *adj* ১ দেশের অভ্যন্তরে সমুদ্র বা সীমান্ত থেকে বহুদূরে অবস্থিত; দেশমধ্যবর্তী; সমুদ্র দূরবর্তী: ~ towns; the I~ Sea of Japan, বড়ো বড়ো দ্বীপের দ্বারা প্রায়-বেষ্টিত জাপান সাগর। ২ দেশের অভ্যন্তরে নিষ্পন্ন বা প্রাপ্ত; অন্তর্দেশীয়; আভ্যন্তর: ~ (=domestic) trade, অন্তর্বাণিজ্য। **the ,~ 'Revenue** (GB) (আমদানিকৃত পণ্যের উপর আরোপিত কর বাদে) দেশের অভ্যন্তরে করের মাধ্যমে প্রাপ্ত অর্থ; অভ্যন্তরীণ রাজস্ব; (কথ্য) উক্ত রাজস্ব আদায়ের দায়িত্বে নিয়োজিত বিভাগ। □*adj* [ইন্ 'ল্যান্ড্] অভ্যন্তরীণভাবে; অভ্যন্তর অভিমুখে।

in·laws ['ইন্লো°জ্] *n pl* বৈবাহিকসূত্রে আত্মীয়; কুটুম্ব।

in·lay [,ইন্'লেই] *vt* (*pt,pp* inlaid [–লেই ড্]) **~ (in/into/with)** (কাঠ, ধাতু ইত্যাদির নকশা অন্য ধরনের কাঠ বা ধাতুর উপর) খচিত/প্রণিহিত ইত্যাদি করা: gold inlaid into ivory; ivory inlaid with gold. □*n* ['ইন্লেই] ১ [U] সোনা, রুপা, কাঠ ইত্যাদির উক্তরূপ কাজ, করম্ব; উক্ত কাজের জন্য ব্যবহৃত উপকরণাদি; করাম্বিত নকশা, আলেখ্য ইত্যাদি। ২ [C, U] (দন্তচিকিৎসা) দাঁতের গর্তে সোনা, প্লাস্টিক ইত্যাদির নিরেট পূর্তিবিশেষ এবং ঐরূপ পূর্তিকরণের পদ্ধতি; করম্ব; করম্ব-পদ্ধতি।

in·let [ˈইন্‌লেট্] *n* ১ কোনো বৃহৎ জলরাশি (যেমন সাগর, হ্রদ) থেকে স্থলভাগের অভ্যন্তরে প্রবিষ্ট কিংবা দুই বা ততোধিক দ্বীপের মধ্যবর্তী সঙ্কীর্ণ জলখণ্ড; খাঁড়ি। ২ নিবিষ্ট বা প্রবিষ্ট কোনো বস্তু (যেমন পোশাকের মধ্যে); নিহিত দ্রব্য। ৩ (attrib) অন্তর্গামী; প্রবেশ: ~ and outlet channels, অন্তর্নালী ও বহির্নালী (যেমন জলাশয়ের)।

in loco par·en·tis [ইন্ ˌলৌকৌ পাˈরেনটিস্] (লা.) পিতৃ বা মাতৃ–স্থানীয়রূপে: He stood me ~, তিনি আমার পিতৃস্থানে অধিষ্ঠিত।

in·mate [ˈইন্‌মেইট্] *n* বিশেষত হাসপাতাল, কারাগার বা অন্য কোনো প্রতিষ্ঠানে একত্র বসবাসকারীদের একজন; নিবাসী; বাসিন্দা।

in mem·oriam [ˌইন্ মাˈমো°রিআম্] (লা.) (সমাধিফলকে উৎকীর্ণ লিপিতে ব্যবহৃত হয়) স্মরণে।

in·most [ˈইন্‌মৌস্ট্] *adj* সর্বাধিক অন্তমুখী; উপরিতল থেকে সর্বাধিক দূরবর্তী; অন্তরতম; অন্তরতমস্থ; অভ্যন্তরস্থ: my ~ feelings.

inn [ইন্] *n* ১ পান্থশালা; সরাই; উত্তরণশালা; চটি। দ্র. hotel. ˈ**inn-keeper** *n* সরাইওয়ালা; উত্তরণ গৃহপতি; চটির মালিক। ২ ˌ**Inn of ˈCourt** ব্যবহারজীবীর পেশা–গ্রহণের অধিকারদানের অনন্য ক্ষমতাসম্পন্ন লন্ডনস্থ চারটি ব্যবহারজ্ঞ–সমিতির যে কোনো একটি। দ্র. bar[1] (১২).

in·nards [ˈইনাড্‌জ্] *n pl* (কথ্য) ১ জঠর ও অন্ত্র; নাড়িভুঁড়ি। ২ যে কোনো আভ্যন্তর অংশ।

in·nate [ইˈনেইট্] *adj* (গুণ ইত্যাদি সম্বন্ধে) সহজাত; সহজ; নিজ; স্বভাবজ; অন্তর্জাত: ~ love of beauty. ~·**ly** *adv* সহজাতভাবে; স্বভাবত; সহজভাবে।

in·navi·gable [ইন্‌ন্যাভিগাবল্] *adj* নৌ–চলাচলের অযোগ্য; অনাব্য।

in·ner [ˈইনা(র্)] *adj* আন্তর; আভ্যন্তর; অভ্যন্তর–; অন্তর–: an ~ room, অন্তর্গৃহ। ˌ**~ ˈcity** কোনো নগরীর কেন্দ্রবর্তী বা কেন্দ্রের নিকটবর্তী প্রাচীনতম অংশসমূহ; অন্তর্নগরী। ˈ**~ tube** টায়ারের ভিতরে বায়ুপূরিত গোলাকার টিউব; আভ্যন্তর টিউব। **the ~ man** (ক) (দেহের সঙ্গে বৈপরীত্যক্রমে) কারো মন বা আত্মা; ভিতরের মানুষ; অন্তঃপুরুষ। (খ) (কৌতুক.) উদর; ভিতরের মানুষ: satisfy the ~ man. ~·**most** [–মৌস্ট্] *adj* = inmost.

in·ning [ˈইনিঙ্] ১ (বেইসবল) খেলার সময়–বিভাগ, যে সময়ে দুটি দলের একটি ব্যাট করে; ইনিং। ২ **~s** (*sing v*) (ক্রিকেট) কোনো খেলোয়াড় বা দল যে সময় ধরে ব্যাট করে; ইনিংস; (লাক্ষ.) (রাজনৈতিক দল ইত্যাদির) ক্ষমতাধিকারকাল; সক্রিয় কর্ম–জীবন: have a good ~s, (কথ্য) দীর্ঘ, সুখী জীবনের অধিকারী হওয়া।

in·no·cent [ˈইনাস্‌ন্ট্] *adj* ১ ~ **(of)** নিরপরাধ; নির্দোষ; অকৃতাপরাধ: ~ of the charge/accusation. ২ নির্দোষ; নির্মল: ~ amusements. ৩ পাপ বা অপরাধ সম্বন্ধে বোধহীন; অপাপবিদ্ধ; নিষ্পাপ; অদুষ্টদোষ; নির্মলচিত্ত; বালাভোলা: as ~ as a newborn babe. ৪ মূঢ়োচিত সরল; সরলমতি: She is so ~ that she didn't suspect anything. □*n* সরলচিত্ত/নিষ্পাপ ব্যক্তি, বিশেষত শিশু; শুচিজন; নিরপরাধী। ~·**ly** *adv* অপাপবিদ্ধভাবে, সরলান্তঃকরণে, সরলচিত্তে ইত্যাদি। **in·no·cence** [–সান্স্] *n* [U] অপাপবিদ্ধতা; অপরাধশূন্যতা; নিষ্পাপতা; নিরপরাধতা; নির্দোষত্ব; নিষ্কলঙ্কত্ব।

in·nocu·ous [ইনকিউ আস্] *adj* অনপকারী; নির্বিষ: ~ snakes/drugs.

in·no·vate [ইনাভেই ট্] *vi* পরিবর্তন আনা বা সাধন করা; নতুন কিছু (যেমন, ভাব, রীতি, ব্যবহার) প্রবর্তন করা। **in·no·va·tor** [–টা(র্)] *n* (নতুন কিছুর) প্রবর্তয়িতা; নব্যতার প্রবর্তক। **in·no·va·tion** [ˌইনাˈভেইশন্] *n* [U,C] নব্যতাপ্রবর্তন; নূতন প্রবর্তন; নূতন রীতি; নবরীতি; নবমার্গ; নবধারা; নবব্যবহার: technical innovations in poetry.

in·nu·endo [ˌইনউˈএনডৌ] *n* (*pl* -es [–ডৌজ্]) বক্রোক্তি; ব্যঙ্গোক্তি; ব্যঙ্গ.; ছেকোক্তি; কটাক্ষ; শ্লেষ।

in·numer·able [ইˈনিউমারাবল্ US ইনু–] অগণনীয়; অগণ্য; অসংখ্যেয়; অসংখ্য; অগণিত; সংখ্যাতীত।

in·ocu·late [ইˈনাকিউলেইট্] *vt* **~sb (with sth) (against sth)** টিকা দেওয়া: ~ sb against smallpox; (লাক্ষ.) মতামত ইত্যাদিতে মন পূর্ণ করা সংক্রামিত করা: ~d with noxious doctrines. **in·ocu·la·tion** [ইˌনকিউˈলেইশন্] *n* [U,C] টিকাদান; টিকা।

in·of·fen·sive [ˌইনাˈফেন্‌সিভ্] *adj* নিরীহ; নির্বিরোধ; অপরদ্রোহী; নিরপরাধ: an ~ remark/person.

in·op·er·able [ˌইন্ˈঅপারাবল্] *adj* (অর্বুদ, স্ফোটক ইত্যাদি সম্বন্ধে) অস্ত্রোপাচারের অসাধ্য।

in·op·er·at·ive [ˌইন্ˈঅপারাটিভ্] *adj* (আইন, বিধি ইত্যাদি সম্বন্ধে) কার্যকারিতাহীন; বলবত্তাহীন; অচল।

in·op·por·tune [ˌইন্ˈঅপাটিউন্ US –টুন্] *adj* (বিশেষত সময় সম্বন্ধে) অনুচিত; অনুপযোগী; অসময়োচিত; অসময়োপযোগী: at an ~ moment, অসময়ে। ~·**ly** *adv* অসময়োচিতভাবে ইত্যাদি।

in·or·di·nate [ইˈনো°ডিন ট্] *adj* (আনুষ্ঠা.) অসংযত; অপরিমিত; আত্যন্তিক: ~ passions; ~ demands. ~·**ly** *adv* অসংযতভাবে ইত্যাদি।

in·or·ganic [ˌইনো°গ্যানিক্] *adj* ১ অজৈব: ~ chemistry, অজৈব রসায়ন। ২ স্বাভাবিক বৃদ্ধিজনিত নয় এমন; অজৈব: an ~ form of society. **in·or·gani·cally** [–ক্‌লি] *adv* অজৈবভাবে।

in·pa·tient [ˈইন্‌পেইশন্ট্] *n* চিকিৎসাগ্রহণকালে হাসপাতালে অবস্থানকারী রোগী; আন্তঃরোগী।

in·put [ˈইন্‌পুট্] *n* [U] **~ (to)** যা ঢোকানো বা সরবরাহ করা হয়, যেমন প্রক্রিয়াজাত করার জন্য কম্পিউটারে প্রবিষ্ট উপাত্ত কিংবা যন্ত্র চালানোর জন্যে শক্তির জোগান; সম্ভরণ। দ্র. output (৩) (নির্যাত)। ˈ**~ device** *n* একটি স্মৃতি–কোষ (memory store) থেকে কম্পিউটারে উপাত্ত স্থানান্তরিত করার যন্ত্র; সম্ভরণ–কৌশল।

in·quest [ˈইনকোয়েস্ট্] *n* **~ (on)** তথ্য জানার জন্য সরকারি অনুসন্ধান, বিশেষত যে মৃত্যু স্বাভাবিক কারণে না–ও হতে পারে তার সম্বন্ধে অনুসন্ধান; বৃত্তান্তবিচার।

in·quie·tude [ইন্ˈকোয়াইআটিউড্ US –টূড্] *n* [U] (আনুষ্ঠা.) উদ্বেগ; উদ্বিগ্নতা; অস্বস্থতা; ব্যাকুলতা; অস্থিরতা; অশান্তচিত্ততা।

in·quire [ইন্ˈকোয়াইআ(র্)] *vt,vi* ১ **~ sth (of sb)** প্রশ্ন/জিজ্ঞাসা/অনুসন্ধান করা; জানতে চাওয়া: ~ a person's name; ~ what a person wants/at the booking office; ~ of sb the reason of sth. ২ **~ about/concerning/upon** তথ্য/খবর জানতে চাওয়া: ~ about trains to Liverpool. **~ after** (কারো স্বাস্থ্য সম্বন্ধে বা কুশল) জানতে চাওয়া; প্রশ্ন করা। **~ for** (দোকানের পণ্য) চাওয়া দেখতে চাওয়া; দেখা করতে চাওয়া: ~ for a book in a shop; ~ for the manager. **~ into** অনুসন্ধান/তদন্ত করা: The department will

~ into the matter. **in·quirer** *n* প্রশ্নকারী; অনুসন্ধাতা; তদন্তকারী। **in·quir·ing** *adj* জিজ্ঞাসু; অনুসন্ধিৎসু; জ্ঞানেচ্ছু: an inquiring mind; inquiring looks. **in·quir·ing·ly** *adv* জিজ্ঞাসুভাবে।

in·quiry [ইন্'কোয়াইআরি US 'ইনকোয়ারি] *n* (*pl* -ries) ১ [U] জিজ্ঞাসা; অনুসন্ধান; প্রশ্ন: learn sth by ~. **On ~** জিজ্ঞাসাক্রমে। **court of ~** (সাম.) (কারো বিরুদ্ধে আনীত অভিযোগ সম্বন্ধে) তদন্ত-সভা। ২ [C] প্রশ্ন; তদন্ত: make inquiries about sb or sth; hold an official ~ into sth.

in·qui·si·tion ['ইনকোয়ি'জ়িশ্‌ন্] *n* ১ [U,C] পুঙ্খানুপুঙ্খ তল্লাশি বা অনুসন্ধান; (বিশেষত বিচারবিভাগীয় বা সরকারি) সংবীক্ষণ। ২ **the I~** (**the Holy office** নামেও পরিচিত) (বিশেষত ১৫ ও ১৬ শতকে) প্রতিষ্ঠিত ধর্মমত থেকে বিচ্যুতি দমন এবং নিষিদ্ধ পুস্তকের তালিকা (Index (২) দ্র.) প্রণয়নের জন্য রোমের গির্জা-কর্তৃক নিযুক্ত বিচারসভা; ধর্মবিচার-সভা।

in·quisi·tive [ইন্'কোয়িজ়টিভ্] *adj* (বিশেষত অন্যের ব্যাপারে) কৌতূহলী; কৌতূহলান্বিত। **~·ly** *adv* কৌতূহলভরে; সকৌতূহলে। **~·ness** *n* কৌতূহল; কৌতূহলপরতা।

in·quisi·tor [ইন্ 'কোয়িজ়িটা(র্)] *n* অনুসন্ধাতা; তদন্তকর্তা; (বিশেষত) ধর্মবিচারণসভার সভাসদ (Inquisition (২) দ্র.); সংবীক্ষক। **in·quisi·tor·ial** [ইন্‌,কোয়িজ়ি'টো°রিআল্] *adj* সংবীক্ষণিক; অনুসন্ধায়ী; সংবীক্ষকোচিত।

in·road ['ইন্‌রৌড্] *n* (বিশেষত কোনো দেশে লুণ্ঠনের উদ্দেশ্যে) অতর্কিত হামলা; উপদ্রব। **make ~s on/upon** উপদ্রব/হামলা করা: make ~s upon one's leisure time/one's savings.

in·rush ['ইন্‌রাশ্] *n* অভ্যন্তরমুখী সবেগে ধাবন; অভিধাবন; অভিপ্লব: an ~ of water/tourists.

in·sa·lu·bri·ous [ইন্‌সালূব্রি আস্] *adj* অস্বাস্থ্যকর। **in·sa·lu·brity** *n* অস্বাস্থ্যকরতা।

in·sane [ইন্'সেইন্] *adj* উন্মাদ; বাতুল; পাগল; বিকৃতমস্তিষ্ক; কাণ্ডজ্ঞানহীন: an ~ person; an ~ asylum, পাগলা-গারদ। **~·ly** *adv* পাগলের মতো; উন্মত্তভাবে। **in·san·ity** [ইন্'স্যানাটি] *n* [U] উন্মাদরোগ; বাতুলতা; মস্তিষ্কবিকৃতি; বুদ্ধিভ্রংশ; ক্ষিপ্ততা।

in·sani·tary [ইন্ 'স্যানিট্রি US -টেরি] *adj* অস্বাস্থ্যকর: ~ conditions.

in·sa·tiable [ইন্'সেইশাব্‌ল্] *adj* **~ (of/for)** (আনুষ্ঠা.) তৃপ্তিহীন; চির-অতৃপ্ত; অতোষণীয়: ~ appetites; politicians who are ~ of power. **in·sa·tiably** [-শাবলি] *adv* অশমনীয়রূপে ইত্যাদি। **in·sa·tiety** [-টাইইটি] *n* চির-অতৃপ্তি।

in·sa·tiate [ইন্'সে ইশিআট্] *adj* (আনুষ্ঠা.) চির-অতৃপ্ত; অতর্পণীয়।

in·scribe [ইন্'স্ক্রা ইব্] *vt* **~ (on/in/with)** (শব্দ, নাম ইত্যাদি) খোদাই/উৎকীর্ণ করা: ~ one's name in a book; ~ a tomb with a name. **~d stock** (বাণিজ্য.) যে পরিপণের (স্টক) হিস্যাদারদের নাম তালিকা বা পঞ্জিপুস্তকে লিপিবদ্ধ করা হয়। **in·scrip·tion** [ইন্'স্ক্রিপশ্‌ন্] *n* [C] পাথরে খোদিত কিংবা মুদ্রা বা পদকে অঙ্কিত শব্দাবলী; অভিলিখন।

in·scru·table [ইন্'স্ক্রূটাব্‌ল্] *adj* দুর্বোধ্য; দুর্জ্ঞেয়; দুরধিগম্য; অচিন্তনীয়; রহস্যময়।

in·sect ['ইন্‌সেক্‌ট্] *n* এক শ্রেণীর অমেরুদণ্ডী প্রাণী, যাদের দুটি পা থাকে এবং শরীর তিন ভাগে বিভক্ত হয়ে থাকে, যেমন পিঁপড়া, মাছি, বোলতা; (অশুদ্ধ তবে প্রচলিত প্রয়োগে) অনুরূপ হামাগুড়ি দিয়ে চলা ক্ষুদ্রপ্রাণী, যেমন মাকড়শা; কীট। **'~-powder** *n* কীটপতঙ্গ মারা বা তাড়ানোর জন্য চূর্ণক; কীটনাশক গুঁড়া। **in·sec·ti·cide** [ইন্'সেক্‌টিসাইড্] *n* কীটনাশক। **in·sec·tivor·ous** [,ইনসেক্'টিভারাস্] *adj* কীটভুক; কীটাশী।

in·secure [,ইন্‌সি'কিউআ(র্)] *adj* ১ অনির্ভর; অনিশ্চিত; সশঙ্ক; শঙ্কাপন্ন: have an ~ hold on sth. ২ নিরাপত্তাহীন; অরক্ষিত; আত্মবিশ্বাসহীন; শঙ্কান্বিত। **~·ly** *adv* অনির্ভয়ে, নিরাপত্তাহীনভাবে ইত্যাদি। **in·se·cur·ity** [,ইন্‌সি'কিউরাটি] *n* নিরাপত্তাহীনতা; সংশয়াপন্নতা: suffer from feelings of insecurity.

in·semi·nate [ইন্'সেমিনেইট্] *vt* বপন/রোপণ করা; শুক্র ভিতরে প্রবেশ করানো; পরিনিষিক্ত করা। **in·semi·na·tion** [ইন্‌,সেমি'নেইশ্‌ন্] *n* [U] বীজরোপণ; পরিনিষেক। **,artificial in,semi-'nation** ভালো জাতের পশুর শুক্র সংগ্রহ করে তা স্ত্রীপশুর জননেন্দ্রিয়ে প্রবেশ করানো, যাতে করে যৌনমিলন ছাড়াই শাবক উৎপন্ন হতে পারে; কৃত্রিম পরিনিষেক।

in·sen·sate [ইন্'সেনসেইট্] *adj* (আনুষ্ঠা.) ১ অচেতন; নিশ্চেতন: ~ rocks. ২ অনুভূতিহীন; হৃদয়হীন; নিঃসাড়; জড়; নির্বোধ: ~ rage/cruelty.

in·sen·si·bil·ity [ইন ,সেন্‌সাবিলাটি] *n* [U] (আনুষ্ঠা.) সংবেদনশূন্যতা; নিঃসাড়তা; জানা, চেনা, বোঝা বা গুণগ্রহণ করবার অক্ষমতা; অনুভূতিহীনতা: ~ to pain/art/beauty; in a state of ~, সংজ্ঞাহীন; চৈতন্যহীন।

in·sen·sible [ইন্'সেনসাব্‌ল্] *adj* ১ অচেতন; অচৈতন্য; নিঃসংজ্ঞ; সংজ্ঞাহীন; বেহুঁশ: He fell on the ground and remained ~ for a long time. ২ **~ (of)** অসচেতন: He was ~ of his indebtedness to his friends. ৩ **~ (to)** অসাড়; অনুভূতিহীন: His fingers have become ~ due to cold. ৪ সহানুভূতিহীন; অনুকম্পাহীন; অনুভূতিশূন্য; উদাসীন। ৫ (পরিবর্তনাদি সম্বন্ধে) অলক্ষ্য; অতি নগণ্য: by ~ degress, ক্রমশ; শনৈঃশনৈ। **in·sen·sibly** [-ব্‌লি] *adv* অচেতনভাবে, অসাড়ভাবে ইত্যাদি।

in·sen·si·tive [ইন্'সেনসাটিভ্] *adj* **~(to)** (আলো, স্পর্শ, অন্যের অনুভূতি সম্বন্ধে) অসংবেদী; সংবেদনহীন। **~·ly** *adv* সংবেদনহীনভাবে। **in·sen·si·tiv·ity** [ইন্‌,সেন্‌সা'টিভাটি] *n* [U] অসংবেদিতা; সংবেদনহীনতা।

in·sen·tient [ইন্'সেনশন্‌ট্] *adj* (আনুষ্ঠা.) অচেতন; জড়।

in·sep·ar·able [ইন্'সেপ্রাব্‌ল্] *adj* **~ (from)** অবিভেদ্য; অবিযোজ্য; অবিচ্ছেদ্য। **in·sep·ar·ably** [-রাব্‌লি] *adv* অবিচ্ছেদ্যরূপে ইত্যাদি। **in·sep·ar·abil·ity** [,ইন্‌সেপ্রা'বিলাটি] *n* অবিচ্ছেদ্যতা; অবিভেদ্যতা।

in·sert [ইন'সাট্] *vt* নিবিষ্ট/নিবেশিত/ সন্নিবিষ্ট/ নিহিত করা; ঢোকানো: ~ a peg in a hole/an advertisement in a newspaper. □*n* ['ইনসাট্] সন্নিবেশিত বস্তু। **in·ser·tion** [ইন'সাশ্‌ন্] *n* [U] সন্নিবেশন; নিবেশন; [C] সন্নিবেশ; সন্নিবিষ্ট বস্তু (যেমন সংবাদপত্রের বিজ্ঞাপন কিংবা জামার ভিতর জালির কাজ)।

in·ser·vice ['ইন্ সা্ভিস্] *attrib adj* (pre-service-এর সঙ্গে বৈপরীত্যক্রমে) চাকরিকালীন; নিয়োগপূর্বক: the ~ training of civil servants. তুল. refresher course.

in·set ['ইন্সেট্] *n* [C] বই ইত্যাদির মধ্যে সন্নিবেশিত অতিরিক্ত পৃষ্ঠা; মুদ্রিত পৃষ্ঠা বা বৃহত্তর মানচিত্রের অভ্যন্তরে ন্যস্ত ছোট মানচিত্র, নকশা ইত্যাদি; পোশাকের সঙ্গে জুড়ে দেওয়া জালি ইত্যাদির কাজ; যোজনা; অন্তর্যোজনা। □*vt* [ˌইন্'সেট্] (*pt,pp* inset) সন্নিবেশিত/বিন্যস্ত/প্রণিহিত/খচিত/অন্তর্নিবিষ্ট করা।

in·shore [ˌইন্'শো°(র্)] *adj ,adv* উপকূলবর্তী, উপকূলীয়, তটসংলগ্ন; উপকূল বা তটের সন্নিকটে: ~ current; ~ fisheries.

in·side [ইন্ 'সাইড়] *n* ১ অভ্যন্তর; ভিতরের অংশ; গর্ভ; অভ্যন্তরভাগ: the ~ of a coat; a door bolted on the ~. ~ ['ইন্সাইড়] **out** ভিতরের দিক বাইরে; উল্টা করে: You have put on your shirt ~ out; to know a subject ~ out, আদ্যন্ত জানা। ২ কোনো বক্ররেখার ভিতরের দিকে অবস্থিত রাস্তা বা পথের অংশ; ফুটপাথ বা সান-বাঁধানো পথের যে অংশ রাস্তা থেকে সবচেয়ে দূরবর্তী; অন্তর্মার্গ। ৩ (কথ্য) নাড়িভুঁড়ি; পেটের ভেতর: a pain in his ~. □*adj* (কিংবা attrib রূপে ব্যবহৃত *n*) ['ইন্সাইড়] ভিতরের অথবা ভিতর থেকে; অভ্যন্তরস্থ: the ~ pages of a newspaper. ˌ**~'left/'right** (ফুটবল ইত্যাদি খেলায়) আক্রমণ-ভাগের মধ্যবর্তী খেলোয়াড়ের অব্যবহিত বামের/ডানের খেলোয়াড়; আভ্যন্তর-বাম/ডান। **the '~ track** (দৌড়ে) চক্রাকার ধাবন-ক্ষেত্রের আভ্যন্তর প্রান্তের সবচেয়ে নিকটবর্তী মার্গ: এই মার্গ-ব্যবহারকারীরা অন্যদের তুলনায় কিছু অতিরিক্ত সুবিধা ভোগ করে; অন্তর্মার্গ। **an '~ job** (অপ.) কোনো ভবনের অভ্যন্তরে নিয়োজিত ব্যক্তির দ্বারা কিংবা তার সহায়তায় সম্পন্ন চুরি; ভিতরকার কাজ। □*adv* ১ ভিতরে; অভ্যন্তরে; ভিতরের/অভ্যন্তরের দিকে: He went ~. You can wear this coat with the fur ~ or outside. **~ of** (কথ্য) মধ্যে; ভিতরে: He returned the book ~ of a month. ২ (GB অপ.) কয়েদখানা; শ্রীঘর: Hill is ~ for two years. □*prep* ভিতরে; মধ্যে: He didn't go ~ the house. **in·sider** *n* [ইন্'সাইডা(র্)] কোনো সংস্থা বা সংগঠনের সদস্য হওয়ার দরুন যে ব্যক্তি এমন-সব তথ্য ও সংবাদ আহরণ কিংবা সুবিধা অর্জনে সমর্থ যা অন্যদের নাগালের বাইরে; ভিতরের লোক; অন্তর্বর্তী ব্যক্তি; অন্তর্বর্তিক।

in·sidi·ous [ইন্ 'সিডিআস্] *adj* গোপনে/অলক্ষিতে অনিষ্টকর; ছলনাপর; বিশ্বাসঘাতক; কুচক্রী: an ~ enemy/disease. **~·ly** *adv* বিশ্বাসঘাতকতাপূর্বক, অকপটে ইত্যাদি। **~·ness** *n* কূটতা; বিশ্বাসঘাতকতা; কুচক্রান্ত।

in·sight ['ইন্সাইট্] *n* ১ [U,C] **~ (into sth)** অন্তর্দৃষ্টি; অন্তর্জ্ঞান; পরিজ্ঞান: a man of ~; a book full of remarkable ~s. ২ [C] (প্রায়শ আকস্মিক) বোধ; সংবোধ বা উপলব্ধি: His experience gave him the necessary ~ into the complexity of the matter.

in·sig·nia [ইন্সিগ্নি আ] *n pl* ১ কর্তৃত্ব, সম্মান বা মর্যাদার লক্ষণ (যেমন মুকুট ও দণ্ড রাজলক্ষণ); পদচিহ্ন; তকমা। ২ (সাম.) সেনাবাহিনীর বিভিন্ন দল-উপদলের নিজস্ব পরিচয়সূচক চিহ্ন; চাপরাশ।

in·sig·nifi·cant [ইন্সিগ্'নিফিকন্ট্] *adj* তাৎপর্যহীন; নিরর্থক; নিরর্থ; অর্থহীন; গুরুত্বহীন; অকিঞ্চিৎকর; তুচ্ছ: an ~ person, ক্ষুদ্রজন: ~ task; an ~-looking man. **~·ly** *adv* তাৎপর্যহীনভাবে ইত্যাদি। **in·sig·nifi·cance** [-কান্স্] *n* তাৎপর্যহীনতা; নিরর্থকতা; অর্থহীনতা; অগুরুত্ব; তুচ্ছতা; অকিঞ্চিৎকরত্ব।

in·sin·cere [ˌইন্সিন্'সিআ(র্)] *adj* আন্তরিকতাহীন; কৃত্রিম; অসরল; নিষ্ঠাহীন; কপট; কুটিল। **~·ly** *adv* আন্তরিকতাহীনভাবে; কপটভাবে। **in·sin·cer·ity** [ইন্সিন্'সেরাটি] *n* [U] আন্তরিকতাহীনতা; কৃত্রিমতা; কাপট্য; কুটিলতা।

in·sinu·ate [ইন্'সিনিউএইট্] *vt* ১ **~ sth/oneself (into)** ধীরে ধীরে সুকৌশলে প্রবেশ করা বা করানো: ~ oneself into a person's favour, ধীরে ধীরে সুচতুরভাবে কারো অনুগ্রহভাজন হওয়া। ২ **~ (to be) that** বক্রোক্তি/কটাক্ষ করা; ঠেস দেওয়া: ~ (to sb) that someone lacks integrity of character. **in·sinu·ation** [ইন্'সিনিউএইশ্ন্] *n* [U,C] ধীরে ধীরে সুকৌশলে অভ্যন্তরপ্রবেশ; কটাক্ষপাত; বক্রোক্তি।

in·sipid [ইন্'সিপিড্] *adj* বিরস; নীরস; অরসিক; বিস্বাদ; অস্বাদু: ~ food; (লাক্ষ.) ~ conversation. **~·ly** *adv* নীরসভাবে ইত্যাদি। **~·ness** *n* **in·si·pid·ity** [ˌইন্সি'পিডাটি] *n* [U] বিস্বাদত্ব; অস্বাদুতা; বিরসতা; নীরসতা।

in·sist [ইন্'সিস্ট্] *adj* ১ **~ on/that** জোর দিয়ে/দৃঢ়তাসহকারে বলা; জোরের সঙ্গে/দৃঢ়কণ্ঠে ঘোষণা করা; সনির্বন্ধ বলা/প্রচার করা: ~ on one's innocence; ~ that one is innocence. ২ **~ on/that** পীড়াপীড়ি/জোর করা; জিদ/নির্বন্ধ করা; গোঁ ধরা; অতি আগ্রহ করা: He ~ed on your being present in the meeting. **in·sist·ent** [-টান্ট্] *adj* সনির্বন্ধ; জরুরি: the ~ent demand for medical supplies. **in·sist·ence** [-টান্স্] *n* [U] পীড়াপীড়ি; নির্বন্ধ।

in situ [ˌইন্ সিটিউ] (লা.) আসল/মূল পরিস্থিতিতে।

in·so·bri·ety [ˌইন্সাব্রাইআটি] *n* [U] সুরাসক্তি; মদ্যাসক্তি; অতিপান; পানাসক্তি।

in·so·far [ইন্সা'ফা(র্)] [US] = in so far. দ্র. in[1] (১৮).

in·sole [ইন্'সৌল্] *n* (জুতার) সুকতলা।

in·so·lent [ইন্সালান্ট্] *adj* **~ (to)** উদ্ধত; ঔদ্ধত্যপূর্ণ; ধৃষ্ট; অবজ্ঞাপূর্ণ। **~·ly** *adv* উদ্ধতভাবে ইত্যাদি। **in·so·lence** [-লান্স্] *n* [U] ঔদ্ধত্য; ধৃষ্টতা; প্রগল্‌ভতা; দাম্ভিকতা।

in·sol·uble [ইন্'সলিউবল্] *adj* ১ (পদার্থ সম্বন্ধে) অদ্রাব্য; অদ্রবণীয়। ২ (সমস্যা ইত্যাদি) মীমাংসাতীত; অসমাধেয়।

in·sol·vent [ইন্'সল্ভান্ট্] *n,adj* (ব্যক্তি) ঋণ পরিশোধে অসমর্থ; দেউলিয়া। **in·sol·vency** [-ভান্সি] *n* [U] ঋণ পরিশোধে অসমর্থতা; দেউলিয়াত্ব।

in·som·nia [ইন্'সম্নিআ] *n* [U] অনিদ্রা। **in·som·niac** [ইন্'সম্নিঅ্যাক্] *n* যে অনিদ্রায় ভোগে; উন্নিদ্র।

in·so·much [ˌইন্সৌ'মাচ্] *adv* এতো; এতদবধি; এতৎপর্যন্ত।

in·souci·ance [ইন্'সুসিআন্স্] *n* [U] নিরুদ্বেগ; ঔদাসীন্য; নির্লিপ্ততা; নিরাসক্তি। **in·souci·ant** [-সিআন্ট্] *adj* নিরুদ্বেগ; নিশ্চিন্ত; উদাসীন; নির্লিপ্ত; নিরাসক্ত।

in·spect [ইন্'স্পেক্ট্] *vt* সতর্কভাবে পরীক্ষা করা; সংবীক্ষণ/পরিদর্শন করা। **in·spec·tion** [ইন্'স্পেকশ্‌ন্] *n* [U,C] পরীক্ষণ; সংবীক্ষণ; অনুসন্ধান; পরিদর্শন।

in·spec·tor [ইন্ 'স্পেক্‌ট(র্)] *n* ১ (স্কুল, কারখানা, খনি ইত্যাদির) পরিদর্শক: ˌI~ of 'Taxes, আয়কর-পরিদর্শক। ২ (GB) অধিকর্মিকের (সুপারিনটেন্ডেন্টের) চেয়ে নিম্নতর এবং সার্জেন্টের চেয়ে উচ্চতর পদমর্যাদার অধিকারী পুলিশ কর্মকর্তা; দারোগা। **~·ate** [ইন্ 'স্পেকটরাট্] *n* পরিদর্শকমণ্ডলী; পরিদর্শনবিভাগ: the Ministry of Education ~ate.

in·spi·ra·tion [ˌইন্‌স্পে'রেইশ্‌ন্] *n* ১ [U] প্রেরণা; অনুপ্রেরণা; অনুপ্রাণনা। ২ [C] ~ **(to/for)** প্রেরণার উৎস; অনুপ্রেরণা: His mother is a constant ~ to him. ৩ [C] (কথ্য) আকস্মিক কোনো উত্তম চিন্তা বা ভাব; প্রেরণা: have a sudden ~. ৪ [U] (বাইবেলের লেখকদের প্রদত্ত হয়েছিল কথিত) ঈশ্বর-প্রেরণা; ঐশীপ্রেরণা। ৫ শ্বাসগ্রহণ; প্রশ্বাস।

in·spire [ইন্'স্পাই আ(র্)] *vt* ~ **sth (in sb); ~ sb (with sth/to do sth)** ১ উদ্দীপ্ত/উদ্বুদ্ধ/প্রবুদ্ধ করা; জন্মানো: ~ sb with hope/enthusiasm/confidence; ~ confidence in sb; ~ with courage/fear. ২ অনুপ্রাণিত করা; প্রেরণা/অনুপ্রেরণা দান করা: ~d poets/artists. ৩ *(pp)* **~d** (কথিত বা লিখিত কোনো কিছু সম্বন্ধে) বিশেষ তথ্যের অধিকারী কোনো প্রভাবশালী ব্যক্তিকর্তৃক গোপনে সূচিত; অনুপ্রাণিত।

in·spirit [ইন্'স্পিরিট্] *vt* তেজ সঞ্চারিত করা; প্রাণিত করা।

in·sta·bil·ity [ˌইন্‌স্টা'বিল ˌটি] *n* [U] (সাধা. চরিত্র ও নৈতিক গুণাবলীর) অস্থৈর্য; স্থিতিহীনতা।

in·stall [US অপিচ **in·stal**) [ইন্'স্টো°ল্] *vt* ~ **sb/sth (in sth)** ১ (কোনো পদে) অধিষ্ঠিত/অভিষিক্ত করা। ২ (যন্ত্রাদি ব্যবহারের জন্য) সংস্থাপন করা: ~ a lighting system/generator. ৩ (কোনো স্থানে) অধিষ্ঠিত করা বা হওয়া: be comfortably ~ed in a new home. **in·stal·la·tion** [ˌইন্‌স্টা'লেইশ্‌ন্] *n* [U] অভিষেক; সংস্থাপন; অভিষেক-অনুষ্ঠান; [C] স্থাপিত বস্তু, বিশেষত যন্ত্র, ব্যবস্থা: a heating ~.

in·stal·ment (US অপিচ **in·stall·ment**) [ইন্'স্টো°ল্‌মান্ট্] *n* [C] ১ অনেক দিন ধরে প্রকাশিতব্য কোনো কিছুর অংশ; দফা; কিস্তি: a novel that will appear in ~s. ২ (মূল্য বা ঋণ পরিশোধ সম্বন্ধে) কিস্তি; (প্রধানত US) কিস্তিবন্দি।

in·stance ['ইন্‌স্টান্‌স্] *n* [C] ১ দৃষ্টান্ত; উদাহরণ; নিদর্শন। **for ~** দৃষ্টান্তস্বরূপ, যেমন। **in the first ~** প্রথমত। ২ **at the ~ of** অনুরোধে; আগ্রহে। □*vt* দৃষ্টান্ত/উদাহরণ দেওয়া।

in·stant[1] ['ইন্‌স্টান্ট্] *adj* ১ তাৎক্ষণিক; আশু; ত্বরিৎ: feel ~ relief; an ~ success. ২ জরুরি; আশু; ত্বরিৎ: in ~ need of help. ৩ (সং. *inst*) (বাণিজ্য; সেকেলে রীতি) বর্তমান মাসের: Your letter of the 5th inst. ৪ (খাদ্য প্রস্তুতকরণ সম্বন্ধে) দ্রুত ও সহজে প্রস্তুতযোগ্য; তাৎক্ষণিক: ~ coffee. **~·ly** *adv* তৎক্ষণাৎ; অচিরাৎ; অবিলম্বে। □*conj* যেইমাত্র; যখনি।

in·stant[2] ['ইন্‌স্টান্ট্] *n* ১ সুনির্দিষ্ট সময়বিন্দু; ক্ষণ: He came in that ~, তখখুনি। ২ মুহূর্ত: I'll leave in an ~.

in·stan·taneous [ˌইন্‌স্টান্'টেইনিআস্] *adj* তাৎক্ষণিক: ~ death. **~·ly** *adv* তাৎক্ষণিকভাবে; ঝটিতি।

in·stead [ইন্'স্টেড্] *adv* বিকল্প হিসাবে; স্থলে; বদলে: If you don't like coffee, you can try a cup of chocolate ~. **~ of** *prep phrase* (পরে *n ,pron,gerund* বা *prep phr* থাকবে) স্থলে; বদলে; পরিবর্তে: Let's play bridge ~ of going to cinema.

in·step ['ইন্‌স্টেপ্] *n* আঙুল থেকে গুল্ফ পর্যন্ত মানুষের পায়ের উপরিভাগ; পদপৃষ্ঠ; জুতার পিঠ (যা পদপৃষ্ঠ ঢেকে রাখে)।

in·sti·gate ['ইন্‌স্টিগেইট্] *vt* ~ **sth/sb to do sth** প্ররোচিত/উৎসাহিত করা; উস্কানি দেওয়া; উস্কানি দিয়ে (কিছু) ঘটানো: ~ workers to stop work; ~ a strike. **in·sti·ga·tor** [-টা(র্)] *n* প্ররোচক; উস্কানিদাতা। **in·sti·ga·tion** [ˌইন্‌স্টি'গেইশ্‌ন্] *n* প্ররোচনা; প্ররোচন; উস্কানি।

in·stil (US = **instill**) [ইন্'স্টিল্] *vt* (-ll-) ~ **sth into sb** (ভাব ইত্যাদি) ধীরে ধীরে নিবেশিত/সঞ্চারিত করা। **in·stil·la·tion** [ˌইন্‌স্টি'লেইশ্‌ন্] *n* ক্রম-নিষেচন; পরিনিষেচন।

in·stinct ['ইন্‌স্টিঙ্‌ক্ট্] *n* [U] সহজপ্রকৃতি; উপজ্ঞা: Ducks learn to swim by ~. ২ [C] সহজাত প্রবর্তনা বা স্বজ্ঞা; সহজবুদ্ধি; নৈসর্গিকবুদ্ধি: He has an uncanny ~ to always find a way out. ৩ **in·stinc·tive** [ইন্'স্টিঙ্‌কটিভ্] *adj* সাহজিক; সহজাত। **in·stinc·tive·ly** *adv* সহজপ্রবৃত্তিতে, সহজাতভাবে ইত্যাদি।

in·sti·tute[1] ['ইন্‌স্টিটিউট্ US -টূট্] *n* [C] বিশেষ (সাধা. সামাজিক বা শিক্ষাগত) উদ্দেশ্যসাধনের জন্য প্রতিষ্ঠিত সংস্থা বা সংগঠন; অধিসংস্থা।

in·sti·tute[2] ['ইন্‌স্টিটিউট্ US -টূট্] *vt* (তদন্ত, বিধি, রীতি ইত্যাদি) প্রবর্তন/আরম্ভ/আরোপ/প্রতিষ্ঠিত/বিধান/রুজু করা: ~ legal proceedings against sb; ~ restrictions on the use of certain drugs.

in·sti·tu·tion [ˌইন্‌স্টি'টিউশ্‌ন্ US -'টূশ্‌ন্] *vt* ১ [U] প্রতিষ্ঠাপন; প্রবর্তন; সংস্থাপন; বিধান; নিয়োজন: the ~ customs/rules etc; ~ as bishop. ২ [C] দীর্ঘকাল ধরে প্রতিষ্ঠাপন্ন আইন, প্রচল বা গোষ্ঠী (যেমন ক্লাব বা সমিতি); সুপরিচিত ব্যক্তি বা বস্তু; প্রতিষ্ঠান। ৩ সমাজকল্যাণমূলক সংগঠন (যেমন অনাথাশ্রম প্রবীণদের জন্য আশ্রম ইত্যাদি); প্রতিষ্ঠান। **~al** [- শান্‌ল্] *adj* প্রাতিষ্ঠানিক। **~al·ize** [-শানালাইজ্] *vt* প্রতিষ্ঠানে পরিণত করা। **~al·ized** *part adj* প্রাতিষ্ঠানীভূত।

in·struct [ইন্'স্ট্রাক্ট্] *vt* ১ শিক্ষা দেওয়া; শেখানো; পড়ানো; শিক্ষাদান/পাঠদান করা; প্রশিক্ষণ দেওয়া: ~ a class in arithmatic; ~ recruits/a class of apprentices. ২ উপদেশ/নির্দেশ/আদেশ দেওয়া: ~ sb to remain alert. ৩ অবহিত/জ্ঞাপন করা; সংবাদ/খবর দেওয়া: He was ~ed by his principal that the goods have already been shipped. **in·struc·tor** [-টা(র্)] *n* শিক্ষক; প্রশিক্ষক। **in·struc·tress** [-ট্রিস্] *n* শিক্ষয়িত্রী।

in·struc·tion [ইন্'ট্রাক্‌শ্‌ন্] *n* ১ [U] শিক্ষা; শিক্ষণ: ~ in geography; give/receive ~. ২ *(pl)* নির্দেশ; আদেশ; উপদেশ: give sb ~s to start at once; ~s (=coded commands) to a computer. **~al** [-শান্‌ল্] *adj* শিক্ষণমূলক: ~al films (যেমন, শিল্পের) প্রক্রিয়াদি-সম্পৃক্ত ছায়াছবি।

ins·truc·tive [ইন্ ˈস্ট্রাকটিভ্] *adj* শিক্ষাকর; শিক্ষাপ্রদ; শিক্ষামূলক: ~ books. **~·ly** *adv* শিক্ষাপ্রদভাবে।

in·stru·ment [ˈইনস্ট্রুম ন্ট্] *n* [C] ১ কার্যসাধনের হাতিয়ার বিশেষত সূক্ষ্ম বা বৈজ্ঞানিক কাজের জন্য যন্ত্রপাতি; শস্ত্র: optical ~s, দৃষ্টির সহায়তাকারী যন্ত্রপাতি; (যেমন অণুবীক্ষণ, দূরবীক্ষণ ইত্যাদি যন্ত্র); surgical ~s, শল্যোপচার-যন্ত্র (যেমন scalpel বা ছুরিকা। তুল. শ্রমিক ও কারুকদের tools)। ২ বাদ্যযন্ত্র। ৩ নিজ উদ্দেশ্য চরিতার্থ করার জন্য ব্যবহৃত অন্যব্যক্তি; নিমিত্তক: be made the ~ of another's crime. ৪ আনুষ্ঠানিক (বিশেষত আইনসম্মত) দলিল; সাধনপত্র: ~ of abdication. **in·stru·men·ta·tion** [ˌইনস্ট্রু মেন্ˈটেইশ্ন্] *n* [U] ১ ঐকতানসঙ্গীতে বিভিন্ন বাদ্যযন্ত্রের জন্য সঙ্গীতের বিন্যাস; বাদিত্রবিন্যাস। ২ বৈজ্ঞানিক যন্ত্রপাতির বিকাশসাধন ও উৎপাদন; যন্ত্রোৎপাদন।

in·stru·mental [ˌইনস্ট্রুˈমেন্টল্] *adj* ১ উপায়ভূত; নিমিত্তস্বরূপ; কারণীভূত: be ~ in signing an agreement. ২ বাদ্যযন্ত্রবিষয়ক: ~ music, বাদ্যসঙ্গীত; যন্ত্রসঙ্গীত। **~·ist** [-ট লিস্ট্] *n* যন্ত্রী; বাদ্যযন্ত্রী; যন্ত্রশিল্পী। **~·ty** [ˌইনস্ট্রুমেন্ˈট্যালাটি] *n* [U] কারকত্ব; নিমিত্তত্ব: by the ~ity of, উপায়ে; কল্যাণে; দ্বারা।

in·sub·or·di·nate [ˌইনসাˈবো°ডিনাট্] *adj* অবাধ্য; অবিনীত। **in·sub·or·di·na·tion** [ˌইনসাˌবো°ডি-ˈনেইশ্ন্] *n* [U,C] অবাধ্যতা; অবশ্যতা।

in·sub·stan·tial [ˌইনসাব্ˈস্ট্যান্শ্ল্] *adj* ১ অবাস্তব; অসার; নিঃসত্ত্ব; অলীক: an ~ vision. ২ অমূলক; অসত্য; ভিত্তিহীন: an ~ accusation.

in·suf·fer·able [ইন্ˈসাফ্রাব্ল্] *adj* অত্যুদ্ধত; অসহনীয়রূপে আত্মাভিমানী; অসহনীয়; অসহ্য; দুঃসহ: ~ insolence.

in·suf·fi·cient [ˌইনসাˈফিশ্ন্ট] *adj* অপর্যাপ্ত; অপ্রতুল; অপ্রচুর। **~·ly** *adj* অপর্যাপ্তভাবে ইত্যাদি। **in·suf·fi·ciency** [-ফ্ন্সি] *n* অপর্যাপ্ততা; অপ্রতুলতা; ন্যূনতা; অপ্রাচুর্য।

in·su·lar [ˈইনসিউলা(র্) US -স ালার্] *adj* ১ দ্বীপ-সংক্রান্ত। an ~ climate. ২ দ্বীপবাসীসম্বন্ধী বা দ্বীপবাসীসদৃশ। (বিশেষত) সঙ্কীর্ণচিত্ত: ~ mentality, দ্বীপমণ্ডুক-মনোভাব। **~·ism** [রি জ়াম্], **in·su·lar·ity** [ˌইনসিউˈল্যারাটি US -স ˈল্যা-] *nn* [U] দ্বীপমাণ্ডূক্য; সঙ্কীর্ণচিত্ততা; গ্রাম্যতা।

in·su·late [ˈইনসিউলেইট US -সালেই ট্] *vt* ~ **(from)** ১ তাপের অপচয়-নিবারণ, বিদ্যুতের চলাচল নিবারণ ইত্যাদি উদ্দেশ্যে অপরিবাহী বস্তুর দ্বারা আবৃত বা বিচ্ছিন্ন করা; অন্তরিত করা: ~ a cooking-stove with asbestos; ˈinsulating tape, অন্তরণী পটি। ২ বিমুক্ত/ বিশ্লিষ্ট/ বিচ্ছিন্ন/ অন্তরিত/ দূরে রাখা: children carefully ~d from harmful experiences. **in·su·lated** অন্তরিত; অনন্যসংলগ্ন; অনন্যসংযুক্ত। **in·su·la·tor** [-টা(র্)] *n* [C] অন্তরিত করার কাজে ব্যবহৃত পদার্থ বা কৌশল, বিশেষত অনাবৃত বৈদ্যুতিক তারের ধারক চীনামাটির তৈরি যান্ত্রিক কৌশলবিশেষ; অন্তরক। **in·su·la·tion** [ˌইনসিউˈলেইশ্ন্ US -সাˈলেই-] *n* [U] অন্তরণ; অনন্যসংযোগ; অন্তরণ-সামগ্রী।

in·su·lin [ˈইনসিউলিন্ US -সালিন্] *n* [U] বহুমূত্র রোগের চিকিৎসায় ব্যবহৃত ভেড়ার অগ্ন্যাশয় থেকে প্রস্তুত পদার্থবিশ্লেষ (একটি হর্মোন); ইনসুলিন।

in·sult [ইন্ˈসাল্ট্] *vt* অপমান/ অবমাননা/ অসম্মান/ অমর্যাদা করা। □*n* [ˈইনসাল্ট্] [C,U] অপমান; অসম্মান; অবমাননা; অবধারণ; অমর্যাদা। **~·ing** *adj* অপমানজনক; অবমাননাকর; অসম্মানজনক; অমর্যাদাকর। **~·ing·ly** *adv* অপমানজনকভাবে ইত্যাদি।

in·sup·er·able [ইন্ˈসিউপ্রাব্ল্ US -ˈসূ-] *adj* (বাধা, বিঘ্ন ইত্যাদি সম্বন্ধে) অনতিক্রম্য; দুর্লঙ্ঘ্য; ~ barriers.

in·sup·port·able [ˌইন্সাˈপো°টাব্ল্] *adj* অসহ্য; অসহনীয়; দুঃসহ; দুর্বহ; অসহ।

in·sur·ance [ইন্ˈশু আরান্স্] *n* ১ [U] বিমা। ২ [U] বিমার অর্থ/কিস্তি: How much do you pay in ~ ? বিমা বাবদ। ˈ**~ policy** *n* বিমা-চুক্তি; বিমা-পত্র। ৩ [C] বিমা-চুক্তি: He has two ~s. ৪ লোকসান, অসাফল্য ইত্যাদির বিরুদ্ধে যে কোনো রকম রক্ষামূলক ব্যবস্থা; রক্ষাকবচ।

in·sure [ইন্ˈশুআ(র্)] *vt* ~ **(against)** বিমা করা: ~ oneself/one's life for £50,000. **the ~d** বিমাকৃত ব্যক্তি (অর্থাৎ বিমার অর্থ যিনি পাবেন)। **the ~r** বিমাকারক (অর্থাৎ মৃত্যু, ক্ষতি ইত্যাদি ক্ষেত্রে যে ব্যক্তি বা কোম্পানি বিমার অর্থ পরিশোধ করবার দায়িত্ব গ্রহণ করেন)। **the insurant** [ইন্ˈশু আরান্ট্] (আইন.) বিমাগ্রহীতা (অর্থাৎ বিমার কিস্তি যিনি শোধ করেন)।

in·sur·gent [ইন্ˈসাজান্ট্] *adj* (*pred* বিরল) বিদ্রোহী; অভ্যুত্থানকারী: ~ troops. □*n* বিদ্রোহী সৈন্য।

in·sur·mount·able [ˌইনসাˈমাউন্টাব্ল্] *adj* (বাধাবিপত্তি সম্বন্ধে) অলঙ্ঘ্য; দুর্জয়; অজেয়; অনতিক্রম্য; দুস্তর।

in·sur·rec·tion [ˌইনসাˈরেক্শ্ন্] *n* [U,C] বিদ্রোহ; অভ্যুত্থান; প্রজাবিদ্রোহ; গণ-অভ্যুত্থান।

in·sus·cep·tible [ইন্ˈসাসেপটিব্ল্] *adj* সহজে সাড়া দেয় না বা গ্রহণ করে না এমন; অগ্রাহী; বোধশূন্য: ~ to kind treatment/flattery; ~ to pain. **in·sus·cep·ti·bil·ity** [ইনসাˈসেপ্ট ˈবিলাটি] *n* অগ্রাহিতা; বোধশূন্যতা।

in·tact [ইন্ˈট্যাক্ট্] *adj* অক্ষত; অখণ্ড; অস্পৃষ্ট; অক্ষুণ্ণ।

in·taglio [ইন্ˈটা:লিঔ] *n* (*pl* -s [-জ্]) [U] (ইতা.) ১ গভীর করে খোদাই; অবতক্ষণ। ২ [C] ধাতু বা পাথর কেটে অঙ্কিত মূর্তি বা নকশা, অবতক্ষণ; উক্তরূপ মূর্তি- বা নকশা অঙ্কিত রত্ন; উৎকীর্ণরত্ন। দ্র. cameo.

in·take [ˈইনটেইক্] *n* ১ [C] নল, প্রণালী ইত্যাদির যেস্থানে পানি, গ্যাস প্রভৃতি ভিতরে প্রবেশ করতে দেওয়া হয়; প্রবেশপথ: air-~ of an aeroplane. ২ [C, U] (একটা নির্দিষ্ট সময়ের মধ্যে) গৃহীত প্রবেশিত সংখ্যা, পরিমাণ ইত্যাদি; গ্রহণ; আদান; প্রবেশন; ভর্তি: an annual ~ of 20,000 men (যেমন সেনাবাহিনীতে)। ৩ [C] (খনিতে) বায়ু-প্রবেশপথ। ৪ কচ্ছ, বিল বা সমুদ্র থেকে উদ্ধারকৃত জমি।

in·tan·gible [ইন্ˈট্যানজাব্ল্] *adj* ধরা বা ছোঁয়া যায় না এমন; স্পর্শাতীত; অস্পর্শনীয়, (বিশেষত) বুদ্ধির অগম্য; দুরধিগম্য: ~ ideas; ~ assets, (ব্যবসার) যে সম্পত্তি পরিমাপ করা যায় না (যেমন সুনাম); অপরিমাপ্য সম্পদ। **in·tan·gi·bil·ity** [ইন্ˌট্যানজাˈবিলাটি] *n* অস্পর্শনীয়তা; দুরধিগম্যতা; অমাপ্যতা।

in·te·ger [ˈইনটিজা(র্)] *n* পূর্ণসংখ্যা (ভগ্নাংশ নয়)।

in·te·gral [ˈইন্টিগ্রাল্] *adj* ১ সম্পূর্ণতার জন্য

অপরিহার্য; অবিচ্ছেদ্য। ২ সমগ্র; সম্পূর্ণ; অখণ্ড। ৩ (গণিত) পূর্ণসংখ্যা-বিষয়ক বা পূর্ণসংখ্যা দ্বারা সূচিত; পূর্ণরাশিক: ~ calculus, সমাকলন। দ্র. calculus. **~·ly** [-গ্রালি] *adv* অবিচ্ছেদ্যভাবে, অখণ্ডরূপে, গোটা ইত্যাদি।

in·te·grate [ইন্‌টিগ্রে ইট্] *vt* ১ (বিভিন্ন অংশ নিয়ে) সমগ্রতাসাধন করা; (যা অসম্পূর্ণ বা অপূর্ণাঙ্গ তাকে) সম্পূর্ণতা দান করা; সংহত করা: an ~d personality, যে ব্যক্তিত্বের শারীরিক, মানসিক ও আবেগিক উপাদানসমূহের মধ্যে পূর্ণ সামঞ্জস্য বিরাজ করে; অখণ্ড/সুসংহত/সুডৌল ব্যক্তিত্ব। **,~d 'circuit** *n* একটিমাত্র টুকরা (যেমন সিলিকনের) দিয়ে তৈরি অতিক্ষুদ্র বিদ্যুৎচক্র; অখণ্ড বিদ্যুৎচক্র। ২ বিভিন্ন গোষ্ঠী বা জাতিসত্তার মিশ্রণের দ্বারা সমতা অর্জন বা সাধন করা; অঙ্গীভূত করা বা হওয়া। **in·te·gra·tion** [, ইন্‌টি'গ্রেইশ্‌ন্] *n* [U] অঙ্গীভূতকরণ; একাঙ্গীভবন; একাঙ্গীকরণ।

in·teg·rity [ইন্ 'টেগ্রাটি] *n* [U] ১ চারিত্রিক সরলতা ও সততা; চারিত্রিক অখণ্ডতা; অভেদ্যতা; শুদ্ধতা; সাধুতা; সত্যশীলতা: a man of ~; commercial ~. ২ সম্পূর্ণতা; অখণ্ডতা; সমস্ততা: territorial ~.

in·tegu·ment [ইন্'টেগিউম ান্ট্] *n* (আনুষ্ঠা.) (সাধা. প্রাকৃতিক) বহিরাবরণ (যেমন ত্বক, তুষ, খোসা বা খোলা)।

in·tel·lect ['ইন্‌টালেক্‌ট্] *n* ১ [U] (অনুভূতি ও সহজপ্রবৃত্তির সঙ্গে বৈপরীত্যক্রমে) বোধশক্তি ও বিচারবুদ্ধি; ধী; ধীশক্তি; মেধা: a man of ~, সৌমেধিক। ২ (সমষ্টিগত *sing* বা *pl*–এ) মনীষী (-বৃন্দ); সৌমেধিক (-গণ), ধীমান (-গণ): the ~(s) of the age.

in·tel·lec·tual [,ইন্‌টা'লেকচুআল্] *adj* ১ ধীশক্তিসম্বন্ধী; বৌদ্ধিক; বুদ্ধিবৃত্তিক: the ~ faculties, বুদ্ধিবৃত্তি। ২ উত্তম ধীশক্তিবিশিষ্ট; মনোজাগতিক বিষয়াদি (সাহিত্য, শিল্পকলা, ভাব, চিন্তা) সম্পর্কে একান্তভাবে আগ্রহী; মেধাবী; মনীষী; বুদ্ধিজীবী: ~ people. □*n* [C] মনীষী ব্যক্তি; বুদ্ধিজীবী: a play/book for the ~s. **~·ly** [-চু অলি] *adv* বৌদ্ধিকভাবে ইত্যাদি।

in·tel·li·gence [ইন্'টেলিজান্‌স্] *n* [U] ১ বুদ্ধি; বুদ্ধিমত্তা; মেধা; বোধশক্তি; বুদ্ধিবৃত্তি: His ~ is above average. ২ সমাচার; সংবাদ; বার্তা (বিশেষত গুরুত্বপূর্ণ ঘটনাবলী-সংক্রান্ত): have secret ~ of the enemy's plans; the I~ Department/Service, (যেমন সেনাবাহিনীতে) যুদ্ধের জন্য প্রয়োজনীয় তথ্য সংগ্রহ ও পর্যেষণার জন্য গঠিত বিভাগ। **in·tel·li·gent** [-জান্ট্] *adj* বুদ্ধিমান; মেধাবী; বিচক্ষণ; ধীমান: intelligent questions/answers. **in·tel·li·gent·ly** *adv* বুদ্ধিমত্তার সঙ্গে।

in·tel·li·gent·sia [ইন্,টেলিজেন্‌ট্‌সিআ] *n* (সাধা. সমষ্টিগত *sing* **the ~**) সমাজের যে অংশ বুদ্ধিজীবী এবং গুরুতর বিষয়ে স্বাধীন চিন্তাশক্তিসম্পন্ন বলে বিবেচিত হয় (কিংবা নিজেকে সেইরূপ বিবেচনা করে); বুদ্ধিজীবী-সম্প্রদায়।

in·tel·li·gible [ইন্'টেলিজাব্‌ল্] *adj* বোধগম্য; বুদ্ধিগ্রাহ্য; সুবোধ্য; সুগম্য; সুগ্রাহ্য: ~ speech; an ~ explanation. **in·tel·li·gibly** [-জ ব্‌লি] *adv* বোধগম্যভাবে ইত্যাদি। **in·tel·li·gi·bil·ity** [ইন্'টেলিজাবিলাটি] *n* বোধগম্যতা; বুদ্ধিগ্রাহ্যতা; সুগম্যতা; সুগ্রাহ্যতা।

in·tem·per·ate [ইন্'টেমপারাট্] *adj* (আনুষ্ঠা. ব্যক্তি বা তার আচরণ সম্বন্ধে) অসংযত; অপরিমিত; অমিতাচারী; অসংযমী: ~ habits, অযতাচার; অমিতাচার; (বিশেষত) অত্যধিক সুরাপান; পানাসক্তি; পানাভ্যাস। **~·ly** *adv* অসংযতভাবে। **in·tem·per·ance** [-পারান্‌স্] *n* [U] অসংযম; অমিতাচার; পানাসক্তি।

in·tend [ইন্'টেন্ড্] *vt* ১ **~ (for)** ইচ্ছা/মনস্থ/সঙ্কল্প করা; উদ্দেশ্য/অভিপ্রায় থাকা: He ~ed to offer me a job, তার অভিপ্রায় ছিল; This book is not ~ed for children, শিশুদের উদ্দেশ্যে লেখা নয়; Please introduce me to your ~ed, (অপ.) তোমার ভাবী স্ত্রী। ২ **~ (by)** (প্রা. প্র.) = mean: what did he ~ by the word? কথাটার অভিপ্রায় কী?

in·tense [ইন্'টেন্‌স্] *adj* ১ (গুণাবলী সম্বন্ধে) তীব্র; তীক্ষ্ণ; প্রগাঢ়; প্রবল; উদগ্র: ~ heat. ২ (অনুভূতি ইত্যাদি সম্বন্ধে) প্রগাঢ়; তীব্র, প্রবল; (ব্যক্তি সম্বন্ধে) উচ্চণ্ড; উগ্র; ভাবাবেগপূর্ণ; আবেগপ্রবণ: ~ political convictions. **~·ly** *adv* তীব্রভাবে, প্রচণ্ডভাবে ইত্যাদি।

in·ten·sify [ইন্'টেন্‌সিফ়াই] *vi,vt* (*pt,pp* -fied) তীব্রতর/গাঢ়তর/তীক্ষ্ণতর করা বা হওয়া। **in·ten·si·fi·ca·tion** [ইন্,টেন্‌সিফ়িকেইশ্‌ন্] *n* [U,C] তীব্রতাবৃদ্ধি; গাঢ়তাবৃদ্ধি; তীব্রতাবর্ধন; গাঢ়তাবর্ধন।

in·ten·sity [ইন্'টেন্‌সাটি] *n* [U,C] (অনুভূতি ইত্যাদির) তীব্রতা; প্রচণ্ডতা; তীক্ষ্ণতা; গাঢ়তা; নিবিড়তা; প্রবলতা; ঐকান্তিকতা; উগ্রতা।

in·ten·sive [ইন্ 'টেন্‌সিভ্] *adj* ১ গভীর; প্রগাঢ়; নিবিড়; সংহত: an ~ study of subject, কোনো বিষয়ের প্রগাঢ় পর্যেষণা: ~ methods of horticulture, নিবিড় উদ্যানচাষ-পদ্ধতি; an ~ course of instructions, সংহত শিক্ষাক্রম; an ~ bombardment, অবিরল বোমাবর্ষণ। **~ care** নিরবচ্ছিন্ন পর্যবেক্ষণে রেখে রোগীর চিকিৎসা; নিবিড় পরিচর্যা। **~ 'care unit** হাসপাতালের যে অংশে এ-ধরনের করা হয়; নিবিড় পরিচর্যা বিভাগ। ২ (ব্যাক.) তীব্রতাজ্ঞাপক: ~ words (যেমন, a terribly learned man বাক্যাংশে 'terribly' শব্দটি তীব্রতাজ্ঞাপক।

in·tent[1] [ইন্'টেন্ট্] *adj* ১ (দৃষ্টি সম্বন্ধে) একাগ্র; অনন্যচিত্ত; একায়ত। ২ **~ on/upon sth/doing sth** (ব্যক্তি সম্বন্ধে) অভিনিবিষ্ট; একাগ্রচিত্ত; তন্ময়; একচিত্ত: ~ on reading; অধ্যয়নপর: He is ~ on getting the job. **~·ly** *adv* একাগ্রচিত্তে, অনন্যচিত্তে ইত্যাদি। **~·ness** *n* একাগ্রতা; তন্ময়তা।

in·tent[2] [ইন্'টেন্ট্] *n* ১ [U] (প্রধানত আইন.) উদ্দেশ্য; অভিপ্রায়; অভিপ্রেত: shoot with ~ to kill; with good/evil/malicious ~. ২ (*pl*) **to all ~s and purposes** সারত; কার্যত।

in·ten·tion [ইন্'টেন্‌শ্‌ন্] *n* [C, U] অভিপ্রায়; অভিসন্ধি; উদ্দেশ্য; সঙ্কল্প: He is yet to make his ~s known. If he has annoyed you, it was without ~. **(-) in·ten·tioned** *adj*: ,well-'~ed, শুভাশয়; ,ill-'~ed, দুরাশয়।

in·ten·tional [ইন্ 'টেন্‌শান্‌ল্] *adj* ইচ্ছাকৃত; উদ্দেশ্যমূলক; পরিকল্পিত; সঙ্কল্পিত। **~·ly** [-শানালি] *adv* উদ্দেশ্যমূলকভাবে, ইচ্ছাকৃতভাবে, পরিকল্পিতভাবে ইত্যাদি।

in·ter [ইন্ 'টা(র্)] *vt* (-rr-) (আনুষ্ঠা.) সমাহিত/সমাধিস্থ করা।

in·ter·act [,ইন্‌টার্'অ্যাক্‌ট্] *vi* পরস্পরের উপর ক্রিয়া করা; মিথস্ক্রিয়া করা। **in·ter·ac·tion** [-'অ্যাক্‌শ্‌ন্] *n* পারস্পরিক ক্রিয়া-প্রতিক্রিয়া; মিথস্ক্রিয়া।

in·ter·ac·tive [-ˈঅ্যাক্‌টিভ্] *adj* ১ (একাধিক মানুষ বা বস্তু সম্বন্ধে) পারস্পরিকভাবে সক্রিয়; মিথস্ক্রিয়। ২ (কম্পি.) কম্পিউটার এবং কম্পিউটার-ব্যবহারকারীর মধ্যে নিরন্তর দ্বি-পাক্ষিক তথ্যবিনিময় সম্ভব করে তোলে এমন; মিথস্ক্রিয়।

in·ter alia [ˌইন্টার্ ˈএইলিআ] (লা.) অন্যান্য জিনিসের মধ্যে।

in·ter·breed [ˌইন্টাˈব্রীড্] *vt,vi* (*pt,pp* -bred [-ˈব্রেড্]) ভিন্ন ভিন্ন জাতের প্রাণী বা উদ্ভিদের মধ্যে মিলন ঘটিয়ে সঙ্কর উৎপাদন করা; সঙ্কর প্রজনন করা/করানো।

in·ter·ca·lary [ইন্‌ˈটাক লারি US –লেরি] *adj* (দিন বা মাস সম্বন্ধে) পঞ্জিকাবর্ষকে সৌরবর্ষের সঙ্গে সামঞ্জস্যপূর্ণ করার জন্য সংযোজিত; (বৎসর সম্বন্ধে) উক্তরূপ সংযোজনবিশিষ্ট; সৌরাব্দপূরক; নিবেশিত: ~ day, অধিদিবস; ~ month, অধিমাস; ~ year, অধিবর্ষ; ~ verse, অধিশ্লোক।

in·ter·cede [ˌইন্টাˈসীড্] *vt* ~ **(with sb) (for sb)** (শান্তিস্থাপন বা কারো সপক্ষে অনুগ্রহ লাভের জন্য) অনুনয়/অনুযাচনা করা; মধ্যবর্তী হওয়া; মাধ্যস্থ করা; (অন্যের জন্য) বিনতি/মিনতি করা: ~ with the father for/on behalf of the daughter. **in·ter·ces·sion** [ˌইন্টাˈসেশ্‌ন্] *n* [U,C] অনুযাচনা; মধ্যস্থবৃত্তি; মধ্যবর্তিতা; অনুনয়-বিনয়।

in·ter·cept [ˌইন্টাˈসেপ্‌ট্] *vt* (কোনো বস্তু বা ব্যক্তিকে) যাত্রারম্ভ ও গন্তব্যস্থলের মাঝপথে বাধা দেওয়া বা ধরে ফেলা; মাঝপথে পাকড়াও করা; অভিগ্রহণ করা: ~ a letter/massenger. Our fighter-planes are capable of ~ing enemy's bombers. **in·ter·cep·tion** [ˈইন্টাˈসেপ্‌শ্‌ন্] *n* [U,C] অভিগ্রহণ; পাকড়াও। **in·ter·cep·tor** [–টা(র্)] *n* যে বস্তু বা ব্যক্তি অভিগ্রহণ করে (যেমন দ্রুতগামী জঙ্গিবিমান); অভিগ্রাহক।

in·ter·change [ˌইন্টাˈচেইন্‌জ্] *vt* ১ (দুই ব্যক্তি সম্বন্ধে) বিনিময়: ~ views/gifts/letters. ২ (দুটি বস্তুর প্রত্যেকটি) অপরের স্থলে রাখা; অদলবদল করা: পরস্পর পরিবর্তন করা। **~·able** [-জ ব্‌ল্] *adj* বিনিময়ার্হ; পরস্পরপরিবর্তনীয়। □*n* [ˈইন্টাচেইন্‌জ্] [U,C] বিনিময়: an ~ of views.

in·ter·col·legi·ate [ˌইন্টাকালীজিআট্] *adj* আন্তঃ-কলেজীয়: ~ games/debates.

in·ter·com [ˈইন্টাকম্] *n* (কথ্য) আন্তর্যোগাযোগ-ব্যবস্থা (যেমন বিমানের অভ্যন্তরে সংবাদ আদান-প্রদানের জন্যে): receive a message on/upon the ~.

in·ter·com·mu·ni·cate [ˌইন্টাকাˈমিউনিকেইট্] *vi* পরস্পর ভাব/সংবাদ বিনিময়/আদান-প্রদান করা। **in·ter·com·mu·ni·ca·tion** [ˌইন্টাকমিউনি-ˈকেইশ্‌ন্] *n* [U] ভাব-বিনিময়।

in·ter·com·mu·nion [ˌইন্টাকাˈমিউনিআন্] *n* পারস্পরিক সংসর্গিতা (বিশেষত খ্রিস্টানদের বিভিন্ন গির্জা-সংগঠনের মধ্যে); অন্যোন্যসংসর্গিতা।

in·ter·con·nect [ˌইন্টার্ কাˈনেক্‌ট্] *vt* পরস্পরসংযুক্ত। অন্যোন্যসংযুক্ত করা। **in·ter·con·nec·ted** অন্যোন্যসংযুক্ত। **in·ter·con·nec·tion** *n* অন্যোন্যসংযোগ।

in·ter·con·ti·nen·tal [ˌইন্টাˌকন্‌টিˈনেন্‌ট্‌ল্] *adj* অন্তর্মহাদেশীয়: ~ ballistic missiles, অন্তর্মহাদেশীয় দূরবেধী ক্ষেপণাস্ত্র।

in·ter·course [ˈইন্টাকো°স্] *n* [U] ১ সংসর্গ; পরস্পর সংসর্গ; মেলামেশা; সম্পর্ক; লোকব্যবহার; লোকসংসর্গ; আদানপ্রদান; লেনদেন: commercial ~. ২ **(sexual)** ~ সঙ্গম; যৌনমিলন; সহবাস; মৈথুন; রতিক্রিয়া; সুরত; রমণ।

in·ter·de·nomi·na·tional [ˌইন্টাডিˌনমিˈনেইশনল্] *adj* মেথডিস্ট; ব্যাপ্টিস্ট; ক্যাথলিক প্রভৃতি বিভিন্ন ধর্মসম্প্রদায়ের মধ্যে সাধারণ বা সমভাবে বিদ্যমান; আন্তর্মার্গীয়।

in·ter·de·pen·dent [ˌইন্টাডিˈপেন্‌ডান্ট্] *adj* পরস্পরনির্ভর; অন্যোন্যনির্ভর। **in·ter·de·pen·dence** [-ডান্‌স্] *n* পরস্পরনির্ভরতা; অন্যোন্যনির্ভরতা।

in·ter·dict [ˌইন্টাˈডিক্‌ট্] *vt* (আনুষ্ঠা.) ১ (কোনো কাজ বা কোনো বস্তুর ব্যবহার) নিষিদ্ধ/ প্রতিষিদ্ধ করা। ২ (RC গির্জা) ধর্মীয় আচার-অনুষ্ঠান থেকে বহিষ্কার করা; প্রতিষিদ্ধ করা। □*n* [ˈইন্টাডিক্‌ট্] [C] (আনুষ্ঠানিক বা সরকারি) নিষেধাজ্ঞা; (বিশেষত RC গির্জা) প্রতিষেধ-আজ্ঞা: lay a priest/a town under an ~. **in·ter·dic·tion** [ˌইন্টাˈডিক্‌শ্‌ন্] *n* [U,C] নিষেধ; প্রতিষেধ; নিবারণ।

in·ter·dis·ci·plin·ary [ˌইন্টাডিসিˈপ্লিনারি] *adj* জ্ঞানের একাধিক শাখা-সম্বন্ধী; আন্তঃশাস্ত্রীয়: ~ studies/degrees.

in·ter·est[1] [ˈইন্ট্রাস্ট্] *n* ১ [U] আগ্রহ; আকর্ষণ; আসক্তি; অনুরাগ; স্পৃহা; আমোদ: feel/take no/not much/a great ~ in politics; events that arouse great ~. দ্র. lose. ২ [U] যে গুণ কৌতূহল বা ঔৎসুক্য উদ্দীপ্ত করে বা মনোযোগ আকর্ষণ করে; স্পৃহণীয়ত্ব; আকর্ষণীয়তা; মনোরঞ্জকতা; রস: a matter of considerable/not much ~. ৩ [C] আগ্রহ বা অনুরাগের উপজীব্য/বিষয়: Poetry and music are his two greatest ~s in life. ৪ [C] (প্রায়শ *pl*) হিত; লাভ; স্বার্থ; মঙ্গল: one's own ~, স্বার্থ/স্বহিত; নিজ কল্যাণ; regard for one's own ~, স্বার্থদৃষ্টি/স্বার্থলিপ্সা; regardful of one's ~, স্বার্থপরায়ণ/স্বহিতৈষী/স্বার্থলিপ্সু। ৫ [C] কোনো কিছুর অংশের উপর বিশেষত মুনাফার উপর আইনগত অধিকার; অংশ; হিস্যা: have an ~ in a cotton-mill; American ~s in the Caribbean, ঐ অঞ্চলে বিনিয়োজিত পুঁজি ইত্যাদি। ৬ [U] সুদ; কুসীদ; বৃদ্ধি: rate of ~/~ rate; bearing ~, সুবৃদ্ধিক; bearing no ~, অবৃদ্ধিক। **with** ~ (লাক্ষ.) সুদে-আসলে: return sb's blow/sb's kindness with ~; (প্রায়শ *pl*) একই ব্যবসা-বাণিজ্য, পেশা ইত্যাদিতে নিযুক্ত কিংবা কোনো সাধারণ বৈশিষ্ট্য-সম্পন্ন ব্যক্তিবর্গ; মহল: the landed ~; the business ~s, বৃহৎ ব্যবসায় প্রতিষ্ঠানসমূহ।

in·ter·est[2] [ˈইন্ট্রাস্ট্] *vt* ~ **sb (in sth)** অনুরক্ত/ আসক্ত/ আগ্রহান্বিত/ কৌতূহলী/ আকৃষ্ট করা: He is not ~ed in politics. He is ~ed in the manufacture of plastics, **(ক)** (জানতে/শিখতে) আগ্রহী। **(খ)** প্লাস্টিক উৎপাদনে অর্থবিনিয়োগ করেছেন। **~ed** *adj* **~ed (in)** ১ আগ্রহী; স্বার্থসম্পৃক্ত; স্বার্থান্বেষী: The move was actuated by ~ed motives. ২ সাগ্রহ; উৎসুক: an ~ed look. ৩ কৌতূহলী; আগ্রহান্বিত: ~ spectators. I am not ~ed to know what has become of him. **~·ing** *adj* কৌতূহলোদ্দীপক; আগ্রহোদ্দীপক; আকর্ষণীয়; চিত্তাকর্ষক; চিত্তহারী; মনোজ্ঞ; হৃদয়গ্রাহী: ~ men/books/ conversation. **~·ing·ly**

adv কৌতূহলোদ্দীপকরূপে, আকর্ষণীয়রূপে ইত্যাদি।

in·ter·face [ˈইন্টাফেইস্] *n* (দুটি ক্ষেত্রের মধ্যে) উভয় সাধারণ তল বা পৃষ্ঠ; (লাক্ষ.) (দুই বা ততোধিক বিষয়, পদ্ধতি, প্রক্রিয়া ইত্যাদির মধ্যে) সাধারণ ক্ষেত্রে: at ~ of creative art and religious experience.

in·ter·fere [ˌইন্টাফিআ(র্)] *vi* ১ ~ **(in sth)** (ব্যক্তি সম্বন্ধে) অনধিকারচর্চা/পরাধিকারচর্চা/অনধিকার প্রবেশ করা; ব্যতিচার/হস্তক্ষেপ করা; নাক গলানো: He is always interfering in my affairs. ২ ~ **(with)** (ব্যক্তি সম্বন্ধে) অনধিকারপূর্ণ হস্তক্ষেপ করা; অনধিকারচর্চা করা: You should not ~ with this machine. ৩ ~ **(with)** (ঘটনা, পরিস্থিতি ইত্যাদি সম্বন্ধে) অন্তরায় হওয়া; সংঘর্ষে লিপ্ত হওয়া; ব্যাহত করা: Your filial piety should not ~ with your duty. **in·ter·fer·ence** [ˌইন্টাˈফিআরান্স্] *n* [U] অন্যায়/ অবাঞ্ছিত/ অনাহূত হস্তক্ষেপ; অনধিকারচর্চা; পরাধিকারচর্চা; ব্যতিচার: ~ from foreign broadcasting stations, বিদেশী সম্প্রচার-কেন্দ্রের ব্যতিচার (যখন এসব কেন্দ্রের তরঙ্গদৈর্ঘ্য অভীষ্ট কেন্দ্রের তরঙ্গদৈর্ঘ্যের খুব কাছাকাছি হয়); ˈ~ in a computers, (তথ্য-পরিবহনের পথে অনাকাঙ্ক্ষিত সঙ্কেতের উপস্থিতির দরুন) ব্যতিচার।

in·ter·fuse [ইন্টাˈফিউজ্] *vt* দুইয়ের মাঝখানে ঢালা; অভিব্যাপ্ত করা; অন্যোন্যসংসক্ত/ অন্যোন্যবিগলিত হওয়া। **in·ter·fu·sion** *n* অন্তর্নিবেশন; অন্যোন্যবিগলন।

in·terim [ˈইন্টারিম্] *n* ১ **in the** ~ ইতোমধ্যে; অন্তবর্তীকালে। ২ (attrib) মধ্যকালীন; অন্তবর্তীকালীন: ~ dividends, (বার্ষিক লভ্যাংশ প্রদানের পূর্বে অগ্রিম হিসাবে প্রদত্ত) মধ্যকালীন লভ্যাংশ; অস্থায়ী; সাময়িক: an ~ report.

in·terior [ইন্ˈটি আরিআ(র্)] *adj* ১ অভ্যন্তরীণ; আভ্যন্তর; অন্তরস্থ; অন্তর্বর্তী। ২ উপকূল থেকে দূরবর্তী; অভ্যন্তরীণ; অন্তর্দেশীয়। ৩ (foreign-এর সঙ্গে বৈপরীত্যক্রমে) দেশীয়; অন্তর্দেশীয়; অভ্যন্তরীণ। □*n* **the** ~ ১ অভ্যন্তর; ভিতর; অন্তর্ভাগ: ~ of a house, গৃহাভ্যন্তর; অন্তর্গৃহ; ~ of a country, দেশমধ্য; দেশের অভ্যন্তর; (attrib) ~ decorators, আভ্যন্তর-অলঙ্কর্তা। ২ দেশাভ্যন্তর। ৩ আভ্যন্তরীণ বিষয়াদি; স্বরাষ্ট্র বিভাগ বা মন্ত্রণালয়: [US] the Department of the I~, (তুল. GB Home office).

in·ter·ject [ˌইন্টাˈজেকট্] *vt* অন্য ব্যক্তির বিবৃতি ইত্যাদির মধ্যখানে হঠাৎ (মন্তব্য ইত্যাদি) ছুড়ে দেওয়া বা যোগ করা; ফোড়ন দেওয়া। **in·ter·jec·tion** [ˌইন্টাˈজেকশ্ন্] *n* অন্তর্ভাবমূলক শব্দ (যেমন, Oh! Look out!)।

in·ter·lace [ˌইন্টাˈলেইস্] *vt,vi* ~ **(with)** পরস্পর বিজড়িত/ব্যামিশ্রিত হওয়া বা করা: interlacing branches.

in·ter·lard [ˌইন্টাˈলাড্] *vt* ~ **with** (আনুষ্ঠা.) লেখা, কথা ইত্যাদির মধ্যে বিদেশী শব্দ, বাক্যাংশ ইত্যাদির মিশাল দেওয়া; সম্মিশ্রিত/মিশ্রিত করা: essays ~ d with quotations from the poets.

in·ter·leave [ˌইন্টাˈলীভ্] *vt* ~ **with** (বই ইত্যাদির) পাতার মধ্যে (সাধা. সাদা পাতা) নিবেশিত/সমাবেশিত করা: a diary ~ed with blotting-paper.

in·ter·line [ˌইন্টাˈলাইন্] *vt* পংক্তিদ্বয়ের মধ্যে লেখা/ছাপানো/নিবিষ্ট করা। **in·ter·li·near** *adj* পংক্তিদ্বয়মধ্যে নিবেশিত; আন্তঃপাংক্তেয়।

in·ter·link [ˌইন্টাˈলিঙ্ক্] *vt,vi* পরস্পরগ্রথিত/ পরস্পরসন্ধিত/ পরস্পরসংযুক্ত করা বা হওয়া।

in·ter·lock [ˌইন্টাˈলক্] *vt,vi* পরস্পরাশ্লিষ্ট/ পরস্পরপরিবদ্ধ/গাঢ় আলিঙ্গনে আবদ্ধ হওয়া; পরস্পরসংবদ্ধ হওয়া বা করা।

in·ter·locu·tor [ˌইন্টাˈলকিউটা(র্)] *n* আলোচনা বা কথোপকথনে অংশগ্রাহী ব্যক্তি; সংবাদী; কথোপকথক।

in·ter·lo·per [ˈইন্টালৌপা(র্)] *n* লাভ বা ব্যক্তিগত সুবিধার জন্য যে ব্যক্তি অধিকার লঙ্ঘন করে; পরাধিকারপ্রবেশক।

in·ter·lude [ˈইন্টালূড্] *n* ১ দুটি ঘটনা বা দুটি কালপরিমাণের মধ্যবর্তী ভিন্ন প্রকৃতির কালান্তর; অবকাশ: ~s of bright weather. ২ নাটকের দুই অঙ্ক, গীতিনাট্যের দুই দৃশ্য কিংবা স্তোত্র, স্তুতিগত ইত্যাদির বিভিন্ন অংশের মধ্যবর্তী বিরতি; এ রকম সময়ে পরিবেশিত সঙ্গীত; মধ্যরঙ্গ।

in·ter·marry [ˌইন্টাˈম্যারি] *vi* (*pt,pp* -married) ~ **with** (জাতি, উপজাতি ইত্যাদি সম্বন্ধে) অন্য জাতি, উপজাতি ইত্যাদির সঙ্গে বৈবাহিক সম্বন্ধে আবদ্ধ হওয়া; পরস্পর বিবাহ করা। **in·ter·mar·riage** [ˌইন্টাˈম্যারিজ্] *n* [U] অন্যোন্যবিবাহ; প্রত্যুদ্বাহ; আন্তর্বিবাহ।

in·ter·medi·ary [ˌইন্টাˈমাডিআরি US -ডিএরি] *n* (*pl* -ries) *adj* ১ ~ **(between)** যোগাযোগের মাধ্যম; মধ্যস্থ, মাধ্যস্থ, মধ্যবর্তী; (মহিলা সম্বন্ধে) সঞ্চারিকা। ২ মধ্যস্থিত (কোনো কিছু); মধ্যবর্তী; মধ্যগ।

in·ter·medi·ate [ˌইন্ট ˈমীডিআট্] *adj* মধ্য; মধ্যম; মধ্যস্থিত; মধ্যবর্তী; মাধ্যমিক: at an ~ stage, মধ্য পর্যায়ে; ~ courses, মাধ্যমিক শিক্ষাক্রম: ~ range ballistic missiles, মধ্যম পাল্লার দূরবেধী ক্ষেপণাস্ত্র। □*n* মধ্যবর্তী কোনো কিছু। ~·**ly** *adv* মাধ্যমিকভাবে।

in·ter·ment [ইন্ˈটামান্ট্] *n* [U] সমাহিতকরণ; ভূমিসমর্পণ; [C] দাফন।

in·ter·mezzo [ইন্ˈমেট্সৌ] *n* (*pl* -s [-ট্সৌজ্] অথবা -zzi [-ট্সি]) নাটক বা গীতিনাট্যের দুই অঙ্কের মধ্যে বাজানোর জন্য কিংবা কোনো বৃহৎ সঙ্গীতকর্মের (যেমন সিম্ফনির) প্রধান প্রধান অংশগুলির যোগসূত্র রক্ষার্থে সংক্ষিপ্ত সাঙ্গীতিক রচনা; মধ্যবর্তিকা।

in·ter·mi·nable [ইন্ˈটামিন ব্ল্] *adj* অন্তহীন; অসমাপনীয়; অনন্তক: an ~ debate/sermon. **in·ter·minably** [-নাব্লি] *adv* অন্তহীনরূপে।

in·ter·mingle [ˌইন্টাˈমিঙ্গ্ল্] *vt,vi* ~ **(with)** পরস্পর মিশ্রিত করা; মেশানো; মেলামেশা করা; পরস্পর মিলিত হওয়া: The guests ~d freely after dinner.

in·ter·mission [ˌইন্টাˈমিশ্ন্] *n* বিরতি; বিরাম।

in·ter·mit·tent [ˌইন্টাˈমিটন্ট্] *adj* সবিরাম: ~ fever, সবিরাম/বিষম-জ্বর। ~·**ly** *adv* থেকে থেকে; থেমে থেমে।

in·ter·mix [ˌইন্টাˈমিক্স্] *vt,vi* = mix, মেশানো; মিশ্রিত করা। ~·**ture** [-চা(র্)] *n* মিশ্রণ।

in·tern[1] [ইন্ˈটান্] *vt* (কোনো ব্যক্তিকে, বিশেষত যুদ্ধকালে শত্রুপক্ষীয় বিদেশীকে) নির্দিষ্ট সীমার মধ্যে কিংবা বিশেষ ভবন, শিবির ইত্যাদিতে বাস করতে বাধ্য করা; অন্তরীণ করা। ~**ed** অন্তরায়িত। ~·**ment** *n* [U] অন্তরায়ণ: ˈ~ment camp. ~**ee** [ˌইন্টাˈনী] *n* অন্তরীণ

(ব্যক্তি)।

in·tern[2] (US অপিচ **in·terne**) [ইন্টান্] *n* (US) তরুণ চিকিৎসক, যিনি তাঁর প্রশিক্ষণ সমাপ্ত করার জন্য সহকারী চিকিৎসক বা শল্যবিদরূপে হাসপাতালেই অবস্থান করেন; শিক্ষাধীন চিকিৎসক।

in·ter·nal [ইন্'টান্‌ল্] *adj* ১ অভ্যন্তরীণ; অন্তরীণ; অভ্যন্তরস্থ: suffer ~ injuries. ~ **combustion** যে প্রক্রিয়ায় সিলিন্ডারের অভ্যন্তরে গ্যাস বা বাষ্পের বিস্ফোরণের দরুন শক্তি উৎপন্ন হয়; অন্তর্দাহ। ২ অভ্যন্তরীণ; অন্তর্দেশীয়: ~ trade/revenue (অপিচ Inland revenue). ৩ কোনো বস্তুর ভিতর থেকে উদ্ভূত; অভ্যন্তরীণ: ~ evidence. **~·ly** [-নালি] *adv* অভ্যন্তরীণভাবে।

in·ter·na·tional [ˌইন্টা'ন্যাশ্‌নল্] *adj* আন্তর্জাতিক; অন্তর্জাতীয়; অন্তঃরাষ্ট্রীয়: ~ trade/law/agreement/ conferences. ˌ~ 'money order আন্তর্জাতিক মনিঅর্ডার। □*n* the 1st/2nd/3rd I~ সকল দেশের শ্রমিকদের জন্য যথাক্রমে ১৮৬৪, ১৮৮৯ ও ১৯১৯ অব্দে গঠিত তিনটি সমাজতান্ত্রিক বা সাম্যবাদী সমাজ; প্রথম/দ্বিতীয়/তৃতীয় আন্তর্জাতিক। **~·ism** [-নালিজাম্] *n* জাতিসমূহের পার্থক্যের চেয়ে তাদের সামান্য স্বার্থ অনেক বড়ো এবং অধিক গুরুত্বপূর্ণ, এই মতবাদ; আন্তর্জাতিকতাবাদ। **~·ist** [-লিস্ট্] *n* আন্তর্জাতিকতাবাদী। **~·ize** [-শ্‌নালাইজ্] *vt* আন্তর্জাতীয় করা: Some westerner wanted to ~ the Suez canal. **~·ized** *part adj* আন্তর্জাতীয়কৃত। **~·iz·ation** [ˌইনটাˌন্যাশ্‌নালাই'জ়ইশ্‌ন্ US -লিজ়েই-] *n* [U] আন্তর্জাতীয়করণ। **~·ly** *adv* আন্তর্জাতিকভাবে।

in·ter·na·tio·nale [ˌইনটান্যাশা'না:ল্] *n* The I~ (বিপ্লবী) সমাজতান্ত্রিক গান।

in·terne ['ইন্টান্] *n*, দ্র. intern[2].

in·ter·necine [ˌইনটা'নীসাইন্] *adj* (সাধা. যুদ্ধ সম্বন্ধে) উভয়পক্ষের জন্যই ধ্বংসাত্মক; অন্তর্ঘাতী: ~ broils, গৃহবিবাদ; অন্তঃকলহ।

in·ternee [ˌইন্টা'নী] *n*, দ্র. intern[1].

in·ter·pel·late [ইন্টাপালেইট্ US ˌইন্টার্'পেলেইট্] *vt* (ফ্রান্স, জাপান প্রভৃতি কোনো কোনো দেশের সংসদে) কার্যধারায় বাধা দিয়ে (কোনো মন্ত্রীর কাছ থেকে) বিবৃতি বা ব্যাখ্যা দাবি করা; অভ্যনুযোগ করা। **in·ter·pel·la·tion** [ইন্ˌটাপা'লেইশ্‌ন্ US ˌইন্টার-] *n* [U,C] অভ্যনুযোগ।

in·ter·pen·etrate [ইনটা'পেনিট্রেই ট্] *vt,vi* পরস্পরপ্রবিষ্ট হওয়া বা করা; পরিব্যাপ্ত করা বা হওয়া। **in·ter·pen·e'tra·tion** *n* পরস্পরপ্রবেশ; পরিব্যাপ্তি।

in·ter·phone ['ইন্টাফৌন্] *n* (US) = intercom.

in·ter·plan·etary [ˌইন্টা'প্ল্যানিট্‌রি US -টেরি] *adj* গ্রহগণের মধ্যে; আন্তর্গ্রহ: an ~ journey in a spacecraft.

in·ter·play ['ইন্টাপ্লেই] *n* [U] দুই বা ততোধিক বস্তুর পারস্পরিক ক্রিয়া; অন্যোন্যক্রিয়া: the ~ of colours.

In·ter·pol ['ইন্টাপল্] *n* আন্তর্জাতিক পুলিশ কমিশন।

in·ter·po·late ['ইন্টাপালেইট্] *vt* বই ইত্যাদিতে (কখনো কখনো বিভ্রান্তিকর) কিছু সংযোজন করা; প্রক্ষেপণ করা। **in·ter·po·la·tion** [ইন্টাপা'লেইশ্‌ন্] *n* [U,C] প্রক্ষেপণ; অন্তঃপ্রবেশন; প্রক্ষিপ্তাংশ।

in·ter·pose [ইনটা'পৌজ়্] *vt,vi* ১ (আপত্তি, ভেটো ইত্যাদি) উত্থাপন করা: They are going to ~ their veto again. ২ কথার মাঝখানে বাধা দিয়ে কিছু বলা; মধ্যপথে বিঘ্ন সৃষ্টি করা; ব্যাঘাত করা। ৩ ~ **(oneself) between; ~ in** মধ্যবর্তী হওয়া: ~ between two rivals; (বিবাদে) মধ্যস্থতা করা; মধ্যস্থ হওয়া। **in·ter·po·si·tion** [ˌইন্টাপা'জ়িশ্‌ন্] *n* [U,C] আপত্তি ইত্যাদি উত্থাপন; ব্যাঘাত; ব্যাঘাত সৃষ্টি; মধ্যবর্তিতা; মধ্যস্থতা।

in·ter·pret [ইন্'টাপ্রিট্] *vt,vi* ১ ব্যাখ্যা/বিবক্ষিত/বিশদ/স্পষ্ট করা: ~ a difficult passage in a book; (অভিনেতা সম্বন্ধে) রূপায়িত/রূপদান করা: ~ a rote; (বাদকদলের পরিচালক সম্বন্ধে) রূপায়িত/অনুষ্ঠিত করা: ~ a symphony. ২ অর্থ বলে ধরে নেওয়া: How do you ~ his silence? তার নীরবতার আপনি কী অর্থ করবেন? ৩ দোভাষী/দ্বিভাষীরূপে কাজ করা: He has agreed to ~ for me. **~er** *n* অন্য ভাষায় উচ্চারিত শব্দাবলী যে ব্যক্তি অব্যবহিতভাবে মুখে মুখে অনুবাদ করেন; দোভাষী; দ্বিভাষী। **in·ter·pre·ta·tion** [ইন্ˌটাপ্রিটেইশ্‌ন্] *n* [U,C] ব্যাখ্যান; স্পষ্টীকরণ; বিশদীকরণ; রূপায়ণ; ব্যাখ্যা; ভাষ্য; দ্বিভাষিকতা।

in·ter·prov·in·cial [ˌইন্ট প্রা'ভিনশ্‌ল্] *adj* আন্তঃপ্রাদেশিক।

in·ter·racial [ˌইন্টা'রেইশ্‌ল্] *adj* বিভিন্ন জাতির মধ্যে; বিভিন্ন জাতিঘটিত; জাতিতে জাতিতে; আন্তর্বর্ণ।

in·ter·reg·num [ইন্ট 'রেগ্‌নাম্] *n* (*pl* -s, -na[-না]) কোনো রাষ্ট্রের স্বাভাবিক বা বৈধ শাসক নেই সেই সময়, বিশেষত এক রাজার শাসনের অবসান এবং তাঁর উত্তরসূরির শাসন শুরু হওয়ার মধ্যবর্তী কাল; অরাজক কাল; অনায়ক কাল।

in·ter·re·late [ˌইন্টারিলেইট্] *vt,vi* পরস্পর সম্পর্কিত হওয়া বা করা: ~d studies.

in·ter·re·lation [ˌইন্টারি'লেইশ্‌ন্] *n* ~ **of/between** পারস্পরিক সম্পর্ক/সম্বন্ধ; অন্যোন্যসম্পর্ক। **~·ship** [-শিপ্] *n* পারস্পরিক সম্বন্ধ; অন্যোন্যসম্বন্ধ।

in·ter·ro·gate [ইন্'টেরাগেইট্] *vt* বিশেষত পুঙ্খানুপুঙ্খভাবে বা আনুষ্ঠানিকভাবে প্রশ্ন করা; জিজ্ঞাসাবাদ/জেরা করা: ~ a prisoner. **in·ter·ro·ga·tion** [ˌইন্'টেরা'গেইশ্‌ন্] *n* ১ [U] প্রশ্ন; জিজ্ঞাসা। **in·ter·ra·ga·tion point** প্রশ্নচিহ্ন (?)। ২ [C, U] জিজ্ঞাসাবাদ; জেরা: long and tiring interrogation by the investigator. **in·ter·ro·ga·tor** [-টা(র্)] *n* প্রষ্টা, জিজ্ঞাসাবাদ-কারী।

in·ter·roga·tive [ˌইন্টা'রগাটিভ্] *adj* ১ প্রশ্নাত্মক; প্রশ্নার্থক; জিজ্ঞাসু; প্রশ্নসূচক: তদন্ত-/জিজ্ঞাসাবাদ-সূচক: an ~ look/glance; in an ~ tone. ২ (ব্যাক.) প্রশ্নবোধক: ~ pronoun/adverbs. □*n* প্রশ্নার্থক সর্বনাম; প্রশ্নবোধক সর্বনাম। **~·ly** *adv* প্রশ্নক্রমে, জিজ্ঞাসাক্রমে, প্রশ্নসূচকভাবে ইত্যাদি।

in·ter·roga·tory [ˌইন্টা'রগাট্রি US -টো·রি] *adj* জেরা বা জিজ্ঞাসাবাদ সংক্রান্ত: জিজ্ঞাসু; প্রশ্নসূচক: an ~ tone.

in·ter·rupt [ˌইন্টা'রাপ্ট্] *vt,vi* ১ ব্যাহত/বিঘ্নিত/অবরুদ্ধ/প্রতিরুদ্ধ করা: Financial difficulties ~ed his education. ২ (কারো কথা, কাজ ইত্যাদির) মধ্যপথে বাধা দেওয়া; ব্যাঘাত/বিঘ্নসৃষ্টি করা: Don't ~ me; you will have your say afterwards. **in·ter·rup·tion** [ˌইন্টা'রাপশ্‌ন্] *n* [U,C] ব্যাঘাত; বিঘ্ন; বাধা: The project will be completed in a couple of months, if work goes on without ~. **~er** *n* বিঘ্নকর্তা; বাধক।

in·ter·sect [ˌইন্টা'সেক্ট্] *vt,vi* ১ আড়াআড়িভাবে ছেদ করা; কাটা বা বিভক্ত করা; পরিচ্ছিন্ন করা। ২ (রেখা সম্বন্ধে) ছেদ করা; পরস্পর ছেদ করা: The line CD ~s the line XY at Z. **in·ter·sec·tion** [ˌইন্টা'সেকশ্‌ন্] *n* [U,C] ছেদন; পরস্পরছেদন; পরিচ্ছেদন; ছেদবিন্দু; পরিচ্ছেদবিন্দু।

in·ter·sperse [ˌইন্টা'স্পাস্] *vt* ~ **among/ between** ইতস্ততবিক্ষিপ্ত/পরিকীর্ণ/প্রকীর্ণ করা। ~ **with** বৈচিত্র্য সাধন/বিচিত্র করা: a speech ~d with witty remark, সরস মন্তব্যে পরিকীর্ণ বক্তৃতা।

in·ter·state [ˌইন্টাসটেইট্] *adj* (US) রাজ্যে রাজ্যে; আন্তঃরাজ্যিক: ~ commerce.

in·ter·stel·lar [ˌইন্টা'স্টেল(র্)] *adj* তারামণ্ডলান্তর্গত; আন্তর্নক্ষত্রিক: ~ matter; ~ communications.

in·ter·stice [ইন্'টাস্‌টিস্] *n* ছিদ্র; ছেদ; চিড়; ফাটল; (ঈষৎ) ফাঁক; অন্তর: ~s between stones in heap; without ~s, নিরন্তর; নিশ্ছিদ্র; নিবিড়।

in·ter·tribal [ˌইন্টা'ট্রাইব্‌ল্] *adj* উপজাতিতে উপজাতিতে; আন্তরূপজাতীয়।

in·ter·twine [ˌইন্ট 'টোয়াইন্] *vt,vi* একত্র পাকানো বা পাকিয়ে যাওয়া; পরস্পরগ্রন্থিত/পরস্পরপুটিত করা বা হওয়া: a lattice ~d with vines , দ্রাক্ষালতাবিজড়িত জালিকা/জাফরি।

in·ter·val ['ইনট ভ্‌ল্] *n* ১ বিরতি; বিরাম; অবকাশ; কালান্তর: trains leaving at ~s. কিছুক্ষণ পর পর ছাড়ে; without ~, নিরন্তর; বিরতিহীন। ২ অন্তর; ফাঁক; ব্যবধান: arranged at ~s of 5 metres. ৩ (সঙ্গীত) কোনো নির্দিষ্ট স্বরগ্রামে দুটি সুরের মধ্যে ওজোনের (পিচের) তফাত; অন্তর।

in·ter·vene [ˌইন্টা'ভীন্] *vt* ১ (ঘটনা, পরিস্থিতি ইত্যাদি সম্বন্ধে) ইতোমধ্যে/মাঝখানে ঘটা: He will start tomorrow if nothing ~s. ২ **~(in)** (ব্যক্তি সম্বন্ধে) হস্তক্ষেপ করা; মধ্যবর্তী/মধ্যস্থ হওয়া: ~ in a dispute; ~ between people who are quarrelling. ৩ (সময় সম্বন্ধে) মধ্যবর্তী/অন্তবর্তী হওয়া: during the years that ~d, অন্তর্বর্তী বছরগুলিতে। **in·ter·ven·tion** [ˌইনটা'ভেনশ্‌ন্] *n* [U] হস্তক্ষেপ; মধ্যবর্তিতা; অন্তর্বর্তিতা; ব্যবধান; মধ্যবর্তন; ব্যবধায়কত্ব: armed intervention, সশস্ত্র হস্তক্ষেপ।

in·ter·view ['ইনট ভ্‌ইউ] *n* [C] (আনুষ্ঠানিক আলোচনা বা পরীক্ষণের জন্য) দর্শন, সন্দর্শন, সাক্ষাৎকার; (সাংবাদিক, প্রতিবেদক প্রভৃতি সম্বন্ধে) সাক্ষাৎকার; অন্যোন্যদর্শন। □*vt* সাক্ষাৎকার নেওয়া। ~ee *n* যার সাক্ষাৎকার নেওয়া হয়; সাক্ষাৎকারদাতা। **~·er** *n* সাক্ষাৎকারগ্রাহক।

in·ter·weave [ˌইনটাওয়ীভ্] *vt* (*pt* -wove [-'ওয়ৌভ্], *pp -woven* [-'ওয়ৌভ্‌ন্]) **~ with** একত্র বিজড়িত/গ্রথিত করা; পরস্পরবিজড়িত/-গ্রহিত করা; উদ্‌গ্রথিত করা।

in·tes.tate [ইন্ 'টেস্টেইট্] *adj* মৃত্যুর আগে মৃত্যুপত্র বা উইল না রেখে মারা গিয়েছে এমন; অকৃতমৃত্যুপত্র: die ~, ইচ্ছাপত্র/ওয়াসিয়ত না রেখে মারা যাওয়া।

in·tes·tine [ইন্'টেস্টা ইন্] *n* (সাধা. *pl*) পাকস্থলী থেকে মলদ্বার পর্যন্ত খাদ্যনালীর নিম্নাংশ; অন্ত্র: small ~, ক্ষুদ্রান্ত্র; large ~, বৃহদান্ত্র। **in·tes·tinal** [ইন্'টেস্‌টিন্‌ল্] *adj* ১ আন্ত্রিক: ~ disorders. ২ আভ্যন্তর; ঘরোয়া: ~ broils, গৃহকলহ; গৃহবিবাদ। দ্র. abdominal.

in·ti·mate[1] ['ইনটিমাট্] *adj* ১ অন্তরঙ্গ; ঘনিষ্ঠ; সুহৃত্তম: ~ friends. **be/get on ~ terms (with)** অন্তরঙ্গ হওয়া (যেমন, নাম ধরে ডাকা যায় এমন)। ২ অন্তরতম; একান্ত ও ব্যক্তিগত; অন্তরঙ্গ: an ~ diary; ~ details of one's life. ৩ গভীর; প্রগাঢ়; অন্তরঙ্গ: an ~ knowledge of classical literature. □*n* অন্তরঙ্গ বন্ধু; প্রিয়সুহৃদ। **~·ly** *adv* অন্তরঙ্গভাবে; ঘনিষ্ঠভাবে। **in·ti·macy** ['ইনটিমাসি] *n* (*pl* -cies) ১ [U] অন্তরঙ্গতা; ঘনিষ্ঠতা; সৌহৃদ্য; (সুভা.) যৌনসম্পর্ক; দৈহিক সম্পর্ক। ২ (*pl*) অন্তরঙ্গ আচরণ; যেমন চুম্বন-আলিঙ্গন ইত্যাদি।

in·ti·mate[2] ['ইনটিমে ইট্] *vt* **~ sth (to sb); ~ (to sb) that ...,** জ্ঞাপন/সূচিত করা; জানানো; গোচরে আনা: ~ one's approbation of a scheme. **in·ti·ma·tion** [ˌইনটি'মেইশ্‌ন্] *n* [U, C] জ্ঞাপন; সংবাদ; সূচনা; ইঙ্গিত; বিজ্ঞপ্তি।

in·ti·mi·date [ইন্'টিমিডেইট্] *vt* **~ (into)** বিশেষত (কিছু করতে) বাধ্য করার জন্য ভয় দেখানো/ভীতিপ্রদর্শন করা; ত্রাসিত করা: ~ a witness. **in·timi·da·tion** [ইন্ˌটিমি'ডেইশ্‌ন্] *n* [U] ভীতিপ্রদর্শন।

into ['ইনটা; জোরালো রূপ: 'ইনটু] *prep* ১ (ভিতরের কোনো বিন্দুর দিকে গতি- বা আভিমুখ্য-সূচক)-এ: Come ~ the room. He inserts the wedge ~ the wood. ২ (অবস্থার পরিবর্তন বা পরিণাম-সূচক)-এ: converted ~ water; reduced ~ one mass. **be ~ sth** (আধু. প্র., কথ্য) জড়িত; সম্পৃক্ত; উৎসাহী/আগ্রহী: He is deeply absorb ~ spiritualism. (গণিত) (দিয়ে) ভাগ করলে: 8 ~ 32 (= 32 divided by 8) goes 4.

in·tol·er·able [ইন্'টলারাব্‌ল্] *adj* অসহ্য; দু:সহ; দুর্বিষহ; অসহনীয়: ~ heat/insolence; an ~ place. **in·tol·er·ably** [-লাব্‌লি] *adv* অসহ্যরকম, অসহনীয়রূপে ইত্যাদি।

in·tol·er·ant [ইন্'টলারান্ট্] *adj* **~ (of)** অসহিষ্ণু; অসহনশীল; অসহ: ~ of other's opinions, পরমত-অসহিষ্ণু। **~·ly** *adv* অসহিষ্ণুভাবে। **in·tol·er·ance** [-রান্‌স্] *n* অসহিষ্ণুতা।

in·ton·ation [ˌইনটা'নেইশ্‌ন্] *n* [U] কথা বলার সময় কণ্ঠস্বরের ওজোনের উত্থান-পতন; স্বরভেদ।

in·tone [ইন্'টৌন্] *vt,vi* সুর করে প্রার্থনা, স্তোত্র ইত্যাদি পড়া; বিশেষ সুরে কথা বলা; উদীরণ করা।

in·toto [ইন্'টৌটৌ] (লা.) সর্বতোভাবে; সাকল্যে।

in·toxi·cant [ইন্'টকসিকান্ট্] *adj, n* মত্ততা জন্মায় এমন; উন্মাদক।

in·toxi·cate [ইন্'টকসিকেইট] *vt* ১ মদোন্মত্ত/উন্মাদিত/মাতাল করা। ২ অত্যন্ত উত্তেজিত করা: উন্মাতাল/উন্মাদিত করা: ~d with joy; ~d by success. **in·toxi·ca·tion** [ইন্ˌটকসি'কেই শন্] *n* [U] উন্মত্ততা; প্রমত্ততা; মত্ততা; মদ্যোন্মত্ততা; সুরার বিষক্রিয়া।

in·trac·table [ইন্'ট্যাকট ব্‌ল্] *adj* সহজে নিয়ন্ত্রণ বা বশ করা যায় না এমন; দুরন্ত; দুর্দান্ত; দুঃশাসন; দুঃশাস্য; দুর্দম; দুর্ধর্ষ। **in·trac·ta·bil·ity** [ইন্ˌট্যাকটা'বিলাটি] *n* দুর্দান্ততা; দুঃশাস্যতা; অবশ্যতা।

in·tra·mural [ˌইনট্রা'মিউআরাল] *adj* ১ শহর, ভবন ইত্যাদির অভ্যন্তরে কৃত বা বিদ্যমান; আন্তঃপ্রাচীর, প্রাচীরাভ্যন্তরীণ: ~ burial, গির্জার অভ্যন্তরে (প্রাঙ্গনে

নয়) সমাধিস্থকরণ। ২ পূর্ণকালীন, আবাসিক ছাত্রছাত্রীদের উদ্দেশ্যে; আন্তঃপ্রাচীর। দ্র. extra·mural (প্রাচীরাতিরিক্ত)।

in·tran·si·gent [ইন্'ট্র্যান্‌সিজান্‌ট্] *adj* (আনুষ্ঠা.) (বিশেষত রাজনীতিতে) আপোসহীন; অনমনীয়। **in·tran·si·gence** [-জান্‌স্] *n* আপোসহীন মনোভাব; অনমনীয়তা।

in·tran·si·tive [ˌইন্‌ট্র্যান্‌সাটিভ্] *adj* (ক্রিয়া সম্বন্ধে) অকর্মক। **~·ly** *adv* অকর্মকরূপে। দ্র. transitive.

in·tra·uter·ine [ˌইন্‌ট্রা'ইউটারাইন্] *adj* (চিকি.) জরায়ুর অভ্যন্তরে; আন্তর্গার্ভিক। **~ device** (সংক্ষেপ *IUD*) জন্মনিরোধক ব্যবস্থা হিসাবে জরায়ুর অভ্যন্তরে প্রবিষ্ট তারের ফাঁস বা পেঁচ; আন্তর্গার্ভিক কৌশল।

in·tra·venous [ˌইন্‌ট্র 'ভীনাস্] *adj* শিরার অভ্যন্তরে; শিরাভ্যন্তরীণ; আন্তঃশিরা: ~ injections.

in·trench [ইন্'ট্রেন্‌চ্] = entrench.

in·trepid [ইন্'ট্রেপিড্] *adj* অকুতোভয়; নির্বিশঙ্ক; নিঃশঙ্ক; অসমসাহসিক; শঙ্কাহীন। **~·ly** *adv* অকুতোভয়ে ইত্যাদি। **in·trep·id·ity** [ইন্‌ট্রি'পিডাটি] *n* [U] অকুতোভয়তা; নির্বিশঙ্কতা; নিঃশঙ্কতা; [C] (*pp* -ties) অকুতোভয়/অসমসাহসিককাজ।

in·tri·cate ['ইন্‌ট্রিকাট্] *adj* জটিল; কুটিল; বিষম; দুর্গম; দুর্বোধ্য; কূট–; কূটকচালে: an ~ plot; an ~ piece of machinery. **~·ly** *adv* জটিলভাবে ইত্যাদি। **in·tri·cacy** ['ইন্‌ট্রিকাসি] *n* (*pl* -cies) [U] জটিলতা; কুটিলতা; কূটত্ব; (*pl*) জটিল/কুটিল বিষয়, ঘটনা ইত্যাদি।

in·trigue [ইন্'ট্রীগ্] *vi,vt* ১ ~ **(with sb) (against sb)** চক্রান্ত/ষড়যন্ত্র করা; (কারো বিরুদ্ধে) কুমন্ত্রণা করা। ২ কৌতূহল/ঔৎসুক্য উদ্দীপ্ত করা: I was ~d by the anecdote. □*n* [C, U] ষড়যন্ত্র; চক্রান্ত; গুপ্ত পরিকল্পনা; কুমন্ত্রণা; (নাটক–উপন্যাসের) বস্তু; গোপনপ্রণয়; গুপ্তপ্রণয়; কামচরিত্র।

in·trin·sic [ইন্ 'ট্রিন্‌সিক US -জ়িক] *adj* (গুণ, মূল্য ইত্যাদি সম্বন্ধে) স্বাভাবিক; সহজ; সাংসিদ্ধিক; অন্তর্নিহিত (বাইরে থেকে প্রাপ্ত নয়), স্বকীয়: a man's ~ worth, যেমন তার সাহস, মর্যাদাবোধ ইত্যাদি গুণ (পারিবারিক সম্পর্কাদি তার extrinsic qualities); the ~ value of a coin, মুদ্রার প্রকৃত মূল্য, অর্থাৎ ধাতু হিসাবে এর মূল্য। **in·trin·si·cally** [-কলি] *adv* অন্তর্নিহিতভাবে।

in·tro·duce [ˌইন্‌ট্র 'ডিউস্ US -'ডূস্] *vt* ১ উপস্থাপন/পেশ/প্রস্তাব করা: ~ a Bill before Parliament. ২ ~ **into/to** (কিছু) প্রবর্তন/প্রচলিত/চালু করা; (কাউকে কিছুর সঙ্গে) পরিচিত করা: ~ new methods in agriculture; ~ sb to the mysteries of modern physics. ৩ ~ **sb (to sb)** পরিচয় করিয়ে দেওয়া: ~ two friends. ৪~ **(into)** ঢোকানো, প্রবিষ্ট করা; সূচনা/সূত্রপাত করা: ~ a funnel into a jar; ~ a theme into a debate.

in·tro·duc·tion [ˌইন্‌ট্রা'ডাক্‌শ্‌ন্] *n* ১ [U] উপস্থাপনা; প্রস্তাবনা; প্রচলন; পরিচয়সাধন; প্রবর্তন: a letter of ~, পরিচয়পত্র; words of recent ~, সম্প্রতিপ্রবর্তিত শব্দ। ২ [C] পরস্পর পরিচয়করণ: to make ~s all around. ৩ [C] প্রস্তাবনা; উপক্রমণিকা; অবতরণিকা; ভূমিকা। ৪ [C] প্রাথমিক পুস্তক; প্রবেশক: 'An I~ to Linguistics'.

in·tro·duc·tory [ˌইন্‌ট্রা'ডাক্‌টারি] *adj* প্রস্তাবনামূলক; প্রাবেশিক; প্রারম্ভক: an ~ chapter; ~ remarks.

in·tro·spect [ˌইন্‌ট্র 'স্‌পেক্‌ট্] *vt* (আনুষ্ঠা.) নিজের চিন্তা ও অনুভূতি পরীক্ষা করা; অন্তর্বীক্ষণ/ অন্তরবলোকন করা। **in·tro·spec·tion** [ˌইন্‌ট্রা'স্‌পেক্‌শ্‌ন্] *n* [U] অন্তর্বীক্ষণ; অন্তর্দর্শন; অন্তরবলোকন। **in·tro·spec·tive** [-টিভ্] *adj* অন্তর্বীক্ষণপ্রবণ; অন্তর্বীক্ষণিক।

in·tro·vert [ইন্‌ট্রা'ভাট্] *vt* (মন, চিন্তা) নিজের অভিমুখে ভিতরের দিকে ফিরানো; অন্তর্মুখী করা। □*n* ['ইন্‌ট্রাভাট্] যে ব্যক্তি নিজের মন ও চিন্তাকে অন্তরাভিমুখী করতে অভ্যস্ত; বহির্জগতের চেয়ে নিজের চিন্তা ও অনুভূতি সম্বন্ধে অধিকতর আগ্রহী ব্যক্তি; অন্তর্মুখী ব্যক্তি। **in·tro·ver·sion** *n* [U] অন্তর্মুখিতা। দ্র. extrovert.

in·trude [ইন্'ট্রূড্] *vt,vi* ~ **(oneself) on/upon sb; ~ (oneself/sth) into sth** জোর করে প্রবেশ করা বা করানো; অনাহূত/অবাঞ্ছিতভাবে প্রবেশ করা: Did the thought/ suspicion ever ~ itself into your mind; ~ oneself into a meeting. **in·truder** *n* অনাহূত প্রবেশক; অবাঞ্ছিত প্রবেশক; (attrib) উদ্বেধী: ~r aircraft; ~r patrols, যারা শত্রুর ভূখণ্ডে অনধিকার প্রবেশ করে, উদ্বেধী বিমান ইত্যাদি।

in·tru·sion [ইন্'ট্রূজ়্‌ন্] *n* ~ **(on/upon/into)** [U, C] অনাহূতপ্রবেশ; অবাঞ্ছিতপ্রবেশ: ~ upon sb privacy, কারো নিভৃতত্ব বা একান্তজীবনের মধ্যে অনাহূতপ্রবেশ; numerous ~s on one's privacy. **in·tru·sive** [ইন্'ট্রূসিভ্] *adj* অনাহূতপ্রবেশমূলক; উদ্বেধী; অনাহূতপ্রবেশকারী; পরাধিকারচর্চক; ~ journalists.

in·tuit [ইন্ 'টিউইট্ US -টূ-] *vt,vi* স্বজ্ঞা বা অন্তর্জ্ঞান দ্বারা জানা/অনুভব করা।

in·tu·ition [ইন্‌টিউ 'ইশ্‌ন্ US -টূ-] *n* ১ [U] সচেতন যুক্তিতর্ক বা বিচারবিশ্লেষণ ছাড়া কোনো কিছুর অব্যবহিত জ্ঞান; ঐরূপ জানার শক্তি; স্বজ্ঞা; অন্তর্জ্ঞান। ২ [C] ঐরূপ ক্ষমতার সাহায্যে অর্জিত জ্ঞান; অন্তর্জ্ঞান; সহজজ্ঞান। **in·tu·itive** [ইন্'টিউইটিভ্ US -টূ-] *adj* অন্তর্জ্ঞানলব্ধ; স্বজ্ঞাত; স্বজ্ঞামূলক: intuitive knowledge, অন্তর্জ্ঞান; সহজজ্ঞ; অন্তর্জ্ঞানী: Some people are more intuitive than others. **in·tu·itive·ly** *adv* সহজজ্ঞানে; অন্তর্জ্ঞানবলে; স্বজ্ঞাবলে।

in·tu·mes·cence [ˈইন্‌টিউ'মেস্‌ন্‌স্ US -টূ-] (চিকি.) ফুলে ওঠা বা প্রসারিত হওয়ার প্রক্রিয়া/অবস্থা; স্ফীততা; শোক।

in·un·date ['ইনান্‌ডেইট্] *vt* ~ **(with)** প্লাবিত/পরিপ্লাবিত/পরিপ্লুত করা; (আল. বিশেষত passive) অভিভূত/পরিপ্লাবিত করা: be ~d with congratulations. **in·un·da·tion** [ˌইনান্‌ডেইশ্‌ন্] *n* [U, C] প্লাবন; পরিপ্লব; বন্যা।

in·ure [ই'নিউআ(র্)] *vt* ~ **oneself/sb to** (সাধা. passive) অভ্যস্ত করা: ~d to ridicule; ~d to fatigue, প্রিতশ্রম।

in·vade [ইন্'ভেইড্] *vt* ১ আক্রমণের উদ্দেশ্যে (কোনো দেশে) সশস্ত্র বাহিনী নিয়ে প্রবেশ করা; হানা দেওয়া; উপদ্রব করা; অধিক্রম পরিচালনা করা; (লাক্ষ.) ভিড় করা; আকীর্ণ/সঙ্কুল করা: a city ~d by tourists; a mind ~d by worry and anxiety, দুশ্চিন্তা–দুর্ভাবনায় আকীর্ণ মন। ২ হামলা/হস্তক্ষেপ/ লঙ্ঘন করা: ~ sb's rights. **in·vader** *n* হানাদার; উপদ্রবকারী; হামলাকারী; উপদ্রব।

in·valid[1] [ইন্'ভ্যালিড্] *adj* অসিদ্ধ; অপ্রমাণ; অকেজো; বলবত্তাহীন; নির্বল; অনিষ্পন্ন: ~ arguments/claims; an ~ will/cheque; declare a marriage ~. **in·vali·date** [ইন্'ভ্যালিডেইট্] *vt* অসিদ্ধ/অকার্যকর/নিষ্প্রভাব করা। **in·vali·da·tion** [,ইন্‌ভ্যালি'ডেইশ্‌ন্] *n* [U,C] অসিদ্ধকরণ; নির্বলীকরণ; বাতিলকরণ: The invalidation of a passport. **in·val·id·ity** [,ইন্‌ভ্'লিডাটি] *n* [U] অসিদ্ধতা; বলবত্তাহীনা; নির্বলতা; অনিষ্পন্নতা; অপ্রামাণ্য।

in·va·lid[2] [ইন্‌ভ্'লিড্] *adj* ১ অসুস্থতা বা আঘাতের দরুন দুর্বল বা শক্তিহীন; অশক্ত; অস্বচ্ছ; পঙ্গু; অক্ষম: ~ soldiers. ২ পঙ্গুদের জন্যে উপযোগী: an ~ chair, পঙ্গু চেয়ার; an ~ diet. □*n* অশক্ত ব্যক্তি; পঙ্গু। □*vt* (বিশেষত সশস্ত্র বাহিনীর সদস্যদের সম্বন্ধে) পঙ্গু হিসাবে সক্রিয় দায়িত্ব থেকে অব্যাহতি দেওয়া; পঙ্গু হিসাবে বাড়িতে পাঠিয়ে দেওয়া: be ~ed home; ~ed out of the army. **~·ism** [- ডিজ়াম্] *n* চিররুগ্নতা।

in·valu·able [ইন্'ভ্যালিউঅব্‌ল্] *adj* **~ (to)** অমূল্য; অনর্ঘ: His advice is ~ to me.

in·vari·able [ইন্'ভেঅরিঅব্‌ল্] *adj* কখনো পরিবর্তিত হয় না বা করা যায় না এমন; অবিকার্য; অবিকার; অবিক্রিয়; নিয়ত; নিত্য; অপরিবর্তনীয়: an ~ pressure/ temperature. **in·vari·ably** [-অব্‌লি] *adv* অবিকার্যভাবে; ব্যতিক্রমহীনভাবে।

in·vasion [ইন্'ভেইজ্‌ন্] *n* [U, C] অধিক্রম; অবস্কন্দ; হামলা; বহিরাক্রমণ; উপদ্রব: an ~ on privacy.

in·vas·ive [ইন্‌ভেইসিভ্] *adj* আক্রমণমূলক; অধিক্রামক।

in·vec·tive [ইন্‌ভেক্‌টিভ্] *n* [U] দুর্বাক্য; দুরুক্তি; কটুকাটব্য; গালিগালাজ: speeches filled with ~; (*pl*) গালি; দুর্বচন; কটূক্তি; ব্যাক্রোশ: a stream of coarse ~s.

in·veigh [ইন্'ভেই] *vi* **~ against sb/sth** আক্ষেপ/ অবক্ষেপ করা; বিষোদ্‌গার করা; বাক্যবাণ হানা।

in·veigle [ইন্'ভেইগল্] *vi* **~ sb into (doing) sth** চাটুবাক্য, ছলচাতুরি ইত্যাদির সাহায্যে প্রতারিত করা; প্রতারণার সাহায্যে (কাউকে দিয়ে) কিছু করানো: ~ sb into buying shares of a losing concern.

in·vent [ইন্'ভেন্ট্] ১ (যা আগে ছিল না তা) সৃষ্টি বা আকল্পন করা; উদ্ভাবন করা। দ্র. discover. ২ গড়ে তোলা; উদ্ভাবন করা: ~ a story/an excuse. **in·ven·tive** [ইন্‌ভেন্‌টিভ্] *adj* উদ্ভাবনী; উদ্ভাবনকুশল: an ~ive mind; ~ive powers, উদ্ভাবনশক্তি: **in·ven·tor** [-টা(র্)] *n* উদ্ভাবক; স্রষ্টা।

in·ven·tion [ইন্'ভেন্‌শ্‌ন্] *n* ১ [U] উদ্ভাবন; উদ্ভাবনশক্তি; the ~ of the transistor; Necessity is the mother of ~. ২ [C] উদ্ভাসিত বস্তু; উদ্ভাবন; মিথ্যাকল্প বা উদ্ভাবনা: ~s of modern science; Newpapers that abound in ~s.

in·ven·tory ['ইন্‌ভান্‌ট্রি US - টো°রি] *n* (*pl* - ries) গৃহোপকরণ, আসবাবপত্র, পণ্যদ্রব্য ইত্যাদির বিস্তারিত তালিকা; পরিসংখ্যাপত্র।

in·verse [ইন্'ভাস্] *adj* উল্টো; বিপরীত; ব্যস্তস্ত; ব্যস্ত; ~ ration, ব্যস্ত অনুপাত; rule of three inverses, ব্যস্ত ত্রৈরাশিক; বিলোম; প্রতিলোম। □*n* ['ইন্‌ভাস্] [U] বিপরীত/বিলোম অবস্থা; ব্যস্তস্ততা; বিলোমতা। **~·ly** *adv* বিপরীতভাবে ইত্যাদি।

in·vert [ইন্'ভাট্] *vt* উল্টানো; অধোমুখ করা; ক্রম, অবস্থান বা বিন্যাস উল্টে দেওয়া; বিপর্যস্ত/ব্যস্তস্ত করা: ~ a glass. **'~ed 'commas** উদ্ধার-চিহ্ন (" " বা ' ')। দ্র. পরি ৬। **in·ver·sion** [ইন্'ভাশ্‌ন্ US -জ্‌ন্] *n* [U, C] বিলোমতা; ব্যস্তক্রিয়া; বিপরীততা; বিপর্যায়; বিপর্যাস; প্রাতিলোম্য; বিলোমতা: centre of inversion, বিলোম-কেন্দ্র; radius of inversion, বিলোম ব্যাসার্ধ; rule of inversion, ব্যস্তবিধি।

in·vert·ebrate [ইন্'ভাটিব্রেইট] *adj* মেরুদণ্ড- বা শিরদাঁড়াহীন; অমেরুদণ্ডী; অপঞ্জরা; (লাক্ষ.) দুর্বলচেতা। □*n* অমেরুদণ্ডী প্রাণী।

in·vest [ইন্ 'ভেস্‌ট্] *vt,vi* ১ **~ (in)** (অর্থ) বিনিয়োগ/লগ্নি করা: ~ (money) in a profitable business. ২ **~ in** (কথ্য) (প্রয়োজনীয় বলে বিবেচিত কিছু) কেনা; পয়সা খরচ করা: ~ in a new refrigerator. ৩ **~ with** বস্ত্রাচ্ছাদিত করা; মণ্ডিত/ ভূষিত/অলঙ্কৃত করা; (কোনো গুণে) -অন্বিত/-উপেত করা; অভিষিক্ত/অধিষ্ঠিত করা: The new administrator has been ~ed with full authority; পরিবৃত করা: an old castle ~ed with roman. ৪ (কেল্লা, শহর ইতাদি) সেনাবেষ্টিত/ অবরোধ/ ঘেরাও করা। **~or** [-টা(র্)] *n* (অর্থ) বিনিয়োজক; বিনিয়োগকারী। **~·ment** *n* ১ [U] (অর্থ) বিনিয়োগ। ২ [C] বিনিয়োজিত অর্থ; বিনিয়োগ: profitable ~s. ৩ [U] অবরোধ; পরিবেষ্টন। ৪ = investiture.

in·ves·ti·gate [ইন্'ভেস্‌টিগেইট্] *vt* তদন্ত/ অনুসন্ধান/অন্বেষণ করা; নির্ণয় করা; পরীক্ষা/সংবীক্ষণ করা: ~ a crime/the causes of an accident. **in·ves·ti·ga·tor** [-টা(র্)] তদন্তকারী; অনুসন্ধায়ী; অন্বেষ্টা। **in·ves·ti·ga·tion** [ইন্,ভেস্‌টি'গেইশ্‌ন্] *n* [U, C] তদন্ত; অনুসন্ধান; অন্বেষণ; সংবীক্ষণ: under investigation, নিশ্চীয়মান।

in·vest·ment, দ্র. invest.

in·vet·er·ate [ইন্'ভেটারাট্] *adj* (বিশেষত অভ্যাস ও অনুভূতি সম্বন্ধে) বদ্ধমূল; দৃঢ়মূল; প্রতিনিবিষ্ট; সংশোধনাতীত: an ~ smoker; ~ hatred, বদ্ধবৈর; an ~ fool, প্রতিনিবিষ্ট মূর্খ; ~ prejudices.

in·vidi·ous [ইন্'ভিডিআস্] *adj* (প্রকৃত বা আপাত অবিচার হেতু) বিদ্বেষ জন্মাতে পারে এমন; বিদ্বেষজনক; অপ্রীতিজনক; ঈর্ষাজনক; অসূয়াজনক; মৎসরাবহ: ~ distinctions. **~·ly** *adv* বিদ্বেষজনক-ভাবে ইত্যাদি।

in·vigi·late [ইন্'ভিজিলেইট্] *vt* (বিশেষত পরীক্ষার সময় ছাত্রছাত্রীদের) পাহারা দেওয়া; পরিরক্ষণ করা। **in·vigi·la·tor** [- টা(র্)] *n* পরিরক্ষক। **in·vigi·la·tion** [ইন্'ভিজি'লেইশ্‌ন্] *n* [U, C] পরিরক্ষণ।

in·vig·or·ate [ইন্'ভিগারেইট্] *vt* বলবর্ধন/ তেজোবর্ধন করা; দীপিত/প্রদীপ্ত/পুষ্ট করা; শক্তি/সাহস দেওয়া: an invigorating climate, বলবর্ধক/ তেজোবর্ধক/পুষ্টিদায়ক জলবায়ু: an invigorating speech, তেজস্কর/ তেজস্বী/ উৎসাহদায়ক বক্তৃতা। **~d** বর্ধিতবল; বর্ধিততেজ; প্রদীপ্ত।

in·vin·cible [ইন্'ভিন্‌সাব্‌ল্] *adj* অজেয়; অপরাজেয়; অপ্রতিবীর্য; সর্বজিৎ: an ~ with. **in·vin·cibly** [-সাব্‌লি] *adv* অজেয়রূপে ইত্যাদি। **in·vin·ci·bil·ity** [ইন্,ভিন্‌সা'বিলাটি] *n* [U] অজেয়তা; অপরাজেয়ত্ব।

in·viol·able [ইন্'ভা ইঅবল্] *adj* (আনুষ্ঠা.) অলঙ্ঘ্য; অলঙ্ঘনীয়; অনতিক্রমণীয়; বিরতিচার: an ~ oath/law.

in·viol·ate [ইন্'ভা ইআলাট্] *adj* (আনুষ্ঠা.) পবিত্রতা রক্ষিত হয়েছে এমন; অলঙ্ঘিত; অক্ষত: Keep an oath/a promise/rule ~; remain ~.

in·vis·ible [ইন্'ভিজ়াবল্] *adj* অদৃশ্য; অলক্ষ্য; অপ্রত্যক্ষ: to become ~, অন্তর্হিত হওয়া। ~ **exports/imports** যে অর্থ কোনো দেশে পুঁজির উপর সুদ; জাহাজে পণ্যপরিবহনের মাশুল; পর্যটকদের ব্যয় ইত্যাদি খাতে আয় বা ব্যয় হয়; অদৃশ্য আমদানি/রপ্তানি। ~ **ink** যে কালি দিয়ে লিখলে তাপ-প্রয়োগ বা অন্য কোনো প্রক্রিয়ার মধ্য দিয়েই শুধু দৃষ্টিগোচর হয়; অদৃশ্য কালি। ~ **mending** রিফুর চিহ্ন প্রায় চোখে পড়ে না এমন; অদৃশ্য রিফু। **in·vis·ibly** [-জ়াবলি] অদৃশ্যরূপে, অপ্রেক্ষণীয়রূপে, দর্শনাতীতভাবে ইত্যাদি। **in·visi·bil·ity** [ইন্'ভিজ়াবিলাটি] *n* [U] অদৃশ্যতা; অলক্ষ্যতা; অপ্রত্যক্ষতা।

in·vite [ইন্'ভাইট্] *vt* ১ নিমন্ত্রণ/আমন্ত্রণ করা: ~ sb to dinner. Did you ~ her in? ২ আহ্বান করা: ~ questions/opinions/confidences. ৩ উৎসাহিত করা: The soft sea breeze ~d us to have a stroll. □*n* [ইনভাইট্] (অপ.) = invitation. **in·vit·ing** *adj* লোভনীয়; আকর্ষণীয়। **in·vit·ing·ly** *adv* লোভনীয়রূপে; উৎসাহদায়কভাবে: He left the door invitingly open. **in·vi·ta·tion** [,ইনভি'টেইশন্] *n* [U, C] নিমন্ত্রণ, আমন্ত্রণ, আহ্বান: a letter of invitation; send out invitations.

in·vo·ca·tion [,ইনভা'কেই শন্] *n* দ্র. invoke.

in·voice ['ইনভয়স্] *n* মূল্যসহ বিক্রীত পণ্যের তালিকা; চালান; জায়। □*vt* চালান/জায় তৈরি করা: ~ sb for goods.

in·voke [ইন্'ভৌক] *vt* ১ সাহায্য বা সংরক্ষার জন্য ঈশ্বর, আইন ইত্যাদির সাহায্য প্রার্থনা করা; আবাহন করা। ২ ~ **sth on/upon** ঐকান্তিকভাবে যাচঞা করা; ঈশ্বরের কাছ থেকে প্রার্থনা করা; আবাহন করা: ~ vergeance on one's enemies. ৩ (যাদুবলে) প্রত্যক্ষীভূত করা; আবাহন/আবাহিত করা: ~ evil spirits. **in·vo·ca·tion** [,ইনভা'কেশন্] *n* [U, C] আবাহন; অভিমন্ত্রণ; নামোচ্চারণ।

in·vol·un·tary [ইন্'ভলান্ট্রি US -টেরি] *adj* উদ্দেশ্যমূলকভাবে করা নয়; অনভিপ্রায়িক; অনভিকামিক; অনৈচ্ছিক; অজ্ঞাতসারে কৃত; অজ্ঞানপূর্ব; অনিচ্ছাধীন: an ~ movement of fear. **in·vol·un·tar·ily** [ইন্'ভলান্ট্রালি US ইন্,ভ ল ন্'টেরালি] *adv* অনৈচ্ছিকভাবে; অনিচ্ছাধীনভাবে।

in·vo·lute ['ইনভালূট্] *adj* জটিল; গ্রন্থিল; কুটিল; (উদ্ভিদ). শামুকের মতো পেঁচানো। **in·vo·lu·tion** [,ইন্-ভা'লূশন্] *n* অভ্যন্তরীণভাবে জটিল বা কুটিল কোনো কিছু; জটিলতা; গ্রন্থিলতা।

in·volve [ইন্'ভল্ভ্] *vt* ১ জড়িত/বিজড়িত করা; সংশ্লিষ্ট/সম্পৃক্ত করা: ~d in debt, ঋণগ্রস্ত; ~ oneself in unnecessary expense. ২ কোনো কিছুর অপরিহার্য পরিণামস্বরূপ থাকা; অন্তর্ভুক্ত করা: To complete the work, properly ~s his staying near the site, কাজটি যথাযথভাবে সম্পন্ন করতে হলে তাকে কার্যস্থলের কাছেই থাকতে হবে। ~**d** *adj* (ক) জড়িত; অস্পষ্ট: an ~d style/explanation. (খ) **be/ become/get ~d in sth/with sb** জটিল/ সংশ্লিষ্ট/সম্পৃক্ত/সংসৃষ্ট হওয়া: get emotionally ~d with sb. ~·**ment** *n* সংশ্লিষ্টতা; সম্পৃক্ততা; সংসৃষ্টতা।

in·vul·ner·able [ইন্'ভাল্‌ন রাবল্] *adj* আহত বা ক্ষতিগ্রস্ত করা যায় না এমন; অভেদ্য; অবেধ্য; অনাক্রম্য; অনাঘাতনীয়: an ~ position.

in·ward ['ইনওয়াড্] *adj* ১ অভ্যন্তরস্থ; ভেতরের; আন্তর; ~ happiness; ~ nature, অন্তঃপ্রকৃতি; ~ spirit, অন্তরাত্মা। ২ অন্তর্মুখী: an ~ curve. ~·**ly** *adv* ভিতরে ভিতরে; মনে মনে; নিভৃতে: ~ly bad, অন্তর্দুষ্ট। ~·**ness** (ব্যক্তির) অন্তঃপ্রকৃতি; আধ্যাত্মিকতা। ~**(s)** *adv* ভিতরের দিকে; অভ্যন্তর অভিমুখে; মন বা আত্মার অভ্যন্তরে/অভিমুখে।

in·wrought [,ইন্'রো°ট্] *adj* (বস্ত্র বা নির্মিতি সম্বন্ধে) (নকশা ইত্যাদি দিয়ে) বিজড়িত/খচিত; (নকশা ইত্যাদি সম্বন্ধে) (উপরে বা ভিতরে) খচিত/বিজড়িত।

iod·ine ['আই আডীন্ US -ডাইন্] *n* [U] সাগরের জল এবং সামুদ্রিক তৃণ থেকে প্রাপ্ত অ-ধাতব মৌলবিশেষ (প্রতীক I); যা বীজাণুনাশক এবং আলোকচিত্রশিল্পের উপকরণ রূপে ব্যবহৃত হয়; আয়োডিন।

iod·ize ['আই য়োডাইজ্] *vt* আয়োডিন বা আয়োডিনের যোগ দ্বারা প্রক্রিয়াজাত করা; আয়োডিনযুক্ত করা: ~d salt.

ion ['আইঅন্] *n* ইলেকট্রনের হ্রাস বা বৃদ্ধির দ্বারা বিদ্যুতায়িত কণিকা; এ-ধরনের কণিকা কোনো কোনো রাসায়নিক দ্রব্যের দ্রবণকে বিদ্যুৎ-পরিবাহীতে পরিণত করে; আয়ন। **ion·ize** ['আইঅনাইজ্] *vi,vt* আয়নিত করা। **ion·iz·ation** [,আই আনাইজ়েইশন্ US নি'জ়েই-] *n* [U] আয়নায়ন। **iono·sphere** [আই'অনাস্‌ফিআ(র্)] *n* (Heaviside layer নামে পরিচিত) পৃথিবীর আবহমণ্ডলের স্তরপরম্পরাবিশেষ, যা বেতার তরঙ্গকে প্রতিফলিত করে তাকে পৃথিবীর পরিধি-রেখার অনুবর্তী হতে বাধ্য করে; আয়নমণ্ডল।

Ionic [আই'অনিক] *adj* (স্থাপত্য.) প্রাচীন গ্রিক স্থাপত্যে এক ধরনের স্তম্ভসম্বন্ধী (এই ধরনের স্তম্ভের বৈশিষ্ট্য হচ্ছে শীর্ষদেশে গোটানো ফর্দসদৃশ অলঙ্করণ); আয়োনিক।

iota [আই'ঔটা] *n* গ্রিক বর্ণ i; (লাক্ষ.) ক্ষুদ্রতম পরিমাণ; কণা; লেশ: not an ~ of truth.

IOU [,আই ঔ 'ইউ] *n* (= I owe you) ঋণস্বীকারের হাতচিঠা; তমসুক।

ipso facto [,ইপসৌ- 'ফ্যাকটৌ] *adv phrase* (লা.) সেই কারণেই; ঠিক এই হেতু।

iras·cible [ই'র্যাসাবল্] *adj* (আনুষ্ঠা.) কোপনস্বভাব; ক্রোধিষ্ট; চণ্ডস্বভাব; খিটখিটে। **iras·ci·bil·ity** [ই,র্যাসা'বিলাটি] *n* ক্রোধিষ্টতা; স্বভাবকোপিত্ব; ক্রুদ্ধ আচরণ।

irate [আই'রেইট্] *adj* (আনুষ্ঠা.) ক্রুদ্ধ; কুপিত। ~·**ly** *adv* ক্রুদ্ধভাবে।

ire ['আইআ(র্)] *n* (কাব্যিক বা আনুষ্ঠা.) ক্রোধ; রোষ; কোপ; সংরম্ভ।

iri·des·cent [,ইরি'ডেসন্ট্] *adj* (আনুষ্ঠা.) ১ রংধনুর মতো রঙিন; রংধনু-রং; বিচিত্রবর্ণ; বর্ণাঢ্য। ২ বিভিন্ন দিক থেকে আলোকসম্পাতের সঙ্গে সঙ্গে রং বদলায় এমন; প্রভাতরল; চিত্রাভ। **iri·des·cence** [-'ডেস্‌ন্‌স্] *n* [U] বহুবর্ণিলতা; বর্ণাঢ্যতা; প্রভাতারল্য; চিত্রাভা।

irid·ium [ই'রিডিআম্] *n* [U] কঠিন সাদা ধাতুবিশেষ (প্রতীক Ir); ইরিডিয়ম।

iris [ˈআইঅরিস্] *n* ১ চোখের তারার রঙিন অংশ; কনীনিকা; কনীনিকামণ্ডল। ২ তলোয়ার-আকৃতির পাতাবিশিষ্ট এক ধরনের ফুলের গাছ এবং ঐ গাছের ফুল; শ্বেতদূর্বা; সোলোমী।

Irish [ˈআইঅরিশ্] *adj* আইরিশ: The ~ Free state/the ~ Republic (অপিচ Eire [ˈএ অরা]), আয়ারল্যান্ডের ১৯২২ সনে স্বাধীনতাপ্রাপ্ত অংশ; আইরিশ প্রজাতন্ত্র। **~ stew** পিঁয়াজ ও অন্যান্য সবজিযোগে সিদ্ধ ভেড়ার মাংস; আইরিশ রসক। □*n* আইরিশ (ভাষা) (= ~ Gaelic, দ্র. Gael). **the I~** আইরিশ জাতি। **~·man** [- ম ন্] *n* (*pl* men), **~·woman** [- ওয়ুমান্] *n* (*pl* -women) আইরিশ পুরুষ/নারী।

irk [অ্যক্] *vt* বিরক্ত/উত্যক্ত করা (প্রধানত): It ~s me to (do sth). **irk·some** [-সাম্] *adj* বিরক্তকর; ক্লেশ-কর।

iron[1] [ˈআই অন্ US ˈআইঅরন্] *n* ১ [U] লৌহ; লোহা; অয়স; আয়স (প্রতীক Fe)। (দ্র. cast[1] ভুক্তিকে cast ~; wrought ভুক্তিকে wrought ~): ~ ore, আকরিক লোহা; as has a ~; (লাক্ষ.) an ~ will. **rule with a rod of ~/with an ~ hand** লৌহকঠিন হাতে/নির্মমহস্তে শাসন করা। **a man of ~** কঠোর, অনমনীয় বা নির্মম লোক; লৌহমানব। **an ~ fist in a velvet glove** আপাত-শিষ্টতার আড়ালে লুকোনো কঠোরতা ও দৃঢ়সঙ্কল্প; মেঘের আড়ালে বজ্র। **strike while the ~ is hot** সুযোগের সদ্ব্যবহার করা; লোহা তপ্ত থাকতে থাকতে আঘাত হানা। **The I~ Age** (প্রাগৈতিহাসিক কালে) লৌহযুগ। **green sulphate of ~** ধাতুশেখর। **red sulphate of ~** ধাতু-কাসীম। **Pyritic ~ ore** স্বর্ণমাক্ষিক। **~ curtain** সংবাদ- ও পণ্য-বিনিময়ের প্রতিবন্ধকরূপে বিবেচিত সীমান্ত; লৌহযবনিকা। **~ lung** যান্ত্রিক চাপকলের সাহায্যে কৃত্রিমভাবে শ্বাসপ্রশ্বাস চালু রাখার জন্য মস্তক ছাড়া শরীরের বাকি অংশ আবৃত করে সমাযুক্ত যন্ত্রবিশেষ; লৌহ-ফুসফুস। **~ rations** আপৎকালে সৈন্য, অভিযাত্রিক প্রভৃতির জন্য ব্যবহার্য খাদ্যভাণ্ডার; আপৎকালীন খাদ্যসম্ভার। ২ (বিশেষত যৌগশব্দে) লোহা দিয়ে তৈরি হাতিয়ার ইত্যাদি: (ˈflat-) ~, ইস্ত্রি; ˈfire-~s, চুলা, অগ্নিকুণ্ড ইত্যাদি স্থানে ব্যবহৃত লোহার শলাকা, চিমটা ইত্যাদি; লোহার মুখটি-লাগানো গলফ খেলার যষ্টি; উল্কি কাটার যন্ত্র; (*pl*) নিগড়; লৌহবন্ধ; হাতকড়া: put sb in ~s, শৃঙ্খলিত করা। **have too many ~s in the fire** একই সময়ে আশুপালনীয় বহু অঙ্গীকার। ৩ (যৌগশব্দ) ˈ**~-bar** *n* কুশি। ˈ**~-clad** *adj* লৌহাবৃত। ˈ**~-filings** *n pl* লৌহচূর্ণ। ˈ**~-founder** *n* লোহা-ঢালাইকার; লৌহকার। ˈ**~-foundry** *n* লৌহ-ঢালাইখানা। ˈ**~-grey** *adj, n* সদ্য-ভাঙা ঢালাই-লোহার মতো রং; লৌহধূমল। ˈ**~-monger** [-মাঙ্গা(র্)] *n* লৌহদ্রব্য বিক্রেতা; লোহার কারবারি। ˈ**~-mongery** [-মাঙ্গারি] *n* লোহার কারবার। ˈ**~-mould** *n* লোহার মরিচার দাগ; লোহ-কলঙ্ক। ˈ**~-side** *n* অলিভার ক্রমওয়েলের অশ্বারোহী বাহিনীর একজন (১৭ শতাব্দী); (লাক্ষ.) বজ্রকঠিন দৃঢ়সঙ্কল্প ব্যক্তি। ˈ**~-ware** [- ওয়েআ(র্)] *n* [U] লৌহপণ্য। ˈ**~-work** *n* লৌহদ্রব্য, যেমন গরাদের শিক, পরিক্ষেপ ইত্যাদি। ˈ**~-works** *n* (সাধা. *sing* v-সহ) লোহার কারখানা।

iron[2] [ˈআই অন US ˈআইঅরন্] *vt,vi* ইস্ত্রি করা: ~ a shirt. **~ out** ইস্ত্রি করে দূর করা: ~ out wrinkles; (লাক্ষ.) অপনোদন/নিরাকরণ করা: ~ out misunderstandings/points of disagreements. ˈ**~ing-board** *n* ইস্ত্রির ফলক।

ironic [আই ˈরনিক্], **ironi·cal** [আইˈরনিকল্] *adj* বক্রাঘাতমূলক (irony দ্র.); শ্লেষপূর্ণ/শ্লেষপটু: an ~ smile/remark/person. **ironi·cally** [-ক্লি] *adv* বক্রাঘাতপূর্বক; সশ্লেষে।

irony [ˈআইঅরালি] *n* ১ [U] বক্তব্যকে জোরালো করার জন্য নিজ চিন্তার সম্পূর্ণ বিপরীত কিছু বলে মনোভাব-ব্যক্তকরণ; বক্রাঘাত। ২ [C] (*pl* nies) যেসব ঘটনা, অবস্থা ইত্যাদি এমনিতে কাম্য হলেও পরিস্থিতির দরুন মূল্যহীন বা অকিঞ্চিৎকর হয়ে পড়ে এবং সে কারণে দুর্দৈব-নির্ধারিত বলে প্রতীয়মান হয়; বিড়ম্বনা: the ~ of fate/circumstances.

ir·ra·di·ate [ইরেইডিএইট্] *vt* (আনুষ্ঠা.) ১ (কিছুর উপর) রশ্মিপাত/কিরণবর্ষণ করা। ২ সূর্যকিরণ, অতিবেগুনি রশ্মি বা তেজস্ক্রিয়তার অধীন করা; কিরণিত করা। ৩ (লাক্ষ.) (কোনো বিষয়ের উপর) আলোকপাত করা; দীপিত করা। ৪ উদ্ভাসিত করা: faced ~d with joy. **ir·ra·di·ation** *n* রশ্মিপাত; কিরণসম্পাত; উজ্জ্বলন।

Ir·ration·al [ইˈর্যাশান্ল্] *adj* ১ বিচারশক্তিহীন; বিচারবুদ্ধিরহিত: behave like an ~ animal. ২ বিচারবুদ্ধির দ্বারা পরিচালিত নয় এমন; অযৌক্তিক; যুক্তিহীন: ~ fears/behaviour. **~ly** [-শ্নালি] *adv* বিচারবুদ্ধিহীনভাবে; অযৌক্তিকভাবে।

ir·re·claim·able [ইরিˈক্লেইমাবল্] *adj* ১ (আনুষ্ঠা.) পুনরুদ্ধার বা প্রতিকারের অসাধ্য; অনুদ্ধরণীয়।

ir·rec·on·cil·able [ইরেকান্সাইলাবল্] *adj* (আনুষ্ঠা.) (ব্যক্তি সম্বন্ধে) মেলানো/খাপ খাওয়ানো যায় না এমন; অসন্ধেয়; (ভাব, কার্য ইত্যাদি সম্বন্ধে) বিসঙ্গত; অসদৃশ; পরস্পর পরাহত।

ir·re·cover·able [ˌইরি ˈকাভারাবল্] *adj* ১ (কাগজের টাকা সম্বন্ধে) মুদ্রার সঙ্গে বিনিময়যোগ্য নয় এমন; (সরকার কর্তৃক দেয় বার্ষিক ভাতাদি সম্বন্ধে) অর্থ পরিশোধ করে অবমান করা যায় না এমন; অপরিক্রেয়। ২ পুনরুদ্ধার করা বা বাঁচানো যায় না এমন; অপ্রতিকার্য; অপূরণীয়: an ~ loss/misfortune.

ir·re·deem·able [ˌইরিˈডীমাবল্] *adj* পুনরুদ্ধারের/ সংশোধনের অসাধ্য; অনুদ্ধার্য; অসংশোধনীয়। **ir·re·claim·ably** *adv* অনুদ্ধার্যরূপে; অসংশোধনীয়রূপে।

ir·re·duc·ible [ˌইরিˈডিউসাবল্ US -ডূসা-] *adj* **~ (to)** (আনুষ্ঠা.) ১ কমানো বা হ্রাস করার অসাধ্য; ন্যূনতম: the ~ minimum. ২ (কোনো অভীষ্ট অবস্থায়) পরিণত করা যায় না এমন; অপর্যবসেয়।

ir·re·fut·able [ˌইরিফিউটাবল্] *adj* মিথ্যা প্রমাণ করা যায় না এমন; অখণ্ডনীয়; অকাট্য; অনিরসনীয়: an ~ argument/case.

ir·regu·lar [ইˈরেগিউলা(র্)] *adj* অবৈধিক; বিধিবিরুদ্ধ; নিয়মবহির্ভূত; অনিয়মিত: an ~ marriage/proceeding; ~ troops; be ~ in school. ২ অসম; বিষম: ~ lives and figures; ~ fever, বিষমজ্বর। ৩ (ব্যাক.) সাধারণ নিয়মের বিরুদ্ধ; নিপতিত: an ~ plural (যেমন cow থেকে kive). □*n* (সাধা. *pl*) অনিয়মিত সেনাদলের সদস্য। **~·ly** *adv* নিয়মবহির্ভূতভাবে; অসমভাবে ইত্যাদি। **~·ity** [ইˌরেগিউল্যারাটি] *n* (*pl* -ties) [U] অবিধিতা; নিয়মবিরুদ্ধতা; অনিয়ম; বিধিবিরুদ্ধতা; অসমতা;

বিষমতা; নিপাতন: [C] নিয়মবিরুদ্ধ/অনিয়মিত/ অসম কোনো কিছু: ~ties in behaviour, ব্যভিচার; অনাচার: the ~ties of a coast-line.

ir·rel·evant [ইরেল ভ়ান্ট্] *adj* **~ (to)** অপ্রাসঙ্গিক; প্রস্তুতবহির্ভূত; অবান্তর; সম্বন্ধহীন: ~ remarks/evidence. **ir·rel·evance** [-ভ়ান্স্], **ir·rel·evancy** [-ভ়ান্সি] *nn* (*pl* -s, cies) [U] অপ্রাসঙ্গিকতা; অসম্বন্ধ; অবিষয়ত্ব; [C] অপ্রাসঙ্গিক/অবান্তর মন্তব্য/প্রশ্ন ইত্যাদি: Don't waste your time on such irrelevancies.

ir·re·li·gious [ˌইরি৺লিজাস্] *adj* ধর্মবিরোধী; ধর্মহীন; অধার্মিক: ~ acts/persons.

ir·re·medi·able [ইরি৺মীডিঅব্ল্] *adj* প্রতিকারের অসাধ্য; অপ্রতিকার্য; অচিকিৎস্য; অপ্রতিসমাধেয়: ~ acts/faults.

ir·re·mov·able [ˌইরিমূভ়াব্ল্] *adj* (বিশেষত পদ থেকে) অনপসারণীয়; অনপাদেয়।

ir·re·place·able [ˌইরি৺প্লেইসাব্ল্] *adj* ক্ষতিপূরণ হবার নয় এমন বস্তু সংক্রান্ত; বদলি মেলে না এমন; অপ্রতিকল্পনীয়।

ir·re·press·ible [ˌইরি৺প্রেসাব্ল্] *adj* অদম্য; অসংহরণীয়; দুর্দশনীয়: ~ high spirits.

ir·re·proach·able [ˌইরি৺প্রৌচাব্ল্] *adj* অনিন্দ্য; অনবদ্য; নিরবদ্য; নিষ্কলঙ্ক: ~ conduct.

ir·re·sist·ible [ˌইরি৺জ়ি সটাব্ল্] *adj* অপ্রতিরোধ্য; দুর্নিবার; অপ্রতিহত: ~ desires/temptations.

ir·res·ol·ute [ই৺রেজ়ালূট] *adj* অস্থিরমতি; চলচিত্ত; অস্থিরমনস্ক; অনবস্থিত। **ir·res·ol·ution** [ˌইরেজ়৺লূশ্ন্] *n* [U] অস্থিরমতিত্ব; চলচিত্ততা; অনবস্থিতি।

ir·re·spec·tive [ˌইরি৺স্পেক্টিভ়্] *adj* **~ of** হিসাবের মধ্যে আনে না বা বিবেচনা করে না এমন; নির্বিশেষে; নিরপেক্ষভাবে: He jumped into the river, ~ of the consequence.

ir·re·spon·sible [ˌইরি ৺স্পন্সাব্ল্] *adj* ১ আচরণের জন্য দায়ী নয়; দায়িত্বহীন; অননুযোজ্য: an ~ child. ২ দায়িত্ব-জ্ঞানহীন/-শূন্য; নির্দায়; বেপরোয়া: ~ behaviour; ~ teenagers. **ir·re·spon·si·bil·ity** [ˌইরি৺স্পন্সা৺বিলাটি] *n* [U] দায়িত্বহীনতা; দায়মুক্ততা; দায়িত্বজ্ঞানহীনতা; দায়িত্বজ্ঞানশূন্যতা।

ir·re·spon·sive [ˌইরি ৺স্পন্সিভ়্] *adj* সাড়া দেয় না এমন; নিঃসাড়; প্রতিক্রিয়াহীন।

ir·re·triev·able [ইরি৺ট্রীভ়াব্ল্] *adj* অনুদ্ধরণীয়; অপূরণীয়; অপ্রতিকার্য: an ~ loss.

ir·rev·er·ent [ই৺রেভ়ারান্ট্] *adj* (ধর্মীয়/পবিত্র বস্তু বা বিষয়ের প্রতি) শ্রদ্ধাহীন; অশ্রদ্ধ। **~·ly** *adv* শ্রদ্ধাহীনভাবে। **ir·rev·er·ence** [-রান্স্] *n* [U] অশ্রদ্ধা; শ্রদ্ধাহীনতা।

ir·re·vers·ible [ˌইরি৺ভ়াসাব্ল্] *adj* উলটানো বা প্রত্যাহার করা যায় না এমন; অপরিবর্তনীয়; অনিবর্তনীয়: an ~ decision.

ir·revo·cable [ই৺রেভ়কাব্ল্] *adj* প্রত্যাহার করা যায় না এমন; চূড়ান্ত এবং অপরিবর্তনীয়; অপরাবর্তনীয়; অপরাবর্ত্য: an ~ decision/ judgement; an ~ letter of credit.

ir·ri·gate [৺ইরিগেইট্] *vt* ১ (নদী, খাল, উপরিস্থিত নল ইত্যাদির সাহায্যে জমিতে/শস্যে) জল সরবরাহ করা; জলসেচ করা: ~ cropland. ২ (খেতে) জল সরবরাহ করার জন্য জলাধার, খাল ইত্যাদি নির্মাণ বা খনন করা; জলসেচের ব্যবস্থা করা। ৩ (ক্ষতস্থান ইত্যাদিতে) নিরন্তর তরলপদার্থ ঢেলে পরিষ্কার করা; সিক্ত/অবসিক্ত। **ir·ri·ga·tion** [ˌইরি৺গেইশ্ন্] [U] জলসেচ; সেচ; সেচন; অবসেচন: (attrib) an irrigation project; irrigation canals.

ir·ri·table [৺ইরিটাব্ল্] *adj* সহজে রেগে যায়, উত্তেজিত/বিরক্ত হয় এমন; শীঘ্রকোপী; খিটখিটে; কোপিষ্ঠ; সুলভকোপ। **ir·ri·tably** [-টাব্লি] *adv* কুপিতভাবে, বিরক্তির সঙ্গে। **ir·ri·ta·bil·ity** [ˌইরিটা৺বিলাটি] *n* [U] শীঘ্রকোপিত্ব; সুক্রোধনীয়তা।

ir·ri·tant [৺ইরিটান্ট্] *adj* অস্বস্তিকর; জ্বালাতনকর; উত্তাপক; কোপজনক। □*n* ১ অস্বস্তিকর/দাহজনক বস্তু (যেমন নাকের ভিতর ধুলা বা লঙ্কার গুঁড়া। ২ (মনের পক্ষে) উত্তেজনাকর/সন্তাপজনক বিষয়; কণ্টক।

ir·ri·tate [৺ইরিটেইট্] *vt* ১ বিরক্ত/রুষ্ট/কুপিত/উত্যক্ত করা; রাগানো: ~d by the delay. ২ (শরীরের অংশবিশেষে) অস্বস্তি/জ্বালাপোড়া/দাহ সৃষ্টি করা: The solution may ~ the skin. **ir·ri·ta·tion** [ˌইরি৺টেইশ্ন্] *n* [U, C] প্রকোপন; বিরক্তি; রোষ; উত্তেজনা; দাহ; চুলকানি; জ্বালাপোড়া।

ir·rup·tion [ই৺রাপ্শ্ন্] *n* হঠাৎ সবেগে প্রবেশ; অভ্যুৎপাত; ব্যতীপাত।

is, দ্র. be[1].

is·chae·mia [ইস্৺কীমিআ] *n* (চিকি.) শরীরের কোনো অংশে, বিশেষত হৃদযন্ত্রে রক্ত-সরবরাহে বাধা; রক্তসংরোধ। **is·chae·mic** *adj* রক্তসংরোধজনিত: ischaemic heart disease.

isin·glass [৺আইজিঙ্গ্লা:স্ US - গ্ল্যাস্] *n* [U] স্বাদুজলের কোনো কোনো মাছের বায়ুস্থলী থেকে তৈরি স্বচ্ছ সাদা জেলিবিশেষ যাতে ভালো আঁঠা তৈরি হয়; আইজিংগ্লাস।

Is·lam [ইজ়্৺লা:ম্ US ৺ইসলা:ম্] *n* ইসলাম; মুসলিম জগৎ। **~·ic** [ইজ়্৺ল্যামিক US ইস্৺ল্য:মিক] *adj* ইসলামি।

is·land [৺আই লান্ড্] *n* দ্বীপ; দ্বীপবাসী।

isle [আইল্] *n* দ্বীপ (গদ্যে স্থান নাম ছাড়া অন্যত্র ব্যবহার বিরল): the British I~s. **is·let** [৺আইলিট্] *n* ক্ষুদ্রদ্বীপ।

ism [৺ইজ়াম্] *n* বিশিষ্ট মতবাদ বা আচার; বাদ: We live in a century of ~s.

isn't, দ্র. be[1].

iso·bar [৺আইসাবা:(র্)] *n* (বিশেষত আবহাওয়ার) মানচিত্রে একটি নির্দিষ্ট সময়ে একই বায়ুচাপ বিরাজ করে এমন সব স্থানের সংযোগকারী রেখা; সমপ্রেষ রেখা।

iso·late [৺আইসালেইট্] *vt* **~ (from)** ১ পৃথক/বিচ্ছিন্ন করা: ~d from one's near and dear ones. ২ (রস.) (কোনো পদার্থ, রোগজীবাণু ইত্যাদি) বিশ্লিষ্ট/বিযুক্ত করা।

iso·la·tion [ˌআইসা৺লেইশ্ন্] *n* [U] **~ (from)** বিচ্ছিন্নকরণ; পৃথককরণ; বিচ্ছিন্নতা; অন্তরণ। **in ~** এককভাবে; বিচ্ছিন্নভাবে: consider facts in ~ from other. ৺**~ hospital/ward** (সংক্রামক রোগীর জন্য) অন্তরণ হাসপাতাল/বিভাগ। **~·ism** [-ইজ়াম্] *n* (আন্তর্জাতিক সম্পর্কের ক্ষেত্রে) পররাষ্ট্রের ব্যাপারে অংশগ্রহণ না করার নীতি; স্বাতন্ত্র্যবাদ। **~·ist** [- ইস্ট্] *n* স্বাতন্ত্র্যবাদী।

iso·met·ric [আইস'মেট্রিক] *adj* সমমাপের; সমমান।

isos·celes [আইসসালীজ্] *adj* (ত্রিভুজ সম্পর্কে) সমদ্বিবাহু।

iso·therm ['আইসাথাম্] *n* মানচিত্রে একই গড় তাপমাত্রাবিশিষ্ট স্থানসমূহের সংযোগকারী রেখা; সমোষ্ণ রেখা।

iso·tope ['আইসাটোপ্] *n* কোনো মৌল পদার্থের (যেমন ভারী হাইড্রোজেনের) পরমাণুবিশেষ, যা রাসায়নিকভাবে ঐ পদার্থের অন্যান্য পরমাণু থেকে অভিন্ন হলেও কেন্দ্রীয় ভরের হিসাবে ভিন্ন; আইসোটোপ; সমস্থানিক: radio-active ~s, চিকিৎসাবিজ্ঞান ও শিল্পে ব্যবহৃত ভঙ্গুর আইসোটোপ।

issue ['ইশু] *vi,vi* ১ **~ (out/forth) (from)** নির্গত/নিঃসৃত/বিনির্গত/নিষ্ক্রান্ত/প্রস্রুত হওয়া: blood issuing from a wound. ২ **~ (sth to sb); ~ (sb with sth)** ব্যবহার বা ভোগের জন্য বর্জন করা; বিতরণ করা: ~ books to the members of a library. ৩ **~ (to)** (বই ইত্যাদি) প্রকাশ করা; (ডাকটিকিট, কাগজের টাকা, শেয়ার ইত্যাদি) বাজারে ছাড়া/চালু করা। □*n* ১ [U, C] নিঃসরণ; বিনির্গম; নির্গমন; নিষ্ক্রমণ; নির্গম; প্রবহ: the point or place of ~; an ~ of blood from the nose. ২ [U] (ক) প্রকাশনা ; প্রচলন: the ~ of a periodical/a new banknote. (খ) [C] যা প্রকাশিত/প্রচলিত হয়; সংখ্যা; বিতরণ; প্রচার: back ~s of a journal; new ~s of banknotes. ৩ [C] (আলোচ্য) প্রশ্ন; বিচার্যবিষয়: political ~s; debate an ~. **join/take ~ with sb (on/about sth)** বিতর্কে লিপ্ত হওয়া। **the point/matter at ~** আলোচ্য বিষয়/প্রসঙ্গ/প্রশ্ন। ৪ [C] ফল; পরিণাম; গতি; শেষ: happy ~, সদ্গতি; expectation of a favourable ~, শুভফলাকাঙ্ক্ষা; bring a campaign to a successful ~. ৫ [U] (আইন.) সন্তানসন্ততি; বংশধর; অপত্য: die without ~, নিঃসন্তান মারা যাওয়া।

isth·mus ['ইসমাস্] *n* (*pl* -es [-সিজ্]) দুটি বৃহৎ ভূখণ্ডের মধ্যে সংযোগসাধক সংকীর্ণ ভূখণ্ড; যোজক: the I~ of Panama.

it [ইট্] *pron* (*pl* they) [দেই], them [দেম; জোরালো রূপ: দেম]) ১ (অচেতন বস্তু, প্রাণী (লিঙ্গ অজ্ঞাত বা গুরুত্বহীন হলে) এবং শিশু (লিঙ্গ জানা না থাকলে বা বিবেচনার বিষয় না হলে) সম্বন্ধে প্রয়োজ্য) এ, ও, সে: Have you seen our new car? It is beautiful. ২ (পরবর্তী একগুচ্ছ শব্দের প্রতি ইঙ্গিতদানের জন্য ব্যবহৃত হয়। এই শব্দগুচ্ছই বাক্যের ব্যাকরণিক উদ্দেশ্য। এই শব্দগুচ্ছ চার প্রকার হতে পারে): (ক) কোনো *infinitive phrase*: It is useful to learn a foreign language. (খ) for, কোনো বিশেষ্য/সর্বনাম বা to-infinitive-যুক্ত কোনো সংবচন: It is difficult for me to walk such a long distance. (গ) কোনো gerundial phrase: It is no use your repeating the same story again and again. (ঘ) কোনো উপবাক্য: It seems unlikely that he will come to help you. ৩ (কোনো ব্যক্তি বা বস্তুকে শনাক্ত করতে সামনে বা পিছনে নির্দেশদানের জন্য ব্যবহৃত হয়। লক্ষণীয়, কোনো ব্যক্তির পরিচয় আগেই জানা থাকলে it ব্যবহৃত হয় না): Who is in? It is me. ৪ (উদ্দেশ্যের অভাব-পূরণের জন্য নিছক রূপগত বা অর্থহীন শব্দরূপে ব্যবহৃত হয়)। (ক) আবহাওয়া-প্রসঙ্গে: It is raining; It is warm/cold. (খ) সময়-প্রসঙ্গে: It is ten O'clock. (গ) দূরত্ব-প্রসঙ্গে: It is five miles to Leeds. (ঘ) অস্পষ্টভাবে সাধারণ পরিস্থিতি-নির্দেশে কিংবা প্রসঙ্গ থেকে অনুমান করা যায় এমন কিছু নির্দেশ করতে: So it seems: you've had it, তোমার যা পাওয়ার পেয়ে গেছ; Keep at it, যা করছ করে যাও; It can't be helped, উপায় নেই; You've got what it takes, (এই পদ, পরিস্থিতি ইত্যাদির জন্য) যা যা প্রয়োজন সবই তোমার আছে; Go it! চেষ্টা চালিয়ে যাও; That's the best/worst of it! এর সব চাইতে মজার/বাজে দিক ! Now you've done it! এই সেরেছে; Now you will catch it! এবার বুঝবে ঠেলা! ৫ (বাক্যের এক অংশের উপর জোর দেওয়ার জন্য ব্যবহৃত হয়) (ক) উদ্দেশ্য: It was my father's illness that prevented me from joining you. (খ) ক্রিয়ার কর্ম: It was the younger of the two that I saw yesterday. (গ) *prep*-এর কর্ম: It was Jane that I sent the boy to, not Edith. (ঘ) *adverbial adjunct:* It was in school that I met him, not in the market. **its** [ইট্স্] *poss adj* এর, ওর, তার: Look at this canvas — its composition is masterly. **itself** [ইট্'সেল্ফ্] *reflex pron:* নিজে; স্বয়ং: The child fell and hurt itself. □*emph pron:* I want to see the letter itself. **by it self** (ক) নিজে নিজে; নিজের থেকে; স্বয়ংক্রিয়ভাবে: An office does not run by itself. (খ) একা; নিঃসঙ্গ: The boat stood by itself on the sea.

italic [ইট্যালিক্] *adj* (মুদ্রিত হরফ সম্বন্ধে) বাঁকা: ~ type, বাঁকা ছাঁদের টাইপ। □*n pl* বাঁকা ছাঁদের হরফ: in ~s, বাঁকা ছাঁদে। **itali·cize** [ইট্যালিসাইজ্] *vt* বাঁকা ছাঁদে ছাপা। দ্র. Roman (২).

itch [ইচ্] *n* ১ (*def* বা *indef art*-সহ; তবে *pl* বিরল), চুলকানি; কণ্ডূ: have/suffer from the ~/an ~. ২ (সাধা. *indief art* বা *poss adj*-সহ) অস্থির বাসনা; অস্থিরতা; স্পৃহা: have an ~ for money; his ~ to go on the stage. □*vi* ১ চুলকানো; চুলকানির ইচ্ছে হওয়া: My back is ~ing. ২ **~ for** (কথ্য) ছটফট/ উশখুশ করা: The children were ~ing to go for an outing; have a ~ing palm, হাতের তালু চুলকাচ্ছে (অর্থাৎ টাকা পাওয়ার প্রবল ইচ্ছে হচ্ছে)। **~y** *adj* (-ier, -iest) চুলকানিযুক্ত; কণ্ডূল: an ~y scalp.

item ['আইটেম্] *n* ১ তালিকা ইত্যাদির অন্তর্ভুক্ত একক সামগ্রী; পদ; বিষয়; প্রকরণ; দফা: the first ~ on the agenda. ২ (সংবাদের) ক্ষুদ্রাংশ বা অনুচ্ছেদ; প্রকরণ: 'news ~s/ ~s of news. □*adv* অপিচ; পুনশ্চ (জিনিসপত্র একের পর এক তালিকাবদ্ধ করার সময় ব্যবহৃত হয়): I~, one book-shelf; ~, four chairs. **~·ize** [-আইজ্] *vt* দফাওয়ারি দেওয়া বা লেখা: an ~ized account; ~ize a bill.

it·er·ate ['ইটারেইট্] *vt* পুনঃপুন বলা; পুনরুক্তি/পুনরাবৃত্তি করা; (অভিযোগ ইত্যাদি) পুনঃপুন করা। **it·er·ation** ['ইটা'রেইশ্ন্] *n* [U,C] পুনরুক্তি; পুনরাবৃত্তি; পৌনরুক্ত্য।

i·tin·er·ant [আই 'টিনারান্ট্] *adj* স্থান থেকে স্থানান্তরে ভ্রমণশীল; পরিভ্রমী; অটমান; পর্যটনশীল: ~ musicians.

i·tin·er·ary [আই 'টিনারারি US -রেরি] *n* (*pl* -ries) [C] ভ্রমণের পরিকল্পনা, বৃত্তান্ত বা লেখ্যপ্রমাণ; পথবৃত্তান্ত; পথপঞ্জি; গমনপথ।

it'll ['ইট্ল্] = it will.

it's [ইট্স্] = it is বা it has.

its, it·self [ইট্স্, ইট্সেল্ফ্] দ্র. it.

I've [আই ভ্] = I have.

ivory ['আইভারি] *n* [U] হাতির দাঁত; গজদন্ত; (attrib) গজদন্তময়; হাতির দাঁতের রং, গজদন্তবর্ণ: an ~ skin/complexion. **'~-black** *n* কৃষ্ণবর্ণ চূর্ণবিশেষ (আগে হাতির দাঁত ভস্ম করে প্রস্তুত হত বলে); গজদন্তভস্ম। **~ tower** জীবনের বাস্তবতা থেকে বিবিক্তদশা বা নিভৃত স্থান; গজদন্তমিনার।

ivy [আই ভি] *n* [U] গাঢ় সবুজ; উজ্জ্বল (প্রায়শ পঞ্চশিখ) পত্রবিশিষ্ট চিরহরিৎ লতাবিশেষ; আইভি। **ivied** ['আইভিড্] *adj* আইভি-বেষ্টিত: ivied walls.

J j

J, j [জে ই] (*pl* J's, j's [জে ইজ্]) ইংরেজি বর্ণমালার দশম বর্ণ।

jab [জ্যাব্] *vt,vi* ১ **jab at** খোঁচা মারা বা সজোরে ঠেলা দেওয়া; তাড়ন করা: ~ at sb/sth with a knife; to ~ at one's opponent, (মুষ্টিযুদ্ধ) অতর্কিত আঘাত হানা। ২ **~ sth into sth/sb** সজোরে ঢুকিয়ে দেওয়া; গুঁতো মারা: Don't ~ your elbow into my side. ৩ **jab sth out** খুঁচিয়ে বের করা: He almost ~bed my eye out with his walk-stick. □*n* আকস্মিক; রূঢ় খোঁচা বা ঠেলা; গুঁতা: a ~ in the arm; (কথ্য) ইনজেকশন বা টিকা: I am going to have my cholera ~s.

jabber ['জ্যাবা(র্)] *vi,vt* ১ উত্তেজিতভাবে কথা বলা; দ্রুত এবং এলোমেলো মনে হয় এমনভাবে কথা বলা; হড়বড় করা; হড়বড়ানো: I heard the children ~ing away; ~ (out) one's prayer. □*n* [U] হড়বড়ানি। **~er** হড়বড়ানো লোক; বাবদূক; বাচাল।

jabot [জ্যাবৌ] *n* [C] মেয়েদের ব্লাউজের বা পুরুষের শার্টের সামনে শোভাকর ঝালর; বুকের ঝালর।

jack[1] [জ্যাক্] *n* ১ **J~** 'জন' নামের ঘরোয়া রূপ; জ্যাক। **J~ Frost** ব্যক্তিরূপে কল্পিত তুষার; তুষারদেব। **'J~ in office** আত্মশ্লাঘী কর্মকর্তা, যিনি খুঁটিনাটি নিয়ে খিটমিট করেন। **,J~ of 'all trades** যে ব্যক্তি যে কোনো কাজে হাত দিতে পারে; নানা ধরনের কাজ কিছু কিছু জানে এমন কারিগর; সর্বকর্মী; সবজান্তা শমশের। **before one can say J~ Robinson** অত্যন্ত দ্রুত বা আকস্মিকভাবে; চোখের নিমেষে। **J~ is as good as his master** মনিবের চেয়ে চাকর কম যায় না; সিপাহি কা ঘোড়া। ২ (কথ্য) লোক; মানুষ। **every man ~** প্রত্যেকে; সকলে। ৩ ভূমি থেকে ভারী বস্তু, বিশেষত (চাকা বদল করার জন্য) গাড়ির অক্ষাগ্র উঁচু করার জন্য (সাধা. সুবহ) যন্ত্রকৌশল বিশেষ; জ্যাক। ৪ বৌলস্ খেলায় (bowls[2] দ্র.) ছোট সাদা বল, যাকে লক্ষ্য করে এই খেলায় ব্যবহৃত (সাধা.) কাঠের বল নিক্ষেপ করা হয়; জ্যাক। ৫ জাহাজে উত্তোলিত রাষ্ট্রীয় পরিচয়সূচক পতাকা; ধ্বজপট। **the Union J~** যুক্তরাজ্যের পতাকা। **'~ staff** ধ্বজদণ্ড। ৬ (তাসের) গোলাম। ৭ (যৌগশব্দ) **'~-in-the-box** *n* বাক্সের আকারে এক ধরনের খেলনা, যার ডালা খুললেই ভিতরের স্প্রিংযুক্ত পুতুল লাফিয়ে ওঠে; ভুতুড়ে বাক্স। **,~-O'-'lantern** আলেয়ার আলো; কৌতুক করার জন্য কুমড়া কেটে মানুষের মুখাকৃতি দিয়ে তার ভিতরে মোমবাতি রেখে তৈরি লণ্ঠন। **'~ rabbit** *n* উত্তর আমেরিকার পশ্চিমাঞ্চলের বড়ো আকারের খরগোশ; ধেড়ে খরগোশ। **~ tar** *n* মর্যাদা বা মূল্য অনুযায়ী নাবিকদের শ্রেণীবিভাগ; সাধারণ নাবিক (এদের পরনে থাকে জাম্পার এবং নীচের দিকে চওড়া প্যান্ট); আমমাল্লা।

jack[2] [জ্যাক্] *vt* **~ sth in** (অপ.) (কাজ, চেষ্টা ইত্যাদি) ছেড়ে দেওয়া; পরিত্যাগ করা। **~ sth up** জ্যাক (jack[1](৩) দ্র.) দিয়ে উপরে তোলা: You can't change the wheel until you ~ up the car.

jackal ['জ্যাকো°ল্ US -কল্] *n* শেয়াল; শৃগাল; ফেরু।

jack·ass ['জ্যাক্যাস্] *n* (পুং) গাধা; গর্দভ; লম্বকর্ণ; হাবা। **laughing ~** (অস্ট্রেলিয়ায়) বৃহৎকায় মাছরাঙা।

jack-boot ['জ্যাক্ বূট্] *n* হাঁটুর উপর পর্যন্ত উঁচু বুটজুতা (আগেকার দিনে যেমন অশ্বারোহী সৈনিকরা পরত)।

jack·daw ['জ্যাকডো°] *n* দাঁড়কাক; বায়স।

jacket ['জ্যাকিট্] *n* ১ হাতাওয়ালা; খাটো কোট; জ্যাকেট। **dust a person's ~** পিটানো; ধোলাই দেওয়া। ২ বয়লার (স্থালী), নল ইত্যাদির তাপক্ষয় নিবারণের জন্য কিংবা ইনজিন শীতল রাখার জন্য (water ~) বহিরাবরণ; কঞ্চুক। ৩ (আলুর) খোসা। ৪ (অপিচ 'dust-~) শক্ত-বাঁধাই বইয়ের উপরকার কাগজের আলগা মলাট; আচ্ছদ।

jack-knife ['জ্যাক্ নাইফ্] *n* মুড়ে রাখা যায় এমন ফলকবিশিষ্ট বড়ো পকেট ছুরি। □*vi* উক্ত ছুরির হাতল ও ফলকের মতো মুড়ে রাখা।

jack-plane [' জ্যাক্ প্লেইন্] *n* কাঠ মসৃণ করার জন্য রেঁদা; বাইস।

jack·pot ['জ্যাক্পট্] *n* বিভিন্ন খেলায় (বিশেষত পোকার নামক তাসের খেলায়) পুঞ্জীভূত বাজির টাকা, যা খেলোয়াড়দের মধ্যে কেউ জিতে না নেওয়া পর্যন্ত বাড়তে থাকে। **hit the ~** বিরাট সাফল্য বা সৌভাগ্য লাভ করা; ভাগ্যে শিকে ছেঁড়া।

Jaco·bean [,জ্যাকা'বিআন্] *adj* ইংল্যান্ডের রাজা প্রথম জেমস্-এর রাজত্বকাল (১৬০৩-২৫) সম্বন্ধী; জ্যাকবীয়: ~ literature/ architecture/ furniture.

Jaco·bin ['জ্যাকোবিন্] *n,adj* অষ্টাদশ শতাব্দীর শেষে ফ্রান্সের বিপ্লবী-সঙ্ঘের সদস্য; ঐ সঙ্ঘবিষয়ক; জ্যাকবীয়; নোটন পায়রা।

Jac·obite ['জ্যাকাবাইট্] *n* ইংল্যান্ডের রাজা দ্বিতীয় জেমস্-এর (রাজত্বকাল ১৬৮৫-৮৮) বা ইংল্যান্ডের সিংহাসনের দাবিদার তাঁর বংশধরদের সমর্থক।

jade[1] [জে ইড্] *n* [U] কঠিন, সাধা. সবুজ পাথরবিশেষ, যা অলঙ্কারাদিতে খচিত করা হয়; ইয়াশ্ম্।

jade[2] [জে ইড্] *n* ১ পরিশ্রান্ত বা হাড্ডিসার ঘোড়া; বেতো ঘোড়া; অশ্বক। ২ (অবজ্ঞায় কিংবা পরিহাসচ্ছলে) মেয়েমানুষ; পাজি মেয়ে: you craze little ~! **~d** [জেইডিড্] *adj* হাড্ডিসার; কাহিল; পরিশ্রান্ত; মন্দীভূত: You look ~d; a ~d appetite.

jag[1] [জ্যাগ্] *n* (বিশেষত পর্বতের) তীক্ষ্ণ অভিক্ষিপ্ত অংশ; দন্তক; উদ্দন্ত। **~gy** *adj* দাঁড়ালো; দন্তুর; খাঁজ-কাটা।

jag[2] [জ্যাগ্] *vt* (-gg-) খাঁজ কাটা; করাতের মতো (দাঁতালো) করে কাটা; অমসৃণ করে কাটা। **~·ged** ['জ্যাগিড্] *adj* খাঁজ-কাটা; বিষমধার: ~ged rocks.

jag·uar [জ্যাগিউ আ(র্)] *n* মধ্য ও দক্ষিণ আমেরিকার বিড়ালজাতীয় বৃহৎকায় মাংসাশী জন্তুবিশেষ; জাগুয়ার।

jail [জে ইল্] দ্র. gaol.

jam[1] [জ্যাম্] *n* [U] টিন, কাচের পাত্র ইত্যাদিতে সংরক্ষিত, চিনি–সহযোগে জ্বাল দিয়ে ঘন–করা ফলের রস; জ্যাম; মোরব্বা। **money for jam** (অপ.) অহেতুক প্রাপ্তি; আলুফা প্রাপ্তি। ˈ**jam-jar/ -pot** *nn* জ্যামের ডিবা/পাত্র। ˈ**jam session** *n* জাজ বাদকদলের প্রত্যুৎপন্ন অনুষ্ঠান।

jam[2] [জ্যাম্] *vt,vi* (-mm-) ১ **~ (in/ under/ between etc)** (চাপে) পিষ্ট করা বা হওয়া; ঠাসা; আটকে যাওয়া/পড়া: The boat ~med in the ice. ২ **~ on** (যন্ত্রাদির অংশ সম্বন্ধে) এমনভাবে আটকে যাওয়া বা আটকানো যাতে গতি ব্যাহত বা রুদ্ধ হয়: ~ the brakes on. ৩ ঠেসে ভরা; গাদাগাদি/ ঠাসাঠাসি করা: ~ one's goods into a bag. The road was ~med by/ with curious onlookers. ৪ উদ্দেশ্যমূলকভাবে বিঘ্নসৃষ্টিকর সঙ্কেত সম্প্রচার করে শ্রোতাদের পক্ষে কোনো সম্প্রচার–কার্যক্রম শোনা অসম্ভব বা দুরূহ করে তোলা: jam the enemy stations during a war. □*n* [C] ১ ঠাসাঠাসি; গাদাগাদি; সঙ্কুলতা: ˈtraffic-jams, যানজট; যানসঙ্কুলতা; a ˈlog-jam (নদীতে) কাষ্ঠ–জট। ২ যন্ত্রাংশ আটকে যাওয়ার জন্য যন্ত্রের থেমে যাওয়া; সম্বান; সম্পীড়ন। ৩ (অপ.) বেকায়দা: be in/get into a jam.

jamb [জ্যাম্] *n* (দরজা, জানালা ইত্যাদির) বাজু; *(pl)* গৃহাভ্যন্তরস্থ অগ্নিকুণ্ডের পাথরে তৈরি চতুষ্পার্শ্ব।

jam·boree [জ্যাম্ˈবারী] *n* ১ আনন্দমেলা। ২ বিশেষত স্কাউট বা গাইডদের বিরাট সম্মিলন; জাম্বুরি।

jam·pack [জ্যাম্ˈপ্যাক্] *vt* (কথ্য) ঠেসে ভরা; গাদানো; তিলধারণের স্থান না রাখা: The hall was ~ed with spectators.

jangle [ˈজ্যাঙ্গল্] *vt,vi* ঝনঝন করা বা করানো; উচ্চশব্দে কলহ/ ঝগড়াঝাটি/ খেচামেচি করা। □*n* [U] কর্কশ ধ্বনি।

jani·tor [ˈজ্যানিটা(র্)] *n* ১ দ্বাররক্ষক; দারোয়ান; দৌবারিক। ২ (US) ঘরবাড়ি, অফিস ইত্যাদি পরিষ্কার–পরিচ্ছন্ন করার জন্য নিযুক্ত ব্যক্তি; তত্ত্বাবধায়ক।

Jan·uary [ˈজ্যানিউআরি US-নিউএরি] *n* ইংরেজি বছরের প্রথম মাস।

ja·pan [জাˈপ্যান্] *n,vt* (-nn-) শক্ত, কালো চকচকে মিনাবিশেষ; কালো মিনা; কালো মিনা করা।

jape [জেইপ্] *n* (প্রা. প্র.) কৌতুক; রঙ্গ।

ja·pon·ica [জাˈপনিকা] *n* [U] নাশপাতি বা মিহিদানার (কয়েক ধরনের) শোভাকারক প্রকারভেদ; জাপনিকা।

jar[1] [জা:(র্)] *n* [C] ১ (সাধা. কর্কশ) শব্দ; কম্পন; খট; খটাশ: We felt a ~ as the train started to move. ২ চোট; ধাক্কা; উত্তেজনা; পুলক; অবনিবনা; সংঘর্ষ: The sudden outburst of his anger gave me an unpleasant ~.

jar[2] [জা:(র্)] *n* কাচ, পাথর বা মাটির তৈরি, প্রশস্তমুখ, হাতলওয়ালা বা হাতল ছাড়া, সাধা. গোলাকার, দীর্ঘ পাত্রবিশেষ; কুম্ভ; কুজো, কলসি; বয়াম: a ~ olives.

jar[3] [জা:(র্)] *vt,vi* (–rr-) ১ **jar against/on** কর্কশশব্দে পীড়িত করা/ পীড়া দেওয়া। ২ **jar on** খারাপ/ বিশ্রী লাগা; কানে লাগা: The sound ~s on my ears/nerves. ৩ বিচলিত/ দিশেহারা করা: He was badly ~red by the news. ৪ **jar (with)** মিল না থাকা; গরমিল/বেখাপ্পা হওয়া; টক্কর লাগা: Your views on the situation ~ with mine. colours that ~. **jar·ring** *adj* বিবাদী; বেখাপ্পা; বিরুদ্ধ; কর্কশ: a jarring note, বেসুরো/ বিবাদী সুর/ আওয়াজ। **jar·ring·ly** *adv* বেখাপ্পাভাবে ইত্যাদি।

jar·gon [ˈজা:গান্] *n* [U] পারিভাষিক বা বিশিষ্টার্থক শব্দে পূর্ণ ভাষা; বিভাষা: the ~ of linguists/ economists.

jas·mine [ˈজ্যাস্মিন] *n* [U] জুঁই–জাতীয় ফুল ও ফুলের গাছ; চামেলি; জাতি। double ~, শিশুগন্ধা।

jas·per [ˈজ্যাস্পা(র্)] *n* [U] লাল, হলুদ বা বাদামি রঙের মধ্যম মানের পাথরবিশেষ; ইয়াশ্‌ব্।

jaun·dice [ˈজো°ন্ডিস্] *n* [U] ১ পাণ্ডুরোগ; ন্যাবা; কামলা। ২ (লাক্ষ.) ঈর্ষাপরবশ, পরশ্রীকাতর, বিদ্বেষপরায়ণ ও সংশয়ালু মনোভাব; আবিল দৃষ্টি। □*vt* (সাধা. passive) পাণ্ডুগ্রস্ত করা: take a ~d view, পাণ্ডুগ্রস্ত বা বক্রদৃষ্টিতে (ঈর্ষাপরবশ ইত্যাদি) তাকানো।

jaunt [জো°ন্ট্] *n* (সংক্ষিপ্ত) প্রমোদবিহার। □*vi* প্রমোদবিহার করা।

jaunty [ˈজো°ন্টি] *adj* (-ier, -iest) আত্মবিশ্বাস ও আত্মতৃপ্তি–সূচক; লঘুচিত্ত: wear one's hat at a ~ angle, আত্মবিশ্বাসভরে লঘুচিত্তে কাত করে টুপি পরা। **jaunt·ily** *adv* লঘুচিত্তে। **jaunti·ness** *n* লঘুচিত্ততা।

javelin [ˈজ্যাভ্‌লিন্] *n* (সাধা. ক্রীড়া প্রতিযোগিতায়) বর্শা; বল্লম।

jaw [জো°] *n* ১ **(lower/upper) jaw** চোয়াল; হনু। ˈ**jaw-bone** *n* চোয়ালের হাড়; হন্বস্থি। ২ *(pl)* মুখের আকৃতি; মুখাবয়ব; *(sing)* মুখমণ্ডলের নিম্নাংশ; চোয়াল: a man with a strong ~. ৩ *(pl)* উপত্যকা, প্রণালী ইত্যাদির সঙ্কীর্ণ মুখ বা প্রবেশপথ; (লাক্ষ.) গ্রাস; মুখে: into/out of the ~s of death, মহাবিপদের মধ্যে/থেকে। ৪ *(pl)* চেপে ধরা বা চুরমার করার জন্য যন্ত্রাদির (পাকসাঁড়াশির) অংশবিশেষ; দাঁত। ৫ (কথ্য) বাচালতা; চোপা: None of your ~. (কথ্য) নীতি–উপদেশপূর্ণ দীর্ঘ, একঘেয়ে ভাষণ; নসিহৎ। □*vi* **jaw (at)** (কথ্য, অবজ্ঞায়) (কারো উদ্দেশে) বক্তৃতা দেওয়া; নসিহৎ করা: Don't ~ at me.

jay [জেই] *n* নানাবর্ণ পালকবিশিষ্ট উচ্চনাদী য়োরোপীয় পাখিবিশেষ; মণিকণ্ঠ; নীলকণ্ঠ। ˈ**jay-walker** *n* যে ব্যক্তি গাড়িঘোড়ার প্রতি খেয়াল না করে এলোমেলোভাবে পথ চলে; তালকানা পথচারী। ˈ**jay-walk** *vi* তালকানার মতো/ এলোমেলোভাবে পথ চলা।

jazz [জ্যাজ্] *n* [U] বিশ শতকের শুরুতে প্রথমে যুক্তরাষ্ট্রের দক্ষিণাঞ্চলে নিগ্রো বাদকদলের দ্বারা পরিবেশিত জনপ্রিয় সঙ্গীত; উপস্থিত–উদ্ভাবনা ও উদ্দাম তাল এর বৈশিষ্ট্য; একে বলা হয় traditional jazz; নাচের জন্য বড়ো বড়ো বাদকদলকর্তৃক বাদিত অনুরূপ সঙ্গীত; modern jazz নামে পরিচিত এবং 'ব্লুজ' (blue[2] (৬) দ্র.)–এর দ্বারা প্রভাবিত, আবেগবর্জিত ও দ্রুত লয়বিশিষ্ট আরেকটি প্রকারভেদ; জাজ: the ˈ~ age; (attrib) ˈ~ music; a ˈ~ band. □*vt* ১ জাজরীতিতে বাজানো বা সাজানো: ~ a song/tune; জাজের সুরে সুরে নাচা। ২ **~ sth up** (লাক্ষ. কথ্য) প্রাণোদ্দীপ্ত/প্রাণোচ্ছল করা: ~ up a party; ~ things up a bit. **jazzy** *adj* (-ier, -iest) (কথ্য) জাজ–সংক্রান্ত বা জাজসদৃশ; আড়ম্বরী, জাঁকালো, ঠাটসর্বস্ব: ~y cushions; a ~y sports car.

jeal·ous [ˈজেলাস্] *adj* ১ অধিকার বা প্রণয়ের প্রকৃত বা সম্ভাব্য হানির জন্য শঙ্কিত বা বিদ্বেষপূর্ণ; ঈর্ষাকাতর; ঈর্ষাপরায়ণ: a ~ husband; ~ looks. ২ **~ (of sb/ sth)** পরশ্রীকাতর; ঈর্ষাকাতর: ~ of sb else's success. ৩ **~ (of sb/ sth)** হুঁশিয়ার; সদাজাগ্রত: ~ of one's rights; keep a ~ eye on sb. ৪ (বাইবেলে ঈশ্বর সম্বন্ধে) অনন্যচিত্ত আনুগত্য এবং সর্বাত্মক উপাসনা ও সেবার অভিকাঙ্ক্ষী; অভিমানী; কৃতাভিমান। **~·ly** *adv*

ঈর্ষালুভাবে, ঈর্ষাপরায়ণভাবে ইত্যাদি। **jeal·ousy** [ˈজেলাসি] *n* (*pl* -sies) ১ ঈর্ষা; পরশ্রীকাতরতা; মাৎসর্য; অসূয়া: a lover's ~. ২ [C] ঈর্ষাপ্রসূত/ অসূয়াপ্রসূত উক্তি বা কাজ।

jean [জীন্] *n* ১ ভারী; মজবুত কার্পাসবস্ত্রবিশেষ; জিন: (attrib) ~ overalls, জিনের আঙরাখা। ২ **~s** (সাধা. মোটা পাকানো সুতার তৈরি কাপড়ের) মজবুত প্যান্ট; জিন্স।

jeep [জীপ্] *n* ব্যাপকভাবে ব্যবহারের জন্য, বিশেষত এবড়ো-খেবড়ো রাস্তায় চলার উপযোগী ছোট, হালকা মোটরযানবিশেষ; জিপ।

jeer [জিআ(র্)] *vi,vt* **~ (at sb)** উপহাস/বিদ্রূপ করা; টিটকারি দেওয়া; হাসিঠাট্টা করা: ~ at a defeated enemy; a ~ing crowd, বিদ্রূপমুখর জনতা। □*n* [C] বিদ্রূপ; উপহাস; বিদ্রূপবাক্য। **~·ing·ly** *adv* বিদ্রূপপূর্বক; ব্যঙ্গ করে ইত্যাদি।

Je·ho·vah [জিˈহৌভ়া] *n* ওল্ড টেস্টামেন্টে ব্যবহৃত ঈশ্বরের নাম; জেহোভা।

je·june [জিˈজূন্] *adj* (আনুষ্ঠা.) (লেখা সম্বন্ধে) ১ নীরস; বিরস; শুষ্ক; অতৃপ্তিকর। ২ বালোচিত; অমার্জিত। **~·ly** *adv* শুষ্কভাবে; বালোচিতভাবে ইত্যাদি। **~·ness** *n* [U] শুষ্কতা; নীরসতা; ছেলেমানুষি।

Jekyll and Hyde [ˌজেক্ল্ আন্ ˈহাইড্] *n* দ্বৈত (একটি ভালো, একটি মন্দ) ব্যক্তিত্বের অধিকারী ব্যক্তি।

jell [জেল্] *vi,vt* (কথ্য) জেলির মতো হওয়া বা করা; আকার নেওয়া; দানা বাঁধা: The novel is beginning to ~.

jel·laba [ˈজেলাবা] *n* আরব পুরুষদের পরিধেয় ঢিলে, মস্তকাবরণযুক্ত আলখাল্লাবিশেষ; জেলাবা।

jelly [ˈজেলি] ১ ফলের রস এবং চিনি দিয়ে তৈরি খাদ্যদ্রব্য; জেলি; ফলের রসের মোরব্বা। ২ জেলির মতো কোনো কিছু। ˈ**~·fish** জেলি মাছ; স্বচ্ছদেহ সামুদ্রিক মাছবিশেষ। **jell·ied** *adj* জেলিতে প্রস্তুত: jellied eels, জেলিতে মাখানো; জমাট বাঁধা।

jemmy [ˈজেমি] *n* চোরের সিঁধকাঠি; দরজা বা জানালা কিংবা সিন্দুকের ডালা ভাঙার জন্য ব্যবহৃত শিক।

jenny [ˈজেনি] *n* ১ চরকা। ২ গ্রাম্য বালিকা। ৩ গর্দভী; মাদি গাধা।

jeop·ard·ize [জেপাˈডাইজ্] *vt* বিপদগ্রস্ত করা। **jeop·ardy** [জেপাডি] *n* বিপদ; ঝুঁকি; ক্ষতি: His social position is in ~.

jer·boa [জাˈবৌআ] *n* এশিয়া এবং উত্তর আফ্রিকার মরুভূমির ক্ষুদ্রাকৃতি ইঁদুরজাতীয় প্রাণী।

jere·miad [জেরিˈমাইঅ্যাড্] *n* দীর্ঘ; করুণ শোককাহিনী; কষ্ট এবং দুর্ভাগ্যের বর্ণনা।

jerk [জাক্] *n* ১ ঝাঁকুনি; ঝাঁকি; হেঁচকা টান:. The bus stopped with a ~. ২ পেশির হঠাৎ ঝাঁকুনি (অনিচ্ছাকৃত)। ৩ **physical ~s** (কথ্য) শরীরচর্চামূলক ব্যায়াম। ৪ (অশিষ্ট) নির্বোধ ব্যক্তি। □*vt,vi* ঝাঁকি মেরে চলা; ঝাঁকি দিয়ে নাড়ানো: He ~ed a fish out of the water. He has an artificial style of ~ing out words. ~y *adj* ঝাঁকুনিপূর্ণ; অসমতল (পথ)। **~·iness** *n*

jer·kin [ˈজাকিন্] *n* (প্রাচীনকালে পুরুষদের ব্যবহৃত) আঁটসাট জামা (জ্যাকেট) (চামড়ার তৈরি)।

jerry [জেরি] *n* ১ ˈ**~-builder/-building** অল্পসময়ে নিম্নমানের সামগ্রী দিয়ে গৃহপ্রস্তুতকারী/নির্মিত গৃহ। ২ ˈ**~·can** পানি বা পেট্রল বহন করার জন্য (দূরপাল্লার যাত্রায়) ব্যবহৃত কেনেস্তারা। ৩ **J~** (সাম. অশিষ্ট) জর্মন সৈনিক। ৪. (অশিষ্ট) ঘরে ব্যবহার্য মূত্রধানী।

jer·sey [জাজ়ি] *n* ১ নরম; সূক্ষ্ম বুনোটঅলা কাপড়। ২ হাতাঅলা পশমি গেঞ্জি। দ্র. jumper, pullover (খেলোয়াড়দের পরিধেয়)। ৩ জার্সি প্রদেশ থেকে আনা গাভীবিশেষ।

jest [জেস্ট্] *n* ১ ঠাট্টা ; মজা; ভাঁড়ামি। **in ~** মজার ছলে। □*vi* ঠাট্টা বা মজা করা: One should not ~ about serious matters. **~·ing** *adj* ঠাট্টামূলক: He made some jesting remarks about the project.

jest·er [জেস্‌ট(র্)] *n* ভাঁড়; যে ব্যক্তি ঠাট্টা বা মজা করে; রাজসভার বিদূষক।

Jesuit [ˈজেজ়িউইট্ US ˈজেজুইট্] *n* খ্রিস্টানদের Society of Jesus নামক ধর্মসঙ্ঘের সদস্য। Ignatius Loyala নামক স্পেনদেশীয় একজন ধর্মযাজক ১৫৩৪ খ্রিস্টাব্দে এটি প্রতিষ্ঠা করেন।

Jesus [জীজ়াস্] *n* যিশু; খ্রিস্টধর্মের প্রতিষ্ঠাতা; খ্রিস্ট।

jet[1] [জেট্] *n* ১ গ্যাস; তরল পদার্থ; বাষ্প বা অগ্নিশিখার ফোয়ারা: A jet of water spurted out when the pipe burst. **Jet propulsion (engine)** বিমানের ইনজিন যা সামনের দিক থেকে বাতাস শোষণ করে নিয়ে বাতাসকে গ্যাসের সাথে মিশ্রিত করে এবং পিছন দিক দিয়ে ধোঁয়া বের করে দেয়—এজন্যই Jet plane, Jet fighter ইত্যাদির এ ধরনের নামকরণ। **the ˈjet set** ধনী ব্যক্তি যিনি ছুটি কাটাতে প্রায়শ জেটবিমানে ভ্রমণে যান। ২ পিচকিরি। ৩ ছোট ছিদ্র বা মুখ যেখান দিয়ে ফোয়ারা উৎসারিত হয়: a gas-jet. □*vt,vi* ১ ফোয়ারার মতো উৎসারণ করা। ২ (কথ্য) জেট বিমানে ভ্রমণ করা।

jet[2] [জেট্] *n* কালো ও শক্ত খনিজ পদার্থবিশেষ যা সহজেই পালিশ করে চকচকে করা যায় (বোতাম, অলঙ্কার ইত্যাদি তৈরিতে ব্যবহৃত হয়); ঐ পদার্থের রং। ˌ**jet-ˈblack** গভীর; চকচকে কালো রং।

jet·sam [জেট্‌সাম্] *n* জাহাজের ভার কমানোর জন্য জাহাজ থেকে যে সব মালপত্র সমুদ্রে ফেলে দেওয়া হয়; ঐ রকমভাবে নিক্ষিপ্ত মালের যে অংশ তীরে ভেসে আসে। **flotsam and ~**(লাক্ষ.) (যুদ্ধ বা অন্য কারণে) যাদের জীবন ধ্বংসপ্রাপ্ত বা দুর্দশাগ্রস্ত হয়েছে।

jet·ti·son [ˈজেটিসন্] *vt* ভার কমানোর জন্য জাহাজ থেকে মালপত্র পানিতে ফেলে দেওয়া (বিশেষত ঝড়ের সময়); পরিত্যাগ করা; পরিহার করা: We ~ed the unworkable project.

jetty [ˈজেটি] *n* জাহাজঘাটা; জেটি।

Jew [জু] *n* ইহুদি; হয়রত মুসা কর্তৃক প্রবর্তিত ধর্মের অনুসারী। **jewess** [জূইস] ইহুদি রমণী। **jewesh** [জুইশ্] *adj*

jewel [জুঅল্] *n* ১ রত্ন; মূল্যবান পাথর, যেমন—হীরা; চুনি; রত্নপাথর বসানো অলঙ্কার। ২ কৃত্রিম রত্ন, যেমন—ঘড়ির জুয়েল: This watch has 17 jewels. ৩ (লাক্ষ.) গুণধর; রত্নের মতো মূল্যবান ব্যক্তি: His youngest son is a ~. □*vt* রত্নে খচিত করা: She bought a jewelled ornament. **~ler** *n* অলঙ্কার প্রস্তুতকারী; রত্নবিক্রেতা; স্বর্ণকার; মণিকার; জহুরি। **~lery** রত্নপাথর; রত্নখচিত অলঙ্কারাদির সমগ্র।

Jeze·bel [ˈজেজ়াবল্ US ˈজেজ়াবেল্] *n* নির্লজ্জ; বেহায়া; চরিত্রহীনা রমণী; বাইবেলে উল্লিখিত একটি চরিত্র।

jib[1] [জিব্] *n* জাহাজের মূল পালের সামনেকার ছোট্ট তিনকোণা পাল। **the cut of his ~** তার চেহারা বা মুখাকৃতি। ২ সারসের সামনে বেরিয়ে থাকা বাহু।

jib[2] [জিব্] *vi* (ঘোড়া ইত্যাদির) হঠাৎ থেমে যাওয়া; আর এগুতে অস্বীকার করা; (লাক্ষ.) অগ্রসর হতে অসম্মতি জানানো: Seeing the big river in front, the horse jibbed. **jib at** (লাক্ষ.) অনিচ্ছা বা বিরাগ প্রকাশ করা: He jibbed at carrying out my orders.

jibe, দ্র. gibe.

jiffy [ˈজিফি] *n* (কথ্য) মুহূর্ত; ক্ষণ। **in a ~** মুহূর্তের মধ্যে; তৎক্ষণাৎ: He cut down the tree in a ~.

jig [জিগ্] *n* ১ দ্রুত তালের নাচ; এমন নাচের জন্য সঙ্গীত। ২ কোনো বস্তুর উপর যন্ত্র চালনার সুবিধার জন্য তাকে আটকে ধরে রাখার যন্ত্রবিশেষ। □*vi,vt* ১ দ্রুত নাচা। ২ ঝাঁকি মেরে হাঁটা বা উঠানামা করা। **jig a baby** শিশুকে ঝাঁকি দিয়ে বা উপরে ছুঁড়ে দিয়ে হাতে ধরে খেলা করা।

jig·ger [জিগা(র্)] *n* ১ মদ মাপার জন্য ব্যবহৃত মাপক (measure)। ২ চাম-উকুন; ফসলের ক্ষতি করে এমন পোকাবিশেষ।

jig·gered [ˈজিগাড্] *adj* (কথ্য) ১ আশ্চর্যান্বিত; বিস্মিত। ২ ক্লান্ত। ৩ (গালাগালে ব্যবহৃত) গোল্লায়-যাওয়া।

jig·gery-po·kery [জিগারি ˈপৌকারি] *n* (কথ্য) ভোজবাজি; ভাওতা; ধাপ্পা।

jig·saw [ˈজিগ্সো] *n* ১ মেশিনচালিত করাত। ২ ˈ**~ puzzle** এক ধরনের খেলা, যে খেলায় কাঠ বা বোর্ডের উপর কোনো ছবি বা মানচিত্রকে সাঁটা হয় এবং পরে তাকে অনেকগুলো অসমান টুকরায় কাটা হয়; পরে খেলোয়াড় ঐ টুকরাগুলো জোড়া দিয়ে পুরা ছবিটি পুনর্নির্মাণ করে।

ji·had [জিˈহা:ড্] *n* ধর্মযুদ্ধ; বিধর্মীদের বিরুদ্ধে পরিচালিত মুসলমানদের যুদ্ধ; জেহাদ; (লাক্ষ.) যে কোনো অন্যায়ের বিরুদ্ধে পরিচালিত সংগ্রাম।

jilt [জিল্ট্] *vt* (কাউকে) বিয়ের প্রতিশ্রুতি দিয়ে বা প্রেমে উৎসাহ দিয়ে পরে পরিত্যাগ করা: The girl ~ed the boy.

Jim crow [জিম ˈক্রৌ] *n* (তুচ্ছার্থে) নিগ্রো।

jim-jams [ˈজিমজ্যাম্জ্] *n* (অশিষ্ট) অধিক মদ্যপানজনিত প্রলাপ ও কম্প।

jimmy [ˈজিমি] = Jemmy.

jingle [জিঙ্গল্] *n* ১ ঝুনঝুন বা রুনরুন শব্দ (যেমন পয়সার, চাবির গোছার বা ছোট ঘন্টির)। ২ এ রকম ধ্বনিবিশিষ্ট শব্দ; মিঠে আওয়াজের ছড়া। □*vt,vi* ১ ঠুন ঠুন বা ঝুনঝুন আওয়াজ করা: He jingled his keys. The coins in his pocket jingled. ২ অনুপ্রাসবহুল এবং ছন্দোময় হওয়া (পদ্য) যাতে সহজেই মনে রাখা যায়।

jingo [জিঙগৌ] *n* যুদ্ধংদেহী দেশপ্রেমিক; যে নিজ দেশকে বড়ো মনে করে এবং সেই সাথে অন্য দেশকে ঘৃণা করে। **By ~**। (অপ্রচলিত অশিষ্ট) বিস্ময়, আনন্দ প্রকাশের কিংবা কোনো বিষয়ে জোর দেবার জন্য ব্যবহৃত বাক্যাংশ। **~·ism** *n* যুদ্ধংদেহী দেশপ্রেম; অতি-স্বদেশী মনোভাব। **~·ist** *n* . **~·is·tic** *adj*

jinks [জিঙ্ক্স্] *n* **high ~** উদ্দাম আনন্দ; অসংযত স্ফূর্তি ও প্রমোদ।

jinn [জিন্] = genie.

jinx [জিঙক্স্] *n* যে ব্যক্তি বা বস্তু দুর্ভাগ্য বয়ে আনে; অলক্ষুণে ব্যক্তি বা বস্তু। **put a ~ on sb** এমন কিছু করা যা কারো জন্য দুর্ভাগ্য বয়ে আনে।

jit·ters [জিটাজ্] *n* **the ~** (অশিষ্ট) স্নায়বিক দৌর্বল্য; নার্ভাস হওয়া। **jit·tery** *adj* নার্ভাস; ভীত; স্নায়বিকভাবে দুর্বল।

jive [জাইভ্] *n* জাজবাদ্যের রীতিবিশেষ; উচ্চতালসমৃদ্ধ জনপ্রিয় সঙ্গীত; এ রকম সঙ্গীতের তালে তালে নাচ। □*vi* জাজবাদ্যের সাথে নাচা।

job[1] [জব্] *n* ১ কাজ; কাজের ভার। **on the job** (কথ্য) কার্যরত; ব্যস্ত। **make a good/fine job of sth** ভালোভাবে কার্য সম্পাদন করা। **odd jobs** টুকরা কাজ; খুচরা কাজ। **odd job man** যে লোক টুকিটাকি কাজ করে জীবিকা নির্বাহ করে। ২ **be/have a hard job doing/to do sth** কঠিন কাজ; কষ্টসাধ্য হওয়া: It's a hard job to remove poverty from society. ৩ চাকরি: He lost his job. **out of job** বেকার। **job centre** চাকরিকেন্দ্র। ˈ**job satisfaction** চাকরি সম্পর্কে বা কৃত কাজ সম্পর্কে সন্তুষ্টির বোধ। ৪ **job lot** জগাখিচুড়ি। ৫ (অশিষ্ট) ষড়যন্ত্র বা অসততার মাধ্যমে কোনো ব্যক্তিগত সুবিধা বা লাভ অর্জনের জন্য কিছু করা। ৬ (অশিষ্ট) অপরাধমূলক কাজ, বিশেষত চুরি: He got five years for a job he did in Chittagong.

job[2] [জব্] *vt,vi* ১ খুচরা কাজ করা। **a jobbing gardener** যে শ্রমিক একাধিক মনিবের কাজ করে এবং ঘণ্টা হিসাবে মজুরি পায়। ২ (স্টক এক্সচেন্জ সম্পর্কিত) দালালির কাজ করা। ৩ (কথ্য) নিজের অবস্থানকে ব্যবহার করে আত্মীয়-স্বজনের জন্য সুবিধা আদায় করা; স্বজনতোষণ করা: He jobbed his brother into high post in the office. **job·ber** *n* শেয়ার মার্কেটের দালাল। **job·bery** *n*

job[3] [জৌব্] *n* (বাইবেলের প্রাচীন নিয়মের অন্তর্গত Book of Job থেকে প্রাপ্ত) অত্যধিক ধৈর্যশীল ব্যক্তি। **try the patience of Job** সহ্যাতীত হওয়া। **a job's comforter** যে ব্যক্তি কাটা ঘায়ে নুনের ছিটা দেয়। **job's news** সর্বনাশের সংবাদ। **job's tears** রুদ্রাক্ষ।

jockey [জকি] *n* ঘোড়দৌড়ের পেশাদার ঘোড়সওয়ার। দ্র. disc. ˈ**J~ club** ইংল্যান্ডে ঘোড়দৌড় নিয়ন্ত্রণকারী সমিতি। □*vt,vi* প্রতারণা করা: He ~ed Mr. Ali out of job. **~ for position** (ক) ঘোড়দৌড়ের প্রতিযোগিতায় অধিকতর সুবিধাজনক অবস্থায় যাবার জন্য অন্য সওয়ারদের সাথে ঠেলাঠেলি করে এগনো। (খ) (লাক্ষ.) সুবিধা/পদলাভের জন্য কৌশলের আশ্রয় নেওয়া।

jock·strap [ˈজকস্ট্র্যাপ্] *n*. পুরুষ ক্রীড়াবিদগণ কর্তৃক ব্যবহৃত আঁটসাট জাঙ্গিয়া।

jo·cose [জৌকৌস্] *adj* (আনুষ্ঠা.) রসিক; রসিকতাপূর্ণ; তামাশাপূর্ণ; হাসিখুশি। **~·ly** *adv* . **jo·cos·ity** *n*

jocu·lar [ˈজকিউলা(র্)] *adj* রসিকতাপ্রিয়; রসিক। **~·ly** *adv*. **~·ity** *n*

joc·und [ˈজকান্ড্] *adj* (সাহিত্য.) হাসিখুশি; উৎফুল্ল। **~·ity** *n* উৎফুল্লতা।

jog [জগ্] *vt,vi* ১ অল্প টোকা বা ধাক্কা দেওয়া; নাড়ানো; ঝাঁকানো; কনুই দিয়ে গুঁতা দিয়ে দৃষ্টি আকর্ষণ করা: The bus jogged the passengers as it ran on the road. **jog sb's memory** কারো স্মৃতিকে উস্কে দেওয়া। ২ ঝাঁকি দিয়ে দিয়ে অসরলভাবে চলা। ৩ **jog along/on** ধীরেসুস্থে এগনো: We jogged along in our old car. ৪ (আধুনিক কথ্য) ব্যায়ামের জন্য আস্তে দৌড়ানো। **jog·ger** *n* ব্যায়ামের জন্য যে দৌড়ায়। **jog·ging** *n* জগিং; ব্যায়ামের জন্য দৌড়। □*n* ১ মৃদু ধাক্কা; ঝাঁকি। ২ **(jog·trot)** ধীরপায়ে হাঁটার কাজ বা দুলকি চালে দৌড়।

joggle [জগ্ল্] *vt,vi* ঝাঁকানো; ঝাঁকি দিয়ে চলা। □*n* মৃদু ঝাঁকি।

John Bull [জন ˈবুল] *n* ইংরেজ জাতি; পাকা ইংরেজ।

joie de vivre [জুউআ: দ্য ভীভ্র] *n* (ফ.) উচ্ছল জীবন উপভোগ।

join [জয়ন্] *vt*, vi ১ **~ sth to sth; ~ things together/up** মিলিত বা সংযুক্ত করা দুটি জিনিস বা প্রান্তকে দড়ি; রেখা; সেতু দ্বারা সংযুক্ত করা: The two pipes are ~ed. J~ the two sentences by using 'and'. The Friendship Bridge has ~ed Keraniganj with Dhaka. **~ hands** পরস্পরের হাত জড়িয়ে ধরা; (লাক্ষ.) একসাথে কাজ করার জন্য যুক্ত হওয়া। **~ battle** যুদ্ধ শুরু করা; প্রতিযোগিতায় জড়িয়ে পড়া। **~ forces (with)** কাজ করার জন্য শক্তিকে যুক্ত করা; মিলিতভাবে কর্মসম্পাদনে ব্রতী হওয়া। ২ সদস্য হওয়া: He ~ed the Lion's Club. **~ up** সৈন্যবাহিনীতে যোগ দেওয়া। ৩ **~ (sb) in sth** যোগ দেওয়া: I'll ~ at lunch. □*n* স্থান বা রেখা যেখানে দুইটি জিনিস যুক্ত করা হয়।

joiner [ˈজয়না(র্)] কাঠমিস্ত্রি। দ্র. carpenter. **Join·ery** কাঠমিস্ত্রির কাজ: He learned ~

joint[1] [জয়ন্‌ট্] *adj* যৌথ: The company is a ~ venture of the three brothers. It's our ~ responsibility. **~ stock company** অংশীদারিত্ব-ভিত্তিক ব্যবসা। **~·ly** *adv*

joint[2] [জয়ন্‌ট্] *n* ১ স্থান, রেখা বা সমতল যেখানে দুই বা ততোধিক জিনিস যুক্ত হয়: ~ of a pipe-line. ২ পাইপ, অস্থি ইত্যাদি জোড়া দেওয়ার কৌশল। **out of ~** স্থানচ্যুত (অস্থি): His knee was out of joint. ৩ কসাইয়ের দোকানে বিক্রীত পশু, যেমন—গরু, ভেড়া ইত্যাদির শরীরের বিবিধ অংশের মাংস। ৪ (অশিষ্ট) জুয়ার আড্ডা মদ বা গাঁজার বৈঠক। ˈ**clip ~** মদ্যশালা নাইট ক্লাব যেখানে অত্যধিক চড়া হারে দাম নেওয়া হয়। ৫ (অশিষ্ট) মাদকদ্রব্য ভর্তি সিগারেট।

joint[3] [জয়ন্‌ট্] *vt* ১ গিট্টু দেওয়া; সংযুক্ত করা। ২ সংযোগস্থানে কেটে বিভক্ত করা।

joist [জয়স্‌ট্] *n* ছাদের কড়ি।

joke [জৌক্] *n* ঠাট্টা; তামাশা; রসিকতা; মজা। **have a ~ with sb** কারো সাথে ঠাট্টা বা রসিকতা ভাগ করে নেওয়া। **play a ~ on sb** কাউকে নিয়ে মজা করা। **a practical ~** কাউকে বোকা বা হাস্যকর বানানোর জন্য কোনো চাতুরী করা। **It's no joke** তামাশার ব্যাপার নয়। **the ~ of the village/town** কোনো এলাকার সর্বসাধারণের ঠাট্টার পাত্র। □ *vt* ঠাট্টা করা; রসিকতা করা: You should not take it to heart; he's only joking. **Jok·ing·ly** *adv* ঠাট্টার ছলে।

joker [জৌকা(র্)] *n* ১ যে ঠাট্টা বা রসিকতা করে। ২ ভাঁড়; সং। ৩ তাসের জোকার; তাসের খেলায় ৫৩ নং তাস।

jolly [জলি] *adj* হাসিখুশি; প্রফুল্ল; কিঞ্চিৎ মাতাল; সুন্দর; বলিষ্ঠ। **J~ Roger** জলদস্যু জাহাজের কালো পতাকা (মড়ার খুলি ও আড়াআড়ি হাড় চিহ্নিত) □*adv* বেশ; অত্যন্ত: He can ~ well finish the work in one hour. **jol·li·fi·ca·tion** আনন্দ–স্ফূর্তি; উৎসব । **jol·lity** আনন্দপূর্ণ মন।

jolly·boat [ˈজলিবৌট্] *n* জাহাজে যে নৌকা থাকে।

jolt [জৌল্‌ট্] *vt,vi* ঝাঁকি দেওয়া; আকস্মিক ধাক্কা দেওয়া: The car ~ed us a lot as it went over the ragged mountain road. □*n* ঝাঁকি; ধাক্কা; (লাক্ষ.) বিস্ময়; আকস্মিক আঘাত। **~y** *adj* ঝাঁকিপূর্ণ।

jon·quil [জঙ্‌কুইল্] *n* এক ধরনের নার্সিসাস ফুলের গাছ।

joss-stick [জস্‌টিক্] *n* ধূপকাঠি।

jostle [জস্‌ল্] *vt,vi* কনুই দিয়ে ধাক্কা দেওয়া; ধাক্কাধাক্কি করা।

jot[1] [জট্] *n* (*neg* -সহ ব্যবহৃত) অত্যল্প; সামান্য: not a jot of doubt.

jot[2] [জট্] *vt* **jot sth down** সংক্ষেপে লিপিবদ্ধ করা। **jot·ter** নোট খাতা; খসড়া লেখার কাগজ। **jott·ings** সংক্ষিপ্ত নোট বা লেখা।

joule [জূল্] *n* (বিদ্যুৎ)শক্তির একক।

jour·nal [জানল্] *n* ১ দৈনিক সংবাদপত্র; অন্যান্য সাময়িকী: Business ~. **~·ese** সংবাদপত্রসুলভ ভাষা। **~·ism** সাংবাদিকতার পেশা। **~·ist** সাংবাদিক। **~·is·tic** সংবাদপত্রসংক্রান্ত।

jour·ney [ˈজানি] *n* ভ্রমণ: He went on a long journey. □*vt* ভ্রমণ করা।

jour·ney·man [ˈজানিমন্] *n* দিনমজুর; ঠিকা শ্রমিক; দক্ষ শ্রমিক (শিক্ষানবিশির কাল যার শেষ হয়েছে) ।

joust [জাউস্‌ট্] *vi* ঘোড়ায় চড়ে প্রাচীনকালের নাইট বা বীরদের যুদ্ধ করা।

Jove [জৌভ্] *n* জুপিটার; দেবরাজ। **By ~!** দেবরাজের দিব্যি।

jov·ial [ˈজৌভিঅল্] *adv* হাসিখুশি; আমুদে; আনন্দপূর্ণ: He is in a ~ mood. **~ly** হাসিখুশিভাবে। **~·ity** *n* আনন্দপূর্ণ আচরণ।

jowl [জাউল্] *n* চোয়াল; হনু; গাল; কপোল। **~y** ভারী চোয়ালওয়ালা (ব্যক্তি)।

joy [জয়] *n* ১ আনন্দ; গভীর হর্ষ: The news of his success gave us great joy. ˈ**joy-ride** আনন্দের জন্য কোনো গাড়িতে ভ্রমণ। ˈ**joy-stick** *n* (অশিষ্ট) কোনো বিমানের নিয়ন্ত্রক লিভার; আনন্দদায়ক বস্তু: The joys of life are many. □*vi* আনন্দ করা: We should joy in our friend's success. **joy·ful** *adj* হর্ষোৎফুল্ল; আনন্দিত; সানন্দ। **joy·fully** *adv*. **joy·less** *adj* নিরানন্দ। **joy·ful·ness, joy·less·ness** *nn* . **joy·ous** *adj*

ju·bi·lant [ˈজূবিলান্‌ট্] *adj* (আনুষ্ঠা.) আনন্দে চিৎকাররত; বিজয়ানন্দে উৎফুল্ল: a ~ crowd. **~·ly** *adv* **ju·bi·la·tion** *n* বিজয়ানন্দ।

ju·bi·lee [জূবিলী] *n* জয়ন্তী; যেমন বিবাহবার্ষিকী, রাজ্যাভিষেকের ২৫ কিংবা ৫০ বছর পূর্তি ইত্যাদি। **diamond ~** ৬০ বছর পূর্তি। **golden ~** ৫০ বছর পূর্তি। **silver ~** ২৫ বছর পূর্তি।

Ju·da·ism [জূডে ইইজ্‌ম্] *n* ইহুদি ধর্ম; ইহুদিদের সাংস্কৃতিক ও সামাজিক জীবনপ্রণালী। **Ju·daic** *adj* ইহুদি এবং ইহুদিধর্ম সংক্রান্ত।

Judas [জূডস্] *n* (যিশুখ্রিস্টের অন্যতম শিষ্য, যে তাকে প্রতারণা করে ধরিয়ে দিয়েছিল তার নামে) বিশ্বাসঘাতক; বেঈমান।

jud·der [ˈজাড(র্)] *vi* সশব্দে কম্পিত হওয়া।

judge[1] [জাজ্] *n* ১ (ঈশ্বর সম্পর্কিত) পরম বিচারক; আদালতের বিচার; জজ। ২ ক্রীড়া প্রতিযোগিতা, বিতর্ক কিংবা বিবাদে যে ব্যক্তি বিচারকের দায়িত্ব পালন করে: The ~s of a debate competition. ৩ কোনো বস্তুর সারবত্তা বা মূল্য সম্পর্কে ধারণা দিতে সক্ষম ব্যক্তি; জহুরি: He is a good ~ of cars.

judge[2] [জাজ্] *vt,vi* ১ বিচারকের কাজ করা। ২ সিদ্ধান্ত দেওয়া (প্রতিযোগিতায়): He will judge at the literary competition. ৩ মূল্যায়ন করা; ধারণা করা: He judged me to be a worthless student. We ~d it better to drop the plan.

judge·ment [ˈজাজ্‌মান্‌ট্] *n* বিচার; রায়: The court passed a ~ on the criminal. **The day of J~** শেষ

বিচারের দিন। **The Last J~** হাসরের বিচার। ২ বিবেচনার প্রক্রিয়া: It was a big error of ~ on his part. ৩ সুবিবেচনা: He is a man of ~. ৪ শাস্তি (ঈশ্বরপ্রদত্ত): His violent death is a ~ on him for his evil deeds. ৫ মতামত: In his ~, Mr. Ali is a great cheat.

ju·di·ca·ture [ˈজূডিকাচা(র্)] *n* ১ বিচার বিভাগ। ২ বিচারকবর্গ; আদালত; ধর্মাধিকরণ।

ju·di·cial [জূˈডিশ্‌ল্] *adj* ১ বিচারালয় সংক্রান্ত; বিচারক বা বিচারসংক্রান্ত: He brought ~ proceedings against his tenant. **~ murder** বিচারের নামে অন্যায়ভাবে কাউকে মৃত্যুদণ্ড দেওয়া। ২ নিরপেক্ষ সুবিবেচক: He has a ~ mind. **~·ly** *adv*

ju·dici·ary [জূˈডিশারি] *n* ১ কোনো দেশের বিচারকমণ্ডলী। ২ কোনো দেশের আইন-আদালতের পদ্ধতি।

ju·di·cious [জূˈডিশাস্] *adj* (আনুষ্ঠা.) সুবিবেচনাপূর্ণ; বিচক্ষণ। **~·ly** *adv* . **~·ness** *n*

judo [ˈজূডৌ] *n* জাপানি কুস্তি বা আত্মরক্ষার কৌশল।

jug[1] [জাগ্] *n* ১ হাতল ও নলওয়ালা পাত্র; জগ: a water ~, a milk ~. ২ (অশিষ্ট) জেলখানা। **jugful** *n* জগভর্তি: a jugful of water.

jug[2] [জাগ্] *vt* ১ জগের মধ্যে ভরে সিদ্ধ করা (বিশেষ করে খরগোশ): a ~ged hare. ২ (কথ্য) জেলে পাঠানো।

jug·ger·naut [ˈজাগানো°ট্] *n* ১ যে বিশ্বাসের বশে, কিংবা যে কাজের জন্য অনেক লোককে হত্যা করা হয়, বা অনেক লোক আত্মদান করে। ২ (কথ্য.) দূরপাল্লার বিশাল যানবাহন। ৩ হিন্দু দেবতা জগন্নাথ।

juggle [ˈজাগ্‌ল্] *vi,vt* **~ (with)** ভোজবাজি বা ম্যাজিক দেখানো; বল, থালা ইত্যাদির সাহায্যে কৌশলের খেলা দেখানো; প্রতারণা করার জন্য তথ্য কিংবা সংখ্যা নিয়ে ভোজবাজি করা। **jug·gler** *n* বাজিকর।

jugu·lar [ˈজাগ্যিউলা(র্)] *adj* ঘাড় বা গলা সম্পর্কিত। **ˈ~ veins** ঘাড়ের মোটা শিরা।

juice [জূস্] *n* ১ ফল, সবজি কিংবা মাংসের রস: orange ~. ২ দেহের প্রত্যঙ্গজাত তরল পাচক রস: gastric ~.। ৩ (কথ্য) বিদ্যুৎ, পেট্রল বা অন্যবিধ শক্তির উৎস।

juicy [জূসি] *adj* ১ রসালো। ২ (কথ্য) আকর্ষণীয়, মজার (বিশেষ করে অপরের অপবাদ বা নিন্দার ঘটনা।) **juici·ness** *n*

ju-jitsu [জূˈজিট্‌সু] *n* যুযুৎসু; জাপানি আত্মরক্ষাকৌশল যা থেকে পরবর্তীকালে জুডোর উৎপত্তি।

juju [ˈজূজূ] *n* আফ্রিকার জুজু-দেবতা, এর জাদুশক্তি।

ju·jube [ˈজূজূব্] *n* এক ধরনের লজেন্স।

juke-box [ˈজূক্ বক্‌স্] *n* পয়সা ফেলে চালানো হয় এমন রেকর্ড প্লেয়ার।

ju·lep [ˈজূলিপ্] *n* হুইস্কি, বরফ এবং পুদিনামিশ্রিত এক ধরনের মিষ্টি পানীয়।

Jul·ian [জূলিঅন্] *adj* জুলিয়াস সিজার সংক্রান্ত। **~ calendar** জুলিয়াস সিজার কর্তৃক ৪৬ খ্রিস্টাব্দে রোমে প্রচলনকৃত পঞ্জিকা। দ্র. Gregorian.

July [জূˈলাই] *n* ইংরেজি বছরের সপ্তম মাস (জুলিয়াস সিজারের জন্ম এই মাসে বলে তাঁর নামানুসারে)।

jumble [জাম্‌ব্‌ল্] *vi,vt* **~ (up)** তালগোল পাকানো; মিশ্রিত করা বা হওয়া: Books, clothes and shoes are all ~d up in the room. ❑*n* তালগোল পাকানো অবস্থা। **ˈ~-sale** *n* পুরনো, ব্যবহৃত মালামালের বিক্রয় (সস্তা দরে)।

jumbo [জাম্‌বৌ] *adj* অস্বাভাবিক বড়ো: ~ jets; ~ sized.

jump[1] [জাম্প্] *n* ১ লাফ; লম্ফ; ঝাঁপ। **the ˈlong/ˈhigh ~** দীর্ঘ লাফ/উচ্চ লাফ (ক্রীড়া প্রতিযোগিতাবিশেষ)। ২ ভয়জনিত শারীরিক সঞ্চালন। **give sb a ~** কাউকে ভয় পাইয়ে দেওয়া। **the ~s** (কথ্য) স্নায়বিক উত্তেজনা যার ফলে অনিয়ন্ত্রণযোগ্য শারীরিক আক্ষেপ সৃষ্টি হয়। ৩ পরিমাণ, মূল্য, দরের হঠাৎ বৃদ্ধি: There was a ~ in the price of crude oil during the Gulf War. **~y** *adj* উত্তেজিত; নার্ভাস। **~·iness** *n*

jump[2] [জাম্প্] *vi,vt* ১ লাফ দেওয়া; ঝাঁপ দেওয়া; ঠিকরে বা ছিটকে ওঠা; কোনো আসন থেকে হঠাৎ উঠে পড়া: He ~ed to his feet. He ~ed over the fence. He ~ed out of his chair. **~ down sb's throat** আকস্মিকভাবে কারো কথার উত্তর দেওয়া বা কথায় বাধা দান। **ˈ~ed-up** (কথ্য) ভুঁইফোড়। ২ লাফ দিয়ে পার হওয়া; লাফ দেওয়ানো: He ~ed the horse over the stile. **~ rails/track** লাইনচ্যুত হওয়া। ৩ আনন্দ বা উত্তেজনায় লাফানো: He was ~ing up and down in excitement. ৪ অকস্মাৎ দর বেড়ে যাওয়া: Oil price ~ed suddenly. ৫ **~ at** আগ্রহের সাথে গ্রহণ করা: If I am offered a job at the University, I would ~ at it. **~ to conclusions** তড়িঘড়ি কোনো সিদ্ধান্তে আসা। **ˌ~ ˈto it** দ্রুত এবং ত্বরিত কাজ করা; আক্রমণ। **~ on** আক্রমণ করা; তিরস্কার করা। **~ the gun** সময়ের আগেই শুরু করা (সূত্র: পিস্তলের আওয়াজ শোনার আগেই দৌড় প্রতিযোগিতার কোনো খেলোয়াড় যদি দৌড় শুরু করে)। **go and ~ in the lake** (কথ্য) সটকে পড়ো, কেটে পড়ো, গোল্লায় যাও। **~ the queue** নিজের পালা আসার আগেই তড়িঘড়ি কিছু পেতে চাওয়া।

jumper [ˈজাম্পা(র্)] *n* ১ (প্রধানত উলে বোনা) হাতঅলা বা হাতাছাড়া জামা; জাম্পার। = [US] pinafore. ২ ব্যক্তি, জন্তু বা পোকা—যে লাফ দেয়।

junc·tion [ˈজাঙ্কশ্‌ন্] *n* ১ সংযোগ; সন্ধি। ২ রাস্তা, রেলপথ ইত্যাদির সংযোগস্থল; বৈদ্যুতিক বর্তনীর সংযোগস্থল: railway ~.

junc·ture [ˈজাঙ্কচা(র্)] *n* ১ সংযোগ। ২ সঙ্কটমুহূর্ত; সন্ধিক্ষণ। **at this ~** এই সন্ধিক্ষণে।

June [জূন্] *n* ইংরেজি বৎসরের ষষ্ঠ মাস।

jungle [ˈজাঙ্গ্‌ল্] *n* ১ গভীর বন; ক্রান্তীয় অরণ্য; জঙ্গল: Jungle warfare, অরণ্যযুদ্ধ; ~ fever, আরণ্যক জ্বর; প্রবল ম্যালেরিয়া। **the law of the ~** পরস্পর হানাহানি ও অরাজক অবস্থা; মাৎস্যন্যায়। ২ তীব্র প্রতিযোগিতা ও ঘনবসতি (বিশেষত মহানগরী সম্পর্কিত): a concrete ~. ৩ (যৌগশব্দে) ˈ~-fowl, বনমোরগ; ˈ~-cat, বনবিড়াল। **jun·gly** *adj* জংলি; বনবাসী।

jun·ior [জূনিআ(র্)] *n adj* ১ (অপেক্ষাকৃত) বয়ঃকনিষ্ঠ; অধস্তন; নিম্নপদস্থ: He is ~ to me by three years. ২ [US স্কুল ও কলেজে] তৃতীয় বর্ষের ছাত্র।

ju·ni·per [জূনিপা(র্)] *n* চিরসবুজ গুল্মবিশেষ (এর কালো রঙের ফল থেকে একপ্রকার তেল পাওয়া যায় যা ঔষধ তৈরিতে ব্যবহৃত হয়)।

junk[1] [জাঙ্ক্] *n* পুরনো; বাতিল দ্রব্যাদি; আবর্জনা। **a ~ dealer** পুরনো বাতিল দ্রব্যাদির ব্যবসায়ী। **ˈ~ shop** পুরনো বাতিল দ্রব্যাদির দোকান।

junk[2] [জাঙ্ক্] *n* সমতল পাটাতনবিশিষ্ট চীনা নৌকা।

junket [জাঙ্‌কিট্] *n* ১ ননীমিশ্রিত দধির পায়াসবিশেষ; মিষ্টি খাবার। ২ ভোজ বা আনন্দ–উৎসব; বনভোজন। **~·ing** *n* আনন্দস্ফূর্তি; বনভোজন।

junkie, junky [জাঙ্‌কি] *n* (অশিষ্ট) মাদকদ্রব্যসেবী (বিশেষত হেরোইন–আসক্ত ব্যক্তি)।

junta [জান্‌টা US 'হুন্‌টা] *n* শাসন পরিচালনাকারী পরিষদ; জোরপূর্বক ক্ষমতা দখলকারী সামরিক অফিসারদের দল বা চক্র।

Jupi·ter ['জুপিটা(র্)] *n* বৃহস্পতি; সৌরজগতের বৃহত্তম গ্রহ; রোমানদের দেবরাজ। দ্র. Zeus.

ju·ridi·cal [জুঅরিডিকল্] *adj* মামলার শুনানি বা বিচার সম্পর্কিত।

ju·ris·dic·tion [জুঅরিস্'ডিকশ্‌ন্] *n* বিচার ব্যবস্থা; আইনগত অধিকার; আইনগত অধিকারের ব্যাপ্তি বা সীমা; অধিকারের এলাকা; এখতিয়ার: The supreme court has ~ over all the citizens of the country. This matter does not fall under my ~, আমার এখতিয়ারের বাইরে।

ju·ris·pru·dence [জুঅরিস্'প্রূড্‌ন্স্] *n* মানবিক আইনের বিজ্ঞান ও দর্শন।

jur·ist [জুরিস্ট্] *n* আইনবিদ; আইনজ্ঞ।

juror [জুআরা(র্)] *n* জুরির সদস্য।

jury [জুঅরি] *n* ১ বিচারালয়ে কোনো মামলার সত্যবিষয় নির্ণয় করার জন্য শপথবদ্ধ একদল ব্যক্তি; নির্ণায়কবর্গ; জুরিবর্গ। **'~-box** আদালতে জুরিদের বসার স্থান। ২ **grand ~** ১২ থেকে ২৩ জনে গঠিত যে জুরি বিচার করে দেখে যে কোনো বিশেষ মামলা চালানোর পক্ষে যথেষ্ট সাক্ষ্য প্রমাণ আছে কি না। **coroner's ~** যে জুরি অস্বাভাবিক মৃত্যুর উদ্ঘাটনে করোনারকে সাহায্য করে। ৩ কোনো প্রতিযোগিতায় বিজয়ী নির্বাচনের জন্য গঠিত নির্বাচক–সভা। (লাক্ষ.) **the ~ of public opinion** জনমতের জুরি (অর্থাৎ জনগণই কোনো প্রশ্নের সঠিক মীমাংসা প্রদানকারী। **'~·man** *n* জুরির সদস্য।

just[1] [জাস্ট্] *adj* ১ ন্যায়পরায়ণ; ন্যায়ানুগ; সঠিক: He is a ~ man. It was a just decision. ২ ন্যায্য; সুবিচারপূর্ণ: The criminal received his ~ deserts. ৩ যথাযথ; যুক্তিযুক্ত: a ~ suspicion, a ~ opinion. **~·ly** *adv*: He was ~ly punished. **~·ness** *n*

just[2] [জাস্ট্] *adv* ১ নিকট অতীত বোঝানোর জন্য verb-এর আগে ব্যবহার রয়েছে: I have ~ finished my lunch. ২ ঠিক: This is ~ what I expected. ৩ **~ as** (ক) ঠিক যেমনটি আছে বা ছিল : I left the room ~ as it was. (খ) (Adverbials of time-এর পূর্বে): He reached the station ~ as the train was leaving. (গ) **~... so** যেমন .... তেমনি: Just as you find Mathematics difficult, so I find Chemistry very hard. ৪ Adverb এর সাথে ব্যবহার: ~ now,~ here. ৫ ঠিক সেই মুহূর্তে: We were ~ about to start ... .৬ **(only) ~**: We (only) ~ managed enough money for our bus-fare. ৭ দৃষ্টি আকর্ষণ করার জন্য (কথ্য বাগ্‌ভঙ্গিতে): ~ listen to what /I say.

jus·tice [জাস্‌টিস্] *n* ১ ন্যায়পরায়ণতা, যথাযথ আচরণ: We should treat all students with ~. **in ~ to** ন্যায়ানুগ হওয়ার জন্য। **do ~ to** সুবিচার করা: The writer did not do ~ to his subject-matter. **do oneself ~** নিজের ক্ষমতার পূর্ণ ব্যবহার করা: You didn't do yourself a ~ in the essay you've written. ২ বিচার ব্যবস্থা; আইনের প্রয়োগ: a court of ~, বিচারালয়। **bring sb to ~** কাউকে গ্রেপ্তার করে আদালতে সোপর্দ করা; দণ্ডিত করা। ৩ সুপ্রীম কোর্টের বিচারক: Justice Chowdhury; Chief Justice. ৪ **,J~ of the 'Peace** বিচারক।

jus·tici·ary [জাস্ 'টিশারি] *n* বিচারক বা প্রধান বিচারকের ক্ষমতার এলাকা; ক্ষমতার পরিসর।

jus·tify [জাস্‌টিফাই] *vt* ১ সত্যতা বা ন্যায্যতা প্রতিপাদন করা: He failed to ~ his absence in the office. ২ ভালো অছিলা হওয়া: Your wish to go to cinema does not ~ your leaving the work unfinished. ৩ (মুদ্রণ.) লাইনের ভিতরকার ফাঁক টাইপ দিয়ে যথাযথভাবে সাজানো। **jus·ti·fi·able** *adj.* **jus·ti·fi·ably** *adv.* **jus·ti·fi·ca·tion** *n* ১ যা কোনো কাজ বা বক্তব্যের সত্যতা প্রতিপাদন করে: The justification that he gave for his stealing was that he was very poor. ২ সত্যতা প্রতিপাদক কাজ বা যুক্তি।

jut [জাট্] *vi* **jut out** বেরিয়ে থাকা; এমনভাবে থাকা যাতে পরিপার্শ্বের সাথে ভিন্নতা সৃষ্টি হয়: We suddenly noticed a gun jutting out from a bush.

jute [জুট্] *n* পাট।

ju·ven·ile [জুভানাইল্] *n* তরুণ; স্বল্পবয়স্ক ব্যক্তি। □*adj* তরুণসুলভ, কৈশোরক, তরুণ বা কিশোরদের পাঠোপযোগী: ~ literature, কিশোরসাহিত্য; ~ delinquency, কিশোর অপরাধ; ~ delinquent, কিশোর অপরাধী। **juvenilia** কোনো শিল্পীর তরুণ বয়সের শিল্পকর্ম বা রচনা। **juvenility** তারুণ্য; কৈশোর।

jux·ta·pose [জাকস্‌টা'পৌজ্] *vt* পাশাপাশি স্থাপন করা। **jux·ta·po·si·tion** পাশাপাশি স্থাপন; সন্নিধি।

K k

Kk [কেই] ইংরেজি বর্ণমালার একাদশ বর্ণ।

Kaaba [কা:ব্যা] *n* মক্কার পবিত্র কা'বা গৃহ; বিখ্যাত মুসলিম তীর্থস্থান।

kachari [কা:চ্যারি] *n* ১ জমিদারের বা নায়েবের কার্যালয়। ২ আদালত।

kaf·fir ['ক্যাফা(র্)] *n* দক্ষিণ আফ্রিকার বান্টুজাতীয় লোক; কাফ্রি, কৃষ্ণাঙ্গ আফ্রিকাবাসী বোঝানোর (অপমানসূচক) শব্দ।

Kaiser ['কেইজ়া(র্)] *n* (১৯১৮ সালের পূর্বে) জর্মন সম্রাটের উপাধি।

kake·mono [ক্যাকি'মৌনৌ] *n* (রেশমবস্ত্র কিংবা কাপড়ের উপর অঙ্কিত) জাপানি চিত্রকলাবিশেষ।

ka·leido·scope [কা'লাইডাস্‌কৌপ্] *n* ১ এক ধরনের চোঙাকৃতি খেলনা যার ভিতর অনেক রঙের কাচ ও আয়না থাকে এবং যা ঘোরালে ক্রমাগত পরিবর্তনশীল বর্ণ ও নকশা দেখা যায়। ২ (লাক্ষ.) উজ্জ্বল দৃশ্যসমূহের দ্রুত পরিবর্তনশীল প্যাটার্ন। **ka·leido·scopic** *adj* দ্রুত পরিবর্তনশীল (দৃশ্য, রং সম্পর্কিত)।

kam·pong ['ক্যাম্‌পঙ্] *n* (মালয়েশিয়ায়) ঘের–দেওয়া জায়গা; গ্রাম।

kan·ga·roo [ক্যাঙ্‌গা'রূ] *n* ক্যাঙ্গারু; অস্ট্রেলিয়ার জন্তুবিশেষ যা পিছনের দুই পায়ে লাফিয়ে চলে। স্ত্রী–ক্যাঙ্গারু পেটের থলিতে বাচ্চা বহন করে। **~ court** শ্রমিক বা ধর্মঘটী কয়েদিদের দ্বারা গঠিত অবৈধ আদালত যেখানে ভিন্নমতাবলম্বীদের বিরুদ্ধে শাস্তিমূলক ব্যবস্থা নেওয়া হয়।

kao·lin [কেইঅলিন্] *n* চীনামাটি।

ka·pok [কেইপক] *n* গদি, জাজিম, লাইফবেল্ট ইত্যাদির ভিতর নরম তুলার মতো যে আঁশ জাতীয় দ্রব্য ভরা হয়।

ka·put [ক্যাপুট্] *adj* (অশিষ্ট) খতম; বিনষ্ট; সাবাড় হয়েছে এমন; ধ্বংসপ্রাপ্ত; বিচূর্ণীকৃত।

karat [ক্যারাট্] = carat[2].

ka·rate [কা'রা:টি] *n* জাপানি আত্মরক্ষা-কৌশলবিশেষ যাতে হাত, পা, মাথা এবং কনুই শত্রুর বিরুদ্ধে ব্যবহার করা হয়।

karma [কা:মা] *n* কর্মফল; বৌদ্ধধর্মের জন্মান্তরবাদ— ব্যক্তির বিভিন্ন জন্মে কৃত কর্মের গুণাগুণ পরবর্তী জন্মে তার নিয়তি কী হবে তা নির্ধারণ করে।

kayak [কাইঅ্যাক্] *n* (এস্কিমোদের) সিলমাছের চামড়ায় আবৃত পাতলা কাঠের নৌকাবিশেষ।

ke·bab [কাব্যাব] *n* কাবাব।

ked·ger·ee [কেজরী] *n* চাল ও ডালের মিশ্রণে প্রস্তুত অন্নবিশেষ; খেচরান্ন; খিচুড়ি।

keel [কীল্] *n* জাহাজের তলি। **(keep) on an even ~** (জাহাজের) এদিক-ওদিক দুলুনি যাতে না হয় সেজন্য জাহাজকে স্থির রাখা; (লাক্ষ.) সুস্থির; শান্ত থাকা। □*vt,vi* মেরামত করার জন্য জাহাজকে একদিকে কাত করা।

keen[1] [কীন্] *adj* ১ ধারালো: The knife has a ~ edge; (লাক্ষ.) তীক্ষ্ণ: ~ sarcasm. ২ (কোনো বিষয়ে উৎসাহ বা অনুভব সম্পর্কে) তীব্র; গভীর: I have a ~ interest in music. **~ on** আগ্রহী; অনুরক্ত; উৎসুক: We are all very ~ on getting through the exam. **~·ly** *adv*. **~·ness** *n*

keen[2] [কীন্] *n* আয়ার্ল্যান্ডে প্রচলিত শোকসঙ্গীত—যা কোনো মৃতের জন্য উচ্চকিত কান্নার সুরে গাওয়া হয়। □*vi,vt* শোকসঙ্গীত গাওয়া; (এভাবে) শোক করা।

keep[1] [কীপ্] *vt,vi* ১ রাখা: I kept the books on the table. **~ an eye on** (কথ্য) নজর রাখা: ~ an eye on your new servant. **~ sth in mind** স্মরণ রাখা: ~ it in mind that we have very little time at hand. ২ কোনো প্রক্রিয়া চালু রাখা; কোনো অবস্থা বজায় রাখা: He kept us waiting; ~ the kettle boiling. ৩ **~ sb/sth from doing sth** বাধা দেওয়া; বিরত রাখা: We must ~ him from knowing the secret. ৪ **~ sth (from)** অন্যের কাছ থেকে গোপন রাখা: He can ~ nothing from his wife. ~ your views to yourself, I have no time to hear them. **~ one's own counsel =** counsel[1]. ৫ (প্রতিশ্রুতি ইত্যাদি) রক্ষা করা: He failed to ~ his promise. ৬ উদ্‌যাপন করা: ~ one's birthday. ৭ পাহারা দেওয়া; রক্ষা করা: ~ goal = goal keeper; ~ wicket = wicket keeper; May Allah ~ you! ৮ সংরক্ষণ করা; নিজের কাছে রাখা; You can ~ those books, I don't need them. **~ hold of** ধরে রাখা; ছেড়ে না দেওয়া: ~ hold of the rope. ৯ পালন করা; ব্যয় নির্বাহ করা: He has a big family to ~. ১০ বিক্রির জন্য মজুত রাখা: The shop ~s good brands of cigars. ১১ **~ house** গৃহস্থালির কাজের দায়িত্ব পালন করা: You need to ~ your house. ১২ মালিক হওয়া; চালানো: He ~s shop in the downtown. ১৩ **'shop-~er** দোকানমালিক; দোকানদার; হিসাব রাখা; টোকা রাখা। **~ accounts** হিসাব রাখা। **~ books** = ~ accounts. **Book ~ing** হিসাব সংরক্ষণ। ১৪ কোনো বিশেষ অবস্থায় স্থিত থাকা: ~ quiet; ~ left when you are driving. ১৫ **~ on doing sth** কোনো কাজ করতে থাকা: You should ~ on studying. ১৬ (খাদ্য) ব্যবহার যোগ্য থাকা: Will this meat ~ till tomorrow? ১৭ Adv part সমন্বিত ব্যবহার: **~ at sth** লেগে থাকা: Don't leave your job, just ~ at it. **~ off** দূরে থাকা: Please ~ off that subject, say nothing about it. **~ sb/sth off** কাউকে; কোনো কিছুকে দূরে রাখা: Regular exercise can ~ diseases off. **~ on (doing sth)** কোনো কাজে রত থাকা; লেগে থাকা: He ~s on doing the same mistake. K~ on trying until you succeed. **~ out (of sth)** বাইরে থাকা; জড়িত না হওয়া: ~ out of politics. **~ away (from sth)** দূরে থাকা: K~ away from an electric line. **~ back** পিছনে থাকা; পিছিয়ে থাকা। **~ sb down** দমিয়ে রাখা। **~ sth down** কোনো কিছু সংবরণ করা: He could not ~ down his temper. **~ in** (বাতি আগুন প্রভৃতি) জ্বলতে থাকা; নিভে না যাওয়া। **~ in with sb** সুসম্পর্ক/বন্ধুত্ব বজায় রেখে চলা। **~ to** অঙ্গীকার রক্ষা করা: One should ~ one's promise. **~ up** গতি বা উন্নতির স্তর বজায় রাখা: ~ up the present rate of production. **~ up with** তাল রাখা: You walk so fast that I can't ~ up with you. **~ up with the joneses** প্রতিবেশীর সঙ্গে তাল মিলিয়ে চলা (পোশাক-আশাকে, সামাজিকতায়, সম্পদের প্রদর্শনে ইত্যাদি)। **~ sth up** নিম্নগামী না হতে দেওয়া: ~ up your courage; পালন করা: ~ up old customs.

keep[2] [কীপ্] *n* খোরাক: The blind man cannot earn his ~.

keeper [কীপা(র্)] *n* ১ প্রহরী; পালক; রক্ষক; তত্ত্বাবধায়ক। ২ বিশেষ দায়িত্বে নিযুক্ত ব্যক্তি: goal ~, গোল-রক্ষক; shop ~, দোকানদার।

keeping [কীপিঙ্] *n* ১ যত্ন। **In safe ~** সযত্নে রক্ষিত: The ornaments are in safe ~. ২ যত্নে পালন: The ~ of bees. **In ~ with** সঙ্গতিপূর্ণ: His dress is not in ~ with the occasion.

keep·sake [কীপ্‌সেইক্] *n* স্মৃতিস্বরূপ রক্ষিত কোনো কিছু: She gave me the ring for ~ .

keg [কেগ্] *n* ছোট পিপা (সাধারণত ১০ গ্যালনের কম ধারণক্ষমতাসম্পন্ন)।

kelp [কেল্প্] *n* বৃহদাকৃতির সামুদ্রিক গুল্মাদি।

kelt [কেল্ট্] *n* = celt.

kel·vin [কেলভি়ন্] *n,adj* আন্তর্জাতিকভাবে স্বীকৃত তাপ-পরিমাপক বিশেষ, যার 0°=— ২৭৩·১৫ সেন্টিগ্রেড।

ken[1] [কেন্] *n* [u] **beyond/outside my ~** (কথ্য) জ্ঞানের পরিসীমার বাইরে; অজানা।

ken[2] [কেন্] *vt* (স্কট.) জানা।

ken·nel [কেন্‌ল্] *n* ১ কুকুর রাখার ঘর। ২ যে স্থানে কুকুরের যত্ন নেওয়া হয়। □*vt,vi* কুকুর রাখার ঘরে রাখা; কুকুরের ঘরে বাস করা।

ker·chief [কা্চিফ্] *n* [C] (প্রা. প্র.) মহিলাদের মস্তকাবরণ হিসাবে ব্যবহৃত চৌকোনা কাপড়।

ker·nel [কা্ন্ল্] *n* [C] ফলের ভিতরকার শাঁস; (লাক্ষ.) কোনো বিষয়ের কেন্দ্রবস্তু; মর্মস্থল।

kero·sene [কেরসীন্] *n* [U] পেট্রল বা কয়লা থেকে উৎপন্ন তেল; কেরোসিন। **~ lamp** কেরোসিন বাতি।

kes·trel [কেস্ট্রাল্] *n* একপ্রকার ছোট বাজপাখি।

ketch·up [কেচাপ্] *n* [U] টম্যাটো রস, ভিনেগার ইত্যাদি থেকে তৈরি আচার; চাটনি।

kettle [কেট্‌ল্] *n* তরল দ্রব্য গরম করার জন্য মুখ ও হাতলবিশিষ্ট ধাতুনির্মিত পাত্র; কেটলি।

kettle·drum [কেট্‌ল্‌ড্রাম্] *n* বাদ্যযন্ত্রবিশেষ; নাকাড়া।

key[1] [কী] *n* ১ চাবি। ˈ**master·key** একাধিক তালা খোলা যায় এমন চাবি। ˈ**key·hole** তালার ছিদ্রপথ। ˈ**key·ring** চাবির রিং। ২ ঘড়িতে দম দেওয়ার জন্য ব্যবহৃত চাবি। ৩ **key (to)** (লাক্ষ.) যা কোনো সমস্যা বা রহস্যের জট খুলতে সাহায্য করে। ৪ সহায়কগ্রন্থ। ৫ অত্যাবশ্যক; গুরুত্বপূর্ণ: He holds a key position in the company. ˈ**key-man** গুরুত্বপূর্ণ ব্যক্তি; অপরিহার্য কর্মী। ˈ**key·stone** (স্থাপত্য) খিলানের শীর্ষে স্থাপিত পাথর যা অন্যান্য পাথরকে যথাস্থানে রাখতে সাহায্য করে; (লাক্ষ.) কেন্দ্রীয় নীতি যার উপর সবকিছু নির্ভর করে। ৬ টাইপরাইটার, পিয়ানো, অর্গান, বাঁশি ইত্যাদির ঘাট বা টেপার চাবি। ˈ**key·board** উক্ত যন্ত্রাদির চাবির ফলক। ৭ (সঙ্গীত.) সুরের স্কেল; স্বরগ্রাম: In a high key/low key, উচ্চগ্রামে/ নিম্নগ্রামে। ˈ**key·note** যে তালের উপর ভিত্তি করে সুরের স্কেল গড়ে ওঠে; (লাক্ষ.) প্রধান বিষয়বস্তু বা সুর: The keynote of the President's address was the need for national unity.

key[2] [কী] *vt* বাদ্যযন্ত্রের সুর বাঁধা। **key sth in** ঐক্যের ভিতরে আনা; সমন্বিত করা। **key sb up** কাউকে অনুপ্রাণিত; উত্তেজিত করা: keyed up by the thought of ....

khaki [কা:কি] *n* খাকি রঙের কাপড়; খাকি কাপড়ের তৈরি সামরিক পোশাক। □*adj* হলুদাভ বাদামি বা খাকি রঙের।

khan [কা:ন্] *n* মধ্য এশিয়া, আফগানিস্তান প্রভৃতি অঞ্চলে শাসক বা রাজপ্রতিনিধি বা গোষ্ঠীসর্দারদের উপাধি।

kick[1] [কিক্] *n* ১ লাথি; পদাঘাত: He gave the dog a ~. **more ~s than halfpence** পুরস্কারের চেয়ে তিরস্কার বেশি। ˈ**~-back** অর্জিত অর্থের জন্য সহায়তাকারীকে প্রদত্ত অংশ। ˌ**~-ˈstart** মটর সাইকেল স্টার্ট দেওয়ার জন্য ব্যবহৃত পাদানি। ২ (কথ্য) উত্তেজনা; আনন্দ: He gets a good deal of ~ by playing cricket.

kick[2] [কিক্] *vt,vi* ১ লাথি দেওয়া; পদাঘাত করা। **~ the bucket** (অশিষ্ট) মৃত্যুবরণ করা; অক্কা পাওয়া। **~ one's heels** অলসভাবে সময় কাটানো। **~ sb upstairs** কাউকে পদোন্নতি দিয়ে পথ খোলাসা করা (যাতে তার হাত থেকে রেহাই পাওয়া যায়)। ২ বন্দুক ছোড়ার সময়কার পশ্চাদাভিঘাত: 303 rifles ~ badly.

kid[1] [কিড্] *n* ১ [C] ছাগলছানা। ২ ছাগলের চামড়া। **kid gloves** ছাগলের চামড়ার তৈরি দস্তানা। **handle sb with kid gloves** কারো প্রতি সদয় বা নরম আচরণ করা। ৩ (অশিষ্ট) শিশু বা তরুণ: You are a mere kid. **kiddy** বাচ্চা; খোকা (সম্বোধনে ব্যবহৃত)।

kid[2] [কিড্] *vt,vi* (অশিষ্ট) ধাপ্পা দেওয়া; ভাঁওতা দেওয়া: Are you kidding ?

kid·nap [কিড্ন্যাপ্] *vt* (মানুষকে) অপহরণ করা। **~·per** অপহরণকারী।

kid·ney [কিড্নি] *n* রক্ত থেকে মূত্রকে আলাদা করে যে গ্রন্থি; বৃক্ক; মূত্রগ্রন্থি। ˌ**~-ˈbean** কিডনি আকৃতির শিমবিশেষ। ˈ**~ machine** কৃত্রিম বৃক্ক যা রোগীদের জন্য ব্যবহৃত হয়।

kill [কিল্] *vt,vi* ১ হত্যা করা; মৃত্যু ঘটানো। **~ sb/sth off** ধ্বংস করার মাধ্যমে রেহাই পাওয়া: The torrential rain ~ed off the mosquitoes. **~ time** সময় কাটানো: to ~ time while waiting for the train. **~ two birds with one stone** এক ঢিলে দুই পাখি মারা; এক কাজে দুই উদ্দেশ্য সাধন করা। ২ ব্যর্থ করা; অক্রিয় করা: The bad microphone ~ed the show. ৩ অভিভূত করা; গভীর রেখাপাত করা। **~ sb with kindness** বেশি আদর বা করুণা দেখিয়ে কারো মাথা খাওয়া/নষ্ট করা। □*n* নিহত প্রাণী (বিশেষত শিকারের ক্ষেত্রে): The tiger is guarding its ~. There was a lot of ~ in our hunting expedition. **~·ing** (প্রাচীন কথ্য) মজার; উপভোগ্য: a ~ing joke; ক্লান্তিকর: a ~ing journey. *n* **make a ~ing** অসাধারণ সাফল্য লাভ করা। **~er** যা বা যে হত্যা করে, ধ্বংস করে; হত্যাকারী: He is a ~er. Cancer is still the number one ~er.

kiln [ˈকিল্ন্] *n* ইট, মাটির পাত্র, চুনাপাথর ইত্যাদি পোড়ানো বা শুকানোর জন্য ব্যবহৃত বড় চুল্লি বা ভাঁটি।

kilo[1] [কীলৌ] *n* কিলোগ্রামের সংক্ষেপ; কেজি।

kilo[2] [ˈকিলা] *n* সহস্র; সহস্রগুণ। **kilo·gram** একহাজার গ্রাম; এক কিলোগ্রাম (কেজি)। **kilo·litre** ১০০০ লিটার (তরল পদার্থ–মাপক)। **kilo·metre** ১০০০ মিটার (দূরত্বমাপক)। **kilo·watt** ১০০০ ওয়াট (শক্তিমাপক)।

kilt [কিল্ট্] *n* স্কটল্যান্ডের পার্বত্যাঞ্চলের পুরুষদের পরিধেয় ঝালরওয়ালা ঘাগরাবিশেষ; মহিলা এবং শিশুদের পরিধেয় এমন ঘাগরা। **~ed regiment** এরকম ঘাগরা–পরিহিত স্কটিশ সেনাবাহিনী।

kim·ono [কিˈমৌনৌ] জাপানিদের ঐতিহ্যবাহী আলখাল্লা জাতীয় ঢিলা পোশাক।

kin [কিন্] *n* পরিবার; আত্মীয়স্বজন: We have no kin in this country. **next of kin** নিকটতম আত্মীয়।

kind[1] [কাইন্ড্] *adj* সদয়; অপরের প্রতি সহানুভূতিশীল। ˌ**~-ˈhearted** হৃদয়বান; সদয়চিত্ত; দয়ালু। **~·ly** *adv* ১ সদয়ভাবে: They treated the boy ~ly. ২ (বিনয় প্রকাশ) Will you ~ly tell us.... ৩ স্বাভাবিকভাবে; সহজে: He took ~ly to his new assignment. **~·ness** *n* দয়া। **out of ~ness** দয়াপরবশ হয়ে।

kind[2] [কাইন্ড্] *n* ১ সগোত্র প্রাণীসমূহ; জাতি; গোষ্ঠী: ˌmanˈ~. ২ রকম; প্রকার; শ্রেণী: several ~s of mangoes. **Nothing of the ~** মোটেই এ রকম নয়। **something of the ~** অনেকটা তদ্রূপ; অনেকটা সে রকম। **of a ~ (ক)** একগোত্রীয়; এক রকম। **(খ)** (অপছন্দ বোঝাতে): The hotel manager showed us a room of a ~. ৩ প্রকৃতি; চরিত্র: The difference between the two is one of degree and not of ~. ৪ (পাওনা আদায়) নগদ অর্থের বদলে দ্রব্যের মাধ্যমে: The employees were paid both in cash and in ~.

kin·der·gar·ten [ˈকিনডাগা:টন্] *n* প্রাতিষ্ঠানিক শিক্ষালাভের বয়স হয়নি এমন শিশুদের জন্য স্কুল; জর্মন পণ্ডিত ফ্রোএবল্–এর নীতি অনুসারে খেলার মাধ্যমে শিশুমনের বিকাশ সাধনের জন্য পরিচালিত বিদ্যালয়।

kindle [ˈকিন্ড্ল্] *vt,vi* ১ আগুন ধরা; আগুন জ্বলে ওঠা; আগুন ধরানো। ২ অনুরাগ, উৎসাহ ইত্যাদি উদ্দীপ্ত করা বা হওয়া: His speech ~ed the audience's interest. **kind·ling** আগুন জ্বালানোর উপকরণ; ইন্ধন; লাকড়ি।

kind·ly[1] [কাইন্ড্লি] *adj* সদয়; হৃদ্যতাপূর্ণ।

kind·ly[2] [কাইন্ড্লি] *adv* সদয়ভাবে; অনুগ্রহ করে।

kin·dred [ˈকিন্ড্রিড্] *n* ১ আত্মীয়তা (জন্মসূত্রে); জ্ঞাতিত্ব। ২ (Collective *pl*) পরিবার; জ্ঞাতিবর্গ। □*adj* সম্পর্কযুক্ত; সদৃশ; একই সূত্র থেকে জাত; স্বজাতিভুক্ত: Bengali, Hindi and Assamese are kindred languages.

kin·etic [কি'নেটিক্] *adj* গতিসম্পর্কিত; গতি থেকে উদ্ভূত। ,~ '**energy** গতিসঞ্জাত শক্তি; গতিশক্তি। **~s** *n* গতিবিদ্যা।

king [কিঙ্] *n* ১ রাজা; নৃপতি। ২ অত্যন্ত প্রভাবশালী ব্যক্তি: K~ of the boxing ring. ৩ দাবা বা তাসের রাজা: The ~ of hearts. ৪ কোনো প্রজাতির বৃহত্তম বা শ্রেষ্ঠতম সদস্য: The lion is called the ~ of beasts. ৫ '**~·cup** বড়ো আকারের পেয়ালা সদৃশ গাঁদাফুলবিশেষ। '**~·fisher** মাছরাঙা পাখি। '**~-size** বড়ো আকারের। '**~·ship** রাজত্ব।

king·dom ['কিঙ্ডম্] *n* ১ রাজ্য; রাজত্ব। ২ ঈশ্বরের রাজ্য। ৩ প্রাকৃতিক জগতের তিন বৃহৎ ভাগের যে কোনো একটি: The animal ~.

kink [কিঙ্ক্] *n* ১ ফিতা, দড়ি ইত্যাদিতে মোচড় বা পাক। ২ মনের অস্বাভাবিক প্যাঁচ; মানসিক গিট্টু। □*vt,vi* প্যাঁচ লাগানো বা প্যাঁচিয়ে যাওয়া: This wire ~s easily. **~y** *adj* জটিল মানসিকতাসম্পন্ন ব্যক্তি; যার মনে অনেক প্যাঁচ; অস্বভাবী।

kins·folk ['কিন্জ়্ফৌক্] *n* (রক্তের সম্পর্কে) আত্মীয়স্বজন। **kins·men** পুরুষ আত্মীয়গণ। **kins·women** মহিলা আত্মীয়বর্গ।

kin·ship ['কিন্শিপ্] *n* জ্ঞাতিত্ব; রক্তের সম্পর্ক; চরিত্র বা স্বভাবগত সাযুজ্য।

kiosk ['কীঅস্ক্] *n* ১ সংবাদপত্র, মিষ্টি, সিগারেট ইত্যাদি বিক্রয়ের ছোট্ট, সামনে খোলা দোকান; কখনো কখনো (পার্কে) শামিয়ানা ঢাকা গোল ছোট দোকান। ২ জনসাধারণের ব্যবহার্য টেলিফোনের ছোট্ট ঘর।

kip [কিপ্] *n* ১ (অশিষ্ট GB) যে বাসাবাড়িতে ঘুমানোর জন্য বিছানা ভাড়া দেওয়া হয়। ২ ঘুম। □*vi* ঘুমাতে যাওয়া: It's time to kip down.

kip·per ['কিপা(র্)] *n* শুকনা অথবা ধূমায়িত, লবণ-দেওয়া শুটকিমাছ।

kirk [ক্যক্] *n* (স্কট.) গির্জা।

kirsch [কিআশ্] *n* বুনো চেরিফল থেকে তৈরি বর্ণহীন পানীয় (মদ)বিশেষ।

kis·met ['কিজ়্মেট্] *n* ভাগ্য; নিয়তি; কিসমৎ।

kiss [কিস্] *vt,vi* চুমু খাওয়া; ঠোঁটে বা গালে ঠোঁট স্পর্শ করে আদর জানানো বা স্বাগত জানানো। **~ the book** বাইবেলে চুমু খেয়ে শপথ করা। **~ the dust** বিজয়ীর কাছে ধুলায় লুটিয়ে আত্মসমর্পণ করা; নিহত হওয়া। **~ hands/~ the Queen's hands** (GB) সরকারি পদে নিযুক্ত হওয়ার পর রাজা/রানীর হস্তচুম্বন করা। **~ of life** জলে ডোবা মানুষের শ্বাস-প্রশ্বাস ফিরিয়ে আনার জন্য মুখে মুখ লাগিয়ে শ্বাস দেওয়ার পদ্ধতি। □*n* চুম্বন; চুমু। **~er** (অশিষ্ট) মুখ।

kit [কিট্] *n* ১ সৈনিক, নাবিক বা ভ্রমণকারীর ব্যবহৃত ঝোলা—যার ভিতর সকল জিনিসপত্র, কাপড়চোপড় বহন করা হয়। '**kit·bag** মোটা কাপড়ে তৈরি থলে। ২ কোনো মিস্ত্রি বা কারিগরের জন্য প্রয়োজনীয় যন্ত্রপাতি: an electricians kit. ৩ খেলা বা কোনো বিশেষ কাজের জন্য ব্যবহার্য যন্ত্রপাতি ও পোশাক: golfing kit.

kit·chen ['কিচিন্] *n* রান্নাঘর। ,~ '**garden** সবজি বাগান। **~ sink,** দ্র. sink. **~·ette** রান্নার কাজে ব্যবহৃত চিলেকোঠা বা ছোট্ট ঘর।

kite [কাইট্] *n* ১ চিল। ২ ঘুড়ি। ৩ লোভী ব্যক্তি। **fly a ~** জনমতের হাওয়া কোন দিকে তা বোঝার জন্য গুজব ইত্যাদি ছড়িয়ে দেওয়া।

kith [কিথ্] (কেবল **kith and kin** এ) *n* আত্মীয়স্বজন।

kitsch [কিচ্] *n,adj* (চিত্রকলা, ডিজাইন সম্পর্কে) অগভীর, ভানপূর্ণ ও অসার।

kit·ten ['কিটন্] *n* বিড়ালছানা। ২ লঘুচিত্ত ও চপল তরুণী **~·ish** *adj* বিড়ালছানার মতো; চপল।

kitty ['কিটি] *n* ১ (তাসের খেলায়) বাজির পরিমাণ। ২ বিড়ালছানার আদুরে নাম।

kiwi ['কীউঈ] *n* নিউজিল্যান্ডের পাখিবিশেষ; (অপ.) নিউজিল্যান্ডবাসী।

klaxon [ক্ল্যাক্সন্] *n* মোটরগাড়ির বিদ্যুৎ-চালিত হর্ন বা ভেঁপু।

klep·to·man·ia [,ক্লেপটা'মেইনিআ] *n* মানসিক ব্যাধি যার ফলে চুরি করার প্রবণতা সৃষ্টি হয়; চৌর্যোন্মাদ। **klep·to·man·iac** *n* (মানসিক ব্যাধির কারণে) চুরির স্বভাব আছে এমন ব্যক্তি।

knack [ন্যাক্] *n* দক্ষতা; কৌশল।

knacker [ন্যাকা(র্)] *n* ১ যে কসাই অথর্ব ঘোড়া কিনে কেটে মাংস ও চামড়া বিক্রি করে। ২ যে ব্যক্তি পুরনো বাড়ি, জাহাজ ইত্যাদি কিনে এবং সেগুলো ভেঙে ইট, কাঠ, রড ইত্যাদি বিক্রি করে।

knackered [ন্যাকাড্] *adj* (অপ.) (GB) অত্যন্ত ক্লান্ত: How ~ I am !

knap [ন্যাপ্] *vt* (রাস্তা ইত্যাদি তৈরির খোয়া বানানোর জন্য) হাতুড়ি দিয়ে ইট ভাঙা।

knap-sack [ন্যাপ্স্যাক্] *n* সৈনিক বা পর্যটকদের (খাদ্য, কাপড়চোপড় বহন করার জন্য) মোটা কাপড় বা চামড়ার ব্যাগ যা পিঠে বহন করা যায়।

knave [নেইভ্] *n* ১ (প্রাচীন) বদমাশ; দুর্বৃত্ত; পাজি; জুয়াচোর; প্রতারক। ২ (তাসের খেলায়) গোলাম। **knav·ery** *n* বদমাইশি; অসাধুতা; অসাধু কর্ম। **knav·ish** *adj* প্রতারণামূলক; শঠ। **knav·ish·ly** *adv*

knead [নীড্] *vt* ১ ময়দা ইত্যাদি পিষে এবং হাতে ঠেসে তাল বানানো; এভাবে রুটি বানানো। ২ মালিশ করা; শরীর দলাইমলাই করা।

knee [নী] *n* ১ হাঁটু। **be on/go (down) on one's ~s** (প্রার্থনার জন্য অথবা আনুগত্য প্রকাশের জন্য) হাঁটু গেড়ে বসা নতজানু হওয়া। **bring sb to his ~s** বশ্যতা স্বীকার করতে কাউকে বাধ্য করা; নতজানু হতে বাধ্য করা। ২ ট্রাউজারের হাঁটুর অংশ।

kneel [নীল্] *vi* হাঁটু গেড়ে বসা; নতজানু হওয়া।

knell [নেল্] *n* ঘণ্টাধ্বনি (বিশেষত মৃত্যু বা অন্ত্যেষ্টিক্রিয়া উপলক্ষে)।

knes·set ['কনেসেট্] *n* ইসরাইলের আইনসভা।

knew [নিউ] দ্র. know.

knicker·bock·ers [নিকাবকাজ়্] *n* হাঁটুর নীচ পর্যন্ত পরিধেয় ঢোলা পাজামা।

knickers ['নিকাজ়্] *n.pl* [US] = knickerbockers; (প্রাচীন) মেয়েদের কোমর থেকে উরু পর্যন্ত পরিধেয় ইজার।

knick-knack [নিক্ ন্যাক্] *n* টুকিটাকি গহনাপত্র, তুচ্ছ আসবাব, ছোটখাটো পোশাক ইত্যাদি।

knife [নাইফ্] *n* (*pl* knives) *n* ছুরি। **table ~** খাবার টেবিলে ব্যবহৃত ছুরি। **get one's ~ into sb** কারো ক্ষতি করতে ইচ্ছা করা। **war to the ~** নির্মম লড়াই; অশেষ শত্রুতা। **on a ~'s edge** কোনো ফলাফল; ঘটনা সম্পর্কে চরম উৎকণ্ঠায় থাকা (ব্যক্তি)। □*vt* ছুরি দিয়ে কাটা বা আঘাত করা।

knight [নাইট্] *n* ১ (মধ্যযুগের) ভদ্রবংশীয় এবং সম্মানজনক সামরিক পদে কর্মরত ব্যক্তি; বীরযোদ্ধা। ,**~-'errant** অভিযানের সন্ধানে বেরিয়ে পড়া বীরযোদ্ধা। ২

(আধুনিককালে) ব্রিটেনে প্রদত্ত সম্মানজনক উপাধি (রাষ্ট্রসেবায় উল্লেখযোগ্য অবদানের জন্য)। এই উপাধি ব্যারনেট–এর অব্যবহিত নীচে এবং এই উপাধিপ্রাপ্ত ব্যক্তিকে Sir সম্বোধন করা হয়। ৩ দাবা খেলার ঘোড়া। □*vt* কাউকে নাইট উপাধিতে ভূষিত করা। **~·hood** [নাইট্‌হুড্] *n* নাইট পদবি বা এর মর্যাদা: Charlie Chaplin was conferred ~hood. **~·ly** *adj* বীরধর্মোচিত; নাইটসুলভ।

knit [নিট্] *vi,vt* ১ বোনা; বয়ন করা। ২ দৃঢ়ভাবে যুক্ত করা: The broken bones are closely ~. ৩ পরস্পর কাছে টানা; কোঁচকানো। **to ~ one's brows** ভ্রূ কুঁচকে তাকানো (বিরক্তির সাথে)। **~·ter** *n* বয়নকারী। **~·ing** ১ বয়নকার্য। ২ যা বোনা হচ্ছে: She takes her ~ting along wherever she goes. **~·wear** *n* বুনানো পোশাক যেমন সোয়েটার ইত্যাদি।

knob [নব্] *n* ১ দরজার গোলাকার হাতল; ছড়ির গোল মাথা; রেডিও বা টেলিভিশন সেটের নিয়ন্ত্রক চাবি। ২ কোনো কিছুর উপরিতলে শক্ত গাঁট বা স্ফীতি; গাছের কাণ্ডে উঁচু হয়ে থাকা গাঁট। ৩ (কয়লা ইত্যাদির) ছোট পিণ্ড।

knock[1] [নক্] *n* ১ আঘাত; টোকা; টোকার তীক্ষ্ণ আওয়াজ: There was ~ at the door. ২ পেট্রলচালিত ইনজিনের ভেতর খটখট আওয়াজ (ইনজিনের ত্রুটির কারণে) ৩ (ক্রিকেট খেলায়) ইনিংস বা একদফা ব্যাটিং। ৪ (অশিষ্ট) সমালোচনা; অপমান; আর্থিক ক্ষতি: He got a bad ~ from the Press. **~er** দরজার কড়া।

knock[2] [নক্] *vt,vi* ১ আঘাত করা; টোকা দেওয়া; দরজার কড়া নেড়ে শব্দ করা; ধাক্কা দেওয়া: The visitor ~ed at the door before entering the room. **~ one's head against a brick wall** (লাক্ষ.) অনেক চেষ্টার পরও কোনো ফল লাভে ব্যর্থ হওয়া। **~ the bottom out of an argument,** দ্র. bottom. ২ (অশিষ্ট) বিস্মিত করা: What ~s me is his arrogance. ৩ পেট্রল ইনজিনের ত্রুটির কারণে খটখট আওয়াজ হওয়া। ৪ **ˈ~-about** *adj* (কৌতুক নাট্যাভিনয় সম্পর্কে) স্থূল ও হৈ চৈ ভরা। **ˈ~-down** *adj* (নিলামের দর সম্পর্কিত) সর্বনিম্ন দর। (লাক্ষ.) বিস্ময়কর। **~-out** *adj,n* (মুষ্টিযুদ্ধে) যে আঘাতে প্রতিপক্ষ পরাজিত হয়; (কথ্য) আকর্ষণীয় (ব্যক্তি বা বস্তু); (অশিষ্ট) নিদ্রা আনয়নকারী মাদকদ্রব্য। ৫ Adv part এবং prep সহযোগে ব্যবহার: **~ about** যত্রতত্র ঘুরে বেড়ানো; বাউণ্ডুলে জীবনযাপন: He is ~ing about all over America. **~ about with sb** (অশিষ্ট) কারো সাথে সাময়িক যৌনসম্পর্ক স্থাপন: In her youth, she ~ed about with a number of men. **~ sth back** (অশিষ্ট) মদ্যপান করা। **~ sb down** কাউকে ভূপাতিত করা। **~ sth down** ভেঙে ফেলা; ধূলিসাৎ করা। **~ sth in** আঘাত করে কোনো কিছু ঢোকানো: He ~ed in a nail on the wall. **~ off (work)** কাজ বন্ধ করা। **~ sb out** মুষ্টিযুদ্ধে কাউকে এমনভাবে আঘাত করা যাতে সে নির্দিষ্ট সময়ের মধ্যে উঠে দাঁড়াতে না পারে এবং ফলে পরাজিত হয়।

knoll [নৌল্] *n* ছোট পাহাড়; ঢিবি।

knot [নট্] *n* ১ দড়ি, সুতা বা ফিতার গিট বা গ্রন্থি: tie a ~; (লাক্ষ.) বন্ধন: ˈmarriage-~, বিবাহবন্ধন। ২ অলঙ্কার হিসাবে পরিহিত ফিতার গ্রন্থি। ৩ শক্ত সমস্যা; বাধা। ৪ গাছ বা কাঠের গিট। ৫ জটলা: The workers were standing in ~s in front of the factory gate. ৬ জাহাজের গতির একক: This ship travels 20 ~s per hour. □*vt,vi* গিট্টু দেওয়া; জট পাকানো: The two ends of the rope were ~ted together. **~ty** *adj* গ্রন্থিপূর্ণ; গিটযুক্ত; ঝামেলাযুক্ত; সমস্যাবহুল। **~ty problem** জটিল সমস্যা।

know [নৌ] *vt,vi* (*pt* knew, *pp* known) ১ জানা অবগত হওয়া: He ~s me. Do you know the time of the train for Chittagong ? **~ one's business** বাস্তব অভিজ্ঞতা থাকা। ২ **make oneself known to sb** নিজের পরিচয় দান করা; কারো সাথে পরিচিত হওয়া। **~ sb from sb** দুইজনের মধ্যে পার্থক্য করা: The brothers are so alike that it's impossible to ~ one from the other. **not ~ sb from Adam/from a bar of soap** (কথ্য) কারো সম্পর্কে বিন্দুমাত্র জানা না থাকা। ৩ ব্যক্তিগত অভিজ্ঞতা থাকা: I knew poverty in my early life. ৪ **~ about/of** কোনো কিছু সম্পর্কে সচেতন/ জ্ঞাত থাকা: ~ about his illness. ৫ (যৌগশব্দে) **ˈ~-all** *n* সবজান্তা ব্যক্তি। **ˈ~-how** *n* বাস্তবজ্ঞান। □*n* **in the ~** (কথ্য) অনেকে বা সবাই জানে না এমন তথ্য জ্ঞাত থাকা: Mr. Ali is in the ~ of all the secrets of the office.

know·ing [ˈনৌইঙ্] *adj* চতুর; জানে–শোনে এমন: He is a ~ fellow. **~·ly** *adj* ১ ইচ্ছাকৃতভাবে: He did all these ~ly. ২ যেন কিছু জানে এমন ভাবে: She looked ~ly at me.

know·ledge [ˈনলিজ্] *n* ১ জ্ঞান; অবগতি: He has little ~ of English. ২ অভিজ্ঞতা: I have no ~ of mountaineering. ৩ জ্ঞানের পরিধি: To the best of my ~, he is a reliable person. The girl took up acting without the ~ of her parents. **~·able** *adj* জানা–শোনা; অভিজ্ঞ; জ্ঞানসম্পন্ন; ওয়াকিবহাল।

knuckle [ˈনাক্‌ল্] *n* ১ আঙুলের গাঁট। ২ (প্রাণীর) হাঁটুর হাড় অথবা হাঁটু থেকে পা পর্যন্ত অংশের মাংস (খাদ্য হিসাবে ব্যবহৃত) □*vi* **~ down to** আদাজল খেয়ে কোনো কাজে লাগা। **~ under** আত্মসমর্পণ করা; নতি স্বীকার করা।

ko·ala [কৌˈআ:লা] *n* লেজবিহীন; ছোট ভালুকের মতো দেখতে এবং গাছে উঠতে সক্ষম অস্ট্রেলীয় প্রাণীবিশেষ।

kobo [ˈকবৌ] *n* নাইজেরিয়ার মুদ্রা নায়রা (naira)-এর এক শতাংশ।

kohl [কৌল্] *n* প্রাচ্যদেশে ব্যবহৃত চোখের প্রসাধন; সুর্মা।

kohl·rabi [কৌল্‌রা:বি] *n* ওলকপি।

kola [ˈকৌলা] *n* পশ্চিম আফ্রিকার বৃক্ষবিশেষ **ˈ~-nut** এই গাছের ফল যা রান্নায় অথবা চিবিয়ে খাবার জন্য ব্যবহৃত হয়।

ko·peck *n* = copeck.

Koran [কˈরা:ন্] *n* মুসলমানদের পবিত্র ধর্মগ্রন্থ; কোরআন।

kosher [ˈকৌশা(র্)] *n,adj* ইহুদিদের শাস্ত্রীয় বিধানসম্মত খাদ্য; খাদ্যের দোকান।

kow·tow [কাউˈটাউ] *n* (অতীতের চীনদেশীয় রীতি) মাটিতে মাথা ছুঁইয়ে প্রণাম।

kraal [ক্রা:ল্] *n* (দক্ষিণ আফ্রিকায়) ঘেরাও দেওয়া বসতি; গৃহপালিত জন্তুদের খোয়াড়।

krem·lin [ক্রেমলিন্], *n* রুশ দেশের (বিশেষত মস্কোর) নগরদুর্গ। **the K~** সাবেক সোভিয়েত ইউনিয়নের সরকার।

krona [ˈক্রৌনা] *n* সুইডেনের মুদ্রা।

krone [ˈক্রৌনা] *n* ডেনমার্ক ও নরওয়ের মুদ্রা।

kryp·ton [ˈক্রিপ্‌টন্] *n* [U] গন্ধ ও বর্ণহীন গ্যাস (প্রতীক Kr)।

ku·dos [ˈকিউডস্] *n* (কথ্য) সম্মান ও গৌরব।

kumis, kou·miss [কূমিস্] *n* মধ্য এশিয়ায় ঘোটকীর দুধ থেকে চোলাই করা মদ।
kun gfu [কুঙ্'ফু] *n* চীনদেশীয় কারাতে বা আত্মরক্ষার কৌশল।
kwashi·or·kor [কুউএশি'ও°কো°(র্)] *n* একটি গ্রীষ্মমণ্ডলীয় শিশুরোগ (খাদ্যে আমিষের অভাব থেকে সৃষ্ট)।
kwela ['কুউএইলা] *n* দক্ষিণ আফ্রিকার জাজ সঙ্গীতবিশেষ।

L l

L,l [এল্] ইংরেজি বর্ণমালার দ্বাদশ বর্ণ; রোমান সংখ্যা ৫০–এর প্রতীক।
la [লা:] *n* সঙ্গীতের স্বরগ্রামের ষষ্ঠ স্বর 'ধা'।
laa·ger [লা:গা(র্)] *n* শিবির; আত্মরক্ষামূলক সৈন্যছাউনি; (সাম.) সাঁজোয়া গাড়ির পার্কিং স্থান।
lab [ল্যাব্] *n* (কথ্য সংক্ষেপ) ল্যাবরেটরি; গবেষণাগার।
label ['লেইব্ল্] *n* মোড়ক; জিনিসের গায়ে এর পরিচিতি, মালিকানা সম্পর্কিত তথ্যসংবলিত যে কাগজ আঁটা থাকে। □*vt* মোড়কে আচ্ছাদিত করা; লেবেল লাগানো।
la·bial ['লেইবিঅল্] *n adj* ঔষ্ঠ্য; ওষ্ঠ দ্বারা উচ্চারিত (ধ্বনি): "P" is a labial sound.
labor ['লেইবা(র্)] (US) = labour.
lab·ora·tory [ল 'বরাট্রি] US [ল্যাবরটো° রি] *n* গবেষণাগার।
la·bori·ous [লাবো°রিঅস্] *adj* ১ শ্রমসাধ্য: a ~ task. ২ কষ্ট করে করা; অস্বতঃস্ফূর্ত: a ~ style of prose. **~·ly** *adv*
la·bour (US = **la·bor**) ['লেইবা(র্)] *n* ১ শারীরিক বা মানসিক শ্রম: The work needs ~. **hard ~** *n* সশ্রম কারাদণ্ড। **~ in'tensive** (উৎপাদন প্রক্রিয়া সম্পর্কিত) কায়িক শ্রমনির্ভর; শ্রমিকনির্ভর। **'~-saving** *adj* কায়িক শ্রমের সাশ্রয় হয় এমন: Washing machines are a ~-saving device. ২ কর্ম; দায়িত্ব। ৩ শ্রমিক বা শ্রমিকগণ: Bangladesh exports skilled and unskilled ~ to the Middle East; ~ relations, শ্রমিক–মালিক সম্পর্ক। **'L~ Exchange** চাকরি বিনিময়কেন্দ্র (শ্রমিকদের জন্য)। **the L~ Party** ব্রিটেনের শ্রমিক দল নামক রাজনৈতিক দল। **'~ union** শ্রমিকদের দাবি আদায়ের সংগঠন।
la·bur·num [ল 'বানাম্] *n* হলুদফুলবিশিষ্ট ছোট গাছবিশেষ।
lab·y·rinth [ল্যাবারিন্থ্] *n* জটিল ও সর্পিল পথের মিলনস্থল; গোলকধাঁধা। **laby·rin·thine** *adj* গোলকধাঁধাপূর্ণ।
lace [লেইস্] *n* (U) ১ কারুকার্যময় ফিতা। ২ জুতার ফিতা। □১ **~ (up)** শক্ত করে বাঁধা। ২ **~ into sb** কাউকে প্রহার করা। ৩ **~ with** কোনো কিছু মিশিয়ে সুরভিত বা কড়া করা: The drink has been laced with wine.
lac·er·ate ['ল্যাসারেইট্] *vt* ক্ষত সৃষ্টি করা; ছিঁড়ে যাওয়া: A glass stuck into the wall ~d his arm. **lace·ra·tion** *n* (U) ক্ষত।
lach·ry·mal ['ল্যাকরিমল্] *adj* অশ্রুসংক্রান্ত: ~ glands, অশ্রুক্ষরণকারী গ্রন্থিসমূহ। **lach·ry·mose** *adj* অশ্রুপূর্ণ; ক্রন্দনশীল; ছিচকাঁদুনে।
lack [ল্যাক্] *vt.vi* ১ অভাব ঘটা; উন ঘটা: He ~s common sense. **be ~ing in sth** কোনো কিছুতে উন হওয়া; ঘাটতিযুক্ত হওয়া: He is ~ing in knowledge. ২ **~ for** (আনুষ্ঠা.) অভাব বোধ করা: The family ~s for nothing. □*n* [U] অভাব; ঘাটতি; প্রয়োজন: Poor people suffer for ~ of opportunities.
lacka·daisi·cal [,ল্যাকা°ডেইজিক্ল্] *adj* অবসাদগ্রস্ত; উৎসাহহীন; ক্লান্ত মনে হয় এমন।
lackey [ল্যাকি] *n* পুরুষ চাকর; (লাক্ষ.) বিনাবাক্যব্যয়ে হুকুম তামিলকারী; চামচা।
la·conic [ল'কনিক্] *adj* অল্পকথায় প্রকাশিত: a ~ person, স্বল্পভাষী ব্যক্তি। **la·coni·cally** *adv*. **lac·on·ism** *n* স্বল্পভাষিতা; ছোট বাক্য।
la·crosse [লা'ক্রস্] *n* [U] ঘরের বাইরে অনুষ্ঠিত হয় এমন খেলা (উঃ আমেরিকা)।
lac·ta·tion [ল্যাক'টেইশ্ন্] *n* [U] (চিকি.) স্তন্যদান; স্তন্যদানের সময়কাল (মায়েদের)।
lac·tic [ল্যাক্টিক্] *adj* দুগ্ধবিষয়ক। **,~ 'acid** দুগ্ধজাত অম্ল।
la·cuna [লা'কিউনা] *n* ফাঁক, শূন্যস্থান; বিশেষত লেখা বা যুক্তির ফাঁক।
lacy [লেইসি] *adj* ফিতার মতো।
lad [ল্যাড্] *n* বালক; কিশোর; ছোকরা।
lad·der [ল্যাডা(র্)] *n* মই; (লাক্ষ.) উন্নতিলাভের সিঁড়ি।
laden ['লেইড্ন্] *adj* **~ with** ভারাক্রান্ত; বোঝাই–করা: a tree ~ with fruits.
lad·ing ['লেইডিঙ্] *n* [U] (সামুদ্রিক) জাহাজে বোঝাইকৃত মাল। **,Bill of '~** জাহাজে বোঝাই করা মালের তালিকা।
ladle ['লেইড্ল্] *n* বড় চামচ; হাতা। □*vt* **~ out** হাতা দিয়ে তরল খাদ্য বিতরণ করা।
lady ['লেইডি] *n* ১ মহিলা; সংস্কৃতিবান বা উচ্চবংশীয়া স্ত্রীলোক। **,~-in-'waiting** রানী বা উচ্চপদস্থ মহিলার সঙ্গিনী। ২ (attrib) স্ত্রীবাচক: a ~ doctor. ৩ লর্ড; ব্যারন প্রমুখের পত্নীদের সম্বোধনের আখ্যা। ৪ **'~·bird** রঙিন পাখাঅলা পতঙ্গবিশেষ; গয়াল। ৫ **our 'L ~** কুমারী মেরি। **'L~ Day** ২৫শে মার্চের ধর্মীয় অনুষ্ঠান (খ্রিস্টীয়)। **L~ Chapel** কুমারী মেরিকে উৎসর্গীকৃত গির্জা।
lag[1] [ল্যাগ্] *vi* খুব ধীরে চলা; পিছিয়ে পড়া: Bangladesh is ~ging behind in industrialization.
lag[2] [ল্যাগ্] *n* অপরাধী; (বিশেষত) বহুবার জেলখাটা অপরাধী; জেল–ঘুঘু।
lag[3] [ল্যাগ্] *n* জলের পাইপ, ইনজিন ইত্যাদি থেকে তাপ বা শৈত্য যাতে বের না হতে পারে সেজন্য ব্যবহৃত ঢাকনা।
la·ger ['লা:গা(র্)] *n* [U] হালকা বিয়ারবিশেষ।
lag·gard [ল্যাগাড্] *n* পিছিয়ে পড়া ব্যক্তি; শক্তিহীন ব্যক্তি।
la·goon [লা'গূন্] *n* অগভীর লবণাক্ত জলের হ্রদ; উপহ্রদ।
laic ['লেইক্] *adj* পুরোহিততন্ত্রবহির্ভূত; ধর্মনিরপেক্ষ।
lair [লেঅ(র্)] *n* বন্যপ্রাণীর বিশ্রামস্থল; গুহা।
laird [লেঅড্] *n* (স্কট.) ভূস্বামী; জমিদার।
laissez-faire [,লেইসেই'ফেআ(র্)] *n* [U] (ফ.) (প্রধানত বাণিজ্যিক ব্যাপারে) সরকারের হস্তক্ষেপ না করার নীতি।
laity [লেইটি] *n* ১ পুরোহিততন্ত্রের সদস্য নয় এমন সকল ব্যক্তি। ২ কোনো বিশেষ পেশাবহির্ভূত; অবিশেষজ্ঞ; সাধারণ জনগণ।
lake[1] [লেইক্] *n* হ্রদ। **The 'L~ District** উত্তর–পশ্চিম ইংল্যান্ডের একটি অঞ্চল যেখানে অনেক হ্রদ রয়েছে।

ˈ**Lake Poets** উপর্যুক্ত অঞ্চলের অধিবাসী কবি, বিশেষত ওয়ার্ডসওয়ার্থ ও কোলরিজ। **laky** *adj* হ্রদবহুল।
lake[2] [লেইক্] *n* (মূলত লাক্ষা থেকে প্রাপ্ত) রংবিশেষ।
lakh [লা:ক্] *n* (পাকিস্তান, ভারত ও বাংলাদেশে) একশত হাজারের সমপরিমাণ।
lama [লা:মা] *n* তিব্বত অথবা মঙ্গোলিয়ার বৌদ্ধ সন্ন্যাসী। **~·sery** *n* লামাদের মঠ।
lamb [ল্যাম্] মেষশাবক; [U] মেষমাংস: a leg of lamb, ভেড়ার রান।
lam·baste [ল্যাম্ ˈবেইস্ট্] *vt* (অপ.) পেটানো; ভয়ঙ্করভাবে ভর্ৎসনা করা।
lam·bent [ল্যামবান্ট্] *adj* (সাহিত্য.) (আলো কিংবা অগ্নিশিখা সম্পর্কিত) মৃদু সঞ্চরণশীল; (চোখ, আকাশ সম্পর্কে) মৃদু উজ্জ্বলতার ধারক। **lam·bency** *n*
lame [লেইম্] *adj* ১ পঙ্গু; খোঁড়া। ২ (যুক্তি বা ছল সম্পর্কে): lame excuse, অগ্রহণযোগ্য কারণ; অছিলা। □*vt* খোঁড়া করে দেওয়া। **~·ly** *adv* . **~·ness** *n*
la·ment [লাˈমেন্ট্] *vt* ,*v* **~ (for/ over)** শোক করা; বিলাপ করা। □*n* শোক; বিলাপ; শোকগাথা; শোকসঙ্গীত: The poet wrote a funeral ~. **lam·en·table** *adj* শোকার্হ; শোচনীয়; দুঃখদায়ক। ˈ**lam·en·tably** *adv*. **lam·en·ta·tion** *n* শোকের প্রকাশ; বিলাপ।
lami·nate [ল্যামিনেইট্] *vt,vi* স্তরে স্তরে বিন্যস্তকরণ; পুস্তকের মলাটকে স্থায়ী করার জন্য পাতলা সেলোফেন কাগজ বা প্লাস্টিকের স্তর সংযোজন করা। **lami·na·tion** *n*
lam·mas [ল্যামাস্] *n* আগস্টের প্রথম দিন—পূর্ব ইংল্যান্ডে যে দিনে ফসল কাটার উৎসব হতো।
lamp [ল্যাম্প্] *n* বাতি, তেল ও সলতে সহযোগে আলো দেয় এমন বাতি; (আধুনিক কালে) গ্যাস বিদ্যুতের বাতি। ˈ**~-black** ভুসাকালি। ˈ**~·lighter** (আগের দিনে) রাস্তার বাতি জ্বালানোর লোক। ˈ**~-post** বৈদ্যুতিক বা গ্যাসবাতির থাম। ˈ**~·shade** বাতির ঢাকনা (কাঁচ, কাপড় কিংবা কাগজের তৈরি)।
lampoon [ল্যামˈপুন্] *n* [C] কোনো ব্যক্তিকে তীব্রভাবে ব্যঙ্গ করে রচিত কোনো রচনা। □*vt* কাউকে তীব্র ব্যঙ্গ করে কিছু লেখা।
lance [লা:ন্স্] *n* বর্শা। ˌ**~-ˈcorporal** সামরিক বাহিনীতে নন-কমিশনড অফিসারের একটি পদ-স্তর।
lan·cet [লা:নসিট্] *n* ১ শল্যবিদ কর্তৃক ব্যবহৃত দুই ধারি সুচালো ছুরি। ২ (স্থাপত্য) উঁচু, সংকীর্ণ এবং সুচালো শীর্ষবিশিষ্ট খিলান কিংবা জানালা।
land[1] [ল্যান্ড্] *n* ১ ভূপৃষ্ঠের কঠিন উপরিতল: travel over ~ and sea; to come to ~ again. **make ~** তীরে পৌঁছা। ২ চাষাবাদের জন্য ব্যবহৃত জমি: three acres of cultivable ~. ৩ ভূ-সম্পত্তি: How much ~ does a man require ? ˈ**~·agent** জমি কেনাবেচার ব্যবসায়ী বা দালাল। ৪ দেশ এবং তার অধিবাসী: Bangladesh is our native ~. ˈ**~ forces** *n.pl* স্থলবাহিনী। ˈ**~·holder** *n* ভূম্যধিকারী বা ভূমি ব্যবহারকারী। ˈ**~·lady***n* বাড়িওয়ালী। ˈ**~-locked** *adj* ভূ-বেষ্টিত: Nepal is a land-locked country. ˈ**~·lord** *n* ভূম্যধিকারী; বাড়িওয়ালা; সরাইখানার মালিক। ˈ**~-lubber** জলভ্রমণে বা জাহাজে চড়ায় অনভিজ্ঞ ব্যক্তি। ˈ**~·mark** *n* **(ক)** জমির সীমানা চিহ্নিতকরণের খুঁটি বা অন্য কোনো বস্তু। **(খ)** দূর থেকে দেখা যায় এবং যা দিয়ে কোনো স্থানকে চেনা যায় এমন বস্তু। **(গ)** (লাক্ষ.) কোনো ঘটনা, আবিষ্কার বা পরিবর্তন, যা নতুন যুগ সৃষ্টি করে। ˈ**~·mine** *n* [C] মাটিতে পুঁতে রাখা বিস্ফোরক। ˈ**~·owner** জমির মালিক। ˈ**L~·rover** *n* উঁচুনিচু রাস্তায় চালানোর উপযোগী শক্তিশালী মোটরগাড়ি। ˈ**~·slide (ক)** ভূমি-ধস; **(খ)** নির্বাচনে বিপুল ভোটে জয়। ˈ**~s·man** যে ব্যক্তি নাবিক নয়।
land[2] [ল্যান্ড্] *vt,vi* ১ মাটি স্পর্শ করা: The plane landed at the airport. **~ on one's feet** (লাক্ষ.) ভাগ্যক্রমে আঘাত থেকে রক্ষা পাওয়া। ২ **~ sb/ oneself in sth** বিপদগ্রস্ত করা বা বিপদে পড়া: He ~ed us in a great trouble by his foolishness. **~ up** (কথ্য) পৌঁছা; নিজেকে কোথাও আবিষ্কার করা: He ~ed up in prison. ৩ (কথ্য) ঘুষি মারা: He ~ed him on the cheek. **~ed** *adj* ভূসম্পত্তিশালী। **~·less** *adj* ভূমিহীন।
land·ing [ল্যান্ডিঙ্] *n* ১ ভূমি স্পর্শকরণ; পৌঁছানো: The plane made a crash ~. ˈ**~-strip** বিমান উঠানামার জন্য ব্যবহৃত ক্ষেত্র। ˈ**~-gear** *n* বিমানের চাকা। ˈ**~-party** শৃঙ্খলা পুনঃস্থাপনের জন্য মাঠে নামানো সশস্ত্র লোকের দল। ২ ˈ**~-place** নৌকা ইত্যাদি থেকে তীরে যাত্রী, মালামাল নামানোর স্থান; ঘাট। ৩ সিঁড়ির শেষে দরজাসংলগ্ন ফাঁকা জায়গা।
land·scape [ল্যান্ড্স্কেইপ্] *n* [C] প্রাকৃতিক ভূ-দৃশ্য; প্রাকৃতিক দৃশ্য অঙ্কনের চিত্রকলা। ˌ**~ ˈgardening** প্রাকৃতিক ভূ-দৃশ্যের অনুকরণে বাগান সৃষ্টির কলা।
lane [লেইন্] *n* ১ সংকীর্ণ পথ; রাস্তা; গলি। ২ দুই সারি লোকের মধ্যকার ফাঁকা জায়গা। ৩ জাহাজ; বিমান কর্তৃক সচরাচর ব্যবহৃত পথ। ৪ রাস্তায় বিভিন্ন ধরনের যানবাহনের জন্য নির্দিষ্ট ভাগ (লাইন এঁকে পৃথক করা): There are some four-~ roads in Dhaka. ৫ দৌড় প্রতিযোগিতায় বা সাঁতারে প্রত্যেক প্রতিযোগীর চিহ্নিত গমন-পথ।
lan·guage [ল্যাঙ্গুইজ] *n* ১ ভাষা; মানুষের মনোভাব, অনুভূতি প্রকাশের ধ্বনি-নির্ভর মাধ্যম। ২ কোনো বিশেষ অঞ্চল বা জাতিগোষ্ঠীর ভাষা: the ~ of Europe; foreign ~s. **dead ~** মৃত, অপ্রচলিত ভাষা, যেমন—সংস্কৃত, ল্যাটিন ইত্যাদি। ˈ**~ laboratory** বিভিন্ন যান্ত্রিক উপায়ে, যেমন টেপরেকর্ডার ইত্যাদি দ্বারা ভাষা শিক্ষা দেওয়ার স্থান। ৩ কোনো বিশেষ পেশা বা শ্রেণীর লোকদের দ্বারা ব্যবহৃত শব্দাবলী, বাক্যাংশ ইত্যাদি: technical ~; the ~ of science ইত্যাদি। ৪ **bad ~** গালাগালপূর্ণ ভাষা; রূঢ় ভাষা। ৫ ভাষা হিসাবে ব্যবহৃত প্রতীক-চিহ্নের সমষ্টি: computer ~; finger ~ অন্ধ ও বধিরদের ব্যবহৃত ভাষা।
lan·guid [ল্যাঙ্গুইড্] *adj* জড়তাগ্রস্ত; অসাড়; ধীরগতিসম্পন্ন; নিস্তেজ।
lan·guish [ল্যাঙ্গুইশ্] *vi* নিস্তেজ হওয়া; ঢিলেঢালা হওয়া; অবসন্ন হওয়া; জড়তাগ্রস্ত হওয়া; শোকের কারণে ক্রমশ নির্জীব ও ক্ষীণ হয়ে যাওয়া; আকাঙ্ক্ষিত জিনিস পেতে ব্যর্থ হয়ে মন-মরা হয়ে পড়া: The girl ~ed for her lover. He is now ~ing in jail.
lan·gour [ল্যাঙ্গা(র্)] *n* শারীরিক অসাড়তা; নিস্তেজভাব; অবসন্নতা; নির্জীবতা। ২ শান্ত; নিস্পন্দ; অলসভাব: The ~ of a summer noon. **~·ous** *adj*. **~·ous·ly** *adv*
lank [ল্যাঙ্ক্] *adj* ১ (চুল সম্পর্কিত) দীর্ঘ; সরল এবং মাথার চাঁদিতে লেপ্টে থাকা। ২ লম্বা এবং কৃশকায়।
lanky [ল্যাঙ্কি] *adj* লম্বা এবং কৃশ (বিশেষত কোনো ব্যক্তির হাত ও পা)।
lano·lin [ল্যানালিন্] *n* ভেড়ার লোম থেকে আহৃত চর্বি, যা গায়ের চামড়ায় ব্যবহার্য মলম তৈরির মুখ্য উপাদান।

lan·tern [ল্যান্টান্] *n* লণ্ঠন। ˈ**~-jawed** *adj* তোবড়ানো গালযুক্ত।

lan·yard [ল্যানিয়্যাড্] *n* (নাবিক বা সৈনিকদের ব্যবহৃত) ছুরি বা হুইসেল ঝোলানো রশি।

lap[1] [ল্যাপ্] *n* কোল: mother's lap, মায়ের কোল। **live in the lap of luxury** বিলাসিতায় জীবন কাটানো। **in the lap of gods** অনিশ্চিত (ভবিষ্যৎ)। ˈ**lap-dog** *n* ছোট পোষা কুকুর।

lap[2] [ল্যাপ্] *vt,vi* ১ (কাপড় ইত্যাদি) ভাঁজ বা পাট করা। ২ অধিস্থাপন; এক বস্তু কিছুটা ঢেকে অন্য বস্তুকে স্থাপন: The tiles are put on the roof in such a way that they ~ over.

lap[3] [ল্যাপ্] *vt,vi* ১ জিহ্বা দিয়ে তরল পদার্থ পান করা (যেমন বিড়াল করে থাকে)। ২ (মানুষ সম্পর্কে) খুব আগ্রহের সাথে আত্মপ্রশংসা শোনা: The minister lapped up compliments from his sycophants. ৩ সমুদ্রসৈকতে ছোট ছোট ঢেউয়ের আছড়ে পড়া এবং মৃদু শব্দ তোলা: Small waves were lapping on the shore. □*n* ১ জিহ্বা দ্বারা লেহন: The cat drank the milk with three laps. ২ মৃদু তরঙ্গভঙ্গের শব্দ: We heard the lap of the waves against the beach.

la·pel [লাˈপেল্] *n* কোটের কলারের ভাঁজ–করা অংশ।

lapi·dary [ল্যাপিডারি] *adj* পাথর–খোদাই, পাথর কেটে বানানো; (লাক্ষ.) অনুপুঙ্খ এবং যথাযথ: He delivered a ~ speech. □*n* মণিকার; রত্নপাথর বিশেষজ্ঞ; জহুরি।

lap·is la·zuli [ল্যাপিস্ ˈল্যাজ়িউলি] *n* সুন্দর নীলবর্ণ পাথরবিশেষ; নীলকান্তমণি।

lapse [ল্যাপ্‌স্] *n* ১ সামান্য ত্রুটিবিচ্যুতি (কথায় বা ব্যবহারে); স্মৃতিগত ভ্রান্তি। ২ **~ (from) (into)** সত্যভ্রষ্টতা: a ~ from virtue; a ~ into habits. ৩ (সময় সম্পর্কে) অতিক্রান্ত সময়: We met after a long ~ of time. □*vi* ১ **~ (from) (into)** নিজের অবস্থান থেকে চ্যুত হওয়া: He ~d from his true belief into heresy. ২ তামাদি হওয়া।

lap·wing [ল্যাপ্‌উইঙ্] *n* টিট্টিভজাতীয় পাখিবিশেষ।

lar·ceny [ˈলা:সানি] *n* [U] (আইন.) চুরি; [C] চুরির ঘটনা।

larch [লা:চ্] *n* [C] চোঙাকৃতি গাছবিশেষ; [U] এই গাছের কাঠ।

lard [লা:ড্] *n* [U] রান্নার কাজে ব্যবহৃত শূকরচর্বি। □*vt* **put ~ on** শূকরচর্বি (রুটি ইত্যাদিতে) মাখানো।

lar·der [ˈলা:ডা(র্)] *n* মাংস, খাদ্যদ্রব্য রাখার জন্য ব্যবহৃত তাক; ভাঁড়ারঘর।

large [লা:জ্] *adj* ১ বড়ো আকারের; বিরাট; অধিক ধারণক্ষমতাসম্পন্ন: A ~ family is a big burden. He bought a ~ suitcase. ˈ**~-scale** *adj* (ক) বড়ো মাপের; বিরাট পরিসরের: a ~-scale project. (খ) বড়ো স্কেলের: a ~-scale map of Bangladesh. ২ উদার; বিরাট হৃদয়সম্পন্ন: He is a ~-hearted man. **~-minded** উদারচেতা। ৩ অসীম; অনিয়ন্ত্রিত: He was given ~ powers. □*n* (কেবল এই ক্ষেত্রে) **at ~** (ক) স্বাধীন; মুক্ত: The dacoit is still at ~. (খ) বিস্তারিত। (গ) সাধারণভাবে: The audience at ~ appreciated the performance. □*adv* ১ **bulk/ loom/ writ ~** স্পষ্টভাবে; সর্বতোভাবে: Misery was writ ~ on his countenance. ২ **talk ~** বড়ো বড়ো কথা বলা। **~·ish** *adj* মোটামুটি বড়ো ধরনের। **~·ly** *adv* অনেকাংশে।

largo [ˈলা:গৌ] *adv* (সঙ্গীত) ধীর লয়; ধীর লয়ে।

lar·gesse [লা:জেস্] *n* উদার দান।

lark[1] [লা:ক্] *n* ছোট গানের পাখি, বিশেষত skylark; ভরতপাখি।

lark[2] [লা:ক্] *n* [C] মজা; দুষ্টামি; কৌতুক: The children are having a ~. □*vi* মজা করা; দুষ্টামিতে যোগ দেওয়া: He is always ~ing about with girls.

lark·spur [লা:ক্‌স্পা(র্)] *n* বাগানে জন্মে এমন লম্বা গাছবিশেষ।

larva [লা: ভ়া] *n* শুঁয়া পোকা; শূককীট; পতঙ্গের জীবনচক্রের প্রথম ধাপ (ডিম থেকে বেরনোর পর)। **lar·val** *adj* শূককীট সংক্রান্ত।

lar·ynx [ল্যারিঙ্‌ক্‌স্] (শারীর.) বাগ্‌যন্ত্র; স্বরযন্ত্র। **lar·yn·gi·tis** স্বরযন্ত্রের প্রদাহ।

las·car [ল্যাস্‌কা(র্)] *n* পূর্বভারতীয় দ্বীপপুঞ্জের নাবিক; ভারতীয় সৈনিকদল; লস্কর।

las·civ·ious [লাˈসিভিঅস্] *adj* কামুক; কামোদ্দীপক। **~·ly** *adv* . **~·ness** *n*

laser [লেইজ়া(র্)] *n* আলোকরশ্মিকে ঘনীভূত ও তীব্র করে একদিকে চালনার কৌশল বা যন্ত্রবিশেষ: ~ beams, লেসার–রশ্মি।

lash[1] [ল্যাশ্] *n* চাবুক; চাবুকের আঘাত। **the ~** কশাঘাতের দণ্ড: the ~ of criticism, (লাক্ষ.) সমালোচনার কশাঘাত।

lash[2] [ল্যাশ্] *vt,vi* ১ জোরে আঘাত করা: The rain ~ed against the windows. ২ বেত্রাঘাত করা। ৩ **~ sb into (a state)** বাক্যবাণ বর্ষণ করে কাউকে উত্তেজিত করে তোলা: The leader ~ed his followers into a fury by his fiery speech. **lash out (against/at)** তীব্রভাবে (কথা দ্বারা বা শারীরিকভাবে) আক্রমণ করা: The leader ~ed out at the government. ৩ **lash things together** দড়ি ইত্যাদি দিয়ে একত্রে শক্ত করে বাঁধা।

lash·ing [ˈল্যাশিঙ্] *n* ১ বাঁধাছাদার জন্য ব্যবহৃত দড়ি। ২ বেত্রাঘাত বা প্রহার।

lass [ল্যাস্] *n* বালিকা; প্রেমিকা।

las·sie [ˈল্যাসি] = lass.

lassi·tude [ল্যাসিটিউড্ US –টূড্] *n* [U] অবসন্নতা; ক্লান্তভাব; নিস্পৃহতা।

lasso [ল্যাˈসূ] *n* ফাঁস–লাগানো লম্বা দড়ি যা দিয়ে (আমেরিকায়) ঘোড়া ও গবাদি পশু ধরা হয়; ল্যাসো। □*vt* ল্যাসোর সাহায্যে ঘোড়া ধরা।

last[1] [লা:স্ট্ US ল্যাস্ট্] *adj* ১ শেষ; চূড়ান্ত: December is the ~ month of the year. **~ but not the least** ক্রমানুসারে শেষ, কিন্তু তাৎপর্যে হীন বা খাটো নয়। **the L~ Day** কেয়ামতের দিন। **the ~ straw** শেষ অবলম্বন। ২ বর্তমানের অব্যবহিত পূর্বের: ~ night; ~ month; ~ year. ৩ সর্বশেষ; শেষতম; অন্তিম: He is the ~ hope of his family. I am the ~ man to agree to such a proposal. ৪ চূড়ান্ত: This is my ~ word on the matter. □*adj* সবার শেষে: I spoke ~ in the meeting. □*n* যা সবার শেষে আসে: Bahadur Shah was the last of the Mughal emperors. **at ~** শেষে: At ~ he reached the shore. **till the ~** শেষ পর্যন্ত: We will try till the ~. **breathe one's ~** শেষ নিঃশ্বাস ত্যাগ করা। **~·ly** *adv* সবশেষে: Lastly, I should say that......

last[2] [লা:সট্ US ল্যাস্ট্] *vi* ১ টেকা; টেকসই হওয়া; স্থায়ী হওয়া: The winter season does not ~ long. ২ টিকিয়ে রাখা: The stock of sugar we have will ~ us 6 months.

last[3] [লাস্ট্ US ল্যাস্ট্] *n* মুচি কর্তৃক ব্যবহৃত পায়ের ছাঁচ; মুচির ফর্মা (যার উপর রেখে জুতা তৈরি হয়)। **to stick to one's ~** নিজের ক্ষমতায় কুলোবে না এমন কাজ করতে চেষ্টা না করা।

latch [ল্যাচ্] *n* ১ হুড়কা; খিল; অর্গল (যা বাইরের দিক থেকে চাবি বা হাতল ঘুরিয়ে বা দড়ির সাহায্যে খোলা যায়)। ২ দরজার সঙ্গে সংযুক্ত স্প্রিং-এর তালা (যা চাবি দিয়ে বাইরের দিক থেকে খোলা যায়)। **on the ~** হুড়কা দিয়ে আটকানো কিন্তু তালাবদ্ধ নয়। ˈ**~· key** হুড়কা সরানোর বা খোলার চাবি। ˈ**~·string** হুড়কা খোলার দড়ি। ˈ**~key child** যে শিশুর পিতামাতা উভয়েই বাইরে যায় এবং সে নিজেই হুড়কা খুলে যাতায়াত করতে পারে। □*vt,vi* খিল দেওয়া; হুড়কা লাগানো। **~ on (to)** (কথ্য) লেগে থাকা; যেতে না দেওয়া; বুঝতে পারা, উপলব্ধি করা।

latchet [ˈল্যাচিট্] *n* (জুতা প্রভৃতির) দড়ি বা ফিতা।

late[1] [লেইট্] *adj* (-r, -st দ্র last[1], latter) ১ যথাসময়ের পর বা দেরিতে আগত; বিলম্বিত: The train was half an hour ~. The crops are ~ this season. ২ কোনো নির্ধারিত সময়ের শেষভাগ: in the ~ afternoon; at a ~ hour; in the ~ eighties (১৯৯০ সনের অব্যবহিত পূর্ব বছরগুলিতে)। **keep ~ hours** স্বাভাবিক সময়ের চেয়ে বেশিক্ষণ থাকা। ৩ সম্প্রতি ঘটেছে এমন: The ~st news. ৪ ভূতপূর্ব; কর্ম থেকে অবসরপ্রাপ্ত: the ~ President. ৫ গত; মৃত: her ~ husband. **at (the) ~st** (সময় সম্পর্কে) সর্বশেষ: You must be here by nine at the ~st.

late[2] লেইট্] *adv* ১ যথাসময়ের পর; দেরিতে; বিলম্বে: get up/go to bed ~; stay up ~; কোনো নির্ধারিত সময়ের শেষভাগে: Paddy was planted ~ this season. **~r on** পরবর্তী সময়ে। **early and ~** সব সময়ে। **sooner or ~r** কোনো না কোনো সময়ে। **~ in the day** আকাঙ্ক্ষিত বা প্রত্যাশিত সময়ের পর। ২ **of ~** সম্প্রতি; ইদানীং: I have not seen him of ~. **lat·ish** [ˈলেইটিশ্] *adj,adv* বেশ দেরিতে বা বিলম্বে।

late·ly [ˈলেইট্লি] *adv* (সাধা. না–সূচক বা প্রশ্নবোধক বাক্যে) সম্প্রতি; অধুনা: Have you seen him ~?

latent [ˈলেইট্ন্ট্] *adj* লুক্কায়িত; গুপ্ত; সুপ্ত; অদৃশ্য; নিহিত: ~ abilities; ~ energy; ~ heat. **~ period** উদ্দীপনা (stimulus) প্রদান ও সাড়া (response) প্রকাশের মধ্যে সময়ের ব্যবধান; দেহে রোগজীবাণু প্রবেশের পর থেকে রোগের লক্ষণসমূহ প্রকাশের মধ্যবর্তী কাল। **latency** *n* সুপ্তাবস্থা; গুপ্তাবস্থা; অদৃশ্যতা।

lat·eral [ল্যাটারাল্] *adj* পার্শ্বিক; পার্শ্বীয়; পার্শ্বগত; পার্শ্বাভিমুখীন। □*n* (tech) পার্শ্বিক বা পার্শ্বদেশস্থ বস্তু। **~** ˈ**thinking** *n* যে চিন্তাধারা কোনো সমস্যার প্রতি একটি অভিনব দৃষ্টিভঙ্গি গ্রহণ করতে সাহায্য করে। **~ly** *adv*

latex [ˈলেইটেক্স্] *n* [U] রবার জাতীয় উদ্ভিদের গাত্র থেকে নিঃসৃত দুধের মতো সাদা ঘন তরল নির্যাস।

lath [লাথ্ US ল্যাথ্] *n* (*pl* ~s [লাদ্জ্ US ল্যাদ্জ্]) কাঠের লম্বা ও পাতলা ফালি বা এ ধরনের কোনো বস্তু যা দিয়ে ঘরের দেয়াল বা ছাদ আচ্ছাদিত করা যায়; ভেনিসীয় জানালার খড়খড়িতে ব্যবহৃত পাতলা সরু কাঠ বা ঐ জাতীয় বস্তু; মাচায় ব্যবহৃত পাতলা সরু কাঠ বা বাতা; লম্বা বা পাতলা কোনো কিছু। **as thin as a ~** অতিশয় কৃশ। □*vt* কাঠের পাতলা ফালি দিয়ে আবৃত করা। ˈ**~·ing** *n* এভাবে আবৃত করার কাজ; এ ধরনের বস্তুর আচ্ছাদন। ˈ**~y** পাতলা কাঠের টুকরার ন্যায়।

lathe [লেইদ্] *n* যে যন্ত্রে কাঠ বা ধাতব খণ্ড ধরে রেখে ধারালো অস্ত্রের মুখে ঘুরিয়ে বিভিন্ন আকার দেওয়া হয়; কুঁদকলবিশেষ; লেদমেশিন।

lather [লাদা(র্) US ল্যা–] *n* [U] পানি ও সাবানের মিশ্রণে প্রস্তুত ফেনা। ২ ঘর্মজনিত ফেনা (বিশেষত ঘোড়ার)। □*vt,vi* সাবানের ফেনা মাখানো: ~ one's chin before shaving. ২ ফেনিল হওয়া; ফেনা তৈরি করা। ৩ (কথ্য) চটকানো বা ফেটানো। ˈ**~·ery** (সাবান সম্পর্কে) সহজে ফেনা হয় এমন; ফেনিল।

lathi [লাটি] *n* লাঠি, বাঁশের শক্ত দণ্ড যা পুলিশ বা কোনো ব্যক্তি অস্ত্র হিসাবে ব্যবহার করে (বিশেষত ভারতীয় উপমহাদেশে)। **~·charge** *n* দাঙ্গাকারী জনতাকে ছত্রভঙ্গ করার জন্য লাঠির সাহায্যে পুলিশের আক্রমণ। □*vt* এ ধরনের আক্রমণ করা।

Latin [ল্যাটিন্ US ˈল্যাট্ন্] *n* প্রাচীন রোমান জাতির ভাষা; রোমান ভাষা। □*adj* ল্যাটিন ভাষা বা রোমান জাতি সংক্রান্ত; ল্যাটিন ভাষা থেকে উদ্ভূত ভাষাভাষী জনগোষ্ঠী (যেমন ফরাসি, ইতালীয়, স্পেনীয়, পর্তুগিজ ইত্যাদি) সম্পর্কে। **~ America** মধ্য ও দক্ষিণ আমেরিকার স্পেনীয় ও পর্তুগিজ ভাষাভাষী দেশসমূহ। **the ~ Church** রোমান ক্যাথলিক গির্জা। **the** ˈ**~ Quarter** প্যারিস শহরে সিন নদীর তীরে সরবোন বিশ্ববিদ্যালয় ঘিরে ছাত্র ও শিল্পীদের আবাসগৃহ, যেখানে মধ্যযুগে ল্যাটিন ভাষায় কথা বলা হতো। **~·ism** ল্যাটিন ভাষার বাগ্‌ধারা বা প্রয়োগের ঝোঁক। **~·ist** *n* ল্যাটিন ভাষাবিশারদ। **~·ity** *n* ল্যাটিন ভাষায় প্রকাশভঙ্গির ব্যবহার। **~·ize** [–আইজ্] *vt* ল্যাটিন ভাষায় অনুবাদ করা; কোনো শব্দকে ল্যাটিন ভাষাসম্মত রূপদান করা।

lati·tude [ল্যাটিটিউড্ US -টূড্] *n* ১ [U] অক্ষাংশ; বিষুব রেখা থেকে উত্তর বা দক্ষিণে কৌণিক দূরত্ব। ২ (*pl* ~s) এলাকা বা অঞ্চল: high/low ~s, বিষুবরেখা থেকে দূরবর্তী বা নিকটবর্তী স্থানসমূহ। **warm ~s** উষ্ণ অঞ্চলসমূহ। ৩ [U] কর্ম, মত ইত্যাদির স্বাধীনতা: An autocratic Govt. does not allow much ~ in political beliefs. **lati·tudi·nal** [ল্যাটিটিউডিনল্ US –টূডা–] *adj* **lati·tudi·nar·ian** [ল্যাটিটিউডিনেআরিঅন্ US –টূডনˈএআরিআন্] *adj,n* সহনশীল ও উদারপন্থী ব্যক্তি (বিশেষত ধর্মবিশ্বাস সম্পর্কে)।

la·trine [লাˈট্রিন্] *n* মলমূত্র ত্যাগের স্থান বা পায়খানা (পয়ঃপ্রণালী নেই এমন স্থানে এই উদ্দেশ্যে নির্মিত গর্ত বা খাড়ি।)

lat·ter [ˈল্যাটা(র্)] *adj* সাম্প্রতিক; কোনো সময়ের শেষের দিকের: the ~ half of this century. ˌ**~-**ˈ**day** *adj* সাম্প্রতিক; আধুনিক; হালের: ~-ˈday critics. ২ (as *pron*) **the ~** দুইয়ের মধ্যে পরে উল্লেখিত: I want the ~ not the former. **~·ly** *adv* অধুনা; বর্তমানে।

lat·tice [ল্যাটিস্] *n* জাফরি: ~ work, জাফরির কাজ; লতানো গাছ বেড়ে ওঠার জন্য এ ধরনের সজ্জা। **~d** *adj* জাফরি–কাটা: a ~ window.

laud [লো°ড্] *vt* (অনুষ্ঠা.) প্রশংসা করা; গুণকীর্তন করা। □*n* প্রশংসা; স্তুতিগান। ˈ**~·able** *adj* প্রশংসার যোগ্য; প্রশংসাজনক। ˈ**~·ably** *adv* প্রশংসাজনকভাবে।

lauda·tory [লো°ডাটারি US -টো°রি] *adj* প্রশংসাসূচক: ~ verse.

laugh [লা:ফ্ US ল্যাফ্] *vi,vt* ১ শব্দ করে হাসা (তুল. smile). **~ at** (ক) আমোদ লাভ করা: ~ at a joke. (খ) কৌতুক করা; বিদ্রূপ বা উপহাস করা: Do not ~ at a lame man. (গ) উপেক্ষা করা; উদাসীন হওয়া: ~ at dangers. ~ **in sb's face** প্রকাশ্যে অগ্রাহ্য করা বা অবজ্ঞা করা। ~ **one's head off** প্রাণ ভরে হাসা। ~ **on the other side of the face** গর্ব করার পর হতাশ বা দুঃখিত হতে হওয়া। **He ~s best who ~s last** (প্রবাদ) পূর্বেই অতিরিক্ত আনন্দ প্রকাশ করা সম্পর্কে সাবধানবাণী। ২ ~ **away** (কোনো বিষয়) হেসে বা ঠাট্টা-তামাশা করে উড়িয়ে দেওয়া। ~ **down** বিদ্রূপের হাসি হেসে কাউকে নিশ্চুপ করে দেওয়া। ~ **off** হেসে এড়ানো: ~ off an embarrassing situation. ৩ হাসতে হাসতে কোনো অবস্থা প্রাপ্ত হওয়া বা ফল লাভ করা: ~ oneself to convulsions. ~ **sb/sth out of court** বিদ্রূপ করে কাউকে বা কোনো কিছু বাতিল করা বা খারিজ করা। ৪ হাসির মাধ্যমে প্রকাশ করা: He ~ his denial. □ *n* [C] হাসার শব্দ; হাস্যধ্বনি; হাসা: They joined in the ~ing. **have/get the ~ of sb** যে উপহাস করে তাকেই উপহাসের পাত্রে পরিণত করা। **have the last ~** সন্তুষ্টি লাভ করা। ˈ**belly ~** অট্টহাস্য। ~·**able** *adj* হাস্যকর; কৌতুকজনক। ~·**ably** *adv* হাস্যকরভাবে। ~·**ing** *adj* হাস্যময়, হাস্যোদ্রেককর, ইত্যাদি: a ~ face. **~ing gas** নাইট্রাস অক্সাইড (N_2O); যে গ্যাস নিঃশ্বাসের সাথে গ্রহণ করলে হাসির উদ্রেক করতে পারে; ছোটখাটো অস্ত্রোপচার (যেমন দাঁতের)-এর কাজে রোগীকে অচেতন করতে এই গ্যাস ব্যবহৃত হয়। ˈ**~ing-stock** *n* হাস্যাস্পদ ব্যক্তি। **~·ing·ly** *adv* সহাস্যবদনে।

laugh·ter [লাফ্‌টা(র্) US ˈল্যা-] *n* [U] হাস্য; সশব্দ হাসি: burst into ~, উচ্চহাসিতে ফেটে পড়া।

launch[1] [লো°ন্‌চ্] *vt,vi* ১ বিশেষত (নতুন) জাহাজ ইত্যাদি পানিতে ভাসানো: ~ a new ship. ২ ~ **sth (against/at)** চালু করা; প্রেরণ করা; সবেগে নিক্ষেপ করা; উৎক্ষেপণ করা; ছোড়া; দাগা: ~ an attack; ~ a missile; ~ a spacecraft. **~er** *n* সবেগে নিক্ষেপ বা উৎক্ষেপণ করার কল বা যন্ত্র: a rocket ~er. ˈ**~·ing-pad** *n* যে মঞ্চ থেকে ক্ষেপণাস্ত্র বা রকেট উৎক্ষেপণ করা হয়। ˈ**~·ing-site** *n* যে স্থানে উৎক্ষেপণমঞ্চ বসানো হয়। ৩ আরম্ভ করানো; শুরু করা: ~ a new programme/ business. ৪ ~ **out,** ~ **(out) into** নতুন কোনো কার্যে প্রবৃত্ত হওয়া।

launch[2] [লো°ন্‌চ্] *n* নদী, হ্রদ বা বন্দরে ব্যবহৃত যাত্রীবাহী বড়ো নৌকা; লঞ্চ।

launder [লো°ন্‌ডা(র্)] *vt,vi* (কাপড়চোপড়/ বস্ত্রাদি) কাচা ও ইস্ত্রি করা; ধৌত ও ইস্ত্রি হওয়া। **~ed** ধৌত ও ইস্ত্রি করা: ~ clothes. **~er** [লো°ন্‌ডারা(র্)] *n* ধোপা, কাপড় ধোলাই ও ইস্ত্রি করা যাদের পেশা। **laundress** [-ড্রিস্] *n* ঐ fem ধোপানী।

laun·der·ette [লো°ন্‌ড্রেট্]*n* যে লন্ড্রি বা ধোপাখানায় গিয়ে লোকজন পয়সাচালিত স্বয়ংক্রিয় যন্ত্রে কাপড় ধুতে ও শুকাতে পারে।

laun·dry [লো°ন্‌ড্রি] *n* (*pl* ~dries) ১ লন্ড্রি, কাপড়চোপড় ধোয়া ও ইস্ত্রি করার জন্য যে দোকানে পাঠানো হয়। ২ **the ~** ধুতে দেওয়ার জন্য কাপড়-চোপড়। ˈ**~·man** *n* (*pl* -men) লন্ড্রির পুরুষ কর্মচারী, ধুতে দেওয়ার কাপড়চোপড় যে সংগ্রহ করে ও ধৌত বস্ত্রাদি যে পৌঁছে দেয়। ˈ**~·maid** ঐ fem। ˈ**~ basket** ঢাকনাওয়ালা বড়ো ঝুড়ি যার মধ্যে চাদর, তোয়ালে, ময়লা কাপড় ইত্যাদি ধোয়ার জন্য রাখা হয়।

laur·eate [লরিএট্ US লো°-] *adj* লরেল মুকুটভূষিত। **the (ˌPoet) ˈL ~** *n* (ব্রিটেনের) রাজকবি।

laurel [লরাল্ US লো°-] *n* জলপাই জাতীয় বৃক্ষের চিরসবুজ পাতা, এ পাতায় তৈরি মাথায় পরার জন্য জয়মাল্য যা প্রাচীন গ্রিস ও রোমে সম্মানের প্রতীকরূপে ব্যবহৃত হতো; (often *pl*) **~s** অর্জিত জয় বা সম্মান। **look at one's ~** যাতে অর্জিত সুনাম অক্ষুণ্ন থাকে সেদিকে নজর রাখা। **rest on one's ~s** অর্জিত জয় বা সাফল্যে তৃপ্ত থাকা (সাধা. সমালোচনামূলক অভিব্যক্তি)। **win/gain one's ~s** জয় বা সম্মান অর্জন করা। ~·**led** *adj* লরেল মুকুটশোভিত; সম্মানভূষিত।

lav [ল্যাভ্] *n* lavatory শব্দের কথ্য ও সংক্ষিপ্ত রূপ।

lava [লা:ভা] *n* [U] লাভা; আগ্নেয়গিরি থেকে উত্থিত উত্তপ্ত গলিত পদার্থ; এই পদার্থের ঠাণ্ডা ও শক্ত রূপ।

lava·tory [ল্যাভাট্রি US -টো°রি] *n* (*pl* -ries) ১ হাতমুখ ধোয়ার পাত্র বা কক্ষ। ২ স্নানপাত্র বা স্নানাগার। ৩ শৌচাগার, মলমূত্র ত্যাগ করার জন্য ব্যবহৃত পাত্র, মেঝের সঙ্গে আবদ্ধ গামলা জাতীয় পাত্র, যার উপর বসে মলমূত্র ত্যাগ করা যায় এবং সঞ্চিত জলাধার থেকে নিঃসৃত পানির সাহায্যে মলমূত্র পাইপ নির্গমন করানো যায় (দ্র. commode, water-closet)।

lav·en·der [ল্যাভান্‌ডা(র্)] *n* [U] ফ্যাকাশে বেগুনি রঙের সুগন্ধি ফুল ও ডাঁটাওয়ালা এক প্রকার উদ্ভিদ; এর শুকনা ডাঁটা ও ফুল, যা কাপড়ের মধ্যে রেখে কাপড়কে সুবাসিত করা যায়; ফ্যাকাশে বেগুনি রং। ˈ**~ water** *n* [U] ঐ উদ্ভিদের ফুল থেকে আহরিত সুগন্ধি।

lav·ish [ল্যাভিশ্] *adj* ১ ~ **(of sth/in doing sth)** অমিতব্যয়ী, অপব্যয়ী। ২ অতি পর্যাপ্ত। □*vt* ~ **on** মুক্তহস্তে খরচ করা বা অপরিমিত ব্যয় করা।

law [লো°] *n* ১ [C] বিধি, বিধান, আইন, রাষ্ট্রীয় বা সামাজিক কাঠামোয় জনগণের আচার-আচরণ নিয়ন্ত্রিত করার নিয়মকানুন। ˈ**~-giver** *n* যে ব্যক্তি আইন প্রণয়ন বা আরোপ করে। ˈ**~maker** *n* বিধি-বিধান প্রণয়নকারী। ˈ**~-officer** *n* সরকার বা কোনো প্রতিষ্ঠানের আইন বিষয়ক উপদেষ্টা, বিশেষত এটর্নি বা সলিসিটর জেনারেল। ২ [U] একটি দেশে প্রচলিত আইনসমূহ বা নিয়মকানুন; (কথ্য) পুলিশ; পুলিশবাহিনী; আইন প্রয়োগকারী কর্তৃপক্ষ। **break the ~** আইন ভঙ্গ করা। **lay down the ~** (ব্যক্তি সম্পর্কে) নিজে যা বলছে সেটাই ঠিক এমন কর্তৃত্বভরে কিছু বলা। **the long arm of the ~** (হাস্য) পুলিশবাহিনী। ˈ**~-abiding** *adj* আইন মান্যকারী; শান্তিপ্রিয়। ˈ**~-breaker** *n* আইন ভঙ্গকারী; অপরাধী। ~ **of the land** কোনো দেশে প্রচলিত আইন-কানুন। ~ **of the jungle** প্রতিকূল পরিবেশে টিকে থাকার জন্য যা-কিছু করা হয়। **common ~** *n* [U] ইংল্যান্ডের জমি সংক্রান্ত আইন। ˌ**martial** ˈ~ *n* [U] সামরিক আইন। ৩ [U] আইনের অনুশাসন। ~ **and order situation** আইন-শৃঙ্খলা পরিস্থিতি। ৪ [U] আইনশাস্ত্র; পেশার দিক থেকে আইন ও আদালতের সাথে সংশ্লিষ্ট ব্যক্তিগণ; আইনজীবী বা বিচারক সম্প্রদায়: a ~ student; study ~ . ৫ [U] আইনশাস্ত্রের কোনো একটি শাখা: criminal ~. ৬ [U] আইনের ব্যবহার বা প্রয়োগ। **go to law (against sb); have the ~ (on sb)** (কারো বিরুদ্ধে) মামলা রুজু করা; আইনের আশ্রয় নেওয়া; আদালতের শরণাপন্ন হওয়া। **take the ~ into one's own hands** নিজের হাতে আইন তুলে নেওয়া; আইনের সাহায্য না নিয়ে নিজেই অপরাধীকে শাস্তি প্রদান করা। ˈ**~ court** *n* আদালত; বিচারালয়। ˈ**~ suit** *n* মামলা; মোকদ্দমা। ৭ [C]

কর্মপ্রণালী; রীতিনীতি; আইনকানুন (শিল্প, ক্রীড়া ইত্যাদি বিষয়ে): the ~s of harmony; the ~s of the game. **be a ~ to oneself** প্রচলিত নিয়মকানুন উপেক্ষা করে নিজের কাছে যা ভালো মনে হয় তাই করা। ৮ [U,C] সূত্র বা প্রণালী; বিশেষ ক্ষেত্রে কোনো বস্তু বা অবস্থার কী ঘটে তার বর্ণনা: the ~s of gravity; Newton's third ~; the ~s of demand and supply. **the ~ of nature/natural ~** প্রকৃতির নিয়ম, প্রাকৃতিক নিয়ম, যেমন, ঋতুর অনুযায়িতা। **~·ful** *adj* ১ বিধিসঙ্গত; আইনানুগ; ন্যায্য; উপযুক্ত। ১ (সন্তান-সন্ততি সম্পর্কে) বৈধ: ~ful heir. **ˈ~·fully** *adv* আইনসঙ্গতভাবে; আইনানুগভাবে; বিধিসম্মত উপায়ে। **ˈ~·less** *adj* আইনবর্জিত; অরাজক; যথেচ্ছাচারী; আইন অমান্যকারী। **ˈ~·less·ly** *adv*. **ˈ~·less·ness** *n* [U].

lawn[1] [লো°ন্] *n* [C] লন; বাগান ইত্যাদি জায়গায় ছোট করে কাটা/ ছাঁটা ঘাসে ঢাকা জমি; খেলাধুলার জন্য ব্যবহৃত এ ধরনের তৃণাবৃত ভূমি: a tennis ~. **ˈ~-mower** *n* ঘাস কাটা বা ছাঁটার যন্ত্র।

lawn[2] [লো°ন্] *n* [U] সূক্ষ্ম বস্ত্রবিশেষ।

law·yer [লো°ইআ(র্)] *n* উকিল; আইনজীবী।

lax [ল্যাক্স্] *adj* ১ আলগা; ঢিলা; কোমল; অসতর্ক; শিথিল: ~ in moral. ২ পেট খারাপ করেছে এমন। **~·ity** [ল্যাকসাটি] *n* [U] শৈথিল্য; [C] (*pl* ~ities) অসাবধানতা। **~·ly** *adv*

laxa·tive [ˈল্যাক্সটিভ্] *n adj* (ঔষধ সম্পর্কে) জোলাপ; রেচক; পায়খানা নরম করে এমন।

lay[1] [লেই] *vt,vi* (*pt,pp* laid [লেইড্]) ১ শোয়ানো; শায়িত করা; রাখা; স্থাপন করা; বিছানো: L~ it down, L~ it on the table, ~ bricks. **~ a snare/trap for sb/sth** কারো জন্য ফাঁদ পাতা; কাউকে বিপদে ফেলা। ২ (লাক্ষ.) **~ one's hand on sth/sb (ক)** দখল করা; বলপূর্বক অধিকার করা। **(খ)** কাউকে আঘাত বা আক্রমণ করা: How dare you ~ your hands on me! **(গ)** খুঁজে পাওয়া: I have it somewhere but can't ~ my hands on it right now. **(ঘ)** (গির্জা) পূর্ণ দীক্ষা দেওয়া; পুরোহিত পদে নিয়োগ করা; পবিত্র করা। **~ the blame (for sth) on sb** কাউকে কোনো কিছুর জন্য দায়ী করা/অপবাদ দেওয়া। **~ a (heavy) burden on sb** কারো উপর কঠিন বোঝা বা কাজ চাপানো। **~ one's hopes on** (= pin one's hopes on) কারো উপর ভরসা করা। **~ great/ little store by/on sth** কোনো কিছুর উপর বেশি বা কম মূল্য দেওয়া। **~ stress/ emphasis/ weight on** জোর দেওয়া। **~ a tax on sth** কোনো কিছুর উপর কর ধার্য বা আরোপ করা। ৩ কোনো বিশেষ অবস্থা বা পরিস্থিতির কারণ ঘটানো। **~ sb to rest** কাউকে সমাধিস্থ করা; দাফন করা। **~ sb under contribution** কাউকে চাঁদা বা অর্থ দিতে বাধ্য করা। **~ sth to sb's charge** কাউকে কোনো কিছুর জন্য দায়ী করা। **~ claim to sth** নিজের বলে দাবি করা। **~ sth at sb's door** কারো উপর দোষ চাপানো। **~ one's finger on** সমস্যা কোথায় তা সঠিকভাবে চিহ্নিত করা। **~ seize to** অবরোধ করা। ৪ (~ + *n,adj* or *adv* phrases) **~ sth bare** মনের কথা খুলে বলা। **~ sth flat** ভূপাতিত করা; শায়িত করা: The storm has laid the crops flat. **~ sth open (ক)** অনাবৃত করা; প্রকাশ করা। **(খ)** কেটে বা চিরে ফেলা। **~ oneself open to sth** নিজেকে সমালোচনা, নিন্দা ইত্যাদির পাত্র করে তোলা। **~ sth waste** ধ্বংস করা। ৫ নামানো; প্রশমিত করা; শান্ত করা; ভূতলশায়ী করা। **~ sb's doubt** কারো সন্দেহ দূর করা। দ্র. allay ~ a ghost/spirit ভূত বা প্রেত ঝাড়া, দূর করা, নামানো। ৬ (পাখি বা কীটপতঙ্গ সম্পর্কে) ডিম দেওয়া: Does your hen ~ eggs ? ৭ (সাধা. passive) কোনো গল্প বা কাহিনীর স্থান নির্দেশিত করা: The scene is laid in Rome, 4th century B.C. ৮ বিছিয়ে প্রস্তুত করা ইত্যাদি অর্থে: **~ the table** টেবিল সাজানো; খাবারের জন্য ছুরি, কাঁটাচামচ, প্লেট ইত্যাদি সঠিকভাবে রাখা। **~ the cloth** আহারের পূর্বে টেবিলের উপর কাপড় বিছানো। **~ a fire** কাঠ বা কয়লা ফেলে চুল্লি আগুন জ্বালানোর উপযুক্ত করা। ৯ বাজি রাখা: ~ wages; ~ a bet. ১০ বিছানো, আচ্ছাদিত করা, বিস্তৃত বা প্রসারিত করা: ~ carpet on the floor. ১১ (অপ.) যৌন-সঙ্গম করা। ১২ (*adv part* এবং *prep* সহ) **~ sth aside (ক)** সঞ্চয় করা; পৃথক করে রাখা; সরিয়ে রাখা: You must ~ sth aside for old age. **(খ)** নামিয়ে রাখা: L~ aside your things and listen to me. **(গ)** পরিত্যাগ করা; বাদ দেওয়া: L~ aside your bad habits. **~ sth by =** ~ aside **(ক)** **~ sb down** কাউকে শায়িত বা অর্ধশায়িত করা (হেলানো)। **~ sth down (ক)** বাজি ধরা; বাজির টাকা জমা দেওয়া। **(খ)** কোনো নির্মাণ-কাজ শুরু করা। **(গ)** কোনো জমিকে তৃণভূমিতে পরিণত করা। **(ঘ)** মাটির নীচের ঘরে মদ গুদামজাত করে রাখা। **~ sth down; ~ it down that ...** বিধিনিয়ম রচনা করা: All rules have been laid down by the govt. **~ down one's arms** অস্ত্র সমর্পণ করা। **~ down the law,** দ্র. law. **~ down one's life** নিজের জীবন উৎসর্গ করা। **~ down office** পদত্যাগ করা। **~ sth in** (ভবিষ্যৎ প্রয়োজনের জন্য) জমিয়ে রাখা। **~ sb off (ক)** (কথ্য) কর্ম থেকে বিরত হওয়া; বিশ্রাম নেওয়া: The doctor has advised me to ~ off for a few days. **(খ)** অপ্রীতিকর কোনো কাজ থেকে ক্ষান্ত বা নিবৃত্ত হওয়া: Lay off, will you ? **(গ)** বিশেষত কলেকারখানায় উৎপাদন বন্ধ রাখার উদ্দেশ্যে মালিক কর্তৃক কর্মচারী বা শ্রমিকদের কাজ থেকে সাময়িক অব্যাহতি প্রদান করা। **~-off** *n* এ ধরনের কর্মবিরতি। **~ sth on (ক)** সরবরাহ করা; জোগানো। **(খ)** (কথ্য) ব্যবস্থা করা: Transport will be laid on for those coming. **~ it on (thick/with a trowel)** কাউকে অতিরিক্তভাবে প্রশংসা বা তোষামোদ করা। **~ sth out (ক)** বিছানো; ছড়ানো: ~ out a dress. **(খ)** সৎকারের জন্য প্রস্তুত করা: ~ out a corpse. **(গ)** পরিকল্পনা করা; বিন্যাস করা; সাজানো: well laid-out streets and avenues. **~-out** *n* নকশা, পরিকল্পনা, বিন্যাস; (মুদ্রণ) মুদ্রাক্ষর ইত্যাদি ছাপানোর ধরন; ছাপার বিন্যাস। **~ oneself out (to do sth)** কোনো কাজ করার জন্য অতিরিক্ত পরিশ্রম করা। **~ over** (US) (GB = stop over) ভ্রমণকালে কোনো স্থানে যাত্রাবিরতি করা। **ˈ~·over** *n* যাত্রাবিরতি। **~ sth up (ক)** জমানো; সঞ্চয় করা। **(খ)** নিজের কাজের মাধ্যমে সমস্যা পুঞ্জীভূত করে রাখা। **(গ)** কোনো জাহাজকে কর্মোপযুক্ত নয় বলে ঘোষণা করা। **~ sb up** (সাধা. passive) কাউকে বিছানায় পড়ে থাকতে বাধ্য করা: He is laid up with flu/a broken leg.

lay[2] [লেই] *n* (অপ. নিষেধ) রমণী, যৌনক্রিয়ায় যে সহচর শায়িত থাকে; দ্র. lay[1](১১) যৌনক্রীড়া।

lay[3] [লেই] *n* (সাহিত্য.) চারণকবির গান; গাথা।

lay[4] [লেই] *adj* ১ (কেবল attrib) (গির্জা) অযাজকীয়, জনসাধারণের; যে সন্ন্যাসী বা সন্ন্যাসিনী একটি ধর্মসম্প্রদায়ভুক্ত, কিন্তু তাদের সকল নিয়মকানুন মেনে চলতে হয় না। দ্র. laity. ২ অপেশাদার; অবিশেষজ্ঞ (বিশেষত আইন. বা চিকিৎসাশাস্ত্রে)। ˈ**~·man** বিশেষজ্ঞ নয় এরূপ লোক; অপেশাদার ব্যক্তি।

lay·about [ˈলেইঅবাউট্] *n* (GB অপ.) অলস; অকর্মণ্য ব্যক্তি; ভবঘুরে, a loafer/ vagabond; যে কাজ করে খেতে চায় না।

lay·by [ˈলেইবাই] *n* (*pl* ~s) (GB) রাস্তার একপাশের খালি জায়গা, যেখানে যান চলাচলে প্রতিবন্ধকতা সৃষ্টি না করে গাড়ি দাঁড়াতে পারে।

layer [ˈলেইআ(র্)] *n* [C] স্তর: a ~ of earth. ˈ**~·cake** ক্রিম, জ্যাম ইত্যাদির প্রলেপ দেওয়া স্তরে স্তরে সজ্জিত কেক। ২ শিকড় গজানোর জন্য যে কচি বৃক্ষশাখাকে মৃত্তিকাভিমুখী করা হয়; দাবা–কলম। ৩ ডিম পাড়া (হাঁস বা মুরগি): good/bad ~ বেশি বা কম ডিম দেয় এমন (হাঁস বা মুরগি)। □*vt* বৃক্ষশাখাকে নিম্নাভিমুখ করা।

lay·ette [ˈলেইএট্] *n* নবজাত শিশুর সম্পূর্ণ সজ্জা (পোশাক, কম্বল ইত্যাদি)।

lay fig·ure [ˈলেই ফিগা(র্)] *n* পোশাকাদি দিয়ে সাজানোর জন্য শিল্পী কর্তৃক ব্যবহৃত জোড়া লাগানো যায় এমন কাষ্ঠনির্মিত মনুষ্যমূর্তি বা পুত্তলিকা; (লাক্ষ.) ব্যক্তিত্বহীন ব্যক্তি।

laze [লেইজ়্] *vi,vt* অলস হওয়া। **~ away** আলস্যে সময় কাটানো। □*n* কর্মহীন অলস ক্ষণ বা সময়।

lazy [ˈলেইজ়ি] *adj* (-ier, -iest) অলস, শ্রমবিমুখ; আলস্য আনয়ন বা উৎপন্ন করে এমন: a ~ summer day. ˈ**~·bones** *n* (কথ্য) অলস ব্যক্তি। **lazi·ly** *adv* আলস্যের সাথে। **lazi·ness** *n* আলস্য; অলসতা।

lea [লী] *n* (কাব্যিক) তৃণাচ্ছাদিত খোলা মাঠ; উন্মুক্ত তৃণভূমি।

leach লীচ্] *vt* ১ কোনো পদার্থের মধ্যে (যেমন মাটি) পানি প্রবাহিত করে কোনো বস্তুকে আলাদা করা। ২ দ্রবণশীল কোনো বস্তুকে তরল পদার্থের সাহায্যে গলিয়ে নিষ্কাশিত করা। **the ~ing of the soil** ভারী বৃষ্টিপাতের ফলে মাটির উৎপাদিকা শক্তিসম্পন্ন উপাদানসমূহ ধুয়ে যাওয়া।

lead[1] [লেড্] *n* ১ [U] সীসা। ˈ**~-ore** *n* [U] সীসা আছে এমন খনিজ দ্রব্য; আকরিক সীসা। ˌ**~ ˈpoisoning** শরীরের মধ্যে সীসা প্রবেশ করলে যে বিষক্রিয়া হয়; (কথ্য) গুলির আঘাতে মৃত্যু। **~ shot,** দ্র. shot[1](৪). ˈ**~ works** *n* যেখানে আকরিক সীসা গলানো হয়। ২ [U] (অপিচ ˈ**black ~**) গ্র্যাফাইট, কৃষ্ণসীসা, যে গ্র্যাফাইট দণ্ড বা কৃষ্ণসীসা দ্বারা পেন্সিলের সীস তৈরি হয়। ৩ [U] প্রান্তভাগে সীসার পিণ্ড লাগানো দড়ি, যা সমুদ্রতলদেশের গভীরতা মাপার জন্য জাহাজ থেকে নামিয়ে দেওয়া হয়। **swing the ~** (অপ.) অসুখের ভান করে বা অন্য কোনো ফন্দিতে কোনো কর্তব্যের বা কাজের নিজের করণীয় অংশ এড়ানো। ৪ *(pl)* সীসার যে পাত দিয়ে ঘরের ছাদ ঢাকা হয়; যে সীসার কাঠামোর মধ্যে জাফরি–কাটা কাঁচের জানালা বসানো হয়। ৫ (মুদ্রণ) দুই লাইনের মধ্যে ফাঁক রাখার জন্য সীসার যে পাতলা পাত ব্যবহার করা হয়; লেড। □*vt* সীসা দিয়ে ঢাকা; ছাপার কাজে লেড বসিয়ে লাইন পৃথক করা। **~ed** [ˈলেডিড্] *adj* সীসার পাত দ্বারা দৃঢ়ভাবে আবদ্ধ: ~ed windows. **~ed light,** দ্র. light[3](৯). **~en** [লেড্ন্] *adj* ১ সীসানির্মিত। ২ সীসার ন্যায় (চেহারা ও বর্ণে): ~en clouds. ৩ ভারী; বিষণ্ন; বিষাদপূর্ণ: a ~en heart. **~·ing** *n* [U] ছাপার কাজে লেড বসিয়ে লাইন পৃথককরণ।

lead[2] [লীড্] *n* ১ [U,C] (কেবল *sing)* পরিচালনা, নির্দেশনা, পথ প্রদর্শন, নজির বা উদাহরণ। **follow sb's ~** কারো প্রদর্শিত পথে চলা। **give sb a ~** নিজে আগে করে অথবা কোনো সমস্যার কিভাবে সমাধান করা যায় সে সম্পর্কে সহায়তামূলক ইঙ্গিত দিয়ে কাউকে কোনো কাজ করতে উৎসাহিত করা। **take the ~** কাজ শুরু করা; কাজের নেতৃত্ব গ্রহণ করা; আদর্শ স্থাপন করা। ২ **the ~** প্রথম স্থান; অগ্রগামী অবস্থান। (attrib) **the ~ story** (সাংবাদিকতা) প্রধান খবর। **a ~ distance** অন্য প্রতিযোগী থেকে যতোটা পরিমাণ অগ্রসর হওয়া গিয়েছে। **~ time** কোনো কাজ শুরু করার সময় থেকে প্রার্থিত ফললাভের সময়ের ব্যবধান। **take over/ lose the ~** প্রতিযোগিতা বা ব্যবসায়ে প্রথম স্থান নেওয়া বা তা হারানো। ৩ [C] কুকুরকে নিয়ন্ত্রণে রাখার জন্য তার গলায় বেল্টের সাথে বাঁধা দড়ি, রশি, রজ্জু বা চামড়ার ফিতা। দ্র. leash. ৪ [C] চলচ্চিত্র বা নাটকের প্রধান চরিত্র; এই চরিত্রে রূপদানকারী অভিনেতা বা অভিনেত্রী। ৫ [C] জাঁতাকলের (শস্য চূর্ণ করার কল) চাকা ঘোরানোর জন্য পানি বয়ে নিয়ে যাওয়ার কৃত্রিম নহর বা নালা; বরফক্ষেত্রের মাঝে উন্মুক্ত পানির নালা বা প্রণালী। ৬ [C] (বিদ্যুৎ) উৎস থেকে যন্ত্রে বিদ্যুৎ সরবরাহের জন্য ব্যবহৃত তার। ৭ [C] (তাস খেলায়) প্রথম চাল বা দান দেওয়ার কাজ বা অধিকার: Whose ~ is it ?

lead[3] [লীড্] *vt,vi (pt,pp* led [লেড্]) ১ প্রথমে অগ্রসর হয়ে পথ প্রদর্শন করা; পূর্বগামী বা পূর্ববর্তী হওয়া। ˈ**~-in** *n* (ক) প্রারম্ভিক মন্তব্য, সূচনা, ভূমিকা। (খ) এরিয়্যাল (দ্র. aerial)–এর সাথে রেডিও বা টেলিভিশন সেটের সংযোগকারী তার। ২ কাউকে হাত ধরে, স্পর্শ করে ইত্যাদি উপায়ে পথ দেখিয়ে নিয়ে যাওয়া: ~ a blind man; ~ a horse by rope. **~ sb astray** (লাক্ষ.) কাউকে বিপথে নিয়ে যাওয়া বা অসৎ কর্মে প্ররোচিত করা। **~ sb by the nose** নাকে দড়ি দিয়ে ঘোরানো; (লাক্ষ.) কাউকে পরিপূর্ণভাবে নিয়ন্ত্রিত করা; বাধ্য করা বা অনুগত করা। **~ sb (on)** (লাক্ষ.) কাউকে কোনো কর্মে প্রলুব্ধ করা। **~ a woman to altar** (কৌতুক.) কোনো মহিলাকে বিবাহ করা। ৩ (দল প্রভৃতির) নেতৃত্ব দেওয়া; গতিবিধি পরিচালনা করা: ~ an expedition. ৪ প্রথম স্থানে থাকা; শুরু করা (বিশেষত তাস খেলায়, নৃত্যে)। **~ off** আরম্ভ করা। **~ on** অগ্রগমন অব্যাহত রাখতে বাধ্য করানো; টেনে নিয়ে যাওয়া। **~ out** ফাঁসি দেওয়া বা নাচানোর জন্য কাউকে নিয়ে যাওয়া; (তাস খেলায়) প্রথম চাল দেওয়া। ৫ প্রণোদিত বা প্ররোচিত করা: I was led to believe ... . ৬ কোথাও পৌঁছানোর উপায় হওয়া: This path ~s to the forest; (লাক্ষ.) ফললাভের উপায় হওয়া: This action will ~ to war. **~ up to** ক্রমে ক্রমে পৌঁছানো: His arguments led up to the conclusion. **All roads ~ to Rome** (লাক্ষ.) একই ফললাভের নানা প্রকার পন্থা আছে। ৭ সময় কাটানো; জীবনযাপন করা: **~ a dog's life** নিকৃষ্ট বা হীন জীবন যাপন করা। ৮ (তাস খেলায়) প্রথম খেলোয়াড় হিসাবে কোনো তাস ফেলা। ৯ **~ with** (সাং) কোনো সংবাদকে মুখ্য বা প্রধান করা।

leader [লীডা(র্)] *n* ১ নায়ক; নেতা; দলপতি; সর্দার: a political ~. ২ বিচারাধীন মামলার কোনো পক্ষের প্রধান কৌঁসুলি: The ~ for defence. ৩ (GB)

সংবাদপত্রের মুখ্য প্রবন্ধ, দ্র. leading. ৪ বৃক্ষের কাণ্ড বা প্রধান শাখা। ৫ পেশি বা তন্তুময় শিরাগুচ্ছ। **~·less** *adj.* **ˈ~·ship** *n* [U] নেতৃত্ব; অধিনায়কত্ব; নেতৃত্ব প্রদানের গুণাবলী। ৬ মুদ্রণচিহ্নবিশেষ (… …)।

lead·ing [ˈলীডিঙ্] *adj* মুখ্য; প্রধান: The ~ scientists in the field. **~ actor/actress** নাটকের মুখ্য পাত্র/পাত্রী, অভিনেতা/অভিনেত্রী (অপিচ ~ man/lady). **L~ Seaman/ Aircraftsman** নৌ/বিমান বাহিনীর নন-কমিশন্ড অফিসার। **ˌ~ ˈarticle** সংবাদপত্রের প্রধান সম্পাদকীয় প্রবন্ধ। **ˌ~ ˈcase** নজির স্থাপন করে এমন মামলা। **ˌ~ ˈlight** (কথ্য) খ্যাতনামা বা নামজাদা লোক। **ˌ~ ˈquestion** এমন প্রশ্ন যে প্রশ্নকর্তা যে উত্তর চান তার ইঙ্গিত সেই প্রশ্নে থাকে। □*n* পরিচালনা; মুখ্য ভূমিকা গ্রহণ বা নেতৃত্ব প্রদানের কাজ। **ˈ~·rein** প্রধান লাগাম বা রাস (ঘোড়াকে নিয়ন্ত্রণ করার জন্য)। **ˈ~·strings** *n pl* যে ফিতা বা দড়ি বেঁধে শিশুকে হাঁটতে শেখানো হয়। **in ~·strings** (লাক্ষ.) শিশুর মতো নিয়ন্ত্রণ বা পরিচালনা।

leaf [লীফ্] *n* (*pl* leaves [লীভ্‌জ্]) ১ (গাছের) পাতা; পত্র; পল্লব; (কথ্য) পাপড়ি: rose-leaves. **in ~** পাতা ধরেছে এমন; পত্রশোভিত; পল্লবিত। **come into ~** পাতা ধরা; পাতা গজানো। **ˈ~-bud** পত্রমুকুল; পত্রমঞ্জরি। **ˈ~-mould** *n* [U] গাছের পাতা পচে যে মাটির সৃষ্টি হয়। **~·age** *n* [U] পত্ররাজি। ২ বইয়ের এক পাতা বা দুই পৃষ্ঠা। **take a ~ out of sb's book** কাউকে আদর্শ হিসাবে গ্রহণ করা। **turn over a new ~** নতুনভাবে, উন্নততর জীবন শুরু করা। ৩ দরজা বা টেবিলের পাল্লা, যা টেনে বা ঠেলে বড়ো বা ছোট করা যায়। ৪ [U] (সোনা, রুপা ইত্যাদির) পাতলা পাত: gold ~. □**~ through a book, etc** তেমন কিছু না পড়ে দ্রুত পাতা উল্টিয়ে যাওয়া। **~ out** পাতা বের হওয়া। **~ed, leaved** সপত্র; পত্রযুক্ত। **~·less** *adj* নিষ্পত্র; পত্রহীন। **~y** *adj* (-ier, -iest) ১ পাতার তৈরি; পত্রময়: a ~y vegetable. ২ পত্রসদৃশ।

leaf·let [ˈলীফ্‌লিট্] *n* ১ কচি বা ছোট পাতা। ২ প্রচারপত্র; বিনামূল্যে বিতরণের জন্য প্রায়শ ভাঁজ করা (বাঁধাইহীন) ছাপানো কাগজ।

league[1] [লীগ্] *n* (প্রা. প্র.) দূরত্বের মাপবিশেষ (প্রায় তিন মাইল বা ৪.৮ কি.মি.)

league[2] [লীগ্] *n* [C] ১ পারস্পরিক কল্যাণ সাধনের জন্য বিভিন্ন ব্যক্তি, গোত্র বা জাতির সমন্বয়ে গড়ে ওঠা সঙ্ঘ বা সংগঠন; এ ধরনের সন্ধি বা মৈত্রী। **the L~ of Nations** সম্মিলিত জাতিপুঞ্জ (প্রথম বিশ্বযুদ্ধের পর ১৯১৯ খ্রিস্টাব্দে এই সংগঠনের জন্ম হয় এবং ১৯৪৬ সনে তা অবলুপ্ত হয়)। **in ~ with** মৈত্রীবদ্ধ হয়ে; যোগসাজশে। ২ বিভিন্ন ক্লাবের সমন্বয়ে গঠিত সঙ্ঘ কর্তৃক অনুষ্ঠিত প্রতিযোগিতামূলক খেলা: ~ football matches. □*vt,vi* সঙ্ঘবদ্ধ করা বা হওয়া। **~r** *n* দলীয় ব্যক্তি; সঙ্ঘের সদস্য।

leak [লীক্] *n* ১ জলীয় পদার্থ, গ্যাস ইত্যাদি প্রবেশ করার বা বেরিয়ে যাওয়ার উপযোগী ছিদ্র বা ফুটা: a ~ in the roof/ gaspipe; a ~ of information. **spring a ~**, দ্র. spring[2] (৬). ২ ছিদ্র দিয়ে প্রবিষ্ট বা নির্গত তরল পদার্থ বা গ্যাস। □*vi,vt* ১ তরল পদার্থ বা গ্যাস ফুটা দিয়ে প্রবিষ্ট/নির্গত করা বা হওয়া: The boat was ~ing. ২ **~ (out) (to)** গোপন বিষয় ফাঁস করে দেওয়া বা প্রকাশ হয়ে পড়া: Someone has ~ed out the news. ৩ **~·age** [ˈলিকিজ্] *n* (ক) [U] তরল পদার্থ ইত্যাদি প্রবিষ্ট বা নির্গত হওয়া অথবা গোপন বিষয় ফাঁস হওয়ার প্রক্রিয়া: ~ of question papers. (খ) [C] এরূপ ঘটনার দৃষ্টান্ত; ছিদ্রপথে প্রবিষ্ট বা নির্গত তরল পদার্থ; যে পরিমাণ দ্রব্য এভাবে প্রবিষ্ট বা নির্গত হয়। **~y** *adj* সচ্ছিদ্র, ছিদ্রময়: a ~y pot. **~·iness** *n* [U]

lean[1] [লীন্] *adj* (-er, -iest) ১ (প্রাণী সম্পর্কে) কৃশ; রোগা। ২ প্রচুর পরিমাণে উৎপাদনশীল নয়: a ~ harvest. □*n* [U] (মাংস সম্পর্কে) চর্বিহীন। **~·ness** *n.* **~ face** কৃশ মুখাবয়ববিশিষ্ট।

lean[2] [লীন্] *vi,vt* (*pt,pp* ~t [লেন্ট্] বা [ˈলীন্‌ড্]) ১ হেলে যাওয়া বা হেলা। **~ over backward(s) (to do sth)** কোনো কিছু করতে বা কাউকে সন্তুষ্ট করতে বিশেষভাবে সচেষ্ট হওয়া। ২ **~ (on/upon)** হেলান দেওয়া বা ঠেস দেওয়া। ৩ হেলান/ঠেস দেওয়ানো। ৪ **~ towards** ঝোঁকা। ৫ **~ on/upon** নির্ভর করা। **~·ing** *n* [C] ঝোঁক। **ˈ~-to** *n* যে চালাঘরের ছাদ অন্য বাড়ির ছাদের গায়ে হেলানো থাকে। **~ witted** অল্পবুদ্ধিবিশিষ্ট।

leap [লীপ্] *vi,vt* (*pt,pp* leapt [লেপ্‌ট্] অথবা leaped [লীপ্‌ট্]) ১ (সাহিত্য ও আল.) লাফ দেওয়া: He ~t at the opportunity (সে সুযোগটি লুফে নিল)। **Look before you ~.** দ্র. look[1](১). ২ লাফিয়ে পার হওয়া বা ডিঙ্গানো: ~ a wall; লাফ দেওয়ানো: ~ a horse over a fence. □*n* [C] লাফ; ঝাঁপ; (লাক্ষ.) বিরাট অগ্রগতি: a great ~ forward. **a ~ in the dark** আঁধারে ঝাঁপ দেওয়া; অনিশ্চিত ফলাফলময় কাজে রত হওয়া। **by ~s and bounds** খুব দ্রুত। **ˈ~-frog** *n* [C] ব্যাং লাফ খেলা (একজন খেলোয়াড় পিঠ বাঁকিয়ে উপুড় হয়ে থাকে, অন্যজন পা ফাঁক করে পিছন থেকে তার উপর দিয়ে লাফিয়ে পার হয়ে যায়)। □*vt* (-gg-) এভাবে লাফিয়ে পার হওয়া। **ˈ~-year** *n* অধিবর্ষ; যে বৎসরে ফেব্রুয়ারি মাস ২৯ দিনে হয়।

learn [লার্ন্] *vt,vi* (*pt,pp* ~t [লার্ন্ট্]) ১ শেখা; জ্ঞানার্জন করা: ~ a language, ~ how to swim. **~ sth by heart** কোনো কিছু মুখস্থ করা। ২ জ্ঞাত হওয়া বা জানা: I ~ed about the matter from a friend. ৩ (অশিষ্ট/উপভা.) শাস্তি প্রদান করে শিক্ষা দেওয়া: I'll ~ you to steal mangoes from my garden. **~ed** [ল্যানিড্] *n* পণ্ডিত; বিদ্বান: a ~ed man. **~ed·ly** *adv.* **~er** *n* শিক্ষার্থী। **~·ing** *n* [U] জ্ঞান; বিদ্যা; পাণ্ডিত্য।

lease [লীস্] *n* [C] ইজারা; পাট্টা; লিজ। **by/on ~** ইজারা বা পাট্টা দ্বারা: We took the factory/land on ~. **give sb/get a new ~ of life** দীর্ঘতর কাল বা অধিকতর সুখী হওয়ার সুযোগ; নবজীবন দান/লাভ করা। □*vt* পাট্টা/ইজারা দেওয়া বা নেওয়া। **ˌ~-ˈlend** ১৯৪১ খ্রিস্টাব্দে যুক্তরাষ্ট্রের প্রেসিডেন্টকে অন্যান্য দেশে সমরোপকরণ প্রেরণের জন্য প্রদত্ত ক্ষমতা। **ˈ~·hold** *n adj* পাট্টাপ্রাপ্ত, ইজারাবলে অধিকৃত জমি বা সম্পত্তি; তুল. free hold, দ্র. free[1](৩). **ˈ~·holder** *n* ইজারাদার।

leash [লীশ্] *n* [C] কোনো জীবজন্তু বিশেষত বাজপাখি বা শিকারি কুকুর বেঁধে রাখার চর্মনির্মিত রজ্জু। □*vt* উক্ত রজ্জু দিয়ে বেঁধে বা ধরে রাখা; (লাক্ষ.) নিয়ন্ত্রণ বা সংযত করা। **strain at the ~** (লাক্ষ.) বন্ধন থেকে মুক্ত হওয়ার অসীম আগ্রহ; কোনো কাজ করার সুযোগ লাভ করার জন্য আগ্রহ।

least [লীস্ট্] *adj,n* (most এর বিপরীত, দ্র. less, little) ১ **(the)** ~ অতি অল্প পরিমাণ; ক্ষুদ্রতম পরিমাণ:

John has little, James less and Julia the least. The least I could do was to phone him. **The least said the better** চুপ থাকাই সর্বোত্তম। **L~ said soonest mended** (প্রবাদ) কোনো কিছু বলা আরো ক্ষতি করবে। ২ **(phrases) at (the) ~** কমপক্ষে: It will cost you Tk. 500 at the least. **in the ~** আদৌ, মোটেই: Nobody should fear in the ~. **to say the ~ (of it)** বাড়িয়ে না বললেও: He was not hospitable to say the ~. □*adv* **(the) ~** সবচেয়ে কম: This is the ~ expensive watch. **~ of all** অণুমাত্র নয়; মোটেও না: L~ of all, would I do anything to hurt you ? **ˈ~·wise/ ˈ~·ways** (বিরল) অন্তত, নিদেনপক্ষে, যা হোক।

leather [লেদা(র্)] *n* [U] চামড়া, জুতা প্রভৃতি প্রস্তুত করার জন্য প্রক্রিয়াজাত করা জীবজন্তুর গাত্রাবরণ। **ˈ~-jacket** *n* একপ্রকার দীর্ঘপদ পতঙ্গের শূক; এক প্রকার মাছ। **ˈ~·neck** *n* (US অপ.) নৌসেনা। **~n** *adj* চর্মনির্মিত। **~y** *adj* চর্মসদৃশ; দৃঢ়; শক্ত: ~y meat. □*vt* চামড়া দিয়ে মোড়া; চর্মাবৃত করা; চাবকানো। **~·ing** *n* চাবকানি। **~-ˈette** *n* চর্মসদৃশ কাগজ বা কাপড়।

leave[1] [লীভ্] *vt,vi* (*pt,pp* left [লেফ্‌ট্]) ১ কোনো স্থান ত্যাগ করে যাওয়া: When did you ~ home ? **~ for** কোনো স্থানের উদ্দেশ্যে যাত্রা করা: We shall ~ for Barisal tomorrow. ২ স্থায়ীভাবে কোনো স্থান ত্যাগ করা; কোনো স্থানে বসবাসে বিরত হওয়া; কোনো স্কুল বা প্রতিষ্ঠান পরিত্যাগ করা; কোনো কাজ ত্যাগ করা বা সে কাজ থেকে বিরত হওয়া: He left England to live in Australia. He left school and went to a college for higher education. **be/get nicely left** (কথ্য) প্রতারিত বা পরিত্যক্ত হওয়া। ৩ কোনো কিছু ভুলে ফেলে যাওয়া বা ছেড়ে আসা; কোনো কাজ অসমাপ্ত রেখে চলে যাওয়া। **~ sth/sb behind** সঙ্গে না নিয়ে ফেলে যাওয়া। ৪ কাউকে কোনোখানে বা কোনো অবস্থায় থাকতে দেওয়া। **~ sb/sth alone** না ঘাটানো; বিরক্ত না করা; শান্তিতে থাকতে দেওয়া। **~ off** থামা: The rain has not left yet. **~ sth off (ক)** শেষ করা: It's time to ~ off work. **(খ)** পরিধান না করা: Woolen sweaters can be left off when it gets warm. **~ sth out** কোনো কিছু খোলা জায়গায় ফেলে রাখা। **~ sb out** কাউকে বাদ দেওয়া; গণনায় অন্তর্ভুক্ত না করা: Don't ~ me out, I want to play too. **~ over** পরে করা হবে বলে ফেলে রাখা: The matter cannot be left over until next meeting. **~ it at that** কোনো বিষয় যেভাবে আছে সেভাবে থাকতে দেওয়া। **~ sb to himself/ to his own devices** স্বাধীনভাবে কাজ করতে দেওয়া। **~ sth unsaid** অব্যক্ত রাখা, না বলা। **~ much/ a lot/ sth/ nothing to be desired** সন্তোষজনক হওয়া বা না হওয়া। **~ go/ hold (of sth)** (সাধা. **let go**) ধরে না রাখা; ছেড়ে দেওয়া; মুক্ত করে দেওয়া। ৫ থাকতে দেওয়া। **to be left until called for** (কোনো চিঠি, মোড়কে আবদ্ধ বস্তু ইত্যাদি সম্পর্কে) কেউ না নিতে আসা পর্যন্ত ফেলে রাখতে হবে এই নির্দেশ। **to ~ to chance** দৈবের উপর ছেড়ে দেওয়া। ৬ অন্যের জন্য রেখে যাওয়া: Did he ~ anything for me ? **~ word (with sb) (for sb)** একজনকে জানানোর জন্য অন্যকে সংবাদ দেওয়া: He has left word that he would come soon. ৭ সমর্পণ করা; ছেড়ে দেওয়া; তুলে দেওয়া: I'll ~ the matter in your hands. ৮ **~ sth (to sb); ~ sb sth** উইল করে দিয়ে যাওয়া; মৃত্যুকালে রেখে যাওয়া; দানপত্র লিখে দেওয়া। ৯ কোনো স্থান অতিক্রম করে যাওয়া: We left the school on our way. **leav·ings** *n* পরিত্যক্ত দ্রব্যাদি; আবর্জনা; স্মৃতিচিহ্ন।

leave[2] [লীভ্] *n* ১ [U] কাজে অনুপস্থিত থাকার অনুমতি। **~ of absence** সাময়িক ছুটি। **on ~** ছুটিতে। **by/with your ~** আপনার অনুমতিক্রমে; আপনার অনুমতি পাব এই আশা/প্রার্থনা করে। **(take) French ~** অননুমোদিত ছুটি (নেওয়া)। ২ [C] ছুটি, ছুটির কাল ইত্যাদি। **take one's ~ of sb** বিদায় নেওয়া। **ˈ~-taking** *n* বিদায়। **take ~ of one's senses** বুদ্ধিভ্রষ্ট বা উন্মাদের মতো আচরণ করা।

leaven [ˈলেভ্‌ন্] খামির; খামি; ঈষ্ট (yeast) জাতীয় বস্তু যা মেশালে ময়দার তাল ফুলে ওঠে; (লাক্ষ.) পরিবর্তনসাধক বস্তু। □*vt* খামির মিশিয়ে ফোলানো; পরিবর্তন করা; প্রভাবিত করা: add ~ to; act like a ~ upon.

leaves [লীভ্‌জ্] leaf শব্দের *pl*

leav·ings [লীভিঙ্‌জ্] *n,pl* অবশিষ্টাংশ বিশেষত যা মূল্যহীন, অনাকাঙ্ক্ষিত বা পরিত্যাজ্য।

lech [লেচ্] *n* (অপ.) কামেচ্ছা পরায়ণতা বা কামকেলি। □*vi* কামতাড়িত হওয়া।

lecher [ˈলেচা(র্)] *n* লম্পট বা কামুক ব্যক্তি। **~y** [ˈলেচারি] *n* [U] লাম্পট্য; কামুকতা; [C] (*pl -ries*) কামকেলি।

lech·er·ous [ˈলেচারাস্] *adj* কামাসক্ত; কামুক। **~·ly** *adv* কামাসক্তভাবে। **~·ness** *n* [U] কামুকতা।

lec·tern [ˈলেক্টান্] *n* গির্জায় বাইবেল রেখে পাঠ করার জন্য ব্যবহৃত ঢালু ডেস্কবিশেষ।

lecture [ˈলেকচা(র্)] *n* [C] ১ শিক্ষা দেওয়ার জন্য প্রদত্ত বক্তৃতা। ২ তিরস্কার: give sb a ~. □*vi,vt* ১ **~ (on)** বক্তৃতা করা: ~ on economic issues. ২ **~ sb (for)** তিরস্কার বা ভর্ৎসনা করা। **~r** *n* কলেজ বা বিশ্ববিদ্যালয়ের লেকচারার (অধ্যাপকের চেয়ে নিম্নপদমর্যাদাসম্পন্ন শিক্ষক); প্রভাষক। **~·ship** *n* কলেজ বা বিশ্ববিদ্যালয়ের লেকচারার পদ। **ˈ~ theatre** সোপানবিশিষ্ট, ক্রমশ উন্নীত আসনশ্রেণী সমন্বিত হলঘর বা বক্তৃতা কক্ষ।

led [লেড্] lead[2] এর *pt* ও *pp*

ledge [লেজ্] *n* ১ দেয়াল থেকে প্রসারিত সংকীর্ণ পার্শ্বদেশ; খাড়াভাবে দ্রব্যাদি রাখার তাক: a window ~. ২ বিশেষত পানির নীচে অবস্থিত সংকীর্ণ পর্বতশ্রেণী।

ledger [লেজা(র্)] *n* জমাখরচের খাতা; খতিয়ান বই।

lee [লী] *n* [U] বায়ুপ্রবাহ থেকে রক্ষিত আচ্ছাদিত দিক। **~ side** যে দিক বাতাস থেকে রক্ষিত (তুল. weather side): The ~ side of a ship. **ˈ~ shore** *n* যে সমুদ্রতীরে সমুদ্রের দিক থেকে বায়ু প্রবাহিত হয়। **ˈ~ tide** *n* যে যে দিক থেকে বায়ু প্রবাহিত হয় সেদিক থেকে উত্থিত জোয়ার।

leech [লীচ্] *n* ১ জোঁক: cling/ stick like a ~, (লাক্ষ.) জোঁকের মতো লেগে থাকা। ২ (লাক্ষ.) যে ব্যক্তি জোঁকের মতো শোষণ করে লাভ আদায় করে। ৩ (প্রা.প্র.) ডাক্তার; চিকিৎসক।

leek [লীক্] *n* অপেক্ষাকৃত লম্বাটে সাদা কন্দবিশিষ্ট পেঁয়াজ জাতীয় তরকারি।

leer [লিঅ(র্)] *n* [C] আড় চোখে চাহনি; অপাঙ্গ দৃষ্টি; নোংরা বা কদর্য হাসি; কামনালালসাপূর্ণ চাহনি। □*vt* ~ **(at sb)** এরূপ দৃষ্টিতে তাকানো: ~ at sb's wife.

lees [লীজ্] *n,pl* বিশেষত মদের পিপা বা বোতলের তলানি বা গাদ। **drink/ drain to the ~** (লাক্ষ.) নিঃশেষে পান করা; চরমাবস্থা পর্যন্ত উপভোগ করা।

lee·ward [ˈলীওঅড়্] (নাবিক সম্প্রদায় [লূঅড়্]) *adj,adv* বায়ুপ্রবাহ থেকে রক্ষিত দিকে (তুল. windward). □*n* বায়ুপ্রবাহ থেকে রক্ষিত দিক; আচ্ছাদিত দিক।

lee·way [ˈলী ওয়েই্] *n* ১ [U] যেদিকে বায়ু প্রবাহিত হয় সেদিকে বিমান বা জাহাজের পার্শ্বগমন। ২ [C] বায়ুপ্রবাহের ফলে নির্ধারিত গতিপথ থেকে বিমান বা জাহাজের গতিবিচ্যুতি। ৩ [C,U] (GB) সময় বা অগ্রগতির ক্ষতি। ৪ **make up ~** সময় অপচয় হওয়ার ফলে কার্যাদি সম্পাদনে যে বিলম্ব ঘটেছে তা পূরণ করা।

left[1] [লেফ্‌ট্] *leave*[1] এর *pt* ও *pp* **(to) be/get (nicely) left** প্রতারিত বা পরিত্যক্ত হওয়া। **ˈ~·off** *adj* সরিয়ে রাখা হয়েছে এমন; বাতিল। **ˈ~·overs** *n* অভক্ষিত খাদ্যদ্রব্য যা পরে কোনো সময়ে খাওয়া হয়। **ˌ~ luggage ˈoffice** (US **baggage room**) বিমানবন্দর বা রেলস্টেশনে অর্থের বিনিময়ে একটি নির্দিষ্ট সময় পর্যন্ত মালপত্র গচ্ছিত রাখা যায় এমন কার্যালয়।

left[2] [লেফ্‌ট্] ১ *adj* বাঁয়ের; বাম পার্শ্বস্থ; বাম দিকের। **the L~ Wing** *adj,n* কোনো রাজনৈতিক দলের সাম্যবাদী/ প্রগতিবাদী/ বিপ্লবী আদর্শে বিশ্বাসী অংশ: ~-winger, ~-wing militants. ২ *adv* বাঁ-দিকে; বাঁ-পাশে; বামে। ৩ *n* বাঁ; বাম পার্শ্ব। **ˈ~-hand** *adj* বাম দিকস্থ; বাম হস্তে কৃত: a ~-hand blow. **ˌ~-ˈhanded** *adj* (ব্যক্তি সম্পর্কে) ন্যাটা; বাঁ-হাতি: a ~-handed batsman. **a ˌ~·ˈhander** *n* বাঁ হাতের আঘাত; ন্যাটা লোক।

leg [লেগ্] *n* ১ পা; পদ। **be all ~s** (ব্যক্তি সম্পর্কে) রোগা টিঙটিঙা এবং সরু সরু পা-ওয়ালা হওয়া। **be on one's ~s** (কৌতুক ...hind legs) **(ক)** বিশেষত বক্তৃতা প্রদানের জন্য দণ্ডায়মান। **(খ)** বিশেষত রোগভোগের পর উঠে দাঁড়ানো এবং হাঁটার মতো সবল হওয়া। **be on one's last ~s (ক)** অতিশয় ক্লান্ত, পরিশ্রান্ত বা অবসাদগ্রস্ত হওয়া। **(খ)** মৃত্যুর নিকটবর্তী হওয়া; শেষ দিন ঘনিয়ে আসা। **feel/find one's ~s** (সচরাচর feet) **(ক)** (শিশু সম্পর্কে) পায়ের উপর ভর দিয়ে দাঁড়ানো বা হাঁটার শক্তি অর্জন। **(খ)** (লাক্ষ.) নিজের শক্তি বা ক্ষমতা সম্পর্কে উপলব্ধি অর্জন করতে শুরু করা; আত্মপ্রত্যয়ী হওয়া। **give sb a ~ up** (আক্ষরিক) কাউকে ঘোড়ায় চড়তে বা কোনো কিছুতে আরোহণ করতে সাহায্য করা; (লাক্ষ.) কাউকে প্রয়োজনের সময় সাহায্য করা। **stand on one's ~s (feet)** নিজের পায়ে দাঁড়ানো; আত্মনির্ভরশীল বা স্বাবলম্বী হওয়া। **pull sb's ~ (feet)** কারো দুর্বলতা বা ব্যর্থতা নিয় হাসিতামাশা করা; সত্য নয় এমন কোনো বিষয়ে কারো বিশ্বাস উৎপাদন করা। **ˈ~-pulling** *n* [U] কারো সারল্যের সুযোগ নিয়ে তাকে ধোকা দেওয়া। **run sb off his ~s** কাউকে অনবরত ব্যস্ত রেখে পরিশ্রান্ত করা। **shake a ~** (কথ্য) নাচা; (আদেশ) শুরু করা। **show a ~** (কথ্য) শয্যা ত্যাগ করা; উঠে দাঁড়ানো; (আদেশ) অধিকতর প্রচেষ্টার সাথে কিছু করা। **not have a ~ to stand on** স্বীয় মতের পক্ষে কোনো জোরালো যুক্তি না থাকা। **stretch one's ~s** হাঁটা; পায়চারি করা (বিশেষত দীর্ঘসময় বসে থাকার পর)। **take to one's ~s** (সচরাচর heels) ছুটে পলায়ন করা। **walk one's ~s off/walk sb off his ~s** নিরন্তর হেঁটে বা কাউকে হাঁটিয়ে অবসন্ন করা। ২ পোশাকের যে অংশ দিয়ে পা ঢাকা থাকে: the ~s of a pair of trousers. ৩ চেয়ার, টেবিল ইত্যাদির অবলম্বন বা পায়া। **be on its last ~s** দুর্বল; ভেঙে পড়ার মতো অবস্থা। ৪ [U] (ক্রিকেট) ডান-হাতি ব্যাট্‌স্‌ম্যান-এর বাঁ (বাঁ-হাতি ব্যাট্‌স্‌ম্যানের ডান) দিকের মাঠের অংশ। **ˈ~ break/ spin** ব্যাট্‌স্‌ম্যানের বাঁ দিকে যে বল পড়ে ডান দিকে চলে যায়; এই বিচ্যুতি ঘটানোর জন্য যেভাবে বল করা হয়; এই বিচ্যুতি ঘটানোর জন্য বলে যে ঘূর্ণন বা স্পিন দেওয়া হয়। **ˈ~-bye** ব্যাট্‌স্‌ম্যানের পায়ে বল লেগে বেরিয়ে যাওয়ার ফলে যে রান সংগৃহীত হয়। **ˈ~-guard** পা-কে রক্ষা করার জন্য ব্যাট্‌স্‌ম্যান ও উইকেটরক্ষক পরিহিত বিশেষ প্যাড। **ˈ~-slip** ডান-হাতি ব্যাট্‌স্‌ম্যানের বাঁ দিকে, পিছনে ও কাছাকাছি যে ফিল্ডার থাকে অথবা ঐ অবস্থান। **ˈ~-stump** ডান-হাতি ব্যাট্‌স্‌ম্যানের পেছনে উইকেটের বাঁ-দিকের খুঁটি। **~ before wicket** (lbw) যে বলটি উইকেটে লাগতে পারতো তা ব্যাট্‌স্‌ম্যানের পায়ে লাগার ফলে ঘোষিত আউট। **~ umpire** ব্যাট্‌স্‌ম্যানের বাঁ দিকে কাছাকাছি অবস্থানরত খেলার অন্যতম বিচারক। **fine, long, short, square ~** ডানহাতি ব্যাটস্‌ম্যানের বাঁ দিকে কোনাকুনি, দূরে, কাছে, সোজাসুজি যে ফিল্ডারগণ থাকেন তাঁদের অবস্থান। ৫ ভ্রমণের একাংশ বা এক পর্ব বিশেষত বিমানে; কোনো প্রতিযোগিতামূলক খেলার একটি পর্ব বা অংশ। **~-ged** [লেগড়্] *adj* (যৌগশব্দে) **ˌlong-ˈ~ged** লম্বা পা-ওয়ালা। **ˌthree-ˈ~ged** তিন পা-ওয়ালা। **ˌthree-ˈlegged race** [লেগিড়্] তিন পায়ে দৌড়; দুই ব্যক্তির এক জনের ডান পায়ের সাথে অন্য জনের বাঁ পা বাঁধা অবস্থায় দৌড়।

leg·acy [ˈলেগাসি] *n* (*pl* -cies) [C] ১ উইলবলে প্রাপ্ত সম্পত্তি। ২ (লাক্ষ.) উত্তরাধিকার; উত্তরাধিকারসূত্রে প্রাপ্ত কোনো কিছু: a ~ of bloodshed. **ˌ~ ˈhunter** যে ব্যক্তি কেবল সম্পত্তি পাওয়ার লোভে বিয়ে করে।

legal [লীগ্‌ল্] *adj* ১ আইন সংক্রান্ত; আইন সম্বন্ধীয়। ২ আইনসম্মত; বৈধ; আইনানুমোদিত, আইনবলে সৃষ্ট: ~ matters; ~ adviser; take ~ action (against sb). **~ tender** বিনিময়মূল্য হিসাবে অবশ্যই গ্রহণযোগ্য মুদ্রা বা তার কোনো রূপ। **~ offence** আইনবিরুদ্ধ অপরাধ। **~ aid** আর্থিক দৈন্যের কারণে আইনের সহায়তা লাভ করতে অসমর্থ ব্যক্তিকে রাষ্ট্রপ্রদত্ত সুযোগ-সুবিধা যেমন আইনজীবীর ফিস। **~ly** [ˈলীগালি] *adv* বৈধভাবে। **~·ism** *n* [U] আইনের বিধানের চুলচেরা অনুসরণ।

legal·ity [লীˈগ্যালাটি] *n* [U] আইনানুযায়িতা; বৈধতা।

legal·ize [ˈলীগালাইজ্] *vt* আইনসম্মত করা; বৈধ করা। **legal·iz·ation** [ˌলীগালাইজ়েইশন্] *n* [U] আইনসম্মতকরণ; বৈধকরণ।

leg·ate [ˈলেগিট্] *n* রোমান ক্যাথলিক পোপের দূত বা প্রতিনিধি; কূটনৈতিক দূত। দ্র. legation.

lega·tee [ˌলেগাˈটী] *n* (আইন.) যাকে উইল করে সম্পত্তি দেওয়া হয়; যে মৃত ব্যক্তির সম্পত্তি প্রাপ্ত হয়।

leg·ation [লিˈগে ইশন্] *n* [C] রাষ্ট্রদূত-এর নিম্নপদমর্যাদাসম্পন্ন কূটনৈতিক কর্মচারী, তাঁর অধীনস্থ কর্মচারীবৃন্দ, বাসগৃহ বা কার্যালয়।

leg·end [ˈলেজান্ড়্] *n* ১ [C] লৌকিক উপাখ্যান, লোককাহিনী (যার সত্যতা নিরূপণ দুরূহ): the ~ of King Arthur. ২ [U] এ ধরনের কাহিনী অবলম্বনে রচিত

সাহিত্য। ৩ [C] মুদ্রা বা মেডেলে উৎকীর্ণ লিপি; ছবি, ম্যাপ বা ছকে ব্যাখ্যামূলক বর্ণনা। ৪ কোনো বিশেষ ক্ষেত্রে অবদানের জন্য বিখ্যাত ব্যক্তি বা কাজ।

leger [ˈলেজা(র্)] দ্র. ledger (২).

leger·de·main [ˌলেজাডাˈমেইন] *n* [U] ভোজবাজি; ভেলকি; হাতসাফাই; হস্তকৌশল।

leg·ging [ˈলেগিঙ্] *n* [সাধা. *pl*] চামড়া বা মোটা কাপড়ে প্রস্তুত পায়ের উপরিভাগের আচ্ছাদন: a pair of ~s.

leggy [ˈলেগি] *adj* লম্বা পা-ওয়ালা (বিশেষত শিশু, মহিলা, বাচ্চা, জীবজন্তু সম্পর্কে)।

leg·horn [লেˈগো°ন্ US ˈলেগ ন্] *n* ১ এক ধরনের গৃহপালিত কুক্কুট (মোরগ বা মুরগি)। ২ উত্তর-পশ্চিম ইটালির Leghorn (Livorno)-এ প্রাপ্ত এক প্রকার উৎকৃষ্ট সোলাবিশেষ; উক্ত সোলানির্মিত টুপি।

leg·ible [ˈলেজাব্ল্] *adj* (হস্তাক্ষর বা মুদ্রিত কোনো কিছু সম্পর্কে) স্পষ্ট; সহজপাঠ্য। **leg·ibly** [ˈলেজাব্লি] *adv* স্পষ্টভাবে; সহজে পাঠ করা যায় এমনভাবে। **legi·bil·ity** [ˌলেজাˈবিলাটি] *n* স্পষ্টতা; সহজপাঠ্যতা।

legion [ˈলীজান্] *n* ১ তিন থেকে ছয় হাজার সৈন্যবিশিষ্ট প্রাচীন রোমের বাহিনী; (লাক্ষ.) বিরাট সংখ্যা। ২ **British L~** ব্রিটেনের প্রাক্তন সৈন্যদের জাতীয় সঙ্ঘ। **(French) Foreign L~** ফরাসি সেনাবাহিনীর প্রাক্তন বিদেশী সৈনিকদের সঙ্ঘ। **L~ of Honour** ফরাসি দেশের সামরিক ও বেসামরিক সম্মানসূচক খেতাব। ৩ (সাহিত্য ও আল. রচনাশৈলী) অসংখ্য, বিশাল সংখ্যক। **~·ary** [লিজানারি US -নেরি] *n pl* (-ries), *adj* কোনো লিজিয়ন বা সঙ্ঘের অন্তর্ভুক্ত সৈনিক, বিশেষত ফরাসি লিজিয়নের। **~·naire** [লিজাˈনেআ(র্)] *n* বৃটিশ বৈদেশিক লিজিয়নের অন্তর্ভুক্ত সৈনিক।

legis·late [ˈলেজিস্লেইট্] *vi* আইন প্রণয়ন করা। **legis·la·tion** [ˌলেজিস্ লেইশন্] *n* [U] আইন প্রণয়ন; প্রণীত আইনসমূহ।

legis·la·tive [ˈলেজিস্লাটিভ্ US -লে ই-] *adj* আইন প্রণয়ন সম্বন্ধীয়; আইন প্রণয়নের ক্ষমতা-বিশিষ্ট; আইন প্রণয়নের অধিকারপ্রাপ্ত: ~ assembly, আইনসভা; ~ council, আইন পরিষদ।

legis·la·tor [ˈলজিস্লেইটা(র্)] আইনসভা বা আইন প্রণয়নকারী সংস্থার সভ্য; বিধানমণ্ডলীর সদস্য।

legis·la·ture [ˈলেজিসˈলেইচা(র্)] *n* আইন প্রণয়নকারী সংস্থা (যেমন পার্লামেন্ট)।

le·git·imate [লিˈজিটিম ট্] *adj* ১ আইনসঙ্গত; নিয়মসম্মত; রীতিসিদ্ধ। ২ যুক্তিসম্মত; ন্যায়সঙ্গত। ৩ বৈধভাবে জাত (অর্থাৎ জারজ নয়): a ~ child. ৪ **the ~ theatre** প্রকৃত নাটক (গীতিনাট্য বা নৃত্যনাট্য নয়)। **~·ly** *adv.* **le·git·imacy** [লিˈজিটিমাসি] *n* [U] বৈধতা। **le·git·ima·tize** [লিˈজিটিমাটাইজ্] আইনসম্মত বা বৈধ করা।

leg·ume [ˈলেগিউম্, ˈলিগিউম্] *n* শিম বা মটর জাতীয় বীজ; এই ধরনের বীজের গাছ; এ ধরনের বীজের খোলস; শিম্ব বা শুঁটি (pod).

leg·umin·ous [ˌলেগিউমিনাস্ US ˈলি-] *adj* শিম্বাকার; শিম্বোৎপাদী; শিম্বসংক্রান্ত; শিম্বগোত্রীয়।

lei [লেই ঈ] *n* হাওয়াই বা পলিনেশীয় দ্বীপপুঞ্জে অতিথির গলায় যে ফুলের মালা পরিয়ে দেওয়া হয়।

lei·sure [ˈলেজ়া(র্) US ˈলি-] *n* [U] ১ অবকাশ; অবসর: have no ~. **at ~** অবসর সময়ে। **at one's ~** যখন কারো অবসর আছে; নিজের সুবিধামতো সময়ে। ২ (attrib) **~ time/ hours** কর্মে নিযুক্ত নয় এমন সময়। **~·less** *adj* অবকাশহীন। **~·ly** *adv* ব্যস্ততাহীন। □*adv* মন্থরগতিতে; ধীরে ধীরে; ব্যস্ততাহীনভাবে: walk ~ly. **~d** [ˈলেজ়াড় US লি-] *adj* প্রচুর অবকাশপূর্ণ।

leit·mo·tive, -tif [ˈলাইট্‌মেটিফ্] (জ.) *n* ১ অপেরা বা সঙ্গীতপ্রধান নাটকে কোনো ব্যক্তি, অবস্থা বা ভাবের সাথে সম্পৃক্ত রাগ বা রাগিণী যা ঐ ব্যক্তি মঞ্চে আবির্ভূত হলে অথবা ঐ ভাব বা অবস্থার সৃষ্টি হলে বাজানো হয়। ২ (লাক্ষ.) বারে বারে সংঘটিত হয় এমন ভাব।

lemon [ˈলেমান্] *n* ১ লেবু (বিশেষত জামির বা জাম্বির)। **ˈ~ curd** *n* লেবু, ডিম ও মাখন সংমিশ্রণে প্রস্তুত নরম আঠালো দ্রব্য। **ˈ~ drop** *n* লেবু-সুবাসিত লজেনচুস। **ˌ~ ˈsquash** লেবুর স্কোয়াশ; লেবুর রস ও চিনি সংমিশ্রণে প্রস্তুত ঘন সিরাপ যা পানির সাথে মিশিয়ে পান করা হয়। **ˈ~ squeezer** *n* লেবু থেকে রস চিপে বের করার যন্ত্র বা কল। **ˌ~ ˈsole** *n* প্লেইস জাতীয় এক প্রকার চ্যাপটা মাছ। ২ (GB অপ.) দেখতে বোকাটে ও সাধাসিধে লোক। **to give sb a ~** (অপ.) কাউকে প্রতারণা করা। **~·ade** [ˌলেমাˈনেইড্] (GB) (US **~·soda**) *n* [U] লেবুর স্বাদযুক্ত ঈষৎ হলুদাভ গ্যাসীয় বুদ্বুদওয়ালা পানীয়; লেমোনেড। **ˈ~·lime** *n* (US) গ্যাসীয় বুদ্বুদওয়ালা স্বচ্ছ অম্ল-মধুর পানীয়।

lemur [লীমা(র্)] *n* মাদাগাস্কারের বানরসদৃশ শৃগালের মতো মুখবিশিষ্ট নিশাচর প্রাণী; লেমুর।

lend [লেন্ড্] *vt* (*pt,pp* lent [লেন্ট্]) ১ ধার দেওয়া; সাময়িকভাবে ব্যবহার করতে দেওয়া: ~ sth to sb; sb sth. **~ a hand** সাহায্য করা। **~ an ear to** শোনা। **ˈ~ing-library** যে পাঠাগার থেকে বাড়িতে পড়ার জন্য বই ধার নেওয়া যায়। ২ **~ sth to sb** প্রদান করা। ৩ **~ oneself to sth** সম্পৃক্ত হতে দেওয়া; ঘটতে দেওয়া: Don't ~ yourself to an evil deisign. The theory lends itself to many interpretations. **~·lease,** দ্র. lease. **~er** *n* মহাজন; ঋণদাতা।

length [লেঙথ্] *n* ১ [U] দৈর্ঘ্য: The ~ of a rope; ব্যাপ্তি: the ~ of story. **at ~** (ক) অবশেষে। (খ) দীর্ঘ সময় ধরে: Speak at ~. (গ) বিস্তৃতভাবে; সবিস্তারে: deal with a matter at ~. **(at) full ~** সটান হয়ে; চিত হয়ে: to lie at full ~. **keep sb at arm's ~** কারো সাথে দূরত্ব বজায় রাখা; বন্ধুসুলভ ব্যবহার না করা। ২ [C] কোনো কিছুর পূর্ণদৈর্ঘ্যের পরিমাপ। ৩ [U,C] প্রান্ত সীমা; চরম অবস্থা: go to any ~ (s), কোনো উদ্দেশ্য সাধনের জন্য সব কিছু সম্ভব করা। ৪ [C] কোনো বিশেষ কাজের জন্য প্রয়োজনীয় দৈর্ঘ্যসম্পন্ন কাপড়: a dress ~ cloth. **~en** [লেঙথেন্] *vt,vi* দীর্ঘ বা দীর্ঘায়িত করা; প্রসারিত করা বা হওয়া; সময়ের স্থায়িত্ব বাড়ানো; প্রলম্বিত করা। **~·wise, ~·ways** *adj,adv* দৈর্ঘ্য-বরাবর; লম্বালম্বি। **~y** *adj* (লেখা বা বক্তৃতা সম্পর্কে) সুদীর্ঘ, ক্লান্তিকরভাবে দীর্ঘস্থায়ী: a ~y speech.

leni·ent [ˈলীনিআন্ট্] *adj* উদার; দয়ালু; কোমল; ক্ষমাশীল: a ~ judge/parent. **leni·ance, leni·ency** *n* [U]. **~·ly** *adv*

Leni·nism [ˈলেনিনিজ়াম্] *n* [U] লেনিন কর্তৃক ব্যাখ্যাকৃত মার্কসীয় মতবাদ। **Leni·nist** *n* লেনিনের মতবাদের অনুসারী; লেনিনপন্থী।

len·ity [ˈলেনাটি] *n* [U] (আনুষ্ঠা.) ক্ষমাশীলতা; সদয়ভাব।

lens [লেন্‌জ়] *n (pl* lenses) দৃষ্টিসহায়ক কাঁচ; চশমা; দুরবিন, ক্যামেরা প্রভৃতিতে ব্যবহৃত কাঁচ। ২ (শারীর.) চোখের মণির পিছনের স্বচ্ছ অংশ যার মধ্য দিয়ে আলো প্রতিসরিত হয়।

Lent [লেন্‌ট্] *n* যিশুর উপবাস স্মরণের উদ্দেশ্যে ঈস্টারের পূর্বে খ্রিস্টান ধর্মাবলম্বীদের চল্লিশ দিন ব্যাপী বাৎসরিক উপবাস। **~ term** উপর্যুক্ত উপবাসের সময়ে পশ্চিমা দেশের বিশ্ববিদ্যালয়সমূহে যে ছুটি দেওয়া হয়। **~en** *adj* লেন্ট পর্ব সংক্রান্ত বা উক্ত পর্বকালীন।

len·til [ˈলেনট্‌ল্] *n* [C] মসুরি ডাল; মসুরি ডালের গাছ: ~ soup.

lento [ˈলেন্‌টৌ] *adj,adv* (সঙ্গীত নির্দেশনা) আস্তে আস্তে; ঢিমা লয়ে।

Leo [ˈলীঔ] *n* সিংহ রাশি।

leo·nine [লীআনা ইন্] *adj* সিংহ সম্বন্ধীয়; সিংহসদৃশ।

leop·ard [ˈলেপাড্] *n* চিতা বাঘ। **~·ess** *n* স্ত্রী-চিতাবাঘ।

leper [ˈলেপা(র্)] *n* কুষ্ঠরোগী।

lep·rosy [ˈলেপ্‌রাসি] *n* [U] কুষ্ঠরোগ। **lep·rous** কুষ্ঠরোগাক্রান্ত; কুষ্ঠ সম্বন্ধীয়; কুষ্ঠসদৃশ।

les·bian [লেজ়বি আন্] *n* সমকামী স্ত্রীলোক। **~·ism** *n*

lese maj·esty [ˌলেইজ় ˈম্যাজেস্‌টি] *n* [U] রাজদ্রোহ (কৌতুক.) নিম্নপদমর্যাদাসম্পন্ন লোকের সাহসী আচরণ।

lesion [ˈলীজ়্‌ন্] *n* [C] ক্ষত; আঘাতপ্রাপ্ত স্থানে সংক্রমণের ফলে সৃষ্ট ঘা।

less [লেস্] *adj* (বিপরীত more, তুল. little, least) ১ অল্পতর *(pl* [C] *n* এর সাথে fewer): ~ tea. তুল. fewer cups. ২ (পরে than বসে) অপেক্ষাকৃত স্বল্প পরিমাণ: I have ~ food than you. □*adv* ১ (verb এর পরে বসে তার অর্থের পরিবর্তন ঘটায়) ততো নয়; কম পরিমাণে: Eat ~, work more. ২ *adv,adj* ও *participles* এর সাথে) তেমন নয়: He is ~ intelligent than his brother. He works ~ foolishly now. ৩ **the ~** যতোটা কম: The ~ you worry, the better. **even/still ~** নিশ্চিতভাবে নয়: I do not suspect him of lying, still ~ stealing. **in ~ than no time** খুব কম সময়ের মধ্যে। **no ~ (than)** নিদেনপক্ষে; কমপক্ষে। **no ~ a person/ thing than** খুব গুরুত্বপূর্ণ ব্যক্তি বা বস্তু। **none the ~** তৎসত্ত্বেও। □*n* [U] ক্ষুদ্রতর অংশ বা পরিমাণ: I'll be back in ~ than an hour. I can't sell it for ~ than Tk. 500. □*preps* বাদ (দিয়ে); ব্যতীত: ~ already drawn.

les·see [লেˈসী] *n* ইজারাদার; যে ব্যক্তি লিখিত চুক্তি মোতাবেক কোনো বাড়ি বা ভূ-সম্পত্তি একটি নির্দিষ্ট সময় পর্যন্ত একটি নির্দিষ্ট হারে অর্থ প্রদান করে অধিকার বা ভোগ করে।

les·sen [ˈলেস্‌ন্] *vt,vi* ১ কম করা বা হওয়া; হ্রাস করা বা হওয়া; কমানো: to ~ the impact of a force. ২ ক্ষুদ্রতর বা অল্পতর হওয়া; কোনো বস্তুর আকার, আয়তন বা গুরুত্ব কমানো: to ~ the importance of sth.

les·ser [ˈলেসা(র্)] *adj* (শুধুমাত্র attrib) ক্ষুদ্রতর; নিকৃষ্টতর। **in/to a ~ degree** অপেক্ষাকৃত কম মাত্রায়।

les·son [ˈলেস্‌ন্] *n* ১ পাঠ; পঠনাংশ: Have you learnt your ~? পাঠে বা পাঠদানে ব্যয়িত সময়: Each ~ lasts 40 minutes. ২ *(pl)* সাধারণভাবে শিশুদের শিক্ষা: Salma is fond of her ~s. ৩ শিক্ষা; উপদেশ; দৃষ্টান্ত: What ~ do you learn from this ? ৪ গির্জায় প্রার্থনাকালে বাইবেল থেকে পঠিত অংশ।

les·sor [ˈলেসো°(র্)] *n* পাট্টাদাতা; ইজারাদাতা।

lest [লেস্‌ট্] *conj* ১ পাছে (ঘটে তাই); যাতে না ঘটে (এজন্য): I was kind to her ~ she should go away. ২ এই আশঙ্কায়: We hurried ~ we should miss the train.

let[1] [লেট্] *vt,vi (pt,pp* let) (-tt-) ১ (noun/ pronoun অথবা to ছাড়া infinitive এর আগে বসে, সাধারণত passive হয় না) অনুমতি দেওয়া: He did not ~ me go. ২ (imperative) (me বা us এর পূর্বে বসে) (ক) করতে দেওয়া: Please ~ me/ us go (এখানে let's হয়না); (খ) (প্রস্তাব করা) 'এসো করি' অর্থে: Let's go to the cinema (যাকে উদ্দেশ্য করে বলা সে যখন কর্মে শামিল থাকে তখন let's হয়)। ৩ (imperative) (ক) (যুক্তি প্রদান করতে) ধরা যাক, মনে করি এরূপ অর্থে: L~ A be equal to B. (খ) (কাউকে কিছু করতে অনুমতি দেওয়া কিংবা সে ব্যাপারে অসন্তোষ প্রকাশ করা): L~ him do whatever he likes. (গ) (কার কী করা উচিত বা কে কী করবেন এই ধারণা প্রকাশ করতে): L~ each man decide for himself. ৪ (let+noun+infinitive = L~ her go; let+infinitive+ noun = L~ go my hand; let+infinitive = ~ fly এরূপ phrase সমূহ): **~ drive at sb/ sth** আঘাত তাক করা; কোনো কিছু ছুঁড়ে মারা: She ~ drive at me with a pot. **~ drop/ fall** (লাক্ষ.) অসতর্কভাবে বা ইচ্ছাকৃতভাবে মন্তব্য করা। **~ fly (at sb/ sth)** কাউকে আঘাত করার জন্য কোনো কিছু তার দিকে সজোরে নিক্ষেপ করা; (লাক্ষ) কারো উদ্দেশ্যে বাক্যবাণ ছোঁড়া বা কাউকে কথায় আঘাত করা। **~ go** ছেড়ে দেওয়া: L~ go my hand, you're hurting me. **~ someone go** কাউকে মুক্তি দেওয়া; পালিয়ে বা চলে যেতে দেওয়া। **~ oneself go·** নিজের অনুভূতি, ইচ্ছা, বাসনা ইত্যাদি অনুযায়ী চলা। **~ it go at that** (কোনো প্রসঙ্গে) অধিক কিছু না বলা: We don't agree with what you say, but we'll ~ it go at that. **~ sth pass** ভ্রূক্ষেপ না করা; যেতে দেওয়া। **~ sth slip** (ক) (কোনো সুযোগ) হারানো। (খ) = let sth drop/fall (উপরে দ্রষ্টব্য)। ৫ (বিভিন্ন adjective এর সাথে) **~ sb/sth alone** স্বেচ্ছায় চলতে দেওয়া; না ঘাটানো: হস্তক্ষেপ না করা; যেভাবে আছে সেভাবে চলতে দেওয়া: L~ it alone ! **~ well alone** (প্রবাদ) যে অবস্থায় আছে তাই ভালো; হস্তক্ষেপ করলে খারাপ হতে পারে। **~ sb/sth loose** মুক্ত করে দেওয়া; ছেড়ে দেওয়া; (লাক্ষ.) ক্ষোভ, দুঃখ ইত্যাদি প্রকাশ করা। ৬ **~ sth** ভাড়া দেওয়া: We are planning to ~ this house. **to ~** ভাড়ায় দেওয়া হবে এমন কিছু: The house is to ~. **~ out** ভাড়া দেওয়া হয় এমন কিছু: He ~s out houses. ৭ (শল্যবিদ্যা) **~ blood** রক্ত প্রবাহিত বা মোক্ষণ করা। ˈ**blood·letting** রক্তমোক্ষণ। ৮ (adv part ও prep এর সাথে) **~ sth down** নামানো; পড়তে দেওয়া: She ~ down her hair. **~ sb down** (লাক্ষ.) কারো কাছে প্রদত্ত প্রতিশ্রুতি পালনে ব্যর্থ হওয়া; বিশ্বাসের মর্যাদা ক্ষুণ্ন করা; আনুগত্য সম্পর্কে কাউকে হতাশ করা; প্রয়োজনের

সময় সাহায্য করতে ব্যর্থ হওয়া: I'll never ~ you down. ˈ~-**down** *n* এ ধরনের কাজ; হতাশা। ~ **in** প্রবেশ করতে দেওয়া: Open the door and ~ me in. ~ **sth in** কোনো পোশাকের ঘের কমানো বা তা চিপা করা: This shirt needs ~ting in at the chest. ~ **in for** অপছন্দনীয়, বিরক্তিকর বা শ্রমসাধ্য কাজে জড়িয়ে পড়া: He ~ himself in a lot of work when accepted post of the secretary. ~ **sb into sth** গোপন তথ্য জানতে দেওয়া। ~ **sb off** শাস্তি থেকে কাউকে অব্যাহতি দেওয়া: The police won't ~ you off so easily. ~ **sth off** বিস্ফোরিত হতে দেওয়া: Children were ~ting off fire works. ~ **sb off the hook** কাউকে ঝামেলা থেকে মুক্ত করা। ~ **on** গোপন ব্যাপার ফাঁস করে দেওয়া: ~ on a secret. ~ **sb/sth out** প্রবাহিত হতে দেওয়া; বের হতে দেওয়া; চলে যেতে দেওয়া: He ~ the water out of the tub. ~ **out** পোশাক ইত্যাদি চওড়া বা প্রশস্ত করা। ~ **out at sb** কারো প্রতি সজোরে ঘুসি বা লাথি তাক করা; (লাক্ষ.) কারো প্রতি রূঢ় ভাষা ব্যবহার করা। ~ **sb/ sth through (sth)** পরীক্ষা ইত্যাদি পাশ করতে দেওয়া। ~ **up** তীব্রতা হ্রাস পাওয়া: The rain has ~ up. ˈ**let-up** *n* (কথ্য) বিরাম: ~-up in work due to strike. ~**up on (sb)** (কথ্য) কারো প্রতি সদয় ব্যবহার করা বা কঠোর ব্যবহার না করা।

let[2] [লেট্] *n* ভাড়া। ~**ting** *n* [C] যে সম্পত্তি ভাড়া দেওয়া হয়েছে।

let[3] [লেট্] *vt* (প্রা.) বাধা দেওয়া। □*n* ১ বাধা। ২ (টেনিস খেলা) যে বল সার্ভ করার পর নেটে লেগে অপর দিকে গিয়ে পড়ে।

lethal [ˈলীথ্‌ল্] *adj* প্রাণঘাতী; মারাত্মক: a ~ weapon, ~ poison, ~ chamber, যন্ত্রণাহীনভাবে পশুহত্যার কক্ষ।

leth·argy [ˈলেথাজি] *n* [U] আলস্য; তন্দ্রা; অস্বাভাবিক দীর্ঘ নিদ্রা; নিশ্চেষ্টতা; জড়িমা। **leth·ar·gic** [ˈলিথা:জিক্] *adj* অস্বাভাবিকভাবে নিদ্রালু; জড়িমাগ্রস্ত; অলস; নিশ্চেষ্ট। **leth·ar·gically** *adv*

Lethe [ˈলীথি] *n* (গ্রিক পুরাণ) পাতালে অবস্থিত মরজগতে Hades নামক নদী যার পানি পান করলে অতীত স্মৃতি অবলুপ্ত হয়; বিস্মৃতি।

let's [লেট্‌স্] = let us, দ্র. let[1](2).

let·ter [ˈলেটা(র্)] *n* ১ অক্ষর; বর্ণ: capital ~s (A,B,C ইত্যাদি), small ~s (a, b, c ইত্যাদি)। ২ চিঠি, পত্র, লিপি; ছাপানোর কাজে ব্যবহৃত হরফ। ~ **of credit,** দ্র. credit[1](১). ˈ~-**box** *n* (us = mail box) (ক) ডাক বাক্স; চিঠি ফেলার জন্য পোস্ট অফিস বা রাস্তার পাশে রক্ষিত বাক্স। (খ) চিঠি পাওয়ার জন্য কোনো দালানে রক্ষিত বাক্স। ˈ~-**card** চিঠি লেখার জন্য এক প্রকার কার্ড যা ভাঁজ করে আঠা দিয়ে আটকানো যায়। ˈ~ **case** চিঠি রাখার ছোট বাক্স। ˈ~-**head** লেখকের নাম-ঠিকানা ছাপানো চিঠির কাগজ। ˈ~-**press** *n* [U] (ক) সচিত্র পুস্তকাদির মুদ্রিত পঠনাংশ। (খ) ছাঁচের অক্ষর থেকে মুদ্রণপ্রণালী। ˈ~-**writer** *n* (প্রধানত পেশাদার) পত্রলেখক; পত্র-রচনা শেখার বই। ˈ~-**writing** *n* পত্র-রচনার কৌশল; পত্র-রচনা। ৩ (phrases) **keep (to) the ~ of the law/ an agreement** আক্ষরিকভাবে আইনের বা কোনো চুক্তির শর্তসমূহ পালন করা। ~ **of credence** রাষ্ট্রদূত বা রাজপ্রতিনিধির পরিচিতিপত্র। **to the ~** অক্ষরে অক্ষরে; প্রতিটি খুঁটিনাটি ব্যাপারে মনোযোগ দিয়ে। ৪ (*pl*) সাহিত্য ও বিদ্যা: a man of ~s, বিদ্বান ব্যক্তি। ~**ed** [ˈলেটাড্] *adj* শিক্ষিত; পণ্ডিত (বিপরীত, unlettered). ~·**ing** [ˈলেটারিঙ্] *n* [U] (ক) লেখা বা ছাপার কাজ (খ) মুদ্রাক্ষরের আকার বা শৈলী।

let·tuce [ˈলেটিস্] *n* [C] লেটুস, সালাদে ব্যবহৃত কাঁচা খাওয়ার উপযুক্ত সবুজ পাতা জাতীয় উদ্ভিদ।

leu·co·cyte (US= leu·ko·cyte) [ˈলুকাসাইট্] *n* [C] রক্তের শ্বেতকণিকা।

leu·kae·mia (US= leu·ke·mia) [লুˈকীমিআ] *n* [U] শ্বেতকণিকার আধিক্যজনিত রক্তাল্পতা রোগ।

lev·ant[1] [লিˈভ্যান্ট্] *n* **the** ~ পূর্ব-ভূমধ্যসাগরীয় অঞ্চল। ~**er** লিভান্টের প্রবল পূর্ব-বায়ু। ~·**ine** *n,adj* পূর্ব-ভূমধ্যসাগর অঞ্চলের লোক; লিভান্ট সংক্রান্ত।

lev·ant[2] [লি ˈভ্যান্ট্] *vi* দেনা শোধ না করে পালিয়ে যাওয়া।

levee[1] [ˈলেভি] *n* (ইতি.) (GB) রাজা বা রাজপ্রতিনিধি আহূত কেবল পুরুষদের সম্মেলন; প্রাতঃকালীন অভ্যর্থনা-মজলিস।

levee[2] [ˈলেভি] *n* বন্যা প্রতিরোধ করার জন্য নদীতীরে নির্মিত মাটির বাঁধ।

level[1] [লেভ্‌ল্] *adj* ১ সমতল, মসৃণ; একই রেখায় বা তলে অবস্থিত; অনুভূমিক: on a ~ with, একই উচ্চতায়। ~ **crossing** (US= grade crossing) সাধারণ পথ ও রেলপথের সংযোগস্থল। ২ সমান; সমত্বপূর্ণ: a ~ race, বিভিন্ন প্রতিযোগী যে প্রতিযোগিতায় কাছাকাছি অবস্থান করে; draw ~ with other runners. ৩ স্থির; সুসমঞ্জস; বিচক্ষণ: have ~ head. ˌ~-ˈ**headed** *adj* স্থিরমস্তিষ্ক; কাণ্ডজ্ঞানবিশিষ্ট; আতিশয্যবশত বিভ্রান্ত হয় না এমন। **try/do one's ~ best** যথাসাধ্য চেষ্টা করা।

level[2] [লেভ্‌ল্] *n* ১ [C] সমতলত্ব; সাধারণ উচ্চতা; স্তর: 2000 metres above sea ~. ২ [C] স্বাভাবিক বা উপযুক্ত স্তর, অবস্থা বা সামাজিক মর্যাদা। ৩ [U] সমপদস্থ; সমকক্ষ; সমত্ব: a top ~ talks, a cabinet ~ meeting. **O-/A--examinations** ইংল্যান্ড ও ওয়েলস্-এ স্কুল সমাপনী Ordinary ও Advanced level পরীক্ষা।

level[3] [লেভ্‌ল্] *vt,vi* (-ll-, US -l-) ১ সমতল করা বা হওয়া; ভূমিসাৎ করা বা হওয়া; পদমর্যাদায় সমান করা বা হওয়া: Death ~s all men; মসৃণ করা। ~ **up/ down** উঁচু বা নিচু করে সমতলবিশিষ্ট করা। ২ একই তলে আনয়ন করা; অনুভূমিক করা। ~ **at** লক্ষ্য সন্ধান করা; তাক করা। ~ **against** কারো বিরুদ্ধে অভিযোগ আনয়ন করা। ~ **out** সমতলবিশিষ্ট করা; পার্থক্য দূর করে সমতা আনয়ন করা। ~ **off/ out** (ক) কোনো বিমানকে ভূমির সমান্তরালে কোনো নির্দিষ্ট উচ্চতায় চালনা করা। (খ) এমন এক পর্যায়ে পৌঁছানো যার পর হ্রাস-বৃদ্ধি অর্জিত হয় না। ~·**ler** (US ~**er**) [ˈলেভেলা(র্)] *n* সমতা আনয়নকারী; যে সমতল করে, সকলের মধ্যে সাম্য আনয়ন করে বা সকল পদবৈষম্য দূর করে।

level[4] [লেভ্‌ল্] *adv* অনুভূমিকভাবে; স্পষ্টভাবে; খোলাখুলি। ~ **with** খোলাখুলিভাবে; সত্য গোপন না করে কারো সাথে কোনো কিছু আলোচনা করা।

lever [ˈলীভা(র্) US ˈলেভা(র্)] *n* ফালক্রামের উপর রেখে যে দণ্ডের সাহায্যে ভার উত্তোলন করা হয় বা চাপ দেওয়া হয়; লিভার; (লাক্ষ.) উদ্দেশ্য উপায় বা শক্তি। □*vt* লিভার ব্যবহার করে কোনো বস্তু সরানো, হঠানো বা উত্তোলন করা। ~·**age** [-রিজ্] *n* [U] লিভারের ক্রিয়া;

লিভার ব্যবহারের প্রণালী; লিভার ব্যবহারের ফলে লব্ধ সুবিধা।

lev·eret [ˈলেভ়ারিট্] *n* শশকশাবক; এক বৎসর বয়স্ক খরগোশ।

lev·ia·than [লিˈভ়াই আথান্] *n* ১ (বাই.) প্রকাণ্ড সামুদ্রিক জন্তুবিশেষ। ২ কোনো প্রকাণ্ড জিনিস, বিশেষত জাহাজ বা প্রাণী।

levis [ˈলীভাইজ্] *n pl* [P) শক্ত মোটা কাপড়ের আঁটসাঁট ফুলপ্যান্ট।

levi·tate [ˈলেভিটেইট্] *vt,vi* (আধ্যাত্মিক সাধকদের) দেহকে শূন্যে ভাসমান বা উত্থিত করা। **levi·ta·tion** [লেভিˈটেইশ্ন্] *n* এ ধরনের কাজ।

lev·ity [ˈলেভ়াটি] *n* [U] (আনুষ্ঠা.) লঘুতা; চপলতা; চাপল্য; চিন্তাহীনতা।

levy [ˈলেভি] *vt,vi* (*pt,pp* levied) ১ প্রাপ্ত ক্ষমতা অনুসারে কর ধার্য বা আদায় করা: ~ on a tax, a fine, etc. ২ বাধ্যতামূলকভাবে বা শক্তি প্রয়োগ করে সৈন্য সংগ্রহ করা: ~ ing an army. ৩ **~ war on/ upon/ against** এভাবে সৈন্য ও রসদ সংগ্রহ করে কারো বিরুদ্ধে যুদ্ধ ঘোষণা করা। □*n* (*pl* levies) [C] ১ এভাবে কর বসানোর বা সৈন্য সংগ্রহের ফরমান বা সরকারি আদেশ। ২ এভাবে অর্থ বা সৈন্য সংগ্রহ করার কাজ। ৩ এভাবে সংগৃহীত অর্থ বা সৈন্য। **capital ~,** দ্র. capital[2]. **levi·able** *adj* কর বসানোর যোগ্য।

lewd [ˈলিউড্ US ˈলূড্] *adj* ইতর; অশোভন; কামুক; লম্পট। **~·ly** *adv.* **~·ness** *n*

lexi·cal [ˈলেক্সিক্ল্] *adj* শব্দ সংক্রান্ত; আভিধানিক। **~ly** [–লি] *adj*

lexi·cogra·phy [ˌলেক্সিˈকগ্রাফি] *n* [U] অভিধান রচনা; অভিধান–সঙ্কলন বিদ্যা। **lexi·cogra·pher** [ˌলেক্সিˈকগ্রাফা(র্)] অভিধান রচয়িতা বা সঙ্কলক।

lexi·con [ˈলেক্সিকান্ US -কন্] *n* শব্দকোষ, শব্দার্থপুস্তক বা অভিধান।

lexis [ˈলেক্সিস্] *n* [U] কোনো ভাষার শব্দাবলী।

ley [লেই] *n* [C] যে জমি সাময়িকভাবে ঘাসে ভরে গিয়েছে। **~ farming** এক মৌসুমে শস্য; পরের মৌসুমে ঘাসের চাষ।

lia·bil·ity [ˌলাইআˈবিলাটি] *n* (*pl* -ties) ১ [U] দায়; দায়িত্ব; বাধ্যবাধকতা: ~ to pay taxes. **ˌlimited ˈ~ company,** দ্র. limit[2]. ২ (*pl*) ঋণ; মোট দেনা। ৩ (কথ্য) বোঝা; অসুবিধা: more a ~ than an asset.

li·able [ˈলাইআবল্] *adj* (used pred.) ১ **~ for** আইনত বাধ্য বা দায়ী। ২ **be ~ to sth** অধীন হওয়া: ~ to fine/punishment. ৩ **be ~ to do sth** প্রবণ; সম্ভাবনাযুক্ত: ~ to make mistakes.

li·aise [লিˈএ ইজ্] *vt* **~ (with/between)** (কথ্য) যোগাযোগকারী হিসাবে কাজ করা।

li·aison [লিˈএ ইজ্ন্ US ˈলি আজ্ন্] *n* ১ [U] দুই পক্ষের সংযোগ বা যোগাযোগ। **ˈ~ officer** এই ধরনের সংযোগ রক্ষাকারী কর্মকর্তা। ২ অবৈধ যৌন সম্পর্ক।

li·ana [লিˈআ:না US -অ্যান ।] (অপিচ **liane)** *n* দেয়াল বা গাছ বেয়ে ওঠা গ্রীষ্মমণ্ডলীয় লতাগাছ।

liar [লাইআ(র্)] *n* মিথ্যাবাদী; যে মিথ্যা কথা বলে।

lib [লিব্] *n* (কথ্য) liberation শব্দের সংক্ষিপ্ত রূপ। **women's ~** সামাজিক ও অর্থনৈতিক অসাম্য হতে নারীমুক্তি আন্দোলন।

li·ba·tion [লাই ˈবেইশন্] *n* [C] তর্পণ, দেবাদির উদ্দেশ্যে মদ বা অন্য কোনো তরল পদার্থ ঢালা; ব্যঙ্গচ্ছলে এরূপ কার্য করা।

li·bel [ˈলাইবল্] *n* ১ [U,C] কারো নিন্দাবাদপূর্ণ পুস্তক বা রচনা; মানহানিকর বিবৃতি বা রচনা: sue a newspaper for ~; utter or publish ~ against sb. ২ [C] **~ on** (কথ্য) কারো কুৎসা বা তার প্রতি বিদ্বেষপূর্ণ মন্তব্য। □*vt* (-ll-, US -l-) কারো নিন্দাবাদপূর্ণ কিছু প্রকাশ করা। **~·lous** (US **~·ous)** [লাইবেলাস্] *adj* কুৎসাপূর্ণ; কুৎসাজনক: a ~lous journal/ article.

lib·eral [ˈলিবারাল্] *adj* ১ বদান্য; উদার; মুক্তহস্ত; সদাশয়; প্রচুর: a ~ supply of food. ২ সরলমনা; সংস্কারমুক্ত; উদার। ৩ (শিক্ষা সম্পর্কে) যা মনের বা চিন্তার প্রসারতা আনে: a ~ education. **the ~ arts** মনের উদারতা বৃদ্ধিকারী বিদ্যাসমূহ, যেমন সাহিত্য, দর্শন। ৪ (রাজনীতি বা ধর্ম সম্পর্কে) উদারপন্থী বা উদার মতাবলম্বী: The Liberal Party (GB). □*n* সুবিধার পরিবর্তে যে ব্যক্তি প্রগতি বা সংস্কারে বিশ্বাস করেন। **L~** (GB) বিলাতের উদারনীতিক দল The Liberal Party-র সভ্য। **~·ism** *n* [U] (রাজনীতি বা ধর্ম সম্পর্কে) উদারনীতি; উদারপন্থী মতবাদ। **~·ize** [ˌলিব্রালাইজ্] *vt* উদার বা উদারনীতিক করা; সংকীর্ণ মত বা সংস্কার থেকে মুক্ত করা। **~·iz·ation** [ˌলিব্রালাইˈজে শন্] *n* উদারনীতিককরণ। **~·ness** *n* [U], দ্র. liberality.

lib·er·al·ity [ˌলিবাˈর্যালাটি] *n* (*pl* -ties) (অপিচ **liberalness)** ১ [U] বদান্যতা; মনের উদারতা; সংস্কার থেকে মুক্তি। ২ [C] মুক্ত হস্তে দান।

lib·er·ate [ˈলিবারেইট্] *vt* মুক্ত করা; উদ্ধার করা: ~ people from slavery; ~ one's mind from prejudice. **lib·er·ator** [–টা(র্)] মুক্তিদাতা। **lib·er·ation** [ˌলিবাˈরেইশন্] মুক্তি: war of liberation, মুক্তিযুদ্ধ।

lib·er·tine [ˈলিবাটীন্] *n* অসচ্চরিত্র, লম্পট বা কামুক ব্যক্তি। **chartered ~** যে ব্যক্তির অস্বাভাবিক চালচলন বা উদ্ভট ব্যবহার সহ্য করা হয়।

lib·erty [ˈলিবাটি] *n* (*pl* -ties) ১ [U] স্বাধীনতা; বন্দীদশা, দাসত্ব, বৈদেশিক শাসন বা নিপীড়ন থেকে মুক্তি; স্ব–ইচ্ছায় কাজকর্ম বা চলাফেরা করার অধিকার। **at ~** (ব্যক্তি সম্পর্কে) মুক্ত; স্বাধীন; অবকাশযুক্ত: You are at ~ to go. **set sb at ~** মুক্ত করা; মুক্ত করে দেওয়া। **~ of conscience** (বিশেষত ধর্ম সম্পর্কে) স্বীয় মত অনুসারে চলার অধিকার। **~ of speech** বাকস্বাধীনতা; স্বাধীনভাবে মত প্রকাশের অধিকার (রাজনৈতিক, সামাজিক বা অন্য কোনো বিষয়ে)। **~ of press** সংবাদপত্রের স্বাধীনতা; সরকার বা কর্তৃপক্ষের কোনো পূর্বানুমতি ছাড়া খোলাখুলিভাবে মত প্রকাশের অধিকার। ২ [U] ভদ্রতার সীমা ছাড়িয়ে কথাবার্তা বা কাজ; অপরিমিত বা অত্যধিক স্বাধীনতা। **take the ~ of doing sth/to do sth** ঝুঁকি নেওয়া। **take liberties with** ভদ্রতার সীমা ছাড়িয়ে যাওয়া; রূঢ় ব্যবহার করা; ইতিহাস বা কোনো রচনায় নিজের ইচ্ছামতো পরিবর্তন ঘটানো। ৩ (*pl*) বিশেষ অধিকার বা সুবিধা।

li·bid·in·ous [লিˈবিডিন াস্] *adj* লম্পট; কামুক; কামলালসাপূর্ণ।

li·bi·do [লি'বীডৌ] *n* [D,C] (মনো.) কামবাসনা বা কামেচ্ছা; প্রাণশক্তি বা কর্মপ্রেরণা।

Libra [লীব্‌র্‌া] *n* তুলারাশি; রাশিচক্রের সপ্তম রাশি।

li·bra·ry ['লাইব্‌রারি US -বেরি] *n* (*pl* -ries) ১ লাইব্রেরি, গ্রন্থাগার; যে কক্ষ বা দালানে পাঠকদের জন্য বই সংগ্রহ করে রাখা হয়। ২ এ ধরনের পুস্তকের সংগ্রহ (অধুনা টেপ, স্লাইড, ভিডিও ক্যাসেট ও কম্পিউটার ডিস্কের সংগ্রহও অন্তর্ভুক্ত)। **the public ~** স্থানীয় কর্তৃপক্ষ বা সরকার কর্তৃক পরিচালিত লাইব্রেরি। **a circulating/ lending ~** যে লাইব্রেরি থেকে চাঁদা প্রদানকারী সভ্যগণ বাড়িতে পড়ার জন্য বই ধার করে নিয়ে যেতে পারেন। **a reference ~** যে লাইব্রেরির বই বাইরে নিয়ে যাওয়া যায় না; পাঠাগারেই পড়তে হয়। ২ (attrib) **a '~ book, a '~ edition** বড়ো মুদ্রাক্ষরে ছাপানো ও মজবুত করে বাঁধানো বই যা লাইব্রেরিতে রাখা হয়। ৩ কোনো গৃহে লেখাপড়ার কক্ষ। ৪ প্রকাশক কর্তৃক প্রকাশিত বিশেষ ধরনের পুস্তকের সিরিজ: Everyman's Library. **li·brar·ian** [লাই 'ব্রারিঅ্যান্] *n* গ্রন্থাগারিক; লাইব্রেরিয়ান।

li·bretto [লি'ব্রেটৌ] (*pl* ~s [-টৌজ্] বা -tti [-টী]) অপেরা বা গীতিনাটকের বই বা কথা। **li·bret·tist** [লি'ব্রেটিস্ট্] *n* এ ধরনের রচনার লেখক।

lice [লাই স্] *n* louse শব্দের *pl*

li·cence (US = **li·cense**) ['লাইসন্স্] *n* ১ [C] কোনো কাজ করার অনুমতিপত্র; (সাধা. নিয়ন্ত্রিত পণ্য) উৎপাদন বা বিক্রয় করার অনুমতি; লাইসেন্স; [U] প্রদত্ত অধিকার বা অনুমতি: a 'driving ~; a ~ to sell alcohol. **'~-plate** *n* (US=number-plate) দ্র. number(2). **'on-~** *n* [C] (GB) যে গৃহ বা দোকানে মদ ক্রয় করে সেখানেই পান করার অনুমতি রয়েছে। **'off-~** *n* [C] (GB) যে গৃহ বা দোকানের মদ বিক্রয় করার অনুমতি রয়েছে, কিন্তু সেখানে পান করা যায় না। ২ [U] স্বেচ্ছাচারিতা; স্বাধীনতার অপব্যবহার; লাম্পট্য। **poetic ~** কবিতায় ভাষা ব্যবহারের স্বাধীনতা, যেমন স্বাভাবিক শব্দ পরম্পরা বা অনুযায়িতার ছেদ।

li·cense (অপিচ **li·cence)** ['লাইসন্স্] *vt* অনুমতি দেওয়া; ক্ষমতা দেওয়া: ~ a doctor to practice medicine. **a ~d house** হোটেল বা রেস্তোরাঁ যেখানে মদ বিক্রয়ের অনুমতি আছে। **~ quarters** কোনো কোনো দেশে যে সমস্ত এলাকায় অনুমতিপ্রাপ্ত গণিকালয় আছে। **li·cen·see** [,লাইসেন্সী] *n* ক্ষমতাপ্রাপ্ত ব্যক্তি; অনুমতিপত্রের অধিকারী।

li·cen·tiate [লাই 'সেন্‌শিঅ্যাট্] *n* কোনো বৃত্তি বা জীবিকা গ্রহণের অনুমতিপ্রাপ্ত হয়েছেন এমন ব্যক্তি।

li·cen·tious ['লাইসেন্‌শাস্] *adj* লম্পট; অসচ্চরিত্র; কামুক। **~·ly** *adv.* **~·ness** *n*

li·chee, li·chi ['লাইচী] = lychee, লিচু।

li·chen [লাই কান্, লিচান্] *n* [U] দেয়াল, পাথর বা গাছের গুঁড়িতে শৈবালের ন্যায় এক প্রকার ছত্রাক; চর্মরোগ (বিশেষত উদ্ভেদ জাতীয়); (লাক্ষ.) ভুঁইফোঁড়।

lich·gate, lych·gate ['লিচ্‌·গেইট্] *n* শবাধার রাখার জন্য গির্জার অঙ্গনে আচ্ছাদিত তোরণ।

licit ['লিসিট্] *adj* বৈধ; (বিপরীত illicit)।

lick [লিক্] *vt,vi* ১ চাটা; অবলেহন করা: He ~ed the spoon. **~ sb's boot** কারো জুতা চাটা অর্থাৎ মোসাহেবি করা বা হীনভাবে তোষামোদ করা। **~ one's lips** আগ্রহ বা সন্তোষ প্রদর্শন করা। **~ one's wounds** পরাজয়ের গ্লানি কাটিয়ে ওঠার চেষ্টা করা। **~ sth off** চেটে পরিষ্কার বা সাফ করা। **~ sth up** চেটে তোলা বা ওঠানো। **~ sth into shape** (লাক্ষ.) প্রশিক্ষণ দিয়ে যোগ্য করে তোলা। **~ the dust** (আল.) ভূপাতিত হওয়া; পরাজিত বা নিহত হওয়া। ২ (বিশেষত তরঙ্গ বা অগ্নিশিখা সম্পর্কে) মৃদু সঞ্চালিত হওয়া বা ছুঁয়ে যাওয়া। ৩ (কথ্য) জয়লাভ করা; প্রহার করা। ৪ (অপ.) দ্রুতবেগে যাওয়া বা ধাবিত হওয়া। □*n* ১ লেহন। **give sth a ~ and a promise** কোনো কিছু পরিষ্কার বা ঝকমকে করার সামান্য প্রচেষ্টা ও পরে তা আরো ভালোভাবে করার প্রতিজ্ঞা। ২ (অপিচ **salt ~**) যে স্থানে জীবজন্তুরা লবণ চাটার জন্য যায়। ৩ (অপ.) **at a great ~; at full ~** ত্বরিৎগতিতে; খুব দ্রুতবেগে। **~·ing** *n* (কথ্য) প্রহার বা মার; পরাজয়: Our team got a ~ing in the match.

licor·ice ['লিকারিস্] *n* দ্র. liquorice.

lid [লিড্] *n* ১ ঢাকনা; ঢাকনি: the ~ of a pan. ২ চোখের পাতা। **~·less** *adj*

lido ['লিডৌ] *n* (*pl* ~s [-ডৌজ্]) জনসাধারণের জন্য উন্মুক্ত খোলা জায়গায় সাঁতার দেবার পুকুর বা সমুদ্রতট।

lie[1] [লাই] *vt* (*pt,pp* lied, *pres p* lying) মিথ্যা কথা। **white ~,** দ্র. white[1](৩). **give sb the ~** মুখের উপর কাউকে মিথ্যাবাদী বলা। **'~-detector** কোনো ব্যক্তি কখন মিথ্যা কথা বলছে তা নির্ণয়ের যন্ত্রবিশেষ।

lie[2] [লাই] *vi* (*pt* lay [লেই] *pp* lain [লে ইন্] *pres p* lying) ১ শয়ন করা; শোয়া: ~ on one's back; শায়িত: His body ~s in grove. **~ back** আরাম করে হেলান বা ঠেস দেওয়া। **take sth lying down** প্রতিবাদ না করে, মুখ বুঁজে বা নীরবে কোনো আঘাত বা অপমান সহ্য করা। **~ along** পূর্ণ প্রসারিত হয়ে পড়ে থাকা। **~ down** শুয়ে পড়া। □*n* বিছানায় বিশ্রাম। **~ down under** কোনো অপমান বা আঘাতের প্রতিবাদ বা প্রতিরোধ করতে না পারা। **~ in** (ক) শয্যাত্যাগের নিয়মিত সময়ের পরও বিছানায় শুয়ে থাকা। **,~-'in** *n* বিছানায় শায়িত অবস্থা। **(খ)** সন্তান প্রসবের জন্য শয্যাশায়িনী হওয়া বা থাকা। **,lying-'in hospital** (প্রা.প্র.) প্রসূতিদের হাসপাতাল। **~ in ambush/ wait** ওত পেতে থাকা। **~ low** (কথ্য) লুকিয়ে বা সংগোপনে থাকা; শান্ত বা নীরব থাকা। **~ up** শয্যাশায়ী থাকা বা ঘরে থাকা (অসুস্থতা বা অন্য কোনো কারণে)। **~ with** (বর্তমানে সাধা. sleep with) সহবাস বা যৌনসঙ্গম করা। **'~-abed** *n* যে ব্যক্তি যথাসময়ের পরেও শয্যাত্যাগ না করে শুয়ে থাকে। ২ (বস্তু সম্পর্কে) শায়িত: The book is lying on the table. ৩ কোনো বিশেষ অবস্থায় থাকা: The snow lay on the field. **~ heavy on sth** পীড়া দেওয়া: The matter lay heavy on his conscience. **~ over** ভবিষ্যতের জন্য মুলতবি বা স্থগিত রাখা/থাকা। ৪ সম্মুখে পড়ে থাকা: The whole lay before you. The fields lay before us. **find out/ see how the land lies** (লাক্ষ.) অবস্থাটা কী তা জানতে পারা। ৫ অবস্থিত হওয়া: The ship is lying at the bay. **~ to** (জাহাজ সম্পর্কে) বায়ুপ্রবাহের অভিমুখী হয়ে স্থির থাকা। ৬ (ভাবমূলক বস্তু সম্পর্কে) থাকা; কোনো বিশেষ অবস্থায় থাকা: The trouble ~s in the gear. She will do everything that ~s in her power. **~ sth at sb's door,** দ্র. door(১). **~ with sb** কারো দায়িত্বের মধ্যে পড়া: The matter ~s with you. **as far as in me lies** যথাশক্তি। ৭ আইনের আওতায় না পড়া; গ্রহণযোগ্য না হওয়া: The case will not ~. □*n* (শুধু

sing) যেভাবে কোনো বস্তু পড়ে থাকে; (গল্ফ) বল থামার পর তার অবস্থান। **the ~ of the land** কোনো স্থানের প্রাকৃতিক বৈশিষ্ট্যসমূহ; (লাক্ষ.) কোনো বিষয়ের হালহকিকত।

lieu·ten·ant [লেফ্ৰ্ˈটেন ন্ট্ US লূˈটে –] *n* ১ ক্যাপ্টেন পদমর্যাদার নীচে সেনাবাহিনীর অফিসার; [লাˈটেনান্ট্] নৌবাহিনীর অধস্তন অফিসার। ২ ˌ**~-ˈgeneral** প্রধান সেনাপতির অধস্তন অফিসার। ˌ**~-ˈcolonel** সহকারী কর্নেল। ˌ**~-ˈgovernor** ছোটলাট। ৩ উপ–; প্রতিনিধি কর্মচারী। **leiu·ten·ancy** *n* প্রতিনিধি কর্মচারীর পদ বা কাজ।

life [লাইফ্] *n (pl* lives [লাইভ্জ্]) ১ [U] জীবন; প্রাণ। **~ force** জীবনীশক্তি। ২ [U] জীবিত বা চেতন বস্তুসমূহ; জীব; প্রাণী। ৩ [U] জীবিতাবস্থা; অস্তিত্ব (বিশেষত মানুষের)। **bring to ~** জীবন সঞ্চার করা; পুনরুজ্জীবিত করা; মূর্ছা ভাঙ্গানো। **come to ~** জীবন লাভ করা; পুনরুজ্জীবিত হওয়া; চেতনা হওয়া। **run for one's ~** প্রাণ বাঁচানোর জন্য পালানো। **a matter of ~ and/or death** বাঁচামরার প্রশ্ন; জীবনমরণ সমস্যা। **kiss of ~**, দ্র. kiss. **this ~ on earth** ইহজীবন। **the ˈother ~; after/ eternal/ everlasting ~** পরকাল; মরণোত্তর জীবন; অনন্ত জীবন। ৪ [C] এক একটি জীবন বা প্রাণ: Many lives were lost in the war. **take sb's ~** কাউকে বধ করা বা হত্যা করা। **take one's own ~** আত্মহত্যা করা। **a ~ for a ~** প্রাণের বদলে প্রাণ। ৫ [C] আয়ু; পরমায়ু; জীবনকাল। **~ imprisonment** যাবজ্জীবন কারাদণ্ড। **~ annuity** বেঁচে থাকা পর্যন্ত বার্ষিক বৃত্তি। ˈ**~ cycle** জীবনচক্র: the ~ cycle of a fish. ˈ**~ interest** (আইন.) জীবদ্দশায় সম্পত্তি থেকে যে সুবিধা ভোগ করা যায়। ˈ**~ member** জীবন–সদস্য। **early/late in ~** জীবনের প্রথম বা পরবর্তী পর্যায়ে। **have the time of one's ~** (কথ্য) জীবনকে সম্পূর্ণভাবে উপভোগ করা। ৬ [U] জীবন সম্বন্ধীয় ঘটনাবলী, সামাজিক অবস্থা ইত্যাদি: As a sailor he moved around the world and saw ~; There is not much ~ in this place. **true to ~** (নাটক বা উপন্যাস সম্পর্কে) মানুষের জীবনধারা সম্পর্কে সঠিক চিত্র প্রদানকারী। ৭ [C,U] জীবনযাত্রা প্রণালী; জীবনের ধারা বা গতি: town/country ~. ˈ**high ~**, দ্র. high[1](১২); কেতাদুরস্ত সমাজের জীবনযাত্রা বা নরনারী। ৮ [C] জীবনকাহিনী; জীবনী। ˈ**~ story** জীবনেতিহাস; জীবনী। ৯ [U] কর্মব্যস্ততা; প্রাণচঞ্চলতা: Children are full of ~, সজীব; প্রাণবন্ত। ১০ [U] জীবন্ত আকার বা আদর্শ। **to the ~** সুনিপুণভাবে; বিশ্বস্ততার সাথে: draw/portray sb to the ~. দ্র. lifelike. **as large as ~** (ক) স্বাভাবিক আকৃতির: a statue as large as ~, পূর্ণাবয়ব। (খ) (কথ্য) অভ্রান্তভাবে; নিঃসন্দেহে। ১১ [C] বিপদ, মৃত্যু বা ধ্বংসের হাত থেকে অল্পের জন্য রক্ষা পাওয়ার পর নতুনভাবে কর্ম বা জীবন শুরু; (ক্রিকেট) নিশ্চিত আউট হওয়ার হাত থেকে অল্পের জন্য রক্ষা: The batsman got a new ~ after the fieldsman missed an easy catch. ১২ ˈ**~ assurance/ insurance** জীবনবিমা। **expectation of ~** মানুষের আয়ুষ্কালের প্রত্যাশিত গড়। ˈ**~ expectancy** (জীবনবিমা) গড় আয়ু। **a good/bad ~** (জীবনবিমা) যে ব্যক্তি গড় আয়ুষ্কাল অপেক্ষা বেশি/অল্পকাল বাঁচে। ১৩ (যৌগশব্দ) ˈ**~·belt** পানিতে ভেসে থাকার জন্য পরিহিত কটিবন্ধ। ˈ**~·blood** *n* [U] জীবন রক্ষার জন্য প্রয়োজনীয় রক্ত; (লাক্ষ.) যা জীবন বা শক্তি সঞ্চার করে; জীবনীশক্তির উৎস। ˈ**~·boat** *n* (ক) সমুদ্র–উপকূলবর্তী সাগরে জীবন রক্ষার জন্য ব্যবহৃত নৌকা। (খ) সমুদ্রে জাহাজ ডুবে গেলে যাত্রী ও নাবিকদের জীবন রক্ষার্থে ব্যবহৃত নৌকা। ˈ**~-buoy** পানিতে ধরে ভেসে থাকার জন্য গোলাকার চাকা বা ভেলাবিশেষ। ˈ**~ cycle** জীবনচক্র, ৫ দ্র.। ˈ**~ estate** *n* জীবনস্বত্ব; যে সম্পত্তি আজীবন ভোগ করা যায়, কিন্তু বিক্রয় বা হস্তান্তর করা যায় না। ˈ**~-giving** *adj* বলকারক; জীবনসঞ্চারক; জীবনপ্রদ; সঞ্জীবনী। ˈ**~-guard** *n* (ক) নদী বা সাগরের বিপদজনক যে স্থানে সাঁতার কাটা হয় সেখানে নিমজ্জমান ব্যক্তিদের রক্ষার কাজে নিয়োজিত দক্ষ সাঁতারু। (খ) সৈনিকের বর্ম। ˈ**L~ Guards** *n pl* বৃটিশ সেনাবাহিনীর অশ্বারোহী দল। ˈ**~ hold** *n* ইজারা নেওয়া যে জমি আজীবন অধিকারে থাকে। ˌ**~ ˈhistory** প্রাণীদের জীবনচক্রের ইতিহাস। ˈ**~-jacket** *n* পানিতে ভেসে থাকার জন্য পরিহিত হাতকাটা জামাবিশেষ। ˈ**~·like** *adj* জীবনসদৃশ; জীবন্ত বলে প্রতীয়মান: a ~like portrait. ˈ**~·line** *n* সহসা পানিতে পতিত ব্যক্তির জীবন রক্ষা করার জন্য জাহাজে যে দড়ি থাকে; লাইফবয়ের সঙ্গে সংযুক্ত দড়ি, শরীরে বাঁধা যে দড়ি নেড়ে ডুবুরি জাহাজে সংকেত পাঠায়; প্রবল ঝড়ের সময়ে জাহাজের ডেকে যে দড়ি বাঁধা হয় লোকজন যাতে তা আঁকড়ে থাকতে পারে; (লাক্ষ.) এমন বস্তু যার উপর কারো জীবন নির্ভর করে; (জ্যোতিষ.) আয়ুরেখা। ˈ**~·long** *adj* আমৃত্যু, জীবনভর; সারা জীবনব্যাপী। ˈ**~-office** জীবনবিমার কার্যালয় বা ব্যবসা। ˈ**~-preserver** *n* (ক) (GB) আত্মরক্ষার জন্য ব্যবহৃত বিশেষ ধরনের কাঠি। (খ) (US) = **~-jacket; ~-saver** *n* (বিশেষত অস্ট্রেলিয়ায়) = ~guard. ˈ**~ saving** *adj* জীবন রক্ষাকারী: ~ saving drugs. ˈ**~-size(d)** *adj* (ছবি বা মূর্তি সম্পর্কে) প্রমাণ বা স্বাভাবিক আকারের। ˈ**~-span** জীবনের দীর্ঘতম মেয়াদ। ˌ**~-supˈport system** নভোযানের বিশেষ ব্যবস্থা যার সাহায্যে নভোচারীগণ স্বাভাবিকভাবে বেঁচে থাকতে পারে। ˈ**~·time** *n* আয়ু বা জীবন কাল। **the chance of a ~time** যে সুযোগ জীবনে মাত্র একবারই আসে। ˌ**~-work** জীবনের (প্রধান) কাজ, জীবনভর যে কাজ করা হয়। **~·less** *adj* ১ প্রাণহীন: ~less objects. ২ মৃত। ৩ নিষ্প্রাণ; নির্জীব। **~·less·ly** *adv.* **lifer** [ˈলাইফা(র্)] *n* জীবনযাপনকারী: a simple lifer. ২ (অপ.) যাবজ্জীবন কারাদণ্ড ভোগকারী বা এরূপ সাজাপ্রাপ্ত ব্যক্তি

lift [লিফ্ট্] ১ *vt* তোলা; উত্তোলন করা; উঁচু করা; তুলে ধরা; তুলে নিয়ে যাওয়া; ভার রক্ষা করা; (অশিষ্ট) গ্রেফতার করা। **~ up one's eyes (to...)** (কারো প্রতি) চোখ তুলে তাকানো। **have ones faces ~ed,** দ্র. face[1](২). **not ~ a finger,** দ্র. finger. **~ up one's voice** উচ্চরবে/উচ্চৈঃস্বরে কথা বলা; চিৎকার করে ওঠা। ২ ˈ**~ off** (রকেট বা মহাশূন্যযান সম্পর্কে) উৎক্ষেপণ; উড্ডয়ন; উত্তোলন। ৩ উর্ধ্বে ওঠা: This shutter won't lift. ৪ (মেঘ, কুয়াশা ইত্যাদি সম্পর্কে) দূর হওয়া; কেটে যাওয়া: The fog began to ~. ৫ খুঁড়ে তোলা (বিশেষত শিকড়জাতীয় ফসল); মাটি থেকে উদ্ভিদ, গুল্ম ইত্যাদি অপসারণ করা: ~ potatoes. ৬ চুরি করা: ~ goods from a shop; অন্যের লেখা নিজের বলে চালিয়ে দেওয়া। ৭ কোনো নিষেধাজ্ঞা বা অবরোধের অবসান ঘটানো বা তা তুলে নেওয়া: ~ a ban, prohibition, blockade or siege. □*n* [C] ১ উত্তোলন।

give sb a ~ (ক) কাউকে মোটর গাড়ি বা অন্য কোনো যানবাহনে কোনো স্থানে পৌঁছে দেওয়া। **air ~,** দ্র. air[1](৭). (খ) (কোনো ব্যক্তির মন বা মানসিক অবস্থা সম্পর্কে) সন্তুষ্ট বা উল্লসিত করা; পদোন্নতি: He got a ~ in his job. ২ (US = elevator) লিফ্‌ট; বহুতল দালানে লোকজন ও মালপত্র এক তলা থেকে অন্য তলায় নিয়ে যাওয়ার কাজে ব্যবহৃত বাক্সসদৃশ যান্ত্রিক প্রকোষ্ঠ; লিফ্‌ট। **ˈ~·man** *n* লিফ্‌ট্ পরিচালক। **~·er** *n* উত্তোলক ব্যক্তি বা বস্তু; চোর: ~ shop-lifter.

light[1] [লাইট্] *adj* (-er, -est) (বিপরীত dark) ১ (স্থান সম্পর্কে) আলোকবিশিষ্ট; উজ্জ্বল: a ~ room. ২ (রং সম্পর্কে) হালকা; লঘু; ফিকে; গাঢ় নয় এমন: a ~ coloured suit.

light[2] [লাইট্] *adj* (-er, -est) (বিপরীত heavy) ১ হালকা; লঘুভার: a ~ rain; as ~ as air; ~ traffic. **~ horse** হালকা অস্ত্রসজ্জিত অশ্বারোহী সেনাদল। **ˌ~-ˈarmed** হালকা অস্ত্রে সজ্জিত। **~ brigade, ~ infantry** লঘু অস্ত্রে সজ্জিত বিগ্রেড; সেনাদল। ২ মৃদু; আলতো; টের পাওয়া যায় না এমন: a ~ touch; have a ~ hand. **ˌ~-ˈhanded** *adj* ক্ষিপ্র; চটপটে। **ˌ~-ˈhandedly** *adv* ক্ষিপ্রতার সাথে। **ˌ~-ˈfingered** *adj* আঙুল ব্যবহারে দক্ষ; চুরি, বিশেষত পকেট মারতে ওস্তাদ; চোর প্রকৃতির। **ˌ~-ˈfooted** লঘুপদ; ক্ষিপ্রগতিসম্পন্ন। ৩ অল্প ওজনের; স্বল্প পরিমাণ। ৪ (চা, কফি ইত্যাদি সম্পর্কে) কড়া নয় এমন; অনুগ্র; (খাদ্যদ্রব্য সম্পর্কে) সহজপাচ্য; (আহার সম্পর্কে) প্রচুর নয়; পরিমাণে কম: a ~ supper; a ~ eater; (নিদ্রা সম্পর্কে) গাঢ় নয়, হালকা; (কোনো ব্যক্তির নিদ্রাভ্যাস সম্পর্কে) সহজে ঘুম ভেঙে যায় এমন; (সাহিত্য, সঙ্গীত ইত্যাদি সম্পর্কে) গভীর ভাবপূর্ণ নয় এমন: ~ verse; ~ music; (মৃত্তিকা সম্পর্কে) সহজে ভেঙ্গে যায় এমন; (কাজ সম্পর্কে) সহজ, সুসাধ্য; (কর বা সাজা সম্পর্কে) সহজে সহনীয়; (শব্দাংশ সম্পর্কে) উচ্চারণে জোর দেওয়া হয়নি এমন। ৫ গুরুত্বপূর্ণ; গুরুতর বা সঙ্কটজনক নয় এমন: a ~ attack of illness. **make ~ of** গুরুত্ব না দেওয়া। ৬ চিন্তাভাবনাহীন; চপল: ~ conduct, a man of ~ character. **ˌ~-ˈminded** *adj* চপল; লঘুচিত্ত। **ˌ~-ˈmindedness** *n* চপলতা। ৭ আনন্দিত; দুঃখহীন: a ~ heart. **ˌ~-ˈhearted** প্রফুল্ল; নিরুদ্বেগ। **ˌ~-ˈheartedness** *n* প্রফুল্লচিত্ততা; নিরুদ্বিগ্নতা। ৮ দুশ্চরিত্র; শিথিল–চরিত্র: a ~ woman. ৯ হতবুদ্ধি; উদ্‌ভ্রান্ত; বিকারগ্রস্ত: **ˌ~-ˈheaded** *adj.* **ˌ~-ˈheadedly** *adv.* **ˌ~-ˈheadedness** *n.* ১০ (যৌগশব্দ) **ˈ~·weight** *n,adj* (মানুষ বা প্রাণী সম্পর্কে) স্বাভাবিক গড় ওজনের চেয়ে কম; মুষ্টিযোদ্ধার ওজনবিশেষ (১২৬ থেকে ১৩৫ পাউন্ড বা ৫৭ থেকে ৬১ কেজির মধ্যে); (লাক্ষ.) (ব্যক্তি সম্পর্কে) ভাবগাম্ভীর্যহীন; চপলতাপূর্ণ। **ˈ~-heavy weight** *n* ১৬০ থেকে ১৭৫ পাউন্ড বা ৭২.৫ থেকে ৮৯.৩ কেজির মধ্যবর্তী ওজনবিশিষ্ট মুষ্টিযোদ্ধা। □*adv* হালকাভাবে: sleep ~, travel ~ (বেশি মালপত্র বহন না করে)। **get off ~ly** (কথ্য) লঘু শাস্তি পেয়ে অব্যাহতি পাওয়া। **~·ly** *adv* মৃদুভাবে। **~·ness** *n* লঘুত্ব; হালকাভাব। **~·some** *adj* প্রফুল্লচিত; স্ফূর্তিবাজ।

light[3] [লাইট্] *n* (বিপরীত dark[1]) ১ [U] আলোক; আলো: a bright ~, moon ~; দিবস: The light appeared. **in a good/bad ~ (ক)** পরিচ্ছন্ন বা অপরিচ্ছন্ন আলোকে; (খ) (লাক্ষ.) ভালো বা মন্দ দৃষ্টিতে। **see the ~ (ক)** (সাহিত্য. ও আল.) জন্মগ্রহণ করা; (খ) প্রকাশিত হওয়া; (গ) সত্য উপলব্ধি করা; (ঘ) ধর্মান্তরিত হওয়া। **be/ stand in sb's ~ (ক)** কারো দৃষ্টিপথ অন্ধকারময় বা অস্পষ্ট করা; রুদ্ধ করা। (খ) (লাক্ষ.) কারো সাফল্য বা উন্নতির পথে প্রতিবন্ধকতা সৃষ্টি করা বা বাধাদান করা। **stand in one's own ~ (ক)** নিজের কাজকে অস্পষ্ট বা অন্ধকারময় করা; গোপন করা; ক্ষীণ বা ম্লান করা। (খ) (লাক্ষ.) নিজের স্বার্থের বিরুদ্ধে কোনো কাজ করা। **ˈ~ year** (জ্যোতি.) আলোকবর্ষ; এক বৎসরে আলো যতোটুকু পথ অতিক্রম করতে পারে (প্রায় ৬ লক্ষ কোটি মাইল)। ২ [C] আলোকের উৎস বা কারণ; আলোকদায়ী বস্তু (যেমন সূর্য, প্রদীপ)। **L~ out** (সাম্য.) আলো নিভিয়ে দেওয়ার সময়ে বাজানো বিউগল ধ্বনি। **northern/ southern ~s,** দ্র. aurora. ৩ [C] শিখা; স্ফুলিঙ্গ; শিখা বা স্ফুলিঙ্গ উৎপাদনের কাজে ব্যবহৃত বস্তু: strike a ~. ৪ [U] (খুশি বা আনন্দিত হওয়ার কারণে কারো চোখ–মুখে প্রকাশিত) ঔজ্জ্বল্য বা দ্যুতি। ৫ [U] জ্ঞানালোক; [C] সত্য ঘটনা বা আবিষ্কার। **come/ bring sth to ~** কোনো কিছু দৃশ্যমান বা প্রকাশিত হওয়া বা করা। **shed/throw ~** স্পষ্টতর করা; নূতন তথ্য প্রদান করা। **by the ~ of nature** প্রাকৃতিক বা স্বাভাবিক উপায়ে। **in the ~ of** আলোক। ৬ [C] দৃষ্টিভঙ্গি; দৃষ্টিকোণ: in the ~ of new evidence. ৭ (pl) (প্রকৃতিগত বা অর্জিত) দক্ষতা; মানসিক বা আধ্যাত্মিক জ্ঞান। **according to one's ~s** যথাসাধ্য; কারো যোগ্যতা বা দক্ষতার সর্বোচ্চ সীমা পর্যন্ত। ৮ [C] বিখ্যাত ব্যক্তি; আদর্শ বা অনুকরণযোগ্য ব্যক্তি: He will remain as a guiding ~ for all of us. ৯ [C] ঘরে আলো প্রবেশ করার জন্য ছাদের কাছে দেয়ালে বসানো জানালা: a sky-~. ১০ [C] (চিত্রকলা) চিত্রের আলোকিত অংশ: ~ and shade. ১১ (যৌগশব্দ) **ˈ~ bulb** *n* দ্র. bulb(২). **ˈ~·house** *n* আলোকস্তম্ভ; বাতিঘর; সমুদ্রে চলাচলকারী জাহাজসমূহকে বিপদ এড়িয়ে চলার জন্য সংকেত দানকারী আলোকবর্তিকা। **ˈ~·ship** *n* আলোকতরী; পূর্বানুরূপ কাজে ব্যবহৃত জাহাজ।

light[4] [লাইট্] *vt,vi* (*pt,pp* lit [লিট্] বা ~ed) ১ জ্বালানো; প্রজ্জ্বলিত করা: ~ a lamp/ candle/ cigarette; ~ a fire. ২ আলোকবিশিষ্ট করা: The house is ~ed/lit by electricity. ৩ **~ sth up** উজ্জ্বল করা বা হওয়া: The lamp lit up the room. ৪ **~ up (ক)** বাতি জ্বালানো; বৈদ্যুতিক বাতির সুইচ অন করা: It's time to ~ up. **~·ing up time** যে সময় রাস্তার সকল বাতি জ্বালানো হয়। **৫ ~ up (with)** (কোনো ব্যক্তির মুখাবয়ব বা অভিব্যক্তি সম্পর্কে) উজ্জ্বল হওয়া: A smile lit up on his face. ৬ আলো দিয়ে পথ দেখানো।

light[5] [লাইট্] *vi* (*pt.pp* lit [লিট্] বা ~ed] **~ on/upon** অপ্রত্যাশিতভাবে পাওয়া: He ~ed upon a rare book in a shop which sold old books.

lighten[1] [লাইট্‌ন্] *vt,vi* অধিকতর হালকা করা বা হওয়া; বোঝা লাঘব করা: ~ the load of a cart; ~ someone's burden.

lighten[2] [লাইট্‌ন্] *vt,vi* আলোকিত করা বা হওয়া: L~ the darkness. ২ আলোকিত বা উজ্জ্বল হওয়া: The sky ~ed with the rise of the sun. ৩ বিদ্যুৎ চমকানো: It is ~ing and thundering.

lighter[1] [ˈলাইটা(র্)] *n* [C] সিগারেট প্রভৃতিতে আগুন ধরানোর যন্ত্র। ২ যে ব্যক্তি বা বস্তু আলো জ্বালায়।

lighter[2] [লাইটা(র্)] *n* জাহাজে মাল বোঝাই বা খালাস করার কাজে নিয়োজিত বড়ো নৌকা। □*vt* এরূপ নৌকার সাহায্যে মালামাল পরিবহন করা। **ˈ~·age** [–রিজ্] *n* ঐরূপ নৌকার সাহায্যে মাল খালাস; মাল খালাসের ভাড়া বা মাশুল।

light·ning [লাইট্নিঙ্] *n* [U] বিদ্যুৎ বা বিজলিচমক, বজ্র, বাজ। **struck by ~** তড়িতাহত; বজ্রাহত। □*vi* বিদ্যুৎ চমকানো। **with ~ speed** বিদ্যুৎ গতিতে; অতি দ্রুত। **~ bug** *n* [US] জোনাকি। **ˈ~-rod/ -conductor** *nn* কোনো দালানের উপর স্থাপিত ধাতুনির্মিত দণ্ড যার সাথে সংযুক্ত তারের মধ্য দিয়ে মাটিতে বিদ্যুৎ সঞ্চালিত হয়। **~ proof** বজ্র বা বিদ্যুৎ নিরোধক।

lights [লাইট্স্] *n pl* (প্রধানত বিড়াল বা কুকুরের খাদ্যরূপে ব্যবহৃত) গরু–ছাগল প্রভৃতি প্রাণীর ফুসফুস।

lig·neous [ˈলিগ্নিঅস্] *adj* (উদ্ভিদ সম্পর্কে) কাষ্ঠময়।

lig·nite [ˈলিগ্নাইট্] *n* [U] নরম বাদামি কালচে রঙের কয়লা; উদ্ভিদাদির অঙ্গারে পরিণত হওয়ার পূর্বের অবস্থা।

lik·able, like·able [লাইকাব্ল্] পছন্দনীয়; মনোরোম: a ~ fellow.

like[1] [লাইক্] *adj* (দ্র. alike) সদৃশ; অনুরূপ: L~ father, ~ son. **ˌ~-ˈminded** [–ˈমাইনডিড্] *adj* সমমনোভাবাপন্ন; সদৃশ্যমনা। □*adv* **১ ~ as** (পুরা.) একইভাবে; সমভাবে। ২ সম্ভবত: most/very ~. **as ~ as not** খুব সম্ভবত, দ্র. likely (২). □*conj* ১ প্রকার (অশুদ্ধ বিবেচিত, কিন্তু প্রায়শ ব্যবহৃত): She cannot cook ~ her mother. ২ (আদর্শ ব্যবহার নয়) যেন: He talked ~ a fool. □*n* ১ সদৃশ কোনো কিছু: You'll not see it's ~. ২ **the ~s of** (কথ্য) সদৃশ বস্তু বা ব্যক্তিসমূহ: the ~s of us. □*prep* ১ মতো; ন্যায় (পুরা., কাব্য) What's he ~ ? It looks ~ gold. **nothing ~** সমকক্ষ বা তুলনীয় নয়: There is nothing ~ gold. **something ~** প্রায়; মোটামুটিভাবে: The price is something ~ Tk. 500. ২ **ˈfeel ~** চাওয়া, প্রবণ বা ইচ্ছুক হওয়া: I feel ~ a drink. Do you feel ~ going out ? **ˈlook ~** কোনো কিছুর মতো বলে প্রতিভাত হওয়া: It looks ~ raining. ৩ বৈশিষ্ট্যপূর্ণ: That's just ~ him. ৪ রকম; প্রকার: Don't laugh ~ that. ৫ (কথ্য, অপ.) মতো; ন্যায়। **~ mad/ crazy:** He was shouting ~ a mad. **~ hell/ blazes (ক)** ক্রুদ্ধভাবে; ভীষণভাবে: He moans ~ hell when he loses money. **(খ)** (as an int) অবশ্যই নয়: "Were you there at that time?" "~ I was !"

like[2] [লাইক্] *vt* ১ পছন্দ করা; সন্তোষজনক হওয়া: Do you ~ fish ? ২ (না–বোধক বাক্যে) অনিচ্ছুক হওয়া। ৩ (Should বা would এর সাথে) ইচ্ছা করা: Would you ~ a cup of tea ? I should ~ to know. ৪ পছন্দ করা: I ~ it hot. ৫ (খাদ্য সম্পর্কে) শারীরিক বিপত্তির কারণ না হওয়া: I like prawn but it doesn't ~ me. **~s and dislikes**, দ্র. dislikes.

like·ly [ˈলাইক্লি] *adj* (-ier, -iest) ১ সম্ভব: Is it ~ to rain ? ২ বিশ্বাসযোগ্য। **a ~ story** (বক্রোক্তি) বিশ্বাসযোগ্য নয়। ৩ প্রত্যাশিত: He is ~ to win. □*adv* **most/very ~** সম্ভবত। **as ~ as not** খুব সম্ভবত। **like·li·hood** [হুড্] *n* [U] সম্ভাব্যতা; সম্ভাবনা। **in all likelihood** খুব সম্ভবত।

liken [লইকান্] *vt* **~ sth to sth** তুলনা করা; দুটি বস্তুর মধ্যে সাদৃশ্য নির্ণয় করা।

like·ness [ˈলাইকনিস্] *n* ১ [U] সাদৃশ্য; সদৃশ হওয়া: There is no ~ between the two. **in the ~ of** রূপে; আকারে। ২ [C] সাদৃশ্যের সূত্র। ৩ [C] প্রতিরূপ (ছবি বা আলোকচিত্রে)।

likes [লাইক্স্] *n* ১ পছন্দনীয় বস্তুসমূহ; ২ **the likes** (অনানুষ্ঠা.) বর্ণিত বস্তু বা ব্যক্তি: the ~ of us.

like·wise [ˈলাইকওআইজ্] একইরূপে; অনুরূপভাবে। □*conj* আরো; অধিকন্তু।

lik·ing [ˈলাইকিঙ্] *n* পছন্দ। **have a ~ for** ভালো লাগে এমন। **to one's ~** পছন্দনীয়; সন্তোষজনক: Is everything to your ~ here ?

li·lac [ˈলাইলাক্] *n* ১ [C] ঈষৎ বেগুনি বা বেগুনি–গোলাপি রঙের সুবাসিত ফুল; লাইলাক ফুল; এই ফুলের গাছ। ২ [U] বেগুনি–গোলাপি বা ঈষৎ বেগুনি: a ~ dress.

Lil·li·pu·tian [ˌলিলিˈপিউশ্ন্] *n* ক্ষুদ্রকায় বা খর্বাকৃতির লোক; বামন; Jonathan Swift-এর Gulliver's Travels কাহিনীতে বর্ণিত লিলিপুটের অধিবাসী। ৬ ইঞ্চি উচ্চতাবিশিষ্ট ক্ষুদ্রকায় মানব। □*adj* ক্ষুদ্রকায়; খর্বাকার; বামনাকার।

lilt [ˈলিল্ট্] *n* [C] ললিত গীত বা সুর। □*vt,vi* ললিত সুরে বা তালে তালে গান করা।

lily [ˈলিলি] *n* (*pl* ~lies) লিলিফুল বা পদ্মফুল; লিলিফুলের গাছ: water lilies. **ˈ~-livered** *adj* ভীরু। **ˌ~ ˈwhite** পদ্মের পাঁপড়ির মতো সাদা; (লাক্ষ.) পবিত্র; অপাপবিদ্ধ।

limb [লিম্] *n* ১ দেহের অঙ্গ বা প্রত্যঙ্গ, যেমন বাহু, পদ; ডানা। ২ তরুশাখা। **leave sb/ be/go out on a ~** (কথ্য) কাউকে বা নিজেকে বিপদাপন্ন/ আক্রমণযোগ্য/ সহজে আহত বা আঘাত করা যায় এমন অবস্থায় ফেলা। **escape with life and ~** গুরুতর দৈহিক ক্ষতি ছাড়া রক্ষা পাওয়া। ৩ (কথ্য) **~ of the devil/of Satan** অন্যকে জ্বালাতন করে বা অন্যের ক্ষতি করে এমন দুষ্ট, পাজি বা বজ্জাত ছেলে বা মেয়ে। **-limbed** [–লিম্ড্] অঙ্গযুক্ত: ˌlong-/ strong- ˈ~ed.

lim·ber [ˈলিমবা(র্)] *adj* সহজে বাঁকানো যায় এমন; নমনীয়। □*vt,vi* নমনীয় করা।

limbo [ˈলিম্বৌ] *n* (*pl* -s [–বৌজ্]) ১ [U] **in ~** (কথ্য) বিস্মৃত বা অবহেলিত অবস্থা। ২ [C] বিস্মৃত বা অপ্রার্থিত বস্তুর স্থান। ৩ **(L~)** খ্রিস্টান ধর্মমত অনুযায়ী খ্রিস্টপূর্ব যুগের ধার্মিক ব্যক্তিদের বা ব্যাপটিজম না হওয়া শিশুদের মৃত আত্মাদের বাসস্থান।

lime[1] [লাইম্] *n* [U] ১ সিমেন্ট তৈরির জন্য চুনাপাথর পুড়িয়ে যে পদার্থ পাওয়া যায়। **ˈquick·~** কলিচুন। **slaked ˈ~** পানিতে গলানো চুন। **ˈ~·light** *n* [U] চুনের উপর প্রতিফলন দ্বারা সৃষ্ট অত্যুজ্জ্বল আলোকচ্ছটা; থিয়েটারের স্টেজ আলোকিত করার জন্য ব্যবহৃত অতি প্রখর সাদা আলো। **the ~ light** প্রসিদ্ধি; খ্যাতি; বহুল প্রচার। **in the ~ light** খ্যাতি অর্জন করার অবস্থা। **ˈ~·stone** *n* [U] চুনা পাথর। ২ [U] (**ˈbird-~**) পাখি ধরার এক প্রকার আঠা। □*vt* **put ~ on** (মাঠে বা অন্য কোথাও) চুন দেওয়া।

lime[2] [লাইম্] *n* (অপিচ **ˈ~-tree)** হলুদ সুবাসিত ফুলবিশিষ্ট এক প্রকার গাছ বা তার ফল।

lime[3] [লাইম্] *n* এক প্রকার লেবু বা এই লেবুর গাছ। **ˈ~·juice** এক প্রকার লেবুর আরক; এই লেবুর রসে প্রস্তুত পানীয়।

lim·er·ick ['লিমারিক্] *n* সাধারণত কৌতুকপূর্ণ পঞ্চপদী ছড়া।

limey ['লাইমি] *n* (*pl* -s) (US অপ.) ইংরেজ ব্যক্তি বা নাবিক।

limit[1] ['লিমিট্] *n* [C] সীমা; সীমারেখা; সর্বশেষ প্রান্ত; পরিধি; চৌহদ্দি; বাধা-নিষেধ নিয়ন্ত্রণ: city ~s, speed ~, time ~, ~s of patience. **within ~s** সীমা বজায় রেখে। **without ~** সীমা ছাড়িয়ে; অবাধে। **off ~s** (US) নিষিদ্ধ এলাকা; কাউকে প্রবেশ করতে দেওয়া হয় না এমন স্থান। **That's the ~** (কথ্য) সহনশক্তির চরম সীমা। '**age ~** যে বয়সের উর্ধ্বে কাউকে কোনো কাজে অংশগ্রহণ করতে দেওয়া হয় না।

limit[2] ['লিমিট্] *vt* **~ sb/ sth (to sth)** সীমাবদ্ধ করা; নিয়ন্ত্রিত করা। **~ed** *pp* নিয়ন্ত্রিত; বাধাপ্রাপ্ত; সংকীর্ণ; সীমিত; সীমাবদ্ধ: ~ time/income. ,**~ed ,lia 'bility company** (সংক্ষেপ Ltd.) সীমাবদ্ধ দায়যুক্ত ব্যবসাপ্রতিষ্ঠান। **~·less** *adj* অসীম; সীমাহীন; অনন্ত; প্রচুর; বিশাল: ~ power. **~·ing** *adj* যা বৃদ্ধি বা অগ্রগতির পথে বাধা সৃষ্টি করে: ~ing factor.

limi·ta·tion [,লিমি 'টেইশ্ন্] *n* ১ [U] সীমাবদ্ধতা। ২ [C] যে অবস্থা সীমাবদ্ধতার সৃষ্টি করে; অসামর্থ্য: He knows his ~s.

limou·sine ['লিমাজীন] *n* কাঁচের গ্লাস দিয়ে সামনের অংশ পৃথককৃত বিলাসবহুল মোটরগাড়ি।

limp[1] [লিম্প্] *adj* নরম, শক্ত বা দৃঢ় নয়; নিস্তেজ, দুর্বল: ~ bound.

limp[2] [লিম্প্] *vt* খোঁড়ানো; খুঁড়িয়ে হাঁটা। □*n* এ ধরনের হাঁটা: walk with a ~.

lim·pet ['লিম্পিট্] *n* পর্বতাদির গায়ে লেগে থাকে এমন ছোট শামুকবিশেষ। '**~ mine** জাহাজের গায়ে লাগিয়ে দেওয়া যায় এমন বিস্ফোরক।

lim·pid ['লিম্পিড্] *adj* (সাহিত্য, লাক্ষ., আল.) (তরল পদার্থ, বায়ুমণ্ডল, চোখ সম্পর্কে) নির্মল; স্বচ্ছ। **~·ly** *adj* নির্মলভাবে; স্বচ্ছভাবে। **~·ity** *n* [U] নির্মলতা; স্বচ্ছতা।

linch·pin ['লিন্চ্ পিন্] *n* দণ্ডের সাথে গাড়ির চাকা আবদ্ধ রাখার জন্য লোহার খিলবিশেষ; (লাক্ষ.) যন্ত্রের বিভিন্ন অংশ একত্র রাখার জন্য অপরিহার্য অংশ বা উপাদান; এরূপ ব্যক্তি যিনি একটি প্রতিষ্ঠানকে একত্র রাখেন।

lin·coln green ['লিঙকান্ গ্রীন্] *n* লিঙ্কন শহরে প্রস্তুত উজ্জ্বল সবুজ রঙের কাপড় (রবিনহুড ও তাঁর দলবল এই রঙের কাপড়ের পোশাক পরিধান করত)।

lin·den [লিনডান্] *n* (অপিচ '**~-tree**) = lime[2].

line[1] [লাইন্] *n* ১ দড়ি, সুতা, তার প্রভৃতি: fishing ~s, telephone ~s, crossed ~, দ্র. cross[1](৫). hot ~, দ্র. hot[1](৫). **party/shared ~** একাধিক ব্যক্তি কর্তৃক ভাগে নেওয়া টেলিফোন। ২ লম্বা, সরু রেখা বা লাইন: a straight ~. Draw a ~ from A to B. ৩ [U] শিল্পকর্মে রেখার ব্যবহার: a '~ drawing (পেন্সিলের দাগ দিয়ে যে ছবি আঁকা হয়); '~-engraving (কোনো বস্তুর উপরে রেখার আঁচড় দিয়ে যে খোদাই করা হয়)। ৪ (খেলাধুলায়) খেলার মাঠ বা কোর্টের চারদিকে বা তার ভিতরে যে দাগ দেওয়া হয়: boundary ~, finishing ~. দ্র. linesman. ৫ দেহের, বিশেষত মুখের বৈশিষ্ট্যসূচক রেখা; চর্মাদির কুঞ্চন; হাতের তালুর কোনো রেখা। ৬ *(pl)* পরিলেখ; মোটামুটি রেখাচিত্র; (জাহাজ নির্মাণ শিল্প) নকশা। ৭ সারি: a ~ of trees/chairs/people, a ~ of verse, কবিতার চরণ বা পংক্তি। **in (a) ~** এক সারিতে। **in ~ for** ক্রম অনুযায়ী পরবর্তী: He is in ~ for promotion. **on the ~** (প্রদর্শিত বস্তুসমূহ বিশেষত চিত্রকর্ম) দর্শকের চোখ বরাবর জায়গার উপরিভাগে টানানো। ৮ ধার; সীমারেখা; নিরক্ষরেখা। **draw the ~ at** সীমারেখা নির্দেশ করা, দ্র. draw[1] (১১). ৯ রেললাইন: the up/down ~ (প্রধান প্রান্তিক স্টেশনের দিকে/ হতে); the main ~; a 'branch ~. **reach the end of the ~** (লাক্ষ. বিশেষত সম্পর্কের ক্ষেত্রে) শেষ সীমায় পৌঁছা। ১০ জনসাধারণের পরিবহনের জন্য বাস, জাহাজ, উড়োজাহাজ প্রভৃতির নিয়মিত বন্দোবস্ত বা এরূপ বন্দোবস্তকারী ব্যবসায়ী প্রতিষ্ঠান: a air ~; shipping ~s. ১১ কোনো কর্মের ধারা, গতিপথ, খাত, পথ বা পদ্ধতি: communication ~s. **choose/ follow/ take the ~ of least resistance** সবচেয়ে সহজ পথ বেছে নেওয়া। **take a strong/ firm ~ (over sth)** দৃঢ়তার সাথে কোনো সমস্যার মোকাবেলা করা। **do sth along/ on sound/ correct, etc ~s** ভালো বা সঠিক পদ্ধতি অনুসরণ করা। **in/out of ~with** কারো মত মেনে নেওয়া বা প্রত্যাখ্যান করা। **bring sth into ~** সম্মত বা একমত করানো। **come/ fall into ~ with** অন্যান্যদের মতামত বা দৃষ্টিভঙ্গি গ্রহণ করা। **toe the ~** (লাক্ষ.) দল বা গোত্রের নিয়মকানুন ও নির্দেশাবলী মেনে চলা। **the party ~** কোনো রাজনৈতিক দলের সর্বসম্মত বা স্বীকৃত নীতি। ১২ বংশের পরম্পরা: a long ~ of descendants. ১৩ লেখার বা ছাপার অক্ষরের লাইন বা সারি। **drop sb a ~** (কথ্য) পত্রাদি লেখা। **read between the ~s** (লাক্ষ.) মর্মার্থ উপলব্ধি করা। '**~ printer** কম্পিউটারের সাথে সংযুক্ত যে মুদ্রণযন্ত্রে একবারে এক লাইন করে ছাপা হয়। '**marraige ~s** (GB কথ্য) বিবাহের সরকারি প্রমাণপত্র বা সার্টিফিকেট। **~s (ক)** অভিনেতার জন্য নির্ধারিত সংলাপ। **(খ)** স্কুলে শাস্তিস্বরূপ নির্দিষ্ট সংখ্যক লাইনের হাতে-লেখা লেখা। ১৪ পরস্পর সংযুক্ত প্রতিরক্ষা ফাড়ি, পরিখা ইত্যাদি: go to the front ~(s). **all along the ~** সকল বিষয়ে; সর্বতোভাবে। **go up the ~** মূল ঘাঁটি ছেড়ে রণাঙ্গনে যাওয়া। ১৫ (সাম.) সৈন্য-শিবিরের তাঁবু, কুটির ইত্যাদির সারি। ১৬ **the ~** (GB) guards ও rifles ব্যতীত নিয়মিত পদাতিক বাহিনী; (US) সকল প্রকারের নিয়মিত বাহিনী। ১৭ [U] (সাম.) সৈন্যব্যূহ; পাশাপাশি দাঁড়ানো সৈন্যের সারি। **~ of battle** সৈন্য, সাঁজোয়া গাড়ি ইত্যাদির পাশাপাশি অবস্থান। ১৮ (নৌবাহিনী) একই সমান্তরালে অবস্থিত যুদ্ধজাহাজসমূহ। **~ astern** সামনে ও পিছনে অবস্থানরত যুদ্ধজাহাজ। ১৯ কোনো লোকের পেশা বা বৃত্তি: He is in the banking ~. ২০ একটি বিশেষ শ্রেণীর পণ্যদ্রব্য: a cheap ~ of rain-coats. ২১ **Hard ~s** কী দুর্ভাগ্য (সমবেদনা প্রকাশার্থে)! ২২ (অপ.) **shoot a ~** গর্ব বা দম্ভ করা। ২৩ **give sb/get/have a ~ on sth** (কথ্য) কোনো কিছু সম্পর্কে জানতে দেওয়া বা পাওয়া।

line[2] [লাইন্] *vt,vi* ১ রেখা দ্বারা চিহ্নিত করা। ২ রেখাবৃত করা। ৩ **~ up** সারিতে দাঁড়ানো বা দাঁড় করানো। দ্র. line-up. **~ up (for)** (US) কিউ (queue) দেওয়া; কোনো কিছু পাওয়ার জন্য সারিতে দাঁড়ানো। **~ up (with)** একই কার্যধারা অনুসরণ করা; জোট বাঁধা। ৪ সারিতে স্থাপন করা; সারিবদ্ধ করা।

line[3] [লাইন্] *vt* **~ sth (with sth)** ১ (কোট, ব্যাগ প্রভৃতির) ভিতরের অংশ ভিন্ন বস্ত্রাদি দ্বারা আস্তৃত/

আবৃত করা: a coat ~d with silk. দ্র. lining. শক্তি বাড়ানো; শক্তিশালী করা: a steel-lined suitcase. ২ (লাক্ষ.) (টাকার থলে, উদর ইত্যাদি) পূর্ত করা: He has ~d up his purse well (টাকাপয়সা বানিয়েছে)।

lin·eage ['লিনিজ্] *n* [U] কুল; বংশ; বংশানুক্রম।

lin·eal ['লিনিআল্] *adj* বংশীয়; এক বংশসম্ভূত: a ~ heir. **~·ly** *adv* বংশগতভাবে।

lin·ea·ment ['লিনিআমান্ট্] *n* (আনুষ্ঠা.) (সাধা. *pl*) বৈশিষ্ট্যসূচক মুখাবয়ব: The ~s of a Dravidian face.

lin·ear ['লিনিআ(র্)] *adj* ১ রৈখিক; রেখা সংক্রান্ত: a ~ design. ২ (দৈর্ঘ্য সম্পর্কে): ~ measurement.

line·man [লাইন্‌মান্] ১ টেলিগ্রাফ ও টেলিফোনের তার যে বসায় ও মেরামত করে (US = linesman). ২ রেলপথ তদারককারী।

linen ['লিনিন্] *n* [U] পাট বা শণের কাপড়; পাট বা শণের কাপড়ে তৈরি পোশাক-পরিচ্ছদ, যেমন বিছানার চাদর, টেবিলের চাদর ইত্যাদি; এই বস্ত্রে তৈরি বিশেষত সাদা অন্তর্বাস। **wash one's dirty ~ in public** জঘন্য পারিবারিক বা ব্যক্তিগত ব্যাপার জনসমক্ষে আলোচনা করা।

liner [লাই না(র্)] *n* ১ নির্দিষ্ট পথে চলাচলকারী যাত্রীবাহী জাহাজ বা বিমান। ২ '**~ a (train)** (অপিচ '**freight ~**) শিল্পএলাকা থেকে সমুদ্রবন্দর পর্যন্ত দ্রুত মাল খালাসের সুবিধাসহ মালবাহী ট্রেন। ৩ চোখের রেখাকে গাঢ় করার জন্য ব্যবহৃত পেন্সিল, তুলি বা ব্রাশ।

lines·man ['লাইন্‌জ্‌মান্] *n* (খেলাধুলা) লাইনস্‌ম্যান; রেফারির যে সহকারী বল লাইনে লাগলো কিনা বা কোথায় লাগলো তা জানিয়ে দেয়।

line-up ['লাইন্ আপ্] *n* ১ যেভাবে ব্যক্তি বা বস্তুসমূহকে সাজানো হয়। ২ (ফুটবল প্রভৃতি খেলায়) খেলোয়ারদের খেলার জন্য প্রস্তুত হয়ে দাঁড়ানো। ৩ (বিশেষত রেডিও বা টেলিভিশনে) বিভিন্ন অনুষ্ঠান পর পর যেভাবে সাজানো হয়।

ling[1] [লিঙ্] *n* [U] এক প্রকার গুল্ম।

ling[2] [লিঙ্] *n* লম্বা, সরু উত্তর য়োরোপীয় সামুদ্রিক মাছবিশেষ।

lin·ger ['লিঙ্‌গা(র্)] *vi* যেতে দেরি করা বা বিলম্ব করা: ~ about/around. **~·ing** *adj* দীর্ঘকাল স্থায়ী: a ~ing illness; a ~ing look. **~·ing·ly** *adv*. **~er** *n* যে দেরি করে।

linge·rie ['ল্যান্‌জ়ারি US ˌল্যান্‌জা'রে ই] *n* [U] স্ত্রীলোকের অন্তর্বাস।

lingo ['লিঙ্গৌ] *n* (*pl* ~es [-গৌজ়্]) (হাস্য. বা তুচ্ছ.) দুর্বোধ্য ভাষা।

lin·gua franca [ˌলিন্‌গোআ'ফ্র্যাঙ্কা] *n* বহু ভাষাভাষী অঞ্চলে যে ভাষা যোগাযোগের মাধ্যম হিসাবে ব্যবহৃত হয়। যেমন পূর্ব আফ্রিকায় সোয়াহিলি ভাষা।

lin·guist ['লিঙ্‌গোইস্‌ট্] *n* ১ যে ব্যক্তি অনেক ভাষা জানেন; ভাষাবিদ। ২ ভাষাবিজ্ঞানী; যিনি ভাষা বিজ্ঞানের চর্চা করেন।

lin·guis·tic [লিঙ্'গোইস্‌টিক্] *adj* ভাষা বা ভাষাবিজ্ঞান সম্বন্ধীয়। **~s** *n* (*pl*) (*sing v* সহ) ভাষাবিদ্যা; ভাষাবিজ্ঞান; ভাষাতত্ত্ব। **applied '~s** ফলিত ভাষাতত্ত্ব।

lini·ment ['লিনিমান্ট্] *n* [C,U] তরল মলম বা মালিশ।

lin·ing ['লাইনিঙ্] *n* ১ [C] (কোট, গহনার বাক্স) প্রভৃতির অভ্যন্তর আবরণ; বস্ত্রাদির আস্তরণ। **Every cloud has a silver lining** (প্রবন্ধ) মন্দের ভিতরেও মঙ্গল নিহিত আছে। ২ [U] আস্তরণের উপাদান বা কাপড়।

link [লিঙ্ক্] *n* ১ শিকলের আংটা বা কড়া; পরস্পর সংযুক্ত বস্তুর যে কোনো অংশ। ২ (সাধা. *pl*) শার্টের হাতার সংযোগকারী বস্তু: 'cuff-~s. ৩ সংযোগ সাধনকারী ব্যক্তি বা বস্তু। **missing ~** ধারাবাহিকভাবে সংযুক্ত বস্তুর কোনো নিখোঁজ অংশ; মানবজাতির বিবর্তনের ধারায় অন্তর্ভুক্ত একটি লুপ্ত রূপ। '**~·man** *n* (*pl* -men) দুইটি দলের মধ্যে যে ব্যক্তি সংযোগ সাধনের কাজ করে। ৪ দৈর্ঘ্যের পরিমাপ, এক 'চেইন'-এর ১০০ ভাগের ১ ভাগ; ৭.৯২ ইঞ্চি বা ২০ সেন্টিমিটার (প্রায়)। □*vt,vi* **~ (up)** সংযুক্ত করা বা হওয়া; আংটা দ্বারা সংযুক্ত করা বা হওয়া। '**~-up** *n* সংযুক্তি; সংযোগ সাধন।

links [লিঙ্ক্‌স্] *n* ১ (*pl v* এর সাথে) সমুদ্রতীরবর্তী তৃণাচ্ছাদিত বালির পাহাড়। ২ (*sing v* এর সাথে) গল্‌ফ খেলার মাঠ।

lin·net ['লিনিট্] *n* শ্যামা জাতীয় ছোট পিঙ্গলবর্ণ গায়ক পাখিবিশেষ।

lino ['লাইনৌ] *n* [U] linoleum এর সংক্ষিপ্ত রূপ।

lin·oleum [লি'নৌলি আম্] *n* [U] মেঝে ঢাকার জন্য মসিনা বা তিসির তেলের প্রলেপযুক্ত এক প্রকার শক্ত কাপড়। lino-cut উক্ত বস্ত্রে খোদাইকৃত নকশা; উক্ত নকশাকাটা বস্ত্র থেকে মুদ্রণ বা ছাপা।

lino·type ['লাইনৌটাইপ] *n* মুদ্রণের জন্য অক্ষরপংক্তি তৈরির যন্ত্র; লাইনোটাইপ মেশিন।

lin·seed ['লিন্‌সীড্] *n* [U] মসিনা বা তিসির বীজ। **~ oil** *n* [U] মসিনা বা তিসির তেল।

lint [লিন্ট্] *n* ব্যান্ডেজ বাঁধার নরম কাপড়।

lintel ['লিন্‌টিল্] *n* দরজা বা জানালার উপরে স্থাপিত কাঠ বা পাথর; সরদল।

lion [লাইআন্] *n* ১ সিংহ; সাহসী পুরুষ। **the ~'s share** সিংহভাগ; সর্বাপেক্ষা বেশি অংশ। '**~-hearted** *adj* সিংহ-হৃদয়; সিংহের ন্যায় সাহসী ব্যক্তি; সাহসী ও পরাক্রমশালী। ২ গণ্যমান্য বা বিখ্যাত ব্যক্তি। '**~·hunter** *n* যে ব্যক্তি ভোজসভার আয়োজন করে গণ্যমান্য বা বিখ্যাত ব্যক্তিদের আনতে সচেষ্ট। **~·ess** *n* সিংহী। '**~·ize** *v* কাউকে বিখ্যাত ব্যক্তিরূপে গণ্য করা।

lip [লিপ্] *n* ১ অধর; ওষ্ঠ; ঠোঁট। **bite one's ~** (বিরক্তি বা ক্রোধ চেপে রাখার প্রচেষ্টায়) ঠোঁট কামড়ানো। **cut one's ~** অবজ্ঞা প্রকাশ করা। **give/pay ~·service to sth** আন্তরিকতাহীন প্রতিশ্রুতি দেওয়া। **hang on/up sb's ~s** কেউ যা বলছে তা সাগ্রহে শোনা। **keep a stiff upper ~** কোনো প্রকার আবেগ, ভয় বা উদ্বিগ্নতা প্রকাশ না করা। **lick/ smack one's ~s** ঠোঁট চাটা; ব্যগ্রতা প্রকাশ করা। '**~-deep** আন্তরিকতাহীন। '**~-read** *vt* ঠোঁট নড়া দেখে কথা বোঝা। '**~-reading** *n* [U] এই পদ্ধতি যা বধির ব্যক্তিদের শিক্ষা দেওয়া হয়। '**~·stick** অধররঞ্জনী; লিপস্টিক। ২ কোনো পাত্রের ধার বা কানা। ৩ [U] (অপ.) ঔদ্ধত্য: None of your ~s ! **-lipped** (যৌগশব্দে): ˌthick-/ˌdry-'lipped, পুরু/শুষ্ক ঠোঁটযুক্ত।

liquefy ['লিকুয়িফাই] *vt,vi* (*pt,pp* -fied) তরল করা বা হওয়া। **lique·fac·tion** [ˌলিকুই'ফ্যাক্‌শন্] *n* [U] তরল করা; তরল করার প্রক্রিয়া।

li·ques·cent [লি'কোয়েস্‌ন্ট্] *adj* তরল হচ্ছে বা সহজে তরলীকৃত হয় এমন।

li·queur [লি'কিউই আ(র্) US -'কার] *n* মিষ্ট ও গন্ধযুক্ত উগ্র সুরাবিশেষ। '~ **glass** খুব ছোট সুরাপানের পাত্রবিশেষ।

liquid ['লিকুইড্] *n* ১ [C,U] তরল পদার্থ। ২ (ধ্বনি.) ইংরেজি /r/ ও /l/ ব্যঞ্জনধ্বনি। □*adj* ১ তরল (কঠিন বা বায়বীয় নয়): ~ food. ~ **gas** তরল গ্যাস। ২ নির্মল; উজ্জ্বল ও আর্দ্র: ~ eyes. ৩ (শব্দ সম্পর্কে) পরিষ্কার; কণ্ঠপথে উচ্চারিত নয়। ৪ অনড় নয়: ~ opinions. ৫ (সম্পত্তি ইত্যাদি সম্পর্কে) নগদ টাকায় সহজে পরিবর্তন করা যায় এমন।

liqui·date ['লিকুইডেইট্] *vt,vi* ১ (দেনা) পরিশোধ করা বা মেটানো। ২ অংশীদারদের মধ্যে সম্পত্তি বণ্টন করে দেউলিয়া সম্পত্তির দেনাদায় মেটানো। ৩ (কথ্য অথবা সংবাদপত্রসুলভ) নিষ্কৃতি পাওয়া; খতম করে দেওয়া; মেরে ফেলা: He wanted to ~ his rivals. **liquidation** [,লিকুইডেইশ্ন্] *n* টাকাকড়ির হিসাব মেটানো; দেউলিয়া সম্পত্তির কাজ-কর্মের হিসাব-নিকাশ। **go into liqui·da·tion** দেউলে হওয়া। **liqui·da·tor** [-টা(র্) *n* কারবারের দেনা-পাওনা চুকিয়ে সেটা বন্ধ করে দেবার জন্য নিযুক্ত কর্মকর্তা।

liq·uid·ity [লি'কু ইডাটি] *n* [U] তরল অবস্থা; তারল্য; সম্পত্তি বিক্রি করে সহজে ফান্ড-সংগ্রহের অবস্থা; সহজে নগদ টাকায় রূপান্তরণযোগ্যতা।

liquid·ize ['লিকুইডাইজ়্] *vt* রস নিংড়ানো। ~**r** *n* ফলের রস নিংড়ানোর যন্ত্র।

liquor ['লিকা(র্)] *n* [C, U] ১ (GB) যে কোনো কড়া মদ। ২ কোনো খাদ্যদ্রব্য সিদ্ধ করার পরে প্রাপ্ত তরল রস।

liquor·ice (US = **licor·ice**) ['লিকারিস্] *n* [U] যষ্টিমধু।

lira [লিআরা] *n* (*pl* lire ['লি আরেই, লিআরা] or ~s) ইতালীয় মুদ্রার একক।

lisle [লাই ল্] *n* [U] মোজা তৈরিতে ব্যবহৃত শক্ত করে পাকানো মসৃণ সুতা।

lisp [লিস্প্] *vi,vt* 'স' ও 'জ' উচ্চারণে অসমর্থ হওয়া, যেমন, ইংরেজি Sixteen উচ্চারণ করতে গিয়ে 'থিক'থটিন' বলা; আধো আধো কথা বলা: He ~s. □আধো আধো বোলে কথা বলার অভ্যাস। ~·**ing·ly** *adv*

lis·som, lis·some ['লিসাম] *adj* কমনীয়; চটপটে। ~·**ness** *n* চটপটে ভাব; কমনীয়তা।

list[1] [লিস্ট্] *n* তালিকা। ~ **price** বিজ্ঞাপিত মূল্য। **the active** ~ যুদ্ধে অংশগ্রহণের জন্য ডাকা যাবে সেনাবাহিনীর এমন অফিসারদের তালিকা। **the free** ~ (ক) শুল্কমুক্ত দ্রব্যসমূহ; (খ) টিকেট না করে সিনেমা হল অথবা রঙ্গমঞ্চে প্রবেশ করতে পারে এরকম ব্যক্তিবর্গ। □*vt* তালিকা করা; তালিকাভুক্ত করা।

list[2] [লিস্ট্] *vi* (জাহাজ) কাত হয়ে যাওয়া। □*n* (জাহাজের) কাত হওয়া অবস্থা।

lis·ten ['লিস্ন্] *vi* ~ **(to)** ১ মনোযোগে শোনা; শোনার চেষ্টা করা: He did not ~ to me. ~ **in (to)** (ক) কোনো বেতার-অনুষ্ঠান শোনা। (খ) অন্যের কথাবার্তা শোনা, যেমন—টেলিফোনের রিসিভার তুলে। ২ প্রস্তাব অথবা অনুরোধে রাজি হওয়া: He did not ~ to my proposals. ~**er** *n* শ্রোতা।

list·less ['লিস্ট্লিস্] *adj* হতোদ্যম। ~·**ly** *adv* নিরুৎসাহে। ~·**ness** *n* অনীহা।

lists [লিস্ট্স্] *n,pl* (ইতি.) বর্মাবৃত অশ্বারোহী যোদ্ধাদের জন্য নির্দিষ্টস্থান। **enter the ~ (against sb)** (লাক্ষ.) প্রতিদ্বন্দ্বিতার জন্য আহ্বান করা অথবা প্রতিদ্বন্দ্বিতার আহ্বান গ্রহণ করা।

lit [লিট্] light-এর *pt.pp.* **lit up** (অপ.) মাতাল।

lit·any ['লিটানি] *n* (*pl* -nies) খ্রিস্টান পুরোহিতের কণ্ঠে গীত বিশেষ ধরনের প্রার্থনা সঙ্গীত। **the L~·** ইংল্যান্ডের গির্জাসমূহের সাধারণ প্রার্থনা-গ্রন্থে অন্তর্ভুক্ত সঙ্গীত।

lit·chi ['লাইচী] = lychee. লিচু।

liter ['লীটা(র্)] দ্র. litre.

lit·er·acy ['লিটারাসি] *n* [U] সাক্ষরতা।

lit·eral ['লিটারাল] *adj* ১ আক্ষরিক: a ~ mistake. ২ মূলানুগ: a ~ translation. ৩ কোনো শব্দকে রূপকার্থে না নিয়ে আক্ষরিক অর্থে নেওয়া: The ~ meaning of this word is different from its allegorical sense. ৪ (ব্যক্তির ক্ষেত্রে) কল্পনা-রহিত। □*n* মুদ্রণপ্রমাদ। ~**ly** ['লিটারালি] *adv* ১ অক্ষরে অক্ষরে। ২ (অর্থ জোরালো করবার উদ্দেশ্যে) অনতিরঞ্জিত: ~ly he wanted to beat me.

lit·er·ary ['লিটারারি US 'লিট রেরি] সাহিত্যবিষয়ক; লেখক সংক্রান্ত; সাহিত্যিক: ~ property, কপিরাইট।

lit·er·ate [,লিট রাট] *adj* ১ অক্ষরজ্ঞানসম্পন্ন। ২ শিক্ষিত; সংস্কৃতিবান: He is a ~ man. □*n* শিক্ষিত ব্যক্তি।

lit·er·ati [,লিট 'রাটি] *n pl* শিক্ষিতসমাজ।

lit·era·ture ['লিটারাচা(র্) US -চুআর] *n* [U] ১ সাহিত্য। ২ (অপিচ indef art সহ) কোনো দেশ অথবা বিশেষ সময়ের সমগ্ররচনা; বিশেষ বিষয়ের উপর রচিত সাহিত্যকর্ম: war ~. ৩ [U] কোনো দ্রব্যের প্রচারমূলক বর্ণনা।

lithe [লাই দ্] *adj* (ব্যক্তি অথবা শরীরের ক্ষেত্রে) নমনীয়; সহজে নড়াচড়া করা যায় এমন।

lith·ium ['লিথিআম্] *n* [U] (রস.) সোডিয়াম-সদৃশ নরম ধাতব উপাদান (প্রতীক Li)।

lith·ogra·phy [লি'থগ্রাফি] *n* [U] লিথোগ্রাফি; পাথর, দস্তা অথবা এলুমিনিয়ামের পাত ব্যবহার করে ছাপানোর পদ্ধতিবিশেষ। **litho·graph** [লিথাগ্রাফ্ US -গ্র্যাফ্] *n* এ পদ্ধতিতে ছাপানো কোনো কিছু বিশেষত ছবি। **litho·graphic** [,লিথাগ্র্যাফিক্] *adj* লিথোগ্রাফি সংক্রান্ত।

liti·gate ['লিটিগেইট্] *vi,vt* ১ মামলা করা; আইনের আশ্রয় গ্রহণ করা। **liti·ga·tion** [,লিটি'গেইশ্ন্] *n* [U] মামলা; আইনের আশ্রয় গ্রহণ। **lit·igious** [লি'টিজাস্] *adj* ১ মামলাবাজ। ২ আদালতে নিষ্পত্তিযোগ্য।

liti·gant ['লিটিগান্ট্] *n* মামলারত ব্যক্তি।

lit·mus ['লিট্মাস্] *n* নীলবর্ণের রঞ্জকদ্রব্য যা এসিড দিয়ে লাল রঙে পরিণত করা যায় এবং আলকালি দিয়ে পুনরায় নীলরঙে ফিরিয়ে আনা যায়। '~-**paper** লিটমাসপত্র।

litotes ['লাইটোটীজ়্] *n* অর্থালঙ্কারবিশেষ; এর দ্বারা বিপরীত অর্থবোধক কিছুকে খণ্ডন করে কোনো কিছুর সত্যতার উপর জোর দেওয়া হয়: Man is not immortal.

litre (US=**liter**) ['লীটা(র্)] *n* লিটার; মেট্রিক পদ্ধতিতে তরল-পদার্থ মাপার এককবিশেষ (একলিটার = প্রায় পাঁচপোয়া)।

lit·ter[1] ['লিটা(র্)] *n* ১ (ইতি.) প্রাচীন রোমে ব্যবহৃত পালকিবিশেষ। ২ স্ট্রেচারবিশেষ।

lit·ter[2] [লিট া(র্)] *n* ১ [U] আবর্জনা। **'~-bin/-basket** *n* ডাস্টবিন, আবর্জনা-পাত্র। **'~-lout** *n* (কথ্য) যে ব্যক্তি যেখানে সেখানে ময়লা-আবর্জনা ফেলে। ২ **a ~** অগোছালো অবস্থা। ৩ [U] কোনো খামারের খড় ও গোবর; পশুদের তৃণ-শয্যা হিসাবে ব্যবহৃত খড়-নাড়া। ৪ [C] কোনো পশুর নবজাত সব শাবক।

little ['লিট্‌ল্] *adj* ১ তুলনামূলকভাবে ছোট। ২ স্নেহ, আদর, শ্রদ্ধা ইত্যাদি বোঝাতে (ক্ষুদ্রতর বোঝাতে নয়) অন্য বিশেষণের পরে ব্যবহৃত হয়: I hope one day I will make a pretty ~ house like you. I met that poor ~ girl yesterday. The ~ people/folk (বিশেষ করে আয়ারল্যান্ডে ব্যবহৃত) পরী; বামন-ভূত। ৩ স্বল্প (সময়, দূরত্ব): He stayed a ~ time with her. ৪ কচি-কাঁচা; বাচ্চা-কাচ্চা: Why didn't you bring the ~ one's. ৫ যথেষ্ট নয় এমন: He has very ~ time for doing this. ৬ **a ~** কিছুটা কিন্তু যথেষ্ট নয়; সামান্য পরিমাণ: A ~ milk will be sufficient for me. **not a ~** (সুভা.) যথেষ্ট: I suffered not a ~ anxiety for him. □*adv* ১ অতি সামান্য: I worked very ~ yesterday. **a ~** কিছুটা; বরং; I was a ~ afraid. ২ (know, think, imagine, guess, suspect, realize ইত্যাদির সাথে এবং সাধা. এদের আগে ব্যবহৃত) মোটেও না: He ~ thinks. **~·ness** *n* [U] সামান্যতা। □*n* (দ্র less, least) ১ যথেষ্ট নয়; সামান্যপরিমাণে মাত্র: He has done very ~ for his relatives. **~ by ~** ক্রমান্বয়ে। **~ or nothing** খুবই সামান্য। **in ~** ক্ষুদ্র পরিসরে। ২ **a ~** সামান্য পরিমাণ; কিছু (a ~ হাঁ-সূচক; ~ না-সূচক)। **after/for a ~** স্বল্প সময়/ দূরত্বের পরে/ জন্য।

lit·toral ['লিটারাল্] *n,adj* (কোনো দেশের) উপকূলীয় (এলাকা)।

lit·urgy ['লিটাজি] *n* (*pl* -gies) [C,U] গণপ্রার্থনার জন্য গির্জায় ব্যবহৃত নির্দিষ্ট বিধি। **li·turgi·cal** [লিটাজিকল] *adj* গণ-প্রার্থনার বিধিসংক্রান্ত।

liv·able, live·able ['লিভাবল্] *adj* (জীবনের ক্ষেত্রে) ভোগযোগ্য। **~ (in)** (বাড়ি, কক্ষ, আবহাওয়া ইত্যাদির ক্ষেত্রে) বাসযোগ্য। **~ (with)** (ব্যক্তিরক্ষেত্রে) একসাথে বাস করা যায় এমন।

live[1] [লাই ভ্] *adj* কুচিৎ বিধেয়; দ্র living. ১ জীবন্ত; জিওল: ~ fish; (কৌতুক.) ভান নয়; সত্যিসত্যি। ২ জ্বলন্ত; উজ্জ্বল; অবিস্ফোরিত; অব্যবহৃত। **a '~ wire** (লাক্ষ.) প্রাণবন্ত কর্মঠ ব্যক্তি। ৩ (বেতার টিভিতে প্রচার সম্পর্কিত) পূর্বাহ্ণে রেকর্ডকৃত নয় এমন: It will be a ~ broadcast. ৪ **'~-birth** *n* জ্যান্ত শিশু (মৃতাবস্থায় জাত নয়)। ৫ সজীব; তাজা। □*adv* (উপরে ৩-এর ক্ষেত্রে): The speech was broadcast ~.

live[2] [লিভ্] *vi,vt* ১ জীবনধারণ করা; জীবনযাপন করা। ২ বেঁচে থাকা; জীবিত থাকা; বাঁচা। **~ on** বাঁচতে থাকা। **~ through** অভিজ্ঞতা অর্জনের মাধ্যমে বেঁচে থাকা বা টিকে থাকা। **you/we ~ and learn** তোমাকে/আমাকে আরো কতো অভিনব বিষয় দেখতে হবে শুনতে হবে। **~ and 'let ~** সহ্য করা; অন্যের ত্রুটি/ব্যর্থতা অগ্রাহ্য করা অথবা এড়িয়ে যাওয়া। ৩ **~ by one's wits** নিয়মবহির্ভূত উপায়ে অর্থাৎ অসদুপায়ে অর্থোপার্জন। **~ off the land** খাদ্যের প্রয়োজনে কৃষিজাত দ্রব্য ব্যবহার করা। **~ on sth** খাদ্য হিসাবে ব্যবহার করা। **~ on one's name/reputation** পদমর্যাদা অক্ষুণ্ণ রাখা; পূর্বের মতোই সফলভাবে অর্থোপার্জন করা। ৪ **~ (in/at)** বাস করা: He ~s in Bangladesh. **~ in/out** (বাসার চাকর; দোকানের কর্মচারীদের ক্ষেত্রে প্রযোজ্য) কর্মস্থলের ভিতরে/বাইরে বসবাস করা। **~ together** একই ঘরে বসবাস করা; (বিপরীত লিঙ্গের দুজনের ক্ষেত্রে) বিবাহিত দম্পতির মতো বসবাস করা। ৫ (cognate object (সহ) অতিবাহিত করা: ~ an honest life. ৬ সুনির্দিষ্ট পথে জীবন অতিক্রম করা। ৭ **~ sth down** অতীতের কলঙ্ক-কালিমা ভুলে বাস করা। **~ up to sth** প্রত্যাশা অনুসারে জীবনযাপন করা: It is difficult to ~ up to my expectation. **~ with sth** মেনে নেওয়া। ৮ (প্রাণহীন কোনো কিছুর ক্ষেত্রে) অস্তিত্ব থাকা; টিকে থাকা। ৯ জীবন উপভোগ করা; বেঁচে থাকার মতো বেঁচে থাকা। **~ it up** আনন্দের জীবন যাপন করা।

live·li·hood ['লাইভ্ লিহুড্] *n* জীবিকা; অর্থোপার্জনের উপায়।

live·long ['লিভ্‌লং US 'লাইভ্‌লং] *adj* **the ~ day/ night** সারাদিন/ রাত (আনন্দ বা উৎকণ্ঠা বোঝাতে)।

live·ly ['লাইভ্‌লি] *adj* (-ier, -iest) ১ আনন্দোচ্ছল; হাসিখুশি। **look ~** দ্রুততর চলাফেরা করা; অধিকতর প্রাণশক্তি প্রদর্শন করা। **make things ~ for sb** কোনো ব্যাপার অন্যের জন্য উত্তেজনাপূর্ণ এবং কিছুটা বিপজ্জনক করে তোলা। ২ (রঙের ক্ষেত্রে) উজ্জ্বল। ৩ (প্রাণহীন কিছুর ক্ষেত্রে) দ্রুতগতি সম্পন্ন বা দ্রুতিকারক। ৪ জীবন-সদৃশ; বাস্তব। **live·li·ness** *n* [U] উচ্ছলতা; হাসিখুশিভাব।

liven ['লাইভ্‌ন্] *vt,vi* **~ up** প্রাণোচ্ছল করা; হাসিখুশি হওয়া।

liver[1] ['লিভা(র্)] *n* ১ [C] যকৃৎ। ২ [U] কলিজা (খাদ্যরূপে ব্যবহৃত)। **~·ish** [-ইশ্], **~y** *adjj* (কথ্য) যকৃতের পীড়ায় আক্রান্ত।

liver[2] ['লিভা(র্)] *n* সুনির্দিষ্টপথে জীবনযাপনকারী: an honest ~.

liver·wurst ['লিভাওয়া:স্ট্] *n* [US] স্যান্ডউইচে ব্যবহৃত কলিজার সসেজ।

liv·ery ['লিভারি] *n* (*pl*-ries) ১ লিভারি, রাজ-পরিবার অথবা কোনো সম্ভ্রান্ত পরিবারের চাকর-অনুচরদের ইউনিফর্ম। **in/out of ~** এ ধরনের উইনিফর্ম পরিহিত/পরিহিত নয়। **'~ company** বিশেষ ইউনিফর্মধারী লন্ডনের একটি ব্যবসায়ীসঙ্ঘ। ২ (লাক্ষ.) পোশাক; আচ্ছাদন। ৩ **'~ (stable)** অর্থের বিনিময়ে অন্যের অশ্ব পালন করা হয় এমন অশ্বশালা; অশ্ব ভাড়া পাওয়া যায় এমন অশ্বশালা। **liv·er·ied** ['লিভারিড্] *adj* লিভারি-পরিহিত। **'~·man** [-মান্] *n* (*pl* -men) ১ কোনো লিভারি-কোম্পানির সদস্য। ২ অশ্বশালা-রক্ষক।

lives [লাই ভ্‌জ্] life-এর *pl*

live·stock ['লাইভ্‌স্টক্] *n* ব্যবহার অথবা লাভের জন্য পালিত গরু-মহিষ, ছাগল-ভেড়া।

livid [ˈলিভিড্] *adj* সীসা-রঙের, নীল-ধূসর; (কোনো ব্যক্তি অথবা তার দৃষ্টির ক্ষেত্রে) ভয়ঙ্কর ক্রুদ্ধ। **~·ly** *adv* রাগের সাথে।

liv·ing[1] [ˈলিভিং] *adj* ১ জীবিত; এখনও অস্তিত্ব আছে এমন। **within/in ~ memory** স্মৃতিতে উজ্জ্বল। ২ (সদৃশতার ক্ষেত্রে) জীবন্ত প্রতিরূপ। ৩ জোড়ালো; সক্রিয়; প্রাণোচ্ছল। **The ~ theatre** রঙ্গমঞ্চ (সিনেমা বা টিভির পর্দায় নয়)। □*n* **the ~** (*pl* v সহ) এখন যারা জীবিত।

liv·ing[2] [ˈলিভিং] *n* জীবিত রাখবার উপায়; জীবিকা: make ~ as an actor. ২ [U] জীবনযাপনপ্রণালী: plain ~ and high thinking; standard of ~. ˌ~ ˈ**wage** জীবনধারণের জন্য ন্যূনতম মজুরি। ˈ**~-room** *n* দিনের বেলায় বিভিন্ন কাজে (বিশেষ করে, ভোজন, আমোদ-প্রমোদের জন্য) ব্যবহারের রুম। ˈ**~-space** কোনো রাষ্ট্রের বিবেচনায় তার সম্প্রসারণের জন্য প্রয়োজনীয় এলাকা। ৩ খ্রিস্টান যাজকের ভরণপোষণের জন্য প্রদত্ত সম্পত্তি।

liz·ard [ˈলিজাড্] *n* টিকটিকি।

llama [ˈলা:মা] *n* লামা; দক্ষিণ আমেরিকার প্রাণীবিশেষ।

lo [লৌ] *int* (প্রা. প্র.) দেখ! দেখ! **lo and behold!** তোমাকে বিস্মিত করব।

load[1] [লৌড্] *n* [C] ১ বোঝা; (লাক্ষ.) দায়িত্বের বোঝা; গুরুদায়িত্ব। **take a ~ off sb's mind** কাউকে চিন্তামুক্ত করা। **~s of** (কথ্য) প্রচুর: ~s of enemies. ˈ**~-line** *n* = plimsoll line. জাহাজের মালবহন-ক্ষমতা সম্পর্কিত চিহ্ন। ২ গরু অথবা ঘোড়ার গাড়ির মালবহনের পরিমাণ: three truck ~s of jute. ৩ বিদ্যুৎ উৎপাদন কেন্দ্র কর্তৃক সরবরাহকৃত অথবা বৈদ্যুতিক বর্তনীতে বিদ্যুতের পরিমাণ। ˈ**~-shedding** *n* লোড-শেডিং; বিদ্যুতের অতিরিক্ত চাহিদার কারণে বিদ্যুৎ-সরবরাহ বিচ্ছিন্ন হওয়া।

load[2] [লৌড্] *vt,vi* ১ **~ sth into/on to sth/sb; ~ sth/sb (with sth); ~ sb/sth down (with sth)** বোঝাই করা; বোঝা চাপানো। **~ (sth) up** মাল ভর্তি করা: They have ~ed up the lorry. ২ (বন্দুক ইত্যাদিতে) গুলিভর্তি করা অথবা (ক্যামেরায়) ফিল্ম ভরা। ৩ সীসা দ্বারা আবৃত করা; কোনো কিছুর ওজন বাড়ানো। **~ the dice (against sb)** (লাক্ষ.) কিছু করে অন্যকে অন্যায় সুযোগ প্রদান। **a ~ed question** ফাঁদে ফেলে ক্ষতিকারক স্বীকৃতি আদায় করা। ৪ কম্পিউটারে ডাটা স্থানান্তর। **~ed** *adj* (অপ.) বিত্তশালী।

load·star, load·stone দ্র. lode.

loaf[1] [লৌফ্] *n* (*pl* loaves [লৌভ্জ্]) ১ পাউরুটির বড়ো খণ্ডবিশেষ: Half a ~ is better than no bread, নাই মামার চেয়ে কানা মামা ভালো। ২ **sugar-~** *n* [C] মিছরি। ˈ**~-sugar** *n* [U] চিনির দলা। ৩ [C, U] বিভিন্ন আকার ও প্রণালীতে তৈরি খাদ্য। ৪ (অপ.) **Use one's loaf** বুদ্ধি দ্বারা বিবেচনা করা।

loaf[2] [লৌফ্] *vi,vt* (কথ্য) সময় নষ্ট করা: He has ~ed away his time. □*n* (কেবল *sing* = ~ing. **~er** *n* অলসভাবে সময় নষ্টকারী।

loam [লৌম্] *n* [U] দো-আঁশ মাটি। **~y** *adj* দো-আঁশ; দো-আঁশ মাটি-সদৃশ: ~y land.

loan [লৌন্] *n* ১ [C] ঋণ; ধার; দেনা। ২ [U] ঋণপ্রদান। **have the ~ of sth; have sth on ~ (from sb)** ধার হিসাবে গ্রহণ: He has the book out on ~ from the library. ˈ**~-collection** *n* প্রদর্শনীর জন্য ধার হিসাবে সংগৃহীত ছবি। ˈ**~·word** ঋণ শব্দ; বিদেশী ভাষা থেকে গৃহীত শব্দ। □*vt* **~ sth (to sb)** ধার দেওয়া; ধার করা।

loath, loth [লৌথ্] *adj* (কেবল বিধেয়) **~ to do sth** অনিচ্ছুক। **nothing ~** অনিচ্ছুক নয় এমন।

loathe [লৌদ্] *vt* ১ বিরাগ পোষণ করা; দারুণ অপছন্দ করা। ২ (কথ্য) অপছন্দ করা। **loath·ing** *n* [U] বিরাগ; ঘৃণার মনোভাব। **loath·some** [সাম] *adj* বিরক্তিকর; দুঃখজনক।

loaves [লৌভ্জ্] loaf[1]-এর *pl*

lob[1] [লব্] *vi,vt* (টেনিস বল) নীচ থেকে হাত উঁচু করে ছোড়া; লব করা। □*n* ক্রিকেটে কনুই বা কাঁধের নীচে হাত এনে নিক্ষিপ্ত বল অথবা টেনিসে উপরের হিট করা বল।

lobby [ˈলবি] *n* (*pl*- bies) ১ ছোট বৈঠকখানা বিশেষ; প্রবেশ-দ্বার করিডোর। ২ (হাউজ অব কমনস ইত্যাদির ক্ষেত্রে) নির্বাচিত সদস্য এবং জনসাধারণের মধ্যে সাক্ষাৎকারের জন্য নির্ধারিত মিলনায়তন; লবি; আইনসভার প্রস্তাবিত কোনো বিষয়ে সমর্থন আদায় অথবা বিরোধিতার উদ্দেশ্যে অন্য সদস্যদের প্রভাবিত করার জন্য নিয়োজিত সদস্যবৃন্দ। ৩ **(division) ~** (হাউজ অব কমনস) হাউজে ভোটগ্রহণকালে সদস্যদের বিশ্রামের জন্য নির্ধারিত দুইটি করিডোরের একটি। □*vt,vi* আইনপ্রণয়নকারী কর্তৃপক্ষকে প্রভাবিত করবার জন্য প্রচেষ্টা চালানো; ঐ পদ্ধতিতে কোনো বিল পাশ করিয়ে নেওয়া অথবা বাতিল করে দেওয়া: He started ~ing to get the bill passed. **~·ist** [-ইস্ট্] *n* লবিকারী।

lobe [লৌব্] *n* ১ কানের লতি। ২ ফুসফুস অথবা মস্তিষ্কের উপরিভাগ। **~d** *adj* লতিযুক্ত।

lob·star [লব্স্টা(র্)] *n* ১ [C] গলদা চিংড়ি জাতীয় বড় আকারের সামুদ্রিক প্রাণী; লবস্টার। **~·pot** *n* লবস্টার ধরবার ফাঁদ। ২ [U] খাদ্য হিসাবে ব্যবহৃত লবস্টার।

lo·cal [ˈলৌক্‌ল্] *adj* ১ স্থানীয়; আঞ্চলিক: ~ culture; ~ news; ~ colour, কাহিনীকে অধিকতর বাস্তব করবার উদ্দেশ্যে বর্ণিত বিভিন্ন দৃশ্যের খুঁটিনাটি। **~ option/veto** (কোনো কোনো দেশে প্রচলিত) নিজেদের জেলা অঞ্চলের জন্য কোনো কিছুর পক্ষে-বিপক্ষে সিদ্ধান্ত গ্রহণের প্রথা (যেমন, মদের ব্যবহার)। **~ time** স্থানীয় সময়। ২ পুরো নয় আংশিক প্রভাব: a ~ pain. □*n* ১ (সাধা. *pl*) স্থানীয় (অধিবাসী), বিশেষ জেলার অধিবাসী। ২ সংবাদের স্থানীয় আইটেম। ৩ (কথ্য): ~ public house. **~ly** [-কালি] *adv* স্থানীয়ভাবে।

lo·cale [লৌকা:ল্ US -ˈক্যাল্] *n* [C] কোনো ঘটনার দৃশ্যবিশেষ; অকুস্থল; ঘটনাস্থল।

lo·cal·ism [ˈলৌকালিজ়্ম্] *n* ১ আঞ্চলিকতা; অঞ্চলপ্রীতি; আঞ্চলিকতার ফলে সৃষ্ট সঙ্কীর্ণ মনোভাব। ২ [C] স্থানীয় প্রবচন, উচ্চারণী ইত্যাদি।

lo·cal·ity [লৌˈক্যালাটি] *n* (*pl*-ties) ১ অবস্থান; ঘটনাস্থল; জনপদ। ২ স্থানজ্ঞান; এলাকা চেনার ক্ষমতা।

lo·cal·ize [ˈলৌকালাইজ়্] *vt* ১ নির্দিষ্ট এলাকায় সীমাবদ্ধ রাখা: The physician tried to ~ the disease. ২ আঞ্চলিক বৈশিষ্ট্যে সমৃদ্ধ করা। **lo·cal·iz·ation** [ˌলৌকালাইজেশ্‌ন্ US -লিজ়ে-] *n* স্থানীয়করণ।

lo·cate [লৌˈকেইট্ US ˈলৌকেইট্] *vt* ১ স্থান নির্দেশ করা। ২ প্রতিষ্ঠিত করা: He has ~ed a factory in the area. ৩ **be ~d** অবস্থিত। **lo·ca·tion** [লৌˈকেইশ্‌ন্] *n* ১ [U] অবস্থান। ২ স্থান। ৩ বহির্দৃশ্য চিত্রায়ণের জন্য নির্বাচিত স্থান; লোকেশন। **on location** লোকেশনের দৃশ্য-গ্রহণ। ৪ (দক্ষিণ আফ্রিকায়) আফ্রিকানদের বসবাসের জন্য নির্ধারিত শহরতলী।

loch [লক্] *n* (স্কট.) ১ সমুদ্রের সুদীর্ঘ ও সঙ্কীর্ণ শাখা। ২ হ্রদ।

loci [লৌসাই] locus–এর *pl*

lock[1] [লক্] *n* অলক; *(pl)* মাথার চুল।

lock[2] [লক্] *n* তালা। **keep sth/put sth/be under ~ and key** তালাবদ্ধ। **ˈ~·smith** *n* তালা নির্মাতা এবং মেরামতকারী। ২ বন্দুক থেকে গুলি নিক্ষেপের কৌশল। **~-stock and barrel** আগাগোড়া; সম্পূর্ণভাবে। ৩ সুইস গেট ব্যবহারের মাধ্যমে নৌকা উঁচুনিচু করবার জন্য খাল অথবা নদীর বেষ্টিত এলাকা। **ˌ~-ˈgate** জল–কপাট। **ˈ~-keeper** *n* জল–কপাটরক্ষক। ৪ [U] অনড় অবস্থা। **ˈ~·jaw** *n* [U] দাঁত–কপাটি। **ˈ~·nut** *n* নড়াচড়া বন্ধ করবার উদ্দেশ্যে সংযোজিত অতিরিক্ত নাট। **~·stich** *n* সেলাই মেশিনের ফোঁড়বিশেষ। **air ~**, দ্র. air[1] (৭). ৫ গাড়ি চালনার ক্ষেত্রে চাকার ঘূর্ণনক্ষমতা।

lock[3] [লক্] *vt,vi* ১ তালা দেওয়া; তালাবদ্ধ হওয়া। **~ the stable door after the horse has bolted/has been stolen** চোর পালালে বুদ্ধি বাড়ে। **~ sth away** বাক্স বন্দী করে রাখা; (লাক্ষ.) সযত্নে রাখা। **~ oneself in** ভিতর থেকে তালা দিয়ে রাখা। **~ sb out** কাউকে বাইরে রাখা যাতে সে ঢুকতে না পারে; **ˈ~·out** *n* (কলকারখানায়) লক আউট; মালিকপক্ষের দাবি না মানলে কর্মচারীদের কর্মস্থলে ঢুকতে না দেওয়া। দ্র. strike. **~ sth/sb up** (ক) তালা দিয়ে রাখা। (খ) বাড়িতে তালা দেওয়া। (গ) (কোনো ব্যক্তিকে) তালাবদ্ধ করে রাখা। (ঘ) সহজে ভাঙানো যায় এমনভাবে অর্থবিনিয়োগ করা। **ˈ~-up** *n* হাজত; (কথ্য) যে কোনো কারাগার। □*adj* (কেবল attrib) তালা দেওয়া যায় এমন। ২ তালা লাগা। ৩ আটকে যাওয়া; আলিঙ্গনাবদ্ধ হওয়া। ৪ **~ on to** (মিজাইলের ক্ষেত্রে) রাডার দিয়ে সন্ধান চালানো।

locker [লকা(র্)] *n* ১ সুইমিংপুল, গলফ ক্লাব ইত্যাদিতে পোশাক–পরিচ্ছদ রাখবার জন্য ছোট আলমারি। ২ পোশাক পরিচ্ছদ, মাল–পত্র রাখবার জন্য জাহাজের সুনির্দিষ্ট কক্ষ। **be in/go to Davy Jones's ~** সমুদ্রে নিমজ্জিত হওয়া।

locket [ˈলকিট্] *n* (গলার) লকেট।

loco [ˈলৌকৌ] *adj* (অপ.) পাগল।

loco·mo·tion [ˌলৌকামৌশ্ন্] *n* [U] একস্থান থেকে অন্যস্থানে যাবার ক্ষমতা। **loco·mo·tive** [ˈলৌকামৌটিভ্] *adj* গতিশীল। □রেলের স্বয়ংক্রিয় ইনজিনবিশেষ; লোকোমোটিভ।

locum [ˈলৌকাম্] (অপিচ ˌ~ ˈ**tenens** [ˈটীনেন্জ্]) *n* বদলি ডাক্তার/পুরোহিত।

lo·cus [ˈলৌকাস্] *n* (*pl* loci [ˈলৌসাই]) সঠিক স্থান। **~ classicus** [ˈক্ল্যাসিকাস্] কোনো বিষয়ের সর্বাধিক পরিচিত অধ্যায়।

lo·cust [ˈলৌকাস্ট্] *n* পঙ্গপাল। দ্র. hopper[2]. ২ ˈ**~ (-tree)** উত্তর আমেরিকার গাছবিশেষ।

loc·ution [লাˈকিউশ্ন্] *n* [U] বাচনভঙ্গি; শব্দ ব্যবহার পদ্ধতি; [C] প্রবচন।

lode [লৌড়] *n* ধাতুখনির সংকীর্ণ শাখা; ধাতুনালী। **ˈ~·star** ধ্রুবতারা; (লাক্ষ.) চলার পথের নীতি। **ˈ~·stone** চুম্বক।

lodge[1] [লজ্] *n* ১ লজ; ছোট কক্ষ। ২ শিকারের মৌসুমে ব্যবহারের জন্য পাড়াগাঁর বাড়ি: a ˈhunting ~; (US) সাময়িকভাবে ব্যবহারের জন্য নির্মিত কুঁড়েঘর অথবা কেবিন। ৩ কলেজ, কারখানা অথবা ফ্ল্যাট বাড়ির প্রবেশ পথে দারোয়ানদের ঘর। ৫ ফ্রিম্যাসনদের মিলনায়তন। ৬ পশুর গুহা।

lodge[2] [লজ্] *vt,vi* ১ কিছুক্ষণ ঘুমানোর জন্য কাউকে কক্ষ প্রদান করা; সাময়িক আশ্রয় দেওয়া; অতিথি হিসাবে অভ্যর্থনা জানানো। ২ **~ at/with** পেয়িং–গেস্ট হিসাবে থাকা। ৩ **~ in** স্থায়ীভাবে ঢুকে যাওয়া। ৪ **~ (in)** ঢুকিয়ে স্থায়ীভাবে আটকে দেওয়া। ৫ (টাকা পয়সা) নিরাপদে রাখা। ৬ **~ sth (with sb) (against sb)** যথাযথ কর্তৃপক্ষকে জানানো: They wanted to ~ a complaint against him with the authorities. **~r** *n* কারো বাড়িতে অর্থের বিনিময়ে যারা থাকে। **lodgement (also lodgment)** [ˈলজ্মন্ট্] *n* ১ [U] যথাযথ কর্তৃপক্ষকে জানাবার প্রক্রিয়া। দ্র. lodge[2] (৬). ২ [C] স্তূপ। ৩ [C] (সামরিক) শত্রুসীমানায় প্রাপ্ত অবস্থান।

lodg·ing [ˈলজিং] *n* (সাধা. *pl*) ভাড়াকৃত কক্ষ (সাধা. হোটেলে নয়)। **ˈ~-house** *n* যে বাড়িতে (সপ্তাহ হিসাবে) কক্ষ ভাড়া পাওয়া যায়।

lo·ess [ˈলৌএস্] [U] উত্তরচীন, মধ্যযুক্তরাষ্ট্র ও মধ্য য়োরোপে সুলভ হলুদাভ–ধূসর মাটিবিশেষ।

loft[1] [লফ্ট্ US লো°ফ্ট্] *n* বাড়ির ছাদের নীচের স্টোর রুম; অশ্বশালার ছাদের নীচের জায়গা যেখানে ঘাস রাখার ব্যবস্থা আছে। ২ কোনো গির্জা অথবা মিলনায়তনের গ্যালারি।

loft[2] [লফ্ট্ US লো°ফ্ট্] *vt* (গলফ, ক্রিকেট ইত্যাদি খেলায়) উঁচু করে (বল) মারা।

lofty [ˈলফ্টি US ˈলো°ফ্টি] *adj* (-ier, -iest) ১ (ব্যক্তির ক্ষেত্রে প্রযোজ্য নয়) সুউচ্চ। ২ (চিন্তা, অনুভূতির ক্ষেত্রে) বৈশিষ্ট্যপূর্ণ; চমৎকার। ৩ অহঙ্কারী; সচেতন অভিজাত। **loft·ily** [-ইলি] *adv* সুচারুভাবে। **lofti·ness** *n* বিশিষ্টতা; চমৎকারিত্ব।

log[1] [লগ্ US লো°গ্] *n* [C] কাঠের গুঁড়ি। **like a log** অচেতন; অচল। **sleep like a log** অঘোরে নিদ্রা যাওয়া। **ˌlog-ˈcabin** *n* কাঠের ছাদ ও দেয়াল–বিশিষ্ট কেবিন। **ˈlog-jam** *n* একত্রে বাঁধা ভাসমান কাঠের গুঁড়ি; (US) অচল অবস্থা। **ˈlog-rolling** *n* পারস্পরিক পিঠচুলকানি। **log·ging** *n* বনাঞ্চলের গাছ কাটার কাজ।

log[2] [লগ্ US লো°গ্] *n* ১ জাহাজের গতিমাপক যন্ত্র। ২ (অপিচ ˈ**log-book**) সমুদ্রযাত্রার কালে জাহাজের দৈনন্দিন ক্রিয়া–কলাপের (যেমন আবহাওয়া, জাহাজের গতি, অবস্থান ইত্যাদি) রেকর্ড; যে কোনো দৈনন্দিন কার্যাবলীর হিসাব। ৩ (কথ্য) (মোটর যানের) নিবন্ধন বই। □*vt* (-gg-) দৈনন্দিন ঘটনাবলী লগবুক–এ অন্তর্ভুক্ত করা।

log[3] [লগ্ US লো°গ্] logarithm-এর কথ্য ও সংক্ষিপ্তরূপ।

lo·gan·berry [লৌগান্‌বেরি] *n* (*pl*-ries) ব্ল্যাকবেরি ও র‍্যাস্পবেরির কৃত্রিম প্রজননের মাধ্যমে জাত জাম–জাতীয় দোআঁশলা ফলবিশেষ।

log·ar·ithm [লগারিদ্‌ম্ US ˈলো°গ–] *n* (পাটি.) লগারিদম।

log·ger·heads [লগাহেড্‌জ্] *n* (একমাত্র প্রয়োগ) **at ~ (with)** মতানৈক্য অথবা ঝগড়া–বিবাদ।

log·gia [লজিআ] *n* উন্মুক্ত গ্যালারি; বাড়ির উদ্যানমুখী উন্মুক্ত অংশ।

logic [লজিক্] *n* [U] যুক্তিবিদ্যা; বিতর্ক–শক্তি। **logi·cal** [-ক্ল্] *adj* যৌক্তিক; যুক্তিবাদী। **logi·cally** [-কলি] *adv* যুক্তির সাথে। **logi·cal·ity** [লজিˈক্যালাটি] *n* [U] যৌক্তিকতা। **lo·gician** *n* যুক্তিবিদ।

lo·gis·tics [লাˈজিস্‌টিক্‌স্‌] *n* (sing *v*–সহ) (সামরিক বাহিনীর জন্য) ব্যক্তি ও মালপত্রের সরবরাহ, বণ্টন ও বদলি; সৈন্য চলাচলের ও সরবরাহের বিদ্যা।

loin [লইন্‌] *n* ১ (*pl*) কোমরের পশ্চাদ্ভাগ। **gird (up) one's ~s** (বাই.) যাত্রার জন্য প্রস্তুত হওয়া; কোমর-কষে নেমে পড়া। **ˈ~-cloth** *n* নেংটি; কটিবস্ত্র। ২ পশুর পাছার মাংস: ~ of mutton.

loiter [ˈলইটা(র্‌)] *vi,vt* ইতস্তত ঘুরে বেড়ানো। **~er** *n* ভবঘুরে।

loll [লল্‌] *vi,vt* ১ ~ **(about/around)** কুঁড়েমি করা; অলসভাবে শুয়ে বসে থাকা। ২ ~ **out** (জিহ্বার ক্ষেত্রে) বের করে রাখা।

lol·li·pop [ˈললিপপ্‌] *n* কাঠিলজেন্স; ললিপপ। **ˈ~ man/woman** (কথ্য) 'থামুন, বালকেরা রাস্তা পার হচ্ছে'—বালকদের রাস্তা পার করানোর উদ্দেশ্যে খুঁটির শীর্ষে এ বক্তব্য বহনকারী ব্যক্তি।

lolly [ˈললি] *n* ১ (কথ্য) ললিপপ। **ice(d) ~** কাঠিতে জমাট ফলের রস। ২ (অপ.) অনায়াসলব্ধ টাকা-পয়সা।

lone [লৌন্‌] *adj* (কেবল attrib; দ্র. alone ও lonely) নিঃসঙ্গ; একা। **play a ~ hand** (লাক্ষ.) একলা এগিয়ে চলা।

lone·ly [ˈলৌনলি] *adj* (-ier, -iest) ১ নিঃসঙ্গ: a ~ politician. ২ বিষণ্ন। ৩ (স্থানের ক্ষেত্রে) শহর থেকে দূরে; অজ পাড়া গাঁ: a ~ village. **lone·li·ness** *n* [U] নিঃসঙ্গতা; একাকীত্ব।

lone·some [ˈলৌন্‌সম্‌] *adj* ১ বিষণ্ন; একাকী। ২ নির্জন; স্বতন্ত্র।

long[1] [লং US লো°ং] *adj* (-nger [-ংগা(র্‌) -ngest [-ংগিস্‌ট্‌] ১ লম্বা; দীর্ঘ। **Put on a ~ face,** দ্র. faceˈ(৩). ২ (প্রাচুর্য, দৈর্ঘ্য, প্রসারতা ইত্যাদি প্রকাশক বাক্যাংশে) **have a ~ arm** ক্ষমতা সম্প্রসারণে সক্ষম হওয়া। **the ~ arm of the law** আইনের সুদীর্ঘবাদ অর্থাৎ এর সুদূরপ্রসারী শক্তি। **make a ~ arm for sth** নিজেই এগিয়ে গিয়ে সংগ্রহ করা (যেমন টেবিল থেকে)। **It's as broad as it's ~** দ্র. broad[1](৭). ৩ দীর্ঘকালীন। **~ time no see!** (কথ্য) অনেকদিন আমাদের দেখা-সাক্ষাৎ হয়নি। ৪ (স্বরধ্বনির ক্ষেত্রে) দীর্ঘ: There is no ~ vowel in Bangla. ৫ (দীর্ঘমেয়াদি সময় প্রকাশক বাক্যাংশে) **~ bond** বিশ বছর অথবা তারচেয়ে বেশিদিন স্থায়ী চুক্তি। **take a ~ cool/hard look at sth** চাতুর্যের সাথে সমস্যার মোকাবেলা করো। **take the ~ view** দূরদৃষ্টি সম্পন্ন হওয়া। **in the ~ run,** দ্র. runˈ(৭). **in the ~ term** দীর্ঘমেয়াদি দূরদৃষ্টি। **ˌ~-term** (attrib) *adj* দীর্ঘমেয়াদি: **~ term plans.** ৬ (যৌগশব্দে) **ˈ~-boat** *n* পালতোলা জাহাজের সঙ্গে যুক্ত সর্ববৃহৎ নৌকা। **~-bow** *n* দীর্ঘ ধনু। দ্র. cross bow. **draw the ~ bow** গপ মারা। **ˌ~-ˈdistance** (attrib) *adj* দূরপাল্লা: ~-distance runners. **~ drink** প্রচুর পরিমাণ (যেমন বড়ো গ্লাসে পরিবেশিত (বিয়ার)। **a ~ dozen** তেরো। **ˈ~-hand** *n* [U] সাধারণ হাতের লেখা (shorthand শব্দের বিপরীতে ব্যবহৃত)। **ˈ~-haired** *adj* বুদ্ধিজীবী; শৈল্পিক; অগতানুগতিক। **a ~ haul,** দ্র. haul. **ˌ~-ˈheaded** *adj* বুদ্ধিদীপ্ত; দূরদৃষ্টিসম্পন্ন। **the ~ jump** দীর্ঘলম্ফ। **~ metre** *n* [U] চারটি অষ্টাক্ষরিক সংক্ষিপ্ত স্তবক। **~ odds** *n pl* (বাজিতে) অত্যন্ত অসম; অযৌক্তিক। **ˌ~-play(ing) ˈdisc/ ˈrecord** *n* (সংক্ষেপে Lp) এলপি; বৃহত্তর আকারের গ্রামোফোন রেকর্ড। **ˈ~-range** (attrib) *adj* দীর্ঘমেয়াদি। **ˈ~-shore·man** *n* জাহাজ ঘাটের কুলি; খালাসি। **a ˈ~ shot,** দ্র. shot[1](২). **ˌ~-ˈsighted** *adj* (লাক্ষ.) সদা-সতর্ক; দূরদৃষ্টিসম্পন্ন। **a ~ suit,** দ্র. suit[1](৫). **ˈ~ stop** *n* [C] (ক্রিকেটে) উইকেটকিপারের ঠিক পিছনে দাঁড়িয়ে যে খেলোয়াড় ফিল্ডিং দেয়। **ˈ~-time** (attrib) *adj* অনেক দিনের। **~ ton** *n* ২২৪০ পাউন্ড। **ˈ~ wave** *n* [U] (রেডিও টেলিগ্রাফ) ১০০০ মিটার অথবা তার চেয়ে বেশি তরঙ্গ-দৈর্ঘ্যবিশিষ্ট। **ˌ~-ˈwinded** *adj* কথাবার্তায় অথবা লেখালেখিতে বিরক্তি-উৎপাদক। **ˌ~-ˈwindedness** দীর্ঘসূত্রিতা।

long[2] [লং US লো°ং] *n* ১ দীর্ঘকাল: He will be away for ~. **at (the) ~est** খুব বেশি দেরি হলে। **the ~ and the short of it** অল্প কথায় মোটামুটি; মোটামুটি ফলাফল। ২ [C] **~ syllable** ল্যাটিনকবিতার দীর্ঘ অক্ষর।

long[3] [লং US লো°ং] *adv* (-er [-ংগার], -est [-ংগিস্‌ট্‌]) ১ **(for) ~** অনেকক্ষণ ধরে: He will wait as ~ as he can. **as/so ~ as** ততক্ষণ পর্যন্ত; যতক্ষণ। ২ **ˌ~-drawn-ˈout** *adj* অযথা প্রলম্বিত। **ˌ~-ˈlived** *adj* দীর্ঘজীবী। **ˌ~-ˈsuffering** *adj* কষ্টসহিষ্ণু। ৩ সুদীর্ঘকাল: ~ ago. ৪ নির্দিষ্ট সময় ধরে: all day ~. ৫ **no/any/much ~er** নির্দিষ্ট সময় পরে: He will not wait any ~er.

long[4] [লং US লো°ং] *vi* ~ **for sth/for sb to do sth** আগ্রহে আকাঙ্ক্ষা করা; ইচ্ছা পোষণ করা। **~·ing** *n* [C, U] আকুল আকাঙ্ক্ষা। □*adj* আকাঙ্ক্ষাপূর্ণ। **~·ing·ly** *adv* আকাঙ্ক্ষাভরে।

lon·gev·ity [লন্‌ˈজেভাটি] *n* [U] দীর্ঘজীবন; দীর্ঘায়ু।

longi·tude [ˈলনজিটিউড্‌ US -টূড্‌] *n* দ্রাঘিমারেখা; দ্রাঘিমাংশ। **longi·tudi·nal** [লনজিˈটিউডিনেল্‌ US টূড্‌নল্‌] *adj* দ্রাঘিমাংশসংক্রান্ত; দ্রাঘিমারেখা-অনুসারী।

long·ways [লংওয়েইজ্‌ US ˈলো°ং-], **long·wise** [লংওয়াইজ্‌ US লো°ং-] *adv* দৈর্ঘ্য-বরাবর।

loo [লূ] *n* (GB কথ্য) পায়খানা।

loo·fah, loofa [লূফা] *n* [C] স্পঞ্জ হিসাবে ব্যবহৃত ধুন্দুলজাতীয় ফলের ভিতরের শুকনা অংশবিশেষ।

look[1] [লুক্‌] *vi,vt* (pp, pt ~ed) ১ ~ **(at)** দেখো; দেখুন; তাকাও; দৃষ্টি ফেরাও; দেখতে চেষ্টা করো। **to ~ at him/it, etc** বাহ্যিক দৃষ্টিতে বিচার করা। **L~ before you leap** (প্রবাদ) সম্ভাব্য ঘটনাবলী বিবেচনা না করে তড়িঘড়ি কিছু করো না (তু. ভাবিয়া করিও কাজ করিয়া ভাবিও না)। **ˈ~·ing-glass** *n* আয়না। ২ মনে হওয়া; অনুরূপ হওয়া: ~ unhappy. **(not) ~ oneself** স্বাভাবিক মনে না হওয়া। **~ one's age** বয়সী মনে হওয়া। **~ one's best** দেখতে সবচাইতে সুন্দর মনে হওয়া। **~ black (at)** রাগের সাথে তাকানো। **~ blue** বিষণ্ন অথবা অসন্তুষ্ট মনে হওয়া। **~ good (ক)** আকর্ষণীয় মনে হওয়া; **(খ)** সন্তোষজনক অগ্রগতি হচ্ছে বলে মনে করা। **ˌgood-ˈ~ing** *adj* দেখতে সুন্দর। **~ small** হীন অথবা গুরুত্বহীন রূপে প্রতিভাত হওয়া/পরিণত করা। **L~ alive !** তৈরি হও ! তাড়াতাড়ি করো। **L~ here!** মনোযোগ আকর্ষণ করতে এটা ব্যবহৃত হয়। **L~ sharp!** জলদি চলো। = Hurry up! **~ well** (ক) (ব্যক্তির ক্ষেত্রে) সুস্বাস্থ্যের অধিকারী মনে হওয়া; (খ) (জিনিসের ক্ষেত্রে) আকর্ষণীয়; চমৎকার; **(গ)** (কোনো কিছু পরিহিত ব্যক্তির ক্ষেত্রে) আকর্ষণীয়। ৩ মনে হয়; যেন। ৪ মনোযোগ দাও; দেখে দেখে শেখো। ৫ (= ~ at). **~ sb/sth in the eye(s)/face** সাহসিকতার

সাথে ঠাণ্ডা মাথায় মোকাবেলা করো। ৬ চেহারাতে মনোভাব প্রকাশিত হওয়া। ৭ (*adv part* ও *preps* সহ) **~ about (for sth)** অনুসন্ধান করা; চারপাশের ঘটনাবলী পর্যবেক্ষণ করা। **~ about one** চারপাশের ঘটনাবলী পর্যবেক্ষণ করা; নিজেকে সময় দিতে পারা। **~ after sb/sth** (ক) যত্ন নেওয়া; খেয়াল রাখা; দেখাশোনা করা; (খ) দৃষ্টি দিয়ে অনুসরণ করা: He ~ed after the car as it left his house. **~ at sth** (বিশেষ ব্যবহার) (ক) **not ~ at sth** (will, would-এর সাথে) বিবেচনায় না আনা। (খ) পরীক্ষা করা: The physician ~ at his chest. (গ) বিনম্র অনুরোধের ক্ষেত্রে। **good/bad etc to ~ at** দেখতে ভালো/মন্দ লাগা। **~ away (from sth)** দৃষ্টি ফিরিয়ে নাও। **~ back (on/to sth)** (লাক্ষ.) অতীতের দিকে দৃষ্টি ফেরানো। **never ~ back** বাধাহীন গতিতে এগিয়ে যাও। **~ down on sb/sth** নিজেকে বড়ো মনে করা অর্থাৎ অন্যদের ছোট ভাবা। **~ down one's nose at sb/sth** (কথ্য) অগত্যায় অবজ্ঞাভরে সম্মান প্রদর্শন করা। **~ for sb/sth** (ক) অনুসন্ধান করা; পেতে চেষ্টা করা। (খ) প্রত্যাশা করা। **~ forward to sth** প্রতীক্ষা করা; আশা করা। **~ in (on sb)** অল্পক্ষণের জন্য আসা। **give sb/get a ~ in** (কথ্য) (খেলাধুলায়) বিজয়ের সুযোগ। **~ into sth** (ক) তদন্ত করা; পরীক্ষা করা; (খ) মগ্ন হওয়া; ডুব দেওয়া (বই ইত্যাদিতে); (গ) গভীরে প্রবেশ করা। **~ on** (ক) দর্শক হওয়া। **ˌ~er-ˈon** *n* দর্শক। **~ on/upon sb/sth as** বিবেচনা করা। **~ on/upon sb/sth with** বিশেষ দৃষ্টিকোণ থেকে দেখা। **~ on to** (স্থান, কক্ষ ইত্যাদির ক্ষেত্রে) দৃষ্টিগোচর করানো। **~ out (of sth) (at sth)** বাইরে তাকানো। **~ out on (to) over** দৃশ্য সরবরাহ করা। **~ (for sb/sth)** কারো মোকাবেলার জন্য প্রস্তুত হওয়া; চোখে চোখে রাখা। **ˈ~-out** *n* (ক) **keep a good ~-out (for)**; **be on the ~-out (for)** সতর্ক প্রহরায় থাকা; (খ) [C] প্রহরা স্থান; প্রহরী; (গ) (কেবল *sing*) ভবিষ্যতের আশা; সম্ভাবনা। **~ sth out (for sb)** দেখেশুনে পছন্দ করা। **~ over sth** পরিদর্শন করা; পরীক্ষা করা। **~ sth over** এক এক করে পরীক্ষা করা। **~ round** (ক) (লাক্ষ.) ভেবেচিন্তে সিদ্ধান্ত গ্রহণ করা। (খ) পিছনে তাকানো। **~ round (sth)** দর্শনীয়স্থানে যাওয়া। **~ through sth** বার বার পড়ে দেখা; পরীক্ষা নিরীক্ষা করা। **~ sth through** সতর্কতার সাথে দেখা। **~ to sth** কোনো ব্যাপারে সাবধান হওয়া। **~ to sb for sth/to do sth** নির্ভর করা। **~ to/towards** মুখোমুখি অবস্থান করা: ~ing to the east. **~ up** (ক) চোখ তুলে দেখা; (খ) উন্নত হওয়া; সমৃদ্ধশালী হওয়া। **~ ˈup to sb/(as)** শ্রদ্ধা করা। **~ sb up and down** খুঁটে খুঁটে দেখা অথবা ঘৃণা ভরে দেখা।

look² [লুক্] *n* [C] ১ দৃষ্টি। ২ মুখভঙ্গি: She is famous for her pleasant ~s. **give sth/get a new ~** নতুন সাজে সাজানো। ৩ (*pl*) চেহারা। **~er** *n:* a good ~er, সুন্দর চেহারার ব্যক্তি।

loom¹ [লুম্] *n* তাঁত।

loom² [লুম্] *vi* **loom (large)** আবছাভাবে আবির্ভূত হওয়া; (লাক্ষ.) আবির্ভূত হওয়া এবং মনে ছাপ ফেলা।

loon [লুন্] *n* মাছরাঙা জাতীয় পাখি।

loony [লূনি] *n ,adj* (অপ.) পাগল; পাগলাটে। **ˈ~-bin** (-বিন্) *n* (অপ.) পাগলা-গারদ।

loop [লুপ্] *n* ১ বক্রাক্ষর। ২ সুতা, ফিতা ইত্যাদির আঁকাবাঁকা আকার (গিটে যেমন থাকে); হাতল হিসাবে ব্যবহৃত বাঁকানো ধাতব পদার্থ; (কথ্য) লুপ; গর্ভনিরোধক পদ্ধতি বিশেষ। ৩ (অপিচ **ˈ~-line**) প্রধান রেল-পথের সাথে পুনর্মিলিত শাখা-রেলপথ। □*vt,vi* ১ জটিয়ে নেওয়া।

loop·hole [লূপ্‌হৌল্] *n* ১ দেয়াল-ছিদ্র (প্রাচীনকালে দুর্গের দেয়ালে শত্রুকে দেখা অথবা গুলি করার উদ্দেশ্যে ঐ ছিদ্র করা হতো)। ২ (লাক্ষ.) আইনের ফাঁকফোকর: He wanted to find a ~ in the law.

loopy [লূপি] *adj* (অপ.) খেয়ালি; পাগলাটে।

loose¹ [লূস্] *adj* (-r, -st) ১ মুক্ত; ছাড়া; বাঁধনমুক্ত। **break/get ~** জেল অথবা বন্দীদশা থেকে পলায়ন। **let sth ~** নিয়ন্ত্রণমুক্ত করা। **ˈ~ box** অশ্বশালা বা রেলবগির পৃথক কক্ষ যেখানে কোনো ঘোড়া সহজে চলাফেরা করতে পারে। **ˌ~-ˈleaf** *attrib adj* (নোটবই এর ক্ষেত্রে) যে বইয়ের পাতা সহজে আলাদা করা যায় অথবা লাগানো যায়। ২ ঢিলা; শিথিল। ৩ নড়বড়ে। **come ~** (বাঁধন ইত্যাদির ক্ষেত্রে) শিকল-ছেঁড়া অবস্থায় অথবা বন্ধনমুক্ত অবস্থায় আসা। **have a ˈscrew ~** (কথ্য) মানসিক বিকৃতি-সম্পন্ন হওয়া; স্ক্রু ঢিলা হওয়া। **have a ~ tongue** লাগামহীন কথাবার্তা বলা; যা মনে আসে তাই বলা। **ride with a ~ rein** (ক) ঘোড়াকে স্বাধীনতা দেওয়া; (খ) (লাক্ষ.) কোনো ব্যক্তিকে প্রশ্রয় দিয়ে শাসনের চেষ্টা করা। **work ~** (বল্টু ইত্যাদির ক্ষেত্রে) ঢিলা ও অনিরাপদ হয়ে যাওয়া। ৪ শান্তভাবে অথবা যথাযথভাবে বাঁধা নয় এমন; নড়বড়ে। **at a ~ end** (লাক্ষ.) (কোনো ব্যক্তির ক্ষেত্রে) কিংকর্তব্যবিমূঢ়। ৫ (কথাবার্তা ও আচরণের ক্ষেত্রে) বেপরোয়া; উচ্ছৃঙ্খল: ~ character; a ~ woman. **(be) on the ~** (কথ্য) নৈতিকবন্ধন-মুক্ত। **play fast and ~ (with sb)** অসৎ অথবা প্রতারণাপূর্ণ আচরণ করা। ৬ কঠোর নয় এমন; (অনুবাদের ক্ষেত্রে) মূলানুগ নয়। ৭ ঠাস বুনোনো নয় এমন। ৮ (অঙ্গ প্রত্যঙ্গের ক্ষেত্রে) শক্ত গাঁথুনির নয় এমন; (শারীরিক আচরণের ক্ষেত্রে) বেপরোয়া; (ক্রিকেটের ক্ষেত্রে) নিশানাহীন: ~ fielding. **~·ly** *adv* ঢিলেঢালাভাবে।

loose² [লূস্] *vt* বন্ধনমুক্ত করা অথবা ছেড়ে দেওয়া।

loosen [লূস্‌ন্] *vt,vi* **~ (up)** ঢিলা করা অথবা ঢিলা হওয়া।

loot [লুট্] *n* [U] লুট; লুণ্ঠন। □*vt,vi* লুট করা। **~er** *n* লুণ্ঠনকারী।

lop¹ [লপ্] *vt* (-pp-) **lop (away/off)** গাছ কাটা অথবা শাখা-প্রশাখা ছেঁটে ফেলা।

lop² [লপ্] *vi* ঝুলে থাকা (সাধা. যৌগশব্দে ব্যবহৃত) **ˈlop-ears** *n pl* আলগাভাবে ঝুলে আছে এমন কান। **ˈlop-eared** *adj* ঝোলা-কানবিশিষ্ট। **ˌlop-sided** *adj* ভারসাম্যহীন।

lope [লৌপ্] *vi* (খরগোশের মতো) লাফিয়ে লাফিয়ে চলা। □*n* এ রকমের উল্লম্ফন।

lo·qua·cious [লাকোয়েইশাস্] *adj* বাচাল; কথা-প্রিয়। **~·ly** *adv* বাচালতার সাথে। **~·ness** বাচালতা। **lo·quac·ity** [লাকোয়্যাসাটি] *nn* [U] বাকপটুতা; বাচাল-স্বভাব।

lor [লো°(র্)] *int* Lord এর বদলে স্থূলভাবে ব্যবহৃত।

lord [লো°ড্] *n* ১ নৃপতি; লর্ড। ২ **the L~** স্রষ্টা। **L~ ! L~ God! good L~ ! L~ knows! L~ bless us/me!** বিস্ময়সূচক শব্দাবলী। **Our L~** যিশুখ্রিস্ট। **the ˈL~ 's Day** রোববার। **the ˌL~ 's ˈprayer** শিষ্যদের উদ্দেশ্য নিবেদিত যিশুর প্রার্থনা। **the ˌL~'s ˈsupper** বারোজন শিষ্যসহ যিশুখ্রিস্টের শেষ আহার উপলক্ষে আয়োজিত ভোজন পর্ব। ৩ সম্ভ্রান্ত ব্যক্তি। **as**

drunk as a ~ অতিরিক্ত মাতাল। **the house of L~ s** (GB), আর্চবিশপ, বিশপ এবং অভিজাতদের সমন্বয়ে গঠিত পার্লামেন্টের উচ্চ পরিষদ। ৪ (সামন্ত আমলে) উচ্চ পদমর্যাদা সম্পন্ন জমিদার। ৫ (অপিচ **~ and master**) স্বামী। ৬ সর্বময় কর্তা। ৭ অফিস-পদবির প্রথম শব্দ: the L~ Mayor of London. ৮ সামন্তদের নামের আগে ব্যবহৃত: L~ Derby. ৯ **My ~** সম্ভ্রান্ত ব্যক্তি, বিচারপতি এবং বিশপদের সম্বোধনসূচক শব্দ। □*vt* (প্রধানত) **~ it over sb** রাজার মতো শাসন করা। **~·less** *adj* প্রভু-হারা।

lord·ly [ˈলো°ড্‌লি] *adj* (-ier, -iest) ১ দুর্বিনীত। ২ লর্ড-সুলভ; জৌলুষপূর্ণ। **lord·li·ness** *n* আভিজাত্য।

lord·ship [ˈলো°ড্‌শিপ্] *n* ১ [U] **~ over** শাসন; কর্তৃত্ব। ২ [C] **His/your L~** লর্ডের সাথে কথাবলার পদ্ধতিবিশেষ।

lore [লো°(র্)] *n* [U] লোক-জ্ঞান; লোক-বিদ্যা: ˈIndian ~; ˈfolk ~.

lor·gnette [লো°ˈন্‌য়েট্] *n* লম্বা হাতলবিশিষ্ট চশমা।

lorn [লো°ন্] *adj* (কবিতায়) নির্জন; নিঃসঙ্গ।

lorry [লরি US ˈলো°রি *n* (pl-ries) (Us=truck)] লরি; ট্রাক।

lose [লুজ্] *vt,vi* (*pt,pp* lost [লস্ট্ US লো°স্ট্]) ১ হারিয়ে ফেলা; মৃত্যু হওয়া: He lost his hand in the accident. He lost his brother in the war of independence. **~ one's cool** (কথ্য) মেজাজ গরম করা। **~ ground** পায়ের তলার মাটি সরে যাওয়া; পশ্চাদপসারণ করা। **~ one's head** দিশেহারা হওয়া; উত্তেজিত হওয়া। **~ heart** নিরুৎসাহিত হওয়া। **~ one's heart to sb** কাউকে ভালোবাসা; কাউকে মন দেওয়া। **~ interest (in sb/sth)** উৎসাহ হারিয়ে ফেলা; আকর্ষণ হারানো। **~ one's marbles** হতবুদ্ধি হওয়া। **~ one's reason/senses** হিতাহিত জ্ঞান হারিয়ে ফেলা। **~ one's temper** রেগে যাওয়া। **~ A to B** নিজের কিছু অন্যের দখলে চলে যাওয়া। **~ touch (with)** যোগাযোগ হারিয়ে ফেলা; সংস্পর্শে না আসা। ২ (passive) হারিয়ে যাওয়া; মৃত্যুবরণ করা: It was lost. **be lost to sth** লজ্জাশরমের মাথা খেয়ে ফেলা; বোধশক্তি রহিত। **be lost in sth** (চিন্তা) মগ্ন; আচ্ছন্ন। ৩ (find, recover এর বিপরীত ব্যবহৃত) হারিয়ে ফেলা: I have ~ her forever. **~ one's place** (বই-পত্রে) পৃষ্ঠা হারিয়ে ফেলা অর্থাৎ কোন পর্যন্ত পড়া হয়েছে সেটা ধরতে না পারা। **~ oneself/one's way** দিশেহারা হওয়া; পথ হারিয়ে ফেলা। **~ sight of sth** (ক) দৃষ্টি অন্যদিকে সরানো; এড়িয়ে যাওয়া। (খ) কেউ দৃষ্টির আড়ালে চলে যাওয়া; কাউকে দূর থেকে দেখতে ব্যর্থ হওয়া। **~ the thread of sth** খেই হারিয়ে ফেলা; সূত্র হারিয়ে ফেলা। **~ one's tongue** লজ্জায় কথা বলতে না পারা। **~ track of sth** যোগাযোগ বিচ্ছিন্ন হওয়া। ৪ (catch-এর বিপরীতে ব্যবহৃত) দেরির কারণে ধরতে না পারা; দেখতে অথবা শুনতে ব্যর্থ হওয়া। **~ the post** ডাকঘরে দেরিতে পৌঁছানো; পুরাপুরি শুনতে না পাওয়া। ৫ (সমর্থন, সহানুভূতি ইত্যাদি) হারাবার কারণ হওয়া: His behaviour lost him our support. ৬ জিততে না পারা; পরাজিত হওয়া। **a lost cause** পরাজিত অথবা পরাজয়ের হাত থেকে বাঁচানো যাবে না এমন ব্যাপার। **(play) a losing game** পরাজয় অবশ্যম্ভাবী জেনেও খেলা চালিয়ে যাওয়া। **~ out (to)** (কথ্য) অতিক্রান্ত হওয়া; স্থানচ্যুত হওয়া: Has the Homeopathy lost out to Allopathy? ৭ **~ by/in/on/sth** আরো খারাপ হওয়া। ৮ (ঘড়ি ইত্যাদির ক্ষেত্রে) স্লো হওয়া; ঠিক সময় দিতে না পারা। ৯ সময় সুযোগ প্রচেষ্টা হারানো: I have nothing to ~. **be lost upon sb** প্রভাবিত করতে না পারা। ১০ **~ oneself in sth** (reflex) আচ্ছন্ন হওয়া: He lost himself in a novel. **~r** *n* ক্ষতিগ্রস্ত; পরাজিত।

loss [লস US লংস] *n* ১ [U] ক্ষতি; ক্ষয়; হানি। ২ [U] (এবং indef art সহ) অপচয়: ~ of opportunities. ৩ ব্যর্থতা। ৪ [C] লোকসান; বিনষ্টি: He sold his factory at a ~. **a total ~** চূড়ান্ত ক্ষতি; সমূহ ক্ষতি। ˌ**~-ˈleader** *n* (বাণিজ্য) কোনো একটি দ্রব্যের কম দামে বিক্রি যাতে ক্রেতারা অন্যদ্রব্য কিনতে আগ্রহী হয়। ৫ (কেবল *sing*) বঞ্চিত হওয়ার মনোভাব। **be a dead ~** (কথ্য) (ব্যক্তির ক্ষেত্রে) অযোগ্য পরিণত হওয়া। ৬ **(be) at a ~ for sth/to do sth** কিংকর্তব্যবিমূঢ়।

lost [লস্ট্ US লো°স্ট] lose-এর *pt,pp*

lot[1] [লট্] *n* (কথ্য) ১ **the lot; the whole lot; all the lot** পুরোটা; সম্পূর্ণ পরিমাণ: He took the (whole) lot. ২ **a lot (of); lots (and lots)** প্রচুর; প্রচুর পরিমাণ: He has got a lot of money. ৩ (ক্রিয়া বিশেষণিকরূপে ব্যবহৃত) যথেষ্ট।

lot[2] [লট্] *n* ১ [U] লটারি। **draw/cast lots** লটারিতে কাগজ অথবা অন্য কিছু ব্যবহার করে বাক্স থেকে বাছাই করার পদ্ধতি বিশেষ। ২ **the lot** লটারির মাধ্যমে গৃহীত সিদ্ধান্ত। ৩ ভাগ্য; নিয়তি। **cast/throw in one's lot with sb** সুখ-দুঃখ সমভাগ করে নেওয়া। ৪ নিলামে বিক্রির জন্য আনীত দ্রব্য; দ্রব্যের তালিকা। ৫ একই দ্রব্যের সংগ্রহ। ৬ **a bad lot** (কথ্য) মন্দ ব্যক্তি। ৭ (সিনেমা জগতে) স্টুডিও এবং তার আশে পাশের জমি। ৮ ভূমিখণ্ড (US-এতে বেশি ব্যবহৃত)।

loth [লৌথ্] *adj,দ্র,* loath.

lo·tion [ˈলৌশ্‌ন্] *n* [C,U] লোশন।

lot·tery [ˈলটারি] *n* (*pl* -ries) [C] ১ লটারি: ˈ~ tickets. ২ (লাক্ষ.) ভাগ্যের খেলা: Is politics a ~ ?

lot·to [ˈলটৌ] *n* [U] ভাগ্যের খেলা; জুয়াখেলা; বিঙ্গো।

lo·tus [ˈলৌটাস্] *n* (*pl* ~es [-সিজ্] *pl* হিসাবে ব্যবহার কম; বদলে ˈ~ blooms এর ব্যবহার বেশি)। ১ পদ্ম; জল-পদ্ম। ২ (গ্রিক পুরাণে) সক্রিয়জীবনে বিস্বাদ-এর প্রতীক লতা-পাতা বিশেষ। ˈ**~-eater** *n* পদ্মভুক; অলস-বিলাসে মগ্ন ব্যক্তি।

loud [লাউড্] *adj* (-er, -est) ১ উচ্চৈঃস্বর: ~ voices. ˌ**~-ˈhailer** *n* মাইক্রোফোন জাতীয় ধ্বনি-বর্ধক যন্ত্রবিশেষ। ˌ**~-ˈspeaker** *n* (সাধা. speaker হিসাবে ব্যবহৃত) বেতার-প্রকৌশলবিশেষ। ২ (ব্যক্তির আচরণের ক্ষেত্রে; রং-প্রসঙ্গে) দৃষ্টি-আকর্ষণকারী। □*adv* (talk, speak, laugh ইত্যাদি শব্দের পরে ব্যবহৃত): speak ~er! **~·ness** *n* ধ্বনির উচ্চতা।

lough [লক্] *n* (আয়ারল্যান্ডে প্রচলিত) হ্রদ।

lounge [লাউন্‌জ্] *vi* বসা; (হেলান দিয়ে) দাঁড়িয়ে থাকা। **~r** *n* কুঁড়ে; আলসে। □*n* ১ অলস-শয়ন। ২ লাউন্‌জ, ক্লাব অথবা হোটেলের আরামদায়ক বসবার ঘর। ˈ**~-lizard** *n* (অপ.) হোটেল-নর্তকীর পেশাদার সাথি। ৩ ˈ**~-bar** *n* পাবলিক হাউজের চমৎকার বার। ˈ**~-chair** *n* আরামদায়ক চেয়ার। ˈ**~-suit** *n* পুরুষের সাধারণ পোশাক।

lour, lower [ˈলাউআ(র্)] *vi* **~ at/on/upon** ভ্রূকুটি করা; চোখ লাল করে তাকানো; (আকাশ, মেঘ ইত্যাদি ক্ষেত্রে) ঝড়ের পূর্বাভাস-এর মতো কালো হয়ে আসা। **~·ing·ly** *adv* ভ্রূকুটির সাথে; চোখ পাকিয়ে।

louse [লাউস্] *n* (*pl* lice [লাইস্]) ১ উকুন; উকুনজাতীয় গাছ পোকা। ২ (অপ.) ঘৃণিত ব্যক্তি। □*vt* ~ **up** (কথ্য) বরবাদ করে দেওয়া; নষ্ট করে দেওয়া: The minister ~d up his speech.

lousy [লাউজ়ি] *adj* (-ier, -iest) ১ উকুন-ভর্তি; (কথ্য) মন্দ; বাজে: a ~ dinner. ২ (অপ.) বিত্তশালী।

lout [লাউট্] *n* দুর্বিনীত; অভদ্রলোক। **litter ~** যত্রতত্র আবর্জনা ফেলে এরকম ব্যক্তি। **ˈ~·ish** [- ইশ্] *adj* অভদ্রজনোচিত; অভদ্রসংক্রান্ত।

louvre (অপিচ **lou·ver**) [লূভ়া(র্)] *n* (বাতাস চলাচলের জন্য দরজা-জানালায়) পাতলা কাঠ-নির্মিত ছিদ্রবিশেষ)। **lou·vered** *adj* ছিদ্র অথবা জালিবিশিষ্ট: a ~ed window.

lov·able [ˈলাভ়াব্‌ল্] *adj* ভালোবাসার যোগ্য: a ~ personality.

love[1] [লাভ়্] *n* ১ আদর-যত্ন; স্নেহ-মমতা; প্রীতি; প্রেম; ভালোবাসা। **give/send sb one's ~** প্রীতিপূর্ণ সম্ভাষণ জানাও। **play for ~** খেলার জন্য খেলা; বিনা বাজিতে খেলা। **not to be had for ~ or money** যে কোনো উপায়ে পাওয়া অসম্ভব। **There's ˌno ˈ~ lost between them** তারা পরস্পরকে অপছন্দ করে। **a labour of ~** (ক) করার আনন্দে কোনো কিছু করা। (খ) কারো দিকে চেয়ে কোনো কিছু করা। **for the ~ of** কারো জন্যে; কারো নামে। ২ [U] ব্যক্তি-প্রেম; প্রণয়; অনুরাগ; যৌন-বাসনা। **be in ~ (with sb)** কাউকে ভালোবাসা। **fall in ~ (with sb)** কারো প্রেমে পড়া। **make ~ (to sb)** প্রেমিক-সুলভ আচরণ করা (যেমন চুম্বন, আদর, যৌন-মিলন ইত্যাদি)। **ˈ~-making** *n* প্রেম নিবেদন; প্রেমাকর্ষণ। **ˈ~-affair** *n* প্রেম; দৈহিক-প্রেম। **ˈ~-bird** *n* উজ্জ্বল রঙের ছোট তোতা—শোনা যায়, সঙ্গীর মৃত্যু হলে শোকে অন্য সঙ্গী মারা যায়; (*pl*) গভীর প্রেমে আসক্ত প্রেমিক-যুগল। **ˈ~-child** *n* অবিবাহিত পিতামাতার সন্তান; জারজ-সন্তান। **ˈ~-knot** *n* (প্রেমের নির্দশন হিসাবে ব্যবহৃত) প্রণয়-গ্রন্থি। **ˈ~-letter** *n* প্রেম-পত্র। **ˈ~·lorn** [-লান] *adj* প্রেম-কাতর। **ˈ~-match** *n* প্রেমের বিয়ে। **ˈ~-philtre/-potion** *nn* প্রণয়-পানীয়—মন্ত্রপূত এ পানীয় পান করলে পানীয়ের মালিকের প্রেমে পড়বে বলে ধারণা করা হয়। **ˈ~-seat** দক্ষিণমুখী আসনবিশেষ। **ˈ~·sick** প্রণয়-পীড়িত। **ˈ~-song** *n* প্রেম-সঙ্গীত; প্রেমের গান। **ˈ~-story** *n* প্রেমের গল্প। ৩ প্রেমিক-প্রেমিকা, স্বামী-স্ত্রী অথবা মাতা-পিতা সন্তান-সন্ততির মধ্যে প্রচলিত সম্বোধনসূচক শব্দ: come here, my ~. ৪ (কথ্য) আনন্দদায়ক, প্রীতিপদ অথবা ভালোবাসার যোগ্য ব্যক্তি অথবা দ্রব্য। ৫ অন্তরঙ্গ প্রেমিক। ৬ অতনু। ৭ [U] (খেলায়) শূন্য: ~ all. **~·less** *adj* প্রেম-শূন্য; ভালোবাসহীন।

love[2] [লা ভ়্] *vt* ১ কাউকে ভালোবাসা: He ~s his country; She ~s her husband. ২ উপাসনা করা: ~ God. ৩ দয়ালু হওয়া: The wanted to ~ his countrymen. ৪ (কথ্য) অত্যুৎসুক হওয়া; আনন্দ পাওয়া।

love·ly [লাভ়্‌লি] *adj* ১ সুন্দর; আকর্ষণীয়; মনোরম। ২ (কথ্য) উপভোগ্য; আনন্দ-পূর্ণ: ~ holiday. **love·li·ness** *n* রমণীয়তা; চমৎকারিত্ব।

lover [লাভ়া(র্)] *n* ১ প্রেমিক; সাধক: a ~ of literature. ২ প্রেমিক; প্রণয়ী; নিয়মিত যৌন-সঙ্গী। **ˈ~·like** *adj* প্রেমিক-সুলভ।

lov·ing [ˈলাভ়িং] *adj* প্রীতিপূর্ণ; স্নেহশীল: a ~ brother. **ˈ~-cup** *n* একের পর এক প্রত্যেকে পান করতে পারে এ রকম বড়ো পান-পাত্র। **ˌ~-ˈkindness** *n* [U] সহৃদয় বিবেচনা; অনুরাগসিক্ত দয়া। **~·ly** *adv* স্নেহের সাথে: yours ~ly, চিঠির শেষ অংশে ব্যবহৃত নিয়মবিশেষ।

low[1] [লৌ] *adj* (-er, -est) ১ নিচু; অনুচ্চ। **ˈlow-necked** গলাকাটা: She was wearing a low-necked dress. **ˌlow-reˈlief** মুদ্রা-চিত্র। ২ সাধারণ উচ্চতার চাইতে নিচু: low-lying land. **low gear,** দ্র. gear. **low tide/water** ভাটা। **ˌlow-ˈwater mark** ভাটার সময় সর্বনিম্ন জল-রেখা। **be in low water** (লাক্ষ.) অর্থাভাবগ্রস্ত। ৩ (ধ্বনির ক্ষেত্রে) অনুচ্চ: He speaks in a ~ voice. **ˌlow-ˈkeyed** (লাক্ষ.) নিয়ন্ত্রিত রীতিতে। **ˌlow-ˈpitched** (সঙ্গীত) স্বরগ্রামে নিচু। ৪ নিচু পদমর্যাদাবিশিষ্ট অথবা নিচু শ্রেণীর: There should not be any discrimination between high and low. **be brought low** অবনমিত; ছোট করা হয়েছে এমন। ৫ সাধারণ; স্থূল; কম সভ্য। ৬ দুর্বল; নীচমনা: He feels low. **ˌlow-ˈspirited** *adj* নিস্তেজ। ৭ স্বল্পপরিমাণ: low prices; low latitudes, বিষুবরেখা-সংলগ্ন। **have a low opinion of sb/sth** নীচ ধারণা। **at lowest** সর্বনিম্ন। (সরবরাহের ক্ষেত্রে) **be/run low** সরবরাহ শেষ হয়ে যাওয়া। ৮ (কথাবার্তার সময়ে জিহ্বার উচ্চতা-সংক্রান্ত) উঁচু করে নয়: a low vowel. ১০ অনুন্নত। ১১ **Low Church** ইংল্যান্ডের গির্জাসমূহে বিশপ ও পুরোহিতদের কম গুরুত্ব প্রদানকারী দল (বিপরীতে High church)। **Low Churchman** এ মতবাদের সমর্থক। ১২ (phrases) **bring/lay sb/sth low** ধনে-মানে ছোট করে দেওয়া; হারিয়ে দেওয়া; খর্ব করা। **lie low** (লাক্ষ.) গুপ্তস্থানে থাকা; কিছু না বলে অপেক্ষা করা। ১৩ (যৌগশব্দে) **ˌlow-ˈborn** *adj* নীচ জন্মের। **ˌlow-ˈbred** *adj* স্থূলরুচিসম্পন্ন; নীচ স্বভাবের। **ˈlow-brow** *n,adj* (ব্যক্তি) সাহিত্যসংস্কৃতিতে অনুৎসাহী (বিপরীতে high brow)। **lower case** (ছাপাখানায়) ক্যাপিটেল লেটার এর বদলে স্মল লেটার এর ব্যবহার। **Lower Chamber/House** আইনসভার নিম্ন-পরিষদ (যেমন, ইংল্যান্ডের হাউজ অব কমনস)। **low·comedian** নিম্নমানের কৌতুকে অংশগ্রহণকারী কৌতুকশিল্পী। **the lower deck** (নৌ.) অফিসারদের তুলনায় নীচ পদবির। **ˈlow-down** *adj* (কথ্য) অসম্মানের। **give sb/get the low-down (on sth/sb)** অজানা সত্য জানতে চেষ্টা করা/প্রদান করা। **ˈlow-lander** [-লানডা(র্)] *n* নিম্নভূমিতে বসবাসকারী। (বিশেষ করে যারা স্কটিশ নিম্নভূমিতে বসবাস করে)। **ˈlow·lands** [-লানড্জ়্] *n pl* স্কটল্যান্ডের নিম্নপ্রদেশ। **ˈlow·er·most** *adj* সর্বনিম্ন। **low·ness** *n* নীচতা।

low[2] [লৌ] *adv* (-er, -est) নীচের দিকে; নতভাবে; অনুচ্চ ভাবে/অবস্থায়।

low[3] [লৌ] *n* নিম্নস্তর; (স্টক মার্কেটে) শেয়ারদরের নিম্নগতি।

low[4] [লৌ] *n* গরু-ছাগলের ডাক। □*vi* (গরু-ছাগলের ক্ষেত্রে) বৈশিষ্ট্যসূচক ডাক ডাকা (যেমন, হাম্বা করা)।

lower[1] [লৌআ(র্)] *vt,vi* ১ নিচু করা; নামানো: ~ the flag. **~ away** (নৌ.) নৌকা নামানো; পাল নামানো। ২ কমানো; নিচু করা: ~ price. He tried to ~ his voice. ৩ **~ oneself** নিজেকে অপদস্থ; অবমাননা করা। ৪ দুর্বল করা।

lower[2] [লাউআ(র্)] *vi* = lour.

low·ly [লৌলি] *adj* (-ier, -iest) সামান্য; সাদাসিধা; বিনয়ী। **low·li·ness** *n* সাদাসিধাভাব; বিনয়।

loyal [লইআল্] *adj* বিশ্বাসী ও অনুগত। ˈ**~·ist** [-ইস্ট্] *n* সরকারের অনুগত ব্যক্তি; বিদ্রোহের সময় বিশেষ করে যে অনুগত থাকে। **~·ly** [লইআলি] *adv* অনুগতভাবে; আনুগত্যের সাথে। **~·ty** *n* (*pl* -ties) আনুগত্য।

loz·enge [ˈলজ়িন্জ্] *n* ১ হীরকাকার বিষমকোণী চতুর্ভুজ। ২ লজেন্‌স্; কফ-লজেন্‌স।

L-plate [এল্ প্লেইট্] *n* গাড়ি চালনা শিক্ষার্থীর গাড়িতে লাগানো L- আকৃতির প্লেট।

LSD [এল্ এস্ ˈডী] *n* [U] মায়া/ভ্রম সৃষ্টিকারী ঔষধ বিশেষ; এল এস ডি।

£ sd [এল্ এস্ ˈডী] *n* [U] পুরনো আমলের ব্রিটিশ মুদ্রায় পাউন্ড; শিলিং; পেন্স; (কথ্য) টাকা।

lub·ber [লাবা(র্)] *n* মোটাসোটা বোকা ব্যক্তি। **~·ly** *adj* বোকা।

lu·bri·cate [লূবরিকেইট্] *vt* (যন্ত্রাংশে) তেল দেওয়া। **lu·bri·cant** [লূব্‌রিকান্ট্] *n* [U,C] যন্ত্রে ব্যবহারোপযোগী তেল; লুব্রিক্যান্ট। **lu·bri·cation** [লুবরিকেইশ্‌ন্] *n* [U, C] যন্ত্রে তৈল-প্রদান।

lu·cerne [লূসান্] *n* [U] (GB) পশুর খাদ্যবিশেষ। (US = alfalfa).

lu·cid [ˈলূসিড্] *adj* ১ স্পষ্ট; সহজবোধ্য: ~ style. ২ মানসিকভাবে সুস্থ। **~·ly** *adv* স্পষ্টভাবে; প্রাঞ্জলভাবে। **~·ity** [লুসিডাটি] *n* [U] স্বচ্ছতা; সহজবোধ্যতা।

luck [লাক্] *n* [U] ভাগ্য; নিয়তি; সুযোগ। **Bad luck !** দুর্ভাগ্য (সহানুভূতি সূচক)। **Good luck !** শুভ হোক; শুভকামনা। **just my luck !** আমি যথারীতি হতভাগা। **be in/out of ~** সৌভাগ্যবান/হতভাগ্য হওয়া। **for ~** সৌভাগ্যের আশায়। **worse ~** (used parenthetically ব্যবহৃত) দুর্ভাগ্যক্রমে। **~·less** *adj* হতভাগা; ভাগ্যহীন।

lucky [ˈলাকি] *adj* (-ier, -iest) শুভ; ভাগ্যবান। **~ dip** *n* সৌভাগ্য-থলি (টাকার বিনিময়ে এ ধরনের থলি থেকে একটি জিনিস ওঠানো যায়, ভাগ্যসুপ্রসন্ন হলে মূল্যবান জিনিস উঠতে পারে)। **luck·ily** [লাকিলি] *adv* সৌভাগ্যক্রমে।

lu·cra·tive [ˈলূক্রাটিভ্] *adj* লাভজনক; আর্থিকভাবে লোভনীয়।

lucre [লূকা(র্)] *n* [U] টাকা-বানানো (অসৎ উপায়ে টাকা আয়)।

Lud·dite [ˈলাডাইট্] *n* ইংল্যান্ডের শ্রমিকসঙ্ঘ—১৮১১-১৬ সালে বেকারত্বের সম্ভাবনায় নতুন যন্ত্র ধ্বংস করতে তারা উদ্যোগী হয়েছিল।

lu·di·crous [লূডিক্রাস্] *adj* হাস্যকর; উপহাসযোগ্য। **~·ly** *adv*

ludo [লূডৌ] *n* [U] লুডুখেলা।

luff [লাফ্] *vt,vi* (নৌ.) বায়ুর প্রতিকূলে জাহাজ-ফেরানো।

lug [লাগ্] *vt* টেনে-হেঁচড়ে নেওয়া/তোলা। □*n* প্রচণ্ড টান।

lug·gage [লাগিজ্] *n* [U] মাল-পত্র; লাগেজ। ˈ**~-carrier** *n* সাইকেলের কেরিয়ার। ˈ**~-rack** *n* ট্রেনের আসনের উপরে অথবা মোটর গাড়ির ছাদে মাল রাখার তাক। ˈ**~-van** *n* মাল-গাড়ি।

lug·ger [ˈলাগা(র্)] *n* চতুষ্কোণ পাল-বিশিষ্ট ছোট জাহাজ।

lug·sail [লাগ্‌সেইল্] *n* (নৌ.) চতুষ্কোণ পাল।

lu·gu·bri·ous [লাˈগব্রিআস্] *adj* (আনুষ্ঠা.) বিষণ্ন; শোকার্ত। **~·ly** *adv* বিষণ্নভাবে। **~·ness** *n* বিষণ্নতা।

luke·warm [লূক্ˈওয়োᵒম্] *adj* ১ (তরল পদার্থের ক্ষেত্রে) কুসুম গরম। ২ (লাক্ষ.) সমর্থন অথবা বিরোধিতায় কম আগ্রহী: ~ friendship. **~·ly** *adv.* **~·ness** *n*

lull [লাল্] *vt,vi* শান্ত করা বা হওয়া; ঘুম পাড়ানো: The sea was ~ed. □*n* [C] স্থিরতার কাল; স্থবিরতার কাল।

lull·aby [ˈলালাবাই] *n* (*pl* -bies) ঘুম পাড়ানি গান; ঝিরঝির ধ্বনি; কুলুকুলু শব্দ।

lum·bago [লাম্ˈবেইগৌ] *n* [U] কটিবাত।

lum·bar [ˈলাম্‌বা(র্)] *adj* পিঠের নিম্নাংশে সংক্রান্ত।

lum·ber[1] [ˈলাম্‌বা(র্)] *n* [U] ১ কাঠ চেরাই করা তক্তা। ˈ**~·man** [-মান্], ˈ**~·jack** *nn* করাতি। ˈ**~-mill** *n* করাতকল। ˈ**~·yard** *n* কাঠ, তক্তা ইত্যাদি রাখার স্থান। ২ (GB) বাতিল আসবাবপত্র ও অন্যান্য সামগ্রী। ˈ**~·room** *n* বাতিল আসবাবপত্রের ঘর। □*vt* **~ sth (up) (with)** (প্রায়ই passive) বাজে আসবাবপত্র জড়ো করা; (লাক্ষ.) দুশ্চিন্তা ভর করা।

lum·ber[2] [ˈলাম্‌বা(র্)] কর্কশ শব্দ করে গড়িয়ে চলা।

lu·min·ary [লূমিনারি US -নেরি] *n* (*pl* -ries) ১ তারা; সূর্য অথবা চন্দ্র; জ্যোতিষ্ক। ২ (লাক্ষ.) উজ্জ্বল জ্যোতিষ্ক; মহান নেতা; প্রতিভাবান ব্যক্তিত্ব (যে কোনো ক্ষেত্রে)।

lu·mi·nous [লূমিনাস্] *adj* ১ আলোকোজ্জ্বল; উজ্জ্বল: ~ paint. ২ (লাক্ষ.) স্পষ্ট; সহজবোধ্য। **lu·min·os·ity** [লূমিˈনসাটি] *n* [U] স্পষ্টতা; সহজবোধ্যতা।

lump[1] [লাম্প্] *n* [C] ১ টুকটা; খণ্ড; পিণ্ড: ~ of rocks. **in the ~** টুকরা টুকরা। **~ sum** এককালীন প্রদত্ত টাকা। ২ ফোলা; ফোঁড়া। **have a ~ in one's/the throat** মানসিক চাপ। ৩ (কথ্য) মাথা-মোটা ব্যক্তি। □*vt* ১ **~ (together)** এক জায়গায় জড়ো করা। ২ টুকরা টুকরা করা। **~·ish** (-ইশ্) *adj* (ব্যক্তির ক্ষেত্রে) বোকা। **~y** *adj* (-ier, -iest) টুকরা ভর্তি; ডেলা-পূর্ণ; (পানির উপরিভাগের ক্ষেত্রে) তরঙ্গিত।

lump[2] [লাম্প্] *vt* **~ it** (কথ্য) সয়ে যাওয়া।

lu·nacy [লূনাসি] *n* (*pl* -cies) ১ [U] পাগলামি; বোকা আচরণ। ২ (*pl*) পাগল অথবা বোকার কাণ্ডকারখানা।

lu·nar [লূনা(র্)] *adj* চান্দ্র; চন্দ্র-সংক্রান্ত। **~ module** মহাকাশযানের অংশ বিশেষ—যা চাঁদে অবতরণ করতে পারে। **a ~ year** চান্দ্রবৎসর।

lu·na·tic [লুনাটিক্] পাগলাটে; মানসিক রোগী। ˈ**~ asylum** মানসিক হাসপাতাল। ২ (attrib) পাগল; বোকার হদ্দ। **~** ˈ**fringe** রাজনীতি অথবা সাহিত্যে চরম মতবাদে বিশ্বাসী সংখ্যালঘু শ্রেণী।

lunch [লান্চ্] *n* দুপুরের খাবার; মধ্যাহ্নভোজ। □*vi,vt* দুপুরের খাবার খাওয়া; মধ্যাহ্নভোজন করা। **~eon** [লানচান্] *n* 'লান্চ্'-এর বদলে আনুষ্ঠানিক পরিবেশে ব্যবহৃত শব্দ।

lung [লাঙ্] *n* ফুসফুস। ˈ**~-power** *n* [U] কণ্ঠের জোর।

lunge [লান্জ্] *n* তলোয়ার হাতে দ্রুত সামনের দিকে অগ্রসর হওয়া অথবা (তীর নিক্ষেপের সময়) শরীরকে সামনের দিকে বাঁকানো। □*vi* দ্রুত শরীর বাঁকিয়ে ঝুঁকে পড়া।

lu·pin (US= **lu·pine**) [লূপিন্] *n* বিচিত্র রঙের ফুল-বিশিষ্ট গো-খাদ্য গাছবিশেষ।

lurch[1] [লাচ্] *n* **leave sb in the ~** কারো বিপদের সময়ে পরিত্যাগ (একমাত্র প্রয়োগ)।

lurch[2] [লাচ্] *n* হঠাৎ একপাশে ওজন কমবেশি হওয়া; একপাশে গড়িয়ে পড়া। □*vi* একপাশে কাত হয়ে চলা।

lure [লুআ(র্)] *n* [C] প্রশিক্ষিত বাজপাখিকে আকর্ষণের জন্য ব্যবহৃত উজ্জ্বল পালকগুচ্ছ; (লাক্ষ.) প্রলোভন; মায়া; টান। □*vt* আকর্ষণ করা; প্রলুব্ধ করা।

lu·rid [লুআরিড্] *adj* ১ গনগনে; ভীষণবর্ণ: a ~ sky. (লাক্ষ.) রোমাঞ্চকর; ভয়ঙ্কর। **~·ly** *adv.* **~·ness** *n*

lurk [লাক্] *vi* ওত পেতে থাকা।

luscious [লাশাস্] *adj* ১ স্বাদে গন্ধে তৃপ্তিকর; আকর্ষণীয়। ২ (ললিত কলায়) অলঙ্কার-সমৃদ্ধ; আনন্দদায়ক। **~·ly** *adv.* **~·ness** *n*

lush [লাশ্] *adj* (ঘাস, লতা-পাতার ক্ষেত্রে) প্রচুর গজিয়ে ওঠা; (লাক্ষ.) বিলাসবহুল ও আরামদায়ক। □(US অপ.) মদ্যপ।

lust [লাস্ট্] *n* [U] প্রচণ্ড যৌন-কামনা; লালসা; লিপ্সা: a ~ for power. □*vi* **~ after/for** কামনা করা; লিপ্সা করা। **~·ful** [-ফ্ল্] *adj* কামুক; লোলুপ। **~·fully** [-ফ়লি] *adv*

lustre (US= **lus·ter)** [লাসটা(র্)] *n* ১ [U] ঔজ্জ্বল্য; দীপ্তি। ২ [U] (লাক্ষ.) যশ; গৌরব-দ্যুতি। ৩ ঝাড়বাতি। **lus·trous** [লাস্ট্রাস্] *adj* দ্যুতিময়; আলোকোজ্জ্বল।

lusty [লাস্‌টি] *adj* বলবান; স্বাস্থ্যবান; স্বাস্থ্যবতী; স্থূল। **lust·ily** [-ইলি] *adv* প্রবলভাবে।

lute [লূট্] *n* বীণাজাতীয় বাদ্যযন্ত্রবিশেষ (চতুর্দশ থেকে সপ্তদশ শতক পর্যন্ত প্রচলিত)। **lu·tan·ist** [লূটানিস্টে্] *n* বীণা-বাদক।

lu·tecium [লূটীসিআম্] *n* [U] (রস.) ধাতব উপাদান (প্রতীক Lu)

Lu·theran [লূথারান্] *adj,n* লুথার-সংক্রান্ত; মার্টিন লুথারের অনুসারী; লুথারের নামে প্রচলিত প্রটেস্টান্ট চার্চের সদস্য (এবং এ ধরনের চার্চ সংক্রান্ত)।

lux·ur·iant [লাগ্‌জুআরিআন্ট্] *adj* ১ ফলবান; ফলন্ত; প্রচুর; (লাক্ষ.) a ~ imagination. ২ (সাহিত্য-শিল্প-সংক্রান্ত) অলঙ্কৃত; সুবিস্তৃত। **~·ly** *adv.* **lux·ur·iance** [-আন্‌স্] *n* [U] ফলন-প্রাচুর্য; প্রাচুর্য।

lux·ur·iate [লাগ্'জুআরিএইট্] *vi,~* **in** প্রচুর আনন্দ উপভোগ করা।

lux·ur·ious [লাগ্‌জুআরিআস্] *adj* ১ বিলাসপূর্ণ; বিলাসবহুল ও আরামদায়ক। ২ দামি। ৩ বিলাসী; বিলাস-প্রিয়। **~·ly** *adv*

lux·ury [লাক্‌শারি] *n (pl-ries)* ১ [U] বিলাসিতা। ২ (attrib ব্যবহার) বিলাসবহুল। ৩ [C] বিলাস-সামগ্রী; আনন্দদায়ক কিন্তু অনাবশ্যক কোনো কিছু।

lycée [লীসেই US লী'সেই] *n* ফ্রান্সের মাধ্যমিক বিদ্যালয়।

ly·ceum [লা ই'সীআম্] *n* (US) মিলনায়তন; বক্তৃতা-কক্ষ।

ly·chee (অপিচ **li·chee, li·tchee, li·tchi)** [লাইচী] *n* লিচুগাছ; লিচুফল।

lych·gate *n* = lichgate.

lye [লাই] *n* ধোয়ামোছায় ব্যবহৃত তরল ক্ষারবিশেষ।

ly·ing [লাইইং] lie[1], lie[2]-এর *pres p*

lymph [লিম্‌ফ্] *n* [U] জীবদেহে রক্তের মতো পদার্থ কিন্তু রংহীন। **lym·phatic** [লিম্'ফ্যাটিক্] *adj* ১ উপর্যুক্ত পদার্থ-সংক্রান্ত অথবা সে পদার্থবাহী। ২ (ব্যক্তির ক্ষেত্রে) অকর্মঠ; ধীর-প্রকৃতির।

lynch [লিন্চ] *vt* বিনা বিচারে প্রাণে মারা (ফাঁসিতে ঝুলিয়ে)। □*n* '~ **law** বিনা বিচারে মৃত্যুদণ্ডাজ্ঞা প্রদানকারীদের আইন।

lynch·pin ['লিন্‌চ্‌পিন] = linchpin.

lynx [লিংক্‌স্] *n* প্রখরদৃষ্টি-সম্পন্ন ও ছোট লেজবিশিষ্ট বনবিড়াল। ,**~-'eyed** *adj* প্রখর-দৃষ্টিসম্পন্ন।

lyre [লাইআ(র্)] *n* প্রাচীন গ্রিসে ব্যবহৃত বীনাজাতীয় বাদ্যযন্ত্র। '**~-bird** *n* বীণা-সদৃশ লেজের অস্ট্রেলীয় পাখি।

lyric ['লিরিক্] *adj* ১ গান-সংক্রান্ত। ২ গীতিকবিতা-সংক্রান্ত। □*n* [C] ~ **poem** গীতিকবিতা।

lyri·cal ['লিরিক্ল্] *adj* ১ = lyric. ২ আবেগপূর্ণ; গীতধর্মী। **~ly** [-ক্লি] *adv*

ly·sol [লাইসোল্ US -সল্] *n* [U] (P) কালো তেলাক্ত পদার্থ, যা বীজানুনাশক হিসাবে ব্যবহৃত হয়।

M m

M, m [এম্] *(pl* M's, m's [এম্‌জ্] ইংরেজি বর্ণমালার ত্রয়োদশ বর্ণ; রোমান সংখ্যা ১০০০-এর প্রতীক।

ma [মা:] *n* mamma শব্দের কথ্য ও সংক্ষিপ্ত রূপ।

ma'am [ম্যাম্] *n* কোনো রানীকে সম্বোধনের ক্ষেত্রে ব্যবহৃত।

mac [ম্যাক্] *n* (GB) mackintosh-এর কথ্য ও সংক্ষিপ্ত রূপ।

ma·cabre [ম 'কা:ব্র্] *adj* ভয়ঙ্কর; প্রাণ-সংশয়ের ইঙ্গিতপূর্ণ।

ma·cadam [মা'ক্যাডাম্] *n* [U] ~ **road** ইট-সুরকি বিছানো কয়েকস্তরবিশিষ্ট রাস্তা; পাকারাস্তা। **~·ize** [-আইজ্] *vt* ইট-সুরকি-খোয়া দিয়ে কয়েকটি স্তর করা: ~ized roads. দ্র. tarmac.

maca·roni [,ম্যাকা'রৌনি] *n* [U] ময়দার তৈরি লম্বা পিঠা বিশেষ—যা সিদ্ধ করে টুকরা টুকরা কেটে খাওয়া যায়; ম্যাকারনি।

maca·roon [ম্যাকা'রূন্] *n* [C] ছোট মিষ্টি বিস্কুট।

ma·caw [ম 'কো°] *n* দীর্ঘ লেজবিশিষ্ট আমেরিকান তোতাপাখি।

mace [মেইস্] *n* ১ রাজদণ্ডবিশেষ; গদা।

mac·er·ate ['ম্যাসারেইট্] *vt, vi* পানিতে ভিজিয়ে নরম করা; ভিজে নরম হওয়া।

Mach [মা:ক্] *n* '~ **number** ধ্বনির গতির সাথে বিমান অথবা অন্য কোনো নভোযানের গতির অনুপাত।

ma·chete [মা'চেটি US -'শেটি] *n* ল্যাটিন আমেরিকা এবং ওয়েস্ট ইন্ডিজ-এ ব্যবহৃত 'দা' জাতীয় কাটার অস্ত্র।

mach·ia·vel·ian [,ম্যাকিআ'ভেলিআন্] *adj* (রাজনীতিতে) ম্যাকিয়াভেলি পন্থী; ছলে-বলে-কৌশলে ব্যক্তিস্বার্থ হাসিলকারী।

machi·na·tion [,ম্যাকি'নেইশ্‌ন্] *n* [C, U] ষড়যন্ত্র।

ma·chine [মা'শীন্] *n* [C] ১ মেশিন; কল-কারখানা। '~ **code/language** *n* কম্পিউটারের জন্য লিখিত নির্দেশ—মেশিন যেটা পড়তে পারে। '**~-gun** *n* মেশিনগান। ,**~-'made** *adj* যন্ত্র-নির্মিত; কলে-তৈরি। ~ '**readable** *adj* (ডাটা-সম্পর্কিত) এমনভাবে তথ্য সন্নিবেশ করা যাতে কম্পিউটার পড়তে পারে। '**~ tool** মেশিনটুল। ২ সঙ্ঘবদ্ধ ব্যক্তিবর্গ: (US) the Democratic ~. □*vt* মেশিন চালানো; কল চালানো। **ma·chin·ist** [মা'শীনিস্ট্] *n* মেশিন-নির্মাতা; মেরামত ও চালনাকারী (বিশেষ করে সেলাইকল)।

ma·chin·ery [মা'শীনারি] *n* ১ যন্ত্রপাতি; কল-কব্জা। ২ সরকার-পদ্ধতি; প্রশাসন-যন্ত্র।

ma·chismo [মা'চিজ্‌মৌ] *n* [U] পুরুষের অতিরিক্ত অহঙ্কার; পৌরুষ।

macho ['ম্যাচৌ] *adj* (কথ্য) পৌরুষ প্রদর্শন।

mack·erel [ম্যাকরাল্] *n* (*pl* অপরিবর্তিত) রেখাঙ্কিত সামুদ্রিক মাছ। ~ **sky** *n* রেখাঙ্কিত সামুদ্রিক মাছের পিঠের মতো মেঘলা আকাশ।

mack·in·tosh [ম্যাকিন্‌টশ্] *n* (GB) বর্ষাতিবিশেষ।

mac·ro·bi·otic [ম্যাক্রৌবাইঅটিক্] *adj* আয়ুবর্ধক। ~ **food** রাসায়নিক সহায়তা ব্যতীত উৎপাদিত সবজিপূর্ণ।

mac·ro·cosm [ম্যাক্রৌকজ়াম্] *n* মহাবিশ্ব; মহা–সমগ্রতা। দ্র. microcosm.

mad [ম্যাড্] *adj* ১ (-dder, -ddest) ~ পাগল; মানসিক রোগী। **drive/send sb mad** পাগল বানিয়ে ফেলা। **as mad as a March hare/as a hatter** বদ্ধোন্মাদ। ˈ**mad·house** *n* (কথ্য) পাগলা–গারদ। ˈ**mad·man** (–মান); ˈ**mad·woman** *nn* পাগল–ব্যক্তি। ২ (কথ্য) অত্যুৎসাহী; (গান)–পাগল; (US) রাগান্বিত; বন্য। **be/go mad** প্রচণ্ডভাবে রেগে যাওয়া। **like mad** (কথ্য) প্রচণ্ড কর্মশক্তি নিয়ে; পাগলের মতো: He works like mad. ˈ**mad·cap** [–ক্যাপ্] খেপা; ছিটগ্রস্ত। ৩ (কুকুরের ক্ষেত্রে) পাগলা–কুকুর; জলাতঙ্ক রোগগ্রস্ত। **mad·ly** *adv* পাগলের মতো; (কথ্য) অত্যন্ত বেশি। **mad·ness** *n* [U] পাগলামি। **mad·den** [ম্যাড্‌ন্] *vt* পাগল করা; উত্তেজিত করা; বিরক্ত করা।

madam [ˈম্যাডম্] *n* ১ ম্যাডাম; ভদ্রমহিলাদের সম্বোধনসূচক শব্দ; চিঠিপত্রে ব্যবহৃত সম্বোধন: Dear M~ . ২ (কথ্য) কর্তৃত্ব প্রয়াসী মহিলা। ৩ (কথ্য) পতিতালয়–চালক মহিলা; মাসি।

Mad·ame [মাˈদা:ম্ US মাˈদ্যাম্] *n* (সং Mme) (*pl* Mesdames [মেইˈডা:ম্] বিবাহিত মহিলাদের নামের আগে ব্যবহৃত ফরাসি পদবি; ব্রিটিশ অথবা আমেরিকান ছাড়া অন্য যে কোনো বিবাহিত মহিলাদের নামের আগে ব্যবহৃত।

mad·der [ম্যাড(র্)] *n* [U] হলুদাভফুলবিশিষ্ট লতাবিশেষ (এবং এ লতার মূল থেকে প্রাপ্ত রং)।

made [মেইড্] make এর *pt, pp*

Ma·deira [মাˈডিআরা] *n* মাডিআরা দ্বীপে (আটলান্টিক মহাসাগরীয়) তৈরি মদ। ˈ~ **cake** *n* স্পন্‌জ পিঠাবিশেষ।

Mad·emoi·selle [ম্যাড্‌মোআˈজ়েল্] *n* (সং. Mlle) (*pl* Mesdemoiselles [ˌমেইডমোআজ়েল্] কোনো তরুণী অথবা অবিবাহিতার নামের আগে ব্যবহৃত ফরাসি পদবি।

Ma·donna [মাˈডনা] *n* **the** ~ ম্যাডোনা; মেরি অর্থাৎ যিশুখ্রিস্টের মা (এঁর ছবি অথবা মূর্তি)।

mad·ri·gal [ˈম্যাড্‌রিগল্] *n* যন্ত্রসঙ্গীতবিহীন সমবেত কণ্ঠসঙ্গীত।

mael·strom [মেইল্‌স্ট্রাম্] *n* প্রচণ্ড ঘূর্ণাবর্ত; (লাক্ষ.) ধ্বংসাত্মক শক্তি; ঘটনার ঘূর্ণি: the ~ of politics.

maes·tro [মাইস্‌ট্রৌ] *n* (*pl* ~s বা maes·tri [মাইসট্রি] প্রখ্যাত সুর–স্রষ্টা; ওস্তাদ অথবা সঙ্গীত–পরিচালক।

Ma·fia [ম্যাফিআ US মা:ফি–] *n* **the** ~ মাফিয়া–চক্র; ইতালি এবং যুক্তরাষ্ট্রের অপরাধী–চক্রবিশেষ।

mag [ম্যাগ্] *n* (কথ্য) magazine (৩)–এর সংক্ষিপ্ত–রূপ: the weekly mags.

maga·zine [ম্যাগাˈজ়ীন্ US ˈম্যাগাজ়ীন্] *n* ১ অস্ত্র; গোলাবারুদ ইত্যাদির গুদাম। ২ রাইফেল অথবা বন্দুকে কার্তুজ রাখবার কুঠুরি; ক্যামেরায় ফিল্মের রোল রাখবার স্থান। দ্র. rifle. ৩ ম্যাগাজিন; (সাপ্তাহিক অথবা মাসিক) পত্র–পত্রিকা।

ma·genta [মাজেন্‌টা] *adj, n* ম্যাজেন্টা রং; টকটকে লাল।

mag·got [ম্যাগট্] *n* লার্ভা; শূককীট। ~**y** *adj* কীট–যুক্ত।

Magi [মেইজাই] *n, pl* **the M~** পূর্বদেশের তিন জ্ঞানী যাঁরা শিশু যিশুর জন্য নৈবেদ্য এনেছিলেন।

magic [ম্যাজিক্] *n* [U] ১ জাদুটোনা; মন্ত্র। **like ~; as if by ~** রহস্যজনকভাবে; ভোজবাজির মতো। **black/white ~** পাপাত্মাদের সহায়তা নিয়ে/সহায়তা ছাড়া বশীকরণ। ২ জাদুর খেলা। ৩ (লাক্ষ.) মন্ত্র–মুগ্ধতা; জাদুবল: The ~ of Tagore's song. □*adj* মন্ত্রবলে; জাদুর মতো: ~ words. ~ **eye** (কথ্য) স্বয়ংক্রিয় ইলেকট্রনিক দ্রব্যের ক্ষেত্রে ব্যবহৃত। **magi·cal** [–কল্] *adj* জাদু–সম্পর্কিত; জাদুর মতো; (কথ্য) চমৎকার। **magi·cally** [–কলি] *adv* **ma·gician** [মাˈজিশন্] *n* জাদুকর।

magis·terial [ম্যাজিস্‌টিআরিআল্] *adj* ম্যাজিস্ট্রেট–সম্পর্কিত; ম্যাজিস্ট্রেটের ক্ষমতা সম্পর্কিত। ~**ly** [–ইআলি] *adv*

magis·trate [ম্যাজিস্‌ট্রেইট্] *n* ম্যাজিস্ট্রেট; নিম্ন আদালতের বিচারক। **magis·tracy** [ম্যাজিস্‌ট্রাসি] *n* (*pl*-cies) ম্যাজিস্ট্রেটের পদ। **the magis·tracy** শাসকবর্গ।

mag·nani·mous [ম্যাগ্‌ন্যানিমাস্] *adj* মহানুভব। ~·**ly** *adj.* **mag·na·nim·ity** [ˌম্যাগনাˈনিমাটি] *n* [U] মহানুভবতা। [C] (*pl* –ties)

mag·nate [ˈম্যাগনেইট্] *n* বড়ো ব্যবসায়ী অথবা শিল্পপতি; বিত্ত–বৈভবশালী ব্যক্তি।

mag·nesia [ম্যাগ্‌নীশা] *n* [U] ম্যাগনেশিয়া; রাসায়নিক পাউডারবিশেষ।

mag·nesium [ম্যাগ্ ˈনীজ়িআম্] *n* [U] (রস.) ম্যাগনেশিয়াম (প্রতীক Mg); এলুমিনিয়াম এবং অন্যান্য পাত তৈরিতে ব্যবহৃত রুপার মতো সাদা ধাতুবিশেষ।

mag·net [ˈম্যাগনিট্] *n* [C] ১ চুম্বক। ২ (লাক্ষ.) আকর্ষণীয় ব্যক্তিত্বের অধিকারী। ~·**ic** [ম্যাগˈনেটিক্] *adj* ১ চুম্বকের গুণসম্পন্ন; আকর্ষণ করতে পারে এমন। ~**ic tape** রেকর্ডিং–এ ব্যবহৃত ফিতাবিশেষ। ২ চুম্বকত্ব সম্পর্কিত। **mag·neti·cally** [–কলি] *adj*

mag·net·ism [ম্যাগ্‌নিটিজ়াম্] *n* [U] চুম্বকত্ব; চুম্বক–বিদ্যা; (লাক্ষ.) ব্যক্তিগত মাধুর্য ও আকর্ষণ।

mag·net·ize [ম্যাগ্‌নিটাইজ়্] *vt* চুম্বকায়িত করা; (লাক্ষ.) ব্যক্তিগত মাধুর্য; বিদ্যা–বুদ্ধি দিয়ে চুম্বকের মতো আকর্ষণ করা।

mag·neto [ম্যাগ্‌নীটৌ] *n* (*pl* ~s [–টৌজ়্] ইনজিনের অগ্নি–সংযোগ পদ্ধতিতে স্ফুলিঙ্গ সৃষ্টিকারী বৈদ্যুতিক যন্ত্রবিশেষ।

Mag·nif·icat [ম্যাগ্‌নিফি ক্যাট্] *n* কুমারী মেরির গানবিশেষ।

mag·nifi·cent [ম্যাগ্‌নিফিস্‌ন্ট্] *adj* জাঁক–জমক–পূর্ণ; উল্লেখযোগ্য; চমকপ্রদ। ~·**ly** *adj* **mag·nifi·cence** [–সন্‌স্] *n* (*vt*) চমৎকারিত্ব।

mag·nify [ম্যাগ্‌নিফাই] *vt* (*pt, pp* -fied) ১ বড়ো করে দেখানো (যেমন লেন্স অথবা অণুবীক্ষণ যন্ত্রের সাহায্যে)। ২ অতিরঞ্জিত করা। ৩ (স্রষ্টার) প্রশংসা করা। **mag·ni·fier** [–ফ়াআ(র্)] *n* বিবর্ধক যন্ত্র। **mag·ni·fi·ca·tion** [ম্যাগ্‌নিফিˈকেইশ্‌ন্] *n* (বিশেষভাবে) বিবর্ধন, যেমন, লেন্স অথবা বাইনোকুলারের শক্তি।

mag·nil·oquent [ম্যাগ্'নিলকোআন্ট্] *adj* (শব্দ, বক্তৃতার ক্ষেত্রে) বাগাড়ম্বরপূর্ণ; (ব্যক্তির ক্ষেত্রে) বড়ো বড়ো কথা বলে এরকম। **~·ly** *adv*. **mag·nil·oquence** [-আন্‌স্] *n* বাগাড়ম্বর।

mag·ni·tude [ম্যাগনিটিয়ুড় US –টুড়] *n* [U] বিস্তার; প্রসার; বিশালত্ব; গুরুত্ব; তারকাদের তুলনামূলক উজ্জ্বলতা।

mag·no·lia [ম্যাগ্'নৌলিআ] *n* ম্যাগ্নোলিয়া; ফুলের গাছবিশেষ।

mag·num ['ম্যাগ্‌নাম্] *n* ১ দেড় সের ওজনের (মদ, স্পিরিটের বোতল)। ২ বড়ো। **magnum opus** [ঔপাস] সাহিত্যিকের প্রধান রচনা–কর্ম।

mag·pie [ম্যাগ্‌পাই] *n* কিচিরমিচির করা সাদা–কালো পাখি; (লাক্ষ.) সারাক্ষণ বকবক করা লোক; (লাক্ষ.) ছিচকে চোর।

Mag·yar [ম্যাগিয়া:(র্)] *n, adj* হাঙ্গেরির বৃহত্তম জনগোষ্ঠী (এর সদস্য, ভাষা)।

Ma·ha·ra·ja(h) [মা:হা'রা:জা] *n* মহারাজা। **Ma·ha·ra·nee** [মা:হা'রা:নী] *n* মহারানী।

Ma·hatma [মা'হ্যাট্‌ম] *n* (ভারতবর্ষে) মহাত্মা।

ma·hog·any [মা'হগানি] *n* মেহগিনি (গাছ ও কাঠ)।

maid [মেইড়] *n* ১ (আক্ষ.) বালিকা। ২ (প্রা.প্র.) অবিবাহিতা তরুণী। **old ~** বিয়ের সম্ভাবনাহীন বয়সী মহিলা। ,**~ of 'honour (ক)** রানীর (অবিবাহিতা) সহচরী। **(খ)** কনের (অবিবাহিতা) প্রধান সখী। ৩ (আধুনিক অর্থে) চাকরানী: ~ servant.

maiden ['মেইড্‌ন্] *n* (আক্ষ.) বালিকা; অবিবাহিতা তরুণী। □*adj* (কেবল attrib) ১ বালিকা অথবা মহিলা সম্পর্কিত। **'~ name** বিবাহ–পূর্ব পারিবারিক নাম। ২ প্রথম অথবা সবচেয়ে আগের: ~ voyage. **~ speech** পার্লামেন্টে নবাগত সদস্যের প্রথম ভাষণ। ৩ **~ (over)** (ক্রিকেট) মেইডেন ওভার; যে ওভারে কোনো রান হয়নি। ৪ (মহিলার ক্ষেত্রে) অবিবাহিতা। ৫ (যৌগশব্দ) **'~·hair** *n* ফার্ন গাছবিশেষ **'~·head** [-হেড্] *n [U]* কুমারীত্ব। **'~·hood** [-হুড়] *n* কুমারীকাল। **'~·like, ~·ly** *adjj* কুমারীসুলভ; ভদ্র; বিনয়ী।

mail[1] [মেইল্] *n* [U] বর্ম। **~ed** *adj* (কেবল) **the ~ed fist** সশস্ত্র বাহিনী (এর দ্বারা আক্রমণের হুমকি)।

mail[2] [মেইল্] *n* ১ [U] ডাক–ব্যবস্থা: air ~.**the ~ coach** (অতীতে) ডাক–ব্যবস্থায় ব্যবহৃত ঘোড়ায় টানা গাড়ি। **'~·bag** *n* মেল–ব্যাগ। **'~·boat** *n* ডাকবহনকারী নৌকা। **'~·box** *n* [US] ডাক–বাক্স। **'~·man** [-ম্যান্] *n* (*pl* –মেন) [US] ডাকপিয়ন; পোস্টম্যান। ,**~ 'order** *n* ডাক–ব্যবস্থার মাধ্যমে মাল সরবরাহের নির্দেশ। **'~·train** *n* ডাক–গাড়ি। ২ [C,U] ডাকযোগে প্রেরিত চিঠিপত্র অথবা পার্সেল। □*vt* প্রধানত US এতে ব্যবহৃত; GBতে 'post' এর প্রচলন বেশি। **send by ~** ডাকযোগে পাঠাও। **'~ing-card** (US) পোস্টকার্ড। **~·ing-list** *n* নিয়মিতভাবে কোনো কিছু (যেমন নতুন বই–এর তালিকা) পাঠাতে হবে এমন লোকদের তালিকা; ডাক–তালিকা।

maim [মেইম্] *vt* আহত করা অথবা পঙ্গু করে দেওয়া।

main[1] [মেইন্] *adj* (attrib; comp বা super নয়) ১ প্রধান; সবচাইতে গুরুত্বপূর্ণ। **have an eye to the ~ chance**, দ্র. chance[1] (৩). ২ সর্বশক্তি দিয়ে। **do sth by ~ force** দেহের সর্বশক্তি দিয়ে। ৩ (যৌগশব্দ) **'~·deck** *n* উপরের ডেক। **'~ frame**, দ্র. computer. **'~·land** [-ল্যান্ড়] *n* মূল ভূ–খণ্ড (দ্বীপাঞ্চল ছাড়া)। **'~·mast** *n* জহাজের প্রধান মাস্তল। **'~·spring** *n* **(ক)** ঘড়ির প্রধান স্প্রিং। **(খ)** (লাক্ষ.) প্রধান প্রেরণা; মূল শক্তি। **'~·stay** [-স্টেই] *n* জাহাজের রশিবিশেষ; (লাক্ষ.) প্রধান অবলম্বন। **'~·stream** *n* ১ প্রধান ধারা। ২ প্রচলিত এবং আধুনিকের মাঝামাঝি জাজ সঙ্গীতের স্টাইল। **~·ly** *adv* প্রধানত।

main[2] [মেইন্] *n* ১ [C] (প্রায়শ **the ~s**) গ্যাস, পানি, বিদ্যুৎ–এর মূল লাইন থেকে বিল্ডিং–এর সাথে সংযোগকারী প্রধান পাইপ। **'~s set** বিদ্যুতে চালিত হবে এমন রেডিও–সেট। ২ **in the ~** মোটের উপর; প্রধানত। ৩ **with might and ~** সর্বশক্তি প্রয়োগ করে। ৪ (কাব্যে) সমুদ্র; সমুদ্রের প্রসারতা। ৫ **the Spanish M~** স্পেনদেশীয় প্রাচীন নাবিকগণ কর্তৃক প্রথম ভ্রমণকৃত আমেরিকার উপকূলীয় ও ক্যারিবিয়ান–সাগর সংলগ্ন এলাকা।

main·tain [মেইন্'টেইন্] *vt* ১ বজায় রাখা; অক্ষুণ্ন রাখা; চালিয়ে যাওয়া: ~ relation. **~ an open mind on sth** পরমতসহিষ্ণুতা বজায় রাখা। ২ ভরণপোষণ করা। ৩ সত্যে অটল থাকা। ৪ রক্ষণাবেক্ষণ করা: ~ the buildings. ৫ পক্ষ সমর্থন করা। **~·able** [-অব্‌ল্] *adj* আইনের আশ্রয় নেওয়া যায় এমন।

main·ten·ance ['মেইন্‌টানান্‌স্] [U] রক্ষণাবেক্ষণ; ভরণ–পোষণ। **'~ order** *n* (আইন.) অন্যের পক্ষ সমর্থনের জন্য কোর্ট–কর্তৃক কাউকে অধিকার প্রদানের নির্দেশ। **'~ men/gang** *n* রাস্তাঘাট রক্ষণাবেক্ষণকারী কর্মীবৃন্দ। ,**retail price '~** খুচরা মূল্য–মান অক্ষুণ্ন রাখার প্রচেষ্টা।

mai·son·nette [,মেইজ়া'নেট্] *n* ছোট বাড়িবিশেষ; দোতলা ফ্ল্যাটবাড়ি।

maize [মেইজ্] *n* [U] ভুট্টা।

ma·jes·tic [মা'জেস্‌টিক্] *adj* রাজকীয়। **ma·jes·ti·cally** [-ক্‌লি] *adv* রাজকীয়ভাবে।

maj·esty [ম্যাজাস্‌টি] *n* (*pl* -ties) ১ [U] রাজা–রানীর মতো চেহারা; আচরণ ও কথাবার্তা; রাজকীয় ক্ষমতা। ২ **His/Her/Your M~; Their/Your Majesties** রাজা–রানীকে সম্বোধনসূচক শব্দ; রাজা–রানীর প্রসঙ্গে ব্যবহৃত শব্দ।

ma·jor[1] [মেইজার্] *adj* ১ (minor-এর বিপরীত) সংখ্যায় অধিকতর; পরিমাণে বেশি; আয়তনে বড়ো; অধিক গুরুত্বপূর্ণ ইত্যাদি। **~ premise**, দ্র. premise. **~ scale** *n* (সঙ্গীত) 'কি–নোট' এবং 'থার্ড–নোটে'র মধ্যবর্তী দুটি পূর্ণ–স্বরবিশিষ্ট স্কেল। **~ suit** *n* (তাস খেলায়) 'স্পেড' অথবা 'হার্টজ'। ২ (নামের পরে ব্যবহৃত) বয়সে বড়ো অথবা একই নামের দুই ব্যক্তির প্রথম ব্যক্তি: John ~. □*vi* **~ in sth** কলেজ–বিশ্ববিদ্যালয়ে (কোনো বিষয়) বিশেষভাবে অধ্যয়ন করা: He ~ed in Linguistics. □*n* বিশেষভাবে অধীত বিষয়।

ma·jor[2] [মেইজা(র্)] *n* মেজর। ,**~-'general** *n* মেজর–জেনারেল।

ma·jor-domo [,মেইজা 'ডৌমৌ] *n* (*pl* ~s [-মৌজ্]) প্রধান পরিচারক; (অতীতে) ইতালির রাজপুত্রের প্রধান সেবক।

ma·jor·ity [মা'জরাটি US -।জো°র-] *n* (*pl* -ties) ১ (*sing* বা *pl v* সহ) **a/the ~ (of)** সংখ্যাগরিষ্ঠ। ২ [C] সংখ্যাগরিষ্ঠ ভোট: He was elected by a ~. **be in**

the /a ~ সংখ্যাগরিষ্ঠতা লাভ। **a ~ verdict** সংখ্যাগরিষ্ঠের রায়। ৩ **one's ~** বয়োপ্রাপ্তি; সাবালকত্ব।

make[1] [মেইক্] *vt,vi* (*pt,pp* made) [মেইড্] ১ **~ sth from/(out) of sth; ~ sth into sth** তৈয়ার/তৈরি, নির্মাণ অথবা উৎপাদন করা; অন্য কোনো দ্রব্য থেকে আকার দেওয়া; প্রবর্তন করা: ~ chairs; ~ (= manu-facture) watch; He made (= prepared) tea for me. Oil is made from cocoanut. **show sb let sb see what one is made of** কাউকে নিজের গুণাবলী, ক্ষমতা, দক্ষতা ইত্যাদি দেখানো। **be as clever etc as they ~ 'em** সুচতুর হওয়া। ২ ভেঙে; সরিয়ে আবির্ভূত হওয়া। **~ hole/dent in one's savings/ reserves/ finances etc** যথেষ্ট পরিমাণে কমিয়ে দেওয়া। ৩ কার্যকর করা; স্থাপন করা: The rules were made to stop theft. ৪ খসড়া করা; রচনা করা। ৫ খাওয়া; আহার করা: He made quick dinner. ৬ কারণে পরিণত হওয়া: He wanted to ~ trouble. ৭ (কেবল passive) অভিপ্রায়ে সৃষ্ট; উদ্দেশ্যে তৈরি। ৮ হওয়া অথবা কারণ হওয়া; করা। **~ oneself useful** সংসারে সাহায্যের জন্য কিছু করা: He wanted to ~ himself useful to his family. **~ it worth sb's while (to do sth)** যোগ্য প্রমাণিত করা; ঋণ শোধ করা অথবা পুরস্কৃত করা: If you'll help me with this job, I'll ~ it worth your while. **~ sth good,** দ্র. good[1] (২০). ৯ উপার্জন করা; জয় করা; লাভ করা; অর্জন করা. **~ a pile/packet** (কথ্য) প্রচুর অর্থ অর্জন করা। **~ one's living (as/at/by/from)** জীবিকার্জন করা: He ~s his living by teaching. ১০ (তাস খেলায় বিচিত্র ব্যবহার) (ক) জয় করা; সুবিধাজনক অবস্থানে থাকা; (খ) শাফল করা: We will ~ the pack. ১১ (ক্রিকেটে) স্কোর করা; রান করা; পয়েন্ট লাভ করা: I will try to ~ a century. ১২ (জোয়ার-ভাঁটার ক্ষেত্রে) জোয়ার-ভাঁটা আসা/পড়া। ১৩ **~ or break/mar** সাফল্য অর্জন করা অথবা ধ্বংস হয়ে যাওয়া। **a made man** সাফল্য সম্পর্কে আশ্বস্ত ব্যক্তি। ১৪ বাধ্য করা; বল-প্রয়োগ করা; কারো হাতে কিছু করানো। **~ one's 'blood boil; ~ one's 'hair stand on end** আহত করা অথব ভীত করা। **~ (sth) do; ~ do with sth** কোনো রকমে চালিয়ে যাওয়া। **~ do and mend** কোনো কিছু না কিনে পুরনো জিনিস মেরামত করে চালিয়ে দাও। **~ sth go round** (সীমিত পরিমাণ কোনো কিছু দিয়ে) চালিয়ে নাও। **~ believe** (**that .../to be...**) ভান করা। **'~-believe** *n* [U] ভান। ১৫ চরিত্র রূপায়ণ করা; পরিণত করা: He will ~ Macbeth in the film. ১৬ প্রাক্কলন করা; হিসাব করা। ১৭ সমান হওয়া; যোগফল হওয়া: 3 feet ~ one yard. **~ (good/not much) sense** অর্থপূর্ণ হওয়া/না-হওয়া। **one swallow doesn't ~ a summer,** দ্র. swallow[1]. ১৮ (তালিকাভুক্ত) হওয়া। ১৯ পরিণত হওয়া; যোগ্য বিবেচিত হওয়া: He will ~ a good player. ২০ (কথ্য ব্যবহার) ভ্রমণ করা, দূরত্ব অতিক্রম করা; পৌঁছা; (গতি) অক্ষুণ্ণ রাখা। ২১ নির্বাচিত করা; নিয়োগ করা; মনোনীত করা; পদমর্যাদায় আসীন করা: He was made the chairman of the organisation. ২২ প্রস্তাব দেওয়া। ২৩ **~ sth of sb/sth; ~ sth/sb sth** কাউকে কিছুতে পরিণত করতে চাওয়া; কোনো কিছুকে অন্য কিছুতে পরিণত করা: He wanted to ~ him an actor. ২৪ কোনো কিছু করতে যাচ্ছে এমন আচরণ করা। ২৫ **~ allowance (s) (for),** দ্র. allowance (৩). **~ (an) application to sb (for sth)** দরখাস্ত করা। **~ arrangement for** ব্যবস্থা করা। **~ a decision** সিদ্ধান্ত গ্রহণ করা। **~ a guess (at)** অনুমান করা। **~ an impression (on)** প্রভাবিত করা; গভীর ছাপ ফেলা। **~ a request (to sb) (for sth)** অনুরোধ জানানো। **~ a success of sth** সফলতা লাভ করা। ২৬ (বিশেষ অর্থে বহুসংখ্যক *nn* এর সাথে ব্যবহৃত): ~ an appointment; ~ an attempt. ২৭ (বিশেষ অর্থে *adjj* এর সাথে ব্যবহৃত): ~ so bold; ~ sth fast. ২৮ নির্দেশ করা; সূচিত করা। **~ against** বিরুদ্ধে যাওয়া। ২৯ (যৌগশব্দে) **'~-believe** *n* দ্র. উপরের ১৪। **'~-shift** *n* অস্থায়ী ব্যবস্থা রূপে ভালো কিছু না পেয়ে সাধারণ কিছু ব্যবহার করা। **'~-up** *n* (দ্র. ~-up নীচের ৩০) (ক) মেকআপ; ছাপাখানার বিন্যাস; (খ) চরিত্র; মেজাজ; (গ) প্রসাধন সামগ্রী; প্রসাধন; (ঘ) মুখে ব্যবহারের প্রসাধন। **'~-weight** *n* প্রয়োজনীয় ওজন লাভের জন্য সংযোজিত দ্রব্যের সামান্য পরিমাণ; (লাক্ষ.) সাময়িকভাবে শূন্যস্থান পূরণের জন্য নিয়োজিত সামান্য ব্যক্তি। ৩০ (*adv. part* এবং *preps*-সহ ব্যবহার): **~ after sb** (আনুষ্ঠা.) লেগে থাকা; পিছু লাগা: If you want to win her you should ~ after her. **~ at sb** তেড়ে আসা। **~ away with oneself** আত্মহত্যা করা। **~ away with sth** ধ্বংস করা অথবা চুরি করা। **~ for sb/sth** (ক) অভিমুখে অগ্রসর হওয়া; (খ) ভিড় করা; (গ) অবদান রাখা। **~ sth/sb into sth** রূপান্তরিত করা। **~ sth of sb/sth** বুঝতে পারা; ব্যাখ্যা করা। **~ off** দ্রুত কেটে পড়া। **~ off with sth** চুরি করে কেটে পড়া। **~ sth out** (ক) লিখে ফেলা; শেষ করা; (খ) কোনো রকমে দেখতে/পড়তে পারা। **~ out that.../~ sb out to be** দাবি করা। **~ sb out** কারো স্বভাব বুঝতে পারা। **~ it out; ~ (it) out if/whether** বুঝতে পারা। **~ out (with sb)** অগ্রগতি সাধন করা; সম্পর্ক চালিয়ে যাওয়া। **~ out a case for/against/that...** পক্ষে/বিপক্ষে যুক্তি প্রদর্শন করা। **~ sth/sb over** (ক) পরিবর্তন করা; বদলানো; (খ) মালিকানা হস্তান্তর করা। **~ sth up** (ক) পূরণ করা; (খ) সরবরাহ করা; ক্ষতিপূরণ করা; (গ) আবিষ্কার করা; (প্রতারণার উদ্দেশ্যে) বানিয়ে বলা; (ঘ) ছাপার টাইপ, ছবি, কলাম ইত্যাদি বিন্যস্ত করা; মেকআপ করা; (ঙ) গঠন করা; রচিত হওয়া; (চ) বিভিন্ন উপাদান (যেমন ঔষধের) মিশিয়ে তৈরি করা; (ছ) জড়ো করা; (জ) (কাপড়) জামায় পরিণত করা; (ঝ) জ্বালানি ভরা। **~ sb/oneself up** শিল্পীদের 'মেকআপ' দেওয়া। **~-up** *n* প্রসাধন। **~ up one's/sb's mind** মনঃস্থির করা। **~ up for sth** (গুণের) অভাব পূরণ করা। **~ up for lost time** দেরিতে শুরুর কারণে কঠোর পরিশ্রম করা। **~ up to sb for sth** প্রায়শ্চিত্ত করা; পুষিয়ে দেওয়ার চেষ্টা করা। **~ up to sb** অনুগ্রহ লাভের উদ্দেশ্যে কারো কাছে নিজেকে সুন্দরভাবে উপস্থাপিত করা। **~ it up to sb** পুষিয়ে দেওয়া; ক্ষতিপূরণ করা। **~ it up (with sb)** ঝগড়া অথবা ভুল বোঝাবুঝির অবসান করা।

make[2] [মেইক] *n* [C, U] ১ নির্মাণ পদ্ধতি। **on the ~** (অপ.) লাভের চিন্তায় রত। ২ (বিদ্যুৎ) বিদ্যুৎ-বর্তনীর নির্মাণ সমাপ্তি।

maker [মেইক(র্)] *n* ১ **the/our M~** স্রষ্টা; প্রভু। ২ (যৌগশব্দে) নির্মাতা: 'dress ~.

mak·ing [মেইকিং] *n* ১ **be the ~ of** পূর্ণ বিকাশের কারণ হওয়া। ২ **have the ~s of** কোনো কিছুর উপযুক্ততা অর্জনের জন্য প্রয়োজনীয় গুণসম্পন্ন হওয়া।

mala·chite [ম্যালাকাইট্] *n* [U] অলঙ্কারে ব্যবহৃত সবুজ পাথরবিশেষ।

mal·adjusted [ম্যালা'জাস্‌টিড্] *adj* বনিবনাহীন; (ব্যক্তির ক্ষেত্রে) পরিবেশের সাথে খাপ খাওয়াতে ব্যর্থ। **mal·adjust·ment** *n* [U] বনিবনাহীনতা; সমন্বয়হীনতা।

mal·ad·min·is·tra·tion [ম্যাল্ আ্যাড্‌মিনিস্'ট্রেইশন্] *n* [U] প্রশাসনিক ব্যর্থতা; দুঃশাসন।

mal·adroit [ম্যাল্‌আ্যাডরইট্] *adj* অনিপুণ; কৌশলী নয় এমন। **~·ly** *adv.* **~·ness** *n* নৈপুণ্যহীনতা।

mal·ady [ম্যালাডি] *n* (*pl* -dies) [C] রোগ; অসুস্থতা।

mal·aise [ম্যা'লেইজ়্(জ়্)] *n* [U, C] অসুস্থতা–বোধ; (লাক্ষ.) অসুস্থতা; অস্থিরতা।

mala·prop·ism [ম্যালাপ্রপিজ়াম্] *n* [C] শব্দের হাস্যকর অপব্যবহার; প্রায় সমধ্বনি কিন্তু ভিন্ন অর্থবহ শব্দের ব্যবহার–জনিত বিভ্রাট।

ma·laria [মা'লেআরিআ] *n* [U] ম্যালেরিয়া জ্বর। **ma·lar·ial** [ইআল্] *adj* ম্যালেরিয়া–সংক্রান্ত; ম্যালেরিয়া আক্রান্ত।

Ma·lay [ম'লেই] *adj, n* মালয়ের লোক অথবা ভাষা সংক্রান্ত।

mal·con·tent [ম্যাল্‌কানটেন্‌ট্] *adj,n* [C] অসন্তুষ্ট।

male [মেইল্] *adj* ১ পুরুষ জাতীয়; পুরুষ–সংক্রান্ত: a ~ partner. ২ (হাতিয়ার সম্পর্কিত) সকেটে লাগাবার জন্য নির্মিত। □*n* পুরুষ ব্যক্তি অথবা প্রাণী।

mal·edic·tion [ম্যালি'ডিকশন্] *n* [C] অভিশাপ; অভিশাপ–প্রদান।

mal·efac·tor [ম্যালিফ্যাক্‌টা(র্)] *n* অপরাধী; মন্দ কাজে নিয়োজিত ব্যক্তি।

ma·levo·lent [মা'লেভালন্‌ট্] *adj* পরের অমঙ্গলকামনাকারী; পরশ্রীকাতর। **~·ly** *adv.* **ma·levo·lence** [–অন্‌স্] *n* [U] অমঙ্গল–কামনা; পরশ্রীকাতরতা।

mal·for·ma·tion [ম্যালফো'মেইশন্] *n* [U] ত্রুটিপূর্ণ গঠন; বিকলাঙ্গতা; [C] ত্রুটিপূর্ণভাবে গঠিত অংশ। **mal·formed** [ম্যাল'ফো'ম্‌ড্] *adj* ত্রুটিপূর্ণভাবে গঠিত; কুগঠিত; বিকলাঙ্গ।

mal·func·tion [ম্যাল'ফাঙ্কশন্] *vi* স্বাভাবিকভাবে বা সন্তোষজনকভাবে কাজ করতে না পারা। □ *n* [C, U] স্বাভাবিকভাবে কাজ করবার ব্যাপারে ব্যর্থতা।

mal·ice [ম্যালিস্] *n* [U] (অপরের) অশুভ কামনা; অন্যের ক্ষতিসাধনের ইচ্ছা; বিদ্বেষ: bear sb no ~; with ~ towards none. **(with) ~ afore thought** (আইন.) ক্ষতিসাধনের বা অপকার করার ইচ্ছা(সহ)। **ma·licious** [মালিশাস্] *adj* বিদ্বেষপরায়ণ; বিদ্বেষপূর্ণ। **ma·licious·ly** *adv.*

ma·lign [ম'লাইন্] *adj* (বস্তু সম্পর্কে) ক্ষতিকর; অপকারী; (রোগ সম্পর্কে) মারাত্মক। □*vt* (কারও সম্পর্কে) মন্দ বলা; কলঙ্ক বা কুৎসা রটানো।

ma·lig·nant [মা'লিগ্‌নান্‌ট্] *adj* ১ (ব্যক্তি বা ব্যক্তির আচরণ সম্পর্কে) অপকারী; ক্ষতিকর: ~ fairies; ~ steps. ২ (রোগ সম্পর্কে) মারাত্মক; অতি প্রবল। **~·ly** *adv.* **ma·lig·nancy** [–নান্‌সি] *n* চরম অপকারিতা; চরম ক্ষতিকর অবস্থা; মারাত্মক অবস্থা।

ma·lig·nity [মা'লিগ্‌নাটি] *n* (*pl* -ties) ১ [U] গভীর বিদ্বেষ; [C] বিদ্বেষাত্মক কাজ, আচরণ ইত্যাদি। ২ (রোগ সম্পর্কে) মারাত্মক প্রকৃতি বা বৈশিষ্ট্য।

ma·linger [মা'লিঙ্গা(র্)] *vi* কর্তব্য এড়ানোর উদ্দেশ্যে অসুস্থতার ভান করা। **~er** *n* যে ব্যক্তি এইরূপ করে।

mall [মো°ল্] *n* ১ গাছপালাঢাকা পথবিশিষ্ট ভ্রমণস্থান; মল (ঢাকা বিশ্ববিদ্যালয় 'মল')। ২ (US) বিপণিকেন্দ্র।

mal·lard [ম্যালা:ড্ US 'ম্যালারড্] *n* এক প্রকার বুনো হাঁস।

mal·leable ['ম্যালিআবল্] *adj* ১ (ধাতু সম্পর্কে) হাতুড়ি দ্বারা পিটিয়ে বা চাপ প্রয়োগ করে নতুন আকার দেওয়া যায় এমন। ২ (লাক্ষ.) (ব্যক্তিচরিত্র সম্পর্কে) যে কোনো অবস্থার সঙ্গে নিজেকে মানিয়ে নিতে পারে এমন; নমনীয়। **mal·lea·bil·ity** [ম্যালিআ'বিলাটি] *n* নমনীয়তা।

mal·let [ম্যালিট্] *n* ১ কাঠের ছোট হাতুড়ি। ২ ক্রোকে বা পোলো–বল মারার জন্য হাতুড়ির ন্যায় লম্বা লাঠি।

mal·low [ম্যালৌ] *n* লোমশ কাণ্ড ও পাতা এবং গোলাপি, বেগুনি বা সাদা ফুলবিশিষ্ট বন্য গাছবিশেষ; এই ধরনের গাছের বাগান।

malm·sey [মা:মজ়ি] *n* [U] গ্রিস, স্পেন প্রভৃতি দেশের সুমিষ্ট সুরাবিশেষ।

mal·nu·tri·tion [ম্যালনিউ'ট্রিশন্ US –নূ–] *n* [U] অপুষ্টি; পুষ্টিহীনতা; ত্রুটিপূর্ণ পুষ্টি।

mal·odor·ous [ম্যাল'ঔডারাস্] *adj* (আনুষ্ঠা.) দুর্গন্ধ; দুর্গন্ধযুক্ত।

mal·practice [ম্যাল্'প্র্যাকটিস্] *n* (আইন.) [U] অসৎ বৃত্তি; অপকর্ম; কর্তব্যে অবহেলা; [C] অসদাচারণমূলক কাজ।

malt [মোলট্] *n* [U] মদ্যাদি চোলাই–এর জন্য যবাদি শস্যের মণ্ড; সীরা; (attrib) সীরাজাত: ~ liquor, সীরাজাত সুরা। □*vt,vi* ১ সীরায় পরিণত করা বা হওয়া। ২ সীরা সহযোগে প্রস্তুত করা।

Mal·tese [মোলটীজ়্] *adj,n* (*pl* অপরিবর্তনীয়) মালটা দ্বীপের অধিবাসী/ভাষা ইত্যাদি।

Mal·thu·sian [ম্যাল্'থিউজ়িআন্ US –থূজ়ন্] *adj* জন্মনিয়ন্ত্রণ নীতির উদ্‌গাতা ম্যালথাসের মতানুসারী; ম্যালথাসীয়।

mal·treat [ম্যাল্'ট্রীট্] *vt* (কারও প্রতি) দুর্ব্যবহার করা; নির্দয় আচরণ করা। **~·ment** *n* [U] দুর্ব্যবহার; নির্দয় আচরণ।

mamba [ম্যাম্‌বা] *n* আফ্রিকার কালো বা সবুজ বর্ণের বিষধর সাপবিশেষ।

mam(m)a [মা'মা: US 'মা:মা] *n* মা।

mam·mal [ম্যাম্‌ল্] *n* স্তন্যপায়ী প্রাণী। **~·ian**[ম্যা'মেইলিআন্] *adj*

mam·mon [ম্যামান্] *n* [U] ধনসম্পদ (কুপ্রভাব হিসাবে গণ্য)। **M~** অর্থলিপ্সার দেবতা।

mam·moth [ম্যামাথ্] *n* অধুনালুপ্ত লোমশ হস্তী–বিশেষ; (attrib) প্রকাণ্ড; বিশাল: a ~ gathering.

mammy [ম্যামি] *n* (*pl*-mies) ১ মা (শিশুর ডাক)। ২ (US) (প্রা.প্র. বর্তমানে তুচ্ছার্থে) শ্বেতাঙ্গ ছেলেমেয়েদের নিগ্রো পরিচারিকা।

man[1] [ম্যান্] *n* (*pl* -men) ১ পুরুষমানুষ বা পুরুষজাতি; নর। **(one's) man of business** প্রতিনিধি বা এটর্নি। **a man of letters** বিদ্বান বা পণ্ডিত ব্যক্তি; সাহিত্যিক। **a man about town** শহুরে বাবু (যে লোক পার্টি, ক্লাব ইত্যাদিতে আড্ডা দিয়ে এবং সিনেমা-থিয়েটার দেখে সময় কাটায়)। **a man of the world** ব্যবসাদিতে ব্যাপক অভিজ্ঞতাসম্পন্ন ব্যক্তি; বিষয়ী লোক। **man and boy** ছেলেবেলা থেকে বাল্যাবধি। ২ মানুষ; লোক: all men of the village. **be one's own man** ইচ্ছামতো কাজ করতে পারা। **every man for himself (and devil take the hind most)** সবার সাথে নিজের নিরাপত্তা (চাচা আপন প্রাণ বাঁচা)। **the man in the street** সাধারণ লোক। **to a man to the last man** নির্বিশেষে সবাই: In the battle they were killed to the last man. ৩ (কেবল *sing*, article নয়) মানবজাতি: Man is mortal. ৪ স্বামী; পতি: man and wife. ৫ শ্রমিক; কর্মচারী; চাকর; অনুচর: masters and men; officers and men. ৬ দাবা জাতীয় খেলার ঘুঁটি। ৭ পৌরুষপূর্ণ ব্যক্তি: talk like a man. ৮ (সম্বোধনে) বাপু; ভায়া: Hurry up, man ! ৯ উদ্দিষ্ট ব্যক্তি: If you are looking for a good consultant, here's your man. ˌ**man-at-ˈarms** *n* (সাধারণত মধ্যযুগের ভারী অস্ত্রবাহী অশ্বারোহী) সৈনিক। ˈ**man-eater** *n* মানুষ-খেকো (বাঘ, হাঙ্গর প্রভৃতি); নরভুক। ˈ**man·handle** *vt* মানুষের দৈহিক শক্তির দ্বারা চালনা করা; অদক্ষভাবে ব্যবহার করা; রুক্ষ বা খারাপ আচরণ করা: The officer was manhandled by the mob. ˈ**man·hole** *n* পয়ঃপ্রণালী, বয়লার; বয়লার-ট্যাংক ইত্যাদিতে মানুষ নামার উপযোগী মুখ বা প্রবেশদ্বার; ম্যানহোল। **man-hour** *n* একজন লোক একঘণ্টায় যতোটা কাজ করতে পারে; জনঘণ্টা। ˌ**man-of-ˈwar** (প্রা.প্র.) *n* রণতরী; নৌবাহিনীর যুদ্ধাস্ত্রবাহী জাহাজ; মানোয়ার। ˈ**man·power** *n* জনশক্তি; কোনো কাজের জন্য লভ্য লোকের সংখ্যা। ˈ**man·servant** *n* পুরষভৃত্য; পরিচারক। ˈ**man-sized** *adj* মানুষের আকারের; খুব বড়ো আকারের: a man-sized cake. ˈ**man·slaughter** *n* [U] নরহত্যা। ˈ**man·trap** *n* অনধিকারপ্রবেশকারীকে ধরার ফাঁদ; নরফাঁদ।

man[2] [ম্যান্] *vt* (-nn-) কোনো কাজে বা প্রতিরক্ষায় লোক নিয়োগ বা সরবরাহ করা: to man a warship.

man·acle [ম্যানাক্ল্] *n* (সাধা. *pl*) হাত বা পায়ের শিকল; হাতকড়ি। □*vt* হাতকড়ি বা শিকল পরানো; (লাক্ষ.) বাধা দেওয়া।

man·age [ম্যানিজ] *vt,vi* ১ নিয়ন্ত্রণ করা; বশে আনা: ~ a horse; ~ a naughty boy; কর্তৃত্ব করা: a managing woman. ২ ব্যবস্থা করা; চালিয়ে নেওয়া; (কোনো অবস্থা) সামলাতে পারা; সুযোগাদির সদ্ব্যবহার করা। ৩ (কথ্য) ('can' 'be able' ইত্যাদি সহযোগে) সদ্ব্যবহার করা; খাওয়া: He was able to ~ the full plate of rice. **~·able** [-অব্ল্] *adj* নিয়ন্ত্রণসাধ্য; ব্যবস্থা করা যায় এমন। **~·abil·ity** [ম্যানিজাবিলটি] *n* ব্যবস্থাপনা। **managing director** ব্যবস্থাপনা পরিচালক।

man·age·ment [ম্যানিজ্‌মন্ট্] *n* ১ ব্যবস্থাপনা। ২ ব্যবস্থাপনা-কর্তৃপক্ষ; পরিচালকবর্গ: agreement between the ~ and the employees.

man·ager [ম্যানিজা(র্)] *n* ব্যবস্থাপক; ব্যাসাদির কর্মাধ্যক্ষ বা নিয়ন্ত্রণকারী। **~·ess** [ম্যানিজা'রেস্] *n* ব্যবস্থাপিকা।

mana·gerial [ম্যানি'জারিঅল্] *adj* ব্যবস্থাপনা সংক্রান্ত; ব্যবস্থাপক সম্পর্কিত; ব্যবস্থাপক: ~ class.

mana·tee [ম্যানাটী] *n* বৃহদাকার শুশুকবিশেষ। দ্র. dugong.

man·da·mus [ম্যানডেইমাস্] *n* উচ্চ আদালত কর্তৃক নিম্ন আদালতের উপর জারি করা হুকুমনামা।

man·da·rin [ম্যানডরিন্] *n* ১ (প্রা.প্র.) উচ্চপদস্থ চীনা সরকারি আখ্যা। ২ আদর্শ বা সর্বজনীন কথ্য চীনাভাষা। ৩ (attrib) যে ব্যক্তির আচরণ ও ভাষা কৃত্রিম ও দুর্বোধ্য: the ~ prose of some civil servants. ৪ **~ duck** উজ্জ্বল বর্ণের পালকবিশিষ্ট ছোট চীনা হাঁসবিশেষ। ৫ **~ (orange)** পাতলা খোসাবিশিষ্ট ক্ষুদ্রাকৃতি সুমিষ্ট কমলালেবু।

man·date [ম্যান্‌ডেইট্] *n* [C] ১ উর্ধ্বতন কর্তৃপক্ষের নির্দেশ বা হুকুম। ২ (ইতি.) প্রথম মহাযুদ্ধের পর (অন্যদেশের) অঞ্চলবিশেষ শাসনের ব্যাপারে লীগ অব নেশন্‌স্ কর্তৃক ক্ষমতাপ্রাপ্ত কর্তৃপক্ষ। ৩ ভোটদাতাবৃন্দ বা ট্রেড ইউনিয়নের সদস্যবৃন্দ কর্তৃক নির্বাচিত প্রতিনিধিকে প্রদত্ত ক্ষমতা; ম্যান্ডেট। □*vt* অঞ্চলবিশেষকে লীগ অব নেশন্‌সের ক্ষমতাপ্রাপ্ত কর্তৃপক্ষের নিয়ন্ত্রণে অর্পণ করা: the ~d territories. **man·da·tory** [ম্যান্‌ডটরি US -টরি] *adj* আদেশব্যঞ্জক; কর্তৃত্বব্যঞ্জক; বাধ্যতামূলক। □*n* (অপিচ -tary) কর্তৃত্বপ্রাপ্ত ব্যক্তি বা রাষ্ট্র।

man·dible [ম্যানডিব্‌ল্] *n* ১ চোয়াল; বিশেষত স্তন্যপায়ী প্রাণী এবং মাছের নিম্নচোয়াল। ২ পাখির ঠোঁট। ৩ (কীটের) কামড়ানোর জন্য ব্যবহৃত উপরের চোয়ালদ্বয়ের যে কোনো অর্ধাংশ।

man·do·lin [ম্যান্‌ডলিন্] *n* ম্যানডোলিন; ৬ বা ৮ তারের গোলাকৃতি বাদ্যযন্ত্রবিশেষ।

man·drag·ora [ম্যান'ড্রাগারা] *n* [U] আলুজাতীয় নিদ্রাকর্ষক বিষাক্ত উদ্ভিদবিশেষ।

man·drake [ম্যানড্রেইক্] *n* = mandragora.

man·drill [ম্যান্‌ড্রিল্] *n* পশ্চিম আফ্রিকার বৃহদাকার বেবুনবিশেষ।

mane [মেইন্] *n* [C] সিংহ, ঘোড়া প্রভৃতির ঘাড়ের উপর লম্বা চুল বা কেশর; (কথ্য) মানুষের মাথার ঘন চুল।

ma·neu·ver [ম নূভা(র্)] *n, vt* manoeuvre-এর আমেরিকান বানান।

man·ful [ম্যান্‌ফ্‌ল্] *adj* সাহসী; দৃঢ়সংকল্প। **~ly** [-ফলি] *adv*

man·ga·nese [ম্যাঙ্গনীজ্] *n* [U] (রস.) ম্যাঙ্গানিজ (শক্ত, ভঙ্গুর, হালকা-ধূসর ধাতব পদার্থবিশেষ, রাসায়নিক সঙ্কেত Mn)।

mange [মেইন্‌জ] *n* [U] সংক্রামক চর্মরোগবিশেষ (বিশেষত কুকুরবিড়ালের)। **mangy** *adj* (ক) উল্লিখিত রোগগ্রস্ত; (খ) নোংরা; অবহেলিত। **mangily** [মেইন্‌জিলি] *adv*

man·gel-wur·zel [ম্যাঙ্গল্‌ওয়াজ্‌ল্] *n* [C] গবাদি পশুর খাদ্য হিসাবে ব্যবহৃত লম্বা গোলাকার শিকড়; এক জাতের বীট।

manger [মেইন্‌জা(র্)] *n* [C] অশ্ব বা গবাদি পশুর জাবনা-পাত্র।

mangle[1] [ম্যাঙ্গল্] *n* [C] বস্ত্রাদি ইস্ত্রি করার যন্ত্রবিশেষ। □*vt* উক্ত যন্ত্র দ্বারা ইস্ত্রি করা।

mangle[2] [ম্যাঙ্গল্] *vt* ১ গুরুতরভাবে কেটে ছিঁড়ে নষ্ট করে ফেলা। ২ (লাক্ষ.) গুরুতর ভুলের মাধ্যমে কিছু নষ্ট করে ফেলা: He ~ed the peace of music.

mango [ম্যাঙ্গৌ] *n* (*pl* -es or -s) আম বা আমগাছ।

mango-fish [ম্যাঙ্গৌ-'ফ্লিশ্] *n* তপসে মাছ।

man·go·steen [ম্যাঙ্গৌ ˈস্টীন্] *n* পূর্বভারতীয় ফলবিশেষ বা তার গাছ।

man·grove [ˈম্যাঙ্‌গ্রৌভ্] *n* [C] গরান গাছ।

mangy, দ্র. mange.

man·handle, দ্র. man[1].

man·hood [ˈম্যান্‌হুড্] *n* [U] ১ পূর্ণ বয়স; যৌবন: to reach ~. ২ পুরুষসুলভ গুণাবলী; পুরুষত্ব; শৌর্য। ৩ (কোনো দেশের) সম্মিলিত জনগোষ্ঠী।

mania [ˈমেইনিআ] *n* ১ [U] প্রচণ্ড ক্ষিপ্ততা। ২ ~ **(for)** (কোনো কিছুর জন্য) প্রবল বাতিক। **maniac** [ˈমেইনিঅ্যাক্] ক্ষিপ্ত ব্যক্তি, প্রচণ্ড উন্মাদ; (লাক্ষ.) প্রবল বাতিকগ্রস্ত ব্যক্তি। **ma·nia·cal** [মাˈনাইআক্‌ল্] *adj* প্রচণ্ড উন্মাদ; (লাক্ষ.) প্রবল বাতিকগ্রস্ত; ক্ষ্যাপা। **ma·niacally** *adv*

manic-depressive [ম্যানিক্–ডিˈপ্রেসিভ্] *adj,n* পর্যায়ক্রমে আনন্দ–উচ্ছ্বাস এবং অবসাদে কাল অতিবাহিত হয় এমন (ব্যক্তি)।

mani·cure [ˈম্যানিকিউআ(র্)] *n* [U] হাত ও নখের পরিচর্যা; [C] হাত ও নখের চিকিৎসা বা পেশাদার চিকিৎসক। □*vt* হাত ও নখের পরিচর্যা বা চিকিৎসা করা; নখ কাটা, পরিষ্কার ও পালিশ করা। **mani·cur·ist** *n* হাত ও নখের পরিচর্যা সংক্রান্ত পেশাজীবী।

mani·fest[1] [ˈম্যানিফেস্ট্] *n* [C] কোনো জাহাজের মালামালের তালিকা; কোনো বিমানপোতের যাত্রীতালিকা; কোনো মালগাড়ির অনাচ্ছাদিত বগির তালিকা।

mani·fest[2] [ˈম্যানিফেস্ট্] *adj* সুস্পষ্ট; স্পষ্টত প্রতীয়মান। □*vt* ১ সুস্পষ্টভাবে দেখানো বা প্রতীয়মান করা। ২ ঈঙ্গিত দেওয়া: He does not ~ any desire to do the work. ৩ (reflex) প্রকাশ পাওয়া। **mani·fes·ta·tion** [ম্যানিফেˈস্টেইশ্‌ন্] *n* স্পষ্টকরণ; প্রকাশ। **~·ly** *adv* সুস্পষ্টভাবে।

mani·festo [ম্যানিˈফেস্‌টৌ] *n* (*pl* ~s বা ~es) (শাসক, রাজনৈতিক দল প্রভৃতি কর্তৃক উদ্দেশ্য, কর্মসূচি প্রভৃতি সম্বন্ধে) প্রকাশ্য লিখিত ঘোষণা।

mani·fold [ˈম্যানিফৌল্ড্] *adj* বহুধা; বহুমুখী; নানাবিধ; বিবিধ। □*n* সংযোগের জন্য একাধিক মুখবিশিষ্ট নল বা কক্ষ।

mani·kin [ˈম্যানিকিন্] *n* ১ ক্ষুদে মানব; বামন। ২ শারীরস্থান আলোচনায় বা শিল্পকর্মে বা কাপড়ের দোকান ইত্যাদিতে ব্যবহৃত মানবদেহের মডেল।

ma·nilla (US অপিচ **Ma·nila**) [মাˈনিলা] *n* ১ ~ **(hemp)** দড়ি, মাদুর প্রভৃতি তৈরির জন্য ব্যবহৃত (প্রধানত শণের) আঁশবিশেষ। ২ ~ **(paper)** শণ জাতীয় আঁশ থেকে প্রস্তুত বাদামি রঙের শক্ত মোড়ক-কাগজ। ~ **envelopes** ঐরূপ কাগজের তৈরি শক্ত মজবুত ধরনের খাম। ৩ ম্যানিলা শহরে তৈরি চুরুটবিশেষ।

ma·nipu·late [মাˈনিপিউলেইট্] *vt* ১ নিপুণভাবে পরিচালনা বা ব্যবহার করা। ২ নিজ উদ্দেশ্যসাধনে (কোনো ব্যক্তি বা কোনো কিছুকে) কাজে লাগানো; নিজের পক্ষে সুবিধাজনক করা। **ma·nipu·la·tion** *n*

man·like [ˈম্যান্‌লাইক্] *adj* মানুষের গুণাবলীসম্পন্ন; (মহিলা সম্পর্কে) পুরুষালি চেহারাযুক্ত বা গুণসম্পন্ন; মর্দানি।

man·ly [ˈম্যান্‌লি] *adj* (-ier, -iest) মনুষ্যোচিত; পুরুষোচিত; মর্যাদাপূর্ণ; পুরষ সংক্রান্ত; পুরুষালি। **man·li·ness** *n*

manna [ˈম্যানা] *n* [U] (বাইবেলে বর্ণিত) মরুপ্রান্তরে ইসরাইলিদের চল্লিশ বৎসর কাটানোর সময় ঈশ্বরপ্রদত্ত খাদ্য; (লাক্ষ.) অপ্রত্যাশিতভাবে প্রাপ্ত মানসিক তৃপ্তিদায়ক কিছু।

man·ne·quin [ˈম্যানিকিন্] *n* ১ পোশাকের দোকানে পোশাকাদি পরে প্রদর্শন করার জন্য নিযুক্ত মহিলা (অধুনা মডেল হিসাবে অভিহিত)। ২ দর্জির দোকানে বা পোশাকের দোকানে পোশাকাদি প্রদর্শনের উদ্দেশ্যে রাখা পূর্ণদৈর্ঘ্য মানবমূর্তি; ম্যানিকিন।

man·ner [ˈম্যানা(র্)] *n* [C] ১ পদ্ধতি; ঢং; পন্থা। ২ (কেবল *sing*) আচার আচরণ: His ~ irritates me. ৩ (*pl*) সামাজিক রীতিনীতি; আদবকায়দা; প্রথা; অভ্যাস। ৪ সাহিত্য বা শিল্পের স্টাইল বা শৈলী: a painting in the ~ of Picasso. ৫ ধরন; প্রকার। **all ~ of** সর্বপ্রকার। **in a ~** কিছুটা; কিছু পরিমাণে। **in a ~ of speaking** বলতে পারা যায়। **by no ~ of means** কোনো অবস্থাতেই না। **~ed** *adj* **(ক)** (যৌগশব্দে) **ˌill/ˌwell/ˌrough-ˈ~ed** খারাপ/ ভালো/ অশালীন আদবকায়দাবিশিষ্ট। **(খ)** অদ্ভুত আচরণবিশিষ্ট।

man·ner·ism [ˈম্যানারিজ়াম্] *n* [C] অভ্যাস বা আচরণের অদ্ভুত বৈশিষ্ট্য; মুদ্রাদোষ; শিল্প বা সাহিত্যে বৈশিষ্ট্যপূর্ণ ঢঙের অত্যধিক ব্যবহার।

man·ner·ly [ˈম্যানালি] *adj* ভদ্র; বিনয়ী।

man·nish [ˈম্যানিশ্] *adj* পুরুষতুল্য; (মহিলা সম্পর্কে) পুরুষালি।

ma·noeuvre (US **ma·neu·ver**) [মাˈনূভা(র্)] *n* ১ পরিকল্পিত বা কৌশলী পরিচালনা। ২ কৌশল। □*vt,vi* কৌশল প্রয়োগ করা; কৌশলে কাজে লাগানো; কৌশলে অভিযান করা। **ma·noeuvr·able** (US = **ma·neu·ver·able**) *adj.* **ma·noeuvr·abil·ity** (US **–neu·ver-**) *n.* **~r** (US **ma·neu·verer**) *n*

manor [ˈম্যানা(র্)] *n* (ইংল্যান্ডে) ১ সামন্ত প্রথায় জমির একক (মৌজা বা তালুক)। ২ (বর্তমান ব্যবহার) জমিদারের আদালত বা কাছারি: ˈ~-house. **ma·nor·ial** *adj*

man·qué [ˈম্যাঙকেই] *pred adj* আশা পূর্ণ করতে ব্যর্থ; অসম্পূর্ণ কিন্তু সম্ভাবনা ছিল এমন; অকৃতকার্য: a teacher ~.

man·sard [ˈম্যান্‌সা:ড্] *n* ~ **(roof)** দুই ঢালবিশিষ্ট ছাদ; যার নীচেরটা উপরেরটা অপেক্ষা বেশি খাড়া।

manse [ম্যান্‌স্] *n* ধর্মযাজকের (বিশেষত স্কটল্যান্ডে) বাসভবন।

man·sion [ˈম্যানশ্‌ন্] *n* ১ বৃহৎ অট্টালিকা; সম্ভ্রান্ত ব্যক্তির বাসভবন। ২ (*pl*) (ব্যক্তির নামের সঙ্গে) ভবনসারি: Rahman ~s.

man·tel·piece [ˈম্যান্ট্‌ল্‌পীস্] *n* চুল্লির উপরের দেয়াল থেকে বেরিয়ে আসা তাক।

man·tilla [ম্যান্ˈটিলা] *n* স্পেনদেশীয় মহিলাগণ কর্তৃক মাথার চুল ও কাঁধ ঢেকে রাখার জন্য ব্যবহৃত ওড়নাবিশেষ।

man·tis [ˈম্যান্টিস্] *n* **(praying)** ~ দীর্ঘপদ কীটবিশেষ।

mantle[1] [ˈম্যান্ট্‌ল্] *n* ১ ঢিলা কোটবিশেষ; আলখাল্লা; আঙরাখা; (লাক্ষ.) আবরণ। ২ ভাস্বর; আলোক বিচ্ছুরণের জন্য গ্যাসবাতির শিখার চারপাশে স্থাপিত ফিতার ন্যায় আবরণ; ম্যানটেল।

mantle[2] [ˈম্যান্ট্‌ল্] *vt,vi* আবৃত করা ছদ্মবেশ পরানো।

man·ual [ˈম্যানিউআল্] *adj* হস্তচালিত; হাতের দ্বারা সাধিত; হস্ত–: ~ work; ~ labour; ~ operation. □*n* ১ কোনো বিষয়ের বিবরণ সম্বলিত পুস্তিকা বা সারগ্রন্থ। ২ হস্তচালিত বাদ্যযন্ত্রের কি–বোর্ড বা চাবিফলক।

manu·fac·ture [ম্যানিউফ্যাক্চা(র্)] *vt* ১ (পণ্যাদি) প্রস্তুত করা; উৎপাদন করা। ২ উদ্ভাবন করা (গল্প, অজুহাত ইত্যাদি)। □*n* ১ [U] উৎপাদন। ২ (*pl*) উৎপন্ন দ্রব্যাদি; উৎপন্ন সামগ্রী। **manu·fac·turer** *n* উৎপাদনকারী (ব্যক্তি, শিল্পসংস্থা ইত্যাদি)।

manu·mit [ম্যানিউমিট্] *vt* (-tt-) (প্রাচীনকালে ক্রীতদাসকে) মুক্ত করা। **manu·mission** [ম্যানিউমিশ্ন্] *n*

ma·nure [মানিউআ(র্)] *n* [U] (জমির) সার। □*vt* (জমিতে) সার দেওয়া।

manu·script [ম্যানিউস্ক্রিপ্ট্] *n* (সংক্ষিপ্ত রূপ Ms *pl* Mss) পাণ্ডুলিপি, গ্রন্থ বা প্রবন্ধাদির হস্তলিখিত বা টাইপকৃত কপি। **in ~** অমুদ্রিত অবস্থায়; পাণ্ডুলিপি-রূপে।

Manx [ম্যাঙক্স্] *adj* 'আইল অফ ম্যান' সংক্রান্ত। ˈ**~ cat** লেজবিহীন বিড়ালবিশেষ। □*n* উক্ত দ্বীপের ভাষা; ম্যাঙ্ক্স্।

many [মেনি] *adj* (দ্র. more, most) ১ বহু; বহুসংখ্যক; অনেক। **a great/good ~** বহু সংখ্যক। **one too ~** যথাযথ বা প্রয়োজনীয় সংখ্যা অপেক্ষা একটি বেশি। **be one too ~ for** চালাকিতে কাউকে অতিক্রম করা। **the ~** সর্বসাধারণ; ভিড়। ২ **~ a** (একবচনে, সাধারণত সাহিত্যে) অনেক। **~-sided** বহু পার্শ্ববিশিষ্ট; (লাক্ষ.) বহুমুখী।

Mao·ism [মাওইজাম্] *n* মাওবাদ; মাও সে-তুঙের রাজনৈতিক তত্ত্ব বা দর্শন। **Mao·ist** [মাওইস্ট্] *n* মাওবাদী।

Maori [মাওরি] *n* নিউজিল্যান্ডের অধিবাসী বা তাদের ভাষা।

map [ম্যাপ্] *n* মানচিত্র; ভূচিত্র। □*vt* (*pres p* mapping; *pt,pp* mapped) (কিছুর) মানচিত্র আঁকা। **(to) map out** পরিকল্পনা করা; ভাগ করে বণ্টন করা। **off the map** অস্তিত্ববিহীন। **on the map** (লাক্ষ.) গুরুত্বপূর্ণ। ˈ**map·reader** *n* মানচিত্র থেকে তথ্য আহরণে সক্ষম ব্যক্তি। □*vt* মানচিত্র তৈরি করা; মানচিত্র প্রদর্শন করা। **map out** পরিকল্পনা করা; ভাগ করে বেঁটে দেওয়া।

maple [মেইপ্‌ল্] *n* ১ [C] উত্তর গোলার্ধের এক ধরনের গাছ, যার নির্যাস থেকে চিনি ও সিরাপ তৈরি হয়। **~ sugar/syrup** মেপল চিনি/সিরাপ। ২ [U] মেপলগাছের কাঠ।

ma·quis [ম্যাকী US মা:কী] *n* **the ~** দ্বিতীয় বিশ্বযুদ্ধে ফ্রান্সে জর্মনদের বিরুদ্ধে যুদ্ধরত ফরাসি দেশপ্রেমিকদের বাহিনী।

mar [মা:(র্)] *vt* (-rr-) ক্ষতিসাধন করা; নষ্ট করে ফেলা। **make or mar** হয় বিরাট সাফল্য অর্জন, নয় সম্পূর্ণ নষ্ট করে ফেলা।

mara·bou [ম্যারাবু] *n* পশ্চিম আফ্রিকার বৃহদাকার সারস; এই পাখির পালকগুচ্ছ যা টুপি ইত্যাদিতে শোভা পায়।

mar·as·chino [ম্যারাস্কীনো] *n* (*pl* -s) এক প্রকার কালো চেরিফল থেকে প্রস্তুত মদ্য।

mara·thon [ম্যারাথান US –থন্] *n* **the M~ (race)** আধুনিক ক্রীড়া প্রতিযোগিতায় প্রায় ২৬ মাইল বা ৪১·৮ কিমি দূরত্বের অবিরাম দৌড়; (লাক্ষ.) সহ্যশক্তির পরীক্ষা।

ma·raud [মারোড্] *vi* লুণ্ঠন বা শিকারের উদ্দেশ্যে ঘুরে বেড়ানো। **~er** *n* ঐরূপ উদ্দেশ্যে নিরত ব্যক্তি বা প্রাণী।

marble [মা:ব্‌ল্] *n* ১ [U] মর্মরপ্রস্তর; মার্বেল। ২ (*pl*) মর্মরপ্রস্তরে তৈরি শিল্পকর্ম; মর্মর ভাস্কর্যসংগ্রহ। ৩ ছেলেদের খেলার মার্বেল; গুলি। ৪ (attrib) মসৃণ ও স্বচ্ছ; কঠিন বা হৃদয়হীন: a ~ breast. **lose one's ~s** বিচারশক্তি বা বুদ্ধি হারিয়ে ফেলা। **~d** মর্মরপ্রস্তরের ন্যায় রং করা বা ছাপানো।

March [মা:চ্] *n* ইংরেজি বৎসরের তৃতীয় মাস (ফাল্গুনের মাঝামাঝি থেকে চৈত্রের মাঝামাঝি পর্যন্ত)। **M~ hare,** দ্র. hare.

march[1] [মা:চ্] *vi, vt* সৈনিকদের মতো কুচকাওয়াজ করে চলা বা কুচকাওয়াজ করানো।

march[2] [মা:চ্] *n* ১ [U, C] কুচকাওয়াজ। **on the ~** কুচকাওয়াজরত। **line of ~** সৈন্যদলের কুচকাওয়াজ করে এগিয়ে চলার পথ। **~ past** সম্মানিত দর্শককে অভিবাদন জানানোর জন্য তাঁর বা তাঁদের সামনে দিয়ে কুচকাওয়াজ করে গমন। **forced ~** আপৎকালে স্বাভাবিক অপেক্ষা দ্রুততর গতিতে বা বৃহত্তর দূরত্বে অগ্রগমন। **steal a** ˈ**~ on sb** (কারও উপর) গোপনে টেক্কা দিয়ে সুবিধালাভ করা। ২ **the ~ of** অগ্রযাত্রা; অগ্রগতি। **~er** *n*

march[3] [মা:চ্] *n* (সাধা. *pl*) (ইতি.) সীমান্ত এলাকা; বিশেষত বিরোধপূর্ণ এলাকা। □*vi* **~ upon/with** (প্রা.) (দেশ, অঞ্চল ইত্যাদি সম্পর্কে) সাধারণ সীমানা দ্বারা চিহ্নিত হওয়া।

mar·chion·ess [মা:শানেস্] *n* মারকুইসপত্নী।

Mardi Gras [মা:দিগ্রা:] *n* (ফ.) কারনেভারে উৎসবমুখর শেষ দিন।

mare [মেআ(র্)] *n* ঘোটকী; মাদি ঘোড়া। **a** ˈ**~'s nest** পরীর বাসা; প্রতারণা।

mar·gar·ine [মা:জারীন্ US মা:রজারিন্] *n* [U] প্রাণী বা উদ্ভিদের চর্বি থেকে প্রস্তুত মাখন জাতীয় ভোজ্য পদার্থ (মারজারিন)।

marge [মা:জ্] *n* margarine-এর কথ্য সংক্ষিপ্ত রূপ।

mar·gin [মা:জিন্] *n* [C] ১ কোনো পৃষ্ঠার মুদ্রিত বা লিখিত বিষয়বস্তুর চারপাশের খালি জায়গা; মার্জিন। ২ কিনারা; প্রান্ত; উপান্ত: ~ of a pond/road etc. ৩ প্রাপ্য (প্রয়োজনীয় বিবেচিত) সময়, অর্থ ইত্যাদির অতিরিক্ত পরিমাণ। ৪ প্রান্তীয় অবস্থা যার নীচে বা উপরে কিছু অসম্ভব: a safety ~. ৫ (বাণিজ্য) ক্রয়মূল্য বা বিক্রয়মূল্যের মধ্যবর্তী ব্যবধান। **~al** [–ন্‌ল্] *adj* (ক) মার্জিন সম্পর্কিত; (খ) প্রান্তিক অবস্থা সম্পর্কিত; প্রান্তিক; প্রান্তীয় ˈ**~·ally** [–নালি] *adj*

mar·guer·ite [মা:গারীট্] *n* এক প্রকার ডেইজি ফুল।

mari·gold [ম্যারিগৌল্ড্] *n* কমলা বা হলুদ ফুলবিশিষ্ট উদ্ভিদবিশেষ বা ঐ ফুল।

mari·juana, mari·huana [ˌম্যারিওয়া:না] *n* (অপিচ **hashish, cannabis, pot**) গাঁজা।

mar·imba [মারিম্বা] *n* জাইলোফোনের অনুরূপ বাদ্যযন্ত্রবিশেষ।

ma·rina [মারীনা] *n* প্রমোদতরী; পোতাশ্রয়।

mari·nade [ˌম্যারিনেইড্] *n* [U] মদ; সিরকা বা মশলামিশ্রিত সীরা; এই সীরায় ভেজানো মাছ বা মাংস। □*vi* (also **mari·nate**) ঐরূপ সীরায় ভেজানো।

mar·ine [মারীন্] *adj* ১ সামুদ্রিক; সমুদ্রজ; সমুদ্রে প্রাপ্ত বা উৎপন্ন। ২ জাহাজ, সমুদ্রবাণিজ্য বা নৌবাহিনী সম্পর্কিত: ~ insurance; ~ stores. ˈ**~ crops** নৌসেনাবাহিনী। □*n* (ক) [U] ˌ**merchant/**ˌ**mercantile** ˈ**~** কোনো দেশের সকল বাণিজ্য-জাহাজ; (খ) [C] যুদ্ধজাহাজে কর্মরত নৌসেনা। **the M~s** ঐরূপ নৌসেনার সাধারণ বাহিনী। **Tell that to the ~s** কোনো অসম্ভব গল্পে অবিশ্বাস প্রকাশ করার জন্য ব্যবহৃত।

mari·ner [ˈম্যারিন(র্)] *n* নাবিক (বিশেষত সমুদ্রে জাহাজ চলাচলে সহায়তাকারী)। **master ~** বাণিজ্যজাহাজের কাপ্তান।

mari·on·ette [ম্যারিঅনেট্] *n* পুতুলনাচের পুতুল (যা সুতায় বেঁধে নাচানো হয়)।

mari·tal [ম্যারিট্ল্] *adj* স্বামীসংক্রান্ত; বিবাহসংক্রান্ত; বৈবাহিক।

mari·time [ম্যারিটাইম্] *adj* ১ সমুদ্র বা সমুদ্রযাত্রা সম্পর্কিত। ২ সমুদ্রোপকূলে অবস্থিত।

mar·joram [মা:জারাম্] *n* [U] রঞ্জনকাজে ও ঔষধে ব্যবহৃত সুগন্ধি গুল্মবিশেষ।

mark[1] [মা:ক্] *n* ১ দাগ। ২ বৈশিষ্ট্যসূচক লক্ষযোগ্য চিহ্ন: a cut ~ on the forehead. ৩ নিদর্শন: gift as a ~ of affection. ৪ মার্কা; পণ্যাদির উপর বিশেষ চিহ্ন হিসাবে অঙ্কিত প্রতিকৃতি; নকশা, রেখা ইত্যাদি: trade ~s. ৫ পরীক্ষার বা চারিত্রিক মূল্যায়ন নির্দেশক সংখ্যা বা বর্ণপ্রতীক: He got very high ~s in mathematics. ৬ লক্ষ্য; নিশানা। **be/fall wide of the ~** ভ্রমাত্মক বা অযথাযথ হওয়া। **hit/miss the ~** (লাক্ষ.) কোনো প্রচেষ্টায় সফল/ব্যর্থ হওয়া। **an easy ~** (কথ্য) যে ব্যক্তিকে সহজেই ঠকানো যায়। **beside the ~** অপ্রাসঙ্গিক। ৭ বৈশিষ্ট্য; খ্যাতি। **make one's ~** বিখ্যাত হওয়া। ৮ **the ~** (ক) মান। **be upto/below the ~** মানসম্মত হওয়া বা না হওয়া। (খ) যা স্বাভাবিক। **not be/feel (quite) upto the ~** স্বাভাবিক সুস্থবোধ না করা। ৯ কোনো অশিক্ষিত ব্যক্তি কর্তৃক দলিলে প্রদত্ত (স্বাক্ষরের পরিবর্তে) ক্রসচিহ্ন। ১০ (মল্লক্রীড়া) দৌড় আরম্ভের সীমা নির্দেশক রেখা: On your ~s, get set, go! ১১ (সংখ্যাসহযোগে) মডেল বা টাইম (যথা কোনো বিমানের টাইপ): Meteor Mark III.

mark[2] [মা:ক্] *vt* ১ **~ sth on/ with sth, ~ sth down/up** দাগ চিহ্ন বা ছাপ দেওয়া; চিহ্নিত করা: ~ one's clothes with one's name. **to ~ up/down** দাম বাড়ানো/কমানো: to ~ up the goods in the shop. ˈ**~-up** *n* মূল্যবৃদ্ধির পরিমাণ: a 5% ~-up. ˈ**~·ing-ink** কাপড়াদিতে দেওয়ার জন্য অমোচনীয় কালি। ২ মূল্যায়নসূচক সংখ্যা বা প্রতীক দেওয়া: to ~ examination papers. ৩ মনোযোগ সহকারে লক্ষ করা: to ~ how sth is done. **a ~ed man** যার আচরণ সন্দেহের চোখে বা বিরূপ দৃষ্টিতে দেখা হয়। ৪ কোনো কিছুর বৈশিষ্ট্যসূচক হওয়া: qualities that ~ a leader. ৫ ঈঙ্গিত দেওয়া; নির্দেশক হওয়া: to ~ the end of an era; ceremonies ~ing the Silver Jubilee. ৬ **~ time** কুচকাওয়াজের সময় সম্মুখে না এগিয়ে একই অবস্থানে থেকে মাটিতে পদাঘাত করতে থাকা; (লাক্ষ.) পরিস্থিতির পরিবর্তন না হওয়া পর্যন্ত অপেক্ষা করতে থাকা। ৭ **~ sth off** সীমানা চিহ্নিত করার বা পরিমাপ নির্দেশ করার জন্য দাগ দেওয়া। **~ sth out** সীমা নির্দেশক পরিলেখ অঙ্কন করা বা দাগ টেনে সীমা নির্দেশ করা: ~ out a tennis-court; পূর্বাহ্নে নির্দিষ্ট করে দেওয়া: to ~ out one's destiny. **~ed** [মা:কট্] *adj* সুস্পষ্ট; সুচিহ্নিত; লক্ষণীয়; সুপ্রতিভাত: a ~ed improvement. **~·ed·ly** [ˈমা:কিড্লি] *adv* ১ সুস্পষ্টভাবে; লক্ষণীয়ভাবে। **~·ing** *n* দাগ বা চিহ্নাদি প্রদান। ২ পালক বা গাত্রত্বক ইত্যাদির বিভিন্ন বর্ণের প্যাটার্ন বা নকশা।

mark[3] [মা:ক্] *n* জার্মান মুদ্রার একক; মার্ক।

marker [মা:কা(র্)] *n* ১ চিহ্নিতকারী ব্যক্তি বা বস্তু; বিশেষত বিলিয়ার্ড প্রভৃতি খেলায় যে ব্যক্তি পয়েন্ট নির্দেশ করে। ২ নির্দেশক কিছু; (যেমন খেলার মাঠে) দূরত্ব নির্দেশক পতাকা বা খুঁটি।

mar·ket[1] [মা:কিট্] *n* ১ বাজার; হাট। **bring one's eggs/hogg to a bad ~/to the wrong ~** অযথার্থ বা ভুল লোকের সাহায্য নেওয়ার ফলে স্বীয় পরিকল্পনায় ব্যর্থ হওয়া। **go to a bad/good ~** ব্যর্থ/সফল হওয়া। ˈ**~-day** *n* হাটবার। ˌ**~-ˈgarden** *n* বাজারে বিক্রয়ার্থ সবজি উৎপাদনের বাগান। ˌ**~-ˈgardening** *n* [U] ঐরূপ বাগান করার কাজ। ˈ**~-hall** *n* বাজারঘর; বাজার হিসাবে ব্যবহৃত বৃহদাকার ছাদযুক্ত স্থান। ˈ**~-place/square** শহরের যে খোলা চত্বরে বাজার বা হাট অনুষ্ঠিত হয়। ˈ**~-town** *n* বাজার শহর; যে শহরে বাজার (বিশেষত গবাদি পশুর বাজার) বসে। ২ কোনো বিশেষ শ্রেণীর পণ্যের ব্যবসা বা বাজার: the ˈjute ~, ˈ~-price বাজারদর; ~ ˈshare; বাজার শেয়ার। ˈ**down-/up-~** *adj* (ব্যবসায় ব্যবহৃত) নিচু/উঁচু শ্রেণী। ৩ চাহিদা। ৪ **the ~** বিপণন; কেনাবেচা। **be on/come on (to) the ~** বিক্রয়ের জন্য প্রস্তাবিত হওয়া। **be in the ~ for sth** কিছু কিনতে প্রস্তুত থাকা বা (লাক্ষ.) কিছু বিবেচনা করা। **play the ~** শেয়ার, পণ্য ইত্যাদি ক্রয়বিক্রয়ের মাধ্যমে অনুমান করা। **put sth on the ~** কোনো কিছু বিক্রয়ের জন্য প্রস্তাব করা। ˌ**~-reˈsearch** বাজার গবেষণা। ˌ**common ˈM~** য়োরোপীয় সাধারণ বাজার।

market[2] [মা:কিট্] *vi,vt* ১ বাজারে ক্রয়বিক্রয় করা; কেনাকাটা করা: go ~ ২ বাজারে নেওয়া বা পাঠানো; বাজারজাত করা; বিপণন করা। **~·able** বিপণনযোগ্য। **~·ing** *n* বিপণন।

marks·man [মা:কস্মান] *n* (*pl* -men) কুশলী লক্ষ্যভেদক; গুলি; তীর প্রভৃতি ছোঁড়ায় দক্ষ ব্যক্তি। **~·ship** গুলি ছোঁড়ায় দক্ষতা।

marl [মা:ল্] *n* [U] সারমাটিবিশেষ।

mar·line·spike [মা:লিন্স্পাইক্] *n* দড়ির ফেঁসো পৃথক করার জন্য লোহার কাঁটাবিশেষ।

mar·ma·lade [মা:মালেইড্] *n* [U] লেবু জাতীয় ফল; (সাধা.) কমলালেবু থেকে প্রস্তুত আচার বা মোরব্বা; মারমালেড।

mar·mor·eal [মা:ˈমোরিআল্] *adj* (কাব্যে) মর্মরে গঠিত; মর্মরতুল্য।

mar·mo·set [মা:মজেট্] *n* মধ্য আমেরিকার ঝুপো লেজওয়ালা এবং নরম ও ঘন চুলবিশিষ্ট ক্ষুদ্রাকৃতি বানরবিশেষ।

mar·mot [মা:মট্] *n* আমেরিকার কাঠবিড়ালিজাতীয় প্রাণীবিশেষ।

ma·ro·cain [ম্যারাকেইন্] *n* [U] ম্যারোকেইন; পাতলা সূক্ষ্ম পোশাক তৈরির জন্য রেশমি বা পশমি কাপড়বিশেষ।

ma·roon[1] [মারূন] *adj,n* খয়েরি–লাল বর্ণ; মেরুন বর্ণ।

ma·roon[2] [মরূন] *n* আতসবাজিবিশেষ (বিশেষত সতর্কতা সঙ্কেত হিসাবে ব্যবহৃত)।

ma·roon[3] [মরূন] *vt* (কাউকে) নির্জন কোনো দ্বীপে পরিত্যক্ত অবস্থায় ফেলে রেখে আসা।

mar·quee [মা:ˈকী] *n* বৃহৎ তাঁবু।

mar·quetry [মা:কিটরি] *n* আসবাবপত্রে রঙিন কাঠের টুকরা; হাতির দাঁত প্রভৃতির দ্বারা খচিত শিল্পকর্ম।

mar·quis, mar·quess [মা:ক্যুইস্] *n* (GB) ডিউকের অব্যবহিত নীচের সম্ভ্রান্ততার খেতাব; (অন্যান্য দেশে কাউন্টের অব্যবহিত উপরের পদমর্যাদার অভিজাত ব্যক্তি।)

mar·riage [ˈম্যারিজ্] *n* ১ [C, U] বিবাহ; বিয়ে; বিবাহিত অবস্থা। **give sb** (one's daughter) **in ~ (to sb)** বিয়ে দেওয়া। **take sb in ~** বিয়ে করা; (স্বামী বা স্ত্রী হিসাবে) গ্রহণ করা। ২ বিবাহ অনুষ্ঠান। **~·able** *adj* বিবাহযোগ্য। **~·abil·ity** *n*

mar·ried [ˈম্যারিড্] *adj* বিবাহিত।

mar·row [ˈম্যারৌ] *n* ১ [U] মজ্জা। **chilled to the ~** মজ্জা অবধি শীতে কম্পমান। ২ [U] (লাক্ষ.) সারাংশ; নির্যাস। ৩ [C] সবজির শাঁস; শসা জাতীয় তরকারি।

marry [ˈম্যারি] *vt,vi* ১ বিয়ে করা; বিবাহিত হওয়া। ২ **~ (off)** বিয়ে দেওয়া। ৩ বিয়ের মাধ্যমে লাভ করা: ~ wealth.

Mars [মা: জ়্] *n* ১ (জ্যোতি.) মঙ্গলগ্রহ। ২ রোমানদের রণদেবতা।

Mar·sala [মা: ˈসা:লা] *n* [U] সুমিষ্ট সাদা মদ্যবিশেষ (সিসিলির মারসালা থেকে আমদানি করা হতো বলে এই নাম)।

Mar·seil·laise [ˌমা:সাˈলেইজ়্] *n* ফরাসি জাতীয় সঙ্গীত।

marsh [মা:শ্] *n* [C, U] জলাভূমি; জলা; বিল অঞ্চল। ˈ**~ gas** গ্যাসবিশেষ; মিথেন গ্যাস। ˌ**~-ˈmallow** *n* (ক) লবণাক্ত জলাভূমির ধারে জাত গুল্মবিশেষ; (খ) একপ্রকার নরম তুলতুলে মিঠাই। **~y** *adj*

mar·shal[1] [ˌমা:শ্‌ল্] *n* ১ সেনাবাহিনীর সর্বোচ্চ পদমর্যাদাসম্পন্ন অফিসার (স্থলবাহিনীতে Field Marshal, বিমানবাহিনীতে Air Marshal)। ২ গুরুত্বপূর্ণ সরকারি অনুষ্ঠানাদি তদারকির দায়িত্বে নিয়োজিত কর্মকর্তা; রাজকর্মচারীবিশেষ। ৩ (US) পুলিশ বিভাগ বা অগ্নিনির্বাপণ (দমকল) বিভাগের প্রধান।

mar·shal[2] [ˈমা:শ্‌ল্] *vt* ১ সুবিন্যস্ত করা: ~ facts. ˈ**marshalling-yard** *n* রেলের যে স্থানে মালগাড়ির বগিগুলোকে একত্র করা হয়। ২ অনুষ্ঠান সহকারে কাউকে দরবার বা অনুরূপ কোথাও নিয়ে যাওয়া: ~ persons into the presence of the Queen.

mar·su·pial [মা: ˈসুপিঅ্‌ল্] *adj,n* থলিতুল্য বা থলিসংক্রান্ত; যে প্রাণী অপূর্ণাঙ্গভাবে জন্মগ্রহণ করার পর জননী কর্তৃক থলিমধ্যে বাহিত হয়, যেমন ক্যাঙ্গারু।

mart [মা:ট্] *n* ১ বাজার; বিপণিকেন্দ্র; বাণিজ্যকেন্দ্র। ২ নিশান-কক্ষ।

mar·ten [ˈমা:টিন্ US -টন্] *n* [C] নেউল জাতীয় প্রাণীবিশেষ; [U] ঐ প্রাণীর নরম লোমওয়ালা চামড়া।

mar·tial [ˈমা:শ্‌ল্] *adj* ১ যুদ্ধবিষয়ক; যুদ্ধসংক্রান্ত; সামরিক। ˌ**~ ˈlaw** সামরিক আইন। ২ সাহসী; যুদ্ধপ্রিয়। **~ly** [-শালি] *adv*

Mar·tian [ˈমা:শ্‌ন্] *n,adj* মঙ্গলগ্রহ সংক্রান্ত; মঙ্গলগ্রহের (কাল্পনিক) অধিবাসী।

mar·tin [ˈমা:টিন্ US -টন্] *n* (ˈ**house-**) **~** সোয়ালো জাতীয় পাখি (এরা দেয়ালে কাদামাটি দিয়ে বাসা তৈরি করে)।

mar·ti·net [ˈমা:টিনেট্ US -টন্এট্] *n* কঠোর নিয়মনিষ্ঠ ব্যক্তি।

mar·tini [মা:টানি] *n* বিভিন্ন মদ্যাদি মিশ্রিত পানীয়বিশেষ।

mar·tyr [ˈমা:টা(র্)] *n* শহীদ; ধর্মযুদ্ধ বা কোনো মহৎ কাজে আত্মোৎসর্গকারী। **make a ~ of oneself** শহীদ হওয়া; আত্মোৎসর্গ করা। **be a ~ to sth** কোনো কিছুর জন্য মৃত্যুতুল্য যন্ত্রণা ভোগ করা। ˈ**~·dom** [-ডাম্] *n* শহীদত্ব; শহীদের অবস্থা বা মৃত্যু বা যন্ত্রণা। **mar·tyrize** *vt* শহীদে পরিণত করা।

mar·vel [ˈমা:ভ্‌ল্] *n* [C] ১ বিস্ময়কর কিছু; বিস্ময়: the ~s of modern science. ২ **~ of sth** বিস্ময়কর দৃষ্টান্ত: He is a ~ of patience. □*vi* (ক) **~ at sth** অত্যন্ত বিস্মিত হওয়া। (খ) **~ that/why, etc** অবাক হওয়া: I ~ that he should agree to accept such a proposal. **~·lous** (US = **~·ous**) [ˈমা:ভালাস্] *adj* বিস্ময়কর; চমকপ্রদ। **~·lous·ly** (US = **~·ous·ly**) *adv*

Marx·ist [ˈমা:ক্সিস্ট্] *n* জার্মান অর্থনীতিবিদ ও সমাজতত্ত্ববিদ কার্ল মার্কস (১৮১৮–৮৩)–এর মতানুসারী; মার্কসবাদী: ~ criticism, মার্কসবাদী সমালোচনা। **Marxism** [ˈমা:ক্সিজ়াম্] *n* মার্কসবাদ, শ্রেণীসংগ্রাম বিষয়ে কার্ল মার্কস–এর রাজনৈতিক ও অর্থনৈতিক মতবাদ।

Mary [ম্যারি] *n* যিশুজননীর নাম; যিশুমাতা। **by Mary** জননী মেরির দিব্যি মাইরি। **Little Mary** (কথ্য) পাকস্থলী।

mar·zi·pan [ˈমা:জ়িপ্যান্] *n* [U] বাদামের গুঁড়া, চিনি, ডিম ইত্যাদি মিশ্রিত ছোট কেক।

mas·cara [ম্যা ˈসকা:রা US -ˈসক্যারা] *n* [U] অক্ষিপক্ষ্ম বা চক্ষুর লোম; কালো বা ঘন নীল রঙে রঞ্জিত প্রসাধনীবিশেষ; মাসকারা।

mas·cot [ˈম্যাস্কট্] *n* সৌভাগ্য আনয়নকারী কল্পিত ব্যক্তি, প্রাণী বা বস্তু।

mas·cu·line [ˈম্যাসকিউলিন্] *adj* ১ পুরুষজাতীয়; পুরুষতুল্য। ২ (ব্যাক.) পুংলিঙ্গবাচক। **mas·cu·lin·ity** [ˌম্যাসকিউˈলিনাটি] *n* পুরুষালি ভাব; পৌরুষ।

ma·ser [ˈমেইজ়া(র্)] *n* মাইক্রোতরঙ্গ উৎপাদন বা বিবর্ধন করার যন্ত্র।

mash [ম্যাশ্] *n* [U] ১ জলে সিদ্ধ যবাদির মিশ্র, যা গরু-মহিষ ও শূকরের খাবার হিসাবে ব্যবহৃত হয়। ২ কিছুর মণ্ড। ৩ যবাদি শস্যের মণ্ড বা সীরা এবং গরম জলের মিশ্র, যা মদ্যাদি চোলাইকার্যে ব্যবহৃত হয়। □*vt* মণ্ডে পরিণত করা; চটকানো। **~er** আলু ইত্যাদি চটকানোর যন্ত্র।

mask[1] [মা:স্ক্ US ম্যাস্ক্] *n* মুখোশ; নকল মুখ; ছদ্মবেশ। **do sth under a/the ~ of friendship** বন্ধুবেশে বা বন্ধুর ভান করে কিছু করা। **throw off one's ~** মুখোশ খুলে ফেলা; আসল চেহারা বা মতলব প্রকাশ করা। **death ~** মৃত ব্যক্তির মুখের ছাঁচ।

mask[2] [মা:স্ক্ US ম্যাস্ক্] *vt* ১ মুখোশ দ্বারা ঢাকা: a ~ed woman. ২ গোপন করা; আড়াল করা।

maso·chism [ˈম্যাসাকিজ়াম্] *n* [U] যৌন বিকৃতিবিশেষ; প্রণয়ী বা প্রণয়িণী কর্তৃক নিপীড়িত হয়ে যৌন আনন্দলাভের অনুভূতি; মর্ষকাম। দ্র. sadism. **maso·chist** [-কিস্ট] মর্ষকামী। **maso·chis·tic** [ম্যাসাকিস্টিক্] *adj*

ma·son [ˈমেইস্‌ন্] *n* ১ পাথর কর্তনকারী; যে মিস্ত্রি পাথরের নির্মাণকাজ করে। ২ রাজমিস্ত্রি। **~ic** *adj* রাজমিস্ত্রি সংক্রান্ত। **~ry** [ˈমেইসন্‌রি] *n* (ক) পাথরের কাজ; পাথর ও চুনসুরকি সংক্রান্ত নির্মাণকাজ। (খ) রাজমিস্ত্রির কাজ।

masque [মা:স্ক US ম্যাস্ক্] *n* প্রায়শ নৃত্যগীত, সুন্দর পোশাক ও সাড়ম্বর দৃশ্যসম্বলিত কাব্যনাট্য (১৬শ ও ১৭শ শতকের ইংল্যান্ডের দুর্গ ও জমিদারবাড়িতে প্রচলিত)।

mas·quer·ade [ˌমা:স্‌কারেইড US ˌম্যাস–] *n* ১ যে বল নাচে মুখোশ এবং অন্যান্য ছদ্মবেশ পরা হয়। ২ (লাক্ষ.) মেকি অভিনয়দৃশ্য বা ভান। □*vi* ছদ্মবেশ ধারণ করা।

mass [ম্যাস্] *n* ১ [O] বস্তুপিণ্ড; (পদার্থ.) ভর; অনেকটা পরিমাণ; স্তূপ। ২ **the ~es** জনসাধারণ; জনগণ। **in the ~** মোটামুটিভাবে। **~ meeting** জনসভা। **~ communications; ~ media** গণমাধ্যম (খবরের কাগজ, রেডিও, টেলিভিশন ইত্যাদি)। **~ observation** সাধারণ লোকের সামাজিক রাজনীতির সমীক্ষা। **~ production** যন্ত্রাদির সাহায্যে কোনো দ্রব্যের বিপুল পরিমাণে উৎপাদন। **~ produce** বিপুল পরিমাণে উৎপাদন করা। □*vt,vi* পিণ্ডীভূত করা বা হওয়া; পুঞ্জীভূত করা বা হওয়া; দল বাঁধা বা বাঁধানো: the clouds are ~ing. **~y** *adj* ঘন; বৃহদাকৃতি; গুরুভার।

Mass [ম্যাস্] *n* [C, U] খ্রিস্টের নৈশভোজের পর্ব উদ্‌যাপন।

mass·acre [ˈম্যাসাক(র্)] *n* নির্বিচার; নৃশংস হত্যাকাণ্ড। □*vt* নির্বিচারে; নৃশংসভাবে হত্যা করা।

mass·age [ˈম্যাসা:জ্ US মাˈসা:জ্] *n* [C,U] অঙ্গসংবাহন; মালিশ। □*vt* অঙ্গসংবাহন করা; মালিশ করা। **mass·eur** [ম্যাˈসা(র্)], **mass·euse** [ম্যাˈসাজ] অঙ্গসংবাহনকারী ব্যক্তি (পুরুষ/স্ত্রী)। দ্র. physiotherapist (physiotherapy).

massif [ম্যাˈসীফ্] *n* সংহত পর্বতস্তূপ; স্তূপ–পর্বত।

mass·ive [ˈম্যাসিভ্] *adj* ১ বিশাল, গুরুভার ও ঘন। ২ ভারীদর্শন। ৩ (লাক্ষ.) সংহত। **~·ly** *adv*. **~·ness** *n*

mast[1] [মা:স্ট্ US ম্যাস্ট্] *n* ১ (পোতাদির) মাস্তুল। **sail before the ~** সাধারণ নাবিকের ন্যায় কাজ করা। **ˈ~-head** *n* মাস্তুলশীর্ষ। ২ (পতাকা ইত্যাদির জন্য) লম্বা খুঁটি। ৩ রেডিও বা টেলিভিশনের প্রেরক–যন্ত্রের আকাশ–তারের জন্য ব্যবহৃত ইস্পাতকাঠামো। **ˈmooring-~** যে উঁচু টাওয়ারের সঙ্গে বিমানপোত নোঙর করা যায়।

mast[2] [মা:স্ট্ US ম্যাস্ট্] *n* [U] ওক বা অনুরূপ গাছের ফল (শূকরের খাদ্য হিসাবে ব্যবহৃত)।

mas·tec·tomy [ˌম্যাˈস্টেক্‌টামি] *n* (*pl* -mies) (চিকি.) (অস্ত্রোপচারের সাহায্যে) স্তনব্যবচ্ছেদ বা স্তনকর্তন।

mas·ter[1] [মা:স্টা(র্) US ˈম্যা–] *n* ১ নিয়ন্ত্রণকারী; হুকুমকারী; মালিক; প্রভু; (attrib) দক্ষ ব্যক্তি; মাস্টার: a ~ tailor. **be one's own ~** মুক্ত ও স্বাধীনভাবে থাকা। ২ সংসারের কর্তা; গৃহকর্তা: the ~ of the house. **be ~ in one's own house** অন্যের হস্তক্ষেপ ছাড়া নিজ বিষয় পরিচালনা করা। ৩ বাণিজ্যজাহাজের কাপ্তান। **a ~'s certificate** যে প্রত্যয়নপত্র জাহাজের কাপ্তান হবার অধিকার দেয়। ৪ কুকুর, ঘোড়া ইত্যাদির পুরুষ মালিক। ৫ শিক্ষক: Head ~. ৬ **~ of** কোনো বিষয় নিয়ন্ত্রণে বা অধিকারে আছে এমন ব্যক্তি: ~ of a situation. ৭ **the M~** (প্রভু) যিশুখ্রিস্ট। **Master of Arts/Science etc** বিশ্ববিদ্যালয়ের স্নাতকোত্তর ডিগ্রিধারী ব্যক্তি। দ্র. bachelor. ৮ অল্পবয়স্ক ছেলে বা তরুণের নামের সঙ্গে Mr পরিবর্তে ব্যবহৃত। ৯ কোনো কোনো কলেজপ্রধানের পদবি। ১০ বড়ো শিল্পী (বিশেষত **old ~s**) ১৩শ থেকে ১৭শ শতাব্দী সময়ের মহান চিত্রশিল্পীগণ; এইসব চিত্রশিল্পীদের কারও শিল্পকর্ম। ১১ (attrib) নিয়ন্ত্রণকারী; প্রকৃষ্ট। **~·mind** *n* উৎকৃষ্ট চিন্তাভাবনার অধিকারী ব্যক্তি। এর থেকে, **ˈ~-mind** *vt* কোনো কর্মসূচি পরিকল্পনা ও পরিচালনা করা: The whole affair was ~-minded by him. ১২ তদারককারী কর্মচারী: M~ of ceremonies, abr MC. ১৩ (যৌগশব্দে) **ˌ~-at-ˈarms** *n* নৌবাহিনী এবং বাণিজ্যিক যাত্রীবাহী জাহাজের পুলিশ অফিসার। **ˈ~·hand** *n* দক্ষ কারিগর বা শিল্পী। **ˈ~-key** *n* যে চাবির সাহায্যে বহু বিভিন্ন তালা খোলা যায়। **ˌ~-ˈpiece** মহৎ রচনা বা শিল্পকর্ম; শ্রেষ্ঠ অবদান, সেরা গ্রন্থ। **ˈ~-stroke** *n* পরম দক্ষতাপূর্ণ আঘাত বা অনুষ্ঠান। **ˈ~ wheel** *n* যন্ত্রের যে চাকা দ্বারা অন্যান্য অংশ চালিত হয়।

master[2] [ˈমা:স্টা(র্) US ˈম্যা–] *vt* আয়ত্ত করা: to ~ a language. কোনো কিছুর প্রভু বা মালিক হওয়া; কর্তৃত্ব করা; নিয়ন্ত্রণে আনা: to ~ one's temper. **~·less** *adj* মালিকহীন; প্রভুবিহীন।

mas·ter·ful [ˈমা:সটাফ্‌ল US ˈম্যা–] *adj* নিয়ন্ত্রণপ্রিয়; কর্তৃত্বব্যঞ্জক। **~·ly** [–ফ়ালি] *adv*

mas·ter·ly [ˈমা:সটালি US ˈম্যা–] *adj* দক্ষতাপূর্ণ; পাণ্ডিত্যপূর্ণ; মনিবের ন্যায় কর্তৃত্বপূর্ণ; ওস্তাদসুলভ।

mas·ter·ship [মা:সটাশিপ US ম্যা–] *n* [C] (প্রধানত) স্কুলমাস্টারের চাকরি বা কাজ; শিক্ষকতার কাজ।

mas·tery [ˈমা:স্টারি US ˈম্যা–] *n* [U] **~ (of)** সম্পূর্ণ নিয়ন্ত্রণ বা জ্ঞান; ওস্তাদি। ২ **~ (over)** প্রাধান্য: This matter must ~ over the others.

mas·ti·cate [ˈম্যাসটিকেইট্] চর্বণ করা, চিবানো; দাঁত দিয়ে খাদ্যাদি চূর্ণ বা নরম করা। **mas·ti·ca·tion** [ˌম্যাস্‌টিকেইশন্] *n*

mas·tiff [ˈম্যাস্‌টিফ়্] *n* প্রহরাকাজে দক্ষ বৃহদাকার শক্তিশালী কুকুরবিশেষ।

mas·ti·tis [ˌম্যাস্টাইটিস্] *n* [U] (চিকি./জীব.) স্তনপ্রদাহ।

mas·toid [ˈম্যাসটয়ড্] *n* কানের পশ্চাৎদিকের হাড়; পশ্চাৎকর্ণাস্থি। **~·itis** [ˌম্যাসটয়ডাইটিস] *n* পশ্চাৎকর্ণাস্থি প্রদাহ।

mas·tur·bate [ˈম্যাসটাবেইট] *vi,vt* স্বমেহন করা; হস্তমৈথুন করা। **mas·tur·bation** *n* স্বমেহন; হস্তমৈথুন।

mat[1] [ম্যাট্] *n* ১ মাদুর। ২ ফুলদানি, অলঙ্কার ইত্যাদির নীচে অথবা খাবার টেবিলে গরম পাত্রাদির নীচে বিছানোর তলাচি। ৩ ঘনভাবে পাকানো কিছু; জট। □*vt,vi* (-tt-) মাদুর দিয়ে ঢেকে দেওয়া; মাদুর বিছানো; জট পাকানো; জট পাকিয়ে যাওয়া।

mat[2], **matt** (US অপিচ **matte**) [ম্যাট্] *adj* (কাগজাদির পৃষ্ঠদেশ সম্পর্কে) অনুজ্জ্বল; চকচকে নয় এমন।

mata·dor [ˈম্যাটাডো(র্)] *n* ষাঁড়ের লড়াই ক্রীড়ায় যে ব্যক্তির কর্তব্য ষাঁড়কে হত্যা করা।

match[1] [ম্যাচ্] *n* দিয়াশলাই; কামানাদি দাগার জন্য অগ্নিসংযোগের সলিতা। **ˈ~-box** দিয়াশলাই–এর বাক্স। **ˈ~·wood** (ক) দিয়াশালাই তৈরির কাঠ; (খ) কাঠের পাতলা টুকরা।

match[2] [ম্যাচ্] *n* ১ প্রতিযোগিতা; ক্রীড়া: football ~. **ˌ~-ˈpoint** টেনিসে জেতার জন্য প্রয়োজনীয় চূড়ান্ত পয়েন্ট। ২ সমকক্ষ হওয়া। ৩ বিয়ে। **ˈ~-maker** *n* ঘটক। ৪ বিয়ের পাত্র/পাত্রী: He's is a good match. ৫ অবিকল অনুরূপ ব্যক্তি বা বস্তু। **~·less** *adj* প্রতিদ্বন্দ্বীহীন; অসম; অনুপম; শ্রেষ্ঠ।

match[3] [ম্যাচ্] *vt,vi* ১ ~ **sth/sb against/with** প্রতিদ্বন্দ্বিতা করা; প্রতিযোগিতায় নামা বা নামানো। ২ সমকক্ষ হওয়া; জুড়ি পাওয়া। ৩ অনুরূপ হওয়া; (কিছুর সঙ্গে) মানানসই হওয়া; মিলে যাওয়া।

match·et [ˈম্যাচিট্] *n* = machete.

mate[1] [মেইট্] *n* ১ (কথ্য) বন্ধু; সঙ্গী; সহকর্মী (প্রায়শ সম্বোধনে): class ~; play ~. ২ জাহাজের অফিসার (ইনজিনিয়ার নয়), যার পদমর্যাদা ক্যাপ্টেনের নীচে: the first/second/third ~. ৩ সহায়তাকারী: the cook's ~. ৪ পাখি প্রাণীর জোড়ের একটি: the ~ of the lioness. ৫ (কথ্য) স্বামী বা স্ত্রী।

mate[2] [মেইট্] *vt,vi* ~ **(with)** (পশু বা পাখি সম্পর্কে) বাচ্চা উৎপাদনের উদ্দেশ্যে যৌনক্রিয়ায় মিলিত হওয়া বা যৌনমিলন ঘটানো।

mate[3] [মেইট্] *n,v* (দাবায়) checkmate.

ma·terial[1] [ম ˈটিআরিঅল্] *adj* ১ বস্তুগত; পদার্থগত: the ~ world; বস্তুবাচক: ~ noun. ২ দৈহিক: ~ needs; পার্থিব; স্থূল। ৩ (আইন.) বাস্তব; গুরুত্বপূর্ণ; প্রাসঙ্গিক: ~ facts. **~ly** [-রালি] *adv* প্রাসঙ্গিকভাবে।

ma·terial[2] [ম ˈটিঅরিঅল্] *n* ১ [C, U] বস্তু; জড় উপাদান। **raw ~s** কাঁচামাল সামগ্রী। ˈ**writing ~s**. কাগজ, কলম, কালি ইত্যাদি। ২ [U] (লাক্ষ.) বিষয়বস্তু; ঘটনাদি; উপাদানসমূহ।

ma·teri·al·ism [মা'টি অরিঅলিজ়াম্] *n* [U] বস্তুবাদ; জড়বাদ। **ma·teri·al·is·tic** [মা,টিঅরিঅ'লিস্টিক্] *n* [U] *adj* বস্তুবাদী (ব্যক্তি) সম্পর্কিত; বস্তুবাদী। **ma·teri·al·is·ti·cally** [-ক্লি] *adv*

ma·teri·al·ize [ম ˈটিঅরিআলাইজ়্] *vt,vi* বাস্তবে পরিণত করা বা হওয়া; বাস্তবায়িত করা বা হওয়া: to ~ a plan; মূর্ত করা বা হওয়া। **ma·teri·al·iz·ation** [মা,টিঅরিঅলাইজ়েইশন US –লিˈজ়ে–] *n* বাস্তবায়ন।

ma·teria medica [ম্যা ˈটিঅরিআ ˈমেডিকা] *n* ঔষধের গুণাগুণ ও প্রয়োগ সংক্রান্ত বিজ্ঞান; ভেষজবিদ্যা।

ma·ternal [ম ˈটান্ল্] *adj* মাতা সম্পর্কিত বা মাতৃতুল্য: ~ care; মায়ের দিকে থেকে সম্পর্কযুক্ত: ~ grand father; ~ uncle. **~·ly** [–নালি] *adv*

ma·tern·ity [মাˈটানাটি] *n* [U] মাতৃত্ব: (attrib) ~ hospital, প্রসূতি হাসপাতাল

mathe·mat·ics [,ম্যাথাˈম্যাটিক্স্] *n* গণিত। **math·emat·ical** *adj* গণিতবিষয়ক; গাণিতিক। **math·emat·ically** [–ক্লি] *adv* গাণিতিকভাবে। **math·ema·tician** [,ম্যাথামাˈটিশ্ন্] গণিতবিদ; গণিতজ্ঞ।

maths (US = **math**) [ম্যাথ্স US ম্যাথ্] *n* (কথ্য) mathematics-এর সংক্ষিপ্ত রূপ।

mati·née [ˈম্যাটিনেই US ,ম্যাটন্এই] *n* [C] সিনেমা বা থিয়েটারের বৈকালিক প্রদর্শনী; ম্যাটিনি–শো। ˈ**~ idol** অত্যন্ত জনপ্রিয় অভিনেতা।

mat·ins [ˈম্যাটিন্জ় US –টন্‌জ়] *n pl* ইংল্যান্ডের গির্জায় (Church of England) প্রভাত প্রার্থনাসঙ্গীত; রোমান ক্যাথলিক গির্জার দৈনিক প্রভাতী উপাসনা।

ma·tri·arch [ˈমেইট্রিআ:ক্] *n* পরিবার বা গোত্রের মহিলা প্রধান। **ma·tri·archy** [আ:কি] *n* মাতৃশাসিত সমাজ। **ma·tri·ar·chal** [,মেইট্রিআ:ক্ল্] *adj*

ma·tric [ম ˈট্রিক্] *n* (কথ্য) matriculation–এর সংক্ষিপ্ত রূপ।

ma·trices [মেই ট্রিসীজ়্] matric–এর বহুবচন।

mat·ri·cide [ˈম্যাট্রিসাইড] *n* মাতৃহত্যা, মাতৃহন্তা বা মাতৃহন্ত্রী। **mat·ri·ci·dal** *adj* মাতৃহত্যাসংক্রান্ত; মাতৃঘাতী।

ma·tricu·late [ম ˈট্রিকিউলেইট্] *vt,vi* (কোনো বিশেষ পরীক্ষা পাশ করার পর) ছাত্র হিসাবে বিশ্ববিদ্যালয়ে প্রবেশাধিকার দেওয়া বা পাওয়া; বিশ্ববিদ্যালয়ের ছাত্র হিসাবে ভর্তি করা বা হওয়া। **ma·tricu·la·tion** [মা,ট্রিকিউˈলেইশন্] উক্ত অধিকারদান বা লাভ; উক্ত অধিকারপ্রাপ্ত অবস্থা; (উক্ত অধিকারদায়ক) প্রবেশিকা পরীক্ষা।

mat·ri·mony [ˈম্যাট্রিমানি US –মৌনি] *n* বিবাহ; বিয়ে; পরিণয়। **mat·ri·mo·nial** [,ম্যাটরিˈমোনিঅল্] *adj* বিবাহসংক্রান্ত; বৈবাহিক।

ma·trix [ˈমেইট্রিক্স্] *n* (*pl* matrices) ১ ছাঁচ। ২ (ভূগর্ভে) যে পদার্থের মধ্যে খনিজ পদার্থাদি অবস্থান করে। ৩ যাতে/যা থেকে কিছু উৎপন্ন ও বর্ধিত হয়; গর্ভ; (ব্যব.) জরায়ু; ধাত্র। ৪ (গণিত) আয়তক্ষেত্রাকারে উপরে–নীচে এবং পাশাপাশি সাজানো সংখ্যাসমূহ (একটি সংখ্যা হিসাবে গণ্য)।

ma·tron [ˈমেইট্রান্] *n* ১ হাসপাতাল, বিদ্যালয় প্রভৃতি প্রতিষ্ঠানে কাজকর্ম দেখাশোনা করেন এমন মহিলা; মাতৃকা। ২ বিবাহিতা মহিলা বা বিধবা (সাধা. বয়স বা সামাজিক মর্যাদার কারণে সম্মানীয়)। **~·ly** *adj* মাতৃকাসুলভ; প্রবীণা রাশভারী ও সংযতচরিত্রা: ~ly appearance/manner.

matt [ম্যাট্] *adj* = mat[2].

mat·ted [ˈম্যাটিড্] *adj* দ্র. mat[1].

mat·ter[1] [ˈম্যাটা(র্)] *n* ১ পদার্থ: organic/inorganic. ~ ২ বিষয়বস্তু: the ~ of the essay. ৩ লিখিত বা মুদ্রিত কিছু: ˈprinted ~ , (ডাকযোগে কম খরচে প্রেরণার্থ ব্যবহৃত) মুদ্রিত কাগজপত্র। ৪ (গুরুত্বপ্রাপ্ত কোনো) বিষয়: ˈmoney ~s. **a ~ of course** স্বাভাবিকভাবে প্রত্যাশিত কিছু; স্বাভাবিক ঘটনা। **a ~ of opinion** এমন বিষয়, যাতে মতপার্থক্য আছে। **as a ~ of fact** বস্তুত; বাস্তবিকপক্ষে। ,**~-of-ˈfact** *adj* (কোনো ব্যক্তির আচরণ সম্পর্কে) কল্পনাশীল নয় এমন; মামুলি; কেবল প্রকৃত অবস্থা বিচার করে এমন। **for that ~, for the ~ of that** ঐ ব্যাপার সম্পর্কে; সেদিক থেকে দেখতে গেলে। **in the ~ of** প্রসঙ্গে; বিষয়ে। **a ˈhanging ~** যে অপরাধে ফাঁসি হতে পারে। **no ˈlaughing ~** গুরুতর বিষয়; হাসিতামাসার ব্যাপার নয়। ৫ [U] গুরুত্ব। **make/ be no ~** কোনো গুরুত্বের নয় বা (এতে) কিছু এসে যায় না: It's no ~/it makes no ~ whether this is done or not. **no ~ who/what/where etc** যে ই/ যা–ই/যেখানেই হোক না কেন। ৬ **be the ~ (with)** (কারও বা কিছু সম্পর্কে) কিছু ভুল বা অঘটন ঘটা: What's the ~ with you ? ৭ **a ~ of** মাত্র; প্রায়: a ~ of 7 days/5 km.

mat·ter[2] [ˈম্যাটা(র্)] *vi* (প্রধানত প্রশ্নবোধক, না–সূচক বা শর্তমূলক বাক্যে) গুরুত্বপূর্ণ হওয়া: It doesn't ~ much, এতে কিছু যায় আসে না।

mat·ting [ˈম্যাটিঙ্] *n* [U] মেঝে ঢাকা বা বস্তা তৈরির জন্য ব্যবহৃত মোটা অমসৃণ চটের ন্যায় বস্তু।

mat·tins [ˈম্যাটিন্জ় US –ম্যাট্‌নজ়] *n pl* = matins.

mat·tock [ˈম্যাটক্] *n* কোদালবিশেষ।

mat·tress [ˈম্যাট্রিস্] *n* [C] জাজিম; তোশক: Spring ~, স্প্রিং–আঁটা জাজিম।

matu·rate [ˈম্যাটিউরেইট্] *vi* পরিপক্ব বা পূর্ণতা প্রাপ্ত হওয়া। **matu·ra·tion** [ম্যাটিউরেইশন্] *n* [U] পরিপক্ব বা পূর্ণতা প্রাপ্ত হওয়ার প্রক্রিয়া; পূর্ণতা প্রাপ্তি।

ma·ture [মাˈটিউঅর US –টুআর/মাচিউঅর] *vt,vi* ১ পরিপক্ব করা বা হওয়া; পাকানো বা পাকা; পূর্ণবিকশিত করা বা হওয়া। ২ পূর্ণকাল প্রাপ্ত হওয়া: The insurance policy has ~d. □*adj* (ক) পূর্ণবর্ধিত বা পূর্ণবিকশিত; পরিপক্ব; পূর্ণকালপ্রাপ্ত: ~ brain; a man of ~ years. (খ) সতর্ক; পূর্ণাঙ্গ: ~ plans. **~·ly** *adv*. **maturity** *n* [U] পরিপক্বতা।

maud·lin [ˈমো°ড্লিন্] *adj* বিরক্তিকর রকম ভাব–প্রবণ; অল্পে বিচলিত হয় বা কান্নাকাটি করতে শুরু করে এমন।

maul [মো°ল্] *vt* দুর্ব্যবহার বা অত্যাচারের মাধ্যমে আঘাত করা।

maul·stick [ˈমো°ল্স্টিক্] *n* চিত্রকরগণ যে ছড়ির উপর হাতের ভর রাখে।

maun·der [ˈমো°ন্ডা(র্)] *vi* বিড়বিড় করে অভিযোগ জানানো; উদাস আচরণ করা।

Maunday Thurs·day [ˌমো°ন্ডি ˈথার্জ়্ডি] *n* ইস্টারের পূববর্তী বৃহস্পতিবার।

mau·so·leum [ˈমো°সালিঅম্] *n* জাঁকজমকপূর্ণ সমাধি।

mauve [মৌভ্] *adj,n* উজ্জ্বল বেগুনি বর্ণ; ঐ বর্ণবিশিষ্ট।

mav·er·ick [ˈম্যাভারিক্] *n* (US) ১ মালিকের ছাপবিহীন অবস্থায় পথে পথে ঘুরে বেড়ায় এমন গোবৎস; (লাক্ষ.) পথে পথে ঘুরে বেড়ায় এমন লোক। ২ গোড়া নয় এমন লোক; প্রচলিত মত পোষণ করেন না এমন লোক: ~ politicians.

maw [মো°] *n* (পশুপাখি প্রভৃতির) পাকস্থলী; (লাক্ষ.) অপূরণীয় গর্ত।

mawk·ish [মো°কিশ্] *adj* বিরক্তিকর রকম ভাবপ্রবণ। **~·ly** *adv*. **~·ness** *n*

maxi- [ˈম্যাক্সি] *n,adj* স্ত্রীলোকের গোড়ালি অবধি ঝুলওয়ালা গাউন বা আংরাখা; বৃহৎ বা লম্বা আকারের।

maxim [ˈম্যাক্সিম্] *n* সাধারণ নীতি বা নিয়ম; বাণী; প্রবচন।

maxi·mize [ˈম্যাক্সিমাইজ্] *vt* সর্বোচ্চ পরিমাণে বাড়ানো; চরমে তোলা। **maxi·mi·za·tion** [ম্যাক্সিমাইˈজেইশন্] *n*

maxi·mum [ˈম্যাকসিমাম্] *n adj* (*pl* ~s, or -ma) সর্বোচ্চ সম্ভব মাত্রা, পরিমাণ ইত্যাদি: ~ temperature of a day, সর্বোচ্চ।

may [মেই] *anom fin* (*pt* might [মাইট্]) ১ (সম্ভাব্যতা নির্দেশক might have *pp* ব্যবহৃত হয় অতীতকালের জন্য): It may rain, বৃষ্টি হতে পারে; You might have reached the goal, if you had taken my advice, আমার উপদেশ গ্রহণ করলে তুমি লক্ষ্যে পৌছতে পারতে। ২ (অনুমতি চাওয়া বা দেওয়ার ক্ষেত্রে) May I come in ? (দ্বিধা বা সংশয়ের ক্ষেত্রে might) Might I make a suggestion ? You may take it if you like. ৩ অনিশ্চয়তা ও বিস্ময় প্রকাশক প্রশ্নে: How old may/might she be ? ৪ (well সহযোগে) যথার্থই অর্থে: You may well say so, তুমি যথার্থই একথা বলতে পার। ৫ শুভ– কামনা প্রকাশ করতে: May you be happy! সুখী হও। ৬ বিনম্র অনুরোধ প্রকাশ করতে: You might do something for me. ৭ নির্ভরশীল বাক্যে wish, fear, be afraid ইত্যাদির পরে এবং উদ্দেশ্য প্রকাশের জন্য: I'm afraid you may not find him. Take the car so that you may reach there timely.

May [মেই] *n* ১ ইংরেজি সনের পঞ্চম মাস (বৈশাখের মাঝামাঝি থেকে জ্যৈষ্ঠের মাঝামাঝি পর্যন্ত)। ˈ**May Day** মে–দিবস; পহেলা মে—যে দিনটি য়োরোপে বসন্ত–উৎসব এবং পৃথিবীর সর্বত্র শ্রমিক–সংহতি দিবস হিসাবে উদ্‌যাপিত হয়। ˈ**May Queen** মে–দিবসে যে তরুণীকে ফুলের মুকুট পরিয়ে উৎসবের রানী সাজানো হয়। **may-beetle**, ˈ**may-bug** *nn* শস্যধ্বংসী পতঙ্গবিশেষ। ˈ**may·fly** *n* মে মাসে দৃষ্ট অল্পজীবী পতঙ্গবিশেষ। ˈ**may·pole** ফুলে সজ্জিত খুঁটি, যার চারপাশে মে–দিবসে নাচ হয়। ২ **may** *n* কাঁটাগাছবিশেষ এবং এর ফুল।

may·be [মেই বী] *adv* সম্ভবত; হয়তো। **as soon as ~** যথাশীঘ্র সম্ভব।

may·day [ˈমেইডেই] *n* বিপদ থেকে উদ্ধারের জন্য বিমানপোত ও জাহাজাদি থেকে প্রেরিত আন্তর্জাতিক সঙ্কেত (ফরাসি m'aider আমাকে সাহায্যে কর): a ~ call from an air liner.

may·hem [ˈমেইহেম] *n* ১ (প্রা. প্র. এবং US) (ক্ষতিপূরণের দাবির উদ্দেশ্যে) জখম বা অঙ্গচ্ছেদ করার অপরাধ। ২ গুরুতর বিশৃঙ্খলা বা দাঙ্গাহাঙ্গামার অবস্থা।

mayn't [ˈমেইআনট্] = may not. দ্র. may.

may·on·naise [ˌমেইআনেইজ্ US ˈমেইআনেইজ্] *n* [U] ঠাণ্ডা খাবার বিশেষত সালাদের উপর ডিম, মাখন, তেল, সিরকা ইত্যাদির আস্তর; ঐরূপ আস্তর দেওয়া খাবার: salmon ~.

mayor [মেআ(র্) US ˈমে ইআর] *n* নগরের পৌরসংস্থার প্রধান; মেয়র। **~·ess** [মেআরেস US ˈমে ইআরেস্] *n* মেয়রপত্নী; মহিলা মেয়র। **~al** *adj* মেয়রসংক্রান্ত; মেয়রসুলভ। **~·alty** [ˈমেআরাল্টি US ˈমে ইআ] *n* মেয়রের দায়িত্ব পালনের কাল।

maze [মেই জ্] *n* ১ জটিল রেখা বা পথের জাল; গোলকধাঁধা। ২ বিহ্বলতা; হতবুদ্ধি–অবস্থা। **be in a ~** হতবুদ্ধি বা বিহ্বল হওয়া। **~d** *adj* হতবুদ্ধি; বিহ্বল।

ma·zurka [মাˈজ়াকা] *n* পোল্যান্ডের উচ্ছল নৃত্য বা ঐ নৃত্যের সঙ্গীত (চার বা আট জোড়ার জন্য)।

Mc·Carthy·ism [ম্যাˈকা:থিইজ়াম্] *n* (যুক্তরাষ্ট্রের রাজনীতিবিদ J.R. McCarthy [1909-57]–এর নামানুসারে যুক্তরাষ্ট্রে ১৯৫০–এর দশকে) সন্দেহভাজন কম্যুনিস্টদের খুঁজে বের করে সরকারি চাকরি থেকে অপসারণ।

me [মী] *pron* আমাকে। It's me বর্তমানে It's I এর পরিবর্তে ব্যবহৃত হয়ে থাকে।

mead[1] [মীড়] *n* মধু ও জলের গাজন থেকে প্রস্তুত সুরাবিশেষ।

mead[2] [মীড্] *n* [C] (কাব্য) = meadow.

meadow [ˈমেডৌ] *n* [C, U] তৃণভূমি; পশুচারণভূমি।

meagre (US = **mea·gre**) [ˈমীগা(র্)] *adj* ১ কৃশ (রোগা)। ২ অপ্রচুর, অসমৃদ্ধ, দুর্বল: a ~ meal; a ~ attendance. **~·ly** *adv*. **~·ness** *n*

meal[1] [মীল্] *n* [C] ১ ভোজন; ভোজ; খাওয়া: three ~s a day. ˈ**~·time** *n* ভোজন বা খাওয়ার নির্দিষ্ট সময়। ২ খাদ্য; খাবার: to have a ~.

meal[2] [মীল্] *n* [U] শস্যচূর্ণ; আটা (তুল. মিহিচূর্ণ flour ময়দা)।

mealie [ˈমীলি] *n* (দক্ষিণ আফ্রিকা) (*pl*) [C] ভুট্টার শিষ।

mealy [ˈমীলি] *adj* (-ier -iest) আটাতুল্য, আটাযুক্ত, আটা বা আটার ন্যায় কোনো বস্তু দ্বারা আবৃত; সাদা দাগওয়ালা। ˈ**~-bug** *n* আঙুরলতায় যে পোকা লাগে। ˌ**~-ˈmouthed** *adj* মধুরভাষী; রেখে ঢেকে কথা বলতে অভ্যস্ত; স্পষ্টবাদী নয় এমন।

mean[1] [মীন্] *adj* (-er, -est) ১ বিশ্রী; আলুথালু: a ~ house. ২ (আচরণ সম্পর্কে) গুরুত্বহীন; ঘৃণ্য; জঘন্য: a ~ trick. ৩ (ব্যক্তি বা তার চরিত্র সম্পর্কে) নীচ; ইতর। ৪ হীনজাত; হীন মর্যাদাসম্পন্ন। ৫ (বুদ্ধি বা ক্ষমতা সম্পর্কে) নিম্নমানের। ৬ অনুদার; স্বার্থপর; সংকীর্ণমনা। ৭ (কথ্য) গোপনে লজ্জিত: felt rather ~ for not helping him. ৮ (US) কদর্য; ন্যাক্কারজনক; অসৎ। **~·ly** *adv*. **~·ness, ~ie, ~y** *nn* (কথ্য) হীনমনা ব্যক্তি।

mean[2] [মীন্] *adj* মধ্যবর্তী; মধ্য; গড়: ~ price, ফটকা বাজার; ফটকা–ব্যবসায়ীর ক্রয় ও বিক্রয়মূল্যের গড়; কোনো বিনিয়োগের বাজারদর।

mean[3] [মীন্] *n* ১ [C] মধ্যপথ; মধ্যপন্থা: the happy/golden ~, শ্রেষ্ঠ বা নিরাপদ পন্থা। ২ কোনো সিরিজের প্রথম ও শেষ পদের মধ্যবর্তী পদ; মধ্যক।

mean[4] [মীন্] *vt* (*pt,pp* meant [মেন্ট্]) ১ (শব্দ, বাক্য ইত্যাদি প্রসঙ্গে) অর্থ নির্দেশ করা। ২ কোনো কিছুর লক্ষণ হওয়া; পরিণতিস্বরূপ হওয়া: This change ~s extra work. ৩ **~ (by)** অভিপ্রায় ব্যক্ত করা; বোঝাতে চাওয়া: What do you ~ by this ? ৪ **~ (for)** ইচ্ছা করা; সংকল্পবদ্ধ হওয়া: He ~s no harm. He seems to be ~t for the army. ৫ **~ sth to sb** গুরুত্ব বহন করা: The amount ~s a lot to me. ৬ **~ well** সদিচ্ছা রাখা: Know that he ~s well by you. **~·ing** *n* [C, U] অর্থ; উদ্দেশ্য: What is the ~ing of all this ? □*adj* অর্থপূর্ণ: a ~ing look **~·ing·ful** অর্থপূর্ণ; অর্থবহ। **~·ing·fully** অর্থপূর্ণ–ভাবে। **~·ing·less** *adj* অর্থহীন; উদ্দেশ্যহীন। **~·ing·ly** *adv* অর্থসহ।

me·ander [মিˈঅ্যানডা(র্)] *vi* এদিক ওদিক ঘুরে বেড়ানো; (লাক্ষ.) উদ্দেশ্যহীনভাবে কথা বলা; (ছোট নদী সম্পর্কে) একেবেঁকে ধীরে বয়ে চলা। **~·ings** [মিঅ্যানড্রিঙ্গ্জ্] *n* (*pl*) সর্পিল পথ। **~·ing·ly** *adv*

means [ˈমীন্জ্] *n* (*pl*) (প্রায়শ এক বচন হিসাবে ব্যবহৃত) পদ্ধতি বা প্রক্রিয়া যার সাহায্যে কোনো ফল পাওয়া যেতে পারে; উপায়। **by all possible ~** সম্ভাব্য সকল উপায়ে। **by ~ of** মাধ্যমে, (কিছুর) সাহায্যে। **by ˈall ~** অবশ্যই। **by ˈno ~** আদৌ নয়; কোনোক্রমেই নয়। **by ˈno manner of ~** কোনোভাবেই নয়। **by some ~ or other** যেভাবেই হোক; কোনো না কোনোভাবে। **by fair ~ or foul** ন্যায় বা অন্যায় যে পদ্ধতিতেই হোক না কেন। **ways and ~** পদ্ধতি (বিশেষত সরকারি চাহিদা পূরণের জন্য করারোপের মাধ্যমে অর্থ সংগ্রহের)।

meant [মেন্ট্] mean[4] এর*pt,pp*

mean·time [মীন্টা ইম্] *n* অন্তবর্তীকাল; মধ্যকাল। **in the ~** *adv* অন্তবর্তীকালে; ইতোমধ্যে।

mean·while [ˈমীন্ওয়াইল্ US -হোআইল] ইতোমধ্যে।

measles [মীজ়্ল্জ়্] *n* হাম। **measled** *adj* হামরোগাক্রান্ত।

measly [মীজ়্লি] *adj* নগণ্য; নিম্নমানের; ছোট আকারের বা অল্প পরিমাণের: What a ~ birthday party !

measure[1] [মেজ়া(র্)] *n* ১ [U] মাপ; পরিমাপ; (যথাযথ) পরিমাণ। **give full &short ~** পূর্ণ/অল্প পরিমাণে দেওয়া। **made to ~** (পোশাকাদি সম্পর্কে) মাপমতো তৈরি। **get/take the ~ of (sb)** (লাক্ষ.) (কারও) চরিত্র, কার্যক্ষমতা ইত্যাদি পরিমাপ বা মূল্যায়ন করা। ২ [C] আকার, পরিমাণ, মাত্রা ইত্যাদি প্রকাশের জন্য ব্যবহৃত একক বা আদর্শ পরিমাপ: Centimeter is a ~ of length. ৩ মাপকাঠি; মানদণ্ড; পরিমাপের মাত্রা: a yardstick as a ~; the ~ of one's feelings. ˌ**greatest** ˌ**common** ˈ**~** (সং. GCM) (গণিত) গরিষ্ঠ সাধারণ গুণনীয়ক; গ.সা.গু। ৪ পরিমাণ বা মাত্রা। **beyond ~** অপরিসীম। **in a/in some ~** কিছু পরিমাণে বা মাত্রায়, কিছুটা। **in great/large ~** প্রচুর পরিমাণে; বহুল পরিমাণে; অতি মাত্রায়। ৫ (প্রস্তাবিত) আইন বা বিধান। ৬ [C] পদক্ষেপ; ব্যবস্থা: No ~s were taken against him. **~ for ~** সমুচিত ব্যবস্থা; যেমন কুকুর তেমন মুগুর। ৭ কবিতার ছন্দ; সঙ্গীতের তাল।

measure[2] [ˈমেজ়া(র্)] *vt,vi* ১ পরিমাপ করা, মাপা; পরিমাণ, মাত্রা ইত্যাদি নির্ণয় করা: to ~ the area of the floor; মাপ নেওয়া: The tailor ~ed me for a suit. ২ নির্দিষ্ট মাপের হওয়া: The road ~s 60 feet wide. ৩ **~ out/off** মাপমতো দেওয়া: ~ off 3 meters of a cloth piece; ~ out a dose of medicine. ৪ **~ one's length** ব্যর্থ হয়ে পড়ে যাওয়া। (কারও সঙ্গে শক্তিপরীক্ষা করা)। **measur· able** *adj* পরিমাপনীয়; পরিমেয়: measurable distance. **measur·ably** *adv*. **meas·ured** *adj* **(ক)** পরিমিত; সুবিবেচিত; **(খ)** ধীরস্থির ও ছন্দপূর্ণ: a ~d tread. **~·less** *adj* অপরিমেয়; সীমাহীন। **~·ment** *n* পরিমাপন; পরিমাপ; মাপ।

meat [মীট্] ১ [U] খাদ্য হিসাবে ব্যবহৃত প্রাণীর মাংস (পাখির মাংস বা মাছ নয়); গোশ্ত। ˈ**~·ball** মাংসের কিমা দ্বারা প্রস্তুত বড়ি বা গুলি। **~·less** মাংসহীন: ~less day, যেদিনে মাংস পাওয়া যায় না। **~ pie** *n* মাংসের কিমার পুর দেওয়া পিঠাবিশেষ। ˈ**~-safe** মাংস ও অন্যান্য খাদ্য রাখার আলমারি। ২ (লাক্ষ.) কোনো কিছুর সারপদার্থ, সারবস্তু; ভাবের খোরাক: There was not much ~ in his speech. ৩ (প্রা.প্র.) খাদ্য: ~ and drink. **one man's ~ is another man's poison** (প্রবচন) একজনের কাছে যা অতি পছন্দের, অন্যের কাছে তা বর্জনীয়। **~y** *adj* (ier -iest) (লাক্ষ.) শাঁসালো; সারপদার্থপূর্ণ।

Mecca [ˈমেকা] *n* ১ (হজরত মোহাম্মদের (স.) জন্মস্থান) মক্কানগরী যেখানে বিশ্বের বিভিন্ন দেশ থেকে মুসলমানগণ হজ্জ পালনের উদ্দেশ্যে আসে। ২ যে স্থান দর্শনার্থে কেউ উদ্গ্রীব হয়: Shrinagar is the M~ of the tourists.

meccano [ˈমেকানৌ] *n* [C] নির্মাণ কাজের মডেল তৈরির ছোট ছোট অংশ।

mech·anic [মিˈক্যানিক্] *n* [C] মিস্ত্রি; যন্ত্রী।

mech·an·ical [মিˈক্যানিক্ল্] *adj* ১ যন্ত্রসংক্রান্ত; যান্ত্রিক: ~ power. ২ (ব্যক্তির আচরণ সম্পর্কে) যন্ত্রবৎ, যান্ত্রিক; নিছক অভ্যাসবলে কৃত; স্বাধীন ইচ্ছাশূন্য। **~ly** [-নিক্লি] *adj* যান্ত্রিকভাবে; যন্ত্রের ন্যায়; যন্ত্রের সাহায্যে। দ্র. manually.

mech·an·ics [মিকানিক্‌স্] *n* [U] ১ বলবিদ্যা; বেগ ও গতিসংক্রান্ত বিদ্যা। ২ নির্মাণপদ্ধতি।

mech·an·ism [ˈমেকানীজ়াম্] *n* [C] ১ যন্ত্রের কার্যকর অংশসমূহ (সম্মিলিতভাবে); (যন্ত্রের) গঠন। ২ কার্যসাধন–পদ্ধতি; নির্মাণকৌশল।

mech·an·is·tic [ˈমেকানিস্‌টিক্] *adj* **the ~ theory** বিশ্বের এবং সকল জীবের সকল পরিবর্তন ভৌত ও রাসায়নিক বল দ্বারা সংগঠিত হয় এই মতবাদ; অধিযন্ত্রবাদ।

mech·an·ize [ˈমেকানাইজ়্] *vt* যান্ত্রিক করা; যন্ত্রচালিত করা: ~d cultivation, যান্ত্রিক চাষ। **mech·ani·z·ation** [ˌমেকানাইজ়েইশ্‌ন্ US নিˈজ়েই–] *n* যান্ত্রিকীকরণ।

medal [ˈমেড্‌ল্] *n* পদক; মেডেল। **~·list** (US = **~·ist**) [ˈমেডালিস্‌ট্] *n* পদকপ্রাপ্ত ব্যক্তি।

me·dal·lion [মিˈড্যালি আন্] *n* বৃহদাকার পদক, গালিচা প্রভৃতিতে বড়ো গোলাকার নকশাবিশেষ।

meddle [ˈমেড্‌ল্] *vi* **~ (in sth)** যা করতে বলা হয়নি তেমন কিছু নিয়ে ব্যস্ত হওয়া। **~ (with sth)** হস্তক্ষেপ করা; অনধিকারচর্চা করা। **~r** *n* অবাঞ্ছিত বা অকারণ হস্তক্ষেপকারী। ˈ**~·some** অবাঞ্ছিত হস্তক্ষেপকর।

me·dia [ˈমীডিআ] *n* **the ~** (*sing v* সহ ব্যবহার) যোগাযোগমাধ্যম; গণমাধ্যম (টেলিভিশন, রেডিও, খবরের কাগজ ইত্যাদি)। দ্র. mass, medium.

medi·aeval [ˌমেডিˈঈভ্‌ল্ US ˌমীডি–] = medieval.

me·dial [ˈমীডিআল্] *adj* ১ মধ্যবর্তী। ২ গড় আকারের বা আয়তনের। **~ly** [–ইআলি] *adv*

me·dian [ˈমীডিআন্] *adj* মধ্যবর্তী; মধ্য দিয়ে অতিক্রমকারী; (গণিত) লম্বালম্বিভাবে দ্বিভাজক সরলরেখা বা তলের উপরে অবস্থিত; মধ্যগ। □*n* মধ্যবর্তী বা মধ্যগ বিন্দু, রেখা, অংশ ইত্যাদি; (গণিত) ত্রিভুজের যে কোনো কোণের সঙ্গে বিপরীত বাহুর মধ্যবিন্দুর সংযোজক সরলরেখা; মধ্যমা।

me·diate [ˈমীডিএইট্] *vt,vi* ১ মধ্যস্থতা করা। ২ মধ্যস্থতা বা সালিশির মাধ্যমে ঘটানো। **me·di·ation** *n* [U] মধ্যস্থতা; সালিশি। **me·di·ator** *n* যে মধ্যস্থতা করে; সালিশ।

medic [ˈমেডিক্] *n* (কথ্য) মেডিক্যাল ছাত্র।

medi·cal [ˈমেডিক্‌ল্] *adj* ১ চিকিৎসাশাস্ত্র সংক্রান্ত; চিকিৎসা: ~ care; ~ examination. ২ ভেষজসংক্রান্ত; ভেষজ (শল্যচিকিৎসার বিপরীত)। □*n* (কথ্য) স্বাস্থ্য পরীক্ষা। **~ly** *adv*

medic·ament [মিˈডিক আমান্‌ট্] *n* ঔষধ; ভেষজপদার্থ। দ্র. medicine (২).

Medi·care [ˈমেডিকেআ(র্)] *n* [U] (US) চিকিৎসাপ্রদান সম্পর্কিত সরকারি ব্যবস্থা।

medi·cate [ˈমেডিকেইট্] *vt* ঔষধের সাহায্যে চিকিৎসা করা; ঔষধ মেশানো: ~d soap/cotton. **medi·ca·tion** [ˌমেডিˈকেইশ্‌ন্] *n* [U] ঔষধ প্রয়োগ; [C] ঔষধ।

med·ici·nal [মিˈডিসিন্‌ল্] *adj* নিরাময় গুণসম্পন্ন; আরোগ্যকর ভেষজ।

medi·cine [ˈমেড্‌স্‌ন্ US মেডিস্‌ন্] *n* ১ [U] চিকিৎসাবিদ্যা; ভেষজবিদ্যা: to study ~. ২ ঔষধ: to take ~s. ˈ**~-chest** *n* ঔষধের বাক্স। ৩ (লাক্ষ.) প্রাপ্য সাজা: take one's ~; (লাক্ষ.) অপ্রীতিকর কিছুর কাছে নতিস্বীকার করা। **get some/a little one's own ~** নিজে অন্যের প্রতি যেমন খারাপ আচরণ করেছে সেইরূপ আচরণ পাওয়া। ৪ [U] (আদিবাসীদের মধ্যে প্রচলিত) যাদুমন্ত্র; কবচ; তাবিজ। ˈ**~-man** *n* ওঝা।

med·ico [ˈমেডিকৌ] *n* (*pl*-s) (কথ্য) ডাক্তার বা মেডিক্যাল ছাত্র।

medi·eval (অপিচ mediaeval) [ˌমেডিˈঈভ্‌ল US ˌমীডি–] *adj* মধ্যযুগীয় (খ্রি: ১১০০–১৫০০ অব্দ; উপমহাদেশে ১২০০ থেকে ১৮০০ খ্রিস্টাব্দ)।

me·di·ocre [ˈমীডিঔকা(র্)] *adj* খুব ভালো নয়; মাঝারি মানের; সাধারণ। **me·di·oc·rity** [মীডিঅক্রাটি] *n* (*pl* ties) [U] মাঝামাঝি অবস্থা; সাধারণত্ব; [C] সাধারণ লোক (গুণ, সামর্থ্য ইত্যাদি বিষয়ে)।

medi·tate [ˈমেডিটেইট্] *vt,ti* ১ চিন্তা করা; ভাবা; বিবেচনা করা। ২ **~ (up)/(upon)** ধ্যান করা।

medi·ta·tion [ˌমেডিˈটেইশন্] *n* ১ ধ্যান; গভীর চিন্তা; বিবেচনা। **medi·tat·ive** [ˈমেডিটাটিভ্ US –টেইটিভ্] ধ্যানশীল; চিন্তাপ্রবণ। **medi·tat·ive·ly** *adv*

Medi·ter·ra·nean [ˌমেডিটাˈরেইনিআন্] *adj* ভূমধ্যসাগরীয়: ~ climate.

me·dium [ˈমীডিআম্] *n* (*pl* ~s বা media) ১ মাধ্যম; যোগাযোগ রক্ষার উপায় বা যোগাযোগমাধ্যম—সংবাদপত্র, রেডিও, টেলিভিশন ইত্যাদি। ২ মধ্যপন্থা, মধ্যমান বা মধ্যমাত্রা। **the happy ~** নিরাপদ মধ্যপন্থা। ৩ (অধ্যাত্মবাদে) যে ব্যক্তির উপর মৃত আত্মা ভর করানো হয়; যে ব্যক্তি মৃত আত্মা থেকে সংবাদ গ্রহণে সক্ষম বলে দাবি করে; মাধ্যম। □*adj* মাঝামাঝি; মাঝারি: ~ size/height/income group. ˈ**~ wave** (বেতার) (১০০ থেকে ১০০০ মিটার তরঙ্গদৈর্ঘ্যবিশিষ্ট) মাঝারি তরঙ্গ।

med·lar [ˈমেড্‌লা(র্)] *n* আপেলজাতীয় ক্ষুদ্র ফলের গাছ বা উক্ত ফল।

med·ley [ˈমেডলি] *n* (*pl* ~s) [C] বিভিন্ন প্রকৃতির বস্তু বা ব্যক্তির মিশ্রণ; খিচুড়ি।

meek [মীক্] *adj* (er, -est) নম্র ও ধৈর্যশীল; অপ্রতিবাদী: as ~ as a lamb. **~·ly** *adv*. **~·ness** *n*

meer·schaum [ˈমিআশাম্] *n* শ্বেতমৃত্তিকাবিশেষ। **~ (pipe)** উক্ত মৃত্তিকানির্মিত (ধূমপানের) পাইপ।

meet[1] [মীট্] *vt,vi* (*pt,pp* met [মেট্]) ১ সম্মুখীন হওয়া; একত্র হওয়া; মিলিত হওয়া (কারও সঙ্গে) সাক্ষাত হওয়া: to ~ sb; The Executive Committee ~s every two months. **~ with (ক)** (কোনো কিছুর) অভিজ্ঞতা লাভ করা; ভোগ করা; সহ্য করা; কিছুতে পতিত হওয়া: ~ with an accident. **(খ)** হঠাৎ করে সম্মুখীন হওয়া: ~ with resistance. **(গ)** (US) কারও সাক্ষাৎ লাভ করা। ২ (কারও সঙ্গে) পরিচিত হওয়া; কারও সঙ্গে পরিচয় হওয়া: I'm glad to ~ you. ৩ কোনো জায়গায় গিয়ে কারও আগমনের জন্য অপেক্ষা করা: to ~ sb at the airport. ৪ (দাবি, ইচ্ছা ইত্যাদি) পূরণ করা: to ~ a demand; সন্তোষজনকভাবে মোকাবেলা করা: I'm ready to ~ all criticisms. **~ the case** পর্যাপ্ত বা সন্তোষজনক হওয়া। **~ sb halfway** (লাক্ষ.) দাবির অংশবিশেষ আপোসে ছেড়ে দেওয়া; (কারও সঙ্গে) রফা করা বা আপোস করা। **~ all expenses/bills etc** সকল ব্যয় পরিশোধ করা। ৫ সংস্পর্শে আসা; স্পর্শ করা: My hand met hers. **make both ends ~** নিজের আয়ের মধ্যে কোনো রকমে সংসার চালানো। ৬ **~ the eye/ear** দৃষ্টিগোচর/শ্রুতিগোচর হওয়া: There is more in sth than ~s the eye, আপাতদৃষ্টিতে যা দেখা যায়

তার বাইরেও অনেক কিছু জানার আছে। **~sb's eye** কারও চোখের দিকে তাকানো।

meet[2] [মীট্] *n* ১ (GB) (শৃগাল শিকারের উদ্দেশ্যে) শিকারি কুকুর ও অশ্বারোহী শিকারিদের কোনো নির্দিষ্ট স্থানে সমাবেশ। ২ (US) বিশেষ উদ্দেশ্যে একদল লোকের সমাবেশ বা সম্মিলন: an athletic ~.

meet[3] [মীট্] *adj* (পুরা.) উপযুক্ত; মানানসই।

meet·ing [মীটিঙ্] *n* ১ সভা; সমাবেশ: political ~s. **ˈ~-house** সভাগৃহ। **ˈ~-place** সভাস্থল। ২ যে কোনো বিশেষ উদ্দেশ্যে সমাবেশ: a sports ~; সাক্ষাৎকার: He was very shy at the first ~.

mega·cycle [ˈমেগাসাইকল্] *n* [C] দশ লক্ষ আবর্ত; মেগাচক্র।

mega·death [ˈমেগাডেথ্] *n* যুদ্ধে দশ লক্ষ লোকের মৃত্যু (মৃতের সংখ্যা বোঝানোর জন্য একক হিসাবে)।

mega·lith [ˈমেগালিথ্] *n* (প্রাগৈতিহাসিক যুগের স্মৃতিস্তম্ভাদিতে ব্যবহৃত) প্রকাণ্ড প্রস্তরখণ্ড।

mega·lo·ma·nia [ˌমেগালাˈমেইনিআ] *n* [U] নিজেকে অতি বড়ো বা অতি ক্ষমতাশালী বলে ভাবার বাতিক; অতিআত্মম্মন্যতা। **mega·lo·ma·niac** [-নিঅ্যাক্] *n* ঐরূপ বাতিকগ্রস্ত ব্যক্তি।

mega·phone [ˈমেগাফৌন্] *n* [C] দূরের লোককে শোনানোর জন্য যে চোঙ মুখে লাগিয়ে কথা বলা হয়; মেগাফোন।

mega·ton [ˈমেগাটান্] *n* ১ দশ লক্ষ টন। ২ দশ লক্ষ টন টি.এন.টি–এর সমপরিমাণ বিস্ফোরক বল।

mei·osis [মাই ˈঔসিস] *n* = litotes.

mel·an·cholic [ˈমেলাঙ্ˈকলিক্] *adj* বিষাদবায়ুগ্রস্ত; বিষাদপূর্ণ।

mel·an·choly [ˈমেলাঙ্কলি] *n* [U] বিষাদ; হতাশা; বিষাদপূর্ণ চিন্তারোগ। □*adj* বিষণ্ণ; বিষণ্ণ ও চিন্তা করায় এমন: a ~ occasion. **mel·an·cholia** [ˌমেলানˈকৌলিআ] *n* [U] সবিষাদ চিন্তার লক্ষণযুক্ত উন্মাদরোগবিশেষ; বিষাদবায়ু।

mé·lange [ˈমেইলা:নজ্, US মেই ˈলা:নজ্] *n* (ফ.) মিশ্রণ; মিশ্র।

mela·nin [ˈমালানিন্] *n* (জীব.) মানুষের এবং প্রাণীর ত্বক ও চুলে প্রাপ্ত কালচে বাদামি রঞ্জক পদার্থ।

mê·lée [ˈমেলেই US মে ˈলেই] *n* (ফ) এলোমেলো লড়াই: বিশৃঙ্খল মানুষের ভিড়।

mel·lif·lu·ous [মেˈলি ফ্লুআস্] *adj* (কোনো ব্যক্তির স্বর, কথা, সঙ্গীত ইত্যাদি প্রসঙ্গে) সুমধুর; সুললিত।

mel·low [ˈমেলৌ] *adj* (-er, -est) ১ নরম ও সুমিষ্ট; রসালো; বর্ণে ও শব্দে খাঁটি ও সমৃদ্ধ: a ~ wine. ২ বয়স ও অভিজ্ঞতার কারণে বিচক্ষণ ও সমবেদনশীল: ~ judgement পরিণত। ৩ (কথ্য) হাসিখুশি ও প্রফুল্ল; কিঞ্চিৎ মাতাল। □*vt,vi* নরম ও সুমিষ্ট করা ও হওয়া। **~·ly** *adv*. **~·ness** *n*

mel·odic [মিˈলডিক্] *adj* সুরসংক্রান্ত; সুরেলা।

mel·odi·ous [মিˈলৌডি আস্] *adj* সুরসংক্রান্ত; সুরসৃষ্টিকারী; সুশ্রাব্য; সুরেলা। **~·ly** *adj*. **~·ness** *n*

melo·drama [ˈমেলাড্রা:মা] *n* ১ [C] উত্তেজনাকর ও আবেগপ্রধান মিলনান্তক নাটকবিশেষ; ঐরূপ নাটকের বৈশিষ্ট্যপূর্ণ ঘটনা বা ঘটনারাজি। ২ [U] ঐরূপ নাটকের বৈশিষ্ট্যপূর্ণ ভাষা, আচরণ ইত্যাদি। **melo·dram·atic** [ˌমেলাড্রাম্যাটিক্] *adj* ঐরূপ নাটকসংক্রান্ত বা তত্তুল্য বা তার উপযোগী। **melo·dram·ati·cally** [-টিক্‌লি] *adv*

mel·ody [ˈমেলাডি] *n* ১ (*pl*. -dies) [U] সুমিষ্ট গীত; সঙ্গীত; সুস্বর; সুতান। ২ [C] সঙ্গীত; গান; সুর। ৩ [C] সুরেলা ধ্বনি।

melon [ˈমেলান্] *n* [C] তরমুজ।

melt [মেল্ট্] *vt,vi* (*pt,pp* -ed *pp* as *adj*) (ধাতু সম্পর্কে molten) ১ গলা বা গলানো। **~ away** গলে যাবার ফলে কমে যাওয়া; নিশ্চিহ্ন হয়ে যাওয়া। **~ sth down** (কোনো ধাতব দ্রব্য) গলিয়ে ফেলা। ২ (নরম খাবার সম্পর্কে) সহজে নরম হয়ে বা গলে যাওয়া। ৩ দ্রবীভূত হওয়া (গলে যাওয়া): Sugar ~s in hot tea; দ্রবীভূত করা: Hot tea ~s sugar. ৪ আর্দ্র হওয়া বা করা: Her heart ~ed with pity. ৫ ক্ষীণ হওয়া; ধীরে ধীরে মিলিয়ে যাওয়া। **~·ing** *adj* (লাক্ষ.) নরম; আবেগপ্রবণ। **~·ing-point** যে তাপমাত্রায় কোনো ঘন পদার্থ তরল হয়ে যায়; গলনাঙ্ক। **ˈ~·ing-pot** *n* (ক) যে পাত্রে ধাতু ইত্যাদি গলানো হয়। **go into the ~ing pot** (লাক্ষ.) আমূল পরিবর্তিত হওয়া; (খ) যে দেশে বা জায়গায় বহু দেশের লোক আত্তীকৃত হয়।

mem·ber [ˈমেম্বা(র্)] *n* ১ সমিতি, দল প্রভৃতির সভ্য বা সদস্য। **ˌM~ of ˈParliament** (abbr MP) আইন–সভার সদস্য; সাংসদ। ২ মানুষের বা প্রাণীর দেহের অঙ্গ বা প্রত্যঙ্গ। **~·ship** [-শিপ্] *n* ১ [U] সদস্যতা; সভ্যপদ; সদস্যপদ। ২ (*pl*) সদস্যসংখ্যা: Our club has ~ship of about five hundred.

mem·brane [ˈমেমব্রেইন] *n* (জীবদেহের বা উদ্ভিদদেহের) ঝিল্লি। **mem·bra·nous** [ˈমেমব্রানাস্] *adj* ঝিল্লিসংক্রান্ত; ঝিল্লিতুল্য; ঝিল্লিময়।

mem·ento [মিˈমেন্টৌ] *n* (*pl* ~s, ~es) [-টৌজ্] স্মারকচিহ্ন; অভিজ্ঞান।

memo [ˈমেমৌ] *n* (*pl*. ~s) [-মৌ জ্] *n* memorandum-এর সংক্ষিপ্ত রূপ (স্মারক)।

mem·oir [ˈমেম্ওয়া:(র্)] *n* ১ স্বীয় অভিজ্ঞতালব্ধ ঘটনাবলীর লিখিত বিবরণ; স্মৃতিকথা। ২ (*pl*) আত্মজীবনী; কোনো বিষয়ে স্বীয় পর্যবেক্ষণের লিখিত বিবরণ।

mem·or·able [ˈমেমারাব্‌ল্] *adj* স্মরণীয়; স্মরণযোগ্য। **mem·or·ably** [-আব্‌লি] *adv*

mem·or·an·da [ˌমেমাˈর‍্যানডা] *n* memorandum-এর বহুবচন।

mem·or·an·dum [ˌমেমাˈর‍্যানডাম্] *n* (*pl* -da or ~s) (সং memo) ১ ভবিষ্যৎ ব্যবহারের জন্য নোট বা টোকা; স্মরণ রাখতে হবে এমন বিষয়; স্মারক। ২ দাপ্তরিক যোগাযোগ সম্পর্কিত অনানুষ্ঠানিক লিপি; (সাধারণত ব্যক্তিগত স্বাক্ষরবিহীন) স্মারকলিপি। ৩ (আইন.) কোনো চুক্তির লিখিত বিবরণ, যা আনুষ্ঠানিক–ভাবে সম্পন্ন বা স্বাক্ষরিত হয়নি।

mem·or·ial [মিˈমোরিআল্] *n* ১ কোনো ঘটনা বা ব্যক্তির স্মৃতিরক্ষার্থে নির্মিত বা কৃত কিছু; স্মৃতিসৌধ, স্মৃতিস্তম্ভ ইত্যাদি। ২ (attrib) স্মারক; স্মৃতিরক্ষাকর। **ˈM~ Day** (US) যুদ্ধে নিহত সৈনিকদের স্মৃতির প্রতি সম্মান প্রদর্শনের নির্ধারিত দিন (অধিকাংশ রাজ্যে ৩০ মে)।

mem·or·ize [ˈমেমারাইজ্] *vt* মুখস্থ করা।

mem·ory [ˈমেমারি] *n* (*pl* -ries) ১ [U] স্মৃতি; স্মরণ। **commit (sth) to ~** মুখস্থ করা। **speak from ~** স্মৃতি থেকে বলা। **to the best of my ~** আমি যতোদূর স্মরণ করতে পারি। **in ~ of sb/to the ~ of sb** কারও স্মরণে। ২ স্মরণশক্তি: He has a good ~ for dates. ৩ [U] স্মরণকাল। **within living ~** বর্তমানে জীবিত ব্যক্তিরা স্মরণ করতে পারে এমন সময়ের মধ্যে। ৪ [C] স্মরণকৃত কিছু; স্মৃতি: memories of student life. ৫ মরণোত্তর খ্যাতি।

mem·sa·hib [ˈমেম্সা:ব্] *n* (ভারতীয় উপমহাদেশে) বিবাহিত য়োরোপীয় বা পাশ্চাত্যদেশীয় মহিলা; মেমসাহেব।

men [মেন্] *n* দ্র. man¹ (১).

men·ace [ˈমেনাস্] *n* [C, U] বিপদ; হুমকি; ভীতি প্রদর্শন। □*vt* ভীতি প্রদর্শন করা; হুমকি দেওয়া। **men·ac·ing·ly** *adv* ভীতিকরভাবে; বিপজ্জনকভাবে।

mé·nage [মেই ˈনা:জ়্] *n* (ফ.) সংসার; গৃহস্থালি।

men·ag·erie [মিˈন্যাজারি] *n* প্রদর্শনার্থ বন্দী বন্যপ্রাণীর সংগ্রহ।

mend [মেন্ড্] *vt,vi* ১ মেরামত করা; পুনর্নির্মাণ করা: to ~ shoes. ২ ত্রুটিমুক্ত করা বা হওয়া; সংশোধিত হওয়া বা সংশোধন করা উন্নতিবিধান করা, উন্নতিলাভ করা। ৩ আরোগ্যলাভ করা; স্বাস্থ্যের উন্নতি হওয়া: The patient is ~ing rapidly. ৪ বাড়ানো; দ্রুততর করা: ~ one's pace. □*n* মেরামতকৃত অংশ: The ~s were almost invisible. **on the ~** স্বাস্থ্য বা অবস্থার উন্নতির পথে। **~er** *n* (প্রধানত যৌগশব্দে) মেরামতকারী বা সংস্কারকারী। ˈ**~·ing** *n* বস্ত্রাদির রিপুকাজ।

men·da·cious [মেন্ˈডেই শাস্] *adj* (আনুষ্ঠা.) মিথ্যা; মিথ্যাবাদী: ~ reports. **~·ly** *adv*. **men·dac·ity** [মেন্ˈড্যাসাটি] *n* (আনুষ্ঠা.) [U] মিথ্যা; [C] (*pl* -ties) অসত্য বিবরণ।

men·de·le·vium [ˌমেনডাˈলীভিআম্] *n* [U] (রস.) মৌলিক পদার্থ (প্রতীক Md) (আইনস্টাইনিয়াম থেকে কৃত্রিম উপায়ে প্রাপ্ত) মেন্ডেলেভিয়াম।

Men·delian [মেন্ˈডীলিআন্] *adj* চেকোশ্লোভাক জীববিজ্ঞানী মেন্ডেল (১৮২২–১৮৮৪)-এর প্রজননতত্ত্ব সম্পর্কিত; মেন্ডেলীয়।

men·di·cant [ˈমেন্ডিকান্ট্] *n adj* ভিক্ষুক; ভিক্ষারত; ভিখারিসুলভ। **men·di·cancy, men·di·city** *nn* ভিক্ষা; ভিক্ষাবৃত্তি; ভিক্ষুকাবস্থা।

men·folk [ˈমেন্ফৌক্] *n* (*pl*) (কথ্য) পুরুষের: The ~ are all in the field.

me·nial [ˈমীনিআল্] *adj* চাকরবাকরের উপযোগী; চাকরবাকরের দ্বারা করানোর মতো: ~ tasks as washing dishes. □*n* (সাধা. তুচ্ছার্থে) চাকর; ভৃত্য। **~ly** *adv*

men·in·gi·tis [ˌমেনিন্ˈজাইটিস্] *n* [U] মস্তিষ্কাবরক ঝিল্লিপ্রদাহ।

men·is·cus [মিˈনিস্কাস্] *n* (*pl* -ci [-নিসা ই]; -cuses [-কাসাজ়্]) (বিজ্ঞান) টিউবের ভিতরের তরল পদার্থের বক্র পৃষ্ঠদেশ; মেনিসকাস।

meno·pause [ˈমেনাপো°জ়্] *n* রজোনিবৃত্তি।

men·ses [মেন্সীজ়্] *n,pl* রজঃস্রাব; মাসিক।

men·stru·ate [ˈমেনস্ট্রুএইট্] *vi* রজঃস্রাব হওয়া। **men·stru·ation** *n* [U] রজঃস্রাব। **men·strual** [ˈমেনস্ট্রুআল্] *adj* রজঃস্রাব সংক্রান্ত।

men·sur·ation [ˌমেন্সিউˈরেইশ্ন্] *n* দৈর্ঘ্য ক্ষেত্রফল ও আয়তন নির্ণয় করার গাণিতিক পদ্ধতি; পরিমাপন-প্রক্রিয়া। **men·sur·able** [ˈমেন্সিউরাব্ল্] *adj* (বিরল) পরিমাপনীয়; পরিমাপসাধ্য।

men·tal [ˈমেন্ট্ল্] *adj* মানসিক; মনসংক্রান্ত। ˈ**~ age** মানসিক বয়স। ˌ**~ aˈrithmetic** মানসিক অঙ্ক। ˌ**~ deˈficiency** ত্রুটিপূর্ণ মানসিক বিকাশ। ˈ**~ hospital** মানসিক হাসপাতাল। ˌ**~ reserˈvation** বিবৃতি, শপথ ইত্যাদি সম্পর্কিত কোনো আপত্তি যা মনে লালিত আছে, কিন্তু মুখে ব্যক্ত নয়। **~·ly** *adv* মানসিকভাবে। **~ly deranged** (কথ্য) পাগল।

men·tal·ity [মেনˈট্যাল াটি] *n* ১ [U] মানস; মানসিক শক্তি; মানসিক বৈশিষ্ট্য। ২ [C] (*pl* -ties) মানসিকতা; মনোবৃত্তি।

men·thol [ˈমেন্থল্] *n* [U] পিপারমেন্টের তৈলজাত কর্পূরসদৃশ পদার্থবিশেষ; মেনথল।

men·tion [ˈমেন্শ্ন্] *vt* উল্লেখ করা; নামোল্লেখ করা। **not to ~, without ~ing** উল্লেখ নাই বা করা হলো। **Don't ~ it** ধন্যবাদ, ক্ষমাপ্রার্থনার প্রয়োজন নেই—এরূপ বোঝানোর জন্য ব্যবহৃত। □*n* ১ [U] উল্লেখ; নামোল্লেখ। ২ [C] মন্তব্য। **~ed** *adj* উল্লিখিত; উল্লেখকৃত।

men·tor [ˈমেনটো°(র্)] *n* বিজ্ঞ পরামর্শদাতা।

menu [ˈমেনিউ] *n,v* রেস্তোরাঁয় প্রস্তুত খাদ্যের তালিকা।

Mephi·stoph·elian [ˈমেফিস্টাফীলিআন্] *adj* জার্মানির 'ফাউস্ট' কাহিনীতে বর্ণিত শয়তান সম্পর্কিত বা ঐ শয়তানতুল্য; দুনিয়ার সবকিছুকে ঘৃণা বা বিদ্বেষ করে এমন।

mer·can·tile [ˈমাকান্টাইল্] *adj* ব্যবসাবাণিজ্য বা বণিকসংক্রান্ত। **~ marine** রাষ্ট্রের বাণিজ্যজাহাজসমূহ এবং তাদের নাবিকবৃন্দ।

Mer·cator's pro·jec·tion [মাˌকেইটাজ় প্রাˈজেক্শ্ন্] *n* পৃথিবীর মানচিত্র তৈরির যে পদ্ধতিতে অক্ষরেখাসমূহ ও দ্রাঘিমারেখাসমূহ পরস্পরকে সমকোণে ছেদ করে (যার ফলে বিষুবরেখা হতে দূরবর্তী অঞ্চলসমূহ ক্রমান্বয়ে বর্ধিতাকারে প্রদর্শিত হয়)।

mer·cen·ary [ˈমাসিনারি US –নেরি] *adj* কেবল অর্থ ও অন্যবিধ পুরস্কারের জন্য কাজ করে এমন। □*n* (*pl* -ries) ভাড়াটে কর্মী বা সৈনিক।

mer·cer [ˈমাসা(র্)] *n* (GB) রেশমাদি মূল্যবান বস্ত্রের ব্যাসায়ী। **~y** (মূল্যবান) বস্ত্রের কারবার।

mer·cer·ize [ˈমাসারাইজ়্] *vt* সুতি বস্ত্রাদিকে রাসায়নিক প্রক্রিয়ায় রেশমের ন্যায় উজ্জ্বল ও চকচকে করা: ~d cotton.

mer·chan·dise [ˈমাচানডাইজ়্] *n* [U] পণ্যদ্রব্য। □*vt* (-ize, -ise) পণ্যদ্রব্য বেচাকেনা করা; পণ্যদ্রব্য বিক্রয়ের উন্নতিসাধন।

mer·chant [ˈমাচান্ট্] *n* ১ বণিক (বিশেষত বৈদেশিক বাণিজ্যের)। ২ (প্রধানত attrib) বাণিজ্যিক জাহাজ চলাচল সংক্রান্ত: ~ ships. **the ~ navy/servi ce/marine** রাষ্ট্রের বাণিজ্য জাহাজসমূহ এবং তাদের নাবিকবৃন্দ। **~ seaman** বাণিজ্যিক জাহাজের নাবিক। ৩ (যৌগশব্দের দ্বিতীয় অংশ হিসাবে) *n* দেশের অভ্যন্তরে বিভিন্ন পণ্যের ব্যবসায়ী: a ˈjute-~. ৪ (GB) (অপ.) কোনো বিশেষ কিছুতে আসক্তি আছে এমন ব্যক্তি: a ˈspeed ~, অত্যন্ত দ্রুতগতিতে গাড়ি চালানো যার নেশা এমন ব্যক্তি।

mer·ci·ful [ˈমাসিফ্ল্] *adj* **~ to** ক্ষমাপূর্ণ; দয়ালু; করুণাময়। **~ly** *adv*

mer·ci·less [ˈমাসিলিস্] *adj* **~ to** ক্ষমাহীন; নির্দয়; নির্মম। **~·ly** *adv* নির্দয়ভাবে; নির্মমভাবে।

mer·cur·ial [মাˈকিউআরিআল্] *adj* ১ পারদসম্পর্কিত; পারদতুল্য; পারদঘটিত; পারদবিশিষ্ট: ~ poisoning. ২ (লাক্ষ.) প্রাণবন্ত; চটপটে; উপস্থিত বুদ্ধিসম্পন্ন। ৩ (ব্যক্তি সম্পর্কে) পরিবর্তনশীল।

mer·cury [ˈমাকিউরি] *n* [U] (রস.) পারদ; পারা।
Mer·cury [ˈমাকিউরি] *n* (জ্যোতি.) বুধগ্রহ।
mercy [ˈমাসি] *n* (*pl* cies) ১ [U] ক্ষমা; করুণা। **at the ~ of** কারও বা কিছুর সম্পূর্ণ নিয়ন্ত্রণে; প্রতিরোধহীন অবস্থায়। **be left to the tender ~ of** কারও নির্মম আচরণ সহ্য করা। ২ [C] দৈবানুগ্রহ, মুক্তি, উপশম বা নিবৃত্তি। ˈ**~ killing** *n* (কথ্য) (চিকিৎসাতীত রোগীর) বিনা যন্ত্রণায় মৃত্যু সংঘটন। ৩ **M~! M~ on us !** বিস্ময় বা (প্রায়শ মিথ্যা) ভয়ের প্রকাশসূচক উক্তি।
mere[1] [মিআ(র্)] *adj* ··· ছাড়া আর কিছু নয়; নিছক: She's a ~ child. **M~ words** কাজ ব্যতীত কেবল কথা। **~·ly** *adv* শুধু; স্রেফ: That was ~ly a joke.
mere[2] [মিআ(র্)] *n* [C] পুকুর; ছোট হ্রদ।
mere·tri·cious [ˌমেরিˈট্রিশাস্] *adj* দেখতে চটকদার কিন্তু মূল্যহীন; বাহ্যিক চাকচিক্যময়: a ~ style. **~·ly** *adv.* **~·ness** *n*
merge [মাজ্] *vt,vi* ১ ~ **(in/into/with)** (বাণিজ্য.) (ব্যবসায় কোম্পানি সম্পর্কে) (বৃহত্তর কোনো কিছুর) অঙ্গীভূত করা বা হওয়া; একাধিক কিছু এক সত্তায় পরিণত করা বা হওয়া; কিছুতে নিমজ্জিত করা বা হওয়া। ২ **~ into** ধীরে ধীরে রূপান্তরিত হওয়া: Twilight ~d into darkness. **~r** [মাজা(র্)] *n* [U] ব্যবসায় প্রতিষ্ঠানাদির একত্রীকরণ বা একত্রীভবন; অন্য কিছুর অঙ্গীভূতকরণ; অন্য কিছুতে অন্তর্ভুক্তি; নিমজ্জন।
mer·id·ian [মˈরিডিআন্] *n* ১ ভূপৃষ্ঠের কোনো নির্দিষ্ট স্থানের উপর দিয়ে উত্তর ও দক্ষিণ মেরু সংযোজক যে বৃত্তরেখা কল্পনা করা হয়; মধ্যরেখা। ২ মধ্যাহ্নে সূর্য যে সর্বোচ্চ স্থানে পৌঁছে; মধ্যাহ্ন, সর্বোচ্চ স্থান ও চূড়া। ৩ (লাক্ষ.) সাফল্য; খ্যাতির সর্বোচ্চ অবস্থা; সর্বোচ্চ খ্যাতি বা সাফল্যের কাল।
mer·idi·onal [মˈরিডিআনল্] *adj* ১ দক্ষিণ সম্পর্কিত; দক্ষিণ য়োরোপ (বিশেষত দক্ষিণ ফ্রান্স) সম্পর্কিত। ২ মধ্যাহ্নকালীন; মধ্যরেখা সংক্রান্ত।
me·ringue [মˈর্যাঙ্] *n* [C, U] ডিমের শ্বেতাংশের সঙ্গে চিনি মিশিয়ে প্রস্তুত মিষ্টান্নবিশেষ।
mer·ino [মˈরীনৌ] *n* (*pl* ~s) ১ (অপিচ ˈ**~-sheep**) উৎকৃষ্ট লম্বা পশমযুক্ত ভেড়াবিশেষ। ২ [U] উক্ত পশম থেকে প্রস্তুত বস্ত্র; নরম পশমি ও সুতি বস্ত্র।
merit [ˈমেরিট্] *n* ১ [U] প্রশংসনীয় গুণ বা যোগ্যতা; উৎকর্ষ। ২ পুরস্কৃত হওয়ার যোগ্য গুণ বা বিষয়। **make a ~ of sth** কোনো কিছুকে পুরস্কার বা প্রশংসা পাবার যোগ্য হিসাবে তুলে ধরা। □*vt* যোগ্য হওয়া: ~ reward/punishment.
meri·toc·racy [ˌমেরিˈটক্রাসি] *n* (*pl* -cies) যে সরকার বা নিয়ন্ত্রণব্যবস্থা উচ্চ ব্যবহারিক যোগ্যতা ও ধীসম্পন্ন ব্যক্তিদের দ্বারা পরিচালিত হয়।
meri·tori·ous [ˌমেরিটোরিআস্] *adj* প্রশংসার যোগ্য; পুরস্কৃত হবার যোগ্য: ~ conduct. **~·ly** *adv*
mer·maid [ˈমামেইড্] *n* (ছোটদের গল্পে বা রূপকথায়) পায়ের বদলে মাছের লেজযুক্ত নারী; মৎস্যনারী। **mer·man** [ˈমামান্] *n* (*pl.* -men) মৎস্যনর।
merry [ˈমেরি] *adj* (*-ier,-iest*) ১ উল্লসিত; উৎফুল্ল; হাসিখুশি; আনন্দময়: a ~ christmas. **make ~** আনন্দ করা; স্ফূর্তি করা; উৎসব করা। ˈ**~-maker** আনন্দোৎসবকারী। ˈ**~-making** *n* ˈ**~-go-round** ঘোড়াগাড়ি ইত্যাদির যন্ত্রচালিত নাগরদোলা। ২ (প্রা.প্র.) মনোরম: the ~ month of May. **mer·rily** *adv.* **mer·ri·ment** *n* [U]

mé·sal·liance [ˌমেই ˈজ্যালিআ:ন্স্] *n* নিম্নতর সামাজিক মর্যাদাসম্পন্ন ব্যক্তির সঙ্গে বিবাহ।
mes·cal [ˈমেস্কল্] *n* ১ মেক্সিকোর গোলকা-কৃতি ক্যাকটাস; মেসকাল। ২ মেক্সিকোর এক প্রকার গাছের রস থেকে তৈরি মদ্যবিশেষ। **mes·ca·line** [ˈমেস্কালিন্] *n* [U] যেসকল ক্যাকটাসের নির্যাস থেকে প্রস্তুত মায়ার ঘোর সৃষ্টিকারী মাদক।
Mes·dames [মেইডা:ম্] *n,* madame–এর *pl*
Mes·demoi·selles [ˌমেইড্মোআˈজেল্] *n* mademoiselle –এর *pl*
mesh [মেশ্] *n* ১ জালের বুনানির বা তারের জালির ঘর বা ফাঁক। ২ (*pl*) জাল। ৩ (বলবিজ্ঞান) **in ~** (দাঁতওয়ালা চাকা সম্পর্কে) পরস্পরসংবদ্ধ। □*vt,vi* ১ জালের সাহায্যে (মাছ ইত্যাদি) ধরা। ২ (দাঁতওয়ালা চাকা সম্পর্কে) পরস্পর সংবদ্ধ করা বা হওয়া; (লাক্ষ.) সমন্বয়পূর্ণ হওয়া; খাপ খাওয়া।
mes·mer·ism [ˈমেজ্মারিজ় ম্] *n* [U] (Hypnotism–এর পুরনো নাম) সম্মোহন। **mes·meric** [মেজ়্মেরিক্] *adj* সম্মোহনকর। **mes·mer·ist** *n* সম্মোহনকারী। **mes·mer·ize** *vt* সম্মোহিত করা।
me·son [ˈমীসান্] *n* (পদার্থ.) ইলেকট্রন ও প্রোটন-নিউট্রনের মাঝামাঝি ভরবিশিষ্ট অস্থিতিশীল পারমাণবিক কণা; মেসন।
mess[1] [মেস্] *n* ১ (indef art–সহ, ক্বচিৎ *pl*) বিশৃঙ্খলা; তালগোল পাকানো অবস্থা; বিভ্রান্তি। □*vt,vi* (ক) **~ sth (up)** বিশৃঙ্খল করে ফেলা; তালগোল পাকিয়ে ফেলা। ˈ**~-up** *n* (কথ্য) বিশৃঙ্খলা; বিভ্রান্তি। ২ **~ sth/sb about** (ক) সুনির্দিষ্ট কোনো পরিকল্পনা ছাড়া কাজ করা; বোকার ন্যায় আচরণ করা। (খ) কোনো কিছু তালগোল পাকিয়ে ফেলা; কারও সঙ্গে অমার্জিত বা অবিবেচকসুলভ আচরণ করা। **~y** *adj,* (-ier, -iest) নোংরা; বিশৃঙ্খলা: a ~y job.
mess[2] [মেস্] *n* [C] একত্রে আহার গ্রহণকারী ব্যক্তিদের দল (বিশেষত সেনাবাহিনীতে); ঐ আহার; যে কক্ষ ইত্যাদিতে ঐ আহার গ্রহণ করা হয়; মেস। ˈ**~-mate** একই মেসের সদস্য। □*vi* **~ with sb, ~ together** একত্রে মেসে খাওয়া।
mess·age [ˈমেসিজ্] *n* ১ সংবাদ; খবর; বার্তা। ২ সামাজিক, নৈতিক বা ধর্মীয় শিক্ষা: the ~ of Muhammad (sm).
Mess·iah [মিˈসা ইআ] *n* মানবজাতির ত্রাণের উদ্দেশ্যে যাঁর আবির্ভাব ঘটবে বলে ইহুদিরা আশা করে; (খ্রিস্টানদের মতে) যিশু খ্রিস্ট।
Mess·ieurs [মেই ˈসিউআ(র্)] *n* monsieur–এর *pl*
Messrs [ˈমেসাজ্] *n* (Messieurs–এর সংক্ষিপ্ত রূপ) Mr-এর বহুবচন হিসাবে একাধিক ভদ্রলোকের নামের তালিকার আগে ব্যবহৃত; সর্বজনাব; ব্যবসায় প্রতিষ্ঠানের নামের আগে ব্যবহৃত: ~ L. Ali & Co.
met [মেট্] meet–এর *pt,pp*
Met [মেট্] *adj* Meteorological–এর সংক্ষিপ্ত রূপ; আবহাওয়া: Met report, আবহাওয়া প্রতিবেদন; Met office, আবহাওয়া অফিস।
me·tab·olism [মিˈট্যাব ˈলিজ়াম্] *n* [U] জীবন্ত পদার্থে যে প্রক্রিয়ায় খাদ্য তৈরি হয় এবং খাদ্য সরলতর পদার্থে রূপান্তরিত হয়; জীবদেহের রাসায়নিক রূপান্তর; বিপাক। **meta·bolic** [ˌমেটাˈবলিক্] *adj* বিপাকীয়।

me·tab·olize [মি'ট্যাব ালাইজ্] *vt* (জীব.) বিপাক-ক্রিয়ায় খাদ্য শোষণ করে ব্যবহার করা।

meta·car·pal [ˌমেটাকা:প্ল্] *adj, n* (ব্যব.) হাতের হাড় সম্পর্কিত; করকূর্চাস্থি সংক্রান্ত। **meta·car·pus** *n* করকূর্চাস্থি।

metal ['মেট্ল্] *n* ১ ধাতু। '**~-work** ধাতুর শিল্পকর্ম। '**~-worker** ধাতুকর্মকার। ২ ('**road-) ~** (GB) সড়ক ও রেলপথ পাকা করার জন্য ব্যবহৃত নুড়ি বা পাথরকুচি। ৩ (*pl*) রেলপথ: The train left the ~s. □*vt* (-ll- US -l-) পাথরকুচি দিয়ে (সড়ক) বাঁধানো বা পাকা করা। **~led road** পাথরকুচি দ্বারা বাঁধানো সড়ক; পাকা সড়ক।

me·tal·lic [মি'ট্যালিক্] *adj* ধাতব: ~ coins, ধাতব মুদ্রা; ধাতুতুল্য।

me·tal·lurgy [মি'ট্যালাজি US 'মেটালারজি] *n* [U] ধাতুবিদ্যা। **me·tal·lur·gi·cal** *adj* ধাতুবিদ্যাগত। **me·tal·lur·gist** [–জিস্ট্]*n* ধাতুবিদ; ধাতুবিজ্ঞানী।

meta·mor·phose [ˌমেটামোফৌজ্] *vt,vi* **~ (sb/sth) (into)** রূপান্তরিত করা; রূপান্তরিত হওয়া।

meta·mor·pho·sis [ˌমেটা'মোফ়াসিস্] *n* (*pl* -oses) রূপান্তর; আকারের বা চরিত্রের পরিবর্তন।

meta·phor ['মেটাফ়া(র্)] *n* [C, U] অভেদ কল্পনা করে বিশেষ ভাব প্রকাশের জন্য যে শব্দ প্রয়োগ করা হয়; রূপকালঙ্কার; রূপক: a heart of stone, পাষাণহৃদয় (পাষাণের মতো কঠিন হৃদয়)। **~i·cal** *adj.* **~i·cally** *adv*

meta·phys·ics [ˌমেটা'ফ়িজিক্স্]*n* (*sing v.*) ১ সত্তার প্রকৃতি ও জ্ঞান সংক্রান্ত দর্শনশাস্ত্র; অধিবিদ্যা। ২ (স্থূল প্রয়োগ) দূরকল্পী দর্শন; বিমূর্ত আলোচনা। **meta·phys·ical** *adj* অধিবিদ্যামূলক।

meta·tar·sal [ˌমেটা'টা:স্ল্] *adj n* (ব্যব.) পায়ের হাড়; পায়ের হাড় সংক্রান্ত; পদকূর্চাস্থি সংক্রান্ত।

meta·tar·sus [ˌমেটা'টা:সাস্] *n* গোড়ালি থেকে পায়ের আঙুল পর্যন্ত পায়ের অংশ বা ঐ অংশের হাড়সমূহ; পদকূর্চাস্থি।

mete [মীট্] *vt* **~ out** পরিমাপ করা; অংশ ভাগ করে দেওয়া: ~ out rewards.

me·teor ['মীটিআ(র্)] *n* [C] উল্কা।

me·teoric [ˌমীটি'অরিক্ US –'ও'(র্)। *adj* ১ বায়ুমণ্ডল সংক্রান্ত বা বায়ুমণ্ডলীয় অবস্থা সংক্রান্ত; উল্কাসম্বন্ধীয়; উল্কাবৎ। ২ (লাক্ষ.) অত্যুজ্জ্বলভাবে সংক্ষিপ্ত; ক্ষণকালের মতো ঝলকে ওঠে এমন: a ~ career.

me·teor·ite ['মীটিআরাইট] *n* [C] পতিত উল্কা; মহাশূন্য থেকে ভূপৃষ্ঠে পতিত শিলা বা ধাতব খণ্ড; উল্কাপিণ্ড।

me·teor·ol·ogy [ˌমীটিআরলাজি] *n* [U] আবহাওয়াবিজ্ঞান; আবহবিদ্যা। **me·teor·ol·ogist** ['মাটিআ'রলাজিস্ট্] *n* আবহাওয়াবিজ্ঞানী; আবহাওয়া-বিদ। **me·teoro.logi·cal** [ˌমীটিআরাল্জিকল্ US ˌমীটিও'রা-] *adj* আবহাওয়া সংক্রান্ত।

me·ter[1] ['মীটা(র্)] *n* [C] পরিমাপযন্ত্র: water ~; light ~; ex'posure ~.

me·ter[2] ['মীটা(র্)] *n* (US) = metre.

meth·ane ['মীথেন্] *n* [U] বর্ণহীন; গন্ধহীন দাহ্য গ্যাসবিশেষ (CH_4), যা কয়লাখনিতে এবং জলা অঞ্চলে দেখা যায়; মিথেন গ্যাস।

me·thinks [মি'থিঙ্ক্স্] *vi* (*pt* methought) (প্রা.প্র.) আমার মনে হয়।

method ['মেথাড্] *n* ১ [U] নিয়ম; শৃঙ্খলা: a man of ~; There's ~ in his madness, তার আচরণ যেমন মনে হয় ততটা অযৌক্তিক নয়। ২ [C] পদ্ধতি; প্রণালী; ধরন: ~s of teaching; ~ of payment. **~i·cal** *adj* (ক) পদ্ধতিগত; সুসংবদ্ধ; সুশৃঙ্খল; (খ) নিয়মানুগ; নিয়মনিষ্ঠ। **~i·cally** *adv.* '**~·ol·ogy** [ˌমেথাডলাজি]*n* [U] নিয়মবিষয়ক বিজ্ঞান বা বিদ্যা; [C] কোনো কাজে ব্যবহৃত নিয়ম বা পদ্ধতিসমূহ।

Meth·od·ism ['মেথাডিজ়াম্] *n* ইংল্যান্ডের জন ওয়েজলি (John Wesley ১৭০৩-১৭৯১) কর্তৃক প্রবর্তিত কঠোর নিয়মনিষ্ঠ খ্রিস্টীয় সম্প্রদায়বিশেষের মতবাদ, শিক্ষা ও প্রার্থনাপদ্ধতি। **Meth·od·ist** *n, adj* উক্ত সম্প্রদায় সম্পর্কিত; উক্ত সম্প্রদায়ভুক্ত ব্যক্তি। দ্র. Wesleyan.

me·thought [মি'থো ট্] methinks-এর *pl*

meths [মেথ্স্] *n* (*pl*) (কথ্য) methylated spirit এর সংক্ষিপ্ত রূপ।

methyl ['মেথিল্] *n* **~ alcohol** বিভিন্ন জৈবরাসায়নিক যৌগপদার্থে বিদ্যমান সুরাসারবিশেষ; মেথিল (অ্যালকোহল)। '**~·ated** [-লেই টিড্] *adj* মেথিলযুক্ত। **~ated spirit(s)** [U] আগুন জ্বালানোর বা তাপ সৃষ্টির উদ্দেশ্যে ব্যবহৃত (অপেয়) অ্যালকোহলবিশেষ।

me·ticu·lous [মি'টিকিউল াস্] *adj* **~ (in)** খুঁটিনাটির ব্যাপারে অতি যত্নশীল; অতি সতর্ক ও যথাযথ। **~·ly** *adv*

mé·tier ['মেটিএই] *n* ব্যক্তিগত বৃত্তি, পেশা বা ব্যবসায়।

metre[1] (US = **meter**) ['মীটা(র্)] মেট্রিক প্রণালীতে দৈর্ঘ্যের একক; মিটার।

metre[2] (US = **me·ter**) ['মীটা(র্)] *n* ছন্দ।

met·ric ['মেটরিক্] *adj* মিটার সম্পর্কিত। **the'~ system** মেট্রিক পরিমাপব্যবস্থা; যে দশমিক পরিমাপব্যবস্থায় মিটারকে দৈর্ঘ্যের একক, কিলোগ্রামকে ভরের একক এবং লিটারকে আয়তনের একক ধরা হয়।

metri·cal ['মেট্রিক্ল্] *adj* ১ ছন্দোবদ্ধ; ছন্দ সংক্রান্ত। ২ পরিমাপ সম্পর্কিত: ~ geometry. **~ly** *adv*

metri·ca·tion [ˌমেট্রি'কেইশ্ন্] *n* মেট্রিক ব্যবস্থায় রূপান্তকরণ।

Metro ['মেটরৌ] *n* **(the) ~** পাতাল রেলপথ ব্যবস্থা (বিশেষত প্যারিসে)।

met·ro·nome ['মেট্রানৌম্] *n* (সঙ্গীত) তাল নির্দেশ করার যন্ত্রবিশেষ, যাতে একটি পেনডিউলাম প্রতি মিনিটে নির্দিষ্ট সংখ্যক বার শব্দ করার মাধ্যমে তাল সৃষ্টি করে।

me·trop·olis [মে'ট্রপালিস্] *n* (*pl* -es) কোনো দেশের প্রধান নগর; মহানগরী; রাজধানী।

metro·poli·tan [ˌমেট্রা'পলিটান্] *adj* ১ রাজধানী সম্পর্কিত; রাজধানীস্থ। ২ প্রধান গির্জার এলাকা সম্পর্কিত। **~ bishop** রাজধানীর গির্জার বিশপ; আর্চবিশপ। ৩ **Metropolitan France** বৈদেশিক উপনিবেশসমূহ ছাড়া শুধু ফ্রান্স দেশ। □*n* (ক) মহানগরী বা রাজধানীতে বসবাসকারী ব্যক্তি; (খ) আর্চবিশপ বা রাজধানীর গির্জার বিশপ।

mettle ['মেট্ল্] *n* [U] তেজ; সাহস। **be on one's ~** তেজোদ্দীপ্ত হওয়া। **put sb on his ~** যথাসাধ্য করার জন্য কাউকে উদ্দীপিত করা। '**~·some** *adj* তেজস্বী; তেজোদ্দীপ্ত।

mew [মিউ] (অপিচ **miaow**) *n* বিড়ালের/সামুদ্রিক পাখির মিউ বা মেও–মেও ডাক। □*vi* মিউ মিউ ধ্বনি করা।

mezza·nine [ˈমেজ়নীন্] *n,adj* একতলা ও দোতলার মধ্যবর্তী (তল)।

mezzo [ˈমেৎসৌ] *adv* (সঙ্গীত নির্দেশনা) মাঝারি রকম; আধা: ~ force, মাঝারি রকমের উচ্চস্বরে। **~-so·prano** [ˌমেৎসোসাপ্রা:নৌ US –ˈপ্র্যানৌ] মাঝারি আওয়াজ; মাঝারি আওয়াজবিশিষ্ট ব্যক্তি।

mezzo·tint [ˈমেৎসৌটিন্ট্] *n* [C, U] খোদাই করা বা চাঁছা ধাতুপাত থেকে ছবি মুদ্রণের পদ্ধতি বা ঐ পদ্ধতিতে মুদ্রণ।

mi, me [মী] *n* সঙ্গীতে অষ্টকের তৃতীয় স্বর বা স্বরলিপি।

mi·aou, mi·aow [মীˈআ:উ] *n,vi* = mew.

mi·asma [মিঅ্যাজ়্মা] *n* জলাভূমি বা মাটির পচা আবর্জনাদি থেকে নির্গত বাষ্প বা দুর্গন্ধ; (লাক্ষ.) অস্বাস্থ্যকর পরিবেশ বা প্রভাব।

mica [ˈমাইকা] *n* [U] অভ্র।

mice [মাই স্] *n* mouse–এর *pl*

Michael·mas [ˈমিক্‌ল্‌মাস্] *n* সাধু মাইকেলের জন্মতিথি উপলক্ষে ২৯ সেপ্টেম্বর অনুষ্ঠেয় খ্রিস্টীয় পর্ববিশেষ। ˌ**~ ˈdaisy** শরৎকালে নীল, সাদা, গোলাপি বা বেগুনি ফুল ফোটে এমন ফুলগাছবিশেষ।

mickle [ˈমিক্‌ল্] (অপিচ **muckle** [ˈমাক্‌ল্]) *n* (স্কট.) প্রচুর পরিমাণ: Many a little makes a ~, অনেক ক্ষুদ্র ক্ষুদ্র বস্তু একত্রে বড়ো কিছু গড়ে তোলে।

micro [ˈমাইক্রৌ] *adj* অতি ক্ষুদ্র; দশ লক্ষ ভাগের একভাগ।

micro- [ˈমাইক্রৌ] *n* = ~ computer.

microbe [ˈমাইক্রৌব্] *n* অণুজীব; জীবাণু।

micro·bi·ol·ogy [ˌমাইক্রৌবাইˈঅলাজি] *n* [U] অণুজীববিদ্যা।

micro·chip [ˈমাইক্রৌচিপ্] *n* (কম্পি.) সংহত বর্তনীতে ব্যবহৃত সিলিকন ইত্যাদির অতি ক্ষুদ্র টুকরা; মাইক্রোচিপ।

micro·com·puter [ˌমাইক্রৌকম্‌ˈপিউটা(র্)] *n* দ্র. computer.

micro·cosm [ˈমাইক্রৌক্‌জ়াম্] *n* ক্ষুদ্র সৃষ্টি বা বিশ্ব (সৃষ্টির প্রতিনিধিত্বকারী হিসাবে গণ্য) মানুষ। দ্র. macro·cosm.

micro·dot [ˈমাইক্রৌডট্] *n* বিন্দুর আকারে পর্যবসিত ছবি; বিন্দুচিত্র।

micro·fiche [ˈমাইক্রৌফ়ীশ্] *n* [C, U] মাইক্রোফিল্‌মের পাত।

micro·film [ˈমাইক্রৌফ়িল্‌ম্] *n* [C,U] ক্ষুদ্রাকারে ছবি তোলার ফিল্‌মবিশেষ। □*vt* ঐরূপ ফিল্মের সাহায্যে ক্ষুদ্রাকারে ছবি তোলা।

mi·crom·eter [ˌমাই ˈক্রমিটা(র্)] *n* অতি ক্ষুদ্র বস্তু মাপার যন্ত্রবিশেষ; মাইক্রোমিটার।

mi·cron [ˈমাইক্রন্] *n* দৈর্ঘ্যের এককবিশেষ (প্রতীক); এক মিটারের দশ লক্ষ ভাগের একভাগ।

micro-or·gan·ism [ˌমাইক্রৌˈওগানিজ়াম] *n* অণুজীব।

micro·phone [ˈমাইক্রাফোন্] *n* রেডিও, টেলিফোন ইত্যাদিতে ব্যবহৃত যে যন্ত্রের সাহায্যে শব্দতরঙ্গকে বিদ্যুৎপ্রবাহে রূপান্তরিত করা হয়; মাইক।

micro·pro·ces·sor [ˌমাইক্রৌˈপ্রৌসেসা(র্)] *n* (কম্পি.) কম্পিউটারে ব্যবহৃত এক ধরনের সংহত বর্তনী।

micro·scope [ˈমাইক্রাস্কৌপ্] *n* অণুবীক্ষণ। **micro·scopic** [ˌমাইক্রাˈস্কপিক্] আণুবীক্ষণিক; সূক্ষ্মাতিসূক্ষ্ম।

micro·wave [ˈমাইক্রৌওএইভ্] *n* (বেতার সম্প্রচার রেডার ইত্যাদিতে ব্যবহৃত) অতি ক্ষুদ্র তরঙ্গ; মাইক্রোতরঙ্গ। **~ ˈoven** *n* মাইক্রোতরঙ্গ চুল্লি।

mid[1] [মিড্] *adj* ১ মধ্যস্থিত; মধ্যবর্তী; মাঝামাঝি: ~ September, ~ Winter. ২ (যৌগশব্দে বিশেষ রূপে) মধ্য: ~-night, মধ্যরাত্রি। **the ˌMid-ˈWest** (অপিচ **the ˌMiddle ˈWest**) আমেরিকা যুক্তরাষ্ট্রের দক্ষিণে কানসাস, মিসৌরি এবং ওহিও নদ পর্যন্ত বিস্তৃত মিসিসিপি অববাহিকার অংশ। ˌ**~-ˈoff/- ˈon** (ক্রিকেট) বোলারের কাছাকাছি দাঁড়ানো ডান/বাম দিকের ফিল্ডার।

mid[2] [মিড্] prep (কাব্য) মধ্যে।

mid·day [ˌমিড্‌ডেই] *n* দুপুর; মধ্যাহ্ন: the ~ meal, দুপুরের খাবার; মধ্যাহ্নভোজ।

mid·den [ˌমিড্‌ন্] *n* গোবরের স্তূপ; আবর্জনার স্তূপ।

middle [ˈমিড্‌ল্] *n* ১ **the ~** মধ্যবর্তী বিন্দু, অবস্থান বা অংশ; কেন্দ্র; মধ্য। ˌ**~ -of-the-ˈroad** (attrib) (নীতি ইত্যাদি সম্পর্কে) মধ্যপন্থা। ২ (কথ্য) কোমর: forty inches round the ~. ৩ (attrib) মধ্যবর্তী; মাঝের: the ~ house in the row. ˌ**~ ˈage** মাঝারি বয়স (যৌবন ও বার্ধক্যের মধ্যবর্তী বয়স)। ˌ**~-ˈaged** [–এ ইজ্‌ড্] *adj* মাঝারি বয়সের; মধ্যবয়স্ক; প্রৌঢ়। ˌ**~-aged(d) ˈspread** (কথ্য) প্রৌঢ় বয়সে দেহে যে স্থূলতা দেখা দেয়। **the ˌMiddle ˈAges** মধ্যযুগ (য়োরোপীয় ইতিহাসে দ্বাদশ থেকে পঞ্চদশ খ্রিস্টীয় শতক)। ˌ**~ ˈclass** মধ্যবিত্ত শ্রেণী। **take/follow a ~ course** মধ্যপন্থা অবলম্বন করা। **the ˌ~ˈdistance** ভূদৃশ্যাদির চিত্রে পুরোভূমি ও পশ্চাৎভূমির মধ্যবর্তী অংশ। **the ˌ~ ˈear** কানের মধ্যবর্তী শূন্যগর্ভ অংশ; মধ্যকর্ণ। **the ˌMidele ˈEast** মধ্যপ্রাচ্য (দ্র. East). ˌ**~ ˈfinger** মধ্যমাঙ্গুলি। **the ˌMiddle ˈKingdom** চীনের প্রাচীন নাম। **ˈ~·man** *n* (*pl* -men) (ক্রয়বিক্রয়াদির) দালাল; মধ্যগ। ˌ**~ ˈname** নামের প্রথম অংশ ও পারিবারিক নামের মধ্যবর্তী অংশ (যেমন George Bernard Shaw নামের 'Bernard')। **ˈ~ school** (কোনো কোনো দেশে) প্রাথমিক বিদ্যালয় ও উচ্চ বিদ্যালয়ের মধ্যবর্তী বিদ্যালয়বিশেষ; মাধ্যমিক বিদ্যালয়। **the ˌ~ ˈwatch** (জাহাজে) মধ্যরাত্রি ও ভোর ৪টার মধ্যবর্তী সময়। **ˈ~·weight** ১৪৭ থেকে ১৬০ পাউন্ড (৬৬.৬ থেকে ৭২শু৫ কিলোগ্রাম) পর্যন্ত দৈহিক ওজনবিশিষ্ট মুষ্টিযোদ্ধা। **the ˌMiddle ˈWest** দ্র. Midwest (mid[1]).

mid·dling [ˈমিড্‌লিঙ্] *adj* মাঝামাঝি; মাঝারি আকারের বা মানের: a town of ~ size. □*adv* (কথ্য) মোটামুটি: ~ tall.

midge [মিজ্] *n* ক্ষুদ্র ডাঁশের আকারের ডানাওয়ালা পতঙ্গবিশেষ।

midget [ˈমিজিট্] *n* অতি ক্ষুদ্রকায় ব্যক্তি; (attrib) অতি ক্ষুদ্রকায়: a ~ submarine.

midi [মিডি] *n* মাঝারি ঝুলের পোশাক (বিশেষত মেয়েদের)।

mid·land [ˈমিড্‌লান্ড্] *n* কোনো দেশের মধ্যভাগ; (বিশেষণ হিসাবে) কোনো দেশের মধ্যাঞ্চলীয়: the M~s, ইংল্যান্ডের কাউন্টিসমূহ।

mid·night [ˈমিড্‌নাইট্] *n* ১ মধ্যরাত্রি; রাত দুপুর; রাত বারোটা: at/after ~. ২ (attrib) মধ্যরাত্রিকালীন: the ~ hours. **burn the ~ oil** অধিক রাত পর্যন্ত জেগে

কাজ করা। **the ~ sun** নিশীথ সূর্য (মেরু অঞ্চলে গ্রীষ্মকালে মধ্যরাত্রিতেও সূর্য দৃশ্যমান বিধায় এই নাম)।

mid·riff [ˈমিড্‌রিফ্] *n* ১ (ব্যব.) মধ্যচ্ছদা। ২ তলপেট।

mid·ship·man [ˈমিড্‌শিপ্‌মান্] *n* (*pl* -men) নৌবাহিনীর নিম্নপদস্থ কর্মচারীবিশেষ; আমেরিকান নৌবাহিনীর প্রশিক্ষণাধীন ছাত্র বা শিক্ষানবিশ।

mid·ships [ˈমিড্‌শিপ্‌স্] *adv* = amidships.

midst [মিড্‌স্‌ট্] *n* (সাহিত্য./পুরা.) মধ্যভাগ: in/into/from/out of the ~. □*prep* (সাহিত্য./ পুরা.) মাঝে।

mid·stream [ˌমিড্‌ˈস্ট্রীম্] *n* [U] নদীর (উভয় তীর থেকে দূরবর্তী) মধ্যভাগ; মধ্যনদী। **in ~** বিষয়ের বা ঘটনার মধ্যভাগে।

mid·sum·mer [ˌমিড্‌ˈসাম(র্)] *n* [U] উত্তরায়ণান্ত বা কর্কটক্রান্তি (২১ জুনের কাছাকাছি সময়)। **ˌM~** ২৪ জুন। **~ ˈmadness** চরম উন্মাদ অবস্থা।

mid·way [ˌমিড্‌ˈওয়েই] *adj,adv* **~ (between)** মধ্যে অবস্থিত; অর্ধপথে।

mid·week [ˌমিড্‌ˈউইক্] *n* [U] সপ্তাহের মাঝামাঝি বা মধ্যভাগ (অর্থাৎ মঙ্গল, বুধ ও বৃহস্পতিবার, বিশেষ করে বুধবার)। □*adj* সপ্তাহের মধ্যভাগীয়: a ~ holiday.

mid·wife [ˈমিডওয়াইফ্] *n* (*pl* midwives) ধাত্রী; দাই। **mid·wifery** [মিডউইফ্‌রি] *n* [U] ধাত্রীর পেশা ও কাজ; ধাত্রীবিদ্যা।

mien [মীন্] *n* (সাহিত্য.) চেহারা; ভাবভঙ্গি; আচার-আচরণ।

might[1] [মাইট্] may-এর *pt*

might[2] [মাইট্] *n* [U] প্রবল ক্ষমতা; বল; জোর; শক্তি: Might is right, জোর যার মুলুক তার। **with ~ and main** শারীরিক বল প্রয়োগের সাহায্যে।

mighty [ˈমাইটি] *adj* (-ier, -iest) ১ (সাহিত্য.) পরাক্রমশালী: a ~ nation. ২ প্রকাণ্ড; বিরাট: the ~ ocean. **high and ~** অত্যন্ত অহঙ্কারী। □*adv* (কথ্য) খুব: to think oneself ~ clever. **ˈmight·ily** *adv* প্রবলভাবে, (কথ্য) চরমভাবে; একেবারে: mightily indignant.

mi·graine [ˈমীগ্রেইন্] *n* (সাধা. মাথার বা কপালের এক পাশের) প্রচণ্ড মাথাব্যথা; আধকপালে।

mi·grant [ˈমাইগ্রান্ট্] *n* বসবাসের উদ্দেশ্যে এক স্থান ত্যাগ করে অন্যত্র গমনকারী (বিশেষত পাখি)।

mi·grate [মাই ˈগ্রেইট US ˈমাইগ্রেইট্] *vi* **~ (from/ to)** ১ এক স্থান ত্যাগ করে অন্য স্থানে (বসবাসের উদ্দেশ্যে) চলে যাওয়া; বিদেশে বসবাসের উদ্দেশ্যে চলে যাওয়া; এক বিশ্ববিদ্যালয় ত্যাগ করে অন্য বিশ্ববিদ্যালয়ে ভর্তি হওয়া। ২ (পাখি ও মাছ সম্পর্কে) বিশেষ ঋতুতে এক স্থান বা এক দেশ থেকে অন্য স্থানে বা অন্য দেশে পরিভ্রমণ করা। **mi·gra·tion** [মাইˈগ্রেইশ্‌ন্] *n* [U] এক স্থান বা দেশ বা বিশ্ববিদ্যালয় থেকে অন্য স্থান, দেশ বা বিশ্ববিদ্যালয়ে গমন; অভিপ্রয়াণ; [C] একত্রে অভিপ্রয়াণকারী ব্যক্তি বা প্রাণীর দল। **mi·gra·tory** [ˈমাইগ্রেটরি US -টো°রি] *adj* ভ্রমণশীল; প্রচরণশীল: migratory birds.

mi·kado [মিˈকা:ডৌ] *n* (পূর্বে বিদেশে ব্যবহৃত) জাপান সম্রাটের আখ্যা।

mike [মাইক্] *n* (কথ্য) মাইক্রোফোন (microphone)-এর সংক্ষিপ্ত রূপ।

mi·lage [ˈমাইলিজ্] *n* = mileage.

milch [মিল্‌চ্] *adj* (গৃহপালিত স্তন্যপায়ী প্রাণী সম্পর্কে) দুগ্ধবতী; দুগ্ধদাত্রী; দুধেল: ˈ~ cows·

mild [মাইল্‌ড্] *adj* (-er, -est) ১ নরম, শান্তপ্রকৃতির, কোমল, মৃদু বা লঘু: ~ weather; ~ attack; ~ punishments. ২ (খাদ্য, পানীয়, তামাক ইত্যাদি সম্পর্কে) অনুগ্র; কড়া নয় এমন; কোমল: ~ cigar. **draw it ~** (লাক্ষ.) মাত্রা বা সীমা মেনে চলা। ৩ **~ steel** পিটিয়ে ইচ্ছামতো আকার দেওয়া যায় এমন নমনীয় ইস্পাত। **~·ly** *adv* শান্তভাবে; মৃদুভাবে। **to put it ~ly** রেখে ঢেকে বলতে গেলে; অতিরঞ্জন না করে বলতে গেলে। **~·ness** *n*

mil·dew [ˈমিল্‌ডিউ US -ডূ] *n* [U] গরম ও স্যাঁতসেঁতে আবহাওয়ায় গাছপালা, কাগজ, চামড়া প্রভৃতির গায়ে যে ক্ষয়কর ছত্রাক জন্মে। □*vt,vi* উক্ত ছত্রাক হওয়া বা ছত্রাক-আক্রান্ত হওয়া।

mile [মাইল্] *n* দূরত্বের পরিমাপবিশেষ; মাইল: (১৭৬০ গজ): for ~s and ~s, মাইলের পর মাইল; He's feeling ~s better to-day, সে আজ অনেক ভালো বোধ করছে (কথ্য)। **~·om·eter** [মাই লোমিটা(র্)] মোটরগাড়িতে অতিক্রান্ত দূরত্ব মাইলে নির্দেশ বা রেকর্ড করার যন্ত্র; মাইলমিটার। **ˈ~·stone** *n* মাইলফলক; (লাক্ষ.) ইতিহাসের বা মানবজীবনের গুরুত্বপূর্ণ পর্যায়, ধাপ বা ঘটনা।

mile·age [ˈমাইলিজ্] *n* ১ মাইলের হিসাবে অতিক্রান্ত দূরত্ব: a used car with a small ~, যে ব্যবহৃত গাড়ি বেশি চালানো হয়নি। ২ মাইলের হিসাবে প্রদেয় ভ্রমণভাতা।

miler [মাইলা(র্)] *n* (কথ্য) এক মাইলের দৌড়ে বিশেষ পারদর্শী দৌড়বিদ; মাইলার।

mi·lieu [ˈমীলিউআ US ˌমী ˈলিউআ] *n* পরিবেশ; সামাজিক পারিপার্শ্বিকতা; পারিপার্শ্বিক অবস্থা; প্রতিবেশ।

mili·tant [ˈমিলিটান্ট্] *adj* যুদ্ধের জন্য প্রস্তুত; শক্তি বা জোরালো চাপ-প্রয়োগে নিয়োজিত বা এর সমর্থক; যুদ্ধংদেহি; জঙ্গি; রণমুখো: ~ students/workers. □ *n* শ্রমিক আন্দোলন; রাজনীতি প্রভৃতি ক্ষেত্রে জঙ্গি ব্যক্তি। **ˈmili·tancy** [-টান্‌সি] *n* জঙ্গিত্ব; রণমুখিতা।

mili·tar·ism [ˈমিলিটারিজাম্] *n* [U] সামরিক শক্তি ও সদ্‌গুণাবলীর উপর আস্থা ও নির্ভরশীলতা; সমরবাদ। **mili·tar·ist** [ˈমিলিটারিস্ট্]*n* সমরবাদে বিশ্বাসী বা এই মতবাদের সমর্থক; সমরবাদী। **militar·istic** [ˌমিলিটাˈরিস্‌টিক্] *adj* সমরবাদী।

mili·tary [ˈমিলিট্রি US -টেরি] *adj* সৈনিক বা সেনাবাহিনী সম্বন্ধী; সশস্ত্রবাহিনী সম্বন্ধী; সামরিক। □*n* [U] (*sing* বা *pl* v-সহ) **the ~** সেনাবাহিনী; সৈন্যবাহিনী; সশস্ত্রবাহিনী।

mili·tate [ˈমিলিটেইট্] *vi* **~ against** (সাক্ষ্য-প্রমাণ, তথ্য ইত্যাদি সম্বন্ধে) বিরুদ্ধে সক্রিয় হওয়া/কাজ করা; বিরোধী হওয়া: The statement ~s against the very idea of happiness.

mil·itia [মিˈলিশ া] *n* (সাধা. **the ~**) বেসামরিক বাহিনী, যার সদস্যরা সামরিক প্রশিক্ষণপ্রাপ্ত হলেও নিয়মিত সেনাবাহিনীর অন্তর্ভুক্ত হয় না; রক্ষীবাহিনী। **ˈ~·man** [-মান্] *n* (*pl* -men) রক্ষীবাহিনীর সদস্য; রক্ষীসেনা।

milk[1] [মিল্‌ক্] *n* [U] ১ দুধ; দুগ্ধ; ক্ষীর। **the ~ of human kindness** মানুষের স্বাভাবিক দয়াধর্ম/দয়াদাক্ষিণ্য। **It's no use crying over split ~**

গতস্য শোচনা নাস্তি। ~ **and water** (লাক্ষ.) দুর্বল আলোচনা বা হৃদয়াবেগ; ফেচফেচানি। ২ (যৌগশব্দ) ˈ**~·bar** *n* দুগ্ধজাত পানীয়; আইসক্রিম ও অন্যান্য হালকা জলখাবারের দোকান। ˈ**~-churn** *n* দুগ্ধ বহনের জন্য ঢাকনাওয়ালা বড়ো পাত্রবিশেষ; দুধের কেঁড়ে; মন্থনী। ˈ**~·loaf** মিষ্টস্বাদের সাদা রুটি। ˈ**~·maid** *n* যে স্ত্রীলোক গো-খামারে কাজ করে এবং দুগ্ধদোহন করে; গোয়ালিনী; গোপী। ˈ**~·man** [–ম্যান্] *n* (*pl* -men) দুগ্ধবিক্রেতা; দুধওয়ালা; গোয়ালা। ˈ**~-powder** *n* গুঁড়ো দুধ। ˈ**~-round** *n* দুধওয়ালা যে পথে বাড়ি বাড়ি বা রাস্তায় রাস্তায় দুধ দিতে যায়। ˈ**~-shake** *n* দুধের সঙ্গে আইসক্রিম মিশিয়ে ফেটিয়ে তৈরি করা পানীয়বিশেষ। ˈ**~·sop** (–সপ্) *n* নিতান্ত নিরীহ প্রকৃতির নির্জীব পুরুষ; গোবেচারা। ˈ**~-tooth** *n* (*pl* -teeth) দুধ–দাঁত। ˌ**~-ˈwhite** *adj* দুধের মতো সাদা; দুগ্ধধবল। ৩ কোনো কোনো উদ্ভিদ বা গাছের দুগ্ধসদৃশ রস, যেমন ডাবের পানি। ˈ**~·weed** *n* দুগ্ধসদৃশ রস–বিশিষ্ট বিভিন্ন ধরনের বুনো উদ্ভিদের সাধারণ নাম; দুগ্ধস্তম্ব। ৪ গাছগাছড়া বা ওষধি থেকে তৈরি দুগ্ধসদৃশ প্রস্তুতসামগ্রী: ~ of magnesia.

milk[2] [মিল্ক্] *vt,vi* ১ দুধ দোয়া; (উদ্ভিদ থেকে) রস নিষ্কাশন করা; সাপের বিষ সংগ্রহ করা; কোনো ব্যক্তি বা প্রতিষ্ঠান থেকে (অসৎ উপায়ে বা ছলনার সাহায্যে) অর্থ, তথ্য ইত্যাদি হস্তগত করা; দোহন করা। ২ দুধ দেওয়া। ˈ**~ing-machine** *n* দুধ দোয়ার যন্ত্র; দোহনযন্ত্র।

milky [ˈমিল্কি] *adj* (-ier, -iest) দুধের; দুধের মতো; দুধ–মেশানো, দুগ্ধমিশ্রিত; (তরল পদার্থ সম্বন্ধে) ঘোলাটে; অস্বচ্ছ; দুধে; দুধালো। **the** ˌ**M~** ˈ**way** ছায়াপথ; আকাশগঙ্গা।

mill[1] [মিল্] *n* ১ শস্য ভাঙারের কল বা কারখানা; মিল: ˈflour -~, আটার কল; (পুরনো আমলে) ˈwater ~; ˈwind ~. **put sb/go through the ~** কঠিন প্রশিক্ষণ বা অভিজ্ঞতা লাভ করা বা করানো। **run-of-the-~**, দ্র. run[1] (১০). ˈ**~-dam** *n* মিলে জল সরবরাহ করার জন্য জলস্রোতের উপর নির্মিত বাঁধ। ˈ**~-pond** *n* মিলে সরবরাহ করার জন্য বাঁধ দিয়ে ধরে রাখা পানি: like a ~-pond, (সাগর সম্বন্ধে) একেবারে শান্ত। ˈ**~-race** *n* যে জলপ্রবাহে মিলের চাকা ঘোরে। ˈ**~·stone** *n* যাঁতার দুইটি পাথরের যে কোনো একটি। **a ~stone round one's neck** (লাক্ষ.) ভারী বোঝা। **be between the upper and the nether ~stone** অপ্রতিরোধ্য চাপের মুখে পড়া; যাঁতাকলে পড়া। ˈ**~-wheel** *n* (বিশেষত জলচালিত) যে চাকার শক্তিতে মিল চলে; মিলের চাকা। ˈ**~-wright** *n* যে ব্যক্তি জল ও বায়ু চালিত মিল নির্মাণ ও মেরামত করে; মিল–মিস্ত্রি। ২ শিল্প–কারখানা; কল: a ˈcotton/ˈpaper/ ˈsilk/ˈsteel ~. ˈ**~-hand** *n* কারখানার শ্রমিক। ˈ**~-girl** *n* কারখানায়, বিশেষ বস্ত্রকলে কর্মরত মেয়ে; মিলের মেয়ে। ৩ গুঁড়া করার ছোট যন্ত্র; পেষণী: a ˈcoffee-~; a ˈpepper-~.

mill[2] [মিল্] *vt,vi* ১ কলে গুঁড়া করা; পেষা; ভাঙা; কলে দেওয়া: ~ grain; ~ flour; ~ steel, ইস্পাতের বার তৈরি করা। ২ (মুদ্রার) কিনারে খাঁজ কাটা: gold coins with a ~ed edge. ৪ (গবাদি পশু, ভিড় ইত্যাদি সম্বন্ধে) বিশৃঙ্খলভাবে/ঠেলাঠেলি করে চলা।

mill·board [ˈমীলবো°ড়] *n* [U] (বই বাঁধাইয়ের) মজবুত পিচবোর্ড।

mil·len·nium [মিˈলেনিঅম্] *n* (*pl* -nia [–নিআ]) ১ সহস্রাব্দ; বর্ষসহস্রক। ২ (লাক্ষ.) সকলের জন্য অপরিমিত সুখসমৃদ্ধিপূর্ণ ভাবীকাল; অনাগত স্বর্ণযুগ। **mil·len·arian** [ˌমিলিˈনেঅরিঅন্] *n* যে ব্যক্তি অনাগত স্বর্ণযুগের অবশ্যম্ভাবিতায় বিশ্বাস করে; সহস্রাব্দিক; সহস্রবার্ষিক।

mil·le·pede [ˈমিলিপীড়] *n* অসংখ্য পা–ওয়ালা কীটসদৃশ ক্ষুদ্র প্রাণীবিশেষ; কেন্নো; সহস্রপদী।

mil·ler [ˈমিলা(র্)] *n* বিশেষত পুরনো ধাঁচের বায়ু– বা জল চালিত মিলের মালিক বা ভাড়াদার; কলওয়ালা।

mil·let [ˈমিলিট্] *n* [U] শস্যজনক উদ্ভিদবিশেষ– যা ৩–৪ ফুট লম্বা হয় এবং ছোট ছোট দানাযুক্ত বড়ো আকারের শস্য উৎপাদন করে; বজরা; জনারি; জওয়ার।

milli-[ˈমিলি] *pref* (মেট্রিক পদ্ধতিতে) একসহস্রাংশ: ˈ~gram; ˈ~metre. দ্র. পরি. ৫।

mil·liard [ˈমিলিআ:ড়] *n* (GB) একশ কোটি (১,০০০,০০০,০০০) (US = billion). দ্র. পরি.৪।

mil·li·bar [ˈমিলিবা:(র্)] *n* বায়ুমণ্ডলের চাপের একক; মিলিবার।

mil·liner [ˈমিলিনা(র্)] *n* যে ব্যক্তি মহিলাদের টুপি তৈরি ও বিক্রি করে এবং টুপির জন্য ছাদ, ফিতা, ঝালর ইত্যাদি বিক্রি করে; স্ত্রীবস্ত্রকৃৎ। **~y** [–নারি US –নেরি] *n* [U] ছাদ, ফিতা, ঝালর ইত্যাদি সহ মহিলাদের টুপি; উক্ত সামগ্রী তৈরি ও বিক্রয়ের ব্যবসা।

mil·lion [ˈমিলিঅন্] *n,adj* দশ লক্ষ (১,০০০,০০০)। (দ্র. সংখ্যার পরে *pl*–এর ব্যবহার বিরল): ~s of people; five ~ people. **make a ~** দশ লক্ষ ডলার, পাউন্ড ইত্যাদি উপার্জন করা। **~·aire** [ˌমিলিঅˈনেআ(র্)] *n* দশ লক্ষ ডলার, পাউন্ড ইত্যাদির মালিক; কোটিপতি; অতি ধনাঢ্য ব্যক্তি। ˈ**~·fold** *adv* দশ লক্ষ গুণ। **mil·lionth** [লিঅনথ্] *n,adj* দশ লক্ষ ভাগের একভাগ। দ্র. পরি. ৪।

mil·li·pede [ˈমিলিপীড] = millepede.

mil·ometer [মাই ˈলমিটা(র্)] *n* = mileometer. দ্র. mile.

mi·lord [মিˈলো°ড়] *n* (ফ. শব্দ, পূর্বকালে ব্যবহৃত হত) ইংরেজ লর্ড; ধনাঢ্য ইংরেজ।

milt [মিল্ট্] *n* [U] পুরুষ মাছের (নরম, ডিমসদৃশ) শুক্র; মাছের রেণু।

mime [মাই ম্] *n* [U,C] (রঙ্গমঞ্চ ইত্যাদিতে) কাহিনীকথনের জন্য কেবলমাত্র মুখাভিব্যক্তি ও অঙ্গভঙ্গির ব্যবহার; মূকাভিনয়; মূকাভিনেতা। □*vi,vt* ১ মূকাভিনয় করা। ২ মূকাভিনয়ের সাহায্যে প্রকাশ করা।

mimeo·graph [ˈমিমিআগ্রা:ফ্ US –গ্র্যাফ্] *n* লিখিত বা টাইপ–করা স্টেনসিল থেকে প্রতিলিপি তৈরি করার যন্ত্রবিশেষ; অনুলেখযন্ত্র। □*vt* উক্ত যন্ত্রের সাহায্যে প্রতিলিপি তৈরি করা।

mi·metic [মিˈমেটিক্] *adj* অনুকরণমূলক; অনুকারী; অনুকারাত্মক; অনুকরণপ্রিয়–/–পটু।

mimic [ˈমিমিক্] attrib *adj* অনুকৃত বা ভান করা; নকল; কপট–: ~ warfare, যেমন শান্তির সময় যুদ্ধের মহড়া; নকল/কপট–যুদ্ধ; ~ colouring, যেমন পশু, পাখি, কীটপতঙ্গের পরিবেশের অনুরূপ রং; ছদ্ম–বর্ণ। □*n* (বিশেষত কৌতুকের জন্য) অনুকরণপটু ব্যক্তি; অনুকর্তা। □*vt* (*pt,pp* ~ked)১ তামাসার উদ্দেশ্যে নকল করা: The boy ~ed the postman cleverly. ২ (বস্তু সম্বন্ধে) অবিকল অনুরূপ হওয়া: wood painted to ~ marble, মার্বেলের নকলে রং-করা কাঠ। **~ry** *n* [U] অনুকরণ; (তামাশার উদ্দেশে) নকল; অনুকৃতি: protective ~y, শত্রুর হাত থেকে কিছুটা আত্মরক্ষাস্বরূপ পরিবেশের সঙ্গে পশু, পাখি ও কীটপতঙ্গের সাদৃশ্য; আত্মরক্ষামূলক অনুকৃতি/সাদৃশ্য।

mim·osa [মিˈমৌজ়া US –মৌস া] *n* [U,C] থোকা থোকা ছোট, কন্দুকাকৃতি, মিষ্টিগন্ধ হলুদ ফুলবিশিষ্ট গুল্মবিশেষ; কুব্জকণ্টক।

min·acious [মিˈনে ইশাস্] *adj* ভীতিপ্রদ। **~·ly** *adv* ভীতিপ্রদভাবে।

min·aret [ˌমিনাˈরেট্] *n* (মসজিদের) মিনার।

mina·tory [ˈমিনাটরি US –টো°রি] *adj* ভীতিপ্রদ; মারমুখো; সহুঙ্কার; হুঙ্কৃত।

mince [মিন্‌স্] *vt,vi* ১ (মাংস ইত্যাদি) কেটে কুচি কুচি করা; কিমা করা। **not to ˈ~ matter/ ~ one's ˈwords** কোনো বস্তু বা ব্যক্তির নিন্দায় খোলাখুলি বা পষ্টাপষ্টি কথা বলা; ভদ্রতার সীমার মধ্যে থাকার চেষ্টা না করা; খাপচি না কাটা। ২ কায়দা করে/চিবিয়ে চিবিয়ে/কৃত্রিম ভঙ্গিতে কথা বলা; কৃত্রিম চালে ঠমক করে/জাঁক করে হাঁটা। □*n* (মাংসের) কিমা। **ˈ~·meat** *n* [U] কিশমিশ, মনাক্কা, চিনি, চিনিতে জ্বাল দেওয়া ফলের খোসা, আপেল, শক্ত চর্বি ইত্যাদির মিশ্রণ, যা দিয়ে 'মিন্‌স-পাই' নামক মিষ্টান্ন তৈরি হয়। **make ~ meat of** (কথ্য) (ব্যক্তি/যুক্তিতর্ক ইত্যাদি) পরাভূত করা; কুপোকাত/ধরাশায়ী করা; খণ্ডন করা। **ˌ~-ˈpie** *n* কিশমিশ, চিনি ইত্যাদির মিশ্রণ (উপরে ~·meat দ্র.) দিয়ে তৈরি কেকসদৃশ, গোলাকার ছোট মিষ্টান্নবিশেষ। **mincer** *n* খাদ্যদ্রব্য কুচি কুচি করে কাটার জন্য যন্ত্রবিশেষ; কিমাকল। **ˈmin·cing** *n* কৃত্রিম ভঙ্গিপূর্ণ; ঠাটঠমকপূর্ণ: take mincing steps; an affected, mincing your girl. উপরে ২ দ্র.। **ˈmincing·ly** *adv* কৃত্রিম ভঙ্গিতে; ঠাটঠমক করে; ঠমক করে।

mind[1] [মাইন্‌ড্] *n* ১ [U] মন; স্মৃতি; স্মরণ **bear/keep sth in ~** মনে/স্মরণ রাখা। **bring/call to ~** মনে/স্মরণ করা। **go/pass from/out of one's ~** মন/স্মৃতি থেকে হারিয়ে যাওয়া; বিস্মৃত হওয়া। **put sb in ~ of sth** মনে/স্মরণ করিয়ে দেওয়া। **Out of sight, out of ~** (প্রবাদ) চোখের আড়াল হলে স্মৃতিরও আড়াল হয়ে যায়। ২ [U] (তবে কোনো কোনো বাক্যাংশে *indef art*-সহ কিংবা *pl*,যেমন নীচে দ্র.) চিন্তা; অনুভূতি; চিন্তাভঙ্গি; মতামত; অভিপ্রায়; উদ্দেশ্য; মন; মানস। **absence of ~** অন্যমনস্কতা; অমনোযোগ; অনবধান; অনবধানতা; ঔদাসীন্য। **presence of ~** প্রত্যুৎপন্নমতিত্ব; উপস্থিত বুদ্ধি; প্রত্যুৎপন্ন বুদ্ধি। **be out of one's ~/not in one's right ~** পাগল/ উন্মাদগ্রস্ত/ মতিচ্ছন্ন/ মতিভ্রষ্ট/ মতিভ্রান্ত; বিকৃতমস্তিষ্ক হওয়া। **be of one ~ (about sth)** একমত/ অভিন্নমত হওয়া। **be of the same ~** (ক) (একাধিক ব্যক্তি সম্বন্ধে) একমত হওয়া। (খ) (এক ব্যক্তি সম্বন্ধে) অভিন্ন মত পোষণ করা: Are you still of the same ~? **be in two ~s about sth** সংশয়ান/ দ্বিধান্বিত/ সংশয়ান্বিত হওয়া; দ্বিধা করা। **bend one's ~** মনকে এমনভাবে প্রভাবিত করা, যাতে তা স্থায়ীভাবে (বিশ্বাস ইত্যাদির দ্বারা) আবিষ্ট থাকে; মনকে মুচড়ে দেওয়া। সুতরাং, **ˈ~-bending** *adj* মন-আবিষ্ট-করা। **blow one's ~** (কথ্য) (মাদকদ্রব্য, অসাধারণ বা অত্যদ্ভুত দৃশ্য, শব্দ ইত্যাদি সম্বন্ধে) মানসিক উত্তেজনা, উন্মাদনা ইত্যাদি সৃষ্টি করা; উন্মাদিত করা। সুতরাং, **ˈ~-blowing** *adj* উন্মাদক; উন্মাদনাকর। **~-boggling** *adj* আতঙ্কজনক; অসামান্য; ভিমি ধরানো; চিত্তবিভ্রমজনক। **change one's mind** মন টলা, সঙ্কল্প/ মত পরিবর্তন করা; মতের নড়চড় হওয়া। **give one's ~ to sth** মন/ মনোযোগ দেওয়া; মন ঢালা/ লাগানো; মনোনিবেশ/ দৃষ্টিনিবদ্ধ করা। **give sb a piece of one's ~**, দ্র. piece[1] (২). **have a good ~ to do sth** কিছু করার তীব্র ইচ্ছা থাকা। **have half a ~ to do sth** কিছু করার বেশ ইচ্ছা থাকা। **have sth on one's ~** (অসমাপ্ত দায়িত্ব সম্বন্ধে) মনকে পীড়া দেওয়া; মনের উপর ভার হয়ে থাকা; মন খচখচ করা। **keep one's ~ on sth** দৃষ্টি নিবদ্ধ রাখা; মনোযোগ অক্ষুণ্ন রাখা। **know one's own ~** নিজের ইচ্ছা, অভিপ্রায় ইত্যাদি সম্পর্কে সচেতন থাকা; নিজের মনকে জানা। **make up one's ~** (ক) মনঃস্থ করা; (খ) (অপরিবর্তনযোগ্য কোনো কিছু) মেনে নেওয়া। **read sb's ~** কারো অন্তরের ভাব বা অভিপ্রায় অবগত হওয়া; মন জানা/বোঝা। সুতরাং, **ˈ~-reading** অনুমান; আন্দাজ; মন-জানা; মর্ম-পঠন। **ˈ~-reader** *n* মর্মজ্ঞ; মর্মবিদ। **set one's ~ on sth** মনেপ্রাণে কামনা করা; কিছু পাওয়ার জন্য সঙ্কল্পবদ্ধ হওয়া। **speak one's ~** মনের ভাব খোলাখুলি/ পষ্টাপষ্টি প্রকাশ করা। **take one's/sb's ~ off sth** মনোযোগ সরিয়ে নেওয়া; দৃষ্টি বিভ্রষ্ট করা। **in the ~'s eye** কল্পনায়; মনশ্চক্ষুতে; মানসনেত্রে। **to ˈmy ~** আমার দৃষ্টিতে। ৩ [C,U] মেধা; মনীষা; মেধাবী/ মনস্বী ব্যক্তি: one of the great ~s of the age.

mind[2] [মাইন্‌ড্] *vt,vi* ১ মনোযোগ দেওয়া; যত্ন নেওয়া; দেখাশোনা করা; সাবধান হওয়া; সামলানো: Will you kindly ~ the baby while I am away ? M~ the dog. **~ out for (sth)** সাবধান; হুঁশিয়ার হওয়া; সতর্ক থাকা: Could you ~ out please – the lady wants to pass. **~ one's P's and Q's** নিজের কথাবার্তা ও কার্যকলাপ সম্বন্ধে সতর্ক থাকা এবং সৌজন্য বজায় রাখা। **ˌM~ your ˌown ˈbusiness** নিজের চরকায় তেল দিন। **~ you** কিংবা **~** (*int* হিসাবে ব্যবহৃত) মনে/খেয়াল রাখবেন। ২ (সাধা. প্রশ্নবোধক, নঞর্থক ও সাপেক্ষ বাক্যে এবং প্রশ্নোত্তরে হাঁ-সূচক বাক্যে) কিছু মনে করা; আপত্তি করা/ থাকা; ভাবিত হওয়া; পরোয়া করা: । do not ~ the nasty sea. 'Do you ~ if I open the window ?' 'Yes, I do ন'. 'I shouldn't ~a cup of coffee', পেলে মন্দ হতো না। **Never ~** (ক) এতে কিছু যায় আসে না। (খ) ও নিয়ে ভাববেন না। **~er** *n* কোনো কিছুর দেখাশোনার দায়িত্বে নিয়োজিত ব্যক্তি; তত্ত্বাবধায়ক; (যৌগশব্দে) maˈchine-~, ˈbaby-~er.

minded [ˈমাইন্‌ডিড্] *adj* ১ (কেবল *pred*) **~ to do sth** ইচ্ছুক; (কিছু করার) মন/মানস থাকা: He could help you if he were so ~. ২ –চিত্ত; –চেতা; –মনা;

–মনস্ক: a ˈstrong-~ man; ˈhigh-~ leaders. ৩ (মূল্য বা গুরুত্ব সম্বন্ধে) সচেতন: food-~ tourists.

mind·ful [ˈমাইনড্‌ফ্‌ল্] *adj* **~ of** মনোযোগী; সচেতন: ~ of one's duties. **~·ly** [– ফ়ালি] *adj* মনোযোগ সহকারে; অভিনিবিষ্ট হয়ে। **~·ness** *n* মনোযোগ; মনোযোগিতা; অভিনিবেশ।

mind·less [ˈমাইন্‌ড্‌লিস্] *adj* ১ **~ of** অমনোযোগী; অসতর্ক: ~ of danger. নির্বোধ; চৈতন্যহীন; বুদ্ধিমত্তার প্রয়োজন হয় না এমন; বোধহীন; মূঢ়োচিত: ~ drudgery; ~ cruelty. **~·ly** *adv* নির্বোধের মতো। **~·ness** *n* নির্বুদ্ধিতা; মূঢ়তা।

mine[1] [মাইন্] *poss pron* আমার: a friend of mine. □*poss adj* (কেবল কাব্যিক বা বাইবেলি শৈলীতে, স্বরধ্বনি বা h–এর পূর্বে; কখনো কখনো *n*–এর পূর্বে বসে) আমার: ~ enemy; O mistress ~.

mine[2] [মাইন্] *n* ১ খনি; আকর; দ্র. (পাথর বা শ্লেটের জন্য) quarry: ˈcoal ~; ˈgold ~; (লাক্ষ.) সমৃদ্ধ বা পর্যাপ্ত উৎস: The book is a ~ of information. ২ (শত্রুপক্ষের রক্ষাব্যূহ ধ্বংস করার জন্য) শক্তিশালী বিস্ফোরক দ্রব্যের আধান (এবং সুড়ঙ্গ); দূর থেকে (যেমন বৈদ্যুতিকভাবে) বিস্ফোরিত শক্তিশালী বিস্ফোরক দ্রব্যের আধান; যানবাহনের সংস্পর্শে বা নিয়তকাল স্ফূর্জকের (টাইম ফিউজ) সাহায্যে বিস্ফোরিত, মাটির উপরে বা ঠিক নীচে স্থাপিত শক্তিশালী বিস্ফোরকদ্রব্যের আধান; মাইন। ৩ (নৌযুদ্ধে) সমুদ্রে স্থাপিত ধাতব আধারে শক্তিশালী বিস্ফোরকদ্রব্যের আধান, যা সংস্পর্শে, বৈদ্যুতিক বা চৌম্বক শক্তিতে বিস্ফোরিত হয়; মাইন। ৪ ˈ**~-detector** *n* মাইন খোঁজার জন্য বিদ্যুৎ-চুম্বকীয় কৌশলবিশেষ; মাইন–উদ্‌ঘাটক। ˈ**~-disposal** *n* (স্ফূর্জক সরিয়ে ফেলে বা অন্য উপায়ে) মাইন-নিষ্ক্রিয়করণ; মাইন অপসারণ: ~-disposal squads. ˈ**~-field** *n* (ক) স্থল বা জলের যে অঞ্চলে মাইন পাতা হয়েছে; মাইন এলাকা। (খ) যে এলাকায় বহু মাইন রয়েছে; মাইন পাতা এলাকা; মাইন ক্ষেত্র। ˈ**~-layer** *n* সাগরে মাইন পাতার জন্য ব্যবহৃত জাহাজ বা বিমান; মাইন–সংস্থাপক। সুতরাং, ˈ**~-laying** মাইন–পাতা; মাইনসংস্থাপক: ~-laying vessel. ˈ**~-sweeper** *n* সাগর মাইন–মুক্ত করার কাজে নিয়োজিত নৌযান (সাধা. জেলে-জাহাজ বা ট্রলার); মাইন–ঝেঁটুনি। সুতরাং ˈ**~-sweeping** *n* মাইন–ঝেঁটন।

mine[3] [মাইন্] *vt,vi* ১ **~ (for)** (কয়লা, আকরিক ইত্যাদি) খুঁড়ে তোলা; খনি থেকে উত্তোলন করা; খনন করা; খনি খোঁড়া: ~ (for) coal/gold; ~ the earth for coal. ২ (= undermine) (মাটির নীচে) সুড়ঙ্গ খনন করা; অন্তঃখনন/অধঃখনন করা ~ the enemy's trenches/forts. ৩ মাইন পাতা/স্থাপন করা; মাইন পেতে ধ্বংস করা: ~ the entrance to a harbour. ৪ (লাক্ষ.) = undermine (অধিক প্রচলিত) দুর্বল করা; শক্তিক্ষয় করা।

miner [ˈমাইনা(র্)] *n* খনি–শ্রমিক: ˈcoal ~s.

min·eral [মিন রাল] *n* [C] মাটি খুঁড়ে প্রাপ্ত নৈসর্গিক পদার্থ (উদ্ভিদ বা প্রাণী নয়); বিশেষ যেসব পদার্থের রাসায়নিক গঠন অপরিবর্তিত থাকে; খনিজ; আকরিক। □*adj* খনিজ; আকরিক: ~ ores, খনিজ পদার্থ। **the ~ kingdom** প্রাকৃতিক খনিজ পদার্থরাশি; খনিজ–জগৎ। দ্র. animal ও vegetable. ˈ**~ oil** খনিজ তেল। ˈ**~ water** (ক) যে পানিতে কোনো প্রাকৃতিক, বিশেষত ভেষজ গুণসম্পন্ন উপাদান থাকে; খনিজ–জল। (খ) (GB) সোডা–জলসংবলিত (সাধা. বোতল ভর্তি এবং অনেক সময় স্বাদগন্ধযুক্ত) অমাদক পানীয়। ˈ**~ wool** (অন্তরণ ইত্যাদি উদ্দেশ্যে ব্যবহৃত) অজৈব তন্তুময় পদার্থ; খনিজ তন্তু।

min·er·al·ogy [ˌমিনাˈর্যালাজি] *n* [U] খনিজবিষয়ক বিজ্ঞান; খনিজবিজ্ঞান। **min·er·al·ogist** [ˌমিনাˈর্যালাজিস্ট্] *n* খনিজবিজ্ঞানী; খনিজবিদ।

min·estrone [ˌমিনিˈস্ট্রৌনি] *n* [U] (ইতা.) বিভিন্ন সবজি; ভার্মিচেল্লি ও মাংসের ক্বাথ সহযোগে প্রস্তুত পুষ্টিকর স্যুপবিশেষ।

mingle [ˈমিঙ্‌গ্‌ল্] *vt,vi* **~ (with)** মিশ্রিত/ সম্মিশ্রিত/ মিলিত/ সম্মিলিত হওয়া বা করা; মেশা বা মেলানো; মেলামেশা করা: ~ with the crowds.

mingy [ˈমিন্‌জি] *adj* (-ier, -iest) (GB কথ্য) নীচ; কৃপণ; ব্যয়কুণ্ঠ; কিপ্টে: a ~ fellow.

mini- [ˈমিনি] *pref* আকৃতি, দৈর্ঘ্য ইত্যাদিতে ছোট। দ্র. maxi-: ˈ~bus; ˈ~cab; ˈ~skirt; ˈ~tour.

minia·ture [ˈমিনিচা(র্) US –চুঅর্] *n* ১ [C] বিশেষত গজদন্ত বা চর্মিকে (ভেলাম) অঙ্কিত ক্ষুদ্র প্রতিকৃতি; অনুচিত্র; [U] অনুচিত্রকলা। **in ~** ক্ষুদ্রাকারে। ২ [C] যে কোনো বস্তুর ক্ষুদ্রাকার প্রতিরূপ বা মডেল; অণুচিত্র; সূক্ষ্মচিত্র; (attrib) ক্ষুদ্রাকার; খুদে; অণু–: a ~ railway; a ~ camera, ৩৫ মি.মি. বা অপ্রমিত মানের ফিল্মের জন্য ক্যামেরা; খুদে ক্যামেরা। **minia·tur·ist** [ˈমিনিচারিস্ট্] *n* অণুচিত্রী।

mini·com·puter [ˌমিনিকাম্ˈপিউটা(র্)] দ্র. computer ভুক্তিতে minicomputer.

minim [ˈমিনিম্] *n* (সঙ্গীত) এক মণ্ডলের (semibreve দ্র.) অর্ধেক স্থায়িত্বসূচক সঙ্কেত; বিশদ।

mini·mal [ˈমিনিম্‌ল্] *adj* ন্যূনতম; যৎসামান্য; অল্পতম।

mini·mize [ˈমিনিমাইজ়্] *vt* ন্যূনতম পরিমাণ বা মাত্রায় পর্যবসিত করা বা মূল্যায়ন করা; ন্যূনতম গুরুত্ব আরোপ করা; ন্যূনতম করে দেখা বা দেখানো: ~ an accident.

mini·mum [মিনিমাম্] *n,adj* (*pl* -ma [–মা] ~s) (maximum–এর বিপরীত) ন্যূনতম; অল্পতম: reduce sth to a ~.

min·ing [ˈমাইনিঙ্] *n* খনি থেকে খনিজ ইত্যাদি আহরণ; খনিবিদ্যা; খনি–খনন: a ˈ~ engineer, খনি–প্রকৌশলী; the ˈ~ industry, খনি–শিল্প; open-cast ~, যান্ত্রিক কোদাল ইত্যাদির সাহায্যে ভূপৃষ্ঠের নিকটবর্তী কয়লা প্রভৃতি আহরণ; ভূপৃষ্ঠবর্তী খনন।

min·ion [ˈমিনিঅন্] *n* (তুচ্ছ.) যে ভৃত্য প্রভুর মনোরঞ্জনের জন্যে ক্রীতদাসের মতো তাঁর আদেশ পালন করে; গোলাম; দাসানুদাস। **the ~s of the law** পুলিশ; কারারক্ষক।

min·is·ter[1] [মিনিস্‌ট (র্)] *n* ১ মন্ত্রী; সচিব; অমাত্য। ২ বিদেশে রাষ্ট্রদূতের চেয়ে নিম্নপদস্থ সরকারি প্রতিনিধি। ৩ বিশেষত প্রেসবাইটেরিয়ান ও ননকনফর্মিস্ট গির্জা সংগঠনে পাদ্রি বা যাজক। তুল. রোমান ক্যাথলিক 'priest', ইংল্যান্ডীয় গির্জায় vicar, rector, curate.

min·is·ter[2] ['মিনিস্‌টা(র্)] *vi* **~ to** সাহায্য বা সেবা দান করা; প্রয়োজন মেটানো: ~ to the wants of a sick man.

min·is·ter·ial [ˌমিনিস্‌'টিআরিআল্] *adj* ১ মন্ত্রী, তাঁর পদমর্যাদা, দায়িত্বকর্তব্য ইত্যাদি বিষয়ক; মন্ত্রীর; মন্ত্রিত্বের: ~ duties/functions. ২ মন্ত্রণালয়ের বা মন্ত্রণালয়ের জন্য। **~ly** [-রিঅলি] *adj* মন্ত্রীরূপে ইত্যাদি।

min·is·trant ['মিনিস্‌ট্রান্‌ট্] attrib *adj* (আনুষ্ঠা.) প্রদায়ক; প্রদায়ী; প্রদাতা; নির্বাহী। □*n* অনুচর; সহকারী; সমর্থক।

min·is·tra·tion [ˌমিনি'স্ট্রেইস্‌ন্] *n* [U,C] উপচর্যা; সেবা-শুশ্রূষা; পরিচর্যা; (বিশেষত) পৌরোহিত্য; যাজন: the ~s of a loving wife.

min·is·try ['মিনিস্‌ট্রি] *n* (*pl* ries) ১ মন্ত্রণালয়। ২ **the ~** সংগঠন হিসাবে সকল যাজক; যাজকবৃত্তি; যাজককুল। **enter the ~** পাদ্রি হওয়া; যাজকবৃত্তি গ্রহণ করা। ৩ [C] যাজকের পদ; দায়িত্বকর্তব্য ও কার্যকাল; যাজকত্ব।

mini·ver ['মিনিভ়া(র্)] *n* [U] বেজিজাতীয় কোনো জন্তুর (ermine দ্র.) সাদা, লোমশ চামড়া দিয়ে তৈরি পরিচ্ছদ, যা বিচারক, অভিজাত ব্যক্তি (ডিউক, মার্কুইস, ব্যারন প্রভৃতি) প্রভৃতি আনুষ্ঠানিকভাবে পরিধান করেন; মিনিভার।

mink [মিঙ্‌ক্] *n* [C,U] বেজিজাতীয় কোনো জন্তু এবং এর লোমশ চামড়া; মিঙ্ক: (attrib) a ~ coat.

min·now ['মিনৌ] *n* মিঠা পানির (বিভিন্ন শ্রেণীর) ছোট মাছবিশেষ।

min·or ['মাইনা(র্)] *adj* ১ ক্ষুদ্রতর; কম গুরুত্বপূর্ণ; ছোটখাট; সামান্য; গৌণ: ~ repairs/ alterations/injuries. ২ তুলনামূলকভাবে গুরুত্বহীন; গৌণ: the ~ planets; ~ poets; a ~ suit, রুহিতন বা চিড়িতনের কেতা। ৩ (স্কুলে) দুই জন ছাত্রের মধ্যে বয়ঃকনিষ্ঠ; কনিষ্ঠ: Thomson ~. ৪ (সঙ্গীত) a ~ third, তিনটি অর্ধস্বরের (semi-tones) ব্যবধান; a ~ key, যে গ্রামে গা; ক্ষুদ্র গ্রাম। **in a ~ key** (লাক্ষ.) বিষণ্ণ বা অপ্রসন্ন মেজাজে। দ্র. major. □*n* (আইন.) নাবালক; অপ্রাপ্তবয়স্ক।

mi·nor·ity [মাই 'নরাটি US 'নো°রা-] *n* (*pl* -ties) ১ [U] (আইন.) নাবালকত্ব; অপ্রাপ্তবয়স্কতা (ব্রিটেনে ১৮ বৎসরের নীচে)। ২ [C] বিশেষত সমগ্র ভোটের মধ্যে ন্যূনতর সংখ্যা বা অংশ; কোনো সম্প্রদায়, জাতি ইত্যাদির মধ্যে ক্ষুদ্রতর ধর্মীয় গোষ্ঠী, জাতিসত্তা ইত্যাদি; সংখ্যালঘু; ঊনজন **be in a/the ~** সংখ্যালঘিষ্ঠ/ ঊনজন হওয়া: I'm in a ~ of one, কারো সমর্থন না পাওয়া। **'~ government** সংখ্যালঘু সরকার। **'~ programme** (টিভি, বেতার) যে অনুষ্ঠান সমগ্র দর্শক বা শ্রোতৃমণ্ডলীর একটি অপেক্ষাকৃত ক্ষুদ্র অংশ দেখেন বা শোনেন; সংখ্যালঘিষ্ঠদের অনুষ্ঠান। **'~ report** (সরকারি তদন্ত বা অনুসন্ধানের পর) সংখ্যালঘু দলকর্তৃক প্রণীত প্রতিবেদন, যাতে সংখ্যাগরিষ্ঠ দল থেকে ভিন্ন মত ইত্যাদি প্রকাশিত হয়; সংখ্যালঘু প্রতিবেদন।

Mino·taur ['মাইনাটো°(র্)] *n* **the ~** (গ্রিক পুরাণ) ক্রিট দ্বীপের গোলকধাঁধায় রক্ষিত, মনুষ্যমাংসপুষ্ট অর্ধমানব অর্ধবৃষ দানববিশেষ; মিনোতাউর; নরবৃষভ; নৃবৃষভ।

min·ster ['মিন্‌স্টা(র্)] *n* বিশেষত একদা কোনো মঠের অধিকারভুক্ত ছিল এমন বৃহৎ বা গুরুত্বপূর্ণ গির্জা: York ~.

min·strel ['মিন্‌স্ট্রাল্] *n* ১ (মধ্যযুগে) ভ্রাম্যমাণ সুরকার, অভিনেতা ও গীতিকার; চারণ (কবি)। ২ পেশাদার বিনোদনদলের সদস্য। **~sy** ['মিনিস্ট্রাল্‌সি] *n* [U] চারণশিল্প; চারণগীতি।

mint[1] [মিন্‌ট্] *n* [U] (বিভিন্ন ধরনের) পুদিনা; পূতনী: ~ sauce, ভেড়ার মাংস ইত্যাদির সঙ্গে খাওয়ার জন্য সির্কা ও চিনি মিশ্রিত পুদিনার কুচি।

mint[2] [মিন্‌ট্] *n* ১ টাকশাল; টঙ্কশালা। ২ **make/earn a ~ (of money)** কাড়ি কাড়ি টাকা বানানো/আয় করা। ৩ (attrib) (পদক, ডাকটিকিট, মুদ্রণ, বই ইত্যাদি সম্বন্ধে) আনকোরা; কড়কড়ে। **in ~ condition** নতুনের মতো; আনকোরা; নিখুঁত; ঝকঝকে; টাটকা। □*vt* ১ (মুদ্রা) তৈরি করা। ২ (লাক্ষ.) শব্দ, বাক্য ইত্যাদি উদ্ভাবন করা।

min·uet [ˌমিনিউ'এট্] *n* [C] (১৭ শতক থেকে প্রচলিত) ধীর লয়ের লীলায়িত যুগলনৃত্যবিশেষ; ঐ নাচের জন্য সঙ্গীত।

minus ['মাইনাস্] *adj* ১ **the '~ sign** বিয়োগচিহ্ন; হীনিত। দ্র. plus. ২ দ্র. positive. ঋণাত্মক; অপর; অপরা: a ~ quantity, শূন্যের চেয়ে কম পরিমাণ; হীনিত পরিমাণ। □*prep* কম; বিয়োগ: 9–5 is 4; (কথ্য) বাদে: He came back from the tour ~ his wife. □*n* বিয়োগচিহ্ন; হীনিত পরিমাণ।

min·us·cule ['মিনাস্‌কিউল্] *adj* অতিক্ষুদ্র; পুঁচকে; পিচ্চি; ক্ষুদ্রাতিক্ষুদ্র।

min·ute[1] [মিনিট্] *n* ১ মিনিট। দ্র. পরি. ৪। **'~-gun** *n* যে কামানে এক মিনিট অন্তর গোলা বর্ষিত হয় (যেমন কোনো মহতী অন্ত্যেষ্টিক্রিয়ায়)। **'~-hand** *n* (ঘড়ির) মিনিটের কাঁটা। **'~-man** [-ম্যান্] *n* (*pl* -men) (US ইতি.) এক মিনিটের এত্তেলায় যুদ্ধে যেতে প্রস্তুত রক্ষীসৈনিক। **in a ~** অচিরে; এক্ষুনি। **to the ~** কাঁটায় কাঁটায়: at 7 o'clock to the ~. **the ~ (that)** যে মুহূর্তে; যেইমাত্র: I will call you the ~ (that) I receive the information. **up to the ~** সাম্প্রতিকতম ব্য ফ্যাশনদুরস্ত। **ˌup-to-the-'~** *attrib adj* অধুনাতম; হাল ফ্যাশনের; হাল-নাগাদ; সাম্প্রতিকতম: up-to-the-~ information/hairstyles. ২ (কোণের) ডিগ্রির $\frac{1}{60}$; মিনিট; কলা: 23° 51′. ৩ [C] কর্তৃত্ব ও নির্দেশ দান কিংবা মন্তব্য ও মতামতের দাপ্তরিক লেখ্য প্রমাণ; লেখ্য-বিবরণ: make a ~ of sth. ৪ (*pl*) (সভার) কার্যবিবরণী। **'~-book** *n* যে পুস্তকে কার্যবিবরণী লিপিবদ্ধ করা হয়; বিবরণ-পুস্তক। □*vt* বিবরণ-পুস্তকে লিপিবদ্ধ করা; স্মারক লিপিতে লিপিবদ্ধ করা।

mi·nute[2] [মাই 'নিউট্ US -'নূট্] *adj* ১ অতিক্ষুদ্র; অতিসূক্ষ্ম; সূক্ষ্মাতিসূক্ষ্ম: ~ particles of gold dust. ২ পুঙ্খানুপুঙ্খ; যথাযথ এবং সতর্ক; আনুপুঙ্খিক: a ~ description; the ~st details. **~·ly** *adv*

সূক্ষ্মাতিসূক্ষ্মভাবে; খুঁটিয়ে খুঁটিয়ে। **~·ness** *n* সূক্ষ্মানুসূক্ষ্মতা; পুঙ্খানুপুঙ্খতা।

mi·nu·tiae [মাই ˈনিউশী US মি ˈনূশী] *n pl* যথাযথ বা তুচ্ছাতিতুচ্ছ খুঁটিনাটি; সূক্ষ্মাতিসূক্ষ্ম বিষয়।

minx [মিঙ্ক্‌স্‌] *n* ধূর্ত; বেয়াদব মেয়ে; ঠেঁটি; প্রগল্‌ভা; ধৃষ্টা; অবিনীতা।

mir·acle [ˈমিরাকল্‌] *n* ১ অলৌকিক ঘটনা/কার্য/ব্যাপার: work/accomplish ~s. **ˈ~ play** (মধ্যযুগে) যিশু বা খ্রিস্টান সন্তদের জীবনভিত্তিক নাটক; অলোক-নাট্য। ২ **~ of** অসামান্য/অলোকসামান্য দৃষ্টান্ত বা নমুনা: a ~ of ingenuity. **mir·acu·lous** [মিˈর্যাকুলাস] *adj* অলৌকিক; অতিলৌকিক; অত্যদ্ভুত। **mir·acu·lous·ly** *n* অলৌকিকভাবে।

mi·rage [ˈমিরা:জ্‌ US মিˈরা:জ্‌] *n* [C] ১ মরীচিকা; মৃগতৃষ্ণিকা। ২ (লাক্ষ.) বৃথা আশার ছলনা; মরীচিকা।

mire [ˈমাইআ(র্‌)] *n* [U] পাঁক; পঙ্ক; কর্দম; কাদা। **be in the ~** (লাক্ষ.) অসুবিধায় পড়া; পাঁকে পড়া। **drag sb/sb's name through the ~** কালিমালিপ্ত/কলঙ্কিত কথা; চুনকালি মাখানো। □*vt,vi* ১ কাদা মাখানো; কর্দমাক্ত/পঙ্কিল করা; পাঁকে আটকে যাওয়া। ২ পাঁকে ডুবে যাওয়া। ৩ (লাক্ষ.) (কাউকে) পাঁকে/ বিপদে ফেলা। **miry** [ˈমাইআরি] *adj* কর্দমাক্ত; কর্দমিত; পঙ্কিল: ~ road.

mir·ror [ˈমিরা(র্‌)] *n* ১ আয়না; আরশি; দর্পণ; মুকুর। **ˌ~ ˈimage** কোনো বস্তুর প্রতিবিম্ব বা প্রতিলিপি যাতে ডান ও বামের অবস্থান উল্টে যায়; উল্টা ছবি। ২ (লাক্ষ.) যা কোনো কিছু প্রতিফলিত করে; দর্পণ: The book is a ~ of our society. □*vt* (সাহিত্য. বা লাক্ষ.) প্রতিফলিত/ প্রতিবিম্বিত/ মুকুরিত করা।

mirth [মাথ্‌] *n* [U] আমোদ-আহ্লাদ; আনন্দো-চ্ছলতা; হাস্যকলরব; আনন্দোচ্ছ্বাস; **~·ful** [- ফ়ল্‌] *adj* আনন্দোচ্ছল; হাস্যকলরবপূর্ণ। **~·fully** [-ফ়লি] *adj* আনন্দোচ্ছ্বাসে; সহর্ষে; হাস্যকলরব সহকারে। **~·less** *adj* আনন্দহীন; আনন্দ-উল্লাসহীন: a ~less laugh.

mis·ad·ven·ture [ˌমিসাড্‌ˈভেন্‌চা(র্‌)] *n* [C,U] দুর্ভাগ্য; দুর্ঘটনা; দুরদৃষ্ট। **death by ~** দুর্ঘটনাজনিত মৃত্যু; অপঘাত।

mis·ad·vise [ˌমিসাড্‌ˈভাইজ্‌] *vt* (সাধা. passive) ভুল পরামর্শ দেওয়া।

mis·al·liance [ˌমিসাˈলাইআন্‌স্‌] *n* অনুপযোগী মৈত্রী, বিশেষত বিবাহ; অশুভযোগ; অশুভবিবাহ।

mis·an·thro·pist, mis·an·thrope [ˌমিˈস্যানথ্রা-পিস্‌ট্‌, ˈমিসানথ্রৌপ্‌] *nn* যে ব্যক্তি মানবজাতিকে ঘৃণা করে; যে ব্যক্তি সমাজকে এড়িয়ে চলে; নরদ্বেষী; মানববৈরী। **mis·an·thro·pic** [ˌমিসন্‌ˈথ্রপিক্‌] *adj* নরবিদ্বেষী। **mis·an·thropy** [মিস্‌ˈঅ্যানথ্রাপি] *n* [U] নরবিদ্বেষ; নৃবিদ্বেষ; মানববৈর।

mis·apply [ˌমিসাˈপ্লাই] *vt* (*pt,pp* -lied) অপপ্রয়োগ/অপব্যবহার করা: ~ public funds. **mis·ap·pli·ca·tion** [ˌমিস্যাপ্লিˈকেশ্‌ন্‌] *n* অপপ্রয়োগ; অপব্যবহার।

mis·ap·pre·hend [ˌমিস্যাপ্রিˈহেন্‌ড্‌] *vt* ভুল বোঝা; ভুল অর্থে গ্রহণ করা; অন্যথা গ্রহণ করা। **mis·ap·pre·hen·sion** [ˌমিস্যাপ্রিˈহেন্‌শ্‌ন্‌] *n* অন্যথাগ্রহণ। **do sth/be under a misapprehension** ভুল ধারণাবশত কিছু করা/ ভুল ধারণা থাকা।

mis·ap·pro·pri·ate [ˌমিসাˈপ্রৌপ্রিএট্‌] *vt* অন্যায়ভাবে গ্রহণ ও ব্যবহার করা; (বিশেষত) তসরুফ করা। **mis·ap·pro·pri·ation** [ˌমিসাˌপ্রৌপ্রিˈএইশ্‌ন্‌] *n* তসরুফ; আত্মসাৎ।

mis·be·come [ˌমিস্‌বিˈকাম] *vt* অশোভন বা অনুপযুক্ত হওয়া। **mis·be·com·ing** [ˌমিস্‌বিˈকামিঙ্‌] *adj* অশোভন; অনুপযুক্ত।

mis·be·got·ten [ˌমিস্‌বিˈগট্‌ন্‌] *adj* অবৈধ; জারজ; বেজন্মা; বিজাত; (কথ্য; অবজ্ঞাসূচক বিশেষণ হিসাবে) উৎকট; অপদার্থ; অবিবেচনাপ্রসূত: a ~ scheme.

mis·be·have [ˌমিস্‌বিˈহেইভ্‌] *vt,vi* অভদ্র/ অশোভন আচরণ করা। **mis·be·hav·iour** (US = -ior) [ˌমিস্‌বিˈহেইভিআ(র্‌)] *n* অশোভন/ অভদ্র আচরণ।

mis·cal·cu·late [ˌমিস্‌ˈক্যালকিউলেইট্‌] *vt,vi* ভুল হিসাব করা/ গণা। **mis·cal·cu·la·tion** [ˌমিস্‌ক্যাল্‌কিউˈলেইশ্‌ন্‌] *n* ভুল গণনা/ হিসাব।

mis·call [ˌমিস্‌ˈকো°ল্‌] *vt* ভুল নামে ডাকা।

mis·car·riage [ˌমিস্‌ˈক্যারিজ্‌] *n* ১ [U,C] **~ of justice** সুষ্ঠু বিচার নিশ্চিত করতে আদালতের ব্যর্থতা; বিচারণা বা শাস্তিদানে ভুল; বিচার-বিভ্রম; বিচার-বিভ্রাট। ২ [U,C] গন্তব্যস্থলে পৌঁছবার বা পৌঁছাবার ব্যর্থতা; গন্তব্য-বিভ্রাট: ~ of goods. ৩ [U,C] গর্ভপাত; গর্ভস্রাব: have a ~.

mis·carry [ˌমিস্‌ˈক্যারি] *vt* (*pt,pp* -ried) ১ (পরিকল্পনা ইত্যাদি সম্বন্ধে) ব্যর্থ/পণ্ড/ভণ্ডুল হওয়া। ২ (চিঠিপত্র ইত্যাদি সম্বন্ধে) গন্তব্যস্থানে না পৌঁছা। ৩ (স্ত্রীলোক সম্বন্ধে) গর্ভপাত হওয়া।

mis·cast [ˌমিস্‌ˈকা:স্‌ট্‌ US ˈক্যাস্‌ট্‌] *vt* (*pt,pp* miscast) (সাধা. passive) ১ (অভিনেতা সম্বন্ধে) বেমানান ভূমিকায় নির্বাচন করা। দ্র. cast[1] (৬).২ (নাটক সম্বন্ধে) ভূমিকাসমূহ অভিনেতা-অভিনেত্রীদের মধ্যে বেমানানভাবে বরাদ্দ হওয়া।

mis·cegen·ation [ˌমিসিজিˈনেইশ্‌ন্‌] *n* [U] বিভিন্ন প্রবংশের মিশ্রণ; ভিন্ন ভিন্ন প্রবংশের নরনারীর মিলনে সন্তানোৎপাদন; বর্ণসাঙ্কর্য; বর্ণসঙ্করত্ব।

mis·cel·lan·eous [ˌমিসাˈলেইনিআস্‌] *adj* বিবিধ। **mis·cel·lany** [মিˈসেলানি US ˈমিসালেইনি] *n* (*pl* -nies) সংগ্রহ (যেমন বিভিন্ন বিষয়ে বিভিন্ন লেখকের রচনাসংগ্রহ); বিবিধ সংগ্রহ।

mis·chance [ˌমিস্‌ˈচা:ন্‌স্‌ US -ˈচ্যান্‌স্‌] *n* [C,U] দুর্ভাগ্য; দুরদৃষ্ট; অঘটন: by ~; through a ~.

mis·chief [ˈমিস্‌চীফ়্‌] *n* ১ [U] ক্ষতি; অপকার; অনিষ্ট: The flood did great ~ to the crops. **do sb a ~** অনিষ্ট করা। ২ [U] নৈতিক অনিষ্ট বা হানি; অপকার। **make ~ (between ...)** কলহ বা বিবাদ সৃষ্টি করা; মনোমালিন্য সৃষ্টি করা। **ˈ~-maker** কলহসৃষ্টিকারী। **ˈ~-making** কলহসৃষ্টি। ৩ [U] (ছোটদের) দুষ্টামি। ৪ তামাসাচ্ছলে উত্যক্ত করার ইচ্ছা; দুষ্টামি: His eyes are full of ~. [C] দুষ্ট; পাজি: Give me back my watch, you little ~.

mis·chiev·ous [ˈমিস্‌চীভ়স্‌] *adj* ১ অনিষ্টকর; দুষ্টবুদ্ধি; ক্ষতিকর: a ~ letter/rumour. ২ দুষ্টামিপূর্ণ; দুষ্টামি ভরা; পাজি; বজ্জাত: ~ looks/tricks; as ~ as a monkey. **~·ly** *adv* দুষ্টামি করে ইত্যাদি। **~·ness** *n* অনিষ্টকরতা; দুষ্টামি; নষ্টামি।

mis·cible [ˈমিসিব্‌ল্] *adj* মিশ্রণযোগ্য; মিশ্রণীয়। **mis·cib·ility** [ˌমিসিˈবিলাটি] *n* মিশ্রণযোগ্যতা।

mis·con·ceive [ˌমিস্‌কন্‌ˈসীভ়্] *vt,vi* ভুল বোঝা/ধারণা করা। **mis·con·cep·tion** [ˌমিস্‌কন্‌ˈসেপশ্‌ন্] *n* [U,C] ভুলধারণা; ভ্রান্তধারণা।

mis·con·duct [ˌমিস্‌ˈকন্‌ডাক্‌ট্] *n* [U] ১ অসদাচরণ। ২ কুপরিচালনা; অব্যবস্থা; অযোগ্য ব্যবস্থাপনা; দুর্ব্যবস্থা। □*vt* [ˌমিস্‌কন্‌ˈডাক্‌ট্] ১ **~ oneself (with sb)** অসদাচরণ করা। ২ অযোগ্যতার সঙ্গে পরিচালনা করা; সঠিকভাবে পরিচালনা না করা: ~ one's business affairs.

mis·con·struc·tion [ˌমিস্‌কন্‌ˈস্ট্রাক্‌শ্‌ন্] *n* [U,C] ভুল ব্যাখ্যা; ভ্রান্ত ব্যাখ্যা; অন্যথাব্যাখ্যা।

mis·con·strue [ˌমিস্‌কন্‌ˈস্ট্রু] *vt* (কারো কথা, কাজ ইত্যাদি) ভুল বোঝা; ভুল ব্যাখ্যা করা।

mis·count [ˌমিস্‌ˈকাঃউন্‌ট্] *vt,vi* ভুল গণনা করা। □*n* [C] (বিশেষত ভোট) ভুলগণনা।

mis·cre·ant [ˈমিস্‌ক্রিয়ান্‌ট্] *n* (প্রা.) দুষ্কৃতকারী; দুর্বৃত্ত; দুরাচার।

mis·date [ˌমিস্‌ˈডেইট্] *vt* (কোনো ঘটনার) তারিখ ভুল করা বা ভুল তারিখ নির্দেশ করা; (চিত্রিপত্রে) ভুল তারিখ দেওয়া।

mis·deal [ˌমিস্‌ˈডীল্] *vt,vi* (*pl,pp* -dealt [-ˈডেল্‌ট্]) (তাস) ভুল বাঁটা। □*n* বাঁটার ভুল।

mis·deed [ˌমিস্‌ˈডীড্] *n* অপকর্ম; দুষ্কৃতি; দুষ্কর্ম।

mis·de·mean·our (US = **meanor**) [ˌমিস্‌ডিˈমীনা(র্)] *n* (আইন.) অপেক্ষাকৃত কম গুরুতর অপরাধ (গুরুতর অপরাধ felony দ্র.); লঘু অপরাধ; দুষ্টাচরণ।

mis·di·rect [ˌমিস্‌ডিˈরেক্‌ট্] *vt* ভুল নির্দেশ দেওয়া; ভুল পথে/বিপথে চালিত করা; বিপথগামী করা; শক্তিসামর্থ্যের অপব্যবহার করা: ~ a letter, ভুল ঠিকানায় পাঠানো; ~ a jury, (বিচারক সম্বন্ধে) আইনের প্রশ্নে জুরিকে ভুল তথ্য দেওয়া; বিভ্রান্ত করা। **mis·di·rec·tion** [ˌমিস্‌ডিˈরেক্‌শ্‌ন্] *n* ভ্রান্ত পথ–নির্দেশনা; বিপথগামিতা; বিমার্গপ্রদর্শন।

mis·doing [ˌমিস্‌ˈডূইঙ্] *n* (সাধা. *pl*) = misdeed.

mis·doubt [ˌমিস্‌ˈডাউট্]*vt* সন্দেহ বা আশঙ্কা করা।

mise en sceéne [ˌমীজ্ অন্ ˈসেইন্] *n* (নাটকের) দৃশ্যপট ও নাট্যগুণ; (লাক্ষ.) (কোনো ঘটনার) পারিপার্শ্বিক অবস্থা।

miser [ˈমাইজ়া(র্)] *n* কৃপণ; অর্থপিশাচ; বখিল; কঞ্জুস। **~·ly** *adj* ব্যয়কুণ্ঠ; কৃপণ; অর্থগৃধ্নু। **~·ly·ness** *n* কার্পণ্য; কৃপণতা; কঞ্জুসি; অর্থগৃধ্নুতা।

mis·er·able [ˈমিজ়্‌রাব্‌ল্] *adj* ১ দুঃস্থ; দুর্গত; অতিষ্ঠ; দুর্বিষহ: make life ~. ২ দুর্দশাগ্রস্ত; দুর্বিষহ; শোচনীয়; দুরবস্থ: ~ weather; ~ slums. ৩ গুণমানে হীন; যাচ্ছে–তাই; কদর্য; অতি নগণ্য: a ~ meal. **mis·er·ably** [-রাˈব্‌লি] *adv* শোচনীয়ভাবে: die miserably.

mis·ery [ˈমিজ়ারি] *n* (*pl* -ries) ১ [U] দুঃখযাতনা; দুর্গতি; দুর্দশা; যন্ত্রণা; মর্মপীড়া; মর্মযন্ত্রণা; দুরবস্থা: living in ~ and want. **put the animal out of its ~** হত্যা করে দুঃখক্লেশের অবসান ঘটানো। ২ (*pl*) বেদনাদায়ক ঘটনা; বিরাট দুর্ভাগ্যজনক ঘটনা; দুঃখদুর্দশা; অনিষ্টপাত। ৩ (কথ্য) সর্বদা দুর্দশাগ্রস্ত ও ঘ্যানঘ্যানে ব্যক্তি।

mis·fea·sance [মিস্ ˈফ়ীজ়্‌ন্‌স্] *n* (আইন.) বৈধ অধিকারের অবৈধ প্রয়োগ।

mis·fire [ˌমিস্‌ˈফ়াইআ(র্)] *vt* (বন্দুক সম্বন্ধে) গুলি না ছোটা; (মোটর–ইনজিন সম্বন্ধে) সিলিন্ডারে আগুন না ধরা; (কথ্য; কৌতুক ইত্যাদি সম্বন্ধে) না জমা; মাঠে মারা যাওয়া। □*n*

mis·fit [ˈমিস্‌ফ়িট্] *n* বেমানান বা বেখাপ পোশাক; (লাক্ষ.) (নিজের পদে বা সঙ্গীদের সঙ্গে) বেখাপ্পা/বেমানান লোক।

mis·for·tune [ˌমিস্‌ˈফ়োºচূন্] *n* ১ [U] দুর্ভাগ্য; দুর্দৈব; দুরদৃষ্ট: suffer ~ . ২ [C] দুর্ভাগ্যজনক ঘটনা; দুর্ঘটনা; দুর্বিপাক; অনর্থপাত।

mis·give [ˌমিস্‌ˈগিভ়্] *vt* (*pt* misgave [ˈগেইভ়্], *pp* misgiven [-গি ফ়্‌ন্]) (নৈর্ব্যক্তিকরূপে ব্যবহৃত; প্রা.প্র.) My heart/mind ~s me, আমি সংশয় বা সন্দেহে আকুল/আমি সংশয়াকুল; দুর্ভাবনাগ্রস্ত। **mis·giv·ing** [ˌমিস্‌ˈগিভ়িঙ্] *n* [C,U] সন্দেহ; সংশয়; অবিশ্বাস; আশঙ্কা।

mis·gov·ern [ˌমিস্‌ˈগাভ়্‌ন্] *vt* (রাষ্ট্র ইত্যাদি) কুশাসন করা; অপশাসিত করা। **~·ment** *n* [U] অপশাসন; কুশাসন।

mis·guide [ˌমিস্‌ˈগাইড্] *vt* ভুল বা বিভ্রান্তিকর তথ্য বা নির্দেশ দেওয়া; ভুল পথে চালিত করা; বিভ্রান্ত/বিপথগামী করা। **mis·guided** *adj* বিভ্রান্ত; বিপথগামী; উন্মার্গগামী: ~d conduct; ~d boys.

mis·handle [ˌমিস্‌ˈহ্যান্‌ড্‌ল্] *vt* স্থূলভাবে বা আনাড়ির মতো কারবার বা সম্পাদন করা।

mis·hap [ˈমিস্‌হ্যাপ্] *n* [C] অঘটন; বিপত্তি; আপদ; অনর্থপাত; দুর্দৈব; দুর্বিপাক: meet with a slight ~; [U] দুর্ভাগ্য; দুর্ঘটনা; বিঘ্ন: arrive without ~.

mis·hear [ˌমিস্‌ˈহিআ(র্)] *vt* ভুল শোনা।

mish·mash [ˈমিশ্‌ম্যাশ্] *n* [U] হাবজা গোবজা; নগরঘণ্ট; ঘাট।

mis·hit [ˌমিস্‌ˈহিট্] *vt* লক্ষ্যভ্রষ্ট হওয়া।

mis·in·form [ˌমিসিন্‌ˈফ়োºম্] *vt* ভুল তথ্য দেওয়া; বিভ্রান্ত করা; বিপথে চালিত করা। **~a·tion** [ˌমিসিন্‌ফ়াˈমেইশ্‌ন্] *n* অতথ্য; অতথ্য প্রদান; ভুল তথ্য।

mis·in·ter·pret [ˌমিসিন্‌ˈটাপ্রিট্] *vt* ভুল অর্থ বা ব্যাখ্যা করা; ভুল অনুমান করা। **~·ation** [ˌমিসিন্‌টাপ্রিˈটেইশ্‌ন্] *n* ভ্রান্ত ব্যাখ্যা; অন্যথা–ব্যাখ্যা; মিথ্যা–অনুমান।

mis·judge [ˌমিস্‌ˈজাজ্] *vt,vi* বিচারে/হিসাবে ভুল করা; ভুল বিচার/ধারণা করা; অন্যথাবিচার করা। **~·ment** (US **misjudgment**) *n* অন্যথাবিচার; বিচারের ভুল; বিচার–বিভ্রাট।

mis·lay [ˌমিস্‌ˈলেই] *vt* (*pl,pp* mislaid [-ˈলেইড্]) অস্থানে বা ভুল জায়গায় রাখা; হারিয়ে ফেলা; রাখতে ভুল করা।

mis·lead [ˌমিস্‌ˈলীড্] *vt* (*pp,pt* misled [-ˈলেড্]) ভুল পথে/বিপথে চালানো; বিপথগামী/ উন্মার্গগামী করা; ভুল ধারণা দেওয়া; বিভ্রান্ত/বিভ্রষ্ট করা। **~·ing** *adj* বিভ্রান্তিকর।

mis·man·age [ˌমিস্‌ম্যানিজ্] *vt* অসম্যকরূপে পরিচালনা করা; বে-বন্দোবস্ত করা।

mis·name [ˌমিস্‌নেইম্] *vt* (সাধা. passive) ভুল বা অনুচিত নামে ডাকা/অভিহিত করা। **~ed part** *adj* মিথ্যাভিহিত।

mis·nomer [ˌমিস্‌নৌমা(র্)] *n* [C] নাম বা শব্দের অপপ্রয়োগ; মিথ্যাভিধান।

mis·ogyn·ist [মিসজিনিস্‌ট্] *n* নারীবিদ্বেষী।

mis·place [ˌমিস্‌প্লেইস্] *vt* ১ অস্থানে বা ভুল জায়গায় রাখা। ২ (সাধা. passive) (স্নেহ, ভালোবাসা, আস্থা ইত্যাদি) অপাত্রে বর্ষণ বা স্থাপন করা: ~d confidence.

mis·print [ˌমিস্‌প্রিন্‌ট্] *vt* মুদ্রণে/ছাপতে ভুল করা; ভুল ছাপানো। □*n* (মিস্‌প্রিন্‌ট্) ছাপার ভুল; মুদ্রণ-প্রমাদ।

mis·pro·nounce [ˌমিস্‌প্রানাউন্‌স্] *vt* অশুদ্ধ উচ্চারণ করা। **mis·pro·nun·ci·ation** [ˌমিস্‌প্রানান্‌সিˈএইশ্‌ন্] *n* অশুদ্ধ উচ্চারণ।

mis·quote [ˌমিস্‌কোওট্] *vt* ভুল ভাবে উদ্ধৃত করা। **mis·quo·ta·tion** [মিস্‌কোওˈটেইশ্‌ন্] *n* [C,U] অশুদ্ধ উদ্ধৃতি/উদ্ধরণ।

mis·read [ˌমিস্‌রীড্] *vt* (*pt,pp* misread [– ˈরেড্]) ভুল পড়া; ভুল অর্থ করা।

mis·rep·re·sent [ˌমিস্‌রেপ্রিজ়ান্‌ট্] *vt* অযথার্থভাবে উপস্থাপন করা; অসত্য/অতথ্য বিবরণ দেওয়া। **mis·rep·re·sen·ta·tion** [ˌমিস্‌রেপ্রিজ়েন্‌ˈটেইশ্‌ন্] *n* [C,U] অতথ্য/ অসত্য/ ভ্রমাত্মক উপস্থাপনা; অসত্য/ অতথ্য বিবরণ।

mis·rule [ˌমিস্‌রূল্] *n* [U] কুশাসন; অব্যবস্থা; গোলযোগ; বিশৃঙ্খলা।

miss[1] [মিস্] *n* [C] আঘাত করা, ধরা, নাগাল পাওয়া ইত্যাদির ব্যর্থতা; বিফলতা; ভ্রংশ, বিচ্যুতি; ফসকানি: six hits and one ~; a lucky ~, সৌভাগ্যপূর্ণ বাঁচোয়া/পলায়ন। **give sth a ~** (কথ্য) বাদ দেওয়া; ছেড়ে/ছাড় দেওয়া। **A ~ is as good as a mile** (কথ্য) অল্পের জন্যে বাঁচাও বাঁচা; অনেক ব্যবধানে বাঁচাও বাঁচা।

miss[2] [মিস্] *n* ১ **M~** অবিবাহিতা নারীর বংশনামের পূর্বে ব্যবহৃত উপাধি; কুমারী: M~ (Susan) Smith. **M~ America** (দৃষ্টান্তস্বরূপ) রূপের প্রতিযোগিতায় বিজয়িনী তরুণীর খেতাব; মিস আমেরিকা। ২ (ছোট হাতের m, সাধা. কৌতুকচ্ছলে, কদাচিৎ তুচ্ছ) তরুণী; মেয়ে; বালিকা: a saucy ~. ৩ (সম্বোধনে, যেমন শিক্ষয়িত্রীকে উদ্দেশ করে পড়ুয়াদের মুখে; দোকানের বিক্রেত্রী প্রভৃতির উদ্দেশেও ব্যবহৃত হয়): Good morning, ~! ৪ (ব্যবসায়ী প্রয়োগ, *pl;* আজকাল অনেক সময় এই অর্থে teenager ব্যবহৃত হয়) বালিকা: shoes, gowns etc. for Junior M~es.

miss[3] [মিস্] *vt,vi* (*pt,pp* missed) ১ (কাঙ্ক্ষিত বস্তু ইত্যাদি) ধরতে; আঘাত করতে; নাগাল পেতে ... ব্যর্থ হওয়া; ভ্রষ্ট হওয়া; বিফল হওয়া: ~ one's aim, লক্ষ্যভ্রষ্ট হওয়া; She ~ed her footing, তার পা পিছলে গেছে; ~ an accident, সৌভাগ্যক্রমে বেঁচে যাওয়া। ২ অনুপস্থিতি বা অভাব টের পাওয়া/অনুভব করা এবং সেজন্য দুঃখবোধ করা: For a long time she did not ~ her watch? ৩ **~ out (on sth)** (কথ্য) (কোনো কিছু থেকে উপকৃত হওয়ার বা কিছু উপভোগ করার) সুযোগ হারানো; নিজেকে বঞ্চিত করা: Don't ~ out on the ofter of a free trip to Paris. **~ sth out** বাদ দেওয়া; ছাড় দেওয়া; উহ্য রাখা: ~ out a word/line. **~·ing** *adj* হারানো; হারিয়ে-যাওয়া; নিখোঁজ; নিরুদ্দিষ্ট: ~ persons. **the ~ing link**, দ্র. link[1] (U).

mis·sal [ˈমিস্‌ল্] *n* রোমান ক্যাথলিক ধর্মমতে সমবেত প্রার্থনা-অনুষ্ঠানের নির্দেশাবলী-সংবলিত পুস্তক; প্রার্থনা-পুস্তক।

mis·shapen [ˌমিস্‌শেইপ্‌ন্] *adj* (বিশেষত শরীর বা অঙ্গপ্রত্যঙ্গ সম্বন্ধে) বিকৃত; বেঢপ; বিকলাঙ্গ; কদাকার।

mis·sile [ˈমিসাইল্ US ˈমিস্‌ল্] *n* নিক্ষিপ্ত বা অভিক্ষিপ্ত বস্তু বা অস্ত্র; ক্ষেপণীয়; ক্ষেপণাস্ত্র; ক্ষেপকাস্ত্র: ~ sites/bases. **guided ~** নিয়ন্ত্রিত ক্ষেপকাস্ত্র। **inter-continental ballistic ~** (সং. **ICBM**) বোমাবাহী দূর-পাল্লার রকেট; আন্তর্মহাদেশীয় প্রাসিক ক্ষেপণাস্ত্র।

mission [ˈমিশ্‌ন্] *n* ১ বিশেষত দায়িত্ব দিয়ে (সাধা. বিদেশে) প্রেরিত ব্যক্তিবর্গ; ঐরূপ প্রেরণ; প্রেষণ; প্রেষ্য: go/come/send sb on a ~ of inquiry. ২ প্রচার, শিক্ষণ ইত্যাদির মাধ্যমে স্বধর্মে দীক্ষিত করার উদ্দেশ্যে প্রেরিত ধর্মশিক্ষকবৃন্দ (~aries); ঐরূপ প্রেরণ; ধর্মপ্রচারণা; ধর্মপ্রচারকবৃন্দ; প্রেষ্যবৃন্দ: Foreign M~s; Home M~s. ৩ যে স্থানে ধর্মপ্রচারণার কাজ সম্পন্ন হয়; ধর্মপ্রচারের জন্যে প্রয়োজনীয় ভবন, সংগঠন ইত্যাদি; (বিশেষত দরিদ্র জনসাধারণের মধ্যে) দাতব্য বা রোগনিরাময়মূলক কর্মকাণ্ড পরিচালনার জন্য বসতি; মিশন। ৪ **~ in life** যে কাজের জন্য কোনো ব্যক্তি অন্তরের তাগিদ অনুভব করেন; জীবনের ব্রত/প্রেরণা। (বিশেষত US) ব্যক্তিবিশেষ বা সশস্ত্রবাহিনীর কোনো দলকে প্রদত্ত বিশেষ দায়িত্ব; প্রেষণ: The company has flown a dozen ~s.

mission·ary [ˈমিশান্‌রি US –নেরি] *n* (*pl* -ries) বিশেষত বিধর্মীদের মধ্যে স্বধর্ম প্রচারের উদ্দেশ্যে প্রেরিত ব্যক্তি; ধর্মপ্রচারক; মিশনারি; (attrib) মিশন বা মিশনারি সম্বন্ধী: a ~ meeting; a ~ box, দাতব্য মিশনের জন্য অর্থসংগ্রহের বাক্স।

mis·sis [ˈমিসিজ্] *n* দ্র. missus.

mis·sive [ˈমিসিভ্] *n* (হাস্য. ব্যবহার) (বিশেষত দীর্ঘ, গুরুগম্ভীর ধরনের) পত্র।

mis·spell [ˌমিস্‌স্পেল্] *vt* (*pt,pp* misspelled বা misspelt [– ˈস্পেল্‌ট্]) বানান ভুল করা; ভুল বানান করা। **~·ing** *n* ভুল/অশুদ্ধ বানান।

mis·spend [ˌমিস্‌স্পেন্‌ড্] *vt* (*pt,pp* misspent [– ˈস্পেন্‌ট্]) অপব্যয়/অপচয়/অপব্যবহার করা; বাজে খরচ করা: misspent youth, অপচায়িত/ অপচিত/ অপব্যয়িত যৌবন।

mis·state [ˌমিস্‌স্টেইট্] *vt* অযথার্থরূপে বিবৃত করা; অন্যথাবিবৃত করা: ~ one's case.

mis·sus, mis·is [ˈমিসিজ্] *n* (কথ্য বা অপ.) (the, my, his ও your-এর সঙ্গে ব্যবহৃত) স্ত্রী; গিন্নি।

missy [ˈমিসি] *n* (*pp* -sies) (কথ্য, ঘরোয়া) বালিকা, তরুণী বা কিশোরীদের উদ্দেশে সম্বোধন: Well, ~, what can I do for you ?

mist [মিস্‌ট্] *n* ১ [C] ভূপৃষ্ঠের উপর বা নিকটবর্তী হালকা জলীয় বাষ্প; এরকম বাষ্পপূর্ণ এলাকা বা সময়; গ্লাস ইত্যাদির গায়ে ঘনীভূত জলীয় বাষ্প; ফিকে/হালকা কুয়াশা; ধূলিকা; কুহা: (লাক্ষ.) lost in the ~s of time. ২ [C] অশ্রুবাষ্প; (লাক্ষ.) মনকে আচ্ছন্ন করে এমন কিছু:

see things through a ~. □*vi,vt* ~ **(over)** ফিকে কুয়াশায় অশ্রুবাষ্পে আচ্ছন্ন করা বা হওয়া: The glass ~ed over. **~y** *adj* (-ier, -iest) ১ ফিকে কুয়াশায় ঢাকা; কুয়াশাচ্ছন্ন; কুয়াশাময়: ~y weather; a ~y view. ২ অস্বচ্ছ; ঝাপসা: a ~y idea. **~·ily** [-টিলি] *adv* ঝাপসাভাবে; অস্পষ্টভাবে; কুয়াশার মধ্য দিয়ে। **~·i·ness** *n* কুয়াশাচ্ছন্নতা; অস্বচ্ছতা; অস্পষ্টতা; অনচ্ছতা।

mis·take[1] [মি'স্টে ইক্] *n* [C] ভুল; ভ্রম; প্রমাদ। **by ~** ভুল করে; ভ্রান্তিবশত; ভ্রমক্রমে। **and no ~** (কথ্য) সন্দেহাতীতভাবে; কোনো সন্দেহ নেই।

mis·take[2] [মিস্টেই ক্] *vt,vi* (*pt* mistook [মি'সটুক্], *pp* mistaken [মি'স্টে ইকন্]) ১ ভুল করা; ভুল বোঝা। **There is no mistaking** ভুলের কোনো সম্ভাবনা নেই। ২ **~ sb/sth for** অন্য ব্যক্তি বা বস্তু বলে ভুল করা। **mis·taken** (*pp*) *adj* ১ (রূপে) ভ্রান্ত; ভ্রমাত্মক; ভুল: ~n ideas. **be ~n (about sth)** ভুল করা: He's ~n. ২ অবিবেচনাপ্রসূত: ~n kindness & zeal. **mis·taken·ly** *adv* ভুলক্রমে; ভুলবশত; ভ্রান্তিবশত।

mis·ter ['মিস্টা(র্)] *n* ১ (লিখিতরূপ সর্বদা **Mr**) অন্য কোনো খেতাব না থাকলে পুরুষের বংশনাম বা পদের পূর্বে যোজিত খেতাব; জনাব; শ্রী: Mr (John) Kent; Mr President. দ্র. Mrs; Ms. ২ (নাম ছাড়া ব্যবহৃত; অপ. বা শিশুদের মুখে): Please, ~, let me in.

mis·time [,মিস্টাইম্] *vt* (সাধা. *pp* রূপে ব্যবহৃত) অসময়ে কিছু বলা বা করা; অনুচিত সময় নির্বাচন করা: a ~d (অকালোচিত) intervention.

mistle·toe ['মিস্‌লৌ] *n* [U] (ফল ও অন্য গাছের উপর উদ্গত) ছোট ছোট সাদা আঠালো ফলবিশিষ্ট পরজীবী চিরহরিৎ উদ্ভিদবিশেষ (এই উদ্ভিদের ফল পাখি ধরার আঠা ও বড়োদিনের সজ্জা হিসাবে ব্যবহৃত হয়); তরুরুহা; তরুভুক।

mis·took [মি'স্টুক্] mistake–এর *pl*

mis·tral ['মিস্ট্রাল্] *n* ফ্রান্সের রোন অববাহিকায় উত্তর থেকে প্রবাহিত ঠাণ্ডা; শুষ্ক বায়ু; মিস্ত্রাল।

mis·trans·late [,মিস্ট্র্যান্জ়্'লেইট্] *vt* অশুদ্ধ/ভুল অনুবাদ করা। **mis·trans·la·tion** [-লেইশ্‌ন্] *n* [C,U] অশুদ্ধ/ ভুল অনুবাদ।

mis·tress ['মিস্ট্রিস্] *n* ১ গৃহকর্ত্রী; গৃহস্বামিনী। ২ (বিদ্যালয়ের) শিক্ষিকা; শিক্ষয়িত্রী: the English ~. ৩ কোনো বিষয়ে ভালো জ্ঞান বা নিয়ন্ত্রণের অধিকারিণী নারী; নিপুণা: a ~ of needle work; ~ of the situation; Venice, the ~ of the Adriatic. ৪ (১৮ শতকের পূর্ববর্তী সময়ের পটভূমিকায় রচিত গল্প, নাটক প্রভৃতিতে এবং স্কটল্যান্ডে এখনো কিছু কিছু লোকের মুখে) মিসেস বা মিস–এর তুল্য শব্দ। ৫ (কাব্যিক) প্রণয়পাত্রী; বল্লভা; দয়িতা; হৃদয়েশ্বরী: 'O ~ mine!' ৬ উপপত্নী; উপস্ত্রী; রক্ষিতা। দ্র. paramour (সাহিত্য.) ও concubine (সেকেলে). দ্র. master.

mis·trial [,মিস্ট্রাইঅ্যাল্] *n* (আইন.) পদ্ধতিগত কোনো ভুলের জন্য বাতিলকৃত বিচার; অবিহিত বিচার।

mis·trust [,মিস্ট্রাস্ট্] *vt* আস্থা/বিশ্বাস না থাকা: ~ one's own powers. □*n* [U] (অপিচ **indef art** –সহ) **(a) ~ (of)** অবিশ্বাস; অপ্রত্যয়। **~·ful** [-ফ্‌ল্] *adj* অবিশ্বাসপূর্ণ; সন্দেহপূর্ণ; সন্দিগ্ধ। **~·fully** [-ফ়ালি] *adv* অবিশ্বাসের সঙ্গে ইত্যাদি।

misty ['মিস্টি] দ্র. mist.

mis·un·der·stand [,মিস্আন্ডা'স্ট্যান্ড্] *vt* (*pt,pp* -stood [-'স্টুড্] (নির্দেশ, বার্তা ইত্যাদি) ভুল বোঝা; (কারো সম্বন্ধে) ভুল/ভ্রান্ত ধারণা করা। **~·ing** *n* [C,U] ভুল–বোঝা; অন্যথাগ্রহণ; ভুল–বোঝাবুঝি; মনোমালিন্য; খটকাখটকি; মন–কষাকষি।

mis·use [,মিস্'ইউজ়্] *vt* অপব্যবহার/অপপ্রয়োগ করা; দুর্ব্যবহার করা। □*n* [,মিস্'ইউস্] *n* [U,C] অপব্যবহার; অপপ্রয়োগ।

mite[1] [মাই ট্] *n* ১ অত্যল্প পরিমাণ; রত্তি; কাচ্চা: give one's ~ to a good cause, সাধ্যমতো দান করা। ২ ক্ষুদ্র বস্তু, বিশেষত (সহানুভূতির পাত্র হিসাবে) ছোট শিশু; এক রত্তি: a ~ of a child.

mite[2] [মাই ট্] *n* [C] কোনো কোনো খাদ্যদ্রব্যে (যেমন পনিরে) উপস্থিত ক্ষুদ্র পরজীবী কীটবিশেষ; চেলোপোকা।

mi·ter ['মাইটা(র্)] *n* (US) = mitre.

miti·gate ['মিটিগেইট্] *vt* তীব্রতা, প্রচণ্ডতা বা বেদনা হ্রাস করা; উপশমিত করা। **mitigating circumstances** যে সব পরিস্থিতি প্রমাদ, অপরাধ ইত্যাদি কম গুরুতর রূপে প্রতিপন্ন করতে পারে; উপশমক পরিস্থিতি। **miti·ga·tion** [মিটি'গেইশ্‌ন্] *n* [U] উপশম; নিবৃত্তি।

mit·osis [মি'টৌসিস্] *n* (*pl* - oses [-সি জ়্]) (জীব.) জীবকোষের বিভাজন, যাতে ক্রোমোসমের সংখ্যা বৃদ্ধি পেয়ে দ্বিগুণ হয় এবং বিভাজনের পরে প্রতিটি কোষে প্রথম কোষটির সমান সংখ্যক ক্রোমোসম থাকে; বিশদ কোষ–বিভাজন। **mit·otic** *adj* বিশদ বিভাজন–জনিত।

mitre (US = **mi·ter**) *n* ১ কোনো কোনো অনুষ্ঠানে বিশপদের পরিধেয় সুউচ্চ টুপিবিশেষ। ২ '**~(-joint)** (সূত্রধরের কাজ) যে জোড়ার সংযোগ রেখা দুটি খণ্ডের মধ্যবর্তী কোণকে (সাধা. সমকোণ) দুই ভাগে বিভক্ত করে (যেমন ছবির ফ্রেমে); কৌণিক সংযোগ।

mitt [মিট্] *n* ১ = mitten. ২ বেইসবলের দস্তানা; (কথ্য.) মুষ্টিযুদ্ধের দস্তানা। ৩ (অপ.) হাত; মুষ্টি; মুঠি।

mit·ten ['মিট্‌ন্] *n* ১ এক ধরনের দস্তানা, যাতে চার আঙুল একযোগে এবং বৃদ্ধ আঙুল আলাদাভাবে আবৃত হয়। ২ আঙুল বাদ দিয়ে কেবলমাত্র হাতের পিঠ ও তালুর আবরণ; হস্তাবরণ।

mix[1] [মিক্স্] *vt,vi* ১ মেশা বা মেশানো; মিশ্রিত/সম্মিশ্রিত করা বা হওয়া। ২ **mix (with)** (ব্যক্তি সম্বন্ধে) মেশা; মেলামেশা করা। ৩ **mix sth/sb up (with sth/sb)** উত্তমরূপে মেশানো; গুলিয়ে ফেলা; পার্থক্য করতে না পারা; তালগোল পাকানো: Don't mix her up with her twin sister. **be/get mixed up in/with sth** জড়িত/সংশ্লিষ্ট হওয়া; সংশ্রব রাখা; দূরে থাকা: get mixed up with politics/in an affair. '**mix-up** *n* বিশৃঙ্খলা; গোলমাল; হ–য–ব–র–ল; তালগোল: A nice mix-up! '**mixed-up** *adj* মানসিকভাবে বিভ্রান্ত; উদ্‌ভ্রান্ত; বিভ্রান্ত–চিত্ত; mixed-up kids, সামাজিক সমস্যায় বিভ্রান্তচিত্ত শিশুরা।

mix[2] [মিক্স্] *n* (প্রধানত ব্যবসা–বাণিজ্যে) কোনো উদ্দেশ্যে মিশ্রিত বা মিশ্রণীয় উপকরণসমূহ (যেমন, কোনো কোনো খাদ্যবস্তুর); মিশ্রণ; মিশ্রক: an ice- 'cream mix; a 'cake mix (ময়দা; ডিমের গুঁড়া, চিনি ইত্যাদি)।

mixed [মিক্‌স্‌ট্] *adj* বিভিন্ন ধরনের; মিশ্রিত; মিশ্র; অবচ্ছুরিত: ~ biscuits/pickles; a ~ school, (বালক-বালিকাদের জন্য) মিশ্র স্কুল; a ~ company, (বিভিন্ন শ্রেণী, রুচি ইত্যাদির মানুষের) মিশ্র সমাবেশ। **have ~ feelings (about sth)** মিশ্র অনুভূতি (যেমন যুগপৎ আনন্দ ও বেদনা) থাকা। **,~ 'blessing** সুবিধা ও অসুবিধা দুই-ই আছে এমন কোনো বস্তু; মিশ্র আশীর্বাদ। **,~ 'doubles** (টেনিস ইত্যাদি) প্রত্যেক পক্ষে একজন নারী ও একজন পুরুষ নিয়ে খেলা; মিশ্র দ্বৈত। **,~ 'farming** মিশ্র চাষাবাদ (যেমন একই সঙ্গে দুগ্ধখামার ও শস্যের চাষাবাদ)। **,~ 'grill** মিশ্র কাবাব (যেমন, কলিজা, গুর্দা ইত্যাদি)। **,~ 'marriage** ভিন্ন জাতি বা ধর্মের নারীপুরুষের মধ্যে বিবাহ; মিশ্র বিবাহ। **,~ 'metaphor** দুই বা ততোধিক উপমা-উৎপেক্ষার অসঙ্গত ব্যবহার, যাতে হাস্যকরতার উদ্ভব ঘটে; সঙ্কর অলঙ্কার (যেমন, the footprints of an unseen hand).

mixer ['মিক্‌স(র্)] *n* ১ যে বস্তু বা ব্যক্তি মেলায়; মিশ্রক; মিশ্রকারী: a ce'ment ~; an electric 'food-~; (টেলিভিশন, চলচ্চিত্র) যে ব্যক্তি বা বস্তু একই দৈর্ঘ্যের ফিল্ম বা ভিডিও-টেপে শর্টসমূহ সমন্বিত করে। ২ **be a good ~** (কথ্য) সামাজিক অনুষ্ঠানাদিতে সহজে মিশতে পারা; মিশুক হওয়া। দ্র. mix[1] (২).

mix·ture ['মিক্‌স্‌চা(র্)] *n* [U] মিশ্রীকরণ বা মিশ্রীভবন; মিশ্রণ। [C] মিশ্রণজাত বস্তু; মিশ্র; মিশ্রণ: a 'smoking ~, বিভিন্ন জাতের তামাকের মিশ্রণ; a 'cough ~, বিভিন্ন ভেষজের মিশ্রণ। **the ~ as before** (কথ্য) পূর্ববৎ প্রক্রিয়া, পদ্ধতি ইত্যাদি; তথৈবচ; যথাপূর্ব।

miz·zen, mizen [মিজ্‌ন্] *n* ১ **'~ (-mast)** তিন-মাস্তুলওয়ালা জাহাজের সবচেয়ে পেছনের মাস্তুল। ২ **'~ (-sail)** উক্ত মাস্তুলে খাটানো সবচেয়ে নীচের চৌকা পাল।

mne·monic [নি'মনিক্] *adj* স্মৃতিসম্বন্ধী; স্মৃতির সহায়তার উদ্দেশ্যে পরিকল্পিত; স্মার্ত; স্মারণিক; স্মৃতিপ্রবর্তক: ~ verses, স্মৃতিসহায়ক/স্মারণিক শ্লোক বা পংক্তিমালা। **mne·mon·ics** *n pl* স্মৃতিশক্তির উৎকর্ষসাধন-বিষয়ক বিদ্যা বা প্রণালী; স্মৃতিবর্ধনবিদ্যা; স্মরণবিদ্যা।

mo [মৌ] *n* moment-এর অপ., সং.; মুহূর্ত: half a mo.

moan [মৌন্] *n* [C] বেদনা বা অনুতাপের চাপা শব্দ বা যন্ত্রণাসূচক চাপা আওয়াজ; গোঙানি; কাতরানি; কোঁকানি; চাপা আর্তনাদ; আহাজারি: the ~ of the wind. □*vi,vt* কাতরানো; কোঁকানো: ~ (out) a plea for help, কাতরকণ্ঠে সাহায্য চাওয়া।

moat [মৌট্] *n* রক্ষাব্যবস্থার অংশ হিসাবে দুর্গ প্রভৃতির চারিদিকে জলপূর্ণ গভীর, প্রশস্ত পরিখা; গড়খাই। **~ed** *adj* পরিখা/গড়খাই বেষ্টিত।

mob [মব্] *n* [C] ১ বিশেষত দুষ্কৃতি বা হামলার উদ্দেশ্যে সমবেত উচ্ছৃঙ্খল জনতা; হুড়; জনসঙ্কুল: (attrib) ~ law; ~ rule. ২ **the mob** সর্বহারা; লোকসাধারণ; জনতা: mob oratory, যে ধরনের বক্তৃতায় জনতার আবেগকে নাড়া দেয়, কিন্তু তাদের বুদ্ধিবৃত্তিকে উদ্দীপ্ত করে না; লোক-খেপানো বক্তৃতা। ৩ গুণ্ডাদল। □*vt* (-bb-) (মানুষ সম্বন্ধে) হামলা বা শ্রদ্ধাপ্রকাশের জন্য ঘিরে ফেলা/ধরা: The politician was ~bed by agitated students. **mob·ster** [মবস্‌টা(র্)] *n* উচ্ছৃঙ্খল ব্যক্তিদের দল বা জনতার সদস্য; মস্তান; দাঙ্গাবাজ; গুণ্ডা।

mob·cap ['মবক্যাপ্] *n* (১৮ শতক) মেয়েদের ঘরে পরার মস্তকাবরণবিশেষ, যাতে মাথার সব চুল ঢাকা পড়ত।

mo·bile ['মৌবাইল্ US -বল্] *adj* ১ সচল; ভ্রাম্যমাণ; জঙ্গম; চলিষ্ণু; গতিময়; অস্থাবর: ~ troops/artillery. ২ নিয়তপরিবর্তী: ~ features. □*n* ভাস্কর্য বা অনুরূপ বস্তু, যার অংশসমূহ বাতাসে নড়ে। **mo·bil·ity** [মৌ'বিলাটি] *n* [U] সচলতা; জঙ্গমতা; গতিময়তা; চলিষ্ণুতা।

mo·bi·lize ['মৌবিলাইজ্] *vt,vi* (বিশেষত যুদ্ধে) ব্যবহার বা দায়িত্বে নিয়োজনের জন্য একত্র করা; যুদ্ধার্থে সমবেত করা। **mo·bi·liz·ation** [,মৌবিলাই'জেইশ্‌ন্ US -লি'জেই-] *n* যুদ্ধোদ্যম; যুদ্ধোদ্যোগ: (attrib) mobilization orders.

mob·ster [মবস্‌টা(র্)] *n* দ্র. mob.

moc·ca·sins ['মকাসিন্‌জ্] *n,pl* নরম চামড়া দিয়ে তৈরি জুতাবিশেষ, যেমন উত্তর আমেরিকার ইন্ডিয়ানরা পরে, কিংবা অনুরূপ জুতা।

mo·cha ['মকা: US 'মৌকা] *n* [U] উৎকৃষ্ট মানের কফিবিশেষ, যা আদিতে আরবদেশের মোকা নামক বন্দর থেকে রপ্তানি করা হত; মকা।

mock [মক্] *vt,vi* ১ **~ sb; ~ at sb** কাউকে নিয়ে তামাসা করা; ভেংচানো; ব্যঙ্গ-পরিহাস করা; উপহাস করা। **'~·ing bird** *n* থ্রাস-গোত্রের আমেরিকান পাখি-বিশেষ, যা অন্য পাখির সুর নকল করে; হরবোলা পাখি। ২ অবজ্ঞাভরে উপেক্ষা/অগ্রাহ্য করা; উপহাস করা: The massive wall ~ed the onslaught of rushing waters. **'~-up** *n* (ক) কোনো প্রস্তাবিত যন্ত্রের (বা তার অংশবিশেষের) রূপ প্রদর্শনের জন্যে কাষ্ঠনির্মিত পূর্ণাবয়ব মডেল (যেমন বিমানের); নকল রূপ। (খ) মুদ্রিত হবে এমন বস্তুর বিন্যাস; সজ্জা; গ্রন্থন। □attrib *adj* নকল: a ~ battle; ~ turtle soup; ,~-'modesty, ছদ্ম-বিনয়; ,~-he'roic, বীরগাথার রচনাশৈলীর ব্যঙ্গাত্মক অনুকরণমূলক; ছদ্ম-মহাকাব্যিক। □*n* (পুরা.) উপহাস; ব্যঙ্গতামাসা। **make a ~ of** হাস্যাস্পদ/উপহাস করা; তামাসা করা। **~er** *n* উপহাসকারী; বিদ্রূপকারী। **~·ing·ly** *adv* উপহাস করে ইত্যাদি।

mock·ery ['মকারি] *n* (*pl* -ries) ১ [U] উপহাস; ব্যঙ্গতামাসা; ব্যঙ্গবিদ্রূপ; হাসাহাসি: hold a person up to ~. ২ [C] উপহাসের পাত্র; উপহাসাস্পদ ব্যক্তি। ৩ [C] গর্হিত বা নিন্দনীয় দৃষ্টান্ত; প্রহসন: a ~ of justice.

mod [মড্] *adj* (অপ.) (বিশেষত পোশাক-পরিচ্ছদে) হাল-নাগাদ ও ফিটফাট; কেতাদুরস্ত। □*n* (১৯৬০-এর দশক, GB) স্কুটার-আরোহী ফিটফাট তরুণ: Mods and Rockers, দ্র. rock[2].

mo·dal ['মৌড্‌ল্] *adj* (substance-এর সঙ্গে বৈপরীত্যক্রমে) ধরন বা রীতি সম্পর্কিত; (ব্যাক.) ক্রিয়ার ভাব-সম্বন্ধী; প্রকারাত্মক: ~ auxiliaries (যেমন can, may). **mo·dal·ity** *n* [U] ১ প্রকারাত্মকতা। ২ [C] কিছু করার ধরন; ক্রিয়াপদ্ধতি; সাধনপ্রণালী।

mode [মৌড্] *n* [C] ১ ধরন; কর্মপদ্ধতি; সাধন প্রণালী; করণপ্রণালী; a ~ of life, জীবনযাপন পদ্ধতি; a ~ of dressing the hair; কেশবিন্যাসরীতি; ফ্যাশন; কেতা; চল: the latest ~s (of clothes). (সঙ্গীত) বৃহৎ বা ক্ষুদ্র গ্রাম: the major and the minor ~s.

model[1] ['মড্‌ল্] *n* [C] ১ কোনো বস্তুর ক্ষুদ্রাকার প্রতিরূপ; যে নকশা অনুযায়ী কোনো কিছু তৈরি করা হয়;

ছাঁচ; প্রতিমান; আদর্শ; আদল; মডেল: ~ of an aircraft; (attrib) ~ aircraft/trains. ২ অনুকরণীয় ব্যক্তি বা আদর্শ: She is ~ of virtue. ৩ (কথ্য) এক বস্তু বা ব্যক্তির অবিকল অনুরূপ অন্য বস্তু বা ব্যক্তি; হুবহু/অবিকল প্রতিচ্ছবি; প্রতিচ্ছায়া: He is a ~ of his father. ৪ চিত্রকর, আলোকচিত্রী বা ভাস্কর যে ব্যক্তিকে সামনে রেখে ছবি আঁকেন, তোলেন বা ভাস্কর্য নির্মাণ করেন; মডেল। ৫ সম্ভাব্য ক্রেতারা যাতে দেখতে পারেন সেজন্য পোশাক-পরিচ্ছদ; টুপি ইত্যাদি পরে দেখাবার কাজে নিয়োজিত ব্যক্তি; মডেল। ৬ উপর্যুক্ত মডেলরা যেসব পোশাক-পরিচ্ছদ, টুপি ইত্যাদি জনসমক্ষে প্রদর্শন করেন; মডেল: the latest New York ~s. ৭ যে নকশা বা ছাঁচ অনুসরণ করে একই বস্তু বহু সংখ্যায় উৎপাদিত হয়; মডেল: the latest ~s of Volkswagon cars. ৮ পরোৎকৃষ্ট; অনুকরণীয়; আদর্শ; আদর্শস্থানীয়: ~ behaviour; a ~ son.

model[2] ['মড্‌ল্] *vt,vi* (-ll-, US -l-) ১ **~ (in)** (কোনো নরম পদার্থে) রূপ দেওয়া; গড়া; প্রতিমান তৈরি করা; আদল করা: ~ sb's head in clay; (লাক্ষ.) delicately ~led features, কমনীয় মুখরেখা। ২ (পোশাকপরিচ্ছদ, হ্যাট ইত্যাদির) মডেলরূপে কাজ করা (উপরে model[1] (৪) ও (৫) দ্র.)। ৩ **~ oneself on/up on sb** আদর্শে গড়া: ~ oneself on one's teacher. **~(l)er** *n* ১ যে ব্যক্তি প্রতিমান তৈরি করে; প্রতিমাকৃৎ। ২ যে ব্যক্তি মডেলরূপে কাজ করে। **~(l)ing** *n* [U] ১ প্রতিমা তৈরি করার বিদ্যা; প্রতিমাশিল্প; প্রতিমা গড়ার পদ্ধতি। ২ মডেলের কর্ম বা বৃত্তি।

mod·er·ate[1] ['মডারাট্] *adj* ১ মাঝারি; মাঝারির কম; সীমিত; পরিমিত; ন্যায়সঙ্গত: a ~ appetite; a ~-price room; a ~-sized house. ২ সংযত; মধ্যপন্থী; নরমপন্থী; পরিমিত; পরিমিতিবোধসম্পন্ন: ~ opinions; a ~ political party; a ~ smoker. □*n* (বিশেষত রাজনীতিতে) মধ্যপন্থী। **~·ly** *adv* মাঝারি রকম/গোছের; পরিমিতভাবে; সহনীয়ভাবে; বেশ: a ~ly large house.

mod·er·ate[2] ['মডারেইট্] *vt,vi* ১ সংযত/দমিত করা বা হওয়া; মন্দীভূত করা বা হওয়া: ~ one's demands. The gale is moderating; a moderating influence, সংযমী/সংযন্তা প্রভাব। ২ (কোনো কোনো বিশ্ববিদ্যালয়ে) প্রধান পরীক্ষকের দায়িত্ব নির্বাহ করা; সমন্বিত করা; (প্রেসবাইটেরিয়ান গির্জা সংগঠনে) ধর্মীয় আদালতে পৌরোহিত্য করা।

mod·er·ation [,মডা'রেইশ্‌ন্] *n* ১ [U] সংযম; মিতাচার; সংযতাচার; পরিমিতি বোধ: ~ in eating and drinking. **in ~** পরিমিত/সংযত পরিমাণে; পরিমিত/সংযতভাবে। ২ (*pl*) (সংক্ষিপ্ত **Mods**) অক্সফোর্ড ধ্রুপদী বিষয়ে (গ্রিক ও রোমান সাহিত্য ও শিল্পকলা) প্রথম প্রকাশ্য পরীক্ষা।

mod·er·ator ['মডারেইটা(র্)] *n* ১ (প্রেসবাইটেরিয়ান গির্জা সংগঠনে) ধর্মীয় আদালতে প্রধান বিচারকের ভূমিকা পালনকারী পুরোহিত। ২ (কোনো বিশ্ববিদ্যালয়ে) প্রধান পরীক্ষক; সমন্বয়জ্ঞ। ৩ পারমাণবিক চুল্লিতে যে বস্তুর মধ্যে ইলেকট্রনসমূহের গতি শ্লথিত হয়।

mo·dern ['মড্‌ন্] *adj* ১ বর্তমান বা সাম্প্রতিক কাল সম্বন্ধী; আধুনিক; অধুনাতন: ~ history, ১৪৭৫ খ্রি. থেকে য়োরোপীয় ইতিহাস; M~ English, ১৫ শতক থেকে ইংরেজি ভাষা। **secondary '~ school** (GB ১৯৫০ ও ১৯৬০-এর দশক) আধা-কারিগরি মাধ্যমিক বিদ্যালয়বিশেষ, যেখানে তত্ত্বীয় শিক্ষাকে কম প্রাধান্য দেওয়া হয়; মাধ্যমিক আধুনিক বিদ্যালয়। দ্র. secondary. ২ নতুন ও হাল-নাগাদ; আধুনিক; নব্য: ~ methods and ideas. □*n* আধুনিক মানুষ।

mod·ern·ism ['মডানিজ়াম্] *n* [U] আধুনিক মতামত, দৃষ্টিভঙ্গি ও পদ্ধতি; (ধর্মতত্ত্ব) ঐতিহ্যকে আধুনিক চিন্তার অধীনীকরণ; আধুনিকতাবাদ; নব্যতন্ত্র। **mod·ern·ist** [-নিস্ট্] *n* আধুনিকতাবাদী; আধুনিক পন্থী। **mod·ern·is·tic** [,মডা'নিস্টিক্] *adj* আধুনিকতাবাদী; নব্যতান্ত্রিক।

mo·dern·ity [ম'ডানাটি] *n* [U] আধুনিকতা।

mod·ern·ize ['মডনাইজ়্] *vt* আধুনিক করা; হাল-নাগাদ করা। **mod·ern·is·tic** [,মডানাই'জ়েইশ্‌ন্ US -নি'জ়েই-] *n* [U] আধুনিকীকরণ।

mod·est ['মডিস্ট্] *adj* ১ বিনয়ী; নিরাভিমান; অনুদ্ধত নিরহঙ্কার: be ~ about one's achievements. ২ পরিমিত; সংযত; ন্যায়সঙ্গত; মাঝারি (ধরনের): be ~ in one's demands; a ~ house. ২ মিতাচারী; সংযত; পরিমিত: ~ in speech, dress and behaviours. **~·ly** *adv* সংযতভাবে ইত্যাদি। **mod·esty** ['মডিস্টি] *n* [U] বিনয়; বিনয়শালী; নিরাভিমান; অভিমানশূন্যতা; নিরহঙ্কারিতা; সংযম; পরিমিতিবোধ; মিতাচার; শালীনতাবোধ। **in all ~y** এতোটুকু অহঙ্কার না করে; সম্পূর্ণ অভিমানবর্জিত হয়ে; অত্যন্ত বিনয়ের সঙ্গে।

modi·cum ['মডিকাম্] *n* (কেবল *sing*) অল্প/পরিমিত/কিঞ্চিৎ পরিমাণ: a ~ of effort/truth.

mod·ify ['মডিফ়াই] *vt* (*pt,pp*) ১ বদলে দেওয়া; পরিবর্তন সাধন করা। ২ সংযত/নরম করা; বদলানো: ~ one's tone. ৩ (ব্যাক.) (শব্দের) অর্থকে বিশেষিত করা; গুণ প্রকাশ করা: Adverbs ~ verbs and objectives. **modi·fier** [-ফ়াইআ(র্)] *n* (ব্যাক.) যেসব শব্দ অন্য শব্দকে বিশেষিত করে (যেমন বিশেষণ, ক্রিয়া-বিশেষণ); বিশেষক। **modi·fi·ca·tion** [,মডিফ়ি'কেইশ্‌ন্] *n* [U,C] পরিবর্তন; পরিবর্তন সাধন; পরিবর্ত; সংশোধন।

mod·ish ['মৌডিশ্] *adj* ফ্যাশনসম্মত; কেতাদুরস্ত। **~·ly** *adv* ফ্যাশনসম্মতভাবে।

mod·iste [ম'ডীস্ট্] *n* = milliner; দর্জি; পোশাকশিল্পী।

modu·late ['মডিউলেইট্ US -জু-] *vt,vi* ১ নিয়ন্ত্রিত/ নিয়ত করা; সমন্বিত/ উপযোজিত করা; (সঙ্গীত) গ্রাম পরিবর্তন করা। ২ **~ from/to** এক গ্রাম থেকে অন্য গ্রামে পরিবর্তন করা। ৩ (বেতার) তরঙ্গের পৌনঃপুন্য বিস্তার বা দশা (phase) পরিবর্তন করা; স্বরনিয়ামন করা। দ্র. modulation.

modu·la·tion [,মডিউ'লেইশ্‌ন্ US -জু'লেই-] *n* ১ [U,C] নিয়ন্ত্রণ; উপযোজন; সমন্বয়; (সঙ্গীত) গ্রাম-পরিবর্তন। ২ (বেতার) বেতারের উপযোগী করার জন্য কোনো তরঙ্গের বিস্তার; পৌনঃপুন্য বা দশার তারতম্যকরণ (যেমন বেতার বা টেলিফোনের জন্য মনুষ্যকণ্ঠের তারতম্যকরণ); স্বরনিয়ামন।

mod·ule ['মডিউল্ US -জূল্] *n* [C] ১ নির্মাণকার্যে ব্যবহৃত পরিমাণের একক। ২ ভবন বা অংশিত আসবাবপত্রের (sectional furniture) প্রমিত, একরূপ গঠন-উপাদান; কম্পিউটারের সংযোজনে ব্যবহৃত ইলেকট্রনিক গঠন-উপাদানসমূহের একক: a 'memory ~;

কোনো যান্ত্রিক সংশ্রবের (system) গঠন-উপাদানসমূহের একক। ৩ নভযানের স্বতন্ত্র ও স্বয়ংসম্পূর্ণ একক; কোঠা। **com'mand** ~ নভচারীদলের নেতা যে কোঠায় অবস্থান করেন। **'lunar** ~ চাঁদে অবতরণের জন্য বিয়োজনীয় কোঠা। **modu·lar** ['মডিউলা(র্)] US -জু-] *adj* একক বা কোঠা-ভিত্তিক; কৌষ্ঠিক: modular design/construction.

modus op·er·andi [ˌমৌডাস্ ˌঅপা'র‍্যান্ডী] *n* (লা.) কার্যপ্রণালী; সাধনপদ্ধতি।

modus vi·vendi [ˌমৌডাস্ ভি'ভেন্ডী] *n* (লা.) জীবনযাপন-পদ্ধতি; (বিবাদ ইত্যাদির চূড়ান্ত নিষ্পত্তির পূর্বে) সাময়িক চুক্তি; ঐরকম চুক্তি সম্পাদনের পদ্ধতি; সাময়িক রফা।

moggy, mog ['মগি, মগ্] *nn* (*pl* moggies ['মগীজ্], mogs [মগ্স্] (কথ্য) বিড়াল।

mo·gul ['মৌগল্] *n* **M**~ (ইতি.) মোগল, মুঘল; (কথ্য) অত্যন্ত ধনী ও গুরুত্বপূর্ণ ব্যক্তি।

mo·hair ['মৌহেআ(র্)] *n* [U] আঙ্কারা ছাগলের সূক্ষ্ম, রেশমি লোম; ঐ লোম থেকে প্রস্তুত সুতা ও বস্ত্র।

Mo·ham·medan [ম'হ্যামিডান্] *n* দ্র. Muhammad (sm).

moi·ety ['মইআটি] *n* (*pl* -ties) (বিশেষত আইনের ভাষায়) দুই ভাগের একভাগ; এক অর্ধাংশ।

moist [ময়স্ট্] *adj* ঈষৎ আর্দ্র; ভেজ-ভেজা: eyes ~ with tears. **~en** ['ময়স্ন্] *vt,vi* আর্দ্র করা বা হওয়া; ভেজা বা ভেজানো: ~en the lips. **~·ure** ['ময়স্চা(র্)] *n* [U] আর্দ্রতা; জলীয়তা; জলকণা।

moist·ur·ize ['ময়সচারাইজ্] *vt* প্রসাধনী ক্রিম ব্যবহার করে ত্বক আর্দ্র করা। **~r** *n* (ত্বক) আর্দ্র করার জন্য ক্রিম।

moke [মৌক্] *n* (GB অপ.) গাধা।

mo·lar ['মৌলা(র্)] *n,adj* মাড়ির দাঁত; পেষক দন্ত; পেষক; মাড়ির।

mo·las·ses [ম'ল্যাসিজ্] *n* [U] চিনি শোধন-প্রক্রিয়ায় নিঃসৃত ঘন কালো সিরাপবিশেষ; ঝোলাগুড়।

mold, molder, mold·ing, moldy, দ্র. mould ইত্যাদি।

mole[1] [মৌল্] *n* তিল; তিলক; তিলকালক।

mole[2] [মৌল্] *n* কুঁতকুঁতে চোখযুক্ত, ছোট; গাঢ়-ধূসর (ছুঁচাজাতীয়) লোমশ প্রাণীবিশেষ—যারা মাটিতে গর্ত খুঁড়ে বাস করে; ছুছুন্দরী। **blind as a ~** ক্ষীণদৃষ্টি। **'~-skin** পোশাক ও টুপি তৈরির উপাদান হিসাবে উক্ত প্রাণীর সলোম চামড়া। **'~-hill** *n* গর্ত খুঁড়ে খুঁড়ে উক্ত প্রাণী যে মাটি উৎক্ষিপ্ত করে; তার স্তূপ। **make a mountain out of a ~-hill** তিলকে তাল করা।

mole[3] [মৌল্] *n* তরঙ্গাভিঘাত প্রহত করার জন্য কিংবা লোকচলাচলের জন্য উপকূল থেকে সমুদ্রের ভিতরে নির্মিত পাথরের দেয়াল; জাঙ্গাল; পিণ্ডল।

mole[4] [মৌল্] (বিশেষত সরকারি) কোনো সংগঠনে কর্মরত ব্যক্তি—যে অন্য কোনো প্রতিষ্ঠান বা দেশে সঙ্গোপনে গুপ্ত সংবাদ সরবরাহ করে।

mole[5] [মৌল্] *n* (বিজ্ঞান) আন্তর্জাতিক একক-পদ্ধতিতে (SI system) পদার্থের মৌল একক; মোল।

mol·ecule ['মলিকিউল্] *n* অণু। **mol·ecu·lar** [ম'লেকিউলা(র্)] *adj* আণবিক।

mo·lest [ম'লেস্ট্] *vt* (ইচ্ছাকৃতভাবে) উত্যক্ত বা বিরক্ত করা; নিগৃহীত করা। **mol·es·ta·tion** [ˌমৌলে'স্টেইস্ন্] *n* [U] নিগ্রহ।

moll [মল্] *n* (অপ.) গুণ্ডা; ভবঘুরে প্রভৃতির সহচরী; বেশ্যা; ঢেমনি।

mol·lify ['মলিফাই] *vt* (*pt,pp* -fied) শান্ত/প্রশমিত করা; নরম/কোমল করা: ~ sb's anger. **mol·li·fi·ca·tion** [ˌমলিফি'কেইশ্ন্] *n* [U] প্রশমন; নিবৃত্তিকরণ; নরম-করণ।

mol·lusc (US অপিচ **mol·lus**) ['মলাস্ক্] *n* নরম শরীর-(এবং অনেক সময় শক্ত খোলস)বিশিষ্ট প্রাণীশ্রেণীবিশেষের একটি (যেমন ঝিনুক, শামুক, সমুদ্রফেন বা কাটল মাছ প্রভৃতি); কম্বোজ। **mol·lus·can** [ম'লাস্কান্] *adj* কম্বোজীয়।

molly·coddle ['মলিকড্ল্] *vt* (প্রায়শ reflex) (কাউকে, নিজেকে) প্রশ্রয় বা আশকারা দেওয়া।

Molo·tov ['মলটফ্] ~ **cocktail** *n* এক বোতল (দাহ্য পদার্থ ও সলতেযুক্ত স্থূল আগুনে হাতবোমা-বিশেষ; মলটফ ককটেল।

molt [মৌল্ট্] দ্র. moult.

mol·ten ['মৌল্টান্] melt-এর *pp* ১ (ধাতু সম্বন্ধে) গলিত: ~ steep. ২ গলিত ধাতু ছাঁচে ঢেলে তৈরি; ছাঁচে-ঢালা: a ~ image.

molto ['মল্টৌ US 'মৌল্টৌ] *adv* (সঙ্গীতের নির্দেশ) অত্যন্ত: ~ espresso, অত্যন্ত অভিব্যক্তিময়।

mo·lyb·denum [ম'লিব্ডানাম্] *n* [U] (রস.) রজতশুভ্র, ভঙ্গুর ধাতব মৌলবিশেষ (প্রতীক Mb), যা উচ্চগতিসম্পন্ন যন্ত্রনির্মাণে সঙ্করধাতু তৈরিতে ব্যবহৃত হয়; মলিব্ডেনাম।

mo·ment ['মৌমান্ট্] *n* ১ [C] মুহূর্ত; পলক; ক্ষণ; নিমেষ। **not for a ~** কখনো না। **man of the ~** এই মুহূর্তের গুরুত্বপূর্ণ ব্যক্তি। ২ **the ~** (conj রূপে ব্যবহৃত) যে মুহূর্তে; যেইমাত্র; তখনি: He came to see me the ~ he heard the news; শোনামাত্র। ৩ [U] **of (great, small, little, no, etc) ~** (অত্যন্ত, সামান্য ইত্যাদি) গুরুত্বপূর্ণ ... গুরুত্বহীন: a matter of ~; men of ~.

mo·men·tary ['মৌমানট্রি US -টেরি] *adj* ১ ক্ষণস্থায়ী; ক্ষণিক; ক্ষণিকের। ২ প্রতিমুহূর্তে; ক্ষণে ক্ষণে; প্রাতিক্ষণিক। **mo·men·tar·ily** ['মৌমান্ট্রালি US -ˌমৌমান্'টেরালি] *adj* ক্ষণিকের জন্য; ক্ষণমাত্র; প্রতিক্ষণে; প্রতিমুহূর্তে।

mo·men·tous [ম'মেনটাস্] *adj* অতি গুরুত্ববহ; গুরুতর। **~·ly** *adv* গুরুত্বপূর্ণভাবে; গুরুতরভাবে। **~·ness** *n* গুরুত্ব।

mo·men·tum [ম'মেন্টাম্] *n* [U] ১ (বিজ্ঞান) গতিশীল বস্তুর গতির পরিমাণ (বস্তুর ভর ও বেগের গুণফল); ভরবেগ। ২ (লাক্ষ. ঘটনা সম্বন্ধে) গতির মধ্য দিয়ে লব্ধ গতিশক্তি; গতিবেগ: lose/gain ~.

mo·nad ['মনোˑড্] *n* ১ (ইতি.) এক সংখ্যা; একক। ২ বিশেষত লাইব্নিৎসের দর্শনে সত্তার চূড়ান্ত একক (যেমন একটি আত্মা, একটি পরমাণু, একজন ব্যক্তি, ঈশ্বর)। ৩ (জীব.) বংশলতিকায় প্রথম নাম হিসেবে গৃহীত আদি স্বতন্ত্র জীব। **mon'a·dic** *adj* মোনোড সম্বন্ধী। **'mona·dism** *n* (বিশেষত লাইবনিৎসের দর্শন সম্বন্ধে

প্রযুক্ত) বস্তুর বা সাধারণভাবে পদার্থের একক–নির্ভর প্রকৃতি।

mon·arch [ˈমনাক] *n* সর্বোচ্চ শাসক (রাজা, রানী, সম্রাট বা সম্রাজ্ঞী) অধিরাজ; সার্বভৌম। **mon·ar·chic** [মাˈনা:কিক] *adj* রাজকীয়; রাজতান্ত্রিক। **mon·ar·chism** [–কিজ়াম্] *n* [U] রাজতন্ত্র। **mon·ar·chist** [–কিস্ট্] *n* রাজতান্ত্রিক। **mon·archy** [ˈমনাকি] *n* [U,C] *n* রাজতন্ত্র; রাজ্য। দ্র. limit.

mon·as·tery [ˈমনাসট্রি US –স্টেরি] *n* (*pl* ries) যে স্থানে সন্ন্যাসীরা ধর্মীয় ব্রত গ্রহণ করে সম্প্রদায়গত জীবনযাপন করে; আশ্রম; মঠ; আখড়া।

mon·as·tic [মˈন্যাস্টিক্] *adj* সন্ন্যাসী বা আশ্রম সম্বন্ধী: ~ vows, সন্ন্যাস–ব্রত (যেমন, দারিদ্র্য, ব্রহ্মচর্য ও বাধ্যতা); ~ architecture, (আশ্রম, মঠ ইত্যাদির বিশেষ ধরনের) আশ্রম–স্থাপত্য। **mon·as·ti·cism** [মাˈন্যাস্টিসিজ়াম্] *n* [U] সন্ন্যাসজীবন; সন্ন্যাসবাদ।

mon·aural [ˌমন্ˈও°রাল্] *adj* এক কান সম্বন্ধী; (ব্যবসা সহ mono; শব্দ–ধারণ ও শব্দ–পুনরুৎপাদনের যন্ত্রপাতি সম্বন্ধে) স্টেরিওফোনিক নয় এমন; এককর্ণী।

Mon·day [ˈমান্ডি] *n* সোমবার।

monde [মো°ন্ড়্] *n* কেতাদুরস্ত সমাজ; নিজ সমাজ।

mon·et·ary [ˈমানিট্রি US –টেরি] *adj* অর্থ বা মুদ্রা সম্বন্ধী; আর্থিক; মুদ্রা: a ~ policy, মুদ্রানীতি; ~ reform, মুদ্রাসংস্কার (যেমন, দশমিক মুদ্রার প্রচলন); ~ unit, মুদ্রার একক। **mon·et·ar·ism** [–টারিজ়াম্] *n* [U] একটি দেশের অর্থনৈতিক ব্যবস্থাপনার প্রধান পদ্ধতি হিসাবে মুদ্রানিয়ন্ত্রণ–নীতি; মুদ্রানিয়ন্ত্রণবাদ। **mon·et·ar·ist** [–টারিস্ট্] *n* মুদ্রানিয়ন্ত্রণবাদী।

mon·et·ize [ˈমনটাইজ়্] *vt* ১ মুদ্রারূপে চালু করা। ২ (কোনো মুদ্রাকে) একটি নির্দিষ্ট মূল্য দেওয়া।

money [ˈমানি] *n* ১ [U] টাকা; অর্থ; টাকাকড়ি; টাকাপয়সা। **be ˈcoining/ˈminting ~** দ্রুত ধনী হওয়া; দুই হাতে টাকা কামানো। **be in the ~** (অপ.) ধনী হওয়া। **get one's ~'s worth** ব্যয়িত অর্থের পূর্ণ মূল্য পাওয়া; অর্থব্যয় সার্থক হওয়া। **make ~** টাকা কামানো/বানানো। **marry ~** ধনাঢ্য ব্যক্তিকে বিয়ে করা। **(pay) ~ down** নগদ (পরিশোধ করা)। **put ~ into sth** টাকা খাটানো; অর্থ বিনিয়োগ করা। **ˌ~ of acˈcount,** দ্র. account[1] (২). **ready ~** কাঁচা/নগদ টাকা। ২ (যৌগশব্দ) **ˈ~-box** *n* চাঁদা–সংগ্রহ বা অর্থ–সঞ্চয়ের জন্য ছিদ্রযুক্ত বাক্সবিশেষ; পয়সার বাক্স। **ˈ~·changer** *n* যে ব্যক্তি একদেশের মুদ্রার সঙ্গে অন্য দেশের মুদ্রা বিনিময়ের ব্যবসা করেন; মুদ্রাবিনিময়কারী। **ˈ~·grubber** *n* টাকা বানানোই যার জীবনের একমাত্র বা প্রধান লক্ষ্য; অর্থপিশাচ; অর্থগৃধ্নু ব্যক্তি; ধনোন্মাদ। **ˈ~·lender** *n* কুসীদজীবী; মহাজন। **the ˈ~ market** *n* ব্যাংক–ব্যবসায়ী; অর্থ–ব্যবস্থাপক প্রভৃতির সমষ্টি যাদের কর্মকাণ্ড কৃতঋণ পুঁজির উপর সুদের হার নির্ধারণ করে; অর্থের বাজার। **ˈ~ order** *n* মানি–অর্ডার। **ˈ~-spinner** *n* (কথ্য) যে বই, নাটক ইত্যাদির মাধ্যমে প্রচুর অর্থ অর্জিত হয়; টাকার কল। ৩ (*pl* moneys বা monies [ˈমানিজ়]) (আইন. বা পুরা.) অর্থের অঙ্ক: ~s paid in/out. **~ed** [ˈমানিড়্] *adj* ধনী; টাকাওয়ালা: the ~ed classes; the ~ed interest, পুঁজিপতিরা। **~·less** *adj* নির্ধন; ধনহীন; টাকাপয়সাশূন্য।

mon·ger [ˈমাঙগা(র্)] *n* (প্রধানত যৌগশব্দে) ব্যবসায়ী; পসারি; কারবারি: ˈiron ~; ˈfish ~; ˈscandal ~.

mon·gol·ism [ˈমঙগালিজ়ম্] *n* [U] জন্মগত শারীরিক–মানসিক অবস্থাবিশেষ, এই অবস্থার শিশু মানসিক ঊনতা এবং চওড়া–চেটানো করোটি ও তেরচা চোখ নিয়ে জন্মগ্রহণ করে; মঙ্গোলকা। **mon·gol** [ˈমঙ্গল্] *n* *attrib adj* উক্ত অবস্থার শিকার; মঙ্গোল: a mongol baby.

mon·goose [ˈমঙ্গূস্] *n* (*pl* ~s [–সি জ়্]) বেঁজি; নেউল।

mon·grel [ˈমঙ্গ্রেল্] *n* ১ সংকর বা দো–আঁশলা কুকুর। ২ যে কোনো সঙ্কর প্রাণী বা উদ্ভিদ। □*attrib adj* দো–আঁশলা; সঙ্কর।

mon·ies [ˈমানিজ়্] *n pl* দ্র. money[3].

mon·ism [ˈমনিজ়াম্] *n* (দর্শন) জড় মনের দ্বৈতকে অস্বীকার করে এমন যে কোনো তত্ত্ব; অদ্বৈতবাদ। **mon·ist** [ˈমনিস্ট্] *n* অদ্বৈতবাদী। **mon·is·tic** [মনিস্টিক্] *adj* অদ্বৈতবাদী।

mon·ition [মˈনিশ্ন্] *n* সতর্কীকরণ, হুঁশিয়ারি; সরকারি বা (বিশেষত গির্জার) আইনানুগ বিজ্ঞপ্তি (যাতে কোনো ব্যক্তিকে কোনো অন্যায় কার্য থেকে বিরত থাকতে উপদেশ দেওয়া হয়)।

moni·tor [ˈমনিটা(র্)] *n* ১ সহপাঠীদের উপর কর্তৃত্বপ্রাপ্ত ছাত্র; সর্দার পোড়ো; পৃষ্ঠাচার্য। ২ বিদেশী সম্প্রচার শোনা এবং সে সম্পর্কে প্রতিবেদন তৈরি করার কাজে নিয়োজিত ব্যক্তি। ৩ বেতার বা টেলিভিশনের সম্প্রচার পরীক্ষণ, তেজস্ক্রিয়তা শনাক্তকরণ; ক্ষেপণাস্ত্রের উড্ডয়নের রূপরেখা অঙ্কন ইত্যাদির জন্যে যন্ত্রবিশেষ। **ˈ~·(screen)** সম্প্রচার যাচাই বা বাছাইয়ের জন্য স্টুডিয়োতে ব্যবহৃত টেলিভিশন পর্দা; মনিটর পর্দা। □*vt,vi* বিদেশী সম্প্রচার শুনে প্রতিবেদন পেশ করা।

monk [মঙ্ক্] *n* মঠে বসবাসরত সন্ন্যাসব্রতধারী সম্প্রদায়ের সদস্য; আশ্রমিক; সন্ন্যাসী; ভিক্ষু। **ˈ~·ish** [ˈ–কিশ্] *adj* আশ্রমিকসদৃশ; আশ্রমী; সন্ন্যাসীসুলভ।

mon·key [ˈমাঙ্কি] *n* (*pl* ~s) ১ বানর; মর্কট; কপি; শাখামৃগ। **be/get up to ˈ~ business/tricks** দুষ্কর্ম করা; বাঁদরামি করা। **have a ˈ~ on ones back** (অপ.) (ক) মাদকাসক্ত হওয়া; (খ) আক্রোশ পোষণ করা। **get one's ~ up** (অপ.) রেগে ওঠা; চটে ওঠা। **put sb's ~ up** (অপ.) রাগানো; চটানো। **ˈ~-jacket** *n* (কোনো কোনো নাবিকের পরিধেয়) খাটো; আঁটসাট জ্যাকেটবিশেষ। **ˈ~-nut** *n* চিনাবাদাম। **ˈ~-puzzle** *n* চিলির সরলবৃক্ষ (পাইন)। **ˈ~-wrench** *n* সাঁড়াশিবিশেষ, যার মুখ বিভিন্ন দৈর্ঘ্য অনুযায়ী ছোটবড়ো করা যায়। ২ (ঠাট্টায়) দুষ্ট লোক, বিশেষ, শিশু, বাঁদর। ৩ (অপ.) ৩০০ বা ৫০০ পাউন্ড। □*vi* **~ about** বাঁদরামি করে বেড়ানো।

mono, mono-, দ্র. monoaural এবং পরি. ৩।

mono·chord [ˈমনাকো°ড়্] *n* সুরের অন্তর গাণিতিকভাবে নির্ণয় করার জন্যে একতারা বাদ্যযন্ত্রবিশেষ; একতন্ত্রী।

mono·chrome [ˈমনাক্রৌম্] *n* (এক রঙের গাঢ়তার তারতম্য যোগে অঙ্কিত) এক রঙা ছবি। □*adj* এক রঙা।

mon·ocle [ˈমনাক্ল্] *n* এক চোখের জন্য চশমাবিশেষ, যা চোখের চারিদিকের মাংসপেশি যথাস্থানে ধরে রাখে; একচোখো চশমা।

mono·coty·le·don [ˌমনাকটি'লীডন্] *n* সপুষ্পক উদ্ভিদ, যার ভ্রূণাবস্থায় একটিমাত্র পাতা থাকে; একবীজপত্রী।

mon·og·amy [ম'নাগামি] *n* এক সময়ে এক ব্যক্তির সঙ্গে বিবাহিত জীবন যাপনের প্রথা; একবিবাহ; একগামিতা। দ্র. polygamy. **mon·og·amist** [-মিস্ট্] *n* একগামী বা একগামিনী। **mon·og·amous** [ম'নগামাস্] *adj* একগামী; একগামিনী।

mono·glot ['মনাগ্লট্] *n* যে ব্যক্তি কেবল একটি ভাষা জানে; একভাষী।

mono·gram ['মনাগ্র্যাম্] *n* দুই বা ততোধিক বর্ণ (বিশেষত নামের আদ্যক্ষর) জড়িয়ে তৈরি করা নকশা (যা রুমাল, নোটের কাগজ ইত্যাদিতে ব্যবহৃত হয়); আদ্যক্ষরা।

mono·graph ['মনাগ্রা:ফ় US -গ্র্যাফ়্] *n* একটি বিশেষ বিষয়ে আনুপুঙ্খিক পাণ্ডিত্যপূর্ণ বিবরণ; বিশেষত প্রকাশিত প্রতিবেদন; এককগ্রন্থ।

mono·lith ['মনালিথ্] *n* একখানি মাত্র পাথরে তৈরি স্তম্ভ; একশিলা স্তম্ভ। **~ic** [ˌমনা'লিথিক্] *adj* একশিলা।

mono·logue ['মনালগ্ US লো°গ্] *n* নাটক ইত্যাদির দৃশ্য, যাতে একক ব্যক্তি কথা বলে; একক অভিনেতার জন্য রচিত নাটক; একলাপ; স্বগতোক্তি।

mono·mania [ˌমনৌ'মেইনিআ] *n* [U,C] একটি মাত্র বিষয় বা ভাবের উপর একাগ্র মনোনিবেশজনিত মানসিক অবস্থা, যা কখনো কখনো পাগলামিতে পর্যবসিত হয়; একবাতিক; একোন্মাদ। দ্র. paranoia. **mono·maniac** [ˌমনৌ'মেনিঅ্যাক্] *n* একবাতিকগ্রস্ত ব্যক্তি; একোন্মত্ত।

mono·plane ['মনাপ্লেইন্] *n* প্রতিপার্শ্বে একটি করে পাখাযুক্ত উড়োজাহাজ। দ্র. biplane.

mon·op·ol·ize [ম'নপালাইজ্] *vt* একচেটে/একচ্ছত্র অধিকার বা সুবিধা ভোগ করা; একচেটে করে নেওয়া। **mon·op·ol·iz·ation** [মˌনপালাই'জেইশন্ US -লি'জেই-] *n* একচ্ছত্র আধিপত্য বিস্তার; একচেটেকরণ; সর্বগ্রাহিতা।

mon·op·oly [ম'নপালি] *n* (*pl* -lies) [C] ১ সরবরাহের একচেটে অধিকার; একচেটে ব্যবসা বা সরবরাহ। ২ ব্যবসা-বাণিজ্য, কথাবার্তা ইত্যাদিতে একচ্ছত্র আধিপত্য; একায়ত্ত; একাধিকার: government ~, সরকারের একায়ত্ত। ৩ কোনো ব্যক্তি বা গোষ্ঠীর একচেটে অধিকারভুক্ত যে কোনো জিনিস, যার ভাগ অন্য কেউ পায় না বা পেতে পারে না; একচেটে/একচ্ছত্র অধিকার। **mon·op·ol·ist** [-লিস্ট্] *n* একচেটে/একচ্ছত্র অধিকারী। **mon·op·ol·is·tic** [মˌনপা'লিস্টিক্] *adj* একায়ত্ত; একচেটে।

mono·rail ['মনৌরেইল্] *n* যানবাহন চলাচলের জন্য একক রেল; রেলপথ-ব্যবস্থা, যাতে এ ধরনের রেল বা এ ধরনের রেলে ঝুলন্ত যানবাহন ব্যবহৃত হয়; একবর্তনী।

mono·syl·lable ['মনাসিলাবল্] *n* একাক্ষরিক শব্দ। **mono·syl·labic** [ˌমনাসি'ল্যাবিক্] *adj* একাক্ষরিক: ~ words; ~ answers (যেমন 'Yes', 'No').

mono·theism ['মনৌথীইজ়াম্] *n* একেশ্বর-বাদ; তৌহিদ। **mono·theist** ['মনৌথীসট্] *n* একেশ্বরবাদী। **mono·the·istic** [ˌমনৌথী'ইস্টিক্] *n, adj* একেশ্বরবাদী।

mono·tone ['মনাটৌন্] *n* একটানা/একঘেয়ে সুর; একসুর: speak in a ~.

mon·ot·onous [ম'নটানাস্] *adj* একঘেয়ে; একটানা; বৈচিত্র্যহীন; একসুরো। **~·ly** *adv* একঘেয়ে সুরে; একটানা; এক সুরে; বৈচিত্র্যহীনভাবে।

mon·ot·ony [ম'নটানি] *n* [U] একঘেয়েমি; বৈচিত্র্যহীনতা; একসুর।

mono·type ['মনাটাইপ্] *n* (p) মুদ্রাক্ষর-বিন্যাসের যন্ত্রবিশেষ, যা একটি একটি করে মুদ্রাক্ষর স্থাপিত, সংযোজিত ও বিন্যস্ত করে; মনোটাইপ।

mon·ox·ide [ম'নক্সাইড্] *n* [C,U] যে অম্লজান যৌগের অণুতে অম্লজানের একটি পরমাণু থাকে; মনক্সাইড: carbon ~, (CO).

Mon·roe [মন্'রৌ] *n* ~ **doctrine** (মার্কিন প্রেসিডেন্ট (১৮১৭-১৮২৫) জেমস মনরোর ১৮২৩ সনের বিবৃতির উপর প্রতিষ্ঠিত) উত্তর ও দক্ষিণ আমেরিকায় য়োরোপীয় রাষ্ট্রশক্তিসমূহের যে কোনো হস্তক্ষেপের বিরুদ্ধে মার্কিন বৈর-নীতি; মনরো-নীতি।

Mon·sieur [ম'সিয়া(র্)] *n* (সং. M) (*pl* Messieurs [মেই'সিয়া(র্)]) পুরুষের ফরাসি উপাধি; জনাব; মহোদয়; শ্রী।

Mon·si·gnor [মন্'সীনিআ(র্)] *n* রোমান ক্যাথলিক গির্জা-সংগঠনে পাদ্রিবিশেষ; ঐ সংগঠনে কোনো কোনো পাদ্রির সম্মানসূচক উপাধি; মন্সিইনর।

mon·soon [মন্'সূন্] *n* মৌসুমি বায়ু; বর্ষাকাল।

mon·ster ['মন্স্টা(র্)] *n* ১ অস্বাভাবিকভাবে বিকৃতগঠন প্রাণী বা উদ্ভিদ; অস্বাভাবিক আকার-আকৃতি বা গুণসম্পন্ন ব্যক্তি বা বস্তু; (রূপকথায়) কাল্পনিক প্রাণী (যেমন অর্ধেক জন্তু, অর্ধেক পাখি); কিম্ভূতবস্তু/কিম্ভূতজীব: A two-headed horse in a ~. ২ পাপ বা অসৎ কোনো গুণে অসাধারণ ব্যক্তি; রাক্ষস; পিশাচ: a ~ of cruelty/ingratitude. ৩ (attrib) বিশাল; বিপুলায়তন; বিরাটকায়: a ~ ship.

mon·strance ['মন্স্টান্স্] *n* (RC গির্জায়) যে পাত্রে পবিত্র রুটি পূজার জন্য উন্মোচন করা হয়।

mon·strous ['মন্স্ট্রাস্] *adj* ১ কিম্ভূতকিমাকার; বিরাটকায়; ভীমদর্শন; বিকটদর্শন। ২ নিষ্ঠুর; উৎকট; পৈশাচিক; ভয়ঙ্কর; বিকট: ~ crimes. ৩ (কথ্য) একেবারেই অর্থহীন; অবিশ্বাস্য; কেলেঙ্কারিজনক; পৈশাচিক: It's ~ to be cruel to children. **~·ly** *adv* পৈশাচিকভাবে; উৎকট রকম ইত্যাদি। **mon·stros·ity** [মন্'স্ট্রসাটি] *n* (*pl* -ties) [U] পৈশাচিকতা; বিকটতা; ভীমরূপ; [C] কিম্ভূতজীব, কিম্ভূতবস্তু, বিকট/অতি কুৎসিৎ বস্তু, ভবন ইত্যাদি।

mon·tage ['মন্টা:জ় US মন্'টা:জ়্] *n* (ফ.) [U] ধারাবাহিক ছবি তৈরি করার জন্য ফিল্মের নির্বাচন, কর্তন ও বিন্যাস; যৌগিক চিত্ররচনার জন্য বহু চিত্র, নকশা ইত্যাদি (অনেক সময়ে উপর্যুপরি স্থাপন করে) ব্যবহারের প্রক্রিয়া; অধিন্যাস।

month [মান্থ্] *n* **calendar ~** বছরের যে কোনো মাস; কোনো মাসের কোনো তারিখ থেকে পরবর্তী মাসের ঐ তারিখ পর্যন্ত সময় (যেমন ৭ জুন থেকে ৭ জুলাই); পঞ্জিকা-মাস। **lunar ~** চান্দ্রমাস; ২৮ দিন: He'll be here this day ~, চার সপ্তাহের মধ্যে। **a ~ of Sundays** সুদীর্ঘ সময়। **~·ly** *adj,adv* মাসিক; প্রতি

মাসে; মাসে মাসে। □*n* ১ মাসিক (পত্রিকা)। ২ (*pl* -lies) (কথ্য, প্রা.প্র.) (মেয়েদের) মাসিক।

monu·ment [ˈমনিউমান্ট্] *n* ১ কোনো ব্যক্তি বা ঘটনার স্মৃতিরক্ষার্থে নির্মিত হর্ম্য, স্তম্ভ, ভাস্কর্য ইত্যাদি; স্মৃতিসৌধ। **the M~** ১৬৬৬ খ্রিস্টাব্দে ঘটিত লন্ডনের ভয়াবহ অগ্নিকাণ্ডের স্মৃতিবহ স্তম্ভ। ২ **Ancient M~s** বিশেষ ঐতিহাসিক গুরুত্বপূর্ণ বস্তু, যেমন প্রাগৈতিহাসিক দুর্গপ্রাকার, পরিখা, ধ্বংসাবশেষ, প্রাচীন ভবন, সেতু ইত্যাদি (যা প্রায়শ সরকারি সংস্থাদি কর্তৃক সংরক্ষিত হয়); পুরাকীর্তি। ৩ পাণ্ডিত্য বা গবেষণার স্মরণীয় কীর্তি; সাহিত্য বা বিজ্ঞানের অমর কীর্তি; কীর্তিস্তম্ভ: a ~ of learning.

monu·men·tal [ˌমনিউˈমেন্ট্ল্] *adj* ১ স্মৃতিসৌধ-সম্বন্ধী বা স্মৃতিসৌধের জন্য; স্মারক: a ~ inscription, স্মারক উৎকিরণ; ~ masons, যেসব রাজমিস্ত্রি সমাধিকফলক ইত্যাদি তৈরি করে, স্মারক বাস্তুশিল্পী। ২ (গ্রন্থ, পর্যেষণা ইত্যাদি সম্বন্ধে) স্থায়ী মূল্যবহ; কীর্তিস্তম্ভতুল্য: a ~ production, অমর কীর্তিস্তম্ভ। ৩ (গুণ, ভবন, দায়িত্ব সম্বন্ধে) বিশাল; পর্বতপ্রমাণ: ~ ignorance.

moo [মু] *n* গরুর হাম্বারব। □*vt* (*pt* mooed) হাম্বারবে ডাকা। ˈ**moo-cow** *n* (শিশুর বুলিতে) গরু; হাম্বা।

mooch [মূচ্] *vi* **~ about** (কথ্য) টো টো করে বেড়ানো; ইতস্তত ঘোরাফেরা করা।

mood[1] [মূড্] *n* [C] মানসিক অবস্থা; মেজাজ; মনমর্জি; মনের গতি; ধাত: in a merry ~, খোশমেজাজে; a man of ~s, অস্থির মেজাজের/মেজাজি/খেয়ালি লোক। **~y** *adj* (-ier, -iest) ১ অস্থির মেজাজের। ২ বদমেজাজি; গরম মেজাজের; বিষণ্ণপ্রকৃতি। **~·ily** [-ডিলি] *adv* খেয়ালের বশে ইত্যাদি। **~i·ness** *n* খামখেয়াল; খেয়ালিপনা; অস্থিরচিত্ততা।

mood[2] [মূড্] *n* (ব্যাক.) ক্রিয়া-ব্যাপারটিকে নিশ্চিত, সম্ভবপর, সন্দেহজনক ইত্যাদি বলে বিবেচনা করা হচ্ছে কিনা তা দেখাবার জন্য ক্রিয়াপদ যে কয়েকটি রূপ গ্রহণ করতে পারে, তার যে কোনো একটি; ক্রিয়ার ভাব: the indicative/imperative/subjunctive ~.

moon[1] [মূন্] *n* ১ **the ~** চাঁদ; চন্দ্র: a new/half/full ~, দ্র. new. **a ~** চাঁদ প্রত্যক্ষ: Was there ~ last night? **no ~** চাঁদ অদৃশ্য: There is no ~ tonight. **cry for the ~** অসম্ভব কিছুর জন্য হাপিত্যেশ করা। **promise sb the ~** বেহিসাবি/আকাশের চাঁদ পেড়ে দেওয়ার প্রতিশ্রুতি দেওয়া। ২ (যৌগশব্দে) ˈ**~-beam** *n* চাঁদের কিরণ; চন্দ্রকিরণ। ˈ**~ buggy/rover** *n* চাঁদের পিঠে চলাচলের জন্য বাহনবিশেষ; চন্দ্রযান। ˈ**~·flower** *n* = ox-eye daisy; হলুদ কেন্দ্রবিশিষ্ট সাদা ফুলবিশেষ। ˈ**~-light** *n* চাঁদের আলো; জ্যোৎস্না: (প্রায়শ attrib) a ~ light night. ˈ**~·lit** *adj* চন্দ্রালোকিত: a ~ lit night, জ্যোৎস্নারাত। ˈ**~·shine** *n* (ক) চাঁদের আলো; জ্যোৎস্না; চন্দ্রালোক। (খ) নির্বোধ বা অলীক কথাবার্তা, ভাব ইত্যাদি; আবোলতাবোল; গালগল্প; বাজে বকুনি। (গ) (US) অবৈধভাবে চোলাই করা বা চোরাচালানকৃত হুইস্কি বা অন্য উগ্র-সুরা। ˈ**~·store** *n* উপরত্নবিশেষ; চন্দ্রকান্ত (মণি)। ˈ**~·struck** *adj* (চাঁদের প্রভাবে বলে কথিত) ক্ষিপ্ত ও অব্যবস্থিতচিত্ত; চন্দ্রাহত। ৩ [C] উপগ্রহ; (অন্য গ্রহের) চন্দ্র। ৪ [C] (কাব্য) মাস। **once in a blue ~** (কথ্য) কদাচিৎ বা কখনো না। **~·less** *adj* চন্দ্রহীন; নিশ্চন্দ্র: a dark, ~less night.

moon[2] [মূন্] *vi,vt* ১ **~ about/around** অবসন্নভাবে চলাফেরা করা; (শ্রান্তিতে) শূন্যদৃষ্টিতে/ফ্যালফ্যাল করে তাকানো) ২ **~ away** আলস্যে বা উদ্দেশ্যবিহীনভাবে সময় কাটানো: ~ away the summer holidays. **~y** *adj* (-ier, -iest) আলস্যপরায়ণ; খেয়ালি।

moor[1] [মুআ(র্)] *n* [C,U] বিশেষত হিদার (heather দ্র.) -আবৃত, (এবং ব্রিটেনে বুনো পশুপাখি, বিশেষত জংলি হাঁস সংরক্ষণের জন্য ব্যবহৃত) উন্মুক্ত, অনাবাদি জমি বা এলাকা; পতিত জমি; অনূপভূমি। ˈ**~-fowl**, ˈ**~-game** *nn* (*pp* অপরিবর্তিত) উক্ত এলাকার লাল মোরগবিশেষ। ˈ**~·cock** *n* উক্ত মোরগ। **~·hen** *n* (ক) উক্ত স্ত্রীজাতীয় পাখি; (খ) জলকুক্কুট। **~·land** [লান্ড্] *n* পতিত জমি।

moor[2] [মুআ(র্)] *vt* (নৌকা, জাহাজ ইত্যাদি) নোঙর করা। ˈ**~·ing-mast** *n* আকাশতরী (airship দ্র.) বাঁধার খুঁটি। **~·ings** [মুআরিঙ্জ্] *n pl* ১ নৌকা বা জাহাজ নোঙর করার জন্য যে নোঙর, দড়িকাছি ইত্যাদি ব্যবহার করা হয়; নোঙরদড়ি। ২ নোঙর করার স্থান।

Moor[3] [মুআ(র্)] *n* উত্তর-পশ্চিম আফ্রিকার আরব ও বার্বার জাতির মিশ্রণ থেকে উদ্ভূত বিভিন্ন মুসলিম জনগোষ্ঠীর সদস্য; ৮ম শতকে স্পেনবিজয়ী আরব মুসলমান; মুর।

Moor·ish [ˈমুআরিশ্] *adj* মুরীয়।

moose [মূস্] *n* (*pl* ~ বা ~s [-সি জ্]) উত্তর আমেরিকা, উত্তর য়োরোপ (এখানে elk নামে পরিচিত) ও এশিয়ার মোটা লোম ও মোটা শিংওয়ালা হরিণবিশেষ; চমর; চমরি গাই।

moot [মূট্] *adj* (কেবলমাত্র) **a ~ point/question** অমীমাংসিত/বিতর্কিত প্রসঙ্গ/প্রশ্ন। □*vt* (আলোচনার জন্য) উত্থাপন বা প্রস্তাব করা।

mop [মপ্] *n* ১ সম্মার্জনী হিসাবে ব্যবহৃত লম্বা লাঠির আগায় বাঁধা মোটা দড়ি, নেকড়া ইত্যাদি; নেকড়ার ঝাড়ু। ২ চুলের জট; জটাজুট। □*vt* (*pp* (-pp-) ১ (নেকড়ার ঝাড়ু দিয়ে) ঝাঁট দেওয়া: ~ the floor. ২ **mop up** ঝেড়ে ফেলা; মোছা; মুছে ফেলা: mop one's brow, কপালের ঘাম মোছা; mop up a mess. **mop up** (কথ্য ব্যবহার) শেষ করা; সাবাড়/পাচার/খতম করা: mopping-up operations, (সামরিক অভিযানে) পরাভূত শত্রুপক্ষের অবশিষ্ট সৈনিকদের নির্মূল করার জন্য তৎপরতা; ধরপাকড় অভিযান। **mop the floor with sb** (বিতর্ক ইত্যাদিতে) সম্পূর্ণ পরাভূত করা; ধরাশায়ী/নাস্তানাবুদ করা। **mope** [মৌপ্] *vi* আত্ম-করুণা করা; বিষণ্ন/ নির্জীব/ বিমনা/ মন-মরা হয়ে থাকা: ~ (about) in the house all day. □*n* **the ~s** বিষাদ; মন-মরা ভাব; অবসাদ; অবসন্নতা: suffer from the ~s; have a fit of the ~s.

mo·ped [ˈমৌপেড্] *n* (GB) নিম্নশক্তির পেট্রল ইনজিন এবং প্যাডেলযুক্ত মোটরসাইকেল।

mo·quette [মˈকেট্ US মৌ-] *n* [U] গালিচা এবং নরম গৃহসজ্জার উপকরণ হিসাবে ব্যবহৃত কৃত্রিম সুতার বস্ত্রবিশেষ।

mo·raine [মˈরেইন্ US মো°-] *n* হিমবাহের দ্বারা পরিবাহিত ও সঞ্চিত মাটি, কাঁকর, পাথর ইত্যাদির স্তূপ; গ্রাবরেখা।

moral[1] [ˈমরাল্ US ˈমো°রাল্] *adj* ১ নৈতিক; নীতিঘটিত; নীতিবিষয়; শ্রেয়োনীতিক: ~ standards; the ~ sense,

নীতিবোধ; ~ philosophy, নীতিশাস্ত্র। ২ নীতিনিষ্ঠ; নীতিপরায়ণ; নীতিবান; নীতিমান: live a ~ life; a ~ man. ৩ ন্যায় ও অন্যায়ের মধ্যে পার্থক্য করতে সমর্থ; নীতিসচেতন; নৈতিক: Man is a ~ being. ৪ হিতোপদেশমূলক: a ~ book/ story/ talk. ৫ (physical ও practical-এর সঙ্গে বৈপরীত্যক্রমে) নৈতিক: a ~ victory, যে লড়াইয়ের পরিণতিতে দুর্বল পক্ষ তাদের দাবির ন্যায্যতা প্রতিপন্ন করতে পেরেছে বলে সান্ত্বনা লাভ করে। **a ~ certainty** যে বিষয়ের সম্ভাবনীয়তা এতো বেশি যে সন্দেহের অবকাশ নিতান্ত ক্ষীণ **~ courage/cowardice** অন্যায় করার চেয়ে অবজ্ঞা বা পরিহাসের মুখোমুখি হওয়ার শক্তি/দুর্বলতা; নৈতিক সাহস/ভীরুতা। **give sb ~ support** ন্যায় ও ধর্ম তার সপক্ষে রয়েছে বলে কাউকে সহায়তা করা; নৈতিক সমর্থন দেওয়া। **~ly** [-রালি] *adv* নৈতিকভাবে; শ্রেয়োনীতির দিক থেকে।

moral[2] [ˈমরাল্ US ˈমো°রাল্] *n* ১ কাহিনী, ঘটনা বা অভিজ্ঞতা থেকে প্রাপ্ত শিক্ষা; উপদেশ; নীতিকথা; নীতিবাক্য। ২ (*pl*) নৈতিক অভ্যাস; নৈতিক মান; ন্যায়নীতি: a man without ~s, নীতিহীন/নীতিবর্জিত লোক; a man of loose ~ s, উচ্ছৃঙ্খল চরিত্রের লোক।

mo·rale [মˈরা:ল্ US -ˈর্যাল্] *n* [U] মনোবল।

mor·al·ist [ˈমরালিস্ট্ US ˈমো°রা-] *n* যে ব্যক্তি নীতিকথার প্রতি দৃষ্টি আকর্ষণ করেন; যে ব্যক্তি নীতি শিক্ষা দেন বা নিজে পালন করেন; নীতিজ্ঞ; নীতিশাস্ত্রজ্ঞ; নীতিবিদ; নীতিবিশারদ।

mor·al·is·tic [ˌমরাˈলিস্টিক US ˌমো°রা] *adj* ন্যায়নীতিঘটিত; নীতিকুশল; নীতিবাদী।

mor·al·ity [মˈর্যালাটি] *n* (*pl* (ties) ১ [U] সদাচরণ; সদাচরণের মান, মূলসূত্র ইত্যাদি; নৈতিকতা। ২ [C] সদাচরণের বিশেষ কোনো বিধি-বিধান; শ্রেয়োনীতি; নীতিধর্ম: Muslim ~. ৩ [C] **~ (play)** ১৬ শতকের জনপ্রিয় নাট্যরূপ, যাতে সদাচরণ শিক্ষা দেবার জন্য সৎ ও অসৎ গুণাবলীর উপর মনুষ্যধর্ম আরোপ করে চরিত্র সৃষ্টি করা হতো; নীতিনাট্য।

mor·al·ize [ˈমরালাইজ় US ˈমো°রা] *vt,vi* ১ **~ (about/ on/ upon)** নৈতিক প্রসঙ্গাদি নিয়ে আলোচনা করা; কর্তব্যাকর্তব্য, ন্যায়-অন্যায় ইত্যাদি বিষয়ে লেখা বা কথা বলা; নীতিকথা শোনানো; হিতোপদেশ দেওয়া; নীতিবাক্য আওড়ানো। ২ নৈতিক ব্যাখ্যা দেওয়া।

mo·rass [মˈর্যাস্] *n* [C] নিচু; নরম; ভেজা জমি; জলাভূমি; কচ্ছ; (লাক্ষ.) ঝামেলা ইত্যাদিতে জড়ানো অবস্থা; সঙ্কুলতা।

mora·torium [ˌমরাˈটো°রিঅম্ US ˌমো°রা-] *n* (*pl* ~s বা -ria [-রি আ]) [C] ঋণশোধ বিলম্বিত করার জন্য আইনসম্মতভাবে অর্জিত অধিকার; উভয়পক্ষসম্মত মুলতবি বা বিলম্বকরণ; বিলম্বনাধিকার।

mor·bid [ˈমো°বিড্] *adj* ১ রুগ্ণ; পীড়িত; ব্যাধি-গ্রস্ত: a ~ growth, রোগজ বিবৃদ্ধি (যেমন ক্যানসার বা অর্বুদ); ~ anatomy, (শরীরের রুগ্ণ অঙ্গ-প্রত্যঙ্গের পর্যেষণা) আময়িক ব্যবচ্ছেদবিদ্যা। ২ (মন, ধ্যানধারণা ইত্যাদি সম্বন্ধে) অসুস্থ; রুগ্ণ: a ~ imagination (বীভৎস বা নোংরা বিষয়ের প্রতি আসক্ত). **~·ly** *adv* রুগ্ণভাবে; অসুস্থভাবে। **~·ity** [মো°বিডাটি], **~·ness** *nn* রুগ্ণতা; অসুস্থতা।

mor·dant [ˈমো°ড্‌ন্ট্] *adj* তীক্ষ্ণ; শাণিত; বিদ্রূপাত্মক: ~ criticism; a ~ wit.

more [মো°(র্)] (দ্র. many, most[1], much[1]) *adj* ১ (স্বতন্ত্র comp) আরো; অধিকতর: Do you need ~ paper ? □*n* অধিকতর পরিমাণ, সংখ্যা ইত্যাদি; অতিরিক্ত পরিমাণ; আর; আরো; অধিক; বেশি: Please give me one ~; ~ than enough. □*adv* দুটি *adj* ও *advv*-এর মধ্যে তুলনা করতে দুইয়ের অধিক অক্ষরযুক্ত অধিকাংশ শব্দ এবং দুই অক্ষরযুক্ত কিছু কিছু শব্দের পূর্বে বসে) -তর; অধিকতর; বেশি: ~ beautiful/sincere (than...): ~ usefully/ carefully (than...). **and what is ~** (প্রসঙ্গ অনুযায়ী) আরো গুরুত্বপূর্ণ, গুরুতর ইত্যাদি। ২ বেশি করে; আরো; আরো বেশি: He should work ~ . ৩ আবার; আরেক বার: I tell you one ~, that .... ৪ **~ and ~** উত্তরোত্তর; ক্রমাগত; ক্রমে ক্রমে: It's getting ~ and ~ interesting. **~ or less** কমবেশি; ন্যূনাধিক; অল্পাধিক; প্রায়। ৫ (*adj*-এর তুল্যমূল্য কোনো *n* সহ): (The) ~'s the pity, এটা আরো বেশি দুঃখজনক। অপিচ দ্র. the (*adv*). **no ~** = neither; -ও না: ক: 'I don't feel like going,' খ: 'No ~ do I'. **no ~ ... than:** 'She is no ~ willing to help me than you are', তোমার মতো সেও আমাকে সাহায্য করতে অনিচ্ছুক।

mo·reen [মˈরীন্] *n* পশম বা তুলামিশ্রিত পশমে তৈরি শিরা বা টুইল-ওয়ালা বস্ত্রবিশেষ, যা সাধা. পর্দার কাপড় হিসাবে ব্যবহৃত হয়।

mo·rello [মˈরেলৌ] *n* (*pl* ~s [-লৌজ়]) **~ (cherry)** তিক্ত জাতের চেরিফল (যা মোরব্বা তৈরিতে ব্যবহৃত হয়)।

more·over [মো°ˈরৌভা(র্)] *adv* অধিকন্তু; তদুপরি; তার উপর; তাছাড়া।

mo·res [ˈমো°রেইজ়] *n pl* (আনুষ্ঠা.) (অপরিহার্য বলে বিবেচিত) সামাজিক রীতিনীতি; লোকাচার।

Mo·resque [মো°ˈরেস্ক্] *adj* (শৈলী, নকশা, অলঙ্করণ, স্থাপত্য সম্বন্ধে) মুরীয়।

mor·ga·natic [ˌমো°গাˈন্যাটিক্] *adj* **~ marriage** উচ্চ সামাজিক মর্যাদাসম্পন্ন পুরুষ (যেমন রাজপুত্র) এবং নিম্নতর সামাজিক মর্যাদাসম্পন্ন নারীর মধ্যে বিবাহ, এতে স্ত্রীর সামাজিক মর্যাদা পূর্ববৎ থাকে, সন্তানরাও তাদের পিতার খেতাব প্রভৃতির উত্তরাধিকারী হয় না; অনুলোম বিবাহ।

morgue [মো°গ্] ১ যে ভবনে অজ্ঞাতপরিচয় মানুষের লাশ পরিবারের সদস্যরা শনাক্ত ও দাবি না করা পর্যন্ত রাখা হয়; শবালয়। দ্র. mortuary. ২ (দৈনিক বা সাময়িক পত্রিকা অফিসে) জীবিত বিখ্যাত ব্যক্তিদের মৃত্যুসংবাদ (যা তাদের মৃত্যুর পরে প্রকাশিত হবে) -সংবলিত নথি; শবাগার।

mori·bund [ˈমরিবান্ড্ US ˈমো°রি-] *adj* মুমূর্ষু; মরণাপন্ন; মৃতপ্রায়; মরণোন্মুখ; মৃতকল্প; আসন্নমৃত্যু: ~ civilizations.

Mor·mon [ˈমো°মান্] *n adj* ১৮৩০ সনে যুক্তরাষ্ট্রে প্রতিষ্ঠিত "The church of Jesus Christ of Latter-day Saints" নামক ধর্মীয় সংগঠন সম্বন্ধী; ঐ সংগঠনের সদস্য; মর্মন। **~·ism** [-নিজ়াম্] *n* মর্মনবাদ।

morn [মো°ন্] *n* (কাব্য) = morning.

morn·ing [ˈমো°নিঙ্] *n* ১ [C,U] প্রভাত; সকাল; প্রাতঃকাল; ভোর। ২ (attrib) প্রাতঃকালীন; প্রাভাতিক; প্রভাতী: a ~ walk. **ˈ~ coat** সামনের অংশ ডানে ও বাঁয়ে ঢালু করে ছাঁটা; দীর্ঘ; কালো কোটবিশেষ। **ˈ~ dress** ডুরে পাতলুন-সহ মর্নিং কোট। **M~ Prayer**

(ইংল্যান্ডীয় গির্জায়) প্রভাতী প্রার্থনাসভা। **the ~ star** শুকতারা বা উষালগ্নে দৃষ্ট অন্য কোনো উজ্জ্বল নক্ষত্র; প্রভাত-তারা। **the ~ watch** (সাগরে) সকাল ৪টা থেকে ৮টা পর্যন্ত কর্তব্যকাল; ভোরের পালা। **ˌ~-ˈglory** *n* লতাবিশেষ, যাতে চোখ-ধাঁধানো নানা রঙের ফুল ফোটে এবং দুপুরের মধ্যে ম্লান হয়ে যায়; মহাশ্বেতা। **ˈ~-room** *n* সকালবেলার বসার ঘর। **ˈ~ sickness** *n* গর্ভাবস্থার প্রথম কয়েক মাস সকাল বেলায় বমি-বমি ভাব।

mo·rocco [মাˈরকৌ] *n* [U] ছাগলের ছাল থেকে তৈরি নরম পাকা চামড়াবিশেষ; মরক্কো চামড়া।

mo·ron [ˈমো°রন্] *n* অল্পবুদ্ধি ব্যক্তি (যার ধীশক্তি imbecile বা idiot-এর মতো ততোটা নিচু নয়); হীনধী; (কথ্য) হাবা; মূঢ়। **~ic** [ˈমারানিক্] *adj* হীনধী; জড়ধী।

mo·rose [মাˈরৌস্] *adj* গোমড়া; খিটখিটে; কটুস্ব-ভাব; অসামাজিক। **~·ly** *adv* গোমড়া মুখে। **~·ness** *n* গোমড়া মুখ; খিটখিটনি; কার্কশ্য; স্বভাবকটুতা।

mor·pheme [ˈমো°ফ়ীম্] *n* (ভাষা.) শব্দের ক্ষুদ্রতম অর্থপূর্ণ অংশ; রূপমূল।

mor·phia [ˈমো°ফ়িআ], **mor·phine** [ˈমো°ফীন্] *nn* [U] সাধা. সাদা গুঁড়া রূপে আফিম থেকে প্রস্তুত বেদনানাশক ঔষধবিশেষ; মর্ফিয়া; মর্ফিন।

mor·phol·ogy [মো°ˈফলাজি] *n* [U] ১ জীববিদ্যার যে শাখা প্রাণী ও উদ্ভিদের আকৃতি ও গঠন নিয়ে কাজ করে; অঙ্গসংস্থান; অঙ্গসংস্থানবিদ্যা। ২ (ভাষা.) ভাষার রূপমূলসমূহ কিভাবে সংযুক্ত হয়ে শব্দ গঠন করে, এতদ্‌বিষয়ক বিদ্যা; রূপতত্ত্ব। দ্র. syntax.

mor·ris dance [ˈমরিস্ ডা:ন্‌স্ US ˈমো°রিস ড্যান্‌স্] *n* ইংল্যান্ডে পুরুষদের জন্য প্রাচীন লোকনৃত্যবিশেষ; মরিস নাচ।

mor·row [ˈমরৌ US ˈমো°রৌ] *n* ১ (সাহিত্য.) পরদিন; আগামীকাল; পরদিবস; (পুরা.) প্রভাত; প্রাতঃকাল: Good ~!

Morse [মো°স্] *n* **ˈ~ (code)** ফুটকি ও ড্যাশ, কিংবা দীর্ঘ ও হ্রস্ব ধ্বনি বা আলোকস্ফুরণের সাহায্যে বর্ণমালার বর্ণ ও সংখ্যা দ্যোতিত করে বাতি, বেতার ইত্যাদির সাহায্যে সঙ্কেত প্রেরণের পদ্ধতিবিশেষ; মোর্স (সংহিতা): a message in ~; the ~ alphabet.

mor·sel [ˈমো°স্‌ল্] *n* [C] (বিশেষত খাদ্যের) ক্ষুদ্র টুকরা; গ্রাস; দানা।

mor·tal [ˈমো°ট্‌ল্] *adj* ১ নশ্বর; মরণশীল; মর; মর্ত। ২ মারাত্মক; প্রাণঘাতী; সংহারক: a ~ blow. **~ sins** যেসব পাপ মানুষের আত্মিক মৃত্যু ঘটায়; মহাপাতক; আত্মনাশক পাপ। ৩ আমরণ: ~ hatred. **~ combat** আমরণ/আমৃত্যু লড়াই। **~ enemies** যাদের শত্রুতা মৃত্যু পর্যন্ত চলবে; আমরণ শত্রু। ৪ মৃত্যুর সহচর: in ~ agony, মৃত্যুযন্ত্রণায়। ৫ (কথ্য) সাংঘাতিক; মারাত্মক; নিদারুণ: in ~ fear; in ~ hurry. □*n* মরমানব। **~ly** [-টালি] *adv* ১ মারাত্মকভাবে: ~ly wounded. ২ গভীরভাবে; যৎপরোনাস্তি: ~ly offended.

mor·tal·ity [মো°ˈট্যালাটি] *n* [U] ১ নশ্বরতা; মরণশীলতা; মরত্ব। ২ মৃত্যুসংখ্যা (যেমন কোনো রোগ বা বিপর্যয়ের দরুন): an epidemic with a heavy ~. ৩ মৃত্যু-হার। **ˈ~ tables** (বিমা) বিভিন্ন বয়সের মানুষের প্রত্যাশিত আয়ুর ছকবদ্ধ উপস্থাপনা; মৃত্যু-সারণি।

mor·tar[1] [ˈমো°টা(র্)] *n* [U] বাড়ির দেয়াল ইত্যাদি গাঁথার জন্য চুন, বালি ও পানির মিশ্র; তাগাড়; মশলা গোলা। **ˈ~-board** *n* (ক) নীচের দিকে খাটো হাতলযুক্ত ছোট ফলকবিশেষ, যা রাজমিস্ত্রিরা ইট গাঁথার সময়ে চুনসুরকির আধার হিসাবে ব্যবহার করে। (খ) কলেজ ইত্যাদির সদস্যদের শিক্ষায়তনিক পোশাকের অংশ হিসাবে চৌকা টুপিবিশেষ। □*vt* চুনসুরকি দিয়ে গাঁথা।

mor·tar[2] [ˈমো°টা(র্)] *n* ১ হামানদিস্তা; উদূখল; উখলি; খল। ২ (সাম.) উচ্চ কোণে গোলা নিক্ষেপ করার জন্য কামানবিশেষ।

mort·gage [ˈমো°গিজ্] *vt* **~ (to) (for)** বন্ধক বা রেহান দেওয়া: ~ a house. □*n* বন্ধক; রেহান; আধি; বন্ধকী কবালা; রেহাননামা: raise a ~ from a bank. **be ~d up to the hilt** (সম্পত্তির উপর) সর্বোচ্চ পরিমাণ বন্ধক পাওয়া। **mort·gagee** [ˌমো°গিজী] *n* বন্ধকগ্রহীতা; রেহানদার। **mort·gagor** [ˌমো°গিজো°(র্) US ˈমো°র্‌গিজ র্] *n* বন্ধকদাতা। **mort·gaged** *adj* আধীকৃত।

mor·tice [ˈমো°টিস্] *n* দ্র. mortise.

mor·ti·cian [মো°ˈটিশ্‌ন্] *n* (US) মুর্দাফরাশ। দ্র. undertaker.

mor·tify [ˈমো°টিফ়াই] *vi,vt* (*pt,pp* -fied) ১ লজ্জা বা অপমানে মর্মাহত বা অভিভূত করা; মর্মান্তিক আঘাত করা: mortified by one's rudeness; a ~ing defeat, লজ্জাকর/মর্মান্তিক পরাজয়। ২ **~ the flesh** দৈহিক বাসনাকামনাসমূহ দমিত করা; কৃচ্ছ্রসাধনা করা। ৩ (জখম প্রভৃতির চারিদিকের মাংস সম্বন্ধে) পচন ধরা; ধসা-পশ্চিমায় (গ্যাংগ্রিন) আক্রান্ত হওয়া। **mor·ti·fi·ca·tion** [মো°টিফ়িˈকেইশ্‌ন্] *n* [U] মনস্তাপ; চরম লজ্জা; মর্মাঘাত; কৃচ্ছ্রসাধনা; পচন; পচনশীলতা।

mor·tise, mor·tice [ˈমো°টিস্] *n* কাঠের টুকরায় কাটা (সাধা. আয়তাকার) গর্ত, যার মধ্যে অন্য কাঠের প্রান্তভাগ (tenon বা আল) ঢুকিয়ে জোড়া লাগানো হয়; কাষ্ঠগহ্বণী; নাভি; ঘাট। **ˈ~ lock** (দরজা ইত্যাদির) কাঠের অভ্যন্তরে স্থাপিত মজবুত তালা; নাভিতালা। □*vt* নাভি বা ঘাট কেটে জোড়া দেওয়া: ~ two beams together.

mort·main [ˈমো°ট্‌মেইন্] n কোনো সংগঠনের অধিকারভুক্ত হস্তান্তরের অযোগ্য সম্পত্তি ইত্যাদি; অদেয়ভোগ; ওয়াক্‌ফ। **in ~** (লাক্ষ.) হস্তান্তরের অযোগ্য; বিনিময়ের অযোগ্য; অবিচ্ছেদ্য।

mor·tu·ary [ˈমো°চারি US -চুএরি] *n* (*pl* -ries) (হাসপাতাল ইত্যাদির অংশ হিসাবে) যে কক্ষ বা ভবনে শবদেহ সমাধিস্থ করার পূর্ব পর্যন্ত সংরক্ষণ করা হয়; শবাগার; মুর্দাঘর; শবকক্ষ; (attrib) মৃত্যু বা অন্ত্যেষ্টিক্রিয়া সম্বন্ধী; অন্তিম: ~ rites.

mo·saic [মৌˈজ়েইক্] *n,adj* শিল্প বা শিল্পকর্মবিশেষ, যাতে নানাবর্ণের পাথরের টুকরা ইত্যাদি জোড়া লাগিয়ে নকশা, ছবি ইত্যাদি তৈরি করা হয়; চিত্রোপলশিল্প; পচ্চিকারি।

Mo·saic [মৌˈজ়েইক] *adj* মুসার; মুসাসম্বন্ধী; মুসাই। **(the) ~ law** বাইবেলের প্রথম পাঁচটি গ্রন্থ; মুসার বিধানাবলী; তৌরাত।

mo·selle [মৌˈজ়েল্] *n* (জার্মানির) মোজেল নদীর অববাহিকায় উৎপন্ন অমিষ্ট, সাদা মদ।

mosey [ˈমৌজ়ি] *vi* **~ (along)** ধীরেসুস্থে উদ্দেশ্যহীনভাবে পথ চলা।

Mos·lem [ˈমজ্‌লাম্] *n,adj* = Muslim.

mosque [মস্‌ক্] *n* মসজিদ।

mos·quito [মাˈস্কীটৌ] *n* (*pl* ~es [-টৌজ়্]) মশা; মশক। **ˈ~-net** *n* মশারি। **ˈ~-craft** *n* (collective *pl*) সহজে নিয়ন্ত্রণযোগ্য; উচ্চগতিসম্পন্ন সশস্ত্র জাহাজবিশেষ।

moss [মস্ US মো°স্] *n* [U] ছোট ছোট সবুজ বা হলুদ উদ্ভিদবিশেষ, যা ভেজা গাছ, পাথর ইত্যাদির গায়ে ঘন হয়ে জন্মে; শেওলা; শৈবাল: ~-covered rocks/walls. **A rolling stone gathers no ~** (প্রবাদ) যে ব্যক্তি ঘন ঘন পেশা পরিবর্তন করে কিংবা কখনো এক জায়গায় স্থির হয়ে বসে না—সে কখনো জীবনে সাফল্য লাভ করে না; গড়ানে পাথরে শ্যাওলা ধরে না। ˈ**~-grown** *n* শৈবালাকীর্ণ; শেওলা-ঢাকা। **~y** *adj* (-ier, -iest) শৈবালময়; শেওলা-ঢাকা; শেওলার মতো: ~y green, শেওলা-সবুজ।

most[1] [মৌস্ট্] ১ (least ও fewest-এর সঙ্গে বৈপরীত্য ক্রমে; দ্র. many, more, much[1]) *adj,n* (স্বতন্ত্র superl) সবচেয়ে বেশি/বড়ো; সর্বোচ্চ; সর্বাধিক; বৃহত্তম: I'll do the ~. যথাসাধ্য করব। **at (the) ~; at the very ~** বড়ো জোর; খুব বেশি হলে। **make the ~ of** পূর্ণ সদ্ব্যবহার করা। **for the ~ part** সাধারণত; সচরাচর; মোটের উপর; বেশির ভাগ/অধিকাংশ ক্ষেত্রে। ২ (এই অর্থে আগে *def art* থাকে না) অধিকাংশ; বেশির ভাগ: M ~ women like ornaments. □*suff* (*preps* বা অবস্থানসূচক *adjj* -সহ): top ~ , সর্বোচ্চ; সবচেয়ে উপরের; in (ner) ~, সবচেয়ে আভ্যন্তর/ভিতরের।

most[2] [মৌস্ট্] *adv* ১ (বহুর মধ্যে তুলনায় একটির উৎকর্ষ বা অপকর্ষ জানাতে দুইয়ের অধিক অক্ষরযুক্ত প্রায় সকল *adjj* ও *advv*-এর পূর্বে বসে) সবচেয়ে; অধিকতম; -তম: the ~ beautiful/harmful etc; ~ interestingly/dearly. ২ (ক্রিয়ার গুণ নির্দেশ করে; তবে ক্রিয়া এবং ক্রিয়ার কর্মের মাঝখানে বসানো যায় না) সবচেয়ে: What pained him ~ was that... . ৩ (গুরুত্বসূচক, *adj* -কে বিশেষিত করে; আগে *indef art* বসতে পারে) অত্যন্ত; অতিশয়: It was a ~ interesting piece of news. ৪ (*adv* -কে বিশেষিত করে) পুরোপুরি; সম্পূর্ণভাবে: ~ certainly, অবশ্য অবশ্য। ৫ (উপ. ও US কথ্য) প্রায়: M~ everybody is interested. **~·ly** *adv* প্রধানত; প্রায় সবাই; সাধারণত; সচরাচর; বেশিরভাগ: The meal was ~ly bread and cheese. They are ~ly at home in the afternoon.

mote [মৌট্] *n* (ধুলা ইত্যাদির) কণিকা; সুরেণু; ত্রসরেণু। **the ~ in sb's eye** পরের দোষ (যা নিজের দোষের সঙ্গে তুলনায় অকিঞ্চিৎকর); পরচ্ছিদ্র।

mo·tel [মৌˈটেল্] *n* (কক্ষ বা কুঠরি, গাড়ি রাখার স্থান, সার্ভিস স্টেশন ইত্যাদি সহ) মোটরচালকদের হোটেল; মোটেল।

moth [মথ্ US মো°থ্] *n* বিভিন্ন ধরনের পতঙ্গ, যারা আলোর প্রতি আকৃষ্ট হয়ে প্রধানত রাত্রিকালে উড়ে বেড়ায়; দেয়ালি পোকা। ˈ**~-ball** *n* জামাকাপড় পোকা থেকে বাঁচাবার জন্য (কর্পূর ইত্যাদির) গুলি; ন্যাপথালিন। দ্র. naptha ভুক্তিতে naphthalene. **in ~-balls** (লাক্ষ.) মৌজুত/ফেলে-রাখা অবস্থায়। ˈ**clothes-~** *n* যে ধরনের পতঙ্গ কাপড়, পশম ইত্যাদির মধ্যে বংশবিস্তার করে; এদের শূক কাপড় খেয়ে ফুটো করে দেয়; কাপুড়ে পোকা। ˈ**~-eater** *adj* পোকায়-খাওয়া; কীটদষ্ট; (লাক্ষ.) সেকেলে; বস্তাপচা। ˈ**~-proof** *adj* (বস্ত্রাদি সম্বন্ধে) পোকায় যাতে না কাটে, সেজন্য রাসায়নিক দ্রব্যাদি-যোগে প্রক্রিয়াজাত; কীটরোধী। □*vt* কীটরোধী করা: ~-proof carpets.

mother [ˈমাদা(র্)] *n* ১ মা, মাতা, জননী, জনয়িত্রী; আবাসিক বিদ্যালয়, শিশুসদন ইত্যাদিতে শিশুদের দায়িত্বে নিয়োজিত মহিলা (প্রায়শ ˈhousemother); পালয়িত্রী; পালিকা। ২ যে গুণ বা অবস্থা থেকে কোনো কিছু উদ্ভূত হয়; প্রসূতি; জনয়িত্রী। **Necessity is the ~ of invention** (প্রবাদ) প্রয়োজন উদ্ভাবনের প্রসূতি। ৩ মেয়েদের ধর্ম প্রতিষ্ঠানের প্রধান; আশ্রমপালিকা। **M~ Superior** মহিলা মঠাধ্যক্ষা। ৪ (বিভিন্ন প্রয়োগ) **the** ˈ**~ country** (ক) স্বদেশ; মাতৃভূমি। (খ) ঔপনিবেশিকদের স্বদেশ; উপনিবেশিক শক্তি। **~·land** *n* মাতৃভূমি; জন্মভূমি; স্বদেশ। **~-in-law** [ˈমাদার্ ইন্ লো°] *n* (*pl* ~s-in-law) শাশুড়ি; শ্বশ্রূ। ˌ**~-of-**ˈ**pearl** *n* [U] কোনো কোনো খোলার, বিশেষত শুক্তির ভিতরের শক্ত, মসৃণ, চকচকে, রংধনুসদৃশ বস্তু, যা দিয়ে বোতাম, অলঙ্কার ইত্যাদি তৈরি হয়; শুক্তি। **~ ship** *n* যে জাহাজ থেকে অন্য জাহাজে (যেমন ডুবজাহাজে) রসদ সরবরাহ করা হয়; পোষিকা জাহাজ। **~ tongue** *n* মাতৃভাষা। **~ wit** *n* কাণ্ডজ্ঞান; সহজাত/সহজ বুদ্ধি। ˈ**~·hood** [-হুড্] *n* [U] মাতৃত্ব। **~·less** *adj* মাতৃহীন। ˈ**~·like** *adj* মাতৃবৎ, মাতৃতুল্য। **~·ly** *adv* মাতৃসুলভ। **~·li·ness** *n* মাতৃসুলভ স্নেহমমতা। □*vt* মাতৃস্নেহে লালনপালন করা।

mo·tif [মৌˈটীফ্] *n* [C] সঙ্গীতের মূল বা স্থায়ী সুর যা শিল্পী বা সুরস্রষ্টার হাতে পূর্ণতর পরিণতি লাভ করে এবং প্রায়শ পুনরাবর্তিত হয়; শিল্পকর্মের প্রধান বৈশিষ্ট্য; মূল/স্থায়ী ভাব বা সুর।

mo·tile [ˈমৌটাইল্] *adj* (প্রাণী, উদ্ভিদ) চলতে সক্ষম; চলনশীল; চলনক্ষম; চলৎ।

mo·tion [ˈমৌশ্ন্] *n* ১ [U] গতি; চলন; গতি-শীলতা; চলৎশক্তি। **put/set sth in ~** চালু/সক্রিয় করা; সঞ্চালিত করা। **~ picture** *n* চলচ্চিত্র। তুল. (কথ্য) moving pictures; the movies. **time-and-~,** দ্র. time[1] (৬). ২ [C] অঙ্গভঙ্গি; অঙ্গবিক্ষেপ; অঙ্গসঞ্চালন; ইশারা। **go through the ~s** (কথ্য) আন্তরিকতাহীনভাবে বা দায়সারাভাবে কিছু করা। ৩ [C] প্রস্তাব: The ~ was put to vote. ৪ [C] = movement (৬). □*vt,vi* ১ ইশারা/ইঙ্গিত করা; ইশারায় নির্দেশ দেওয়া: ~ sb in/away/to a seat. ২ **~ to sb (to do sth)** অঙ্গভঙ্গি দ্বারা নির্দেশ দেওয়া; ইশারা/ইঙ্গিত দেওয়া: She ~ed to the child to leave the room. **~·less** *adj* গতিহীন; নিশ্চল; নিথর; নিস্পন্দ; স্থির।

mo·ti·vate [ˈমৌটিভেইট্] *vt* উদ্বুদ্ধ/প্রণোদিত/প্রবর্তিত করা। **mo·ti·vation** [ˌমৌটিˈভেইশ্ন্] *n* প্রেষণা; প্রণোদন; প্রবর্তন।

mo·tive [ˈমৌটিভ্] *adj* (কেবল attrib) গতিদায়ক; চালক: ~ power/force, চালিকাশক্তি (যেমন বাষ্প, তড়িৎ)। □*n* [C] ১ যা মানুষকে কার্যে প্রবৃত্ত করে; প্রবৃত্তি; প্রেরণা; প্রেষণা; অভিপ্রায়; অভিসন্ধি; মতলব: actuated by low and selfish ~s. ২ = motif. **~·less** *adj* উদ্দেশ্যহীন; অভিপ্রায়বিহীন।

mot·ley [ˈমট্লি] *adj* ১ নানান বর্ণের; বিচিত্রবর্ণ; বিচিত্রিত; চিত্রবিচিত্র: a ~ coat, ভাঁড় বা সঙের বিচিত্রবর্ণ পোশাক। ২ বিভিন্ন ধরনের বা বিচিত্র চরিত্রের; বিচিত্রচরিত্র: a ~ crowd, বহুবিধ পেশা, সামাজিক শ্রেণী ইত্যাদির মানুষ। □*n* [U] ভাঁড়ের চিত্রবিচিত্র জোব্বা। **wear the ~** ভাঁড়ের অভিনয় করা; ভাঁড়/সং সাজা।

mo·tor [ˈমৌটা(র্)] *n* ১ যে যন্ত্র শক্তি (বিশেষত তড়িৎশক্তি) সঞ্চারিত বা ব্যবহার করে গতি উৎপাদন করে (তবে বাষ্পীয় ইনজিন সম্বন্ধে ব্যবহৃত হয় না); চালকযন্ত্র; মোটর। ২ (attrib ও যৌগশব্দে) অন্তর্দাহ ইনজিনে, ডিজেল ইনজিন ইত্যাদি যুক্ত কিংবা ঐ সব

ইনজিনে উৎপন্ন যন্ত্রশক্তির দ্বারা চালিত; মোটর: ˈ~-vehicles, মোটরযান। ˌ~-asˈsisted *adj* অধিক গতিসঞ্চারের জন্য মোটরযুক্ত (যেমন প্যাডেলযুক্ত সাইকেলে)। ˈ~·cade *n* (US) মোটর শোভাযাত্রা। ˈ~-car (অপিচ car) *n* মোটরগাড়ি। ˈ~-cycle (কথ্য ˈ~-bike) মোটর–সাইকেল। দ্র. pillion. ˈ~·man [–ম্যান্] *n* (*pl* -men) বিদ্যুচ্চালিত যে কোনো যানবাহনের চালক। ˈ~·way *n* দ্রুতগামী মোটরযানের অনবরত চলাচলের উপযোগী করে বিশেষভাবে পরিকল্পিত ও নির্মিত দ্বিমুখী প্রশস্ত সড়ক—যা অন্য সড়কের উপর বা নীচ দিয়ে চলে যায়; মোটরসরণি। ৩ = ~-car (car অধিক প্রচলিত রূপ): the ˈ~ trade. ৪ (শরীরের কোনো অঙ্গের) সঞ্চালক পেশি। ~ **nerve** যে স্নায়ু এক বা একাধিক পেশিতে গতিসঞ্চার করে। □*vi* মোটরযোগে ভ্রমণ করা। ~·**ist** [–রিস্ট্] *n* মোটর গাড়ির চালক (এবং সাধা. মালিক); গাড়িওয়ালা। ~·**ize** [–রাইজ্] *vt* (সেনাদল ইত্যাদিকে) মোটরযানে সজ্জিত করা।

mottle [ˈমট্ল্] *vt* (সাধা. *pp*) সুষম কোনো নকশা ছাড়া বিভিন্ন রঙের দাগ বা ছাপ দিয়ে চিহ্নিত করা। □~**d** *adj* চিত্রবিচিত্র: the ~d skin of a snake.

motto [ˈমটৌ] *n* (*pl* ~es বা ~s [–টৌজ্]) ১ আচরণের নির্দেশনী বা নিয়ম হিসাবে ক্ষুদ্র বাক্য বা বাক্যাংশ; মূলমন্ত্র; আদর্শবাণী। ২ কোনো বস্তুর (যেমন অভিজাত পরিবার, নগর, বিশ্ববিদ্যালয় প্রভৃতির প্রতীকস্বরূপ সচিত্র নকশার) উপর লিখিত বা উৎকীর্ণ যথোচিত মনোভাবসূচক ক্ষুদ্র বাক্য বা বাক্যাংশ; গ্রন্থ বা পরিচ্ছেদের আদিতে সংযোজিত উদ্ধৃতি; আদর্শবাক্য।

mould[1] (US = **mold**) [মৌল্ড্] *n* [C] ছাঁচ; ছাঁচে তৈরি জেলি, পুডিং ইত্যাদি। **be cast in one/the same/a different, etc ~** (লাক্ষ.) এক/একই/ ভিন্ন ছাঁচে গঠিত হওয়া। □*vt* ~ **sth (in/from/out of sth)** ছাঁচ তোলা: ~ a head out of /in clay; (লাক্ষ.) গড়ে তোলা; প্রভাবিত করা: ~ a person's character.

mould[2] (US = **mold**) [মৌল্ড্] *n* স্যাঁতসেঁতে উষ্ণ আবহাওয়ায় ফেলে রাখলে চামড়া, পনির ইত্যাদি বস্তুর উপর রোঁয়ার মতো যে ছত্রাক জন্মে; ছাতা। ছাতলা দ্র. iron[1] (৩) ভুক্তিতে iron ~. □*vt* ছাতা পড়া বা ধরা। ~**y** *adj* (-ier, -iest) ১ ছাতা–ধরা; ছাতা–পড়া: ~y bread/ cheese. ২ বাসি; ছাতার গন্ধযুক্ত । ৩ সেকেলে; অচল; বাসি; (ব্যক্তি সম্বন্ধে) নীচ ও বিঘ্নসৃষ্টিকারী; অপদার্থ।

mould[3] (US = **mold**) [ˈমৌল্ড্] *n* [U] বিশেষত উদ্ভিদের পচনজাত নরম, ঝুরঝুরে মাটি: ˈleaf ~, পাতাপচা ঝুরঝুরে মাটি।

moulder (US = **molder**) [ˈমৌল্ডা(র্)] *vi* স্বাভাবিক ক্ষয় প্রক্রিয়ায় ধুলায় পরিণত হওয়া: The ~ing ruins of a palace.

mould·ing (US = **mold-**) [ˈমৌল্ডিঙ্] *n* ১ [U] ছাঁচে ঢালাই; গড়ন; নির্মাণ। ২ দেয়াল বা জানালার চতুর্দিকে কিংবা অট্টালিকার কানাচ বা স্তম্ভের উপর শোভাকর আস্তরণ–রেখা, খোদাই করা কাঠের কাজ ইত্যাদি; ভিত্তিশীর্ষক।

moult (US = **molt**) [মৌল্ট্] *vt,vi* (পাখি সম্বন্ধে) নতুন পালক গজানোর আগে (পালক) খসা; (কুকুর ও বিড়াল সম্বন্ধে বিরল প্রয়োগ) লোম ঝরে যাওয়া। □*n* (পালক, লোম) খসা বা ঝরার প্রক্রিয়া বা সময়।

mound [মাউন্ড্] *n* [C] ঢিবি; টিলা; স্তূপ: a ˈburial-~.

mount[1] [মাউন্ট্] *n* (সংজ্ঞাবাচক বিশেষ্য ছাড়া, কেবল সাহিত্যে.) পর্বত; পাহাড়; শৈল: Christ's sermon on the ~; (সংজ্ঞাবাচক বিশেষ্যের আগে সং. Mt): Mt Fuji.

mount[2] [মাউন্ট্] *vt,vi* ১ আরোহণ করা; চড়া; কাউকে ঘোড়া জোগানো; ঘোড়ায় চড়ানো। ~ **the throne** সিংহাসনে আরোহণ/অধিরোহণ করা। ২ ~ **(up)** পরিমাণে বৃদ্ধি পাওয়া; চড়া: ~ing costs of education. ৩ (রক্ত সম্বন্ধে) গালে চড়া বা ছড়িয়ে যাওয়া: A sudden blush ~ed to her cheeks, কপোল আরক্ত হয়ে উঠল। ৪ স্থাপন করা; আরোপণ করা; আরূঢ় করানো; চড়ানো: ~ a gun; ~ pictures, ছবি বাঁধাই করা; ~ jewels in gold, বসানো; খচিত করা; ~ specimens, (যেমন অণুবীক্ষণের জন্য স্লাইডে) নমুনা সংযোজন করা; ~ insects, (যেমন প্রদর্শন বা জাদুঘরে সংরক্ষণের জন্য) কীটপতঙ্গ লটকানো। ৫ (সাম. ব্যবহার): ~ an offensive/attack, আক্রমণ পরিচালনা করা। ~ **guard (at/over)** প্রহরায় নিযুক্ত হওয়া। ৬ (নাটক) মঞ্চস্থ করা। ৭ (বড়ো জন্তু সম্বন্ধে) সঙ্গমের উদ্দেশ্যে পিঠে চড়া। □*n* [C] যার উপর কোনো ব্যক্তি বা বস্তু আরোপিত/আরূঢ় হয়েছে বা হতে পারে (যেমন ছবি বা আলোকচিত্রের জন্য কার্ড, নমুনার জন্য কাচের স্লাইড, আরোহণের জন্য ঘোড়া, কামানের জন্য চাকাওয়ালা গাড়ি, রত্ন খচিত করার জন্য সোনা–রুপা ইত্যাদি); বাহন।

moun·tain [ˈমাউন্টিন্ US –ন্টন্] *n* ১ পর্বত; শৈল; গিরি; পাহাড়। ~ **ash** = rowan tree. ~ **chain** পর্বতমালা; শৈলমালা। ~ **dew** (কথ্য) স্কচ হুইস্কি। ˈ~ **sickness** উঁচু পর্বতশৃঙ্গে বায়ুর লঘুতাজনিত পীড়া; পর্বতপীড়া। ২ (লাক্ষ. প্রয়োগ) বিশাল কোনো বস্তু: a ~ of debts/difficulties, ঋণের পাহাড়/পর্বতপ্রমাণ বাধাবিঘ্ন। ~·**eer** [ˌমাউন্টিˈনিআ(র্) US ন্টন্ˈইআর্] *n* পাহাড়ি লোক; দক্ষ পর্বতারোহী। ~·**eer·ing** *n* (ক্রীড়া হিসাবে) পর্বতারোহণ। ~·**ous** [ˈমাউন্টিনাস্ US –ন্টানাস্] *adj* পার্বত্য; পর্বতময়: ~ous country; বিশাল; পর্বতপ্রমাণ: ~ous waves.

moun·te·bank [ˈমাউন্টিব্যাঙ্ক্] *n* যে ব্যক্তি চটকদার কথাবার্তায় মানুষকে ঠকাবার চেষ্টা করে; ধাপ্পাবাজ; ধোঁকাবাজ; খল।

Mountie [ˈমাউন্টি] *n* (কথ্য) কানাডার রাজকীয় অশ্বারোহী পুলিশবাহিনীর (Royal Canadian Mounted Police) সদস্য।

mourn [মো°ন্] *vi,vt* ~ **(for/over)** শোক করা; শোকসন্তপ্ত হওয়া। ~**er** *n* যে ব্যক্তি শোক করে, বিশেষত যে ব্যক্তি মৃতের আত্মীয় বা বন্ধু হিসাবে অন্ত্যেষ্টিক্রিয়ায় যোগ দেয়; শোককারী; শোকার্ত ব্যক্তি; শবানুযাত্রী। ~·**ful** [–ফ়্ল্] *adv* শোকার্ত; শোকাকুল; শোকোচ্ছ্বাসিত; শোকসন্তপ্ত; শোকাতুর। ~·**fully** [–ফ়ালি] *adj* শোকার্তভাবে ইত্যাদি।

mourn·ing [ˈমো°নিঙ্] *n* [U] ১ শোক; শোক–পালন। ২ **go into/be in ~** শোকচিহ্ন হিসাবে কালো কাপড় পরিধান করা। ˈ~-**ring** (পূর্বকালে) মৃতব্যক্তির স্মৃতিচিত্র হিসাবে ধারণকৃত আংটি; শোকাঙ্গুরীয়।

mouse [মাউস্] *n* (*pl* mice [মাই স্]) ইঁদুর; মূষিক (ˈhouse ~, ˈfield ~, ˈharvest ~); (লাক্ষ.) লাজুক ভীরু লোক। ˈ~-**trap** *n* ইঁদুর ধরা ফাঁদ বা কল: ~-trap cheese, (হাস্য.) বিশ্রী স্বাদের পনির। □*vi* ইঁদুর ধরা/শিকার করা। **mouser** [ˈমাউজ়া(র্)] *n* শিকারি বিড়াল। **mousy** [ˈমাউসি] *adj* (-ier, -iest) (বিশেষত চুল

সম্বন্ধে) ম্যাড়ম্যাড়ে বাদামি; (ব্যক্তি সম্বন্ধে) ভীরু; লাজুক।

mousse [মুস্] *n* [C,U] ফেটানো এবং ঠাণ্ডা অবস্থায় পরিবেশিত মাছ, মাংস, স্বাদগন্ধযুক্ত ননী ইত্যাদি: chocolate ~, ফেনানো চকলেট।

mous·tache (US = **mus·tache**) [মা'স্টা:শ্ US 'মাসট্যাশ্] *n* গোঁফ; গুম্ফ; মোচ।

mouth[1] [মাউথ্] *n* (*pl* ~s [মাউদ্‌স্]) *n* ১ মুখ; মুখগহ্বর; মুখবিবর। **by word of ~** (খবর ইত্যাদি সম্বন্ধে) বাচনিক; মুখে মুখে। **down in the ~** বিমর্ষ; হতোদ্যম; নিস্তেজ। **out of the ~s of babes and sucklings** (প্রবাদ) অবোধ শিশুর মুখ দিয়েও জ্ঞানগর্ভ বাণী উচ্চারিত হতে পারে। **laugh on the wrong side of one's ~** শোক বা বিলাপ করা; হতাশ হওয়া। **look a gift-horse in the ~** কোনো বস্তু অকৃতজ্ঞতার সঙ্গে গ্রহণ করা, বিশেষত খুঁটিয়ে খুঁটিয়ে বস্তুটির দোষ বাহির করা। **put words into sb's ~** (ক) কাউকে কিছু বলতে বলা; অন্যকে দিয়ে বলানো। (খ) সে কিছু বলেছে বলে ইঙ্গিত বা দাবি করা; অন্যের মুখে চাপানো। **take the words out of sb's ~** অন্যের মুখের কথা কেড়ে নেওয়া; কী বলবে তা আঁচ করা। **~·ful** [-ফুল্] *n* এক গ্রাস। '**~-organ** *n* ধাতব পাতযুক্ত ছোট হারমোনিয়ামবিশেষ, যা ফুঁ দিয়ে বাজাতে হয়; হার্মোনিকা। '**~·piece** *n* (ক) তামাকের পাইপ, বাদ্যযন্ত্র প্রভৃতির যে অংশ মুখে থাকে; মুখ। (খ) অন্যের মতামত প্রকাশক ব্যক্তি, সংবাদপত্র ইত্যাদি; মুখপাত্র। '**~-watering** *adj* দ্র. water[2] (৩). ২ (থলে, বোতল, গুহা, সুড়ঙ্গ, নদী ইত্যাদির) মুখ।

mouth[2] [মাউদ্] *vt,vi* ১ নিঃশব্দে কেবল চোয়াল নেড়ে কথা বলা। ২ সাড়ম্বরে/সদম্ভে উচ্চারণ করা। ৩ (খাদ্য) মুখে নেওয়া; মুখ লাগানো।

mov·able ['মূভাব্‌ল্] *adj* ১ নড়ানো চড়ানো যায় এমন; চালনীয়; (সম্পত্তি সম্বন্ধে) অস্থাবর। দ্র. portable. ২ তারিখ পরিবর্তিত হয় এমন: a ~ feast. □*n pl* অস্থাবর সম্পত্তি বা গৃহোপকরণ।

move[1] [মূভ্] *n* [C] ১ স্থান বা অবস্থানের পরিবর্তন; (দাবা ইত্যাদি খেলায়) চাল দান। ২ কোনো উদ্দেশ্যসিদ্ধির জন্য যা করা উচিত বা করা হয়; পদক্ষেপ; উদ্‌যোগ: We are watching his next ~. ৩ **on the ~** সঞ্চরমান; সঞ্চরিষ্ণু: The gypsies are on the ~. **make a ~** (ক) অন্যত্র গমন করা; ওঠা। (খ) কর্মতৎপর হওয়া; উদ্‌যোগী হওয়া। **get a ~ on** (অপ.) তাড়াতাড়ি/তাড়াহুড়াকরা।

move[2] [মূভ্] *vt,vi* ১ নড়া বা নড়ানো; সরা বা সরানো; আন্দোলিত হওয়া বা করা; (দাবা ইত্যাদি খেলায়) চাল দেওয়া। **~ heaven and earth** যথাসাধ্য করা; (কিছু করার জন্য) স্বর্গমর্ত্য তোলপাড় করা। ২ **~ (house)** বাড়ি বদল করা; নিজের আসবাবপত্র অন্য বাড়িতে নিয়ে যাওয়া। **~ in** নতুন বাড়িতে ওঠা। **~ in** বাড়ি ছেড়ে দেওয়া। ৩ **~ on** অন্য স্থান বা অবস্থানে সরে যাওয়া (যেমন পুলিশের হুকুমে); আগ বাড়ানো। **~ sb on** আদেশ বলে কাউকে সরিয়ে দেওয়া; অগ্রসর করানো; আগ বাড়ানো। **~ along/down/up** অন্যদের যায়গা করে দেবার জন্য সামনে/নীচে/উপরে এগিয়ে যাওয়া। ৪ বিচলিত/ অভিভূত/বিহ্বল করা: a moving sight, মর্মস্পর্শী/মর্মন্তুদ দৃশ্য। ৫ (কিছু করতে) উদ্বুদ্ধ/ উৎসাহিত করা: The entreaties ~ed him to offer his help; the moving spirit in an enterprise, প্রাণপুরুষ। ৬ (আলোচনা ও মীমাংসার জন্য) প্রস্তাব করা। দ্র. motion (৩). ৭ **~ for** আনুষ্ঠানিকভাবে আবেদন করা। ৮ এগিয়ে চলা; অগ্রসর হওয়া। ৯ উদ্‌যোগ/পদক্ষেপ নেওয়া; ব্যবস্থা গ্রহণ করা: I asked him to ~ in the matter. ১০ জীবনযাপন করা; সময় কাটানো; চলাফেরা করা: ~ in the highest society. ১১ (কোষ্ঠ) পরিষ্কার/ খালি করা; (কোষ্ঠ সম্বন্ধে) পরিষ্কার/ খালি হওয়া।

move·ment ['মূভ্‌মান্ট্] *n* ১ গতি; গতিময়তা; বিচলন; গতিচাঞ্চল্য; কর্মচাঞ্চল্য; গতিশীলতা: without ~, নিশ্চল। ২ [C] অবস্থান পরিবর্তন, বিশেষত সামরিক তৎপরতা; সৈন্যচালনা: a series of rapid ~s. ৩ যন্ত্র বা যন্ত্রকৌশলের সচল অংশ: the ~ of a clock or watch. ৪ [C] (রাজনৈতিক ইত্যাদি) আন্দোলন। **the 'Labour M~** সঙ্ঘবদ্ধ শ্রমিকগণ; শ্রমিক আন্দোলন। ৫ যে সব সাঙ্গীতিক রচনার (যেমন সিম্ফনি, সনাটা) নিজস্ব বৈশিষ্ট্যসূচক গঠনকৌশল আছে, তাদের প্রধান ভাগসমূহের যে কোনো একটি; গতিতরঙ্গ: the third ~ of the Fifth Symphony. ৬ [C] কোষ্ঠশুদ্ধি। ৭ [U] (স্টকের বাজার ইত্যাদিতে) কোনো পণ্যের জন্য কর্মচাঞ্চল্য: not much ~ in oil shares.

mov·er ['মূভা(র্)] *n* (বিশেষত) প্রস্তাবের উত্থাপক; প্রস্তাবক। **the prime ~** কোনো কিছু প্রবর্তনের প্রধান উদ্যোক্তা; প্রধান প্রবর্তক; চালকশক্তি।

movie ['মূভি] *n* (কথ্য) ১ চলচ্চিত্র। ২ **the ~s** প্রেক্ষাগৃহ; চলচ্চিত্রশিল্প: We rarely go to the ~s.

mow[1] [মৌ] *vt,vi* (*pt;* mowed, *pp* mown [মৌন্] বা mowed) ১ (ঘাস ইত্যাদি কাস্তে বা যন্ত্র দিয়ে) কাটা। ২ **mow down** ঘাসের মতো কাটা; কচুকাটা করা; প্রচুর সংখ্যায় হতাহত বা ধরাশায়ী করা: mown down by machine-gun fire. **mower** ['মৌআ(র্)] ঘাসুড়ে; ঘাসকাটা কল।

mow[2] [মৌ] *n* [C] খড়, বিচালি ইত্যাদির গাদা বা কুড়।

Mr ['মিস্‌টা(র্)] পুরুষের পারিবারিক নামের আগে যুক্ত খেতাব; জনাব; শ্রী: Mr (Norman) Jones.

Mrs ['মিসিজ্] বিবাহিত স্ত্রীলোকের পারিবারিক নামের আগে যুক্ত খেতাব; বেগম; শ্রীমতী: Mrs (Agatha) Jones; (আনুষ্ঠা.) Mrs Norman Jones.

Ms [মিজ্] বিবাহিতা বা অবিবাহিতা স্ত্রীলোকের পারিবারিক নামের আগে যুক্ত খেতাব: Ms (Rebecca) Williams.

much[1] [মাচ্] (more, most[1] দ্র. little) *adj,n* (অগণনীয় *sing nn* এর সঙ্গে ব্যবহৃত হয়। তুল. many যা *pl nn* এর সঙ্গে ব্যবহৃত হয়। নিছক হাঁ-সূচক বাক্যে প্রায়শ plenty (of), a lot (of), a large quantity (of), a good/great deal (of) ব্যবহার করা বিধেয়। M~ অনেক সময় বাক্যের কর্তা (বা কর্তার অংশ) হিসাবে এবং how, too, so বা as-এর সঙ্গে হাঁ-সূচক বাক্যে ব্যবহৃত হয়) বেশি; খুব বেশি; অনেক; অনেকটা; বড়ো/তেমন একটা; খুব একটা: We did not have ~ time for reading. M~ of what he heard was mere gossip. **come to ~**, দ্র. come (৩). **how ~** (ক) কতোটা; কী পরিমাণ; কতোখানি: How ~ money do you need ? (খ) কতো দাম; কতো: How ~ a metre is that cloth? **be up to ~** তেমন মূল্যবান কিছু হওয়া: His latest production is not up to ~. **not ~ of a** তেমন (ভালো) কিছু ... নয়: I'm not ~ of a musician. He's not ~ of a theatre-goer. থিয়েটারে বড়ো একটা যান না। **this/that ~** এতোটুকু; এইটুকু; এতোটা: I can do this ~ for you. **be too ~ for** সাধ্যের অতীত হওয়া; প্রতিযোগী হিসাবে ঢের বেশি শক্তিমান হওয়া: The boxing champion will be too ~ for you. **make ~ of** (ক) বোঝা: He didn't make ~ of the argument. (খ) গুরুত্ব দেওয়া; বড়ো করে দেখা; অতিরঞ্জিত করা: Please, don't make too ~ of his imprudent remark. **think ~ of** ভালো/উচ্চ ধারণা পোষণ করা: He does not think ~ of that painter. **as ~ (as)** ততোটা; সেই পরিমাণ: I thought as ~, আমিও তাই ভেবেছি; That is as ~ as to say that he is a swindler, তাকে জোচ্চোর বলার শামিল। **(with) not/without so ~ as** এমন কি ... না: He snatched the letter from me with not so ~ as a 'By your leave', আমার অনুমতির অপেক্ষামাত্র না করে। অপিচ দ্র. So[1] (৬) ভুক্তিতে so ~ (many), not so ~ as, so ~ so that, so ~ for.

much[2] [মাচ্] *adv* ১ (*def art*-এর পূর্বে বসে তারতম্য নির্দেশ করে) (চেয়ে) বেশ; অনেকটা; অধিকতর: I feel ~ better today. This shirt is ~ the best, বহুগুণে শ্রেষ্ঠ। **~ more/less** আরো বেশি/কম: It is hard to understand the subject, ~ more to comment on it, মন্তব্য করা তো দূরের কথা। ২ (passive *participles* এবং afraid প্রভৃতি *pred adjj*-কে বিশেষিত করে। তুল. very, যা passive ও present participles-কে বিশেষিত করে) অত্যন্ত; খুব; তেমন কিছু; বড় একটা: Does it matter ~ ? I don't like ice-cream ~. ৪ (বাক্যাংশে) **~ as** যদিও; যতোই: M~ as I liked him, ...; **~ the same** অনেকটা/প্রায় একই রকম: The condition of his health is ~ the same. **~ to** অনেক ... উৎপাদন করে: M~ to my surprise/regret etc, অত্যন্ত বিস্ময়/দুঃখ ইত্যাদির সঙ্গে...। **how ~** কতোটা; কতখানি: How ~ does he want to prossess this house ? দ্র. much[1]. **too ~** অত্যধিক; অতিমাত্রায় উঁচু করে: thing too ~ of oneself, অতি উচ্চ ধারণা পোষণ করা। **not so ~ X as Y** ততোটা ... না, যতোটা: Coffee does not so ~ stimulate appetite as depress it. **~·ness** (কেবলমাত্র এই কথ্য বাক্যাংশে) **~ of a ~ness** একই; প্রায় একরকম।

mu·ci·lage [ˈমিউসিলিজ্] *n* [U] (উদ্ভিদ, সামুদ্রিক শৈবাল ইত্যাদি থেকে প্রাপ্ত) বিভিন্ন ধরনের আঠা; গঁদ।

muck [মাক্] *n* [U] ১ পশুমল; গোবর; গোময়; সার। **ˈ~-heap** *n* গোবর-গাদা। **ˈ~-racker** *n* (সাধা. লাক্ষ.) যে ব্যক্তি সর্বদা কেলেঙ্কারি, দুর্নীতি ইত্যাদি খুঁজে বেড়ায়; মলানুসন্ধিৎসু। সুতরাং, **ˈ~-raking** *n* মলানুসন্ধিৎসা; মলঘাঁটা। ২ নোংরা; জঞ্জাল; মল; (কথ্য) যে কোনো নোংরা বা ন্যক্কারজনক বস্তু। **make a ~ of sth** (কথ্য) নোংরা করা; পণ্ড/ভণ্ডুল/তছনছ করা। □*vt,vi* ১ **~ sth (up)** পণ্ড/নয়ছয় করা। **~ about** (GB অপ.) অকাজ করা; অকাজে সময় নষ্ট করা; অকাজ করে বেড়ানো। ৩ **~ out** (আস্তাবল ইত্যাদি) সাফ করা। **~y** *adj* (-ier, -iest) নোংরা; পঙ্কিল; মলাবিষ্ট।

muckle [ˈমাকল্] *n* দ্র. mickle.

mu·cous [ˈমিউকাস্] *adj* শ্লেষ্মাবৎ; শ্লেষ্মল; শ্লৈষ্মিক (mucus দ্র.)। **the ~ membrane** নাক, মুখ ও খাদ্যনালীর ভিতরের আর্দ্র ত্বকের আবরণ; শ্লৈষ্মিক ঝিল্লি।

mu·cus [ˈমিউকাস্] *n* [U] শ্লৈষ্মিক ঝিল্লি থেকে নিঃসৃত আঠালো, পিচ্ছিল পদার্থ; অনুরূপ অন্য পিচ্ছিল পদার্থ; শ্লেষ্মা।

mud [মাড্] *n* [U] নরম ভেজা মাটি; কাদা; কর্দম। **throw/fling/sling mud at sb** কুৎসা করা; সুনামহানির চেষ্টা করা; কাদা ছোঁড়া। সুতরাং, **ˈmud-slinger** *n* অপবাদক; অকীর্তিকথক; পরিবাদক। **sb's name is mud** তার নাম কলঙ্কিত/কালিমালিপ্ত হয়েছে। **ˈmud-bath** *n* (বাত প্রভৃতি রোগের চিকিৎসা হিসাবে) নৈসর্গিক প্রস্রবণ থেকে উৎসারিত কাদায় স্নান; কর্দমস্নান। **ˈmud flat** *n* কর্দমাক্ত ভূমি, যা জোয়ারে সাগরের জলে ডুবে যায়, ভাঁটায় ভেসে ওঠে; কাদা-চর; কাক-চর। **ˈmud·guard** *n* (সাইকেল ইত্যাদির) চাকার ওপর কাদা ঠেকানোর জন্য উপবৃত্তাকার ঢাকনা। □*vt* (-dd-) কর্দমাক্ত করা; কাদায় লেপ্টানো। **muddy** *adj* (-ier, -iest) ১ কর্দমাক্ত; কাদা-ভরা; কর্দমপূর্ণ: muddy roads/shoes. ২ কাদার রঙের; কাদাটে; ঘোলা; ঘোলাটে: a muddy stream; a muddy skin; (লাক্ষ.) muddy ideas, ঘোলাটে/অস্বচ্ছ চিন্তা। □*vt* (*pt,pp* -died) কর্দমাক্ত বা ঘোলা করা।

muddle [ˈমাড্ল্] *vt,vi* ১ **~ (up)** বিশৃঙ্খল করা; তালগোল পাকানো; তছনছ করা; গোল পাকানো; গুলানো; জট পাকানো; গুলিয়ে দেওয়া: ~ a plan completely. **~ sth/sb up with sth/sb** (কথ্য) এক ব্যক্তি বা বস্তুর সঙ্গে অন্য ব্যক্তি বা বস্তুকে গুলিয়ে ফেলা; তফাত করতে না পারা। ২ **~ along/on** কোনো সুস্পষ্ট উদ্দেশ্য বা পরিকল্পনা ছাড়া বোকার মতো বা অসহায়ভাবে অগ্রসর হওয়া। **~ through** অদক্ষতা, নিজের সৃষ্ট প্রতিবন্ধকতা ইত্যাদি সত্ত্বেও কোনো আরব্ধ কর্ম সমাপ্ত করা। □*n* (সাধা. **a ~**) তালগোল; বিশৃঙ্খলা: A nice ~ you have made. **ˈ~-headed** *adj* অস্বচ্ছবুদ্ধি; জড়ধী; নির্বোধ।

muesli [ˈমিউজ্লি] *n* [U] অপক্ব খাদ্যশস্য, বাদাম, শুকনা ফল ইত্যাদি মিশিয়ে তৈরি প্রাতরাশবিশেষ।

mu·ez·zin [মুˈএজ্জিন্ US মিউ-] *n* মুয়াজ্জিন।

muff[1] [মাফ্] *n* হাত গরম রাখার জন্য সাধা. পশুর সলোম চামড়া দিয়ে তৈরি ভিতরে তুলার আস্তরণ দেওয়া দুমুখ-খোলা আবরণবিশেষ; পায়ের জন্য অনুরূপ আবরণ।

muff[2] [মাফ্] *vt* পণ্ড/মাটি করা; ধরতে না পারা: ~ a ball; ~ an easy catch.

muf·fin [ˈমাফিন্] *n* ছোট, হালকা, চেটালো গোলাকার কেকবিশেষ, যা সাধা. মাখন দিয়ে গরম গরম খাওয়া হয়।

muffle [ˈমাফ্ল্] *vt* ১ **~ up** উষ্ণতা বা সুরক্ষার জন্য আচ্ছাদিত করা; জড়ানো; ঢাকা: ~ oneself up well; ~ one's throat. ২ কাপড় ইত্যাদিতে জড়িয়ে (ঘণ্টা, ঢাক ইত্যাদির) শব্দকে চাপা দেওয়া: ~ the oars of a boat; ~d voices, চাপা গলা।

muf·fler ['মায়্ফ্লা(র্)] *n* ১ উষ্ণতার জন্য গলায় জড়াবার কাপড়, রুমাল ইত্যাদি; গলবন্ধ।

mufti ['মাফ্‌টি] *n* (সাধা. **in ~**) উর্দি পরার অধিকার আছে এমন কোনো ব্যক্তির (যেমন কোনো কর্মকর্তা বা সামরিক অফিসার) পরিধেয় সাদাসিধা, আটপৌরে পোশাক; মুফতি।

mug[1] [মাগ্] *n* ১ মগ: a ~ of milk; (অপ.) মুখ; মুখমণ্ডল; চোপা; থোঁতা।

mug[2] [মাগ্] *n* (অপ.) বোকারাম; যে ব্যক্তি সহজে প্রতারিত হয়; ভ্যাবা; হাবলা। **a 'mug's game** এমন কিছু যাতে লাভের কোনো সম্ভাবনা নেই।

mug[3] [মাগ্] *vt* (-gg-) **mug sth up** (কথ্য) (পরীক্ষা করা হবে এমন কোনো বিষয়ে) পাকা হয়ে ওঠা।

mug[4] [মাগ্] *vt* (-gg-) (কথ্য) (অন্ধকার গলি, লিফ্‌ট, নির্জন বারান্দা ইত্যাদি স্থানে) কারো উপর ঝাঁপিয়ে পড়ে সর্বস্ব লুণ্ঠন করা; ছিনতাই করা। **mug·ger** *n* ছিনতাইকারী; লুণ্ঠক; পথ–তস্কর। **mug·ging** *n* [U,C] ছিনতাই; লুণ্ঠন।

mug·gins ['মাগিন্‌জ্] *n* (কথ্য) বোকা; হাবা।

muggy ['মাগি] *adj* (-ier, -iest) (আবহাওয়া, দিন ইত্যাদি সম্বন্ধে) স্যাঁতসেঁতে ও উষ্ণ; ভাপসা, গুমসা। **muggi·ness** *n* গুমট; গুমসানি; ভাপসানি।

mug·wump ['মাগওয়াম্‌প্] *n* (US) হামবড়া/ আত্মাভিমানী/ দাম্ভিক লোক; আত্মগর্বী।

Mu·ham·mad [মা'হ্যামিড্] *n* (ইসলামের নবি) মুহম্মদ (সা.)। **~an** [-ড ন্] *n adj* মুসলিম। **Mu·ham·ma·dan·ism** [মা'হ্যামিডানিজ়াম্] *n* ইসলাম।

mu·latto [মিউ'ল্যাটৌ US মা'ল্যা] *n* (*pl* ~s, ~es [-টৌজ্] যার পিতামাতার একজন কৃষ্ণাঙ্গ, অপর জন শ্বেতাঙ্গ; বর্ণসঙ্কর।

mul·berry ['মাল্‌ব্রি US 'মালবেরি] *n* (*pl* -ries) [C] তুঁত; তুঁত গাছ; তুঁত ফল।

mulch [মাল্‌চ্] *n* [C] আর্দ্রতা রক্ষা, আগাছা অপনোদন ইত্যাদি উদ্দেশ্যে গাছ ও ঝোঁপের শিকড়ের উপর ছড়ানো বোদমাটি বা গলিত উদ্ভিজ্জপদার্থের অচ্ছাদন; বোদমাটির আস্তরণ। □*vt* বোদমাটিতে আস্তৃত করা।

mulct [মাল্‌ক্‌ট্] *vt* **~ (in/of)** (বিরল) জরিমানা করে শাস্তি/ধনদণ্ড দেওয়া; (কিছু) নিয়ে/কেটে নেওয়া: ~ a man £ 10; ~ a man in £ 10.

mule[1] [মিউল্] *n* ১ গাধা ও ঘোটকীর মিলনজাত সন্তান; খচ্চর, অশ্বতর। **as obstinate/stubborn as a ~** খচ্চরের মতো; ভয়ানক একগুঁয়ে বা গোঁয়ার। ২ (কথ্য) গোঁয়ার, গোঁয়ার গোবিন্দ। ৩ এক ধরনের চরকা। **mu·le·teer** [ˌমিউলা'টিআ(র্)] *n* খচ্চর–চালক। **mul·ish** [-লিশ্] *adj* একগুঁয়ে; গোঁয়ার; জেদি। **mu·lish·ly** *adv* খচ্চরের মতো; একগুঁয়েভাবে। **mu·lish·ness** *n* একগুঁয়েমি; গোঁয়ার্তুমি।

mule[2] [মিউল্] *n* চটি (জুতা)।

mull[1] [মাল্] চিনি, মশলা ইত্যাদি মিশিয়ে (মদ, বিয়ারের) গরম পানীয় তৈরি করা: ~ed claret.

mull[2] [মাল্] (স্কট.) (স্থাননামে) সমুদ্রোপরি অভিক্ষিপ্ত সৈকতাংশ; শৈলান্তরীপ: the M~ of Kintyre.

mull[3] [মাল্] **~ sth over; ~ over** ভেবে/চিন্তা করে দেখা; মনে মনে নাড়াচাড়া করা।

mul·lah ['মালা] *n* মুসলিম ধর্মবেত্তা; মোল্লা।

mul·lein ['মালিন্] *n* ধূসর লোমশ পাতা এবং ছোট ছোট হলুদ ফুলবিশিষ্ট কয়েক ধরনের উদ্ভিদ।

mul·let ['মালিট্] *n* খাদ্যরূপে ব্যবহৃত কয়েক ধরনের সামুদ্রিক মাছ, বিশেষত red ~ & grey ~.

mul·li·ga·tawny [ˌমালিগা'টো° নি] *n* **~ (soup)** (অনেক সময় ভাতমিশ্রিত) গুঁড়ামশলাযুক্ত ঘন স্যুপ–বিশেষ; মাল্লিগাটনি।

mul·lion ['মালিঅন্] *n* জানালার অংশসমূহের মধ্যে শিলানির্মিত খাড়া বিভাজক; বিভাজনশিলা। **~ed** ['মালিআন্‌ড্] *adj* খাড়া বিভাজকবিশিষ্ট।

multi- ['মাল্‌টি] *pref.* বহু ... বিশিষ্ট; যেমন ~-coloured, বহুবর্ণ; a ˌ~ˌmillio'naire, চল্লিশ লক্ষ বা তার অধিক অর্থ আছে এমন লোক; কোটিপতি; a ˌ~ ˌstage 'rocket, বহুস্তরবিশিষ্ট রকেট; a ˌ~ ˌracial 'country, বহুজাতিক দেশ।

multi·far·ious [ˌমাল্‌টি'ফ়েআরিআস্] *adj* নানাবিধ; বহুবিধ: ~ duties; বহুবিচিত্র। **~·ly** *adv* বহুবিচিত্র–ভাবে।

multi·form ['মাল্‌টিফ়োম্] *adj* বহুরূপ; বহুআকারবিশিষ্ট।

multi·lat·eral [ˌমাল্‌টিল্যাটার'ল্] *adj* বহুপাক্ষিক: ~ disarmament; ~ trade.

multi·lin·gual [ˌমাল্‌টি'লিঙগোয়াল্] *adj* ১ বহুভাষা ব্যবহার করে এমন; বহুভাষিক: a ~ country. ২ বহুভাষায় লিখিত বা মুদ্রিত; বহুভাষিক: ~ instruction sheets.

multi·lin·eal [ˌমাল্‌টি'লিনিআল্], **multi·lin·ear** [ˌমাল্‌টি'লিনিআ(র্)] *adjj* বহুরেখ।

multi·na·tional [ˌমালটি'ন্যাশ্‌নাল] *adj* বহুজাতিক। □*n* বহুজাতিক কোম্পানি।

multi·ped ['মাল্‌টিপেড্] *adj* বহুপদ প্রাণী।

multiple ['মাল্‌টিপ্‌ল্] *adj* বহু অংশ বা উপাদান–বিশিষ্ট; বহুধা;বহুবিধ: a man of ~ interests; a ~ shop/store, বহুশাখাবিশিষ্ট (দ্র. অধিকপ্রচলিত শব্দ chain store); a ~-unit train, স্বতন্ত্রভাবে চলনক্ষম অনেকগুলি কোচের সমন্বয়ে গঠিত। **~-'choice** *adj* (পরীক্ষার প্রশ্ন সম্বন্ধে) কয়েকটি সম্ভাব্য উত্তরসংবলিত, যার থেকে সঠিক উত্তরটি বেছে নিতে হবে; বহুবিকল্পযুক্ত। □*n* যে রাশিকে অন্য একটি রাশি দিয়ে ভাগ করলে ভাগশেষ থাকে না; গুণিতক: 24 is a ~ of 6. **least/lowest common ~** (সং. **LCM**) লঘিষ্ঠ সাধারণ গুণিতক (ল.সা.গু.)। দ্র. factor (১).

multi·plex ['মাল্‌টিপ্লেক্‌স্] *adj* বহু অংশ বা রূপবিশিষ্ট; বহু উপাদানবিশিষ্ট; বহুবিধ; বহুতর; যৌগিক।

multi·pli·ca·tion [ˌমাল্‌টিপ্‌লি'কেইশ্‌ন্] *n* ১ [U] গুণ; গুণন; পূরণ। **'~ table** গুণের নামতা। ২ [C] পূরণের দৃষ্টান্ত; গুণ: an easy ~.

multi·plic·ity [ˌমাল্‌টি'প্লিসাটি]*n* [U] সংখ্যাধিক্য; প্রাচুর্য; আধিক্য: a ~ of duties, বহুসংখ্যক/অসংখ্য দায়িত্ব।

multi·ply ['মাল্‌টিপ্লাই] *vt,vi* (*pt,pp* -lied) ১ **~ sth by sth** গুণ/পূরণ করা। ২ বহুসংখ্যায় উৎপন্ন করা; সংখ্যাবৃদ্ধি করা: ~ instances. ৩ বংশবৃদ্ধি করা।

multi-storied, -storeyed [ˌমালটি'স্টো° রিড্] *adj* বহুতলবিশিষ্ট; বহুতল।

multi·tude ['মাল্‌টিটিউড্ US –টূড্] *n* ১ [C] বিপুল সংখ্যা (বিশেষত সমবেত মানুষ সম্বন্ধে); সমুচ্চয়; নিচয়; নিকর। ২ **the ~** জনতা; জনসাধারণ। ৩ [U] সংখ্যাধিক্য; পুঞ্জ; রাশি: like the stars in ~. **multi·tud·in·ous** [ˌমাল্‌টিটিউডিনাস্ US –টূডানাস্] *adj* বিপুলসংখ্যক; অগণিত।

mum[1] [মাম্] *int,n* চুপ! মুখ খুলবেন না! **Mum's the word!** একদম চুপ! টু শব্দটি করবেন না। □*adv* **keep mum** মৌন থাকা; চুপ করে থাকা।

mum[2] [মাম্] *n* (কথ্য) মা।

mumble [মাম্ব্ল্] *vt,vi* ১ অস্ফুট বা অস্পষ্টভাবে কিছু বলা; মিন মিন করা। ২ দন্তহীন মাড়ি দিয়ে চিবানোর মতো করে চিবানো বা কামড়ানো।

mumbo-jumbo [ˌমাম্বৌ ˈজাম্বৌ] *n* অর্থহীন বা দুর্বোধ্য আচার–অনুষ্ঠান; আগড়–বাগড়; আবোল–তাবোল।

mum·mer [ˈমামা(র্)] *n* এক ধরনের প্রাচীন মূক নাটকের অভিনেতা; মূকাভিনেতা। **~y** *n* (*pl* -ries) [e] মূক নাটকে অভিনয়; মূকাভিনয়। [U,C] (বিশেষত ধর্মীয়) নির্বোধ, অপ্রয়োজনীয় অনুষ্ঠান; বোবা নাটক।

mum·mify [ˈমামিফ়াই] *vt* (*pt,pp* -fied) (মৃত–দেহকে) সুগন্ধ প্রলেপাদি প্রয়োগে সংরক্ষণ করা; মমি করা; বিশুষ্ক করা। **mum·mi·fi·ca·tion** [ˌমামিফ়িকেইশ্ন্] *n* মমীকরণ।

mummy[1] [ˈমামি] *n* (*pl* -mies) ১ সমাহিত করার জন্য মমি করা মানব বা প্রাণী–দেহ; মমি। ২ ক্ষয় থেকে সংরক্ষিত শুষ্ক দেহ; মমি।

mummy[2] [ˈমামি] *n* (*pl* -mies) (প্রধানত শিশুর বুলিতে) মা।

mumps [মাম্প্স্] *n* (*sing v* –সহ) গলায় বেদনাদায়ক স্ফীতিযুক্ত ছোঁয়াচে রোগবিশেষ; পনসিকা।

munch [মান্চ্] *vt,vi* কচকচ/কড়মড় করে চিবানো।

mun·dane [মান্ডেইন্] *adj* ১ জাগতিক, পার্থিব, ইহলৌকিক (আধ্যাত্মিক বা স্বর্গীয়ের বিপরীত)। ২ নীরস; নিরানন্দ; বিস্বাদ; সাধারণ; মামুলি; গতানুগতিক: ~ occupations/speeches. **~·ly** *adv* জাগতিকভাবে; গতানুগতিকভাবে।

mu·nici·pal [মিউˈনিসিপ্ল্] *adj* স্বায়ত্তশাসিত শহর বা নগরসম্বন্ধী; পৌর: ~ buildings, পৌরভবনসমূহ (যেমন নগরভবন, গণ–গ্রন্থাগার)। **~ly** [–প ˈলি] *adv.* **~·ity** [মিউˌনিসিˈপ্যালাটি] *n* (*pl* -ties) পৌরসভা; পৌরসঙ্ঘ।

mu·nifi·cent [মিউˈনিফ়িস্ন্ট্] *adj* (আনুষ্ঠা.) দানবীর; দানপতি; মহাপ্রাণ; (প্রদত্ত কোনো বস্তু সম্বন্ধে) পরিমাণে বিশাল কিংবা গুণগতভাবে অতুলনীয়। **~·ly** *adv* মুক্তহস্তে; উদারভাবে। **mu·nifi·cence** [–স্ন্স্] *n* [U] অপরিমিত দানশীলতা।

mu·ni·ments [ˈমিউনিমান্ট্স্] *n* (আইন.) স্বত্ব, বিশেষাধিকার ইত্যাদির প্রমাণস্বরূপ রক্ষিত দলিলপত্র; স্বত্বপ্রমাণ।

mu·ni·tion [ˈমিউˈনিশ্ন্] *n* (*pl*, তবে attrib হিসাবে নয়) সামরিক রসদ, বিশেষত কামান, গোলাবারুদ, বোমা ইত্যাদি যুদ্ধোপকরণ। □*vt* যুদ্ধোপকরণে সজ্জিত করা: no ~ a fort.

mural [ˈমিউআরাল] *adj* দেয়ালসম্বন্ধী; দেয়ালসদৃশ; দেয়ালস্থ: a ~ painting, প্রাচীরচিত্র। □*n* [C] প্রাচীরচিত্র; প্রাচীরাঙ্কন।

mur·der [মাড়া(র্)] *n* ১ [U,C] খুন; নরহত্যা: commit ~. **cry blue ~** (কথ্য) আতঙ্কে চিৎকার করা; পরিত্রাহি ডাক ছাড়া। **ˌM~ will ˈout** (প্রবাদ) খুন গোপন থাকে না। দ্র. homicide, manslaughter, regicide ইত্যাদি। ২ [U] অযৌক্তিক জীবনহানি (যেমন যুদ্ধে); খুন: That was sheer ~ in the name of justice. □*vt* ১ খুন করা। ২ দক্ষতা বা অভিজ্ঞতার অভাবে নষ্ট করা; পণ্ড করা: ~ a piece of music. **~er** *n* খুনি। **~·ess** [–রিস্] *n* স্ত্রীখুনি; হন্ত্রী। **~·ous** [ˈমাডরাস্] *adj* খুনসূচক; খুনের উদ্দেশ্যে পরিকল্পিত; জিঘাংসু; ঘাতক; রক্তপিপাসু: a ~ous-looking highwayman; a ~ous burst of fire. **~·ous·ly** *adv* খুনের উন্মাদনায়।

murk [মাক্] *n* [U] তমিস্র; গাঢ় অন্ধকার। **~y** *adj* (-ier, -iest) তমসাচ্ছন্ন; ঘোর অন্ধকার; তমিস্রনিবিড়: a ~y night; (অন্ধকার সম্বন্ধে) গাঢ়; ঘন। **~·ily** [–কিলি] *adv* তমোনিবিড়রূপে।

mur·mur [ˈমামা(র্)] *n* ১ গুঞ্জন; গুঞ্জরণ; মর্মর; ঝির ঝির (শব্দ); কুলুকুলু ধ্বনি: the ~ of bees in the garden; the ~ of a distant brook. ২ (কথাবার্তার) মৃদু গুঞ্জন: a ~ of conversation. ৩ অনুভূতির চাপা প্রকাশ; গুঞ্জন: a ~ of delight. They accepted the verdict without a ~, টু শব্দটি না করে □*vi,vt* ১ গুঞ্জন/কুলু কুলু করা: a ~ing brook. ২ ~ **(at/against)** অসন্তোষ জ্ঞাপন করা; গজগজ করা: ~ at injustice. ৩ বিড়বিড় করা: ~ a prayer.

murphy [ˈমাফ়ি] *n* (*pl* -phies) (অপ.) গোল আলু।

mur·rain [মারিন্] *n* ১ [U] গবাদি পশুর সংক্রামক রোগবিশেষ; খুড়াচাল; মড়ক। ২ (প্রা.প্র.) A ~ on you! নিপাত যাও; যমের বাড়ি যাও।

mus·ca·tel [ˌমাস্কাˈটেল্] *n* [U] কস্তুরিগন্ধ আঙুর থেকে তৈরি দামি মিষ্টি মদবিশেষ; মাস্কাটেল।

muscle [ˈমাস্ল্] *n* [C,U] পেশি; মাংসপেশি। **ˈ~-man** [–ম্যান] *n* (*pl* -men) দৃঢ়গঠিত পেশিসম্পন্ন মানুষ; শক্তিধর পুরুষ; পেশিপুরুষ। **ˈ~-bound** *adj* অতি–প্রশিক্ষণ বা অতিরিক্ত ব্যায়ামের ফলে দড়ি–পাকানো; পেশিবলয়িত। □*vt* ~ **ˈin (on sth)** (কথ্য) (সুবিধাজনক বিবেচনা করে কোনো কিছুর) অংশলাভের জন্য বল প্রয়োগ করা।

Mus·co·vite [ˈমাস্কভাইট] *n,adj* মস্কোসম্বন্ধী; মস্কোবাসী।

mus·cu·lar [ˈমাস্কিউল(র্)] *adj* ১ পেশিসম্বন্ধী: ~ tissue, পেশিকোষ; ~ rheumatism. ২ পেশিবহুল।

muse[1] [মিউজ্] *n* ১ **the M~s** (গ্রি. পুরাণ) কাব্য, সঙ্গীত, নৃত্য, ইতিহাস এবং অন্যান্য বিদ্যার সংরক্ষয়িত্রী ও উৎসাহদাত্রী জিউস–কন্যা নয় দেবী; কলালক্ষ্মীগণ। ২ **the M~** কাব্যলক্ষ্মী; কবি–প্রতিভা।

muse[2] [মিউজ্] *vi* ~ **(over/on/upon)** গভীরভাবে বা তন্ময় হয়ে ভাবা/চিন্তা করা; ধ্যান করা: musing over memories of the past. **mus·ing·ly** *adv* তন্ময় হয়ে; ধ্যানযোগে; স্বপ্নাচ্ছন্নভাবে।

mu·seum [মিউˈজিঅম্] *n* প্রদর্শশালা; জাদুঘর। **aˈ~ piece** প্রদর্শশালায় সংরক্ষণযোগ্য উৎকৃষ্ট নমুনা; (লাক্ষ.) সেকেলে বস্তু বা ব্যক্তি; জাদুঘরের সামগ্রী।

mush [মাশ্] *n* [U] নরম, ঘন মিশ্রণ বা পিণ্ড; মণ্ড; (US) ভুট্টার জাউ। **~y** *adj* মণ্ডবৎ; থকথকে; (কথ্য) ভাবকোমল; ভাবালু; ছিচকাঁদুনে।

mush·room [ˈমাশ্রুম US –রূম্] *n* ব্যাঙের ছাতা; ছত্রাক; ছত্রক; কোঁড়ক; করক; শিলীন্ধ্র: (attrib) the ~ (= দ্রুত) growth of English medium schools. The ~ cloud of a nuclear explosion. □*vt* ১ **go ~ing** ছত্রাক কুড়োতে মাঠে যাওয়া। ২ দ্রুত বৃদ্ধি পাওয়া বা বিস্তৃত হওয়া: Private clinics are ~ing in the city.

mu·sic [ˈমিউজ়িক্] *n* [U] সঙ্গীত; গীতবাদ্য: (attrib) a ~ lesson/teacher, সঙ্গীত–পাঠ/সঙ্গীতশিক্ষক। **face the music** সমালোচকদের মোকাবেলা করা; সাহসের সঙ্গে বিপদ–বাধার মুখোমুখি হওয়া। **set/put sth to ~** (কবিতা ইত্যাদিতে) সুর সংযোজন করা। **ˈ~-box** *n* = (US) musical-box, দ্র. musical. **ˈ~-hall** *n* (GB)

বিচিত্রানুষ্ঠানের (যেমন গান, শারীরিক কসরত, হাত সাফাই) জন্য ব্যবহৃত হল বা রঙ্গালয়; রঙ্গশালা। দ্র. concert[1] (১) ভুক্তিতে concert-hall. ˈ**~-stand** *n* মুদ্রিত স্বরলিপি ধরে রাখার জন্য (সাধা. ভাঁজ করা যায় এমন) হালকা কাঠামো; সঙ্গীত–পীঠিকা। ˈ**~-stool** *n* পিয়ানো বাজাবার সময়ে ব্যবহৃত (সাধা. উচ্চতা মিলিয়ে নেওয়া যায় এমন) হেলানবিহীন আসন; বাজনার টুল।

mu·si·cal [মিউজ়িকল্] *adj* সাঙ্গীতিক; সঙ্গীতধর্মী; সঙ্গীতপ্রিয়; সঙ্গীতামোদী; সুরেলা: ~ instruments; a ~ nation. ˈ**~-box** *n* খুললেই একটা সুর ঝঙ্কৃত হয়ে ওঠে, এমন যান্ত্রিক কৌশলযুক্ত বাক্স; বাদ্য–বাক্স ˌ**~**ˈ**chairs** সঙ্গীতের তালে তালে আসন গ্রহণের খেলা। খেলোয়াড়দের চেয়ে চেয়ারের সংখ্যা একটি কম বলে প্রত্যেকবার বাজনা থামলেই একজন করে খেলোয়াড় আসন গ্রহণে ব্যর্থ হয় এবং খেলা থেকে বাদ পড়ে; সাঙ্গীতিক আসন। ˌ**~** ˈ**comedy** নৃত্যগীত প্রধান হালকা সরস নাটক; সঙ্গীত–নাট্য। □*n* [C] ১ সঙ্গীতনাট্য। ২ যে ছায়াছবিতে গান একটি অপরিহার্য অঙ্গ; গীতিপ্রধান চলচিত্রে। **~ly** [-কলি] *adv* সাঙ্গীতিকভাবে।

mu·si·cian [মিউজ়িশ্ন্] *n* সঙ্গীত; সঙ্গীতবিশারদ; সুরস্রষ্টা; সুরকার। **~·ship** *n* [U] সঙ্গীতনৈপুণ্য।

musk [ˌমাস্ক্] *n* [U] ১ কস্তুরি; মৃগনাভি; মৃগমদ। ˈ**~-deer** *n* মধ্য এশিয়ার শিংবিহীন ছোট হরিণবিশেষ; কস্তুরিমৃগ। ˈ**~-rat** (কিংবা musquash) *n* উত্তর আমেরিকার বৃহৎ ইঁদুরসদৃশ জলচর প্রাণী, যার লোমশ চামড়া মূল্যবান; গন্ধমূষিক। ˈ**~ melon** *n* মিষ্টি রসালো তরমুজবিশেষ। ˈ**~ rose** *n* বড়ো বড়ো সুগন্ধি পুষ্পবিশিষ্ট লতানো গোলাপ; কস্তুরি–গোলাপ। **~y** *adj* (-ier, iest) কস্তুরির গন্ধবিশিষ্ট; কস্তুরিগন্ধ।

mus·ket [ˈমাস্কিট্] *n* (১৬ থেকে ১৯ শতকে) পদাতিক সৈনিকদের ব্যবহৃত গাদাবন্দুকবিশেষ; তবক। **~·eer** [ˌমাস্কিটিআ(র্)] *n* উক্ত বন্দুকসজ্জিত সৈনিক; তবকি। **~ry** *n* [U] ১ রাইফেলে গুলিচালনা; রাইফেলে গুলিচালনার বিদ্যা/প্রশিক্ষণ। ২ (প্রা.প্র.) তবকি বাহিনী।

Mus·lim [ˈমুজ়্লিম্ US ˈমা জ়ল্ম্] *n* মুসলিম; মুসলমান; (attrib) মুসলিম: ~ scientists.

mus·lin [ˈমাজ়্লিন্] *n* [U] ১ মিহি; সূক্ষ্ম সুতিবস্ত্রবিশেষ; মসলিন।

mus·quash [ˈমাস্কোয়শ্] *n* মাস্করাটের লোমশ চামড়া। দ্র. musk (১).

muss [মাস্] *n* (US) [U,C] বিশৃঙ্খলা; অব্যবস্থা; গোলযোগ; নৈরাজ্য; অরাজকতা; হাঙ্গামা। **~ (up)** অবিন্যস্ত/এলোমেলো করা: ~ up sb's hair.

mus·sel [ˈমাস্ল্] *n* দ্বিধাবিভক্ত কালো খোলসবিশিষ্ট বিভিন্ন ধরনের কম্বোজ (mollusc); ঝিনুক।

must[1] [মাস্ট্] *n* [U] গাজিয়ে মদে পরিণত করার আগে আঙুরের রস; দ্রাক্ষারস।

must[2] [দুর্বল রূপ: ম াস্ট্; জোরালো রূপ: মাস্ট্] *aux v,anom fin* (infinitive, participle বা inflected forms; ~ not –কে ~n't [ˈমাস্নট্] রূপে সংক্ষেপ করা যেতে পারে।) ১ (বাধ্যবাধকতা বা আবশ্যকতা প্রকাশক; ~ not নিষেধাত্মক। তুল. অনুজ্ঞাসূচক may এবং দায়নিরপেক্ষ need not. তুল. অতীত বাধ্যবাধকতা বোঝাতে had to এবং ভবিষ্যৎ বাধ্যবাধকতা বোঝাতে shall/will have to–এর ব্যবহার) বাংলায় প্রায়শ –তে প্রত্যয়ান্ত অসমাপিকা ক্রিয়া + হবে এই অর্থ প্রকাশ করে: ~ pay her. ক: M~ you leave so soon ? খ: Yes, I ~, কিংবা No, I needn't. ২ (= had to, অতীতে কোনো এক সময়ের অপরিহার্যতা নির্দেশক): He said he ~ have a shawl for winter; As he had lost his pen, he agreed that he ~ buy a new one. ৩ (আবশ্যকতার উপর অপেক্ষাকৃত কম জোর দিয়ে; কাঙ্ক্ষিত বা বিবেচনাসম্মত বোঝাতে) I ~ ask you not to make similar mistakes. ৪ (নিশ্চয়াত্মক): All men ~ die. ৫ (প্রবল সম্ভাব্যতাসূচক): You ~ be very tired after a long journey. ৬ (অশুভ বা অবাঞ্ছিত কোনো ঘটনা নির্দেশ করতে): He ~ come and disturb me when I am busy with my assignments. □*n* (কথ্য) অত্যাবশ্যক কিছু: This book is a ~ for everybody, অবশ্যপাঠ্য।

must[3] [মাস্ট্] *n* হাতি বা উটের মারাত্মক ক্ষিপ্ততা; মদমত্ততা।

mus·tache [ˈমাস্ট্যাশ্] *n* (US) = moustache.

mus·tachio [মাˈস্টা:শিউ US ˈস্ট্যাশিউ] *n* (*pl* -s [-শিউজ়্] (সাধা. দীর্ঘ লোমযুক্ত) মোটা গোঁফ।

mus·tang [ˈমাস্ট্যাঙ্] *n* আমেরিকান সমতলভূমির বন্য বা প্রায়–বন্য ছোট ঘোড়াবিশেষ; মাস্ট্যাং।

mus·tard [ˈমাস্টাড্] *n* [U] ১ সরিষা; সর্ষপ; রাইসরিষা; রাজিকা। ২ সর্ষের গুঁড়া; সর্ষের চাটনি বা সস। ˈ**~ gas** (প্রথম বিশ্বযুদ্ধে ব্যবহৃত) বাষ্পযুক্ত তরল বিষবিশেষ, এর বাষ্পের সংস্পর্শে চামড়া পুড়ে যায়; সর্ষপ–গ্যাস। **as keen as ~** অতি তীব্র। **grain of** ˈ**~ seed** অতি বৃহৎ কিছুতে পরিণত হওয়ার যোগ্যতা–সম্পন্ন অতি ক্ষুদ্র কিছু; সর্ষেদানা। দ্র. Matt ১৩:৩১।

mus·ter [ˈমাস্টা(র্)] *n* (বিশেষত পরিদর্শনের উদ্দেশ্যে) সমাবেশ। **pass ~** সন্তোষজনক বিবেচিত হওয়া; (পরীক্ষায়) উৎরানো। □*vt,vi* **~ (up)** একত্র বা এক জায়গায় ডাকা, সংগ্রহ বা জড়ো করা: He ~ed (up) all his courage to face the general.

musty [ˈমাস্টি] *adj* ১ (-ier, -iest) বাসি; পর্যুসিত; ছাতাপড়া; ছেতো; ছাতার গন্ধযুক্ত: ~ book। ২ (লাক্ষ.) সেকেলে; বস্তাপচা; বাসি: a professor with ~ ideas. **musti·ness** [ˈমাস্টিনিস্] *n* ছাতার গন্ধ; বাসিভাব।

mu·table [ˈমিউটাব্ল্] *adj* পরিবর্তনশীল; বিকারযোগ্য; বিকারী। **mu·ta·bil·ity** [ˌমিউটাˈবিলাটি] *n* পরিবর্তনশীলতা; বিকার্যতা।

mu·ta·tion [মিউˈটেইশ্ন্] *n* [U,C] পরিব্যক্তি; পরিবৃত্তি; বিকার; রূপান্তর।

mu·ta·tis mu·tan·dis [মুˌটা:টিস্ মূট্যান্ডিস্] *adv* (লা.) (বিভিন্ন দৃষ্টান্তের তুলনার সময়) প্রয়োজনীয় পরিবর্তন–পরিযোজনপূর্বক।

mute [মিউট্] *adj* ১ নীরব; নিঃশব্দ; শব্দহীন: staring at ~ amazement. ২ (ব্যক্তি সম্বন্ধে) মূক; বোকা; বাকশক্তিহীন। ৩ (শব্দ মধ্যস্থ বর্ণ সম্বন্ধে) অনুচ্চারিত; বোঝা: The 'l' in 'psalm' in ~. □*n* ১ বোঝা। ২ তারের বাদ্যযন্ত্রের আওয়াজ কোমল করার জন্য ব্যবহৃত হাড় বা ধাতুর টুকরা; একই উদ্দেশ্যে শুষিরযন্ত্রের মুখে রক্ষিত প্যাড; ঠেশ। □*vt* (বিশেষত বাদ্যযন্ত্রের) শব্দরোধ করা; শব্দ ভোঁতা করা। **~·ly** *adv* নীরবে, নিঃশব্দে ইত্যাদি।

mu·ti·late [ˈমিউটিলেইট্] *vt* অপরিহার্য কোনো অংশ ভেঙে, ছিঁড়ে বা কেটে ক্ষতিগ্রস্ত করা; অঙ্গহানি করা; বিকলাঙ্গ/ হীনাঙ্গ করা। **mu·ti·la·tion** [ˌমিউটি-ˈলেইশ্ন্] *n* [U,C] অঙ্গহানি; অঙ্গচ্ছেদ।

mu·ti·nous [ˈমিউটিনাস্] *adj* বিদ্রোহী; বিদ্রোহলিপ্সু; বিদ্রোহীসুলভ; বিদ্রোহাত্মক: ~ soldiers; ~ behaviour.

mu·tiny [ˈমিউটিনি] *n* (*pl* -nies) [U,C] (বিশেষত সৈনিক ও নাবিক সম্বন্ধে) বিদ্রোহ; অভিদ্রোহ; বৈধ কর্তৃপক্ষের বিরুদ্ধে অভ্যুত্থান। □*vi* ~ **(against)** অভিদ্রোহ/ বিদ্রোহ করা। **mu·tin·eer** [ˌমিউটিনিআ(র্)] *n* অভিদ্রোহী; বিদ্রোহী।

mutt [মাট্] *n* (অপ.) ১ অজ্ঞ আনাড়ি লোক; গাড়ল। ২ দো-আঁশলা কুকুর।

mut·ter [ˈমাটা(র্)] *vi,vt* বিড়বিড় করে বলা; (অসন্তোষভরে) গজগজ/ বিড়বিড় করা। □*n* বিড়বিড়; বিড়বিড়ানি; গজগজ; গজর গজর। **~er** *n* যে ব্যক্তি বিড়বিড় করে।

mut·ton [ˈমাট্‌ন্] *n* [U] পূর্ণবয়স্ক ভেড়ার মাংস; মেষমাংস। **as dead as ~** সম্পূর্ণ মৃত। **~ dressed as lamb** যুবকের সাজে সজ্জিত বৃদ্ধ। ˈ**~-head** *n* (কথ্য) বোকাপাঁঠা।

mu·tual [ˈমিউচুআল্] *adj* ১ পারস্পরিক: ~ love/respect; ~ suspicion. ২ একে অপরের; পরস্পর: ~ enemies/well-wishers. **~ funds** (US) = unit trusts দ্র.। **a** ˌ**~ in**ˈ**surance** **চওমপঅনি** যে কোম্পানিতে কিয়দংশ বা সমুদয় লাভ বিমাগ্রহীতাদের মধ্যে ভাগ করে দেওয়া হয়; পারস্পরিক বিমা কোম্পানি। ৩ দুই বা ততোধিক ব্যক্তির মধ্যে সাধারণ; পারস্পরিক: our ~ friend Johnson. **~ly** [-চুআলি] *adv* পারস্পরিকভাবে।

muzhik [ˌমূজিক্] *n* রুশ কৃষক।

muzzle [ˈমাজ্‌ল্] *n* ১ পশুর নাকমুখ; ঘোণা; জালতি; মুখোশ। ২ আগ্নেয়াস্ত্রের মুখ: a ~-loading gun. ˈ**~-velocity** কামান ইত্যাদির মুখ থেকে নিক্ষিপ্ত হওয়ার সময়ে গোলা ইত্যাদির বেগ; প্রস্থান বেগ। দ্র. breech. □*vt* জালতি পরানো; (লাক্ষ.) (ব্যক্তি, সমাজ, সংবাদপত্র ইত্যাদির) স্বাধীন মতামত প্রকাশে বাধা দেওয়া; মুখ বন্ধ করা।

muzzy [ˈমাজি] *adj* (-ier, -iest) ১ হতভম্ব; ভ্যাবাচাকা; ভ্যাবড়া; নির্জীব; বিহ্বল; মদ্যপানের কারণে লুপ্তবুদ্ধি। ২ অস্পষ্ট; ঝাপসা।

my [মাই] *poss adj* ১ আমার। ২ সম্বোধনের অংশরূপে: Yes, my lord. ৩ উৎক্রোশে: My God!

my·col·ogy [মাইˈকলাজি] *n* [U] ছত্রাকবিদ্যা।

my·el·itis [মাইআˈলাইটিস্] *n* (প্যাথ.) সুষুম্নাকাণ্ডের প্রদাহ।

my·na(h) [ˈমাইনা] *n* ˈ**~ (bird)** ময়না।

my·opia [মাইˈঔপিআ] *n* [U] খাটো দৃষ্টি; দৃষ্টি-ক্ষীণতা; অদূরদর্শিতা। **my·opic** [মাইˈঅপিক্] *adj* ক্ষীণদৃষ্টি; অদূরদর্শী।

myr·iad [ˈমিরিআড্] *n* [C] ~ **(of)** বিপুল/অগণ্য সংখ্যা।

myr·mi·dion [ˈমাডিডান্ US –ডন্] *n* (অবজ্ঞাসূচক বা কৌতুককর আখ্যা) বিনা প্রশ্নে আজ্ঞা পালনকারী; আজ্ঞাবহ; পালনকারী; আজ্ঞাবহ; সেবাদাস: ~s of the law, যেমন আদালতের পেয়াদা।

my·ro·balan [মাইরৌবালান্] *n* হরীতকী।

myrrh [মা(র্)] *n* [U] গুল্ম থেকে প্রাপ্ত তিক্তস্বাদের সুগন্ধ আঠাবিশেষ, যা ধূপ ও সুগন্ধদ্রব্য তৈরিতে ব্যবহৃত হয়; গন্ধরস।

myrtle [ˈমাট্‌ল্] *n* চকচকে পাতা এবং সুগন্ধি সাদা ফুলবিশিষ্ট বিভিন্ন ধরনের চিরহরিৎ গুল্ম; মুর্দ।

my·self [মাইˈসেলফ্] *pr on* (reflex ও emphat) আমি নিজে/স্বয়ং; নিজে নিজে।

mys·teri·ous [মিˈস্‌টিআরিআস্] *adj* রহস্যময়; রহস্যঘন; রহস্যপূর্ণ; রহস্যাবৃত; দুর্বোধ্য; গুহ্য; সঙ্গূঢ়। **~·ly** *adv* রহস্যজনকভাবে ইত্যাদি।

mys·tery [ˈমিস্‌টারি] *n* (*pl* -ries) ১ [C] রহস্য; রহস্যময় ব্যাপার: Who can value this ~? ২ [U] গুহ্যত্ব; অস্পষ্টতা; রহস্যময়তা: The origin of the universe is lost in ~. ৩ (*pl*) (প্রাচীন গ্রিক, রোমক প্রভৃতি জাতির) গুহ্য ধর্মানুষ্ঠান; গুহ্যাচার। ৪ [C] ˈ**~ (play)** যিশুখ্রিস্টের জীবনোপাখ্যানমূলক মধ্যযুগীয় নাটক।

mys·tic [মিস্‌টিক্] *adj* গূঢ় তাৎপর্যপূর্ণ বা আধ্যাত্মিক শক্তিসম্পন্ন; ভয় ও বিস্ময়-উদ্রেককর; অতীন্দ্রিয়; মরমি; মর্মী: ~ rites and ceremonies; ~ teachings. □*n* ঈশ্বরের সঙ্গে মিলনপ্রত্যাশী এবং এই মিলনের মাধ্যমে মানুষের বোধাতীত সত্যের সাক্ষাৎপ্রয়াসী ব্যক্তি; মরমি; মর্মী। **mys·ti·cal** [ˈমিস্‌টিক্‌ল্] *adj* = mystic.

mys·ti·cism [মিস্‌টিসিজ়াম্] *n* [U] মন-ও ইন্দ্রিয়নিরপেক্ষভাবে ধ্যান বা আধ্যাত্মিক অন্তর্দৃষ্টির মাধ্যমে ঈশ্বরজ্ঞান ও প্রকৃত সত্য লাভ করা যায় বলে বিশ্বাস এবং এতদ্‌বিষয়ক শিক্ষা; মরমিবাদ।

mys·tify [ˈমিস্‌টিফ়াই] *vt* (*pt,pp* -fied) হতবুদ্ধি বা বিহ্বল করা; ধাঁধা লাগানো; বিভ্রান্ত করা; ধোঁকা দেওয়া। **mys·ti·fi·ca·tion** [ˌমিস্‌টিফ়িˈকেইশ্‌ন্] *n* [U,C] রহস্যমণ্ডিতকরণ; বিভ্রান্ত বা বিমূঢ় অবস্থা।

mys·tique [মিˈসটীক্] *n* ১ অতীন্দ্রিয় ভক্তি ও শ্রদ্ধা থেকে উদ্ভূত কোনো ব্যক্তি বা প্রতিষ্ঠানের গূঢ় চরিত্র বা বৈশিষ্ট্য; গূঢ় মাহাত্ম্য: the ~ of the monarchy in Great Britain. ২ অপরকে দেওয়া যায় না এমন কোনো গুণ; যে দক্ষতা কেবলমাত্র কতিপয় অনুশীলনকারীর অধিকারভুক্ত; গূঢ় শক্তি।

myth [মিথ্] *n* ১ [C] প্রাচীন কাল থেকে পুরুষানুক্রমে প্রবহমান কাহিনী, বিশেষত কোনো জাতির আদি ইতিহাস সম্পৃক্ত বিশ্বাস ও ধারণা এবং নৈসর্গিক ঘটনাবলীর (যেমন ঋতুপর্যায়) ব্যাখ্যা; অতিকথা। ২ [U] উপরোক্ত কাহিনীর সমষ্টি; পুরাণ; অতিকথা। ৩ কাল্পনিক, উদ্ভাবিত বা বানোয়াট ব্যক্তি বা বস্তু; পুরাণকথা; রূপকথা: That ravishing beauty you are talking about, is she real or a ~? **~i·cal** [ˈমিথিক্‌ল্] *adj* ১ পৌরাণিক। ২ কাল্পনিক; কল্পিত; অলীক: ~ wealth.

myth·ol·ogy [মিˈথলাজি] *n* (*pl* -gies) ১ [U] পুরাণবিষয়ক বিদ্যা; পুরাণতত্ত্ব। ২ [U,C] সমষ্টিগতভাবে পৌরাণিক কাহিনীসমূহ; পুরাণসংগ্রহ; পুরাণ: Hindu ~. **myth·ol·ogist** [মিˈথলাজিস্‌ট্] *n* পুরাণবেত্তা। **mytho·logi·cal** [ˌমিথাˈলজিক্‌ল্] *adj* পৌরাণিক; অবাস্তব; অলীক।

myxo·ma·to·sis [ˌমিকসামাˈটৌসিস] *n* [U] খরগোশের মারাত্মক সংক্রামক রোগবিশেষ।

N n

N, n [এন্] (*pl* N's, n's [এন্‌জ্]) ইংরেজি বর্ণমালার ১৪তম বর্ণ।

nab [ন্যাব্] *vt* (-bb-) (কথ্য) অপরাধ করার সময়ে ধরে ফেলা; হাতে নাতে ধরা; গ্রেপ্তার করা।

na·celle [ন্যাˈসেল্] *n* বিমানপোতের ইনজিনের বাইরের আবরণ; খোল।

nacre [ˈনেইকা(র্)] *n* [U] ঝিনুকের খোলার অভ্যন্তরস্থ শক্ত; মসৃণ; চকচকে; রংধনু রঙের উপাদান—যা দিয়ে বোতাম, অলঙ্কার ইত্যাদি তৈরি হয়; শুক্তিপুট।

na·dir [ˈনেইডিআ(র্)] *n* ভূপৃষ্ঠে দণ্ডায়মান ব্যক্তির পায়ের সোজা নীচে ভূগোলকের অপর পৃষ্ঠের উপরিস্থিত আকাশবিন্দু; অধোবিন্দু; (লাক্ষ.) নিম্নতম বা দুর্বলতম বিন্দু: at the ~ of one's hopes. দ্র. Zenith.

nag[1] [ন্যাগ্] *n* (কথ্য) (সাধা. বুড়ো) ঘোড়া।

nag[2] [ন্যাগ্] *vt,vi* (-gg-) **nag (at) (sb)** অবিরাম খুঁত ধরা; খ্যাঁচ খ্যাঁচ করা: The old woman ~ged (at) her husband all day long. **nag·ger** *n* খ্যাচখেঁচে/খুঁতখুঁতে লোক।

naiad [ˈনাইঅ্যাড়] *n* (*pl* -s, es, [-ডী জ়্]) (গ্রি. পুরাণ) জলপরী।

nail [নেই ল্] *n* ১ নখ (ˈ**finger-~**) বা (ˈ**toe-~**). **fight tooth and nail** প্রাণপণ শক্তিতে লড়াই করা। ˈ**~·brush** *n* (নখ পরিষ্কার করার জন্য) নখ-মার্জনী। ˈ**~-file** নখ ঘষে মসৃণ করার জন্য ছোট চেপ্টা রেতি বা উখা। ˈ**~-scissors** *n* নখ ছাঁটার কাঁচি। ˈ**~-varnish/-polish** *n* নখরঞ্জনী। ২ পেরেক; গজাল; তারকাঁটা; কীলক। **drive a ~ into sb's coffin**, দ্র. coffin. **as hard as ~s** (ব্যক্তি সম্বন্ধে) (ক) নিখুঁত স্বাস্থ্যের অধিকারী। (খ) নির্মম; সহানুভূতিহীন; পাষাণহৃদয়। **hit the ~ on the head** মূল সমস্যাটি চিহ্নিত করা; আসল কথায় আসা। **right as ~s** একদম খাঁটি। **(right) on the ~** অবিলম্বে; তৎক্ষণাৎ। □*vt* ১ পেরেক দিয়ে আটকানো; পেরেক ঠোকা। **~ sb down (to sth)** (কোনো বিষয়ে) কারো আসল অভিপ্রায় প্রকাশে বাধ্য করা। **~ sth down** (গালিচা, আবরণ ইত্যাদি) পেরেক দিয়ে লাগানো। **~ sth up** (দরজা, জানালা ইত্যাদি) পেরেক ঠুকে শক্ত করে লাগানো। **~ one's colours to the mast,** দ্র. colour[1] (৮). **~ a lie (to the counter)** (বিবৃতি) মিথ্যা প্রমাণ করা। ২ (কোনো ব্যক্তি বা কারো মনোযোগ ইত্যাদি) ধরে রাখা; আটকে ফেলা: I ~ed him in the cafeteria.

nain·sook [ˈনেইন্সুক্] *n* [U] উৎকৃষ্ট সুতি বস্ত্রবিশেষ; নয়নসুখ।

naira [ˈনায়রা] *n* [C] নাইজেরীয় মুদ্রার একক = ১০০ কোবো; নায়রা।

naïve, naive [নাই ˈঈভ্] *adj* কথাবার্তা এবং আচরণে সাদাসিধা ও ছলাকলাহীন (যেমন অর্বাচীনতা ও অনভিজ্ঞতার দরুন) কৌতুকজনকভাবে সরল; কাঁচা। **~·ly** *adv* সরলভাবে। **~té** [-টেই], **~ty** [-টি] *n* [U] ছলাকলাহীনতা; ভড়ংশূন্যতা; [C] অকপট/ নির্ব্যাজ/কাঁচা মন্তব্য ইত্যাদি।

naked [ˈনেইকিড্] *adj* ১নগ্ন; ল্যাংটা; উলঙ্গ; বিবসন; বিবস্ত্র। ২ খোলা; উন্মুক্ত; খালি: a ~ sword, কোষমুক্ত তরবারি; fight with ~ fists, খালি হাতে (মুষ্টিযুদ্ধের দস্তানা ছাড়া); ~ trees, নিষ্পত্র গাছপালা; a ~ light, নিরাবরণ আলো। **see sth with the ~ eye** (যন্ত্রের সাহায্য ছাড়া) খালি চোখে দেখা। **the ~ truth** নিরাভরণ/নগ্ন/নির্ভেজাল সত্য। **~·ly** *n* নগ্নভাবে। **~·ness** *n* নগ্নতা।

namby-pamby [ˌন্যাম্বি ˈপ্যাম্বি] *adj* (ব্যক্তি, কথাবার্তা সম্বন্ধে) ভাব-গদ্গদ; হাস্যকরভাবে ভাবপ্রবণ/ ভাবালু/ ভাবালুতাপূর্ণ। □*n* ভাব-গদ্গদ ব্যক্তি।

name[1] [নেই ম্] *n* ১ নাম; আখ্যা; অভিধা; সংজ্ঞা। **in the ~ of** (ক) কর্তৃত্বের কথা মনে করে; অধিকার বলে; নামে: In the ~ of law... (খ) (সনির্বন্ধ অনুরোধ জ্ঞাপনে) কারণে; যুক্তিতে; নামে: In the ~ of common sense, ... **call sb ~s** গালি দেওয়া। **enter/put down one's ~ for** (বিদ্যালয়, কলেজ ইত্যাদিতে) (ভবিষ্যৎ কোনো সময়ে) ভর্তির জন্য দরখাস্ত করা; নাম লেখানো। **not have a penny to one's ~** কপর্দকশূন্য হওয়া। **lend one's ~ to** (কর্ম প্রচেষ্টাদির সমর্থনে বা অনুকূলে) নিজ নাম ব্যবহৃত হতে দেওয়া। **take sb's ~ in vain** (বিশেষত ঈশ্বরের) অশ্রদ্ধাসহকারে নামোচ্চারণ করা। ˈ**~·day** *n* খ্রিস্টধর্মে দীক্ষাদান করার সময়ে কাউকে যে সন্তের নাম দেওয়া হয়েছে, তাঁর উৎসবের দিন। ˈ**~·dropping** *n* তাক লাগাবার জন্য কথাচ্ছলে গুরুত্বপূর্ণ ব্যক্তিদের নামোল্লেখ করবার অভ্যাস। ˈ**~-drop** *vi* উপরোক্ত ধরনে কথাবার্তা বলা। ˈ**~·part** *n* নামভূমিকা। ˈ**~·plate** *n* নামফলক। ˈ**~·sake** *n* একই নামে অভিহিত ব্যক্তি বা বস্তু; একনামা। ২ (শুধু *sing*) সুনাম; খ্যাতি; সুখ্যাতি। **make/win a ~ for oneself** নাম করা; বিখ্যাত হওয়া। ৩ বিখ্যাত ব্যক্তি: the great ~s of history.

name[2] [নেই ম্] *vt* ১ **~ (after/(US) for)** (কারো নামে) নাম দেওয়া; নামকরণ করা। ২ নাম বলা: N~ the days of the week. ৩ (দাম ইত্যাদি) চাওয়া/বলা: N ~ your price. ৪ (কাঙ্ক্ষিত কিছু) উল্লেখ করা/বলা: Would you ~ the day, আপনার কাঙ্ক্ষিত দিন কোনটা; বলুন। ৫ **~ for** কোনো পদে মনোনীত/নিযুক্ত করা: He was ~d for the chairmanship.

name·less [ˈনেইম্লিস্] *adj* ১ নামহীন; অজ্ঞাতনামা; নাম-না-জানা; অজ্ঞাতপরিচয়: a well-known person who shall be ~, যার নাম অনুল্লিখিত থাকবে। ২ অকথ্য, এত খারাপ যে মুখে আনা যায় না; অবর্ণনীয়: ~ vices. ৩ অবর্ণনীয়: a ~ longing/horror.

name·ly [নেই ম্লি] *adv* অর্থাৎ; নামত; যথা।

nan·keen [ন্যান্ˈকীন্] *n* [U] আদিতে স্বাভাবিক হলুদ তুলা দিয়ে প্রস্তুত সুতি বস্ত্রবিশেষ; নানকিন।

nanny [ন্যানি] *n* (*pl* -nies) = nurse[1](১), আয়া।

nanny-goat [ˈন্যানি গৌট্] *n* বকরি; ছাগী। দ্র. billy-goat.

nap[1] [ন্যাপ্] *n* [C] (বিশেষত দিনের বেলায়) ঈষৎ নিদ্রা (যার জন্য শয্যা আবশ্যিক নয়)। □*vi* (-pp-) (বিরল) **catch sb ~ping** ঘুমন্ত অবস্থায় পাওয়া/ধরা; (ভুল করার সময়) অতর্কিতে/অপ্রস্তুত অবস্থায় ধরে ফেলা।

nap[2] [ন্যাপ্] *n* [U] সুতি বা পশমি কাপড়ের আঁশালো পিঠ।

nap[3] [ন্যাপ্] *n* (GB) তাসের এক ধরনের খেলা।

na·palm [ˈনেইপা:ম্] *n* [U] আগুনে বোমায় ব্যবহৃত জমাট-বাঁধা থকথকে পেট্রল; নাপাম।

nape [নেই প্] *n* ঘাড়; গ্রীবার পশ্চাৎ দিক।

naph·tha [ˈন্যাফ্থা] *n* [U] আলকাতরা ও পেট্রল থেকে উৎপন্ন দাহ্য তৈলবিশেষ; ন্যাফথা। **~·lene** [-লীন্] *n* [U] আলকাতরা ও পেট্রল থেকে তৈরি কড়া গন্ধযুক্ত পদার্থ যা রং তৈরিতে ব্যবহৃত হয় এবং কাপড় ইত্যাদি কীটমুক্ত রাখার জন্য সাদা গুলির আকারে ব্যবহার করা হয়; ন্যাপ্থ্যালিন।

nap·kin [ন্যাপ্‌কিন্] *n* [C] ১ (ˈ**table) ~** খাবার সময় পোশাক পরিচ্ছদ পরিচ্ছন্ন রাখা, ঠোঁট মোছা প্রভৃতি উদ্দেশ্যে ব্যবহৃত কাপড়ের টুকরাবিশেষ; ন্যাপকিন। ˈ**~-ring** *n* ব্যক্তিবিশেষের ন্যাপকিন ধারণ ও পৃথক করার জন্য আংটা। দ্র. serviette. ২ (US = diaper) (nappy অধিক প্রচলিত) মল শুষে নেওয়ার জন্য শিশুর পাছা ও দুই পায়ের মাঝখানে জড়িয়ে রাখা তোয়ালেবিশেষ; নক্তক।

Na·po·leonic [ন ˌপৌলি ˈঅনিক্] *adj* নাপোলেওঁ বোনাপার্তের (১৭৬৯-১৮২১) মতো বা তাঁর সম্পর্কিত; নাপোলেওনিক।

nappy [ˈন্যাপি] *n* (*pl* -pies) (GB কথ্য) = napkin (২).

nar·ciss·ism [ˈনা:সিসিজ়াম্] *n* [U] (মনো.) নিজের মধ্যে একান্ত অভিনিবিষ্টতা; আত্মরতি; আত্মকাম; স্বকাম।

nar·cissus [না: ˈসিসস্] *n* (*pl* -es [-সাসিজ়্] কিংবা -cissi [-সিসা ই]) কন্দজ উদ্ভিদবিশেষ (ড্যাফোডিল, জঙ্কুইল ইত্যাদি), বিশেষত বসন্তকালে যে জাতীয় গাছে কড়া গন্ধযুক্ত সাদা বা হলুদ ফুল ধরে; নার্গিস।

nar·co·lepsy [ˈনা:ক্‌লেপ্‌সি] *n* রোগবিশেষ, যার প্রধান লক্ষণ সাধা. স্বল্পকাল স্থায়ী নিদ্রার অপ্রতিরোধ্য আক্রমণ; নিদ্রারোগ।

nar·cotic [না: ˈকটিক্] *n,adj* মাদকদ্রব্য, যা নিদ্রা উৎপাদন করে, ইন্দ্রিয়বোধকে ভোঁতা করে দেয় এবং মাত্রাতিরিক্ত সেবনে সম্পূর্ণ অসাড়তা সৃষ্টি করে; মাদক: use of ~s by teenagers; a ~ drug. **nar·cosis** [না:ˈকৌসিস্] *n* মাদকদ্রব্য সেবনজনিত অসাড়তা/ অচৈতন্য।

nark[1] [না:ক্] *n* (GB অপ.) পুলিশের টোপ বা চর।

nark[2] [না:ক্] *vt* (GB অপ.) বিরক্ত করা; উত্যক্ত করা: feel ~ed at unjust criticism.

nar·rate [ন ˈরেইট্] *vt* কাহিনী বলা; বর্ণনা করা; বিবৃত করা: ~ one's adventures. **nar·rator** [-ট ˈ(রে)] *n* বর্ণনাকারী। **nar·ra·tion** [নˈরেইশ্‌ন্] *n* [U] বর্ণন; বর্ণনা; বিবরণ; কাহিনীকথন; [C] বৃত্তান্ত; গল্প।

nar·ra·tive [ˈন্যারাটিভ্] *n* ১ [C,U] গল্প; কাহিনী; বৃত্তান্ত; আখ্যান; আখ্যায়িকা; উপাখ্যান; গল্পকথন। ২ (attrib) আখ্যানমূলক: ~ literature, গল্প-উপন্যাস; ~ poems; a writer of great ~ power.

nar·row [ˈন্যারৌ] *adj* (-er, -est) ১ সঙ্কীর্ণ; অপ্রশস্ত; সরু; চাপা; চাপিল; অনায়ত: a ~ road. ২ ক্ষুদ্র; সীমাবদ্ধ: a ~ circle of friends; living in ~ circumstances, দারিদ্র্যের মধ্যে জীবনযাপন করা। ৩ অল্প; সামান্য: a ~ escape from death, অল্পের জন্য মৃত্যুর কবল থেকে নিষ্কৃতি; elected by a ~ majority, অল্প ব্যবধানে। **a ~ squeak** (কথ্য) অল্পের জন্য বাঁচোয়া। ৪ যথাযথ; পুঙ্খানুপুঙ্খ: a ~ search; in the ~est sense. ৫ অনুদার; সঙ্কীর্ণচেতা ক্ষুদ্রচেতা। ˌ**~-ˈminded** [ˈমাইন্‌ডিড্] *adj* সঙ্কীর্ণাত্মা; সঙ্কীর্ণচিত্ত। ˌ**~-ˈminded·ly** *adv* সঙ্কীর্ণ মনে। ˌ**~-ˈminded·ness** *n* সঙ্কীর্ণচিত্ততা। □*vt,vi* সঙ্কীর্ণ করা বা হওয়া। □*n* (সাধা. *pl*) প্রণালী; নদী বা গিরিপথের সঙ্কীর্ণ স্থান। **~·ly** *adv* ১ অল্পের/ সামান্যের জন্য: The boy ~ly escaped drowning. ২ খুঁটিয়ে খুঁটিয়ে; সতর্কতার সঙ্গে: I watched the man ~ly.

nar·whal [ˈনা:ওয়াল্] *n* দীর্ঘ পেঁচানো দন্তবিশিষ্ট সুমের দেশীয় তিমি।

na·sal [ˈনেইজ়্‌ল্] *adj* নাকসম্বন্ধী; নাসিক্য; নাসিকা: ~ sounds, নাসিক্যধ্বনি; ~ catarch, পীনস; a ~ douche. □*n* [C] নাসিক্য ধ্বনি। **~·ize** [ˈনেইজ়ালাইজ়্] *vt* আনুনাসিক করা; নাকি সুরে উচ্চারণ করা।

nascent [ˈন্যাসন্‌ট্] *adj* (আনুষ্ঠা.) জন্ম নিচ্ছে এমন; জায়মান; উৎপদ্যমান।

nas·tur·tium [ন ˈস্টাশাম্ US ন্যা-] *n* [C] লাল, কমলা বা হলুদ রঙের ফুল ও গোলাকার পাতাবিশিষ্ট উদ্যান-উদ্ভিদ: এর বীজ থেকে আচার তৈরি হতে পারে; গুলে লাদান।

nasty [ˈনা:স্‌টি US ˈন্যা] *adj* (-ier, -iest) ১ নোংরা; জঘন্য; অপ্রীতিকর; কদর্য: a ~ smell. ২ নৈতিক দিক থেকে নোংরা ও অপ্রীতিকর; গর্হিত; জঘন্য; অশ্লীল; কুৎসিত: a ~ mind; ~ stories. ৩ বিদ্বেষপূর্ণ; জঘন্য: a ~ temper. ৪ বিপজ্জনক; বিব্রতকর: a ~ situation. **nas·tily** [-টিলি] *adv* কদর্যভাবে ইত্যাদি। **nas·ti·ness** *n* কদর্যতা; গর্হ্যতা; জঘন্যতা।

na·tal [ˈনেইট্‌ল্] *adj* জন্মসংক্রান্ত; জন্মগত; সহজাত।

na·ta·tion [ন ˈটেইশ্‌ন্] *n* সন্তরণ।

na·tion [ˈনেইশ্‌ন্] *n* [C] একটি বিশেষ ভূখণ্ডে বসবাসকারী সাধা. এক-ভাষাভাষী এবং একটি রাজনৈতিক চারিত্র বা আশা-আকাঙ্ক্ষাবিশিষ্ট বৃহৎ জনগোষ্ঠী; জাতি। দ্র. state[1](২). ˌ**~-ˈwide** *adj,adv* সমগ্র জাতির উদ্দেশে; দেশব্যাপী; দেশ জুড়ে।

na·tion·al [ˈন্যাশ্‌নাল্] *adj* জাতীয়; জাতিগত; রাষ্ট্রীয়: a ~ theatre. ˌ**~ ˈanthem** জাতীয় সঙ্গীত। **the ˌN~ ˈDebt** রাষ্ট্রের সমগ্র ঋণ; জাতীয় ঋণ। ˌ**~ ˈmonument** (প্রায়শ সরকারের রক্ষণাবেক্ষণাধীন) ইতিহাস-প্রসিদ্ধ ইমারত, কীর্তি, স্থান ইত্যাদি; জাতীয় কীর্তিস্তম্ভ। ˌ**N~ ˈTrust** (GB) জাতির জন্য নৈসর্গিক সৌন্দর্যমণ্ডিত কিংবা ইতিহাস-প্রসিদ্ধ স্থান সংরক্ষণের জন্য ১৮৯৫ সনে গঠিত অছি ব্যবস্থা বা ন্যাস। **the ˌGrand ˈN~** ব্রিটেনে মার্চ মাসে অনুষ্ঠিত প্রধান ঘোড়দৌড় প্রতিযোগিতা। □*n* বিশেষ কোনো দেশের নাগরিক: an Italian ~. **~ly** [ন্যাশ্‌নালি] *adv* জাতীয়ভাবে।

na·tion·al·ism [ˈন্যাশ্‌নালিজ়াম্] *n* ১ নিজ জাতির প্রতি গভীর মমত্ববোধ; দেশাত্মবোধ, দেশের কল্যাণসাধক প্রযত্ন, নীতি ইত্যাদি; জাতীয়তাবাদ। ২ (পরাধীন দেশে) রাজনৈতিক/ অর্থনৈতিক মুক্তি আন্দোলন; জাতীয়তাবাদ।

na·tion·al·ist [ˈন্যাশ্‌নালিস্‌ট্] *n* জাতীয়তাবাদী: Bengali ~s. □*adj* (অপিচ **~ic** [ন্যাশ্‌ন ˈলিস্‌টিক্]) জাতীয়তাবাদী।

na·tion·al·ity [ˌন্যাশান্যালাটি] *n* (*pl* -ties) [C,U] জাতীয়তা।

na·tion·al·ize [ˈন্যাশ্‌নালাইজ়্] *vt* ১ ব্যক্তিমালিকানা থেকে রাষ্ট্রীয় মালিকানায় নেওয়া; রাষ্ট্রায়ত্ত করা। ২ (কোনো ব্যক্তিকে) জাতীয়তা দান করা: ~d Greeks in the US, নাগরিকত্বপ্রাপ্ত গ্রিক। ৩ (স্বাধীন) জাতিতে পরিণত করা: Bengalis were ~d in 1971, স্বাধীন জাতিতে পরিণত হয়। **na·tion·ali·zation** [ˌন্যাশ্‌নালাইˈজ়েইশ্‌ন্ US -লিজ়েই-] *n* রাষ্ট্রীয়করণ; রাষ্ট্রায়ত্তকরণ; জাতীয়করণ।

na·tive [ˈনেইটিভ্] *n* ১ কোনো স্থান বা দেশে জাত এবং জন্মসূত্রে সেখানকার সঙ্গে সম্পৃক্ত ব্যক্তি; জাতক: a ~ of Bangladesh/ Dhaka. ২ অন্য দেশ থেকে আগত

অভিবাসী, অতিথি, পর্যটক প্রভৃতি থেকে স্বতন্ত্রভাবে (বিশেষত সাংস্কৃতিক পার্থক্যহেতু) উক্তরূপ জাতক; দেশীয়; দেশোদ্ভব; আদিবাসী: the first meetings between Captain Cook and the ~s of Australia. **go ~** (অভিবাসী, পর্যটক প্রভৃতি সম্বন্ধে) ভিন্ন দেশ বা স্থানে বসবাস করে সেই দেশ বা স্থানের রীতিনীতি অবলম্বন করা; দেশাচারী হওয়া। ৩ কোনো বিশেষ এলাকার স্বাভাবিক প্রাণী বা উদ্ভিদ; দেশজ; সহজোৎপন্ন: The giraffe is a ~ of Africa. ৪ (GB) ব্রিটিশ জলসীমায়, বিশেষত কৃত্রিম খামারে, সম্পূর্ণ বা আংশিকভাবে লালিত ঝিনুক: Whistable ~s, □*adj* ১ জন্মের সঙ্গে সম্পর্কিত: ~ land, জন্মভূমি; ~ place, জন্মস্থান। ২ দেশীয়; স্থানীয়; দেশজ: ~ customs, দেশাচার। ৩ (গুণাগুণ সম্বন্ধে) সহজ; আজন্মসিদ্ধ; স্বভাবজ; স্বাভাবিক; নৈসর্গিক: ~ ability/ charm. ৪ **~ to** (প্রাণী, উদ্ভিদ ইত্যাদি সম্বন্ধে) আদিতে উদ্ভূত; প্রথমোৎপন্ন; দেশোদ্ভব: plants ~ to America (আলু, তামাক ইত্যাদি)। ৫ (ধাতু সম্বন্ধে) অবিমিশ্র অবস্থায় প্রাপ্ত; অকৃত্রিম: ~ gold.

na·tiv·ity [ন'টিভাটি] *n* (*pl* -ties) জন্ম বিশেষত যিশুর জন্ম **(the N~)**; জন্মগ্রহ; যিশুর জন্মবিষয়ক চিত্র; **a 'N~ Play** যিশুর জন্মবিষয়ক নাটক।

nat·ter ['ন্যাটা(র্)] *vi* (GB কথ্য) অনর্থক বক বক করা; অসন্তোষভরে গজগজ/বিড়বিড় করা।

natty ['ন্যাটি] *adj* (-ier, -iest) (কথ্য) ১ পরিপাটি; ছোট ও ছিমছাম; ফিটফাট। ২ ক্ষিপ্র ও দক্ষ; চটপটে। **nat·tily** [-টিলি] *adv* পরিপাটিভাবে ইত্যাদি।

natu·ral ['ন্যাচরাল্] *adj* ১ প্রকৃতিসম্বন্ধী; প্রাকৃতিক; নৈসর্গিক; স্বাভাবিক: **,~'forces/phe'nomena** প্রাকৃতিক শক্তি/নৈসর্গিক প্রপঞ্চ। **,~ 'gas** প্রাকৃতিক গ্যাস। **,~ 'history** উদ্ভিদবিদ্যা ও প্রাণিবিদ্যা; (পূর্বে) প্রাকৃতিক বিজ্ঞান। **,~ 'law** আচরণের সহজাত ও সর্বজনীন বলে বিবেচিত নিয়ম; প্রাকৃতিক বিধান। **,~ phi'losophy** পদার্থবিদ্যা কিংবা পদার্থবিদ্যা ও বলবিদ্যা (আগেকার দিনের রেওয়াজ অনুযায়ী); প্রাকৃতিক দর্শন। **,~ re'ligion** যুক্তিনির্ভর ধর্ম ও নীতিশাস্ত্র (ঐশী প্রত্যাদেশনির্ভর ধর্মের সঙ্গে বৈপরীত্যক্রমে); নৈসর্গিক ধর্ম। **,~ se'lection** পরিবেশের সঙ্গে খাপ খাওয়াবার ক্ষমতা বা অক্ষমতা অনুযায়ী প্রাণী ও উদ্ভিদ টিকে থাকে কিংবা লোপ পায়, বিবর্তনবাদের এই তত্ত্ব; প্রাকৃতিক নির্বাচন। ২ জীবন্ত বস্তুর স্বভাবের সঙ্গে সামঞ্জস্যপূর্ণ; স্বাভাবিক; সাংসিদ্ধিক; স্বভাবসিদ্ধ: ~ gifts/abilities. ৩ (ব্যক্তি সম্বন্ধে) স্বাভাবিক গুণাবলীবিশিষ্ট; স্বাভাবিক; সহজ; প্রকৃতিসিদ্ধ: He's a ~ diplomat; a ~ linguist, সহজে ভাষা শিখতে পারেন; It comes ~ to her, দ্র. come (১০). ৪ সাধারণ; প্রত্যাশিত; স্বাভাবিক: It is ~ for a duckling to swim; die a ~ death; sentenced to prison for the term of his ~ life, অর্থাৎ আমৃত্যু। ৫ সহজ; অকৃত্রিম; স্বাভাবিক; স্বভাবানুগত: ~ behaviour; speak in a ~ voice. ৬ (সঙ্গীত) কড়িও নয়, কোমলও নয়; স্বাভাবিক: B ~ (তুল. B sharp, B flat). ৭ (পুত্রকন্যা সম্বন্ধে) অবৈধ; জারজ; স্বভাবজ। □*n* ১ (সঙ্গীত) স্বাভাবিক সুর, যে সুর কড়িও নয় কোমলও নয়; সাঙ্কেতিক স্বরলিপিতে কোনো সুরের আগে (♮) চিহ্ন (স্বাভাবিক সুরনির্দেশক)। ২ সাধারণ ধীশক্তি নিয়ে জন্মেনি এমন ব্যক্তি; জড়ধী ব্যক্তি; অল্পমতি। ৩ (কথ্য) **a ~ for sth** স্বাভাবিকভাবে যোগ্য ব্যক্তি; সহজসিদ্ধ (ব্যক্তি): Do you consider him a ~ for the job?

natu·ral·ism ['ন্যাচ্‌রালিজ়াম্] *n* [U] ১ সাহিত্য ও শিল্পকলায় স্বভাবের প্রতি আনুগত্য; স্বভাবানুগভাবে অঙ্কন ও চিত্রণ; স্বভাববাদ; স্বাভাবিকতা। ২ (দর্শন) যে মতবাদ অতিপ্রাকৃত ও ঐশী প্রত্যাদেশকে অগ্রাহ্য করে এবং প্রাকৃতিক কারণ ও নিয়মাবলীকেই সকল প্রসঙ্গের ব্যাখ্যার জন্য যথেষ্ট মনে করে; প্রকৃতিবাদ; প্রাকৃতদর্শন।

natu·ral·ist ['ন্যাচ্‌রালিস্ট্] *n* প্রাণী ও উদ্ভিদ সম্বন্ধে বিশেষজ্ঞ; প্রকৃতিতত্ত্বজ্ঞ; প্রকৃতিবিজ্ঞানী।

natu·ral·is·tic [,ন্যাচ্‌রা'লিস্টিক্] *adj* স্বভাববাদী: a ~ painter. দ্র. abstract[1](১), cubism, surrealism.

natu·ral·ize ['ন্যাচ্‌রালাইজ্] *vt,vi* ১ (অন্য দেশ থেকে আগত কাউকে) নাগরিকত্ব দান করা বা নাগরিক অধিকার দেওয়া: He was ~d in Bangladesh, বাংলাদেশের নাগরিকত্ব দেওয়া হয়েছে। ২ (শব্দ) এক ভাষা থেকে অন্য ভাষায় গ্রহণ করা; স্বভাবীভূত করা: Many foreign words have been ~d in English. ৩ (প্রাণী বা উদ্ভিদ) অন্য দেশে নিয়ে এসে সেখানকার জলবায়ুতে অভ্যস্ত করা; স্বভাবীভূত করা। ৪ (কন্দ ইত্যাদি) বনাঞ্চলে রোপণ করা, যাতে ফুলগুলি বুনো বা স্বাভাবিক পরিবেশে জন্মেছে বলে মনে হয়; প্রকৃতিগত করা। ৫ নাগরিকত্ব লাভ করা। **natu·rali·zation** [,ন্যাচারালাই'জ়েইশন্ US -লিজ়েই-] *n* [U] নাগরিকত্বদান; নাগরিকত্বলাভ; স্বভাবীভবন; নৈসর্গিকীকরণ: Naturalization paper, নাগরিকত্বলাভের প্রমাণপত্র।

nat·urally ['ন্যাচ্‌রালি] *adv* ১ স্বাভাবিকভাবে; স্বভাবত; প্রকৃতিগতভাবে। ২ অবশ্যই; নিশ্চয়ই; স্বভাবত। ৩ আপনা থেকে; স্বাভাবিকভাবে; স্বতোই: The child's hair curls ~. ৪ ছলচাতুরী বা কৃত্রিমতা ছাড়া; অকৃত্রিমভাবে; স্বাভাবিকভাবে: Try to behave ~.

na·ture ['নেইচা(র্)] *n* ১ প্রকৃতি; নিসর্গ। **'~ study** প্রাণী, উদ্ভিদ, কীটপতঙ্গ প্রভৃতি বিষয়ক পর্যেষণা; প্রকৃতি-পর্যেষণা। **'~ worship** প্রকৃতিপূজা। ২ [U] প্রাকৃতিক শক্তিনিচয়; প্রকৃতি: We are engaged in a constant struggle with ~. **'~ cure** রোদ, জল, পথ্য, ব্যায়াম ইত্যাদি স্বাভাবিক প্রতিকারের ভিত্তিতে চিকিৎসা পদ্ধতি; প্রাকৃতিক চিকিৎসা। **pay the debt of ~; pay one's debt to ~** মৃত্যুবরণ করা; পঞ্চত্বপ্রাপ্ত হওয়া। **in the course of ~** প্রাকৃতিক/স্বাভাবিক নিয়মে। ৩ [U] সভ্যতাহীন সরল সাদাসিধা জীবন; পশুদের মতো মুক্ত জীবন; প্রকৃতি: He is in favour of a return to ~. **be in a state of ~** সম্পূর্ণ উলঙ্গ হওয়া। ৪ [C,U] (মানুষ, প্রাণী বা বস্তুর) প্রকৃতি; স্বভাব; স্বভাবধর্ম। **,human '~** মানবপ্রকৃতি; মনুষ্যপ্রকৃতি। **good ~** সদাশয়তা; সহৃদয়তা; পরহিতৈষণা। **,good-'~ed**, সদাশয়। **,ill-'~ed** দুরাশয়। ৫ (শিল্প, জ্ঞান, ভাষা ইত্যাদি) অজড় বস্তুর গুণাবলী; প্রকৃতি; স্বভাব; স্বভাবধর্ম; স্বাভাবিক বৈশিষ্ট্য। ৬ ধরন; রকম; প্রকার: A request of this ~ can not be ignored.

na·tur·ism ['নেইচারিজ়্ম্] *n* = nudism, নগ্নতাবাদ। **na·tur·ist** [-রিস্ট্] *n* নগ্নতাবাদী।

naught [নো°ট্] *n* nought (১).

naughty ['নো°টি] *adj* (-ier, -iest) ১ (শিশু, তাদের আচরণ ইত্যাদি সম্বন্ধে) দুষ্ট; দুরন্ত; দুর্দান্ত; অবাধ্য; বদ; পাজি। ২ মানুষের মনে আঘাত দেওয়ার উদ্দেশ্যসম্ভূত

কিংবা আঘাত দিয়ে আনন্দ পায় এমন; দুঃশীল; বদ; বদমাশ; নষ্ট: a ~ novel(ist); ~ stories. **naught·ily** [-টিলি] *adv* দুষ্টামি করে ইত্যাদি। **naughti·ness** *n* দুষ্টামি; দুরন্তপনা।

nausea [ˈনো°সিআ US ˈনো° ˈজ় আ] *n* [U] বিতৃষ্ণাবোধ; বিরাগবোধ; বিবমিষা; সমুদ্রপীড়া: filled with ~ at the sight of sb's cruelty. **naus·eate** [ˈনো°সিএইট্ US ˈনো°জ়ি-] *vt* বিতৃষ্ণা/ বমি উদ্রেক করা; বিতৃষ্ণাজনক; বিবমিষাকর। **naus·eous** [ˈনো°সিআস্ US ˈনো°শাস্] *adj* বিবমিষাকর; বিতৃষ্ণাজনক।

nautch [নো°চ্] *n* ভারত প্রভৃতি দেশে পেশাদার নর্তকীর নৃত্য; নাচ। ˈ**~-girl** নাচনেওয়ালি; বাইজি।

nauti·cal [ˈনো°টিকল্] *adj* জাহাজ, নাবিক বা নৌচালন সম্পর্কিত; নৌ: ~ terms, নৌপরিভাষা; নাবিকদের বুলি; a ~ almanac (সূর্য, চন্দ্র, জোয়ার-ভাঁটা ইত্যাদি সম্বন্ধে তথ্য সংবলিত) নৌ-পঞ্জিকা; a ~ mile, নৌ-মাইল (এক ডিগ্রির $\frac{১}{৬০}$, ৬০৮০ ফুট বা ১৮৫২ মিটার)।

nauti·lus [ˈনো°টিলাস্ U S: ˈনো°ট লাস্] *n* (*pl* -es [-লাসিজ়]) ক্ষুদ্রাকার সামুদ্রিক প্রাণীবিশেষ—যাদের স্ত্রীজাতির খুব পাতলা একটি খোলস থাকে; নটিলাস।

na·val [ˈনেইভ্ল্] *adj* নৌবাহিনীসংক্রান্ত; রণতরীসংক্রান্ত; ~ battles, নৌযুদ্ধ; ~ officer, নৌ-বাহিনী অফিসার।

nave[1] [নেই ভ্] *n* গির্জার মূল অংশ, যেখানে লোকজন উপবেশন করে।

nave[2] [নেই ভ্] *n* চক্র বা চাকার কেন্দ্র; চক্রনাভি।

na·vel [ˈনেইভ্ল্] *n* নাভি; নাভিকুণ্ড। **~ orange** বড়ো আকারের কমলালেবুবিশেষ, যার শীর্ষদেশে নাভিসদৃশ একটি গর্ত থাকে।

navi·gable [ˈন্যাভিগাবল্] *adj* ১ (নদী, সাগর ইত্যাদি সম্বন্ধে) নাব্য; নৌগম্য নৌবাহনযোগ্য; নৌবাহী। ২ (জাহাজ ইত্যাদি সম্বন্ধে) চলাচলের উপযোগী; নাব্য: not in a ~ condition. **navi·ga·bil·ity** [ˌন্যাভিগাবিলাটি] *n* নাব্যতা।

navi·gate [ˈন্যাভিগেইট্] *vt,vi* ১ মানচিত্র ও যন্ত্রপাতির সাহায্যে জাহাজ বা বিমানের যাত্রাপথ বা অবস্থান নির্ণয় করা। ২ নৌচালনা/বিমান চালনা করা; (লাক্ষ.) পরিচালনা করা: ~ Bill through the House of commons. ৩ (সাগর) পাড়ি দেওয়া; (নদীতে) উজানে ও ভাঁটিতে জাহাজ বা নৌকা চালানো। **navi·gator** [-টা(র্)] *n* ১ জাহাজ বা বিমানের যাত্রাপথ বা অবস্থান নির্ণয়কারী; নৌসারথি। ২ বহু সমুদ্রযাত্রার অভিজ্ঞতা-সম্পন্ন দক্ষ ও ঝানু নাবিক; (বিশেষত) আদি যুগের ভৌগোলিক আবিষ্কারকগণ।

navi·ga·tion [ˌন্যাভিগেইশ্ন্] *n* [U] ১ নৌ-চালনা। ২ নৌচালনবিদ্যা। ৩ জলপথে বা আকাশপথে যাত্রা; নৌবাহ: inland ~, অভ্যন্তরীণ নৌবাহ।

navvy [ˈন্যাভি] *n* (*pl* -vies) (GB) অদক্ষ শ্রমিক।

navy [ˈনেইভি] *n* (*pl* -vies) ১ **(a/the ~)** ~ (*sing* বা *pl v* -সহ) নৌ-বাহিনী; নৌকটক। ˌ**~ ˈblue** নৌবাহিনীর উর্দির জন্য ব্যবহৃত ঘন নীল রং। ২ কোনো দেশের রণতরীসমূহের সমষ্টি; নৌবল; নৌবাহিনী: a small ~.

nay [নেই] *adv* (প্রা.প্র.) না; (আল.) শুধু তাই নয়; অধিকন্তু।

Nazi [ˈনা:ট্সি] *n,adj* হিটলার-প্রবর্তিত জর্মন জাতীয় সমাজতান্ত্রিক দলের সদস্য; উক্ত দল সম্বন্ধী; নাৎসি। **Nazism** [না:ট্সিজ়াম্] *n* নাৎসিবাদ।

Ne·an·der·thal [নীˈঅ্যানডাটা:ল্] *adj* **~ man** প্রস্তর যুগের অধুনালুপ্ত মানব; নিয়্যানডার্টাল মানব।

neap [নীপ্] *n* ˈ**~(-tide)** মরা কটাল। দ্র. spring[1] (৩) ভুক্তিতে Spring tide.

Nea·poli·tan [নিআপলিট ন্] *n,adj* ১ নেপলস-নগরবাসী; নেপলসসম্বন্ধী। ২ (ছোট হাতের n) বিভিন্ন স্বাদ ও বর্ণের; নিয়াপলিটান: ~ ice-cream, বিভিন্ন স্বাদ ও বর্ণের স্তরবিশিষ্ট আইসক্রিম।

near[1] [নিআ(র্)] *adj* (-er, -est) ১ নিকট; নিকটবর্তী; অদূরবর্তী: the ~est police station. The little maiden was ~ to tears, কাঁদ কাঁদ; ক্রন্দনোন্মুখ। **the ~ distance** কোনো দৃশ্যের পুরোভূমি ও পটভূমির মধ্যবর্তী অংশ; নিকট দূরত্ব। **a ~ miss** (বোমা, গোলা ইত্যাদি সম্বন্ধে) লক্ষ্যবস্তুকে সরাসরি আঘাত না করলেও লক্ষ্যবস্তুর ক্ষতিসাধন করবার মতো কাছাকাছি দূরত্বে আঘাত; অতি অল্পের জন্য ব্যর্থ লক্ষ্যসন্ধান। **a ~ thing** অল্পের জন্য বাঁচোয়া। ˌ**~-ˈsighted** *adj* ক্ষীণদৃষ্টি; নিকটদর্শী। ২ সম্বন্ধ বা মনের দিক থেকে নিকটবর্তী: a ~ relation, নিকটাত্মীয়। ৩ (off-এর বিপরীত) (প্রাণী ও গাড়ির অংশবিশেষ কিংবা রাস্তায় চলাচলকালে দলবদ্ধ ঘোড়া ইত্যাদি সম্বন্ধে) বাঁ দিকের; বাম: The ~ foreleg; the ~ front wheel of a car. ˈ**~·side** *n* ফুটপাথের কিনারা থেকে সবচেয়ে নিকটবর্তী দিক: the ~side lane of traffic. ৪ কঞ্জুস; কৃপণ: The old man is very ~ with his money. □*vt, vi* কাছে/কাছাকাছি আসা; নিকটবর্তী হওয়া: The boat is ~ing land. **~·ness** *n* নৈকট্য; সামীপ্য; আত্মীয়তা; ঘনিষ্ঠতা।

near[2] [নিআ(র্)] *adv* কাছে; নিকটে; অদূরে: far and ~, সর্বত্র। **as ~ as** প্রায়: As ~ as I can guess (আমি যতোদূর আঁচ করতে পারছি) he will make another attempt. **as ~ as makes no difference** পার্থক্য কিছু থাকলেও তা নগণ্য: You're the same age, or as ~ as makes no difference. **~ at hand** (ক) হাতের কাছে/নাগালের মধ্যে। (খ) নিকটবর্তী। **~ on/upon** কাছাকাছি; প্রায়: It was ~ upon midday. **nowhere/** (কথ্য) **not ~** ধারে কাছেও/কাছাকাছিও না: He's nowhere ~as gifted as his brother. **~ by** কাছে; নিকটে। ˈ**~·by** *adj* নিকটবর্তী।

near[3] [নিআ(র্)] *prep* (to-সহ near[1]-এর তুল্যমূল্য) কাছে; নিকটে: The dog is lying ~ him.

near·ly [ˈনিআলি] *adv* ১ প্রায়: It's ~ complete. দ্র. hardly, scarcely. ২ ঘনিষ্ঠভাবে: They're ~ related. ৩ **not ~** আদৌ/মোটেই নয়: We've some meat, but it is not ~ enough for the dinner.

neat [নীট্] *adj* (-er, -est, নীচের ৫ ব্যতীত) ১ পরিপাটি; পরিচ্ছন্ন; সুবিন্যস্ত; ফিটফাট: a ~ desk; a ~ worker; ~ writing. ২ অনাড়ম্বর ও মনোরম; সুরুচিসম্মত; পরিচ্ছন্ন: a ~ dress. ৩ আকারে ও চেহারায় মনোরম; শোভন; পরিচ্ছন্ন; মুদ্রা: a ~ dress. ৪ চাতুর্যপূর্ণ; বিচক্ষণ; পরিচ্ছন্ন: a ~ answer. ৫ (মদ, সুরা ইত্যাদি সম্বন্ধে) অতরলীকৃত; জল না মেশানো; নির্জল: drink one's whisky ~. **~·ly** *adv* পরিচ্ছন্নভাবে ইত্যাদি। **~·ness** *n* পরিচ্ছন্নতা; পারিপাট্য।

neb·ula [ˈনেবিউলা] *n* (*pl* -e [-লী] কিংবা -s) [C] রাতের আকাশে আলোর অস্পষ্ট ছোপের মতো দেখতে অতি দূরের নক্ষত্রপুঞ্জ; পরিকীর্ণ বাষ্পীয় পদার্থ; নীহারিকা। **nebu·lar** [-লা(র্)] *adj* নীহারিকাসম্বন্ধী; নীহারিকাবৎ।

nebu·lous [ˈনেবিউলাস্] *adj* মেঘসদৃশ; ঝাপসা; অস্পষ্ট; ধূমান্ধকার।

necess·ar·ily [ˌনেসাˈসারালি] *adv* অবশ্যম্ভাবীরূপে; অপরিহার্যত।

necess·ary [ˈনেসাসারি US -সেরি] *adj* প্রয়োজনীয়; আবশ্যক; অপরিহার্য; দরকারি; অনন্যথাসিদ্ধ। □*n* [C] (সাধা. *pl*) (জীবন ধারণের জন্য) অত্যাবশ্যক সামগ্রী।

necessi·tate [নিˈসেসিটেইট্] *vt* আবশ্যিক/অপরিহার্য করে তোলা: Economic expansion ~s better financial management.

necessi·tous [নিˈসেসিটাস্] *adj* (আনুষ্ঠা.) দরিদ্র; অভাবগ্রস্ত; দুর্গত: in ~ circumstances, দারিদ্র্যের মধ্যে।

necess·ity [নিˈসেসাটি] *n* (*pl* -ties) ১ [U] জরুরি প্রয়োজন, আবশ্যকতা; যে সব পরিস্থিতি কাউকে কিছু করতে বাধ্য করে; মানবজীবনের নিয়ন্তা নৈসর্গিক নিয়মসমূহ; অনন্যগতিত্ব; অনন্যথাসিদ্ধতা: Don't call him except in case of ~. **be under the ~ of** বাধ্য হওয়া। **bond to ~** প্রয়োজনের কাছে নতি স্বীকার করা।

make a virtue of ~ বিনা ওজর আপত্তিতে কৃতিত্ব গ্রহণ করা; অনন্যোপায় হয়ে কিছু করে সেজন্য কৃতিত্ব দাবি করা। **of ~** অবশ্যম্ভাবী রূপে; আবশ্যিকভাবে। ২ [C] অপরিহার্য সামগ্রী: The necessities of life, জীবন ধারণের অপরিহার্য উপকরণ (খাদ্য, বস্ত্র, বাসস্থান)। [C] যে বস্তুর অভাব বা অনুপস্থিতি অকল্পনীয়; অনন্যথাসিদ্ধতা: logical ~.

neck [নেক্] *n* ১ গ্রীবা; গলা; ঘাড়; কণ্ঠ; গলদেশ। **break one's ~** কিছু অর্জন করার জন্য প্রাণপণ পরিশ্রম করা। দ্র. breakneck. **breathe down sb's ~** (কথ্য) (দৌড় ইত্যাদিতে) অল্প ব্যবধানে থাকা; প্রায় ছুঁয়ে ফেলা; কাছে থেকে নজর রাখা। **get it in the ~** (অপ.) মারাত্মক আঘাত পাওয়া; বেদনাদায়ক অভিজ্ঞতা অর্জন করা। **have the ~** (nerve অধিক প্রচলিত) **to do sth** কিছু করার মতো স্পর্ধা/দুঃসাহস থাকা। **save one's ~** (ফাঁসি থেকে) গর্দান বাঁচানো; (লাক্ষ.) হঠকারিতা ইত্যাদি পরিণাম থেকে রেহাই পাওয়া। **stick one's ˈ~ out** (অপ.) এমন কিছু বলা বা করা যা তীব্র সমালোচনা বা বেদনাদায়ক অভিজ্ঞতার কারণ হতে পারে। **win/lose by a ~** (ঘোড়দৌড়) ঘোড়ার গলার সমান দূরত্বের ব্যবধানে জেতা/হারা; (লাক্ষ.) অল্প ব্যবধানে। **~ and crop** বেপরোয়াভাবে; সর্বতোভাবে; তল্পিতল্পা গুটিয়ে। **~ and ~** (ঘোড়দৌড় এবং লাক্ষ.) দৌড়ে বা লড়াইয়ে সমানে সমান। **~ or nothing** বেপরোয়া ঝুঁকি নিয়ে; সর্বশক্তি নিয়োগ করে। ২ (খাদ্যরূপে ব্যবহৃত পশুর) ঘাড়ের/গলার মাংস; গলাবিশেষ: ~ of mutton. ৩ ঘাড়সদৃশ কোনো বস্তু: the ~ of a bottle, বোতলের গলা; a narrow ~ of a land, যেমন যোজক। ৪ (যৌগশব্দ) **ˈ~·band** *n* জামার যে অংশ গ্রীবা বেষ্টন করে থাকে; গ্রীবাবেষ্টনী। **ˈ~·cloth** *n* নেকটাই রূপে ব্যবহৃত গলবস্ত্র; গ্রীবাবন্ধ। **~·er·chief** [নেকাচিফ্] *n* (প্রা.প্র.) গলায় বাঁধার কাপড় বা রুমাল; গলবন্ধ। **ˈ~·lace** [-লিস্] *n* হার; কণ্ঠহার; মুক্তাবলি। **ˈ~·let** [-লিট্] *n* কণ্ঠাভরণ (যেমন পুঁতির মালা)। **ˈ~·line** *n* (স্ত্রীলোকের পোশাকের ফ্যাশন সম্বন্ধে) কণ্ঠদেশে বা কণ্ঠদেশের কাছাকাছি পোশাকের প্রান্ত; গলরেখা; তুল. hem line (ঝুল). **ˈ~-tie** *n* (আজকাল সাধা. tie) নেকটাই; গলাবন্ধনী। **ˈ~·wear** [-ওয়েআ(র্)] *n* [U] (দোকানদারদের ভাষায়) কলার ও টাই; গলার পরিধেয়। □*vi* (অপ.) (নরনারী সম্বন্ধে) পরস্পর চুম্বন, আলিঙ্গন ও আদর করা; লেপ্টালেপ্টি/জড়াজড়ি করা: petting and ~ing in the park.

nec·ro·mancy [ˈনেক্রাম্যান্সি] *n* [U] ভবিষ্যৎ জানবার জন্য জাদুবিদ্যার সাহায্যে মৃতের সঙ্গে আলাপ করার বিদ্যা বা রীতি; প্রেতসিদ্ধি। **nec·ro·man·cer** [-সা(র্)] *n* প্রেতসিদ্ধ।

ne·crop·olis [নিˈক্রপালিস্] *n* (*pl* -es [-লিসিজ্]) (বিশেষত প্রাচীন শহরের) বৃহৎ গোরস্থান; সমাধিক্ষেত্র।

nec·tar [ˈনেকটা(র্) *n* [U] ১ (প্রাচীন গ্রিক গল্পে) দেবতাদের পানীয়; সুধা; অমৃত। দ্র. ambrosia. ২ পুষ্পাসব, মকরন্দ, পুষ্পমধু; যে কোনো সুস্বাদু পানীয়।

nec·tar·ine [ˈনেকটারিন্] *n* মসৃণ পাতলা ত্বক ও ঘন শাঁসযুক্ত পিচফলবিশেষ।

née [নেই] *adj* (ফ.) জন্মসূবাদে; জন্ম-পরিচয়ে (বিবাহিতা নারীর নামের পরে এবং তার বাবার পারিবারিক নামের আগে বসে): Mrs Rabeya Khan, née Chowdhury, অর্থাৎ বিয়ের আগে তাঁর পারিবারিক নাম 'চৌধুরি' ছিল।

need[1] [নীড্] *anom fin* (*inf,participles* নেই; *3rd p sing* বর্তমান কালে needs নয়, need; *int* ও *interr*-এ *to*-ছাড়া *inf* পরে বসে; need not-এর সংক্ষিপ্তরূপ needn't [ˈনীড্‌ন্ট্]) ১ প্রয়োজন/দরকার থাকা; N~ you leave the job? yes, I need. ২ (পরে *perfect infinitive* থাকলে, অতীতে কিছু ঘটে থাকলেও তা ঘটবার কোনো প্রয়োজন ছিল না) He ~n't have married so soon. দ্র. need[3] (২). **~·ful** [-ফ্ল্] *adj* প্রয়োজনীয়; আবশ্যকীয়। **do the ~ful** (কথ্য) প্রয়োজনীয় ব্যবস্থা গ্রহণ/ যথাকর্তব্য করা। **~·fully** (-ফাˈলি) *adv* প্রয়োজন অনুযায়ী। **~·less** *adj* অপ্রয়োজনীয়; অনাবশ্যক; বাহুল্য। **~·less·ly** *adv* অনাবশ্যকভাবে।

need[2] [নীড্] *n* ১ [U] **~ for** আবশ্যকতা; প্রয়োজন: There is no ~ for panic. **if ~ be** প্রয়োজন হলে। ২ (*pl* -এ ব্যবহৃত) প্রয়োজন; চাহিদা: I've got enough to satisfy my ~s. ৩ [U] দারিদ্র্য; দুর্দৈব; দুর্দিন; দুর্দশা। **A friend in ~ is a friend indeed** (প্রবাদ) অসময়ের বন্ধুই প্রকৃত বন্ধু। **~y** *adj* (-ier, -iest) দীনদরিদ্র; অকিঞ্চন; দুঃখী; দীন; কাঙাল।

need[3] [নীড্] *vt* ১ প্রয়োজন হওয়া; চাওয়া: Do you ~ any help? সাহায্য চাই? ২ কারো বা কিছুর জন্য অত্যাবশ্যক হওয়া; প্রয়োজন হওয়া: You ~ to know the details of the case. ৩ যোগ্য/উপযুক্ত হওয়া; দরকার হওয়া: What you ~ is a good thrashing.

needle [ˈনীড্‌ল্] *n* সীবনী; সূচি; সুচ; সুঁই। **look for ~ in a haystack** খড়ের গাদার মধ্যে সুচ খোঁজা, অর্থাৎ পণ্ডশ্রম করা। **as sharp as a ~** সূচ্যগ্রবুদ্ধি; সূক্ষ্ম পর্যবেক্ষক; তীক্ষ্ণধী। **ˈ~-woman** *n* (*pl* -women) সূচিকর্মোপজীবী মহিলা; সূচিকা। **ˈ~·craft, ˈ~·work** *nn* [U] সূচিকর্ম; সূচিশিল্প; জীবন। **ˌpins and ˈ~s,** দ্র. pin[1] (১). ২ (বোনার জন্য) কাঁটা; ক্রুশিকাঁটা। ৩ (কম্পাস, টেলিগ্রাফের যন্ত্র ইত্যাদির) কাঁটা। ৪ আকার-আকৃতি বা ব্যবহারে সুচসদৃশ কোনো কিছু (যেমন পাইন গাছের পাতা;

ইনজেকশনের সুচ, তীক্ষ্ণ পর্বতশীর্ষ)। ৫ গ্রামোফোনের রেকর্ড বাজাবার সুচ বা পিন। তুল. saphire and diamond styluses. ৬ **the ~** (অপ.) খোঁচা; উস্কানি: give sb the ~, উত্তেজিত করা; get the ~, প্রকুপিত হওয়া। ৭ উপরের দিকে ক্রমশ সরু, চতুষ্কোণ দীর্ঘ স্তম্ভবিশেষ (সাধা. একক শিলাখণ্ড নির্মিত), যার শীর্ষদেশে একটি ক্ষুদ্র পিরামিড থাকে; ওবেলিস্ক: Cleopatra's ~, লন্ডনস্থ ক্লিওপেট্রার ওবেলিস্ক। □*vt* ১সুচ দিয়ে সেলাই করা/ফুটো করা; সুচ চালানো; ছড়ানো-ছিটানো বহু জিনিসের মধ্যে দিয়ে এঁকে-বেঁকে চলা। ২ (কথ্য) (বিশেষত নিষ্ঠুর মন্তব্য ইত্যাদি দিয়ে) প্রকুপিত করা বা উস্কানি দেওয়া; খোঁচানো।

needs [নীডজ়্] *adv* (এখন কেবলমাত্র must-এর সঙ্গে ব্যবহৃত হয়) অপরিহার্যভাবে; আবশ্যিকভাবে। **N~ must when the devil drives** (প্রবাদ) পারিপার্শ্বিক অবস্থা আমাদের বিশেষ কোনো কার্যপ্রণালী অবলম্বনে বাধ্য করতে পারে। (must-এর পরে needs বসলে সাধা. বাক্যটি বিদ্রূপাত্মক হয়ে ওঠে, যেমন): You must ~ go away just when I want your help, অর্থাৎ তুমি বোকার মতো চলে যাওয়ার জন্য গোঁ ধরেছ।

néer [নেআ(র্)] *adv* (কাব্যিক) কখনো না। **~-do-well** [ˈনেআডূওয়েল)] *n* অপদার্থ; ষাঁড়ের গোবর।

nef·arious [নিˈফেআরিআস্]*adj* (আনুষ্ঠা.) অনিষ্টকর; নিতান্ত দুরভিসন্ধিপূর্ণ; বদমাশ; পাপিষ্ঠ; অবৈধ। **~·ly** *adv* অনিষ্টকরভাবে ইত্যাদি। **~·ness** *n* অনিষ্টকরতা; বদমাশি।

ne·gate [নিˈগেইট্] *vt* (আনুষ্ঠা.) অস্বীকার/ অপলাপ/ করা; রদ/ বাতিল করে।

ne·ga·tion [নিˈগেইশ্‌ন্] *n* [U] ১ (affirmation-এর বিপরীত) অস্বীকৃতি; অপলাপ। ২ ইতিবাচক বা সত্যিকারের কোনো গুণ বা তাৎপর্যের অভাব; অপলাপ: Charity without love is a moral ~.

nega·tive [ˈনেগাটিভ্] *adj* ১ (affirmative-এর বিপরীত) (শব্দ ও প্রশ্নোত্তর সম্বন্ধে) না-সূচক, নঞর্থক; নেতিবাচক: a ~ answer. ২ (positive-এর বিপরীত) নেতিবাচক; অভাবাত্মক: ~ criticism; ~ praise, অর্থাৎ দোষান্বেষণ থেকে মুক্ত; ~ virtue শুধু পাপ থেকে বিরতি। ৩ (গণিত.) বিয়োজ্য সংখ্যা সম্বন্ধী; ঋণ। ৪ (বিদ্যুৎ সম্বন্ধে) ঋণাত্মক: The ~ plate in a battery. **the ~ pole** (বিদ্যুৎকোষে দস্তার তৈরি) ঋণাত্মক মেরু। ৫ (আলোক.) আলো-ছায়ার ব্যত্যয়বিশিষ্ট; নেগেটিভ। □*n* ১ না-বোধক শব্দ বা বাক্য। ২ (গণিত.) ঋণ (সংখ্যা) (যেমন -3y)। ৩ (আলোক.) রাসায়নিক পরিচর্যার মাধ্যমে বিকশিত ফিল্ম বা প্লেট যাতে আলো ও ছায়া পরস্পর স্থানবদল করে; নেগেটিভ। □*vt* ১ (তত্ত্ব ইত্যাদি) অযথার্থ প্রমাণ করা। ২ অগ্রাহ্য করা; প্রত্যাখ্যান করা; নিষ্ক্রিয় করে দেওয়া। **~·ly** *adv* নেতিবাচকভাবে ইত্যাদি।

ne·glect [নিˈগ্লেক্ট্] *vt* ১ মনোযোগ না দেওয়া; অযত্ন/ অবহেলা/ অবজ্ঞা/ অনাদর করা। ২ (কোনো কিছু করতে) ব্যর্থ হওয়া; অবহেলা করা; (কিছু করা থেকে) বিরত থাকা: Don't ~ to write to your wife. □*n* [U] অবহেলা; অযত্ন; উপেক্ষা; শৈথিল্য। **~·ful** [-ফ্‌ল্] *adj* যত্নহীন; অমনোযোগী; অবহেলাপূর্ণ। **~·fully** [-ফ়লি] *adv* অবহেলা করে; অযত্নবশত। **~·ful·ness** *n* অবহেলন; উপেক্ষণ।

nég·ligé, neg·li·gee [ˈনেগ্লিজ়েই, নেগ্লিˈজ়েই] *n* [C, U] ঘরে পরার আটপৌরে ঢিলে পোশাক; উক্তরূপ পোশাক-পরিহিত অবস্থা।

neg·li·gence [ˈনেগ্লিজান্স্] *n* [U] ১ অমনোযোগ; অসতর্কতা; অনবধান। ২ অবহেলিত অবস্থা; অযত্ন; উপেক্ষা: ~ of dress.

neg·ligent [ˈনেগ্লিজান্ট্] *adj* অমনোযোগী; যত্নহীন; অবহেলাকারী। **~·ly** *adv* অযত্নের/অবহেলার সঙ্গে।

neg·li·gible [ˈনেগ্লিজাব্‌ল্] *adj* উপেক্ষণীয়; তুচ্ছ; নগণ্য; সামান্য।

ne·go·ti·able [নিˈগৌশিআব্‌ল্] *adj* ১ আলাপ-আলোচনার দ্বারা মীমাংসা করা যায় এমন; আপোসে মীমাংসনীয়; আলাপ-আলোচনা সাপেক্ষ; আপোসে নিষ্পত্তিযোগ্য। ২ হস্তান্তরযোগ্য; বিনিময়: ~ securities/instruments. ৩ (রাস্তা, নদী ইত্যাদি সম্বন্ধে) চলাচল বা পারাপারের উপযোগী; অতিক্রমণীয়।

ne·go·ti·ate [নিˈগৌশিএই ট্] *vi,vt* ১ **~ (with sb)** ঐকমত্যে আসার জন্য আলোচনা/পরামর্শ করা; দরদস্তুর করা; কথাবার্তা চালানো: to ~ about one's claims. ২ **~ sth (with sb)** আলাপ-আলোচনার মাধ্যমে বন্দোবস্ত করা: ~ a sale/a ioan/a treaty/place. ৩ অতিক্রম করা; উত্তীর্ণ হওয়া: The horse ~d the hurdle superbly, অর্থাৎ উল্লম্ফন করেছে। **ne·go·ti·ator** [-টা(র্)] *n*

ne·go·ti·ation [নি,গৌসিˈএই শ্‌ন্] *n* [C,U] কথাবার্তা; আলাপ-আলোচনা; দরদস্তুর: enter into/carry on ~s with sb.

Ne·gress [ˈনীগ্রেস্] *n* (আফ্রিকার) কৃষ্ণাঙ্গ নারী; কৃষ্ণাঙ্গিনী; নিগ্রো নারী।

Ne·gro [নীগ্রৌ] *n* (*pl -es* [-গ্রৌজ়্] (মূলত আফ্রিকার) কৃষ্ণাঙ্গ জাতির সদস্য; কৃষ্ণাঙ্গ; নিগ্রো।

Ne·groid [ˈনীগ্রয়ড্] *adj* নিগ্রো বা নিগ্রোজাতিসম্বন্ধী বা-সদৃশ; নিগ্রোজাতীয়। □*n* নিগ্রোজাতীয় লোক।

neigh [নেই] *n,vi* হ্রেষা; হ্রেষাধ্বনি করা।

neigh·bour (US=**-bor)** [ˈনেইবা(র্)] *n* প্রতিবেশী; প্রতিবাসী; পড়শি। □*vt,vi* **~ (on/ upon)** (প্রধানত -ing যোগে) নিকটবর্তী/ প্রতিবেশী/ পাশাপাশি হওয়া: ~ing countries. প্রতিবেশী দেশসমূহ; in the ~ing village, নিকটবর্তী/ পার্শ্ববর্তী গ্রাম। **ˈ~·hood** [-হুড] *n* ১ পার্শ্ববর্তী বা নিকটবর্তী এলাকা; প্রতিবেশীগণ; পাড়াপড়শি: The whole ~hood supported his candidature. Is there any cinema in the ~hood? ২ প্রতিবেশিত্ব; নিকটবর্তিতা: Life in the ~hood of market-place is not pleasant; a sum in the ~hood of £ 100, এক শ পাউন্ডের কাছাকাছি। **~·ly** *adj* প্রতিবেশীসুলভ; সৌহার্দ্যপূর্ণ; সম্প্রীতিপূর্ণ। **~·li·ness** প্রতিবেশীসুলভ সম্প্রীতি/ সাহায্য-সহযোগিতা।

nei·ther [ˈনাইদা(র্) US ˈনীদা(র্)] *adj,pron (sing n* বা *pron*-এর সঙ্গে ব্যবহৃত; তুল. either) (দুটির), কোনোটি নয়: ~ of them is reliable. □*adv,conj* ১ **~ ... nor ...** এটাও না ... ওটাও না: She's ~ beautiful nor intelligent. N~ he nor I am responsible. ২ (negative if clause ইত্যাদির পরে) বাংলায় না-সূচক বাক্যে ও যোগে এই অর্থ প্রকাশ পায়: As he won't come, ~ shall I, আমিও আসব না।

nem con [,নেম্ ˈকন্] *adv* (সং. লা.) সর্বসম্মতিক্রমে; বিনা আপত্তিতে; নির্বিরোধে: The proposal was adopted ~ .

nem·esis [ˈনেমাসিস্] *n* (*pl* -eses [-মাসী জ্]) (আনুষ্ঠা.) যথোচিত অদৃষ্ট; অন্যায়ের উপযুক্ত শাস্তি; কর্মফল; নিয়তি; উচিত প্রতিফল।

neo- [ˈনীঔ] *pref* নব্য; আধুনিক। দ্র. পরি. ৩।

neo·col·onial·ism [ˌনীঔ কাˈলৌনিঅলিজ়াম্] *n* সাবেক উপনিবেশসমূহ কিংবা কম উন্নত দেশগুলির উপর অর্থনৈতিক চাপের মাধ্যমে শক্তিশালী দেশসমূহের নিয়ন্ত্রণ; নয়া-ঔপনিবেশবাদ।

neo·dym·ium [ˌনীঔˈডিমিঅম্] *n* [U] (রস.) কিছু কিছু লেজারে ব্যবহৃত বিষাক্ত ধাতব মৌলবিশেষ (প্রতীক Np); নিওডিমিয়ম।

neo·lithic [ˌনীঅˈলিথিক্] *adj* নব্য প্রস্তরযুগীয়; নবোপলীয়: ~ man.

neol·ogism [নীˈঅলাজিজ়াম্] *n* [U] নতুন শব্দ-রচনা বা প্রয়োগ; নব্যপ্রয়োগ; [C] নবশব্দ।

neon [ˈনীঅন্] *n* [U] (রস.) আবহমণ্ডলে অল্প অনুপাতে বিদ্যমান বর্ণহীন গ্যাসবিশেষ (প্রতীক Ne); নিয়ন। ~ **light** *n* নিম্নপ্রেষ বাল্ব বা টিউবের ভিতরে উক্ত গ্যাসের মধ্য দিয়ে তড়িৎপ্রবাহের ফলে উৎপন্ন রঙিন আলো; নিয়ন আলো। ~ **sign** *n* নিয়ন (আলোর সাহায্যে) বিজ্ঞাপন।

neo·phyte [ˈনীঅফাইট্] *n* কোনো ধর্মমতে অধুনাদীক্ষিত ব্যক্তি; নব্য দীক্ষিত।

neo·plasm [ˈনীঔপ্ল্যাজ়াম] *n* (প্যাথ.) অর্বুদ; আব; টিউমার।

nephew [ˈনেভিউ US ˈনেফ়িউ] *n* ভ্রাতুষ্পুত্র বা ভাগিনেয়।

neph·ology [নেˈফলাজি] *n* মেঘবিদ্যা।

neph·ri·tis [নিˈফ্রাইটিস্] *n* [U] বৃক্ক প্রদাহ।

nep·ot·ism [ˈনেপাটিজ়াম্] *n* [U] স্বজনপ্রীতি।

Nep·tune [ˈনেপ্‌চূন্ US -টূন্] *n* (সৌরমণ্ডলের দূরতম গ্রহগুলির অন্যতম) নেপচুন।

nep·tun·ium [ˌনেপ্ˈচূনিঅম্]*n* [U] (রস.) ধাতব মৌলবিশেষ (প্রতীক Nb), যা কোনো কোনো রাসায়নিক বিক্রিয়ার ফলে কৃত্রিমভাবে উৎপন্ন হয় এবং আকরিক ইউরেনিয়মে স্বল্প পরিমাণে পাওয়া যায়।

nerve [নাভ়্] *n* ১ [C] মস্তিষ্ক এবং শরীরের অন্য সকল অংশের মধ্যে অনুভূতি ও উদ্দীপনা পরিবাহী তন্তু বা তন্তুসমষ্টি; স্নায়ু। ˈ**~-cell** *n* উদ্দীপনা-পরিবাহী কোষ; স্নায়ুকোষ। ˈ**~-centre** *n* পরস্পরসম্পৃক্ত কতকগুলি স্নায়ুকোষের সমষ্টি; স্নায়ুকেন্দ্র; (লাক্ষ.) নিয়ন্ত্রণকেন্দ্র। ২ (*pl*) অল্পতেই উত্তেজিত, উদ্বিগ্ন বা উত্যক্ত হওয়ার অবস্থা; তাতাল অবস্থা: He does not know what ~s are, কখনো উত্তেজিত/ বিচলিত হয় না; to have ~s of iron, উত্তেজিত/ বিচলিত না হওয়া; She is suffering from ~s, সহজেই উত্তেজিত; উত্যক্ত; বিচলিত হয়; তার স্নায়ুগুলি তেতে আছে। **get on one's ~s** কাউকে উত্তেজিত/বিচলিত করা; স্নায়ুর উপর পীড়ন করা। **war of ~s** প্রতিপক্ষের মনোবল নষ্ট করে তাকে দুর্বল করবার প্রয়াস; স্নায়ুযুদ্ধ। ˈ**~-racking** *adj* স্নায়ু-নিষ্পেষক। ৩ [U] সাহস; আত্মপ্রত্যয় প্রভৃতি থাকার গুণ; স্নায়ুশক্তি: He's plenty of ~ to face the situation. **have the ~ to do sth (ক)** প্রয়োজনীয় সাহস; আত্মপ্রত্যয় ইত্যাদি/ স্নায়ুশক্তি থাকা। **(খ)** (কথ্য) ধৃষ্টতা/ ঔদ্ধত্য/ আস্পর্ধা থাকা: You have the ~ to call me a liar. **have a ~** (কথ্য) দুঃসাহস থাকা। **loose/ regain one's ~** আত্মপ্রত্যয়; সাহস/ স্থৈর্য হারানো/ফিরে পাওয়া। ৪ [C] (প্রা.প্র.) = sinew; পেশিবন্ধনী; স্নায়ু। **strain every ~ to do sth** আপ্রাণ চেষ্টা করা; সর্বশক্তি নিয়োগ করা। ৫ (উদ্ভিদ.) পাতার শিরা, বিশেষত মধ্যশিরা। □*vt* ~ **oneself for sth/to do sth** (শারীরিক বা মানসিক) শক্তি একত্র করা: ~ oneself for a task. **~·less** *adj* নিস্তেজ; স্নায়ুহীন। **~·less·ly** *adv* নিস্তেজভাবে।

nerv·ous [ˈনাভ়াস্] *adj* ১ স্নায়ুসম্বন্ধী; স্নায়বীয়: the nervous system; স্নায়ুতন্ত্র। **a** ˌ**~** ˈ**breakdown** = neuras thenia; স্নায়ুদৌর্বল্য। ২ অল্পতেই উত্তেজিত; বিচলিত; সন্ত্রস্ত: What are you so ~ about? ৩ উত্তেজনাপূর্ণ; আতপ্ত; full of ~ energy; a ~ style.

nervy [ˈনাভ়ি] *adj* ১ (GB কথ্য) স্নায়বিক চাপের অধীন; প্রতপ্ত। ২ (অপ.) বেহায়া; উদ্ধত; ত্যাঁদড়।

ness [নেস্] *n* (সাধা. স্থান নামে) যে ভূখণ্ড ক্রমশ সূক্ষ্মাগ্র হয়ে সমুদ্রে প্রবেশ করেছে; অন্তরীপ।

nest [নেস্‌ট্] *n* ১ পাখির বাসা; নীড়; কুলায়। **feather one's ~,** দ্র. feather[2] (১). **foul one's own ~** নিজ গৃহ, পরিবার ইত্যাদি নোংরা/অপবিত্র করা। ˈ**~-egg** *n* (লাক্ষ.) ভবিষ্যৎ ব্যবহারের জন্য সঞ্চিত অর্থ। ২ কোনো প্রাণী বা কীটপতঙ্গের বাসা: a ˈwasp's ~; a turtle's ~. ৩ আরামদায়ক স্থান; নীড়: make oneself a ~ of cushions. ৪ একটির ভিতরে আরেকটি খাপ খায় এরকম একই বস্তুর অনেকগুলি (বিশেষত বাক্স, টেবিল ইত্যাদি)। ৫ (লাক্ষ.) আশ্রয়; আখড়া; আড্ডা; ঘাঁটি: a ~ of crime/lice/pirates; machine-gun ~s, (লোকচক্ষুর অগোচরে) মেশিনগানের ঘাঁটি। □*vi* ১ বাসা বাঁধা: The pigeons is ~ing under the roof. ২ **go ~ing** পাখির বাসা খুঁজে ডিম চুরি করা।

nestle [ˈনেস্‌ল্] *vt,vi* ১ **~ (down)** আরাম করে বসা বা শোয়া: ~ down in bed. ২ **~ up (against/to)** ভালোবেসে জড়িয়ে ধরা বা গায়ের সঙ্গে লাগা: The little kid is nestling tenderly up his mother. ৩ দোলানো: to ~ a baby in one's arms.

nest·ling [ˈনেস্‌ট্‌লিঙ্] *n* [C] যে পক্ষীশাবক এখনো বাসা ছেড়ে উড়তে অসমর্থ।

net[1] [নেট্] *n* ১ [U, C] জাল বা জালের মতো বোনা জিনিস; ফাঁদ; পালি: mosquito-net, মশারি; ˈfishing-nets; hair-nets, মেয়েদের খোঁপা বাঁধার জাল; জালিকা। ২ (লাক্ষ.) নৈতিক বা মানসিক ফাঁদ। ৩ ˈ**net·ball** মেয়েদের খেলাবিশেষ, এতে একটি বল এমনভাবে ছুঁড়ে মারতে হয় যে তা একটি দণ্ডের মাথায় আংটার সঙ্গে বাঁধা একটি জালের মধ্য দিয়ে নীচে পড়ে। **the nets** (ক্রিকেট) অনুশীলনের জন্য জালে ঘেরা স্থানে বসানো উইকেট। ˈ**net·work** *n* **(ক)** পরস্পরচ্ছেদী রেখার জটিল সংশ্রয় (সিস্টেম): a network of railway/canals. **(খ)** সম্পর্কিত বা সম্বন্ধযুক্ত সংশ্রয় (সিস্টেম): an intelligence/spy network. □*vt* ১ জাল দিয়ে (মাছ, পশু ইত্যাদি) ধরা। ২ জাল দিয়ে ঢাকা (যেমন গাছের ফল)। ৩ জাল ফেলা: net a river.

net[2], **nett** [নেট্] *adj* অবশিষ্ট, যার থেকে আর কিছুই বাদ দেওয়ার নেই; শুদ্ধ; নিট: net price; net profit, খরচাদি বাদে; net weight, আধার ইত্যাদির ওজন বাদে। □*vt* (-tt-) নিট/ছাঁকা মুনাফা লাভ করা।

nether [ˈনেদা(র্)] *adj* ১ (পুরা.) নিম্নস্থ: the ~ regions/world, পাতাল; প্রেতলোক; নরক। ২ (রসিকতার ভঙ্গি) ~ garments, অধোবাস; ট্রাউজার্স। **~·most** [-মৌস্‌ট্] *adj* নিম্নতম।

Neth·er·lander [ˈনেদ়াল্যান্ডা(র্)] *n* ওলন্দাজ
nett, দ্র. net[2].
net·ting [ˈনেটিঙ্] *n* [U] ১ জাল বোনার কাজ; জালের ব্যবহার। ২ সুতা, দড়ি বা তারের জাল: five metres of wire ~; windows screened with ~.
nettle [ˈনেট্ল্] *n* [C] বিছুটি। ˈ**~-rash** *n* আমবাত।
net·work, দ্র. net[1].
neu·ral [ˈনিউআরাল US ˈনুআরাল্] *adj* স্নায়ুসম্বন্ধী; স্নায়বীয়।
neu·ral·gia [নিউ আ'র্যাল্জা US নু-] *n* [U] (বিশেষত মুখ ও মাথার) স্নায়ুশূল; গৃধ্রশি। **neu·ral·gic** [নিউর‍্যাল্জিক্] *adj* স্নায়ুশূলঘটিত; স্নায়ুশূলগ্রস্ত।
neur·as·thenia [ˌনিউআরাস্ˈথীনিআ USˌনুরা-] *n* [U] স্নায়ুতন্ত্রের অবসন্ন অবস্থা; এতৎসংশ্লিষ্ট স্বাস্থ্যহীনতা ও সার্বিক দুর্বলতা; স্নায়বিক অবসন্নতা; স্নায়ুদৌর্বল্য। **neur·as·thenic** [-ˈথেনিক্] *adj* স্নায়ুদৌর্বল্যঘটিত; স্নায়ুদৌর্বল্যগ্রস্ত। □*n* স্নায়ুদৌর্বল্যগ্রস্ত (ব্যক্তি)।
neur·itis [নিউ আ'রাইটিস US নু-] *n* [U] স্নায়ুপ্রদাহ।
neur·ol·ogy [নিউ আ'রলজি US নু-] *n* [U] স্নায়ুবিদ্যা বা স্নায়ুবিজ্ঞান। **neur·ol·ogist** [নিউআ'রলাজিস্ট্ US নু-] *n* স্নায়ুবিদ; স্নায়ুবিজ্ঞানী।
neur·on, -one [ˈনিউআরান্ US নু-] *n* স্নায়ুতন্ত্রের মৌল একক; স্নায়ুকোষ।
neur·opath [নিউ আ'রৌপ্যাথ্ US নু] *n* স্নায়ুরোগে আক্রান্ত ব্যক্তি; স্নায়ুবিকারগ্রস্ত।
neur·osis [নিউ আরৌসিস্ US নূ-] *n* (*pl* -oses [-ˈরৌসীজ্] স্নায়ুতন্ত্রের বৈকল্য হেতু কিংবা অবচেতন মনঃস্থিত কোনো কারণে উদ্ভূত মনোবৈকল্য; স্নায়ুবৈকল্য; উদ্বায়ু। **neur·otic** [নিউআ'রটিক্ US নূ-] *adj* (ব্যক্তি সম্বন্ধ) স্নায়ুবৈকল্যগ্রস্ত; অস্বভাবী সংবেদনশীলতাসম্পন্ন; আবিষ্ট; খেপাটে।
neu·ter [ˈনিউটা(র্) US নূ-] *adj* ১ (ব্যাক.) ক্লীবলিঙ্গ বাচক। ২ (উদ্ভিদ সম্বন্ধে) পুরুষ বা স্ত্রী-অঙ্গ-বিহীন; ক্লীব। ৩ (শ্রমিক পিঁপড়া প্রভৃতি কীটপতঙ্গ সম্বন্ধে) নপুংসক; বন্ধ্য; নির্বীজ। □*n* ১ ক্লীবলিঙ্গ; ক্লীববিশেষ্য। ২ যৌনতার দিক থেকে অপরিণত কীট; নপুংসক কীট; ছিন্নমুষ্ক প্রাণী। □*vt* খাসি করা; মুষ্কচ্ছেদ করা।
neu·tral [ˈনিউট্রাল্ US ˈনূ-] *adj* ১ যুদ্ধে বা বিবাদে কোনো পক্ষকেই সাহায্য করে না এমন; নিরপেক্ষ। ২ নিরপেক্ষ দেশসম্বন্ধী; নিরপেক্ষ: ~ territory/ships. ৩ বিশেষ কোনো চারিত্র নেই এমন; স্পষ্টভাবে এটাও নয় ওটাও নয় (যেমন রং সম্বন্ধে): ~ tints. ৪ (রস.) অম্লও নয় ক্ষারীয়ও নয়; প্রশমিত। ৫ (গিয়ার সম্বন্ধে) কোনো শক্তিই প্রেরিত হয় না এমন অবস্থাসম্বন্ধী; নিষ্ক্রিয়: ~ gear. □*n* নিরপেক্ষ ব্যক্তি/দেশ ইত্যাদি; গিয়ারের নিষ্ক্রিয় অবস্থা: slip the gears into ~. **~·ity** [নিউট্রালাটি US নূ-] [U] বিশেষত যুদ্ধে নিরপেক্ষতা: armed ~, আক্রান্ত হলে যুদ্ধ করতে প্রস্তুত, কিন্তু আক্রান্ত না হওয়া পর্যন্ত নিরপেক্ষতা; সশস্ত্র নিরপেক্ষতা। **~·ize** [-লাইজ্] *vt* ১ নিরপেক্ষ করা; (চুক্তির মাধ্যমে) নিরপেক্ষ বলে ঘোষণা করা; যুদ্ধবিগ্রহ থেকে নিষ্কৃতি দেওয়া। ২ ক্রিয়া নষ্ট করা; নিষ্ক্রিয় করা: ~ize a poison. **~·iz·ation** [ˈনিউট্রালাইˈজেইশ্ন্ US -লিজেই-] *n* প্রশমন; নিষ্ক্রিয়করণ; নিরপেক্ষকরণ।
neu·tron [ˈনিউট্রন US ˈনূ-] *n* পরমাণুকেন্দ্রের অংশীভূত বৈদ্যুতিক আধানহীন কণিকা যার ভর প্রোটনের প্রায় সমান; নিউট্রন। ˈ**~ bomb** *n* নিউট্রন বোমা, এ বোমা তীব্র রশ্মিবিকিরণে মানুষ হত্যা করে, কিন্তু ঘরবাড়ির বিশেষ ক্ষতিসাধন করে না, দীর্ঘস্থায়ী তেজস্ক্রিয় দূষণও সৃষ্টি করে না।
never [ˈনেভা(র্)] *adv* ১ কখনো না; কোনোক্রমেই না। ২(not-এর গুরুত্বসূচক বিকল্প হিসাবে ব্যবহৃত): That will ~ work, ওতে আদৌ কোনো কাজ হবে না। ৩ (phrase) **Well, I ˈ~ (did) !** বিস্ময়সূচক। **N~ mind** কিছু ভাববেন না। **the ˌN~ ˈN~ Land** কাল্পনিক দেশ; কল্পনার রাজ্য। **on the ˌ~-ˈ~** (অপ.) কিস্তিবন্দিতে: buy sth on the ~-~. **~·more** [ˌনেভাˈমো°(র্)] *adv* আর কখনো না; আর নয়।
never·the·less [ˌনেভাদ়াˈলেস্] *adv,conj* তথাপি; তবু; তা সত্ত্বেও; তত্রাচ।
new [নিউ US নূ] *adj* (-er, -est) ১ আগে ছিল না এমন; নূতন; নতুন; নব; নব্য; নবীন; অভিনব; সাম্প্রতিক; অধুনাতন; ইদানীন্তন; অর্বাচীন: a new school/book/invention. **new look,** দ্র. look[2](২). **the New Testament** (সং. NT) বাইবেলের দ্বিতীয় অংশ। ২ আগে থেকেই ছিল; তবে এখনমাত্র দৃষ্ট; আবিষ্কৃত ইত্যাদি; নতুন: discover a new satellite of the Saturn. **the New World** উত্তর ও দক্ষিণ আমেরিকা। ৩ **new to** (কোনো স্থান, পেশা ইত্যাদির সঙ্গে) অপরিচিত; অনভ্যস্ত: She is new to this place. **new from** সদ্য আগত/উপস্থিত: an executive ~ from university. ৪ (*def art*-সহ) পরবর্তী; আধুনিক; ভিন্ন চরিত্রের; নব্য; অধুনাতম: **the new poor/rich** (সামাজিক পরিবর্তন ইত্যাদির দরুন) অধুনাতন দরিদ্র/ নব্য ধনী। **the new woman** (বিশ শতকের প্রথমার্ধে প্রচলিত অর্থে) স্বাধীনতা; সামাজিক মুক্তি ইত্যাদির অভিকাঙ্ক্ষা বা সুবিধাপ্রাপ্ত নারী; আধুনিক নারী। **a new deal,** দ্র. deal[4] (১). ৫ নতুন করে আরব্ধ; নতুন; নব। **lead a new life** (পুরাতন অভ্যাস ইত্যাদি ছেড়ে দিয়ে) নতুন জীবন শুরু করা। **a/the new moon** অমাবস্যা। **with sb a Happy New Year** নববর্ষের শুভকামনা করা। **New Year's Day** নববর্ষের দিন, অর্থাৎ ১লা জানুয়ারি। **New Year's Eve** নববর্ষের পূর্বসন্ধ্যা; ৩১ ডিসেম্বর। □*adv* সদ্য; সম্প্রতি; হালে; ইদানীং; অধুনা: a newborn baby, সদ্যোজাত শিশু; new-laid eggs, সদ্য-পাড়া ডিম; new-fallen snow, সদ্য-পড়া বরফ। ˈ**new-comer** *n* নবাগত (ব্যক্তি)। ˌ**new-ˈfangled** [-ˈফ্যাঙ্গ্ল্ড্] *adj* সদ্য-প্রচলিত; নবোদ্ভাবিত (এবং সে কারণে কারো কারো বিরাগভাজন): new-fangled ideas about politics. **new·ly** *adv* ১ সম্প্রতি; ইদানীং; অধুনা; হালে: a newly married couple. ˈ**newly-wed** *n* নবপরিণীত (ব্যক্তি)। ২ নতুনভাবে; ভিন্নভাবে: newly arranged furniture. **new·ness** *n* নতুনত্ব; অভিনবত্ব।
newel [ˈনিউআল্ US ˈনূআল্] *n* ১ পেঁচানো সিঁড়ির কেন্দ্রীয় স্তম্ভ। ২ সিঁড়ির শীর্ষদেশে; তলদেশে কিংবা মোড়ের কাছে পরিক্ষেপের (রেলিং) আলম্ব-স্তম্ভ।
news [নিউজ্ US নূজ্] *n sing* [U] খবর; সমাচার; সংবাদ; বার্তা: Molly is in the ~, তাকে নিয়ে কাগজে লেখালেখি হচ্ছে। ˌ**No ~ is ˈgood ~** (প্রবাদ) কোনো খবর না থাকাটাই সুখবর (দুঃসংবাদ অজ্ঞাত থাকে না)। ˈ**~·agent** *n* সংবাদপত্র বিক্রেতা। ˈ**~ agency** *n* সংবাদ সংগ্রহ এবং সংবাদপত্রে তা বিক্রি করার প্রতিষ্ঠান; সংবাদ-

মাধ্যম। ˈ~·boy *n* খবর কাগজের ফেরিওয়ালা। ˈ~·cast *n* সংবাদ প্রচার। ˈ~·caster *n* সংবাদ পাঠক/পাঠিকা। ˈ~·cinema/theatre যে প্রেক্ষাগৃহে সংবাদচিত্র, কার্টুন ও স্বল্পদৈর্ঘ্য ছায়াছবি দেখানো হয়; সংবাদ-প্রেক্ষালয়। ˈ~·dealer US = ~agent. ˈ~·letter *n* সমিতি ইত্যাদির সদস্যদের কাছে প্রেরিত পত্র বা পরিপত্র; সংবাদ-প্রজ্ঞপ্তি। ˈ~-monger *n* সংবাদ রটনাকারী; খবরবাজ; রটনাজীবী। ˈ~·paper [ˈনিউস্‌পেইপা(র্) US নূজ্‌-] *n* সংবাদপত্র; খবরের কাগজ। ˈ~·paper·man [-ম্যান্] *n* সাংবাদিক; বার্তিক। ˈ~·print *n* [U] সংবাদপত্র ছাপানোর কাগজ; নিউজপ্রিন্ট। ˈ~·reader *n* সংবাদপাঠক/পাঠিকা। ˈ~·reel *n* সাম্প্রতিক ঘটনাবলীর চলচ্চিত্র; সংবাদচিত্র। ˈ~·room *n* (গ্রন্থাগার ইত্যাদিতে) সংবাদপত্র পাঠকক্ষ। ˈ~·sheet *n* খবরের কাগজের সাদাসিধা রূপ; খবরের পাতা। ˈ~·stand *n* সংবাদপত্র ইত্যাদি বিক্রয়ের স্টল। ˈ~·vendor *n* সংবাদপত্র -বিক্রেতা। ~·worthy *adj* সংবাদপত্র ইত্যাদিতে প্রচারিত হওয়ার মতো কৌতূহলোদ্দীপক; খবরোপযোগী। ~·less *adj* সংবাদহীন; নিঃসংবাদ। ~y *adj* (কথ্য) সংবাদ বা গুজব পরিপূর্ণ; খবুরে: a ~y letter.

newt [নিউট্ US নূট্] *n* গোসাপ; গোধিকা।

New·to·nian [নিউˈটৌনিঅন্ US নূ-] *adj* স্যার আইজাক নিউটন (১৬৪২-১৭২৭) এবং তাঁর তত্ত্ব; বিশেষত তাঁর অভিকর্ষ-তত্ত্ব সম্বন্ধী; নিউটনীয়।

next [নেক্‌স্‌ট্] *adj,n* ১ ~ **(to sth/sb)** পরবর্তী; নিকটতম; সন্নিহিত; পরেরটা: He sat down ~ to me, আমার পাশে। **the ~ best (thing)** পরের উত্তম জিনিসটি। **~ to nothing** প্রায় কিছুই না: You've eaten ~ to nothing. **~ door** পাশের বাড়ির: ~-door neighbours. **~ door to** (লাক্ষ.) প্রায়; কাছাকাছি; সমতুল্য। **next of kin,** দ্র. kin. ২ (সময় সম্বন্ধে) পরবর্তী; আসছে: I'll see him ~ Sunday/ week/year. □*adv* ১ এরপর; তারপর; তখন: What is he going to say ~? **come ~** পরে আসা: What comes ~? তারপর কোনটা? ২ বিস্ময়সূচক: What will he be saying ~? □*prep* (পুরা) = next to.

nexus [ˈনেক্‌সাস্] *n (pl* -es [-সাসিজ্] সংযোগ; বন্ধন; সম্বন্ধ; পরম্পরসম্বন্ধ শ্রেণী।

nib [নিব্] *n* (কলমের) নিব।

nibble [ˈনিব্‌ল্] *vt,vi* ~ **at** ১ ঠোকরানো; খোঁটা; খুঁটে খাওয়া: fish nibbling (at) the bait. ২ (লাক্ষ.) (কোনো প্রস্তাব) গ্রহণ করবার ঈষৎ প্রবণতা দেখানো। □*n* [C] ঠোকর; খোঁটা।

nice [নাইস্] *adj* (-r, -st) ১ (nasty-র বিপরীত) সুন্দর; প্রীতিকর; চমৎকার; সুস্বাদু; সহৃদয়; শোভন; রমণীয়; সুকুমার: a ~ day; a ~ little girl; ~ to the taste. **~ and+***adj* সুন্দর; কারণ ...: ~ and cool by the lake. ২ সূক্ষ্ম: a ~ point of law. ৩ (বক্রোক্তি) কঠিন; চমৎকার: A ~ mess you've made of it. ৪ খুঁতখুঁতে; রুচিবাগীশ: too ~ in one's dress. ৫ বিবেকী; বিবেকবুদ্ধিসম্পন্ন; বিবেকপীড়িত: He's not too ~ in his business dealings. ~·ly *adv* ১ সুন্দরভাবে ইত্যাদি। ২ (কথ্য) চমৎকারভাবে: This will suit her ~ly.

nicety [ˈনাইসাটি] *n (pl* -ties) ১ [U] যাথাতথ্য; সূক্ষ্মতা: ~ of judgement. ২ [C] সূক্ষ্ম ভেদাভেদ: the niceties of criticism. **to a ~** একদম যথাযথভাবে/নির্ভুলভাবে: He calculated the volume to a ~.

niche [নিচ্] *n* [C] মূর্তি, অলঙ্কার ইত্যাদি রাখার জন্য দেয়ালের (সাধা. অগভীর) কোটর/ফোঁকর; কুলুঙ্গি। **have a ~ in the temple of fame** যশোমন্দিরে একটি স্থায়ী আসন লাভ করা। ২ (লাক্ষ.) যথাযোগ্য/মানানসই/উপযুক্ত পদ বা মর্যাদা।

nick[1] [নিক্] *n* ১ (রেকর্ড ইত্যাদিতে কাটা) v-আকৃতির খাঁজ। ২ **in the ~ of time** ঠিক সময়মতো; সন্ধিক্ষণে। ৩ **in the ~** (অপ.) কয়েদখানায়; শ্রীঘরে। □*vt* খাঁজ কাটা: ~ one's chin (দাড়ি চাঁছার সময়)।

nick[2] [নিক্] *n* (অপ.) (কেবলমাত্র) **in good/poor ~** ভালো/খারাপ অবস্থায় বা স্বাস্থ্যে।

Nick [নিক্] *n* Nicholar-এর সংক্ষেপ। **Old N~** শয়তান।

nickel [ˈনিকল্] *n* ১ [U] (রস.) রজতশুভ্র কঠিন ধাতুবিশেষ (প্রতীক Ni); নিকেল। ২ মার্কিন মুদ্রাবিশেষ, যার মূল্য ৫ সেন্ট। □*vt* (-ll-, US = -l-) নিকেলের প্রলেপ দেওয়া।

nick·nack [নিক্‌ন্যাক্] = knick-Knack.

nick·name [ˈনিক্‌নেইম্] *n* প্রকৃত নামের অতিরিক্ত/পরিবর্তে দেওয়া বিকৃত নাম; উপনাম। □*vt* উপনাম দেওয়া।

nic·otine [ˈনিকাটীন্] *n* [U] তামাক পাতায় উপস্থিত বিষাক্ত তৈলাক্ত পদার্থবিশেষ; নিকোটিন।

nic·tate [ˈনিক্‌টেইট্], **nic·ti·tate** [ˈনিক্‌টিটেইট্] *vi* চোখ টেপা।

nidi·fi·cate [ˈনিডিফিকেইট], **nid·ify** [ˈনিডিফাই] *vi* (পাখির) বাসা বানানো।

nidus [নাইডাস্] *n* কীটপতঙ্গের ডিম পাড়ার স্থান; বীজ ইত্যাদির অঙ্কুরোদ্গমের স্থান; রোগ ইত্যাদির উদ্ভব বা বিকাশের স্থান; কোনো বস্তু জমা রাখা বা ন্যস্ত করার স্থান; বাসা।

niece [নীস্] *n* ভ্রাতুষ্পুত্রী বা ভাগিনেয়ী।

niff [নিফ্] (GB অপ.) গন্ধ; দুর্গন্ধ। **~y** *adj* (অপ.) দুর্গন্ধ।

nifty [নিফ্‌টি] *adj* (অপ.) ১ কেতাদুরস্ত; লবেদার; ফিটফাট; ছিমছাম। ২ দুর্গন্ধযুক্ত। ৩ চটপটে; ক্ষিপ্র; কর্মক্ষম; কর্মিষ্ঠ: Look ~.

nig·gard [ˈনিগাড্] নীচাশয় কৃপণ ব্যক্তি; পিশাচ। **~·ly** অনিচ্ছাকৃতভাবে সামান্য পরিমাণে প্রদত্ত বা প্রদান করে এমন; কৃপণোচিত: ~ly contributions. **~·li·ness** *n* কৃপণতা; ব্যয়কুণ্ঠতা।

nig·ger [ˈনিগা(র্)] *n* (নিষেধ) (অশিষ্ট এবং অপমানকর শব্দ) ফেলো; নিগ্রো।

niggle [ˈনিগ্‌ল্] *vi* তুচ্ছ খুঁটিনাটি বিষয়ে অধিক সময় বা মনোযোগ দেওয়া; সামান্য ব্যাপারে অভিযোগ করা; খুঁত খুঁত করা। **nig·gling** *adj* তুচ্ছ; সামান্য; সঙ্কীর্ণ।

nigh [নাই] *adv,prep* (-er, -est) (পুরা. এবং কাব্যিক) কাছাকাছি; নিকটে।

night [নাইট্] *n* [C, U] ১ রাত; রাত্রি; নিশা; যামিনী। **~ after ~** রাতের পর রাত। **all ~ (long)** সারা রাত (ধরে)। **~ and day** ক্রমাগত; রাত্রিদিন। **at ~** রাতের বেলা; রাতে; রাত্রিবেলা: 9 O'clock at ~, রাত নটা। **by ~** রাতে; রাত্রিকালে। **get/have/take a ~ off** (গতানুগতিক কাজ থেকে) এক রাতের ছুটি পাওয়া/নেওয়া। **have a good/bad ~** সুনিদ্রা হওয়া/নিদ্রাহীন রাত কাটানো। **have a ~ out** বাইরে

আনন্দ করে রাত কাটানো (যেমন বাইরে ভোজন করে, তার পর সিনেমা দেখে)। **make a ~ of it** সারারাত (বিশেষত পার্টিতে) আমোদ–ফুর্তি করে কাটানো। **turn ~ into day** দিনের কাজ রাতে করা; রাতকে দিন করা। **work ~s** রাতের পালায় কাজ করা। দ্র. shift[1] (২). ২ (যৌগশব্দ) **ˈ~-bell** *n* রাতের ঘণ্টা (যেমন চিকিৎসকের বাড়ির সদর দরজায় থাকে)। **ˈ~-bird** *n* (ক) নিশাচর পাখি (যেমন পেঁচা)। (খ) রাতের বেলায় ঘুরে বেড়ানো (সাধা. গর্হিত) ব্যক্তি; নিশাচর; রাতের পাখি। **ˈ~·cap** (ক) (আগেকার দিনে) শয্যায় পরবার টুপি। (খ) শোবার আগে পেয় (সাধা. সুরাজাতীয়) পানীয়। **ˈ~·club** *n* সদস্যদের নাচ, পানাহার বিনোদন ইত্যাদির জন্য ঊষাকাল পর্যন্ত খোলা ক্লাব; নৈশ ক্লাব। **ˈ~·dress** *n* শোবার সময় মহিলা ও শিশুদের পরিধেয় দীর্ঘ, ঢিলা পোশাকবিশেষ; নৈশবাস। **~·fall** *n* [U] সন্ধ্যা; সন্ধ্যাগম; দিবাবসান। **~·gown** *n* = ~dress. **~ie, ~y** *n* (কথ্য) = ~ dress. **~·jar** *n* সোয়ালোসদৃশ দ্রুতগামী পাখিবিশেষ। **ˈ~ life** *n* [U] কোনো শহরে অধিক রাত পর্যন্ত উপভোগ্য আমোদপ্রমোদের ব্যবস্থা, যেমন ক্যাবারে, নৈশক্লাব ইত্যাদি; নৈশ জীবন। **ˈ~-light** *n* (বিশেষত শিশু ও রুগ্ণ ব্যক্তির জন্য) রাতের বেলা শোবার ঘরে জ্বালানো বাতি; রাতের আলো। **ˈ~-line** *n* রাতের বেলা নদী, সরোবর ইত্যাদিতে মাছ ধরার জন্য পাতা টোপযুক্ত বড়শি; রাতের বড়শি। **ˈ~-long** *adj* রাতভর; রাত্রিব্যাপী। **ˈ~·mare** [–মেআ(র্)] *n* [C] (ক) দুঃস্বপ্ন। (খ) বদ্ধমূল আতঙ্ক; ভীতিকর বস্তু; ভয়াবহ অভিজ্ঞতা বা অভিজ্ঞতার স্মৃতি; দুঃস্বপ্ন। **ˈ~-porter** *n* (হোটেলে) রাতের দায়িত্বে নিযুক্ত মুটে; রাতের মুটে। **ˈ~ safe** *n* ব্যাংকের দেয়ালে চিঠির বাক্সের মতো ব্যবস্থা, যাতে ব্যাংক বন্ধ হয়ে যাওয়ার পরেও টাকাকড়ি, মূল্যবান সামগ্রী ইত্যাদি ন্যস্ত করা যায়; নৈশ সিন্দুক। **ˈ~ school** *n* নৈশ বিদ্যালয়। **ˈ~·shade** *n* বৈঁচি–জাতীয় বিষাক্ত ফলোৎপাদক বিভিন্ন বুনো গাছড়া; কন্টিকারী। **ˈ~ shift** *n* দ্র. shift[1](২). **ˈ~·shirt** *n* শোবার সময়ে পরার জন্য পুরুষের লম্বা শার্টবিশেষ; রাতের জামা। **ˈ~-soil** *n* পায়খানা, নর্দমা ইত্যাদি থেকে রাতের বেলা সরানো ময়লা; রাতের ময়লা। **ˈ~ stop** *n* **ˈ~-stop** *n* এক রাতের যাত্রাবিরতি। **ˈ~-time** *n* রাতের বেলা; রাত্রিকাল। **ˌ~-ˈwatch** *n* নৈশপ্রহরা; নৈশপ্রহরী(গণ)। **ˌ~-ˈwatchman** [–মান্] *n* (*pl* -men) নৈশ প্রহরী। **in the ~-watches** রাতের উন্নিদ্র; অস্থির উদ্বিগ্ন প্রহরে। **ˈ~-work** *n* যে কাজ রাত্রিতে করা হয় না করতে হয়; রাতের কাজ। **~·ly** *adj* নৈশ; প্রতিরাতে; রাত্রিকালে: ~ly performances; a variety show twice ~ly.

night·in·gale [ˈনাইটিঙ্গেইল্ US -টঙ্গে ইল্] *n* ক্ষুদ্র লালচে বাদামি রঙের যাযাবর গায়কপাখিবিশেষ; নাইটিংগেইল।

ni·hil·ism [ˈনাইইলিজ়াম্] *n* [U] চলতি রাজনৈতিক প্রতিষ্ঠানসমূহ এবং ধর্মীয় ও নৈতিক বিশ্বাসের সম্পূর্ণ প্রত্যাখ্যান; নাস্তিবাদ। **ni·hil·ist** [–লিস্ট্] *n* নাস্তিবাদী। **ni·hil·is·tic** [ˌনাইইলিস্টিক্] *adj* নাস্তিবাদী।

nil [নিল্] *n* কিছুই না; শূন্য; নাস্তি।

nimble [ˈনিম্ব্ল্] *adj* ১ ক্ষিপ্রগামী; চপল চরণ: as ~ as a deer. ২ (মন সম্বন্ধে) তীক্ষ্ণ; তুখোড়; ক্ষিপ্র। **nim·bly** [ˈনিম্ব্লি] *adv* ক্ষিপ্রগতিতে। **~·ness** *n* ক্ষিপ্রতা; তীক্ষ্ণতা।

nim·bus [ˈনিম্বাস্] *n* (*pl* -es [বাসিজ়্]), -bi [–বা ই]) ১ (চিত্রাদিতে) সন্তদের মাথার উপরে বা চারপাশ ঘিরে উজ্জ্বল বৃত্তবিশেষ; জ্যোতিশ্চক্র। দ্র. halo. ২ জলভরা মেঘ।

niminy·piminy [ˈনিমিনি ˈপিমিনি] *adj* ভড়ংদার; পরিপাটি।

nin·com·poop [ˈনিঙ্কাম্পূপ্] *n* নির্বোধ জড়ধী ব্যক্তি; হাঁদারাম।

nine [নাই ন্] *n,adj* নয়। দ্র. পরি. ৪। **a ~-day's wonder** এমন কোনো বস্তু যা কয়েক দিনের জন্য মনোযোগ আকর্ষণ করার পর মন থেকে মুছে যায়। **dressed up to the ~s** জবড়জং সাজপোশাকে সজ্জিত। **~ times out of ten** প্রায়শ। **nine·pence** [ˈনাইন্পান্স্ US –ন্পেন্স্] *n* **nine·penny** [না ইন্পানি US -ন্পেনি] *adj* **~·teen** [ˌনাইন্টীন্] *n,adj* উনিশ। **(talk) ~teen to the dozen** অনবরত (কথা বলা)। **~·teenth** [ˌনাইন্টীন্থ্] *n,adj* উনিশতম; উনিশের এক ভাগ। **~ ti·eth** [ˈনাইনটিআথ্] *n,adj* নবতিতম; নব্বুইয়ের এক ভাগ। **~ty** [ˈনাইন্টি] *n,adj* নব্বই। **~ty-~ times out of a hundred** প্রায় সর্বদা। **the ~ties** নব্বুইয়ের দশক। **ˈ~·fold** [ফৌল্ড্] *adj,adv* নয় গুণ। **ninth** [নাই ন্থ্] *n,adj* নবম; নয়ের এক ভাগ। **ninth·ly** *adv* নবমত।

nine·pins [ˈনাইন্পিনজ়্] *n pl (sing v*-সহ) ১ খেলাবিশেষ, এতে একটি বলকে মেঝের উপর দিয়ে বোতলাকৃতি নয়টি কাষ্ঠখণ্ডের দিকে গড়িয়ে দেওয়া হয়। দ্র. tenpins. ২ (*sing*) উক্ত কাষ্ঠখণ্ডের যে কোনো একটি। **go down like a ninepin** ধপাস/ধপ করে পড়া।

ninny [ˈনিনি] *n* (*pl* -nies) হাবা; বোকারাম।

nio·bium [ˌনাইˈঔবিআম্] *n* [U] (রস.) কোনো কোনো সঙ্কর ধাতুর ব্যবহৃত বিরল ধাতব মৌল (প্রতীক Nb); নিয়োবিয়ম।

nip [নিপ্] *vt,vi* ১ চিমটি কাটা; টিপে বা কামড়ে ধরা; ছেঁচা খাওয়া; ছাঁটা: I nipped my toe in the door. The lobster nipped her finger while she was swimming. to nip off the side shoots from plants; nip in the sides of a dress. ২ (তুষার, বাতাস ইত্যাদি সম্বন্ধে) নষ্ট করা; ক্ষতিসাধন করা। **nip sth in the bud** অঙ্কুরে বিনষ্ট করা; বৃদ্ধি ব্যাহত করা। ৩ কামড় বা চিমটি বসানো। ৪ (কথ্য) তাড়া করা: nip along. □[C] ১ চিমটি; খামচি; কামড়: a cold nip in the air, ঠাণ্ডা বাতাসের কামড়। ২ (বিশেষত উগ্র সুরাজাতীয়) স্বল্পপরিমাণ পানীয়; চিমটি: a nip of brandy.

nip·per [ˈনিপা(র্)] *n* ১ (*pl:* কথ্য) চিমটা; সাঁড়াশি, সন্না ইত্যাদি আঁকড়ে ধরার যন্ত্র; চিমটা। ২ (কাঁকড়া, চিংড়ি ইত্যাদির) দাঁড়া। ৩ (GB কথ্য) ছোট শিশু।

nipple [নিপ্ল্] *n* ১ (পুরুষ বা স্ত্রীলোকের) দুধের বোঁটা; স্তনাগ্র; চুচুক। তুল. অন্যান্য স্তন্যপায়ী প্রাণীর teat. ২ (teat অধিক প্রচলিত) শিশুর দুধের বোতলের রাবারের মুখ; চুচুক। ৩ চুচুকাকৃতি কোনো বস্তু: ˈgreasing ~.

Nip·pon·ese [ˌনিপাˈনীজ়্] *adj* নিপ্পনীয়; জাপানি।

nippy [ˈনিপি] *adj* (-ier, -iest) (কথ্য) ১ (GB) তীব্র/কনকনে ঠাণ্ডা। ২ চটপটে। **lock ~** চটপটে হওয়া।

nir·vana [নিআˈভা:না] *n* (বৌদ্ধধর্মে) নির্বাণ।

nisi [ˈনাইসাই] *conj* (লা. আইন.) যদি না: **decree ~** (বিবাহবিচ্ছেদ ইত্যাদির) ডিক্রি, যা নির্ধারিত সময়ের মধ্যে রদ করার কারণ দর্শাতে না পারলে বলবৎ।

Nis·sen hut [ˈনিস্‌ন্ হাট্] *n* বাঁধানো মেঝের উপর তোলা ঢেউতোলা লোহার পাতের পূর্বনির্মিত অর্ধবৃত্তাকার কুঁড়ে ঘর; নিস্‌ন্ কুটির।

nit[1] [নিট্] *n* উকুন কিংবা অন্য পরজীবী কীটের ডিম; নিকি।

nit[2] [নিট] *n* = nitwit.

ni·ter [ˈনাইটা(র্)] দ্র. nitre.

ni·trate [ˈনাইট্রেইট্] *n* নাইট্রিক অ্যাসিডের সঙ্গে কোনো ক্ষারের বিক্রিয়ার ফলে উৎপন্ন লবণ, বিশেষত সাররূপে ব্যবহৃত potassium ~ ও sodium ~; সোরা; যবক্ষার। (*pl*-এ 'বিভিন্ন ধরনের সোরা' বোঝায়)।

nitre (US = **niter**) [ˈনাইটা(র্)] *n* [U] পটাশিয়াম ও সোডিয়াম নাইট্রেট (saltpetre নামেও পরিচিত); সোরা; যবক্ষার।

ni·tric [ˈনাইট্রিক্] *adj* নাইট্রোজেনসম্বন্ধী বা নাইট্রোজেনঘটিত; যবক্ষারজানিক। ~ **acid** (HNO_3) স্বচ্ছ, বর্ণহীন, শক্তিশালী অ্যাসিডবিশেষ, যার প্রয়োগে সকল পদার্থই ক্ষয়প্রাপ্ত ও বিনষ্ট হয়; যবক্ষারজানিক অম্ল; নাইট্রিক অ্যাসিড।

ni·tro·chalk [ˌনাইট্রোˈচো°ক্] *n* [U] বসন্তকালের ঘাসের বৃদ্ধির সহায়ক সারবিশেষ (ক্যালসিয়াম কার্বনেট ও অ্যামোনিয়ম নাইট্রেটের মিশ্রণ)।

ni·tro·gen [ˈনাইট্রাজান্] *n* [U] (রস.) স্বাদ, গন্ধ ও বর্ণহীন গ্যাসবিশেষ (প্রতীক N), যা বায়ুমণ্ডলের প্রায় $\frac{৪}{৫}$ ভাগ; যবক্ষারজান; নাইট্রোজেন।

ni·tro·glycer·ine, -glycerin [ˌনাইট্রোˈগ্লিসরীন্ US -রিন্] [U] নাইট্রিক ও সালফিউরিক অ্যাসিডের মিশ্রণের সঙ্গে গ্লিসারিন যোগে তৈরি শক্তিশালী বিস্ফোরক; নাইট্রোগ্লিসারিন।

ni·trous [ˈনাইট্রাস্] *adj* সোরাসম্বন্ধী; সোরাঘটিত। ~ **oxide** (N_2O) গ্যাসবিশেষ, laughing gas বা 'হাসানে গ্যাস' নামেও পরিচিত, দাঁত উঠাবার সময় রোগীকে অজ্ঞান করার জন্য দন্তচিকিৎসকরা কখনো কখনো ব্যবহার করেন; সোরাঘটিত অক্সাইড।

nitty-gritty [ˌনিটি ˈগ্রিটি] *n* [U] **the** ~ (কথ্য) কোনো বিষয়ের মূল তথ্য; সারকথা।

nit·wit [ˈনিটউইট্] *n* (কথ্য) অল্পবুদ্ধি ব্যক্তি; জড়ধী। ~·**ed** [ˌনিট্ˈউইটিড্] *adj* অল্পবুদ্ধি।

nix[1] [নিক্স্] *n* (অপ.) কিছুই না।

nix[2] [নিক্স্] *n* জলচর এল্‌ফ (elf) বা বাসনাকৃতি পিশাচবিশেষ। দ্র. elf.

no [নৌ] *adj* ১ না; নয়; নেই ....: I have no money, আমার ... নেই; He had no friends, ... ছিল না। **no end of** (কথ্য) অপরিমিত; অঢেল; অগণিত: He has no end of good books. (লক্ষণীয় যে no সংখ্যা ও other-এর আগে বসে): No one man could have thought about it. No other person will do this. ২ কোনো শব্দের আগে বসে ঐ শব্দের উল্টোটা নির্দেশ করে; না, নয় ইত্যাদি: She's no relation of yours. She's no beauty. ৩ (there+be+no+gerund–এই ছাঁচে ব্যবহৃত হয়): There is no denying that, অস্বীকার করবার উপায় নেই। ৪ (পদলোপমূলক বাক্যে বা বাক্যাংশে): No smoking, ধূমপান নিষিদ্ধ। ৫ (বাক্যাংশে) **It's no go** (কথ্য) এ হবার নয়; চলবে না। **be no good/ use** অনর্থক/ নিষ্ফল/ বৃথা হওয়া। **be no wonder (that)** আশ্চর্য হবার কিছুই নেই (যে)। **by no means,** দ্র. means. **in ˈno time** অচিরে; অবিলম্বে। ˌ**no-ˈball** ক্রিকেটে অবৈধভাবে নিক্ষিপ্ত বল। ˌ**no-ˈgo area** (কথ্য) পুলিশ কিংবা নিরাপত্তা–বাহিনীর প্রবেশ রোধকল্পে ব্যারিকেড দেওয়া (সাধা. শহুরে) এলাকা; নিষিদ্ধপ্রবেশ এলাকা। ˈ**no-man's-land** (যুদ্ধকালে) বিবদমান দুই বাহিনীর শিবিরের মধ্যবর্তী ভূমি। ˈ**no one,** ˈ**no-one** *pron* = nobody. □*adv* ১ (comparatives-এর সঙ্গে ব্যবহৃত হয়): He's no better than...(= as good as). He has no more lessons to give. ২ (বাক্যাংশে) **no more...than,** দ্র. more (৫). **no such,** দ্র. such. ৩ **whether or no** = Whether or not: Whether or no you do your work, I'll do mine, তুমি কর' কি না কর,... ।□*particle* ১ না: 'Is it a holiday today? — 'No it isn't'. ২ (না–সূচক বাক্যে জোর দেওয়ার জন্য not বা nor-এর ব্যবহৃত হয়): One policeman couldn't catch him; no, nor a dozen. □*n* [C] অস্বীকৃতি; প্রত্যাখ্যান; না: The noes [নৌজ্] have it, না–এর দলই সংখ্যাগরিষ্ঠ।

nob [নব্] *n* (অপ.) অভিজাত সম্প্রদায়ের সদস্য; উচ্চপদমর্যাদাসম্পন্ন ব্যক্তি; কেষ্টবিষ্টু।

nobble [ˈনব্‌ল্] *vt* (GB অপ.) ১ ঘোড়দৌড়ে জেতার সম্ভাবনা হ্রাস করার জন্য কোনো ঘোড়ার উপর অন্যায় হস্তক্ষেপ করা। ২ (কথ্য) (কোনো সুবিধা লাভের উদ্দেশ্যে) মনোযোগ আকর্ষণ করা; অন্যায়ভাবে বা অসৎপন্থায় কিছু অর্জন করা।

Nobel Prize [নৌ ˌবেল ˈপ্রা ইজ্ ˌ] *n* নোবেল পুরস্কার।

no·bel·ium [ˌনৌবীলিঅম্] *n* [U] (রস.) কুরিয়াম থেকে কৃত্রিমভাবে প্রস্তুত মৌলবিশেষ (প্রতীক No); নৌবেলিয়ম।

no·bil·ity [নৌ ˈবিলাটি] *n* [U] ১ মহত্ত্ব; মহানুভবতা; মহামনস্বিতা; উচ্চমর্যাদা; আভিজাত্য; চিৎপ্রকর্ষ। ২ (সাধা. def art-সহ) অভিজাত–সম্প্রদায়; কুলীন সম্প্রদায়।

noble [ˈনৌব্‌ল্] *adj* ১ মহৎ; মহান; মহানুভব; উদারমতি; উন্নত হৃদয়; মহামনা; মহাভাগ; মহাপ্রাণ: ~ sentiments; a ~ mind, মহান হৃদয়। ˌ~ ˈ**minded** [ˈমাইন্‌ডিড্] *adj* উঁচুমনা; মহদন্তঃকরণ; উন্নতচেতা। ˌ~-ˈ**minded·ness** *n* মহানুভবতা। ২ অভিজাত; উচ্চবংশজাত; সম্ভ্রান্ত; উচ্চপদস্থ: a man of ~ birth/rank. ৩ বিশাল; বিস্ময়কর; চমৎকার: a monument built on a ~ scale; a ~ horse; ~ metals, বরধাতু। □*n* অভিজাত ব্যক্তি; অভিজন; কুলীনপদস্থ। ˈ~·**man** [-মান্] *n* (*pl* -men) (GB) ডিউক; ব্যারন; আর্ল; ভাইকাউন্ট প্রভৃতি পদমর্যাদার কোনো ব্যক্তি (=peer); অন্যান্য দেশে সমপদমর্যাদাসম্পন্ন ব্যক্তি। **nobly** [ˈনৌব্‌লি] *adv* মহানভাবে; মহানুভবতার সঙ্গে; অত্যুজ্জ্বলরূপে।

no·blesse [ˈনৌব্‌লেস্] *n* (ফ.) ˌ~ **Oˈblige** [অব্লিজ়্] (প্রবাদ) অধিকার দায়িত্ব আরোপ করে; উচ্চমর্যাদার উচ্চ দায়িত্ব।

no·body [ˈনৌবডি] *pron* (*pl* -dies) ১ কেউ না; কাউকে না: N~ knows him. N ~ else, অন্য কেউ। ২ (*sing*-এ *ind art*-সহ এবং *pl*-এ ব্যবহৃত) তুচ্ছ ব্যক্তি: She didn't deign to marry a ~ like Tom.

nock [নক্] *n* ছিলা লাগানোর জন্য ধনুকের প্রান্তস্থিত খাঁজ; ধনুকের ছিলায় বসানোর জন্য তীরের প্রান্তস্থিত খাঁজ। □*vt* (ধনুকে) তীর জোতা।

noc·tur·nal [নক্ 'টান্ল্] *adj* নৈশ; নিশাচর: ~ birds; a man of ~ habits.

noc·turne ['নক্টান্] *n* [C] ১ (ছবিতে) রাত্রিকালীন/নৈশ দৃশ্য। ২ কোমল; স্বপ্নিল সঙ্গীতাংশ।

nod [নড়] *vi,vt* (-dd-) ১ **nod (to/at)** সম্মতি বা অভিবাদন জানাতে ঈষৎ মাথা নাড়ানো, নোয়ানো বা হেলানো। **have a nodding acquaintance with,** দ্র. acquaintance. ২ **nod (off)** ঝিমানো; ঘুমন্ত বা আধা-ঘুমন্ত অবস্থায় যে রূপ ভুল হতে পারে সেই রকম ভুল করা: I caught the boy nodding. **Homer sometimes nods** (প্রবাদ) মহত্তম ব্যক্তিরাও ছোটখাট ভুলের ঊর্ধ্বে নন। ৩ মাথা নেড়ে নির্দেশ দেওয়া: She nodded approval. □*n* ১ মস্তকহেলন। ২ **the Land of Nod** নিদ্রা; ঘুমের দেশ। ৩ **on the ~** (US অপ.) ধারে; বাকিতে।

noddle ['নড্ল্] *n* (কথ্য) মাথা।

noddy [নডি] *n* ১ হাবাগবা লোক। ২ কালো রঙের উষ্ণমণ্ডলীয় সামুদ্রিক পাখিবিশেষ।

node [নৌড়] *n* ১ (উদ্ভিদ.) গাছের কাণ্ডের যে বিন্দুতে পাতা বা কুঁড়ি গজায়; পর্ব। ২ (পদার্থ.) কম্পমান বস্তুর বিরামবিন্দু বা বিরামরেখা। ৩ (লাক্ষ.) সংযোগস্থল।

no·dule ['নডিউল্ US 'নজূল] *n* ক্ষুদ্র গোলাকার দলা বা পিণ্ড; ক্ষুদ্র গ্রন্থি বা স্ফীতি। **nod·u·lar** [-লা(র্)], **nod·u·lat·ed** [-লেইটিড়] স্ফীতিযুক্ত; গ্রন্থিল।

nodus ['নৌডাস্] *n* গল্প ইত্যাদির প্লটে জটিলতা; গ্রন্থি; কূটপ্রশ্ন।

Noel [নৌ 'এল] *n* বড়োদিন।

nog[1] [নগ্] *n* কীলক; গোঁজ। □*vt* গোঁজ মারা।

nog[2] [নগ্] *n* পূর্ব অ্যাংলিয়াতে উৎপন্ন কড়া বিয়ারবিশেষ।

nog·gin ['নগিন্] *n* অল্প পরিমাণ; সাধা. $\frac{1}{8}$ পাইন্ট সুরা; (অপ.) মাথা।

no·how ['নৌহাঊ] *adv* (কথ্য) কোনোভাবেই নয়; আদৌ না।

noise [নয়জ়্] *n* [C, U] উচ্চ অপ্রীতিকর শব্দবিশেষত যদি তা বিশৃঙ্খল ও অনাকাঙ্ক্ষিত হয়; আওয়াজ; অতিশব্দ; উচ্চনাদ; গোলমাল; শোরগোল; হৈচৈ। **make a ~ (about sth)** হৈচৈ বাঁধানো। **make a '~ in the world** নাম করা; আলোচিত হওয়া। **a 'big ~** (অপ.) বিশিষ্ট ব্যক্তি; নামি লোক। □*vt* **~ sth abroad** সাধারণ্যে প্রচার করা; রটনা করা: It was ~ed abroad that she eloped with her lover. **~·less·ly** *adv* হৈচৈ শূন্য; নিঃশব্দ: with ~less steps. **~·less·ly** *adv* নিঃশব্দে। **~·less·ness** *n* হৈচৈ-শূন্যতা।

noi·some ['নয়সাম্] *adj* পীড়াদায়ক; (বিশেষত গন্ধ সম্বন্ধে) কদর্য; বীভৎস।

noisy ['নয়জ়ি] *adj* (-ier, -iest) ১ কোলাহলপূর্ণ; হৈচৈ পূর্ণ: ~ games; a ~ classroom. ২ কোলাহলপরায়ণ; কোলাহলপ্রিয়; হৈচৈ-প্রিয়: ~ children. **nois·ily** [-জ়িলি] *adv* হৈচৈ/ কোলাহল করে। **noisi·ness** *n* কোলাহলপূর্ণতা; কোলাহলপরায়ণতা।

no·mad ['নৌম্যাড়] *n* স্থায়ী আবাসহীন; একস্থান থেকে অন্যস্থানে নিরন্তর পরিভ্রমণশীল কোনো উপজাতির সদস্য; যাযাবর; বেদে। **~ic** [নৌ 'ম্যাডিক্] *adj* যাযাবর।

nom de plume [ˌনম্ ডা 'প্লূম্] *n* (*pl* noms [নম্] de plume) (ফ.) লেখকের ছদ্মনাম; তখল্লুস; কলমি নাম।

no·men·cla·ture [না 'মেনক্লাচা(র্) US 'নৌমেনক্লেইচার্] *n* [C](আনুষ্ঠা.) নামকরণপদ্ধতি; পরিভাষা; নামমালা: zoological ~; geographical ~.

nom·inal ['নমিন্ল্] *adj* ১ নামমাত্র: the ~ head of state. ২ অকিঞ্চিৎকর; তুচ্ছ; নামমাত্র: a ~ price. ৩ (ব্যাক.) বিশেষ্যসম্বন্ধী; নামসংক্রান্ত। **~·ly** [-নালি] *adv* নামেমাত্র।

nomi·nate ['নমিনেইট্] *vt* ১ **~ sb (for)** কোনো পদে নির্বাচনের জন্য মনোনয়ন দেওয়া: ~ sb for Mayor. ২ **~ sb (to)** নিয়োগ/নিযুক্ত করা। **nomi·nee** [ˌনমি'নী] *n* (কোনো পদে) নিযুক্ত/মনোনীত ব্যক্তি।

nomi·na·tion [ˌনমি'নেইশ্ন্] *n* ১ [U, C] মনোনয়ন; নিয়োজন। ২ [U] কোনো পদে কাউকে নিয়োগ করার অধিকার; নিয়োগাধিকার।

nomi·na·tive ['নামনাটিভ্] *adj,n* কর্তা; কর্তৃকারক; কর্তৃবাচক: the ~ case, কর্তৃকারক। দ্র. case[1] (৩).

nomi·nee [ˌনমিনী] *n* দ্র. nominate.

non- [ˌনন্] *pref* অ, অন, না ইত্যাদি: **ˌnon-ag'gression** *n* অনাক্রমণ: a ˌnon-ag'gression pact. **ˌnon-a'lignment** *n* জোটনিরপেক্ষতা। **ˌnon-'combatant** *n* (বিশেষত সেনাবাহিনীতে) যেসব কর্মচারী যুদ্ধে লিপ্ত হয় না (যেমন শল্যবিদ, যাজক); অযোদ্ধা। **ˌnon-com'missioned** *adj* (বিশেষত সার্জেন্ট, নায়েক প্রভৃতি পদের সামরিক কর্মকর্তাসম্বন্ধী) অনাযুক্তক। **ˌnon-com'mittal** *adj* কোনো নির্দিষ্ট পন্থা অবলম্বনে প্রতিশ্রুতিবদ্ধ নয় এমন; (বিবাদ ইত্যাদিতে) নিরপেক্ষ; অঙ্গীকারহীন। **ˌnon-com'pliance** *n* (আদেশ ইত্যাদি) অমান্যকরণ; অমান্যতা। **ˌnon-con'ductor** *n* (তাপ বা বিদ্যুৎ) অপরিবাহী **ˌnon-con'formist** *n* ১ যে ব্যক্তি সমাজের প্রচলিত মানের অনুবর্তী নয়; অননুবর্তী। ২ (ইংল্যান্ডে) সরকারি গির্জাসংগঠন (চার্চ অব ইংল্যান্ড) থেকে বিচ্ছিন্ন কোনো গোষ্ঠীর সদস্য; ভিন্নমতাশ্রয়ী। **ˌnon-con'formity** *n* ১ অননুবর্তিতা; অননুযায়িতা। ২ ভিন্নমতাশ্রয়ী সমাজ; ভিন্নমতাশ্রয়ীদের বিশ্বাস ও আচার-আচরণসমূহ। **ˌnon-con'tentious** *adj* কলহের সূত্রপাত করতে পারে এমন নয়; অবিসংবাদী। **ˌnon-coope'ration** *n* অসহযোগ; অসহযোগিতা। **ˌnon-de'livery** *n* অসম্প্রদান। **ˌnon-e'vent** *n* (কথ্য) আশানুরূপ পরিণতি লাভ করেনি এমন পরিকল্পিত ঘটনা; অঘটন। **ˌnon-e'xistence** *n* অনস্তিত্ব। **ˌnon-e'xistent** *adj* অস্তিত্বহীন। **ˌnon-'fiction** *n* কল্পনাপ্রসূত ঘটনা বা ব্যক্তি নিয়ে রচিত নয় এমন গদ্যরচনা; অকপোলকল্পিত রচনা। **ˌnon-'flammable** *adj* (সরকারি প্রয়োগ) অদাহ্য। **ˌnon-ful'filment** *n* অপূরণ। **ˌnon-inter'ference, ˌnon-ˌinter'vention** *nn* বিশেষত আন্তর্জাতিক ব্যাপারে অন্যদেশের কলহে হস্তক্ষেপ না করার নীতি ও রীতি। **ˌnon-'moral** *adj* নীতিসম্মত বা নীতিনিগর্হিত বলে বিবেচিত হতে পারে না এমন; অ-নৈতিক। **ˌnon-ob'servance** *n* (নিয়ম ইত্যাদি) পালনে ব্যর্থতা; অপালন। **ˌnon-'payment** *n* (ঋণ ইত্যাদি)

পরিশোধে ব্যর্থতা বা শৈথিল্য; অপরিশোধ। ˌ**non-ˈresident** *adj* অনাবাসিক। ❑*n* হোটেল ইত্যাদির অনাবাসিক খদ্দের। ˌ**non-ˈskid** *adj* (টায়ার সম্বন্ধে) পিছলে যাওয়ার ঝুঁকি হ্রাস করার ব্যবস্থাসহ পরিকল্পিত; অস্খলিত। ˌ**non-ˈsmoker** *n* অধূমপায়ী (ব্যক্তি); ধূমপানমুক্ত এলাকা (যে সব রেলগাড়ির কামরা)। ˌ**non-ˈstarter** *n* যে ঘোড়া দৌড়-প্রতিযোগিতার তালিকাভুক্ত কিন্তু দৌড়ে যোগ দেয় না; (লাক্ষ.) যে ব্যক্তির আরব্ধ কাজে সাফল্যলাভের কোনো সম্ভাবনা নেই। ˌ**non-ˈstick** *adj* (হাঁড়ি ইত্যাদি সম্বন্ধে) খাদ্যাদি তলায় লেগে যাবে না এমনভাবে তৈরি; অলগ্ন। ˌ**non-ˈstop** *adj,adv* বিরামহীন; বিরতিহীন; একটানা; বিরতিহীনভাবে। ˌ**non-ˈU** *adj*,দ্র. পরি. ২। ˌ**non-ˈunion** *adj* শ্রমিক সমিতির অন্তর্ভুক্ত নয় এমন; শ্রমিক সমিতির নিয়মকানুন মানে না এমন; সমিতিবহির্ভূত। ˌ**non-ˈviolence** *n* অহিংসা।

non·age [ˈনৌনিজ্] *n* [U] অপ্রাপ্তবয়স্কতা; নাবালকত্ব; অপরিপক্বতা।

nona·gen·ar·ian [ˌননাজিˈনেআরিআন্] *n,adj* ৮৯ থেকে ১০০ বৎসর বয়স্ক (ব্যক্তি); নবতিপর; নবতিপরবৃদ্ধ।

nonce [নন্স্] *n* (প্রা. প্র. কিংবা সাহিত্য.; কেবলমাত্র) **for the ~** আপাতত; এখনকার মতো। ˈ**~-word** *n* একক উপলক্ষে ব্যবহারের জন্য উদ্ভাবিত শব্দ; এককালীন শব্দ।

non·cha·lant [ˈননশালান্ট্] *adj* নির্লিপ্ত; উদাসীন; ভ্রূক্ষেপহীন; কুছপরোয়া নেই; উপেক্ষাপূর্ণ। **~·ly** *adv* নির্লিপ্তভাবে। **non·cha·lance** [–লান্স্] *n* [U] নির্লিপ্ততা; ঔদাসীন্য; কুছপরোয়া নেই ভাব।

non com·pos men·tis [ˌনন্ ˌকম্পাস্ ˈমেনটিস্] (লা.) (আইন.) মানসিকভাবে অসুস্থ বলে আইনত নির্দায়; (কথ্য) বিভ্রান্তচিত্ত।

non·de·script [ˈননডিস্ক্রিপ্ট্] *n,adj* সহজে শ্রেণীভুক্ত করা যায় না এমন (বস্তু বা ব্যক্তি); কিম্ভূতকিমাকার (বস্তু বা ব্যক্তি); অকুতলক্ষণ; সৃষ্টি ছাড়া।

none [নান্] *pron* ১ একটিও না; কোনোটা না: N~ of these shirts are yours. **~ the less** তথাপি; তা সত্ত্বেও; তবু। **~ but** কেবলমাত্র; শুধুমাত্র। **~ other than** উক্ত ব্যক্তি ছাড়া অন্য কেউ নয়; স্বয়ং: The visitor was ~ other than our deer poet. ২ (অনুজ্ঞাবাচক বাক্যের তুল্যমূল্য বাক্যে বা বাক্যাংশে) N~ of your delaying tricks. ৩ (সাহিত্য. বা আল. রচনাশৈলীতে *n* থেকে বিচ্ছিন্ন করে প্রয়োগ): We scanned the horizon anxiously, but ship there was none. ❑*adv* কোনোভাবেই না; কিছুমাত্র না; আদৌ না: I'm afraid we're ~ the richer for your contribution. **there are ˌ~ so ˌdeaf as those who will not ˈhear** (প্রবাদ) যারা শুনতে চায় না, তাদের মতো বধির আর নেই।

non·en·tity [নˈনেন্টাটি] *n* (*pl* -ties) [C] ১ গুরুত্বহীন ব্যক্তি; কেউকেটা। ২ যে বস্তুর কোনো অস্তিত্ব নেই কিংবা যা কেবলমাত্র কল্পনাশ্রয়ী; অবস্তু; অসত্তা।

none·such, non-such [ˈনান্সাচ্] *n* অতুলনীয় ব্যক্তি বা বস্তু; অপূর্ববস্তু; পুরুষোত্তম।

non-pareil [ˌনন্ পাˈরেইল US -ˈরেল] *adj,n* (আনুষ্ঠা.) অদ্বিতীয়/অতুলনীয়/অপ্রতিম ব্যক্তি বা বস্তু।

non·plus [নন্ ˈপ্লাস্] *vt* (-ss-, US -s-) (সাধা. passive) হতবুদ্ধি বা কিংকর্তব্যবিমূঢ় করা।

non·sense [ˈনন্সন্স্ US -সেন্স্] *n* (সাধা. [U]) অর্থহীন শব্দ; নির্বোধ কথাবার্তা, ধ্যানধারণা, আচরণ ইত্যাদি; বাজে কথা; আগড়ম বাগড়ম; আগড়বাগড়; আলাৎপালাৎ; যা-তা: Don't talk ~! **non·sen·si·cal** [নন্ ˈসেন্সিক্‌ল্] *adj* অর্থহীন; বাজে: ~ remarks.

non se·qui·tur [ˌনন্ ˈসেকোয়িট(র্)] *n* (লা.) (যুক্তিবিদ্যা) যে সিদ্ধান্ত অবয়ব অনুসরণে সিদ্ধ নয়; অবয়ববিরুদ্ধ অনুমান।

non·such, দ্র. nonesuch.

non·suit [ˈননসূট্] *n* (বাদী মামলার পক্ষে যথেষ্ট যুক্তিপ্রমাণ উপস্থাপন করতে না পারায় বিচারককর্তৃক) মামলা খারিজ।

noodle[1] [ˈনূড্‌ল্] *n* বোকা; হাবা।

noodle[2] [নূড্‌ল্] *n* (সাধা. *pl*) ময়দা ও পানি কিংবা ময়দা ও ডিম দিয়ে তৈরি দড়ির মতো সরু করে প্রস্তুত খাদ্যদ্রব্যবিশেষ; নুডল্স্।

nook [নুক্] *n* বিবিক্ত স্থান; কোণ; কোণাকাঞ্চি: search every ~ and cranny, সর্বত্র।

noon [নূন্] *n* দ্বিপ্রহর; দুপুর; মধ্যাহ্ন। ˈ**~·day** [–ডেই] ˈ**~·tide** [–টাইড্] *nn* = noon.

no-one, no one [ˈনৌ ওয়ান্] *pron* = nobody(১).

noose [নূস্] *n* ফাঁস: the hangman's ~, ফাঁসি। **put one's head in the ~** (লাক্ষ.) ফেঁসে যাওয়া; নিজের হাতে ফাঁস পরা। ❑*vt* ফাঁস দিয়ে ধরা; (দড়ি ইত্যাদি দিয়ে) ফাঁস বানানো।

nope [নৌপ্] *int* (অপ.) না।

nor [নো°(র্)] *conj* ১ (neither বা not-এর পরে) ...ওটাও না: I can eat neither meat nor fish. ২ ... ও না: He did not go; nor did I Nor was this all, এটাই সব নয়।

nor- [ˌনো°(র্)] *pref* দ্র. north.

Nor·dic [ˈনো° ডিক্] *n,adj* (বিশেষত স্ক্যান্ডিনেভিয়ায়) দীর্ঘকায়; স্বর্ণাভ কেশ ও নীলচক্ষুবিশিষ্ট য়োরোপীয় কিংবা তাদের সম্বন্ধী; উত্তরদেশীয়; উদীচ্য।

Nor·folk [ˈনো°ফাক্] *n* ইংল্যান্ডের কাউন্টি বা জেলাবিশেষ। **~ jacket** পুরুষের কোমরবন্ধযুক্ত ঢিলা জ্যাকেটবিশেষ; নর্ফক জ্যাকেট।

norm [নো°ম্] *n* ১ (কোনো গোষ্ঠীর প্রতিনিধিস্থানীয়) প্রতিরূপক বা টাইপ; মান; মানদণ্ড; আদর্শ। ২ (কোনো কোনো শিল্প প্রতিষ্ঠান ইত্যাদিতে) কোনো কার্যদিবসে প্রত্যাশিত বা আবশ্যিক কাজের পরিমাণ; নিয়ম: set the workers a ~; fulfil one's ~.

nor·mal [ˈনো°ম্‌ল্] *adj* নিয়মমাফিক; স্বাভাবিক; নৈয়মিক: the ~ temperatures of the human body. ˈ**~ school** (কোনো কোনো দেশে) সাধা. প্রাথমিক স্কুলের শিক্ষকদের প্রশিক্ষণ বিদ্যালয়। ❑*n* [U] প্রায়িক অবস্থা, স্তর, মান ইত্যাদি; স্বাভাবিক: above/below ~. **~·ly** [ˈনো° মালি] *adv* নিয়মমাফিক। **~·ity** [নো°ˈম্যালাটি], **~cy** [ˈনো°ম্‌ল্সি] *nn* [U] নৈয়মিকতা। **~·ize** [ˈনো°মালাইজ্] *vt* স্বাভাবিক/ নিয়মানুগ করা। **~·iz·ation** [ˌনো°মালাইˈজেইশন্ US -লিˈজেই –] *n* [U] স্বাভাবিকীকরণ; নিয়মানুগকরণ।

Nor·man [ˈনো° মান্] *n* নর্মান্ডির অধিবাসী; স্ক্যান্ডিনেভীয় ও ফ্রাংকিশ (জর্মন জাতির শাখাবিশেষ) জাতির মিশ্র বংশধর যারা আনুমানিক ৯ম শতাব্দীতে

নর্মান্ডিতে বসতি স্থাপন করে; নর্মন। □*adj* নর্মনজাতিসম্বন্ধী, বিশেষত ১১ শতকের ইংল্যান্ডবিজয়ী নর্মনদের সম্পর্কিত; নর্মন: the ~ conquest.

nor·ma·tive [ˈনো°মাটিভ্] *adj* মাননির্ধারক; নিয়মাত্মক: a ~ , prescriptive grammar.

Norse [নো°স্] *n* নরওয়েজীয়। □*adj* নরওয়েসম্বন্ধী; নরওয়েজীয়।

north [নো°থ্] *n* ১ উত্তরদিক; উদীচী। ২ (attrib) উত্তর: the ~ pole, উত্তরমেরু; the N~ star, ধ্রুব; ধ্রুবতারা; a ~ wind, উত্তুরে বায়ু; the ˈN~ Country, উত্তর ইংল্যান্ড। □*adv* উত্তরদিকে; উত্তরাভিমুখে: sailing ~. ˌ**~-ˈeast, ~-ˈwest** (সং. **NE, NW**) *nn,advv* (কখনো কখনো বিশেষত নৌ. **nor'-east** [ˌনৌ°রˈঈস্ট্], **nor'-west** [ˌনৌ°ˈওয়েস্ট্]) উত্তরপূর্ব/ উত্তরপশ্চিম (অঞ্চল)। **the ˌN~-west ˈPassage** আটলান্টিক থেকে প্রশান্ত মহাসাগরে যাওয়ার জন্য কানাডা ও আলাস্কার উপকূল বরাবর সমুদ্রপথ। ˌ**~-~-ˈeast,** ˌ**~-~-ˈwest** (সং. **NNE, NNW**) *nn,adjj* (কখনো কখনো, বিশেষত নৌ. **nor'-nor'-east** [নো° নো°র্ˈঈস্ট্], **nor'-nor'-west** [নো° নো°ˈওয়েস্ট্] উত্তর–উত্তরপূর্ব/উত্তর–উত্তরপশ্চিম (অঞ্চল)। ˌ**~-ˈeaster** *n* ঈশানের ঝড়। ˌ**~-ˈeaster·ly** *adj* (বায়ু সম্বন্ধে) ঈশান কোণ থেকে প্রবাহিত; (দিক সম্বন্ধে) ঈশান কোণ অভিমুখী। ˌ**~-ˈwester** *n* বায়ুকোণাগত ঝড়; কালবৈশাখী। ˌ**~-ˈwester·ly** *adj* (বায়ু সম্বন্ধে) বায়ুকোণ থেকে; (দিক সম্বন্ধে) বায়ুকোণ অভিমুখী। ˌ**~-ˈeastern** [-ˈঈস্টান্] *adj* ঈশানকোণস্থ; ঈশানের; ঈশানসম্বন্ধী। ˌ**~-ˈwestern** [-ˈওয়েস্টান্] *adj* বায়ুকোণস্থ; বায়ুকোণের; বায়ুকোণসম্বন্ধী। **~-wards** [ˈনো°থ্ওয়াড্জ্] *adv* উত্তরাভিমুখে।

north·er·ly [ˈনো°দ়ালি] *adj,adv* (বায়ুসম্বন্ধে) উত্তুরে; উত্তরাভিমুখে; উত্তর দিকে; উত্তরস্থ; উত্তরে।

north·ern [ˈনো°দ়ান্] *adj* উত্তরদিকসংক্রান্ত; উত্তরদিকস্থ; উত্তুরে: the ~ hemisphere, উত্তর গোলার্ধ। **the ~ lights** উদীচী ঊষা, সুমেরু প্রভা। **~er** [ˈনো°দ়ানা(র্)] *n* উত্তরাঞ্চলবাসী। **ˈ~-most** [-মৌস্ট্] *adj* সবচেয়ে উত্তরস্থিত।

Nor·we·gian [নো°ˈওয়ীজান্] *n,adj* নরওয়েজীয় (ভাষা ও মানুষ)।

nose[1] [নৌজ্] *n* ১ নাক; নাসা; নাসিকা; ঘ্রাণেন্দ্রিয়। **bite/snap sb's ~** (head অধিক প্রচলিত) **off** সক্রোধে কড়া জবাব দেওয়া। **count/tell ~s** (heads অধিক প্রচলিত) (বিশেষত ভোটের সময় সমর্থকদের) মাথা গোনা। **cut off one's ~ to spite one's face** নিজের নাক কেটে পরের যাত্রা ভঙ্গ করা। **follow one's ~** (সোজা) নাক বরাবর চলা; সহজাত প্রবৃত্তি দ্বারা চালিত হওয়া। **keep a person's ~ to the grindstone** নিরন্তর কঠিন পরিশ্রম করানো। **lead sb by the ~,** দ্র. lead (২). **look down one's ~ at sb** কারো সঙ্গে উদ্ধত আচরণ করা। **pay through the ~** অত্যধিক মূল্য দেওয়া। **poke/stick one's ~ into (sb else's business)** (অন্যের ব্যাপারে) নাক গলানো। **put sb's ˈ~ out of joint,** দ্র. joint[2] (২). **turn one's ˈ~ up at** ঘৃণায় নাসিকাকুঞ্চন করা; নাক সিঁটকানো। **as plain as the ~ on one's face** দিনের মতো পরিষ্কার; স্বতঃস্পষ্ট। **(right) under one's very ~** (ক) নাকের ডগায়: (খ) (বিরাগ বা অননুমোদনের পরোয়া না করে) মুখের উপর। ২ ঘ্রাণশক্তি; নাক: a dog with a good ~; (লাক্ষ.) a newsman with a ~ for news/scandal. ৩ আকৃতি বা অবস্থানে নাকসদৃশ কোনো বস্তু, যেমন পাইপ, ভস্ত্রা, বকযন্ত্র প্রভৃতির খোলা মুখ; বিমানের সবচেয়ে সম্মুখবর্তী অংশ। ৪ (যৌগশব্দ) **ˈ~-bag** *n* ঘোড়ার মুখের সামনে বাঁধা খাবারের (যব, ছোলা ইত্যাদি) থলে। **ˈ~-bleed** *n* নাসিকা থেকে রক্তস্রাব। **ˈ~-cone** *n* রকেট বা নিয়ন্ত্রিত ক্ষেপণাস্ত্রের (সাধা. বিযোজনযোগ্য) সবচেয়ে সম্মুখবর্তী অংশ; সম্মুখশঙ্কু। **ˈ~-dive** *n* বিমানের সোজা নিম্নমুখী অবতরণ; অধোমুখ ঝাঁপ। □*vi* (বিমান সম্বন্ধে) অধোমুখে ঝাঁপ দেওয়া। **ˈ~-flute** *n* (এশিয়ার কোনো কোনো দেশে ব্যবহৃত) নাক দিয়ে বাজাবার বাঁশি। **ˈ~-gay** *n* (বিশেষত সুগন্ধ) ফুলের তোড়া। **ˈ~-ring** *n* গবাদি পশুর নাকে লাগাবার আংটা; নাকের আংটা। **ˈ~-wheel** *n* বিমানের সম্মুখের চাকা। **-nosed** *suff* (যৌগশব্দে): red-~d, আরক্তনাসা; long-~d, উন্নস।

nose[2] [নৌজ্] *vt,vi* ১ সতর্কভাবে সামনে এগোনো; ঠেলে ঠেলে অগ্রসর হওয়া: The motor-launch ~ed its way through fishing nets. ২ **~ sth out** গন্ধ শুঁকে আবিষ্কার করা: The reporter ~ed out a scandal. ৩ **~ about (for sth)** (কোনো কিছুর) গন্ধ শুঁকে বেড়ানো; (লাক্ষ.) খুঁজে বেড়ানো; খোঁজাখুঁজি করা। **~ into sth** নাক গলানো: to ~ into other people's affairs.

nosey, nosy [ˈনৌজি] *adj* (-ier, -iest) *n* (অপ.) কৌতূহলপরায়ণ (লোক)। ˌ**~ ˈparker** *n* (কথ্য) কৌতূহলী লোক।

nosh [নশ্] *n* [U] (GB অপ.) খাবার। **ˈ~-up** *n* উত্তম আহার। □*vi* (কথ্য) খাওয়া।

noso·logy [নˈসলাজি] *n* রোগের শ্রেণীকরণ বিষয়ক বিদ্যা; রোগের শ্রেণীবিভাগ।

nos·tal·gia [নˈস্ট্যালজা] *n* [U] গৃহকাতরতা; অতীতবিধুরতা। **nos·tal·gic** [নˈস্ট্যালজিক্] *adj* গৃহকাতর; অতীতস্মৃতিবিধুর। **nos·tal·gi·cally** [-ক্লি] *adv* গৃহকাতরভাবে; স্মৃতিবিধুরভাবে।

nos·tril [ˈনস্ট্রাল্] *n* নাসারন্ধ্র।

nos·trum [ˈনস্ট্রাম্] *n* [C] (সাধা. অবজ্ঞাপূর্ণ) টোটকা (ঔষধ); হাতুড়ে ঔষধ; রাজনৈতিক ও সামাজিক সংস্কার–পরিকল্পনা (প্রতিপক্ষীয়রা যাকে হাতুড়ে চিকিৎসা বলেন)।

not [নট্] *adv* ১ (নঞর্থকতা প্রকাশ করার জন্য *anom fin vv*-এর সঙ্গে ব্যবহৃত হয়): is not; must not; has n't. ২ (nonfinite *vv*-এর ব্যবহৃত হয়): I advised him not to be too liberal with his money. ৩ (that-clause-এর তুল্যমূল্য হিসাবে কোনো কোনো v-এর পরে বসে, বিশেষত think, suppose, believe, expect, fear, fancy, trust, hope, seem, appear, be affraid-এর পরে): 'Are you coming tomorrow?' 'I'm afraid not' (=I am afraid that I'm not coming tomorrow). ৪ (কোনো কোনো বাক্যাংশে পদলোপী ব্যবহার) **as likely as not** সম্ভবত: She will be returning by the next week, as likely as not. **as soon as not,** দ্র. soon (৫). **not at all** [ˌনট্ আˈটো°ল্] ধন্যবাদ, স্বাস্থ্যসম্পর্কিত জিজ্ঞাসা ইত্যাদির শিষ্টাচারমূলক জবাব হিসাবে ব্যবহৃত আদৌ না: 'Thank you very much'—'Not at all' (ও কিছু না)। **not that** এমন নয় যে: If you ever give the boy money—not that I ever saw you giving it—you would be responsible for his perdition. **ˈnot but**

what তা সত্ত্বেও; তথাপি; যদিও: He can't lift that box; not but what a stronger man might be able to lift it. ৫ (কমিয়ে বলার সময়): not a few, অনেক; not seldom, প্রায়ই; not without reason, সঙ্গত কারণেই; not half, (অপ.) অতিমাত্রায়; in the not-so-distant past, নিকট অতীতে। ৬ (কোনো কিছুর অনুপস্থিতি, বা উল্টোটা নির্দেশ করতে ব্যবহৃত হয়): not here; not anything; not good/ beautiful.

nota bene [ˌনৌটা ˈবেনেই] *v* imper (লা.) (সং. **NB, nb** [ˌএন্ˈবী]) সতর্কতার সঙ্গে লক্ষ করুন; লক্ষণীয়।

no·table [ˈনৌটব্‌ল্] *adj* লক্ষণীয়; স্মরণীয়; উল্লেখযোগ্য; বিশিষ্ট: ~ artists/events. **no·tably** [ˈনৌটব্‌লি] *adv* লক্ষণীয়ভাবে ইত্যাদি। **nota·bil·ity** [ˌনৌটাˈবিলাটি] *n (pl ties)* ১ [U] উল্লেখযোগ্যতা; বিশিষ্টতা। ২ [C] উল্লেখযোগ্য/বিশিষ্ট ব্যক্তি।

no·tary [ˈনৌটারি] *n (pl* -ries) (প্রায়শ ˌ~ ˈ**public)** কিছু কিছু আইনঘটিত লেনদেন সম্পাদনের, বিশেষত আইনসম্মত দলিলাদি স্বাক্ষরিত হওয়ার সময় তাঁর প্রত্যক্ষদর্শিতা লিপিবদ্ধকরণের অধিকারসম্পন্ন কর্মকর্তাবিশেষ; লেখ্যপ্রমাণিক; নোটারি।

no·ta·tion [নৌ ˈটেইশ্‌ন্] *n* ১ [C] সংখ্যা, পরিমাণ, সুর ইত্যাদির প্রতিনিধিত্বমূলক সঙ্কেত বা প্রতীক ব্যবহারের পদ্ধতি; অঙ্কপাতন; স্বরলিপি। ২ উক্তরূপ সঙ্কেত বা প্রতীকের সাহায্যে সংখ্যা ইত্যাদির প্রতিরূপ অঙ্কন; সঙ্কেত-লেখন।

notch [নচ্] *n* (কোনো কিছুর উপর) v-আকৃতির কর্তন; খাঁজ; (US) গিরিসঙ্কট; গিরিপথ। □*vt* ১ (v-আকৃতির) খাঁজ কাটা। ২ ~ **up** (কথ্য) অর্জন/প্রতিষ্ঠা করা: ~ up a new record.

note[1] [নৌট্] *n* ১ স্মৃতিকে সাহায্য করার জন্য (তথ্য ইত্যাদির) সংক্ষিপ্ত বিবরণ; টোকা; নোট: to speak without ~s. ˈ**~·book** *n* টুকে রাখার জন্য খাতা; নোটবই। ২ ক্ষুদ্র চিঠি; চিঠা: an exchange of ~s between two governments. ˈ**~·paper** *n* [U] (বিশেষত ব্যক্তিগত) চিঠিপত্র লেখার কাগজ; চিঠির কাগজ। ৩ টীকা, টিপ্পনী। দ্র. foot[1](৮) ভুক্তিতে footnote. ৪ পর্যবেক্ষণ (লিখিত হতে হবে এমন কোনো কথা নেই): compare ~s with sb, মতামত, অভিজ্ঞতা ইত্যাদি বিনিময় করা। ৫ (US = bill) কাগজের টাকা; নোট: a £ 10 note. ৬ (সঙ্গীতের একক) সুর; স্বরলিপিতে সুরের সঙ্কেত; পিয়ানো, হার্মোনিয়ম ইত্যাদি যন্ত্রের এককেটি ঘাট। **sound a ~ of warning (against sb)** কোনো কিছুর বিরুদ্ধে সতর্কবাণী উচ্চারণ করা। **strike the right ~** বক্তা শ্রোতাদের অনুমোদন বা সহানুভূতি অর্জন করতে পারেন এমনভাবে কথা বলা। **strike/sound a false note** (লাক্ষ.) এমন কিছু করা বা বলা, যাতে মানুষের সহানুভূতি বা অনুমোদন থেকে বঞ্চিত হতে হয়। ৭ (বিশেষত কণ্ঠস্বরের) এমন কোনো গুণ যা কোনো কিছুর প্রকৃতি নির্দেশ করে (সাধা. *indef art*-সহ *sing*); সুর: Did you notice a ~ of condescension in his speech? ৮ [U] গুরুত্ব বিশিষ্টতা: a painter of ~, বিশিষ্ট চিত্রশিল্পী। ৯ [U] দৃষ্টি; মনোযোগ: worthy of ~, লক্ষণীয়; উল্লেখযোগ্য: take ~ of sth, লক্ষ করা; মনোযোগ দেওয়া।

note[2] [নৌট্] *vt* ১ লক্ষ করা; মনোযোগ দেওয়া: Please ~ what she says. ২ ~ **sth (down)** টোকা; টুকে দেওয়া; লিখে রাখা: The journalist ~d down what the minister said. **noted** *adj* প্রসিদ্ধ; বিখ্যাত; সুপরিচিত; বিশিষ্ট: a country ~d for its hospitality. ˈ**~·worthy** *adj* উল্লেখযোগ্য; লক্ষণীয়।

no·thing [ˈনাথিঙ্] *n* ১ (*adj,inf* ইত্যাদি পরে বসে) কিছু-না; একটুও না; অবস্তু: There's ~ wrong in his approach. She's five feet ~, ঠিক পাঁচ ফুট। ২ (বাক্যাংশ) **be ~ to (ক)** ঔদাসীন্যের বিষয় হওয়া: He's ~ to her, তার সম্পর্কে নিঃস্পৃহ। **(খ)** তুলনায় কিছুই না/অকিঞ্চিৎকর হওয়া: His success is ~ to yours. **come to ~** ব্যর্থ/নিষ্ফল হওয়া। **go for ~** নিষ্ফল হওয়া; মাঠে মারা যাওয়া: Several weeks' strenuous efforts all gone for ~. **have ~ to do with (ক)** পরিহার করা; সংশ্রব না রাখা: He advised me to have ~ to do with that association. **(খ)** সংশ্রব/সম্বন্ধ না থাকা; মাথা ব্যথার কারণ না হওয়া: there things have ~ to do with you, তোমার মাথাব্যথার বিষয় নয়। **make ~ of** মাথামুণ্ডু কিছুই বুঝতে না পারা। **mean ~ to (ক)** অর্থহীন হওয়া: These paintings mean ~ to me. **(খ)** আগ্রহের বিষয় না হওয়া: I had a liking for the girl but she means ~ to me now. **to say ~ of** উল্লেখ না করা; ছেড়ে দেওয়া: She's three houses and two shops in the city, to say ~ of her deposits in banks, ব্যাংকে তার সঞ্চিত অর্থের কথা না-ই বা বললাম। **think ~ of** কিছুই/ উল্লেখযোগ্য মনে না করা: She thinks ~ of having an evening out with a stranger. **think ~ ˈof it** কারো ধন্যবাদ, ক্ষমাপ্রার্থনা ইত্যাদির জবাবে বন্ধুসুলভ জবাব; ও কিছু না: "Please excuse me for being late? — 'Oh, think ~ it'. **for ~ (ক)** বিনি পয়সায়; বিনা মূল্যে। **(খ)** শুধু শুধু; খামোখা; অহেতুক; বৃথা: I have spent a whole day for ~. **next to ~,** দ্র. next. **~ but** কেবলমাত্র; একমাত্র; শুধু: ব্যতীত ... না: N~ but a disaster will make him change his course. **There's ~ for it but to... ...**ছাড়া এ বিষয়ে আর কিছু করার নেই; আমরা একমাত্র যা করতে পারি, সে হচ্ছে ...। **N~ doing !** (কথ্য) অনুরোধ ইত্যাদির প্রত্যাখ্যানসূচক অভিব্যক্তি, হবার নয়। □*adv* মোটেই না; কোনো ভাবেই না: The play is ~ near as interesting as I expected. **~·ness** *n* [U] অনস্তিত্ব; নাস্তি; শূন্যতা; অসারতা।

no·tice [ˈনৌটিস্] *n* ১ [C] (লিখিত বা মুদ্রিত) বিজ্ঞপ্তি; প্রজ্ঞপ্তি: put up a ~. ˈ**~-board** *n* বিজ্ঞপ্তি-ফলক। ২ [U] সতর্কীকরণ; বিজ্ঞপ্তি: give an employee a month's ~, এক মাসের বিজ্ঞপ্তি দেওয়া; leave without ~. **(do sth) at short ~** অল্প সময়ের প্রস্তুতিতে কিছু করা। ৩ [U] মনোযোগ; দৃষ্টি। **be beneath one's ~** মনোযোগ লাভের অযোগ্য: The political gimmicks are beneath our notice. **bring sth to sb's ~** কারো গোচরে আনা; কোনো কিছুর প্রতি কারো দৃষ্টি আকর্ষণ করা। **come to sb's ~** গোচরে আসা; কারো দৃষ্টি আকর্ষণ করা: It has come to my notice that, ..., আমি জানতে পেরেছি যে, ...। **sit up and take ~** (রোগী প্রভৃতি সম্বন্ধে) সেরে ওঠার লক্ষণ প্রকাশ করা; নড়ে চড়ে ওঠা। **make sb sit up and take ~** তীক্ষ্ণভাবে সচেতন করে তোলা: The innovation should make our rivals sit up and take ~, আমাদের প্রতিদ্বন্দ্বীরা চঞ্চল হয়ে উঠবেন। **take no ~ (of sth)** (কোনো কিছুর প্রতি) ভ্রূক্ষেপ/গ্রাহ্য না করা; ধর্তব্যের মধ্যে না আনা। ৪ [C] (সাময়িকীতে নতুন বই,

নাটক ইত্যাদির) সংক্ষিপ্ত আলোচনা: পুনরীক্ষণ। □*vt,vi* ১ লক্ষ/ খেয়াল/ পর্যবেক্ষণ করা: Did you ~ him? He didn't ~ me. ২ সংক্ষিপ্ত আলোচনা করা; পুনরীক্ষণ করা। **~·able** [-সাব্‌ল্] *adj* লক্ষণীয়। **~·ably** [-সাব্‌লি] *adv* লক্ষণীয়ভাবে।

no·ti·fi·able [ˈনৌটিফ়াইঅব্‌ল্] *adj* (বিশেষত যেসব রোগ সম্বন্ধে জনস্বাস্থ্য বিভাগকে অবহিত করা আবশ্যক তাদের সম্বন্ধে) অবশ্যজ্ঞাপনীয়; অবশ্যনিবেদ্য।

no·tify [ˈনৌটিফ়াই] *vt* (*pt,pp* -fied) **~ sb of sth; ~ sth to sb** অবহিত/পরিজ্ঞাত/বিদিত করা; জ্ঞাপন করা; বিজ্ঞপ্তি দেওয়া: ~ the police of a burglary; ~ a burglary to the police. **no·ti·fi·ca·tion** [ˌনৌটিফ়িˈকেইশ্‌ন্] *n* [U] বিজ্ঞপ্তি প্রদান; প্রজ্ঞাপন; [C] বিজ্ঞপ্তি, (জন্ম, মৃত্যু, সংক্রামক রোগের প্রাদুর্ভাব ইত্যাদি সম্বন্ধে কর্তৃপক্ষের কাছে) অধিসূচনা।

no·tion [ˈনৌশ্‌ন্] *n* [C] ১ ধারণা; ভাব; ভাবনা; অভিমত: He's curious ~s about education. ২ (*pp*) (US) রকমারি টুকিটাকি। দ্র. novelty (৩). **~al** [-শ্‌নল্] *adj* ১ (জ্ঞান ইত্যাদি সম্বন্ধে) জল্পনামূলক; মনঃকল্পিত; পরীক্ষানিরীক্ষার উপর প্রতিষ্ঠিত নয়; ধারণাশ্রয়ী। ২ নামমাত্র; নিদর্শনমূলক।

no·tori·ous [নৌ ˈটো°রিঅস্] *adj* (বিশেষত কুকীর্তির জন্যে) ব্যাপকভাবে পরিচিত; কুখ্যাত; কুপ্রসিদ্ধ: a ~ smuggler. **~·ly** *adv* কুখ্যাতরূপে। **no·tor·iety** [ˌনৌটাˈরাইঅটি] *n* [U] কুখ্যাতি; অপযশ; অখ্যাতি।

not·with·stand·ing [ˌনট্‌ওয়িথ্‌ˈস্ট্যান্‌ডিঙ্] *prep* সত্ত্বেও। □*adv* তা সত্ত্বেও; তবু। □*conj* যদিও।

nou·gat [ˈনূগা: US ˈনূগাট্] *n* চিনি, বাদাম ইত্যাদি দিয়ে তৈরি শক্ত মিঠাইবিশেষ; নুগা।

nought [নো°ট্] *n* ১ কিছু না। **bring sb/sth to ~** বিনষ্ট/ধ্বংস করা; সর্বনাশ করা। **come to ~** সর্বনাশ হওয়া; ব্যর্থ হওয়া। **set sb/ sth at ~** উপেক্ষা/ অমান্য করা; তোয়াক্কা না করা; অবজ্ঞা/তুচ্ছতাচ্ছিল্য করা। ২ "0" রাশি; শূন্য: point ~ one, অর্থাৎ °01. **~s and crosses** এক ধরনের খেলা যাতে সারি সারি ঊর্ধ্বাধ ও অনুভূমিক বর্গক্ষেত্রে শূন্য ও ক্রস বসাতে হয়।

nou·menon [নূমিনন্ *n* (গ্রি.) (*pl* -mena [-মিনা]) (দর্শণ) সমস্ত প্রাতিভাসিক গুণাগুণবর্জিত, বিশুদ্ধ বুদ্ধিবৃত্তিক স্বজ্ঞার বিষয়।

noun [নাউন্] *n* (ব্যাক.) বিশেষ্য।

nour·ish [ˈনারিশ্] *vt* ১ পুষ্টিসাধন/পোষণ করা; পরিপুষ্ট করা; উর্বরতাবৃদ্ধি করা: ~ing food, পুষ্টিকর খাদ্য; ~ the soil. ২ (অনুভূতি ইত্যাদি) পোষণ/লালন করা: ~ feelings of hatred; ~ hope in one's heart. **~·ment** *n* [U] পুষ্টি; খাদ্য।

nous [নাউস্] *n* [U] (গ্রি.) ১ (দর্শন) ধী;ধীশক্তি; (ঐশী বা দিব্য) যুক্তি। ২ (GB কথ্য) কাণ্ডজ্ঞান; সহজবুদ্ধি; কর্তব্যবুদ্ধি।

nou·veau riche [ˌনূভৌ ˈরীশ্] *n* (সাধা. *pl* -এ nouveause riches, উচ্চারণ অপরিবর্তিত) (ফ.) নব্য ধনী (বিশেষত যারা ধনের জাঁক করে); আধানী।

nova [ˈনৌভ়া] *n* (*pl* -S, -vae [-ভ়ী]) (জ্যোতি.) যে নক্ষত্রের ঔজ্জ্বল্য কিছুকালের জন্য আকস্মিকভাবে বৃদ্ধি পায়; নবজ্যোতিষ্ক।

novel[1] [ˈনভ়্‌ল্] *adj* অভিনব; অদ্ভুত; অপূর্ববিদিত: ~ ideas.

novel[2] [নভ়্‌ল্] *n* উপন্যাস। ˌ**~ˈette** [-ˈলেট্] *n* ছোট উপন্যাস; উপন্যাসিকা। ˈ**~·ist** [-লিস্ট্] *n* ঔপন্যাসিক।

nov·elty [ˈনভ়্‌ল্‌টি] *n* (*pl* -ties) ১ [U] নতুনত্ব; অভিনবত্ব। ২ [C] অভিনব বস্তু, ভাব ইত্যাদি; অদ্ভুত বা অপরিচিত কোনো কিছু। ৩ (*pl*) স্বল্প মূল্যের বিবিধ পণ্য, যেমন খেলনা, ছোট ছোট অলঙ্কার ইত্যাদি; রকমারি সামগ্রী।

No·vem·ber [নৌ ˈভেম্‌বা(র্)] *n* নভেম্বর (মাস)।

no·vice [ˈনভ়িস্] *n* (বিশেষত সন্ন্যাসী বা সন্ন্যাসিনী হওয়ার জন্য) এখনো যে শিক্ষাগ্রহণে নিযুক্ত এবং অভিজ্ঞতাহীন; নবব্রতী; শিক্ষানবিশ। **no·vi·ci·ate, no·vi·ti·ate** [নˈভ়িশিআট্] *nn* শিক্ষানবিশির কাল; শিক্ষানবিশি; নবব্রতিত্ব।

now [নাউ] *adv* ১ এখন; বর্তমান পরিস্থিতিতে। ২ (*prep*-এর পরে ব্যবহৃত): Till now she is all right. ৩ (বাক্যাংশ) **(every) now and then/again** মাঝে-মধ্যে; কখনো-সখনো; সময়ে-সময়ে; কখনো-কখনো: They visit their parents every now and then. **now...now/then...** একবার ... আরেক বার: She is very moody, now cheery, now/then melancholic. ৪ এখুনি; এই মুহূর্তে; অবিলম্বে: Now or never. **just now,** দ্র. just[2] (৬). ৫ (সময়ের সঙ্গে সম্বন্ধনিরপেক্ষভাবে বক্তার মেজাজ নির্দেশ করতে/ কারণ ব্যাখ্যা, সতর্কীকরণ, সান্ত্বনাদান প্রভৃতি উদ্দেশ্যে ব্যবহৃত) এখন: Now the King was exceedingly angry (ব্যাখ্যা); No monkey trick now (সতর্কীকরণ)। ˌ**now,** ˈ**now;** ˈ**now then** (বাক্যের শুরুতে, প্রায়শ প্রতিবাদ বা হুঁশিয়ারি হিসাবে কিংবা নিছক মনোযোগ আকর্ষণের জন্য ব্যবহৃত) তা এখন: Now then, what can I do for you? □conj যেহেতু: Now (that) you have approached me, I shall give you the correct information.

now·adays [ˈনাউআডেইজ্] *adv* আজকাল; আজকের দিনে।

no·where [ˈনৌওয়েআ(র্) US -হোয়ে আর্] *adv* কোথায়ও না। **come (in)/be ~** (প্রতিযোগিতা) ধারে কাছেও না আসা/থাকা।

noxious [ˈনক্‌শাস্] *adj* অনিষ্টকর; ক্ষতিকর; অপকারী: ~gases. **~·ly** অনিষ্টজনকরূপে। **~·ness** *n* অনিষ্টকারিতা; অপকারিতা।

nozzle [ˈনজ়্‌ল্] *n* হোজপাইপ বা ভস্ত্রার ধাতব মুখ যার ভিতর দিয়ে তরল পদার্থ বা বায়ু বেরিয়ে আসে; মুখটি।

nth [এন্ থ্] *adj* (কথ্য) আধুনিকতম; সাম্প্রতিকতম; চরমতম; কোনো সুদীর্ঘ শ্রেণীর সবচেয়ে শেষের; শেষতম: For the ~ time; you must come to see us! **to the ~ degree** নিরতিশয়; চরম: She's fashionable to the ~ degree.

nuance [ˈনিউআ:নস্ US ˈনূ-] *n* [C] অর্থ; মতামত বর্ণ ইত্যাদির সূক্ষ্ম তারতম্য; সূক্ষ্ম দ্যোতনা।

nub [নাব্] *n* ১ (কয়লা ইত্যাদির) ছেট দলা বা ঢেলা। ২ (কথ্য, লাক্ষ.) (কাহিনী বা বিষয়ের) চুম্বক; বস্তু।

nu·bile [ˈনিউবাইল্ US ˈনূবল্] *adj* (মেয়েদের সম্বন্ধে) ১ বিবাহযোগ্যা। ২ (যৌন) আবেদনময়ী; রমণীয়া।

nu·clear [ˈনিউক্লিআ(র্) US ˈনূ-] *adj* (বিশেষত ভারী পরমাণুর) কেন্দ্রসম্বন্ধী: ~ energy, (পারমাণবিক বিভাজনের দ্বারা প্রাপ্ত) পারমাণবিক শক্তি; ~ bombs/ missiles; ~ disarmament, পারমাণবিক নিরস্ত্রীকরণ।

nu·cleic [নিউ'ক্লেই ক US নূ–] *adj* **~ acid** সকল জীবকোষে বিদ্যমান দুটি জটিল যৌগের একটি; নিউক্লেইক অ্যাসিড।

nu·cleus ['নিউক্লিআস্ US নূ] *n* (*pl*) nuclei [–ক্লিআই] কেন্দ্রীয় বা মূল অংশ, যাকে ঘিরে অন্যান্য অংশ বিন্যস্ত বা সংহত হয়; বিশেষত পরমাণুর প্রোটন ও নিউট্রনের সমন্বয়ে গঠিত কেন্দ্রীয় অংশ; মূলাধার; পরমাণুকেন্দ্র।

nude [নিউড্ US নূড্] *adj* নগ্ন; উলঙ্গ; অনাবৃত। □*n* [C] (বিশেষত শিল্পকলায়) নগ্ন মানবদেহ; নগ্নমূর্তি। **in the ~** বিবস্ত্র; বিবসন: pose in the ~ for a painter. **nu·dist** [–ডিস্ট্] *n* নগ্নদেহে আলোবাতাস লাগানো স্বাস্থ্যের জন্য কল্যাণকর—এই মতে বিশ্বাসী ব্যক্তি; নগ্নতাবাদী। **'nu·dist camp/colony** নগ্নতাবাদী শিবির/উপনিবেশ। **nu·dism** [–ডিজ়াম্] *n* নগ্নতাবাদ; নগ্নাচার। **nu·dity** ['নিউডাটি US 'নূ–] *n* নগ্নতা।

nudge [নাজ্] *vt* একান্তে কারো মনোযোগ আকর্ষণ উদ্দেশ্যে কনুই দিয়ে আলতোভাবে স্পর্শ করা বা ঠেলা দেওয়া; কনুয়ের মৃদু ঠেলা দেওয়া। □*n* কনুয়ের মৃদুস্পর্শ।

nu·ga·tory ['নিউগাটরি US 'নূগাটো°রি] *adj* (আনুষ্ঠা.) তুচ্ছ; অকিঞ্চিৎকর; বাজে; অসিদ্ধ।

nug·get ['নাগিট্] *n* সোনা প্রভৃতি ধাতুর পিণ্ড ভূগর্ভে যে ভাবে পাওয়া যায়; তাল; পিণ্ডক।

nui·sance ['নিউস্‌ন্‌স্ US 'নূ –] *n* [C] উৎপাত; উপদ্রব; বিড়ম্বনা।

null [নাল্] *adj* (আইনগত) বলবত্তাহীন; অকার্যকর; বাতিল। **~ and void** (আইন.) আইনত নির্বল ও বাতিল। **null·ify** ['নালিফাই] *vt* (*pt,pp* -fied) রদ/ বাতিল/ অকার্যকর করা। **nul·li·fi·ca·tion** [,নালিফ়িকেইশ্‌ন্] *n* বাতিলকরণ; নিষ্ফলীকরণ; অসিদ্ধকরণ। **nul·lity** ['নালাটি] *n* [U] অসিদ্ধতা; নির্বলতা: nullity of marriage, বিবাহ বাতিল; a 'nullity suit, বিবাহ বাতিলের মামলা।

numb [নাম্] *adj* অসাড়; নিঃসাড়; অনুভূতিশূন্য: fingers ~ with cold. □*vt* অসাড়/ভোঁতা করা: ~ed with grief. **~·ly** *adv* অসাড়ে; অসাড়ভাবে। **~·ness** *n* অসাড়তা; অনুভূতিশূন্যতা।

num·ber [নাম্ব া(র্)] *n* ১ সংখ্যা। দ্র. পরি. ৪। ২ পরিমাণ বা অঙ্ক; সংখ্যা: a large ~ of people, বহু লোক; a ~ of books, কিছু বই। **His/your, etc ~ is up** (কথ্য) তার/ তোমার সর্বনাশ হয়েছে/ আয়ু ফুরিয়েছে; তাকে/ তোমাকে দণ্ড দিতে হবে ইত্যাদি। **in no ~** সংখ্যায়: We are four in ~. **to the ~ of** সংখ্যায় মোট ...পর্যন্ত। **without ~** অগণ্য; অসংখ্য। **times without ~** অসংখ্য বার। **'~-plate** *n* (মোটরযান, বাড়ি ইত্যাদির) নম্বর ফলক। ৩ (নির্দিষ্ট কোনো সংখ্যার পূর্বে attrib ব্যবহার, যার সং সাধা. **No,** (*pl* Nos) নম্বর (সং নং): Room No. 30. **No 10 (Downing street)** ব্রিটিশ প্রধানমন্ত্রীর সরকারি বাসভবন। **look after/take care of ~ one** (কথ্য) নিজের প্রতি এবং নিজের স্বার্থের প্রতি নজর দেওয়া। ৪ (সাময়িকীর) সংখ্যা: the current ~ of 'Zancet'. **a back ~** (লাক্ষ.) সেকেলে; সেকেলে ঢঙের। ৫ অপেরার সংখ্যা চিহ্নিত অংশবিশেষ; মঞ্চের জন্য গান, নাচ ইত্যাদি। ৬ (ব্যাক.) বচন। ৭ (*pl*) সংখ্যাগত/ সাংখ্যিক শ্রেষ্ঠত্ব: to win by ~s/by force of ~s, সংখ্যার জোরে জেতা। ৮ (*pl*) পাটিগণিত; অঙ্ক: good at ~s. □*vt,vi* ১ সংখ্যা দ্বারা চিহ্নিত করা; সংখ্যা দেওয়া: We ~ed them from 1 to 5. ২ (মোট) সংখ্যা হওয়া: They ~ed 12 in all, তাদের সংখ্যা ছিল ১২। ৩ **~ sb/sth among** অন্তর্ভুক্ত/গণ্য করা: ~ sb among one's friends. ৪ (passive) সংখ্যা সীমিত হওয়া: Her days are ~ed, তার দিন ফুরিয়ে এসেছে। ৫ **~ off** (সাম.) সারিবদ্ধ সৈনিকদের নিজ নিজ নম্বর ঘোষণা করা: The platoon ~ed off from the left.

nu·mer·able ['নিউমারাব্‌ল্ US 'নূ–] *adj* সংখ্যা গণনা করা যায় এমন; গণনযোগ্য।

nu·meral ['নিউমারাল্ US 'নূ–] *n,adj* সংখ্যানির্দেশক (শব্দ, প্রতীক বা চিহ্ন); সংখ্যাবিষয়ক। **Arabic ~s** ১, ২, ৩ ইত্যাদি। **Roman ~s** I, II, III ইত্যাদি।

nu·mer·ate ['নিউমারাট্ US 'নূ–] *adj* (ব্যক্তি সম্বন্ধে) গণিতশাস্ত্র ও বিজ্ঞানে মৌলিক যোগ্যতাসম্পন্ন। দ্র. iiterate. **nu·mer·acy** ['নিউমারাসি /US 'নূ–] *n*

nu·mer·ation [,নিউমা'রেইশ্‌ন্ US ,নূ–] *n* গণনার পদ্ধতি বা প্রক্রিয়া; প্রতীকে লিখিত সংখ্যার কথায় প্রকাশ।

nu·mer·ator ['নিউমারেইটা(র্) US নূ–] *n* ভগ্নাংশের লব, যথা: $\frac{2}{-}$–এ ২। দ্র. denominator.

nu·meri·cal [নিউ 'মেরিক্‌ল্ US নূ–] *adj* সংখ্যাবিষয়ক; সংখ্যাভুক্ত; সংখ্যাসূচক। **~ly** [– ক্লি] *adv:* The Chinese were ~ly superior.

nu·mer·ous ['নিউমারাস্ US 'নূ–] *adj* বিপুল সংখ্যক; অনেক; বহু।

nu·min·ous ['নিউমিনাস্ US 'নূ –] *adj* ভয় ও ভক্তির উদ্রেক করে এমন; ঐশ্বরিক।

nu·mis·mat·ics [,নিউমিজ়'ম্যাটিক্‌স্ US ,নূ–] *n* (*sing v* সহ) মুদ্রা ও পদক সংক্রান্ত বিদ্যা। **nu·mis·ma·tist** [নিউ'মিজ়্মাটিস্ট্ US নূ–] *n* মুদ্রা ও পদকবিশেষজ্ঞ; মুদ্রা ও পদক সংগ্রাহক।

num·skull ['নাম্‌স্কাল্] *n* বোকা লোক।

nun [নান্] *n* মঠবাসিনী; সন্ন্যাসিনী। **nun·nery** ['নানারি] *n* মহিলাদের মঠ; নারী–মঠ। দ্র. monk, monastery.

nun·cio ['নান্‌সিওউ] *n* বিদেশে পোপ–এর দূত বা প্রতিনিধি।

nup·tial ['নাপ্‌শ্‌ল্] *adj* বিয়ে সংক্রান্ত। **nup·tials** *n pl* বিয়ে; পরিণয়।

nurse[1] [না:স্] *n* ১ ('~·) **maid** শিশুর দেখাশোনার কাজে নিয়োজিত মহিলা বা বালিকা। দ্র. nanny. ২ যে মহিলা নিয়োগভিত্তিতে অন্যের শিশুকে স্তন দান করে। ৩ স্তনদান: put a child to ~. ৪ সাধা. প্রশিক্ষণপ্রাপ্ত সেবক বা সেবিকা: a hospital ~ . ৫ কোনো বিশেষ গুণের লালনকারী দেশ, কলেজ, প্রতিষ্ঠান ইত্যাদি: Bengal, the ~ of hospitality.

nurse[2] [না:স্] *vt* ১ শুশ্রূষা করা: She ~d me during my illness. **'nursing-home** *n* সাধা. হাসাপাতাল অপেক্ষা ছোট ব্যক্তিমালিকাধীন চিকিৎসায়তন। ২ স্তনদান করা। ৩ (শিশু বা পালিত কুকুরকে) হাঁটুতে নিয়ে বা জড়িয়ে ধরে আদর করা। ৪ বিশেষ যত্ন নেওয়া: ~ a flower bed; ~ a constituency, নিজ নির্বাচনী এলাকার ভোটারদের রাখা। **~ a cold** সর্দি নিরাময় করার জন্য গরম জামাকাপড় পরে ঘরে থাকা। ৫ মনে মনে লালন করা: ~ thoughts of revenge.

nurs·ery ['নাসারি] *n* ১ ছোট শিশুদের জন্য ব্যবহার্য ঘর। **'day ~** যে প্রতিষ্ঠানে কর্মজীবী মায়েরা কাজের সময়ে তাদের শিশুসন্তান রেখে যেতে পারে। **'~ rhyme** ছেলে-ভোলানো ছড়া বা গান। **' ~ school** ২ থেকে ৫

বছর বয়সের শিশুদের জন্য স্কুল; প্রাক্-প্রাথমিক বিদ্যালয়। ~ **slope** (স্কি খেলায়) যে তুষার-ঢাল নবীন শিক্ষার্থীদের ব্যবহারের উপযোগী। ২ যেখানে গাছের চারা লালন করা হয়; তরুশালা। ˈ~·**man** [-মান্] *n* যে ব্যক্তি তরুশালায় কাজ করে।

nur·ture [ˈনাচা(র্)] *n* [U] (আনুষ্ঠা.) প্রতিপালন, প্রশিক্ষণ; শিশুশিক্ষা। □*vt* প্রতিপালন করা; শিক্ষাদান করা: a carefully ~d boy.

nut [নাট্] *n* ১ বাদাম। **a hard ~ to crack** কঠিন সমস্যা। ˈ**nut-brown** *adj* পাকা বাদামের মতো রংবিশিষ্ট। ˌ**nut-butter** *n* বাদাম থেকে তৈরি মাখন। ˈ**nut-crackers** *n,pl* বাদাম ভাঙার কল। ˈ**nut·shell** *n* বাদামের খোসা। **(put sth) in a nut·shell** (লাক্ষ.) সংক্ষেপে (প্রকাশ করা)। ২ বলটুর মাথায় আটকানোর জন্য ছোট আংটাবিশেষ; নাট। ৩ (অপ.) (মানুষের) মাথা। **off one's ~** (অপ.) উন্মাদ, মাথা খারাপ। ˈ**nut-house** *n* (অপ.) পাগলা গারদ। ৪ (*pl*) কয়লার গুল। □*vi* **go nutting** বাদাম কুড়ানো।

nut·meg [ˈনাটমেগ্] *n* ১[C] জায়ফল। ২ [U] বিচিসদৃশ এই ফলের গুঁড়া।

nu·tria [ˈনিউট্রিআ US ˈনূ-] *n* কয়পু নামে দক্ষিণ আমেরিকার ক্ষুদ্র ইঁদুর জাতীয় প্রাণীর চামড়া বা লোম।

nu·tri·ent [ˈনিউট্রিআন্ট্ US ˈনূ-] *adj* (আনুষ্ঠা.) পুষ্টিদায়ক। □*n* পুষ্টিকর পদার্থ।

nu·tri·ment [ˈনিউট্রিমান্ট্ US ˈনূ-] *n* পুষ্টিকর খাদ্য।

nu·tri·tion [নিউ ˈট্রিশ্‌ন্ US নূ-] *n* (আনুষ্ঠা.) [U] পুষ্টি; খাদ্যগুণবিষয়ক বিজ্ঞান; পুষ্টিবিজ্ঞান। ~·**ist** *n* পুষ্টিবিজ্ঞানী।

nu·tri·tious [নিউ ˈট্রিশাস্ US নূ-] *adj* (আনুষ্ঠা.) পুষ্টিকর।

nu·tri·tive [ˈনিউট্রিটিভ্ US নূ-] *adj* (আনুষ্ঠা.) খাদ্যহিসাবে গ্রহণযোগ্য; পুষ্টিবিষয়ক।

nuts [নাটস্] *adj* (অপ.) উন্মত্ত; পাগল। **be ~ about/over sb/sth** কারো/কোনো কিছুর প্রেমে পাগল হওয়া।

nutty [নাটি] *adj* ১ বাদামের মতো স্বাদযুক্ত। ২ (অপ.) পাগল; উন্মত্ত। ৩ কয়লার গুলযুক্ত বা কয়লার গুল দিয়ে তৈরি।

nuzzle [ˈনাজ্‌ল্] *vt,v* ১ নাক দিয়ে চাপ দেওয়া: The horse ~d its master's shoulders. ২ ~ **up (against/to)** নাক দিয়ে ঘষা দেওয়া বা ঠেলা দেওয়া: The horse ~d up against its masters shoulder.

ny·lon [ˈনাইলন্] *n* ১ [U] নাইলনের সুতা। ২ (*pl*) নাইলনের মোজা।

nymph [নিম্ফ্] *n* ১ (গ্রিক ও রোমক কাহিনীতে) নদী, বৃক্ষ, পর্বত ইত্যাদি বাসিনী উপদেবী; পরী; (সাহিত্য.) রূপসী নারী। ২ সোনালি প্রজাপতির শুয়াপোকা।

nym·phet [নিম্ ˈফেট্] *n* (কথ্য) যৌনাকাঙ্ক্ষা জাগ্রত করে এমন তরুণী।

nym·pho [ˈনিমফৌ] *n* nymphomaniac-এর কথ্য সং।

nym·pho·mania [ˌনিম্‌ফাˈমেইনিআ] *n* [U] নারীর অস্বাভাবিক যৌনাকাঙ্ক্ষা। **nym·pho·maniac** [-ˈমেইনিঅ্যাক্] *n,adj* অস্বাভাবিক যৌনাকাঙ্ক্ষায় তাড়িত (নারী)।

O o

O, o [ওউ] ইংরেজি বর্ণমালার পঞ্চদশ বর্ণ; 0-আকৃতি চিহ্ন; (টেলিফোন নম্বর বলতে গিয়ে) 503021, 'five o three o two one'. দ্র. পরি. ৪।

O, oh [ওউ] *int* ভয়; বিস্ময়; ব্যথা; আনন্দ প্রভৃতিসূচক ধ্বনি।

O' [আ] of-এর সংক্ষেপ, যথা, o'clock, man-o'-war.

oaf [ওউফ্] *n* আনাড়ি লোক; গেঁয়ো ভূত। ˈ**oaf·ish** [-ইশ্] *adj* স্থূলাচারী; আনাড়ি; গেঁয়ো।

oak [ওউক্] *n* [C] ওক গাছ; এই গাছের কাঠ: oak panels. **the Oaks** লন্ডনের কাছে এপসাম নামক স্থানে অনুষ্ঠিত ঐতিহ্যবাহী ঘোড়-দৌড় প্রতিযোগিতা। **oaken** [ˈওউকন্] *adj* ওক-নির্মিত।

oa·kum [ˈওউকাম্] *n* [U] জাহাজ বা নৌকার পাটাতনের মধ্যকার ফাঁক বন্ধ করার জন্য ব্যবহৃত দড়ির ফেঁসো।

oar [ও°(র্)] *n* দাঁড়; বৈঠা। **put/shove one's ~ in** (কথ্য) হস্তক্ষেপ করা; নাক গলানো। **rest on one's ~s** কিছু সময়ের জন্য কাজ বন্ধ রাখা। **oars·man** [ˈও°র্‌জ্‌মান্], **oars·woman** *n* দাঁড়ি; মাঝি। এর থেকে ˈ**oars·man·ship.**

oasis [ওউএইসিস্] *n* মরূদ্যান; (লাক্ষ.) উষর প্রান্তরে মনোরম স্থান; নিরানন্দ জীবনে আনন্দের স্মৃতি বা অভিজ্ঞতা।

oast [ওউস্ট্] *n* হপ নামক লতাগাছ শুকানোর চুল্লি। ˈ~·**house** *n* উক্ত চুল্লিবিশিষ্ট অট্টালিকা।

oat [ওউট্] *n* (সাধা. *pl*) ১ যব; জই। **feel one's oats** (কথ্য) প্রফুল্ল বোধ করা; কর্মচঞ্চল হওয়া। **sow one's wild oats** জীবনে গুছিয়ে বসার আগে পর্যন্ত যৌবনমদে মত্ত থাকা। ˈ**oat-cake** *n* (বিশেষত স্কটল্যান্ড ও উত্তর ইংল্যান্ডে) যব থেকে তৈরি একপ্রকার পাতলা কেক। ˈ**oat·meal** *n* যবের গুঁড়া। ২ (*sing v* সহযোগে *pl*) যবের গুঁড়া দিয়ে তৈরি পরিজ।

oath [ওউথ্] *n* ১ ঈশ্বরের নাম নিয়ে উচ্চারিত শপথ; কোনো কিছু সত্য বলে শপথ; শপথ-বাক্য; হলফনামা। **be on/under ~** (আইন.) সত্য-কথনের শপথবদ্ধ থাকা: The witness was reminded that he was under ~. **put sb under ~** (আইন.) কাউকে শপথ-বাক্য পাঠ করতে বলা বা পাঠ করানো। **swear/take an ~** শপথগ্রহণ করা। **on one's ~** ঈশ্বরের দিব্যি কেটে বলা: I never told him anything about it, on my ~, খোদার কসম, আমি তাকে এব্যাপারে কিছুই বলিনি। ২ অভিশাপ; নোংরা কথা; গালমন্দ।

ob·du·rate [ˈঅবডিউ আরাট্ US -ডার্-] *adj* (আনুষ্ঠা.) একগুঁয়ে; অনমনীয়; অনুশোচনাহীন। ~·**ly** *adv.* **ob·du·racy** [ˈঅবডিউআরাসি US -ডার্-] *n* [U]

obedi·ent [আˈবীডিআন্ট্] *adj* আজ্ঞানুবর্তী; বাধ্য। **your ~ servant** (সরকারি চিঠির শেষে ব্যবহৃত বাঁধা কথা) আপনার আজ্ঞানুবর্তী সেবক। ~·**ly** *adv.* **obedi·ence** [-আন্স্] *n* [U] আজ্ঞানুবর্তিতা; বাধ্যতা।

obeis·ance [ওউˈবেইস্‌ন্স্] *n* [C] (আনুষ্ঠা.) অভিবাদন: pay ~ to the king.

ob·elisk [ˈঅব লিস্ক্] *n* স্মৃতিস্তম্ভ বা সীমানানির্দেশক স্তম্ভ হিসাবে নির্মিত চতুষ্কোণ পিলার।

obese [ওউবীস্] *adj* (ব্যক্তি সম্বন্ধে) ভীষণ মোটা। **obes·ity** [ওউবীসাটি] *n* অতিশয় স্থূলতা।

obey [আ'বেই] *vt,vi* আজ্ঞানুবর্তী হওয়া; মেনে চলা; বাধ্য হওয়া; আজ্ঞাপালন করা: ~ orders.

ob·fus·cate ['অব্‌ফাস্‌কেইট্] *vt* (মনকে) আচ্ছন্ন করা; বিভ্রান্ত বা হতবুদ্ধি করা।

obi ['ওউবি] *n* যে (প্রায়শ কারুকার্যখচিত) চওড়া (জাপানি) বস্ত্রখণ্ড কোমরে বাঁধা হয়; (জাপানি) নিচোল।

obiter dic·tum [ˌঅবিটা 'ডিক্‌টাম্] *n* (লা.) আপতিক বা আনুষঙ্গিক মন্তব্য বা বিবৃতি।

obitu·ary [আ'বিচুআরি US -চুএরি] *n* মুদ্রিত মৃত্যুসংবাদ; শোকসংবাদ। অনেক ক্ষেত্রে এতে মৃত ব্যক্তির সংক্ষিপ্ত জীবনী সংযোজিত থাকে। (attrib) ~ notices, সংবাদপত্রে প্রকাশিত শোকসংবাদ।

ob·ject[1] ['অব্‌জিক্‌ট্] *n* ১ ইন্দ্রিয়গোচর বস্তু বা পদার্থ বা সামগ্রী: ~s in a room. '**~ lesson** কোনো নীতি বা তত্ত্বের সচিত্র ব্যাখ্যা বা উদাহরণ—অনেক ক্ষেত্রে এগুলো সতর্কবাণী হিসাবে প্রদত্ত বা ব্যবহৃত হয়। '**~ glass/lens** = objective *n* (২). ২ অভীষ্ট ব্যক্তি বা বস্তু; উদ্দিষ্ট বস্তু; লক্ষ্য; উদ্দেশ্য: an ~ of love; work with the sole ~ of making money. **no ~** কোনো বাধা নেই; গুরুত্বপূর্ণ নয়: money etc no ~, (চাকুরির বিজ্ঞাপনে) প্রার্থী নিজেই বেতন ইত্যাদি নির্ধারণ করতে পারবে। ৩ বিশেষত করুণা, অবজ্ঞা বা হাসির উদ্রেক করে এমন অদ্ভুত চেহারার ব্যক্তি বা বস্তু: What an ~ he looked in that tattered shirt! ৪ (ব্যাক.) কর্ম: He bought a car.

ob·ject[2] [আব্'জেক্‌ট্] *vi,vt* ১ **~ (to)** আপত্তি করা; বিরোধিতা করা; প্রতিবাদ করা: He ~ed to the presence of non-members at the party meeting. ২ **~ (against sb) that** (কারো বিরুদ্ধে) যুক্তি দেখানো: They ~ed (against him) that he was too inexperienced for the position. **ob·jec·tor** [–টা(র্)] *n* আপত্তিকারী; প্রতিবাদকারী। **conscientious ~or**, দ্র. conscientious.

ob·jec·tion [আব্'জেক্‌শ্‌ন্] *n* ১ [C, U] আপত্তি; প্রতিবাদ; বিরোধিতা: have an ~ to sth. **take ~ to** আপত্তি, প্রতিবাদ বা বিরোধিতা করা। ২ [C] আপত্তি, প্রতিবাদ বা বিরোধিতার বস্তু; অসুবিধা, অপূর্ণতা; ত্রুটি। **~·able** [–আব্‌ল্] *adj* আপত্তিকর; অপ্রীতিকর: ~ remarks; an ~ smell.

ob·jec·tive [আব্'জেক্‌টিভ্] *adj* ১ (দর্শন) যার অস্তিত্ব মনোনির্ভর নয়; বিষয়মুখ; বাস্তব। দ্র. subjective. ২ (ব্যক্তি, রচনা, চিত্র সম্বন্ধে) ভাবনা বা অনুভূতি দ্বারা প্রভাবিত নয় এমন; ব্যক্তিগত অনুভূতি বা মতামত দ্বারা প্রভাবিত না হয়ে বহির্জগতে নিবদ্ধ আছে এমন; বস্তুনিষ্ঠ। ৩ (ব্যাক.) কর্ম সম্বন্ধীয়: the ~ case, কর্মকারক। □*n* ১ লক্ষ্যবস্তু; উদ্দেশ্য; (বিশেষত সাম.) দখলের উদ্দেশ্যে যে বিন্দু বা স্থানের অভিমুখে সেনাবাহিনী অগ্রসর হচ্ছে: All their ~s were won. ২ লক্ষ্যবস্তুর নিকটতম অণুবীক্ষণ বা দূরবীক্ষণ যন্ত্রের লেন্স বা কাচ। **~·ly** *adv* বস্তুনিষ্ঠভাবে। **ob·jec·tiv·ity** [ˌঅব্‌জেক্'টিভাটি] *n* বস্তুনিষ্ঠতা; নিরপেক্ষ বিচার, সিদ্ধান্ত বা অভিমত; ব্যক্তিগত সংস্কার বা অভিরুচির ঊর্ধ্বে ওঠার ক্ষমতা।

ob·late ['অবলেইট্] *adj* (জ্যামিতি) কমলালেবুর মতো গোলাকার ও দুইপ্রান্তে সামান্য চাপা: The earth is an ~ sphere.

ob·la·tion [আব্'লেইশ্‌ন্] *n* [C] ঈশ্বর বা দেবতার উদ্দেশে নিবেদিত বস্তু; নৈবেদ্য।

ob·li·gate ['অবলিগেইট্] *vt* (সাধা. passive) **~ sb to do sth** (আনুষ্ঠা.) কাউকে (বিশেষত আইনগতভাবে) কোনো কিছু করতে বাধ্য রাখা: feel ~d to do sth.

ob·li·ga·tion [ˌঅবলি'গেইশ্‌ন্] *n* [C] নৈতিক বা আইনগত বাধ্যবাধকতা: The ~s of the teaching profession; repay an ~, (আতিথেয়তার বিনিময়ে আতিথেয়তা, অনুগ্রহের বিনিময়ে অনুগ্রহ ইত্যাকার) প্রতিদান দেওয়া। **be/place sb under an ~** কারো কাছে ঋণী হওয়া/কাউকে ঋণী করা।

ob·li·ga·tory [আব্'লিগাট্রি US -টো°রি] *adj* আইন, বিধি বা প্রথা অনুযায়ী বাধ্যতামূলক; অবশ্য করণীয়: Is physical education ~ or optional at secondary schools?

ob·lige [আব্'লাইজ্] *vt* ১ **~ sb to do sth** নীতিগত বা আইনগতভাবে বাধ্য বা বাধিত করা: The law ~s citizens to pay taxes regularly. ২ (বিশেষত passive) **be ~d to do sth** কোনো কিছু করতে বাধ্য হওয়া: I was ~d to sell my car in order to pay my debts. দ্র. have[3] (১). ৩ অনুগ্রহ করা: He ~d me by lending me his book. **oblig·ing** *adj* স্বেচ্ছায় সাহায্য দান করে এমন; পরোপকারী: an obliging neighbour. **oblig·ing·ly** *adv*

ob·lique [আব্'লীক্] *adj* ১ বাঁকানো; তির্যক; অসম: an ~ angle, অসমকোণ। ২ পরোক্ষ: an ~ reference to sth. **~·ly** *adv.* **ob·li·quity** [আব্'লিকোআটি] *n* [U] ১ বক্রতা; পরোক্ষতা। ২ [C, U] নৈতিক বিকৃতি; এর দৃষ্টান্ত।

ob·lit·er·ate [আব্'লিটারেইট্] *vt* মুছে ফেলা; নিশ্চিহ্ন করা; ধ্বংস করা। **ob·lit·er·ation** [আব্ˌলিটা'রেইশ্‌ন্] *n* [U]

ob·liv·ion [আব্'লিভিঅন্] *n* [U] বিস্মরণ; বিস্মৃতি; (কথ্য) অচেতন অবস্থা।

ob·livi·ous [আব্'লিভিআস্] *adj* **~ of** অচেতন; বিস্মৃত: He is ~ of his surroundings.

ob·long ['অবলঙ US -লো°ঙ্] *n,adj* যে চতুর্ভুজের দৈর্ঘ্য প্রস্থ অপেক্ষা বেশি এবং যার কোণগুলো সমকোণ (৯০°); আয়তক্ষেত্র; আয়ত।

ob·loquy ['অবলাক্যুই] *n* [U] গণধিক্কার; নিন্দা; অপযশ।

ob·nox·ious [আব্'নক্‌শাস্] *adj* নোংরা; অত্যন্ত আপত্তিকর। **~·ly** *adv.* **~·ness** *n*

oboe ['ওউবোউ] *n* বাদ্যযন্ত্রবিশেষ। '**obo·ist** [–ইস্ট্] *n* উল্লিখিত যন্ত্রের বাদক।

ob·scene [আব্'সীন্] *adj* (কথা, চিন্তা, বই, ছবি ইত্যাদি সম্বন্ধে) অশ্লীল। **~·ly** *adv.* **ob·scen·ity** [আব্'সেনাটি] *n* [U] অশ্লীলতা; অশ্লীল ভাষা, ব্যবহার ইত্যাদি; [C] অশ্লীলতার দৃষ্টান্ত।

ob·scure [আব্'স্কিউআ(র্)] *adj* ১ অন্ধকারময়; গুপ্ত; অস্পষ্ট: an ~ source. ২ সুপরিচিত নয় এমন অখ্যাত: an ~ poet. □*vt* অস্পষ্ট বা অন্ধকারময় করা, আড়াল করা: The sight was ~d by smoke. **~·ly** *adv.* **ob·scur·ity** [আব্'স্কিউআরাটি] ১ [U] অখ্যাতি: a life lived in obscurity. ২ [C] অজ্ঞাত বা অস্পষ্ট কোনো কিছু। **ob·scur·ant·ism** [ˌঅব্‌স্কিউ'র্‌যান্‌টিজাম্] *n* [U] ১ অজ্ঞতা, কুসংস্কার, মোহ ইত্যাদি থেকে মুক্তির

প্রয়াসের বিরোধিতা; পশ্চাৎমুখীনতা। ২ সচেতনভাবে সৃষ্ট বা রক্ষিত অস্পষ্টতা। **ob·scur·ant·ist** [-ইস্ট্] *n* সংস্কারবিরোধী পশ্চাৎমুখী ব্যক্তি।

ob·sequies [ˈঅব্‌সিক্যুইজ্] *n* অন্ত্যেষ্টিক্রিয়া।

ob·sequi·ous [অব্ˈসিক্যুইঅস্] *adj* আজ্ঞাবহ, বশংবদ; (বিশেষত সুবিধাদির প্রত্যাশায়) মাত্রাতিরিক্ত শ্রদ্ধা প্রদর্শনকারী। **~·ly** *adv.* **~·ness** *n*

ob·serv·able [অব্ˈজ়াভাব্‌ল্] *adj* দৃষ্টিগোচর; দৃষ্টিগ্রাহ্য; লক্ষণীয়; পর্যবেক্ষণীয়। **ob·serv·ably** [-অব্‌লি] *adv*

ob·serv·ance [অব্ˈজ়াভান্‌স্] *n* ১ [U] আইন, নিয়ম, প্রথা, উৎসব ইত্যাদি পালন; উদ্‌যাপন: The ~ of the Holy Prophet's birthday. ২ [C] কোনো অনুষ্ঠানের অংশ হিসাবে অথবা শ্রদ্ধা বা আরাধনার নিদর্শনস্বরূপ পালিত কর্ম।

ob·serv·ant [অব্ˈজ়াভান্ট্] *adj* ১ দৃষ্টিশীল; মনোযোগী: an ~ mother. ২ নিয়মকানুন, রীতিনীতি ইত্যাদি নিষ্ঠার সঙ্গে পালন করে এমন: ~ of the rules. **~·ly** *adv*

ob·ser·va·tion [ˌঅবজ়াˈভেইশ্‌ন্] *n* ১ [U] পর্যবেক্ষণ: ~ of the night sky. **be/come under ~** পর্যবেক্ষণে থাকা। **keep sb under ~** কাউকে নজরে রাখা। ˈ**~ car** বাইরের দৃশ্য দেখার জন্য রেলগাড়ির প্রশস্ত জানালাসম্বলিত কামরা। **~** ˈ**post** (সাম.) শত্রুসৈন্যের গতিবিধি সম্পর্কে তথ্য সংগ্রহের জন্য শত্রু এলাকার যথাসম্ভব কাছে স্থাপিত ঘাঁটি। ২ [U] পর্যবেক্ষণক্ষমতা। ৩ [U] (সাধা. *pl*) সংগৃহীত ও লিপিবদ্ধ তথ্যাবলী: He is planning to publish his ~s on rural migration. ৪ **take an ~** স্বীয় অবস্থানের অক্ষাংশ ও দ্রাঘিমাংশ নিরূপণের জন্য সূর্য কিংবা অন্য কোনো গ্রহ বা নক্ষত্রের লম্বের মাপ (সমুদ্রতল থেকে উচ্চতা) গ্রহণ করা।

ob·serv·atory [অব্ˈজ়াভাট্রি US -টো°রি] *n* মানমন্দির।

ob·serve [অব্ˈজ়াভ্] *vt,vi* ১ লক্ষ করা; মনোযোগ সহকারে দেখা; পর্যবেক্ষণ করা: ~ the effects of the solar eclipse on plant life. ২ (নিয়মকানুন ইত্যাদি) পালন করা; মেনে চলা; (পর্ব, বার্ষিকী ইত্যাদি) উদ্‌যাপন করা: The holy Shab-e-barat was ~d throughout the country. ৩ মন্তব্য করা: He ~d that parents should give more time to their children. **~r** *n* ১ যে ব্যক্তি পর্যবেক্ষণ করে: an ~ of animal behaviour. ২ যে ব্যক্তি (নিয়মকানুন ইত্যাদি) পালন করে বা (পর্ব ইত্যাদি) উদ্‌যাপন করে: a meticulous ~ of the rules of conduct. ৩ (সম্মেলন ইত্যাদিতে কেবলমাত্র শ্রোতা হিসাবে আগত) পর্যবেক্ষক। **ob·serv·ing** *adj* তীক্ষ্ণ দৃষ্টিসম্পন্ন। **ob·serv·ing·-ly** *adv*

ob·sess [অব্ˈসেস্] *vt* (সাধা. passive, **~ed by/with**) (কোনো বিশেষ ভয়, ভাবনা, ধারণা সম্বন্ধে) সমস্ত মনকে আচ্ছন্ন বা আবিষ্ট করা; নিরবচ্ছিন্নভাবে পীড়িত করা: He is ~ed by/with the fear of losing his job. **~·ion** [অব্ˈসেশ্‌ন্] *n* ১ [U] আচ্ছন্নতা; আবিষ্টতা। ২ [C] **~ion (about/with sth/sb)** যা মনকে আবিষ্ট করে; বদ্ধ ধারণা। **~·ive** [অব্ˈসেসিভ্] *adj* বদ্ধ ধারণা সম্বন্ধীয় বা বদ্ধ ধারণার মতো।

ob·sid·ian [অব্ˈসিডিঅন্] *n* কালো রঙের কাচের মতো আগ্নেয় শিলা।

ob·sol·escent [ˌঅব্‌সাˈলেসন্ট্] *adj* সেকেলে হতে চলেছে এমন; প্রচলন হারিয়ে যাচ্ছে এমন। **ob·sol·escence** [-ˈলেসন্‌স্] *n* সেকেলে হতে চলেছে বা প্রচলন হারিয়ে যাচ্ছে এমন অবস্থা।

ob·sol·ete [ˈঅব্‌সলীট্] *adj* অপ্রচলিত; সেকেলে।

ob·stacle [ˈঅব্‌স্টাক্‌ল্] *n* বাধা; প্রতিবন্ধক। ˈ**~ race** প্রতিবন্ধক দৌড়।

ob·stet·ric [অব্ˈস্টেট্‌রিক্] (অপিচ **ob·stet·ri·cal** [-ক্‌ল্]) obstetrics-এর *adj*: The ~ ward, (হাসপাতালের) ধাত্রীবিদ্যা বিভাগ। **ob·stet·rics** *n pl* (*sing v* সহযোগে) ধাত্রীবিদ্যা। **ob·ste·tri·cian** [ˌঅব্‌স্‌টিট্রিশ্‌ন্] *n* ধাত্রীবিদ্যাবিশারদ।

ob·sti·nate [ˈঅব্‌স্টিনাট্] ১ একগুঁয়ে; জেদি। ২ দুর্দমনীয়: an ~ disease. **~·ly** *adv.* **ob·sti·nacy** [-নাসি] *n* [U] একগুঁয়েমি; জেদ; দুর্দমনীয়তা।

ob·strep·er·ous [অব্ˈস্ট্রেপারাস্] *adj* উচ্ছৃঙ্খল; অবাধ্য: ~ children. **~·ly** *adv.* **~·ness** *n*

ob·struct [অব্ˈস্ট্রাক্ট্] *vt* ১ বাধা দেওয়া; পথরোধ করা: roads ~ed by striking workers; Tall buildings ~ed the view. ২ (কোনো কিছুর বিকাশ, বৃদ্ধি, উন্নতি, অনুমোদন ইত্যাদি) ব্যাহত করা বা দুঃসাধ্য করা: ~ the passage of a bill in the Parliament. **~·ism** [-ইজ়ম্] *n* প্রতিবন্ধকতাবাদ, (বিশেষত প্রতিবন্ধকতাবাদী রাজনীতি)। **~·ist** [-ইস্ট্] *n* প্রতিবন্ধকতাবাদী ব্যক্তি (বিশেষত রাজনীতিবিদ)।

ob·struc·tive [অব্ˈস্ট্রাক্‌টিভ্] *adj* বাধাদায়ক; প্রতিবন্ধকতা সৃষ্টিকারক। **~·ly** *adv*

ob·tain [অব্ˈটেইন্] *vt,vi* ১ পাওয়া; নিজের জন্য অর্জন বা সংগ্রহ করা; কেনা: He is trying hard to ~ what he wants. Where did you ~ this beautiful vase? ২ (নিয়ম, প্রথা সম্বন্ধে) প্রতিষ্ঠিত বা প্রচলিত হওয়া; প্রতিষ্ঠিত বা প্রচলিত থাকা: This custom no longer ~s in our part of the country. **~·able** [-অব্‌ল্] *adj* পাওয়া যেতে পারে এমন; প্রাপ্তিসাধ্য।

ob·trude [অব্ˈট্রূড্] *vt,vi* **~ (upon)** অযাচিতভাবে (নিজেকে, নিজের মতামতকে অন্যের উপর) চাপিয়ে দেওয়া; অনধিকারচর্চা করা। **ob·trus·ive** [অব্ˈট্রুসিভ্] *adj* অনধিকারচর্চাপ্রবণ। **ob·trus·ive·ly** *adv*

ob·tuse [অব্ˈটিউস্ US -টূস্] *adj* ভোঁতা। ২ (কোণ সম্বন্ধে) এক সমকোণের (৯০°) চেয়ে বড়ো কিন্তু দুই সমকোণের (১৮০°) চেয়ে ছোট; স্থূলকোণ। ৩ স্থূল-বুদ্ধি; বোকা। **~·ly** *adv.* **~·ness** *n*

ob·verse [ˈঅব্‌ভাস্] *n* মুদ্রা বা পদকের যে পিঠে রাজার মুখ বা প্রধান নকশা খোদিত থাকে, দ্র. reverse; প্রদর্শনের জন্য চিত্রিত বা খোদিত যে কোনো কিছুর মুখ; প্রতিরূপ বা প্রতিপক্ষ; (attrib) The ~ side.

ob·vi·ate [ˈঅব্‌ভিএইট্] *vt* ভারমুক্ত হওয়া; পরিত্রাণ পাওয়া; দূর করা; পূর্বাহ্ণেই বুঝতে পেরে তদনুযায়ী কাজ করা: ~ difficulties.

ob·vi·ous [ˈঅব্‌ভিঅস্] *adj* স্পষ্টত প্রতীয়মান; পরিষ্কার; সোজা। **~·ly** *adv.* **~·ness** *n*

oc·ca·sion [আˈকেইজ়ন্] *n* ১ [C] কোনো নির্দিষ্ট ঘটনার সময়; (কোনো কিছুর) উপযুক্ত সময়: On this/that ~, এই/সেই (ঘটনার) সময়; on one ~, একবার; একদা; This is not an ~ (উপযুক্ত সময়) for laughter, হাসার সময় এটা নয়। **on ~** মাঝে-মধ্যে, কখনো-সখনো; যখন প্রয়োজন হয় তখন। **rise to the ~** সময়োপযোগী কাজ করার ক্ষমতা যে আছে এটা প্রমাণ

করা। **take this/that ~ to say sth** কোনো কিছু বলার সুযোগ গ্রহণ করা। ২ [U] যুক্তি; কারণ; হেতু; প্রয়োজন: He's had no ~ to ask for more money. ৩ [C] প্রত্যক্ষ, আপেক্ষিক বা আনুষঙ্গিক কারণ বা হেতু: The real causes of yesterday's riot are not clear but the ~ was a row between a policeman and a rickshawwallah. □*vt* কারণ হওয়া: His wife's sudden illness ~ed him much anxiety.

oc·ca·sional [আ'কেইজ়ান্‌ল্] *adj* ১ নিয়মিত নয়; মাঝে-মধ্যে ঘটে, আসে, দেখা যায় এমন; আকস্মিক: ~ visits. **the ~ + *n* =** an ~ + *n:* He pays me the ~ visit (= an ~ visit), হঠাৎ হঠাৎ দেখা করে। ২ কোনো বিশেষ উদ্দেশ্যে বা উপলক্ষে ব্যবহৃত বা অভিপ্রেত: ~ verses, কোনো বিশেষ উপলক্ষে রচিত পদ্য। **~ly** [-নালি] *adv* মাঝে-মধ্যে: She comes here ~ly.

Oc·ci·dent ['অকসিডান্ট্] *n* **the ~** (সাহিত্য.) পশ্চিম গোলার্ধের অর্থাৎ য়োরোপ ও আমেরিকার দেশসমূহ; পাশ্চাত্য পৃথিবী। **Oc·ci·den·tal** [ˌঅকসি'ডেন্ট্‌ল্] *n,adj* পাশ্চাত্য, পাশ্চাত্যের লোক; পাশ্চাত্যের দেশ।

oc·cult [অ'কাল্ট্ US আ'কাল্ট্] *adj* ১ গুপ্ত, গূঢ়; কেবলমাত্র বিশেষ জ্ঞানপ্রাপ্তদের অধিকার আছে এমন। ২ অতিপ্রাকৃত; ঐন্দ্রজালিক: ~ sciences (যথা, জ্যোতিষবিদ্যা)। **the ~** যা কিছু গুপ্ত বা অতিপ্রাকৃত।

oc·cu·pant ['অকিউপান্ট্] *n* বাসিন্দা; দখলকারী; ভোগদখলকারী। **oc·cu·pancy** [-প ান্সি] *n* দখল; ভোগদখল; দখল বা ভোগদখলের সময়সীমা।

oc·cu·pa·tion [ˌঅকিউ 'পেইশ্‌ন্] *n* ১ বাস; দখল; দখলি স্বত্ব; দখলদারিতা: the ~ of the farm house by farm workers; the German ~ of France in the Second World War. ২ বাসের, দখলের বা ভোগদখলের সময়সীমা। ৩ ব্যবসা, বাণিজ্য ইত্যাদি; বৃত্তি, পেশা, অবসরকালীন কাজ: useful ~s for long summer evenings. **~al** [-শান্‌ল্] *adj* পেশাগত। **~al 'hazards** পেশাগত ঝুঁকি। **ˌ~al 'therapy** সৃজনশীল বা উৎপাদনশীল কাজে বা পেশায় অংশগ্রহণের মাধ্যমে অসুস্থতার চিকিৎসা।

oc·cu·pier ['অকিউপাইআ(র্)] *n* দখলদার; সাময়িক বা অধস্তন বাসিন্দা।

oc·cupy ['অকিউপাই] *vt* ১ বাস করা; দখলে রাখা। ২ (যুদ্ধে শত্রুপক্ষের শহর, গ্রাম, দেশ ইত্যাদি) দখল করা ও দখলে রাখা: ~ an enemy town. ৩ (স্থান, কাল, মনোযোগ, মন) পূর্ণ বা পরিব্যাপ্ত করা: His long speech occupied more than an hour. The idea of a new project occupied his mind. ৪ অধিষ্ঠান করা; পূর্ণ করা: He occupies an important position in the Ministry of Agriculture.

oc·cur [আ'কা(র্)] *vi* ১ ঘটা: The accident ~red early in the morning. **২ ~ to** মনে হওয়া; মনে পড়া: The idea never ~red to me. It never ~red to me to try for a government scholarship, সরকারি বৃত্তির কথা কখনো মনে হয়নি। ৩ থাকা; দৃষ্ট হওয়া: Latin expressions ~ almost on every page.

oc·cur·rence [আ'কারান্স্] *n* ১ [C] ঘটনা: an everyday ~. ২ [U] ঘটনার ক্রিয়া বা ঘটনার ব্যাপার; সংঘটন: of rare ~, বিরল ঘটনার ব্যাপার।

ocean ['ওউশ্‌ন্] *n* ১ মহাসমুদ্র। ২ মহাসমুদ্রের প্রধান ভাগগুলোর যে কোনোটি: the Indian O~. **the ~ lanes** সমুদ্রগামী জাহাজ ব্যবহৃত নিয়মিত সমুদ্র-পথ। ৩ (কথ্য) বিপুল সংখ্যা বা বিপুল পরিমাণ: ~s of money. **~ic** [ˌওউশি'অ্যানিক্] *adj* মহাসাগরীয়; মহাসামুদ্রিক; মহাসাগরবৎ। **ocean·og·ra·pher** *n* মহাসমুদ্রবিদ। **ocean·og·ra·phy** [ওউশা'না:গ্রাফি] *n* মহাসমুদ্রবিদ্যা। **ocean·ol·o·gy** [ওউশা'না:লাজি] *n* সমুদ্রসম্পদ ও সমুদ্রপ্রযুক্তি বিষয়ক বিজ্ঞান। **ocean·ol·o·gist** [-লাজাসট্] *n* সমুদ্রসম্পদ ও সমুদ্রপ্রযুক্তি বিষয়ক বিশেষজ্ঞ।

ochre (US অপিচ **ocher)** ['ওউকা(র্)] *n* [U] ফিকে হলুদ থেকে বাদামি পর্যন্ত যেসব রং হতে পারে তা তৈরি করার কাজে ব্যবহৃত মাটিবিশেষ; গিরিমাটি।

o'clock [আ'ক্লক্] *particle* 'of the clock'-এর সংক্ষিপ্ত রূপ—ঘণ্টা নির্দেশ করে সময় উল্লেখ করবার জন্য ব্যবহৃত হয়: I arrived at seven ~. দ্র. পরি. ৪।

oc·ta·gon ['অকটাগান্ US -গন্] *n* অষ্টভুজ ও অষ্টকোণ সমতল ক্ষেত্র। **oc·tag·onal** [অক্'ট্যাগান্‌ল্] *adj* অষ্টভুজ।

oc·tane ['অকটে ইন্] *n* প্যারাফিনজাত হাইড্রো-কার্বন অকটেন।

oc·tave ['অকটি ভ্] *n* ১ (সঙ্গীত) যে স্বরের অবস্থান কোনো প্রদত্ত স্বরের ছয় পূর্ণ স্বর উপরে বা ছয় পূর্ণ স্বর নীচে; (দুইটি অকটেভ-এর মধ্যবর্তী) পাঁচটি পূর্ণ স্বর ও দুইটি অর্ধ-স্বরের ব্যবধান। ২ (কবিতায়) চতুর্দশপদী কবিতা বা সনেটের প্রথম আট চরণ; আট চরণ বিশিষ্ট কবিতার স্তবক।

oc·tavo [অক্'টেইভৌ] *n* আট পাতায় বা ষোল পৃষ্ঠায় ভাঁজ-করা বই; ষোল-পেজি বই; এ রকম বইয়ের আকার।

oc·tet, oc·tette [অক্'টেট্] *n* ১ আটজনে মিলে গাইবার বা বাজাবার জন্য রচিত সঙ্গীত। ২ = octave (২).

Oc·to·ber [অক্'টৌবা(র্)] *n* ইংরেজি বছরের দশম মাস।

oc·to·gen·arian [ˌঅকটাজি'নেআরিআন্] *n,adj* ৮০ থেকে ৯০ বছর বয়সবিশিষ্ট ব্যক্তি; অশীতিপর (ব্যক্তি)।

oc·to·pus ['অকটাপস্] *n* স্পঞ্জের মতো নরম দেহ ও আট হাতবিশিষ্ট সামুদ্রিক প্রাণী; অক্টোপাস।

oc·troi ['অকট্রোআ US অক্ 'ট্রোআ]*n* [U] নগরশুল্ক বা অকটোরি ট্যাক্স; নগরের যে স্থানে, যাদের দ্বারা, এই শুল্ক সংগৃহীত হয়।

ocu·lar ['অকিউলা(র্)] *adj* চক্ষুবিষয়ক; চক্ষুর জন্য; চক্ষুর দ্বারা; চাক্ষুষ: ~ proof, চাক্ষুষ প্রমাণ।

ocu·list ['অকিউলিস্ট্] *n* চক্ষুরোগ বিশেষজ্ঞ।

odd [অড্] *adj* ১ (সংখ্যা সম্বন্ধে) বিজোড়; দুই দিয়ে সম্পূর্ণভাবে ভাগ করা যায় না এমন: ১, ৩, ৫ ও ৭। ২ কোনো হারিয়ে যাওয়া জোড়ার একটি সম্বন্ধে: an ~ shoe. ৩ দল, ঝাঁক, গুচ্ছ ইত্যাদির সঙ্গে আপাতত নেই এমন এক বা একাধিক ব্যক্তি বা বস্তু সম্বন্ধে: Three odd volumes of the complete Rabindranath; an odd player, (কোনো খেলায়) (নির্ধারিত সংখ্যক খেলোয়াড়ের) অতিরিক্ত খেলোয়াড়। **ˌodd man 'out (ক)** জোড়ায় জোড়ায় সাজাবার পর অবশিষ্ট বিজোড় ব্যক্তি বা বস্তু। **(খ)** (কথ্য) যে ব্যক্তি আপন সমাজ, আপন সম্প্রদায় থেকে আলাদা থাকে বা তাতে মিশতে পারে না। ৪ সামান্য বাড়তি: forty odd years, চল্লিশ থেকে পঞ্চাশের ভিতর। ৫ বাধা বা নিয়মিত নয় এমন: He supports himself by doing odd jobs, এটা-সেটা করে জীবিকা অর্জন করে। **The odd + *n* =** an odd + *n:* The room was empty except for the odd chair. ৬ অদ্ভুত; অস্বাভাবিক: an odd fellow/incident. **odd·ly** *adv* অদ্ভুতভাবে: oddly enough, অদ্ভুত/মজার/বিস্ময়ের কথা/ব্যাপার এই যে . . . ।

odd·ity [ˈঅডিটি] *n* ১ [U] অদ্ভুত প্রকৃতি বা বৈশিষ্ট্য; অস্বাভাবিক: ~ of dress. ২ [C] অদ্ভুত ব্যক্তি, বস্তু বা কাজ: That man in the bowler hat is something of an oddity.

odd·ment [ˈঅডমান্‌ট্] *n* [C] ১ অবশিষ্টাংশ; অদ্ভুত বা উটকো জিনিস। ২ (*pl*) টুকরা-টাকরা; টুকিটাকি অংশ।

odds [অড্‌জ্] *n pl* ১ কোনো কিছু ঘটার পক্ষে বা বিপক্ষে বর্তমান সম্ভাবনা: The ~ were against them, তাদের সফল হবার সম্ভাবনা ছিল না; The ~ are in his favour, তার সফল হবার সম্ভাবনা আছে; We fought against overwhelming odds, প্রবল প্রতিকূলতার বিরুদ্ধে আমাদেরকে লড়তে হয়েছে; It makes no ~, এতে কিছু এসে যায় না, কোনো ক্ষতিবৃদ্ধি নেই। what's the ~? (কথ্য) কী আসে যায়? **give/receive ~** সমতাবিধায়ক সুবিধা দেওয়া/নেওয়া। ২ অসম বস্তুসমূহ; বৈষম্যসমূহ: make ~ even. ৩ (বাজিতে) বাজি-ধরা টাকা ও বাজি জিতলে প্রদেয় টাকার ব্যবধানের পরিমাণ। ৪ **be at ~ (with sb) (over/on sth)** (কারো সঙ্গে কোনো ব্যাপারে) মিল না পড়া; বিবাদে যাওয়া। ৫ **~ and ends** টুকিটাকি জিনিসপত্র; টুকরা-টাকরা।

ode [ওউড্] *n* কবিতাবিশেষ (গাথা-কবিতা); সাধা. অনিয়মিত ছন্দে রচিত ও মহৎ অনুভূতি প্রকাশক এই কবিতা প্রায়শ কোনো বিশেষ ঘটনা বা বস্তুর মহিমাকীর্তন করে।

odi·ous [ˈওউডিআস্] *adj* ঘৃণ্য; কদর্য। **~·ly** *adv*

odium [ˈওউডিআম্] *n* [U] পরিব্যাপ্ত ঘৃণা বা বিদ্বেষ।

odor·ifer·ous [ˌওউডাˈরিফ়ারাস্] *adj* (আনুষ্ঠা.) সুগন্ধময়।

odor·ous [ˈওউডারাস্] *adj* (প্রধানত কাব্যিক) সুরভিত।

odour (US = **odor**) [ˈওউডা(র্)] *n* ১ [C] গন্ধ। ২ [U] খ্যাতি; সমর্থন; অনুগ্রহ। **be in good/bad ~ (with sb)** কারো সমর্থন বা অনুগ্রহ লাভ করা না-করা। **~·less** *adj*

od·ys·sey [ˈঅডিসি] *n* দীর্ঘ দুঃসাহসিক যাত্রা বা দুঃসাহসিক অভিযানমালা।

oecu·meni·cal [ˌঈকিউˈমেনিক্‌ল্] *adj* = ecumenical.

Oedi·pus com·plex [ˈঈডিপাস্ কম্‌প্লেক্‌স্ US ˈএডি –] *n* (মনো.) মাতার প্রতি শিশুপুত্রের দৈহিক আসক্তি, পিতার প্রতি শিশুপুত্রের ঈর্ষাবোধ এই আসক্তির অন্যতম বৈশিষ্ট্য।

O'er [ও°(র্)] *adv,prep* over-এর কাব্যরূপ।

oesoph·agus [ঈˈসফ়াগাস্] *n* = esophagus.

of [সাধারণ রূপ: আভ্; প্রবল রূপ: অভ্] *prep* ১ (স্থানের বা কালের ব্যবধানসূচক): Three miles west of Dhaka; within a month of her death; (US) ten minutes of (=before) three (GB = ten minutes to three), তিনটে বাজার দশ মিনিট আগে, তিনটে বাজার দশ মিনিট বাকি। ২ (উৎস, জন্ম, রচয়িতা নির্দেশ করে) a man of aristocratic descent, অভিজাত বংশোদ্ভূত মানুষ: the novels of Sharat Chandra. ৩ (কারণ নির্দেশ করে) die of cholera; do sth of one's own accord, স্বেচ্ছায় (= নিজের ইচ্ছার কারণে) করা; proud of sth; afraid of sb; smell of sth; because of; this couldn't have happened of itself, একা-একা অর্থাৎ অন্য কোনো কারণ ছাড়া এটা ঘটতে পারত না। ৪ (উপশম, মুক্তি, বঞ্চনা, নিষ্কৃতি নির্দেশ করে): cure sb of a disease; rid the campus of armed miscreants; be/get rid of a nuisance; rob sb of his money; relieve sb of a burden; clear oneself of an accusation; shelves bare of books; free of charge, বিনে পয়সায়; independent of foreign aid; short of supply. ৫ (পদার্থ নির্দেশ করে): made of china; steps of stone. ৬ (*adj* phrase ও descriptive genitive গঠন করে): vegetables of our own growing; a boy of twelve years old; a man of genius; the city of Dhaka. ৭ ('noun[1] of noun[2]' —এই ছকে: এখানে noun[2] noun[1]-এর সমার্থক): He is living in a palace of a house, রাজকীয় বাড়িতে বাস করছে; a mountain of a wave, পর্বতপ্রমাণ ঢেউ। ৮ (objective genitive): a maker of toys, খেলনা প্রস্তুতকারী; The love of music, সঙ্গীতপ্রেম; loss of sight, দৃষ্টিহীনতা; the fear of death, মৃত্যুভয়। ৯ (subjective genitive): The love of a mother, সন্তানের জন্য মায়ের ভালোবাসা। ১০ (যোগসূত্র বা সম্পর্ক নির্দেশক): The cause of the fire; the subject of discussion; the last day of May; the owner of the house; the leg of the chair; Bachelor of Science; think well of sb; suspected of a crime; dreaming of wealth; sure of success; hard of hearing, কালা; What of (=about) the money? টাকাটার কী হবে, টাকার ব্যাপারটা কী? ১১ (বিভক্তি, অন্তর্ভুক্তি, পরিমাপ নির্দেশক) (ক) a piece of paper; a yard of cotton; one of us; a lot of money. (খ) (superlative-এর পরে): the best of friends; the worst of enemies. (গ) (= out of) It shocks me that she, of all girls (= out of all girls) should have done such a scandalous thing. (ঘ) (intensive) The song of songs, গানের মতো গান/এমন গান আর হয় না; The Holy of Holies, পবিত্রের পবিত্র/পবিত্রতম। ১২ (*n + of + possessive*-এই ছকে): (ক) অনেকের/অনেকগুলোর ভিতর থেকে একজন/একটি: a friend of mine, আমার অনেক বন্ধুর একজন; a play of Shakespeare's, শেকস্‌পীয়ারের অনেক নাটকের একটি। (খ) (সম্বন্ধসূচক শব্দের সঙ্গে সংযুক্ত হতে পারে না এমন নির্দেশক বা তজ্জাতীয় শব্দ যখন বিশেষ্যকে বিশেষিত করে তখন ব্যবহার্য): This big car of yours; that swaggering husband of hers. ১৩ (*adj + of + n/pron* —এই ছকে): It's nice of you to call. ১৪ (সময় নির্দেশক): What do you do of a Friday, শুক্রবারে কী করো? In days of old, অতীতে; of late, সম্প্রতি। ১৫ দ্বারা: beloved of all (= loved by all).

off[1] [অফ্ US ও°ফ্] *adj* ১ (*near*-এর বিপরীতে) (ঘোড়া, গাড়ি সম্বন্ধে) ডান দিকে: The off front wheel, সামনের ডান দিকের চাকা। ২ (ক্ষীণভাবে) সম্ভব। **on the off chance,** দ্র. chance[1] (২). ৩ নিষ্ক্রিয়; নিষ্প্রভ; মন্দাক্রান্ত: the ~ season, মন্দা মরসুম।

off[2] [অফ্ US ও°ফ্] *adv part* ১ স্থান বা কালের ব্যবধান, নির্গমন, অপসারণ ইত্যাদি নির্দেশক; দূরে: The nearest railway station is about four miles off.

The examination is not far off. He's had his beard off, দাড়ি কেটে ফেলেছে; I must be off now, আমাকে এখন যেতে হবে; Off with him! একে বের করে দাও; সরিয়ে নিয়ে যাও! ২(on-এর বিপরীতে) আয়োজিত, পরিকল্পিত কোনো কিছু পণ্ড হওয়া নির্দেশ করে: Their engagement (আংটি, ইত্যাদি পরিয়ে বিয়ের পাকা ব্যবস্থা) is off/broken off, ভেঙে গেছে। ৩ (on-এর বিপরীতে) সংযোগ-বিচ্ছিন্ন; আপাতত পাওয়া যাবে না এমন: The electricity is off. The chicken biriani is off, (হোটেল বা রেস্টুরেন্ট-এ) আপাতত আর নেই। ৪ কাজে অনুপস্থিতি বা ছুটি নির্দেশ করে: take a day off, একদিনের জন্য ছুটি নেওয়া; take time off, কাজ ফেলে থাকা। ৫ (খাদ্য সম্বন্ধে) বাসি: This curry has gone off completely. ৬ (নাটকে) মঞ্চের অদূরে: pistol shots are heard off the stage, (মঞ্চনির্দেশে) মঞ্চের অদূরে পিস্তলের শব্দ শোনা যায়। ৭ (phrase সমূহ) **on and off; off and on** মাঝে মাঝে; অনিয়মিতভাবে। **badly/ comfortably/well off** phrase-বদ্ধ adverb-ত্রয় দ্রষ্টব্য। **better/worse off,** দ্র. better[2] (১), worse *adv* (১). **right/straight off** এক্ষুণি; তক্ষুণি; সঙ্গে সঙ্গে।

off[3] [অফ্ US ও°ফ্] *prep* ১ হতে; থেকে: fall off a tree; take something off the price, দাম থেকে কিছু বাদ দেওয়া, দাম কমানো। ২ (রাস্তা সম্বন্ধে) শাখা হয়ে বেরিয়ে আসা: a narrow lane off Tipu Sultan Road. ৩ সামান্য দূরে; অদূরে: A building off the main road. ৪ (কথ্য) অনীহা বোধ করা; গ্রহণ না-করা বা চরিতার্থ না করা: be off one's food, খাদ্যে রুচি না থাকা; be off drugs, মাদকদ্রব্য আর সেবন না করা।

off[4] [অফ্ US ও°ফ্] *pref* (নীচে দ্রষ্টব্য) বিভিন্ন যৌগশব্দে ব্যবহৃত)।

of·fal [অফ্ল্ US ˈও°ফ্ল্] *n* [U] খাবার জন্য জবাই-করা প্রাণীর মাংস অপেক্ষা কম গ্রহণযোগ্য বিবেচিত অংশসমূহ, যেমন, কলিজা, মাথা, কিডনি প্রভৃতি।

off-beat [অফ্ˈবীট্ US ˌও°ফ্-] *adj* (কথ্য) অসাধারণ; প্রথাসিদ্ধ নয় এমন: an ~ movie.

off-day [ˈঅফ্ ডেই US ˈও°ফ্] *n* যে দিন ভাগ্য প্রসন্ন থাকে না, কাজকর্ম সুষ্ঠুভাবে সম্পন্ন হয় না; মন্দ-কপাল, নিষ্ফলা দিন: i'm afraid that was one of my ~s, মনে হয় দিনটা আমার ভালো ছিল না।

of·fence (US = **of·fense)** [আ'ফেন্স্] *n* ১ [C] **an ~ against** অপরাধ, পাপ, আইন বা নিয়মের লঙ্ঘন: an ~ against the law; a serious ~. ২ [U] মনঃকষ্ট দেওয়া; মনঃকষ্ট। **give/cause ~ (to sb)** (কারো মনে) কষ্ট দেওয়া। **take ~ (at sth)** (কোনো কিছুতে) মনে কষ্ট পাওয়া: She is quick to take ~, সহজে কষ্ট পায়। No ~! আমি তোমার/আপনার অনুভূতিতে আঘাত করতে চাইনি—এই কথা বলার প্রচলিত রীতি। ৩ [U] আক্রমণ: weapons of ~, আক্রমণের অস্ত্র। ৪ [C] বিরক্তি বা অসন্তোষের হেতু: That cesspit is an ~ to the neighbourhood.

of·fend [আ'ফেন্ড্] *vi,vt* ১ **~ against** অন্যায় করা; আইন, নিয়ম ইত্যাদি লঙ্ঘন করা: ~ against the law. ২ (কারো) মনে কষ্ট দেওয়া; (কাউকে) অসন্তুষ্ট করা: She was ~ed at my words. ৩ কটু বা বিরক্তিকর হওয়া: ~ the ear, শ্রুতিকটু হওয়া; ~ the eye, দৃষ্টিকটু হওয়া। **~er** *n* বিশেষত আইন লঙ্ঘনকারী; first ~ers, যারা প্রথম বারের মতো অপরাধ করেছে; an old ~er, দাগি অপরাধী।

of·fense [আ'ফেন্স্] দ্র. offence.

of·fen·sive [আ'ফেন্সিভ্] *adj* ১ কটু; অশোভন: an ~ smell, কটুগন্ধ; ~ language, অশালীন ভাষা। ২ আক্রমণাত্মক ভঙ্গি। **go into/take the ~** আক্রমণে যাওয়া; আক্রমণ করা। **a peace ~** (আধুনিক পরিভাষা) যুদ্ধের ঝুঁকি কমানোর উদ্দেশ্যে নিরলস প্রচেষ্টা; শান্তি-প্রচেষ্টা; শান্তি-সংগ্রাম। **~·ly** *adv*. **~·ness** *n*

of·fer [ˈঅফা(র্) US ˈও°-] *vt,vi* ১ প্রস্তাব করা; বিনিময়ের প্রস্তাব দেওয়া: He was ~ed a job in Shri Lanka . I ~ed to help him. They ~ed Tk 3,00,000 for the car. **~ one's hand** (করমর্দনের জন্য) হাত বাড়িয়ে দেওয়া। **~ one's hand (in marriage)** কোনো মহিলার কাছে বিয়ের প্রস্তাব দেওয়া। ২ **~ sth (up) (to God)** (ঈশ্বরের উদ্দেশে) নিবেদন, অর্পণ বা উৎসর্গ করা: ~ prayers to God; ~ up a sacrifice. ৩ **~ to** চেষ্টা নেওয়া; (উদ্যোগ বা প্রয়াসের) চিহ্ন প্রদর্শন করা: ~ stiff resistance to the enemy. ৪ ঘটা; দেখা দেওয়া; উপস্থিত হওয়া: Take the first opportunity that ~s. **as occasion ~s** যখন সুযোগ হয়। □*n* [C] কোনো কিছু করার বা কোনো কিছু দেওয়ার প্রস্তাব; প্রস্তাবিত বস্তু: an ~ of help; an ~ of Tk 300,000 for a car. **be open to an ~** ক্রেতার প্রস্তাবিত দাম বিবেচনা করতে ইচ্ছুক থাকা। **(goods) on ~** নির্দিষ্ট দামে বিক্রির জন্য (প্রস্তাবিত পণ্য)। **~·ing** [ˈঅফারিঙ্ US ও°-] *n* ১ [U] প্রদান: The ~ing of bribes, ঘুষ প্রদান। ২ [C] প্রদত্ত, অর্পিত বা উৎসর্গীকৃত বস্তু: burnt ~ings; a peace ~ing, কলহ ইত্যাদির পর বন্ধুত্ব পুনঃস্থাপনের আশায় প্রদত্ত বস্তু: শান্তি-উপহার।

of·fer·tory [ˈঅফাট্রি US -টো°রি] *n* গির্জায় উপাসনাকালে বা উপাসনার শেষে সমাগত উপাসনাকারীদের কাছ থেকে সংগৃহীত নৈবেদ্য।

off-hand [ˌঅফ্ˈহ্যান্ড্ US ˌও°ফ্-] *adj* ১ পূর্বচিন্তা বা পূর্বপ্রস্তুতি ছাড়া; তাৎক্ষণিক: ~ measures. ২ (আচরণ ইত্যাদি সম্বন্ধে) ভাবলেশহীন, অমনোযোগী; কাঠখোট্টা রকম সংক্ষিপ্ত: in an ~ manner. □না ভেবে: I can't say ~, না ভেবে বলতে পারি না। **ˌoff-ˈhanded(ly)** *adj,adv* = off-hand.

of·fice [ˈঅফিস্ US ˈও°ফ্-] *n* [C] ১ (প্রায়শ *pl*) দফতর; কার্যালয়; অফিস: The Registrar's ~; our Chittagong ~, আমাদের চট্টগ্রাম শাখা; (US) ডাক্তারখানা: ~ hours, 5 pm to 8 pm. **ˈbooking ~,** দ্র. book[2](২). **ˈbox-~,** দ্র. box[1] (২). **ˈ~-block** (প্রায়শ একাধিক কোম্পানি বা ব্যবসা প্রতিষ্ঠানের) দফতর সম্বলিত (বৃহৎ) ভবন। ২ সরকারি বিভাগ বা বিভাগীয় দফতর: The Foreign O~, পররাষ্ট্র বিভাগ; পররাষ্ট্র দফতর। ৩ (বিশেষ সরকারি) পদ; গদি: resign ~, পদত্যাগ করা; He has been in ~ for five years now, পাঁচ বছর যাবৎ গদিতে বসা আছে। **ˈ~-bearer** *n* পদাধিকারী ব্যক্তি; কর্মকর্তা। ৪ দায়িত্ব: The ~ of Chairman. ৫ (*pl*) সদয় বা শোভন কাজ; সেবা; সহায়তা: Through the good ~s (= সদয় সহায়তা) of a friend; perform the last ~s for ..., শেষকৃত্য অনুষ্ঠান করা; জানাজার নামাজ আদায় করা। **Divine O~** রোমান ক্যাথলিক ও এপিস্কোপাল (Episcopal) চার্চ অনুসৃত কতিপয় উপাসনারীতি।

of·fi·cer [ˈঅফিসা(র্) US ˈও°ফ্–] *n* ১ সামরিক বাহিনী, পুলিশ বাহিনী, বাণিজ্যিক জাহাজ, বিমান ইত্যাদিতে অন্যদের নির্দেশ দেবার ক্ষমতাপ্রাপ্ত কর্তাব্যক্তি বা অফিসার। ২ পদস্থ (সরকারি) কর্মকর্তা: an executive ~; ~s of state, সরকারের মন্ত্রীবর্গ। ৩ পুলিশকে সম্বোধনের রীতি।

of·fi·cial [আ'ফিশ্‌ল্] *adj* ১ আনুষ্ঠানিক কর্তৃত্বপ্রসূত বা আনুষ্ঠানিক কর্তৃত্বের সঙ্গে সংশ্লিষ্ট; অফিসিয়াল: ~ duties; ~ uniform; ~ statements. ২ আনুষ্ঠানিক কর্তৃত্বের বৈশিষ্ট্যপূর্ণ; আনুষ্ঠানিক কর্তৃত্বের উপযোগী: ~ style. □*n* সরকারি কর্মকর্তা; আমলা: government ~s. **~ly** [–সালি] *adv* অফিসিয়াল রীতিমাফিক; অফিসিয়াল কর্তৃত্ব সহকারে। **~·dom** [ডাম্] সরকারি কর্মকর্তাগোষ্ঠী; আমলাবর্গ; আমলাদের কর্মপদ্ধতি; আমলাতন্ত্র। **~ese** [অফিসা'লীজ়্] *n* [U] আমলাদের লেখায় ব্যবহৃত (অতিরিক্ত কেতাবি বা দুর্বোধ্য) ভাষা।

of·fici·ate [আফিশিএইট্] *vi* **~ (as) (at)** কোনো অফিস বা পদের সঙ্গে সম্পৃক্ত দায়িত্ব পালন করা: officiate as secretary; ~ at a marriage ceremony, বিয়ের অনুষ্ঠানে কাজির বা পুরোহিতের কাজ করা।

of·fi·cious [আ'ফিসাস্] *adj* গায়ে পড়ে সাহায্য করতে বা পরামর্শ দিতে আসে এমন; কর্তৃত্বপরায়ণ। **~·ly** *adv*. **~·ness** *n*

off·ing [ˈঅফিঙ্ US ও°ফ্–] *n* (লাক্ষ.) ১ গভীর সমুদ্রের যে অংশ সমুদ্রতীর থেকে দেখা যায়। ২ (লাক্ষ.) নিকট বা অদূর ভবিষ্যৎ: a war in the ~.

off-load [ˌঅ ফ্'লৌড্] *vt* ১ (মাল) খালাস করা: The cargo was ~ed at Chittagong. ২ (কথ্য) (অপ্রীতিকর ব্যক্তি বা বস্তুর হাত থেকে) রেহাই পাওয়া: He ~ed the scheme at the first opportunity. I wished so much to ~ the newspaper man.

off-licence [ˈঅফ্ লাই সন্‌স্ US ও°ফ্–] *n* দোকানের বাইরে নিয়ে পান করার জন্য মদ বিক্রির অনুমতিপত্র; যে মদের দোকানে বা পানশালার যে-অংশে মদ শুধুমাত্র বিক্রি করা হয়, কিন্তু পরিবেশন করা হয় না।

off-peak [ˈঅফ্ পীক্ US ˈও°ফ্–] *attrib adj* দ্র. peak[1] (৪).

off-print [ˈঅফ্ প্রিন্ট্ US ও°ফ্–] *n* [C] কোনো বৃহত্তর প্রকাশনা (যথা, সাময়িক পত্রিকা) থেকে নেওয়া রচনার স্বতন্ত্র পুনর্মুদ্রিত কপি।

off-putting [ˌঅফ্ 'পুটিঙ্ US ও°ফ্–] *adj* (কথ্য) অস্থির, অস্থিত বা অপ্রস্তুতকর।

off-set [ˈঅফ্‌সেট্ US ˈও°ফ্–] *vt* সমতাবিধান করা; পুষিয়ে নেওয়া: ~ one's small income by living as plainly as possible. □*n* ১ **~ (process)** এক প্রকার মুদ্রণপ্রণালী; (ছাপায়) অফসেট পদ্ধতি। ২ = offshoot.

off·shoot [ˈঅফ্‌শূট্ US ও°ফ্–] [C] (সাহিত্য. বা লাক্ষ.) শাখা বা প্রশাখা: an ~ of a plant/a family.

off-shore [ˌঅফ্'শো(র্) US ˌও°ফ্–] ১ সমুদ্রতীর থেকে দূরবর্তী; সমুদ্রবর্তী: ~ breezes. ২ উপকূলবর্তী: ~ islands. ৩ **~ purchases** (US) যুক্তরাষ্ট্রের অর্থনৈতিক বা সামরিক সাহায্যপ্রাপ্ত দেশের জন্য যুক্তরাষ্ট্র কর্তৃক ভিন্ন কোনো দেশ থেকে খরিদকৃত পণ্যসামগ্রী, যথা, য়োরোপের জন্য যুক্তরাষ্ট্র কর্তৃক খরিদকৃত এলুমিনিয়াম।

off·side [ˌঅফ্'সাইড্ US ও°ফ্] *attrib adj,adv* (ফুটবল ও হকি খেলায়) (কোনো খেলোয়াড় সম্বন্ধে) বলের অবস্থানের বিচারে মাঠের নিয়মবিরুদ্ধ অবস্থানে থাকা; এ রকম অবস্থান গ্রহণকারী: ~ play.

off·spring [অ ফ্‌স্প্রিঙ্ US ˈও°ফ্–] *n* (*pl* অপরিবর্তিত) সন্তান; সন্তান–সন্ততি; জীবজন্তুর বাচ্চাকাচ্চা: She is the ~ of a singer and dancer.

off-street [ˈঅফ্ স্ট্রীট্ US ˈও°ফ্] *attrib adj* প্রধান সড়কে নয়: ~ parking.

off-white [ˌঅফ্‌ওয়াইট্ US ˌও°ফ্'হোয়াইট্] *adj* বিশুদ্ধ বা সম্পূর্ণ সাদা নয়; হালকা ধূসর বা হালকা হলুদের ছোপ মেশানো।

oft [অ ফ্‌ট্ US ও°ফ্‌ট্] *adv* (কবিতায়) ঘন ঘন; প্রায়ই; বহু বার: an oft-quoted line, বহু–উদ্ধৃত চরণ। ˈ**oft-times** *adv* (পুরা.) প্রায়ই।

of·ten [ˈঅফ্‌ন্ US ˈও°ফ্‌ন্] frequency–এর *adv* [সাধা. *v* সহ বাক্যের মধ্যভাগে ব্যবহৃত হয়; জোর দেবার প্রয়োজনে (বিশেষত very বা quite দ্বারা বিশেষিত হলে) অথবা বৈসাদৃশ্য বোঝাবার জন্য বাক্যের শুরুতে বা শেষে ব্যবহৃত হতে পারে।] ১ ঘন ঘন; প্রায়ই; বহু বার: He ~ comes here. He has been here quite ~. ২ (phrase সমূহে) **how ~** কতোবার; কতো ঘন ঘন: How often do the trams run? **as ~ as** যতোবার ... ততোবার: As ~ as he tried to speak his voice broke. **as ~ as not; more ~ than not** বেশি ঘন ঘন; **every so ~** মাঝে মাঝে। **once too ~** যতোবার যুক্তিযুক্ত, নিরাপদ ইত্যাদি তার চেয়ে আরো একবার বেশি: He broke the rule once too ~ and was duly punished.

ogle [ওউগ্‌ল্] *vi,vt* **~ (at)** (লোলুপ দৃষ্টিতে) চেয়ে থাকা: ~ the pretty girls.

ogre [ˈওউগা(র্)] *n* [C] (কথা–কাহিনীতে) মানুষখেকো রাক্ষস। **ogress** [ওউ গ্রেস্] *n* মানুষখেকো রাক্ষসী। ˈ**~·ish** [–ইশ্] *adj* রাক্ষসের মতো।

oh [ওউ] *int* ভয়, বিস্ময় ইত্যাদি সূচক ধ্বনি।

ohm [ও উম্] *n* [C] বিদ্যুতের প্রতিরোধী শক্তির মাত্রা (প্রতীক Ω)।

oho [ও'উহৌ] *int* বিস্ময় বা বিজয়সূচক ধ্বনি।

oil [অয়ল্] *n* [C, U] ১ তেল: coconut ~; paraffin ~. ২ (phrase সমূহ) **burn the mid-night oil** রাত জেগে লেখাপড়া ইত্যাদি করা। **paint in oils** চিত্রাঙ্কনে তেলরং ব্যবহার করা; তেলচিত্র অঙ্কন করা। **pour oil on the flame(s)** আগুনে ঘি ঢালা। **pour oil on troubled waters** ঝগড়া–বিবাদ মিটাবার মতো আচরণ করা। **smell of the midnight oil** রাত জেগে পড়াশোনার ছাপ পড়া। **strike oil** তেলের (খনির) সন্ধান পাওয়া; (লাক্ষ.) অত্যন্ত সফল বা সমৃদ্ধিশালী হওয়া। ৩ (যৌগশব্দ) ˈ**oil-bearing** *adj* খনিজ তেল ধারণকারী (শিলাস্তর)। ˈ**oil-burner** *n* তেলচালিত ইনজিন, জাহাজ ইত্যাদি। ˈ**oil-cake** *n* [U] খইল। ˈ**oil-can** *n* মেশিনে তেল দেবার জন্য লম্বা সরু নলের মতো মুখওয়ালা তেলের টিন। ˈ**oil·cloth** *n* [U] পানিনিরোধক বস্ত্রবিশেষ; অয়েল ক্লথ। ˈ**oil-colours, oils** *n pl* তেলরং। ˈ**oil-field** *n* তেলক্ষেত্র। **oil-fired** *adj* তেলকে জ্বালানি হিসাবে ব্যবহার করে এমন। **oil-painting** *n* [U] তেলচিত্র। ˈ**oil-palm** গ্রীষ্মমণ্ডলীয় তেলউৎপাদক পামগাছ। **oil-paper** *n* স্বচ্ছ পানিনিরোধক কাগজ; অয়েল–পেপার। ˈ**oil-rig** *n* (সমুদ্রবক্ষে) তেলকূপ খননের কাঠামো ও যন্ত্রপাতি। ˈ**oil-silk** *n* রেইনকোট প্রভৃতি তৈরির জন্য ব্যবহৃত বাতাস ও পানিনিরোধক সিল্ক

বস্ত্র। ˈ**oil-skin** *n* [C, U] পানিনিরোধক বস্ত্রবিশেষ--এই বস্ত্রে তৈরি কোট ইত্যাদি; (*pl*) নাবিক ইত্যাদিদের পরিহিত এই বস্ত্রে তৈরি পোশাকের সেট। ˈ**oil-tanker** *n* তেলবাহী জাহাজ বা গাড়ি। ˈ**oil-well** *n* তেলকূপ। □*vt* (যন্ত্র প্রভৃতিতে) তেল দেওয়া: ~ a lock; oil the wheels/works, (লাক্ষ.) কৌশলের সাহায্যে নির্বিঘ্নে সম্পন্ন করা: oil (grease এক্ষেত্রে অধিক প্রযোজ্য শব্দ) sb's palm, কাউকে ঘুষ দেওয়া। **oiled** *adj* (সাধা. well-oiled) (অপ.) মাতাল।

oily [ˈঅয়লি] *adj* ১ তেলসংক্রান্ত; তেলের মতো; তৈলবৎ: an ~ substance. ২ তেলমিশ্রিত; তৈলাক্ত: ~ fingers. ৩ (কথা বা আচরণ সম্বন্ধে) অতি মসৃণ; মন-গলানো; আদুরে; তোষামুদে।

oint·ment [ˈঅয়ন্ট্মান্ট্] *n* [C, U] মলম।

okapi [ওউˈকা:পি] *n* মধ্য আফ্রিকার জঙ্গলবিহারী দুর্লভ রোমন্থক প্রাণী।

okay [ˌওউˈকেই] (সংক্ষেপ Ok) *adj,adv* (কথ্য) সব ঠিক; সঠিক; অনুমোদিত। □*vt* রাজি হওয়া; অনুমোদন করা। □*n* সম্মতি; অনুমোদন: Has your father given you his OK?

old [ওউল্ড্] *adj* ১ (কোনো সময়পর্ব ও how সহযোগে) বয়স সম্পর্কিত: She is twenty years old. How old is he? ২ (young-এর বিপরীতে) বয়স্ক; বৃদ্ধ; বুড়ো: Old people need our attention. **the old** বৃদ্ধেরা। **young and old** ছেলেবুড়ো সবাই। **old age** বার্ধক্য। **old age pension** (সং OAP) (বা retirement pension) বার্ধক্যভাতা (বা অবসরভাতা) *n* বার্ধক্যভাতা গ্রহীতা। **the old man** (কথ্য) (ক) কারো স্বামী বা পিতা। (খ) (নাবিকদের মধ্যে) জাহাজের ক্যাপ্টেন। **the old woman** (কথ্য) কারো স্ত্রী। ˌ**old-ˈwomanish** *adj* সদাতটস্থ ও ভীরু। **an old maid,** দ্র. maid. ˌ**old-ˈmaidish** *adj* নিখুঁত স্বভাবের; অত্যন্ত ছিমছাম; খুঁতখুঁতে। ৩ (new, modern, up-to-date-এর বিপরীতে) সেকেলে; পুরনো: old customs; an ~ house. **one of the ˈold school** রক্ষণশীল; সেকেলে। **the Old World** এশিয়া, য়োরোপ ও আফ্রিকা। ˌ**old-ˈfashioned** *adj* (ক) অপ্রচলিত: old-fashioned clothes. (খ) প্রাচীনপন্থী: an old-fashioned lady. (গ) (দৃষ্টি সম্বন্ধে) তিরস্কারপূর্ণ: She gave me an old-fashioned look. □*n* (US) হুইসকি সহযোগে তৈরি এক ধরনের ককটেল বা মিশ্র সুরা। **old hat** (কথ্য) অপ্রচলিত। ˈ**old-time** *adj* পুরনো দিনের: old-times songs. ˈ**old-world** *adj* প্রাচীনকালীন; অনাধুনিক: an old-world building. ৪ অনেক দিনের চেনা: an ~ friend of mine. **Old Glory** স্বদেশের পতাকা সম্বন্ধে মার্কিনীদের ব্যবহৃত নাম। ৫ আগেকার; প্রাক্তন। ˈ**old boy/girl** আলোচ্য স্কুলের প্রাক্তন ছাত্র/ছাত্রী। **the ˈold country** মাতৃভূমি (বিশেষত দেশ ছেড়ে অন্যত্র বসবাস শুরুর পর)। **the/one's old school** ছেলেবেলার স্কুল। **the/one's old school tie** (ক) প্রাক্তন ছাত্রদের ব্যবহৃত গলবন্ধনী বা টাই। (খ) একই স্কুলের বা একই ধরনের স্কুলের প্রাক্তন ছাত্রছাত্রীদের মধ্যকার একাত্মতাবোধ। ৬ অভিজ্ঞ: a man who is ~ in politics. **the old guard** দীর্ঘদিনের বিশ্বস্ত সমর্থকবৃন্দ। **old offender** দাগি আসামি। **an old hand (at sth)** (কোনো কিছুতে) দীর্ঘ অভিজ্ঞতাসম্পন্ন ব্যক্তি। **old-ˈtimer** *n* কোনো জায়গায় দীর্ঘদিন বসবাসকারী ব্যক্তি; পুরনো বাসিন্দা; (ক্লাব, পেশা ইত্যাদির) দীর্ঘদিনের সদস্য; পুরনো সদস্য। ৭ (কথ্য) অন্তরঙ্গতা বোঝাবার জন্য বা পরিহাসছলে আসল (ও ডাক-) নামের সঙ্গে সম্বোধনকালে ব্যবহৃত: 'Good old Kamal!'; 'Listen, old man.' **the old one; the old gentlemen; old Harry/ Nick/ Scratch** শয়তান। ৮ (অপ.) জোর দেবার প্রয়োজনে ব্যবহৃত: He's having a high old (= খুব ভালো) time. Any old thing (যে কোনো কিছু, যাহোক একটা কিছু) will do. □*n* অতীত: in days of old, অতীত কালে; the men of old, অতীত কালের মানুষ। **old·ish** [-ইশ্] *adj* বুড়োটে।

olden [ˈওউল্ডান্] *adj* (পুরা. সাহিত্য.) পুরনো আমলের; আগেকার যুগের: in olden times.

old·ster [ˈওউল্ড্স্টা(র্)] *n* (কথ্য) (youngster-এর বিপরীত) বুড়া লোক; বিগতযৌবন ব্যক্তি: We ~s, আমরা বুড়ারা।

ole·agi·nous [ˌওউলিˈঅ্যাজিনাস্] *adj* তেলের গুণসম্পন্ন; তেল হয় এমন; তেলোৎপাদী; চর্বিযুক্ত; তেলতেলে; তৈলাক্ত।

ole·an·der [ˌওউলিˈঅ্যানডা(র্)] *n* [C] করবী জাতীয় চিরসবুজ ফুলগাছ।

ol·fac·tory [অল্ˈফ্যাক্টারি] *adj* ঘ্রাণসংক্রান্ত: The ~ nerves.

oli·garchy [ˈঅলিগা:কি] *n* [C, U] সর্বময় ক্ষমতার অধিকারী ক্ষুদ্র এক গোষ্ঠীর শাসন; গোষ্ঠীশাসন; গোষ্ঠীশাসিত দেশ; এরূপ গোষ্ঠী। **oli·garch** [ˈঅলিগা:ক্] *n* এরূপ গোষ্ঠীভুক্ত ব্যক্তি।

ol·ive [ˈঅলিভ্] *n* ১ ˈ~(-tree) জলপাই গাছ; জলপাই। ˌ~-ˈ**oil** জলপাই থেকে উৎপন্ন তেল। ২ শান্তির প্রতীক হিসাবে জলপাই পাতা; জলপাই শাখা; জলপাই পাতার মালা। **hold out the ˈ~-branch** শান্তি প্রতিষ্ঠার জন্য আলোচনার ইচ্ছা বা আগ্রহ দেখানো। □*adj* জলপাই রঙের (হলদে-সবুজ বা হলদে-বাদামি)।

Olym·piad [অ্যাˈলিম্পিঅ্যাড্] *n* অলিম্পিক ক্রীড়ানুষ্ঠানের মধ্যবর্তী চার বছর সময়।

Olym·pian [অ্যাˈলিম্পিঅন্] *adj* (আচার-আচরণ ইত্যাদি সম্বন্ধে) মহিমান্বিত; দেবতুল্য।

Olym·pic [অ্যাˈলিম্পিক্] *adj* **the ~ Games** (ক) প্রাচীন কালে গ্রিসের অলিম্পিয়াডে অনুষ্ঠিত ক্রীড়াপ্রতিযোগিতা। (খ) চার বছর অন্তর এককে দেশে অনুষ্ঠিত আন্তর্জাতিক অলিম্পিক ক্রীড়াপ্রতিযোগিতা।

om·buds·man [ˈঅমবুড্জ্ম্যান্] *n* **the O~** (GB-এ সরকারিভাবে Parliamentary Commissioner বলা হয়) সরকারি কর্তৃপক্ষের বিরুদ্ধে সাধারণ নাগরিকদের অভিযোগের তদন্ত এবং তার বিচারের ক্ষমতাপ্রাপ্ত অভিজ্ঞ ব্যক্তি।

omega [ˈওউমিগা US ওউˈমেগা] *n* গ্রিক বর্ণমালার শেষ অক্ষর; সর্বশেষ পরিণতি; উপসংহার। **Alpha and O~** আদি ও অন্ত, শুরু ও শেষ।

om·elette, om·elet [ˈঅম্লিট] *n* [C] ডিম ভাজা; মামলেট।

omen [ˈওউমেন্] *n* [C, U] শুভ বা অশুভ সংকেত: an ~ of good fortune. □*vt* শুভ বা অশুভ কোনো কিছুর পূর্বলক্ষণ হওয়া।

om·in·ous [ˈঅমিনাস্] *adj* দুর্লক্ষণযুক্ত; অলক্ষুণে; অশুভ: an ~ silence; ~ of bad things to come.

omission [অ্যামিশ্ন্] *n* ১ [U] বাদ দেওয়া; বর্জন: sins of ~, কর্তব্য কর্ম সম্পন্ন না করা। ২ [C] যা বাদ দেওয়া হয়েছে।

omit [অ্যামিট্] *vt* ১ **~ to do/doing sth** সম্পাদন করতে না পারা। ২ অন্তর্ভুক্ত করতে না পারা; বাদ দেওয়া: Some of the footnotes have been ~ted in the present edition of the book.

om·ni·bus [ˈঅম্নিবাস্] *n* ১ মোটর-বাসের পুরনো নাম। ২ (attrib) বিচিত্র বিষয় বা বিচিত্র উদ্দেশ্য সম্বলিত: an ~ volume, যে বড়ো বইতে (ক্ষেত্রবিশেষে একই লেখকের) বেশ কিছু বই পুনর্মুদ্রিত হয়েছে।

om·nip·otence [অম্ˈনিপটান্স্] *n* [C] অসীম শক্তি: The ~ of God. **om·nip·otent** [-আন্ট্] *adj* সর্বশক্তিমান: the O~, ঈশ্বর।

om·nis·cience [অম্ˈনিসি আন্স্] *n* [C] (আনুষ্ঠা.) অসীম জ্ঞান; সর্বজ্ঞতা। **om·nis·cient** [-সিআন্ট্] *adj* সর্বজ্ঞ।

om·niv·or·ous [অম্ˈনিভ়রাস্] *adj* (আনুষ্ঠা.) সর্বভুক; (লাক্ষ.) সব ধরনের বই পাঠ করে এমন; সর্বপাঠী: an ~ reader.

on[1] [অন্] *adv part* ১ (চলমানতা, অগ্রসরমানতার ভাব প্রকাশক): Come on! এসো; এগিয়ে এসো; The fighting is still going on, এখনো চলেছে; শেষ হয়নি; On with the show, ছবি/প্রদর্শনী চলুক; শুরু হোক; She's getting on in years, বয়স বাড়ছে; বুড়িয়ে যাচ্ছে। **and ˈso on** ইত্যাদি। **later on** পরে; পরবর্তী সময়ে। **on and on** না থেমে; ক্রমাগত: They walked on and on. ২ [on2(১)-এর অর্থের অনুরূপ]: On with your shirt, শার্ট পরো; The boy had nothing on, ছেলেটির পরনে কিছুই ছিল না। **on to, onto** *prep* উপরিস্থ কোনোখানে: The book fell on to the floor. He stepped onto the landing. ৩ (off2(৩)-এর বিপরীতে) **(ক)** ক্রিয়াশীল, চলতি, বহমান, চলমান ইত্যাদি অবস্থা নির্দেশক: The lights are still on, আলো এখনো জ্বলছে; He has left the bathroom tap on, সে বাথরুমের ট্যাপ খুলে রেখেছে; The show is on, শো শুরু হয়েছে। **(খ)** প্রয়োজনে মিলবে এমন বোঝাতে: Is the water on yet? প্রধান পাইপ লাইন থেকে সরবরাহ দেওয়া হয়েছে কি, পানি আসছে কি? ৪ (be ও have সংযোগে বিভিন্ন অর্থে) What's on? কী হচ্ছে? What's on at Balaka this week? এ সপ্তাহে বলাকা সিনেমা হলে কী ছবি দেখানো হচ্ছে? Is there anything on to-morrow? আগামী কাল কি কিছু করার আছে? **be ˈon about sth** (কথ্য) কোনো কিছু নিয়ে রাগে গজগজ করা। **be ˈon at sb** (কথ্য) (কোনো কিছু নিয়ে) কাউকে ক্রমাগত জ্বালাতন করা। **be on to sb/sth (ক)** কারো সঙ্গে যোগাযোগ স্থাপন করা: I was on to our new D. G. and he told me that . . . . **(খ)** (কোনো কিছুর) পরিকল্পনা, পদক্ষেপ, গুরুত্ব ইত্যাদি সম্বন্ধে সজাগ হওয়া বা জানতে পারা; অনুসরণ করা, (কারো/কোনো কিছুর) পিছু নেওয়া: be on to a scandal. **be ˈon to a good thing** ভাগ্যবান বা সফল হওয়া। ৫ দিকে; অভিমুখে: end on, পশ্চাদ্‌ভাগ সামনের দিকে (দিয়ে, এগিয়ে, রেখে ইত্যাদি)।

on[2] [অন্] *prep* ১ ভর করে, বাঁধা, সংলগ্ন, সংযুক্ত, অংশবিশেষ গঠন করে বা আবৃত করে ইত্যাদি অর্থবোধক: a mat on the floor; a glass on the table; a picture on the wall; words (written) on the blackboard; a roof on the stand; write on paper; floating on the water; hang sth on a nail; have a ring on one's finger; be/go on board a ship, জাহাজে চড়া; Do you have any money on you? পকেটে টাকা আছে? ২ (সময় নির্দেশ করে): on Friday; on the evening of June the third; on a bright summer day or on a bright day in summer; on that day; on this occasion. কোনো ঘটনার সময়: on the death of his father, তার বাবার মৃত্যুর সময়/যখন তার বাবা মারা যায়; on her arrival home, তার বাড়ি আসার সময়/যখন সে বাড়ি আসে; payable on demand, চাইবামাত্র (=যখন চাওয়া হবে) দেয়। ৩ কোনো বিষয়ে; কোনো কিছু সম্পর্কে: speak on the current political situation; lecture on Rabindranath; be keen/set on sth, কোনো বিষয়ে অত্যন্ত আগ্রহী/দৃঢ়প্রতিজ্ঞ হওয়া। ৪ (সভ্যপদ নির্দেশ করে): He was on the committee, সে কমিটির একজন সভ্য ছিল; I was once on 'The Daily Sangbad', এক সময় 'দৈনিক সংবাদ'-এ কাজ করতাম (এর কর্মরত সাংবাদিকদের একজন ছিলাম)। ৫ (দিক নির্দেশ করে) দিকে; অভিমুখে: Protesters from all over the country marched on the capital; smile on sb; hit sb on the head. ৬ (কোনো কিছুর কারণ বা ভিত্তি প্রকাশ করে): on this/that account, এই/সেই কারণে; on no account, কোনো কারণেই নয়; a film based on a famous Bengali novel, একটি বিখ্যাত বাংলা উপন্যাসের উপর ভিত্তি করে নির্মিত ছায়াছবি; act on one's lawyer's advice; arrested on a charge of forgery; on an average, গড়ে; গড়পড়তায়। ৭ (কোনো কিছু ধার্য করা বা চাপিয়ে দেওয়া নির্দেশ করে): put a tax on textile goods; charge interest on money; put a strain on one's income. ৮ (নৈকট্য নির্দেশ করে) কাছাকাছি; পাশে: a small town on the frontier; a hotel on the Nababpur Road. ৯ (পরে *n* বা *adj* থাকলে কাজ; ক্রিয়া; ধরন; অবস্থা নির্দেশ করবে): on business, ব্যবসায় নিরত অবস্থায়; ব্যবসা উপলক্ষে; on tour, ভ্রমণরত; on the way, পথিমধ্যে থাকা অবস্থায়; পথে; be on the look-out for sb/sth, কারো/কোনো কিছুর জন্য নজর রাখা; on fire, জ্বলন্ত অবস্থা; on sale, বিক্রির জন্য; on loan, ধারে। ১০ একের পর/একের পিঠে আর এক এই অর্থে: suffer insult on insult, অপমানের পর অপমান সহ্য করা।

once [ওআন্স্] *adv* ১ একবারের জন্য; একবার মাত্র: I saw him ~ before. She goes to the theatre ~ a week. **~ more** আবার; আর একবার। **~ or twice** একবার কি দুই বার এক-আধবার। **~ and again; ~ in a while** মাঝেমধ্যে; কখনো-সখনো; বারকয়েক। **(for) this ~; (just) for this ~** শুধু এই একবার; শুধু এইবার। **~ (and) for all,** দ্র. all5 (৫). **~ in a blue moon,** দ্র. blue1. ২ একদা; ইতিপূর্বে: They ~ lived in Bihar. ˌ**~ upon a ˈtime** (বিশেষত শিশুকিশোর ও লোককাহিনী শুরুর প্রথাসিদ্ধ রীতি) এককালে: O~ upon a time there lived a wise king called Solomon. ৩ (negative, conditional বা indefinite clauseসমূহে) কখনো; আদপেই; একবারও: He never ~ showed any interest in the project. Once (= যদি, যেইমাত্র . . . অমনি) you speak to him, you will see how blind he is in his loyalty to the party. ৪ **at ~** (ক) দেরি না করে; এক্ষুণি: I'm going away from here at ~; Fetch a doctor at ~. (খ) একসঙ্গে; যুগপৎ: They all spoke at ~. You don't expect me to do two things at ~, do you? **all at ~** হঠাৎ: All at ~ I heard footsteps behind me. **get/give sb/sth the ~-over** (কথ্য) কাউকে/কোনো কিছুকে চটপট পরীক্ষা করে দেখা।

on·com·ing [অনকামিঙ্] *adj* অগ্রসরমান; আসন্ন: The ~ shift, (কারখানায়) ডিউটিতে আসা বদলি (শ্রমিকের) দল; ~ traffic. □*n* এগিয়ে-আসা; অগ্রসরণ: the ~ of summer.

one[1] [ওআন্] *numeral adj, pron* ১ এক, ১: (ক) one shirt; three minus one is two; (খ) one thousand; (গ) one taka ten paisa, এক টাকা দশ পয়সা। দ্র. পরি. ৪। ২ (*n* হিসাবে, *pl* onesসহ) ১-এই প্রতীক সংখ্যা: a row of ones, ১-এর সারি অর্থাৎ ১, ১, ১, ১, ১। ৩ যথা: Chapter One, প্রথম অধ্যায়। ৪ যথা: one day; one evening. ৫ (the other বা another বা other(s) সহযোগে সরাসরি বা পরোক্ষে বৈসাদৃশ্য নির্দেশ করার জন্য one ব্যবহৃত হয়): The two boys are so much alike that it is difficult to tell (the) one from the other. This is one way of solving the problem, but there are other ways too; I, for one, don't believe what the government is saying about the state of our economy (অর্থাৎ সরকারি ভাষ্য অবিশ্বাস করার মতো আরও লোক থাকতে পারে— এমন ইঙ্গিত করে)। **for ˈone thing** (অন্য অনেক কারণের) একটি কারণ: I dont like him. For one thing, he always speaks in an arrogant tone. ৬ (সর্বদা stressযুক্ত; গুরুত্বারোপের জন্য ব্যবহৃত হয়): There's only one way to do it. They fought as one ˋman, এক সঙ্গে, যেন সবাই মিলে একজন এমনভাবে যুদ্ধ করেছে। ৭ (পারিবারিক নাম বা পদবির পূর্বে, Mr/Mrs সহ বা ব্যতিরেকে); দ্র. a[2](৯); জনৈক: one (Mr.) Kabir, (প্রা. আনুষ্ঠা.) কবির নামে জনৈক ব্যক্তি। ৮ (*adj* হিসাবে) একই: The children scampered off in one direction. **be at one (with sb)** (কারো সঙ্গে) একমত হওয়া: I'm at one with him on this subject. **it's all one (to sb)** একই কথা/সমান কথা: It's all one to me whether he comes or does not come, তার আসা না-আসা (আমার কাছে) সমান কথা। **one and the same** (জোর দেবার জন্য) একই; পুরোপুরি এক: Ali Saber and Ali Jaber are one and the same person. **become ˈone; be made one** মিলিত হওয়া, এক বা একীভূত হওয়া; পরিণয়সূত্রে আবদ্ধ হওয়া। ৯ (phraseসমূহ) **one and all** প্রত্যেকে। **(all) in one** একই সঙ্গে সব; একাই সব: He is our friend, teacher and guide in one. **one or two** কিছু: I must attend to one or two things before I leave. **by ones and twos** একসঙ্গে একজন বা দুইজন করে: They entered the big hall by ones and twos. **be one ˈup (on sb)** (কারো চেয়ে) বাড়তি সুবিধা থাকা; (কারো চেয়ে) এক ধাপ এগিয়ে থাকা। **ˌone-ˈup·man·ship** [-ম্যান্শিপ্] *n* (কারো চেয়ে) এক ধাপ এগিয়ে থাকার কৌশল। **ˌnumber ˈone** (কথ্য) নিজেকে; নিজের স্বার্থ: She's always thinking of 'number one', সব সময় নিজের কথা ভাবে। ১০ (of-adjunctসহ) উল্লিখিত ব্যক্তি বা বস্তুসমূহের একজন বা একটি: one of the boys, ছেলেদের একজন; one of the books, বইগুলোর একটি। ১১ (যৌগশব্দ) **ˌone-ˈarmed** *adj* এক হাতবিশিষ্ট। **ˌone-armed ˈbandit** *n* (কথ্য) জুয়া খেলার মুদ্রাচালিত মেশিন (এর আর এক নাম fruit-machine)। **ˌone-ˈeyed** *adj* এক চক্ষুবিশিষ্ট। **ˌone-ˈhorse** *adj* (ক) এক ঘোড়ায় টানা বা এক ঘোড়ায় চালিত। (খ) (লাক্ষ. অপ.) দীনহীন: a one-horse municipal park, বসার জায়গা নেই, বাচ্চাদের খেলার সরঞ্জাম ইত্যাদি নেই এমন। **ˌone-iˈdea'd** *adj* যার ভিতর/যার মাথায় একটিমাত্র ধারণা/ভাবনা ছাড়া আর কিছু নেই। **one-ˈman** *attrib adj* এক জনকৃত: a one-man show. **one-off** *n adj* মাত্র এক বার-করা (জিনিস): a one-off design, মাত্র একবার-করা নকশা। **ˌone-ˈsided** *adj* এক-তরফা; একদেশদর্শী; পক্ষপাতদুষ্ট: a one-sided view, একপেশে অভিমত। **ˈone-time** এক সময়কার; প্রাক্তন: a one-time student-leader. **ˌone-track ˈmind** *n* একটিমাত্র বিষয়, অভিপ্রায় ইত্যাদি দ্বারা আবিষ্ট মন। **ˌone-way ˈstreet** *n* যে সড়কে শুধুমাত্র একদিকে যানবাহন চলতে পারে।

one[2] [ওআন্] *indef pron* (one'-এর আগে বা পরে বসা কোনো শ্রেণী বা গোষ্ঠীর সদস্যনির্দেশক *n*-এর পরিবর্তে ব্যবহৃত হয়) ১ (অন্তর্ভুক্তি নির্দেশক of-adjunct সহযোগে; among-এর সমার্থক): Shahed is one of her admirers, (তার অনুরাগীদের একজন); This question is one of utmost importance. I regarded him as one of the family (= পরিবারের একজন সদস্য হিসাবে); One of the boys is blind. ২ (*indef art* দ্বারা বিশেষিত *n* বা some অথবা any দ্বারা বিশেষিত *pl n*-এর পরিবর্তে one বসে): I haven't a pen. Can you lend me one? You said you had some books on classical painting. Will you please lend me one? ৩ (that, those-এর সমার্থক হিসাবে কথ্য রীতিতে *pron* 'one' *pl* 'ones' ব্যবহৃত হয়): He left his table for the one (= for that) at which she was sitting. The people who rise to power are not always the ones (= those) with the cleanest of careers. ৪ (*def art* বা *adj*-এর পরে বসলে *pron* 'one'কে '*prop-word*' বা 'ঠেকনা-শব্দ' বলা যেতে পারে। কোনো শ্রেণী বা গোষ্ঠীর এক বা একাধিক সদস্যসূচক *adj* একা বসতে পারে না বলে *adj* টিকে 'one' দ্বারা 'prop up' বা ঠেকনা দেওয়া হয়, যেমন): this one; that one; my old ones (আমার সোনারা, আমার আদরের ধনেরা): That book on prosody is a good one.

one[3] [ওআন্] *pers pron* ১ (নির্দিষ্ট কোনো ব্যক্তি বা জীবের জন্য বিশেষণ সহযোগে ব্যবহৃত হয়): the Holy One, ঈশ্বর; the Evil One, শয়তান; The little ones, বাচ্চারা। ২ (সাহিত্যরীতিতে অনুগামী *adj*, phrase বা clause সহযোগে ব্যবহৃত হয়): She lay there like one dead. He is one (এমন একজন মানুষ) who will never take things lying down. ৩ **one another** (each other-এর মতো পারস্পরিক ক্রিয়া বা পারস্পরিক সম্পর্ক বোঝাতে ব্যবহৃত হয়): They hated one another.

one[4] [ওআন্] *impers pron* (বক্তা বা লেখকসহ যে কাউকে বোঝাতে পারে। সম্বন্ধসূচক: one's, আত্মবাচক:

oneself): What is one to do in such a situation? One doesn't always find people (whom) one can trust. (কথ্য রীতিতে you, we, people অধিক প্রচলিত: You never can tell.)

on·er·ous [ˈঅনারাস্] *adj* কষ্টসাধ্য; গুরুভার: ~ duties. **~·ly** *adv*

one·self [ওআন্ˈসেল্ফ্] reflex, emphat pron নিজে; নিজেকে: protect oneself; live for oneself alone.

on-go·ing[ˈঅন্ গৌইঙ্] *adj* দ্র. *go on* [go¹(২৯)].

onion [ˈআনিঅন্] *n* [CU] পেঁয়াজ। **know one's ~s** (অপ.) সেয়ানা হওয়া।

on-line [অন্ˈলাইন্] *adj* (কম্পি.) (কল সম্বন্ধে) কম্পিউটারের সঙ্গে যুক্ত ও কম্পিউটার দ্বারা নিয়ন্ত্রিত: an ~ ticket-booking system.

on·looker [ˈঅন্লুকা(র্)] *n* (বিশেষত কোনো ঘটনার) দর্শক। **The ~ sees most of the game,** (প্রবাদ) যারা ঘটনা ঘটায় তাদের চেয়ে ঘটনার দর্শকের বোঝার সুবিধা বেশি।

only¹ [ˈওউন্লি] *adj* ১ (*sing n* সহ) একমাত্র; কেবল: Shams is the ~ person who has been there before. Amit is an ~ child. ২ (*pl n* সহ): They were the only people who spoke for me. ৩ সর্বোৎকৃষ্ট; বিবেচনাযোগ্য যা আছে, তার মধ্যে সবচেয়ে ভালো: She is the ~ woman for the job. He says an hour at the Coffee House in the evenings is the ~ thing for a gentleman.

only² [ˈওউন্লি] *adv* শুধুমাত্র; আর কেউ নয়; আর কিছু নয়। ১ (একটিমাত্র শব্দকে বিশেষিত করে এবং তার পাশে বসে): I saw only Kaiser. O~ the teachers were allowed into the examination hall. Ladies ~; You can ~ guess what happened. ২ **~ too** (*adj* অথবা *pp* সহ) অত্যন্ত: I shall be ~ too pleased to be rid of his company. What you saw was ~ too real. **if ~** ইচ্ছা প্রকাশক: If ~ I knew!, যদি জানতাম! দ্র. if (৮)।

only³ [ˈওউন্লি] *conj* তবে কিনা; তবে এ কথা বলতেই হবে যে: Shawkat is certainly a kindly person; ~ he is a bit erratic. **~ that** (মুশকিল/ব্যাপার) শুধু এই যে; যদি না: I would certainly have helped you, ~ that I had no money on me.

ono·mato·poeia [ˌঅনাম্যাটাˈপিআ] *n* [U] আলোচ্য বস্তুর সঙ্গে সংশ্লিষ্ট ধ্বনির অনুকরণে শব্দগঠন, ধ্বন্যাত্মক শব্দ বা শব্দগঠন: The tick-tock of a clock.

on·rush [ˈঅন্রাশ্] *n* সবেগে সম্মুখে ধাবিত হওয়া; বেগবান সম্মুখপ্রবাহ।

on·set [ˈঅন্সেট্] *n* আক্রমণ; প্রারম্ভ; সূত্রপাত: The ~ of the monsoon.

on·shore [ˈঅন্শো°(র্)] *adj, adv* তীরবর্তী; তীরের অভিমুখে।

on·slaught [ˈঅন্স্লো°ট্] *n* [C] প্রচণ্ড আক্রমণ।

onto [consonant-এর আগে: ˈঅন্টা; vowel-এর আগে বা বাক্য ইত্যাদির শেষে: ˈঅন্টু] *prep* দ্র. on¹(২).

on·tol·ogy [অন্ˈটলাজি] *n* [U] অস্তিত্বের স্বরূপ দর্শনের যে শাখার বিষয়বস্তু; [C] অস্তিত্বের স্বরূপবিষয়ক সুনির্দিষ্ট তত্ত্ব।

onus [ˈওউনাস্] *n* **the ~** দায়িত্বভার: the ~ of proof, প্রমাণ সরবরাহের দায়িত্ব।

on·ward [ˈঅন্ওআড্] *adj* সম্মুখ: an ~ movement. □*adv* (অপিচ ~s) সম্মুখে; সামনের দিকে।

onyx [ˈঅনিক্স্] *n* [U] অলঙ্কার ইত্যাদিতে ব্যবহৃত পাথরবিশেষ।

oodles [ˈউড্ল্জ্] *n,pl* (অপ.) প্রচুর পরিমাণ বা বিরাট অঙ্ক: ~ of money.

oomph [উম্ফ্] *n* (অপ.) শক্তি; যৌন আবেদন।

ooze [উজ্] *n* [U] বিশেষত নদী, পুকুর বা সরোবরের তলাকার নরম পিচ্ছিল কাদা। □*vi vt* ১ (আর্দ্র, ঘন তরল পদার্থ সম্বন্ধে) চুইয়ে পড়া: blood oozing from a wound; (লাক্ষ.) ধীরে ধীরে শেষ হওয়া বা ফুরিয়ে যাওয়া: My strength was oozing away. ২ ধীরে ধীরে নির্গত বা নিঃসৃত করা: ~ sweat. **oozy** *adj* কর্দমাক্ত; পিচ্ছিল।

opac·ity [ওউˈপ্যাসাটি] *n* [U] আলোনিরোধক গুণ; অনচ্ছতা; জড়তা।

opal [ˈওউপ্ল্] *n* বর্ণালি পাথর; উপল। **opal·escent** [ˌওউপাˈলেস্ন্ট্] *adj* উপলবৎ বর্ণময়।

opaque [ওউˈপেইক্] *adj* আলোনিরোধক; অনচ্ছ; জড়। **~·ly** *adv.* **~·ness** *n*

op art [ˈঅপ্ আ:ট্] *n* আধুনিক বিমূর্ত চিত্রকলার রীতিবিশেষ—এতে জ্যামিতিক ছক ব্যবহার করে দৃষ্টিবিভ্রম সৃষ্টি করা হয়।

open¹ [ˈওউপান্] *adj* ১খোলা; উন্মুক্ত: ~ windows. **~-ˈeyed** *adj* খোলা-চোখ; সতর্ক; বিস্মিত। **~-ˈmouthed** [-ˈমাউদ্‌ড্] *adj* (ক) (খাদ্য ইত্যাদির জন্য) লোভাতুর। (খ) বিস্ময়ে বা না-বোঝার কারণে হাঁ করে আছে এমন। **~ vowel** মুক্ত স্বরধ্বনি, যথা, অ, আ। **ˈ~-work** *n* [U] ফাঁক আছে এমন সুতির বা ধাতব তন্তুর কাজ: ~-work lace. ২ ঘেরা নয় এমন: the ~ country, বনবাদাড়হীন খোলা মাঠ। **the ~ sea** উপসাগরের মতো স্থলবেষ্টিত নয়; মুক্ত সমুদ্র। **an ~ river** বরফ বা চড়ায় আটকানো নয়, এমন খোলা নাব্য নদী। **~ water** নাব্য; বরফমুক্ত। **an ~ prison** মুক্ত কারাগার; যেখানে বিধি-নিষেধ অপেক্ষাকৃত কম, বিশেষত যেটিতে নিয়মনিষ্ঠ বন্দীরা বাইরে কাজ করার জন্য বিনা বাধায় যেতে আসতে পারে। ৩ অনাচ্ছাদিত: an ~ boat; an ~ drain. **ˈ~-air** attrib *adj* মুক্তস্থানে অনুষ্ঠিত; মুক্তাঙ্গন: an ~-air theatre. ৪ ছড়ানো, মেলা; অনাবৃত: The box lay ~ on the floor. **ˌ~-ˈhanded** *adj* আন্তরিক; দিলখোলা। **with ~ arms** *adj* সস্নেহে; সোৎসাহে। ৫ অবারিত; সবার জন্য খোলা: an ~ competition. **the ~ door** খোলাদুয়ার বা মুক্ত বাণিজ্যনীতি, যাতে বিদেশী বণিকেরা অবাধে আসতে পারে; করমুক্ত বাণিজ্য। **~ shop** যে কারখানায় ট্রেড ইউনিয়নের সদস্য নয় এমন শ্রমিকেরা ট্রেড ইউনিয়নভুক্ত শ্রমিকদের সাথে সমতার ভিত্তিতে কাজ করতে পারে। **keep ~ house** অভ্যাগত সকলকে আতিথেয়তা প্রদর্শন করা। ৬ অমীমাংসিত: leave a matter ~. **ˌ~-ˈended** *adj* (আলোচনা, বিতর্কের বিষয় ইত্যাদি সম্বন্ধে) একাধিক সম্ভাব্য সমাধান আছে এমন; মীমাংসাহীন। **an ~ question** যে প্রশ্নের উত্তর/সমাধান নেই। **an ~ verdict** কোনো মৃত্যুর ঘটনা ও কারণ সম্বন্ধে জুরির রায়—স্বাভাবিক বা

দুর্ঘটনাবশত মৃত্যু বা আত্মহত্যা কিনা যে রায়ে তা বলা হয় না। **have/keep an ~ mind (on sth)** কোনো কিছু পুনর্বিবেচনা করতে বা নতুন তথ্যপ্রমাণ যুক্তি ইত্যাদি গ্রহণ করতে রাজি থাকা। **ˌ~-ˈminded** *adj* সংস্কারমুক্ত; মুক্তমনা। ৭ বেচা-কেনার জন্য বা দর্শক-শ্রোতার প্রবেশনের জন্য প্রস্তুত: The shops are not ~ yet, দোকান এখনো খোলেনি। ৮ সবার জানা; গোপন বা আড়াল-করা নয়; খোলামেলা: an ~ scandal; an ~ character. He was not quite ~ with me, আমার সঙ্গে খোলামেলা কথা বলেনি, চলেনি ইত্যাদি। **an ~ letter** সচরাচর প্রতিবাদ হিসাবে কোনো ব্যক্তি বা গোষ্ঠীর উদ্দেশে লিখিত কিন্তু সকলের জ্ঞাতার্থে সংবাদপত্র বা সাময়িকীতে প্রেরিত ও প্রকাশিত চিঠি; খোলা চিঠি। ৯ অরক্ষিত। **be/lay oneself ~ to sth** নিজেকে (কোনো কিছুর) আঘাতের লক্ষ্যবস্তুতে পরিণত করার মতো আচরণ করা: She laid herself ~ to ridicule. ১০ মিটিয়ে ফেলা, চুকিয়ে ফেলা বা বন্ধ করে দেওয়া হয়নি এমন: He kept his account ~ at the bank. ১১ (phrase সমূহ) **~-and-ˈshut** কোনো রাখ-ঢাক নেই এমন; স্পষ্ট; প্রত্যক্ষ: The whole matter was ~-and-shut. **ˈ~-cast** *adj* উপরের স্তর সংলগ্ন: ~-cast mining, ভূপৃষ্ঠের কাছাকাছি স্তর থেকে খননের কাজ। **an ~ cheque** ব্যাংক থেকে সরাসরি ভাঙানো যায় এমন ক্রস-না-করা চেক। **~-heart ˈsurgery** কৃত্রিম উপায়ে রক্ত-সঞ্চালন অব্যাহত রেখে সরাসরি হার্ট বা হৃৎপিণ্ডের উপর যে অপারেশন করা হয়। **~-ˈplan** অভ্যন্তরীণ দেয়াল ছাড়া: an ~-plan office. **The ˈ~ season** মুক্ত মাস, যখন মাছ বা পশুপাখি শিকারের উপর বিধিনিষেধ থাকে না। **an ~ secret** যে গোপন কথা সবাই জানে। **the O~ University** যে বিশ্ববিদ্যালয়ের ছাত্রছাত্রীরা বাসায় থেকে পত্রযোগাযোগের মাধ্যমে, পাঠ্যবই ও রেডিও টেলিভিশনের বিশেষ অনুষ্ঠানের মারফত শিক্ষা গ্রহণ করে থাকে। □*n* **the ~** মুক্ত বায়ু। **~·ly** *adv* লুকোচুরি না করে; খোলাখুলিভাবে: speak ~ly. **~·ness** *n* [U]।

open[2] [ˈওউপান্] *vt,vi* ১ খোলা; খুলে দেওয়া: Please ~ the window. **~ one's eyes** চোখ বড়ো-বড়ো করা; বিস্ময় প্রকাশ করা। **~ (sb's) eyes to sth** কারো চোখ খুলে দেওয়া, অর্থাৎ কাউকে কোনো কিছু বুঝতে বা উপলব্ধি করতে সাহায্য করা। ২ (কুয়া ইত্যাদি) খনন করা বা (পথ ইত্যাদি) কাটা: ~ a well; ~ a new road through the great north-eastern marshes. **~ sth up** কোনো কিছু খুলে দেওয়া বা অনাবৃত করা; সুগম করা; কোনো কিছুর বিকাশ সম্ভব করা: ~ up a wound/a new territory for the export industry. ৩ মেলে ধরা; (ভাঁজ) খুলে দেওয়া: ~ a book. **open one's mind/heart to sb** কারো কাছে মন খুলে দেওয়া; নিজের ভাবনাচিন্তা/ আবেগঅনুভূতি প্রকাশ করা। ৪ শুরু করা: ~ a meeting. **~ the bidding** (নিলামে, তাস খেলায়) প্রথম ডাক দেওয়া। **~ fire (on/at)** গুলিবর্ষণ শুরু করা। ৫ কাজ, বেচাকেনা ইত্যাদি এখন শুরু হতে পারে বলে ঘোষণা বা ইঙ্গিত দেওয়া: ~ a shop. ৬ খুলে যাওয়া; উন্মুক্ত হওয়া; ফুটে ওঠা: The flowers are opening. The door opened and he walked in. ৭ **~ with** শুরু হওয়া: The book ~s with an account of the last days of Sk. Mujib. ৮ **~ (out)** উন্মোচিত হওয়া; দৃশ্যমান হওয়া: The view of the old palace ~ed (out) before their eyes. **~er** *n* যে খোলে; যার দ্বারা খোলা হয় (মুখ্যত যৌগশব্দসমূহে ব্যবহৃত হয়): bottle-~er. **ˈeye-~er** দ্র. eye[1] (৩).

opening [ˈওউপানিঙ্] *n* ১ খোলা জায়গা; যাবার বা আসবার পথ: an ~ in the wall. ২ শুরু: the ~ of a speech. **the ~ night** প্রথম রজনী—যে রাতে কোনো নাটক বা ছায়াছবি প্রথম বারের মতো প্রদর্শিত হয় এবং নাটক ও চলচ্চিত্র সমালোচকেরা যাতে আমন্ত্রিত হয়ে থাকে। **ˈ~ time** পানশালা খোলার সময়। ৩ উন্মোচনপ্রক্রিয়া: It is interesting to watch the ~ of a flower. ৪ কর্মখালি; সুযোগ: an ~ in a pharmaceutical firm. □*adj* প্রারম্ভিক: The ~ sentence of a book.

op·era [ˈঅপ্রা] *n* ১ [C] গীতিনির্ভর নাট্যকর্ম; গীতিনাটক। **comic ~** সংলাপ ও মধুর সমাপ্তি সম্বলিত হাস্যরসাত্মক নাটক। **grand ~** সংলাপবর্জিত ভাবগম্ভীর গীতিনাটক। **light ~** হালকা মেজাজের অপেরা। ২ [U] গীতিনাট্য; অপেরা: fond of ~. **ˈ~-cloak** *n* মহিলাদের সান্ধ্য কোটবিশেষ। **ˈ~-glasses** *n pl* নাটক দেখার জন্য ব্যবহার্য ছোট দুরবিন। **ˈ~-hat** *n* পুরুষদের উঁচু কালো; সিল্কের টুপি। **ˈ~-house** *n* গীতিনাটক অভিনয়ের মঞ্চ; গীতিনাট্যমঞ্চ। **op·er·atic** [ˌঅপাˈর‍্যাটিক্] *adj* গীতিনাট্য বিষয়ক বা গীতিনাটকের জন্য: ~tic music.

op·er·ate [ˈঅপারেইট্] *vt,vi* ১ চালানো; চালু থাকা; ক্রিয়াশীল থাকা বা হওয়া; পরিচালনা করা: ~ a machine. The generator is not operating since morning. The new trade policy is going to ~ against their interest. Several factors ~d to produce the peasant uprising. The company ~s two garment factories and three hotels. ২ **~ (on sb) (for sth)** অস্ত্রোপচার করা; অপারেশন করা: The doctors may decide to ~ (on him) if the wound does not heal quickly. **ˈoperating-table/-theatre** *n* অপারেশন টেবিল/কক্ষ। ৩ (সেনাবাহিনী সম্বন্ধে) নানাভাবে গতিবিন্যাস করা। ৪ (শেয়ার বেচাকেনার দালাল সম্বন্ধে) মূল্য প্রভাবিত করার জন্য কেনা ও বেচা। **op·er·able** [ˈঅপারব্‌ল্] *adj* অস্ত্রোপচার বা অপারেশন দ্বারা চিকিৎসা করা যায় এমন।

op·er·ation [ˌঅপাˈরেইশন্] *n* ১ [U] ক্রিয়া; ক্রিয়াপদ্ধতি। **be in/bring sth into/come into ~** কার্যকর থাকা; কার্যকর করা বা হওয়া: The ordinance comes into ~ immediately. ২ কাজ; করণীয় কাজ: The ~s of nature, প্রকৃতির লীলা। ৩ (সাধা. *pl*; কথ্য সং ops) যুদ্ধ বা মহড়ায় সৈন্য, জাহাজ, বিমান ইত্যাদির চলাচল। **ˈ~s room** এরূপ চলাচল নিয়ন্ত্রণ-কক্ষ; (*sing*) সামরিক অভিযানের জন্য ব্যবহৃত সাংকেতিক নামে: O~ Bluestar; সম্প্রসারিত অর্থে, শিল্প, বাণিজ্য, কৃষি ইত্যাদিতে পরিকল্পিত কর্মসূচির বেলায়: banking ~s. ৪ [C] **an ~ (on sb) (for sth)** অস্ত্রোপচার; অপারেশন। ৫ (গণিত) যোগ, বিয়োগ, গুণ, ভাগ ইত্যাদি। **~al** [-শান্‌ল্] *adj* ১ সক্রিয়তা বা চলাচল সংক্রান্ত। **~al costs/ expenditure** (যন্ত্রপাতি, বিমান ইত্যাদি) চালনার ব্যয়। **~al research** অস্ত্রশস্ত্র, যন্ত্রপাতি ইত্যাদির ব্যবহার ও উন্নয়নের সর্বোত্তম পন্থা নিয়ে গবেষণা। ২ ব্যবহারোপযোগী; চালু: The new hydro-electric plant will soon be ~al.

op·er·at·ive [ˈঅপারাটিভ্ US -রেই] *adj* সক্রিয়; চালু; ক্রিয়াশীল: The ordinance became ~ on 3 March. ২ **~ words** দলিলপত্রাদিতে আইনগত তাৎপর্যসম্পন্ন শব্দ; (শিথিল অর্থে) বিশিষ্ট বা গুরুত্বপূর্ণ

শব্দ। ৩ অস্ত্রোপচার বা অপারেশন সংক্রান্ত: ~ treatment. □*n* শ্রমিক; কারিগর: textile ~s.

op·er·ator [অপ রেইটা(র্)] *n* ১ যে ব্যক্তি যন্ত্রপাতি চালায়; যন্ত্রচালক: a telephone ~. ২ (কথ্য) চালু লোক: He is a slick ~.

op·er·etta [ˌঅপা'রেটা] *n* একাঙ্ক বা ক্ষুদ্র লঘু গীতিনাটক।

oph·thal·mia [অফ্'থ্যাল্মিআ] *n* [U] চক্ষুপ্রদাহ, চোখ–ওঠা। **oph·thal·mic** [-মিক্] *adj* চক্ষুসংক্রান্ত; চোখ–ওঠায় আক্রান্ত। **oph·thal·mist, oph·thal·molo·gist** [-মিস্ট্ -মলাজাস্ট্] *n* চক্ষুবিশেষজ্ঞ। **oph·thal·mol·ogy** [-মলাজি] চোখের গঠন, ক্রিয়া ও রোগবিষয়ক চিকিৎসাবিজ্ঞান; চক্ষুবিজ্ঞান। **oph·thal·mo·scope** [-মাস্কৌপ্] চোখ পরীক্ষা করার যন্ত্র।

opi·ate ['ওউপিআট্] *n* [C] আফিমযুক্ত মাদকবিশেষ–ঘুমের জন্য বা ব্যথার উপশমের জন্য যা ব্যবহার করা হয়।

opine [আ'পাইন্] *vt* ~ **that** (আনুষ্ঠা.) মত পোষণ বা প্রকাশ করা।

opin·ion [আ'পিনিআন্] *n* ১ [C] পূর্ণাঙ্গ জ্ঞানের উপর প্রতিষ্ঠিত নয় এমন বিশ্বাস বা ধারণা; মত। **in my, your etc ~; in the ~ of sb** আমার, তোমার ইত্যাদির মতে; কারো মতে। **act up to one's ~** নিজের মতানুসারে। **be of the ~ that** মনে করা, বিশ্বাস করা যে . . . .। **have a good/bad/high/ low ~ of sb/sth** কারো/কোনো কিছু সম্পর্কে ভালো/মন্দ/উঁচু/নিচু ধারণা পোষণ করা। ২ [U] কোনো দল বা গোষ্ঠীর মতামত: O~ is shifting in favour of private university. **public ~** জনমত: Public ~ is against the presidential form of government. '~ **poll**, দ্র. poll[1](২). ৩ [C] বিশেষজ্ঞের অভিমত: get an economist's ~ on the question. **~ated** [-নেইটিড্] *adj* নিজের মতামতে অনড়; একগুঁয়ে; অন্ধবিশ্বাসচালিত।

opium ['ওউপিআম্] *n* [U] আফিম। '**~-den** *n* আফিমখোরদের আড্ডাখানা।

opos·sum [আ'পসাম্] (অপিচ **possum** [পসাম্]) *n* আমেরিকার বৃক্ষবাসী ক্ষুদ্র প্রাণী।

op·po·nent [আ'পৌনান্ট্] *n* প্রতিপক্ষ; প্রতিদ্বন্দ্বী।

op·por·tune [অপ টিউন্ US -টূন্] *adj* ১ (সময় সম্বন্ধে) উপযুক্ত, অনুকূল; কোনো অভিপ্রায়ের জন্য সুবিধাজনক: strike at an ~ moment. ২ (কোনো কাজ বা ঘটনা সম্বন্ধে) সময়োচিত: an ~ remark. **~·ly** *adv*

op·por·tun·ism [ˌঅপা'টিউনিজ়াম্ US -'টূ–] *n* [U] সুবিধাবাদ। **op·por·tun·ist** [-ইস্ট্] সুবিধাবাদী।

op·por·tun·ity [ˌঅপা'টিউনাটি US -টূন্] *n* [C, U] **~ (for sth/of doing sth/to do sth)** সুযোগ: to take/get an ~, সুযোগ করা/পাওয়া; have no ~ for reading poetry.

op·pose [আ'পৌজ়্] *vt* ১ বিরোধিতা করা; বিরোধী হওয়া: ~ a plan. ২ **~ (against/to)** বৈসাদৃশ্য বা বৈপরীত্য সাধনের জন্য তুলে ধরা বা উত্থাপন করা: । ~d my views against his. **as ~d to** (কোনো কিছুর) বিপরীতে।

op·po·site ['অপাজ়িট্] *adj* ১ **~ (to)** সম্মুখবর্তী; মুখোমুখি বা পিঠাপিঠি: The house ~ (to) ours; on the ~ side (উলটা) of the road. ২ সম্পূর্ণ ভিন্ন; বিপরীত: in the ~ direction. ৩ অন্যত্র একই ধরনের অবস্থানে আছে এমন। **one's ~ number** অন্যত্র একই বা অনুরূপ স্থান অধিকার করে আছে এমন ব্যক্তি: The Bangladesh Foreign Minister is now in Nepal discussing the joint river project with his ~ number. □*n* বিপরীত শব্দ বা বস্তু: Hot and cold are ~s.

op·po·si·tion [ˌঅপা'জ়িশ্ন্] *n* ১ [U] বৈপরীত্য; বিরোধিতা; বিরোধী অবস্থান: The congress is in ~, কংগ্রেস বিরোধীদল গঠন করেছে। **be in ~ to** বিরোধিতা করা: find oneself in ~ to sb on sth. ২ (*sing*) সরকারবিরোধী রাজনৈতিক দল বা দলসমূহের পার্লামেন্ট–সদস্য: The leader of the O~. ৩ [U] প্রতিরোধ: The German forces met with stiff ~ from the Russians.

op·press [আ'প্রেস্] *vt* ১ অন্যায়ভাবে বা নিষ্ঠুরভাবে শাসন করা; অন্যায় বা নিষ্ঠুর শাসন দ্বারা দমিয়ে রাখা। ২ (লাক্ষ.) ভারাক্রান্ত করা; পীড়িত করা: ~ed with anxiety; feel ~ed with the heat. **~or** [-সা(র্)] *n* নিপীড়ক ব্যক্তি; অত্যাচারী শাসক। **op·pres·sion** [আ'প্রেশ্ন্] *n* ১ [U] পীড়িত বা ভারাক্রান্ত অবস্থা: a feeling of ~. ২ [U] নিপীড়ন: victims of ~; [C] অত্যাচার বা নিপীড়নের দৃষ্টান্ত; অন্যায় বা নিষ্ঠুর কাজ। **op·press·ive** [আ'প্রেসিভ্] *adj* ১ বৈষম্যমূলক; অন্যায়: ~ laws. ২ অসহনীয়; দুর্ভার: ~ heat; ~ taxes. **op·press·ive·ly** *adv*

op·pro·bri·ous [আ'প্রৌব্রিআস্] *adj* (আনুষ্ঠা.) (শব্দ ইত্যাদি সম্বন্ধে) তিরস্কারপূর্ণ; গালিগালাজপূর্ণ; অশোভন। **~·ly** *adv* **op·pro·bri·um** [-ব্রিআম্] *n* (আনুষ্ঠা.) [U] তিরস্কার; নিন্দা; গ্লানি; অসম্মান; কলঙ্ক; লোকলজ্জা।

opt [অপ্ট্] *vi* ১ **opt for sth** বেছে নেওয়া; মনঃস্থির করা: She ~ed for the humanities. ২ **opt out of** অংশগ্রহণ না করার জন্য মনঃস্থির করা: ~ out of a competition.

op·tat·ive [অপ্'টাটিভ্] *adj, n* ইচ্ছাসূচক ক্রিয়ারূপ; এই ক্রিয়ারূপ সম্বন্ধীয়: ~ mood (গ্রিক ভাষায়, কিন্তু ইংরেজিতে নয়)।

op·tic [অপ্টিক্] *adj* চক্ষু বা দৃষ্টিশক্তি সম্বন্ধীয়: the ~ nerve, মস্তিষ্ক থেকে চোখে সংযোগকারী স্নায়ু। **~s** *n* (*sing v* সহযোগে) আলোক ও আলোকের সূত্র সম্বন্ধীয় বিজ্ঞান; আলোকবিজ্ঞান।

op·tical [অপ্টিক্ল্] *adj* ১ দৃষ্টিসংক্রান্ত। **an ~ illusion** দৃষ্টিবিভ্রম: A mirage is an ~ illusion. ২ দেখার জন্য; দৃষ্টিসহায়ক: ~ instruments. **~·ly** [-ক্লি] *adv*

op·ti·cian [অপ্'টিশ্ন্] *n* দৃষ্টি সম্পর্কিত যন্ত্রপাতি; বিশেষত চশমা ও লেন্স নির্মাতা বা সরবরাহকারী।

op·ti·mism ['অপ্টিমিজ়াম্] *n* [U] (pessimism-এর বিপরীত) সবকিছুর শেষে অশুভকে পরাজিত করে শুভ জয়ী হবে—এই বিশ্বাস; শুভবাদ, আশাবাদ; ভালো দিক দেখার প্রবণতা; সাফল্যে আস্থা। **op·ti·mist** [-মিস্ট্] *n* শুভবাদী বা আশাবাদী ব্যক্তি। **op·ti·mis·tic** [অপ্টি'মিস্টিক্] *adj* শুভবাদী বা আশাবাদী; আস্থাশীল: an ~ view of things. **op·ti·mis·ti·cally** [-ক্লি] *adv*

op·ti·mum ['অপ্টিমাম্] *n* (attrib) সবচেয়ে অনুকূল: ~ temperature.

op·tion ['অপ্শ্ন্] *n* ১ [U] পছন্দ করার বা বেছে নেবার অধিকার বা ক্ষমতা। **have no/little, etc ~**

কোনো পছন্দ না থাকা/সামান্যই পছন্দ থাকা: He had no ~ , (এ ছাড়া অন্য) কোনো উপায় তার ছিল না। **local ~** (কোনো শহর বা জেলায়) ভোটাভুটির সাহায্যে কোনো কিছু চলতে দেওয়া/না দেওয়ার (স্থানীয়) নাগরিক অধিকার; স্থানীয় অধিকার। ২ [C] বাছাই-করা বা বাছাইযোগ্য বস্তু: None of the ~s seems satisfactory. **leave one's ~s open** নিজেকে দায় বা প্রতিশ্রুতিবদ্ধ না করা। ৩ [C] (বাণিজ্য) নির্দিষ্ট সময়ের মধ্যে নির্দিষ্ট মূল্যে কোনো কিছু বেচা বা কেনার অধিকার: have an ~ on an old house. **~al** [-শান্‌ল্] *adj* ইচ্ছানুযায়ী বেছে নেওয়া যায় বা বাদ দেওয়া যায় এমন; ঐচ্ছিক: ~al subjects. **~ally** [ˈঅপ্‌শানালি] *adv*

opu·lence [ˈঅপিউলান্‌স্] *n* [U] (আনুষ্ঠা.) বিত্ত, প্রাচুর্য। **opu·lent** [-আন্‌ট্] *adj* ধনী; বিত্তবান; অতি বাড়ন্ত; প্রবলভাবে বৃদ্ধিশীল: ~ vegetation. **op·u·lent·ly** *adv*

opus [ˈওউপাস্] *n* স্বতন্ত্র সাঙ্গীতিক রচনা। **ˌmagnum ˈ~** সম্পূর্ণ হয়েছে বা সম্পূর্ণ হবার পথে আছে এমন মহৎ শিল্পকর্ম।

or [ও°(র্)] *conj* ১ (বিকল্প উপস্থাপন করে) অথবা; কিংবা; বা: Is it red or pink? **either . . . . or**, দ্র. either. **whether . . . or:** I don't care whether it pays or not. **or else** নয়তো; অন্যথায়: Hurry up or else you'll miss the train. ২ (কোনো বিকল্পগুচ্ছের প্রথমটি ছাড়া অন্য সবকটিকে উপস্থাপন করে): I'd like it to be blue, (or) green or white. ৩ (ব্যাখ্যাসূচক বা সমার্থক শব্দ উপস্থাপন করে): a Bangladeshi taka or one hundred paisa. An ekka or two-wheeled vehicle pulled by a horse. ৪ **or so** (প্রায়শ about-এর সমার্থক) পরিমাণ বিষয়ে অস্পষ্টতা বা অনিশ্চয়তা বুঝিয়ে: There were fifty or so. **somebody/ something/ somewhere or so** (কথ্য) (কে/কী/ কোথায় তা নিয়ে অনিশ্চয়তা প্রকাশ করে): I put it on the table or somewhere, টেবিলে না কোথায় (=খুব সম্ভব টেবিলে) যেন রেখেছি; I was told by somebody or other, কেউ একজন/কেউ না কেউ বলেছে।

or·acle [ˈঅরাক্‌ল্ US ˈও°র্-] *n* ১ দৈববাণী; দৈববাণী প্রকাশের মাধ্যম (পুরোহিত, যাজক, যাজিকা) বা স্থান। ২ দিব্যজ্ঞানসম্পন্ন বা ভবিষ্যৎদ্রষ্টা ব্যক্তি। **oracu·lar** [অ্যাˈর‍্যাকিউলা(র্)] *adj* দৈববাণীবিষয়ক বা দৈববাণীতুল্য; রহস্যময়: oracular utterances, রহস্যময় উক্তি।

oral [ˈও°রাল্] *adj* বাচনিক; মৌখিক: an ~ examination. ২ (ব্যব.) মুখবিষয়ক; মুখের দ্বারা; মুখের জন্য: ~ contraceptives. □*n* মৌখিক পরীক্ষা। **~ly** [ˈও°রালি] *adv* মুখে-বলা কথার সাহায্যে; মৌখিকভাবে; মুখ দিয়ে: not to be taken ~ly, (ওষুধের বেলায়) মুখে খাবার জন্য নয়।

orange [ˈঅরিন্‌জ্ US ˈও°র্] *n,adj* [C] কমলালেবু; কমলালেবুর গাছ; কমলা রং; কমলা। **~·ade** [ˌঅরিন্‌জ্ˈএইড্ US ˌও°র্-] *n* [U] কমলালেবুর রস দিয়ে তৈরি পানীয়।

or·ange·man [ˈঅরিন্‌জ্‌ম্যান্ US ˈও.র্ -] *n* উত্তর আয়ারল্যান্ডের আলস্টারে ক্রিয়াশীল একটি প্রটেস্টান্ট রাজনৈতিক গোষ্ঠীর সদস্য।

orang-outang [ও°ˌর‍্যাঙ্ উˈট্যাঙ্ US অর‍্যাঙ্ আˈট্যাঙ্] (অপিচ **-utan, -outan** [-ট্যান্]) *n* বোর্নিও ও সুমাত্রা দ্বীপের দীর্ঘবাহু মনুষ্যাকৃতি বৃহৎ বানর।

orate [ও°ˈরেইট্] *vi* (জনসমক্ষে) বক্তৃতা করা।

ora·tion [ও°ˈরেইশ্‌ন্] *n* [C] আনুষ্ঠানিক বক্তৃতা; ভাষণ: a funeral ~.

ora·tor [ˈঅরাটা(র্) US ও°র্-] *n* বক্তা, বিশেষত সুবক্তা। **~i·cal** [ˌঅরাˈটরিক্‌ল্ US ও°রাˈটো°র্-] *adj* ভাষণদান ও ভাষণবিষয়ক: ~ical phrases.

ora·torio [ˌঅরাˈটো°রিওউ USˌও°র্ -] *n* [C] একক ও সমবেত কণ্ঠ এবং অর্কেস্ট্রার জন্য রচিত ধর্মীয় বিষয়ভিত্তিক সঙ্গীত; [U] এরূপ সঙ্গীতসমগ্র।

ora·tory[1] [ˈঅরাট্রি US ˈও°রাটো°রি] *n* [C] ক্ষুদ্র ব্যক্তিগত উপাসনালয়।

ora·tory[2] [ˈঅরাট্রি US ও°রাˈটো°রি] *n* [U] বাগ্মিতা; বাগাড়ম্বর।

orb [ও°ব্] *n* গোলক, বিশেষত সূর্য, চন্দ্র বা অন্য কোনো গ্রহ বা উপগ্রহ; ক্রুশ সম্বলিত অলঙ্কৃত গোলক—রাজমুকুট, রাজদণ্ডের মতো যা একটি রাজনিদর্শন।

or·bit [ˈও°বিট্] *n* গ্রহ-নক্ষত্রের পরিক্রমণপথ; কক্ষপথ: The ~ of the earth round the sun. □*vt,vi* কক্ষপথে স্থাপন করা; কক্ষপথে ভ্রমণ করা: Do you remember when the first man-made satellite was ~ed? **~al** [ˈও°বিট্‌ল্] *adj* কক্ষপথসংক্রান্ত; কাক্ষিক: ~ al distance. **~ velocity** কক্ষপথে স্থাপনের জন্য প্রয়োজনীয় ন্যূনতম বেগমাত্রা।

or·chard [ˈও°চাড্] *n* [C] বেষ্টিত ফলবাগান: mango-~s.

or·ches·tra [ˈও°কিস্‌ট্রা] *n* ১ ঐকতান-বাদকদল; অর্কেস্ট্রা: a dance ~. ২ **~ (pit)** রঙ্গমঞ্চে বাদকবৃন্দের জন্য রক্ষিত স্থান। **~ stalls** থিয়েটারকক্ষে সম্মুখসারির আসন। ৩ প্রাচীন গ্রিসে রঙ্গমঞ্চের সামনে উপবৃত্তাকার স্থান—যেখানে সমবেত নৃত্যগীত পরিবেশিত হতো। **or·ches·tral** [ও°কেস্‌ট্রাল্] *adj* অর্কেস্ট্রাবিষয়ক; অর্কেস্ট্রার জন্য; অর্কেস্ট্রার দ্বারা: orchestral instruments.

or·ches·trate [ˈও°কিস্‌ট্রেইট্] *vt* অর্কেস্ট্রার জন্য রচনা করা, বিন্যস্ত করা, সুরসংযোজন করা। **or·ches·tra·tion** [ও°কিস্ˈট্রেইশ্‌ন্] *n*

or·chid [ˈও°কিড্] (অপিচ **or·chis** [ˈও°কিস্]) *n* [C] আলুর গুচ্ছের মতো শিকড় এবং বিচিত্র উজ্জ্বল রং ও আকারের ফুলবিশিষ্ট এক ধরনের লতা-গাছ; অর্কিড।

or·dain [ও°ˈডেইন্] *vt* ১ পুরোহিত বা ধর্মাধিকারীর পেশায় বরণ করা: to be ~ed priest. ২ **~ that** (ঈশ্বর, আইন, কর্তৃত্ব সম্বন্ধে) স্থির করা; আদেশ দান করা; ভাগ্য স্থির করে দেওয়া: God has ~ed that every living thing shall die.

or·deal [ও°ˈডীল্] *n* চরিত্রের বা সহিষ্ণুতার কঠিন পরীক্ষা; অগ্নিপরীক্ষা।

or·der[1] [ˈওডা(র্) *n* ১ [U] বিন্যাস; ক্রম: in alphabetical ~. **in ~ of** অনুসারে: in ~ of merit. ২ [U] সুবিন্যস্ততা; কার্যকর অবস্থা। **(not) in ~** যথাযথ অবস্থায় (নয়): Is everything in order? যেখানে যা থাকবার কথা সেখানে তা আছে/সবকিছু ঠিক-ঠাক আছে? put/leave one's papers, etc. in ~, কাগজপত্র ইত্যাদি গুছিয়ে রাখা। **in good ~** গোলমাল ছাড়া; সুশৃঙ্খলভাবে: The children left the classroom in good ~ . **in good/bad/running/working ~**

(বিশেষত মেশিন সম্বন্ধে) ঠিকমতো চলছে/চলছে না: The machine is in good running ~. **out of ~** (মেশিন বা দেহযন্ত্র সম্বন্ধে): The phone is out of ~; My stomach is out of ~. ৩ [U] শৃঙ্খলা: The police were finally able to restore law and ~. ৪ [U] সভা-সমিতি, সংসদ অধিবেশন ইত্যাদিতে পালিত আচরণবিধি। **call (sb) to ~** (সংসদের স্পীকার, সভা ইত্যাদির) (চেয়ারম্যান সম্বন্ধে) (কোনো সদস্যকে) প্রচলিত রীতি বা আচরণবিধি মেনে চলতে অনুরোধ করা। **be in ~ to do sth** বিধিসম্মত হওয়া: It is not ~ to interrupt. **on a point of ~** কার্যপরিচালনা বিধির প্রশ্নে। **o~! o~** ! আচরণবিধি বা কার্যপ্রণালীবিধি থেকে বিচ্যুতির দিকে দৃষ্টি আকর্ষণের জন্য বলা হয়ে থাকে। **~ of the day** (দিনের) আলোচ্য কর্মসূচি। **ˈ~-paper** *n* লিখিত বা মুদ্রিত (দিনের) আলোচ্য কর্মসূচি। **standing ~s**, দ্র. standing *adj* (১). ৫ [C] আদেশ: We had ~s to leave the camp at once. **be under ~s (to do sth)** আদেশ পাওয়া: He is under ~s to stop disbursing the money. **by ~ of** কর্তৃপক্ষের নির্দেশ অনুযায়ী: by ~ of the Chancellor. **under the ~s of** নির্দেশনাধীন; কর্তৃত্বাধীন। **under starters' ~s**, দ্র. start[2]। ৬ [C] ফরমাশ; ফরমায়েশি মাল: an ~ of a hundred bottles of soft drink. **fill an ~** ফরমায়েশি মাল সরবরাহ করা। **on ~** ফরমাশ দেওয়া হয়েছে কিন্তু সরবরাহ করা হয়নি এমন। **made to ~** ফরমাশকারীর বিশেষ চাহিদা বা নির্দেশ অনুযায়ী তৈরি। **a large/tall ~** (কথ্য) দুরূহ চাহিদা। **ˈ~-book** *n* মাল সরবরাহের ফরমাশ লিখে রাখার খাতা। **ˈ~-form** ফরমাশ দেবার মুদ্রিত ফরম। ৭ [C] অর্থ প্রদানের জন্য বা অন্য কিছু করার কর্তৃত্ব প্রদান করে ব্যাংক অথবা পোস্ট অফিসকে দেওয়া লিখিত নির্দেশ **(banker's ~/postal ~)**: an ~ on Sonali Bank; a postal ~ for Tk. 5/-. ৮ [C] উদ্দেশ্য; অভিপ্রায়। **in ~ to do sth** কোনো কিছু করার উদ্দেশ্যে: in ~ to earn more. **in ~ that** এই উদ্দেশ্যে, যাতে করে: in ~ that he might finish the work in time. ৯ [C] বিশেষভাবে সম্মানিত কোনো গোষ্ঠীভুক্ত ব্যক্তিবর্গ, সম্মান বা পুরস্কার স্বরূপ এরূপ কোনো গোষ্ঠীর সদস্য হিসাবে মনোনীত ব্যক্তিবর্গ: the Order of Merit; এরূপ গোষ্ঠীর সদস্যদের পরিহিত চিহ্ন; নিদর্শন; অভিজ্ঞান: wearing all one's ~s and decorations. ১০ *(pl)* যাজকবৃত্তি পালনের জন্য বিশপ কর্তৃক প্রদত্ত কর্তৃত্ব। **be in/take (holy) ~s** যাজকবৃত্তি গ্রহণ করা। ১১ [C] যাজকসম্প্রদায়: The O~ of Priests. ১২ [C] ধর্মীয় বিধান মতে জীবনযাপনকারী ব্যক্তিবর্গ: The monastic ~s. ১৩ [C] স্থাপত্য নমুনার, বিশেষত প্রাচীন স্থাপত্যে স্তম্ভরীতির আলোচনা-পর্যালোচনার পদ্ধতি। ১৪ (জীব.) [C] প্রাণী, উদ্ভিদ ইত্যাদির শ্রেণীবিন্যাসে 'শ্রেণী'র পরবর্তী বিভাগবর্গ: The tiger and the lion belong to the same ~. ১৫ [U] রকম; প্রকার: musical ability of a high ~. ১৬ [U] সামরিক বাহিনীর বিন্যাস: advance in extended ~, যুদ্ধের বিন্যাসে অগ্রসর হওয়া। **advance in open/close ~** (সৈনিকদের) ফাঁক ফাঁক হয়ে/ঘনবদ্ধ হয়ে অগ্রসর হওয়া।

or·der[2] [ˈও°ডা(র্)] *vt* ১ আদেশ দেওয়া: The captain ~ed the soldiers back to the camp; ফরমাশ দেওয়া: I've ~ed dinner for 7.30. **~ sb about** কাউকে ফরমাশ খাটানো। ২ সাজানো; পরিচালিত করা: He ~ed his life according to the teachings of the Islam. **~·ing** *n* সুবিন্যস্তকরণ; সচলকরণ।

or·der·ly [ˈও°ডালি] *adj* ১ সুবিন্যস্ত; সাজানো-গোছানো; ছিমছাম: an ~ room; শৃঙ্খলাপ্রবণ: a woman with an ~ mind. ২ সদাচারী; সুশৃঙ্খল: an ~ group of boys. ৩ (সামরিক ব্যবহার, শুধুমাত্র attrib) আদেশ পালনের সঙ্গে যুক্ত: the ~ officer, দিনের জন্য কর্তব্যরত অফিসার; the ˈ~ room, সেনাছাউনিতে কলমের কাজের জন্য নির্দিষ্ট ঘর। □*n* (সাম.) সেনা অফিসারের বার্তাবাহক। **medical ~** সামরিক হাসপাতালের পরিচারক। **or·der·li·ness** *n*

or·di·nal [ˈও°ডিনল্ US -ডনল্] *n adj* [C] বিন্যাস বা অবস্থানসূচক (সংখ্যা)। **~ numbers** যথা ঃ first, second, third. দ্র. cardinal.

or·di·nance [ˈও°ডিনান্স্] *n* [C] বিশেষ ক্ষমতাবলে প্রণীত আদেশ, নিয়ম, বিধি বা হুকুম; অধ্যাদেশ: The Presidential ~s.

or·di·nand [ˌও°ডিˈন্যান্ড্ US ˈও°রডান্যান্ড্] *n* যাজকবৃত্তি গ্রহণের প্রার্থী।

or·di·nary [ˈও°ডিন্রি US ˈও°রডনেরি] *adj* স্বাভাবিক; সাধারণ; গড়পড়তা: an ~ meal; of an ~ height; in ~ dress. **in an ~ way** স্বাভাবিক অবস্থায়। **in the ~ way** স্বাভাবিক পথে। **in ~** স্থায়ী নিয়োগ দ্বারা: physician in ~ to the President. **out of the ~** অসাধারণ। **~ seaman** (সং OS) যে নাবিক সক্ষম নাবিকের (সং AB) পদমর্যাদা লাভ করেনি; সাধারণ নাবিক। **or·di·nar·ily** [ˈও°ডিনˌরিলি US ˌও°ড্‌নেরˌলি] *adv* স্বাভাবিকভাবে; সাধারণভাবে: behave ordinarily; a sight not ordinarily seen in the countryside.

or·di·na·tion [ও°ডিˈনেইশন্ US ও°ড্‌নেইশন্] *n* [U] যাজকবৃত্তিতে বরণের অনুষ্ঠান; [C] এরূপ অনুষ্ঠানের দৃষ্টান্ত।

ord·nance [ˈও°ড্‌নান্স্] *n* [U] ভারী কামানের বহর; গোলন্দাজবাহিনী; কামান, বন্দুক প্রভৃতির রসদ। **Royal Army O~ Corps** (US = **O~ Corps**) ব্রিটিশ রাজকীয় বাহিনীর যে শাখা সামরিক সরবরাহ নিশ্চিত করে। **The O ~ Survey**, গ্রেট ব্রিটেন-এর নিখুঁত ও পুঙ্খানুপুঙ্খ মানচিত্র (প্রণয়ন)।

or·dure [ˈও°ডিউআ(র্) US-জার্] *n* [U] বিষ্ঠা; মল; আবর্জনা।

ore [ও°(র্)] *n* [C,U] আকরিক: iron ore.

or·gan [ˈও°গান্] *n* ১ প্রাণী বা উদ্ভিদ দেহের যে কোনো অঙ্গ; দেহযন্ত্র: The ~s of speech, জিহ্বা, দন্ত, ওষ্ঠ ইত্যাদি। ২ কর্মসম্পাদনের উপায় বা মাধ্যম; সংগঠন: ~ s of government. ৩ জনমত প্রচারের মাধ্যম ঃ ~s of public opinion, খবরের কাগজ, রেডিও, টিভি ইত্যাদি। ৪ বাদ্যযন্ত্রবিশেষ; অর্গান। **reed/American ~** হারমোনিয়ম। **ˈ~-blower** *n* যে ব্যক্তি অর্গান বোলো (bellow) করে। **ˈ~-grinder** *n* যে ব্যক্তি ব্যারেল-অর্গান (দ্র. barrel) বাজায়। **ˈ~-loft** *n* (গির্জা, থিয়েটার প্রভৃতির) যে স্থানে অর্গান রাখা হয়। **ˈ~·ist** [-ইস্ট্] *n* অর্গানবাদক।

or·gan·die (US অপিচ **-dy**) [ও°গ্যান্ডি] *n* অত্যন্ত মিহি মসলিন-বস্ত্রবিশেষ; অর্গান্ডি।

or·ganic [ও°ˈগ্যানিক] *adj* ১ দেহযন্ত্র সংক্রান্ত: ~ diseases, যেসব ব্যাধি দেহ-যন্ত্রের শুধু ক্রিয়া নয়, তাদের গঠনকেও আক্রমন করে। ২ (বিপরীত inorganic) দেহযন্ত্র আছে এমন: ~ life. **~ chemistry** জৈব

রসায়ন। ৩ পরস্পর সম্পর্কযুক্ত অংশ নিয়ে গঠিত; কোনো সিসটেম বা প্রণালী রূপে বিন্যস্ত: an ~ (অর্থাৎ সংগঠিত) whole. **or·gani·cally** [-ক্লি] *adv*

or·gan·ism [ˈও°গানিজ়ম্] *n* [C] পরস্পর সম্পর্কযুক্ত ও সমন্বিতভাবে ক্রিয়াশীল অংশ নিয়ে গঠিত প্রাণীসত্তা; এককভাবে যে কোনো প্রাণী বা উদ্ভিদ; পরস্পর নির্ভরশীল অংশ নিয়ে গঠিত যে কোনো প্রণালী বা সিসটেম: The social ~ .

or·gan·iz·ation [ˌও°গানাইˈজ়েইশ্ন্ US -নিজ়্-] *n* ১ [U] সংগঠিতকরণ; প্রণালীবদ্ধকরণ; প্রস্তুতিগ্রহণ; সংগঠিত অবস্থা: The ~ of a meeting; a team without ~. ২ [C] (ব্যক্তি সমন্বয়ে গঠিত) সংগঠন; সংগঠিত প্রণালী বা সিসটেম: Our body has a very complex ~.

or·gan·ize [ˈও°গানাইজ়্] *vt* ১ সংগঠিত করা; কোনো রীতি বা প্রণালীতে সাজানো বা বিন্যস্ত করা; প্রস্তুতি গ্রহণ করা: ~ a new political party; ~ an expedition; ~ one's work. ২ (শ্রমিক সম্বন্ধে) ট্রেড ইউনিয়ন গঠন করা বা ট্রেড ইউনিয়নে যোগ দেওয়া। **or·gan·ized** *adj* ১ সুবিন্যস্ত; শৃঙ্খলাবদ্ধ। ২ অঙ্গ বা দেহযন্ত্র সম্বলিত; জৈব সত্তারূপে সংগঠিত: a highly ~d form of life. ৩ ট্রেড ইউনিয়নভুক্ত (শ্রমিক সম্বন্ধে)। **or·gan·izer** *n* সংগঠক।

or·gasm [ˈও°র্গ্যাজ়ম্] *n* [C] যৌন উত্তেজনার সর্বোচ্চ পর্যায়; রাগমোচন।

or·gi·as·tic [ˌও°জিˈঅ্যাস্টিক্] *adj* প্রমত্ত; উন্মত্ত।

orgy [ˈও°জি] *n* [C] ১ বন্য আনন্দোৎসব; (*pl*) লাগামহীন পানভোজনোৎসব। ২ (কথ্য) অতিরিক্ত পরিমাণ; মাত্রাতিরিক্ত: an ~ of spending.

oriel [ˈও°রিআল্] *n* ১ উপরতলার কোনো ঘরের জানালাবিশিষ্ট অভিক্ষিপ্ত অংশ। ২ ~ **(window)** উক্ত জানালা।

orient[1] [ˈও°রিআন্ট্] *n* **the O~** (সাহিত্য) প্রাচ্য অর্থাৎ এশিয়া।

orient[2] [ˈও°রিঅন্ট্] *vt* = orientate.

orien·tal [ˌও°রিˈএন্ট্ল্] *adj* প্রাচ্যসম্বন্ধীয়: ~ art. □*n* প্রাচ্যের, বিশেষত চীন ও জাপানের অধিবাসী। **~·ist** [-ইস্ট্] *n* প্রাচ্যের ভাষা, শিল্প ইত্যাদির গবেষক; প্রাচ্যবিশারদ।

orien·tate [ˌও°রিআনটেইট্] *vt* ১ (ভবন ইত্যাদি) পূর্বমুখ করে স্থাপন করা; বেদিসম্বলিত অংশ পূর্বদিকে স্থাপন করে (গির্জা) নির্মাণ করা। ২ কম্পাসের কাঁটা অনুযায়ী স্থাপন করা বা তদানুযায়ী (কোনো কিছুর) যথার্থ অবস্থান নির্ণয় করা; (লাক্ষ.) স্পষ্ট বোধগম্য সম্পর্কের পরিপ্রেক্ষিতে স্থাপন করা: ~ oneself, পরিস্থিতির সঙ্গে নিজেকে পরিচিত করানো; পারিপার্শ্বিক অবস্থা ইত্যাদির পরিপ্রেক্ষিতে নিজের অবস্থান নির্ণয় করা। **orien·ta·tion** [ˌও°রিএনˈটেইশ্ন্] *n* [U] পরিস্থিতি, পারিপার্শ্বিক অবস্থা ইত্যাদির সঙ্গে পরিচিত করানো বা পরিচিত হওয়া।

ori·fice [ˈঅরিফিস্ US ও°র্-] *n* বহির্মুখ; (গুহা ইত্যাদির) মুখ।

ori·gin [ˈঅরিজিন্ US ˈও°রাজিন্] *n* [C,U] সূচনা বিন্দু; সূত্রপাত; উৎস; উৎপত্তি: the ~ of a quarrel; the ~(s) of civilization; a man of humble ~, দরিদ্র বা নিচু ঘরে জন্মগ্রহণকারী ব্যক্তি; words of Sanskrit ~.

orig·inal [অাˈরিজান্ল্] *adj* ১ প্রথম বা সর্বপ্রথম; আদি: The ~ inhabitants of the sub-continent; the ~ plan. **~ sin,** দ্র. sin. ২ নবগঠিত বা সদ্যসৃষ্ট; মৌলিক; নকল বা অনুকৃত নয় এমন: an ~ design. ৩ নতুন চিন্তা, নতুন ধ্যান-ধারণার জন্ম দিতে সক্ষম; উদ্ভাবনক্ষম: an ~ thinker; an ~ mind. □*n* ১ [C] মূল কপি বা মূল বস্তু: This is a copy; the ~ is in the Zainul Gallery of the National Museum. ২ **The ~** যে ভাষায় কোনো কিছু প্রথম রচিত হয়; মূল ভাষা: read the Mahabharata in the ~ , প্রাচীন সংস্কৃতে মহাভারত পড়া। ৩ [C] সৃজনশীল বা উদ্ভাবনী ক্ষমতাসম্পন্ন ব্যক্তি। **~ly** [-নালি] *adv* ১ নতুনভাবে; মৌলিকভাবে: write ~ly; think ~ly. ২ শুরুতে বা শুরু থেকে: The house was ~ly owned by a European. **~·ity** [অাˌরিজˈন্যালাটি] *n* অভিনবত্ব; মৌলিকতা: His sketches lack originality.

orig·inate [অাˈরিজিনেইট্] *vi,vt* ১ **~ from/in sth; ~ from/with sb** কোনো কিছু থেকে শুরু হওয়া; কারো থেকে শুরু হওয়া: The quarrel ~d in rivalry between two families. ২ (কোনো কিছুর) স্রষ্টা বা উদ্ভাবক হওয়া: ~ a new style of acting. **orig·in·ator** [-টা(র্)] *n* স্রষ্টা; জনক; উদ্ভাবক।

ori·ole [ˈও°রিওউল্] *n* **(golden) ~** কালো ও হলুদ পালকবিশিষ্ট পাখি।

Ori·on [অাˈরাইঅন্, ও°-] *n* (জ্যোতি.) কালপুরুষ নামে নক্ষত্রপুঞ্জ।

or·molu [ˈও°মলু] *n* [U,C] গিলটি-করা ব্রোন্‌জ বা তামা, দস্তা ও টিনের সোনালি মিশ্র; এই ব্রোন্‌জ বা মিশ্র দ্বারা তৈরি বা অলঙ্কৃত বস্তু: an ~ clock.

or·na·ment [ˈও°নামান্ট্] *n* ১ [U] অলঙ্করণ ঃ a wedding stage rich in ~. ২ [C] অলঙ্কার; গহনা: a chest full of ~s. ৩ [C] শোভা, মর্যাদা, মূল্য ইত্যাদি বর্ধন করে এমন ব্যক্তি বা বস্তু বা গুণ বা কাজ: She is an ~ to her profession. □*vt* [ˈও°নামেন্ট্] (কারো/কোনো কিছুর) অলঙ্কার হওয়া; অলঙ্কৃত করা, শোভাবর্ধন করা: ~ a saree with lace. **or·na·men·tal** [ˌও°নাˈমেন্ট্ল্] *adj* শোভাময়; শোভাবর্ধক; শোভাস্বরূপ। **or·na·men·ta·tion** [ˈও°নামেন্ˈটেইশ্ন্] *n* [U] অলঙ্করণ; অলঙ্কার: a temple with superb ~ation.

or·nate [ও°নেইট্] *adj* অলঙ্কারসমৃদ্ধ; (সাহিত্যরীতি সম্বন্ধে) অতি অলঙ্কৃত; রীতিতে বা ভাষার ব্যবহারে সহজ নয়। **~·ly** *adv* **~·ness** *n*

or·ni·thol·ogy [ˌও°নিˈথলাজি] *n* [U] পক্ষিবিজ্ঞান। **or·ni·thol·ogist** [-জিস্ট্] *n* পক্ষিবিজ্ঞানী। **or·ni·tho·logi·cal** [ˌও°নিথালজিক্ল্] *adj*

oro·tund [ˈও°রৌটান্ড্] *adj* (আনুষ্ঠা.) ১ গুরুভার; রাশভারী; মর্যাদাপূর্ণ; মর্যাদাবান। ২ আড়ম্বরপূর্ণ; সাড়ম্বর; দাম্ভিক; আত্মম্ভর।

or·phan [ˈও°ফ্ন্] *n* এতিম (শিশু): an ~ child. □*vt* এতিম করা: ~ed by war. **~·age** [-নিজ্] *n* এতিমখানা।

Or·pheus [ˈও°ফিউস্ US ˈও°ফীআস্] *n* প্রাচীন গ্রিসের কিংবদন্তীখ্যাত হোমারপূর্ব কবি ও বংশীবাদক। **or·phic** [ˈও°ফিক্] *adj* অরফিউসসংক্রান্ত; অরফিউসতুল্য।

or·ris·root [ˈঅরিসরূট্ US ˈও°র্-] *n* আইরিস্ নামে ফুলের গাছের সুগন্ধি শিকড়—গন্ধদ্রব্য ও প্রসাধনসামগ্রী তৈরিতে যে শিকড় ব্যবহৃত হয়।

ortho·don·tics [ˌওºর্থাˈডনটিক্স্] *n pl* (চিকি.) এলোমেলোভাবে ওঠা দাঁত ও চোয়ালের অস্বাভাবিকতার চিকিৎসা। **ortho·don·tic** *adj* এই চিকিৎসাবিষয়ক। **ortho·don·tist** *n* এই চিকিৎসায় বিশেষজ্ঞ ব্যক্তি।

or·tho·dox [ˈওºর্থাডক্স্] *adj* সাধারণ্যে গৃহীত বা অনুমোদিত (ধ্যান-ধারণা, বিশ্বাস ইত্যাদিতে বিশ্বাসী); গোঁড়া: ~ beliefs. **the O~ Church** ইস্তাম্বুলের সর্বোচ্চ ধর্মযাজককে প্রধান বিশপ হিসাবে স্বীকৃতি দানকারী চার্চ বা the Eastern Church; সোভিয়েত ইউনিয়ন, রোমানিয়া, গ্রিস ইত্যাদির স্বায়ত্তশাসিত চার্চসমূহের গোষ্ঠী। **~y** [ˈওºর্থাডকসি] *n* [U] প্রচলিত মতে বিশ্বাস; গোঁড়ামি; [C] গোঁড়া বিশ্বাস বা চরিত্র বা প্রথা।

or·tho·gra·phy [ওˈºর্থগ্রাফি] *n* [U] বানান (পদ্ধতি); শুদ্ধ বা প্রচলিত বানান। **or·tho·gra·phic** [ˌওºর্থাˈগ্র্যাফিক্] *adj*

or·tho·paedic (অপিচ -**pedic**) [ˌওºর্থাˈপীডিক্] *adj* অস্থিবিকৃতি ও অস্থিরোগের চিকিৎসা বিষয়ক ঃ ~ surgery. **or·tho·paed·ics** (অপিচ -**ped·ics**) *n* (sing *v* সহযোগে) অস্থিবিকৃতি ও অস্থিরোগসংশ্লিষ্ট শল্যচিকিৎসা।

Os·car [ˈঅসক(র্)] *n* যুক্তরাষ্ট্র প্রবর্তিত চলচ্চিত্রে সর্বোচ্চ সম্মানজ্ঞাপক বাৎসরিক পুরস্কার: win an ~

os·cil·late [ˈঅসিলেইট্] *vi,vt* ১ ঘড়ির দোলক বা পেন্ডুলামের মতো আন্দোলিত হওয়া; (লাক্ষ.) দ্বিধাগ্রস্ত হওয়া; দোটানায় পড়া। ২ দোলানো; আন্দোলিত করা। ৩ (বিদ্যুৎপ্রবাহ সম্বন্ধে) উচ্চ ফ্রিকোয়েন্সিতে বা দ্রুতগতিতে দিক পরিবর্তন করা; (রেডিওরিসিভার সম্বন্ধে) বিদ্যুৎ-চুম্বকীয় তরঙ্গ বিস্তার বা প্রেরণ করা; উক্ত বিদ্যুৎ-চুম্বকীয় তরঙ্গ দ্বারা বাধাগ্রস্ত হওয়া। **oscillating current** ক্রমাগত বিপরীতমুখী হওয়া বা দোলায়মান বিদ্যুৎ প্রবাহ। **os·cil·la·tion** [ˌঅসিˈলেইশ্ন্] *n* [U] আন্দোলিত হওয়া বা আন্দোলিতকরণ; [C] ঘড়ির দোলক বা অন্য কোন বস্তু বা বৈদ্যুতিক চার্জের একবারের দোলন। **os·cil·lator** [-টা(র্)] *n* (বিশেষত) দোলায়মান বিদ্যুৎপ্রবাহ সৃষ্টিকারী কল।

os·cillo·graph [অাˈসিলাগ্রা:ফ্ US -গ্র্যাফ্] *n* (বিদ্যুৎ) যে যন্ত্র দ্বারা বিদ্যুৎপ্রবাহের আন্দোলন ধারণ বা রেকর্ড করা হয়; দোলনলিখ।

os·cillo·scope [অাˈসিলাস্কৌপ্] *n* (বিদ্যুৎ) যে যন্ত্রের সাহায্যে টিভিসদৃশ পর্দায় বিদ্যুৎপ্রবাহের তারতম্য তরঙ্গিত রেখার আকারে দেখানো হয়।

osier [ˈওউজিঅা(র্) US ˈওউজা(র্)] *n* [C] উইলো জাতীয় গাছ যার ডাল দিয়ে ঝুরি ইত্যাদি তৈরি হয়।

os·mium [ˈঅজ্‌মিঅম্] *n* [U] এ যাবৎ জানা মৌলিক পদার্থসমূহের মধ্যে সর্বাপেক্ষা ঘন ধাতব পদার্থ (প্রতীক Os)—কতিপয় রাসায়নিক বিক্রিয়ায় যা catalyst বা অনুঘটক হিসাবে ব্যবহৃত হয়।

os·mo·sis [ˌঅজ্ˈমৌসিস্] *n* [U] ১ (বিজ্ঞান) সছিদ্র পর্দার ভিতর দিয়ে তরল পদার্থের ক্ষরণ; আস্রবণ: Blood can be cleaned by ~ if someone's kidneys have failed. ২ (লাক্ষ.) যুক্তি-তর্কের সাহায্যে নয়, আপন গতিতে ধীরে ধীরে গ্রহণযোগ্য হবার প্রক্রিয়া: He let his ideas work by ~. **os·mo·tic** [ˌঅজ্ˈমটিক্] *adj*

os·prey [ˈঅস্‌প্রি] *n* মৎস্যশিকারি বৃহদাকার বাজপাখি।

oss·eous [ˈঅসি অাস্] *adj* অস্থিগঠিত; অস্থিসার।

oss·ify [ˈঅসিফাই] *vt,vi* (আনুষ্ঠা.) হাড়ের মতো শক্ত করা বা শক্ত হওয়া; হাড়ে পরিণত হওয়া; (লাক্ষ.) অনড়, প্রগতিবিমুখ; পরিবর্তনে অক্ষম হওয়া বা করা। **ossi·fi·ca·tion** [ˌঅসিফিˈকেইশ্ন্] *n* [U] উপর্যুক্ত সকল অর্থে; কোনো (জীবন্ত) কাঠামোর প্রস্তরতুল্য বা প্রস্তরীভূত অংশ।

os·ten·sible [অˈস্টেন্সাব্ল্] *adj* (যুক্তি ইত্যাদি সম্বন্ধে) প্রকৃত কারণ গোপন করার চেষ্টায় উপস্থাপন করা; লোকদেখানো; বাহ্যত প্রতীয়মান; আপাত। **os·ten·sibly** [-আব্লি] *adv*

os·ten·ta·tion [ˌঅস্‌টেন্ˈটেইশ্ন্] *n* [U] প্রশংসালাভের জন্য বা ঈর্ষা জাগ্রত করার জন্য (বিত্ত, বিদ্যা, দক্ষতা ইত্যাদির) প্রদর্শন: The ~ of the newly rich.

os·ten·ta·tious [ˌঅস্‌টেন্ˈটেইশাস্] *adj* লোক-দেখাতে পছন্দ করে এমন; জাঁকালো: in an ~ manner. **~·ly** *adv*

osteo-arthritis [ˌঅস্‌টিওঅা:থ্রাইটিস্] *n* [U] (চিকি.) গেঁটে বাত। **osteo-arthritic** *adj*

os·te·opathy [ˌঅস্‌টিঅপাথি] *n* [U] অস্থি ও মাংসপেশির নিপুণ সঞ্চালন দ্বারা কতিপয় রোগের চিকিৎসা। **os·teo·path** [ˈঅস্‌টি অাপ্যাথ্] *n* এরূপ চিকিৎসাপদ্ধতিপ্রয়োগকারী চিকিৎসক।

os·tler [ˈঅস্‌লা(র্)] *n* (প্রা. প্র.) সরাইখানার অশ্বরক্ষক।

os·tra·cize [ˈঅস্‌ট্রাসাঞ্জ্] *vt* সমাজবিচ্ছিন্ন করা; একঘরে করা: Nonconformists are often ~d. **os·tra·cism** [-সিজ়াম্] *n* [U] সমাজবিচ্ছিন্নকরণ বা সমাজবিচ্ছিন্ন হওয়া।

os·trich [ˈঅস্‌ট্রিচ্] *n* উটপাখি: have the digestion of an ~, প্রায় সব কিছু হজম করার ক্ষমতা রাখা।

other [ˈআদা(র্)] *adj,pron* ইতোমধ্যে উল্লিখিত হয়নি বা বোঝানো হয়নি এমন (ব্যক্তি বা বস্তু); অন্য; অপর। ১ **the ~** *(sing)* দুই-এর মধ্যে দ্বিতীয়টি বা দ্বিতীয় জন: They are so much alike that it is difficult to tell (the) one from the ~. One of them is yours, the ~ is mine. **on the ~ hand** (মাঝে মাঝে on the one hand-এর পরে ব্যবহৃত হয়ে থাকে, কিন্তু সর্বদা নয়) অন্য দিকে: He is efficient, but on the ~ hand quite moody. ২ **the ~s** *(pl)* অন্যগুলো; অন্যেরা: Five of them are yours, the ~s are mine. Who are the ~s? ৩ (*indef art* সহ, এক শব্দ হিসাবে লিখিত ও মুদ্রিত হয়ে থাকে) **an~** [অাˈনাদা(র্)]) আর এক; অন্য এক: May I have an~ cup of tea? I don't like this one, can you show me an~? ৪ (কোনো দলের একজন সদস্যের সঙ্গে আর একজনের তুলনা করা হলে সাধারণত other ব্যবহার করা হয়): Tipu is far better as a linksman than any ~ member of the team. ৫ (phrase সমূহ) **each ~**, দ্র. each (৪). **every ~** (ক) অন্য সবাই: Jamil likes Chinese food, but every ~ member of his family dislikes it. (খ) এক অন্তর-অন্তর, একান্তর: coming every ~ day. **one an ~**, দ্র. one[3] (৩). **one after the ~: one after an ~** একেএকে; পরপর। **. . . . or ~** নিশ্চয়তা বা স্পষ্টতার অভাব বোঝাতে ব্যবহৃত হয়: someday or ~, কোনো একদিন; somehow or ~, কোনো না কোনো ভাবে; someone or ~, কোনো একজন। **~ things being equal** অন্য

সব কিছু এক রকম হলে/থাকলে: O~ things being equal, Selina would marry Kabir, not Kamal, but Kabir is poor and Kamal is rich. **the ~ day** কিছুদিন/কয়েকদিন আগে। ৬ ভিন্ন: The problem has to be solved by quite ~ means. **~·worldly** [আদা'ওআল্ড্লি] *adj* ভিন্ন/অন্য জগতের, অতীন্দ্রিয় জগতের; পারলৌকিক। □*adv* অন্যভাবে; ভিন্নভাবে: I can't pay it ~ than annually.

other·wise ['আদাওআইজ়্] *adv* ১ অন্যভাবে; ভিন্নভাবে: He evidently thinks ~. ২ অন্যদিক থেকে; ভিন্ন অবস্থায়: It's a bit cold, but ~ the days are quite pleasant. □*conj* নয়তো, অথবা: You must not hurry the work, ~ it may be spoiled.

oti·ose ['ওউশিওউস্] *adj* (আনুষ্ঠা.) অনাবশ্যক; অকেজো।

ot·ter ['অটা(র্)] *n* [C] উদ্বিড়াল; ভোঁদর; [U] ভোঁদরের লোম।

ot·to·man ['অটামান্] *n* হাতল বা হেলানবিহীন লম্বা গদি-আঁটা আসন।

ou·bli·ette [উব্লি'এট্] *n* একমাত্র মেঝেতে কাটা চোরা-দরজাপথেই প্রবেশ করা যায় এমন (ভূগর্ভস্থ) গুপ্ত কারাগার।

ouch [আউচ্] *int* আকস্মিক ব্যথা প্রকাশক ধ্বনি।

ought [ও°ট্] *anom fin* **~ to** উচিত হওয়া; ঠিক হওয়া। ১ (কর্তব্য বা বাধ্যবাধকতা নির্দেশ করে): You ~ to go now. Such things ~ to be checked. ২ (যা বিধেয়, আকাঙ্ক্ষিত বা যথার্থ তা নির্দেশ করে): There ~ to be more teachers for the school, You ~ to read that poem by Shamsur Rahman. She ~ to have been a dancer. ৩ (সম্ভাব্যতা নির্দেশ করে): He ~ to be there by now. That ~ to be enough rice for the two of them, ঐ ভাতে দুজনের হবার কথা।

ounce [আউন্স্] *n* (সং OZ) ওজনের একক; ব্রিটিশ পদ্ধতিতে সোনা-রুপার ওজনে ১ পাউন্ডের $\frac{1}{12}$; বাজার-ওজনে ১ পাউন্ডের $\frac{1}{16}$।

our [আ(র্), 'আউআ(র্)] *adj* আমাদের: our parents. **Our Father** ঈশ্বর। **Our Lady** কুমারী মেরি। **Our Lord** যিশু খ্রিস্ট।

ours [আজ়্, 'আউআজ়্] *pron,pred adj* (যেটি বা যেগুলো) আমাদের: This house is ~. This cat of ~ never steals any food.

our·selves [আ'সেল্ভ্জ়্, আউআ'-] *pron* ১ (reflex) আমাদের নিজেদেরকে: We gave ~ plenty of time preparing for the trip. ২ (emphat) আমরা নিজেরাই, আমাদের নিজেদেরই: We ~ have often said those funny things. We had better see the place for ~. **(all) by ~** (ক) (অন্য কারো) সাহায্য ছাড়া: We did it (all) by ~. (খ) একা, নিঃসঙ্গ: Nobody called, we were all by ~, আমরা একা ছিলাম।

oust [আউস্ট্] *vt* **~ sb (from)** (কাউকে তার চাকরি, অবস্থান, কর্তৃত্ব ইত্যাদি থেকে) বিতাড়িত করা বা উচ্ছেদ করা: ~ a rival from office.

out [আউট্] *adv part* ১ দূরে; বাইরে: go out; take sb out; Out with it ! বলো; বলে ফেলো! ২ (*be* সহযোগে বিভিন্ন অর্থে): Mr. Ali is out, আলী সাহেব বাসায় নেই; The DG is out, ডিজি সাহেব আফিসে নেই; The student are out again, ছাত্রেরা আবার (ক্লাসরুম থেকে) বেরিয়ে এসেছে, অর্থাৎ ধর্মঘট করেছে; The book I am looking for is out, লাইব্রেরিতে নেই, অর্থাৎ অন্য কেউ ধার করেছে; The tide is out, জোয়ার নেমে গেছে; The ship was three days out from Chittagong, জাহাজ তিনদিন আগে চট্টগ্রাম ছেড়ে চলে গেছে; The Nationalist Party is out, ক্ষমতায় নেই; Loose trousers are out ফ্যাশন নেই, বাজারে চলে না; **be out and about** (আঘাত বা অসুস্থতার কারণে শয্যাশায়ী ব্যক্তি সম্বন্ধে) উঠে চলতে ফিরতে, বাইরে যেতে পারে। ৩ (গৃহ থেকে অনুপস্থিতি নির্দেশ করার জন্য বিভিন্ন phrase-এ ব্যবহার): She doesn't go out much, সে (ঘরের) বাইরে খুব একটা বেরোয় না; Let's have an evening out, চলো আজ সন্ধ্যেটা বাইরে কাটিয়ে আসি। ৪ (দূরত্বের ধারণার উপর জোর দেবার প্রয়োজনে, *advv* ও *adv* phrase সহযোগে ব্যবহৃত হয়): He is out in Iran. The boats are out at sea. What are you doing out there? ৫ (বদ্ধ বা বন্দীদশা থেকে মুক্তি, উন্মোচন, উন্মীলন, উদ্ঘাটন, প্রকাশ ইত্যাদি নির্দেশ করার জন্য ব্যবহৃত হয়) ঃ The secret is out, রহস্য/গোপন কথা ফাঁস হয়ে পড়েছে; The mango blossom is out, আমের মুকুল ধরেছে; The moon is out, মেঘে ঢাকা নয়; মেঘমুক্ত চাঁদ; His new book on environment is out, প্রকাশিত হয়েছে; There's a warrant out against him, তার নামে ওয়ারেন্ট/গ্রেফতারি পরোয়ানা বেরিয়েছে/জারি হয়েছে। ৬ (সমাপ্ত, নিঃশেষিত, নির্বাপিত ইত্যাদি অবস্থা বোঝাতে): The fire is out, আগুন নিভে গেছে; The lease is out, লিজের মেয়াদ শেষ হয়ে গেছে। ৭ (শেষ পর্যন্ত, শেষের দিকে; সম্পূর্ণ বোঝাতে) (নানা *vv* সহযোগে): hear sb out, (কারো কথা) শেষ পর্যন্ত শোনা; supplies running out, সরবরাহ শেষের দিকে/শেষ হয়ে যাচ্ছে; fight it out, লড়াই করে বিরোধের মীমাংসা করা; I'm tired out, আমি একেবারে/সম্পূর্ণ ক্লান্ত; I'll be there before the week is out, সপ্তাহ পূর্ণ/শেষ হবার আগেই সেখানে যাবো। **cry one's eyes out** কেঁদে হালকা হওয়া। **have it out with sb,** দ্র. have[4] (৯). **out and out** সম্পূর্ণ; পুরোপুরি; পুরাদস্তুর: That man is a crook out and out. **out and away** বহু গুণে: She was out and away the prettiest girl in the room. ৮ (ভুল নির্দেশ করে): He was out in his reckoning, তার গোনায় ভুল হয়েছিল। I hope I'm not far out, আশা করি আমার বড়ো একটা ভুল হয়নি। ৯ (স্পষ্টতা বা উচ্চকণ্ঠ নির্দেশ করে): Call out, জোরে ডাকা; say something out loud, কোনো কিছু জোরে/উঁচু গলায় বলা; speak out, স্পষ্ট করে, ইতস্তত না করে বলা; bring out the historical significance of a novel, ঐতিহাসিক তাৎপর্য বুঝিয়ে বলা; tell sb sth straight out/right out, কোনো কিছু গোপন না করে, অস্পষ্টতা না রেখে বলা। ১০ (phrase সমূহে) **be out for** (কোনো কিছুর) সন্ধানে বের হওয়া বা রত হওয়া; (কোনো কিছু) পাবার জন্য আগ্রহী হওয়া: Wasn't she out for compliments? He's out for your blood, সে তোমার রক্তের জন্য নেমেছে, অর্থাৎ তোমাকে আক্রমণের জন্য কৃতসংকল্প। **out to** + *inf* চেষ্টা করছে বা আশা করছে: The company is out to capture the local market. **all out** সর্বশক্তি নিয়োগ করে: I can type 30 words a minute when I am going all out. **all-out** সর্বশক্তি নিয়োগ করা: make an all-out effort. ১১

(ক্রিকেট) (ব্যাটস্‌ম্যান সম্বন্ধে) আউট হয়ে যাওয়া: Imran was out for 50, ইমরান ৫০ রান করে আউট হয়ে যায়। ১২ **out of** *prep* (ক) (স্থান সম্বন্ধে) বাইরে: I was out of town last week, শহরের বাইরে ছিলাম; This custom is not found out of the eastern parts of Bangladesh, বাংলাদেশের পূর্বাঞ্চলের বাইরে এ প্রথা দেখা যায় না। (খ) (গতি সম্বন্ধে) থেকে: He walked out of the room. She jumped out of bed. (গ) (অভিপ্রায় বা কারণ নির্দেশ করে): It was done out of spite. He helped me out of kindness. (ঘ) মধ্যে থেকে: one out of ten, দশ জনের মধ্যে এক জন; দশটির মধ্যে একটি। (ঙ) কোনো কিছু ব্যবহার করে; কোনো কিছুর দ্বারা; থেকে: The walls were made out of clay. Good seldom comes out of evil. (চ) ছাড়া; হীন; হারা: out of breath, দমহারা; out of work, কাজ–ছাড়া; বেকার; out of patience, ধৈর্যহারা। (ছ) (অবস্থা নির্দেশ করে): out of fashion, অপ্রচলিত; out of control, নিয়ন্ত্রণহীন; out of order, অকেজো; out of danger, বিপদমুক্ত। (জ) (উৎস বা উৎপত্তি নির্দেশ করে): a character out of a novel; copy verses out of the Bible; eat out of the same dish. (ঝ) (ফল বা পরিণতি নির্দেশ করে): We tried to reason her out of her fears. The crook cheated me out of my money. be done (কথ্য = প্রতারিত হওয়া) out of sth; frighten sb out of his wits, ভয়ে হতবুদ্ধি করা বা হতবুদ্ধি হওয়া। (ঞ) (কোনো স্থান থেকে) নির্দিষ্ট দূরত্বে: The gun-boat caught fire 5 miles out of Chittagong. **out of it** (ক) দল থেকে বাদ (পড়া); এ কারণে মন খারাপ (করা): I felt out of it as I watched the others pick out their partners and join the dance. (খ) (কোনো কিছুর সঙ্গে) জড়িত না থাকা; ভাবিত না হওয়া: It's a dubious project and I'm glad to be out of it. ১৩ (*n* হিসাবে) **the inns and (the) outs** (ক) যারা ক্ষমতায় আছে আর যারা ক্ষমতার বাইরে আছে; সরকার ও বিরোধী দল। (খ) খুঁটিনাটি। □*vt* (অপ. বা কথ্য) বলপ্রয়োগ করে বের করে দেওয়া বা নির্গত করা।

out·back [ˈআউট্‌ব্যাক্] *adj,n* প্রত্যন্ত ও জনবিরল (স্থান)।

out·bal·ance [ˌআউট্‌ˈব্যালান্‌স্] *vt* ভারাবনত করা; ওজনে ছাড়িয়ে যাওয়া।

out·bid [ˌআউ ট্‌ˈবিড্] *vt* নিলামে উচ্চতর ডাক দেওয়া; নিলামের ডাকে (অন্যকে) ছাড়িয়ে যাওয়া।

out·board [ˈআউট্‌বো°ড্] *attrib adj* জাহাজ বা নৌকার প্রান্তদেশে স্থাপিত। **~ motor** *n* নৌকার পশ্চাৎ বা বহির্ভাগে বসানো এবং পৃথক করা যায় এমন ইনজিন।

out·break [ˈআউ টব্রেইক্] *n* [C] প্রকাশ; প্রাদুর্ভাব: an ~ of cholera.

out·build·ing [ˈআউট্‌বিল্‌ডিঙ্] *n* (মূল ভবন থেকে আলাদা) চালা, কাছারিঘর, আস্তাবল ইত্যাদি জাতীয় ঘর; উপগৃহ: a large house with useful ~s.

out·burst [ˈআউট্‌বাস্‌ট্] *n* [C] (বাষ্প, শক্তি, ক্রোধ, উল্লাস ইত্যাদির) বিস্ফোরণ বা বহিঃপ্রকাশ।

out·cast [ˈআউট্‌কা:স্‌ট্ US -ক্যাস্‌ট্] *n ,adj* গৃহ বা সমাজ তাড়িত (ব্যক্তি বা প্রাণী); গৃহহীন ও নির্বান্ধব (ব্যক্তি)।

out·caste [ˈআউ টকা:স্‌ট্ US –ক্যাস্‌ট্] *n,adj* (যেমন ভারতে) জাতিচ্যুত (ব্যক্তি)।

out·class [ˌআউট্‌ক্লা:স্ US –ˈক্ল্যাস্] *vt* শ্রেষ্ঠতর হওয়া; উৎকর্ষে ছাড়িয়ে যাওয়া।

out·come [ˈআউ টকাম্] *n* [C] পরিণতি; ফলাফল।

out·crop [ˈআউট্‌ক্রপ্] *n* [C] মৃত্তিকার উপবিভাগে দৃশ্যমান শিলাস্তরের অংশ।

out·cry [ˈআউ টক্রাই] *n* ১ [C] ভয়ার্ত চিৎকার। ২ [U] (কোনো কিছুর বিরুদ্ধে) প্রকাশ্য প্রতিবাদ।

out·dated [আউট্‌ˈডেটিড্] *adj* সেকেলে।

out·dis·tance [আউট্‌ˈডিস্‌টান্‌স্] *vt* দ্রুততর বেগে চলে পিছনে ফেলে যাওয়া।

out·do [ˌআউট্‌ˈডু] *vt* (*3rd person sing pres t* -does [–ˈডাজ্], *pt* -did [–ˈডিড্] (*pp* -done [–ˈডান্]) আরো বেশি বা আরো ভালো করা: Nehal was outdone by Ekram in their bid for popular support.

out·door [ˈআউ টডো°(র্)] *attrib adj* ঘরের বাইরে অনুষ্ঠিত ঘরের বাইরে অবস্থিত; ঘরের বাইরে ব্যবহৃত; বহিরঙ্গন: ~ clothes; ~ sports.

out·doors [ˌআউট্‌ডো°জ্] *adv* উন্মুক্ত স্থানে; বাইরে: It's cold ~.

outer [ˈআউটা(র্)] *adj* বাইরের বা বাইরের জন্য: ~ covering; ~ space. ˈ**~·most** [–মোউস্‌ট্] অভ্যন্তর বা কেন্দ্র থেকে সর্বাপেক্ষা দূরের।

out·face [ˌআউট্‌ফেইস্] *vt* সাহসের সঙ্গে সম্মুখীন হওয়া; চোখ ফিরিয়ে না নেওয়া পর্যন্ত কারো দিকে তাকিয়ে থাকা; (কাউকে) লজ্জা দেওয়া বা অপ্রতিভ করা।

out·fall [ˈআউট্‌ফো°ল্] *n* (সরোবর, নদী ইত্যাদি থেকে) যেখানে পানি পড়ে; নির্গমনের পথ; নির্গমদ্বার; নদীর মোহনা।

out·field [ˈআউট্‌ফীল্ড্] *n* (সাধা. **the ~**) (ক্রিকেট ও বেসবল খেলায়) মাঠে ব্যাটসম্যানের অবস্থান থেকে সবচেয়ে দূরবর্তী অংশ; মাঠের প্রান্তিক অংশ; এই অংশের খেলোয়াড়গণ বা ফিলডারগণ।

out·fight [ˌআউট্‌ফাইট্] *vt* (কারো তুলনায়) অধিক ভালো লড়াই করা: Kasem outfought his opponent.

out·fit [ˈআউ টফি ট্] *n* কোনো বিশেষ উদ্দেশ্যে প্রয়োজনীয় যাবতীয় পোশাক বা উপকরণ: a fishing ~; a wedding ~; a girl's ~ for school. □ *vt* (-tt-) (প্রধানত *pp*–তে: ~ted) সাজানো; সজ্জিত করা। **~ter** *n* পোশাকবিক্রেতা; পোশাকের দোকানদার।

out·flank [ˌআউ ট্‌ফ্ল্যাঙ্ক্] *vt* (শত্রুবাহিনীর) পার্শ্বভাগ অতিক্রম করে যাওয়া বা (তার) পার্শ্বভাগ পরিবেষ্টন করে প্রসারিত হওয়া: an ~ing movement.

out·flow [ˈআউট্‌ফ্লোউ] *n* [C] নির্গমন; প্রবাহ: an ~ of water.

out·fox [ˌআউট্‌ফক্‌স্] *vt* (কাউকে) ধূর্ততায় পরাভূত করা।

out·go·ing [ˌআউট্‌গোউইঙ্] *adj* (attrib) বহির্গামী; বিদায়ী: The ~ manager of the firm; an ~ ship. **out·go·ings** *n pl* ব্যয়।

out·grow [ˌআউট্‌গ্রোউ] *vt* শরীরে অতিরিক্ত বেড়ে উঠবার ফলে (পোশাক ইত্যাদির) মাপ ছাড়িয়ে যাওয়া; লম্বায় বা বৃদ্ধিতে (কাউকে) ছাড়িয়ে যাওয়া; বয়স বাড়ার ফলে (বদ অভ্যাস, ছেলেমি, এক সময়কার ধ্যান–ধারণা ইত্যাদি) পিছনে ফেলে যাওয়া।

out·growth [ˈআউট্‌গ্রোউথ্] *n* [C] ১ স্বাভাবিক বিকাশ পরিণতি বা ফল। ২ যা কোনো কিছু থেকে উৎপন্ন বা উদ্‌গত হয়; উপবৃদ্ধি; প্রশাখা: an ~ on a tree.

out·herod [ˌআউট্‌ ˈহেরাড্‌] *vt* (যিশু খ্রিস্টের জন্মকালে Herod নামে অত্যন্ত নিষ্ঠুর, অত্যাচারী এক রাজা প্যালেস্টাইনের শাসক ছিলেন: এর থেকে) অত্যাচারে, নিষ্ঠুরতায় (কাউকে) ছাড়িয়ে যাওয়া।

out·house [ˈআউট্‌হাউস্‌] *n* প্রধান ভবনসংলগ্ন ছোট ঘর; বাইরের ঘর; উপগৃহ।

out·ing [ˈআউটিঙ্‌] *n* [C] ঘরের বাইরে কাটানো ছুটি; প্রমোদভ্রমণ: an ~ to the seaside.

out·land·ish [আউট্‌ ˈল্যান্‌ডিশ্‌] *adj* অদ্ভুত; ভিনদেশী: ~ dress. **~·ly** *adv*. **~·ness** *n*

out·last [ˌআউট্‌ˈলা:স্‌ট্‌ US -ˈল্যাস্‌ট্‌] *vt* (কারো বা কোনো কিছুর তুলনায়) বেশিদিন বেঁচে থাকা বা টিকে থাকা।

out·law [ˌআউট্‌ˈলো°] *n* (ইতি.) আইনের আশ্রয় থেকে বহিষ্কৃত ব্যক্তি; অপরাধী। □(কাউকে) আইনের আশ্রয় থেকে বহিষ্কার করা; সমাজ থেকে বহিষ্কার করা। **~ry** [ˈআউট্‌লো°রি] *n* [U] আইন বা সমাজ থেকে বহিষ্কৃত হওয়া; আইন বা সমাজ থেকে বহিষ্কার।

out·lay [ˈআউ টলেই] *n* [U] **~ (on)** ব্যয়; খরচ; অর্থ–ব্যয়; [C] ব্যয়িত অর্থ: a large ~ on/for rural health research.

out·let [ˈআউট্‌লেট্‌] *n* **~ (for)** ১ পানি, বাষ্প ইত্যাদির নির্গমপথ, নির্গমদ্বার: an ~ for water. ২ (লাক্ষ.) (অনুভূতি, শক্তি ইত্যাদির) বহিঃপ্রকাশের পন্থা বা সুযোগ: Young people need an ~ for their energies. ৩ (বাণিজ্য) যে দোকানে কোনো নির্দিষ্ট কোম্পানির উৎপাদিত সামগ্রী বিক্রয় করা হয় (কোনো নির্দিষ্ট কোম্পানির) বিক্রয়কেন্দ্র: Dhaka Dyeing has several ~s in the city.

out·line [ˈআউট্‌লাইন্‌] *n* [C] ১ আকার বা সীমানা চিহ্নিতকারী রেখা (সমূহ): an ~ map of Bangladesh. ২ সংক্ষিপ্তসার; রূপরেখা: an ~ for a lecture. An O~ of the History of Bengal, (পুস্তকের শিরোনাম) বাংলার ইতিহাসের রূপরেখা। □*vt* নকশা–চিত্র অঙ্কন করা; সংক্ষিপ্তসার বা রূপরেখা প্রদান করা: ~ of Bangladesh's war of independence.

out·live [ˌআউট্‌ ˈলিভ্‌] *vt* (কারো চেয়ে) বেশি দিন বেঁচে থাকা: ~ one's husband. ২ কোনো কিছু বিস্মৃত না হওয়া পর্যন্ত বেঁচে থাকা: ~ a disgrace.

out·look [ˈআউট্‌লুক্‌] *n* ১ দৃশ্য: a pleasant ~ over the grassy plain. ২ যা ঘটতে পারে; ভবিষ্যতের আভাস: a bright ~ for cottage industry; (আবহাওয়ার পূর্বাভাস): further ~ , wet and cold. ৩ দৃষ্টিভঙ্গি: a man with a liberal ~ on life.

out·lying [ˈআউট্‌লাইইঙ্‌] *adj* কেন্দ্র থেকে দূরবর্তী; প্রান্তবর্তী; প্রত্যন্ত: ~ villages, ~ districts.

out·man·oeuvre (US = **-ma·neu·ver**) [ˌআউট্‌মাˈনূভা(র্‌)] *vt* উন্নততর কৌশল দ্বারা অভিভূত বা পরাভূত করা।

out·match [ˌআউট্‌ ˈম্যাচ্‌] *vt* প্রতিযোগিতা, প্রতিদ্বন্দ্বিতা প্রভৃতিতে ছাড়িয়ে যাওয়া; শ্রেষ্ঠতর হওয়া: She was ~ed by her rival in every feminine attribute.

out·moded [ˌআউট্‌ˈমোউডিড্‌] *adj* চল নেই এমন; ফ্যাশনবহির্ভূত।

out·most [ˈআউ টমোউস্‌ট্‌] *adj* = outermost.

out·num·ber [ˌআউট্‌ ˈনামবা(র্‌)] *vt* সংখ্যায় ছাড়িয়ে যাওয়া।

out-of-date [ˈআউ ট অভ্‌ ডেইট্‌] *adj* আধুনিক নয়; ফ্যাশনেবল নয়; সেকেলে: ~ styles.

out-of-door [ˌআউট্‌ অভ্‌ ˈডো°(র্‌)] *attrib adj* = outdoor.

out-of-doors [ˌআউট্‌ অভ্‌ ডো°জ্‌] *adv* = outdoors.

out-of-the-way [ˌআউট্‌ অভ্‌ দা ˈওএই] *adj* ১ সুদূর; নির্জন; স্বতন্ত্র: an ~ cottage. ২ সবাই জানে না এমন: sources of knowledge that are quite ~.

out·patient [ˈআউট্‌পেইশ্‌ন্‌ট্‌] *n* যে রোগী হাসপাতালে ভর্তি না হয়ে সেখানে চিকিৎসার জন্য আসে; হাসপাতালের বহির্বিভাগীয় রোগী।

out·play [ˌআউ টˈপ্লেই] *vt* কারো চেয়ে ভালো খেলা: The Srilankan team was ~ed by our boys.

out·point [ˌআউট্‌ ˈপয়ন্‌ট্‌] *vt* (মুষ্টিযুদ্ধ ইত্যাদিতে) (প্রতিপক্ষের চেয়ে) বেশি পয়েন্ট পাওয়া; পয়েন্ট–এ পরাজিত করা: The Chinese boxer was ~ed by the Korean.

out·post [ˈআউ টপোউস্‌ট্‌] *n* ১ মূল বাহিনী থেকে দূরে অবস্থিত বা স্থাপিত পর্যবেক্ষণ–ফাঁড়ি; এই ফাঁড়িতে অবস্থানরত সৈন্যরা। ২ যে কোনো দূরবর্তী বসতি বা উপনিবেশ: an ~ of the British Empire.

out·pour·ing [ˈআউ টপো°রিঙ্‌] *n* [C] ঢেলে–পড়া; প্রবহণ; (সাধা. *pl*) অনুভূতির প্রকাশ: ~s of the heart.

out·put [ˈআউট্‌পুট্‌] *n* ১ (শুধু *sing*) উৎপাদিত পণ্যের পরিমাণ: the ~ of a factory; literary ~, প্রকাশিত বই–পুস্তক ইত্যাদি। ২ উৎপাদিত শক্তি (যেমন বিদ্যুৎশক্তি)। ৩ কম্পিউটারপ্রদত্ত তথ্য। ˈ**~ device** যে যন্ত্রের সাহায্যে কম্পিউটার থেকে তথ্য ধারণ করা হয়। দ্র. input.

out·rage [ˈআউট্‌ রেইজ্‌] *n* [U,C] ১ চরম সন্ত্রাস বা নিষ্ঠুরতা; চরম সন্ত্রাসী বা নিষ্ঠুর কাজ: an ~ committed by the terrorists. ২ যে কাজ জনমতকে প্রচণ্ডভাবে আঘাত করে। □*vt* নির্মম আচরণ করা; নির্মমভাবে ব্যবহার করা; সন্ত্রাস বা নিষ্ঠুরতার অপরাধে অপরাধী হওয়া; বলাৎকার করা; লঙ্ঘন করা; অবমাননা করা: ~ public opinion; ~ one's sense of decency.

out·rage·ous [আউ টˈরেইজাস্‌] *adj* জঘন্য; অত্যন্ত নিষ্ঠুর নির্লজ্জ বা নীতিবিগর্হিত: ~ behaviour.

out·range [ˌআউট্‌ˈরেইন্‌জ্‌] *vt* পাল্লায় ছাড়িয়ে যাওয়া: Their guns were ~d by those of their enemy.

out·rank [ˌআউট্‌ˈর‍্যাঙ্‌ক্‌] *vt* পদমর্যাদায় ছাড়িয়ে যাওয়া।

outré [ˈউট্রেই US উ ˈট্রেই] *adj* প্রথাবহির্ভূত; শালীনতাবিরুদ্ধ: ~ behaviour.

out·ride [ˌআউট্‌ˈরাইড্‌] *vt* গাড়ির সঙ্গে সঙ্গে যাওয়া অশ্বারোহী বা মোটরসাইকেল–আরোহী রক্ষী বা প্রহরী।

out·rig·ger [ˈআউট্‌রিগা(র্‌)] *n* (দাঁড় বা বৈঠার আংটা লাগানোর জন্য অথবা কানু, ইয়ট্‌ প্রভৃতি হালকা জাতের নৌকার ভারসাম্য রক্ষার জন্য) পার্শ্বদেশে স্থাপিত দণ্ড মাস্তুল বা অন্য কোনো কাঠামো। **out·rigged** [ˈআউট্‌রিগড্‌] *adj* (নৌকা সম্বন্ধে) এরূপ দণ্ড মাস্তুল বা কাঠামো সম্বলিত।

out·right [ˈআউট্‌রাইট্‌] *adj* ১ পুরাদস্তুর; নির্জলা; খোলাখুলি; প্রত্যক্ষ: an ~ rejection; in an ~ manner, খোলাখুলিভাবে। ২ স্পষ্ট; ভুল হবার নয় এমন; সন্দেহাতীত: an ~ winner, সন্দেহাতীতভাবে বিজয়ী।

□*adv* ১ রাখ-ঢাক না করে; খোলাখুলি বা সরাসরিভাবে: I told him ~ what I think of his style of writing. ২ সম্পূর্ণভাবে; একবারে: buy a building plot ~, একবারে অর্থাৎ কিস্তিতে কিস্তিতে নয়।

out·rival [ˌআউট্‌ৰাইভ্‌ল্] *vt* প্রতিদ্বন্দ্বিতায় ছাড়িয়ে যাওয়া।

out·run [ˌআউট্‌ৰান্] *vt* দৌড়ে ছাড়িয়ে যাওয়া; (সাধ্য ইত্যাদি) ছাড়িয়ে যাওয়া: His plan outran his resources, তাঁর পরিকল্পনা তাঁর আর্থিক সামর্থ্যকে ছাড়িয়ে গেল।

out·sail [আউট্‌সেইল] *vt* পালের পাল্লায় (গতিতে) ছাড়িয়ে যাওয়া।

out·set [ˈআউ টসেট্] *n* শুরু; আরম্ভ। **at/from the ~** শুরুতে/শুরু থেকে: at the ~ of a campaign.

out·shine [ˌআউট্‌শাইন্] *vt* উজ্জ্বলতায় ছাড়িয়ে যাওয়া।

out·side [ˌআউট্‌সাইড্] *n* (inside-এর বিপরীতে) ১ বাহির; বহির্ভাগ; বাইরের অংশ: the ~ of a house; judge a thing from the ~, বাইরের চেহারা/বাহ্যিক দিক দেখে বিচার করা। ২ **at the (very) ~** খুব বেশি হলে; বড়োজোর: There were twenty students at the ~ , খুব বেশি হলে বিশ জন ছাত্র ছিল। □ [আউটসাইড্] *adj* (অথবা *n*-এর attrib ব্যবহার) ১ বাইরে বা বাইরের; বাহিরঘেষা: ~ repairs, (কোনো ভবনের) বাইরের দিকের মেরামত কাজ; an ~ broadcast, স্টুডিওর বাইরের কোনো জায়গা থেকে করা সম্প্রচার। ২ সম্ভাব্য সর্বোচ্চ: an ~ price, সম্ভাব্য সর্বোচ্চ মূল্য। ৩ কোনো দল, গোষ্ঠী, সংগঠন ইত্যাদির সঙ্গে যুক্ত বা অন্তর্ভুক্ত নয় এমন: need ~ help (= অতিরিক্ত শ্রমিক) for a job. He never liked meeting the ~ world, নিজের পরিবার আর বন্ধুবান্ধবদের বাইরের মানুষদের সঙ্গে দেখা-সাক্ষাৎ, মেলামেশা পছন্দ করত না। □*adv* বাইরে বা বাইরের দিকে: They are waiting ~. □*prep* ১ বাইরে, বহির্ভাগে বা বহির্দেশে: ~ the house. ২ বাইরে; ছাড়িয়ে; ছাড়া; ব্যতীত: go ~ the evidence, তথ্য-প্রমাণের বাইরে/ তথ্য-প্রমাণ ছাড়িয়ে যাওয়া; having no occupation ~ one's office work, অফিসের কাজের বাইরে/ কাজ ছাড়া অন্য কোনো কাজ না থাকা।

out·sider [ˌআউট্‌সাইডা(র্)] *n* ১ যে ব্যক্তি কোনো দল, গোষ্ঠী, সমাজ ইত্যাদির একজন নয় বা একজন হিসাবে বিবেচিত নয়; বহিরাগত; (কথ্য) সামাজিকভাবে গ্রহণযোগ্য নয় এমন বদমেজাজি লোক। ২ (ঘোড়দৌড়) যে ঘোড়ার জিতবার আশা প্রায় নেই বলে মনে করা হয়।

out·size [ˈআউট্‌সাইজ্] *adj* (বিশেষত জামা-কাপড় সম্বন্ধে) স্বাভাবিক মাপের চেয়ে বড়ো।

out·skirts [ˈআউ ট্‌স্কাট্‌স্] *n pl* (বিশেষত শহরের) প্রান্তদেশ: on the ~ of Pabna.

out·smart [আউট্‌স্মা:ট্] *vt* (কথ্য) বুদ্ধিতে; চতুরালিতে ছাড়িয়ে যাওয়া।

out·spoken [ˌআউট্‌স্পোউকান্] *adj* স্পষ্টবাদী; খোলাখুলি: be ~ in one's speech. **~·ly** *adv*. **~·ness** *n*

out·spread [ˌআউট্‌স্প্রেড্] *adj* প্রসারিত: with ~ arms.

out·stand·ing [ˌআউট্‌স্ট্যান্‌ডিঙ্] *adj* ১ বিশিষ্ট: The features of a culture; an ~ scholar in medieval history. ২ (সমস্যা, কাজ, দেনা ইত্যাদি সম্বন্ধে) এখনো করা হয়নি বা হাত দেওয়া হয়নি এমন; বাকি: ~ debts; work still ~. ৩ [ˈআউট্‌স্ট্যান্‌ডিঙ্] প্রলম্বিত বা বেরিয়ে থাকা: a man with large. ~ ears. **~·ly** *adv* বিশিষ্টভাবে বা বিশিষ্ট মাত্রায়: ~ efficient.

out·station [ˈআউ টস্টেইশ্‌ন্] *n* দূরবর্তী অবস্থান।

out·stay [ˌআউট্‌স্টেই] *vt* (কারো চেয়ে) বেশি সময় থাকা: The guest from Chittagong ~ed the other quests. **~ one's welcome** অতিরিক্ত সময় থাকা; আদর ফুরিয়ে যাবার পরেও থাকা।

out·stretched [ˌআউট্‌স্ট্রেচ্‌ট্] *adj* প্রসারিত: with ~ arms.

out·strip [ˌআউ ট্‌স্ট্রিপ্] *vt* (কারো চেয়ে) বেশি ভালো করা; দৌড়ে (কাউকে) পিছনে ফেলে যাওয়া: At the end the hare was ~ped by the tortoise.

out·vote [ˌআউ ট্‌ভোউট্] *vt* (কারো চেয়ে) বেশি ভোট পাওয়া।

out·ward [ˈআউ টওআড্] *adj* ১ বাহ্যিক: ~ apperance. ২ বহির্গামী; বহির্মুখী: ~ voyage. □*adv* (অপিচ **outwards**) [-ওআড্‌জ্]) বাইরের দিকে; ঘর অথবা কেন্দ্র থেকে দূরে: be bent ~s; a ship which is ~ bound, বন্দর ছেড়ে-যাওয়া জাহাজ। **~·ly** *adv* বাহ্যত; আপাত দৃষ্টিতে: Despite the loss he appeared ~ calm.

out·wear [ˌআউ ট্‌ওএআ(র্)] *vt* ১ বেশি দিন টেকসই হওয়া: My Bata shoes are going to ~ your Pragati shoes. ২ ক্ষয় বা জীর্ণ করা; নিঃশেষ করা (attrib হলে এই বিশেষ অর্থে ব্যবহার *pp*-তে হবে): outworn quotations, অতি-ব্যবহৃত উদ্ধৃতি।

out·weigh [ˌআউট্‌ওএই] *vt* ওজনে, দামে বা গুরুত্বে অধিকতর হওয়া: His weakness for alcohol ~s his efficiency.

out·wit [ˌআউট্‌উইট্] *vt* চালাকিতে পরাস্ত করা।

out·work [ˈআউট্‌ওআক্] *n* দুর্গের বহির্ভাগে নির্মিত রক্ষণব্যূহের অংশবিশেষ: The ~s of a castle.

out·worn [ˌআউট্‌ওও°ন্] **out·wore** [ˌআউট্‌ওও°(র্)], = outwear-এর *pt* ও *pp*

ova [ˈওউভা] *n* ovum-এর *pl*

oval [ˈওউভ্‌ল্] *n,adj* ডিম্বাকার (ক্ষেত্র বা নকশা); উপবৃত্তাকার।

ovary [ˈওউভারি] *n* স্ত্রীজাতীয় প্রাণীদেহের ডিম্বকোষ বা ডিম্বাশয়; উদ্ভিদের বীজকোষ।

ova·tion [ওউˈভেইশ্‌ন্] *n* [C] উচ্ছ্বসিত সংবর্ধনা: give sb a standing ~.

oven [ˈআভ্‌ন্] *n* ১ রুটি প্রভৃতি সেঁকার চুল্লি; তন্দুর। ২ রসায়নে ব্যবহৃত ক্ষুদ্রাকার ভাটি বা চুল্লি। ˈ**~·ware** [-ওএআ(র্)] *n* [U] ভাটিতে ব্যবহারের জন্য তাপনিরোধক পাত্র: ~ ware pottery.

over[1] [ˈওউভা(র্)] *adv* ১ (খাড়া অবস্থান থেকে বা এক পার্শ্ব থেকে অন্য অথবা ভিন্ন পার্শ্বে বিচলন নির্দেশ করে): The old man fell ~ on the stone step. She knocked the glass ~. I gave him a push and ~ he went, পড়ে গেল; She turned ~ in bed; turn sb ~ on his face; turn ~ a page, পাতা উলটানো। ২ (উর্ধ্বে ও বহির্মুখে গতি নির্দেশ করে): the milk boiled ~. My father was boiling ~ with rage. ৩ শুরু থেকে শেষ পর্যন্ত; আগাগোড়া: He said he would look the papers ~, আগাগোড়া পড়ে দেখবে। think sth ~, ভালো করে ভেবে দেখা। ৪ (পুনরাবৃত্তি নির্দেশ করে):

count sth ~, আবার গুনে দেখা। **(all) ~ again** দ্বিতীয় বারের মতো (শুরু থেকে): We had to do it all ~ again. **~ and ~ again** বার বার: I warned her ~ and ~ again not to trust that young man. ৫ (রাস্তা, মাঠ, দূরত্ব ইত্যাদি) পেরিয়ে বা অতিক্রম করে: take sth ~ to a certain place, কোনো কিছু কোথাও নিয়ে যাওয়া; ask sb ~, কাউকে বেরিয়ে যেতে বলা; We rowed the boat ~ to the other side of the river. come ~, বেড়াতে এসো। **~ against** (আক্ষ. বা লাক্ষ.) **(ক)** বিপরীত দিকে: The new five-star hotel rose ~ against the shacks of the refugees. **(খ)** বিপরীতে: The luxury of the rich ~ against the suffering of the poor. ৬ অবশিষ্ট: Six into twenty goes three times and two ~. If there's any rice (left) ~, give it to the beggar. ৭ তদতিরিক্ত; তদূর্ধ্ব: Children of ten and ~, দশ ও তদূর্ধ্ব বয়সের ছেলেমেয়েরা। ৮ সমাপ্ত; শেষ; সর্বস্বান্ত; নিঃশেষিত: It's all ~ with him, তার সবকিছু শেষ হয়ে গেছে, তার আর (জীবনের) আশা নেই ইত্যাদি; The meeting was ~ before five. Our sufferings will soon be ~. ৯ যা যথোচিত; স্বাভাবিক; সমীচীন; তার অতিরিক্ত: grieve ~ much, অতিরিক্ত দুঃখ করা; be ~ polite, অতিরিক্ত ভদ্রতা করা। ১০ (দলবদল, হাতবদল ইত্যাদি নির্দেশ করে): go ~ to the enemy, শত্রুপক্ষে যোগ দেওয়া; The father made his business ~ to the son, (ছেলের হাতে দিল)। **Over (to you) !** (রেডিও, টেলিগ্রাফি ইত্যাদিতে) এবার তোমার/আপনার বলার পালা। ১১ সর্বত্র; সর্বাংশে বা সর্বাঙ্গে: I was aching all ~, আমার সর্বাঙ্গে ব্যথা করছিল; He is famous all the world ~, তিনি সারা বিশ্বে খ্যাত; That's Mizan all ~, একেই বলে মিজান, অর্থাৎ এই কাজে/কথায় তার সমস্ত বৈশিষ্ট্য ফুটে উঠেছে।

over[2] [ওউভ়া(র্)] *prep* ১ (কোনো কিছুর) উপরিভাগে ন্যস্ত থেকে এবং আংশিক বা সম্পূর্ণভাবে আবৃত করে (এ অর্থে শব্দটি above দ্বারা প্রতিস্থাপনযোগ্য নয়): She spread a cloth ~ the table. ২ উচ্চতর তলে; উপরে (এ অর্থে above দ্বারা প্রতিস্থাপনযোগ্য): hold an umbrella ~/above one's head. ৩ (উচ্চতর কর্তৃত্ব বা পদমর্যাদা নির্দেশ করে): Mr. Ahsan was ~ me in the office. Rashid had little command ~ his passions. ৪ প্রতিটি অংশে: He is very popular all ~ Dhaka. A strong cold wind is blowing ~ the northern part of the country. ৫ এক পার্শ্ব থেকে অন্য পার্শ্বে; অন্য পার্শ্বে: speak ~ one's shoulder, (পিছনের দিকে) মুখ ঘুরিয়ে বা ঘাড় ঘুরিয়ে কথা বলা; look ~ a garden, বাগান পেরিয়ে, বাগানের অন্য দিকে দেখা; I heard a muffled cry from ~ the crumbling wall (জীর্ণ দেয়ালের অন্য দিক থেকে); He has bought that house ~ the way (রাস্তার উলটা দিকের বাড়িটা)। ৬ (সময় সম্বন্ধে) পার করে; পেরিয়ে: He asked me to stay ~ Friday, (শুক্রবার পেরিয়ে শনিবার পর্যন্ত)। ৭ পেরিয়ে অন্য পাশে: climb ~ a wall, দেয়াল পেরিয়ে অন্য পাশে যাওয়া। ৮ (under-এর বিপরীত) বেশি: He stayed with us (for) ~ a week, এক সপ্তাহের বেশি; She is ~ thirty, তিরিশ বছরের বেশি। **~ and above** এ ছাড়া; তাছাড়া; উপরন্তু; অধিকন্তু: two yearly bonuses ~ and above the salary. ৯ কোনো কিছুর সূত্রে; কোনো কিছুতে ব্যাপৃত থাকাকালে; কোনো কিছু নিয়ে: I went to sleep ~ my books, পড়তে পড়তে ঘুমিয়ে গিয়েছিলাম; How long will you be ~ it? এটা করতে কতো দিন লাগবে? We talked about the future of our children ~ (a cup of) tea (চা খেতে খেতে/চা পানকালে); They quarrelled ~ the ownership of the house, বাড়ির মালিকানা নিয়ে।

over[3] [ওউভ়া(র্)] *n* (ক্রিকেট) প্রতি দফায় একজন বোলার যে কয়বার বল ছুড়তে পারে (সাধা. ৬ বার)।

over- [ˌওউভ়া(র্)] *pref* অতিরিক্ত; অতি: ˌ~-poˈlite, অতিভদ্র; ˌ~-ˈtired, অতিরিক্ত ক্লান্ত; ˌ~-ˈheated, অতিরিক্ত গরম, (অনুরূপভাবে আলোচ্য *pref* সহযোগে গঠিত সকল যৌগশব্দের বেলায় over-এর স্থলে অতি বা অতিরিক্ত বসিয়ে পূর্ণ অর্থ পাওয়া যাবে। যথা: [*adjj*]) **ˌ~-aˈbundant** অতিপ্রাচুর্যময়। **ˌ~-ˈactive** অতিমাত্রায় তৎপর বা অতিমাত্রায় সক্রিয়। **ˌ~-amˈbitious** অতিমাত্রায় উচ্চাকাঙ্ক্ষী। **ˌ~-ˈanxious** অতিমাত্রায় উদ্বিগ্ন। **ˌ~-ˈbold** অতি-সাহসী। **ˌ~-ˈbusy** অতিব্যস্ত। **ˌ~-ˈcareful** অতিসতর্ক। **ˌ~-ˈcautious** অতিসতর্ক; অতিসাবধানী। **ˌ~-ˈconfident** অতি আস্থাবান। **ˌ~-ˈcredulous** অতিমাত্রায় বিশ্বাসপ্রবণ। **ˌ~-ˈcritical** অতিরিক্ত খুঁতখুঁতে; অতিমাত্রায় ছিদ্রান্বেষী। **ˌ~-ˈcurious** অতিমাত্রায় কৌতূহলী। **ˌ~-ˈdelicate** অতিনম্র; অতিসূক্ষ্ম; অতিমাত্রায় স্পর্শকাতর। **ˌ~-ˈeager** অতিব্যগ্র। **ˌ~-ˈemotional** অতিমাত্রায় আবেগপ্রবণ। **ˌ~-enˌthusiˈastic** অতিউৎসাহী। **ˌ~-exˈcited** অতিমাত্রায় উত্তেজিত। **ˌ~-faˈmiliar** অতিঘনিষ্ঠ। **ˌ~-ˈfond** অতিআসক্ত; অতিমাত্রায় অনুরাগী। **ˌ~-ˈfull** অত্যধিক পূর্ণ; অতিরিক্ত বোঝাই। **ˌ~-ˈgenerous** অতিউদার। **ˌ~-ˈgreedy** অতিলোভী। **ˌ~-ˈjealous** অতিহিংসুটে; অত্যধিক ঈর্ষাপরায়ণ। **ˌ~-ˈmodest** অতিনম্র; অতিবিনয়ী; অতিলাজুক। **ˌ~-ˈnervous** অতিঘাবড়ানো; অতিমাত্রায় বিচলিত। **ˌ~-ˈproud** অতিঅহংকারী। **ˌ~-ˈripe** অতিরিক্ত পাকা; অতিপক্ব। **ˌ~-ˈsensitive** অতিরিক্ত স্পর্শকাতর; অত্যধিক সংবেদনশীল। **ˌ~-ˈserious** অত্যধিক গুরুচেতা; অতিরিক্ত সিরিয়াস। **ˌ~-ˈsuspicious** অতিমাত্রায় সন্দেহপ্রবণ; অতিসন্দিগ্ধ। **ˌ~-ˈzealous** অতিউৎসাহী; অতিআগ্রহী। □*nn* **ˌ~-anˈxiety** অতিরিক্ত উদ্বেগ। **ˌ~-ˈconfidence** অতিরিক্ত আস্থা। **ˌ~-creˈdulity** অত্যধিক বিশ্বাসপ্রবণতা। **ˌ~-exˈertion** মাত্রাতিরিক্ত শ্রম বা খাটুনি। **ˌ~-ˈexposure** শীতে-গ্রীষ্মে, রোদ-বৃষ্টি-ঝড়ে অতিরিক্ত মাত্রায় উন্মুক্ত বা অবারিত রাখা; (ফটোগ্রাফি) মাত্রাধিক আলোকসম্পাত। **ˌ~-inˈdulgence** অত্যধিক প্রশ্রয়। **ˌ~-ˈpayment** পাওনার অধিক প্রদান। **ˌ~-popuˈlation** মাত্রাধিক জনসংখ্যা; জনসংখ্যার আধিক্য। **ˌ~-proˈduction** প্রয়োজনের অতিরিক্ত উৎপাদন; অত্যুৎপাদন। **ˌ~-ˈstrain** অত্যধিক খাটুনি। **ˌ~-ˈtolerance** অতিসহিষ্ণুতা। □*vv* **ˌ~-ˈburden** অতিরিক্ত ভার চাপানো; অতিরিক্ত বোঝাই করা। **ˌ~-ˈcook** অতিরিক্ত জ্বাল দেওয়া বা সিদ্ধ করা বা ভাজা। **ˌ~-ˈeat** অতিভোজন করা। **ˌ~-ˈemphasize** অত্যধিক জোর দেওয়া; অত্যধিক গুরুত্ব আরোপ করা। **ˌ~-ˈestimate** হিসাবে বেশি করে ধরা। **ˌ~-exˈert** অতিরিক্ত খাটানো; অতিরিক্ত শ্রম দেওয়া। **ˌ~-exˈpose** অতিরিক্ত অবারিত রাখা; অতিরিক্ত আলোক-সম্পাত করা। **ˌ~-ˈheat** অতিমাত্রায় গরম করা। **ˌ~-inˈdulge** অতিরিক্ত প্রশ্রয় দেওয়া। **ˌ~-ˈpraise** অত্যধিক প্রশংসা করা। **ˌ~-proˈduce** মাত্রাধিক উৎপাদন করা। ˌ~-

ˈ**simplify** অতিসরল করা। ˌ**~-ˈstrain** অতিরিক্ত খাটা; অতিরিক্ত শ্রম দেওয়া। ˌ**~-ˈvalue** মাত্রাধিক মূল্য দেওয়া; প্রকৃত মূল্য অপেক্ষা অধিক নির্ধারণ করা বা আরোপ করা।

over·act [ˌওউভার্ˈঅ্যাক্ট্] *vi,vt* অতিরঞ্জিত অভিনয় করা; অতিঅভিনয় করা: ~ one's part.

over·all[1] [ˌওউভ়ারওˈ ল্] *adj* সার্বিক: ~ measurement.

over·all[2] [ˈওউভারওˈল্] *n* ১ (GB) পরিহিত অন্যান্য জামা-কাপড় ঢেকে রাখে এমন ঢিলা পোশাক (খেলাধুলার সময়ে ছোট ছেলেমেয়েরা যেমন পরে থাকে)। ২ *(pl)* পরিহিত অন্যান্য পোশাকে যাতে নোংরা না লাগে তার জন্য ভারী শক্ত কাপড় দিয়ে তৈরি ঢিলা ফুলপ্যান্ট বা ট্রাউজারবিশেষ যার সামনের অংশ কোমর ছাড়িয়ে বুক বরাবর উঠানো এবং সরু ফিতা বা স্ট্র্যাপ দিয়ে কাঁধ পেঁচিয়ে লাগানো থাকে।

over·arch [ˌওউভ়ার্ˈআ:চ] *vt,vi* (কোনো কিছুর উপর) ধনুকাকৃতি খিলানের মতো থাকা বা ধনুকাকৃতি খিলান সৃষ্টি করা: Tall trees ~ed the road.

over·arm [ˈওউভারআ:ম্] *adj,adv* (ক্রিকেট প্রভৃতি খেলায়) কাঁধের উপর দিয়ে হাত ঘোরানো; কাঁধের উপর দিয়ে হাত ঘুরিয়ে: bowling ~.

over·awe [ˌওউভার্ˈও˚] *vt* ভয়ে অভিভূত করা; ভয়ে বা শ্রদ্ধায় অভিভূত হওয়া: ~d into submission.

over·bal·ance [ˌওউভ়াˈব্যালান্স্] *vt,vi* ভারসাম্য হারানো; ভারসাম্য নষ্ট করা; পড়ে যাওয়া: The acrobat ~d and fell from the tight rope.

over·bear [ˌওউভ়াˈবেঅ(র্)] *vt* (যুক্তিতর্ক বা কর্তৃত্বের জোরে অথবা বলপ্রয়োগে) অভিভূত বা পরাভূত করা: His objections were overborne in the argument. **~·ing** *adj* কর্তৃত্বপূর্ণ: অন্যদেরকে নিজের ইচ্ছার বশকারী; অন্যের উপর প্রভুত্ব বিস্তারকারী; স্বেচ্ছাচারী: an ~ing manner. **~·ing·ly** *adv*

over·bid [ˌওউভ়াˈবিড্] *vt,vi* ১ (নিলামে) (অন্যের চেয়ে) উচ্চতর ডাক দেওয়া বা উচ্চতর মূল্য হাঁকা। ২ কোনো কিছুর প্রকৃত মূল্য অপেক্ষা অধিকতর দর হাঁকা। ৩ (ব্রিজ খেলায়) জুটির চেয়ে অথবা নিজের হাতের তাসের মানের তুলনায় উচ্চতর ডাক দেওয়া। □*n* [ˈওউভাবিড্] (নিলামে বা তাস খেলায়) অন্যের চেয়ে বা মান অথবা মূল্যের তুলনায় উচ্চতর ডাক।

over·blown [ˌওউভ়াˈব্লৌন্] *adj* (ফুল সম্বন্ধে) অতিমাত্রায় প্রস্ফুটিত; গতরূপ; গতযৌবন।

over·board [ˈওউভ়াবো˚ড্] *adv* জাহাজ বা নৌকার কিনার থেকে/কিনার পেরিয়ে পানিতে: fall ~; throw sb ~ , (লাক্ষ.) কাউকে পরিত্যাগ করা, সমর্থন বা সহায়তাদান বন্ধ করা ইত্যাদি।

over·bore [ˌওউভ়াˈবো˚(র্)], **over·borne** [ˌওউভ়াˈবো˚ন্], দ্র. overbear.

over·bur·den [ˌওউভ়াˈবাড্ন্] *vt* মাত্রাতিরিক্ত ভার চাপানো; অতিরিক্ত বোঝাই করা: ~ed with grief.

over·call [ˌওউভ়াˈকো˚ল্] *vt,vi* = overbid (৩).

over·capi·tal·ize [ˌওউভ়াˈক্যাপিটালাইজ্] *vt* (কোনো ব্যবসাপ্রতিষ্ঠান বা কোম্পানির) মূলধন অতিরিক্ত বাড়িয়ে নির্ধারণ বা নিরূপণ করা। **over·capi·tal·iz·ation** [ওউভ়াˌক্যাপিটালাইˈজেইশন্ US -লিˈজ্-] *n*

over·cast [ˌওউভ়াˈকা:স্ট্ US –ক্যাস্ট্] *adj* (আকাশ সম্বন্ধে) মেঘাচ্ছন্ন; (লাক্ষ.) বিষণ্ন; মলিন; বেদনার্ত।

over·charge [ˌওউভ়াˈচা:জ্] *vt,vi* অতিরিক্ত দাম চাওয়া: Some grocers will always ~. ২ অতিরিক্ত ভরা, অতিরিক্ত ভার চাপানো বা অতিরিক্ত চার্জ দেওয়া: ~ a gun; ~ an electric circuit. □*n* [ˈওউভ়াচা:জ্] [C] মাত্রাতিরিক্ত গোলাবারুদ; বিদ্যুতের মাত্রাতিরিক্ত আধান বা চার্জ; অতিরিক্ত দাম।

over·coat [ˈওউভ়কোউট্] *n* ঠাণ্ডা আবহাওয়ায় ঘরের বাইরে পরিধেয় লম্বা কোট; ওভারকোট।

over·come [ˌওউভ়াˈকাম্] *vt* ১ পরাভূত করা; দমন করা: ~ an enemy; ~ temptation. ২ দুর্বল করা: be ~ by fatigue.

over·com·pen·sate [ˌওউভ়াˈকমপেনসেইট্] *vi* ~ **(for)** (ভুলত্রুটি ইত্যাদি) সংশোধন করতে গিয়ে বাড়াবাড়ি করে ফেলা: He ~d for the loss she suffered for his sake. **over·com·pen·sa·tion** *n*

over·crop [ˌওউভ়াˈক্রপ্] *vt* অতিরিক্ত ফসল ফলানো (যার ফলে জমির উর্বরতা ক্ষয় হয়)।

over·crowd [ˌওউভ়াˈক্রাউড্] *vt* অতি মাত্রায় ভিড় করা: an ~ed bus; people from rural areas ~ing the cities.

over·do [ˌওউভ়াˈডু] *vt* ১ বাড়াবাড়ি করা; অতিরঞ্জন করা; অতিরঞ্জিত অভিনয় করা: He overdid his part in the play. **~ it (ক)** অতিরিক্ত পরিশ্রম ইত্যাদি করা: The doctor advised him to do a little jogging in the morning, but he overdid it and made himself ill. **(খ)** অতিরঞ্জন করা; নিজের উদ্দেশ্য সাধনে বা অভীষ্ট বস্তু অর্জনে বাড়াবাড়ি করা: He values folk culture, but sometimes he seems to ~ it. ২ অতিরিক্ত জ্বাল দেওয়া বা সিদ্ধ করা বা ভাজা: overdone mutton.

over·dose [ˈওউভ়াডোউস্] *n* (সাধা. ওষুধের) অত্যধিক বা অপরিমিত মাত্রা: take an ~. □[ˌওউভ়াˈডৌস্] *vt* **~ sb (with sth)** কারো উপর (কোনো কিছু) অতিমাত্রায় প্রয়োগ করা।

over·draft [ˈওউভ়াড্রা:ফ়্ট্ US-ড্র্যাফ়্ট্] *n* ব্যাংক থেকে গচ্ছিত টাকার অতিরিক্ত যে পরিমাণ অর্থ গ্রহণ করা হয়; ওভারড্রাফট।

over·draw [ˌওউভ়াˈড্রো˚] *vt,vi* ১ ব্যাংক থেকে গচ্ছিত টাকার অতিরিক্ত গ্রহণ করা; ওভারড্রাফট নেওয়া: ~ on one's account. ২ অতিরঞ্জন করা: Characters in a romance are almost always ~n, জীবনধর্মী নয়।

over·dress [ˌওউভ়াˈড্রেস্] *vt,vi* অতিরিক্ত জমকালো সাজে সাজা; অত্যধিক বেশভূষা করা।

over·drive [ˈওউভ়াড্রাইভ্] *n* গতি হ্রাস না করেও শক্তিক্ষয় কমিয়ে আনার জন্য মোটরগাড়ির গিয়ার বক্স-এ বসানো যন্ত্রবিশেষ।

over·due [ˌওউভ়াˈডিউ US –ˈডু] *adj* (আগমন, পাওনা পরিশোধ ইত্যাদির জন্য) নির্ধারিত সময়োত্তীর্ণ: The train is ~, আসতে দেরি করছে; These bills are all ~, পরিশোধ করা হয়নি।

over·flow [ˌওউভ়াˈফ্লৌউ] *vt,vi* ১ উপর দিয়ে প্রবাহিত হওয়া; কিনার বা সীমানা ছাপিয়ে প্রবাহিত হওয়া; প্লাবিত করা; স্বাভাবিক চৌহদ্দি পেরিয়ে ছড়িয়ে পড়া: The river ~ed its banks. The overhead tank is ~ing. The crowds ~ the barriers. ২ **~ with** উপচে পড়া; ছাপিয়ে ওঠা: a heart ~ing with compassion. □*n* তরল পদার্থের (কোনো কিছুর উপর দিয়ে) প্রবাহিত হওয়া; প্লাবন; প্রাপ্তিযোগ্য স্থান, চৌহদ্দি ইত্যাদি ছাড়িয়ে

যা ছড়িয়ে পড়ে: ~ of population; an ~ing meeting, প্রধান সভাকক্ষে যাদের স্থানসংকুলান হয় না তাদের জন্য যে সভা আয়োজিত হয়।

over·fly [ˌওউভ়াˈফ্লাই] *vt* (শহর, দেশ ইত্যাদির) উপর দিয়ে উড়ে যাওয়া: The plane overflew the Srilankan capital.

over·grown [ˌওউভ়াˈগ্রোউন্] *adj* ১ অত্যধিক বেড়ে ওঠা: an ~ boy. ২ বেড়ে ওঠা কোনো কিছুর দ্বারা আবৃত: a garden ~ with weeds.

over·growth [ˈওউভ়াগ্রোউথ্] *n* ১ [U,C] যা বেড়ে উঠেছে: an ~ of weeds. ২ [U] অতিবৃদ্ধি: O~ very often causes weakness.

over·hand [ˈওউভ়াহ্যান্ড্] *adj* (ক্রিকেট জাতীয় খেলায়) কাঁধের উপর দিয়ে হাত ঘোরানো; (সাঁতারে) হাত ও বাহু পানির উপরে তুলে: the ~ stroke.

over·hang [ˌওউভ়াˈহ্যাঙ্] *vt,vi* ১ (কোনো কিছুর উপর) ঝুলে থাকা; তাকের বা আচ্ছাদনের মতো (কোনো কিছুর উপর) উঠে আসা: A clif overhung the stream. ২ বিপদ–আপদের লক্ষণ প্রদর্শন করা; আসন্ন বা ঘনায়মান হওয়া: ~ing dangers. □*n* যে অংশ (কোনো কিছুর উপর) ঝুলে থাকে: The ~ of a roof.

over·haul [ˌওউভ়াˈহো°ল্] *vt* ১ (কোনো কিছুর) অবস্থা বোঝার জন্য খুঁটিয়ে পরীক্ষা করা: have the engine of a car ~ed; (কথ্য) স্বাস্থ্য পরীক্ষা করা: go to a doctor to be ~ed. ২ নাগাল ধরা; পিছন থেকে এসে (সাথ) ধরা বা পিছনে ফেলে যাওয়া: Our car soon ~ed the passenger bus. □*n* [ˈওউভ়াহো°ল্] [C] মেরামত বা পরিষ্কার করার জন্য খুঁটিয়ে পরীক্ষা।

over·head [ˌওউভ়াˈহেড্] *adv* মাথার উপরে; আকাশে: the room ~; the clouds ~. □*adj* [ˈওউভ়াহেড্] ১ মাটির উপরে তোলা: ~ wires; an ~ railway, রাস্তার তল থেকে অনেকটা উপরে নির্মিত রেলপথ। ২ (ব্যবসা): ~ expenses, ব্যবসা চালিয়ে যাবার জন্য প্রয়োজনীয় আনুষঙ্গিক খরচপত্র (যথা ঘরভাড়া, বিজ্ঞাপন, কর্মচারীদের বেতন, বিদ্যুৎখরচ)।

over·hear [ˌওউভ়াˈহিআ(র্)] *vt* বক্তার অজ্ঞাতে শোনা; আড়ি পেতে শোনা; হঠাৎ শুনে ফেলা।

over·joyed [ˌওউভ়াˈজয়ড্] *adj* যারপর নেই আনন্দিত; আনন্দে আত্মহারা।

over·kill [ˈওউভ়াকিল্] *n* ধ্বংস করবার জন্য প্রয়োজনের অতিরিক্ত ক্ষমতা।

over·land *adj* [ˈওউভ়াল্যান্ড্], *adv* [ˌওউভ়াˈল্যান্ড্] স্থলপথে; স্থলপথে সম্পাদিত (সমুদ্রপথ–এর বিপরীতে): ~ route.

over·lap [ˌওউভ়াˈল্যাপ্] *vt,vi* ১ এক পাশে প্রসারিত হয়ে অংশত আবৃত করা: Rooftiles ~ one another. ২ (লাক্ষ.) যুগপৎ ঘটা; অংশত এক রকম হওয়া: His duties ~ mine. His visit and yours ~ped . □*n* [ˈওউভ়াল্যাপ্] [C] যে অংশ অংশত আবৃত করে; প্রাবরণ; [U] যুগপৎ সংঘটন; অধিক্রমণ।

over·lay [ˌওউভ়াˈলেই] *vt* কোনো কিছুর উপরে প্রলেপ দেওয়া: white boards overlaid with gold. □*n* [ˈওউভ়ালেই] প্রলেপ।

over·leaf [ˌওউভ়াˈলীফ্] *adv* (বই ইত্যাদির) উলটা পৃষ্ঠায়।

over·leap [ˌওউভ়াˈলীপ্] *vt* (কোনো কিছুর) উপর দিয়ে লাফ দেওয়া; ডিঙানো; (লাক্ষ.) বেশি দূর যাওয়া; বেশি করতে চাওয়া: His ambiton overleapt itself, যতটুকু সাধ্য, তার চেয়ে বেশি করতে চেয়েছিল।

over·load [ˈওউভ়াˈলোউড্] *vt* অতিরিক্ত বোঝাই করা; (বিদ্যুৎ) অতিরিক্ত চার্জ দেওয়া।

over·look [ˌওউভ়াˈলুক্] *vt* ১ উপর থেকে দেখতে পাওয়া: My bedroom window ~s the Dhanmondi lake, আমার শোবার ঘরের জানালা দিয়ে ধানমণ্ডি লেক দেখা যায়। ২ দেখতে বা লক্ষ করতে না পারা; উপেক্ষা করা: ~ a slip of the pen; ~ the plight of one's neighbours. ৩ শাস্তি না দিয়ে চলে যাওয়া; দেখেও না দেখা: ~ a fault. ৪ তত্ত্বাবধান করা; দেখাশোনা করা।

over·lord [ˈওউভ়ালো°ড্] *n* (সামন্ত যুগে) অধিরাজ; সামন্ত প্রভু; জমিদার।

over·ly [ˈওউভ়ালি] *adv* অতিরিক্ত মাত্রায়: ~ cautious.

over·man·ned [ˌওউভ়াˈম্যান্ড্] *adj* (কারখানা ইত্যাদি সম্বন্ধে) প্রয়োজনের অতিরিক্ত শ্রমিক বা কর্মচারী সম্বলিত। **over·man·ning** *n* [U]: Overmanning is one of the major problems in the public sector of our industry.

over·mas·ter [ˌওউভ়াˈমা:স্টা(র্) US –ˈম্যাস্–] Ivt দমন করা; পরাভূত করা: an ~ing passion, যে আবেগ দমন করা কঠিন।

over·much [ˌওউভ়াˈমাচ] *adj,adv* অত্যধিক; অতিমাত্রায়: ~ homework, অতিরিক্ত বাড়ির কাজ; a leader who has been praised ~.

over·night [ˌওউভ়াˈনাইট্] *adv* রাতের বেলায়; রাতের জন্য; রাতারাতি: stay ~ at sb's house; become rich ~, রাতারাতি ধনী হওয়া। □[ˈওউভ়ানাইট্] *adj* রাত্রিকালীন: an ~ journey.

over·pass [ˈওউভ়াপাস্ US –প্যাস] *n* কোনো রাজপথ বা মহাসড়কের উপর দিয়ে সেতুর আকারে নির্মিত পথ বা সড়ক।

over·pay [ˌওউভ়াˈপেই] *vt* পাওনার অধিক প্রদান করা।

over·play [ˌওউভ়াˈপ্লেই] *vt* ~ **one's hand** (জুয়া বা তাস খেলায় (নিজের শক্তিকে বড়ো করে দেখে) ক্ষমতাবহির্ভূত ঝুঁকি নেওয়া।

over·power [ˌওউভ়াˈপাউআ(র্)] *vt* দমন বা অভিভূত করা; প্রবলতর শক্তি বা বৃহত্তর সংখ্যা দ্বারা পরাভূত করা: The police soon ~ed the criminal. She was ~ed by the heat. **~·ing** *adj* অত্যন্ত প্রবল; অত্যধিক শক্তিশালী: ~ grief.

over·print [ˌওউভ়াˈপ্রিন্ট্] *vt* (ডাকটিকিটের মতো মুদ্রিত বস্তুর উপর) অতিরিক্ত লেখা, ছাপ বা ছবি ছাপানো; অতিমুদ্রণ করা। □*n* [ˈওউভ়াপ্রিন্ট্] এরূপ অতিমুদ্রিত বস্তু।

over·rate [ˌওউভ়াˈরেইট্] *vt* অত্যধিক মূল্য আরোপ করা: The teacher ~d the ability of his students. I believe his last book has been ~d by the critics.

over·reach [ˌওউভ়াˈরীচ্] *vt* ১ কৌশলে পরাজিত করা। ২ **~ oneself** অত্যধিক উচ্চাকাঙ্ক্ষার বশবর্তী হয়ে নিজের অভীষ্ট সাধনে ব্যর্থ হওয়া বা নিজের স্বার্থ ক্ষুণ্ন করা।

over·ride [ˌওউভ়াˈরাইড্] *vt* (অন্যের অভিমত, সিদ্ধান্ত, ইচ্ছা, অধিকার ইত্যাদি) পদদলিত করা বা

অগ্রাহ্য করা: The husband always ~s the wishes of the wife.

over·rule [ˌওউভ়া'রূল] *vt* (উচ্চতর কর্তৃত্বের বলে) বাতিল বা খারিজ করা: The Supreme Court ~d the decision of the High Court.

over·run [ˌওউভ়া'রান্] *vt* ১ ছড়িয়ে পড়া ও দখল বা বিধ্বস্ত করা: The country was ~ by the enemy. ২ (কোনো নির্দিষ্ট সীমা) ছাড়িয়ে যাওয়া: He was one of those speakers who ~ the time allowed them.

over·sea(s) [ˌওউভ়া'সী(জ়্)] *adj* সমুদ্রের অপর পারের (দেশে, দেশ থেকে, দেশের জন্য): ~(s) trade, বহির্বাণিজ্য। □*adv*: live ~(s), সমুদ্রের অপর পারের দেশে, অর্থাৎ, বিদেশে থাকা।

over·see [ˌওউভ়া'সী] *vt* তত্ত্বাবধান করা; দেখাশোনা করা। **over·seer** ['ওউভ়সিআ(র্)] *n* শ্রমিকসর্দার বা কর্মীসর্দার; তত্ত্বাবধায়ক; উপদর্শক।

over·sexed ['ওউভ়া'সেক্স্‌ট্] *adj* অস্বাভাবিক যৌনতাড়নাসম্পন্ন; কামোন্মত্ত; কামান্ধ।

over·shadow [ˌওউভ়া'শ্যাডোউ] *vt* (কোনো কিছুর উপর) ছায়া ফেলা; ছায়াবৃত করা; (লাক্ষ.) ঔজ্জ্বল্য, বিশিষ্টতা, গুরুত্ব ইত্যাদি হরণ করা; ম্লান করা।

over·shoe ['ওউভ়াশূ] *n* জল-কাদা থেকে রক্ষার জন্য সাধারণ জুতার উপর-দিয়ে-পরা রবারের জুতা। দ্র. galoshes.

over·shoot [ˌওউভ়া'শূট্] *vt* (লক্ষ্যবস্তুর) বাইরে বা উপর দিয়ে নিক্ষেপ করা; (লাক্ষ.) বেশি দূরে যাওয়া বা ছাড়িয়ে যাওয়া: ~ the runway, (বিমানের ক্ষেত্রে) রানওয়ে ছাড়িয়ে যাওয়া।

over·shot [ˌওউভ়া'শট্] *adj* **~ wheel** উপর থেকে পড়া পানির চাপের সাহায্যে চালিত চাকা।

over·side [ˌওউভ়া'সাইড্] *adv* (জাহাজ ইত্যাদির) পাশ দিয়ে বা পাশ পেরিয়ে: discharge cargo ~, জাহাজের পাশ দিয়ে মালামাল মালখালাস-করা জাহাজে নামিয়ে দেওয়া।

over·sight [ˌওউভ়া'সাইট্] *n* ১ [U] (অমনোযোগ বা অসাবধানতাবশত) কোনো কিছু চোখ এড়িয়ে যাওয়া; [C] এরূপ ভুলের দৃষ্টান্ত। ২ সজাগ দৃষ্টি, সতর্ক বা সতত পর্যবেক্ষণরত সেবা: under the ~ of a nurse.

over·sim·plify [ˌওউভ়া'সিম্‌প্লিফ়াই] *vt,vi* (সমস্যা, প্রকৃত ঘটনা ইত্যাদিকে) অতিরিক্ত সরল করে বলা বা উপস্থাপন করা; অতিসরল করা। **over·sim·pli·fi·cation** [ˌওউভ়সিম্‌প্লিফ়ি'কেশ্‌ন্] *n* [U,C] অতিসরলীকরণ; অতিসরলীকরণের দৃষ্টান্ত।

over·sleep [ˌওউভ়া'স্লীপ্] *vi* অতিরিক্ত সময় ঘুমানো; জেগে ওঠার সঠিক সময়ের পরও ঘুমানো: I overslept and was late for work.

over·spill [ˌওউভ়া'স্পিল্] *n* যা পার্শ্ববর্তী এলাকায় ছড়িয়ে বা উপচিয়ে পড়ে; (বিশেষত) বাড়তি লোক বা বাড়তি জনসংখ্যা: a new township for Dhaka's ~.

over·staffed [ˌওউভ়া'স্টা:ফ়্ড্ US-স্ট্যা ফ়্ড্] *adj* (বিদ্যালয়, অফিস ইত্যাদি সম্বন্ধে) প্রয়োজনের অতিরিক্ত শিক্ষক বা কর্মচারী বা কর্মী নিয়োজিত আছে এমন: Some of the government departments are certainly ~.

over·state [ˌওউভ়া'স্টেইট্] *vt* অতিরিক্ত বাড়িয়ে বলা; অত্যধিক জোর দিয়ে বলা: ~ one's case. **~·ment** ['ওউভ়স্টেইট্‌মান্ট্] *n* [U] অতিরঞ্জন; [C] অতিরঞ্জিত কথা বা বক্তব্য।

over·stay [ˌওউভ়া'স্টেই] *vt* অতিরিক্ত সময় থাকা। **~ one's welcome** আদর ফুরিয়ে যাবার পরও থাকা।

over·step [ˌওউভ়া'স্টেপ্] *vt* সীমা ছাড়িয়ে যাওয়া; লঙ্ঘন করা: ~ one's authority.

over·stock [ˌওউভ়া'স্টক্] *vt* অত্যধিক পরিমাণে মজুদ করা; অত্যধিক সংখ্যায় ভরে ফেলা: ~ farm with cattle, খাদ্য বা স্থান সংস্থানের অতিরিক্ত সংখ্যক গবাদি পশু আমদানি করে ভরে ফেলা।

over·strung ['ওউভ়া'স্ট্রাঙ্] *adj* ১ (ব্যক্তি বা তার স্নায়বিক অবস্থা সম্বন্ধে) টান-টান; সহজে উত্তেজিত হয় এমন; অতিমাত্রায় সংবেদনশীল। ২ (পিয়ানো সম্বন্ধে) স্থানসংকুলানের জন্য আড়াআড়ি পাতা তার সম্বলিত।

over·sub·scribed [ˌওউভ়সাব্'স্ক্রাইবড্] *adj* (শেয়ার ইত্যাদি বিক্রয় সম্বন্ধে) বিক্রির জন্য ছাড়-দেওয়া সংখ্যার চেয়ে আবেদনপত্র বেশি পড়েছে এমন।

overt [ˌওউভ়ট্ US ওউভ়ারট্] *adj* প্রত্যক্ষ; প্রকাশ্য: ~ hostility. **~·ly** *adv* দ্র. covert.

over·take [ˌওউভ়া'টেক্] *vt* ১ নাগাল ধরা; পিছনে ফেলে যাওয়া: a private car trying to ~ a passenger bus. ২ (ঝড়, বিপদ ইত্যাদি সম্বন্ধে) আচমকা উপস্থিত হওয়া বা চড়াও হওয়া; হঠাৎ (কাউকে) অভিভূত করা: be ~n by surprise/fear; be ~n by a storm.

over·tax [ˌওউভ়া'ট্যাক্স্] *vt* অতিরিক্ত কর বা ট্যাক্স বসানো; অতিরিক্ত ভার চাপানো; অতিরিক্ত চাপ দেওয়া: ~ sb's patience.

over·throw [ˌওউভ়া'থ্রোউ] *vt* পরাস্ত করা; পরিসমাপ্তি ঘটানো; উৎখাত বা ক্ষমতাচ্যুত করা: ~ a government. □*n* [ˌওউভ়া'থ্রো] বিপর্যয়; পরাজয়; পতন।

over·time [ˌওউভ়া'টাইম] *n* [U] *adv* বাঁধা সময়ের অতিরিক্ত (যে সময় নির্ধারিত কাজে ব্যয়িত হয়): working ~; ~ pay.

over·tone ['ওউভ়াটোন্] *n* (সঙ্গীত) প্রধান স্বর অপেক্ষা ক্ষীণভাবে শ্রুত উচ্চতর স্বর; অতিস্বর।

over·top [ˌওউভ়া'টপ্] *vt* মাথা বা চূড়া ছাড়িয়ে ওঠা; শ্রেষ্ঠতর হওয়া; অতিক্রম করা বা ছাড়িয়ে যাওয়া: Old skyscrapers are being ~ped by new ones.

over·trump [ˌওউভ়া'ট্রাম্‌প্] *vt* (তাস খেলায়) তুরুপের উপর তুরুপ করা; বড়ো তাস দিয়ে তুরুপ করা।

over·ture [ˌওউভ়া'টিউআ(র্)] *n* ১ (প্রায়শ *pl*) আলোচনার প্রস্তাব: peace ~s, শান্তি প্রস্তাব। ২ অপেরা শুরুর পূর্বে বাদ্যযন্ত্রে পরিবেশিত সাঙ্গীতিক মুখবন্ধ বা যন্ত্রসঙ্গীত; কনসার্ট-এ পরিবেশিত যন্ত্রসাঙ্গীতিক।

over·turn [ˌওউভ়া'টান্] *vt,vi* উলটে ফেলা; উলটে যাওয়া; ওলট-পালট করে দেওয়া; বিপর্যস্ত করা: The boat ~ed.

over·ween·ing [ˌওউভ়া'উঈনিঙ্] *adj* অতিমাত্রায় আত্মবিশ্বাসী বা দাম্ভিক।

over·weight ['ওউভ়াওএইট্] *n* [U] মাত্রাধিক ওজন। □*adj* [ˌওউভ়া'ওএইট্] মাত্রাধিক ওজনবিশিষ্ট: My luggage was ~ and I had to pay extra money at the airport. **~ed** [ˌওউভ়া'ওএইটিড্] *part adj* মাত্রাধিক ওজন বহনকারী: ~ed with too many packages.

over·whelm [ˌওউভ়া'ওএল্‌ম্ US -'হোএল্‌ম্] *vt* ভারাবনত করা; নিমজ্জিত করা; ছেয়ে ফেলা; গুড়িয়ে দেওয়া; বিধ্বস্ত করা; আচ্ছন্ন বা অভিভূত করা: be ~ed by a superior force; an ~ing defeat; be ~ed with joy.

over·work [ˌওউভ়াˈওআক্] *vt,vi* অত্যধিক খাটা বা খাটানো: He ~ed himself and fell ill. Don't ~ your men. □*n* [ˌওউভ়াওআক্] [U] অত্যধিক খাটুনি: fall ill through ~.

over·wrought [ˌওউভ়াˈরো°ট্] *adj* অত্যধিক উত্তেজনার ফলে ক্লান্ত; অতিমাত্রায় উত্তেজিত।

ovi·duct [ˌওউভিডাকট্] *n* (অপর নাম Fallopian tube) যে নালীর ভিতর দিয়ে ডিম্বাণু ডিম্বাশয় থেকে গর্ভাশয়ে প্রবেশ করে।

ovip·ar·ous [ওউˈভিপারাস্] *adj* মাতৃদেহের বাইরে ডিম ফুটিয়ে বাচ্চা তোলে এমন।

ovoid [ˈওউভ়য়ড্] *adj,n* ডিম্বাকার (বস্তু)।

ovu·late [ˈঅভিউলেইট্] *vi* (চিকি., জীব.) ডিম্বাণু উৎপাদন করা বা ডিম্বাশয় থেকে ডিম্বাণু নির্গত করা। **ovu·la·tion** *n*

ovum [ˈওউভ়াম্] *n* ডিম্বাণু।

owe [ওউ] *vt,vi* ১ **owe sb sth; owe sth to sb; owe for sth** (কারো কাছে কোনো কিছুর জন্য) ঋণী থাকা: I owe him Tk 100. He owes Tk 50 to me. ২ কারো কৃতজ্ঞতাপাশে আবদ্ধ থাকা: I owe a great deal to my teachers. ৩ কর্তব্য হিসাবে দিতে বাধ্য থাকা: owe allegiance to the state. ৪ **owe sth to sth** উৎস হিসাবে কোনো কিছুর কাছে ঋণী থাকা: She owes much of her success to the encouragement given by her parents.

ow·ing [ˈওউইঙ্] *adj* দেনা; বাকি; বকেয়া: money that is still ~, যে টাকা এখনো বাকি পড়ে আছে; বকেয়া টাকা। **~ to** *prep* কারণে; কারণবশত: O~ to the rain, the match was abandoned.

owl [আউল্] *n* পেঁচা। **ow·let** [ˈআউলিট্] পেঁচার ছানা। **owl·ish** [ˈআউলিশ্] *adj* পেঁচা বিষয়ক বা পেঁচার মতো; পেঁচার মতো গুরুগম্ভীর। **owl·ish·ly** *adv*

own[1] [ওউন্] *adj,pron* ১ (ব্যক্তিগত অধিকার বা মালিকানা এবং কোনো কিছুর স্বকীয় বৈশিষ্ট্যের উপর জোর দেবার জন্য সম্বন্ধপদের সঙ্গে ব্যবহৃত হয়: I made it with my own hands. This is our own land. This herb has a smell all its own (অন্য কোনো লতার ঘ্রাণের সঙ্গে মেলে না); May I have it for my very own? একেবারে নিজের করে পেতে পারি? My time is my own, যেভাবে খুশি কাটাতে পারি; For reasons of his own, তার একান্ত ব্যক্তিগত কারণে। **(be) (all) on one's own** (ক) একা; নিঃসঙ্গ: She was all on her own that evening, একা ছিল; He lives on his own, পরিবার নিয়ে নয়; একা থাকে। (খ) স্বাধীনভাবে; তদারকি ছাড়া: She is (working) on her own, স্বাধীনভাবে কাজ করছে। (গ) বিশিষ্ট; উৎকৃষ্ট: For match-making Sheela is on her own, ঘটকালিতে শীলার জুড়ি নেই। **own brother/sister** একই পিতা-মাতাজাত ভাই/বোন, সৎভাই/বোন নয়। **be one's own man/master** স্বাধীনভাবে বেঁচে থাকা বা স্বাধীনভাবে জীবিকা অর্জন করা; নিজের ভাগ্য নিজে নিয়ন্ত্রণ করা। **come into one's own** নিজের প্রাপ্য (খ্যাতি, স্বীকৃতি, কৃতিত্ব প্রভৃতি) পাওয়া; স্বরূপ ধারণ করা; স্বরূপে আত্মপ্রকাশ করা: He comes into his own when dealing with a challenging situation, কঠিন পরিস্থিতির মুখোমুখি হলে তার প্রকৃত ক্ষমতা প্রকাশ পায়। **get one's ˈown back** প্রতিশোধ নেওয়া। **hold one's own (against sb/sth)** (ক) আক্রমণের বিরুদ্ধে নিজের অবস্থান রক্ষা করা; পরাস্ত না হওয়া। (খ) শক্তি না হারানো। ২ (ব্যক্তিগত কর্মতৎপরতা নির্দেশ করতে অথবা নিজের জন্য নিজের হাতে তৈরি-- এই অর্থে ব্যবহৃত হয়): I do all my own washing. He cooks his own meals; be one's own lawyer, নিজেই নিজের ওকালতি করা।

own[2] [ওউন্] *vt,vi* ১ অধিকারী হওয়া: He owns this house. ২ ~ **(to)** মেনে নেওয়া; (দোষ, ত্রুটি ইত্যাদি) স্বীকার করা; উপলব্ধি করা; বুঝতে পারা: He finally owned that our claim was justified. She never refused to own her faults; I own the difficulty in getting everybody here in time. **own up (to sth)** খোলাখুলি স্বীকার করা।

owner [ˈওউনা(র্)] *n* মালিক: He is the ~ of this house. ˌ**~-ˈdriven** *adj* (গাড়ি সম্বন্ধে) মালিকের দ্বারা নিয়মিতভাবে চালিত। ˌ**~-ˈdriver** *n* যে মোটর-চালক নিজেই গাড়ির মালিক। ˌ**~-ˈoccupied** *adj* (বাড়ি ইত্যাদি সম্বন্ধে) মালিক নিজেই থাকে (অন্যকে ভাড়া দেয় না) এমন। ˌ**~-ˈoccupier** *n* যে ব্যক্তি একাধারে (কোনো বাড়ির) বাসিন্দা ও মালিক। **~·less** *adj* মালিকবিহীন: a ~less dog. ˈ**~·ship** [-শিপ] *n* মালিকানা: ~ship of land; ~ ship of a house.

ox [অক্স্] *n* ১ গৃহপালিত গবাদি পশুর সাধারণ নাম; ষাঁড়। ২ (বিশেষত) চাষাবাদ, গাড়ি টানা ইত্যাদি কাজে ব্যবহৃত বলদ। ˈ**ox-eye** *n* (ডেইজি, বুনো ক্রিসানথিমাম ইত্যাকার) কতিপয় লতাগাছের (প্রায়শ attrib রূপে ব্যবহৃত) নাম। ˈ**ox-tail** *n* গবাদি পশুর লেজ, যা পাশ্চাত্যসহ কতিপয় দেশে সুরুয়া বা স্যুপ তৈরিতে ব্যবহৃত হয়।

Ox·bridge [ˈঅকস্‌ব্রিজ্] *n* (Redbrick-এর বিপরীতে) অকস্‌ফোর্ড এবং/অথবা ক্যামব্রিজ (এর অধুনাকল্পিত নাম)। দ্র. red (৩).

ox·ide [ˈঅকসাইড্] *n* [C,U] অক্সিজেনের যৌগ: iron ~. **oxi·dize** [ˈঅকসিডাইজ্] *vt,vi* অক্সিজেনের সঙ্গে যুক্ত হওয়া বা যুক্ত করা; মরিচাযুক্ত হওয়া বা মরিচাযুক্ত করা। **oxi·diz·ation** [ˌঅকসিডাইজেইশন্ US -ডিজ্-] *n*

oxy·acety·lene [ˌঅকসিআˈসেটিলীন্] *adj,n* অক্সিজেন ও অ্যাসেটিলিনের মিশ্রণ (যুক্ত): ~ torch.

oxy·gen [ˈঅকসিজেন্] *n* [U] (রস.) বাতাসে বিদ্যমান ও প্রাণের জন্য অপরিহার্য স্বাদহীন, গন্ধহীন, বর্ণহীন গ্যাস; অম্লজান; অক্সিজেন (প্রতীক O_2)। দ্র. পরি.৭। ˈ**~ mask** উর্ধ্বাকাশে ব্যবহৃত অক্সিজেন সরবরাহকারী মুখোশ। ˈ**~ tent** অতিরিক্ত অক্সিজেন সরবরাহের জন্য রোগীর মাথা ও কাঁধের উপর রাখা ছোট তাবু বা চাঁদোয়া। ˈ**~·ate** [-এইট্], ˈ**~·ize** [-আইজ্] *vt* অক্সিজেন যোগ করা বা প্রয়োগ করা। **~·ˈation** [-ˈএইশন্] *n* অক্সিজেনযুক্তকরণ বা অক্সিজেন প্রয়োগ।

oyez [ওউˈএজ্] (অপিচ **oyes** [ওউˈএস্]) *int* নীরবতা পালনের হুঁশিয়ারি দিয়ে (ইতি.) নগর-ঘোষক দ্বারা অথবা (আদালত কক্ষে) দ্বাররক্ষী দ্বারা পরপর তিনবার উচ্চকণ্ঠে উচ্চারিত ধ্বনি, যার অর্থ, 'শোনো! শোনো! শোনো'।

oy·ster [ˈঅয়স্টা(র্)] *n* ঝিনুক। ˈ**~-bar** *n* রেস্তোরাঁর যে টেবিলে ঝিনুকের তৈরি খাবার পরিবেশন করা হয়। ˈ**~-bed**, ˈ**~-bank** *nn* সমুদ্রের যে অংশে ঝিনুকেরা বংশবিস্তার করে বা ঝিনুকের চাষ করা হয়। ˈ**~-catcher** *n* ঝিনুক-ধরা সামুদ্রিক পাখি।

ozone [ˈওউজ়োউন্] *n* [U] অক্সিজেনের তীক্ষ্ণ ও সঞ্জীবনীগন্ধযুক্ত ঘনীভূত রূপ; ওজোন (সং O_3); (লাক্ষ.) প্রাণসঞ্চারী প্রভাব; (কথ্য) মুক্ত বিশুদ্ধ বাতাস।

Pp

P,p [পী] ইংরেজি বর্ণমালার ষোড়শ বর্ণ। **mind one's p's and q's** শালীনতা ক্ষুণ্ন না করার ব্যাপারে সতর্ক থাকা।

pa [পা:] *n* papa-এর কথ্য সংক্ষেপ।

pace [পেইস্] *n* [C] ১ পদক্ষেপ। ২ হাঁটা বা দৌড়ানোর বেগ; (লাক্ষ.) অগ্রগতির হার। **go at a good ~** দ্রুতবেগে যাওয়া। **go the ~ (ক)** প্রচণ্ড বেগে যাওয়া। **(খ)** (লাক্ষ.) (বিশেষত আমোদ-ফুর্তিতে) টাকা উড়ানো। **keep ~ with (sb/sth)** (আক্ষ. বা লাক্ষ.) (কারো বা কোনো কিছুর সঙ্গে) পাল্লা দিয়ে চলা: It's becoming increasingly difficult for a layman to keep pace with the developments in modern science. **set the ~ (for sb)** (কারো জন্য) গতিবেগ নির্ধারণ করে দেওয়া। ˈ**~-maker** *n* **(ক)** (অপিচ ˈ**~-setter**) যে চালক, বা দৌড়বিদ প্রতিযোগিতায় অন্যদের জন্য গতিবেগের দৃষ্টান্ত স্থাপন করে। **(খ)** দুর্বল বা অনিয়মিত হৃৎস্পন্দন কাটিয়ে ওঠার জন্য ব্যবহৃত ইলেকট্রনিক বা বৈদ্যুতিক যন্ত্রবিশেষ। ৩ (বিশেষত ঘোড়া সম্বন্ধে) চলনের বা দৌড়ের ধরন। **put a person through his ~s** কারো ক্ষমতা ইত্যাদি যাচাই করে দেখা। □*vi,vt* ১ ধীর বা নিয়মিত পদক্ষেপে হাঁটা: ~ up and down; (ঘোড়া সম্বন্ধে) স্বচ্ছন্দগতিতে চলা। ২ এরূপ স্বচ্ছন্দগতিতে এপাশ থেকে ওপাশে যাওয়া; পায়চারি করা: ~ a room. ৩ **~ sth off/out** পদক্ষেপ দ্বারা, অর্থাৎ কয়বার পা ফেলা হচ্ছে তা গুণে; মাপা: ~ out a room. ৪ (প্রতিযোগিতায়) গতিবেগের দৃষ্টান্ত স্থাপন করা।

pachy·derm [ˈপ্যাকিডাম্] *n* (হাতি, গণ্ডার জাতীয়) স্থূলচর্ম চতুষ্পদী জন্তু।

pa·ci·fic [পাˈসিফিক্] *adj* শান্তিপূর্ণ, শান্ত; শান্তিকামী বা শান্তিপ্রিয়। **pa·ci·fi·cally** [-ক্লি] *adv*

paci·fi·ca·tion [ˌপ্যাসিফ়িˈকেইশন্] *n* [U] শান্তকরণ বা শান্ত হওয়া; শান্তি প্রতিষ্ঠা।

paci·fism [ˌপ্যাসিফ়িজ়ম্] *n* [U] শান্তিবাদ। **paci·fist** [-ইস্ট্] *n* শান্তিবাদী।

pac·ify [ˈপ্যাসিফ়াই] *vt* শান্ত করা, প্রশমিত করা; হিংসা বা সন্ত্রাসের পরিসমাপ্তি ঘটানো।

pack[1] [প্যাক্] *n* ১ বোঁচকা, গাঁটরি; (US) ছোট মোড়ক বা পুটলি; প্যাকেট। ˈ**~-horse,** ˈ**~-animal** *nn* বাক্স-পেটরা বহনের কাজে ব্যবহৃত (অর্থাৎ মালবাহী) ঘোড়া; মালবাহী (যে কোনো) প্রাণী। ˈ**~-saddle** *n* মালবহনের জন্য ফিতেঅলা জিন। ˈ**~-thread** বোঁচকা, মোড়ক প্রভৃতি বাঁধা বা সেলাই করার জন্য শক্ত দড়ি বা সুতা। ২ একত্রে রাখা শিকারি কুকুরের দল: a ~ of hounds; একত্রে বিচরণ করা বন্য প্রাণীর দল: Some wild animals go about in ~s. ৩ (সাধা. অবজ্ঞার্থে) দল; গুচ্ছ: a pack of thieves, চোরের দল; a ~ of lies, মিথ্যার ঝুড়ি। ৪ (সাধা. ৫২) তাসের পুরা প্যাক। ৫ রাগবি ফুটবল দলের সম্মুখভাগের খেলোয়াড়গণ। ৬ ˈ**~-ice** সমুদ্রে ভাসমান বৃহদাকার তুষারখণ্ডের ঝাঁক। ৭ এক মৌসুমে প্যাকেটজাত করা মাছ, মাংস, ফল ইত্যাদির পরিমাণ: this year's ~ of shrimp.

pack[2] [প্যাক্] *vt,vi* ১ **~(up) (in/into)** বাক্স, বোঁচকা, ব্যাগ ইত্যাদিতে (জিনিসপত্র) পোরা, বাক্সবন্দী করা; বাক্স ইত্যাদি বোঝাই করা; এ রকম বোঝাই করে, অর্থাৎ জিনিসপত্র গুছিয়ে যাত্রার জন্য তৈরি হওয়া: She began to ~ her clothes into a canvas bag. He has ~ed (up) his things. I must begin ~ing at once. These framed photographs won't ~ easily, সহজে বাক্সে ভরা যাবে না। **pack one's bags** (আক্ষ. বা লাক্ষ.) যাবার জন্য তৈরি হওয়া। **~ it in** (অপ.) কোনো কাজ ছেড়ে দেওয়া; কোনো কাজ শেষ করা। **~ up** (কথ্য) যন্ত্রপাতি ইত্যাদি সরিয়ে রাখা; কাজ বন্ধ করা: It's time to ~ up, কাজ বন্ধ করার সময় হয়েছে; One of the aircraft's engines ~ed up, (অপ.) ইনজিন ফেল করলো। ২ **~ into** ঠাসাঠাসি হয়ে (কোনো জায়গায়) ভিড় করা; অনেক কিছু দিয়ে (কোনো সময়) পূর্ণ করা: People ~ed into the already overcrowded train compartment. Pack a lot of sightseeing into a single day. ৩ নিরাপদে রাখার জন্য কিংবা ছিদ্রপথ বন্ধ করার জন্য কোনো কিছুর ভিতরে বা চারদিকে নরম পদার্থের আবরণ দেওয়া: glass ~ed in straw; ~ a leaking joint. ৪ **~ sb off; send sb ~ing** বিনাবাক্যে (কাউকে) বিদায় করা। ৫ সংরক্ষণের উপযোগী করে তৈরি করে (মাংস, ফলাদি) টিনজাত করা। ৬ সর্বদা অনুকূল সিদ্ধান্ত গ্রহণ করবে এমন সদস্য কমিটি ইত্যাদির জন্য বেছে নেওয়া। **~er** যে ব্যক্তি বা যে মেশিন মোড়ক বাঁধাই করে; (বিশেষত সাধা. *pl*) যে ব্যক্তি বাজারে বিক্রির জন্য মাংস, ফল ইত্যাদি টিনজাত করে।

pack·age [ˈপ্যাকিজ্] *n* মোড়ক, পার্সেল; (লাক্ষ. কথ্য) বিস্তারিত পরিকল্পনা। **~ deal/offer** *n* (কথ্য) আলোচনা বা গ্রহণ করার জন্য প্রদত্ত প্রস্তাবাবলী। ˈ**~ tour** ট্রাভেল এজেন্ট বা ভ্রমণসহায়ক কোম্পানি কর্তৃক নির্দিষ্ট পরিমাণ অর্থের বিনিময়ে যে প্রমোদ ভ্রমণের ব্যবস্থাদি পূর্বাহ্নেই সম্পন্ন করে রাখা হয়। □*vt* মোড়কে রাখা; (কোনো কিছুর) বিস্তারিত পরিকল্পনা প্রণয়ন করা।

packet [ˈপ্যাকিট্] *n* ১ ছোট মোড়ক বা বান্ডিল, প্যাকেট: a ~ of letters; a ~ of 10 cigarettes. ২ ˈ**~(-boat)** ডাকবাহী স্টিমার। ৩ (অপ.) প্রচুর টাকা: make a ~. ৪ (সেনা অপ.) ঝঞ্ঝাট: catch/stop/get a ~; (বিশেষত) গুরুতররূপে আহত হওয়া।

pack·ing [ˈপ্যাকিঙ্] *n* [U] মোড়ক বাঁধাই; কাচের মতো হালকা সামগ্রী নিরাপদে প্যাকেটজাত করার জন্য অথবা ছিদ্রপথ ইত্যাদি বন্ধ করার জন্য ব্যবহৃত বস্তু। ˈ**~-case** *n* প্যাক-বাক্স। ˈ**~-needle** *n* মোড়ক প্রভৃতি সেলাই-এর জন্য ব্যবহৃত বড়ো সুচ।

pact [প্যাক্ট্] *n* চুক্তি, সন্ধি: a peace ~.

pad[1] [প্যাড্] *n* ১ আঘাত নিরোধের জন্য বা আরামের জন্য বা কোনো কিছুর আকৃতির উন্নয়নের জন্য ব্যবহৃত নরম বস্তু; প্যাড। ২ ক্রিকেটজাতীয় খেলায় শরীরের বিভিন্ন অংশে ব্যবহৃত প্যাড। ৩ লেখার প্যাড। ৪ (অপিচ ˈ**ink-pad**) কালির প্যাড। ৫ (কুকুর, বিড়াল, বাঘ ইত্যাদি প্রাণীর) পায়ের তলাকার তুলতুলে মাংসল অংশ। ৬ (সাধা. ˈ**launching pad**) রকেট বা ক্ষেপণাস্ত্র উৎক্ষেপণ মঞ্চ। ৭ (অপ.) বিছানা; শোবার ঘর; (কোনো বাসার) একক ঘর বা অ্যাপার্টমেন্ট। □*vt* ১ প্যাড ব্যবহার করা বা প্যাড লাগানো। ২ **pad sth out** অপ্রয়োজনীয় বিষয় বা উপকরণ ব্যবহার করে (বাক্য,

রচনা, বই ইত্যাদি) দীর্ঘতর করা: a sentence padded out with adjectives. **padding** [ˈপ্যাডিঙ্] *n* [U] প্যাড তৈরির উপকরণ বা বাক্য প্রভৃতি অহেতুক দীর্ঘ করার জন্য ব্যবহৃত উপকরণ।

pad[2] [প্যাড্] *vi,vt* পদব্রজে ভ্রমণ করা; পায়ে হেঁটে পথ চলা: I lost my money and had to pad it home.

paddle[1] [ˈপ্যাড্ল্] *n* ১ কানু–নৌকা চালানোর জন্য ব্যবহৃত ছোট চ্যাপটা দাঁড়; বৈঠা; প্যাডেল। ২ হালকা টানে দাঁড়–বাওয়া। ৩ ˈ**~-box** *n* প্যাডেল–চাকার উপরের অংশের জন্য কাঠের ঢাকনা। ˈ**~-steamer** *n* প্যাডেল–চাকায় চালিত স্টিমার। ˈ**~-wheel** *n* বাষ্পচালিত স্টিমারে ব্যবহৃত প্যাডেল–চাকা। ৪ প্যাডেল বা বৈঠা–আকৃতি যে কোনো বস্তু। □*vt,vi* বৈঠা বেয়ে (কানু) নৌকা চালানো; হালকা টানে বৈঠা বাওয়া। **~ one's own canoe** নিজেই নিজের নৌকা বাওয়া, কেবলমাত্র নিজের উপর নির্ভর করা; স্বনির্ভর হওয়া।

paddle[2] [প্যাড্ল্] *vi* অল্প পানিতে খালি পায়ে হাঁটা (সমুদ্রতীরে শিশুরা যেমন হেঁটে থাকে)। □*n* এমন হাঁটার কাজ বা সময়।

pad·dock [প্যাডাক্] *n* ১ বিশেষত ঘোড়ার অনুশীলনের জন্য ব্যবহৃত ঘাসে ঢাকা ছোট মাঠ। ২ (ঘোড়–দৌড়ের মাঠে) ঘোড়–দৌড় শুরুর আগে ঘিরে–রাখা যে তৃণক্ষেত্রে ঘোড়াগুলো জড়ো করে প্রদর্শন করা হয়।

paddy[1] [ˈপ্যাডি] *n* [U] ধানগাছ; ধান। ˈ**~-field** *n* ধানক্ষেত।

paddy[2] [ˈপ্যাডি] *n* (কথ্য) বিষম রাগ: He is in one of his paddies, আবার তার ক্রোধোদয় হয়েছে।

Paddy [ˈপ্যাডি] *n* আইরিশ পুরুষ বা ভদ্রলোককে কৌতুকছলে যে নামে ডাকা হয়। ˈ**~-wagon** (US অপ.) সন্দেহভাজন ব্যক্তিদেরকে যে ভ্যানগাড়িতে করে পুলিশি হেফাজতে নেওয়া হয়।

pad·lock [ˈপ্যাড্লক্] *n* তালা। □*vt* তালা লাগানো: The gate was ~ed.

padre [ˈপা:ড্রেই] *n* (সেনা ও নৌবাহিনী কথ্য) ধর্মযাজক; পুরোহিত; পাদ্রি; (GB) যাজক; পুরোহিত।

paean, (US) **pean** [ˈপীঅন্] *n* বন্দনা–গান; বিজয়–সঙ্গীত।

paed·er·asty [ˈপেডর্যাস্টি] *n* = pederasty.

paedi·at·rics [ˌপীডিˈঅ্যাট্রিক্স্] *n* = pediatrics.

pa·gan [ˈপেইগান্] *n,adj* বিশ্বের প্রধান ধর্মগুলির কোনোটিতেই বিশ্বাসী নয় এমন (ব্যক্তি); দেব–দেবী–অদৃষ্ট বিশ্বাস করে এমন (ব্যক্তি); পৌত্তলিক। **~·ism** [-ইজ়াম্] *n* পেগান ধর্ম বা ধর্মাচরণ; পৌত্তলিকতা।

page[1] [পেইজ্] *n* বই–পুস্তকের পাতা; পৃষ্ঠা। □*vt* (বই–পুস্তকাদির) পৃষ্ঠায় নম্বর দেওয়া।

page[2] [পেইজ্] *n* ১ (অপিন ˈ**~ boy**) হোটেল, ক্লাব ইত্যাদির উর্দি–পরা বালকভৃত্য। ২ (মধ্যযুগে) 'নাইট' বা বীরব্রতীর গৃহে বাস করে 'নাইটহুড' বা বীরব্রতের জন্য প্রশিক্ষণরত যুবা। □*vt* বালকভৃত্যের কাজ করা; বার বার নাম ধরে ডেকে হাজির হতে বলা; বালক–ভৃত্যের সাহায্যে নাম ধরে ডাকা।

pag·eant [প্যাজ ন্ট্] *n* ১ মুক্তাঙ্গন বিনোদন—যাতে ঐতিহাসিক ঘটনাবলী সেকালের পোশাক পরে অভিনয় করে দেখানো হয়। ২ (অভিষেক–এর মতো) বর্ণাঢ্য শোভাযাত্রাপূর্ণ গণউৎসব। **~ry** [প্যাজ ন্ট্রি] *n* [U] জমকালো প্রদর্শনী।

pagi·na·tion [ˌপ্যাজিˈনেইশ্ন্] n *[U]* বই–এর পাতায় নম্বর দান; এ–কাজে ব্যবহৃত সংখ্যা বা প্রতীক।

pa·goda [পাˈগোউ ডা] *n* বৌদ্ধ মন্দির; প্যাগোডা।

paid [পেইড্] দ্র. pay[2].

pail [পেই ল্] *n* বালতি: a ~ of water. ˈ**~·ful** [-ফুল্] *n* এক বালতিতে যতোটুকু ধরে ততোটুকু।

pail·lasse, pail·liasse [ˈপ্যালিঅ্যাস্ US ˈপ্যালিˈঅ্যাস্] *nn* খড়ের গদি।

pain [পেই ন্] *n* ১ [U] দেহের বা মনের বেদনা; যন্ত্রণা: He was in great ~. She cried with ~. ˈ**~-killer** *n* ব্যথানাশক ওষুধ। ২ [C] দেহের কোনো নির্দিষ্ট স্থানে অনুভূত ব্যথা: He complained of a ~ in the knee. **a ~ in the neck** (অপ.) বিরক্তিকর লোক। ৩ [U, C] (প্রা. প্র.) শাস্তি; দণ্ড: (legal phrase) ~s and penalties. **on/under ~ of death** মৃত্যুদণ্ডের মুখে। □*vt* ব্যথা দেওয়া: It pained me to see all his efforts wasted. My knee is still ~ing me. **~ed** *adj* ব্যথিত, যন্ত্রণাক্ত: He had a ~ed look. ˈ**~·ful** [-ফ্ল্] *adj* বেদনাদায়ক; যন্ত্রণাদায়ক: It's ~ful to watch people suffer for no fault of their own. ˈ**~-fully** [-ফ লি] *adv*. **~·less** *adj* যন্ত্রণাহীন; বিনাকষ্ট। **~·less·ly** *adv.*

pains [পেইন্জ়্] *n pl* ভোগান্তি; পরিশ্রম: He worked very hard but got very little for all his ~.. **be at ~ to do sth** কোনো কিছু করার জন্য আপ্রাণ চেষ্টা করা। **spare no ~** সম্ভাব্য সব কিছু করা। **take (great) ~ (over sth/to do sth)** কোনো কিছুর জন্য/কোনো কিছু করার জন্য প্রচুর ভোগান্তি সহ্য করা অর্থাৎ যার পর নেই চেষ্টা করা: I took great ~ to keep him in good humour. ˈ**~·taking** *adj* যত্নশীল; পরিশ্রমী; কষ্টসহিষ্ণু।

paint [পেইন্ট্] *n* ১ [U] কোনো কিছুর উপরিভাগ রং করার জন্য ব্যবহৃত রঞ্জক পদার্থ; রং। ২ [U] মুখে ব্যবহৃত রং। ৩ *(pl)* বিভিন্ন রং–ভরা টিউব অথবা বিভিন্ন রঙের দণ্ড বা টুকরার সমাহার। ˈ**~-box** *n* চিত্রাঙ্কনে ব্যবহৃত রঙের বাক্স; পেইন্ট–বক্স। ˈ**~-brush** *n* চিত্রাঙ্কনের রঙের তুলি; রং করার বুরুশ। □*vt,vi* ১ রঙের প্রলেপ দেওয়া; রং করা: ~ a window. **~ the town red** (কথ্য) কোনো কিছু উদ্‌যাপনকালে রাস্তায় নেমে আনন্দ উল্লাসে মেতে ওঠা। ২ রং ব্যবহার করে চিত্রাঙ্কন করা: ~ a landscape. **~ sth in** চিত্রে যোগ করা: ~ in the foreground. **~ sth out** রং ব্যবহার করে ঢেকে দেওয়া বা আড়াল করা। ৩ (লাক্ষ.) কথায় রঙিন ছবির মতো ফুটিয়ে তোলা; সচিত্র বর্ণনা দেওয়া। **not so black as one is ~ed** যতোটা বলা হয়।

painter[1] [ˈপেইন্টা(র্)] *n* ১ চিত্রশিল্পী; চিত্রকর; শিল্পী। ২ যে ব্যক্তি পেশাগতভাবে দালানকোঠা, আসবাবপত্র ইত্যাদি রং করে; রঙের মিস্ত্রি।

painter[2] [ˈপেইন্টা(র্)] *n* নৌকা বাঁধার দড়ি। **cut the ~** (ক) (নৌকা ইত্যাদি) খুলে দেওয়া বা ভাসিয়ে দেওয়া। (খ) (লাক্ষ.) বিচ্ছিন্ন করা; স্বাধীন বা স্বনির্ভর হওয়া।

paint·ing [ˈপেইন্টিঙ্] n [U] রঙের ব্যবহার; চিত্রশিল্প। ২ [C] চিত্রকর্ম; চিত্র।

pair [পেঅ(র্)] *n* ১ জোড়া: a ~ of shoes. ২ যে একক বস্তুর দুটি অংশ সর্বদা সংযুক্ত থাকে: a ~ of trousers; a ~ of scissors. ৩ (বিয়ে বা বাগদানের মতো) অন্তরঙ্গসূত্রে মিলিত দুজন নারী–পুরুষ; যুগল;

দম্পতি: The happy ~, যেমন, নবদম্পতি। **in ~s** জোড়ায় জোড়ায়। ৪ পরস্পর বিপরীত লিঙ্গের দুটি প্রাণী; সাজ-পরা দুটি ঘোড়া। ৫ (আইনসভা বা সংসদে) পরস্পরবিরোধী রাজনৈতিক দলভুক্ত দুজন সংসদ-সদস্য–ভোটগণনার জন্য দুই ভাগে বিভক্ত হবার সময় যারা দুই জন পারস্পরিক সম্মতিক্রমে অনুপস্থিত থাকে, অর্থাৎ, বিভাজনে অংশ নেয় না: The member for Chuadanga could not find a ~. □*vt,vi* জোড়া হওয়া; জুটি বাঁধা; (প্রাণী সম্বন্ধে) যৌন সঙ্গমে মিলিত হওয়া। **~ off** জোড়ায়-জোড়ায় সাজানো; জোড়ায়-জোড়ায় যাওয়া; (সংসদে) জুটি হওয়া।

pais·ley [ˈপেই জ়্লি] *n* [U] উজ্জ্বল রঙের আঁকাবাঁকা নকশা (কাটা নরম পশমি বস্ত্র): a ~ shawl.

pa·ja·mas [পাˈজা:মাজ়্] *n pl* দ্র. pyjamas.

pal [প্যাল্] *n* (কথ্য) সাথি; দোস্ত। □*vi* **pal up (with sb)** (কারো সাথে) দোস্তি করা। **pally** [প্যালি] *adj* (কথ্য) বন্ধুসুলভ; দোস্তিপূর্ণ।

pal·ace [ˈপ্যালিস্] *n* ১ রাজা বা রানী বা সম্রাটের, আর্চবিশপ বা বিশপের সরকারি বাসভবন; রাজপ্রাসাদ; প্রাসাদোপম অট্টালিকা বা ভবন। ২ প্রাসাদের অন্তর্গত বা প্রাসাদ-সংশ্লিষ্ট গণ্যমান্য প্রভাবশালী ব্যক্তিবর্গ। **~ revolution** উচ্চপদস্থ সহকর্মী বা ঘনিষ্ঠ পার্শ্বচরদের দ্বারা প্রেসিডেন্ট বা তদ্রূপ সর্বময় ক্ষমতাধিকারী কোনো ব্যক্তিকে ক্ষমতা থেকে অপসারণ; প্রাসাদ বিপ্লব।

palaeo [ˌপ্যালিওউ US ˌপেইলিওউ] *pref* (যৌগ শব্দে) = paleo-.

pal·at·able [ˈপ্যালাটব্ল্] *adj* রুচিকর; স্বাদু।

pala·tal [ˈপ্যালাট্ল্] *n,adj* জিব দ্বারা তালু স্পর্শ করে উচ্চারিত (ধ্বনি); তালব্য (ধ্বনি) (যথা, জ, ঝ, শ); তালু সংক্রান্ত।

pal·ate [ˈপ্যালাট্] *n* ১ তালু। ˌ**cleft** ˈ**~**, দ্র. cleave^1 (৩). ২ স্বাদবোধ; রুচিবোধ: He has a good ~ for Chinese food.

pa·la·tial [পাˈলেইশ্ল্] *adj* প্রাসাদের মতো; প্রাসাদোপম; চমৎকার; জমকালো: a ~ building.

pa·lat·in·ate [পাˈল্যাটিনাট US –ট নাট্] *n* কতিপয় রাজকীয় অধিকারসম্পন্ন আর্ল বা কাউন্ট দ্বারা শাসিত এলাকা; সামন্তরাজ দ্বারা শাসিত এলাকা।

pal·aver [পাˈলা:ভা(র্) US - ˈল্যাভ্-] *n* [C] (ইতি.) বিশেষত বাণিজ্য ও দেশ-আবিষ্কারে নিয়োজিত ব্যক্তিবর্গ ও দেশের সাধারণ মানুষের মধ্যে আয়োজিত আলোচনা-সভা; [U] বকবকানি; [U, C] ঝামেলা। □*vi* বকবক করা।

pale^1 [পেইল্] *adj* ১ (মুখমণ্ডল সম্বন্ধে) মলিন; বিবর্ণ; ফ্যাকাশে: She looked ~. ˈ**~-face** *n* উত্তর আমেরিকার রেড ইন্ডিয়ানরা সাদা-চামড়ার য়োরোপীয়দের জন্য এই নাম ব্যবহার করতো বলে ধারণা করা হয়। ২ (রং সম্বন্ধে) অনুজ্জ্বল; ক্ষীণ; আবছা: ~ blue. □*vi* ক্ষীণ হওয়া; বিবর্ণ বা ফ্যাকাশে হওয়া। **~ before/by the side of** (লাক্ষ.) কারো পাশে (তুলনায়) নিষ্প্রভ হওয়া বা দুর্বল দেখানো। **~·ly** [ˈপেইললি] *adv.* **~·ness** *n*

pale^2 [পেইল্] *n* বেড়ার খুঁটা; গোঁজ। দ্র. paling.

pale^3 [পেই ল্] *n* (ইতি.) (আয়ারল্যান্ডের রাজধানী) ডাবলিনের চতুর্দিকের ইংরেজ-নিয়ন্ত্রিত এলাকা। (বর্তমানে এই শব্দের ব্যবহার শুধু) **beyond/ outside the ~** সমাজের বাইরে, অর্থাৎ, সামাজিকভাবে গ্রহণযোগ্য নয়; অযৌক্তিক: His mannerism put him outside the ~.

paleo·lithic [ˌপ্যালিওউˈলিথিক্ US ˌপেই ল্-] *adj* প্রাচীন প্রস্তরযুগ সম্বন্ধীয়; প্রাচীন প্রস্তরযুগীয়।

pale·on·tol·ogy (অপিচ **palae-**) [ˌপ্যালিঅন্ˈটলাজি US ˌপেই ল্-] *n* [U] পৃথিবীতে প্রাণের ইতিহাসের উপর আলোকপাতকারী জীবাশ্ম বিষয়ক গবেষণাবিদ্যা; জীবাশ্মবিজ্ঞান। **pale·on·tol·ogist** (অপিচ **palae**) [-অজিস্ট্] *n* জীবাশ্মবিদ।

pal·ette [ˈপ্যালিট্] *n* চিত্রকরের রং গোলার ও মেশানোর জন্য ব্যবহৃত বোর্ড বা তক্তা। ˈ**~ knife** ইস্পাতের হাতলযুক্ত ফলা—তেল রং মেশানোর জন্য চিত্রকর ও কাদা মাখাবার জন্য কুমোর প্যালেটনাইফ বা ফলা ব্যবহার করে।

pal·frey [ˈপো°ল্ফ্রি] *n* (প্রা. প্র. ও কাব্যে) বিশেষত মহিলাদের চড়ার জন্য প্রস্তুত ঘোড়া।

pal·imp·sest [ˈপ্যালিম্প্সেস্ট্] *n* [C] (বিশেষত, লুপ্ত প্রাচীন গ্রন্থাদির উৎস হিসাবে বিবেচিত) যে পাণ্ডুলিপি থেকে নতুন লেখা লিপিবদ্ধ করার জন্য মূল লেখা মুছে ফেলা হয়েছে।

pal·in·drome [ˈপ্যালিনড্রোউ ম্] *n* যে শব্দ, কবিতার চরণ ইত্যাদি উলটা দিক থেকে পড়লেও একই থাকে, যেমন, madam, নতুন।

pali·sade [প্যালি ˈসেইড্] *n* ১ শক্ত, চোখা ও কাঠের খুঁটার তৈরি বেড়া (এককালে আক্রমণের হাত থেকে ঘর-বাড়ি রক্ষার জন্য ব্যবহৃত হতো)। ২ *(pl)* (US) (বিশেষত নদীতীরবর্তী) সারি সারি উঁচু খাড়া পাহাড়ের দেয়াল। □*vt* শক্ত খুঁটার বেড়া দিয়ে ঘিরে ফেলা বা সুরক্ষিত করা।

pal·ish [ˈপেই লিশ্] *adj* ঈষৎ ফ্যাক্যাশে, মলিন, বিবর্ণ বা ক্ষীণ।

pall^1 [পো°ল্] *n* ১ শবাধার বা কফিনের ভারী কাপড়। ˈ**~-bearer** শবাধারবাহী বা শবযাত্রী। ২ (লাক্ষ.) যে কোনো কৃষ্ণবর্ণ ভারী আচ্ছাদন: a ~ of smoke.

pall^2 [পো°ল্] *vi* **~ (on/upon)** দীর্ঘসময় ধরে চলার বা ব্যবহৃত হবার ফলে বিরক্তি বা বিতৃষ্ণাকর হওয়া: His long lecture began to ~ upon his audience.

pal·lad·ium [পাˈলেই ডিঅম্] *n* [U] (রস.) অনুঘটক হিসাবে ব্যবহৃত শ্বেতবর্ণ ধাতব পদার্থবিশেষ (প্রতীক Pd)।

pal·let [ˈপ্যালিট্] *n* ১ খড়ের গদি। ২ লরি থেকে ট্রেন বা জাহাজে মালপত্র ওঠানোর জন্য ব্যবহৃত বিশাল বারকোশবিশেষ।

pal·li·asse [ˈপ্যালিঅ্যাস্ US ˌপ্যালি ˈঅ্যাস্] *n* = paillasse.

pal·li·ate [ˈপ্যালিএ ইট্] *vt* (আনুষ্ঠা.) (রোগ, বেদনা) প্রশমন করা; (অপরাধ ইত্যাদির) গুরুত্ব লাঘব করা। **pal·li·ation** [ˌপ্যালিˈএইশ্ন্] *n* প্রশমন, লাঘবকরণ; [C] যা লাঘব বা প্রশমিত করে; অছিলা। **pal·li·ative** [ˈপ্যালিঅটিভ্] *n,adj* প্রশমনকারী (বস্তু)।

pal·lid [ˈপ্যালিড্] *adj* ফ্যাকাশে; মলিন; রুগ্ণ দেখায় এমন। **~·ly** *adv.* **~·ness** *n*

pal·lor [ˈপ্যালা(র্)] *n* [U] বিশেষত মুখের ফ্যাকাশে ভাব; বিবর্ণতা।

pally, দ্র. pal.

palm^1 [পা:ম্] *n* হাতের তালু; করতল। **grease/oil sb's ~** (কাউকে) ঘুষ দেওয়া। **have an itching ~** সব সময় ঘুষ খাবার জন্য হা করে থাকা। □*vt* হাতের খেলা দেখাবার সময় (পয়সা, তাস ইত্যাদি) হাতের মধ্যে লুকিয়ে ফেলা। **~ sth off (on/upon sb)** প্রতারণা করে বা ভুল বুঝিয়ে (কাউকে) কোনো কিছু গ্রহণ করতে রাজি করানো।

palm^2 [পা:ম্] *n* ১ তালজাতীয় গাছ। ˈ**~-oil** *n* [U] পাম-তেল। ˈ**~ wine** তালের রস থেকে প্রস্তুত মদবিশেষ;

তাড়ি। ˌ**P~ ˈSunday** Easter–এর আগের রবিবার (এই দিনটিতে যিশুর জেরুজালেমে প্রবেশ উপলক্ষে পথে পথে তালের পাতা বিছিয়ে দেওয়া হয়েছিল)। ২ বিজয়-প্রতীক হিসাবে তালের পাতা। **bear/carry off the ~** বিজয়ী হওয়া। **yield the ~ (to sb)** (কারো কাছে) পরাজয় স্বীকার করা। **~y** *adj* শাখাপ্রশাখায় বিস্তৃতিশীল; সমৃদ্ধিশীল। **~er** *n* (আগেকার দিনে) পবিত্র জেরুজালেমে তীর্থ করে ফেরার নিদর্শনস্বরূপ তালপাতাবাহী তীর্থযাত্রী।

pal·metto [প্যাল্ˈমেটোউ] *n* ওয়েস্ট ইনডিজ ও যুক্তরাষ্ট্রের দক্ষিণপূর্ব সৈকতে দৃষ্ট হাতপাখার মতো পাতাবিশিষ্ট ক্ষুদ্রাকার তালগাছ।

palm·ist [ˈপা:মিস্ট্] *n* হস্তরেখাবিদ। **palm·is·try** [পা:মিস্ট্রি] *n* হস্তরেখাবিদ্যা।

pal·pable [ˈপ্যালপাব্ল্] *adj* অনুভব করা যায় বা স্পর্শ করা যায় এমন; স্পষ্টত বোধগম্য: a ~ error. **pal·pably** [-আব্লি] *adv*

pal·pi·tate [ˈপ্যালপিটেইট্] *vi* (হৃৎপিণ্ড সম্বন্ধে) দ্রুত ও অনিয়মিতভাবে স্পন্দিত হওয়া; বুক ধড়ফড় করা; (ব্যক্তি বা তার শরীর সম্বন্ধে) ভয়ে কাঁপা। **pal·pi·ta·tion** [প্যালপিˈটেইশ্ন্] *n* (রোগ, কঠিন পরিশ্রম ইত্যাদির কারণে) দ্রুত ও অনিয়মিত হৃৎ-স্পন্দন; বুক ধড়ফড়ানি।

palsy [ˈপো°লজ়ি] *n* [U] পক্ষাঘাত। □পক্ষাঘাতগ্রস্ত করা; অবশ করা।

pal·ter [ˈপো°ল্টা(র্)] *vi* **~ with** কপটাচার করা; দ্বিমুখী আচরণ করা; হেলাফেলা করা: Don't ~ with the question, হেলাফেলা কোরো না।

pal·try [ˈপো°ল্ট্রি] *adj* তুচ্ছ, নগণ্য; অবজ্ঞা করা যায় এমন।

pam·pas [ˈপ্যামপাস্ US –আজ়্] *n pl* দক্ষিণ আমেরিকার তৃণাচ্ছাদিত বৃক্ষহীন বিস্তীর্ণ প্রান্তর। **ˈ~-grass** *n* [U] এই প্রান্তরে জন্মানো ঝুটির মতো সাদা ফুলওয়ালা অত্যন্ত লম্বা ধারালো ঘাস।

pam·per [ˈপ্যাম্পা(র্)] *vt* অত্যধিক প্রশ্রয় দেওয়া: a ~ed child.

pamph·let [ˈপ্যাম্ফ্লিট্] *n* [C] বিশেষত সমসাময়িক সমস্যা নিয়ে লেখা বাঁধাইহীন পুস্তিকা; প্যাম্ফ্লেট। **~·eer** [ˌপ্যাম্ফ্লাˈটিআ(র্)] *n* প্যাম্ফ্লেট-রচয়িতা।

pan[1] [প্যান্] *n* ১ চাটু, তাওয়া। **ˈpan·cake** *n* **(ক)** ময়দা, ডিম, দুধ ইত্যাদি মিশিয়ে তৈরি এক প্রকার কেক বা পিঠা। **Pancake Day** = Shrove Tuesday. **(খ) pancake landing** বিমানের জরুরি অবতরণের পদ্ধতিবিশেষ—যাতে গাছ থেকে ফল পড়ার ভঙ্গিতে বিমান উপর থেকে সরাসরি মাটিতে নেমে আসে। **(গ)** চাপ দিয়ে পিঠার মতো করে তৈরি করা মুখে দেবার পাউডারের চাক। ২ বিভিন্ন কাজে ব্যবহৃত পাত্র: the pan of a lavatory, মলাধার বা মলপাত্র; a ˈbedpan. ৩ মাটিতে সৃষ্ট (কৃত্রিম বা প্রাকৃতিক) গর্ত: a ˈsalt-pan, নোনা–পানি শুকিয়ে সৃষ্ট গর্ত। ৪ **ˈbrain-pan** মাথার খুলির উপরের অংশ। ৫ দাঁড়িপাল্লার যে কোনো একটি পাল্লা। ৬ সোনা বা অন্য ধাতুর আকরিক পৃথক করার জন্য নুড়ি, পাথরকুচি ইত্যাদি ধোবার খোলা পাত্র। ৭ গাদা বন্দুকের যে ঘরে (অর্থাৎ গর্তের মতো জায়গায়) বারুদ ভরা হয়। **a flash in the pan**, দ্র. flash[1] (১). ৮ [U] **(ˈhard-)pan** ভূ-পৃষ্ঠের ঠিক নীচের কঠিন ভূস্তর; কঠিন অন্তর্ভূমি। ৯ (অপ.) মুখমণ্ডল। □*vt,vi* ১ **pan sth off/out** পাত্রে করে (সোনামিশ্রিত নুড়ি ইত্যাদি) ধোয়া। **pan for** সোনা পাবার আশায় নুড়ি ইত্যাদি ধোয়া। **pan out (ক)** সোনা মেলা, অর্থাৎ, নুড়ি ধুয়ে সোনা পাওয়া। **(খ)** (লাক্ষ.) সফল হওয়া; (কোনো রূপ বা আকার) ধারণ করা; (কোনো) পরিণতি লাভ করা: How did it pan out? শেষটায় কী (পরিণতি) হলো? ২ (কথ্য) অত্যন্ত রূঢ়ভাবে সমালোচনা করা।

pan[2] [প্যান্] *vt,vt* (সিনেমা ও টিভি) কোনো চলমান বস্তুর বা কোনো বিস্তৃত দৃশ্যপটের ছবি তুলবার জন্য ডাইনে বা বাঁয়ে ক্যামেরা ঘোরানো। দ্র. zoom (২).

pan- *pref* দ্র. পরি. ৩.

pana·cea [ˌপ্যানাˈসি আ] *n* সর্ববিধ রোগ–নিরাময়কারী ওষুধ; সর্ববিধ সঙ্কট মোচনের উপায়।

pa·nache [প্যাˈন্যাশ্ US -পা–] *n* [U] বড়াই ভাব: There is always an air of ~ about every thing she says.

pa·nama [ˈপ্যানামা:] *n* **~ (hat)** দক্ষিণ ও মধ্য আমেরিকাজাত এক ধরনের গাছের নরম মিহি খড়জাতীয় পাতা থেকে তৈরি টুপি; পানামা হ্যাট।

pana·tella [ˌপ্যানাˈটেল া] *n* [C] লম্বা সরু চুরুট।

pan·chro·matic [ˌপ্যান্ক্রাˈম্যাটিক্] *adj* (আলোক.) সকল রঙের প্রতি সমানভাবে স্পর্শকাতর; সম-সুবেদী।

pan·creas [ˈপ্যাঙক্রিআস্] *n* [U] পাকস্থলীর নিকটবর্তী পরিপাকরস নিঃসরণকারী গ্ল্যান্ড; অগ্ন্যাশয়। **pan·cre·atic** [ˌপ্যাঙ্ক্রিˈঅ্যাটিক্] *adj* উক্ত গ্ল্যান্ডসংক্রান্ত।

panda [ˈপ্যান্ডা] *n* তিব্বতের ভালুক-সদৃশ জন্তু—যার পা কালো ও দেহ সাদা ও কালো রঙের হয়। **ˈP~ car** (GB) পুলিশের টহলগাড়ি। **ˈP~ crossing** *n* (GB) ফ্ল্যাশ লাইট বা থেকে থেকে জ্বলে-ওঠা বাতি দ্বারা নিয়ন্ত্রিত রোডক্রসিং বা পথচারী-পারাপার (খুঁটিতে লাগানো বোতামে পথচারী নিজেই চাপ দিলে নিয়ন্ত্রক ফ্ল্যাশলাইট জ্বলে ওঠে)

pan·demic [প্যান্ˈডেমিক্] *n,adj* সমগ্র দেশ বা মহাদেশ ব্যাপ্ত (ব্যাধি)।

pan·de·mo·nium [ˌপ্যানডিˈমোউনিআম্] *n* [C, U] হৈচৈপূর্ণ অস্বাভাবিক বিশৃঙ্খলা; এরূপ বিশৃঙ্খলার স্থান।

pan·der [ˈপ্যান্‌ডা(র্)] *vi* **~ (to)** ১ (কারো অভিলাষ-অভিরুচিতে) সহায়তা বা উৎসাহ দান করা: a newspaper that ~s to one's interest in scandals. ২ (কারো যৌনলিপ্সা চরিতার্থের জন্য) দূতগিরি করা। এ-অর্থে বর্তমানে অধিক প্রচলিত শব্দ procure (৩) দ্রষ্টব্য। □*n* = pimp (যে ব্যক্তি পতিতার বা পতিতালয়ের দালালি করে)।

pane [পেইন্] *n* জানালার শার্সির কাচ।

pan·egyric [ˌপ্যানিˈজিরিক্] *n* [C] স্তুতি; প্রশস্তিগাথা।

panel [ˈপ্যান্ল্] *n* ১ পার্শ্ববর্তী অংশ থেকে উপরে উঠানো বা নীচে নামানো দরজা, দেয়াল বা সিলিং ইত্যাদির অংশ; প্যানেল। ২ জামা-কাপড়ে বসানো ভিন্ন রঙের বা ভিন্ন উপাদানে তৈরি পটিবিশেষ। ৩ যন্ত্রপাতির বোর্ড: (বিমান বা মোটরগাড়ির) instrument ~; (রেডিও বা টিভির) control ~. ৪ জুরির দায়িত্ব পালনের জন্য আহূত হতে পারেন এমন ব্যক্তিদের নামের তালিকা। ৫ শ্রোতাদের উপস্থিতি ও অংশগ্রহণের মাধ্যমে কোনো আলোচনার জন্য নির্বাচিত বক্তাবৃন্দ: (attrib) a ~ discussion. □*vt* প্যানেল দ্বারা সজ্জিত করা: a ~led wall. **~·ling** *n* দেয়াল প্রভৃতির প্যানেলের সারি।

pang [প্যাঙ্] *n* আকস্মিক তীক্ষ্ণ বেদনা, অনুশোচনা ইত্যাদি।

panga [প্যাঙ্গা] *n* আফ্রিকার শ্রমিকদের ব্যবহৃত বড়ো কাটা ছুরি।

pan·handle [ˈপ্যান্হ্যান্ড্ল্] *n* (US) সংকীর্ণ ভূভাগ। □*vi* (US কথ্য) পথে পথে ভিক্ষা করা।

panic [প্যানিক্] *n* [C, U] ১ দ্রুত ছড়িয়ে পড়ে এমন অবুঝ নিয়ন্ত্রণহীন আতঙ্ক: Rumours of a war caused ~ among the people. ˈ**~-stricken** *adj* আতঙ্কগ্রস্ত; আতঙ্কিত। ২ (attrib) অবুঝ: ~ fear. □*vi* আতঙ্কগ্রস্ত হওয়া: Don't ~, please! there isn't any fire. **pan·icky** [প্যানিকি] *adj* (কথ্য) সহজে আতঙ্কগ্রস্ত হয় এমন; আতঙ্কিত।

pan·jan·drum [প্যান্ˈজ্যান্ড্রাম্] *n* উচ্চাসন অধিকারী কোনো ব্যক্তিকে বা হামবড়া কোনো কর্মকর্তাকে কৌতুকচ্ছলে দেওয়া নাম।

pan·nier [ˈপ্যানি আ(র্)] *n* ঘোড়া বা গাধার পিঠের দুই পাশে বসানো ঝুরির একটি; (মোটর-)সাইকেলের পিছনের দিকে দুই পাশে বসানো ব্যাগের একটি।

pan·ni·kin [ˈপ্যানিকিন্] *n* (GB) ক্ষুদ্র ধাতব পেয়ালা; এই পেয়ালার ভিতরকার বস্তু।

pan·oply [ˈপ্যানাপ্লি] *n* পুরা একপ্রস্ত বর্ম; (লাক্ষ.) জমকালো সজ্জা। **pan·oplied** [ˈপ্যানাপ্লিড্] *adj* সম্পূর্ণ বর্মাবৃত; সম্পূর্ণ সাজে সজ্জিত।

pan·op·tic [প্যান্ˈঅপ্‌টিক্] *adj* (নকশা, ছবি ইত্যাদি সহকারে কোনো কিছুর) সম্পূর্ণ চিত্র বা দৃশ্যপট তুলে ধরে এমন।

pan·or·ama [ˌপ্যানাˈরা:মা US ˈর্যামা] *n* বিস্তৃত অবাধ দৃশ্যপট; ক্রমাগত চলমান দৃশ্য: The ~ of tribal life. **pan·or·amic** [প্যানাˈর্যামিক্] *adj*

pan-pipes [ˈপ্যান্ পাইপ্‌স্] *n pl* একাধিক নল বা পাইপ দিয়ে তৈরি বাদ্যযন্ত্রবিশেষ।

pansy [ˈপ্যান্জি] *n* ১ সপুষ্পক গুল্মবিশেষ। ২ (তুচ্ছ.) মেয়েলি পুরুষ; সমকামী।

pant [প্যান্ট্] *vi,vt* ১ হাঁপানো: He sat down ~ing. ২ হাঁপাতে হাঁপাতে বলা: ~ out a message. ৩ **~ for** (প্রা. প্র.) (কোনো কিছুর জন্য) প্রবল ইচ্ছা পোষণ করা; আকুলভাবে আকাঙ্ক্ষা করা। □*n* হাঁপানি; হাঁপ। **~·ing·ly** *adv*

pan·ta·loon [ˈপ্যান্টাˈলূন্] *n* ১ (কৌতুক নাটকবিশেষে) অত্যন্ত হাবাগোবা এক চরিত্র; ভাঁড় যাকে বোকা বানায়। ২ (*pl*) (বর্তমানে রসাত্মক, বা US) = pants.

pan·the·ism [ˈপ্যান্থিইজ়াম্] *n* [U] ঈশ্বর সবকিছুতে আছেন এবং সবকিছুই ঈশ্বর এই বিশ্বাস; সর্বেশ্বরবাদ; সর্বদেবতার উপাসনা। **pan·the·ist** [-ইস্ট্] সর্বেশ্বরবাদী। **pan·the·is·tic** [ˌপ্যানথিˈইস্টিক্] *adj* সর্বেশ্বরবাদ সংক্রান্ত; সর্বেশ্বরবাদী।

pan·theon [প্যানথিঅন্ US -থিঅন্] *n* সর্বদেবতার মন্দির: The P~ in Rome; কোনো জাতির দেবতামণ্ডল: The Greek ~; মহান ব্যক্তিদের সমাধিগৃহ বা স্মৃতিভবন।

pan·ther [ˈপ্যানথা(র্)] *n* কালো চিতা; (US) বাদামি চিতা; পুমা।

pan·ties [ˈপ্যানটিজ়্] *n pl* (মেয়েদের) আঁটসাট খাটো প্যান্ট জাতীয় অন্তর্বাস।

pan·tile [ˈপ্যানটাইল্] *n* ছাদ ছাওয়ার জন্য বাঁকা টালি: (attrib) a ~ roof.

pan·to·graph [ˈপ্যানটাগ্রা:ফ্ US -গ্র্যাফ্] *n* ১ ভিন্ন মাপে নকশা ইত্যাদি নকল করার যন্ত্রবিশেষ। ২ মাটির উপরের বৈদ্যুতিক তার থেকে কোনো গাড়িতে বৈদ্যুতিক সংযোগ দেবার যন্ত্রবিশেষ।

pan·to·mime [ˈপ্যান্ট মাইম্] *n* ১ [C, U] রূপকথা বা লোককাহিনী আশ্রিত ও নাচ-গান-ভাঁড়ামিপূর্ণ এক ধরনের ইংরেজি নাটক। ২ [U] নির্বাক অভিনয়।

pan·try [প্যানট্রি] *n* ১ (বড়ো বাড়ি, হোটেল, জাহাজ ইত্যাদির) যে কক্ষে বাসন-কোসন, টেবিলের কাপড় ইত্যাদি রাখা হয়। ˈ**~·man** [মান্] *n* প্রধান খানসামা বা তার সহকারী। ২ ভাঁড়ার-ঘর।

pants [প্যান্টস্] *n pl* (GB) (পুরুষ ও ছেলেদের ব্যবহৃত) প্যান্ট; (US) ফুলপ্যান্ট; ট্রাউজার। **bore/scale/talk etc the ~ off one** কাউকে ভীষণ বিরক্ত করা/ভয় পাইয়ে দেওয়া/বকবক করে মাথা ধরিয়ে দেওয়া ইত্যাদি। **catch sb with his ~ down** কাউকে অপ্রস্তুত অবস্থায় দেখতে পাওয়া।

panty-hose [প্যান্টি হোউজ়্] *n* = tights.

pan·zer [ˈপ্যান্ট্সা(র্)] attrib *adj* (জ.) বর্মাবৃত; আর্মার্ড: ˈ~ divisions.

pap [প্যাপ্] *n* [U] শিশু বা রুগ্‌ণ ব্যক্তিদের জন্য নরম খাবার; জাউ; (লাক্ষ.) সহজপাঠ্য হালকা বই।

papa [পাˈপা: US ˈপা:পা] *n* (শিশুদের ব্যবহৃত শব্দ) বাবা।

pa·pacy [ˈপেইপাসি] *n* পোপ-এর পদ বা কর্তৃত্ব; পোপ-এর শাসন। **pa·pal** [ˈপেইপ্ল্] *adj* পোপ বা পোপ-এর শাসন সম্বন্ধীয়।

pa·paw, paw·paw [পাˈপো° US ˈপো°পো°] *n* ১ পেঁপেগাছ; পেঁপে। ২ উত্তর আমেরিকার ছোট আকারের পেঁপে-জাতীয় ফলসম্বলিত ছোট চিরসবুজ গাছ।

pa·paya [পাˈপা ইআ] *n* = papaw.

paper [ˈপেইপা(র্)] *n* ১ [U] কাগজ: a sheet of ~. **(be/look) good on ~** কাগজে-পত্রে ভালো মনে হওয়া/ভালো দেখানো: The scheme looks good on ~, কাগজে-পত্রে ভালোই মনে হয় (তবে এখনো পরীক্ষিত হয়নি)। **put pen to ~** (বর্তমানে অপ্রচলিত) (চিঠিপত্র প্রভৃতি) লিখতে বসা। ˈ**~-backed** *adj* (বই সম্বন্ধে) সাধারণ কাগজের মলাটযুক্ত; পেপারব্যাক্ট্। **~ back** এ রকম মলাটযুক্ত বই এবং এ রকম আকার বা ফর্ম: All his books have appeared in ~ back. ˈ**~-chase** *n* hare-এর ঘরে hare and hounds দ্রষ্টব্য। ˈ**~-clip** *n* = clip[1] (১). ˈ**~-hanger** *n* ঘরের দেয়াল কাগজে মুড়ে দেওয়া যে ব্যক্তির পেশা। ˈ**~-knife** *n* বই-এর জোড়ালাগানো পাতা কেটে খোলা, খামখোলা ইত্যাদি কাজে ব্যবহৃত ছুরি। ˈ**~-mill** *n* কাগজের মিল বা কারখানা। ˌ**~ˈtiger** *n* বাইরে থেকে ক্ষমতাবান মনে হয় কিন্তু আসলে তা নয় এমন ব্যক্তি বা ব্যক্তিবৃন্দ; কাগুজে বাঘ। ˈ**~-weight** *n* ধাতু বা কাচের তৈরি যে ভারী বস্তু দিয়ে আলগা কাগজপত্র চাপা দিয়ে রাখা হয়; পেপারওয়েট। ˈ**~-work** *n* [U] (লোক-জনের সঙ্গে লেনদেন, আসল কাজ ইত্যাদির বিপরীতে) কাগজ-কলমের কাজ (যেমন, ফাইলপত্র রাখা, চিঠিপত্র লেখা বা দেখাশোনা করা, ফরম পূরণ করা ইত্যাদি)। ২ [C] খবরের কাগজ: today's ~s; the evening ~. ৩ [U] **~ money** (টাকার) নোট; কাগজি মুদ্রা। ৪ (*pl*) প্রামাণ্য দলিল, সার্টিফিকেট ইত্যাকার প্রমাণপত্র; কাগজ-পত্র: Let me see your ~s, দেখি তোমার কাগজপত্র; send in one's ~s, (সাম.) পদত্যাগ

করা। ৫ [C] পরীক্ষার প্রশ্নপত্র: The history ~ was difficult. ৬ [C] বিশেষত বিদগ্ধ সমাবেশে পাঠ করার জন্য গবেষণামূলক রচনা: a ~ on rural migrations. □*vt* (দেয়াল ইত্যাদিতে) কাগজ মুড়ে দেওয়া: ~ the drawing room; কাগজ দিয়ে ঢেকে দেওয়া। **~ over the cracks** (লাক্ষ.) দোষত্রুটি ইত্যাদি আড়াল করা বা গোপন করা।

pa·pier-mâché [ˌপ্যাপিয়েই ˈম্যাশেই US ˌপেইপার ম্যাˈশেই] *n* [U] বাক্স, ট্রে প্রভৃতি তৈরিতে প্লাস্টিক উপাদান হিসাবে ব্যবহৃত কাগজের মণ্ড।

pa·pist [ˈপেই পিস্ট্] *n, adj* (প্রটেস্টান্ট-সম্প্রদায়ভুক্ত কিছু কিছু খ্রিস্টানদের দ্বারা অবজ্ঞার্থে ব্যবহৃত) রোমান ক্যাথলিক চার্চ সম্বন্ধীয়; ক্যাথলিক সম্প্রদায়ভুক্ত লোক।

pa·poose [পাˈপূস্ US -প্যাˈপূস্] *n* (উত্তর আমেরিকার ইন্ডিয়ানদের ব্যবহৃত শব্দ) শিশু, বাচ্চা; শিশুদেরকে পিঠে করে বহনের জন্য ফ্রেম-লাগানো ঝুলি।

pap·rika [ˈপ্যাপ্রিকা US পˈপ্রীকা] *n* [U] রান্নায় দেওয়া লালমরিচের গুঁড়া বা লালমরিচের বাটা।

pa·py·rus [পাˈপা ইয়ারাস্] *n* ১ [U] দীর্ঘ জলজ উদ্ভিদ বা নল-খাগড়া (এর থেকে প্রাচীন মিশরে তৈরি এক ধরনের কাগজ)। ২ [C] (*pl* papyri [পˈপাইয়ারাই]) এই কাগজে লেখা পাণ্ডুলিপি।

par[1] [পা:(র্)] *n* [U] ১ গড় বা স্বাভাবিক পরিমাণ, মাত্রা, মূল্য ইত্যাদি। **above/below/at par** (শেয়ার, বন্ড ইত্যাদি সম্বন্ধে) প্রকৃত বা অভিহিত মূল্যের বেশি/কম/সমান দামে। **on a par (with)** সমান। **up to par** (কথ্য) যেমন ছিল/চলে তেমনি; একই রকম। **par of exchange** দুটি মুদ্রার স্বাভাবিক বিনিময় হার। **par value** শেয়ারের নামিক বা গায়ে-লেখা মূল্য। ২ (গলফ খেলায়) বল গর্তে ফেলার জন্য একজন ভালো খেলোয়াড়ের পক্ষে যে কটা বাড়ি বা স্ট্রোক প্রয়োজন বিবেচিত হয়।

par[2] [পা:(র্)] দ্র. parr.

par·able [ˈপ্যারব্ল্] *n* নীতিগর্ভ রূপক-কাহিনী; রূপক। **para·boli·cal** [ˌপ্যারাˈবলিক্ল্] রূপক সম্বন্ধীয়; রূপকের আকারে রচিত বা বর্ণিত।

par·ab·ola [পাˈর‍্যাবালা] *n* অধিবৃত্ত। **para·bolic** [প্যারাˈবলিক] *adj* অধিবৃত্ত সম্বন্ধীয়; অধিবৃত্ত সদৃশ।

para·chute [ˈপ্যারাশূট্] *n* বিমান থেকে লাফিয়ে পড়ার জন্য বা কোনো সরবরাহসামগ্রী নীচে ফেলার জন্য ব্যবহৃত ছাতার মতো কল; অবতরণ-ছত্র; প্যারাশুট। □*vt,vi* প্যারাশুটের সাহায্যে বিমান থেকে অবতরণ করা বা কোনো কিছু নীচে ফেলা: men ~d in the difficult terrain. **para·chut·ist** [-ইস্ট্] *n* যে ব্যক্তি প্যারাশুটের সাহায্যে অবতরণ করে; ছত্রী।

par·ade [পাˈরেইড্] *vt,vi* ১ (সৈন্য, পুলিশ প্রভৃতি সম্বন্ধে) কুচকাওয়াজের জন্য সমবেত হওয়া বা সমবেত করা; প্যারেড বা কুচকাওয়াজ করা। ২ প্রদর্শন করা; দৃষ্টি আকর্ষণের চেষ্টা করা: ~ one's wealth. □*n* সৈন্য; পুলিশ প্রভৃতির কুচকাওয়াজ; প্যারেড: be on ~. ২ [C] **ˈ~-ground** প্যারেড করার মাঠ। ৩ [C] প্রদর্শনী। **make a ~ of one's virtues** নিজের গুণ জাহির করা। ৪ [C] জনসাধারণের বেড়ানোর স্থান; বিশেষত সমুদ্রসৈকতে নির্মিত প্রশস্ত ও প্রায়শ অলঙ্কৃত পথ।

para·digm [ˈপ্যারাডা ইম্] *n* উদাহরণ, নমুনা; বিশেষত শব্দের প্রকৃতি-প্রত্যয়ের উদাহরণমালা।

para·dise [ˈপ্যারাডাইস্] *n* ১ ইডেন উদ্যান, অ্যাডাম ও ঈভ্-এর (আদম ও হাওয়ার) আদি নিবাস। ˌ**bird of ˈ~** (নিউ গিনির) সুন্দর পালকবিশিষ্ট পাখি। ২ স্বর্গ। ৩ [C] পরম সুখের স্থান; [U] পরম সুখ। **a fool's ~,** দ্র. fool[1] (১). **para·dis·iac** [ˌপ্যারাˈডিজিঅ্যাক্], **para·dis·ia·cal** [প্যারাডিˈজাইআকল্] *adjj* স্বর্গীয়; স্বর্গতুল্য: in a paradisiac state, স্বর্গতুল্য সুখে; আদি নিষ্পাপতায়।

para·dox [ˈপ্যারাডক্স্] *n* [C] যে উক্তি আপাতদৃষ্টিতে স্ববিরোধী মনে হলেও সত্যবর্জিত নয়, যথা, More haste, less speed. **~i·cal** [ˌপ্যারাডক্সিক্ল্] *adj.* **~i·cally** [-ক্লি] *adv*

par·af·fin [ˈপ্যারাফিন্] *n* [U] ১ ˈ**~ (oil)** (GB) প্যারাফিন তেল (US = কেরোসিন)। ২ **~ (wax)** মোম বাতি তৈরিতে ব্যবহৃত মোমসদৃশ পদার্থ। ৩ ˌ**liquid** ˈ**~** রেচক হিসাবে ব্যবহৃত প্যারাফিনের স্বাদহীন; গন্ধহীন রূপ।

para·gon [ˈপ্যারাগান্ US -গন্] *n* পরমোৎকর্ষের মূর্ত রূপ; আপাত সম্পূর্ণ সুন্দর বা সম্পূর্ণ নিখুঁত ব্যক্তি বা বস্তু: a ~ of beauty.

para·graph [ˈপ্যারাগ্রা:ফ্ US -গ্র্যা ফ্] *n* [C] অনুচ্ছেদ; প্যারাগ্রাফ; অনুচ্ছেদ নির্দেশক চিহ্ন (¶)। ২ সংবাদপত্রের টুকরা খবর। □*vt* অনুচ্ছেদে ভাগ করা।

para·keet [ˈপ্যারাকীট্] *n* বিভিন্ন জাতের দীর্ঘপুচ্ছ ক্ষুদ্র টিয়াপাখি।

par·al·lel [ˈপ্যারালেল্] *adj* (রেখা সম্বন্ধে) সমান্তরাল; (অন্য কোনো রেখার সঙ্গে) সমান্তরাল সম্পর্কযুক্ত: a road running ~ to/with the railway. ˌ**~ ˈbars** শরীরচর্চার জন্য ব্যবহৃত প্যারালেল বার। □*n* ১ **~ of latitude** মানচিত্রে বিষুবরেখার উত্তরে বা দক্ষিণে সকল স্থানে সমান ব্যবধানসম্পন্ন সমান্তরাল রেখা; সমাক্ষরেখা। **in ~** (বৈদ্যুতিক সার্কিটের অংশসমূহ সম্বন্ধে) প্রতিটি অংশে স্বতন্ত্রভাবে বিদ্যুৎ সরবরাহ প্রদানের ব্যবস্থায় (দ্র. series)। ২ [U, C] সম্পূর্ণ একরকম ব্যক্তি, বস্তু, ঘটনা ইত্যাদি: an achievement without (a) ~ in recent times. ৩ তুলনা: draw a ~ between .... □*vt* ১ অনুরূপ বা তুলনীয় কোনো কিছু উদ্ধৃত, উপস্থাপন বা উল্লেখ করা। ২ সমান্তরাল বা অনুরূপ হওয়া: His career ~s mine in many respects. The road ~s the railway. **~·ism** [-ইজম্] *n* (আক্ষ. বা লাক্ষ.) সমান্তরালতা; সমান্তরতা; সাদৃশ্য। **~o·gram** [ˌপ্যারালেলাগ্র্যাম্] *n* যে চতুর্ভুজ সমতল ক্ষেত্রের বিপরীত বাহুগুলি পরস্পর সমান ও সমান্তরাল; সামন্তরিক ক্ষেত্র।

par·al·ysis [পাˈর‍্যালসিস্] *n* [U] পক্ষাঘাত; (লাক্ষ.) সম্পূর্ণ অক্ষম অবস্থা। **para·lyt·ic** [ˌপ্যারাˈলিটিক্] *n adj* ১ পক্ষাঘাতগ্রস্ত (ব্যক্তি): Her grandfather was a paralytic in the last days of his life; (লাক্ষ.) অসহায়: paralytic laughter. ২ অত্যন্ত নেশাগ্রস্ত (ব্যক্তি)। **para·lyse** (US = **-lyze**) [ˈপ্যারালাইজ্] *vt* ১ পক্ষাঘাতগ্রস্ত করা। ২ অসহায় বা বিহ্বল করা: paralysed with fear.

par·ameter [পাˈর‍্যামিটা(র্)] *n* চারিত্রিক বা চরিত্র-নির্ধারক বৈশিষ্ট্য; (গণিত) বিচার্য ক্ষেত্রের ধ্রুবকবিশেষ; স্থিতিমাপ।

para·mili·tary [ˌপ্যারাˈমিলিট্রি US -টেরি] *adj* আধা-সামরিক: ~ forces.

para·mount [ˈপ্যারামা উন্ট্] *adj* (আনুষ্ঠা.) সর্বোচ্চ; শক্তিতে বা ক্ষমতায় শ্রেষ্ঠতর: ~ chiefs; অন্যতম প্রধান; প্রধানতম: of ~ importance; শ্রেষ্ঠতর; শ্রেয়োতর। **~cy** [-সি] *n*

para·noia [ˌপ্যারানয়অ] *n* বিশেষত নির্যাতনের বদ্ধমূল ধারণাঘটিত (সাধা. অনারোগ্য) মানসিক বৈকল্য; নির্যাতন ভ্রম। **para·noiac** [ˌপ্যারা'নয়অ্যাক্] **para·noid** ['প্যারানয়ড্] *nn,adjj* ভ্রমগ্রস্ত (ব্যক্তি)।

para·pet ['প্যারাপিট্] *n* ১ সমান ছাদের কিনারায় বা সেতুর পাশে বা অনুরূপ কোনো স্থানে নিরাপত্তা- মূলক (নিচু) পাঁচিল। ২ (যুদ্ধে) পরিখা বা ট্রেন্চ্-এর সামনে মাটি পাথর ইত্যাদি দিয়ে নির্মিত আত্মরক্ষামূলক বাঁধ।

para·pher·nalia [ˌপ্যারাফা'নেইলিঅ] *n* [U] বিশেষত কারো নেশা বা পেশাগত কাজে ব্যবহৃত টুকিটাকি জিনিসপত্র, কল-কব্জা ইত্যাদি।

para·phrase ['প্যারাফ্রেইজ্] *vt,n* কোনো লেখার শব্দান্তরিত প্রকাশ; কোনো লেখাকে শব্দান্তরিত করা বা অন্য কথায় প্রকাশ করা।

para·site [প্যারাসা ইট্] *n* ১ পরজীবী; পরভুক প্রাণী বা জীবাণু; পরজীবী গাছ, লতাপাতা ইত্যাদি; পরগাছা। ২ পরাশ্রয়ী ব্যক্তি। **para·sitic** [ˌপ্যারা'সিটিক্], **para·siti·cal** [ˌপ্যারাসিটিক্ল্] *adjj* পরভুক প্রাণী বা জীবাণুঘটিত; পরজীবীয়; পরভুক; পরজীবী; পরাশ্রয়ী।

para·sol ['প্যারাসল্ US - সো°ল্] *n* রোদনিবারক ছাতা।

para·troops ['প্যারাট্রুপস্] *n,pl* প্যারাশুটের সাহায্যে বিমান থেকে অবতরণে প্রশিক্ষণপ্রাপ্ত সেনাদল; ছত্রীবাহিনী। **para·trooper** ['প্যারাট্রুপা(র্)] *n* ছত্রীসেনা।

para·typhoid [ˌপ্যারা'টা ইফ্অড্] *n* [U] অপেক্ষাকৃত মৃদু এবং ভিন্ন জীবাণু-ঘটিত টাইফয়েড জাতীয় জ্বর।

par·boil ['পা:বয়ল্] *vt* (খাদ্যদ্রব্য) অর্ধসিদ্ধ করা; (লাক্ষ.) অস্বস্তিকর মাত্রায় গরম করা।

par·cel ['পা:স্ল্] *n* ১ [C] সঙ্গে বহনের বা ডাকযোগে প্রেরণের মোড়ক; পার্সেল: She entered the room with an armful of ~s. '~ **post** *n* [U] ডাকযোগে পার্সেল বহনের পদ্ধতি। ২ **part and ~ of** (কোনো কিছুর) অপরিহার্য অংশ। **a ~ of land** একদাগ জমি (বিশেষত কোনো তালুকের অংশ)। □*vt* ~ **out** অংশে অংশে বা খণ্ডে খণ্ডে ভাগ করা। ~ **up** (বই ইত্যাদির) মোড়ক করা।

parch [পা:চ্] *vt* ১ (রোদে বা তাপে) পুড়িয়ে শুকিয়ে ফেলা: The ~ed deserts of West Asia. ২ আগুনে শুকানো বা ভাজা: ~ed peas.

parch·ment ['পা:চ্মান্ট্] *n* [C, U] লেখার উপযোগী করে তৈরি করা পশুচর্ম; এমন পশুচর্মে লিখিত পাণ্ডুলিপি; পার্চমেন্ট। ২ [U] পার্চমেন্ট-সদৃশ কাগজ; পার্চমেন্ট কাগজ।

par·don ['পা:ড্ন্] *n* ১ [U] ক্ষমা; মার্জনা: ask for ~, ক্ষমা চাওয়া; [C] ক্ষমার দৃষ্টান্ত। ২ [U] আনুকূল্য; প্রশ্রয়; অব্যাহতি; রেহাই। **beg sb's ~** কারো সঙ্গে দ্বিমত পোষণের জন্য অব্যাহতি চাওয়া বা কারো কথা বুঝতে না পারার বা শুনতে না পাবার জন্য দুঃখ প্রকাশ করা বা ক্ষমা চাওয়া: I beg your ~! মাফ করবেন (আপনার সঙ্গে একমত হতে পারছি না/আপনার কথা বুঝতে পারলাম না/আপনার কথা শুনতে পাইনি)। দ্র. excuse[2] (৩), sorry (২). ৩ (পুরা.) পাপের (জন্য) শাস্তি থেকে অব্যাহতি। □*vt* **~ sb for sth; ~ sb sth** ক্ষমা করা; রেহাই দেওয়া; (দোষত্রুটি ইত্যাদি) উপেক্ষা করা: P~ me for neglecting my duties. ~ sb an offence. **~·ably** ['পা:ড্নাব্ল্] *adj* ক্ষমার যোগ্য; ক্ষমার্হ। **~·ably** [-অব্লি] *adv* (আনুষ্ঠা.) ক্ষমা করা যায় এমনভাবে: He is ~ably proud of his fine collection of old paintings. **~er** *n* (মধ্যযুগে) যে ব্যক্তিকে পোপ-এর পক্ষ হয়ে অর্থ বা উপঢৌকনের বিনিময়ে পাপের জন্য ক্ষমা ঘোষণা করার কর্তৃত্ব দেওয়া হতো।

pare [পেঅ(র্)] *vt* বাইরের অংশ বা কানা প্রভৃতি ছাঁটা: ~ one's nails; খোসা ছাড়ানো: ~ potatoes; (লাক্ষ.) ছাঁটাই করা; কমানো: ~ down one's expenses. **par·ings** ['পেঅরিঙ্জ্] *n pl* যা ছেঁটে ফেলা বা ছাড়িয়ে ফেলা হয়েছে: 'nail-parings.

par·ent ['পেঅরান্ট্] *n* বাবা বা মা; পূর্বপুরুষ: I introduced him to my ~s. **~ company** (বাণিজ্য) যে কোম্পানি অন্য কোনো কোম্পানিকে নিয়ন্ত্রণ করে। '**~·age** [-ইজ্] *n* [U] পিতৃত্ব বা মাতৃত্ব; বংশ-পরিচয়; জন্ম : of noble ~age, অভিজাত ঘরে জন্ম; of unknown ~, পিতামাতার পরিচয়হীন। **~al** [পা'রেন্ট্ল্] *adj* পিতা ও মাতা/পিতা বা মাতা সংক্রান্ত: ~al care. **~·ally** [-টালি] *adv*

par·enth·esis [পা'রেন্থাসিস্] *n* কমা; ড্যাশ; বন্ধনী দ্বারা আলাদা করা বাক্যমধ্যস্থ বাক্য বা বাক্যাংশ; (*sing* বা *pl*) এমন বাক্য আলাদা করার জন্য ব্যবহৃত লঘুবন্ধনী, ( )। দ্র. bracket[2]. **in ~** বন্ধনীর ভিতরে; বন্ধনীমধ্যস্থ; (লাক্ষ.) (কোনো কিছুকে) আলাদাভাবে নিয়ে। **par·en·thetic** [ˌপ্যারান'থেটিক্], **par·en·theti·cal** [-ইক্ল্] *adj* উক্ত বাক্য বা বাক্যাংশ সম্পর্কিত, উক্ত বাক্য বা বাক্যাংশ হিসাবে ব্যবহৃত। **par·en·thetically** [-ক্লি] *adv*

par ex·cel·lence [ˌপা:র 'একসালা:ন্স্ US ˌএকসা'লা:ন্স্] *adv* (ফ.) বিশেষ উৎকর্ষবলে; সর্বোচ্চ মাত্রায়।

pa·riah [পা'রাইঅ] *n* (ভারত) নিচু জাতের লোক; অস্পৃশ্য লোক; (লাক্ষ.) সমাজচ্যুত ব্যক্তি। '**~-dog** *n* (ভারত) মালিকহীন মিশ্রজাতের কুকুর।

par·ish ['প্যারিশ্] *n* (GB) কাউন্টি বা জেলার অন্তর্গত যাজকীয় বিভাগ—যার নিজস্ব গির্জা ও যাজক আছে: The ~ church. **~ clerk** প্যারিশ গির্জার সঙ্গে সংশ্লিষ্ট বিভিন্ন দায়িত্ব পালনকারী কর্মকর্তা। ˌ**~-'pump** (সাধা. attrib) শুধুমাত্র স্থানীয় স্বার্থসংশ্লিষ্ট: ~-pump affairs. **~ register** (প্যারিশবাসীদের) জন্ম, মৃত্যু ও বিবাহের বিবরণসম্বলিত রেজিস্ট্রি বই। **civil ~** স্থানীয় প্রশাসনভিত্তিক কাউন্টি-অঞ্চল। **~ioner** [পা'রিশানা(র্)] *n* প্যারিশবাসী।

Pa·ris·ian [পা'রিজিআন্ US -ই জ্ন্] *n,adj* প্যারিস শহরের (বাসিন্দা)।

par·ity ['প্যারাটি] *n* [U] সমতা: ~ of pay, বেতনের সমতা। ˌ**~ of ex'change** বিভিন্ন সরকার কর্তৃক নির্ধারিত মুদ্রাবিনিময়ের হার।

park[1] (পা:ক্] *n* ১ নগর-উদ্যান; পার্ক। '**ball ~** (US) খেলার মাঠ। ২ পল্লী অঞ্চলে অবস্থিত জমিদারভবনের চতুর্দিকের (সাধা. গাছপালা সম্বলিত) তৃণাচ্ছাদিত মাঠ। ৩ '**car-~** যে জায়গায় সাময়িকভাবে মোটরগাড়ি রাখা যায়; গাড়ি-পার্ক। ৪ ˌ**national** '**~** জনসাধারণের উপভোগের জন্য রাষ্ট্রকর্তৃক সংরক্ষিত প্রাকৃতিক সৌন্দর্যমণ্ডিত স্থান (যেমন, বনরাজি, পাহাড়-পর্বত, হ্রদ); জাতীয় উদ্যান। ৫ সামরিক বাহিনী যেখানে কামানবহর ও অন্যান্য যুদ্ধোপকরণ রাখে।

park[2] [পা:ক্] *vt,vi* ১ (কোনো জায়গায়) সাময়িকভাবে বিনা পাহারায় (মোটর গাড়ি) রাখা; গাড়ি পার্ক করা: I ~ed (my car) under the shade. ২ (কথ্য) (কাউকে বা

কোনো কিছুকে) কোথাও রাখা: Where did you ~ your suitcase? He ~ed himself in a chair.

parka [ˈপা:কা] *n* (পর্বত-আরোহণে ব্যবহৃত) মাথার ঢাকনাওয়ালা পানিনিরোধক জ্যাকেট বা জামা।

parking [ˈপা:কিঙ্] *n* [U] মোটর গাড়ি প্রভৃতি সাময়িকভাবে রাখা; পার্কিং; এ উদ্দেশ্যে ব্যবহৃত স্থান: No ~ between 11 am and 2 pm. **ˈ~ lot** (US) গাড়ি পার্ক করার স্থান। **ˈ~ meter** (রাস্তায়) গাড়ি পার্ক করার সময় নির্ধারণের জন্য মুদ্রাচালিত মিটারবিশেষ। **ˈ~ orbit** মহাশূন্যযানের সাময়িক কক্ষপথ।

Parkinson's [ˈপা:কিন্‌সন্‌জ়্] *adj* **ˈ~ disease** (প্যাথ.) বৃদ্ধদের স্থায়ী ক্রমবর্ধমান ব্যাধি—যাতে পেশি কাঁপতে থাকে ও শক্ত হয়ে ওঠে এবং সামগ্রিক দুর্বলতা দেখা দেয়। **ˈ~ law** (কৌতুকার্থে) যতোক্ষণ সময়, ততোক্ষণ কাজ—এমন পরামর্শ বা উপদেশ।

par·lance [ˈপা:লান্‌স্] *n* শব্দের ব্যবহার বা শব্দ নির্বাচন; বাচনভঙ্গি: legal ~.

par·ley [ˈপা:লি] *n* [C] বিশেষত প্রতিপক্ষের নেতৃবৃন্দের মধ্যে আলোচনা। □*vi* **~ (with sb)** (কারো সঙ্গে) শর্তাদি আলোচনা করা; আলোচনায় বসা।

par·lia·ment [ˈপা:লামান্ট্] *n* (জনপ্রতিনিধিত্বশীল সরকারশাসিত দেশে) সর্বোচ্চ আইনপ্রণয়নকারী সংস্থা; আইনসভা; সংসদ: Members of P~. **parlia·men·tarian** [ˌপা:লামানˈটেঅরিঅন্] *n* সংসদীয় ধারা ও কার্যক্রম বিষয়ে পারদর্শী ব্যক্তি; সুবক্তা। **par·lia·men·tary** [ˌপা:লাˈমেনট্রি] *adj* সংসদ-বিষয়ক; সংসদীয়: ~ debates.

par·lour (US = **-lor**) [ˈপা:লা(র্)] *n* ১ পারিবারিক বসার ঘর; বৈঠকখানা (বর্তমানে বেশির ভাগ ক্ষেত্রে sitting room বা living room বলা হয়)। **ˈ~ games** বাড়ির ভিতর যেসব খেলা চলতে পারে। ২ (অফিস-আদালতের) অভ্যর্থনা-কক্ষ: The Magistrate's ~. ৩ (বিশেষত US) খদ্দেরদের ঘর: a ˈbeauty ~. **ˈ~-car** *n* (US) সংরক্ষিত আসনের ব্যবস্থাসহ বিলাসবহুল রেল-কামরা।

par·lous [ˈপা:লাস্] *adj* (আনুষ্ঠা.) বিপদসংকুল।

par·ochial [পাˈরোউকিঅল্] *adj* প্যারিশসংক্রান্ত; (লাক্ষ.) সীমাবদ্ধ; সংকীর্ণ: a ~ outlook. **~·ly** [-কিঅলি] *adv*. **~·ism** [ইজ়াম্] *n* সংকীর্ণতা।

par·ody [ˈপ্যারাডি] *n* ১ [C, U] অন্য কারো রচনার ভাষা ও ভঙ্গি অনুকরণ করে রচিত ব্যঙ্গরসাত্মক রচনা; প্যারডি। ২ [U] দুর্বল অনুকরণ। □*vt* ব্যঙ্গাত্মক রূপ দেওয়া; প্যারডি করা: ~ a poem. **par·odist** [-ইস্ট্] *n* প্যারডি রচয়িতা।

pa·role [পাˈরোউল্] *n* [U] পালাতে চেষ্টা করবে না—এই বলে বন্দী কর্তৃক প্রদত্ত প্রতিশ্রুতি; বন্দীর শর্তাধীন মুক্তি। **on ~** পালাবে না এই শর্তে মুক্তিপ্রাপ্ত। **break one's ~** প্রদত্ত প্রতিশ্রুতি ভঙ্গ করে পালাতে চেষ্টা করা বা পালানো। □*vt* পালাবে না এই শর্তে (বন্দীকে) মুক্তি দেওয়া।

paro·quet [ˈপ্যারাকীট্] *n* = parakeet.

par·ox·ysm [ˈপ্যারাক্‌সিজ়াম্] *n* [C] (ব্যথা বেদনা প্রভৃতির) আকস্মিক আক্রমণ; (হাসি-কান্না, ক্রোধ প্রভৃতির) প্রবল বেগ বা আকস্মিক বিস্ফোরণ।

par·quet [ˈপা:কেই US পা:রˈকেই] *n* নকশা-কাটা কাঠের পাটাতন।

parr, par [পা:(র্)] *n* স্যামন মাছের পোনা।

par·ri·cide [ˈপ্যারিসাইড্] *n* [C, U] পিতৃহত্যা, স্বজনহত্যা; পিতৃহন্তা বা স্বজনহন্তা।

par·rot [ˈপ্যারাট্] *n* ১ তোতাপাখি। **ˈ~ fever** = psittacosis. ২ যে ব্যক্তি অধিকাংশ ক্ষেত্রেই না-বুঝে অন্যের কথার পুনরাবৃত্তি করে।

parry [ˈপ্যারি] *vt* (আঘাত) ঠেকানো বা ফেরানো; (লাক্ষ.) (প্রশ্ন) এড়িয়ে যাওয়া। □*n* [C] বিশেষত মুষ্টিযুদ্ধ ও অসিযুদ্ধে (প্রতিপক্ষের আঘাত) ঠেকানো বা ফেরানো।

parse [পা:জ় US পা:রস্] *vt* (কোনো শব্দ) ব্যাকরণগতভাবে বর্ণনা করা; বাক্যের অন্তর্গত শব্দসমূহের পারস্পরিক সম্পর্ক নির্দেশ করা।

Par·see [পা:ˈসী] *n* ভারতের পার্সি সম্প্রদায়ের লোক, এদের পারস্যদেশীয় পূর্বপুরুষেরা ৮ম শতকে ভারতে বসবাস শুরু করে।

par·si·mony [ˈপা:সিমানি US -মোউ নি] *n* [U] (আনুষ্ঠা.) কৃপণতা; ব্যয়কুণ্ঠা। **par·si·moni·ous** [ˌপা:সিˈমোউনিআস্] *adj* ব্যয়কুণ্ঠ; কৃপণ।

pars·ley [ˈপা:স্‌লি] *n* [U] সুগন্ধি মশলা হিসাবে ব্যবহৃত কোঁচকানো সবুজ পাতাযুক্ত লতাবিশেষ।

pars·nip [ˈপা:সনিপ্] *n* [C] (সবজি হিসাবে ব্যবহৃত) লম্বা, সাদা বা হলুদাভ শিকড়।

par·son [ˈপা:স্‌ন্] *n* প্যারিশের যাজক; (কথ্য) যে কোনো যাজক। **ˈ~·age** [-ইজ্] *n* যাজকের বাসভবন।

part[1] [পা:ট্] *n* [C] ১ (indef art ব্যতিরেকে প্রায়শ *sing*) কিছু অংশ: I spent ~ of the day washing my clothes. P~s of the country were affected by the drought. **for the ˈmost ~** অধিকাংশ ক্ষেত্রে; বেশির ভাগ। **in ~** কিছু পরিমাণে; কিছু মাত্রায়। **ˌ~-ˈowner** *n* শরিক, অংশীদার। **ˌ~-ˈtime** *adj,adv* দিনের বা সপ্তাহের কিছু সময়ের জন্য; খণ্ডকালীন: ~-time teaching, যথা, সপ্তাহে দুদিন বা তিনদিনের জন্য। **ˌpart-ˈtimer** *n* ২ (*pl*) অঞ্চল; এলাকা: in these ~s, এই অঞ্চলে; এই এলাকায়। ৩ সমানভাগে ভাগ-করা অংশসমূহের যে কোনোটি: A second is the sixtieth ~ of a minute. ৪ কোনো কর্মকাণ্ডে কারো অংশ; কারো দায়িত্ব বা কর্তব্য; অভিনেতা/অভিনেত্রীর ভূমিকা: He played no small ~ (= a great ~) in organising the conference. The actress played her ~ well. **play a (big, small, etc) ~ (in sth)** কোনো কিছুতে জড়িত থাকা বা অবদান রাখা: He had a big ~ to play in making the peace rally a success. **take ~ (in)** অংশ নেওয়া; সাহায্য করা: take ~ in a discussion/rally. ৫ বিবাদ, লেনদেন, চুক্তি, পারস্পরিক আয়োজন ইত্যাদিতে পক্ষ নেওয়া। **take sb's ~; take the ~ of sb** কারো পক্ষ নেওয়া: He took his friend's ~. **for ˈmy ~** আমার ব্যাপারে (বলতে হলে), আমার দিক দিয়ে: For my ~, I see no harm in your leaving teaching and joining the legal profession. **on ˈmy/ˈhis/ˈyour, etc ~; on the ~ of (Mr A, etc)** আমার/তার/ তোমার ইত্যাদির পক্ষ থেকে: He on his ~ did his best to make her happy. ৬ **take sth in good ~** (কোনো কিছুতে) ক্ষুব্ধ বা ক্ষুণ্ণ না হওয়া। ৭ বই-পত্রের অধ্যায়, পর্ব, কাণ্ড; কিস্তি আকারে প্রকাশিত বই-পত্রের প্রতিটি কিস্তি। ৮ কোনো কিছুর অপরিহার্য অংশ। **(spare) ~** খুচরা যন্ত্রাংশ: a (spare) ~ for one's car. ৯ (সঙ্গীত) সঙ্গীতাংশ: orchestral ~s. **ˈ~-singing, ˈ~-song** *nn* তিন বা ততোধিক কণ্ঠে তিন বা ততোধিক অংশে

গাওয়া (গান)। ১০ (ব্যাক.) ˌ**~ of ˈspeech** বাক্যের অন্তর্গত বিশেষ্য; বিশেষণ প্রভৃতি শব্দ বা পদ। ১১ **a man/woman of (many) ~s** গুণবান/গুণবতী লোক/মহিলা। □*adv* কিছু পরিমাণে, আংশিকভাবে; অংশত: made ~ of iron and ~ of wood (সাধা. ~ iron and ~ wood), কিছু পরিমাণে লোহা ও কিছু পরিমাণে কাঠ দিয়ে তৈরি, অংশত লোহা ও (অংশত) কাঠ দিয়ে তৈরি। **~·ly** *adv* (একই অর্থে)।

part[2] [পা:ট্] *vt,vi* ১ বিভক্ত করা বা বিভক্ত হওয়া; বিচ্ছিন্ন করা বা বিচ্ছিন্ন হওয়া: He ~ed the two fighters. The crowd ~ed and let him through. Let us ~ friends, পরস্পরের থেকে সরে যাই , তবে শত্রুতার মনোভাব নিয়ে নয়। **~ company (with sb)** (ক) সম্পর্ক ছিন্ন করা। (খ) ছেড়ে যাওয়া; বিচ্ছিন্ন হওয়া। (গ) ভিন্নমত পোষণ করা: On that question I must ~ company with you. ২ **~ with** পরিত্যাগ করা, দান বা বিতরণ করা: She hates to ~ with her money, কাউকে দিতে চায় না, খরচ করতে চায় না। **~ one's hair** পাট করে বা মাঝখানে সিঁথি করে চুল আচড়ানো। **~·ing** *n* ১ [C] সিঁথি। ২ [C, U] প্রস্থান; বিদায়-গ্রহণ: (attrib) her ~ing words, বিদায়কালের কথা। **at the ~ing of the ways** পথের সংযোগস্থলে; (লাক্ষ.) যখন একাধিক পথের (কর্মপন্থার) কোনো একটিকে বেছে নিতে হয়। **~·ing shot** = Parthian shot, দ্র. Parthian.

par·take [পা:ˈটেইক্] *vi* **~ of sth** (প্রা. আনুষ্ঠা.) ১ অংশ নেওয়া; অংশীদার হওয়া: They partook of our triumph. I partook of his meal. ২ (কারো/কোনো কিছুর প্রকৃতির বা বৈশিষ্ট্যের) আংশিক অধিকারী হওয়া: His manner ~s of arrogance.

par·terre [পা:ˈটেআ(র্)] *n* ১ বাগানের যে সমতল অংশে লন তৈরি করা হয় ও ফুলের চাষ করা হয়। ২ (নাট্যশালায়) অর্কেস্ট্রা বা বাদকদলের ঠিক পিছনে দর্শকের স্থান।

par·theno·gen·esis [ˌপা:থিনোˈজেনাসিস্] *n* যৌনমিলন ছাড়াই বংশবিস্তার।

Par·thian [ˈপা:থিআন্] *adj* **~ shot/shaft** (লাক্ষ.) বিদায়কালে কোনো প্রশ্নের উত্তর হিসাবে বলা শেষ কথা বা শেষ কাজ; শেষ উত্তর।

par·tial [ˈপা:শ্ল্] *adj* ১ আংশিক; অসম্পূর্ণ: a ~ success. ২ **~ (towards)** কোনো ব্যক্তি বা পক্ষ বিশেষের প্রতি অত্যধিক আনুকূল্য প্রদর্শন করে এমন; পক্ষপাতপূর্ণ: officials who are ~ towards people from their own localities. ৩ **~ to** পছন্দ করে এমন; অনুরক্ত: ~ to Chinese food. **~ly** [ˈপা:শালি] *adv* ১ অংশত; অসম্পূর্ণভাবে: ~ly done. ২ পক্ষপাতপূর্ণভাবে। **~·ity** [পা:শিˈঅ্যালাটি] *n* ১ [U] পক্ষপাত; আনুকূল্য। ২ **~ity for** [C] পছন্দ; অনুরাগ: a ~ity for French films.

par·tici·pate [পা:ˈটিসিপেইট্] *vi* **~ (in)** অংশীদার হওয়া; অংশ নেওয়া: ~ in the mass movement; ~ in a competition. **par·tici·pant** [পা:ˈটিসিপন্ট্] *n* অংশগ্রহণকারী ব্যক্তি। **par·tici·pa·tion** [পা:ˌটিসিˈপেইশ্‌ন্] *n* [U] অংশগ্রহণ।

par·ti·ciple [ˈপা:টিসিপ্ল্] *n* (ব্যাক.) ক্রিয়াপদ থেকে গঠিত বিশেষণ: 'breaking' ও 'broken'—এই দুটি ক্রিয়ারূপ 'break' ক্রিয়ার যথাক্রমে present ও past participle. **par·ti·cip·ial** [ˌপা:টিসিপিআল্] *adj* উক্ত ক্রিয়ারূপমূলক: a ~ adjective, যথা, 'The rising sun'—এই কথাটিতে 'rising'।

par·ticle [ˈপা:টিক্ল্] *n* ১ কণা; কণিকা: ~s of dust; ন্যূনতম পরিমাণ: He doesn't have a ~ of sense. **elementary ~** (পদার্থ.) অণুর মৌলিক উপাদান। ২ (ব্যাক.) a, an, the বা up, in, out বা or বা un-, in-, -ness, -ly ইত্যাকার article, preposition, conjunction বা affix; অপ্রধান পদ।

parti-col·oured (US = **-col·ored**) [ˈপা:টিকালাড্] *adj* নানাবর্ণে রঞ্জিত; বহুবর্ণ।

par·ticu·lar [পাˈটিকিউলা(র্)] *adj* ১ অন্যদের বা অন্যগুলোর থেকে স্বতন্ত্র কোনো এক: in this ~ case. ২ বিশেষ; লক্ষণীয়; বিশিষ্ট: for no ~ reason; take ~ interest in sth. **in ~** বিশেষভাবে: I knew one of them in ~. ৩ একেবারে নিখুঁত, অত্যন্ত সতর্ক ও নির্ভুল: We want a full and ~ account of what you saw. ৪ **~ (about/over)** খুঁতখুঁতে: She's ~ about what she wears. **go into ~s** বিস্তারিত বিবরণ দেওয়া। **~·ly** *adv* বিশেষভাবে: He ~ly mentioned your name. **~·ity** [পাˌটিকিউল্যারাটি] *n* যথাযথতা; পুঙ্খানুপুঙ্খতা। **~·ize** [-আইজ্] *vt,vi* বিশেষভাবে বা একে একে নাম উল্লেখ করা।

part·ing [পা:টিঙ্] দ্র. part[2].

par·ti·san [ˌপা:টিˈজ্যান্ US ˈপা:টিজ্ন্] *n* ১ কোনো দল, গোষ্ঠী বা ব্রত–এর প্রতি নিবেদিতপ্রাণ ব্যক্তি। ২ শত্রুসেনা কর্তৃক অধিকৃত দেশের সশস্ত্র প্রতিরোধ আন্দোলনের সদস্য: ~ troops. □*adj* কোনো ব্রত বা আদর্শের প্রতি অন্ধভাবে অনুগত, গোঁড়া: You'll hardly encounter a member of the public bodies these days whose loyalties are not ~. ˈ**~·ship** [-শিপ্] *n*

par·ti·tion [পা:ˈটিশ্ন্] *n* ১ [U] বিভাজন; পার্টিশন: the ~ of India in 1947. ২ [U] বিভাজক; বিশেষত দুই বা ততোধিক ঘরের মধ্যবর্তী হালকা দেয়াল বা পার্টিশান। ৩ বিভাজনের ফলে সৃষ্ট অংশ; বিভাগ; শাখা। □*vt* **~ (sth off)** শাখায় বিভক্ত করা অংশে অংশে ভাগ করা; মাঝখানে দেয়াল তুলে আলাদা করা।

par·ti·tive [ˈপা:টিটিভ্] *n,adj* সমষ্টির অংশ নির্দেশক বা বিয়োজক (শব্দ): 'Some' is a ~.

part·ner [ˈপা:ট্না(র্)] *n* ১ (বিশেষত ব্যবসার) অংশীদার: He is one of the ~s of M S Hannan & Co active ~, ব্যবসার সক্রিয় অংশীদার। **sleeping ~,** দ্র. sleep[2] (২). ২ দ্বৈত নাচের সঙ্গী; টেনিস বা তাস খেলায় খেলোয়াড়ের জুড়ি; স্বামী বা স্ত্রী। □*vt* (কোনো কিছুর) অংশীদার হওয়া বা করা, (কারো) সঙ্গী, জুড়ি, স্বামী বা স্ত্রী হওয়া অথবা করা। ˈ**~·ship** [-শিপ্] *n* [U] অংশীদারিত্ব (partner–এর সকল অর্থে); (C) যৌথ ব্যবসা: enter into ~ship (with sb).

par·took [পা:ˈটুক্] দ্র. partake.

par·tridge [ˈপা:ট্রিজ্] *n* [C] তিতিরজাতীয় পাখি; [C] এই পাখির মাংস।

par·tur·ition [ˌপা:টিউˈরিশ্ন্ US –চু–] *n* [U] প্রসব।

party [ˈপা:টি] *n* ১ [C] (বিশেষত রাজনৈতিক) দল। ২ [U] (বিশেষত attrib ব্যবহার) রাজনৈতিক দলের ভিত্তিতে গঠিত সরকার: the ˈ~ system; ~ politics. **follow the ~ line,** দ্র. line[1] (১১). **~ machine,** দ্র. machine (২). ˌ**~-ˈspirit** দলীয় প্রেরণা; দলীয়

আনুগত্য। ,~-'**spirited** *adj* ৩ কোনো আইনগত বিতর্ক বা বিরোধে জড়িত পক্ষ; তরফ। ,~-'**wall** দুটি সম্পত্তির মধ্যবর্তী সীমানানির্দেশক দেয়াল—যে দেয়াল মালিকদ্বয়ের যৌথ দায়িত্বের অন্তর্গত। ৪ একসঙ্গে ভ্রমণরত বা কর্মরত বা কর্তব্যরত মানুষের দল; পার্টি: a patrol ~. ৫ আনন্দ-উৎসবে অংশ নেবার জন্য আমন্ত্রিত অতিথিবৃন্দের সমাবেশ; পার্টি: a birthday ~. **lack the ~ spirit** দলের প্রতি উৎসাহ না থাকা। **make up a ~** দল গঠনের জন্য একত্র হওয়া। ৬ সহযোগী ব্যক্তি: be a ~ to a conspiracy. ৭ (রসিকতায়) লোক: Do you know that bald-headed ~ in the corner? কোনার টেকো লোকটাকে চেনো না কি? ৮ '**~-coloured** = parti-coloured.

par·venu ['পা:ভানিউ US -নূ] *n* ভুঁইফোঁড় ব্যক্তি।

pas·chal ['প্যাস্কল্] *adj* ১ ইহুদিদের দাসত্ব-মোচনের স্মৃতি রক্ষণার্থে পালিত ইহুদি ধর্মীয় উৎসব সংক্রান্ত; পাসোভার সংক্রান্ত। ২ খ্রিস্টের পুনরভ্যুদয় সংক্রান্ত; ঈস্টার সংক্রান্ত।

pass[1] [পা:স্ US প্যাস্] *n* ১ পরীক্ষায় পাস, বিশেষত (বিশ্ববিদ্যালয়ের স্নাতক বা ডিগ্রি পরীক্ষায়) সম্মান বা অনার্স না পেয়ে পাস: get a ~ . ২ **come to/reach a pretty/sad/strange, etc ~** (বিদ্রূপার্থে) চমৎকার/দুঃখজনক/অদ্ভুত অবস্থায় পড়া। ৩ **bring to ~** ঘটানো; সম্পন্ন করা। **come to ~** ঘটা: I don't know how it came to ~. ৪ ভ্রমণের বা কোনো ভবনে প্রবেশের বা সিনেমা হল ইত্যাদিতে আসন গ্রহণের অনুমতিপত্র; পাস: a free ~. ৫ একই দলের খেলোয়াড়দের মধ্যে বলের আদান-প্রদান; পাস: a quick ~ to the forward. ৬ (যাদু বা ভোজবাজিতে) কোনো কিছুর উপর বা সামনে দিয়ে হস্ত সঞ্চালন। ৭ সম্মুখগতি, (অসিচালনা ইত্যাদিতে) সম্মুখদিকে প্রক্ষিপ্ত আঘাত। **make a ~ at sb** (অপ.) কারো দিকে চোখঠারা। ৮ গিরিপথ; কোনো দেশের প্রবেশদ্বার হিসাবে গণ্য সংকীর্ণ গিরিপথ। **hold the ~** (লাক্ষ.) কোনো আদর্শ বা উদ্দেশ্যকে রক্ষা করা। **sell the ~** (লাক্ষ.) কোনো আদর্শ বা উদ্দেশ্যের প্রতি বিশ্বাসঘাতকতা করা; কোনো (নৈতিক বা আদর্শিক) অবস্থান পরিত্যাগ করা বা সমর্পণ করা। ৯ (তাসখেলায়) পাস-দেওয়া। ১০ (যৌগশব্দ) '**~-book** *n* (ক) ব্যাঙ্কের পাস-বই। (খ) (বর্ণবাদী দক্ষিণ আফ্রিকায়) কোনো কৃষ্ণাঙ্গ ব্যক্তিকে কোনো নির্দিষ্ট জায়গায় যাবার বা থাকবার অনুমতি দিয়ে প্রদত্ত বই। '**~·key** *n* গেট প্রভৃতির ব্যক্তিগত চাবি; গুপ্ত চাবি; যে চাবি দিয়ে অনেক তালা খোলা যায়; মাস্টার চাবি। '**~·word** যে গুপ্ত শব্দ উচ্চারণ করলে স্বপক্ষের লোক বলে মনে করা হয়: give the ~word.

pass[2] [পা:স্ US প্যাস্] *vi,vt* ১ অতিক্রম করে যাওয়া; অগ্রসর হওয়া: ~ through a town. They ~ed on, এগিয়ে চললো। ,~-'**by** *n* পথচারী। ২ এগিয়ে যেতে যেতে (কোনো ব্যক্তি, বস্তু, স্থান ইত্যাদিকে) পাশে বা পিছনে ফেলে যাওয়া: I ~ed Mr Khan in the street. ৩ ভিতর দিয়ে, মাঝখান দিয়ে, উপর দিয়ে যাওয়া; এপার থেকে ওপারে যাওয়া: Our ship ~ed the Suez Canal. ৪ (সময় সম্বন্ধে) পার হওয়া, অতিক্রান্ত হওয়া: Three months ~ed and still she had no news of her husband. ৫ (সময়) কাটানো: There was nothing I could do to ~ the time. ৬ **~ (from . . .) (to/into . . .)** এক অবস্থা থেকে অন্য অবস্থায় পরিবর্তিত হওয়া; রূপান্তরিত হওয়া; Water ~es from one state to another under different temperatures. ৭ হাতে-হাতে দেওয়া: Please ~ (me) the bucket. The photograph was ~ed round to all the girls in the room. ৮ বলা, উচ্চারণ করা: ~ a remark, কোনো মন্তব্য করা; কিছু বলা। **~ the time of day with sb** কাউকে হালকা আলাপে রত করানো। ৯ ছড়ানো, বিলি করা; পরিচিতি লাভ করা : He ~es under the name of Khan Sahab. ~ forged banknotes, জাল নোট ছড়ানো। ১০ পাস করা বা করানো; পাস হওয়া; (পরীক্ষার পর) ছাড় পাওয়া: You have to ~ the customs before you leave, যাবার (ঢোকার/বেরোবার) আগে কাস্টমস্-এর ছাড় পেতে হবে; Parliament ~ed the Bill. He ~ed the examination. The teacher ~ed all the boys in the language test. ১১ ঘটা: I was too preoccupied (with myself) to see what was ~ing. He told me everything that had ~ed between them, তাদের মধ্যে যা ঘটেছে, অর্থাৎ, যা বলা হয়েছে আর/অথবা করা হয়েছে। ১২ সীমা পার হয়ে যাওয়া: a story that ~es belief, বিশ্বাসের সীমা পার হয়ে যায়, অর্থাৎ বিশ্বাস করা যায় না এমন গল্প। ১৩ **~ sth on sth/sb** কারো/কোনো কিছুর উপর মতামত/রায়/দণ্ড দেওয়া: ~ an opinion on sb's work; ~ sentence on an accused man. ১৪ বিনা প্রতিবাদে গৃহীত হওয়া; পার পাওয়া: His sarcasms did not ~ without protest. **~ master**, দ্র. master. ১৫ (তাস খেলায়) ডাক না দেওয়া; পাস দেওয়া। ১৬ চালানো: I ~ed my fingers through my hair. He ~ed a rope round the tree-trunk. ~ one's eye (= চোখ বুলানো) over a note. **~ water** (সুভা.) প্রস্রাব করা। ১৭ (ফুটবল, হকি ইত্যাদি খেলায়) স্বপক্ষের খেলোয়াড়কে বল পাস দেওয়া। ১৮ (সেনাদলকে) অতিক্রম করানো: ~ troops in review. ১৯ (*adv part* ও *preps* সহ বিশেষ ব্যবহার) **pass away** (সুভা.) মারা যাওয়া: He ~ed away in December last. **~ sb sth by** লক্ষ না করা; উপেক্ষা করা: They let the matter ~ by without a protest. **~s for sb/sth** কোনো কিছু হিসাবে পরিচিত বা পরিগণিত হওয়া: It would be easy for you to ~ for a learned man if you are living among illiterates. **~ in; ~ into sth** প্রবেশাধিকার পাওয়া; ভর্তি হতে পারা: He ~ into the Naval Academy on his own. **~ off** (ক) (ঘটনা সম্বন্ধে) সংঘটিত হওয়া; সম্পন্ন হওয়া: The nationwide hartal (strike) ~ed off peacefully. (খ) (ব্যথা, সংকট সম্বন্ধে) শেষ হওয়া; সমাপ্তি ঘটা: My headache hasn't ~ed off yet. **~ sth off** মন সরিয়ে নেওয়া; দৃষ্টি সরিয়ে নেওয়া: ~ off an unpleasant situation. **~ sth/sb off as sb/sth** মিথ্যা পরিচয় দেওয়া: He tried to ~ himself off as an engineer. **~ on** (সুভা.) মারা যাওয়া: We are grieved to learn that your mother-in-law has ~ed on. **~ sth on** হাতে তুলে দেওয়া। **~ out** (কথ্য) অজ্ঞান হওয়া; জ্ঞান হারানো। **~ out (of sth)** পাস করে কলেজ ইত্যাদি থেকে বেরিয়ে যাওয়া। ,~-'**out (ceremony/parade)** সমাপনী/অনুষ্ঠান/কুচকাওয়াজ)। **~ sb over** উপেক্ষা করা; লক্ষ না করা: They ~ed him over (যেমন, চাকরিতে তাকে পদোন্নতি দেয়নি) in favour of a Panjabee. **~ through sth**

ভোগ করা; অভিজ্ঞতা হওয়া। **~ sth up** (কথ্য) হেলায় হারানো; সুযোগ না নেওয়া: ~ up an opportunity.

pass·able [ˈপা:সাব্‌ল্ US ˈপ্যাস্‌-] *adj* ১ (রাস্তাঘাট ইত্যাদি সম্বন্ধে) চলাচলযোগ্য: Is the Dhaka-Demra road ~ yet? ২ চলনসই: His knowledge of English is just ~. **pass·ably** [-আব্‌লি] *adv*

pas·sage [ˈপ্যাসিজ্] *n* ১ [U] গমন; অতিক্রমণ; গমন বা অতিক্রমণের অধিকার: the ~ of time. **bird of ~** (ক) যাযাবর পাখি। (খ) ক্ষণিকের অতিথি। ২ [C] যাত্রা; সমুদ্র বা বিমানযাত্রার পথ: book one's ~ to London. **work one's ~,** দ্র. work[2] (৪). ৩ [C] (কোনো কিছুর ভিতর দিয়ে কাটা বা তৈরি করা) পথ: We forced our ~ through the crowd. ৪ [C] ˈ**~·(way)** বাড়ির দরদালান বা বারান্দা বা করিডোর। ৫ [C] কোনো বক্তৃতা বা রচনার উদ্ধৃত বা আলোচিত অংশ। ৬ (সংসদ বা পার্লামেন্টে) আইন পাস। ৭ (*pl*) বাক্যবিনিময়; তর্কবিতর্ক: heated ~s between the PM and the Leader of the Opposition. ৮ ˌ**~ of ˈarms** (আক্ষ. লাক্ষ.) দ্বন্দ্ব; লড়াই; প্রতিযোগিতা; বিরোধ।

pass·book *n* দ্র. pass[1] (১০).

passé [ˈপ্যাসেই US প্যাˈসেই] *adj* (*fem passée*) (ফ.) বিগতযৌবন/যৌবনা; বিগতশক্তি; অপ্রচলিত; সেকেলে।

pas·sen·ger [ˈপ্যাসিনজা(র্)] *n* ১ যাত্রী। ২ (কথ্য) যে কোনো দলের নিষ্ক্রিয় বা শুধু-বসে-থাকা সদস্য।

passe·par·tout [ˌপ্যাস্‌পা:ˈটু] *n* ১ মাস্টার চাবি। ২ ছবি ইত্যাদির ফ্রেম বাঁধানোর কাজে ব্যবহৃত আঠালো টেপ বা ফিতা।

passer-by [ˌপা:সাˈবাই US ˈপ্যাসার-] *n* পথচারী।

pas·sim [ˈপ্যাসিম্] *adv* (লা.) (কোনো গ্রন্থে বা গ্রন্থকার দ্বারা ব্যবহৃত উক্তি, বাক্যাংশ, পরোক্ষোক্তি সম্বন্ধে) ঘনঘন; সর্বত্র: This occurs in Nazrul ~.

pas·sing [ˈপা:সিঙ্ US ˈপ্যাসিঙ্] *adj* চলে যাচ্ছে বা অতিক্রান্ত হচ্ছে এমন; অপসৃয়মান; বিলীয়মান; ক্ষণস্থায়ী: The ~ years; ~ youth. □*adv* (প্রা. প্র.) অত্যন্ত: ~ strange. □*n* [U] চলে যাওয়া; অতিবাহিত হওয়া; অতিক্রমণ: The ~ of the old year.

passion [ˈপ্যাশন্] *n* ১ [U, C] বিশেষত প্রেম, ঘৃণা বা ক্রোধের তীব্র অনুভূতি; প্রবল অনুরাগ; উৎসাহ; ঘৃণা; ক্রোধ: Naeem was filled with ~ (অর্থাৎ অনুরাগ) for Neena. He was choking with ~ (অর্থাৎ ক্রোধ বা ঘৃণায়), P~s were running high, লোকজনের মধ্যে তীব্র উত্তেজনা বা উদ্দীপনা বিরাজ করছিল। ২ **a ~** তীব্র অনুভূতির বহিঃপ্রকাশ: fly into a ~, রাগে ফেটে পড়া। ৩ **the P~** ক্রুশবিদ্ধ যিশুর যন্ত্রণা-ভোগ ও মৃত্যু। ˈ**P~-play** ক্রুশবিদ্ধ যিশুর যন্ত্রণাভাগ ও মৃত্যু নিয়ে রচিত নাটক। ˈ**~-flower** *n* লতানো গাছবিশেষ—দণ্ডিত যিশুর মাথায় এর কণ্টকমুকুট পরিয়ে দেওয়া হয়েছিল এবং এই লতাগাছের ফুল তার মতো বলে মনে করা হয়। ˈ**~ fruit** এই ফুল-থেকে পাওয়া ফল। **~·less** *adj*

passion·ate [ˈপ্যাশানাট্] *adj* আবেগপ্রবণ; প্রবল আবেগপূর্ণ: a ~ nature; ~ language. **~·ly** *adv* আবেগপূর্ণভাবে; আবেগসহকারে: He spoke ~ly of Sk Mujib.

pass·ive [ˈপ্যাসিভ্] *adj* ১ অক্রিয়; অপ্রতিরোধী: ~ obedience, বিনা বাধায় স্বীকার করে নেওয়া আনুগত্য। **~ resistance** অক্রিয় প্রতিরোধ; অর্থাৎ বিরোধিতার সক্রিয় পন্থা গ্রহণ না করে; আইন, নির্দেশ ইত্যাদি অমান্য করার পথ। ˌ**~ reˈsister** অক্রিয় প্রতিরোধ পালনকারী ব্যক্তি। ২ **the ~ (voice)** (ব্যাক.) কর্মবাচ্যমূলক: 'The tiger *was seen* yesterday' —এই বাক্যে 'was seen' ক্রিয়ারূপটিকে (অর্থাৎ *be + pp*) কর্মবাচ্যমূলক বলা যাবে। দ্র. active. □*n* কর্মবাচ্য। **~·ly** *adj* **~·ness, pass·iv·ity** [প্যাˈসিভাটি] *nn* [U] অক্রিয়তা; অসাড়তা; জড়তা।

pass·key *n* দ্র. pass[1] (১০).

Pass·over [ˈপা:সোউভা(র্) US ˈপ্যাস্-] *n* মিসরীয়দের দাসত্বশৃঙ্খল থেকে ইহুদিদের মুক্তি উদ্‌যাপনকারী ইহুদি ধর্মীয় উৎসব; পাসোভার।

pass·port [ˈপা:স্‌পো°ট্ US ˈপ্যাস্-] *n* বিদেশযাত্রীকে প্রদত্ত সরকারি ছাড়পত্র; পাসপোর্ট; (লাক্ষ.) যে বস্তু কোনো কিছু পেতে বা অর্জন করতে সাহায্য করে; প্রাপ্তি-সহায়ক বস্তু: Is physical attractiveness a ~ to happy marriage?

pass·word *n* দ্র. pass[1] (১০).

past[1] [পা:স্ট্ US প্যাস্ট্] *adj* অতীতকালীন; গত; বিগত: for the ~ few days; in times ~; the ~ tense. **~ master** কোনো কাজে বা কোনো বিষয়ে পূর্ণ দক্ষতাসম্পন্ন ব্যক্তি। □*n* ১ **the ~** অতীত; অতীতকাল: None can change the ~. ২ কারো অতীত জীবন বা অতীত অভিজ্ঞতা, বিশেষত যখন তা বড়ো একটা প্রশংসনীয় বা সুখকর নয়: You ought to learn from your ~. I knew nothing of his ~.

past[2] [পা:স্ট্ US প্যাস্ট্] *prep* ১ গত; পরে: half ~ three; a man ~ middle age; a woman ~ thirty. ২ পেরিয়ে; ছাড়িয়ে: I walked ~ the post office. He hurried ~ the site of the murder. ৩ সীমা, ক্ষমতা বা আয়ত্তের বাইরে: a woman ~ child-bearing, সন্তান ধারণের বয়স আর নেই; a patient ~ praying for, প্রার্থনার বাইরে চলে গেছে, অর্থাৎ, সেরে উঠবার আশা নেই। **be/get ~ it** (কথ্য) কর্মক্ষমতা হারিয়ে ফেলা: Our maid servant is over sixty and I'm afraid she's getting ~ it. **wouldn't put sth ~ sb** কোনো ব্যক্তি নিন্দনীয়, অস্বাভাবিক ইত্যাকার কিছু করবেন না এমন মনে না করা: Everybody says he loves his wife, but I wouldn't put it ~ him to leave her and run off with another woman. □*adv* ছাড়িয়ে; পেরিয়ে—এই অর্থে: walk/run/hurry.

pasta [ˈপ্যাস্টা US ˈপা:স্টা] *n* [U] (ইতা.) ময়দা, ডিম ও পানি মিশিয়ে ও শুকিয়ে তৈরি খাবারবিশেষ।

paste [পেইস্‌ট্] *n* [U] ১ পেস্ট্রি তৈরির জন্য ময়দা, তেল, পানি ইত্যাদির নরম, কাদাটে মিশ্রণ; মাখানো ময়দার তাল। ২ ভর্তা খাবার: ˈfish-~, মাছের ভর্তা। ৩ পানিতে ময়দা গুলিয়ে তৈরি আঠা। ৪ কৃত্রিম মণিমুক্তা তৈরিতে ব্যবহৃত (কাচ সদৃশ) পদার্থ। □*vt* ১ ময়দার আঠা দিয়ে লাগানো। **~ sth down** আঠা দিয়ে জোড়া দেওয়া। **~ sth up** (ক) আঠা দিয়ে কোনো কিছুর উপর সেঁটে দেওয়া: ~ up a notice. (খ) আঠা দিয়ে ঢেকে বা বন্ধ করে দেওয়া: ~ up cracks. (গ) বই, পত্রিকা ইত্যাদির ডিজাইন তৈরি করার জন্য বড়ো কাগজের পাতার উপর অপেক্ষাকৃত ছোট কাগজের পাতা সেঁটে দেওয়া। এর থেকে, ˈ**~-up** *n* ২ (কথ্য) পিটিয়ে তুলাধুনা করা; আচ্ছামতো পেটানো। **past·ing** *n* (কথ্য) বেদম পিটুনি: get/give sb a pasting.

pas·tel [ˈপ্যাস্‌ট্‌ল্ US প্যাˈস্টেল্] *n* ১ রঙিন খড়ি (দ্বারা অঙ্কিত চিত্র)। ২ (attrib): ~ shades, রঙের নানা হালকা; মৃদু; সূক্ষ্ম মাত্রা।

pas·tern [ˈপাস্‌টান্] *n* ঘোড়ার খুরের পিছনের দিকের ঠিক উপরের বাঁকানো অংশ।

pas·teur·ize [ˈপ্যাস্‌চারাইজ্] *vt* ফরাসি রসায়নবিদ লুই পাসটুরের (১৮২২–৯৫) পদ্ধতি অনুযায়ী তাপ প্রয়োগ করে (দুধ ইত্যাদি) জীবাণুমুক্ত করা। **pas·teur·iz·ation** [ˌপ্যাসচারাইˈজেইশ্‌ন্ US – রিˈজ়–] *n*

pas·tiche [প্যাস্‌ˈটীশ্] *n* [C] অন্য সাহিত্যিক/শিল্পীর রীতি বা স্টাইল অনুকরণ করে রচিত/সৃষ্ট সাহিত্য বা শিল্পকর্ম; বিভিন্ন উৎস থেকে উপাদান সংগ্রহ করে রচিত সঙ্গীত; পাঁচমিশালি সঙ্গীত বা গান।

pas·tille [ˈপ্যাস্টিল্ US প্যাস্ ˈটীল্] *n* [C] চুষে খাবার ছোট সুগন্ধি বড়ি।

pas·time [ˈপা:স্টাইম্ US প্যাস্–] *n* [C] অবসর–বিনোদন; অবসরের খেলা: Stamp-collecting is his favourite ~.

pas·tor [ˈপা:স্টা(র্) US ˈপ্যাস্ –] *n* বিশেষত ভিন্নমতাবলম্বী গির্জার যাজক; পাসটর।

pas·toral [ˈপা:স্টারাল্ US ˈপ্যাস্ –] *adj* ১ মেষপালক ও পল্লীজীবন বিষয়ক: ~ poetry. ২ যাজক সম্বন্ধীয়; (বিশেষত) বিশপ সম্বন্ধীয়: ~ staff, (মেষপালকের হাতের বাঁকানো লাঠির মতো) বিশপের প্রতীকী দণ্ড। ৩ শিষ্যদের প্রতি যাজকের দায়িত্ববিষয়ক: ~ responsibilities. □*n* রাখাল ছেলে বা পল্লীজীবন নিয়ে রচিত কবিতা, নাটক ইত্যাদি; বিশপের লিখিত চিঠি।

pas·tor·ate [ˈপা:সট রাট্ US ˈপ্যাস্–] *n* ১ যাজক বা পাসটরের অফিস; যাজকের কর্মকাল। ২ যাজকবর্গ।

pas·try [ˈপেইস্‌ট্রি] *n* ১ [U] উনুনে সেকা ময়দা, চর্বি ইত্যাদির মণ্ড। ২ [C] এই মণ্ড দিয়ে তৈরি পিঠাবিশেষ, পেস্ট্রি [U] এই মণ্ড দিয়ে তৈরি খাদ্যসামগ্রী। **ˈ~-cook** (বিশেষত বিক্রির জন্য) যে ব্যক্তি পেস্ট্রিজাতীয় খাবার প্রস্তুত করে।

pas·ture [ˈপা:স্‌চা(র্) US ˈপ্যাস্ –] *n* [U] পশুচারণভূমি; এমন চারণভূমির ঘাস; [C] এ জাতীয় তৃণক্ষেত্র। □*vt,vi* ১ (ব্যক্তি সম্বন্ধে) গবাদি পশু চরানো; (গবাদি পশু সম্বন্ধে) তৃণক্ষেত্রে চরে খাওয়া। ২ ঘাস খাওয়া বা খাওয়ানো। **pas·tur·age** [–ইজ্] *n* [U] চারণভূমি; পশুচারণের অধিকার।

pasty[1] [ˈপেই স্‌টি] *adj* ময়দার মণ্ডের মতো; পাণ্ডুর: a ~ complexion.

pasty[2] [ˈপ্যাস্‌টি] *n* ময়দার মণ্ড দিয়ে তৈরি এক জাতের মাংসের বড়া; পেসটি।

pat[1] [প্যাট্] *adv* যথাসময়ে; তৎক্ষণাৎ ও নির্দ্বিধায়: The answer came pat. **stand pat** নিজের সিদ্ধান্তে অটল থাকা; (মত ইত্যাদি) পালটাতে অস্বীকার করা।

pat[2] [প্যাট্] *vt,vi* ১ করতল বা তজ্জাতীয় কিছু দ্বারা মৃদু আঘাত করা: pat a dog. **pat sb/oneself on the back** (লাক্ষ.) কাউকে/নিজেকে সমর্থন জানানো, অভিনন্দন জানানো ইত্যাদি; কারো পিঠ চাপড়ানো। ২ এরূপ আঘাতের শব্দ করা। □*n* [C] ১ (করতল দ্বারা) আদর বা সহানুভূতি প্রকাশক মৃদু আঘাত। ২ চাপড়িয়ে তৈরি করা (বিশেষত মাখনের) ছোট দলা। ৩ চেটালো বস্তু দিয়ে কোনো কিছুকে আঘাত করার ফলে সৃষ্ট মৃদু শব্দ।

patch[1] [প্যাচ্] *n* ১ তালি: a shirt with ~es, তালি–দেওয়া শার্ট। **ˌ~-ˈpocket** কোনো পোশাকের বাইরের দিকে কাপড়ের টুকরা জোড়া দিয়ে যে পকেট বানানো হয় (যেমন, জামার পকেট)। ২ ক্ষতস্থানের উপর দেওয়া প্রলেপ বা প্লাস্টার। ৩ আহত চোখের উপর বাঁধার জন্য পটি। ৪ কোনো কিছুর উপরিভাগে ভিন্ন রঙের অনিয়মিত ছোট কোনো অংশ; দাগ: a horse with a white ~ on its neck. ৫ সবজি চাষের জন্য জমির টুকরা: The cabbage ~; যে কোনো টুকরা: ~es of blue in a cloudy sky. ৬ **not a ~ on** তুলনাই হয় না। ৭ **go through/hit/strike a bad ~** বিপন্ন দশায় পড়া। **ˈ~ work** *n* [U] ১ নানা রং আর নানা আকারের কাপড়ের টুকরা জোড়া দিয়ে তৈরি জিনিস। ২ (লাক্ষ.) জোড়াতালি দিয়ে তৈরি করা যে কোনো জিনিস।

patch[2] [প্যাচ্] *vt* ১ তালি দেওয়া; (বস্তু সম্বন্ধে) তালি হিসাবে ব্যবহৃত হওয়া। ২ **~ up** সারানো; মেরামত করা; সাদামাটাভাবে ব্যবহারের উপযোগী করে তোলা: a ~ed-up stage for a shoe; সাময়িকভাবে মিটিয়ে ফেলা বা নিরসন করা: ~ up a quarrel. **~y** *adj* জোড়াতালি দিয়ে তৈরি; সামঞ্জস্যহীন; সর্বত্র বা সর্বাংশে এক রকম নয় এমন: ~y work. The fog was ~y. **~·ily** [–ইলি] *adv.* **~i·ness** *n*

patch·ouli [ˈপ্যাচুলি] *n* [U] ভারতীয় গুল্মবিশেষ; এর থেকে তৈরি সুগন্ধি।

pate [পেইট্] *n* (কথ্য) মাথা: a bald ~, টেকো মাথা।

pâté [ˈপ্যাটেই US পা:ˈটে ই] *n* ১ বড়া বা পিঠা; পুলি; পেটিস।২ পেস্ট্রি। **~ de foie gras** [–ডা ফোআ: ˈগ্রা:] (ফ.) হাঁসের লিভার বা যকৃৎ দিয়ে তৈরি পুলি বা পেটিস।

pa·tel·la [পাˈটেলা] *n* (ব্যব.) মালাইচাকি।

pat·ent[1] [ˈপেইটন্‌ট্ US ˈপ্যাটন্‌ট্] *adj* ১ স্পষ্টত প্রতীয়মান; সহজে দেখা যায় বা বোঝা যায় এমন: It was ~ to everyone that she didn't like the place. ২ **letters ˈ~** [ˈপ্যাটন্‌ট্] আবিষ্কৃত কোনো কিছু প্রস্তুত করার ও নকল থেকে রক্ষা করার সরকারি সনদ; পেটেন্ট। ৩ সরকারি সনদবলে সংরক্ষিত: ~ medicines, একটিমাত্র প্রতিষ্ঠান বা একজনমাত্র ব্যক্তি দ্বারা প্রস্তুত। ৪ **~ leather** শক্ত, মসৃণ; চকচকে চামড়া। **~·ly** *adv* স্পষ্টত।

pat·ent[2] [ˈপেইটন্‌ট্ US ˈপ্যাটন্‌ট্] *n* [C] ১ সরকারি সনদ (বা পেটেন্ট বলে প্রদত্ত অধিকার): take out a ~ to protect a new invention. **P~** [সাধা. প্যাটন্‌ট্] **Office** এরূপ সনদ প্রদানের সরকারি বিভাগ; পেটেন্ট অফিস। ২ পেটেন্ট–দ্বারা সংরক্ষিত বস্তু; আবিষ্কার বা প্রক্রিয়া। □*vt* (কোনো নতুন আবিষ্কার বা প্রক্রিয়ার জন্য) পেটেন্ট লাভ করা। **~ee** [ˌপেইটন্‌টী US ˌপ্যাটন্–] *n* পেটেন্টপ্রাপ্ত ব্যক্তি।

pater·fa·mil·ias [ˌপেইটাফাˈমিলিঅ্যাস্ US ˌপ্যাট্–] *n* (কৌতুকার্থে) বাবা বা পরিবারের মাথা।

pa·ter·nal [পাˈটান্‌ল্] *adj* ১ পিতৃসুলভ; পৈতৃক: ~ concern. ২ পিতার দিক দিয়ে সম্পর্কযুক্ত: her ~ grandmother. **~ly** [নালি] *adv* **~·ism** [–ইজ়াম্] *n* [U] (প্রজাদের বা অধীনস্থদের প্রয়োজন মিটিয়ে কিন্তু কোনো রকম দায়িত্ব না দিয়ে) পিতৃসুলভ পন্থায় শাসন বা নিয়ন্ত্রণ করার রীতি; সদাশয় স্বৈরাচার।

pa·ter·nity [পাˈটানাটি] *n* [U] পিতৃত্ব; পিতৃবংশ: of unknown ~.

pater·nos·ter [ˌপ্যাটালনস্‌টা(র্)] *n* ['Our Father' — 'আমাদের পিতা'–এর লাতিন রূপ) ১ খ্রিস্টকৃত ঈশ্বরের প্রার্থনা; খ্রিস্টের প্রার্থনা। ২ জপমালার যে অক্ষ বা গুটিকাটি ঘুরে এলে এই প্রার্থনা পুনরাবৃত্তি করা

হয়। ৩ এক বিশেষ ধরনের দরজাহীন লিফ্‌ট বা ওঠা–নামার যন্ত্র।

path [পা:থ্ US প্যাথ্] *n* (*pl* ~s [পা:দ্‌জ্ US প্যাদ্‌জ্] ১ পথ। ˈ~·(way), (ˈfoot)-~ পায়ে-চলা পথ; ফুটপাত। ˈ~-finder *n* পথ–আবিষ্কারক; পথিকৃত। ২ দৌড় বা সাইকেলচালনা প্রতিযোগিতার জন্য বিশেষভাবে নির্মিত পথ (সাধা. cinder track বলা হয়)। ৩ গতিপথ: The moon's ~ round the earth. **~·less** *adj* পথহীন: ~less jungles.

pa·thetic [প'থেটিক্] *adj* ১ করুণ বা (কথ্য) অবজ্ঞেয়: a ~ sight; a ~ absence of self-respect. ২ **The ~ fallacy** জড় পদার্থকে মানবিক বৈশিষ্ট্য অর্পণ করার ভ্রান্তি। **pa·theti·cally** [-ক্লি] *adv*

pa·thol·ogy [প'থল জি] *n* [U] রোগবিদ্যা, রোগবিজ্ঞান। **path·ol·ogist** [প'থলজিস্‌ট্] *n* রোগবিজ্ঞানী। **pa·th·o·logi·cal** [প্যাথ'লজিক্‌ল্] রোগবিদ্যা সম্বন্ধীয়; রোগের প্রকৃতিবিষয়ক। **path·o·logi·cally** [-ক্লি] *adv*

pa·thos [পেই থস্] *n* [U] করুণ রস।

pa·tience [পেইশ্‌ন্‌স্] *n* [U] ১ ধৈর্য; সহিষ্ণুতা: I have no ~ with people who are always complaining. **be out of ~ (with)** (কাউকে/কোনো কিছুকে) আর বরদাস্ত করার মতো ধৈর্য না থাকা; ধৈর্যহারা হওয়া। **the ~ of Job** অসীম ধৈর্য। ২ (GB) সাধা. একজনের জন্য এক বিশেষ ধরনের তাস খেলা (US = solitarie) I

pa·tient[1] [পেই শ্‌ন্‌ট্] *adj* ধৈর্যশীল: be ~ with sb. **be ~ of sth** (পুরা.) **(ক)** কোনো কিছু ধৈর্যসহকারে সহ্য করতে পারা। **(খ)** স্থান দেওয়া; প্রশ্রয় দেওয়া। **~·ly** *adv* ধৈর্যসহকারে : listen ~ly to sb's complaints.

pa·tient[2] [পেই শ্‌ন্‌ট্] *n* [C] রোগী।

pa·tina [প্যাটিনা] *n* (সাধা.)পুরনো তামা বা ব্রোন্‌জের উপর সৃষ্ট সবুজ, চকচকে পর্দা; পুরনো কাঠের কাজ ইত্যাদির চকচকে ভাব।

patio [ˈপ্যাটিওউ] ১ স্পেনীয় বা স্পেনীয়–আমেরিকান বাড়ির উঠান। ২ (আধুনিক ব্যবহার) বিনোদনের জন্য বাড়িসংলগ্ন বাঁধানো স্থান।

pa·tis·serie [প'টীসারি] *n* (ফ.) (ফরাসি) পিঠা, পেস্ট্রি ইত্যাকার খাবারের দোকান বা কারখানা।

pat·ois [প্যাটোআ:] *n* আঞ্চলিক ভাষা।

pa·trial [পেইট্রিআল্] *n* বৈধভাবে একজন ব্রিটিশ নাগরিক হিসাবে গণ্য হবার মতো যোগ্যতা আছে এমন ব্যক্তি।

partri·arch [ˈপেইট্রিআ:ক্ US ˈপ্যাট–] *n* পিতৃতান্ত্রিক রীতিতে পরিবারের বা গোষ্ঠীর কর্তা; গৃহপতি, গোষ্ঠীপতি; প্রবীণ সম্মানিত ব্যক্তি; রোমান ক্যাথলিক চার্চের পূর্বকালের বিশপ; প্রাচ্যের কোনো কোনো গির্জাপ্রধান। **~al** পিতৃতান্ত্রিক; পিতৃশাসিত। **~·ate** উচ্চশ্রেণীর বিশপের কর্তৃত্বাধীন এলাকা; গোষ্ঠীপতিশাসিত সমাজ; চার্চের বাসস্থান।

pa·tri·cian [পেˈট্রিশ্‌ন্] *n,adj* অভিজাত বা সম্ভ্রান্ত পরিবারে জন্মগ্রহণকারী ব্যক্তি (প্রধানত প্রাচীন রোমে); বংশানুক্রমে সম্ভ্রান্ত ব্যক্তি।

pat·ri·cide [ˈপ্যাট্রিসাইড] *n,*[U] পিতৃহত্যা; [C] অনুরূপ হত্যার ঘটনা; [C] পিতৃহন্তারক।

pa·tri·li·neal [ˈপ্যাট্রিলিনিআল্] *adj* পিতার বংশোদ্ভুত; পূর্বপুরুষের সঙ্গে সংযুক্ত; পিতৃগোত্রজাত।

pat·ri·mony [ˈপ্যাট্রিমনি US : -মৌনি] *n* (*pl*-nies) [C] পিতৃসূত্রে বা পূর্বপুরুষদের নিকট থেকে উত্তরাধিকারসূত্রে প্রাপ্ত বিষয়সম্পত্তি; পৈতৃক সম্পত্তি। **pat·ri·mo·nial** [ˌপ্যাট্রিˈমৌনিআল্] *adj* উত্তরাধিকারবিষয়ক।

pa·triot [ˈপ্যাট্রিআট্ US ˈপেই ট্‌-]' *n* দেশপ্রেমিক; স্বদেশানুরাগী; স্বদেশের প্রবল সমর্থক বা ভক্ত। ˈ**~·ism** [-ইজ়াম] *n* [U] দেশপ্রেমিকের অনুভূতি। **~ic** [ˌপ্যাট্রিˈঅটিক্ US ˌপেইট–] *adj* দেশপ্রেমমূলক। **~i·cally** [-কলি] *adv*

pa·trol [প'ট্রোল্] *vt,vi* (-ll-) নিরাপত্তাবিধানের উদ্দেশ্যে চারিদিকে পরিক্রমণ করা; কোনো শিবির, শহর বা সড়ক প্রদক্ষিণ করে সবকিছু ঠিক আছে কিনা পর্যবেক্ষণ করা; অপরাধীদের সন্ধান করা; সাহায্যপ্রার্থীদের খোঁজা। □*n* **(ক)** [U] অনুরূপ পরিক্রমণ: The area is under strict police ~. **(খ)** [C] এই দায়িত্বে নিয়োজিত ব্যক্তি, যানবাহন, জাহাজ বা উড়োজাহাজ; **(গ)** (US) ˈ**~ wagon** যে গাড়ি করে বন্দীকে বা অভিযুক্ত ব্যক্তিকে আনা–নেওয়া হয়। ˈ**~·man** (*pl*,men) যে পুলিশ অনুরূপ দায়িত্বে নিয়োজিত।

pa·tron [ˈপেইট্রন্] *n* ১ পৃষ্ঠপোষক, সমর্থনকারী, উৎসাহদাতা; নৈতিক বা অর্থনৈতিক সাহায্যদাতা: The nobility was a great ~ of arts in the old days. ˌ**~** ˈ**saint** যে সাধুকে চার্চ, শহর বা পথিকজনের বিশেষ রক্ষক বলে বিবেচনা করা হয়। ২ কোনো দোকানের নিয়মিত ক্রেতা বা খদ্দের। ˈ**~·ess** [-ইস্] *n* মহিলা পৃষ্ঠপোষক।

pa·tron·age [ˈপ্যাট্রনিজ্ US পেইট্র–] *n* [U] ১ পৃষ্ঠপোষকতা; সমর্থন; উৎসাহদান; পৃষ্ঠপোষণা: This library requires immediate ~. ২ কোনো ব্যক্তিকে বিশেষ সুবিধাজনক পদে নিয়োগ, সুবিধাদি/অধিকার প্রদান: a man with the blessings of ~. ৩ ক্রেতার সহায়তা (কোনো বিক্রেতার প্রতি নিয়মিত ক্রেতার মাধ্যমে): Always try to show ~ to this orphanage store. ৪ (পৃষ্ঠপোষকতাধর্ম) আচরণ। দ্র. patronize (২).

patron·ize [ˈপ্যাট্রনাইজ্ US ˈপেই ট্-] *vt* ১ পৃষ্ঠপোষকতা করা; কাউকে পৃষ্ঠপোষণ দান করা; গ্রন্থকারের উৎসর্গ গ্রহণ করে তাঁকে উপহার প্রদান করা; উৎসাহ প্রদান করা। ২ কোনো অধস্তন ব্যক্তির প্রতি দয়াশীল হওয়া; পিঠ চাপড়ানো। **pat·ron·iz·ing** *adj.* **pat·ron·iz·ing·ly** *adv*

pat·ro·nymic [ˌপ্যাট্রাˈনিমিক্] *n,adj* (নাম) পিতা বা পিতৃপুরুষ সূত্রে প্রাপ্ত বা জাত: শামস–উল; O'Neil.

pat·sy [ˈপেইট্‌সি] *n* [C] প্রতারিত বা পরিহাসক্লিষ্ট ব্যক্তি।

pat·ten [প্যাটন্] *n* [C] কাঠের তৈরি জুতার তলি যার দ্বারা কর্দমাক্ত রাস্তায় জুতাকে কাদার স্পর্শ থেকে বাঁচানো যায়।

pat·ter[1] [প্যাটা(র্)] *n* [U] ১ বিশেষ শ্রেণী বা গোষ্ঠীর ব্যবহৃত ভাষা; দলীয় উপভাষা: the ~ of a hawker. ২ কৌতুকাভিনেতা বা যাদুকরের দ্রুত বকবকানি; কোনো গানের মধ্যে দ্রুতকথনের অন্তর্ভুক্তি: aˈ~ song. □*vt,vi* (প্রার্থনাদি) উচ্চারণ করা; আবৃত্তি করা; পুনরুচ্চারণ করা (যান্ত্রিক এবং দ্রুত রীতিতে); অত্যন্ত দ্রুত বা অনেক বেশি কথা বলা।

pat·ter[2] [প্যাটা(র্)] *n* [U] টুপটাপ বৃষ্টি পড়ার শব্দ; দ্রুত হাঁটার শব্দ: the ~ rains, □*vi* অনুরূপ শব্দ করা: ~ing on the root.

pat·ter[3] [প্যাটা(র্)] *vt,vi* আবৃত্তিচ্ছলে দ্রুত পড়া; দ্রুত প্রার্থনা করা অথবা যান্ত্রিকভাবে মন্ত্র উচ্চারণ করা; টুপটুপ করে পড়া; (শিশুদের মতো) ছোট ছোট পা ফেলে দ্রুত ছুটে যাওয়া।

pat·tern [ˈপ্যাটন্] *n* [C] ১ উৎকৃষ্ট উদাহরণ বা আদর্শ রীতি; আদর্শ হিসাবে গৃহীত কোনো বস্তু, ব্যক্তি বা বিষয়: He has a ~ of expression. ২ কাপড় বা সেলাই-এর নকশা (সাধারণত কাজের যে নকশা থেকে পরিধেয় বস্ত্রাদির বিভিন্ন অংশ কাটা হয়); কারখানায় (বা অনুরূপ প্রতিষ্ঠানে) যে নকশার উপর ভিত্তি করে অন্যান্য একই ধরনের বস্তু বানানো হয়: ~ maker, ˈ~ shop. ৩ কোনো কিছুর নকশা বা ডিজাইন। ৪ (গালিচা বা পর্দার) কারুকাজ; দেয়ালশোভন কাগজ ইত্যাদির নকশা: geometrical ~s. ৫ যে পন্থায় কোনো কিছু ঘটে, পরিবর্ধিত অথবা বিন্যস্ত হয়: We do not have a socialistic ~ of society. □*vt* (ক) **~ sth/oneself/upon/after sth/sb** কোনো বিশেষ আদর্শ বা গঠনের ভিত্তিতে বিকশিত হওয়া : Our administration is still ~ed on the British system. (খ) কোনো নকশার সাহায্যে (কোনো কিছুকে) সাজানো।

patty [ˈপ্যাটি] *n* (*pl* -ties) মাংস বা তরিতরকারির পুর দেওয়া খাদ্যবিশেষ; প্যাটিস।

patu·lous [ˈপ্যাটিউলাস্] *adj* (গাছের ডালপালার ক্ষেত্রে) বিস্তৃত বা প্রসারিত।

pau·city [ˈপোসিটি] *n,*[U] (আনুষ্ঠা.) পরিমাপে বা সংখ্যায় স্বল্পতা; অভাব।

Paul [পো°ল্] *n* **rob Peter to pay ~,** দ্র. Peter. **~ Pry** অনিসন্ধিৎসু ব্যক্তি।

Paul·ine [পো° লিন্] *adj* খ্রিস্টীয় সাধু পল সম্পর্কিত। □*n* সাধু পলের অনুগামী ধর্মসম্প্রদায়ের সভ্য।

paunch [ˈপো°ন্চ্] *n* (বিশেষত মেদযুক্ত) পেট: You are growing a roundish ~ these days. **~y** *adj* ভুঁড়িওয়ালা। **~i·ness** *n*

pau·per [ˈপো°প া(র্)] *n* নিঃস্ব; কপর্দকশূন্য; জীবিকা নির্বাহের সামর্থ্যহীন; ভিখারি; অন্যের কৃপায় যার জীবননির্বাহ নির্ভরশীল। **ˈ~·ism** [-ইজ়ম্] *n* [U] কপর্দকশূন্য অবস্থা: every where signs of ~ism.

pause [পো°জ়্] *n* ১ সাময়িক বা মধ্যবর্তী (স্বল্প) বিরতি: While reciting you must make proper use of a ~. **give ~ to** (কোনো ব্যক্তির) থামার বা চিন্তা করার বা দ্বিধাগ্রস্ত হবার কারণ ঘটানো। ২ (সঙ্গীত) চিহ্ন (⌒ বা ◡) যে চিহ্নের দ্বারা কোনো স্বর বিলম্বিত করার নির্দেশ দেওয়া হয়। □*vi* **make a pause** চারদিক দেখে নেবার জন্য বিরতি নেওয়া।

pave [পেইভ্] *vt* পাথর বা ইটের আস্তরণ দেওয়া; কোনো অংশকে পাকা করে বাঁধানো: the road ~d with bricks; (আল.) a proposal ~d with honest objectives. **~ the way for** কোনো কিছু ঘটতে সাহায্য করা: The French intellectuals ~d the way for the revolution. ˈ**paving-stone** আস্তরণ দেবার জন্য পাথর বা ইট।

pave·ment [ˈপেইভ্‌মেন্ট্] *n* ১ (GB) ফুটপাথ; পায়ে চলার পথ (US = sidewalk)। ˈ**~ artist** (পথিকদের কাছ থেকে অর্থ সংগ্রহের জন্য) যে শিল্পী রঙিন চক দিয়ে ফুটপাথের উপর ছবি আঁকে। **~ dwellers** নিরাশ্রয় যেসব ব্যক্তি ফুটপাথে বসবাস করে। ২ (US) রাস্তা বা সড়কের শক্ত উপরিতল। **crazy ~.** দ্র. crazy (৪).

pa·vil·ion [পে'ভি লিঅন্] *n* ১ খেলার মাঠে খেলোয়াড়, কর্মকর্তা ও সংগঠকদের জন্য তৈরি করা বিশেষ ঘর বা ভবন বা শিবির। ২ নাচ বা সঙ্গীতানুষ্ঠানের জন্য তৈরি সুসজ্জিত ভবন। ৩ বিভিন্ন প্রদর্শনীর জন্য বড়ো আকারের শিবির। **back to ~** ক্রিকেট খেলায় ইনিংসের শেষে শিবিরে ফিরে যাওয়া: the space ~ প্রদর্শনীতে মহাশূন্য বিষয়ে প্রদর্শনীর বিশেষ ঘর।

pavis(e) [পেই ভিস্] *n* [C] সর্বাঙ্গ আচ্ছাদনকারী ঢালবিশেষ।

pavo·nine [পে ইভোনাইন্] *adj* ময়ূরবিষয়ে বা ময়ূরতুল্য।

paw [পো °] *n* থাবা: the monkey's ~; (কথ্য, পরিহাসছলে) হাত; এলোমেলো, অশোভন বা রুক্ষ হাতের স্পর্শ। □*vt* (ক) (জীবজন্তুর ক্ষেত্রে) থাবার সাহায্যে অনুভব করা বা আঁচড়ানো (ঘোড়ার ক্ষেত্রে) খুরের সাহায্যে মাটিতে আঘাত করা; (খ) (ব্যক্তির ক্ষেত্রে) অশোভন বা রুক্ষভাবে হাত দিয়ে স্পর্শ করা।

pawky [পো°ক] *adj* ধূর্ত; ধুরন্ধর।

pawl [পো°ল্] *n* ১ খাঁজকাটা চাকা যাতে (কোনো কিছু) পিছনে গড়িয়ে না যায়। ২ নোঙর যাতে জড়িয়ে না যায় তার জন্য ব্যবহৃত ক্ষুদ্রাকৃতি দণ্ড।

pawn[1] [পো°ন্] *n* ১ দাবার বোড়ে। ২ যে ব্যক্তিকে অন্যেরা নিজ স্বার্থে ব্যবহার করে।

pawn[2] [পো°ন্] *vt* ১ (সোনাদানা, মূল্যবান বস্তু) বন্ধক দেওয়া: I had to ~ my type-writer to get some money. ২ (আল.) শপথ করা: I ~ed my life to protect some social values. □*n* [U] **in ~** বন্ধকী দ্রব্য। **~ broker** আইনানুগ বন্ধকী কারবারি। ˈ**~-shop** এ ধরনের ব্যবসায়ের দোকান বা কার্যালয়। ˈ**~-ticket** বন্ধকী দ্রব্যের বিপরীতে যে রসিদ দেওয়া হয়।

paw·paw [ˈপো°পো US ˈপো°পো° *n* = papaw.

pay[1] [পেই] *n* [U] বেতন, মাইনে; (বিশেষত সামরিক বাহিনীতে) নিয়মিত কাজের জন্য মজুরি। **in the ~ of** নিয়োজিত (প্রায়শই নিন্দার্থে): in the ~ of intelligence agencies. ˈ**~-bill** *n* বেতনের বিশদ বিবরণমূলক হিসাব: Have you signed the ~-bill of this month? ˈ**~-claim** *n* মজুরি দাবি = wage-claim. দ্র. wage. ˈ**~-day** *n* (ক) বেতনের দিন; মাসের এক বা নির্দিষ্ট তারিখ; সপ্তাহান্ত; (খ) (স্টক এক্সচেঞ্জে) যেদিন স্টক হস্তান্তর ও মূল্য পরিশোধ করা হয়। ˈ**~-dirt** *n* [U] (US) খনিজ আয়ের দিক থেকে লাভজনক জমি। ˈ**~-load** *n* (ক) জাহাজ বা বিমানে বহনের জন্য যে ব্যক্তি বা বস্তুর বিপরীতে ভাড়া প্রদত্ত হয়েছে; (খ) ক্ষেপণাস্ত্রের অন্তঃস্থিত বোমা; (গ) কোনো মহাকাশযানের বৈমানিক ও যন্ত্রপাতিসমূহ। ˈ**~·master** *n* বেতনপ্রদানের দায়িত্বপ্রাপ্ত কর্মকর্তা। ˈ**~·master ˈgeneral** সরকারি খাজাঞ্চিখানার সর্বপ্রধান কর্তাব্যক্তি। ˈ**~-off** *n* (কথ্য) চূড়ান্ত হিসাবপত্র; চূড়ান্তপ্রতিশোধ। ˈ**~·packet** *n* যে খামের মধ্যে বেতনের টাকা থাকে। ˈ**~-phone/-station** *nn* (US) খুচরা পয়সা প্রদানের মাধ্যমে যে বাক্স বা অবস্থান থেকে টেলিফোন ব্যবহার করা যায়। ˈ**~-roll/-sheet** *nn* (ক) বেতনভুক কর্মচারীদের বেতনের অঙ্ক উল্লেখসহ তালিকা; (খ) বেতন হিসাবে যত টাকা প্রদত্ত হবে তার মোট অঙ্ক। ˈ**~-scales** বেতনক্রম; বেতনের বিভিন্ন স্তর।

ˈ**~-slip** *n* বেতনের খামের মধ্যে রাখা বেতনের সামগ্রিক হিসাব।

pay[2] [পেই] *vt,vi,(pt,pp* paid [পেইড়]) (*adv,parts* ও *preps* সহ বিশেষ প্রয়োগের জন্য দ্র. ৬) ১ **~ sb; ~ for sth; ~ sb for sth; ~ sb sth, ~ sth (to sb) (for sth)** কোনো দ্রব্য বা বস্তু অথবা সেবার বিপরীতে কাউকে টাকা দেওয়া: I ~ him 1000 taka per month. You do not have to ~ the bills. Have you paid for the tickets? Service charges have been paid. ২ পুরস্কার বা ক্ষতিপূরণ প্রদান করা: This enterprise will not ~ you in future, Do not worry you will receive the ~. Honesty ~s in the long run. ৩ ধার পরিশোধ করা: A good amount of debts remains to be paid. **put ˈpaid to sth** (কথ্য) সমাধান করা; কোনো কিছু চূড়ান্তভাবে শেষ করা যাতে আর কোনো সমস্যা না হয়। ৪ **~ (to)** কারও প্রতি মনোযোগ দেওয়া বা শ্রদ্ধা প্রদর্শন করা: P~ attention to the chief guest. We ~ homage to our martyrs. He did not ~ any respect to the jury's decision. P~ heed to the advice of your superiors. ৫ (প্রবচন) **~ one's way** ধারকর্জ না করা। **~ through the nose,** দ্র. nose[1] (১). ˌ**~-as-you-earn** (abbr PAYE) (GB) (আয় থেকে) নিয়োগকর্তা কর্তৃক আয়কর কর্তনের পদ্ধতি। **~·able** [ˈপেইঅব্‌ল্] *adj* যা আবশ্যিকভাবে প্রদেয়; প্রদানযোগ্য। **payee** [পেইঈ] *n* যে ব্যক্তির কাছে কিছু প্রদান করা হয়। **payer** [পেইঅর্) *n* যে ব্যক্তি প্রদান করে থাকেন, যাকে প্রদান করতে হয়। ৬ **~ away** হাত থেকে দড়ি স্খলিত হতে দেওয়া। **~ sth back** ঋণকৃত অর্থ পরিশোধ করা। **~ sb back/out (for sth)** শাস্তি দেওয়া; উচিত শিক্ষা দেওয়া; কারও উপর প্রতিশোধ গ্রহণ করা। **~ back in one's own coins** সমুচিত/প্রতিতুলনীয় প্রতিশোধ গ্রহণ করা। **~ down** যথাস্থানেই নগদ পরিশোধ করা। **~ for (ক)** কোনো কিছুর বিনিময়ে দাম শোধ করা; **(খ)** কষ্ট বা ক্ষতি স্বীকার করা: You have to ~ for your negligence. **~ sth in; ~ sth into sth** নিজের বা অন্য কারও হিসাবে ব্যাংকে (টাকা) গচ্ছিত রাখা; তহবিলে চাঁদা দেওয়া: ~ the money into Company's account. **~ its way** লাভজনক হওয়া। **~ sb off (ক)** কাউকে তার বেতন/মজুরি প্রদান করে চাকরি থেকে অব্যাহতি দান করা; **(খ)** সকল পাওনা মিটিয়ে দায়দেনা থেকে মুক্ত হওয়া; **(গ)** প্রতিহিংসা চরিতার্থ করা। **~ sth out (ক)** সকল প্রকার ব্যয় চূড়ান্ত করার জন্য টাকা প্রদান করা: If you want to join your new assignment you have to ~ out here earlier; **(খ)** (নভো.) দড়ির বাঁধন খুলে দেওয়া/আলগা করে দেওয়া যাতে সহজে দড়ি নীচে পড়ে যেতে পারে। **~ up** সম্পূর্ণ বেতন/ধার পরিশোধ করা; পাওনা মিটিয়ে দেওয়া: After ten years I have paid up every farthing of HBFC.

pay·ment [ˈপেইমান্ট্] *n* ১ [U] দান অথবা প্রদান: early ~ is solicited. **deferred ~** বিলম্বে প্রদানযোগ্য। **part ~** আংশিক প্রদান। **due for ~** প্রদানযোগ্য হয়েছে এমন। ২ [C] প্রদানযোগ্য/প্রদেয় টাকার অঙ্ক: monthly ~s, weekly ~s. ৩ [C, U] (আল.) পুরস্কার; শাস্তি; মাশুল।

pay·nim [পেইনিম্] *n* [U] অখ্রিস্টান (বিশেষত মুসলমান) ব্যক্তি।

pay·ola [পেইওলা] *n* [U] অনুগ্রহ বা সুবিধালাভের জন্য প্রদত্ত অর্থ; ঘুষ।

pea [পী] *n* [C] মটর বা অনুরূপ কোনো গাছ বা (খাদ্যরূপে ব্যবহার্য) ওই ধরনের গাছের শস্য, যথা— কলাই, মসুরি প্রভৃতি। **as like two peas (in a pod)** অবিকল অনুরূপ। ˈ**pea-chick,** ˈ**pea-fowl,** ˈ**pea-hen** *nn* দ্র. peacock, ˈ**pea-flour** *n* [U] শুকনো মটর থেকে তৈরি খাবার। ˈ**pea-green** *adj* কাঁচা মটরের মতো সবুজ রঙের। ˈ**pea-nut** চীনাবাদাম। ˈ**pea·pod** মটরশুঁটি। ˈ**pea-shooter** *n* পাইপের মতো যে খেলনা দিয়ে শুকনা মটরশুঁটি বা অনুরূপ কোনো গোলাকার বস্তু ছোড়া হয়। ˌ**pea-ˈsoup** মটরশুঁটির তৈরি ঘন স্যুপ। ˌ**pea-ˈsouper** (কথ্য) ঘন হলুদ কুয়াশা।

peace [পীস্] *n* [U] (বহুবচনে ব্যবহৃত হয় না তবে indefart হিসাবে ব্যবহৃত হয়)। ১ যুদ্ধ বা লড়াই-এর সমাপ্তি: P~ reigns over the war-front. Let ~ be permanent. **make ~ (with)** শান্তি আনয়ন করা। ২ (প্রায়শ **P~**) শান্তির চুক্তি: A P~ move has started. ৩ গৃহযুদ্ধ বা বিবাদ থেকে মুক্তি। **break the ~** গৃহবিবাদ ঘটানো; সংঘর্ষ বাঁধানো। **keep the ~** আইনের প্রতি অনুগত থেকে বিশৃঙ্খলা সৃষ্টি থেকে দূরে থাকা। **breach of the ~** বিশৃঙ্খলা বা সংঘর্ষ। **The King's/Queen's ~** দেশের সাধারণ আইনানুগ অবস্থা; শান্ত অবস্থা। **Justice of the P~** (সং JP) ম্যাজিস্ট্রেট। ৪ শান্তি; শান্ত অবস্থা; প্রশান্তি; নির্জনতা: I need some ~ of mind. **at ~ (with)** সৌহার্দ্যমূলক ও শান্ত অবস্থা; যুদ্ধবিগ্রহহীন অবস্থা; বিবাদহীন পরিস্থিতি: The relation between the two families is never at ~. **in ~** শান্তিপূর্ণভাবে: We should try o live in ~. **hold one's ~** চুপ করে থাকা; তর্ক বন্ধ করা। **make one's ~ (with sb)** কলহ নিষ্পত্তি করা। ˈ**~·maker** *n* যে ব্যক্তি বিবাদ নিষ্পন্ন করেন; শান্তি স্থাপনকারী। ˈ**~-offering** *n* শান্তিকামনার উদ্দেশে প্রদত্ত উপহার বা আশীর্বচন। **~ council** শান্তি পরিষদ।

peace·able [ˈপীসাব্‌ল্] *adj* নির্বিবাদ, কলহমুক্ত, যুদ্ধ বা সংঘর্ষবিহীন। **peace·ably** *adv*

peace·ful [পীস্ ফ়ল্] *adj* ১ শান্তিপূর্ণ; শান্তিকামী: ~ situations. ২ শান্ত; স্তব্ধ: a ~ scene. **~ly** [-ফ়লি] *adv.* **~·ness** *n*

peach[1] [পীচ্] *n* ১ জামজাতীয় ফলবিশেষ। ২ (অপ.) উচ্চপ্রশংসিত ব্যক্তি বা বস্তু; আকর্ষণীয়া তরুণী। **~y** *adj* জামের মতো রসালো।

peach[2] [পীচ্] *vt,(pt,pp* ~ed) গুপ্তচরবৃত্তি করা। **~er** *n*

pea·cock [ˈপীকক্] *n* ময়ূর; (আল.) ভিত্তিহীন আত্মশ্লাঘাসম্পন্ন ব্যক্তি। ˌ**~ˈblue** ময়ূরকণ্ঠী বর্ণ। ˈ**pea-hick** ময়ূরশাবক। ˈ**pea-fowl** ময়ূরী। ˈ**pea-hen** ময়ূরী।

pea-jacket [ˈপীজ্যাকিট্] *n* নাবিকদের ব্যবহার্য ছোট আকারের দুই বুকওয়ালা মোটা উলের ওভারকোট।

peak[1] [পীক্] *n* ১ (প্রধানত পাহাড় বা পর্বতের) সরু চূড়া; শিখর। ˈ**P~ District** ইংল্যান্ডের ডারবিশায়ার অঞ্চল (বহুসংখ্যক পাহাড়চূড়ার জন্য এই অঞ্চলকে বিশেষভাবে চিহ্নিত করা হয়। ২ টুপির সুচালো সম্মুখভাগ (যে সব টুপির অগ্রভাগ এমনভাবে তৈরি করা হয় যাতে চোখকে আলো থেকে আড়াল করা যায়)। ৩ জাহাজের অগ্রভাগের সরু অংশ। ৪ সংখ্যার দিক থেকে সর্বাধিক। **~ hour** দিনের যে সময় সর্বাধিক ব্যক্তি যানবাহনে

যাতায়াত করেন; যে সময় সর্বাধিক সংখ্যক ব্যক্তি বেতার শোনেন বা টিভি দেখেন: ~ hour of traffic, ~ period of production, ~ hours of consumption of electricity, ~ period of his career, পেশাগত সাফল্যের দিক থেকে সবচেয়ে সার্থক সময়। **off-~ periods** যখন বিদ্যুৎ/যানবাহনের উপর কম চাপ থাকে। **off-~ flights** (অপেক্ষাকৃত কম ব্যস্ত সময়ে)। **~ed** *adj* যার শিখর বা চূড়া বা সূক্ষ্ম অগ্রভাগ আছে এমন: ~ed cap.

peak[2] [পীক্] *vi* ১ সর্বোচ্চ বিন্দুতে পৌঁছানো: Prices of commodities have ~ed. ২ **~ and pine** শুকিয়ে যাওয়া; জীর্ণ হয়ে যাওয়া। **~ed** *p p* তীক্ষ্ণমুখশ্রীসম্পন্ন; পাতলা; রোগা। **~y** *adj* = ~ed.

peal [পীল্] *n* [C] ১ উচ্চরবে ঘণ্টাধ্বনি বা কয়েকটি ঘণ্টার সম্মিলিত বা পরম্পর উচ্চনাদ। ২ উচ্চগ্রামে প্রতিধ্বনিময় শব্দনিনাদ: ~ of laughter. □*vi,vt* **(ক)** ঘণ্টাধ্বনি সৃষ্টি করা; ঘণ্টা বাজানো। **(খ)** উচ্চরবে শব্দ বা ঘণ্টাধ্বনি করার কারণ হওয়া।

pean [পীআন্] (US) = paean.

pea·nut [ˈপীনাট্] *n* চীনাবাদাম। ˌ**~ ˈbutter** সিদ্ধ চীনাবাদামের তৈরি মাখনতুল্য খাদ্য। ˌ**~ ˈoil** চীনাবাদাম থেকে তৈরি তেল। **~s** (নিন্দার্থে) যৎসামান্য অর্থ।

pear [পেআ(র্)] *n* [C] নাশপাতি বা নাশপাতির গাছ।

pearl [পাল্] *n* ১ মুক্তা: an ornament decked with ~s. ˈ**~-diver** *n* যে ডুবুরি মুক্তাধারী ঝিনুক তুলে আনে। ˈ**~-fishery** *n* যে স্থানে এ ধরনের ঝিনুকের চাষ হয়। ˈ**~-oyster** *n* যে ঝিনুকে মুক্তা লভ্য; শক্ত মসৃণ উজ্জ্বল রংধনু বর্ণের উপাদান যা বিশেষ ধরনের ঝিনুকের প্রান্তভাগে প্রাপ্তব্য। ২ = mother-of-~. ˈ**~-buttons**, দ্র. mother. ৩ বিবিধ বস্তুর ক্ষুদ্র ও গোলাকার অংশ। ˌ**~-ˈbarley/-ˈsago** *nn* মুক্তার মতো ক্ষুদ্র কণায় পরিণত বার্লি বা সাগুর দানা। ৪ মুক্তাসদৃশ কোনো বস্তু যথা শিশিরবিন্দু: Her tears fell like drops of ~s; খুবই মূল্যবান: Deepa was a ~ amongst the women assembled. **cast ~s before swine** (প্রবাদ) উলুবনে মুক্তা ছড়ানো। ˈ**pearl-eye** *n* (অপ.) চোখের ছানি। ˈ**pearl-powder** *n* অঙ্গরাগের পাউডারবিশেষ। ˈ**pearl-while** *n* মাছের আঁশ থেকে প্রস্তুত নকল মুক্তার উপাদান বিশেষ। □*vi* মুক্তা শিকার করা। **~y** *adj* মুক্তাসদৃশ; মুক্তাখচিত। **~ed** *adj* মুক্তাধারা সুশোভিত। **P~y King/ Queen** মুক্তাবৎ পোশাকপরিহিত ফেরিওয়ালা। **~ies** *n pl* লন্ডনের ফেরিওয়ালা যাদের পোশাকে মুক্তার বোতাম শোভা পায়। **~er** *n* মুক্তাডুবুরি বা তার নৌকা।

pear·main [ˈপেআমে ইন্] *n* বিশেষ ধরনের আপেল।

peas·ant [ˈপেজ্‌ন্ট্] *n* (GB অথবা US-এ নয়) ছোট কৃষক, চাষি, চাষা, ক্ষেতমজুর; সামান্য জমি আছে এমন চাষি। ˈ**~ labour**, দ্র. (GB) small এবং (US) shareˈ (১). **~ry** [ˈপেজ্‌ন্ট্রি] *n* কোনো দেশের কৃষক সম্প্রদায়; কৃষক শ্রেণী।

pease [পীজ্] *n* **~-pudding** সিদ্ধ মটরের পুডিং। **~-soup** মটরশুঁটির ঝোল।

peat [পীট্] *n* [U] জলসিক্ত হবার ফলে বিনষ্ট উদ্ভিজ্জ পদার্থ যা শাকসবজি ফলনে বা জ্বালানি হিসাবে ব্যবহারযোগ্য: a sack of ~; a ~ bog, স্যাঁতসেঁতে জায়গা যেখানে এ ধরনের পদার্থ তৈরি হয়; a ~ fire, এ ধরনের পদার্থ দিয়ে জ্বালানো আগুন। **~y** *adj*

pebble [ˈপেব্‌ল্] *n* নদীতীর বা সমুদ্রসৈকতে প্রাপ্তব্য নুড়ি; শিলাখণ্ড। **peb·bly** *adj* নুড়িময়; নুড়ি দিয়ে ঢাকা: a pebbly thoroughfare.

pe·can [পিˈক্যান US পিˈকা:ন্] *n* [C] আমেরিকার মিসিসিপি অববাহিকায় লভ্য এক ধরনের বাদাম।

pec·cable [পেক্যাব্‌ল্] *adj* পাপপ্রবণ; পাপাচরণীয়।

pec·ca·dillo [ˌপেকাডিলৌ] *n* (*pl* ~es [-লৌজ্]) কোনো ব্যক্তির চরিত্রের সামান্য দুর্বলতা, দোষ বা ত্রুটি।

pec·cant [পেক্যান্ট্] *adj* পাপাচারী; অসুস্থ।

pec·cary [ˈপেকারি] *n* (*pl* -ries) আমেরিকার এক ধরনের বন্য শূকর।

peck[1] [পেক্] *n* শুকনা বস্তুর পরিমাপবিশেষ (২ গ্যালন বা আনু. ৯ লিটার); (আল.) অধিক পরিমাণে: a ~ of sufferings.

peck[2] [পেক্] *vi,vt* ১ **~ (at)** ঠোঁট দিয়ে আঘাত করার চেষ্টা করা; ঠোঁটের প্রান্তভাগ দিয়ে ঠোকরানো: birds ~ing at the grains; (কথ্য) খুব সামান্য পরিমাণ খাবার গ্রহণ করা; ক্ষুধা ছাড়া সামান্য কিছু খাওয়া। ˈ**~·ing order** শক্তিধর পাখির দুর্বল পাখির উপর কর্তৃত্ব, অনুরূপ সেই পাখির দুর্বলতর পাখির উপর কর্তৃত্ব; মানবগোষ্ঠীর মধ্যে এ ধরনের ব্যবস্থা (আল.): The poor workers are in a ~ing order. ২ খুঁটে খুঁটে বার করা: The pigeons ~ed at the holes of the cornfield. ৩ (কথ্য) অত্যন্ত দ্রুত চুম্বন করা যার মধ্যে প্রীতি অপেক্ষা কর্তব্যবোধের প্রাধান্য লক্ষ করা যায়। □*n* **(ক)** ঠোঁটের আঘাত; অনুরূপ আঘাতের দাগ; **(খ)** দ্রুত অনুভূতিবিবর্জিত চুম্বন। **~er** *n* (GB. অপ.) মানুষের নাক; (লাক্ষ.) সাহস; উদ্দীপনা; উৎসাহ; মনোবল। **keep your ~er up** মনোবল অটুট রাখো; নিরুদ্যম হয়ো না। ˈ**~·ish** [-ইশ্] *adj* (কথ্য) ক্ষুধার্ত।

pec·tin [ˈপেক্‌টিন্] *n* [U] (রস.) চিনির মতো এক ধরনের যৌগপদার্থ—যা জ্যাম বা জেলি প্রস্তুত করতে প্রয়োজন হয়। **pec·tic** [ˈপেক্‌টিক্] *adj* পেকটিন দেওয়া আছে এমন: pectic acid.

pec·toral [ˈপেক্‌ট রাল্] *adj* ১ বক্ষের; বক্ষের জন্য; বক্ষোবতী; বক্ষসংক্রান্ত। ২ বক্ষোপরি; পরিহিত: a ~ cross. □*n* মানুষ বা ঘোড়ার বুকের বর্ম; বক্ষোব্যাধির ঔষধ।

pecu·late [পেকৌলেইট্] *vt,vi* অবৈধভাবে আত্মসাৎ করা; তহবিল তছরূপ করা। **pecu·la·tion** [ˌপেকৌˈলেইশ্‌ন্] *n* [U] অবৈধভাবে আত্মসাৎ; [C] অনুরূপ আত্মসাতের ঘটনা।

pe·cu·liar [পিকিউলিআ(র্)] *adj* ১ **~ (to)** বৈশিষ্ট্যপূর্ণ (কোনো বিশেষ গোষ্ঠীর দ্বারা ব্যবহৃত, অনুশীলিত): a ritual ~ to the Hindus; a convention ~ to this institution. ২ বিচিত্র; অপ্রচলিত। ৩ বিশিষ্ট; স্বতন্ত্র: a thing of ~ choice. **~·ly** *adv* বিশেষভাবে: ~ly disgusting. **~·ity** [পিˌকিউলিˈয়্যারাটি] *n* (*pl*-ties) ১ [U] বিশিষ্টতা। ২ [C] কোনো বিশিষ্ট বা স্বতন্ত্র বিষয়। ৩ [C] কোনো বিচিত্র বা অদ্ভুত জিনিস: ~ities of manners/customs/ style/attitudes.

pe·cuni·ary [পিˈকিউনিআরি US -নেরি] *adj* (আনুষ্ঠা.) অর্থসংক্রান্ত: ~ matters.

peda·gogue (US অপিচ -gog) [ˈপেডাগগ্] *n* (আনুষ্ঠা.) স্কুলশিক্ষক; (কথ্য) খুবই শিক্ষকসুলভ বৈশিষ্ট্যের অধিকারী শিক্ষক; পণ্ডিতপ্রবর। **peda·gogy** [ˈপেডাগজি] *n* [U] শিক্ষণবিজ্ঞান। **peda·gog·ic**

[ˌপেডাগজিক্], **peda·gogi·cal** [-ইকল্] *adj* শিক্ষণবিজ্ঞানসংক্রান্ত।

pedal[1] [পেড্ল্] *n* (সাধা. সাইকেল, সেলাই মেশিন বা পিয়ানোর ক্ষেত্রে) লিভার (পায়ে ব্যবহৃত) (attrib): ~ cyclist, ~ canoe, ~s of a bi-cycle. □*vi,vt* (-ll,US-l-) (অর্গান বাজানো বা সাইকেল চালনার জন্য) প্যাডাল ব্যবহার করা; প্যাডালের সাহায্যে কোনো কাজ করা বা কোনো কিছু সরানো: The boatman ~led away.

pedal[2] [পেড্ল্] *adj* পদসংক্রান্ত।

ped·ant [ˈপেডন্ট্] *n* যে ব্যক্তি পুঁথিগত বিদ্যা ও নিয়ম-অনুশাসনের বিষয়ে অত্যন্ত কঠোর; গোঁড়া স্কুলশিক্ষক। **~ry** [ˈপেডন্ট্রি] *n* [U] ক্লান্তিকর ও অপ্রয়োজনীয় পণ্ডিতিপনা; আনুষ্ঠানিকতা বিষয়ে অতিরিক্ত মনোযোগী; [C] এ ধরনের মনোযোগের বিষয়। **pe·dan·tic** [ˌপেড্যানটিক্] *adj* পণ্ডিতি মনোভাবসুলভ। **pe·dan·ti·cally** [-ক্লি] *adv*

peddle [পেড্ল্] *vi,vt* ১ জিনিসপত্র ফেরি করা; বাড়ি বাড়ি ঘুরে জিনিসপত্র বিক্রি করা। ২ একটু একটু করে বিতরণ করা: Mr Rahman loves to ~ rumours in all quarters. **ped·dler** *n* = pedlar. **ped·dling** *adj* অতি সাধারণ; তুচ্ছ: peddling matters.

ped·er·asty [ˈপেডার্যাস্টি] *n* [U] একজন প্রাপ্তবয়স্ক পুরুষ ও বালকের মধ্যে প্রণয় ও যৌন সম্পর্ক। **ped·er·ast** *n* এ ধরনের সম্পর্ক স্থাপনকারী ব্যক্তি।

ped·estal [ˈপেডিস্টল্] *n* স্তম্ভের ভিত্তি; যে ভিত্তির ওপর মূর্তি বা অন্য শিল্পকর্ম নির্মিত হয়; বিশেষ ধরনের লেখার টেবিলের পায়াদ্বয়ের প্রত্যেকটি। এইসূত্রে, **ˈ~ desk. knock sb off his ~** কোনো ব্যক্তিকে বুঝিয়ে দেওয়া যে তিনি আর পূর্বমর্যাদায় অধিষ্ঠিত নন। **set sb on a ~** কোনো ব্যক্তিকে মর্যাদাসূচক আসনে প্রতিষ্ঠিত করা।

pe·des·trian [পিডেসট্রিঅন্] *n* পথচারী; পায়ে হেঁটে চলা পথিক: Always use the ~ crossings. **~ crossings** পথচারী পারাপার। **~ precinct,** দ্র. precinct. □*adj* (ক) পায়ে হাঁটার সঙ্গে যুক্ত; (খ) (কোনো বক্তৃতা বা রচনার ক্ষেত্রে) গদ্যময়; একঘেঁয়ে।

pedi·at·rics [ˌপীডিˈঅ্যাট্রিক্স্] *n* (*sing* সহ) শিশুচিকিৎসা। **pedia·tric·ian** [ˌপীডিআˈট্রিশ্ন্] *n* শিশুরোগচিকিৎসক।

pedi·cab [ˈপেডিক্যাব্] *n* (কয়েকটি এশীয় দেশে) সাইকেল রিকশা।

pedi·cure [ˈপেডিকিউআ(র্)] *n* পায়ের চিকিৎসা (বিশেষত বুড়া আঙুল, নখ, কড়া বা চামড়ার চিকিৎসা)।

pedi·gree [ˈপেডিগ্রি] *n* ১ [C] পূর্বপুরুষক্রম: a long ~; [U] বংশলতিকা; কুলজি; কুলপরিচয়। ২ (attrib) যে বংশের পূর্বপরিচয় লিপিবদ্ধ আছে: ~ horse.

pedi·ment [পেডিমান্ট্] *n* (গ্রিক স্থাপত্য রীতিতে) কোনো ভবনের সম্মুখভাগের উপরের দিকে ত্রিকোণাকৃতি গঠন; অন্যান্য স্থাপত্য রীতিতে ভবনের ঝুলছাদের অনুরূপ অংশ।

ped·lar, ped·dler [ˈপেড্লা(র্)] *n* ফেরিওয়ালা।

pedo·logy [পেডোলˈজি] *n* মৃত্তিকাবিজ্ঞান।

ped·ometer [পিডˈমিটা(র্)] *n* যে যন্ত্রের সাহায্যে হাঁটাপথ পরিমাপ করা যায় এবং পদবিক্ষেপের সংখ্যাও গণনা করা যায়।

pe·duncle [পিডাংক্ল্] *n* পুষ্পদণ্ড।

pee [পী] *vi* (কথ্য) প্রস্রাব করা: The baby is ~ing. □*n* [U] প্রস্রাব; [C] প্রস্রাবকরণ: I want to have a pee.

peek [পীক্] *vi* **~ at** উঁকি দেওয়া। □*n* চকিত দেখা: a quick ~ through the window.

peek-a-boo [ˌপীকআˈবু] *n* ছোট শিশুদের মনোরঞ্জনের জন্য এক ধরনের লুকোচুরি খেলা।

peel[1] [পীল্] *vt,vi* **~ (off)** ১ (ফলের) খোসা ছাড়িয়ে ফেলা: ~ an orange. ২ সরু হয়ে খসে যাওয়া: The banana ~s easily. The distemper of the wall is ~ing off; আবরণ/বস্ত্র খুলে ফেলা: Rita ~ed off her overcoat. □*n* [U] ফল বা শাকসবজির খোসা। **candied ~,** দ্র. candy. **~er** *n* (যৌগশব্দে) খোসা ছাড়ানোর পদ্ধতি। **~·ings** *n pl* (বিশেষত আলুর ক্ষেত্রে) অংশত খোসা ছাড়ানো জিনিস।

peel[2] [পীল্] *n* বেড়া দিয়ে ঘেরা সুরক্ষিত স্থান। **~ house** দুর্গদ্বারা সুরক্ষিত যে আবাসকক্ষের দোতলায় মই-এর সাহায্যে উঠতে হয়।

peeler [পীলা(র্)] *n* পুলিশ; রক্ষক।

peen [পীন্] *n* [C] হাতুড়ির মাথায় পাতলা খাঁজ।

peep[1] [পীপ্] *n* ১ উঁকি; দ্রুত ও মুহূর্তের চাহনি বা দৃষ্টি; সংগোপন অথচ চকিত দৃষ্টি: I had just a quick ~ at her. **ˈ~-hole** *n* দরজায় বা জানালায় সামান্য উঁকি দেবার স্থান, যেখান দিয়ে পূর্বেই আগমনকারীকে সনাক্ত করা যায়। **ˈ~-show** যে প্রদর্শনীর বিষয়সমূহকে অতসী কাঁচের সাহায্যে দেখতে হয়। ২ দিনের প্রথম আলো; ঊষা। □*vi* (ক) **~ (at)** সতর্ক দৃষ্টিতে বা চতুর দৃষ্টিতে দেখা: Some curious eyes were ~ing at us from behind the curtains. **ˌ~ing ˈTom** যৌনবিষয়ে অত্যুৎসাহী যে ব্যক্তি অন্যের বিষয়ে অহেতুক ও সংগোপন দৃষ্টি রাখে; যে ব্যক্তি গোপনে যৌন বিষয় বা ছবি দেখে আনন্দ পায়; (খ) ধীরে অথবা অংশত দৃষ্টিগোচর হওয়া: Light ~s out from darkness very scarcely in *Macbeth*. **~er** *n* (ক) যে উঁকি দেয়; (খ) (অপ.) চোখ।

peep[2] [পীপ্] *n* [C] মুরগি বা ইঁদুরের ডাকের মতো মৃদু অথচ বিচিত্র শব্দ। □*vi* অনুরূপ শব্দ করা।

pee·pul, pi·pal [ˈপীপাল্] *n* এক ধরনের ভারতীয় গাছ; অশ্বত্থ গাছ।

peer[1] [পীআ(র্)] *n* ১ স্তর, মেধা ও গুণপনায় সমকক্ষ: He deals only with his ~s. ২ (GB) অভিজাত শ্রেণীভুক্ত ব্যক্তি, ডিউক; ব্যারন; আর্ল প্রভৃতি। **~ of the realm** যিনি ব্রিটিশ পার্লামেন্টের উচ্চকক্ষের সদস্য। **ˈlife ~** যিনি উচ্চকক্ষের আজীবন সদস্য (hereditary ~ এর বিপরীতে)। **~·ess** [পিআরেস্] *n* (মহিলা) উচ্চকক্ষের সদস্য। **~·less** *adj* অতুলনীয়; সমকক্ষতাহীন।

peer[2] [পীআ(র্)] *vi* **~ (at/into)** (যেন পুরোপুরি চোখ খুলে তাকানো সম্ভব নয় তাই) অর্ধনিমীলিত চোখে তাকানো; কাছ থেকে উঁকি দেওয়া: The sea will impress you even if you ~ at it.

peer·age [পিআরিজ্] *n* ১ অভিজাতমণ্ডলীর সকল সদস্য; অনুরূপ মণ্ডলীর সদস্যপদ। **raise sb to the ~** অনুরূপ মণ্ডলীর সদস্যপদে কাউকে উন্নীত করা: Mr Collins was raised to the ~. ২ যে গ্রন্থে উক্ত সদস্যদের বংশপরিচয়সহ তালিকা অন্তর্ভুক্ত থাকে।

peeve [পীভ্] *vt* (কথ্য) বিরক্ত করা; উত্যক্ত করা। **~d** *adj* (কথ্য) বিরক্ত; উত্যক্ত।

pee·vish [পীভিশ্] *adj* বিরক্তিকর (কাব্যে) বিকৃতবুদ্ধি। **~·ly** *adv.* **~·ness** *n*

pee·wit [পীউইট্] = pewit.

peg[1] [পেগ্] *n* ১ কাঠের বা লোহার পেরেক যার দ্বারা কোনো দুইটি অংশকে একত্রে যুক্ত করা হয়। **a square peg in a round hole** পদমর্যাদার সঙ্গে বেমানান কোনো ব্যক্তি। ২ দড়ি বা রজ্জুকে ভূমির সঙ্গে নির্দিষ্ট করে রাখার জন্য ব্যবহৃত পেরেক (a ˈtent-peg); দরজা বা দেয়ালের সঙ্গে গেঁথে রাখার জন্য ব্যবহৃত পেরেক (ˈhat and ˈcoat pegs); কোনো স্থান বা সীমানা চিহ্নিত করার জন্য ব্যবহৃত পেরেক। **(buy sth) off the peg** (কথ্য) তৈরি পোশাক কেনা। ৩ **ˈclothes-peg** যার সাহায্যে লন্ড্রিতে এক সারিতে কাপড় ঝুলিয়ে রাখা হয়। ৪ (লাক্ষ.) মূলভাব, পটভূমি বা অজুহাত: a peg to justify one's position. ৫ বেহলার ছড় শক্ত বা আলগা করে বাঁধার জন্য ব্যবহৃত কাঠের স্ক্রু। **take sb ˈdown a peg (or two)** কোনো ব্যক্তিকে আনত করা। ৬ পিপের ছিদ্র বন্ধ করার জন্য ব্যবহৃত কাঠের টুকরা। ৭ (কথ্য) কাঠের পা। ৮ কীলক; ক্রিবিজ প্রভৃতি খেলায় পয়েন্ট হিসাব করার জন্য ব্যবহৃত পেরেক বা পিন।

peg[2] [পেগ্] *vt,vi* (-gg-) ১ **peg sth (down)** গোঁজ দিয়ে আটকানো; কোনো কিছু বিঁধে রাখা। **peg sb down** (লাক্ষ.) কাউকে নির্দিষ্ট নিয়মাবলী বা কর্মক্রমের মধ্যে বেঁধে রাখা। ২ **peg sth out** মাঠের মধ্যে নির্দিষ্ট পেরেকের দ্বারা চিহ্নিত করা। **level pegging** (প্রায়শ আল.) একই গতিতে এগিয়ে চলা। ৩ জিনিসপত্রের দাম; মজুতের অবস্থা; বেচা-কেনা সার্বিকভাবে সচল রাখা: The employer was bent on wage-pegging. ৪ **peg away at** অধ্যবসায় সহকারে কাজ করে যাওয়া। **peg out** (কথ্য) মারা যাওয়া।

Pega·sus [পেগাসাস্] *n* গ্রিক পৌরাণিক চরিত্র-- দানবী মেডুসার রক্তজাত পক্ষিরাজ ঘোড়াবিশেষ।

pe·jor·at·ive [পিˈজারাটিভ্ US -ˈজো°র-] *adj* মর্যাদাহানিকর, মূল্যহানিকর, নিন্দাসূচক; ব্যবহারে বা অর্থে নিন্দনীয়। **~·ly** *adv*

peke [পীক্] *n* pekinese (কুকুর) শব্দের সংক্ষিপ্ত রূপ।

pe·kin·ese [ˌপীকিˈনীজ্] *n* ছোট আকৃতির রেশমি পশমযুক্ত চীনা কুকুরবিশেষ।

pe·koe [ˈপীকৌ] *n* [U] উচ্চমানের কৃষ্ণবর্ণ চা।

pelf [পেল্ফ্] *n* [U] (নিন্দার্থে) ধনসম্পদ, টাকাকড়ি।

peli·can [ˈপেলিকান্] *n* বড়ো আকৃতির জলচর পাখিবিশেষ।

pel·let [ˌপেলিট্] *n* ১ নরম ভেজা কাগজের অথবা পাউরুটির দলা। ২ বন্দুকে (বিশেষত এয়ারগানে) ব্যবহৃত ছোট গুলি। ৩ বড়ি।

pell-mell [ˌপেল্ˈমেল্] *adv* বিশৃঙ্খলভাবে; তাড়াহুড়া করে। □*adj* বিশৃঙ্খল; গোলমেলে: a ~ state, বিশৃঙ্খল অবস্থা; কলহের সহিংস পরিণতি।

pel·lu·cid [পেˈলূসিড্] *adv* (আল.) অত্যন্ত পরিষ্কার; স্বচ্ছ; নির্মল। **~·ly** *adv*

pel·man·ism [ˈপেল্ম্যান্ইজ়াম্] *n* [U] স্মরণশক্তি বৃদ্ধির প্রণালী।

pel·met [ˈপেল্মিট্] *n* দরজা-জানালার উপরিভাগে পর্দার প্রান্তদেশ অগোচর রাখার জন্য তৈরি বিশেষ ধরনের কাঠের ফ্রেম।

pe·lota [পাˈলৌটা] *n* [U] স্পেন; লাতিন আমেরিকা ও ফিলিপাইনের এক ধরনের বলখেলা।

pelt[2] [পেল্ট্] *vt,vi* ১ **~ sth (at sb), ~ sb (with sth)** কোনো কিছু ছুড়ে কাউকে আক্রমণ করা: Do not ~ stones at the birds. ২ (বৃষ্টি ইত্যাদির ক্ষেত্রে) প্রবলভাবে বর্ষিত হওয়া: The rain was ~ down. □*n* **at full ~** সম্ভবপর দ্রুততায় ধাবমান।

pelt[1] [পেল্ট্] *n* ফার ও পশমসমৃদ্ধ পশুর চামড়া।

pel·vis [ˈপেল্ভিস্] *n* (*pl* ~es বা pelves [ˈপেলভীজ়্]) (শারীর.) শ্রোণী; নিম্নঔদরিক খাঁজ; মেরুদণ্ডের নীচের অংশ ও নিতম্বের মধ্যকার অস্থিকাঠামো। **pelvic** *adj* শ্রোণীসংক্রান্ত; শ্রোণীর।

pem·mi·can [ˈপেমিকান্] *n* [U] খাবার মেলে না এমন এলাকায় পর্যটকদের ব্যবহার্য চর্বিহীন শুকনা মাংসের বড়া।

pen[1] [পেন্] *n* ১ (পুরাতনকালে) বড়ো পালক, যার অগ্রভাগ তীক্ষ্ণ ও বিভক্ত এবং যা কালি সহযোগে লেখনী হিসাবে ব্যবহৃত হয়; (আধুনিক প্রয়োগ) কলম; লেখনী; ঝর্না কলম; বলপেন। **ˈpen-nib** কলমের অগ্রভাগের (সাধা.) ধাতব তীক্ষ্ণ অংশ। **ˈpen-holder** কাঠ, ধাতু বা অন্যান্য কিছু দিয়ে তৈরি পেন বা কলম রাখার জায়গা; কলমদানি। ২ রচনাশৈলী: He has a mighty ~. ৩ **ˌpen-and-ˈink** (attrib) কলম-কালি সহযোগে অঙ্কিত বিষয়; স্কেচ। **ˈpen-friend** যে ব্যক্তির সঙ্গে পত্রালাপে বন্ধুত্ব সূচিত ও সম্প্রসারিত হয়। **ˈpen-knife** *n* ছোট ভাঁজ করা ছুরি। **pen·man** *n* সুন্দর হস্তাক্ষরে লেখেন এমন ব্যক্তি। **pen-manship** *n* লিপিকুশলতা। **ˈpen-name** *n* ছদ্মনাম। **ˈpen-pusher** *n* (নিন্দার্থে) কেরানি। **ˈpen-strike** কলম ধর্মঘট; অফিসে উপস্থিতি কিন্তু কর্মবিরতি। □*vt* (-nn) লেখা রচনা করা: He has ~ned down an interesting paper.

pen[2] [পেন্] *n* ১ গরু, ভেড়া ও মুরগি রাখার জন্য ঘেরা জায়গা; খোঁয়াড়। ২ **(ˈplay-)pen** ছোট শিশুদের নিরাপদে রাখার জন্য ঘেরা জায়গা, যেখানে সে সহজে ঘুরতে ফিরতে বা খেলাধুলা করতে পারে। ৩ সাবমেরিনের বোমানিরোধক আশ্রয়। ৪ রাজহংসী।

penal [পীনল্] *adj* দণ্ড বা শাস্তি সংক্রান্ত; দণ্ডনীয়; দণ্ডবিধানে ব্যবহৃত: ~ law. Your offence deserves ~ action. **ˌ~ ˈservitude** সশ্রম কারাদণ্ড। **ˈ~ settlement/colony** যে স্থানকে শাস্তিদানের জন্য ব্যবহার করা হয়। **~ code** শাস্তিদানের বিধি। **~ly** [পীনালি] *adv*

pe·nal·ize [ˈপীনালাইজ়্] *vt* ১ শাস্তিদান করা; আইনত দণ্ডনীয় বলে ঘোষণা করা। ২ **~ sb (for sth)** কাউকে অসুবিধায় ফেলা; (কোনো খেলোয়াড় বা প্রতিযোগীর ক্ষেত্রে) প্রতিপক্ষকে সুবিধা দান করে শাস্তিমূলক শট গ্রহণ করতে দেওয়া। **pe·nal·iz·ation** [ˌপীনালাইজ়েইশ্ন্ US -লিˈজ়-] *n*

pen·alty [পেনল্টি] *n* (*pl* -ties) ১ [U] অপরাধ বা ত্রুটির জন্য বা কোনো প্রতিশ্রুতি ভঙ্গ করার জন্য প্রদত্ত দণ্ড বা শাস্তি; [C] প্রদত্ত বা আরোপিত দণ্ড বা শাস্তি, যথা—কারাবাস, জরিমানা; (লাক্ষ.) অপরাধী স্বীয় অপরাধের কারণে নিজের বা অপরের উপর যে দুর্ভোগ বয়ে আনে: Loitering prohibited ~Tk. 200/-. **ˈ~·clause** (ব্যবসা) চুক্তির যে ধারাবলে কোনো শর্ত বা প্রতিশ্রুতি ভঙ্গের জন্য প্রদেয় দণ্ড। **on/under ~ of (death etc)** (কোনো বিধিনিয়ম) লঙ্ঘনের শাস্তিস্বরূপ। **ˈ~ area** ফুটবল বা হকি খেলার মাঠে নিয়মভঙ্গের জন্য যে নির্দিষ্ট এলাকা থেকে শাস্তিমূলক ব্যবস্থা গৃহীত হয়। **ˈ~ goal** এ ধরনের শাস্তিবিধানের পরিপ্রেক্ষিতে প্রতিপক্ষীয় খেলোয়াড়ের দ্বারা প্রদত্ত সুবিধাজনক গোল। **ˈ~ kick** শাস্তিমূলক আচরণের বিপরীতে গোল করার জন্য বলে

পদাঘাত। ২ পূর্ববর্তী কোনো খেলায় বিজয়ের কারণে কোনো খেলোয়াড় বা দলের উপর আরোপিত প্রতিকূল শর্ত।

pen·ance [ˈপেনান্স্] *n* [U] ১ কৃত অপরাধের শাস্তিস্বরূপ অনুশোচনা; কৃত পাপের জন্য পুরোহিত নির্দিষ্ট স্বেচ্ছা–অনুশোচনা; প্রায়শ্চিত্ত। **do ~ (for sth)** অনুতাপবিদ্ধ হওয়া; প্রায়শ্চিত্ত করা। ২ (রোমান ক্যাথলিক চার্চে) যে অনুশাসনে মর্মপীড়া, স্বীকারোক্তি ও অনুশোচনা অন্তর্ভুক্ত থাকে।

pence [পেন্স্] *n* দ্র. penny.

pen·chant [ˈপাঁশাঁ US ˈপেন্টশান্ট্] *n* (ফ.) **a ~ for** রুচি; পছন্দ; ঝোঁক: He has a ~ for classical music.

pen·cil [ˈপেন্স্ল্] *n* পেনসিল; কাঠ দিয়ে মোড়া গ্রাফাইট বা চক, যা লেখনী/অঙ্কন বা প্রসাধনের কাজে ব্যবহৃত হয়: an eyebrow ~, a drawing ~. □*vt* পেনসিল দিয়ে আঁকা, লেখা বা দাগ দেওয়া: ~led sketch.

pen·dant [ˈপেন্ডান্ট্] *n* ১ গলার হার; বাহুবন্ধনী প্রভৃতিতে ঝুলে থাকে এমন অলঙ্কার। ২ (সামুদ্রিক) = pennant.

pen·dent [ˈপেনড্ˌনট্] *adj* (আনুষ্ঠা.) ১ ঝুলন্ত; ঝুলিতেছে এমন; দোলায়মান: ~ branches. ২ = pending. **pend·ency** অনিশ্চিত/সংশয়যুক্ত বা দ্বিধাগ্রস্ত অবস্থা।

pend·ing [ˈপেনডিং] *adj* মুলতবি; বর্তমান সময় পর্যন্ত অনির্ধারিত; অমীমাংসিত: ~ bills; ~ decision; ~ suit. □*prep* ১ মধ্যে: ~ further communication. ২ যতক্ষণ পর্যন্ত: ~ his approval.

pen·du·lous [ˈপেনডৌলাস্ US -জৌ-] *adj* (আনুষ্ঠা.) এমন আলগাভাবে ঝুলন্ত যা সহজেই দোলায়মান; নিয়মিত দোলনরত: the ~ creepers.

pen·du·lum [ˈপেনডৌলাম US –জৌ–] *n* দোলক (সাধারণত ঘড়ির); উপরদিক এমনভাবে গ্রথিত দণ্ড যেটি সহজভাবে দুলতে পারে। **the swing of the ~** (আল.) জনগণের অভিমত এক বিন্দু থেকে একেবারে বিপরীত বিন্দুতে পরিবর্তন।

pene·plain [ˈপীনিপ্লে ইন্] *n* (ভূতত্ত্ব) ভূমিক্ষয়জনিত কারণে সৃষ্ট প্রায় সমভূমিতে পরিণত অঞ্চল।

pen·etrable [ˈপেনট্র ব্ল্] *adj* (আনুষ্ঠা.) বলপূর্বক অনুপ্রবেশযোগ্য। **pen·etra·bil·ity** [ˌপেনিট্রাˈবিলাটি]*n*

pen·etrate [ˈপেনিট্রেইট্] *vt,vi* ১ ~ **(into/to/through)** কোনো কিছুর মধ্যে ঢোকানো; বিদ্ধ করা বা ভেদ করা; (আল.) অন্তর্দৃষ্টি দিয়ে দেখা; মূল কেন্দ্রীয় বিষয় দেখতে পাওয়া: The light ~d through the curtain. Dust has ~d into the camera. We could not ~ the ideas of the Opposition. ২ **be ~d with** কোনো ধারণা বা অনুরূপ কিছু দ্বারা পূর্ণ হওয়া: be ~d with the idea of living with the Eskimos. **pen·etrat·ing** *adj* ১ (ব্যক্তি) কোনো কিছু দেখার বা অনুধাবনের গুণসম্পন্ন। ২ (স্বর, চিৎকার) শব্দভেদী, কর্ণভেদী, উচ্চ ও তীক্ষ্ণ। **pen·etrat·ing·ly** *adv*

pen·etra·tion [ˌপেনিট্রেইশ্ন্] *n* [U] ১ প্রবেশ; ভেদ; ভেদন: peaceful ~; বলব্যতিরেকে প্রভাববিস্তার বা নিয়ন্ত্রণের গুণ অর্জন: ideological ~; ব্যবসাবাণিজ্য বা পুঁজি বিনিয়োগের মাধ্যমে কোনো দেশের উপর প্রভাব বিস্তার। ২ মানসিক শক্তির তীক্ষ্ণতা, কোনো ধারণা বা বিষয় অনুধাবনের ক্ষমতা।

pen·etra·tive [ˈপেনিট্রেটিভ্ US -ট্রেইটিভ্] *adj* প্রবেশ বা ভেদ করতে সমর্থ; ভেদকর, তীক্ষ্ণধীসম্পন্ন।

pen-friend [ˈপেন্ ফ্রেন্ড্] দ্র. pen[1] (৩).

pen·guin [ˈপেঙ্গুইন্] *n* আনটার্কটিকার সামুদ্রিক পাখিবিশেষ।

peni·cil·lin [ˌপেনিˈসিলিন্] *n* [U] এন্টিবায়োটিক ঔষধবিশেষ।

pen·in·sula [পেˈনিন্‌সৌলা US -সালা] *n* সামুদ্রিক জলবেষ্টিত উপদ্বীপ। **P ~** স্পেন ও পর্তুগাল। **pen·in·su·lar** [–লা(র্)] *adj* উপদ্বীপসংক্রান্ত।

pen·is [পীনিস্] *n* পুং জননেন্দ্রিয়; লিঙ্গ। **penis envy** (মনোবিজ্ঞানে) রমণীর অবচেতন মনে পুরুষ হবার বাসনা।

peni·tence [ˈপেনিটান্স্] *n* [U] **~ (for)** কৃত অপরাধ, ত্রুটি বা পাপের জন্য অনুতাপ বা প্রায়শ্চিত্ত।

peni·tent [ˈপেনিটান্ট্] *adj* কৃত অপরাধের জন্য অনুতপ্ত বা অনুতাপবিদ্ধ। **~·ly** *adv*

peni·ten·tial [ˌপেনিˈটেন্‌শ্ল্] *adj* অনুতাপ বা প্রায়শ্চিত্ত সংক্রান্ত; প্রায়শ্চিত্তের বিধানসংক্রান্ত। **~ly** [–শালি] *adv*

peni·ten·tiary [ˌপেনিˈটেন্‌শারি] *n* (*pl* -ries) (US) মারাত্মক অপরাধের জন্য যে কারাগারে অপরাধীদের প্রেরণ করা হয়। □*adj* দণ্ডদায়ক ও চরিত্রসংশোধক।

pen-name [ˈপেন্ ˈনেইম্] দ্র. pen[1] (৩).

pen·nant [ˈপেন ন্ট্] *n* সংকেতদান ও শনাক্তকরণের জন্য জাহাজের লম্বা ও সরু পতাকাবিশেষ।

pen·ni·less [ˈপেনিলিস্] *adj* কপর্দকশূন্য; টাকাকড়িহীন।

pen·non [ˈপেনান্] *n* ১ লম্বা ও সরু সাধা. ত্রিকোণাকৃতি পতাকা যা নাইটরা তাঁদের বর্শাগ্রে ব্যবহার করতেন; সংকেতদানের জন্য জাহাজে ব্যবহৃত অনুরূপ পতাকা। ২ (US) এ ধরনের পতাকার অনুরূপ স্কুলের ব্যানার যেখানে স্কুলের নাম ও প্রতীক অঙ্কিত থাকে।

penn'orth [পেনাথ্] *n* = pennyworth, দ্র. penny (৫).

penny [ˈপেনি] *n* (*pl* pence [পেন্স্] *pl* pennies [ˈপেনিজ্]) ১ (১৯৭১ সাল পর্যন্ত) এক শিলিং–এর এক–দ্বাদশাংশ (সং. *d*)। ২ (১৯৭১ সালে দশমিক মুদ্রামান প্রচলনের সময় থেকে) ব্রিটিশ মুদ্রামানের এক পয়সা (এক শ পয়সায় এক পাউন্ড—এই মানে) (সং. *p*)। ৩ (US) (কথ্য) সেন্ট। ৪ প্রবচন (সবগুলিই ১৯৭১ সালের পূর্ব থেকে প্রচলিত)। **(cost) a pretty ~** বড়ো অঙ্কের টাকা। **in for a ~, in for a pound** যে কোনো মূল্যে সূচিত কাজ সম্পন্ন করতেই হবে। **~ wise pound foolish** ছোটখাটো বিষয়ে অত্যন্ত যত্নশীল, কিন্তু বড়ো বিষয়ে অমনোযোগী; তুল. পিছন দিয়ে হাতি যায় যাক, কিন্তু সামনে দিয়ে সুচও গলতে পারে না এমন। **not a ~ worse** সামান্যও ক্ষতি হয়নি। **turn an honest ~** সৎভাবে সামান্য কিছু টাকা উপার্জন করা। **pennies from heaven** অপ্রত্যাশিত অর্থলাভ। ৫ (যৌগশব্দে) **ˌ~ ˈdreadful** (কথ্য) সস্তা রোমাঞ্চকর জনপ্রিয় সাহিত্য। **ˈ~ pincher** (কথ্য) কৃপণ; কঞ্জুস। **ˈ~ pinching** *adj* নীচ; কিপ্টেপনা। **ˈ~·weight** *n* আউন্সের $\frac{1}{24}$ ভাগ। **ˌ~ ˈwhistle** সাধারণ সস্তা বাঁশি। **ˈ~·worth** (অপিচ **penn'orth**) পেনি দিয়ে যতটুকু কেনা/পাওয়া যায়। **a good/bad ~ worth** ভালো/মন্দ দরকষাকষি। ৬ (পয়সা দ্বারা পরিচালিত

মেশিনে পেনির ব্যবহার সূত্রে)। **spend a ~** (কথ্য) প্রস্রাব করা। **The ~ dropped** প্রার্থিত লাভ হয়েছে; কোনো মন্তব্যের সারকথা বোঝা হয়েছে।

pe·nol·ogy [পী'নলাজি] *n* [U] আইনত দণ্ডবিধান ও কারাগার পরিচালনা বিষয়ের শাস্ত্র; দণ্ডবিজ্ঞান।

pen·sile [পেন্‌সাইল্] *adj* ঝুলন্ত; শূন্যে ঝুলন্ত আবাস তৈরিতে পটু (পাখিদের সম্বন্ধে)।

pen·sion[1] [পেন্‌শ্‌ন্] *n* [C] অবসরভাতা; চাকরির পূর্ণ মেয়াদশেষে চাকরিজীবীকে প্রদত্ত বেতনভিত্তিক কল্যাণমূলক ভাতা; রাষ্ট্র কর্তৃক পঙ্গু বা বৃদ্ধ/বৃদ্ধাকে প্রদেয় নিয়মিত ভাতা: retirement ~, old-age ~, 'ware~. **draw a/one's ~** একবার অথবা নিয়মিতভাবে অবসরভাতা গ্রহণ করা। **on(a) ~** অবসরভাতা গ্রহণ। □*vt* **~ sb off** কাউকে অবসরভাতা অনুমোদন বা দান করা; কাউকে অবসরভাতাসহ চাকুরি থেকে অব্যাহতি দান করা। **~·able** [-আব্‌ল্] *adj* অবসরভাতা প্রদানযোগ্য। **~er** *n* যিনি অবসরভাতা গ্রহণ করে থাকেন।

pen·sion[2] ['পেন্‌শিঅন্] *n* (য়োরোপে কিন্তু ব্রিটেনে নয়) ভ্রমণকারীদের জন্য নির্দিষ্ট ভাড়ার পান্থশালা।

pen·sive ['পেন্‌সিভ্] *adj* চিন্তামগ্ন; গভীর ভাবনায় নিমগ্ন; বিষাদক্লিষ্ট; বিষণ্ন। **~·ly** *adv*. **~·ness** *n*

pen·stock ['পেন্‌স্টক্] *n* স্লুইস গেট; নদনদীর জলকপাট।

pent[1] [পেন্ট্] *adj* ভালোভাবে সুরক্ষিত; বন্ধ।

pent[2] [পেন্ট্] (penta-) পঞ্চ; পঞ্চক। **penta·chord** পঞ্চতারযুক্ত বাদ্যযন্ত্র; পাঁচতারা। **pent·acle** পঞ্চভুজাকার কবচ (সাধারণত জাদুমন্ত্রপূত)। **pentad** পঞ্চক; পাঁচসালা; পঞ্চদিবস। **pentamerous** পঞ্চঅংশযুক্ত। **pentangle** পঞ্চভুজ। **pentangular** পঞ্চকোণী।

pen·ta·gon ['পেনটাগান US-গন্] পঞ্চভুজ বা পঞ্চকোণ। **the P~** আমেরিকা যুক্তরাষ্ট্রের ভার্জিনিয়ার আরলিংটনে আমেরিকার সশস্ত্রবাহিনীর সদর দফতর; (রাজনৈতিক ও আল. প্রয়োগ) আমেরিকা।

pen·tam·eter [পেন্'ট্যামিটা(র্)] *n* (ইংরেজি কাব্যে) পঞ্চ স্বরাঘাতবিশিষ্ট দশ মাত্রিক কাব্যিক চরণ।

pen·ta·teuch ['পেন্টাটিওক্ *n* **the ~** বাইবেলের অন্তর্গত 'পুরাতন নিয়ম' নামক গ্রন্থের প্রথম পাঁচখানি পুস্তক।

pen·tath·lon [পেন্ট্যাথ্‌লন্] *n* (আধুনিক অলিম্পিক ক্রীড়ায়) প্রতিযোগীবৃন্দ যে পাঁচটি বিষয়ে অংশগ্রহণ করে থাকেন (দৌড়, অশ্বচালনা, সাঁতার, বর্শানিক্ষেপ ও শুটিং)।

Pente·cost ['পেন্টিকস্ট্ US -কা:স্ট্] *n* [U] ১ ইহুদিদের নবান্ন উৎসব (Passover অনুষ্ঠানের পর পঞ্চাশৎ দিবসে অনুষ্ঠিত হয়)। ২ (প্রধানত আমেরিকায়) হুইট সান্ডে—ইস্টার-এর পর সপ্তম রবিবার।

pent·house ['পেন্ট্‌হাউস্] *n* ১ বৃষ্টি বা রোদ আড়াল করার জন্য বাড়ির দেয়ালসংলগ্ন ঢালু ছাদ। ২ কোনো উঁচু বাড়ির ছাদে নির্মিত আবাসকক্ষ।

pent-up [,পেন্ট'আপ্] *adj* চাপা; অবদমিত: ~ emotions; ~ rage.

pen·ul·ti·mate [পেন'আল্‌টিমেট্] *n,adj* (শব্দ, মাত্রা, ঘটনা) সবশেষেটির পূর্ববর্তী।

pen·um·bra [পি'নাম্‌ব্রা] *n* উপছায়া; গ্রহণের সময় সূর্য বা চন্দ্রের চারপাশে আংশিক প্রচ্ছায়া।

pen·uri·ous [পি'নিউঅরিআস US -'নৌর-] *adj* (আনুষ্ঠা.) দরিদ্র; ক্লিষ্ট; স্যাঁতসেঁতে; করুণ: days of ~ experience. **~·ly** *adv*. **~·ness** *n*. **pen·ury** ['পেনিউআরি] *n* (আনুষ্ঠা.) [U] দারিদ্র্য: He lives in unbearable ~.

peon ['পীঅন্] *n* ১ (লাতিন আমেরিকায়) বিশেষত যে ব্যক্তি সম্পূর্ণত স্বাধীন নয় এমন অদক্ষ কৃষিমজুর। ২ (ভারতীয় উপমহাদেশে) অফিসের নিম্নশ্রেণীর কর্মচারী; বার্তাবাহক, অফিসভৃত্য। '**~·age** [-ইজ্] *n* [U] এ ধরনের কর্মচারী নিয়োগ করার রীতি।

peony ['পীঃআনি] *n* (*pl* -nies) [C] বড়ো গোলাকার গোলাপি, লাল ও সাদা ফুলের গাছ।

people ['পীপ্‌ল্] *n* [U] (সাধা. *pl*) ১ ব্যক্তিবর্গ, মানুষের সমষ্টি; জনতা; মানুষের মিলিত দল: A vast assembly of ~. A good number of ~ attended the meeting. All ~ hailed him as leader. ২ কোনো বিশেষ স্থানের মানুষ, মানুষের যে সম্মিলিত দল একটি বিশেষ শ্রেণী তৈরি করে: The village ~ are superstitious. That was a flock of strange ~. ৩ সকল জনগণ যাদের রাষ্ট্রীয় সংজ্ঞা আছে: We, the ~ of Bangladesh. government of the ~; will of the ~. ৪ সাধারণ মানুষ; সমাজের সাধারণ (উচ্চ বা অভিজাত বর্গের মানুষের বিপরীতে) স্তরের ব্যক্তিবর্গ। ৫ (কথ্য) নিকট আত্মীয়স্বজন: The party was exclusive to our ~. ৬ [C] (সমষ্টিবাচক নয়) জাতি; সম্প্রদায়; উপজাতি: The ~s of Africa; the Scandinavian ~.

pep [পেপ্] *n* [U] (অপ.) তেজ; উদ্দীপনা। '**pep pill** যে বড়ির সাহায্যে স্নায়বিক পদ্ধতি উজ্জীবিত করা হয়। '**pep talk** যে কথার সাহায্যে শ্রোতাদের উদ্দীপ্ত করা হয়। □*vt* (-pp-) **pep up** শক্তি সঞ্চার করা; সজীব করে তোলা।

pep·per ['পেপা(র্)] *n* ১ গোলমরিচ বা পিপুলের গুঁড়া, যা রান্নায় বা খাবারে ব্যবহার করা হয়। **black ~** খোসাসহ বা গুঁড়াকৃত গোলমরিচ। ,**~-and-'salt** *n* ছোট ছোট গাঢ় ও হালকা রঙের বিন্দু ছাপা এবং গাঢ় ও হালকা উল দিয়ে বোনা কাপড়ের রং। '**~corn** *n* শুকনা গোলমরিচের বীজ; (লাক্ষ.) নামমাত্র ভাড়া। '**~-mill** *n* খাবারের সময় ছড়িয়ে দেবার জন্য গোলমরিচের কৌটা। '**~·mint** *n* **(ক)** [U] ওষুধ ও মিষ্টান্নে ব্যবহৃত তৈলজাত মিন্টবিশেষ; মেন্থল। **(খ)** [C] মেন্থল ও চিনি মেশানো মিষ্টান্নবিশেষ। '**~·pot** গুঁড়া গোলমরিচের কৌটা। ২ এক ধরনের সবজি; ক্যাপসিকাম। □*vt* **(ক)**: put ~ on (খাদ্যে); **(খ)** (কাউকে) পাথর; গুলি; প্রশ্ন ছুঁড়ে মারা। **~y** *adj* (স্বাদে) গোলমরিচের মতো; (লাক্ষ.) রুক্ষ মেজাজি।

pep·sin ['পেপ্‌সিন্] *n* [U] পাচক রস; হজমসহায়ক তরল ওষুধ। **pep·tic** ['পেপটিক্] *adj* হজমসংক্রান্ত; হজমব্যবস্থাসংক্রান্ত: a peptic ulcer.

per [পা(র্)] *prep* ১ প্রত্যেকের জন্য; প্রতিটিতে: per diem; per month; per annum; per head, মাথাপিছু; percent, প্রতি শতকে; per capita income, মাথপিছু আয়; 30 miles per hour, প্রতি ঘণ্টায় ৩০ মাইল (গতি); 5 miles per litre, প্রতি লিটারে ৫ মাইল চলে (পরিমাণ)। ২ মাধ্যমে: per post, ডাকে; per messenger, বার্তাবাহকের মাধ্যমে। **as per** (প্রধানত কথ্য) অনুযায়ী: as per prevailing regulations. **as per usual** (কথ্য) সাধারণ রীতিমাফিক।

per·ad·ven·ture [পা'র্যাড্‌ভেন্‌চা(র্)] *adv* ঘটনাক্রমে; দৈবাৎ; সম্ভবত।

per·am·bu·late [প'র‍্যাম্‌বিউলেইট্] *vi, vt* (সাহিত্য.) ইতস্তত চলাফেরা করা; উপর–নীচ করা। **per·am·bu·la·tion** [প‚র‍্যাম্‌বিউলেইশ্‌ন্] *n*

per·am·bu·la·tor [প'র‍্যাম্‌বিউলেইটা(র্)] *n* (সাধারণ কথ্য সং **pram** [প্র্যাম]) (সাধারণত শিশুদের বহনের জন্য) হাতে–ঠেলা হালকা চার চাকার গাড়ি; (US) শিশুগাড়ি (baby-carriage)।

per·ceive [প'সীভ্] *vt* (আনুষ্ঠা.) অবহিত হওয়া; দৃষ্টি দ্বারা প্রত্যক্ষ করা; হৃদয়ঙ্গম করা; মনে মনে উপলব্ধি করা: On our second meeting I could ~ that he was a difficult person.

per·cen·tage [প'সেন্‌টিজ্] *n* ১ শতকরা হার: the ~ of pass this year. ২ অনুপাত: What ~ of medical expenses is borne by the authority?

per·cept [প'সেপ্‌ট্] *n* [U] ইন্দ্রিয়ের সাহায্যে উপলব্ধ বস্তু; উপলব্ধ ধারণা; মানসিক ধারণার বিমূর্ত রূপ।

per·cep·tible [প'সেপ্‌টবল্] *adj* প্রত্যক্ষ করা যায় অথবা উপলব্ধি করা যায় এমন; প্রত্যক্ষ। **per·cep·tibly** [–অবলি] *adv*. **per·cep· ti·bility** [প‚সেপ্‌টাবিলাটি] *n*

per·cep·tion [প'সেপ্‌শন] *n* [U] (আনুষ্ঠা.) প্রত্যক্ষকরণ; (ইন্দ্রিয়ের সাহায্যে) উপলব্ধি। [C] উপলব্ধ বিষয়; বিমূর্ত কল্পনা; উপলব্ধির ধারা; উপলব্ধির ক্ষমতা।

per·cep·tive [প'সেপটিভ্] *adj* (আনুষ্ঠা.) উপলব্ধির সঙ্গে যুক্ত; উপলব্ধিজাত; উপলব্ধির ক্ষমতাসম্পন্ন। **~·ly** *adv*

perch[1] [পাচ্] *n* (*pl* অপরিবর্তিত) মিষ্টিজলের মাছবিশেষ।

perch[2] [পাচ্] *n* ১ (পাখির খাঁচায় বা মুরগির জন্য) বসার দাঁড়। ২ (কথ্য) কোনো ব্যক্তি কর্তৃক অধিষ্ঠিত উচ্চ আসন; উঁচু ও নিরাপদ অবস্থান: Throw away your ~; drag down sb off his ~, অতি আত্মবিশ্বাসী উচ্চকোটির আসন অধিকারী হওয়া থেকে কাউকে বিরত করা। ৩ দৈর্ঘ্য পরিমাপের মাপকাঠিবিশেষ। □*vi, vt* ১ বসা; স্থির হয়ে বসা: The vultures ~ed upon the banyan tree. ২ (ব্যক্তির ক্ষেত্রে) কোনো জায়গায় (সাধারণত একটু উঁচুতে) আসন গ্রহণ করা: ~ed on a chair in the first row. ৩ (প্রধানত *pp*) (ভবনের ক্ষেত্রে) (কোনো উঁচু জায়গায়) অবস্থিত হওয়া: The temple ~ed on a hill.

per·chance [প'চান্স্ US –'চ্যান্স্] *adv* (প্রা. প্র.) দৈবাৎ; সম্ভবত।

per·cipi·ent [প'সিপিআন্ট্] *adj* (আনুষ্ঠা.) যে তীক্ষ্ণভাবে বা দ্রুত প্রত্যক্ষ বা উপলব্ধি করতে পারে; উপলব্ধিক্ষমতাসম্পন্ন। **per·cipi·ence** *n*

per·co·late ['পাকালেইট্] *vt, vt* **~ (through)** (তরল পদার্থের ক্ষেত্রে) চোঁয়ানো; ছোট ছোট ছিদ্রপথে কোনো তরল পদার্থ ঝরানো; ফিল্টার করা: Flood water ~ in the sub-soil level. (আল.) Corruption ~ from the high to the low positions. **per·co·lator** [–টা(র্)] (বিশেষত কফি তৈরির জন্য) অনুস্রাবণযন্ত্র।

per·cuss [প'কাস্] *vt* দুটি বস্তুকে একত্রে আঘাত করা; চিকিৎসার প্রয়োজনে রোগীর দেহে আঙ্গুল বা যন্ত্র দ্বারা আঘাত করা; টোকা মারা।

per·cussion [প'কাশ্‌ন্] *n* (সাধারণত শক্ত) দুইটি বস্তুর মধ্যে সংঘটিত আঘাত; এ ধরনের আঘাতের মাধ্যমে সৃষ্ট শব্দ বা শিহরণ। **the '~ (section)** আঘাত করা হয় এমন বাদ্যযন্ত্র, যথা—ড্রাম, সিম্বাল। **'~ cap**, দ্র. cap. □*n* **~·ist** আঘাত করে বাজানো এমন বাদ্যযন্ত্রের শিল্পী।

per·di·tion [প'ডিশ্‌ন্] *n* [U] (আনুষ্ঠা.) সমূহ সর্বনাশ; অতলান্ত পতন।

per·du·rable [প'ডূরাবল্] *adj* চিরস্থায়ী; অক্ষয়।

per·egri·na·tion [‚পেরিগ্রিনেইশ্‌ন্] *n* [U] (আনুষ্ঠা.) ভ্রমণ; সফর; [C] যাত্রা।

per·eg·rine [‚পেরিগ্রিন্] *adj* বিদেশী; ভিনদেশী; সফরকারী; তীর্থ ভ্রমণরত। **peregrinate** ঘুরে বেড়ানো; বিদেশে বাস করা।

per·emp·tory [প'রেম্‌প্‌টারি US 'পের ম্টা:রি] *adj* (আনুষ্ঠা.) (আদেশ বুঝাতে) চূড়ান্ত; যা অবশ্যমান্য ও প্রশ্নাতীতভাবে পালনীয়; সবিশেষ আদেশাত্মক; চরম কর্তৃত্বপূর্ণ। **~ writ** (আইন.) যে আদেশবলে বাদী আদালতে হাজির হতে বাধ্য। **per·emp·torily** [–ট্রালি US টা:রালি] *adv*

per·en·nial [প'রেনিআল্] *adj* ১ বর্ষব্যাপী; বারোমেসে। ২ দীর্ঘস্থায়ী। ৩ (গাছের ক্ষেত্রে) দুই বছরের বেশি জীবৎকালীন। **~ly** [–নিআলি] *adv*

per·fect[1] [পাফিক্‌ট্] *adj* ১ প্রয়োজনীয় যাবতীয় কিছু সহ সম্পূর্ণ। ২ নিখুঁত; উৎকৃষ্ট: ~ finish; ~ quality. ৩ নির্ভুল; সঠিক: a ~ plan. ৪ চূড়ান্ত দক্ষতা বা উৎকর্ষ অর্জন: ~ training in cardiac surgery. ৫ **~ tenses** have + *pp* সংযোগে গঠিত ক্রিয়ার কাল: has/have done; had done; will have done. ৬ (attrib) সম্পূর্ণত; পুরা: a ~ gentleman; a ~ chinese dish. **~·ly** *adv* ১ যথেষ্ট; যথারীতি: washed ~ly delicate. ২ নিখুঁতভাবে: This item ~ly fits with the other.

per·fect[2] [প'ফেক্‌ট্] *vt* নিখুঁত বা উৎকৃষ্ট করে তোলা: P~ your speech before you deliver. **~·ible** [–অবল্] *adj* যার উৎকর্ষ সাধন করা যায়। **~i·bil·ity** [প‚ফেক্‌টাবিলাটি] *n*

per·fec·tion [প'ফেক্‌শ্‌ন্] *n* [U] ১ উৎকর্ষ বা সাধিত উৎকর্ষ: engaged in the ~ of final touches. ২ উৎকৃষ্ট রূপ বা উৎকর্ষের উদাহরণ: a very ~ of cubist art. ৩ সম্ভাব্য সর্বোৎকৃষ্ট অবস্থা; অর্জনযোগ্য চূড়ান্ত বিন্দু: Try to attain a ~. ৪ (*pl* সহযোগে) দ্র. accomplishment (৩). **~·ist** [–ইস্ট্] *n* ১ পূর্ণ নৈতিক শুদ্ধতা অর্জনে বিশ্বাসী ব্যক্তি। ২ (কথ্য) যিনি সবিচারে উৎকর্ষের পূর্ণমাত্রা অর্জন না হওয়া পর্যন্ত অধীর বোধ করেন।

per·fer·vid [প'ফাভিড্] *adj* (আনুষ্ঠা.) তপ্ত; প্রদীপ্ত।

per·fidi·ous [প'ফিডিআস্] *adj* (আনুষ্ঠা.) বিশ্বাসঘাতক; দুরাচারী। **~·ly** *adv*. **~·ness** *n*

per·fidy ['পাফিডি] *n* [U] (*pl* -dies) (আনুষ্ঠা.) বিশ্বাসঘাতকতা, বিশ্বাসভঙ্গ; [C] বিশ্বাসভঙ্গ বা বিশ্বাসঘাতকতার উদাহরণ।

per·for·ate ['পাফারেইট্] *vt* ফুটা করা; ছিদ্র করা; (কাগজে) সরলরৈখিকভাবে পর পর ছিদ্র করা: ~ all the sheets of the book. **per·for·ation** [‚পাফারেইশ্‌ন্] *n* ১ [U] ছিদ্রকরণ বা ছিদ্রিত অবস্থা। ২ [C] কোনো কাগজে অনুক্রমিক ছিদ্র (যেমন, ডাকটিকিটে)।

per·force [প'ফো°স্] *adv* প্রয়োজনবশত; আবশ্যিকভাবে।

per·form [প'ফো°ম্] *vt, vi* ১ কোনো কর্ম সম্পাদন করা; কাজে পরিণত করা; নির্দেশিত বা প্রতিশ্রুত হয়ে

কোনো কাজ করা: ~ a duty. ২ (শ্রোতৃমণ্ডলীর সামনে) অভিনয় করা; সঙ্গীত পরিবেশন করা; ক্রীড়ানৈপুণ্য প্রদর্শন করা: What do you want to ~? He ~ed the sitar so wonderfully. He ~ed the role accordingly. He ~ed equally well in both the innings. **~ing arts** যে শিল্পকলা শ্রোতৃমণ্ডলী বা দর্শকবৃন্দের সামনে পরিবেশন করা হয়। **~er** *n* যে শিল্পী দর্শকবৃন্দের সামনে তাঁর শিল্পনৈপুণ্য প্রদর্শন করেন।

per·form·ance [পা'ফো°মান্স্] *n* ১ [U] কার্য-সম্পাদন: I am happy with the ~ of your duties. ২ [C] উল্লেখযোগ্য কর্ম; কৃতিত্ব: He showed a courageous ~. How is the ~ of the machine? ৩ [C] মঞ্চাভিনয়; প্রদর্শনী; কনসার্ট: this night's ~; group ~; What a stupendous ~! (নিন্দার্থে) দুঃখজনক আচরণ।

per·fume ['পা্যফিউম্] *n* [C, u] (সাধা. ফুলের সুরভি থেকে প্রস্তুত) সুগন্ধি; সৌরভ; মধুরগন্ধযুক্ত; প্রসাধনী। □*vt* [পা'ফিউম্] সুরভিত করা। **~r** সুগন্ধি দ্রব্যাদির প্রস্তুতকারক ও বিক্রেতা। **~ry** সুগন্ধি দ্রব্যাদি প্রস্তুতের কারখানা।

per·func·tory [পা'ফাঙ্ক্টারি] *adj* ১ অযত্ন বা অবহেলায় সম্পাদিত নিয়মমাফিক কাজ, যন্ত্রবৎ: a ~ supervision. ২ এ ধরনের কাজ যিনি করেন তাঁর সম্পর্কিত। **per·func·torily** [-ট্রালি US -টারালি] *adv*

per·gola ['পাগালা] *n* বাগানের প্রবেশপথ বা ফটকে লতাপাতার বিস্তারের জন্য তৈরি ছাউনি।

per·haps [পা'হ্যাপ্স্] *adv* হয়তো; সম্ভবত।

pe·ri·apt [পেরিঅ্যাপ্ট্] *n* [C] কবচ; মাদুলি।

peri·gee ['পেরিজি] *n* কোনো গ্রহকক্ষস্থ যে বিন্দু পৃথিবীর নিকটতম।

peri·helion [,পেরি'হীলিঅন্] কোনো গ্রহকক্ষস্থ যে বিন্দু সূর্যের নিকটতম।

peril [পেরাল্] *n* ১ [U] ভয়ানক বিপদ; সমূহ বিপন্নতা: His life is in ~ now; doing at one's own ~, নিজের ঝুঁকিতে কাজ করা। ২ [C] যা বিপন্নতা সৃষ্টি করে: the ~s of African jungle; the ~s of mountaineering. □*vt* (সাহিত্যে, কাব্যে) (সাধারণত imperil ব্যবহৃত হয়) বিপদ ডেকে আনা। **~·ous** [পেরালাস্] *adj* বিপজ্জনক। **~·ous·ly** *adv*

per·imeter [পা'রিমিট(র্)] *n* [C] কোনো আবদ্ধ ক্ষেত্রের বহিঃপরিসীমা; সামরিক অবস্থান; বিমানক্ষেত্র।

per·iod [পিঅরিঅড্] *n* [C] ১ বিধিবদ্ধ কাজের ক্ষেত্রে নির্দিষ্ট সময়সীমা: Every ~ of 45 minutes duration. ২ কোনো ব্যক্তির/জাতির জীবনে নির্দিষ্ট সময়; ঐতিহাসিক কারণে নির্দিষ্ট কালসীমা; সভ্যতার পর্যায়; ভূতাত্ত্বিক কালসীমার বিভাগ: The Mughal ~; The Pre-historic ~; The Romantic ~; The ~ of crisis in my life. ৩ দাঁড়ির অনুরূপ ইংরেজি যতিচিহ্ন: Put a ~ after this. ৪ (ব্যাকরণে) সম্পূর্ণ বাক্য বা বিবৃতি (সাধারণত জটিল); (বহুবচনে) আলঙ্কারিক ও কাব্যময় ভাষা। ৫ কোনো ব্যাধির সময়সীমা; ব্যাধিগ্রস্ত থাকার পর্যায়: the ~ of incubation. ৬ (জ্যোতিষশাস্ত্রে) একটি আবর্তনের জন্য প্রয়োজনীয় সময়সীমা। ৭ স্ত্রীলোকের মাসিক।

peri·odic [,পিঅরিঅডিক্] *adj* নির্দিষ্ট সময় অন্তর অন্তর ঘটে এমন; পর্যাবৃত্ত: ~ advent of influenza. Floods have become a ~ phenomenon in Bangladesh. **~ table** (রস.) আণবিক ভার ও সাধারণ উপাদান অনুযায়ী বিন্যাস। **peri·odical** [-কল্] *adj* = ~. **peri·od·ically** [-কলি] *adv*

peri·od·ical [,পিঅরিঅডিকল্] *n* সাময়িকপত্র, যা নির্দিষ্ট সময়ের বিরতিতে প্রকাশিত হয়, যেমন, মাসিক; ত্রৈমাসিক।

peri·pa·tetic [,পেরিপা'টেটিক্] *adj* বিভিন্ন স্থানে ইতস্তত ভ্রমণরত: the ~ promoters of ISKCON. □*n* আরিস্টটলের অনুগামী ব্যক্তি। **peri·pa·teti·cism** [-টিসিজ়াম্] *n* আরিস্টটলের দার্শনিক মত।

peri·pe·teia [,পেরিপিটে ইআ] *n* (নাটকে বা জীবনে) আকস্মিক ভাগ্যপরিবর্তন।

pe·riph·ery [পা'রিফারি] *n* (*pl* -ries) বাহ্যসীমা; চৌহদ্দি; পরিধি। **pe·riph·eral** [-অরাল্] *adj* সীমান্তবর্তী; চৌহদ্দির মধ্যবর্তী; প্রান্তিক।

pe·riph·ra·sis [পা'রিফ্রেসিস্] *n* (*pl* -ases [-আসীজ়]) ঘুরিয়ে ঘুরিয়ে কথন বা রচনা; বক্তব্যকে সংহত না করে বিবিধ অনুষঙ্গে তা প্রকাশ; (ব্যাকরণে) প্রত্যয়যুক্ত শব্দ ব্যবহার না করে সহযোগী অন্য শব্দ যুক্ত করা (যেমন I believe এর পরিবর্তে I do believe)। **peri·phras·tic** [,পেরি'ফ্র্যাজ়টিক্] *adj* এ ধরনের কথন বা রচনা সংক্রান্ত।

peri·scope ['পেরিস্কৌপ্] *n* আয়না ও লেন্সযুক্ত এমন একটি যন্ত্র, যা দিয়ে উপরের বস্তু নীচ থেকে দেখা যায়।

per·ish ['পেরিশ্] *vi,vt* ১ (সাহিত্য, সাং) লোপ পাওয়া; ধ্বংস হওয়া; ক্ষয়প্রাপ্ত হওয়া; মারা যাওয়া: A great number of people and properties ~ed in the flood of 1988; P~ the thought! ভাবনাও নিঃশেষ হয়ে যেতে পারে; The handloom industries of our country is ~ing day by day; Publish or ~ (শিক্ষাগত পেশা সম্পর্কে একটি শ্লোগান) হয় প্রকাশনা বৃদ্ধি কর, না হয় এই পেশা থেকে সরে যাও। ২ (শৈত্য বা ক্ষুধা প্রভৃতি থেকে) কষ্ট পাওয়া; দুর্বল হয়ে যাওয়া: The cold wave will ~ us. Poverty brings in threats to ~. ৩ স্বাভাবিক গুণাবলী হারিয়ে যাওয়া; ক্ষয়িষ্ণু হওয়া: The washers of the fan-blades have ~ed. The knot has ~ed with the passage of time. **~·able** [-অবল্] *adj* (প্রধানত খাদ্যের ক্ষেত্রে) যেসব বস্তু দ্রুত পচনশীল। **~·ables** *n (pl)* যেসব বস্তু পরিবহনের বিভিন্ন পর্যায়ে পচে যেতে পারে, যেমন মাছ, মাংস, তাজা ফল। **~er** *n* (অপ.) বিরক্তিকর অসহ্য ব্যক্তি; দুষ্ট শিশু।

peri·style ['পেরিস্টাইল্] *n* (স্থাপত্য) অট্টালিকা, বিশাল ভবন, মন্দির প্রভৃতির চুতর্পার্শ্বস্থ স্তম্ভশ্রেণী; এ ধরনের স্তম্ভশ্রেণী দ্বারা বেষ্টিত উন্মুক্ত জায়গা।

per·ito·ni·tis [,পেরিটানাইটিস্] *n* চিরহরিৎ লতানো গাছ যাতে হালকা-নীল ফুল ফোটে।

peri·wig ['পেরিউইগ্] *n* পরচুলা। **~ged** *adj*

peri·winkle[1] ['পেরিউইংকল্] *n* [U] উদরের আবরক ঝিল্লির প্রদাহ।

peri·winkle[2] ['পেরিউইংকল্] *n* [C] গেঁড়ি শামুক।

per·jure ['পাজা(র্)] *vt* **~ oneself** সত্যকথনের শপথের পর সজ্ঞানে উদ্দেশ্যপ্রণোদিতভাবে মিথ্যা কথা বলা। **~r** ['পাজারা(র্)] *n* যে ব্যক্তি এমনভাবে মিথ্যা কথা বলে। **per·jury** ['পাজারি] *n* [U] মিথ্যা হলফ; শপথভঙ্গ; [C] (*pl* -reis) স্বেচ্ছায় প্রদত্ত মিথ্যা বিবৃতি।

perk[1] [পাক্] *vi,vt* ১ **~ up** (কোনো ব্যক্তির ক্ষেত্রে) (অসুস্থতা বা মানসিক যন্ত্রণা ভোগের পর) সজীব ও চঞ্চল হয়ে ওঠা। ২ **~ sb/sth up** কাউকে সজীব ও প্রাণবন্ত

করে তোলা; মাথা তোলা: Try to ~ up the unhappy girl. **~y** *adj* ১ সজীব; উৎসাহব্যঞ্জক; আত্মবিশ্বাসপূর্ণ। ২ আত্মপ্রচারণাপ্রবণ; দাম্ভিক। **~·ily** [-ইলি] *adv.* **~i·ness** *n*

perk[2] [পাক্] *vi,vt* (কথ্য) (কফি) ছেঁকে নেওয়া: Are you ~ing the coffee?

perk[3] [পাক্] *n* (কথ্য, সাধা. *pl*) বেতনের অতিরিক্ত অন্যান্য পাওনা বা ভাতা।

perm [পাম্] *n* (কথ্য) ১ চুলের স্থায়ী ঢেউ তোলার রীতি (permanent wave–এর সংক্ষিপ্ত রূপ)। ২ ফুটবল খেলার তালিকায় বিনিময় প্রথা। □*vt* চুলে স্থায়ী ঢেউ তোলা।

per·ma·nence [পামানান্স্] *n* (*pl* -cies) স্থায়িত্ব। **per·ma·nency** ১ [U] = permanence. ২ [C] স্থায়ী ব্যক্তি, বস্তু বা অবস্থান: The new position is permanency.

per·ma·nent [পামানান্ট্] *adj* স্থায়ী; চিরস্থায়ী; দীর্ঘকালব্যাপী অপরিবর্তিত, সুদীর্ঘকাল টিকে থাকার মতো করে গঠিত বা নির্মিত: Buy the bronze one; that would be ~; ~ ink, যে কালির রং দ্রুত উঠে যায় না; ~ post, স্থায়ী পদ; ~ structure, দীর্ঘস্থায়ী নির্মাণ; ~ value, স্থায়ী মূল্য; ~ wave, দ্র. perm (১). **~·ly** *adv*

per·manga·nate [পা'ম্যাঙানেইট্] *n* **~ of potash, potassium ~** ($KMnO_4$) গাঢ় লালচে স্বচ্ছ লবণ, যা বীজাণুনাশক ও এন্টিসেপটিক তৈরি করে।

per·meate [পামিএইট্] *vt,vi* **~ (through/ among)** (কোনো কিছুর ভিতর দিয়ে/ছিদ্রপথে) প্রবেশ করানো বা প্রবাহিত করা: moisture permeating through the wet walls. The smell of gun-powder ~d through the whole area. **per·mea·tion** [পামি'এইশন্] *n* [U] অনুরূপ প্রবাহ বা প্রবহমান অবস্থা। **per·me·able** [পামিঅব্ল্] *adj* যা তরল পদার্থের দ্বারা প্রবাহিত করা যায়। **per·mea·bil·ity** [পামিআ'বিলাটি] *n*

per·mis·sible [পা'মিসবল্] *adj* অনুমতিযোগ্য; আইনের বা নৈতিকতার আওতাধীন। **per·mis·sibly** [-আব্লি] *adv*

per·mission [পা'মিশ্ন্] *n* [U] অনুমতি; সম্মতি: with the ~ of the chair; no admission without ~.

per·miss·ive [পা'মিসিভ্] *adj* অনুমতিদায়ক; অনুমতিদত্ত: ~ legislation, কোনো কিছু করার ক্ষমতা প্রদান, কিন্তু তা করার আদেশ প্রদান নয়। **the ~ society** যে সমাজে বিভিন্ন সামাজিক প্রথা, যৌনতা ও সাহিত্য–সংস্কৃতি–প্রচারব্যবস্থায় প্রচুর স্বাধীনতা আছে। **~·ness** *n*

per·mit[1] [পা'মিট্] *vt,vi* ১ অনুমতি দান করা; বাধা সৃষ্টি না করা: Please ~ me to go; situations ~ting; loitering not ~ed in the corridor. ২ **~ of** (আনুষ্ঠা.) স্বীকার করা: Your past conduct does not ~ a sympathetic treatment.

per·mit[2] [পা'মিট্] *n* অনুমতিপত্র; আজ্ঞাপত্র: Do you have a ~ to enter the jail compound? He has a ~ to draw 100 bags of cement.

per·mu·ta·tion [,পামিউ'টেইশন্] *n* (গণিত) [U] বিন্যাস পরিবর্তন; [C] এই বিন্যাসের যে কোনো একক।

per·mute [পা'মিউট্] *vt* বিন্যাস পরিবর্তন করা।

per·ni·cious [পা'নিশাস্] *adj* **~ (to)** ক্ষতিকর; ধ্বংসকর: ~ actions; ~ to the academic autonomy of the University. **~·ly** *adv.* **~·ness** *n*

per·nick·ety [পা'নিকেটি] *adj* (কথ্য) খুঁতখুঁতে; ছোটখাটো বিষয়ে বিরক্ত।

per·or·ation [,পারা'রেইশন্] *n* বক্তৃতার শেষাংশ; বক্তৃতার শেষে প্রধান বক্তব্যকে সংক্ষিপ্তভাবে পেশকরণ। **pe·ror·ate** *vt* অলঙ্কারসহ বক্তব্যের উপসংহার টানা।

per·ox·ide [পা'রক্সাইড্] *n* **hydrogen ~** হাইড্রোজেনের অম্লজানের সর্বাধিক অনুপাতপূর্ণ জারক (H_2O_2); এন্টিসেপটিক হিসাবে ব্যবহৃত বর্ণহীন তরল পদার্থ, যা চুল সাদা করার জন্য ব্যবহার করা হয়। **~ blonde** যে ব্যক্তি চুলে পারক্সাইড ব্যবহার করেন।

per·pend [পা'পেন্ড্] *vt* (*pt,pp* ~ed) সতর্কভাবে বিচার করে দেখা।

per·pen·dicu·lar [,পাপেন্'ডিকিউলা(র্)] *adj* ১ **~ (to)** ৯০° সমকোণে সমভূমির উপর স্থাপিত। ২ ঋজু, সোজা, উল্লম্ব, জ্যামিতিক সমকোণ বা ৯০° অবস্থানে যা আয়তক্ষেত্রের উর্ধ্ব ও নিম্নরেখাকে স্পর্শ করে; (স্থাপত্যে P~) ১৪ ও ১৫ শতকের ইংরেজি গথিক স্থাপত্য। □*n* [C] উল্লম্ব রেখা; [U] অনুরূপ অবস্থান। **~·ly** *adv*

per·pe·trate [পাপিট্রেইট্] *vt* (কোনো অপরাধ বা ত্রুটি) সংঘটন করা; অন্যায় সাধন করা; রুচিবিগর্হিত কোনো কিছু করা; শ্লেষাত্মক বিষয় রচনা করা: The Pak army ~ed great atrocities. **per·pe·tra·tor** [-টা(র্)] *n* **per·pe·tration** [,পাপি'ট্রেইশন্] *n*

per·pet·ual [পা'পেচিউআল্] *adj* ১ অনন্ত; অন্তহীন; বিরতিহীন: Drought has become a ~ phenomenon in Ethiopia. **,~ 'motion** (সম্ভাব্য) সেই যন্ত্রের গতি, যে যন্ত্র পরিচালনার জন্য কোনো বাহ্যিক জ্বালানির প্রয়োজন হবে না। ২ ধারাবাহিক; পুনঃপুন ঘটনশীল। **~ly** [-অলি] *adv*

per·petu·ate [পা'পেচিউএইট্] *vt* বিস্মৃতি ও বিলোপের অবস্থা থেকে কোনো কিছু বাঁচিয়ে রাখা; চিরস্থায়ী করা: We must ~ the memories of the martyrs. **per·petu·ation** [পা,পেচু'এইশন্] *n*

per·petu·ity [,পাপি'চিউআটি US –চু–] *n* (*pl* -ties) ১ [U] চিরস্থায়িত্ব; ২ [C] (আইন.) অনন্তকালব্যাপী অধিকার।

per·plex [পা'প্লেক্স্] *vt* **~ (with)** ১ ধাঁধার মধ্যে ফেলে দেওয়া; হতবুদ্ধি করে দেওয়া: ~ sb with various enquiries. ২ কোনো বিষয়কে অধিকতর জটিল করে তোলা। **~ed** *adj* হতবুদ্ধি; জটিল। **~·ed·ly** [-ইড্লি] *adv.* **~·ity** [-আটি] *n* (*pl* -ties) ১ [U] জটিল অবস্থা; সন্দেহের জন্য মানসিক দ্বিধা: I stood unmoved in ~ity. ২ [C] জটিল বিষয়; ধাঁধার কারণ।

per·qui·site [পা'কুইজিট্] *n* [C] নিয়মিত বেতনের অতিরিক্ত প্রাপ্য ভাতা: The executive's ~ includes a telephone allowance upto Tk. 1000/-.

perry [পেরি] *n* [U] নাশপাতির রস দিয়ে প্রস্তুত মদ।

perse [পাসেই] *adv* (লা.) স্বতন্ত্রভাবে।

per·se·cute [পাসিকিউট] *vt* ১ কষ্ট দেওয়া; যন্ত্রণা দেওয়া; (ধর্মীয় কারণে) শাস্তি প্রদান করা। ২ হয়রান করা; মনের শান্তি নষ্ট করা: ~ a man by saying worrying things. **per·se·cu·tor** [-টা(র্)], **per·se·cution** [পাসিকিউশন্] *nn* ১ [U] যন্ত্রণা প্রদান বা যন্ত্রণাভোগ: suffer persecution for one's religious beliefs. ২ [C] এ ধরনের যন্ত্রণা প্রদানের ঘটনা: The enormity of persecution in World War II.

per·se·vere [ˌপাসিˈভিআ(র্)] *vi* ~ **(at/in/with)** অধ্যবসায়ী হওয়া; নিরবচ্ছিন্ন মনোযোগে কাজ করে যাওয়া: ~ in his duties. **per·se·ver·ing** *adj*. **per·se·ver·ing·ly** *adv*. **per·se·ver·ance** [–রান্স্] *n* [U]

Per·sian [ˈপাশ্ন্ US ˈপার্জ়ন্] *n,adj* পারস্যদেশের (বর্তমান ইরান) অধিবাসী বা ঐ দেশের ভাষা; পারস্যদেশে (প্রস্তুত): ~ perfume.

per·si·flage [পাসিফ্লা:জ্] *n* [U] লঘু ঠাট্টা; হালকা ব্যঙ্গ।

per·sim·mon [পাˈসিমান্] *n* খেজুর গাছ।

per·sist [পাˈসিস্ট্] *vi* ১ ~ **in sth/in doing sth** যুক্তি, ব্যর্থতা বা বিরোধিতা সত্ত্বেও কোনো বিষয়ে নিজস্ব অভিমত বজায় রাখা; নাছোড়বান্দার মতো অটল থাকা: He ~s on crossing the river even in a very windy weather. ~ **with** কোনো বিষয়ে বিরতিহীনভাবে পরিশ্রম করে যাওয়া। ২ একই অবস্থা বজায় থাকা: The cold wave is likely to ~ for another week. **~·ence** [আন্স্] *n* [U] অনড় অবস্থান: The persistence of rainfall caused the flood. **~·ent** [–আন্ট্] *adj* অনড় অবস্থান গ্রহণকারী; পুনঃপুন ঘটনশীল। **~·ent·ly** *adv*

per·son [ˈপাস্ন্] *n* ১ (পুরুষ/মহিলা) ব্যক্তি (বহুবচনে ~s অপেক্ষা people–ই অধিকাংশ সময় ব্যবহৃত হয়), (কিছুটা নিন্দার্থে): I do not know the ~ who called on you. **in the ~ of** কোনো বিশেষ ব্যক্তির মধ্যে: He found a kind-hearted boss in the ~ of Mrs Martha. ˌ**~-to-ˈcall** অপারেটরের সাহায্যে প্রাপ্ত নির্দিষ্ট ব্যক্তির সঙ্গে কথোপকথনের জন্য সংযুক্ত টেলিফোনের কথাবার্তা। ২ মানুষের দেহ: Look at the marks of assault on the ~ of the accused. **in** ~ শারীরিকভাবে উপস্থিত: You must present yourself in ~ before the judge. I shall be at six here in ~. ৩ (ব্যাকরণে) ইংরেজি ব্যাকরণে তিন ধরনের ব্যক্তিগত সর্বনাম পদ: First ~, I/We; second ~, you (*sing*. & *pl*); Third ~, he/they/she/it. **Dramatis Personae** নাটকের চরিত্র।

per·sona [পাˈসৌনা] *n* (মনস্তত্ত্বে) (ব্যক্তির) চেতনার বহিঃপ্রকাশ; ভাবনার অভিব্যক্তি। ˌ**~ ˈgrata** [গ্রাটা] (লা.) (প্রধানত কূটনৈতিক পেশায়) যে ব্যক্তি বিদেশী সরকারের কাছে গ্রহণযোগ্য। ˌ**~** ˌ**non ˈgrata** অনুরূপ অবস্থায় যিনি গ্রহণযোগ্য নন।

per·son·able [ˈপাসানব্ল্] *adj* সুদর্শন; সৌজন্যমূলক।

per·son·age [ˈপাসানিজ] *n* সম্মানীয় ব্যক্তি; সম্ভ্রান্ত ব্যক্তি।

per·sonal [ˈপাসান্ল্] *adj* ১ ব্যক্তিগত, নিজস্ব, কোনো বিশেষ ব্যক্তির: ~ affair/distress/opinion/grounds/choice. This is my ~ opinion. I could not go there for some ~ difficulties. I used my ~ offices to get it done. ˈ**~ column** (সংবাদপত্রে) যে কলমে ব্যক্তিগত বার্তা, সংবাদ বা বিজ্ঞাপন ছাপা হয়। ২ ব্যক্তির নিজের দ্বারা তৈরি বা কৃত: The President made a ~ appeal to the cabinet. ৩ কোনো বিশেষ ব্যক্তির জন্য তৈরি বা কৃত: Give the child some ~ attention. Try to find some ~ connection. ˌ**~ asˈsistant** (সং PA) ব্যক্তিগত সহকারী। ৪ দৈহিক; শরীর সম্বন্ধীয়: You must learn a good deal about ~ health. ৫ মানবপ্রকৃতি সম্পর্কিত: For many the ultimate Being is a ~ God. ৬ কোনো ব্যক্তি সম্পর্কে সমালোচনামূলক প্রসঙ্গ সম্পর্কে; অতিরিক্ত আত্মপ্রবণ: Your view is too ~ to be accepted. ৭ ˌ**~ ˈproperty/eˈstate** (আইন.) (জমি জায়গা ব্যতীত) ব্যক্তিগত অস্থাবর সম্পত্তি। ৮ ˌ**~ ˈpronoun** ব্যক্তিগত সর্বনাম: I, we, you, he, she, they. **~ account** ব্যক্তিগত হিসাব। **~ equation** প্রাতিস্বিক ভ্রমাঙ্ক; জ্ঞাতিভ্রম। **~ ledger account** জনপ্রতি খতিয়ান। **~ security** ব্যক্তিগত জামিন। □*n* [C] কোনো ব্যক্তি সম্পর্কে সংক্ষিপ্ত সংবাদপত্র প্রতিবেদন। **~ly** [–আনালি] *adv* ১ ব্যক্তিগতভাবে; অন্য কারও মাধ্যমে নয়: He was ~ly present at the meeting. He attended to me ~ly. ২ নিজস্ব বোঝাতে: P~ly speaking I am least interested in the matter.

Per·sona·lia [পাসানালি আ] *n* (সাধা. সংবাদপত্র বা সাময়িকীতে প্রকাশিত) ব্যক্তিগত স্মৃতিচারণ; কাহিনী বা টীকাটিপ্পনী।

per·son·al·ity [ˈপাসাˈন্যালাটি] *n* (*pl* -ties) ১ [U] ব্যক্তিত্ব; ব্যক্তিগত অবস্থা: You should take into account the ~ even of a poor beggar. Her eyes spoke of her ~ . Mr Gandhi's ~ made everybody feel so small. ২ [C, U] ব্যক্তিগত বৈশিষ্ট্য: My father is a man of ~. One can not fail to note the striking personalities of the three sisters. ৩ [C] (আধুনিক প্রয়োগ) বিশিষ্ট ব্যক্তি; বিশেষভাবে খ্যাতিমান: Ferdousi is a great TV ~. Maradona is a towering football ~. ˈ**~-cult** ব্যক্তিপূজা; কোনো বিশেষ ব্যক্তির প্রতি নিরঙ্কুশ আনুগত্য প্রকাশ: Lenin was strongly against the ~ cult. ৪ (*pl*) কোনো ব্যক্তির শারীরিক বৈশিষ্ট্য; মুখমণ্ডল, চোখ, চুল প্রভৃতি বা আচরণ সম্পর্কে অশালীন মন্তব্য।

per·son·al·ize [ˈপাসানালাইজ্ˌ] *vt* (কোনো কিছুতে) ব্যক্তিগত নাম/ঠিকানা/মনোগ্রাম/প্রতীক মুদ্রিত করা: He has ~d his letter-heads/shirts. □*adj* ব্যক্তিগতভাবে যত্নশীল: We offer ~d services in the first class.

per·son·alty [ˈপাসান্ল্‌টি] *n* [U] (আইন.) ব্যক্তিগত জমিজমা।

per·son·ate [ˈপাসানেইট্] *vt* (অন্য কারও) আকৃতি বা চরিত্র ধারণ করা; ভান করা। **~d** *adj* কৃত্রিম। **personation** *n*. **im~** অন্য কারও ভূমিকা স্বেচ্ছায় গ্রহণ করা বা স্বেচ্ছায় কারও স্বাক্ষর নিজে দান করা: strict punishment for anybody trying to impersonate in the examination.

per·son·ify [পাˈসনিফাই] *vt* (*pl,pp* -fied) ১ (কোনো কিছুকে) ব্যক্তিরূপে প্রকাশ করা। ২ ব্যক্তির গুণাবলী দ্বারা মূর্ত করা: Mrs Mehboob personifies aristocracy. Keats personified the autumn. **per·soni·fi·ca·tion** [পাˌসনিফিˈকেইশ্ন্] *n* ১ [U] ব্যক্তিরূপে প্রকাশ; প্রকাশিত ব্যক্তিরূপ। ২ **the ~ of** কোনো গুণের বিশিষ্ট উদাহরণ: He is the personification of laziness.

per·son·nel [ˌপাসাˈনেল্] *n* কর্মচারী; কোনো অফিস বা প্রতিষ্ঠানের কর্মীবৃন্দ; সরকারি দফতর বা সামরিক বাহিনীর সদস্য: We have an able team of ~ in our company. **~ officer/manager** প্রতিষ্ঠানের যে কর্মকর্তা কর্মচারী নিয়োগ ও তাদের

চাকরিবিধি ও প্রাতিষ্ঠানিক সম্পর্ক বিষয়ে দায়িত্ব পালন করেন।

per·spec·tive [পা'সপেক্‌টিভ্] *n* ১ [U] বিষয়বস্তুর উচ্চতা, দৈর্ঘ্য, গভীরতা, অবস্থান ও দূরত্ব অনুযায়ী চিত্রাঙ্কনবিদ্যা; দৃষ্টরূপ বা আকৃতি; [C] এ ধরনের অঙ্কন বা নকশা। ২ [U] কোনো সমস্যার বিভিন্ন দিকের আপাত সংযোগ। **in the/its right/wrong ~** অন্তর্গত বা অন্তর্ভুক্ত বিষয়ে সঠিক/অধিক পারম্পর্যে: Always take care to take a right ~. ৩ [C] (সাহিত্য, লাক্ষ.) অবস্থানগত সঠিক দৃষ্টি: We must judge Rabindranath in a true ~.

per·spex ['পাসপেক্‌স্] *n* [U] কাচের মতো দেখতে মজবুত প্লাস্টিক উপাদান।

per·spi·ca·cious [,পাসপি'কেশাস্] *adj* (আনুষ্ঠা.) বিচারবিবেচনার জন্য দ্রুত বোধশক্তিসম্পন্ন; স্বচ্ছ দৃষ্টিসম্পন্ন। **~·ly** *adv.* **per·spi·cac·ity** [,পাস্‌পি'ক্যাসাটি] *n* [U]

per·spicu·ous [পা'স্‌পিকিউআস্] *adj* (আনুষ্ঠা.) প্রাঞ্জল, সুস্পষ্টভাবে প্রকাশিত। **~·ly** *adv.* **~·ness** *n.* **per·spi·cu·ity** [পাসপি'কিউইটি] *n*

per·spire [পা'স্‌পাই আ(র্)] *vi* ঘর্মাক্ত হওয়া; ঘামানো। **per·spir·ation** [,পাসপারেইশন্] *n* [U] ঘাম; ঘর্মাক্ত অবস্থা।

per·suade [পা'সোএই ড্] *vt* ১ (কাউকে) বোঝানো: I failed to ~ him to do this. ২ যুক্তি বা উপদেশ সহযোগে (কাউকে) প্ররোচিত করা: He was ~ed to face the interview. ৩ (কোনো ব্যক্তিকে) কোনো কিছু করতে বা না করতে রাজি করানো: What ~d you to be involved in this matter? **per·suad·able** [–আব্‌ল্] *adj*

per·sua·sion [পা'সুয়ে ইজ্‌ন্] *n* ১ [U] প্ররোচনা বা প্ররোচিতকরণ; প্ররোচনার ক্ষমতা। ২ [U] বোধ, প্রত্যয়: My ~ fetched luck for her. ৩ [C] কোনো বিশেষ মতে বিশ্বাসী একটি গোষ্ঠী বা দল: a group of particular political ~s.

per·sua·sive [পা'সুয়ে ইসিভ্] *adj* প্ররোচনায় সমর্থ; বোধযোগ্য: It's difficult not to submit to her ~ demeanour. **~·ly** *adv.* **~·ness** *n*

pert [পাট্] *adj* ১ ধৃষ্ট; অশিষ্টাচারী: a ~ student/ response. ২ (US) সজীব; সপ্রাণ। **~·ly** *adv.* **~·ness** *n*

per·tain [পা'টেইন্] *vi* অধিকারভুক্ত হওয়া বা অংশ হিসাবে যুক্ত হওয়া। **~ to** (আনুষ্ঠা.) সংযোগ থাকা; সঠিক হওয়া: loss ~ing to the floods; the signatories ~ing to the treaty.

per·ti·na·cious [,পাটি'নেইশাস্ US-টন্'এইশাস্] *adj* (আনুষ্ঠা.) সহজে দম্য নয়; অদম্য; দুর্দম; একাগ্রচিত্ত; নাছোড়বান্দা। **~·ly** *adv* **per·ti·nac·ity** [পা,টিন্যাসাটি US -টন্যা–] *n* [U]

per·ti·nent ['প্যাটিনান্ট্ US -টানান্ট্] *adj* (আনুষ্ঠা.) **~ to** প্রত্যক্ষত সম্পর্কযুক্ত; প্রাসঙ্গিক: comments quite ~ to this particular issue; a ~ question. **~·ly** *adv.* **per·ti·nence** [–আন্‌স্] *n* [U]

per·turb [পা'টাব্] *vt* (আনুষ্ঠা.) উত্তেজিত করা; বিঘ্ন সৃষ্টি করা: ~ing comments; sorry to ~ you. **per·tur·ba·tion** [,পাটা'বেইশন্] *n* [U]

pe·ruke [পারুক্] *n* [C] পরচুলা।

pe·ruse [প'রূজ্] *vt* (আনুষ্ঠা.) মনোযোগসহকারে পাঠ করা। **pe·rusal** [পারূজ্‌ল্] *n* [C, U]

Peru·vian [পা'রূভ্ইঅন্] *adj* পেরুদেশীয়: ~ birds. □*n* পেরুবাসী।

per·vade [পা'ভেই ড্] *vt* পরিব্যাপ্ত করা; ব্যাপকভাবে ছড়িয়ে পড়া: Sartre's ideas ~d the French intellectual world. **per·va·sion** [পা'ভেই জ্‌ন্] *n* [U]

per·va·sive [পা'ভেইসিভ্] *adj* পরিব্যাপক। **~·ly** *adv.* **~·ness** *n*

per·verse [পাভাস্] *adj* ১ (ব্যক্তির ক্ষেত্রে) স্বেচ্ছায় বিপথগামী বা ন্যায়ভ্রষ্ট। ২ (পরিস্থিতিতে) কারও ইচ্ছার বিপরীতে। ৩ (ব্যবহারে) যুক্তির বিপরীতে। **~·ly** *adv.* **~·ness** *n*

per·ver·sion [পা'ভাশন্ US -জ্ন্] *n* [U] বিপথগামিতা; বিকৃতি। ২ [C] ন্যায়পথ থেকে বিচ্যুতি; অস্বাভাবিকতার প্রতি প্রবণতা: a ~ of taste, moral ~s.

per·ver·sity [পা'ভাসাটি] *n* (*pl* -ties) [U] সত্যভ্রষ্টতা; বিকৃতি; একগুঁয়েমি; [C] বিকৃতিজাত কর্ম।

per·vert[1] [পা'ভাট্] *vt* ১ ভুলপথে চালিত করা: to ~ the minds of the young people. ২ বিকৃতি সাধন করা।

per·vert[2] [পাভাট্] *n* [C] বিপথগামী বা বিকৃতবুদ্ধি ব্যক্তি; বিকৃত যৌন আচরণে অভ্যস্ত ব্যক্তি।

pe·seta [পা'সে ইটা] *n* (*pl* -s) স্পেনের মুদ্রার একক।

peso ['পেই সো] *n* (*pl* ~s) ফিলিপাইন ও অনেক লাতিন আমেরিকার দেশের মুদ্রার একক।

pes·sary ['প সারি] *n* (*pl* -ries) (চিকি.) স্ত্রীলোকের যোনিপথে স্থাপনের জন্য ব্যবহৃত এক ধরনের পটি।

pessi·mism ['পেসিমিজাম্] *n* [U] (optimism–এর বিপরীত) ব্যর্থতা বা আশাহত অবস্থাই অবশ্যম্ভাবী এমন নৈরাশ্যব্যঞ্জক বোধ; দুঃখবাদ। **pessi·mist** *n* দুঃখবাদী; হতাশাপ্রবণ ব্যক্তি। **pessi·mis·tic** *adj* হতাশাপ্রবণ; দুঃখবাদী। **pessi·mis·ti·cally** *adv*

pest [পেস্ট্] *n* ধ্বংসাত্মক বা ক্ষতিকারক বস্তু/ প্রাণী/কীটপতঙ্গ, উদ্ভিদ; (কথ্য) বিরক্তিকর ব্যক্তি: ~ control, ক্ষতিকর বস্তুকে নিয়ন্ত্রণ করার পদ্ধতির ব্যবহার। **pes·ti·cide** কীটনাশক। **~house** সংক্রামক মহামারী ব্যাধির হাসপাতাল। **pes·ti·fe·rous** রোগসৃষ্টিকর।

pes·ter ['পেস্টা(র্)] *vt* বিরক্ত করা কষ্ট দেওয়া: ~ed with high sound of amplifiers since morning. Do not ~ me any more with this undue request.

pes·ti·lence ['পেস্‌টিলান্‌স্] *n* [C, U] প্লেগ ইত্যাদির মতো মারাত্মক মহামারী ব্যাধি। **pes·ti·lent** [–লান্ট্], **pes·ti·len·tial** [,পেসটিলেন্‌শ্‌ন্] *adjj* ১ সংক্রামক বীজাণুবাহক। ২ (কথ্য) বিশ্রী রকমের বিরক্তিকর বা আপত্তিকর।

pestle ['পেস্‌ল্] *n* মুষল, নোড়া, নুড়ি; কোনো কিছু ভাঙা বা গুঁড়া করার জন্য মর্টারে ব্যবহৃত এক ধরনের মোটা লাঠি। □*vt* গুঁড়া করা।

pet[1] [পেট্] *n* ১ (প্রায়শ attrib) পোষা প্রাণী, যেমন–কুকুর, বিড়াল প্রভৃতি। **~ shop** যে দোকানে এ ধরনের প্রাণী বা প্রাণীর জন্য প্রয়োজনীয় সামগ্রী বিক্রি হয়। ২ প্রিয়ভাজন ব্যক্তি (নিন্দার্থে): Mr Hossain is the President's pet. ৩ বিশেষভাবে প্রিয় বা ভালোবাসার যোগ্য: Lopa is a perfect pet, (কথ্য) যার মন জয় করার বিশেষ ক্ষমতা আছে। **~ aversion** কোনো কিছু বা ব্যক্তি যা ভীষণভাবে অসহ্য: Most of the TV ads are my ~ aversion. ˈ**~ name** প্রকৃত নামের অতিরিক্ত আদর করে ডাকার জন্য নাম।

pet[2] [পেট্] *vt* আদর করা; সস্নেহ ব্যবহার করা।

pet[3] [পেট্] *n* অবজ্ঞাজনিত ক্ষোভ।

petal [ˈপেট্ল্] *n* পাপড়ি; দল। **petaline** পাপড়িবৎ। **pet·al·led** (US **pet·aled**) [পেট্ল্ড্] *adj* পাপড়িবিশিষ্ট।

pe·tard [পেˈটা:ড্] *n* দরজা উড়িয়ে দেবার জন্য ক্ষুদ্র বোমাবিশেষ। **hoist with one's own ~** আপন ফাঁদে আপনি পতিত (প্রবাদ)।

peter [পীটা] *vi* ক্রমে নিঃশেষিত হওয়া: ~ out (of stock etc).

Peter [পীটা] *n* অন্যকে দানের জন্য এক জনের কাছ থেকে গ্রহণ: rob ~ to pay Paul. ˈ**blue** ˈ**Peter** বন্দর ছেড়ে যাবার পূর্বে সাদা চৌকা ছাপসহ যে নীল পতাকা জাহাজে উড়ানো হয়।

pe·tit bour·geois [ˌপেটিবুঅ্জোআ:] *n* (ফ.) নিম্ন মধ্যবিত্ত শ্রেণীভুক্ত ব্যক্তি। (attrib) **~ tastes**, দ্র. bourgeois, middle (৩).

pe·tite [পেˈটীট্] *adj* ছোট; নগণ্য; ছিমছাম।

pe·ti·tion[1] [পিˈটিশ্ন্] *n*,[C] ১ আবেদন; প্রার্থনা; আকুল অনুরোধ। ২ আদালতে প্রদত্ত আনুষ্ঠানিক আবেদনপত্র।

pe·ti·tion[2] [পিˈটিশ্ন্] *vt,vi* ১ আবেদন করা; আবেদনপত্র পেশ করা: a group of people ~ed for public attention of the issue. ২ সবিনয়ে বা আকুলভাবে আবেদন করা: The opposition ~ed for a reconsideration of tax-hike.

pet·rel [ˈপেট্রাল্] *n* লম্বা ডানাবিশিষ্ট সাদা-কালো বর্ণের সামুদ্রিক পাখিবিশেষ। **stormy ~** (লাক্ষ.) যে ব্যক্তির আগমনে (সামাজিক/শিল্পকারখানা সংক্রান্ত) অসন্তোষ সৃষ্টি হয়।

pet·rify [ˈপেট্রিফাই] *vt,vi* (*pt,pp* -fied) প্রস্তরীভূত বা শিলীভূত হওয়া; (লাক্ষ.) চিন্তা/অনুভব/কাজ করবার শক্তি হরণ করা (ভয় বা বিস্ময়ের মাধ্যমে)। **pet·ri·fac·tion** [ˈপেট্রিফ্যাক্শ্ন্] *n* শিলীভবন; শিলীভূত বস্তু; অশ্ম।

petro- [ˌপেট্রৌ–] পাথর বা পেট্রোলিয়ামের সংক্ষিপ্ত অংশ। **~chemical** *n* পেট্রোলিয়াম বা প্রাকৃতিক গ্যাস থেকে আহরিত রাসায়নিক পদার্থ। **~dollar** (প্রধান আরব দেশগুলি কর্তৃক) পেট্রোলিয়ামজাত পদার্থ বিক্রয়লব্ধ বিপুল পরিমাণ বৈদেশিক মুদ্রা।

pet·rol [ˈপেট্রাল্] *n* [U] পরিশোধিত পেট্রোলিয়াম যা বিভিন্ন ধরনের ইনজিনে ব্যবহৃত হয়; পেট্রল (US gasoline)। **~ pump** যেখানে বিক্রয়ের জন্য পেট্রল মজুর থাকে। **~ tank** পেট্রলের আধার।

pe·tro·leum [পিˈট্রৌলিয়াম্] *n* [U] খনিজ তেল; পেট্রোলিয়াম। ˌ**~** ˈ**jelly** *n* [U] পট্রোলিয়ামজাত প্রায়-ঘন পদার্থ।

pe·tro·logy [পিˈট্রলজি] *n* [U] শিলাতত্ত্ব। **petrological** *adj.* **petrologist** *n*

pet·ti·coat [ˈপেটিকোট্] *n* [C] সায়া; মেয়েদের পরিধেয় অন্তর্বাস। **~ government** (কোনো বিষয়ে) স্ত্রীলোক বা স্ত্রীজাতির কর্তৃত্ব।

pet·ti·fog·ging [ˈপেটিফগিঙ্] *adj* (ব্যক্তির ক্ষেত্রে) অতি সাধারণ ও তুচ্ছ বিষয়ে চিন্তান্বিত।

pet·tish [ˈপেটিশ্] *adj* ১ (ব্যক্তির ক্ষেত্রে) আচরণে মাঝে মাঝেই রুক্ষ বদমেজাজি। ২ (কোনো মন্তব্য বা কাজের ক্ষেত্রে) রুক্ষ মেজাজে উক্ত বা কৃত। **~·ly** *adv.* **~·ness** *n*

petty [ˈপেটি] *adj* (-ier, -iest) ১ ছোট; সাধারণ। ২ ক্ষুদ্র আকারে বা আয়তনে: ~ purchase; ~ enterprise. ৩ সংকীর্ণ মনের পরিচয়। ৪ ছোট অঙ্কের (টাকাকড়ির ক্ষেত্রে)। **~ cash** প্রাত্যহিক বিবিধ ছোটখাটো লেনদেনের জন্য রক্ষিত টাকা। **~ larceny** নগণ্য দ্রব্যাদির চুরি। **~ officer** নৌবাহিনীতে কমিশন প্রাপ্ত নয় এমন কর্মচারীদের প্রধান। **pet·tily** *adv.* **pet·ti·ness** *n*

petu·lant [ˈপেটিউল ন্ট্ US –চু–] *adj* যুক্তিহীনভাবে অস্থির বা বিরক্তিকর। **~·ly** *adv.* **petu·lance** [–লান্স্] *n* [U]

pe·tu·nia [পিˈটিউনি আ US পিটুনিআ] *n* [C] বিভিন্ন রঙের অপরাজিতা গোত্রের পুষ্পের গাছবিশেষ বা তার ফুল।

pew [পিউ] *n* (সাধা. গির্জার) পিছনে হেলান দেবার সুবিধাসহ মেঝের সঙ্গে সংবদ্ধ বেঞ্চি; (কথ্য) আসন; সংরক্ষিত আসন: ~ holder; যে ব্যক্তি সংরক্ষিত আসন ভাড়া নিয়েছেন: ~ rent, আসনের ভাড়া।

pe·wit, pee·wit [ˈপীউঈট্] *n* তিতির জাতীয় পাখিবিশেষ, যার ডাক থেকে এই নামের উদ্ভব।

pew·ter [পিউটা] *n* [U] টিন ও সীসা মিশ্রিত ধূসর পদার্থ; এই পদার্থের তৈরি রান্নার সরঞ্জাম: (attrib) ~ mugs.

phae·ton [ˈফেইট্ন্] *n* খোলা চার চাকার ঘোড়ার গাড়ি।

phago·cyte [ˈফ্যেগাসাইট্] *n* রক্তের রোগজীবাণু-নাশক শ্বেতকণিকা।

phal·anx [ˈফ্যাল্যাঙক্স্] *n* (*pl* ~es/phalanges [ফ্যাল্যান্জীজ্]) ১ নির্দিষ্ট উদ্দেশ্যে সঙ্ঘবদ্ধ বা দলবদ্ধ ব্যক্তিবর্গ। ২ (শারীর.) আঙুলের হাড়। ৩ প্রাচীন গ্রিক পদাতিক সৈন্যদের ঘনবিন্যস্ত ব্যূহবিশেষ। **phalange** (উদ্ভিদ.) পুংকেশরগুচ্ছ।

phal·lus [ফ্যালাস্] *n* সমুত্তেজিত পুরুষলিঙ্গের প্রতীক; শক্তির উৎসের প্রতীক। **phal·lic** *adj*

phan·tasm [ফ্যান্ট্যা জ়াম্] *n* ছায়ামূর্তি; ছায়াশরীর। **phan·tasmal** [–জ়্মাল্] *adj.* **phan·tas·ma·goria** [ফ্যানট্যাজ়্মাগরিআ US -গারিআ] *n* স্বপ্নের ভিতর বা মোহাবিষ্ট নয়নে দৃষ্ট ছায়ামূর্তি বা কল্পিত মূর্তির ধারাপ্রবাহ। **phan·tas·ma·goric** *adj*

phan·tasy [ফ্যানটাসি] *n* ১ [U] কল্পনা; আকাশকুসুম ভাবনা: creating a world of ~. ২ [C] কল্পনাপ্রসূত বিষয়: Sexual fantasies. ৩ [C] কোনো শিল্পকর্ম, যে ক্ষেত্রে কাঠামোর চেয়ে রীতি অধিক গুরুত্বপূর্ণ।

phan·tom [ˈফ্যানটাম্] *n* [C] অলীক মূর্তি; ছায়াশরীর; ভূত।: (attrib) ~ companions.

Pha·ri·see [ফ্যারিসী] *n* ধার্মিকতা ও আচারনিষ্ঠার জন্য প্রসিদ্ধ প্রাচীন ইহুদিদের একটি সম্প্রদায়। **pharisaic(al)** *adj* আচারনিষ্ঠ সম্প্রদায় সংক্রান্ত; (অপ.) ভণ্ডামিপূর্ণ।

phar·ma·ceuti·cal [ফা:মাˈসিউটিকল্ US -সূউ–] *adj* ঔষধপ্রস্তুতসংক্রান্ত: ~ companies.

phar·ma·cist [ফা:মাসিস্ট্] *n* ঔষধ তৈরির ক্ষেত্রে যে ব্যক্তির পেশাগত গুণ আছে।

phar·ma·co·poeia [ফা:মাকাপীআ] *n* ঔষধ প্রস্তুতপ্রণালী ও ব্যবহারের নির্দেশসম্বলিত মুদ্রিত পুস্তক।

phar·macy [ফ়া:মাসি] *n* (*pl*-cies) ১ [U] ঔষধপত্র প্রস্তুত ও ব্যবহারের পদ্ধতি/বিদ্যা। ২ [C] যে দোকান থেকে ঔষধপত্র বিক্রি করা হয়; দাওয়াখানা।
pharos [ফ়েআরঅস্] *n* বাতিঘর; আলোকসংকেত।
phar·ynx [ফ্যারিঙ্কস্] *n* অন্ননালীর উপরে অবস্থিত গহ্বর। **phar·yn·gi·tis** [ফ্যারিনজাইটিস্] *n* [U] উক্ত গহ্বর ফুলে গেলে যে ব্যাধির জন্ম হয়।
phase[1] [ফ়েইজ্] *n* [C] ১ পর্যায়; অবস্থার পারম্পর্য: first ~ of the plan. **in/out of ~** একই সময়ে একই স্তরে অবস্থান করা/না করা। ২ (চাঁদের ক্ষেত্রে) গ্রহের কলা/দশা।
phase[2] [ফ়েইজ্] *vt* পরিকল্পনা করা বা তা বাস্তবায়ন করা: a ~d development. **~ in** কোনো এক পর্যায়ে অন্তর্ভুক্ত করা। **~ out** অনুরূপভাবে প্রত্যাহার করে নেওয়া।
pheas·ant [ফ়েজ়ন্ট্] *n* [C] লম্বা লেজবিশিষ্ট রঙিন পাখি; [U] (খাদ্য হিসাবে) উক্ত পাখির মাংস।
phen·ol [ফ়ীন্ল্] *n* [U] কার্বোলিক এসিড (সংক্রমণ রোধ করার উদ্দেশ্যে ব্যবহৃত হয়)।
phe·nom·enal [ফ়ি'নমিন্ল্] *adj* ১ ইন্দ্রিয়গ্রাহ্য। ২ ইন্দ্রিয়গ্রাহ্য বোধসংক্রান্ত। ৩ বিস্ময়কর; বিশাল আকারের। **~ly** *adv*
phe·nom·enon [ফ়িনমিনন্ US –নান্] *n* (*pl* -ena) ১ ইন্দ্রিয়গোচর বস্তু বা বিষয়। ২ বিস্ময়কর ব্যক্তি/বিষয়/ঘটনা।
phew [ফ়্উ] *int* ফুঃ; বিস্ময়, অস্থিরতা, বিরক্তি ইত্যাদি বোঝানোর জন্য ব্যবহৃত অব্যয়বিশেষ।
phial [ফ়াইআল্] *n* [C] ছোট শিশি (সাধা. ঔষধের বোতল)। **phialled** *adj* শিশিতে রক্ষিত।
phil·an·der [ফ়ি'ল্যান্ডা(র্)] *vi* হালকাভাবে প্রেম সম্পর্ক স্থাপন করা; প্রেমের ভান করা। **~er** *n* প্রেমিক-নাগর।
phil·an·thropy [ফ়িল্যান্থ্রাপি] *n* [U] মানবপ্রেম; লোকহিতৈষণা; জনসেবা। **phil·an·thro·pist** *n* জনহিতৈষী ব্যক্তি। **phil·an·thropic** *adj* লোকহিতকর; জনসেবামূলক। **phil·an·thropi·cally** *adv*
phil·at·ely [ফ়ি'ল্যাটালি] *n* ডাকটিকিট সংগ্রহ। **phil·at·el·ic** *adj* ডাকটিকিট সংগ্রহ সংক্রান্ত। **phil·at·el·ist** *n* ডাকটিকিট সংগ্রাহক।
phil·hel·lene [ফ়িল্'হেলীন] *n,adj* (ব্যক্তি) গ্রিস প্রেমিক। **phil·hel·lenic** [ˌফ়িলহে'লীনিক্ US –লেনিক্] *adj*
phi·lis·tine [ফ়িলিস্টাইন্ US ফ়িলিস্টিন্] *n* ১ সংস্কৃতিবিবর্জিত অসভ্য মানুষ। ২ দক্ষিণ-পশ্চিম প্যালেস্টাইনের বহিরাগত প্রাচীন অধিবাসী।
phil·ol·ogy [ফ়িললাজি] *n* [U] ভাষাবিজ্ঞান; ভাষাতত্ত্ব। দ্র. linguistics. **phil·ol·ogist** *n*. **philo·logi·cal** *adj*
phil·os·opher [ফ়ি'লসাফ়া(র্)] *n* ১ দর্শনের ছাত্র/শিক্ষক। ২ যে ব্যক্তির হৃদয় আবেগ বা কষ্ট দ্বারা বিচলিত হয় না; যুক্তিবাদী ব্যক্তি। ৩ জ্ঞানপ্রেমিক; জ্ঞানান্বেষী। **~'s stone** পরশপাথর; স্পর্শমণি।
phil·os·ophy [ফ়িলসাফ়ি] *n* (*pl* -phies) ১ [U] জ্ঞানের অন্বেষা, অস্তিত্বের স্বরূপ ও অর্থ বিষয়ে অনুসন্ধান: moral ~, নীতিশাস্ত্র; natural ~ (প্রা. প্র.) পদার্থবিদ্যা। ২ [C] অনুরূপ জ্ঞানানুসন্ধানের তাত্ত্বিক বিন্যাস: the novelist's ~. ৩ [U] জীবনের প্রতি প্রশান্ত ধীর দৃষ্টি (কষ্ট, দুঃখ ও হতাশার বিপরীতে)। **philo·sophi·cal** *adj* ১ দর্শনভিত্তিক। ২ উদাসীন। **philo·sophi·cally** *adv*. **phil·os·ophize** *vi* দার্শনিকের ন্যায় চিন্তা করা; যুক্তি প্রতিষ্ঠা করা; আলোচনা করা; অভিমত প্রদান করা।
phleb·itis [ফ়্লিবাইটিস্] *n* [U] রক্তনালী প্রদাহ।
phlegm [ফ়্লেম্] *n* [U] ১ কাশির সহিত নির্গত শ্লেষ্মা। ২ কাজ করা/অনুভব করার ক্ষেত্রে ধীরমতি; প্রকৃতিগত ঔদাসীন্য। **phleg·matic** *adj* স্বভাবত উদাসীন। **phleg·mat·i·cally** *adv*
phlox [ফ়্লক্স্] *n* [U] এক ধরনের উদ্যানতরু, যাতে গুচ্ছ গুচ্ছ ফুল ধরে।
pho·bia [ফৌবিআ] *n* ভয়; আতঙ্ক; ঘৃণা; বিতৃষ্ণা (সাধা. যুক্তিহীন বা কোনো রোগের উপসর্গ হিসাবে)।
Phoe·bus [ফ়ীব্যাস্] *n* গ্রিক সূর্যদেবতা অ্যাপোলো।
phoe·nix [ফ়ীনিক্স] *n* পৌরাণিক পাখি—যে আরব্য মরুভূমিতে শত শত বৎসর বাঁচার পর চিতাগ্নিতে নিজেকে ধ্বংস করে সেই চিতাভস্ম থেকে পুনরায় বেঁচে ওঠে; (আল.) নবজন্মলাভকারী প্রাণী বা বস্তু।
phone[1] [ফৌন্] *n* (সংক্ষেপে ও কথ্য) টেলিফোন। '**~·booth** *n*. টেলিফোনের জন্য বিশেষ ক্ষুদ্র কক্ষ। '**~·call** *n* টেলিফোনে ডাকা। '**~-in** *n* রেডিও/ টেলিভিশনের সেই বিশেষ অনুষ্ঠান যে ক্ষেত্রে শ্রোতা-দর্শক টেলিফোনের মাধ্যমে অংশগ্রহণ করে। □*vt,vi* (কথ্য) ফোন করা।
phone[2] [ফ়ৌন্] *n* একক বাচন ধ্বনি (স্বরবর্ণ/ ব্যঞ্জনবর্ণ) (ভাষাতত্ত্বে)।
pho·neme [ফ়ৌনীম্] *n* [C] (ভাষাতত্ত্বে) কোনো ভাষার উচ্চারণের ধ্বনিরীতি: English has 24 consonant ~s, **pho·nemic** [ফ়া'নীমিক] *adj* প্রতিবর্ণীকৃত ভাষার জন্য ধ্বনির প্রতীকসংক্রান্ত। **pho·nem·ics** ভাষার ধ্বনিরীতিগত পাঠ ও বর্ণনা।
pho·netic [ফ়ানেটিক্] *adj* (ভাষাতত্ত্বে) ১ মানুষের বাচনধ্বনির সঙ্গে যুক্ত। ২ (প্রতিবর্ণীকরণের ক্ষেত্রে) প্রতিটি ধ্বনির ক্ষেত্রে প্রতীক নির্ধারণ; তদুপরি ভিন্ন ভিন্ন ক্ষেত্রে একই ধ্বনির ভিন্নতার জন্য অতিরিক্ত প্রতীক নির্ধারণ। ৩ (ভাষার ক্ষেত্রে) যে বানানপদ্ধতি শব্দের/ উচ্চারণের সঙ্গে সঙ্গতিপূর্ণ। **pho·net·ics** বাচনের ধ্বনিবিদ্যা। **pho·neti·cally** *adv*. **pho·neti·cian** *n* উচ্চারণধ্বনির বিশারদ।
pho·ney, phony [ফৌনি] *adj* (কথ্য) নকল; অসত্য: not interested in these ~ affairs.
pho·nic [ফ়নিক্] *adj* ধ্বনিসংক্রান্ত; উচ্চারণের ধ্বনিসংক্রান্ত। **~s** *n* পাঠশিক্ষণের মৌলিক ধ্বনিবিজ্ঞান।
pho·no·graph[1] [ফৌনাগ্রাফ় US -গ্র্যা ফ়্] *n* ধ্বনিনির্দেশক চিহ্ন বা বর্ণ; (US) রেকর্ড বাজানোর যন্ত্র; গ্রামোফোন।
pho·nol·ogy [ফ়ানলাজি] *n* [U] (ভাষাতত্ত্বে) ভাষার/বাচনের ধ্বনিবিজ্ঞান। **pho·no·logi·cal** *adj*
phos·gene [ফ়জ্‌জীন্] *n* [U] বর্ণহীন বিষাক্ত গ্যাস ($COCl_2$)।
phos·phate [ফ়স্‌ফ়েইট্] *n* আম্লিক লবণ বা ফসফরিক এ্যাসিড; (বিশেষত) কৃষিক্ষেত্রে ব্যবহৃত বিবিধ লবণমিশ্রিত রাসায়নিক সারবিশেষ।
phos·pho·res·cence [ফ়স্‌ফ়ারেসন্‌স্] *n* [U] অনুপ্রভা; মৃদু আলো; যে ধরনের আলোয় তাপের অনুভূতি নেই। **phos·pho·res·cent** *adj*

phos·phorus [ফ়স্‌ফ়ারাস্] *n* [U] অধাতব হলুদবর্ণ বিষাক্ত মোমজাতীয় পদার্থ (প্রতীক P)—যা সহজদাহ্য ও আলোক বিকিরণকর; লাল বিষাক্ত নয় এমন একই জাতীয় পদার্থ, যা দিয়াশলাই প্রস্তুতে ব্যবহার করা হয়। **phos·phoric/phos·phor·ous** *adj*

photo [ফ়ৌটো] *n* (*pl* -s) (কথ্য) ফটোগ্রাফ।

photo- [ফ়ৌটো] ফটোগ্রাফের সংক্ষিপ্ত রূপ। **ˈ~·copy** *n* কোনো কাগজ বা নথির ফটোগ্রাফিক পদ্ধতিতে নকল। □*vt* অনুরূপ পদ্ধতিতে নকল করা। **ˈ~-copier** *n* যে যন্ত্রের সাহায্যে উপরিউক্তভাবে নকল করা হয়। **ˌ~·eˈlectric** *adj* আলোকতাড়িত। **ˌ~·eˈlectricity** *n* আলোকতড়িৎ। **ˌ~ˈfinish** *n* আলোকচিত্র যন্ত্র দ্বারা প্রতিযোগিতার সূক্ষ্ম মীমাংসা করার পদ্ধতি। **ˌ~·ˈgenic** *adj* আলোকচিত্র গ্রহণের উপযোগী; আলোকচিত্রে সুন্দর ও সুদৃশ্য দেখায় এমন। **~lysis** *n* (রস.) আলো-বিকিরণের প্রভাবে পচন ও পৃথকীভবন। **~·metric** *adj* আলোকমিতিসংক্রান্ত। **~ metry** *n* আলোকমিতি। **~ offset** *n* আলোকচিত্র হতে মুদ্রণের পদ্ধতিবিশেষ। **ˌ~·ˈsensitize** *vt* কোনো কিছুকে আলোর অনুভব-গ্রাহ্য করে তোলা। **~sphere** *n* সূর্যের আলোকময় বহিরাবরণ।

photo·graph [ফ়ৌটগ্রাফ় US -গ্র্যা ফ়্] *n* [C] আলোকচিত্র। **~er** *n* আলোকচিত্রগ্রাহক। **photo·gra·phy** *n* আলোকচিত্রগ্রহণ প্রণালী; আলোকচিত্রগ্রহণ বিষয়ে বিবিধ পদ্ধতি/রীতি/কৌশল। **~ic** *adj* আলোক-চিত্রসম্বন্ধীয়। **photo·graphi·cally** *adv*

photo·graph[2] [ফ়ৌটগ্রাফ় US -গ্র্যা ফ়্] *vt,vi* ১ ফটো তোলা: take a ~ of the sky. ২ ফটো তোলার যোগ্য হওয়া: The meeting could be ~ed better.

photo·li·tho·gra·phy [ফ়ৌটৌলিথগ্রাফ়ি] *n* [U] পাথর বা জিঙ্কের প্লেটে আলোকচিত্রের সাহায্যে মুদ্রণের বিশেষ পদ্ধতি।

photo·meter [ফ়ৌˈটমিটা(র্)] *n* আলোর তীব্রতা বা ঘনত্ব পরিমাপের যন্ত্র বা পদ্ধতি।

photon [ফ়ৌটন্] *n* আলোকশক্তির পরিমাণের একক; আলোক-কণা।

photo·stat [ফ়ৌটস্ট্যাট] *n* আলোকচিত্রের সাহায্যে অবিকল নকল গ্রহণ করার যন্ত্র; উক্ত যন্ত্র দ্বারা গৃহীত প্রতিচিত্র/প্রতিলিপি। □*vt* উক্ত যন্ত্রের সাহায্যে প্রতিচিত্র গ্রহণ করা।

photo·syn·thesis [ফ়ৌটসিনথ়াসিস্] *n* [U] যে পদ্ধতিতে সবুজ উদ্ভিদ সূর্যালোকের সাহায্য নিয়ে খাদ্য প্রস্তুত করে; সালোকসংশ্লেষণ।

phrase[1] [ফ্রেইজ়্] *n* [C] ১ কয়েকটি শব্দের সমষ্টি (প্রায়শই এর মধ্যে সমাপিকা ক্রিয়া থাকে না) যা কোনো একটি বাক্যের অংশ, যেমন at home in, by and large. **ˈ~-book** উক্ত শব্দসমষ্টির তালিকা ও অর্থ দেওয়া থাকে এমন গ্রন্থ। ২ কোনো কিছু আকর্ষণীয় ও চটুল ভঙ্গিতে কথন। ৩ (সঙ্গীতের ক্ষেত্রে) বড়ো অনুচ্ছেদের অংশবিশেষ হিসাবে সংক্ষিপ্ত পৃথক অনুচ্ছেদ। **phrasal** *adj* বিশিষ্টার্থক শব্দসমষ্টির আকারে ব্যবহৃত।

phras·eol·ogy *n* ভাষাগত রচনাশৈলী বা রচনাবৈশিষ্ট্য। **phras·eol·ogi·cal** *adj.* **phras·ing** *n* ভাষণে বা রচনায় শব্দব্যবহারের প্রণালী।

phrase[2] [ফ্রেইজ়্] *vt* ভাষায় প্রকাশ করা: He ~ed his appeal very effectively.

phren·etic [ফ্রানেটিক্] *adj* প্রলাপ বকে এমন; অতিশয় উত্তেজিত; উন্মত্তের মতো। **phren·etic·ally** *adv*

phren·ol·ogy [ফ্রানলাজি] *n* [U] করোটির পরীক্ষা দ্বারা কোনো ব্যক্তির চরিত্র ও বিবিধ গুণাবলী নির্ণয়। **phren·ol·ogist** *n* যিনি এমন পরীক্ষাকরণে সমর্থ/দক্ষ।

phthi·sis [থ়াইসিস্] *n* যক্ষ্মারোগ।

phut [ফাট্] *adv* **go ~** (সাহিত্য., লাক্ষ.) (কথ্য) ভেঙে পড়া; দুর্দশাগ্রস্ত হওয়া; বিনষ্ট হওয়া: All my summer wishes have gone ~.

phylum [ˈফ়াইলাম্] *n* (জীববিদ্যা) প্রাণীবর্গ বা উদ্ভিদবর্গের প্রধান বিভাগ।

physic [ফ়িজ়িক্] *n* ১ (প্রা. প্র.) ঔষধ। ২ (*pl*) পদার্থবিজ্ঞান। **~ garden** ভেষজ উৎপাদনের উদ্যান।

physi·cal [ফ়িজ়িকল্] *adj* ১ বাস্তব (নৈতিক বা আধ্যাত্মিক শব্দের বিপরীত অর্থে): ~ aspect of existence. ২ শারীরিক; শারীর সম্বন্ধীয়: ~ exercise. ৩ প্রাকৃতিক নিয়মসংক্রান্ত: meeting two classes at once is a ~ impossibility. ৪ প্রাকৃতিক বৈশিষ্ট্যপূর্ণ: ~ geography. **~ly** *adv.* **~ instructor** শরীরচর্চা-শিক্ষক।

phys·ici·an [ফ়িজ়িশ্‌ন্] *n* চিকিৎসক; ডাক্তার।

physi·cist [ফ়িজ়িসিস্ট্] *n* পদার্থবিজ্ঞানের ছাত্র/শিক্ষক; পদার্থবিদ; প্রকৃতিবিজ্ঞানী।

phys·ics [ফ়িজ়িক্‌স্] *n* বস্তু এবং শক্তিসম্পর্কিত বিজ্ঞান; পদার্থবিদ্যা।

physi·og·nomy [ˌফ়িজ়িˈঅনামি US -অগনৌমি] *n* (*pl* -mies) [C, U] মুখাবয়ব দেখে চারিত্রিক গুণাবলী নির্দেশপদ্ধতি; কোনো দেশের সাধারণ বৈশিষ্ট্য।

physi·ol·ogy [ˌফ়িজ়িˈঅলাজি] *n* [U] প্রাণী ও উদ্ভিদবর্গের জীবনধারা সংক্রান্ত বিজ্ঞান; শারীরবৃত্ত। **physi·ol·ogist** *n* শারীরবৃত্তবিদ; উক্ত বিজ্ঞানে পারদর্শী; উক্ত বিজ্ঞানের ছাত্র। **physio·logi·cal** *adj*

physio·ther·apy [ˌফ়িজ়িআওˈথ়েরাপি] *n* [U] ব্যায়াম; অঙ্গসংবাহন ও তাপ/বিদ্যুৎ প্রয়োগপদ্ধতিতে রোগচিকিৎসা। **physio·thera·pist** *n* এই পদ্ধতির চিকিৎসক।

phy·sique [ফ়িˈজ়ীক্] *n* [U, C] দৈহিক গঠন ও বৃদ্ধি: A good ~ is the basis of good health.

pi [পাই] *n* গ্রিক অক্ষর P (π); অঙ্কশাস্ত্রের একটি প্রতীক।

pi·ano[1] [ˈপিঅ্যা:নৌ] *adv,adj* (সঙ্গীতের ক্ষেত্রে) কোমল। **pianis·simo** *adv,adj* অতি কোমল।

pi·ano[2] [পিˈয়্যানৌ] *n* (*pl* ~s) সঙ্গীতের যন্ত্র, যা ধাতব তারের সঙ্গে বাঁধা ক্ষুদ্রাকৃতি হাতুড়ির আঘাতে বাজানো হয়। **cottage ~** ছোট খাড়াই আকারের পিয়ানো। **grand ~** যে পিয়ানোতে অনুভূমিক তার যুক্ত থাকে। **upright ~** যে পিয়ানোতে খাড়াই তার যুক্ত থাকে। **pia·nist** *n* পিয়ানোবাদক। **piano·forte** *n* পিয়ানোর আনুষ্ঠানিক ও পূর্ণ নাম। **pia·nola** *n* যান্ত্রিক পদ্ধতিতে পরিচালিত পিয়ানো।

pi·astre (US = **piaster**) [পিˈয়্যাসট া(র্)] *n* মধ্যপ্রাচ্যের কয়েকটি দেশের মুদ্রার একক।

pi·azza [পিˈয়্যাট্‌সা] ১ (বিশেষত ইতালীয় শহরে) গণচত্বর বা বাজারের এলাকা; চক। ২ (US) বারান্দা।

pica [ˈপাইকা] *n* ছাপার অক্ষরের এক ধরনের বিশেষ টাইপ। **small ~** *n* একই ধরনের দেখতে কিন্তু অপেক্ষাকৃত ছোট টাইপ।

pic·a·dor [ˈপিকাডও°(র্)] *n* ষাঁড়ের সঙ্গে লড়াই-এ বল্লমধারী অশ্বারোহী যোদ্ধা।

pic·ar·esque [ˌপিকাˈরেস্ক্] *adj* (উপন্যাসের রীতি) ভবঘুরে ও দুষ্ট চরিত্রদের অভিযান বিষয়ে লিখিত।

pic·ca·lilli [ˌপিকাˈলিলি] *n* [U] শর্ষে ও ভিনেগার দেওয়া এক ধরনের ঝাল নিরামিষ খাবার।

pic·ca·ninny [ˌপিকাˈনিনি US পিকানিন্] *n* (*pl* -nies) (প্রা. প্র.) (বিশেষত নিগ্রো) শিশু।

pic·colo [ˈপিকালৌ] *n* (*pl* ~s-লৌজ) ছোট বাঁশি যেগুলিতে অন্য সাধারণ বাঁশির চেয়ে আটমাত্রার বেশি সুর সংযোজন সম্ভবপর।

pice [পাইস্] *n* উপমহাদেশীয় মুদ্রার একক; টাকার একশো ভাগের একভাগ; পয়সা।

pick[1] [পিক্] *n* কুড়ানো; নির্বাচন। **the ~ of** ব্যক্তি বা বিষয়ের সর্বোত্তম সংগ্রহ।

pick[2] [পিক্] *n* ১ ˈ**~(-axe)** দুইপাশে তীক্ষ্ণাগ্র এক ধরনের ভারী কুড়াল; ছোট অথচ তীক্ষ্ণাগ্র বস্তু: a tooth ~.

pick[3] [পিক্] *vt,vi* ১ তুলে ফেলা; ছিঁড়ে নেওয়া; সরিয়ে দেওয়া: ~ flowers, ফুল সংগ্রহ করা; ~ tea leaves; ~ a dirt from one's shirt; ~ one's nose, নাকে জমে থাকা ময়লা পরিষ্কার করা। **~ sb's brains** কারও নিকট থেকে তথ্য বা উপদেশ গ্রহণ করা। ˈ**~·pocket** পকেট মারা; পকেট থেকে চুরি করা। □*n* পকেটমার। **~ and steal** ছিঁচকে চুরি করা। ২ ছিঁড়ে ফেলা; বিচ্ছিন্ন করা; পরিচ্ছন্ন করার জন্য কোনো তীক্ষ্ণাগ্র বস্তু ব্যবহার করা। ~ **rags** ছোট ছোট খণ্ডে ছিঁড়ে ফেলা। **~ one's tooth** দাঁতের ফাঁকের ময়লা পরিষ্কার করা। **~ a lock** চাবি হারিয়ে গেলে বা না পাওয়া গেলে তার বা তীক্ষ্ণাগ্র কোনো লৌহশলাকার সাহায্যে তালা খোলা। **~ a bone** হাড় থেকে সবটুকু মাংস সংগ্রহ করা। **have a ˈbone to ~ with sb,** দ্র. bone (১). ৩ বাছাই করা; নির্বাচন করা। **~ only the good ones, ~ one's words, ~ one's way along a muddy road** কারও বক্তব্যের সেই অংশটুকু নির্বাচন করা যাতে আপত্তিকর কিছু থাকে না আবার বক্তব্যের মূলকথা বোঝা যায়। **~ sides** কোনো খেলায় বা প্রতিযোগিতায় দুইদল গড়ার জন্য প্রতিযোগী বা খেলোয়াড় নির্বাচন। **~ the winning horse/winner** ঘোড়দৌড় প্রতিযোগিতার পূর্বেই বিজয়ী ঘোড়া সম্বন্ধে ভবিষ্যদ্বাণী করা। **~ a quarrel with sb** কারও সঙ্গে ইচ্ছাকৃতভাবে ঝগড়া করা। ৪ ছিদ্রান্বেষণ করা। **~ a holes in sth, ~ holes in sb's comments** কারও বক্তব্য বা যুক্তির খুঁত বের করা। ৫ (পাখিদের ক্ষেত্রে) ঠোঁটে করে খাবার নিয়ে যাওয়া; (ব্যক্তির ক্ষেত্রে) যৎসামান্য পরিমাণ খাদ্যবস্তু ধীরে ধীরে খাওয়া। **~ at** ক্ষুধা নেই; অনিচ্ছায় খাদ্যগ্রহণ করা: Reba only ~ed at her food. ৬ (US) কোনো বাদ্যযন্ত্রের তার ছিঁড়ে ফেলা। ৭ (*adv part* এবং *prep* -সহ বিশেষ প্রয়োগ) **~ at sb** (কথ্য) দোষ ধরা; খুঁত ধরা: He is always ~ing at the poor servant. **~ sth off** তুলে নেওয়া: ~ those unwanted sheets of paper off the table. **~ sb off** ইচ্ছাকৃতভাবে গুলি ছোঁড়া। **~ on sb** বিশেষত অপ্রিয় কাজের জন্য কাউকে আলাদাভাবে বাছাই করা। (ক) বাছাই করা। (খ) সংশ্লিষ্ট বিষয় বা ব্যক্তিদের মধ্যে পার্থক্য নির্ণয়: It's difficult to ~ the right person amongst the committee members. **~ sth out** (ক) বুঝতে পারা; দেখতে পাওয়া: Read and read you may then ~ out the essential logic of the argument. (খ) কানের সাহায্যে পিয়ানোতে সুর তোলা। (গ) অন্যান্য রঙের ব্যবহার দ্বারা পটের মূল রঙের সঙ্গে সাদৃশ্য বা তুলনা আনয়ন করা: The white has ~ed out the dark green. **~ sth over** পরীক্ষাসহযোগে নির্বাচন: ~ over a basket of mangoes (পচা ও খারাপগুলি দেওয়ার অর্থে)। **~ sth up** (ক) কুড়াল দিয়ে ভেঙে ফেলা। (খ) কোনো কিছু মুঠা করে নিয়ে উপরে তুলে ছুঁড়ে ফেলা: ~ up some chinaware. (গ) লাভ করা; অর্জন করা: ~ up a classical language; ~ up some money by assisting sb; ~ up some bargain from winter sales. Move around and you can ~ up some information. (ঘ) কোনো কিছু দেখতে বা শুনতে সমর্থ হওয়া (কোনো যন্ত্রের সহযোগে): The enemies ~ up our new installations through reconnaissance planes. (ঙ) পুনরায় অর্জন করা; পূর্বাবস্থায় ফিরে যাওয়া: You can ~ up your position by required attention and perseverance. **~ sb up** (ক) কোনো রকম গুরুত্ব না দিয়ে কারও সঙ্গে পরিচিত হওয়া: She ~ed the fellow on the street. (খ) কোনো ব্যক্তিকে সঙ্গে নিয়ে নেওয়া বা সন্ধান পেয়ে আটক করা: On way to Chittagong he ~ed up the girl in his car. The absconding boy was ~ed up by police at the airport. **~ oneself up** পড়ে যাবার পর দ্রুত উঠে পড়া: He fell down, but very quickly ~ed himself up. **~ up (health)** স্বাস্থ্য পুনরুদ্ধার করা: The patient is gradually ~ing up his health. **~ up speed** গতিমাত্রা অর্জন করা/বাড়ানো। ˈ**~ up with sb** অভিজ্ঞতা অর্জন করা: Where did you ~ up such a mentally dwarfed person from? ˈ**~-up** *n* (*pl.* **~-ups**) (ক) গ্রামোফোনযন্ত্রের সেই অংশটি, যার সঙ্গে স্টাইলাস যুক্ত থাকে। (খ) ছোট আকারের মালবাহী গাড়ি, যা ছিমছাম ও যাতে চালক অথবা যাত্রীও কিছুটা আরামে ভ্রমণ করতে পারে। (গ) আকস্মিকভাবে পরিচিত হওয়া কোনো ব্যক্তি। (ঘ) গতির দ্রুততা: a car with a good ~-up. **~ me up** *n* কোনো বস্তু, যেমন—পানীয়, যা শক্তি যোগায়, মনকে চাঙ্গা করে। **~ery** *n* ছিঁচকে চুরি। **~-lock** *n* তালা খোলার যন্ত্রবিশেষ। **~-purse** *n* যে ব্যক্তি পরের মানিব্যাগ বা তা থেকে টাকা চুরি করে। **~** *adj* (অশিষ্ট) অত্যন্ত খুঁতখুঁতে।

picka·back [ˈপিকাব্যাক্] *adv* পিঠে যেভাবে বোঝার মতো করে শিশু বহন করা হয়।

picker [ˈপিকা(র্)] *n* কুড়ানি, যেমন—পাতাকুড়ানি, কাগজকুড়ানি।

pick·erel [ˈপিকারাল্] *n* (*pl* অপরিবর্তিত) ছোট বানমাছ।

picket[1] [ˈপিকিট্] *n* ১ মাটিতে পোঁতা (সাধা. সীমানা নির্ধারণের জন্য) সূচ্যগ্র খুঁটা বা গোঁজ। ২ পুলিশ বা ব্যক্তির ছোট দল যারা কারও সন্ধানে বিশেষ কর্তব্যে নিয়োজিত। ৩ শ্রমিক বা অন্যান্য ব্যক্তির দল যারা হরতাল বা ধর্মঘটের সময়ে রাস্তায় যানবাহন চলাচলে বাধা দেয় বা কারখানার গেটে অন্যদের প্রবেশ ব্যাহত করে। **flying ~** শ্রমিকের দল যারা পিকেট এলাকায় কাজ করে না।

picket[2] [পিকিট্] *vt,vi* ১ ঘোড়াকে খুঁটার সঙ্গে বাঁধা। ২ পিকেটিং করা; কোনো স্টেশনে বা কোনো স্থানে দলবদ্ধ হয়ে স্বাভাবিক কাজকর্ম ব্যাহত করে দাবি জানানো; কোনো কারখানায় অনুরূপ কারণে সমবেত হওয়া; এ ধরনের সমাবেশে অংশগ্রহণ করা।

pick·ing [ˈপিকিঙ্] *n* ১ [U] কুড়ানো; সংগ্রহ। **~ and stealing** সস্তা জিনিস চুরি। ২ (*pl*) পরিত্যক্ত বস্তু যা থেকে লাভ করা যায়; এ ধরনের লাভ; সামান্য জিনিস চুরি থেকে লাভ।

pickle [ˈপিক্ল্] *n* ১ [U] লবণাক্ত জল, ভিনেগার প্রভৃতি যার দ্বারা মাংস বা সবজির পচনশীলতা রোধ করা যায়। **have a rod in ~ for sb,** দ্র. rod. ২ (সাধা. *pl*) আচার: mango ~s. ৩. **in a sad/sorry/nice ~** দুঃখে/কষ্টে/খুশিতে। □*vt* ১ লবণাক্ত জল বা ভিনেগারে ভিজিয়ে রাখা।

pic·nic [ˈপিক্নিক্] *n* ১ বনভোজন; চড়ুইভাতি। **~ hamter** যে আধারে খাদ্য বা তৈজসপত্র বহন করা হয়। ২ (কথ্য) সহজ বা আনন্দদায়ক কোনো কিছু: It's not a ~. □*vt* বনভোজনের আয়োজন করা বা অংশগ্রহণ করা। **pic·nick·ing** *pres p.* **pic·nicker** *n* বনভোজনে অংশগ্রহণকারী।

pic·ric [ˈপিক্রিক্] *adj* **~ acid** রঞ্জনকার্যে, বিস্ফোরক দ্রব্য ও এন্টিসেপটিক সামগ্রীতে ব্যবহৃত তিক্ত ও পীতবর্ণ অ্যাসিড।

picto·graph [ˈপিকটগ্রাফ্] *n* চিত্র দ্বারা লিখনপদ্ধতিতে বর্ণের বিকল্প হিসাবে ব্যবহৃত চিত্র। **picto·graphic** *adj.* **picto·graphy** *n*

pic·to·rial [পিকˈটোরিঅল্] *adj* চিত্রে বিধৃত বা প্রকাশিত: a ~ geography.

pic·ture [ˈপিকচ(র্)] *n*১ শিল্পকর্ম, ড্রইং বা স্কেচ। **ˈ~-book** যে গ্রন্থে ছবির প্রাধান্য থাকে। **ˈ~-card** ছবিসহ কার্ড, ছবিওয়ালা তাস। **ˈ~-gallery** শিল্পকলার প্রদর্শনীকক্ষ। **ˈ~ hat** মেয়েদের চওড়া কোনাওয়ালা টুপি। ২ সুন্দর দৃশ্য, বস্তু, ব্যক্তি প্রভৃতি। ৩ সুস্বাস্থ্যের প্রতিরূপ: ~ of health, নিটোল স্বাস্থ্যের অধিকারী ব্যক্তি। ৪ (লাক্ষ.) বিবরণ বা বর্ণনা এমন নিখুঁত যা থেকে কোনো বিষয়ের পূর্ণাঙ্গ চিত্র পাওয়া যায়। **in the ~** সঠিক বা নির্ভুলভাবে অবগত/বিধৃত। ৫ ছায়াছবি: I do not love going to the ~s. ৬ টিভি পর্দার ছবি: This set brings in ~ distortions. **~ tube** যে আলোকনল টেলিভিশনের পর্দায় ছবি সৃষ্টি করে। □*vt* ১ স্বরূপে চিনতে পারা; আঁকা: I have ~ed him well in advance. ২ কল্পনা করা: He has ~ed to himself how he would live on the sea.

pic·tur·esque [ˌপিকচাˈরেস্ক্] *adj* ১ চিত্রবৎ; ছবির মতো। ২ চিত্রবৎ স্পষ্ট; দৃশ্যমান; চিত্রাঙ্কনতুল্য: ~ language. ৩ (ব্যক্তির ক্ষেত্রে) বৈশিষ্ট্যপূর্ণ; মৌলিক। **~·ly** *adv.* **~·ness** *n*

pid·dling [ˈপিড্লিঙ্] *adj* লঘু; সাধারণ; নগণ্য।

pidgin [ˈপিজিন্] *n* ১ আফ্রিকা বা দূরপ্রাচ্যে বাণিজ্য ও উপনিবেশ বিস্তারের সূত্রে ওই অঞ্চলের ভাষা/ভাষাসমূহের সঙ্গে ইংরেজি/ফরাসি/ডাচ ভাষার সংমিশ্রণে সৃষ্ট শব্দাবলী, যা অদ্যাবধি ব্যবহৃত হয়। ২ চৈনিকমিশ্রিত অশুদ্ধ ভাষা। ৩ অনুরূপ মিশ্রিত কোনো অশুদ্ধ ভাষা। ৪ কাজ বা বিষয়: one's ~; (কথ্য) It's not my ~.

pie [পাই] *n* [C, U] মাংস, ফল প্রভৃতির পুর দেওয়া বড়া বা পিঠাবিশেষ: a meat ~; a beef ~, **as easy as pie** (অশিষ্ট) অতি সহজ। **have a finger in every pie** গায়ে পড়ে সকল বিষয়ে নাক গলানো (অফিসি চালচলনে)। **pie in the sky** পরলোকে কল্পিত সুখ। **ˈpie-crust** পাই-এর সেঁকা পেস্ট্রি। **promises are like pie-crust** যে প্রতিশ্রুতি রক্ষিত হয় না। **pie-eyed** পানোন্মত্ত; মাতাল। **ˈpie-man** পাইবিক্রেতা।

pie·bald [ˈপাইবোল্ড্] *adj* (ঘোড়ার ক্ষেত্রে) অনিয়মিত আকারের সাদা ও কালো দাগযুক্ত।

piece[1] [পীস্] *n* ১ খণ্ড; অংশভাগ; টুকরা; ফালি: a ~ of bread/wood/iron; The bottle has broken into ~s, ভেঙে টুকরা টুকরা হয়ে গেছে। **come/take (sth) to ~** কোনো কিছুকে এমনভাবে বিভক্ত করা যা দিয়ে জোড়া লাগালে পুনরায় পূর্ণাঙ্গ বস্তুটি তৈরি করা যাবে। **go all to ~s** (ব্যক্তির ক্ষেত্রে) (কথ্য) শারীরিক/মানসিকভাবে বিধ্বস্ত। **a ~ of cake** (অশিষ্ট) খুব সহজ কোনো কিছু। **~ by ~** প্রতিবারে একটি করে। **of a ~ with sth** (আল.) একই চরিত্রের; সমানুপাতিক; সংহতিজ্ঞাপক। ২ পৃথক অবস্থা বা উদাহরণ: a ~ of news/ fortune/ information/ hardware. **give sb a ~ of one's mind** নিজের অভিমত/ধারণা স্পষ্টভাবে অন্যের কাছে প্রকাশ করে দেওয়া। **say one's ~** বক্তব্য বিষয় প্রকাশ করা। ৩ সাধারণ পরিমাপক মান যেভাবে বিভিন্ন বস্তু বিক্রয়/বিতরণের জন্য প্রাপ্তব্য: ~ of foolscap sheet. **ˈ~-goods** *n* (*pl*) সাধারণত বস্ত্র/পরিধেয় যেগুলি স্বীকৃত সাধারণ মানে বাজারজাত হয়। **ˈcut-~** কাটাকাপড়। ৪ একক সৃষ্টি (শিল্প, সঙ্গীতের ক্ষেত্রে): a ~ of fine work; a ~ of poetry; dance ~s. ৫ কোনো একটি সেটের অন্তর্ভুক্ত অনেকগুলি বস্তুর একটি: a teaset of 48 ~s. ৬ খুচরা পয়সা: a 10 cent ~ (demi), পুরাকালের স্প্যানিশ মুদ্রার একক। ৭ বন্দুক: a fixed ~; a fowling ~. ৮ কোনো কাজের পূর্বনির্ধারিত অংশ: This ~ of work is to be completed by June. **ˈ~-work**, দ্র. time[1] (১৩). ৯ (একত্রে) (ক) কোনো বাদ্যযন্ত্রের বাজনদার: a twelve ~ pop group. (খ) অনেকগুলি বস্তুর সংগ্রহ: a 96-~ dinner service; all to ~, সম্পূর্ণভাবে ছিন্নভিন্ন হয়ে যাওয়া; pull to ~s, সবলে অংশসমূহ বিচ্ছিন্ন করা; (আল.) কঠোরভাবে নিন্দা করা/খুঁত ধরা।

piece[2] [পীস্] *vt* **~ (together)** বিভিন্ন অংশ একসঙ্গে যুক্ত করা: ~ together the things lying fallen; ~ one thing to another, একটির সঙ্গে আর একটি যুক্ত করা। **~ sth out** বিভিন্ন অংশ জুড়ে কোনো কাহিনী বা তত্ত্ব সৃষ্টি করা।

pièce de résistance [পিআস্ দা রেজিস্'টা:স্] *n* (ফ.) (*pl* pièces de résistance) ১ সবচেয়ে উল্লেখযোগ্য ও মহৎ বিষয় (সৃজনশীল কাজের ক্ষেত্রে) ঃ *Three Women* is Quamrool's ~. ২ ভোজনসভায় পদসমূহের মধ্যে সর্বোৎকৃষ্ট বস্তু।

piece·meal [পীস্মীল্] *adv* খণ্ড খণ্ডভাবে; টুকরা টুকরা অবস্থায়: work done ~.

pied [পাইএড্] *adj* বিভিন্ন বর্ণযুক্ত; চিত্রবিচিত্র।

pied-à-terre [ˌপিআড আ:টেআ(র্)] *n* (ফ.) অতিরিক্ত ঘর বা বাড়ি, যা কোনো ব্যক্তি প্রয়োজনের সময় ব্যবহারের জন্য রেখে দেন।

pier [পিআ(র্)] *n* ১ কাঠ, ইস্পাত, সিমেন্ট ইত্যাদির তৈরি এমন লম্বা কাঠামো যা নদী/সমুদ্রে অবতরণের জন্য ব্যবহৃত হয়—ভ্রমণের আনন্দ বা বিলাসী সময় কাটানোর জন্য অনেক তাঁবু বা ভোজনশালার সঙ্গেও এরূপ কাঠামো যুক্ত থাকে। ২ সেতুর ভারবাহী স্তম্ভ। ৩ জানালা ও অন্য উন্মুক্ত স্থানের সংযোগকারী দেয়াল। **ˈ~-glass** *n* বৃহৎ লম্বা আয়না যাতে সম্পূর্ণ দেহ প্রতিবিম্বিত হয়।

pierce [পিআ(র্)স] *vt;vi* ১ (কোনো সূচ্যগ্র বস্তুর সাহায্যে) বিদ্ধ করা বা ভেদ করা; এভাবে ছিদ্র করা: The sword ~d his flesh; piercing the ear for wearing rings. ২ সবলে প্রবেশ করা/ভেদ করা: The torch ~d through the darkness around. Her cries ~d into the silence. ৩ জোর করে পথ করে নেওয়া; তীক্ষ্ণভাবে ভেদ করা: people ~d through the police barricade. **pierc·ing** *adj.* **pierc·ing·ly** *adv*

pier·rot [ˈপিআরৌ] (ফ.) *n* ১ ফরাসি নির্বাক অভিনয়ের চরিত্র। ২ (বিশেষত সমুদ্রনিবাসে) ঢিলেঢালা পোশাক ও মুখে সাদা রং মাখা কৌতুকাভিনেতা দলের সদস্য।

pietà [ˌপীএ ˈটা:] *n* মৃত যিশুকোলে কুমারী মেরির মূর্তি। **pietas** পূর্বপুরুষদিগের প্রতি শ্রদ্ধা।

piety [পাইএটি] *n* [U] ধার্মিকতা; ভক্তি; ধর্মানুরাগ: P~ is a rare virtue these days. **filial ~** পিতামাতার প্রতি সন্তানের প্রার্থিত ভক্তিপূর্ণ আচরণ। **pietism** *n* ধার্মিকতা; এ ধরনের আচরণের মাত্রাতিরিক্ত প্রকাশ। **pietist** *n*

piffle [ˈপিফ্‌ল্] *n* [U] (কথ্য) বাজে কথা; অর্থহীন বকবকানি। □*vi* বকবক করা। **pif·fling** *adj* তুচ্ছ; অর্থহীন।

pig[1] [পিগ্] *n* ১ [C] শূকর; শূকরী; শূকরছানা; [U] শূকরের মাংস (বিশেষত ঝলসানো অবস্থায়। দ্র. bacon; ham; pork) **bring one's pigs to the wrong market** কোনো প্রচেষ্টায় সফল না হওয়া (কোনো বস্তু বিক্রয়ের ক্ষেত্রে)। **buy a pig in a poke** না দেখে না বুঝে কোনো বস্তু অধিক দামে ক্রয় করা। **pigs might fly** (অবিশ্বাস করার ইঙ্গিত দিয়ে) বিস্ময়কর ব্যাপারও ঘটতে পারে। **make a pig of oneself** অত্যধিক আহার ও পান করা। ˈ**pig·boat** *n* (US) (অশিষ্ট) সাবমেরিন। ˌ**pig-ˈheaded** *adj* একগুঁয়ে। ˌ**pig-ˈheadedly** *adv.* ˌ**pig-ˈheadedness** *n.* ˈ**pig-skin** *n* [U] শূকরের চামড়া থেকে তৈরি লেদার জিন (অশিষ্ট)। ˈ**pig-sticking** *n* [U] বর্শার সাহায্যে বন্যবরাহ শিকার। ˈ**pig·sty** *n* (ক) শূকর থাকার জন্য ছোট বাড়ি; (খ) নোংরা জঘন্য আবাস। ˈ**pig·tail** *n* কাঁধ ও ঘাড় বেয়ে ঝুলে পড়া চুলের বেণী; দড়ির মতো পাকানো তামাক; শূকরের লেজ। ˈ**pig·wash**, ˈ**pig·swill** *nn* রান্নাঘর বা মদ্যউৎপাদন কেন্দ্র থেকে উচ্ছিষ্ট খাবার, যা শূকরের খাদ্য হিসাবে ব্যবহৃত হয়। ২ (কথ্য) নোংরা, লোভী অথবা বদমেজাজি ব্যক্তি। ৩ ˈ**pig-iron** *n* [U] ঢালাই না-করা লৌহপিণ্ড। ˈ**pig·gish** শূকরতুল্য; নোংরা; লোভী। **pig·gish·ly** *adv.* **pig·gish·ness** *n.* **pig·gery** শূকরপালনের স্থান। **piggy** *adj* (কথ্য) লোভী। □*n* বাচ্চা শূকর। ˈ**piggyback** (US) = pickaback. **piggy bank** *n* (শূকরছানার আকৃতির) শিশুদের পয়সা জমানোর কৌটা।

pig[2] [পিগ্] *vi* নোংরাভাবে বাস করা; নোংরা জায়গায় বেশ কয়েকজন একত্রে বাস করা: ~ it; ~ together.

pigeon [ˈপিজিন্] *n* ১ ঘুঘু গোত্রীয় পাখি: carrier ~; homing ~, এ ধরনের যেসব পাখি বার্তা আদানপ্রদান অথবা ক্রীড়াপ্রতিযোগিতায় অংশগ্রহণ করে থাকে। ˈ**~-breasted** (ব্যক্তি) সরু বুকে বক্ষাস্থি উঁচু হয়ে উঠেছে এমন। ˈ**~-hole** (ক) *n* পায়রার খোপ; কাগজপত্র বা চিঠি আলাদাভাবে নির্দিষ্ট করে রাখবার খোপ; মনের বা স্মৃতির কক্ষ। (খ) *vt* পায়রা বা কাগজপত্র রাখার জন্য অনুরূপ খোপ তৈরি করা; অনুরূপ খোপে কিছু রাখা; উক্ত খোপে কিছু রাখতে ভুলে যাওয়া; কোনো কাজ স্থগিত রাখা: The plan was ~holed. **~ house** পায়রা রাখার বাক্স বা বাসা। ˈ**~-toed** *adj* (ব্যক্তি) পায়রার মতো ভিতরের দিকে বাঁকানো পায়ের বৃদ্ধাঙ্গুলি যে ব্যক্তির। ২ **clay ~** শুটিং এর চিহ্ন হিসাবে শূন্যে ডিস্ক ছুড়ে দেবার রীতি। ৩ একেবারে সাদাসিধা ব্যক্তি যাকে সহজেই ঠকানো যায়। ৪ (ˈ**stool-**) **~**, দ্র. stool. ৫ ˈ**one's ~** কারো অশুদ্ধ ভাষা।

pig-iron [ˈপিগ্‌আয়অন্] *n* দ্র. pog.

pig·let [ˈপিগ্‌লিট্] *n* বাচ্চা শূকর।

pig·ment [ˈপিগ্‌মন্ট্] *n* ১ [U] রঞ্জক পদার্থ; [C] রঞ্জনকার্যে ব্যবহৃত কোনো বিশেষ পদার্থ। ২ [U] উদ্ভিদ ও প্রাণীর তন্তু ও চুল রঞ্জনের জন্য প্রাকৃতিক রঞ্জক পদার্থ। **pig·men·tation** *n* জীবদেহের কোষসমূহের স্বাভাবিক রঞ্জন।

pigmy [পিগ্‌মি] *n* (*pl* -mies) ১ ইকুয়েটোরিয়াল আফ্রিকার বামন জনগোষ্ঠীর সদস্য। ২ খুব খাটো মানুষ; বামন। ৩ (attrib) খুব ছোট।

pike[1] [পাইক্] *n* বর্শা; (পুরাকালে) সৈন্যদের ব্যবহৃত এমন ধরনের অস্ত্র। **as plain as a ~ staff** খুব সাদাসিধা; সহজে বোঝা যায় বা দেখা যায় এমন। ˈ**~·man** বর্শাধারী ব্যক্তি। ˈ**~·staff** বর্শার তীক্ষ্ণ প্রান্তভাগ।

pike[2] [পাইক্] *n* (*pl* অপরিবর্তিত) বড়ো আকারের তেজি মিষ্টিজলের মাছ; বানমাছ; অনুরূপ যে কোনো মাছ।

pike[3] [পাইক্] *n* শুল্ক আদায়ের জন্য প্রহরী দ্বারা রক্ষিত পথিমধ্যস্থ দ্বার: a turn ~.

pi·laf(f) [পিˈল্যাফ্ US -লাফ্] *n* [U] প্রাচ্যদেশীয় এক ধরনের খাবার; মাংসসহ ঘিযুক্ত ভাত; পোলাও।

pi·laster [পিˈল্যাস্টা] *n* প্রাচীরগাত্র থেকে আলম্বিত কারুকার্যসমেত চতুষ্কোণ স্তম্ভ।

pi·lau [পিˈলাউ] *n* = pilaf(f).

pil·chard [ˈপিল্‌চাড্] *n* হেরিং সদৃশ সামুদ্রিক মৎস্যবিশেষ।

pile[1] [পাইল্] *n* [C] কাঠ, ইস্পাত বা কংক্রিটনির্মিত ভারী স্তম্ভোপম বস্তু, যা দিয়ে ভবনের মাটির নীচের ভিত বা সেতুর ভারবাহী স্তম্ভ নির্মাণ করা হয়। ˈ**~-driver** যে যন্ত্রের সাহায্যে মাটির নীচে পাইল পোঁতা হয়। ˈ**~-dwelling** (অপিচ lake-dwelling) এ ধরনের পাইলের উপর নির্মিত বাড়ি (সাধা. হ্রদের ধারে অবস্থিত) □*vt*

pile[2] [পাইল্] *n* ১ একটির উপর আর একটি রাখা অনেক বস্তুর সমাহার: a ~ of files. ২ **funeral ~** কাঠের স্তূপ, যা দিয়ে শবদাহ করার জন্য চিতা সাজানো হয়। ৩ (কথ্য) অঢেল টাকা: make a ~ of money. ৪ বৃহৎ উঁচু বাড়ি বা অনেকগুলি অনুরূপ বাড়ি। ৫ বৈদ্যুতিক শক্তি উৎপাদনের জন্য ড্রাই ব্যাটারি।

pile[3] [পাইল্] *vt,vi* ১ পাইল প্রস্তুত করা; পাইলের মতো স্তূপাকার করা: ~ up dust; ~ up books on the table; ~ arms, (সাধা.) চারটি রাইফেল একক করে মাটিতে এমনভাবে রাখা যাতে তাদের অগ্রভাগ পরস্পরকে স্পর্শ করে। **~ it on** (কথ্য) ফেনিয়ে তোলা; একই কথা বার বার বলা। **~ on the agony** (কথ্য) কোনো বেদনাদায়ক ঘটনার অতিরিক্ত ভারাক্রান্ত বর্ণনা। ২ **~ up** (ক) জড়ো করা; duties are being ~d up. (খ) অনেকগুলি গাড়ি একত্রে একই জায়াগায় দুর্ঘটনায় পতিত হওয়া। ৩ **~ into/out of sth** অত্যন্ত বিশৃঙ্খল অবস্থার মধ্যে প্রবেশ করা; অনুরূপ অবস্থায় ফেলে যাওয়া: Students ~ up into the auditorium.

pile[4] [পাইল্] *n* [U] ভেলভেটের কোমল আস্তরণ; এক ধরনের গালিচা। **piliferous** [পাইলিফ়ারাস্] রোমবহ।

piles [পাইল্‌জ্] *n* [U] অর্শ।

pil·fer [ˈপিল্ফা] *vt,vi* (বিশেষত নগণ্য পরিমাণে) চুরি করা: ~ed from the bookracks. **~er** *n*. **~·age** *n* অনুরূপ চুরি: loss by ~ing.

pil·grim [ˈপিল্গ্রিম্] *n* তীর্থযাত্রী: ~s to Canterbury; ~s to the Himalayas; Ajmeer ~s. **the P~ fathers** যে সকল পিউরিটান ১৬২০ খ্রি. ইংল্যান্ড থেকে আমেরিকার প্লিমুথে গিয়ে উপনিবেশ স্থাপন করেছিলেন। **~·age** *n* তীর্থযাত্রা।

pill [পিল্] *n* ১ ঔষধের বড়ি বা বটিকা। **a bitter ~ to swallow** কষ্টকর কাজ করতে বাধ্য হওয়া। **sugar/sweeten the ~** কোনো অপ্রীতিকর কাজকে কিছুটা প্রীতিকর করে তোলা। ˈ**~·box** *n* (ক) বড়ি রাখার ছোট বাক্স/আধার। খ. (সামরিক বাহিনীর ক্ষেত্রে) ছোট ভূমিগর্ভস্থ কনক্রিটের দুর্গ। ২ **the ~** গর্ভনিরোধক খাওয়ার বড়ি। **be/go on the ~s** নিয়মিত অনুরূপ বড়ি সেবন (আরম্ভ করা)।

pil·lage [ˈপিলিজ্] *n,vt* লুণ্ঠন (বিশেষত যুদ্ধের সময়); লুণ্ঠিত বস্তুসমূহ; লুটের মাল। **~r** *n* লুণ্ঠনকারী।

pil·lar [ˈপিলা(র্)] *n* ১ স্তম্ভ; থাম। **from ~ to post** (লাক্ষ.) একটি উৎস থেকে অন্য উৎসে যাতায়াত; এদিক–ওদিক। ২ (লাক্ষ.) **~ of** শক্ত ও গুরুত্বপূর্ণ সমর্থক: a ~ of the religious community. ৩ ˈ**~-box** প্রায় পাঁচ ফুট উঁচু লম্বাটে বাক্স, যার মধ্যে চিঠিপত্র ডাকে দেওয়া হয়। ৪ স্তম্ভসদৃশ কোনো বস্তু: ~ of fire; ~ of smoke; ~ of cloud.

pil·lion [ˈপিলিঅন্] *n* ঘোড়ার দ্বিতীয় আরোহীর জন্য পিছনের দিকের অতিরিক্ত আসন; স্ত্রীলোকদিগের জন্য ঘোড়ার হালকা জিন; মালপত্র বহনের জন্য অশ্বারোহীর পশ্চাৎস্থিত অতিরিক্ত গদি; মোটর সাইকেলে দ্বিতীয় আরোহীর জন্য অনুরূপ আসন; the ~ passenger.

pil·lory [ˈপিলারি] *n* (*pl* -ries) কাঠের কাঠামো, যার মধ্যে প্রাচীনকালে অপরাধীদের হাত ও মাথা ঢুকিয়ে দেবার পর তাদের বিদ্রূপ করা হতো। □*vt* ১ এমন কাঠামোর মধ্যে রাখা। ২ কাউকে সর্বসমক্ষে বিদ্রূপ করা।

pil·low [ˈপিলৌ] *n* বালিশ; উপাধান। ˈ**~-case** বালিশের ওয়াড় (অপিচ **~-slip**)। **~-fight** বালিশ নিয়ে শিশুদের যুদ্ধ। **~y** *adj* বালিশের মতো নরম ও স্ফীত। □*vt* বিশ্রামে/আরামে থাকা (যা বালিশ–আশ্রিত অবস্থার সঙ্গে তুলনীয়)।

pi·lot [ˈপাইলট্] *n* ১ পোতাশ্রয় থেকে নদীতে জাহাজ চালনার জন্য যে ব্যক্তির প্রশিক্ষণ ও অনুমতি আছে। **drop the ~** (লাক্ষ.) বিশ্বস্ত উপদেষ্টাকে বরখাস্ত করা। ২ বিমানচালনায় প্রশিক্ষিত ব্যক্তি; বিমানচালক। ৩ (attrib) পরীক্ষামূলক—কিভাবে একই বিষয় আরও ব্যাপক ভিত্তিতে করা যায়, কী কী উন্নয়নসাধন করা যায়: a ~ survey/programme. ৪ (যৌগশব্দ) ˈ**~-boat** *n* যে নৌকা চালককে জাহাজে পৌঁছে দেয়। ˈ**~-cloth** *n* নীল পশমি কাপড়, যা দিয়ে ওভারকোট তৈরি হয়। ˈ**~-engine** *n* যে রেল ইনজিন নিরাপত্তা পরীক্ষার্থে আগে আগে চলতে থাকে। ˈ**~-fish** *n* ছোট মাছ, যেগুলি অন্য বড় মাছের আগে আগে সাঁতার কাটে। ˈ**~-light/-burner** *n* গ্যাস কুকার বা বাতির ছোট শিখা যা প্রজ্জ্বলিত থাকলে বোঝা যায় যে গ্যাসপ্রবাহ সচল আছে। □*vt* পাইলটের কর্তব্য পালন করা।

pimp [পিম্প্] *n* বেশ্যালয়ের দালাল। □*vi* এ ধরনের দালালি করা।

pim·per·nel [ˈপিম্পারনেল্] *n* শস্যক্ষেত্রে বা পোড়ো জমিতে লাল, নীল ও সাদা রঙের বন্য ফুলের গাছ।

pimple [ˈপিম্প্ল্] *n* ছোট শক্ত ও ফোলা চামড়ার দাগ; ফুস্কুড়ি। **pim·pled** *adj* এ ধরনের দাগযুক্ত। **pim·ply** *adj*

pin[1] [পিন্] *n* ১ পিন; আলপিন; কাঁটা: don't care a ~, সামান্যও তোয়াক্কা করি না; in a merry ~, খোশমেজাজে; neat as a ~, অত্যন্ত ছিমছাম। **pins and needles** দেহের রক্ত চলাচল সাময়িকভাবে স্থগিত থাকার পর পুনরায় সঞ্চালন আরম্ভ হলে যে অনুভূতির সৃষ্টি হয়। ২ অনুরূপ কোনো বস্তু, যার এক প্রান্ত অলঙ্কারের ন্যায় এবং যা বিশেষ কারণে ব্যবহৃত হয়, যেমন: ˈtie-pin; ˈhair-pin; ˈsafety-pin. ৩ কাঠ বা ধাতুর অনুরূপ বস্তু যা বিবিধ কারণে ব্যবহৃত হয়, যেমন: drawing pin; rolling pin; ছোট যে ধরনের পেরেকের মতো বস্তুতে কোনো বাদ্যযন্ত্রের তার টেনে বেঁধে রাখা হয়। ˈ**pin-ball** *n* ছোট বল, যা বৈদ্যুতিক প্রক্রিয়ায় চালনা করতে হয় অথবা এই বল দিয়ে ঢালু টেবিলের উপর অনুরূপভাবে খেলা। ˈ**pin-table** *n* পিন–বল খেলায় যে টেবিল ব্যবহৃত হয়। ৪ (যৌগশব্দে) ˈ**pin-cushion** *n* যে পাত্রে পিন রাখা হয়; যে কোমল প্যাডে পিন গুঁজে রাখা হয়। **pin-head** *n* (কথ্য) খুবই নির্বোধ ব্যক্তি। ˈ**pin-money** *n* [U] কোনো মহিলাকে প্রদত্ত ভাতা অথবা মহিলা দ্বারা অর্জিত যে টাকা পোশাক বা ব্যক্তিগত টুকিটাকি ক্রয়ের জন্য ব্যয় হয়। ˈ**pin-point** *n* কোনো ছোট/ক্ষুদ্র বিষয়; (attrib) (লক্ষ্যবস্তুর ক্ষেত্রে) বোমা বা ক্ষেপণাস্ত্র নিক্ষেপের জন্য নির্ভুল লক্ষ্য। □*vt* এমন নির্দিষ্ট লক্ষ্য খুঁজে বের করা; নির্ভুলভাবে কোনো বিষয়ের গুরুত্বের প্রতি মনোযোগ আকর্ষণ করা। ˈ**pin-prick** *n* (লাক্ষ.) বিরক্তি উৎপাদনে সক্ষম ছোটখাট কাজ বা মন্তব্য। ˈ**pin-stripe** *adj* (পোশাকে) বহু সরু লম্বাটে রেখাসহ। ˈ**pin-tailed** দীর্ঘ ও সরু লেজবিশিষ্ট।

pin[2] [পিন্] *vt* ১ বিভিন্ন জিনিস একত্রে গেঁথে রাখা: ~ sheets of paper together; ~ up this document in the file. **pin sth on sb** কাউকে দায়ী প্রতিপন্ন করা; কোনো কাজের দায় কারো উপর চাপিয়ে দেওয়া। **~ one's hopes on sb** কারও সহায়তার উপর গভীর আস্থা। ˈ**pin-up** *n* ১ (ক) কোনো প্রিয় বা শ্রদ্ধেয় ব্যক্তির ছবি দেয়ালে টাঙিয়ে রাখার রীতি; (খ) **~ magazines** অশ্লীল বিষয়বস্তুর যে সব পত্রিকা পিনবদ্ধ অবস্থায় বিক্রি হয়। ২ নড়াচড়ায় অক্ষম করে তোলা: The thief was ~ned against the wall till the police came. **pin sb down** (লাক্ষ.) কাউকে তার উদ্দেশ্যের কথা বলতে বাধ্য করা; সত্যি কথা বলতে বাধ্য করা। **pin sb down to sth** কাউকে তার প্রতিশ্রুতি বা কথা বা চুক্তি পালন করতে বাধ্য করা।

pina·fore [ˈপিনাফো] *n* [C] পোশাক পরিচ্ছন্ন রাখার জন্য তার উপর পরিহিত ঢিলেঢালা কাপড়।

pince-nez [প্যান্স্ নেই] *n* নাকে আটকে রাখার জন্য স্প্রিংসহ বিশেষ ধরনের চশমা (এ ধরনের ফ্রেমে কানে বেড় দেওয়ার কোনো সুবিধা থাকে না)।

pin·cers [পিন্সাজ্] *n pl* (**pair of**) ~ ১ সাঁড়াশি। ˈ**pincer movement** (সাম.) দুইদিক থেকে সাঁড়াশি আক্রমণ। ২ কোনো বিশেষ ধরনের মাছের সাঁড়াশির মতো নখর।

pinch[1] [পিন্‌চ্‌] *vt,vi* ১ চিমটি কাটা: She ~ed her friend so hard. His fingers were ~ed by the car-door. ২ শক্ত হয়ে থাকা; এমন শক্ত হয়ে থেকে কাউকে আঘাত দেওয়া: where the shoe ~es; (লাক্ষ.) ঠিক কোথায় অসুবিধা/কষ্ট। ৩ (পরোক্ষে) কষ্ট পাওয়া; ফলভোগ করা: be ~ed with hardships; be ~ed for money, অর্থাভাব। ৪ (কথ্য) চুরি করা; বিনা অনুমতিতে নিয়ে যাওয়া: She must have ~ed my pen. ৫ অত্যন্ত সংকীর্ণমনা/কৃপণ হওয়া; অত্যন্ত কম ব্যয়ে জীবনযাপন করা; কষ্ট করে ইচ্ছাকৃতভাবে দিনযাপন করা: He always tries to ~ so that he can save money. Why do you ~ your wallet so much? ৬ (নিন্দার্থে) (পুলিশের ক্ষেত্রে) কাউকে হাজতে নিয়ে যাওয়া বা গ্রেফতার করা: Take care or you'll be ~ed.

pinch[2] [পিন্‌চ্‌] *n* ১ চিমটি; এমনভাবে চেপে ধরে রাখা যাতে অন্যের কষ্ট হয়: what a bitter ~! ২ (লাক্ষ.) দুর্ভোগ; কষ্ট: understand the ~ of unemployment. ৩ বৃদ্ধাঙ্গুলি ও অন্য একটি আঙুলের সাহায্যে যতোটুকু পরিমাণ জিনিস নেওয়া সম্ভব: a ~ of sugar; take sth with a ~ of salt. দ্র. salt. ৪ **at a ~, if it comes to the ~,** প্রয়োজনে; যদি উপায়ান্তর না থাকে।

pinch·beck [ˈপিন্‌চ্‌বেক্‌] *n* সস্তা গহনায় ব্যবহারের জন্য অ্যালয় এবং জিঙ্কের মিশ্রিত সংকর ধাতু। □*adj* নকল; কৃত্রিম।

Pinda·ric [ˈপিনডারিক্‌] *adj* গ্রিক গীতিকবি পিনডারের কাব্য সম্পর্কিত অথবা তাঁর অনুকরণে লিখিত গাথাকবিতা।

pine[1] [পাইন্‌] *n* [C] দেবদারুর মতো চিরহরিৎ সুচের মতো দেখতে পত্রবিশিষ্ট খাড়া বৃক্ষবিশেষ; পাইন গাছ; [U] এই গাছের কাঠ। ˈ**~-needles** *n* পাইন গাছের সুচের মতো দেখতে পাতা। ˈ**~-cones** *n* পাইন গাছের ফল। **pienary** *n* পাইনের বন/বাগান। **pine·tum** *n* পাইন বা সমগোত্রীয় গাছের বাগান। **pine-wood** *n* পাইনবন।

pine[2] [পাইন] *vi* ১ বেদনায় বা যন্ত্রণায় ধীরে ধীরে শীর্ণ হওয়া। ২ কোনো কিছুর জন্য আকুল প্রতীক্ষা করা: ~ for sth; ~ to do sth. The mother pining for her son gone to war.

pin·eal [ˈপাইনিঅ্যল্‌] *adj* পাইনগাছের ফলের ন্যায় আকারবিশিষ্ট। **~ gland** *n* মস্তিষ্কের গ্রন্থি।

pine·apple [ˈপাইন্‌এ্যাপ্‌ল্‌] *n* [C] আনারস বা আনারস গাছ; [U] আনারস থেকে উৎপাদিত খাদ্য: ~ juice.

ping [পিঙ্‌] *n* বন্দুকের গুলি ছোঁড়ার সময়কার তীক্ষ্ণ শব্দ। □*vt* এ ধরনের শব্দ করা।

ping-pong [পিঙ্‌পঙ্‌] *n* (কথ্য) টেবিল টেনিস।

pin·ion[1] [ˈপিনিঅ্যন্‌] *n* ১ পাখির ডানা বা ডানার সর্ববহিঃস্থ গ্রন্থি; উড়ন্ত অবস্থায় পাখির যে সব পালক ব্যবহৃত হয়। ২ (কাব্যে) পাখা; শাখা: an eagle's ~s. □*vt* ১ কোনো পাখির ডানা কেটে দেওয়া যাতে তা উড়ে যেতে না পারে। ২ কোনো ব্যক্তির হাত বেঁধে রাখা। **~ to/together** কারও হাত বাঁধা; কাউকে বাহু দিয়ে আটকে রাখা।

pin·ion[2] [পিনিঅ্যন্‌] *n* বড়ো চাকার সঙ্গে যুক্ত খাঁজকাটা বা দাঁড়ওয়ালা ছোট এক ধরনের চাকা।

pink[1] [পিঙ্ক্‌] *n* ১ [U] গোলাপি বা ম্লান লাল রং: rose ~. **~ gin**; বিশেষ ধরনের জিন পানীয়। ২ [C] সুগন্ধি উদ্যানতরুবিশেষ; তার সাদা; গোলাপি; লাল ফুল। ৩ **in the ~ (of health)** (কথ্য) খুব ভালো অবস্থা। □*adj* ১ ম্লান লাল বর্ণসম্পর্কিত। ২ (কথ্য) সমাজতান্ত্রিক বিশ্বাসের প্রতি দুর্বল। দ্র. red.

pink[2] [পিঙ্ক্‌] *vt* ১ তরবারির সাহায্যে বিদ্ধ করা। ২ **~ out** ছোট ছোট ছিদ্রের সাহায্যে (কাপড়, চামড়া ইত্যাদি) আকর্ষণীয় করা। **~·ing scissors/shears** সুতা যাতে উঠে না যায় তা প্রতিরোধ করার জন্য বিশেষ ধরনের ধারযুক্ত কাঁচি, যা দিয়ে বিশেষভাবে কাপড় কাটা যায়।

pink[3] [পিঙ্ক্‌] *vi* অত্যন্ত উঁচুগ্রামে বিস্ফোরক শব্দ করা (বিশেষ ধরনের ইনজিনের ক্ষেত্রে প্রযোজ্য)।

pin·nace [ˈপিনেস্‌] *n* বড়ো জাহাজের সঙ্গে যুক্ত ক্ষুদ্র নৌকা।

pin·nacle [ˈপিনাকল্‌] *n* ১ ভবনের ছাদে বা শীর্ষদেশে লম্বা তীক্ষ্ণাগ্র সুসজ্জিত চূড়া, যেমন—চার্চে। ২ উঁচু ও সরু পর্বতশিখর। ৩ (লাক্ষ.) সর্বোচ্চ সীমা: at the ~ of his popularity. □*vt* অনুরূপ চূড়ায় কোনো কিছু স্থাপন করা।

pin·nate [ˈপিনেইট্‌] *adj* (উদ্ভিদ) (বৃক্ষপত্র) অক্ষের উভয়দিকে শাখাযুক্ত।

pinny [পিনি] *n* (*pl* -nies) (শিশুদের ভাষায়) এক ধরনের ঢিলা পোশাক।

pint [পাইনট্‌] *n* তরল পদার্থের মাপবিশেষ; $\frac{1}{8}$ গ্যালন বা ·৫৭ লিটার।

pion·eer [ˌআইঅ্যানিঅ্য(র্‌)] *n* ১ যে ব্যক্তি কাজ বা বাস করবার জন্য কোনো নতুন বা অনুন্নত দেশে গমন করে; কোনো নতুন বিষয়ের প্রথম ছাত্র; অভিযাত্রী। ২ (সাম.) সেনাবাহিনীর অগ্রবর্তী দল যারা পথঘাট পরিষ্কার ও নির্মাণ করে। ৩ প্রবর্তক; কোনো কাজের প্রথম মন্ত্রণাদাতা ও কর্মী। □*vt,vi* প্রথম কর্মী বা সৈনিক হিসাবে কাজ করা; কোনো প্রকার নতুন পথ প্রদর্শন করা; নতুন পদ্ধতি প্রদর্শন করা।

pious [ˈপাইঅ্যস্‌] *adj* ধার্মিক; সাধু; সৎ। **~ fraud** শুভ উদ্দেশ্যে প্রতারণা। **~·ly** *adv*

pip[1] [পিপ্‌] *n* লেবু; কমলালেবু; আপেল প্রভৃতির বীজ।

pip[2] [পিপ্‌] *n* হাঁসমুরগির রোগবিশেষ; (অশিষ্ট) বিমর্ষতা বা বিরক্তি: That fellow gave me the ~.

pip[3] [পিপ্‌] *n* টেলিফোন/রেডিও/টেলিভিশনের সময়-সংকেত।

pip[4] [পিপ্‌] *n* ১ তাস, পাশার ছক প্রভৃতির ফোঁটাচিহ্ন। ২ সামরিক বাহিনীর কর্মকর্তাদের পদমর্যাদাসূচক তারকাচিহ্ন।

pip[5] [পিপ্‌] *vt* (কথ্য) বন্দুকের গুলি দিয়ে আঘাত করা। **pipped at the post** শেষ মুহূর্তে পরাজিত; কিচিরমিচির করা; মারা যাওয়া।

pipe[1] [পাইপ্‌] *n* ১ মধ্যে ফাঁকা এমন গোলাকার বস্তু যার মধ্য দিয়ে তরল পদার্থ বা গ্যাস প্রবাহিত হতে পারে; নল: water ~ s; gas ~s; ˈ**~·line** *n* নল দ্বারা সংযুক্ত ধারা (প্রায়শ ভূগর্ভস্থ—পেট্রোলিয়াম বা গ্যাস পরিবহনের জন্য)। **in the ~line** দ্রব্যসামগ্রী অথবা পরিকল্পনা যা সূত্র থেকে পাঠানো হয়েছে, কিন্তু এখনও গন্তব্যে পৌঁছায়নি; ঠিক সময়ে সরবরাহের জন্য পাঠানো চালান/তালিকা, যা নির্দিষ্ট সময়ের মধ্যে পৌঁছে যাবে। ২ বাঁশি, অর্গানের যেসব নল দিয়ে শব্দ সৃষ্টি করা যায়। (*pl*) bag-pipes. ৩ নাবিকদের ব্যবহৃত বাঁশির শব্দ। ৪ পাখির ডাক।

৫ শরীরের নলজাতীয় অঙ্গ: wind-~. ৬ **(tobacco) ~** তামাক খাবার পাইপ: smoking a ~. **Put that in your ~ and smoke it** কোনো বিষয়ে ভাবনাচিন্তা করে দেখা যে তা গ্রহণীয় কি না। ˈ**~·clay** *n* মসৃণ সাদা কোমল মাটি, যা তামাক প্রস্তুতের জন্য পুরাকালে ব্যবহৃত হতো এবং সৈন্যরা চামড়ার বেল্ট বা অন্যান্য সামগ্রী সাদা করার জন্য ব্যবহার করে থাকে। ˈ**~·dream** *n* আকাশকুসুম ভাবনা; উদ্ভট কল্পনা। ˈ**~-rack** *n* তামাক রাখার তাক। ৭ ১০৫ গ্যালন মদ রাখার পাত্র। ˈ**~·ful** একটি নলে যতোটা ভরে।

pipe[2] [পাইপ্] *vi,vt* ১ পাইপের মাধ্যমে পানি বা অনুরূপ জলীয় পদার্থ পাঠানো: ~ water into a garden. ২ বাঁশি বাজানো; শিস দেওয়া; সরু সূক্ষ্ম সুরে গান গাওয়া। **~ up** (কথ্য) কথা বলা/গান/খেলা শুরু করা। **~ down** শান্ত হওয়া; উচ্চকণ্ঠ না হওয়া; অতিরিক্ত নিশ্চিত না হওয়া। ৩ (নৌ) নাবিকদের (বাঁশি বাজিয়ে) আহ্বান জানানো। **~ all hands on deck** নাবিকের বাঁশি বাজিয়ে নির্দেশনা দান করা বা স্বাগত জানানো: ~ the captain on board. ৪ বাঁশি বাজার ধ্বনির সঙ্গে পোশাক অথবা কেক সজ্জিত করা। দ্র. piping.

piper [পাইপা] *n* বংশীবাদক; (বিশেষত) ব্যাগ পাইপের বাদক। **pay the ~ (and call the tune)** কোনো কাজের আর্থিক দায়ভার গ্রহণ (এবং তা নিয়ন্ত্রণ করার দায়িত্ব)।

pip·ette [পাইপেট্] *n* (প্রধানত রসায়নে) সরু নল, যা দিয়ে অল্প পরিমাণ তরল পদার্থ স্থানান্তর করা যায়।

piping [পাইপিঙ্] *n* [U] ১ নলের দৈর্ঘ্য (বিশেষত পানি বা ড্রেনের পাইপের ক্ষেত্রে): five feet PVC ~. ২ সরু দড়ির মতো বস্তু, যা কোনো কোনো পোশাকের প্রান্তিক সজ্জায় ব্যবহৃত হয় বা চিনি দিয়ে তৈরি অনুরূপ সুতার মতো বস্তু, যা কেক সাজানোর জন্য ব্যবহৃত হয়। ৩ বাঁশিতে বাজানো সুর। □*adj* পাইপের শব্দের মতো: a ~ voice. **the ~ time(s) of peace** সামরিক বাদ্যের বিপরীতে যখন (যে যে সময়ে) বাঁশির প্রশান্ত সুর শোনা যায়। **~ hot** *adv* গরম বাষ্পের সিঁ সিঁ শব্দের মতো।

pip·pin [পিপিন্] *n* এক ধরনের আপেল।

pip·squeak [ˈপিপ্‌স্কুঈক্] *n* (অশিষ্ট) নগণ্য বা জঘন্য ব্যক্তি বা বস্তু।

pi·quant [ˈপীক ন্‌ট্] *adj* ঝাঁঝালো কিছু সুস্বাদু: a ~ sauce; (লাক্ষ.) মনের জন্য উত্তেজক কিন্তু সুখকর: a ~ piece of gossip. **~·ly** *adv*. **pi·quancy** *n* তীব্র ও রসময় হবার গুণ।

pique [পীক্] *vi* ১ কারও অহংকার বা আত্মসম্মানে আঘাত করা। ২ (উৎসাহ/ঔৎসুক্য) জাগিয়ে তোলা। ৩ **~. oneself on sth** গর্ব অনুভব করা: She ~d herself on being very charming. □*n* [U, C] গর্ব, অহংকার, উৎসাহ নিবৃত্ত না হবার অনুভূতি; ঘৃণা: He left the meeting in a fit of ~.

pi·quet [পিˈকেট্] *n* ৩২ তাসসহ দুই জনের মধ্যে তাসখেলা।

pi·ranha [পিˈরা:নআ] *n* গ্রীষ্মমণ্ডলীয় আমেরিকার মিষ্টিজলের মৎস্যবিশেষ।

pi·rate [ˈপাইরট্] *n* ১ জলদস্যু; জলদস্যুর জাহাজ। ২ যে ব্যক্তি অন্যের গ্রন্থস্বত্ব বেআইনিভাবে লঙ্ঘন করে; যে বেআইনিভাবে প্রচারযন্ত্র পরিচালনা করে; যে অন্যের ব্যবসায়িক অধিকার হরণ করে। □*vt* কেবলমাত্র নিজের লাভের জন্য অন্যের পুস্তক, রেকর্ড ইত্যাদি বিনা অনুমতিতে প্রকাশ করা। **pi·rati·cal** *adj* জলদস্যুর আচরণের মতো; বেআইনিভাবে প্রকাশিত (গ্রন্থ)। **pi·rati·cally** *adv* **pi·racy** *n* (*pl* -cies) [U] জলদস্যুতা; পুস্তকের বেআইনি প্রকাশনা; [C] এ ধরনের অন্য কিছু।

pir·ou·ette [ˌপিরৌˈএট্] *n* [C] ব্যালে নর্তকীর পায়ের গোড়ালি অথবা পায়ের বৃদ্ধাঙ্গুলির উপর ভর দিয়ে দ্রুত ঘূর্ণন।

pis·al·ler [পীজ়্‌ˈএ্যালাই US পী জ়্এ্যাˈলাই] *n* (ফ.) শেষ আশ্রয়; অধিকতর ভালো কোনো উপায় না থাকায় গৃহীত পদক্ষেপ।

pis·ca·tor·ial [ˌপিস্‌কাটারিঅল্] *adj* মাছধরা সংক্রান্ত; মাছধরার নেশাগ্রস্ত।

Pis·ces [ˈপাইসীজ়্] *n* মীন রাশি; রাশিচক্রের দ্বাদশ চিহ্ন।

piss [পিস্] *vt,vi* (অশিষ্ট) মূত্র প্রবাহিত করা; প্রস্রাবের সঙ্গে রক্তের মিশ্রণ থাকা; মূত্র দ্বারা ভেজা। **piss off!** (নিন্দার্থে) বেরিয়ে যাও। **~ed** *adj* (নিন্দার্থে) বদ্ধ মাতাল অবস্থা।

pis·ta·chio [পিˈসটা:চিঔ US পিˈস্ট্যাচিঔ] *n* (*pl* ~s) সবুজ বাদামবিশেষ; পেস্তা; উক্ত বাদামের গাছ; বাদামের অন্তঃস্থিত অংশের বর্ণ।

pis·til [ˈপিস্‌টল্] *n* কোনো ফুলের বীজ উৎপাদনক্ষম অংশ।

pis·tol [ˈপিস্‌টল্] *n* [C] পিস্তল; এক হাতে চালানো যায় এমন আগ্নেয়াস্ত্র। **hold a ~ to sb's head** হুমকি প্রদান করে কাউকে কিছু বলতে বা করতে বাধ্য করার চেষ্টা।

pis·ton [ˈপিস্‌টন্] *n* ইনজিন বা পাম্পে ব্যবহৃত একটি ফাঁপা নলের মধ্যে আর একটি ফাঁপা নলের ওঠানামা/অগ্রপশ্চাৎ-এর গতির সঙ্গে উক্ত ইনজিন বা পাম্প চালু হয় যে দণ্ডের সাহায্যে তাই পিস্টন বা চাপদণ্ড। ˈ**~ engined** *adj* (বিমানের ক্ষেত্রে) পিস্টনসহ ইনজিন। ˈ**~ ring** *n* পিস্টনে ব্যবহৃত আংটা। ˈ**~ rod** *n* যে দণ্ডের সঙ্গে পিস্টন যুক্ত থাকে।

pit[1] [পিট্] *n* ১ মাটির গর্ত; মৃত্তিকাগহ্বর, বিশেষত যেখান থেকে মৃত্তিকার অন্তঃস্থিত বস্তু বের করে আনা হয়: a chalk-pit; a coal-pit. ˈ**pit·head** *n* কয়লার খনির প্রবেশদ্বার। ˈ**pit·man** *n* খনিশ্রমিক; কয়লার খনির মজুর। ˈ**pit pony** *n* কয়লাখনির ভূগর্ভে রক্ষিত ছোট ঘোড়া। ˈ**pit-prop** *n* কয়লার খনির ছাদকে ঠিকভাবে ঠেস দিয়ে রাখার জন্য ব্যবহৃত বিবিধ বিষয়। ˈ**pit-saw** করাত-গর্তে ব্যবহৃত করাত। ২ বন্য জন্তুকে ফাঁদে ফেলার জন্য ঢাকা দেওয়া গর্ত। ˈ**pit-fall** (লাক্ষ.) অপ্রত্যাশিত বাধা বা বিপদ। ৩ কোনো প্রাণী বা গাছের দেহের গর্ত। **the pit in the stomach** পাঁজরের কাছে উদরের গর্ত (তুল. arm-pit)। ৪ গুটিবসন্ত হবার পর শরীরের দাগ। ৫ (GB) কোনো প্রেক্ষাগৃহের নীচের তলায় পিছনের দিকের আসন অথবা ঐ আসনের দর্শকবৃন্দ। ৬ (US) কোনো ভবনের মেঝের কোনো অংশ (বিশেষ দ্রব্যের জন্য নির্দিষ্ট স্থান): the wheatpit. ৭ **the pit** (আল.) (বাইবেলের সূত্রে) নরক। ৮ কোনো গ্যারাজ বা কারখানার মেঝের গর্ত, যার সাহায্যে কোনো যানবাহনের নীচের অংশ পরীক্ষা বা মেরামত করা যায়; রেসকোর্সে প্রতিযোগিতার সময় যে স্থানে জ্বালানি নেওয়া বা টায়ার পালটানোর জন্য গাড়ি থামানো যায়। ৯ = cockpit.

pit[2] [পিট্] *vt* ১ মাটিতে গর্তের মতো দাগ বসানো: a face pitted with small pox. ২ **pit against**

বিরুদ্ধতা বা ঝামেলায় ফেলে দেওয়া: pit sb against the secret police.

pit[3] [পিট্] *n* (US) প্রায় পাথরের মতো শক্ত ফলের বিচি। □*vt* এ ধরনের বিচি ছাড়িয়ে ফেলা।

pit-a-pat [ˌপিট্আ'প্যাট্] *adv* দ্রুত স্পন্দনসহ; মৃদু অথচ দ্রুত পদবিক্ষেপে: Her heart went ~ with the sound of music.

pitch[1] [পিচ্] *n* ১ সেই স্থান, যেখানে পথের ধারের ছোট ব্যবসায়ী তার পসরা সাজিয়ে বসে অথবা কৌতুকাভিনেতা সাধা. তার প্রদর্শনীর আয়োজন করে। **queer sb's ~** পরিকল্পনা ভেস্তে দেওয়া। ২ (ক্রিকেট) মাঠের যে অংশ দুই ব্যাটসম্যান দৌড় নেবার জন্য অথবা বোলার বল করার জন্য ব্যবহার করে থাকে; (বেসবলে) যে রীতিতে বলটি ছোঁড়া হয়; (ফুটবল) যে মাঠে খেলা হয়। ৩ কোনো কিছু নিক্ষেপ; যে দূরত্বে কোনো কিছু নিক্ষিপ্ত হয়। ৪ (সঙ্গীত বা বক্তৃতার ক্ষেত্রে) উচ্চগ্রাম বা লঘুগ্রাম; শব্দের বৈশিষ্ট্য। ৫ স্তর: at the highest ~ of his capability. ৬ ছাদের ঢালের পরিমাণ। ৭ জাহাজের অগ্রভাগের ওঠানামা।

pitch[2] [পিচ্] *n* [U] আলকাতরা ও পেট্রোলিয়ামজাত কালো রঙের পদার্থ, যা রাস্তা তৈরি, মেরামত অথবা ছাদ তৈরির জন্য ব্যবহৃত হয়; পিচ। **as black/ dark as ~** ভীষণ কৃষ্ণবর্ণ। **ˌ~-'black/-'dark** *adj* সম্পূর্ণত কৃষ্ণবর্ণ। **'~-blende** *n* [U] কালো উজ্জ্বল খনিজ পিণ্ড। **'~-pine** *n* পাইন গাছ বা কাঠের বিশেষ লাক্ষাযুক্ত অংশ। **pitchy** *adj* পিচের ন্যায়।

pitch[3] [পিচ্] *vt,vi* ১ কোনো কিছু গড়ে তোলা; তৈরি করা: ~ one's tent or camp. ২ বল বা কোনো কিছু অধৈর্য বা অপছন্দের সঙ্গে ছুড়ে ফেলে দেওয়া। **'~·fork** *n* খড় তোলার জন্য লম্বা হাতলওয়ালা কাঁটা লাগানো দণ্ড। □*vt* এ ধরনের দণ্ডের সাহায্যে কিছু তোলা বা সরানো; (লাক্ষ.) কোনো ব্যক্তিকে জোরপূর্বক বিশেষ অবস্থায় নিক্ষেপ করা। ৩ (সঙ্গীতে) কোনো নির্দিষ্ট স্বরগ্রামে সুর বাঁধা: the music ~ed too high to be followed. ৪ সামনের দিকে বা পিছনের দিকে পড়ে যাওয়া; ছিটকে পড়ে যাওয়া: The carriage jerked and she ~ed on her head. ৫ জাহাজের অগ্রভাগের ওঠানামা করা। ৬ **~ in** সর্বশক্তি দিয়ে কাজে প্রবৃত্ত হওয়া। **~ into (ক)** সহিংসভাবে আক্রমণ করা: They ~ed into the pick-pocket. **(খ)** কোনো বিষয়ে ব্যস্ত হয়ে ওঠা: We ~ed into relief operations. **~ upon** আকস্মিকভাবে নির্বাচন করা; কাউকে বেছে নেওয়া: ~ upon the best candidate. ৭ **~ed battle** *n* পরিকল্পিত ও সুসজ্জিত সৈন্যবাহিনী সমন্বয়ে যুদ্ধ (কোনো আকস্মিক লড়াই নয়)। ৮ (ক্রিকেট) বল উইকেটের আশেপাশে নানাভাবে নিক্ষেপ করা: an over ~ed ball; trying to ~ the ball a little high. **~ wickets** সঠিকভাবে বেলসহ তিনটি স্ট্যাম্প সঠিক জায়গায় বসানো/স্থাপন করা। ৯ (অশিষ্ট) গল্প বলা। ১০ **ˌ~-and-'toss** যে খেলায় একটি নির্দিষ্ট স্থানে মুদ্রা রাখা হয়। **~ and pay** নগদ টাকা দেওয়া।

pitcher[1] [পিচা(র্)] *n* তরল পদার্থ ধারণ করার জন্য হাতল ও ঢাকনিযুক্ত (সাধা.) মাটির বড়ো পাত্রবিশেষ; বড়ো জগ; কুম্ভ; কলস।

pitcher[2] [পিচা(র্)] *n* (বেইসবলে) বল-নিক্ষেপকারী খেলোয়াড়; ক্ষেপ্তা।

pit·eous ['পিটিআস্] *adj* করুণ; অনুকম্পনীয়; শোচনীয়। **~·ly** *adv* সকরুণভাবে।

pit·fall ['পিট্ফোল] *adj* চোরা-গর্ত। দ্র. pit[1] (২).

pith [পিথ্] *n* [U] ১ কোনো কোনো উদ্ভিদের (যেমন নলখাগড়ার) কাণ্ড-মধ্যবর্তী নরম পদার্থবিশেষ; কমলালেবুর খোসার অভ্যন্তরভাগে বিদ্যমান অনুরূপ পদার্থ; শাঁস। **'~ hat/helmet** উদ্ভিদের শুষ্ক শাঁস দিয়ে তৈরি আতপ-নিবারক টুপি/শিরস্ত্রাণ। ২ (লাক্ষ.) সার; সারাংশ; অন্তঃসার: the ~ of his argument/ speech etc. ৩ তেজ; বীর্য; বল; সারতা। **~y** *adj* (-ier, -iest) ১ শাঁসালো; শাঁসসংক্রান্ত; শাঁসের। ২ তেজস্বী; ওজস্বী; বীর্যবান; বলিষ্ঠ; সারবান; সারগর্ভ; প্রবল; অমোঘ: ~y sayings. **~·ily** [-থিলি] *adv* শাঁসালো রকম; বলিষ্ঠভাবে; সারবানরূপে ইত্যাদি।

piti·able ['পিটিঅব্ল্] *adj* অনুকল্পনীয়; শোচনীয়; করুণাযোগ্য; করুণ: a ~ attempt. **piti·ably** [-অব্লি] *adv* করুণভাবে; অনুকম্পনীয়ভাবে।

piti·ful ['পিটিফ্ল্] *adj* ১ সকরুণ; দয়ার্দ্র; সদয়; কৃপালু; দয়ার্দ্রচিত্ত; সানুকম্প; করুণাময়। ২ করুণ; অনুকম্পাজনক: a ~ sight. ৩ অবজ্ঞাজনক; করুণাযোগ্য; করুণা-উদ্রেককর। **~ly** [-ফ়লি] *adv* সকরুণভাবে; করুণভাবে ইত্যাদি।

piti·less [পিটিলিস্] *adj* নির্মম; নিষ্করুণ; নির্দয়। **~·ly** *adv* নির্মমভাবে ইত্যাদি।

pit·on ['পীটন্] *n* (পর্বত-আরোহণকালে) পর্বত-গাত্রে ঢোকানোর জন্য দড়ি লাগাবার ছিদ্রযুক্ত ধাতুনির্মিত বড়ো গজালবিশেষ; শঙ্কু।

pit·tance ['পীটন্স্] *n* (কাজের জন্য) অত্যল্প, অপর্যাপ্ত পারিশ্রমিক বা ভাতা; সামান্য অর্থ; ভিক্ষামুষ্টি: work for a mere ~.

pitter-patter ['পিটা প্যাটা(র্)] *n* (বৃষ্টির) টুপটাপ/ টপটপ; (পায়ের) খটখট: the ~ of rain on the roof.

pi·tu·itary [পি'ট্যুইটারি US -টূআটেরি] *adj* **'~ gland** মস্তিষ্কের নিম্নভাগে অবস্থিত অন্তঃস্রাবী গ্রন্থিবিশেষ; এ থেকে নিঃসৃত হর্মোন শারীরিক বৃদ্ধিকে প্রভাবিত করে; পিটুইটারি গ্রন্থি। □*n* পিটুইটারি (গ্রন্থি)।

pity ['পিটি] *n* (*pl* -ties) ১ করুণা; অনুকম্পা; দয়া; মায়া; দরদ; কৃপা: be filled with/ feel ~ for sb. **have/ take ~ on sb** কাউকে দয়া/করুণা করা। **for ~'s sake** (অনুনয় হিসেবে ব্যবহৃত) দয়া করে: For ~s sake rescue this poor girl from her master's cruelty. **out of ~** দয়াপরবশ হয়ে; করুণা করে: give sth out of ~. ২ (indef art-সহ, তবে নিম্নোক্ত ক্ষেত্রে ছাড়া অন্যত্র বহুবচনে ব্যবহৃত হয় না) দুঃখের/ দুর্ভাগ্যের/ পরিতাপের বিষয়: It's a ~ (that) she can't sing. The ~ is that . . . It's a thousand pities that . . ., অত্যন্ত পরিতাপের বিষয়. . . । □*vt* (*pt,pp* -tied) (কারো জন্য) সত্যিকার দয়া/করুণা/ অনুকম্পা বোধ করা; অবজ্ঞা/করুণা (বোধ) হওয়া: I really ~ the unfortunate child. I ~ your ignorance. **~·ing** *adj* অনুকম্পী; করুণাসূচক; করুণার্দ্র। **~·ing·ly** *adv* করুণা করে; করুণার্দ্রভাবে ইত্যাদি।

pivot ['পিভ়াট্] *n* ১ যে পিন বা বিন্দুকে কেন্দ্র করে কোনো কিছু ঘোরে; আবর্তনকীলক। ২ যে বস্তুর উপর যুক্তি বা আলোচনা নির্ভর করে; কেন্দ্রবিন্দু। ৩ (সাম.) যে ব্যক্তি বা এককে কেন্দ্র করে একটি সেনাদল ডানে-বাঁয়ে দিক পরিবর্তন করে। □*vt,vi* ১ **~ on** কেন্দ্র করে ঘোরা বা আবর্তিত হওয়া। ২ আবর্তনকীলকের উপর স্থাপন করা; আবর্তনকীলক লাগানো। **~al** [-ট্ল্] *adj*

আবর্তনকীলক-সংক্রান্ত বা সদৃশ; (লাক্ষ.) কেন্দ্রীয়; নিরতিশয় গুরুত্বপূর্ণ।

pixy, pixie [ˈপিক্‌সি] *n* (*pl* -xies) খুদে পরী।

pizza [ˈপীট্‌সা] *n* (ইতা.) মাখা ময়দার স্তরের উপর টম্যাটো, পনির ইত্যাদি বসিয়ে আগুনের তাপে তৈরি খাবারবিশেষ; পিৎসা।

piz·zi·cato [ˌপিট্‌সিˈকা:টৌ] *adj,adv* (ইতা.) (সঙ্গীত) (বেহালা ইত্যাদির ছড় ব্যবহার না করে) তারে মৃদু আঘাত দিয়ে (বাজানো); তার-টানা, তার টেনে।

plac·ard [ˈপ্ল্যাকা:ড়] *n* প্রকাশ্যে প্রদর্শনের জন্য লিখিত বা মুদ্রিত বিজ্ঞাপন; প্রাচীরপত্র; ঘোষণাপত্র; পোস্টার। □*vt* (দেয়ালে) প্রাচীরপত্র লাগানো; প্রাচীরপত্রের মাধ্যমে ঘোষণা করা।

pla·cate [প্লাˈকেই ট্, US ˈপ্লেই কেইট্] *vt* শান্ত/আশ্বস্ত/শমিত করা।

place[1] [প্লেইস্] *n* ১ স্থান; জায়গা: How can you be in two ~s at the same time? ২ গ্রাম, শহর, নগর ইত্যাদি; স্থান: visit ~s and see things, পর্যটন করা। ˈ**go ~s** (কথ্য) উত্তরোত্তর সাফল্য লাভ করা। ˈ**~-name** *n* শহর, গ্রাম, পাহাড়, হ্রদ ইত্যাদির নাম: স্থানিক নাম: an expert on the origin of ~-names. ৩ কোনো নির্ধারিত উদ্দেশ্যে ব্যবহৃত জমি বা ভবন; স্থান; আলয়; স্থল: a ~ of worship, উপাসনালয়; a ~ of amusement, বিনোদনশালা (রঙ্গালয়, সিনেমা, নৃত্যশালা ইত্যাদি; a ˈmarket-~, বাজার; a ~ of business, ব্যবসাস্থল। ৪ কোনো কিছুর পৃষ্ঠদেশে বিশেষ স্থান: a sore ~ on my left arm. ৫ বই ইত্যাদির অংশ/অনুচ্ছেদ; জায়গা; স্থল: to use book-mark to keep one's place. ৬ (সমাজ, সংগঠন ইত্যাদিতে) স্থান; অবস্থান: keep/know one's ~. ৭ (দৌড় প্রতিযোগীদের মধ্যে) স্থান: first/second ~; to back the favourite for a ~, সম্ভাব্য প্রথম তিনটির মধ্যে একটির উপর বাজি ধরা। ˈ**~-bet** *n* স্থানভিত্তিক বাজি। ৮ (গণিত) দশমিক বা অন্য অঙ্কপাতনে একটি শ্রেণীর অন্তর্গত কোনো সংখ্যার মূল্যনির্দেশক অবস্থান; ঘর: calculated to four ~ of decimals/to four decimal ~, যেমন, ৩·৪৭৫১। ৯ যুক্তিতর্কের একটিমাত্র পর্যায় বা ক্রম। **in the first/second etc ~** প্রথমত, দ্বিতীয়ত ইত্যাদি। ১০ যথাস্থান; স্বস্থান, নির্দিষ্ট/ নির্ধারিত স্থান/আসন: I'll go back to my ~. Let us have a ~ for everything and everything in its ~. You'll always have a ~ around our table, আপনি সকল সময়েই স্বাগতম। **in ~** (ক) যথাস্থানে: Is everything in ~? (খ) (লাক্ষ.) যথোচিত; উপযুক্ত: The comment is not quite in ~. **out of ~** (ক) অস্থানে। (খ) অনুচিত; অনুপযুক্ত: His suggestion was rather out of ~. **in ~ of** স্থলে: in ~ of a parent, পিতৃস্থানে। **give ~** মেনে নেওয়া; নতি স্বীকার করা। **give ~ to** স্থান ছেড়ে দেওয়া। **make ~ for** (ক) জায়গা করে দেওয়া (এ-অর্থে make room-ই অধিক প্রচলিত) (ক) অগ্রাধিকারের দাবি (কাউকে) ছেড়ে দেওয়া। (গ) নিরাকৃত/অপসারিত হওয়া। **put sb in his (proper) ~; put oneself in sb's/sb else's ~**, দ্র. put[1] (২). **take the ~ of** স্থান দখল করা; প্রতিকল্প হওয়া: Can he take your ~? **take ~** ঘটা; অনুষ্ঠিত হওয়া: The demonstration will take ~ tomorrow. **pride of ~** গৌরবের স্থান। ১১ পদ, নিয়োগ, পদবি; পদাধিকারীর দায়িত্ব বা কর্তব্য: It's his ~ to see that the projects are completed in time. ˈ**~-man**, ˈ**~-seeker** যে ব্যক্তি লোভনীয় পদ (যেমন, সরকারি) অন্বেষণ করে; পদবিশিকারি। ১২ বাড়ি; বাসভবন; বাসস্থান; নিলয়; গৃহ: He's a nice little ~ in the suburbs. ১৩ (সংজ্ঞাবাচক নামের অংশরূপে) street, square ইত্যাদির বিকল্প; বীথিকা: St George's square. ১৪ ˈ**~-kick** *n* (রাগবি ফুটবলে) পদাঘাত করার উদ্দেশ্যেই বল আগে মাটিতে বসিয়ে মারা লাথি; বসা লাথি।

place[2] [প্লেইস্] *vt* ১ (কোনো স্থানে) রাখা; ন্যস্ত/বিন্যস্ত করা; সাজিয়ে রাখা; স্থাপিত/স্থাপন/নিবেশিত করা: Can you ~ the figures in the right order? ২ নিয়োগ/নিযুক্ত করা: He should be ~d in a good position. ৩ (অর্থ) বিনিয়োগ করা; ন্যস্ত করা ~ £500 to sb's credit in a bank. ৪ (সরবরাহের ফরমাশ) পেশ করা: ~ an order for stationery. ৫ (পণ্য ইত্যাদি) বিক্রি করা: It is difficult to ~ such a big stock overnight. ৬ থাকা; রাখা; স্থাপন করা: ~ confidence in sb. ৭ অতীত অভিজ্ঞতার সঙ্গে মিলিয়ে (কাউকে) শনাক্ত বা পরিমাপ করা; পুরাপুরি চেনা: He's not an easy man to ~. I can't ~ her, though her face is not quite unknown to me. ৮ (ক্রীড়া-প্রতিযোগিতায়) প্রতিযোগীদের অবস্থান বর্ণনা করা। **be ~ed** প্রথম তিনটির মধ্যে স্থান পাওয়া।

pla·cebo [প্লাˈসীবৌ] *n* (*pl*-s) রোগনিরাময়ের জন্য নয়, শুধু রোগীকে সান্ত্বনা দেওয়ার জন্য ওষুধের নামে প্রদত্ত অন্য কিছু; ঔষধকল্প।

pla·centa [প্লাˈসেন্‌টা] *n* (প্রাণী.) অন্তঃসত্ত্বাবস্থায় ভ্রূণের পুষ্টি যোগানোর জন্য জরায়ুর অন্তরাচ্ছদক অঙ্গবিশেষ, যা প্রসবকালে নাড়ির সঙ্গে বেরিয়ে আসে; গর্ভপরিস্রব; পরিস্রব; ফুল।

pla·cid [ˈপ্ল্যাসিড্] *adj* শান্ত; সুসমাহিত; প্রসন্ন; সৌম্য; প্রসন্নচেতা; শান্তচিত্ত; নির্বিকার। **~·ly** *adv* শান্তভাবে, সুসমাহিতভাবে ইত্যাদি। **~·ity** [প্লাˈসিডাটি] *n* [U] শান্ততা; প্রসন্নতা।

placket [ˈপ্ল্যাকিট্] *n* পরা ও খোলার সুবিধার জন্য মেয়েদের স্কার্টের মুখবিশেষ এবং এর নীচে অবস্থিত পকেট; স্কার্টের ছেদ।

plage [প্লা:জ্] *n* (ফ.) সমুদ্রসৈকত।

pla·giar·ize [ˈপ্লেইজারাইজ্] *vt* অন্যের ভাব, শব্দ ইত্যাদি গ্রহণ করে নিজের বলে ব্যবহার করা; কুম্ভিলতা করা। **pla·giar·ism** [-রিজাম্] *n* [U, C] কুম্ভিলতা। **pla·giar·ist** [রিস্ট্] *n* কুম্ভিলক।

plague [প্লেইগ্] *n* ১ **the ~** = bubonic plague, মহামারী; মরক। ˈ**~-spot** *n* (ক) মারী-ঘা। (খ) মহামারী-এলাকা। (গ) নৈতিক অধঃপতনের উৎস, কেন্দ্র বা লক্ষণ। ২ বিঘ্ন, বিরক্তি বা বিপর্যয়ের হেতু; উৎপাত; অনর্থপাত; উপদ্রব: a ~ of locusts/flies. □*vt* **~ (with)** (বিশেষত বার বার অনুরোধ বা প্রশ্ন করে) বিরক্ত/পীড়িত করা। **plaguy** [ˈপ্লেইগি] *adj* (কথ্য) পীড়াদায়ক; ক্লেশকর। **pla·guily** [-গিলি] *adv* পীড়াদায়কভাবে ইত্যাদি।

plaice [প্লেইস্] *n* (*pl* অপরিবর্তিত) রূপচাঁদা (মাছ)।

plaid [প্ল্যাড্] *n* ১ [C] স্কটল্যান্ডের পাহাড়িদের গলদেশে পরার দীর্ঘ পশমি বস্ত্রবিশেষ। ২ [U] উক্ত গলবস্ত্রের জন্য চৌখুপি কাপড়।

plain[1] [প্লেইন্] *adj* (-er, -est) ১ স্পষ্ট; সোজা; সুগম; সুবোধ্য: ~ English; in ~ speech; ~ language;

(তারবার্তা সম্বন্ধে) সাঙ্কেতিক নয়। ~ ˈ**sailing** (লাক্ষ.) সহজ ও নির্বিঘ্ন কার্যক্রম; নিষ্কণ্টক যাত্রা: After we met our old friend, everything was ~ sailing. ২ সরল; সাধারণ; অনাড়ম্বর; সাদামাটা; আটপৌরে: a ~ white dress; in ~ clothes, (বিশেষত পুলিশের লোক সম্বন্ধে) উর্দি-পরা নয়; সাধারণ পোশাক পরিহিত; ~ food/cooking; a ~ cook. ৩ (ব্যক্তি এবং তার চিন্তা, কর্ম ইত্যাদি সম্বন্ধে) সরল; সরলচিত্ত; ঋজু; স্পষ্ট; অকপট; অমায়িক: in ~ words, অকপটে; খোলাখুলি; ~ dealing, অকপটতা; সততা; আন্তরিকতা। **to be** ˈ**~ with you** খোলাখুলি বলতে গেলে। ˌ**~-**ˈ**spoken** *adj* স্পষ্টবাদী। ৪ (চেহারা সম্বন্ধে) সাদামাটা; সাধারণ; মামুলি। ৫ ˈ**~-song/ -chant** *n* অ্যাংলিকান বা রোমান ক্যাথলিক গির্জার উপাসনা-অনুষ্ঠানে বহুকণ্ঠে গীত ঐকতান-সঙ্গীত; সমবেত কণ্ঠের গান/গীত। □*adv* খোলাখুলি: learn to speak ~. **~·ly** *adv* স্পষ্টত, স্পষ্টভাবে ইত্যাদি: He is ~ly wrong. **~·ness** *n* সরলতা, স্পষ্টতা, আড়ম্বরহীনতা ইত্যাদি।

plain[2] [পেইন্] *n* সমভূমি; সমতলভূমি: the Gangetic plains. ˈ**~s·man** [-জ়্মান্] *n* সমতলভূমির অধিবাসী।

plaint [প্লেই ন্ট্] *n* ১ (আইন.) নালিশ; অভিযোগ। ২ (কাব্যিক) বিলাপ।

plain·tiff [ˈপ্লেইন্‌টিফ়্] *n* বাদী; ফরিয়াদি। দ্র. defendant.

plain·tive [ˈপ্লেইন্‌টিভ়্] *adj* বিলাপসূচক; খেদসূচক; শোকপূর্ণ; সবিলাপ। **~·ly** *adv* সবিলাপে, সখেদে, শোকার্তভাবে ইত্যাদি। **~·ness** *n* বিলাপ, পরিবেদনা, শোকার্তত ইত্যাদি।

plait [প্ল্যাট্] *vt* (চুল, খড় ইত্যাদি) বিনুনি করা। □*n* বিনুনি: wearing her hair in a ~.

plan [প্ল্যান্] *n* ১ (ঘর-বাড়ি ইত্যাদির) নকশা: আলেখ্য; আকল্প: ~ for a hospital. দ্র. elevation (৫). ২ (যন্ত্রাংশের) রেখাচিত্র; পরিলেখ। ৩ (উদ্যান, নগর ইত্যাদির) পরিকল্পনা; নকশা। তুল. (বৃহৎ ভূখণ্ডের ক্ষেত্রে) map. ৪ কোনো কিছু করার বা ব্যবহারের আগাম আয়োজন; পরিকল্পনা: a five-year ~; make ~s for the holidays. **(go) according to ~** পরিকল্পনা অনুযায়ী চলা। □*vt* (-nn-) ১ পরিকল্পনা/নকশা করা: ~ a school/ garden. ২ **~ to do sth** কিছু করার পরিকল্পনা/ সঙ্কল্প করা। ৩ **~ (out)** পরিকল্পনা রচনা করা: ~ (out) a military compaign. **a ~ned economy** (সরকার কর্তৃক) পরিকল্পিত অর্থনৈতিক ব্যবস্থা। দ্র. town (২). **~·er** *n* পরিকল্পক; পরিকল্পনাবিদ। **~·less** *adj* পরিকল্পনাহীন।

plan·chette [প্লা:ন্‌ˈশেট্ US প্ল্যান্-] *n* অধ্যাত্ম-বৈঠকে ব্যবহৃত চাকা-লাগানো ক্ষুদ্র ফলকবিশেষ: এর উপরে খাড়াভাবে স্থাপিত একটি পেন্সিল হাতের সচেতন নিয়ন্ত্রণ ছাড়াই দাগ কাটে বলে কথিত: প্লানশেট।

plane[1] [প্লেইন্] *n* ˈ**~(-tree)** বিস্তৃত শাখা-প্রশাখা, প্রশস্ত পাতা ও পাতলা বাকল (যা তবকের মতো খুব সহজেই উঠে আসে)-বিশিষ্ট কয়েক প্রকার গাছের যে কোনো একটি; চিনার।

plane[2] [প্লেইন্] রেঁদা। □*vt,vi* রেঁদা করা/ ঠেলা/ দেওয়া/ মারা: ~ sth smooth. **~ away/down** রেঁদা মেরে সমান করা।

plane[3] [প্লেইন্] *n* ১ সমতল; (attrib) ˌ**~ ge**ˈ**ometry** সমতলের উপর অঙ্কিত চিত্রের জ্যামিতি। ˌ**~** ˈ**sailing** জাহাজে সমতলের উপর দিয়ে অগ্রসর হচ্ছে, এই তত্ত্বের ভিত্তিতে জাহাজের অবস্থান নির্ণয়ের কৌশল; সমতল-নৌচালনা। দ্র. plain[1] (১) ভুক্তিতে plain sailing. ২ উড়োজাহাজের প্রধান আলম্বন-তল। ৩ (লাক্ষ.) (উন্নয়ন ইত্যাদির) স্তর বা পর্যায়: on a higher social ~. □*vt* **~ (down)** (উড়োজাহাজ সম্বন্ধে) ওড়া; ভেসে চলা।

plane[4] [প্লেইন্] *n* aeroplane-এর কথ্য সংক্ষিপ্তি; উড়োজাহাজ।

planet [প্ল্যানিট্] *n* গ্রহ। **plan·et·ary** [ˈপ্ল্যানিট্রি US -টেরি] *adj* গ্রহসম্বন্ধী; গ্রহ-। **plan·et·ar·ium** [ˌপ্ল্যানিˈটেঅরিঅম্] *n* আকাশরূপ একটি বৃহৎ গম্বুজের অভ্যন্তরদেশে প্রক্ষিপ্ত আলোকবিন্দুর সাহায্যে গ্রহ-নক্ষত্রের গতিবিধি প্রদর্শনের কৌশল এবং এই উদ্দেশ্যে ব্যবহৃত ভবন; নক্ষত্রশালা।

plan·gent [ˈপ্ল্যানজান্ট্] *adj* (আনুষ্ঠা.) (ধ্বনি সম্বন্ধে) অনুনাদী; অনুরণনশীল।

plank [প্ল্যাঙ্ক্] *n* ১ কাষ্ঠফলক; তক্তা। ˈ**~-bed** *n* (গদি ছাড়া) তক্তপোষ। **walk the ~,** দ্র. walk[2] (৪). ২ রাজনৈতিক মঞ্চের মূলনীতি; দলনীতি। □*vt* ১ তক্তা লাগানো; তক্তা দিয়ে ঢাকা; কাষ্ঠফলকমণ্ডিত করা; (মেঝে) ফলকাস্তীর্ণ করা। ২ **~ sth down** (কথ্য) (বিশেষত অর্থ) জমানো; সঙ্গে সঙ্গে মূল্য শোধ করা। **~·ing** *n* [U] (মেঝেতে) কাঠের আস্তরণ; ফলকাস্তরণ।

plank·ton [ˈপ্ল্যাঙ্কটন্] *n* [U] সাগর, নদী, হ্রদ ইত্যাদিতে ভাসমান (প্রধানত আণুবীক্ষণিক) জীবাণুবিশেষ; প্ল্যাংকটন।

plant[1] [প্লা:ন্ট্ US প্ল্যান্ট্] *n* ১ উদ্ভিদ; চারাগাছ; গাছড়া: garden ~s; a tobacco ~. ˈ**~-louse** *n* গাছপালার ক্ষতিসাধক কীটবিশেষ; গেছো উকুন। ২ [U] শিল্পোৎপাদনপদ্ধতিতে ব্যবহৃত যন্ত্রপাতি, কলকব্জা, স্থাবর দ্রব্যসামগ্রী ইত্যাদি; জনিত্র: an industrial ~. ৩ [U] (US) কারখানা; প্রতিষ্ঠানের ভবন ও সরঞ্জাম। ৪ (অপ.) পরিকল্পিত প্রতারণা; ধাপ্পাবাজি; অপরাধীদের সম্বন্ধে প্রমাণ সংগ্রহের জন্য তাদের সঙ্গে যুক্ত ব্যক্তি।

plant[2] [প্লা:ন্ট্ US প্ল্যান্ট্] *vt* ১ (বাগান ইত্যাদি) গাছপালা, লতাগুল্ম ইত্যাদিতে শোভিত করা: ~ a garden with rose-bushes. ২ (গাছ-গাছড়া) রোপণ/বপন করা; লাগানো; (লাক্ষ.) (কোন ভাব মনে উপ্ত করা। ৩ দৃঢ়ভাবে ন্যস্ত করা; গাড়া; পোঁতা: to ~ one's foot firmly on the ground. ৪ (সমাজ, উপনিবেশ ইত্যাদি) প্রতিষ্ঠিত করা; কোনো ব্যক্তিকে) ঔপনিবেশিকরূপে নিবাসিত করা। (কিল, ঘুষি ইত্যাদি) হানা, মারা: ~ a blow on sb's head. ৫ (অপ.) (বিশেষত প্রতারণার উদ্দেশ্যে কিংবা নির্দোষ ব্যক্তিকে অপরাধী সাব্যস্ত করার জন্য) লুকানো: ~ stolen goods on sb. **~er** *n* ১ রোপয়িতা; রোপক; আবাদকারী। ২ রোপণযন্ত্র।

plan·tain[1] [প্ল্যানটিন্] *n* কলাগাছ; কদলী।

plan·tain[2] [প্ল্যান্‌টিন্] *n* প্রশস্ত পত্রবিশিষ্ট বুনো গাছড়াবিশেষ—যার বীজ পোষা পাখির খাদ্য হিসাবে ব্যবহৃত হয়; কাষ্ঠকদলী।

plan·ta·tion [প্ল্যানˈটেইশ্‌ন্] *n* ১ বৃক্ষরোপিত এলাকা; আবাদ; উপবন: ~s of fir and pine. ২ চা, তুলা, আখ, তামাক ইত্যাদি বাণিজ্যিক ফসল চাষের জন্য বিস্তৃত ভূমি; বাগান। ˈ**~ songs** উত্তর আমেরিকার তুলার ক্ষেতে কর্মরত নিগ্রো ক্রীতদাসদের গীত গান।

plaque[1] [প্লা:ক্ US প্ল্যাক্] *n* অলঙ্কার বা স্মারক হিসাবে দেয়ালে টাঙানো ধাতুর পাত বা চিনামাটির পট; ফলক।

plaque[2] [প্লাːক্ US প্ল্যাক্] *n* [U] (চিকি.) দাঁতের উপর জমে–ওঠা নরম, সাদা পদার্থবিশেষ, যা ক্ষতিকর ব্যাকটেরিয়ার প্রবৃদ্ধিতে সাহায্যতা করে; দন্তমল।

plasm [ˈপ্ল্যাজ়ম্] *n* [U] কোষমধ্যস্থ বংশগতি–নিয়ামক উপাদান; প্রাণরস।

plasma [ˈপ্ল্যাজ়মা] *n* (ˈ**blood) ~** [U] রক্তকণিকা–বাহক স্বচ্ছ, হলুদাভ তরলপদার্থ; রক্তরস; রক্তলসিকা।

plas·ter [প্লাːসট া(র্) US ˈপ্ল্যাস্.–] *n* (দেয়ালে লেপ দেওয়ার) আস্তর; পলেস্তারা। ˌ**~ of ˈParis** *n* আদল বা প্রতিমান তৈরি করার কাজে ব্যবহৃত জিপসামের সাদা মণ্ড, যা শুকালে অত্যন্ত কঠিন হয়ে ওঠে; প্যারিস–পলেস্তারা। ˈ**~ cast** *n* **(ক)** ভাঙা বা স্থানচ্যুত অস্থি যথাস্থানে ধরে রাখার জন্য গজ ও প্যারিস পলেস্তারা দিয়ে তৈরি ছাঁচ; পলেস্তারার ছাঁচ। **(খ)** ছোট মূর্তি ইত্যাদি গড়ার জন্য প্যারিস–পলেস্তারার পরিবর্তে জিপসাম ও পুরু কাগজ বা কার্ডবোর্ড দিয়ে তৈরি ফলক; পলেস্তারাফলক। ২ [C] বেদনার উপশম, ক্ষতস্থান ঢাকা ইত্যাদি উদ্দেশ্যে শরীরের অংশবিশেষে লাগানোর জন্য ভেষজদ্রব্যে আস্তীর্ণ বস্ত্রখণ্ড। ৩ (ˈ**sticking-) ~** [U, C] কাটা, ছেঁড়া, পোড়া, ঘা ইত্যাদি ঢেকে রাখার জন্য কিংবা পটি যথাস্থানে ধরে রাখার জন্য কোনো আঠালো পদার্থসম্পৃক্ত সামগ্রীবিশেষ। □*v t* ১ (দেয়াল ইত্যাদিতে) পলেস্তারা/আস্তর করা। ২ **~ sth with sth; ~ sth on sth** (ঘন করে) প্রলেপ দেওয়া: hair ~ed with oil. **~ed** *adj* (কথ্য) মাতাল। **~er** *n* আস্তর–মিস্ত্রি।

plas·tic [ˈপ্ল্যাস্টিক্] *adj* ১ সহজে আকার/মূর্তি দেওয়া যায় বা ছাঁচে ঢালা যায় এমন; নমনীয়; মূর্তিগ্রাহী; রূপকার: a ~ substance; (পণ্য সম্বন্ধে) উক্তরূপ উপাদানে তৈরি; প্লাস্টিক: ~ flowers/ cups/raincoats. ˌ**~ exˈplosive** যে বিস্ফোরক নাশনীয় বস্তুর চারিদিকে সহজে ছড়ানো যায়; নমনীয় বিস্ফোরক। ˌ**~-ˈbomb** উক্তরূপ পদার্থে তৈরি বোমা; প্লাস্টিক বোমা। ২ নমুনা, প্রতিমা ইত্যাদি গড়ার শিল্প–সম্বন্ধী: the ~ arts, রূপকারক শিল্প। ˌ**~ ˈsurgery** (ত্বক ইত্যাদি নিবেশিত করে) শরীরের বিকৃত বা রোগাক্রান্ত অংশের উদ্ধারের জন্য অস্ত্রচিকিৎসা; রূপকারক অস্ত্রচিকিৎসা। ৩ (লাক্ষ.) সহজে প্রভাবিত বা পরিবর্তিত হয় এমন; সুকুমার; নমনীয়: the ~ mind of a child. □*n* [C] প্লাস্টিক (পদার্থ)। **~s** *n pl* **(ক)** বিশেষত সংশ্লেষজাত, সর্জরাত্মক (resinous) নমনীয় পদার্থ, যা উত্তপ্ত অবস্থায় উচ্চচাপে ছাঁচে ঢালা হয় কিংবা বস্ত্রশিল্পে ব্যবহারের জন্য সুতায় রূপান্তরিত করা হয়; প্লাস্টিক উপাদান। **(খ)** (*sing v* সহ) প্লাস্টিকবিজ্ঞান। **~·ity** [প্ল্যা ˈস্টিসাটি] *n* [U] নমনীয়তা; রূপগ্রাহিতা।

plas·ti·cine [ˈপ্ল্যাস্টিসীন্] *n* [U] (P) বিদ্যালয়ে প্রতিমা গড়ার কাজে ব্যবহৃত কর্দমসদৃশ পদার্থ, যা দীর্ঘ সময় ধরে নরম থাকে; প্লাস্টিসিন।

plate[1] [প্লেইট্] *n* ১ [C] বাসন; থালা; রেকাবি: a dinner/soup ~; a ~ of chicken curry. **hand/give sb sth on a ~.** (কথ্য) সহজলভ্য করে দেওয়া; মুখে তুলে দেওয়া। **on one's ~** হাতে (কাজ ইত্যাদি): I've a lot/enough on my ~. ˈ**~-rack** বাসনকোসন ধোয়ার পর পানি ঝরানোর জন্য যে তাকে রাখা হয়; বসানকোসনের তাক। ২ [C] গির্জায় অর্থসংগ্রহের জন্য অনুরূপ (সাধা. ধাতব) পাত্র; ভাণ্ড: put a dime in the ~. ৩ [U] (সমষ্টিগত) সোনা বা রুপার তৈজসপত্র: a fine piece of ~, ঐরূপ তৈজসপত্রের যে কোনো একটি। দ্র. plate[2] (২). ˈ**~-powder** *n* [U] থালাবাসন মাজার গুঁড়া। ৪ [C] ধাতু, কাচ ইত্যাদির পাত: ˈboiler ~s, স্থালী–পাত। ˌ**~-ˈglass** দরজা, জানালা, আয়না ইত্যাদির জন্য অতি স্বচ্ছ, পুরু কাচের ফলক; আয়নার কাচ। ৫ [U, C] আলোকচিত্রশিল্পে ব্যবহৃত সুবেদী প্রলেপযুক্ত কাচের ফলকবিশেষ; পাত: ˈwhole-~, ˈhalf-~, ˈquarter-~, এই ধরনের পাতের প্রচলিত আকার পরিমাণ। ৬ [C] (নামের) ফলক। ৭ ধাতু, প্লাস্টিক, রাবার ইত্যাদির যে ফলক থেকে বইয়ের পৃষ্ঠা মুদ্রিত হয়; (গ্রন্থমধ্যে আলাদাভাবে মুদ্রিত) চিত্র; প্লেট। ৮ ˈ**dental ~** (denture নামেও পরিচিত) মাঢ়ির ছাঁদে গড়া, নকল দাঁতযুক্ত পদার্থের খণ্ড; নকল দন্তপংক্তি। ৯ [C] ঘোড়দৌড়ের পুরস্কার হিসাবে প্রদত্ত রুপা বা সোনার কাপ; ঘোড়দৌড়। ১০ (বেইসবলে) যে পক্ষ ব্যাট করে তাদের নিজস্ব সীমানা (অপিচ **home ~**)। ˈ**~·ful** [–ফুল্] *n* এক থালা; বাসনভর্তি।

plate[2] [প্লেইট্] *vt* **~ (with)** ১ (বিশেষত জাহাজ) ধাতব পাতে আচ্ছাদিত করা। ২ (অন্য ধাতু) সোনা, রুপা, তামা বা রাংতায় মোড়া: gold-~d dishes; silver-~d spoons.

pla·teau [ˈপ্ল্যাটৌ US প্ল্যাˈটৌ] *n* (*pl* ~s বা ~x [–টৌজ়্]) মালভূমি।

plate·layer [ˈপ্লেই টলেইআ(র্)] *n* রেললাইন বসানো ও মেরামতের কাজে নিয়োজিত শ্রমিক; রেলস্থাপক।

plat·form [ˈপ্ল্যাট্ফো°ম্] *n* ১ (রেলস্টেশনের) মঞ্চ; প্লাটফর্ম। ২ (বক্তৃতা ইত্যাদির) মঞ্চ; মঞ্চমণ্ডপ। ৩ রাজনৈতিক দলের কর্মসূচি; মঞ্চ।

plat·ing [প্লেইটিঙ্] *n* [U] (বিশেষত) সোনা, রুপা ইত্যাদির পাতলা আবরণ; গিলটি; কলাই।

plati·num [ˈপ্ল্যাটিনাম] *n* [U] (রস.) অলঙ্কারশিল্পে এবং অন্য ধাতুর সঙ্গে সঙ্কররূপে যন্ত্রশিল্পে ব্যবহৃত পাংশুবর্ণ, চিরঅম্লান ধাতুবিশেষ (প্রতীক Pl); প্লাটিনাম। ˌ**~ ˈblonde** (কথ্য) স্বাভাবিক রজতশুভ্র কেশবিশিষ্ট নারী; রজতকেশী।

plati·tude [ˈপ্ল্যাটিটিউড্ US –টূড্] *n* ১ বহুশ্রুত স্বতঃসিদ্ধ উক্তি, বিশেষত যখন তা অভিনব উক্তিরূপে উচ্চারিত হয়; মামুলি কথা। ২ [U] মামুলিত্ব। **plati·tudi·nous** [প্ল্যাটিˈটিউডিনাস্ US –টূডানাস্] *adj* স্বতঃপ্রমাণ; মামুলি: platitudinous remarks.

Pla·tonic [প্লাˈটনিক্] *adj* প্লেটো বা তাঁর শিক্ষাসম্বন্ধীয়; প্লেটোনিক: ~ love/friendship, নিষ্কাম প্রেম/বন্ধুত্ব।

pla·toon [ˈপ্লাটূন্] *n* একজন লেফটেনান্টের অধীনে সেনাবাহিনীর এককরূপে সক্রিয় সেনাদল; কোম্পানির উপবিভাগ; পল্টন।

plat·ter [ˈপ্ল্যাটা(র্)] *n* (US) খাদ্য; বিশেষত মাছমাংস পরিবেশন করার জন্য বড়ো; অগভীর পাত্রবিশেষ; কোশন; (GB পুরা.) প্রায়শ কাঠের তৈরি চেটালো পাত্র; বারকোশ।

platy·pus [ˈপ্ল্যাটিপাস্] *n* (*pl* -es) [–প সিজ়্] (ˈ**duck-billed)** ˈ**~** (duckbill নামেও পরিচিত) অস্ট্রেলিয়ার ডিম্বজ ক্ষুদ্র স্তন্যপায়ী প্রাণীবিশেষ; হংসচঞ্চু।

plau·dit [ˈপ্লো°ডিট্] *n* (সাধা. *pl*) অনুমোদনসূচক চিৎকার, করতালি বা অন্য সঙ্কেত; প্রশংসাধ্বনি; জয়শব্দ।

plaus·ible [ˈপ্লোজ়াবল্] *adj* ১ আপাতদৃষ্টিতে যথার্থ বা যুক্তিসঙ্গত; সত্যসঙ্কাশ; সত্যাভাসরূপ; সত্যপ্রতিম; আপাতগ্রাহ্য: a ~ excuse/explanation. ২ (ব্যক্তি সম্বন্ধে) প্রত্যয়ার্হ যুক্তি ইত্যাদি উপস্থাপনে নিপুণ; ব্যপদেশকুশল; অজুহাতসন্ধানী: a ~ rogue. **plaus·ibly** [–জ়াব্লি] *adv* আপাতগ্রাহ্যরূপে।

plausi·bil·ity [ˌপ্লোজ়াˈবিলাˈটি] *n* [U] আপাত-গ্রাহ্যতা, সত্যাভাস; [C] (*pl* -ties) আপাতগ্রাহ্য অজুহাত, ব্যপদেশ, যুক্তি ইত্যাদি।

play[1] [প্লেই] *n* ১ [U] খেলা; ক্রীড়া; খেলাধুলা; ক্রীড়াকৌতুক; পরিহাস: He said it only in ~. **a ~ on words** কথার খেলা; শ্লেষ; শ্লেষোক্তি। ˈ**child's-~** *n* [U] বালক্রীড়া; ছেলেখেলা। ˈ**~-box** in খেলনার ঝাঁপি। ˈ**~-boy** *n* প্রধানত বিলাসব্যসনের প্রতি আসক্ত ধনাঢ্য যুবক; ব্যসনবিলাসী। ˈ**~-fellow/mate** *nn* ক্রীড়াসহচর; খেলার সাথী; মর্মসখা। ˈ**~-ground** *n* ক্রীড়াঙ্গন; খেলার মাঠ (নীচে playing field তুল)। ˈ**~-group** *n* = ~-school. ˈ**~-pen** *n* ছোট ছোট শিশু ভিতরে খেলা করতে পারে এরকম সুবহ আবেষ্টনী; খেলার ঝাঁপি। ˈ**~-room** *n* (গৃহমধ্যে) খেলাঘর। ˈ**~-school** *n* কারো তত্ত্বাবধানে নিয়মিতভাবে ক্রীড়ারত শিশুর দল; খেলার স্কুল। ˈ**~-suit** *n* খেলার সময়ে (যেমন সমুদ্রসৈকতে) শিশুদের পরিধেয় ঢিলা পোশাক; খেলার পোশাক। ˈ**~-thing** *n* খেলনা; (লাক্ষ.) ক্রীড়নক। ˈ**~-time** খেলার সময়। ২ [U] খেলার ধরন/অনুষ্ঠান; খেলা; ক্রীড়া: We hope there will be no rough ~ in today's football. **in/out of ~** (ফুটবল, ক্রিকেট ইত্যাদিতে বল সম্বন্ধে) খেলার বিধি অনুযায়ী যেখানে থাকতে পারে সেখানে না থাকা। **fair ~** (লাক্ষ.) ন্যায়নীতি; সকলের জন্য সমঅবস্থা ও সমব্যবহার; সমদর্শিতা; সমনীতি: He saw fair ~, তিনি সমদর্শিতা নিশ্চিত করেন। **foul ~** নিয়মবিরুদ্ধ খেলা; (লাক্ষ.) বিশ্বাসঘাতকতা; হিংসাত্মক কার্যকলাপ। ৩ [U] (দাবা ইত্যাদি খেলায়) চাল: It's his ~. ৪ জুয়া; জুয়াখেলা: high ~, চড়া বাজির খেলা। ৫ [C] নাটক; the ~s of Bernard Shaw. We went to ~ this evening. **as good as a ~** ভারী মজার। ˈ**~-acting** [U] *n* নাট্যাভিনয়; (লাক্ষ.) ভাব; ব্যপদেশ। ˈ**~-action** *n* (প্রা. প্র.) অভিনেতা; নাট্যাভিনেতা। ˈ**~-bill** *n* নাটকের বিজ্ঞাপন। ˈ**~-goer** [-গৌআ(র্)] *n* যে ব্যক্তি প্রায়ই নাটক দেখতে যায়; নাট্যামোদী। ˈ**~-house** *n* রঙ্গালয়; রঙ্গমঞ্চ। ˈ**~-wright** *n* নাট্যকার। ৬ [U] হালকা; ক্ষিপ্র; অস্থির গতিচাঞ্চল্য; খেলা: the ~ of sunlight upon water. ৭ [U] অবাধ সহজ গতি; অবকাশ; প্রসর: allow full ~ to one's curiosity; a knot with too much ~, অত্যন্ত ঢিলা গিঁট। ৮ [U] কার্যকলাপ; ক্রিয়াকলাপ: the ~ of forces. **be in full ~** পূর্ণভাবে সক্রিয়/তৎপর হওয়া। **bring into ~** ব্যবহার করা; ক্রিয়াশীল/সক্রিয় করা। **come into ~** ক্রিয়া/কাজ করা; সক্রিয় হওয়া।

play[2] [প্লেই] *vt,vi* (*pt,pp* ~ed [প্লেইড়] (*adv pant* ও *preps*-সহ বিশিষ্ট প্রয়োগ নীচে ১৫-তে দ্র.) ১ খেলা; খেলা/ক্রীড়া করা; মজা/আমোদ/কৌতুক করা। **~ with** কোনো কিছুর সঙ্গে খেলা করা: ~ with the kitten. ২ **~ (at doing sth)** ভান করা; খেলা: ~ (at being) pirates, দস্যু দস্যু খেলা। ৩ **~ joke/prank/trick (on sb)** কৌতুক/ঠাট্টা/তামাশা/ চালাকি করা; ঠকানো। ৪ খেলতে পারা; খেলায় অংশগ্রহণ করা; খেলা: He ~s football; He will ~ me at chess/~ chess with me. ৫ **~ (as/at)** বিশেষ অবস্থানে খেলা: ~ (as/at) centre half; ~ in goal/as goalkeeper. **~ sb (as/at)** খেলতে দেওয়া: We shall ~ him as centre forward. ৬ (ক্রিকেট, ফুটবল ইত্যাদিতে) (বল) মারা: ~ the ball to mid-on; ~ (the ball) on to one's own wicket. **~ ball (with)** (লাক্ষ. কথ্য) সহযোগিতা করা: He has agreed to ~ ball. (ক্রিকেটে মাঠ সম্বন্ধে) খেলার জন্য ভালো, মন্দ ইত্যাদি অবস্থায় থাকা: The pitch does not ~ well. ৭ (দাবায় ঘুঁটি) চালা: ~ a pawn; (হুইস্ট, ব্রিজ ইত্যাদি খেলায়) তাস মারা/ ছাড়া/ ছোঁড়া: ~ one's ace of spade/trump. **~ one's cards well/badly** (লাক্ষ.) সুযোগের সদ্ব্যবহার করা/না করা। ৮ **~ fair** বিধিসম্মতভাবে খেলা; সাধুতাপূর্ণ আচরণ করা। **~ hard** (খেলোয়াড় সম্বন্ধে) প্রাণপণে খেলা। **~ the ball, not the man** বলে আঘাত করা; প্রতিদ্বন্দ্বীকে নয়। **~ the game** খেলার নিয়ম মেনে চলা; (লাক্ষ.) ন্যায়নীতি বজায় রাখা; সদাচারবিধি মেনে চলা। ৯ (বাদ্যযন্ত্র) বাজানো; (বাজনা) বাজানো; (রেকর্ডপ্লেয়ার, টেপরেকর্ডার ইত্যাদি) বাজানো: ~ the piano/accordian, etc. We are ~ing a jazz disc. **~ sth back** (সঙ্গীত, বক্তৃতা ইত্যাদি) ধারণ করার পর পুনরায় বাজানো: The episode will be ~ed back after recording. ˈ**~-back** *n* (ক) টেপরেকর্ডারে ধারণকৃত কথা, সুর ইত্যাদি পুনরায় বাজানোর জন্য যান্ত্রিক কৌশল; পুনর্বাদন। (খ) যে সময়ে উক্তরূপে কোনো কিছু পুনরায় বাজানো হয়; পুনর্বাদন। **~ second fiddle (to sb),** দ্র. fiddle. **~ sth by ear/at sight,** দ্র. ear[1] (২), sight[1] (২) ভুক্তিতে at/on sight. **~ it cool,** দ্র. cool[1] (৫). ১০ মঞ্চস্থ করা; ভূমিকায় অভিনয় করা: ~ 'Hamelet'; ~ Othelo. 'Tempest' is now ~ing at the National Theatre. **~ the fool** বোকার মতো কাজ করা। **~ the man** পুরুষের মতো আচরণ করা; পুরুষোচিত হওয়া। **~ a (big/small, etc) part (in sth),** দ্র. part[1] (৪). ১১ অস্থির বা চঞ্চলভাবে নড়াচড়া করা; (আলো) ফেলা; খেলা: sunlight ~ing on the water. My fancy ~ed round the idea of becoming an actor. We ~ed coloured lights on the lake. ১২ নিরবচ্ছিন্নভাবে কাজ করা বা চালু থাকা; অবিচ্ছিন্ন ধারায় (জল ইত্যাদি) নিক্ষেপ করা: The fountains did not ~ this week-end. The workers ~ed the fire hoses to put out the fire. ১৩ **~ (sth) on/upon sth** (বন্দুক ইত্যাদি) দাগা: P~ the guns upon the ship. ১৪ **~ a fish** (বড়শিতে) মাছ খেলানো। ১৫ (*adv phrase* ও *preps*-সহ বিশিষ্ট প্রয়োগ): **~ at sth** (ক) উপরে ২, ৫ দ্র.; হেলাফেলার সঙ্গে বা কেবল আমোদের জন্য রত থাকা: They are not fighting, they are only ~ing at fighting, তারা যুদ্ধ যুদ্ধ খেলছে। **~ sth back** □উপরে ৯ দ্র.। **~ down to sb** সমর্থন বা আনুকূল্য লাভের আশায় কারো সঙ্গে ইচ্ছাকৃতভাবে এমন আচরণ করা বা এমনভাবে কথা বলা যাতে সে হীনমন্যতা বোধ না করে। **~ sth down** গুরুত্ব ছোট করে দেখা বা দেখানো। **~ sb in; play sb into a place** কারো আগমন উপলক্ষে বাজনা বাজানো; বাদ্যধ্বনিসহকারে অভ্যর্থনা জানানো। **~ into sb's hands/the hands of sb** নিজের আচরণের দ্বারা অন্যের সুবিধা করে দেওয়া; নিজের দোষে অন্যের পথ সুগম করা: He ~ed into the hands of his enemy. **~ one person off against another** (নিজের সুবিধার জন্য) একজনকে আরেকজনের বিরুদ্ধে লাগিয়ে দেওয়া। **~ (sth) off** (খেলা অমীমাংসিতভাবে শেষ হলে) আবার খেলা: ~ off a draw/tie. ˈ**~-off** *n* নিষ্পত্তিমূলক খেলা। **~ on/upon sth** কারো অনুভূতি, সহানুভূতি ইত্যাদি জাগানোর বা এসবের সুযোগ নেবার চেষ্টা করা: Don't try to ~ on my feelings. ~

on/upon words শব্দ নিয়ে খেলা। **play sth out** (সাধা. লাক্ষ.) শেষ অবধি খেলা: The conflict between the two rival groups is not yet ~ed out. **be ~ed out** নিঃশেষিত/অবসন্ন/চলচ্ছক্তি রহিত হওয়া; কোনো কিছুর প্রয়োজন ফুরিয়ে যাওয়া; সেকেলে হয়ে যাওয়া: When we reached our destination; our horses were ~ed out. The theory is already ~ed out. **~ up (ক)** (বিশেষত imper) (খেলাধুলা) বিক্রমের সঙ্গে/জোরসে খেলা। **(খ)** (কথ্য) দুষ্টামি/অসদাচরণ করা: He won't let the boys ~ up. **~ sth up** অত্যধিক গুরুত্ব দেওয়া: Don't let her ~ up her domestic troubles. (কিছু না করার অজুহাত রূপে দাঁড় করানো। **~ (sb) up** (কথ্য) জ্বালাতন করা; পীড়া দেওয়া: The migraine is ~ing her up again. **~ up to sb (ক)** অন্য অভিনেতার অভিনয়ে সহায়তা হয় এমনভাবে অভিনয় করা। **(খ)** (কথ্য) (অনুগ্রহ লাভের জন্য) স্তাবকতা করা: You always ~ up to your superiors. **~ with sb (ক)** উপরে ১ ও ৪ দ্র.। **(খ)** তুচ্ছতাচ্ছিল্য/হেলাফেলা করা; (লঘুচিত্তে) নাড়াচাড়া করা: Don't ~ with the young girl's affection. I am ~ing with the idea of writing an autobiography.

player [ˈপ্লেইঅ(র্)] *n* ১ খেলোয়াড়। ২ অভিনেতা; নট। ৩ বাদক; ধারণকৃত সুর বা কথা বাজানোর জন্য যান্ত্রিক কৌশল: a ˈrecord-~. ˈ**~-piano** *n* স্বয়ংক্রিয়ভাবে বাজানোর কৌশলযুক্ত পিয়ানোবিশেষ।

play·ful [ˈপ্লেইফ্‌ল্] *adj* কৌতুকপূর্ণ; সকৌতুক; লীলাপর; ক্রীড়াপর; ক্রীড়াপরায়ণ: a ~ as a kitten; a ~ manner. **~·ly** [-ফ়লি] *adv* সকৌতুকে, পরিহাসচ্ছলে, ক্রীড়াচ্ছলে ইত্যাদি। **~·ness** *n* কৌতুকপ্রবণতা, পরিহাসপরায়ণতা, লীলাপরতা ইত্যাদি।

play·ing [ˈপ্লেইইঙ্] *n* ˈ**~-card,** দ্র. card[1] (৩). ˈ**~-field** *n* খেলার মাঠ।

play·let [প্লেই লিট্] *n* নাটিকা।

plaza [ˈপ্লা:জ়া US ˈপ্ল্যাজ়া] *n* বাজার; (বিশেষত স্পেনীয় শহরে) খোলা চত্বর।

plea [প্লী] *n* [C] (আইন.) ১ (অভিযুক্ত ব্যক্তির) কৈফিয়ত; জবাব; উত্তরবাদ। ২ অনুরোধ; অনুনয়: ~s for money. ৩ অজুহাত; ব্যপদেশ; ওজর: on the ~ of illness.

pleach [প্লীচ্] *vt* পরস্পরবিজড়িত করা: ~ed hedges.

plead [প্লীড্] *vt,vi* (*pt,pp* ~ed বা (US) pled [প্লেড্]) ১ (আইন.) **~ for/against sb** কারো পক্ষে ওকালতি করা। **~ guilty/not guilty** অপরাধ স্বীকার/অস্বীকার করা। ২ (আইন.) (আইনজ্ঞ সম্বন্ধে) মামলা/মোকদ্দমা উপস্থাপিত/পেশ করা; ওজর/ব্যপদেশরূপে উপস্থাপন করা: Who is ~ing your case? to ~ insanity. ৩ **~ (with sb) (for sth/to do sth)** অনুনয়বিনয়/কাকুতি মিনতি করা: ~ (with sb) for money. ৪ ব্যাখ্যা বা অজুহাত রূপে উপস্থিতকরা: The burglar ~ed poverty. ৫ সপক্ষে যুক্তিবিস্তার/ওকালতি করা; পক্ষ সমর্থন করা: ~ the cause of the political prisoners. **~·ings** *n pl* (আইন.) নালিশের (সাধা. লিখিত) আরজি বা জবাব; উত্তরবাদ। **~·ing·ly** *adv* সানুনয়ে, পক্ষসমর্থনপূর্বক ইত্যাদি।

pleas·ant [ˈপ্লেজ়্‌ন্ট্] *adj* সুখাবহ; মনোরম; মনোজ্ঞ; সুখদ; সুখকর; সুপ্রিয়: a ~ evening/taste/companion etc; ~ to the taste, রচনারোচক।

pleas·ant·ry [ˈপ্লেজ়ন্‌ট্রি] n (*pl* -tries) ১ [U] রসিকতা; পরিহাসপ্রবণতা। ২ [C] নর্মোক্তি; পরিহাস; হাস্যকৌতুক।

please [প্লীজ়্] *vi,vt* ১ (imper) (if you ~-এর সংক্ষেপ) দয়া/মেহেরবানি/অনুগ্রহ করে: A tea, ~. ২ খুশি/সুখী/সন্তুষ্ট/পরিতুষ্ট করা: You cannot ~ everybody. He will be ~d to come. ˌ**P~ yourˈself** আপনার যা ভালো লাগে করুন। ৩ ভালো/যোগ্য/উপযুক্ত/যথোচিত/উচিত মনে করা: Do as you ~. ৪ **if you ~** (এমন যুক্তিসঙ্গত আর কিছুই হতে পারে না, এই শ্লেষাত্মক ব্যঞ্জনাসহ ব্যবহৃত হয়): 'And now, if you ~, I'll work for you without getting anything in return!' এটাই আপনার অভিরুচি! **~ God** ঈশ্বর চাইলে। **~d** *adj* খুশি; প্রসন্ন; আনন্দিত; পরিতুষ্ট: She looks ~d with herself. **pleas·ing** *adj* সুখদায়ক; রমণীয়; প্রীতিকর; প্রীতিপ্রদ। **pleas·ing·ly** *adv* সুখদায়কভাবে, রমণীয়ভাবে ইত্যাদি।

pleas·ure [ˈপ্লেজ়া(র্)] *n* ১ সুখ; সৌখ্য; প্রীতি; আনন্দ; তুষ্টি; পরিতোষ; আমোদ; আহ্লাদ; ভোগসুখ: It gives me great ~ to write to you. a life given to ~, ভোগাসক্ত জীবন। **take (no/great, etc) ~ in sth** সুখ/আনন্দ/মজা পাওয়া: He takes great ~ in annoying his friends. ˈ**-boat/-craft** *n* প্রমোদতরী; প্রমোদযান। ˈ**~-ground** *n* প্রমোদোদ্যান; বিলাসকানন; বিনোদনভূমি। ২ [U] ইচ্ছা; অভিরুচি: You may come at your ~. May I consult your ~? ৩ [C] সুখদায়ক বস্তু; আনন্দ; সুখ: the ~s of friendship. **pleas·ur·able** [ˈপ্লেজ়ারাব্‌ল্] *adj* সুখাবহ; প্রীতিপ্রদ। **pleas·urably** [-রাব্‌লি] সুখাবহরূপে ইত্যাদি।

pleat [প্লীট্] *n* (কাপড়ের) ভাঁজ; পাট; পুট। □*vt* পুট তৈরি করা: ~ed skirt.

pleb [প্লেব্] *n* plebeian-এর কথ্যসংক্ষেপ।

pleb·eian [প্লিˈবীআন্] *n,adj* (মূলত প্রাচীন রোমে) সমাজের নিম্নশ্রেণীভুক্ত মানুষ, প্রাকৃতজন, ইতরজন; উক্ত শ্রেণীসম্বন্ধী, অবরবর্ণ, প্রাকৃত, অন্ত্যবর্ণ; ইতর; পামর; নীচ।

plebi·scite [ˈপ্লেবিসিট্ US -সাইট্] *n* [C] সকল যোগ্য নাগরিকের ভোট; ঐরূপ ভোটে কোনো রাজনৈতিক প্রশ্নের মীমাংসা; গণভোট।

plec·trum [ˈপ্লেক্‌ট্রাম্] *n* কোনো কোনো তারযুক্ত বাদ্যযন্ত্রের (যেমন গিটার, সেতার) তার টানার জন্য অঙ্গুলিসংলগ্ন ধাতু, হাড় বা হাতির দাঁতের খণ্ড; মিজরাব; অঙ্গুলিত্র।

pled [প্লেড্] দ্র. plead.

pledge [প্লেজ্] *n* ১ [C] জামানত; ন্যাস; পণ; বন্ধক; বন্ধকীদ্রব্য; খত; তমসুক। ২ [U] বন্ধক থাকার অবস্থা; বন্ধক; জামানত: goods lying in ~; put/hold sth in ~. ৩ [U] ভালোবাসা, অনুমোদন ইত্যাদির চিহ্নস্বরূপ প্রদত্ত কোনো কিছু; অভিজ্ঞান নিদর্শন: a ~ of friendship; (লাক্ষ.) the ~ of their youthful ~, তাদের সন্তান। ৪ [U] অঙ্গীকার; প্রতিশ্রুতি; প্রতিজ্ঞা: under ~ of secrecy. **take/sign the ~** (বিশেষত সুরাপান থেকে বিরত থাকার লিখিত) প্রতিশ্রুতি দেওয়া/সই করা; মুচলেকা দেওয়া। □*vt* ১

বন্ধক/জামানত রাখা; পরিগণিত করা। ২ প্রতিজ্ঞা/অঙ্গীকার করা; প্রতিশ্রুতি দেওয়া; অঙ্গীকারাবদ্ধ/প্রতিশ্রুতিবদ্ধ হওয়া: be ~d to secrecy; ~ one's word/honour. ৩ স্বাস্থ্য কামনা করে মদ্যপান করা: ~ the bride and bridegroom.

ple·nary [ˈপ্লীনারি] *adj* ১ (ক্ষমতা, কর্তৃত্ব সম্বন্ধে) সম্পূর্ণ; পরিপূর্ণ; সীমাহীন; অবাধ। ২ (সভা সম্বন্ধে) যাদের উপস্থিত থাকার অধিকার আছে, তাদের সকলের উপস্থিতিতে; পূর্ণ; পূর্ণাঙ্গ: a ~ session. **plen·ar·ily** [ˈপ্লীনারালি] *adv* পূর্ণভাবে; পূর্ণাঙ্গরূপে।

pleni·po·ten·tiary [ˌপ্লেনিপাˈটেন্শারি] *n* (*pl*-ries), *adj* পূর্ণক্ষমতাপ্রাপ্ত (প্রতিনিধি, রাষ্ট্রদূত প্রভৃতি); পূর্ণশক্তিক।

pleni·tude [ˈপ্লেনিটিউড US –টূড্] *n* (শুধু *sing*) (আনুষ্ঠা.) পরিপূর্ণতা; প্রাচুর্য: in the ~ of one's powers.

plen·teous [ˈপ্লেন্টিআস্] *adj* (প্রধানত কাব্যিক) প্রচুর। **~·ly** *adv* প্রচুরভাবে।

plen·ti·ful [ˈপ্লেন্টিফ়ল্] *adj* প্রচুর; অপর্যাপ্ত; বহুল। **~·ly** [–ফ়ালি] *adv* প্রচুরভাবে; পর্যাপ্তরূপে।

plenty [ˈপ্লেন্টি] *n* [U] **~ (of)** প্রচুর; অঢেল; ঢের: ~ of eggs; five will be ~, পাঁচটিই যথেষ্ট। **in ~** প্রচুর পরিমাণে। ❑*adv* (কথ্য) বেশ; যথেষ্ট: It's ~ good enough.

plenum [ˈপ্লীনাম্] *n* ১ সম্পূর্ণরূপে বস্তুপূর্ণ স্থান। ২ (সকল সভ্যের উপস্থিতিতে) পূর্ণাঙ্গ অধিবেশন।

pleo·nusm [ˈপ্লিআন্যাজ়্ম্] *n* [C, U] অর্থপ্রকাশের জন্য প্রয়োজনাতিরিক্ত শব্দব্যবহার (যেমন 'each of the two twins'); শব্দাতিশয়; শব্দাতিরেক।

pleth·ora [ˈপ্লেথারা] *n* (আনুষ্ঠা.) ১ অতিপ্রাচুর্য; আতিশয্য। ২ (চিকি.) রক্তে লালকণিকার আধিক্যজনিত রোগ; রক্তসিক্ত।

pleur·isy [ˈপ্লু আরাসি] *n* [U] কণ্ঠ ও ফুসফুসের সূক্ষ্ম ঝিল্লির প্রদাহজনিত গুরুতর ব্যাধি; বক্ষোগ্রহ।

plexus [ˈপ্লেক্সাস্] *n* (*pl* -es [–সাসি জ়্] অথবা ~) (ব্যব.) তন্তু বা রক্তবাহসমূহের বয়নবিন্যাস; কুণ্ডল; জালক: the solar ~, নাভিকুণ্ড।

pli·able [ˈপ্লাই আবল্] *adj* সহজে বাঁকানো, পেঁচানো বা আকারপ্রদান করা যায় এমন; (মন সম্বন্ধে) সহজে প্রভাবিত হয় এমন; সুনম্য; আনম্য; প্রভাবোন্মুখ। **pli·abil·ity** [ˌপ্লাইআˈবিলাটি] *n* [U] সুনম্যতা; প্রভাবোন্মুখতা।

pli·ant [ˈপ্লাইআন্ট্] *adj* সুনম্য; সুখনম্য। **~·ly** *adv* সুনম্যভাবে ইত্যাদি। **pli·ancy** [ˈপ্লাইআন্সি] *n* সুনম্যতা ইত্যাদি।

pli·ers [ˈপ্লাই আজ়্] *n pp* **(pair of) ~** সাঁড়াশি; পাক–সাঁড়াশি; প্লাস।

plight[1] [প্লাইট্] *n* গুরুতর ও কঠিন অবস্থা; দশা; দুর্দশা; দুরবস্থা।

plight[2] [প্লাইট্] *vt* (কেবলমাত্র) **~ one's troth** বাগ্‌দত্ত বা বাগ্‌দত্ত হওয়া।

Plim·soll [ˈপ্লিম্সাল্] *n* **ˈ~ line/mark** জাহাজ বোঝাই অবস্থায় আইনত কতোখানি নিমজ্জিত হতে পারবে, জাহাজের খোলের বহির্দেশে তার সূচক রেখা বা চিহ্ন; সর্বোচ্চ নিমজ্জনরেখা।

plim·solls [ˈপ্লিম্স ল্জ়্] *n pl* রাবারের তলাযুক্ত চটি বা কেম্বিসের পাদুকাবিশেষ (US = sneakers); খেলার জুতা।

plinth [প্লিন্থ্] *n* স্তম্ভ বা ভাস্কর্যের তলদেশস্থ চতুষ্কোণ ভিত্তি; স্তম্ভপীঠ; (মূর্তির) বেদিকা।

plod [প্লড্] *vt,vt* (-dd) শ্রান্তভাবে, ধীরে ধীরে, ক্রমাগত এগিয়ে চলা বা কিছু করা: ~ on one's way, পরিশ্রান্তভাবে অবিরাম পথ চলা: ~ away at a dull task, নীরস কাজে অবিরাম লেগে থাকা; কাজের ঘানি টানা। **~·der** *n* যে ব্যক্তি উক্তরূপে চলে বা কাজ করে; আয়াসগামী; মন্থর অথচ একনিষ্ঠ ব্যক্তি, নিত্যোদ্যোগী, নিত্যশ্রমী। **~·ding·ly** *adv* ঠেলে ঠেলে, অতিক্লেশে মন্থরগতিতে ইত্যাদি।

plonk[1] [প্লঙ্ক্] *n* (বিশেষত তরলপদার্থে) কোনো কিছু পতনের শব্দ; টুপ টুপ। ❑*adv* টুপ করে। ❑*vt* ~ **(down)** টুপ করে ফেলে দেওয়া।

plonk[2] [প্লঙ্ক্] *n* [U] (অপ.) সস্তা মদ।

plop [প্লপ্] *n* [C] ক্ষুদ্র মসৃণ বস্তুর জলে পতনের শব্দ; টুপ। ❑*adv* টুপ করে। ❑*vi* (-pp-) টুপ করা; টুপ করে পড়া।

plo·sive [ˈপ্লৌসি ভ্] *n adj* (ধ্বনি.) স্পৃষ্টধ্বনি; স্পৃষ্ট (যেমন ক, ট, প)।

plot[1] [প্লট্] *n* (সাধা. ছোট) জমি; ভূমিখণ্ড: a building ~; a ~ of vegetables. ❑*vt* (-tt-) ১ নকশা/ মানচিত্র/ রেখাচিত্র অঙ্কন বা তৈরি করা; লেখচিত্রের বিন্দুসমূহ যুক্ত করে নকশায় কোনো কিছুর অবস্থান চিহ্নিত করা: ~ a temperature curve; ~ aircraft movements by radar. ২ **~ (out)** (জমি ইত্যাদি) ক্ষুদ্র ক্ষুদ্র খণ্ডে বিভক্ত করা; খণ্ড করা।

plot[2] [প্লট্] *n* [C] ১ (ভালো বা মন্দ) গোপন পরিকল্পনা; সম্মন্ত্রণা; কুমন্ত্রণা; ষড়যন্ত্র; সাজশ; কূটপ্রবন্ধ: a ~ to eliminate one's rival. ২ (বিশেষত উপন্যাস বা নাটকের ঘটনাপরম্পরার) পরিকল্পনা বা রূপরেখা; বস্তু, কথাবস্তু: secondary ~, প্রতিমুখ। ❑*vt,vi* (-tt-) ষড়যন্ত্র করা; ষড়যন্ত্রে/চক্রান্তে যোগ দেওয়া: ~ with sb against the government. **~·ter** *n* ষড়যন্ত্রকারী।

plough (US = **plow**) [প্লাউ] *n* ১ লাঙল; হল। **put one's hand to the ~** (লাক্ষ.) কাজে হাত দেওয়া। **ˈ~·boy** *n* লাঙল টানার সময়ে ঘোড়াকে পরিচালনার জন্য নিযুক্ত বালক; কৃষকবালক। **ˈ~·man** [–মান্] *n* (*pl* -men) হাল চষে যে; হেলে; হলবাহক। **~-man's ˈlunch** *n* সাধা. সামান্য কিছু সালাদসহ রুটি ও পনির। **ˈ~-share** *n* লাঙলের ফলা বা ফাল। ২ লাঙলসদৃশ যান্ত্রিক কৌশল। **ˈsnow·~** *n* পথঘাট ও রেলপথের উপর থেকে বরফ সরাবার যন্ত্রবিশেষ; বরফের লাঙল। ৩ [U] চষা জমি: 100 acres of ~. ৪ **the P~** (জ্যোতি.) চিত্রশিখণ্ডী;সপ্তর্ষিমণ্ডলী। ❑*vt,vi* ১ **~ (back)** (জমিতে) লাঙল দেওয়া; কর্ষণ করা: ~ a feild; (লাক্ষ.) ~ back the profits of a business, মুনাফা পুনরায় বিনিয়োগ করা। **~ a lonely furrow** (লাক্ষ.) কারো সাহায্য–সহযোগিতা ছাড়া একা করা; একাকী হল চালনা করা। **~ the sand** (লাক্ষ.) পণ্ডশ্রম/বৃথাশ্রম করা। ২ **~ through** বাধাবিপত্তি ঠেলে/অতিক্লেশে অগ্রসর হওয়া: a truck ~ing through heavy snow; ~ through a dull textbook. ৩ (কথ্য) পরীক্ষায় (কোনো পরীক্ষার্থীকে) প্রত্যাখান করা বা ফেল করানো।

plover [ˈপ্লাভা(র্)] *n* সমুদ্রের নিকটবর্তী জলাভূমিতে বিচরণশীল দীর্ঘপদ; খর্বপুচ্ছ পাখিবিশেষ; টিট্টিভ।

plow [প্লাউ] (US) = plough.

ploy [প্লয়] *n* [C] চাল; কূটচাল; ছল; কৈতব।

pluck [প্লাক্] *vt,vi* ১ (হাঁস, মুরগি ইত্যাদির) পালক ছাড়ানো/উৎপাটন করা। ২ (ফুল, ফল ইত্যাদি) তোলা, চয়ন করা। **~ sth out/up** (আগাছা ইত্যাদি) তুলে ফেলা; বাছা; উৎপাটন করা। ৩ **~ at** টানা; টান মারা: The beggar ~ at my shirt-sleeves. ৪ **~ up courage** সাহস সঞ্চয় করা; ভয়কে জয় করা। ৫ (অপ.) (বিশেষত তরুণ বা অনভিজ্ঞ ব্যক্তিতে) ঠকানো; প্রতারিত করা □*n* ১ [U] সাহস; তেজ; বুকের পাটা। ২ [U] উৎপাটিত বস্তু (বিশেষত মৃত পশুর হৃৎপিণ্ড, যকৃৎ ও ফুসফুস)। ৩ [C] হেঁচকা টান। **~y** (-ier, -iest) সাহসী; তেজি। **~ily** [-কিলি] *adv* সাহসের সঙ্গে ইত্যাদি।

plug [প্লাগ] *n* ১ ছিদ্র বন্ধ করার জন্য ব্যবহৃত কাঠ, ধাতু, রাবার ইত্যাদির টুকরা; রোধনী, ছিপি, পিধান (US = stopper)। **ˈ~-hole** রোধনী ছিপি লাগাবার ছিদ্র; নালী (US = drain)। ২ বৈদ্যুতিক সংযোগ স্থাপনের জন্য ছিপিবিশেষ; রোধনী; প্লাগ: a three-/ two-pin~, তিন/দুই কাঁটার রোধনী, দ্র. spark[1] ভুক্তিকে sparking-~. ৩ চাপ প্রয়োগে সঙ্কুচিত বা পাকানো তামাকের পিণ্ড; চিবানোর জন্য উক্ত পিণ্ডের কর্তিত অংশ; তামাকের দলা। ৪ (অপ.) (বেতার বা টেলিভিশনের অনুষ্ঠানে) কোনো পণ্যের অনুকূল প্রচারণা। নীচে ৫ দ্র.। □*vt,vi* (-gg-) ১ **~ (up)** ছিপি আঁটা; রোধনী লাগানো: ~ a beak. ২ (কথ্য) **~ away at** (কোনো কাজে) প্রচণ্ড পরিশ্রম করা; খাটা। ৩ **~ (sth) in** প্লাগ লাগানো: ~ in the refrigerator. ৪ (US অপ.) মারা; গুলি করা। ৫ (অপ.) পুনঃপুন: প্রচারের দ্বারা (কোনো কিছু) সুপরিচিত করা।

plum [প্লাম্] *n* ১ আলুবোখারা; আলুচা; আলুবোখারার গাছ। ২ **ˈ~ cake** কিশমিশ, মোনাক্কা ইত্যাদি শুষ্ক ফলযুক্ত কেক; খোরমান। **ˌ~ ˈduff** কিশমিশ, মোনাক্কা ইত্যাদি যুক্ত সিদ্ধ পুডিং। **ˌ~-ˈpudding** শুষ্ক ফল ও মশলাযুক্ত সিদ্ধ পুডিং —বড়োদিনের ঐতিহ্যিক খাবারের অংশ। ৩ (কথ্য) উৎকৃষ্ট ও কাম্য বলে বিবেচিত কোনো কিছু; মোটা মাইনের চাকরি; লোভনীয়/শাঁসালো পদ।

plum·age [ˈপ্লুমিজ্] *n* [U] পাখির পালক; পালকভার; পুচ্ছ: birds in their colourful ~.

plumb [প্লাম্] *n* জলের গভীরতা নির্ণয় কিংবা প্রাচীরের উল্লম্বতা পরীক্ষার জন্য দড়ির সঙ্গে বাঁধা সীসার খণ্ড বা বল; ওলন; ওলনদড়ি (a **ˈ~-line**)। **out of ~** উল্লম্ব নয়। *adv* ১ ঠিক, যথাযথভাবে। ২ (US কথ্য) রীতিমতো: ~ crazy. □*vt* (লাক্ষ.) মূলে পৌঁছা; কিনারা করা: ~ the depths of a mystery.

plum·bago[1] [প্লাম্ˈবেইগেৌ] *n* [U] কালো পদার্থবিশেষ, যা পেন্সিলের সীসরূপে ব্যবহৃত হয়; কৃষ্ণসীস; সুর্মা পাথর।

plum·bago[2] [প্লাম্ˈবেইগৌ] *n* (*pl* -s [-গোজ্]) নীল পুষ্পবিশিষ্ট উদ্ভিদবিশেষ।

plumber [ˈপ্লাম া(র্)] *n* জলের কল, চৌবাচ্চা ইত্যাদি স্থাপন ও সংস্কারের কাজে দক্ষ শ্রমিক; সীসকার; পানির মিস্ত্রি।

plumb·ing [ˈপ্লামিঙ্] *n* [U] ১ জলের কল, চৌবাচ্চা ইত্যাদি স্থাপন বা মেরামত কাজ; সীসকারি; কোনো ভবনের জলের পাইপ, চৌবাচ্চা, উদকাধার ইত্যাদি; পানিব্যবস্থা।

plume [প্লুম্] *n* ১ বিশেষত শোভাকরণের জন্য বড়ো আকারের পালক; পুচ্ছ। ২ পালকের অলঙ্কার; চূড়া, শিখা। ৩ পালকের সঙ্গে সাদৃশ্যবহ কোনো কিছু; পুচ্ছ: a ~ of smoke/steam. **borrowed ~s** (লাক্ষ.) ধার-করা পোশাক; পরধন। □*vt* (পাখি সম্বন্ধে) পালক মসৃণ করা; (নিজেকে বা পাখা) খুঁটে পরিপাটি করা। **~ oneself (on sth)** (লাক্ষ.) নিজেকে সৌভাগ্যবান জ্ঞান করা; গৌরব বোধ করা।

plum·met [ˈপ্লামিট্] *n* ওলন; ওলন-দড়ি; ফাৎনা সোজা রাখার জন্য ছিপের প্রান্তে বাঁধা ভার। □*vi* (-tt-) দ্রুত পড়ে যাওয়া বা নেমে আসা: ~ting share prices.

plummy [ˈপ্লামি] *adj* (-ier, -iest) (কথ্য) উত্তম; শাঁসালো; লোভনীয়: ~ career; কৃত্রিম: a ~ voice.

plump[1] [প্লাম্প্] *adj* (বিশেষত প্রাণী, ব্যক্তি, শরীরের অংশবিশেষ সম্বন্ধে) সুগোল; পীবর; সুডৌল; নধর; ঢলঢল; হৃষ্টপুষ্ট: a baby with ~ cheeks. □*vt,vi* **~ out/up** সুডৌল/সুগোল করা বা হওয়া: P~ up the pillows. Her face is beginning to ~ out/up.

plump[2] [প্লাম্প্] *vt,vi* ১ **~ (sb/oneself/sth) down** ধপ করে পড়া বা ফেলা: ~ (oneself) in a chair; ~ down a heavy sack. ২ **~ for** আস্থার সঙ্গে ভোট দেওয়া; নির্বাচিত করা: ~ for the conservative candidate. □*n* আকস্মিক সশব্দ পতন; প্রপতন। □*adv* ১ হঠাৎ; ধপ করে: fall ~ into the hole. ২ স্পষ্টাস্পষ্টি; সোজাসুজি; কাটাছেঁড়া: He told me ~ that . . .. □*adj* সোজাসুজি; কাটাছেঁড়া; স্পষ্ট: give sb a ~ 'no' for an answer.

plun·der [ˈপ্লানডা(র্)]*vt,vi* **~ (of)** (বিশেষত যুদ্ধ বা রাষ্ট্রবিপ্লবের সময়) লুণ্ঠন/লুঠ করা; অভিহরণ করা: ~ a palace of its treasures; ~ the citizens of a conquered town. □*n* [U] লুণ্ঠন; লুটপাট; লুটতরাজ; লুণ্ঠিত দ্রব্য: live by ~. **~er** *n* লুটেরা; লুণ্ঠক; দস্যু।

plunge [প্লান্জ্] *vt,vi* ১ **~ (into)** (ভিতরে) ঝাঁপ দেওয়া; ডুবিয়ে দেওয়া; নিমজ্জিত/নিমগ্ন করা; ঢুকিয়ে দেওয়া: ~ one's hand into water; ~ a country into confusion; ~ a room into darkness; ~ into an agreement; be ~d into grief. ২ (ঘোড়া সম্বন্ধে) সামনে-পিছনে দ্রুত নড়াচড়া করা; (জাহাজ সম্বন্ধে) সম্মুখভাগ জলমধ্যে প্রবিষ্ট করা; (অপ.) জুয়া খেলায় আকণ্ঠ মগ্ন হওয়া; আকণ্ঠ ঋণগ্রস্ত হওয়া; ঋণের বোঝায় ডুবুডুবু হওয়া। **take the ~** (লাক্ষ.) চূড়ান্ত পদক্ষেপ; ঝাঁপ দেওয়া। **plunger** *n* (বিশেষত) যান্ত্রিক কৌশলের যে অংশ ঝাঁপিয়ে ঝাঁপিয়ে চলে, যেমন চাপকলের চাপদণ্ড; বদ্ধ নল চুষে পরিষ্কার করার যান্ত্রিক কৌশলবিশেষ; ঝম্পক।

plunk [প্লাঙক্] = plank[1].

plu·per·fect [প্লু ˈপাফিক্ট্] *n,adj* (ব্যাক.) বাক্যে বর্ণিত কিংবা উহ্য কোনো অতীত ক্রিয়া-ব্যাপারের পূর্বেই নিষ্পন্ন ক্রিয়া-ব্যাপারসূচক; উক্তরূপ ক্রিয়াব্যাপারসূচক কাল; পুরাঘটিত অতীত (কাল) (ইংরেজিতে had ও *pp*-যোগে ব্যক্ত হয়; যেমন 'As she had left the town, she did not receive our cable'.

plu·ral [ˈপ্লুআরাল্] *n,adj* বহুবচন। **~ society** একাধিক জাতিঅধ্যুষিত সমাজ; বহুজাতিক সমাজ। **~ voter** একাধিক এলাকায় ভোট দেওয়ার অধিকারসম্পন্ন ব্যক্তি; বহুভোটের অধিকারী।

plu·ral·ism [ˈপ্লুআরালিজ়াম্] *n* [U] ১ বহুত্ব; অনেকত্ব। ২ একসঙ্গে একাধিক পদে অধিকার; বহুপদাধিকার। ৩ একই সমাজে বিভিন্ন রাজনৈতিক বা ধর্মীয় মতবাদে বিশ্বাসী কিংবা বিভিন্ন জাতিগত পটভূমিকা থেকে উদ্ভূত নানান গোষ্ঠীর অস্তিত্ব; বহুত্বধর্ম। **plu·ral·ist** [-লিস্ট্] *n* বহুত্ববাদী।

plu·ral·ity [প্লু'অ্যালাটি] *n* (*pl* -ties) ১ [U] বহুত্ব; অনেকত্ব; [C] বৃহৎ সংখ্যা; (ভোট ইত্যাদির) অধিকাংশ। ২ [U] বহুপদাধিকার; [C] অন্যের সঙ্গে যুগ্মভাবে অধিকৃত পদ; যুগ্মাধিকার।

plus [প্লাস্] *prep*–এর সঙ্গে যোগ করলে; যোগ: three ~ five is eight, 3 + 5 = ৮. ,**~-'fours** *n pl* আজানুলম্বিত ঢিলা, চওড়া ইজারাবিশেষ। □*adj* ধনাত্মক: a ~ quantity, ধনরাশি। দ্র. minus. □*n* যোগচিহ্ন (+); (কথ্য, লাক্ষ.) ইতিবাচক গুণ।

plush [প্লাশ্] *n* [U] মোলায়েম জমিনবিশিষ্ট, রেশম বা কার্পাসের মখমলজাতীয় বস্ত্র; মোটা মখমল। □*adj* (অপিচ **~y** (-ier, -iest) (অপ.) চটকদার; জেল্লাদার: a ~ store.

plu·tarchy ['প্লুটাকি] *n* ধনিক গোষ্ঠী কর্তৃক শাসন; ধনিকতন্ত্র।

pluto ['প্লুটৌ] *n* (জ্যোতি.) সূর্য থেকে সবচেয়ে দূরবর্তী গ্রহ; প্লুটো।

plu·toc·racy [প্লু'টক্রাসি] *n* (*pl* -cies) [C, U] ধনিকগোষ্ঠী; ধনিকতন্ত্র। **plu·to·crat** ['প্লুটক্র্যাট] *n* সম্পদের কারণে ক্ষমতাশালী ব্যক্তি; ধনিক; ধনপ্রতাপী। **plu·to·cratic** [প্লুটা'ক্র্যাটিক্] *adj* ধনিকতান্ত্রিক।

plu·to·nium [প্লু'টৌনিঅম্] *n* [U] (রস.) ইউরেনিয়ম থেকে কৃত্রিমভাবে উৎপন্ন তেজস্ক্রিয় মৌলবিশেষ (প্রতীক Pu); প্লুটোনিয়ম।

ply[1] [প্লাই] *n* [C] ১ কাঠের স্তর বা কাপড়ের ঘনত্ব: three-ply wood, পরপর তিনটি স্তর আঠা দিয়ে জোড়া লাগিয়ে তৈরি তক্তা, এতে প্রতিটি স্তরের শিরাগুলি অন্যস্তরের শিরার সঙ্গে সমকোণে বিন্যস্ত হয়; তিন পরতের কাঠ। '**ply-wood** *n* [U] কাঠের পাতলা স্তর আঠা দিয়ে জোড়া লাগিয়ে তৈরি ফলক; জোড়া কাঠ। ২ (পশম, দড়ি ইত্যাদির) গাছি; সুতা: four-ply wool for knitting socks, চার সুতার উল।

ply[2] [প্লাই] *vt,vi* (*pt,pp* plied [প্লাইড্]) ১ (আনুষ্ঠা.) (যন্ত্র) চালনা করা; চালানো: ~ one's needle. ২ (জাহাজ, বাস ইত্যাদি সম্বন্ধে) নিয়মিত চলাচল করা: ship that ~ between Bombay and Karachi. ৩ **ply a trade** ব্যবসা চালানো। **ply sb with sth** (খাদ্য ও পানীয়) জোগানো; (প্রশ্ন, যুক্তি ইত্যাদি দিয়ে) অবিরাম আঘাত হানা।

pneu·matic [নিউ্য'ম্যাটিক্ US নূ–] *adj* ১ সঙ্কুচিত বায়ু দ্বারা চালিত; বায়ুচালিত: ~ drills. ২ বায়ুপূরিত: ~ tyres. **pneu·mati·cally** [–ক্লি] *adv* বায়ুচালিতভাবে। **pneu·matics** *n* বায়ুবিদ্যা।

pneu·monia [নিউ্য'মৌনিঅ US নূ–] *n* [U] একটি বা উভয় ফুসফুসের প্রদাহঘটিত গুরুতর রোগ; ফুসফুসপ্রদাহ।

poach[1] [পৌচ্] *vt* (ডিম) খোসা ভেঙে ফুটন্ত জলে ফেলে ঈষৎ পক্ব করা; (মাছ ইত্যাদি) তরল পদার্থের মধ্যে (যেমন মদে) জ্বাল দেওয়া।

poach[2] [পৌচ্] *vt,vi* **~ (on/for)** ১ (পরের সম্পত্তিতে প্রবেশ করে খরগোশ, হরিণ, পাখি, স্যামন মাছ ইত্যাদি) বেআইনিভাবে ধরা; বুনো পশুপাখি বা মাছ চুরি করা: ~ hares; ~ for salmon; ~ on a neighbour's land (লাক্ষ.) অন্যের অধিকারভুক্ত (কিংবা অন্যে তার অধিকারভুক্ত বলে মনে করে এমন) কোনো কাজে আত্মনিয়োগ করা; অনধিকারপ্রবেশ করা: I would not ~ on your preserves.

pock [পক্] *n* বসন্তের দাগ। '**~-marked** বসন্তের দাগভর্তি। **~ed** *adj* গর্তময়। **be ~ed with** গর্তময় হওয়া।

pocket ['পকিট্] *n* ১ জেব; পকেট। **pick sb's ~** পকেট মারা। **put one's pride in one's ~** (অবস্থা গতিকে) অহঙ্কার/আত্মাভিমান বিসর্জন দেওয়া। **put one's hand in one's ~** পকেটে হাত দেওয়া, অর্থাৎ টাকাপয়সা দিতে/খরচ করতে প্রস্তুত হওয়া। '**~-book** *n* **(ক)** নোটবই। **(খ)** (US) কাগজের নোট রাখার জন্য চামড়ার ব্যাগ (GB = wallet)। **(গ)** মেয়েদের হাতব্যাগ বা মানিব্যাগ। ,**~-'hand-kerchief** *n* রুমাল; দস্তমাল; (attrib) ক্ষুদ্র: a ~-handkerchief rug. '**~-knife** *n* (এক একাধিক ভাঁজ–করা ফলাযুক্ত) পকেট চাকু। '**~-money** *n* [U] হাতখরচ। ২ আর্থিক সঙ্গতি/সামর্থ্য; অর্থ: I suffered in my ~, আমার আর্থিক ক্ষতি হয়েছে। **in/out of ~** (আর্থিক লাভ/ক্ষতিসূচক) পকেটে/পকেট থেকে: The contract left me several hundred pounds out of ~. **out-of- ~ expenses** প্রকৃত ব্যয়। ৩ থলি; গর্ত; কোষ (যেমন ক্যারমবোর্ডের কোনায়); ভূমিতে বা শিলামধ্যে সোনা বা খনিজ পদার্থপূর্ণ ক্ষুদ্র রন্ধ্র; বায়ুমণ্ডলে বিমানের উড্ডয়নের উপর প্রভাববিস্তারকারী আংশিক বায়ুশূন্যতা (**an 'air-~**); বিচ্ছিন্ন এলাকা: enemy ~s, শত্রুপক্ষ অধিকৃত এলাকা; ~s of resistance; ~s of unemployment. ৪ (attrib) পকেটে রাখার মতো আকৃতির: a ~ guide dictionary; a ~-size camera. '**~·ful** [-ফুল্] *n* এক পকেট; পকেটভর্তি। □*vt* ১ পকেটে রাখা। **~ an insult** অপমান হজম করা। **~ one's pride** মনস্তাপ/ক্ষোভ দমন করা বা লুকিয়ে রাখা। ২ পকেটস্থ করা; (ভালোমন্দ উভয় অর্থে) আত্মসাৎ করা। ৩ (বিলিয়ার্ড ইত্যাদি খেলায়) বল পকেটে মারা।

pod [পড্] *n* [C] মটরশুঁটি, শিম ইত্যাদির লম্বা বীজাধার; শুঁটি; খোসা। □*vt,vi* (-dd-) ১ (মটরশুঁটি ইত্যাদি) খোসা থেকে বের করা। ২ **~ (up)** শুঁটি ধরা/হওয়া: The beans are ~ding (up) well.

podgy ['পজি] *adj* (-ier, -iest) (ব্যক্তি সম্বন্ধে) মোটা ও বেঁটে; হোঁদল।

podi·atry [প'ডাইআট্রি] *n* [U] (= chiropody) পা এবং পায়ের আঙুল ও নখের রোগের চিকিৎসা; পদোপচার।

po·dium ['পৌডিঅম্] *n* (বাদকদলের পরিচালক, বক্তা প্রভৃতির জন্য) মঞ্চ; বেদিকা।

poem ['পৌইম্] *n* [C] কবিতা; কাব্য: a 'prose ~, গদ্য কবিতা।

po·esy ['পোইজ়ি] *n* কাব্য; কাব্যকলা।

poet ['পৌইট্] *n* কবি। ,**~ 'laureate,** দ্র. laureate. '**poet·ess** [–টেস্] *n* মহিলাকবি।

po·etic [পৌ'এটিক্] *adj* কাব্যিক: in ~ form, কাব্যাকারে; ~ genius, কবিপ্রতিভা; কবিত্বশক্তি। ,**~ 'justice** পুরস্কার ও দণ্ডবিধানপূর্বক আদর্শ বিচার; কাব্যিক ন্যায়বিচার। ,**~ 'licence** কাব্যিক ন্যায়বিচার (দ্র. licence)। **po·eti·cal** [–ক্ল্] *adj* কাব্যসংক্রান্ত; কবিসংক্রান্ত: the ~al works of Coleridge, কোলরিজের কাব্যসম্ভার। **po·eti·cally** [–ক্লি] *adv* কাব্যিকভাবে।

po·etics [পৌ'এ ইটিকস্] *n* কাব্যশাস্ত্র; রসশাস্ত্র।

po·etry [পৌই ট্রি] *n* [U] ১ কাব্যকলা; কবিতা; কাব্য। ২ কাব্যগুণ; কবিতা: the ~ of motion, যেমন নৃত্যের কিংবা কোনো কোনো ধরনের শারীরিক কসরতের।

po·grom [ˈপগ্রাম্ US ˈপ ˈগ্রম্] *n* [C] (কোনো জনগোষ্ঠী কিংবা শ্রেণীর উপর) সঙ্ঘবদ্ধ নির্যাতন কিংবা তাদের হত্যা বা লুণ্ঠন।

poign·ant [ˈপয়নিয়ন্ট্] *adj* তীক্ষ্ণ; মর্মভেদী; অরুন্তুদ: ~ sorrow/regret/memories. **~·ly** *adv* মর্মঘাতীরূপে। **poign·ancy** [–নান্সি] *n* [U] তীক্ষ্ণতা; মর্মভেদিতা।

poin·set·tia [পয়ন্ˈসেটি আ] *n* বড়ো বড়ো রক্তবর্ণ পত্রবেষ্টিত আহরিৎ–পীত পুষ্পবিশিষ্ট উষ্ণমণ্ডলীয় উদ্ভিদবিশেষ; অর্চিপর্ণ।

point[1] [পয়ন্ট্] *n* ১ (পিন, পেন্সিল, ছুরি ইত্যাদির) অগ্র; মুখ; অগ্রাংশু: ~ of a needle, সূচ্যগ্র। **not to put tool fine a ~ on it** বেশি ঘষামাজা না করা; স্পষ্টাস্পষ্টি/সোজাসুজি বলা। ২ [C] অগ্রভাগ; মাথা; সুচালো অংশ: the ~ of the jaw; সমুদ্র, হ্রদ ইত্যাদির মধ্যে প্রবিষ্ট ভূভাগ; উদগ্রভূমি; উদগ্রস্থল; ভূমিনাসিকা; শৈলান্তরীপ: a ~ of land. ৩ বিন্দু; ফোঁটা: a decimal ~; a full ~, পূর্ণচ্ছেদ। ৪ [C] স্থান বা কালে প্রকৃত বা কাল্পনিক অবস্থানবিন্দু; মুহূর্ত: a ~ of departure. **a/the ~ of no return,** দ্র. return[1] (১). **~ of view** যে অবস্থান থেকে কিছু দেখা হয়; (লাক্ষ.) দৃষ্টিভঙ্গি। দ্র. angle[1] (২). (US) **at ˈthis ~** এই স্থলে বা মুহূর্তে। **be at the ~ of death** মুমূর্ষু/মরণোন্মুখ/মরণাপন্ন/মরমর হওয়া। **be on the ~ of doing sth** কিছু করতে উদ্যত/উন্মুখ হওয়া। **if/when it comes to the ~** চূড়ান্ত মুহূর্তে; কার্যকালে: When it comes to the ~, he backs out. **ˈ~-duty** *n* [U] বিশেষ বিশেষ অবস্থান নিয়ে (পুলিশের) যান–চলাচল নিয়ন্ত্রণের কর্তব্য; অবস্থানিক কর্তব্য। **ˈturning-~,** দ্র. turning. **ˌ~-to-ˈ~ race** নির্ধারিত কতকগুলি বিন্দু অতিক্রম করে দেশের এক প্রান্ত থেকে অন্য প্রান্তে (অশ্বারোহীদের) দৌড়। ৫ [U] (মুদ্রণ) মুদ্রাক্ষরের মাপের একক; পয়েন্ট: The book was printed in 8 ~. ৬ [C] তুলাযন্ত্রের চিহ্ন; পরিমাপের একক; অঙ্ক; ডিগ্রি; মাত্রা: **ˈboiling-~** স্ফুটনাঙ্ক। **ˈmelting ~** গলনাঙ্ক। **possession is nine ~s** (= নয়–দশমাংশ) **of the law** দখলই দখলদার ব্যক্তির পক্ষে সবচেয়ে বড়ো প্রমাণ। ৭ [C] কোনো কোনো খেলায় সাফল্যাঙ্ক; প্রদর্শিত বস্তুর উৎকর্ষ মাপার একক; পয়েন্ট: score twenty ~s. **give sb ~s; give ~s to sb** কিছু বাড়তি সুবিধা দিয়েও জিততে পারা: You can give me ~s at golf, অর্থাৎ তুমিই ভালো খেলোয়াড়। **score a ~ (against off/over sb),** দ্র. score[2] (৩). **win/be beaten on ~s** (মুষ্টিযুদ্ধ) (ধরাশায়ী না করে বা না হয়ে) পয়েন্টে জেতা বা হারা। ৮ [C] দিকনির্ণয়যন্ত্রের বত্রিশটি দাগের যে কোনো একটি; দিক; দিশা; দিগ্বিভাগ: intermediate ~, বিদিক। ৯ [C] বিষয়; প্রসঙ্গ; পদ; প্রকরণ; প্রস্তাব; দফা; অনুপুঙ্খ: I shall discuss the proposal ~ by ~. **carry/gain one's ~** নিজ উদ্দেশ্যের প্রতি সমর্থন আদায় করা। **come to /get to/reach the ~** মূল প্রসঙ্গে/বিষয়ে আসা। **get/see/miss the ~ of sth** (কিছুর) মর্ম বুঝতে পারা/ধরা/ধরতে না পারা: I did not miss the ~ of the story. **make one's ~** নিজ বক্তব্য/যুক্তি প্রতিষ্ঠিত করা। **make a ~ of doing sth** গুরুত্বপূর্ণ/অপরিহার্য কর্তব্য বলে বিবেচনা করা। **stretch a ~** নীতির আংশিক ব্যত্যয়/ব্যতিক্রম করা: I won't ask you to stretch a ~ in my favour. **take sb's ~** (আলোচনাকালে) কারো বক্তব্য, প্রস্তাব ইত্যাদির মর্ম অনুধাবন/গ্রহণ করা। **(get/wander) away from/off the ~** প্রসঙ্গচ্যুত হওয়া; অপ্রাসঙ্গিক কথা বলা। **a case in ~** প্রাসঙ্গিক দৃষ্টান্ত। **in ~ of fact** বস্তুত, প্রকৃত প্রস্তাবে। **a ~ of honour/ conscience** আত্মমর্যাদা/বিবেকের প্রশ্ন/ জন্য অতীব গুরুত্বপূর্ণ। **on a ~ of order,** দ্র. order[1] (৪). ১০ [U] হেতু; যুক্তি; লাভ। **no/not much ~ in doing sth** কোনো কিছু করে (তেমন) লাভ নেই/হবে না: There is very little ~ in helping such an incorrigible rogue. **what's the ~?** মাথা ঘামিয়ে লাভ কী? ১১ [C] বিশিষ্টতা; বৈশিষ্ট্য; গুণ; বিশেষ গুণ; স্বভাবলক্ষণ: What are your best ~s as an administrator? ১২ [C] (GB) বৈদ্যুতিক প্রবাহের নির্গমপথ বা কোটর (সকেট); বিদ্যুৎসন্ধি। ১৩ (*pp*) রেলগাড়ির এক লাইন থেকে অন্য লাইনে যাওয়ার জন্য ক্রমসঙ্কুচিত; সঞ্চালনক্ষম রেল; পয়েন্ট। **ˈ~s·man** [–মান্] *n* (*pl* -men) রেললাইনের পয়েন্টের রক্ষণাবেক্ষণের দায়িত্বে নিয়োজিত কর্মচারী; পয়েন্টসম্যান। ১৪ [U] কার্যকরতা; সারবত্তা; ভার: your comments lack ~.

point[2] [পয়ন্ট্] *vt,vi* ১ **~ (to)** মনোযোগ আকর্ষণ/দিকনির্দেশ/অঙ্গুলিনির্দেশ/সূচিত করা: The hour hand ~s to ten. to ~ to the door. ২ **~ sth at/towards** উদ্দেশ/লক্ষ্য/মুখ/তাক করা: ~ a gun at sb; ~ a telescope at the moon. ৩ **~ sth out** নির্দেশ/অঙ্গুলিনির্দেশ/মনোযোগ আকর্ষণ করা; দেখানো: ~ out a mistake; ~ out to sb the unsoundness of a proposal. ৪ (পেন্সিল ইত্যাদি) সুচালো করা; (লাক্ষ.) (উপদেশ, তাৎপর্য ইত্যাদি) শাণিত/তীক্ষ্ণাগ্র করা। ৫ (ইটের কাজে) চুনসুরকি বা সিমেন্ট দিয়ে কনা দিয়ে জোড়া ভরাট করা। ৬ (কুকুর সম্বন্ধে) শিকারের দিকে মুখ করে নিশ্চল হয়ে দাঁড়ানো। দ্র. pointer (৩). **~ed** *adj* ১ (লাক্ষ.) কোনো ব্যক্তি বা তার আচরণের বিরুদ্ধে সুস্পষ্টভাবে উদ্দিষ্ট; তীক্ষ্ণাগ্র: a ~ed reproof. ২ (রসিকতা সম্বন্ধে) মর্মঘাতী; মর্মচ্ছেদী। **~·ed·ly** *adv* সুনির্দিষ্টভাবে; উদ্দেশ্যভাবে; মর্মঘাতীরূপে।

point·blank [ˌপয়ন্ট্ ব্ল্যাঙ্ক্] *adj* ১ (গুলি সম্বন্ধে) অতি সন্নিকট থেকে নিক্ষিপ্ত; অব্যবহিত: fired at a ~ range. ২ (লাক্ষ.) (উক্তি সম্বন্ধে) সোজাসুজি; স্পষ্ট: a ~ refusal. □*adv* অতি সন্নিকট থেকে; অব্যবহিতভাবে; সোজাসুজি: fire ~ at sb; refuse ~ to help.

pointer [ˈপয়নটা(র্)] *n* ১ ম্যাপ ইত্যাদিতে কিছু নির্দেশ করার জন্য লাঠিবিশেষ; যষ্টিকা। ২ (ঘড়ি বা তুলাযন্ত্রের) কাঁটা; সূচক। ৩ খাটো লোমওয়ালা বড়ো জাতের শিকারি কুকুরবিশেষ, এরা যেদিক থেকে শিকারের গন্ধ পায় সেদিকে নাক উঁচু করে নিশ্চলভাবে দাঁড়িয়ে থাকে; পয়েন্টার।

point·less [ˈপয়ন্ট্লিস্] *adj* ১ (লাক্ষ.) নিরর্থক; উদ্দেশ্যহীন; অর্থহীন: It is ~ to agree with you. ২ (খেলায়) পয়েন্ট ছাড়া; পয়েন্টহীন: a ~ draw. **~·ly** *adv* নিরর্থকভাবে।

poise [পয় জ্] *vt,vi* ১ ভারসাম্য রক্ষা করা; ভারসমতা বজায় রাখা; ঝোলা; (লাক্ষ.) প্রস্তুত হওয়া: ~d in mid-air/on the brink; ~d for action. ২ তুল্যভার

করা/সমভার করা; বিশেষ স্থানে বা ভঙ্গিতে আলম্বিত করা: ~ oneself on one's toes; ~ one's head in a certain way. □*n* ১ [U] ভারসাম্য; সমতৌল্য; ভারসমতা; [C] চলন; দেহভঙ্গি; শিরোভঙ্গি। ২ [U] স্থৈর্য; আত্মনিষ্ঠা; স্থিরাত্মতা।

poi·son [ˈপয়জ্‌ন্] *n* [C, U] ১ বিষ; গরল; হলাহল। ˌ~-ˈ**gas** *n* বিষবাষ্প; বিষাক্ত গ্যাস। ˌ~-ˈ**ivy** *n* বিছুটি (-জাতীয় গুল্ম)। ˈ~ **pen** যে ব্যক্তি বেনামে কলঙ্কময় বা বিদ্বেষপূর্ণ চিঠি লেখে; বিষকলম। ˌ~ ˈ**pen letter** বিষকলমি চিঠি। ২ (লাক্ষ.) সমাজের পক্ষে ক্ষতিকর বলে বিবেচিত কুশিক্ষা, কুরীতি ইত্যাদি; বিষ; পাপ। □*vt* ১ বিষাক্ত/বিষণযোগ/বিষদুষ্ট করা; বিষ ঢালা; বিষপ্রয়োগে হত্যা করা; সংক্রামিত করা: ~ a cat; ~ the wells; a ~ed hand. ২ (নৈতিকভাবে) দূষিত/বিষাক্ত করা: ~ a person's mind against sb. **~er** *n* (বিশেষত) যে বিষপ্রয়োগে হত্যা করে; বিষদায়ী। **~·ing** *n* বিষপ্রয়োগ; বিষদান; বিষণ। **~·ous** [ˈপয়জ়ানাস্] *adj* ১ বিষাক্ত; বিষময়; সবিষ; বিষপূর্ণ: ~ous plants; ~ous snake, বিষভুজঙ্গ; বিষধর সাপ; নৈতিকভাবে ক্ষতিকর; বিষময়; বিষপূর্ণ: a ~ous novel/play/doctrine; a ~ous tongue, গরলোদ্গারী রসনা। **~·ous·ly** *adv* বিষাক্তরূপে ইত্যাদি।

poke[1] [পৌক্] *vt,vi* ১ (লাঠি, আঙুল ইত্যাদি দিয়ে) খোঁচা দেওয়া/মারা; খোঁচানো; উস্কানো: ~ a man in the ribs, বন্ধুভাবে কনুইয়ের গুঁতা দেওয়া; ~ the fire. ২ ঢোকানো; ঢুকিয়ে দেওয়া: গুঁজে দেওয়া: The child ~d a stick through the bars of the cage. He ~d a bonbon into the child's mouth. Don't ~ your head out of the head, ফস করে মাথা বের কোরো না। **~ fun at sb** (কাউকে নিয়ে) কৌতুক করা। **~ one's nose into sth** (কথ্য) (কারো ব্যাপারে) নাক গলানো। ৩ **~ (about)** হাতড়ানো; খুঁচে দেখা; হাতড়ে বেড়ানো; ঘাঁটাঘাঁটি করা: Don't ~ (about) at the rubbish. Somebody is poking about in the store-room. ৪ খুঁচিয়ে (গর্ত/ছিদ্র) করা: ~ a hole in a paper screen. □*n* [U] খোঁচা; গুঁতা: give the fire a ~; give sb a ~ in the ribs.

poke[2] [পৌক্] *n* থলে (উপভা., একমাত্র ব্যতিক্রম) **buy a pig in a ~,** দ্র. pig.

poker[1] [ˈপৌকা(র্)] *n* আগুন উস্কে দেওয়ার বা কয়লা ভাঙার জন্য শক্ত ধাতব দণ্ডবিশেষ; শলাকা; লৌহশলাকা।

poker[2] [ˈপৌকা(র্)] *n* [U] দুই বা ততোধিক ব্যক্তির জন্য তাসের খেলাবিশেষ, এতে খেলোয়াড়রা তাঁদের হাতের তাসের মূল্যের ওপর বাজি ধরেন; পোকার। ˈ**~-face** *n* (কথ্য) ভাবলেশশূন্য মুখ; ঐ রকম মুখওয়ালা মানুষ; পাথরমুখো।

poker[3] [ˈপৌকা(র্) *n* বিভীষিকা; আতঙ্ক।

poky [ˈপৌকি] *adj* (-ier, -iest) (স্থান সম্বন্ধে) ক্ষুদ্র; অপরিসর: a ~ little room, এক চিলতে ঘর।

po·lar [ˈপৌলা(র্)] *adj* ১ মেরুসম্বন্ধী; মেরুদেশীয়; মেরু-: the ~ circle, মেরুবৃত্ত। **~ axis** ধ্রুবাক্ষ। ˈ**~ bear** শ্বেতভল্লুক; মেরুঋক্ষ। **~ distance** লম্বাংশ। ২ সম্পূর্ণ বিপরীত; বিরপীতধর্মী; বিপ্রতীপ। **~·ity** [পাˈল্যারাটি] *n* [U, C] যে অবস্থায় দুইটি বিপরীত, বিরুদ্ধ বা প্রতিকূল গন্ধ, নীতি বা প্রবণতা বিরাজ করে; মেরুধর্মিতা; বিপরীতধর্মিতা; মেরুবৈপরীত্য।

po·lar·ize [ˈপৌলারা ইজ়্] *vt* দুইটি বিপরীত, বিরুদ্ধ বা প্রতিকূল অবস্থানে ঘনীভূত করা; মেরুপ্রবণ/ সমবর্তিত করা। **po·lar·iz·ation** [ˌপৌলারাইˈজ়েইশ্‌ন্ US -রিজ়েই-] *n* মেরুকরণ।

Po·lar·oid [ˈপৌলারয়ড়] *n* [U] (p) রোদের তেজ লাঘব করার জন্য সানগ্লাস; গাড়ির জানালা ইত্যাদিতে ব্যবহৃত হালকা, স্বচ্ছ প্রলেপবিশেষ; পোলারয়ড: ~ camera, ছবি তোলার কয়েক সেকেন্ডের মধ্যে পরিস্ফুট ছবি মুদ্রণক্ষম ক্যামেরাবিশেষ।

pol·der [ˈপৌলডা(র্)] *n* (সমুদ্রগর্ভ বা নদী থেকে) উদ্ধারকৃত নিচু জমি।

pole[1] [পৌল্] *n* ১ মেরু: **North P~** উত্তরমেরু; সুমেরু। **South P~** দক্ষিণমেরু; কুমেরু। ২ **North/South Magnetic P~** দিগ্‌দর্শনযন্ত্রের কাঁটা উত্তর বা দক্ষিণ মেরুর নিকটবর্তী যে বিন্দুর প্রতি নির্দেশ করে; উত্তর/দক্ষিণ চৌম্বক কেন্দ্র। ৩ **North/South P~** (জ্যোতি.) খগোলক উত্তর বা দক্ষিণের যে বিন্দুকে কেন্দ্র করে আবর্তিত হয় বলে প্রতীয়মান হয়; উত্তরধ্রুব/দক্ষিণধ্রুব। ˈ**~-star** *n* ধ্রুব; ধ্রুবতারা (**Polaris** [পৌˈল্যারিস্])। ৪ চুম্বকের বা বৈদ্যুতিক ব্যাটারির দুই প্রান্তের যে কোনো একটি; মেরু: The negative/positive ~. ৫ (লাক্ষ.) দুটি বিপরীত, বিরুদ্ধ বা প্রতিকূল নীতি ইত্যাদির যে কোনো একটি; মেরু। **be ~s apart** দুই বিপরীত মেরুতে অবস্থান করা; অত্যন্ত বিসদৃশ হওয়া: The two negotiating parties are ~s apart.

pole[2] [পৌল্] *n* ১ (বিশেষত তাঁবু, টেলিগ্রাফের তার, পতাকা ইত্যাদির জন্য কাঠ বা ধাতুর দীর্ঘ, সরু, সুগোল) দণ্ড বা খুঁটি। **under bare ~s** (নৌ.) সব পাল গুটিয়ে। **up the ~** (অপ.) (ক) বিপাকে; ফ্যাসাদে। (খ) আড়পাগলা; খ্যাপাটে। ˈ**~-jumping** *n* দীর্ঘ দণ্ডের সাহায্যে লাফ; সদণ্ড লম্ফন/লাফ। ˈ**~-vault** *n* উঁচু-নিচু করা যায় এমন একটি অবরোধের উপর দিয়ে পূর্ববৎ লাফ; সদণ্ড উল্লম্ফন। ২ দৈর্ঘ্যের মাপবিশেষ (rod বা parch নামেও পরিচিত), ৫ $\frac{1}{2}$ গজ বা প্রায় ৫ মিটার; নল। দ্র. পরি ৫।

Pole [পৌল্] *n* পোল্যান্ডদেশীয়; পোল।

pole-axe, pole-ax [ˈপৌল্ অ্যাক্স্] *n* ১ (ইতি.) যুদ্ধে ব্যবহারের জন্য দীর্ঘ হাতলবিশিষ্ট কুঠার; পরশু। ২ গরুছাগল হত্যা করার জন্য কশাইয়ের অস্ত্রবিশেষ: খাঁড়া; কাটারি। □*vt* কুঠারাঘাত করা; (লাক্ষ.) হত্যা/নিধন/ধ্বংস করা।

pole·cat [ˈপৌল্‌ক্যাট] *n* গন্ধগোকুল; খট্টাশ; খাটাশ।

pol·emic [পাˈলেমিক্] *n* [C] (আনুষ্ঠা.) বিবাদ; বাদানুবাদ; বিসংবাদ; তর্কবিতর্ক; (*pl*) বিতর্কনৈপুণ্য; বিবাদকুশলতা; বাদানুবাদচাতুর্য। **pol·emi·cal** *adj* বিবাদপ্রিয়; বাদানুবাদকুশল; বিবাদকুশল; বিবাদাত্মক; বিপ্রতিপত্তিক; বিতর্কমূলক; বাদানুবাদাত্মক। **pol·emi·cally** [-ক্লি] *adj* বিসংবাদীরূপে, বিবাদাত্মকভাবে ইত্যাদি।

po·lice [পাˈলীস্] *n* (সমষ্টিগত *n* সবসময় *sing* রূপ, *pl v* -সহ ব্যবহৃত হয়) **(the) ~** আইনশৃঙ্খলা রক্ষার্থে নিয়োজিত সরকারি বাহিনী; পুলিশ। ˌ~ ˈ**constable** *n* সাধারণ পদমর্যাদার পুলিশ কর্মকর্তা; পুলিশ কনস্টাবল। ˈ**~ dog** *n* সন্দেহভাজন অপরাধীকে ধরা বা খুঁজে বের করার জন্য ব্যবহৃত শিক্ষিত কুকুর; পুলিশের কুকুর। ˈ**~ force** *n* পুলিশবাহিনী। ˈ**~·man** [-মান্] *n* (*pl* -men) পুলিশবাহিনীর পুরুষ সদস্য; পুলিশকর্মচারী। ˈ**~-office** *n* পুলিশ দফতর। ˈ**~-officer** *n* পুলিশ-কর্মকর্তা। ˈ**~ state** *n* রাজনৈতিক পুলিশের দ্বারা নিয়ন্ত্রিত রাষ্ট্র; পুলিশি

রাষ্ট্র। ˈ~-station *n* থানা। ˈ~ woman *n* (*pl* -women) মহিলা-পুলিশ। □*vt* পুলিশের সাহায্যে বা মতো নিয়ন্ত্রণ করা; আইনশৃঙ্খলা রক্ষা করা।

pol·icy[1] [ˈপলাসি] *n* (*pl* -cies) ১ [U, C] নীতি; কর্মপন্থা; কর্মসূচি: foreign ~, পররাষ্ট্রনীতি। ২ [U] সুনীতি; নীতিকুশলতা; নীতিজ্ঞতা: রাজ্যশাসননীতি।

po·licy[2] [ˈপলাসি] *n* বিমার লিখিত চুক্তি; বিমাপত্র: a ˈfire-insurance ~; a ˈ~-holder.

po·lio [ˈপৌলিঔ] *n* polio myelitis (দ্র.)-এর কথ্য সংক্ষেপ; পোলিও: ˈ~ victims; ˈanti-ˈ~ injections.

polio·my·elitis [ˌপৌলিঔˌমাইআলাইটিস্] *n* [U] মেরুদণ্ডের মজ্জার প্রদাহঘটিত, ভাইরাসজনিত সংক্রামক ব্যাধিবিশেষ, যাতে রোগী প্রায়শ শারীরিকভাবে পঙ্গু হয়ে যায়; বালস্তম্ভ।

polish [ˈপলিশ্] *vt,vi* ১ ~ **(up)** ঘষামাজা করা; পালিশ/উজ্জ্বলিত/তেজিত করা বা হওয়া: This material won't ~. ২ (সাধা. *pp*) মার্জিত/পরিমার্জিত করা: a ~ed speech/performance. ৩ ~ **sth off** দ্রুত শেষ করা; সাবাড়/খতম করা: ~ off a large plateful of sweets. □*n* ১ [U, C] মসৃণতা; পালিশ: shoes/tables with a good ~. ২ [U, C] পালিশ করার উপাদান; পালিশ। ৩ [U] (লাক্ষ.) শিষ্টতা; সভ্যাচার; পরিমার্জনা।

Pol·ish [ˈপৌলিশ্] *adj* পোল্যান্ড বা পোল্যান্ড সম্বন্ধী; পোলীয়। □*n* [U] পোলীয়/পোল্যান্ডীয় ভাষা।

pol·it·buro [ˈপলিট্‌বিউআরৌ] *n* (*pl* -s [-রৌজ্]) (বিশেষত কমিউনিস্ট) রাজনৈতিক দলের প্রবীণ নির্বাহী পরিষদ; কেন্দ্রীয় পরিষদ।

pol·ite [পাˈলাইট্] *adj* ১ শিষ্টাচারী; শিষ্টাচারসম্পন্ন; বিনয়বান; সুশীল; মার্জিত: a ~ boy; a ~ remark. ২ শিষ্ট; পরিশীলিত; সভ্য; সভ্যাচারসম্পন্ন: ~ society; ~ literature. **~·ly** *adv* শিষ্টবৎ; শিষ্টাচারসম্পন্নভাবে; মার্জিতভাবে; সদাক্ষিণ্য; সবিনয়। **~·ness** *n* শিষ্টতা; শিষ্টাচার; সৌজন্য।

poli·tic [ˈপলাটিক্] *adj* ১ (ব্যক্তি সম্বন্ধে) নীতি; নীতিকুশল; নীতিবিশারদ; ব্যবহারকুশল; ব্যবহারদক্ষ; বিচক্ষণ। ২ (কার্য সম্বন্ধে) সুপ্রযুক্ত; সুনীত; সুবিবেচনাপ্রসূত; চতুর: follow a ~ course; make a ~ retreat. ৩ **the ˌbody** ˈ~ সুসংগঠিত নাগরিক গোষ্ঠী হিসাবে রাষ্ট্র; রাষ্ট্রসংগঠন; রাষ্ট্রশরীর।

pol·iti·cal [পাˈলিটিক্‌ল্] *adj* ১ রাষ্ট্রীয়; রাজনৈতিক; রাষ্ট্রনৈতিক; রাষ্ট্রনীতিক: ~ liberties; for ~ reasons. ˌ~ **aˈsylum** রাজনৈতিক আশ্রয়। ˌ~ **eˈconomy** রাষ্ট্রপালনবিদ্যা; রাষ্ট্রপোষণবিদ্যা। ˌ~ **geˈography** রাজনৈতিক ভূগোল। তুল. physical ও economic geography. ˌ~ ˈ**prisoner** রাজবন্দী। ২ রাজনীতিসম্বন্ধী: a ~ crisis. **~·ly** [-ক্‌লি] *adv* রাজনৈতিকভাবে।

poli·ti·cian [ˌপলিˈটিশ্‌ন্] *n* ১ রাজনীতিবিদ; রাজনীতিক; রাজনীতিবিশারদ। ২ (মন্দ অর্থে) নীতির প্রশ্নে বাচবিচার না করে যে ব্যক্তি কেবলমাত্র জীবিকারূপে রাজনীতি চর্চা করে; রাজনীতিজীবী; রাজনীতিবাজ: party ~s. He is not a statesman, only a ~.

poli·ti·cize [পাˈলিটিসাইজ্] *vt,vi* রাজনীতিসচেতন করা বা হওয়া; রাজনৈতিকভাবে সঙ্ঘবদ্ধ করা বা হওয়া।

poli·tick [ˈপলাটিক্] *vi* রাজনীতি করা।

poli·ti·co [পাˈলিটিকৌ] *n* (তুচ্ছ.) রাজনীতিবাদ।

poli·tics [ˈপলাটিক্স্] *n pl* (*sing* বা *pl v*-সহ) রাজনীতি; রাজ্যশাসনবিদ্যা: party ~; local ~.

pol·ity [ˈপলাটি] *n* (*pl* -ties) ১ [U] সরকারের রূপ বা প্রক্রিয়া; রাষ্ট্রব্যবস্থা। ২ [C] সংগঠিত রাষ্ট্র হিসাবে সমাজ; রাষ্ট্রস্থিতি।

polka [ˈপল্‌কা US ˈপৌল্‌কা] *n* [C] (পূর্ব য়োরোপে উদ্ভূত) দ্রুত তালের নৃত্যবিশেষ; উক্ত নাচের সহগামী সঙ্গীত; পলকা। ˈ~ **dots** কাপড়ে বড়ো বড়ো ফোঁটার সমরূপ নকশাবিশেষ; ফুটকির নকশা: (attrib) a ~-dot scarf.

poll[1] [পৌল্] *n* ১ নির্বাচনে ভোটদান বা ভোটগ্রহণ; ভোটার-তালিকা; ভোট-গণনা: ভোটকেন্দ্র: a light/heavy ~, আনুপাতিকভাবে অল্পসংখ্যক/ বহুসংখ্যক ভোটারের ভোটদান; go to the ~s (= ~ing-booths); exclude people from the ~, ভোটাধিকারবঞ্চিত করা; be successful at the ~, নির্বাচনে সাফল্য লাভ করা; head the ~, প্রার্থীদের তালিকার শীর্ষে থাকা; declare the ~, নির্বাচনের ফলাফল ঘোষণা করা। ২ জনমত জরিপ করা: a public opinion ~. ৩ (প্রা. প্র.) মাথা: (হাস্য.) a grey ~, পলিতকেশ বৃদ্ধ; পলিত মুণ্ড। ˈ**~-tax** *n* কোনো সম্প্রদায়ের প্রত্যেকের উপর আরোপিত কর; মাথাপিছু কর।

poll[2] [পৌল্] *vt,vi* ১ ভোট দেওয়া বা পাওয়া; (কোনো নির্বাচনী এলাকার) নির্বাচকমণ্ডলীর ভোট নেওয়া: The socialist candidate ~ed over 5000 votes. The constituency was ~ed last week. ˈ**~·ing-booth/-station** *nn* ভোটকেন্দ্র। ˈ**~·ing-day** *n* ভোটের দিন। ২ (গবাদি পশুর শিঙের) অগ্রভাগ কাটা; গাছের চূড়া কাটা/ছাঁটা (= pollard)।

poll[3] [পল্] *n* (অপিচ ˈ~ parrot) শুকপাখির প্রচলিত নাম; টিয়া; তোতা।

pol·lack [ˈপলাক্] *n* দীর্ঘ সরু চোয়ালবিশিষ্ট; গুম্ফহীন; কডজাতীয় মাছবিশেষ।

pol·lard [ˈপলাড্] *vt* নতুন পত্রপল্লব গজাতে পারে, এই উদ্দেশ্যে গাছের মাথা কেটে ফেলা। □*n* ঐভাবে যে গাছের মাথা কেটে ফেলা হয়েছে; ছিন্নাগ্রবৃক্ষ।

pol·len [ˈপলান্] *n* [U] পরাগ; পুষ্পরেণু। ˈ~ **count** হেফিভার প্রভৃতির সম্ভাব্য আক্রমণের সূচক হিসাবে আবহমণ্ডলে একটি নির্দিষ্ট পরিমাণ বাতাসে ২৪ ঘণ্টায় (কাচের পাতে সঞ্চিত) পরাগের পরিমাণ; পরাগ-গণনা।

pol·lin·ate [ˈপলিনেইট্] *vt* পরাগনিষিক্ত/পরাগযুক্ত করা। **pol·li·na·tion** [ˌপলিˈনেইশ্‌ন্] *n* [U] পরাগযোগ।

poll·ster [ˈপৌল্‌স্টা(র্)] *n* (কথ্য) জনমত যাচাইকারী।

pol·lute [পাˈলূট্] *vt* দূষিত/কলুষিত/দুষ্ট/নোংরা/অপবিত্র করা: ~ed water. **pol·lu·tant** [-টান্ট্] *n* যা দূষিত করে; দূষক; দূষণ। **pol·lu·tion** [পাˈলূশ্‌ন্] *n* [U] দূষণ; কলুষীকরণ; মলদূষণ।

polo [ˈপৌলৌ] *n* [U] ঘোড়ার পিঠে চড়ে দীর্ঘ মুগুরসদৃশ যষ্টিযোগে বলখেলাবিশেষ; পোলো। ˈ**water-~** *n* বড়ো বল নিয়ে সাঁতারুদের খেলাবিশেষ; পানি-পোলো। ˈ**~-neck** *adj* = turtleneck (ed), দ্র. turtle[1].

po·lon·ium [ˈপাˈলৌনিঅম্] *n* [U] (রস.) আকরিক ইউরেনিয়মে প্রাপ্ত তেজস্ক্রিয় মৌলবিশেষ (প্রতীক Po); পলোনিয়ম।

po·lony [পাˈলোনি] *n* [U] আধাসিদ্ধ শূকরমাংসের সসেজবিশেষ; পলনি।

pol·troon [পলˈট্রূন্] *n,adj* ভীরু; কাপুরুষ; ক্লীব।

poly [ˈপলি] *n* polytechnic–এর কথ্য সংক্ষেপ।

poly·an·dry [ˈপলিঅ্যানড্রি] *n* [U] একই সময়ে বহুপতি গ্রহণের প্রথা; বহুভর্তৃত্ব। **poly·an·drous** [পলিˈঅ্যানড্রাস্] *adj* ১ বহুভর্তৃকা। ২ (উদ্ভিদ.) বহুপুংকেশরবিশিষ্ট; বহুকেশরী।

poly·an·thus [ˌপলিˈঅ্যান্থাস্] *n* (*pl* ভিন্ন ভিন্ন চারা বোঝাতে -es [-থ্সিজ্]) কয়েক ধরনের উদ্যানপুষ্পবিশেষ—যারা একই বৃন্তে অনেকগুলি করে ফোটে; বসন্তকুসুম।

poly·archy [ˈপলিআ:কি] *n* বহুব্যক্তির শাসনব্যবস্থা; বহুতন্ত্র।

poly·chro·matic [ˌপলিক্রৌˈম্যাটিক্] *adj* বহুবর্ণ।

poly·clinic [পলিক্লিনিক্] *n* বিভিন্ন ধরনের রোগের চিকিৎসার জন্য প্রতিষ্ঠান; সাধারণ আরোগ্যশালা।

poly·es·ter [পলিˈএস্টা(র্)] *n* [C, U] পোশাক তৈরি করার জন্য কৃত্রিম তন্তুবিশেষ; পলিয়েস্টার।

poly·gamy [পাˈলিগামি] *n* বহুবিবাহ; বহুপত্নীত্ব। **poly·ga·mist** [-মিস্ট্] *n* বহুপত্নীক। **poly·ga·mous** [পাˈলিগামাস্] *adj* বহুবিবাহ–সম্বন্ধী।

poly·glot [ˈপলিগ্লট্] *adj* বহুভাষায় কৃতবিদ্য বা লিখিত; বহুভাষিক। □*n* বহুভাষিক ব্যক্তি; বহুভাষী; বহুভাষিক পুস্তক।

poly·gon [ˈপলিগান US –গন্] *n* বহুভুজ।

poly·gyny [পাˈলিজিনি] *n* বহুবিবাহ; বহুগামিতা।

poly·hedron [পলিˈহেড্রন্] *n* (বিশেষত) ছয়টি সমতলবিশিষ্ট ঘনবস্তু; বহুতলক। **poly·hed·ral, poly·hed·ric** *adj* বহুতল।

poly·math [ˈপলিম্যাথ্] *n* বহু বিষয়ে কৃতবিদ্য ব্যক্তি; বহুবিদ্যাজ্ঞ; বহুশাস্ত্রজ্ঞ।

poly·mer [ˈপলিম া(র্)] *n* (রস.) বড়ো বড়ো অণুযোগে গঠিত প্রাকৃতিক বা মনুষ্যসৃষ্ট যৌগবিশেষ, ঐ অণুগুলি আবার ছোট ছোট সরল অণুর সমবায়ে গঠিত; পলিমার।

poly·mor·phous [ˌপলিˈমো°ফ়াস্] (অপিচ **poly·mor·phic** [-ফ়িক্]) *adj* (ক্রমবিকাশ, বৃদ্ধি ইত্যাদির) বহুস্তরবিশিষ্ট কিংবা বহুস্তর অতিক্রমকারী; বহুপর্যায়িক।

poly·no·mial [পলিˈনৌমিঅল্] *adj* (বীজ.) দুইয়ের অধিক পদবিশিষ্ট; বহুপদ।

polyp [ˈপলিপ্] *n* (প্রাণী.) অতি অপরিণত দেহযন্ত্রবিশিষ্ট জলচর জীববিশেষ; বহুপদী; পুরুভুজ; নাসা (polypus দ্র.)।

poly·ph·ony [পাˈলিফ়ানি] *n* [U] (সঙ্গীত) = counterpoint; একই সময়ে একাধিক স্বয়ংসম্পূর্ণ সুরের সমবায়; উক্ত রীতিতে সঙ্গীতরচনা; বহুস্বরতা। **poly·phonic** [পলিˈফ়নিক্] *adj* বহুস্বরিক।

poly·pod [পলিপড্] *n* বহুপদপ্রাণী।

poly·pus [ˈপলিপাস] *n* (*pl* -es [-পাসিজ্], -pi [-পাই]) (প্যাথ.) সাধা. দেহতন্তু পর্যন্ত বিস্তৃত আকর্ষীসদৃশ একাধিক নালীবিশিষ্ট অর্বুদ বা ব্রণ; বহুনাল ব্রণ; (নাকে হলে) নাসা।

poly·sty·rene [ˌপলিˈস্টাইরীন্] *n* [U] বিশেষত বাক্স ইত্যাদি বানাবার জন্য এক ধরনের হালকা, মজবুত প্লাস্টিক উপাদান (এটি একটি উত্তম অন্তরক); পলিস্টাইরিন।

poly·syl·lable [পলিসিলাব্ল্] *n* একাধিক (সাধা. তিনের অধিক) অক্ষরবিশিষ্ট শব্দ; অনেকাক্ষর শব্দ। **poly·syl·labic** [ˌপলিসিˈল্যাবিক্] *adj* অনেকাক্ষর; অনেকাক্ষরিক।

poly·tech·nic [ˌপলিˈটেকনিক্] *n* (কথ্য সংক্ষেপ **poly** [ˈপলি]) বিশেষত বিজ্ঞান ও প্রযুক্তি ঘটিত বিষয়ে পূর্ণকালীন বা খণ্ডকালীন উচ্চশিক্ষার প্রতিষ্ঠান; পলিটেকনিক।

poly·theism [ˈপলিথীজ়ম্] *n* [U] একাধিক ঈশ্বরে বিশ্বাস; একাধিক ঈশ্বরের উপাসনা; বহু–ঈশ্বরবাদ; বহুদেববাদ। **poly·theis·tic** [ˌপলিথীˈইস্টিক্] *adj* বহু–ঈশ্বরবাদী; বহুদেববাদী।

poly·thene [ˈপলিথীন্] *n* [U] পানি–নিরোধক মোড়ক, অন্তরক ইত্যাদির জন্য ব্যাপকভাবে ব্যবহৃত প্লাস্টিক উপাদানবিশেষ; পলিথিন।

poly·un·satu·rated [ˌপলিঅ্যান্ˈস্যাচারেইটেড্] *adj* (অনেক উদ্ভিদজাত এবং কিছু কিছু প্রাণীর স্নেহপদার্থ সম্বন্ধে) বিশেষ রাসায়নিক সংগঠনের কারণে রক্তে ক্ষতিকর কোলেস্টরল–উৎপাদনের সঙ্গে জড়িত নয় এমন; অনেকাসম্পৃক্ত: ~ margarine.

pom [পম্] *n* (সংক্ষেপ) = pommy.

po·mace [ˈপামিস্] *n* (আপেলের রস নিষ্কাষিত করার জন্য) আপেলের মণ্ড; (রস নিষ্কাষিত করার পর) আপেলের ছোবড়া; যে কোনো ছোবড়া।

po·made [পাˈমা:ড US পৌˈমেইড্] *n* [U] চুলে ব্যবহার করার জন্য সুবাসিত মলমবিশেষ। □*vt*

pom·egran·ate [ˈপমিগ্র্যানিট্] *n* ডালিম; দাড়িম্ব; ডালিম গাছ।

pom·elo [ˈপমিলৌ] *n* (*pl* -s [-লৌজ়্]) লেবুজাতীয় বৃহৎ ফলবিশেষ।

pomi·cul·ture [ˈপৌমিকালচ া(র্)] *n* ফলের চাষ।

pom·mel [ˈপম্ল্] *n* ১ ঘোড়ার জিনের যে বাঁকানো অংশ সামনের দিকে উঁচু হয়ে থাকে। ২ তরবারির বাঁটের মাথার সুবর্তুল মুষ্টি। □[ˈপাম্ল্] *vt* (-ll- US অপিচ -l-) = pummel.

pomp [পম্প্] *n* জাঁকজমক; আড়ম্বর; ধুমধাম; ঘটা; ঠাঁট।

pom·pon [পমপন্] *n* শোভাবৃদ্ধির জন্য টুপি, পোশাক বা জুতার সঙ্গে পরিহিত পালক, রেশম বা ফিতার গুচ্ছ; শোভনী।

pom·pous [ˈপমপাস্] *adj* সাড়ম্বর; আড়ম্বরপূর্ণ; জাঁকালো; দাম্ভিক; আত্মম্ভরি; দম্ভী; অতিপ্রতাপী: a ~ officer; ~ language, বগাড়ম্বর। **pom·pos·ity** [পম্ˈপসাটি] *n* [U, C] দাম্ভিকতা; আড়ম্বর; বহ্বাড়ম্বর; আত্মম্ভরিতা।

ponce [পন্স্] *n* যে পুরুষ বেশ্যার সঙ্গে বাস করে এবং তার উপার্জনে জীবিকা নির্বাহ করে; বেশ্যাশ্রিত।

pon·cho [পন্চৌ] *n* (*pl* -s [-চৌজ়্]) প্রাবরণ হিসাবে পরিধেয়—মাথা গলানোর জন্য মাঝখানে ছিদ্রযুক্ত—বৃহৎ বস্ত্রখণ্ড; পানি–নিরোধক বস্তুতে তৈরি অনুরূপ পোশাক; পন্চো।

pond [পন্ড্] *n* (বিশেষত গবাদি পশুর জলপানের জন্য) পুকুর; ডোবা; পল্বল।

pon·der [ˈপন্ডা(র্)] *vt,vi* ~ **(over)** বিবেচনা করা; ভেবে দেখা: We shall ~ over the matter.

pon·der·able [ˈপন্ডারাব্ল্] *adj* (পদার্থ.) মাপা বা ওজন করা যায় এমন; তুলাযোগ্য। □*n pl* যেসব ঘটনা, অবস্থা ইত্যাদি হিসাবের মধ্যে আনা যায়; বিভাবনীয় ঘটনা/অবস্থা।

pon·der·ous [ˈপন্‌ডারাস্] *adj* ১ ভারী; ভারবান; গুরুভার; স্থূলকায়; পৃথুল: ~ movements, গজেন্দ্রগামিতা; গদাইলস্করি চাল। ২ (রচনাশৈলী সম্বন্ধে) নীরস; আয়াসসিদ্ধ; গদাইলস্করি। **~·ly** *adv* ভারী চালে, গজেন্দ্রগমনে ইত্যাদি।

pone [পৌন্] *n* (অপিচ ˈ**corn ~**) (বিশেষত উত্তর আমেরিকার ইন্ডিয়ানদের রীতিতে তৈরি) ভুট্টার রুটি।

poni·ard [ˈপনি আড়্] *n* ছুরি; কৃপাণ; ছোরা।

pon·tiff [ˈপন্‌টিফ়্] *n* ১ পোপ। ২ (প্রা. প্র.) বিশপ; প্রধান যাজক; মুখ্য পুরোহিত।

pon·tifi·cal [পন্‌টিফ়িকল্] *adj* ১ পোপ বা বিশপ-সম্বন্ধী। ২ (সাড়ম্বরভাবে) কর্তৃত্বব্যঞ্জক; পরাক্রান্ত। □*n pl* গির্জার কোনো কোনো উৎসব-অনুষ্ঠানে বিশপ ও কার্ডিনালদের পরিধেয় আনুষ্ঠানিক পোশাক-পরিচ্ছদ ও পদাধিকার লক্ষণসমূহ; লেবাস।

pon·tifi·cate [পন্‌টিফ়িকেইট্] *n* বিশপের বিশেষত পোপের পদ; এঁদের পদাধিকার-কাল ও ধর্মাধ্যক্ষতা। □*vi* [-কেইট্] নিজেকে অভ্রান্ত বা প্রমাদাক্ষমরূপে জাহির করা।

pon·toon[1] [পন্‌ˈটূন্] *n* ১ প্রশস্ততল নৌকাবিশেষ। ২ নদীর উপর দিয়ে চলাচল-পথের নীচে স্থাপিত এ ধরনের নৌকা কিংবা ভাসমান, ফাঁপা ধাতব কাঠামো: a ~ bridge.

pon·toon[2] [পন্‌ˈটূন্] *n* [U] এক ধরনের তাসের খেলা; পন্টুন।

pony [পৌনি] *n* (*pl* -nies) ১ টাট্টু; টাট্টুঘোড়া। ˈ**~-tail** *n* ১৯৫০-এর দশকে জনপ্রিয় বালিকাদের কেশবিন্যাসরীতিবিশেষ; লম্বা চুল মাথার পিছনে গোছা করে বাঁধা; অশ্বপুচ্ছ। ˈ**~-trekking** *n* [U] টাট্টুর পিঠে চড়ে আনন্দযাত্রা। ২ (GB অপ.) ২৫ পাউন্ড। ৩ (US অপ.) = crib[2] (২).

poodle [ˈপূড্‌ল্] *n* ঘন কোঁকড়া লোমওয়ালা কুকুরবিশেষ; এদের লোম ছেঁটে কামিয়ে অনেক সময়ে বিচিত্র নকশা করা হয়; পুড্‌ল্।

poof [পুফ়্] *n* = pouf (২).

pooh [পূ] *int* অসহিষ্ণুতা, অবজ্ঞা বা দুর্গন্ধের দরুন ঘৃণা প্রকাশ করে; থু; উহ!

pooh-pooh [পূ ˈপূ] *vt* (ভাব, চিন্তা ইত্যাদির প্রতি) অবজ্ঞা প্রকাশ করা; নাক সিঁটকানো।

pool[1] [পূল্] *n* ১ বিশেষত প্রাকৃতিকভাবে সৃষ্ট স্রোতহীন, ক্ষুদ্র জলমগ্ন এলাকা; ডোবা: The rainstorm last night has left ~s on the road. ২ কোনো কিছুর উপরিভাগে সঞ্চিত পানি বা অন্য কোনো তরলপদার্থ; কুণ্ড: a ~ of blood. ৩ (ˈ**swimming-**)**~** সাঁতার কাটার জন্য শান-বাঁধানো, জলপূর্ণ বৃহৎ গর্তবিশেষ; সাঁতারকুণ্ড। ৪ নদীর যে অংশে জল গভীর ও শান্ত; খাড়ি।

pool[2] [পূল্] *n* ১ (জুয়াখেলা) অনেকজন খেলোয়াড়ের বাজির মোট অর্থ; বাজির থোক। **the** (ˈ**football**) **~s** ফুটবল খেলার ফলাফলের উপর সঙ্ঘবদ্ধ জুয়া; ফুটবলের জুয়া। ২ প্রতিযোগিতা এড়ানো এবং মূল্যের ব্যাপারে একমত হওয়ার জন্য ব্যবসা-প্রতিষ্ঠানসমূহের নিজেদের মধ্যে ব্যবসা ও মুনাফা ভাগাভাগি করে নেওয়ার ব্যবস্থা; যৌথ বন্দোবস্ত। ৩ অনেকের দ্বারা সরবরাহকৃত বা ভুক্তিত তহবিল, রসদ বা সেবা; থোক: a ˈtyping ~, প্রত্যেক আলাদাভাবে মুদ্রাক্ষরিক না রেখে অনেকে মিলে একাধিক মুদ্রাক্ষরিকের সেবা যৌথভাবে ভোগ করার ব্যবস্থা; মুদ্রাক্ষর-সমবায়। ৪ [U] (US) ছয়-পকেটযুক্ত বিলিয়ার্ড টেবিলে কয়েকজন খেলোয়াড়ের জন্য উপযোগী খেলাবিশেষ (GB = snooker): to shoot ~, স্নুকার খেলা। ˈ**~-room** *n* স্নুকার খেলার ঘর। □*vt* ভাগাভাগি করে ভোগ করা; (অর্থ, সম্পদ ইত্যাদি) সকলে মিলে ব্যবহারের জন্য একত্র করা; থোক করা: Let's ~ our savings to buy a press.

poop [পূপ্] *n* জাহাজের পশ্চাদ্‌ভাগ; পাছা।

poor [পুআ(র্)] *adj* (-er, -est) ১ দরিদ্র; গরিব; নির্ধন; বিত্তহীন; নিঃস্ব; দুর্গত। **the ~** *n pl* দরিদ্রসাধারণ। ˈ**~-box** *n* (প্রা.) (গির্জায়) দরিদ্রদের জন্য দানসংগ্রহের বাক্স। ˈ**~-house** *n* (প্রা.) (সরকারি) দরিদ্রশালা; দরিদ্রাশ্রম। ˈ**~ law** (প্রা.) দরিদ্রদের ত্রাণ ও তত্ত্বাবধানের জন্য আইনসমূহ; দরিদ্র-আইন। ˈ**~-rate** *n* (প্রা.) দরিদ্রদের ত্রাণের জন্য স্থানীয় করবিশেষ; দরিদ্রত্রাণ-কর। ˌ**~** ˈ**white** (যুক্তরাষ্ট্রের দক্ষিণাঞ্চলে এবং দক্ষিণ আফ্রিকায়) সামাজিকভাবে পশ্চাৎপদ শ্বেতাঙ্গ; অবরশ্বেতাঙ্গ। ২ সাহায্য বা সহানুভূতির পাত্র; হতভাগ্য; বেচারা: ~ little child. ৩ (প্রায়শ, হাস্য বা বক্রোক্তি) অধম; বিনম্র; অকিঞ্চিৎকর; নগণ্য: in my ~ opinion. ৪ অপর্যাপ্ত; অপ্রতুল; দীন: a ~ supply of daily necessities; a country ~ in natural resources. ৫ নিকৃষ্ট মানের; অনুত্তম; হীন: ~ soil, রুক্ষ/অনুর্বর মাটি; ~ food, কুপথ্য; ~ health, অস্বাস্থ্য; দুর্বল স্বাস্থ্য। ˌ**~-**ˈ**spirited** *adj* ভীরু; দীনচেতন; নিস্তেজ।

poor·ly [ˈপুআলি] *pred adj* (কথ্য) অসুস্থ: I am rather ~ this evening. □*adv* ১ দীনহীনভাবে; অপ্রতুলভাবে; অসফলভাবে; পারিপাট্যহীনভাবে: ~ lighted streets; ~ dressed. ২ **~ off** অসচ্ছলভাবে; অর্থকষ্টে: I've been ~ off since my business collapsed.

poor·ness [ˈপুআনিস্] *n* [U] কোনো কাঙ্ক্ষিত গুণ বা উপাদানের অভাব (লক্ষণীয় যে poverty সাধা. 'দারিদ্র্য' বোঝায়); দীনতা; দৈন্য; হীনতা; অপকৃষ্টতা: the ~ of the soil, মাটির রুক্ষতা/অনুর্বরতা।

pop[1] [পপ্] ১ ফট শব্দ; পট শব্দ; ফুৎকার: the pop of a cork. ২ [U] (অপ.) বোতলভরা গ্যাসযুক্ত পানীয়: ginger ~; a bottle of ~. ৩ (অপ.) **in pop** বন্ধক দেওয়া। □*adv* ফট করে: Did you hear the cork go ~?

pop[2] [পপ্] *n* poppa-র US সংক্ষেপ।

pop[3] [পপ্] *adj* (popular-এর কথ্য সংক্ষেপ) জনপ্রিয়; লোকপ্রিয়; লোকগ্রাহ্য: ˈpop music; ˈpop singers; ˈpop groups, যাদের রেকর্ড বহুসংখ্যায় বিক্রি হয় এবং যারা বেতার, টিভি ও নৃত্যশালায় সর্বাধিক জনপ্রিয়। ˈ**pop art** কমিক চিত্রপরম্পরা, বাণিজ্যিক প্রযুক্তি ইত্যাদি ব্যবহার করে প্রাত্যহিক জীবনের চালচিত্র অঙ্কন; গণচিত্রশিল্প। ˈ**pop concert** গণসঙ্গীতের অনুষ্ঠান। **pop festival** জনপ্রিয় গায়ক ও বাদকদের গানবাজনা শোনার জন্য সাধা. ঘরের বাইরে মানুষের সমাবেশ; গণ-সঙ্গীতোৎসব, □*n* [U] (কথ্য) গণসঙ্গীত, গণচিত্রকলা ইত্যাদি; [C] জনপ্রিয় গান: top of the pops, একটা নির্দিষ্ট সময়ের মধ্যে যেসব রেকর্ড ইত্যাদি (বিক্রয়সংখ্যার বিচারে) সর্বাধিক জনপ্রিয়।

pop[4] [পপ্] *vt,vi* (-pp-) ১ ফট (শব্দ) করা বা করানো: The cork popped. **pop the question** (অপ.) বিয়ের প্রস্তাব দেওয়া। ˈ**pop-eyed** *adj* ফোলা চোখ; বিস্ফারিত দৃষ্টি। ˈ**pop-gun** *n* শিশুদের খেলনা বন্দুকবিশেষ, যাতে গুলির বদলে একটি ছিপি থাকে; ফট-বন্দুক। ২ (*adv part* ও *preps*-সহ প্রয়োগ) **pop across to** নীচে pop over দ্র.। **pop in/out (of)** চকিতে যাওয়া/আসা/ঢোকানো (অতি দ্রুত বা অপ্রত্যাশিত গতি বা তৎপরতা প্রকাশ করে); চট করে/হুট করে যাওয়া/আসা ইত্যাদি: I shall pop in and see you some time. When she heard the news her eyes almost popped out in surprise (ঠিকরে বেরিয়ে এসেছিল)। **pop sth into sth** চট করে রেখে দেওয়া:

I popped the cigarette-case into the drawer, as I heard my brother's voice. **pop off** (ক) চলে যাওয়া। (খ) (অপ.) পটল তোলা। **pop over/across to** চট করে ঘুরে আসা: I just popped over/across to the baker's. ৩ (অপ.) গুলি ছোড়া; বন্দুক দাগা: Don't pop away at the doves. ৪ (অপ.) বন্ধক রাখা/দেওয়া: to pop one's watch. ৫ (US) (ভুট্টা) ভাজা। ˈ**popcorn** *n* ভুট্টার খই।

Pope [পৌপ্] *n* (প্রায়শ **the ~**) রোমান ক্যাথলিক গির্জাসংগঠনের প্রধানরূপে রোমের বিশপ; পোপ; মহাধর্মাধিপতি। **popery** [ˈপৌপারি] *n* [U] (বৈরভাবাপন্ন প্রয়োগ) রোমান ক্যাথলিক সম্প্রদায়; পোপতন্ত্র। **pop·ish** [ˈপৌপিশ্] *adj* (বৈরভাবাপন্ন প্রয়োগ) পোপতান্ত্রিক।

pop·ish·ly *adv* পোপতন্ত্রানুযায়ী।

pop·in·jay [ˈপপিন্‌জেই] *n* খোশপোশাকি; ফুলবাবু; লবেদার লোক।

pop·lar [ˈপল্‌লা(র্)] *n* [C] দীর্ঘ; ঋজু; দ্রুতবর্ধিষ্ণু বৃক্ষবিশেষ: সফিদার; চিনার।

pop·lin [ˈপপ্‌লিন্] *n* [U] (প্রা.) রেশম ও পশমের শিরাযুক্ত যন্ত্রবিশেষ; (সাধা.) শার্ট ইত্যাদির জন্য মজবুত; উজ্জ্বল কার্পাসবস্ত্রবিশেষ; পপলিন।

poppa [পপা] *n* (US) = papa.

pop·pet [ˈপপিট্] *n* (GB) (সাধা. শিশুদের জন্য) আদরসূচক শব্দ; সোনামণি; লক্ষ্মীসোনা: my dear little ~.

poppy [ˈপপি] *n* (*pl* -pies) কয়েক ধরনের বুনো ও আবাদি উদ্ভিদ, যাতে বড়ো বড়ো, বিশেষত লাল ফুল ফোটে এবং এতে দুধের মতো এক রকম রস থাকে; লালা; পোস্ত; আফিম গাছ: ˈopium ~, যে ধরনের পোস্ত থেকে আফিম উৎপন্ন হয়; আফিম চারা। ˈ**~-head** *n* ঢেঁড়ি; পোস্তফল। ˈ**~-seed** *n* পোস্তদানা।

poppy·cock [পপিকক্] *n* [U] (অপ.) আগড়ম-বাগড়ম।

popu·lace [পপিউলাস্] *n* (আনুষ্ঠা.) সাধারণ মানুষ; লোকসাধারণ।

popu·lar [পপিউলা(র্)] *adj* ১ জনসাধারণসম্বন্ধী বা জনসাধারণের জন্য; লৌকিক; লোকপ্রিয়; লোকগ্রাহ্য: ~ government, লোকসম্মত সরকার (অর্থাৎ অধিকাংশ প্রাপ্তবয়স্ক নাগরিকের দ্বারা নির্বাচিত)। ˌ~ ˈ**front** (রাষ্ট্রনীতিতে) প্রতিক্রিয়াশীলতা ও ফ্যাসিজমবিরোধী দলসমূহের জোট; সার্বলৌকিক ঐক্যজোট। ২ লোকসাধারণের রুচি, প্রায়োজন, শিক্ষার মান ইত্যাদির উপযোগী; লোকরঞ্জক; লোকগ্রাহ্য; সর্বলোকগ্রাহ্য: ~ science; meals at ~ prices, সুলভমূল্যে খাবার। ৩ জনপ্রিয়; লোকপ্রিয়: a ~ hero; ~ film stars. দ্র. pop². **~·ly** *adv* লোকত; লোকগ্রাহ্যরূপে ইত্যাদি।

popu·lar·ity [ˌপপিউˈলারাটি] *n* [U] জনপ্রিয়তা; লোকপ্রিয়তা; লোকগ্রাহ্যতা; লোকপ্রীতি: win ~.

popu·lar·ize [ˈপপিউলারাইজ্] *vt* জনপ্রিয়/লোকপ্রিয়/লোক-প্রচলিত করা। **popu·lar·iz·ation** [ˌপপিউলারাইˈজেইশ্‌ন্ US – রিˈজেই–] *n* জনপ্রিয়-করণ; লোকসিদ্ধকরণ।

popu·late [ˈপপিউলেইট্] *vt* জনপূর্ণ করা; অধ্যুষিত করা: thinly ~d, বিরলবসতি; densely ~d, ঘনবসতিপূর্ণ।

popu·la·tion [ˌপপিউˈলেইশ্‌ন্] *n* কোনো স্থান বা দেশে বসবাসরত জনসমষ্টি; এরকম জনসমষ্টির বিশেষ অংশ; জনসংখ্যা; লোকসংখ্যা: a fall/rise in the ~; ~ explosion, জনবিস্ফোরণ।

popu·lism [ˈপপিউলিজ়াম্] *n* [U] লোকসাধারণের আবেগ-অনুভূতি বা ভয়ের উপর প্রতিষ্ঠিত সরকার বা রাজনীতি; লোকানুবর্তিতা। **popu·list** *adj* লোকানুবর্তী; লোকরঞ্জনবাদী।

popu·lous [ˈপপিউলাস্] *adj* জনবহুল; জনাকীর্ণ; ঘনবসতিপূর্ণ।

por·ce·lain [ˈপো°সালিন্] *n* [U] চীনামাটি; চীনামাটির বাসনকোসন।

porch [পো°চ্] *n* ১ ভবনসংলগ্ন ছাদযুক্ত প্রবেশপথ; দেহলি; রোয়াক। ২ (US, অপিচ) বারান্দা।

por·cine [ˈপো°সাইন্] *adj* শূকরসম্বন্ধী বা শূকর সদৃশ।

por·cu·pine [ˈপো°কিউপা ইন্] *n* শজারু; শল্যক।

pore¹ [পো°(র্)] *n* অতি ক্ষুদ্র রন্ধ্র যার ভিতর দিয়ে তরলপদার্থ চলাচল করতে পারে; সূক্ষ্মরন্ধ্র; লোমকূপ।

pore² [পো°(র্)] *vi* **~ over sth** অভিনিবেশ-সহকারে/নিবিষ্টভাবে/অনন্যচিত্তে পড়া/অধ্যয়ন করা: ~ over a book/letter.

pork [পো°ক্] *n* [U] শূকরমাংস; বরাহমাংস। দ্র. bacon, ham (১). ˈ**~-barrel** *n* (US অপ.) রাজনৈতিক কারণে স্থানীয় সুযোগ-সুবিধা দানের জন্য ব্যয়িত রাষ্ট্রীয় অর্থ। ˈ**~-butcher** যে কশাই খাদ্য হিসাবে বিক্রয়ের জন্য শূকর হত্যা করে এর শূকরের মাংসের পাই, সসেজ ইত্যাদি তৈরি করে; শূকরের কশাই। ˌ~ ˈ**pie** শূকরের মাংস কিমা করে প্রচুর মশলাযোগে পাই (pie দ্র.) তৈরি করার পাত্রে রান্না-করা খাদ্যবিশেষ; শূকরের মাংসের মণ্ডা। **~er** *n* খাদ্যরূপে ব্যবহার করার জন্য প্রতিপালিত, বিশেষত স্থূলীকৃত শূকর; পুষ্টাঙ্গ শূকর।

porn [পো°ন্] *n* pornography-র কথ্য সংক্ষেপ। ˈ**~-shop** *n* যে দোকানে অশ্লীল বইপুস্তক ইত্যাদি বিক্রি করা হয়; অশ্লীলতার পসার।

por·nogra·phy [পো°ˈনগ্রাফি] *n* [U] রচনা, ছবি ইত্যাদিতে অশ্লীল বিষয়ের অবতারণা ও পরিচর্যা; ঐ জাতীয় রচনা, চিত্র ইত্যাদি; অশ্লীলবৃত্তি; অশ্লীলসামগ্রী। **por·nogra·pher** [পো°ন-গ্রাফা(র্)] *n* অশ্লীল রচনা, চিত্র ইত্যাদি যে ব্যক্তি তৈরি বা বিক্রি করে; অশ্লীলতার পসারি। **por·no·graphic** [পো°ˈনাগ্র্যাফিক্] *adj* অশ্লীলবৃত্ত।

po·rous [ˈপো°রাস্] *adj* ১ সূক্ষ্মরন্ধ্রযুক্ত; সরন্ধ্র। ২ তরলপদার্থ চলাচল করতে পারে এমন: ~ soil. **~·ness, po·ros·ity** [পো°ˈরসাটি] *nn* সরন্ধ্রতা।

por·phyry [ˈপো°ফিরি] *n* [U] লাল ও সাদা স্ফটিকখচিত লাল রঙের কঠিন শিলাবিশেষ, যা ঘষে মেজে অলঙ্কাররূপে ব্যবহার করা হয়; লোহিতাশ্ম; সঙ্গ-ই-সামাক।

por·poise [ˈপো°পাস্] *n* ডলফিন বা ছোট তিমি সদৃশ সামুদ্রিক জীববিশেষ; শিশুমার; উলুপী।

por·ridge [ˈপরিজ্ US ˈপো°রিজ্] *n* [U] পানি বা দুধে খাদ্যশস্য (যেমন যব) সিদ্ধ করে প্রস্তুত নরম খাদ্য: a plate of ~.

por·rin·ger [ˈপরিন্‌জা(র্) US ˈপো°রি–] *n* স্যুপ ইত্যাদি খাওয়ার জন্য হাতলযুক্ত ছোট পাত্র; জুসপাত্র।

port¹ [পো°ট্] *n* ১ পোতাশ্রয়: a naval ~; reach ~. ২ যে শহর বা নগরে পোতাশ্রয় আছে, বিশেষত যেখানে

শুল্ককর্মকর্তারা পদনিযুক্ত হন; বন্দরনগরী। **free ~** যে বন্দরে যে কোনো দেশের পণ্যসামগ্রী বোঝাই ও খালাস করা হয়; যে বন্দরে আমদানি-রপ্তানির জন্য কোনো শুল্ক দিতে হয় না; অবাধ বন্দর; শুল্কমুক্ত বন্দর। (লাক্ষ.) আশ্রয়: The desired ~, ইষ্টস্থান। **any ~ in a storm** বিপদের সময়ে যে কোনো স্থানে সাহায্য বা আশ্রয় প্রার্থনা।

port[2] [পো°ট্] *n* (নৌ.) প্রবেশের জন্য কিংবা মাল ওঠানো-নামানোর জন্য জাহাজের পার্শ্বদ্বার; জাহাজের পার্শ্বমুখ/ঘুলঘুলি। **ˈ~ hole** *n* (ক) আলো ও বাতাস ঢোকার জন্য জাহাজের পার্শ্ববাতায়ন; জাহাজের ঘুলঘুলি; জাহাজ বা উড়োজাহাজের পাশে কাচের ক্ষুদ্র জানালা; পার্শ্বমুখ।

port[3] [পো°ট্] *n* সামনের দিকে মুখ করলে জাহাজ বা বিমানের বাম পার্শ্ব: put the helm to ~; attrib বাম: on the ~ bow/quarter. দ্র. starboard. □*vt* (জাহাজ, জাহাজের হাল বা কর্ণ) বাঁয়ে ঘোরানো।

port[4] [পো°ট্] *n* [U] পর্তুগালের গাঢ় লাল বা সাদা, উগ্র, মিষ্ট মদবিশেষ; পোর্ট।

port[5] [পো°ট্] *vt* অফিসারের পরিদর্শনার্থ (রাইফেল বা অন্য অস্ত্র) শরীরসংলগ্ন করে আড়াআড়িভাবে ধারণ করা: P~ arm! (উক্ত প্রকারে) অস্ত্র ধারণ কর।

port·able [ˈপো°টব্ল্] *adj* সুবহ; সুবহনীয়: ~ radios/typewriters. **port·abil·ity** [পো°টাˈবিলাটি] *n* [U] সুবহনীয়তা।

port·age [ˈপো°টিজ্] *n* [C,U] বিশেষত দুটি নাব্য নদীর মধ্যবর্তী অঞ্চলে (যেমন কানাডার অরণ্য-অঞ্চলে) নৌকা, পণ্য ইত্যাদি বহন; বহন-ভাড়া; যে স্থানে এ রকম পণ্যবহনের প্রয়োজন হয় বহনস্থান।

por·tal [ˈপো°ট্ল্] *n* বিশেষত বৃহৎ ভবনের বিশাল প্রবেশদ্বার; প্রতিহার; সিংহদ্বার; তোরণ; ফটক।

por·tam·ento [ˌপো°টাˈমেন্টৌ] *n* (সঙ্গীত) এক সুর থেকে অন্য সুরে অনবরত গড়িয়ে চলা; মিড়; গমক।

port·cul·lis [ˌপো°ট্ˈকালিস্] *n* (ইতি.) দুর্গের প্রবেশদ্বারে উত্তোলন ও অধঃকরণের উপযোগী লোহার গরাদ; টানা গরাদ।

porte·cochère [ˌপো.ট্‌কশেআ(র্)] *n* (ফ.) বাড়ির আভ্যন্তর প্রাঙ্গনে গাড়ি-প্রবেশের দ্বার; গাড়ির ফটক।

por·tend [পো °টেন্ড্] *vt* (আনুষ্ঠা.) (ভবিষ্যতের ঘটনা ইত্যাদির) সঙ্কেতসূচক/ ইঙ্গিতবহ/ আলামতসূচক হওয়া; অশনিসঙ্কেত দেওয়া: This ~s difficult time ahead.

por·tent [পো° টেন্ট্] *n* পূর্বলক্ষণ; আলামত; দুর্লক্ষণ; উপসর্গ; অশুভলক্ষণ; অবলক্ষণ; অশনিসঙ্কেত। **por·ten·tous** [পো°ˈটেন্টাস্] *adj* ১ অশুভসূচক; পূর্বলক্ষণসূচক। ২ অদ্ভুত; চমৎকারজনক; বিস্ময়কর; অসামান্য। **por·ten·tous·ly** *adv* পূর্বলক্ষণস্বরূপ ইত্যাদি।

por·ter[1] [ˈপো°টা(র্)] *n* ১ (রেলস্টেশন, বিমানবন্দর, হোটেল ইত্যাদি স্থানে কর্মরত) মুটে; কুলি। ২ যে অঞ্চলে মোটরযান চলে না, সেখানে পিঠে বা মাথায় মাল বহনের জন্য বাহক; ভারিক। ৩ (US) ট্রেনে ঘুমানোর বা সংরক্ষিত কামরার পরিচারক। **ˈ~·age** [-রিজ্] *n* [U] ভারবহন; মুটে-ভাড়া।

por·ter[2] [ˈপো°টা(র্)] *n* (হোটেল ইত্যাদিতে) দারোয়ান; দ্বাররক্ষক; দ্বারিক। (US = doorman)। **~'s lodge**, দ্র. lodge[1] (৩).

por·ter[3] [পো°টা(র্)] *n* [U] গাঢ় বাদামি রঙের তিক্ত স্বাদ বিয়ারবিশেষ; পোর্টার।

por·ter·house [ˈপো°টাহাউস্] *n* **~ (steak)** (গরুর) বাছাই-করা মাংসখণ্ড। দ্র. beafsteak.

port·folio [পো °ট্ˈফৌলিঔ] *n* (*pl* -s [-লিঔজ্]) ১ আলগা কাগজপত্র, দলিল, চিত্র ইত্যাদি রাখার জন্য (সাধা. চামড়ার) সমতল আধারবিশেষ; পত্রাধার; জুজদান; পোর্টফোলিও। ২ মন্ত্রীর পদ ও কার্যভার: a minister without ~, নির্দিষ্ট কার্যভারহীন মন্ত্রী। ৩ কোনো ব্যক্তি, ব্যাংক ইত্যাদির মালিকানাধীন লগ্নক (সিকিউরিটিজ), কোম্পানির হিস্যা, বিনিয়োগ ইত্যাদির তালিকা; বিনিয়োগ-তালিকা।

port·hole *n* দ্র. port[2].

port·ico [পো° টিকৌ] *n* (*pl* -es বা -s [-কৌজ্]) বিশেষত ভবনসম্মুখে স্তম্ভোপরি ন্যস্ত ছাদবিশেষ; দ্বারমণ্ডপ; দহলিজ।

port·iére [ˌপো° টিএ আ(র্)] *n* (ফ.) ঘরের দরজা বা প্রবেশপথে ঝোলানো ভারী পর্দা; তিরস্করণী; কানাৎ।

por·tion [ˈপো° শ্‌ন্] *n* ১ (কোনো কিছু বহনের সময় দেয়) অংশ; ভাগ; হিস্যা: ~ of a railway ticket; the through ~ for Glasgow, ট্রেনের যে অংশ সরাসরি গ্লাসগো যাবে: a marriage ~, যৌতুক। ২ রেস্তোরাঁয় পরিবেশিত যে কোনো খাবারের অংশ; খণ্ড; ভাগ: a generous ~ of apple-pie. ৩ (*sing*) ভাগ্য; অদৃষ্ট; নিয়তি: Don't quarrel with your ~ here below. □*vt* ১ **~ sth out (among/between)** ভাগ করে/ বেঁটে দেওয়া; অংশিত করা। ২ **~ sth to sb** অংশ/ হিস্যা/ ভাগ দেওয়া।

port·land [ˈপো°ট্লান্ড্] *n* **~ stone** (ওর্সেটের পোর্টল্যান্ডের কাছে খনিতে লভ্য) হলুদাভ সাদা চুনাপাথর। **~ cement** উক্ত পাথরের মতো রঙের সিমেন্টবিশেষ।

port·ly [ˈপো°ট্লি] *adj* (বিশেষত বয়স্ক লোকদের সম্বন্ধে) নধরবপু; গোলগাল; হৃষ্টপুষ্ট।

port·man·teau [পো °ট্ˈম্যান্টৌ] *n* (*pl* -s বা -x [-টৌজ্]) কাপড়চোপড় বহনের জন্য চামড়ার আয়তাকার ব্যাগবিশেষ; পিণ্ডারি। **~ word** একাধিক শব্দের ধ্বনি ও অর্থ সংযুক্ত করে গঠিত শব্দ (যেমন slithy = slimy ও lithe); পিণ্ডারিশব্দ।

por·trait [ˈপো°ট্রিট্] *n* ১ প্রতিকৃতি; প্রতিমূর্তি। ২ জীবন্ত বর্ণনা। **ˈ~·ist** [-টিস্ট্] *n* প্রতিকৃতিকার; প্রতিকৃতিশিল্পী। **ˈ~·ure** [-চা(র্) US -চুআ(র্)] *n* [U] প্রতিকৃতি-অঙ্কন; প্রতিকৃতি।

por·tray [পো°ˈট্রে ই] *vt* ১ প্রতিকৃতি আঁকা। ২ জীবন্ত বর্ণনা দান করা; চরিত্রচিত্রণ করা। ৩ (নাটকের) কোনো চরিত্রে অভিনয় করা বা রূপদান করা। **~al** [পো °ট্রেইআল্] *n* [U] প্রতিকৃতি-অঙ্কন; [C] চরিত্রচিত্রণ; বর্ণনা।

pose [পৌ জ্] *vt,vi* ১ (প্রতিকৃতি-অঙ্কন, আলোকচিত্রগ্রহণ ইত্যাদির আগে) কাঙ্ক্ষিত ভঙ্গিতে স্থাপন করা। ২ **~ (for)** (প্রতিকৃতি ইত্যাদির জন্য) অবস্থান গ্রহণ করা; বসা: He agreed to ~ for me. ৩ আলোচনায় পেশ/উত্থাপন করা; সৃষ্টি/জন্মদান করা: Technological innovation sometimes ~s serious problems for the environment. ৪ **~ as** দাবি/জাহির করা: ~ as an expert on modern painting. ৫ কৃত্রিম আচরণ/ভান করা; তাক/চমক লাগানোর জন্য ভঙ্গি অবলম্বন করা: He's always posing. □*n* ১ (প্রতিকৃতি ইত্যাদির জন্য) ভঙ্গি: an unusual ~. ২ (তাক লাগানোর জন্য) কৃত্রিম আচরণ; ভঙ্গি; ভান; বিলাস: His love for democracy is a mere ~. **poser** *n* বিব্রতকর প্রশ্ন; কূটপ্রশ্ন।

po·seur [পৌ'জ়্য(র্)], (fem) **po·seuse** [পৌ'জ়াজ়্] *n* তাক লাগানোর জন্য যে ব্যক্তি ভঙ্গি অবলম্বন করে; ভঙ্গিবিলাসী; কপটপ্রিয়।

posh [পশ্] *adj* (কথ্য) চটকদার; ফিটফাট; চটুকে; জেল্লাদার; লবেদার: a ~ hotel; ~ clothes; ~ friends.

posit ['পজ়িট্] *vt* = postulate (দ্র.); তর্কের খাতিরে সত্য/সিদ্ধ বলে ধরে নেওয়া।

po·si·tion [প'জ়িশ্‌ন্] *n* ১ [C] অবস্থান; অবস্থিতি; স্থান; অবস্থানস্থল: a ship's ~: capture the enemy's ~s. **in/out of ~** যথাস্থানে/যথাস্থানের বাইরে। ২ [U] সুবিধাজনক অবস্থান: to manoeuvre for ~. ৩ [C] ভঙ্গি; অঙ্গবিন্যাস: ~ of the feet, পদবিন্যাস; sit/lie in a comfortable ~. ৪ [C] (সমাজ, চাকরি ইত্যাদিতে) স্থান; অবস্থান: a high/low ~ in society; a pupil's ~ in class. ৫ [C] পদ; পদবি; চাকরি; নিয়োগ: apply for the ~ of accountant. ৬ [C] অবস্থা; দশা; placed in an awkward ~. ৭ [C] অভিমত; মনোভাব; দৃষ্টিভঙ্গি: I've explained my ~ on the problem. □*vt* যথাস্থানে রাখা/স্থাপন করা; অবস্থান নির্ণয় করা।

posi·tive ['পজ়াটিভ্] *adj* ১ নিশ্চিত; সুনির্দিষ্ট; সুস্পষ্ট; সন্দেহাতীত: ~ knowledge; ~ instructions/orders. ২ (ব্যক্তি সম্বন্ধে) সুনিশ্চিত; কৃতনিশ্চয়; দৃঢ়নিশ্চয়; বদ্ধনিশ্চয়; নিশ্চয়ী; নিঃসংশয়: Are you ~ (that) he's leaving on Sunday? He was ~ about what he saw. ৩ বাস্তব ও গঠনমূলক; সুনিশ্চিতভাবে সহায়ক; ইতিবাচক: a ~ suggestion; ~ help; ~ criticism. ৪ (কথ্য) সুস্পষ্ট; ডাহা; পুরোদস্তর; অবিমিশ্র; নির্জলা; নির্ঘাত; ঘোর: a ~ fool/nuisance; a ~ crime. ৫ (গণিত) শূন্যের চেয়ে অধিক; ধন; ধনাত্মক: the ~ sign, ধনাত্মক চিহ্ন (+)। ৬ (বিদ্যুৎ সম্বন্ধে) ধনাত্মক; পরা: a ~ charge, ধনাত্মক আধান। **~ pole** (= anode), ধনধ্রুব। ৭ (আলোক.) স্বাভাবিক আলোছায়া–প্রকাশক (অর্থাৎ নেগেটিভের মতো আলোছায়া উল্টে দেওয়া হয়নি); পজিটিভ; স্বাভাবিক। ৮ (ব্যাক. *adj ,adv* সম্বন্ধে) সরল, অর্থাৎ তুলনামূলক বা অতিশয়ার্থক নয়; সামান্য। □*n* সামান্য মান/বিশেষণ, ধনরাশি ইত্যাদি; নিগেটিভ থেকে মুদ্রিত আলোকচিত্র, পজিটিভ। **~·ly** *adv* সুস্পষ্টভাবে; নিশ্চিতভাবে। **~·ness** *n* [U] দৃঢ়নিশ্চয়; সুনিশ্চয়ত্ব; দৃঢ়প্রত্যয়।

posi·tiv·ism ['পজ়িটিভিজ়াম্] [U] জল্পনাকল্পনা বা মানসবিচারের স্থলে ইন্দ্রিয়গম্য প্রপঞ্চ ও সন্দেহাতীত তথ্যের উপর প্রতিষ্ঠিত, ও ওগ্যস্ত কঁৎ (ফরাসি দার্শনিক, ১৭৯৮–১৮৫৭)–এর দার্শনিক মতবাদ; প্রত্যক্ষবাদ; দৃষ্টবাদ। **logical ~** উক্ত মতবাদের আধুনিক (২০ শতক) বিকশিত রূপ, যার প্রধান উপজীব্য ভাষিক বিশ্লেষণ এবং পর্যবেক্ষণের দ্বারা পরীক্ষণাশ্রয়ী বিবৃতির সত্যাসত্য নির্ণয়; নৈয়ায়িক প্রত্যক্ষবাদ। **posi·tiv·ist** [-ইস্ট্] *n* প্রত্যক্ষবাদী।

posse ['পসি] *n* (প্রধানত US) কনস্টাবলদল বা তুল্য ক্ষমতাসম্পন্ন অন্য কোনো বাহিনী: শান্তি–শৃঙ্খলা রক্ষায় সাহায্য করার জন্য শেরিফ এদের তলব করতে পারেন; শান্তিরক্ষীদল।

pos·sess [প'জ়েস্] *vt* ১ (কোনো কিছুর) অধিকারী বা মালিক হওয়া: ~ nothing; lose all that one ~es. ২ বশে/নিয়ন্ত্রণে রাখা: ~ one's soul in patience, ধৈর্যধারণ করা; ধৈর্যশীল হওয়া। দ্র. self ভুক্তিতে self-~ed. ৩ **~ oneself on** (প্রা. প্র.) মালিক/ স্বত্বাধিকারী হওয়া; অধিগত/হস্তগত করা। **be ~ed of** অধিকারী হওয়া; (কোনো কিছু) থাকা: She is ~ed of great intellectual ability. ৪ **be ~ed** পাগল/ উন্মাদ হওয়া: ভূতাবিষ্ট/ ভূতগ্রস্ত/ পিশাচাবিষ্ট হওয়া: You behaved like one ~ed. ৫ (মনকে) দখল/ আবিষ্ট/ সমাবিষ্ট/ অধিকৃত করা: What ~ed him to do such a thing? **~er** [-সা(র্)] *n* মালিক; স্বত্বাধিকারী।

pos·session [প'জ়েশ্‌ন্] *n* ১ [U] স্বামিত্ব; স্বত্ব; অধিকার; দখল; আয়ত্ত: come into ~ of an estate; get ~ of, অধিকার নেওয়া; Is she in full ~ of her senses? মানসিকভাবে পূর্ণ সুস্থ কিনা। ২ (প্রায়শ *pl*) অধিকৃত বস্তু; বিষয়সম্পত্তি; বিত্তবিভব; সহায়সম্পদ: lose all one's ~s; a man of great ~s.

pos·sess·ive [প'জ়েসি ভ্] *adj* ১ অধিকারসূচক; দখলসম্বন্ধী; দখলি; আধিকারিক; আধিপত্যপ্রবণ; দখলপ্রবণ: a ~ manner, অন্যের মনোযোগ ইত্যাদির উপর দাবি ঘোষণা করে এমন: a ~ nature, বস্তু সংগ্রহ করতে উৎসাহী কিংবা কারো ভালোবাসা বা মনোযোগ পুরাপুরি দখল করতে আগ্রহী এমন। ২ (ব্যাক.) সম্বন্ধবাচক: the ~ case, সম্বন্ধপদ। **~·ly** *adv* আধিকারিকভাবে ইত্যাদি।

pos·set ['পসিট্] *n* আগেকার দিনে সর্দিকাশির প্রতিকার হিসাবে বহুলব্যবহৃত ঈষদুষ্ণ দুধের সঙ্গে বিয়ার ও মশলাযুক্ত পানীয়বিশেষ।

pos·si·bil·ity [,পসা'বলাটি] *n* (*pl* -ties) ১ [U] সম্ভাবনা। ২ [C] যা সম্ভাব্য; সম্ভাবনা।

poss·ible ['পসাব্‌ল্] *adj* ১ সম্ভবপর; সাধ্য; সম্ভাবিত: as much as ~, যথাশক্তি; যথাসাধ্য। ২ সন্তোষজনক; যুক্তিসঙ্গত; উপযুক্ত; যথাযোগ্য: a ~ answer to a question; You are not the only ~ man for the job. □*n* উপযুক্ত ব্যক্তি বা বস্তু: a trial game between ~s and probables, উপযুক্ত ও সম্ভাব্য খেলোয়াড়দের মধ্যে খেলা। **poss·ibly** [-ব্লি] *adv* ১ সম্ভবপর মতো/হলে; যথাসম্ভব: Come as soon as you possibly can. He can possibly help you. ২ সম্ভবত; হয়তো।

pos·sum ['পসাম্] *n* opossum (দ্র.)–এর কথ্য সংক্ষেপ। **play ~** কাউকে ধোঁকা দেওয়ার জন্য ঘুমন্ত বা অনবহিত থাকার ভান করা; মড়ার মতো পড়ে থাকা।

post[1] [পৌস্ট্] *n* [C] ১ যে স্থানে প্রহরারত সৈনিক অবস্থান করে; চৌকি; কর্মস্থল; কর্তব্যস্থল। ২ সৈন্যদের দ্বারা অধিকৃত স্থান, বিশেষত সীমান্তদুর্গ; ফাঁড়ি; ঘাঁটি। দ্র. outpost. ৩ বাণিজ্যঘাঁটি; কুঠি: English and French trading ~s in Bengal in the 18th century. ৪ পদ; চাকরি; নিয়োগ: get a better ~. □*vt* ১ চৌকিতে (প্রহরায়) নিযুক্ত করা: ~ sentries at the gates. ২ কর্তব্যস্থলে/ ফাঁড়িতে/ ঘাঁটিতে পাঠানো: ~ an officer to a unit. He is going to be ~ed to London.

post[2] [পৌস্ট্] *n* (সাম.) সূর্যাস্তকালীন তূর্যধ্বনি। (বিশেষত) **the first/last ~** অন্তিম তূর্যধ্বনি (সামরিক অন্ত্যেষ্টিক্রিয়ায়ও ধ্বনিত হয়)।

post[3] [পৌস্ট্] *n* ১ (ইতি.) পত্র ইত্যাদি পর্যায়ক্রমে গন্তব্যস্থল পর্যন্ত বহনের জন্য কিছুদূর অন্তর অন্তর নিযুক্ত অশ্বারোহী বাহক; ডাক; ডাক–হরকরা। **,~-'chaise** *n* (ইতি.) ভ্রমণের জন্য এক চটি থেকে অন্য চটি পর্যন্ত

ভাড়া-করা গাড়ি; ডাক-গাড়ি। ˈ~-horse *n* (ইতি.) ডাক বহনের জন্য কিংবা পর্যটকদের কাছে ভাড়া দেওয়ার জন্য চটিতে রক্ষিত ঘোড়া; ডাক-ঘোড়া। ২ (GB) ডাক (US mail): miss/catch the ~. **the P~ (Office)** ডাকবিভাগ। ৩ **the ~** ডাকবাক্স বা ডাকঘর: take letters to the post. ৪ (যৌগশব্দ) **ˈ~·bag** (= mailbag) ডাকের থলে। **ˈ~-box** ডাকবাক্স। **ˈ~-card** *n* চিঠি লেখার জন্য একপিঠে ছবিওয়ালা কার্ডবিশেষ; ডাককার্ড। **ˈ~·code** (US = zipcode) (কম্পিউটার ব্যবহার করে) চিঠিপত্র সহজে বাছাই ও বিলি করার জন্য বর্ণ ও সংখ্যার সমষ্টি; ডাকসঙ্কেত। **ˌ~-ˈfree** *adj,adv* বিনামাশুলে কিংবা ডাকমাশুল পূর্বেই পরিশোধিত হয়েছে এমন (ভাবে); (মূল্য সম্বন্ধে) ডাকমাশুলসহ। **ˈ~·man** [-মান্] *n* (*pl* -men) ডাকপিওন (US = mailman)। **ˈ~·mark** *n* (চিঠিপত্রে) ডাকঘরের ছাপ। □*v t* (ডাকঘরের) ছাপ মারা। **ˈ~·master, ˈ~·mistress** *nn* ডাকমুনশি। **ˈ~ office** *n* ডাকঘর; ডাকখানা। **ˈ~ office** (সংক্ষেপ PO) **box** *n* ব্যক্তি বা কোম্পানির ঠিকানায় প্রেরিত চিঠিপত্রের জন্য ডাকঘরে রক্ষিত সংখ্যাচিহ্নিত বাক্স; ডাকঘর-বাক্স। **ˌ~-ˈpaid** *adj,adv* পরিশোধিত-মাশুল (-মাশুলে)।

post[4] [পৌস্‌ট্] *vt,vi* ১ (চিঠিপত্র) ডাকে দেওয়া/ফেলা (US = mail)। ২ (ইতি.) চটিতে চটিতে ঘোড়া বদলিয়ে পর্যায়ক্রমে ভ্রমণ করা। দ্র. post[3] (১). **ˌ~ ˈhaste** *adv* অতিদ্রুতবেগে; বায়ুবেগে। ৩ **~ (up)** (হি. র.) (খতিয়ানে) লিপিবদ্ধ করা/তোলা: ~ (up) export sales; ~ up a ledger. **keep sb ~ed** (লাক্ষ.) অবহিত রাখা।

post[5] [পৌস্‌ট্] *n* খুঁটি; স্তম্ভ; স্থাণু: ˈgate ~s, তোরণস্তম্ভ; the ˈstarting/winning-~, দৌড়ের আরম্ভ ও সমাপ্তিসূচক স্তম্ভ, ˈbed ~s, মশারির খুঁটি; ˈlamp-~s, (রাস্তার) বাতিস্তম্ভ। □*vt* ১ **~ (up)** বিজ্ঞাপন, প্রাচীরপত্র ইত্যাদির সাহায্যে প্রকাশ্য স্থানে প্রদর্শন করা; লাগানো: Bills were ~ed on the wall of the town hall. ২ **~ (over)** (বিজ্ঞাপন, প্রাচীরপত্র ইত্যাদিতে) ঢেকে ফেলা/পরিলিপ্ত করা: ~ a wall (over) with placards. ৩ (প্রাচীরপত্রের সাহায্যে) বিজ্ঞাপিত করা: a ship ~ed as missing.

post- [পৌস্‌ট্] *pref* পরে; -উত্তর। পরি. ৩ দ্র.।

post·age [ˈপৌস্‌টিজ্] *n* [U] ডাকমাশুল; ডাকখরচা। **ˈ~ stamp** *n* ডাকটিকিট।

postal [ˈপৌস্‌ট্‌ল্] *adj* ডাকসম্বন্ধী: ডাক-: ˈ~ rates, ডাকমাশুলের হার; ˈ~ workers, ডাক-কর্মচারীগণ: a ~ vote, ডাকযোগে প্রেরিত ভোট; ~ union, আন্তর্জাতিক ডাক-যোগাযোগ-ব্যবস্থা সুষ্ঠুভাবে পরিচালনার জন্য পৃথিবীর অধিকাংশ সরকারের মধ্যে সম্পাদিত চুক্তি; আন্তর্জাতিক ডাক-যোগাযোগ সঙ্ঘ। **ˈ~ order,** দ্র. order[1] (৯).

post·date [ˌপৌস্‌ট্ ˈডেইট্] *vt* ১ (চেক, চিঠি ইত্যাদিতে) লেখার প্রকৃত তারিখের পরবর্তী কোনো তারিখ দেওয়া; পশ্চাৎ তারিখযুক্ত করা। ২ (কোনো ঘটনাকে) প্রকৃত তারিখের পরবর্তী কোনো তারিখ দেওয়া।

poster [পৌস্‌টা(র্)]*n* ১ প্রাচীরপত্র; বৃহৎ মুদ্রিত চিত্র। ২ (**ˈbill-**)**~** যে ব্যক্তি প্রাচীরগাত্রে বিজ্ঞাপন, প্রচারপত্র ইত্যাদি লটকায়।

poste res·tante [ˌপৌস্‌ট্ ˈরেস্‌টা:ন্‌ট্ US রে'স্ট্যান্‌ট্] *n* [U] (ফ.) ডাকঘরের বিভাগবিশেষ—এই বিভাগের প্রযত্নে চিঠিপত্র পাঠালে তা না চাওয়া পর্যন্ত সংরক্ষিত থাকে; প্রযত্ন-ডাক।

pos·terior [প'স্‌টিআরিআ(র্)] *adj* ১ **~ (to)** পশ্চাৎকালীন; পশ্চাৎকালিক; উত্তরকালিক; পশ্চাদ্‌বর্তী; পরবর্তী। দ্র. prior[1]. ২ পিছনে অবস্থিত; পশ্চাৎ। □*n* (হাস্য.) পাছা; পশ্চাদ্দেশ: Kick his ~. **pos·terior·ity** *n* পশ্চাৎকালীনতা; উত্তরকালীনতা; পশ্চাদ্‌বর্তিতা; পরবর্তিতা।

pos·ter·ity [প'স্‌টেরাটি] *n* [U] ১ বংশধরগণ; অপত্য; সন্তানসন্ততি। ২ ভবিষ্যৎ প্রজন্মপরম্পরা: উত্তরপুরুষ।

pos·tern [ˈপস্‌টান্] *n* পার্শ্বদ্বার; খিড়কি; পক্ষক; (বিশেষত পূর্বকালে) দুর্গ বা কেল্লার গুপ্ত প্রবেশপথ; প্রচ্ছন্ন দ্বার: (attrib) ~ door/gate.

Post Exchange [ˌপৌস্‌ট্ ইক্‌'স্‌চেইন্‌জ্] *n* (সংক্ষেপ PX) (US) সামরিক ঘাঁটির ভাণ্ডারবিশেষ, যেখানে বাহিনীর সদস্য ও তাঁদের পরিবারবর্গ সেবা ও শুল্কমুক্ত পণ্য ক্রয় করতে পারেন; সামরিক পণ্যশালা।

post·gradu·ate [ˌপৌস্‌ট্ ˈগ্র্যাজুআট্] *adj* স্নাতকোত্তর। □*n* স্নাতকোত্তর শিক্ষার্থী।

post·hum·ous [ˈপস্‌টিউমাস্] *adj* ১ (সন্তান সম্পর্কে) পিতার মৃত্যুর পরে জাত। ২ মরণোত্তর: ~ award; ~ fame. **~·ly** *adv* মরণোত্তরকালে।

pos·til·ion (অপিচ **pos·til·lion**) [প'স্‌টিলিআন্] *n* যে ব্যক্তি শকটবাহী দুই বা ততোধিক ঘোড়ার একটিতে আরোহণ করে গাড়ি চালনা করে; অশ্বচালক; সারথি।

post·mas·ter [ˈপৌস্‌টমা:স্‌টা(র্) US -ম্যাস্-] *n* **ˌP~ ˈGeneral** ডাকবিভাগের সর্বোচ্চ কর্তাব্যক্তি/মন্ত্রী (GB)। দ্র. post[3] (২).

post meri·diem [ˌপৌস্‌ট্ মা'রিডিআম্] *adv* (সংক্ষেপ pm) দ্বিপ্রহর থেকে মধ্যরাত্রি পর্যন্ত সময়; অপরাহ্ণ: 5.30 pm. দ্র. ante meridiem ভুক্তিতে am. দ্র. পরি. ৪।

post-mor·tem [ˌপৌস্ট্ ˈমো°ট ম্] *n,adj* ১ মৃত্যুর পরে শবদেহ পরীক্ষা এবং এই পরীক্ষাসংক্রান্ত; ময়না তদন্ত। ২ (কথ্য) অতীত কোনো ঘটনার পর্যালোচনা।

post·pone [প'স্‌পৌন্] *vt* স্থগিত/মুলতবি রাখা/করা: ~ a meeting. **~·ment** *n* [U, C] মুলতবিকরণ; স্থগিতকরণ: after numerous ~ments.

post·pran·dial [ˌপৌস্‌ট্‌প্র্যান্‌ডিআল্] *adj* (সাধা. হাস্য.) ভোজনোত্তর: ~ oratory.

post·script [ˈপৌস্‌ট্‌স্ক্রিপ্‌ট্] *n* ১ (সংক্ষেপ PS) চিঠিতে স্বাক্ষরের পরে যুক্ত বাক্যাবলী; পুনশ্চ। ২ অতিরিক্ত বা সর্বশেষ তথ্য।

pos·tu·lant [ˈপস্‌টিউ্যলান্‌ট্ US -চু-] *n* (বিশেষত কোনো ধর্মসঙ্ঘে ভর্তি হওয়ার জন্য) প্রার্থী। দ্র. novice.

pos·tu·late [ˈপসটিউলেইট্ US -চু-] *vt* (যুক্তির খাতিরে) সত্য বা সিদ্ধ বলে গ্রহণ করা; স্বীকৃতপক্ষ রূপে গ্রহণ করা: অনুমানমূল রূপে প্রস্তাব করা; স্বীকৃত সত্যরূপে গ্রহণ/উপস্থাপন করা। □স্বীকৃতপক্ষ; অনুমানমূল; স্বীকৃতসত্য; স্বতঃসিদ্ধ: the ~s of Euclidean geometry.

pos·ture [ˈপস্‌চা(র্)] *n* ১ [C] অঙ্গস্থিতি; অঙ্গসংস্থিতি: Would you please take a reclining ~? ২ [U] অবস্থা; দশা: in the present ~ of public affairs. ৩ মনোভাব; মনোভঙ্গি: I don't understand the Government's ~ over helping the poor. □*vt,vi* ১. বিশেষ ভঙ্গিতে বিন্যস্ত বা স্থাপন করা/ বসানো:

~ a model. ২ ঢং করা; ঠাট–ঠমক করা; দেমাগভরে অঙ্গভঙ্গি করা: Look how she's posturing before the mirror. **pos·tur·ing** *n* [U,C] ঠাট–ঠমক; গর্বিত অঙ্গভঙ্গি; ঢং।

posy [পৌজ়ি] *n* (*pl* -sies) পুষ্পস্তবক; ফুলের তোড়া।

pot[1] [পট্] *n* ১ পাত্র; ভাণ্ড; আধার; ভাজন: a ˈjam-pot; a ˈteapot; a ˈcoffee-pot; a ˈflower-pot; a ˈchamber-pot. যৌগশব্দগুলির পূর্বপদ দ্র.। ২ (বিশিষ্ট বাক্যাংশ ও প্রবচন) **go to pot** (অপ.) জাহান্নামে/চুলোয় যাওয়া। **keep the pot boiling** (শিশুদের খেলা ইত্যাদি) পুরোদমে চালিয়ে যাওয়া। **take ˌpot ˈluck** হাতের কাছে যা পাওয়া যায় গ্রহণ করা; উপস্থিত মতো যা জোটে খেয়ে নেওয়া। **the pot calling the kettle black** চালুনি বলে, সুচ তোর মার্গে কেন ছেঁদা। ৩ (কথ্য) টাকার পাহাড়: make a pot/pots of money. ৪ **a big pot** (কথ্য) কর্তাব্যক্তি; কেষ্টুবিষ্টু; হোমরাচোমরা। ৫ (কথ্য) ক্রীড়াপ্রতিযোগিতার পুরস্কার, বিশেষত রুপার কাপ: the pots he won as a young athelet. ৬ (অপ.) গাঁজা। ৭ (যৌগশব্দ) **ˈpot-belly** *n* ভুঁড়ি; লম্বোদর; ভুঁড়িওয়ালা। **ˌpot-ˈbellied** *adj* (ব্যক্তি সম্বন্ধে) ভুঁড়ো; লম্বোদর; (চুল্লি সম্বন্ধে) জ্বালানি (যেমন, কাঠ) পোড়ানোর জন্য গোলাকার আধারযুক্ত; পেট–মোটা। **ˈpot-boiler** *n* নিছক অর্থোপার্জনের জন্য রচিত বই, ছবি ইত্যাদি। **ˈpot-bound** *adj* (চারা সম্বন্ধে) শিকড়ে গোটা টব ভরে গেছে এমন। **ˈpot-boy, ˈpot-man** [–মান্] (*pl* -men) *nn* (ইতি.) পানশালায় খদ্দেরদের পানপাত্রে বিয়ার ইত্যাদি ঢেলে দেওয়ার দায়িত্বে নিয়োজিত কর্মচারী; সুরাপরিবেশক; সাকি। **ˈpot hat** *n* (অপ.) = bowler hat; শক্ত, গোলাকার, সাধা. কালো রঙের শিরস্ত্রাণবিশেষ। **ˈpot-head** *n* (কথ্য.) গাঁজাখোর। **ˈpot-herb** *n* শাকপাতা। **ˈpot-hole** *n* **(ক)** (বৃষ্টি ও যানচলাচলের ফলে সৃষ্ট রাস্তার) খানাখন্দ; গর্ত। **(খ)** জলপ্রবাহে পাথর (যেমন চুনাপাথর) ক্ষয়প্রাপ্ত হওয়ার দরুন সৃষ্ট গভীর সমবর্তুল গর্ত; মন্থকূপ। **ˈpot-holer** *n* যে ব্যক্তি গুহার ভিতর মন্থকূপ সন্ধান করে; এ মন্থকূপসন্ধানী। **ˈpot-hook** *n* **(ক)** উনানের উপর ঘট ইত্যাদি ঝুলিয়ে রাখার জন্য S–আকৃতির অঙ্কুশবিশেষ, যা ইচ্ছামতো উঁচুনিচু করা যায়; ঘটাঙ্কুশ। **(খ)** বর্ণ লেখা শেখার সময়ে শিশুরা যে বাঁকা বা ঢেউখেলানো রেখাপাত করে; আঁকিবুকি। **ˈpot-house** *n* (প্রা. প্র.) শুঁড়িখানা: pot-house manners, ইতর আচরণ; চোয়াড়পনা। **ˈpot-hunter** *n* **(ক)** যে শিকারি কেবলমাত্র খাদ্য ও অর্থের কথা ভেবে যা সামনে পায় তা–ই শিকার করে; হাঁড়িশিকারি। **(খ)** যে ব্যক্তি কেবলমাত্র পুরস্কারের লোভে প্রতিযোগিতায় যোগ দেয়। উপরে ৫ দ্র.। **ˈpot roast** *n* হাঁড়িতে অতি সামান্য পানি দিয়ে ধীরে ধীরে রান্না করা গোমাংস ইত্যাদি; হাঁড়ি–কাবাব। **ˈpot-shot** *n* পশু বা পাখি খুব নিকটবর্তী বলে সতর্কভাবে লক্ষ্য স্থির করতে হয় না এমন তাক; সহজ/এলোপাতাড়ি তাক। **ˈpot-trained** *adj* (ছোট শিশু সম্বন্ধে) শয়নকক্ষে রক্ষিত মূত্রকুণ্ডের ব্যবহার জানে এমন শিশু।

pot[2] [পট্] *vt,vi* (-tt-) ১ (মাংস, মাছের পিণ্ড ইত্যাদি সংরক্ষণ করার জন্য) পাত্রমধ্যে রাখা: ~ted shrimps/ham. ২ **~ (up)** টবে রোপণ করা। ৩ অবলীলাক্রমে ঘায়েল করা: ~ a rabbit. **pot at** গুলি করা। ৪ (বিলিয়ার্ড) বল মেরে পকেটে ফেলা। ৫ (কথ্য) (শিশুকে) পটে বসানো।

pot·able [ˈপৌটাব্‌ল্] *adj* পেয়; পানীয়; পানযোগ্য।

pot·ash [ˈপট্যাশ্] *n* [U] পটাশিয়ামের বিভিন্ন লবণের সাধারণ নাম; সার, সাবান এবং বিভিন্ন রাসায়নিক দ্রব্য উৎপাদনে ব্যবহৃত হয়; ক্ষার; যবক্ষার।

pot·tass·ium [পাˈট্যাশিআম্] *n* [U] (রস.) সকল জীবশরীরের জন্য অপরিহার্য নরম, চকচকে সাদা ধাতব মৌল (প্রতীক K) যা খনিজ লবণরূপে এবং শিলামধ্যে পাওয়া যায়; পটাশিয়ম।

po·ta·tion [পোˈটেইশ্‌ন্] *n* (সাহিত্য) পানীয়; পান।

po·tato [পাˈটেইটৌ] *n* (*pl* -es [–টৌজ়]) আলু। ˌ**sweet** ˈ**~** মিষ্টি আলু। ˈ**~ beetle** (আলুর পাতা নাশকারী) কাটারি পোকা।

po·teen [পˈটীন্] *n* [U] নিষিদ্ধ চোলাইযন্ত্রে প্রস্তুত আইরিশ হুইস্কি; পটিন।

po·tent [ˈপৌটন্ট্] *adj* (ব্যক্তি বা যন্ত্র সম্বন্ধে নয়) জোরালো; অকাট্য; শক্তিশালী; বলাঢ্য; প্রভবিষ্ণু: ~ reasons/arguments/charms/drugs/remedies; (পুরুষ সম্পর্কে) যৌনশক্তিসম্পন্ন; বীর্যবান। **~·ly** *adv* জোরালোভাবে ইত্যাদি। **po·tency** [–টেন্‌সি] *n* জোর; বল; অকাট্যতা; প্রভাবত্ব; প্রভবিষ্ণুতা; পুরুষত্ব।

po·ten·tate [ˈপৌট্‌ন্‌টেইট্] *n* ক্ষমতাবান ব্যক্তি; নৃপতি; শাসক।

po·ten·tial [পাˈটেন্‌শ্‌ল্] *adj* ১ সম্ভাব্য; সম্ভাবনাত্মক; সম্ভাবনীয়; অনুদ্ভূত: ~ wealth/resources; ~ energy (যা মোক্ষণের অপেক্ষায় আছে) ২ **~ mood** (ব্যাক.) সম্ভাবনাসূচক ভাব। □*n* ১ [C, U] সম্ভাবনা; অনুদ্ভূত বৃত্তিশক্তি: He has a lot of ~. ২ (ব্যাক.) সম্ভাবনাসূচক ভাব। ৩ (বিদ্যুৎ) ভোল্ট দ্বারা প্রকাশিত বৈদ্যুতিক শক্তি; বিভব: a current of high ~. **~·ly** [শালি] *adv* সম্ভাবনীয়রূপে; সম্ভাব্যরূপে: a ~ly rich country, যে দেশের প্রাকৃতিক সম্পদ আছে, কিন্তু তার বিকাশ সাধিত হয়নি। **~·ity** [পাˌটেন্‌শিˈঅ্যালাটি] *n* (*pl* -ties) সম্ভাবনা; সুপ্তশক্তি: a situation/a country with great potentialities.

pother [ˈপদা(র্)] *n* শ্বাসরোধী ধোঁয়া, ধুলা বা মেঘ; তুমুল চেঁচামেচি; হট্টগোল।

po·tion [ˈপৌশ্‌ন্] *n* [C] তরল ঔষধ, বিষ কিংবা ঐন্দ্রজালিক উপচারের এক মাত্রা; ঢোক; চুমুক: a ˈlove ~ (love দ্র.) প্রণয়োপচার।

pot-pourri [ˌপৌ ˈপুআরি US -পˈরী] *n* ১ সুগন্ধের জন্য ঘটে রক্ষিত শুকনা গোলাপ–পাপড়ি ও বিবিধ মশলার মিশ্রণ; গন্ধমণিক। ২ সাহিত্যিক বা সাঙ্গীতিক সঙ্করসামগ্রী; পাঁচমিশালি।

pot·shred [ˈপট্‌শাড়্] *n* (বিশেষত প্রত্নতত্ত্বে) মৃৎপাত্রের টুকরা; খোলামকুচি।

pot·tage [পটিজ্] *n* (প্রা. প্র.) ঘন স্যুপ; ঝোল।

potted [পটিড়্] *adj* ১ দ্র. pot[2]. ২ (বইপুস্তক সম্বন্ধে) অপর্যাপ্তভাবে সংক্ষেপিত।

pot·ter[1] [পটা(র্)] (US = **put·ter** [ˈপাটা(র্)]) *vt* ১ অবসন্নভাবে কাজ করা; টেনেহিঁচড়ে কিছু করা; টুকিটাকি কাজ করা: ~ing about in the garden. ২ বাজে কাজে/হেলাফেলায় সময় নষ্ট করা: ~ away a whole afternoon. **~er** *n* উক্তভাবে যে কাজ করে বা সময় নষ্ট করে।

pot·ter[2] [পটা(র্)] *n* কুমোর; কুম্ভকার। **~'s wheel** কুমোরের চাক। **pot·tery** *n* (*pl* -ries) [U] মৃৎশিল্প; মৃৎপাত্রাদি; [C] কুম্ভশালা। **the Potteries** ইংল্যান্ডের স্ট্যাফর্ডশায়ারের অঞ্চলবিশেষ যেখানে মাটির পাত্রাদি গড়াই প্রধান শিল্প।

potty[1] [ˈপটি] *adj* (-ter, -iest) (GB প্রা. কথ্য) ১ গুরুত্বহীন: ~ little jobs. ২ ~ (about sb/sth) (ব্যক্তি সম্পর্কে) বোকা।

potty[2] [ˈপটি] *n* (*pl* -ties) শিশুর মূত্রত্যাগের পাত্র; টব।

pouch [পৌচ্] *n* ১ কোমরবন্ধের সঙ্গে ঝুলিয়ে বা পকেটে রাখার ছোট থলে; ঝুলি: a toˈbacco ~; ˌammuˈnition-~. ২ কোনো জন্তুর (যেমন ক্যাঙ্গারুর) দেহসংলগ্ন থলি; উপজঠর। ৩ চামড়ার ফোলা অংশ, যেমন বৃদ্ধ বা অসুস্থ রোগীর চোখের নীচে; ·ঝোলা। □*vt* ১ থলিতে/ঝুলিতে ভরা। ২ (পোশাকের অংশবিশেষ) ঝোলার মতো করে তৈরি করা; থলির মতো ঝোলানো বা ঝুলিয়ে রাখা।

pouf, pouffe [পুফ্] *n* ১ গদি। ২ [পুফ্] (নিষেধ) (তুচ্ছ. অপ.) পুরুষ সমকামী; কোলবালিশ।

poul·ard [পূˈলা:ড্] *n* যে মুরগির ডিম্বাশয় অপসারণ করা হয়েছে কিংবা যাকে বিশেষ যত্নে সুপুষ্ট করা হয়েছে; খাসি মুরগি।

poul·terer [ˈপৌল্টারা(র্)] *n* (GB) গৃহপালিত পাখি এবং শিকার-করা পশুর কারবারি; হাঁসমুরগিওয়ালা।

poul·tice [ˈপৌল্টিস্] *n* [C] বেদনার উপশমের জন্য নেকড়ায় লাগানো তিসি, সরিষা ইত্যাদির তপ্ত মণ্ড; উপগাছ; উৎকারিকা। □*vt* উপনাহ; উৎকারিকা। □*vt* উপনাহ বাঁধা/লাগানো।

poul·try [ˈপৌল্ট্রি] *n* (সমষ্টিগত *n*) ১ (*pl v*-সহ) হাঁস-মুরগি। ২ (*sing v*-সহ) (মাংস হিসাবে) হাঁসমুরগি: We cannot afford ~ everyday.

pounce [পাউন্স্] *vi* ~ **on/at** ছোঁ মারা; ঝাঁপিয়ে পড়া: The eagle ~d on the hare. (লাক্ষ.) সাগ্রহে গ্রহণ করা; লুফে নেওয়া: He ~d on the first opportunity to discredit his partner.

pound[1] [পাউন্ড্] *n* (দ্র. পরি. ৫) ১ ওজনের একক: ১৬ আউন্স; পাউন্ড। ২ ~ **(sterling)** ব্রিটিশ মুদ্রার একক; পাউন্ড: a five-~ note. **penny wise, ~ foolish; in for a penny, in for a ~,** দ্র. penny. ৩ অন্যান্য আরো কিছু দেশের মুদ্রার একক।

pound[2] [পাউন্ড্] *n* ১ (আগেকার দিনে ইতস্তত ভ্রাম্যমাণ গৃহপালিত পশুকে আটক রাখার জন্য) খোঁয়াড়। ২ (আধু. প্র.) (ইতস্তত ভ্রাম্যমাণ কুকুর-বিড়াল এবং নিষিদ্ধ স্থানে রক্ষিত গাড়ি আটক রাখার জন্য) খোঁয়াড়।

pound[3] [পাউন্ড্] ~ **(away) (at/on)** ১ অনবরত ভারী গোলাবর্ষণ করা; সম্মিষ্ট/সম্মথিত/সম্মর্দিত করা; পেটানো; বাড়ি মারা; থপথপ/ধপধপ করা: The enemy warships ~ed (away at) the port installations. Who is ~ing at the door. His heart was ~ing as he approached the queen. ২ চূর্ণবিচূর্ণ/ চূর্ণিত/ গুণ্ডিত/ অবচূর্ণিত/ অবধ্বস্ত/ গুঁড়া গুঁড়া করা; গুঁড়িয়ে দেওয়া: ~ crystals in a mortar; a ship ~ing to pieces on the rock. ৩ থপথপ করে চলা/ দৌড়নো: to ~ along the road.

pound·age [ˈপাউন্ডিজ্] *n* [U] পাউন্ড (£1) প্রতি দেয় বা প্রাপ্য দস্তুরি বা পারিতোষিক (যেমন ৫ পেনি); পাউন্ড (1 lb) প্রতি দেয় বা প্রাপ্য কর/শুল্ক (যেমন ৩ আউন্স)।

pounder [পাউন্ডা(র্)] *n* (সাধা. যৌগশব্দে) নির্দিষ্ট পাউন্ড ওজনের বস্তু: a three-~ (যেমন ৩ পাউন্ড ওজনের মাছ); নির্দিষ্ট পাউন্ড ওজনের গোলা-নিক্ষেপক কামান: a twelve-~, বারো পাউন্ডের কামান।

pour [পো°(র্)] *vt,vi* ১ ঢালা; পাতিত করা: She ~ed a cup of tea for the old man; (লাক্ষ.) to ~ out one's tale of misfortunes. **~ cold water on sth** নিরুৎসাহিত করা; (কোনো কিছুর উপর) ঠাণ্ডা পানি ঢেলে দেওয়া। **~ oil on troubled water** মিষ্টি কথায় গোলযোগ বা বিবাদ-বিসম্বাদ প্রশমিত করার প্রয়াস পাওয়া। ২ (অবিরাম) প্রবাহিত হওয়া; ঝরা; স্রোতের মতো প্রবাহিত বা নির্গত হওয়া: Sweat was ~ing down his face. Letters of congratulations ~ed in. ৩ (বৃষ্টি সম্বন্ধে) অঝোরে ঝরা; প্রবল বৃষ্টিপাত হওয়া: a ~ing wet day. **It never rains but it ~s** বিপদ কখনো একা আসে না।

pout [পাউট্] *vt,vi* অসন্তোষভরে ঠোঁট বাঁকানো/ ফোলানো/ ওল্টানো। □*n* ঠোঁট-ফোলানো/ঠোঁট-ওল্টানো অবস্থা। **~·ing·ly** *adv* ঠোঁট বাঁকিয়ে/ উল্টিয়ে/ ফুলিয়ে।

pov·erty [ˈপভার্টি] *n* [U] দারিদ্র্য; দরিদ্রতা; দীনতা; দৈন্য; দরিদ্রদশা: live in ~; fall into ~; ~ of ideas: ˈ**~-stricken** *adj* দারিদ্র্যপীড়িত: ~-stricken houses.

pow·der [ˈপাউডা(র্)] *n* ১ [C, U] চূর্ণ; চূর্ণক; গুঁড়া: a tin of ˈtalcum-~, অভ্রচূর্ণ যা প্রসাধনী পাউডার হিসাবে ব্যবহৃত হয়; take a ~ every morning, গুঁড়া ওষুধ; ˈsoap-~; ˈbleaching-~; ˈbacking-~ ˈ**~-puff** *n* প্রসাধনী-চূর্ণ ত্বকে লাগাবার জন্য প্যাড। ˈ**~-room** *n* হোটেল, রেস্তোরাঁ, সিনেমা ইত্যাদি স্থানে মহিলাদের প্রক্ষালন-প্রকোষ্ঠ; প্রসাধনঘর। ২ = gunpowder, বারুদ। **not worth ~ and shot** লড়াই করে পোষাবে না এমন (অর্থাৎ লড়াই করে যা অর্জিত হবে তার মূল্য অতি সামান্য)। ˈ**~-magazine** *n* বারুদখানা। ˈ**~-flask/-horn** *n* (ইতি.) বারুদের কুপী। □*vt,vi* পাউডার মাখা/লাগানো/ঘষা। **~ed** *adj* চূর্ণিত; অবচূর্ণিত; নির্জলীকৃত: ~ed milk/eggs, গুঁড়া দুধ/ডিম। **~y** *adj* চূর্ণবৎ; গুঁড়া গুঁড়া; পাউডার মাখানো: ~y snow; a ~y nose.

power [পাউআ(র্)] *n* ১ [U] (ব্যক্তি বা প্রাণীর) কিছু করার ক্ষমতা; শক্তি; সামর্থ্য। ২ (*pl*) শারীরিক বা মানসিক শক্তি; ক্ষমতা: failing ~s, ক্ষীয়মাণ শক্তি; a man of great intellectual ~s. ৩ [U] জোর; বল; বেগ: the ~ of a blow. **More ~ to your elbow**! (উৎসাহ দানের জন্য ব্যবহৃত বাক্যাংশ)। ৪ [U] কর্মশক্তি; শক্তি: ˈwater ~; eˈlectric ~. ˈ**horse ~,** দ্র. horse. (attrib) ˈ**~-lathe/-loom/-mill** শক্তিচালিত কুন্দ/ তাঁত/ কারখানা। ˈ**~-boat** ইনজিনচালিত নৌকা। ˈ**~-dive** *vt,n* (বিমান সম্বন্ধে) ইনজিন চালু থাকা অবস্থায় ঝাঁপ (দেওয়া)। ˈ**~-house/-station** বিদ্যুৎ স্টেশন। ˈ**~-point** দেয়াল ইত্যাদিতে বৈদ্যুতিক প্লাগ লাগাবার জন্য আধান; বৈদ্যুতিক সন্ধি। ৫ [U] অধিকার; নিয়ন্ত্রণ; কর্তৃত্ব; বল; প্রভুত্ব; প্রভাব; প্রতাপ; শক্তি; বশ: the ~ of the law; the ~ of the Parliament; have a person in one's ~; have ~ over sb; fall into sb's ~. **in ~** (ব্যক্তি বা রাজনৈতিক দল সম্বন্ধে) ক্ষমতায়। **~ politics** যে কূটনীতির পিছনে সামরিক শক্তির সমর্থন থাকে; শক্তির কূটনীতি। ৬ [C] কোনো ব্যক্তি বা ব্যক্তিসমষ্টিকে প্রদত্ত বা তাদের অধিগত অধিকার; ক্ষমতা: the ~s of the Prime Minister. ৭ [C] প্রবল কর্তৃত্ব বা প্রভাবসম্পন্ন ব্যক্তি বা সংগঠন; শক্তি: The press is certainly a ~ to be reckoned with. **the ~s that be** (হাস্য.) কর্তাব্যক্তিরা; ক্ষমতাসীন মহল। ৮ [C]

আন্তর্জাতিক পরিমণ্ডলে প্রবল কর্তৃত্ব ও প্রভাবশালী রাষ্ট্র; শক্তি। the Great P~s বৃহৎ শক্তিসমূহ। ৯ [C] (গণিত) ঘাত: the second, third, fourth, etc ~ of x (= x^2, x^3, x^4 etc). ১০ [U] বিবর্ধনশক্তি; শক্তি: the ~ of a lens. ১১ (কথ্য) বৃহৎ সংখ্যা বা পরিমাণ; অপরিসীম: Your advice has done him a ~ of good! ১২ [C] দেবতা, আত্মা ইত্যাদি; শক্তি: the ~s of darkness. **pow·ered** *adj* শক্তিসম্পন্ন; শক্তিধর; শক্তিচালিত: a new aircraft ~ed by Rolls Royce engines; a high-~ed car; (লাক্ষ.) a high-~ed salesman.

power·ful [ˈপাউআফুল্] *adj* শক্তিশালী; পরাক্রান্ত; প্রবল; বলিষ্ঠ; জোরালো: a ~ blow/enemy; a ~ remedy.

power·less [ˈপাউআলিস্] *adj* শক্তিহীন; ক্ষমতাহীন; নির্বল; নিঃশক্তি; নিষ্প্রভাব; অসহায়; অক্ষম: render sb ~; be ~ to resist. **~·ly** *adv* অক্ষমভাবে ইত্যাদি।

pox [পক্স্] *n* ১ (কথ্য. সাধা.) **the ~** উপদংশ। ২ বসন্তরোগ। **small pox** গুটিবসন্ত। **chicken·pox** জলবসন্ত।

prac·ti·cable [ˈপ্র্যাক্টিকাব্ল্] *adj* করা সম্ভব এমন; কার্যকর; সাধ্য: ~ methods; a mountain pass that is ~ only in summer; **prac·ti·cably** [-কাব্লি] *adv* সাধ্যরূপে ইত্যাদি। **prac·ti·ca·bil·ity** [প্র্যাক্টিকাˈবিলাটি] *n* সাধ্যতা; সুসাধ্যতা; সুগমত্ব।

prac·ti·cal [ˈপ্র্যাকটিক্ল্] *adj* ১ (theoretical-এর বিপরীত) প্রায়োগিক; ব্যবহারিক; ফলিত: overcome the ~ difficulties of a scheme; a suggestion with little ~ value; a ~ joke. দ্র. joke. ২ (ব্যক্তি, চরিত্র ইত্যাদি সম্বন্ধে) ব্যবহারপটু; ব্যবহারজ্ঞ; ব্যবহারপ্রবণ; প্রয়োগবুদ্ধিসম্পন্ন; প্রয়োগপ্রবণ: a ~ young wife; ~ minds, তত্ত্বের চেয়ে কর্মের প্রতিই যাদের বেশি আগ্রহ। ৩ ব্যবহারযোগ্য; ব্যবহারোপযোগী; প্রয়োগসিদ্ধ; ক্রিয়াসিদ্ধ: a ~ invention. **~ly** [-কলি] *adv* ১ ব্যবহারিকভাবে, প্রয়োগসিদ্ধভাবে ইত্যাদি। ২ প্রায়; বলতে গেলে: I've practically finished the job. **~·ity** [প্র্যাকটিˈক্যালাটি] *n* (*pl* -ties) প্রয়োগিক দিক, প্রস্তাব ইত্যাদি: They have got down to ~ities.

prac·tice [ˈপ্র্যাক্টিস্] *n* ১ [U] (theory-র বিপরীত) প্রয়োগ; কর্ম; অনুষ্ঠান; আচরণ: Put a plan into ~; I don't think the plan will work in ~. ২ [C] রীতি; আচার; ব্যবহার: local ~, দেশাচার; popular/general ~, লোকাচার/লোকরীতি; good ~, সদাচার; bad ~, দুরাচার; according to usual ~, যথারীতি; যথাব্যবহার; **make a ~ of (sth)** নিয়মিতভাবে/আভ্যাসিকভাবে করা; অভ্যাসে পরিণত করা: traders who make a ~ of adulterating goods. ৩ [U] (বিশেষত কোনো বিদ্যা, শিল্পকলা, খেলাধুলা) চর্চা; রেওয়াজ; অভ্যাস; আবৃত্তি; অনুশীলন; মকশো: P~ makes perfect; It takes years of ~ to become a good violinist. ~ of arms, শস্ত্রাভ্যাস; (attrib) a ~ game, অনুশীলনমূলক/রেওয়াজি খেলা। **in/out of ~** অভ্যাস/চর্চা থাকা বা না থাকা: He cannot play tennis, he is out of ~. ৪ [U] (চিকিৎসক ও আইনজীবীর) ব্যবসা; আইন-ব্যবসা; চিকিৎসকবৃত্তি; উপচর্যা: retire from ~; no longer in ~; [C] (সমষ্টিগত) যারা নিয়মিতভাবে কোনো চিকিৎসক বা আইনজীবীর পরামর্শ নেন; পসার: a doctor with a large ~; sell one's ~, (অন্য চিকিৎসকের কাছে) নিজ পসার বিক্রি করে দেওয়া; a doctor in general ~, দ্র. practitioner ভুক্তিতে general practitioner. ৫ **sharp ~** [U] অসৎ বা বেআইনি কার্যকলাপ।

prac·ti·cian [প্র্যাকˈটিশ্ন্] = practitioner.

prac·tise (US = **-tice**) [ˈপ্র্যাক্টিস্] *vt,vi* ১ অভ্যাস/অনুশীলন/চর্চা করা: ~ tennis; ~ (for) three hours every day. ২ অভ্যাস করা: ~ early rising. **~ what one preaches** অন্যকে যে উপদেশ দেওয়া হয় তা নিজে আচরণ/অনুশীলন করা। ৩ কোনো পেশায় রত/নিয়োজিত থাকা: ~ law, আইনব্যবসা করা। ৪ **~ on/upon; ~ to do sth** (প্রা. প্র.) (কারো সরলবিশ্বাস, সরলতা ইত্যাদির) সুযোগ নেওয়া; নিরত হওয়া: ~ to deceive. **~d** (US = -ticed) *adj* দক্ষ; কোবিদ; অনুশীলিত; অভ্যাসিত।

prac·ti·tioner [প্র্যাকˈটিশানা(র্)] *n* ১ যে ব্যক্তি কোনো শিল্প বা বৃত্তিতে নিয়োজিত; ব্যবসায়ী; (যৌগশব্দে) -সেবী; -বৃত্তিক। ২ (বিশেষত আইন ও চিকিৎশাস্ত্রে) পেশাজীবী: a ~ of medicine, চিকিৎসাজীবী; চিকিৎসাসেবী; a ~ of law, আইনজীবী; ব্যবহারজীবী; ব্যবহারবিদ। **ˌgeneral ˈ~** (সংক্ষেপ GP) যে চিকিৎসক ভেষজ উপচারের পাশাপাশি ছোটোখাট অস্ত্রোপাচারেও পারদর্শী এবং যিনি রোগীর বাড়িতে গিয়ে কিংবা নিজের উপচারকক্ষে রোগী দেখেন (family doctor নামেও পরিচিত); গৃহ-চিকিৎসক; সাধারণ চিকিৎসক।

prae·sid·ium [প্রিˈসিডিআম্] *n* = presidium.

prag·matic [প্র্যাগˈম্যাটিক্] *adj* ব্যবহারিক ফল ও মূল্য সম্বন্ধী; সবকিছু প্রয়োগসিদ্ধতার দিক থেকে বিবেচনা করে এমন; কার্যসিদ্ধিমূলক; কার্যসাধনাত্মক; প্রয়োগবাদী; ব্যবহারবাদী। **prag·mati·cally** [-কলি] *adv* কার্যসিদ্ধতার/ প্রয়োগসিদ্ধতার/ কার্যোপযোগীতার দিক থেকে।

prag·ma·tism [ˈপ্র্যাগমাটিজাম্] *n* [U] ১ (দর্শন) কোনো ভাব, প্রত্যয় বা উক্তির সত্যতা বা মূল্য নির্ভর করে মানবকল্যাণের ক্ষেত্রে তার প্রাসঙ্গিকতার উপর—এই তত্ত্ব বা বিশ্বাস; প্রয়োগবাদ। ২ গোঁড়ামি; স্বমতাভিমান; অনধিকারচর্চা; পণ্ডিতম্মন্যতা। **prag·ma·tist** [-টিস্ট্] *n* প্রয়োগবাদী।

prairie [ˈপ্রেআরি] *n* বিশেষত উত্তর আমেরিকায় বৃক্ষহীন; তৃণাবৃত; সুবিস্তীর্ণ সমতলভূমিবিশেষত; তৃণভূমি।

praise [প্রেইজ্] *vt* ১ প্রশংসা/গুণকীর্তন/তারিফ/সুখ্যাতি করা। ২ (ঈশ্বরের) স্তব/স্তুতি/মহিমাকীর্তন/গুণগান/বন্দনা করা। □*n* ১ [U] প্রশংসা; গুণকীর্তন; সুখ্যাতি; তারিফ। ২ (*pl*) **sing sb's/one's own ~s** উচ্ছ্বসিত প্রশংসা করা; প্রশংসায় পঞ্চমুখ হওয়া। [U] উপাসনা; আরাধনা; মহিমা; স্তুতি; স্তবগান; বন্দনা: P~ be to God! ঈশ্বরের জয় হোক; আল-হামদুলিল্লাহ্! P~ be! ইশ্বরের (কী) মহিমা/কৃপা! **ˈ~·worthy** [-ওয়াদি] *adj* প্রশংসনীয়; শ্লাঘনীয়; প্রশংসাযোগ্য। **~·worth·ily** *adv* প্রশংসনীয়ভাবে, শ্লাঘনীয়ভাবে ইত্যাদি। **ˈ~·worthi·ness** *n* শ্লাঘ্যতা; প্রশংসনীয়তা; শ্লাঘনীয়তা।

pram [প্র্যাম্] *n* (GB) perambulator-এর বহুলপ্রচলিত সংক্ষিপ্ত রূপ; হাতগাড়ি; ঠেলনি।

prance [প্রা:ন্স্ US প্র্যান্স্] *vt* **~ about** ১ (ঘোড়া সম্বন্ধে) সামনের দুই পা তুলে পিছনের দুই পায়ে লাফিয়ে

লাফিয়ে চলা; বল্গিত গতিতে চলা। ২ (লাক্ষ.) উদ্ধতভাবে/ঔদ্ধত্যভরে চলা বা চলাফেরা করা; (আনন্দে) নাচা বা লাফানো। □*n* বল্গিত; বল্গিত গতি।

prank [প্র্যাঙ্ক্] *n* [C] সকৌতুক বা দুরভিসন্ধিমূলক ছলনা; মর্কটক্রীড়া; মর্কটচেষ্টা: play ~s on sb. **~·ful, ~·ish** *adj* মর্কটচেষ্ট।

pra·seo·dym·ium [ˌপ্রেজ়িঅ্যউˈডিমিঅ্যম্] *n* [U] (রস.) রুপার মতো সাদা ধাতব মৌল (প্রতীক Pr)।

prate [প্রেইট্] *vi* বোকার মতো বকবক/বকর বকর করা; বাজে বকা।

prattle [ˈপ্র্যাট্‌ল্] *vi* (শিশু সম্বন্ধে) সরলচিত্তে, অমায়িকভাবে কথা বলা; (বয়স্কদের সম্বন্ধে) ছেলেমানুষের মতো আবোলতাবোল বকা; বাজে বকা; বক বক করা। □*n* [U] বাজে বকুনি; আবোল-তাবোল; কচকচানি।

prawn [প্রো°ন্] *n* [C] চিংড়ি।

pray [প্রেই] *vt,vi* ১ **~ (to God) (for sth)** প্রার্থনা করা। ২ **~ sb for sth/to do sth** (সাহিত্য. আল.) অনুগ্রহ ভিক্ষা চাওয়া; প্রার্থনা/মিনতি/অনুরোধ করা: They ~ed for mercy. ৩ (আনুষ্ঠানিক অনুরোধ) অনুগ্রহ করে: P~ reply by the return of the post.

prayer [প্রেআ(র্)] *n* ১ [U] প্রার্থনা। ২ [U] গির্জার উপাসনাপদ্ধতি; প্রার্থনা: Morning/Evening P~. ৩ প্রার্থনায় উচ্চারিত কথা; প্রার্থনা: the Lords P~, দ্র. lord; ঈশ্বরের কাছে মিনতি। **ˈ~-book** *n* (গির্জার অনুষ্ঠানাদিতে ব্যবহার করার জন্য প্রার্থনা-পুস্তক। **the ˈP~ Book** (Book of common P~ নামেও অভিহিত) ইংল্যান্ডীয় গির্জার অনুষ্ঠানাদিতে ব্যবহৃত প্রার্থনা-পুস্তক; প্রার্থনা-সংহিতা। **ˈ~-meeting** *n* প্রার্থনা-অনুষ্ঠান, যাতে উপস্থিত ব্যক্তিরা পর্যায়ক্রমে ঈশ্বরের উদ্দেশে প্রার্থনা নিবেদন করেন; প্রার্থনা-সভা। **ˈ~-rug/-mat** *n* জায়নামাজ। **ˈ~-wheel** *n* প্রার্থনার জন্য তিব্বতি বৌদ্ধদের ঘূর্ণায়মান স্তম্ভকবিশেষ (সিলিন্ডার), যার ভিতরে বা গায়ে প্রার্থনাবাক্যসমূহ উৎকীর্ণ থাকে; জপচক্র।

pre- [প্রী] *Pref* আগে; পূর্বে; প্রাক্-: pre-war; pre-natal; pre-arrange. দ্র. পরি. ৩।

preach [প্রীচ্] *vt,vi* ১ **~ (to)** প্রচার করা; ধর্মপ্রচার; ধর্মদেশনা করা; ধর্মোপদেশ দেওয়া; ধর্মীয় বক্তৃতাদান করা: ~ Islam; ~ against lust. ২ **~ (to)** উপদেশ দেওয়া: a father ~ing to his son. ঘোষণা করা; (কোনো কিছুর সপক্ষে) প্রচারণা চালানো: to ~ war. **~er** *n* প্রচারক; ধর্মপ্রচারক; ধর্মোপদেশক; কথক। **ˈ~·ify** [-চিফ়াই] *vi* (*pt,pp* -fied) উপদেশ দেওয়া; নসিহৎ করা; (বিশেষত ক্লান্তিকরভাবে) হিতোপদেশ দেওয়া।

pre·amble [প্রীˈঅ্যাম্‌ব্‌ল্] *n* (বিশেষত কোনো আনুষ্ঠানিক দলিলের) প্রস্তাবনা।

pre·arrange [প্রীআˈরেইনজ্] *vt* পূর্ববিন্যস্ত/প্রতিবিহিত/পূর্বনির্ধারিত/পূর্বব্যবস্থিত করা। **~·ment** *n* পূর্বব্যবস্থাপক; পূর্ববিন্যাস; পূর্বনির্ধারণ; প্রাকনির্ধারণ।

pre·cari·ous [প্রিˈকেআরিআস্] *adj* (আনুষ্ঠা.) অনিশ্চিত; আশঙ্কাজনক; দৈবাধীন: make a ~ living as a freelance. **~·ly** *adv* অনিশ্চিতভাবে।

pre·cast [প্রী ˈকা:স্ট্ US -ক্যাস্ট্] *adj* (শান-বাঁধানো সম্বন্ধে) নির্মাণের উপকরণরূপে ব্যবহারের জন্য চুন-সুরকির বড়ো বড়ো খণ্ডে পূর্বেই ঢালাইকৃত; পূর্বসন্ধিত; পূর্বঢালাইকৃত।

pre·caution [প্রিকো°শন্] *n* [U,C] ঝুঁকি এড়াবার জন্য পূর্বেই গৃহীত সতর্কতামূলক ব্যবস্থা; আগাম হুঁশিয়ারি; পূর্বসমীক্ষা: take ~s against fire. **~·ary** [প্রিকো°শানারি US -নেরি] *adj* সতর্কতামূলক; হুঁশিয়ারিমূলক।

pre·cede [প্রিˈসীড্] *vt,vi* (স্থান, কাল বা পরম্পরায়) অগ্রগামী/পূর্বগামী/অগ্রবর্তী/পূর্ববর্তী/পুরোগামী হওয়া: in the preceding paragraph; the exchange of angry words that ~d the scuffle. **pre·ced·ing** *adj* পূর্ববর্তী; পুরোগত; পুরোগামী।

pre·ced·ence [ˈপ্রেসিডেন্স্] *n* [U] অগ্রপদ বা অগ্রবর্তিতার অধিকার; অগ্রাধিকার; অগ্রগণ্যতা। **have/take ~ (over)** অতিষ্ঠা/অগ্রগণ্যতা লাভ করা: questions which take ~ over all others, যেসব প্রশ্ন সকলের আগে বিবেচ্য বা সর্বাগ্রগণ্য।

pre·ced·ent [ˈপ্রেসিডান্ট্] *n* নজির; পূর্বনিদর্শন; পূর্বদৃষ্টান্ত। **set/create/establish a ~ (for sth)** নজির/পূর্বনিদর্শন স্থাপন/সৃষ্টি করা। **~ed** *adj* নজিরের দ্বারা সমর্থিত।

pre·cept [ˈপ্রীসেপ্ট্] *n* ১ [U] নৈতিক উপদেশ; নীতিবাক্য; হিতোপদেশ; অনুশাসন: Example is better than ~. ২ [U] বিধি; আচরণবিধি; বিধান।

pre·cep·tor [ˈপ্রীসেপ্টা(র্)] *n* (আনুষ্ঠা.) শিক্ষক; গুরু।

pre·cession [প্রিˈসেশ্ন্] *n* **~ of the equinoxes** যে পরিবর্তনের ফলে সূর্যের বিষুবরেখা অতিক্রমণের সময় প্রতি বছর এগিয়ে আসে; অয়নচলন।

pre·chris·tian [প্রীˈক্রিস্চন্] *adj* খ্রিস্টধর্ম প্রবর্তনের পূর্বকালীন; প্রাক-খ্রিস্টীয়।

pre·cinct [ˈপ্রীসিঙ্কট্] *n* [C] ১ বিশেষত গির্জার প্রাচীরবেষ্টিত অঙ্গন; প্রাঙ্গণ; পরিসর: within the sacred ~s. ২ (US) কাউন্টি, শহর বা মহল্লার উপবিভাগ; এলাকা; মণ্ডল: an ˈelection ~; a poˈlice ~. ৩ (*pl*) (শহরের) পরিপার্শ্ব; প্রতিবেশ; উপান্ত। ৪ সীমান্ত; পরিসীমা; সীমানা: within the city ~s. ৫ যে এলাকার ব্যবহার কোনো না কোনোভাবে পরিমিত বা সীমিত; সংরক্ষিত এলাকা। **pedestrian ~** পথাচারী এলাকা (যানবাহন চলাচলের জন্য নিষিদ্ধ)। **ˈshopping ~** বিপণি-এলাকা (কেবল কেনাকাটার জন্য)।

pre·ci·os·ity [ˌপ্রেশিˈঅসাটি] *n* [U] অতিমার্জনা; কৃত্রিমতা (precious [৪] দ্র.); [C] (*pl* -ties) কৃত্রিমতার দৃষ্টান্ত।

precious [ˈপ্রেশাস্] *adj* ১ বহুমূল্য ও অত্যন্ত সুন্দর; মহার্ঘ: ~ metals, সুবর্ণাদি (সোনা, প্লাটিনাম); ~ stones, রত্ন, মণি (হীরা, পদ্মরাগ ইত্যাদি)। ২ অতিমূল্যবান; প্রাণপ্রিয়; মহামূল্য: My children are ~ to me. ৩ (কথ্য) (গুরুত্বসূচক) বদ্ধ; ডাহা: a ~ fool. ৪ (ভাষা, নির্মাণকৌশল ইত্যাদি সম্বন্ধে) অতিপরিশীলিত; কৃত্রিম; অতিমার্জিত। □*adj* (কথ্য) অতি: He has ~ little money left (নেই বললেই চলে)। **~·ly** *adv* মহার্ঘরূপে। **~·ness** *n* মহার্ঘতা; মহামূল্যতা।

preci·pice [ˈপ্রেসিপিস্] *n* শিলা, ভৃগু বা পর্বতের উল্লম্ব বা অত্যন্ত খাড়া পিঠ; প্রপাত।

pre·cipi·tate [প্রিˈসিপিটেইট্] *vt* ১ (কোনো কিছু/কাউকে) উঁচু স্থান থেকে বেগে নীচে নিক্ষেপ করা; অধঃক্ষেপণ/অধঃক্ষিপ্ত করা; সবেগে নিপাতিত করা। **~ sb/sth into sth** (কোনো অবস্থার দিকে) ঠেলে দেওয়া/নিপাতিত করা: ~ a country into war. ২ (কোনো ঘটনা) আকস্মিকভাবে বা দ্রুত ঘটানো: ~ a crisis; the events that ~d his ruin. ৩ (রস.) থিতানো; অধঃক্ষেপণ করা। ৪ (বাষ্পকে বিন্দুতে) ঘনীভূত করা (এই বিন্দুগুলিই বৃষ্টি বা শিশির রূপে ঝরে পড়ে। □*n* যা কঠিন পদার্থ বৃষ্টিবিন্দু ইত্যাদি রূপে ঘনীভূত হয়; অধঃক্ষেপ। □*adj* [প্রি 'সিপিটট্] অতিক্ষিপ্ত; ত্বরিত; হঠকারী; হঠকারিতাপূর্ণ। **~·ly** *adv* তাড়াহুড়া করে, অতি দ্রুত ইত্যাদি।

pre·cipi·ta·tion [প্রি,সিপি'টে ইশ্‌ন্] *n* ১ বৃষ্টি, তুষারবর্ষ, বরফ, শিলা ইত্যাদির পতন এবং এর পরিমাণ; বৃষ্টিপাত, তুষারপাত ইত্যাদি: the annual ~ in a region; a heavy ~. ২ অতিক্ষিপ্রকারিতা, অতিক্ষিপ্রতা; অবিমৃষ্যকারিতা: act with ~. ৩ অধঃক্ষেপণ; অধঃপাতন।

pre·cipi·tous [প্রি'সিপিটস্] *adj* (আনুষ্ঠা.) প্রপাতসদৃশ; পাতুক; অত্যন্ত খাড়া; দুরারোহ; দুরবরোহ। **~·ly** *adv* দুরারোহরূপে, খাড়াভাবে ইত্যাদি।

pré·cis ['প্রেই সী US প্রেই'সী] *n* (*pl* বানান অপরিবর্তিত উচ্চারণ [–সীজ্]) সারসংক্ষেপ; সারমর্ম। □*vt* সারসংক্ষেপ করা।

pre·cise [প্রি'সাইস্] *adj* ১ যথাযথ; সম্যক; সূক্ষ্ম; নির্ভুল; সুব্যক্ত: ~ measurements, সূক্ষ্মমান; ~ orders, সুস্পষ্ট আদেশ। ২ সূক্ষ্মদর্শী; নিয়মনিষ্ঠ: a very ~ man; prim and ~ in his manners. **~·ly** *adv* ১ যথাযথভাবে, সম্যকভাবে, নির্ভুলভাবে ইত্যাদি; ঠিক কাঁটায় কাঁটায়: at 5 O' clock ~. ২ (ঐকমত্যসূচক জবাবে) ঠিক কথা। **~·ness** *n* যথার্থতা; সূক্ষ্মতা।

pre·ci·sion [প্রি'সিজ্‌ন্] *n* [U] যাথার্থ্য; শুদ্ধত্ব; নির্ভুলতা: (attrib) ~ instruments/tools, (কারিগরি কাজে সূক্ষ্ম মান নির্ণয়ের জন্য ব্যবহৃত) সূক্ষ্ম যন্ত্রপাতি; ~ bombing, নির্ভুল বোমাবর্ষণ।

pre·clude [প্রি'ক্লূড্] *vt* **~ sb from doing sth** নিবারিত/নিরুদ্ধ করা; অসম্ভব করে তোলা: ~ all doubt/misunderstanding. **pre·clu·sion** [প্রি'ক্লূজ্‌ন্] *n* নিবারণ; নিরোধ।

pre·co·cious [প্রি'কৌশাস্] *adj* ১ (ব্যক্তি সম্বন্ধে) স্বাভাবিক সময়ের পূর্বেই কোনো কোনো চিত্তবৃত্তি বিকশিত হয়েছে এমন; বালপক্ব; পৌঢ়বুদ্ধি: a ~ child (যেমন যে শিশু তিন বছর বয়সেই ভালোভাবে পড়তে পারে)। ২ (জ্ঞান, কর্ম ইত্যাদি সম্বন্ধে) অকালপরিপক্ব। **~·ly** *adv* অকালপরিপক্বভাবে ইত্যাদি। **~·ness, pre·coc·ity** [প্রি'কসাটি] *n n* [U] বালপক্বতা; অকালপক্বতা।

pre·cog·ni·tion [,প্রীকগ্ 'নিশ্‌ন্] *n* [U] অগ্রজ্ঞান; পূর্বজ্ঞান; অগ্রবোধ।

pre·con·ceive [,প্রীকান্'সীভ্] *vt* প্রকৃত জ্ঞান বা অভিজ্ঞতা অর্জনের আগেই ধারণা করা; পূর্বধারণা/অগ্রকল্পনা/অগ্রোপলব্ধি করা: ~d ideas. **pre·con·cep·tion** [,প্রীক ন্'সেপ্‌শ্‌ন্] *n* [U, C] পূর্বকল্পনা; অগ্রকল্পনা; অগ্রোপলব্ধি।

pre·con·certed [,প্রীক ন্'সাটিড্] *adj* (আনুষ্ঠা.) পূর্বেই মীমাংসিত; পূর্বসংবিদিত: following ~ plans.

pre·con·di·tion [,প্রীক ন্'ডিশ্‌ন্] *n* = prerequisite; পূর্বশর্ত।

pre·cur·sor [,প্রী'কাস(র্)] *n* [U] (আনুষ্ঠা.) ভবিষ্যতের ইঙ্গিতস্বরূপ ব্যক্তি বা বস্তু; অগ্রদূত; পূর্বলক্ষণ। **pre·cur·sory** [–স'রি] *adj* পূর্বসূচক; অগ্রসূচক।

preda·tory ['প্রেডাট্রি US –টো °রি] *adj* (আনুষ্ঠা.) ১ (মানুষ সম্বন্ধে) লুণ্ঠনপরায়ণ; লুণ্ঠনজীবী; লুণ্ঠক: ~ tribesmen; ~ habits, লুণ্ঠনবৃত্তি; ~ incursions, লুণ্ঠনাত্মক অবস্কন্ধ। ২ (প্রাণী সম্বন্ধে) শিকারজীবী; শিকারি: ~ birds। **pred·ator** [–টা(র্)] *n* শিকারি/শিকারজীবী প্রাণী।

pre·de·cease [,প্রীডি'সীস্] *vt* (আইন.) (অন্য ব্যক্তির) আগে মারা যাওয়া।

pre·de·cessor ['প্রীডিসেসা(র্) US 'প্রেডি–] *n* ১ পূর্বসূরী: my ~ in office. ২ পূর্বগামী কোনো কিছু; পূর্বগ: The new ordinance is no better than its ~.

pre·des·ti·nate [,প্রী'ডেটিনেইট] *adj* ঈশ্বরকর্তৃক পূর্বনির্ধারিত; নিয়তিনির্দিষ্ট; পূর্বনিরূপিত; দৈবনিরূপিত। □*vt* = predestine (১).

pre·des·ti·na·tion [,প্রীসডেস্টি'নেইশ্‌ন্] *n* ১ ঈশ্বর অনাদিকাল থেকেই বিধান করে দিয়েছেন যে মানবজাতির একাংশ অনন্ত সুখ এবং আরেক অংশ অনন্ত শাস্তি ভোগ করবে, এই তত্ত্ব বা মতবাদ; অদৃষ্টবাদ; তকদির। ২ যা কিছু ঘটে সবই ঈশ্বরবিহিত এই মতবাদ; নিয়তিবাদ; দৈববাদ; নিয়তি।

pre·des·tine [,প্রী'ডেস্'টন্] *vt* ১ (প্রায়শ passive) **~ sb to sth/to do sth** (ঈশ্বর বা নিয়তি সম্বন্ধে) পূর্বনির্দিষ্ট বা পূর্ববিহিত করা। ২ **~ sb to do sth** স্থির করা; অবশ্যম্ভাবী করা: He was ~d to be a successful businessman.

pre·de·ter·mine [,প্রী'ডিটামিন্] *vt* (আনুষ্ঠা.) ১ পূর্বেই স্থির/নিশ্চিত করা; পূর্বনিশ্চয়/পূর্বনিশ্চিত/পূর্বনির্দিষ্ট করা: His immediate environment seemed to ~ his career. ২ **~ sb to do sth** কোনো কিছু করতে পূর্বাহ্নেই প্রণোদিত বা বাধ্য করা; পূর্বনির্দিষ্ট করা: His vicious upbringing ~d him to despise the society he lived in. **pre·de·ter·mina·tion** [,প্রিডি,টামি'নেইশ্‌ন্] *n* পূর্বনিশ্চয়; পূর্ব সঙ্কল্প; পূর্বনির্ণয়।

pre·dica·ment [প্রি'ডিক 'মান্ট্] *n* দশা; দুর্দশা; বিপাক: be in an awkward ~.

predi·cate[1] ['প্রেডিকা ট্] *n* (ব্যাক.) বিধেয়।

predi·cate[2] ['প্রেডিকে ইট্] *vt* (আনুষ্ঠা.) ১ সত্য বা প্রকৃত বলে ঘোষণা/দৃঢ়োক্তি করা: ~ of a motive that it is good. ২ পরিণামস্বরূপ অপরিহার্য করে তোলা: These measures were ~d by the Government's determination to streamline production.

pre·di·cat·ive [প্রি'ডিকাটিভ্ US 'প্রেডিকে ইটিভ্] *adj* (ব্যাক. *n* বা *adj* সম্বন্ধে, attrib–এর বিপরীত) সম্পূর্ণ বিধেয় বা বিধেয়ের অংশবিশেষরূপে ব্যবহৃত হয় এমন; বিধেয়–: ~ adjective, বিধেয়–বিশেষণ।

pre·dict [প্রি'ডিক্ট্] *vt* ভবিষ্যদ্বাণী করা: ~ a good harvest. **pre·dic·tion** [প্রি'ডিক্‌শ্‌ন্] *n* [U, C] ভবিষ্যৎবাণী; ভাবীকথন; ভবিষ্যৎবাক্য। **~·able** [–টাবল্] *adj* ভবিষ্যৎবাচ্য; অগ্রকথনযোগ্য। **~or** [–টা(র্)] *n* ভবিষ্যৎ কথনের জন্য যন্ত্রপাতি বা কৌশল (যেমন যুদ্ধকালে বিমানবিধ্বংসী কামান কখন ব্যবহার করতে হবে তা নির্ধারণের জন্য যন্ত্রপাতি); ভাবীকথক; অগ্রকথক। **~·a·bil·ity** [প্রি'ডিক্টা'বিলাটি] *n* ভবিষ্যবাচ্যতা; অগ্রকথনযোগ্যতা।

pre·di·gest [,প্রীডাই'জেস্ট্] *vt* (খাদ্য) সহজে হজম হয় এমনভাবে প্রক্রিয়াজাত করা; পূর্বজারিত করা: ~ed food for babies.

pre·di·lec·tion [ˌপ্রীডি'লেকশ্‌ন্ US ˌপ্রেড্‌ল্‌'এক্‌–] *n* [C] **a ~ for** বিশেষ অনুরাগ/পক্ষপাত; পূর্বানুরাগ।

pre·dis·pose [ˌপ্রীডিস্'পৌজ়্] *vt* **~ sb to sth/to do sth** পূর্বেই অনুরাগী/অনুকূল করা; প্রবণ/উন্মুখ করা: to ~ to disease, রোগপ্রবণ করা: I found him ~d in your favour.

pre·dis·posi·tion [ˌপ্রীডিস্‌পা'জ়িশ্‌ন্] *n* [C] **~ to sth/to do sth** প্রবণতা; উন্মুখতা: a ~ to disease, রোগসুগ্রাহ্যতা: a ~ to find fault with, ছিদ্রান্বেষণপ্রবণতা।

pre·domi·nant [প্রি'ডমিনান্‌ট্] *adj* **~ (over)** (আনুষ্ঠা.) প্রবল; প্রধান; প্রভাবশালী: Generosity is not a ~ feature of his character. **~·ly** *adv* প্রধানত; মুখ্যত: a ~ly middle-class district. **pre·domi·nance** [–নান্‌স্] *n* [U] প্রাবল্য; প্রাধান্য; আধিক্য।

pre·domi·nate [প্রি'ডমিনেইট্] *vt* **~ (over)** (আনুষ্ঠা.) প্রবল/প্রধান হওয়া; প্রাধান্য বিস্তার করা; সংখ্যায়/পরিমাণে সর্বাধিক হওয়া: an economy in which commercial capital ~s.

pre-emi·nent [ˌপ্রী'এমিনান্‌ট্] *adj* সর্বশ্রেষ্ঠ; সর্বপ্রধান; অগ্রগণ্য; সর্বোত্তম: ~ above all his rivals. **~·ly** *adv* সর্বশ্রেষ্ঠরূপে, প্রাধান্যত ইত্যাদি। **pre-emi·nence** [–নান্‌স্] *n* [U] শ্রেষ্ঠতা; অগ্রগণ্যতা; সর্বশ্রেষ্ঠতা।

pre-empt [ˌপ্রী'এম্‌প্‌ট্] *vt* (আনুষ্ঠা.) ১ অগ্রক্রয়াধিকারবলে পাওয়া। ২ (US) অগ্রক্রয়াধিকার লাভের জন্য (সরকারি জমি) দখল করা। **pre-emp·tion** [ˌপ্রী'এম্‌শ্‌ন্] *n* [U] (আনুষ্ঠা.) অন্যদের ক্রয় করার সুযোগদানের আগেই এক ব্যক্তি ইত্যাদি কর্তৃক ক্রয়; অগ্রক্রয়; ঐরূপ ক্রয়ের অধিকার; অগ্রক্রয়াধিকার। **pre-emp·tive** [–টিভ্] *adj* অগ্রক্রয়মূলক: a ~ive bid, (ব্রিজ খেলায়) অধিক ডাকাডাকি বন্ধ করার জন্য যথেষ্ট চড়া ডাক; নিরসনমূলক ডাক; a ~ive 'air strike, নিবৃত্তিমূলক অতর্কিত বিমান-হামলা।

preen [প্রীন্] *vt* ১ (পাখি সম্বন্ধে) (ঠোঁট দিয়ে) পালক পরিপাটি করা। ২ (ব্যক্তি সম্বন্ধে) (নিজেকে) পরিপাটি করা; পরিষ্কার-পরিচ্ছন্ন হওয়া। **~ oneself on** (লাক্ষ.) গর্ববোধ করা; সন্তোষ/আত্মতুষ্টি প্রকাশ করা।

pre·exist [ˌপ্রী ইগ্'জ়িস্‌ট্] *vi* পূর্বেই বিদ্যমান থাকা; বর্তমান জীবনের আগে অন্য এক জীবন যাপন করা। **~·ence** [–টান্‌স্] *n* পূর্বজন্ম; পূর্বজীবন। **~·ent** [–টান্‌ট্] *adj* পূর্ববর্তী; পূর্বজীবী; পূর্বজন্মের।

pre·fab [প্রীফ্যাব্ US ˌপ্রী 'ফ্যাব্] *n* [C] prefabricated house-এর কথ্য সংক্ষেপ; প্রাক-গঠিত গৃহ।

pre·fab·ri·cate [ˌপ্রী'ফ্যাব্‌রিকেইট্] *vt* নির্দিষ্ট স্থানে সংযোজিত করার আগে বাড়ি, জাহাজ ইত্যাদির অংশসমূহ (যেমন ছাদ, দেয়াল, দরজা-জানালা) নির্মাণ করা; অগ্রে নির্মাণ করা: ~d houses, প্রাকগঠিত গৃহ; a ~d school. **pre·fab·ri·ca·tion** [ˌপ্রীফ্যাব্‌রি 'কেশ্‌ন্] *n* অগ্রচনা।

pre·face ['প্রেফিস্] *n* [C] মুখবন্ধ; প্রস্তাবনা। □*vt* **~ sth with sth/by doing sth** মুখবন্ধ সংযোজন করা; মুখবন্ধ দিয়ে (বক্তৃতা ইত্যাদি) শুরু করা: The speaker ~d his speech with same cutting remarks about his detractors. **prefa·tory** ['প্রেফাট্রি US -টো°রি] *adj* প্রস্তাবনামূলক; মুখবন্ধস্বরূপ; প্রারম্ভিক: after a few prefatory remarks.

pre·fect [প্রীফেক্‌ট্] *n* ১ (ফ্রান্স ও জাপানে) একটি জেলার প্রধান প্রশাসনিক কর্মকর্তা; জেলা-প্রশাসক; জেলাধ্যক্ষ। ২ প্যারিসের পুলিশপ্রধান। ৩ (ইংল্যান্ডের কোনো কোনো স্কুলে) (যেমন শৃঙ্খলারক্ষার) দায়িত্বপ্রাপ্ত জ্যেষ্ঠ ছাত্রদের একজন।

pre·fec·ture [প্রীফেক্‌টিউআ(র্)] *n* ১ ফ্রান্স, জাপান প্রভৃতি দেশে প্রশাসনিক এলাকাবিশেষ; জেলা। দ্র. (GB) country. ২ (ফ্রান্সে) জেলাধ্যক্ষের দফতর বা সদর; তাঁর সরকারি বাসভবন। ৩ জেলাধ্যক্ষের পদ; তাঁর কার্যকাল। **pre·fec·tural** [প্রী'ফেক্‌চারাল্] *adj* জেলা বা জেলাধ্যক্ষ-সম্বন্ধী: the prefectural offices, জেলাধ্যক্ষের দপ্তর।

pre·fer [প্রি'ফা(র্)] *vt* (-rr-) ১ **~ (to)** অধিকতর পছন্দ করা; শ্রেয় মনে করা: I ~ death to dishonour. I should ~ you not to join the army. ২ **~ a charge/charges (against sb)** অভিযোগ আনা: ~ a charge against a motorist. ৩ **~ sb (to sth)** (উচ্চতর পদে) নিয়োগ করা। **~·able** ['প্রেফ্‌রাব্‌ল্] *adj* (more-সহ ব্যবহৃত হয় না) **~able to** অধিক বরণীয়; শ্রেয়; বরীয়ান: Dealth is ~able to dishonour. **~·ably** ['প্রেফ্‌'রাব্‌লি] *adv* বরং।

pre·fer·ence ['প্রেফ্‌রান্‌স্] *n* ১ [C, U] বিশেষ অনুরাগ/অভিরুচি: have a ~ for English poetry. ২ যে বস্তুর প্রতি অধিক অনুরাগ দেখানো হয়; অগ্রাভিরুচি: Do you have any ~? ৩ [U, C] (বাণিজ্যিক সম্পর্ক ইত্যাদির ক্ষেত্রে) কোনো ব্যক্তি, দেশ প্রভৃতির প্রতি অধিকতর প্রীতি বা অনুগ্রহ (যেমন কম শুল্কে পণ্য আমদানি); আনুকূল্য; অগ্রাধিকার; অধিক বরণীয়তা: give sb ~ (over others). ৪ 'P~ Stock যে পরিপণে সাধারণ পরিপণগ্রাহীদের মুনাফা-বণ্টনের আগেই লভ্যাংশ (ডিভিডেন্ট) পরিশোধ করতে হয়; প্রাধিকার-পরিপণ।

pref·er·en·tial [ˌপ্রেফ্‌'রেন্‌শ্‌ল্] *adj* প্রাধিকারমূলক; প্রাধিকারভিত্তিক: get ~ treatment (যেমন আমদানিশুল্কের ক্ষেত্রে বিশেষ সুযোগ-সুবিধা)।

pre·fer·ment [প্রিফা°মান্‌ট্] *n* [U] পদোন্নতি; প্রবর্ধন: ~ to a directorship.

pre·fig·ure [প্রী'ফিগা(র্) US -গিয়ার্] *vt* (আনুষ্ঠা.) ১ প্রতিরূপ দ্বারা পূর্বেই প্রদর্শন করা বা আভাস দেওয়া; পূর্বসূচনা করা। ২ পূর্বেই কল্পনা করা বা ভাবা; পূর্বলক্ষণ দেখা। **pre·fig·ur·ation, pre·fig·ure·ment** *nn* পূর্বসূচনা; পূর্বলক্ষণদর্শন।

pre·fix [প্রীফিক্‌স্] *n* ১ (এই অভিধানে সংক্ষেপ *pref*) উপসর্গ। দ্র. পরি. ৩। ২ ব্যক্তির নামের আগে ব্যবহৃত শব্দ (যেমন Mr, Dr); সম্মানসূচক পূর্বপদ। □*vt* [প্রী'ফিক্‌স্] **~ sth (to sth)** উপসর্গ যোগ করা; শুরুতে কিছু যোগ করা: ~ a new paragraph to a chapter.

preg·nant ['প্রেগ্‌নান্‌ট্] *adj* ১ গর্ভবতী; অন্তঃসত্ত্বা; গর্ভিনী। ২ (শব্দ, কর্ম ইত্যাদি সম্বন্ধে) তাৎপর্যপূর্ণ; সারগর্ভ; সম্ভাবনাময়। **~ with** -পূর্ণ; -গর্ভ; -সঙ্কুল: words ~ with meaning; political events ~ with consequences. **preg·nancy** গর্ভাবস্থা; গর্ভ; গর্ভধারণ; গভীরতা; তাৎপর্যপূর্ণতা; পরিপূর্ণতা; সারবত্তা।

pre·hen·sile [ˌপ্রী 'হেন্‌সাইল্ US -স্‌ল্] *adj* (লেজ বা পা সম্বন্ধে) আঁকড়ে ধরতে সক্ষম (যেমন বানরের পা); পরিগ্রাহী।

pre·his·toric [ˌপ্রীহি'স্টরিক US –টো °রিক্], **-tori·cal** [–কল্] *adj* প্রাগৈতিহাসিক। **pre·his·tory** [ˌপ্রী'হিস্‌ট্রি] *n* প্রাগৈতিহাসিক যুগ, বিষয় বা বিবরণ।

pre·judge [ˌপ্রী'জাজ্] *vt* সাক্ষ্যপ্রমাণ গ্রহণ কিংবা তদন্ত না করেই কোনো ব্যক্তি, কর্ম, অভিপ্রায় ইত্যাদি সম্বন্ধে মন স্থির করা; বিনা বিচারে সিদ্ধান্ত নেওয়া; পূর্বনিষ্পত্তি করা। **~·ment** *n* বিনা বিচারে সিদ্ধান্তগ্রহণ; পূর্বনিষ্পত্তি; পূর্বনির্ণয়।

preju·dice ['প্রেজুডিস্] ১ [U, C] পর্যাপ্ত জ্ঞান বা অভিজ্ঞতা অর্জনের পূর্বেই মতামত বা পছন্দ–অপছন্দ; সংস্কার; পূর্বসংস্কার; দুরাগ্রহ: racial ~; have a ~ against/in favour of modern painting. ২ [U] (আইন.) কোনো কার্য বা বিচারের ফলে যে ক্ষতি ঘটতে পারে; হানি: to the ~ of sb's rights, (সম্ভাব্য) অধিকারহানি। **without ~ (to)** বিদ্যমান দাবি বা অধিকারকে ক্ষুণ্ন না করে। □*vt* **~ sb (against/in favour of sb/sth)** ১ কারো মনে পূর্বসংস্কার জন্মানো; পক্ষপাতদুষ্ট করা। ২ (কারো স্বার্থ ইত্যাদি) হানি/ক্ষুণ্ন করা: you may ~ your claim, if you ask too much.

prel·acy ['প্রেলাসি] (*pl* -cies) ১ প্রেলাট (prelate দ্র.) –এর পদ, দফতর বা এক্তিয়ার। ২ **the ~** প্রেলাটমণ্ডলী।

pre·late ['প্রেলাট্] *n* বিশপের সমপর্যায়ের কিংবা তদূর্ধ্ব পদমর্যাদার খ্রিস্টীয় যাজক।

pre·lim [প্রি'লিম্] *n* preliminary–র কথ্য সংক্ষেপ; (ক) প্রাথমিক পরীক্ষা। (খ) (*pl*) [প্রীলিম্‌জ্] পুস্তকের মূল পাঠের অগ্রবর্তী পৃষ্ঠাসমূহ (বইয়ের শিরোনামা, সূচিপত্র ইত্যাদি); গ্রন্থাভাষ।

pre·limi·nary [প্রি'লিমিনারি US –নেরি] *adj* প্রাথমিক; প্রারম্ভক; আদ্য: a ~ examination; a few ~ remarks. □(*pl* -ries) (সাধা. *pp*) আরম্ভকর্ম; আদ্যাঙ্গ; আদ্যকৃত্য: the usual preliminaries to a science conference (যেমন কার্যনির্বাহীপ্রণালী ও আলোচ্যসূচি নিয়ে বাদবিতণ্ডা)।

prel·ude ['প্রেলিউড্] *n* [C] ১ **~ to** কোনো কাজ, ঘটনা ইত্যাদির উপক্রমণিকাস্বরূপ অন্য কোনো কাজ, ঘটনা ইত্যাদি; প্রস্তাবনা; পূর্বসূচক; উপক্রম। ২ (সঙ্গীত) বহু অংশে বিভক্ত সাঙ্গীতিক রচনার প্রারম্ভিক বাদ্যতরঙ্গ; পূর্বরঙ্গ; প্রস্তাবনা।

pre·mari·tal [ˌপ্রী'ম্যারিট্‌ল্] *adj* বিবাহ পূর্ব; প্রাক–বৈবাহিক।

pre·ma·ture [প্রেমাটিউআ(র্) US [ˌপ্রীমা'টুআর্] *adj* যথাকালের পূর্বেই ঘটে/করে এমন কিংবা যথাকালের পূর্বেই কৃত বা ঘটিত; অপূর্ণকালিক: অকালিক; অপ্রাপ্তকাল: ~ decay of the teeth; ~ birth; a ~ baby, গর্ভধারণের ৩৮ তম সপ্তাহ পূর্ণ হওয়ার পূর্বে যার জন্ম।

pre·medi·tate [ˌপ্রী'মেডিটেইট্] *vt* (কোনো কিছু) পূর্বেই বিবেচনা বা পরিকল্পনা করা; পূর্বপরিকল্পনা করা: a ~d murder, পূর্বপরিকল্পিত খুন। **pre·medi·tation** [ˌপ্রীমেডি'টেইশ্‌ন্] *n* পূর্বপরিকল্পনা; পূর্ববিবেচনা; পূর্বচিন্তা।

pre·mier ['প্রেমিএআ(র্) US প্রি 'মিআর্] *n* নাটকের প্রথম অভিনয় কিংবা চলচ্চিত্রের ('film-~) প্রথম প্রকাশ্য প্রদর্শনী।

prem·ise, prem·iss ['প্রেমিস্] *n* ১ তর্কের ভিত্তিস্বরূপ উক্তি বা বাক্য; প্রতিজ্ঞা। ২ ন্যায়ের (সিলঝিজম) প্রথম দুটি অংশের যে কোনো একটি; অবয়ব: the minor ~, পক্ষাবয়ব (যেমন, 'তুমি মনুষ্য')। ৩ (*pp*) বহির্বাটি, জমি ইত্যাদিসহ বাড়ি বা ভবন।

pre·mium ['প্রীমিঅম্] *n* (*pl* -s) ১ বিমার কিস্তি বা কিস্তির পরিমাণ। ২ পুরস্কার; পারিতোষিক; প্রতিদান: a ~ for good conduct. '**P~ Bond** (GB) সরকারি তমসুকবিশেষ, যা সুদের বদলে লটারিতে পুরস্কার প্রাপ্তির সুযোগ প্রদান করে। **put a ~ on sth** (কোনো বিশেষ আচরণ বা কাজ) কারো পক্ষে লাভজনক/ লোভনীয় করে তোলা: Does financial disorders put a ~ on speculation? ৩ উপরি; অধিহার: I had to pay agent a ~ before I could hire an office-boy. ৪ (শেয়ার ও স্টক সম্বন্ধে) নির্ধারিত মূল্যের অতিরিক্ত দাম; অধিকমূল্য; অধিহার: He bought the shares at a ~. **at a ~** (লাক্ষ.) অতিমহার্ঘ বলে বিবেচিত; অতিসমাদৃত।

pre·mon·ition [ˌপ্রীম 'নিশ্‌ন্] *n* [C] (আসন্ন বিপদ ইত্যাদির) হুঁশিয়ারিরূপে বিবেচিত অস্বস্তিবোধ; পূর্ববোধ: have a ~ of death. **pre·moni·tory** [প্রি'মনিটারি US –টো°রি] *adj* পূর্ববোধক।

pre·natal [ˌপ্রী 'নেইট্‌ল্] *adj* জন্মপূর্ব।

pre·oc·cu·pa·tion [ˌপ্রীঅকিউপেইশ্‌ন্] *n* [U] ১ মনের যে অবস্থায় কোনো কিছু একটি ব্যক্তির সমস্ত চিন্তাকে অধিকার করে; চিন্তাবিষ্টতা; চিন্তাকুলতা। ২ [C] যে বস্তু বা বিষয় কোনো ব্যক্তির সমস্ত চিন্তাকে অধিকার করে; সার্বক্ষণিক চিন্তা/ভাবনা: My greatest ~ now is to find a suitable residence.

pre·oc·cupy [প্রী'অকিউপাই] *vt* (*pt,pp* -pied) কারো সমস্ত মন, মনোযোগ বা চিন্তাকে অধিকার বা আচ্ছন্ন করা: preoccupied by family troubles, পারিবারিক অশান্তিতে আচ্ছন্নচিত্ত।

pre·or·dain [ˌপ্রীও°'ডেইন্] *vt* পূর্বনির্ধারণ বা পূর্বনির্ধারিত করা।

prep [প্রেপ্] *n* (স্কুলের ছাত্রদের অপ.) (ক) বাড়ির কাজ; প্রস্তুতি। (খ) = preparatory school.

pre-pack·aged [ˌপ্রী'প্যাকিজ্‌ড্], **pre·packed** [ˌপ্রী'প্যাক্‌ট্] *adj* (পণ্য সম্বন্ধে) বিক্রয়ের জন্য দোকানে সরবরাহ করার আগেই মোড়ক–বাঁধা।

prep·ara·tion [ˌপ্রেপা'রেইশ্‌ন্] *n* ১ [U] প্রস্তুতীকরণ; প্রস্তুতি; আয়োজন: The breakfast is in ~. ২ [C] (সাধা. *pl*) প্রস্তুতি; প্রয়োজন: ~s for a journey. ৩ [U] (কথ্য সংক্ষেপ prep) বাড়ির কাজ। [C] বিশেষভাবে প্রস্তুত ঔষধ, খাদ্য ইত্যাদি: pharmaceutical ~s, প্রস্তুত ঔষধ।

pre·para·tory [প্রি'প্যারাট্রি US –টো°রি] *adj* প্রস্তুতিমূলক; প্রারম্ভিক; সিদ্ধতাজনক: ~ measures/ training. **~ to** প্রস্তুতিস্বরূপ; পূর্বে। **~ school** (বিশেষত ইংল্যান্ডে) যে বেসরকারি বিদ্যালয়ে ছাত্রদের উচ্চতর (বিশেষত পাবলিক) স্কুলে ভর্তি হওয়ার জন্য প্রস্তুত করানো হয়; (US) (সাধা. বেসরকারি) বিদ্যালয়, যেখানে ছাত্রদের কলেজে ভর্তির জন্য প্রস্তুত করানো হয়; প্রস্তুতিমূলক বিদ্যালয়।

pre·pare [প্রি'পেআ(র্)] *vt,vi* ১ **~ (for)** প্রস্তুত/ তৈরি হওয়া বা করা; আয়োজন করা: ~ one's lessons; ~ a pupil for an examination. ২ **be ~d to** প্রস্তুত থাকা বা হওয়া: We are ~d to honour our commitments. **~d·ness** [প্রি'পেআরিড্‌নিস্] *n* [U] প্রস্তুততা: The man was in a state of ~dness.

pre·pay [প্রী'পেই] *vt* (*pt,pp* -paid [-পে ইড়]) আগাম দেওয়া। **pre·paid** *part,adj* আগাম পরিশোধিত: a prepaid reply.

pre·pon·der·ant [প্রি'পনড়ারান্‌ট্‌] *adj* (আনুষ্ঠা.) ভার, সংখ্যা, শক্তি ইত্যাদিতে মহত্তর; প্রবলতর; অধিকতর প্রভবিষ্ণু। **~·ly** *adv* **pre·pon·der·ance** [রান্‌স্‌] *n* ভারাধিক্য; সংখ্যাধিক্য; প্রভাবাধিক্য; প্রভাবাতিরেক; প্রবলতা; প্রাধান্য; প্রাবল্য।

prep·osi·tion [,প্রেপা'জিশ্‌ন্‌] *n* স্থান, দিক, উৎস, পদ্ধতি ইত্যাদি নির্দেশ করার জন্য প্রায়শ *n* ও *pron*–এর পূর্বে ব্যবহৃত শব্দ বা শব্দগুচ্ছ (যেমন from, in, on, on behalf of, out of, to); প্রসর্গ। **~al** [-শান্‌ল্‌] *adj* প্রাসর্গিক; প্রসর্গযুক্ত। **~ al phrase** (ক) প্রসর্গরূপে ব্যবহৃত বাক্যাংশ (যেমন in front of, on top of); প্রাসর্গিক বাক্যাংশ। (খ) প্রসর্গযুক্ত *n* বা *n phrase* (যেমন in the night; over the sea [s]); প্রসর্গযুক্ত বাক্যাংশ।

pre·pos·sess [,প্রীপ'জেস্‌] *vt* (আনুষ্ঠা.) কারো মনে (সাধা. অনুকূল) অনুভূতি সৃষ্টি করা; চিত্ত আকর্ষণ করা; মন জয়/অধিকার করা: He was ~ed by the young lady's charms. **~·ing** *adj* চিত্তাপহারী; চিত্তাকর্ষক: a girl of ~ing appearance. **pre·pos·session** [,প্রীপ'জেশ্‌ন্‌] *n* প্রথম দর্শনেই অনুকূল অনুভূতি; আগ্রহ।

pre·pos·ter·ous [প্রি'পস্‌টারাস্‌] *adj* সম্পূর্ণ অযৌক্তিক; উদ্ভট; অসম্ভব। **~·ly** *adv* অযৌক্তিক–ভাবে ইত্যাদি।

pre·puce ['প্রীপিউস্‌] *n* (ব্যব.) লিঙ্গাগ্রত্বক; অগ্রত্বক।

pre·re·cord [,প্রীরি'কো°ড্‌] *vt* (বেতার, টেলিভিশন ইত্যাদির অনুষ্ঠান ফিতা বা ডিস্কে) পূর্বাহ্নেই ধারণ করা।

pre·requi·site [,প্রী'রেকোয়িজ়িট্‌] *n,adj* অন্য কিছুর শর্ত হিসাবে আবশ্যকীয় (বস্তু); পূর্বাকাঙ্ক্ষিত; পূর্বাবশ্যক; পূর্বাপেক্ষিত: 50 per cent marks at HSC is ~ for admision to this course.

pre·roga·tive [প্রি'রগেটিভ্‌] *n* [C] (বিশেষত কোনো শাসকের) বিশেষ অধিকার; বিশেষাধিকার; প্রাধিকার: the ~ pardon, যেমন দণ্ডিত অপরাধীকে ক্ষমা করার অধিকার। **the Royal P~** (GB) সংসদনিরপেক্ষভাবে কাজ করার (নিছক তাত্ত্বিক) অধিকার; রাজকীয় বিশেষাধিকার।

pre·sage ['প্রেসিজ্‌] *n* [C] (আনুষ্ঠা.) = presentiment; (বিশেষত অশুভ বা অনাকাঙ্ক্ষিত কিছুর) পূর্ববোধ/অগ্রবোধ; পূর্বলক্ষণ; পূর্বাভাস। □*vt* [প্রি'সেইজ্‌] পূর্বাভাস দেওয়া; পূর্বলক্ষণ হওয়া: The heavy rain ~s floods.

Pres·by·terian [,প্রেজ়বি'টিআরিআন্‌] *adj* **~ Church** সমমর্যাদার যাজকমণ্ডলী কর্তৃক পরিচালিত গির্জাসংগঠনবিশেষ (ইংল্যান্ডে ১৯৭২ অব্দে এই চার্চ কংগ্রিশনাল চার্চের সঙ্গে একত্র করে ইউনাইটেড রিফর্মড চার্চ গঠিত হয়েছে); প্রেজবিটেরিয়ান চার্চ। (দ্র. বিশপশাসিত episcopal) □*n* উক্ত চার্চের সদস্য। **~·ism** [-ইজ়াম্‌] *n* যাজকমণ্ডলীপরিচালিত গির্জা–প্রশাসন; উক্ত চার্চের সদস্যদের মতবিশ্বাস।

pres·by·tery ['প্রেজ়বিট্রি US - টেরি] *n* ১ (*pl* -ries) [C] (গির্জায়) পূর্বদিকে বেদি এবং গায়কদলের জন্য নির্দিষ্ট স্থানের পরবর্তী অংশ; গর্ভাগার। ২ (আঞ্চলিক) প্রেজবিটেরিয়ান চার্চের নির্বাহী পরিষদ। ৩ রোমান ক্যাথলিক গ্রামযাজকের বাসভবন।

pre·sci·ent ['প্রেসিআন্‌ট্‌] *adj* (আনুষ্ঠা.) ভবিষ্যৎ ভবিষ্যদদর্শী; ভবিষ্যজ্জ্ঞানী। **~·ly** *adv* ভবিষ্যদদর্শিতার সঙ্গে, ভবিষ্যতের মতো ইত্যাদি। **pre·sci·ence** [-আন্‌স্‌] *n* পূর্বজ্ঞান; ভবিষ্যজ্জ্ঞান।

pre·scribe [প্রি'স্‌ক্রাইব্‌] *vt,vi* ১ **~ sth (for sth)** পরামর্শ বা নির্দেশ দেওয়া; বিহিত করা: ~d textbooks, নির্দিষ্ট/নির্ধারিত পাঠ্যপুস্তক। ২ কর্তৃত্বসহকারে অনুসরণীয় কর্মপন্থা নির্দেশ করা; নির্দিষ্ট/নির্ধারিত করা: penalties ~d by the law; ~d form.

pre·script ['প্রীস্‌ক্রিপ্‌ট্‌] *n* অধ্যাদেশ; আদেশ; বিধান।

pre·scrip·tion [প্রি'স্‌ক্রিপ্‌শ্‌ন্‌] *n* [U, C] বিধান; নির্দেশ; (বিশেষত চিকি.) ব্যবস্থাপত্র; উপচারবিধি; ঔষধ: ~ charges, (GB) জাতীয় স্বাস্থ্যসেবার অধীনে ব্যবস্থাপত্রের জন্য প্রার্থিত অর্থ; দর্শনী।

pre·scrip·tive [প্রি'স্‌ক্রিপ্‌টিভ্‌] *adj* নির্দেশক; নির্দেশাত্মক; অনুজ্ঞামূলক; অনুজ্ঞাত; লোকাচারসম্মত; ব্যবহারসিদ্ধ; পরম্পরাগত: a ~ grammar of the English language, যে ব্যাকরণে ভাষার ব্যবহারবিধি নির্দেশ করা হয়, নির্দেশাত্মক ব্যাকরণ। দ্র. descriptive.

pres·ence ['প্রেজ়্‌ন্‌স্‌] *n* [U] ১ উপস্থিতি; বর্তমানতা; বিদ্যমানতা; প্রত্যক্ষতা। **~ of mind** স্থিরচিত্ততা, দ্র. mind[1] (২). ২ চালচলন; আকৃতি প্রকৃতি; রূপ: a man of noble~.

pres·ent[1] ['প্রেজ়্‌ন্‌ট্‌] *adj* ১ উপস্থিত; হাজির; বিদ্যমান; বর্তমান; প্রত্যক্ষ। **~ company excepted** (কথ্য) কোনো মন্তব্য উপস্থিত ব্যক্তিদের কারো সম্বন্ধে প্রযোজ্য নয় বোঝানোর জন্য; উপস্থিতি ব্যক্তিদের বাদ দিয়ে দ্র. absent[1] (১). ২ বর্তমানে আলোচনাধীন; বক্ষ্যমান; আলোচ্য; প্রস্তুত: in the ~ case. ৩ এখন বিদ্যমান; বর্তমান: the ~ government. ৪ **~ to:** ~ to the mind/ imagination, মনে/কল্পনায় উপস্থিত/জাগরূক।৫ (পুরা.) হাতের কাছেই পাওয়া যায় এমন; সময়োচিত: 'a very ~ help in trouble'. □*n* ১ **the ~** সাম্প্রতিক কাল; বর্তমান কাল; (ব্যাক.) বর্তমান কাল। **at ~** এখন; বর্তমানে। **for the ~** এখনকার মতো; আপাতত। ২ **by these ~s** (আইন.) বর্তমান দলিলবলে।

pres·ent[2] ['প্রেজ়ন্‌ট্‌] *n* উপহার; উপঢৌকন; দক্ষিণা; প্রীতিদান। **make sb a ~ of sth** কাউকে কোনো কিছু দিয়ে দেওয়া: I'll make you a ~ of my old watch.

pre·sent[3] [প্রি'জ়েন্‌ট্‌] *vt* ১ **~ sth to sb; ~ sb with sth** দেওয়া; দান/প্রদান করা; উপস্থাপন/পেশ করা; উপস্থিত/নিবেদন করা; উপহারস্বরূপ দেওয়া: ~ a cheque at the bank; the umbrella that was ~ ed to him on his retirement; ~ a petition to the President; ~ one's compliments/greetings etc (শিষ্টাচারমূলক বাক্যাংশ)। ২ **~ sb to sb** আনুষ্ঠানিক–ভাবে পরিচয় করিয়ে দেওয়া; উপস্থাপন করা। ৩ (reflex) উপস্থিত/হাজির হওয়া: ~ oneself at a party; ~ oneself for trial/examination. ৪ দেখানো; প্রদর্শন/প্রকাশ করা; উন্মোচিত/প্রকটিত করা: to ~ a bold front to the world, জগতকে দেখিয়ে দেওয়া যে দুঃখদুর্দশা সে সাহসের সঙ্গে মোকাবেলা করতে জানে: He seized the opportunity as soon as it ~ed itself.

৫ (নাট্যদল বা দলের অধিকারী সম্বন্ধে) মঞ্চস্থ/ প্রযোজনা করা; (কোনো অভিনেতাকে দিয়ে) অভিনয় করানো/কোনো ভূমিকায় উপস্থাপিত করা: The National theatre will ~ the 'Tempest' next week/will ~ Bill Dobson as Prospero in the 'Tempest'. ৬ ~ **sth at sb** (অস্ত্র) তাক করা; বাগিয়ে ধরা: The kidnapper ~ed a pistol at the victim. ৭ অভিবাদনের জন্য (রাইফেল ইত্যাদি) সম্মুখে খাড়া করে ধরে রাখা: P~ arms! অস্ত্র প্রদর্শন করুন! □*n* অভিবাদনকালে অস্ত্রের অবস্থান; অস্ত্রপ্রদর্শন: at the ~, লম্বরূপে অস্ত্র ধারণপূর্বক।

pre·sent·able [প্রি'জ়েন্টাব্‌ল্] *adj* প্রদর্শনযোগ্য; দর্শনীয়; পাংক্তেয়: This old tie is still ~; a ~ girl. **pre·sent·ably** [-টাব্‌লি] *adv* দর্শনীয়ভাবে।

pres·en·ta·tion [ˌপ্রেজ়ন্ 'টেইশন্ US 'প্রীজ়েন্-] *n* [U, C] উপহার; উপহরণ; নিবেদন; উপস্থাপন: the ~ of a new play; a ~ copy; a cheque payable on ~.

pre·sen·ti·ment [প্রি'জ়েন্টিমান্ট্] *n* [C] (আনুষ্ঠা.) (বিশেষত অপ্রীতিকর বা অবাঞ্ছিত) কিছু ঘটতে যাচ্ছে বলে অস্পষ্ট অনুভূতি; পূর্ববোধ; অগ্রবোধ; পূর্বানুভূতি।

pres·ent·ly ['প্রেজ়ন্টলি] *adv* ১ অচিরে; এক্ষুণি। ২ (US) বর্তমানে; অধুনা; ইদানীং: The chairman is ~ on a tour.

pres·er·va·tion [ˌপ্রেজ়া'ভেই শন্] *n* [U] ১ রক্ষা; রক্ষণ; সংরক্ষা; সংরক্ষণ; পরিরক্ষণ; ত্রাণ: ~ of one's health; the ~ of food; the ~ of peace. ২ সংরক্ষিত অবস্থা: ancient skeletons in an excellent state of ~.

pre·serv·ative [প্রি'ফ়্যাভ়াটিভ্] *n* সংরক্ষণের উপায়রূপে ব্যবহৃত পদার্থ; সংরক্ষকদ্রব্য; রক্ষণোপায়: fresh juice free from ~. □*adj* সংরক্ষক।

pre·serve [প্রি'জ়াভ্] *vt* ~ **(from)** ১ রক্ষা/ত্রাণ করা: to ~ children from evil influences. ২ পচন থেকে রক্ষা করা; সংরক্ষণ করা: ~ fruits/eggs. ৩ ক্ষতির হাত থেকে বাঁচানো; রক্ষা করা: ~ one's health. ৪ পশুপাখি, মাছ ইত্যাদি সহ নদী, হ্রদ প্রভৃতি সযত্নে রক্ষা করা; সংরক্ষিত/পরিরক্ষিত করা: The hunting in this forest is strictly ~d. ৫ (কারো নাম বা স্মৃতি) বাঁচিয়ে/টিকিয়ে/বর্তমান রাখা; রক্ষা করা: How many of his works are ~d? □*n* ১ (সাধা. *pl*) সংরক্ষিত ফল; মোরব্বা। ২ নদী, বন, প্রভৃতি যেসব স্থানে পশুপাখি, মাছ ইত্যাদি সংরক্ষণ করা হয়; সংরক্ষিত এলাকা: a 'game ~. **poach on another's ~** (লাক্ষ.) যেসব কর্মকাণ্ড, বিষয় ইত্যাদি অন্য কারো সঙ্গে বিশেষভাবে সম্পৃক্ত করে দেখা হয় তার অংশগ্রাহী হওয়া; অন্যের সংরক্ষিত এলাকায় অনুপ্রবেশ করা। **pre·serv·able** [-ভাব্‌ল্] *adj* সংরক্ষণীয়; সংরক্ষণযোগ্য। **~r** *n* সংরক্ষক; রক্ষক; সংরক্ষণদ্রব্য।

pre·side [প্রি'জ়াইড্] *vi* ~ **at** সভাপতিত্ব/ পৌরোহিত্য করা। ~ **over** প্রধান, পরিচালক বা অধ্যক্ষ হওয়া: The academy is ~d over by the Director General.

presi·dency ['প্রেজ়িডান্সি] *n* (*pl* -cies) ১ **the** ~ রাষ্ট্রপ্রধান বা সভাপতির পদ। ২ রাষ্ট্রপ্রধান বা সভাপতির কার্যকাল; অধ্যক্ষতা; সভাপতিত্ব।

presi·dent ['প্রেজ়িডান্ট্] *n* ১ (নির্বাচিত) রাষ্ট্রপ্রধান, রাষ্ট্রপতি, রাষ্ট্রাধীশ, কোনো সরকারি বিভাগ, ব্যবসা-প্রতিষ্ঠান, কলেজ, সমিতি ইত্যাদির প্রধান; অধ্যক্ষ, কর্মাধ্যক্ষ, অধ্যাসীন, সভাপতি, সভাধ্যক্ষ। **presi·den·tial** [ˌপ্রেজ়ি'ডেন্শ্‌ল্] *adj* রাষ্ট্রপতি বা তাঁর কর্তব্য সম্বন্ধী: the ~ial election, রাষ্ট্রপতি-নির্বাচন; the ~ial year, (US) রাষ্ট্রপতি-নির্বাচনের বছর।

pre·sid·ium [প্রি'সিডিঅম্] *n* কোনো কোনো সমাজতান্ত্রিক দেশে প্রশাসন এবং বিভিন্ন সংগঠনের নির্বাহী পরিষদ; সভাপতিমণ্ডলী; অধ্যাসীনমণ্ডলী।

press[1] [প্রেস্] *n* ১ চাপ; পীড়ন; সম্পীড়ন; সঙ্কুচন: a ~ of the hand; give sth a light ~. ২ চাপপ্রয়োগের জন্য যন্ত্র; পেষণযন্ত্র: a 'wine-~; keep one's (tennis) racket in a ~, র‍্যাকেট চাপযন্ত্রের মধ্যে রাখা; an oil-~, পরঞ্জ; ঘানি; a hydraulic ~. ৩ (সাধা. **the ~**) সংবাদপত্র; সাময়িকপত্র; সামগ্রিকভাবে সংবাদপত্র-প্রতিষ্ঠান; সাংবাদিকগণ: The liberty/freedom of the press. The novel was favourably noticed by the ~ '**~-agent** *n* নাট্যদল, অভিনেতা, গায়কবাদক প্রভৃতি কর্তৃক সংবাদপত্রে প্রচারণার কাজে নিয়োজিত ব্যক্তি; সংবাদপত্র-প্রতিনিধি। '**~-agency** *n* সংবাদপত্রে প্রতিনিধিত্ব। '**~-box** *n* ফুটবল, ক্রিকেট প্রভৃতি খেলায় সংবাদপত্রের প্রতিবেদকদের জন্য সংরক্ষিত স্থান। '**~ conference** *n* (মন্ত্রী, সরকারি কর্মকর্তা প্রভৃতি কর্তৃক আহূত) সাংবাদিক-সম্মেলন। '**~-cutting/-clipping** *nn* সংবাদপত্র বা সাময়িকী থেকে কেটে-রাখা রচনা, অনুচ্ছেদ ইত্যাদি; (সংবাদ-) কর্তিকা। '**~-gallery** *n* লোকসভায় (হাউস অব কমন্‌সে) সাংবাদিকদের জন্য সংরক্ষিত আসন; সাংবাদিক-গ্যালারি। '**~-lord** *n* প্রভাবশালী সংবাদপত্রমালিক। '**~-photographer** *n* সংবাদপত্রের আলোকচিত্রী। '**~-release** *n* সংবাদবিজ্ঞপ্তি। ৪ মুদ্রণালয়; ছাপাখানা; প্রকাশনালয়: Cambridge University P~; মুদ্রাযন্ত্র (অপিচ '**printing-~**): in the ~, ছাপা হচ্ছে এমন; যন্ত্রস্থ; go to the ~, ছাপতে শুরু করা; correct the ~, ছাপার ভুল সংশোধন করা; send a manuscript to the ~, পাণ্ডুলিপি ছাপতে দেওয়া। ৫ ঠেলাঠেলি: lost in the ~. ৬ = pressure; চাপ: the ~ of modern life. ৭ কাপড়চোপড়, বইপত্র ইত্যাদি রাখার জন্য সাধা. প্রাচীরগর্ভস্থ তাকযুক্ত আলমারি; কুলুঙ্গি। '**~-mark** *n* গ্রন্থাগারের তাকে বইয়ের স্থান নির্দেশ করার জন্য অঙ্কিত চিহ্ন বা সংখ্যা; পংক্তিচিহ্ন। ৮ **~ of sail/canvas** (নৌ.) বাতাসের বেগ অনুযায়ী যতোটা পাল খাটানো যায়।

press[2] [প্রেস্] *vt,vi* ১ চাপ দেওয়া; চাপা; টেপা; পীড়ন করা: ~ (down) the accelerator pedal; ~ the button; ~ the trigger. '**~-up** *n* (*pl* ~-ups) ব্যায়ামবিশেষ, এতে উবুড় হয়ে শুয়ে হাত ছড়িয়ে হাতের তালুতে ভর দিয়ে শরীর উপর-নীচ করা হয়; ডন। '**~-stud**, দ্র. snap (৫). ২ ইস্ত্রি করা; সঙ্কুচিত করা; নিংড়ানো; চিপা; নিষ্পেষণ/পিষ্ট করা; মলা; দলা: ~ a suit/shirt; ~ grapes; ~ed beef, টিনের বাক্সে ভরার জন্য যে গোমাংস সিদ্ধ ও পিষ্ট করা হয়েছে; পিষ্ট গোমাংস। ৩ শত্রুর কাছ থেকে আক্রমণ পরিচালনা করা; চাপ সৃষ্টি করা: ~ the enemy hard, প্রচণ্ড বিক্রমে আক্রমণ করা; ~ (home) an attack, দৃঢ়তার সঙ্গে আক্রমণ চালিয়ে যাওয়া; ~ a point home, (লাক্ষ.) (তর্কবিতর্কের সময়ে) জোরালো বক্তৃতার সাহায্যে সমর্থন, ঐকমত্য ইত্যাদি অর্জন করা, নিজ বক্তব্য প্রতিষ্ঠিত করা; be hard ~ed,

প্রচণ্ড আক্রমণের মুখোমুখি হওয়া, প্রচণ্ডভাবে আক্রান্ত হওয়া। ৪ ~ **for** বারংবার অনুরোধ/পীড়াপীড়ি করা; জরুরি তাগাদা/চাপ দেওয়া; সনির্বন্ধ অনুরোধ করা: ~ for an enquiry into a question. ৫ **be ~ed for** টানাটানি/অনটন হওয়া: be ~ed for money/space/time. ৬ হুমড়ি খেয়ে পড়া; ঘিরে/ছেকে ধরা: crowds ~ing against the barriers/~ing round the royal visitors. ৭ **~ (sb) for sth, ~ (sb) to do sth** পীড়াপীড়ি করা; চাপ দেওয়া; নির্বন্ধ করা: ~ (sb) for an answer; ~ sb for a debt. **~ sb on/upon sb** নেওয়ার জন্য পীড়াপীড়ি করা; চাপিয়ে দেওয়া: I did not ~ the money on you; ~ one's opinion on others. ৮ মনোযোগ বা উপযুক্ত ব্যবস্থা দাবি করা: a ~ing matter, অতিজরুরি বিষয়। ৯ **Time ~es** সময় বসে থাকছে না; সময় দ্রুত এগিয়ে চলেছে। ১০ স্নেহ-ভালোবাসা বা সহানুভূতি দেখানোর জন্য (কারো হাত, বাহু ইত্যাদিতে) মৃদু চাপ দেওয়া; জড়িয়ে ধরা: The overjoyed father ~ed the son to his chest. ১১ **~ (down) on/upon sb** ভার/বোঝা হয়ে বসা; নিষ্পিষ্ট/নিপীড়িত করা: The responsibilities of his new office ~ heavily upon him. ১২ **~ on/ forward (with sth)** দৃঢ়তার সঙ্গে দ্রুত এগিয়ে চলা/ যাওয়া; চালিয়ে যাওয়া: ~ on with one's work. The soldiers ~ed forward as the enemy pursued them. **~·ing** *n* একই ছাঁচ থেকে তৈরি অভিন্নরূপ বহু গ্রামোফোন রেকর্ডের একটি; মুদ্রণ: make and sell 10,000 ~ings of a concert. □*adj* ১ অতি জরুরি: ~ing business. ২ (ব্যক্তি, অনুরোধ ইত্যাদি সম্বন্ধে) সাগ্রহ; সনির্বন্ধ: a ~ing invitation. **~·ing·ly** *adv* সনির্বন্ধ; সাগ্রহে।

press[3] [প্রেস্] *vt* ১ (ইতি.) (কাউকে) জোর করে সেনা বা নৌ বাহিনীতে ভর্তি করা। **ˈ~-gang** *n* (ইতি.) সশস্ত্র বাহিনীতে জোর করে ভর্তি করার কাজে নিয়োজিত দলবিশেষ। ২ জনগণের স্বার্থে ব্যবহারের জন্য (কিছু) গ্রহণ করা; অধিগ্রহণ করা। **~ into service** জরুরি প্রয়োজনবশত কাজে লাগানো/ খাটানো।

press·ure [ˈপ্রেশা(র্)] *n* [U, C] ১ পীড়ন; সন্নিহিত কোনো বস্তুর উপর নিরবচ্ছিন্নভাবে প্রযুক্ত বল; চাপ: a ~ of 3 kg to the square cm; atmospheric ~. **ˈblood-~** *n* রক্তচাপ। **ˈ~ cabin** (বিমানপোতে) চাপ-নিয়ন্ত্রণযোগ্য প্রকোষ্ঠ (pressurize দ্র.) **ˈ~-cooker** *n* উচ্চ চাপযুক্ত তাপে অল্প সময়ে রান্না করার জন্য বায়ুরোধক পাত্রবিশেষ; প্রেসার-কুকার। **ˈ~-gauge** *n* তরল বা বায়বীয় পদার্থের যে কোনো বিন্দুর চাপ মাপার জন্য যন্ত্রবিশেষ; চাপমানযন্ত্র। ২ প্রবল চাপ বা প্রভাব; চাপ: ~ of work; family ~s. **be/come under ~** চাপের মুখে থাকা: I'm under strong ~ to vote for my cousin. **bring ~ to bear on sb (to do sth); put ~ on sb/put sb under ~ (to do sth)** চাপ/বল/প্রভাব প্রয়োগ করা। **ˈ~ group** সুসংগঠিত গোষ্ঠীবিশেষ (যেমন কৃষক বা শিল্পপণ্যোৎ-পাদনকারীদের সমিতি), যা তার সদস্যদের সুযোগ-সুবিধা বৃদ্ধির জন্য প্রভাব বিস্তার করতে প্রয়াস পায়; চাপসৃষ্টিকারী গোষ্ঠী। ৩ ভার; পীড়ন; চাপ; তাগিদ: the ~ of taxation; under the ~ of poverty/ necessity. ৪ **(at) high ~** প্রচণ্ড কর্মশক্তি ও ক্ষিপ্রতা: work at high ~; a high-~ salesman. □*vt* = pressurize.

press·ur·ize [ˈপ্রেশারাইজ্] *vt* ১ চাপ প্রয়োগ/সৃষ্টি করা। ২ **~ sb (into doing sth/to do sth)** চাপ সৃষ্টি করে বা প্রভাববিস্তার করে কিছু করানো: ~ the President into resigning/to resign. ৩ (সাধা. *pp*) (বিমানপোত, ডুবোজাহাজ প্রভৃতি সম্বন্ধে) অভ্যন্তরীণ বায়ুচাপ নিয়ন্ত্রিত ও স্বাভাবিক রাখা যায় এমনভাবে নির্মাণ করা: ~d, নিয়তচাপ; a ~d cabin, নিয়তচাপ প্রকোষ্ঠ।

presti·digi·ta·tor [ˌপ্রেস্টিˈডিজিটেইটা(র্)] *n* বাজিকর; কুহকজীবী; ইন্দ্রজালিক। **pres·ti·digi·ta·tion** [ˌপ্রেস্টিˌডিজিˈটেইশ্‌ন্] *n* ভেল্কিবাজি; ভোজবাজি; কুহক; ইন্দ্রজাল; হাতসাফাই।

pres·tige [প্রেˈস্টীজ্] *n* [U] ১ (ব্যক্তি, জাতি প্রভৃতির) সুখ্যাতিজনিত সম্মান; মর্যাদা। ২ প্রশংসনীয় কর্ম, সাফল্য, অর্জিত সামগ্রী ইত্যাদির দরুন মোহনীয়তা বা বিশিষ্টতা: (attrib) ~ value, মোহিনীমূল্য; মোহনমূল্য। **pres·tig·ious** [প্রেˈস্টিজাস্] *adj* মর্যাদাজনক; মর্যাদাকর।

pres·tis·simo [প্রেˈসটিসিমৌ] *adj,adv* (ইতা.; সঙ্গীত) অতি দ্রুত; অতি দ্রুতলয়ে; যথাসত্বর।

presto [ˈপ্রেস্টৌ] *adj,adv* (ইতা. সঙ্গীত) দ্রুত; দ্রুতলয়ে। **Hey ~!** খেলা দেখাবার সময় ভেল্কিবাজদের উক্তিবিশেষ (তুল. লাগ ভেল্কি লাগ!)।

pre·stressed [ˌপ্রীˈস্ট্রেস্ট্] *adj* (কংক্রিট সম্বন্ধে) টানটান করা লোহার তারযোগে দৃঢ়ীকৃত; পূর্ব-বিজ্ঞ।

pre·sum·able [প্রিজিউমাবল্ US -জূ-] *adj* (সত্য বলে) ধরে নেওয়া যায় এমন; বিনা বিচারে মেনে নেবার মতো; অনুমেয়; অঙ্গীকারযোগ্য; অবগম্য। **pre·sum·ably** [-মাব্লি] *adv* অনুমেয়রূপে ইত্যাদি।

pre·sume [প্রিˈজিউম্ US -জূম্] *vt,vi* ১ বিনা বিচারে মেনে নেওয়া; অনুমান করা; (সত্য বলে) ধরে নেওয়া: Let us ~ that . . .. ২ সাহসপূর্বক কিছু করা; স্বাধীনতা গ্রহণ করা; ধৃষ্টতা দেখানো: I won't ~ to contradict you. ৩ **~ upon sth** (অনুষ্ঠা.) অপব্যবহার করা; অন্যায় সুযোগ গ্রহণ করা: ~ upon sb's good nature; ~ upon a short acquaintance, অল্পসময়ের পরিচিত হলেও তার সঙ্গে অন্তরঙ্গ আচরণ করা। **pre·sum·ing** *adj* গায়ে-পড়া; ধৃষ্টতাপ্রবণ; প্রগল্‌ভ।

pre·sump·tion [প্রিˈজাম্প্‌শ্‌ন্] *n* ১ [C] অনুমান; অনুমিতি; সম্ভাবনীয়তা: on the false ~ that she was about to divorce her husband; on the ~ that the enemy will launch an attack. ২ [U] ধৃষ্টতা; দুঃসাহস: If you will excuse my ~, I would like to give you a few words of advice.

pre·sump·tive [প্রিˈজাম্প্‌টিভ্] *adj* আনুমানিক; অনুমানসিদ্ধ: ~ evidence, আনুমানিক প্রমাণ; the ~ heir/the heir ~, বলিষ্ঠতর দাবিসম্পন্ন কেউ জন্মগ্রহণ না করা পর্যন্ত (সিংহাসন ইত্যাদির) উত্তরাধিকারী; আপাত উত্তরাধিকারী।

pre·sump·tu·ous [প্রিˈজাম্প্‌চুআস্] *adj* (আনুষ্ঠা.) (আচরণ ইত্যাদি সম্বন্ধে) অহঙ্কৃত; প্রধৃষ্ট। **~·ly** *adv* সাহঙ্কারে, প্রধৃষ্টভাবে ইত্যাদি।

pre·sup·pose [ˌপ্রীসাˈপৌজ্] *vt* ১ পূর্বেই ধরে/মেনে নেওয়া। ২ = imply; সূচিত করা; শর্তস্বরূপ প্রয়োজন হওয়া: Good performance ~s painstaking preparation. **pre·sup·po·si·tion** [ˌপ্রীসাপাˈজিশ্‌ন্] *n* [C, U] পূর্বকল্পনা; পূর্বগ্রহণ।

pre·tence (US = **-tense**) [প্রি'টেন্স্] *n* ১ [U] ভান; ছল; ভণ্ডামি: do sth under the ~ of friendship/religion/patriotism, বন্ধুত্ব ইত্যাদির ছদ্মবেশে/দোহাই দিয়ে। ২ [C] ছুতা; অজুহাত; ব্যপদেশ: He insults his servants on the slightest ~. **false ~s** (আইন.) ছলনা; প্রতারণা: obtain money by/on/under false ~s. ৩ [C] (উৎকর্ষ, গুণবত্তা ইত্যাদির) অভিমান; [U] আত্মাভিমান; আত্মশ্লাঘা; মিথ্যাভিমান: a man without ~.

pre·tend [প্রি'টেন্ড্] *vt,vi* ১ ভান/ছল করা; (মিছামিছি) খেলা: ~ to be asleep; children ~ing that they are soldiers. ২ অজুহাত/ছুতা দেওয়া: ~ sickness. The law-breaker ~ed ignorance. ৩ ~ **to** দাবি করা; অভিমান করা: to ~ to learning, বিদ্যাভিমান করা; He ~ed to the throne, (মিথ্যা) দাবি করেন। **~·ed·ly** *adv* সকপটে; মিথ্যা–: ~edly asleep, মিথ্যাপ্রসুপ্ত; ~edly religious, কপটধর্মী; ধর্মধ্বজী। **~er** *n* যে ব্যক্তির (সিংহাসন, পদবি ইত্যাদির) দাবি বিসম্বাদিত: ~er to the throne, রাজ্যাভিযোগী।

pre·tense [প্রি'টেন্স্] দ্র. pretence.

pre·ten·sion [প্রি'টেন্শ্ন্] *n* ১ [C] (প্রায়শ *pl*) দাবি; অভিমান: ~ to learning, বিদ্যাভিমান; ~s to being considered a scholar; social ~s, উঁচু সামাজিক মর্যাদার দাবি/অভিমান। ২ মিথ্যাভিমান; অভিমানিতা; আত্মাভিমান; জাঁক; দাম্ভিকতা।

pre·ten·tious [প্রি'টেন্শাস্] *n,adj* (যৌক্তিকতা ছাড়া) বিরাট কৃতিত্ব বা গুরুত্বের দাবিদার; আত্মাভিমানী; আত্মাভিমানপূর্ণ; সদম্ভ; আত্মশ্লাঘা: a ~ author/book/speech; use ~ language. **~·ly** *adv* সদম্ভে, আত্মশ্লাঘাভরে, সদর্পে ইত্যাদি। **~·ness** *n* আত্মাভিমানিতা; দাম্ভিকতা।

pret·er·ite (অপিচ **-erit**) ['প্রেটারিট্] *n,adj* ~ **(tense)** (ব্যাক.) অতীতের কোনো কাজ বা অবস্থা প্রকাশক (কাল); ভূতকাল; অতীতকাল।

pre·ter·natu·ral [,প্রীটা'ন্যাচ্রাল্] *adj* প্রকৃতিক্রমবহির্ভূত; অনৈসর্গিক; অস্বাভাবিক। **~·ly** *adv* অনৈসর্গিকভাবে; অস্বাভাবিকভাবে: ~ly solemn.

pre·text ['প্রীটেক্স্ট্] *n* [C] অজুহাত; ব্যপদেশ; ছুতা; ছল; অছিলা: He is looking for a ~ to refuse our invitation.

pret·tify ['প্রিটিফ়াই] *vt* (*pt,pp* -fied) বিশেষত দৃষ্টিকটুভাবে শোভাবর্ধন করা; চাকচিক্য সম্পাদন করা।

pretty ['প্রিটি] *adj* (-ier, -iest) ১ সুন্দর বা দীপ্তিময় না হয়েও মনোরম ও আকর্ষণীয়; সুশ্রী; সুদৃশ্য; সুরূপ; মঞ্জু; মঞ্জুল: a ~ girl/garden/picture/piece of music. '~-~ *adj* (কথ্য) আপাতমনোহর; ব্যত্যত সুন্দর। ২ চমৎকার; উত্তম; ভালো: a ~ wit; you have made a ~ mess of the job! (বক্রোক্তি)। ৩ (কথ্য) প্রচুর; ঢের। **a ~ penny** এক গাদা/কাড়ি: It lost me a ~ penny. **come to/reach a ~ pass** কঠিন সঙ্কটে পড়া। **a ~ kettle of fish,** দ্র. fish[1] (১). □*adv* মোটামুটি; বেশ: It's a ~ impossible situation. It's a ~ windy day. **~ much** খুব কাছাকাছি; His position is ~ much what I expected. **~ nearly** প্রায়: Her complexion is fair, or ~ nearly so. **~ well** প্রায়: He's ~ well near his goal. **sitting ~** (কথ্য) ভাগ্যবান; ভবিষ্যৎ বিকাশের পক্ষে অনুকূল অবস্থানে সমাসীন। □*n* (*pl* -ties) (শিশুদের সম্বন্ধে) লক্ষ্মীসোনা; যাদুমণি: my ~; my ~ one. **pret·tily** ['প্রিটিলি] *adv* চমৎকারভাবে। **pret·ti·ness** *n* চারুতা; সুরূপ; সুরূপতা; মঞ্জুলতা।

pret·zel ['প্রেট্স্ল্] *n* (জ.) গিঁট বা লাঠির আকারে তৈরি মচমচে নোনতা বিস্কুটবিশেষ; প্রেট্ৎসেল।

pre·vail [প্রি'ভেইল্] *vt* ১ ~ **(over/against)** জয়লাভ করা; সাফল্যের সঙ্গে লড়াই করা: Truth will ~. ২ ব্যাপক হওয়া; বিরাজমান/বহুল প্রচলিত হওয়া: The conditions now ~ing in the country. ৩ ~ **on/upon sb to do sth** বুঝিয়ে সুঝিয়ে রাজি করা; প্রবুদ্ধ/উদ্বুদ্ধ করা: ~ upon a friend to lend me his camera. **~·ing** *adj* বিরাজমান; প্রচলিত; অধুনাপ্রচলিত: The ~ing winds/fashions in dress.

preva·lent ['প্রেভালান্ট্] *adj* (আনুষ্ঠা.) সাধারণ; ব্যাপক; (উক্ত সময়ে) সর্বত্র দৃষ্ট বা অনুষ্ঠিত; প্রচলিত; অধুনা প্রচারিত: the ~ fashions; the ~ opinion on the proposed bill, সর্বাভিব্যাপ্ত মত। **preva·lence** [–লান্স্] *n* [U] ব্যাপকতা; সর্বাভিব্যাপ্তি; প্রচলন; প্রাবল্য; প্রচলতা; বিস্তার: the prevalence of bribery.

pre·vari·cate [প্রি'ভ্যারিকেইট্] *vt* (আনুষ্ঠা.) অসত্য বা অংশত অসত্য উক্তি করা; (সম্পূর্ণ) সত্য বলা থেকে বিরত থাকা; সত্যের অপলাপ করা। **pre·vari·ca·tion** [প্রি,ভ্যারি'কেইশ্ন্] *n* [U, C] সত্যের অপলাপ; অর্থবৈকল্য; সত্যবৈকল্য। **pre·vari·ca·tor** *n* সত্যের অপলাপকারী।

pre·vent [প্রি'ভেন্ট্] *vt* ১ ~ **sb (from doing sth); ~ sth (from happening)** নিবারিত/নিবৃত্ত করা: **~ed from seeing by the smoke;** প্রতিরোধ/নিবারণ/প্রতিষেধ করা: ~ a disease from spreading. ২ (প্রা. প্র.) পথপ্রদর্শকরূপে আগে আগে যাওয়া; অগ্রবর্তী হওয়া: 'P~ us, Lord, in all our doings'. **~·able** [–টাব্ল্] *adj* নিবারণীয়; নিবার্য; প্রতিষেধযোগ্য।

pre·ven·ta·tive [প্রি'ভেন্টাটিভ্] *adj,n* = preventive.

pre·ven·tion [প্রি'ভেন্শ্ন্] *n* [U] নিবারণ; নিরোধ; প্রতিষেধ: P~ is better than cure.

pre·ven·tive [প্রি'ভেন্টিভ্] *adj* নিবারক; প্রতিষেধক; নিবৃত্তিমূলক। **~ custody** সংশোধনাতীত বলে কোনো অপরাধী যাতে আর কোনো অপরাধ না করতে পারে সেজন্য তার কারাবিরোধী, নিবৃত্তিমূলক নিরোধ। **~ detention** কোনো ব্যক্তি অপরাধে লিপ্ত হতে পারে কিংবা (কোনো কোনো দেশে) সরকারের বিরোধিতা করতে পারে, এই আশংকায় বিনা বিচারে আটক–বন্দিত্ব; নিবৃত্তিমূলক আটক। **~ medicine** প্রতিষেধক ঔষধ। □*n* প্রতিষেধক (যেমন রোগ–প্রতিষেধক ঔষধ)।

pre·view ['প্রীভিউ] *n* [C] চলচ্চিত্র, নাটক ইত্যাদি সাধারণ্যে উপস্থাপনের আগে অবলোকন; প্রাকবীক্ষণ। □*vt* প্রাকবীক্ষণ করা/করানো।

pre·vi·ous ['প্রীভিআস্] *n, adj* ১ আগেকার; পূর্ববর্তী; পূর্বতন; প্রাক্তন; ভূতপূর্ব: on a ~ occasion; ~ convictions, পূর্বতন দোষ (যা বিচারক অপরাধীর বর্তমান অপরাধের জন্য শাস্তিবিধানকালে বিবেচনার বিষয় বলে গণ্য করেন)। ২ অতিত্বরিত: You are rather ~ in supposing that I am in love with that saucy girl.

pre·vi·sion [প্রী'ভিজ্ন্] *n* [U, C] প্রবেক্ষণ; দূরদৃষ্টি; পূর্বজ্ঞান; অগ্রদৃষ্টি: have a ~ of danger.

prey [প্রেই] *n* (কেবল *sing*) শিকার। **~ be/fall a ~ to** (ক) ধৃত/শিকার হওয়া: The deer fell a ~ to the lion. (খ) কোনো কিছুর দ্বারা অত্যন্ত ক্লেশিত হওয়া; শিকার হওয়া: be a ~ to anxiety and fears. **beast of ~** হিংস্র পশু; শিকারি পশু। **bird of ~** শিকারি পাখি। □*vt* ১ **~ on/upon** শিকার করা: tigers ~ing on smaller animals. ২ লুণ্ঠন করা: The villages were ~ed upon by armed tribesmen. ৩ (শঙ্কা, ভয় ইত্যাদি সম্বন্ধে) কুরে কুরে খাওয়া: anxieties/losses that ~ upon my mind.

price [প্রাইস্] *n* [C] ১ মূল্য; দাম; দর: What is the ~? high ~, দুর্মূল্য; low ~, অল্পমূল্য; সুমূল্য: Loss of health is high ~ to pay for fame. **at a ~** বেশ চড়া দামে: Lobsters are available in the market at a high price! **Every man has his ~** ঘুষের ঊর্ধ্বে কেউ নয়; সবাইকেই কেনা যায়। **put a ~ on sb's head** কাউকে (জীবিত বা মৃত) ধরিয়ে দেবার জন্য পুরস্কার ঘোষণা করা। **ˈasking ~** (গৃহ ইত্যাদি সম্বন্ধে) (বিক্রেতাকর্তৃক) অর্থিত/যাচিত মূল্য: accept an offer of £500 below the asking ~. **ˈ~-control** *n* (সরকার কর্তৃক) মূল্যনিয়ন্ত্রণ। **ˈ~-controlled** *adj* নিয়ন্ত্রিতমূল্য। **ˈ~-list** *n* (চলতি) মূল্য-তালিকা। **ˈlist-~** (উৎপাদনকারী কর্তৃক) অনুমোদিত মূল্য (যা সবসময় বাধ্যতামূলক নয়। ২ [U] অর্থ; মূল্য; সারতা: a jewel of great ~, বহুমূল্য রত্ন। **beyond/above/ without ~** ক্রয়ক্ষমতার ঊর্ধ্বে; অমূল্য; মূল্যাতীত; মহার্ঘ। ৩ [C] (পণ বা বাজি) হারজিতের সম্ভাবনা। **What ~. . .?** (অপ.) (ক) . . . . এর সম্ভাবনা কতোটুকু? (খ) (কোনো কিছুর) ব্যর্থতায় উপহাসসরূপে ব্যবহৃত): What ~ peace now? শান্তির সাধ মিটলো তো? **ˈstarting ~** ঘোড়দৌড় শুরু হওয়ার পূর্বক্ষণে কোনো পেশাদার বাজিবিদ (book-maker দ্র.) কর্তৃক ঘোষিত হারজিতের সম্ভাবনা; প্রারম্ভিক সম্ভাবনা। □*vt* ১ মূল্য ধার্য/জিজ্ঞাসা/নিরূপণ করা; মূল্যচিহ্নিত করা: All the goods in this shop are clearly ~d. ২ **~ oneself/one's goods out of the market** (উৎপাদনকারীদের সম্বন্ধে) এমন উচ্চ মূল্য ধার্য করা যাতে পণ্যের বিক্রয় হ্রাস পায় কিংবা বন্ধ হয়ে যায়। **~y** [প্রাইসি] (অপ.) আক্রা। **~·less** *adj* ১ অমূল্য; অনর্ঘ: ~less works of art. ২ (অপ.) উদ্ভট: a ~less old fellow; অত্যন্ত মজাদার: a ~ less joke.

prick[1] [প্রিক্] *n* ১ সুচ, কাঁটা ইত্যাদি ফোটানোর দাগ; ফুটা: ~s made by a needle. ২ খোঁচা: Can you feel the ~? the ~ of conscience/remorse, বিবেকের/অনুতাপের দংশন। **ˈpin-~** (লাক্ষ.) কাঁটা। ৩ (প্রা. প্র.) (ষাঁড়ের) অঙ্কুশ। **Kick against the ~** অহেতুক বাধা দিয়ে বিক্ষত হওয়া। ৪ (নিষেধ, অশিষ্ট) লিঙ্গ; (অশিষ্ট, গালি হিসাবে ব্যবহৃত) লেওড়া: a stupid ~?

prick[2] [প্রিক্] *vt,vi* ১ ফুটা করা; খোঁচা দেওয়া: ~ a toy balloon; ~ a blister; ~ holes in paper. ২ বেঁধা: ~ one's finger with/on a needle. (লাক্ষ.) Does your conscience ever ~ you? দংশন করে কি? ৩ তীক্ষ্ণ বেদনা বোধ করা; টাটানো: His fingers were ~ing. ৪ **~ sth out/off** (সুচালো কাঠি ইত্যাদির দ্বারা খোঁড়া গর্তে চারাগাছ) লাগানো: ~ out young aubergine plants. ৫ **~ up one's ears** (বিশেষত কুকুর, ঘোড়া ইত্যাদি সম্বন্ধে) কান খাড়া করা; (লাক্ষ. ব্যক্তি সম্বন্ধে) কোনো উক্তির প্রতি তীক্ষ্ণ মনোযোগ দেওয়া। **~·ing** *n* বেঁধন; খোঁচা।

prickle [ˈপ্রিক্‌ল্] *n* [C] কাঁটা; কন্টক। □*vt,vi* (কাঁটা বেঁধার মতো) খচখচ করা; খোঁচা লাগা। **prick·ly** [ˈপ্রিক্‌লি] *adj* ১ কন্টকিত; কন্টকী। **prickly pear** ফণিমনসা; বিদর। ২ **prickly heat** ঘামাচি। ৩ (কথ্য) খিটখিটে: The boss is a bit prickly this morning.

pride [প্রাইড্] *n* ১ [U] গর্ব; দর্প; অহঙ্কার; অভিমান; আত্মতৃপ্তি। **take (a) ~ in sb/sth**; **take no/little, etc ~ in sb/sth** কোনো কিছু বা কারো জন্য গর্ববোধ করা/না করা: take (a) great ~ in one's achievements/in the success of one's children. **~ of place** সম্মানিত/উচ্চ আসন। ২ [U] আত্মসম্মান; আত্মজ্ঞান: I did not intend to wound your ~. That man has no ~. **false ~** মিথ্যাভিমান; মিথ্যা আত্মাভিমান। ৩ [U] গর্ব বা অহঙ্কারের বস্তু; অহঙ্কার: a boy who is his parents' ~ and joy. ৪ [U] দম্ভ; অহমিকা; দর্প; ঔদ্ধত্য: the sin of ~; be puffed up with ~, দর্পাধ্মাত হওয়া। **P~ goes before a fall** (প্রবচন) অহঙ্কার পতনের মূল। ৫ **the ~ of** পূর্ণতা; পূর্ণবিকাশ: in the full ~ of youth, পূর্ণবিকশিত যৌবনে। ৬ [C] দল; ঝাঁক: (বিশেষত) a ~ of lions/peacocks. □*vt* (reflex) **~ oneself on/upon sth** গর্ব/অহঙ্কার বোধ করা: He ~s himself upon his knowledge of horses.

prie-dieu [প্রী ডিউআ্] *n* ঈশ্বরের কাছে প্রার্থনাকালে নতজানু হয়ে বসার জন্য ক্ষুদ্র আসবাববিশেষ; প্রার্থনা-পিঁড়ি।

priest [প্রীস্ট্] *n* খ্রিস্টীয় গির্জায় যথাযথ কর্তৃপক্ষ কর্তৃক নিযুক্ত পুরোহিতবিশেষ, বিশেষত অ্যাংলিকান, সনাতন (অর্থোডক্স) ও রোমান ক্যাথলিক গির্জার ডিকন ও বিশপের মধ্যবর্তী পদমর্যাদাসম্পন্ন পুরোহিত; খ্রিস্টীয় পুরোহিত। **ˈ~-ridden** *adj* পুরোহিতাধীন; পুরোহিততান্ত্রিক। ২ (অ-খ্রিস্টীয় ধর্ম সম্বন্ধে) যাজক; পুরোহিত; উপাধ্যায়; যাজনিক; গুরু। **~·ess** [প্রীস্টেস্] *n* যাজিনী; যাজিকা। **ˈ~·craft** *n* পুরোহিতদের উচ্চাকাঙ্ক্ষী বা ইহজাগতিক নীতি; পুরোহিততন্ত্র। **~·hood** [-হুড্] *n* কোনো গির্জাসংগঠনের পুরোহিতদের সমষ্টি; পুরোহিতমণ্ডলী: the Spanish ~. **~·ly, ~·like** *adj* পৌরোহিত; পৌরোহিতিক; যাজকীয়।

prig [প্রিগ্] *n* [C] দাম্ভিক; আত্মতৃপ্ত; ধর্মাভিমানী ব্যক্তি; দাম্ভিক; কৃতার্থম্মন্য; সাধুম্মন্য। **~·gish** [-গিশ্] *adj* দাম্ভিক; আত্মতুষ্ট; সাধুম্মন্য। **~·gish·ly** *adv* সদম্ভে ইত্যাদি। **~·ness** দাম্ভিকতা; কৃতার্থম্মন্যতা ইত্যাদি।

prim [প্রিম্] *adj* (-mmer, -mmest) পরিচ্ছন্ন; পরিপাটি; ছিমছাম; আনুষ্ঠানিক: a ~ garden; a very ~ and proper old gentleman. □*vt* (-mm-) (মুখমণ্ডল, ঠোঁট ইত্যাদিতে) একটি পরিচ্ছন্ন ভাব ফুটিয়ে তোলা। **~·ly** *adv* পরিচ্ছন্নভাবে; ছিমছামভাবে। **~·ness** *n* পরিচ্ছন্নতা।

prima [ˈপ্রীমা] *adj* (ইতা.) প্রধানা; মুখ্যা। **ˌ~ ˌballeˈrina** [ˌব্যালাˈরীনা], ব্যালেনৃত্যের প্রধান নর্তকী। **ˌ~ ˈdonna** [ˈডনা], অপেরার প্রধান গায়িকা; (কথ্য) অহঙ্কারী; মেজাজি লোক।

pri·macy [ˈপ্রা ইমাসি] *n* (*pl*-cies) ১ শ্রেষ্ঠত্ব; প্রাধান্য। ২ আর্চবিশপের পদ; প্রধান ধর্মাধ্যক্ষ পদ।

pri·mae·val [প্রাইমীভ্‌ল্] *adj* দ্র. primeval.

prima facie [প্রাইমা 'ফ়েইশী] *adv,adj* (লা.) প্রথমলব্ধ ধারণার ভিত্তিতে; আপাতদৃষ্টিতে; প্রথম দর্শনে; আপাতদৃষ্ট: have ~ a good case. **~ evidence** (আইন.) (খণ্ডিত না হওয়া পর্যন্ত) পর্যাপ্ত বলে বিবেচিত প্রমাণ; আপাতপর্যাপ্ত প্রমাণ।

pri·mal ['প্রাইম্‌ল্] *adj* (আনুষ্ঠা.) = primeval; আদিম; মুখ্য; প্রধান; অগ্রগণ্য।

pri·mary [প্রাইমারি US –মেরি] *adj* প্রথম; প্রাথমিক; আদ্য; আদি; আদিম; মুখ্য; প্রধান: of ~ importance, পরম গুরুত্বপূর্ণ; a '~ school, প্রাথমিক বিদ্যালয়; ~ rocks, সর্বনিম্ন স্তরবর্তী; আদিশিলা; the ~ meaning of a word, শব্দের মূল অর্থ; মুখ্যার্থ। ২ **~ colours** মৌলবর্ণ (লাল, নীল ও হলুদ)। □*n* (*pl* -ries) (US) (প্রার্থী মনোনয়নের জন্য নির্বাচকমণ্ডলীর) প্রাথমিক সম্মেলন। **pri·mar·ily** [প্রাইমরালি US প্রা ই'মারালি] *adv* প্রথমত; প্রধানত; মুখ্যত।

pri·mate[1] [প্রাইমেইট্] *n* আর্চবিশপ: the ~ of England, ইয়র্কের আর্চবিশপ; the ~ of all England, ক্যান্টারবেরির আর্চবিশপ।

pri·mate[2] [প্রাইমেইট্] *n* সর্বোচ্চ শ্রেণীর স্তন্যপায়ী প্রাণী (মানুষ, বানর, বনমানুষ, লেমুর প্রভৃতি এই শ্রেণীর অন্তর্গত)।

prime[1] [প্রাইম্] *adj* ১ প্রধান; মুখ্য; সর্বাধিক গুরুত্বপূর্ণ: his ~ motive. **P~ Minister** প্রধানমন্ত্রী। ২ উৎকৃষ্ট; অত্যুৎকৃষ্ট; অত্যুত্তম: ~ (cuts of) beef. ৩ মৌল; মূলিক; প্রাথমিক। **~ cost** অধিব্যয় (ওভারহেড), কাঙ্ক্ষিত মুনাফা ইত্যাদি বাদ দিয়ে উৎপাদনব্যয়; প্রাথমিক উৎপাদনব্যয়। **~ meridian** শূন্য দ্রাঘিমা (গ্রিনিচের দ্রাঘিমা)। **~ mover** (ক) চালিকাশক্তির মৌল উৎস, যেমন বায়ু, জল ইত্যাদি; চালিকা শক্তি। (খ) (লাক্ষ.) কোনো কার্য বা পরিকল্পনার উদ্যোক্তা; মূল প্রবর্তয়িতা। **~ number** (গণিত) যে সংখ্যাকে ১ এবং ঐ সংখ্যা ছাড়া অন্য কোনো সংখ্যা দ্বারা ভাগ করা যায় না (যেমন ৩, ৫, ৭); মৌলিক সংখ্যা।

prime[2] [প্রাইম্] *n* [U] ১ পূর্ণবিকাশ; পূর্ণতা; উত্তমাংশ; উৎকৃষ্ট অংশ: in the ~ of youth/life. ২ আরম্ভ; আদি: the ~ of the year, বসন্তকাল। ৩ গির্জার প্রভাতী (সকাল ৬টায় কিংবা সূর্যোদয়লগ্নে) প্রার্থনা-অনুষ্ঠান।

prime[3] [প্রাইম্] *vt* ১ ব্যবহারের জন্য প্রস্তুত করা: ~ a gun, (ইতি.) বারুদ ভরা; ~ a pump, (পানি ঢেলে ভিজিয়ে) চালু করা। **~ the pump** (লাক্ষ.) নিষ্ক্রিয় শিল্প-প্রতিষ্ঠান বা অর্থনীতিকে চাঙ্গা করার জন্য অর্থ বিনিয়োগ করা। ২ তথ্য ইত্যাদি সরবরাহ করা; সবক দেওয়া: The witness appeared to be ~d by a lawyer. ৩ (কথ্য) (কোনো ব্যক্তিকে) প্রচুর খাদ্য বা পানীয় দিয়ে পূর্ণ করা; গেলানো; টইটম্বুর করা: well ~d with liquor. ৪ (কোনো কিছুর পিঠে) রং, তেল ইত্যাদির প্রথম প্রলেপ লাগানো।

primer[1] [প্রাইমা(র্)] *n* (বিদ্যালয়ের) প্রথম পাঠ্যপুস্তক; প্রথম পাঠ: an English ~.

primer[2] [প্রাইমা(র্)] *n* [C] ১ কার্তুজ, বোমা ইত্যাদির বারুদে আগুন ধরানোর জন্য মুখটি বা টোটার মধ্যে রক্ষিত অল্পপরিমাণ বিস্ফোরক; উদ্দাহক। ২ তৈলচিত্রে প্রথম প্রলেপ দেওয়ার জন্য রঞ্জকদ্রব্যের মিশ্রণবিশেষ; রঙের প্রলেপ।

pri·meval (অপিচ **-mae·val**) [প্রাই'মীভ্‌ল্] *adj* ১ পৃথিবীর ইতিহাসের আদিতম কালসম্বন্ধী; সনাতন: আদ্যকালীন। ২ সুপ্রাচীন: ~ forests, প্রত্ন-অরণ্য (যে প্রাকৃতিক অরণ্যের কোনো গাছ কখনো কাটা হয়নি)।

prim·ing [প্রাইমিঙ্] *n* ১ বন্দুক; বোমা, মাইন ইত্যাদির গোলাগুলিতে আগুন ধরানোর জন্য ব্যবহৃত বারুদ; ইন্ধন-বারুদ; তৈলচিত্রে প্রথম প্রলেপের জন্য চিত্রকররা রঞ্জকদ্রব্যের যে মিশ্রণ ব্যবহার করেন; চিত্র-প্রলেপ।

primi·tive ['প্রিমিটিভ্] *adj* ১ আদিম: ~ man; ~ culture. ২ সাদামাটা; সেকেলে; আদিম: ~ weapons. □*n* রেনেসাঁপূর্ববর্তী চিত্রকর বা ভাস্কর; আদিশিল্পী; আদিশিল্পকর্ম। **~·ly** *adv* প্রাথমিকভাবে, আদিম উপায়ে ইত্যাদি। **~·ness** *n* আদিমতা। **Primi·tiv·ism** *n* আদিমত্ব।

Pri·mo·geni·ture [,প্রাইমৌ'জেনিচা(র্) US –চুআর্] *n* অগ্রজত্ব; জ্যেষ্ঠত্ব। **right of ~** (আইন.) পিতার সমস্ত স্থাবর সম্পত্তির উত্তরাধিকার জ্যেষ্ঠপুত্রের উপর বর্তানোর ব্যবস্থা; অগ্রজত্বের অধিকার।

pri·mor·dial [প্রাই'মো°ডিঅল্] *adj* আদিকালিক; আদ্যকালীন; আদিম; মৌল।

primp [প্রিম্প্] *vt* = prink.

prim·rose ['প্রিম্‌রৌজ্] *n* [C] ফিকে হলুদ বুনো ফুলের গাছবিশেষ; বাসন্তীকুসুম; বাসন্তী রং। **the ~ way/path** (লাক্ষ.) বেপরোয়া ইন্দ্রিয়সেবার পথ।

prim·ula ['প্রিমিউলা] *n* বিভিন্ন রং ও আকৃতির পুষ্পবিশিষ্ট, বর্ষস্থায়ী তৃণজাতীয় কয়েক ধরনের উদ্ভিদবিশেষ (প্রিম্‌রোজ এই শ্রেণীর উদ্ভিদের অন্তর্গত); প্রিমুলা।

pri·mus [প্রাইমাস্] *n* (*pl* -es [–ম'সিজ্] (P) রান্না করার জন্য এক ধরনের স্টোভবিশেষ, যাতে তেল বাষ্পীভূত হয়ে জ্বালানিরূপে ব্যবহৃত হয়; প্রাইমাস।

prince [প্রিন্স্] *n* ১ (বিশেষত ক্ষুদ্র রাষ্ট্রের) রাজা; রাজন্য। ২ কোনো রাজপরিবারের পুরুষ সদস্য, বিশেষত (GB) রাজার পুত্র বা পৌত্র; রাজপুত্র; রাজকুমার; কুমার; রাজতনয়। ৩ **the ~ of darkness** অন্ধকারের রাজপুত্র; শয়তান। **the P~ of Peace** যিশু। **P~ Consort** রাজ্য শাসনকারিণী রানীর স্বামী। **~·dom** [–ডাম্] *n* ক্ষুদ্র রাজ্য; ঐ রকম রাজ্যের রাজার পদমর্যাদা। **~·ly** *adj* (-ier, -iest) রাজপুত্রতুল্য; রাজপুত্রোচিত; রাজকীয়; রাজোচিত: a ~ly gift. **prin·cess** [প্রিন্সেস্] *n* রাজপুত্রের স্ত্রী; রাজার কন্যা বা দৌহিত্রী; রাজকুমারী; রাজকন্যা; রাজপুত্রী; রাজতনয়া।

prin·ci·pal [প্রিন্‌সাপ্‌ল্] *adj* প্রধান; মুখ্য: the ~ food of Japan, the ~ cities of England. **~ boy** মূকাভিনয়ে প্রধান চরিত্রে রূপদানকারী (পরম্পরাগতভাবে ব্রিটেনে অভিনেত্রীরাই এই ভূমিকায় অভিনয় করেন); মুখ্যাভিনেত্রী। □*n* (প্রায়শ Principal) ১ (কলেজ ইত্যাদির) অধ্যক্ষ। ২ ব্যবসা-বাণিজ্যে যে ব্যক্তির পক্ষে অন্য কেউ প্রতিনিধিরূপে কাজ করেন; প্রধান। ৩ (ছাদের) কড়ি। ৪ (অর্থ-ব্যব.) (লগ্নিকৃত বা বিনিয়োগকৃত) আসল। ৫ (আইন.) কোনো অপরাধের জন্য প্রত্যক্ষভাবে স্থায়ী ব্যক্তি; প্রবর্তক; মূল আসামি। **~·ly** [–পলি] *adv* প্রধানত; মুখ্যত; মূলত।

prin·ci·pal·ity [,প্রিন্‌সি'প্যালাটি] *n* (*pl* -ties) ক্ষুদ্র রাজ্য। দ্র. prince (১).

prin·ciple [প্রিন্‌সাপ্‌ল্] *n* [C] ১ মূলতত্ত্ব; মূলসূত্র; তত্ত্ব: the (first) ~s of geometry/political economy. ২ আচরণের মূলনীতি; নীতিনিয়ম: moral ~s, নৈতিক বিধিবিধান; ~ s of conduct, আচরণরীতি;

(সমষ্টিমূলক *sing*) a man of high ~, অত্যন্ত উন্নতচেতা ব্যক্তি। **in ~** (in detail-এর বিপরীত) সাধারণভাবে; মূলনীতির দিক থেকে। **on ~** নীতির প্রতি বিশ্বস্ত থাকার জন্য; নীতিগতভাবে: He opposed the proposal on ~. ৩ যন্ত্র ইত্যাদির চলার সাধারণ নিয়ম; মূলনিয়ম: He explained the ~ on which the machine worked. **~d** *adj* (যৌগশব্দে) নীতিনিষ্ঠ; ধর্মনিষ্ঠ: a high ~d woman. দ্র. unprincipled.

prink [প্রিঙ্ক্] *vt* **~ oneself (up)** ফিটফাট; নিজেকে পরিপাটি করে তোলা।

print[1] [প্রিন্ট্] *n* ১ [U] ছাপা অক্ষর; ছাপা: clear ~; in large/small ~. **in ~** (বই সম্বন্ধে) মুদ্রিত এবং বিক্রির জন্য প্রস্তুত। **out of ~** (বই সম্বন্ধে) প্রকাশকের কাছে বিক্রয়যোগ্য মুদ্রিত কপি নেই এমন। **rush into ~** (লেখক সম্বন্ধে) নিজের লেখা তড়িঘড়ি করে ছাপানো বা প্রকাশ করা। ২ [C] (সাধা. যৌগশব্দে) ছাপ; দাগ; চিহ্ন: ˈfinger-~s; ˈfoot-~s. ৩ [U] ছাপা কাপড়; ছিট; (attrib) a ~ dress. ৪ [C] (ক) ব্লক, ফলক ইত্যাদি থেকে মুদ্রিত ছবি, নকশা ইত্যাদি; ছাপা ছবি: old Japanese ~s. (খ) নেগেটিভ থেকে মুদ্রিত আলোকচিত্র; ছাপাছবি; মুদ্রণ। ˈ**blue-~**, দ্র. blue[2] (৭). ˈ**~-seller** *n* মুদ্রিত খোদাই-ছবির বিক্রেতা; ছাপাছবি বিক্রেতা। ˈ**~-shop** *n* ছাপাছবির দোকান। ৫ [C] (এখন প্রধানত US) মুদ্রিত প্রকাশনা, বিশেষত সংবাদপত্র।

print[2] [প্রিন্ট্] *vt,vi* ১ ছাপা; মুদ্রিত করা; (লাক্ষ.): The events ~ed themselves on my memory, স্মৃতিতে মুদ্রিত হয়ে গেছে। ˈ**~ed matter/papers** (খাম, মোড়ক ইত্যাদির উপর যেমন লিখিত হয়) মুদ্রিত সামগ্রী (হ্রাসকৃত ডাকমাশুলে প্রেরণযোগ্য)। ˈ**~-out** *n* কম্পিউটার থেকে বিনির্গত মুদ্রিত তথ্যাবলী; (কম্পিউটার-) মুদ্রিকা। ২ ছাপার অক্ষরের মতো লেখা: P~ your name and address. ৩ **~ off** নেগেটিভ ফিল্ম বা প্লেট থেকে ফটো মুদ্রিত করা; ছবি ছাপানো: P~ (off) three copies for me from this negative. ৪ (প্লেট বা ফিল্ম থেকে) ছবি আসা: This film/picture ~ed superbly. ৫ কাপড়ে রঙিন নকশা ছাপা। **~-able** [-টব্‌ল্] *adj* মুদ্রণীয়; মুদ্রণযোগ্য। **~er** *n* মুদ্রাকর; মুদ্রক; ছাপাখানার মালিক। **~·ing** *n* মুদ্রণ: ˈ~ing ink, ছাপার কালি। ˈ**~ing-machine**, ˈ**~ing-press** *nn* মুদ্রণযন্ত্র; মুদ্রণালয়। ˈ**~ing office** *n* ছাপাখানা।

prior[1] [প্রাইআ(র্)] *adj* **~ to** পূর্ব-; পৌর্বিক; পূর্ববর্তী: have a ~ claim to sth, পূর্বদাবি থাকা। **~ to** *prep* (আনুষ্ঠা.) পূর্বে; আগে: ~ to his appointment as chairman.

prior[2] [প্রাইআ(র্)] *n* খ্রিস্টীয় ধর্মসঙ্ঘ বা আশ্রমের প্রধান/অধ্যক্ষ; ধর্মবিহারে (abbey) মঠাধ্যক্ষ (abbot)-এর অব্যবহিত নিম্নপদস্থ কর্মকর্তা; উপ-মঠাধ্যক্ষ। **~ess** [প্রাইআরিস্] *n* উপ-মঠাধ্যক্ষা। **~y** [প্রাই আরি] *n* উপমঠাধ্যক্ষের পরিচালনাধীন আশ্রম।

pri·or·ity [প্রাইˈঅরাটি US ˈও°রা-] *n* (*pl* -ties) ১ [U] **~ (over)** পূর্ববর্তিতা; পূর্বিতা; অন্যের আগে কোনো কিছু পাওয়া বা করার অধিকার; অগ্রাধিকার; অগ্রতা: Do you have ~ over him in your claim? ২ [C] বিবেচিত হওয়ার দাবি; প্রতিযোগী দাবিসমূহের উচ্চস্থান; অগ্রাধিকার; অগ্রগণ্যতা: Population-control is a first ~ (কিংবা কথ্য, a ~); অগ্রগণ্য বিষয়: We should give ~ to education.

prise [প্রাইজ্] *vt* = prize[3].

prism [প্রিজ়্ম্] *n* ১ ঘনচিত্রবিশেষ (solid figure) যার দুই প্রান্ত সদৃশ, সমতুল্য ও সমান্তরাল এবং প্রতিটি পার্শ্ব একেকটি সামন্তরিক; প্রিজম। ২ সাধা. ত্রিভুজাকার এবং কাচের তৈরি উপরোক্ত আকৃতির বস্তু; যা সাদা আলোক ভেঙে রংধনুর রঙে রূপান্তরিত করে; ত্রিপার্শ্বকাচ; প্রিজম।

pris·matic [প্রিজ়্ˈম্যাটিক্] *adj* ১ প্রিজমসদৃশ; প্রিজমাকৃতি। ২ (রং সম্বন্ধে) বিচিত্রোজ্জ্বল।

prison [ˈপ্রিজ়্ন্] *n* [C] কারাগার; বন্দীশালা; কারা; কারাগৃহ; জেলখানা; গারদ; [U] কারানিরোধ; কয়েদ; কারাবাস; বন্দীদশা: escape/be released from ~; be in/go to/send sb to ~. **~-bird** *n* ঘাগু চোর; জেলঘুঘু। ˈ**~-breaking** *n* জেলখানা থেকে পলায়ন; কারাভঙ্গ। **~er** *n* বন্দী; কারাবন্দী; কয়েদি: a bird kept ~er in a cage. ˌ**~er of** ˈ**conscience** রাজবন্দী, দ্র. political (১). ˌ**~er of** ˈ**war** যুদ্ধবন্দী।

pris·tine [ˈপ্রিস্টীন্] *adj* (আনুষ্ঠা.) আদিম; আদি; আদি-অকৃত্রিম: ~ beauty of these virgin forest; ~ simplicity of rural life.

priv·acy [ˈপ্রিভাসি US ˈপ্রাইভাসি] *n* [U] ১ অন্য মানুষ থেকে দূরে, একাকী নিরুপদ্রবে থাকার অবস্থা; একান্ততা; বিনিক্তা: the invasion of ~ by the press and TV. ২ গোপনতা: to marry in strict ~, অতিসংগোপনে বিয়ে করা।

pri·vate [ˈপ্রাইভিট্] *adj* ১ (public-এর বিপরীত) এক ব্যক্তি বা ব্যক্তিসমষ্টি সম্বন্ধী কিংবা তাদের ব্যবহারের জন্য, সাধারণভাবে সকলের জন্য নয়; একান্ত; প্রাতিজনিক; ব্যক্তিগত: a ~ letter; for ~ reasons: ~ property. ˌ**~** ˈ**enterprise** (রাষ্ট্রীয় মালিকানা বা নিয়ন্ত্রণের বিপরীত) ব্যক্তি, কোম্পানি ইত্যাদি কর্তৃক শিল্প প্রতিষ্ঠানাদির ব্যবস্থাপনা; ব্যক্তি-উদ্যোগ। ˌ**~** ˈ**means** ব্যক্তিগত সম্পত্তি, বিনিয়োগ ইত্যাদি থেকে অর্জিত আয় (বেতন-ভাতা থেকে নয়) ব্যক্তিগত সংস্থান। ˌ**~** ˈ**school** বেসরকারি বিদ্যালয়, (যেখানে ছাত্রছাত্রীদের বেতন দিতে হয়)। ২ গোপন; গোপনীয়; একান্ত: a letter marked 'P~'; have ~ information about sth; ~ intelligence, গূঢ়বার্তা। **~ parts** যৌনাঙ্গ; উপস্থ। ৩ আধিকারিক মর্যাদারহিত; সরকারি পদমর্যাদাহীন; ব্যক্তিগত; প্রাতিজনিক: do sth in one's ~ capacity, ব্যক্তিগত সামর্থ্যে কিছু করা: his ~ life. **retire into ~ life** সরকারি চাকরি থেকে অবসর নেওয়া। **~ member** (লোকসভা সম্বন্ধে) বেসরকারি সদস্য। ৪ **~ (soldier)** (পদমর্যাদাহীন) সাধারণ সৈনিক; সিপাহি। □*n* ১ সাধারণ সৈনিক; জোয়ান। ২ **in ~** একান্তে। **~·ly** *adv* একান্তে; একান্ত আলাপে।

pri·va·teer [প্রাইভাˈটিআ(র্)] *n* শত্রুপক্ষের বিশেষত পণ্যবাহী জাহাজ পাকড়াও করার অধিকারপ্রাপ্ত সশস্ত্র বেসরকারি জাহাজ; বেসরকারি রণপোত; উক্ত জাহাজের অধ্যক্ষ এবং (*pl*) নাবিকগণ।

pri·va·tion [প্রাইˈভেইশ্ন্] *n* ১ [U, C] অভাব; অন্নবস্ত্রাভাব; দুঃস্থতা; হীনাবস্থা: fall ill through ~; suffering many ~s. ২ [C] কোনো বস্তু (যা নিতান্ত অপরিহার্য না-ও হতে পারে) থেকে বঞ্চিত হওয়ার অবস্থা; বঞ্চনা; অভাব; অপ্রাপ্তি: It was a great ~ for me not to be able to read newspapers.

pri·va·tize [প্রাইভাটাইজ্] *vt* রাষ্ট্রীয় মালিকানা থেকে ব্যক্তিমালিকানায় হস্তান্তর করা: ~ banking and insurance. **pri·va·ti·za·tion** *n* ব্যক্তিমালিকানাধীনকরণ।

privet [ˈপ্রিভিট্] *n* [U] বাগানে বেড়া দেওয়ার জন্য বহুল ব্যবহৃত, ছোট ছোট সাদা ফুলবিশিষ্ট চিরহরিৎ গুল্মবিশেষ।

pri·vi·lege [ˈপ্রিভালিজ্] *n* ১ [C] যে অধিকার বা সুবিধা কোনো বিশেষ ব্যক্তি, শ্রেণী, পদমর্যাদা বা পদাধিকারীর পক্ষেই শুধু ভোগ্য; বিশেষাধিকার: the ~s of birth, বিত্তবান পরিবারে জন্মগ্রহণ করার দরুন প্রাপ্ত বিশেষ সুযোগ-সুবিধা। ২ বিশেষ অনুগ্রহ বা লাভ; অসামান্য অধিকার; প্রাধিকার: grant sb the ~ of borrowing books from a private collection. It is a ~ to hear him playing piano. ৩ [C, U] শাস্তির আশঙ্কা না করে কিছু বলা বা করার অধিকার (যেমন সংসদ-সদস্যরা সংসদে এমন কথাও বলতে পারেন, যা সংসদের বাইরে বললে তাঁদের বিরুদ্ধে মানহানির মামলা হতে পারে)। **~d** [ˈপ্রিভালিজ্ড্] *adj* বিশেষাধিকার-প্রাপ্ত। **the ~d classes** যাঁরা সর্বোত্তম শিক্ষা, বিত্ত ও নিরাপদ সামাজিক অবস্থানের সুযোগ-সুবিধাগুলি ভোগ করেন; বিশেষাধিকারভোগী শ্রেণীসমূহ। ˌ**under-ˈ~d** দারিদ্র্যপীড়িত।

privy [ˈপ্রিভি] *adj* ১ (আইন ব্যতীত অন্য ক্ষেত্রে প্রা. প্র.) গোপন; গূঢ়; একান্ত। **~ to** গুপ্তবিষয়ে জ্ঞান-সম্পন্ন: Charged with having been ~ to the plot against the sovereign; সহবেদিতার অভিযোগে অভিযুক্ত করা। ২ **the P~ Council** কোনো কোনো রাষ্ট্রীয় ব্যাপারে পরামর্শদানের জন্য রাজা বা রানী কর্তৃক নিয়োজিত পরিষদবিশেষ, তবে এখন এর সদস্যপদ মুখ্যত ব্যক্তিগত সম্মানের বিষয়মাত্র; গূঢ়সভা; মন্ত্রণাপরিষদ। **P~ Councillor/Counsellor** মন্ত্রণাপরিষদ-সদস্য; গূঢ় সভাসদ। **P~ Purse** রাজা বা রানীর ব্যক্তিগত ব্যয়নির্বাহের জন্য রাষ্ট্রীয় আয় থেকে বরাদ্দকৃত ভাতা; একান্ত ভাতা। **P~ Seal** অপেক্ষাকৃত কম গুরুত্বপূর্ণ দলিলপত্রে আযুক্ত করার জন্য রাষ্ট্রীয় সিলমোহর; গূঢ়মুদ্রা। □*n* (*pl* -vies) (প্রা. প্র.) শৌচালয়। **priv·ily** [-ভিলি] *adv* গোপনে; একান্তে।

prize[1] [প্রাইজ্] *n* ১ পুরস্কার: be awarded a ~ for good conduct; consolation ~s, সান্ত্বনা-পুরস্কার; ~ cattle, পুরস্কারপ্রাপ্ত গবাদি পশু; a ~ scholarship, পুরস্কারমূলক বৃত্তি। ২ (লাক্ষ.) সংগ্রামের লক্ষ্যবস্তু কিংবা সংগ্রামের যোগ্যবস্তু; পুরস্কার; সিদ্ধিফল: the ~s of life. ৩ ˈ**~-fight** *n* (অর্থের জন্য) মুষ্টিযুদ্ধ-প্রতিযোগিতা। ˈ**~-fighter** *n* পেশাদার মুক্তিযোদ্ধা। ˈ**~-fighting** *n* (অর্থের জন্য) মুক্তিযুদ্ধ। ˈ**~-ring** *n* মল্লভূমি। ৪ ˈ**~-man** [-মান্] *n* (*pl* -men) পুরস্কারবিজয়ী (পুরস্কার বা বৃত্তির নাম পূর্বে লিখিত হয়)। □*vt* বহুমূল্য জ্ঞান করা: his most ~d possessions.

prize[2] [প্রাইজ্] *n* [C] বিশেষত যুদ্ধকালে সমুদ্রপথে বলপূর্বক অধিকৃত জাহাজ বা জাহাজের পণ্যসামগ্রী; যুদ্ধধন। ˈ**~-money** *n* উক্তরূপে জাহাজ-বিক্রয়লব্ধ অর্থ (যা পাকড়াওকারীদের মধ্যে ভাগ করে দেওয়া); যুদ্ধধন; (লাক্ষ.) হঠাৎপ্রাপ্তি; আগন্তুকলাভ; গুপ্তধন।

prize[3] (অপিচ **prise**) [প্রাইজ্] *vt* বাক্স, ঢাকনা ইত্যাদি চাপ দিয়ে খোলা: P~ a box open/up/off.

pro[1] [প্রৌ] *n* [C] **the ~s and cons (of the)** সপক্ষে ও বিপক্ষে যুক্তিসমূহ; সপক্ষবিপক্ষ। □*adv* **pro and con** পক্ষে ও বিপক্ষে: argue pro and con.

pro[2] [প্রৌ] *n* (*pl* -pros) (কথ্য) professional (player)-এর সংক্ষেপ; পেশাদার।

pro- [ˌপ্রৌ] *pref* সমর্থক; -শ্রেণী; -প্রিয়: pro-British; প্রতিনিধি স্থানীয়; উপ-; সহ-: pro-consul; pro-vice-chancellor. দ্র. পরি. ৩।

prob·abil·ity [ˌপ্রবাˈবিলাটি] *n* (*pl* -ties) ১ [U] সম্ভাব্যতা; সম্ভাবনীয়তা; অভ্যুপগম্যতা। **in all ~** খুব সম্ভবত। ২ [U] সম্ভাবনা: There is no/little/not much ~ of his returning today. ৩ [C] সর্বাধিক সম্ভাব্য ঘটনা বা ফলাফল; সম্ভাব্যতা: We are examining all the probabilities.

prob·able [ˈপ্রবাব্ল্] *adj* সম্ভাব্য; সম্ভাবনীয়; সম্ভাবিত; অভ্যুপগম্য: the ~ result; a ~ winner. □*n* কোনো দলের পক্ষে কিংবা কিছু করার জন্য যার মনোনীত হওয়ার সম্ভাবনা সর্বাধিক; সম্ভাব্য প্রার্থী; বিজয়ী ইত্যাদি। **prob·ably** [-বাব্লি] *adv* খুব সম্ভব।

pro·bate [ˈপ্রৌবেইট্] *n* ১ [U] উইলের বৈধতা পরীক্ষার সরকারি প্রক্রিয়া: take out ~ of a will; grant ~ of a will. ২ [C] যথার্থতার প্রত্যায়নসহ উইলের নকল। □*vt* (US) উইলের বৈধতা পরীক্ষা করা (GB = prove)।

pro·ba·tion [প্রাˈবেইশন্ US প্রৌ-] *n* [U] ১ কোনো পদ, সমিতি ইত্যাদিতে চূড়ান্তভাবে গ্রহণ করার আগে কোনো ব্যক্তির আচরণ, সামর্থ্য, গুণাবলী ইত্যাদি পরীক্ষণ; অবেক্ষা: two years on ~; an officer on ~, অবেক্ষাধীন কর্মকর্তা। ২ **the ˈ~ system** যে ব্যবস্থায় (বিশেষত তরুণ) অপরাধীদের দ্বিতীয় বার আইনলঙ্ঘন না করার শর্তে প্রথম অপরাধের শাস্তি মওকুফ করা হয়; অবেক্ষণ-ব্যবস্থা: Two years' ~ under suspended sentence of one year's imprisonment. ˈ**~ officer** অবেক্ষাধীন অপরাধীদের উপর নজর রাখার জন্য নিযুক্ত কর্মকর্তা; অবেক্ষণ-কর্মকর্তা। ˈ**~·ary** [প্রাˈবেইশনরি US প্রৌˈবেইশানেরি] *adj* অবেক্ষণ-বিষয়ক; আবেক্ষিক। **~er** *n* ১ (হাসপাতালের) অবেক্ষাধীন সেবিকা। ২ অবেক্ষণাধীন অপরাধী।

probe [প্রৌব্] *n* ১ জখম ইত্যাদির গভীরতা ও দিকনির্ণয়ের জন্য চিকিৎসকের ব্যবহার্য ভোঁতা প্রান্তবিশিষ্ট; সরু অস্ত্রবিশেষ; এষণী। ২ (সাং) (কেলেঙ্কারি, কুকীর্তি ইত্যাদির) তদন্ত; অনুসন্ধান। □*vt* ১ এষণী দিয়ে পরীক্ষা করা। ২ (কারো চিন্তা, কোনো কিছুর কারণ) গভীরভাবে পরীক্ষা/অনুসন্ধান করা; মর্মনিরীক্ষণ করা।

prob·ity [ˈপ্রৌবাটি] *n* [U] (আনুষ্ঠা.) চারিত্রিক সরলতা; সততা; সাধুতা।

prob·lem [ˈপ্রব্লাম্] *n* [C] সমস্যা; জটিল প্রশ্ন: mathematical ~s; the ~s of youth. ˈ**~ child** যে শিশুর আচরণ তার বাবা-মা, শিক্ষক প্রভৃতির জন্য কঠিন সমস্যাস্বরূপ; সমস্যাশিশু। **~ picture** যে ছবিতে শিল্পীর উদ্দেশ্য অস্পষ্ট; দুর্বোধ্য চিত্র। **~ play/novel** (সামাজিক বা নৈতিক) সমস্যাশ্রিত নাটক/উপন্যাস। **~·atic** [ˌপ্রব্লাˈম্যাটিক্] *adj* (বিশেষত ফল সম্বন্ধে) অনিশ্চিত; সমস্যাসঙ্কুল; সংশয়িত। **~·atically** [-ক্লি] *adv* অনিশ্চিতভাবে, সসংশয়ে ইত্যাদি।

pro·bos·cis [প্রাˈবাসিস্] (*pl* -es [-সিসীজ্]) *n* ১ হাতির শুঁড়। ২ কোনো কোনো কীটের মুখের লম্বিত অংশ; শুঁড়।

pro·cedure [প্রাˈসীজা(র্)] *n* [C, U] বিশেষত রাজনৈতিক বা আইনগত বিষয়াদি নির্বাহ করার (নিয়মিত) পর্যায়ক্রম; ক্রিয়াবিধি; কার্যপ্রণালী: the usual ~ at committee meetings. **pro·cedural** [প্রাˈসীজারাল্] *adj* ক্রিয়াবিধিগত; কার্যপ্রণালীঘটিত।

pro·ceed [প্রা'সীড়] *vt* ১ **~ to sth/to do sth** অগ্রসর হওয়া; এগিয়ে যাওয়া; প্রবৃত্ত হওয়া: ~ to business/to the next item on the agenda. **~ with sth** শুরু করা; চালিয়ে যাওয়া; প্রবৃত্ত হওয়া: Allow me to ~ with my explanation. ২ **~ from sth** উদ্ভূত/সঞ্জাত/সমুৎপন্ন হওয়া: famine, plague and other evils that ~ from war. ৩ **~ against sb** আইনের আশ্রয় নেওয়া; মামলা রুজু করা; আদালতে অভিযুক্ত/নালিশ করা। ৪ **~ to sth** বিশ্ববিদ্যালয়ের নিম্নতর উপাধি থেকে উচ্চতর উপাধির দিকে অগ্রসর হওয়া: ~ to the degree of M. A.

pro·ceed·ing [প্রা'সীডিঙ্] *n* ১ [U] কর্মপন্থা; কাজের ধারা; আচরণ; That is not the best way of ~. ২ [C] আচরণ; কার্যকলাপ: a high-handed ~; suspicious ~s in committee meetings. ৩ *(pl)* **take/start legal ~s (against sb)** আইনগত ব্যবস্থা গ্রহণ করা; আদালতে মামলা রুজু করা। ৪ *(pl)* কার্যবিবরণী: the ~s of the Human Rights Association.

pro·ceeds ['প্রৌসীড্‌জ্] *n pl* কোনো উদ্যোগ থেকে অর্জিত আয়; অর্জিত মুনাফা/আয়: to hold a charity show and give the ~ to the relief fund.

pro·cess[1] ['প্রৌসেস US 'প্রসেস] *n* ১ [C] বিশেষত ইচ্ছানিরপেক্ষ বা নির্ঘাত কার্যকলাপ, পরিবর্তন ইত্যাদির পরম্পরা; প্রক্রিয়া: the ~es of digestion, reproduction and growth. ২ ইচ্ছাপ্রণোদিত কার্যপরম্পরা; প্রক্রিয়া: Reconstructing a ruined monument is a slow ~. ৩ [C] বিশেষত শিল্পোৎপাদনে ব্যবহৃত পদ্ধতি প্রক্রিয়া; প্রক্রম: the 'Besmear ~ (ইস্পাত-উৎপাদনের পদ্ধতিবিশেষ)। ৪ [U] প্রগমন; অগ্রগমন; প্রক্রম; প্রক্রিয়া: The goods were damaged in the ~ of shifting. **in ~ of** -অধীন: a building in ~ of construction, নির্মাণাধীন ভবন; in ~ of time, কালের গতিতে; কালপর্যায়ে; কালে কালে; কালান্তরে। **in ~** প্রক্রিয়াধীন। ৫ [C] (আইন.) মামলা; মামলার আনুষ্ঠানিক আরম্ভ; পরওয়ানা। **'~-server** *n* পরওয়ানা জারি করার জন্য শেরিফের দফতরের কর্মকর্তাবিশেষ; পরওয়ানানবিশ। □*vt* প্রক্রিয়াজাত করা: ~ leather; ~ed cheese; ~ film; ~ tape/information, প্রয়োজনীয় তথ্য আহরণের জন্য কম্পিউটারের প্রক্রিয়াভুক্ত করা। **'Central '~or, central '~ing unit** *nn* দ্র. central (১).

pro·cess[2] [প্রা'সেস্] *vt* মিছিলের মতো বা মিছিল করে হাঁটা/চলা।

pro·ces·sion [প্রা'সেশ্‌ন্] *n* [C, U] মিছিল; শোভাযাত্রা: a 'funeral ~; walking in ~ through the streets. **~al** [-শান্‌ল্] *adj* শোভাযাত্রিক: a ~al chant, ধর্মীয় শোভাযাত্রায় যোগদানকারীদের দ্বারা গীত গান।

pro·claim [প্রাক্লেইম্] *vt* ১ ঘোষণা/উৎকীর্তন/অনুকীর্তন/প্রচার/বিঘোষিত করা: ~ war/peace; ~ a republic. ২ প্রকাশ/প্রকটিত করা: Her accent ~ed her a foreigner. **proc·la·ma·tion** [,প্রক্লা'মেইশ্‌ন্] *n* [U, C] ঘোষণা; বিঘোষণ; উৎকীর্তন; উদ্‌ঘোষণ; ঘোষণাপত্র; আজ্ঞাপত্র: by public proclamation; issue/make a proclamation.

pro·cliv·ity [প্রা'ক্লিভাটি] *n* (*pl* -ties) [C] **~ (to/towards sth/to do sth)** (আনুষ্ঠা.) প্রবণতা।

pro·con·sul [প্রৌ'কন্‌স্‌ল্] *n* ১ (ইতি.) রোমান প্রদেশের শাসনকর্তা; সুবেদার। ২ আধুনিক উপনিবেশের শাসনকর্তা; **(pro-consul)** উপ-বাণিজ্যদূত। **pro·con·su·lar** *adj* উপ-বাণিজ্যদূতসম্বন্ধী। **pro·con·su·late** *n* উপ-বাণিজ্যদূতের দফতর। **pro·con·sul·ship** *n* উপ-বাণিজ্যদূতের পদ বা অধিকার।

pro·cras·ti·nate [প্রৌ'ক্র্যাসটিনেইট্] *v i* (আনুষ্ঠা.) কালক্ষেপণ/দীর্ঘসূত্রতা/গড়িমসি করা: I urged him again and again but he ~d. **pro·cras·ti·na·tion** [প্রৌ-ক্র্যাস্'টিনেইশ্‌ন্] *n* [U] কালক্ষেপণ; দীর্ঘসূত্রতা: Procrastination is the thief of time, (প্রবচন) দীর্ঘসূত্রতা কালাপহারক।

pro·create ['প্রৌক্রিএইট্] *vt* সন্তান উৎপাদন করা; প্রসব করা; জন্মদান করা। **pro·cre·ation** [,প্রৌক্রি'এইশ্‌ন্] *n* জনন; প্রজনন; উৎপাদন।

proc·tor ['প্রক্টা(র্)] *n* ১ কোনো কোনো বিশ্ববিদ্যালয়ে প্রধানত আইনশৃঙ্খলা রক্ষার জন্য নিয়োজিত কর্মকর্তা; প্ররক্ষক। ২ (আইন.) (প্রধানত ধর্মসংক্রান্ত) আদালতে মামলা-পরিচালক ব্যবহারজীবী।

pro·cum·bent [প্রৌ'কাম্‌বান্ট্] অধোমুখে শয়ান/শায়িত; সাষ্টাঙ্গপ্রণত; (উদ্ভিদ.) ভূশায়ী।

procu·ra·tor [,প্রকিউরেইটা(র্)] ১ ক্ষমতাপ্রাপ্ত প্রতিনিধি; বিশেষত আদালতে মামলা-মোকদ্দমার তদবির করার ভারপ্রাপ্ত প্রতিনিধি; আমমোক্তার। ২ **~ fiscal** স্কটল্যান্ডে জেলার সরকারি উকিল; অভিশংসক।

pro·cure [প্রা'কিউআ(র্)] *vt* ১ বিশেষত সযত্নে বা সক্লেশে লাভ/অর্জন করা বা পাওয়া; সংগ্রহ করা বা করে দেওয়া: I ~d him a copy of the book. These stamps are difficult to ~. ২ (প্রা. প্র.) ঘটানো: ~ sb's death by poison. ৩ বেশ্যার মক্কেল সংগ্রহ করে দেওয়া; বেশ্যার দালালি করা। **pro·cur·able** [-রাব্‌ল্] *adj* প্রাপ্তব্য; সংগ্রহযোগ্য; উপলভ্য: procurable with exertion, ক্লেশলভ্য: procurable without exertion, অক্লেশলভ্য। **~·ment** *n* সংগ্রহ; বেশ্যার দালালি; কোটনাবৃত্তি: the ~ment of military supplies. **~r** *n* (বিশেষত) বেশ্যার দালাল; কোটনা। **pro·cur·ess** [-রিস্] *n* কুটনি; দূতিকা।

prod [প্রড্] *vt,vi* (-dd-) **~ (at)** তীক্ষ্ণাগ্র কোনো কিছু দিয়ে খোঁচা বা ঠেলা দেওয়া; খোঁচানো; (লাক্ষ.) (কর্মে) উৎসাহিত/প্রণোদিত করা: The coachman was ~ding (at) the weary horse. □*n* খোঁচা; ঠেলা; গুঁতা।

prodi·gal ['প্রডিগ্‌ল্] *adj* **~ (of)** অতিব্যয়ী; অপব্যয়ী; অপচেতা; বহুপ্রদ; অকৃপণ; মুক্তহস্ত: a ~ administration; ~ habits. **the ~ son** (খ্রিস্টের বাণীতে দৃষ্টান্তরূপে উল্লিখিত) অপব্যয়ী ও অপরিণামদর্শী ব্যক্তি, যাকে তার কার্যকলাপের জন্য পরে অনুশোচনা করতে হয়; অমিতব্যয়ীপুত্র। □*n* [C] অপব্যয়ী/অমিতব্যয়ী (ব্যক্তি)। **~·ly** [-গালি] *adv* অপব্যয়পূর্বক, মুক্তহস্তে ইত্যাদি। **~·ity** [প্রডি'গ্যালাটি] [U] (সদর্থে) অকৃপণতা; মুক্তহস্ততা; (কদর্থে) অতিব্যয়িতা; অমিতব্যয়; অপব্যয়: the ~ity of the sea.

pro·di·gious [প্রা'ডিজাস্] *adj* অতিবৃহৎ; বিশাল; বিপুল; অতিকায়; বিপুলপরিমাণ; অত্যদ্ভুত; মহাশ্চর্য; অপূর্ব: a ~ sum of money. **~·ly** *adv* বিপুলভাবে; অত্যাশ্চর্যরূপে ইত্যাদি।

prod·igy [প্রডিজি] *n* (-gies) (প্রকৃতির নিয়মবিরুদ্ধ বলে প্রতীয়মান হওয়ার দরুন) মহাবিস্ময়; অপূর্ববস্তু; অদ্ভুতবস্তু; মহাশ্চর্য; অসাধারণ ক্ষমতাসম্পন্ন কিংবা কোনো কিছুর চমকপ্রদ দৃষ্টান্তস্থানীয় ব্যক্তি: a ~ of learning, পাণ্ডিত্যের বিস্ময়কর দৃষ্টান্ত; the prodigies of nature.

infant ~ অদ্ভুত শিশুপ্রতিভা (যেমন যে শিশু দুইবছর বয়সেই চমৎকার পিয়ানো বাজাতে পারে)।

pro·drome [প্রড্রৌম্] *n* (অন্য গ্রন্থ বা সন্দর্ভের) প্রাথমিক পুস্তক; প্রস্তাবনাপুস্তক; (চিকি.) পূর্বসূচনারূপ উপসর্গ। **pro·dro·mal, pro·dro·mic** *adj* প্রস্তাবস্বরূপ; পূর্বলক্ষণরূপ।

pro·duce [প্রা'ডিউস্ US –'ডূস্] *vt,vi* ১ উপস্থিত/উপস্থাপন/পেশ/হাজির করা: ~ proofs of a statement; ~ necessary papers. The magician ~d pigeon from his pocket. ২ উৎপাদন/উৎপন্ন করা; সৃষ্টি করা; জন্ম দেওয়া: ~ cotton fabrics; ~ food; ~ a work of art. ৩ জন্ম দেওয়া; (ডিম) পাড়া। ৪ ঘটানো; সৃষ্টি করা: The book ~d a sensation. ৫ (গণিত) (একটি নির্দিষ্ট বিন্দু পর্যন্ত একটি রেখাকে) প্রসারিত/প্রলম্বিত করা। ৬ জনসমক্ষে প্রকাশ করা; মঞ্চস্থ করা: ~ a new play; a well-~d book, সুপ্রকাশিত গ্রন্থ (উত্তম ছাপা, বাঁধাই ইত্যাদি)। □*n* [প্রডিউ্যস্ US –ডূস্] [U] (বিশেষত কৃষিজাত) পণ্য: garden/farm/agricultural ~.

pro·ducer [প্র'ডিউস(র্)] US –'ডূ–] *n* ১ উৎপাদক; উৎপাদনকারী। ২ নাটক মঞ্চস্থ করার কিংবা (অভিনেতা–অভিনেত্রীদের পরিচালনা বাদ দিয়ে) চলচ্চিত্র নির্মাণের দায়িত্বে নিয়োজিত ব্যক্তি; বেতার বা টেলিভিশনে সম্প্রচার–অনুষ্ঠানের দায়িত্বপ্রাপ্ত ব্যক্তি; প্রযোজক। ৩ '~ gas অগ্নিবর্ণ অঙ্গারের উপর দিয়ে বায়ুচালনা করে কিংবা তপ্ত কয়লা বা কোক কয়লার ভিতর দিয়ে বায়ু ও বাষ্প চালনা করে প্রাপ্ত গ্যাস; উৎপাদক গ্যাস।

prod·uct ['প্রডাক্ট্] *n* [C] ১ প্রকৃতি বা মনুষ্য–উৎপাদিত কোনো কিছু; উৎপন্নদ্রব্য; সৃষ্টি: 'farm ~s; the ~s of genius. ২ (গণিত) গুণফল; (রস.) রাসায়নিক বিক্রিয়াজাত পদার্থ; উৎপন্ন।

pro·duc·tion [প্রা'ডাক্শ্ন্] *n* ১ [U] উৎপাদন: the ~ of crops/manufactured goods etc. '~ line যন্ত্র ও শ্রমিকদের সুবিন্যস্ত ক্রম, যারা প্রত্যেকে উৎপাদনের একটি সুনির্দিষ্ট পর্যায় সম্পন্ন করে (যেমন গাড়ি, পরিধেয় পণ্য ইত্যাদির উৎপাদনের ক্ষেত্রে); উৎপাদনব্যূহ: mass ~, দ্র. mass. ২ [U] উৎপাদিত পরিমাণ; উৎপাদন: increase ~ by using better methods and tools. ৩ [C] উৎপন্ন বস্তু; সৃষ্টি: his early ~s as artist.

pro·duc·tive [প্রা'ডাক্টিভ্] *adj* ১ উৎপাদনশীল; ফলপ্রসূ; উর্বর: ~ land. ২ **~ of** উৎপাদনের প্রবণতাসম্পন্ন; –প্রসূ; –জনক; উৎপাদক: ~ of happiness, সুখোৎপাদক; সুখজনক; ~ of satisfaction, তৃপ্তিজনক। ৩ অর্থকরী পণ্য উৎপাদন করে এমন; উৎপাদনশীল: ~ labour. **~·ly** *adv* উৎপাদনশীলভাবে; ফলপ্রসূভাবে; ফলদায়ক/ফলপ্রদ–ভাবে।

pro·duc·tiv·ity [প্রডাক্'টিভাটি] *n* [U] উৎপাদন ক্ষমতা; উৎপাদনশীলতা: increase ~; a ~ bonus for workers. **~ agreement** (মজুরিবিষয়ক বন্দোবস্তের অংশ হিসাবে) বর্ধিত উৎপাদনের জন্য বর্ধিত মজুরি এবং অধিকতর লোভনীয় শর্ত; উৎপাদনশীলতার চুক্তি।

pro·em ['প্রৌএম্] *n* উপক্রমণিকা; প্রস্তাবনা। **pro·emial** *adj* প্রস্তাবনামূলক ইত্যাদি।

pro·fane [প্রা'ফেইন্ US প্রৌ–] *adj* ১ (sacred, holy–র বিপরীত) লৌকিক; ইহজাগতিক: ~ literature (বিপরীত biblical). ২ ঈশ্বর ও পবিত্র বস্তুসমূহের প্রতি অবজ্ঞাপূর্ণ; ধর্মদ্বেষী; ঈশ্বরবিদ্বেষী: ধর্মদ্রোহিতাপূর্ণ: ~ words/languages/practices; a ~ man, ধর্মবিদ্বেষী। □*vt* (পবিত্র বা পুণ্য স্থান, বস্তু ইত্যাদির প্রতি) অবজ্ঞাপূর্ণ আচরণ করা; অবমাননা/অপবিত্র করা: ~ the name of God. **~·ly** *adv* ধর্মের প্রতি অশ্রদ্ধাপ্রকাশপূর্বক; ধর্মের অবমাননাপূর্বক। **~·ness** *n* ধর্মনিন্দা; ধর্মাবমাননা; ঈশ্বরাবমাননা। **profa·na·tion** [প্রফানেইশ্ন্] *n* [C, U] ধর্মাবমাননা; ধর্মদ্বেষিতা; অপবিত্রীকরণ।

pro·fess [প্র'ফেস্] *vi,vi* ১ (বিশ্বাস, অভিরুচি, অজ্ঞতা, আগ্রহ ইত্যাদি আছে বলে) ঘোষণা করা; খ্যাপন করা: ~ a distaste for modern painting. He ~es great interest in educaton. ২ কোনো ধর্মে বিশ্বাস বা কোনো ধর্মের প্রতি আনুগত্য প্রকাশ করা: ~ Islam. ৩ (আনুষ্ঠা.) পেশা বা জীবিকা হিসাবে গ্রহণ করা: ~ law/medicine, আইন–ব্যবসায়/চিকিৎসকের পেশায় নিয়োজিত থাকা; অধ্যাপনা করা: ~ history. ৪ দাবি করা; ভান দেখানো: He ~es to be an expert in economics. He ~ed that he never attended parties except in the company of his wife. **~ed** *adj* ১ স্বঘোষিত; স্বপ্রতিজ্ঞাত: a ~ed atheist. ২ মিথ্যা দাবি করে এমন; স্বঘোষিত: a ~ed friend. ৩ ধর্মীয় ব্রত গ্রহণ করেছে এমন; ব্রতধারিণী; গৃহীতব্রত: a ~ed nun. **~·ed·ly** [–সিড্লি] *adj* নিজের দাবি বা স্বীকারোক্তি অনুযায়ী; স্বপ্রতিজ্ঞাতভাবে; অঙ্গীকৃত–ভাবে: He is ~edly a monarchist.

pro·fes·sion [প্রা'ফেশ্ন্] *n* [C] ১ পেশা; জীবিকা (বিশেষত যে জীবিকায় উচ্চমানের শিক্ষাদীক্ষা ও বিশেষ প্রশিক্ষণ প্রয়োজন হয়, যেমন আইন, স্থাপত্য, চিকিৎসা): He is a physician by ~. ২ **~ of** বিশ্বাস, অনুভূতি ইত্যাদির বিবৃতি বা ঘোষণা; উদ্‌ঘোষণ; অঙ্গীকার; প্রতিজ্ঞা; উৎকীর্তন: ~s of faith/loyalty; ~s of passionate love. ৩ **the ~** কোনো বিশেষ পেশায় নিয়োজিত ব্যক্তিদের সমষ্টি।

pro·fes·sional [প্রা'ফেশনাল্] *adj* ১ পেশাগত: ~ skill; ~ etiquette; পেশাজীবী; বৃত্তিমান: ~ men, যেমন চিকিৎসক, আইনজীবী। ২ কোনো কিছু পূর্ণকালীন কাজ হিসাবে, অর্থের বিনিময়ে কিংবা জীবনোপায়রূপে করে এমন; পেশাদার (বিপরীত amateur): ~ football; a ~ politician. □*n* (বিপরীত amateur) ১ পেশাদার খেলোয়াড় (সংক্ষিপ্তরূপ pro [প্রৌ] বহুলব্যবহৃত)। ২ অন্যেরা আনন্দের জন্য (বিনা পারিশ্রমিকে) করে, এমন কিছু যে ব্যক্তি অর্থের বিনিময়ে করে থাকে; পেশাদার: ~ musicians. **turn ~** পেশাদার হওয়া। **~ly** [–নালি] *adv* পেশাদারিত্বের সঙ্গে; পেশাগত যোগ্যতায়। **~·ism** [–নালিজাম্] *n* ১ কোনো পেশার ছাপ বা গুণাবলী; পেশাদারিত্ব। ২ খেলায় পেশাদার খেলোয়াড় নিযুক্ত করার রেওয়াজ; পেশাদারিত্ব।

pro·fes·sor [প্রা'ফেসা(র্)] *n* ১ উচ্চতম পদমর্যাদার বিশ্ববিদ্যালয়–শিক্ষক; (US অপিচ) শিক্ষক; অধ্যাপক; প্রফেসর। ২ বিভিন্ন বিষয়ের শিক্ষয়িতাগণ কর্তৃক গৃহীত পদবি; অধ্যাপক: P~ Hillman, the famous astrologer। ৩ জনসমক্ষে নিজ বিশ্বাস, অনুভূতি ইত্যাদি খ্যাপনকারী; প্রবক্তা: a ~ of pacification. **prof·es·sorial** [প্রফি'সো°রিআল্] *adj* অধ্যাপকসম্বন্ধী; অধ্যাপকীয়: his ~ial duties. **~·ship** [–শিপ্] *n* অধ্যাপক–পদ।

prof·fer [প্রফা(র্)] *vt,n* = offer.

pro·fi·cient [প্রা'ফিশ্নট্] *adj* **~ (in)** ব্যুৎপন্ন; দক্ষ; নিপুণ। **~·ly** *adv* দক্ষতার/নৈপুণ্যের সঙ্গে;

নিপুণভাবে। **pro·fi·ciency (in)** [U] ব্যুৎপত্তি; দক্ষতা; কুশলতা: a certificate of proficiency in English.

pro·file [প্রৌফাইল্] *n* ১ [U, C] বিশেষ. মস্তকের পার্শ্বদৃশ্য; মুখপার্শ্ব; পার্শ্বচিত্র; অর্ধমুখ: a portrait drawn in ~, অর্ধমুখাঙ্কিত প্রতিকৃতি। ২ কোনো কিছুর পটভূমিতে দৃষ্ট বস্তুর প্রান্ত বা রূপরেখা; পরিলেখা। ৩ সংক্ষিপ্ত জীবনকথা; জীবনালেখ্য। □*vt* পার্শ্বচিত্র অঙ্কন করা; পরিলিখিত করা: a line of hills ~d against the night sky.

profit[1] [প্রফিট্] *n* ১ [U] কোনো কিছু থেকে প্রাপ্ত উপকার; লাভ; সুফল: gain ~ from one's study; study sth to one's ~. ২ [C, U] (ব্যবসায়) মুনাফা; লাভ: sell sth at ~; do sth for ~. **'~ and 'loss account** (হিসাবরক্ষণ) (একটা নির্দিষ্ট কালের মধ্যে ব্যবসায়ে) লাভক্ষতির হিসাব। **'~-margin** *n* ক্রয় বা উৎপাদনের ব্যয় এবং বিক্রয়মূল্যের মধ্যেকার পার্থক্য: মুনাফার মার্জিন। **'~-sharing** *n* [U] (মালিক ও কর্মচারীদের মধ্যে) মুনাফা বন্টন বা ভাগাভাগি: a ~-sharing scheme. **~·less** *adj* লাভহীন; নিষ্ফল; নির্লাভ। **~·less·ly** *adv* অলাভজনকভাবে; বিনা লাভে/মুনাফায়।

profit[2] [প্রফিট্] *vt, vi* ১ **~ from/by** (ব্যক্তি সম্বন্ধে) লাভবান/উপকৃত হওয়া: I've ~ed greatly by the experience. (প্রা. প্র.) (বস্তু সম্বন্ধে) উপকার করা; উপকারে আসা; লাভ হওয়া: What can it ~ you?

prof·it·able [প্রফিটব্‌ল্] *adj* লাভজনক; হিতকর; হিতাবহ; উপকারী: ~ investments; The settlement was ~ to both the parties. **prof·it·ably** [-টাব্‌লি] *adv* লাভজনকভাবে, সলাভে ইত্যাদি।

profi·teer [প্রফিটিআ(র্)] *vi* বিশেষ. আপৎকাল বা আকালের সুযোগ নিয়ে অত্যধিক মুনাফা করা; মুনাফাখোরি/অতিরিক্ত আয় করা। □*n* মুনাফাখোর।

prof·li·gate [প্রফ্‌লিগেইট্] *adj* ১ (কোনো ব্যক্তি বা তার আচরণ সম্বন্ধে) নির্লজ্জভাবে দুঃশীল; ইন্দ্রিয়পরতন্ত্র; ইন্দ্রিয়পরায়ণ; ব্যসনী; ব্যসনাসক্ত; লম্পট; দুরাচার। ২ অমিতব্যয়ী; অপব্যয়ী; অপচেতা; উড়নচণ্ডে: ~ of one's inheritance. □*n* লম্পট; দুরাচার। **prof·li·gacy** [প্রফ্‌লিগাসি] *n* [U] ইন্দ্রিয়পারতন্ত্র্য; লাম্পট্য; দুর্বৃত্ততা; অমিতব্যয়িতা; অতিব্যয়িতা।

pro forma [,প্রৌফো°মা] *adj, adv* (লা.) কেবল আনুষ্ঠানিক হিসাবে। **~ invoice** যে চালানে প্রেরিত পণ্যের মূল্য উল্লেখ করা হয়, কিন্তু তা পরিশোধের জন্য অনুরোধ জানানো হয় না; দস্তুরি চালান।

pro·found [প্রা'ফাউন্ড্] *adj* ১গভীর; অগাধ; সুগভীর; প্রগাঢ়; অবগাঢ়: a ~ sleep, সুষুপ্তি; a ~ sigh/bow; take a ~ interest in sth. ২ জ্ঞানগর্ভ; প্রগাঢ়; অবগাঢ়: ~ books/authors/thinkers; a man of ~ learning. ৩ নিগূঢ়; গূঢ়; দুর্জ্ঞেয়: ~ mysteries. **~·ly** *adv* গভীরভাবে, প্রগাঢ়ভাবে ইত্যাদি: ~ly grateful/ disturbing. **pro·fun·dity** [প্রা'ফান্ডাটি] *n* (*pl* -ties) [U] গভীরতা; প্রগাঢ়তা: the profundity of knowledge; [C] (প্রধানত অ-জড় অর্থে) নিগূঢ়তা; গূঢ়তা; (*pl*) গূঢ়ার্থতা; গূঢ়চিন্তা।

pro·fuse [প্রা'ফিউস্] *adj* ১ সুপ্রচুর; উচ্ছ্বসিত; আত্যন্তিক: ~ gratitude. ২ **~ in** অপরিমিত; মাত্রাতিরিক্ত: to be ~ in one's apologies. **~·ly** অপরিমিতভাবে; বিপুলভাবে; উচ্ছ্বসিতভাবে। **~·ness** *n*

pro·fu·sion [প্রা'ফিউজ্‌ন্] *n* [U] অতিপ্রাচুর্য; অতিরেক: daffodils growing in profusion; make promises in profusion, ভূরি ভূরি প্রতিশ্রুতি করা।

pro·geni·tor [প্রৌ'জেনিটা(র্)] *n* (আনুষ্ঠা.) ১ (ব্যক্তি, প্রাণী বা উদ্ভিদের) পূর্বপুরুষ; আদিজনক; প্রজনয়িতা। ১ (লাক্ষ.) রাজনৈতিক বা বুদ্ধিবৃত্তিক পূর্বসূরী; পূর্বজ; পূর্বপুরুষ।

progeny [প্রজানি] *n* (আনুষ্ঠা.) (সমষ্টিবাচক *sing*) সন্তান-সন্ততি; বংশধর; অপত্য।

prog·no·sis [প্রগ্'নৌসিস্] *n* (*pl* -noses [-নৌসীজ্]) (চিকি.) রোগের সম্ভাব্য গতিধারা সম্বন্ধে পূর্বাভাস; পরিভাষণ। দ্র. diagnosis.

prog·nos·tic [প্রগ্'নস্টিক্] *adj* (আনুষ্ঠা.) পূর্বসূচক; ভাবীসূচক; অগ্রসূচক। □*n* পূর্বসূচনা; পূর্বলক্ষণ: a ~ of failure.

prog·nos·ti·cate [প্রগ্'নস্টিকেইট্] *vt* (আনুষ্ঠা.) ভবিষ্যদ্বাণী/ভবিষ্যৎ অনুমান করা; পূর্বাভাস দেওয়া: ~ trouble. **prog·nos·ti·ca·tion** [প্রগ্,নস্টি'কেশ্‌ন্] *n* [U] ভবিষ্যৎবাণী; ভাবীকথন।

pro·gramme (অপিচ **-gram**) [প্রৌগ্র্যাম্] *n* ১ সঙ্গীতানুষ্ঠান; ক্রীড়ানুষ্ঠান প্রভৃতির বিষয়সূচি; নাটকে অভিনেতা-অভিনেত্রী, গীতিনাট্যে গায়ক-গায়িকা প্রভৃতির নামের তালিকা; অনুষ্ঠানসূচি; ক্রমপত্র। **'~ music** সুরের ব্যঞ্জনায় শ্রোতাদের মনে কোনো পূর্বজ্ঞাত কাহিনী, চিত্র ইত্যাদির ভাব জাগায়, এমনভাবে পরিকল্পিত সঙ্গীতবিশেষ; অনুক্রমসঙ্গীত। **'~ note** অনুষ্ঠান-সূচিতে সঙ্গীতকর্ম, গায়ক, বাদক প্রভৃতির সংক্ষিপ্ত বিবরণ; আনুক্রমিক টীকা। ২ কর্মসূচি; কার্যক্রম: a political ~. What is next ~? ৩ কম্পিউটারে নিবেশিত করার জন্য তথ্য, উপাত্ত ইত্যাদির সঙ্কেতবদ্ধ সমষ্টি; পূর্বলেখ। □*vt* অনুক্রম/ ক্রমপত্র/ কর্মসূচি/ কার্যক্রম তৈরি করা; পরিকল্পনা করা; (কম্পিউটারে) পূর্বলেখ সরবরাহ করা। **~d course** (শিক্ষা) যে পাঠক্রমে শিক্ষণীয় বস্তু অল্প অল্প সতর্কভাবে ক্রমান্বিত করে উপস্থাপিত হয়; ক্রমান্বিত/ক্রমবদ্ধ পাঠক্রম। **~d learning** পূর্বোক্ত পাঠক্রম ব্যবহার করে আত্মশিক্ষণ; ক্রমান্বিত শিক্ষণ। **pro·gram·mer** *n* যে ব্যক্তি কম্পিউটারের পূর্বলেখ প্রস্তুত করেন; পূর্বলেখনিক। **pro·gram·ming** *n* পূর্বলেখন।

prog·ress [প্রৌগ্রেস্ US 'প্রগ্রেস্] *n* ১ [U] অগ্রগতি; অগ্রগমন; প্রগতি; প্রগমন; সংবৃদ্ধি: making fast ~; an enquiry in ~. ২ [C] (প্রা. প্র.) রাষ্ট্রীয় ভ্রমণ: a royal ~ through Cumberland. □*vi* [প্রা'গ্রেস্] অগ্রগতিসাধন করা; অগ্রসর হওয়া: The investigation is ~ing well.

pro·gression [প্রা'গ্রেশ্‌ন্] *n* ১ [U] অগ্রগমন; অগ্রগতি; অগ্রসরণ: modes of ~, অগ্রসরণের ধরন (যেমন হাঁটা, হামাগুড়ি)। ২ (গণিত) দ্র. arithmetic, geometry.

pro·gress·ive [প্রা'গেসিভ্] *adj* ১ অগ্রগতিশীল; প্রক্রমমান। **the ~ tenses** (ব্যাক.) ক্রিয়াব্যাপারের কিছুকালব্যাপী চলা বোঝানোর জন্য ক্রিয়ার (-ing প্রত্যয়ান্ত) রূপবিশেষ; ঘটমান কাল (continuous tenses নামেও পরিচিত। ২ নিয়মিত ক্রম অনুসারে বর্ধমান কিংবা স্তরপরম্পরায় অগ্রগতিশীল; ক্রমবর্ধমান; ক্রমবর্ধিষ্ণু; আনুক্রমিক: ~ education/schools; ~ taxation, আনুক্রমিক করারোপ (আয়বৃদ্ধির সঙ্গে সঙ্গে করের হারও বৃদ্ধি পায়); ~ cancer, ক্রমাবনতিশীল ক্যান্সার। ৩ উত্তরোত্তর উন্নতিশীল; প্রগতিশীল: a ~ policy; a ~ political party. □*n* প্রগতিশীল রীতির

সমর্থক ব্যক্তি; প্রগতিশীল। **~·ly** *adv* ক্রমবর্ধিষ্ণুভাবে, উত্তরোত্তর ইত্যাদি। **~·ness** *n* প্রগতিশীলতা; ক্রমবর্ধিষ্ণুতা; আনুক্রমিকতা।

pro·hibit [প্র'হিবিট্ US প্রৌ–] *vt* **~ sb (from doing sth)** (বিশেষ. বিধিবিধানবলে) নিষেধ/বারণ করা; নিষিদ্ধ করা: Smoking is strictly ~ed.

pro·hib·ition [প্রৌহি'বিশ্‌ন্] *n* ১ [U] নিষেধ; নিষিদ্ধকরণ; (বিশেষ.) আইনের দ্বারা সুরাজাতীয় পানীয় উৎপাদন ও বিক্রয় নিষিদ্ধকরণ (বিশেষ. US, ১৯২০–৩৩ খ্রি.): the ~ law(s). ২ [C] নিষেধপত্র; নিষেধাজ্ঞা: a ~ against the sale of cigarettes to children. **~·ist** [–নিস্‌ট্] *n* (বিশেষ. সুরাজাতীয় পানীয় বিক্রয়) নিষিদ্ধকরণের পক্ষপাতী।

pro·hibi·tive [প্র'হিব ়টিভ্ US প্রৌ–] *adj* কোনো কিছুর ব্যবহার, অপব্যবহার বা ক্রয়–নিবারক কিংবা নিবারণমূলক; নিবৃত্তিমূলক: a ~ tax; books published at ~ prices.

pro·hibi·tory [প্র'হিবিটরি US প্রৌ'হিবিটোরি] *adj* নিষেধের উদ্দেশ্যে পরিকল্পিত; নিষেধাত্মক: ~ laws.

pro·ject[1] ['প্রজেক্‌ট্] *n* [C] (কোনো কিছু করার) উদ্যোগ; পরিকল্পনা; প্রকল্প: a ~ to construct a new bridge; form/carry out/fail in a ~.

pro·ject[2] [প্র'জেক্‌ট্] *vt, vi* ১ পরিকল্পনা করা; প্রকল্প তৈরি করা: ~ a new dam/industrial estate. ২ **~ sth (on (to) sth)** প্রক্ষেপ/প্রক্ষিপ্ত/পতিত করা: ~ picture on a screen; ~ beam of light on to sth. ৩ **~ sth on to sb** (প্রায়শ আত্মদোষ–স্খালন কিংবা আত্মরক্ষার উপায় হিসাবে সাধা. অপরাধবোধ, হীনমন্যতা প্রভৃতি অপ্রীতিকর অনুভূতি) অবচেতনভাবে অন্যের উপর আরোপ করা; প্রক্ষেপ করা: He always ~s his own obsessions on to his friends. ৪ বৈশিষ্ট্যসমূহ প্রখ্যাপন করা; প্রক্ষেপ করা: A national television network should correctly ~ the nation's life as a whole. ৫ নিক্ষেপ করা: to ~ missiles into space. ৬ একটি কেন্দ্র থেকে কোনো ঘনবস্তুর প্রতিটি বিন্দুতে রেখা টেনে সমতল ক্ষেত্রের উপর বস্তুটির প্রতিরূপ রচনা করা; উক্ত প্রক্রিয়ায় মানচিত্র অঙ্কন করা; অভিক্ষিপ্ত করা। ৭ বাইরের দিকে বেরিয়ে থাকা; অভিক্ষিপ্ত/বহির্লম্বিত হওয়া; ঝুলে থাকা: ~ing eyebrows; a balcony that ~s over the street. **pro·jec·ting** *adj* অভিক্ষিপ্ত; বহির্লম্বিত; অতিবর্তী; বহির্বর্তী: having a ~ing nose/teeth.

pro·jec·tile [প্র'জেকটাইল্ US –ট্‌ল্] *n* বিশেষ. কামানের সাহায্যে নিক্ষেপণীয় কোনো কিছু; রকেট প্রভৃতি স্বয়ংচালিত ক্ষেপণাস্ত্র; দূরবেধী ক্ষেপণাস্ত্র। □*adj* দূরভেদী: a ~ missile/torpedo.

pro·jec·tion [প্র'জেকশ্‌ন্] *n* [U] প্রক্ষেপণ; অভিক্ষেপণ; বহির্লম্বন; বহির্বর্তন; [C] বহির্লম্বভাগ; উদগ্রভাগ; অভিক্ষেপ। **'~ room** (সিনেমায়) যে ঘর থেকে পর্দার উপর ছবি প্রক্ষেপ করা হয়; প্রক্ষেপ–ঘর। দ্র. Mercator's projection. **'~·ist** [–নিস্‌ট্] *n* (সিনেমায়) যে ব্যক্তি পর্দায় ছবি প্রক্ষেপ করে; প্রক্ষেপক; প্রক্ষেপবিদ।

pro·jec·tor [প্র'জেক্‌টা(র্)] *n* [C] আলোকরশ্মির দ্বারা পর্দায় ছবি প্রক্ষিপ্ত করার যন্ত্রবিশেষ; প্রক্ষেপক; প্রক্ষেপণযন্ত্র: a 'cinema/'slide ~.

pro·lapse [পৌ'ল্যাপ্‌স্] *vi* (চিকি., অন্ত্র, জরায়ু ইত্যাদি) স্থানচ্যুত হওয়া। □*n* ['প্রৌল্যাপ্‌স্] ভ্রংশ, গর্ভাশয়ভ্রংশ।

pro·late [প্রৌ'লেইট্] *adj* (প্রস্থে) বিবর্ধমান; (লাক্ষ.) সুবিস্তীর্ণ; (ব্যাক.) বিধেয়ের সম্পূরক বা বিস্তারক (যেমন 'You can go' বাক্যে 'go'); (জ্যা., উপগোলক সম্বন্ধে) মেরু–ব্যাস বরাবর প্রসারিত। **~·ly** *adv* বিবর্ধিতভাবে।

pro·leg·om·enon [ˌপ্রৌলে'গমিনান্] *n* (*pl* -ena [–ইনা]) (গ্রন্থ ইত্যাদির) আভাষ; গ্রন্থাভাষ; ভূমিকা।

pro·lep·sis [প্রৌ 'লেপ্‌সিস্] *n* (*pl* -ses [–সীস্]) anticipation; পূর্বানুমান; (ব্যাক.) বিশেষণের পূর্বানুমানমূলক ব্যবহার (যেমন 'So those two brothers and their *murdered* man/Rode past fair Florence'). **pro·lep·tic** *adj* পূর্বানুমামূলক। **pro·lep·ti·cal·ly** *adv* পূর্বানুমানিকভাবে।

pro·let·ariat [ˌপ্রৌলি'টেআরিআট্] *n* কলকারখানার মালিকদের সঙ্গে বৈপরীত্যক্রমে (বিশেষ. কায়িক শ্রমে নিযুক্ত) শ্রমিক–সম্প্রদায় (বিপরীত the bourgeoisie); প্রোলেতারিয়া; সর্বহারা–সম্প্রদায়: the dictatorship of the ~, কমিউনিস্টদের লক্ষ্য বা আদর্শ। **pro·let·arian** [–রিআন্] *n, adj* প্রোলেতারীয়; সর্বহারা।

pro·lif·er·ate [প্র'লি ফ়ারেইট্ US প্রৌ–] *vi, vt* ১ কোষ, নতুন অঙ্গ ইত্যাদির দ্রুত সংখ্যাবৃদ্ধির দ্বারা বেড়ে ওঠা বা বংশবিস্তার করা; দ্রুত বিস্তারলাভ করা; দ্রুত বেড়ে ওঠা; দ্রুত বিস্তৃত করা। ২ (কোষ ইত্যাদি) জন্ম দেওয়া/প্রত্যুৎপন্ন করা। **pro·lif·er·ation** [প্রˌলিফ়া'রেইশ্‌ন্ US প্রৌ–] *n* দ্রুতবিস্তার; দ্রুতবংশবিস্তার/বংশবৃদ্ধি। **non-proliferation treaty** (পারমাণবিক অস্ত্রের) বিস্তার–নিয়ন্ত্রণ চুক্তি।

pro·lific [প্র'লিফ়িক্] *adj* (আনুষ্ঠা.) প্রচুর পরিমাণে উৎপাদনশীল; অতিপ্রজ: a ~ author; as ~ as rabbits.

pro·lix ['প্রৌলিক্‌স্ US প্রৌ'লিক্‌স্] *adj* (আনুষ্ঠা.) (বক্তা, লেখক, বক্তৃতা ইত্যাদি সম্বন্ধে) অতিবিস্তার হেতু বিরক্তিকর; ক্লান্তিকর; অতিবিস্তৃত। **pro·lix·ity** [প্রৌ'লিকসাটি] *n* অতিবিস্তার; বাক্যবিস্তার; বাকবিস্তার।

pro·logue ['প্রৌলগ্ US –লো°গ্] *n* ১ কাব্যের প্রস্তাবনামূলক অংশ; নাটকের শুরুতে পঠিত কবিতা; প্রস্তাবনা; প্রবেশক; নান্দী; গৌরচন্দ্রিকা: the 'P~' to the 'Canterbury Tales'. ২ (লাক্ষ.) কতকগুলি ঘটনাপরম্পরার প্রথমটি; প্রস্তাবনা।

pro·long [প্র'লঙ্ US –লো°ঙ্] *vt* প্রলম্বিত/দীর্ঘায়িত/বিস্তৃত/প্রসারিত করা: ~ a visit/a line. **~ed** *adj* দীর্ঘসময়ব্যাপী; বিস্তৃত; প্রলম্বিত; দীর্ঘায়ত; দীর্ঘীকৃত: after ~ed questioning. **pro·lon·ga·tion** [ˌপ্রৌলঙ্'গেইশ্‌ন্ US –লো°ঙ্–] [U] দীর্ঘীকরণ; আয়তীকরণ; বিস্তার; বিস্তৃতি; [C] দীর্ঘতর করার জন্য যা সংযোজিত হয়; বিস্তৃতি।

prom [প্রম্] *n* (কথ্য সংক্ষেপ, promenade দ্র.) ১ (GB) সমুদ্রতীরবর্তী বিহারস্থান; নিরাসন সঙ্গীতানুষ্ঠান। ২ (US) ছাত্রছাত্রীদের আনুষ্ঠানিক নাচ।

prom·en·ade [ˌপ্রমা'না:ড্ US –'নেইড্] *n* ১ ব্যায়াম বা বিনোদনের জন্য পায়ে হেঁটে বা ঘোড়ায় চড়ে ভ্রমণ; বিহার; পদব্রজন; অশ্বপৃষ্ঠে বিহার; উক্তরূপ বিহারের জন্য উপযোগী কিংবা বিশেষভাবে তৈরি স্থান, বিশেষত সমুদ্রতীরবর্তী শহরে সাগরের তীর ঘেঁষে প্রশস্ত সড়ক কিংবা রঙ্গালয়ের অংশবিশেষ, যেখানে বিরতির সময়ে দর্শকরা পদচারণা করতে পারেন; বিহারস্থান; ব্রজবীথি; অলিন্দ। **'~ concert** যে সঙ্গীতানুষ্ঠানে সঙ্গীতশালার কিছু কিছু অংশ আসনবিহীন থাকে এবং শ্রোতারা সেখানে দাঁড়িয়ে সঙ্গীত উপভোগ করেন; নিরাসন সঙ্গীতানুষ্ঠান। **'~ deck** যাত্রীবাহী জাহাজে যাত্রীদের

পদচারণার উপযোগী উপরের তলা; ভ্রমণ-ডেক। ২ (US) (উচ্চ বিদ্যালয় বা কলেজের কোনো এক শ্রেণীর ছাত্রছাত্রীদের) আনুষ্ঠানিক নাচ বা বলনাচ। □ *vi, vt* (বিহারস্থানে) বিহার করা; (কাউকে) বিহার করানো: ~ one's children/one's wife along the seafront.

pro·meth·ium [প্রা'মীথিআম্] *n* [U] (রস.) ইউরানিয়ম থেকে কৃত্রিমভাবে প্রস্তুত তেজস্ক্রিয় মৌলবিশেষ (প্রতীক Pm); প্রমিথিয়ম।

promi·nent ['প্রমিনান্ট্] *adj* ১ উন্নত; উদগ্র; প্রকট; সুপ্রত্যক্ষ; সহজলক্ষ্য: ~ cheek-bones; the most ~ feature of the landscape. ২ (ব্যক্তি সম্বন্ধে) বিশিষ্ট; প্রধান; বিশ্রুত; প্রথিত: ~ politicians/writers; গুরুত্বপূর্ণ; সুপ্রত্যক্ষ; বিশিষ্ট; দীপ্যমান: ~ position; a ~ part/role. **~·ly** *adv* সুপ্রত্যক্ষভাবে, সুস্পষ্টভাবে ইত্যাদি। **promi·nence** [-নান্স্] *n* ১ [U] উদগ্রতা; প্রকটতা; প্রলম্বতা; বিশিষ্টতা; প্রাধান্য; সুপ্রত্যক্ষতা; দীপ্যমানতা। **bring sth/come into prominence** সুপ্রত্যক্ষ/প্রকট করে তোলা বা হয়ে ওঠা; বিশিষ্টতা/প্রাধান্য অর্জন করা। ২ [C] সুপ্রত্যক্ষ অংশ বা স্থান: a prominence in the middle of a plain.

pro·mis·cu·ous [প্রা'মিসকিউআস্] *adj* ১ এলোমেলো; প্রকীর্ণ; অপরিচ্ছিন্ন; অবিবিক্ত: in a ~ heap. ২ বাছবিচারহীন; ভেদবিচারহীন; নির্বিচার; নৈমিত্তিক: ~ sexual intercourse. **~·ly** *adv* অপরিচ্ছিন্নভাবে; নির্বিচারে; ভেদবিচারশূন্যভাবে। **prom·iscu·ity** [প্রমি'স্কিউআটি] *n* প্রকীর্ণতা; অবিবিক্ততা; ভেদবিচারশূন্যতা; উচ্ছৃঙ্খলতা; সঙ্কীর্ণচারিতা।

pro·mise[1] [প্রমিস্] ১ *n* [C] কোনো কিছু করা বা না করার লিখিত বা মৌখিক অঙ্গীকার; প্রতিশ্রুতি: ~s of help; make/give/keep/carry out/break a ~; under a ~ of secrecy. ২ [C] যা করার জন্য প্রতিশ্রুতি দেওয়া হয়েছে; প্রতিজ্ঞা; প্রতিশ্রুতি: to claim one's ~, প্রতিজ্ঞাপালনের দাবি করা। [U] সাফল্য বা সুফলের আশা; প্রতিশ্রুতি: a writer of ~, প্রতিশ্রুতিশীল লেখক; the land of ~, সম্ভাবনার দেশ।

prom·ise[2] [প্রমিস্] *vt, vi* ১ প্রতিশ্রুতি দেওয়া; কথা দেওয়া; অঙ্গীকার করা: He ~d me to help. **the P~d Land** প্রতিশ্রুতির দেশ: (ক) ইসরাইলিদের জন্য ঈশ্বরকর্তৃক প্রতিশ্রুত উর্বর দেশ; কানান। (খ) ভবিষ্যৎ সুখের আশ্বাস; প্রতিশ্রুতি বহন করা: It ~s to be a sunny day. **~ well** সাফল্যের প্রতিশ্রুতি বহন করা। **prom·is·ing** *adj* প্রতিশ্রুতিময়; সম্ভাবনাময়; প্রতিশ্রুতিপূর্ণ।

prom·iss·ory [প্রমিসারি US -সো°রি] *adj* প্রতিশ্রুতিবহ। '**~ note** কোনো বিশেষ তারিখে বা প্রার্থনামাত্র একটি নির্দিষ্ট অঙ্কের অর্থ কোনো ব্যক্তিকে কিংবা বাহককে প্রদান করার স্বাক্ষরিত প্রতিশ্রুতি; প্রত্যর্থপত্র।

prom·on·tory ['প্রমান্ট্রি US -টো°রি] *n* [C] উপকূলরেখা থেকে অগ্রবর্তী উচ্চভূমি; উদগ্রভূমি; ভূনাসিকা; শৈলান্তরীপ।

pro·mote [প্রা'মৌট্] *vt* ১ **~ (to)** পদোন্নতি দান করা; সংবর্ধিত করা: He will be ~d colonel/to the rank of colonel. ২ সংগঠিত ও চালু করতে সাহায্য করা; অগ্রগতিসাধনে সহায়তা করা; স্থাপন বা সংগঠিত করতে সাহায্য করা; প্রবর্তিত করা: ~ a new business company; ~ a bill in the Parliament; try to ~ good feelings... **pro·mo·tes** *n* (বিশেষ.) যে ব্যক্তি নতুন কোম্পানি-প্রতিষ্ঠার কিংবা পেশাদার ক্রীড়া প্রতিযোগিতা ইত্যাদির সংগঠনে সাহায্য করে; প্রবর্তক; প্রবর্ধক।

pro·mo·tion [প্রা'মৌশ্ন্] *n* ১ [U] পদোন্নতিদান বা পদোন্নতি লাভ; পদোন্নতি; পদবৃদ্ধি; পদবর্ধন: win/gain ~. ২ [C] পদোন্নতি; পদবৃদ্ধি: He is expecting a ~ this year. ৩ প্রচার ইত্যাদির সাহায্যে উৎসাহদান; প্রবর্তন; প্রবর্ধন: the ~ of a new product/a book; sales ~.

prompt[1] ['প্রম্প্ট্] *adj* সত্বর; অবিলম্বিত; ত্বরিত; চটপট; ক্ষিপ্র: a ~ reply; ~ payment. **~·ly** *adv* অবিলম্বে; চট করে; ক্ষিপ্রতার সঙ্গে; অচিরে; আশু। **~·ness** *n* ক্ষিপ্রতা; তৎপরতা।

prompt[2] [প্রম্প্ট্] *vt* ১ অনুপ্রেরিত/প্ররোচিত করা: ~ed by patriotism. What ~ed you to do such a thing? ২ অভিনয়কালে নিম্নস্বরে অভিনেতা-অভিনেত্রীদের সংলাপ স্মরণ করিয়ে দেওয়া; অনুপ্রেরিত করা। □*n* '**~-box** (নাট্যমঞ্চে) স্মারকের আসন। '**~er** (রঙ্গমঞ্চে) স্মারক।

promp·ti·tude ['প্রম্প্টিটিউড্ US -টূড্] *n* [U] ক্ষিপ্রতা; সত্বরতা; তৎপরতা।

prom·ul·gate ['প্রমল্গেইট্] *vt* ১ (অধ্যাদেশ, আইন ইত্যাদি) প্রচার করা/সরকারিভাবে ঘোষণা করা; উদ্‌ঘোষণ করা। ২ জ্ঞান, বিশ্বাস, মতামত ইত্যাদি ব্যাপকভাবে ছড়িয়ে দেওয়া; প্রকীর্তিত/প্রচারিত করা। **prom·ul·ga·tion** [,প্রমল্'গেইশ্ন্] *n* [U] উদ্‌ঘোষণ; প্রকীর্তন।

prone [প্রৌন্] *adj* ১ অধোমুখ; উপুড়; হেঁটমুখ: in a ~ position; fall ~. ২ **~ to** প্রবণ; উন্মুখ; -শীল; -অধীন: ~ to accidents/ error/ anger/ idleness/ superstition, etc. '**accident-~** *adj* দুর্ঘটনাপ্রবণ। **~·ness** প্রবণতা; উন্মুখতা।

prong [প্রঙ্ US প্রো°ঙ্] *n* ফর্কের (কাঁটার) দুটি তীক্ষ্ণাগ্র দীর্ঘ অংশের যে কোনো একটি; শিখা; শূল। **-~ed** *adj* (যৌগশব্দে) উল্লিখিত সংখ্যক শিখাবিশিষ্ট: a ,three-~ed 'fork, ত্রিশিখ কাঁটা; a ,three-~ed 'attack, (সাম.) ত্রিশিখ/ত্রিমুখীআক্রমণ।

pro·nomi·nal [প্রৌ'নমিন্ল্] *adj* সর্বনামসম্বন্ধী; সর্বনামীয়।

pro·noun [প্রৌনা উন্] *n* সর্বনাম।

pro·nounce [প্রা'নাউন্স্] *vt, vi* ১ (বিশেষ. আনুষ্ঠানিকভাবে, ভাবগাম্ভীর্যের সঙ্গে বা সরকারিভাবে) ঘোষণা করা; জারি করা: The doctors ~d him dead. The judgement will be ~d next week. ২ অভিমত ব্যক্ত করা: The tea was tasted and ~d first-rate. ৩ **~ for/against sb** (আইন.) (আদালতে) রায় দেওয়া। **~ on/upon** (প্রস্তাব ইত্যাদির উপর) মতামত দেওয়া। ৪ (শব্দ ইত্যাদি) উচ্চারণ করা: P~ clearly. **~·able** [-আব্ল্] *adj* (ধ্বনি, শব্দ ইত্যাদি সম্বন্ধে) উচ্চার্য: easily ~able, মুখোচ্চার্য। **~d** *adj* স্থিরনিশ্চিত; সুস্পষ্ট; সুপরিচ্ছন্ন; সুনির্দিষ্ট: a man of ~d opinions. **~·ment** *n* [C] আনুষ্ঠানিক বিবৃতি বা ঘোষণা; বিঘোষণ।

pronto ['প্রন্টৌ] *adv* (অপ.) চট করে; এক্ষুনি; ত্বরায়।

pro·nun·ci·ation [প্রা,নান্সি'এইশ্ন্] *n* ১ [U] উচ্চারণ: lessons in ~. ২ [U] ব্যক্তির উচ্চারণের ধরন; উচ্চারণ।৩ [C] (শব্দবিশেষের) উচ্চারণ: the correct ~ of a word.

proof[1] [প্রুফ্] *n* ১ [U, C] প্রমাণ; সাক্ষ্যপ্রমাণ; সাবুদ; সাক্ষ্যসাবুদ; নিদর্শন: Do you have any ~ of that statement? We gave him an oil-painting as a ~ our regard. ২ প্রমাণীকরণ; প্রতিপাদন; প্রমাণ: capable of ~, প্রতিপাদনযোগ্য; প্রমাণযোগ্য; Can you produce documents in ~ of claim? ৩ [C] পরীক্ষা; যাচাই; কষ্টি: put sth to the ~; stand the ~, কষ্টিতে টিকে যাওয়া। **the ~ of the pudding is in the eating** (প্রবচন) ফলেন পরিচীয়তে। ৪ [C] সংশোধনের জন্য মুদ্রিত প্রতিলিপি; প্রুফ: pass the ~s for press. **ˈ~-read** *vt, vi* মুদ্রণ সংশোধন করা। **ˈ~-reader** *n* মুদ্রণশোধক।৫ [U] চোলাই করা সুরার শক্তির মান; প্রমাণ: This liquor in 20 per cent below ~. **~ spirit** মানসম্মত কোহলামিশ্রণ; মানসম্মত স্পিরিট।

proof[2] [প্রুফ্] *adj* **~ (against)** (কোনো কিছু থেকে) নিরাপদ বা সংরক্ষিত; প্রতিরোধক্ষম; অভেদ্য: ~ against bullets; ˈbullet-~; ˈwater **~·ˈfool·~** *adj* অব্যর্থ; অমোঘ। □*vt* কোনো কিছু অভেদ্য বা প্রতিরোধক্ষম করা; (বিশেষ.) পানিনিরোধক করা।

prop[1] [প্রপ্] *n* ১. (কোনো কিছু খাড়া রাখার জন্য) আলম্ব; ঠেকনা; ঠেক; ঠেস; ঠেকা; খুঁটি: ˈpit-~s, কয়লার খনির ছাদ ধরে রাখার ঠেকনা; খুনির খুঁটি; ˈclothes-~, (শুকানোর জন্য) কাপড়ের ঠেকা। ২ আশ্রয়; অবলম্বন: He is the ~ of his family. □*vt* (-pp-) **~ sth (up)** ঠেকা/ঠেকনা দেওয়া; ঠেস দিয়ে রাখা: You can use this packet to ~ the window open; to ~ a ladder against a wall; to ~ a patient (up) on the pillows.

prop[2] [প্রপ্] *n* propeller-এর কথ্য সংক্ষেপ; সঞ্চালক; পাখা। দ্র. turboprop.

prop[3] [প্রপ্] *n* (মঞ্চ) property (৫)-এর কথ্য সংক্ষেপ; সাজ-সরঞ্জাম।

propa·ganda [প্রপ ˈগ্যানডা] *n* [U] তথ্য; (তুচ্ছ.) মতবাদ; মতামত; সরকারি বিবৃতি; প্রচারণা; রটনা; স্বপ্রচার: ~ by government departments for public health/family planning; political ~, রাজনৈতিক মতপ্রচার/রটনা; (attrib) ~ plays/film, স্বপ্রচারমূলক নাটক/চলচ্চিত্র। **the Congregation/ College of the P~** বিদেশে স্বধর্মপ্রচারের দায়িত্বে নিয়োজিত রোমান ক্যাথলিক কার্ডিনালদের পরিষদবিশেষ; ধর্মপ্রচারসভা। **propa·gan·dist** [-ডিস্ট্] *n* তথ্যপ্রচারক; প্রচারকুশলী; রটনাবিদ। **propa·gan·dize** [-ডাইজ্] *vi* স্বপ্রচার/রটনা করা।

propa·gate [প্রপাগেইট্] *vt, vi* (আনুষ্ঠা.) ১ স্বাভাবিক প্রক্রিয়ায় (উদ্ভিদ, প্রাণী, ব্যাধি ইত্যাদির) সংখ্যাবৃদ্ধি করা; বংশবৃদ্ধি/বংশবিস্তার করা: ~ plants by taking cuttings. Diseases ~ rapidly in unhygienic environment. ২ ব্যাপকভাবে প্রচার করা; বিস্তার করা: ~ news/knowledge. ৩ সঞ্চারিত/পরিবাহিত হওয়া: vibration ~d through rock. ৪ (প্রাণী ও উদ্ভিদ সম্বন্ধে) প্রজনন/বংশবিস্তার করা। **propa·ga·tor** [-টা(র্)] *n* বংশবর্ধক; বংশবিস্তারক; প্রচারক। **pro·pa·ga·tion** [প্রপাˈগেইশ্ন্] *n* [U] বিস্তার; বংশবিস্তার; প্রচারণ: the propagation of disease by insects/of plants by cuttings.

pro·pane [ˈপ্রৌপে ইন্] *n* [U] জ্বালানি হিসাবে ব্যবহৃত বর্ণহীন গ্যাসবিশেষ (C_3H_8); প্রোপেন।

pro·pel [প্রাˈপেল্] *vt* (-ll-) সম্মুখে চালানো; প্রচালিত করা: mechanically ~led vehicles, যান্ত্রিকভাবে চালিত যানবাহন; a ~ling pencil, যে পেন্সিলের সীস বাইরের খাপ ঘোরানোর সঙ্গে সঙ্গে সম্মুখে চালিত হয়; প্রচালনী পেন্সিল। **~·lant, ~·lent** [-লান্ট্] *adj, n* প্রচালক (নিমিত্ত); আগ্নেয়াস্ত্র থেকে গুলি প্রচালিত করার জন্য বিস্ফোরক; রকেট ইত্যাদি প্রচালিত করার জন্য জ্বালানি। **~·ler** *n* জাহাজ বা বিমান চালনার জন্য একটি ঘূর্ণায়মান দণ্ডের সঙ্গে যুক্ত দুই বা ততোধিক পেঁচানো ফলক; প্রচালক; পাখা। দ্র. air-screw.

pro·pen·sity [প্রাˈপেন্সাটি] *n* [C] (*pl* -ties) **~ to/towars sth/to do sth/for doing sth** স্বাভাবিক প্রবণতা; উন্মুখতা; প্রবৃত্তি; -শীল: evil ~, দুর্বসন; ~ to fall, পতনশীলতা; a ~ for getting into debt.

proper [প্রপা(র্)] *adj* ১ উপযুক্ত; যোগ্য; মানানসই; যথোচিত; সঙ্গত: a ~ time for amusement; clothes ~ for such an occasion. This is not the ~ tool for the job. ২ শিষ্টাচারসম্মত; শোভন; উচিত; ভদ্রোচিত: ~ behaviour. Is it a ~ thing to do in a public place? ৩ **~ to** (আনুষ্ঠা.) প্রত্যক্ষভাবে/ বিশেষভাবে সম্পৃক্ত/সম্পর্কিত: the books ~ to this subject. ৪ (*n* -এর পর সন্নিবিষ্ট) আসল; খাঁটি; যথার্থ: architecture ~ (বিদ্যুৎ, পানিসরবরাহ ইত্যাদি বিষয় বাদ দিয়ে)। ৫ (কথ্য) মহা; আচ্ছা; সমুচিত; উত্তম: give sb ~ thrashing. They are in a ~ mess. **~ fraction** যে ভগ্নাঙ্কে হরের চেয়ে লব ছোট (যেমন $\frac{৩}{৪}$, $\frac{৪}{৭}$); যথার্থ ভগ্নাঙ্ক। **~ noun/name** (ব্যাক.) সংজ্ঞাবাচক বিশেষ্য (যেমন Joan, London)। **~·ly** *adv* ১ যথোচিতভাবে; যথার্থভাবে; সত্যিকারভাবে: behave ~ly. ২ (কথ্য) উত্তমরূপে; উচিতমতো।

prop·erty [প্রপাটি] *n* (*pl* -ties) ১ [U] (সমষ্টিবাচক) বিষয়-সম্পত্তি; সম্পত্তি; বিত্ত; বৈভব। **man of ~** বিত্তশালী ব্যক্তি। **common ~** সাধারণ/এজমালি সম্পত্তি। **personal ~** অস্থাবর সম্পত্তি। **real ~** স্থাবর সম্পত্তি। ২ [C] ভূসম্পত্তি: a small ~ in the country. ৩ [U] মালিকানা; স্বত্বস্বামিত্ব: P~ has its obligations. ৪ [C] বিশেষ গুণ; ধর্ম; স্বধর্ম; স্বভাব; বিশেষ লক্ষণ: the chemical properties of silver. ৫ (রঙ্গালয়) (সংক্ষেপ prop) অভিনয়কালে মঞ্চে ব্যবহৃত (দৃশ্যপট ছাড়া) সাজপোশাক, আসবাবপত্র ইত্যাদি; সাজসরঞ্জাম। **ˈ~-man/-master,** (অপিচ **ˈprops-man/-master**) *n* সাজনদার। **prop·er·tied** [প্রপাটিড্] *adj* বিত্তশালী; ভূম্যধিকারী: the propertied classes, ভূম্যধিকারী শ্রেণী।

proph·ecy [প্রফ়াসি] *n* (*pl* -cies) ১ [U] ভবিষ্যৎকথন; ভাবীকথন: have the gift of ~. ২ [C] ভবিষ্যৎবাণী; ভবিষ্যৎবাক্য; ভবিষ্যবচন: He makes false prophecies.

proph·esy [প্রফ়িসাই] *vt, vi* (*pt, pp* -sied) ১ ভবিষ্যৎ বলা; ভবিষ্যৎবাণী করা: ~ war/famine. ২ নবীর মতো উক্তি করা।

prophet [ˈপ্রফ়িট্] *n* ২ নবী: Muhammad (sm), the P~ of Islam নতুন তত্ত্ব, মতবাদ ইত্যাদির অগ্রদূত; প্রবক্তা: Thomas Malthus, one of the early ~s of population explosion. ৩ ভবিষ্যৎ-বক্তা; ভাবীকথক; ভবিষ্য-বাদী; ভবিষ্যৎ-দ্রষ্টা; দৈবজ্ঞ। **~·ess** [-টেস্] *n* ভবিষৎবাদিনী; দৈবজ্ঞা।

pro·phetic [প্রাˈফ়েটিক্] *adj* নবী, ভবিষ্যৎবক্তা বা ভবিষ্যৎবাণী সম্বন্ধী; ভবিষ্যৎসূচক; ভাবীসূচক: achievements which were ~ of his future greatness. **pro·pheti·cal** [-কল্] *adj* = ~.

pro·pheti·cally [-কলি] *adv* ভবিষ্যৎসূচকরূপে ইত্যাদি।

pro·phy·lac·tic [প্রফ়ি'ল্যাকটিক্] *n, adj* [C] রোগ বা বিপদ-আপদ থেকে রক্ষা করতে পারে এমন (পদার্থ, চিকিৎসা বা পদক্ষেপ); রোগবারক; আপদনিবারক। **pro·phy·lax·is** [-ল্যাক্‌সিস্] *n* [U] রোগবারক/ প্রতিষেধমূলক চিকিৎসা।

pro·pin·quity [প্র 'পিঙকোয়াটি] *n* [U] (আনুষ্ঠা.) সামীপ্য; সন্নিকট; নৈকট্য; (ভাবের) মিল; সাদৃশ্য; সাযুজ্য; নিকটবর্তিতা; প্রত্যাসক্তি: close ~, আনন্তর্য।

pro·pi·ti·ate [প্রা'পিশিএই ট্] *vt* (আনুষ্ঠা.) ক্রোধের উপশমের জন্য কিছু করা; প্রসাদিত/প্রসন্ন করা: offer sacrifice to ~ the gods. **pro·pi·ti·ation** [প্রা,পিশিএইশ্‌ন্] *n* [U] প্রসাদন; প্রায়শ্চিত্ত। **pro·pi·ti·atory** [প্রা'পিশিঅট্রি US -টো°রি] *adj* প্রসন্ন করার উদ্দেশ্যে; প্রসন্নকর; শান্তিক: With a propitiatory gesture he offered her his hand.

pro·pi·tious [প্রা'পিশ াস্] *adj* **~ to sb/for sth** অনুকূল; সুপ্রসন্ন; শুভ: ~ omens; weather that was ~ for their journey. **~·ly** *adv* সুপ্রসন্নভাবে ইত্যাদি।

pro·pon·ent [প্রা'পৌনান্ট্] *n* প্রস্তাবক; পূর্ববাদী: a ~ of a theory/a course of action.

pro·por·tion [প্রা'পো°শ্‌ন্] *n* ১ [U] অনুপাত; সমানুপাত: the ~ of imports to exports. **in ~ to** অনুপাতে; সমানুপাতে: payment in ~ to work done. **be out of (all/any) ~ (to)** সঙ্গতিহীন হওয়া; সঙ্গতি রক্ষা না করা: His fame is out of all ~ to his intrinsic merits. **get sth out of (all/any) ~ (to)** অনুপাতজ্ঞান লোপ পাওয়া/হারিয়ে ফেলা: Being filled with anger at what he saw, he got things out of ~. ২ (প্রায়শ *pl*) বিভিন্ন অংশের কিংবা অংশের আকারমানের সম্বন্ধ; আকারশুদ্ধতা; সুষমতা: a room of good ~s, চমৎকার আকারশুদ্ধ একটি ঘর। ৩ (*pl*) আকার; আকারমান: a ship of majestic ~s. ৪ অংশ; ভাগ; হিস্যা: He has done his ~ of the job. ৫ (গণিত) অনুপাত। □*vt* **~ to** অনুপাত/সঙ্গতি রক্ষা করা: to ~ one's expenditure to one's income; a well-~ed room, সুসমন্বিত কক্ষ। **~·able** [-শানাব্‌ল্] *adj* = ~al.

pro·por·tional [প্র 'পো°শান্‌ল্] *adj* **~ (to)** (আনুষ্ঠা.) আনুপাতিক; সমানুপাতিক; সমপ্রমাণ; তুল্য: payment ~ to the work done. **,~ ,represen'tation,** দ্র. represent[1] ভুক্তিতে representation. **~ly** [-শানালি] *adj* আনুপাতিকভাবে; সমপরিমাণে; অনুপাতে।

pro·por·tion·ate [প্র'পো° শানাট্] *adj* (আনুষ্ঠা.) = proportional. **~·ly** *adv*

pro·po·sal [প্র 'পৌজ়্‌ল্] *n* ১ [U] প্রস্তাবদান; প্রস্তাবনা। ২ [C] প্রস্তাব; পরিকল্পনা; সঙ্কল্পনা: a ~ for peace. ৩ (বিশেষ. বিয়ের) প্রস্তাব।

pro·pose [প্রা'পৌজ়্] *vt, vi* ১ প্রস্তাব দেওয়া/করা; বিবেচনার জন্য পেশ করা। ২ **~ a toast/sb's health** কারো স্বাস্থ্য বা সুখ কামনা করে (সুরা) পানের আহ্বান জানানো। ২ **~ (marriage) (to sb)** বিয়ের প্রস্তাব দেওয়া। ৩ **~ sb (for sth)** (কোনো পদ, সমিতির সদস্যপদ ইত্যাদির জন্য) কারো নাম প্রস্তাব করা।

prop·osi·tion [,প্রপা'জ়িশ্‌ন্] *n* [C] ১ বিবৃতি; উক্তি: a clear ~. ২ (সমাধানসহ বা সমাধানবিহীন) প্রশ্ন বা সমস্যা; প্রতিজ্ঞা: a ~ in Euclid. Organizing a democratic society is a big ~. ৩ প্রস্তাব; পরামর্শ। ৪ (কথ্য) কর্তব্যকর্ম; করণীয়। **a tough ~** (কথ্য) কঠিন ঠাঁই/সমস্যা। □*vt* (কথ্য) প্রস্তাব করা; (বিশেষ.) কুপ্রস্তাব বা অবৈধ/গর্হিত প্রস্তাব দেওয়া।

pro·pound [প্রা'পাউন্ড্] *vt* (আনুষ্ঠা.) বিবেচনা বা সমাধানের জন্য উপস্থাপন করা; প্রস্থাপন করা: ~ a theory/riddle.

pro·pri·etary [প্র 'প্রাইঅট্রি US -টেরি] *adj* ১ (এই অভিধানে সংক্ষেপ P) স্বত্বাধিকারীভূত; স্বামিত্বাধীন; মালিকানাধীন: ~ medicine, স্বত্বানুমত (= patented) ঔষধ; ~ rights, স্বত্বাধিকার; a ~ name, স্বত্বাধিকারভূত/ স্বত্বাধিকারসূচক নাম (যেমন ক্যামেরা ও ফিল্মের ক্ষেত্রে কোডাক)। ২ স্বত্বাধিকারীসদৃশ: He rushed to the damaged farm with ~ concern.

pro·pri·etor [প্রা'প্রাই আটা(র্)] *n* (বিশেষ. হোটেল, দোকান, জমি বা প্যাটেন্টির) স্বত্বাধিকারী; মালিক: the ~s of the store/this patent medicine. **pro·pri·etor·ship** *n* স্বত্বস্বামিত্ব; স্বত্বাধিকার; মালিকানা। **pro·pri·e·tress** [প্রা'প্রাইঅট্রিস্] *n* স্বত্বাধিকারিণী।

pro·priety [প্রা'প্রাই আটি] *n* (*pl* -ties) (আনুষ্ঠা.) ১ [U] আচরণ ও নীতিনিয়মের শুদ্ধতা; ঔচিত্য: a breach of ~; (*pl*) যথাযথ সামাজিক আচরণবিষয়ক খুঁটিনাটি; ঔচিত্যানৌচিত্য; শোভনতা-শালীনতা: observe the proprieties; offend the proprieties. ২ [U] যৌক্তিকতা; যথাযোগ্যতা; যথার্থতা; উপযুক্ততা: I feel doubt about the ~ of giving him such a big sum.

pro·pul·sion [প্রা'পাল্‌শ্‌ন্] *n* [U] প্রচালনশক্তি; প্রচালন। **jet ~** জেট ইনজিনের দ্বারা প্রচালন; জেট-প্রচালন। **pro·pul·sive** [প্রাপাল্‌সিভ্] *adj* প্রচালক।

pro rata [,প্রৌ'রা:ট া] *adj* (লা.) অনুপাতে; অনুসারে; যথাভাগ।

pro·rogue [প্রৌ 'রৌগ্] *vt* (সংসদের অধিবেশন ইত্যাদি) একেবারে ভেঙে না দিয়ে সমাপ্ত করা (যাতে অসমাপ্ত কাজগুলি পরবর্তী অধিবেশনে হাতে নেওয়া যায়); মুলতবি করা। **pro·ro·ga·tion** [,প্রৌরা'গেইশ্‌ন্] *n* মুলতবি।

pro·saic [প্রা'জ়েইক্] *adj* গদ্যময়; গতানুগতিক; বিরস: a ~ wife/life. **pro·sai·cally** [-কলি] *adv* বিরসভাবে; গতানুগতিকভাবে।

pro·scenium [প্রা'সীনিঅম্] *n* (রঙ্গমঞ্চে) যবনিকা ও বাদিত্রস্থল (অর্কেস্ট্রা)-এর মধ্যবর্তী অংশ; অগ্রমঞ্চ। **~ arch** অগ্রমঞ্চোপরি খিলান।

pro·scribe [প্রা'স্ক্রাইব US প্রৌ-] *vt* ১ (প্রা. প্র.) (ব্যক্তিকে) প্রকাশ্যে আইনের আশ্রয়চ্যুত করা; অধিকারচ্যুত/সমাজচ্যুত করা; নির্বাসিত করা। ২ (ব্যক্তি., রীতিনীতি ইত্যাদি) (বিপজ্জনক বলে) প্রতিষিদ্ধ/অভিযুক্ত করা। **~d** প্রতিষিদ্ধ; নিষিদ্ধ-ঘোষিত। **pro·scrip·tion** [প্রা'স্ক্রিপশ্‌ন্ US প্রৌ-] *n* [U, C] প্রতিষিদ্ধকরণ; প্রতিষেধন; প্রতিষেধ; নিষেধন।

prose [প্রৌজ়্] *n* [U] গদ্য: (attrib) the ~ writers of our time.

pros·ecute ['প্রসিকিউট্] *vt* ১ (আনুষ্ঠা.) চালিয়ে যাওয়া; অব্যাহত রাখা: ~ a war/one's studies/an enquiry. ২ **~ sb (for sth)** মামলা রুজু/দায়ের করা; ফৌজদারিতে সোপর্দ করা: ~d for exceeding the speed limit. **pros·ecu·tor** ['প্রসিকিউট া(র্)] *n* অভিযোক্তা। **,Public 'Prosecutor** রাষ্ট্র বা জনগণের পক্ষে ফৌজদারি মামলা পরিচালনাকারী আইনজীবী কর্মকর্তাবিশেষ; অভিশংসক।

pros·ecu·tion [প্রসি ˈকিউশ্‌ন্] *n* ১ [U] নির্বাহন; অনুষ্ঠান: ~ of one's studies. ২ [U] ফৌজদারিতে সোপর্দকরণ বা হওন; অভিশংসন: make oneself liable to ~; [C] মামলা: start a ~ against sb. **the Director of Public P~** = Public Prosecutor, দ্র. prosecute. ৩ (সমষ্টিবাচক) বাদীপক্ষ: the case for the ~. দ্র. defence (৩).

pros·elyte [প্রসালাইট্] *n* নিজের ধর্মীয়, রাজনৈতিক বা অন্যবিধ বিশ্বাস বা মতামত ছেড়ে ভিন্নতর বিশ্বাস বা মতামতে দীক্ষিত ব্যক্তি; ধর্মান্তরিত ব্যক্তি; ধর্মান্তরগ্রাহী; মতান্তরগ্রাহী; স্বধর্মত্যাগী। **pros·elyt·ize** [প্রসালিটাইজ্] *vt, vi* ধর্মান্তরিত করা; স্বধর্মে দীক্ষিত করা। **pros·elyt·ism** *n* ধর্মান্তরগ্রহণ; ধর্মান্তরিতকরণ।

pros·ody [ˈপ্রসাডি] *n* [U] ১ ছন্দ; শাস্ত্র; ছন্দোবিজ্ঞান; ছন্দ। ২ (ভাষা সম্বন্ধে) ভাষার ছন্দঃস্পন্দ; যতি; লয়; প্রস্বন; ওজন প্রভৃতি দিক; ছন্দঃপ্রকরণ।

pros·pect[1] [প্রস্‌পেক্‌ট্] *n* ১ [C] স্থল বা জলভাগের উপর দিয়ে কিংবা (লাক্ষ.) কল্পনায় মনের সামনে বিস্তৃতদৃশ্য; দৃষ্টিপথ; পরিপ্রেক্ষিত; অবারিতদৃশ্য। ২ (*pl*) অপেক্ষিত, কাঙ্ক্ষিত বা প্রত্যাশিত কোনো কিছু; আশংসা; আশা; সম্ভাবনা: The position offers bright ~s; ~s for the rice harvest. ৩ [U] প্রত্যাশা; আশা: He resigned his job without having anything in ~. ~ of early recovery. ৪ [C] সম্ভাব্য খদ্দের বা মক্কেল; যার কাছ থেকে কিছু প্রাপ্তির আশা করা যায়; আশয়: a good/bad ~. ৫ খনিজদ্রব্য প্রাপ্তির সম্ভাব্যস্থল; পরীক্ষার জন্য খনিজপদার্থের নমুনা।

pros·pect[2] [প্রা'স্‌পেক্‌ট্ US ˈপ্রস্‌পেক্‌ট্] *vt* ~ **(for)** অনুসন্ধান করা: ~ing for gold. **pros·pec·tor** [–টা(র্)] *n* যে ব্যক্তি কোনো এলাকায় সোনা বা অন্য কোনো মূল্যবান খনিজদ্রব্যের সন্ধান করে বেড়ায়; খনিজসন্ধানী।

pros·pec·tive [প্রা'স্‌পেকটিভ্] *adj* প্রত্যাশিত; আকাঙ্ক্ষিত; ভাবীসাপেক্ষ; সম্ভাব্য: ~ advantages/ wealth; a ~ buyer; his ~ bride; the ~ socialist candidate.

pro·spec·tus [প্রা'স্‌পেকটাস্] *n* (*pl* -es [–টাসিজ্]) কোনো কিছুর (যেমন বিশ্ববিদ্যালয়, নতুন ব্যবসায়-উদ্যোগ, প্রকাশিতব্য গ্রন্থ) বিস্তারিত তথ্য ও বিজ্ঞাপন–সংবলিত মুদ্রিত বিবরণ; প্রস্তাবিকা।

pros·per [ˈপ্রস্‌পা(র্)] *vi, vt* ১ সাফল্যমণ্ডিত হওয়া; সিদ্ধি/শ্রীবৃদ্ধি/সমৃদ্ধি লাভ করা; উন্নতি করা: His business is ~ing. ২ (সাহিত্য. বা আল.) সফল/ শ্রীবৃদ্ধি/সমৃদ্ধিশালী করা: May God ~ you.

pros·per·ity [প্র ˈস্‌পারাটি] *n* [U] সমৃদ্ধি; শ্রীবৃদ্ধি; সৌভাগ্য; সাফল্য; উন্নতি; সংবৃদ্ধি: a life of happiness and ~; live in ~; season of ~ , সমৃদ্ধিকাল; উদয়কাল।

pros·per·ous [ˈপ্রস্‌পারাস্] *adj* সফল; সমৃদ্ধ; সমৃদ্ধিশালী; বর্ধিষ্ণু; শুভান্বিত: a ~ business; ~ years. **~·ly** *adv* সফলভাবে, বর্ধিষ্ণুভাবে ইত্যাদি।

pros·tate [প্রস্‌টেইট্] *n* ~ **(gland)** (ব্যব.) স্তন্যপায়ী প্রাণীর মূত্রস্থলীর গ্রীবাসংলগ্ন গ্রন্থিবিশেষ; অগ্রগ্রন্থি।

pros·ti·tute [প্রস্‌টিটিউট US –টূট্] *n* যে ব্যক্তি (নারী বা পুরুষ) অর্থের বিনিময়ে দেহদান করে; বেশ্যা; গণিকা; বারাঙ্গনা। □*vt* ১ (reflex) নিজেকে পণ্যস্ত্রী/ পণ্যপুরুষে পরিণত করা। ২ গর্হিত বা কুৎসিত কার্যে ব্যবহার করা: ~ one's energies/abilities; ~ one's honour, নীচ উপায়ে অর্থোপার্জন করে নিজের মর্যাদাহানি করা। **pros·ti·tu·tion** [প্রস্‌টিটিউশ্‌ন্ US –টূশ্‌ন্] *n* [U] বেশ্যাবৃত্তি, গণিকাবৃত্তি; (ক্ষমতা, প্রতিভা ইত্যাদির) পণ্যকরণ।

pros·trate [প্রস্‌ট্রেইট্] *adj* ১ অবসন্নতার দরুন কিংবা বশ্যতা, গভীর শ্রদ্ধা ইত্যাদি প্রকাশের জন্য সাধা. অধোমুখে মাটিতে পতিত; প্রণত; (লাক্ষ.) (দুঃখ ইত্যাদির দ্বারা) অভিভূত; পরাভূত; ধরাশায়ী। □*vt* ধরাশায়ী/ ভূম্যবলুণ্ঠিত করা: trees ~d by the storm. ২ (reflex) প্রণত/সাষ্টাঙ্গপ্রণত হওয়া: The miserable old man ~d himself at the altar. ৩ (সাধা. passive) অভিভূত/ধরাশায়ী করা: ~d with grief, ভেঙে পড়া; Many boys were ~d by the heat. **pros·tra·tion** [প্রা'স্‌ট্রেইশ্‌ন্] *n* ১ [U] চরম অবসন্নতা; অবসাদ। ২ [C] প্রণিপাত; সাষ্টাঙ্গপাত।

prosy [ˈপ্রৌজ়ি] *adj* (-ier, -iest) (লেখক, বক্তা, বই, বক্তৃতা, শৈলী ইত্যাদি সম্বন্ধে) নীরস; ক্লান্তিকর; কাব্যরসবর্জিত; গদ্যময়। **pro·sily** [–জ়িলি] *adv* নীরসভাবে ইত্যাদি। **prosi·ness** *n* গাদ্যিকতা; গদ্যময়তা।

pro·tac·tin·ium [প্রৌট্যাক্ ˈটিনিঅম্] *n* [U] (রস.) খনিজ ইউরিনিয়মে প্রাপ্ত বিযাক্ত তেজস্ক্রিয় মৌলবিশেষ (প্রতীক Pa); প্রোট্যাক্টিনিয়ম।

pro·tag·on·ist [প্রা'ট্যাগানিস্‌ট্] *n* (আনুষ্ঠা.) নাটকের প্রধান ব্যক্তি, মুখ্যচরিত্র; (অর্থসম্প্রসারণের ফলে) যে কোনো কাহিনী বা সত্য ঘটনার মুখ্যচরিত্র; নায়ক; অধিবক্তা।

pro·tean [ˈপ্রোটিঅন্] *adj* বিচিত্ররূপী; বিচিত্রক্ষম; নিয়তপরিবর্তনশীল।

pro·tect [প্রা'টেক্‌ট্] *vt* ~ **sb/sth (from/ against)** ১ রক্ষণ/সুরক্ষা/নিরাপত্তাবিধান/ত্রাণ করা; নিরাপদ/সুরক্ষিত করা; নিরাপদে রাখা; বাঁচানো: well ~ed from the cold. ২ আমদানির উপর শুল্ক আরোপে দেশীয় শিল্পকে রক্ষা করা; সংরক্ষণ করা।

pro·tec·tion [প্রা'টেক্‌শ্‌ন্] *n* [U] ১ সংরক্ষণ; পাহারা; তত্ত্বাবধান: travel under the ~ of armed body-guard, সুরক্ষিত হয়ে। ˈ**~ (money)** হিংসাত্মক তৎপরতা থেকে রক্ষা পাওয়ার জন্য গুণ্ডাদলকে প্রদত্ত কিংবা তাদের যাচিত অর্থ; রক্ষাপণ; ত্রাণপণ। ২ [U] দেশীয় শিল্পকে বিদেশী পণ্যের প্রতিযোগিতা থেকে বাঁচাবার পদ্ধতিবিশেষ; সংরক্ষণ–ব্যবস্থা। ৩ [C] রক্ষাকারী ব্যক্তি বা বস্তু; বাঁচোয়া; রক্ষাকবচ: Take this umbrella as a ~ against the rain. **~·ism** [–নিজ়াম্] *n* [U] (দেশীয় শিল্পের জন্য) সংরক্ষণনীতি। **~·ist** [–নিস্‌ট্] *n* সংরক্ষণবাদী।

pro·tec·tive [প্র ˈটেকটিভ্] *adj* ১ নিরাপত্তামূলক; সংরক্ষণমূলক: ~ covering; a ~ tariff; ~ sheath, দ্র. sheath. ˌ**~ ˈclothing** যে পোশাক পরিধানকারীকে পোড়া, জীবাণু–সংক্রমণ, তেজস্ক্রিয়া ইত্যাদি ঝুঁকি থেকে রক্ষা করে; নিরাপত্তা–পোশাক। ˌ**~ ˈcolouring** পশুপাখি ও কীটপতঙ্গের গায়ের রং, যা তাদের স্বাভাবিক পরিবেশে আত্মগোপন করার সুযোগ দিয়ে শত্রুর আক্রমণ থেকে রক্ষা করে; সংরক্ষণকারী রং। ˌ**~ ˈfood** যেসব খাদ্য (যেমন অপরিহার্য খাদ্যপ্রাণে সমৃদ্ধ খাদ্য) স্বাস্থ্যরক্ষায় সহায়তা করে; স্বাস্থ্যসুরক্ষাকারী খাদ্য। ২ **~ (towards)** সংরক্ষণোন্মুখ: a ~ mother.

pro·tec·tor [প্রা'টেকটা(র্)] *n* রক্ষক; সংরক্ষক: রক্ষাকারী বস্তু।

pro·tec·tor·ate [প্রা'টেক্টারাট্] *n* ১ অন্যদেশের সংরক্ষণাধীন দেশ; আশ্রিত রাজ্য। ২ **the P~** ইংল্যান্ডে অলিভার ও রিচার্ড ক্রমওয়েলের শাসনামল (১৬৫৩–৫৯); সংরক্ষণতন্ত্র।

pro·tégé (fem **-gée**) ['প্রতিজ়েই US ,প্রৌতি'জ়েই] *n* (ফ.) (সাধা. দীর্ঘদিন ধরে) অন্য কোনো ব্যক্তির কাছ থেকে উৎসাহ ও সাহায্যপ্রাপ্ত ব্যক্তি; আশ্রয়ী; অনুগ্রহভাজন।

pro·tein ['প্রৌটীন্] *n* [U, C] দুধ; ডিম; মাছ–মাংস প্রভৃতি খাদ্যে উপস্থিত; সুস্বাস্থ্য রক্ষার জন্য অপরিহার্য শরীরগঠক পদার্থ; পলীয়; প্রোটিন।

pro tem·pore [,প্রৌ 'টেম্পারি] *adv* (লা.) (প্রায়শ **pro tem** রূপে সংক্ষিপ্ত) আপাতত; সাময়িকভাবে; কেবল বর্তমানের জন্যে: He is in charge of the school pro tem.

pro·test[1] ['প্রৌটেস্ট্] *n* ১ [C, U] প্রতিবাদ; আপত্তি: make/lodge/enter a ~ (against sth). ২ (attrib) প্রতিবাদ; a '~ movement; a '~ march.

pro·test[2] [প্রা'টেস্ট্] *vt, vi* ১ দৃঢ়তার সঙ্গে/ দৃঢ়প্রতিজ্ঞাপূর্ণ ঘোষণা করা; দৃঢ়োক্তি করা: to ~ one's innocence; I ~ed that I had never been a party to the conspiracy. ২ **~ (against)** প্রতিবাদ/ আপত্তি করা: Why did you not ~ against being called you a raving lunatic? **~er** *n* প্রতিবাদকারী। **~·ing·ly** *adv* প্রতিবাদ সহকারে; প্রতিবাদে; প্রতিবাদ করে।

Prot·es·tant ['প্রটিস্টান্ট্] *n, adj* খ্রিস্টানদের ধর্মসংস্কার–আন্দোলনের সময়ে (১৬ শতক) রোমের গির্জা–সংগঠন থেকে বিচ্ছিন্ন বিভিন্ন খ্রিস্টীয় ধর্ম–সংগঠন এবং তাদের পরবর্তী প্রশাখা সম্বন্ধী; ঐসব সংগঠনের সদস্য; প্রটেস্ট্যান্ট; রোমীয়মতবিরোধী। **~·ism** [–টিজ়াম্] *n* [U] প্রটেস্ট্যান্ট মতবাদ; প্রটেস্ট্যান্টগণ।

prot·esta·tion [,প্রটেস্'টেইশ্ন্] *n* [C] (আনুষ্ঠা.) দৃঢ়প্রতিজ্ঞ ঘোষণা; দৃঢ়বাদ; দৃঢ়ভাষণ; দৃঢ়োক্তি: ~s of innocence/friendship.

proto·ac·tin·ium [,প্রৌটৌঅ্যাক্'টিনিঅম্] *n* = protactinium; প্রোটোঅ্যাকটিনিয়ম।

pro·to·col ['প্রৌটাকল্ US -কো ॰ল্] *n* ১ [C] (বিশেষ. দুই রাষ্ট্রের মধ্যে) খসড়া চুক্তি। ২ [C] শিষ্টাচারবিধি; (কূটনৈতিক অনুষ্ঠান বা উপলক্ষে প্রতিপালিত) বিনয়বিধি; সৌজন্যবিধি: The guests were received according to ~.

pro·ton [প্রৌটন্] *n* পরমাণু–কেন্দ্রের অঙ্গীভূত ধনাত্মক আধানযুক্ত কণিকা; প্রোটন। দ্র. electron.

pro·to·plasm ['প্রৌটাপ্ল্যাজ়াম্] *n* [U] উদ্ভিদ ও প্রাণী জীবনের মূল উপাদানস্বরূপ বর্ণহীন; জেলিসদৃশ পদার্থবিশেষ; জীবাকর; প্রোটোপ্লাজম।

pro·to·type ['প্রৌটাটাইপ্] *n* [U] উড়োজাহাজ প্রভৃতির প্রথম বা মূল নমুনা, যার অনুরূপ উড়োজাহাজ ইত্যাদি নির্মাণ করা হয়েছে বা হবে; মূলরূপ; আদিরূপ; মূলাদর্শ; আদি প্রতিমা।

pro·to·zoa [,প্রৌটা'জ়ৌআ] *n pl* সরলতম শ্রেণীর এককোষবিশিষ্ট (সাধা. আণুবীক্ষণিক) প্রাণী; আদ্যপ্রাণী।

pro·tract [প্রা'ট্র্যাক্ট্ US প্রৌ–] দীর্ঘায়িত/বিলম্বিত করা: a ~ed visit/argument. **pro·trac·tion** [প্রা'ট্র্যাক্শ্ন্ US প্রৌ–] *n* দীর্ঘীকরণ; দীর্ঘসূত্রতা।

pro·trac·tor [প্রা'ট্র্যাকট(র্) US প্রৌ–] *n* কোনো অঙ্কন ও মাপার জন্য অর্ধবৃত্তাকার যন্ত্রবিশেষ; চাঁদা।

pro·trude [প্রা'ট্রূড্ US প্রৌ–] *vi, vt* বাইরে প্রসারিত হওয়া বা করা; বহিঃসৃত/বহির্বর্তিত/বহিঃসারিত/ প্রসৃত/উদ্ভিন্ন হওয়া বা করা: a shelf that ~s from a wall; protruding eyes/teeth. **pro·tru·sion** [প্রা'ট্রূজ়ন্ US প্রৌ–] *n* বহিঃসরণ; উদ্ভেদ; প্রোদ্ভেদ। **pro·trus·ive** [প্রা'ট্রূসিভ্ US প্রৌ–] *adj* বহির্বর্তী; বহির্গত; বহির্লম্ব; প্ররূঢ়।

pro·tu·ber·ant [প্রা'টিউবারান্ট্ US প্রৌটূ–] *adj* (আনুষ্ঠা.) প্রস্ফীত; প্রলম্ব। **pro·tu·ber·ance** [–রান্স্] *n* [U, C] প্রলম্বতা; প্রস্ফীতি।

proud [প্রাউড্] *adj* (-er, -est) ১ (সদর্থে) গর্বিত; মর্যাদাবান: ~ of one's success/of being so successful. ২ (কদর্থে) উদ্ধত; অহঙ্কারী; প্রগল্ভ; অহঙ্কৃত; দাম্ভিক: He is too ~ to accept our invitation. ৩ সঙ্গতভাবে গর্ব করার মতো; দৃপ্ত; গর্বোন্নত; শ্লাঘ্য; শ্লাঘনীয়; প্রোজ্জ্বল; গর্বের: soldiers in a ~ array. It was a ~ day for the school when the great scholar came to address the students. ৪ **~ flesh** শুকিয়ে–আসা ক্ষতস্থানের চারদিকে বর্ধিত মাংস। ৫ (যৌগশব্দ) '**house-~** নিজগৃহ, গৃহের যত্ন ইত্যাদি বিষয়ে গর্বিত; গৃহগর্বিত। '**purse-~** ধনগর্বিত। (*adv* প্রয়োগ; কথ্য) **do sb ~** অত্যন্ত সম্মানিত করা; মহাসমারোহে/সাড়ম্বরে আপ্যায়িত করা। **~·ly** *adv* সগর্বে; সদর্পে; সদম্ভে; মহাসমারোহে।

prove [প্রূভ্] *vt, vi* (*pp* ~d কিংবা *-n* ['প্রভ্ন্]) ১ **~ (to)** প্রমাণ/প্রমাণিত/প্রতিপন্ন করা: ~ sb's quilt/that he is guilty. **The exception ~s the rule** ব্যতিক্রম প্রমাণ করে যে নিয়ম অধিকাংশ ক্ষেত্রেই সিদ্ধ; ব্যতিক্রম নিয়মকেই প্রতিপন্ন করে। **not ~n** (স্কটল্যান্ডে ফৌজদারি মামলার বিচারে) অপ্রমাণিত (জুরির সিদ্ধান্ত যে, যেহেতু অভিযোগ প্রমাণিত করা যাচ্ছে না, তাই আসামিকে খালাস দেওয়া যেতে পারে, যদিও সে নিরপরাধ না–ও হতে পারে)। ২ সত্যতা বা অকৃত্রিমতা প্রমাণ/প্রতিপন্ন করা: ~ a will; ~ a man's worth. ৩ **~ (oneself) (to be)** প্রমাণিত/প্রতিপন্ন হওয়া: You ~d yourself to be an unworthy husband. **prov·able** [–ভাবল্] *adj* প্রমাণযোগ্য; প্রমেয়; প্রতিপাদ্য।

prov·enance [প্রভানান্স্] *n* [U] উৎস; উদ্ভব; উৎপত্তি (–স্থল): antique furniture of doubtful ~, যে আসবাব সত্যিকারভাবে প্রাচীন না–ও হতে পারে।

prov·en·der ['প্রভিন্ডা(র্)] *n* [U] ঘোড়া ও গবাদি পশুর খাদ্য, যেমন বিচালি, ঘাস, যব ইত্যাদি; পশুখাদ্য; (কথ্য) যে কোনো খাদ্য; ভক্ষ্যদ্রব্য।

prov·erb [প্রভাব্] *n* ১ প্রবাদ; প্রবচন। ২ **(the Book of) P~s** বাইবেলের আদিখণ্ডের অন্যতম পুস্তক; প্রবাদপুস্তক; প্রবাদপুরুষ; প্রবাদ স্বরূপ: He is a ~ for miserliness. His miserliness is a ~. **~·ial** [প্রা'ভাবিঅল্] *adj* ১ প্রবাদবিষয়ক কিংবা প্রবাদের দ্বারা প্রকাশিত; প্রবাদ–: ~ial saying, প্রবাদবাক্য; ~ial wisdom, প্রবাদনিহিত প্রজ্ঞা। ২ প্রবাদতুল্য; লোকপ্রসিদ্ধ; (কদর্থে) কুখ্যাত: His meanness is ~ial. **~i·ally** *adv* লোকপ্রসিদ্ধরূপে: He is ~ially niggardly.

pro·vide [প্রা'ভাইড্] *vi, vt* ১ **~ for sth/sb** যথাযথ প্রস্তুতি গ্রহণ করা; প্রতিপালন/ভরণপোষণ করা; সংস্থান/সৎকার করা: Have we enough to ~ for our guests? I have many dependants to ~ for. ~ **against sth** সতর্কতামূলক ব্যবস্থা নেওয়া; সংস্থান করা: We have adequately ~d against a food shortage next summer. ২ **~ sth (for sb); ~ sb with sth** দেওয়া; যোগানো; সরবরাহ করা: ~ one's children with food and clothes; শর্ত আরোপ করা; শর্ত উল্লেখ করা: It is ~d in the agreement that the tenant . . . **~r** *n* প্রতিপালক; সরবরাহকারী; জোগানদার।

pro·vided [প্রা'ভাইডেড়] *conj* **~ (that)** এই শর্তে (যে)।

provi·dence [প্রভিডান্‌স্] *n* ১ [U] (প্রা. প্র.) মিতব্যয়; মিতব্যয়িতা; ভবিষ্যৎ-চিন্তা; দূরদর্শিতা; বিমৃষ্যকারিতা। ২ **P~** ঈশ্বর; ঈশ্বরবিধান; বিধাতা; মানুষ ও সৃষ্টজগতের জন্য ঈশ্বরের প্রযত্ন: (ছোটো P দিয়ে) এই প্রযত্নের বিশেষ দৃষ্টান্ত: the mysterious working of divine ~. I put my trust in ~.

provi·dent [প্রভিডান্ট্] *adj* ভবিষ্যৎ চাহিদা, বিশেষ. বার্ধক্যকালীন প্রয়োজন মেটানোর জন্য প্রস্তুত কিংবা ভবিষ্যতের চাহিদা সম্বন্ধে সতর্ক; দূরদর্শী; ভবিষ্যৎচিন্তক; অগ্রদর্শী; বিমৃষ্যকারী: ~ fund, ভবিষ্য তহবিল। **~·ly** *adv* ভবিষ্যৎ চিন্তা করে; দূরদর্শিতাপূর্বক।

provi·den·tial [প্রভি'ডেন্‌শ্‌ল্] *adj* ঈশ্বরবিহিত; বিধাতৃকৃত: a ~ escape. **~·ly** [-শালি] *adv* ঈশ্বরবিধানে; বিধাতৃসিদ্ধভাবে।

pro·vid·ing [প্রা'ভাইডিঙ্] *conj* **~ (that)** = provided (that): He will come ~ (that) his health permits.

prov·ince [প্রভিন্‌স্] ১ প্রদেশ। ২ **the ~s** রাজধানীর বাইরে দেশের সমগ্র এলাকা; মফস্বল। ৩ আর্চবিশপের অধীন এলাকা; মণ্ডল। ৪ জ্ঞানবিজ্ঞানের বিশেষ এলাকা; ক্ষেত্র; স্বকর্ম; এখতিয়ার: a woman's ~, স্ত্রীধর্ম; outside the ~ of science, বিজ্ঞানের এলাকা-বহির্ভূত।

prov·in·cial [প্রা'ভিন্‌শ্‌ল্] *adj* ১ প্রদেশসম্বন্ধী; প্রাদেশিক: ~ government. ২ মফস্বলসম্বন্ধী; মফস্বলি; মফস্বলের: ~ roads. ৩ সঙ্কীর্ণদৃষ্টি; প্রাদেশিক; আঞ্চলিক; মফস্বলি; গ্রাম্য: a ~ accent. □*n* গ্রাম্যজন; মফস্বলের লোক; গ্রামীণ মানুষ। **~ly** [-শালি] *adv* প্রাদেশিকভাবে ইত্যাদি। **~·ism** [-লিজ়াম্] *n* ১ [C] প্রাদেশিক চাল-চলন্, ভাষা, আচরণ ইত্যাদি; প্রাদেশিকতা। ২ [C] নিজ দেশের চেয়ে নিজ প্রদেশের প্রতি, প্রদেশের রীতিনীতি ইত্যাদির প্রতি অধিক আনুগত্য; প্রাদেশিকতা।

pro·vi·sion [প্রাভিজ়ন্] *n* ১ [U] (বিশেষ. ভবিষ্যৎ প্রয়োজনের জন্য) প্রস্তুতি; পূর্বোপায়; সংস্থান; সরবরাহ; যোগান: make ~ for one's old age; the ~ of water and gas to domestic consumers; to make ~ against sth, সাবধান হওয়া। ২ [C] সরবরাহকৃত বস্তুর পরিমাণ; সরবরাহ করা: issue a ~ of meat to the troops. ৩ (*pl*) খাদ্য; খাদ্যদ্রব্য; খাদ্যসরবরাহ: lay in a store of ~s; (attrib, *sing*) a ~ merchant, মুদি; ভোজ্যপণ্যের ব্যবসায়ী; a wholesale ~ business. ৪ [C] আইন বা দলিলের ধারা; শর্ত; অনুবিধি: if there is no ~ to the contrary. □*vt* রসদ সরবরাহ করা: ~ a ship for a long voyage.

pro·vi·sional [প্র'ভিজ়ানল্] *adj* আপাতকালীন (পরবর্তীকালে স্থিরীকৃত, পরিবর্তিত বা প্রতিসারিত হতে পারে); সাময়িক; অস্থায়ী; আপাতক: a ~ government/contract. **~·ly** [-নালি] আপাতত, অস্থায়ীভাবে, সাময়িকভাবে ইত্যাদি।

pro·viso [প্রা'ভাইজ়ৌ] *n* (*pl* -s, US অপিচ -es [-জ়ৌজ়]) বিশেষ. চুক্তি, দলিল ইত্যাদিতে কোনো বিধি বা শর্তের পরিধি সীমাবদ্ধ করার জন্য সংযোজিত অনুশর্ত; অনুবিধি: with the ~ that, এই অনুবিধিসাপেক্ষে যে; subject to this ~. **pro·vi·sory** [প্রা'ভাইজ়ারি] *adj* অনুবিধিসাপেক্ষ।

provo·ca·tion [প্রভ'কেইশ্‌ন্] *n* ১ [U] প্ররোচন; প্রকোপন; উত্তেজন; উত্তেজনা; উসকানি: do sth under ~, প্রকোপিত/উত্তেজিত অবস্থায় কিছু করা; wilful ~ of public disorder. ২ [C] যা প্ররোচিত/ প্রকোপিত করে; প্ররোচনা; উসকানি।

pro·voca·tive [প্রা'ভকাটিভ্] *adj* ক্রোধ, তর্ক, আগ্রহ ইত্যাদি উদ্দীপিত করে এমন; উদ্দীপনাদায়ক; উত্তেজনাকর; উসকানিমূলক: ~ remarks, তর্কোদ্দীপক মন্তব্য; a ~ dress, উসকানিপ্রদ পোশাক। **~·ly** *adv* প্ররোচনাদায়করূপে ইত্যাদি।

pro·voke [প্রা'ভৌক্] *vt* ১ ক্রুদ্ধ/ক্ষুব্ধ করা; রাগানো; খেপানো; চটানো: When ~d, I fight. Don't ~ the dog, it may bite you. ২ উদ্রেক করা; উদ্দীপ্ত করা; ঘটানো: ~ laughter/a smile/a riot. ৩ **~ sb to do sth/into doing sth** প্ররোচিত করা; বাধ্য করা: Your meanness ~d him to insult you. Don't ~ me to take stern action against you. **pro·vok·ing** *adj* বিরক্তিজনক; জ্বালাতনকর: provoking of sb to be late. **pro·vok·ing·ly** *adv* বিরক্তিকরভাবে ইত্যাদি।

pro·vost [প্রভাস্ট্ US 'প্রৌ-] *n* ১ (ব্রিটেনে) বিশ্ববিদ্যালয়ের অঙ্গীভূত কোনো কোনো কলেজের এবং ইটন কলেজের প্রধান; অধ্যক্ষ; প্রাধ্যক্ষ। ২ (স্কটল্যান্ডে) পৌরনিগমের প্রধান (=mayor); নগরাধ্যক্ষ। ৩ **~ marshal** [প্রা,ভৌ 'মা:শ্‌ল্ US ,প্রৌভৌ] সামরিক পুলিশ-প্রধান।

prow [প্রাউ] *n* জাহাজ বা নৌকার সুচালো অগ্রভাগ; পোতাগ্র; নৌকাগ্র; গলুই।

prow·ess [প্রাউইস্] *n* [U] বিক্রম; শৌর্য; বীর্য; অসাধারণ ক্ষমতা ও দক্ষতা।

prowl [প্রাউল্] *vi, vt* ১ (বন্য পশুর মতো) শিকারের সন্ধানে বা চুরি করার উদ্দেশ্যে সাবধানে পরিভ্রমণ করা; কিছুর সন্ধানে ঘুর ঘুর করা; খাদ্যান্বেষণ করা। ২ (রাস্তায় উক্তরূপে) ঘুর ঘুর করা। □*n* খাদ্যান্বেষণ; শিকারান্বেষণ; ঘুর ঘুর: be on the ~, (খাদ্যান্বেষণে) ঘুর ঘুর করতে থাকা। **'~ car,** (US) দ্র. squad ভুক্তিতে squad car. **~er** *n* যে ব্যক্তি বা জন্তু (খাদ্যান্বেষণে) ঘুর ঘুর করে বেড়ায়; পরিভ্রমী।

proxi·mate [প্রক্‌সিমাট্] *adj* (আনুষ্ঠা.) নিকটতম; সমীপতম।

prox·im·ity [প্রাক্'সিমাটি] *n* [U] (আনুষ্ঠা.) সামীপ্য; নৈকট্য; সান্নিধ্য; সন্নিধান; সন্নিকৃষ্টতা: in (close) ~ to, (অতি) নিকটবর্তী (এই অর্থে near to অধিক বাঞ্ছনীয়)। **~ fuse** কামানের গোলার সঙ্গে সংযুক্ত উদ্দাহকবিশেষ, যা লক্ষ্যবস্তুর (যেমন শত্রুপক্ষের বিমান) কাছে এলেই গোলাটিকে বিস্ফোরিত করে।

proxy [প্রক্‌সি] *n* (*pl* -xies) ১ [C, U] (বিশেষ. নির্বাচনে ভোট দেওয়ার জন্য) প্রতিনিধিত্ব করার অধিকার; ঐরূপ প্রতিনিধিত্বের লিখিত অধিকার; প্রতিনিধিত্ব;

প্রতিনিধিত্বপত্র: vote by ~. ২ [C] যে ব্যক্তি (বিশেষ. নির্বাচনে) অন্যের প্রতিনিধিত্ব করে; প্রতিনিধি; প্রতিহস্ত।

prude [প্রূড়] *n* আচরণে বা বাক্যে আত্যন্তিক বা অতিশয়িত (প্রায়শ কৃত্রিম) ঔচিত্যবোধসম্পন্ন ব্যক্তি; বিনয়াভিমানী। **pru·dery** [প্রূডারি] *n* (*pl* ries) [U,C] শিষ্টম্মন্যতা; বিনয়াভিমান; শিষ্টাচারপনা। **prud·ish** [প্রূডিশ্] *adj.* বিনয়াভিমানী। **pru·dish·ly** *adv* বিনয়াভিমানপূর্বক ইত্যাদি।

pru·dent [প্রূড্‌ন্‌ট্] *adj* সতর্ক; দূরদর্শী; কৃতাবধান; পরিণামদর্শী; সুবিবেচক; বিচক্ষণ: a ~ housekeeper. **~·ly** *adv* সতর্কভাবে, সাবধানে, দূরদর্শিতার সঙ্গে, বিচক্ষণভাবে ইত্যাদি। **pru·dence** [-ড্‌ন্‌স্] *n.* [U] দূরদর্শিতা; পরিণামদর্শিতা; বিমৃষ্যকারিতা; পূর্বাপরবিচার; পূর্বচিন্তা; পূর্ববিবেচনা; সাবধানতা।

pru·den·tial [প্রূ'ডেন্‌শ্‌ল্] *adj* দূরদর্শিতাসম্বন্ধী; দূরদর্শিতাপ্রযুক্ত; পূর্ববিচারপ্রযুক্ত; সুবিবেচনাপ্রযুক্ত।

prune[1] [প্রূন্] *n* শুকনা আলুবোখারা; (কথ্য) গবা।

prune[2] [প্রূন্] *vt* **~ sth from sth; ~ sth off; ~ sth away** (গাছ, ঝোপঝাড় ইত্যাদির) অংশবিশেষ ছাঁটা; ছেঁটে দেওয়া; (লাক্ষ.) কাটছাঁট/ ছাঁটাই করা: ~ the hedgerows: ~ an essay of superfluous matter; ~ away unnecessary adjectives. **prun·ing** *n* [U] ছাঁটাই। **'pruning-Knife/-hook/-saw/-scissors/-shears** ডাল ছাঁটার ছুরি/কাঁচি ইত্যাদি। **pruners** *n pl* ডাল ছাঁটার কাঁচি।

pru·ri·ent ['প্রৌরিঅ্যান্‌ট্] *adj* যৌন ব্যাপারে অস্থির ও বিকৃত কামনাসম্পন্ন। **pru·ri·ence** [-অ্যান্‌স্], **pru·ri·ency** [-অ্যান্‌সি] *nn* বিকৃত কামবাসনা; অস্থির কৌতূহল। **~·ly** *adv*

Prus·sian ['প্রাশ্‌ন্] *n, adj* প্রুশিয়াসম্বন্ধী বা প্রুশিয়ার অধিবাসী; প্রুশীয়। **~ blue** গাঢ় নীল বর্ণ।

prus·sic ['প্রাসিক্] *adj* ,**~ 'acid** অতিমারাত্মক বিষবিশেষ; প্রুসিক এসিড।

pry[1] [প্রাই] *vi* (*pt, pp* pried [প্রাই ড়]) **pry into** (অন্যের ব্যাপারে) অত্যধিক কৌতূহলের সঙ্গে খোঁজখবর নেওয়া। **pry about** কৌতূহলভরে উঁকিঝুঁকি মারা। **pry·ing·ly** *adv* অন্যায় কৌতূহলভরে।

pry[2] [প্রাই] *vt* (= prize[3]) চাপ দিয়ে খোলা; (কোনো কিছু) তোলা; (লাক্ষ.) (গুপ্ত কথা) বের করে নেওয়া: ~ a secret out of sb.

psalm [সা:ম্]. *n* স্তুতিগান, স্তুতিগীত, বিশেষ. বাইবেলের অন্তর্গত স্তুতিগান (**the P~s**)। **~·ist** [-মিস্‌ট্] *n* স্তোত্রগীতিকার, বিশেষ. **the P~ist** দাউদ (যিনি বাইবেলের স্তুতিগানসমূহের রচয়িতা বলে কথিত)। **~·ody** ['সা:মাডি] *n* (*pl* -dies) ১ [U] স্তুতিগান গাওয়ার বিদ্যা বা রেওয়াজ; স্তোত্রগান। ২ [C] (গাওয়ার জন্য) স্তোত্রগানের বিন্যাস; স্বরলিপিসহ স্তোত্রগানের বই; স্তোত্রগীতিমালা।

psal·ter ['সো°লটা(র্)] *n* (বাইবেলের অন্তর্গত) স্তোত্রপুস্তক; বিশেষ. প্রকাশ্য উপাসনা-অনুষ্ঠানে ব্যবহারের জন্য পরিকল্পিত বাইবেলের স্তোত্রসমূহের অনুলিপি; গীতসংহিতা।

psal·tery ['সো°লট রি] *n* (*pl* -ries) তন্ত্রীযুক্ত প্রাচীন ও মধ্যযুগীয় বাদ্যযন্ত্রবিশেষ; তার আকর্ষণ করে এ-যন্ত্র বাজাতে হতো; সলটারি।

pse·phol·ogy [সে'ফ়লাজি US সী-] *n* নির্বাচনের প্রবণতা-বিষয়ক বৈজ্ঞানিক পর্যেষণা; নির্বাচনতত্ত্ব; নির্বাচনবিজ্ঞান। **pse·phol·ogist** [-জিস্‌ট্] *n* নির্বাচনতাত্ত্বিক।

pseud [সিউড্ US 'সূড্] *n* কথ্য = pseudo (*n*)

pseudo ['সিউডৌ US সূ-] *adj* (কথ্য) কপট; কৃত্রিম; মেকি: I consider him very ~. □*n* মেকি লোক; ভণ্ড।

pseudo- [,সিউডৌ US ,সূ-] *pref* ছদ্ম; মিথ্যা; কৃত্রিম; -কল্প: ~-scientific, মৃষাবৈজ্ঞানিক; বিজ্ঞানকল্প। দ্র. পরি. ৩। **pseu·do·nym** ['সিউডানিম্ US 'সূডা -] *n* ছদ্মনাম। **pseud·ony·mous** [সিউ'ডনিমাস্ US সূ-] *adj* ছদ্মনাম; ছদ্মনামিক।

pshaw [শো°] *int n* অবজ্ঞা বা অধৈর্যসূচক অব্যয়; ধুৎ; ধুত্তোর।

psit·ta·co·sis [,সিটা'কৌসিস্] *n* [U] ('parrot fever নামেও পরিচিত) (তোতা এবং তৎসম্পর্কিত পাখিদের দ্বারা সংক্রামিত) সংক্রামক ভাইরাস-রোগবিশেষ; এতে জ্বর এবং নিউমোনিয়াসদৃশ অন্যান্য উপসর্গ দেখা যায়; শুকজ্বর; শুকরোগ।

pso·ri·asis [সৌ 'রাইআসিস্] *n* লাল লাল আঁশালো দাগযুক্ত অসংক্রামক চর্মরোগবিশেষ; কচ্ছুরোগ।

psych [সাই ক্] *vt* (কথ্য) ১ ভয় পাইয়ে দেওয়া: You really ~ed me. ২ **~ sb up** মানসিকভাবে প্রস্তুত করা; সাহস যোগানো: He has to be ~ed up for the exam.

psyche ['সাইকি] *n* ১ মানবাত্মা; আত্মা; অন্তরাত্মা। ২ মন; চৈতন্য; চেতনা; প্রাণ; প্রাণাত্মা; মানস।

psyche·delic [,সা ইকি'ডেলিক্] *adj* ১ (মাদকদ্রব্য সম্বন্ধে) অমূলপ্রত্যক্ষজনক: LSD is a dangerous ~ drug. ২ (দৃশ্য ও শব্দের প্রভাব সম্বন্ধে) মনের উপর অমূল প্রত্যক্ষ-উৎপাদক মাদকের মতো কাজ করে এমন; উন্মাদজনক: ~ music.

psy·chia·try [সাই'কাইআট্রি US সি-] *n* [U] মানসিক রোগের পর্যেষণা ও চিকিৎসা; মনঃচিকিৎসা। **psy·chia·trist** [-ট্রিস্‌ট্] *n* মনঃচিকিৎসক: a psychiatric clinic, মনঃচিকিৎসা-নিকেতন।

psy·chic[1] ['সা ইকিক্] *n* [C] অতিপ্রাকৃত শক্তির প্রতি সংবেদনশীল বলে দাবি করেন কিংবা আপাতদৃষ্টিতে সংবেদনশীল মনে হয় এমন ব্যক্তি; মৃত ব্যক্তির আত্মার কাছ থেকে সংবাদ পান বলে দাবি করেন এমন ব্যক্তি; প্রেতলোকের সঙ্গে সম্পর্ক স্থাপনের (বিশেষ আত্মিক গুণবিশিষ্ট) মাধ্যম; অধ্যাত্মিক।

psy·chic[2] ['সাইকিক্], **psy·chi·cal** ['সাইকিকল্] *adj.* ১ আত্মিক; মানসিক। ২ প্রাকৃতিক বা নৈসর্গিক নিয়মের বহির্বর্তী বলে প্রতীয়মান হয় এমন ঘটনা বা অবস্থা সম্বন্ধী; আধিদৈবিক: ~ research.

psy·cho-an·aly·sis [,সাইকৌআ'ন্যালাসিস্] *n* [U] ১ মানসিক রোগের চিকিৎসাপদ্ধতিবিশেষ—যাতে রোগীর সাক্ষাৎকার গ্রহণের মাধ্যমে তার শৈশব জীবনের ঘটনাবলীর মধ্যে রোগের নিহিত কারণ উদ্‌ঘাটনের চেষ্টা করা হয় এবং ঐসব ঘটনা সম্বন্ধে তাকে সচেতন করে তুলে রোগ নিরাময় করা হয়; মনঃসমীক্ষণ। ২ আবেগঘটিত বৈকল্যের পর্যেষণা ও চিকিৎসার জন্য উক্ত পদ্ধতি-নির্ভর মতবাদ; মনঃসমীক্ষণ। **psy·cho-ana·lyst** [,সাইকৌ'অ্যানালিস্‌ট্] *n* মনঃসমীক্ষণবিদ। **psy·cho-ana·lytic(al)** [,সাইকৌ'অ্যানা'লিটিক্(ল্)] *adj* মনঃসমীক্ষণমূলক; মনোবীক্ষণিক। **psy·cho·ana·lyse** (US = **-lyze**) [,সা ইকৌ 'অ্যানালা ইজ্] *vt* মনঃসমীক্ষণ করা।

psy·chol·ogy [সাই'কলাজি] *n* [U] ১ মনোবিদ্যা; মনোবিজ্ঞান: abnormal/animal/child/industrial ~. ২

[C] (কথ্য, অবৈজ্ঞানিক ব্যবহার) ব্যক্তিবিশেষের মানসিক প্রকৃতি, প্রক্রিয়া ইত্যাদি; মনস্তত্ত্ব: Try to understand his ~. **psy·chol·ogist** [-জিস্‌ট্] *n* মনোবিজ্ঞানী; মনোবিদ। **psy·cho·logi·cal** [ˌসাইকাˈলজিক্‌ল্] মনস্তাত্ত্বিক; মানসিক। **the psychological moment** সবচেয়ে উপযুক্ত সময়; যে সময়ে কাঙ্ক্ষিত লক্ষ্য অর্জনের সম্ভাবনা সবচেয়ে বেশি; মানসিক মুহূর্ত। **psychological warfare** মানুষের চিন্তাভাবনা ও বিশ্বাসের উপর প্রভাববিস্তার করে যুদ্ধ পরিচালনা; মনস্তাত্ত্বিক লড়াই। **psy·cho·logi· cally** [-ক্‌লি] *adv* মানসিকভাবে; মনস্তাত্ত্বিকভাবে।

psy·cho·path [ˈসাইকৌপ্যাথ্] *n* আবেগের গুরুতর বৈকল্যঘটিত মানসিক রোগী, বিশেষ. এ ধরনের রোগী যখন হিংস্র, সমাজবিরোধী এবং নীতিবোধ-বিবর্জিত হয়; চিত্তবিকারগ্রস্ত। **~·ic** [ˌসাইকৌˈপ্যাথিক্] *adj* চিত্তবিকারঘটিত।

psy·cho·sis [সাইˈকৌসিস্] *n* (*pl* -choses [-কৌসীজ্]) সাংঘাতিকরূপে অস্বাভাবিক বা রুগ্‌ণ মানসিক অবস্থা; মনোবৈকল্য।

psy·cho·so·matic [ˌসাইকোসাˈম্যাটিক্] *adj* (রোগ সম্বন্ধে) মানসিক চাপজনিত; (ঔষধ সম্বন্ধে) উক্তরূপ ব্যাধি-সম্পৃক্ত; মনঃশারীরিক।

psy·cho·therapy [ˌসাইকৌˈথেরাপি] *n* [U] মনস্তাত্ত্বিক পদ্ধতিতে মানসিক আবেগঘটিত এবং স্নায়বিক রোগের চিকিৎসা; মনস্তাত্ত্বিক চিকিৎসা।

ptar·mi·gan [ˈটা:মিগান্] *n* বুনোহাঁসজাতীয় পাখিবিশেষ; এদের পালকের রং গ্রীষ্মকালে কালো বা ধূসর এবং শীতকালে সাদা হয়ে থাকে; টার্মিগান।

pto·maine [ˈটৌমেইন্] *n* বাসিপচা খাবারে প্রাপ্ত (বিভিন্ন ধরনের) বিষ; বাসিবিষ: ill with ~ poisoning.

pub [পাব্] *n* public house-এর সংক্ষেপ; পানশালা; আপান: go round to the ~ for a drink. **ˈpub-crawl,** দ্র. crawl *n* (১).

pu·berty [ˈপিউবাটি] *n* [U] শারীরিক বিকাশের যে স্তরে ব্যক্তি প্রজননের ক্ষমতা অর্জন করে; বয়ঃসন্ধি: reach the age of ~.

pu·bic [ˈপিউবিক্] *adj* তলপেটের নিম্নাংশ সম্বন্ধী; উপস্থ সম্বন্ধী: ~-hair.

pub·lic [ˈপাব্‌লিক্] (private-এর বিপরীত) জনসাধারণ বা সর্বসাধারণ সম্বন্ধী; সর্বসম্বন্ধী; সর্বসাধারণ; সর্বজনীন; সার্বজনিক; সর্বলোকবিদিত; সর্বসাধারণের; প্রকাশ্য: a ~ library/park, সার্বজনিক গ্রন্থাগার/উদ্যান; a matter of ~ knowledge, সর্বজনবিদিত বিষয়; enter ~ life, জনসাধারণের কাজে বা সেবায় নিয়োজিত হওয়া, যেমন সরকারি চাকরিতে যোগ দেওয়া; ~ elementary and secondary school, সরকারি (অবৈতনিক) প্রাথমিক ও মাধ্যমিক বিদ্যালয়। **ˌ~-adˈdress system** *n* (সংক্ষেপ PA System) প্রকাশ্যস্থানে সম্প্রচারের জন্য মাইক্রোফোন ও লাউডস্পিকারের ব্যবস্থা; প্রকাশ্য প্রচারব্যবস্থা। **ˌ~ ˈbar** (পানশালা বা হোটেলে) সাধারণ পানঘর। দ্র. saloon ভুক্তিতে saloon bar. **ˌ~·corpoˈration** (আইন.) জনসাধারণের সেবায় নিয়োজিত কর্পোরেশন বা নিগম (যেমন ব্রিটেনে বিবিসি); সাধারণসংস্থা। **ˌ~ ˈenemy** সমগ্র সম্প্রদায়ের জন্য বিপজ্জনক বলে বিবেচিত ব্যক্তি; গণশত্রু। **ˌ~ ˈhouse** *n* (GB) (আনুষ্ঠা. সংক্ষেপ **pub** [পাব্]) যে অনাবাসিক পানশালায় নিজস্ব পরিসরের মধ্যে পান করার জন্য সরকারি অনুমতিক্রমে সুরাজাতীয় পানীয় বিক্রয় করা হয়; সাধারণ পানশালা। **ˌ~ ˈnuisance** (আইন.) সর্বসাধারণের জন্য (ব্যক্তিবিশেষের জন্য নয়) ক্ষতিকর বেআইনি কার্যকলাপ; (কথ্য) গোটা সম্প্রদায়ের জন্য উপদ্রবজনক ব্যক্তি। **ˌ~ oˈpinion poll,** দ্র. poll[1] (২). **ˌ~ ˈownership** রাষ্ট্রীয় মালিকানা; গণমালিকানা। **ˌP~ Prosecutor,** দ্র. prosecute ভুক্তিতে prosecutor. **ˌ~ reˈlations** (সংক্ষেপ PR) *n pl* জনসংযোগ। **ˌ~reˈlation officer** (সংক্ষেপে PRO) জনসংযোগ কর্মকর্তা। **ˌ~ ˈschool (ক)** (GB) অপেক্ষাকৃত অধিকবয়স্ক বেতনপ্রদায়ী ছাত্রছাত্রীদের জন্য অংশত দানপুষ্ট এবং একটি প্রশাসন-পরিষদ কর্তৃক পরিচালিত (সাধা. আবাসিক) বেসরকারি বিদ্যালয়-বিশেষ; লোকবিদ্যালয়। দ্র. preparatory ভুক্তিতে preparatory school. **(খ)** (US ও স্কট.) জনসাধারণের অর্থে পরিচালিত অবৈতনিক বিদ্যালয়; সরকারি বিদ্যালয়। **ˌ~ ˈspirit** সর্বসাধারণের জন্য কল্যাণকর যে কোনো কাজ করার জন্য উন্মুখতা; জনকল্যাণচেতনা; লোকহিতৈষণা। **ˌ~-ˈspirited** *adj* জনকল্যাণোন্মুখ; লোকহিতৈষী। **ˌ~ transport** (সড়ক ও রেলপথে) রাষ্ট্রীয় সংস্থার মালিকানাধীন পরিবহনব্যবস্থা; সর্বজনীয় পরিবহন। **~ trustee,** দ্র. trustee. **ˌ~ uˈtilities** যে সব সংস্থা জনসাধারণকে পানি, বিদ্যুৎ, গ্যাস, পরিবহন, যোগাযোগ প্রভৃতি সেবাদান ও পণ্য সরবরাহ করে; সাধারণ উপযোগিতামূলক প্রতিষ্ঠান। **go ~** (ব্যবসা-প্রতিষ্ঠান সম্বন্ধে) জনসাধারণের ক্রয়ের জন্য শেয়ার বাজারে ছাড়া: After its bankruptcy, the company went ~. □১ **the ~** জনসাধারণ; লোকসাধারণ: the British ~. **in ~** প্রকাশ্যে। ২ সমাজের বিশেষ অংশ: the theatre-going ~, নাট্যামোদী সম্প্রদায়; the reading ~ পাঠক-সম্প্রদায়; a book that will appeal to a large ~. **~·ly** *adv* প্রকাশ্যে; জনসমক্ষে।

pub·li·can [ˈপাব্‌লিকান্] *n* ১ পানশালার (public house) মালিক। ২ রোমান আমলে এবং বাইবেলের পুরাতন নিয়ম-এ (Old Testament) কর আদায়কারী।

pub·li·ca·tion [পাব্‌লিˈকেইশ্‌ন্] *n* ১ [U] প্রকাশ; প্রকাশনা। ২ প্রকাশিত পুস্তক, পত্রিকা ইত্যাদি।

pub·li·cist [পাব্‌লিসিস্‌ট্] *n* সমকালীন ঘটনার উপর প্রতিবেদন রচনাকারী সংবাদপত্রকর্মী; প্রচারণা পরিচালনাকারী ব্যক্তি।

pub·lic·ity [পাব্‌লিসিটি] *n* [U] ১ প্রচার: Filmstars always seek publicity. ২ প্রচারকার্য: The book/film was given wide ~. **ˈ~ agent** প্রচারকার্য চালানোর এজেন্ট। **pub·li·cize** [ˈপাব্‌লিসাইজ্] *vt* প্রচার করা; জনগণের গোচরীভূত করা।

pub·lish [পাব্‌লিশ্] *vt* ১ (বই, পত্রিকা ইত্যাদি) মুদ্রণ করা ও বিক্রির জন্য প্রস্তুত করা। ২ জনগণের গোচরীভূত করা: The news item was published in the national dailies. **~er** *n* প্রকাশক; পুস্তক-প্রকাশক।

puce [পিউস্] *n* [U] খয়েরি-লাল।

puck[1] [পাক্] *n* (লোককাহিনীতে) দুষ্ট ভূতবিশেষ; (লাক্ষ.) দুষ্ট ছেলে। **~·ish** দুষ্টামিপূর্ণ: He gave me a ~ish smile. **~ish·ly** *adv*

puck[2] [পাক্] *n* বরফের উপর হকি খেলার জন্য ব্যবহৃত রাবারের চাকতিবিশেষ।

pucker [ˈপাকা(র্)] *vt, vi* **~ (up)** কুঞ্চিত করা বা হওয়া: He puckered up his lips. □*n* কুঞ্চন।

pud·den [পুড়ন্] *n* (কথ্য) **~ head** নির্বোধ ব্যক্তি।

pudding [পুডিঙ্] *n* [C,U] ১ মিষ্টদ্রব্যাদি দিয়ে তৈরি খাবারবিশেষ। **milk ~s** দুধ, চাল এবং সুগন্ধি মিশিয়ে প্রস্তুত খাবার। **ˈ~-face** গোলগাল ও মাংসল মুখাবয়ব। ২ পুডিং-এর মতো দেখতে কোনো কিছু। ৩ **ˈ~ stone** গোল নুড়িপাথরে গঠিত শিলা।

puddle [ˈপাড্‌ল্] *n* ১ [C] (বৃষ্টিপাতের ফলে রাস্তা বা মাঠে সৃষ্ট) ছোট জলভর্তি ডোবা বা গর্ত। ২ দেয়াল গাঁথার জন্য কাদা ও বালি মিশ্রিত মাটির লেই। □*vt* ১ কাদা ও বালি মিশিয়ে লেই বানানো। ২ গলিত লোহাকে এমনভাবে নাড়ানো যাতে ক্রমে তা পেটা লোহায় পরিণত হয়। **pud·dler** কাদা ও বালির মিশ্রণকারী শ্রমিক; গলিত লোহাকে নাড়াচড়া করার শ্রমিক।

pu·denda [পিয়ু ˈডেন্‌ডা] *n pl* (আনুষ্ঠা.) জননেন্দ্রিয় (স্ত্রীজাতীয়প্রাণীর)।

pudgy [পাজি] *adj* বেঁটে ও মোটা: ~ fingers.

pueblo [ˈপুয়েব্‌লৌ] *n* রোদেপোড়া ইট ও পাথর দিয়ে বানানো গ্রামীণ বাড়িঘর (মেক্সিকো ও দক্ষিণ-পশ্চিম আমেরিকায়)।

puer·ile [ˈপ্যিউআরাইল্] *adj* শিশুসুলভ; বালকসুলভ; তুচ্ছ। **puer·il·ity** *n* বালকসুলভ ব্যবহার, কথা বা চিন্তা।

pu·er·peral [প্যিউˈআপারাল্] *adj* সন্তানপ্রসব-সংক্রান্ত; সন্তানপ্রসবজনিত।

puff [পাফ্] *n* মুখ থেকে ধোঁয়া বা বাতাস ত্যাগ। □ *vi, vt* মুখ থেকে ধোঁয়া বা বাতাস ত্যাগ করা; জোরে নিঃশ্বাস ফেলা; বাঁশিতে ফুঁ দেওয়া; সিগারেট টানা।

pu·gil·ist [ˈপ্যিউজিলিস্ট্] *n* (আনুষ্ঠা.) মুষ্টিযোদ্ধা। **pu·gil·ism** মুষ্টিযুদ্ধ। **pu·gil·is·tic** *adj* মুষ্টিযোদ্ধা-সুলভ; মুষ্টিযুদ্ধসংক্রান্ত।

pug·na·cious [পাগ্ˈনেইশাস্] *adj* (আনুষ্ঠা.), যুদ্ধংদেহী; লড়াইপ্রিয়; কলহপ্রিয়; ঝগড়াটে। **~ly** *adv.* **pug·nac·ity** *n*

puis·sant [ˈপ্যিউইস্‌ন্ট্] *adj* (প্রা.) অত্যন্ত ক্ষমতাশালী; প্রভাবশালী। **puis·sance** *n* ক্ষমতা; প্রভাব; প্রাবল্য।

puke [প্যিউক্] *vt, vt, n* (অশিষ্ট) বমি বমি করা।

pukka [ˈপাকা] *adj* (অশিষ্ট) খাঁটি; পুরোদস্তুর; ইট-পাথরের তৈরি (বাড়ি); প্রকৃত।

pul·chri·tude [ˈপাল্‌ক্রিটিউড্] *n* [U] (আনুষ্ঠা.) দৈহিক সৌন্দর্য। **pul·chri·tudi·nous** *adj*

pull[1] [পুল্] *n* ১ [C] টান; জোর চুমুক: He took a ~ at the bottle. ২ আকর্ষণ: The life of a sailor has a strong ~ for some people. ৩ টেনে নেওয়ার শ্রম; টেনে নেওয়ার কাজ। ৪ [C,U] (কথ্য) অন্যের কাজ থেকে সাহায্য বা অন্যের মনোযোগ আকর্ষণের ক্ষমতা: He has a strong ~ with the ministers.

pull[2] [পুল্] *vt, vi* ১ টানা; টেনে নেওয়া; টেনে তোলা: Bullocks ~ ploughs. The dentist ~ed out one of my teeth. **~ sth to pieces** শক্তি প্রয়োগ করে কোনো জিনিসকে খণ্ড খণ্ড করে ফেলা; (লাক্ষ.) তীব্র সমালোচনা করে কোনো বক্তব্য বা লেখাকে দুর্বল; অসার প্রতিপন্ন করা। ২ দাঁড় টানা: The boat ~ed for the shore. **~ together** (লাক্ষ.) একত্রে কাজ করা; সহযোগিতা করা। **~ one's weight** পূর্ণ ক্ষমতা প্রয়োগ করে কাজ করা। ৩ **~ at/on sth (ক)** টান দেওয়া: ~ at a rope. **(খ)** ধূমপানের জন্য টান দেওয়া বা শুষে নেওয়া: He gave the cigarette a strong ~. ৪ **~ a fast one** (কথ্য) কাউকে প্রতারিত করা। **~ a proof** মুদ্রণের আগে প্রুফ টানা। ৫ (অশিষ্ট) ডাকাতি করা; চুরি করা: He ~ed a large amount from the office accounts. ৬ (*adv part* এবং *prep* সহযোগে ব্যবহার) **~ sb/sth about** টানা হেঁচড়া করা; কারো প্রতি দুর্ব্যবহার করা। **~ sth apart** টেনে সরিয়ে আনা; বিচ্ছিন্ন করা। **~ sth down** ধ্বংস করা ভেঙে ফেলা (যেমন কোনো প্রাচীন দালান)। **~ sb down** দুর্বল করা: He was much ~ed down by an attack of flu. **~ in (ক)** স্টেশনে ট্রেন এসে দাঁড়ানো: The Chittagong Mail pulled in the Comilla station. **(খ)** (মোটর বা নৌকা) কোনো গন্তব্যের দিকে যাওয়া: The truck-driver ~ed in to the side of the road. **(গ)** আকর্ষণ করা: The film is ~ing in a large audience everyday. **(ঘ)** (কথ্য. পুলিশদের ভাষায়) আটক করা। **~ off (ক)** মোটর গাড়িকে রাস্তার পার্শ্বে পার্কিংএর জায়গায় দাঁড় করানো। **(খ)** কোনো পরিকল্পনায় সফল হওয়া। **ˈ~·out** (রেলগাড়ি) স্টেশন ছেড়ে চলে যাওয়া; নৌকা, জাহাজ, গাড়ি চালিয়ে নিয়ে যাওয়া। **pull (sb) out of (sth)** প্রত্যাহার করা: Indian Army is being ~ed out of Sree Lanka. **ˈ~-out** *n* প্রত্যাহার। **~ sth over** নৌকা-গাড়ি ইত্যাদি পার্শ্বে সরিয়ে নেওয়া যাতে অন্য যানবাহন সহজে যেতে পারে। **~ (sb) round** কাউকে আরোগ্যলাভে সাহায্য করা: The medicine will ~ you round. **~ through** বিপদ; অসুবিধা; ব্যর্থতা কাটিয়ে ওঠা। **~ (sb) through** আরোগ্যলাভে সাহায্য করা। **~ oneself together** আত্মসংবরণ করা; নিজের ক্ষমতা; অনুভবশক্তিকে সংহত করা; সুস্থ হওয়া। **~ (sth) up** রাশ টানা; থামা; থামানো: The car ~ed up under the portico. **ˈ~-up** *n* থামার জায়গা: It's a ~-up for the taxi-drivers. **~ (sb) up** নিয়ন্ত্রণ করা; তিরস্কার করা: The father ~ed up his son.

pul·let [ˈপুলিট্] *n* বাচ্চা মুরগি; প্রথমবার ডিম দিচ্ছে এমন মুরগি।

pul·ley [ˈপুলি] *n* কপিকল। **ˈ~-block** কাঠের গুঁড়ি বা খণ্ড যার সাথে কপিকল সংযুক্ত থাকে।

Pull·man [ˈপুলমান্] *n* রেলগাড়ির কামরা; যেখানে টেবিলের চারপাশে আসন সাজানো থাকে।

pull·over [পুলˈঔভা(র্)] *n* মাথা গলিয়ে পরতে হয় এমন বুনানো জামা। দ্র. sweater.

pul·lu·late [ˈপালিয়ুলেইট্] *n* দ্রুত এবং প্রচুর পরিমাণে জন্মানো; গজানো।

pul·mon·ary [ˈপাল্‌মানারি] *adj* ফুসফুসঘটিত; ফুসফুসসংক্রান্ত: ~ diseases.

pulp [পাল্প্] *n* [U] ১ ফলের ভেতরকার নরম শাঁস। ২ [U, C] কাগজ তৈরির জন্য ব্যবহৃত কাঠ, বাঁশ ইত্যাদি থেকে প্রস্তুত মণ্ড। **~ magazines/ literatures** সস্তা, জনপ্রিয় পত্রপত্রিকা ইত্যাদি। □*vt, vi* মণ্ড বানানো, মণ্ডের আকার ধারণ করা। **pulpy** *adj* মণ্ডসংক্রান্ত; মণ্ডের মতো (নরম)।

pul·pit [পুলপিট্] *n* গির্জায় যে সামান্য উঁচু বেদি থেকে পুরোহিত ধর্মোপদেশ দান করে থাকেন; মসজিদের মিম্বার। **the ~** পুরোহিততন্ত্র; পুরোহিতবর্গ।

pul·sar [ˈপাল্‌সা:(র্)] *n* কোনো নক্ষত্রমণ্ডলের (galaxy) এমন নক্ষত্র, যাকে শুধু এ-থেকে আসা বেতার-সংকেত দিয়ে চিহ্নিত করা সম্ভব।

pul·sate [পাল্ˈসেইট্ US ˈপাল্‌সেইট্] *vt, vi* ১ (নাড়ি ইত্যাদি) স্পন্দিত হওয়া; কম্পিত হওয়া; কেঁপে কেঁপে ধ্বনিত বা অনুরণিত হওয়া। ২ কম্পন ঘটানো; উত্তেজিত করা। **pul·sa·tion** *n* স্পন্দন; হৃৎস্পন্দন।

pulse[1] [পাল্‌স্] *n* ১ ধমনী বা নাড়ির নিয়মিত স্পন্দন: The doctor felt the patient's ~. **feel sb's ~** হাতের কব্জির ধমনীতে হাত রেখে নাড়িস্পন্দনের হার

গণনা করা। ২ (লাক্ষ.) ভাবাবেগে দেহের কম্পন; রোমাঞ্চ: The event stirred my pulses. □*vi* কম্পিত হওয়া; স্পন্দিত হওয়া।

pulse[2] [পাল্স্] *n* [U] কলাই; ডালজাতীয় যে কোনো শস্য।

pul·ver·ize [ˈপাল্ভরাইজ্] *vt, vi* গুঁড়া করা বা হওয়া। ২ (লাক্ষ.) প্রতিপক্ষের যুক্তিকে নস্যাৎ করে দেওয়া। **pul·ver·iz·ation** *n*

puma [ˈপিউমা] *n* বড়ো আকারের এবং বাদামি রঙের আমেরিকান বিড়াল জাতীয় প্রাণীবিশেষ; পুমা।

pum·ice [ˈপামিস্] *n* [U] ঝামাপাথর।

pum·mel [ˈপাম্ল্] *vt* উপর্যুপরি ঘুষি মারা।

pump [পাম্প্] *n* যে যন্ত্রের সাহায্যে তরলপদার্থ; গ্যাস; বাতাস উত্তোলন; সঞ্চালন করা হয়; পাম্প। □*vt, vi* পাম্প করা; জল, গ্যাস ইত্যাদি এক আধার থেকে অন্য আধারে সঞ্চালিত করা। **~ out** খবর বের করা; ক্রমাগত জেরা করে তথ্য আদায় করা: I pumped the secret out of him.

pump·kin [ˈপাম্প্কিন্] *n* কুমড়া।

pun [পান্] *n* শব্দ-কৌতুক; একই ধ্বনিবিশিষ্ট কিন্তু বিভিন্নার্থক শব্দ প্রয়োগে সৃষ্ট হাস্যরস। □*vi* শব্দ নিয়ে কৌতুক করা।

punch[1] [পান্চ্] *n* ১ কাগজ; চামড়া; ধাতব দ্রব্যে ফুটা করার জন্য ব্যবহৃত যন্ত্র। ২ কোনো বস্তুর উপরিতলে ডিজাইন মুদ্রণের জন্য ব্যবহৃত যন্ত্র। □*vt* ছিদ্র করা।

punch[2] [পান্চ্] *n* [U] মদের সাথে গরম জল, চিনি, লেবু বা মশলা মিশিয়ে তৈরি পানীয়। **ˈ~-bowl** যে পাত্রে এধরনের মিশ্রণ তৈরি করা হয়।

punch[3] [পান্চ্] *vt* ঘুষি মারা: The man ~ed the boy on the chin. □*n* ১ ঘুষি: Muhammad Ali gave Joe a strong ~ on the chin. **pull one's ~es** যতটুকু শক্তি আছে তার চেয়ে কম প্রয়োগ করে আক্রমণ করা। **ˈ~-ball** মুষ্টিযুদ্ধ অনুশীলনের জন্য ব্যবহৃত ঝুলন্ত চামড়ার গোলক। **ˈ~-ˈdrunk** *adj* মুষ্টিযুদ্ধে প্রতিপক্ষের আঘাত খেয়ে বিহ্বল। **ˈ~ line** কোনো হাসির গল্পের চরম মুহূর্ত (যখন পাঠক হাসিতে ফেটে পড়ে)। **ˈ~-up** (কথ্য) ঘুষাঘুষি; কিলাকিলি। ২ (লাক্ষ.) প্রাণময়তা; সজীবতা: The novel has a lot of ~ in it.

Punch [পান্চ্] *n* কুৎসিতদর্শন কুঁজো ব্যক্তি। **~ and Judy** ঐতিহ্যবাহী পুতুলনাচ, যেখানে একটি কুঁজো চরিত্র থাকে। **as pleased/proud as ~** অত্যন্ত খুশি/অত্যন্ত অহঙ্কারী।

punc·tilio [পাঙ্ক্ˈটিলিঔ] *n* ১ সদাচরণের কোনো বিশেষ দিক। ২ ভব্যতা; সৌজন্য।

punc·tili·ous [পাঙ্ক্ˈটিলিঅস্] *adj* (আনুষ্ঠা. আদবকায়দার খুঁটিনাটি ব্যাপারে অতিসতর্ক; কেতাদুরস্ত; লেফাফাদুরস্ত; যথাযথ। **~·ly** *adv.* **~·ness** *n*

punc·tual [ˈপাঙ্কচুঅল্] *adj* সময়নিষ্ঠ; যথাসময়ে কাজকর্ম করে এবং সময়মতো কর্মস্থলে উপস্থিত হয় এমন: He is ~ in attending classes. **~ly** *adv* সময়নিষ্ঠভাবে, যথাসময়ে: The bus arrived ~ly. **~·ity** সময়ানুবর্তিতা।

punc·tu·ate [ˈপাঙ্কচুএইট্] *vt* ১ বিরামচিহ্ন ব্যবহার করা (যেমন দাড়ি, কমা, সেমিকোলন ইত্যাদি)। ২ মাঝে মাঝে বাধাগ্রস্ত হওয়া বা করা: The leader's speech was ~ed with slogans by his followers. **punc·tu·ation** *n* বিরামচিহ্নের ব্যবহার।

punc·ture [ˈপাঙ্কচা(র্)] *n* তীক্ষ্ণ এবং সুচালো কোনো কিছু দ্বারা করা ছিদ্র (বিশেষ করে মোটরগাড়ি ইত্যাদির চাকায়)। □*vt, vi* ১ ছিদ্র করা/হওয়া: One of the tyres of the car ~d. ২ (লাক্ষ.) গর্ব, আভিজাত্যবোধ ইত্যাদি কমানো: The defeat in the election ~d his ego.

pun·dit [ˈপান্ডিট্] *n* পণ্ডিত; হিন্দু শাস্ত্রজ্ঞ; যে কোনো বিষয়ে বিশেষজ্ঞ; (কৌতুকার্থে) দিগ্‌গজ ব্যক্তি; বিদ্যা যার ঠিকমতো পরিপাক হয়নি অথবা যে তার বিদ্যা ফলায়। = pedant.

pun·gent [ˈপান্জান্ট্] *adj* (গন্ধ, স্বাদ ইত্যাদি সম্পর্কে) কড়া, তীব্র, তীক্ষ্ণ; তিক্তস্বাদযুক্ত ঝাল: He made ~ remarks about the book. বিদ্রূপপূর্ণ। **~·ly** *adv* **pun·gency** *n* তীব্রতা; তীক্ষ্ণতা; বিদ্রূপাত্মকতা।

pun·ish [ˈপানিশ্] *vt* **~ sb (with/by sth)** ১ শাস্তি বা দণ্ড দেওয়া: The man was ~ed with a fine. The boy was ~ed for being late in school. ২ (কারো প্রতি) কঠোর আচরণ করা; প্রহার করা; Ali ~ed Joe with several jabs and punches. ৩ (কথ্য) ইচ্ছামতো খেয়ে বা পান করে নিঃশেষ করে ফেলা। **~·able** *adj* শাস্তিযোগ্য: stealing is a ~able offence. **~·ment** *n* শাস্তি; দণ্ড।

pu·ni·tive [ˈপ্যিউনিটিভ্] *adj* শাস্তিমূলক: The Government took some ~ measures against the striking employees.

punk [পাঙ্ক্] *n* ১ [U] (US) আংশিক ক্ষয়প্রাপ্ত কাঠ, যা জ্বালানিরূপে ব্যবহৃত হয়। ২ [U] (কথ্য) বাজে, অচল মাল বা কথা। **~ rock** (১৯৭০ এর দশকের শেষভাগে) প্রচণ্ড আওয়াজের, দ্রুতলয়ের রকসঙ্গীত। ৩ (অশিষ্ট) অকর্মণ্য লোক। ৪ (প্রা.) বেশ্যা। ৫ [C] সত্তরের দশকের রকসঙ্গীতের ভক্ত (অদ্ভুত সাজ-পোশাক ও কিম্ভুত মুখচ্ছবি যাদের)।

pun·kah [ˈপাঙ্কা] *n* হাতপাখা বা টানা পাখা।

pun·net [ˈপানিট্] *n* খুব চিকন কাঠের বা প্লাস্টিকের তৈরি ঝুড়ি বা ডালা (যা ফলমূল মাপার ও রাখার জন্য ব্যবহৃত হয়)।

pun·ster [ˈপানস্টা(র্)] *n* যে ব্যক্তি সমধ্বনিবিশিষ্ট কিন্তু ভিন্নার্থক শব্দ নিয়ে কৌতুক করতে ভালোবাসে।

punt[1] [পান্ট্] *n* লগি ঠেলে চালাতে হয় এমন সমতল তলাওয়ালা নৌকাবিশেষ। □*vt, vi* লগি ঠেলে এগিয়ে যাওয়া; উপরোল্লিখিত ধরনের নৌকায় কোনো দ্রব্য বহন করা। **punter** *n* উক্ত নৌকার যাত্রী বা চালক।

punt[2] [পান্ট্] *vt* তাসের খেলায় বাজি ধরা; ঘোড়দৌড়ে ঘোড়ার উপর বাজি ধরা। **~er** *n* যে ব্যক্তি বাজি ধরে; পেশাদার জুয়াড়ি।

puny [ˈপ্যিউনি] *adj* ক্ষুদ্র এবং দুর্বল; পুঁচকে; পিচ্চি: a ~ little boy. **pun·ily** *adv* দুর্বলভাবে; ক্ষীণভাবে। **puni·ness** *n*

pup [পাপ্] *n* কুকুরের বাচ্চা; অন্য কোনো প্রাণীর বাচ্চা। **sell sb a pup** (কথ্য.) ভবিষ্যতে মূল্য বাড়বে এমন মিথ্যা লোভ দেখিয়ে কারো কাছে কোনো বাজে জিনিস গছানো। ২ অহঙ্কারী তরুণ।

pupa [ˈপ্যিউপা] *n* শুঁয়াপোকা।

pu·pil[1] [প্যিউপ্ল্] *n* ছাত্র; স্কুলের শিক্ষার্থী; অভিভাবকত্বাধীন বালক বা বালিকা (১৪ বৎসর পর্যন্ত)।

pupillage ছাত্রাবস্থা; নাবালকত্ব; অভিভাবকত্বাধীন অবস্থা।

pu·pil[2] [পিউপ্‌ল্] *n* (শারীর.) চোখের মণি বা তারা; তারারন্ধ্র।

pup·pet [পাপিট্] *n* ১ পুতুল; পুতুলনাচে ব্যবহৃত পুতুল, যা সুতার সাহায্যে নাড়াচাড়া করানো যায়। **~-plays/shows** পুতুল নাচ; পুতুল দ্বারা অভিনীত নাটক। ২ অন্যের আজ্ঞাবাহী; ক্রীড়নক; স্বাধীন ইচ্ছাহীনভাবে পুতুলের মতো চলে যে লোক; সাক্ষীগোপাল। **~ Government** পুতুল সরকার—অন্য রাষ্ট্রের ইচ্ছামতো কাজ করে এমন ক্রীড়নক সরকার।

puppy [পাপি] *n* ১ কুকুরের বাচ্চা; বাচ্চা কুকুর। **ˈ~ fat** কৈশোরে উপনীত হবার আগেই কোনো কোনো শিশুর শরীরে যে মেদ জন্মে। **ˈ~ love** কৈশোরক প্রেম; প্রথম প্রেম। ২ আত্মগর্বী তরুণ।

pur·dah [পাড়া] *n* পর্দা, মুসলিম নারীদের পরপুরুষের দৃষ্টি থেকে আড়ালে রাখার জন্য ব্যবহৃত বোরখা; পর্দা প্রথা।

pur·chase[1] [পাচাস্] *n* ১ [U] ক্রয়। **ˈ~ tax** ক্রয়কর। ২ [C] ক্রীত বস্তু; কেনা জিনিস: I have to make many ~s before I leave. ৩ মূল্য (বিশেষ. বাৎসরিক উৎপাদন বা লাভের ভিত্তিতে)

pur·chase[2] [পাচাস্] *vt*, ক্রয় করা; কেনা। **pur·chas·able** *adj* ক্রয়যোগ্য। **~r** ক্রেতা।

pure [পিউআ(র্)] *adj* ১ অবিমিশ্র; খাদহীন; পরিষ্কার: We should drink ~ milk/water. ২ ভেজালহীন; বিশুদ্ধ খাঁটি: He is of ~ Aryan blood. ৩ নিষ্পাপ; নিষ্কলঙ্ক; সচ্চরিত্র: His character is ~. He has a ~ heart. ৪ (সঙ্গীত) শুদ্ধ (স্বর): a ~ note. ৫ মৌলিক (ব্যবহারিক নয়): He is a student of ~ physics. ৬ নিতান্ত; ডাহা: It's ~ lie. It's a ~ waste of money. **sth ~ and simple** কেবল (অন্য কিছু নয়): It's a foolishness ~ and simple. **~·ly** *adv* পুরাপুরি: It was ~ly by accident that I met in London. **~·ness** *n* = purity, পবিত্রতা; খাঁটিত্ব।

pu·rée [পিউআরেই] *n* তরিতরকারির ঘ্যাঁট।

pur·ga·tion [পাগেইশ্‌ন্] *n* শোধন; বিশুদ্ধকরণ; সংশোধন।

pur·gative [পাগাটিভ্] *n adj* কোষ্ঠপরিষ্কারক দ্রব্য; রেচক দ্রব্য; কোষ্ঠপরিষ্কারের ক্ষমতাসম্পন্ন ঔষধ।

pur·ga·tory [পাগাট্রি US ˈপাগাটো°রি] ১ (বিশেষ. রোমান ক্যাথলিক ধর্মবিশ্বাসে) মৃত্যুর পর স্বর্গে প্রবেশের আগে আত্মাকে যে শুদ্ধিস্থানের ভিতর দিয়ে যেতে হয়—যেখানে পাপযুক্ত আত্মাকে বিশোধন করা হয়। ২ সাময়িক দুঃখকষ্ট কিংবা প্রায়শ্চিত্তের যে কোনো স্থান। **pur·ga·torial** *adj* শুদ্ধিমূলক।

purge [পাজ্] *vt* **~ sb (of/from sth); ~ sth (away) (from sb)** ১ বিশোধিত করা; শোধন করা: The souls are ~ed of their sins in the purgatory. ২ কোষ্ঠপরিষ্কার করানো; রেচন করানো (ওষুধের মাধ্যমে)। ৩ নিজেকে বা কোনো ব্যক্তিকে কোনো অভিযোগ বা সন্দেহ থেকে মুক্ত করা। ৪ অবাঞ্ছিত ব্যক্তিদের থেকে (কোনো রাজনৈতিক দল ইত্যাদিকে) মুক্ত করা। □*n* [C] ১ শুদ্ধিকরণ; অবাঞ্ছিত ব্যক্তিদের অপসারণ: The party needs a ~. ২ কোষ্ঠশুদ্ধি; রেচন।

pu·rify [পিউআরিফাই] *vt* **~ sth (of)** পরিষ্কার করা; পবিত্র করা। **pu·ri·fi·ca·tion** *n* পরিশোধন; পবিত্রকরণ।

pu·rist [পিউআরিস্ট্] *n* প্রধানত ভাষা, শব্দ ইত্যাদির শুদ্ধতা বজায় রাখার ব্যাপারে আপোসহীন ব্যক্তি; শুদ্ধিবাদী; রুচিবাগীশ।

puri·tan [পিউআরিটান্] *n* ১ **P~** (ষোড়শ ও সপ্তদশ শতাব্দীতে) ইংল্যান্ডের প্রটেস্ট্যান্ট গির্জার সমর্থকদের একাংশ যারা গির্জার প্রার্থনাসভার আচার-বিধি সহজীকরণের পক্ষপাতী। ২ নীতিবাগীশ; কঠোর নীতিপরায়ণ ব্যক্তি; বিশুদ্ধতার সমর্থক; গোঁড়া; আমোদ-প্রমোদের বিরোধী ব্যক্তি। □*adj* কঠোর নীতিপরায়ণ। **~·ism** শুদ্ধিবাদ; পিউরিটানদের মতবাদ। **puri·tani·cal** *adj* পিউরিটানসুলভ। **puri·tani·cally** *adv*

pu·rity [পিউআরাটি] *n* পরিষ্কার অবস্থা; বিশুদ্ধতা; শুদ্ধতা; দোষশূন্যতা; পবিত্রতা; পাপশূন্যতা।

purl[1] [পাল্] *n* (বুননে) উল্টা ফোঁড়। □*vt, vi* উল্টা ফোঁড় দিয়ে বোনা।

purl[2] [পাল্] *vi* (কাব্যিক ভাষায়) কুলুকুলু ধ্বনিতে কোনো ছোট্ট নদীর বয়ে যাওয়া। □*n* কুলুকুলু ধ্বনি।

pur·lieus [পালিউজ্] *n pl* প্রান্তদেশ।

pur·loin [পাˈলয়ন্] *vt* (আনুষ্ঠা.) চুরি করা। **~er** (ছিঁচকে) চোর।

purple [পাপ্‌ল্] *n, adj* লাল এবং নীলের মিশ্রণে সৃষ্ট রং; রক্তবর্ণ: The queen was wearing a ~ robe. The sky turned ~ at sunset; প্রাচীন রাজাদের রক্তবর্ণ পোশাক। **born in the ~** রাজবংশের সন্তান। **raise sb to the ~** কাউকে কার্ডিনালের পদে উন্নীত করা। **ˌ~ ˈheart** যুদ্ধাহত সৈনিককে প্রদত্ত মেডেল; পদক। **pur·plish** *adj* রক্তাভ।

pur·port [পাপাট্] *n* (আনুষ্ঠা.) অর্থ; অন্তর্নিহিত অর্থ; সারমর্ম; কারো কোনো আচরণের সম্ভাব্য তাৎপর্য: The ~ of his statement is quite clear. □*vt* [পাˈপো°ট্] ১ অর্থ বহন করা; ধারণা জন্মানো: His actions ~ that he is dishonest. ২ দাবি করা: Although the book ~s to be one about History, it's actually a collection of folktales.

pur·pose [পাপাস্] *n* ১ [C] উদ্দেশ্য; পরিকল্পনা; অভীষ্ট লক্ষ্য: What is the ~ of your going to India? **ˌ~-ˈbuilt** *adj* কোনো বিশেষ উদ্দেশ্য সাধনের জন্য নির্মিত। ২ [U] স্থিরসংকল্প: The man lacks ~. ৩ **on ~** ইচ্ছাকৃত; উদ্দেশ্যমূলক: He came late to the meeting on ~. **to the ~** যথাযথ; প্রাসঙ্গিক; প্রয়োজনানুগ। **to little/no ~** অকাজের; অপ্রাসঙ্গিক; নিষ্ফল। **serve one's ~/answer one's ~** কারো কাজে লাগা; প্রয়োজন পূরণ করা; প্রয়োজনানুগ হওয়া। □*vt* উদ্দেশ্য করা; অভীষ্ট হিসাবে স্থির করা: They ~d to launch a new attack. **~·ful** *adj* উদ্দেশ্যমূলক; উদ্দেশ্যসাধনের লক্ষ্যে নিয়োজিত। **~·fully** *adv*. **~·less** *adj* উদ্দেশ্যহীন। **~·less·ly** *adv* উদ্দেশ্যহীনভাবে। **~·ly** *adv* উদ্দেশ্যমূলকভাবে: He wrote the letter ~ly. **pur·pos·ive** *adj* অভীষ্ট সাধনের জন্য কৃত; নিষ্ঠার সাথে সম্পাদিত।

purr [পা(র্)] *vi, vt* ১ ঘড়ঘড় আওয়াজ করা (বিড়ালের ক্ষেত্রে আনন্দ প্রকাশের জন্য); (গাড়ির ইনজিনে) এ ধরনের আওয়াজ হওয়া; (লাক্ষ.) কোনো ব্যক্তির কণ্ঠে সন্তুষ্টির সুর ওঠা: Mr Ali ~ed with delight on getting the birthday present. ২ তৃপ্তি; অনুমোদন; হৃষ্টতা প্রকাশ করা: She ~ed her satisfaction at the news.

purse [পাস্] *n* টাকা রাখার ছোট থলে; মানিব্যাগ। ˈ**~-proud** *adj* দ্র. proud (৫). **hold the ~ strings** খরচপত্র সম্পর্কে কর্তৃত্ব করা; ব্যয় নিজের নিয়ন্ত্রণে রাখা। **lighten/loosen the ~ strings** ব্যয় কমানো/বাড়ানো; কৃপণ হওয়া/খরচের ব্যাপারে উদারহস্ত হওয়া। ২ অর্থ; অর্থকোষ। **privy ~**, দ্র. privy. **the public ~** জাতীয় কোষাগার। ৩ উপহার হিসাবে বা প্রতিযোগিতার বিজয়ীকে পুরস্কার হিসাবে দেওয়া অর্থ। ৪ (US) হাতব্যাগ। □**~ (up) the lips** ঠোঁট ভ্রূকুঞ্চিত করা বা হওয়া।

purser [ˈপাস(র্)] *n* জাহাজের হিসাব এবং ভাণ্ডারের দায়িত্বে নিয়োজিত কর্মচারী; বেতন প্রদায়ক কর্মচারী।

pur·su·ance [পাˈস্যিউআন্স্] *n* **In ~ of** (আনুষ্ঠা.) অভীষ্ট বস্তু পাবার চেষ্টায় অনুসরণ। **per·su·ant** *adj.* **persuant to** (আনুষ্ঠা.) অনুসারে: All I did was ~ to your advice.

pur·sue [পাˈস্যিউ US পাˈসু] *vt* ১ ধরার জন্য বা হত্যা করার জন্য পশ্চাদ্ধাবন করা: The police ~d the robber. ২ (লাক্ষ.) (কর্মফল, শাস্তি ইত্যাদি) ক্রমাগত তাড়া করা: He has been ~d by his sense of guilt. ৩ চালিয়ে যাওয়া; কাজে রত থাকা: He is pursuing higher studies in Medicine. ৪ উদ্দেশ্য কিংবা লক্ষ্য হিসাবে নেওয়া: Man should not ~ pleasure only. **~r** *n*

pur·suit [পাˈস্যিউট্ US: পাˈসূট্] *n.* ১ অনুসরণ; পশ্চাদ্ধাবন। ২ কাজ, যার জন্য মানুষ সময় ব্যয় করে: A student should spend time in the ~ of knowledge.

puru·lent [ˈপ্যিউআরালান্ট্] *adj* পুঁজযুক্ত; পুঁজস্রাবী; পুঁজসংক্রান্ত। **puru·lence** *n*

pur·vey [পাভেই] *vt, vi* ১ **~ (to)** (আনুষ্ঠা.) সরবরাহ করা (খাদ্যব্যবসায়ী যেমন খাদ্যসরবরাহ করে): A baker ~s bread to his customers. ২ **~ for** কারো জন্য খাদ্য ইত্যাদি সরবরাহ করা: Benson & Hedges ~ tobacco for the Navy. **~or** *n* (খাদ্যাদি) সরবরাহকারী প্রতিষ্ঠান; ব্যক্তি। **~·ance** *n*

pur·view [ˈপাভ্যিউ] *n* ব্যাপকতা; এলাকা; আওতা: The matter was outside the ~ of our investigation.

pus [পাস্] *n* পুঁজ।

push[1] [পুশ্] *n* ১ [C] ধাক্কা: He gave the door a ~. ২ [C] সবল প্রচেষ্টা: The army made a ~ to capture the enemy garrison. ৩ **get the ~** (অশিষ্ট) চাকরি থেকে বরখাস্ত হওয়া। **give sb the ~** (অশিষ্ট) চাকরি থেকে কাউকে বরখাস্ত করা। ৪ জীবনে উন্নতি করার জন্য দৃঢ়সংকল্প: He has enough ~ to succeed in life. ৫ **at a push** সঙ্কটকালে; প্রয়োজন হলে: We can finish the work in less than an hour at a ~.

push[2] [পুশ্] *vt,vi* ১ ধাক্কা দেওয়া; ঠেলা দেওয়া: He ~ed the door and entered the room. ২ বিক্রয় করার জন্য অন্যকে প্ররোচিত করা; নিজের দাবির বিষয়ে অন্যকে প্রভাবিত করা: You must ~ your claims. ~ yourself to earn a recognition as a writer. ৩ (অশিষ্ট) অবৈধ মাদকদ্রব্য সরবরাহকারী ও মাদকাসক্তের মধ্যে যোগসূত্র হিসাবে কাজ করে ঐসব দ্রব্য বিক্রি করা। ৪ **~ sb for sth** কোনো কিছু পাওয়ার জন্য কাউকে চাপ দেওয়া। **be ~ed for sth** কোনো কিছুর অভাবে বা সঙ্কটে পতিত হওয়া: I am rather ~ed for money at the moment. ৫ **~ sb/ oneself to sth/ to do sth** কোনো কিছু করার জন্য প্ররোচিত বা উৎসাহিত করা: She ~ed her husband to take the job. ৬ চাপ দেওয়া: ~ a button. **~ button warfare** যে যুদ্ধে শুধু বোতাম টিপে ক্ষেপণাস্ত্র ইত্যাদি চালনা করা হয়। ৭ **be ~ing thirty/forty, etc** (কথ্য) ত্রিশ/ চল্লিশ ইত্যাদি বয়সের প্রান্তে উপনীত হওয়া: She looks young, but she's really ~ing forty. ৮ (যৌগশব্দ) ˈ**~-bike** প্যাডেল করে চালাতে হয় এমন বাইসাইকেল। ˈ**~-cart** ঠেলাগাড়ি। ˈ**~-chair** বাচ্চাদের ঠেলে নিয়ে যাবার গাড়ি। **~er** *n* ১ (কথ্য) যে ব্যক্তি নিজের উন্নতির জন্য সর্বক্ষণ চেষ্টা চালায়; সমাজের উঁচুতে ওঠার জন্য নিরন্তর প্রয়াসী (ধান্দাবাজ) ব্যক্তি। ২ অবৈধ মাদকদ্রব্য বিক্রেতা। **~·ful, ~·ing** *adj* নিজের উন্নতির জন্য অত্যন্ত উদ্যোগী; অন্যের দৃষ্টি আকর্ষণের জন্য অতিমাত্রায় সচেষ্ট। (*adv part* সহযোগে বিশেষ ব্যবহার) **~ along** (কথ্য) স্থান ত্যাগ করা; চলে যাওয়া: I think I should ~ along now. **~ sb around** (কথ্য) (কাউকে) তর্জনগর্জন করা; কারো উপর তম্বি করা; হুকুম করা: The boss ~ed him around a lot. **~ forward (to a place)** দৃঢ়সংকল্প নিয়ে কোনো কাজে; কোনো গন্তব্যে এগিয়ে যাওয়া: Despite bad weather, we ~ed forward on to our destination. **~ oneself forward** অন্যের দৃষ্টি আকর্ষণ করার জন্য নিজেকে জাহির করা: He ~es himself forward whenever there is an opportunity. **~ off** (কথ্য) চলে যাও; ভাগো; কেটে পড়ো। **~ a boat off** লগি বা অন্য কিছু দিয়ে তীরের মাটিতে ঠেলা দিয়ে নৌকাকে জলে ভাসানো। **~ sb/ sth over** ঠেলে ফেলে দেওয়া; উল্টে দেওয়া। ˈ**~-over** (অশিষ্ট) অতি সহজ কাজ; যে ব্যক্তিকে সহজে কাবু বা কব্জা করা যায়। **~ sb through (sth)** কাউকে কোনো সঙ্কট পার হতে সাহায্য করা: He tried to ~ his dull-headed son through the examination. **~ sth through** সক্রিয় চেষ্টার মাধ্যমে কোনো কাজকে পরিণতি দেওয়া: They ~ed the matter through. **~ sth up** ঠেলে উঠানো; (দর) বৃদ্ধি করা: The traders ~ed the prices up. **~ up the daises** (অশিষ্ট) কবরে সমাধিস্থ হওয়া; পটল তোলা।

pu·sil·lani·mous [প্যিউসিল্যানিমাস্] *adj* (আনুষ্ঠা.) ভীরু; দুর্বলচিত্ত।

puss [পুস্] *n* বিড়াল; বিড়ালকে যে নামে ডাকা হয়; পুষি। ˈ**~y-cat** পুষি-বিড়াল; শিশুদের ব্যবহৃত আদুরে নাম। ˈ**~-foot** *vi* (কথ্য) বিড়ালের মতো নিঃশব্দে; চুপিসারে।

pus·tule [ˈপাস্টিউল্] *n* পুঁজে পূর্ণ ব্রণ বা ফুসকুঁড়ি।

put[1] [পুট্] *vt,vt* ১ রাখা; স্থাপন করা: Put the book on the table; ঢোকানো: He put the purse into his pocket; সংলগ্ন বা যুক্ত করা: Put a knob on the door; সবলে ছোঁড়া; নিক্ষেপ করা: He put a bullet through his head; ধাক্কা দেওয়া: He put his hand through the window; কোনো কাজে বা কর্মস্থলে নিয়োগ করা: The office has put me in this remote place. **put pen to paper** লেখা আরম্ভ করা। **put one's foot in it**, দ্র. foot[1]. ২ কারো সাথে কোনো সম্পর্কে যুক্ত হওয়া। **put oneself/ sth in/ into/ sb's hands** নিজের সকল ভার অন্যের উপর অর্পণ করা, তার সিদ্ধান্তের কাছে নিজেকে সমর্পণ করা: She put herself in her lawyer's hands. **put sb in his (proper place)** কাউকে নমিত হতে বাধ্য করা, তার সঠিক অবস্থানে নেমে আসতে বাধ্য করা। **put oneself in sb's/ sb else's position** নিজেকে অন্যের অবস্থায় কল্পনা করা: If you put yourself in any position, you would understand my problem. ৩ কারো উপর দায়িত্ব,

অপবাদ ইত্যাদি চাপানো। **put the blame on sb** দোষারোপ করা। **put the pressure on sb (to do sth)** কাউকে কোনো কাজ করার জন্য চাপ দেওয়া। **put (a) strain on sb/ sth** কাউকে বা কোনো কিছুকে কঠিন কাজ করতে বাধ্য করা। ৪ অগ্রগতিকে প্রভাবিত করা; বন্ধ করা। **put an end/ a stop to sth** সাঙ্গ করা। **put an end to one's life** আত্মহত্যা করা। **put the brake on sth** (লাক্ষ.) (কথ্য) গতি কমানো; নিয়ন্ত্রণে আনা। ৫ **put oneself to death** আত্মহত্যা করা। **put sb to death** হত্যা করা। **put sb at his ease** কাউকে দুশ্চিন্তামুক্ত করা। **put sb to (great) expense** কাউকে অনেক ব্যয় করতে বাধ্য করা। **put sb in mind of sb/sth** কাউকে কারো কথা, কোনো কিছুর কথা স্মরণ করানো। **put sb on (his) oath** কাউকে শপথ করানো। **put sb/sth to test** কাউকে/ কোনো কিছুকে পরীক্ষা করা। **put sb in the wrong** কাউকে ভ্রান্ত প্রমাণিত করা। ৬ কাউকে/ কোনো কিছুকে কিছু হওয়ানো। **put sth right** সংশোধন করা। **put sb right/straight** কারো ভুল ধরিয়ে দেওয়া। কাউকে সঠিক তথ্য প্রদান করা। ৭ লেখা; ইঙ্গিত করা: put a tick against the correct answer. ৮ **put sth to sb** উপস্থাপন করা; ব্যাখ্যা করা; বোঝানো: The proposal was put to the Executive Council. ৯ **put a price/ value/ valuation on sth** কোনো কিছুর মূল্য নির্ধারণ করা। ১০ বাহুর সাহায্যে ছুড়ে দেওয়া। **put the shot,** দ্র. shot[1] (৩). **shot-put** এথ্‌লেটিকস প্রতিযোগিতার একটি খেলা। ১১ *(adv part* এবং *preps* সহযোগে বিশেষ ব্যবহার) **put (a ship) about** দিক পরিবর্তন করানো। **put oneself about** বিব্রত, বিপন্নবোধ করা: She was put about by the scandal. **put sth about** (গুজব ইত্যাদি) ছড়ানো: They are putting about a lot of rumours. **put sth across** কোনো কিছু সফলভাবে বোঝাতে পারা: The teacher cannot ~ his ideas across to his students. **put sth aside** (ক) সরিয়ে রাখা: Put aside your books. (খ) সঞ্চয় করা: Try to put aside some money. (গ) অবজ্ঞা করা; গ্রাহ্য না করা: Put aside the fact that he is often angry with you. **put sth away** (ক) কোনো জিনিসকে তার যথাযোগ্য স্থানে রাখা: Put your toys away in the box. (খ) সঞ্চয় করা: Put money away for your future. (গ) (কথ্য) অতিমাত্রায় খাওয়া বা পান করা: He can put away half a gallon of beer. (ঘ) পরিত্যাগ করা: Put away your idea of becoming a film star. **put sb away** (ক) আটকাবস্থায় রাখা (বিশেষ. মানসিক হাসপাতালে)। (খ) (কথ্য.) হত্যা করা (যেমন বার্ধক্যগ্রস্ত কিংবা রুগ্ণ কুকুরকে): The old dog had to be put away. **put back** (জাহাজ সংক্রান্ত) প্রত্যাবর্তন করা: The ship put back to the port. **put sth back** (ক) আগের জায়গায় রাখা: After use, put the books back on the shelf. (খ) পিছন দিকে ঘুরিয়ে দেওয়া: I put the clock back ten minutes. (গ) বাধাগ্রস্ত করা: The childs illness put back his growth. **put sth by** ভবিষ্যতে ব্যবহারের জন্য সঞ্চয় করা: Put some money by for future. **put (sth) down** (ক) মাটিতে নামানো: The pilot put down his plane on a narrow strip. (খ) রাখা; নামানো: Put down the toy. **put one's foot down,** দ্র. foot. (গ) জমা করা; ভাঁড়ার ঘরে রাখা: We should put down enough foodgrains for the coming hartal days. (ঘ) বলপ্রয়োগে দমন করা: The army put down the rebellion. (ঙ) লিখে রাখা: I put down his address in my note book. **put sth forth** (আনুষ্ঠা.) মঞ্জরিত করা: The tree is putting forth new leaves. **put sth forward** (ক) উপস্থাপন করা: He put forward a new proposal. (খ) সামনে এগিয়ে দেওয়া: If the clock is running slow, you'll have to put it forward. **put sb forward** কাউকে এগিয়ে দেওয়া; কারো নাম প্রস্তাব করা: He is trying to put forward his son as a candidate for the job. **put in** বাক্যালাপের মধ্যে নিজের বিস্ময়সূচক কথা ঢুকিয়ে দেওয়া: "What will happen to us!" he put in. **put in/ into** (জাহাজসংক্রান্ত) ভিড়ানো; নোঙর করা: The ship put in at Chittagong. **put in for sth** দরখাস্ত করা: He put in for the job of a clerk. **put in for leave** ছুটির জন্য দরখাস্ত করা। **put sth in** (ক) ভিতরে রাখা: He ~ his money in his pocket. (খ) দাখিল করা: He ~ in the claim of the insurance money. (গ) কোনো কথা উচ্চারণ করতে পারা: He ~ in a word at last. **put sth in/ into sth** কোনো কিছুতে মনোযোগ সময় ইত্যাদি দেওয়া: He put a lot of labour into his research. **put sb in for sth** কাউকে পদোন্নতি, পুরস্কার ইত্যাদির জন্য সুপারিশ করা: Put in a good word for sb; কারো পক্ষে, কাউকে সহায়তা করার জন্য কিছু বলা; (ঘ) করা: He put in an hour's work before lunch. (ঙ) সময় কাটানো: We didn't know how to put in ten hours at the station. **put sb in** (ক) দায়িত্ব দেওয়া; নিযুক্ত করা: We have to put in a caretaker for the building. (খ) কোনো পদে নির্বাচিত করা। **put off** (নৌকা ইত্যাদির) যাত্রা শুরু করা। (ক) স্থগিত করা: The marriage was put off by a weak. (খ) (পোশাক ইত্যাদি) খুলে ফেলা; সন্দেহ, ভয় ইত্যাদি থেকে মুক্ত হওয়া: Put off all your doubts. **put sb off (sth)** কোনো কিছু থেকে কারো মনোযোগ সরিয়ে নেওয়া: The sound of the flute put him off his reading. **put sth on** (ক) কাপড় পরা: Put on your dress. (খ) ভান করা: Hamlet put on an antique disposition (madness). (গ) বৃদ্ধি করা: He has put on much weight since I saw him last. (ঘ) যোগ করা: The new budget will put on new burden on the consumers. (ঙ) আয়োজন করা; প্রাপ্তব্য করা: Extra trains are put on during the Eid. (চ) এগিয়ে দেওয়া: He put his watch one hour on when he disembarked at the airport. **put sb on** কাউকে প্রতারিত করা। ˈ**put-on** প্রতারণা। **put it on** (ক) (কথ্য) যা নয় তাই হওয়ার ভান করা; ভণ্ডামিপূর্ণ আচরণ করা। (খ) ভাড়া ইত্যাদি বেশি চার্জ করা (যেমন হোটেলে): All the hotels put it on during the summer. **put sb on (to bowl)** (ক্রিকেটে) কাউকে অন্তত এক ওভারের জন্য বল করতে দেওয়া। **put money on sb/sth** টাকা বাজি ধরা (ঘোড়দৌড় ইত্যাদিতে)। **put out (from)** (নৌ.) বন্দর থেকে নৌকা ছাড়া, যাত্রা করা। **put sth out** (ক) নিভিয়ে ফেলা: He put out the candle. (খ) হাড় স্থানচ্যুত হওয়া/করা: He fell from his bicycle and put his shoulder out. (গ) সুদে টাকা ধার দেওয়া: The money was put out at 10%

interest. (ঘ) উৎপাদন করা: The factory puts out 10 thousand tonnes of sugar a year. (ঙ) গণমাধ্যমে প্রচার করা: The TV is putting out special programmes on the Eid day. **put one's tongue out** ভেংচি কাটা। **put sb out (ক)** কাউকে হতাশ; বিব্রত করা: He is easily put out. (খ) অসুবিধায় পড়া: I was much put out by the late arrival of the train. **put sb out (of)** বহিষ্কার করা। **put sth over to sb** (কথ্য) = put sth across to sb. **put sth through** সম্পাদন করা; কাজ শেষ করা। **put sb through** টেলিফোনে সংযোগ দেওয়া: Could you put me through to the Chairman. **put sb through to sth** কাউকে কোনো পরীক্ষার মধ্য দিয়ে যেতে বাধ্য করা: The students were put through a very hard test. **put a person through his paces,** দ্র. Pace *n* (৩). **Be hard put to it to do sth** কোনো কিছু করতে অসুবিধার সম্মুখীন হওয়া: He was hard put to it to answer the question. **put sth together** পূর্ণ রূপ দানের জন্য অংশসমূহকে একত্র করা: Put your ideas together before you write your essay. **put our/ your/ their heads together** নিজেদের মধ্যে শলাপরামর্শ করা। **put two and two together,** দ্র. two. **put up (at)** আহার ও বাসস্থান খুঁজে পাওয়া: They put up at a cheap hotel. **put up (for sth)** নির্বাচনে দাঁড়ানো। **put sth up (ক)** উঠানো: Put up your hands. **put one's hair up** (লম্বা চুল) মাথার উপর চূড়া করে বাঁধা। (খ) ঘর, তাঁবু ইত্যাদি বানানো। (গ) (নোটিশ) টাঙানো। (ঘ) বাড়ানো: The rent was put up by 30 percent. (ঙ) প্যাকেট করা; মোড়কে আবৃত করা: The kebabs were put up in parcels. (চ) প্রতিরোধ করা: They put up a brave fight against the hijackers. (ছ) সরবরাহ করা: Somebody will have to put up the capital. (জ) (পুরনো অর্থ) তরবারি কোষবদ্ধ করা। (ঝ) বন্য পাখিকে তার লুকানোর জায়গা থেকে বেরুতে বাধ্য করা। **put sb's back up,** দ্র. back[1] (১). **put sth up for auction/ sale** নিলামে চড়ানো। **a ˌput-up ˈjob** প্রতারণামূলক কাজ। **put sb up** থাকা–খাওয়ার বন্দোবস্ত করে দেওয়া: Can you ~ me up for a few days? **put sb up (for sth)** কোনো পদের জন্য কাউকে মনোনীত করা; কারো নাম প্রস্তাব করা। **put sb up to sth** কাউকে খারাপ কিছু করার জন্য মতলব জোগানো: Somebody has put him upto all these nasty tricks. **put up with** সহ্য করা; বিনা প্রতিবাদে মেনে নেওয়া: She could not put up with her new room-mate.

put[2] [পুট্] *n,vi,vt* = putt.

pu·ta·tive [ˈপ্যিউটটিভ্] *adj* সচরাচরভাবে পরিচিত; অনুমিত।

pu·trefy [ˈপ্যিউট্রিফ়াই *vt, vi* পচানো। **pu·tre·fac·tion** *n* পচন।

pu·tres·cent [প্যিউˈট্রেস্‌ন্ট্] *adj* পচে যাচ্ছে এমন। **pu·tres·cence** *n* পচনপ্রক্রিয়া।

pu·trid [প্যিউট্রিড্] *adj* ১ পচা; গলিত ও দুর্গন্ধযুক্ত। ২ (অশিষ্ট) খারাপ; অসহ্য: a ~ weather. **~·ity** পচা অবস্থা; গলিত অবস্থা।

putsch [পুচ্] *n* (জ.) বিপ্লবপ্রচেষ্টা; অভ্যুত্থান।

putt [পাট্] *vi,vt* (গল্‌ফের বলকে) গর্তে ফেলার জন্য মৃদুভাবে আঘাত করা।

put·tee [পাটি] *n* হাঁটু থেকে পায়ের গোড়ালি পর্যন্ত রক্ষা করার জন্য পেঁচানো কাপড়; পট্টি।

put·ter [ˈপাট(র্)] *vt,vi* = potter.

puzzle [ˈপাজ়্ল্] *n* [C] ১ দুর্বোধ্য প্রশ্ন। ২ বুদ্ধি, ধৈর্য, জ্ঞান ইত্যাদি পরীক্ষার জন্য খেলাবিশেষ: ˈcrossword-~. ৩ বিমূঢ় অবস্থা: He was in a ~ about the whole matter. □*vt, vi* ১ বিমূঢ় করা; হতবুদ্ধি করা; কিংকর্তব্যবিমূঢ় হওয়া বা করা: I was quite ~d by the letter. ২ **~ over sth** কোনো বিষয়ে গভীরভাবে চিন্তা করা। ৩ **~ sth out** কঠিন পরিশ্রম করে কোনো সমস্যার সমাধান বা উত্তর বের করা। **puzz·ler** *n* বিভ্রান্তিকর, হতবুদ্ধিকর প্রশ্ন বা সমস্যা।

pygmy, pigmy [ˈপিগ্‌মি] *n* ১ বিষুবীয় আফ্রিকার খর্বাকৃতি জনগোষ্ঠীর একজন। ২ বামন; বেঁটে। ৩ খুব ছোট আকারের।

py·ja·mas [পাˈজা:মাজ়্] *n* ১ (অপিচ **a pair of ~**) ঘুমানোর পোশাক (ঢিলেঢালা জামা ও পাজামা।) ২ কোমরে গিঁট দিয়ে পরা ঢোলা নিম্নাবরণ; পাজামা।

py·lon [ˈপাইলন্] *n* ১ ইলেকট্রিক তারের খুঁটিরূপে নির্মিত উঁচু খাম। ২ প্রাচীন মিশরীয় মন্দিরের তোরণ।

py·or·rhoea [পাইঅ্যাˈরিঅ্য] (অপিচ **-rhea**) *n* দাঁতের রোগবিশেষ যাতে দাঁতের মাড়ি ফুলে যায় এবং পুঁজ নির্গত হয়; পরিণামে দাঁত আলগা হয়ে যায়।

pyra·mid [পিরামিড্] *n* তিন কিংবা চার পার্শ্ববিশিষ্ট ইমারত যার একটি সূক্ষ্ম শীর্ষ রয়েছে; প্রাচীন মিশরে নির্মিত পিরামিড; পিরামিড আকৃতিতে স্তূপ করে রাখা জিনিস।

pyre [ˈপাইআ(র্)] *n* চিতা; মৃতদেহ পোড়ানোর জন্য ব্যবহৃত কাঠের স্তূপ।

py·rites [পাইআˈরাইটীজ়্] *n* [U] তামা কিংবা লোহার সালফাইড।

pyro·tech·nics [পাইরাˈটেক্‌নিক্‌স্] *n* আতশবাজি তৈরির কৌশল; আতশবাজির প্রদর্শনী; (লাক্ষ.) আড়ম্বরপূর্ণ কথাবার্তা; বাগ্মিতা।

Pyr·rhic [ˈপিরিক্] *adj* **~ victory** অত্যন্ত চড়ামূল্য দিয়ে অর্জিত বিজয়।

py·thon [ˈপাইথন্] *n* অজগর সাপ।

pyx [পিক্‌স্] *n* খ্রিস্টীয় গির্জায় যে পাত্রে উৎসর্গীকৃত রুটি রাখা হয়।

Q q

Q,q [কিউ] ইংরেজি বর্ণমালার সপ্তদশ বর্ণ।

quack[1] [কুঅ্যাক্] *vi,n* হাঁসের ডাক; হাঁসের ডাক ডাকা। ˈ~-~ *n* শিশু যে নামে হাঁসকে ডাকে।

quack[2] [কুঅ্যাক্] *n* হাতুড়ে (ডাক্তার)। ˈ**~·ery** *n* হাতুড়ে বিদ্যা।

quad [কুঅড্] *n* quadrangle (চতুর্ভুজ) এবং quadruplet (চতুষ্টয়) শব্দের চলতি সংক্ষিপ্ত রূপ।

quad·rangle [ˈকুঅড্‌র্যাঙ্‌গ্‌ল্] *n* ১ চার বাহুবিশিষ্ট সমতল ক্ষেত্র (বর্গক্ষেত্র অথবা আয়তক্ষেত্র)। ২ চতুর্ভুজবিশিষ্ট আঙিনা, বিশেষত কোনো কলেজের

ভবনসমূহের মধ্যকার (যেমন অক্সফোর্ডে)। **quad·ran·gu·lar** চতুর্ভুজাকার।

quad·rant [কুঅ্যাড্রান্ট্] *n* ১ বৃত্তের বা এর পরিধির এক চতুর্থাংশ। ২ উচ্চতা মাপার জন্য ব্যবহৃত (জ্যোতির্বিদ্যা ও নৌচালনায়) যন্ত্রবিশেষ।

quad·ratic [কুঅ্যাড্র্যাটিক্] *adj* (গণিত) ~ **equation** দ্বিঘাতের সহসমীকরণ।

quad·ri·lat·eral [কুঅড্রি'ল্যাটরাল্] *n* চতুর্ভুজ ক্ষেত্র; চতুর্ভুজ।

quad·ril·lion [কুঅ'ড্রিলিঅন্] *n* ১ দশ লক্ষের চতুর্ঘাত (অর্থাৎ ১–এর পিঠে ২৪টি শূন্য)। ২ (US) এক হাজারের পঞ্চঘাত; (১–এর পিঠে ১৫টি শূন্য)।

quad·ro·phony [কুঅ'ড্রফানি] *n* [U] চারটি চ্যানেলে শব্দধারণ; চার–চ্যানেল রেকর্ডিং। = stereophonic. **quad·ro·phonic** *adj*

quad·ru·ped [কুঅড্রুপেড্] *n* চতুষ্পদ প্রাণী।

quad·ru·ple [কুঅড্রুপ্‌ল্] *adj* ১ চারটি অংশের সমন্বয়ে গঠিত। ২ চতুর্মুখী; চার পক্ষ কর্তৃক স্বীকৃত; চতুর্পাক্ষিক: a ~ treaty, চার শক্তির মৈত্রীচুক্তি। □*n* চতুর্গুণিত সংখ্যা বা পরিমাণ: Twenty four is the ~ of six. □*vt,vi* চার দিয়ে গুণ করা; চতুর্গুণ করা: His salary has ~ed in 10 years.

quad·ru·plet [কুঅড্রুপ্‌লেট্] *n* (সংক্ষিপ্ত রূপ quad) এক সাথে জন্মগ্রহণকারী চারটি শিশুর যে কোনো একটি।

quad·ru·pli·cate [কুঅ'ড্রুপ্‌লিকাট্] *adj* চতুর্বিধ, চতুর্গুণ; চার বার কপিকৃত; চার বার পুনরাবৃত্তি করা হয়েছে এমন। □*n* **in** ~ চার কপিতে; চারটি নকলসহ। □*vt* চারটি নকল কপি প্রস্তুত করা।

quag·mire [কুঅ্যাগ্‌মাইআ(র্)] *n* জলকাদায় ভরা জায়গা; জলভরা খানাখন্দ।

quail[1] [কুয়েইল্] *n* তিতির জাতীয় পাখিবিশেষ।

quail[2] [কুয়েইল্] *vi* ~ **(at/before)** ভয় পাওয়া; ভয় পেয়ে পিছিয়ে যাওয়া: He ~ed at the prospect of his dismissal from the job.

quaint [কুয়েইন্ট্] *adj* অদ্ভুত কিন্তু আকর্ষক; খেয়ালি: He was wearing a ~ dress. **~·ly** *adv* . **~·ness** *n*

quake [কুয়েইক্] *vi* ১ ভূমিকম্পের ফলে কাঁপা: The earth ~d. ২ (মানুষ সম্পর্কে) শীতে বা ভয়ে কাঁপা: He was quaking with fear/ cold. □*n* earthquake (ভূমিকম্প)–এর চলতি সংক্ষিপ্ত রূপ।

Quaker [কুয়েইক'(র্)] *n* 'বন্ধুসভা' নামে একটি খ্রিস্টান গোষ্ঠীর সদস্য—এই গোষ্ঠী গির্জার আনুষ্ঠানিক উপাসনার পরিবর্তে ঘরোয়াভাবে মিলিত হয় এবং এরা যে কোনো পরিস্থিতিতেই যুদ্ধবিরোধী।

qua·li·fi·ca·tion [কুঅলিফি'কেইশ্‌ন্] *n* ১ বৈশিষ্ট্যযুক্তকরণ; সংশোধন; সীমিতকরণ; বৈশিষ্ট্য; সংশোধনকারী শর্ত: I accepted his statement with some ~s. ২ গুণ, যোগ্যতা; পরীক্ষা বা প্রশিক্ষণ, যা মানুষকে যোগ্যতা দান করে; পরীক্ষা বা প্রশিক্ষণের পর প্রাপ্ত ডিগ্রি, ডিপ্লোমা, সনদ ইত্যাদি।

qual·ify [কুঅলিফাই] *vt,vi* ১ ~ **sb (for sth/ to do sth/ as sth)** কাউকে প্রশিক্ষিত করা; যোগ্য করে তোলা: He is qualified as a teacher of English. ২ অধিকারসম্পন্ন করা: He could not ~ for the commission in the army. ৩ সীমিত করা; অর্থের পরিধি কমিয়ে আনা: The statement "All teachers are poor" is ~ied by saying "Most of the teachers are poor". ৪ অর্থকে নিয়ন্ত্রিত করা (ব্যাক.): Adjectives ~ nouns.

quali·fied ১ যোগ্যতাসম্পন্ন। ২ সীমিত: He gave a qualified approval to the plan. **quali·fier** *n* (ব্যাক.) যে শব্দ অন্য শব্দকে ~ করে, যেমন *adj,adv*

quali·tat·ive ['কুঅলিটাটিভ্] *adj* গুণগত। ~ **analysis,** দ্র. quantitative.

qual·ity [কুঅলাটি] *n* ১ [C,U] বৈশিষ্ট্যমূলক গুণ বা ধর্ম: The ~ of the article is unsatisfactory. He has many qualities. ২ [C] বৈশিষ্ট্য যা কোনো ব্যক্তি বা বস্তুকে অন্যদের থেকে পৃথক করে: He has the ~ of being punctual. ৩ উচ্চ সামাজিক অবস্থান: a lady of ~.

qualm [কুআ:ম্] *n* ১ বিবেকে র অস্বস্তিবোধ (বিশেষত কোনো কাজ করার সময়ে কাজটি ভালো না মন্দ এ বিষয়ে দ্বিধাবোধ): He felt no ~s while he stabbed the man. ২ সাময়িক শারীরিক অসুস্থতাবোধ, বিশেষত পাকস্থলীতে।

quan·dary ['কুঅন্ডারি] *n* [C] দ্বিধা; কিংকর্তব্যবিমূঢ়তা: I was in a ~ about what to do.

quan·tify [কুঅনটিফাই] *vt* সংখ্যায় ব্যক্ত করা; পরিমাণ নির্ধারণ করা। **quan·ti·fi·ca·tion** *n* . **quan·ti·fi·able** *adj* পরিমাপযোগ্য।

quan·ti·tat·ive [কুঅনটিট টিভ্] *adj* পরিমাণগত; পরিমাণ, আয়তন, সংখ্যা, মাত্রা ইত্যাদি সংক্রান্ত; মাত্রিক। দ্র. qualitative.

quan·tity [কুঅন্টাটি] *n* ১ [U] কোনো কিছুর পরিমাণ, আকার, আয়তন, ওজন, সংখ্যা ইত্যাদি বৈশিষ্ট্য। ২ [C] পরিমাণ; সংখ্যা: We have only a small ~ of sugar. ৩ (প্রায়শ *pl)* মোটা পরিমাণ বা অধিক মাত্রা: The company bought raw jute in ~ / in large quantities. ৪ **An unknown ~** (গণিত) সমীকরণে একটি অজ্ঞাত রাশি (যাকে x দ্বারা বোঝানো হয়)।

quan·tum ['কুঅনটাম্] *n* প্রার্থিত বা প্রয়োজনীয় পরিমাণ। '**~ theory** (পদার্থ.) ইলেকট্রনের শক্তি বিকীর্ণ হয় নিরবচ্ছিন্নভাবে নয়, বরং নির্দিষ্ট মাত্রায়—এই তত্ত্ব।

quar·an·tine [কুঅরান্‌টীন্] *n* [U] (চিকি.) রোগসংক্রমণ প্রতিরোধকল্পে মানুষ বা প্রাণীকে আলাদা বা আটক রাখার ব্যবস্থা/ এই বব্যস্থার সময়কাল: The astronauts were put into ~ after their return. □*vt* উপরোক্ত ব্যবস্থাধীনে রাখা: The astronauts were ~d for a week.

quark [কুআ:ক্] *n* (পদার্থ.) প্রাথমিক কণাবিশেষ।

quar·rel [কুঅরাল্ US কুয়ো°রাল] *n* [C] ১ ঝগড়া; কলহ; বিবাদ: The husband and the wife had a ~. ২ প্রতিবাদ, অভিযোগ বা রাগের কারণ: He had no ~ with his neighbour. **pick a ~ (with sb)** ঝগড়া বাঁধানো। □*vi* ১ ~ **(with sb) (about sth)** ঝগড়া করা। ২ ~ **with** মতবিরোধ প্রকাশ করা; অভিযোগ করা। '**~·some** ঝগড়াটে; বদরাগী।

quarry[1] [কুঅরি US 'কুয়ো°রি] *n* শিকারির লক্ষ্যবস্তু কোনো প্রাণী বা পাখি; যে–কোনো উদ্দিষ্ট লক্ষ্য বা বস্তু।

quarry[2] [কুঅরি US 'কুয়ো°রি] *n* যে স্থান থেকে বাড়িঘর বা রাস্তাঘাট বানানোর কাজে ব্যবহৃত পাথর, স্লেট ইত্যাদি আহরণ করা হয়। □*vt,vi* ১ উপরে বর্ণিত স্থান থেকে উক্ত দ্রব্যাদি আহরণ করা; (লাক্ষ.) পুরনো পুঁথিপত্র, রেকর্ড থেকে তথ্য উদ্ধার করা। ২ তথ্য উদ্ধারের কাজে নিয়োজিত হওয়া: He was ~ing in the archives. '**~-man** এ ধরনের কাজে নিয়োজিত ব্যক্তি।

quart [কুয়োᵒট্] *n* ২ পাইন্ট বা প্রায় ১.১৪ লিটারের সমান পরিমাপ: Put a ~ into a pint pot, ছোট আধারে বড়ো জিনিস আঁটানোর ব্যর্থ চেষ্টা; অসম্ভব প্রয়াস।

quar·ter [কুয়োᵒটা(র্)] *n* ১ এক চতুর্থাংশ; ¼; চার ভাগের এক ভাগ: a ~ of an hour (১৫ মিনিট). The apple was divided into ~s. a bad ~ of an hour. ১ স্বল্পক্ষণস্থায়ী কিন্তু অসুখকর অভিজ্ঞতা। ২ পৌনে বা সওয়া ঘণ্টা (ঘণ্টা থেকে ১৫ মিনিট কম বা বেশি): He came at ~ past three. ৩ তিন মাস: Have you paid the electric bill for the first ~? ৪ (US) সিকি ডলার; ২৫ সেন্ট। ৫ মাংসের রান: a ~ of beef. ৬ দিক; এলাকা; সরবরাহের সূত্র: People came running from all ~s. From what ~ did you get the news ? ৭ কোনো বিশেষ গোষ্ঠী বা সম্প্রদায় বাস করে এমন এলাকা: He rented a house in the chinese ~ of Calcutta. ৮ চান্দ্র মাসের এক চতুর্থাংশ। ৯ *(pl)* আবাস; (সাম.) সেনাছাউনি। **head ~s,** দ্র. head'(২০). **married ~s** বিবাহিত সৈনিক প্রভৃতি যে আবাসস্থলে থাকে: Single ~s, অবিবাহিত সৈনিক প্রভৃতির বাসস্থান। ১০ **at close ~s** খুব কাছে থেকে (দেখা)। ১১ *(pl)* (বিশেষ. যুদ্ধের জন্য) জাহাজে নৌসেনাদের অবস্থান গ্রহণ: The naval officers and the navymen took up their ~s. ১২ **ask for ~/ give ~** শত্রুকে ক্ষমা; আত্মসমর্পণকৃত শত্রুকে জীবন ভিক্ষা দেওয়া। ১৩ (নৌ.) জাহাজের পার্শ্বদেশের পশ্চাৎভাগ। **'~-deck** উপরের ডেকের অংশবিশেষ। ১৪ (GB) ২৮ পাউন্ড। ১৫ যুদ্ধে ব্যবহৃত ঢালের এক চতুর্থাংশ। ১৬ (যৌগশব্দ) **,~-'final** *n* (ক্রীড়া) চারটি প্রতিযোগিতা বা ম্যাচের একটি—যার বিজয়ী দল সেমি-ফাইনালে খেলার সুযোগ পাবে। **'~-light** *n* মোটরগাড়ির জানালার ত্রিভুজাকৃতি অংশ যা খুলে দিলে বাতাস চলাচল করতে পারে। **'~-master** *n* (সাম.) (সংক্ষেপে QM) কোনো ব্যাটিলিয়নের রসদের ভারপ্রাপ্ত অফিসার। **,~-master-general** (QMG) *n* সমগ্র বাহিনীর রসদ সরবরাহের দায়িত্বে নিয়োজিত অফিসার। □*vt* ১ চার ভাগে বিভক্ত করা (প্রাচীন কালে) বিশ্বাসঘাতকের দেহকে টুকরা টুকরা করা: The prisoner was hanged and then ~ed. ২ সৈন্যদলের জন্য বাসস্থানের ব্যবস্থা করা।

quar·ter·ly ['কুয়োᵒটালি] *adj,adv* তিন মাস পরপর ঘটে এমন; ত্রৈমাসিক: ~ payments. □*n* ত্রৈমাসিক পত্রিকা।

quar·tet [কুয়োᵒ'টেট্] *n* চারজন গায়কের দ্বারা গীত গান: a string ~; দুইটি বেহালা (একটি ভায়োলা এবং একটি চেল্লো) দ্বারা বাজানো হয় এমন সঙ্গীত।

quarto ['কুয়োᵒটৌ] *n* কাগজের ১টি শিটকে ২ বার ভাঁজ করলে আট পৃষ্ঠা সম্বলিত যে আকার পাওয়া যায়; এই আকারের মুদ্রিত বই (সাধারণত ৯" × ১২")।

quartz [কুয়োᵒট্স্] *n* [U] শক্ত খনিজ দ্রব্যবিশেষ (দানাদার সিলিকা) যেমন agate এবং অন্যান্য প্রায়-মূল্যবান (semiprecious) পাথর। **~ clock** খুব সূক্ষ্ম ও সঠিক সময়জ্ঞাপনক্ষম ঘড়ি।

quasar ['কুয়েইজ়া:(র্)] *n* (জ্যোতি.) অত্যন্ত দূর থেকে আগত রেডিও অথবা আলোক-তরঙ্গের উৎস।

quash [কুঅশ্] *vt* বাতিল করা; আইনত অগ্রহণযোগ্য ঘোষণা করা; সমাপ্তি টানা: The verdict of the Lower Court was ~ed in the High Court.

quasi- ['কুয়েইসাই] *pref* (*n* বা *adj* সহ) কিছু মাত্রায়; দৃশ্যত: a ~-passive verb; a ~-official status.

quas·sia [কুঅশ] *n* [U] দক্ষিণ আমেরিকার বৃক্ষবিশেষ যার বাকল থেকে খুব তিক্তস্বাদযুক্ত ওষুধ তৈরি হয়।

quat·er·cen·ten·ary [কুঅটাসেন'টীনারি] *adj* চারশত বছর পূর্তি: The ~ of Shakespeare's birth was celebrated in 1964.

quat·rain ['কুঅট্রেইন্] *n* চার লাইনের পদ্য (সাধারণত এর অন্ত্যমিল হয় ক খ ক খ)।

qua·ver ['কুএইভা(র্)] *vt,vi* ১ (কণ্ঠস্বর অথবা অন্য কোনো ধ্বনি) কম্পিত হওয়া; কাঁপা: His voice ~ed. ২ কম্পিত কণ্ঠে কথা বলা বা গান করা। □*n* [C] ১ কম্পিত ধ্বনি। ২ সঙ্গীতে সুরের কম্পনমাত্রা।

quay [কী] *n* জাহাজ ভেড়ানোর জন্য পাথর বা লোহার তৈরি ঘাট বা জেটি।

queasy ['কুঈজ়ি] *adj* ১ বমনোদ্রেককর; পেট খারাপ করায় এমন। ২ (পাকস্থলী সম্পর্কে) দুর্বল। ৩ (ব্যক্তি সম্পর্কে) সহজে অসুস্থ হয় এমন। ৪ (লাক্ষ.) অতিমাত্রায় রুচিবাগীশ; নীতিবান; নাজুক প্রকৃতির। **queas·ily** *adv*. **queasi·ness** *n*

queen [কুঈন্] *n* ১ রানী। ২ রাজার স্ত্রী। ৩ **~ dowager** মৃত রাজার বিধবা পত্নী। **~ mother** রাজত্বকারী রাজার মাতা; রাজমাতা। ৪ উৎকর্ষে, সৌন্দর্যে সেরা রমণী বা স্থান। **'beauty ~** সুন্দরী প্রতিযোগিতায় বিজয়িনী। ৫ **~ ant/ bee/ wasp** মক্ষিরানী, রানী মৌমাছি। ৬ তাস বা দাবা খেলার রানী বা বিবি। ৭ (GB অশিষ্ট) সমকামী পুরুষ যে নারীসুলভ আচরণ করে। □*vt* **~ it (over sb)** রানীসুলভ আচরণ করা; কর্তৃত্ব করা। **~·ly** *adj* রানীসুলভ; রাজকীয়; মহানুভব।

queer [কুই্অ(র্)] *adj* অদ্ভুত; অস্বাভাবিক: He has a ~ way of talking. ২ সন্দেহ উদ্রেককারী: I heard a ~ rustling in the bush. ৩ অসুস্থ; ক্ষীণ: I am feeling ~ at the moment. ৪ (অশিষ্ট) সমকামী। □*vt* (অশিষ্ট) নষ্ট করা; খারাপ করে দেওয়া। **~·ly** *adv*. **~·ness** *n*

quell [কুএল্] *vt* (কাব্যিক) (বিদ্রোহ বা বিরোধিতা) দমন করা।

quench [কুএন্চ্] *vt* ১ (আগুন ইত্যাদি) নির্বাপিত করা। ২ তৃষ্ণা নিবারণ করা। ৩ আশা ভঙ্গ করা। ৪ পানিতে ডুবিয়ে কোনো গরম জিনিসকে ঠাণ্ডা করা। **~·less** *adj* অনিবার; দুর্নিবার; অনির্বাণ; অতৃপ্ত: a ~less thirst.

quern [কুঅ:ন্] *n* হাতে চালিত শস্য ভাঙানোর যাঁতাবিশেষ; মরিচ গুঁড়া করার যন্ত্র।

queru·lous ['কুএরুলাস্] *adj* নালিশ করার স্বভাববিশিষ্ট; কলহপ্রিয়। **~·ly** *adv*. **~·ness** *n*

query [কুইঅরি] *n* [C] ১ প্রশ্ন; জিজ্ঞাসা। ২ প্রশ্নবোধক (?) চিহ্ন। □*vt* প্রশ্ন করা; কোনো বিষয়ে সন্দেহমুক্তির জন্য কিছু জানতে চাওয়া। ২ কোনো বিষয়ে সন্দেহ প্রকাশ করা: He queried about his honesty. ৩ প্রশ্নবোধক (?) চিহ্ন দেওয়া।

quest [কুএস্ট্] *n* [C] সন্ধান; পশ্চাদ্ধাবন; অনুসন্ধান: the ~ for knowledge. **in ~ of** (প্রাচীন ও সাহিত্যিক ব্যবহার) খোঁজে; সন্ধানে: They went out in ~ of shelter. □*vt* **~ for** খোঁজা।

ques·tion[1] ['কুএস্চান্] *n* ১ প্রশ্নবোধক বাক্য; প্রশ্ন। **'~-mark** প্রশ্নবোধক চিহ্ন (?)। **'~-time** পার্লামেন্টে প্রশ্নোত্তরের সময়ে যখন মন্ত্রীগণ সদস্যদের বিভিন্ন প্রশ্নের জবাব দেন। ২ সমস্যা; আলোচনা করার বা সিদ্ধান্ত নেওয়ার বিষয়: To be or not to be that is the question. His joining the cabinet is now only a ~ of time. **In ~** বিচারাধীন প্রশ্ন বা সমস্যা যার বিষয়ে আলোচনা হচ্ছে:

Where is the man in ~ ? **out of the ~** অসম্ভব; প্রশ্নই ওঠেনা: Going out in this bad weather is out of the ~. **be some/ no ~ of** প্রশ্ন ওঠে না: There is no ~ of my being the chairman of the committee. **beg the ~.** দ্র. beg(২). **come into ~** আলোচনায় ওঠা: If my joining the Army comes into ~, I'll refuse without hesitation. **put the ~** (সভায়) কোনো প্রস্তাবের পক্ষে বা বিপক্ষে মতামত দেবার আহ্বান জানানো। ৩ [U] সন্দেহ; আপত্তি: There cannot be any ~ about his sincerity. **beyond ~** প্রশ্নাতীত: His honesty is beyond ~. **call sth in ~** কোনো বিষয়ে প্রশ্ন, সন্দেহ বা আপত্তি উত্থাপন করা: His faithfulness was called in ~.

question[2] [কুএস্‌চান্] *vt* ১ প্রশ্ন করা; জেরা করা: He was ~ed by the police officer. ২ সন্দেহ প্রকাশ করা: The people ~ed their leader's integrity. **~·able** সন্দেহভাজন; প্রশ্নসাপেক্ষ: She is a woman of ~able morality. **~·ably** *adv* . **~er** *n* প্রশ্নকর্তা। **~·ing·ly** *adv* জিজ্ঞাসুভাবে।

ques·tion·naire [কুএস্‌চা'নেআ(র্)] *n* প্রশ্নাবলী; মতামত জরিপ কাজে ব্যবহৃত প্রশ্নমালা।

quet·zal [কুএট্‌স্‌ল্ US কেট্'স্যাল] *n* মধ্য আমেরিকার একটি সুন্দর পাখি; গুয়াতেমালার মুদ্রার নাম।

queue [কিয়্যু] *n* ১ অপেক্ষমান মানুষ; জন্তু প্রভৃতির সারি; লাইন; সিনেমার টিকেট ক্রয়, বাসে ওঠা প্রভৃতি কাজের জন্য নিজ নিজ পালা আসার প্রতীক্ষারত সারিবদ্ধভাবে দাঁড়ানো মানুষ: A lot of people were standing in a ~ to get into the bus. **jump the ~,** দ্র. jump[2](৬). ২ যানবাহনের সারি (ট্রাফিক আলোর সামনে দাঁড়ানো)। ৩ চুলের বেণী। □*vt* **~ (up) (for sth)** সারিবদ্ধভাবে দাঁড়ানো; লাইনে দাঁড়ানো।

quibble [কুইব্‌ল্] *n* [C] যুক্তির প্রধান দিক এড়িয়ে যাওয়ার জন্য ব্যবহৃত কথার মারপ্যাঁচ; দ্ব্যর্থবোধক শব্দ ব্যবহারের মাধ্যমে আসল কথা এড়ানো। □*vi* **~ (over)** কথার মারপ্যাঁচ ব্যবহার করা; তুচ্ছ খুঁটিনাটি নিয়ে তর্ক করা: We must not ~ over the trifles. **quib·bler** *n* . **quib·bling** *adj*

quiche [কীশ্] *n* সুগন্ধি পুর দেওয়া কেকবিশেষ।

quick [কুইক্] *adj* ১ দ্রুতগতিসম্পন্ন; দ্রুতনিষ্পন্ন: He is a ~ worker. People like ~ food at lunch. **(in) ~ time** সৈন্যদের মার্চ করার স্বাভাবিক গতি (ঘণ্টায় ৪ মাইল)। **~ march** দ্রুত মার্চ করা। **'~-freeze** *vt* খাদ্যদ্রব্যকে দ্রুত হিমায়িতকরণ। ২ প্রাণবন্ত; উজ্জ্বল; চটপটে; উপস্থিতবুদ্ধিসম্পন্ন: He is ~ to understand mathematical problems. He is a ~ worker. **a ~ temper** সহজে রাগ করার স্বভাব। ৩ (প্রা.প্র.) জীবিত: **the ~ and the dead.** □*n* [U] নখের নীচের সংবেদনশীল মাংস। **cut/ touch sb to the ~** কারো অনুভূতিতে গভীর আঘাত হানা। □*adv:* He wants to be famous ~. **~·ly** *adv* . **~·ness** *n*

quicken [কুইকান্] *vt,vi* ১ ত্বরান্বিত করা: We ~ed our pace in order to reach there in time. ২ প্রাণবন্ত; কর্মচঞ্চল করা; শক্তিমান করা: My pulse ~ed at the news.

quickie [কুইকি] *n* (কথ্য) দ্রুত সম্পন্ন কোনো কাজ; তাড়াহুড়া করে বানানো চলচ্চিত্র।

quick·lime [কুইক্‌লাইম্] *n* কলি চুন।

quick·sand [কুইক্ স্যান্ড্] *n* চোরাবালি।

quick·silver [কুইক্‌সিল্‌ভা(র্)] *n* [U] পারদ।

quid[1] [কুইড্] *n* খৈনি; চিবানোর জন্য তামাক পাতা।

quid[2] [কুইড্] *n* (GB অশিষ্ট) পাউন্ড।

quid pro quo [কুইড প্রৌ 'কুঔ] *n* (লা.) কোনো কিছুর বিনিময়ে অন্য কোনো কিছু প্রত্যর্পণ করা।

qui·esc·ent [কুআই'এস্‌ন্ট্] *adj* শান্ত; নিশ্চল; নিষ্ক্রিয়। **~·ly** *adv* . **qui·esc·ence** *n*

quiet [কুআইআট্] *adj* ১ শান্ত; নীরব: The sea is ~ now. He came to the door in ~ footsteps. ২ ভদ্র; নম্র: He is a ~ person. ৩ বর্ণাধিক্যহীন; শান্ত রংবিশিষ্ট। ৪ গোপন: He is harbouring ~ resentment in his mind. **keep sth ~** গোপন রাখা। **On the ~** গোপনে; চুপিচুপি। □*n* [U] শান্ত ভাব; নম্র–ভাব: I like the ~ of the country-side. □*vt,vi* (সচরাচর ~en) শান্ত হওয়া/ করা: The mother tried to ~ the crying child. **~·ly** *adv* . **~·ness** *n*

quiet·ism [কুআইইটিজ়াম্] *n* নিরাসক্তভাবে দুঃখ ও সুখকে গ্রহণ করার মানসিক ক্ষমতা; চিত্তের প্রশান্তির সাথে জীবনযাপন (ধর্মীয় মরমিবাদের একটি রূপ)। **quiet·ist** *n* উপরোক্ত মতবাদের অনুসারী।

quiet·ude ['কুআইইট্যিউড্] *n* (সাহিত্য.) নিস্তব্ধতা; প্রশান্তি।

qui·etus [কুআই'ঈটাস্] *n* (আনুষ্ঠা.) ঋণ পরিশোধ; জীবন থেকে মুক্তি; মৃত্যু; বিলোপ।

quiff [কুইফ্] *n* কপালের উপর চুলের গোছা।

quill [কুইল্] *n* ১ **~ (feather)** পাখা বা লেজের বড়ো পালক; এ রকম পালকের ফাঁপা অংশ যা আগেকার দিনে কলম হিসাবে ব্যবহৃত হতো: a ~ pen. ২ সজারুর কাঁটা।

quilt [কুইলট্] *n* কাঁথা, লেপ, তোশক ইত্যাদি। □*vt* ভিতরে ফোম বা তুলা দিয়ে দুই পাট কাপড়কে কাঁথার মতো সেলাই করা: a ~ed jacket.

quin [কুইন] *n* **quintuplet**-এর কথ্য সংক্ষিপ্ত রূপ।

quince [কু ইন্‌স্] *n* আচার, জেলি ইত্যাদি তৈরিতে ব্যবহৃত নাশপাতি জাতীয় ফলের গাছবিশেষ।

quin·cen·ten·ary [কুইন্‌সেন্'টীনারি] *adj,n* পাঁচশত বছর পূর্তি; পঞ্চশতবার্ষিকী।

quin·ine [কুই'নীন্ US 'কুআইনাইন্] *n* সিনকোনা গাছের ছাল থেকে তৈরি তিক্ত ঔষধবিশেষ—ম্যালেরিয়ার চিকিৎসায় ব্যবহৃত।

quinsy ['কুইনজ়ি] *n* গলার প্রদাহ; যার ফলে টনসিল থেকে পুঁজ বের হয়।

quin·tal [কুইন্‌টল্] *n* ওজনের একক; ১০০ কিলোগ্রাম।

qui·ntes·sence [কুইন্'টেস্‌ন্স্] *n* ১ উৎকৃষ্ট নিদর্শন; প্রতিমূর্তি: He is a ~ of politeness. ২ সারাংশ; মূলসার।

quin·tet [কুইন্'টেট্] *n* পাঁচজনের দলীয় সঙ্গীত; পাঁচটি বাদ্যযন্ত্র ব্যবহৃত হয় এমন সঙ্গীত।

quin·tu·plet [কুইন্‌ট্যিউপ্লেট্ US কুইন'টুপ্লিট্] *n* এক সাথে জন্মগ্রহণ করেছে এমন পাঁচটি শিশু বা শাবকের একটি।

quip [কুইপ্] *n* চতুর; বুদ্ধিদীপ্ত; সরস মন্তব্য। □*vt* সরস; বুদ্ধিদীপ্ত মন্তব্য করা।

quire ['কুআইআ(র্)] *n* ২৪ তা লেখার কাগজ; ১ দিস্তা।

quirk [কুআক্] *n* মুদ্রাদোষ; কোনো অদ্ভুত অভ্যাস।

quis·ling [কুইজ়্‌লিঙ্] *n* বিদেশী দখলদার শক্তির সাথে সহযোগিতাকারী ব্যক্তি; দালাল (তুল. বাংলা ভাষায়—মীরজাফর); দেশদ্রোহী; বিশ্বাসঘাতক।

quit[1] [কুইট্] *pred adj* মুক্ত; নিষ্কৃতিপ্রাপ্ত: We are happy to be ~ of him.

quit[2] [কুইট্] *vt* ১ স্থান ত্যাগ করা; ছেড়ে যাওয়া: Q~ India ! You have to ~ the place. ২ থামা; বন্ধ করা: The workers ~ted / ~ work when the bell rang. ৩

মুক্তি দান করা; খালাস পাওয়া। **~·ter** *n* (কথ্য) দায়িত্ব বা আরব্ধ কাজ শেষ না করে চলে যাওয়া ব্যক্তি।

quite [কুআইট্] *adv* ১ সমগ্রভাবে; পরিপূর্ণভাবে: He is ~ lonely. The two things are ~ different. **~ the thing** (কথ্য) ঠিক উপযুক্ত; সঠিক বস্তু: This dress is ~ the thing I have been looking for. ২ কিছুটা; মোটামুটি; কমবেশি: It is ~ cool today.

quits [কুইট্স্] *pred adj* **be ~ (with sb)** সমানে সমান হওয়া; প্রতিশোধ নেওয়া। **call it ~** বিভেদ; ঝগড়া ভুলে গিয়ে সমান হওয়া; সমমনা হওয়া।

quit·tance [কুইটন্স্] *n* ঋণমুক্তির দলিল।

quiver[1] [কুইভা(র্)] *n* তূণ; তূণীর।

quiver[2] [কুইভা(র্)] *vt,vi* কাঁপা; কম্পিত হওয়া; শিহরিত হওয়া। □*n* শিহরণ; কাঁপন।

qui vive [কী'ভীভ্] *n* **on the ~** সতর্ক; সজাগ।

quix·otic [কুইক'সটিক্] *adj* উচ্চ অথচ অলীক আদর্শের অনুগামী; খামখেয়ালি; আপন স্বার্থ সম্পর্কে অসচেতন পরোপকারী। **quix·oti·cally** *adv*

quiz [কুইজ্] *vt* ১ সাধারণ জ্ঞানের পরীক্ষা করার জন্য প্রশ্ন জিজ্ঞাসা করা। ২ (পুরা.) মজা করা; পরিহাস করা। □*n* ১ সাধারণ জ্ঞানের পরীক্ষা। **'~-master** প্রশ্নকর্তা। ২ (পুরা.) কৌতূহলী; পরিহাসপ্রবণ দৃষ্টি।

quiz·zi·cal ['কুইজ়িক্‌ল্] *adj* লঘু পরিহাসমূলক: He looked at her with a ~ smile.

quoit [কয়ট US কুঅয়ট] *n* নির্দিষ্ট লক্ষ্যে ছুড়ে দেওয়ার জন্য আংটাবিশেষ; *(pl)* আংটা ছুড়ে কোনো নির্দিষ্ট বস্তুতে লাগানোর খেলা।

Quonset ['কুঅনসিট্] *n* **'~ (hut)** বড়ো ধরনের কুঁড়েঘর (সাধারণত ঢেউটিনের তৈরি)।

quo·rum ['কুও°রাম্] *n* সভার বৈধতার জন্য কমপক্ষে যে কয়জন সদস্যের উপস্থিতি প্রয়োজন।

quota ['কুঔটা] *n (pl ~s)* নির্দিষ্ট; নির্ধারিত অংশ।

quo·ta·tion [কুঔ'টেইশ্‌ন্] *n* ১ [U] উদ্ধৃতকরণ। ২ যা উদ্ধৃত করা হয়েছে। **'~ marks** উদ্ধৃতি-চিহ্ন " ": ~s from the works of Milton. ৩ কোনো দ্রব্যের চলতি দরের বিবরণ। ৪ কোনো কাজের সম্ভাব্য খরচের আনুমানিক হিসাব।

quote [কুঔট্] *vt* ১ **~ (from)** কোনো বই; লেখকের লেখা থেকে উদ্ধৃত করা: He ~ed a few lines from 'Hamlet'. ২ কোনো বক্তব্যের সপক্ষে নমুনা; সাক্ষ্য হাজির করা: I can ~ an instance of this ···. ৩ কোনো দ্রব্যের একটি দাম উদ্ধৃত করা; জানানো: This was the lowest price ~ed for the item. **quot·able** *adj* যা উদ্ধৃত করা যায়; উদ্ধৃতিযোগ্য। **quo·ta·bil·ity** *n* উদ্ধৃতিযোগ্যতা।

quoth [কুঔথ্] *vt* (পুরা.) বললো; বলেছিল: Q~ he = he said.

quo·tid·ian [কুঔ'টিডিঅন্] *adj* (জ্বর সম্পর্কে) দৈনন্দিন; প্রাত্যহিক।

quo·tient ['কুঔশ্‌ন্ট্] *n* (গণিত) ভাগফল।

R r

R,r [আ:(র্)] ইংরেজি বর্ণমালার অষ্টাদশ বর্ণ। **the three R's** প্রাথমিক শিক্ষার তিন মূল ভিত্তি; তথা reading, (w)riting এবং (a)rithmetic.

rabbi ['র‍্যাবাই] *n* ইহুদি আইনের শিক্ষক; ইহুদি ধর্মযাজক। **rab·bini·cal** *adj* র‍্যাবাই-সম্পর্কিত; তাঁদের লেখা, জ্ঞান ইত্যাদি।

rab·bit [র‍্যাবিট্] *n* ১ খরগোশ। **'~-hole/ -burrow** *nn* খরগোশের গর্ত। **'~-hutch** *n* গৃহপালিত খরগোশের খাঁচা। **'~-punch** *n* ঘাড়ের পিছনে ঘুষি। **~-warren** *n* খরগোশের গর্তে ভর্তি জমি; (লাক্ষ.) সরু ও প্যাঁচানো গলি; গলিঘুঁজি। ২ (কথ্য.) কোনো খেলায় (বিশেষ. টেনিসে) অসফল; অকৃতী ক্রীড়াবিদ। □*vi* খরগোশ শিকার করা।

rabble [র‍্যাব্‌ল্] *n* উচ্ছৃঙ্খল জনতা। **'~-rousing** *adj* জনতাকে সহিংস বা উত্তেজিত করতে সক্ষম: He gave a ~-rousing speech. **the ~** (তুচ্ছার্থে) নিচুতলার জনসাধারণ।

ra·bid [র‍্যাবিড্] *adj* ১ জলাতঙ্কগ্রস্ত; উন্মাদ। ২ ক্রুদ্ধ; অন্ধ আবেগে ক্ষিপ্তবৎ; উদ্বুদ্ধ।

rabies ['রেইবিজ্] *n* [U] কুকুর, নেকড়ে ইত্যাদি প্রাণীর সংক্রামক ব্যাধিবিশেষ যাতে এরা পাগল হয়ে যায়; জলাতঙ্ক (hydrophobia)।

rac·con [র‍া'কূন্] দ্র. racoon.

race[1] [রেইস্] *n* [C] ১ দৌড় প্রতিযোগিতা; সাঁতার প্রতিযোগিতা; কোনো কাজ শেষ করা বা কোথাও পৌছানোর জন্য প্রতিযোগিতা: **a ~ against time** কোনো নির্দিষ্ট সময় বা ঘটনার আগে কোনো কাজ শেষ করার প্রচেষ্টা। **'~-course** ঘোড়দৌড়ের মাঠ। **'~-horse** দৌড়ের/রেস খেলার ঘোড়া। **'~-meeting** একই স্থানে একাদিক্রমে ঘোড়দৌড়ের অনুষ্ঠান। ২ নদী বা সমুদ্রের তীব্র স্রোত। ৩ (সাহিত্য.) সূর্য বা চন্দ্রের পরিক্রমণ, আবর্তন; (লাক্ষ.) জীবনের গতি। □*vt,vi* ১ **~ with/ against (sb)** গতির প্রতিযোগিতা করা; দ্রুত চলা: ~ along. ২ বাজির ঘোড়ার মালিক হওয়া/বাজির ঘোড়ার প্রশিক্ষণ দেওয়া; ঘোড়দৌড় খেলায় অংশ নেওয়া। ৩ (কাউকে বা কোনো কিছুকে) দ্রুত চলায় সাহায্য করা; দ্রুত চালানো: He ~ed me to the airport in his car. **rac·ing** *n* [U] ঘোড়দৌড় বা মোটর রেস খেলা; এ সম্পর্কিত শখ বা পেশা: These are racing horses. He has been in racing for 10 years.

race[2] [রেইস্] *n* ১ [C.U] মানবপ্রজাতি, নরগোষ্ঠী; গাত্রবর্ণ, চুলের রং, নাক মুখের গড়ন ইত্যাদির ভিত্তিতে স্থিরীকৃত মানবজাতির শাখা: The Bengalis are a mixed ~. The Mongoloid ~ have yellow skin and flat nose. ২ সাধারণ সংস্কৃতি, ইতিহাস অথবা/ এবং ভাষা আছে এমন জনগোষ্ঠী: the Anglo-saxon ~. ৩ (attrib) জাতিগোষ্ঠী; জনগোষ্ঠী সম্পর্কিত: R~ relations are important in a multi-racial country like Britain. ৪ বংশ; কুলগৌরব: He belongs to an ancient ~. ৫ [C] প্রাণীকুলের প্রধান বিভাজন: the human ~; the feathered ~ (পাখি) ইত্যাদি।

ra·ceme [র‍্যা'সীম্] *n* (উদ্ভিদ.) প্রধান পুষ্পদণ্ড থেকে উদ্গত সমদূরবর্তী সবৃন্ত পুষ্পরাজির বিন্যাস।

racial ['রেইশ্‌ল্] *adj* race[2] (১,২) সম্পর্কিত; জাতি-সম্পর্কিত। সাম্প্রদায়িক: ~ conflict; ~ discrimination, সাম্প্রদায়িক বিভেদনীতি। **~·ism** সাম্প্রদায়িক নীতি; নিজের সম্প্রদায়ের শ্রেষ্ঠত্বে বিশ্বাস। **~·ist** *n* সাম্প্রদায়িক ভেদনীতিতে বিশ্বাসী; অন্য সম্প্রদায়ের প্রতি ঘৃণা পোষণকারী।

rac·ily, raci·ness, দ্র. racy.

rac·ism [রেইসিজ়াম্] *n* একজাতি অন্য জাতি অপেক্ষা উৎকৃষ্ট এবং তার উপর কর্তৃত্ব করার অধিকারী এমন ধারণা বা বিশ্বাস; এমন ধারণার ফলে অন্য জাতির প্রতি বৈষম্যমূলক আচরণ। **rac·ist** *n* নিজ সম্প্রদায়ের শ্রেষ্ঠত্বে বিশ্বাসী; সাম্প্রদায়িক ভেদনীতিতে আস্থাবান ব্যক্তি।

rack[1] [র‍্যাক্] *n* ১ কাঠের বা ধাতুনির্মিত তাক (বিশেষ. আস্তাবলে পশুর খাবার রাখার জন্য ব্যবহৃত।) ২ গৃহস্থালির জিনিস ঝুলিয়ে রাখার জন্য ব্যবহৃত তাক; ফ্রেম ইত্যাদি। ৩ বিমান, বাস ইত্যাদিতে হালকা মালামাল রাখার জন্য তাক, শেল্ফ। ৪ দাঁতঅলা রড শিক বা রেল যার সাথে চাকার খাঁজ যুক্ত হয়ে রড বা শিককে ঘোরায়।

rack[2] [র‍্যাক্] *n* (সাধা. **the ~**) শাস্তি দানের যন্ত্র। **on the ~** কঠোর শারীরিক/মানসিক কষ্টের ভিতর দিয়ে যাওয়া। □*vt* ১ শাস্তিদানের যন্ত্রে আটকিয়ে যন্ত্রণা দেওয়া; কষ্ট দেওয়া: I have a ~ing headache. ২ **~ one's brains (for)** কোনো কিছু স্মরণ করা বা উদ্ভাবন করার জন্য ভীষণভাবে মাথা খাটানো। ৩ অত্যধিক ভাড়ার চাপে ভাড়াটেকে অতিষ্ঠ করা। **ˈ~-rent** *n* অতি উচ্চহারের ভাড়া।

rack[3] [র‍্যাক্] *n* **go to ~ and ruin** ধ্বংস হয়ে যাওয়া; বিনষ্ট হওয়ার পথে এগিয়ে যাওয়া।

racket[1] [র‍্যাকিট্] *n* ১ হৈচৈ; কোলাহল। ২ [U] সামাজিক কর্মব্যস্ততা; ছুটাছুটি এবং হৈচৈ: A politician's life is full of ~. ৩ [C] (কথ্য.) (অন্যকে ঠকিয়ে বা ভয় দেখিয়ে) অসদুপায়ে অর্থ উপার্জনের পন্থা: Kindergarten education has become a ~ in this country. ৪ [C] কঠিন বা কষ্টকর অভিজ্ঞতা। **stand the ~ (ক)** কঠিন সঙ্কট পেরিয়ে আসা; **(খ)** কোনো ঘটনার দোষ নিজে স্বীকার করে নেওয়া; ক্ষতিপূরণ দেওয়া। □*vi* **~ (about)** হৈচৈ করা; অবৈধ উপায়ে অর্থ উপার্জন করা। **~·eer** হাসিখুশি ব্যক্তি; অবৈধ উপায়ে অর্থ উপার্জনকারী ব্যক্তি। **~·eer·ing** *n* [U] উপরোক্তভাবে অর্থ উপার্জনের ফন্দি; ব্যবসা।

racket[2], **rac·quet** [ˈর‍্যাকিট্] *n* ১ টেনিস, ব্যাডমিন্টন ইত্যাদি খেলার ব্যাট। ২ দুই বা চারজনের এমন একটি খেলা যা চারদেয়াল ঘেরা কক্ষে খেলা যায়।

rac·on·teur [র‍্যাকন্ˈটা(র্)] *n* হাসিখুশি; আমুদে; গল্প বলিয়ে ব্যক্তি।

rac·oon, rac·coon [র‍াˈকূন্ US র‍্যাˈকূন্] *n* উত্তর আমেরিকার ছোট আকারের ভালুকজাতীয় মাংসাশী প্রাণীবিশেষ; এই প্রাণীর পশম।

racy [রেইসি] *adj* ১ (কথা বলা অথবা লেখা সম্পর্কিত) পরিষ্কার, উদ্দীপ্ত এবং সতেজ: He writes in a ~ style. ২ প্রবল বৈশিষ্ট্যপূর্ণ: The spice has a ~ flavour. **rac·ily** *adv.* **raci·ness** *n*

radar [ˈরেইডা:(র্)] *n* রাডারযন্ত্র; জাহাজ, বিমান বা নভোযানের পাইলট কর্তৃক ব্যবহৃত যন্ত্র যার পর্দায় এর সীমার মধ্যে আগত যে কোনো কঠিন বস্তুর অস্তিত্ব ধরা পড়ে এবং সেই বস্তুর অবস্থান, গতি ইত্যাদি সম্পর্কে তথ্য পাওয়া যায়।

radial [ˈরেইডিঅল্] *adj* আলোকরশ্মিসংক্রান্ত অথবা ব্যাসার্ধ-সম্পর্কিত; (সাইকেলের চাকার স্পোক সংক্রান্ত) কেন্দ্র থেকে বিচ্ছুরিত আলোক রশ্মির মতো সাজানো। □*n* **~ (tyre)** রাস্তার সমতলে শক্তভাবে এঁটে থেকে ঘোরে এমনভাবে নির্মিত চাকা (বিশেষ করে ভেজা রাস্তায় এমন টায়ারের উপযোগিতা বেশি)। **~ly** *adv*

radi·ant [ˈরেইডিঅন্ট্] *adj* ১ রশ্মি বিকিরণ করে এমন; দীপ্তিমান: the ~ sun. ২ (ব্যক্তি, তার চেহারা, চোখ ইত্যাদি সম্পর্কিত) উজ্জ্বল, দীপ্ত, আনন্দিত অথবা প্রীতিপূর্ণ: She looks ~ in her new dress. ৩ (পদার্থ.) রশ্মিবিকিরণকারী; উজ্জ্বল: ~ energy. **~·ly** *adv*

radi·ate [ˈরেইডিএইট্] *vt,vi* ১ তাপ বা আলো বিকিরণ করা: The sun ~s heat. (লাক্ষ.) উচ্ছৃঙ্খলভাবে প্রকাশ করা; দীপ্তভাবে আনন্দ, উৎসাহ ইত্যাদির বহিঃপ্রকাশ ঘটানো: The mayor ~s enthusiasm whenever he speaks. ২ **~ (from)** রশ্মিরূপে বিকিরণ করা বা বিকীর্ণ হওয়া: Heat ~s from a fireplace. Joy ~ed from her eyes. ৩ **(from)** ব্যাসার্ধ রূপে একটি কেন্দ্র থেকে বিভিন্ন দিকে ছড়িয়ে যাওয়া।

radi·ation [রেইডিএইশ্ন্] *n* ১ [U] radiate এর সকল অর্থে; তাপ বিকিরণ, রশ্মি বিচ্ছুরণ ইত্যাদি। **ˈ~ sickness** তেজস্ক্রিয় বস্তু থেকে বিচ্ছুরিত গামারশ্মির সংস্পর্শ থেকে যে অসুস্থতা সৃষ্ট হয়। ২ [C] বিচ্ছুরিত, বিকীর্ণ তাপ বা আলো: ~s from an X-ray machine.

radi·ator [রেইডিএইটা(র্)] *n* [C] ১ ঘর গরম রাখার জন্য ব্যবহৃত তাপবিকিরণকারী যন্ত্র। ২ মোটরযানের ইনজিনের সিলিন্ডারকে শীতল করার যন্ত্র।

rad·ical [র‍্যাডিক্ল্] *adj* ১ মৌলিক; মূলগত; মৌলিক কাঠামোগত: Many ~ reforms have been made. ২ (রাজনীতি) সমাজকাঠামোর আমূল পরিবর্তনে বিশ্বাসী; চিন্তাভাবনা এবং নীতিতে প্রাগ্রসর; প্রগতিবাদী: He is ~/he holds ~ opinions in politics. ৩ (গণিত.) বর্গমূল সম্পর্কিত: the ~ sign (√). □*n* ১ আমূল সংস্কারে বিশ্বাসী ব্যক্তি। ২ (গণিত.) বর্গমূল চিহ্ন(√)। **~ly** *adv.* **~·ism** *n* আমূল সংস্কারকামী মতবাদ।

rad·icle [ˈর‍্যাডিক্ল্] *n* ভ্রূণমূল (যেমন শিম ইত্যাদি গাছের)।

radii [ˈরেইডিআই] *n* radius-এর*pl*

radio [ˈরেইডিঔ] *n* ১ [U] বেতার; তড়িৎ চুম্বকীয় তরঙ্গের মাধ্যমে যোগাযোগ। ২ [U] বেতার সম্প্রচার। ৩ [C] **ˈ~-(set)** জাহাজ, বিমান ইত্যাদিতে বেতার সঙ্কেত পাঠানোর ও গ্রহণ করার যন্ত্র; বেতারকেন্দ্র থেকে সম্প্রচারিত অনুষ্ঠান শোনার জন্য (ঘরে ব্যবহৃত) বেতারযন্ত্র; রেডিও সেট। ৪ **ˈ~ beacon** বিমানের চালকদের সাহায্য করার জন্য বেতার সঙ্কেত পাঠানোর স্টেশন। **ˈ~ beam** বেতার সঙ্কেতের রশ্মি যা বেতার স্টেশন থেকে পাঠানো হয়। **~ frequency** সেকেন্ডে ১০ কিলোসাইকেলস থেকে ৩০০০০০০ মেগাসাইকেল্স্ —এই পরিধির মধ্যে বেতারতরঙ্গ দৈর্ঘ্য।

radio- [ˌরেডিঔ] *pref* হিসাবে ব্যবহার। **ˌ~·ˈac·tive** *adj* তেজস্ক্রিয়: ~active dust, পারমাণবিক বিস্ফোরণের ফলে উৎক্ষিপ্ত ধূলি; ~active waste, পারমাণবিক শক্তিকেন্দ্র থেকে উপজাত বর্জ্য পদার্থ। **ˌ~·acˈtivity** *n* তেজস্ক্রিয়তা। **ˈ~·graph** *n* এক্স-রে আলোকচিত্র। **ˌradi·ˈogra·pher** *n* এক্সরে আলোকচিত্র গ্রহণে প্রশিক্ষিত ব্যক্তি। **ˌ~·ˈiso·tope** *n* ঔষধ প্রস্তুতে এবং শিল্পক্ষেত্রে ব্যবহৃত তেজস্ক্রিয় উপাদানবিশেষ। **ˌ~-loˈcation** *n* রাডার। **ˌradi·ˈology** এক্সরে এবং চিকিৎসাক্ষেত্রে ব্যবহৃত অন্যান্য বিকিরণের বৈজ্ঞানিক বিচার; এতদসম্পর্কিত বিদ্যা। **ˌradi·ˈologist** এক্সরে এবং অন্যান্য প্রকার রশ্মি প্রয়োগবিদ্যা বিশারদ। **ˌ~-ˈtelescope** *n* মহাশূন্য থেকে আসা রেডিও তরঙ্গ গ্রহণ ও বিশ্লেষণ করে নক্ষত্রের অবস্থান নির্ণয় করার দুরবিন যন্ত্র। **ˌ~-ˈtherapy** রশ্মিবিকিরণ, বিশেষত এক্সরের সাহায্যে চিকিৎসা। **ˈ~-ˈtherapist** রশ্মিবিকিরণের মাধ্যমে চিকিৎসা করার প্রশিক্ষিত ব্যক্তি।

ra·dish [র‍্যাডিশ্] *n* কন্দজাতীয় তরকারিবিশেষ; মুলা।

radium [রেইডিঅম্] *n* [U] (রস.) তেজস্ক্রিয় মৌলিক ধাতব পদার্থবিশেষ (প্রতীক Ra) যা ক্যানসার ইত্যাদি রোগ নিরাময়ে ব্যবহার করা হয়।

radius ['রেইডিআস্] *n* ১ ব্যাসার্ধ। ২ ব্যাসার্ধদ্বারা পরিমাপকৃত বৃত্তাকার জায়গা: There is no police station within the ~ of 20 miles. ৩ (ব্যব.) হাতের দুটো হাড়ের মধ্যে বহিঃস্থিত হাড়টি।

ra·don ['রেইডন্] *n* [U] (রস.) তেজস্ক্রিয় পদার্থবিশেষ (প্রতীক Rn)।

raf·fia ['র‍্যাফিআ] *n* [U] এক ধরনের পামগাছের পাতা থেকে প্রাপ্ত তন্তু যা ঝুড়ি, মাদুর, টুপি ইত্যাদি তৈরিতে ব্যবহৃত হয়।

raf·fish ['র‍্যাফিশ্] *adj* নিন্দিত; কুখ্যাত; ইতর; উচ্ছৃঙ্খল এবং অসৎ বিলাসব্যসনে লিপ্ত। **~·ly** *adv*

raffle ['র‍্যাফ্ল্] *n* [C] লটারির মাধ্যমে কোনো জিনিস বিক্রয়; বহু লোকের কাছ থেকে প্রবেশমূল্য নিয়ে লটারি করে একজনের কাছে বিক্রয়। □*vt* লটারি করে বিক্রি করা।

raft [রা:ফ্ট্ US র‍্যাফ্ট্] *n* ১ ভেলা। ২ কাঠ বা অন্য পদার্থের (যেমন বরফ, শৈবাল) ভাসমান স্তূপ। □*vt,vi* ভেলায় ভাসিয়ে নিয়ে যাওয়া; ভেলায় চড়ে (নদী) পার হওয়া। **~er, raft·man** *nn* যে ব্যক্তি কাঠের গুঁড়ির সারিকে ভেলার মতো ভাসিয়ে নিয়ে যায়।

rag[1] [র‍্যাগ্] *n* [C] ১ ন্যাকড়া; টুকরা কাপড়; ত্যানা। ২ পুরনো ছেঁড়া কাপড়। **rags** ছিন্নবস্ত্র: He was dressed in rags. **from rags to riches** দারিদ্র্য থেকে ধনী অবস্থায়। **the rag trade** (অশিষ্ট) কাপড়ের ব্যবসা। **glad rags,** দ্র. glad. ৩ টুকরা; ভাঙা; কুড়ানো জিনিসপত্র। **rag-bag** (ক) যে থলিতে টুকরা কাপড় জমা করা হয়। (খ) (অশিষ্ট) অগোছালো পোশাক পরিহিত ব্যক্তি। ৪ *(pl)* পুরনো কাপড় থেকে যে উন্নতমানের কাগজ তৈরি হয়: rag paper. ৫ (তুচ্ছার্থে) খবরের কাগজ: There is no news in these worthless rags.

rag[2] [র‍্যাগ্] *vt* (কথ্য) ১ জ্বালাতন করা; (কারো উপর) রসিকতার নামে অত্যাচার করা। ২ অত্যধিক হৈ-হুল্লোড়ের মাধ্যমে আনন্দ প্রকাশ করা। □*n* (কথ্য) হুল্লোড়পূর্ণ আনন্দ উৎসব; সাধা. কলেজ বিশ্ববিদ্যালয়ের শিক্ষাজীবনের সমাপ্তিতে আনন্দ-উৎসব। **'rag-day** র‍্যাগ-উৎসবের দিন।

raga·muf·fin ['র‍্যাগামাফিন্] *n* নোংরা; নিন্দিতচরিত্র মানুষ; বিশেষ. ছেঁড়াকাপড় পরা ছোট বালক।

rage [রেইজ্] *n* ১ [C.U] ক্রোধ; দুর্বার ক্রোধ; উন্মত্ততা। **a fit of ~** ক্ষিপ্তাবস্থা; অলৌকিক প্রেরণাসঞ্জাত উন্মত্ত অবস্থা। **be in/fly into ~** ক্রোধে উন্মত্ত হয়ে ওঠা। ২ [C] **~ for** প্রবল কামনা: I noticed his ~ for collecting view cards. ৩ **be (all) the ~** (কথ্য) কোনো বস্তু যা পাবার জন্য অনেকের; কিছুকালের জন্য; প্রবল আগ্রহ থাকে; সাময়িক অত্যন্ত জনপ্রিয় ফ্যাশন-বস্তু: The new hair-style is all the ~ among the ladies. □*vi* ক্রোধে উন্মত্ত হওয়া; প্রচণ্ড হওয়া: The storm ~d furiously. **rag·ing·ly** *adv*

ragged ['র‍্যাগিড্] *adj* ১ ছিন্ন(বস্ত্র): He was wearing a ~ dress. ২ বন্ধুর; অসমতল; জেবড়াভাবে তৈরি: The sleeve is ~ at the cuff. ৩ (কাজ সম্পর্কে) খারাপভাবে; কাঁচা হাতে সম্পন্ন; অসঙ্গতিপূর্ণ: **~·ly** *adv* . **~·ness** *n*

rag·lan ['র‍্যাগলন্] *n* (সাধা. attrib) কাঁধে সেলাই নেই এমন কোট বা সোয়েটার।

ra·gout ['র‍্যাগূ US র‍্যা'গূ] *n* মাংস ও তরিতরকারি সহযোগে তৈরি ডালনাবিশেষ; মাংস এবং সবজির ঝোল।

rag·tag ['র‍্যাগট্যাগ্] *n* **(the) ~ and bobtail** ইতর; উচ্ছৃঙ্খল জনসাধারণ; আজেবাজে লোক।

rag·time ['র‍্যাগটাইম্] *n* ১৯২০ এর দশকের জনপ্রিয় নাচ ও গান (নিগ্রোদের)।

raid [রেইড্] *n* ১ আকস্মিক আক্রমণ (জাহাজের বা বিমানের): The sabre jets made a ~ on the enemy hideouts. **Air ~** বিমান হামলা। ২ আসামি ধরার জন্য পুলিশের ঝটিকা হামলা। ৩ টাকা ছিনতাইয়ের জন্য ব্যাংক ইত্যাদিতে হামলা: Armed gangster made a ~ on the bank. □*vi,vi* হামলা করা: The police ~ed the University halls of residence. **~er** *n* হামলাকারী ব্যক্তি, জাহাজ, বিমান ইত্যাদি।

rail[1] [রেইল্] *n* ১ অনুভূমিক বা হেলানো পাত বা রড যা বেড়া হিসাবে ব্যবহৃত: Iron ~s were used as a fence around the statue. ২ জিনিসপত্র ঝুলিয়ে রাখার জন্য ব্যবহৃত রড, যেমন বেসিনের পাশে তোয়ালে রাখার জন্য: towel-~. ৩ ট্রাম, রেলগাড়ি চলাচলের জন্য পাতা লাইন। **'~·way** রেললাইন। **off the ~s** রেলগাড়ির লাইনচ্যুতি; (লাক্ষ.) নিয়ন্ত্রণের বাইরে চলে যাওয়া; বিশৃঙ্খল হয়ে পড়া; বিশৃঙ্খল অবস্থা; (কথ্য) খেয়ালি; পাগল; বাতিকগ্রস্ত। **'~-road** *n* (US) রেলপথ। □*vt* (কথ্য) (ক) **~ off/in** বেড়া দেওয়া; বেড়া দিয়ে পৃথক করা: The field was ~ed off from the road. **~·ing** *n* [C], বেড়া; রেলিং।

rail[2] [রেইল্] *vi* **~ (at/against)** (সাহিত্য.) তীব্র গালিগালাজ/নিন্দা করা। **~·ing** *n* [U] তীব্র প্রতিবাদ; গালিগালাজ; *(pl)* এ ধরনের বক্তব্য।

rai·ment ['রেইমান্ট্] *n* [U] (সাহিত্য.) পোশাক পরিচ্ছদ; জামাকাপড়।

rain[1] [রেইন্] *n* ১ [U] বৃষ্টি; বর্ষণ; বৃষ্টির মতো পতন; বৃষ্টি (আবহাওয়া যাই হোক)। **~·bow** রংধনু; ইন্দ্রধনু। **'~·bow trout** রংধনুর মতো রেখা ও কালো ফুটকিঅলা মাছবিশেষ। **'~·coat** বর্ষাতি; জলনিরোধক পোশাক। **'~·drop** *n* বৃষ্টির ফোঁটা। **'~·fall** *n* বৃষ্টিপাতের পরিমাণ। **'~ forest** বৃষ্টিপ্রধান ক্রান্তীয় অঞ্চলের জঙ্গল। **'~-gauge** *n* বৃষ্টিপরিমাপক যন্ত্র। **'~·water** বৃষ্টির জল। ২ a + *adj* + ~ বৃষ্টিপাতের ঘটনা; বর্ষণ: There was a light ~ in the morning. **the ~s** বর্ষাকাল। ৩ (সাধা.) বর্ষণের মতো নেমে আসা কোনো কিছু; প্রপাত: A ~ of bullets; a ~ of congratulations ইত্যাদি।

rain[2] [রেইন্] *vi,vt* ১বৃষ্টি হওয়া: I won't go out if it ~s. **~ cats and dogs** তুমুল বর্ষণ। **It never ~s but it pours** (প্রবাদ) অনাকাঙ্ক্ষিত বস্তু একা আসে না, দলবেঁধে আসে (যেমন—বিপদ)। ২ ধারায় নেমে আসা: Tear ~ed down his cheeks. ৩ বৃষ্টির মতো (কিলঘুষি, উপহার, অভিনন্দন) বর্ষণ করা: ~ bullets. ~ed on the enemy bunker. Admirers ~ed congratulations on the actress.

rainy ['রেইনি] *adj* বৃষ্টিপূর্ণ; বাদলা; বর্ষণমুখর: a ~ day; the ~ season. **save/ provide/ put a way/ keep sth for a ~ day** ভবিষ্যৎ দুঃসময়ের জন্য কিছু (বিশেষ. টাকা পয়সা) সঞ্চয় করা।

raise [রেইজ্] *vt* ১ উঠানো; উত্তোলন করা: ~ your hands. The price of telephone calls has been ~ed twice this year. **~ one's glass to sb** কারো স্বাস্থ্য পান করা (সুস্বাস্থ্য কামনা করা)। **~ one's hand to sb** গায়ে হাত তোলা। **~ sb's hope** কারো আশা জাগ্রত করা। **~ a man to the peerage** কাউকে লর্ড-এর পদমর্যাদায় উন্নীত করা। **~ the temperature** (ক) তাপমাত্রা বাড়িয়ে কোনো স্থানকে উষ্ণতর করা। (খ) (লাক্ষ.) উত্তেজনা বাড়ানো। **~ one's voice** (ক) গলা চড়িয়ে কথা বলা। (খ) সরবে প্রতিবাদ করা: You should ~ your voice against the government. ২ খাড়া বা সিধা করা। **~ sb from the dead** মৃতকে পুনর্জীবিত করা। ৩ উঠতে বা ঘটতে সাহায্য করা: The storm ~ed a cloud of dust. The speech ~ed a strong protest from the audience. **~ a commotion** (লাক্ষ.) হট্টগোল সৃষ্টি করা। **~ a laugh** হাস্যকর কিছু করা: His behaviour ~ed a laugh. **~ Cain/ hell/ the devil/ the roof** (অশিষ্ট) হৈচৈ করা; বিরাট গণ্ডগোল বাঁধানো। ৪ আলোচনার জন্য প্রসঙ্গ উত্থাপন: The member ~ed a point of order. ৫ (শস্য) জন্মানো; (ভেড়া ইত্যাদির) বংশবৃদ্ধি; লালনপালন করা; পরিবার প্রতিপালন করা। ৬ জড়ো করা; সংগঠিত করা: Robert Bruce ~d a big army. They are raising a fund for the tornado-affected people. ৭ **~ siege/blockade** অবরোধ উঠিয়ে নেওয়া। **~ an embargo** নিষেধাজ্ঞা তুলে নেওয়া। ৮ **~ land** (নৌ.) তীরের কাছাকাছি আসা। □*n* (বিশেষ. US, তুল. GB rise) বেতনবৃদ্ধি। **~r** *n* (যৌগশব্দে) **cattle ~rs** গবাদিপশু পালনকারী। **fire ~rs** অগ্নিসংযোগকারী ব্যক্তিগণ।

raisin [ˈরেইজ্‌ন্] *n* [C] কিশমিশ।

raison d'être [ˌরেইজন্ ˈডেট্‌র্] *n (sing)* (ফ.) কোনো কিছুর অস্তিত্বের কারণ; উদ্দেশ্য।

rajah [ˈরা:জা] *n* রাজা; মালয়ীদের গোত্রপ্রধান।

rake[1] [রেইক্] *n* ১ আঁচড়া; খড়, ঝরাপাতা প্রভৃতি জড়ো করার জন্য ব্যবহৃত দাঁতঅলা আঁকশি; জমি মসৃণ করার মই। ২ জুয়ার টেবিলের টাকাপয়সা সংগ্রহকারী কর্তৃক ব্যবহৃত আঁকশি। □*vt,vi* ১ মই দেওয়া। ২ জড়ো করা (যেমন ঝরাপাতা ইত্যাদি)। **~ sth in** (লাক্ষ.) অনেক টাকাপয়সা উপার্জন: He is ~ in money with both hands. **~ off** (অশিষ্ট) লভ্যাংশ; দালালির অর্থ; কমিশন। **~ sth up** পুরনো স্মৃতি (শত্রুতার, ঝগড়ার) খুঁচিয়ে তোলা: Do not ~ up old quarrels. ৩ **~ (over/through) sth** সত্যানুসন্ধান করা: He ~d about among old documents. ৪ বন্দুকের গুলিতে আগাপাছতলা ঝাঁঝরা করে দেওয়া: The enemy trench was ~d with machine-guns.

rake[2] [ˈরেইক্] *n* দুশ্চরিত্র; লম্পট ব্যক্তি।

rake[3] [রেইক্] *vi,vt* ঢালু করা; ঢালু হওয়া: the floor of the theatre ~d towards the audience.

rak·ish [রেইকিশ্] *adj* ১ দুশ্চরিত্র; লাম্পট্যপূর্ণ: a ~ young man. ২ ঢালু। **~·ly** *adv* লাম্পট্যপূর্ণভাবে; একদিকে ঢালু করে। **~·ness** *n*

rally[1] [র‍্যালি] *vt,vi* ১ বিপদের সম্মুখীন হয়ে একত্র হওয়া; পরাজিত হওয়ার পর পুনরায় একত্র হওয়া: The people rallied round the new leader. ২ নতুনভাবে উজ্জীবিত করা; স্বাস্থ্য; শক্তি পুনরুদ্ধার করা: He was trying to ~ his spirits after the defeat in the election. □*n* [C] ১ সমাবেশ; জনসভা; নবপ্রচেষ্টায় পুনরায় একত্রীকরণ; স্বাস্থ্য; মনোবল পুনরুদ্ধার। ২ টেনিস খেলায় দ্রুত তালে বলের আদানপ্রদান। ৩ নতুন উদ্যম সঞ্চারের জন্য সমাবেশ: a political ~; a peace ~. ৪ মোটরযানের দৌড়প্রতিযোগিতা।

rally[2] [র‍্যালি] *vt* উত্যক্ত করা; ঠাট্টা; পরিহাস করা।

ram [র‍্যাম্] *n* ১ পুরুষ মেষ; ভেড়া; ভেড়ার পাঁঠা। ২ প্রচণ্ড শক্তি বা ধাক্কার জোরে পাইপ, খুঁটি ইত্যাদি বসানোর যন্ত্র বা কৌশল; পানি পাম্প করে উঠানোর যন্ত্র। ৩ প্রাচীর ভাঙার জন্য ঢেঁকি আকারের যন্ত্রবিশেষ। ৪ শত্রু জাহাজকে গুঁতা মেরে ফুটা করে দেওয়ার উদ্দেশ্যে জাহাজের মাথায় স্থাপিত ধাতব ও তীক্ষ্ণ ঠোঁট। ৫ **Ram** (জ্যোতি.) মেষ রাশি।

Rama·dan [র‍্যামাˈডা:ন্] *n* হিজরি সনের নবম মাস; রোজার মাস; রমজান।

ramble [র‍্যাম্‌ব্‌ল্] *vi* ১ কোনো বিশেষ গন্তব্য ছাড়া হাঁটা; ঘুরে বেড়ানো; (লাক্ষ.) অসংলগ্নভাবে, এলোমেলোভাবে কথা বলা, আলোচনা করা। ২ (উদ্ভিদ সম্পর্কে) লতিয়ে চলা। □*n* ইতস্তত ভ্রমণ; খেয়ালখুশিমত ভ্রমণ: They went for a ~. **ram·bler** *n* ইতস্তত ভ্রমণকারী ব্যক্তি; লতানো উদ্ভিদ: ~r roses. **ramb·ling** *adj* ১ (বাড়িঘর, রাস্তাঘাট, শহর সম্পর্কে) ইতস্তত বর্ধমান; পরিকল্পনাহীনভাবে নির্মিত; অপরিকল্পিত গজিয়ে ওঠা ও বেড়ে চলা। ২ (বক্তৃতা, আলোচনা, রচনা সম্পর্কে) অসংলগ্ন, যুক্তিপারম্পর্যহীন।

rami·fy [র‍্যামিফাই] *vi,vt* শাখা বিভক্ত করা; হওয়া। **rami·fi·ca·tion** *n* [C] কোনো নেটওয়ার্কের শাখা–বিভাগ; কোনো জটিল যুক্তির বিভিন্ন অংশ, দিক।

ramp[1] [র‍্যাম্প্] *n* সিঁড়ির পরিবর্তে (একতলা থেকে অন্য তলায় যাওয়ার জন্য) ব্যবহৃত ঢালু পথ; হাসপাতালে রোগীর শয্যা গড়িয়ে নেওয়ার জন্য বা হুইল চেয়ারের যাতায়াতের জন্য ব্যবহৃত পথ।

ramp[2] [র‍্যাম্প্] *n* (GB. অশিষ্ট) অত্যন্ত চড়ামূল্য আদায় করার অসৎ পন্থা; প্রতারণা।

ramp[3] [র‍্যাম্প্] *vt* তর্জন গর্জন করা; ছোটাছুটি করা।

ram·page [র‍্যামˈপেইজ্] *vi* উত্তেজিত অবস্থায় বা ক্রোধোন্মত্ত হয়ে ছোটাছুটি করা। □*n* **be/ go/ on the ~** উন্মত্ত ছোটাছুটি; প্রচণ্ড উত্তেজনাপূর্ণ আচরণ। **ram·pa·geous** *adj* উত্তেজিত আচরণপূর্ণ; উন্মত্তভাবে ছোটাছুটি বা তর্জনগর্জন করছে এমন।

ram·pant [ˈর‍্যাম্পন্ট্] *adj* ১ (উদ্ভিদ সম্পর্কে) বর্ধনশীল; অব্যাহতভাবে জায়মান। ২ (রোগব্যাধি, সামাজিক অনাচার সম্পর্কে) অনিয়ন্ত্রিত, অবাধ: Criminal offences are ~ in the city. ৩ (প্রাণী সম্পর্কে) পিছনের পায়ের উপর ভর দিয়ে দণ্ডায়মান, (বিশেষ প্রতীকচিহ্নের সিংহমূর্তি)। **~·ly** *adv*

ram·part [ˈর‍্যাম্পা:ট্] *n* [C] ১ আত্মরক্ষার জন্য দুর্গের চারপাশে নির্মিত মাটির উঁচু বাঁধ; গড় বা কেল্লা। ২ (লাক্ষ.) আত্মরক্ষা; প্রতিরোধ।

ram·rod [র‍্যাম্‌রড্] *n* (প্রা.প্র.) কামান বা বন্দুকে বারুদ ভরা বা নল পরিষ্কার করার লোহার দণ্ড।

ram·shackle [ˈর‍্যাম্‌শ্যাক্‌ল্] *adj* জরাজীর্ণ; পড়ো–পড়ো; ভগ্নপ্রায়: a ~ house.

ran [র‍্যান্] run[2] এর *pl*

ranch [রা:ন্‌চ্ US র‍্যান্‌চ্] *n* (US) বড়ো আকারের খামার, বিশেষত পশু চারণের বিস্তৃত ক্ষেত্র। **ˈ~ house** (US) আয়তাকার বাংলো–টাইপের বাড়ি। **ˈ~-wagon** (US) = Station wagon. **~er** যে ব্যক্তি খামারের মালিক; এর পরিচালনায় নিয়োজিত বা এর কর্মচারী।

ran·cid [ˈর‍্যান্‌সিড্] *adj* পচা চর্বি বা বাসি মাখনের দুর্গন্ধের মতো দুর্গন্ধযুক্ত।

ran·cour [র‍্যাঙ্‌ক(র্)] *n* [U] দীর্ঘস্থায়ী এবং গভীর তিক্ততা; ঘৃণা; হিংসা। **ran·cor·ous** *adj* তিক্ততাপূর্ণ; ঘৃণাপূর্ণ।

rand [র‍্যান্‌ড্] *n* দক্ষিণ আফ্রিকার মুদ্রার একক।

ran·dom [র‍্যান্‌ডম্] *n* ১ **at ~** এলোমেলোভাবে; এলোপাতাড়িভাবে: Competitors were selected at ~. ২ (attrib) এলোপাতাড়িভাবে কৃত; বানানো: ~ remarks; ~ sampling.

randy [র‍্যান্ডি] *adj* ১ (স্কট.) কোলাহলপূর্ণ; হুল্লোড়ে। ২ কামুক; অত্যধিক যৌনকামনাপূর্ণ।

ranee, rani [রা:নী] *n* রানী; রাজমহিষী।

rang [র‍্যাঙ্] ring এর *pl*

range[1] [রেইন্জ্] *n* ১ সারি বা নির্দিষ্ট ক্রমবিন্যাস: a mountain ~. ২ চাঁদমারির ক্ষেত্র: shooting ~. ৩ বন্দুক বা ক্ষেপণাস্ত্র থেকে যতদূর পর্যন্ত গোলা নিক্ষেপ করা যায়: Rifles have a ~ of one kilometre; বন্দুক ইত্যাদি এবং গুলির লক্ষ্যবস্তুর মধ্যেকার দূরত্ব: The pistol was fired at a short ~. **ˈ~-finder** *n* (ক) গুলির লক্ষ্যবস্তুর দূরত্ব পরিমাপক যন্ত্র। (খ) কোনো কোনো ক্যামেরার সাথে সংযুক্ত দূরত্ব পরিমাপক যন্ত্র। ৪ দৃষ্টির পরিসীমা; শ্রবণের পরিসীমা। ৫ পরিসর; দুই সীমার মধ্যবর্তী স্থান বা দূরত্ব: The ~ of voltage fluctuation is between 110 to 300 volts. (লাক্ষ.) জানার সীমা: The subject is outside the ~ of my knowledge. ৬ (US) চারণক্ষেত্র; শিকারের ভূমি। ৭ এলাকা, যার মধ্যে কোনো পাখি বিচরণ করে বা কোনো উদ্ভিদকে জন্মাতে দেখা যায়। ৮ রান্নার সরঞ্জাম, বিশেষত চুল্লি বয়লার ইত্যাদির বিন্যস্ত রূপ: a kitchen ~.

range[2] [রেইন্জ্] *vt,vi* ১ সারিতে বা শ্রেণীতে সুবিন্যস্ত করা; সারিতে বা নির্দিষ্ট ক্রমবিন্যাসে স্থান দেওয়া অথবা স্থান নেওয়া: The soldiers ~ed themselves around the fort. ২ **~ (through/over)** চলাচল করা; অবাধে বিচরণ করা: Tigers ~ through the forests. (লাক্ষ.) The speaker ~d over a wide field of ideas. ৩ প্রসারিত বা বিস্তৃত হওয়া: The boundary ~s from the Bay of Bengal to the Himalayas. ৪ দুই প্রান্তসীমার মধ্যে উঠানামা করা: Prices of jute ~ between Tk 200 to Tk 300 per maund. ৫ লক্ষ্যভেদ করা; দূরগামী হওয়া: The cannon ~s over 10 kilometres.

ranger [রেইন্জা(র্)] *n* ১ (US) বনরক্ষী। ২ (US) অশ্বারোহী পুলিশবাহিনীর সদস্য; প্রহরারত অশ্বারোহী সৈনিক। ৩ (US) কম্যান্ডো সেনা। ৪ (GB) রাজকীয় বনের আইন রক্ষাকারী কর্মকর্তা।

rank[1] [র‍্যাঙ্ক্] ১ [C] ব্যক্তি বা বস্তুর সারি বা বিন্যাস। ২ (আড়াআড়িভাবে) সৈন্যের সারি। **keep/break ~** সারিতে থাকতে সক্ষম/ব্যর্থ হওয়া। ৩ **the ~s; the ~ and file** সাধারণ সৈন্যগণ; নিম্নতম পদস্থ সৈন্যগণ; সাধারণ স্তরের জনগণ; (রাজ) কোনো রাজনৈতিক দলের নিম্নতম পর্যায়ের কর্মীবৃন্দ। **be reduced to the ~s** শাস্তি হিসাবে ননকমিশন্ড অফিসারকে সাধারণ সৈনিকের স্তরে নামিয়ে দেওয়া। **rise from the ~s** সাধারণ সৈনিক থেকে কমিশন্ড অফিসাররূপে পদোন্নতি লাভ। ৪ [C,U] পদমর্যাদাক্রমে নির্দিষ্ট অবস্থান; সেনাবাহিনীতে পদমর্যাদা, শ্রেণী বা বিভাগ: He was promoted to the ~ of a colonel. He is a singer of the highest ~. □*vt,vi* ১ সারিবদ্ধ করা; বিন্যস্ত করা; শ্রেণীবিন্যস্ত করা: Shakespeare is ~ed as the greatest dramatist of the world. ২ ক্রমবিন্যাসে নিজের স্থান অধিকার করা: A colnel ~s above a major.

rank[2] [র‍্যাঙ্ক্] *adj* ১ (উদ্ভিদ সম্পর্কে) অতিমাত্রায় বর্ধনশীল; খুব বেশি পাতা গজায় এমন: ~ grass; আগাছায় পরিপূর্ণ: ~ soil. ২ খারাপ স্বাদযুক্ত বা দুর্গন্ধযুক্ত। ৩ অতিমাত্রায় দোষযুক্ত; পুরোদস্তুর খারাপ: He is a ~ traitor. **~·ly** *adv.* **~·ness** *n*

ran·sack [র‍্যান্স্যাক্ US র‍্যান্‌স্যাক্] *vt* ১ **~ sth (for sth/to do sth)** তন্ন তন্ন করে খোঁজা: He ~ed the dictionary to find a suitable word. ২ লণ্ডভণ্ড করে লুটতরাজ করা: Delhi was ~ed by Nadir Shah.

ran·som [র‍্যান্সাম্] *n* [U] মুক্তিপণের মাধ্যমে বন্দীমুক্তি; [C] মুক্তিপণের টাকা। **hold a man to ~** কাউকে আটক রেখে মুক্তিপণ দাবি করা। **worth a kings ~** অনেক টাকার ব্যাপার; অত্যন্ত ব্যয়বহুল। □*vt* মুক্তিপণ দিয়ে কাউকে মুক্ত করা; কোনো কিছুর জন্য খেসারত দেওয়া: The kidnapped person was ~ed for a big amount of money.

rant [র‍্যান্ট্] *vi,vt* গালভরা শব্দ প্রয়োগ করে বক্তৃতা করা; উচ্চস্বরে ও নাটকীয় ভঙ্গিতে বক্তৃতা দেওয়া বা আবৃত্তি করা: He does not speak, he ~s. □*n* বাকসর্বস্ব বক্তৃতা। **~er** *n*

rap[1] [র‍্যাপ্] *n* [C] ১ দ্রুত; হালকা; আঘাতের শব্দ: There was a rap on the door. **give sb a rap on/over the knuckles** কাউকে তিরস্কার করা। ২ (কথ্য) দোষারোপ; দায়ভার। **take the ~ (for sth)** (নির্দোষ হওয়া সত্ত্বেও) কোনো কিছুর দায়ভার বহন করা। ৩ (US অশিষ্ট) কথোপকথন; আলোচনা। □*vt,vi* ১ আঘাত করা। ২ **rap sth out** (ক) হঠাৎ শাণিতভাবে কিছু বলা। (খ) খটখট শব্দ করে জানান দেওয়া (যেমন প্রেতচর্চার বৈঠকে আহুত আত্মা করে থাকে)। ৩ (US) (অশিষ্ট) কথা বলা; আলোচনা করা।

rap[2] [র‍্যাপ্] *n* থোড়াই কেয়ার করা; গ্রাহ্য না করা।

ra·pa·cious [র 'পেইশাস্] *adj* (আনুষ্ঠা.) লোভী; লোলুপ (বিশেষত অর্থলোলুপ); অন্য প্রাণী শিকারের মাধ্যমে জীবনধারণকারী; হিংস্র। **~·ly** *adv.* **ra·pac·ity** *n* [U] লোভ; লোলুপতা; অর্থগৃধ্নুতা।

rape[1] [রেইপ্] *n* [U] উদ্ভিদবিশেষ যার বীজ থেকে তেল পাওয়া যায়; সরিষাগাছের মতো এক প্রকার গাছ।

rape[2] [রেইপ্] *vt* ধর্ষণ করা; বলাৎকার করা। □*n* ধর্ষণ; বলাৎকার। **rap·ist** *n* ধর্ষণকারী।

rapid [র‍্যাপিড্] *adj* ১ দ্রুত ক্ষিপ্র; বেগবান: There has been a ~ rise in prices. ২ (ঢাল সম্পর্কে) গভীর; দুরারোহ; খাড়াভাবে নেমে যাওয়া। □*n* (সাধা. *pl*) নদীর এমন অংশ যেখানে গভীর ঢাল থাকার কারণে স্রোত তীব্র হয়।

rapier ['রেইপিঅ(র্)] *n* দ্বন্দ্বযুদ্ধ এবং অসিখেলায় ব্যবহৃত হালকা দীর্ঘ তরবারি। **~ thrust** (লাক্ষ.) সূক্ষ্ম এবং বুদ্ধিদীপ্ত ব্যঙ্গাত্মক মন্তব্য।

rap·ine [র‍্যাপাইন্] *n* (সাহিত্য.) [U] লুটপাট; দস্যুতা।

rap·port [র‍্যা'পো° (র্) US র‍্যা'পো° র্ট] *n* [U,C] সহানুভূতিপূর্ণ সম্পর্ক। **be in ~ (with)** ঘনিষ্ঠ অথবা সৌহার্দ্যপূর্ণ সম্পর্কযুক্ত।

rap·proche·ment [র‍্যাপ্রশমঙ্ US র‍্যাপ্রৌশ্'মঙ্] *n* বন্ধুত্বপূর্ণ সম্পর্ক পুনঃস্থাপন; ব্যক্তি, দল বা রাষ্ট্রসমূহের মধ্যে পুনঃসম্পর্ক স্থাপন।

rapt [র‍্যাপ্ট্] *adj* মগ্ন; বিমোহিত: He was listening to the setar recital with ~ attention.

rap·ture [র‍্যাপ্চা(র্)] *n* ১ [U] মগ্নতা; উত্তেজনাপূর্ণ আনন্দ; তূরীয় আনন্দ। ২ (*pl*) **be in/go into/be sent into ~s (over/about)** কোনো বিষয়ে অত্যধিক আনন্দিত ও উৎসাহিত হওয়া। **rap·tur·ous** *adj.* **rap·tur·ous·ly** *adv*

rare[1] [রেআ(র্)] *adj* ১ দুর্লভ; অস্বাভাবিক; অসাধারণ; যা সচরাচর দেখা যায় না বা ঘটে না: a ~ book; a ~ sight. It is very ~ for him to go to his uncle's house. ২ (দ্র. কথ্য) অস্বাভাবিক ভালো: We had a ~ fun. ৩ কোনো

পদার্থ কিংবা পরিবেশ সম্পর্কে) পাতলা; হালকা। **~·ly** *adv* ১ খুব কম; কদাচিৎ: I ~ly go to the cinema. ২ চমৎকারভাবে। **~·ness** *n*

rare[2] [রেআ(র্)] *adj* (মাংস সম্পর্কে) অর্ধসিদ্ধ: ~ steak.

rare·bit [ˈরেআবিট্] *n* [C] **Welsh ~** (অপিচ, কথ্য rabit) মচমচে করে সেকা রুটির উপর গলানো বা ভাজা পনির।

rare earth [ˌরেআর্ ˈআথ্] *n*,দ্র. lanthanide.

rarefy [ˈরেআরিফাই] *vt,vi* (*pt,pp*- fied) তরল বা পাতলা হওয়া বা করা; তনু করা বা হওয়া; বিশুদ্ধ বা পরিশুদ্ধ করা; সূক্ষ্ম করা: rarefied ideas/theories. **rare·fac·tion** [ˌরেআরিফ্যাক্শ্ন্] *n* [U] তনুকরণ; তনুভবন; সূক্ষ্মকরণ; সূক্ষ্মভবন।

rare gas [ˌরেআˈগ্যাস্] *n*,দ্র. inert (২).

rar·ing [ˈরেআরিঙ্] *adj* (কথ্য) উদগ্রীব; ব্যগ্র।

rar·ity [ˈরেআরাটি] *n* (*pl* -ties) ১ [U] বিরলতা। ২ [C] বিরল, অসাধারণ বা অস্বাভাবিক কোনো বস্তু; দুর্লভ বস্তু।

ras·cal [রা:স্ক্ল্ US ˈর্যাস্ক্ল্] *n* ১ অসৎ ব্যক্তি; দুর্বৃত্ত; শঠ। ২ (পরিহাস ছলে) পাজি; বদমাস। **~ly** [-কালি] *adj* পামরোচিত; শঠতাপূর্ণ; অসৎ: a ~ly trick.

rase [রেইজ্] *vt* দ্র. raze.

rash[1] [র্যাশ্] *n* চামড়ার ছোট ছোট লাল ফুসকুড়ি; রক্তস্ফোট; বরটী: a ˈheat- ~; ˈnettle-~, আমবাত।

rash[2] [র্যাশ্] *adj* হঠকারী; অপরিণামদর্শী; অবিমৃশ্যকৃত; হোঁৎকা: a ~ act; a ~ youngman. **~·ly** *adv* হঠকারিতাপূর্বক। **~·ness** *n* হঠকারিতা; তাড়াহুড়া।

rasher [ˈর্যাশা(র্)] *n* শূকরের রান, পিঠ বা পাশের মাংসের পাতলা টুকরা, যা ভাজা হয়েছে বা হবে।

rasp [রা:স্প্ US র্যাস্প্] *n* [C] উখা; উখা চালনার ঘ্যাঁস ঘ্যাঁস শব্দ। □*vt,vi* ১ **~ sth (away/off)** উখা দিয়ে ঘষা; ঘষে তুলে ফেলা। ২ (লাক্ষ.) পীড়িত করা; উত্যক্ত করা: ~ sb's feelings/nerves. ৩ **~ out** কর্কশভাবে উচ্চারণ করা; ক্যাটক্যাট করা: ~ out orders/insults. ৪ কর্কশ; খ্যাঁচ খ্যাঁচ শব্দ করা; ক্যাঁচর ক্যাঁচর করা: ~ing (away) on a violin. **~·ing·ly** *adv* খ্যাঁচ খ্যাঁচ করে ইত্যাদি।

rasp·berry [রা:জ্‌ব্রি US ˈর্যাজ্‌বেরি] *n* (*pl* -ries) ১ ছোট ছোট মিষ্টি হলুদ বা লাল ফলবিশেষ এবং ঐ ফলের ঝোপ (বুনো বা আবাদি); কন্টকগুল্মফল: (attrib) ~ jam/canes. ২ (অপ.) বিরাগ, অবজ্ঞা বা অননুমোদন প্রকাশ করার জন্য জিহ্বা ও ওষ্ঠযোগে উচ্চারিত আওয়াজ বা অঙ্গভঙ্গি; থু থু: give/blow sb a ~.

rat [র্যাট্] *n* ১ ধেড়ে ইঁদুর; দলের আশু ব্যর্থতা আঁচ করে যে ব্যক্তি দল ত্যাগ করে। **smell a rat** অন্যায়ের বা অপকর্মের গন্ধ পাওয়া। **(look) like a drowned rat** ভেজা কাকের মতো; জবজবে ভেজা। **the ˈrat race** চাকরির উন্নতি, সামাজিক মর্যাদা ইত্যাদির জন্য নির্লজ্জ, নিরন্তর প্রতিযোগিতা; ইঁদুর-দৌড়। ২ (লাক্ষ.) হীনচেতা বিশ্বাসঘাতক; বেইমান; ধর্মঘট পণ্ডকারী কর্মী। **Rats !** (প্রা. অপ.) শালা ! □*vi* (-tt-) ১ ইঁদুর ধরা। ২ **~ (on sb)** কথার খেলাপ করা; উদ্যোগ থেকে কেটে পড়া। **rat·ter** *n* ইঁদুর শিকারি (মানুষ বা বিড়াল)। **rat·ty** *adj* (-ier, -iest) (কথ্য) খিটখিটে।

rat·able, rate·able [ˈরেইটাব্ল্] *adj* পৌর কর আরোপের উপযুক্ত; করারোপযোগ্য: the ~ value of a house, পৌর কর ধার্য করার জন্য নির্ণীত বাড়ির মূল্য। **rat·abil·ity, rate·abil·ity** [ˌরেইটাˈবিলাটি] *n* [U] করারোপযোগ্যতা।

rat·an [র্যাট্যান্] দ্র. rattan.

rat-a-tat-tat [ˌর্যাট্ আ ˌট্যাট্ ট্যাট্], দ্র. rat-tat.

ratch [র্যাচ্] *n* = ratchet.

ratch·et [ˈর্যাচিট্] *n* হুকযুক্ত দাঁতালো চাকা, যা হুক থাকার জন্য কেবল একদিকেই ঘুরতে পারে।

rate[1] [রেইট্] *n* ১ [C] হার; দর। দ্র. per; to[1] (১২). **ˈbirth/ ˈmarriage/ ˈdeath, etc ~** জন্ম/ বিবাহ/ মৃত্যু ইত্যাদির হার। **~ of exchange** (দুটি মুদ্রার মধ্যে) বিনিময় হার। **the ˈdiscount ~, the ˈbank ~** হুন্ডি বা বিল নির্ধারিত সময়ের পূর্বে পরিশোধের ক্ষেত্রে দেশের কেন্দ্রীয় ব্যাংক কর্তৃক সরকারিভাবে ঘোষিত বাটার হার। ২ (বাক্যাংশ) **at ˈthis/ˈthat ~** এমন/সে রকম হলে; এ কথা সত্য বলে ধরে নিলে। **at ˈany ~** সে যা-ই হোক; যতোই হোক। ৩ **(the) ~s** (GB) সম্পত্তির উপর প্রদেয় স্থানীয় কর; অভিকর। **~s and taxes** স্থানীয় কর্তৃপক্ষ ও জাতীয় সরকার কর্তৃক আরোপিত খাজনা ও কর। **ˈ~-payer** *n* করদাতা। অপিচ দ্র. water[1](৭) ভুক্তিতে water-~. ৪ (পূরণবাচক সংখ্যাসহ) শ্রেণী বা গুণগত মান: first ~, উৎকৃষ্ট; second ~, মাঝারি মানের; third ~, তৃতীয় শ্রেণীর; (attrib, যোজকচিহ্নসহ) a first-~ artist.

rate[2] [রেইট্] *vt,vi* ১ **~ (at)** মূল্য নির্ণয় করা; মূল্যায়ন করা; বিবেচনা/গণ্য করা। ২ **~ sth (at)** (GB) স্থানীয় কর আরোপণের জন্য (সম্পত্তির) মূল্য ধার্য করা। ৩ **~ sb as** (নৌ.) বিশেষ কোনো শ্রেণীভুক্ত করা। ৪ (কথ্য) বিশেষ শ্রেণীভুক্ত হওয়া: He ~s as a midshipman.

rate·able [ˈরেইটাব্ল্] *adj* দ্র. ratable.

rather [ˈরা:দা(র্) US ˈর্যা-] *adv* ১ বরং; বরঞ্চ; অধিকতর আগ্রহের সঙ্গে (সাধা. **would/had ~ ... than; ~ than ... would**): Wouldn't you ~ see the chairman? ২ আরো যথাযথভাবে: We saw him in a gloomy or ~ distraught state of mind. ৩ (fairly থেকে পৃথক; উল্লেখ্য যে তুলনাত্মক বিশেষণ, too, *nn* ও *vv*-এর সঙ্গে fairly ব্যবহৃত হয় না) কিছুটা; কতকটা; খানিকটা; বেশ। (ক) (*adjj* -সহ; *indef art*-এর আগে বা পরে, *def art*-এর পরে): a ~ irritating situation; the ~ pretty girl on the balcony. (খ) (তুলনাত্মক বিশেষণসহ): That car is ~ cheaper than this. (গ) (too-সহ): This hotel is ~ too expensive for us. (ঘ) (*nn*-সহ): She's ~ a darling. (ঙ) (*vv* ও *pp*-সহ): We were all ~ surprised at the news. (চ) (*advv*-সহ): He returned ~ earlier than we expected. ৪ (কথ্য; GB [ˌরা:ˈদা(র্)]) (জবাবে) অবশ্যই; নিঃসন্দেহে।

rat·ify [ˈর্যাটিফাই] *vt* (*pt,pp*-fied) স্বাক্ষর দিয়ে (চুক্তি ইত্যাদি) দৃঢ়ভাবে অনুমোদন করা; অনুসমর্থন করা। **rati·fi·ca·tion** [র্যাটিফিˈকেইশ্ন্] *n* অনুসমর্থন; সত্যাকৃতি; দৃঢ়ীকরণ।

rat·ing [ˈরেইটিঙ্] *n* ১ [C] স্থানীয় কর আরোপের জন্য সম্পত্তির মূল্য নিরূপণ; মূল্য নির্ধারণ, দ্র. rate[2] (২). ২ [C] টনের হিসাবে প্রমোদতরী, ইনজিনের ক্ষমতা বা অশ্বশক্তির হিসাবে মোটরগাড়ি প্রভৃতির শ্রেণী বা শ্রেণীকরণ; নির্বাচিত ব্যক্তিবর্গের প্রশ্নোত্তরের ভিত্তিতে বেতার বা টিভি অনুষ্ঠানের জনপ্রিয়তা; (নৌবাহিনী) জাহাজের খাতায় লিপিবদ্ধ ব্যক্তির পদমর্যাদা বা শ্রেণী; অনাযুক্ত (non-commissioned) নাবিক: officers and ~s.

ratio [ˈরেইশিঔ] *n* (*pl* -s [-শিঔজ্]) [C] অনুপাত।

rati·oc·in·ation [র‌্যাটি,অসি'নেইশন্ US ,র‌্যাশি–] *n* [U] বিশেষ. ন্যায়ের সাহায্যে প্রণালীবদ্ধভাবে বিচার করবার প্রক্রিয়া।

ration [র‌্যাশ্ন্] *n* এক ব্যক্তিকে প্রদেয় বিশেষ. খাদ্যের নির্ধারিত পরিমাণ; *(pl)* সশস্ত্র বাহিনীর সদস্য প্রভৃতিকে প্রদত্ত নির্ধারিত ভাতা; রেশন; সংবিভাগ। '**~ card/ book** রেশন কার্ড। **be on short ~s** বরাদ্দ অপেক্ষা কম খাদ্য পাওয়া। □*vt* ১ (কাউকে) সীমিত রেশন দেওয়া। ২ **~ out** (খাদ্য, পানি ইত্যাদি) সীমিতভাবে বণ্টন করা।

ra·tional [র‌্যাশ্নাল] *adj* ১ যৌক্তিক; যুক্তিসংক্রান্ত। ২ বিচারবুদ্ধিসম্পন্ন; বিচারক্ষম। ৩ যুক্তিসহ; যুক্তিসিদ্ধ: ~ conduct/explanations. **~·ly** [-শ্নালি] *adv* যুক্তিগতভাবে। **~·ity** [র‌্যাশা'ন্যালাটি] *n* যুক্তিসম্পন্নতা; যৌক্তিকতা।

ration·ale [র‌্যাশা'না:ল্] *n* যৌক্তিক ভিত্তি; মূলনীতি; মৌল যুক্তি।

ration·al·ism [র‌্যাশ্নালিজাম্] *n* [U] অন্যান্য বিষয়ের মতো ধর্মের আলোচনাতেও যুক্তিকে চূড়ান্ত মানদণ্ডরূপে গ্রহণ করার নীতি; যুক্তিবাদ। **ration·al·ist** [–লিস্ট্] *n* যুক্তিবাদী। **ration·al·is·tic** [র‌্যাশ্নালিস্টিক্] *adj* যুক্তিবাদী।

ration·al·ize ['র‌্যাশ্নালাইজ্] *vt* ১ যুক্তিসঙ্গত/যুক্তিসহ করা; যুক্তিসম্মতভাবে ব্যাখ্যা বা বিবেচনা করা ~ one's fear. ২ অপচয় লাঘবের জন্য শিল্পকারখানা ইত্যাদি পুনর্গঠিত করা; যুক্তিসম্মতভাবে পুনর্গঠিত করা। **ration·al·iz·ation** [,র‌্যাশ্নালাই'জেইশন্ US -লিজেই–] *n* যুক্তিসহকরণ।

rat·lin, rat·line [র‌্যাটলিন্] *n* (সাধা. *pl*) নাবিকদের ওঠা–নামার জন্য জাহাজের মাস্তুল থেকে ঝুলন্ত দড়ির সঙ্গে আড়াআড়িভাবে বাঁধা (মইয়ের ধাপের মতো) ছোট দড়ি।

rat·tan, ratan [র‌্যা'ট্যান্] *n* ১ [C] বেতের মতো দীর্ঘ সরু কাণ্ডবিশিষ্ট; পূর্ব ভারতীয় পানগাছবিশেষ; রত্তন। ২ [C] রত্তনের লাঠি বা ছড়ি। ৩ [U] ঝুড়ি, আসবাব ইত্যাদি বানানোর কাজে ব্যবহৃত রত্তনের কাণ্ড।

rat·tat [র‌্যা'ট্যাট] (অপিচ **rat-a-tat-tat** [,র‌্যাট্ আ ,ট্যাট্ 'ট্যাট্] *n* (বিশেষ. দরজায়) ঠক ঠক; খটখট।

rattle ['র‌্যাট্ল্] *vt,vi* ১ ঝমঝম/ খটর খটর/ ঝনঝন করা বা করানো: The doors are rattling in the wind. ২ **~ away; ~ sth off** বক বক করা; হড়বড় করা; গড়গড় করে বলা বা আবৃত্তি করা: The child ~s off sth. □*n* ১ [U] ঝমঝম; ঝনৎকার; ঠনঠন। ২ [C] ঝুমঝুমি; (বিশেষ. ফুটবল খেলার দর্শকদের দ্বারা ব্যবহৃত) অনুরূপ শব্দোৎপাদক যন্ত্রবিশেষ। ৩ [U] বক বক; হড় বড়; কলকাকলি। ৪ [C] আমেরিকার র‌্যাটল সাপের লেজের নরম অস্থিময় বলয় পরম্পরা। '**~·snake** *n* আমেরিকার বিষধর সর্পবিশেষ, যার লেজের সঞ্চালনে খটখট শব্দ উত্থিত হয়। ৫ **(death) ~** মুমূর্ষু ব্যক্তির গলার ঘর্ঘর শব্দ; নাভিশ্বাস। ৬ '**~-brain,** '**~-pate** *nn* মস্তিষ্কহীন ব্যক্তি; অল্পবুদ্ধি বাচাল লোক; গোবর ভরা মাথা। '**~-brained,** '**~-pated** *adj.* **rat·tler** ['র‌্যাট্লা(র্)] যে ব্যক্তি বা বস্তু, বিশেষত সাপ খটখট শব্দ করে। **rat·tling** ['র‌্যাটলিঙ্] *adj* (অপ.) দ্রুতগামী; খাসা; চমৎকার: have a rattling time. □*adv* (অপ.) অত্যন্ত: a rattling good article.

ratty [র‌্যাটি] *adj* দ্র. rat.

rau·cous [রো°কাস্] *adj* (ধ্বনি সম্বন্ধে) কর্কশ; পরুষ: a ~ voice. **~·ly** *adv* কর্কশ কণ্ঠে।

rav·age [র‌্যাভিজ্] *vt,vi* ১ বিধ্বস্ত/ধ্বংস করা; নষ্ট করা: countryside ~d by famine. ২ (সেনাদল ইত্যাদি সম্বন্ধে) নির্মমভাবে লুণ্ঠন ও হরণ করা; বলাৎকার করা। □*n* ১ [U] ধ্বংস; বিনাশ; ধ্বংসকরণ। ২ (pl) **~s of** ধ্বংসাত্মক পরিণাম: the ~s of time.

rave [রেইভ্] *vi* ১ **~ (at/ against/ about sth)** খেপার মতো; ক্রোধোন্মত্তভাবে কথা বলা। ২ **~ about sb/ sth** অত্যুৎসাহের সঙ্গে বলা বা আচরণ করা: He ~d about the new novel of his wife. ৩ **~ it up** (অপ.) অত্যন্ত কোলাহলপূর্ণ, উপভোগ্য কোনো সমাবেশে যোগ দেওয়া। '**~-up** *n* প্রাণবন্ত সমাবেশ বা মজলিস। □*n* ১ (কথ্য, প্রায়শ attrib) উদগ্র প্রশংসা: a ~ review. ২ (অপ.) অসংযত, উত্তেজনাপূর্ণ মজলিস, নাচ, প্রমোদভ্রমণ ইত্যাদি। ৩ (অপ.) অত্যুৎসাহ: be in a ~ about sb. **raver** *n* (কথ্য) অত্যন্ত হৈহুল্লোড়পূর্ণ মজলিসে যোগদানকারী ব্যক্তি। **rav·ing** *adj* প্রলাপী: a raving lunatic. □*adv* প্রলাপ বকার মতো: raving mad. **rav·ings** *n pl* অর্থহীন প্রলাপ; আবোলতাবোল।

ravel ['র‌্যাভ্ল্] *vt,vi* (-ll-, US অপিচ -l-) ১ (বোনা সুতা সম্বন্ধে) জট খোলা বা ছাড়ানো; পাক খোলা; আলগা করা বা হওয়া। ২ (সুতা, চুল ইত্যাদি) জড়ানো; বিজড়িত করা; (লাক্ষ.) জট পাকানো। ৩ **~ (out)** জট খোলা: ~ out a rope's end. দ্র. unravel.

raven [রেইভ্ন্] *n* ১ দাঁড় কাক; বায়স। ২ (attrib) চকচকে/চিকণ কালো।

rav·en·ing ['র‌্যাভানিঙ্] *adj* হিংস্র; বুনো; উচ্চণ্ড।

rav·en·ous [র‌্যাভানাস্] *adj* ১ ক্ষুধার্ত; বুভুক্ষিত। ২ লোলুপ; লোভী; রাক্ষুসে: a ~ appetite. **~·ly** *adv* ক্ষুধার্তভাবে; রাক্ষসের মতো: eat ~ly.

ra·vine [রা'ভীন্] *n* গভীর সঙ্কীর্ণ উপত্যকা; দরী।

ravi·oli [,র‌্যাভি'ঔলি] *n* (ইতা.) ময়দা, ডিম ও পানি দিয়ে তৈরি ছোট ছোট তক্তির আকারে প্রস্তুত শুকনা খাদ্যবিশেষ, যা মাংসের কিমা ইত্যাদি যোগে রান্না করা হয় এবং সাধারণত সস–সহযোগে পরিবেশিত হয়; রাভিয়োলি।

rav·ish ['র‌্যাভিশ্] *vt* ১ আনন্দে বিহ্বল করা; বিমুগ্ধ করা: ~ed with her beauty. **~·ing·ly** *adv* বিমুগ্ধকরভাবে। **~·ment** *n* বিমোহন; আনন্দ–বিহ্বলতা; বিমুগ্ধচিত্ততা। ২ (পুরা. বা কাব্য.) ছিনিয়ে নেওয়া: ~ed from the world by death. ৩ (পুরা.) বলাৎকার করা।

raw [রো°] *adj* ১ কাঁচা; অপক্ব: ~ meat. ২ স্বাভাবিক অবস্থায় বর্তমান; রূপান্তরিত হয়নি এমন; কাঁচা: raw materials; raw hides. **in the raw** অশোধিত; নৈসর্গিক; (লাক্ষ.) নগ্ন। '**raw·hide** *adj* কাঁচা চামড়ার তৈরি। ৩ (ব্যক্তি সম্বন্ধে) অদক্ষ; অনভিজ্ঞ; কাঁচা; প্রশিক্ষণহীন: raw recruits. ৪ (আবহাওয়া সম্বন্ধে) স্যাঁতসেঁতে ও ঠাণ্ডা। ৫ (ক্ষত সম্বন্ধে) কাঁচা; দগদগে; টাটকা। ,**raw-'boned** *adj* হাড্ডিসার; হাড়জিরজিরে। ৬ শৈল্পিকভাবে স্থূল; কাঁচা। ৭ (কথ্য) কর্কশ; অভদ্র। (বিশেষ.) **a raw deal** দুর্ব্যবহার, রূঢ় আচরণ। □*n* কাঁচা/ দগদগে ঘা। **touch sb on the raw** (লাক্ষ.): স্পর্শকাতর স্থানে আঘাত করা; আঁতে ঘা দেওয়া।

ray[1] [রেই] *n* [C] ১ রশ্মি; কিরণ; কর (লাক্ষ.): a ray of hope, আশার ক্ষীণ রেখা। ২ কেন্দ্র থেকে বিচ্ছুরিত অনেকগুলি রেখার যে কোনো একটি।

ray[2] [রেই] *n* চেপ্টা; প্রশস্তদেহী; বৃহদাকার বিভিন্ন সামুদ্রিক মৎস্য।

rayon [রেইঅন্] *n* [U] সেলুলেজ থেকে তৈরি রেশমসদৃশ পদার্থ; রেয়ন: (attrib) ~ shirt.

raze, rase [রেইজ়্] *vt* সম্পূর্ণ বিনষ্ট করা; ধূলিসাৎ করা।

razor [রেইজ়া(র্)] *n* লোম কামাবার যন্ত্রবিশেষ; রেজর; খুর। ˈ**safety ~** *n* যে ধরনের খুরে নিরাপত্তামূলক দুটি ধাতব বন্ধনীর মধ্যে একটি পাতলা ফলক থাকে। ˈ**~-back** *n* এক ধরনের তিমি। ˈ**~-backed** *adj* পিঠ-উঁচু: a ~-backed pig. ˈ**~-blade** *n* নিরাপদ খুরের জন্য ফেলে দেওয়ার উপযোগী ব্লেড। ˌ**~-ˈedge** *n* সুস্পষ্ট বিভাজনরেখা; সঙ্কটাপন্ন অবস্থা। □*vt* (*pp* ছাড়া প্রয়োগ বিরল) কামানো; চাঁছা: a well-~ed chin.

razzle [ˈর‍্যাজ়্ল্] *n* (অপিচ ˌ**~-ˈdazzle**) **be/go on the ~** (অপ.) আনন্দ-উল্লাসে মেতে ওঠা। দ্র. spree.

re[1] [রী] *prep* (আদালতি রচনারীতিতে) বিষয়ে; সম্পর্কে।

re[2] [রেই] *n* স্বরগ্রামের দ্বিতীয় স্বর।

re- [রী] *pref* ১ পুনরায়; আবার: reproduce, return. ২ অন্যভাবে: rearrange. দ্র. পরি. ৩।

reach [রীচ্] *vt,vi* ১ **~ (out) (from)** (হাত) বাড়ানো: to ~ out for the glass. ২ হাত বাড়িয়ে কিছু নেওয়া বা দেওয়া; (হাত দিয়ে) পাড়া: Could you ~ me that knife ? ৩ (সাহিত্য. বা লাক্ষ.) পৌঁছা; উপনীত হওয়া; নাগাল পাওয়া: ~ Paris. ৪ প্রসারিত হওয়া; পৌঁছা; যোগাযোগ করা: His voice ~ed to the back of the auditorium. **as far as the eye can ~** যতদূর চোখ যায়। ৫ ˈ**~-me-downs** *n pl* (অপ.) পুরাতন বস্ত্র। □*n* ১ (কেবল *sing*) নাগাল; পৌঁছা: get sth by a long ~. ২ [U] যতদূর পর্যন্ত হাত ইত্যাদি পৌঁছানো যায়, মানসিক শক্তি প্রসারিত করা যায়; নাগাল; আয়ত্তি; পাল্লা; পরিসর: to have a long ~ . **within/out of/beyond ~** নাগালের মধ্যে/বাইরে। ৩ [C] নদী বা খালের দুই বাঁকের মধ্যে যতটা চোখে দেখা যায়; বাঁক। দ্র. lock[2] (৩).

re·act [রিˈঅ্যাক্ট্] *vi* ১ **~ on/upon** প্রভাব বিস্তার করা: Commendation ~s upon learners. ২ **~ to** সাড়া দেওয়া; প্রভাবিত হওয়া: Children ~ to words of encouragement. ৩ **~ against** প্রতিক্রিয়া ব্যক্ত করা। ৪ **~ on** (রস.) (অন্য বস্তুর উপর প্রযুক্ত বস্তু সম্বন্ধে) ক্রিয়া/বিক্রিয়া করা।

re·ac·tion [রিˈঅ্যাক্শ্ন্] *n* [C,U] ১ প্রতিক্রিয়া: action and ~. ২ (বিশেষ. রাজনীতিতে) প্রগতিবিরোধিতা; প্রতিক্রিয়াশীলতা। ৩ সাড়ামূলক মনোভাব; প্রতিক্রিয়া: His ~ to the suggestion was more than I expected. ৪ (বিজ্ঞান) এক বস্তুর উপর অন্য বস্তুর প্রতিক্রিয়া; পরমাণু-কেন্দ্রের পরিবর্তন; বিক্রিয়া। **~·ary** [রিˈঅ্যাকশান্‌রি US -শানেরি] *n* (*pl* -ries), *adj* প্রতিক্রিয়াশীল (ব্যক্তি)।

re·ac·tor [রি ˈঅ্যাক্টা(র্)] *n* **nuclear ~** নিয়ন্ত্রিতভাবে নিউক্লিয়ার শক্তি উৎপাদনের জন্য যন্ত্রবিশেষ; পারমাণবিক চুল্লি।

read [রীড্] *vt,vi* (*pt pp* read [রেড্]) ১ (সরল কালে কিংবা can/be able-এর সঙ্গে ব্যবহৃত) পড়তে পারা; বোঝা: Do you ~ Greek? ২ (সরল বা ঘটমান কাল) পড়া; পাঠ করা: She is ~ing a novel. ৩ (বিশেষ. বিশ্ববিদ্যালয়ে) কোনো বিষয় পড়া; অধ্যয়ন করা: They are ~ing English at Oxford. ৪ ব্যাখ্যা করা; সমাধান করা; অর্থ উদ্ধার করা; (হাত) দেখা: ~ a riddle/dream; ~ sb's hand/palm. ৫ এক ধরনের ধারণা দেওয়া; পড়লে (ভালো, মন্দ ইত্যাদি) লাগা: The dialogues ~ well. ৬ ধরে নেওয়া; লক্ষণস্বরূপ গণ্য করা: His silence should not be ~ as a refusal. **~ into** যতটা যুক্তিযুক্ত; তার অধিক যোগ করা: Don't ~ into the article more meaning than the author intended to communicate. **~ between the lines** প্রকৃতপক্ষে প্রকাশিত হয়নি এমন অর্থ অন্বেষণ বা আবিষ্কার করা। ৭ (যন্ত্রপাতি সম্বন্ধে) নির্দেশ করা। ৮ পড়তে পড়তে একটি বিশেষ অবস্থায় আনা: The old man ~ himself to sleep. ৯ (*adv*-সহ *pp*) পড়াশুনার মধ্য দিয়ে অর্জিত জ্ঞানসমৃদ্ধ: a well- ~ man, সুপণ্ডিত। □*n* অধ্যয়নে নিয়োজিত সময়: have a quiet ~. **~·able** [রীডাব্‌ল্] *adj* ১ সহজপাঠ্য বা সুখপাঠ্য। ২ পাঠযোগ্য; পঠনীয়। দ্র. legible. **~·abil·ity** [রীডাˈবিলটি] *n* সুখপাঠ্যতা; পঠনীয়তা; পাঠযোগ্যতা।

re-ad·dress [রীঅˈড্রেস্] *vt* (চিঠিপত্রের উপর) ঠিকানা বদল করা।

reader [রীডা(র্)] *n* ১ পাঠক; পাঠানুরাগী; (publisher's ~) প্রকাশের জন্য প্রদত্ত পাণ্ডুলিপি পড়ে মতামত দেওয়ার জন্য প্রকাশক কর্তৃক নিযুক্ত ব্যক্তি; প্রুফশোধক; (lay ~) গির্জায় প্রার্থনা-অনুষ্ঠানের অংশবিশেষ উচ্চস্বরে পাঠ করার জন্য নিযুক্ত ব্যক্তি। ২ (GB) অধ্যাপকের অব্যবহিত অধস্তন বিশ্ববিদ্যালয়-শিক্ষক; রিডার। ৩ ক্লাসে পড়ার জন্য পাঠ্যপুস্তক; ভাষাশিক্ষার্থীদের পড়ার জন্য সঙ্কলন গ্রন্থ: an English ~. ৪ যে ব্যক্তি সংগুপ্ত বা অস্পষ্ট কোনো কিছুর ব্যাখ্যানে বিশেষ পারদর্শী, বিশেষত a mind/thought-~. ˈ**~·ship** [-শিপ্] *n* ১ রিডারের পদ। ২ (সাময়িকী সম্বন্ধে) পাঠকসংখ্যা (যা গ্রাহকসংখ্যার চেয়ে বেশি হতে পারে)।

read·ily, readi·ness, দ্র. ready.

read·ing [রীডিঙ্] *n* ১ [U] পাঠ; পঠন। ˈ**~ desk,** lectern (দ্র.), পাঠমঞ্চ। ˈ**~-lamp** *n* পড়ার জন্য আবৃত টেবিল-ল্যাম্প; পড়ার বাতি। ˈ**~-glasses** *n* পড়ার চশমা (দূরে দেখার জন্য নয়)। ˈ**~-room** *n* (বিশেষত ক্লাব বা গণগ্রন্থাগারে) পাঠকক্ষ। ২ [U] (বিশেষত পুথিগত) বিদ্যা। ৩ [C] যেভাবে কোনো কিছু ব্যাখ্যাত বা উপলব্ধ হয়; ব্যাখ্যা: I don't agree with your ~ of the clause. ৪ [C] ডায়াল, মানদণ্ড ইত্যাদির উপর পরিমাণসূচক সংখ্যা; পাঠ: ~s on a thermometer. ৫ [C] (মুদ্রণ বা নকলের) পাঠ; পাঠভেদ। ৬ [C] পঠনভিত্তিক বিনোদন-অনুষ্ঠানবিশেষ: R~s from Shakespeare. ˈ**play-~** (বিশেষত নাট্যদল কর্তৃক) নাটক-পাঠ। ৭ [C] (পার্লামেন্টে) রাজার সম্মতি লাভের জন্য প্রেরিত হওয়ার আগে একটি খসড়া আইনকে যে তিনটি অপরিহার্য পর্যায় অতিক্রম করতে হয়; তাদের একটি; পাঠ।

re·ad·just [রীঅˈডজাস্ট্] *vt,vi* **~ (oneself) (to)** আবার খাপ খাওয়ানো; পুনর্বিন্যস্ত করা। **~·ment** *n* [U, C] পুনর্বিন্যাস।

ready [রেডি] *adj* (-ier, -iest) ১ (কেবল *pred*) **~ (for sth/to do sth)** প্রস্তুত; তৈরি। **make ~** প্রস্তুত/তৈরি করা। ২ ক্ষিপ্র; তৎপর; চটপটে: a ~ wit, প্রত্যুৎপন্নমতিত্ব: He is too ~ to find fault. ৩ হাতের কাছে; তৈরি: Keep a boat ~. **~ money** নগদ টাকা-কড়ি; রোক। **~ reckoner** ব্যবসায়াদিতে প্রয়োজনীয় নানাবিধ সাধারণ হিসাবের উত্তর-সংবলিত পুস্তক; গণনা-পুস্তক। ৪ (*pp*-সহ *adv* প্রয়োগ) পূর্বপ্রস্তুত: buy food ~ cooked. ˌ**~-ˈmade** *adj* (ক) তাৎক্ষণিকভাবে ব্যবহারোপযোগী; তৈরি: ~-made clothes. (খ) (লাক্ষ.) মৌলিকতাবর্জিত; গতানুগতিক; মামুলি: ~-made ideas. □*n* (কেবল) **at the ~** (রাইফেল সম্বন্ধে) তাক-করা। **readi·ly** [-ডিলি] *adv* ১ নির্দ্বিধায়; সানন্দে। ২ অনায়াসে;

অবলীলাক্রমে। **readi·ness** [রেডিনিস্] *n* [U] ১ **in readiness (for)** প্রস্তুত অবস্থায়: in readiness for a war. ২ আগ্রহ; উৎসুক্য। ৩ ক্ষিপ্রতা; দ্রুততা; প্রত্যুৎপন্নতা: readiness of wit, প্রত্যুৎপন্নমতিত্ব।

re·af·firm [রীঅ্যাফাম্] *vt* দৃঢ়তাসহকারে পুনর্ব্যক্ত করা; পুনরায় দৃঢ়োক্তি করা: ~ one's loyalty.

re·af·for·est [রীঅ্যাফারিস্ট্ US -'ফো°রি-] US = **re·for·est** [রীফারিস্ট্ US -'ফো°রি-] vt (কোনো এলাকা) পুনর্বনায়িত করা। **re·af·for·est·ation** [রীঅ্যাফরিস্টেইশ্ন্ US —ফোরি-], (US = **re·for·est·ation** [US -ফো°রি-] *n* পুনর্বনায়ন।

re·agent [রীএইজন্ট্] *n* [C] (রস.) বিক্রিয়ার মাধ্যমে কোনো পদার্থের উপস্থিতি শনাক্ত করার জন্য ব্যবহৃত পদার্থ; বিকারক।

real[1] [রিঅল্] *adj* ১ বাস্তব; প্রকৃত; খাঁটি; আসল; অকৃত্রিম; নির্ভেজাল; সত্যিকার: ~ life; ~ gold; a ~ cure. **~ ale** (GB, ১৯৭০ সালের দিকে) ঐতিহ্যসম্মতভাবে যত্নের সঙ্গে প্রস্তুত, সংরক্ষিত ও পরিবেশিত এক ধরনের বিয়ার। ২ **~-'time** (কম্পি.) দ্রুত ফল দেওয়ার জন্য নিয়ত পরিবর্তনশীল উপাত্তসমূহ গ্রহণ ও তাৎক্ষণিকভাবে প্রক্রিয়াজাত করতে সক্ষম। ৩ **'~ estate** (আইন.) (personal estate-এর সঙ্গে বৈপরীত্যক্রমে) জমি, প্রাকৃতিক সম্পদ ও ভবনাদি সমেত সম্পত্তি; স্থাবর সম্পত্তি। ৪ (US কথ্য, *adv* রূপে) সত্যিই; অত্যন্ত: He bought a ~ good house. **~ly** [রিঅলি] *adv* ১ বস্তুত; প্রকৃতপক্ষে; নিঃসন্দেহে; সত্যিকারভাবে; সত্যিই: Do you ~ly mean it ? ২ (প্রসঙ্গ অনুযায়ী আগ্রহ, বিস্ময়, সামান্য প্রতিবাদ, সন্দেহ ইত্যাদি প্রকাশের জন্য ব্যবহৃত: 'He's going to marry very soon'. 'Oh, ~ly' !'

real[2] [রেই'আ:ল্] *n* [C] স্পেনীয়ভাষী দেশসমূহে পূর্বকালে ব্যবহৃত রৌপ্যমুদ্রা ও মুদ্রার একক; রেয়াল।

re·align [রীঅ্যালাইন্] *vt,vi* ১ পূর্বেকার বিন্যাসে ফিরিয়ে আনা। ২ নবরূপে বিন্যস্ত করা; অন্যভাবে সাজানো। ৩ (লাক্ষ.) নতুনভাবে জোটবদ্ধ হওয়া; নতুন শরিকদের (বিশেষত রাজনৈতিক দলের) সঙ্গে মতৈক্যে পৌঁছা। **~·ment** *n* [U] নবতর বিন্যাস।

real·ism [রিঅলিজ়াম্] *n* [U] ১ (শিল্প ও সাহিত্যে) বাস্তববাদ। ২ বাস্তবের মোকাবেলা এবং ভাবপ্রবণতা ও প্রচলের প্রতি অবজ্ঞার ভিত্তিতে আচরণ; বাস্তববাদিতা। ৩ (দর্শন.) আমাদের মানসিক ধারণার বাইরেও বস্তুর সত্যিকার অস্তিত্ব আছে; এই তত্ত্ব; বাস্তববাদ। দ্র. idealism. **real·ist** [-লিস্ট্] *n* বাস্তববাদী। **real·is·tic** [রিঅ্যালিস্টিক্] *adj* ১ (দর্শনে, শিল্পকলায়) বাস্তববাদী; বাস্তববাদসম্মত। ২ ভাবপ্রবণতাবর্জিত; বাস্তববাদী: realistic politics. **real·is·ti·cally** [-কলি] *adj* বাস্তবানুগভাবে।

re·al·ity [রি'অ্যালাটি] *n* (*pp* -ties) ১ [U] বাস্তবতা; বাস্তব অস্তিত্ব। **bring sb back to ~** বাস্তব জগতে ফিরিয়ে আনা। **in ~** বস্তুত; প্রকৃতপক্ষে; বাস্তবিক। ২ [C] বাস্তব কোনো কিছু। ৩ [U] বাস্তববাদ।

real·ize ['রিঅলাইজ্] *vt* ১ উপলব্ধি/হৃদয়ঙ্গম করা। ২ (আশা, পরিকল্পনা ইত্যাদি) বাস্তবায়িত করা। ৩ (সম্পত্তি, শেয়ার ইত্যাদি) অর্থের বিনিময়ে হস্তান্তর করা। ৪ **~ (on)** (সম্পত্তি ইত্যাদি সম্বন্ধে) মূল্য বা মুনাফা হিসাবে লাভ করা: He ~ed a high price on the antiques. **real·iz·able** [-লাব্ল্] *adj* উপলব্ধির যোগ্য; বাস্তবায়নযোগ্য। **real·iz·ation** [রিঅলাই'জেইশ্ন্ US -লি'জেই-] *n* [U] বাস্তবায়ন; উপলব্ধি; অর্থের বিনিময়ে সম্পত্তি হস্তান্তর।

realm [রেল্ম্] *n* ১ (কাব্যিক, আল. বা আইন প্রয়োগ) রাজ্য। ২ এলাকা; ক্ষেত্র; অঞ্চল (লাক্ষ.): the ~ of imagination, কল্পলোক।

real·po·li·tik [রেইঅ্যাল্পলিটিক্] *n* [U] (জ.) কোনো বিশেষ দেশের জন্য দ্রুত সাফল্য ও ক্ষমতা অর্জনের উদ্দেশ্যে পরিচালিত নিতান্ত ব্যবহারিক ও বাস্তববাদী রাষ্ট্রনীতি; চাণক্যনীতি।

Re·al·tor ['রিঅল্ট(র্)] *n* (US) স্থাবর সম্পত্তিঘটিত ব্যবসায়ে নিয়োজিত ব্যক্তি, যিনি স্থাবর সম্পত্তি বিষয়ক বোর্ডসমূহে জাতীয় সমিতির সদস্য এবং ঐ সমিতি কর্তৃক নির্ধারিত নৈতিক আচরণের মানদণ্ডের প্রতি অনুগত (GB = estate agent).

re·alty [রিঅল্টি] *n* (*pp* -ties) (আইন.) স্থাবর সম্পত্তি।

ream [রীম্] *n* কাগজের পরিমাণবিশেষ, ৪৮০টি (US ৫০০) কাগজ বা ২০ দিস্তা; রিম্; (কথ্য *pl*) (লেখা সম্বন্ধে) ভূরি ভূরি; দিস্তা দিস্তা।

re·ani·mate [রী 'অ্যানিমেইট্] *vt* পুনরুজ্জীবিত/ পুনরুদ্দীপ্ত করা।

reap [রীপ্] *vt,vi* ১ (শস্য ইত্যাদি) কাটা; চয়ন/আহরণ করা: (আল.) ~ the reward of virtue; ~ where one has not sown, অন্যের পরিশ্রম থেকে লাভবান হওয়া। **(sow the wind and) ~ the whirlwind** (প্রবাদ) যেমন কর্ম তেমন ফল। **'~ing-hook** *n* কাস্তে। **~er** *n* দাওয়াল। ২ শস্যকর্তনযন্ত্র।

re·appear [রীঅ্যাপিআ(র্)] *vt* (বিশেষত নিরুদ্দেশ হওয়ার পর) পুনরাবির্ভূত হওয়া; পুনরুদিত হওয়া। **~·ance** [-রান্স্] *n* পুনরাবির্ভাব।

re·apprais·al [রীঅ্যাপ্রেইজ়ল্] *n* নতুন পরীক্ষা ও সিদ্ধান্ত; পুনর্বিচার; পুনর্বিবেচনা।

rear[1] [রিআ(র্)] *n* ১ পিছনের অংশ/দিক; পশ্চাৎ; পশ্চাদ্ভাগ: the ~ of the house. ২ (attrib) পিছনের: the ~ wheels; a ~-view mirror, (মোটরগাড়িতে) পিছনের দৃশ্য দেখার জন্য চালকের সম্মুখস্থ আয়না। ৩ সেনাদল, নৌবাহিনী প্রভৃতির পশ্চাদ্ভাগ: attack the enemy in the ~. **bring up the ~** সবশেষে আসা। ৪ **~-'admiral** [রিআর 'অ্যাড্ম্ রাল্] *n* ভাইস - অ্যাডমিরালের অধস্তন নৌ-কর্মকর্তা; রিয়ার অ্যাডমিরাল। **'~·guard** *n* সেনাবাহিনীর পশ্চাদ্ভাগরক্ষী সেনাসমষ্টি; পশ্চাদ্রক্ষী। **a ~ guard action** শত্রুপক্ষের সঙ্গে পলায়নপর বাহিনীর যুদ্ধ। **~·most** [রিআমৌস্ট্] *adj* সর্বপশ্চাতের। **~·ward** [রিআওয়াড্] *n:* to ~ward of, কিছুটা পিছনে; in the ~ward, পেছনে। **~·wards** [রিআওয়াড্জ়্] *adv* পিছনের দিকে।

rear[2] [রিআ(র্)] *vt,vi* ১লালনপালন করা: ~ poultry/ cattle; ~ a family (US সাধা. raise a family). ২ (বিশেষত ঘোড়া সম্বন্ধে) পিছনের দুইপায়ে ভর দিয়ে দাঁড়ানো। ৩ তোলা; ওঠানো। ৪ প্রতিষ্ঠিত/ প্রতিষ্ঠা করা: ~ a monument.

re·arm [রীআ:ম্] *vt,vi* পুনরায় অস্ত্রসজ্জিত করা; নতুন ধরনের অস্ত্রে সজ্জিত করা। **re·arma·ment** [রী'আ:মামান্ট্] *n* পুনঃসশস্ত্রীকরণ।

re·ar·range [রীঅ্যারেইনজ্] *vt* ১ নতুনভাবে/অন্যভাবে বিন্যস্ত করা; পু নর্বিন্যাস করা। ২ পূর্বের পরিকল্পনায়

পরিবর্তন আনা: ~ one's appointments due to unavoidable circumstances. **~·ment** *n* পুনর্বিন্যাস।

rea·son[1] [ৰীজ্‌ন্] *n* [C,U] ১ কারণ; হেতু: with ~, ন্যায়সঙ্গতভাবে। **by ~ of** কারণে; হেতু। ২ (মনের) যুক্তিবৃত্তি: Man is endued with ~. **lose one's ~** মাথা খারাপ হওয়া। ৩ [U] কাণ্ডজ্ঞান; সুবুদ্ধি; যুক্তি: amenable to ~. **bring sb to ~** বুঝিয়ে সুঝিয়ে নির্বোধ কার্যকলাপ, অনর্থক বাধাদান ইত্যাদি থেকে বিরত করা। **do anything in/within ~** যুক্তিসঙ্গত যে কোনো কিছু করা। **listen to/hear ~** সদুপদেশে/ যুক্তির কথায় কান দেওয়া। **lose all ~** কাণ্ডজ্ঞানহীন হওয়া; কাণ্ডজ্ঞান বিসর্জন দেওয়া। **see ~** যৌক্তিকতা উপলব্ধি করা। **without rhyme or ~,** দ্র. rhyme (১). **It stands to ~ (that ...)** যুক্তিবাদী ব্যক্তিমাত্রই স্বীকার করবেন যে... । **~·less** *adj* যুক্তিহীন।

rea·son[2] [ৰীজ্‌ন্] *vi,vt* ১ যুক্তি/বিচারবুদ্ধি প্রয়োগ করা। ২ **~ with sb** স্বমতে আনার জন্য কারো সঙ্গে তর্ক করা। ৩ **~ that ...** যুক্তিচ্ছলে বলা; যুক্তি দেখানো। ৪ যুক্তিযুক্তভাবে প্রকাশ করা: a well ~d statement, যুক্তিপরম্পরায় বিন্যস্ত বিবৃতি। **~ sth out** যুক্তিপরম্পরায় কোনো প্রশ্নের উত্তর নির্ণয় করা: ~ out the answer to a question. ৫ **~ sb into/out of sth** যুক্তি প্রদর্শন করে কাউকে দিয়ে কিছু করানো বা কাউকে কিছু করা থেকে নিরস্ত করা। **~·ing** *n* [U] যুক্তিবৃত্তির মাধ্যমে সিদ্ধান্তে উপনীত হওয়ার প্রক্রিয়া; যুক্তিবিন্যাস; যুক্তিপাত।

rea·son·able [ৰীজ়নাব্‌ল্] *adj* ১ যুক্তিপরায়ণ; যুক্তিসম্মত; যুক্তিবাদী: beyond ~ doubt. ২ পরিমিত; ন্যায়সঙ্গত; যুক্তিসঙ্গত: a ~ price/offer. ৩ যুক্তিযুক্ত; ন্যায়সঙ্গত; ন্যায্য: a ~ excuse. **~·ness** *n* যুক্তিপরায়ণতা; যুক্তিযুক্ততা। **rea·son· ably** [-নাব্‌লি] *adv* যুক্তিসঙ্গতভাবে।

re·as·sure [রীআসুআ(র্)] *vt* ভয় বা দুশ্চিন্তামুক্ত করা; আশ্বস্ত করা। **re·as·sur·ance** [-রান্‌স্] *n* [U, C] আশ্বাসদান; আশ্বাসন; দৃঢ় আশ্বাস। **re·as·sur·ing** *adj* আশ্বাসদায়ক; সান্ত্বনাদায়ক: a reassuring glance/pat. **re·as·sur·ing·ly** *adv* সান্ত্বনাদায়কভাবে।

re·bar·ba·tive [রিবা:বাটিভ্‌] *adj* (আনু.) কঠোর; করাল।

re·bate [রীবেইট্] *n* [C] ছাড়; রেয়াত; বাটা।

rebel[1] [রেব্‌ল্] *n* ১ বিদ্রোহী। ২ (attrib) বিদ্রোহী: the ~ forces.

rebel[2] [রিবেল্] *vt* (-ll-) **~ (against)** ১ বিদ্রোহ করা (সরকারের বিরুদ্ধে)। ২ তীব্র প্রতিবাদ করা; বাধা দেওয়া; বিদ্রোহ করা: The students ~led against too much regimentation.

re·bel·lion [রি বেলিঅন্] *n* [U] **~ (against)** (বিশেষত সরকারের বিরুদ্ধে) বিদ্রোহ।

re·bel·li·ous [রিবেলিঅস্] *adj* ১ বিদ্রোহে লিপ্ত; বিদ্রোহীসুলভ: ~ subjects; ~ behaviour. ২ অসংযত; দুর্দমনীয়: a child with a ~ temper. **~·ly** *adv* বিদ্রোহীর মতো; দুর্দমনীয়ভাবে। **~·ness** *n* বিদ্রোহাচরণ।

re·bind [,রীবাইন্‌ড্] *vt* (*pt,pp* -bound [-বা:উন্‌ড্]) (বই ইত্যাদি) পুনরায় বাঁধাই করা।

re·birth [,রীবাথ্] *n* ১ আত্মিক পরিবর্তন, যেমন ধর্মান্তরগ্রহণ বা আলোকপ্রাপ্তির মধ্য দিয়ে, যার ফলে কোনো ব্যক্তি নতুন ধরনের জীবনযাপনে প্রণোদিত হতে পারেন; পুনর্জন্ম। ২ পুনর্জাগরণ; পুনরুজ্জীবন: the ~ of learning.

re·born [,রীবো°ন্] *adj* (লাক্ষ.) (আত্মিকভাবে) পুনর্জাত।

re·bound [রিবাউন্‌ড্] *vi* ১ **~ (from)** কোনো কিছুর উপর আঘাত করে ছিটকে যাওয়া বা ফিরে আসা; প্রতিক্ষিপ্ত হওয়া। ২ **~ on/up on** (লাক্ষ.) কারো কার্যকলাপের পরিণামস্বরূপ ঘটা; কার্যের যিনি কর্তা তাঁর ওপরই ফিরে আসা। □*n* [রীবাউন্‌ড্] **on the ~ (ক)** প্রতিক্ষিপ্ত হওয়ার সময়ে: hit the ball on the ~ **(খ)** (লাক্ষ.) বিক্ষুব্ধ অবস্থায়। ৩ rebind-এর *pt, pp*

re·buff [রিবাফ্] *n* [C] **meet with/suffer a ~ (from sb)** রূঢ় প্রত্যাখ্যান; অবজ্ঞাপূর্ণ উপেক্ষা। □*vt* রূঢ়ভাবে প্রত্যাখ্যান করা।

re·build [,রীবিল্‌ড্] *vt* (*pt,pp* -built [-বিল্‌ট্]) পুনর্নির্মাণ করা।

re·buke [রিব্যিউক] *vt* **~ sb (for sth)** তিরস্কার বা ভর্ৎসনা করা। □*n* [C] তিরস্কার; ভর্ৎসনা। **re·buk·ing·ly** *adv* তিরস্কারপূর্বক।

re·bus [রীবাস্] *n* এক ধরনের ধাঁধা, যাতে অনুপস্থিত শব্দ বা বাক্যাংশটি ছবি বা নকশা দেখে আঁচ করতে হয়।

re·but [রিবাট্] *vt* (-tt-) (অভিযোগ, সাক্ষ্য-প্রমাণ ইত্যাদি) মিথ্যা বলে প্রমাণ করা; খণ্ডন করা। **~·tal** [-ট্‌ল্] *n* খণ্ডন; অভিযোগ খণ্ডনকারী সাক্ষ্য-প্রমাণ।

re·cal·ci·trant [রিক্যাল্‌সিট্রান্ট্] *adj* অবাধ্য; অবশ্য; শৃঙ্খলাভঙ্গকারী। **re·cal·ci·trance** [-ট্রান্‌স্], **re·cal·ci·trancy** [-ট্রান্‌সি] *nn* [U] অবাধ্যতা; অবশ্যতা।

re·call [রিকো°ল্] *vt* ১ **~ sb (from/to)** ডেকে পাঠানো; ফিরে আসতে আদেশ দেওয়া। ২ মনে করা; স্মরণ করা: Can you ~ his face ? ৩ (আদেশ, সিদ্ধান্ত ইত্যাদি) ফিরিয়ে নেওয়া; প্রত্যাহার করা। □*n* ১ (বিশেষত রাষ্ট্রদূতদের স্বদেশে) প্রত্যাবর্তনের হুকুম: letters of ~. ২ [U] স্মরণশক্তি; স্মরণ করবার সম্ভাবনা: a man gifted with instant ~. **beyond/past ~** ফিরিয়ে আনা বা প্রত্যাহার করা যায় না এমন; অপ্রত্যাহার্য। ৩ [C] সৈন্যদের ফিরে আসার জন্য সঙ্কেত, বিশেষত তূর্যধ্বনি; প্রত্যাবর্তন-সঙ্কেত: sound the ~.

re·cant [রি 'ক্যান্ট্] *vt,vi* (মতামত, বিশ্বাস) ছেড়ে দেওয়া/ত্যাগ করা; (বিবৃতি) অমূলক বলে প্রত্যাহার করা। **re·can·ta·tion** [রীক্যানটেইশ্‌ন্] *n* [U, C] পূর্বের মত বা বিশ্বাস পরিহার এবং ঐরূপ পরিহারসূচক বিবৃতি।

re·cap[1] [রীক্যাপ্] *vt,vi,n* recapitulate ও recapitulation-এর কথ্য সংক্ষেপ।

re·cap[2] [,রীক্যাপ্] *vt* (-*pp*-) (US) টায়ারের খাঁজকাটা অংশ ক্ষয়ে গেলে তা নতুন করে লাগানো।

re·cap·itu·late [,রীকাপিচুলেইট্] *vt,vi* (আলোচিত কোনো বিষয়ের) প্রধান প্রধান দফাগুলি পুনরাবৃত্তি করা; মূল প্রসঙ্গগুলি পুনর্ব্যক্ত করা। **re·cap·itu·la·tion** [,রীকা,পিচুলেইশ্‌ন্] *n* [U, C] মূল প্রসঙ্গগুলির পুনরাবৃত্তি; সংক্ষিপ্তবৃত্তি।

re·cap·ture [,রীক্যাপচ(র্)] *vt* ১ পুনরায় অধিকার করা। ২ স্মরণ করা: to ~ the past.

re·cast [,রীকা:স্ট্ US -'ক্যাস্ট্] *vt* ১ নতুন করে ছাঁচে ঢালা বা গড়া: ~ a gun; নতুন করে লেখা: ~ sentence/chapter. ২ নাটকের নটনটীদের বদল করা কিংবা তাদের মধ্যে ভূমিকা পুনর্বণ্টন করা।

re·cede [রি'সীড্] *vi* ~ **(from)** ১ পিছিয়ে/সরে যাওয়া; অপসৃত হওয়া। ২ (সম্মুখ দিক থেকে বা পর্যবেক্ষকের দিক থেকে) পশ্চাতে ঢালু হওয়া: a receding chin/forehead.

re·ceipt [রি'সীট্] *n* ১ [U] প্রাপ্তি: on ~ of the news, সংবাদ পেয়ে। ২ (*pl*) (ব্যবসা প্রভৃতিতে) গৃহীত/ প্রাপ্ত অর্থ; আদান; প্রতিগ্রহ। ৩ প্রাপ্তিস্বীকারপত্র; রসিদ; ফারখত: sign a ~. □*vt* রসিদ লিখে স্বাক্ষর করা বা সিল মারা: ~ a hotel bill.

re·ceiv·able [রি'সীভাব্ল্] *adj* ১ গ্রহণযোগ্য; আদানযোগ্য; গ্রহণোপযোগী। ২ (বাণিজ্য.; বিল, হিসাব ইত্যাদি সম্বন্ধে) যে বাবদে অর্থ আদায়যোগ্য। **bills ~** (bills payable–এর বিপরীত) আদায়যোগ্য/উশুলযোগ্য বিল।

re·ceive [রি'সীভ্] *vt,vi* ১ পাওয়া; গ্রহণ করা। **re'ceiving-set** *n* (বেতার) গ্রাহকযন্ত্র। ২ অভ্যর্থনা করা; আপ্যায়ন করা; সদস্য হিসাবে গ্রহণ করা। **~d** *adj* যথার্থ বলে ব্যাপকভাবে স্বীকৃত; আদত্ত; বহুলস্বীকৃত।

re·ceiver [রি'সীভা(র্)] *n* ১ গ্রহীতা; বিশেষত (চোরাই মালের) থলিদার। ২ **(Official) R~** দেউলে ব্যক্তির বিষয়সম্পত্তির দায়িত্বগ্রহণ কিংবা মামলাধীন সম্পত্তির তত্ত্বাবধানের জন্য নিযুক্ত কর্মকর্তা; জিম্মাদার। ৩ কোনো কোনো যন্ত্রের যে অংশ কিছু গ্রহণ করে, যেমন টেলিফোনের যে অংশ কানে লাগানো হয়; গ্রাহকযন্ত্র; (বেতারের) গ্রাহকযন্ত্র। **~·ship** [-শিপ্] *n* জিম্মাদারি।

re·cent ['রীস্ন্ট্] *adj* সাম্প্রতিক; অধুনাতন; ইদানীন্তন। **~·ly** *adv* সম্প্রতি; অধুনা; ইদানীং।

re·cep·tacle [রি'সেপ্টিক্ল্] *n* (কোনো কিছু সরিয়ে রাখার জন্য) আধার; পাত্র; ভাজন।

re·cep·tion [রি'সেপ্শ্ন্] *n* ১ [U] অভ্যর্থনা। **'~-desk** (হোটেলে) অভ্যর্থনা–ডেস্ক। **'~ clerk** (US) অভ্যর্থনা–ডেস্কে যে ব্যক্তি অতিথিদের অনুসন্ধানের জবাব দেন; অভ্যর্থনা–কর্মচারী। ২ [C] আনুষ্ঠানিক সমাবেশ বা অভ্যর্থনা; সংবর্ধনা: a wedding ~. ৩ [U] নির্দিষ্ট ধরনের অভ্যর্থনা; কোনো ব্যক্তি বা বস্তুর প্রতি অনুভূতি: an enthusiastic ~. ৪ [U] বেতার ইত্যাদির সঙ্কেত গ্রহণ; ঐরূপ সঙ্কেত গ্রহণের কার্যকরতা: ~ of TV. **~·ist** [-নিস্ট্] *n* হোটেল, অফিস ইত্যাদি কর্মস্থলে অভ্যর্থনায় নিযুক্ত কর্মচারী।

re·cep·tive [রি'সেপ্টিভ্] *adj* ইঙ্গিত, নতুন ভাব ইত্যাদি গ্রহণোন্মুখ; আশুগ্রাহী: a ~ mind; ~ to new ideas. **~·ly** *adv* আশুগ্রাহিতার সঙ্গে। **re·cep·tiv·ity** [ৃরীসেপ্'টিভাটি] *n* গ্রহণোন্মুখতা; আশুগ্রাহিতা।

re·cess [রি'সেস্ US 'রীসেস্] *n* ১ (US=vacation) দীর্ঘ ছুটি; অবকাশ। ২ কক্ষের যে অংশের দেয়াল মূল অংশ থেকে কিছুটা পেছনে সরিয়ে কোটরের মতো তৈরি করা হয়; কুলুঙ্গি; গর্ভ। ৩ গুপ্তস্থান; দুর্গম স্থান; নিভৃত স্থান: the dark ~es of a cave. □*vt* ১ কুলুঙ্গিতে রাখা; পশ্চাতে স্থাপন করা: ~ a wall. ২ কুলুঙ্গির ব্যবস্থা করা।

re·ces·sion [রি'সেশ্ন্] *n* ১ [U] প্রত্যাহার; পশ্চাদপসরণ। ২ [C] ব্যবসা ও শিল্পোৎপাদনে শ্লথগতি; মন্দা; পরাবর্তন; পড়তি। **~·ary** *adj* ১ অর্থনৈতিক মন্দাঘটিত: a ~ary period, মন্দার কাল। ২ মন্দাজনক: a ~ary influence.

re·ces·sional [রি'সেশান্ল্] *n* ~ **(hymn)** গির্জায় প্রার্থনা–অনুষ্ঠানশেষে পাদ্রি ও ঐকতান–গায়কদের প্রস্থানের সময় গীত স্তোত্র। □*adj* ১ প্রাস্থানিক: ~ music. ২ (সংসদের) অবকাশকালীন।

re·ces·sive [রি'সেসিভ্] *adj* ১ অপসরণশীল; অপসরণপ্রবণ। ২ (জীব.) যেসব দুর্বল বৈশিষ্ট্য জিনের মাধ্যমে পরবর্তী প্রজন্মে সঞ্চারিত হয়, সেগুলি প্রকাশ করে এমন; প্রচ্ছন্ন।

re·chauffé [রে'শৌফেই US ৃরেইশৌ'ফেই] *n* পুনরায় গরম করা আহার্য।

re·cher·ché [রা'শেআশেই] *adj* (অত্যধিক) যত্নের সঙ্গে উদ্ভাবিত বা নির্বাচিত; অতিমার্জিত; কষ্টকল্পিত।

re·cidi·vist [রি'সিডিভিস্ট্] *n* অপরাধপ্রবণ ব্যক্তি; যে ব্যক্তির অপরাধপ্রবণতা কিছুতেই সংশোধন হবার নয়; অশোধ্য অপরাধী। **re·cidi·vism** [-ভিজ়াম্] *n* বদ্ধ অপরাধপ্রবণতা।

recipe ['রেসাপি] *n* [C] ~ **(for)** আহার্য, ঔষধ ইত্যাদি তৈরি করার কিংবা (লাক্ষ.) কাঙ্ক্ষিত ফল লাভের জন্য নিয়মনির্দেশ; প্রস্তুতপ্রণালী।

re·cipi·ent [রি'সিপিঅন্ট্] *n* গ্রহীতা; প্রাপক।

re·cip·ro·cal [রি'সিপ্রাক্ল্] *adj* ১ পরস্পর; অন্যোন্য: ~ affection/help. ২ অনুরূপ, কিন্তু বিপরীতমুখী; পারস্পরিক: a ~ mistake. ৩ (ব্যাক.) **~ pronouns** অন্যোন্যতাসূচক সর্বনাম (যেমন each other, one another). **~·ly** [-ক্লি] *adv* পরস্পর; পারস্পরিকভাবে।

re·cip·ro·cate [রি'সিপ্রাকেইট্] *vt,vi* ১ প্রতিদানে বা প্রতিদান দেওয়া; লেনদেন করা; পরস্পর বিনিময় করা: to ~ sb's good wishes. ২ (যন্ত্রের অংশসমূহ সম্বন্ধে) সরল রেখায় সামনে–পেছনে চলা বা চালানো; a reciprocating engine/saw. দ্র. rotatory. **re·cip·ro·ca·tion** [রিৃসিপ্রা'কেইশ্ন্] *n* [U] বিনিময়; ব্যতিহার; অন্যোন্যতা।

re·cital [রি'সাইট্ল্] *n* [C] ১ অনেকগুলি ধারাবাহিক ঘটনা ইত্যাদির বিস্তারিত বিবরণ; বয়ান। ২ (এক ব্যক্তি বা ক্ষুদ্র দল কর্তৃক কিংবা একই সুরস্রষ্টার) সঙ্গীত পরিবেশনা: a piano ~; a ~ of songs.

reci·ta·tion [ৃরেসি'টেইশ্ন্] *n* ১ [U] ফিরিস্তি; বয়ান: the ~ of his grievances. ২ [U, C] আবৃত্তি। ৩ [C] আবৃত্তির জন্য গদ্য বা পদ্যাংশ। ৪ (US) [U,C] পড়া মুখস্থ।

reci·ta·tive [ৃরেসিটা'টীভ্] *n* ১ [U] গায়ন–রীতিবিশেষ, যাতে কথা বলা ও গান গাওয়ার মাঝামাঝি ভঙ্গিতে একই সুরে বহু শব্দ উচ্চারিত বা গীত হয়; কিছু কিছু অপেরার কাহিনী বর্ণনায় ও সংলাপে এই রীতি ব্যবহৃত হয়; আবৃত্তি ঢং। ২ উক্তরূপ পরিবেশনার জন্য অপেরা ইত্যাদির অংশবিশেষ।

re·cite [রি'সাইট্] *vt,vi* ১ আবৃত্তি করা। ২ ফিরিস্তি বা তালিকা দেওয়া: ~ one's grievances.

reck·less ['রেক্লিস্] *adj* (~ **of**) বেপরোয়া; অপরিণামদর্শী; অসংযত: a ~ spender; ~ driver. **~·ly** *adv* বেপরোয়াভাবে। **~·ness** *n* হঠকারিতা; অসংযম।

reckon ['রেকান্] *vt,vi* ১ গনা; গণনা করা; হিসাব করা; গুনে বের করা। **~ sth in** অন্তর্ভুক্ত করা; গণ্য করা; হিসাবে ধরা। **~ sth up** যোগফল বার করা; সাকল্য করা: ~ up the bill. ২ **~ with sb (ক)** বোঝাপড়া করা; হিসাব মেটানো: He will ~ with you once his present troubles are over. **(খ)** বিবেচনা করা; গণ্য করা: a man to be ~ed with. **~ without sb** গণ্য না করা; হিসাবে না ধরা। ৩ **~ on/upon sb/sth** নির্ভর/ভরসা করা: You may ~ on his skill. ৪ **~ sb/sth as/to be; ~ that...,** গণ্য/ বিবেচনা করা; মত পোষণ করা। ৫ আনুমানিক হিসাব করা: When do you ~ to return ? ৬ (US কথ্য) ধরে নেওয়া; আন্দাজ করা: I ~ she'll turn up tomorrow. **~er** [ˈরেকনা(র্)] গণনাকারী বা গণনযন্ত্র। **ready ~er,** দ্র. ready. **~·ing** [ˈরেকনিঙ্] *n* (বিশেষত) ১ [C] পরিশোধনীয় মূল্যের হিসাব (যেমন হোটেলে বা রেস্তোরাঁয়): pay the ~ing, হিসাব মেটানো। **day of ~ing** কোনো কিছুর জন্য প্রায়শ্চিত্ত করবার শেষ সময়; হিসাবনিকাশের দিন। ২ [U] গণনা (যেমন সূর্য, নক্ষত্র ইত্যাদি পর্যবেক্ষণের মাধ্যমে জাহাজের অবস্থান)। **dead ~ing** সূর্য, নক্ষত্র ইত্যাদির পর্যবেক্ষণ যখন অসম্ভব হয়ে পড়ে, তখন পূর্ববর্তী কোনো জ্ঞাত অবস্থান এবং পরবর্তী চলার পথ ও দূরত্বের ভিত্তিতে জাহাজ বা বিমানের অবস্থান নির্ণয়ের পদ্ধতি। **out in one's ~ing** হিসাবে ভুল (করা)।

re·claim [রিˈক্লেইম্] *vt* ১ (পতিত জমি ইত্যাদি) পুনরুদ্ধার করা। ২ (কোনো ব্যক্তিকে) সংশোধন করা; উদ্ধার করা: ~ a man from error/vice. ৩ ফেরত চাওয়া। **rec·la·ma·tion** [রিক্লাˈমেইশ্‌ন্] *n* [U] পুনরুদ্ধার।

re·cline [রিˈক্লাইন্] *vt,vi* এলিয়ে দেওয়া/পড়া; হেলান দেওয়া; সটান শুয়ে পড়া: ~ on a couch.

re·cluse [রিˈক্লুস্] *n* যে ব্যক্তি অন্য মানুষের সঙ্গ পরিহার করে নিঃসঙ্গ জীবনযাপন করেন; একান্তবাসী; বিবিক্তবাসী; সন্ন্যাসী: live the life of a ~.

rec·og·ni·tion [রেকগ্‌ˈনিশ্‌ন্] *n* [U] প্রত্যভিজ্ঞা; শনাক্তকরণ; স্বীকৃতি: ~ signals; in ~ of; ~ of a new state. **alter/change beyond/out of (all) ~** এমনভাবে পরিবর্তিত হওয়া যে চেনার কোনো উপায় নেই।

re·cog·ni·zance [রিˈকগনিজ়ন্‌স্] *n* [C] (আইন.) ১ আদালতে প্রদত্ত অঙ্গীকারপত্র, যা কোনো ব্যক্তিকে একটি নির্দিষ্ট আদালতে উপস্থিত হতে কিংবা কতকগুলি শর্ত পালনে বাধ্য করে এবং অন্যথায় তাঁর জামানত বাজেয়াপ্ত হয়ে যায়; মুচলেকা। **enter into ~s** মুচলেকায় স্বাক্ষর করা। ২ উক্ত মুচলেকার সঙ্গে প্রদত্ত অর্থ; জামানত।

rec·og·nize [ˈরেকগ্‌নাইজ্] *vt* ১ শনাক্ত করা; চেনা; চিনতে পারা: ~ a tune/an old acquaintance. ২ স্বীকৃতি দেওয়া; কবুল করা: ~ a new government. ৩ স্বীকার করতে প্রস্তুত থাকা; মেনে নেওয়া: He ~ed the qualities of his rival. ৪ স্বীকার করা: His colleagues ~d him to be the ablest administrator. **rec·og·niz·able** [ˈরেকগনাইজ়াব্‌ল্] *adj* চেনা যায় এমন; প্রত্যভিজ্ঞেয়; স্বীকারযোগ্য। **rec·og·niz·ably** [-জ়াব্‌লি] *adv* প্রত্যভিজ্ঞেয়রূপে।

re·coil [রিˈকয়ল্] *vt* ১ **~ (from)** পিছিয়ে আসা; (ভয়, বিস্ময় বা ঘৃণায়) কিছু হঠা: ~ from doing sth. ২ (বন্দুক সম্বন্ধে; গুলি চালাবার সময়ে) পিছনে ধাক্কা দেওয়া। ৩ **~ on/upon** (লাক্ষ.) প্রতিক্রিয়া করা; প্রতিক্ষিপ্ত হওয়া: His evil designs ~ed upon his head. □*n* পশ্চাদপসরণ; কুণ্ঠা; পিছনে ধাক্কা; প্রতিক্ষেপ।

rec·ol·lect [ˌরেকাˈলেক্‌ট্] *vt,vi* স্মরণ করা; মনে করা বা পড়া: As far as I ~ ··· .

rec·ol·lec·tion [ˌরেকাˈলেকশ্‌ন্] *n* [U] ১ স্মরণ; স্মরণশক্তি; অনুস্মরণ। ২ [U] স্মৃতিশক্তি অতীতে যতদূর পৌঁছায়; স্মরণকাল: within my ~. ৩ [U] স্মৃতি: The old photographs will bring many ~s to her mind.

rec·om·mend [ˌরেকাˈমেন্‌ড্] *vt* ১ **~ sth (to be) (for sth); ~ sb sth; ~ sb (for sth/as sth)** অনুকূলে বা সপক্ষে বলা; সুপারিশ করা। ২ পরামর্শ দেওয়া: Do you ~ me to buy that house ? ৩ **~ sb (to sb)** (গুণ ইত্যাদি সম্বন্ধে) গ্রহণযোগ্য/আকর্ষণীয় করে তোলা: Such vanity will not ~ you. ৪ **~ sb to sb** হেফাজতে দেওয়া (এই অর্থে commend অধিক প্রচলিত: ~ oneself/one's soul to God. **rec·om·men·da·tion** [রেকমেন্‌ˈডেইশ্‌ন্] *n* ১ [U] সুপারিশ; পরামর্শ। ২ [C] সুপারিশমূলক বাক্য বা বিবৃতি; গুণ-বর্ণনা; সুপারিশ: The candidate produced a number of ~ation. ৩ [C] যা কোনো ব্যক্তি সম্বন্ধে উত্তম ধারণা দেয়; সদ্‌গুণ; কাঙ্ক্ষিত গুণ: Behaviour of that kind is not a ~ation in a subordinate.

rec·om·pense [ˈরেকম্‌পেন্‌স্] *vt* **~ sb (for sth)** পুরস্কৃত বা দণ্ডিত করা; পাওনা পরিশোধ করা; ক্ষতিপূরণ দেওয়া; প্রতিফল দেওয়া: ~ sb for his trouble; ~ good with evil. □*n* [C, U] পুরস্কার; প্রতিফল; ক্ষতিপূরণ; খেসারত; পাওনা।

rec·on·cile [ˈরেকন্‌সাইল্] *vt* ১ **~ sb (with sb)** পুনরায় বন্ধুত্ব স্থাপন বা মিলনসাধন করানো; বিরোধ দূর করা বা মিটিয়ে ফেলা; মিটমাট করা: The two brothers became ~d. ২ (বিরোধ, মতপার্থক্য ইত্যাদি) নিষ্পত্তি বা মীমাংসা করা। ৩ **~ sth (with sth)** সামঞ্জস্যবিধান করা; সঙ্গতিপূর্ণ করা। ৪ **~ oneself to sth; be ~d to sth** মেনে নেওয়া; বিরূপ মনোভাব কাটিয়ে ওঠা: How can one ~ oneself with such drudgery ? **rec·on·cil·able** [-লাব্‌ল্] *adj* সমন্বয়যোগ্য। **rec·on·cili·ation** [ˌরেকন্-সিলিˈএইশ্‌ন্] *n* [U, C] সামঞ্জস্যবিধান; মিটমাট; পুনর্মিত্রতা; মীমাংসা।

rec·on·dite [রেকান্‌ডাইট্] *adj* ১ (জ্ঞানের বিষয়াদি সম্বন্ধে) সৃষ্টি ছাড়া; দুর্বোধ্য; নিগূঢ়: ~ studies. ২ (গ্রন্থকর্তা সম্বন্ধে) নিগূঢ় বা সৃষ্টিছাড়া জ্ঞানের অধিকারী।

re·con·di·tion [ˌরীকান্‌ˈডিশ্‌ন্] *vt* পুনরায় ভালো অবস্থায় নিয়ে আসা; পূর্বাবস্থায় নিয়ে আসা। **~ed** কৃত সংস্কার: a ~ed engine.

re·con·nais·sance [রিˈকনিসন্‌স্] *n* [U] শত্রুপক্ষের অবস্থান, তাদের শক্তি ইত্যাদি জানার উদ্দেশ্যে পরিচালিত তথ্যানুসন্ধান বা তৎসংক্রান্ত অভিযান। ২ [C] (লাক্ষ.) যে কোনো ধরনের কাজ শুরু করার পূর্বে প্রাথমিক জরিপ।

re·con·noitre [US=-ter) [রেকাˈনয়টা(র্)] *vt,vi* শত্রুপক্ষের অবস্থান, তাদের শক্তি ইত্যাদি সম্বন্ধে জ্ঞাত হওয়ার জন্য তাদের নিকটবর্তী হওয়া: ~ the ground.

re·con·struct [ˌরীকান্‌ˈস্ট্রাক্‌ট্] *vt* ১ পুনর্নির্মাণ করা। ২ (গুটিকতক অংশ বা আংশিক সাক্ষ্যপ্রমাণের সাহায্যে) পুনর্গঠন করা: ~ a ruined monument; to ~ a crime. **re·con·struc·tion** [ˌরীকান্‌স্ট্রাকশ্‌ন্] *n* পুনর্নির্মাণ; পুনর্গঠন।

rec·ord[1] [ˈরেকো°ড্ US ˈরেকর্ড] *n* ১ [C] তথ্য, ঘটনা ইত্যাদির লিখিত বিবরণ; লেখ্যপ্রমাণ: a ~ of road accidents; the (ˌPublic) ˈR~ Office, লন্ডনে অবস্থিত মোহাফিজখানা। ২ [C] (কম্পি.) (কোনো নির্দিষ্ট বিষয়ে) যন্ত্রের সাহায্যে পাঠযোগ্যরূপে তথ্যের একক হিসাবে বিদ্যমান ক্ষুদ্র উপাত্তসংগ্রহ; রেকর্ড। ৩ [U] লিপিবদ্ধ সাক্ষ্যপ্রমাণ; দলিল: a matter of ~ , প্রামাণিক দলিলের অন্তর্ভুক্ত। **be/ go/ put sb on ~** লিপিবদ্ধ হওয়া/করা। **off the ~** (কথ্য) প্রকাশনার বা লিপিবদ্ধ করার জন্য নয়। ৪ [C] কোনো ব্যক্তি বা বস্তুর অতীত সম্বন্ধে জ্ঞাত তথ্যাদি; লেখ্যপ্রমাণ: an honourable ~ of services. ৫ [C] সাক্ষ্য বা তথ্য জোগায় এমন কিছু; দলিলপ্রমাণ: ~s of past history. ৬ [C] (গ্রামোফোনের) রেকর্ড। ˈ**~ player** *n* রেকর্ড বাজিয়ে শোনার জন্য যন্ত্র; রেকর্ডপ্লেয়ার। ৭ [C] ইতঃপূর্বে অর্জিত হয়নি এমন (উচ্চ বা নিম্ন) সীমা, চিহ্ন, কৃতিত্ব ইত্যাদি; (বিশেষত খেলাধুলায়)

অদ্যাবধি সর্বশ্রেষ্ঠ; রেকর্ড। **break/beat the ~** রেকর্ড ভঙ্গ করা। ˈ**~-breaking** *adj* রেকর্ড ভঙ্গকারী।

re·cord[2] [রি'কো°ড্] *vt* ১ লিপিবদ্ধ করা; (টেপ, রেকর্ড ইত্যাদিতে) ধারণ করা: a ~ed programme. **~ing angel** মানুষের সৎ ও অসৎ কাজ লিপিবদ্ধ করার জন্য নিযুক্ত কথিত ফেরেশতা। ২ (যন্ত্র সম্বন্ধে) স্কেলে নির্দেশ বা চিহ্নিত করা: The Richter Scale ~ed 6.5.

re·corder [রি'কো°ডা(র্)] *n* ১ (GB) নির্দিষ্ট ফৌজদারি ও দেওয়ানি এখতিয়ারযুক্ত বিচারকবিশেষ। ২ ধ্বনি, চিত্র ইত্যাদি ধারণ করার যন্ত্র; ধারকযন্ত্র। ˈ**tape-~** যে যন্ত্র চৌম্বক ফিতায় ধ্বনি ধরে রাখে; টেপ-রেকর্ডার। ˈ**video tape-~** চৌম্বক ফিতায় ছবি ও ধ্বনি ধরে রাখার যন্ত্র। ৩ বাঁশি জাতীয় কাঠের বাদ্যযন্ত্রবিশেষ।

re·cord·ing [রি'কো°ডিঙ্] *n* (বিশেষত শব্দ বা টেলিভিশন সম্প্রচারে এবং রেকর্ড প্লেয়ার ইত্যাদিতে) ধারণকৃত অনুষ্ঠান, সঙ্গীত ইত্যাদি: a good ~ of a TV serial.

re-count [ˌরীকাউন্ট্] *vt* আবার গোনা। □*n* ['রীকাউন্ট্] পুনর্গণনা।

re·count [রি'কাউন্ট্] *vt* বলা; বিবরণ দেওয়া।

re·coup [রি'কূপ্] *vt* ~ **(for)** পুষিয়ে নেওয়া/দেওয়া: ~ one's losses; ~ oneself for one's losses.

re·course [রি'কো°স্] *n* [U] ১ **have ~ to** সাহায্য চাওয়া; আশ্রয় গ্রহণ বা অবলম্বন করা। ২ আশ্রয়; অবলম্বন: His last ~ was an offer from a friend.

re·cover [রি'কাভা(র্)] *vt,vi* ১ ফিরে পাওয়া; পুনরুদ্ধার করা: ~ what was lost; ~ one's strength. ২ ~ **(from)** আরোগ্যলাভ করা; নিরাময় হওয়া; পূর্বাবস্থায় ফিরে আসা; সামলে ওঠা: ~ from a shock. ৩ নিজের উপর নিয়ন্ত্রণ ফিরে পাওয়া; স্বাভাবিক/ প্রকৃতিস্থ হয়ে ওঠা; ফিরে পাওয়া: ~ one's balance/composure. **~·able** [-রাব্‌ল্] *adj* যা ফিরে পাওয়া যেতে পারে; পুনরুদ্ধারযোগ্য: a ~able deposit. **re·cov·ery** *n* [U] আরোগ্য; নিরাময়; পুনরুদ্ধার: make a quick ~y, দ্রুত আরোগ্য লাভ করা কিংবা (খেলাধুলায়) পূর্বের অবস্থা ফিরে পাওয়া।

re-cover [ˌরীকাভা(র্)] *vt* নতুন ওয়াড়, খোল বা আবরণ লাগানো।

rec·re·ant ['রেক্রিঅন্ট্] *adj,n* (সাহিত্য.) কাপুরুষ; বিশ্বাসঘাতক; বিশ্বাসহন্তা; খল: a ~ lover.

rec·re·ation [ˌরেক্রিএইশ্‌ন্] *n* [C, U] বিনোদন; আমোদপ্রমোদ। ˈ**~ ground** (জনসাধারণের জন্য উন্মুক্ত উদ্যান প্রভৃতি স্থানে খেলাধুলা ইত্যাদির জন্য) বিনোদন-স্থান। **~al** [শান্‌ল্] *adj* বিনোদনমূলক।

re·crimi·na·tion [রিˌক্রিমি'নেইশ্‌ন্] *n* [C,U] পাল্টা অভিযোগ; প্রত্যভিযোগ। **re·crimi·nate** [রি'ক্রিমিনেইট্] *vi* ~ **(against sb)** পাল্টা অভিযোগ করা। **re·crimi·na·tory** [রি'ক্রিমিনট্রি US -টো°রি] *adj* প্রত্যভিযোগমূলক।

re·cru·des·ence [ˌরীক্রূডেস্‌ন্‌স্] *n* (রোগ, সহিংস কার্যকলাপ ইত্যাদি সম্বন্ধে) পুনঃপ্রকোপ; পুনঃপ্রাদুর্ভাব: the ~ of cholera.

re·cruit [রি'ক্রূট্] *n* কোনো সঙ্ঘ, দল ইত্যাদির নতুন সদস্য, বিশেষত নবসংগৃহীত সৈনিক; রংরুট; নবাগত; নবসংগ্রহ। □*vt,vi* ১ নতুন সদস্য সংগ্রহ বা ভর্তি করা: a ˈ~ officer, সৈন্যসংগ্রহ কর্মকর্তা। ২ পর্যাপ্ত পরিমাণে সংগ্রহ করা; পুনরুদ্ধার করা: ~ supplies; ~ one's health. **~·ment** *n* প্রবেশন; সংগ্রহ।

rec·tal [রেক্‌টাল্] *adj* মলনালীঘটিত।

rec·tangle ['রেক্‌ট্যাঙ্‌গ্‌ল্] *n* [C] সমকোণী চতুর্ভুজ; আয়তক্ষেত্র; **rec·tangu·lar** [রেক্‌'ট্যাঙ্‌গ্যিউলা(র্)] *adj* আয়তক্ষেত্রাকার।

rec·tify ['রেক্‌টিফাই] *vt* (*pt,pp*) ১ সংশোধন বা শুদ্ধ করা; দোষত্রুটি মোচন করা: ~ abuses. ২ বার বার পাতন বা অন্য প্রক্রিয়ায় শোধন করা: rectified spirits. **rec·tifier** *n* শোধক (বস্তু বা ব্যক্তি); (বিদ্যুৎ) পরিবর্তী তড়িৎপ্রবাহকে সমপ্রবাহে রূপান্তরিত করার কৌশলবিশেষ; শোধক। **rec·tifi·ca·tion** [ˌরেক্‌টিফি'কেইশ্‌ন্] *n* [U, C] শোধন; সংশোধন: rectification of errors/alcohol.

rec·ti·lin·ear [ˌরেক্‌টি'লিনিঅ(র্)] *adj* ঋজুরেখ।

rec·ti·tude ['রেক্‌টিটিউড্ US -টূড্] *n* [U] সততা; ঋজুতা; সাধুতা।

recto ['রেক্‌টৌ] *n* (*pp* ~s [-টৌজ্]) (বইয়ের) ডানপাতা। দ্র. verso.

rec·tor ['রেক্‌টা(র্)] *n* ১ (ইংলন্ডীয় গির্জা) ইংলন্ডীয় গির্জা রোমক গির্জা থেকে বিচ্ছিন্ন হওয়ার সময়ে বা তার পরে যেসব যাজক-পল্লীর (parish) দেয় কর প্রত্যাহার করা হয়নি, তাদের যে কোনো একটির দায়িত্বে নিয়োজিত পাদ্রি। ২ কোনো কোনো বিশ্ববিদ্যালয়, কলেজ, স্কুল বা ধর্মীয় প্রতিষ্ঠানের প্রধান; রেক্টর। **~y** ['রেক্‌টারি] *n* (*pl* -ries) রেক্টরের বাসভবন।

rec·tum [রেক্‌টাম্] *n* মলনালী।

re·cum·bent [রি 'কাম্‌বান্ট্] *adj* (বিশেষত ব্যক্তি সম্বন্ধে) শায়িত: a ~ figure on a tomb, শায়িত অবস্থানে ভাস্কর্য বা খোদাই-করা মূর্তি।

re·cu·per·ate [রি'কূপারেইট্] *vt,vi* অসুস্থতা, অবসাদ বা ক্ষয়ক্ষতির পর আবার সুস্থসবল হয়ে ওঠা/করে তোলা; পুনরুদ্ধার করা: ~ one's health. **re·cu·per·ation** [রিˌকূপা'রেইশ্‌ন্] *n* আরোগ্যলাভ; পুনরুদ্ধার। **re·cu·per·ative** [রি'কূপারাটিভ্] *adj* আরোগ্যলাভের সহায়ক; (হৃতশক্তি) পুনরুদ্ধার-সম্বন্ধী।

re·cur [রি'কা(র্)] *vi* (-rr-) ১ পুনরায় ঘটা; পুনরাবৃত্ত/আবৃত্ত হওয়া: ~ring decimals, আবৃত্ত দশমিক। ২ ~ **to** কথায় বা চিন্তায় পূর্ববর্তী কোনো কিছুর দিকে প্রত্যাবর্তন করা; পুনরুল্লেখ করা: ~ing to his recent suggestion. ৩ ~ **to** (ভাব, ঘটনা ইত্যাদি সম্বন্ধে) ফিরে আসা; পুনরুদিত হওয়া: That fateful day often ~s to my memory. **re·cur·rence** [রি'কারান্‌স্] *n* [C,U] পুনরাবর্তন; পুনরাবৃত্তি। **re·cur·rent** [-রান্ট্] *adj* (ঘটনা, জ্বর ইত্যাদি সম্বন্ধে) পুনঃপুন বা নিয়মিতভাবে আবৃত্ত হয় এমন; আবর্তক; পৌনঃপুনিক: ~rent expenses.

re·curve [ˌরীকাভ্] *vt,vi* পিছনে বা নীচের দিকে বাঁকানো বা বেঁকে যাওয়া।

recu·sant ['রেকিউজ়ন্ট্] *n,adj* (ইতি.) ইংলন্ডীয় গির্জার প্রার্থনাসভায় যোগ দিতে অসম্মত রোমান ক্যাথলিক; কর্তৃপক্ষকে বা বিধিবিধান মানতে অসম্মত (ব্যক্তি)। **recu·sancy** [-জ়ন্‌সি] *n* [U] অবাধ্যতা; অবশীভূততা।

re·cycle [ˌরীসাইক্‌ল্] *vt* (শিল্পকারখানায় ব্যবহৃত পদার্থ ইত্যাদি) পুনর্ব্যবহারের জন্য প্রক্রিয়াজাত করা; পুনর্ব্যবহারোপযোগী করা।

red [রেড্] *adj* (-der, -dest) ১ লাল; লোহিত; রক্তবর্ণ; রক্তিম। ˌ~ ˈ**carpet** (গুরুত্বপূর্ণ ব্যক্তিকে অভ্যর্থনা করার জন্য) লাল গালিচা। **paint the town red** আনন্দ-উল্লাসচ্ছলে কোলাহল ও অশালীন আচরণে নিয়োজিত হওয়া। **see red** ক্ষোভে বা ক্রোধে উন্মত্ত হওয়া; রাগে ফেটে পড়া। ২ রুশ; সোভিয়েত; কমিউনিস্ট: The Red

Army, লাল ফৌজ। ৩ (যৌগশব্দ ইত্যাদিতে বিবিধ প্রয়োগ): ˈ**red·breast** *n* (অপিচ robin readbreast) রবিন নামক পাখি। ˈ**Red-brick** *adj* (GB) (প্রধানত অক্সফোর্ড ও ক্যাম্ব্রিজের সঙ্গে বৈপরীত্যক্রমে) ইংল্যান্ডে ১৯ শতকের শেষভাগে প্রতিষ্ঠিত বিশ্ববিদ্যালয়সমূহ সম্বন্ধে প্রযোজ্য। ˌ**Red** ˈ**Crescent** মুসলিম দেশসমূহে রেডক্রসের তুল্য সংগঠন এবং এর প্রতীক। ˌ**Red** ˈ**Cross** *n* প্রাকৃতিক দুর্যোগ ইত্যাদির ফলে সৃষ্ট দুঃখদুর্দশায় ত্রাণ এবং অসুস্থ, আহত ও যুদ্ধবন্দীদের সহায়তা করার জন্য প্রতিষ্ঠিত আন্তর্জাতিক সংগঠন এবং ঐ সংগঠনের প্রতীক; রেড ক্রস। ˌ**red** ˈ**deer** *n* য়োরোপ ও এশিয়ার বন্য হরিণবিশেষ। ˌ**red** ˈ**ensign** (কিংবা কথ্য, ˌ**red** ˈ**duster**) *n* এক কোণে ইউনিয়ন জ্যাকসহ লাল পতাকা, যা ব্রিটিশ বাণিজ্যতরীতে ব্যবহৃত হয়; লাল নিশান। ˌ**red** ˈ**flag** *n* (ক) বিপদের প্রতীক হিসাবে ব্যবহৃত পতাকা (যেমন রেলপথের উপর কার্যরত শ্রমিকগণ ব্যবহার করে); লাল পতাকা। (খ) বিপ্লবের প্রতীক; লাল ঝাণ্ডা। (গ) **the** ˌ**Red** ˈ**Flag** বিপ্লবী সমাজতান্ত্রিক গান। **(catch sb)** ˌ**red-**ˈ**handed** *adj* হাতেনাতে (ধরা)। ˌ**red** ˈ**hat** *n* (কার্ডিনালের) লাল টুপি। ˈ**red·head** *n* লাল চুলওয়ালা লোক। ˌ**red** ˈ**herring** *n* (ক) ধোঁয়ায় শুকানো হেরিং। (খ) (লাক্ষ.) (আলোচ্য বিষয় থেকে অন্যদিকে দৃষ্টি ফেরানোর জন্য উত্থাপিত) অবান্তর প্রসঙ্গ। **neither fish, flesh, nor good red herring** সন্দেহজনক বা দ্ব্যর্থক চরিত্র, যা স্পষ্ট করে নির্ণয় করা যায় না। **draw a red herring across the trail** আলোচ্য বিষয় থেকে অন্য দিকে দৃষ্টি ফেরানোর জন্য অবান্তর প্রসঙ্গের অবতারণা করা। ˌ**red-**ˈ**hot** *adj* (ধাতু সম্বন্ধে) তপ্ত হয়ে লাল বর্ণ ধারণ করেছে এমন; লোহিত তপ্ত; (লাক্ষ.) অত্যন্ত উত্তেজিত, অগ্নিশর্মা: red-hot enthusiasm. ˌ**Red** ˈ**Indian** *n* (প্রা.প্র., অধুনা অসৌজন্যমূলক) আমেরিকান ইন্ডিয়ান। ˌ**red** ˈ**lead** *n* [U] সীসার অক্সাইড থেকে প্রস্তুত রংবিশেষ। ˌ**red-**ˈ**letter day** গুরুত্বপূর্ণ বা স্মরণীয় দিন। ˌ**red** ˈ**light** *n* (ক) রেলপথ ইত্যাদিতে বিপদসঙ্কেত; রাস্তায় 'থামুন' সঙ্কেত; লাল বাতি। **see the red light** আসন্ন বিপদ বা বিপর্যয় উপলব্ধি করা। (খ) **red-light district** শহরের নিষিদ্ধ এলাকা; পতিতালয়। ˌ**red**ˈ**meat** *n* [U] (বাছুর, শূকর ও মুরগির মাংসের সঙ্গে বৈপরীত্যক্রমে) গরু, ছাগল ও ভেড়ার মাংস; লাল মাংস। ˌ**red** ˈ**pepper** *n* লাল (পাকা) লঙ্কা। ˌ**red** ˈ**rag** *n* **like a red rag to a bull** ষাঁড়ের জন্য রক্তিম বস্ত্রখণ্ডের মতো; ক্রোধ বা ভাবাবেগ উদ্দীপ্ত করে এমন বস্তু। ˈ**red·skin** *n* (প্রা.প্র., অধুনা অসৌজন্যসূচক) আমেরিকান ইন্ডিয়ান। **the** ˌ**Red** ˈ**star** (প্রাক্তন সোভিয়েত ইউনিয়ন ও অন্যান্য কমিউনিস্ট দেশের প্রতীক) লাল তারা। ˌ**red** ˈ**tape** *n* [U] (লাক্ষ.) সরকারি কাজকর্মে আনুষ্ঠানিকতার আতিশয্য; নিয়মকানুনের প্রতি অত্যধিক মনোযোগ; লাল ফিতা। ˈ**red·wing** *n* লাল পালকযুক্ত ডানাওয়ালা কয়েক ধরনের থ্রাশ ও অন্যান্য পাখির যৌথ নাম। ˈ**red·wood** *n* লালচে রঙের কাঠবিশিষ্ট বিভিন্ন গাছ, বিশেষত ক্যালিফোর্নিয়ার একটি চিরহরিৎ বৃক্ষ। □*n* ১ [C,U] লাল রং: too much red in the painting. ২ লাল কাপড়: dressed in red. ৩ (কথ্য) কমিউনিজম বা সমাজতান্ত্রিক ব্যবস্থার সমর্থক। ৪ **the red** ব্যবসায়িক হিসাবের খরচের দিক/খাত। **be/get into the red** পাওনার চেয়ে দায় অধিক হওয়া। **be/get out of the red** ঘাটতি থেকে বেরিয়ে আসা। দ্র. black *n* (৫)।

re·dact [রি ˈড্যাক্ট্] *vt* (আনুষ্ঠা.) সম্পাদনা করা। **re·daction** [রিড্যাক্শ্ন্] *n* [U,C] সম্পাদনা।

red·den [ˈরেড্ন্] *vt,vi* লাল হওয়া বা করা; আরক্তিম হওয়া।

red·dish [ˈরেডিশ্] *adj* লালচে; আলোহিত।

re·deem [রিˈডীম্] *vt* ~ **(from)** ১ কিছু করে বা অর্থ পরিশোধ করে (কোনো কিছু) উদ্ধার করা; পুনরুদ্ধার করা: ~ a pawned necklace; ~ one's honour. ২ (প্রতিশ্রুতি বা দায়িত্ব) পালন বা রক্ষা করা। ৩ অর্থ পরিশোধ করে বা মুক্তিপণ দিয়ে মুক্ত করা; ত্রাণ করা: ~ a slave/prisoner; (যিশু কর্তৃক) পাপমুক্ত করা। ৪ ক্ষতিপূরণ করা; প্রায়শ্চিত্ত করা: his ~ing feature, যে দিকটি তার দোষত্রুটির ক্ষতি পূরণ করে। **~·able** [-মাব্ল্] *adj* উদ্ধারযোগ্য; মোচনীয়। **(the) Re·dee·mer** *n* যিশুখ্রিস্ট; ত্রাণকর্তা।

re·demp·tion [রিˈডেম্প্শ্ন্] *n* [U] ত্রাণ; পরিত্রাণ; উদ্ধার; মুক্তি: beyond/past ~, উদ্ধরণের অতীত; পালন; পূরণ; রক্ষা: the ~ of a promise.

re·demp·tive [রিˈডেম্প্টিভ্] *adj* উদ্ধারক; পরিত্রাণমূলক; পরিত্রাণসম্বন্ধী।

re·de·ploy [রীˈডিপ্লয়্] *vt* (সেনাদল, কারখানার শ্রমিক প্রভৃতি সম্বন্ধে) অধিকতর কার্যকরভাবে ব্যবহার করার জন্য প্রত্যাহার এবং পুনর্বিন্যস্ত করা; নতুনভাবে সমাবেশ করা। **~·ment** *n* [U,C] নবতর সমাবেশ: the ~ment of labour.

re·dif·fu·sion [রীডিˈফ্যিউজ্‌ন্] *n* [U] সম্প্রচারিত অনুষ্ঠান (বেতার ও টেলিভিশন); সিনেমা প্রভৃতিতে স্থানে ব্যবহার করার ব্যবস্থা; পুনঃসম্প্রচার।

re·do [ˌরীˈডূ] *vt* (*pt* -did [-ˈডিড্], *pp* -done [-ˈডান্]) আবার করা।

redo·lent [ˈরেডালান্ট্] *adj* ~ **of** (আনুষ্ঠা.) বিশেষত কোনো কিছুর স্মৃতিবাহী তীব্রগন্ধ; স্মৃতিসুরভিত: handkerchiefs ~ of rose-leaves; (লাক্ষ.) a palace ~ of age and romance.

re·double [রিˈডাব্ল্] *vt,vi* ১ তীব্রতর করা বা হওয়া; বৃদ্ধি করা বা পাওয়া: ~ one's efforts. ২ (ব্রিজ খেলায়) প্রতিপক্ষ কর্তৃক ইতিপূর্বে দ্বিগুণিত ডাক আবার দ্বিগুণিত করা। দ্র. double[4] (৬)।

re·doubt [রিˈডাউট্] *n* [C] দুর্গপ্রাকারের দুর্ভেদ্য স্থান।

re·doubt·able [রিˈডাউটাব্ল্] *adj* (সাহিত্য.) দুর্দান্ত; দুর্ধর্ষ; জাঁদরেল: a ~ lady.

re·dound [রিˈডাউন্ড্] *vi* ~ **to** (আনুষ্ঠা.) প্রভূত সহায়তা করা; প্রবর্ধিত করা: His talents will ~ to the success of the group.

re·dress [রিˈড্রেস্] *vt* ১ (ভুল) সংশোধন করা; ক্ষতিপূরণ/প্রতিকার/ক্ষালন করা: ~ one's errors. ২ ~ **the balance** ভারসাম্য পুনরায় প্রতিষ্ঠিত করা। □*n* [U] প্রতিকার; প্রতিবিধান; ক্ষতিপূরণ: seek legal ~.

re·duce [রিˈডিয়ুস্ US -ডূস্] *vt,vi* ~ **(to)** ১ কমানো; হ্রাস করা: ~ speed/costs. ২ কোনো বিশেষ অবস্থায় আসা বা নিয়ে আসা ! পরিণত/পর্যবসিত করা বা হওয়া: ~ sb to silence, চুপ করানো; be ~d to begging, ভিক্ষুকে পরিণত হওয়া। ৩ (অন্য রূপে) পরিবর্তিত করা; রূপান্তরিত করা; পরিণত করা: ~ an equation/ argument/statement to its simplest form. **re·duc·ible** [-সাব্ল্] *adj* কমাবার বা পরিণত/ পর্যবসিত করবার উপযোগী।

re·duc·tion [রি'ডাক্শ্ন্] *n* ১ [U, C] লাঘব; লঘুকরণ; হ্রাস: a ~ in/of numbers. ২ [C] ছবি, মানচিত্র ইত্যাদির ছোট মাপের প্রতিলিপি।

re·dun·dant [রি 'ডান্ডান্ট্] *adj* প্রয়োজনাতিরিক্ত; বাড়তি; অনাবশ্যক: a ~ word; ~ labour. **re·dun·dance** [-ডান্স্], **re·dun·dancy** [-ডান্সি] *nn* [U,C] (*pl* -cies) বাহুল্য; আতিরেক্য; প্রয়োজনাতিরিক্ততা: redundancies in the docks, বাড়তি শ্রমিক। **re'dundancy pay** বাড়তি শ্রমিককে নিয়োগকর্তা কর্তৃক প্রদত্ত অর্থ; বাহুল্য ভাতা।

re·dupli·cate [রি'ডিউপ্লিকেইট্ US -ডূ-] *vt* দ্বিগুণ করা; পুনরাবৃত্তি করা। **re·dupli·ca·tion** [রি,ডিউপ্লি'কেইশ্ন্ US -,ডূ-] *n* দ্বিগুণীকরণ; পুনরাবৃত্তি।

re-echo [রী'একৌ] *vi* বার বার প্রতিধ্বনিত হওয়া। □*n* (*pl* ~es [-কৌজ্]) প্রতিধ্বনির প্রতিধ্বনি।

reed [রীড্] *n* [C] ১ কীচক; নল; শর; খাগড়া; [U] (সমষ্টিগত) নলখাগড়া; (*pl*) ঘর ছাওয়ার জন্য ব্যবহৃত নলখাগড়ার শুষ্ক কাণ্ড। **a broken ~** (লাক্ষ.) অনির্ভরযোগ্য ব্যক্তি বা বস্তু। ২ (কোনো কোনো শুষির বাদ্যযন্ত্রে, যেমন ক্ল্যারিওনেট, অর্গান-পাইপ) ধাতব পাত, যার কম্পনে ধ্বনি উৎপাদিত হয়; রিড। **the ~s** উপরোক্ত ধরনের বাদ্যযন্ত্র; রিডযুক্ত বাদ্যযন্ত্রসমূহ। **~y** *adj* ১ নলখাগড়াময়। ২ (ধ্বনি ও কণ্ঠ সম্বন্ধে) সুতীক্ষ্ণ; কীচকী।

reef[1] [রীফ্] *n* পালের যে অংশ গুটিয়ে পালকে খাটো করা যায়: take in a ~, পাল খাটো করা; (লাক্ষ.) সতর্কতার সঙ্গে অগ্রসর হওয়া। **'~-knot** *n* মামুলি দ্বিমুখী গিঁট (= US square knot) ।□*vt* পাল খাটো করা।

reef[2] [রীফ্] *n* . সমুদ্রপৃষ্ঠের কিঞ্চিৎ নীচে বা উপরে শৈলশিরা; শৈলশ্রেণী।

reefer [রীফা(র্)] *n* ১ মোটা কাপড়ের তৈরি, আঁটসাঁট জ্যাকেটবিশেষ, যাতে ছিনার দুই দিকেই বোতাম আঁটার ব্যবস্থা থাকে (যে ধরনের জ্যাকেট নাবিকরা পরে থাকে); পুস্তিন। ২ (অপ.) গাঁজামিশ্রিত সিগারেটবিশেষ।

reek [রীক্] *n* [U] ১ তীব্র দুর্গন্ধ: the ~ of stale tobacco smoke. ২ (সাহিত্য. ও স্কট.) ঘন ধোঁয়া বা বাষ্প। □*vi* ১ **~ of** দুর্গন্ধে ভুর ভুর করা: ~ of garlic. ২ **~ with** (ঘাম, রক্ত ইত্যাদিতে) লিপ্ত বা সিক্ত হওয়া।

reel[1] [রীল্] *n* ১ সুতা, তার, ফিল্ম, ফিতা ইত্যাদি পেচিয়ে রাখার জন্য বেলনাকার বস্তুবিশেষ; কাঠিম; লাটাই; চরকি। **(straight) off the ~** (কথ্য) গড়গড় করে; অবলীলাক্রমে; অবিশ্রান্তভাবে। ২ (চলচ্চিত্রে) এক কাঠিমে পেঁচানো পজিটিভ ফিল্ম; রিল: a six-~ film. দ্র. spool. □*vt* কাঠিমে বা কাঠিম দিয়ে পেঁচানো; পাক খোলা। **~ sth off** কোনো কিছু গড়গড় করে/অবলীলাক্রমে বলা বা আবৃত্তি করা: ~ off the verses of a poem.

reel[2] [রীল] *vi* ১ (শারীরিক বা মানসিকভাবে) বিচলিত হওয়া; নাড়া খাওয়া: Her mind ~ed when she read the telegram. ২ স্খলিত পায়ে হাঁটা বা দাঁড়ানো; টলমল করা; হেলেদুলে চলা। ৩ কাঁপছে বলে প্রতীয়মান হওয়া; দোলা: The tower ~ed before her eyes.

reel[3] [রীল্] *n* [C] সাধা. দুইটি যুগলের জন্য প্রাণবন্ত স্কটিশ নৃত্যবিশেষ এবং ঐ নাচের সঙ্গীত।

re-en·try [রীএন্ট্রি] *n* (*pl* -ries) পুনঃপ্রবেশ; পৃথিবীর আবহমণ্ডলে নভযানের প্রত্যাবর্তন।

re·face [,রীফেইস্] *vt* নতুন পৃষ্ঠ বা তল লাগানো।

re·fec·tory [রিফেক্টারি] *n* (*pl* -ries) (আশ্রম, মঠ বা কলেজের) ভোজনশালা।

re·fer [রি'ফা(র্)] *vt,vi* ১ **~ sb/sth (back) (to sb/sth)** ব্যবস্থাগ্রহণ বা সিদ্ধান্তের জন্য (ফেরত) পাঠানো/নিয়ে যাওয়া/অর্পণ করা: The question was ~red to the law officer. ২ **~ to** (বক্তা, বক্তব্য ইত্যাদি সম্বন্ধে) নির্দেশ করা; উল্লেখ করা; উদ্দেশ করে বলা: That comment does not ~ to you. ৩ **~ to** তথ্যাদির জন্য ফিরে তাকানো; শরণ বা সাহায্য নেওয়া: ~ to one's notes. **ref·er·able** [রিফ়ারাবল্] *adj* নির্দেশ্য; দ্রষ্টব্য।

ref·eree [,রেফ়া'রী] *n* ১ যে ব্যক্তির কাছে বিবাদের ক্ষেত্রে (যেমন শিল্প-কারখানায় শ্রমিক ও মালিকদের মধ্যে) সিদ্ধান্ত চাওয়া হয়; সালিশ; মধ্যস্থ। ২ (ফুটবল, মুষ্টিযুদ্ধ ইত্যাদিতে) যে ব্যক্তি প্রতিযোগিতা পরিচালনা করেন, বিতর্কিত প্রশ্নে সিদ্ধান্ত দেন; রেফারি; বিচারক। দ্র. umpire. □*vt,vi* রেফারি হিসাবে কাজ করা: ~ a football match.

ref·er·ence ['রেফ়ারান্স্] *n* ১ [C,U] উল্লেখ; শরণ; অভিসম্বন্ধ; বরাত; সূত্র: make ~ to a dictionary, অভিধান দেখা। **'~ book, book of ~** যে গ্রন্থ আগাগোড়া পড়া হয় না, তথ্যের জন্য আলোচনা করা হয়, যেমন অভিধান বা বিশ্বকোষ; সন্ধানপুস্তক; দীপিকা। **'~ library** যে গ্রন্থাগারে কেবল সন্ধানপুস্তক রক্ষিত হয় (কেবলমাত্র গ্রন্থাগারে বসে দেখার জন্য); সন্ধান গ্রন্থাগার। **terms of ~** (কমিশন সম্বন্ধে) কোনো কর্তৃপক্ষকে প্রদত্ত কার্য-পরিধি; আয়ত্ত: The question is not within the terms of ~ of the commission. ২ [C] কোনো ব্যক্তির চরিত্র বা কর্মদক্ষতার উপর মন্তব্য (করতে ইচ্ছুক ব্যক্তি); সংসাপত্র; অভিসম্বন্ধ: a banker's ~, আর্থিক অবস্থা সচ্ছল এই মর্মে ব্যাংকের পত্র। ৩ [C] তথ্যনির্দেশ; তথ্যোল্লেখ; অভিসম্বন্ধ: a book crowded with ~s to other books. **'~ marks** পাদটীকা ইত্যাদির প্রতি পাঠকের দৃষ্টি আকর্ষণের জন্য ব্যবহৃত চিহ্ন; অভিসম্বন্ধ-চিহ্ন। **,cross-'reference,** দ্র. cross-~. ৪ **in/with ~ to** বিষয়ে; সম্বন্ধে; অভিসম্বন্ধক্রমে। **without ~ to** নির্বিশেষে; সম্বন্ধ ব্যতিরেকে। **ref·er·en·tial** [রেফ়ারেন্শ্ল্] *adj* সম্বন্ধ আছে এমন; আভিসম্বন্ধিক।

ref·er·en·dum [,রেফ়া'রেনডাম্] *n* (*pl* -s, -da [-ডা]) [C] কোনো রাজনৈতিক প্রশ্নের মীমাংসার জন্য সর্বসাধারণের প্রত্যক্ষ ভোটগ্রহণ; গণভোট।

re·fill [,রীফ়িল্] *vt* আবার ভরা। □*n* ['রীফ়িল্] যা দিয়ে আবার ভর্তি করা হয়; ভরানি; আধার: a ~ for a ball-point pen.

re·fine [রি'ফ়াইন্] *vt,vi* ১ শোধন/বিশুদ্ধ করা: ~ sugar/oil . ২ পরিমার্জিত/পরিশুদ্ধ/সুসংস্কৃত করা: ~ language. ৩ **~ upon** (আনুপঙ্খিক বিষয়ে গভীর মনোযোগ দিয়ে) উৎকর্ষবিধান করা: ~ upon one's methods.

re·fine·ment [রি'ফ়াইন্মান্ট্] *n* ১ [U] শোধন; পরিমার্জনা; শুদ্ধতা; বিশোধন; পরিশোধন; প্রমার্জন। ২ [U] অনুভূতি, রুচি, ভাষা ইত্যাদির বিশুদ্ধতা; পরিশুদ্ধি; পরিমার্জনা: lack of ~; a lady of ~, পরিমার্জিত মহিলা। ৩ [C] রুচি ইত্যাদির উৎকৃষ্টরূপ বিশুদ্ধির নৈপুণ্যপূর্ণ বা লক্ষণীয় দৃষ্টান্ত; কোনো কিছুর সূক্ষ্ম বা নিপুণ বিকাশ; সূক্ষ্মতা; পরিশীলিত উৎকর্ষ:~s of meaning/cruelty; all the ~s of the age.

re·finer [রি'ফ়াইনা(র্)] *n* ১ বিভিন্ন বস্তুর পরিশোধনে নিয়োজিত ব্যক্তি; পরিশোধক, বিশোধক: sugar ~. ২ ধাতু, চিনি ইত্যাদি শোধন করার যন্ত্র; বিশোধক। **~y** [-নারি] *n* শোধনাগার; শোধনশালা।

re·fit [রীফিট্] *vt,vi* (-tt-) (জাহাজ ইত্যাদি) মেরামত করে পুনরায় ব্যবহারোপযোগী বা চালু করা; (জাহাজ সমূহে) অনুরূপভাবে পুনরায় ব্যবহারোপযোগী বা চালু হওয়া। □*n* [রীফিট্] পুনরায় কার্যোপযোগীকরণ।

re·flate [রীফ্লেইট্] *vt* (অর্থনৈতিক অবস্থা বা মুদ্রামানকে) পূর্বাবস্থায় ফিরিয়ে আনা: plans to ~ the economy.

re·fla·tion [রী'ফ্লেইশ্‌ন্] *n* [U] মুদ্রা-ব্যবস্থাকে পূর্বাবস্থায় ফিরিয়ে আনার জন্য মুদ্রাসরবরাহ হ্রাস করার পরে আবার মুদ্রাস্ফীতি; পুনর্মুদ্রাস্ফীতি।

re·flect [রি'ফ্লেক্ট্] *vt,vi* ১ প্রতিফলিত/প্রতিবিম্বিত করা। **'~·ing telescope** যে দূরবীক্ষণে একটি আয়নায় ছবি প্রতিফলিত হয় এবং বিবর্ধিত হয়; প্রতিফলক দূরবীক্ষণ। ২ অভিব্যক্ত করা; প্রতিফলিত করা: the book ~s the innermost thought of the author. ৩ **~ sth on/upon sth** (কাজ, ফলাফল ইত্যাদি সম্বন্ধে) খ্যাতি বা অখ্যাতি বয়ে আনা: That action is sure to ~ discredit upon you. ৪ **~ on/upon** অখ্যাতি বয়ে আনা; সুনাম নষ্ট করা; কটাক্ষ করা: Don't ~ on my good faith. ৫ **~ (on/upon)** বিবেচনা করা; ভেবে দেখা: You must ~ upon how to solve the problem.

re·flec·tion (GB অপিচ **re·flexion**) [রি'ফ্লেক্‌শ্‌ন্] *n* ১ [U] পরাবর্তন; প্রতিফলন। ২ [C] প্রতিবিম্ব; প্রতিফলন: the ~ of trees in a lake. ৩ [U] চিন্তা; অনুধ্যান; নিদিধ্যাসন ভাবনা: lost in ~. **On ~** পুনর্বিবেচনা করার পর। ৪ [C] কথায় বা লেখায় চিন্তার অভিব্যক্তি; মনে উদীয়মান ভাবনা; অনুচিন্তন: ~s on the transience of human life. ৫ [C] কটাক্ষপাত: refrain from casting ~s on his sincerity. ৬ [C] অখ্যাতিকর কিছু: a ~ upon one's honour, মর্যাদার জন্য হানিকর।

re·flec·tive [রি'ফ্লেক্‌টিভ্] *adj* চিন্তাশীল; ভাবুক। **~·ly** *adv* চিন্তাশীলতার সঙ্গে।

re·flec·tor [রি'ফ্লেক্‌টা(র্)] *n* যা তাপ, আলো বা ধ্বনিকে প্রতিফলিত করে; প্রতিফলক; পরাবর্তক। **'~ studs** দ্র. studs.

re·flex [রীফ্লেক্‌স্] *adj* ১ **'~ action** স্নায়ুর উপর উদ্দীপনা সৃষ্টির দরুন ইচ্ছানিরপেক্ষ ক্রিয়া, যেমন হাঁচি, কাঁপুনি ইত্যাদি; প্রতিবর্তী ক্রিয়া। ২ **'~ camera** হাত-ক্যামেরাবিশেষ, যাতে একটি আয়নার মাধ্যমে, যে বস্তু বা দৃশ্যের আলোকচিত্র গৃহীত হবে তার প্রতিফলিত ছবি দেখা যায় এবং সূর্যালোক-সম্পাতের মুহূর্ত পর্যন্ত নিবদ্ধ করে রাখা যায়; প্রতিবর্তী ক্যামেরা। □*n* প্রতিবর্তী ক্রিয়া।

re·flex·ion [রি'ফ্লেক্‌শ্‌ন্] *n* = reflection.

re·flex·ive [রি'ফ্লেক্‌সিভ্] *n ,adj* কর্তাই কর্তার উপর কাজ করছে এই ভাবের প্রকাশক (শব্দ বা রূপ); আত্মবাচক। **~ verb** আত্মবাচক ক্রিয়া (যেমন, He killed himself). **~ pronoun** আত্মবাচক সর্বনাম (যেমন, myself, yourself).

re·float [রীফ্লৌট্] *vt,vi* আবার ভাসা বা ভাসানো।

re·flux [রীফ্লাক্‌স্] *n* ভাঁটা: flux and ~.

re·for·est [রীফ'রিস্ট্ US -ফ্লো°রি-] *vt* দ্র. reafforest. **re·for·es·ta·tion** [রী,ফরি'স্টেইশ্‌ন্ US -ফ্লো°রি-] *n*

re·form [রি'ফো°ম্] *vt,vi* সংশোধন করা; সংস্কার করা; সংস্কারসাধন করা: ~ sinner/the society. □*n* [U,C] সংস্কার; সংস্কারসাধন; সংশোধন: social or political ~; a ~ in teaching methods. **~er** *n* সংস্কারক।

re-form [রীফো°ম্] *vt,vi* পুনর্গঠিত করা বা হওয়া; নতুন করে গঠন করা বা গঠিত হওয়া; (সেনাদল সম্বন্ধে) আবার সারিবদ্ধ হওয়া। **re-for·ma·tion** [রীফো°'মেইশ্‌ন্] *n* পুনর্গঠন; পুনর্বিন্যাস।

ref·or·ma·tion [রেফা'মেইশ্‌ন্] *n* ১ [U,C] সংস্কার; সংস্কারসাধন; সংশোধন। ২ **the R~** ১৬ শতকে রোমান ক্যাথলিক চার্চের সংস্কার-আন্দোলন।

re·forma·tory [রি'ফো°মট্রি US -টো°রি] *adj* সংস্কারমূলক। □*n* (*pl* -ries) (পূর্বকালে) তরুণ অপরাধীদের শারীরিক, মানসিক ও নৈতিক প্রশাসনের মাধ্যমে সংশোধনের জন্য স্কুল বা প্রতিষ্ঠান (ব্রিটেনে সাধা. approved school বা community house নামে অভিহিত); সংশোধনাগার।

re·fract [রি'ফ্র্যাক্ট্] *vt* পানি, কাচ, প্রভৃতি বস্তুর মধ্যে প্রবেশ করার সময় (আলোকরশ্মিকে) বাঁকানো; প্রতিসৃত করা। **re·frac·tion** [রি'ফ্র্যাক্‌শ্‌ন্] *n* প্রতিসরণ।

re·frac·tory [রি'ফ্র্যাক্‌টরি] *adj* ১ একগুঁয়ে; অবাধ্য: as ~ as a mule; (রোগব্যাধি সম্বন্ধে) দুশ্চিকিৎসা; দুরারোগ্য; অপ্রসাম্য। ২ (পদার্থ, বিশেষত ধাতু সম্বন্ধে) গলানো বা শিল্পের উপকরণরূপে ব্যবহার করতে দুরূহ এমন; দুর্গল; অবশ্য।

re·frain[1] [রি'ফ্রেইন্] *n* [C] গানের ধুয়া; ধ্রুবক।

re·frain[2] [রি'ফ্রেইন্] *vi* **~ (from)** বিরত থাকা; নিরস্ত হওয়া।

re·fresh [রি'ফ্রেশ্] *vt* ১ সতেজ/ ঝরঝরে/ চনমনে/ তরতাজা করা: ~ oneself with a cup of tea. ২ **~ one's memory** (লিখিত টোকা ইত্যাদির সাহায্যে) স্মৃতিকে ঝালিয়ে নেওয়া/উজ্জীবিত করা। **~·ing** *adj* ১ শক্তিদায়ক; শ্রান্তিহর: a ~ing breeze/bath. ২ বিরল বা অপ্রত্যাশিত বলে প্রীতিজনক ও চিত্তাকর্ষী; প্রফুল্লকর: ~ing innocence. **~·ing·ly** *adv* শক্তিদায়করূপে ইত্যাদি।

re·fresher [রি'ফ্রেশা(র্)] *n* ১ (আইন.) আদালতে মামলা চলাকালে উকিলকে প্রদত্ত অতিরিক্ত দক্ষিণা। ২ (কথ্য) পানীয়। ৩ (attrib) **'~ course** কর্মরত শিক্ষক প্রভৃতির জন্য আধুনিক পদ্ধতি, নবতর পেশাগত কলাকৌশল ইত্যাদি বিষয়ে শিক্ষা-কার্যক্রম; নবায়নী শিক্ষাক্রম।

re·fresh·ment [রি 'ফ্রেশ্‌মন্ট্] ১ [U] সজীবতা; চনমনে ভাব: ~ of mind and body. ২ [U] (প্রায়শ *pl*) যা নতুন শক্তি জোগায়; ক্লান্তি হরণ করে; হালকা খাবারদাবার; জলখাবার; জলঘর: ~ room, রেলস্টেশন প্রভৃতি স্থানে হালকা খাবারদাবার কিনে খাওয়ার জন্য নির্দিষ্ট কক্ষ।

re·frig·er·ate [রি'ফ্রিজারেইট্] *vt* শীতল করা; খাদ্যদ্রব্য ঠাণ্ডা করে সংরক্ষণ করা; হিমায়িত করা। **re·frig·er·ant** [-রান্ট্] *n,adj* ঠাণ্ডা করে এমন (পদার্থ), যেমন তরল কার্বন ডাইঅক্সাইড; শীতক। **re·frig·er·ation** [রি,ফ্রিজা'রেইশ্‌ন্] *n* (বিশেষত) সংরক্ষণের জন্য খাদ্যদ্রব্য শীতলকরণ বা হিমায়ন; শীতল: the refrigeration industry. **re·frig·er·ator** [রি'ফ্রিজারেইটা(র্)] *n* [C] (কথ্য সংক্ষেপ fridge) হিমায়নযন্ত্র।

reft [রেফ্‌ট্] *pp* = bereft.

re·fuel [রীফিউঅল্] *vt,vi* (-ll; US অপিচ -l-) আবার জ্বালানি ভরে নেওয়া বা সরবরাহ করা।

ref·uge [রেফিউজ্] *n* [C, U] আশ্রয়; আশয়; সমাশ্রয়; গতি: (লাক্ষ.) take ~ in silence.

refu·gee [রেফিউজী US 'রেফিউজী] *n* শরণার্থী; মোহাজের: (attrib) ~ camps.

re·fund [রি'ফান্ড্] *vt,* (অর্থ) ফেরত দেওয়া; প্রত্যর্পণ করা। □*n* ['রীফান্ড্] [C,U] অর্থ ফেরত; প্রত্যর্পণ।

re·fur·bish [রীফ়াবিশ্] *vt* আবার পরিচ্ছন্ন বা উজ্জ্বল করা; ঘষেমেজে ঝকঝকে তকতকে করা।

re·fusal [রিফ়্যিউজ্‌ল্] *n* ১ [U,C] প্রত্যাখ্যান; অসম্মতি; অপক্ষেপ। ২ **the ~** কোনো বস্তু অন্যকে দেওয়ার আগে গ্রহণ বা প্রত্যাখ্যান বিষয়ে সিদ্ধান্ত নেওয়ার অধিকার; অপক্ষেপ: I shall give you (the) first ~, when I decide to dispose of the land.

ref·use[1] [রেফ়্যিউস্] *n* [U] জঞ্জাল; আবর্জনা: a ˈ~ damp, আস্তাকুড়। ˈ**~-collector** *n* মেথর; জমাদার।

re·fuse[2] [রিˈফ়্যিউজ়্] *vt,vi* প্রত্যাখ্যান/ অগ্রাহ্য/ অস্বীকার করা; অসম্মত হওয়া।

re·fute [রিˈফ়্যিউট্] *vt* (মতামত, বিবৃতি ইত্যাদি) খণ্ডন/ নিবারণ করা; অসত্য/অমূলক বলে প্রতিপন্ন করা; কাউকে ভ্রান্ত প্রমাণ করা: ~ an argument/an opponent. **re·fut·able** [–টাব্‌ল্] *adj* খণ্ডনীয়; নিরাকরণযোগ্য। **refu·ta·tion** [রেফ়্যিˈউটেইশ্‌ন্] *n* [U,C] খণ্ডন; নিরাকরণ; পাল্টা যুক্তি।

re·gain [রিˈগেইন্] *vt* ১ ফিরে পাওয়া; পুনরাধিকার করা: ~ consciousness. ২ (পূর্বস্থানে) ফিরে যাওয়া: ~ one's footing, টাল সামলানো।

re·gal [ˈরীগ্‌ল্] *adj* রাজকীয়; রাজোচিত। **~ly** [-গালি] *adv* রাজকীয়ভাবে।

re·gale [রিˈগেইল্] *vt* **~ oneself/sb (wih/on sth)** সুখ বা আনন্দ দান করা; পরিতৃপ্ত/চরিতার্থ করা: ~ oneself with a bottle of champagne.

re·galia [রিˈগেইলিআ] *n pl* [C] ১ (প্রায়শ *sing v*–সহ) রাজচিহ্নাদি (মুকুট, রাজদণ্ড, রাজগোলক, যেমন অভিষেককালে ব্যবহৃত হয়); রাজোপাচার। ২ কোনো কোনো ধর্মসঙ্ঘের (যেমন ফ্রি ম্যাসনদের) প্রতীক বা ভূষণ।

re·gard[1] [রিˈগা:ড্] *n* ১ (সাহিত্য. বা প্রা.প্র.) দীর্ঘ; স্থির; তাৎপর্যপূর্ণ দৃষ্টি; স্থিরদৃষ্টি; চাহনি। ২ [U] আলোচ্য বিষয়; সম্বন্ধ; প্রসঙ্গে। **in ˈthis ~** এতৎসম্পর্কে; এই প্রসঙ্গে। **in/with ~ to** সম্পর্কে; বিষয়ে। ৩ [U] মনোযোগ; বিবেচনা; দৃষ্টি: You should have more ~ for the feelings of your children. ৪ [U] শ্রদ্ধা; সম্মান; সমীহ; সম্ভ্রম। ৫ *(pl)* শুভেচ্ছা; শুভকামনা; প্রীতিসম্ভাষণ: with kind regards. **~·ful** [–ফ়্‌ল্] *adj* **~ful (of)** মনোযোগী; সাবধান। **~·less** *adj* **~less of** চিন্তা/ বিবেচনা না করে: ~less of consequences.

re·gard[2] [রিˈগা:ড্] *vt* ১ (সাহিত্য. বা প্রা.প্র.) গভীরভাবে নিরীক্ষণ করা। ২ **~ sb/sth as** গণ্য/বিবেচনা করা: ~ sb as a friend. ৩ **~ (with)** মনে মনে দেখা: ~ with suspicion, সন্দেহের চোখে দেখা; ~ sb with disfavour, সুনজরে না দেখা। ৪ মনোযোগ/দৃষ্টি/কান দেওয়া (প্রধানত neg or interr): You do not seem to ~ his advice. **as ~s, ~ing** *prep* সম্পর্কে; বিষয়ে।

re·gatta [রিˈগ্যাটা] *n* নৌকা–বাইচ।

re·gency [ˈরীজেন্সি] *n* (*pl* -cies) regent (দ্র.) –এর পদ ও কার্যকাল। **the R~** (GB) ১৮১০–২০ সাল।

re·gen·er·ate [রি ˈজেনারেইট্] *vt,vi* ১ আত্মিক সংস্কারসাধন করা; নবজীবন লাভ করা; নৈতিক উন্নতিসাধন করা। ২ নবজীবন দান করা; হারানো গুণাবলী পুনরুদ্ধার করা। ৩ পুনর্বিকশিত হওয়া। ❑*adj* [রিˈজেনারাট্] আত্মিকভাবে নবজীবনপ্রাপ্ত; পুনর্জন্মপ্রাপ্ত: a ~ society. **re·gen·er·ation** [রি‚জেনারেইশ্‌ন্] *n* [U] নবজন্মলাভ; আধ্যাত্মিক পুনর্জন্ম; পুনর্জীবন।

re·gent [ˈরিজান্ট্] *n* ১ শাসকের অপ্রাপ্তবয়স্কতা, বার্ধক্য, অসুস্থতা, অনুপস্থিতি ইত্যাদি কারণে তাঁর দায়িত্বপালনে নিয়োজিত ব্যক্তি; রাজপ্রতিভূ। ২ (US) পরিচালনা–পরিষদের (যেমন কোনো রাষ্ট্রীয় বিশ্ববিদ্যালয়ে) সদস্য। ❑*adj* (*n*-এর পরে) রাজপ্রতিভূর দায়িত্বে নিয়োজিত: the Prince R~.

reg·gae [ˈরেগেই] *n* [U] পশ্চিম ভারতীয় দ্বীপপুঞ্জের দ্রুত তালের নৃত্য ও সঙ্গীতবিশেষ।

regi·cide [ˈরেজিসাইড্] *n* [U] রাজহত্যা; [C] রাজহন্তা।

ré·gime, re·gime [রেইˈজ়ীম্] *n* [C] ১ শাসন; শাসনব্যবস্থা; সরকারপদ্ধতি; প্রশাসনপদ্ধতি; বিদ্যমান ব্যবস্থা: under the old ~, সাবেক ব্যবস্থায় (অর্থাৎ পরিবর্তনের আগে)। ২ = regimen.

regi·men [ˈরেজিমান্] *n* [C] স্বাস্থ্যের উন্নতির জন্য পথ্য, ব্যায়াম ইত্যাদি বিষয়ক নিয়মাবলী; স্বাস্থ্যবিধান।

regi·ment [ˈরেজিমান্ট্] *n* [C] ১ কর্নেলের নেতৃত্বাধীন (অশ্বারোহী ও গোলন্দাজ বাহিনীর) সেনাদল, যা স্কোয়াড্রন বা ব্যাটারিতে বিভক্ত করা হয়; রেজিমেন্ট। ২ (GB পদাতিক বাহিনী) সাধা. কোনো শহর বা কাউন্টিভিত্তিক সেনা–সংগঠন, যার বিশেষ ঐতিহ্য ও পোশাক থাকে; যুদ্ধক্ষেত্রে ব্যাটালিয়ন এর প্রতিনিধিত্ব করে; রেজিমেন্ট: the first battalion of Manchester R~. **~ of** বহুসংখ্যক; অগণিত; লক্ষ লক্ষ: whole ~s of swallows. ❑*vt* সংগঠিত করা; শৃঙ্খলাবদ্ধ করা। **reg·i·men·ta·tion** [‚রেজিমেনˈটেইশ্‌ন্] *n* [U] নিয়ন্ত্রণাধীনকরণ; কঠোর রাজনৈতিক শৃঙ্খলা (যেমন পুলিশি রাষ্ট্রে)।

regi·men·tal [‚রেজিˈমেনট্‌ল্] *adj* রেজিমেন্ট–সংক্রান্ত: the ~ tie, রেজিমেন্টের প্রতীক হিসাবে ব্যবহৃত রঙের টাই। ❑*(pl)* রেজিমেন্টের সৈনিকগণ কর্তৃক পরিহিত পোশাক; সামরিক উর্দি: in full ~s, পূর্ণ সামরিক পরিচ্ছদে।

Re·gina [রিˈজাইনা] *n* (সং. R) রাজ্যশাসনরতা রানী (উদঘোষণায় যুক্ত স্বাক্ষরে ব্যবহৃত) Elizabeth ~; (আইন.) (মামলার শিরোনামে ব্যবহৃত): ~ v Levy, রাজ্ঞী বনাম লেভি।

re·gion [ˈরীজান্] *n* [C] অঞ্চল; এলাকা; মণ্ডল: the lower ~s, নরক। **~al** [–নল্] *adj* আঞ্চলিক। **~·ally** [–নালি] *adv* আঞ্চলিকভাবে।

reg·is·ter[2] [ˈরেজিস্টা(র্)] *n* [C] ১ তালিকা; নিবন্ধগ্রন্থ; তালিকা–পুস্তক; পঞ্জি–পুস্তক: **the R~ of voters** ভোটার–তালিকা। ২ মানুষের কণ্ঠ বা বাদ্যযন্ত্রের বিস্তার বা আভোগ; স্বরবিস্তার: the upper/middle ~. ৩ গতি, বল, সংখ্যা ইত্যাদি নির্দেশ ও লিপিবদ্ধ করার জন্য যান্ত্রিক কৌশল; রেজিস্টার। ˈ**cash ~** দোকান ইত্যাদিতে নগদ মূল্য বাবদ প্রাপ্ত অর্থের হিসাব রাখার জন্য উক্তরূপ যন্ত্র। ৪ ছিদ্রের মুখ বড়ো বা ছোট করে বায়ু ইত্যাদির চলাচল নিয়ন্ত্রণ করার জন্য জালি বা চাকতি; নিয়ামক: a hot-air ~. ৫ = registry. ৬ (ভাষা.) বক্তাগণ কর্তৃক বিশেষ বিশেষ পরিস্থিতি বা প্রসঙ্গে (যেমন আইনগত, বাণিজ্যিক) ব্যবহৃত শব্দভাণ্ডার, ব্যাকরণ ইত্যাদি।

reg·is·ter [ˈরেজিস্টা(র্)] *vt,vi* **~ (sth/oneself) (with sth/sb) (for sth)** ১ তালিকাভুক্ত করা; নিবন্ধিত করা: ~ one's car/a new trade-mark; ~ for a course. ২ (নিজের/অন্যের নাম) তালিকা–পুস্তকে লিপিবদ্ধ করা বা করানো; নিবন্ধিত করা। ৩ (যন্ত্রপাতি সম্বন্ধে) নির্দেশ করা; লিপিবদ্ধ করা। ৪ (কারো মুখমণ্ডল সম্বন্ধে) আবেগ ইত্যাদি প্রকাশ করা: His face ~ed embarrassment. ৫ (চিঠিপত্র) অতিরিক্ত মাশুল দিয়ে বিশেষ ডাকে পাঠানো; নিবন্ধিত করা। **~ed** *part,adj* নিবন্ধীকৃত; নিবন্ধিত।

reg·is·trar [রেজি'স্ট্রা:(র্)] *n* দলিলপত্র বা তালিকাদি সংরক্ষণের দায়িত্বে নিয়োজিত ব্যক্তি (যেমন বিশ্ববিদ্যালয়ে); নিবন্ধক; রেজিস্ট্রার।

reg·is·tra·tion [,রেজি'স্ট্রেইশ্‌ন্] *n* ১ [U] নিবন্ধন; নিবন্ধীকরণ: ~ of letters; ~ of students for an examination. ২ [C] ভুক্তি; তালিকাভুক্তি; নথিভুক্তি।

reg·is·try ['রেজিস্ট্রি] *n* (*pl* -tries) ১ (কখনো কখনো register) যেখানে নিবন্ধগ্রন্থ রাখা হয়; নিবন্ধনস্থান: a ship's port of ~, নিবন্ধনবন্দর; married at a '~ office, নিবন্ধক/কাজির দপ্তরে বিবাহিত (ধর্মীয় অনুষ্ঠান ব্যতিরেকে) ২ [U] = registration.

reg·nant ['রেগ্‌নান্ট্] *adj* রাজ্যশাসনরত। Queen ~, রাজার স্ত্রী হিসাবে নয়, নিজ অধিকার বলে রাজ্যশাসনে নিরতা রানী; রাজ্যশাসিকা রাজ্ঞী।

re·gress ['রিগ্রেস্] *vi* পূর্ববর্তী বা আদিমতর কোনো রূপ বা অবস্থায় ফিরে যাওয়া; পশ্চাদ্‌গমন করা; প্রত্যাবৃত্ত হওয়া। **re·gression** [রি'গ্রেশ্‌ন্] *n* প্রত্যাবৃত্তি; পশ্চাদ্‌গতি। **re·gressive** *adj* প্রত্যাবর্তী; পশ্চাদ্‌গামী।

re·gret[1] [রি'গ্রেট্] *n* ১ [U] অনুতাপ; পরিতাপ; আক্ষেপ; খেদ; মনস্তাপ; অনুশোক; দুঃখ: hear with ~ that a friend is dead. ২ (*pl*) (প্রত্যাখ্যান ইত্যাদির সৌজন্যসূচক অভিব্যক্তি) দুঃখ: refuse with many ~s. **~·ful** [-ফ়্ল্] দুঃখিত; অনুতপ্ত। **~·fully** [-ফ়ালি] *adv* দুঃখের সঙ্গে।

re·gret[2] [রি'গ্রেট্] *vt* (-tt-) ১ অনুতপ্ত হওয়া; অনুতাপ/অনুশোচনা/আক্ষেপ/আফসোস করা। ২ দুঃখিত হওয়া; দুঃখ বোধ করা। **~·table** [-টাব্‌ল্] *adj* দুঃখজনক; শোচনীয়। **~·tably** [-টাব্‌লি] *adv* দুঃখজনকভাবে।

re·group [,রীগ্রুপ] *vt,vi* নতুনভাবে গোষ্ঠীবদ্ধ হওয়া বা করা; আবার নানা দলে বিভক্ত হওয়া বা করা।

regu·lar ['রেগ্যিউলা(র্)] *adj* ১ সমভাবে বিন্যস্ত; সুসংবদ্ধ; প্রতিসম; সুবিন্যস্ত; সুষম; সুগঠিত: ~ teeth; a ~ figure. ২ নিয়মিত; নিয়মানুবর্তী; নিয়মনিষ্ঠ: স্থায়ী; নিয়মানুগ: ~ habits; ~ breathing. ৩ যথোচিত যোগ্যতাসম্পন্ন; স্বীকৃতি; প্রশিক্ষণপ্রাপ্ত; পূর্ণকালীন; পেশাদার; স্থায়ী: ~ soldiers; the ~ army. ৪ স্বীকৃত মানসম্মত; নিয়মানুগ; রীতিসম্মত: The procedure he followed was not ~. ৫ (ব্যাক., *vv,nn* ইত্যাদি সম্বন্ধে) সাধারণ নিয়মানুযায়ী বিভক্তি–প্রত্যয়যোগে গঠিত; নিয়মিত: 'Want' is a ~ verb. ৬ (গির্জা) (পার্থিব নয়) ধর্মীয় বিধি–বিধানের আওতায় ও অধীনে জীবনযাপনে বাধ্য; নিয়মাধীন: the ~ clergy, মঠবাসী যাজক (জনজীবনের সঙ্গে সম্পৃক্ত পাদ্রি নয়)। ৭ (কথ্য) পুরাপরি; সত্যিকারের; আস্ত: a ~ hero/rogue. ৮ সাধারণ; স্বাভাবিক; মামুলি; ~ size cigarettes. ৯ (কথ্য) পছন্দীয়; ভালো: a ~ guy. □*n* ১ স্থায়ী বাহিনীর সৈনিক। ২ (কথ্য) নিয়মিত খদ্দের। **~·ly** *adv* নিয়মিতভাবে; নিয়মিত ব্যবধানে; সুষমভাবে: a garden ~ly laid out. **~·ity** [,রেগ্যিউ'ল্যারাটি] *n* [U] নিয়মানুবর্তিতা; নিয়মনিষ্ঠা।

regu·lar·ize ['রেগ্যিউলারাইজ্] *vt* বিধিসম্মত করা; নিয়মানুগ করা: ~ the proceedings. **regu·lar·iz·ation** [,রেগ্যিউলারাইজেইশ্‌ন্ US -রিজেই-] *n* বিধিসম্মতকরণ।

regu·late ['রেগ্যিউলেইট্] *vt* ১ প্রণালীবদ্ধভাবে নিয়ন্ত্রণ করা; কোনো বিধি বা মান অনুসরণ করানো; নিয়মিত করা; ব্যবস্থিত করা। ২ (যন্ত্র, কৌশল ইত্যাদি সম্বন্ধে) সর্বোত্তম ফল পাওয়ার জন্য উপযোজিত করা; নিয়মিত করা: ~ a clock. **regu·la·tor** [-টা(র্)] *n* যে বস্তু বা কৌশল নিয়মিত করে; নিয়ামক; নিয়ন্ত্রক।

regu·la·tion [,রেগ্যিউলেইশ্‌ন্] *n* ১ [U] নিয়মন; নিয়ন্ত্রণ: the ~ of affairs. ২ [C] নিয়ম; প্রবিধান: 'safety ~s. ৩ (attrib) বিধিসম্মত: ~ dress/ uniform.

re·gur·gi·tate [রী'গাজিটেইট্] *vi,vt* (তরল পদার্থ ইত্যাদি সম্বন্ধে) পুনরায় উৎসারিত; (গিলিত খাদ্য) উদ্‌গিরণ করা।

re·ha·bili·tate [,রীআ'বিলিটেইট্] *vt* ১ (পুরনো ভবন ইত্যাদি) পূর্বাবস্থায় ফিরিয়ে আনা; সংস্কার করা। ২ পূর্বতন অবস্থা, পদমর্যাদা বা খ্যাতিতে পুনরায় প্রতিষ্ঠিত করা; পুনর্বাসিত করা। ৩ বিশেষ পরিচর্যায় (প্রতিবন্ধী বা অপরাধীদের) স্বাভাবিক জীবনে ফিরিয়ে আনা; পুনর্বাসিত করা। **re·ha·bili·ta·tion** [,রীআ'বিলি'টেইশ্‌ন্] *n* পুনর্বাসন।

re·hash [,রীহ্যাশ্] *vt* (পুরনো সাহিত্য–উপাদান প্রভৃতি) নতুন রূপে ব্যবহার করা: ~ last term's lectures for the coming term. □*n* [রীহ্যাশ্] [C] পুরনো উপাদানে প্রস্তুত নতুন বস্তু।

re·hear [,রীহিআ(র্)] *vt* (আদালতে মোকদ্দমা) পুনরায় শ্রবণ করা; পুনর্বিবেচনা করা। **~·ing** *n* পুনরায় শুনানি।

re·hearse [রি'হাস্] *vt,vi* ১ (নাটক, সঙ্গীত, অনুষ্ঠান ইত্যাদি) জনসমক্ষে উপস্থাপনার পূর্বে অনুশীলন করা; মহড়া/আখড়াই দেওয়া। ২ পুনরাবৃত্তি করা; বিবরণ দেওয়া: ~ the events of the day. **re·hearsal** [-স্‌ল্] *n* ১ [U] মহড়া; আখড়াই। ২ নাটক প্রভৃতির পরীক্ষামূলক উপস্থাপনা; মহড়া: a 'dress rehearsal.

re·house [,রী হাউজ্] *vt* (বিশেষত সরকারিভাবে ব্যবহারের অযোগ্য বলে ঘোষিত বাড়ির স্থলে) অন্য বাড়ির ব্যবস্থা করা।

Reich [রাই ক্] *n* সামগ্রিকভাবে জর্মন রাষ্ট্রমণ্ডল (কমনওয়েল্‌থ); রাইখ। **the First R~** পবিত্র রোমক সাম্রাজ্য (৯ম শতক থেকে ১৮০৬)। **the Second R ~** ১৮৭১–১৯১৮। **the Third R~** নাৎসি আমল; ১৯৩৩–৪৫।

reign [রে ইন্] *n* [C] রাজত্ব; রাজত্বকাল; শাসনামল; আধিপত্য। □*vi* ~ **(over)** ১ রাজত্ব করা; রাজ্যশাসন করা। ২ প্রভাববিস্তার করা; আধিপত্য করা।

re·im·burse [,রীইম্‌বাস্] *vt* **~ sth (to sb); ~ sb (for) sth** ব্যয়িত অর্থ পরিশোধ করা: ~ the cost of one's journey. **~·ment** *n* [C,U] ব্যয়–পরিশোধ।

rein [রেইন্] *n* (একই অর্থে *sing*–এর স্থলে প্রায়শ *pl* ব্যবহৃত হয়) লাগাম; বলগা। **assume/drop the ~s of government** সরকারের দায়িত্ব গ্রহণ করা/ত্যাগ করা। **draw ~** (আক্ষরিক ও লাক্ষ.) লাগাম টানা। **give free ~/the ~s to sb/sth** (আক্ষরিক ও লাক্ষ.) স্বাধীনতা দেওয়া; লাগাম আলগা করা/ছেড়ে দেওয়া। **hold/take the ~s** (আক্ষরিক ও লাক্ষ.) নিয়ন্ত্রণ গ্রহণ করা/লাভ করা; লাগাম হাতে নেওয়া। **keep a tight ~ on sb/sth** (আক্ষরিক ও লাক্ষ.) কঠোর হওয়া; শক্ত হাতে লাগাম ধরা। □*vt* লাগাম টেনে সংযত রাখা: ~ in a horse.

re·in·car·nate [,রীইন্‌কা:নেইট্] *vt* (কোনো আত্মাকে) নতুন একটি দেহ দান করা। □*adj* [,রীইন্‌কানেইট্] নতুন শরীরে পুনর্জাত; নবজন্মপ্রাপ্ত। **re·in·car·na·tion** [,রীইনকা:'নেইশ্‌ন্] *n* [U,C] পুনর্জন্ম; পুনর্জন্মবাদ।

rein·deer ['রেইন্‌ডিআ(র্) *n* (*pl* অপরিবর্তিত) ল্যাপল্যান্ডের বৃহদাকার হরিণবিশেষ; বলগাহরিণ।

re·in·force [,রীইন্‌ফো°স্] *vt* অধিকতর জনবল বা রসদ জুগিয়ে আরো শক্তিশালী করা; ভারবহনক্ষমতা বৃদ্ধির

জন্য আকার, ঘনত্ব ইত্যাদি বৃদ্ধি করা; দৃঢ়তর/জোরদার করা: ~ an army; ~ a garment (স্থানে স্থানে কিছু বেশি কাপড় জুড়ে দিয়ে)। **~d concrete** ভিতরে ইস্পাত-শলাকা বা ধাতব জাল ব্যবহার করে দৃঢ়ীভূত কংক্রিট। **~·ment** *n* [U] দৃঢ়ীভবন, দৃঢ়ীকরণ; (বিশেষত *pl*) যা দৃঢ় করে; (সেনাবাহিনী, নৌবাহিনী ইত্যাদির) শক্তিবৃদ্ধির জন্য প্রেরিত জনবল, জাহাজ ইত্যাদি।

re·in·state [রীইন্'স্টেইট্] *vt* **~ sb (in)** (পূর্বেকার পদ বা অবস্থায়) পুনঃপ্রতিষ্ঠিত/পুনর্বহাল করা। **~·ment** *n* পুনঃপ্রতিষ্ঠাপন; পুনর্বহাল।

re·in·sure [রীইন্'শুআ(র্)] *vt* (বিশেষত জাহাজি বিমার দালাল সম্বন্ধে, যিনি তাঁর ঝুঁকি কমানোর জন্য অন্য দালাল বা বিমা প্রতিষ্ঠানের কাছ থেকে বিমা গ্রহণ করেন) পুনরায় বিমা করা।

re·is·sue [ˌরীইশু] *vt* সাময়িকভাবে বন্ধ থাকার পর পুনরায় চালু করা, প্রকাশ করা বা বাজারে ছাড়া: ~ stamps/books. □*n* বিশেষত আকার বা মূল্যের পরিবর্তনসহ পুস্তকের পুনর্মুদ্রণ; পুনঃপ্রবর্তন; পুনঃপ্রকাশনা।

re·iter·ate [রী'ইটারেইট্] *vt* নতুন করে একাধিক বার বলা বা করা; পুনর্ব্যক্ত/পুনরাবৃত্তি করা: a ~ command. **re·iter·ation** [রীˌইটা'রেইশ্‌ন্] *n* [U,C] পুনরাবৃত্তি; পুনরুক্তি।

re·ject[1] ['রীজেক্ট্] *n* পরিত্যক্ত বস্তু; বাতিল মাল/জিনিস: export ~s.

re·ject[2] [রি'জেক্ট্] *vt* ১ ফেলে দেওয়া; বাতিল করা: ~ bananas that are over-ripe. ২ প্রত্যাখ্যান/অগ্রাহ্য করা: ~ an offer. **re·jec·tion** [রি'জেক্‌শ্‌ন্] *n* [U,C] বাতিলকরণ; প্রত্যাখ্যান; অপক্ষেপ।

re·jig [ˌরীজিগ্] *vt* (-gg-) (কল-কারখানা) নতুন যন্ত্রপাতিতে সজ্জিত করা।

re·joice ['রিজয়স্] *vt,vi* ১ আনন্দিত/আহ্লাদিত/প্রহৃষ্ট করা। ২ **~ (at/over)** আহ্লাদিত/প্রহৃষ্ট/আনন্দে উদ্বেলিত হওয়া: ~ over a victory. **re·joic·ing** *n* [U] আনন্দ; আহ্লাদ; প্রহর্ষ; *(pp)* উৎসব-আনন্দ; আমোদফুর্তি; আনন্দোৎসব।

re·join[1] [রি'জয়ন্] *vt,vi* জবাব/উত্তর দেওয়া; (আইন.) অভিযোগ বা কৈফিয়তের জবাব দেওয়া; রদ্দজবাব দেওয়া। **~·der** [-ডা(র্)] *n* [C] প্রত্যুত্তর; রদ্দজবাব।

re·join[2] [ˌরীজয়ন্] *vt* পুনরায় যোগদান করা: ~ one's regiment.

re·join[3] [ˌরীজয়ন্] *vt* আবার জোড়া দেওয়া; পুনরায় সংযুক্ত করা।

re·ju·ven·ate [রী'জূভানেইট্] *vt, vi* নবযৌবন/পুনর্যৌবন দান বা লাভ করা; নবতেজোদ্দীপ্ত হওয়া বা করা। **re·ju·ven·ation** [রিˌজূভা'নেইশ্‌ন্] পুনর্যৌবনপ্রাপ্তি; পুনর্যৌবনদান।

re·kindle [ˌরীকিন্‌ড্‌ল্] *vt,vi* পুনরায় জ্বলা বা জ্বালানো; পুনরুদ্দীপ্ত হওয়া বা করা: ~ a fire.

re·laid [ˌরীলেইড্] relay-এর *pt,pp*

re·lapse [রি'ল্যাপ্‌স্] *vt* **~ (into)** (বদভ্যাস, প্রমাদ, রোগ, নীরবতা ইত্যাদিতে) পুনরায় পতিত বা লিপ্ত হওয়া; পূর্বাবস্থাপন্ন হওয়া: He ~ed into silence, সে আবার নীরব হয়ে গেল। □*n* [C] বিশেষত আরোগ্যলাভের পর রোগের পুনরাক্রমণ; পুনঃপতন: have a ~.

re·late [রি'লেইট্] *vt,vi* ১ **~ (to)** (আনুষ্ঠা.) (গল্প ইত্যাদি) বলা; (তথ্য, অভিজ্ঞতা ইত্যাদির) বর্ণনা দেওয়া। ২ **~ to/with** (চিন্তায় বা তাৎপর্যের দিক থেকে) সম্পর্কিত করা: I don't know how to ~ this fact with our previous experience. ৩ **~ to** সম্বন্ধ থাকা: That remark does not ~ to you. ৪ **be ~d (to)** আত্মীয়তাসূত্রে সম্পর্কিত হওয়া: Are you ~d to the poet?

re·la·tion [রি'লেইশ্‌ন্] *n* ১ [U] (গলপ ইত্যাদি) কথন; বিবরণ দান: the ~ of his adventures; [C] কাহিনী; গল্প; বিবরণ। ২ [U] (= ~ship) সম্বন্ধ; সম্পর্ক; সংশ্রব। **in/with ~ to** সম্পর্কে; বিষয়ে। ৩ (সাধা. *pl*) সম্পর্ক; কারবার; লেনদেন: friendly ~s; diplomatic ~s; business ~s. **public re'lations officer,** দ্র. public, *adj.* ৪ [U] জ্ঞাতিত্ব; আত্মীয়তা (সাধা. ~ship); [C] জ্ঞাতি; আত্মীয়; কুটুম্ব: near ~. **~·ship** [-শিপ্] *n* ১ সম্বন্ধ; সম্পর্ক। ২ [U] আত্মীয়তা; কুটুম্বিতা। ৩ [C] বিশেষ সম্বন্ধ; আত্মীয়তা: ~ (between/to/with).

rela·tive ['রেলাটিভ্] *adj* ১ তুলনামূলক; আপেক্ষিক; অপেক্ষাকৃত: ~ comfort. ২ **~ to** সংক্রান্ত; সম্পর্কিত; বিষয়ক। ৩ (ব্যাক.) **~ adverb** সাপেক্ষ ক্রিয়াবিশেষণ (যেমন 'the country where it never rains'-এ where). **~ clause** যে বাক্যাংশ সর্বনাম বা ক্রিয়াবিশেষণ দ্বারা পূর্বপদের সঙ্গে যুক্ত থাকে; সাপেক্ষ বাক্যাংশ। **~ pronoun** সাপেক্ষ সর্বনাম। □*n* [C] ১ সাপেক্ষ শব্দ, বিশেষত সর্বনাম। ২ আত্মীয়। **~·ly** *adv* তুলনামূলকভাবে; অপেক্ষাকৃত; আপেক্ষিকভাবে।

rela·tiv·ity [ˌরেলা'টিভাটি] *n* [U] বিশেষত গতি, দেশ ও কালের পরিমাপ আপেক্ষিক, এই মূলসূত্রের উপর প্রতিষ্ঠিত আইনস্টাইনের বিশ্বতত্ত্ব; আপেক্ষিক তত্ত্ব।

re·lax [রি'ল্যাক্‌স্] *vt,vi* ১ শিথিল/আলগা/ঢিলা/শ্লথ করা বা হওয়া; এলিয়ে দেওয়া: a ~ing climate (bracing-এর বিপরীত) ম্যাজম্যাজে জলবায়ু। ২ কম কঠোর; কড়া; কর্মচঞ্চল; উদ্বিগ্ন হওয়া; শরীরমন শিথিল করা; নিরুদ্বেগ করা; শমিত/প্রশমিত করা; আরাম করা: feel ~ed, শমিত বোধ করা। **~·ation** [ˌরীল্যাক'সেইশ্‌ন্] *n* ১ [U] শ্লথন; শমন: ~ation of the muscles. ২ [U, C] বিনোদন।

re·lay[1] ['রীলেই] *n* [C] ১ পরিশ্রান্ত অশ্বদলের স্থলে নতুন অশ্বদলের সরবরাহ; অশ্বপর্যায়; অনুরূপভাবে ব্যবহৃত দল বা রসদ সরবরাহ: working in/by ~s, পর্যায়ক্রমে কর্মরত। **'~ race** *n* দৌড়, সাঁতার ইত্যাদির দলীয় প্রতিযোগিতা, যাতে দলের প্রত্যেক সদস্য মোট দূরত্বের একটি অংশ অতিক্রম করে, পরবর্তী সদস্য পরবর্তী অংশ অতিক্রম করে; পালা-দৌড়। ২ (তারবার্তা সম্প্রচার) বার্তা, বেতার-অনুষ্ঠান ইত্যাদি গ্রহণ করে তা অধিকতর শক্তিতে সম্প্রচারিত করবার কৌশল, যাতে করে তা দূরত্ব অতিক্রম করতে পারে; অনুপ্রচার। **'~ station** যে স্থান থেকে অন্য বেতারকেন্দ্র থেকে প্রাপ্ত অনুষ্ঠান সম্প্রচার করা হয়; অনুপ্রচার-কেন্দ্র। ৩ পালা-দৌড়; অন্য কেন্দ্র থেকে প্রাপ্ত এবং পুনরায় সম্প্রচারিত অনুষ্ঠান; পর্যায়-সম্প্রচার। □*vt* [রি'লেই] *(pl,pp* ~ed) (অন্য কেন্দ্র থেকে প্রাপ্ত সম্প্রচারিত অনুষ্ঠান) প্রচার করা; অনুপ্রচার করা।

re·lay[2] [ˌরীলেই] *vt* (*pl,pp* -laid [-'লেইড্]) (কেবল, গালিচা ইত্যাদি) পুনরায় স্থাপন করা।

re·lease [রি'লীস্] *vt* **~ (from)** ১ মুক্তি/অব্যাহতি দেওয়া; ছাড়া, ছেড়ে দেওয়া; বিমুক্ত/নির্মুক্ত করা; বাঁধন খোলা। ২ (সংবাদ) প্রচার বা প্রকাশের অনুমতি দেওয়া; (চলচ্চিত্র) মুক্তি দেওয়া; (পণ্য) বাজারে ছাড়া। ৩ (আইন.) (অধিকার, ঋণ, সম্পত্তি) অন্যকে ছেড়ে দেওয়া বা হস্তান্তর করা। □*n* ১ [U] মুক্তি; অব্যাহতি; নিষ্কৃতি; রেহাই; খালাস: a 'press ~, সংবাদ-বিজ্ঞপ্তি; on general ~, (চলচ্চিত্র সম্বন্ধে) স্থানীয় প্রেক্ষাগৃহসমূহে দর্শনের জন্য উন্মুক্ত। ২ [C]

হাতল, উত্তোলক, ছিটকিনি প্রভৃতি, যা যন্ত্রের অংশবিশেষকে মুক্ত করে; মোচক: the ˈcarriage ~ (মুদ্রাক্ষরযন্ত্রে); (attrib) ˈ~ gear; the ˈ~ button/knob.

rel·egate [রেলিগেইট্] *vt* **~ sth/sb to sth** ১ = delegate[2] (দ্র.). ২ নিম্ন পদ বা অবস্থায় অপসারিত করা; পর্যবসিত করা। **rel·ega·tion** [ˌরেলিˈগেইশ্‌ন্] *n* [U] দায়িত্ব অর্পণ; প্রতিনিধি নিয়োজন; নিম্নপদে অপসারণ।

re·lent [রিˈলেন্ট্] *vi* কোমল/নরম হওয়া; নির্দয় বা নিষ্ঠুর অভিপ্রায় ত্যাগ করা; সদয় হওয়া। **~·less** *adj* নির্মম; নির্দয়; অবিশ্রান্ত: ~ persecution. **~·less·ly** *adv* নির্মমভাবে।

rel·evant [রেলাভান্ট্] *adj* **~ (to)** সম্পৃক্ত; প্রাসঙ্গিক; ঘনিষ্ঠ সম্পর্কযুক্ত; সম্পর্কীয়: ~ facts. **~·ly** *adv* প্রাসঙ্গিকভাবে। **rel·evance** [-ভান্স্]; **rel·evancy** [-ভান্সি] *nn* প্রাসঙ্গিকতা; প্রসঙ্গানুগতা।

re·liable [রিˈলাইঅবল্] *adj* নির্ভরযোগ্য; বিশ্বাসযোগ্য। **re·li·ably** [-অব্‌লি] *adv* নির্ভরযোগ্যভাবে। **re·lia·bil·ity** [রিˌলাইঅˈবিলটি] *n* [U] নির্ভরযোগ্যতা; বিশ্বাসযোগ্যতা।

re·li·ance [রিˈলাইঅন্‌স্] *n* ১ [U] **~ on/upon** আস্থা; ভরসা; বিশ্বাস: place much ~ upon a friend. ২ আস্থার পাত্র; ভরসা; নির্ভর। **re·li·ant** [-অন্ট্] *adj* আস্থাবান; নির্ভরশীল।

relic [ˈরেলিক্] *n* [C] ১ সাধুপুরুষদের দেহের অংশ, পোশাকপরিচ্ছদ ইত্যাদি কিংবা তাঁদের অধিকারভুক্ত বা তাঁদের সঙ্গে সম্পৃক্ত কোনো বস্তু, যা তাঁদের মৃত্যুর পরে পূজ্যবস্তু হিসাবে সংরক্ষণ করা হয় এবং ক্ষেত্রবিশেষে অলৌকিক শক্তির আধার বলে বিবেচিত হয়; পবিত্র স্মৃতিচিহ্ন। ২ অতীতের ধ্বংসাবশেষ, যা স্মৃতিকে জাগ্রত রাখে; পুরাতাত্ত্বিক নিদর্শন। ৩ (*pl*) দেহাবশেষ।

re·lief[1] [রিˈলীফ্] *n* [U] ১ (বেদনা, কষ্ট, উদ্বেগ ইত্যাদির) লাঘব; উপশম; নিবৃত্তি; মোচন; ত্রাণ; আরাম; স্বস্তি: a sigh of ~, স্বস্তির নিশ্বাস। ২ যা বেদনা ইত্যাদি লাঘব বা উপশম করে; বিমোক; ত্রাণসামগ্রী: a ˈ~ fund; a ˈ~ road, যানবাহনের চাপে বিপর্যস্ত সড়কের বিকল্প সড়ক; ত্রাণ–সড়ক। ৩ যা একঘেয়েমি বা উদ্বেগ লাঘব করে; বৈচিত্র্য: stretches of moorland without ~. ৪ **~ (of)** অবরুদ্ধ নগরীর রক্ষা ব্যবস্থার দৃঢ়ীকরণ; (অবরোধ) উত্তোলন/ প্রত্যাহার: hasten to the ~ of the stronghold. ৫ কর্তব্যে নিয়োজিত ব্যক্তি বা ব্যক্তিবর্গের স্থলে অন্য ব্যক্তি বা ব্যক্তিবর্গের নিয়োগ; অনুরূপভাবে নিয়োজিত ব্যক্তি বা ব্যক্তিবর্গ; বদল নিয়োগ; অব্যাহতি; বদলির লোক: on duty from 9 am to 5 pm with two hours ˈ~; (attrib) a ˈ~ driver, বদলি গাড়িচালক।

re·lief[2] [রিˈলীফ্] *n* দ্র. bas-~. ১ [U] সমতল পৃষ্ঠদেশে অভিক্ষিপ্তভাবে প্রতিমা ইত্যাদি খোদাই করা বা গড়ার পদ্ধতি; উদ্‌গত শিল্পকর্ম: a profile of Newton in ~. ২ [C] উক্তরূপে নির্মিত নকশা বা খোদাই; উদ্‌গত কার্য। ৩ [U] (অঙ্কন ইত্যাদিতে) ছায়াসম্পাত, রং ইত্যাদির ব্যবহারে উদ্‌গত কর্ম বলে প্রতীয়মানতা। ˈ**~ map** যে মানচিত্রে উচ্চাবচতা দেখানোর জন্য শুধু অভিক্ষেপরেখা নয়, ছায়াসম্পাত ও অন্য উপায়ও ব্যবহৃত হয়; বন্ধুরতার/উদ্‌গত মানচিত্র। ৪ [U] (আক্ষরিক বা লাক্ষ.) স্পষ্টতা; রূপরেখার সুস্পষ্টতা। **be/stand out in ~ against** পটভূমিতে স্পষ্ট/প্রকটভাবে ফুটে ওঠা; তীব্র বৈপরীত্যে উদ্ভাসিত হওয়া: His actions stand out in sharp ~ against his professions of loyalty.

re·lieve [রিˈলীভ্] *vt* ১ স্বস্তি দেওয়া; (কষ্ট, বেদনা, দুশ্চিন্তা ইত্যাদি) লাঘব, মোচন, উপশম বা নিরাকরণ করা; দুশ্চিন্তামুক্ত করা। **~ one's feelings** আবেগ মোচন করা (যেমন অশ্রুপাত করে)। **~ oneself** মল বা মূত্র ত্যাগ করা; ভারমুক্ত হওয়া। ২ নিজের পালা অনুযায়ী বা দল বদলির কর্তব্যে নিয়োজিত হওয়া: ~ the guard, প্রহরীকে সাময়িকভাবে অব্যাহতি দেওয়া: He was ~d at 6 pm. দ্র. relief[1] (৫). ৩ **~ sb of sth (ক)** কারো কাছ থেকে নিয়ে নেওয়া: He ~d me of my briefcase. **(খ)** (কৌতুক.) চুরি করা: The thief ~d me of my purse. **(গ)** বরখাস্ত করা; জবাব দেওয়া। ৪ (গাঢ় পটভূমিতে) স্পষ্টতর বা প্রকটতর করে তোলা।

re·lig·ion [রিˈলিজন্] *n* ১ [U] ধর্মবিশ্বাস। ২ [C] ধর্ম: the great ~s of the world. ৩ [U] আশ্রমজীবন: His name in ~ is Brother Peter, তাঁর আশ্রমিক নাম পিটার। ৪ বিবেকের বিষয়; অবশ্যকর্তব্য; ধর্মাচরণ: He makes a ~ of keeping regular hours.

re·lig·ious [রিˈলিজাস্] *adj* ১ ধর্মীয়। ২ (ব্যক্তি সম্বন্ধে) ধার্মিক; নৈষ্ঠিক; ধর্মনিষ্ঠ। ৩ আশ্রমসম্বন্ধী: a ~ house, আশ্রম বা মঠ। ৪ বিবেকী; ধর্মীয়: do one's work with ~ care, ধর্মীয় নিষ্ঠার সঙ্গে কাজ করা। □*n* **a ~** আশ্রমজীবন যাপনের ব্রতগ্রহণকারী ব্যক্তি; সন্ন্যাসী বা সন্ন্যাসিনী; সন্ন্যাসব্রতী; (*pl* অপরিবর্তিত) the/some/several ~.

re·line [রীˈলাইন্] *vt* (পোশাক ইত্যাদিতে) নতুন আস্তর লাগানো।

re·lin·quish [রিˈলিঙকোয়িশ্] *vt* ১ ছেড়ে দেওয়া; ত্যাগ করা; বর্জন/উৎসর্জন করা: ~ a hope/a habit/a belief. **~ one's hold of/ over sb/ sth** নিয়ন্ত্রণ পরিত্যাগ করা। ২ **~ sth/(to sb)** কাউকে ছেড়ে দেওয়া: ~ one's rights to a partner.

reli·quary [ˈরেলিকোয়ারি US -কোয়েরি] *n* (*pl*-ries) সাধুপুরুষদের স্মৃতিচিহ্ন বা দেহাবশেষ রাখার জন্য পেটিকা বা বাক্স।

rel·ish [ˈরেলিশ্] *n* ১ [C,U] বিশেষ স্বাদগন্ধযুক্ত বা আকর্ষণীয় গুণ; ঐরূপ স্বাদগন্ধ আছে বা ঐরূপ স্বাদগন্ধযুক্ত করার জন্য ব্যবহৃত কোনো বস্তু; রুচি; স্বাদ; তার; মসলা। ২ [U] অভিরতি; রুচি; উৎসাহ: I have no ~ for that kind of activity. □*vt* উপভোগ করা; (কারো পক্ষে) রুচিকর হওয়া: I won't ~ having to spend a morning with a man like him.

re·live [ˌরীˈলিভ্] *vt* পুনর্যাপন করা: to ~ an experience.

re·lo·cate [ˌরীলৌˈকেইট্ US ˌরীˈলৌকেইট্] *vt,vi* নতুন স্থান বা এলাকায় প্রতিষ্ঠিত করা বা হওয়া। **re·lo·ca·tion** [ˌরীলৌˈকেইশ্‌ন্] *n* [U] নতুন স্থান বা এলাকায় প্রতিস্থাপন; পরিস্থাপন: the relocation of industry.

re·luc·tant [রিˈলাক্‌টন্ট্] *adj* **~ (to do sth)** অনিচ্ছুক; বিমুখ; অনীহ; নারাজ: ~ to help.

rely [রিলাই] *vt* (*pt,pp* -lied) **~ on/upon** নির্ভর/ ভরসা করা।

re·main [রিˈমেইন্] *vi* ১ অবশিষ্ট/বাকি থাকা। ২ থাকা; অবস্থান করা।

re·main·der [রিমেইন্‌ডা(র্)] *n* অবশিষ্টাংশ; বাদবাকি।

re·mains [রিˈমেইন্‌জ্] *n* ১ অবশেষ; অবশিষ্টাংশ; ধ্বংসাবশেষ: the ~ of an old temple. ২ মৃতদেহ; দেহাবশেষ; মরদেহ।

re·make [রীমেইক্] *vt* (*pl,pp* -made [- ˈমেইড্]) আবার তৈরি বা নির্মাণ করা। □*n* [রীমেইক্] পুনর্নির্মিত বস্তু: a ~ of a film.

re·mand [রিˈমা:নড্ US -ˈম্যানড্] *vt* আরো সাক্ষ্যপ্রমাণ সংগ্রহের জন্য (অভিযুক্ত ব্যক্তিকে আদালত থেকে) পুলিশের হেফাজতে পাঠানো; পুনঃপ্রেষণ করা: ~ed for a week. □*n* [U] পুনঃপ্রেষণ: detention on ~. ˈ~ **centre/home** তদন্ত চলাকালে কিংবা আদালত কর্তৃক সিদ্ধান্ত গ্রহণের আগে আইনভঙ্গকারী শিশু ও কিশোরদের রাখার জন্য প্রতিষ্ঠান: পুনঃপ্রেষণ–কেন্দ্র।

re·mark [রিˈমা:ক্] *vt,vi* ১ বলা (যে); মন্তব্য করা: She ~ed that she would come back next year. ২ ~ **on/upon** (কিছুর উপর) মন্তব্য করা। ৩ (আনুষ্ঠা., প্রা.প্র.) লক্ষ করা। □*n* ১ [C] মন্তব্য। ২ [U] দৃষ্টি; লক্ষ্য: sth worthy of ~ , লক্ষণীয় কিছু। **~·able** [কব্‌ল্] *adj* অসামান্য; লক্ষণীয়; আকর্ষণীয়: a ~able performance. **~·ably** [-কাব্‌লি] *adv* অনন্যসাধারণরূপে; লক্ষণীয়ভাবে।

re·marry [রীম্যারি] *vt,vi* (*pt,pp* -ried) আবার বিয়ে করা। **re·mar·riage** [ˌরীম্যারেইজ্] *n* পুনর্বিবাহ।

rem·edy [ˈরেমডি] *n* [C, U] (*pl* -dies) **~ for** প্রতিকার; প্রতিষেধক; প্রতিবিধান ঔষধ। □*vt* প্রতিকার করা; প্রতিবিধান করা; সংশোধন করা। **re·medial** [রিˈমীডিঅল্] *adj* প্রতিকারক; সংশোধক; সংশোধনমূলক: remedial education/classes. **remediable** [রিˈমীডিঅব্‌ল্] *adj* প্রতিকারযোগ্য; প্রতিকার্য; সংশোধনীয়।

re·mem·ber [রিˈমেম্‌বা(র্)] *vt,vi* ১ মনে করা বা রাখা; মনে পড়া; মনে থাকা; স্মরণ করা বা স্মরণে রাখা; স্মরণে থাকা। ২ (কিছু দেওয়ার জন্য) মনে রাখা: Did you ~ the frontman ? ৩ **~ sb to sb** প্রীতি–সম্ভাষণ জানানো: Don't forget to ~ me to your father.

re·mem·brance [রিˈমেম্‌ব্রান্‌স্] *n* ১ [U] স্মৃতি; স্মরণ: have no ~ of sth; to the best of my ~, যতোদূর মনে পড়ে। **R~ Day/ Sunday** (GB) ১৯ নবেম্বর বা এর নিকটতম রবিবার; দুই বিশ্বযুদ্ধে নিহতদের স্মরণদিবস। ২ [C] স্মৃতিচিহ্ন; স্মারকবস্তু। ৩ (*pl*) শ্রদ্ধা; শুভেচ্ছা; সাদর–সম্ভাষণ। দ্র. regard[1](৫)।

re·mili·tar·ize [ˌরীমিলিটারাইজ্] *vt* পুনরায় সশস্ত্র বাহিনী ও সমরসজ্জা সরবরাহ করা; সশস্ত্র বাহিনী ও সমরসজ্জা নিয়ে পুনরাধিকার করা; পুনরায় সেনায়িত করা। **re·mili·tar·iz·ation** [ˌরীমিলিটারাইˈজেইশ্‌ন্ US -রিˈজেই–] *n* পুনরায় সেনায়ন।

re·mind [রিˈমাইন্‌ড্] *vt* **~ sb (to do sth/that...); ~ sb of sth/sb** স্মরণ/মনে করিয়ে দেওয়া। **~er** *n* স্মারক; স্মারকপত্র; তাগিদ।

remi·nisce [ˌরেমিˈনিস্] *vi* **~ (about)** স্মৃতিচারণ করা।

remi·nis·cence [ˌরেমিˈনিস্‌ন্‌স্] *n* **~ (of)** ১ [U] স্মৃতিচারণ; অনুস্মরণ। ২ (*pl*) পূর্বস্মৃতি; স্মৃতিকথা। ৩ (অন্য কিছুর) ইঙ্গিত বহন করে এমন কিছু; অনুস্মৃতি: There is a ~ of her mother in the way she smiles.

remi·nis·cent [ˌরেমিˈনিস্‌ন্ট্] *adj* **~ (of)** ১ স্মৃতিবাহী; ইঙ্গিতবহ; স্মরণ করিয়ে দেয় এমন: His voice is ~ of his father's. ২ স্মৃতিচারী: become ~. **~·ly** *adv* স্মৃতি বহন করে; স্মৃতিবহরূপে।

re·miss [রে ˈমিস্] *adj* **~ in** কর্তব্য অবহেলাকারী; অমনোযোগী: ~ in one's duties. **~ of** অমনোযোগী; শিথিল। **~·ness** *n* [U] কর্তব্যে অবহেলা; অমনোযোগিতা; শৈথিল্য।

re·mission [রিˈমিশ্‌ন্] *n* ১ [U] (ঈশ্বরকর্তৃক পাপ) মোচন; ক্ষমা; মার্জনা। ২ [U,C] (ঋণ, শাস্তি ইত্যাদি থেকে) অব্যাহতি; রেহাই; মুক্তি; মওকুফ: ~ of a claim; (কারাদণ্ড থেকে) ~ for good conducts. ৩ [U] (বেদনা, চেষ্টা ইত্যাদি) লাঘব; হ্রাস: ~ of a fever.

re·mit [রিˈমিট্] *vt,vi* (-tt-) ১ (ঈশ্বর সম্বন্ধে) (পাপ) ক্ষমা করা। ২ (ঋণ, দণ্ড ইত্যাদি সম্বন্ধে) মওকুফ করা; ছেড়ে দেওয়া: His examination fees have been ~ted. ৩ ডাকযোগে (অর্থ ইত্যাদি) পাঠানো। ৪ কমা বা কমানো; হ্রাস করা বা পাওয়া: ~ one's efforts. ৫ **~ sth to sb** (সিদ্ধান্তের জন্য কোনো প্রশ্ন কোনো কর্তৃপক্ষের কাছে) পাঠানো: The case will be ~ted to an expert committee. **~·tance** [-ন্‌স্] *n* [U,C] অর্থ প্রেরণ; প্রেরিত অর্থ।

re·mit·tent [রিমিটন্ট্] *adj* (বিশেষত জ্বর সম্বন্ধে) সবিরাম।

rem·nant [রেম্‌নান্ট্] *n* [C] ১ অবশেষ; ছিটেফোঁটা; যৎকিঞ্চিৎ অবশিষ্টাংশ: ~s of a banquet; ~s of former glory. ২ (বিশেষত) কাপড়ের থানের অধিকাংশ বিক্রি হয়ে যাওয়ার পরে অবশিষ্ট টুকরা, যা কম দামে বিক্রি করা হয়; ছিট কাপড়: a ~ sale.

re·mon·strance [রিমন্‌স্ট্রান্‌স্] *n* [U,C] আপত্তি উত্থাপন; প্রতিবাদ; ক্ষোভ–প্রকাশ।

re·mon·strate [ˈরেমন্‌স্ট্রেইট্] *vi* **~ with sb (about sth/that...)** প্রতিবাদ করা; প্রতিবাদে তর্ক–বিতর্ক করা: ~ with sb about his misconduct.

re·morse [রিˈমো°স্] *n* [U] ১ **~ (for)** গভীর অনুশোচনা/অনুতাপ; বিবেকদংশন: feel ~ for wrongdoing. ২ করুণা; বিবেক–যন্ত্রণা; অনুকম্পা: without ~, নির্মম(ভাবে); অনুশোচনাহীন(ভাবে)। **~·ful** [-ফ়ল্] *adj* অনুতপ্ত; বিবেকদংশিত; অনুশোচনাপূর্ণ। **~·fully** [-ফ়ালি] *adv* অনুশোচনার সঙ্গে। **~·less** *adj* অনুশোচনাশূন্য; অনুকম্পাহীন। **~·less·ly** *adv* অনুশোচনাহীনভাবে; নির্মমভাবে।

re·mote [রিˈমৌট্] *adj* (-r, -st) **~ (from)** ১ দূর; সুদূর; দূরস্থ; দূরবর্তী: a ~ place; in the ~ part. **~ control** বেতারসঙ্কেতের সাহায্যে দূর থেকে যন্ত্রের নিয়ন্ত্রণ; দূর–নিয়ন্ত্রণ। ২ (অনুভূতি, আগ্রহ ইত্যাদি দিক থেকে) বহুদূরবর্তী; ব্যবহিত। ৩ উষ্ণতা বা অন্তরঙ্গতাবর্জিত; নিস্পৃহ। ৪ (বিশেষত *superl*) যৎসামান্য; সামান্য: a ~ possibility. **~·ly** *adv* দূরের থেকে: ~ly related, দূরসম্পর্কিত। **~·ness** *n* সুদূর; দূরবর্তিতা।

re·mount[1] [ˌরীমাউন্ট্] *vt,vi* (ঘোড়া, সাইকেল, মই, পাহাড় ইত্যাদিতে) আবার চড়া; পুনরারোহণ করা।

re·mount[2] [ˌরীমাউন্ট্] *vt* ১ (ব্যক্তিবিশেষ বা সেনাবাহিনীকে) নতুন অশ্ব সরবরাহ করা। (আলোকচিত্র) নতুন ভিত্তি বা ফ্রেমে স্থাপন করা। □*n* [রীমাউন্ট্] নতুন বাহন (অশ্ব); নতুন অশ্ব–সরবরাহ।

re·move[1] [রিˈমূভ্] *vi,vt* **~ (from)** সরানো; সরিয়ে নেওয়া; ~ one's overcoat; ~ one's hand from the table. ২ **~ (from)** দূর করা; দূরীভূত করা: ~ doubts; ~ ink stains. ৩ **~ (from)** বরখাস্ত/ অপসারণ করা: ~ sb from office. ৪ বাসা বদলানো; অন্যত্র বসবাস করতে যাওয়া: When are they removing from Dhaka to Chittagong ? ৫ **~d from** দূরবর্তী: a statement far ~d from the truth. ৬ **~d** (চাচাতো, মামাতো প্রভৃতি ভাইবোন সম্বন্ধে) এক প্রজন্মের পার্থক্য রয়েছে এমন: first cousin once ~d, আপন চাচাতো, মামাতো প্রভৃতি ভাইবোনের সন্তান। **re·mov·able** [-ভাবল্] *adj* অপসারণযোগ্য। **~r** *n* ১ (বিশেষত) বাড়ি বদলানোর সময় আসবাবপত্র স্থানান্তরিত করা যার ব্যবসা। ২ (যৌগশব্দে) কোনো কিছু দূর করার জন্য ব্যবহৃত বস্তু (~ ২ দ্র.): superfluous hair ~r, লোমনাশক। **re·moval** [-ভ্ল্] *n* [U,C] অপসারণ; স্থানান্তর; বাসা-বদল; অপনয়ন: the removal of furniture; (attrib) a re'moval van, আসবাবপত্র সরাবার গাড়ি; the removal of dissatisfaction.

re·move[2] [রি'মূভ্] *n* স্তর; মাত্রা; ধাপ: a few ~s from

re·mun·er·ate [রি'মিউনারেইট্] *vt* **~ sb (for sth)** (কাজ বা সেবার জন্য) পারিতোষিক দেওয়া; পুরস্কৃত করা। **re·mun·er·ation** [রি,মিউনারেইশ্ন্] *n* [U] পারিতোষিক; পারিশ্রমিক; পুরস্কার। **re·mun·er·ative** [রি'মিউনরাটিভ্ US -নারেইটিভ্] *adj* লাভজনক।

re·nai·ssance [রি'নেইস্‌ন্স্ US 'রেনাসা:ন্স্] *n* ১ **the R~** ১৪, ১৫ ও ১৬ শতকের য়োরোপে প্রাচীন গ্রিক জ্ঞানবিজ্ঞানের উপর ভিত্তি করে সাহিত্য, চিত্রকলা ইত্যাদির পুনরুজ্জীবন; পুনর্জন্ম; রেনেসাঁ। ২ [C] উক্তরূপ যে কোনো পুনরুজ্জীবন; নবজাগরণ।

re·nal ['রীন্ল্] *adj* (ব্যব.) বৃক্কঘটিত; বৃক্কসংশ্লিষ্ট: ~ artery.

re·name [রী'নেইম্] *vt* নতুন নামকরণ করা।

re·nas·cence [রি'ন্যাস্‌ন্স্] *n* = renaissance (২). **re·nas·cent** [-স্ন্ট্] *adj* পুনর্জায়মান।

rend [রেন্ড্] *vt* (*pt,pp* rent [রেন্ট্]) ১ বিদীর্ণ করা; ফাড়া; চেরা: a country rent (in two) by civil war. ২ ছিনিয়ে নেওয়া: Children rent from their mother's arms.

ren·der ['রেন্ডা(র্)] *vt* ১ **~ sth (to sb)** প্রতিদানে বা বিনিময়ে দেওয়া; পাওনা পরিশোধ করা: ~ thanks to God; ~ help, সাহায্য-সহযোগিতা দান করা; ~ up (= surrender) a fort to the enemy. ২ পেশ/ উপস্থাপন/ দাখিল করা: an account ~ed. **~ an account of oneself/one's behaviour** ব্যাখ্যা করা; যৌক্তিকতা ব্যাখ্যা করা। ৩ (কোনো অবস্থায়) নিয়ে যাওয়া: ~ed helpless, অসহায় হয়ে পড়া। ৪ (নাটক, সঙ্গীত ইত্যাদি) পরিবেশন করা; (চরিত্রে) অভিনয় করা বা চরিত্রকে রূপদান করা; ভাষান্তরিত/রূপান্তরিত করা: ~ a piano solo; ~ Hamlet. ৫ **~ sth (down)** গলিয়ে স্বচ্ছ করা: ~ butter/lard. ৬ (ইট, পাথর) প্রথম পলস্তারা দিয়ে ঢাকা; প্রথম আস্তর করা। **~·ing** ['রেন্ডারিঙ্] *n* ১ [C] পরিবেশনা; অভিনয়; উপস্থাপনা; তরজমা। ২ [U] পলেস্তারার প্রথম লেপ।

ren·dez·vous ['রন্‌দিভূ] *n* (*pl* ~ [ভূজ়]) [C] ১ একটি সম্মত সময়ে পরস্পর সাক্ষাৎ এবং ঐরূপ সাক্ষাতের স্থান; সঙ্কেত-স্থান। ২ যে-স্থানে লোকে প্রায়শ মিলিত হয়; মিলনস্থল: a ~ for lovers/writers. □*vi* সঙ্কেতস্থানে মিলিত হওয়া: ~ in a cafe.

ren·di·tion [রেন্'ডিশ্ন্] *n* [C] (গান ইত্যাদি) পরিবেশনা।

ren·egade ['রেনিগেইড্] [C] স্বধর্মত্যাগী; (রাজনৈতিক) দলত্যাগী; বিশ্বাসঘাতক; ধর্মভ্রষ্ট; পাষণ্ড: (attrib) a ~ priest. □*vi* স্বধর্ম/স্বদল ত্যাগ করা; ধর্মভ্রষ্ট হওয়া।

re·nege, re·negue [রি'নীগ্] *vi* ১ (তাসের খেলায়) অন্য খেলোয়াড় যে রঙের তাস খেলেছে, হাতে থাকা সত্ত্বেও সেই রঙের তাস না খেলা। ২ **~ on** (কথা) না রাখা।

re·new [রি'নিউ US -'নূ] *vt* ১ পুনরায় নতুন করা; নবজীবন ও বীর্য দান করা; নবায়িত করা: ~ one's youth, নবযৌবন লাভ করা; with ~ed enthusiasm, নব উৎসাহে। ২ পুনরায় পাওয়া, দেওয়া, করা বা বলা; নবায়ন করা: ~ a lease/licence. ৩ (একই জাতীয় বস্তু দিয়ে) শূন্যতা পূর্ণ করা: ~ one's supplies of victuals. **~·able** [-অব্‌ল্] *adj* নবায়নযোগ্য। **~al** [-'নিউঅল্ US -নূঅল্] *n* [U] নবায়ন; পুনরারম্ভ; নবায়িত কিছু।

ren·net ['রেনিট্] *n* [U] দুধ থেকে ছানা বের করার জন্য ব্যবহৃত প্রস্তুত বস্তুবিশেষ।

re·nounce [রি'নাউন্স্] *vt* ১ আনুষ্ঠানিকভাবে পরিত্যাগ করা: ~ one's faith; ~ the world, সংসার ত্যাগ করা। ২ (দাবি, অধিকার, দখল ইত্যাদি) আনুষ্ঠানিকভাবে ছেড়ে দেওয়া বা ছেড়ে দিতে সম্মত হওয়া: ~ one's claim to the throne. ৩ অস্বীকার করা; স্বীকার না করা; ত্যাগ করা: ~ one's sons, ত্যাজ্যপুত্র করা।

reno·vate ['রেনাভেইট্] *vt* প্রাচীন ভবন, তৈলচিত্র ইত্যাদি ভালো বা মজবুত অবস্থায় ফিরিয়ে আনা; জীর্ণ সংস্কার/নবায়ন করা। **reno·va·tor** [-টা(র্)] *n* যে নবায়ন করে; জীর্ণসংস্কারক। **reno·va·tion** [রেনা'ভেইশ্ন্] *n* [U, C] জীর্ণসংস্কার।

re·nown [রি'নৌন্] *n* [U] খ্যাতি; যশ; সুনাম; বিশ্রুতি। **re·nowned** *adj* বিখ্যাত; প্রখ্যাত; লব্ধপ্রতিষ্ঠ।

rent[1] [রেন্ট্] *n* [C,U] ভাড়া। **'~-collector** *n* ভাড়া-সংগ্রহকারী। **,~-'free** *adj,adv* ভাড়ামুক্ত; বিনা ভাড়ায়: a ~-free room. **,~-'rebate** *n* ভাড়া-ছাড়। **'~-roll** *n* (ক) কোনো ব্যক্তির ভূমি; দালান-কোঠা ও সে সব থেকে প্রাপ্তব্য ভাড়ার তালিকা। (খ) ভূ-সম্পত্তির সামগ্রিক আয়। □*vt,vi* ১ **~ (from/to)** ভাড়া দেওয়া; ভাড়া নেওয়া। ২ ভাড়া হওয়া। **~·able** *adj* ভাড়াযোগ্য। **~al** ['রেন্ট্ল্] *n* [C] ভাড়ার টাকা।

rent[2] [রেন্ট্] *n* [C] ১ জামা-কাপড়ের ছেঁড়া জায়গা। ২ (লাক্ষ.) রাজনৈতিক দলে ভাঙন অথবা দলাদলি।

rent[3] [রেন্ট্] rend -এর *pt,pp*

re·nunci·ation [রি,নানসি'এইশ্ন্] *n* [U] দাবি-ত্যাগ; আত্ম-অস্বীকৃতি।

re·open [রী'ঔপন] *vt,vi* বন্ধ অথবা ছুটির পর পুনরায় খোলা।

re·or·gan·ize [রী'অ:গানাইজ্] *vt,vi* পুনর্গঠিত করা।

re·orien·tate [রী'অ:রিআনটেইট] (অপিচ **re·orient** [রী'অ:রিআন্ট্]) *vt,vi* পুনরায় পূর্বমুখী করা; নতুন পরিবেশের সাথে পুনরায় পরিচিত হওয়া/করানো।

rep[1], **repp** [রেপ্] *n* [U] বিছানার চাদর এবং অন্যান্য আচ্ছাদনে ব্যবহৃত মোটা কাপড়বিশেষ।

rep[2] [রেপ্] *n* (কথ্য, সংক্ষিপ্ত) বাণিজ্যিক প্রতিনিধি।

rep[3] [রেপ্] *n* স্থায়ী নাট্যদল অর্থাৎ repertory company-এর কথ্য ও সংক্ষিপ্ত রূপ।

re·pair[1] [রি'পেআ(র্)] *vt* ১ মেরামত করা। ২ শুদ্ধ করা □*n* ১ [U] মেরামত-কর্ম। ২ (*pl*) মেরামত কাজ অথবা প্রক্রিয়া। **~·able** [-অব্‌ল্] *adj* মেরামতযোগ্য। **~er** *n* মেরামতকারী।

re·pair[2] [রি'পেআ(র্)] *vi* (আনুষ্ঠা.) (ঘন ঘন এবং অনেকে একত্রে) যাওয়া।

rep·ar·able ['রেপারাব্‌ল্] *adj* মেরামতযোগ্য; ক্ষতিপূরণযোগ্য।

rep·ar·ation [রেপা'রেইশ্ন্] *n* [U] ক্ষতিপূরণ; (*pl*) পরাজিত শত্রুর কাছে যুদ্ধে ক্ষয়-ক্ষতির জন্য দাবিকৃত খেসারত।

rep·ar·tee [রেপা:টী] *n* [C] বুদ্ধিদীপ্ত জবাব; [U] মুখে মুখে সমুচিত জবাব দান: The folk-singer is good at ~.

re·pat·ri·ate [রী 'প্যাট্রিএইট্ US -পেইট্-] *vt* প্রত্যাবাসনের ব্যবস্থা করা: The government will try to ~ the stranded army. □*n* **~d person** প্রত্যাবাসিত ব্যক্তি। **re·pat·ri·ation** [রীপ্যাট্রিএইশ্ন্ US -পেইট্-] *n* প্রত্যাবাসন।

re·pay [রি'পেই] *vt,vi* (*pt,pp* -paid) [-'পেইড্] ১ (টাকা) ফেরত দেওয়া; ফেরত পাওয়া; পরিশোধ করা। ২ **~ sth; ~ sb (for sth)** বিনিময়ে দেওয়া: He has repaid him for his help. ৩ বিনিময়ে সুবিচার করা। **~·able** *n* [-অব্‌ল্] *adj* ফেরতযোগ্য; পরিশোধযোগ্য। **~·ment** *n* [U] পরিশোধ।

re·peal [রি'পীল্] *vt* (আইন.) বাতিল করা; প্রত্যাহার করা। □*n* **~·ing** (আইন.) প্রত্যাহার।

re·peat [রি'পীট্] *vt,vi* ১ পুনরায় বলা অথবা করা; পুনরায় ঘটা/হওয়া: History ~s itself. '**~ing rifle,** দ্র. নীচের repeater. ২ পুনরাবৃত্ত করা; (অন্যের বক্তব্য অথবা সবার জানা কথা আবার) বলা। ৩ (খাদ্যের ক্ষেত্রে) খাবার শেষে পুনরায় আস্বাদন করা। ৪ (সংখ্যার ক্ষেত্রে) ফিরে ফিরে আসা। ৫ (বাণিজ্যে) পুনরায় মাল সরবরাহ করা। □*n* ১ পুনরাবৃত্তি; পুনরাবৃত্ত (বিষয়, বস্তু)। ২ (সঙ্গীতে) পুনরাবৃত্তির সঙ্কেত চিহ্ন। **~ed** *part adj* পুনরাবৃত্ত; বারে বারে ঘটা। **~ed·ly** *adv* বার বার। **~er** *n* বার বার গুলি ভরতে হয় না এমন রাইফেল; স্বয়ংক্রিয় রাইফেল।

re·pel [রি'পেল্] *vt* ১ তাড়িয়ে দেওয়া; গ্রহণ করতে অস্বীকৃতি জানানো; না করা। ২ বীতস্পৃহা জানানো। **~·lent** [-আন্ট্] *adj* বিরক্তিকর/অনাকর্ষণীয়।

re·pent [রি'পেন্ট্] *vi,vt* ~ **(of)** অনুশোচনা হওয়া/করা; অনুতপ্ত হওয়া। **~·ance** [-অন্স্] *n* [U] অনুশোচনা; অনুতাপ। **~·ant** [-আন্ট্] *adj* অনুতপ্ত। **~·ant·ly** *adv* অনুতাপের সাথে।

re·per·cussion [রীপা'কাশ্ন্] *n* ১ [U] পাল্টা বিতাড়ন; পুনরায় ছুড়ে মারা; প্রতিধ্বনি। ২ [C] (সাধা. *pl*) প্রতিক্রিয়া: The ~s of the killing will not be favourable.

rep·er·toire [রেপটওয়া:(র্)] *n* [C] কোনো দল; অভিনেতা; সঙ্গীতশিল্পী প্রমুখের সংগ্রহে আছে এমন সব নাটক, গান ইত্যাদি।

rep·er·tory [রেপটরি US -টো°রি] *n pl* ১ (-ries) [C] = repertoire. '**~ company theatre** (সং, rep) যেসব নাট্যগোষ্ঠীতে নিয়মিতভাবে নাটক ও শিল্পী বদল করা হয় (একই নাটক বার বার মঞ্চস্থ না করে)। ২ তথ্যভাণ্ডার: Dr Shahidullah was a ~ of linguistic information.

rep·eti·tion [রেপি'টিশ্ন্] *n* ১ [U] পুনরাবৃত্তি। ২ বার বার ঘটা। ৩ বার বার পড়ে মুখস্থ করবার জন্য কবিতার নির্দিষ্ট অংশ। **rep·eti·tious** [রেপি'টিশাস্], **re·peti·tive** [রি'পেটাটিভ্] *adjj* বারে বারে ঘটমান; পনুরাবৃত্তি-প্রবণ।

re·pine [রি'পাইন্] *vi* ~ **(at)** (আনুষ্ঠা.) পরিতাপ করা; অতৃপ্ত হওয়া। **~ against** দূরদর্শিতার অভাবে পরিতাপ করা।

re·place [রি'প্লেইস্] *vt* ১ যথাস্থানে রাখা। ২ স্থলাভিষিক্ত করা: Nobody can ~ him as the leader of the country. ৩ **~ sb/ sth by/ with** বদলে সরবরাহ করা। **~·able** [-অব্‌ল্] *adj* বদলযোগ্য। **~·ment** *n* [U] প্রতিস্থাপন; বদলিকৃত ব্যক্তি অথবা বস্তু।

re·play [রী'প্লেই] *vt* রিপ্লে করা; পুনরায় খেলানো (যেমন, ফুটবল খেলায় ড্র হলে)। □*n* ['রীপ্লেই] [C] রিপ্লে; পুনরায় খেলতে হবে এরকম খেলা; কোনো রেকর্ড পুনরায় বাজানো।

re·plen·ish [রি'প্লেনিশ্] *vt* ~ **(with)** পুনরায় শূন্যস্থান পূরণ করা; নতুনভাবে সরবরাহ করা অথবা নতুন সরবরাহ পাওয়া। **~·ment** *n* শূন্যস্থান পূরণ; নতুন সরবরাহ লাভ।

re·plete [রি'প্লীট্] *adj* ~ **(with)** (আনুষ্ঠা.) ভর্তি; পরিপূর্ণ। **re·ple·tion** [রি'প্লীশ্ন্] *n* [U] (আনুষ্ঠা.) পরিপূর্ণ অবস্থা; ঠাসা অবস্থা।

rep·lica ['রেপ্‌লিকা] *n* [C] রেপ্লিকা; হুবহু নকল: The champion team was given the ~ of the Cup.

re·ply [রি'প্লাই] *vi,vt* (*pt,pp* -plied) **~ (to)** উত্তর দেওয়া; জবাব দেওয়া। □*n* উত্তর: Did you get the ~ ? **,~-'paid** (ডাক ও তারের ক্ষেত্রে) প্রেরক কর্তৃক উত্তর লাভের জন্য আগেভাগেই (মাশুল) পরিশোধিত।

re·point [রী'পইন্ট্] *vt* দুই ইটের ফাঁক সিমেন্ট দিয়ে পূরণ করা। দ্র. point[2] (৫).

re·port[1] [রি'পো°ট্] *n* ১ [C] রিপোর্ট; প্রতিবেদন; বিবরণী: annual ~. ২ গুজব। ৩ [U] (আনুষ্ঠা.) চারিত্রিক গুণ; আচরণ। ৪ [C] বিস্ফোরণের কাজ।

re·port[2] [রি'পো°ট্] *vt,vi* ১ বিবরণ দেওয়া; প্রতিবেদন তৈরি করা। **~ on sth** (কোনো বিষয়ের উপর) প্রতিবেদন তৈরি করা। **~ sth out** (US) মন্তব্যসহ পাঠানো। **~ progress** (কাজের) অগ্রগতি-বিবরণী। **~ed·ly** *adv* বিবরণ অনুসারে। ২ শর্টহ্যান্ডের মাধ্যমে কারো বক্তৃতা গ্রহণ করা। **~ed speech =** indirect speech. দ্র. indirect. ৩ **~ (oneself) to (sb/sth) (for sth)** (কর্মস্থলে) রিপোর্ট করা। ৪ **~ sb/sth (to sb) (for sth)** অভিযোগ পেশ করা। **~·age** [রে'পো°টা:জ্] *n* সংবাদ প্রতিবেদন। **~er** *n* রিপোর্টার; সাংবাদিক; প্রতিবেদক।

re·pose[1] [রি°পৌজ্] *vt* **~ sth in sth/sb** (আনুষ্ঠা.) বিশ্বাস/ আস্থা স্থাপন করা।

re·pose[2] [রি'পৌজ্] *vt,vi* (আনুষ্ঠা.) ১ বিশ্রাম করা; কাউকে শুইয়ে দেওয়া। ২ **~ on** ঠেকনা-অবলম্বিত হওয়া। □*n* [U] (আনুষ্ঠা.) ১ বিশ্রাম; ঘুম। ২ শান্তভাব। **~·ful** [-ফুল্] *adj* শান্ত; চুপচাপ।

re·posi·tory [রিপজ়িটরি US -টো°রি] *n* [C] (*pl*-ries) গুদাম; ভাণ্ডার।

re·pot [রী'পট্] *vt* এক টব থেকে অন্য টবে (গাছ) লাগানো।

rep·re·hend [রেপ্‌রি'হেন্ড্] *vt* তিরস্কার করা। **rep·re·hen·sible** [রেপ্‌রি'হেনসাব্‌ল্] *adj* তিরস্কারযোগ্য।

rep·re·sent[1] [রেপ্‌রি'জ়েন্ট্] *vt* ১ কোনো কিছুর প্রতীক করা। ২ ঘোষণা করা। ৩ **~ sth (to sb)** ব্যাখ্যা করা; সুস্পষ্ট করা। ৪ **~ sth (to sb)** তুলে ধরা। ৫ কারো পক্ষ হয়ে বলা বা করা; প্রতিনিধিত্ব করা: He will ~ the country. ৬ অভিনয় করা। **rep·re·sen·ta·tion** [রেপ্রিজেন্'টেইশ্ন্] *n* ১ [U] প্রতিনিধিত্ব; (চরিত্রের) রূপায়ণ। **proportional ~ation** (আইন পরিষদে) সংখ্যালঘু দলসহ সকলের আনুপাতিক হারে প্রতিনিধিত্ব। ২ [C] মৃদু প্রতিবাদ: He submitted written ~ation to the Director.

re·pre·sent[2] [রীপ্‌রি'জ়েন্ট] *vt* পুনরায় জমা দেওয়া (যেমন, ফেরত-চেক)।

rep·re·sen·ta·tive [রেপ্রি'জেনটাটিভ্] *adj* ১ ~ **(of)** নমুনাস্বরূপ; কোনো শ্রেণী বা জাতি-গোষ্ঠীর বৈশিষ্ট্যসূচক। ২ নির্বাচিত প্রতিনিধিসমন্বিত; প্রতিনিধিত্বমূলক। □*n* [C] ~ **(of)** ১ নমুনা। ২ প্রতিনিধি (নির্বাচিত)। **the House of R~s** মার্কিন কংগ্রেসের নিম্ন পরিষদ।

re·press [রি'প্রেস্] *vt* দমিয়ে রাখা; চেপে রাখা। **~ed** *adj* অবদমিত। **repres·sion** [রি'প্রেশ্‌ন্] *n* ১ [U] দমননীতি। ২ [U] (মনো.) অবচেতন মনের ইচ্ছা–আকাঙ্ক্ষা অবদমন; অবদমিত কামনা–বাসনা। **re·pres·sive** [রি'প্রেসিভ্] *adj* দমনমূলক।

re·prieve [রিপ্রীভ্] *vt* দণ্ডাদেশ স্থগিত অথবা বিলম্বিত করা; (লাক্ষ.) সাময়িক স্বস্তি দান করা। □*n* [C] দণ্ডাদেশ স্থগিত অথবা মওকুফ (এ ধরনের আদেশ); (লাক্ষ.) বিলম্ব।

re·pri·mand ['রেপ্রিমা:নড্ US -ম্যানড্] *vt* কঠোর তিরস্কার করা। □*n* [C] কঠোর তিরস্কার।

re·print [রীপ্রিনট্] *vt* পুনর্মুদ্রণ করা; পুনরায় ছাপানো। □*n* ['রীপ্রিনট্] [C] পুনর্মুদ্রণ। দ্র. edition.

re·prisal [রি'প্রাইজ্‌ল্] *n* ১ [U] প্রত্যাঘাত। ২(*pl*) এক দেশের প্রতি অন্য দেশের যুদ্ধকালীন অন্যায়ের সমুচিত জবাব।

re·proach [রি'প্রৌচ্] *vt* ~ **sb (for/with sth)** (দুঃখী স্বভাবের অথবা দুঃখবাদী লোকদের) নিন্দা করা। □*n* ১ [U] নিন্দা; ভর্ৎসনা। ২ কটুবাক্য; গালাগাল। ৩ অপমানজনক অবস্থা। **above/beyond** ~ নিখুঁত; অনিন্দ্য। ৪ [C] ~ **to** অপমানসূচক; মানহানিকর। **~·ful** [-ফ্‌ল্] *adj* নিন্দনীয়। **~·fully** [-ফ়লি] *adv* নিন্দনীয়ভাবে।

rep·ro·bate ['রেপ্রাবেইট্] *vt* কোনো অবস্থাতে অনুমোদন না করা; প্রত্যাখ্যান করা। □*n* অনুমোদন লাভে ব্যর্থ ব্যক্তি; নৈতিক চরিত্রের কারণে অশ্রদ্ধেয় ব্যক্তি। **rep·ro·bation** [রেপরা'বেইশ্‌ন্] *n* [U] অননুমোদন; প্রত্যাখ্যান।

re·pro·duce [রীপ্রা'ডইউস US –ডূস] *vt,vi* ১ পুনরায় দর্শন, শ্রবণ ইত্যাদির ব্যবস্থা করা: ~ music from tape. ২ বংশবৃদ্ধি করা। ৩ নতুনভাবে গজানো (হারানো অঙ্গপ্রত্যঙ্গ)। **~r** *n* পুনরুৎপাদনকারী। **re·produc·ible** *adj* পুনরায় উৎপাদন করা যায় এমন। **re·pro·duc·tion** [রীপ্রা'ডাকশ্‌ন্] *n* [U] পুনরুৎপাদন; পুনর্জনন। **re·pro·duc·tive** [রীপ্রা'ডাকটিভ্] *adj* পুনরুৎপাদনশীল।

re·proof[1] [রি'প্রূফ্] *n* ১ [U] নিন্দা; ভর্ৎসনা। ২ [C] তিরস্কার অথবা অননুমোদনের অভিব্যক্তি।

re·proof[2] [রীপ্রূফ্] *vt* পুনরায় ওয়াটার প্রুফ (জামা–কাপড়) বানানো।

re·prove [রিপ্রূভ্] *vt* ~ **sb (for sth)** কাউকে দোষারোপ করা; কাউকে কটুবাক্য বলা; ভর্ৎসনা করা। **re·prov·ing·ly** *adv* তিরস্কারের ভঙ্গিতে।

rep·tile ['রেপ্টাইল্ US -ট্‌ল্] *n* সরীসৃপ। **rep·til·ian** [রেপ'টিলিঅন্]*adj* সরীসৃপ–সংক্রান্ত অথবা সরীসৃপের মতো।

re·pub·lic [রি'পাবলিক] *n* ১ প্রজাতন্ত্র। ২ সদস্যদের সমান সুযোগ–সুবিধা আছে এমন সমাজ। **'banana** ~ *n* (নিন্দার্থে) ছোট দেশবিশেষ, যে দেশের অর্থনীতি একটি মাত্র শস্যের উপর (যেমন কলা) নির্ভরশীল।

re·pub·li·can [রি'পাবলিকান্] *adj* প্রজাতন্ত্রের নীতিমালা সমর্থন সংক্রান্ত। □*n* ১ প্রজাতন্ত্র সমর্থক ব্যক্তি। ২ **R~** মার্কিন যুক্তরাষ্ট্রের রাজনৈতিক দল রিপাবলিক–এর সদস্য। **~·ism** [-ইজ়াম্] *n* [U] প্রজাতন্ত্র মতবাদে আস্থা।

re·pudi·ate [রিপিয়ূডিএইট্] *vt* ১ নিজের বলে অস্বীকার করা; আর কিছু করণীয় নেই এমন বলা; ত্যাজ্য করা: ~ a son. ২ অস্বীকৃতি জানানো। ৩ ঋণ পরিশোধে অস্বীকৃতি জানানো। **repudi·ation** [রি,পিয়ূডিএইশ্‌ন্] *n* অস্বীকৃতি।

re·pug·nant [রি'পাগ্‌নান্ট্] *adj* ~ **(to)** বিস্বাদ; অপছন্দনীয়। **repug·nance** [-নান্স্] *n* [U] ~ **(to)** প্রবল অনীহা; অপছন্দ অথবা বিস্বাদ।

re·pulse [রি'পাল্স্] *vt* ১ (শত্রুদের) পিছু হটতে বাধ্য করা; সফলতার সাথে (আক্রমণ) প্রতিরোধ করা। ২ (কারো সাহায্য–সহযোগিতা) গ্রহণ করতে অস্বীকার করা; অবন্ধুসুলভ আচরণের দ্বারা (কোনো ব্যক্তিকে) নিরুৎসাহিত করা। □*n* প্রতিরোধ; অস্বীকৃতি। **re·pul·sion** [রি'পাল্‌শ্‌ন্] *n* [U] ১ অপছন্দের মনোভাব অথবা অরুচি (আহারে)। ২ (শারীর.) বিকর্ষণ।

re·pul·sive [রি 'পাল্সীভ্] *adj* ১ বিরক্তিকর; ঘৃণ্য; বীভৎস। ২ (শারীর.) বিকর্ষী: ~ forces. **~·ly** *adv*

repu·table [রেপ্ইউটাব্‌ল্] *adj* শ্রদ্ধেয়; সুখ্যাত। **repu·tably** [-অবলি] *adv* সুখ্যাতির সাথে।

repu·ta·tion [,রেপিয়ু'টেইশ্‌ন্] *n* [U, C] খ্যাতি; যশ। **live up to one's** ~ সুনাম অক্ষুণ্ণ রেখে চলা।

re·pute [রিপিয়ূট্] *vt* (সাধা. passive) **be ~d as/to be** সকলের বিবেচনায় অথবা ধারণায় কোনো কিছু হওয়া: She is ~d to be the best singer of the country. **~d** *attrib adj* সাধারণ বিবেচনায় (অথচ কিছুটা সন্দেহ আছে এমন) = *n* [U] ১ সুখ্যাতি/কুখ্যাতি। ২ সুখ্যাতি। **~** **re·put·ed·ly** *adv*

re·quest [রি'কোওয়েস্ট্] *n* ১ [U] অনুরোধ। ২ [C] অনুগ্রহ প্রার্থনা। ৩[C] আবেদন। ৪ [U] **in** ~ কোনো কিছু চাওয়া হয়েছে এমন। □*vt* ~ **sth (from/of sb); ~ sb to do sth** অনুরোধ করা; অনুরোধ জানানো।

requiem ['রেকোয়িঅ্যাম্] *n* [C] মৃত ব্যক্তির আত্মার সদ্‌গতির উদ্দেশ্যে নিবেদিত প্রার্থনা (সঙ্গীত)।

re·quire [রিকিওয়াইআ(র্)] *vt* ১ দরকার পড়া/হওয়া; চাওয়া। ২ ~ **sth (of sb); ~ sb to do sth; ~ that** (প্রায়শ passive) (আনুষ্ঠা.) নির্দেশিত হওয়া; আবশ্যক হওয়া। **~·ment** *n* প্রয়োজন।

requi·site ['রেকওয়িজ়িট্] *n,adj* ~ **(for)** প্রয়োজনীয়; অপরিহার্য।

requi·si·tion [,রেকওয়িজ়িশ্‌ন্] *n* [U] প্রয়োজনীয় কিছু চাওয়া; [C] (কোনো কিছুর জন্য) লিখিত চাহিদা: We cannot meet his ~s. □*vt* ~ **(for)** ফরমাশ দিয়ে লাভ করা; (কাউকে) তলব করা; (যুদ্ধের সময়) সরবরাহ লাভের উদ্দেশ্যে কোনো এলাকা দখল করা।

re·quite [রি'কোয়াইট্] *vt* ~ **sth/sb (with sth)** (আনুষ্ঠা.) ১ শোধ করা; প্রতিদান দেওয়া। ২ প্রতিশোধ গ্রহণ করা। **requi·tal** [-ট্‌ল্] *n* [U] পরিশোধ; ক্ষতিপূরণ; প্রতিশোধ।

re·run [রীরান্] *n* (সিনেমা ও টিভি) পুনঃপ্রচার। □*vt* (-nn-) পুনঃপ্রচার করা।

re·scind [রি'সিনড্] *vt* (আইন, চুক্তি ইত্যাদি) বাতিল করা।

re·script ['রীস্ক্রিপ্ট্] *n* [C] ১ সরকারি অনুশাসন অথবা ডিক্রি জারি। ২ (আইন ও নৈতিকতা প্রশ্নে) পোপের সিদ্ধান্ত।

res·cue ['রেস্‌কিউ] *vt* ~ **sb from sth/ sb** উদ্ধার করা; মুক্ত করা;পুনরুদ্ধার করা। □*n* [U] উদ্ধার কাজ।

come/go to the ~ / to sb's ~ কাউকে সহায়তা প্রদান। [C] এ ধরনের উদাহরণ। **res·cuer** *n* উদ্ধারকারী।

re·search [রি'সাচ্ US 'রীসাচ্] *n* [U, C] (many অথবা সংখ্যার সাথে সাধারণত ব্যবহৃত হয় না) গবেষণা; গভীর অনুসন্ধান। □*vi* ~ **(into)** গবেষণা করা। **~er** *n* গবেষক; সন্ধানকারী।

re·seat [রী'সীট্] *vt* ১ নতুন আসন সরবরাহ করা। ২ পুনরায় আসন গ্রহণ করা; পুনরায় বসা।

re·sem·blance [রি'জেম্ব্লান্স্] *n* ১ [U]সাদৃশ্য; মিল। ২ [C] সাদৃশ্যের মাত্রা: The twins show great ~s.

re·semble [রি'জেম্ব্ল্] *vt* সদৃশ হওয়া; (চেহারায়) মিল হওয়া।

re·sent [রি'জেন্ট্] *vt* তিক্ততা অনুভব করা; রাগান্বিত হওয়া; অসন্তুষ্ট হওয়া। **~·ful** [-ফ্ল্] *adj* ক্ষুব্ধ; অসন্তুষ্ট। **~·fully** [-ফ়ালি] *adv.* '**~·ment** অসন্তুষ্টি; বিরক্তি; অপমানবোধ।

res·er·va·tion [,রেজ়া'ভেইশ্‌ন্] *n* ১ [U] আপত্তি অথবা অনিচ্ছা; মনোভাব সংবরণ; আপত্তিকর বিষয়: I have got some ~s. They will accept it without ~s. ২ [C] (US) সংরক্ষিত এলাকা। দ্র. reserve¹(৫). ৩ [C] (বিশেষত US) রিজার্ভেশন; (ভ্রমণে) আসন-সংরক্ষণ। দ্র. book² (২).

re·serve¹ [রি'জ়াভ়্] *n* ১ ভবিষ্যৎ সঞ্চয়: the bank's ~. ২ [C] (সাম.) রিজার্ভ সৈন্য; প্রয়োজনে ব্যবহারের জন্য রক্ষিত সামরিক বাহিনী। ৩ **the R~** জরুরি প্রয়োজনে তলব করবার জন্য রক্ষিত অনিয়মিত সৈন্য। ৪ [U] **in ~** অব্যবহৃত কিন্তু প্রয়োজনে পাওয়া যাবে এমন। ৫ বিশেষ প্রয়োজনে সংরক্ষিত এলাকা। ৬ [C,U] আপত্তি অথবা নিষেধ; সীমাবদ্ধতা: We can not accept it without ~. ৭ [U] সংযম; মনোভাব সংবরণ। **re·serv·ist** [রি'জাভিস্ট্] *n* সংরক্ষিত সেনাবাহিনীর সদস্য।

re·serve² [রি'জ়াভ়্] *vt* ১ ভবিষ্যতের জন্য জমা করা অথবা রেখে দেওয়া। ২ সংরক্ষণ করা: This seat is ~d for the chief guest. ৩ (টাকা দিয়ে) আসন সংরক্ষণ করা; রিজার্ভ করা। **All seats ~d** (মিলনায়তন) সব আসন সংরক্ষিত (অর্থাৎ অগ্রিম টিকিট কেটে আসন লাভ করতে হয়)। **All rights ~d** (আইন.) সর্বস্বত্ব সংরক্ষিত। ৪ নির্ধারিত; পড়ে আছে এমন । **~d** *adj* (ব্যক্তি অথবা চরিত্রের ক্ষেত্রে) গুরুগম্ভীর; চাপা স্বভাবের। **~d·ly** [রি'জাভিডলি] *adv*

res·er·voir ['রেজ়াভ্ওয়া:(র্)] *n* [C] ১ পানির ট্যাংক; জলাধার; যে কোনো তরল পদার্থ রাখবার পাত্র। ২ (লাক্ষ.) (তথ্য; জ্ঞান ইত্যাদির) সরবরাহ।

re·set [রী'সেট্] *vt* (*pt,pp* reset; -tt-) পুনরায় শান দেওয়া। ২ পুনরায় যথাস্থানে রাখা; পুনরায় স্থাপন করা। ৩ (ছাপাখানায়) পুনরায় টাইপ বসানো। দ্র. set² (৯).

re·settle [রী'সেট্ল্] *vt,vi* (বাস্তুহারা, উদ্বাস্তুদের ক্ষেত্রে) নতুন দেশে পুনরায় স্থায়ীভাবে বসবাসের ব্যবস্থা করা (অথবা সহায়তা করা)। **~·ment** *n*

re·shuffle [রী'শাফ্ল্] *vt* পুনরায় শাফল করা: ~ the cards. □*n* পুনর্বিন্যাস।

re·side [রি'জাইড্] *vi* ১ ~ **(in/at)** বসবাস করা। ২ ~ **in** (ক্ষমতা, অধিকার প্রসঙ্গে) অধিকারী হওয়া।

resi·dence ['রেজ়িডান্স্] *n* ১ বসবাস। [U] **in ~ (ক)** (সরকারি) আবাস। **(খ)** (ছাত্রদের ক্ষেত্রে) আবাসিক হল। ২ আবাস, বাসভবন।

resi·dency ['রেজ়িডান্‌সি] *n* [C] (*pl* -cies) দূতাবাস-কর্মকর্তার সরকারি বাসভবন।

resi·dent ['রেজ়িডন্ট্] *adj* বসবাসরত; আবাসিক। □*n* ১ বসবাসকারী। ২ **R ~** প্রশাসনে সহায়তা দানের জন্য অন্যদেশে প্রেরিত কর্মকর্তা।

resi·den·tial [,রেজ়ি'ডেনশ্‌ল্] *adj* ১ আবাসিক; বসবাস সংক্রান্ত। ২ বাসভবন সংক্রান্ত।

re·sid·ual [রি'জিডিউইউআল US -জু-] *adj* অবশেষ; অবশেষ সংক্রান্ত।

re·sidu·ary [রি'জিডিউআরি US -জুএরি] *adj* অবশেষ সংক্রান্ত; (আইন.) সম্পত্তির অবশিষ্ট অংশ সংক্রান্ত; সম্পত্তির অবশিষ্ট অংশ ভোগকারী।

resi·due ['রেজ়িড্ইউUS -ডূ] [C] অবশিষ্টাংশ; (আইন.) দায়-দেনা পরিশোধের পর কোনো এস্টেট অথবা জমিদারির বাকি অংশ।

re·sign [রি'জাইন্] *vt,vi* ১ ~ **(from)** পদত্যাগ করা; (দাবি) ত্যাগ করা। ২ ~ **sb/ oneself to sb/ sth** সমর্পণ করা। ৩ ~ **oneself to sth/ be ~ed to sth** হাসিমুখে/ বিনা প্রতিবাদে সব সয়ে যাওয়া। **~ed** *adj* কোনো কিছু মেনে নিয়েছে এমন; আত্মসমর্পিত। **~·edly** [-ইড্‌লি] *adv* আত্মসমর্পিত চিত্তে; সব মেনে নেওয়ার ভঙ্গিতে।

res·ig·na·tion [,রেজ়িগ'নেইশন] *n* ১ [U] পদত্যাগ; দাবিত্যাগ; পদত্যাগপত্র। ২ [U] হালছাড়া ভাব; বিনা প্রতিবাদে গ্রহণ।

re·sil·ience [রি'জিলিআন্স্], **re·sil·iency** [-ন্সি] *nn* [U] আগের অবস্থায় ফিরে আসার গুণাবলী; (যেমন রবার ফিরে আসে); (লাক্ষ.) স্বাভাবিক অবস্থায় প্রত্যাবর্তন (যেমন জ্বর ভোগের পর)। **re·sil·ient** [-ন্ট্] *adj* স্বাভাবিক অবস্থায় প্রত্যাবর্তনের সম্ভাবনাপূর্ণ; স্থিতিস্থাপক।

resin ['রেজ়িন US 'রেজ্‌ন্] *n* [C,U] রজন; গাছের আঠালো রসবিশেষ, যা বার্নিশ তৈরিতে ব্যবহৃত হয়; রাসায়নিকভাবে তৈরি এ ধরনের পদার্থ। দ্র. rosin. **res·in·ated** ['রেজিনেইটিড US -জা-] *adj* রজনের স্বাদ-গন্ধপূর্ণ। **re·sin·ous** ['রেজ়িনাস্ US 'রেজ়ানাস] *adj* রজন সংক্রান্ত অথবা রজন সদৃশ।

re·sist [রি'জ়িস্ট্] *vt,vi* ১ বিরোধিতা করা; প্রতিরোধ করা। ২ (ক্ষতি) রোধ করা। ৩ ঠেকিয়ে রাখা; প্রতিহত করা। **~er** প্রতিরোধকারী; লোভ-সংবরণকারী। **~·less** *adj* অপ্রতিরোধ্য।

re·sis·tance [রি'জ়িস্টান্স্] *n* ~ **(to)** ১ [U] প্রতিরোধক্ষমতা। দ্র. passive. '**~ movement** প্রতিরোধ আন্দোলন। ২ [U] বিরোধী শক্তি। **line of least ~** কোনো বাহিনী কম বাধার মুখোমুখি হয় এমন লাইন; (লাক্ষ.) সহজতম পদ্ধতি। ৩ [C,U] বিরোধিতা।

re·sis·tant [রি'জ়িস্টন্ট্] *adj* ~ **(to)** প্রতিরোধক্ষমতাসম্পন্ন; প্রতিরোধক।

re·sis·tor [রি'জ়িস্টা(র্)] *n* বিদ্যুৎ-বর্তনীতে প্রতিরোধ সৃষ্টিতে সহায়ক প্রকৌশল।

re·sole [,রী'সৌল্] *vt* (জুতায়) নতুন সোল লাগানো।

res·ol·ute ['রেজ়ালূট্] *adj* দৃঢ়সঙ্কল্প। **~·ly** *adv* দৃঢ়তার সাথে। **~·ness** *n* দৃঢ়তা।

res·ol·ution [,রেজ়া'লূশ্‌ন্] *n* ১ [U] দৃঢ়তা; সঙ্কল্পে অটলতা অথবা সাহসিকতা। ২ [C] প্রস্তাব: pass ~. ৩ [C] মানসিক সিদ্ধান্ত। ৪ [U] সিদ্ধান্ত। দ্র. resolve(৩). ৫ বিভিন্ন উপাদানে বিভক্তিকরণ পদ্ধতি।

re·solve [রি'জ়ল্ভ়্] *vt,vi* ১ ~ **to do sth; ~ that ...; ~ on/upon (doing) sth** সিদ্ধান্ত গ্রহণ করা; স্থির করা। ২ (সংগঠন, জনসভা, আইন পরিষদের ক্ষেত্রে) প্রস্তাব গ্রহণ করা। ৩ (সন্দেহ, বাধা ইত্যাদি ক্ষেত্রে)

উপসংহার টানা। ৪ ~ sth (into sth) (বিভিন্ন অংশে) বিভক্ত করা অথবা আলাদা করা; রূপান্তরিত করা। □n ১ [C] স্থিরকৃত; মানসিক পরিণতি। ২ দৃঢ়সঙ্কল্প। **re·solv·able** [-অব্‌ল্] *adj*

res·on·ant [ˈরেজ়ানান্ট্] *adj* ১(ধ্বনির ক্ষেত্রে) অনুনাদক; অনুরণনবৈশিষ্ট্যসম্পন্ন: ~ voice. ২ (কক্ষের ক্ষেত্রে) প্রতিধ্বনিবিশিষ্ট। ৩ (স্থানের ক্ষেত্রে) প্রতিধ্বনিময়। **res·on·ance** [-অনস্] *n* [U] অনুনাদ; অনুরণন। **res·on·ate** [ˈরেজ়ানেইট] *vt,vi* অনুরণন করা। **res·ona·tor** [-টা(র্)] *n* অনুরণন দ্বারা ধ্বনিবর্ধক যন্ত্র।

re·sort [রিˈজ়োᐤট্] *vi* ~ **to** ১ আশ্রয় নেওয়া অথবা অবলম্বন করা: He has ~ed to theft. ২ ঘন ঘন যাওয়া আসা করা। □n ১ আশ্রয়। **in the last ~; as a last ~** শেষ আশ্রয়। ২ শেষ অবলম্বন। ৩ [C] (ভ্রমণ-বিনোদনের জন্য) যাবার জায়গা।

re·sound [রিˈজ়াউন্ড্] *vi,vt* ১ ~ **(with)** ধ্বনিত; প্রতিধ্বনিত করা; অনুরণিত করা অথবা হওয়া। ২ (লাক্ষ.) (যশ খ্যাতি) অত্যন্ত আলোচিত হওয়া; সর্বত্র ছড়িয়ে পড়া: Your fame will ~ throughout the country. **~·ing·ly** *adv*

re·source [রিˈসোᐤস্ US ˈরীসোᐤর্স্] *n* ১ (*pl*) (ব্যক্তিগত অথবা দেশের) সম্পদ: Gas is one of the natural ~s of Bangladesh. ২ [C] সঙ্গতি। ৩ সম্পদ সংগ্রহে দক্ষ; দ্রুত বুদ্ধি: a man of ~. **~·ful** [-ফ্‌ল্] *adj* সম্পদের সম্ভাবনা সন্ধানে দক্ষ। **~·fully** [-ফ়ালি] *adv*

re·spect[1] [রিˈস্পেক্ট্] *n* ১ [U] ~ **(for)** সম্মান; উচ্চ ধারণা অথবা শ্রদ্ধা। ২ [U] ~ **(for)** বিবেচনা; মনোযোগ; শ্রদ্ধাবোধ। **pay ~ to** (ক) বিবেচনা (খ) সম্মান। **~ for persons** সম্পদ, সামাজিক অবস্থানের ভিত্তিতে মানুষে মানুষে অন্যায় ভেদাভেদ। ৩ [U] প্রসঙ্গ; সম্পর্ক। **with ~ to** প্রসঙ্গে; সম্পর্কে। **without ~ to** বিবেচনায় না এনে। ৪ [C] খুঁটিনাটি; বিশেষ দিক। **in ~ of** এ বিষয়ে, এ ব্যাপারে। **in some/ any/ no, etc ~s** কিছু কিছু ব্যাপারে। ৫ (*pl*) শ্রদ্ধা। **pay one's ~s to sb** সৌজন্যমূলক সাক্ষাৎ করা।

re·spect[2] [রিˈস্পেক্ট্] *vt* শ্রদ্ধা করা; বিবেচনা করে চলা/বলা। **~ oneself** নিজের সম্পর্কে শ্রদ্ধাবোধ থাকা। **~er** *n* **(only in) no ~er of persons** ব্যক্তিবিশেষের প্রতি শ্রদ্ধাশীল নয় এমন। **~·ing** *prep* সম্পর্কিত: legislation ~ing marriage.

re·spect·able [রিˈস্পেকটাব্‌ল্] *adj* ১ (ব্যক্তির ক্ষেত্রে) সম্মানিত; সামাজিক মর্যাদাসম্পন্ন; (পোশাক, আচরণ ইত্যাদি ক্ষেত্রে) মানানসই; ভদ্রজনোচিত; শোভন। ২ (শ্লেষের ব্যবহারে) (আচরণ, চলাফেরার ক্ষেত্রে) গতানুগতিক। ৩ মোটামুটি। **re·spect·ably** [-টাব্‌লি] *adv* মানানসইভাবে; শোভনভাবে: ~ dressed. **re·spect·abil·ity** [রি͵স্পেকটাˈবিলাটি] *n* (*pl*-ties) [U]শ্রদ্ধেয় হবার মতো গুণাবলী; শ্রদ্ধালাভের উপযুক্ততা।

re·spect·ful রি ˈস্পেক্‌ট্‌ফ্‌ল্] *adj* ~ **(to)** সশ্রদ্ধ। **~·ly** [-ফ়লি] *adv*

re·spect·ive [রিˈস্পেক্‌টিভ্] *adj* যার যার; স্ব স্ব; নিজ নিজ: You go to your ~ classes. **~·ly** *adv* যার যার মতো; ভিন্ন ভিন্নভাবে; একে একে।

res·pir·ation [͵রেস্‌পাˈরেইশ্‌ন্] *n* [U] শ্বাসক্রিয়া; নিঃশ্বাস অথবা প্রশ্বাস।

res·pir·ator [ˈরেস্‌পরেইটা(র্)] *n* [C] শ্বাস-প্রশ্বাস গ্রহণে সহায়ক যন্ত্রবিশেষ।

re·spire [রিˈস্‌পাইআ(র্)] *vi* (আনুষ্ঠা.) নিঃশ্বাস-প্রশ্বাস গ্রহণ/ত্যাগ করা। **re·spir·atory** [রিস্পাইআরাট্‌রি US ˈরেস্পিরাটঃরি] *adj* শ্বাসপ্রশ্বাস সংক্রান্ত: the respiratory organs.

res·pite [ˈরেস্পাইট্ US ˈরেস্‌পিট্] *n* ১ [C, U] ~ **(from)** অবসর; বিরাম; নিবৃত্তি। ২ [C] সাজাপ্রদান স্থগিত অথবা বিলম্বিতকরণ। □*vt* সাজাপ্রদান স্থগিত করা: The justice gave a ~ to the murderer.

re·splen·dent [রিˈস্প্লেন্‌ডান্ট্] *adj* অত্যন্ত উজ্জ্বল; চমৎকার। **~·ly** *adv.* **re·splen·dence** [-অন্‌স্], **re·splen·dency** [-আন্‌সি] *nn* [U] ঔজ্জ্বল্য; চমৎকারিত্ব।

re·spond [রিˈস্পন্‌ড্] *vi* ১ ~ **(to)** (গির্জার লোকজনের ক্ষেত্রে) পুরোহিতের প্রশ্নের রীতিমাফিক জবাব। ২ কোনো কথা অথবা ক্রিয়ার জবাব সক্রিয়ভাবে দেওয়া: He ~ed with a slap. ৩ ~ **(to)** প্রতিক্রিয়া হওয়া; প্রতিফল লাভ করা।

re·spon·dent [রিˈস্পনডেন্ট্] *n* (আইন.) (তালাকের মামলায়) বিবাদী; প্রতিবাদী।

re·sponse [রিˈস্পন্‌স্] *n* [C] ১ উত্তর; সাড়া। ২ [C] (গির্জায়) পুরোহিতের সাথে গেয় গীত। ৩ [C, U] প্রতিক্রিয়া।

re·spon·si·bil·ity [রি͵স্পন্‌সাˈবিলাটি] *n* (*pl* -ties) ১ [U] দায়িত্ব। ২ [C] গুরুদায়িত্ব; এমন কাজ, যার জন্য কোনো ব্যক্তিকে দায়ী থাকতে হয়: the heavy responsibilities of the Prime Minister.

re·spon·sible [রিˈস্পন্‌সাব্‌ল্] *adj* ১ ~ **(to sb) (for sb/sth)** (ব্যক্তির ক্ষেত্রে) আইনত অথবা নীতিগতভাবে দায়ী। **~ government** জনগণের কাছে জবাবদিহি করতে হয় এ রকম সরকার। ২ ~ **(for sth)** দায়িত্বপূর্ণ। ৩ বিশ্বাসী; নির্ভরযোগ্য। ৪ **be ~ for sth** (কোনো ঘটনা/দুর্ঘটনার) কারণ অথবা উৎস; ঘটনা/দুর্ঘটনার জন্য দায়ী: The driver was ~ for the accident. **re·spon·sibly** [-অব্‌লি] *adv*

re·spon·sive [রিˈস্পন্‌সিভ্] *adj* অনুকূল সাড়া পাওয়া যাবে এমন। ২ ~ **(to)** দ্রুত সাড়া দেয় এমন।

rest[1] [রেস্ট্] *n* ১ [U] বিশ্রাম; ঘুম। **at ~** (ক) স্থির;ঝামেলামুক্ত; চলাচল অথবা উত্তেজনামুক্ত। (খ) মৃত। **be laid to ~** সমাধিস্থ। **come to ~** (চলমান কিছুর ক্ষেত্রে) থামা। **set sb's mind/fears at ~** শান্ত করা; দুশ্চিন্তামুক্ত করা। **ˈ~-cure** *n* স্নায়বিক দুর্বলতায় আক্রান্ত রোগীদের বিশ্রাম-চিকিৎসা। **ˈ~-day** *n* বিশ্রামে কাটানো দিন। **ˈ~-home** *n* বৃদ্ধনিবাস। **ˈ~-house** *n* রেস্ট হাউস। **ˈ~ room** [US] সর্বসাধারণের জন্য নির্মিত পায়খানা। ২ [C] ভর। ৩ [C] (সঙ্গীতে) নীরবতা (সঙ্কেত)। **~·ful** [-ফ়্‌ল্] *adj* প্রশান্ত; শান্তিপূর্ণ; নীরব। **~·fully** [-ফ়ালি] *adv.* **~·ful·ness** *n.* **~·less** *adj* চঞ্চল অথবা অস্থির। **~·less·ly** *adv.* **~·less·ness** *n* চঞ্চলতা; অস্থিরতা।

rest[2] [রেস্ট্] *n* **the ~** ১ অবশেষ; বাকি অংশ; অন্যান্য। **and (all) the ~ (of it)** এবং উল্লেখযোগ্য সব কিছু। **for the ~** অন্যপ্রসঙ্গে; অন্য সব ব্যাপারে। ২ (*pl v* সহ) অন্যান্য সকলে।

rest[3] [রেস্ট্] *vi,vt* ১ বিশ্রাম গ্রহণ করা; শান্ত বা স্থির হওয়া। ২ বিশ্রাম অথবা অবসর দান করা: May God ~ his soul. ৩ ~ **(sth) on/ upon/ against** (কোনো কিছুতে) ভর দিয়ে অথবা হেলান দিয়ে বিশ্রাম করা। **~ on one's oars** (ক) কিছুক্ষণের জন্য দাঁড় টানা বন্ধ করা।

(খ) (লাক্ষ.) যে কোনো কাজের পর বিশ্রামের সময়। ৪ ~ **(sth) on/upon** শুয়ে থাকা; (দৃষ্টির ক্ষেত্রে) পতিত হওয়া; পড়া।

rest[4] [রেস্ট্] *vi* ১ বিশেষ অবস্থায় থাকা। ২ ~ **with** (কারো) হাতে নির্ভর করা; কারো দায়িত্বে থাকা। ৩ ~ **on/upon** নির্ভর করা: Nazrul's fame ~s upon his songs more than upon his poems.

re·state [ˌরীস্টেইট্] *vt* পুনর্ব্যক্ত করা অথবা নতুনভাবে বলা। ~**·ment** *n* পুনরুক্তি; নতুন বক্তব্য।

res·taur·ant [ˈরেস্ট্রান্ট্ US –টারান্ট্] *n* রেস্টুরেন্ট; রেস্তোরাঁ। **res·taura·teur** [রেস্টরাˈটা(র্)], **res·taur·an·teur** [রেস্ট্রন্ˈটা(র্) US –টারান্–] *nn* রেস্টুরেন্টের ম্যানেজার।

res·ti·tu·tion [ˌরেস্টিˈটিউশন্ US –টূ–] *n* [U] ১ (চুরিকৃত মাল) মালিকের কাছে ফেরত প্রদান। ২ = reparation.

res·tive [ˈরেস্টিভ্] *adj* ১ (ঘোড়া অথবা অন্য প্রাণীর ক্ষেত্রে) সামনে বাড়তে অনিচ্ছুক; পিছু হটা। ২ (ব্যক্তির ক্ষেত্রে) নিয়ন্ত্রিত হতে অথবা শৃঙ্খলাবদ্ধ জীবন যাপনে অনিচ্ছুক। ~**·ly** *adv*. ~**·ness** *n* নিয়ন্ত্রণে অনিচ্ছা; বিশৃঙ্খলা।

re·stock [রীˈস্টক্] *vt* নতুনভাবে মজুদ করা; নতুনভাবে পূর্ণ করা: ~ a pond.

res·to·ra·tion [ˌরেস্টারেশন্] *n* ১ [U] নতুনভাবে গুদামজাতকরণ। ২ **the R**~ রেস্টোরেশন যুগ; এ সময় (১৬৬০ সালে) ইংল্যান্ডে রাজতন্ত্র পুনঃপ্রতিষ্ঠিত হয়। ৩ [C] ধ্বংসপ্রাপ্ত দালানের মডেল অনুসরণে নতুনভাবে দালানের পুনর্নির্মাণ।

re·stora·tive [রিˈস্টো°রাটিভ্] *adj* নষ্ট স্বাস্থ্য ও শক্তি পুনরুদ্ধারক; সঞ্জীবনী। □*n* [C, U] সঞ্জীবনী খাদ্য, ঔষধ প্রভৃতি।

re·store [রিস্টো°(র্)] *vt* ~ **(to)** ১ ফিরিয়ে দাও। ২ ফিরিয়ে আনা: ~ traditional cultures. ৩ ভালো করা অথবা পূর্বাবস্থায় ফিরিয়ে আনা (যেমন হারানো স্বাস্থ্য)। ৪ মেরামত করা; মূলের আদলে পুনর্নির্মাণ করা। ৫ পূর্বপদে ফিরিয়ে আনা। ~**r** *n* যে পূর্বাবস্থায় ফিরিয়ে আনতে সহায়তা দান করে; পুরনো তৈলচিত্র পরিষ্কারে অভিজ্ঞ। ˈ**hair-**~**r** যে দ্রব্য ব্যবহারে টেকো মাথায় চুল গজায় বলে দাবি করা হয়।

re·strain [রিˈস্ট্রেইন্] *vt* ~ **(from)** ধরে রাখা; নিয়ন্ত্রণে রাখা; (কাউকে কোনো কিছু করা থেকে) বিরত রাখা। ~**ed** *adj* (বিশেষ করে) নিরাবেগ; নিয়ন্ত্রিত। ~**t** [রিˈস্ট্রেইন্ট্] *n* ১ [U] নিয়ন্ত্রণ; বাধা; দমন। **be put under** ~**t** (বিশেষত মানসিক রোগাক্রান্তের ক্ষেত্রে) মানসিক চিকিৎসালয়ে আবদ্ধ। **without** ~**t** বাধাহীনভাবে। ২ [U] (সাহিত্য–শিল্পে) সংযম। ৩ [C] যে শক্তি দমিয়ে রাখে: the ~ts of illness.

re·strict [রিস্ট্রিক্ট্] *vt* ১ ~ **(to)** সীমিত করা; সীমাবদ্ধ রাখা। **re·stric·tion** [রিস্ট্রিক্শন্] *n* সীমিতকরণ; বাধানিষেধ। ২ [C] নিষেধাজ্ঞা। ~**·tive** [রিস্ট্রিকটিভ্] *adj* নিয়ন্ত্রণপ্রবণ। ~**ive practices** (শিল্প–বাণিজ্যে) শ্রম এবং কারিগরি শক্তি ব্যবহারে জটিলতা যার ফলে উৎপাদন–দক্ষতা ক্ষতিগ্রস্ত হয়। ~**·ive·ly** *adv* সীমাবদ্ধ করবার প্রবণতার সাথে।

re·struc·ture [ˌরীস্ট্রাকচা(র্)] *vt* নতুন কাঠামো প্রদান করা অথবা নতুনভাবে ব্যবস্থা করা।

re·sult [রিˈজাল্ট্] *vi* ১ ~ **(from)** স্বাভাবিক পরিণতি লাভ করা; ফলে যাওয়া। ২ ~ **in** ডেকে আনা; পর্যবসিত হওয়া: The present relation between the two countries will ~ in war. ৩ বিশেষভাবে শেষ হওয়া। □*n* ১ [C,U] ফলাফল। ২ [C] যোগফল; সমাধান (অঙ্কে)। ~**·ant** [–অন্ট্] *adj* ফলস্বরূপ। □[C] উদ্ভূত বস্তু।

re·sume [রিˈজ়িউম্ US –ˈজূম্] *vt* ১ পুনরায় শুরু করা। ২ পুনরায় গ্রহণ অথবা দখল করা: He has ~d his seat.

ré·sumé [ˈরেজ়িউমেই US ˌরেজ়ুˈমেই] *n* [C] সারসংক্ষেপ; সারবস্তু: (US) = curriculum vitae. দ্র. curriculum.

re·sump·tion [রিˈজাম্প্শন্] *n* [U] পুনরারম্ভ; [C] পুনরায় শুরুর ঘটনা।

re·sur·face [ˌরীসাফ়িস্] *vt,vi* ১ নতুন উপরিভাগ তৈরি করা (যেমন রাস্তায়)। ২ (সাবমেরিনের ক্ষেত্রে) পুনরায় উপরিভাগে আগমন করা।

re·sur·gent [রিˈসাজান্ট্] *adj* পুনরুত্থানশক্তি সম্পন্ন; (পরাজয়, ধ্বংসের পর) পুনরায় শৌর্য–বীর্যসম্পন্ন: ~ nationalism. **re·sur·gence** [–অন্স্] *n* পুনরুত্থান; পুনর্জাগরণ।

res·ur·rect [ˌরেজ়ারেক্ট্] *vt,vi* ১ (পুরনো আমলের কোনো কিছুর) নতুনভাবে ব্যবহার শুরু করা; বাতিল অভ্যাস পুনরায় চালু করা: ~ culture. ২ কবর থেকে তুলে আনা; (কথ্য) খনন করা। ৩ (বিরল ব্যবহার) আবার জীবন ফিরে পাওয়া।

res·ur·rec·tion [ˌরেজ়াˈরেক্শন্] *n* [U] ১ **the R** ~ (ক) সমাধি থেকে যিশু খ্রিস্টের উত্থান। (খ) পুনরুত্থান। ২ অলস জীবন ছেড়ে নব আগমন।

re·sus·ci·tate [রিˈসাসিটেইট্] *vt,vi* জ্ঞান/চেতনা ফিরিয়ে আনা। **re·sus·ci·ta·tion** [রিˌসাসিˈটেইশন্] *n* [U] নতুন জীবন দান।

re·tail [ˈরীটেইল্] *n* [C] খুচরা বিক্রি। দ্র. wholesale. □*adv* খুচরাভাবে: You can buy this ~ or wholesale. □*vt,vi* ১ ~ **(at)** খুচরা বিক্রি করা। ২ (শোনা কথা অথবা গুজব) খুঁটিনাটি সহ অথবা এক এক করে বিভিন্ন জনের কাছে বলা। ~**er** *n* খুচরা বিক্রেতা।

re·tain [রিˈটেইন্] *vt* ১ রাখা; অব্যাহত রাখা; বজায় রাখা; যথাস্থানে রাখা। ২ পয়সার বিনিময়ে সেবা লাভ করা। ~**er** *n* ১ (আইন.) (কোনো আইনজ্ঞের) সেবা লাভের জন্য ব্যয়িত অর্থ। ২ (প্রা. প্র.) চাকর।

re·take [ˌরীটেইক্] *vt* (*pt* -took) [–ˈটুক্], *pp* taken [–ˈটেইকান্]) পুনরায় গ্রহণ করা; পুনরায় দখল করা; পুনরায় ছবি তোলা। □*n* [ˈরীটেইক্] (টিভি/চলচ্চিত্রে) পুনরায় গৃহীত ছবি; রিটেক।

re·tali·ate [রিˈট্যালিএইট্] *vi* ~ **(against/ on/ upon)** দুর্ব্যবহারের জবাব দুর্ব্যবহারের মাধ্যমে দেওয়া। **re·tali·ation** [রিˌট্যালিˈএইশন্] *n* পাল্টা দুর্ব্যবহার। **re·tali·at·ive** [রিˈট্যালিআটিভ্ US -লিএ ইট্–] **re·tali·at·ory** [রিˈট্যালিআটারি US –টো°রি] *adj* পাল্টা দুর্ব্যবহার; পাল্টা দুর্ব্যবহার সংক্রান্ত।

re·tard [রিˈটা:ড্] *vt* দমন করা; প্রতিহত করা: ~ development. **a mentally retarded child** মানসিক প্রতিবন্ধী শিশু। **re·tar·da·tion** [ˌরীটা:ˈডেইশন্] *n* দমন; প্রতিহতকরণ; প্রতিবন্ধীকরণ।

retch [রেচ্] *vi* বমি বমি ভাবের ফলে ওয়াক–থু করা, কিন্তু বমি না হওয়া।

re·tell [ˌরীটেল্] *vt* (*pt,pp* -told) [–ˈটৌল্ড্] পুনরায় বলা; পরিবর্তিতভাবে অথবা ভিন্ন ভাষায় বর্ণনা করা: Shakespeare's tales as ~ by Lamb.

re·ten·tion [রিˈটেন্শন্] *n* [U] ধারণ।

re·ten·tive [রি'টেন্‌টিভ্] *adj* ~ **(of)** ধারণক্ষম। **~·ly** *adv.* **~·ness** *n* ধারণক্ষমতা।

re·think [ˌরী'থিঙ্ক্] *vt,vi* (*pt,pp* thought [-থো°ট্]) পুনরায় ভাবা; পুনরায় বিবেচনা করা। □*n* ['রীথিঙ্ক্] (কথ্য) পুনর্ভাবনা।

reti·cent ['রেটিস্‌ন্ট্] *adj* স্বল্পভাষী; গুরুগম্ভীর। **~·ly** *adv.* **reti·cence** [-স্‌ন্স্] *n* [U] স্বল্পভাষিতা; বাকসংযম।

re·ticu·late [রি'টিকিয়ুলেইট্] *vt,vi* জালের মতো খোপ খোপ করা; জালি করা। □*adj* [রি'টিকিয়ুলাট্] জালের মতো খোপ খোপবিশিষ্ট; জালিবিশিষ্ট। **re·ticu·la·tion** [রিটিকিয়ুলেইশ্‌ন্] *n* (প্রায়শ *pl*) জালি।

reti·cule ['রিটিকিয়ুল্] *n* (অচলিত) ভ্যানিটি ব্যাগ।

ret·ina ['রেটিনা US 'রেটানা] *n* (*pl* ~s বা -nae [-নী]) [C] রেটিনা; অক্ষিপট।

reti·nue ['রেটিনইউ US 'রেটানূ] *n* [C] উচ্চপদস্থ কর্মচারীর ভ্রমণসঙ্গীবৃন্দ (অফিসার, চাকর-বাকরসহ)।

re·tire [রি'টাইআ(র্)] *vi,vt* ১ ~ **(from) (to)** সরে দাঁড়ানো; চলে যাওয়া। ২ ~ **(to bed)** (আনুষ্ঠা.) শয্যাগ্রহণ করা। ৩ (সাম.) তুলে নেওয়া; পিছু হটা। ৪ অবসর গ্রহণ করা। ৫ অবসর প্রদান করা। ৬ ~ **from the world** সন্ন্যাসী হওয়া। ~ **into oneself** নিজেকে গুটিয়ে নেওয়া; সমাজবিচ্ছিন্ন হয়ে আত্মমগ্ন হওয়া। □*n* তাঁবু তুলে নেওয়া অথবা পিছু হটার জন্য (বিউগল বাজিয়ে) সামরিক বাহিনীর সঙ্কেতবিশেষ। **~d** *adj* ১ অবসরপ্রাপ্ত। ২ নিঃসঙ্গ; প্রশান্ত। **re·tir·ing** *adj* অসামাজিক। **~·ment** *n* ১ [U] অবসর; নিঃসঙ্গতা; গণবিচ্ছিন্নতা। ২ [U] অবসর-জীবন। **go into ~ment** অবসর গ্রহণ। ৩ [C] এ ধরনের অবসর। **'~ment pension** = old-age pension. দ্র. pension.

re·tool [ˌরীটূল্] *vt* (কলকারখানা ইত্যাদিকে) যন্ত্রসজ্জিত করা।

re·tort[1] [রি'টো°ট্] *n* [C] ১ গলাওয়ালা জগ। ২ পারদ বিশুদ্ধকরণে অথবা গ্যাস তৈরিতে ব্যবহৃত পাত্রবিশেষ।

re·tort[2] [রি'টো°ট্] *vt,vi* ১ জবাব দেওয়া; প্রতিবাদ করা। ২ (আনুষ্ঠা. বিরল) সমুচিত জবাব দেওয়া। □[U] **~·ing** উচিত জবাব।

re·touch [ˌরীটাচ্] *vt* (ছবিতে) রিটাচ দেওয়া।

re·trace [রী'ট্রেইস্] *vt* ১ গোড়ায় ফিরে যাওয়া। ২ মনে মনে (পুরনো ঘটনায়) চলা।

re·tract [রি'ট্রাক্ট্] *vt,vi* ১(বক্তব্য, মতামত ইত্যাদি) তুলে নেওয়া; প্রত্যাহার করা। ২ গুটিয়ে নেওয়া: It will ~ its claws. **~·able** [-অব্‌ল্] *adj* গুটিয়ে ফেলা যায় এমন। **re·trac·tion** [রি'ট্র্যাকশ্‌ন্] *n* [U] প্রত্যাহার; গুটানো।

re·tread [ˌরীট্রেড্] *vt* (*pt.pp* -ed) (পুরনো চাকায়) নতুন দাঁত লাগানো। দ্র. tread, *n* (৩). □*n* ['রীট্রেড্] নতুন দাঁত লাগানো চাকা ([US] = recap)।

re·treat [রি'ট্রীট্] *vi* ১ ~ **(from) (to)** (সাম.) পশ্চাদপসারণ করা; প্রত্যাহার করা। ২ ফিরে যাওয়া। □*n* ১ [U] পশ্চাদ অপসরণ; প্রত্যাহার। ২ পশ্চাদপসরণ-সঙ্কেত। ৩ পশ্চাদপসরণের ঘটনা; উদাহরণ। **beat a (hasty) ~** (লাক্ষ.) চুক্তি বাতিল করা; প্রত্যাহার করা; পিছু হটা; কথার বরখেলাপ করা। ৪ [C, U] নির্জন আশ্রয়। **go into ~** ধর্মকর্মের জন্য সাময়িক নির্জনবাস।

re·trench [রি'ট্রেন্‌চ্] *vt,vi* ব্যয় সঙ্কোচ করা; খরচ কমানো। **~·ment** *n* [U] ব্যয়সঙ্কোচ।

re·trial [ˌরীট্রাইআল্] *n* (আদালতে) পুনর্বিচার; নতুন বিচার।

ret·ri·bu·tion [রেট্‌রিবিয়ুশ্‌ন্] [U] উচিত শাস্তি। **re·tri·bu·tive** [রি'ট্রিবিয়ুটিভ্] *adj* শাস্তিস্বরূপ।

re·trieve [রিট্রীভ্] *vt,vi* ১ ফিরে পাওয়া: He ~d a lost watch. ২ শুদ্ধ করা; ক্ষতিপূরণ করা। ৩ ~ **(from)** উদ্ধার করা। ৪ (প্রশিক্ষিত কুকুরের ক্ষেত্রে) খুঁজে নিয়ে আসা (যেমন, শিকার করা পাখি)। **re·triev·able** [-আব্‌ল্] *adj.* **re·trieval** [-ভ্‌ল্] *n* [U] ১ প্রত্যাবর্তন। ২ ফিরে পাওয়ার সম্ভাবনা। **re·triever** *n* (শিকার করা পাখি ইত্যাদি) খুঁজে আনার ক্ষেত্রে ব্যবহৃত কুকুরের প্রজাতিবিশেষ।

retro·ac·tive [ˌরেট্‌রৌ'অ্যাক্‌টিভ্] *adj* (আইনের ক্ষেত্রে) = retrospective (২). **~·ly** *adv*

retro·grade ['রেট্‌রাগ্রেইড্] *adj* ১ পশ্চাদ্ধাবনমূলক; পিছনমুখী। ২ অবনতিমূলক। □*vi* পিছনমুখী হওয়া; মন্দতর হওয়া; আরো খারাপ হওয়া।

retro·gress [ˌরেট্‌রা'গ্রেস্] *vi* পিছন দিকে চলা।

retro·gression [ˌরেট্‌রাগ্রেশ্‌ন্] *n* অধঃপতিত অবস্থা; অবনতি। **retro·gres·sive** [ˌরেট্‌রা'গ্রেসিভ্] *adj* অধঃপতনশীল; পতনমুখী।

retro·rocket ['রেট্‌রৌরকিট্] *n* মিজাইল অথবা মহাকাশযানের গতি হ্রাস অথবা গতিপথ পরিবর্তনের জন্য প্রেরিত জেট ইনজিন।

retro·spect ['রেট্‌রাস্‌পেক্‌ট্] *n* [U] অতীত-পর্যালোচনা। **in ~** অতীতের ঘটনাবলীর প্রতি দৃষ্টিপাত। **retro·spection** [ˌরেট্‌রা'স্‌পেক্‌শ্‌ন্] *n* [U] অতীতের ঘটনা ও দৃশ্যাবলী দর্শন। **ret·ro·spec·tive** [ˌরেট্‌রা'স্‌পেকটিভ্] *adj* ১ অতীত-পর্যালোচনামূলক; অতীতের ঘটনা সংক্রান্ত; অতীতের বিভিন্ন ঘটনার প্রতি দৃষ্টিপাত সংক্রান্ত। ২ (আইন, বেতন ইত্যাদি ক্ষেত্রে) অতীত ক্ষেত্রে প্রযোজ্য। **retro·spec·tive·ly** *adv*

re·troussé [রা'ট্রূসেই US ˌরেটরূ'সেই] *adj* (নাক সংক্রান্ত) প্রান্তভাগ উল্টানো।

ret·ro·ver·sion [ˌরেট্‌রৌভাশ্‌ন্ US -জ্‌ন্] *n* পিছন দিকে ফিরানো অবস্থা; পিছন দিকে ফিরানো।

ret·sina [রেট্'সীনা US 'রেট্‌সিনা] *n* [U] গ্রিসে তৈরি গন্ধযুক্ত মদবিশেষ।

re·turn[1] [রি'টান্] *n* ১ [C,U] প্রত্যাবর্তন; ফিরে যাওয়া; ফেরত দান; ফেরত পাঠানো। **by ~** ফেরত ডাকে: You will have to reply by ~. **in ~ (for)** বিনিময়ে। **Many happy ~s (of the day)** কারো জন্মদিনের শুভকামনা হিসাবে ব্যবহৃত। **On sale or ~** (মালপত্রসংক্রান্ত) অবিক্রিত মাল ফেরতযোগ্য এ বিবেচনায় খুচরা বিক্রেতাদের কাছে সরবরাহকৃত। **a/the point of no ~** (দীর্ঘ পাড়ি অথবা উড্ডয়নের ক্ষেত্রে) জ্বালানির অভাবে যাত্রাস্থলে ফিরে না এসে চালিয়ে যাওয়া; (লাক্ষ.) আলোচনায় অগ্রগতির সম্ভাবনা নেই এমন পর্যায়ে পৌঁছানো। ২ (attrib) ফিরে যাওয়া অথবা ফিরে আসার ক্ষেত্রে প্রযোজ্য: the ~ voyage. **~ fare** যাওয়া-আসা উভয়ের ভাড়া। **~ half** ফিরে আসার জন্য রক্ষিত রিটার্ন টিকিটের অর্ধেক। **~ match** ফিরতি খেলা। **~ ticket** রিটার্ন টিকিট; যাওয়া-আসার টিকিট (US = two-way ticket)। ˌ**day-'~** যেদিন ভ্রমণ করা হবে শুধু সেদিনের জন্য পাওয়া যায় এমন রিটার্ন টিকিট। ৩ (প্রায়শ *pl*) বিনিয়োগে লাভ। ৪ [C] অফিস-রিপোর্ট: Income tax ~.

return[2] [রি'টান্] *vi,vt* ১ ~ **(to) (from)** ফিরে আসা অথবা ফিরে যাওয়া। ২ ~ **to** আগের অবস্থায় ফিরে

যাওয়া। ৩ (বিরল) পাল্টা–জবাব দেওয়া। ৪ ফেরতদান করা; ফেরত রাখা; ফেরত পাঠানো; শোধ করা। ~ **thanks** খাওয়ার আগে ধন্যবাদ জ্ঞাপন করা। **~ed empties** পুনরায় ব্যবহারের জন্য প্রেরকের কাছে খালি বোতল ফেরত পাঠানো। ৫ (নির্বাচনী এলাকা সংক্রান্ত) সংসদে প্রতিনিধি হিসেবে পাঠানো। ৬ দাবির প্রেক্ষিতে কোনো অফিস কর্তৃক লিখিত জবাব দান করা। ৭ লাভ প্রদান করা। **~·able** [-অব্‌ল্] *adj* ফেরতযোগ্য।

re·un·ion [ˌরীইউনিঅন্] [U] পুনর্মিলন; (বিশেষ করে) পুরনো বন্ধু–বান্ধব সহকর্মীদের সাময়িক বিচ্ছেদের পর মিলনোৎসব।

re·unite [ˌরীইউনাইট্] *vt,vi* পুনর্মিলিত অথবা পুনরায় একত্র হওয়া।

rev [রেভ়্] *vt,vi* **rev (up)** (কথ্য) ঘূর্ণনের গতি বাড়ানো। □*n* ইনজিনের আবর্তন।

re·value [রীˈভ্যালিউ] *vt* পুনর্মূল্যায়ন করা; (বিশেষ করে) মুদ্রামান বৃদ্ধি করা। **re·valu·ation** [ˌরীভ্যাল্‌ইউˈএইশ্‌ন্] *n* পুনর্মূল্যায়ন।

re·vamp [ˌরীˈভ্যাম্প্] *vt* (কথ্য) পুনর্গঠিত করা; উন্নতিবিধান করা; পুরনো কোনো কিছু নতুনভাবে নির্মাণ অথবা সৃষ্টি করা।

re·veal [রিˈভীল্] *vt* **~ (to)** ১ দৃষ্টিগোচর করানো; প্রকাশ করা। ২ ফাঁস করা; জানিয়ে দেওয়া। **~ed religion** লোকবিশ্বাস অনুসারে স্রষ্টা কর্তৃক সরাসরি মানুষের কাছে প্রেরিত ধর্ম।

re·veille [রিˈভ্যালি US ˈরেভ়ালি] *n* (সামরিক বাহিনীতে) ভোরে ওঠার জন্য তূর্য–সঙ্কেত।

revel [ˈরেভ়্‌ল্] *vi,vt* ১ আনন্দ করা; আনন্দে সময় কাটানো। ২ ~ **in** প্রচুর আনন্দ লাভ করা! □*n* আনন্দোৎসব। **~·ler** (US=er [ˈরেভ়ালা(র্)] *n* আনন্দোৎসবে অংশগ্রহণকারী ব্যক্তি।

rev·el·ation [ˌরেভ়াˈলেইশ্‌ন্] *n* ১ [U] প্রকাশ; গুপ্ততথ্য ফাঁস; বিস্ময়কর প্রকাশ। ২ **R~**, 'The R~ of St John the Divine' শিরোনামে নিউ টেস্টামেন্টের শেষ গ্রন্থ।

rev·elry [ˈরেভ়ল্‌রি] *n* [U] (বা *pl* -ries) হৈচৈ করে আনন্দোপভোগ।

re·venge [রিˈভ়েন্‌জ্] *vt* ১ প্রতিশোধ গ্রহণ করা। ২ **be ~d on sb; ~ oneself on sb** প্রত্যাখ্যান করে তুষ্টি লাভ করা। দ্র. avenge. □*n* [U] প্রতিহিংসা; প্রতিশোধ। **get/take one's ~; take ~ on sb (for sth); have/get one's ~ (on sb) (for sth); do sth in/out of ~ (for sth)** প্রতিশোধ গ্রহণ। ২ [U] প্রতিহিংসাপরায়ণতা। ৩ (খেলায়) ফিরতি খেলায় আগের ফলাফল পাল্টানোর সুযোগ। **give sb his ~; get/take one's ~. ~·ful** [ফ়ল্] *adj* প্রতিশোধ/প্রতিহিংসাপরায়ণ। **~·fully** [-ফ়ালি] *adv*

rev·enue [ˈরেভ়ান্‌ইউ: US -আনূ] *n* ১ [U] রাজস্ব; রাজস্ব বিভাগ: a ˈ~ officer. **a** ˈ**~ cutter** চোরাকারবার রোধে ব্যবহৃত নৌকা। **Inland R~** কর-আয় ˈ**~ tax** রাজস্ব-কর; রাজস্ব বৃদ্ধিতে সহায়তা করে এমন কর–পদ্ধতি। ২ (*pl*) আয়ের বিভিন্ন খাতের সমন্বয়।

re·ver·ber·ate [রিˈভ়াবারেইট্] *vt,vi* (ধ্বনির ক্ষেত্রে) বার বার ধ্বনিত প্রতিধ্বনিত হওয়া। **re·ver·ber·ant** [-আন্ট্] *adj* প্রতিধ্বনিময়। **re·ver·ber·ation** [রিˌভ়াবাˈরেইশ্‌ন্] *n* [U] ধ্বনির অনুরণন; (*pl*) প্রতিধ্বনি।

re·vere [রিˈভ়িআ(র্)] *vt* গভীরভাবে শ্রদ্ধা করা; পবিত্র হিসাবে শ্রদ্ধা করা: ~d teacher.

rev·er·ence [ˈরেভ়ারান্‌স্] *n* [U] গভীর শ্রদ্ধা; বিস্ময় এবং ভয়ের অনুভূতি। □*vt* শ্রদ্ধা প্রদর্শন করা; শ্রদ্ধার সাথে দেখা।

rev·er·end [রেভ়ারান্ড্] *adj* ১ (বয়স, চরিত্র ইত্যাদির কারণে) শ্রদ্ধেয়; সম্মানিত। ২ **the R~ (the Rev or Revd** হিসাবে সংক্ষেপে ব্যবহৃত) পাদরিদের পদবি হিসাবে ব্যবহৃত: the Most R~ (of an archbishop). **R~ Mother** কোনো কনভেন্টের Mother Superior. □*n* (সাধা. *pl*) পাদরি; যাজক।

rev·er·ent [ˈরেভ়ারান্ট্] *adj* শ্রদ্ধাভাবাপন্ন; শ্রদ্ধান্বিত; শ্রদ্ধাশীল। **~·ly** *adv*

rev·er·en·tial [ˌরেভ়াˈরেন্‌শ্‌ল্] *adj* শ্রদ্ধাসঞ্জাত অথবা শ্রদ্ধামিশ্রিত। **~ly** [-শালি] *adv*

rev·erie [ˈরেভ়ারি] *n* ১ [C,U] স্বপ্নপ্রয়াণ; স্বপ্নলোক অথবা আনন্দলোকে হারিয়ে যাওয়া; স্বপ্ন–কল্পনা। ২ [C] কল্প–সঙ্গীত।

re·vers [রিˈভ়িআ(র্)] *n(pl* ~ [-ইআজ়্]) জামার উল্টানো প্রান্ত।

re·ver·sal [রিভ়াস্‌ল্] *n* ১ [U] বিপর্যাস; উলট–পালট। ২ [C] বিপর্যাসের উদাহরণ।

re·verse[1] [রিˈভ়াস্] *adj* **~ (to/of)** পরস্পরবিরোধী; বিপরীত চরিত্রের; উল্টো। **in ~ order** শেষ প্রান্ত থেকে শুরুর দিকে; বিপরীত ক্রম অনুসারে। **~·ly** *adv*

re·verse[2] [রিˈভ়াস্] *n* ১ [U] **the ~ (of)** বিপরীত; পরস্পরবিরোধী। ২ [C] **the ~ (of)** অপর পিঠ (যেমন মুদ্রার)। দ্র. reverse[1]. ৩ [U,C] উল্টা যেতে সহায়তাকারী। ৪ [C] পরাজয়; বিপরীত ভাগ্য।

re·verse[3] [রিˈভ়াস্] *vt,vi* ১ আগাগোড়া উল্টে–পাল্টে দেওয়া: ~ one's plan. **a ~d charge** টেলিফোন–কারীর বদলে যার কাছে টেলিফোন করা হয় সে ব্যক্তি কর্তৃক পরিশোধিত টেলিফোন বিল। **~ arms** (সাম.) রাইফেল নিচু করে ধরা (যেমন সামরিক বাহিনীর শেষ কৃত্যানুষ্ঠানে)। ২ উল্টা দিকে ফিরানো। ৩ অবস্থান উল্টে যাওয়া। ৪ পাল্টে দেওয়া; বাতিল করা। **re·vers·ible** [-অব্‌ল্] *adj* উল্টানো সম্ভব; দুই পিঠ পরা যায় এমন জামা। **re·versi·bil·ity** *n*

re·ver·sion [রিˈভ়াশ্‌ন্ US -জ্ন্] *n* দ্র. revert.

re·vert [রিˈভ়াট্] *vi* **~ (to)** ১ (আগের অবস্থায়, বিষয়ে) প্রত্যাবর্তন করা। ২ (আইন.) (সম্পত্তি, অধিকার ইত্যাদি ক্ষেত্রে) শর্তসাপেক্ষে ফিরিয়ে দেওয়া (যেমন, মূল মালিক অথবা রাষ্ট্রকে)। **~·ible** [-অব্‌ল্] *adj* প্রত্যাবর্তন/ফেরতযোগ্য। **re·ver·sion** [রিˈভ়াশ্‌ন্ US -জ্ন্] *n* ১ [U] (সম্পত্তি) প্রত্যর্পণ; ফেরত প্রদান। ২ [C] বিশেষ পরিস্থিতিতে সম্পত্তি অর্জনের অধিকার; এ ধরনের অধিকার আছে এমন সম্পত্তি। ৩ [U] পূর্বাকার প্রাপ্তি। **rever·sion·ary** [রিˈভ়াশানরি US -জ্‌ানেরি] *adj* পূর্বাকার সংক্রান্ত; পূর্বাবস্থা সংক্রান্ত।

re·vet·ment [রিˈভেট্‌মান্ট্] *n* দেয়াল–সংরক্ষণ; বাঁধের উপর পাথরের আস্তরণ বসানো।

re·view [রিˈভ়্‌ইউ] *vt,vi* ১ পুনর্বিবেচনা অথবা পুনর্নিরীক্ষণ করা; পর্যালোচনা করা। ২ (সৈন্যদল, পোত ইত্যাদি ক্ষেত্রে) আনুষ্ঠানিকভাবে পরিদর্শন করা। ৩ (নতুন বই–পত্রের) সমালোচনা করা। □*n* ১ [U] পরীক্ষা–নিরীক্ষা; সমালোচনা। **come under ~** পুনর্বিবেচিত নিরীক্ষিত অথবা পর্যালোচিত। ২ [C] সাময়িক ঘটনার উপর নিবন্ধ। **~er** *n* সমালোচক।

re·vile [রিˈভ়াইল্] *vt,vi* **~ at/against** শাপ দেওয়া; গালাগাল করা।

re·vise [রি'ভাইজ়্] *vt* পুনর্বিবেচনা করা; সংশোধন ও মানোন্নয়নের উদ্দেশ্যে পুনর্বার পড়া। **The R~d version** ১৬১১ সালে প্রকাশিত ও The Authorized Version নামে পরিচিত বাইবেলের ১৮৭০–৮৪ সালে পুনর্লিখিত রূপ। □*n* [C] (ছাপাখানায়) প্রুফশিট। **re·viser** *n* প্রুফ পাঠক। **re·vi·sion** [রি'ভিজ়ন্] *n* [U] পুনর্বিবেচনা; পুনরায় পাঠ ও সংশোধন। **re·vi·sion·ist** [রি'ভিজ়ানিস্ট্] *n* (রাজনৈতিক মতবাদ) সংশোধনবাদী। **re·vi·sion·ism** [-ইজ়াম] *n* সংশোধনবাদ।

re·vital·ize [রী'ভাইটালাইজ়্] *vt* নবজীবন সঞ্চার করা; সঞ্জীবনী শক্তি পুনরুদ্ধার করা। **re·vital·iz·ation** [রী,ভাইটালাই'জ়েশন্ US –লিজ়–] *n* সঞ্জীবন; প্রাণ–সঞ্চারণ।

re·vival [রি'ভাইভ্‌ল্] *n* ১ পুনরুভ্যুদয়; পুনঃপ্রচলন। **the R~ of Learning** রেনেসাঁ; পুনর্জাগরণ। ২ [C] ধর্মোৎসাহ (এ উপলক্ষে সংগঠিত সভাসমূহ)। **~·ist** [–ভালিস্ট্] *n* ধর্মোৎসাহ বৃদ্ধির লক্ষ্যে সভা আয়োজনকারী।

re·vive [রিভাইভ্] *vi,vt* ১ জ্ঞান ফিরিয়ে আনা; স্বাস্থ্যশক্তি পুনরুদ্ধার করা। ২ পুনঃপ্রচলন করা (যেমন বিলুপ্ত কোনো প্রথা)।

re·viv·ify [রী'ভিভিফাই] *vt* (*pt,pp*-fied) সঞ্জীবিত করা; পুনরুজ্জীবিত করা।

re·vo·cable ['রেভাকব্‌ল্] *adj* ভঙ্গুর; বাতিলযোগ্য। **revo·ca·tion** [,রেভা'কেইশ্‌ন্] *n* [U] রদ; বাতিল; প্রত্যাহার।

re·voke [রিভৌক্] *vt,vi* ১ বাতিল করা; প্রত্যাহার করা (যেমন, ডিক্রি অনুমোদন, সম্মতি ইত্যাদি)। ২ (ব্রিজ খেলোয়াড়ের ক্ষেত্রে) সুট অনুসরণে ব্যর্থ হওয়া। □*n* সুট অনুসরণে ব্যর্থতা।

re·volt [রিভৌল্ট্] *vi,vt* ১ **~ (against)** বিদ্রোহ করা। ২ **~ against/at/from** বিতৃষ্ণ হওয়া। ৩ ঘৃণা অথবা ভীতি–শিহরণের ভাব জাগ্রত হওয়া। □*n* [U] বিদ্রোহ।

re·volt·ing [রি'ভৌল্টিং] *adj* ঘৃণ্য; বিরক্তিকর। **~·ly** *adv*

rev·ol·ution [,রেভা'লূশ্‌ন্] *n* ১ [C] পরিক্রমণ; ঘূর্ণন; আবর্তন। ২ [C,U] বিপ্লব। **~·ary** [– শনারি US -নেরি] *adj* বিপ্লবী; বৈপ্লবিক। □বিপ্লবী। **~·ize** [–নাইজ়্] *vt* ১ বিপ্লবে উদ্বুদ্ধ করা। ২ বৈপ্লবিক পরিবর্তন আনা।

re·volve [রি'ভল্‌ভ্] *vt,vi* ১ **~ (about/around)** চক্রাকারে ঘোরানো; পরিক্রমণ করা। **re·volv·ing** *adj* ঘূর্ণায়মান: ~ theatre. ২ মনে মনে নাড়াচাড়া করা; সব দিক তলিয়ে দেখা।

re·volver [রি'ভল্‌ভা(র্)] *n* রিভলভার।

re·vue [রি'ভিয়ূ] *n* [C] সমসাময়িক ঘটনাভিত্তিক গীতি–নৃত্য–নাট্য।

re·vul·sion [রি'ভাল্‌শ্‌ন্] *n* [U] (*pl* হয় না) ১ মনোভাবের আকস্মিক পরিবর্তন। ২ **~ (against/ from)** প্রতিক্রিয়া।

re·ward [রি'ওয়াড] *n* ১ [U] পুরস্কার। ২ [C] পারিতোষিক; বকশিশ: You will be ~ed if you can detect the stolen watch. □*vt* **~ sb (for sth)** পুরস্কৃত করা।

re·wire [রীওয়াআ(র্)] *vt* (বিদ্যুৎ সংযোগের উদ্দেশ্যে) নতুন তার লাগানো।

re·word [রীওয়াড] *vt* ভিন্ন শব্দে প্রকাশ করা।

re·write [রীরাইট্] *vt* পুনরায় ভিন্ন রীতিতে লেখা। □*n* [রীরাইট্] *n* (কথ্য) পুনর্লিখিত বিষয়। **a '~ man** পুনর্লিখনের জন্য নিযুক্ত ব্যক্তি।

Rex [রেক্‌স্] *n* (সংক্ষেপ R) বর্তমানে ক্ষমতায় অধিষ্ঠিত রাজা (দ্র. Regina)।

rhap·sody ['র‍্যাপ্‌সাডি] *n* [C] (*pl* -dies) ১ (বক্তৃতা, কাব্যে) আনন্দোচ্ছল প্রকাশ। ২ (সঙ্গীতে) অপ্রচলিত আঙ্গিকে সুর–সৃষ্টি। **rhap·so·dize** ['র‍্যাপ্‌সাডাইজ়্] *vi.* **rhapsodize (about/over/on)** উচ্ছ্বসিত হয়ে লেখা অথবা বলা।

rhea [রিআ] *n* দক্ষিণ আমেরিকার উটপাখিবিশেষ।

rhe·nium ['রীনিঅম্] *n* [U] (রস.) মোলিবডেনাম আকরিক থেকে প্রাপ্ত অত্যন্ত দুর্লভ ধাতব উপাদান (প্রতীক Re)।

rheo·stat ['রীঅস্ট্যাট্] *n* বিদ্যুৎপ্রবাহ নিয়ন্ত্রণের জন্য ব্যবহৃত যন্ত্রবিশেষ।

rhe·sus ['রীসাস্] *n* ক্ষুদ্র লেজবিশিষ্ট ছোট বানর।

rhet·oric ['রেটারিক্] *n* [U] ১ অলঙ্কার (শাস্ত্র)। ২ অলঙ্কারবহুল (ও আন্তরিকতাবিহীন) ভাষা: The ~ of the minister failed to impress anybody.

rhe·tori·cal [রি'টরিক্‌ল্ US –টো °র–] *adj* অলঙ্কারবহুল; বাগাড়ম্বরপূর্ণ। **a ~ question** উত্তরের আশা না করে জনগণকে প্রভাবিত করবার জন্য নিক্ষিপ্ত প্রশ্ন। **~ly** [–ক্‌লি] *adv*

rheu·matic [রু'ম্যাটিক্] *adj* বাতঘটিত; বাতসংক্রান্ত; বাতজ্বরাক্রান্ত। **~ fever** অঙ্গ প্রত্যঙ্গের সন্ধিতে স্ফীতিসহ প্রবল জ্বর। □১ বাত রোগী। ২ (*pl* কথ্য) বাত–ব্যথা।

rheu·ma·tism ['রুমাটিজ়াম] *n* [U] সন্ধি বাত।

rheu·ma·toid ['রুমাটইড] *adj* বাত–রোগ সংক্রান্ত। **~ arthritis** পুরনো ও দীর্ঘস্থায়ী গ্রন্থিবাতবিশেষ।

rhinal ['রাইন্‌ল্] *adj* (শারীর.) নাক সংক্রান্ত।

rhino ['রাইনৌ] *n* (*pl* ~s [–নৌজ়্]) rhinoceros-এর কথ্য ও সংক্ষিপ্ত রূপ।

rhi·noc·eros [রা ই'নসারাস] *n* (*pl* ~es[–সাসিজ়্]) গণ্ডার।

rhi·zome ['রাইজ়ৌম্] *n* [C] (উদ্ভিদ.) কোনো কোনো গাছের পুরু অনুভূমিক কাণ্ড যেমন আইরিস।

rho·dium ['রৌডিঅম্] *n* [U] (রস.) রুপার থালায় ব্যবহৃত রৌপ্য–সাদা ধাতব উপাদান (প্রতীক Rh)।

rho·doden·dron [,রৌডা'ডেন্‌ড্রান্] *n* [C] রডোডেনড্রন (পুষ্প)।

rhomb [রম্], **rhombus** [রম্‌বাস্] *nn* চতুষ্কোণ বিশিষ্ট প্রতিকৃতি (যেমন হীরক অথবা লজেন্সের আকার)। **rhom·boid** ['রম্‌বইড] *adj* চতুষ্কোণবিশিষ্ট।

rhu·barb ['রুবা:ব্] *n* ১ পুরু রসালো লতাবিশেষ, যা সিদ্ধ করে ফলের মতো খাওয়া যায়; রেউচিনি; পীতমূলী। ২ (কথ্য) আজেবাজে; (US) বাক–বিতণ্ডা।

rhyme (US অপিচ **rime** [রাইম্]) *n* ১ [U] অন্তমিল (যেমন, light, fight, bite etc)। **Without ~ or reason** যুক্তিতর্ক ছাড়া। ২ [C] **~ (for/to)** অন্তমিলযুক্ত শব্দ। ৩ পদ্য; মিলযুক্ত কবিতা। **nursery ~** ছড়া। ৪ [U] মিলের প্রয়োগ। □*vt,vi* ১ মিল দেওয়া। ২ **~ (with)** মিলযুক্ত হওয়া: 'Cat' does not ~ with 'gate'. ৩ মিল দিয়ে (কবিতা) লেখা। **rhymed** *adj* মিলযুক্ত; মিলনান্ত। **~·ster** ['রাইম্‌স্টা(র্)] *n* (নিন্দার্থে) বাদ্যকার।

rhythm ['রিদাম্] *n* [U] (কবিতা, গানের) ছন্দ; নিয়মিত ঘটনাপ্রবাহ। **rhyth·mic** ['রিদ্‌মিক্], **rhyth·mi·cal** ['রিদ্‌মিক্‌ল্] *adj* ছন্দযুক্ত; ছন্দিত; ছন্দোময়: the ~ movement.

rib [রিব্] *n* [C] ১ পাঁজর। **dig/poke sb in the ribs** দৃষ্টি আকর্ষণের উদ্দেশ্যে খোঁচা দেওয়া। ২ (পাঁজর সদৃশ অন্য কিছু) পাতার শিরা; সৈকতের বালিতে তরঙ্গ অঙ্কিত চিহ্ন; (কাঠের নৌকায়) পোলিন্দ; ছাতার বাঁট। □*vt* ১ পাঁজরাকৃতি করা। ২ (US, কথ্য অথবা অপ.) জ্বালাতন করা।

rib·ald [রিবল্ড়] *adj* (ব্যক্তির ক্ষেত্রে) স্থূল ভাষী; অশ্লীল ও বেফাঁস কথা বলে এমন; (ভাষা, কৌতুক ইত্যাদি ক্ষেত্রে) স্থূল। □*n* অমার্জিত। **~ry** [-ড্রি] *n* [U] অশ্লীল ভাষা; স্থূল কৌতুক।

rib·and [রিবান্ড্] *n* (প্রা. প্র.) ফিতা।

rib·bon [ˈরিবান্] *n* ১ [C,U] (সিল্ক অথবা অন্য দ্রব্যের) ফিতা: She uses ~ for tying her hair. ২ [C] সামরিক বাহিনীতে প্রতীক হিসাবে ব্যবহৃত ফিতাবিশেষ। ৩ তেনা। ৪ ˌ**~ deˈvelopment** *n* রাস্তার পাশের একটানা দালান-কোঠার সারি।

ri·bo·fla·vin [ˌরাইবৌফ্লেইভিন্] *n* [U] ভিটামিন বি$_2$ কমপ্লেকস-এ প্রাপ্ত শরীর বৃদ্ধিকারী উপাদান।

rice [রাইস্] *n* [U] ভাত; চাউল। ˈ**~-paper** *n* চীনা শিল্পীদের ব্যবহৃত পাতলা কাগজবিশেষ।

rich [রিচ্] *adj* (~er, ~est) ১ ধনী; সম্পদশালী। ২ দামি; বিলাসবহুল। ৩ **~ in** সমৃদ্ধ: ~ in literature. ৪ (খাবারের ক্ষেত্রে) উন্নতমানের: ~ food. ৫ (রং, ধ্বনি ইত্যাদি ক্ষেত্রে) চমৎকার; উন্নত: ~ colour; ~ tones, ~ voice. ৬ (কথ্য) আনন্দদায়ক; রসালো: a ~ joke. **~·ly** *adv* ১ উত্তমভাবে। ২ (বিশেষত) **~ly deserved** পুরাপুরি। **~·ness** *n* [U] প্রাচুর্য, চমৎকারিত্ব ইত্যাদি।

riches [ˈরিচিজ্] *n pl* সম্পদ।

Rich·ter scale [ˌরিক্টা ˈস্কেইল্] *n* (কেবল *Sing*) (বিজ্ঞান) ভূকম্পন-মাপক যন্ত্র; রিকটারস্কেল।

rick[1] [রিক্] *n* [C] (খড়ের) গাদা; স্তূপ। □*vt* (খড়) স্তূপীকৃত করা।

rick[2] [রিক্] = wrick.

rick·ets [ˈরিকিট্স্] *n* (*sing* বা *pl v*-সহ) রিকেট; ভিটামিন ডি-এর অভাবে শিশু-হাড়ের অপুষ্টিজনিত রোগবিশেষ।

rick·ety [ˈরিকাটি] *adj* দুর্বল; ভাঙা-ভাঙা: ~ building.

rick·shaw [ˈরিকশো°] *n* রিক্সা। ˈ**cycle ~** সাইকেল-রিক্সা।

rico·chet [ˈরিকাশেই US ˌরিকাˈশেই] *n* [U] (পাথর, বুলেট ইত্যাদি ক্ষেত্রে) মাটিতে পড়ে লাফিয়ে ওঠা; প্রতিহত হয়ে ফিরে আসা। □*vi,vt* মাটিতে পড়ে লাফিয়ে ওঠার ব্যবস্থা করা; (মাটি, দেয়ালে ইত্যাদিতে) প্রতিহত হয়ে ফিরে আসা অথবা ফিরে আসতে সহায়তা করা।

rid [রিড্] *vt* (*pt,pp* rid) **rid of** মুক্ত করা: He tried to rid himself of debt. **be/get rid of** নিষ্কৃতি বা অব্যাহতি পাওয়া: He wanted to get rid of his relatives.

rid·dance [ˈরিডন্স্] *n* [U] (সাধা. **good ~**) নিস্তার লাভ; নিষ্কৃতি; অনাকাঙ্ক্ষিত কোনো কিছুর হাত থেকে নিষ্কৃতি।

rid·den [ˈরিড্ন্] (ride^2-এর *pp*) (বিশেষত যৌগশব্দে) অত্যাচারিত অথবা শাসিত: army ~.

riddle[1] [ˈরিড্ল্] *n* [C] ১ প্রহেলিকা; ধাঁধা। ২ সব কিছু ঘুলিয়ে ফেলে এমন ব্যক্তি, বস্তু অথবা পরিস্থিতি। □*vt* **~ me this** (পারলে) প্রহেলিকা উন্মোচন করো।

riddle[2] [রিড্ল্] *n* [C] (পাথর, মাটি ইত্যাদি ছাঁকা/চালার জন্য) মোটা ছাঁকনি অথবা চালুনি। □*vt* ১ ছাঁকা অথবা চালা; (ছাই, কয়লা যেতে পারে) এমন ছিদ্র করা। ২ **~ (with)** ঝাঁঝরা করা: His chest was ~d with bullets. **be ~d with** অসংখ্য ছিদ্রপূর্ণ।

ride[1] [রাইড্] [C] ১ ঘোড়ার পিঠে অথবা সাইকেলে চড়ে ভ্রমণকাল; সাইকেল ঘোড়া অথবা অন্যকিছুতে চড়ে ভ্রমণ। **take sb for a ~** (কথ্য) কাউকে প্রতারণা অথবা অপমান করা। ২ অরণ্য-পথ (যে পথ যানবাহন-অনুপযোগী কিন্তু ঘোড়ার পিঠে চলার উপযুক্ত)।

ride[2] [রাইড্] *vi,vt* (*pt* rode [রৌড্], *pp* ridden [ˈরিড্ন্]) ১ ঘোড়ায় চড়া এবং চড়ে এগিয়ে চলা; সাইকেল চড়া এবং চড়ে এগিয়ে যাওয়া। **~ for a fall** বল্গাহীনভাবে ঘোড়া ছুটানো; (লাক্ষ.) এমন কাজ করা যাতে ব্যর্থতা এবং দুর্যোগের সম্ভাবনা থাকে। ২ ঘোড়া অথবা সাইকেল চালানো। ৩ গাড়ি, বাস ইত্যাদিতে চড়ে এগিয়ে যাওয়া। ৪ ঘোড়ার পিঠে চড়ে প্রতিযোগিতা করা; ঘোড়-দৌড় করা। ৫ **~ on** ঘোড়ার পিঠের মতো অন্য কিছুতে চড়া। ৬ কাউকে (কাঁধে) চড়তে দেওয়া। ৭ (আনন্দ অথবা ব্যায়ামের উদ্দেশ্যে) ঘোড়ায় চড়ে বের হওয়া। **~ to hounds** শিয়াল শিকারে যাওয়া। ৮ ঘোড়ায় চড়ে কোনো কিছুর মধ্য দিয়ে এগিয়ে যাওয়া। ৯ (জকি অথবা অন্য ব্যক্তির ক্ষেত্রে) ঘোড়ায় চড়ার আগে শরীরের ওজন নেওয়া। ১০ (মাঠ সম্পর্কে) ঘোড়ায় চড়ার জন্য বিশেষ অবস্থা। ১১ ভেসে চলা; পানির উপরে ভেসে চলা; সমর্থিত হয়ে অথবা সহায়তা লাভ করে চলা/ওড়া। **~ out a storm** (জাহাজের ক্ষেত্রে) ঝড় অতিক্রম করে নিরাপদে ফিরে আসা। **let sth ~** (কথ্য) ঘটনাকে নিজস্ব গতিতে এগোতে দেওয়া। ১২ **~ sb down** (ক) ঘোড়ায় চড়ে তাড়ানো এবং ধরে ফেলা। (খ) ঘোড়াকে এমনভাবে চালানো যাতে ঘোড়া কোনো লোককে ধরাশায়ী করে ফেলতে পারে। ১৩ **~ up** (কাপড়-চোপড়ের ক্ষেত্রে) সরিয়ে ফেলা। ১৪ **ridden** *pp* অত্যাচারিত; শাসিত।

rider [রাইডা(র্)] *n* ১ যে ব্যক্তি কোনো কিছুতে চড়ে, বিশেষ করে অশ্বারোহী। ২ কোনো বর্ণনা অথবা রায় প্রসঙ্গে অতিরিক্ত পর্যবেক্ষণ। **~·less** *adj* অশ্বারোহীবিহীন।

ridge [রিজ্] *n* [C] ১ দুইটি ঢালু অংশের সংযোগস্থলে উত্তোলিত রেখা। ˈ**~-pole** *n* দীর্ঘ তাঁবুর অনুভূমিক খুঁটি। ˈ**~-tile** *n* ছাদের ঢালু অংশে ব্যবহৃত টালি। ২ পর্বতশীর্ষ এলাকায় দীর্ঘ সরু উচ্চভূমিরেখা। ৩ (কর্ষিত ক্ষেত্রে) দুইটি হলরেখার মধ্যবর্তী উত্তোলিত অংশ। □*vt* ঢাল-মধ্যবর্তী এলাকা উঁচু করা।

ridi·cule [ˈরিডিকিয়ুল্] *n* [U] ব্যঙ্গ-বিদ্রূপ; উপহাস। **hold a man up to ~** কোনো লোককে নিয়ে ঠাট্টা-মস্করা করা; কৌতুক করা। **lay oneself open to ~** নিজেকে হাস্যকর করে তোলা। □*vt* কৌতুক করা; কাউকে হাস্যাস্পদ করে তোলা।

rid·icu·lous [রিˈডিকিয়ুলাস্] *adj* হাস্যকর; উপহাস্য; উদ্ভট। **~·ly** *adv*

rid·ing[1] [ˈরাইডিং] *n* [U] (ride^2 থেকে) ˈ**~-breeches** *n pl* অশ্বারোহণ-বস্ত্র। ˈ**~-habit** *n* (অশ্বারোহণে ব্যবহৃত) মেয়েদের আঁটসাট জামা। **~-light/-lamp** *n* নোঙ্গরকৃত জাহাজের আলো। ˈ**~-master** *n* অশ্বারোহণশিক্ষক। ˈ**~-school** *n* অশ্বারোহণশিক্ষণ বিদ্যালয়।

rid·ing[2] [রাইডিং] *n* (GB ১৯৭৪ পর্যন্ত) ইয়র্কশায়ারের তিনটি প্রশাসনিক বিভাগের অন্যতম: The North R~.

rife [রাইফ্] *adj* (কেবল *pred*) ১ সুবিস্তৃত; বহুল প্রচলিত; সাধারণ: The folk-songs are still ~ in the villages. ২ **~ with** পরিপূর্ণ।

riffle [ˈরিফ্‌ল্] *vt,vi* ১ তাস শাফল করার পদ্ধতিবিশেষ। ২ (বই-পত্রের পৃষ্ঠা) দ্রুত উল্টানো। **~ through sth** (তাস) শাফল করা; দ্রুত অথবা মাঝে মাঝে উল্টানো।

riff-raff [ˈরিফ্ র‍্যাফ্] *n* **the ~** অভদ্র; নোংরা।

rifle[1] [ˈরাইফ্‌ল্] *vt* (কোনো বন্দুক, ব্যারেল অথবা বাঁটে) খাঁজ কাটা। □*n* রাইফেল; (*pl*) রাইফেলসজ্জিত সেনাবাহিনী: the Bangladesh Rifles. ˈ**~-range** *n* (ক) রাইফেল-রেন্‌জ; রাইফেল-শুটিং অভ্যাস করবার স্থান। (খ) রাইফেল-বুলেটের দূরত্ব অতিক্রমি ক্ষমতা: Within ~-range. ˈ**~-shot** *n* (ক) = ~-range (খ). (খ) লক্ষ্যভেদী রাইফেল-চালক। ˈ**~·man** [মান] *n* (*pl*-men) রাইফেলবাহিনীর অন্যতম সেনা।

rifle[2] [ˈরাইফ্‌ল্] *vt* চুরি করার উদ্দেশ্যে তন্ন তন্ন করে খোঁজা।

rift [রিফ্‌ট্] *n* [C] ১ ফাটল। ˈ**~-valley** *n* ভূপৃষ্ঠে ফাটলের ফলে সৃষ্ট উপত্যকা। ২ (লাক্ষ.) ছাড়াছাড়ি; (বন্ধুত্বে) ফাটল।

rig[1] [রিগ্] *vt,vi* (-gg-) ১ **rig (with)** (কোনো জাহাজকে) পাল, মাস্তুল ইত্যাদি সরবরাহ করা; (জাহাজের ক্ষেত্রে) পাল, মাস্তুল ইত্যাদি দ্বারা সজ্জিত করা; পাল, মাস্তুল ইত্যাদি যোগাড় করে সমুদ্রযাত্রার প্রস্তুতি গ্রহণ করা। ২ **rig sb (out) (in/with sth)** (ক) প্রয়োজনীয় পোশাক-পরিচ্ছদ জিনিস-পত্র যোগাড় করা। (খ) (কথ্য) পোশাক পরা। ˈ**rig-out** *n* (কথ্য) ব্যক্তির পোশাক-পরিচ্ছদ। **rig sth up** (ক) বিভিন্ন অংশ জোড়া লাগানো। (ঘ) জোড়াতালি দিয়ে ব্যবস্থা করা। (গ) = rig sth out. □*n* [C] ১ জাহাজের পাল-মাস্তুল ইত্যাদি লাগানোর পদ্ধতি। ২ বিশেষ উদ্দেশ্যে একত্রীভূত যন্ত্রপাতি। দ্র. oil. ৩ (কথ্য) পোশাকের স্টাইল। **rig·ging** *n* [U] জাহাজের পাল, মাস্তুল ইত্যাদি লাগানোর জন্য প্রয়োজনীয় দড়াদড়ি। **rig·ger** *n* যে ব্যক্তি জাহাজের দড়িদড়া বাঁধে; (বিশেষ করে) বিমানের বিভিন্ন অংশ যে জোড়া দেয়।

rig[2] [রিগ্] *vt* (-gg-) প্রতারণার আশ্রয় গ্রহণ করে নিয়ন্ত্রণ করা (যেমন লাভের জন্য ছল-চাতুরী করে শেয়ার-বাজারের দাম বাড়ানো। **a rigged election** জাল ভোট ইত্যাদির মাধ্যমে পরিচালিত নির্বাচন।

right[1] [রাইট্] *adj* (wrong এর বিপরীত) ১ (স্বভাব-চরিত্র ইত্যাদি ক্ষেত্রে) সৎ; আইনানুগ: This is ~ and that is wrong. He was ~ in his decision. ২ সত্য; নির্ভুল; সন্তোষজনক: He took the ~ step. His statement was not ~. **get sth ~** ভুল বোঝাবুঝির অবকাশ না করে ভালোভাবে বুঝে নেওয়া। **put/set sth ~** পুনরায় চালু করা; স্বাস্থ্য পুনরুদ্ধার করা: He put the machine ~. The medicine has put ~. ˌ**R~ you are ! /** ˌ**R~** ˈ**O ! / R~ !** *int* (কথ্য) কারো সিদ্ধান্ত, অনুরোধ অথবা প্রস্তাবে সমর্থনসূচক প্রকাশ। ˌ**All** ˈ**~ /Alright!** [অল্ˈরাইট্] *int* যথার্থ! সঠিক। ˌ**~-**ˈ**minded** *adj* সুনীতিমনস্ক; নীতিনিষ্ঠ: He is a ~-minded man. ৩ যোগ্যতম; পরিস্থিতির পরিপ্রেক্ষিতে সব চাইতে সেরা: Try to find out the ~ man for the post. He is on the ~ road. **get on the ~ side of sb** ডান হাতের লোকে পরিণত হওয়া। ৪ **(all) ~** ভালো অথবা স্বাভাবিক অবস্থায়; সুস্থ: He is all ~. **not (quite) ~ in the/one's head** (কথ্য) মাথা খারাপ; বোকা। **not in one's ~ mind** অস্বাভাবিক মানসিক অবস্থায়। **~ as rain/as a trivet** (কথ্য) সম্পূর্ণ সুস্থ। ৫ (কোণ সম্পর্কিত) ৯০° ডিগ্রি। **at** ˈ**~ angles/at a ~ angle (to)** সমকোণে, ৯০° ডিগ্রি কোণে। ˈ**~-angled** *adj* সমকোণবিশিষ্ট। **~·ly** *adv* সঠিকভাবে; ন্যায়সঙ্গতভাবে; নির্ভুলভাবে। **~·ness** *n* যথার্থতা।

right[2] [রাইট্] *adv* ১ বরাবর; সোজা। **~ away/off** এক্ষুনি; অবিলম্বে। **~ now** এ মুহূর্তে। **~ on !** *int* (কথ্য) সমর্থনসূচক অথবা উৎসাহব্যঞ্জক প্রকাশ। ২ সারা পথ; পুরাপুরি। ৩ ন্যায়সঙ্গতভাবে; নির্ভুলভাবে; সন্তোষজনক উপায়ে; যথাযথভাবে। **It serves sb ~** উচিত সাজা হয়েছে; এটাই তার প্রাপ্য ছিল। ৪ (প্রা.প্র.) খুব; অত্যন্ত। ˈ**~·down** *adj,adv* আগাগোড়া। ৫ **R~ honourable,** দ্র. honourable. **R~ Reverend,** দ্র. reverend.

right[3] [রাইট্] *n* ১ [U] ঠিক; সঠিক, ভালো, ন্যায়, সত্য ইত্যাদি। **be in the ~** ন্যায়ের পথে থাকা। ২ [U] অধিকার; দাবি। **by ~(s)** ন্যায়বিচার হলে; সত্যিকার অর্থে। **by ~ of** কারণবশত: India was ruled by the Mughals by ~ of conquest. **in one's own ~** ব্যক্তিগত দাবিতে; নিজগুণে: He did it in his own ~. **~ of way** (ক) সর্বসাধারণের অধিকার। (খ) (রাস্তায় চলাচলে) অন্যদের আগে কারো যাওয়ার অধিকার। **human ~s** মানবাধিকার। **women's ~s** (বিশেষ করে) নারী-অধিকার; (রাজনীতি, অর্থনীতি এবং সমাজের সকল ক্ষেত্রে) পুরুষের সাথে সমান অধিকার। দ্র. lib. **stand on/assert one's ~s** অধিকারসচেতন হওয়া এবং এ ধরনের ঘোষণা প্রদান করা যে, অধিকার আদায় না করে ছাড়ব না। ৩ (*pl*) আসল অবস্থা। **put/set things to ~s** সাজিয়ে রাখো। **~s and wrongs** আসল ঘটনা: He tried to find out the ~s and wrongs of the murder. দ্র. right (২).

right[4] [রাইট্] *vt* ঠিক জায়গায় রাখা; ঠিক পথে আনা; সঠিক স্থানে ফিরে আসা; পুনরায় নির্ভুল করা। **~ the helm** জাহাজের মাঝামাঝি অবস্থানে রাখা।

right[5] [রাইট্] *adj* (left-এর উল্টো) ডান। **One's ~ hand/arm** (লাক্ষ.) কারো ডান হাত। **one's ~ hand** সর্বশক্তি: He will put his ~ hand to the work. ˈ**~-hand** *adj* ডান হাতে ব্যবহারের। ˌ**~-**ˈ**handed** *adj* (ক) (ব্যক্তির ক্ষেত্রে) ডানহাতি। (খ) (ঘুষি ইত্যাদির ক্ষেত্রে) ডানহাতি। ˌ**~-**ˈ**hander** *n* (ক) ডানহাতি ব্যক্তি। (খ) ডানহাতি মুষ্ঠাঘাত। ˌ**~-**ˈ**turn** *n* ডানদিকে ফিরে দাঁড়ানো। ˌ**~-about** ˈ**turn/**ˈ**face** সম্পূর্ণ বিপরীত দিকে মুখ করা পর্যন্ত উল্টা ফিরে তাকাতে থাকা। □*adv* ডানদিকে। **~ and left** সর্বত্র। □*n* [U] ১ ডানদিকে। ২ (রাজনীতি; সাধা. **R ~**) রক্ষণশীল অথবা প্রতিক্রিয়াশীল দল। **~·ist** [-ইস্ট্] *n* ডানপন্থী।

right·eous [ˈরাইচাস্] *adj* ১ নীতিবান; ন্যায়নিষ্ঠ। ২ নীতিগতভাবে সমর্থনযোগ্য। **~·ly** *adv.* **~·ness** *n* ন্যায়নিষ্ঠা।

right·ful [রাইট্‌ফ্‌ল্] *adj* ১ আইনসম্মত। ২ (ঘটনা, কার্যক্রম ইত্যাদির ক্ষেত্রে) ন্যায়সঙ্গত। **~ly** [-ফালি] *adv.* **~·ness** *n*

rigid [ˈরিজিড্] *adj* ১ অনমনীয়; বাঁকানো যাবে না এমন। ২ দৃঢ়; অপরিবর্তনীয়: the ~ constitution. **~·ly** *adv* দৃঢ়ভাবে; কঠোরভাবে। **ri·gid·ity** [রিজিডাটি] *n* [U] ১ দৃঢ়তা; অনমনীয়তা। ২ কঠোরতা।

rig·ma·role [ˈরিগ্‌মারৌল্] *n* [C] ১ অর্থহীন দীর্ঘ কাহিনী অথবা ভাষণ; অসংলগ্ন বর্ণনা। ২ বিভ্রান্তিকর ও একঘেয়ে প্রক্রিয়া।

rigor mor·tis [ˌরিগাˈমো°টিস্] *n* (লা.) মরণোত্তর পেশিকাঠিন্য।

rig·or·ous [ˈরিগারাস্] *adj* ১ কঠোর; প্রচণ্ড। ২ তীব্র: ~ weather. **~·ly** *adv* কঠোরভাবে; প্রচণ্ডভাবে।

rig·our (US = rigor) [ˈরিগা(র্)] *n* ১ [U] দৃঢ়তা; কঠোরতা; (আইনের ক্ষেত্রে) কঠোর প্রয়োগ। ২ (প্রায়শ *pl*) প্রচণ্ডতা।

rile [রাইল্] *vt* (কথ্য) বিরক্ত করা; রাগানো।

rim [রিম্] *n* [C] টায়ার-সংযোজনের জন্য নির্মিত চাকার কাঠামো; বৃত্তাকার কোনো কিছুর প্রান্ত: the rim of a pitcher. ˌ**red-ˈrimmed** *adj* (চোখের ক্ষেত্রে) কান্নারাঙা। □*vt* (-mm-) প্রান্ত বা কানা সরবরাহ করা।

rime [রাইম্] *n* =rhyme.

rind [রাইন্‌ড্] *n* [U] খোসা; আস্তর; ছাল।

rin·der·pest [ˈরিন্‌ডাপেস্‌ট্] [U] গবাদি পশুর সংক্রামক রোগ।

ring[1] [রিং] *n* [C] ১আংটি। ˈ**~-finger** অনামিকা। ২ ধাতু, কাঠ অথবা যে কোনো দ্রব্যের তৈরি বৃত্ত: a key-~. ˈ**~-mail/-armour** *nn* = chain armour. দ্র. chain (৪). ৩ বৃত্ত। **make/run ~s round sb** অন্যের চাইতে দ্রুত করে ফেলা। ৪ চক্র: a ~ of criminals. ৫ **(circus)** ~ সার্কাসের খেলা দেখানোর জন্য ঘের। ˈ**~-master** *n* সার্কাসের ক্রীড়া নির্দেশক, রিং-মাস্টার। ৬ (কৃষি প্রদর্শনীতে) গবাদি পশু, কুকুর ইত্যাদি প্রদর্শনের স্থান। ৭ ঘোড় দৌড়ে বাজি। **the ~** ঘোড়দৌড়ে পেশাদার বাজিধরার দল। দ্র. book[1](৮). ৮ **the prize ~,** দ্র. prize (৩). ৯ (যৌগশব্দে) ˈ**~-leader** *n* কর্তৃপক্ষের বিরুদ্ধে আন্দোলনে নেতৃত্ব প্রদানকারী ব্যক্তি; দুর্বৃত্তদলের সর্দার। ˈ**~-road** *n* রিং রোড (যানজট এড়ানোর উদ্দেশ্যে শহরের চারপাশে নির্মিত সড়ক), তুল. by-pass; বিশেষভাবে নির্মিত নতুন রাস্তা। ˈ**~·side** *n* সার্কাসের রিং-এর পাশের স্থান। ˈ**~·worm** *n* [U] দাদ। □*vt,vi* (*pt,pp* ~ed) ১ ঘেরাও করা। ২ (ষাঁড়ের ক্ষেত্রে) নাকে আংটা পরানো অথবা (পাখির ক্ষেত্রে) পায়ে বেড়ি পরানো। ৩ (খেলায়) গণ্ডি আঁকা। ৪ (শিকারি শিয়ালের ক্ষেত্রে) বৃত্তাকার পথরেখা অবলম্বন করা।

ring[2] [রিং] *vt,vi* (*pt* rang [র‍্যাং], *pp* rung [রাং] ১ ঘণ্টা বাজানো; ফোন বাজা। ২ ধ্বনিত হওয়া। ৩ ~ **(for sb/sth)** সতর্কীকরণের উদ্দেশ্যে ঘণ্টা বাজানো। ৪ আওয়াজ বের করা। **~ a bell** (কথ্য) আবছা আবছা মনে পড়ানো। **~ the bell** (কথ্য) কোনো কিছুতে সফল হওয়া। ৫ **~ (with sth)** প্রতিধ্বনিত করা/হওয়া। ৬ স্মৃতিতে দীর্ঘস্থায়ী হওয়া। ৭ **~ (with)** ধ্বনি-প্রতিধ্বনিপূর্ণ। ৮ **~ sb (up)** ফোন করা। ৯ (পরপর বেজে চলা ঘণ্টাধ্বনির ক্ষেত্রে) ঘণ্টা বাজিয়ে (সময়) ঘোষণা করা। ১০ ঘণ্টা বাজিয়ে সংকেত ধ্বনি করা। **~ the curtain up/down** (মঞ্চে) যবনিকা তোলা অথবা পতন-সঙ্কেতধ্বনি। ১১ প্রচণ্ড ধ্বনি করা। **~ the changes (on)** (গির্জার ঘণ্টার ক্ষেত্রে) বিভিন্ন নিয়মে ঘণ্টা বাজানো; (লাক্ষ.) যথাসম্ভব স্বতন্ত্রভাবে করা অথবা রাখা। ১২ ঘণ্টা বাজিয়ে শুভ সূচনা অথবা সমাপ্তি ঘোষণা করা। **~ out the old (year) and ~ in the New** পুরনো বর্ষকে বিদায় জানানো। □১ (কেবল *sing*) ঘণ্টাধ্বনি। ২ (কেবল *sing*) স্পষ্ট ও জোরালো ধ্বনি। ৩ [C] ঘণ্টাবাজার শব্দ। **~er** *n* ঘণ্টা-বাজিয়ে; ঘণ্টা ওয়ালা।

ring·let [ˈরিংলিট্] *n* [C] চুলের ছোট ছোট কুঞ্চন।

rink [রিঙ্ক্] *n* [C] স্কেটিং, হকি অথবা রোলার-স্কেটিং-এর বিশেষভাবে নির্মিত বরফের পাত অথবা মেঝে।

rinse [রিন্‌স্] *vt* **~ sth (out); ~ sth out of sth** ১ ধুয়ে ফেলা; আলতোভাবে ধোয়া। ২ **~ sth down** পানীয়ের সহায়তায় গলাধঃকরণ করা: He tried to ~ the food down with a peg of whisky. □*n* ১ আলতোভাবে প্রক্ষালন। ২ চুলে রং দেওয়ার পদ্ধতিবিশেষ।

riot [ˈরাইআট্] *n* ১ দাঙ্গা। **the ˈR~ Act** দাঙ্গা-আইন। **read the ˈR~ Act** (ক) দাঙ্গা-আইন জারি করা। (খ) হাঙ্গামা বন্ধের সতর্কবাণী শোনানো। ২ [U] হাঙ্গামা। **run ~** শৃঙ্খলাভঙ্গ; (চারাগাছের ক্ষেত্রে) নিয়ন্ত্রণহীনভাবে বাড়তে থাকা। ৩ **a ~ (of)** প্রাচুর্য। ৪ **a ~** কোনো কিছুর বহিঃপ্রকাশ। ৫ **a ~ (of)** (কথ্য) (সাফল্যে) বুনো উৎসাহ প্রকাশের ঘটনা। □*vi* ১ দাঙ্গা করা। ২ **~ in** দাঙ্গা অথবা বিদ্রোহে জড়িয়ে পড়া। **~er** দাঙ্গাকারী। **~·ous** [-আস্] *adj* দাঙ্গা-প্রবণ; বুনো। **~·ous·ly** *adv* দাঙ্গা-হাঙ্গামার সাথে।

rip [রিপ্] *vt,vi* (-pp-) ১ এক টানে বা পোচে ছিঁড়ে অথবা কেটে কোনো কিছু খুলে ফেলা অথবা বিচ্ছিন্ন করে ফেলা। **~ sth/sb off** (অপ.) চুরি করা; কাউকে প্রতারণা করা। ˈ**rip·off** চোরাই মাল; চুরি অথবা প্রতারণার ঘটনা। ˈ**rip·cord** *n* প্যারাশুটযোগে অবতরণকালে ব্যবহৃত সূত্রবিশেষ; বেলুন থেকে গ্যাস ছাড়ার কাজে ব্যবহৃত সূত্রবিশেষ। ২ করাত দিয়ে চেরাই করা। ˈ**rip·saw** *n* করাত। ৩ (দ্রব্যের ক্ষেত্রে) ছিঁড়ে ফেলা। ৪ দ্রুত এগিয়ে যাওয়া। **Let her/it rip** (কথ্য) (নৌকা, গাড়ি, কল-কব্জার ক্ষেত্রে) সর্বোচ্চ গতিতে চলতে দাও। **let things rip** নিয়ন্ত্রণ তুলে নেওয়া; আপন গতিতে এগোতে দেওয়া। □*n* [C] (জামা অথবা তাঁবুর) ছিন্ন স্থান।

ri·par·ian [রাইˈপেআরিআন্] *adj* নদীতীরস্থ।

ripe [রাইপ্] *adj* ১ পাকা: ~ mango. **~ lips** পাকা ফলের মতো রাঙা ঠোঁট (তু. পক্কবিম্বাধরোষ্ঠ)। ২ পানাহারোপযোগী। ৩ পরিণত: ~ judgement. ৪ **~ for** উপযুক্ত: ~ for movement. **~·ly** *adv.***~·ness** *n* পক্বতা।

ripen [ˈরাইপান্] *vt,vi* পাকানো; পেকে যাওয়া; পাকা।

ri·poste [রিˈপস্‌ট্] *n* ১ তলোয়ার-যুদ্ধে ক্ষিপ্র প্রত্যাঘাত। ২ দ্রুত ও তীক্ষ্ণ প্রত্যুত্তর। □*vi* দ্রুত অসিচালনা করা।

ripple [ˈরিপ্‌ল্] *n* [C] মৃদু হিল্লোল (কলতান); হাস্যতরঙ্গ (ধ্বনি)। □*vt,vi* মৃদুতরঙ্গ তুলে চলা; মৃদু তরঙ্গ তোলা।

rip-tide [ˈরিপ্‌টাইড্] *n* খরস্রোতা জোয়ার।

rise[1] [রাইজ্] *n* ১ ছোট পাহাড়; উঁচু ঢাল। ২ অগ্রগতি; (মূল্য, তাপমাত্রা ইত্যাদি) বৃদ্ধি: ~ in prices; ~ in the hight temperature. ৩ (আক্ষরিক) উদয়: at ~ of sun (sunrise অধিক ব্যবহৃত)। ৪ পানির উপরিভাগে মাছের চলাফেরা। **get/take a/the ~ out of sb** (কৌশলে) কাউকে তার দুর্বলতা প্রকাশে বাধ্য করা। ৫ উৎস (যেমন নদীর উৎস)। **give ~ to** কারণ; জন্ম দেওয়া। **~r** *n* ১ **early/late ~r** সকালে/ দেরিতে ঘুম থেকে ওঠে এমন। ২ সিঁড়ির অংশবিশেষ।

rise[2] [রাইজ্] *vi* (*pt* rose [রৌজ্] *pp* risen [ˈরিজ্‌ন্]) **~ (up)** ১ (সূর্য, চাঁদ, তারার) ওঠা। দ্র. set[2] (১). ২ শোয়া, বসা ইত্যাদি থেকে ওঠা। ৩ বিছানা ছেড়ে ওঠা; ঘুম থেকে ওঠা। ৪ পুনরায় জীবন ফিরে পাওয়া। ৫ উপরে ওঠা বা যাওয়া; গলা চড়ানো। ˈ**high-~** *attrib adj* বহুতলবিশিষ্ট। দ্র. skyscraper. **the rising generation** নতুন প্রজন্ম; নতুনভাবে বেড়ে উঠছে এমন প্রজন্ম। **rising twelve, etc** (ব্যক্তির ক্ষেত্রে) বারোয় পড়ছে এমন। ৬ মাত্রা অথবা বেগ বৃদ্ধি পাওয়া। ৭ উপরিভাগে ওঠা। ৮ চারপাশ ছাড়িয়ে দৃশ্যমান হওয়া। ৯ সমাজের উচ্চ অবস্থানে ওঠা; (পেশার ক্ষেত্রে) উন্নতি করা। ১০ **~ to the occasion/challenge/task, etc** অপ্রত্যাশিত

অথবা কঠিন সমস্যা মোকাবেলায় সমর্থ হিসাবে প্রমাণ করা। ১১ ক্রমান্বয়ে উপরে ওঠা। ১২ উৎস হিসাবে পাওয়া। ১৩ ~ **against** (সরকার, প্রশাসন ইত্যাদির ক্ষেত্রে) বিদ্রোহ করা। **ris·ing** *n* (বিশেষত) সশস্ত্র বিদ্রোহ।

ris·ible [ˈরিজ়াব্‌ল] *adj* হাস্যসংক্রান্ত; হাস্যকর। **ris·ibil·ity** [ˌরিজ়াˈবিলটি] *n* [U] হাস্যকরতা।

risk [রিস্‌ক্] *n* ১ [C,U] বিপদ অথবা ক্ষতির সম্ভাবনা; ঝুঁকি। **run/take ~s / a ~** ঝুঁকি গ্রহণ করা। **run/take the ~ of doing sth** ঝুঁকিপূর্ণ কিছু করা। **at the ~ of/ at ~ to** (ক্ষতি ইত্যাদি) সম্ভাবনায়: You will have to do it at the ~ of your life. **at ~** (ব্যর্থতা, ক্ষতি ইত্যাদি ক্ষেত্রে) অনিশ্চয়তার ঝুঁকি। **at one's own ~** সম্পূর্ণ নিজ দায়িত্বে; ক্ষতি অথবা আঘাতের জন্য কোনো দাবি না জানানোর অঙ্গীকারে। **at owner's ~** (মালামাল পরিবহনের ক্ষেত্রে) মালিকের নিজ দায়িত্ব। ২ [C] (বিমা) ঝুঁকি। দ্র. security ~ at security. □*vt* ঝুঁকি গ্রহণ করা; ঝুঁকিপূর্ণ পরিস্থিতিতে পড়া। **risky** *adj* (-ier, -iest) ১ ঝুঁকিপূর্ণ। ২ = risque. **~·ily** [- ইলি] *adv.* **~i·ness** *n* ঝুঁকি।

ri·sotto [রিˈজ়টৌ] *n* [C] মাখন, পনির ও পেঁয়াজে সিদ্ধ ভাত।

ris·qué [ˈরীস্‌কেই US রিˈস্কেই] *adj* (গল্প, মন্তব্য, নাটকের পরিস্থিতি ইত্যাদি ক্ষেত্রে) প্রায়-অশ্লীল।

ris·sole [ˈরিসৌল্] *n* [C] মাছ-মাংসের বড়াবিশেষ।

rite [রাইট্] *n* [C] কৃত্য; কৃত্যানুষ্ঠান (মূলত ধর্মীয়) অনুষ্ঠান: ˈburial ~s.

rit·ual [ˈরিচুঅল্] [U] যাবতীয় আচারানুষ্ঠান; ধর্মীয় আচার; (*pl*) প্রথাগত অনুষ্ঠান: initiation ~s. □*adj* ধর্মীয় আচারানুষ্ঠান সংক্রান্ত: the ~ songs of the tribes. **~·ism** [-ইজ়াম্] *n* [U] আচারপ্রিয়তা; আচারবিদ্যা। **~·ist** [-ইস্‌ট্] *n* আচারানুষ্ঠান পালনে দক্ষ; আচার-অনুষ্ঠান কঠোরভাবে পালনকারী। **~·is·tic** [রিচুঅˈলিসটিক্] *adj* আচার সংক্রান্ত।

ritzy [ˈরিট্‌সি] *adj* (অপ.) বিলাসী; রুচিবান।

ri·val [ˈরাইভ্‌ল্] *n* প্রতিদ্বন্দ্বী। □*vt* (-ll-), US অপিচ (-l) ~ **(in)** প্রতিদ্বন্দ্বী হওয়া। **~ry** [ˈরাইভ্‌ল্‌রি] *n* [C,U] (*pl* -ries) প্রতিদ্বন্দ্বিতা; প্রতিযোগিতা।

river [ˈরিভ়া(র্)] *n* [C] ১ নদী। **sell sb down the ~** (লাক্ষ.) কাউকে প্রতারণা করা। ২ (attrib) ˈ**~-basin** *n* অববাহিকা; নদীবিধৌত এলাকা। ˈ**~-bed** *n* নদীগর্ভ। ˈ**~-side** *n* নদীতীর। ৩ প্রবল প্রবাহ: ~s of blood.

rivet [ˈরিভিট্] *n* [C] (জাহাজের প্রান্তে ব্যবহৃত) বল্টুবিশেষ; রিভিট। □*vt* ১ বল্টু লাগানো; রিভিট বাঁধা। ২ (দৃষ্টি, মনোযোগ) নিবদ্ধ করা। ৩ (দৃষ্টি, মনোযোগ) আকর্ষণ করা।

Rivi·era [রিভ়িˈএআরা] *n* **the ~** ভূমধ্যসাগরীয় সৈকত।

rivu·let [ˈরিভ়িইউলিট্] *n* ছোট নদী।

roach[1] [রৌচ্] *n* (*pl* অপরিবর্তিত) সুস্বাদু পানির কার্প জাতীয় মাছ।

roach[2] [রৌচ্] *n* (*pl* -es) (কথ্য) = cockroach.

road [রৌড্] *n* [C] ১ রাস্তা: (attrib) ˈ~ junctions, রাস্তার সংযোগস্থল। **on the ~** ভ্রমণ। **rule of the ~** সড়কপরিবহন নীতিমালা; সড়ক-নীতি। **Take the ~** যাত্রা শুরু করা। **take to the ~** ভবঘুরেতে পরিণত হওয়া। ˈ**~ safety** সড়ক-নিরাপত্তা, দুর্ঘটনা রোধের জন্য প্রচার-ব্যবস্থা। ২ (যৌগশব্দে) ˈ**~-bed** *n* রাস্তার ভিত। ˈ**~-block** *n* ব্যারিকেড। ˈ**~-book** *n* (টুরিস্টদের জন্য রচিত) রাস্তাসমূহের পরিচিতিমূলক গ্রন্থ। ˈ**~-hog** *n* (কথ্য) বেপরোয়া মোটর-চালক। ˈ**~-house** *n* প্রধান সড়কে অবস্থিত বাড়ি। ˈ**~·man** [-ম্যান], ˈ**~·mender** *nn* রাস্তা মেরামতকারী। ˈ**~-metal** *n* রাস্তা নির্মাণ ও মেরামতে ব্যবহৃত পাথর। ˈ**~-sense** *n* সড়ক-জ্ঞান; দুর্ঘটনা এড়িয়ে চলার মতো সুস্থ চিন্তা। ˈ**~ show** *n* [US] ভ্রাম্যমান দলের নাট্য-পরিবেশনা। ˈ**~·side** *n* রাস্তাপাশের। ˈ**~·way** *n* ফুটপাথ বাদ দিয়ে মূল রাস্তা। ˈ**~·worthy** *adj* (যানবাহনের ক্ষেত্রে) রাস্তায় চলাচলের উপযুক্ত। ৩ পথ; রুট। ৪ **~ to** (লাক্ষ.) লাভের পথ; অর্জনের উপায়। ৫ (proper names) (ক) **the...R~** কারো নামে নামকরণকৃত রাস্তা: the Mujib Road. (খ) **...R~/Rd** সারিবদ্ধ অট্টালিকার সম্মুখস্থ রাস্তা: 40 York Rd, London. ৬ (সাধা.) উপকূলীয় স্রোতোধারা, যেখানে নোঙ্গরকালে জাহাজ থাকতে পারে। ৭ (US) = railway. **~·less** *adj* সড়কবিহীন। ˈ**~·stead** [স্‌টেড্] *n* = road(৬)।

road·ster [রৌডস্‌টা(র্)] *n* [C] খোলা মোটরগাড়ি।

roam [রৌম্] *vi,vt* লক্ষ্যহীনভাবে ঘুরে বেড়ানো।

roan[1] [রৌন্] *adj* (পশুর ক্ষেত্রে) মিশ্রবর্ণবিশিষ্ট।

roan[2] [রৌন্] *n* [U] বই-বাঁধাইয়ে ব্যবহৃত ভেড়ার চামড়া।

roar [রো°(র্)] *n* [C] গর্জন; বজ্রপাতের শব্দ; ব্যক্তির আর্ত চিৎকার। □*vt,vi* ১ গর্জন করা; প্রচণ্ড শব্দ করা; আর্ত চিৎকার করা। ২ **~ sth out** জোরে কথা বলা/গান করা; জোরে ঘোষণা করা। ৩ **~ oneself hoarse, etc** চিৎকার করে নিজেকে স্থূল স্বভাবের প্রমাণিত করা। **~ sb down** বক্তাকে থামিয়ে দেওয়ার উদ্দেশ্যে জোরে চিৎকার করা। **~·ing** *adj* ১ গোলযোগপূর্ণ। ২ ঝড়ো: a ~ing evening. ৩ হাস্যোজ্জ্বল; প্রফুল্ল; স্বাস্থ্যবান। □*adv* অত্যন্ত বেশি।

roast [রৌস্‌ট্] *vt,vi* ১ (মাংস, আলু ইত্যাদি) রোস্ট করা। ২ তাপ দেওয়া; সেঁকা। □*attrib adj* রোস্টকৃত: ~ chicken. □*n* ১ [C] রোস্ট করার পদ্ধতি। **~er** *n* রোস্টার; রোস্ট করবার চুল্লি; তাওয়া। **~·ing** *n* কঠোর সমালোচনা। **give sb a good ~ing** (লাক্ষ.) কঠোর তিরস্কার করা।

rob [রব্] *vt* (-bb-) **rob sb/sth (of sth)** ১ কাউকে সম্পত্তি থেকে বঞ্চিত করা; জোর করে বেআইনিভাবে সম্পদ হরণ করা। ২ (প্রাপ্য থেকে) বঞ্চিত করা। **rob·ber** *n* সম্পদ হরণকারী; ডাকাত। **rob·bery** [ˈরবারি] *n* [C, U] (*pl*-ries) ডাকাতি। ˌ**daylight** ˈ**robbery** (কথ্য) অতিরিক্ত দাম দাবি করা।

robe [রৌব্] *n* [C] ১ ঢিলে জামা; গাউনবিশেষ। ˈ**bath·~**, = (US) dressing·gown. ২ (প্রায়শ *pl*) পদমর্যাদাসূচক পোশাক। □*vt,vi* **~ (in)** ঢিলে জামা-কাপড় অথবা গাউন পরা।

robin [ˈরবিন্] *n* ১ রবিন পাখি। ˌ**~** ˈ**redbreast** হিসাবে পরিচিত)। ২ ব্রিটিশ দ্বীপপুঞ্জের বাইরের ছোট পাখিবিশেষ। **R~** ˈ**goodfellow** ইংরেজি লোকসাহিত্যের পাখিবিশেষ।

ro·bot [ˈরৌবট্] *n* [C] রোবট।

ro·bust [রৌˈবাস্‌ট্] *adj* মোটাসোটা; স্বাস্থ্যবান; প্রবল। □*adv* **~·ness** *n* তেজিভাব; শক্তিসামর্থ্য।

roc [রক্] *n* রূপকথার পাখিবিশেষ; রকপাখি।

rock[1] [রক্] *n* ১ [U] টিলা। ২ [C,U] শিলাখণ্ড। **as firm/solid as a ~** শিলাদৃঢ়; অচল; (লাক্ষ.) (ব্যক্তির ক্ষেত্রে) জ্ঞানী; নির্ভরযোগ্য। **on the ~s** (জাহাজের ক্ষেত্রে) বিধ্বস্ত (লাক্ষ, ব্যক্তির ক্ষেত্রে) অভাব-অনটনে; (বিয়ের ক্ষেত্রে) তালাক অথবা বিচ্ছেদের পর্যায়ে। **see ~s**

ahead জাহাজডুবি অথবা যে কোনো বিপদের আশঙ্কা। the R~ of Ages যিশুখ্রিস্ট। ৩ [C] প্রস্তরখণ্ড। ৪[U] (GB) শক্ত মিষ্টান্নবিশেষ। ৫ On the ~s [US] (হুইস্কির ক্ষেত্রে) পানি ছাড়া 'আইসকিউব' এ পরিবেশিত। ৬ (যৌগশব্দ) ˈ~-ˈbottom *n* [U] সর্বনিম্ন পর্যায়ে: (attrib) ~-bottom prices, সর্বনিম্ন দরে। ˈ~-cake *n* [C] শক্ত উপরিভাগবিশিষ্ট পিঠাবিশেষ। ˈ~-climbing *n* পর্বতারোহণ। ˈ~-crystal *n* প্রাকৃতিক স্ফটিক। ˈ~-garden *n* পাহাড়ি উদ্যান; কৃত্রিম পাহাড়ে নির্মিত উদ্যান। ˈ~-plant *n* পাহাড়ি গাছপালা। ˌ~-ˈsalmon ছোট হাঙ্গরের বাণিজ্যিক নাম। ˈ~-salt *n* খনিজ লবণ। ~·ery [ˈরকারি] *n* [C] (pl -ries) = ~-garden.

rock[2] [রক্] *vt,vi* দোলানো; দোল খাওয়ানো: He was ~ing the baby. ~ **the boat** (লাক্ষ.) কোনো চুক্তির মসৃণ অগ্রগতিকে বিনষ্ট করবার জন্য কিছু করা। ~·**ing-chair** *n* দোলনা চেয়ার। ˈ~·**ing-horse** খেলনা ঘোড়া। ~**er** *n* ১ দোলনা চেয়ার অথবা খেলনা চেয়ার স্থাপনের জন্য নির্মিত বাঁকা কাঠের খণ্ড। ২ [US] দোলনা চেয়ার। ৩ R~**er** (GB, 1960's) চামড়ার জ্যাকেট পরিহিত মোটর-সাইকেল চালকের দল। ৪ **off one's ~er** (অপ.) পাগলাটে; ভুলো মন।

rock[3] [রক্] *n* (অপিচ ~-'**n-roll** [ˌরক্ আন্ˈরৌল্]) [U] রক এন রোল; নাচের জন্য রচিত চড়া তালের জনপ্রিয় গান। □*vi* রক এন রোল-এর সাথে নাচা।

rocket [ˈরকিট্] *n* ১ দ্রুত দহনশীল পদার্থে পূর্ণ স্তম্ভক বা বেলনাকৃতি আধার যা আতশবাজি, বিপদ-সঙ্কেত বা ক্ষেপণবস্তু হিসাবে আকাশে উৎক্ষিপ্ত হয়; রকেট; হাউই। ˈ~-**base** *n* রকেট ঘাঁটি; রকেট-ক্ষেপণাস্ত্র নিক্ষেপ করার সামরিক ঘাঁটি। ˈ~-**range** *n* রকেটচালিত ক্ষেপণাস্ত্র নিয়ে পরীক্ষা-নিরীক্ষা করার স্থান; রকেট-ক্ষেপণাস্ত্র এলাকা। ২ (কথ্য) প্রচণ্ড তিরস্কার বা ভর্ৎসনা: get/give sb a ~. □*vi* রকেটের ন্যায় দ্রুতগতিতে উপরে ওঠা: The prices of essential commodities have ~ed in recent years. ~**ry** *n* [U] রকেট ক্ষেপণাস্ত্রবিদ্যা।

rocky [ˈরকি] *adj* (-ier,- iest) ১ শিলাময়; শিলাপূর্ণ; শিলাবৎ (কঠিন): a ~ mountain; ~ soil. ২ (কথ্য) অস্থিতিশীল; নড়বড়ে; অনিশ্চিত।

ro·coco [রাˈকৌকৌ] *adj* (আসবাবপত্র, স্থাপত্য ইত্যাদি প্রসঙ্গে) অলঙ্কারবহুল (য়োরোপে খ্রিস্টীয় অষ্টাদশ শতকের শেষভাগে দৃষ্ট)।

rod [রড্] *n* ১ দণ্ড; লাঠি; ছড়ি; রড। ২ শাস্তি প্রদানের ব্যবহৃত দণ্ড। **make a rod for one's own back** নিজের অসুবিধা বা ঝামেলা নিজে সৃষ্টি করা। **have a rod in ˈpickle for sb** কাউকে সুযোগমতো শাস্তিদানের অপেক্ষায় থাকা। (প্রবচন) **Spare the rod and spoil the child** অপরাধের জন্য শাস্তি দেওয়া না হলে শিশু উচ্ছৃঙ্খল হয়ে যায়। ৩ (US) (অপ.) রিভলভার। ৪ দৈর্ঘ্যের পরিমাপবিশেষ (৫½ গজ বা ৫.০৩ মিটার) *pole* বা *perch* নামেও অভিহিত। ৫ যন্ত্রাদিতে ব্যবহৃত ধাতব দণ্ড: ˈpiston-rods.

rode [রৌড্] ride[2].-এর *pl*

ro·dent [ˈরৌড্‌ন্ট্] *n* ইঁদুর, কাঠবিড়ালি ইত্যাদির ন্যায় তীক্ষ্নদন্ত প্রাণী।

ro·deo [রৌˈডেইও US ˈরৌডিও] *n* (*pl* -s) [C] ১ (আমেরিকা যুক্তরাষ্ট্রের পশ্চিম প্রান্তীয় সমভূমিতে) গবাদি পশুকে তাড়িয়ে এনে একত্রকরণ। ২ গবাদি পশু ধরার কৌশল প্রদর্শনের বা দুরন্ত অশ্বাদি বশ মানানোর প্রতিযোগিতা।

rodo·mon·tade [ˌরডামন্ˈটেইড্] *n* [U] (আনুষ্ঠা.) দম্ভোক্তি; বড়াই।

roe[1] [রৌ] *n* [C, U] মাছের ডিমের দলা।

roe[2] [রৌ] *n* (*pl* roes, বা collectively roe) য়োরোপ ও এশিয়ার ক্ষুদ্র হরিণবিশেষ। ˈ**roe·buck** *n* পুরুষ জাতীয় ক্ষুদ্র হরিণ।

Roent·gen = Röntgen.

ro·ga·tion [রৌˈগেইশ্‌ন্] *n* (সাধা. *pl*) খ্রিস্টের স্বর্গারোহণ দিবসের আগের তিনদিন সাধুদের গাওয়া প্রার্থনা-সঙ্গীত। ˈ**R~ week** এই তিন দিন সহ উক্ত দিবসের আগের সপ্তাহ। **R~ Sunday** খ্রিস্টের স্বর্গারোহণ দিবসের আগের রবিবার।

roger [ˈরজা(র্)] *int* (বেতার যোগাযোগে) বার্তা শুনে বোঝার ইঙ্গিতজ্ঞাপক অভিব্যক্তি।

rogue [রৌগ্] *n* [C] ১ বদমাশ লোক; দুর্বৃত্ত। ~'**s gallery** পরিচিত অপরাধীদের আলোকচিত্রের সংগ্রহ। ২ (আদর করে বা হাসিঠাট্টার ছলে) দুষ্টু ছেলে; মজা করার উদ্দেশ্যে অন্যকে উত্যক্ত করে এমন লোক। ৩ (বিশেষত ˌ~-ˈ**elephant**) পাল থেকে বেরিয়ে আসা উন্মত্ত স্বভাবের বন্য প্রাণী। **ro·guery** [ˈরৌগারি] *n* (*pl* -ries) (ক) [C,U] বদমাইশি; পেজোমি; দুষ্টামি। (খ) [U] শঠতা; অমঙ্গল; (*pl*) দুষ্টামিপূর্ণ জ্বালাতন।

ro·guish [ˈরৌগিশ্] *adj* ১ পেজোমিপূর্ণ; দুষ্টামিপূর্ণ; অসৎ। ২ অমঙ্গলকর; শঠ। ~·**ly** *adv*. ~·**ness** *n*

roist·erer [ˈরয়স্টারা(র্)] *n* যে ব্যক্তি হৈচৈ করে; আনন্দোৎসব করে।

role, rôle [রৌল্] *n* [C] নাটকে অভিনেতার ভূমিকা; নির্দিষ্ট ক্রিয়া; কোনো কাজে ব্যক্তিবিশেষের ভূমিকা।

roll[1] [রৌল্] *n* ১ বেলনাকারে পাকানো কোনো বস্ত্র: a ~ of cloth/ newsprint/ photographic film etc; পাকানোর ফলে বা অন্য কোনোভাবে সৃষ্ট এই আকৃতির কিছু: a bread ~. ~ of butter. ˌ~-**top** ˈ**desk** গুটিয়ে রাখা যায় এমন ঢাকনাওয়ালা ডেস্ক। ২ পিছনের দিকে উল্টানো প্রান্ত: a ˌ~-ˈcollar. ৩ গড়ানো গতি; আবর্তন। ৪ অফিসে রক্ষিত নামের তালিকা: call the ~; ~-call. ˌ~ **of** ˈ**honour** যুদ্ধে দেশের জন্য প্রাণবিসর্জনকারী ব্যক্তিদের তালিকা। **strike off the ~s** অপরাধের জন্য সলিসিটারের নাম সভ্যতালিকা থেকে কেটে দেওয়া। ৫ গড়গড়ে শব্দ। **rock-'n-roll** [ˌরকআনˈরৌল] *n* দ্র. rock[3].

roll[2] [রৌল্] *vt,vi* ১ গড়িয়ে দেওয়া বা গড়িয়ে চলা; গড়ানো। **heads will ~** (কথ্য) কিছু লোক বরখাস্ত বা অপমানিত হবে। ২ ~ **(up)** বেলনাকারে পাকিয়ে যাওয়া বা পাকানো: to ~ a cigarette. ৩ কোনো বিশেষ দিনে আসা বা যাওয়া; গড়িয়ে পড়া: tears ~ed down her cheeks. ৪ বিভিন্ন দিকে আবর্তিত হওয়া। ৫ রোলারের সাহায্যে সমতল ও মসৃণ করা বা হওয়া। ~**ed gold** সোনার প্রলেপযুক্ত অন্য ধাতু। ৬ দোলা বা দোলানো: The ship was ~ing heavily. ৭ (ভূপৃষ্ঠ সম্পর্কে) চড়াই উৎরাইপূর্ণ হওয়া: a ~ing plain. ৮ আন্দোলিত অবস্থায় বা ওঠানামা করা অবস্থায় গড়িয়ে চলা: The waves ~ed into the beach. ৯ গড়গড় শব্দ করা; কম্পনযুক্ত ধ্বনি সৃষ্টি করা। ১০ ~ **(at)** (চোখ সম্পর্কে) একদিক থেকে অন্যদিকে ঘোরা বা ঘোরানো; (চোখ) পাকানো: He ~ed his eyes at me. ~·**ing** *n* (যৌগশব্দে) ˈ~-**ing-mill** *n* (ধাতু) ঢালাই কারখানা। ˈ~-**ing-pin** *n* বেলনা। ˈ~-**ing-stock** রেললাইনের উপর দিয়ে চলাচলকারী যানবাহনসমূহ। ১১ (অব্যয়াদি সহযোগে বিশেষ প্রয়োগ) ~ **sth back** পিছু হটতে বাধ্য করা। ~ **in** প্রচুর পরিমাণে আসতে থাকা। **be**

~ing in luxury and money, etc বিলাসিতায়/টাকা পয়সায় গা ভাসিয়ে দেওয়া/গড়াগড়ি যাওয়া। **~ on (ক)** (গায়ে) জড়িয়ে থাকতে পারা। **(খ)** (সময় সম্পর্কে) স্থিরভাবে বয়ে চলা (সময় গড়িয়ে চলা)। **(গ)** (সময় সম্পর্কে, প্রধানত অনুজ্ঞায়) জলদি আসুক: R~ on the day when I retire from this dull work. **~ sth on** কিছু (গায়ে বা অঙ্গপ্রত্যঙ্গে) জড়িয়ে নেওয়া। **ˈ~-on** *n* (মহিলাদের) নিতম্ব পর্যন্ত জড়িয়ে থাকা অর্ন্তবাস। **~ sth out (ক)** (জড়ানো কোনো বস্তু) খুলে বিছিয়ে দেওয়া: to ~ a map/carpet; ~ out the red carpet; (লাক্ষ.) গুরুত্বপূর্ণ অতিথিকে বিশেষ অভ্যর্থনা জানানো। **(খ)** বেলনের সাহায্যে বেলে চেপ্টা করা। **~ up** (গাড়ি সম্পর্কে) এসে থামা; (ব্যক্তি সম্পর্কে) পৌঁছা: He always ~s up late. R~ up! R~ up! অন্যদের সঙ্গে যোগদানের (যেমন পথপাশের) কোনো দোকানের সম্ভাব্য গ্রাহকদের উদ্দেশ্যে আমন্ত্রণসূচক আহ্বান।

roller [ˈরৌলা(র্)] *n* ১ কাঠ ধাতু রবার ইত্যাদির তৈরি বেলনাকার কোনো বস্তু বা যন্ত্রাংশ (চাপ দেওয়া, মসৃণ করা, চূর্ণ করা, মুদ্রণ করা ইত্যাদি কাজে ব্যবহৃত) রোলার: a ˈgarden-~; a ˈroad-~. ২ গতি সাবলীল করার উদ্দেশ্যে কোনো কিছুর নীচে স্থাপিত বেলনাকার বস্তু, কোনো কিছু সহজে পাকিয়ে বা গুটিয়ে রাখার জন্য ব্যবহৃত বেলনাকার বস্তু। **ˈ~-skate** (প্রায়শ **pair of ~-skates**) *n,vi* মসৃণ পৃষ্ঠদেশে ব্যবহারের জন্য চাকাওয়ালা স্কেইট, উক্ত স্কেইট পায়ে দিয়ে চলা। ৩ **ˈ~ bandage** বেলনার আকারে পাকিয়ে রাখা ক্ষতবন্ধন-পটি। ৪ উঁচু হয়ে ওঠা লম্বা ঢেউ।

rol·lick·ing [ˈরলিকিঙ্] *adj* হৈচৈপূর্ণ ও আনন্দোচ্ছল: have a ~ time.

roly-poly [ˌরৌলিˈপৌলি] *n* ১ (G.B) (অপিচ **~ pudding**) বেলনাকার পুডিং বিশেষ। ২ (কথ্য) বেঁটে ও হৃষ্টপুষ্ট শিশু।

Ro·man [ˈরৌমান্] *adj* ১ রোম (বিশেষত প্রাচীন রোম) সম্পর্কিত; রোমক; রোমান: the ~ Empire. **the ~ alphabet** রোমান বর্ণমালা অর্থাৎ ABCD এই বর্ণমালা। **~ letters/type** খাড়া আকারবিশিষ্ট ছাপার অক্ষর (তুল. italic type বাঁকা ছাঁদের অক্ষর)। **~ numerals** রোমান সংখ্যা (I, II, IV X, L, CL ইত্যাদি) ২ রোমান ক্যাথলিক ধর্মসংক্রান্ত: The ~ rite. দ্র. Catholic (২). □*n* **(ক)** প্রাচীন রোমের অধিবাসী; রোমান; *(pl)* প্রাচীন রোমের খ্রিস্টানগণ: the Epistle to the ~s. **(খ)** রোমান ক্যাথলিক।

ro·mance [রৌˈম্যান্স্] *n* ১ [C] দুঃসাহসিক অভিযানের কাহিনী; উগ্র বা অস্বাভাবিক প্রেমের কাহিনী; [U] অনুরূপ কাহিনী বা কাহিনী সম্বলিত উপন্যাস; রম্যোপন্যাস। ২ [C] **Romance** মধ্যযুগে (সাধারণত ছন্দে) রচিত বীরত্বকাহিনী। ৩ [C] অসাধারণ প্রেমের ঘটনা; (কথ্য) যে কোনো প্রণয়ঘটিত ব্যাপার। ৪ [U] (মনের) রোমাঞ্চকর অবস্থা; শিহরণ। ৫ [C,U] অতিরঞ্জিত বর্ণনা; অলীক কল্পনার রং মাখানো বর্ণনা। □*vt,vi* (সাধা. romanticize) কল্পনার রং মিশিয়ে অতিরঞ্জিত করা বা ঐভাবে অতিরঞ্জিত হওয়া।

Ro·mance [রৌˈম্যান্স্] *adj* **~ languages** লাতিন থেকে উদ্ভূত ফরাসি, ইতালীয়, স্পেনীয়, পর্তুগিজ, রুমানীয় প্রভৃতি ভাষা।

Ro·man·esque [ˌরৌমানেস্ক্] *n* [U] (য়োরোপে রোমান ও গথিক যুগের মধ্যবর্তী) স্থাপত্যরীতিবিশেষ; রোমানেস্ক স্থাপত্যরীতি (ধনুকাকৃতি খিলান এবং পুরু দেয়াল এই রীতির বৈশিষ্ট্য)।

ro·man·tic [রৌˈম্যান্টিক্] *adj* ১ (ব্যক্তি সম্পর্কে) ভাববিলাসী; অলীক কল্পনাপ্রবণ। ২ কল্পনাসমৃদ্ধ, আতিশয্যপূর্ণ; বীরত্বকাহিনীসংক্রান্ত বা তত্তুল্য; রোমাঞ্চকর, শিহরণমূলক: ~ scenes/tales/ situations. ৩ (শিল্প, সাহিত্য ও সঙ্গীতে) অলীক ও অবাধ মৌলিক কল্পনাসমৃদ্ধ; আবেগধর্মী; রোমান্টিক (ক্লাসিক-এর বিপরীত—রোমান্টিক কবি: শেলী, কীট্স প্রমুখ)। □*n* **(ক)** কল্পনাবিলাসী ব্যক্তি; **(খ)** *(pl)* কল্পনাবিলাসী ভাবধারা। **ro·man·ti·cally** *adv.* **ro·man·ti·cism** [-টিসিজ্ম্] *n* [U] (সাহিত্য শিল্প ও সঙ্গীত) রোমান্টিকতা (ক্লাসিকধর্মিক ও বাস্তবধর্মিতার বিপরীতে) রোমান্টিক মানসিকতা। **ro·man·ti·cist** *n* শিল্প ও সাহিত্যে রোমান্টিকতার অনুসারী ব্যক্তি; কল্পনাবিলাসী ব্যক্তি। **ro·man·ticize** *vt,vi* অলীক কল্পনার রং মাখানো; রোমাঞ্চিত করা বা হওয়া; রোমান্টিক রীতি ব্যবহার করা।

Rom·any [ˈরমানি] *n* *(pl*-nies) ১ [C] জিপসি; বেদে। ২ [U] জিপসিদের ভাষা। □*adj* জিপসি।

romp [রম্প্] ১ (বিশেষত শিশুদের সম্বন্ধে) হৈচৈ করে বা ছুটাছুটি করে খেলাধুলা করা। ২ স্বচ্ছন্দে বা অনায়াসে জেতা বা সফল হওয়া: He just ~s through his examinations. □*n* [C] ছুটাছুটি করে খেলাধুলা করতে ভালোবাসে এমন শিশু; ছুটাছুটি করে খেলাধুলা করার সময়। **~er** *(sing* বা *pl)* শিশুদের ঢিলেঢালা পোশাক: a pair of ~ers.

rondo [ˈরন্ডৌ] *n* *(pl* ~s) যে গানে মূল পদটি বার বার ফিরে আসে।

Ro·neo [ˈরৌনিউ] *n* (p) চিঠিপত্রাদির একসঙ্গে বহুসংখ্যক প্রতিলিপি তৈরি করার যন্ত্র; রোনিও।

Rönt·gen [ˈরন্ট্যিঅন্ US ˈরেন্ট্গান্] **~ rays** *n,pl* = X-rays (এক্স-রশ্মি বা রঞ্জন রশ্মি)।

rood [রুড্] *n* ১ (প্রা. প্র.) **ˈ~(-tree)** যে ক্রুশে যিশুকে বিদ্ধ করে হত্যা করা হয়। ২ ক্রুশচিহ্ন বা ক্রুশবিদ্ধ যিশুর মূর্তি (প্রধানত গির্জার রেলিং ঘেরা পুবদিকের অংশে স্থাপিত)। ৩ (GB) ভূমির পরিমাপবিশেষ, রুড (এক একরের এক-চতুর্থাংশ)।

roof [রূফ্] n ১ ছাদ; চাল (বাড়ি, গাড়ি ইত্যাদির)। **vaise the ~** (কথ্য) (ঘরের মধ্যে) হৈচৈ করা। **ˈ~-garden** কোনো ভবনের ছাদের উপর রচিত বাগান; ছাদ-বাগান। **ˈ~-tree** ছাদের চূড়ায় স্থাপিত মজবুত অনুভূমিক কড়িকাঠ। **under one ~** একই ঘরে বা বাড়িতে। ২ সর্বোচ্চ অংশ: the ~ of heaven, আকাশ; the ~ of the mouth, তালু; টাকরা। □*vt* *(pl,pp*,~ed [রুফ্ট্]) ছাদ দিয়ে ঢাকা; ছাদ সরবরাহ করা; ছাদস্বরূপ হওয়া। **~·less** *adj* ছাদহীন (লাক্ষ. ব্যক্তি সম্পর্কে) গৃহহীন; আশ্রয়হীন। **~·ing** (অপিচ ˈ~ing material) ছাদ নির্মাণের উপকরণ।

rook[1] [রুক্] *n* কাকজাতীয় বৃহদাকার কালো পাখিবিশেষ। **~·ery** *n* *(pl* -ries) **(ক)** যে স্থানে (বৃক্ষসমূহ) উক্ত পাখি বহু সংখ্যায় বাসা বাঁধে; **(খ)** পেঙ্গুইনপাখি, সিল প্রভৃতির প্রজননের স্থান।

rook[2] [রুক্] *n* জুয়াচোর। □জুয়াচুরি করে কাউকে ঠকানো;(গ্রাহককে ঠকানোর উদ্দেশ্যে) অসম্ভব উচ্চমূল্য হাঁকা।

rook[3] [রুক্] *n* দাবার নৌকা (অপিচ castle).

rookie [ˈরুকি] *n* (সেনাবাহিনীতে প্রচলিত অপ.) নতুন ভর্তি করা অনভিজ্ঞ সেনা; রংরুট।

room [রুম্] *n* ১ [C] ঘর; কক্ষ; কামরা। **-roomed** [রুম্‌ড্] *adj*: a 3-roomed flat. ২ (*pl*) কোনো ব্যক্তি বা পরিবার যে কক্ষসমূহে থাকে; বাসা: Please come to see me in my ~s, ˈ**~-mate** *n* একই ঘরের বাসিন্দা; কক্ষসঙ্গী। ৩ [U] জায়গা; স্থান: Is there any ~ for another person in the car? **There's no ~ for doubt** সন্দেহের কোনো অবকাশ নেই। ৪ সুযোগ: ~ for improvement. □*vi* (US) (অস্থায়ীভাবে) বাস করা; ঘর নিয়ে থাকা: Mr Chowdhury is ~ing with us for the time being. **~·ing house** (US) যে ভবনে কিছুসংখ্যক কক্ষ ভাড়া দেওয়া হয়। **~er** *n* (US) যে ব্যক্তি অন্যের বাড়ির কোনো ঘর ভাড়া করে থাকে। **~·ful** *n* ঘরভর্তি (লোক, জিনিসপত্র ইত্যাদি)। **~y** *adj* (-ier, -iest) যথেষ্ট জায়গা আছে এমন; প্রশস্ত: a ~y cabin; a ~y raincoat, ঢিলেঢালা বর্ষাতি। **~·ily** *adv*

roost [রুস্‌ট্] *n* [C] পাখির দাঁড় তথা বিশ্রামের বা ঘুমানোর জায়গা; মুরগির বাসা। **come home to ~** (শব্দ বা কথা প্রসঙ্গে) যে উচ্চারণ করে তার উপরেই কার্যকর হওয়া। **rule the ~** নেতৃত্ব করা। □*vi* (পাখিদের প্রসঙ্গে) রাতে ঘুমাতে যাওয়া; দাঁড়ে বসে ঘুমানো; দাঁড়ে বসে থাকা।

rooster [ˈরূস্‌টা(র্)] *n* পোষা মোরগ।

root[1] [রূট্] *n* [C] ১ বৃক্ষাদির মূল; শিকড়। **pull up one's ~s** (লাক্ষ.) স্থায়ী বাড়ি, কাজ ইত্যাদি ছেড়ে অন্যত্র নতুন জীবন শুরু করা। **put down new ~s** শিকড় গাড়া; (লাক্ষ.) স্থায়ী আবাস ছেড়ে অন্যত্র প্রতিষ্ঠিত হওয়া। **take/strike ~** (ক) শিকড় গাড়া; (খ) প্রতিষ্ঠিত হওয়া। ২ **~ and branch** সম্পূর্ণভাবে। **~s,** ˈ**~-crop** ভক্ষণযোগ্য সমূল উদ্ভিদ; কন্দ (যেমন মুলা, আদা ইত্যাদি)। **~ beer** (US) বিভিন্ন উদ্ভিদমূল থেকে প্রস্তুত অ্যালকোহলযুক্ত বিয়ার। ৩ চুল, নখ, দাঁত ইত্যাদির মূল (যার ক্রিয়া বা ভূমিকা শিকড়ের ন্যায়)। ৪ (লাক্ষ.) উৎস; ভিত্তি; কারণ। ৫ (ব্যাক.) শব্দমূল বা ধাতু। ৬ (গণিত) বর্গমূল, ঘনমূল ইত্যাদি।

root[2] [রূট্] *vt,vi* ১ শিকড় গাড়া; শিকড় গজানো। ২ অনড়ভাবে দাঁড় করিয়ে রাখা: Fear ~ed him to the ground. ৩ (ধারণা, নীতি ইত্যাদি প্রসঙ্গে) দৃঢ়ভাবে প্রতিষ্ঠিত হওয়া। **~ed** দৃঢ়ভাবে প্রতিষ্ঠিত: ~ed belief; ~ed objection. ৪ **~ sth out** নির্মূল করা; সমূলে বিনাশ করা। **~ sth up** সমূলে উপড়ে ফেলা। **~·less** *adj* মূলহীন (ব্যক্তি সম্পর্কে) সমাজে স্থায়ী ভিত নেই এমন।

root[3] [রূট্] *vi,vt* ১ **~ (about/for)** (শূকর সম্পর্কে) খাদ্যের সন্ধানে নাক দিয়ে মাটি খোঁড়া; (ব্যক্তি সম্পর্কে) খোঁজাখুঁজি করা; কিছুর সন্ধানে জিনিসপত্র তছনছ করা: He was ~ing about among the piles of papers for the document. **~ sth out** খোঁজাখুঁজি করে পেয়ে যাওয়া: He managed to ~ out a copy. ২ **~ (for)** (US অপ.) সোল্লাসে সমর্থন করা।

rootle [ˈরূট্‌ল্] *vi* **~ about for** (শূকর সম্পর্কে) খাদ্যের সন্ধানে নাক দিয়ে মাটি খোঁড়া।

root·let [রূট্‌লিট্] *n* ক্ষুদ্র শিকড়; মূলিকা।

rope [রৌপ্] *n* [C,U] ১ রশি; রজ্জু; দড়ি; কাছি। **the ~** (ফাঁসির) ফাঁস; ফাঁসির দড়ি। **the ~s** যে সকল দড়ি দিয়ে মল্লভূমি বা ক্রীড়াঙ্গন ঘিরে রাখা হয়। **show sb/know/learn the ~s** (কোনো বিশেষ কর্মক্ষেত্রের অবস্থা নিয়মকানুন বা পদ্ধতি কাউকে জানানো বা জানা। **give sb (plenty of) ~** কাজের স্বাধীনতা দেওয়া। **give sb enough ~ and he'll hang himself** (প্রবচন) বোকাকে প্রশ্রয় দিলে সে নিজের সর্বনাশ নিজেই ডেকে আনবে। ২ (যৌগশব্দ) ˈ**~-dancer** *n* দড়াবাজিকর (দড়ির উপর দিয়ে যারা নৃত্যাদি ক্রীড়া প্রদর্শন করে)। ˌ**~-ˈladder** দড়ির মই বা সিঁড়ি। ˈ**~-walk/-yard** যে লম্বা ফালি জমির উপরে দড়ি পাকানো বা তৈরি করা হয়; দড়ি-নির্মাণ আঙ্গিনা। ˈ**~-walker** *n* = ~-dancer. ˈ**~·way** *n* রজ্জু দ্বারা কোনো কিছু বয়ে নেবার ব্যবস্থা; রজ্জুপথ। ˈ**~·yarn** *n* দড়ি তৈরির উপাদান। ৩ [C] একত্রে পাকানো একগুচ্ছ কোনো কিছু: a ~ of onions. □*vt* দড়ি দিয়ে বাঁধা। **~ sth off** দড়ি দিয়ে ঘিরে সীমানা চিহ্নিত করা। **~ sb in** কোনো কাজে অংশগ্রহণে বা সহায়তা করতে কাউকে রাজি করানো। **~y** [রৌপি] *adj* (অপ.) অতি নিম্নমানের।

ro·sary [ˈরৌজ়ারি] *n* (*pl* -ries) ১ রোমান ক্যাথলিক চার্চের প্রার্থনাবলী; উক্ত প্রার্থনাবলী সম্বলিত পুস্তক। ২ জপমালা। ৩ গোলাপবাগ।

rose[1] [রৌজ়্] rise[2]-এর *pl*

rose[2] [রৌজ়্] *n* ১ গোলাপফুল বা গাছ। **a bed of ~s** সুখস্বাচ্ছন্দ্যপূর্ণ আরামের জীবন। **not all ~s** একেবারে নিখুঁত নয় এমন; কিছু অস্বস্তি বা অসুবিধা আছে এমন। **no ~ without a thorn** সুখ অবিমিশ্র নয়। **gather life's ~s** জীবনে আরাম আয়েশ বা ভোগবিলাস খোঁজা। ২ [U] গোলাপি রঙ। **see things through ~-coloured/-tinted spectacles** (কিছুটা অযৌক্তিক-ভাবে) অতিরিক্ত আশাবাদী হওয়া। ৩ গোলাপ আকৃতির কিছু: a fine ~d can, শোভাবর্ধনের জন্য ফিতা প্রভৃতি দ্বারা তৈরি কৃত্রিম গোলাপ; গোলাপ-আকৃতির নকশা। ৪ (যৌগশব্দ) ˈ**~-bed** *n* গোলাপ-পীঠিকা (যে জমিতে গোলাপগাছ জন্মানো হয়)। ˈ**~-leaf** গোলাপ ফুলের পাপড়ি। ˈ**~-bud** *n* গোলাপকুঁড়ি। ˌ**~-ˈred** গোলাপি লাল। ˈ**~-water** *n* (সুগন্ধি হিসাবে ব্যবহৃত) গোলাপজল। ˌ**~ˈwindow** *n* কারুকার্য শোভিত চক্রাকৃতি জানালা। ˈ**~·wood** *n* [U] শক্ত গাঢ় লাল রঙের সুগন্ধি মূল্যবান কাঠ (গ্রীষ্মমণ্ডলীয় বিভিন্ন ধরনের গাছ থেকে প্রাপ্তব্য)।

ro·seate [ˈরৌজ়িঅট্] *adj* গোলাপি রঙের; গোলাপি-লাল (বর্ণের)।

rose·mary [ˈরৌজ়্‌মারি US -মেরি] *n* [U] সুগন্ধিপত্রযুক্ত চিরহরিৎ গুল্মবিশেষ।

ro·sette [রৌˈজ়েট্] *n* [C] শোভাবর্ধনের উদ্দেশ্যে ব্যবহৃত ফিতা প্রভৃতি দ্বারা তৈরি গোলাপাকৃতি ব্যাজ বা অলঙ্কার; প্রস্তরকার্যে খোদাই করা গোলাপ।

rosin [ˈরজ়িন্ US ˈরজ়্‌ন্] *n* [U] (প্রধানত ঘনীভূত) রজন। □*vt* রজন দিয়ে ঘষা।

ros·ter [ˈরস্‌টা(র্)] *n* পর্যায়-তালিকা (পালাক্রমে কোন কোন ব্যক্তি কী কাজ করবে তার তালিকা)।

ros·trum [ˈরস্‌ট্রাম্] *n* (*pl* ~s বা -tra) বক্তৃতা-মঞ্চ।

rosy [ˈরৌজ়ি] *adj* (-ier, -iest) ১ গোলাপি; গোলাপি বর্ণের; গোলাপ-রাঙা: ~ cheeks. ২ (লাক্ষ.) আশাব্যঞ্জক; সম্ভাবনাময়; উজ্জ্বল: ~ prospects.

rot [রট্] *vi,vt* (-tt-) ১ পচে যাওয়া বা পচানো; ক্ষয়ে যাওয়া বা ক্ষয় করা। ২ (লাক্ষ.) (সমাজ ইত্যাদি সম্পর্কে) (নিষ্ক্রিয়তার কারণে) ক্রমশ ক্ষয়প্রাপ্ত হওয়া; পচতে থাকা। ৩ ক্ষয় করা বা অকার্যকর করা: the grease will ~ the rubber. ˈ**rot-gut** *n* [U] পেটের জন্য ক্ষতিকর কড়া বা নিকৃষ্ট মানের মদ। □*n* [U] (ক) ক্ষয়; পচন; বিকৃতি: ~ has set in, ক্ষয় বা পচন শুরু হয়েছে। (খ) (সাধারণত **the rot**) ভেড়ার যকৃৎ-পীড়া। ˈ**foot-rot** ভেড়ার পায়ের

রোগ। **(গ)** (ˌ**tommy-)ˈrot** (অপ.) বাজে বা পচা বস্তু; বোকামি; অর্থহীন উক্তি বা বাজে কথা: to talk ~. **(ঘ)** (যুদ্ধ. ক্রিকেট ইত্যাদিতে) উপর্যুপরি বিপর্যয়: How can you stop the ~?

rota [রৌটা] *n* (*pl.* ~s) (GB) পালাক্রমে যে সকল ব্যক্তি কাজ করবে তাদের তালিকা; পালাক্রমে সম্পাদনীয় কাজের তালিকা; পর্যায় তালিকা।

ro·tary [ˈরৌটারি] *adj* ১ (গতি সম্পর্কে) চক্রাকারে ঘূর্ণ্যমান; আবর্তনশীল। ২ (ইনজিন সম্পর্কে) চক্রাকারে ঘূর্ণ্যমান গতির দ্বারা ক্রিয়াশীল; রোটারি: ~ printing press. ৩ **R~ Club** রোটারি ক্লাব (একটি আন্তর্জাতিক জনকল্যাণ সঙ্ঘ)। **Ro·tarian** [রৌˈটে°অরিঅন্] রোটারি ক্লাবের সদস্য। □*n* (US) = roundabout (২).

ro·tate [রৌˈটেইট্ US ˈরৌটেইট্] *vi,vt* চক্রাকারে আবর্তিত করানো বা হওয়া; পালাক্রমে রাখা বা থাকা; পালাক্রমে বা পর্যাক্রমে আসা: The office of the Chairman ~s.

ro·ta·tion [রেটটেইশ্‌ন্]*n* ১ [U] ঘূর্ণন; আবর্তন। ২ [C, U] পর্যায়ক্রম; পালাক্রমে বার বার আগমন: ~ of crops. **in ~** পর্যায়ক্রমে; পালাক্রমে।

ro·ta·tory [রোটটারি US –টো°রি] *adj* আবর্তক; আবর্তনমূলক; আবর্তনশীল; ঘূর্ণনশীল।

rote [রৌট্] *n* (only in) **by ~** মুখস্থ (চিন্তাভাবনা না করে) স্মৃতি থেকে: do/say/learn sth by ~.

ro·tis·se·rie [রৌˈটীসারি] *n* মাংস ইত্যাদির কাবাব তৈরির জন্য ব্যবহৃত ঘূর্ণনশীল শিকের সাহায্যে রন্ধন বা ঝলসানো; ঐভাবে প্রস্তুত খাবারের দোকান।

roto·gra·vure [রৌ°টৌগ্রাভিউঅ(র্)] ১ [U] তামার সিলিন্ডারের গায়ে নকশাদি মিনা করা বা খোদাই করার ব্যবস্থা সংবলিত মুদ্রণ পদ্ধতি। ২ [C] এই পদ্ধতিতে মুদ্রিত ছবি।

ro·tor [রৌটা(র্)] *n* যন্ত্র চালানোর জন্য এর যে অংশ ঘোরাতে হয়; হেলিকপ্টার প্রপেলারের অনুভূমিক ঘূর্ণনশীল পাখাসমূহের সমাবেশ।

rot·ten [ˈরট্‌ন্] *adj* ১ পচা: ~ eggs; ক্ষয়প্রাপ্ত। ২ (অপ.) বাজে; নিরতিশয় মন্দ। **~·ly** *adv.* **~·ness** *n*

rot·ter [ˈরট(র্)] *n* (অপ.) সেকেলে; বাজে; আপত্তিকর ব্যক্তি।

ro·tund [ˈরৌটান্ড্] *adj* ১ (কোনো ব্যক্তির চেহারা বা মুখ সম্পর্কে) গোলগাল ও হৃষ্টপুষ্ট; নাদুসনুদুস; (কণ্ঠস্বর প্রসঙ্গে) দরাজ; উদাত্ত; গুরুগম্ভীর।

rouble [ˈরূব্‌ল্] *n* রাশিয়ার মুদ্রার একক (=১০০ কোপেক)।

roué [ˈরূএই US রূএই] *n* (বিশেষত বয়স্ক) অসচ্চরিত্র; লম্পট ব্যক্তি।

rouge [রূজ্] *n* [U] গাল রাঙানোর জন্য মিহি লালচে পাউডারবিশেষ; রুজ। □*vt,vi* (মুখে) রুজ লাগানো; রুজ মাখানো।

rough[1] [রাফ্] *adj* (-er, -est) ১ (পৃষ্ঠদেশ সম্পর্কে) অসমতল; এবড়ো-থেবড়ো; বন্ধুর; অমসৃণ; খসখসে। ২ অমার্জিত; অভব্য: ~ children; ~ behaviour; অশান্ত; উত্তাল: ~ sea; রূঢ়; কঠোর; অযত্নপূর্ণ: ~ handling of sth. **be ~ on sb** কারও প্রতি কঠোর বা অপ্রসন্ন হওয়া। **give sb the ~ side of one's tongue** কারও সঙ্গে রূঢ়ভাবে কথা বলা। **give sb have a ~ time** কাউকে দুর্দশায় ফেলা; দুর্দশায় পড়া; রূঢ় ব্যবহার পাওয়া। ˈ**~-house** (কথ্য) কোলাহলপূর্ণ ঝগড়া ও হাতাহাতি। □*vt,vi* কারও সঙ্গে উগ্র ব্যবহার করা। **~ luck** অপেক্ষাকৃত মন্দভাগ্য। ৩ যথেষ্ট মনোযোগ সহকারে করা নয় এমন; খসড়া ধরনের: a ~ translation. **a ~ diamond** (লাক্ষ.) অশিক্ষিত বা অমার্জিত অথচ সুন্দর মন ও সুস্বভাবের অধিকারী ব্যক্তি। **~ and ready** সাধারণ প্রয়োজনে মোটামুটি উপযোগী, কিন্তু বিশেষ দক্ষতাপূর্ণ নয় এমন: ~ and ready methods. ৪ (শব্দ সম্পর্কে) কর্কশ; বেসুরো। ৫ (যৌগশব্দ) ˌ**~-and-ˈtumble** *adj,n* বিশৃঙ্খল ও উদ্দাম (লড়াই)। ˈ**~-neck** *n* (US কথ্য) গুণ্ডা; গোলমাল সৃষ্টিকারী ব্যক্তি। ˈ**~-rider** *n* বশ না মানা ঘোড়ায় আরোহণে দক্ষ ব্যক্তি; অশ্বদমনকারী। **~·ly** *adv* **(ক)** রূঢ়ভাবে; অমার্জিতভাবে: treat a person ~ly; অযত্নের সঙ্গে: a ~ly made plan/piece of furniture. **(খ)** প্রায়: The cost will be ~ly 10 lac taka; মোটামুটিভাবে: ~ly speaking. **~·ness** *n*

rough[2] [রাফ্] *adv* বিশৃঙ্খলভাবে: play ~, দৈহিক বল প্রয়োগ করে (খেলা ইত্যাদিতে)। **cut up ~** (কথ্য) রাগান্বিত বা ক্ষুব্ধ হওয়া। **live ~** (ভবঘুরের ন্যায়) ঘরের বাইরে দিন কাটানো। **sleep ~** (গৃহহীনদের প্রসঙ্গে) ঘরের বাইরের কোনো আশ্রয়ে খোলা জায়গায় ঘুমানো। (যৌগশব্দ) ˈ**~-cast** *n* দেয়ালাদিতে চুন-সুরকির প্রলেপ। □*vt* দেয়ালে চুন-সুরকির প্রলেপ দেওয়া। ˈ**~-dry** *vt* (বস্ত্রাদি) ইস্ত্রি না করে শুকানো। ˈ**~-hewn** *adj* অমসৃণভাবে বা স্থূলভাবে গঠিত; (লাক্ষ.) অমার্জিত; অদ্ভুত। ˈ**~·shod** *adj* (ঘোড়া সম্পর্কে) নালবাঁধানো খুরওয়ালা বা জুতাপরা। **ride ˈ~shod over sb** অবজ্ঞাভরে কারও সঙ্গে দুর্ব্যবহার করা। ˌ**~-ˈspoken** *adj* কটুভাষী; দুর্মুখ।

rough[3] [রাফ্] *n* ১ [U] অমসৃণ অবস্থা; অসমতল পৃষ্ঠদেশ; এবড়ো-থেবড়ো জমি; দুঃখকষ্ট। **take the ~ with the smooth** (লাক্ষ.) আনন্দের সঙ্গে নিরানন্দকে গ্রহণ করা বা মেনে নেওয়া। ২ [U] **the ~** অসমাপ্ত অবস্থা: The statue is now only in the ~. **in ~** (রচনাদি সম্পর্কে) খসড়া অবস্থায়। ৩ [U] **the ~** (গল্‌ফ খেলায়) মাঠের অংশবিশেষ যেখানে জমি অসমতল এবং ঘাস কাটা হয়নি: loose one's ball in the ~. ৪ উচ্ছৃঙ্খল ব্যক্তি; গুণ্ডা; রাহাজান।

rough[4] [রাফ্] *vi* ১ **~ sth (up)** এলোমেলো বা অগোছালো করে দেওয়া: Don't ~ (up) my hair ! **~ sb up** (অপ.) দৈহিক নির্যাতন দ্বারা কারও প্রতি দুর্ব্যবহার করা। ~ (অধিক প্রচলিত **rub**) **sb up the wrong way,** দ্র. rub (৩). ২ **~ sth in** খসড়া বা রূপরেখার আকারে তৈরি করা। ৩ **~ it** সাধারণ আরাম আয়েশ ও সুযোগ সুবিধা ছাড়া জীবন যাপন করা: I can ~ it when necessary.

rough·age [ˈরাফিজ্] *n* পাকস্থলীর উদ্দীপক হিসাবে বা কোষ্ঠ শুদ্ধির জন্য ব্যবহৃত ভুসি।

roughen [ˈরাফ্‌ন্] *vt,vi* অমসৃণ করা বা হওয়া; কঠোর বা কর্কশ করা বা হওয়া; প্রচণ্ডভাবে আলোড়িত বা বিক্ষুব্ধ করা বা হওয়া।

rou·lette [রূˈলেট্] *n* জুয়াখেলাবিশেষ; রুলেট।

round[1] [রাউন্ড্] *adj* ১ গোলাকার; বৃত্তাকার। **a ˈ~ game** এক ধরনের খেলা যাতে কোনো দল বা প্রতিপক্ষ থাকে না এবং যেখানে খেলোয়াড়ের সংখ্যা নির্দিষ্ট নয়। **the R~ Table Conference** গোলটেবিল বৈঠক। ২ বৃত্তাকার গতিপথে সম্পন্ন। **~ brackets** লঘুবন্ধনী। ˈ**~ dance** বৃত্তাকারে পরিবেশিত নাচ। **~ robin** যে দরখাস্তে বৃত্তাকারে স্বাক্ষর থাকে যার ফলে বোঝা না যায় কার পরে কে স্বাক্ষর করছে। **~ robin league** যে লীগ-খেলায় প্রত্যেক প্রতিযোগী বা দলকে অপর প্রত্যেক প্রতিযোগী বা দলের সঙ্গে প্রতিযোগিতা করতে হয়। **~ trip**

(GB) বৃত্তাকারে ভ্রমণ; (US) কোনো জায়গায় ভ্রমণ এবং সেখান থেকে একই পথে পুনরায় প্রত্যাবর্তন। ৩ সম্পূর্ণ; অবিরাম; পূর্ণ: a ~ dozen, a ~ sum. **in ~ figures/numbers** ১০, ১০০, ১০০০ ইত্যাদির গুণিতক হিসাবে প্রদত্ত। ৪ পূর্ণ; সরল: at a ~ pace, তেজপূর্ণ; দৃঢ়: a ~ oath, a ~ voice. **to scold sb in good ~ terms** বেশ স্পষ্ট ভাষায় কাউকে তিরস্কার করা। ৫ (যৌগশব্দ) **ˈ~-arm** *adj,adv* (ক্রিকেট বোলিং সম্পর্কে) গোটা বাহু কাঁধ পর্যন্ত উঁচুতে ঘোরানো অবস্থায়: he bowled ~-arm. **ˌ~-ˈbacked** *adj* বক্রপৃষ্ঠ; কুব্জপৃষ্ঠ। **ˌ~-ˈeyed** *adj* বিস্ফারিত দৃষ্টিপূর্ণ: staring in ~-eyed wonder. **ˈ~-hand** *n* [U] (ক) গোটা গোটা অক্ষরে স্পষ্ট করে লেখার রীতি। (খ) = ~-arm. **ˈR~-head** *n* ইংল্যান্ডে ১৭শ শতাব্দীর গৃহযুদ্ধকালে পার্লামেন্ট পক্ষের সদস্য (মাথার চুল আগাগোড়া সমান করে কাটার কারণে এই নাম)। **ˈ~-house** *n* (ক) পুরনো আমলের জাহাজের কামরা বা কামরার শ্রেণী; (খ) ইনজিন মেরামতভবন (যার মাঝখানে চক্রাকার ঘূর্ণায়মান প্ল্যাটফরম থাকে); (গ) (পুরনো আমলে) কয়েদখানা। **ˈ~-shot** *n* কামানের গোলা। **ˌ~-ˈshouldered** *adj* সম্মুখের দিকে বাঁকা কাঁধওয়ালা। **~·ish** *adj* প্রায় গোলাকার। **~·ly** *adv* সোজাসুজি; স্পষ্টাস্পষ্টি। **~·ness** *n*

round[2] [রাউন্ড্] *adv,part* (অধিকাংশ ক্ষেত্রে ~ এর পরিবর্তে around ব্যবহার করা যেতে পারে) ১ বৃত্তাকারে বা বক্রভাবে বিপরীতমুখী হয়ে: He turned his chair ~ and faced us. ২ একই জায়গায় ফিরে বা ঘুরে (আসা অবস্থায়): The fair will soon be ~ again. **~ and ~** বার বার ঘুরে ঘুরে বা আবর্তিত হয়ে। **all ~/ right ~** সম্পূর্ণ গোল। **all the year ~** সারা বছর ধরে। ৩ পরিধিতে: Her waist is 62 cm ~. ৪ চারদিক ফিরে; চক্রাকারে। ৫ একস্থান থেকে অন্যস্থানে; চারদিকে; সর্বত্র: The papers were handed ~. The news was passed ~. **go ~** সবার কাছে পৌঁছানোর বা সরবরাহ করার মতো যথেষ্ট হওয়া: The food will go ~. **look ~** চারদিকে তাকিয়ে দেখা; ঘুরে ঘুরে দেখা: to have a look ~. **taking it all ~** সবদিক বিচার করে। ৬ ঘুরপথে (অর্থাৎ সোজাপথে না গিয়ে ঘুরে দীর্ঘতর পথে)। ৭ কেউ যেখানে আছে বা থাকবে: Come ~ and see me this evening. ৮ **~ (about)** কাছাকাছি; আশেপাশে: in all the villages ~ about.

round[3] [রাউন্ড্] *n* ১ গোলাকার বস্তু বা অংশ, চক্র, চাকা। ২ [U] (ভাস্কর্য) ত্রিমাত্রিক আকার যাকে সকল দিক থেকে পর্যবেক্ষণ করা যায়। **in the ~** (চিত্রকলা) ত্রিমাত্রিক। **a statue in the ~, theatre in the ~** যে থিয়েটারে মঞ্চের প্রায় সব দিকে দর্শক-শ্রোতার বসার ব্যবস্থা থাকে। ৩ পরিক্রমা: the earth's yearly ~; নিয়মিত পর্যায়: daily ~; বিতরণ। **go the ~s, make one's ~s** নিয়মিত পরিদর্শনে যাওয়া। **go the ~ of** ছড়িয়ে পড়া: the news went ~ the village. ৪ (খেলা, প্রতিযোগিতা ইত্যাদিতে) পর্যায়; দফা; রাউন্ড: second ~ of the competition, knocked out in the fifth ~; another ~ of wage claims. ৫ দলসঙ্গীতবিশেষ, যেখানে দ্বিতীয় ব্যক্তি প্রথম লাইন এবং প্রথম ব্যক্তি দ্বিতীয় লাইন ইত্যাদি নিয়মে গায়। ৬ চক্রাকারে নৃত্য।

round[4] [রাউন্ড্] *prep* (অধিকাংশ ক্ষেত্রে ~ এর পরিবর্তে around ব্যবহার করা যেতে পারে) ১ (গতি সম্পর্কে) চতুর্দিকে; ঘিরে: The earth moves ~ the sun. **(sleep/work) ~ the clock** সারা দিনরাত। **~-the-clock** (attrib) *adj* একটানা ২৪ ঘণ্টা ধরে। ২ কোনো কিছুকে ঘিরে এক পাশ থেকে অন্য পাশ পর্যন্ত: walk ~ a corner. **~ the bend** (অপ.) উন্মাদ। ৩ (অবস্থান সম্পর্কে) চারপাশে: to sit ~ the table. ৪ বিভিন্ন দিকে; সবদিকে। ৫ ঘুরে ফিরে: We went ~ the museum. ৬ **~ (about)** (লাক্ষ) প্রায়: The project may cost ~ 50 lac taka.

round[5] [রাউন্ড্] *vt,vi* ১ গোলাকার করা বা হওয়া। ২ ঘোরা বা পরিবেষ্টন করা: go ~ a corner. ৩ **~ sth off** সন্তোষজনকভাবে মিটিয়ে ফেলা; সুসম্পন্ন করা। **~ out** গোলাকৃতি হয়ে যাওয়া। **~ sb/sth up** একত্র করা; সংগ্রহ করে আনা। **~ up (a figure/price)** পূর্ণ সংখ্যায় নিয়ে আসা। **ˈ~-up** *n* তাড়া করার বা গ্রেপ্তারের মাধ্যমে একত্রকরণ: a ~-up of criminals; a ~-up of cattle. **~ upon sb** কারও প্রতি ঘুরে দাঁড়িয়ে তাকে কথায় বা অন্যভাবে আক্রমণ করা।

round·about [রাউন্ড্অবাউট্] *adj* (attrib) সরাসরি না এসে বা না গিয়ে ঘুরপথে; পরোক্ষ: a ~ route. □*n* [C] (ক) =merry-go-round. **You lose on the swings what you make on the ~s** (প্রবচন) ক্ষতি ও লাভ প্রায় সমপরিমাণ হওয়া। (খ) বৃত্তাকার সড়কমোড়; গোলচক্কর (US = traffic circle or rotary)।

roun·del [ˈরাউন্ড্ল্] *n* ছোট চাকতি বা থালা (বিশেষত সম্মানসূচক পদক) ক্ষুদ্র বৃত্তাকার প্যানেল।

roun·ders [ˈরাউনডাজ্] *n pl* ব্যাট ও বল সহযোগে দুই দলের খেলাবিশেষ (বেসবলের অনুরূপ)।

Roundhead [ˈরাউন্ড্হেড্] দ্র. round[1](৫).

rounds·man [ˈরাউন্ড্জ্মান্] *n* (*pl* -men) যে ব্যবসায়ী বা তার কর্মচারী মাল সরবরাহের অর্ডার সংগ্রহের জন্য ঘুরে বেড়ায়।

rouse [রাউজ্] *vt,vi* ১ জাগানো বা জাগা। ২ **~ sb** অধিকতর সক্রিয় বা উদ্দীপিত করা; বিক্ষুব্ধ বা চঞ্চল করা বা হওয়া। ৩ (= ~ oneself) জাগা; সক্রিয় হওয়া।

rout[1] [রাউট্] *n* ১ চরম পরাজয়ের পর ছত্রভঙ্গ হয়ে পশ্চাদপসরণ। **put to ~** সম্পূর্ণভাবে পরাজিত করা। ২ (প্রা.প্র.) জাঁকজমকপূর্ণ বিশাল জনসমাবেশ; বিরাট সান্ধ্য সম্মেলন। ৩ (প্রা.প্র.) বিশৃঙ্খল; কোলাহলপূর্ণ ভিড়। □*vt* সম্পূর্ণরূপে পরাজিত করা।

rout[2] [রাউট্] *vt* **~ sb out (of)** (কাউকে) কোথাও (ঘর, বিছানা ইত্যাদি) থেকে তুলে নিয়ে আসা।

route [রূট্] *n* ১ পথ; গমনপথ। ২ [U] (সাম.) **column of ~** কুচকাওয়াজের উদ্দেশ্যে দলগঠন। **ˈ~-march** প্রশিক্ষণাধীন সেনাদের দীর্ঘপথব্যাপী কুচকাওয়াজ বা লংমার্চ।

rou·tine [রূটিন্] *n* [C, U] করণীয় কাজের পরম্পরা; রুটিন। □*adj* স্বাভাবিক; গতানুগতিক; নিত্যনৈমিত্তিক: ~ duties; ~ examination.

rove [রৌভ্] *vi,vt* ভ্রমণ করা; ঘুরে বেড়ানো। **a roving commission** যে দায়িত্বে কাউকে ঘন ঘন একস্থান থেকে অন্যস্থানে যেতে হয়। ২ (দৃষ্টি, কারও ভালোবাসা ইত্যাদি প্রসঙ্গে) প্রথমে একদিকে পড়া, তারপর অন্যদিকে। **~r** *n* (ক) ভ্রমণকারী। (খ) (প্রা.প্র) **ˈsea-~r** জলদস্যু। ৩ (প্রা.প্র.) ব্রতচারী সঙ্ঘের বা স্কাউটদের ঊর্ধ্বতন শাখাবিশেষের সভ্য।

row[1] [রৌ] *n* [C] সারি; এক লাইনে সারিবদ্ধ ব্যক্তি বা বস্তুসমূহ। **a hard ~ to hoe** কঠিন কাজ।

row[2] [রৌ] *vt,vi* দাঁড় টানা; দাঁড় বেয়ে নৌকা চালানো: to row a boat; দাঁড় বেয়ে কাউকে নৌকায় পার করা: to row sb across the river. ˈ**row-boat** (US) দাঁড়ের নৌকা। □*n* দাঁড়বাহিত নৌকায় ভ্রমণ; দাঁড় বেয়ে চলার সময় বা অতিক্রান্ত দূরত্ব। **row·ing** *n.* (যৌগশব্দ) ˈ**rowing-boat** দাঁড়ের নৌকা; বাইচের নৌকা। ˈ**rowing-club** *n* নৌকা-বাইচ খেলার ক্লাব। **~er** দাঁড়ি।

row³ [রৌ] *n* ১ [U] গর্জন; হৈচৈ; কোলাহল। ২ [C] চেঁচামেচিপূর্ণ ঝগড়া। **kick up/make a row** চেঁচামেচিপূর্ণ কোলাহল বা ঘটনা শুরু করা। ৩ [C] তিরস্কার; গঞ্জনা। □*vt,vi* (ক) তিরস্কার করা; গঞ্জনা দেওয়া। (খ) **row (with)** কারও সঙ্গে চেঁচামেচিপূর্ণ ঝগড়া করা।

rowan [রৌআন্ US ˈরাউআন্] *n* ˈ**~(-tree)** গোলাপগোত্রীয় ছোট গাছ (mountain ash নামেও পরিচিত)। ˈ**~(-berry)** একজাতীয় লালবেরি (বৈঁচি জাতীয়) ফল।

rowdy [ˈরাউডি] *adj* (-ier, -iest) হৈচৈকারী ও উচ্ছৃঙ্খল: ~ element of the audience; ~ scenes. □*n* হৈচৈকারী ও উচ্ছৃঙ্খল ব্যক্তি। **row·dily** *adv.* **row·di·ness, ~·ism** [-ইজ়াম্] *nn* [U] উচ্ছৃঙ্খল আচরণ; উচ্ছৃঙ্খলতা; গুণ্ডামি।

row·lock [রলাক্ US ˈরৌলক্] *n* [C] দাঁড় বা বৈঠা আটকানোর জন্য নৌকাসংলগ্ন আংটাবিশেষ।

royal [ˈরোআল্] *adj* রাজকীয়; রাজা বা রানীর সম্পর্কিত; রাজোচিত বা রানীসুলভ; রাজার/রানীর পরিবারের; রাজা বা রানী কর্তৃক পৃষ্ঠপোষিত: the R~ Society; অত্যুত্তম; চমৎকার: ~ entertainment. **~ road to** (লাক্ষ.) কোনো কিছু পাবার সহজতম পথ। **R~ Commission** রাজা বা রানী কর্তৃক নিয়োজিত ব্যক্তিদের নিয়ে গঠিত তদন্ত কমিটি। **~ly** *adv* জাঁকজমকপূর্ণভাবে; চমৎকারভাবে। **~·ist** *n* রাজার বা রানীর অথবা রাজসরকারের সমর্থক; গৃহযুদ্ধের সময়ে রাজা-রানী পক্ষের সমর্থক।

roy·alty [ˈরোআল্টি] *n* ১ [U] রাজবংশীয় ব্যক্তিবর্গ। ২ [U] রাজপদ; রাজক্ষমতা; রাজকীয় মর্যাদা। ৩ পেটেন্ট ব্যবহারের জন্য পেটেন্টের মালিককে প্রদেয় অর্থ; বিক্রীত গ্রন্থের জন্য নির্দিষ্ট হারে গ্রন্থকারকে প্রদেয় অর্থ; রয়্যালটি।

rub¹ [রাব্] *n* ১ ঘর্ষণ করা; ঘষা: Give the spoon a good rub. ২ অসুবিধা: There's the rub; জটিলতা; প্রতিবন্ধক।

rub² [রাব্] *vt,vi* ১ ঘর্ষণ করা; ঘষা; ঘর্ষণ দ্বারা কিছু পালিশ করা; মাজা; ময়লা দূর করা বা শুকানো: to rub oil on the skin; to rub a surface dry. **rub shoulders with** (লোকের সঙ্গে) মেলামেশা করা। ২ ঘষা লাগা। ৩ (বিশেষ প্রয়োগ) **rub along** (কথ্য) (ব্যক্তি সম্পর্কে) মোটামুটি স্বচ্ছন্দে দিন কাটানো। **rub with sb/together** (দুই বা ততোধিক ব্যক্তি সম্পর্কে) পরস্পর মিলেমিশে থাকা। **rub sb/oneself/a horse down** তোয়ালে ইত্যাদি দিয়ে ভালো করে ঘষে গা পরিষ্কার করা বা মুছে ফেলা। **rub sth down** কোনো কিছু পালিশ করা। ˈ**rub-down** *n* ঘষা; দলাইমলাই: give the plate/horse a good rub-down. **rub sth in; rub sth into sth** (ক) মলম ইত্যাদি ভালো করে ঘষে ত্বক বা অনুরূপ কিছুর মধ্যে ঢোকানো। (খ) কোনো শিক্ষা বা অপ্রীতিকর ব্যাপার কারও মনে ঢুকিয়ে দেওয়া। **rub it in** (বিশেষত) কারও ত্রুটি ব্যর্থতা ইত্যাদির কথা কাউকে বার বার মনে করিয়ে দেওয়া: I know that I made that mistake, but you needn't rub it in. **rub sth off/out** ঘষে তুলে ফেলা। **rub sb out** (US অপ.) খুন করা। **rub sth up** ঘষে পালিশ করা। ˈ**rub-up** *n* পালিশ। **rub sb (up) the right/wrong way** কাউকে শান্ত/উত্যক্ত করা।

rub-a-dub [রাব্ আ ˈডাব্] *n* [U] ঢাক পেটানোর শব্দ; দ্রিমি দ্রিমি।

rub·ber¹ [ˈরাবা(র্)] *n* ১ [U] রবার নামক পদার্থ: ~ bands; a ~ stamp. ˌ~-ˈ**stamp** *vt* (কথ্য) যথোচিতভাবে বিচার-বিবেচনা না করে (প্রস্তাব ইত্যাদি) অনুমোদন করা। ˈ**~-neck** *n* (US কথ্য) যে ধরনের পর্যটক বা দর্শনার্থী সবকিছু যথাসম্ভব বেশি করে দেখার জন্য অবিরাম ঘাড় ফিরিয়ে এদিক-সেদিক তাকাতে থাকে। □*vi* উপরোক্ত প্রণালীতে দর্শনীয় কোনো স্থান ইত্যাদি দেখা। ২ [C] পেন্সিলের দাগ ঘষে তোলার রবার। ৩ *(pl)* রবারের তৈরি উঁচু জুতাবিশেষ, যা কাদা বা জলের হাত থেকে পা বাঁচানোর জন্য পরা হয়। ৪ [C] যে ব্যক্তি বা বস্তু ঘষা দেয়, যেমন যন্ত্রের অংশবিশেষ। **~·ize** [-রাইজ়্] *vt* রবার দিয়ে আস্তৃত বা জারিত করা। **~y** *adj* রবারের তৈরি।

rub·ber² [রাবা(র্) *n* [C] (ব্রিজ, হুইস্ট্ প্রভৃতি তাসের খেলায়) ১ একই ব্যক্তিদ্বয় বা পক্ষদ্বয়ের মধ্যে পর পর তিনটি খেলা: We played two ~s. ২ তিনটি খেলার মধ্যে দুটিতে জয়লাভ; প্রত্যেক পক্ষ একটি করে খেলা জেতার পর তৃতীয় খেলা: game and ~, তৃতীয় খেলা এবং (সে কারণে) রাবার (জিতেছি)।

rub·bing [ˈরাবিঙ্] *n* কোনো কিছুর উপর কাগজ রেখে মোম, খড়িমাটি বা কয়লা দিয়ে ঘষে তোলা ঐ বস্তুর ছাপ; ঘষা ছাপ।

rub·bish [ˈরাবিশ্] *n* [U] ১ জঞ্জাল; আবর্জনা। ২ বাজে জিনিস; আবর্জনা: That article is all ~. ৩ (উৎক্রোশ রূপে) বাজে! জঘন্য! **~y** *adj* বাজে; তুচ্ছ।

rubble [রাব্‌ল্] *n* [U] ইট বা পাথরের টুকরা; পাথরকুচি; খোয়া।

ru·bella [রূˈবেল্‌লা] *n* [লা.] = German measles; ছোঁয়াচে রোগবিশেষ যা গর্ভাবস্থায় হলে ভ্রূণের গুরুতর ক্ষতিসাধন করতে পারে; হাম।

Ru·bi·con [রূবিকান্ US -কন্] *n* **cross the ~** এমন কোনো উদ্যোগে অঙ্গীকারবদ্ধ হওয়া, যা থেকে পশ্চাদপসরণ করা সম্ভবপর নয়।

ru·bi·cund [ˈরূবিকান্ড্] *adj* (চেহারা বা মুখের রং সম্বন্ধে) লালাভ; আরক্তিম; লোহিতাভ; স্বাস্থ্যোজ্জ্বল।

ru·bid·ium [রূˈবিডিআম্] *n* [U] (রস.) ইলেকট্রনিক ভাল্‌ভে ব্যবহৃত; কিঞ্চিৎ তেজস্ক্রিয় মৌলবিশেষ (প্রতীক Rb); রুবিডিয়ম।

ru·bric [রূব্রিক্] *n* [C] ১ লাল রঙে বা বিশেষ মুদ্রাক্ষরে মুদ্রিত শিরোনামা। ২ বিধান; নির্দেশ; ব্যাখ্যা।

ruby [রূবি] *n* [C] (*pl* -bies) লাল রঙের রত্নবিশেষ; মানিক; লালমণি; পদ্মরাগমণি; চুনি। □*adj,n* ঘন লাল (বর্ণ)।

ruck¹ [রাক্] *n* **the ~, the common ~** মামুলি, গতানুগতিক বস্তু বা ব্যক্তিসমূহ: to get out of the ~.

ruck² [রাক্] *n* [C] (বিশেষত কাপড়ে) এলোমেলো ভাঁজ; কুঁচি। □*vt.vi* **~ (up)** কোঁচকানো; কোঁচানো; কুঁচিয়ে যাওয়া।

ruck·sack [ˈর্যাক্‌স্যাক্] *n* [C] পিঠে বেঁধে বহনযোগ্য ক্যানভাসের থলেবিশেষ; হ্যাভারস্যাক।

ruc·tions [রাকশ্‌ন্‌জ্] *n pl* ক্রুদ্ধ বাকবিতণ্ডা বা কথা কাটাকাটি; হৈচৈ; ঝগড়াঝাঁটি।

rud·der [ˈরাডা(র্)] *n* [C] ১ (নৌকার) হাল; কর্ণ। ২ উড়োজাহাজে অনুরূপ বস্তু; হাল।

ruddle [ˈরাড্‌ল্] *n* [U] লাল গিরিমাটি, বিশেষত যে ধরনের লাল রং জাহাজের মালিকানা নির্দেশের জন্য ব্যবহৃত হয়; বর্ণক। □*vt* জাহাজে গিরিমাটির রং লাগানো।

ruddy [রাডি] *adj* (-ier, -iest) ১ (মুখমণ্ডল সম্বন্ধে) আরক্তিম; স্বাস্থ্যোজ্জ্বল; লালিমামণ্ডিত: ~ cheeks; in ~ health, টসটসে স্বাস্থ্য। ২ লাল বা লালাভ: a ~ glow in the sky. ৩ (অপ.) = bloody (৩) (-এর সুভাষণ)।

rude [রূড্] *adj* (-r, -st) ১ (কোনো ব্যক্তি এবং তাঁর বাক্য ও আচরণ সম্বন্ধে) অভদ্র; অমার্জিত; রূঢ়। ২ প্রচণ্ড; আকস্মিক; রূঢ়: get a ~ shock. **a ~ awakening** অপ্রীতিকর কোনো কিছু সম্বন্ধে আকস্মিক উপলব্ধি। ৩ আদিম; অমার্জিত; অপরিশীলিত: our ~ forefathers. ৪ সাদামাটা; সাদাসিধা: a ~ wooden table. ৫ বলিষ্ঠ: in ~ health. ৬ নৈসর্গিক অবস্থায়; কাঁচা; অশোধিত: ~ ore/ produce. **~·ly** *adj* রূঢ়ভাবে; সাদামাটাভাবে ইত্যাদি। **~·ness** *n* [U] রূঢ়তা; অভদ্রতা।

ru·di·ment [ˈরুডিমন্‌ট্] *n* ১ (*pl*) (কোনো শিল্প বা বিজ্ঞানের) প্রথম পদক্ষেপ বা স্তর; ভ্রূণমাত্র; সূত্রপাত; উপক্রম; প্রারম্ভিক জ্ঞান: ~s of physics. ২ যে আদিরূপের উপর ভিত্তি করে পরবর্তী বিকাশ সম্ভবপর; অবিকশিত বা অনুন্নত অংশ: the ~ of a tail. **ru·di·men·tary** [রূডিˈমেন্‌ট্রি] *adj* ১ প্রাথমিক; প্রারম্ভিক: a ~ary knowledge of grammar. ২ অবিকশিত; আদিম; অনুন্নত; অবর্ধিত।

rue[1] [রূ] *n* [U] তিক্তস্বাদ পত্রবিশিষ্ট চিরহরিৎ ক্ষুদ্র উদ্ভিদবিশেষ, যা পূর্বকালে রোগনিরাময়ে ব্যবহৃত হতো; ব্রাহ্মী; ব্রাহ্মিকা।

rue[2] [রূ] *vt* (প্রা. বা সাহিত্য.) (কিছুর সম্বন্ধে) অনুতাপ করা, সন্তপ্ত হওয়া; অনুতাপ বা বিষণ্ণতার সঙ্গে ভাবা: You will have to ~ it. **rue·ful** [ˈরূফ্‌ল্] *adj* অনুতাপপূর্ণ; সানুতাপ: a ~ ful smile. **rue·fully** [ˈরূফালি] *adv* অনুতপ্তভাবে।

ruff [রাফ্] *n* ১ পশু বা পাখির গলায় ভিন্ন রঙের বা ভিন্নভাবে চিহ্নিত লোম বা পালকের বেষ্টনী; গলকণ্ঠী। ২ ষোড়শ শতকে কলার হিসাবে পরিধেয় প্রশস্ত; শক্ত চুনট।

ruf·fian [ˈরাফিঅন্] *n* ১ নিষ্ঠুর; হিংস্র ব্যক্তি; গুণ্ডা; ষণ্ডা; খুনে। **~·ly** *adj* গুণ্ডার মতো; উচ্ছৃঙ্খল। **~·ism** [-নিজাম্] *n* [U] গুণ্ডামি; ষণ্ডামি।

ruffle [রাফ্‌ল্] *vt,vi* ১ **~ (up)** শান্তি, প্রশান্তি বা মসৃণতা বিনষ্ট করা; উস্কোখুস্কো/এলোমেলো করা; আলোড়িত করা: The swan ~d up its feathers. She is not easily ~d. ২ আলোড়িত/অস্থির হওয়া। □*n* [C] ১ কাপড় ইত্যাদির কুঁচি; চুনাট। ২ আলোড়ন।

rug [রাগ্] *n* ১ ছোট গালিচা: a ˈhearth-rug. ২ পশমের মোটা চাদর; কম্বল।

Rugby [ˈরাগ্‌বি] *n* **~ (football)** (GB) ডিম্বাকার বল সহযোগে ফুটবল খেলাবিশেষ; এই বলে হাত লাগানো নিষিদ্ধ নয়; রাগবি: ~ League, তেরো জন খেলোয়াড়ের দল নিয়ে পেশাদার রাগবি খেলা। **~ Union** পনেরো জন খেলোয়াড়ের কেবলমাত্র শৌখিন দলের রাগবি খেলা।

rug·ged [রাগিড্] *adj* ১ বন্ধুর; অমসৃণ; উঁচুনিচু; উচ্চাবচ: a ~ coast; a ~ country. ২ এবড়োখেবড়ো; বলিচিহ্নিত; ভাঁজ-পড়া; কুঞ্চিত: a ~ face. ৩ অমার্জিত; কর্কশ; রূঢ়: a ~ character. **~·ly** *adv* অমার্জিতভাবে ইত্যাদি। **~·ness** *n* বন্ধুরতা; উচ্চাবচতা; বলিময়তা; রূঢ়তা।

rug·ger [রাগা(র্)] *n* [U] (কথ্য) রাগবি ফুটবল।

ruin [রূইন্] *n* ১[U] ধ্বংস; বিনাশ; সর্বনাশ; উচ্ছেদ; ক্ষয়; বিনষ্টি; গুরুতর ক্ষয়/হানি। ২ [U, C] ধ্বংসস্তূপ: fall into ~. **go to rack and ~,** দ্র. rack[4]. ৩ [U] ধ্বংস বা সর্বনাশের কারণ: Drinking will be his ~. □*vt* ধ্বংস/ সর্বনাশ করা। **~·ation** [রূইˈনেইশ্‌ন্] *n* [U] বিনষ্টি; ধ্বংসসাধন। **~·ous** [-নাস্] *adj* ১ ধ্বংসকর; সর্বনেশে: ~ous expenditure. ২ বিধ্বস্ত; ধ্বংসপ্রাপ্ত: a ~ous old castle. **~·ous·ly** *adv* ধ্বংসাত্মকভাবে।

rule [রূল্] *n* ১ [C] নিয়ম; বিধি: The ~s of the game. **~ (s) of the road,** দ্র. road (১). **by/according to ~** নিয়ম/বিধি অনুযায়ী। **work to ~** (ইচ্ছাকৃতভাবে) বিধিবিধানের প্রতি অতিরিক্ত মনোযোগ দিয়ে উৎপাদন হ্রাস করা। ˈ**~ book** (শ্রমিকদের মধ্যে বিতরিত) বিধি-পুস্তক। **~ of thumb,** দ্র. thumb. ২ [C] (সাধারণ) নিয়ম; অভ্যাস: Make it a ~ to get up early. **as a ~** সাধারণত; সচরাচর। ৩ শাসন; কর্তৃত্ব: ~ of law. ৪ [C] মাপকাঠি: a ˈfoot-~; a ˈslide-~. □*vi,vt* ১ **~ (over)** শাসন/আধিপত্য করা। ২ (সাধা. passive) প্রভাবিত বা পরিচালিত করা বা হওয়া: be ~d by one's passions. ৩ সিদ্ধান্ত দেওয়া; রায় দেওয়া। **~ sth out** বাদ দেওয়া; বিবেচনার অযোগ্য বলে ঘোষণা করা: We can not ~ out the possibility of another attack. ৪ (রুলার দিয়ে) লাইন টানা: ~d note paper. **~ sth off** লাইন টেনে পৃথক করা। ৫ (বাণিজ্য., মূল্য সম্বন্ধে) একটি বিশেষ সামগ্রিক স্তরে থাকা। Prices ~d high, দ্রব্যমূল্যের স্তর সাধারণ উঁচু।

ruler [ˈরূলা(র্)] *n* ১ শাসক; শাসনকর্তা। ২ (সরলরেখা টানার জন্য) রুলার; মাপকাঠি।

rul·ing [ˈরূলিঙ্] *adj* প্রধান। His ~ passion. □*n* [C] (বিশেষত) কর্তৃস্থানীয় কোনো ব্যক্তি (যেমন বিচারক) কর্তৃক প্রদত্ত সিদ্ধান্ত; রায়।

rum[1] [রাম্] [U] ইক্ষুরসজাত সুরাবিশেষ; শীধু; (US) যে কোনো সুরাজাতীয় পানীয়।

rum[2] [রাম্] *adj* (rummer, rummest) (কথ্য) অদ্ভুত; কিম্ভূত; আজব: a ~ fellow. **rummy** *adj* = rum[2].

rumba [রাম্‌বা] *n* [C] কিউবায় উদ্ভূত সামাজিক নৃত্যবিশেষ; রাম্বা।

rumble [রাম্‌ব্‌ল্] *vi,vt* ১ গুড় গুড় বা গুডুম গুডুম (শব্দ) করা; ঐ রকম শব্দ করে অগ্রসর হওয়া: lorries rumbling along the roads. ২ **~ out** গম্ভীর গলায় বা গম গম করে বলা: ~ out a few remarks. □*n* ১ [U] গুড় গুড়; গুরু গুরু: the ~ of thunder. ২ [C] (প্রা. প্র.) গাড়ির পিছনে মানুষের বসার বা মালপত্র রাখার স্থান (= dickey-seat; US অপিচ ˈ~-seat); (সেকেলে) মোটরগাড়ির পিছনে অতিরিক্ত; উন্মুক্ত আসন।

rum·bus·tious [রাম্ˈবাস্‌টিআস্] *adj* হৈচৈপূর্ণ; হট্টগোলে; কলকোলাহলপূর্ণ।

ru·mi·nant [রূমিনান্‌ট্] *n,adj* রোমন্থক বা জাবর-কাটা (প্রাণী)।

ru·mi·nate [ˈরূমিনেইট্] *vi* রোমন্থন করা; জাবর কাটা; চর্বিতচর্বণ করা: ~ over/ about/ on recent events. **ru·mi·na·tive** [ˈরূমিনাটিভ্, US -নেইটিভ্] *adj* রোমন্থনপ্রবণ; রোমন্থনপ্রিয়। **ru·mi·na·tion** [রূমিˈনেইশ্‌ন্] *n* [U] রোমন্থন; চর্বিতচর্বণ।

rum·mage [রামিজ্] *vi,vt* ১ **~ (among/ in/ through)** কিছু খুঁজতে গিয়ে জিনিসপত্র ওলটপালট বা তছনছ করা: ~ in/through a drawer. ২ **~ (through)** তন্ন তন্ন করে খোঁজা/অনুসন্ধান করা। □*n* [U] ১ (বিশেষত শুল্ক কর্মকর্তাগণ কর্তৃক জাহাজে) তল্লাশি। ২ তল্লাশির মাধ্যমে প্রাপ্ত মালামাল; পুরনো হরেক রকম কাপড়চোপড়, ঘড়ি ইত্যাদি। ˈ**~ sale** = jumble sale; মিশাল-ঘোশাল বিক্রি।

rummy[1] [রামি] *adj* দ্র. rum[1].
rummy[2] [রামি] *n* [U] এক বা দুই প্যাকেট তাস নিয়ে দুই বা ততোধিক খেলোয়াড়ের খেলাবিশেষ; রামি।
ru·mour (US = **ru·mor**) [ˈরূমা(র্)] *n* [U] গুজব; জনশ্রুতি; কর্ণোপকর্ণিকা। ˈ**~-monger** *n* যে ব্যক্তি গুজব ছড়ায়; গুজববাজ। □*vt* (সাধা. passive) গুজব বা জনশ্রুতি রটানো: It is ~ed that ..., গুজবে প্রকাশ ...।
rump [রাম্প্] *n* [C] পুশর পশ্চাদ্‌ভাগ; পাখির পুচ্ছদেশ; (কৌতুক.; মানুষের) পাছা। ˌ**~-ˈsteak** *n* গরুর পশ্চাদ্‌ভাগের মাংসখণ্ড। ২ (অবজ্ঞায়) বৃহত্তর সমষ্টির অবশিষ্টাংশ।
rumple [রাম্প্‌ল্] *vi* দুমড়ানো; কোঁচকানো; এলানো: ~ one's dress.
rum·pus [ˈরাম্পাস্] *n* (কেবল *sing*; কথ্য) গোলমাল; হৈচৈ; কোলাহল: have a ~ with sb. **keep up/ make a ~** হাঙ্গামা সৃষ্টি করা।
run[1] [রান্] *n* ১ দৌড়; ধাবন; (শিয়াল-শিকারে) শিয়ালের পশ্চাদ্ধাবনের সময়। **at a run** ধাবমান: to start off at a run, দৌড়াতে শুরু করা। **on the run (ক)** পলায়নপর। **(খ)** অবিরাম কর্মরত ও সচল: She has been on the run the whole day. **give sb/get a (good) run for his/one's money (ক)** চেষ্টা ও অর্থব্যয়ের বিনিময়ে (কিছু) পাওয়া। **(খ)** তীব্র প্রতিযোগিতার ব্যবস্থা করা। ২ [C] সফর; পর্যটন; ভ্রমণ: a run to London. ৩ [C] জাহাজের একটি নির্দিষ্ট সময়ে অতিক্রান্ত দূরত্ব: a day's run. ৪ যানবাহন, জাহাজ ইত্যাদির যাত্রাপথ। ৫ অনুষ্ঠান পরম্পরা: His new play had a run of three months. ৬ মূল্য ইত্যাদির আকস্মিক হ্রাস: Share prices came down in/with a run. ৭ সময় পরিধি; পরম্পরা: a run of good luck. **a run on sth** কোনো কিছুর জন্য বহু লোকের আকস্মিক চাহিদা; হিড়িক: a run on the bank, তাৎক্ষণিভাবে অর্থ ফেরত পাওয়ার জন্য বহু আমানতকারীর আকস্মিক দাবি। **in the long run** শেষ পর্যন্ত। ৮ গৃহপালিত জীবজন্তু, পাখি ইত্যাদির জন্য (সাধা. বৃহৎ, পরিবেষ্টিত) স্থান; খোঁয়াড়: a ˈchicken-run. ৯ (ক্রিকেট ও বেইসবল) রান। ১০ সাধারণ, গড়পরতা বা মাঝারি ধরন বা শ্রেণী: the common run of mankind. ˌ**run-of-the-ˈmill** সাধারণ; গড়পরতা; মামুলি। ১১ (কথ্য) যদৃচ্ছ ব্যবহার করবার অনুমতি। **give sb/get the run of sth** যদৃচ্ছ ব্যবহার করবার অনুমতি দেওয়া/পাওয়া। ১২ প্রবণতা; গতিপ্রকৃতি: The run of the events did not suit him. ১৩ (সঙ্গীত) গ্রামের ধারাবাহিকতায় দ্রুত লয়ে গীত বা বাদিত সুরপরম্পরা। ১৪ ধাবমান মাছের ঝাঁক। ১৫ (US) = ladder (২).
run[2] [রান্] *vi,vt* (*pt* ran [র‍্যান্], *pp* run; -nn-) (*adver part* ও *preps*-সহ বিশিষ্ট প্রয়োগ ২৬-এ দ্র.; *part adj* running-এর বিশিষ্ট প্রয়োগের জন্য দ্র. running). ১ দৌড়ানো; ধাবিত হওয়া; ছোটা। **take a running jump** যেখান থেকে লাফ দিতে হবে, সেই পর্যন্ত দৌড়ে যাওয়া; (অপ., *imper*) দূর হও, নির্বোধ কোথাকার ইত্যাদি। ২ পালানো: They ran for their lives. **run for it** পরিত্রাণ পাওয়ার জন্য দৌড়ানো। **cut and run** (অপ.) পালিয়ে বাঁচা। **a running fight** পশ্চাদপসরণরত জাহাজ বা নৌবহর ও পশ্চাদ্ধাবনশীল বাহিনীর মধ্যে যুদ্ধ। ৩ ব্যায়াম বা ক্রীড়া হিসাবে দৌড়ের অভ্যাস করা; দৌড়ের প্রতিযোগিতায় যোগ দেওয়া। **also ran** বিজয়ী তিনটি ঘোড়ার অন্তর্ভুক্ত হতে পারেনি এমন ঘোড়া সম্বন্ধে প্রয়োগ করা হয়, অর্থাৎ দৌড়েছে কিন্তু জেতেনি। ˈ**also-ran** *n* [U] ব্যর্থ প্রতিযোগী (ব্যক্তি বা জন্তু)। ৪ **~ for** (বিশেষত US) (কোনো নির্বাচিত পদের জন্য) প্রতিদ্বন্দ্বিতা করা। তুল. stand for (ব্রিটেনে অধিক প্রচলিত)। ৫ (দৌড়ে) প্রতিযোগিতায় নামানো; (নির্বাচনে পদের জন্য) মনোনীত করা: The Democratic Parly is running two hundred candidates. ৬ দৌড়ের ফল হিসাবে কোনো বিশেষ স্থান বা অবস্থায় পৌঁছা বা পৌঁছানো: She ran first in the 100 metre sprint. **run oneself out (of breath),** দ্র. (২৬) run out. **run sb (clean) off his feet/legs** (কথ্য) নিস্তেজ না হওয়া পর্যন্ত কাউকে দৌড়ের ওপর রাখা। **run oneself/sb into the ground** কঠিন পরিশ্রম বা ব্যায়ামের ফলে অবসন্ন হয়ে পড়া বা অবসন্ন করা; মুখ থুবড়ে পড়া। ৭ কোনো কিছুর ভিতর বা উপর দিয়ে কিংবা কোনো কিছুর শেষ প্রান্তে দ্রুত চলে যাওয়া। **run its course** স্বাভাবিকভাবে বিকাশলাভ করা। **run a race** দৌড়ে অংশগ্রহণ করা। **run the rapids** (নৌকা ও মাল্লা সম্বন্ধে) নদীপ্রপাতের উপর বা মধ্য দিয়ে দ্রুত ধাবিত হওয়া। দ্র. short[2] (৪). **run the streets** (শিশুদের সম্বন্ধে) রাস্তায় রাস্তায় খেলে সময় নষ্ট করা। ৮ নিজেকে কোনো কিছুর প্রভাবাধীন করা; উন্মোচিত হওয়া। **run the change/ danger of sth** কোনো কিছুর সম্ভাবনা/ বিপদের ঝুঁকি নেওয়া। **run risks/a risk/the risk of sth** দ্র. risk. ৯ ধাওয়া করা; পাল্লা দেওয়া। **run sb/sth to earth** না পাওয়া বা না ধরা পর্যন্ত পশ্চাদ্ধাবন করা: run a fox to earth, গর্তে না ঢোকা পর্যন্ত তাড়া করা; (লাক্ষ.) run a quotation to earth, তন্ন তন্ন করে অনুসন্ধান করে উৎস খুঁজে পাওয়া। **run sb/sth close/hard** গুণ, ক্ষমতা ইত্যাদিতে প্রায় সমকক্ষ হওয়া: a close run thing, উনিশ বিশ, সমানে সমান। ১০ (জাহাজ ইত্যাদি সম্বন্ধে) ধাবিত হওয়া; চলা; (মাছ সম্বন্ধে) সাঁতার কাটা; দৌড়ানো। ১১ (গাড়ি, ট্রেন, ট্রাম ইত্যাদি) চলা। ১২ চালু থাকা; চলা: The machine is running properly. ১৩ (সর্বসাধারণের ব্যবহারোপযোগী যানবাহন সম্বন্ধে) চলাচল করা: ferry-boats running across the channel. ১৪ সংগঠন করা; ব্যবস্থা করা; চালানো: run a business/ a company; run a car. **run the show** (কথ্য) কোনো উদ্যোগের পুরোধা হওয়া; নিয়ন্ত্রণে রাখা। ১৫ (গাড়িতে করে) পৌঁছে দেওয়া: He ran me back home. **run errands/messages (for sb)** ফরমাশ খাটা; বার্তা বহন করা। **run arms/guns** কোনো দেশে অবৈধভাবে অস্ত্রশস্ত্র চালান করা। ˈ**arms-runner** *n* অস্ত্র-চোরাচালানকারী। **run liquor/contraband** সুরা/নিষিদ্ধ পণ্য চোরাচালান করা। ১৬ (কোনো দিকে বা স্থানে) দ্রুত চালিয়ে নেওয়া: run a car into a garage; run one's eyes over a page, পৃষ্ঠায় চোখ বোলানো। ১৭ (চিন্তা, অনুভূতি, চোখ, উত্তেজনাকর খবর ইত্যাদি) দ্রুত বা চকিতে চলে যাওয়া; খেলে যাওয়া; দ্রুত বয়ে যাওয়া: The idea never ran through his head. His eyes ran over her new outfit, দ্রুত চোখ বুলিয়ে নিল। ১৮ প্রবিষ্ট করা; ঢুকিয়ে/বসিয়ে দেওয়া; বিদ্ধ করা; ঠুকে দেওয়া: run a sword through a man; run one's head against a glass door. ১৯ (তরল পদার্থ, শস্য, বালু ইত্যাদি সম্বন্ধে) প্রবাহিত হওয়া; ঝরা; (উপরিতল সম্বন্ধে) ভেজা; ভিজে যাওয়া; (রং সম্বন্ধে) ধুয়ে ছড়িয়ে

যাওয়া: He left the tap running. The colours ran when the gown was washed. ২০ (তরল পদার্থ, গলিত ধাতু) ঢালা। ২১ হয়ে যাওয়া; (একটি বিশেষ অবস্থায়) পর্যবসিত হওয়া: Her blood ran cold. **run riot (ক)** উচ্ছৃঙ্খল আচরণ করা; উন্মাদ হয়ে ওঠা। **(খ)** (উদ্ভিদ ইত্যাদি সম্বন্ধে) অনিয়ন্ত্রিতভাবে বেড়ে ওঠা। **run wild** অসংযত/ উচ্ছৃঙ্খল/ লাগামহীন হওয়া: Don't let your children run wild. **run a temperature** (কথ্য) জ্বর ওঠা। ২২ বিস্তৃত হওয়া; চালু থাকা: shelves running round the walls; several days running, পর পর কয়েক দিন ধরে। **a running commentary** ধারাবর্ণনা। ˈ**running costs** পণ্য ইত্যাদি উৎপাদনের জন্য চলতি ব্যয়। ২৩ প্রবণতা বা সাধারণ বৈশিষ্ট্য হিসাবে থাকা; গড়পড়তা মূল্য বা স্তর হিসাবে থাকা: The novelist run to sentiment, ভাবালুতার দিকে ঝোঁক। Insanity's run in the family. Prices for vegetables are running low this year, মূল্য কম যাচ্ছে। ২৪ কথিত বা লিখিত থাকা: The story runs that ...., কথিত আছে; শোনা যায়। ২৫ (বোনা বস্ত্র সম্বন্ধে) খুলে যাওয়া। দ্র. ladder, মোজা সম্বন্ধে এটিই অধিক প্রচলিত শব্দ। ২৬ (*adver part* ও *preps*-সহ বিশিষ্ট প্রয়োগ) **run across** অল্পক্ষণের জন্য ঘরোয়াভাবে সাক্ষাৎ করা: run across to a friend's house to ask for a service. **run across sb/sth** দৈবক্রমে দেখা হওয়া বা পেয়ে যাওয়া। **run after sb/sth (ক)** ধরতে চেষ্টা করা; পিছনে ছোটা। **(খ)** সাহচর্য কামনা করা; পিছু লাগা: She ran after a handsome wealthy young man. **run against sb** দৌড়ে কারো সঙ্গে প্রতিযোগিতা করা; (বিশেষত US) (নির্বাচিত পদের জন্য) প্রতিযোগিতা করা। **run along** (কথ্য) চলে যাওয়া; কেটে পড়া। **run away** দ্রুত প্রস্থান করা; পালিয়ে যাওয়া; পালানো: He ran away at the age of sixteen and joined a theatre company. **run·away** [ˈরানাওয়েই] *n* পলাতক। □*adj* **runaway success etc** বিরাট, তাৎক্ষণিক সাফল্য ইত্যাদি। **run away with sb (ক)** প্রেমিক বা প্রেমিকার সঙ্গে ঘর ছেড়ে পালানো। **(খ)** অদম্য গতিতে ধাবিত হওয়া: The horse ran away with the rider. **(গ)** আত্মসংযম নষ্ট করা: His anger ran away with him. **run away with sth (ক)** নিঃশেষ করা; সাবাড় করা: The project ran away with the major part of the budget. **(খ)** চুরি করে পালানো: The servant ran away with his master's watch. **(গ)** সুস্পষ্ট বিজয় অর্জন করা: The Frenchman ran away with the first set. **run away with the idea/notion that** নিঃসংশয়ে ধরে নেওয়া: Don't run away with the idea that she's fallen in love with a pauper like you. **run back over sth** অতীতের ঘটনা ইত্যাদি পর্যালোচনা করা। **run sth back** (ফিল্ম, টেপ ইত্যাদি দেখা বা শোনার পর) পূর্বাবস্থায় ঘুরিয়ে রাখা। **run down (ক)** (ঘড়ি ইত্যাদি সম্বন্ধে) দম ফুরিয়ে বন্ধ হয়ে যাওয়া। **(খ)** (ব্যাটারি সম্বন্ধে) দুর্বল বা নিঃশেষিত হওয়া; বসে যাওয়া; ফুরিয়ে যাওয়া। **(be/feel/look) run down** (ব্যক্তি ও স্বাস্থ্য সম্বন্ধে) অত্যধিক পরিশ্রম, মানসিক চাপ ইত্যাদি কারণে অবসন্ন বা দুর্বল। **run sb/sth down** ধাক্কা দেওয়া/মারা। **run sb down (ক)** তুচ্ছতাচ্ছিল্য করা; কারো সম্বন্ধে অবজ্ঞাসূচক কথাবার্তা বলা। **(খ)** পশ্চাদ্ধাবন করে ধরে ফেলা: run down a fugitive prisoner. **run sth down** অল্প তেজে চালানো; কার্যক্ষমতা হ্রাস করা: run down the boilers; run down a cement factory, কাজ কমানো এবং শ্রমিক সংখ্যা হ্রাস করা। **run-down** *n* **(ক)** হ্রাসকরণ: the run-down of the textile industry. **(খ)** (কথ্য) আনুপঙ্খিক ব্যাখ্যা বা তালিকা প্রণয়ন। □*adj* (স্থান সম্বন্ধে) ধ্বংসোন্মুখ; জরাজীর্ণ। **run for sth (ক)** উপরে ২ দ্র.। **(খ)** উপরে ৪ দ্র.। **run in** = run across. **run sth in** (কথ্য; পুলিশ সম্বন্ধে) গ্রেফতার করে থানায় নিয়ে যাওয়া। **run sth in** (নতুন যন্ত্রাদি, বিশেষত গাড়ির ইনজিন) কিছু সময় বা কিছু দূরত্ব পর্যন্ত যত্নের সঙ্গে চালিয়ে উত্তম অবস্থায় নিয়ে আসা: How long will you run in your new car? **run into sb** অপ্রত্যাশিতভাবে দেখা হয়ে যাওয়া। **run into sth (ক)** ধাক্কা খাওয়া। **(খ)** পড়া: run into debt/ danger/ difficulties. **(গ)** (একটি স্তর বা সংখ্যায়) পৌঁছা: Within a short time the book ran into several editions. **run sb into sth** (কাউকে কোনো অবস্থায়) ফেলা: Your friend will run you into despair. **run sth into sth** ধাক্কা লাগানো: run one's car into a wall. **run off with sb/sth (ক)** চুরি করে নিয়ে যাওয়া: The cashier ran off with the cash box. **(খ)** (প্রেমিক বা প্রেমিকার সঙ্গে) পালিয়ে যাওয়া। **run sth off (ক)** বইয়ে দেওয়া: run off the water from a tank, খালি করা। **(খ)** গড়গড়/হড়বড়/তরতর করে বলে বা লিখে যাওয়া: run off an article for the special issue (of the magazine). **(গ)** ছাপানো: run off a hundred copies on the duplicating machine; **(ঘ)** দৌড়ে পরীক্ষামূলক বা সমান-সমান প্রতিযোগিতার পর) মীমাংসা করা; দৌড় বা খেলার ব্যবস্থা করা: run off a heat. The race will be run off in a couple of days. ˈ**run-off** *n* (প্রতিযোগিতা অমীমাংসিতভাবে শেষ হওয়ার পরে) চূড়ান্ত খেলা। দ্র. dead. **run off sb (like water off a duck's back)** আদৌ প্রভাবিত না করা: My suggestions ran off her like water off a duck's back. **run on (ক)** অনর্গল কথা বলা। **(খ)** (সময়) অতিবাহিত হওয়া। **(গ)** (রোগ সম্বন্ধে) স্বাভাবিক ভাবে চলতে থাকা। **run (sth) on (ক)** (লিখিত বর্ণমালা সম্বন্ধে) পরস্পর যুক্ত হওয়া বা করা; টেনে লেখা। **run on/upon sth (ক)** (চিন্তা ইত্যাদি সম্বন্ধে) সংশ্লিষ্ট হওয়া: Her thoughts were running upon jewellery. **(খ)** (জাহাজ সম্বন্ধে) আঘাত করা; (চড়ায়) ঠেকা: run upon the rocks. **run out (ক)** পড়ে যাওয়া: The tide will soon run out. **(খ)** (মেয়াদ সম্বন্ধে) শেষ হওয়া: The contract will run out next year. **(গ)** (মজুত ও সরবরাহ সম্বন্ধে) শেষ হয়ে যাওয়া; ফুরিয়ে যাওয়া; **(ঘ)** অভিক্ষিপ্ত হওয়া: a promontory running out into the sea. **run (rope/string) out** ছাড় দেওয়া; চালা; বেরিয়ে যাওয়া: The rope won't run out smoothly. **run out of sth** (মজুত, সরবরাহ) ফুরিয়ে যাওয়া: I'm run out of tobacco. **be run out** (ক্রিকেট, ব্যাটসম্যান সম্বন্ধে) রান অর্জনের চেষ্টা করতে গিয়ে যথানিয়মে গন্তব্যস্থলে পৌঁছতে ব্যর্থ হওয়ার দরুন ব্যাটিং শেষ করতে বাধ্য হওয়া; রান-আউট হওয়া। **run oneself out (of breath)** দম ফুরিয়ে যাওয়া; অবসন্ন হওয়া। **run out on sb** (অপ.) ছেড়ে যাওয়া; পরিত্যাগ করা: The cruel man has run out on her wife. **run over (ক)** (পাত্র বা তার আধেয় সম্বন্ধে) পচানো। **(খ)** = run across. **run over sth (ক)** পর্যালোচনা করা; পুনরাবৃত্তি করা: run over one's parts again. **(খ)** দ্রুত পড়ে নেওয়া: The speaker ran over the list before addressing the audience. **run over sb; run sb over** (যানবাহন সম্বন্ধে) চাপা দেওয়া; দলে চলে যাওয়া। **run round** = run across. **run sth through sth** কোনো কিছুর ভিতর দিয়ে লাইন টানা; কলমের আঁচড় দেওয়া। **run sb through** তরবারি, সঙ্গিন ইত্যাদি দিয়ে বিদ্ধ করা। **run through sth (ক)** বিশেষত নির্বোধের মতো বা বেপরোয়া খরচ করে (বিপুল বিত্ত) উড়িয়ে দেওয়া। **(খ)** দ্রুত পরীক্ষা করা; চটপট একের পর এক নিষ্পত্তি করা: run through the applications during the tea-break. **(গ)** মহড়া দেওয়া। **ˈrun-through** = *n* মহড়া; আখড়াই। **run to sth (ক)** (পরিমাণ, সংখ্যা ইত্যাদিতে) পৌঁছা; (খরচ) পড়া: The rehabilitation cost will run to millions of pounds. **(খ)** (কিছু করার) সঙ্গতি থাকা; (অর্থ সম্বন্ধে) কুলানো: He can't run to a trip to London. My resources won't run to acquiring a house in the city. **(গ)** বিস্তৃত হওয়া: The article has run 20 pages. **run to fat** (ব্যক্তি সম্বন্ধে) মুটিয়ে যাওয়া। **run to ruin** ধ্বংসস্তূপে পরিণত হওয়া। **run to seed** (উদ্ভিদ সম্বন্ধে) নতুন পাতা ইত্যাদি গজানোর পরিবর্তে প্রধানত বীজ হওয়ার প্রবণতা দেখা দেওয়া; ফুলে যাওয়া। **run to waste** (যেমন জল সম্বন্ধে) অপচিত হওয়া। **run up** (ক্রিকেট; বাউলার সম্বন্ধে) বল মারার আগে দৌড়ে গতি সঞ্চয় করা; (কোনো কোনো ক্রীড়া-প্রতিযোগিতায় ক্রীড়াবিদ সম্বন্ধে) লম্ফ-প্রদান, বর্শানিক্ষেপ ইত্যাদির আগে দৌড়ে গতিসঞ্চয় করা। **ˈrun-up** *n* **(ক)** বাউলার বা ক্রীড়াবিদের অভিক্রম (অতিক্রান্ত দূরত্ব বা ভঙ্গি): a short/long run-up. **(খ)** (কোনো কিছুর) প্রস্তুতি-পর্ব: The run-up to the General Election. **run sth up (ক)** উত্তোলন করা: run up a flag on the mast. **(খ)** তাড়াহুড়া করে তৈরি/দাঁড় করানো: run up a dress/a coal-shed. **(গ)** (রাশির স্তম্ভ) যোগ করা। **(ঘ)** দ্রুত পরিমাণ বৃদ্ধি করানো: run up the bidding at an auction, বেশি দর হাঁকতে বাধ্য করা। **run up against sth** দৈবক্রমে বা অপ্রত্যাশিতভাবে মুখোমুখি হওয়া: run up against difficulties. **run up to** (কোনো সংখ্যা পর্যন্ত) ওঠা বা পৌঁছা: Costs ran up to 500 pounds.

run·away [ˈরানাওয়েই] *n,adj* দ্র. run (২৬)-এ run away.

rune [রূন্] *n* উত্তর য়োরোপে, বিশেষত স্ক্যান্ডিনেভীয় ও অ্যাংলো-স্যাক্সনদের (২০০ খ্রি. থেকে) মধ্যে প্রচলিত একটি প্রাচীন বর্ণমালার যে কোনো বর্ণ; অনুরূপ রহস্যময় বা ঐন্দ্রজালিক চিহ্ন; রুন। **runic** [রূনিক্] *adj* রুন-সম্বন্ধী; রুনের সাহায্যে লিখিত; রুনিক।

rung[1] [রাঙ্] *n* [C] ১ মইয়ের ধাপ: reach the highest ~ (of the ladder), (লাক্ষ.) সমাজের বা চাকরির সর্বোচ্চ ধাপে আরোহণ করা। ২ চেয়ারের পায়াগুলিকে জোরদার করার জন্য যে কাষ্ঠখণ্ড দিয়ে পরস্পর যুক্ত করা হয়; দাসা।

rung[2] [রাঙ্] ring[2] -এর *pp*

run·nel [ˈরান্ল্] *n* ১ ক্ষুদ্র নদী। ২ (বৃষ্টির পানি নিষ্কাশনের জন্য) খোলা নর্দমা; জুলি।

runner [ˈরানা(র্)] *n* ১ যে ব্যক্তি বা জন্তু দৌড়ায়; ধাবক। ˌ~-ˈup *n* প্রতিযোগিতায় দ্বিতীয় স্থান দখলকারী ব্যক্তি বা দল; রানার-আপ। ২ বার্তাবহ; ধাবক; হরকরা; Bow street ~, (ইতি.) পুলিশ কর্মকর্তা। ৩ (যৌগশব্দে) চোরাচালানকারী: ˈgun-~s. ৪ (কোনো বস্তুর) যে অংশের উপর ভর করে বস্তুটি নড়ে বা চলে: the ~s of a sledge. ৫ (টেবিল ইত্যাদি ঢাকার জন্য) দীর্ঘ বস্ত্রখণ্ড; দীর্ঘ গালিচাখণ্ড (যেমন সিঁড়িতে বিছানোর জন্য)। ৬ ঝনুকমণির (স্ট্রবেরি) গাছ থেকে ঝুলে পড়া কাণ্ড, যা মাটিতে শেকড় গাড়ে; ঝুরি; বিভিন্ন ধরনের পেঁচানো শিম জাতীয় লতা: scarlet ~s; ~ beans.

run·ning [ˈরানিঙ্] *n* [U] ১ দৌড়; ধাবন। **make the ~** (সাহিত্য. বা লাক্ষ.) (জীবনযাত্রা ইত্যাদির) গতিবেগের আদর্শ স্থাপন করা। **take up the ~** দৃষ্টান্ত স্থাপন করা; নেতৃত্ব দেওয়া। **in/out of the ~** (প্রতিযোগীদের সম্বন্ধে) জয়লাভের সম্ভাবনা আছে/নেই এমন। ২ ˈ**~-board** *n* (প্রা.) গাড়ির দুই পাশের পাদানি। ˈ**~ mate (ক)** ঘোড় দৌড়ের সময়ে একটি ঘোড়ার গতিবেগের মান স্থাপনের জন্য ব্যবহৃত অন্য ঘোড়া; ধাবন-সঙ্গী। **(খ)** দুটি পরস্পর সম্পর্কিত রাজনৈতিক পদের মধ্যে অপেক্ষাকৃত কম গুরুত্বপূর্ণ পদটির জন্য প্রার্থী, যেমন মার্কিন উপ-রাষ্ট্রপতির পদ; নির্বাচন-সাথী। □*adj* ১ দৌড়াতে দৌড়াতে বা দৌড়াবার অব্যবহিত পরে কৃত, সম্পন্ন ইত্যাদি; চলন্ত: a ~ kick/fight/jump. দ্র. run[2] (১,২). ২ অবিরাম; নিরবচ্ছিন্ন: a ~ fire of questions; a ~ hand, টানা হাতের লেখা। **a ~ commentary,** দ্র. run[2] (২২). ৩ (জল সম্বন্ধে) প্রবহমান; প্রধান জলনালী থেকে আগত; বহতা। ৪ (ঘা ইত্যাদি সম্বন্ধে) রস বা পুঁজ ঝরছে এমন; গলৎ; ঝরন্ত। ৫ a ˈ~ knot, যে গিঁট সামনে পেছনে সরিয়ে দড়ির ফাঁস ছোট বা বড়ো করা যায়; গড়ানে গিঁট।

runny [রানি] *adj* (কথ্য) আধা-তরল; ঢলঢলে; ঝরতি: a ~ nose. A good jelly should not be ~.

runt [রান্ট্] *n* (কথ্য) বেঁটে বা বামুন গাছ বা প্রাণী (বিশেষত এক প্রসবের শাবকদের মধ্যে যেটি ক্ষুদ্রতম); (তুচ্ছ.) বামন; করকটে।

run·way [ˈরানওয়েই] *n* ১ বিমানের উড্ডয়ন ও অবতরণের জন্য বিশেষভাবে তৈরি সমতল ক্ষেত্র; ধাবনভূমি। ২ পাহাড়ের গা বেয়ে পতিত বৃক্ষ ও গাছের গুঁড়ি গড়িয়ে নামাবার জন্য ঢালু পথ।

ru·pee [রু ˈপী] *n* [C] ভারত, পাকিস্তান প্রভৃতি কয়েকটি দেশের মুদ্রার একক; রুপি।

ru·piah [রু ˈপীআ] ইন্দোনেশিয়ার মুদ্রার একক; রুপিয়া।

rup·ture [ˈরাপ্চা(র্)] *n* ১ [U,C] বিদারণ; ছেদন; বিদার; বিচ্ছেদ। ২ [C,U] বন্ধুত্বের অবসান; সম্পর্কচ্ছেদ। ৩ [C] উদর-গহ্বরের দেয়াল ভেদ করে কোনো অঙ্গ বা কলার প্রসারণের দরুন উদরের স্ফীতি; অন্ত্রবৃদ্ধি। দ্র. hernia. □*vt,vi* ভাঙা, ফাটা; ছিন্ন হওয়া বা করা (যেমন রক্তনালী বা ঝিল্লির); সম্পর্কচ্ছেদ; বিচ্ছেদ।

ru·ral [ˈরুঅরাল্] *adj* গ্রামীণ; গ্রামস্থ।

Ru·ri·tan·ian [ˌরুঅরিˈটেইনিআন্] *adj* (কোনো রাষ্ট্র বা তার রাজনীতি সম্বন্ধে) ষড়যন্ত্রপূর্ণ; কুচক্রান্তে পরিপূর্ণ (রুরিতানিয়া নামক একটি কাল্পনিক দেশের রোমাঞ্চকর গল্প থেকে)।

ruse [রূজ্] *n* [C] চাতুরি; ধোঁকাবাজি; চালাকি; শঠতা; কূটচাল।

rush[1] [রাশ] *n* ১ [U, C] বেপরোয়া অগ্রধাবন; সংরম্ভ; অভিধাবন; তোড়; হিড়িক; সংবেগ: The ~ of city life;

the ~ of the current. ˈ**gold ~,** দ্র. gold. ২ [C] আকস্মিক চাহিদা; হিড়িক: a rush for binoculars. **the ˈ~-hour** বড়ো শহরে যে সময়ে দলে দলে লোক কাজে যায় বা কাজ থেকে ফেরে। ৩ (চলচ্চিত্র; প্রায়শ *pl*) কাঠছাঁট ও সম্পাদনার আগে ফিল্মের প্রথম মুদ্রণ।

rush[2] [রাশ্] *n* [C] জলাভূমির সরু পত্রহীন কাণ্ডবিশিষ্ট উদ্ভিদবিশেষ, যা শুকিয়ে প্রায়শ চেয়ারের আসন, ঝুড়ি প্রভৃতি বোনার কাজে ব্যবহৃত হয়; পূর্বকালে ঘরের মেঝেতেও বিছানো হতো; শর; দূর্বা। ˈ**~·light** *n* শরগাছের মজ্জা চর্বিতে চুবিয়ে তৈরি করা এক ধরনের মোমবাতি। **rushy** *adj* শরময়।

rush[3] [রাশ্] *vi,vt* ১ **~ (away/off/out)** তীব্র বেগে ছুটে যাওয়া বা ছোটানো; হুড়মুড় করে/হুমড়ি খেয়ে পড়া; ধেয়ে আসা: Workers ~ed out of the factory. **~ to conclusions** তাড়াহুড়ো করে সিদ্ধান্ত নেওয়া। **~ into print** যথোচিত যত্ন, বিচারবিবেচনা ব্যতিরেকে কিছু প্রকাশ করা। **~ sth through** অত্যন্ত দ্রুতবেগে কিছু করা। ২ আকস্মিক আক্রমণে দখল করে নেওয়া; হুড়মুড়/ঠেলাঠেলি করে এগিয়ে যাওয়া, ঢুকে পড়া ইত্যাদি: ~ the gates of the cinema hall. ৩ তাড়াহুড়া করতে বাধ্য করা। **~ sb off his feet** চিন্তা-ভাবনা করার সুযোগ না দিয়ে ত্বরিৎ ব্যবস্থা গ্রহণে বাধ্য করা; অবসন্ন করা। ৪ **~ (for sth)** (অপ.) গলাকাটা/চড়া মূল্য হাঁকা।

rusk [রাস্ক্] *n* [C] শক্ত; মচমচে করা; ছেঁকা রুটি; মচমচে বিস্কুট; খাস্তা।

rus·set [ˈরাসিট্] *n* ১ [U] হলদেটে বা লালচে বাদামি; কপিলবর্ণ। ২ খসখসে ত্বকমুক্ত, কপিলবর্ণের এক ধরনের আপেল। □*adj* কপিল।

Rus·sian [ˈরাশ্ন্] *adj* রুশ। **R~ roulette,** দ্র. roulette. □*n* ১ রুশ (দেশীয় ব্যক্তি)। ২ রুশ ভাষা।

rust [রাস্ট্] *n* [U] ১ মরিচা; জং; লৌহমল; ধাতুমল। ২ উদ্ভিদের ছত্রাকঘটিত রোগবিশেষ; যাতে উদ্ভিদের গায়ে মরিচার মতো দাগ পড়ে; ছেতো রোগ; ছাতা। □*vt,vi* জং/মরিচা ধার বা ধরানো; (লাক্ষ.) অব্যবহারের দরুণ গুণহানি হওয়া। **~·less** *adj* মরিচা ধরে না এমন; মরিচামুক্ত। **~y** *adj* (-ier, -iest) ১ জংধরা; মরিচা-ধরা। ২ অনুশীলনের প্রয়োজন আছে এমন; জংধরা। ৩ (কালো কাপড় সম্বন্ধে) পুরাতন হাওয়ার দরুন রং ওঠা; রং-চটা; নোংরা; মলিন। **~i·ness** *n* [U] মরিচাময়তা।

rus·tic [ˈরাস্টিক্] *adj* ১ (সদর্থে) গ্রামীণ; সাদাসিধা; কৃত্রিমতাবিহীন; অকপট: ~ simplicity. ২ গ্রাম্য; অমার্জিত; চাষাড়ে: ~ speech/manners. ৩ শিল্পনৈপুণ্যহীন; সাদামাটা; পারিপাট্যহীন: a ~ chair. □*n* গ্রাম্যজন; গেঁয়ো; চাষা। **~·ity** [রা'স্টিসাটি] *n* [U] গ্রাম্যতা; চাষামি।

rus·ticate [ˈরাস্টিকেইট্] *vi,vt* ১ গ্রামীণ জীবন যাপন করা। ২ (GB) শাস্তি হিসাবে (কোনো ছাত্রকে) বিশ্ববিদ্যালয় থেকে সাময়িকভাবে বহিষ্কার করা।

rustle [ˈরাশ্ল্] *vt,vi* ১ খসখস/ঝরঝর/ মরমর করা; ঐরূপ শব্দ করে চলা। ২ ঐরূপ শব্দ করানো: Don't ~ your programmes while the President is speaking. ৩ (US কথ্য) (গবাদি পশু বা ঘোড়া) চুরি করা। ৪ **~ sth up** যোগাড় করা; জোটানো: ~ up some food for an unexpected guest. □*n* [U] খসখস; খসখসানি; ঝরঝর; মরমর: the ~ of silk clothes. **rust·ler** [ˈরাস্লা(র্)] (US, কথ্য) গরুচোর। **rust·ling** [ˈরাস্লিঙ্] *n* [U] খসখসানি; মরমর শব্দ: The rustling of dry leaves.

rut[1] [রাট্] *n* [C] ১ নরম মাটির উপর চাকার চাপে চিহ্নিত পথরেখা। ২ (লাক্ষ.) কর্ম, আচরণ, জীবনযাত্রা প্রভৃতির সুপ্রতিষ্ঠিত ধরন; বাঁধাপথ। **be in/get into a rut** বাঁধাধরা (এবং একঘেয়ে) জীবনযাত্রায় অভ্যস্ত হওয়া। □*vt* (সাধা. *pp*) চাকার দাগে চিহ্নিত করা: a deeply rutted road.

rut[2] [রাট্] *n* [U] পুং পশু, বিশেষত হরিণের কিছুকাল পরপর যে কামোত্তেজনা হয়; মদ।

ru·the·nium [রু'থীনিঅম্] *n* [U] (রস.) রজতশুভ্র, ভঙ্গুর ধাতব মৌল (প্রতীক Ru), যা প্লাটিনামঘটিত কোনো কোনো ধাতুসঙ্কর তৈরিতে ব্যবহৃত হয়; রুথিনিয়ম।

ruth·less [ˈরুথ্‌লিস্] *adj* নির্মম; ক্রূর; নিষ্করুণ; নৃশংস; নির্দয়। **~·ly** *adv* নির্মমভাবে ইত্যাদি। **~·ness** *n* নির্মমতা; ক্রূরতা; নিষ্ঠুরতা।

rye [রাই] *n* [U] ১ শস্যবিশেষ যা দিয়ে ময়দা তৈরি হয় এবং গবাদি পশুর খাদ্য হিসাবেও ব্যবহৃত হয়; রাই। ˈ**rye·bread** *n* রাইয়ের রুটি। ২ রাই থেকে তৈরি হুইস্কিবিশেষ।

S s

S,s [এস্] (*pl* S's, s's [এসিজ্]) ইংরেজি বর্ণমালার উনিশতম বর্ণ।

sab·ba·tarian [ˌস্যাবা'টেআরিআন্] *n* রবিবারের পবিত্রতা রক্ষার ব্যাপারে কঠোর নিয়মনিষ্ঠার প্রবক্তা খ্রিস্টান। দ্র. Sabbath. □*adj* উক্তরূপ খ্রিস্টানদের নীতিনিয়ম-সম্বন্ধী; স্যাবাটেরিয়ান।

Sab·bath [ˈস্যাবাথ্] *n* বিশ্রামদিবস—খ্রিস্টানদের জন্য রবিবার, ইহুদিদের জন্য শনিবার: keep the ~, ঈশ্বরোপাসনা ও বিশ্রামের মধ্য দিয়ে ঐ দিবস যাপন করা।

sab·bati·cal [সা'ব্যাটিক্ল্] *adj* স্যাবাথ বিষয়ক বা স্যাবাথ সদৃশ: a ~ calm. **~ (year)** ভ্রমণ বা বিশেষ পঠনপাঠনের উদ্দেশ্যে বিশ্ববিদ্যালয়ের কোনো শিক্ষককে প্রদত্ত এক বছরের ছুটি।

sable [ˈসেইব্‌ল্] *n* [C] ১ লোমশ চামড়ার জন্য মূল্যবান ক্ষুদ্র জন্তুবিশেষ; স্যাবল; [U] ঐ জন্তুর লোমশ চামড়া: a ~ coat/stole. ২ **~ antelope** আফ্রিকার শৃঙ্গযুক্ত, কালো; বৃহৎ হরিণ জাতীয় জন্তু; আফ্রিকি কৃষ্ণসার।

sa·bot [ˈস্যাবৌ US স্যাবৌ] *n* [C] একক কাষ্ঠখণ্ড খুঁড়ে নির্মিত পাদুকা; খড়ম; কাষ্ঠপাদুকা।

sab·otage [ˈস্যাবাটাজ্] *n* [U] শ্রমিক-মালিকের বিবাদ, রাজনৈতিক কলহ বা যুদ্ধের সময়ে যন্ত্রপাতি, মালামাল প্রভৃতির ইচ্ছাপূর্বক ক্ষতিসাধন কিংবা প্রতিপক্ষের কর্মতৎপরতায় অন্তরায় সৃষ্টি; অন্তর্ঘাত; কূটাঘাত। □*vt* অন্তর্ঘাতে লিপ্ত হওয়া। **sab·oteur** [স্যাবা'টা(র্)] *n* অন্তর্ঘাত যে হানে; অন্তর্ঘাতক।

sabre (US = **sa·ber**) [ˈসেইবা(র্)] *n* অশ্বারোহীদের বাঁকানো ফলকযুক্ত ভারী তলোয়ার। ˈ**~-rattling** *n* সামরিক শক্তির আক্রমণাত্মক প্রদর্শনী; শক্তির আস্ফালন। ˈ**~-toothed** *adj* বাঁকা তলোয়ারের মতো (সাধা. দুটি) দাঁতযুক্ত; খড়্গদন্ত: a ~-toothed tiger (অধুনালুপ্ত). □*vt* বাঁকা তলোয়ারের আঘাত হানা।

sac [স্যাক্] *n* প্রাণী বা উদ্ভিদ-দেহে কোনো রক্তের আবরক থলিসদৃশ ঝিল্লি; স্থলী।

sac·char·in [ˈস্যাকারিন্] *n* [U] আলকাতরা থেকে প্রস্তুত অতি সুমিষ্ট পদার্থ, যা চিনির বদলে ব্যবহার করা হয়; স্যাকারিন। **sac·char·ine** [-রীন্] *adj* শর্করাসদৃশ; অতি মিষ্ট।

sac·er·do·tal [ˌস্যাসাডৌট্‌ল্] *adj* যাজকসম্বন্ধী; যাজকীয়। **~·ism** [-লি জ়াম্] *n* [U] শাসনব্যবস্থাবিশেষ, যাতে পুরোহিতরা (ঈশ্বর ও মানবজাতির মধ্যে মধ্যস্থতা করার দাবিতে) গুরুত্বপূর্ণ ভূমিকা পালন করেন কিংবা প্রভূত ক্ষমতার অধিকারী হন; যাজকতন্ত্র।

sachet [ˈস্যাশেই US স্যাˈশেই] *n* ১ ক্ষুদ্র সুবাসিত থলি। ২ [C, U] কাপড়চোপড় ইত্যাদির মধ্যে রাখার জন্য সুগন্ধ, শুষ্ক ল্যাভেন্ডার বা অন্য কোনো পদার্থ (-পূর্ণ থলি); পেটি।

sack[1] [স্যাক্] *n* ১ বস্তা; গাঁটরি; ছালা; এক বস্তা পরিমাণ: two ~s of rice. **ˈ~-race** *n* দৌড় প্রতিযোগিতা, যাতে প্রতিযোগীদের বস্তায় পা-বাঁধা অবস্থায় দৌড়াতে হয়। **ˈ~·cloth** *n* [U] চট। **~cloth and ashes** (ক) অপকর্মের জন্য অনুতাপ; অনুশোচনা। (খ) শোককরণ; শোকপালন। ২ ঢিলা; খাটো পোশাক। **~·ing** *n* চট; ছালা।

sack[2] [স্যাক্] *n* **give sb/get the ~** (কথ্য) চাকরি থেকে বরখাস্ত করা/হওয়া। □*vt* বরখাস্ত/ কর্মচ্যুত করা।

sack[3] [স্যাক্]*vt* (বিজয়ী সেনাবাহিনী সম্বন্ধে) (বিজিত নগরী ইত্যাদি) নির্মমভাবে লুণ্ঠন করা। **the ~** অধিকৃত নগরী ইত্যাদির লুটতরাজ; লুটপাট।

sack[4] [স্যাক্] *n* (অপ.) বিছানা। **hit the ~** শুয়ে পড়া।

sack[5] [স্যাক্] *n* [U] (ইতি.) স্পেন ও ক্যানারি দ্বীপপুঞ্জ থেকে আমদানিকৃত এক ধরনের সাদা মদ।

sac·ra·ment [ˈস্যাক্রামান্ট্] *n* [C] অপ্সুদীক্ষা; গির্জার সদস্যরূপে দীক্ষাদান, বিবাহ প্রভৃতি ভাবগম্ভীর অনুষ্ঠান, যা বিরাট আধ্যাত্মিক কল্যাণ বয়ে আনে বলে বিশ্বাস করা হয়; সংস্কার। (বিশেষত) **the Blessed/ Holy S~** যিশু খ্রিস্টের অন্তিম সায়মাশের স্মরণোৎসব; পবিত্র ভোজনোৎসব। **sac·ra·men·tal** ˌস্যাক্রাˈমেন্‌ট্‌ল্] *adj* ধর্মীয় আচার ও সংস্কার সম্বন্ধী; সাংস্কারিক: ~al wine.

sacred [ˈসেইক্রিড্] *adj* ১ ঐশ্বর; ঐশ্বরিক; ধর্মীয়: a ~ building; ~ writings. ২ ভাবগম্ভীর; পবিত্র; অলঙ্ঘনীয়: a ~ prose. ৩ পূত; পবিত্র; পরম শ্রদ্ধেয়; পূজনীয়: a ~ animal. **~ cow** (কথ্য) যুক্তিসঙ্গত সমালোচনার ঊর্ধ্বে পরম পবিত্র বলে বিবেচিত কোনো বস্তু। **~·ly** *adv* পবিত্রতার সঙ্গে। **~·ness** *n* পবিত্রতা; পূজ্যতা।

sac·ri·fice [ˈস্যাক্রিফ়াইস্] *n* ১ [U, C] বলি; কোরবানি; বলির পশু। ২ [C, U] বিশেষ উদ্দেশ্যে নিজের জন্য মহার্ঘ কোনো বস্তু ত্যাগ; উৎসর্গ; ত্যাগস্বীকার; বিসর্জন। □*vt,vi* **~ (sth) (to)** ১ বলি দেওয়া; উৎসর্গ করা। ২ বিসর্জন দেওয়া; উৎসর্গ করা: to ~ one's life for one's country. **sac·ri·fi·cial** [ˌস্যাক্রিˈফিশ্‌ল্] *adj* বলিসম্বন্ধী; বলিসদৃশ; বলি।

sac·ri·lege [ˈস্যাক্রিলিজ্] *n* [U] পবিত্র বলে বিবেচ্য কোনো বস্তুর প্রতি অসম্মানজনক আচরণ বা ঐরূপ বস্তুর ক্ষতিসাধন; ধর্মদ্রোহিতা; অধর্মাচরণ; ভ্রষ্টাচার। **sac·ri·legious** [ˌস্যাক্রিˈলিজাস্] *adj* ধর্মদ্রোহিক; ধর্মদ্রোহিতাপূর্ণ।

sac·ris·tan [ˈস্যাক্রিস্‌টান্] *n* (RC গির্জা) গির্জার ভবনসমূহের তত্ত্বাবধান, কবরখনন, ঘণ্টাবাদন ইত্যাদি দায়িত্বে নিয়োজিত কর্মচারী। দ্র. sexton.

sac·risty [ˈস্যাক্রিস্টি] *n* (*pl* -ties) (RC গির্জা) গির্জার যে কক্ষে প্রার্থনাকালীন আনুষ্ঠানিক পরিচ্ছদ ও অন্যান্য উপচার রক্ষিত হয়। দ্র. vestry.

sac·ro·sanct [ˈস্যাক্রৌস্যাঙ্‌ক্‌ট্] *adj* পূতপবিত্র বা ধর্মশুদ্ধ বলে সকল ক্ষয়ক্ষতি থেকে সংরক্ষিত বা সংরক্ষণীয়; ধর্মপূত; (লাক্ষ.) অলঙ্ঘ্য।

sad [স্যাড্] *adj* (-der,-dest) ১ অসুখী; বিষণ্ণ; বিষাদিত; বিমর্ষ; কাতর। ২ লজ্জাকর; গর্হিত: a sad case of wilful negligence. **sad·ly** *adv* বিষণ্ণভাবে; লজ্জাকরভাবে। **sad·ness** *n* বিষাদ; বিষণ্ণতা; বিমর্ষতা কাতরতা। **sad·den** [ˈস্যাড্‌ন্] *vt,vi* বিষণ্ণ করা বা হওয়া।

saddle [ˈস্যাড্‌ল্] *n* ১ জিন; পর্যাণ; ঘোড়ার পিঠের যে অংশে জিন পাতা হয়। **in the ~** অশ্বপৃষ্ঠে; (লাক্ষ.) নিয়ন্ত্রণকারী ভূমিকায়; ক্ষমতার আসনে। **ˈ~-bag** *n* (ক) ঘোড়া বা গাধার পিঠের দুই দিকে ঝোলানো দুটি থলির যে কোনো একটি। (খ) সাইকেলের পিছনে ঝোলানো ছোট থলি। **ˈ~-sore** *adj* (অশ্বারোহী সম্বন্ধে) জিনের ঘর্ষণের দরুন ক্ষতযুক্ত। **~ of mutton/venison** ভেড়া, ছাগল বা হরিণের শিরদাঁড়া ও পঞ্জরাস্থিসহ পৃষ্ঠদেশের মাংসখণ্ড। ২ দুই দিক উঁচু ও মধ্যভাগে ঢালু শৈলশিরা; শৈলপর্যাণ। □*vt* ১ ঘোড়ার পিঠে জিন পরানো। **২ ~ sb with sth** গুরুদায়িত্ব অর্পণ করা; বোঝা চাপানো। **sad·dler** [ˈস্যাড্‌লা(র্)] *n* ঘোড়ার জিন ও অন্যান্য চর্মজাত সামগ্রীর প্রস্তুতকারক; পর্যাণকার। **sad·dlery** [ˈস্যাড্‌লারি] *n* [C] (*pl* -ries) পর্যাণকার কর্তৃক প্রস্তুত সামগ্রী; [U] পর্যাণকারের ব্যবসা।

sadhu [ˈসা:ধু] *n* হিন্দু সাধু।

sa·dism [ˈসেইডিজ়াম্] *n* [C] ১ যৌনসঙ্গীকে পীড়ন করে যৌন সুখলাভ; ধর্ষকাম। ২ (শিথিলভাবে) অত্যধিক নির্মমতা এবং তাতে আনন্দলাভ। **sa·dist** [-ডিস্ট্] *n* ধর্ষকামী। **sa·dis·tic** [সাˈডিস্টিক্] *adj* ধর্ষকাম বিষয়ক; ধর্ষকাম।

sado·maso·chism [ˌসেইডৌˈম্যাসাকিজ়াম্] *n* [U] একত্রে পরিলক্ষিত বা বিবেচিত ধর্ষকাম ও মর্ষকাম। **ˌsado·ˈmaso·chist** [-কিস্ট্] *n* ধর্ষকামী ও মর্ষকামী ব্যক্তি।

sa·fari [সাˈফ়া:রি] *n* [C, U] বিশেষত পূর্ব ও মধ্য আফ্রিকায় শিকারের উদ্দেশ্যে স্থলপথে অভিযাত্রা; সাফারি; (অর্থ প্রসারণে) (ছুটি যাপনকারী লোকদের জন্য) শিকারের জন্য সংরক্ষিত এলাকা ইত্যাদিতে সংগঠিত সফর।

safe[1] [সেইফ়্] *adj* (-r, -st) ১ **~ (from)** নিরাপদ; বিপন্মুক্ত: ~ from attack. ২ অক্ষত; অনাময়; নির্বিঘ্ন। **~ and sound** নিরাপদে ও অক্ষতশরীরে। ৩ ক্ষতি বা বিপদের সম্ভাবনা নেই এমন; নিরাপদ: These sweets are ~ for children. ৪ (স্থান, ইত্যাদি সম্বন্ধে) নিরাপত্তা দেয় এমন; নিরাপদ। ৫ সতর্ক; সাবধানী; বিচক্ষণ: a ~ statesman. **be on the ˈ~ side** প্রয়োজনের অতিরিক্ত সতর্কতা অবলম্বন করা। ৬ নিশ্চিত: He is ~ to get the job. ৭ (যৌগশব্দ) **ˌ~-ˈconduct** *n* (বিশেষত যুদ্ধের সময়ে) গ্রেফতার বা ক্ষতিগ্রস্ত না হয়ে কোনো এলাকা দর্শন বা অতিক্রম করার অধিকার; নিরাপদ সঞ্চারণ। **ˈ~-deposit** (US = **ˌ~-deˈposit**) *n* মূল্যবান দ্রব্যসামগ্রী হেফাজতে রাখার জন্য পৃথকভাবে ভাড়া করা যায় এমন দুর্ভেদ্য প্রকোষ্ঠ ও সিন্দুক সংবলিত

ভবন; নিরাপদ রক্ষণাগার। ˈ**~guard** *n* যে বস্তু, অবস্থা, পরিস্থিতি ইত্যাদি নিরাপত্তা দিতে পারে; রক্ষাকবচ। □*vt* **~guard (against)** নিরাপত্তাবিধান করা; রক্ষা করা: ~guard one's savings against inflation. ˌ**~-ˈkeeping** *n* [U] হেফাজত; নিরাপদ সংরক্ষণ। **~·ly** *adv* নিরাপদে; নির্বিঘ্নে। **~·ness** *n* নিরাপত্তা।

safe[2] [সেই ফ্] *n* ১ সিন্দুক। ২ মাছি ইত্যাদি থেকে নিরাপদে খাদ্যদ্রব্যাদি রাখার জন্য আলমারি: a ˈmeat-~, খাবারের আলমারি।

safety [ˈসেইফ্‌টি] *n* [U] ১ নিরাপত্তা: play for ~, খেলায় ঝুঁকি এড়িয়ে চলা। **S~ First** নিরাপত্তা সর্বাগ্রে (নিরাপত্তার গুরুত্বসূচক আদর্শবাণী)। **road ~** সড়কপথের নিরাপত্তা। ২ (যৌগশব্দ) ˈ**~-belt**, দ্র. seat-belt. ˈ**~-bolt/ -catch/ -lock** সম্ভাব্য বিপদ থেকে নিরাপত্তা বিধায়ক কৌশল (যেমন দৈবক্রমে বন্দুকের গুলিনিক্ষেপ কিংবা যথাযথ চাবি ছাড়া দরজা খোলা নিবারিত করার জন্য); নিরাপত্তা খিল/হুড়কা। ˈ**~-curtain** *n* রঙ্গমঞ্চে মঞ্চ ও দর্শকদের মধ্যে নামাবার উপযোগী অগ্নিরোধী যবনিকা; নিরাপত্তাপট। ˈ**~ glass** *n* যে কাচ কাটে না বা ভাঙে না। ˈ**~-lamp** *n* খনি-শ্রমিকদের বাতি, যার শিখা এমনভাবে সংরক্ষণ করা হয় যে তা বিপজ্জনক কোনো গ্যাসে আগুন ধরাতে পারে না; নিরাপদ বাতি। ˈ**~-match** *n* নিরাপদ দেয়াশলাই (যা বাক্সের পার্শ্বস্থ একটি বিশেষ পিঠে ঘষা না খেলে জ্বলে না)। ˈ**~-pin** *n* যে পিনের অগ্রভাগটি আবৃত থাকে; সেফটি পিন। ˈ**~-razor** *n* যে ক্ষুরের ফলকটি এমনভাবে রক্ষিত থাকে যে তাতে ত্বক কেটে যাওয়ার ভয় থাকে না; নিরাপদ ক্ষুর। ˈ**~-valve** *n* (ক) (বাষ্পচালিত বয়লার ইত্যাদিতে) ক্ষুদ্র কপাট, যা চাপ বেশি বৃদ্ধি পেলে তা মোক্ষণ করে; নিরাপত্তা-কপাটিকা। (খ) (লাক্ষ.) ক্রোধ, উত্তেজনা ইত্যাদি অনুভূতি নিরাপদে মোক্ষণ করবার উপায়। **sit on the ~-valve** অবদমন-নীতি অনুসরণ করা।

saf·fron [ˈস্যাফ্‌রান্] *n* জাফরান; কুঙ্কুম।

sag [স্যাগ্] *vi* (-gg-) ১ চাপে বা ভারবশত মাঝ বরাবর বসে যাওয়া বা বেঁকে যাওয়া; পড়ে যাওয়া: ~ging price. ২ অসমভাবে ঝুলে পড়া: an old woman's ~ging cheeks. □*n* [C] বক্রতা বা বক্রতার মাত্রা: a bad sag in the seat of the chair, খোড়ল।

saga [ˈসা:গা] *n* [C] ১ আইসল্যান্ডীয় বা নরওয়েজীয় বীরদের মধ্যযুগীয় বীরত্বগাথা। ২ সুদীর্ঘ কাহিনীপরম্পরা, যেমন কোনো পরিবার, সামাজিক গোষ্ঠী ইত্যাদি সম্বন্ধে পরস্পর সম্পর্কিত অনেকগুলি পুস্তক (বিশেষত উপন্যাস): the Forsyte S~. ৩ (কথ্য) একটি ঘটনাবহুল অভিজ্ঞতার দীর্ঘ বিবরণ: the ~ of his travel in the Himalayas.

sa·gacious [-সাˈগে ইশাস্] *adj* সুস্থ বিচারবুদ্ধিসম্পন্ন; কাণ্ডজ্ঞানসম্পন্ন; বিচক্ষণ; (জীবজন্তু সম্বন্ধে) বোধশক্তিসম্পন্ন।

sage[1] [সেইজ্] জ্ঞানী লোক; মহাপ্রাজ্ঞ; ঋষি; প্রজ্ঞী। □*adj* জ্ঞানী; প্রাজ্ঞ; জ্ঞানবৃদ্ধ; জ্ঞানজ্যেষ্ঠ; (প্রায়শ বক্রোক্তি) প্রাজ্ঞদর্শন। **~·ly** *adv* প্রাজ্ঞোচিতভাবে।

sage[2] [সেই জ্] *n* [U] খাবারের স্বাদ-গন্ধ বৃদ্ধির জন্য ব্যবহৃত অনুজ্জ্বল ধূসর-হরিৎ পত্রবিশিষ্ট উদ্ভিদবিশেষ: ~ and onions, আস্ত হাঁস, রাজহাঁস ইত্যাদির ভিতরে ব্যবহৃত পুর। ˌ**~-ˈgreen** *n,adj* অনুজ্জ্বল ধূসর-হরিৎ (বর্ণ)।

Sag·it·ta·rius [ˈস্যাজিটেআরিআস্] *n* ধনুরাশি।

sago [ˈসেইগৌ] *n* [U] সাগু; সাগুদানা।

said [সেড্] ১ say-এর *pt,pp.* ২ উক্ত; পূর্বোক্ত।

sail[1] [সেই ল্] *n* ১ [C, U] পাল: in full ~, সকল পাল তুলে দিয়ে। **set ~ (from/ to/ for)** (সমুদ্রপথে) যাত্রারম্ভ করা। **under ~** পাল খাটিয়ে (ধাবমান)। **take in ~** পাল খাটো করা; (লাক্ষ.) কম উচ্চাভিলাষী/ কর্মতৎপর হওয়া। **take the wind out of sb's ~s,** দ্র. wind[1] (১). ˈ**~-cloth** *n* [U] পাল বানাবার জন্য ক্যানভাস। ২ [C] উইন্ডমিলের বাহুর সঙ্গে সংযুক্ত বোর্ডসমূহ; পাখা। ৩ (*pl* অপরিবর্তিত) জাহাজ: a fleet of ten ships. S~ ho ! (জাহাজ দৃষ্টিগোচর হওয়ার সংকেতসূচক চিৎকার)।৪ (*pl* বিরল ক্ষেত্রে) জলপথে ভ্রমণ বা প্রমোদযাত্রা: go for a sail.

sail[2] [সেই ল্] *vi,vt* ১ পাল খাটিয়ে বা ইনজিনের সাহায্যে সাগরে বা হ্রদে এগিয়ে চলা; (ক্রীড়া হিসাবে) পালের সাহায্যে বরফ বা বালুময় সৈকতের উপর দিয়ে ধাবিত হওয়া: ~ up/along the coast. **~ close/near to the wind** (ক) (নৌ.) বায়ুর দিক বরাবর (অনুকূলে) জাহাজ চালনা করা। (খ) (লাক্ষ.) পুরোপরি না হলেও অংশত কোনো আইন ভঙ্গ করা কিংবা নৈতিকতাবিরোধী কাজ করা। ˈ**~·ing-boat/-ship/-vessel** *n* পালের নৌকা/জাহাজ। ২ **~ (for/ from/ to)** (জাহাজ বা জাহাজের আরোহীদের সম্বন্ধে) যাত্রারম্ভ করা; পাল বা ইনজিনের সাহায্যে জলপথে ভ্রমণ করা: a list of ~ings, যে সব জাহাজ যাত্রা করবে তারিখসহ তাদের তালিকা। ৩ পাড়ি দেওয়া: ~ the sea/the Atlantic. ৪ (জাহাজ) চালানো বা চালাতে জানা: Who ~s the yacht ? **~ing-master** *n* প্রমোদতরী চালনার দায়িত্বে নিযুক্ত কর্মকর্তা। ৫ পালের জাহাজের মতো সাবলীল গতিতে ভেসে চলা: clouds ~ing across the sky. ৬ **~ in** শক্তি ও আত্মবিশ্বাসের সঙ্গে কিছু শুরু করা। **~ into sb** ভর্ৎসনা করা; আক্রমণ করা।

sailor [ˈসেইলা(র্)] *n* ১ নৌজীবী; নাবিক। **~ hat/ blouse/ suit** নাবিকদের পরিধেয় টুপি ইত্যাদির অনুকরণে তৈরি শিশুদের টুপি; আঙরাখা; স্যুট। ২ **good/ bad ~** দুর্যোগপূর্ণ আবহাওয়ায় যে ব্যক্তি কদাচিৎ/ প্রায়ই সমুদ্রপীড়ায় আক্রান্ত হয়।

saint [সেই ন্ট্, GB দুর্বল রূপ নামের অব্যবহিত পূর্বে: সন্ট্] *n* ১ সন্ত; পূতচরিত্র ব্যক্তি। ২ মৃত্যুর পরে স্বর্গধামে স্থানপ্রাপ্ত পুণ্যাত্মা ব্যক্তি; সিদ্ধপুরুষ বা নারী। ৩ (সং st) ইহলোকে পবিত্র জীবন যাপনের ফলস্বরূপ স্বর্গে স্থান লাভ করেছেন বলে গির্জা কর্তৃক ঘোষিত ব্যক্তি; সন্ত; সিদ্ধজন; তপঃসিদ্ধ ব্যক্তি। ৪ নিঃস্বার্থ বা ধৈর্যশীল ব্যক্তি; ঋষি। ৫ ˈ**~'s-day** *n* কোনো সিদ্ধ ব্যক্তির স্মৃতিতর্পণের জন্য গির্জা কর্তৃক ঘোষিত উৎসব; সন্ত-দিবস। **St Andrew's Day** (স্কটল্যান্ডের রক্ষক) সন্ত এন্ড্রু স্মরণদিবস: ৩০ নবেম্বর। **St David's Day** (ওয়েলসের রক্ষক) সন্ত ডেভিডের স্মরণদিবস: ১ মার্চ। **St George's Day** (ইংল্যান্ডের রক্ষক) সন্ত জর্জের স্মরণদিবস: ২৩ এপ্রিল। **St Valentene's Day,** দ্র. Valentine. ৬ **St Bernard** [সন্ট্‌বার্নাড্ US ˌসেইনট্ ব'না:ড়] *n* আদিতে সুইস আল্‌প্‌সে খ্রিস্টান সন্ন্যাসীগণ কর্তৃক লালিত বৃহদাকার, শক্তিশালী জাতের কুকুর: তুষারঝড়ে পথভ্রষ্ট পথিকদের উদ্ধারের জন্য এদের প্রশিক্ষণ দেওয়া হয়; সেন্ট বার্নার্ড। **St ˌVitus's** [ˌভাইটাসিজ্] ˈ**dance** *n* খিঁচুনি ও অনৈচ্ছিক অঙ্গবিক্ষেপযুক্ত স্নায়ুবৈকল্য। **~ed** *adj* সন্ত বলে ঘোষিত বা বিবেচিত। **~·hood** [-হুড্] *n* [U] সিদ্ধত্বলাভ। **~-like, ~·ly** *adjj* সাধুসুলভ; পুণ্যাত্মা;

ঋষিসুলভ: a ~ly expression on his face. **~·li·ness** *n* [U] সাধুতা; পূতপবিত্রতা; পুণ্যশীলতা।

sake [সেইক্] *n* **for the ~ of sb/sth; for sb's/sth's ~** খাতিরে; নিমিত্ত; কারণে; কল্যাণার্থে; উপকারার্থে। **for God's/ goodness'/ pity's/ mercy's, etc ~** সনির্বন্ধ অনুরোধকে জোরালো করার জন্য ব্যবহৃত বাক্যাংশ; ঈশ্বরের খাতিরে/দিব্য/কসম ইত্যাদি।

saké [সা:কি] *n* [U] চাল থেকে প্রস্তুত জাপানি সুরাবিশেষ; সাকে।

sa·laam [সালা:ম্] *n* ১ [C] সালাম। ২ [C] কুর্নিশ; অভিবাদন; সালাম। □*vi* কুর্নিশ/সালাম করা।

sal·able, sale·able [ˈসেইলাবল্] *adj* বিক্রয়যোগ্য; ক্রেতা পেতে পারে এমন; বিক্রয়োপযোগী; বিক্রয়সাধ্য।

sa·lacious [সˈলেইশাস্] *adj* (কথাবার্তা, বই, ছবি ইত্যাদি সম্বন্ধে) অশ্লীল; অশালীন; রুচিবিগর্হিত; কুরুচিপূর্ণ; কামোত্তেজক। **~·ly** *adv* অশ্লীল/অশালীনভাবে। **~·ness** *n*. **sa·lac·ity** [সˈল্যাসাটি] *n* অশ্লীলতা; অশালীনতা।

salad [ˈস্যালাড্] *n* ১ [C, U] লেটুস, টম্যাটো, শসা প্রভৃতি সবজি খণ্ড খণ্ড করে তেল, সির্কা ইত্যাদি সহযোগে প্রস্তুত ঠাণ্ডা খাবার, যা কখনো কখনো পনির, ঠাণ্ডা মাংস, মাছ প্রভৃতি সহ সাধা. রান্না না করে খাওয়া হয়; সালাদ: a chicken/lobster ~. **ˈ~-days** *n pl* অনভিজ্ঞ যৌবনকাল। **ˈ~-dressing** *n* সালাদের সঙ্গে ব্যবহৃত তেল, সির্কা, লতাপাতা ইত্যাদির মিশ্রণ; সালাদের উপচার। **ˈ~-oil** *n* সালাদের (উপচার তৈরিতে ব্যবহৃত) তৈল। ২ **fruit ~** বিভিন্ন ধরনের ফলের টুকরা দিয়ে তৈরি সালাদ।৩ [U] লেটুস, শসা, টম্যাটো প্রভৃতি কাঁচা খাওয়ার উপযোগী সবজি।

sala·man·der [ˈস্যালাম্যান্ডা(র্)] *n* গিরগিটিসদৃশ উভচর প্রাণী, এরা অগ্নিমধ্যে বাস করতে পারে বলে মানুষের বিশ্বাস ছিল; স্যালাম্যান্ডার; আগ্নেয়গোধা।

sa·lami [সˈলা:মি] *n* [U] রসুনযুক্ত, ইতালীয় নোনতা সসেজ; সালামি।

sal·ary [ˈস্যালারি] *n* [C] (*pl* -ries) (সাধা. মাসিক) বেতন; মাইনা। তুল. a weeklky wage. **sal·aried** *adj* বেতনভুক; (চাকরি সম্বন্ধে) বেতনসংবলিত: salaried posts.

sale [সেইল্] *n* ১ বিক্রয়। **(up) for ~** বিক্রয়ের অভিপ্রায়ে উপস্থিত; বিক্রেয়, বিক্রয়যোগ্য। **on ~** (দোকান প্রভৃতি স্থানে পণ্য সম্বন্ধে) বিক্রয়ের জন্য উপস্থাপিত; বিক্রয়যোগ্য। **on ~ or return** (খুচরা বিক্রেতার কাছে প্রেরিত পণ্য সম্বন্ধে) বিক্রেয়, অবিক্রীত বা অসন্তোষজনক হলে ফেরতযোগ্য। **bill of ˈ~** (বাণিজ্য.) (অর্থ ঋণগ্রহণের পদ্ধতি হিসাবে) যে দলিলবলে ব্যক্তিগত অস্থাবর সম্পত্তির স্বত্ব অন্য ব্যক্তির কাছে হস্তান্তরিত করা হয়, যদিও উক্ত সম্পত্তি হস্তান্তরকারী ব্যক্তির দখলে থেকে যায়; বিক্রয়পত্র। ২ [C] কোনো কিছু বিক্রয়ের দৃষ্টান্ত; বিক্রয়: a ready ~ for mangoes. **ˈ~s clerk** (US) দোকানের কর্মচারী। **ˈ~s department** (বাণিজ্য প্রতিষ্ঠানের) বিক্রয়বিভাগ। **ˈ~s resistance** ক্রেতাদের ক্রয়বিমুখতা। **ˈ~s talk** (কথ্য **ˈ~s chat)** (সম্ভাব্য ক্রেতাকে উৎসাহিত করার জন্য) বিক্রয়ালাপ। **ˈ~s tax** বিক্রয়-কর।৩ [C] কিছু সময়ের জন্য নিম্নমূল্যে পণ্যবিক্রয়ের ব্যবস্থা; রেয়াতি বিক্রয়: winter/summer ~s. ৪ [C] নিলাম-বিক্রয়। **ˈ~·room** নিলামঘর। ৫ **~ of work** সেবামূলক কাজের অর্থ সংগ্রহের জন্য গির্জা প্রভৃতি সংগঠনের সদস্যগণ কর্তৃক প্রস্তুত সামগ্রী বিক্রয়। দ্র. jumble. **ˈ~s·man** [-মান্], **ˈ~s·woman** [-ওয়ুমান] *nn* দোকানে বা (পাইকারি বিক্রেতার পক্ষে) খুচরা বিক্রেতার কাছে পণ্য-বিক্রেতা, পণ্য বিক্রেত্রী। **ˈ~s·man·ship** [-মান্শিপ্] *n* [U] বিক্রয়কুশলতা। **ˈ~·able** [-অবল্] *adj* দ্র. salable.

sa·li·ent [ˈসেলিআন্ট্] *adj* ১ প্রধান; অগ্রগণ্য; লক্ষণীয়; মুখ্য: the ~ features of a landscape. ২ (কোনো সম্বন্ধে) বহির্দিকে অভিক্ষিপ্ত; বহির্মুখ। □*n* বহির্মুখ কোনো; শত্রুব্যূহের উপর সূচিমুখ আক্রমণের দ্বারা সৃষ্ট ফাটল।

sa·line [ˈসেইলাইন্ US –লীন্] *adj* লবণাক্ত; নোনতা: a ~ solution, গরগরা করার জন্য লবণের দ্রবণ। □*n* ১ [U] লবণপানির দ্রবণ; লবণজল। ২ [C] লবণাক্ত হ্রদ, জলাভূমি, কূপ, প্রস্রবণ ইত্যাদি। **sa·lin·ity** [সাˈলিনাটি] *n* [U] লবণাক্ততা।

sal·iva [সˈলাইভা] *n* [U] মুখলালা; থুথু; নিষ্ঠীবন। **sali·vary** [ˈস্যালিভারি US –ভেরি] *adj* লালাবিষয়ক বা লালা উৎপাদক: the ˈ~ry glands, লালাগ্রন্থি। **sali·vate** [ˈস্যালিভেইট্] *vi* অত্যধিক লালা নিঃসারণ করা।

sal·low [ˈস্যালৌ] *adj* (-er, -est) (মানুষের ত্বক বা মুখবর্ণ সম্বন্ধে) পাণ্ডু; পাংশুবর্ণ; ফ্যাকাশে। □*vt, vi* ফ্যাকাশে করা বা হওয়া।

sally [ˈস্যালি] *n* (*pl* -lies) [C] ১ শত্রুপরিবেষ্টিত সৈন্যদের আকস্মিক বেগে নির্গমণ; অভিনিষ্ক্রমণ: make a successful ~. ২ প্রাণবন্ত, সরস মন্তব্য, বিশেষত কোনো ব্যক্তি বা বস্তুর উপর সকৌতুক আক্রমণ; বুদ্ধিবিলাস □*vi* ১ অভিনিষ্ক্রমণ করা: ~ out against the besiegers. ২ **~ out/forth** ভ্রমণ বা পদচারণার জন্য নিষ্ক্রান্ত হওয়া।

salmon [ˈস্যামন্] *n* [C, U] (*pl* অপরিবর্তিত) বৃহৎ, উপাদেয় মৎস্যবিশেষ; এর মাংসের গোলাপি-কমলা রং। **~ trout** (বিভিন্ন জাতের) স্যামনসদৃশ মাছ, বিশেষত (বিভিন্ন ধরনের) রোহিত জাতীয় মাছ।

salon [ˈস্যালন্ US সাˈলন্] *n* (বিশেষত প্যারিসে) কেতাদুরস্ত, বিদগ্ধ কোনো মহিলার বাড়িতে গণ্যমান্য ব্যক্তিদের নিয়মিত সমাবেশ; এতদুদ্দেশ্যে ব্যবহৃত অভ্যর্থনা-কক্ষ; সালঁ। ২ **the s~** ফ্রান্সের কোনো শহরে জীবিত শিল্পীদের বার্ষিক চিত্র-প্রদর্শনী। ৩ ফ্যাশন ইত্যাদি সংক্রান্ত পরিষেবা দানের নিমিত্ত প্রতিষ্ঠান: a ˈbeauty-~.

sa·loon [সˈলূন্] *n* ১ জাহাজ, হোটেল ইত্যাদিতে সামাজিক ব্যবহারের জন্য কক্ষ; সেলুন: the ship's dining ~. **ˈ~-bar** সরাই বা পানশালায় সবচেয়ে আরামদায়ক পানকক্ষ। দ্র. public. ভুক্তিতে public bar. ২ নির্দিষ্ট উদ্দেশ্যে ব্যবহারের জন্য সাধারণের জন্য উন্মুক্ত কক্ষ: a ˈbilliards/ˈhairdressing ~. ৩ (US) যে স্থানে সুরাজাতীয় পানীয় ক্রয় ও পান করা যায় (GB = pub)। ৪ **(ˈ~)-car** (GB) ৪-৭ জন আরোহীর জন্য সম্পূর্ণ আবৃত উপবেশনস্থানসহ মোটর কার (US = sedan)।

sal·sify [ˈস্যাল্সিফাই] *n* [U] তরকারি হিসাবে ভোজ্য দীর্ঘ, শাঁসালো মূলবিশেষ।

salt [সো°ল্ট্] *n* ১ [U] (প্রায়শ common ~) লবণ। **not/ hardly worth one's ~** প্রাপ্ত বেতনের যোগ্য নয়। **take (a statement, etc) with a grain/pinch of ~** পুরাপুরি সত্য কিনা সে বিষয়ে কিছুটা সংশয় বোধ করা। **the ~ of the earth** শ্রেষ্ঠ/কৃতী/বরেণ্য নাগরিকগণ; দেশের বা সমাজের রত্ন।

২ (রস.) কোনো ধাতু ও অম্লের রাসায়নিক যৌগ; লবণ। ৩ **a ~; an old ~** ঝানু নাবিক। ৪ (pl) কোষ্ঠশুদ্ধির জন্য ব্যবহৃত ঔষধ: a dose of (Epsom) ~s. **like the dose of ~s** (অপ.) অতি দ্রুত; চোখের নিমেষে। অপিচ দ্র. smell² (৪) ভুক্তিতে smelling-~s. ৫ (লাক্ষ.) এমন কিছু যা উৎসাহ-উদ্দীপনা বা স্বাদগন্ধ যুক্ত করে: Humour is the salt of life. ৬ (যৌগশব্দ) **ˈ~-cellar** *n* নিমকদান। **ˈ~-lick** *n* যে স্থানে পশুরা লবণযুক্ত মাটি চাটতে আসে। **ˈ~-pan** *n* সাগরের কাছাকাছি (স্বাভাবিক বা কৃত্রিম) অবতল স্থান, যেখানে সমুদ্রের পানি বাষ্পীভূত করে লবণ সংগ্রহ করা হয়; লবণের কুয়া। **ˈ~-shaker** *n* (US) খাওয়ার সময় লবণ ব্যবহার করার জন্য (উপরে ছিদ্রযুক্ত) ক্ষুদ্র পাত্র। **ˈ~-water** *adj* লবণ-পানির; সামুদ্রিক। **ˈ~-works** *n* (*sing* বা *pl*) লবণের কারখানা। □*vt* (খাবারে) লবণ দেওয়া। **~ sth (down)** লবণ দিয়ে (খাদ্য) সংরক্ষণ করা; নোনা করা। **~ sth away** (কথ্য) ভবিষ্যতের জন্য অর্থ জমানো। □*adj* ১ লবণাক্ত; নোনা: ~ beef. ২ (ভূমি সম্বন্ধে) লবণাক্ত: ~ marshes. **~y** *adj* (-ier, -iest) নোনতা; লোনা; লবণাক্ত। **~i·ness** *n* লবণাক্ততা।

salt·petre (US = **-pe·ter**) [সো °ল্‌ট্‌ পীটা(র্‌)] *n* বারুদ তৈরিতে, খাদ্য সংরক্ষণে এবং ঔষধ হিসাবে ব্যবহৃত নোনতা সাদা গুঁড়া; সোরা; যবক্ষার।

sa·lu·bri·ous [স ˈলূব্রিআস্‌] *adj* (বিশেষত জলবায়ু সম্বন্ধে) স্বাস্থ্যকর; স্বাস্থ্যপ্রদ।

salu·tary [ˈস্যাল্যিউট্রি US -টেরি] *adj* (শরীর ও মনের জন্য) কল্যাণকর; কল্যাণবহ; হিতকর।

salu·ta·tion [ˈস্যাল্যিউˈটেইশ্‌ন্‌] *n* [C, U] (প্রণাম, চুম্বন ইত্যাদির মাধ্যমে) প্রীতিসম্ভাষণ; অভিবাদন।

sa·lute [সাˈলূট্‌] *n* ১ অভিবাদন: fire a ~ of ten guns, অভিবাদনার্থ দশ বার কামান দাগা; stand at the ~, সামরিক কুচকাওয়াজে সালাম গ্রহণ করার জন্য ডান হাত কপালে তুলে দাঁড়ানো। **take the ~** কুচকাওয়াজ সহকারে অভিবাদনরত সেনাদলের অভিবাদন গ্রহণ করা। ২ প্রীতিসম্ভাষণ; অভিবাদন; সালাম। □*vt,vi* অভিবাদন/ প্রীতি-সম্ভাষণ করা।

sal·vage [ˈস্যাল্‌ভিজ্‌] *n* [U] ১ (অগ্নিকাণ্ড, জাহাজডুবি ইত্যাদি বিপর্যয়জনিত ক্ষতি থেকে) সম্পত্তি রক্ষা; উদ্ধারকার্য: a ˈ~ company, উদ্ধারকার্যে নিয়োজিত কোম্পানি। ২ উদ্ধারকৃত সম্পত্তি। ৩ উদ্ধারকার্যের পারিশ্রমিক। ৪ প্রক্রিয়াজাত করে পুনরায় ব্যবহার্য বর্জ্যপদার্থ (উদ্ধার); উদ্ধারকার্য: collect used cans for ~. □*vt* (অগ্নিকাণ্ড, জাহাজডুবি ইত্যাদি থেকে) সম্পত্তি উদ্ধার করা।

sal·va·tion [স্যাল ˈভেইশ্‌ন্‌] *n* [U] ১ পাপ এবং পাপের পরিণাম থেকে উদ্ধার এবং এইরূপে উদ্ধারপ্রাপ্ত অবস্থা; পরিত্রাণ; মোক্ষ; নাজাত; পাপমোচন। **ˌS~ ˈArmy** আধা-সামরিক আদর্শে সংগঠিত খ্রিস্টান ধর্মীয় ও মিশনারি সংগঠন। ২ ক্ষয়ক্ষতি, বিপর্যয় ইত্যাদি থেকে যা রক্ষা করে: Timely intervention of the Government has been the ~ of the troubled company. **work out one's own ~** নিজ প্রচেষ্টায় পরিত্রাণের পথ খুঁজে পাওয়া।

salve [স্যাল্‌ভ্‌ US স্যাভ্‌] *n* ১ [C,U] ঘা, ক্ষত ও পোড়া ঘায়ে ব্যবহৃত তৈলাক্ত ভেষজ পদার্থ; মলম; অঞ্জন; প্রলেপ; অভ্যঞ্জন: ˈlip-~. ২ (লাক্ষ.) যা আহত অনুভূতিকে উপশমিত করে কিংবা অস্বস্তিকর বিবেককে শান্ত করে; শান্তিপ্রলেপ। □*vt* উপশমিত/প্রশমিত করা; অভ্যঞ্জন/ প্রলেপ লাগানো; অভ্যঞ্জনস্বরূপ হওয়া: ~ one's conscience.

sal·ver [ˈস্যালভা(র্‌)] *n* ধাতুনির্মিত ট্রে।

sal·vo [ˈস্যাল্‌ভৌ] *n* (*pl* ~s, ~es) [-ভৌজ্‌] ১ (অভিবাদনার্থ) বহু কামানের যুগপৎ গোলাবর্ষণ; তোপধ্বনি। ২ মুহুর্মুহু করতালি।

sal·vol·atile [ˌস্যাল্‌ ভাˈল্যাটালি] *n* [U] এমোনিয়ম কার্বোনেটের (স্মেলিং সল্ট বা আঘ্রেয় লবণ) দ্রবণ যা কেউ নিস্তেজ বোধ করলে বা অজ্ঞান হয়ে পড়লে ঔষধ হিসাবে ব্যবহৃত হয়; উদ্‌লবণ।

Sa·mari·tan [সাˈম্যারিটান্‌] *n* **Good ~** (বাইবেলোক্ত কাহিনী থেকে) যে ব্যক্তি দুঃস্থ মানুষের জন্য করুণা বোধ করে এবং তার সাহায্যে এগিয়ে আসে; উত্তম সামারিটান।

sa·mar·ium [ˌসাˈমেইরিঅম্‌] *n* [U] (রস.) ভঙ্গুর ধাতব মৌল (প্রতীক Sm)।

samba [ˈস্যাম্‌বা] *n* ব্রাজিলে উদ্ভূত নৃত্যবিশেষ, যাতে অনেকে মিলে নাচঘরে নাচতে পারে; ঐ নৃত্যের সহগামী সঙ্গীত; সাম্বা।

same [সেইম্‌] *adj, pron* (সর্বদা **the ~,** ব্যতিক্রম নীচে ৬-এ দ্র.) ১ একই; অভিন্ন: He returned the ~ day. ২ **the ~ ··· that; the ~ ··· as** যে ··· সেই একই: I bought the ~ book as² he did. দ্র. as² (১৩). ৩ (that, where, who ইত্যাদি সাপেক্ষ *pron* দ্বারা সূচিত সাপেক্ষ উপবাক্য সহযোগে। *v* না থাকলে that-এর স্থলে as ব্যবহৃত হয়) যে ··· সেই একই: He is the ~ person whom I saw yesterday. ৪ (*pron* রূপে) একই জিনিস: He did the ~. **be all/just the ~ to** তাতে কিছুই যায় আসে না। ৫ (বাক্যাংশে) **come/amount to the ~ thing** পরিণামে/একই কথা হওয়া: You may come today or tomorrow; to come to the ~ thing. **the very ~:** (গুরু.) হুবহু এক: He did the very ~ offence again. **one and the same** অবিকল/হুবহু এক: one and the ~ person. **at the ~ time (ক)** একসঙ্গে; একত্রে; যুগপৎ: He is walking and singing at the ~ time. **(খ)** সেই সঙ্গে; তবে: At the ~ time don't forget to ····· ৬ (this, that, these ও those সহ) এই/সেই ··· একই: He saw his wife off at the airport on that ~ day he met with an accident. ৭ (*pron* রূপে; *def art* ছাড়া; শুধু বাণিজ্য. ব্যবহার) একই বস্তু; ঐ: To repairing watch, £ 6; to oiling ~, £ 3. □adv একইভাবে, এক রকম। **all the ~** তবু; তা সত্ত্বেও। **~·ness** *n* [U] একঘেয়েমি; বৈচিত্র্যহীনতা; একরূপতা।

sam·pan (ˈস্যাম্‌প্যান্‌] *n* স্যাম্পান।

sample [ˈসা:ম্‌প্‌ল্‌ US ˈস্যাম্‌প্‌ল্‌] *n* [U] নমুনা। **up to ~** (বাণিজ্য.) (পণ্য সম্বন্ধে) গুণমানে প্রদত্ত নমুনার সমতুল্য; নমুনামাফিক। □*vt* নমুনা নেওয়া; অংশবিশেষ পরীক্ষা করে দেখা।

sam·pler [ˈসা:ম্‌প্‌লা(র্‌) US ˈস্যাম্‌-] *n* সূচিকর্মের দক্ষতা প্রদর্শনের জন্য সূচিশিল্পমণ্ডিত বস্ত্রখণ্ড, যা অনেক সময়ে দেয়ালে টানিয়ে রাখা হয়।

sam·urai [ˈস্যামুরাই] *n* ১ **the ~** সামন্ততান্ত্রিক জাপানে ক্ষত্রিয়কুল। ২ উক্ত বর্ণের সদস্য; সামুরাই।

sana·tor·ium [ˌস্যানাˈটো°রিঅম্‌] (US অপিচ **sana·tar·ium** [ˌস্যানাˈটেআরিআম্‌]) *n* (দুর্বল, অক্ষম বা সদ্যরোগমুক্ত মানুষের জন্য) স্বাস্থ্যনিবাস।

sanc·tify [ˈস্যাঙ্কটিফাই] *vt* (*pt,pp* -fied) পবিত্র করা; পবিত্র বলে আলাদা করে রাখা। **sanc·ti·fi·ca·tion** [ˌস্যাঙ্কটিˈফিকেইশ্‌ন্] *n* পবিত্রীকরণ।

sanc·ti·moni·ous [ˌস্যাঙ্কটিˈমৌনিআস্] *adj* লোকদেখানো ধার্মিক; ধর্মধ্বজী; ছলধার্মিক। **~·ly** *adv* ধার্মিকতার ভান করে।

sanc·tion [ˈস্যাঙ্ক্‌শ্‌ন্] *n* ১ [U] কোনো কিছু করার জন্য কর্তৃপক্ষ কর্তৃক প্রদত্ত অধিকার বা অনুমতি; অনুমোদন; মঞ্জুরি। ২ [U] (আচরণ ইত্যাদির পিছনে) লোকাচার বা ঐতিহ্যের অনুমোদন বা উৎসাহ। ৩ [C] আইন বা কর্তৃত্বের প্রতি শ্রদ্ধা বজায় রাখা বা ফিরিয়ে আনার লক্ষ্যে শাস্তি, বিশেষত যা আন্তর্জাতিক আইনভঙ্গকারী কোনো দেশের বিরুদ্ধে একত্রে অনেকগুলি দেশ কর্তৃক প্রযুক্ত হয়; নিগ্রহ: apply arms/economic ~s. ৪ [C] কোনো বিধি ইত্যাদি পালন করার হেতু; প্রবর্তনা: the moral ~. □*vt* অনুমোদন/ মঞ্জুর করা; সম্মত হওয়া; শাস্তিস্বরূপ বলবৎ করা।

sanc·tity [ˈস্যাঙ্কটটি] *n* (*pp* -ties) ১ [U] পবিত্রতা; সাধুতা; ধর্মপ্রাণতা। ২ (*pl*) পবিত্র দায়িত্ব–কর্তব্য, অনুভূতি ইত্যাদি: the sanctities of the home.

sanc·tu·ary [ˈস্যাঙ্কচুঅরি US –চুএরি] *n* (*pl* -ries) ১ পবিত্র স্থান, বিশেষত মসজিদ, মন্দির বা গির্জা; পুণ্যস্থান। ২ দ্র. chancel. ৩ পবিত্র স্থান (যেমন গির্জার বেদি), যেখানে পূর্বকালে আইন বা পাওনাদারদের হাত থেকে নিস্তার পাওয়ার জন্য কেউ আশ্রয় নিলে গির্জার আইন অনুযায়ী নিরাপত্তা ভোগ করতে পারতো; অভয়স্থল। ৪ গ্রেফতার থেকে অভয় বা পরিত্রাণ (লাভের অধিকার বা আশ্বাস): to seek/take/be offered ~. ৫ আশ্রয়স্থান; শরণস্থল: a ~ of political refugees. ৬ যে এলাকায় পাখি বা পশু হত্যা, পাখির বাসা নষ্ট করা ইত্যাদি আইনত নিষিদ্ধ; অভয়ারণ্য।

sanc·tum [ˈস্যাঙ্কটম্] *n* ১ পবিত্র স্থান। ২ ব্যক্তির একান্ত নিজস্ব ঘর বা পাঠকক্ষ; খাস কামরা।

sand [স্যান্ড্] *n* ১ [U] বালি; বালুকা; সিকতা। ২ (প্রায়শ *pl*) (সমুদ্রতটে বা মরুভূমিতে) বিস্তৃত বালুকারাশি: children playing on the ~(s). ৩ (*pl*) **the ~s are running out** (বালিঘড়ি থেকে নির্গত বালির সঙ্গে সম্বন্ধ ক্রমে) সময় ফুরিয়ে যাচ্ছে। ৪ (যৌগশব্দ) ˈ**~·bag** *n* (রক্ষাব্যবস্থার অংশ হিসাবে ব্যবহৃত) বালির বস্তা। ˈ**~·bank** *n* বালুতট বা বালুচর। ˈ**~-bar** *n* (নদীর মোহনা বা সাগরে বালির চড়া। ˈ**~·blast** *vt* কোনো কিছু পরিষ্কার করার জন্য (যেমন বাড়ির প্রস্তরনির্মিত অংশ) কিংবা ধাতু বা কাচে নকশা উৎকীর্ণ করার জন্য প্রবল বেগে বালিবর্ষণ করা; বালুবিস্ফোরিত করা। ˈ**~·bay** *n* (কেবলমাত্র) **as happy as a ~bay** মহাখুশি। ˈ**~-dune** *n* বালিয়াড়ি। ˈ**~-fly** *n* (*pl* -flies) সাগরতটে সহজলক্ষ্য ডাঁশসদৃশ মাছি; বেলেমাছি। ˈ**~-glass** *n* সময়পরিমাপক বায়ুপূর্ণ কাচের আধারবিশেষ; বালিঘড়ি। ˈ**~-paper** *n* [U] শিরিস (কাগজ)। □*vt* শিরিস দিয়ে ঘষে মসৃণ করা। ˈ**~·piper** *n* নদীর ধারে স্যাঁতসেঁতে বালুময় স্থানে বিচরণশীল ক্ষুদ্র পাখিবিশেষ; গাংশালিক। ˈ**~-pit** *n* শিশুদের খেলার জন্য বালুকাপূর্ণ ছাদহীন পরিবেষ্টিত স্থান; বালুপ্রাঙ্গণ। ˈ**~-shoes** *n pl* বালুময় সমুদ্রতটে হাঁটার জন্য রবার বা শণের তলাযুক্ত ক্যানভাসের জুতা; বালির জুতা। ˈ**~-stone** *n* বেলে পাথর। ˈ**~-storm** *n* (মরুভূমিতে) বালুঝড়। □*vt* বালু দিয়ে ঢাকা বা ঘষা; বালি ছিটানো। **~y** *adj* (-ier, -iest) ১ বালুকাবৃত; বালুময়; সিকতাময়: a ~y bottom. ২ (চুল ইত্যাদি সম্বন্ধে) হলুদাভ লাল; কটা। □*n* (কথ্য) ঐরূপ চুলওয়ালা লোককে প্রদত্ত ডাকনাম।

san·dal [ˈস্যানড্‌ল্] *n* স্যান্ডেল; চটি। **~·led** [ˈস্যানড্‌ল্ড্] *adj* চটিপরিহিত।

san·dal·wood [ˈস্যানড্‌ল্‌ওয়ুড্] *n* [U] চন্দনকাঠ।

sand·wich [ˈস্যান্‌ওয়িজ্ US –ওয়িচ্] *n* [C] মধ্যখানে মাংস ইত্যাদি দেওয়া দুই খণ্ড মাখন–মাখা রুটি; স্যানউইজ। ˈ**~·man** [–ম্যান্] *n* (*pl* -men) বুকে ও পিঠে দুটি বিজ্ঞাপন–ফলক ঝুলিয়ে যে ব্যক্তি পথে পথে ঘুরে বেড়ায়। ˈ**~-board** *n* উপর্যুক্ত ফলকের যে কোনো একটি। ˈ**~-course** পর্যায়ক্রমিক তত্ত্বীয় ও ব্যবহারিক পঠনপাঠন সংবলিত প্রশিক্ষণ কার্যক্রম। □*vt* **~ (between)** দুটি বস্তু বা ব্যক্তির মাঝখানে স্থাপন করা।

sane [সেই ন্] *adj* (-r, -st) ১ প্রকৃতিস্থ; সুস্থমস্তিষ্ক; মানসিকভাবে সুস্থ। ২ সুস্থ; সুষম; সুযুক্তিপূর্ণ: a ~ policy; ~ judgement. **~·ly** *adv* সুস্থভাবে।

sang [স্যাঙ্] sing–এর *pt*

sang froid [ˌসঙ্ˈফ্রোয়া:] *n* [U] (ফ.) বিপদের মুখে বা জরুরি অবস্থায় মানসিক স্থৈর্য; অবিচলচিত্ততা; অবৈকল্য।

san·gui·nary [ˈস্যাঙ্গোইনারি US –নেরি] *adj* (আনুষ্ঠা., প্রা. প্র.) ১ রক্তাক্ত; রক্তপাতবহুল; রক্তক্ষয়ী: a ~ battle. ২ রক্তপাতপ্রিয়; রক্তলোলুপ: a ~ ruler.

san·guine [ˈস্যাঙ্গোইন্] *adj* (আনুষ্ঠা.) ১ আশাবাদী: ~ of success. ২ গায়ের বা মুখের রং লাল এমন; রক্তিম।

sani·tarium [ˌস্যানিˈটেঅরিঅম্] *n* (US) স্বাস্থ্যনিবাস; স্বাস্থ্যকর স্থান।

sani·tary [ˈস্যানিট্রি US –টেরি] *adj* ১ পরিচ্ছন্ন; জীবাণুমুক্ত: poor ~ conditions in a camp, ক্যাম্পে পরিচ্ছন্নতা বিধানের দুর্ব্যবস্থা। ২ স্বাস্থ্যরক্ষা–বিষয়ক: a ˈ~ inspector, স্বাস্থ্য বিভাগীয় পরিদর্শক। ˈ**~ towel/ pad** ঋতুস্রাবের সময়ে ব্যবহৃত শোষক প্যাড; পেটী।

sani·ta·tion [ˌস্যানিˈটেইশ্‌ন্] *n* [U] জনসাধারণের স্বাস্থ্যরক্ষার, বিশেষত দক্ষ মলনিষ্কাশনের ব্যবস্থা; স্বাস্থ্যবিধান; অনাময় ব্যবস্থা।

san·ity [ˈস্যানাটি] *n* [U] ১ মানসিক স্বাস্থ্য/ সুস্থতা। ২ বিচারবুদ্ধির সুস্থতা।

sank [স্যাঙ্ক্] sink[2] –এর *pt*

sans [স্যানজ়্] *prep* (কথ্য) ছাড়া; বিহীন: S~ teeth, ~ eyes, ~ taste, ~ everything.

San·skrit [স্যানস্‌ক্রিট্] *n* সংস্কৃত (ভাষা)।

Santa Claus [ˈস্যান্টা ক্লো°জ়্] *n* (অপিচ Father Christmas) বড়োদিনের রাতে শিশুদের মোজার মধ্যে তাদের জন্য উপহার রেখে যান বলে কথিত ব্যক্তি।

sap[1] [স্যাপ্] *vt* (-pp-) দুর্বল করা; প্রাণশক্তি/ জীবনীশক্তি নিঃশেষ করে ফেলা: sapped by women and alcohol.

sap[2] [স্যাপ্] *vt* [C] (সুরক্ষিত সামরিক অবস্থানে কিংবা পূর্বকালে কোনো অবরুদ্ধ নগরীতে) শত্রুর সন্নিকটে পৌঁছার জন্য তৈরি সুড়ঙ্গ বা আবৃত পরিখা; গুপ্তপরিখা। ˈ**sap-head** *n* শত্রুর সবচেয়ে নিকটবর্তী পরিখামুখ। □*vt,vi* গুপ্তপরিখা খনন করা; নীচে খনন করে (দেয়াল ইত্যাদি) নাজুক করা; (লাক্ষ.) (কারো বিশ্বাস, আত্মপ্রত্যয় ইত্যাদি) ধ্বংস বা দুর্বল করা। **sap·per** *n* গুপ্তপরিখা খননে কিংবা (আ. প্র.) প্রকৌশলীর দায়িত্বে (যেমন রাস্তা ও ভবন নির্মাণে) নিযুক্ত সৈনিক।

sap[3] [স্যাপ্] *n* (সেকেলে অপ.) বোকা লোক; বেকুব।

sap[4] [স্যাপ্] *n* [U] ১ উদ্ভিদশরীরের যে রস তার সকল অঙ্গে খাদ্য বয়ে নিয়ে যায়; প্রাণরস। **sap-wood** [স্যাপ্ওয়ুড্] *n* কাঠের নরম বহির্বর্তী স্তর; অসার কাঠ। ২ (লাক্ষ.) প্রাণশক্তি; প্রাণরস; জীবনীশক্তি। **sap·less** *adj* নীরস; প্রাণরসহীন; প্রাণশক্তিহীন; শুষ্ক। **sap·ling** [ˈস্যাপ্লিঙ্] *n* চারা (গাছ); (লাক্ষ.) তরুণ। **sappy** *adj* (-ier, -iest) প্রাণশক্তিতে ভরপুর; প্রাণরসপূর্ণ; প্রাণোদ্দীপ্ত।

sa·pi·ent [ˈসেইপিআন্ট্] *adj* (সাহিত্য.) জ্ঞানী; প্রাজ্ঞ। **~·ly** *adv* প্রজ্ঞার সঙ্গে। **sa·pi·ence** [-ªʰন্স্] *n* (প্রায়শ বক্রোক্তি) প্রজ্ঞা; বিজ্ঞতা।

sap·phire [ˈস্যাফাইআ(র্)] *n* ১ [C] স্বচ্ছ; উজ্জ্বল নীল রত্নবিশেষ; নীলমণি; ইন্দ্রনীল; নীলা; নীলকান্ত মণি। ২ উজ্জ্বল নীল বর্ণ।

sar·casm [ˈসা:ক্যাজ়াম্] *n* [U, C] অনুভূতিকে আহত করার উদ্দেশ্যে ব্যবহৃত তিক্ত মন্তব্য এবং ঐরূপ মন্তব্যের ব্যবহার; শ্লেষ; শ্লেষোক্তি; পরিবাদ। **sar·cas·tic** [সা:ˈক্যাস্টিক্] *adj* পরিবাদপূর্ণ; শ্লেষপূর্ণ; শ্লেষাত্মক। **sar·cas·ti·cally** [-ক্লি] *adv* শ্লেষাত্মকভাবে; শ্লেষোক্তিপূর্বক; পরিবাদপূর্বক।

sar·copha·gus [সা: ˈকফাগাস্] *n* (*pl* -gi [-গাই]) ~es [-গাসি জ্]) (বিশেষত প্রাচীন কালের) পাথরের শবাধার।

sar·dine [সা: ˈডীন্] *n* ক্ষুদ্র মৎস্যবিশেষ, যা সাধা. তেলে বা টম্যাটোর সসে সংরক্ষণ করা হয়; সার্ডিন। **packed like ~s** (মানুষের ভিড় সম্বন্ধে) গাদাগাদি/ঠাসাঠাসি করে প্রবিষ্ট।

sar·donic [সা: ˈডনিক্] *adj* বিদ্রূপাত্মক; অবজ্ঞাপূর্ণ; উপহাসপূর্ণ: a ~ smile/laugh/expression. **sar·doni·cally** [-ক্লি] *adv* বিদ্রূপাত্মকভাবে; অবজ্ঞার সঙ্গে; উপহাস করে।

sari [ˈসা:রি] *n* (*pl* ~s) শাড়ি।

sa·rong [সˈরঙ US -ˈরো°ঙ্] *n* মালয় দেশীয় ও ইন্দোনেশীয়দের লুঙ্গিসদৃশ জাতীয় পোশাক; সারং।

sar·sa·pa·rilla [ˌসা:স্পাˈরিলা] *n* [U] উষ্ণমণ্ডলীয় আমেরিকান উদ্ভিদবিশেষ এবং ঐ উদ্ভিদের শিকড় থেকে প্রস্তুত বলবর্ধক পানীয়; সালসা; গন্ধবঙ্কল।

sar·tor·ial [সা: ˈটো°রিআল্] *adj* বস্ত্রসম্বন্ধী; পোশাক প্রস্তুত বিষয়ক: ~ elegance, পোশাকের চটক/ জৌলুস।

sash[1] [স্যাশ্] *n* [C] শোভার জন্য কিংবা উর্দির অংশস্বরূপ কোমরে জড়ানো কিংবা এক কাঁধের উপর ঝোলানো কাপড়ের দীর্ঘ ফালি; পরিকর।

sash[2] [স্যাশ্] *n* **~ window** যে জানালা উপরে–নীচে ঠেলে সরানো যায়; শার্সি। **~-cord/-line** *n* জানালাকে যে কোনো কাঙ্ক্ষিত অবস্থানে স্থির রাখার জন্য ঘুর্ঘুরিকার উপর দিয়ে চালিত (সাধা. এক প্রান্তে ওজন–বাঁধা) শক্ত দড়িবিশেষ; শার্সির রশি।

sas·sen·ach [ˈস্যাসান্যাক্] *n* (তুচ্ছ. বা হাস্য.) ইংরেজ (স্কটল্যান্ডবাসীরা ইংরেজদের সম্বন্ধে এই শব্দ ব্যবহার করে)।

sassy [ˈস্যাসি] *adj* (US কথ্য) চনমনে; কেতাদুরস্ত।

sat [স্যাট্] sit –এর *pt,pp*

Satan [ˈসেইটন্] *n* শয়তান। **~ic** [সˈট্যানিক্ US সেই-] *adj* ১ শয়তানসম্বন্ধী; শয়তানি; His ~ic Majesty, (হাস্য.) মহামহিম শয়তান। ২ (ছোট ছাঁদের **s~**) দুষ্ট; অশুভ; শয়তানি।

satchel [ˈস্যাচ্ল্] *n* হালকা জিনিসপত্র, বিশেষত স্কুলের বই বহনের জন্য ছোট থলে; ঝুলি; বটুয়া; বগলি।

sate [সেই ট্] দ্র. satiate.

sat·el·lite [ˈস্যাটালাইট্] *n* ১ উপগ্রহ; চন্দ্র; কৃত্রিম উপগ্রহ: comˌmuniˈcations ~. ২ (লাক্ষ., প্রায়শ attrib) অন্যের উপর নির্ভরশীল এবং অন্যের নেতৃত্বাধীন ব্যক্তি বা দেশ; তাঁবেদার। **ˈ~ town** অন্য শহরের বাড়তি জনসংখ্যার চাপ কমানোর জন্য নির্মিত শহর; উপনগর।

sati·able [ˈসেইশাব্ল্] *adj* (আনুষ্ঠা.) সম্পূর্ণ পরিতৃপ্ত করা যায় এমন; পরিতর্পণীয়।

sati·ate [ˈসেইশিএইট্] *vt* (আনুষ্ঠা.) সম্পূর্ণরূপে তৃপ্ত করা; পরিতৃপ্ত/পরিতর্পিত করা; কোনো কিছুর আধিক্যের দ্বারা ক্লান্ত হওয়া বা করা; অরুচি ধরা বা ধরানো: be ~d with food/pleasure.

sat·iety [সˈটাইআটি] *n* [U] (আনুষ্ঠা.) পূর্ণ/ আকণ্ঠ পরিতৃপ্তি; সৌহিত্য: indulge in pleasure to the point of ~.

satin [ˈস্যাটিন্ US ˈসাটন্] *n* [U] এক পিঠ মসৃণ ও চকচকে রেশমি বস্ত্রবিশেষ; সাটিন: (attrib) ~ dresses/ ribbons. □*adj* সাটিনের মতো মসৃণ।

sat·in·wood [ˈস্যাটিন্ওয়ুড্ US ˈস্যাটন্-] *n* [U] আসবাবপত্র নির্মাণে ব্যবহৃত একটি উষ্ণমণ্ডলীয় গাছের মসৃণ, শক্ত কাঠ; সাটিন কাঠ।

sat·ire [ˈস্যাটাইআ(র্)] *n* ১ [U] কোনো ব্যক্তি বা সমাজকে হাস্যাস্পদ করার কিংবা ভাব, প্রথা ইত্যাদির হাস্যকরতা বা অনিষ্টকরতা প্রদর্শনের জন্য রচনার রূপবিশেষ; ব্যঙ্গরচনা; অরুন্তুদ কাব্য; স্যাটায়ার। ২ [C] উক্তরূপ রচনার দৃষ্টান্ত; মিথ্যা অভিমানের মুখোশ–উন্মোচক কোনো কিছু। **sa·tiri·cal** [সˈটিরিক্ল্] *adj* বিদ্রূপাত্মক; ব্যঙ্গাত্মক। **sa·tiri·cally** [-ক্লি] *adv* বিদ্রূপের সঙ্গে; বিদ্রূপাত্মকভাবে। **sat·ir·ist** [ˈস্যাটারিস্ট্] *n* স্যাটায়ার রচয়িতা; ব্যঙ্গনবিশ। **sat·ir·ize** [ˈস্যাটারাইজ়] *vt* বিদ্রূপাত্মক রচনা দ্বারা আক্রমণ করা; বিদ্রূপের বিষয় করা; বিদ্রূপাত্মকভাবে বর্ণনা করা।

sat·is·fac·tion [ˌস্যাটিস্ˈফ্যাকশ্ন্] *n* [U] ১ সন্তোষ; সন্তুষ্টি; পরিতোষ; পরিতুষ্টি; পরিতৃপ্তি; সন্তোষসাধন; চরিতার্থতা: the ~ of one's hopes/ desires/ ambitions. ২ (*indef art* সহ; *pp* বিরল) যা পরিতৃপ্ত করে; সন্তুষ্টির বিষয়: Her company has been a great ~ to us. ২ [U] আঘাত বা অপমানের প্রতিশোধ বা ক্ষতিপূরণ; ঐরূপ প্রতিশোধের সুযোগ: give sb/ demand /obtain ~.

sat·is·fac·tory [ˌস্যাটিস্ˈফ্যাকটারি] *adj* সন্তোষজনক; সন্তুষ্টিকর। **sat·is·fac·tor·ily** [-টারালি] *adv* সন্তোষজনকভাবে।

sat·isfy [ˈস্যাটিসফাই *vt,vi* (*pt,pp* -fied) ১ সন্তুষ্ট/ পরিতৃপ্ত/ পরিতুষ্ট করা; সন্তুষ্টিবিধান করা; খুশি করা। ~ **the examiners** নিম্নতম শর্ত পূরণ করে পরীক্ষা উত্তীর্ণ হওয়া। ২ (প্রয়োজন) মেটানো; (আশা–আকাঙ্ক্ষা, কামনা ইত্যাদি) চরিতার্থ করা। ৩ **~ sb (that .../of sth)** কারো মনে প্রত্যয় জন্মানো; সংশয়মুক্ত করা: You must ~ the boss that you can do the job. **~·ing** *adj* সন্তুষ্টিকর; তৃপ্তিকর। **~·ing·ly** *adv* তৃপ্তিকরভাবে।

sat·suma [স্যাট্ˈসূমা] *n* দ্র. tangerine.

satu·rate [ˈস্যাচারেইট্] *vt* ~ **(with/in)** ১ উত্তমরূপে ভেজানো; অভিসিঞ্চিত/ পরিনিষিক্ত করা; কোনো কিছু সাধ্যের শেষ সীমা অবধি গ্রহণ করা; পরিপৃক্ত/ সম্পৃক্ত করা: Are you ~d yet with astrology ? ২ আরো গ্রহণ করতে অক্ষম হওয়া; পরিপৃক্ত হওয়া: The market will soon be ~d. ৩

(রস) একটি পদার্থ দিয়ে অন্য একটি পদার্থ সর্বোচ্চ পরিমাণে শোষণ করানো; সম্পৃক্ত করা: a ~d solution of salt. **satu·ra·tion** [ˌস্যাচা'রেইশ্‌ন্] *n* [U] পরিপৃক্তি; সম্পৃক্তি। **saturation bombing** লক্ষ্যবর্তী এলাকার সব কিছু বিধ্বস্ত করার উদ্দেশ্যে বোমাবর্ষণ; সর্বসংহারক বোমাবৃষ্টি। ˌ**satu'ration point** (রস.) যে স্তরে একটি পদার্থ অন্য পদার্থের সঙ্গে আরো যোগ করলে দুটি পদার্থ সম্পূর্ণরূপে মিশ্রিত হবে না; যে স্তরে আরো গ্রহণ বা শোষণ করা সম্ভবপর নয়; সম্পৃক্তিসীমা।

Sat·ur·day ['স্যাটাডি] *n* শনিবার।

Sa·turn ['স্যাটান্] *n* (জ্যোতি.) শনি (গ্রহ)।

sat·ur·nine ['স্যাটানাইন্] *adj* (সাহিত্য.) বিমর্ষ; গোমড়া।

satyr ['স্যাটা(র্)] *n* ১ (গ্রিক ও রোমান পুরাণ) অর্ধমানব ও অর্ধপশুরূপী বনদেবতা। ২ অসংযত যৌনকামনাবিশিষ্ট ব্যক্তি; কামকর্বুর। **sa·tyric** [স'টিরিক্] *adj* স্যাটার সম্বন্ধী বা স্যাটারসদৃশ।

sauce [সো°স্] *n* ১ [C, U] স্বাদগন্ধ বৃদ্ধির জন্য কোনো কোনো খাবারের সঙ্গে পরিবেশিত ঝোল জাতীয় বস্তু; আখনি। **What is ~ for the goose is ~ for the gander** (প্রবাদ) যা এক ক্ষেত্রে প্রযোজ্য তা অভিন্ন বা অনুরূপ ক্ষেত্রেও প্রযোজ্য। '**~-boat** *n* যে পাত্রে করে টেবিলে আখনি পরিবেশিত হয়। ২ [U] কথ্য (সাধা. কৌতুক) প্রগল্‌ভতা; ফাজলামি। □*vt* (কথ্য) (কারো সঙ্গে)ফাজলামি/ ডেঁপোমি করা। **saucy** *adj* (-ier, -iest) ১ চপল; ধৃষ্ট; ঠোঁটা; ডেঁপো; ফাজিল। ২ (কথ্য) চটকদার; ছিমছাম। **sauc·ily** *adv* প্রগল্‌ভভাবে। **sauci·ness** *n* প্রগল্‌ভতা; ঠেঁটামি।

sauce·pan ['সো°স্পান্ US –প্যান্] *n* গোলাকার এবং ঢাকনা ও হাতলযুক্ত, ধাতুনির্মিত রন্ধনপাত্রবিশেষ; সসপ্যান।

saucer ['সো°সা(র্)] *n* ১ পিরিচ; তশতরি। '**~-eyed** *adj* বিস্ফারিত-দৃষ্টি; ড্যাবড্যাবে (যেমন বিস্ময়ে)। ˌ**flying** '~ দ্র. flying. ২ বেতার দূরবীক্ষণের পিরিচ আকৃতির বৃহৎ চাকতি (যা dish নামেও পরিচিত); থাল। ৩ খানা; খন্দ।

sauer·kraut ['সাউআক্রাউট্] *n* [U] (জ.) বাঁধাকপি কুটে লবণযুক্ত করে টক না হওয়া পর্যন্ত গাঁজিয়ে তৈরি করা খাবারবিশেষ; টক বাঁধাকপি।

sauna [সাউ না] *n* ফিনল্যান্ডীয় রীতির বাষ্পস্নান বা স্নানঘর; স্বেদস্নান।

saun·ter ['সো°ন্টা(র্)] *vi* মৃদুমন্দ/অলস গতিতে হেঁটে বেড়ানো। □*n* মন্থর গতি; মৃদুমন্দ গতিতে চলন: come at a ~. **~er** *n* যে ব্যক্তি ঐভাবে চলে বা হেঁটে বেড়ায়।

sau·rian ['সো°রিআন্] *n,adj* কুমির, গিরগিটি এবং কিছু বিলুপ্ত প্রাণীকে নিয়ে গঠিত প্রাণী-বর্গের অন্তর্ভুক্ত; উক্ত প্রাণী-বর্গের সদস্য; সোরীয়।

saus·age ['সাসিজ্ US 'সো°সিজ্] *n* [U, C] পাতলা চামড়ার আবরণের মধ্যে মসলাযুক্ত মাংসের কিমা ভরে প্রস্তুত খাদ্যবিশেষ; এদের কোনো কোনোটি টুকরা করে কাঁচা খাওয়া যায়, কোনোটি রান্না করে গরম গরম খেতে হয়; সসিজ। '**~-dog** (GB কথ্য) = dachshund. *n* '**~ˌmeat** *n* (সসিজের জন্য) মাংসের কিমা। **~-roll** *n* পেস্ট্রি দিয়ে আচ্ছাদিত সসিজ।

sauté ['সৌটেই US সৌ'টেই] *adj* (ফ.) (খাদ্য সম্বন্ধে) অল্প তেল বা চর্বিতে দ্রুত ভর্জিত: ~ potatoes. □*vt* উক্ত পদ্ধতিতে খাদ্যদ্রব্য দ্রুত ভাজা।

sav·age ['স্যাভিজ্] *adj* ১ অসভ্য; আদিম; অসংস্কৃত: ~ customs. ২ হিংস্র; নৃশংস; নির্মম: a ~ dog; ~ criticism. ৩ (কথ্য) অত্যন্ত ক্রুদ্ধ; রোষান্বিত। □*n* বন্য; অসভ্য (বিশেষত যারা শিকার করে ও মাছ ধরে জীবিকা নির্বাহ করে); আদিবাসী। □*vt* আক্রমণ করে দংশন ও পদদলিত করা: badly ~d by a dog. **~·ly** *adj* নৃশংসভাবে ইত্যাদি। **~·ness** *n*, **~·ry** ['স্যাভিজ্‌রি] *n* [U] অসভ্যতা; বন্যতা; আদিম অবস্থা; নৃশংসতা; হিংস্রতা; নৃশংস আচরণ: living in ~ry.

sa·van·na(h) [স'ভ্যানা] *n* [C] উষ্ণমণ্ডলীয় বা প্রায়-উষ্ণমণ্ডলীয় আমেরিকা এবং পূর্ব ও পশ্চিম আফ্রিকার বৃক্ষহীন; তৃণময় সমতলভূমি; সাভানা। দ্র. pampas, prairie, steppe, veld.

sa·vant ['স্যাভান্ট্ US স্যা'ভা:ন্ট্] *n* অত্যন্ত পণ্ডিত ব্যক্তি; পণ্ডিতপ্রবর।

save[1] [সেইভ্] *vt,vi* ১ **~ (from)** বাঁচানো; রক্ষা/ ত্রাণ করা; নিস্তার/ উদ্ধার করা। **~ one's beacon,** দ্র. beacon. **~ one's face,** দ্র. face[1] (8). **~ one's skin** (অনেক সময়ে কাপুরুষের মতো) গা বাঁচানো; ঝুঁকি এড়িয়ে চলা। **~ the situation** পরিস্থিতি সামাল দেওয়া। ২ **~ (up) (for sth); ~ sth (up) (for sth)** ভবিষ্যতের জন্য সাশ্রয়, উপচয় বা সঞ্চয় করা; জমানো; তুলে রাখা। **~ for a rainy day,** দ্র. rainy. ৩ অপ্রয়োজনীয় করে তোলা; প্রয়োজনমুক্ত করা; সাশ্রয় করা; বাঁচানো; নিষ্কৃতি দেওয়া: That will ~ you a lot of money/ trouble. ৪ **~ sb (from sth)** (খ্রিস্ট ধর্মে) পাপের শাস্তি (বা অনন্ত শাস্তি) থেকে রক্ষা করা; ত্রাণ/পরিত্রাণ করা। ৫ ব্যতিক্রম হিসাবে যোগ করা: a saving clause, অব্যাহতিসূচক/ ব্যতিক্রমসূচক ধারা। □*n* (ফুটবল ইত্যাদিতে) গোলের হাত থেকে অব্যাহতি লাভ; বাঁচোয়া: a brilliant ~. **~r** *n* ত্রাতা, পরিত্রাতা, ত্রাণকর্তা; যা সাশ্রয় করে; সাশ্রয়কর কৌশল: a useful time-~r. **sav·ing** *adj* (বিশেষত) উদ্ধারক; মোক্ষদ; ক্ষতিপূরক। **sav·ing grace** যে একটিমাত্র গুণ অন্যান্য সদ্‌গুণের অভাব পুষিয়ে দেয়; ঔদ্ধারিক গুণ: He has many vices and no saving grace. □*n* ১ সাশ্রয়: saving of time and money. ২ (*pp*) উপচিত অর্থ; সঞ্চয়: Keep one's savings in the bank. '**savings account** *n* সঞ্চয়ী হিসাব। **savings-bank** *n* যে ব্যাংক অল্পস্বল্প সঞ্চিত অর্থ জমা রাখে এবং ঐ অর্থের উপর সুদ প্রদান করে; সঞ্চয়ী ব্যাংক।

save[2] [সেইভ্] (অপিচ **sav·ing** ['সেইভিঙ্]) *prep* ছাড়া; ব্যতীত; ব্যতিরেকে: all ~ me.

sav·eloy ['স্যাভালয়] *n* [C] প্রচুর মসলাযুক্ত শূকরের মাংসের সসিজবিশেষ।

sav·ing [সেই ভিঙ্] *prep* দ্র. save[2].

sav·iour (US = **-ior**) ['সেইভিআ(র্)] *n* পরিত্রাতা; ত্রাণকর্তা; ত্রাতা। **The S~, Our S~** ত্রাণকর্তা যিশুখ্রিস্ট।

savoir-faire [ˌস্যাভোয়া:'ফেআ(র্)] *n* [U] (ফ.) সামাজিক বিচক্ষণতা; যে কোনো পরিস্থিতি সামাল দেওয়ার ক্ষমতা; কর্মণ্যতা; কর্মজ্ঞতা; কার্যপটুতা; কর্মকুশলতা।

savoir-vivre [ˌস্যাভোয়া:'ভিভ্‌র্] *n* [U] শিষ্ট সমাজের রীতিনীতি বিষয়ক জ্ঞান ও তার অনুশীলন; সভ্যাচার।

sa·vory ['সেইভরি] *n* [U] রন্ধনকার্যে ব্যবহৃত পুদিনা জাতীয় গাছড়াবিশেষ।

sa·vour (US = **-vor**) [ˈসেইভা(র্)] *n* [C,U] ১ **~ of** (কোনো কিছুর) স্বাদ বা গন্ধ; আমেজ; আভাস: soup with a ~ of mint; a ~ of madness. □*vt,vi* (সাহিত্য. বা লাক্ষ.) স্বাদ, গন্ধ বা প্রকৃতি উপভোগ/ কদর করা: I could not ~ the remark. ২ **~ of** উপস্থিতির ইঙ্গিত/ আভাস দেওয়া: His remark ~s of impudence.

sa·voury (US= **-vory**) [ˈসেইভারি] *adj* ক্ষুধা উদ্রেককর স্বাদ বা গন্ধযুক্ত; সুস্বাদ; (খাদ্যের পদ সম্বন্ধে) নোনতা বা ঝাল স্বাদের; রসনারোচক: a ~ omelette. □*n* [C] (*pl* -ries) বিশেষত ভোজনের আগে বা পরে ভক্ষিত রসনারোচক খাদ্য।

sa·voy [স ˈভয়] *n* [C, U] কোঁকড়া পাতাওয়ালা শীতকালীন বাঁধাকপিবিশেষ।

saw[1] [সো°] see[1]-এর *pt*

saw[2] [সো°] *n* [C] করাত; ক্রকচ। ˈ**chain saw** *n* দ্র. chain (8). ˈ**saw-dust** *n* [U] করাতের গুঁড়া। ˈ**saw-horse** *n* যে কাঠ চেরা হবে তার আলম্বস্বরূপ কাঠের কাঠামোবিশেষ; কাঠ ফাড়ার মাচা। ˈ**saw·mill** *n* (বিদ্যুৎচালিত) করাত-কল। ˈ**saw-pit** *n* বড়ো করাত চালাবার জন্য যে স্থানে দাঁড়িয়ে করাতের মুখের দিক টানা ও ঠেলা হয়; করাতের খাদ। □*vt,vi* (*pt* sawed, *pp* sawn [সো°ন্] এবং US sawed) ১ করাত দিয়ে চেরা বা ফাড়া; করাত চালানো। **saw sth off** করাত দিয়ে ছেঁটে ফেলা: a sawn off shotgun, কাটা বন্দুক। **saw sth up** করাত দিয়ে টুকরা টুকরা করা। ২ সামনে পিছনে চালানো: sawing at one's fiddle, করাতের মতো ছড় টানা। ৩ করাত দিয়ে কাটার উপযোগী হওয়া; করাতে কাটা: This log does not saw easily. **saw·yer** *n* [ˈসো°ইয়া(র্)] *n* করাতি।

saw[3] [সো°] *n* [C] প্রবাদবচন।

saw·der [ˈসো°ডা(র্)] *n* [U] চাটুবাক্য; তোষামোদ।

sax [স্যাক্স্] *n* স্যাক্সোফোন (-এর সং)।

saxa·tile [ˈস্যাক্সাটাইল্] *adj* পাথরের মধ্যে জন্মে বা বসবাস করে এমন; শৈল্য; শৈলেয়।

sax·horn [ˈস্যাক্স্হো°ন্] *n* তূর্য জাতীয় বাঁশিবিশেষ।

saxi·frage [ˈস্যাকসিফ্রিজ্] *n* [U] সাদা, হলুদ বা লাল পুষ্পবিশিষ্ট পার্বত্য উদ্ভিদবিশেষ।

Saxon [ˈস্যাক্স্ন্] *n adj* উত্তর-পশ্চিম জার্মানির প্রাচীন একটি জাতি (-সম্বন্ধী) এবং এদের ভাষা; এদের একদল ৫ম ও ৬ষ্ঠ শতকে ব্রিটেন জয় করে সেখানে বসতি স্থাপন করে; স্যাক্সন।

saxo·phone [ˈস্যাক্সাফৌন্] *n* (কথ্য সং sax) পিতলের তৈরি; ঘাটওয়ালা বাঁশি জাতীয় বাদ্যযন্ত্রবিশেষ। **sax·ophon·ist** [স্যাক্ˈসফানিস্ট্ US ˈস্যাকসাফৌনিস্ট্] *n* স্যাক্সোফোনবাদক।

say [সেই] *vt,vi* (*3rd pers, pres t* says [সেজ্], *pt,pp* said [সেড্]) ১ **say sth (to sb)** বলা; কওয়া: You may well say so, আপনি ঠিকই বলেছেন; So you say, আপনি তাই বলছেন বটে। **go without saying** বলা বাহুল্য; বলার অপেক্ষা রাখে না। **have nothing/anything to say for oneself** আত্মপক্ষ সমর্থনে কিছু বলার থাকা/না থাকা। **say the word** হাঁ বলা; মুখ ফুটে বলা। **say a good word for sb/sth** প্রশংসা করা; দুটো ভালো কথা বলা। **say one's say** বক্তব্য শেষ করা। **that is to say** অর্থাৎ; অন্য কথায়। **What do you say (to sth/doing sth) ?** আপনি কী বলেন? আপনার কী মত? **I say** দৃষ্টি আকর্ষণ, কথোপকথনের শুরু বা বিস্ময় প্রকাশের জন্য উৎক্রোশ; আমি বলি। **They say; It's said** লোকে বলে; বলা হয়ে থাকে। ২ (অপিচ বিশেষত neg ও interr) ধরা; ধারণা করা; মতামত দেওয়া; বলা: The number of guests will be, let's say, twenty. □*n* (কেবলমাত্র নীচের বাগরীতিগুলিতে) **have/say one's say** মতামত প্রকাশ করা; বক্তব্য বলা। **have a/no/not much etc** ˈ**say in the matter** আলোচনা, সিদ্ধান্ত ইত্যাদিতে অংশগ্রহণ করার বা মতামত দেবার অধিকার বা সুযোগ থাকা বা না থাকা; কিছু/সামান্যই বলার থাকা বা না থাকা। **say·ing** [ˈসেইইঙ্] *n* প্রবাদ; লোককথা।

scab [স্ক্যাব্] *n* ১ [C] (ক্ষতস্থানের) মামড়ি; মড়মড়ি। ২ [U] (= scabies) (বিশেষত ভেড়ার) চর্মরোগ; খোশ-পাঁচড়া। ৩ [C] (কথ্য) যে শ্রমিক ধর্মঘটে বা তার শ্রমিকসঙ্ঘে যোগ দিতে চায় না কিংবা ধর্মঘটী শ্রমিকের স্থলে কাজ করে। **scabby** *adj* মামড়ি-পড়া।

scab·bard [ˈস্ক্যাবাড্] *n* (তরবারি ইত্যাদির) খাপ; কোষ!

sca·bies [ˈস্কেইবীজ্] *n* [U] খোস-পাঁচড়া; খোস।

sca·bi·ous [ˈস্কেইবিঅস্] *n* হালকা রঙের পুষ্পবিশিষ্ট বিভিন্ন প্রকার বুনো ও আবাদি উদ্ভিদ।

scab·rous [ˈস্কেইব্রাস্ US ˈস্ক্যাব্-] *adj* ১ (প্রাণী, উদ্ভিদ ইত্যাদি সম্বন্ধে) অমসৃণ ত্বকবিশিষ্ট; খরখরে; খসখসে। ২ (বিষয় সম্বন্ধে) সুরুচিসম্মতভাবে কিছু লেখা কঠিন এমন; নোংরা; কদর্য। ৩ অশালীন; অশ্লীল; কুরুচিপূর্ণ; রুচিবিগর্হিত: a ~ novel.

scads [স্ক্যাড্জ্] *n (sing* বা *pl)* **~ (of)** (US কথ্য) অঢেল; কাড়ি কাড়ি; অসংখ্য: ~ of money/people.

scaf·fold [ˈস্ক্যাফৌল্ড্] *n* [C] ১ রাজমিস্ত্রিদের ভারা। ২ (অপরাধীদের জন্য) বধ্যমঞ্চ: go to the ~, প্রাণদণ্ডে দণ্ডিত হওয়া। **~·ing** [ˈস্ক্যাফাল্ডিঙ্] *n* [U] ভারা; ভারা-বাঁধা (এবং এজন্য প্রয়োজনীয় সামগ্রী)।

scal·a·wag [ˈস্ক্যালাওয়্যাগ্] *n* (US) দ্র. scallywag.

scald [স্কো°ল্ড্] *vt* ১ গরম তরল পদার্থ বা বাষ্পে দগ্ধ করা: ~ one's fingers with hot oil. **~ing tears** গভীর ও তিক্ত বেদনাজাত অশ্রু; জ্বালাময় শোকাশ্রুরাশি। ২ (বাসন-কোশন ইত্যাদি) ফুটন্ত পানি বা বাষ্প দিয়ে পরিষ্কার করা। ৩ দুধ প্রায় ফুটনাঙ্ক পর্যন্ত জ্বাল দেওয়া। □*n* গরম তরল পদার্থ বা বাষ্পের দহনজাত ক্ষত।

scale[1] [স্কেই ল্] *n* ১ [C] (মৎস্যাদির) আঁশ; শল্ক। ২ [C] আঁশসদৃশ কোনো বস্তু, যেমন মামড়ি, খুস্কি, মরিচা। **remove the ~s from sb's eyes** (লাক্ষ.) (প্রতারিত ব্যক্তি যাতে সত্যিকার অবস্থা উপলব্ধি করতে পারে সে জন্য চোখের ছানি দূর করা। ৩ [U] বয়লার, কেতলি ইত্যাদির তলায় সঞ্চিত চুন জাতীয় তলানি; চুনা; দন্তশর্করা। □*vt,vi* ১ (মাছের) আঁশ ছাড়ানো (বয়লার ইত্যাদি সম্বন্ধে descale)। ২ **~ off** আঁশ বা তবকের মতো খসে পড়া। **scally** *adj* আঁশযুক্ত; আঁশালো; শল্কলী; তবকের মতো উঠে আসে বা খসে পড়ে এমন: a casserole scaly with dust.

scale[2] [স্কেই ল্] *n* [C] ১ মাপার জন্য নিয়মিত ব্যবধানে চিহ্নিত ক্রমপরম্পরা; মাপনী; মাপদণ্ড। ২ উক্তরূপে চিহ্নিত রুলার বা অন্য যন্ত্র; মাপকাঠি। ৩ মাপার পদ্ধতি: the ˈdecimal ~. ৪ স্তর বা ক্রম-বিন্যাস;

সোপান: a ~ of wages; sink in the ~, নিম্নস্তরে পতিত বা অধঃপতিত হওয়া। **sliding ~,** দ্র. slide² (৪). ৫ কোনো বস্তুর সত্যিকার আকার-পরিমাণ এবং ঐ বস্তুর মানচিত্র, নকশা ইত্যাদির মধ্যে অনুপাত: drawn to ~, সর্বত্র একইরূপ হ্রস্বীকৃত বা প্রবর্ধিত; সমান অনুপাতে অঙ্কিত। ৬ আপেক্ষিক আকার-পরিমাণ, বিস্তার ইত্যাদি; মাপ। **on a large/ small, etc ~** বড়ো/ছোট মাপে। ৭ (সঙ্গীত) ওজোনোর ক্রমানুসারে বিন্যস্ত সুরপরম্পরা; গ্রাম। দ্র. octave. □*vt,vi* ১ নির্দিষ্ট অনুপাতে অনুলিপি বা প্রতিরূপ তৈরি করা: ~ a map/ building. ২ **~ up/ down** নির্দিষ্ট অনুপাতে বৃদ্ধি/হ্রাস করা: ~ down wages by 10 per cent.

scale³ [স্কেই ল্] *n* [C] ১ (বাটখারার) পাল্লা। **(pair of) ~s** দাঁড়িপাল্লা; তরাজু; নিক্তি; তুলাদণ্ড; দাঁড়ি। **hold the ~s even** নিরপেক্ষ বিচার করা; নিক্তি সোজা রাখা। **turn the ~(s)** সংশয়াপন্ন কোনো বিষয়ের ফলাফল নির্ধারণ করা; পাল্লা ভারী করা: The new evidence turned the ~(s) in favour of the accused. **turn the ~(s) at** (কথ্য) ওজন হওয়া: The old lady turned the ~(s) at 150 kg. ২ ওজন করার যে কোনো যন্ত্র; মাপনী: bathroom ~s. □*vi* ওজন হওয়া: ~ 15 kg.

scale⁴ [স্কেই ল্]*vt* (দেয়াল, পর্বতপৃষ্ঠ ইত্যাদি) বেয়ে ওঠা; আরোহণ করা। **ˈscaling-ladder** *n* উঁচু দেয়ালে আরোহণ করার জন্য দীর্ঘ মই; আরোহণী।

sca·lene [ˈস্কেইলীন্] *adj* বিষমভুজ: ~ triangle, বিষমভুজ।

scal·lion [ˈস্ক্যালিঅন্] *n* এক ধরনের পিঁয়াজ (= shallot)।

scal·lop [ˈস্কলাপ্] *n* ১ খাঁজওয়ালা দুটি খোলাবিশিষ্ট ঝিনুক জাতীয় প্রাণীবিশেষ; কম্বু। **ˈ~·shell** *n* উক্ত প্রাণীর খোলা, যাতে কোনো মুখরোচক খাদ্য রান্না করে পরিবেশন করা হয়। ২ (*pl*) পেস্ট্রি, কাপড় ইত্যাদির কিনারায় উক্ত ঝিনুকের আকারের অলঙ্করণ। □*vt* ১ স্ক্যালপের খোলায় কিছু রান্না করা। ২ কোনো কিছুর কিনারায় ঝিনুকের নকশা করা।

scal·ly·wag [স্ক্যালিওয়া গ্] (US = **scal·a·wag** [স্ক্যালাওয়্যাগ্]) *n* (হাস্য.) অপদার্থ; পাজির পা ঝাড়া; পামর।

scalp [স্ক্যাল্প্] *n* [C] মাথার ত্বক ও চুল; মাথার ছাল; বিজয়স্মারক হিসাবে শত্রুর মাথার ছাল (আমেরিকান ইন্ডিয়ানদের মধ্যে পূর্বকালে প্রচলিত প্রথা)। **out for ~s** (লাক্ষ.) বিপক্ষের উপর জয়লাভ করে স্মারক অর্জনের জন্য তৎপর। □*vt* মাথার ছাল তুলে ফেলা।

scal·pel [ˈস্ক্যালপাল্] *n* শল্যবিদদের ছোট, হালকা ছুরি।

scamp¹ [স্ক্যাম্প্] *n* (প্রায়শ কৌতুকচ্ছলে) পাজি; অপদার্থ; নচ্ছার।

scamp² [স্ক্যাম্প্] *vt* হেলাফেলা করে কিছু করা বা বানানো।

scam·per [স্ক্যাম্পা(র্)] *vt* (বিশেষত ভীতসন্ত্রস্ত ক্ষুদ্র প্রাণী কিংবা ক্রীড়ারত শিশু ও কুকুর সম্বন্ধে) ভোঁ দৌড় মারা; দ্রুতবেগে দৌড়ানো। □*n* দ্রুত ধাবন।

scampi [ˈস্ক্যাম্পি] *n pp* কুচো চিংড়ির চেয়ে বড়ো আকারের চিংড়িবিশেষ; বাদা চিংড়ি।

scan [স্ক্যান্] *vt,vi* (-nn-) ১ অভিনিবেশ সহকারে তাকানো; তন্ন তন্ন করে দেখা; অভিবীক্ষণ করা। ২ চোখ বোলানো: ~ the newspaper at the breakfast table. ৩ ছন্দচ্ছেদ বা ছন্দোবিশ্লেষণ করা। ৪ (পদ্য সম্বন্ধে) ছন্দ মেলা: These verses do not ~. ৫ দূরে প্রেরণের জন্য চিত্রকে তার আলোছায়ার উপাদানে বিশ্লিষ্ট করা; অবচ্ছিন্ন করা; (র‍্যাডার) কোনো কিছুর সন্ধানে ইলেকট্রনিক রশ্মির সাহায্যে কোনো এলাকা অতিক্রম করে যাওয়া; পরিক্রমণ করা। **~·sion** [ˈস্ক্যান্শ্ন্] *n* [U] ছন্দোবিশ্লেষণ; ছন্দোবিচ্ছেদ।

scan·dal *n* ১ [C, U] ব্যাপক ঘৃণা ও ক্ষোভ এবং যে সব কাজ, আচরণ ইত্যাদি তা সৃষ্টি করে; নির্লজ্জ বা লজ্জাকর কাজ; কেলেঙ্কারি: cause (a) ~. ২ [U] ক্ষতিকর গুজব; অসতর্ক রূঢ় কথাবার্তা যা কারো সুখ্যাতি নষ্ট করে; কুৎসাপরীবাদ; অপবাদ; কলঙ্ক; অপযশ। **ˈ~·monger** [মাঙ্গা(র্)] *n* [U] কুৎসারটনাকারী; কুৎসাজীবী। **~·monger·ing** [-মাঙ্গারিঙ] *n* কুৎসারটনা; কুৎসাবাদ। **~·ize** [ˈস্ক্যান্ডালাইজ্] মর্মপীড়া দেওয়া; নীতিবোধ বা শিষ্টাচারবোধকে আহত বা পীড়িত করা; মর্মাহত করা; ঘৃণা ও ক্ষোভ সঞ্চার করা: ~ize the neighbours by manhandling an old woman. **~·ous** [ˈস্ক্যান্ডালাস্] *adj* ১ কেলেঙ্কারি; অকীর্তিকর; কলঙ্ককর; লজ্জাজনক। ২ (প্রতিবেদন ও জনশ্রুতি সম্পর্কে) কেলেঙ্কারি সংবলিত; অপযশস্কর; কেলেঙ্কারিমূলক; কুৎসামূলক। ৩ (ব্যক্তি সম্বন্ধে) কুৎসাজীবী; কলঙ্ক রটিয়ে। **~·ous·ly** *adv* কলঙ্কজনকভাবে, লজ্জাকরভাবে ইত্যাদি।

Scan·di·na·vian [ˌস্ক্যান্ডিˈনেইভিঅন্] *n,adj* স্ক্যান্ডিনেভিয়া (ডেনমার্ক, নরওয়ে, সুইডেন ও আইসল্যান্ড) সম্বন্ধী; স্ক্যান্ডিনেভিয়ার অধিবাসী; স্ক্যান্ডিনেভীয়।

scan·dium [ˈস্ক্যান্ডিঅম্] *n* [U] (রস.) দুষ্প্রাপ্য রজতশুভ্র ধাতব মৌলবিশেষ (প্রতীক **Sc**); স্ক্যান্ডিয়ম।

scan·sion [ˈস্ক্যান্শ্ন্] দ্র. scan.

scant [স্ক্যান্ট্] *adj* **~ (of)** টেনেটুনে কুলিয়ে যায় এমন; অপ্রতুল; অত্যল্প: ~ of breath, ঊর্ধ্বশ্বাস; দম-ফুরানো; pay ~ attention to sb's advice. □*vt* কার্পণ্য/কিপটেমি করা; কার্পণ্য করে খরচ করা: ~ the material when making a dress. **~y** *adj* (-ier, -iest) (ample -এর বিপরীত) অপ্রতুল; অপর্যাপ্ত; অপ্রশস্ত; অত্যল্প; সঙ্কীর্ণ: a ~y bikini. **~·ily** [-টিলি] *adv* অপর্যাপ্তভাবে ইত্যাদি: ~ily dressed, স্বল্পাবৃত। **~i·ness** *n* অপ্রতুলতা; স্বল্পতা ইত্যাদি।

scant·ling [ˈস্ক্যান্টলিঙ্] *n* কাঠের ক্ষুদ্র খণ্ড বা কড়িকাঠ; অনধিক ৫ ইঞ্চি চওড়া তক্তা।

scape·goat [ˈস্কেইপগৌট্] *n* একজনের ভুল বা অন্যায়ের দায়ে অভিযুক্ত বা শাস্তিপ্রাপ্ত অন্য ব্যক্তি; বলির পাঁঠা।

scape·grace স্কে ইপ্গ্রেইস্] *n* হতচ্ছাড়া; লক্ষ্মীছাড়া।

scap·ula [ˈস্ক্যাপ্যিউলা] *n* (ব্যব.) কাঁধের প্রশস্ত অস্থিবিশেষ; অংসফলক।

scar [স্কা:(র্)] *n* ক্ষতচিহ্ন; কাটা দাগ: (লাক্ষ.) The incident left a ~ on his heart. □*vt,vi* (-rr-) ১ ক্ষতচিহ্নিত হওয়া; দাগ দেওয়া; বিক্ষত করা: a face ~red by smallpox. ২ (ক্ষতচিহ্ন রেখে) সেরে যাওয়া; দাগ হওয়া।

scarab [ˈস্ক্যারাব্] *n* বিভিন্ন ধরনের গুবরে পোকা, বিশেষত প্রাচীন মিশরে পবিত্র বলে বিবেচিত গুবরে পোকা; (অলঙ্কার বা জাদু হিসাবে) গুবরে পোকার আকারে খোদাই।

scara·mouch [স্কারামাউচ্] *n* (পুরা.) অসার দম্ভকারী ব্যক্তি; ভণ্ড; সং।

scarce [স্কেআস্] *adj* ১ (plentiful -এর বিপরীত) অপ্রতুল; দুষ্প্রাপ্য; দুর্লভ; দুষ্প্রাপণীয়। ২ সহজে দেখা যায় না এমন; বিরল; দুর্লভ: a ~ book. **make oneself ~** (কথ্য) দৃষ্টি এড়িয়ে চলা; চলে যাওয়া; প্রস্থান করা; গা ঢাকা দেওয়া। **scarc·ity** [স্কেআসাটি] *n* [U] দুষ্প্রাপ্যতা; আকাল; [C] (*pl* -ties) দুষ্প্রাপ্যতার দৃষ্টান্ত বা সময়।

scarce·ly [ˈস্কেআস্লি] *adv* খুব বেশি হলে; বড়ো জোর; টায়টোয়; সবেমাত্র; না বললেই চলে: She ~ knows you, বলতে গেলে চেনেই না।

scare [স্কেআ(র্)] *vt,vi* ভীত/ সন্ত্রস্ত/ সচকিত করা; ঘাবড়ানো; ভেবরানো: Don't ~ the birds. The child ~s easily/is easily ~d. **~ sb stiff** (কথ্য) ভয়ে কাঠ/ আড়ষ্ট করা: be ~d stiff of women. **~ sb out of his wits** অত্যন্ত ঘাবড়ে দেওয়া; ভ্যাবাচেকা খাওয়ানো; ভয়ে কিংকর্তব্যবিমূঢ় করা। □*n* [C] আতঙ্ক; ভীতি; ত্রাস। ˈ**~·crow** *n* কাকতাড়ুয়া ˈ**~ headline** সংবাদপত্রে বড়ো বড়ো হরফে চাঞ্চল্যকর শিরোনামা; ত্রাহি-শিরোনামা। ˈ**~·monger** [-মাঙগা(র্)] *n* যে ব্যক্তি আতঙ্কজনক সংবাদ ছড়িয়ে ত্রাস সৃষ্টি করে; আতঙ্কবাজ।

scarf[1] [স্কা:ফ্] *n* (*pl* ~s [স্কা:ফ্স্] বা scarves [স্কা:ভ্জ্]) কাঁধ ও গলা বা (মেয়েদের) চুল ঢেকে পরার জন্য (রেশম, পশম ইত্যাদির) দীর্ঘ বস্ত্রখণ্ড; গলবস্ত্র; রুমাল; চাদর। ˈ**~-pin** *n* রুমালে পরার জন্য শোভাকর পিন বা কাঁটাবিশেষ।

scarf[2] [স্কা:ফ্] *vt* (দুটি তক্তা, পাত ইত্যাদি) খাঁজ কেটে জোড়া লাগানো (যাতে জোড়া স্থানের বেধ অপরিবর্তিত থাকে)। □*n* খাঁজ; খাঁজ-কাটা জোড়া।

scar·ify [ˈস্ক্যারিফাই] *vt* (*pt,pp* -fied) ১ (ব্যব.) কাটা; চামড়া কেটে ফেলা। ২ (লাক্ষ.) কঠোর সমালোচনা দ্বারা বিক্ষত করা। ৩ কৃষিকাজের কোনো হাতিয়ার বা কাঁটাওয়ালা কোনো যন্ত্রের সাহায্যে (মাটি বা রাস্তার) উপরিভাগ আলগা করে দেওয়া।

scar·let [স্কা:লাট্] *n,adj* উজ্জ্বল/ টকটকে লাল (বর্ণ); অরুণ (বর্ণ); শোণ। ˌ**~** ˈ**fever** ত্বকে টকটকে লাল ফুস্কুরিযুক্ত সংক্রামক রোগবিশেষ; আরক্ত জ্বর। ˌ**~** ˈ**hat** (RC গির্জা) কার্ডিনালের লাল টুপি। ˌ**~** ˈ**runner** লাল ফুলওয়ালা শিমের লতাবিশেষ। ˌ**~** ˈ**woman** (প্রা. প্র.) পণ্যাঙ্গনা; বেশ্যা।

scarp [স্কা:প্] *n* খাড়া ঢাল বা প্রবণভূমি; অতট; আড়ুলি।

scath·ing [ˈস্কেইদিঙ্] *adj* (সমালোচনা, উপহাস ইত্যাদি সম্বন্ধে) কঠোর; তীব্র; জ্বালাকর। **~·ly** *adv* কঠোরভাবে ইত্যাদি।

scat·ter [ˈস্ক্যাটা(র্)] *vt,vi* ১ ইতস্তত ছড়ানো বা ছড়িয়ে পড়া। ২ ইতস্তত নিক্ষেপ বা বিক্ষিপ্ত করা; প্রকীর্ণ করা; ছড়িয়ে বা ছিটিয়ে দেওয়া: ~ seed. ˈ**~-brain** *n* যে ব্যক্তি একই বিষয়ে বেশিক্ষণ মনোনিবেশ করতে পারে না; বিক্ষিপ্তচিত্ত ব্যক্তি; উড়ুক্কুচিত্ত। ˈ**~-brained** *adj* বিক্ষিপ্তচিত্ত; বিক্ষিপ্তমস্তিষ্ক; □*n* যা ছড়ানো হয়েছে; বিক্ষেপ: a ~ of hailstones. **~ed** *adj* (হিসাবে *pp*) ইতস্ততবিক্ষিপ্ত; ছড়ানো-ছিটানো: a thinly ~ed population.

scatty [স্ক্যাটি] *adj* (-ier, -iest) (কথ্য) ১ পাগল; জড়বুদ্ধি। ২ বিক্ষিপ্তচিত্ত; অন্যমনস্ক।

scav·en·ger [ˈস্ক্যাভিন্জা(র্)] *n* ১ পচা মাংস খেয়ে যেসব পশু বা পাখি জীবনধারণ করে; অবস্করক; শবালী পশুপাখি। ২ যে ব্যক্তি আবর্জিত বা পরিত্যক্ত বস্তুর মধ্যে খোঁজাখুঁজি করে; খলপু। **scav·enge** [স্ক্যাভিন্জ্] *vi* ~ **(for)** জঞ্জালের স্তূপে খোজাখুঁজি করা; পচা মাংস খেয়ে জীবনধারণ করা।

scen·ario [ˈসিনা:রিউ US -ˈন্যারি] *n* (*pl* ~s [-রিউজ্] নাটক, অপেরা, চলচ্চিত্র ইত্যাদির দৃশ্যাবলীর আনুপুঙ্খিক বিবরণসহ লিখিত রূপরেখা; ভবিষ্যতের কাল্পনিক ঘটনাপরম্পরা; দৃশ্যকল্প। **scen·arist** [সিˈনা:রিস্ট্ US -ˈন্যারি-] *n* দৃশ্যকল্পরচয়িতা; দৃশ্যকল্পক।

scene [সীন্] *n* [C] ১ (বাস্তব বা কাল্পনিক কোনো ঘটনার) ঘটনাস্থল; অকুস্থল; দৃশ্য: the ~ of a great battle. ২ কোনো ব্যক্তির জীবনের অংশবিশেষের বা কোনো ঘটনার বর্ণনা; এ রকম বর্ণনার উপযোগী বাস্তব ঘটনা; দৃশ্য: ~s of destruction. ৩ আবেগের বিস্ফোরণ; ভাবাবেগপূর্ণ ঘটনা; দৃশ্য: Don't make a ~. ৪ যা দেখা যায়; দৃষ্টির সামনে উন্মোচিত কোনো কিছু; দৃশ্য (তুল. scenery): a beautiful ~. ৫ (সং. Sc) (নাটক ইত্যাদির) দৃশ্য। ৬ (মঞ্চে) দৃশ্যপট। **behind the ~s** (ক) (মঞ্চের) নেপথ্যে। (খ) (লাক্ষ., ব্যক্তি সম্বন্ধে) ঘটনার উপর গোপনে প্রভাব বিস্তার করে, নেপথ্যে; (ঘটনা সম্বন্ধে) গোপনে, লোকচক্ষুর অগোচরে। **be/come to the ~** (লাক্ষ.) উপস্থিত থাকা/ হওয়া; আবির্ভূত হওয়া। ˈ**~-painter** *n* (মঞ্চ) যে ব্যক্তি দৃশ্যপট চিত্রিত করে; দৃশ্যপটচিত্রক। ˈ**~-shifter** *n* (মঞ্চ) যে ব্যক্তি দৃশ্যপট পরিবর্তন করে; পটপরিবর্তনকারী। ৭ (কথ্য) যা বর্তমানে লোকপ্রিয় বা উল্লেখযোগ্য তার এলাকাবিশেষ; দৃশ্যপট: The political ~. **be on/make the ~** উক্তরূপ দৃশ্যপটে উপস্থিত থাকা/দৃশ্যপটের অন্তর্ভুক্ত হওয়া।

scen·ery [ˈসীনারি] *n* [U] ১ কোনো এলাকার সাধারণ স্বাভাবিক বৈশিষ্ট্য; দৃশ্য; নৈসর্গিক শোভা: forest ~. ২ (মঞ্চ) দৃশ্যসজ্জা।

scenic [ˈসীনিক্] *adj* মনোরম নৈসর্গিক দৃশ্য সংবলিত; নৈসর্গিক শোভামণ্ডিত। **sceni·cally** [-ক্লি] *adv* নৈসর্গিক শোভার দিক থেকে।

scent [সেন্ট্] *n* ১ [U, C] গন্ধ; ঘ্রাণ; সুবাস; সৌরভ; সৌগন্ধ; সুরভি; পরিমল। ২ (সাধা. তরল) গন্ধদ্রব্য; সৌগন্ধ্য; আতর। ৩ (সাধা. *sing*) পশুর দেহনিঃসৃত গন্ধ; ঘ্রাণ; আঘ্রাণ: follow up/lose/recover the ~. **on the ~** সূত্র অনুসরণ করে; গন্ধ শুঁকে। **off the ~** সূত্র থেকে বিচ্যুত বা ভুল সূত্রের অনুসারী। **put/throw sb off the ~** (লাক্ষ.) ভুল তথ্য দিয়ে বিভ্রান্ত করা। ৪ [U] (কুকুরের) ঘ্রাণশক্তি; আঘ্রাণ: hunt by ~. □*vt* ১ গন্ধ শুঁকে উপস্থিতি টের পাওয়া: The dog ~ed a rabbit. ২ উপস্থিতি বা অস্তিত্ব আন্দাজ করা; গন্ধ পাওয়া: ~ a crime; ~ treachery. ৩ সুগন্ধ লাগানো; সুরভিত/ সুবাসিত করা। **~·less** *adj* ঘ্রাণহীন; নির্গন্ধ; গন্ধহীন; নির্ঘ্রাণ।

scep·ter [ˈসেপ্টা(র্)] *n* দ্র. sceptre.

scep·tic (US = **skep·tic**) [ˈস্কেপ্টিক্] *n* যে ব্যক্তি কোনো দাবি, তত্ত্ব ইত্যাদির সত্যতা সম্বন্ধে সংশয় পোষণ করে; যে ব্যক্তি ধর্মের সত্যতা সম্বন্ধে সংশয় পোষণ করে; সংশয়াত্মা; সংশয়ান; সংশয়বাদী। **scep·ti·cal** (US = **skep-**) [-ক্ল্] *adj* সন্দেহপ্রবণ; সংশয়বাদী; সন্দিগ্ধচিত্ত। **scep·ti·cally** (US = **skep-**) [-ক্লি] *adv* সংশয়ের সঙ্গে; সন্ধিগ্ধভাবে। **scep·ti·cism** (US = **-skep**) [ˈস্কেপ্টিসি জ়াম্] *n* সন্ধিগ্ধচিত্ততা; সংশয়বাদ।

sceptre (US = **scep·ter**) [ˈসেপ্টা(র্)] *n* রাজদণ্ড। **scep·tred** (US = **tered**) *adj* রাজদণ্ডধারী।

sched·ule [ˈশেড্যিউল্ US ˈস্কেজুল্] *n* [C] বিশেষত বিভিন্ন কাজের বিস্তারিত সময়সূচি; সময়তালিকা; তফসিল; অনুসূচি: a production ~; a full ~, ব্যস্ত/নিরবকাশ সময়সূচি। **on/behind ~** যথাসময়ে/বিলম্বে। **(according) to ~** সময়সূচি/ পরিকল্পনা অনুযায়ী। □*vt* **~ (for)** সময়সূচি নির্ধারণ করা; সময়তালিকার অন্তর্ভুক্ত করা; (বিশেষত US) তফসিলভুক্ত করা: ~d services, তফসিলভুক্ত চাকরি; (বিমান ইত্যাদি সম্বন্ধে) সময়সূচি অনুযায়ী; তফসিলভুক্ত পরিসেবা বা চলাচল (তুল. charter flights): He's ~d to deliver a lecture tomorrow, আগামীকাল তাঁর একটি বক্তৃতা দানের সময় নির্ধারিত হয়েছে।

schema [ˈস্কীমা] *n* ছক; রূপরেখা; পরিলেখ। **sche·matic** [স্কিˈম্যাটিক্] *adj* সঙ্কল্পনামূলক; ছকবদ্ধ। **sche·mati·cally** *adv* [-ক্লি] *adv* সঙ্কল্পনামূলকভাবে; ছকবদ্ধ রূপে।

scheme [স্কীম্] *n* [C] ১ বিন্যাস; সুশৃঙ্খল সংশ্রয় (সিস্টেম); সংকল্পনা; পরিকল্প: a ˈcolour ~ যেমন কোনো কক্ষের দেয়াল, গালিচা, পর্দা ইত্যাদির রঙের সামঞ্জস্যপূর্ণ সঙ্কল্পনা। ২ (কাজের) পরিকল্পনা; আকল্প: a ~ for producing oil from ricebran; a ~ (= syllabus) for the term's work. ৩ গোপন; অসৎ পরিকল্পনা; দুরভিসন্ধি; চক্রান্ত। □*vi,vt* ১ **~ for sth/to do sth** (বিশেষত অসৎ) অভিসন্ধি করা। ২ (বিশেষত অসৎ উদ্দেশ্যে) পরিকল্পনা করা; ফন্দি আঁটা; চক্রান্ত/ ষড়যন্ত্র করা: a scheming thief, ধূর্ত/ ফন্দিবাজ চোর। **~r** *n* চক্রান্তকারী; কুচক্রী।

scherzo [ˈস্কেআট্‌সৌ] *n* (*pl* ~s [-সৌজ্]) (ইতা.) সঙ্গীতে প্রাণবন্ত জোরালো অংশ; চটুল প্রাণবন্ত সঙ্গীত।

schism [ˈসিজ়াম্] *n* [U, C] (ধর্মীয়) সাধা. মতভেদের দরুন (বিশেষত ধর্মীয়) সংগঠনের দুই বা ততোধিক দলে বিভাজন এবং ঐরূপ বিভাজন সৃষ্টির অপরাধ; বিভেদ; বিভেদন; ধর্মবিচ্ছেদ; মতবিভেদ। **schis·ma·tic** [সিজ়্ˈম্যাটিক্] *adj* বিভেদপ্রবণ; বিভেদ সৃষ্টির জন্য অপরাধী; ধর্মভেদক।

schist [শিস্ট্] *n* বিভিন্ন ধরনের শিলা, যা সহজেই ভেঙে পাতলা ফলকে পরিণত হয়; ভঙ্গুর শিলা।

schizo·phrenia [ˈস্কিট্‌সৌফ্রীনিআ] *n* মানসিক রোগবিশেষ (কথ্য split personality), যাতে চিন্তা, অনুভূতি ও কাজের মধ্যে সম্বন্ধের অভাব লক্ষিত হয়; বিভক্ত ব্যক্তিতা; ভগ্নমনস্কতা।

schizo·phrenic [ˌস্কিটসৌফ্রে নিক্] *adj* ভগ্নমনস্কতা বিষয়ক। □*n* (কথ্য) (সং. schizo) ভগ্নমনস্ক।

schmal(t)z [ˈশ্মো°ল্ট্‌স্] *n* (কথ্য) পীড়াদায়ক ভাবালুতা/ ভাববিলাসিতা। **~y** *adj* ভাববিলাসী; পীড়াদায়কভাবে ভাবালু।

schnapps [শ্ন্যাপ্‌স্] *n* [U] শস্য চোলাই করে প্রস্তুত সুরাজাতীয় উগ্র পানীয়বিশেষ।

schnit·zel [ˈশনিট্‌স্ল্] *n* পাঁউরুটির টুকরা সহযোগে তেলে ভাজা বাছুর মাংসের কাটলেট।

schnor·kel [ˈস্নো°ক্ল্] *n* = snorkel.

scholar [ˈস্কলা(র্)] *n* ১ (প্রা. প্র.) পাঠশালার পড়ুয়া; বিদ্যার্থী; শিক্ষার্থী। ২ বৃত্তিপ্রাপ্ত শিক্ষার্থী। ৩ বিদ্বান; পণ্ডিত; বিদ্বজ্জন। **schol·ar·ly** *adj* পাণ্ডিত্যপূর্ণ; বিদ্বজ্জনোচিত; বিদ্যানুরাগী; বিদ্বৎকল্প: a ~ly dissertation; a ~ly young man.

schol·ar·ship [ˈস্কলাশিপ্] *n* ১ [U] পাণ্ডিত্য; বিদ্যাবত্তা; মনীষা। ২ (শিক্ষালাভের জন্য) বৃত্তি; ছাত্রবৃত্তি।

schol·as·tic [স্ক ˈল্যাস্‌টিক্] *adj* ১ [U] বিদ্যালয় ও শিক্ষাসংক্রান্ত: the ˈ~ profession, শিক্ষকতার পেশা; a ˈ~ post, শিক্ষকের পদ। ২ মধ্যযুগের, বিশেষত যে সময়ে মানুষ শাস্ত্রের খুঁটিনাটি নিয়ে সূক্ষ্ম তর্কবিতর্কে লিপ্ত হতো, সেই যুগের বিদ্যাসম্পর্কিত। **schol·as·ti·cism** [স্কাˈল্যাসটিসিজ়ম্] *n* [U] মধ্যযুগে বিশ্ববিদ্যালয়সমূহে পাঠিত দর্শনশাস্ত্র; মধ্যযুগীয় দর্শন।

school[1] [স্কুল্] *n* ১ [C] বিদ্যালয়; শিক্ষালয়; স্কুল: evening ~, নৈশ স্কুল; (US) কলেজ; বিশ্ববিদ্যালয়। ˈ**~-board** [US] স্থানীয় শিক্ষা-কর্তৃপক্ষ। ˈ**~-book** বিদ্যালয়ে ব্যবহৃত বই; পাঠ্যপুস্তক। ˈ**~-boy** *n* স্কুলে পড়ুয়া ছেলে: (attrib) ~boy slang, বিদ্যালয়-ছাত্রদের অপভাষা। ˈ**~-days** *n pp* বিদ্যালয়জীবন; ছাত্রজীবন। ˈ**~-fellow** *n* বিদ্যালয়ের সহপাঠী। ˈ**~-girl** *n* বিদ্যালয়ে পড়ুয়া মেয়ে; বিদ্যার্থিনী। **~-house** *n* (বিশেষত গ্রামের ছোট) বিদ্যালয়; স্কুলঘর। ˈ**~-man** [-ম্যান্] *n* (*pl* -men) মধ্যযুগের য়োরোপীয় বিশ্ববিদ্যালয়ের অধ্যাপক; এরিস্টটলীয় তর্কবিদ্যার সাহায্যে শাস্ত্রব্যাখ্যাতা ধর্মবেত্তা। ˈ**~-master/ mistress** *n* স্কুলশিক্ষক/ শিক্ষয়িত্রী। ˈ**~-mate** *n* বিদ্যালয়ের সহপাঠী। ˈ**~-time** *n* বিদ্যালয়ে পাঠের সময়। ২ [U] (*def art* ছাড়া) স্কুলের শিক্ষা: ˈ~ age, স্কুলের বয়স; ~-leaving age, স্কুল ছাড়ার বয়স। ৩ [U] (*def art* ছাড়া) বিদ্যালয়ে পাঠদানের সময়; স্কুল; পড়াশুনা: When will ~ begin tomorrow ? ৪ (*def art* সহ) বিদ্যালয়ের সকল শিক্ষার্থী; স্কুল: The whole ~ came to welcome the prince. ৫ কোনো বিশেষ বিষয়ের পঠনপাঠনে নিয়োজিত বিশ্ববিদ্যালয়ের বিভাগ: ˈLaw/ˈMedical ~s; (GB) যে সব বিষয়ে বিশ্ববিদ্যালয়ে আলাদা পরীক্ষা অনুষ্ঠিত হয়: The ˈHistory ~; যে হলে ঐরূপ পরীক্ষা অনুষ্ঠিত হয়; (*pl*) ঐরূপ পরীক্ষা। ৬ [C] (লাক্ষ.) যে সব পরিস্থিতি বা কর্মানুষ্ঠান শৃঙ্খলা বা অভিজ্ঞতা জোগায়; শিক্ষাঙ্গন; পাঠশালা: The hard ~ of adversity. ৭ *(pl)* **the ~s** মধ্যযুগীয় বিশ্ববিদ্যালয়সমূহ তাদের অধ্যাপকমণ্ডলী, পঠনপাঠন ও যুক্তিতর্ক। ৮ কোনো শিল্পী, দার্শনিক প্রভৃতির অনুসারী বা অনুকারকবৃন্দ কিংবা একই নিয়মনীতি বা বৈশিষ্ট্যের অধিকারী ব্যক্তিবর্গ; গোষ্ঠী: The French ~ of painting; a gentleman of the old ~, সনাতন ধারার ভদ্রলোক। **~ of thought** গোষ্ঠীবিশেষের মধ্যে পরিব্যাপ্ত চিন্তাধারা। □*vt* **~ sb (in sth/ to do sth)** প্রশিক্ষিত করা; বশে/ বাগে আনা; দমানো; শাসন করা: ~ a horse; ~ oneself to be patient. **~·ing** *n* [U] শিক্ষা; লেখাপড়া।

school[2] [স্কুল্] *n* [C] (মাছের) ঝাঁক।

schoo·ner [ˈস্কূনা(র্)] *n* ১ পালের জাহাজবিশেষ, যাতে দুই বা ততোধিক মাস্তুল এবং সামনে ও পিছনে পাল থাকে। ২ মদ্যপানের উঁচু গ্লাসবিশেষ।

schwa [শোয়া:] *n* ধ্বনিতাত্ত্বিক বর্ণমালায় ə-এই প্রতীক, যা কেন্দ্রীয় স্বরধ্বনি এবং যুগ্মস্বরের উপাদানবিশেষের স্থলে ব্যবহৃত হয়, যেমন aglow -এর লিপ্যন্তর əgləu; শেওয়া।

sci·atic [সাই'অ্যাটীক্] *adj* নিতম্বসম্বন্ধী: ~ nerve, নিতম্ব ও উরুর মধ্য দিয়ে বিস্তৃত স্নায়ু; শ্রোণিস্নায়ু। **sci·atica** [সাই'অ্যাটিকা] *n* [U] শ্রোণিস্নায়ুর সুচ ফোটানোর মতো বেদনা; গৃধ্রশি।

science [সাই অন্‌স্] *n* ১ [U] সুশৃঙ্খল, সুবিন্যস্ত, বিশেষত পর্যবেক্ষণজাত ও পরীক্ষানিরীক্ষার দ্বারা যাচাইকৃত জ্ঞান; বিজ্ঞান। ২ [C, U] উক্তরূপ জ্ঞানের বিভাগ; বিজ্ঞান। দ্র. art[1](২). **the natural ~s** প্রাকৃতিক বিজ্ঞান (যেমন উদ্ভিদবিজ্ঞান, প্রাণিবিদ্যা)। **the physical ~s** ভৌতবিজ্ঞান (যেমন পদার্থবিদ্যা, রসায়ন)। **social ~(s)** সামাজিক বিজ্ঞান (যেমন মনোবিজ্ঞান, রাষ্ট্রবিজ্ঞান)। **the applied ~s** ফলিত বিজ্ঞান (যেমন প্রকৌশল)। ,**~ 'fiction** সাম্প্রতিক বা কল্পিত বৈজ্ঞানিক আবিষ্কার ও অগ্রগতিঘটিত কল্পকাহিনী; বৈজ্ঞানিক কল্পকথা। ৩ [U] বিশেষজ্ঞসুলভ দক্ষতা (শক্তির বিপরীত); বিজ্ঞান: Some sports need more ~ than strength. **scien·tist** [সাইঅন্‌টিস্‌ট্] *n* বিজ্ঞানী।

scien·tific ['সাআন্‌টিফিক্] *adj* ১ বৈজ্ঞানিক: ~ methods; ~ approach. ২ বিশেষ জ্ঞান বা দক্ষতা আছে, ব্যবহার করছে বা আবশ্যক এমন; দক্ষ, কুশল, লব্ধবিদ্য, অভিজ্ঞ, বিশেষজ্ঞ: a ~ cricketer. **scien·tifi·cally** [–কলি] *adv* বৈজ্ঞানিকভাবে; বিজ্ঞানসম্মতভাবে।

scimi·tar ['সিমিটা(র্)] *n* আরব, পারসিক ও তুর্কিদের পুরনো আমলের খাঁটো, বাঁকা, একধারি তলোয়ারবিশেষ; খঞ্জর; নিমচা।

scin·tilla ['সিনটিলা] *n* [C] স্ফুলিঙ্গ; ফুলকি; পরমাণু; ফোঁটা; বিন্দু; লেশ: not a ~ of truth in the statement.

scin·til·late ['সিনটিলেইট্ US –টালেইট্] *vi* দ্যুতি বিকিরণ করা; জ্বলজ্বল করা; দ্যুতিময় হওয়া। **scin·til·lation** [,সিনটিলেইশন্ US –টা্লেইশন্] *n*

scio·lism ['সাইওলিজ়াম্] *n* জ্ঞানী বলে অসার অভিমান; বিদ্বম্মন্যতা; পণ্ডিতম্মন্যতা। **scio·list** *n* বিদ্বম্মন্য।

scion ['সাইঅন্] *n* ১ (বিশেষত সুপ্রাচীন বা অভিজাত) পরিবারের তরুণ সদস্য; প্ররোহ; বংশধর। ২ উদ্ভিদের অঙ্কুর, বিশেষত যা রোপণ বা কলম করার জন্য কাটা হয়; প্ররোহ; কোঁড়া; তেড়; ডেঁপ।

scis·sors ['সিজ়াজ়্] *n pp* **(pair of) ~** কাঁচি। **~ and paste** (নিবন্ধ, বইপত্র ইত্যাদি সম্বন্ধে) অন্যদের লেখার অংশবিশেষ নিয়ে সঙ্কলিত; জোড়াতালি।

scler·osis [স্ক্লা 'রৌসিস্] *n* [U] রুগণাবস্থাবিশেষ, যাতে (ধমনী প্রভৃতির দেয়ালের) নরম কলা কাঠিন্যপ্রাপ্ত হয়; কঠিনীভবন; কাঠিন্য। **scler·otic** [স্ক্লারৌটিক্] *adj* কঠিনীভূত; ধমনীর কঠিনীভবনে আক্রান্ত।

scoff[1] [স্ক ফ্ US স্কো°প্] *vt* **~ (at)** অবজ্ঞাভরে কথা বলা; উপহাস/ অবজ্ঞা/ তাচ্ছিল্য: ~ at dangers; ~ at religion. □*n* ১ উপহাস; তাচ্ছিল্য; তাচ্ছিল্যপূর্ণ মন্তব্য। ২ উপহাসের পাত্র। **~er** *n* উপহাসকারী। **~·ing·ly** *adv* অবজ্ঞাভরে; তাচ্ছিল্যভরে।

scoff[2] [স্ক ফ্ US স্কো °ফ্] *vt* (অপ.) (গোগ্রাসে) গেলা। □*n* ১ উদরপূর্তি; গিলন: have a good ~. ২ [U] (অপ.) খাবারদাবার।

scold [স্কৌল্‌ড্] *vt,vi* **~ (sb) (for sth)** তীব্র ভাষায় তিরস্কার করা; খিস্তিখেউড় করা; খিটিমিটি/ খিচিমিচি করা। □*n* যে ব্যক্তি খিস্তি খেউড় করে; ভর্ৎসনাকারী। **~·ing** *n* [C] খিস্তিখেউড়; খিটিমিটি; খিচিমিচি; কঠোর ভর্ৎসনা; বকুনি: give sb/get a ~ing for making a mistake.

schol·lop ['স্কলাপ্] *n* ,*vt* = scallop

sconce[1] [স্কন্‌স্] *n* হাতলযুক্ত চেটানো মোমদান; দেয়ালে ঝোলাবার উপযোগী বন্ধনীযুক্ত মোমদান।

sconce[2] [স্কন্‌স্] *n* (অচলিত; হাস্য) মাথা; মুণ্ড।

sconce[3] [স্কন্‌স্] *n* ছোট কেল্লা বা আত্মরক্ষামূলক বাঁধ।

scone [স্কন্ US স্কৌন্] *n* [C] বালিচূর্ণ বা ময়দা দিয়ে আগুনের আঁচে দ্রুত সেঁকে তৈরি করা এক ধরনের নরম; চেপ্টা কেক।

scoop [স্কূপ্] *n* [C] ১ হাতা; দর্বি; দর্বিক; তাড়ু। ২ হাতা ব্যবহার করবার (সময়কার মতো) গতি; হাতার এক সাপট; চোট: She climbed 20 steps at a ~. ৩ (কথ্য) অন্য প্রতিদ্বন্দ্বীদের আগেই কোনো সংবাদপত্র কর্তৃক সংগৃহীত ও মুদ্রিত খবর; (বাণিজ্য) প্রতিযোগীদের আগেভাগেই কিছু সমাধা করে অর্জিত মোটা মুনাফা। ১ **~ sth out/up** হাতা দিয়ে বা ঐ রকম করে তোলা। ২ **~ (out)** হাতা দিয়ে বা ঐ রকম করে (গর্ত, খাঁজ ইত্যাদি) খোঁড়া/ কাটা।৩ (কথ্য) প্রতিযোগীদের ওপর টেক্কা দিয়ে খবর সংগ্রহ বা মুনাফা অর্জন করা। **~·ful** [–ফুল্] *n* এক হাতা।

scoot (স্কূট্) *vi* (*imper* বা *inf*) (কথ্য, হাস্য.) পালানো; সটকানো। দ্র. scram.

scooter ['স্কূটা(র্)] *n* ১ **('motor-)~** ছোট চাকা ও নিচু আসনবিশিষ্ট মোটর সাইকেল। ২ শিশুর খেলনাবিশেষ; ছোট চাকাওয়ালা L- আকৃতির গাড়ি, যা মাটিতে এক পা দিয়ে ঠেলে ঠেলে চালানো হয়।

scope [স্কৌপ্] *n* [U] ১ সুযোগ; স্ফূর্তি: a subject that gives ~ to one's imagination ২ পর্যবেক্ষণ বা কর্মের দৌড়; পাল্লা; পরিসর; ব্যাপ্তি; আয়ত্তি।

scor·bu·tic (স্কা: 'বিউটিক্] *adj* স্কার্ভি বা অপচীঘটিত; অপচীসদৃশ; অপচী রোগাক্রান্ত।

scorch [স্কো°চ] *vt,vi* ১ তাপে (কোনো কিছুর) উপরিভাগ দগ্ধ বা বিবর্ণ করা; ঝলসানো; পুড়িয়ে/ জ্বালিয়ে দেওয়া। **~ed earth policy** দখলদার শত্রুবাহিনীর কাজে আসতে পারে এমন সবকিছু জ্বালিয়ে পুড়িয়ে দেবার নীতি; পোড়ামাটি নীতি। ২ তাপে বিবর্ণ হয়ে যাওয়া; জ্বলে/ ঝলসে যাওয়া। ৩ (কথ্য সাইকেল, মোটর সাইকেল ইত্যাদির চালক সম্বন্ধে) উল্কার বেগে ধাবিত হওয়া। □*n* [C] (বিশেষত কাপড়ে) জ্বলে যাওয়ার/ঝলসানির দাগ। **~er** *n* যা ঝলসায়; দাহক; দাবদগ্ধ দিন। **'~·ing** *adj* অত্যন্ত তপ্ত; গাত্রদাহকর; কাঠ-ফাটা; ছাতিফাটা। □*adv:* ~ing hot, প্রচণ্ড গরম; গা-জ্বালানো গরম।

score[1][স্কো°(র্)] *n* [C] ১ (কোনো কিছুর উপরিভাগে অঙ্কিত) দাগ; আঁচড়; কাটাদাগ; খাঁজ; আঁক; ছড়: ~s on one's face. ২ পাওনা টাকার হিসাব বা ফর্দ। **run up a ~** ঋণগ্রস্ত হওয়া। **pay/ settle/ wipe off old ~s** (লাক্ষ.) প্রতিশোধ নেওয়া; পুরনো হিসাব মেটানো। ৩ খেলায় কোনো খেলোয়াড় বা দল কর্তৃক অর্জিত পয়েন্ট, গোল, রান ইত্যাদি (–এর লেখ্য প্রমাণ); স্কোর।

keep the ~ পয়েন্ট, গোল ইত্যাদির হিসাব রাখা। ˈ~-board/ -book/ -card (খেলার সময়) যে ফলক/ বই/ কার্ডে স্কোর লিপিবদ্ধ করা হয়। ৪ কারণ; হেতু। on the ~ of কারণ; হেতু; দরুন। on more ~s than one একাধিক কারণে। on that ~ ঐ ব্যাপারে/ প্রসঙ্গে। ৫ ঐকতান সঙ্গীতের স্বরলিপির অনুলিপি, যাতে কোনো যন্ত্র কী বাজাবে, কোনো কণ্ঠ কী গাইবে তা নির্দেশ করা থাকে; স্বরলিপি। ৬ কুড়ি; বিশ: a ~ of people; three ~ and ten, বাইবেল অনুযায়ী মানুষের স্বাভাবিক আয়ু। ৭ (অপ.) যুক্তিতর্কে যে মন্তব্য বা কার্যের দ্বারা কোনো ব্যক্তি নিজের জন্য কোনো সুবিধা অর্জন করেন; টেক্কা: make ~s off sb, টেক্কা মারা; জব্দ করা। দ্র. score[2] (8).

score[2] [স্কো°(র্)] *vt,vi* ১ আঁচড়/ দাগ/ খাঁজ/ আঁক কাটা; আঁচড় দেওয়া; দাগ বসানো: আঁচড়ানো; দাগ টানা। ~ **out** (লাইন টেনে) কেটে ফেলা। দ্র. score[1] (১). ২ ~ **(up)** (বিশেষত খেলার) হিসাব রাখা: ~ up runs. ৩ (খেলায় পয়েন্ট ইত্যাদি) অর্জন করা: ~ a goal. ~ **an advantage/ a success** সুবিধা/ সাফল্য অর্জন করা; সৌভাগ্যের অধিকারী হওয়া। ~ **a point (against/ off/ over sb)**, = ~ off sb. ৪ ~ **off sb** (কথ্য) জব্দ/নাজেহাল করা; সমুচিত জবাব দেওয়া। ৫ ~ **sth up (against)** লেখ্য প্রমাণ হিসাবে লিপিবদ্ধ করা; হিসাবের খাতায় তোলা (সম্ভবত ভবিষ্যতে প্রতিশোধ নেবার জন্য); মনে গেঁথে রাখা। ৬ ঐকতানসঙ্গীতের জন্য রচনা করা; যন্ত্র বা কণ্ঠের জন্যে সঙ্গীতের অংশসমূহ প্রণয়ন করা: ~d for violin, বেহালার জন্য রচিত/ প্রণীত। দ্র. score[1] (৫). ~**r** *n* ১ যে ব্যক্তি গোল, রান ইত্যাদির হিসাব রাখেন; লেখনবিশ। ২ যে খেলোয়াড় রান, গোল ইত্যাদি অর্জন করেন; অর্জয়িতা।

sco·ria [ˈস্কো°রিআ] *n* কোষময় লাভা; আকরিক ধাতু গলালে উপরে যে মল ভেসে ওঠে; কাইট; সিটা; গাদ।

scorn [স্কো°ন্] *n* [U] ১ নিদারুণ অবজ্ঞা; অশ্রদ্ধা; ঘৃণা; তাচ্ছিল্য। **laugh sb/sth to ~** কারো প্রতি অবজ্ঞাভরে/ তাচ্ছিল্যের সঙ্গে হাসা। ২ অবজ্ঞা, তাচ্ছিল্য বা অশ্রদ্ধার পাত্র। □*vt* ঘৃণা/ অবজ্ঞা/ তাচ্ছিল্য/ অশ্রদ্ধা বোধ বা প্রকাশ করা; অবজ্ঞাভরে প্রত্যাখ্যান করা: ~ sb's advice. ~**·ful** [-ফ্ল্] *adj* অবজ্ঞাপূর্ণ; তাচ্ছিল্যপূর্ণ। ~**·fully** [-ফলি] *adv* তাচ্ছিল্যভরে; ঘৃণাভরে; অবজ্ঞার সঙ্গে।

Scor·pio [ˈস্কো°পিঔ] *n* বৃশ্চিক রাশি।

scor·pion [ˈস্কো°পিঅন্] *n* বৃশ্চিক; বিছা; বিচ্ছু।

scot [স্কট্] *n* (কেবলমাত্র) **get off/escape ˌ~-ˈfree,** অক্ষতশরীরে/ অবাধে/ নির্বিঘ্নে পালানো বা ছাড়া পাওয়া।

Scot [স্কট্] *n* স্কটল্যান্ডসম্ভূত ব্যক্তি; স্কটল্যান্ডীয়; স্কট। **the** ~ *n pl* স্কটল্যান্ডবাসী; স্কটজাতি।

Scotch [স্কচ্] *adj* ১ (যৌগশব্দে) স্কটল্যান্ডীয়; ~ ˈ**mist** *n* কুয়াশার মতো হালকা বৃষ্টি। ~ ˈ**terrier** *n* ঝাঁকড়া লোম-ও খাটো পা-ওয়ালা ক্ষুদ্র আকৃতির টেরিয়ার কুকুরবিশেষ। ~ ˈ**Whisky** *n* যে ধরনের হুইস্কি স্কটল্যান্ডে চোলাই করা হয়। ২ স্কটজাতি = Scot (এটাই বাঞ্ছনীয় শব্দ). **the** ~ *n pl* দ্র. Scot. ভুক্তিতে the scots. ~**·man** *n* দ্র. scots ভুক্তিতে scotsman. ~**·woman** *n* দ্র. scots ভুক্তিতে scotswoman.

scotch [স্কচ্] *vt* শেষ করা; বাতিল করা; (পরিকল্পনা, চিন্তা ইত্যাদি) পণ্ড/ব্যর্থ করা।

Scot·land Yard [ˌস্কট্‌লান্ড ˈইয়া:ড্] *n* (অধুনা New S~ Y~) লন্ডনের পুলিশবাহিনীর নাম; গোয়েন্দা বিভাগের সদর দফতর।

Scots [স্কট্‌স্] *adj* স্কটল্যান্ড বা ঐ স্কটল্যান্ডবাসী সম্বন্ধী; স্কটল্যান্ডীয়। ˈ~**·man** [-মান্], ˈ~**·woman** [-ওয়ুমান্] *nn* স্কটল্যান্ডীয় (পুরুষ/ নারী)।

Scot·tish [ˈস্কটিশ্] *adj* স্কটল্যান্ডীয়।

Scot·(t)i·cism [ˈস্কটিসিজ়াম্] *n* স্কটল্যান্ডের বাগ্‌ধারা, বাক্যাংশ, শব্দ, উচ্চারণ ইত্যাদি; স্কটিয়ানা।

scoun·drel [ˈস্কাউন্‌ড্রাল্] *n* বদমাশ; দুর্বৃত্ত; দুরাচার; পামর; দুরাত্মা; পাপিষ্ঠ। ~**·ly** [-রালি] *adj* বদমাশোচিত; পামরোচিত; দুর্বৃত্তসুলভ।

scour[1] [স্কাউআ(র্)] *vt,vi* ১ ঘষে পরিষ্কার করা; মাজা। ২ ~ **sth (away/ off)** ঘষে তুলে ফেলা: ~ the rust off. ৩ প্রবাহিত হয়ে (খাত, প্রণালী ইত্যাদি) সাফ করে ফেলা: Rain falling in torrents ~ed the stagnant canal. □*n* মাজা: ~ give the pots and pans a thorough ~. ~**er** *n* (বিশেষত) হাড়ি-পাতিল মাজার জন্য শক্ত নাইলন বা তারের ক্ষুদ্র প্যাডসদৃশ বস্তু; মাজনি।

scour[2] [ˈস্কাউআ(র্)] *vt,vi* ১ কিছুর সন্ধানে দ্রুতবেগে (কোনো স্থানের) সকল অংশে প্রবেশ করা; চষে ফেলা: The soldiers ~ed the wood for the deserter. ২ ~ **about/ after/ for sb/sth** পিছে ধাওয়া করা; দ্রুত অনুধাবন করা; হন্যে হয়ে খুঁজে বেড়ানো/ পিছু লাগা।

scout[1] [স্কা উট্]*n* ১ শত্রুর গতিবিধি, শক্তি ইত্যাদি সম্বন্ধে তথ্য সংগ্রহের জন্য প্রেরিত ব্যক্তি (গুপ্তচর নয়); জাহাজ বা দ্রুতগামী ছোট্ট উড়োজাহাজ; গুপ্তদূত। ২ **(Boy) S~** চরিত্রগঠন এবং স্বাবলম্বন, শৃঙ্খলা ও জনসেবার মনোবৃত্তি বিকাশের উদ্দেশ্যে প্রতিষ্ঠিত একটি সংগঠনের (the S~ Association) সদস্য; স্কাউট। তুল. Girl Guide (US = Girl S~). ˈ~**·master** *n* বয়স্কাউট দলের নেতৃত্বদানকারী কর্মকর্তাবিশেষ। ৩ রাস্তায় টহলদার পুলিশ, যারা অটোমোবাইল সমিতি বা রাজকীয় অটোমোবাইল ক্লাবের সদস্য গাড়িচালকদের সাহায্য করে। ৪ (খেলাধুলা, অভিনয় ইত্যাদির জন্য) প্রতিভাবান খেলোয়াড়, শিল্পী প্রভৃতির অনুসন্ধান ও সংগ্রহের কাজে নিয়োজিত ব্যক্তি: a talent ~, প্রতিভাসন্ধানী। ৫ (অক্সফোর্ডে) কলেজের ভৃত্য। □*vi* ~ **about/ around (for sb/ sth)** শত্রুপক্ষের তথ্য বা প্রতিভাসন্ধানে ঘুরে বেড়ানো: ~ about/ around for ···, কিছু খুঁজে/ টুঁড়ে বেড়ানো।

scout[2] [স্কা উট্] *vt* বাজে বা হাস্যকর বলে (চিন্তা, প্রস্তাব ইত্যাদি) নাকচ করে দেওয়া; উড়িয়ে দেওয়া।

scow [স্কা উ] *n* বালি, পাথর, জঞ্জাল ইত্যাদি পরিবহনের জন্য চেটালো তলাবিশিষ্ট বৃহৎ নৌকা; গাধাবোট।

scowl [স্কা উল্] *n* [C] ক্রুদ্ধ ভ্রূকুটি; রুষ্ট চেহারা। □*vi* ~ **(at)** ক্রুদ্ধ দৃষ্টিতে তাকানো।

scrabble[1] [ˈস্ক্র্যাবল্] *n* [U] (P) খেলাবিশেষ, যাতে একটি (চৌকা ছক-কাটা) বোর্ডে অক্ষরের পর অক্ষর সাজিয়ে শব্দ গঠন করতে হয়।

scrabble[2] [ˈস্ক্র্যাব্‌ল্] *vi* ১ তাড়াহুড়া/ হিজিবিজি করে কিছু লেখা; আঁচড় কাটা। ২ ~ **about (for sth)** (কিছু খোঁজা বা সংগ্রহ করার জন্য) হাতড়ে বেড়ানো। □*n* হিজিবিজি; হাতড়ানি।

scrag [স্ক্র্যাগ্] *n* ১ হাড্ডিসার লোক বা জন্তু। ২ ˌ~ (-ˈ**end**) ভেড়ার গলার অস্থিময় অংশ যা দিয়ে স্যুপ. বা

ঝোল তৈরি করা হয়। □*vt* (-gg-) গলা টিপে মারা; ঘাড় মটকানো। **~gy** *adj* (-ier, -iest) হাড্ডিসার; পেঁকাটে।

scram [স্ক্র্যাম্] *vi* (*imper* বা *inf*) (অপ.) চলে যাওয়া; কেটে পড়া।

scramble [ˈস্ক্র্যাম্ব্ল্] *vt,vi* ১ (খাড়া বা বন্ধুর ভূমিপৃষ্ঠে) হামাগুড়ি দিয়ে আরোহণ করা; চড়া; বেয়ে ওঠা: ~ over a rocky hillside. ২ **~ (for)** কিছু পাওয়ার জন্য কাড়াকাড়ি/ হুড়াহুড়ি/ ঠেলাঠেলি করা। ৩ (ডিম) ফেটিয়ে মাখন ও দুধ সহযোগে কড়াইতে জ্বাল দিয়ে রান্না করা। ৪ (বেতার-তরঙ্গের পৌনঃপুনিকতা পরিবর্তন করে) টেলিফোন ইত্যাদির মাধ্যমে প্রেরিত বার্তা এমনভাবে অবোধ্য করে তোলা যে বিশেষ ধরনের গ্রাহকযন্ত্র ছাড়া তার মর্মোদ্ধার করা সম্ভব নয়। □*n* [C] ১ প্রতিবন্ধকতা, বন্ধুর দুর্গম ভূমি ইত্যাদির মধ্য দিয়ে আরোহণ, পদব্রজে বা মোটর সাইকেলে দৌড়; দুরতিক্রমণ। ২ হুড়াহুড়ি; কাড়াকাড়ি; ঠেলাঠেলি। **scram·bler** [ˈস্ক্র্যাম্ব্লা(র্)] *n* টেলিফোন-বার্তা অবোধ্য করে তোলার যান্ত্রিক কৌশল। উপরে ৪ দ্র.।

scran·nel [ˈস্ক্র্যানেল্] *adj* (পুরা. আওয়াজ সম্বন্ধে) ক্ষীণ; খ্যানখ্যানে; বেসুরো।

scrap[1] [স্ক্র্যাপ্] *n* ১ [C] ছোট (সাধা.) অবাঞ্ছিত টুকরা: ~s of paper; (লাক্ষ.) অত্যল্প পরিমাণ; সামান্যতম; লেশ: not a ~ of truth in the story. ২ [U] জঞ্জাল, বিশেষত যে সব জিনিসপত্রের মূল্য কেবলমাত্র তাদের অঙ্গীভূত উপাদানের মধ্যেই সীমাবদ্ধ; টুকরা টাকরা; ছাঁটছুট। ˈ**~-heap** *n* জঞ্জালের স্তূপ। ˈ**~-iron** *n* [U] লৌহনির্মিত জিনিসপত্র যা গলিয়ে আবার ব্যবহার করা হবে; টুকরা লোহা। **throw sth/sb on the ~-heap** অবাঞ্ছিত বলে পরিত্যাগ করা; আস্তাকুঁড়ে নিক্ষেপ করা। ৩ (*pl*) টুকিটাকি; উচ্ছিষ্ট; ভুক্তাবশেষ। ৪ [C] সংগ্রহ করার জন্য সাময়িকী ইত্যাদির পৃষ্ঠা থেকে কেটে রাখা ছবি বা অনুচ্ছেদ; ছাঁটছুট। ˈ**~-book** *n* পত্রিকার ছাঁটছুট সেঁটে রাখার জন্য সাদা পৃষ্ঠা-সংবলিত পুস্তক; খেরো খাতা। □*vt* (*-pp-*) অকেজো বা অব্যবহার্য বলে ফেলে দেওয়া; বাতিল করা: ~ a worn-out motor car. **~py** *adj* (-ier, -iest) জোড়াতালি দেওয়া; অসম্পূর্ণ; অসম্বদ্ধ; খাপছাড়া; এলোমেলো; অগোছালো। **~·ily** [-পিলি] *adv* জোড়াতালি দেওয়া; অসম্পূর্ণ; অসম্বদ্ধ; আধা খাপছাড়া; এলোমেলো; অগোছালো। **~·i·ness** *n* অসম্বদ্ধতা; অসংলগ্নতা।

scrap[2] [স্ক্র্যাপ্] *n* (কথ্য) মারামারি; ঝগড়াঝাঁটি। □*vi* (*-pp-*) মারামারি করা; ঝগড়াঝাঁটি করা।

scrape [স্ক্রেই প্] *vt,vi* ১ **~ sth (from/ off sth); ~ sth (away/off)** কোনো হাতিয়ারের কঠিন প্রান্ত বা খসখসে কোনো বস্তু দিয়ে ঘষে পরিষ্কার/ মসৃণ/ সমান করা; চাঁছা/ ঘষটানো; রগড়ানো; ঘষে বা চেঁছে তুলে ফেলা। ২ **~ sth (from/ off sth)** কঠিন ঘর্ষণ ইত্যাদির দ্বারা আহত বা ক্ষতিগ্রস্ত করা; ছোলা; ঘষটান লাগা; ছড়া; ছুলে/ ছড়ে যাওয়া: ~ one's knee by falling. ৩ **~ sth (out)** ঘষে ঘষে তৈরি করা: ~ (out) a hole. ৪ গা ঘেঁষে যাওয়া/ থাকা: ~ along a wall. **~ along** (লাক্ষ.) কষ্টেসৃষ্টে জীবন ধারণ করা; টেনেটুনে বেঁচে থাকা। **~ through (sth)** নেহায়েত উৎরে যাওয়া (যেমন পরীক্ষা); পার হয়ে যাওয়া। **bow and ~** এক পা মেজেতে ঘষটাতে ঘষটাতে দৃষ্টিকটুভাবে সালাম করা; (লাক্ষ.) ভক্তিতে গদ্‌গদ, বেসামাল বা আত্মহারা হওয়া। ৫ **~ sth/sb together** কায়ক্লেশে/বহুক্লেশে জোগাড় করা: ~ together enough money to buy a new dress. **~ (up) an acquaintance with sb** গায়ে পড়ে পরিচয় করা। **~ a living** কষ্টেসৃষ্টে জীবিকা নির্বাহ করা। □*n* ১ ঘর্ষণ বা ঘর্ষণের শব্দ; ঘষটানি; ঘষড়ানি; ঘসড় ঘসড়; ঘসঘস: the ~ of sb's pen on paper. ২ যে স্থান ছুলে গেছে; ঘষটানি; ঘষড়ানি: a bad ~ on the knee. ৩ হঠকারিতা বা বোকামির দরুন উদ্ভূত বিব্রতকর পরিস্থিতি; বিপাক: get into ~s; আহাম্মকি করে বিপাকে পড়া। **~r** *n* (জুতার তলার কাদা, আসবাবপত্রের রং ইত্যাদি) চেঁছে ফেলার হাতিয়ার; কারিগরি কাজে ব্যবহৃত চাঁছার যন্ত্র; চাঁছনি। **scrap·ing** *n* (বিশেষত *pl*) চেঁছে বা ছুলে যা বের করা হয়; ছিলকা: scrappings from the bottom of a saucepan.

scrappy [স্ক্র্যাপি] *adj* দ্র. scrap[1].

scratch[1] [স্ক্র্যাচ্] *vt,vi* ১ আঁচড় দেওয়া/কাটা; আঁচড়ানো। **~ the surface** (লাক্ষ.) ভাসা-ভাসা/উপর-উপর আলোচনা করা: গায়ে আঁচড় কাটা: ~ the surface of a subject. ২(গায়ে) আঁচড় খাওয়া: How did you ~ your hands ? ৩ **~ sth out** (নাম, শব্দ ইত্যাদি) কেটে বাদ দেওয়া; কেটে ফেলা। ৪ (ঘোড়া, প্রার্থী বা নিজেকে) প্রতিযোগিতা থেকে প্রত্যাহার করা; দৌড় বা প্রতিযোগিতার তালিকা থেকে (ঘোড়া/প্রার্থীর নাম) বাদ দেওয়া; সরে দাঁড়ানো; নাম তুলে নেওয়া: He ~ed at the last moment. ৫ কণ্ডূয়ন করা; চুলকানো। **~ one's head** (বিব্রত হয়ে) মাথা চুলকানো। **If ˌyou'll ~ˈmy back, ˌI'll ~ ˈyours** (লাক্ষ.) তুমি আমার পিঠ চুলকাও (স্তাবকতা, সাহায্য ইত্যাদি কর), আমিও করব। ৬ **~ sth (out)** (আঁচড়িয়ে) খোঁড়া: ~ (out) a hole. ৭ তাড়াহুড়া করে/ হিজিবিজি করে লেখা: ~ a few lines to a friend. ˈ**~-pad** *n* টোকা নেওয়ার জন্য সস্তা কাগজের বাঁধাই করা তাড়া; টোকাফর্দ; টোকচা। ৮ ঘ্যাযঘ্যাষ (শব্দ) করা। ৯ **~ about (for sth); ~ sth up** কিছুর সন্ধানে নখ দিয়ে খোঁড়া; খোঁড়াখুঁড়ি করা: The fox ~ up a corpse. ১০ কায়ক্লেশে/ টেনেটুনে জোগাড় করা: ~ up/together a few pounds.

scratch[2] [স্ক্র্যাচ্] *n* ১ [C] আঁচড়; নখাঘাত; করিকা; আঁচড়ের দাগ; ছড়; আঁচড়ানির শব্দ; খচড়খচড়: escape without a ~, অক্ষত শরীরে। **a ~ of pen** খসখস করে লেখা সামান্য কথা; কলমের আঁচড়; দস্তখত। ২ (কেবল *sing*) কণ্ডূয়ন; চুলকানো। ৩ (কেবল *sing; article* ছাড়া) দৌড়ের প্রারম্ভ-রেখা। **start from ~** প্রারম্ভ-রেখা থেকে শুরু করা; (লাক্ষ.) কোনোরূপ সহায়-সম্বল ছাড়া শুরু করা; (লাক্ষ.) প্রস্তুতি ছাড়া/ শূন্য থেকে শুরু করা। **be/ come/ bring sb up to ~** (লাক্ষ.) প্রত্যাশিত কিছু করার জন্য প্রস্তুত হওয়া/করা; তৈরি হওয়া/ করে দেওয়া। ৪ (attrib) (ক্রীড়া) কোনো প্রতিবন্ধক আরোপ করা হয় না এমন; অপ্রতিবদ্ধ: ~ players. দ্র. handicap. ˈ**~-race** *n* যে দৌড়ে সকল প্রতিযোগী সমশর্তে প্রারম্ভ-রেখা থেকে যাত্রা শুরু করে; অপ্রতিবদ্ধ দৌড়। ৫ (attrib) দৈবক্রমে একত্রিত; হাতের কাছে যা কিছু পাওয়া যায় তার সাহায্যে বানানো; প্রস্তুত; গঠিত; জোড়াতাড়া লাগা; জোড়াতাড়া দেওয়া: a ~ crew/team; a ~ dinner, যা কিছু ঘরে আছে; তাই দিয়ে বানানো। **~y** *adj* ১ (লেখা বা আঁকা সম্বন্ধে) অযত্নের সঙ্গে বা অদক্ষভাবে করা; আধা-খেঁচড়া। ২ (কলম সম্বন্ধে) কাঁচক্যাঁচ।

scrawl [স্ক্রো°ল্] *vt,vi* দ্রুত বা অযত্নের সঙ্গে লেখা বা আঁকা; হিজিবিজি লেখা; আঁকিবুকি করা; খসখস করে: ~ few words on a postcard. □*n* ১ [C] হিজিবিজি

(লেখা); কলমের আঁচড়। (কেবল *sing*) অপরিচ্ছন্ন হাতের লেখা; কদক্ষর; হিজিবিজি।

scrawny [ˈস্ক্রো°নি] *adj* (-ier, -iest) হাড্ডিসার।

scream [স্ক্রীম্] *vi,vt* ১ **~ (out)** (ভয়ে বা বেদনায়) তীব্র চিৎকার বা আর্তনাদ করা; চেঁচানো; চিৎকার/আর্তনাদ করে ওঠা; চেঁচিয়ে ওঠা; চেঁচিয়ে বলা। **~ one's ˈhead off** চেঁচিয়ে বাড়ি মাথায় করা। ২ (বায়ু, যন্ত্র ইত্যাদি সম্বন্ধে) উচ্চ; তীক্ষ্ণ ধ্বনি করা; শোঁ শোঁ করা; আর্তনাদ করা। □*n* [C] ১ তীক্ষ্ণ চিৎকার; চেঁচানি; আর্তনাদ: the ~ of a peacock, কেকা। ২ (কথ্য) যে ব্যক্তি বা বস্তু উচ্চ হাস্যধ্বনি উদ্রেক করে; হাসির বস্তু: a perfect ~. **~·ing·ly** *adv* (বিশেষত) ~ingly funny, এতো কৌতুককর যে হাসতে হাসতে দম ফেটে যেতে চায়।

scree [স্ক্রী] *n* [C,U] ছোট ছোট আলগা নুড়ি, যা পায়ের চাপে গড়িয়ে পড়ে; পর্বতপৃষ্ঠের অংশবিশেষ, যা ঐরূপ নুড়িতে ঢাকা থাকে; উপল।

screech [স্ক্রীচ্] *vt,vi* **~ (out)** ১ কানফাটা শব্দ করা; ক্যাঁচ করে ওঠা: jet planes ~ing over the house-tops. ২ ক্রোধে বা যন্ত্রণায় চিৎকার করা; তীব্রশব্দে চিৎকার: monkeys ~ing in the forest. □*n* [C] কান-ফাটা চিৎকার বা আর্তনাদ: The ~ of tyres. **ˈ~-owl** *n* এক ধরনের পেঁচা, যা হুট হুট করার পরিবর্তে চিৎকার করে; কালপেঁচা।

screed [স্ক্রীড়] *n* [C] দীর্ঘ (এবং সাধা. নীরস) লেখা; একঘেয়ে দীর্ঘ বক্তৃতা; ভ্যাজর-ভ্যাজর।

screen [স্ক্রীন্] *n* [C] ১ খাড়া (সাধা. স্থাবর এবং কখনো কখনো ভাঁজ করে রাখার উপযোগী) কাঠামোবিশেষ, যা কোনো বস্তু বা ব্যক্তিকে আড়াল করতে কিংবা বায়ুপ্রবাহ বা অতিরিক্ত আলো, তাপ ইত্যাদি থেকে বাঁচানোর জন্য ব্যবহৃত হয়; অন্তঃপট; তিরস্করণী; পর্দা। ২ (গির্জায়) গির্জার প্রধান অংশ এবং বেদি কিংবা ক্যাথিড্রালের কেন্দ্রীয় অংশ ও গায়কবৃন্দের জন্য নির্ধারিত স্থানের মধ্যে (আংশিক) বিভেদক কাঠ বা পাথরের নির্মিতিবিশেষ; ব্যবধান; অন্তরাল। ৩ কারো নজর, আবহাওয়া ইত্যাদি থেকে রক্ষা করার জন্য যা কিছু ব্যবহৃত হয় বা হবে; আড়াল; আবডাল; অন্তরাল: a ~ of trees; a smoke -~, (যুদ্ধের সময়ে ব্যবহৃত) ধোঁয়ার আবরণ; a ~ of indifference, (আগ্রহ গোপন করার উদ্দেশ্যে) উদাসীনতার অন্তরাল। ৪ যে সাদা বা রুপালি পিঠের উপর স্লাইড, সিনেমা-ফিল্ম, টেলিভিশনের ছবি ইত্যাদি প্রক্ষিপ্ত হয়; পর্দা। অতএব, (attrib = সিনেমা): a ~ play, চলচ্চিত্রের পাণ্ডুলিপি; ~ actors/ stars, চিত্রাভিনেতা/ চিত্রতারকা; a ˈ~ test, কোনো ব্যক্তির চলচ্চিত্রে অভিনয়ের উপযোগিতা পরীক্ষণ। ৫ মশা, মাছি ইত্যাদি ঠেকানোর জন্য সূক্ষ্ম তারের পর্দা; জাল: ˈwindow ~, ˈdoor ~. ৬ কয়লা, কাঁকর ইত্যাদি বিভিন্ন আকার অনুযায়ী পৃথক করার জন্য বৃহৎ চালনি; ঝাঁঝরি। ৭ (ক্রিকেট) ব্যাটসম্যানদের বল দেখার সুবিধার জন্য সীমান্তরেখার কাছাকাছি স্থাপিত সাদা কাঠ বা ক্যানভাসের দুটি বৃহৎ কাঠামোর যে কোনো একটি। □*vt,vi* **~ (off)** দৃষ্টির আড়াল/ অন্তরাল করা; পর্দাযুক্ত করা; জাল লাগিয়ে (মশামাছির) উপদ্রব থেকে বাঁচানো। ২ **~ (from)** (লাক্ষ.) দোষ, শাস্তি ইত্যাদি থেকে রক্ষা করা; ঢাকা; আড়াল করা: ~ sb's faults. ৩ (কয়লা ইত্যাদি) ঝাঁঝরিতে চালা: ~ed coal, ঝাড়া কয়লা। ৪ (কারো) অতীত ইতিহাস সম্পর্কে তদন্ত করা (যেমন সরকারি চাকরির উমেদারদের ক্ষেত্রে তাদের আনুগত্য, বিশ্বস্ততা ইত্যাদি যাচাই করার জন্য); যাচাই করা। ৫ (কোনো বস্তু, দৃশ্য) পর্দায় দেখানো; চলচ্চিত্রায়িত করা। **~ well/ badly** (মঞ্চ-নাটক, অভিনেতা প্রভৃতি সম্বন্ধে) চলচ্চিত্রের উপযোগী/ অনুপযোগী হওয়া।

screw [স্ক্রু] *n* ১ পেঁচ; স্ক্রু। **a ˈ~ loose** (লাক্ষ.) কোনো গোলমাল বা গোলযোগ; প্যাঁচ; গোল: to have a ~ loose, কিঞ্চিৎ বেকুফ হওয়া। **ˈ~-driver** *n* প্যাঁচ খোলা বা কষাবার হাতিয়ারবিশেষ; তিরজুত। **ˌ~-ˈtopped** *(adj)* (বয়াম ইত্যাদি সম্বন্ধে) পেঁচোয়া ঢাকনাযুক্ত। **ˈ~-ball** *n,adj* (US, অপ.) আড়পাগলা; পাগলাটে; মাথা-খারাপ। ২ যে বস্তু প্যাঁচের মতো ঘোরানো হয় এবং চাপ দেওয়া বা কষানোর জন্য ব্যবহৃত হয়। **put the ~(s) on sb; give (sb) another turn of the ~** কাউকে কিছু করতে বাধ্য করার জন্য নিজের শক্তি, শক্তিপ্রয়োগের ভয় ইত্যাদির আশ্রয় নেওয়া; প্যাঁচ (আরেকটু) কষানো। **ˈthumb ~** *n* দ্র. thumb. ৩ মোচড়; কষা: give another ~. ৪ **ˈ~(-propeller)** জাহাজের সঞ্চালক পাখা: a turn-~ ship. **(ˈair) ~** উড়োজাহাজের সঞ্চালক পাখা। ৫ [C, U] (বিলিয়ার্ড প্রভৃতি খেলায়) বলের গতি পরিবর্তন বা বলকে বাঁকা পথে চালিত করার জন্য প্রদত্ত মোচড়; পাক। ৬ পুরিয়া: a ~ of tea/ tobacco. ৭ (কথ্য) কিপটে। ৮ (GB. অপ.) বেতন বা মাইনা। ৯ (GB অপ.) (= turnkey) কারারক্ষক। ১০ (নিষেধ.) সঙ্গম; রমণ; যৌনসঙ্গী। □*vt,vi* ১ প্যাঁচ দিয়ে কষানো: ~ a lock on a door; ~ up a door. **have one's head ~ed on (the right way)** কাণ্ডজ্ঞান/ বিচারবিবেচনা থাকা। ২ মোচড়ানো; পেঁচ কষা; কষানো; কষে বন্ধ করা: ~ a lid on/off a jar; ~ one's head round , (পিছনে দেখার জন্য) মাথা ঘোরানো; ~ up one's face/features/eyes, মুখ, চোখ ইত্যাদি কোঁচকানো। **~ up one's courage** ভয় কাটিয়ে ওঠা; সাহস সঞ্চয় করা। ৩ নিংড়ানো; নিংড়ে ফেলা বা নেওয়া: ~ water out of a towel/more money from a client. ৪ (অপ.) **be ~ed** মাতাল/ বেহেড হওয়া। ৫ (নিষেধ.) সঙ্গম বা রমণ করা। **~y** *adj* (GB কথ্য) খেপা; পাগলাটে; আড়পাগলা; খামখেয়ালি; (US কথ্য) উদ্ভট; আজগুবি।

scribble [ˈস্ক্রিব্‌ল্] *vt,vi* ছড়ছড় করে বা অযত্নের সঙ্গে লেখা; কলমের আঁচড় কাটা; হিজিবিজি লেখা। **ˈscribbling-block** *n* দ্র. scratch-pad. □*n* [U, C] হিজিবিজি; কদক্ষর; কালির আঁচড়। **scrib·bler** [ˈস্ক্রিব্‌লা(র্)] *n* যে ব্যক্তি হিজিবিজি লেখে; (কথ্য) বাজে লেখক।

scribe [স্ক্রাইব্] *n* ১ নকলনবিশ; অনুলেখক; যিনি সুন্দর হস্তাক্ষরে লেখেন; খুশনবিশ; সুবর্ণিক। ২ প্রাচীন কালে ইহুদিদের দলিলদস্তাবেজের লেখক ও রক্ষক; মিসরে বন্দীদশা থেকে মুক্তিলাভের পরবর্তীকালে ইহুদিদের আইনের ব্যাখ্যাদাতা একটি পেশাদার শ্রেণীর সদস্য; মোহাফেজ; নবিশিন্দা; ব্যবহারজ্ঞ। ৩ কাঠ, ইট ইত্যাদি ইপ্সিত আকারে কাটার জন্য দাগ দেবার হাতিয়ার; আঁচড়া।

scrim·mage [ˈস্ক্রিমিজ্] *n* ১ [C] হুড়াহুড়ি; কাড়াকাড়ি; মারামারি; ঠেলাঠেলি; ধাক্কাধাক্কি। ২ (US ফুটবল) খেলা আরম্ভ বা পুনরারম্ভ করার সময় দুই পক্ষের খেলোয়াড়রা সারিবদ্ধ হয়ে দাঁড়াবার পর যে খেলা হয়; হুড়দঙ্গল। ৩ = scrum(mage). □*vi,vt* হুড়াহুড়ি/ মারামারি করা; বল হুড়দঙ্গলের মধ্যে ফেলা।

scrimp [স্ক্রিম্প্] *v* = skimp.

scrip[1] [স্ক্রিপ্] *n* [C] যে প্রমাণপত্র হস্তগত হলে প্রয়োজনীয় আনুষ্ঠানিকতা পূরণ করার পর ব্যবসায় প্রতিষ্ঠানের পরিপণের (স্টক) মালিকানার আনুষ্ঠানিক সনদ পাওয়া যায়; পৌর্বিক সনদ; [U] এই ধরনের সনদের সমষ্টি।

scrip[2] [স্ক্রিপ্] *n* [C] ভিখারি, পর্যটক বা তীর্থযাত্রীর থলে; ঝোলা।

script [স্ক্রিপ্‌ট্] *n* ১ হস্তলিপি; হস্তলিপির অনুকরণে মুদ্রিত টানা লেখা; হস্তলেখ। ২ [C] (বিশেষত সম্প্রচারের জন্য অভিনেতাদের পাট, কথিকা, আলোচনা, নাটক ইত্যাদির) পাণ্ডুলিপি; পাণ্ডুলেখ্য। ˈ**~-writer** *n* যে ব্যক্তি চলচ্চিত্র বা সম্প্রচার-অনুষ্ঠানের জন্য পাণ্ডুলিপি রচনা করেন; পাণ্ডুলিপিলেখক। **~ed** *adj* পাণ্ডুলিপি দেখে পঠিত।

scrip·ture [ˈস্ক্রিপ্‌চা(র্)] *n* ১ **(Holy) S~, The (Holy) S~s** (পবিত্র) বাইবেল; (attrib) বাইবেলের; বাইবেলসম্বন্ধী: a ˈ~ lesson. ২ ধর্মগ্রন্থ। **scrip·tural** [ˈস্ক্রিপ্‌চারাল্] *n* [U] বাইবেলভিত্তিক; বাইবেলি।

scri·vener [ˈস্ক্রিভ্‌না(র্)] *n* [U] (ইতি.) লেখক; দলিলের মুসাবিদালেখক; কেরানি; মুহুরি।

scrof·ula [ˈস্ক্রফ়িউলা] *n* ক্ষয়রোগবিশেষ, যাতে লসিকাগ্রন্থিসমূহ ফুলে ওঠে; গণ্ডমালা। **scrofu·lous** [স্ক্রফিউ্যলাস্] *adj* গণ্ডমালাঘটিত।

scroll [স্ক্রৌল্] *n* ১ লেখার জন্য কাগজ বা চামড়ার পাকানো ফালি; ঐরূপ কাগজে লেখা প্রাচীন গ্রন্থ; লেখ্যপট। ২ পাথর উৎকীর্ণ ঢেউ খেলানো কাগজের আকারে অলঙ্কারবিশেষ; লিপির অলঙ্করণবিশেষ, যা রেখার বক্রতা দিয়ে পাকানো কাগজের ব্যঞ্জনা দেয়।

Scrooge [স্ক্রূজ্] *n* নীচমনা কৃপণ।

scro·tum [স্ক্রৌটাম্] *n* অণ্ডকোষের থলে; মুষ্ক।

scrounge [স্ক্রাউন্‌জ্] *vi,vt* (কথ্য) কাঙ্ক্ষিত বস্তু বিনা অনুমতিতে বা চালাকি করে হস্তগত করা; হাতিয়ে নেওয়া; কুক্ষিগত/ লোপাট করা; মেরে দেওয়া। **~r** *n* যে ব্যক্তি লোপাট করে।

scrub[1] [স্ক্রাব্] *n* ১ [U] নিম্নমানের গাছ ও ঝোপঝাড়; ঐরূপ গাছ ও গুল্মাবৃত জমি; যে বনের গাছ ঠিকমতো বেড়ে উঠতে পারেনি; করকটে গাছ বা বনবাদাড়; (attrib) করকটে: ˈ~-pine; ˈ~-palm. ২ [C] স্বাভাবিক আকারের চেয়ে ছোট যে কোনো বস্তু। **~by** [ˈস্ক্রাবি] *adj* (-ier, -iest) ১ করকটে; নীচ। ২ খোঁচা খোঁচা দাঁড়িওয়ালা; খেংড়ামুড়া: a ~by chin.

scrub[2] [স্ক্রাব্] *vt,vi* (-bb-) **~ (out)** বিশেষত শক্ত ব্রাশ, সাবান ও পানি দিয়ে জোরে জোরে ডলে পরিষ্কার করা; মাজা: ~ the floor; বাতিল বা উপেক্ষা করা: ~ (out) on order. ˈ**~·bing-brush** *n* মেঝে ইত্যাদি ঘষে পরিষ্কার করার জন্য শক্ত ব্রাশ; মার্জনী। □*n* ঘষামাজা: Give the walls a good ~.

scruff [স্ক্রাফ়্] *n* (কেবলমাত্র) **the ~ of the neck** ঘাড়: seize/take an animal by the ~ of the neck.

scruffy [ˈস্ক্রাফ়ি] *adj* (-ier, -iest) (কথ্য) দেখতে নোংরা, যত্নহীন ও অপরিপাটি; হতচ্ছাড়া।

scrum [স্ক্রাম্] *n* scrummage-এর সং। ˈ**~ half** রাগবি খেলায় যে হাফব্যাক বলটি হুটপাটের মধ্যে ছুড়ে মারে।

scrum·mage [ˈস্ক্রামিজ্] *n* রাগবি খেলার যে পর্যায়ে দুই পক্ষের সম্মুখভাগের খেলোয়াড়রা মাথা নত করে একত্র জড় হলে বলটি তাদের মাঝখানে ছুড়ে মারা হয় এবং তারা বলটি তাদের নিজ নিজ দলের পায়ে দেবার জন্য চেষ্টা করে; খেলার এই পর্যায়ে যে সব খেলোয়াড় অংশ নেয় তাদের সমষ্টি; হুটপাটি।

scrump·tious [ˈস্ক্রাম্‌প্‌শাস্] *adj* (কথ্য, বিশেষত খাদ্য সম্বন্ধে) সুস্বাদু; রসনালোভন।

scrunch [স্ক্রান্‌চ্] *n,vt* =crunch (2).

scruple [স্ক্রূপ্‌ল্] *n* ১ ২০ গ্রেন পরিমাণের ওজনের একক। দ্র. পরি. ৫। ২ [C, U] বিবেকের অস্বস্তি; বিবেকজনিত সঙ্কোচ বা দ্বিধা; বিবেকিতা: tell lies without ~, নিঃসঙ্কোচে। □*vi* **~ to do sth** বিবেকের দরুন দ্বিধা করা; সঙ্কুচিত হওয়া।

scru·pu·lous [ˈস্ক্রূপ্যিউলাস্] *adj* নৈতিক কোনো অন্যায় না করার বিষয়ে সতর্ক; বিবেকবান; বিবেকদর্শী; খুঁতখুঁতে। **~·ly** *adv* বিবেকিতার সঙ্গে; বিবেকী জনোচিত: ~ly exact/ careful.

scru·ti·neer [স্ক্রূটি ˈনিআ(র্) US -ট্‌নি আর্] *n* ব্যালট যথাযথভাবে পূরণ করা হয়েছে কিনা তা পরীক্ষা করার কাজে নিয়োজিত কর্মকর্তা; ব্যালট-পরীক্ষক।

scru·ti·nize [ˈস্ক্রূটিনাইজ্ US -টানাইজ্] *vt* তন্ন তন্ন করে পরীক্ষা করা; অবেক্ষণ করা।

scru·tiny [ˈস্ক্রূটিনি US -টানি] *n* (*pl* -nies) ১ [U, C] তন্ন তন্ন করে পরীক্ষা; অবেক্ষণ; নিরীক্ষা। ২ [C] সরকারিভাবে ভোট পরীক্ষা, বিশেষত প্রথম বারের ভোটগণনার ফলাফল খুব কাছাকাছি হলে ভোট পুনর্গণনা; নিরীক্ষণ: demand a ~.

scud [স্কাড্] *vi* (-dd-) স্বচ্ছন্দে সোজা দ্রুত ধাবিত হওয়া; ছুটে চলা; ছোটা: clouds ~ding across the sky. □*n* [C] ছুটে চলা; ছুট; ছোটন; [U] বায়ুতাড়িত বাষ্পময় মেঘ।

scuff [স্কাফ়্] *vi,vt* ১ পা টেনে টেনে হাঁটা; ঘষটে চলা। ২ ঘষ্টে ঘষ্টে ক্ষয় করা: ~ one's shoes.

scuffle [ˈস্কাফ়্‌ল্] *vi,n* হাতাহাতি (করা); মারপিট (করা)।

scull [স্কাল্] *n* ১ একজন দাঁড়ির দুই হাতে একসঙ্গে চালিত দুটি দাঁড়ের যে কোনো একটি; ক্ষেপণী। ২ নৌকার হাল (যা বাওয়া হয়)। □*vt,vi* দাঁড় বেয়ে (নৌকা) চালানো; দাঁড়টানা/ বাওয়া। **~er** *n* দাঁড়ি।

scul·lery [ˈস্কালারি] *n* (*pl* -ries) সাধা. বড়ো বাড়িতে রান্নাঘর-সংলগ্ন প্রকোষ্ঠ, যেখানে হাড়িপাতিল, বাসনকোসন ইত্যাদি ধোয়া হয়; ধোলাইঘর।

scul·lion [ˈস্কালিঅন্] *n* (ইতি.) বড়ো বাড়ি ইত্যাদিতে রান্নাঘরের শ্রমসাধ্য কাজে নিয়োজিত বালক বা পুরুষ লোক।

sculpt [স্কাল্‌প্‌ট্] *vt,vi* = sculpture.

sculp·tor [ˈস্কাল্‌প্‌টা(র্)] *n* ভাস্কর। **sculp·tress** [স্কাল্‌প্‌ট্রিস্] *n* মহিলা ভাস্কর।

sculp·ture [ˈস্কাল্‌প্‌চা(র্)] *n* ১ ভাস্কর্য। ২ [C, U] ভাস্কর্য; প্রতিমা; মূর্তি। □*vt,vi* ১ মূর্তি/প্রতিমা গড়া বা খোদাই করা; ভাস্কর্যমণ্ডিত করা: ~d columns. ২ ভাস্কর হওয়া; নির্মাণ/ রচনা করা। **sculp·tural** [ˈস্কাল্‌প্‌চারাল্] *adj* ভাস্কর্যবিষয়ক; ভাস্কর্যসদৃশ; প্রতিমাসন্নিভ: The sculptural arts, ভাস্কর্যশিল্প।

scum [স্কাম্] *n* [U] ১ ফেনা; গেঁজলা; গাঁজলা; গাদ; কাইট। ২ **the ~ (of)** (লাক্ষ.) (কোনো স্থানের) হেজিপেজি মানুষ; বাজে মানুষ; অকিঞ্চন জন। **the ~ of the Earth** অকিঞ্চন জন; অপদার্থ; জঞ্জাল। **~my** *adj* ফেনিল; ফেনাময়; গেঁজলা; গাদা-ওঠা।

scup·per [ˈস্কাপা(র্)] *n* ডেকের পানি নিষ্কাশন করার জন্য জাহাজের ডান দিকের ছিদ্রবিশেষ; জলনালী।

□*vt* (ইচ্ছা করে) জাহাজ ডুবিয়ে দেওয়া; (কথ্য, সাধা. passive) ধ্বংস করা; ডোবানো; পঙ্গু করা: He's ~ed.

scurf [স্কোফ্] *n* [U] খুশকি; মরামাস। **~·y** খুশকিওয়ালা।

scur·ri·lous [স্কারিলাস্] *adj* তীব্র বিদ্রূপপূর্ণ; দুরুক্তিপূর্ণ; অকথ্য বিদ্রূপাত্মক: ~ attacks. **scur·ril·ity** [স্কারিলাটি] *n* [U] অকথ্য বিদ্রূপপূর্ণ ভাষা; অশ্লীল গালিগালাজ; (*pl* - ties) দুর্বচন; দুরুক্তি: indulge in scurrilities.

scurry [স্কারি] *vi* (*pt,pp* -ried) **~ (about) (for/through)** দ্রুতপায়ে ছোটা; হন্তদন্ত হয়ে ছোটা; তাড়াহুড়া করা: ~ through one's work. □*n* ১ [U] দ্রুতবেগে চলার শব্দ; দুদ্দাড়; দুমদাম; ব্যতিব্যস্ততা: The ~ and scramble of town life. ২ [C] **~ (of)** (বরফের) ঝড়ো বর্ষণ; (ধূলির) মেঘ।

scurvy [স্কার্ভি] *n* (বিশেষত পূর্বকালে নাবিকদের মধ্যে) অতিরিক্ত নোনা মাংস ভক্ষণ এবং যথেষ্ট পরিমাণে টাটকা শাকসবজি ও ফলমূল না খাওয়ার ফলে সৃষ্ট রক্তঘটিত রোগবিশেষ; স্কার্ভি। □*adj* (অপ.) ঘৃণ্য; অমর্যাদাকর; নোংরা: a ~ trick. **scurv·ily** [-ভিলি] *adv* জঘন্যভাবে; কুৎসিতভাবে।

scut [স্কাট্] *n* [C] বিশেষত খরগোশ বা হরিণের খাড়া; খাটো লেজ; পুচ্ছ।

scuttle[1] [স্কাট্‌ল্] *n* (**ˈcoal-)~** ঘরের ভিতরের অগ্নিকুণ্ডে কয়লা সরবরাহের জন্য পাত্রবিশেষ; কয়লার ঝুড়ি।

scuttle[2] [স্কাট্‌ল্] *vi* **~ (off/ away)** তড়িঘড়ি/ দুদ্দাড় করে পালানো। □*n* দ্রুত প্রস্থান; অপক্রমণ; কাপুরুষোচিতভাবে বিঘ্ন–বিপদ থেকে পলায়ন: a policy of ~, পলায়ননীতি।

scuttle[3] [স্কাট্‌ল্] *n* জাহাজের পার্শ্বে বা ডেকে কিংবা বাড়ির ছাদ বা দেয়ালে ঢাকনাওয়ালা ছোট ছিদ্র। □*vt* ডুবিয়ে দেওয়ার জন্য জাহাজের পার্শ্বে বা তলায় ছিদ্র করা কিংবা কপাটিকা খুলে দেওয়া; ফুটা করে জাহাজ ডোবানো।

Scylla [সিলা] *n* (কেবলমাত্র) **between ~ and Charybdis** উভয়সঙ্কটে।

scythe [সাইদ্] *n* কাস্তে। □*vt* কাস্তে দিয়ে কাটা।

sea [সী] *n* ১ **the sea** সাগর; সমুদ্র; সিন্ধু; অর্ণব। **follow the sea** নাবিক হওয়া। **on the sea** (স্থান সম্বন্ধে) সমুদ্রোপকূলে অবস্থিত। ২ **seas** সাগর; সমুদ্র। **beyond/ over the sea(s)** বিদেশে; দেশান্তরে; সমুদ্রের ওপার (এই অর্থে overseas অধিকতর প্রচলিত)। **high seas** উন্মুক্ত সাগর (বিশেষত সাগরের যে অংশের ওপর নিকটতম দেশ ভূখণ্ডগত এখতিয়ারের অধিকারী)। **the freedom of the seas** নির্বিবাদে সমুদ্রপথে ব্যবসা–বাণিজ্য করার অধিকার; সামুদ্রিক অধিকার। ৩ (সংজ্ঞাবাচক বিশেষ্যে) সাগর: the Mediterranean Sea; হ্রদ: the Caspian Sea. **the Seven Seas** (সাহিত্য. বা কাব্যিক) সপ্তসিন্ধু সাতসাগর। ৪ (articles ছাড়া বিভিন্ন বাক্যাংশে) **at sea** স্থল থেকে দূরে; সাগরে; সাগরবক্ষে। **all/ completely at sea** (লাক্ষ.) কিংকর্তব্যবিমূঢ়; অথৈ জলে হাবুডুবু। **by sea** সমুদ্রপথে; জাহাজে। **go to sea** নাবিকবৃত্তি অবলম্বন করা। **put to sea** সমুদ্রযাত্রায় বহির্গত হওয়া; বন্দর বা ডাঙা ত্যাগ করা। ৫ [C] সাগরের স্থানীয় অবস্থা; সমুদ্রোচ্ছ্বাস; সমুদ্রতরঙ্গ: a heavy sea, উত্তাল সমুদ্রতরঙ্গ। **half seas over** বদ্ধ মাতাল; নেশায় বুঁদ। ৬ [C] বিপুল পরিমাণ বা ব্যাপ্তি; সাগর; সমুদ্র: a ~ of flame. ৭ (attrib ও যৌগশব্দে): **ˌsea ˈair** *n* সাগরের (স্বাস্থ্যকর) হাওয়া; সমুদ্রবায়ু। **ˈsea-anemone** *n* সামুদ্রিক প্রাণীবিশেষ; দ্র. anemone **ˈsea-animal** *n* সামুদ্রিক প্রাণী। **ˈsea-bathing** *n* সমুদ্রস্নান। **ˈsea-bed** *n* সমুদ্রতল; সমুদ্রগর্ভ। **ˈsea-bird** *n* সাগরবিহঙ্গ; সামুদ্রিক পাখি। **ˈsea-board** *n* উপকূলরেখা; উপকূলবর্তী অঞ্চল। **ˈsea-boat** *n* (সমুদ্রগামিতার জন্য প্রয়োজনীয় গুণাবলীর উল্লেখসহ) সমুদ্রযান; অর্ণবপোত। **ˈsea-borne** *adj* (ব্যবসা সম্বন্ধে) জাহাজে বাহিত; সমুদ্রবাহিত; সাংযাত্রিক: sea-borne commerce/ goods. **ˈsea-breeze** *n* বিশেষত দিনের বেলায় (রাতের বেলা স্থলভাগ থেকে সমুদ্রের দিকে প্রবাহিত বায়ুর উল্টা) সমুদ্র থেকে স্থলভাগের দিকে প্রবাহিত বায়ু; সমুদ্রবায়ু। তুল. a ˈsea ˈbreeze, (যে কোনো) সমুদ্রসমীরণ; সাগরের হাওয়া। **sea-cow** *n* উষ্ণশোণিত, স্তন্য পায়ী সামুদ্রিক প্রাণীবিশেষ; সমুদ্রধেনু। **ˈsea-dog** *n* (ক) ঘাগি নাবিক, বিশেষত রানী প্রথম এলিজাবেথের আমলে ইংল্যান্ডের জাহাজের কর্ণধারগণ। (খ) = dogfish, ছোট হাঙ্গরবিশেষ; কামট। (গ) সিল। **ˈsea·faring** [ˈফেঅরিঙ্] *adj* সমুদ্রযাত্রা বা সমুদ্রবক্ষে কাজকারবার বিষয়ক; সাংযাত্রিক; সমুদ্রগ: a seafaring nation. **ˈsea-fish** *n* সামুদ্রিক মাছ (freshwater-fish–এর বিপরীত)। **ˈsea fog** *n* স্থল ও সমুদ্রের মধ্যে তাপের তারতম্যের জন্য উপকূলবর্তী কুয়াশা; সামুদ্রিক কুয়াশা। **ˈsea·food** *n* (মাছ, চিংড়ি প্রভৃতি) সামুদ্রিক/ সৈন্ধব খাদ্য। **ˈsea·front** *n* কোনো শহরের সমুদ্রতীরবর্তী অংশ; সমুদ্ররেখা। **ˈsea-god** *n* সামুদ্রিক দেবতা; সমুদ্রদেবতা। **ˈsea-going** *adj* (ব্যক্তি বা জাহাজ সম্বন্ধে) সমুদ্রগামী; সাংযাত্রিক; সমুদ্রগ। **ˈsea-ˈgreen** *adj n* সাগরের মতো নীলাভ সবুজ; সিন্ধুনীল। **ˈsea·gull** *n* সমুদ্রকুক্কুট; গাংচিল। **ˈsea-horse** *n* ছোট মাছবিশেষ। **ˌsea-island ˈcotton** *n* দীর্ঘ আঁশযুক্ত উন্নত জাতের তুলা। **ˈsea·kale** *n* উদ্ভিদবিশেষ, যার তরুণ সাদা ক্রোড় সবজিরূপে ব্যবহৃত হয়। **ˈsea-legs** *n pl* দোলায়মান জাহাজের পিঠে হেঁটে চলে বেড়াবার ক্ষমতা: get/find one's sea-legs. **ˈsea level** *n* স্থলভাগের উচ্চতা এবং সমুদ্রের গভীরতা মাপার ভিত্তি হিসাবে জোয়ার ও ভাঁটার মধ্যবর্তী সমুদ্রের স্তর; সাগরাঙ্ক। **ˈSea Lord** *n* (লন্ডনস্থ) নৌ–প্রশাসন পরিষদের চারজন নৌ–সদস্যের একজন; সাগরপতি। **ˈsea·man** [–মান্] *n* (*pl* -men) (ক) (নৌ বাহিনীতে) সাধারণ নাবিক; নৌকর্মী। (খ) নৌচালন বিষয়ে বিশেষজ্ঞ ব্যক্তি; নৌবিশারদ; নৌবেত্তা। সুতরাং **ˈsea·man·like** [–মান্লাইক্] *adj* নাবিকোচিত। **sea·man·ship** [–মান্শিপ্] *n* নৌকা বা জাহাজ পরিচালনার দক্ষতা; নৌদক্ষতা। **ˈsea mile** *n* = nautical mile. **ˈsea·plane** *n* জল থেকে উড্ডয়ন এবং জলে অবতরণ করতে সক্ষম উড়োজাহাজ; জলবিমান। **ˈsea·port** *n* নৌবন্দর। **ˈsea-power** *n* (নৌশক্তির দ্বারা) সমুদ্রকে নিয়ন্ত্রণ ও ব্যবহার করবার ক্ষমতা; নৌবল। **sea·scape** *n* সমুদ্রের দৃশ্যের ছবি; নৌদৃশ্য। দ্র. landscape. **sea-shell** *n* কম্বোজ জাতীয় যে কোনো সামুদ্রিক প্রাণীর খোলক; সামুদ্রিক খোলা। **ˈsea·shore** *n* সমুদ্রতট; সমুদ্রসৈকত; (আইন.) জোয়ার ও ভাটার জলাঙ্কের মধ্যবর্তী ভূমি; বেলাভূমি। **ˈsea·sick** *adj* জাহাজের দোলায় পীড়াগ্রস্ত; বিবমিষু; সমুদ্রপীড়িত। **ˈsea·sick·ness** *n* সমুদ্রপীড়া। **ˈsea·side** (প্রায়শ attrib) সমুদ্রতীরবর্তী স্থান, শহর ইত্যাদি, বিশেষত পর্যটনস্থান: a seaside town. **ˈsea-snake** *n* (সাধা.

বিষধর বিভিন্ন ধরনের) সামুদ্রিক সাপ। ˈ**sea-urchin** *n* কন্টকিত খোলসওয়ালা সামুদ্রিক প্রাণীবিশেষ; সমুদ্রশল্য। ˌ**sea-ˈwall** *n* সমুদ্রতটের ভাঙন রোধ করার জন্য নির্মিত দেয়াল; সমুদ্রপ্রাকার। ˈ**sea-water** *n* সমুদ্রজল; সাগরবারি। ˈ**sea·way** *n* **(ক)** জলপথে জাহাজের অগ্রগমন। **(খ)** সমুদ্রগামী জাহাজের দ্বারা ব্যবহৃত স্থলমধ্যবর্তী জলপথ, যেমন খাল, কপাট ইত্যাদির দ্বারা পরস্পর যুক্ত নদনদী; হ্রদ প্রভৃতি; সমুদ্রসরণি: The St Laurence S~ (কানাডা ও যুক্তরাষ্ট্রের মধ্যখানে আটলান্টিক ও গ্রেট লেকের সংযোজক)। ˈ**sea·weed** *n* [C, U] সাগরে, বিশেষত সমুদ্রবিধৌত শিলাগাত্রে জাত বিভিন্ন ধরনের উদ্ভিদ; সমুদ্রশৈবাল। ˈ**sea·ward** [-ওয়ড়] *adj* সমুদ্রাভিমুখ; সাগরমুখী। ˈ**sea·wards** [ওয়াড্‌জ্] *adj* সমুদ্রাভিমুখে; সাগরের দিকে। ˈ**sea·worthy** *adv* (জাহাজ সম্বন্ধে) সমুদ্রগমনোপযোগী; সমুদ্রোপযোগী।

seal[1] [সীল্] *n* বিভিন্ন ধরনের মৎস্যভোজী সামুদ্রিক প্রাণীবিশেষ, যাদের তৈল ও চামড়ার জন্য শিকার করা হয়; সিল। ˈ**~·skin** *n* লোমওয়ালা সিলের চামড়া; ঐ চামড়া দিয়ে তৈরি পোশাক; সিলচর্ম। □*vi* সিল শিকার করা: go ~ing. **~er** *n* সিলশিকারি।

seal[2] [সীল্] *n* ১ (গালা ইত্যাদির) মোহর; সিলমোহর। **given under my hand and ~** (আইন.) আমার স্বাক্ষর ও মোহরযুক্ত। **under ~ of secrecy** (লাক্ষ.) গোপনীয়তা আবশ্যিক বা প্রতিশ্রুত বলে যা হয়েছে তা অবশ্যই গোপন রাখতে হবে; গোপনীয়তা রক্ষার মোহরাঙ্কিত করে। ২ মোহরের পরিবর্তে ব্যবহৃত কোনো কিছু, যেমন দলিলের সঙ্গে সংলগ্ন কাগজের চাকতি, ছাপ ইত্যাদি; মোহর। ৩ মোহর করার জন্য নকশাযুক্ত ধাতুখণ্ড; মোহর। ˈ**~-ring** (অনেক সময় রত্নের উপর উৎকীর্ণ নকশাযুক্ত মোহরযুক্ত আংটি; অঙ্গুলিমুদ্রা; অঙ্গুলিমুদ্রিকা। ৪ **~ of** (লাক্ষ.) কোনো কিছুর নিশ্চয়তা বা অনুমোদনরূপে বিবেচিত কার্য, ঘটনা ইত্যাদি; মোহর: the ~ of approval. □*vt* ১ **~ (up)** মোহরাঙ্কিত করা; সিল মারা: ~ a letter, শক্ত করে বন্ধ করা; ~ a jar of fruit, বায়ুরোধী করে বন্ধ করা; ~ up a window, (যেমন) সব ফাঁকফোকরে কাগজ এঁটে দিয়ে। **~ sth in** আঁট দিয়ে বন্ধ করে ভিতরে রাখা; সম্পূর্ণরূপে সংরক্ষণ করা: ~ in the flavour. **~ sth off** ঘেরাও করে রাখা; অবরুদ্ধ করা: ~ off an area of land. **One's lips are ~ed** বিষয়টি গোপন রাখতে হবে; মুখে তালা দেওয়া হয়েছে। **~ed orders** জাহাজের অধ্যক্ষের (কিংবা অন্য দায়িত্ববান ব্যক্তির) কাছে প্রদত্ত লেফাফাবদ্ধ নির্দেশাবলী, যা তিনি একটি নির্দিষ্ট সময়ে বা স্থানে খুলতে পারবেন; মোহরাঙ্কিত হুকুমনামা। **~·ing-wax** *n* গালা; লাক্ষা। ২ মীমাংসা/ নিষ্পত্তি/ দফারফা করা: ~ a bargain. The plan of the project is ~ed.

seal·skin [ˌসীল্‌স্‌কিন্] দ্র. seal.

seam [সীম্] *n* [C] ১ যে রেখা বরাবর কাপড়, চামড়া ইত্যাদির দুই প্রান্ত উল্টিয়ে সেলাই করা হয়; সীবন; সন্ধিমুখ; জোড়; জোড়মুখ। ২ যে রেখা বরাবর দুইটি প্রান্ত (যেমন জাহাজের ডেকের তক্তার) পরস্পর মিলিত হয়; বাইন; জোড়া; ফলসন্ধি। ৩ অন্য পদার্থের (যেমন শিলা, কাদা ইত্যাদির) স্তরের মধ্যবর্তী কয়লা ইত্যাদির স্তর; পরত; থাক। ৪ সন্ধিমুখের মতো দাগ; বলি (যেমন মুখের কুঞ্চিতচামড়ায়)। □*vt* (বিশেষত *pp*, মুখ সম্বন্ধে) **~ed with** বলিচিহ্নিত; কাটা দাগযুক্ত। **~·less** *adj* সন্ধিহীন; একখানি অখণ্ড কাপড়ে তৈরি; বিজোড়।

seamy [ˈসীমি] *adj* (-ier, -iest) (প্রধানত লাক্ষ., বিশেষত) **the ˈ~ side (of life)** (জীবনের) কম আকর্ষণীয় দিক; দারিদ্র্য, অপরাধ ইত্যাদি; (জীবনের) কুৎসিত দিক।

sé·ance [ˈসেইআ:নস্] *n* আধ্যাত্মিক ব্যাপারাদির পর্যেষণার (যেমন মৃতের সঙ্গে ভাবের আদানপ্রদানের) জন্য বৈঠক; অধ্যাত্ম বৈঠক।

sear[1] [সিআ(র্)] *vt* ১ বিশেষত তপ্ত লৌহ দিয়ে দগ্ধ করা বা ঝলসে দেওয়া; বিষাক্ত ক্ষত, সর্পদষ্ট স্থান ইত্যাদি পোড়ানো (= cauterize); ছেঁকা দেওয়া; অগ্নিকর্ম করা। ˈ**~·ing-iron** *n* অগ্নিক্রিয়ার জন্য লৌহশলাকা; দাগানি। ২ (লাক্ষ.) (হৃদয়, বিবেক ইত্যাদি) কঠিন ও নিঃসাড় করা।

sear,[2] **sere** [সিআ (র্)] *adj* (সাহিত্য.) শুকনা; বিশুষ্ক; পরিশুষ্ক; পরিম্লান।

search [স্যচ্] *vt,vi* ১ **~ (sb/ sth) (for sb/ sth) ~ sth/ sth out** তল্লাশি/ তালাশ করা; অনুসন্ধান/ অন্বেষণ করা; খোঁজা; সন্ধান করা; ঢোঁড়া; ঘাঁটা: ~ a suspected criminal; ~ through dictionaries. **~ out** খুঁজে/ ঢুঁড়ে বেড়ানো/ ফেরা: ~ out an old acquaintance. **~ one's heart/ conscience** নিজ হৃদয়/ বিবেক পরীক্ষা করা। ˌ**S~ ˈme!** (কথ্য) (আপনি যা জিজ্ঞাসা করছেন সে বিষয়ে) আমি নেহায়েত অজ্ঞ/ আমার কোনো ধারণা নেই। ২ (সাহিত্য.) গভীরে প্রবেশ করা; প্রতিটি অংশে প্রবিষ্ট হওয়া: Floods of rain ~ed the house. □*n* [C,U] ১ সন্ধান; তল্লাশ; অন্বেষণ; অনুসন্ধান। **right of ~** যুদ্ধলিপ্ত দেশের জাহাজ কর্তৃক নিরপেক্ষ কোনো দেশের জাহাজ (নিষিদ্ধ পণ্য ইত্যাদির জন্য) তল্লাশি করার অধিকার; তল্লাশির অধিকার। ˈ**~·light** *n* শক্তিশালী আলো, যার রশ্মি যে কোনো দিকে ঘোরানো যায়; সন্ধানী আলো; অন্বেষক আলো। ˈ**~-party** *n* হারানো কোনো ব্যক্তি বা বস্তুর সন্ধানে নিয়োজিত দল; অনুসন্ধায়ী দল; অন্বেষ্টা দল। ˈ**~-warrant** *n* (খাস) তল্লাশির পরওয়ানা। ২ (আইন.) জমি বা সম্পত্তি কেন কেনা হবে না (যেমন ঘর-বাড়ি ভেঙে ফেলার পরিকল্পনার জন্য), এতদ্‌বিষয়ে (স্থানীয় কর্তৃপক্ষের কাছে আইনজ্ঞ প্রভৃতি কর্তৃক) অনুসন্ধান; হেতুসন্ধান। **~er** *n* অন্বেষ্টা; অন্বেষক; অনুসন্ধায়ী; তল্লাশি। **~·ing** *adj* (দৃষ্টি সম্বন্ধে) তল্লাশি; অনুসন্ধানী; অন্বেষী আনুপুঙ্খিক। **~·ing·ly** *adv* তন্ন তন্ন করে; পুঙ্খানুপুঙ্খভাবে।

sea·son [ˈসীজ্‌ন্] *n* [C] ১ ঋতু; মৌসুম। ২ কোনো কিছুর জন্য উপযোগী বা স্বাভাবিক কিংবা কোনো কিছুর সঙ্গে ঘনিষ্ঠভাবে সম্পর্কিত সময়; মৌসুম: The ˈfootball ~; the ˈdead ~, the ˈoff ~. (হোটেল প্রভৃতিতে) যে সময়ে অতিথিসমাগম বড়ো একটা থাকে না; মন্দা/ মরা মৌসুম। **the ~'s greetings** (বড়োদিনের শুভেচ্ছালিপিতে যেমন লেখা থাকে) মৌসুমের শুভকামনা। **in/ out of ~** (ক) (খাদ্য সম্বন্ধে) সাধা. প্রাপণীয়/ অপ্রাপণীয়; আর্তব/অনার্তব: Mangoes are out of ~ now, আমের এটা মৌসুম নয়। (খ) যখন অধিকাংশ লোক ছুটি নেয়/ নেয় না; মৌসুমে/ মৌসুমের বাইরে। ˌ**in (~) and ˈout of ~** অহরহ; উঠতে বসতে; সর্বক্ষণ। **a word in ~** সময়োচিত পরামর্শ/ উপদেশ। ˈ**close/ the ˈopen ~,** দ্র. close[1] (১২), open[1] (১১). ˈ**~-ticket** *n* (ক) যে টিকিট মালিককে একটি নির্দিষ্ট সময়-পরিসরের মধ্যে একটি নির্দিষ্ট যাতায়াত-পথে এক স্থান থেকে অন্য স্থানে যতোবার খুশি যাতায়াত করার অধিকার

দেয়; মৌসুমি টিকিট: a six-month ~ (-ticket). তুল. US commutation ticket. **(খ)** যে টিকিট মালিককে একটি নির্দিষ্ট সময়-পরিসরের মধ্যে কোনো বিনোদন-স্থানে (যেমন সঙ্গীতশালায়) (টিকিটে উল্লিখিত অনুষ্ঠানসমূহ উপভোগ করার জন্য) যতোবার খুশি প্রবেশ করার অধিকার দেয়; মৌসুমি টিকিট। □*vt,vi* ১ (কাঠ ইত্যাদি) পাকা করা বা হওয়া; পাকানো; অভ্যস্ত করা: well-~ed wood. We are not yet ~ed to this dry weather. ২ **~ (with)** (খাদ্য) (লবণ, গোলমরিচ, লঙ্কা ইত্যাদি যোগে) স্বাদগন্ধযুক্ত করা; স্বাদিত করা: vegetables ~ed with pepper; highly ~ed dishes; (লাক্ষ.) conversation ~ed with wit, রসিকতার ফোঁড়ন দেওয়া কথোপকথন। ৩ (সাহিত্য.) নরম করা; সংযত/ সহনীয় করা। **~·ing** *n* [C,U] খাদ্যকে সুস্বাদ করার জন্য যা যোগ করা হয়; মশলা; স্বাদনদ্রব্য।

sea·son·able [৷সীজ়নাব্‌ল্] *adj* ১ (আবহাওয়া সম্বন্ধে) ঋতু অনুযায়ী যেমন প্রত্যাশিত; কালোচিত; মৌসুমোচিত। (সাহায্য, পরামর্শ, উপহার ইত্যাদি সম্বন্ধে) সময়োচিত; যথাকালীন।

sea·sonal [৷সীজ়ন্‌ল্] *adj* ঋতুনির্ভর; মৌসুমি; আবর্ত: ~ occupations (যেমন ধানকাটা); a ~ trade. **~ly** [-নালি] *adv* মৌসুম মাফিক।

seat [সীট্] *n* ১ আসন; পীঠ। **keep one's ~** নিজের আসনে অবস্থান করা; আসন ছেড়ে না ওঠা। **lose one's ~** নিজের আসন হারানো। নীচে ৪ দ্র.। **take a ~** আসন গ্রহণ করা; বসা। **take one's ~** (সভাকক্ষ, রঙ্গশালা প্রভৃতি স্থানে) নিজের আসনে উপবেশন করা। **take a back ~,** দ্র. back[8] (৩). ৷**~-belt** *n* যাত্রীবাহী যান বা বিমানের আসনের দুই পার্শ্বে বাঁধা নিরাপত্তামূলক চামাটি (যা কটিবন্ধের মতো পরা হয়); পিছনের কটিবন্ধ। ২ চেয়ার, টুল, বেঞ্চ ইত্যাদির যে অংশে বসা হয় (পিঠ, পায়া ইত্যাদির সঙ্গে বৈপরীত্যক্রমে); আসন: a ৷chair-~. ৩ পাছা; প্যান্ট ইত্যাদির পাছা: a hole in the ~ of one's trousers. ৪ (সিনেমা, সংসদ ইত্যাদির) আসন। **take one's ~** (সংসদে) সদস্যপদে আসীন হওয়া। **win a ~** (নির্বাচনে) একটি আসনে জয়ী হওয়া। **lose one's ~** সংসদ-নির্বাচনে পরাজিত হওয়া। ৫ যে স্থানে কোনো কিছু অবস্থিত বা কোনো কিছু সম্পন্ন হয়; কেন্দ্র; পীঠ: the ~ of government; a ~ of learning. ৬ **(৷country-)৷~** (সাধা. বৃহৎ কোনো ভূসম্পত্তির কেন্দ্রস্বরূপ) গ্রামস্থিত বৃহৎ বাসভবন; নিবাস; বসতবাটি। ৭ (বিশেষত ঘোড়ার পিঠে) বসার ধরন: have a good ~, উত্তমরূপে অশ্ব চালনা করা। □*vt* ১ **~ oneself; be ~ed** (আনুষ্ঠা.) উপবেশন করা। ২ বসানো; আসন থাকা: a hall that ~s 1000. ৷**~·ing-room** *n* [U] আসন; বসার জায়গা: a classroom with ৷~ing-room for 20 students. ৩ (সাধা. **re~**) আসন বা (পোশাকের) পাছা মেরামত/ সংস্কার করা: ~ a chair/ an old pair of trousers.

seb·aceous [সি৷বে ইশাস্] *adj* চর্বি সম্বন্ধী; স্নৈহিক: ~ duct, স্নৈহিক নালী; ~ gland স্নেহগ্রন্থি।

sec [সেক্] *n* সেকেন্ড (-এর অপ. সং.)। দ্র. mo.

sec·ant [৷সীকন্‌ট্] *adj* (গণিত) পরস্পরছেদী। □*n* ১ [ত্রিকোণ. সমকোণ ত্রিভুজে কোণের অপেক্ষক (function)]। ২ (জ্যা.) ছেদক; ছেদকরেখা।

seca·teurs [৷সেকাটাজ়্] *n pl* ঝোপ ইত্যাদির ডালপালা ছাঁটার জন্য কাচিবিশেষ; কাটারি।

se·cede [সি৷সীড্] *vi* **~ (from)** (রাষ্ট্র, সংগঠন ইত্যাদির সদস্যপদ থেকে) খারিজ হওয়া; পৃথক/ বিচ্ছিন্ন হওয়া।

se·cession [সি৷সেশ্‌ন্] *n* [U,C] অপসরণ। **~·ist** [-শানিস্‌ট্] *n* বিচ্ছিন্নতাবাদী।

se·clude [সি৷কলূড্] *vt* **~ sb/ oneself (from)** বিবিক্ত/ বিচ্ছিন্ন/ অসম্পৃক্ত করা: ~ oneself from society. **~d** *adj* (বিশেষত স্থান সম্বন্ধে) বিবিক্ত; নির্জন; নিরালা; বিজন; নিভৃত। **se·clu·sion** [সি৷কলূজ়্‌ন্] *n* [U] বিবিক্তকরণ; নির্জনতা; নির্জন/ নিভৃত স্থান; নিঃসঙ্গতা; অপসরণ: live in seclusion.

sec·ond[1] [৷সেকন্‌ড্] *adj* ১ (সং. 2nd) দ্বিতীয়; দোসরা; দ্বৈতীয়িক। ৷**~-৷best** *adj* সর্বোত্তমের অব্যবহিত পরবর্তী; দুনম্বর ভালো। □*n, adv:* He's not satisfied with ~-best. **come off ~-best** হেরে যাওয়া। ৷**~-৷class** *adj, n* **(ক)** দ্বিতীয় শ্রেণী/ শ্রেণীর: ~-class mail, (কম মাশুলে প্রেরিত) দ্বিতীয় শ্রেণীর ডাক। **(খ)** (পরীক্ষায়) দ্বিতীয় শ্রেণী: take a ~-class (degree) in philosophy. **(গ)** অবর (বলে বিবেচিত); দ্বিতীয় শ্রেণীর: ~-class citizens. □*adv* দ্বিতীয় শ্রেণীতে: go/ travel ~-class. **~ floor** *n* (GB) তেতলা; (US) দোতলা: (attrib) a ~-floor apartment, দোতলা বা তিনতলার মহল। ৷**~-৷hand** *adj* **(ক)** পূর্বে অন্যের মালিকানায় ছিল এমন; পুরাতন; ব্যবহৃত: ~-hand books/ furniture/car. **(খ)** (সংবাদ, জ্ঞান সম্বন্ধে) অন্যের কাছ থেকে লব্ধ; অন্যলব্ধ; পরলব্ধ: get news ~-hand. **~ lieutenant** *n* সেনাবাহিনীতে সর্বনিম্ন সনদপ্রাপ্ত পদ; সেকেন্ড লেফটেনান্ট। ৷**~-৷rate** *adj* নিম্নতর শ্রেণীর; অপকৃষ্ট; মাঝারি মানের: a man with ~-rate brains. অতএব, ৷**~-৷rater** *n* মাঝারি মানের বুদ্ধিমত্তা বা কর্মদক্ষতাসম্পন্ন লোক; মাঝারি গোছের মেধাবী। ৷**~ ৷sight** *n* ভবিষ্যতের বা দূরের ঘটনাবলী প্রত্যক্ষবৎ দেখার ক্ষমতা; পরাদৃষ্টি। সুতরাং, ৷**~-৷sighted** *adj* পরাদৃষ্টিসম্পন্ন। ৷**~ ৷teeth** *n* শিশুর দুধ-দাঁত পড়ে যে দাঁত ওঠে; উত্তর-দাঁত। ৷**~ ৷wind,** দ্র. wind[1] (৩). **~ to none** কারো চেয়ে কম নয়; অনতিক্রান্ত। ২ অতিরিক্ত; বাড়তি: a ~ pair of trousers. ৩ ৷**S~ ৷Advent/ ৷Coming** শেষ বিচারের দিন যিশু খ্রিস্টের প্রত্যাবর্তন; পুনরাবির্ভাব। ৷**~ ৷ballot** নির্বাচনের পদ্ধতিবিশেষ, যাতে প্রথম বারের বিজয়ী প্রার্থী পঞ্চাশ শতাংশের কম ভোট পেলে তাঁর এবং তাঁর নিকটতম প্রতিদ্বন্দ্বীর মধ্যে দ্বিতীয় বার নির্বাচন অনুষ্ঠিত হয়; দ্বিতীয় নির্বাচন। ৷**~ ৷chamber** *n* দুই পরিষদবিশিষ্ট সংসদে উচ্চতর ব্যবস্থাপরিষদ; দ্বিতীয় কক্ষ। ৷**~ ৷nature** *n* সহজাত প্রবৃত্তিতে পরিণত অর্জিত প্রবণতা; অপরপ্রকৃতি। ৷**~ ৷thoughts** পুনর্বিবেচনার পর গৃহীত মতামত বা সিদ্ধান্ত; আরো চিন্তাভাবনা। ৪ বিগত কোনো কিছুর সঙ্গে এক শ্রেণীভুক্ত; দ্বিতীয়; দোসরা: a ~ Newton. ৷**~ ৷childhood** *n* মানসিক ক্ষমতা লাঘবসহ বার্ধক্য; দ্বিতীয় শৈশব। ৷**~ ৷cousin** *n* দ্র. cousin. **play ৷~ ৷fiddle (to sb)** কারো চেয়ে অপ্রধান ভূমিকা পালন করা। □*adv* দ্বিতীয় স্থানে; গুরুত্ব বা পারম্পর্যের দিক থেকে দ্বিতীয়। **~·ly** *adv* দ্বিতীয়ত; অধিকন্তু।

second[2] [৷সেকান্‌ড্] *n* ১ দ্বিতীয় স্থানবর্তী বস্তু বা ব্যক্তি: The ~ of July; Elizabeth the s~. **get a ~** (পরীক্ষায়) দ্বিতীয় শ্রেণী পাওয়া। ২ দ্বিতীয় ব্যক্তি: He's the ~ to receive that award. ৩ (*pl*) মধ্যম মানের পণ্য। ৪ (*pl*) খাওয়ার সময়ে দ্বিতীয় বারে নেওয়া

ভোজ্যসামগ্রী। ৫ দ্বন্দ্বযুদ্ধে মূল প্রতিদ্বন্দ্বী কর্তৃক নির্বাচিত তাঁর সহকারী; মুষ্টিযুদ্ধ প্রতিযোগিতায় মুষ্টিযোদ্ধার সহকারী।

sec·ond[3] [ˈসেকান্ড্] *n* ১ (ˊˊ চিহ্ন দ্বারা নির্দিষ্ট) মিনিটের (সময় বা কোণের) $\frac{1}{60}$ ভাগ; সেকেন্ড। দ্র. পরি. ৫। ˈ**~-hand** *n* সেকেন্ডের কাঁটা। অপিচ দ্র. second[1] (১) ভুক্তিতে ~-hand. ২ মুহূর্ত; পলক; নিমেষ।

se·cond[4] [ˈসেকান্ড্] *vt* ১ (বিশেষত দ্বন্দ্বযুদ্ধ বা মুষ্টিযুদ্ধে) সহায়তা করা; সমর্থন দেওয়া। ২ (বিতর্কে প্রস্তাব) সমর্থন করা। **~er** *n* (প্রস্তাবের) সমর্থক।

se·cond[5] [সিˈকন্ড্ US ˈসেকান্ড্] *vt* (GB দাপ্তরিক, বিশেষত সামরিক প্রয়োগ) স্বাভাবিক দায়িত্ব থেকে সরিয়ে নিয়ে বিশেষ দায়িত্বে নিয়োগ করা: Col. Wilson was ~ed for service in the Defence Ministry. ˈ**~·ment** *n* বিশেষ দায়িত্বে নিয়োজন বা নিয়োগপ্রাপ্তি।

sec·ond·ary [ˈসেকান্ড্রি US –ডেরি] *adj* অমুখ্য; গৌণ; অপ্রধান; মাধ্যমিক; মধ্যম: ~ education/ schools. **sec·ond·ar·ily** [–ড্রালি US –ডের ালি] *adv* অমুখ্যত; গৌণত।

se·crecy [ˈসীক্রাসি] *n* [U] গোপনীয়তা; গোপনীয়তা রক্ষা; গোপনীয়তা রক্ষার ক্ষমতা: rely on sb's ~; in ~, গোপনে। **swear/ bind sb to ~** গোপনীয়তা রক্ষার প্রতিশ্রুতিবদ্ধ করা।

se·cret [ˈসীক্রিট্] *adj* ১ গোপন; গোপনীয়; গুপ্ত; গূঢ়; সঙ্গুপ্ত: a ~ marriage; a ~ door. **the** ˌ**~** ˈ**service** সরকারি গুপ্তচর বিভাগ। ˌ**~** ˈ**agent** *n* উক্ত বিভাগের সদস্য (বিদেশী সরকারের পক্ষে কাজ করলে 'spy' বলা হয়, নিজ সরকারের পক্ষে কাজ করলে বলা হয় '~ agent')। ২ (স্থান সম্বন্ধে) নির্জন; নিরালা; গুপ্ত; গোপন। ৩ = secretive (অধিক প্রচলিত)। □*n* ১ [C] গোপন কথা; গুপ্ত কথা; গূঢ়বিষয়; রহস্য। **keep a ~** অন্য কাউকে না বলা; কোনো কথা/ বিষয় গোপন রাখা। **in the ~** গুপ্ত বিষয়ের সঙ্গে জড়িত থাকা; গুপ্ত কথার অংশীদার হওয়া: He's not in the ~. **let sb into a/the ~** গূঢ়বিষয়/ গুপ্তকথার অংশীদার করা। **(be) an open ~** (গোপনীয় বলে কথিত কোনো বিষয় সম্বন্ধে) যা অনেকেই জানে; সর্বজনবিদিত গোপন বিষয়। ২ [C] গূঢ় কারণ; রহস্য: the ~ of his success. ৩ [U] = secrecy: tell sth in ~. ৪ [C] রহস্য; গূঢ় তাৎপর্য: the ~s of nature. **~·ly** *adv* গোপনে; সঙ্গোপনে।

sec·re·tariat [ˌসেক্রাˈটেআরিআট্] *n* কোনো বৃহৎ সংগঠনের মহাসচিবের কর্মচারীবৃন্দ বা দপ্তর; সচিবালয়।

sec·re·tary [ˈসেক্রাট্রি US –রাটেরি] *n* (*pl* -ries) ১ দপ্তরের কর্মচারীবিশেষ, যিনি চিঠিপত্র আদানপ্রদান করেন, কাগজপত্র সংরক্ষণ করেন, দপ্তরে কর্মচারী–বিশেষের নিয়োগ কিংবা কর্মকর্তাবিশেষের কাজকর্মের ব্যবস্থা করেন (প্রায়শ private ~ নামে পরিচিত); সচিব। ২ কোনো সমিতি, ক্লাব বা অন্য সংগঠনের চিঠিপত্র লেখা, কাগজপত্র সংরক্ষণ এবং অন্যান্য কাজের দায়িত্বে নিয়োজিত কর্মকর্তা; সম্পাদক; সচিব: honorary ~ (সং. hon sec). ৩ (GB) **S~ of State** কোনো সরকারি দপ্তরের দায়িত্বপ্রাপ্ত মন্ত্রী। (US) **S~ of State** পররাষ্ট্র দপ্তরের প্রধান। **S~ of the treasury** রাজস্ব মন্ত্রী। **Permanent S~** সিভিল সার্ভিসের জ্যেষ্ঠ বা গরিষ্ঠ কর্মকর্তা; স্থায়ী সচিব। ˌ**S~** ˈ**General** কোনো বৃহৎ সংগঠনের (যেমন জাতিসঙ্ঘের) প্রধান নির্বাহী কর্মকর্তা; মহাসচিব। **sec·re·tar·ial** [ˌসেক্রাˈটেআরিআল্] *adj* সচিব বা সচিবের কাজ সংক্রান্ত: secretarial duties/ course.

se·crete [সিˈক্রীট্] *vt* ১ ক্ষরণ/নিঃসরণ/স্যন্দন করা; চুয়ানো। ২ গোপন স্থানে বা লুকিয়ে রাখা। **se·cre·tion** *n* ১ [U] ক্ষরণ; নিঃসরণ; নিস্যন্দ; স্যন্দন; [C] যা ক্ষরিত হয় (যেমন লালা, পিত্ত ইত্যাদি) নিঃসরণ। ২ লুকিয়ে ফেলার কাজ; লুকানি; সংগুপ্তি: the secretion of stolen goods.

se·cret·ive [ˈসীক্রাটিভ্] *adj* গোপন রাখতে অভ্যস্ত; নিজের চিন্তা, অনুভূতি, অভিপ্রায় ইত্যাদি লুকানোর প্রবণতাবিশিষ্ট; গূঢ়প্রকৃতি; গোপনপ্রবণ; গোপনতাপ্রিয়। **~·ly** *adv* নিগূঢ়ভাবে; সংগোপনে। **~·ness** *n* গোপনপ্রবণতা; গোপনপ্রিয়তা; গূঢ়চারিতা।

sect [সেক্ট্] *n* [C] (বিশেষত ধর্মীয় ব্যাপারে) সাধারণভাবে প্রচলিত মতবিশ্বাস থেকে স্বতন্ত্র মতবিশ্বাস পোষণকারী ব্যক্তিদের সম্প্রদায়; পন্থ; উপদল; ভিন্নমার্গ; ফেরকা।

sec·tarian [সেক্ˈটেআরিআন্] *n,adj* পন্থ বা উপদল–সম্বন্ধী; উপদলীয় সদস্য বা সমর্থক: ~ jealousies, উপদলীয় অসূয়া; ~ politics, উপদলীয় রাজনীতি (যাতে জনগণের কল্যাণের চেয়ে উপদলবিশেষের স্বার্থই প্রাধান্য পায়। **~·ism** [–নিজাম্] *n* [U] উপদলে বিভক্ত হওয়ার প্রবণতা; উপদলের স্বার্থে কাজ; উপদলীয়তা।

sec·tile [সেক্টাই ল্] *adj* (বিশেষত নরম ধাতু সম্বন্ধে) কর্তনযোগ্য; ছেদ্য; ছেদপ্রবণ।

sec·tion [ˈসেক্শ্ন্] *n* [C] ১ কর্তিতাংশ; চিলতে; কোয়া; কোষ: the ~ of an orange. ২ যে সব অংশ জুড়ে কোনো কাঠামো নির্মাণ করা যায়, তাদের যে কোনো একটি; পর্ব; ভাগ; সেগা; খণ্ড; অবচ্ছেদ: fit together the ~s of a complete prefabricated building. ৩ বিভাগ; উপবিভাগ: the ˈPostal S~; (লেখার) পরিচ্ছেদ; প্রকরণ; অনুচ্ছেদ: ˈ~ mark, § চিহ্ন; (শহর, কাউন্টি, দেশ বা সম্প্রদায়ের) এলাকা; অঞ্চল; পল্লী; পাড়া; মহল্লা: ˌresidential/ˈshopping ~ (এই অর্থে 'area' অধিক প্রচলিত)। ৪ কোনো বস্তুকে সোজাসুজি ছেদন করলে যেমন দেখা যাবে সেই রকম দৃশ্য বা প্রতিরূপায়ণ; পাতলা ফালি, যেমন অনুবীক্ষণে পরীক্ষা করার উপযোগী দেহকলার কর্তিতাংশ; ছেদ। **~al** [–শান্ল্] *adj* ১ বিভিন্ন অংশে বিভক্ত করে তৈরি বা সরবরাহকৃত; অংশিত: a ~al fishing rod; ~al furniture. ২ গোষ্ঠীগত; সম্প্রদায়গত: ~al interests, গোষ্ঠীস্বার্থ; ~al jealousies. **~·al·ism** [–শানালিজাম্] *n* সমগ্র সম্প্রদায়ের স্বার্থের চেয়ে গোষ্ঠীস্বার্থের প্রতি অধিক নিষ্ঠা; গোষ্ঠীপরতন্ত্রতা।

sec·tor [ˈসেক্ট(র্)] *n* [C] ১ বৃত্তের কেন্দ্র থেকে পরিধি পর্যন্ত বিস্তৃত দুটি সরল রেখার মধ্যবর্তী অংশ; বৃত্তকলা। ২ সামরিক তৎপরতা নিয়ন্ত্রণ করার জন্য যুদ্ধক্ষেত্রকে যে সব এলাকায় বিভক্ত করা হয়, তাদের যে কোনো একটি; মণ্ডল। ৩ কর্মকাণ্ডের, বিশেষত কোনো দেশের অর্থনৈতিক কর্মকাণ্ডের এলাকাবিশেষের অংশ বা উপবিভাগ; শাখা; খাত: the manufacturing ~; the service ~. ˈ**private ~** *n* (কেবল *sing*) সমষ্টিগতভাবে ব্যক্তি–মালিকানাধীন সকল শিল্প; বেসরকারি শাখা। ˈ**publice ~** *n* রাষ্ট্রীয় শাখা; রাষ্ট্রায়ত্ত সকল শিল্প প্রতিষ্ঠান।

secu·lar [ˈসেকিউলা(র্)] *adj* ১ পার্থিব; ইহজাগতিক; জড়–জাগতিক; লোকায়ত: ~ state; ~ education; ~ art/ music; the ~ power, গির্জার সঙ্গে বৈপরীত্যক্রমে রাষ্ট্র; লোকায়ত রাষ্ট্রশক্তি। দ্র. sacred. ২ আশ্রমের বাইরে বসবাসরত; জনপদবাসী; জনপদ: the ~

clergy, গ্রামাঞ্চলে কর্মরত পাদ্রি প্রভৃতি। **~·ism** [-রিজাম্] *n* [U] নৈতিকতা ও শিক্ষা ধর্মকেন্দ্রিক হওয়া উচিত নয়, এই মতবাদ; ইহজাগতিকতা; ইহবাদ। **~ist** [-রিস্ট্] *n* ইহবাদী। **~·ize** [-রাইজ্] *vt* লোকায়ত করা: ~ize church property/courts. **~·iz·ation** *n* লোকায়তকরণ; ইহজাগতিকীকরণ।

se·cure [সি'কিয়ুউআ(র্)] *adj* ১ উদ্বেগমুক্ত; নিঃশঙ্ক; নিশ্চিন্ত; নিরুদ্বেগ: feel ~ about one's future. ২ নিশ্চিত; সুনিশ্চিত: a ~ position in the civil service. ৩ নিরাপদ; দৃঢ়; ঝুঁকিরহিত; বিপদ-ভয়রহিত: a ~ foothold. ৪ **~ (from/ against)** নিরাপদ: ~ from attack. □*vt* ১ শক্ত করে লাগানো; আঁটা: ~ the doors and windows. ২ **~ sth (against/ from)** সুরক্ষিত/ নিরাপদ করা; নিশ্চিত করা; নিরাপত্তা নিশ্চিত করা: ~ a house against burglary. ৩ জোগাড় করা; বাগানো: ~ a good job. **~·ly** *adv* নিরাপদে; নির্বিঘ্নে; নিশ্চিতভাবে।

se·curi·cor [সি'কিয়ুউআরিকো °(র্)] *n* (P) অর্থ ও অন্যান্য মূল্যবান সামগ্রীর নিরাপদ পরিবহন, সম্পত্তির নিরাপত্তাবিধান ইত্যাদির জন্য বাণিজ্যিক প্রতিষ্ঠান।

se·cur·ity [সি'কিয়ুউআরাটি] *n* (*pl* -ties) ১ [C, U] নিরাপত্তা; নিরাপদতা; ক্ষেম: in ~, নিরাপদে; নির্বিঘ্নে। **the Se'curity Council** (জাতিসঙ্ঘের) নিরাপত্তা পরিষদ। **~ police/ forces** (গুরুত্বপূর্ণ ব্যক্তি বা স্থানের সুরক্ষা এবং বিদেশী গুপ্তচরদের কর্মতৎপরতা ব্যাহত করার জন্য) নিরাপত্তাবাহিনী। **'~ risk** রাজনৈতিক সংশ্রব ইত্যাদি কারণে রাষ্ট্রীয় নিরাপত্তার জন্য বিপজ্জনক ব্যক্তি; নিরাপত্তা-ঝুঁকি। ২ [C,U] ঋণ-পরিশোধ কিংবা প্রতিশ্রুতিপালনের অঙ্গীকার স্বরূপ প্রদত্ত কোনো মূল্যবান বস্তু, যেমন জীবন-বিমা পলিসি; জামিন; প্রতিভূতি: lend money on ~; give sth as (a) ~. ৩ [C] সম্পত্তির (বিশেষত তমসুক, পরিপণ ও শেয়ারের) মালিকানাসূচক দলিল, সনদপত্র ইত্যাদি; প্রাতিভাব্য: government securities.

se·dan [সি'ড্যান্] *n* ১ **,~(-'chair)** ১৭ ও ১৮ শতকে প্রচলিত এক ব্যক্তির জন্য দুই বেহারার পালকিবিশেষ; শিবিকা; ডুলি। ২ চার বা ততোধিক ব্যক্তির জন্য সম্পূর্ণ আবৃত মোটরগাড়ি; সিডান।

se·date [সি'ডেইট্] *adj* (ব্যক্তি বা তার আচরণ সম্বন্ধে) অচঞ্চল; অক্ষুব্ধ; সমাহিত; শান্ত; প্রসন্ন। **~·ly** *adv* প্রশান্তভাবে; অবিচলিতভাবে। **~·ness** *n* সৌশাম্য; প্রসত্তি।

se·da·tion [সি'ডেইশ্‌ন্] *n* [U] প্রশান্তিদায়ক ঔষধ প্রয়োগে চিকিৎসা; ঐরূপ চিকিৎসাজনিত অবস্থা; প্রশমন; প্রশমিত অবস্থা: be under ~.

seda·tive ['সেডাটিভ্] *n,adj* স্নায়বিক উত্তেজনা ও মানসিক অস্থিরতা প্রশমিত করে এমন (ঔষধ); শমক। দ্র. tranquil ভুক্তিতে Tranquillizer.

sed·en·tary ['সেড্‌ন্ট্রি US -টেরি] *adj* (কাজ সম্বন্ধে) বসে বসে করতে হয় এমন; (ব্যক্তি সম্বন্ধে) অধিকাংশ সময় উপবিষ্ট থাকে এমন; আসনাশ্রিত; আসনারূঢ়।

sedge [সেজ] *n* [U] জলাভূমি বা জলের কিনারে গজানো ঘাসজাতীয় উদ্ভিদবিশেষ; এরকা; হোগলা।

sedi·ment ['সেডিমান্ট্] *n* [U] তলানি; কল্ক; গাদ; পলি। **sedi·men·tary** [,সেডি'মেনট্রি] *adj* পাললিক: ~ary rocks, যেমন শ্লেট, বেলেপাথর, চুনাপাথর।

se·di·tion [সি'ডিশ্‌ন্] *n* [U] মানুষকে কর্তৃপক্ষের বিরুদ্ধে খেপিয়ে তোলা, সরকার অমান্য করতে প্ররোচিত করা ইত্যাদি উদ্দেশ্যে কোনো কথা বা কাজ; রাজবৈর: incitement to ~. **se·di·tious** [সিডিশাস্] *adj* রাজবৈরী: seditious speeches/ writings.

se·duce [সি'ডিয়ুস্ US -ডূস্] *Vt* **~ sb (from/ into sth)** ১ ভ্রষ্ট করা; কুকর্মে প্ররোচিত করা; (পাপকর্মে) প্রলোভিত/ প্রলুব্ধ করা: ~ sb from his duty. ২ আকর্ষণশক্তি, জাগতিক জ্ঞান ইত্যাদির সাহায্যে অপেক্ষাকৃত কম সংসারাভিজ্ঞ কাউকে যৌনমিলনে সম্মত করা; প্রলোভিত/ প্রলুব্ধ করা: She was ~d by the young man's honeyed words. **se·ducer** *n* যে ব্যক্তি প্রলোভিত করে; প্রলোভক; প্রতারক।

se·duc·tion [সি'ডাকশ্‌ন্] *n* ১ [U, C] প্রলোভন; প্রলোভিত হওন। ২ অত্যন্ত আকর্ষণীয় ও মনোমুগ্ধকর কোনো বস্তু; প্রলোভন: surrender to the ~ of the big city. **se·duc·tive** *adj* প্রলুব্ধকর; মনোমোহন; চিত্তাকর্ষক; লোভনীয়; মনোলোভা: seductive smiles; a seductive offer. **se·duc·tive·ly** *adv* মনোমোহনরূপে ইত্যাদি।

sedu·lous ['সেডিয়ুলাস্] US 'সেজুলাস্] *adj* নিয়ত প্রযত্নপর; অধ্যবসায়ী; অধ্যবসায়পূর্ণ: pay ~ attention to a young lady. **~·ly** *adv* অধ্যবসায়ের সঙ্গে।

see[1] [সী] *vi,vt* (*pt* saw [সো °], *pp* seen [সীন্]) (*adv part* ও *preps* -সহ প্রয়োগের জন্য নীচে ১১ দ্র.) ১ (প্রায়শ can, could-সহ; ঘটমান কালে ব্যবহার বিরল) দেখা; দেখতে পাওয়া; দর্শন করা। **seeing is believing** (প্রবাদ) নিজের চোখে যা দেখা যায় সেটাই সবচেয়ে সন্তোষজনক প্রমাণ। **be 'seeing things** (মাতালের মতো) অলীক বস্তু দর্শন করা। ২ (প্রায়শ can ও could-সহ; ঘটমান কালে প্রয়োগ নেই) দেখতে পারা/পাওয়া; দেখা: Do you see that bird hovering over the house ? He saw the burglar breaking the door open. **see the back of sb** কারো হাত থেকে নিস্তার পাওয়া; শেষ বারের মতো দেখা; মুখ দেখতে না পাওয়া। **see the last of sb/ sth** চুকিয়ে দেওয়া; শেষ বারের মতো দেখা। **see the sights** পর্যটক হিসাবে দর্শনস্থানসমূহ দর্শন করা। **see stars** চোখে সর্ষে ফুল দেখা। **see visions** ভবিষ্যদ্দর্শন করা; ভবিষ্যদ্দর্শী হওয়া। **see one's way (clear) to doing sth** কিভাবে ব্যবস্থা করা যাবে, বুঝে ওঠা; কিছু করার আগ্রহ বোধ করা: He saw his way to sending his son abroad. ৩ (*imper*-এ) তাকানো; দেখা: See, how she looks. ৪ (ঘটমান কালে ব্যবহৃত হয় না) বোঝা; বুঝে ওঠা; বুঝতে পারা; ধরতে পারা; দেখা: Did you see the point of the story ? As far as I can see, ...; I hope I'll be able to lend a hand, but I'll have to see, পরিস্থিতি বোঝার জন্য অপেক্ষা করতে হবে। **see for oneself** স্বচক্ষে/ নিজে দেখা। **not see the use/ good/ fun/ advantage of doing sth** কোনো কিছু করার সার্থকতা/ মজা/ উপকারিতা ইত্যাদি সম্বন্ধে সংশয় বোধ করা। **you see** (বাক্যের মাঝখানে বিচ্ছিন্নভাবে প্রযুক্ত) (ক) যেহেতু আপনি অবশ্যই জানেন বা বোঝেন। (খ) যেহেতু এখন কথাটা আপনাকে না বললেই নয়। **seeing that** একথা বিবেচনা করে; এই পরিপ্রেক্ষিতে। ৫ সংবাদপত্র বা পুথিপত্র থেকে জানা: He saw that the war had been declared. ৬ জ্ঞান বা অভিজ্ঞতা লাভ করা; দেখা: Did you ever see such happiness ? I've seen a great deal in my long life. These jeans of mine have seen hard wear, দীর্ঘদিন ধরে পরা হয়েছে। **will never see thirty/ forty etc again** উক্ত বয়স ইতিমধ্যেই অতিক্রম করেছে। **have seen the day/ time when ...** (অতীতের অবস্থাবিশেষের প্রতি মনোযোগ আকর্ষণার্থে ব্যবহৃত) এমন দিনও দেখেছে/ দেখেছি, যখন ...: she had seen the day when there were no radios. **have seen better days** দিন পড়ে গেছে; আগেকার প্রাচুর্য আর নেই। **see sb damned/in hell first** (কিছু করতে চরম অসম্মতি জ্ঞাপনে ব্যবহৃত হয়) জাহান্নামে যাক; মরে গেলেও না। **see service in sth; see (good) service,** দ্র. service. ৭ সাক্ষাৎকার/ দর্শন দেওয়া; দেখা/ সাক্ষাৎ করা: I saw him on several occasions. When will you be seeing your solicitor ? (এ অর্থে ঘটমান কাল ব্যবহৃত হয়)। **be ˈseeing you/ ˌsee you ˈsoon** (কথ্য) চলি; দেখা হবে। ৮ কিছু করতে বা হতে দেওয়া; হাত গুটিয়ে দাঁড়িয়ে থাকা: I couldn't see that boy dying without having proper medical care. How could you see the poor girl left all alone in that solitary place ? ৯ মনোযোগ দেওয়া; যত্ন নেওয়া; দেখা: See that the goods are properly handled. ১০ ভাবা; কল্পনা করা: He saw himself as the next Prime Minister. ১১ (*adv part* ও *preps* –সহ বিশিষ্ট প্রয়োগ): **see about sth** বিহিত করা; দেখা: Don't worry, I'll see about the matter. **see sb about sth** (কোনো বিষয়ে) কারো সঙ্গে কথা বলা/ দেখা করা/ পরামর্শ করা: I must see a technician about this trouble. **see sb across sth** (রাস্তা ইত্যাদি) পার হতে সাহায্য করা: পার করে দেওয়া: see a blind man across the street. **see (sb) around (sth)** = see (sb) over (sth). **see you around !** (অপ.) দেখা হবে ! **see sb back home** বাড়িতে পৌঁছিয়ে দেওয়া। **see sb off** রেলস্টেশন, বিমানবন্দর, জাহাজঘাট ইত্যাদি পর্যন্ত গিয়ে কাউকে বিদায় জানানো। **see sb off sth** দরজা, গৃহ ইত্যাদির বাহির না হওয়া পর্যন্ত কারো সঙ্গে যাওয়া: Would you please see this fellow off the gate ? তাকে বিদায় করো। **see sb out (of sth)** বাড়ির দরজা পর্যন্ত এগিয়ে দেওয়া। **see sth out** = see sth through, **see over sth** যত্নের সঙ্গে দেখা ও পরীক্ষা করা: see over an apartment that one is going to rent. **see sb over (sth)** (কোনো স্থান) ঘুরিয়ে দেখানো। **see (sb) round (sth)** = see (sb) over (sth). **see through sb/sth** ফন্দি, চালাকি ইত্যাদি ধরে ফেলা; কী ধরনের মানুষ বুঝতে পারা; ধরে ফেলা। **ˈsee-through** *adj* (বিশেষত পোশাক সম্বন্ধে) ভিতর দিয়ে দেখা যায় এমন; স্বচ্ছ। **see sb through (sth)** শেষ পর্যন্ত সাহায্য–সহযোগিতা, উৎসাহ দেওয়া। **see sth through** কোনো কিছুর শেষ দেখে নেওয়া; শেষ পর্যন্ত চালিয়ে যাওয়া: If it comes to that, I will see through it. **see to sth** নজর/ মনোযোগ দেওয়া; যত্নশীল হওয়া: Would you see to the arrangements for his travel abroad ?

see[2] [সী] *n* বিশপের অধিকারভুক্ত এলাকা; বিশপের মর্যাদা, পদ ও এখতিয়ার: the see of Canterbury; the Holy see/the see of Rome, পোপের শাসন/পদ।

seed [সীড্] *n* (*pl* ~s, কিংবা ~ অপরিবর্তিত) ১ বীজ; বিচি; আঁঠি; দানা। **run/go to ~** বীজ হওয়ায় ফুল ফোটা বন্ধ হয়ে যাওয়া; (লাক্ষ.) নিজের চেহারা ও বেশভূষা সম্বন্ধে উদাসীন হওয়া। **ˈ~-bed** *n* বীজতলা। **ˈ~-cake** *n* স্বাদগন্ধের জন্য কারোয়া প্রভৃতির দানাযুক্ত কেক; দানাদার কেক। **ˈ~-corn** *n* বীজ হিসাবে রক্ষিত শস্য; শস্যবীজ। **ˈ~s·man** [–মান্] *n pl* (-men) বীজের কারবারি; বীজওয়ালা। **ˈ~·time** *n* বীজবপনের মৌসুম; রোয়ার সময়। ২ [U] (প্রা. প্র.) সন্তান; সন্তানসন্ততি; অপত্য: the ~ of Abraham, হিব্রুগণ। ৩ মূল; কারণ; হেতু; নিদান; বীজ: sow the ~s of hatred. ৪ বীর্য; শুক্র; বীজ। ৫ **ˈ~-potato** বীজ হিসাবে রক্ষিত আলু, যা রোয়ার আগে অঙ্কুরিত করা হয়; বীজ–আলু। **ˈ~-pearls** *n pl* ছোট মুক্তা/মোতি; মুক্তাফল। ৬ (খেলাধুলা) বাছাই করা: England's No-1 ~. নীচে ৪ দ্র.। □*vi vt* ১ (উদ্ভিদ সম্বন্ধে) বীজ উৎপাদন করা; বীজ ঝরানো। ২ বীজ বোনা: ~ a field with rice. ৩ বিচি ছাড়ানো: ~ed raisins, বিচিশূন্য আঙ্গুর। ৪ (বিশেষত টেনিসে) দুর্বল খেলোয়াড়দের থেকে শক্তিশালী খেলোয়াড়দের পৃথক করা (পরবর্তীকালে টুর্নামেন্টে যাতে ভালো প্রতিযোগিতা হয়): ~ed players. **~·less** *adj* বিচিশূন্য; বেদানা: ~less raisins **~·ling** [ˈসীড্‌লিঙ্] *n* চারা।

seedy [ˈসীডি] *adj* (-ier, -iest) ১ বিচিপূর্ণ; বিচে; বীজল; বীজী। ২ নোংরা; অপরিচ্ছন্ন; জরজর; আলুথালু; জর্জরিত: a ~ boarding house; a ~-looking person. ৩ (কথ্য) অসুস্থ: feel ~. **seed·ily** [–ডিলি] *adv* নোংরা বেশে ইত্যাদি। **seedi·ness** *n* ১ বীজতলা। ২ অপরিচ্ছন্নতা; জীর্ণতা; অসুস্থতা।

seek [সীক্] *vt,vi* (*pt,pp* sought [সো°ট্]) (আনুষ্ঠা.) ১ খোঁজা; অন্বেষণ করা: ~ a quarrel, ঝগড়া বাধাতে চাওয়া। ২ চাওয়া: You should ~ help. ৩ চেষ্টা করা; প্রয়াস পাওয়া। ৪ ~ **for** অর্জনের চেষ্টা করা; unsought-for ~, অযাচিত খ্যাতি। **(much) sought after** (অত্যন্ত) চাহিদা আছে এমন; অত্যন্ত কাঙ্ক্ষিত/ কাম্য।

seem [সীম্] *vi* প্রতিভাত/ প্রতীয়মান হওয়া; মনে/ বোধ হওয়া; ধারণা হওয়া: He ~s to relish the joke. I don't ~ to get rid of that fellow, ঐ লোকটার হাত থেকে রেহাই পেতে অক্ষম বলে প্রতীয়মান হচ্ছে। **~·ing** *adj* আপাত দৃশ্যমান। **~·ing·ly** *adv* আপাতদৃষ্টিতে।

seem·ly [ˈসীম্‌লি] *adj* (-ier, -iest) (আনুষ্ঠা.) ১ (আচরণ সম্বন্ধে) শোভন; যথোচিত; সঙ্গত। ২ শালীন: a ~ occupation **seem·li·ness** *n* শোভনতা; শালীনতা।

seen [সীন্] seeˈ–এর *pp*

seep [সীপ্] *vi* (তরল পদার্থ সম্বন্ধে) চুয়ানো; ক্ষরিত হওয়া। **~·age** [ˈসীপিজ] *n* [U] ক্ষরণ।

seer [সিআ(র্)] *n* যে ব্যক্তি ভবিষ্যৎ দেখতে পান বলে দাবি করেন; দ্রষ্টা; ভবিষ্যদ্দর্শী।

seer·sucker [ˈসিআসাক(র্)] *n* [U] ডোরাকাটা নকশা এবং কোঁচকানো জমিনবিশিষ্ট পাতলা বস্ত্রবিশেষ।

see·saw [ˈসীসো°] *n* [C, U] লম্বা তক্তাবিশেষ, যার দুই মাথায় দুজন মানুষ বসে পর্যায়ক্রমে ওঠা–নামা করতে পারে; ঢেঁকিকল; উপর–নীচ বা ইতস্তত গতি: play at ~. □*vi* ঢেঁকিকলে চড়া; ওঠা–নামা বা আনাগোনা করা; (লাক্ষ.) দ্বিধান্বিত/ দোলায়মান হওয়া: ~ between two options.

seethe [সীদ্] *vi,vt* ১ ~ **(with)** ফুটে উপচে পড়া; ছাপিয়ে পড়া; গাদাগাদি/ঠাসাঠাসি হওয়া; গিজগিজ করা;

বিক্ষুব্ধ/ সংক্ষুব্ধ হওয়া (বিশেষত লাক্ষ.); (ক্রোধ ইত্যাদিতে) টগবগানো/ ফেটে পড়া: ~ with anger; streets seething with people. ২ (প্রা. প্র.) (রান্নার জন্য) সিদ্ধ করা; ফোটানো।

seg·ment [ˈসেগ্‌মেন্ট্] *n* [C] ১ কর্তিতাংশ; ছিন্নাংশ: ~ of a circle, বৃত্তাংশ। ২ বিভাগ; ছেদ; কোয়া: a ~ of an orange. □*vt,vi* [সেগ্‌ˈমান্ট্] বিভক্ত করা বা হওয়া; ভাগ/ খণ্ড করা; বিখণ্ডিত করা। **seg·men·ta·tion** [সেগ্‌মান্‌ˈটেইশ্‌ন্] *n* (খণ্ডে) বিভাজন; খণ্ডকরণ; অংশকরণ; খণ্ডন; ছেদন।

seg·re·gate [ˈসেগ্রিগেইট্] *vt* বাকি অংশ থেকে পৃথক করা; বিচ্ছিন্ন/ বিশ্লিষ্ট/ বিযুক্ত করা: ~ the sexes; ~ people with infectious diseases. **seg·re·ga·tion** [ˌসেগ্রিˈগেইশ্‌ন্] *n* বিচ্ছিন্নকরণ; পৃথককরণ; বিশ্লিষ্টতা; বিযুক্তকরণ: a policy of racial segregation. দ্র. integrate ভুক্তিতে integration.

seine [সেইন্] *n* [C] মাছ ধরার বড়ো জালবিশেষ, যা পর্দার মতো ঝুলতে থাকে; এর উপরের দিকে শোলার মতো ভাসমান টাঙ্গি এবং নীচের দিকে জালকাঁঠি বাঁধা থাকে; এই জাল দিয়ে মাছকে বেড় দেওয়া হয় এবং সাধা. কূলে টেনে তোলা হয়; ভাসাজাল। □*vt,vt* ভাসাজাল দিয়ে মাছ ধরা।

seis·mic [ˈসাইজ্‌মিক্] *adj* ভূকম্পন–ঘটিত। **seis·mo·graph** [ˈসাইজ্‌মাগ্রা:ফ্, US -গ্র্যাফ্] *n* ভূমিকম্পের শক্তি, স্থায়িত্ব ও দূরত্ব মাপার যন্ত্রবিশেষ; ভূকম্পলিখ। **seis·mol·ogy** [সাইজ্‌ˈমলাজি] *n* [U] ভূকম্পবিদ্যা। **seis·mol·ogist** [সাইজ্‌ˈমলাজিস্ট্] *n* ভূকম্পবিদ।

seize [সীজ্] *vt,vi* ১ (সম্পত্তি ইত্যাদি) আইনত দখল করা; জব্দ করা: ~ sb's goods for payment of debt. ২ গ্রেপ্তার করা; পাকড়াও করা: ~ a thief by the neck. ৩ ~ **(on/ upon)** পরিষ্কার দেখতে পাওয়া এবং ব্যবহার করা; সাগ্রহে গ্রহণ করা: লুফে নেওয়া: ~ (upon) an idea/a chance/ an opportunity. ৪ ~ **(up)** (সচল যন্ত্রাংশ সম্বন্ধে) (অতিরিক্ত তাপ, ঘর্ষণ ইত্যাদি কারণে) আটকে যাওয়া; কষে যাওয়া। **~ed** *part adj* জব্দকৃত; অধিকৃত। **seiz·ure** [ˈসীজ়া(র্)] *n* ১ [U, C] জব্দকরণ; বাজেয়াপ্তকরণ: seizure of contraband by customs officer. ২ [C] সন্ন্যাসের আক্রমণ; হৃদরোগের আক্রমণ।

sel·dom [ˈসেলডাম্] *adv* (সাধা. *v*–এর সঙ্গে স্থাপিত) কদাচিৎ; ক্বচিৎ; কালেভদ্রে: we ~ see him.

se·lect [সিˈলেক্ট্] *vt* পছন্দ করা; নির্বাচিত করা; বেছে নেওয়া; ~ a pen/a gift for a friend; ~ teacher. □*adj* ১ সযত্নে নির্বাচিত; সুনির্বাচিত: ~ articles from magazines. (স্কুল, সমিতি ইত্যাদি সম্বন্ধে) সযত্নে নির্বাচিত ব্যক্তিবর্গের, বা ব্যক্তিবর্গের জন্য; সকলের জন্য নয়: a ~ club, বাছা-বাছা লোকের ক্লাব; shown to a ~ audience. **~ committee** (ব্রিটিশ লোকসভায়) কোনো বিশেষ তদন্তের জন্য নিয়োজিত ছোট কমিটি; নির্বাচিত কমিটি। **se·lec·tor** [-টা(র্)] *n* যে বা যা নির্বাচন করে, যেমন জাতীয় ক্রীড়াদল ইত্যাদি নির্বাচনের জন্য গঠিত কমিটির সদস্য; নির্বাচক।

se·lec·tion [সিˈলেক্‌শ্‌ন্] *n* ১ [U] পছন্দকরণ; নির্বাচন; বাছাই; চুনন। **ˈ~ commit·tee** নির্বাচন কমিটি। **natural ~** প্রাকৃতিক নির্বাচন (বিষয়ক ডারউইনের তত্ত্ব)। ২ [C] নির্বাচিত সামগ্রী বা দৃষ্টান্তসমূহের সংগ্রহ বা সমষ্টি; বহুসংখ্যক বস্তুর সমাহার, যার মধ্য থেকে নির্বাচন করা যায়: ~s from 19th century French poetry, ১৯ শতকের নির্বাচিত ফরাসি কবিতা-সংগ্রহ; That department store has a good ~ of chinaware.

se·lec·tive [সিˈলেক্‌টিভ্] *adj* বাছাই করার ক্ষমতাসম্পন্ন; নির্বাচনী; নৈর্বাচনিক। **~ service** [US] বাধ্যতামূলক সামরিক পরিষেবার জন্য বিশেষ কতকগুলি যোগ্যতা, ক্ষমতা ইত্যাদির অধিকারী পুরুষদের নির্বাচন। **~·ly** *adv* বেছে বেছে; নির্বাচনপূর্বক; নৈর্বাচনিক-ভাবে। **sel·ec·tiv·ity** [ˌসিলেক্‌ˈটিভ়াটি] *n* [U] (বিশেষত) অন্যান্য কেন্দ্র দ্বারা বাধাগ্রস্ত না হয়ে একটি কেন্দ্রের সম্প্রচার গ্রহণ করবার (বেতারযন্ত্রের) ক্ষমতা; নৈর্বাচনিকতা।

se·le·nium [সিˈলীনিঅম্] *n* (রস.) অধাতব মৌল (প্রতীক Se), যার বিদ্যুৎ-পরিবহন শক্তি এর ওপর আপতিত আলোর তীব্রতা অনুযায়ী বৃদ্ধি পায়; সিলিনিয়ম। **~ cell** সিলিনিয়মের পাতযুক্ত কোষ, যা আলোক-বৈদ্যুতিক যন্ত্রাদিতে (যেমন ক্যামেরার আলোকসম্পাত মিটারে) ব্যবহৃত হয়; সিলিনিয়ম-কোষ।

self [সেলফ্] *n* (*pl* selves [সেল্‌ভ্‌জ্]) ১ [U] ব্যক্তিপ্রকৃতি; স্বকীয় ব্যক্তিত্ব; অহং; আত্মপ্রকৃতি; সত্তা; আত্মতা; স্বকীয়তা; স্বরূপ: one's better/worse ~, কারো মহত্তর/ হীনতর প্রকৃতি/ স্বরূপ; one's former ~, কারো সাবেক সত্তা; analysis of the ~, আত্ম-বিশ্লেষণ; the conscious ~, চৈতন্যময় সত্তা। ২ [U]নিজ স্বার্থ বা অভিরতি: thought of ~, স্বার্থবুদ্ধি; স্বার্থচিন্তা। ৩ (বাণিজ্য., সেকেলে রীতি বা কৌতুক.) নিজকে: pay to ~, (চেকে) স্বাক্ষরকারীকে প্রদান করুন; a room for ~ and wife.

self- [সেলফ্] *pref* আত্ম-; স্ব-: ˌ~-ˈtaught স্বশিক্ষিত; ˌ~-ˈgoverning colonies, স্বশাসিত উপনিবেশসমূহ। **ˌ~-aˈbasement** *n* [U] আত্মাবমাননা। **ˌ~-abˈsorbed** আত্মমগ্ন; আত্মসমাহিত। **ˌ~-aˈbuse** *n* স্বমৈথুন; হস্তমৈথুন। **ˌ~-ˈacting** *adj* স্বয়ংক্রিয়। **ˌ~-ˈactivating** *adj* (বিস্ফোরণাত্মক কৌশলাদি সম্বন্ধে) বাহিরের নিয়ন্ত্রণ ছাড়া চালু হয় এমন; স্বতশ্চালিত। **ˌ~-adˈdressed** *adj* নিজ ঠিকানাযুক্ত। **ˌ~-adˈvertisement** *n* আত্মপ্রচার। **ˌ~-apˈpointed** *adj* স্বনিয়োজিত (অননুমোদিতভাবে; সম্ভবত যোগ্যতাহীন); স্বঘোষিত: a ~-appointed arbiter/expert. **ˌ~-asˈsertion** *n* [U] নিজের দাবিকে অগ্রাধিকার দেওয়ার প্রবণতা; নিজেকে জাহির করার প্রবণতা; অহম্পূর্বিকা। **ˌ~-asˈsertive** *adj* অহম্পূর্ব। **ˌ~-asˈsurance** *n* আত্মপ্রত্যয়। **ˌ~-ˈassured;** আত্মপ্রত্যয়ী। **ˌ~-ˈcentred** *adj* আত্মসর্বস্ব; আত্মকেন্দ্রিক। **ˌ~-colˈlected** *adj* প্রত্যুৎপন্নমতিত্ব ও স্থৈর্য-বিশিষ্ট; শান্ত; অবিচলিত। **ˌ~-ˈcoloured** *adj* সর্বত্র একই রঙের; সমবর্ণ। **ˌ~-comˈmand** *n* [U] নিজের আবেগকে সংযত করবার ক্ষমতা; আত্মশাসন; আত্মসংযম। **ˌ~-comˈplacency** *n* নিজেকে নিয়ে সহজেই তুষ্ট হওয়ার অবস্থা; আত্মতুষ্টি। **ˌ~-comˈplacent** *n* আত্মতুষ্ট। **ˌ~-conˈfessed** *adj* নিজের স্বীকারোক্তি অনুযায়ী; স্বকথিত: a ~-confessed thief. **ˌ~-ˈconfidence** *n* [U] আত্মবিশ্বাস। **ˌ~-ˈconfident** *adj* আত্মবিশ্বাসী। **ˌ~-ˈconscious** *adj* আত্মসচেতন; (কথ্য) লাজুক; অপ্রতিভ; বিব্রত। **ˌ~-ˈconsciousness** *n* [U] আত্মচৈতন্য; আত্মসচেতনতা; আত্মজ্ঞান; আত্মবুদ্ধি। **ˌ~-conˈtained** *adj* (ক) (ব্যক্তি সম্বন্ধে) আবেগতাড়িত বা সংবেদনশীল নয় এমন; চাপা; চাপা স্বভাবের। (খ) (বিশেষত ফ্ল্যাট সম্বন্ধে)

স্বয়ংসম্পূর্ণ। ˌ~-contraˈdiction *n* স্ববিরোধিতা; স্ববিরোধ। ˌ~-contraˈdictory *adj* স্ববিরোধী। ˌ~-conˈtrol *n* [U] আত্মসংযম; আত্মশাসন। ˌ~-criticism *n* আত্ম-সমালোচনা। ˌ~-deˈception *n* [U] আত্মপ্রতারণা; আত্মপ্রবঞ্চনা। ˌ~-deˈceptive *adj* আত্মপ্রবঞ্চনাপূর্ণ। ˌ~-deˈfence *n* [U] আত্মরক্ষা: the art of ~-defence, মুষ্টিযুদ্ধ। ˌ~-deˈnial *n* [U] অন্যকে সাহায্য করার জন্য নিজের সাধ-আহ্লাদ বিসর্জন; আত্মত্যাগ; আত্মবিসর্জন; আত্মবলিদান। ˌ~-deˈnying *adj* আত্মত্যাগী। ˌ~-determiˈnation *n* [U] (ক) (রাজনীতিতে) আত্মনিয়ন্ত্রণ: the right of all people to ~-determination. (খ) স্বয়ং সিদ্ধান্তগ্রহণ; ব্যক্তি কর্তৃক নিজের আচরণ পরিচালনা; আত্মসিদ্ধান্ত; আত্মপরিচালনা। ˌ~-deˈvoted *adj* আত্মনিষ্ঠ; আত্মনিবেদিত। ˌ~-deˈvotion *n* আত্মনিষ্ঠা; আত্মনিবেদন; আত্মদান; আত্মোৎসর্গ। ˌ~-ˈeducated *adj* বিদ্যালয় বা শিক্ষকের বিশেষ সাহায্য ছাড়া শিক্ষাপ্রাপ্ত; স্বশিক্ষিত। ˌ~-efˈfacing *adj* নিজেকে লোকচক্ষুর আড়ালে রাখে এমন; আত্মবিলোপী। ˌ~-emˈployed *adj* স্বনিয়োজিত (যেমন স্বাধীনভাবে কোনো ব্যবসায়ে নিযুক্ত থাকা)। ˌ~-esˈteem *n* [U] নিজের সম্বন্ধে উত্তম ধারণা; আত্মাদর; আত্মসম্মান; আত্মমর্যাদা; (কখনো কখনো) আত্মশ্লাঘিতা; আত্মম্ভরিতা। ˌ~-ˈevident *adj* প্রমাণ ছাড়াই স্পষ্ট; স্বতঃপ্রমাণ; স্বতঃসিদ্ধ। ˌ~-exˌamiˈnation *n* [U,C] আত্মসমীক্ষা; আত্মবিচার। ˌ~-exˌamiˈning *adj* আত্মসমীক্ষক। ˌ~-exˈplanatory *adj* অধিক ব্যাখ্যার প্রয়োজন নেই এমন; স্বব্যাখ্যাত। ˌ~-ˈgovernment *n* আত্মসংযম; আত্মশাসন; স্বশাসন; আত্মতন্ত্রতা। ˌ~-ˈhelp *n* [U] আত্মাবলম্বন; আত্মাবলম্বিতা; আত্মাশ্রয়; আত্মনির্ভর; আত্মসহায়; স্বাবলম্বন; স্বাবলম্বিতা। ˈ~-immolation *n* আত্মাহুতি। ˌ~-imˈportance *n* [U] আত্মাভিমান; আত্মগৌরব; আত্মম্ভরিতা; আত্মশ্লাঘিতা। ˌ~-imˈportant *adj* আত্মাভিমানী; আত্মশ্লাঘী; আত্মম্ভরী। ˌ~-imˈposed *adj* (দায়িত্ব, কর্তব্য ইত্যাদি সম্বন্ধে) নিজের উপর চাপানো; স্বারোপিত। ˌ~-inˈdulgence *n* [U] যথেচ্ছ কর্মে রতি; আত্মপ্রশ্রয়। ˌ~-inˈdulgent *adj* আত্মপ্রশ্রয়ী। ˌ~-ˈinterest *n* [U] স্বার্থ। ˌ~-ˈknowing *adj* আত্মদর্শী; আত্মজ্ঞ। ˌ~-ˈknowledge *n* [U] আত্মজ্ঞান। ˌ~-ˈlocking *adj* বন্ধ করলে আপনা থেকে তালা লেগে যায় এমন; স্ববিরোধী। ˌ~-ˈlove *n* আত্মানুরাগ; আত্মরতি। ˌ~-ˈloving *adj* আত্মানুরাগী; আত্মরত। ˌ~-ˈmade *adj* নিজের চেষ্টায় (বিশেষত সহায়সম্বলহীন অবস্থা থেকে শুরু করে) লব্ধপ্রতিষ্ঠ; আপনগড়া; আত্মপ্রতিষ্ঠিত; সযত্নসিদ্ধ। ˌ~-oˈpinionated *adj* নিজের মতামতের যথার্থতা সম্বন্ধে অতিনিশ্চিত; অমূলক মতামত দৃঢ়তার সঙ্গে পোষণ করে এমন; স্বমতপরতন্ত্র। ˌ~-ˈpity *n* [U] আত্মকরুণা। ˌ~-ˈportrait *n* [C] আত্ম-প্রতিকৃতি। ˌ~-posˈsessed *adj* আত্মপ্রত্যয়ী; প্রশান্তচিত্ত; শান্ত; সুস্থির। ˌ~-posˈsession *n* [U] সৌশাম্য; স্থৈর্য; ধৃতি: loose/regain one's ~-possession. ˌ~-preserˈvation *n* [U] আত্মত্রাণ; আত্মরক্ষণ: the instinct of ~-preservation. ˌ~-ˈraising *adj* (ময়দা সম্বন্ধে; রুটি ইত্যাদি বানাবার সময়ে) বেকিং পাউডার ছাড়াই ফুলে ওঠে এমন; স্বতোন্নায়ক। ˌ~-reˈliant *adj* আত্মনির্ভরশীল; স্বনির্ভর; স্বাবলম্বী; আত্মপ্রত্যয়শীল; আত্মাবলম্বী। ˌ~-reˈliance *n* [U] স্বনির্ভরতা; আত্মাশ্রয়; আত্মনির্ভর; আত্মনির্ভরতা; স্বনির্ভরতা। ˌ~-reˈpression *n* [U] আত্মপীড়ন; আত্মবিগ্রহ। ˌ~-reˈspect *n* [U] আত্মসম্মান; আত্মমর্যাদাবোধ; আত্মসম্মানবোধ; আত্মসম্মানজ্ঞান; আত্মসম্ভ্রম। ˌ~-reˈspecting *adj* আত্মমর্যাদাসম্পন্ন। ˌ~-resˈtraint *n* আত্মদমন; আত্মসংযম। ˌ~-ˈrighteous *adj* নিজের সাধুত্ব এবং অন্যের তুলনায় নিজের শ্রেষ্ঠত্ব সম্বন্ধে দৃঢ়প্রত্যয়; সাধুম্মন্য; হামসাচ্চা। ˌ~-ˈrighteousness *n* সাধুম্মন্যতা; হামসাঁচ্চাই। ˌ~-ˈrule *n* = ~-government. ˌ~-ˈsacrifice *n* [U,C] আত্মবিসর্জন; আত্মোৎসর্গ; আত্মবলিদান; আত্মত্যাগ। ˌ~-ˈsacrificing *adj* আত্মত্যাগী। ˈ~-same *adj* একই; অভিন্ন: Jack and Jil were born on the ~-same day. ˌ~-satisˈfaction *n* আত্মতুষ্টি; আত্মসন্তোষ; নিজের সন্তুষ্টি। ˌ~-ˈsatisfied *adj* আত্মতুষ্ট; আত্মতৃপ্ত। ˌ~-ˈsealing *adj* (জ্বালানির ট্যাংক, হাওয়াই টায়ার ইত্যাদি সম্বন্ধে) এমন কোনো উপাদানবিশিষ্ট (যেমন নরম রবার) যা স্বতঃক্রিয়ভাবে ছিদ্র বন্ধ করে দেয়; স্বতোরোধী; স্বতোরোধক। ˌ~-ˈseeker *n* স্বার্থান্বেষী; স্বার্থসন্ধানী। ˌ~-ˈseeking *n adj* স্বার্থান্বেষণ; স্বার্থসন্ধানী; স্বার্থান্বেষী। ˌ~-ˈservice *adj* (ক) (রেস্তোরাঁ, কেন্টিন ইত্যাদি সম্বন্ধে) খরিদ্দাররা কাউন্টার থেকে খাদ্য পানীয় স্বয়ং টেবিলে নিয়ে যান এমন; আত্মপরিবেশন। (খ) (দোকান সম্বন্ধে) খরিদ্দাররা তাদের পছন্দসই জিনিসপত্র তাক থেকে স্বয়ং সংগ্রহ করে যাওয়ার সময়ে মূল্য পরিশাধ করেন এমন; আত্মপরিষেবন। (গ) (পেট্রল পাম্প সম্বন্ধে) খরিদ্দাররা স্বয়ং গাড়িতে তেল ভরে কাউন্টারে গিয়ে মূল্য দিয়ে যান এমন; স্বপরিষেবা। ˌ~-ˈsown *adj* (উদ্ভিদ সম্বন্ধে) গাছ থেকে পড়া (মালী কর্তৃক রোপিত নয়) বীজ থেকে উদ্গত; স্বয়ংরোপিত। ˌ~-ˈstarter *n* ইনজিন চালু করার (সাধা. বৈদ্যুতিক) কৌশলবিশেষ; স্বপ্রবর্তক। ˌ~-ˈstyled *adj* অনধিকারপূর্বক কোনো নাম, পদবি ইত্যাদি ব্যবহারকারী; স্বাখ্যাত; স্বকথিত; স্বাভিহিত: the ~-styled 'Professor' Baker. ˌ~-sufˈficient *adj* (ক) স্বয়ংসম্পূর্ণ; স্বয়ম্ভর: Become ~-sufficient in food. (খ) অতি আত্মবিশ্বাসী; আত্মম্ভরি। ˌ~-sufˈficiency *n* [U] অতি আত্মবিশ্বাস; আত্মম্ভরিতা। ˌ~-sufˈficing *adj* = ~ sufficient: a ~-sufficing economic unit. ˈ~-supˈporting *adj* (ব্যক্তি সম্বন্ধে) নিজের ভরণপোষণের জন্য পর্যাপ্ত উপার্জন করে এমন; স্বাবলম্বী; স্বয়ম্ভর; (ব্যবসা ইত্যাদি সম্বন্ধে) প্রয়োজনীয় ব্যয় নির্বাহ করতে সক্ষম, ভর্তুকির প্রয়োজন হয় না এমন; স্বনির্ভর। ˌ~-ˈwill *n* [U] একগুয়েমি; স্বেচ্ছানুবর্তিতা; স্বৈরতা; স্বেচ্ছাচারিতা; যথেচ্ছাচার; স্বেচ্ছাচার। ˌ~-ˈwilled *adj* একগুয়ে; স্বৈর; স্বেচ্ছাচারী; স্বেচ্ছানুবর্তী। ˌ~-ˈwinding *adj* (ঘড়ি সম্বন্ধে) দম দিতে হয় না এমন (কব্জির নড়াচড়াতেই দম দেওয়া হয়ে যায়); স্বয়ংক্রিয়।

self·ish [ˈসেলফিশ্] *adj* স্বার্থপর; স্বার্থিক; স্বার্থপরায়ণ; স্বার্থচিন্তক; স্বার্থসাধক; আত্মপরায়ণ; আত্মগ্রাহী; act from ~ motives, **~·ly** *adv* স্বার্থপরের মতো; স্বার্থপরতার সঙ্গে ইত্যাদি। **~·ness** *n* স্বার্থপরতা; স্বার্থপরায়ণতা; স্বার্থচিন্তা; আত্মপরায়ণতা; আত্মগ্রাহিতা।

sell [সেল্] *vt,vi* (*pt,pp* sold [সৌল্ড্]) ১ **~ sth (to sb); ~ sb sth** বিক্রয় করা; বেচা; বিপণন করা। **~ sth off** (পণ্যের মজুত) সস্তায় বেচে দেওয়া। **~ sth out** (ক) (ব্যবসায়ে নিজ অংশ) বেচে দেওয়া: He decided to ~ out his share of the company. (খ) সমগ্র মজুত বেচে দেওয়া। **~ (sb) out** কারো সঙ্গে

বেইমানি করা। ˈ**~-out** *n* **(ক)** যে অনুষ্ঠানের, বিশেষত কনসার্টের সব টিকিট বিক্রি হয়ে গেছে। **(খ)** (কথ্য) বেইমানি; বিশ্বাসঘাতকতা। **~ sb up** ঋণ পরিশোধের জন্য (কারো স্থাবর–অস্থাবর সম্পত্তি) বিক্রি করে দেওয়া। **~ (sb) short,** দ্র. short[2] (৩). ২ বিক্রয়ের জন্য মজুত রাখা; কারবার করা: We do not ~ sugar. ˈ**~·ing price** ক্রেতা কর্তৃক প্রদেয় মূল্য; বিক্রয়–মূল্য। তুল. cost price. ৩ (পণ্য সম্বন্ধে) বিক্রয় হওয়া: The book is ~ing well. ৪ বিক্রয়ের কারণ হওয়া: What ~s our books is not their good production, but their contents. ৫ (লাক্ষ. প্রয়োগ): ~ one's life dearly, বহু আক্রমণকারীকে হতাহত করে নিহত হওয়া। ˈ**~ oneself (ক)** নিজেকে প্রত্যয়জনকভাবে অন্যের সামনে উপস্থাপন করা (যেমন চাকরির উমেদার হিসাবে); নিজকে বিপণন করা। **(খ)** অর্থ বা পুরস্কারের জন্য অসম্মানজনক কিছু করা; আত্মবিক্রীত/ আত্মবিক্রয়ী হওয়া; আত্মবিক্রয় করা। **~ the pass** (প্রবাদ) স্বদেশ বা স্বপক্ষের জন্য ক্ষতিকর কিছু করা; বিশ্বাসঘাতকতা/ বেইমানি করা। ৬ (সাধা. passive) ঠকানো; প্রতারিত/ প্রবঞ্চিত হওয়া; ধোঁকা দেওয়া; চুক্তি ইত্যাদি পালনে ব্যর্থতার দ্বারা মনোহত করা: Sold again ! ধোঁকা খেলাম ! ৭ **be sold on sth** (কথ্য) মেনে নেওয়া; মানা; ভালো, হিতকর ইত্যাদি বলে বিশ্বাস করা: The Journalists are not sold on the idea of limited censorship. □*n* (কথ্য, উপরে দ্র.) আশাভঙ্গ। **hard ~** আগ্রাসী বিক্রয়–কৌশল; গরম বিক্রয়। **soft ~** ক্রেতাদের মনে বিশ্বাস জন্মিয়ে পণ্যবিক্রয়ের কৌশল; নরম বিক্রয়। **~er** *n* ১ বিক্রেতা; বিক্রয়ী; বিক্রয়কারী; বিক্রয়িক। **a ~ers market** (বাণিজ্য) পণ্যের অপ্রতুলতা ও অর্থের প্রাচুর্যের দরুন সৃষ্ট পরিস্থিতি, যখন বাজার বিক্রেতাদের অনুকূলে থাকে; বিক্রয়ীদের বাজার। ২ বিক্রীত বস্তু। ˌ**best-**ˈ**~er** *n* দ্র. best[2] (২).

sel·vage, sel·vedge [ˈসেল্‌ভিজ্] *n* কাপড়ের পাড়; দশা।

selves [সেল্‌ভ্‌জ্] self-এর *pl*

sem·an·tic [সিˈম্যান্‌টিক্] *adj* ভাষার অর্থঘটিত; কিংবা শব্দার্থবিজ্ঞানঘটিত; শাব্দার্থিক; বাগর্থিক; আর্থ; শব্দার্থতাত্ত্বিক। **se·man·tics** *n* (*sing v* –সহ) শব্দ ও বাক্যের অর্থঘটিত বিজ্ঞান; বাগর্থবিজ্ঞান; শব্দার্থবিজ্ঞান।

sema·phore [সেমাফো °(র্)] *n* [U] ১ দুই হাতে কাঠি বা পতাকা নিয়ে বিভিন্ন অবস্থানের দ্বারা বিভিন্ন বর্ণ নির্দেশপূর্বক সঙ্কেত–প্রেরণ পদ্ধতি। ২ রেলপথে সঙ্কেতদানের জন্য যান্ত্রিকভাবে সঞ্চালিত বাহুর উপর লাল ও সবুজ আলো–সংবলিত যান্ত্রিক কৌশলবিশেষ। □*vt,vi*

sema·sio·logy [সিমেই সিˈঅলাজি] *n* = semantics.

sem·blance [ˈসেম্‌ব্লান্‌স্] *n* [C] সাদৃশ্য; আনুরূপ্য; মিল; আপাত প্রতীয়মানতা; আভাস; ছায়া; a ~ of gaiety, প্রফুল্লতার ছায়ামাত্র।

se·men [ˈসীমান্] *n* [U] বীর্য; শুক্র; রেত; বীজ। **se·minal** [ˈসেমিনল্] *adj* বীর্যসংক্রান্ত; প্রজননঘটিত; প্রাজননিক; বীজসংক্রান্ত; বৈজিক; ভ্রূণসম্বন্ধী; ভ্রূণাত্মক; (লাক্ষ.) পরবর্তী বিকাশের ভিত্তিস্বরূপ; বীজগর্ভ: seminal ideas.

sem·es·ter [সিˈমেসটা(র্)] *n* (বিশেষত জার্মানি ও যুক্তরাষ্ট্রে) শিক্ষাবর্ষের দুটি ভাগের একটি; ষন্মাস; অর্ধবর্ষ। তুল. GB term.

semi- [ˈসেমি] *prep* ১ অর্ধ: ˈ**~·circle** *n* অর্ধবৃত্ত। ˌ**~-**ˈ**circular** *adj* অর্ধবৃত্তাকার। ˈ**~·breve** (US = whole note), (স্বরলিপিতে) সাধারণভাবে ব্যবহৃত দীর্ঘতম সুরের লিখিতরূপ; মণ্ডল। ˈ**~·quaver** এক মণ্ডলের এক অষ্টমাংশ স্থায়ী সুর; কৌণিক। ˈ**~·tone** *n* পাশ্চাত্য সঙ্গীতে দুইটি সুরের মধ্যে ক্ষুদ্রতম ব্যবধান; অর্ধান্তর। ২ দুই দিকের এক দিকে। ˌ**~-de**ˈ**tached** *adj* (বাড়ি সম্বন্ধে) অন্য বাড়ির সঙ্গে (একটি সাধারণ দেয়ালের দ্বারা) এক দিকে সংলগ্ন; এক দিক লাগানো। ৩ প্রায়; আধ–; আড়–: ˌ~-ˈbarˈbarian; ˌ~-ˈbarbarism. ৪ (বিবিধ) ˌ**~-**ˈ**colon** (US = ˈ**semi-colon**) (;) –এই যতিচিহ্ন; সীমিকা। দ্র. পরি. ৮। ˌ**~-**ˈ**conscious** *adj* অর্ধচেতন; আধ–বেহুঁশ। ˌ**~-**ˈ**final** *n* (ফুটবল প্রভৃতি খেলায়) চূড়ান্ত প্রতিযোগিতার পূর্ববর্তী প্রতিযোগিতা; উনশেষ। ˌ**~-**ˈ**finalist** *n* উনশেষ খেলায় অংশগ্রহণকারী খেলোয়াড়; দল। ˌ**~-of**ˈ**ficial** *adj* (বিশেষত সংবাদপত্রের প্রতিবেদকদের কাছে সরকারি কর্মকর্তাগণ কর্তৃক প্রদত্ত ঘোষণা ইত্যাদি সম্বন্ধে) সরকারি কোনো সূত্র থেকে আগত বলে বিবেচিত হবে না, এই শর্তসাপেক্ষ; আধা–দাপ্তরিক। ˌ**~-**ˈ**rigid** *adj* (বিশেষত আকাশতরী সম্বন্ধে) নমনীয় একটি গ্যাসের থলির সঙ্গে যুক্ত তলিবিশিষ্ট; আধা–দড়। ˌ**~-**ˈ**tropical** *adj* গ্রীষ্মমণ্ডল–সংলগ্ন অঞ্চল–সম্বন্ধী; প্রায়–গ্রীষ্মণ্ডলীয়। ˈ**~-vowel** *n* যেমন ধ্বনি স্বরধ্বনির গুণবিশিষ্ট অথচ ব্যঞ্জনের কাজ করে এবং ঐরূপ ধ্বনির লিখিত রূপ; অর্ধস্বরধ্বনি; অর্ধস্বরবর্ণ (যেমন 'w', 'j'). ৫ (বছর, মাস ইত্যাদিতে) দুই বার করে প্রকাশিত, অনুষ্ঠিত ইত্যাদি (এই অর্থে bi- অধিক প্রচলিত): ˌ~-ˈannual, অর্ধবার্ষিক; ষান্মাসিক; a ˌ~-ˈweekly, অর্ধ–সাপ্তাহিক।

semi·con·duc·tor [ˌসেমিকান্‌ˈডাক্‌ট(র্)] *n* (বিজ্ঞান) যে পদার্থ বিদ্যুৎ পরিবহন করে, তবে ধাতুর মতো অতোটা নয়; আধা–পরিবাহী পদার্থ।

semi·nal [ˈসেমিনল্] দ্র. semen.

semi·nar [ˈসেমিনা:(র্)] *n* কোনো শিক্ষক বা অধ্যাপকের সঙ্গে সমস্যাবিশেষের পর্যেষণার জন্য আলোচনায় মিলিত ছাত্রছাত্রীদের শ্রেণী ইত্যাদি; সেমিনার।

sem·inary [ˈসেমিনারি - US –নেরি] *n* (*pl* -ries) ১ রোমান ক্যাথলিক যাজকদের প্রশিক্ষণ কলেজ; শিক্ষাশ্রম। ২ বিদ্যামন্দির (পূর্বকালে শিক্ষালয়ের গালভরা নাম হিসাবে ব্যবহৃত): a ~ for young ladies. **semin·ar·ist** [ˈসেমিনারিস্‌ট্] *n* শিক্ষাশ্রমে প্রশিক্ষণপ্রাপ্ত যাজক; শিক্ষাশ্রমিক।

Sem·ite [ˈসীমাইট্]*n,adj* হিব্রু, আরব, আসিরীয়, ফিনিসীয় প্রভৃতি জনগোষ্ঠী সম্বন্ধী; ঐসব জনগোষ্ঠীর সদস্য; সেমিটীয়। **Se·mitic** [সিˈমিটিক্] *adj* সেমিটীয় ব্যক্তি বা ভাষা সম্বন্ধী; সেমিটীয়: a Semitic people.

semo·lina [ˌসেমাˈলীনা] *n* [U] প্যাস্‌টা, দুধের পুডিং ইত্যাদিতে ব্যবহৃত গমের শক্ত গুঁড়া; গমের গুঁড়ি।

semp·stress [ˈসেম্‌স্‌ট্রেস্] *n* মহিলা দরজি; সূচিজীবী; সীবনশিল্পী।

sen·ate [ˈসেনিট্] *n* [C] ১ (প্রাচীন রোমে) উচ্চতম রাষ্ট্রীয় পরিষদ; গরিষ্ঠসভা। ২ (আধুনিক কালে) বিভিন্ন দেশে বিশেষত ফ্রান্স ও যুক্তরাষ্ট্রে বিধানসভার (সাধা.

ক্ষুদ্রতর) উচ্চতর কক্ষ; গরিষ্ঠসভা। ৩ কোনো কোনো বিশ্ববিদ্যালয়ের অধিষ্ঠায়ক-পরিষদ; অধিষদ। **sena·tor** [ˈসেনাটা(র্)] *n* গরিষ্ঠসভার সদস্য। **sena·torial** [ˌসেনাˈটো°রিঅল্] *adj* গরিষ্ঠসভা বা ঐ সভার সদস্য সম্বন্ধী; পারিষদ; পারিষদিক: senatorial rank/ powers; a senatorial district, (US) গরিষ্ঠসভার সদস্য নির্বাচিত করার অধিকারসম্পন্ন জেলা।

send [সেন্ড্] *vt,vi (pt,pp* sent) (*adv part* ও *preps*-সহ বিশিষ্ট প্রয়োগ দ্র. নীচে ৫) ১ **~ sb/sth; ~ sth to sb** কাউকে বা কিছু পাঠানো/ প্রেরণ করা। দ্র. take[1] (৪). ২ কোনো ব্যক্তি বা বস্তুকে তীব্রগতিতে সঞ্চালিত করতে শক্তি প্রয়োগ করা: The storm sent the C.I. Sheets flying like leaves, ঝড়ের বেগে টিনগুলি পাতার মতো উড়তে লাগলো। **~ sb packing/ about his business** (কথ্য.) অবিলম্বে বরখাস্ত করা; চটপট জবাব দেওয়া: He sent his erratic chauffeur packing. দ্র. bring. ৩ বানানো; করে দেওয়া; পরিণত করা: That alluring girl sent him crazy. ৪ (প্রা. প্র.; ঈশ্বর, ঈশ্বরবিধান সম্বন্ধে) Heaven ~, ঈশ্বর করুন। ৫ *(adv part* ও *preps*-সহ বিশিষ্ট প্রয়োগ): **~ sb away** বরখাস্ত করা। **~ away for sth** দূর থেকে রেল, ডাক ইত্যাদি যোগে পণ্য সরবরাহের জন্য ফরমাশ দেওয়া: Living in a remote village he had to ~ away for many daily necessities. **~ sb down** (বিশেষত) (অসদাচরণ ইত্যাদি কারণে কোনো ছাত্রকে বিশ্ববিদ্যালয় থেকে বহিষ্কার করা। **~ sth down** নামিয়ে দেওয়া; কমানো: Abundant supplies have sent the prices down. **~ for sb/sth (to do sth)** কাউকে ডেকে পাঠানো; কোনো কিছু আনতে (লোক) পাঠানো; ~ for a doctor. She sent for the suitcase she left here yesterday. **~ sth forth** (আনুষ্ঠা.) উৎপাদন করা; বহির্গত করা: ~ forth leaves. **send sth in** (প্রতিযোগিতা, প্রদর্শনী ইত্যাদির জন্য) পাঠানো; দাখিল করা: ~ in one's name for a contest; ~ in an application. **~ one's name in** কারো নাম প্রচার। **send sb off** (see sb off অধিক প্রচলিত) বিদায় জানাতে যাত্রারম্ভের স্থান পর্যন্ত অনুগমন করা: We went to the airport to ~ her off. সুতরাং ˈ**~-off** *n* বিদায়। **~ sth off** (গন্তব্যস্থলে) পাঠানো। **send sth on** (ক) আগাম পাঠানো। (খ) (চিঠি-পত্র সম্পর্কে) ঠিকানা বদলিয়ে পুনরায় ডাকে পাঠানো: Please ~ my letters on while I am away. (খ) উৎপাদন করা: ~ out new leaves. **~ sb/sth up** উত্যক্ত করা; খেপানো; তামাশা করা; ভেংচানো। ˈ**~-up** *n* প্যারডি; ভেংচি; নকল। **~ sth up** বাড়িয়ে দেওয়া; বাড়ানো: Short supply of vegetables has sent the price up.

sender [ˈসেন্ডা(র্)] প্রেরক; প্রেষক।

se·nile [ˈসীনাইল্] *adj* বার্ধক্যজনিত শারীরিক ও মানসিক দুর্বলতায় আক্রান্ত; বার্ধক্যজনিত: ~ decay; জরাগ্রস্ত; বার্ধক্যপীড়িত। **sen·il·ity** [সিˈনিলাটি] *n* [U] জরাগ্রস্ততা; ভীমরতি।

sen·ior [ˈসীনিঅ(র্)] *adj* (junior-এর বিপরীত) ১ **~ (to)** বয়োজ্যেষ্ঠ; (পদমর্যাদা, কর্তৃত্ব ইত্যাদিতে) প্রবীণতর; বরিষ্ঠ; বরীয়ান: He is eight years ~ to you. ˌ**~ ˈcitizen** (সুভা.) অবসরগ্রহণের বয়স-উত্তীর্ণ ব্যক্তি; অবসরভোগী ব্যক্তি; বয়োজ্যেষ্ঠ নাগরিক। ২ (ব্যক্তির নামের পরে, বিশেষত পিতা-পুত্রের প্রথম নাম অভিন্ন হলে; সং sen) প্রবীণ: William Tritton (sen). দ্র. major. □*n* ১ প্রবীণ/বয়োজ্যেষ্ঠ ব্যক্তি: I am your ~ by five years. ২ (US) স্কুল বা কলেজে যে সব ছাত্র-ছাত্রী চার বছর ধরে অধ্যয়নরত। **~·ity** [ˌসীনিˈঅরাটি US -ˈও°রা-] *n* [U] জ্যেষ্ঠতা; বয়োজ্যেষ্ঠতা; প্রবীণতা; প্রাবীণ্য; বরিষ্ঠতা: precedence due to ~ity.

senna [ˈসেনা] *n* [U] রেচক হিসাবে ব্যবহৃত সোনামুখীর শুকনা পাতা; সোনামুখী।

se·nor [সৌˈনিও° (র্)] *n (pl* senores [সৌˈনিওরেইজ্]) স্প্যানিশভাষী পুরুষলোক সম্বন্ধে বা তাঁদের উদ্দেশে ব্যবহৃত; জনাব; মহাশয়। (নামের আগে S~) **se·nora** [সেˈনিও°রা] *n* স্প্যানিশভাষী মহিলা সম্বন্ধে বা তাঁদের উদ্দেশে ব্যবহৃত; ম্যাডাম; মিসেস; শ্রীমতী। **se·norita** [ˌসেনিও°ˈরীটা] *n* স্প্যানিশভাষী অবিবাহিত নারী সম্বন্ধে বা তাঁদের উদ্দেশে ব্যবহৃত; মিস; কুমারী।

sen·sa·tion [সেন্ˈসেইশন্] *n* ১ [C, U] অনুভব করবার শক্তি; সংবেদন; ইন্দ্রিয়বোধ; অনুভূতি; বেদন: have a ~ of warmth/ dizziness/falling. ২ [C, U] তাৎক্ষণিক ও উত্তেজনাপূর্ণ প্রতিক্রিয়া; চাঞ্চল্য; চাঞ্চল্যকর ও উত্তেজনাপূর্ণ ঘটনা বা বস্তু: His speech created a great ~. **~al** [-শান্ল্] *adj* ১ চাঞ্চল্যকর; উত্তেজনাপূর্ণ; রোমাঞ্চকর; আলোড়নসৃষ্টিকারী: a ~al bank robbery. ২ (সংবাদপত্র ইত্যাদি সম্বন্ধে) চাঞ্চল্য সৃষ্টির উদ্দেশ্যে সংবাদপরিবেশনকারী: a ~al writer/ newspaper. **~·ally** [-শানালি] *adv* চাঞ্চল্যকর-ভাবে। **~·al·ism** [-শানালিজ়াম্] *n* [U] উত্তেজনাসন্ধিৎসা; চাঞ্চল্যকরত্ব: The ~alism of the press/of the cinema. **~·al·ist** [-শানালিশ্ট্] *n* উত্তেজনাসন্ধিৎসু।

sense [সেন্স্] *n* ১ ইন্দ্রিয়; জ্ঞানেন্দ্রিয়। ˈ**~-organ** *n* ইন্দ্রিয়; ইন্দ্রিয়স্থান। ˌ**sixth** ˈ**~,** দ্র. six. ২ *(pl)* মনের স্বাভাবিক অবস্থা; মানসিক সুস্থতা: in one's (right) ~s, প্রকৃতিস্থ অবস্থায়। **bring sb to his ~s** নির্বোধ বা ক্ষিপ্ত আচরণ পরিহার করানো; প্রকৃতিস্থ করে তোলা। **come to one's ~**s নির্বোধ বা পাগলের মতো আচরণ থেকে বিরত হওয়া; প্রকৃতিস্থ হওয়া। **take leave of one's ~s** উন্মাদ হওয়া; পাগলের মতো আচরণ করা। ৩ **(a/the) ~ (of)** বোধ; জ্ঞান: a ~ of honour; the moral ~; a ~ of direction. ৪ **(a/the) ~ (of)** সচেতনতা; বোধ; চেতনা: a ~ of one's importance; ~ of shame. ৫ [U] বিচারবুদ্ধি; কাণ্ডজ্ঞান; বিষয়বুদ্ধি; ব্যবহারবুদ্ধি; বোধ; সুবুদ্ধি: There's a lot of ~ in what you say. There's no ~ in doing that. অপিচ দ্র. common[1] (২) ভুক্তিতে common ~. ৬ [C] অর্থ; মানে; তাৎপর্য। **in a ~** এক অর্থে। **make ~** অর্থ বহন করা; অর্থ থাকা: That statement does not make ~. **make ~ of sth** অর্থ খুঁজে পাওয়া: I could not make ~ of the report. **in the strict/ literal/ figurative/ full/ best/ proper, etc ~** যথাযথ/ আক্ষরিক/ আলঙ্কারিক/ পূর্ণ/ বরিষ্ঠ/ সঠিক ইত্যাদি

অর্থে। ৭ [U] বহুজনের সাধারণ অনুভূতি বা মতামত; মনোভাব: take the ~ of a public meeting, সাধারণ্যের মনোভাব জানার জন্য প্রশ্ন করা। □*vt vi* অনুভব করা; উপলব্ধি করা; আঁচ করা; টের পাওয়া: । ~ed that the feeling of the meeting was against the proposal.

sense·less [ˈসেন্স্লিস্] *adj* ১ নির্বোধ; মূঢ়; অর্থহীন: a ~ idea; a ~ fellow. ২ অজ্ঞান; বেহুঁশ; মূর্ছিত; অচৈতন্য; হতচেতন; সংজ্ঞাহীন। **~·ly** *adv* নির্বোধের মতো। **~·ness** *n* মূঢ়তা; নির্বুদ্ধিতা; অচৈতন্য; মূর্ছা।

sen·si·bil·ity [ˌসেন্সাˈবিলাটি] *n (pl* -ties) [U, C] অনুভবশক্তি; (বিশেষত) সুকুমার আবেগাত্মক প্রভাব অনুভব বা গ্রহণ করবার শক্তি; সংবেদনশীলতা; বেদিতা: Don't hurt her ~.

sen·sible [ˈসেন্সব্ল্] *adj* ১ বিচারবুদ্ধিসম্পন্ন; সুবুদ্ধিসম্পন্ন; কাণ্ডজ্ঞানসম্পন্ন; সুবোধ; ক্রিয়াসিদ্ধ; ব্যবহারসিদ্ধ: a ~ boy; ~ clothing; ~ ideas,যুক্তিসম্মত ভাব। ২ **~ of** (প্রা. প্র.) সচেতন; ওয়াকেবহাল: Are you ~ of the situation we are in ? ৩ (প্রা. প্র.) ইন্দ্রিয়গম্য; ইন্দ্রিয়গ্রাহ্য; প্রত্যক্ষ; অনুভবগম্য: a ~ change in the climate of opinions. **sen·sibly** [–সাব্লি] *adv* ন্যায়সম্মত–ভাবে; যথোচিতভাবে: sensibly dressed for hot weather.

sen·si·tive [ˈসেন্সাটিভ্] *adj* **~ (to)** ১ দ্রুত ছাপ গ্রহণক্ষম; সংবেদনশীল; সুবেদী: a ~ skin; a ~ nerve. ২ অল্পতেই আহত/ ক্ষুব্ধ হয় এমন; স্পর্শকাতর; সংবেদনশীল; অভিমানী: Poets are often ~ to criticism. ৩ (যন্ত্রপাতি ইত্যাদি সম্বন্ধে) সূক্ষ্ম পরিবর্তন নির্ণয় করতে সক্ষম; সুবেদী; সূক্ষ্ম; সূক্ষ্মবেদী: The share market is ~ to political uncertainties. ৪ (আলোকচিত্রের ফিল্ম, কাগজ ইত্যাদি সম্বন্ধে) আলোর দ্বারা বিক্রিয়ান্বিত; সংবেদী; সংবেদনশীল। **~·ly** *adv* সংবেদনশীলতার সঙ্গে ইত্যাদি। **sen·si·tize** [ˈসেন্সিটাইজ্] *vt* সংবেদনশীল/ সূক্ষ্মবেদী করা। **sen·si·tized** *part adj* সংবেদনান্বিত।

sen·sory [ˈসেন্সারি] *adj* ইন্দ্রিয় বা সংবেদনসম্বন্ধী; ঐন্দ্রিয়ক; সংবেদনাত্মক: ~ organs, ইন্দ্রিয়স্থান; ~ nerves, সংজ্ঞাবহ স্নায়ু।

sen·sual [ˈসেন্শুআল্] *adj* ইন্দ্রিয়সুখ সম্পর্কিত; ইন্দ্রিয়পরবশ; ভোগসুখাসক্ত; ভোগবিলাসী; শিশ্নোদরপরায়ণ: ~ enjoyment, ইন্দ্রিয়সেবা; a ~ life, ইন্দ্রিয়পরতন্ত্র জীবন; ~ lips, ভোগাসক্তিসূচক ওষ্ঠাধর। **~·ism** [–লিজ়াম্] *n* ইন্দ্রিয়পরতন্ত্রতা; ভোগাসক্তি; শিশ্নোদরপরায়ণতা; ইন্দ্রিয়পরিতৃপ্তি; ইন্দ্রিয়সুখাসক্তি। **~·ist** [–লিস্ট্] *n* ভোগাসক্ত/ ইন্দ্রিয়পরায়ণ ব্যক্তি; ইন্দ্রিয়সেবক; ভোগবাদী; ইন্দ্রিয়সেবী। **~·ity** [ˌসেন্শুˈঅ্যালাটি] *n* [U] = ~ism.

sen·su·ous [ˈসেন্শুআস্] *adj* ইন্দ্রিয়কে প্রভাবিত করে এমন; ইন্দ্রিয়ের কাছে আবেদনময়; ইন্দ্রিয়গ্রাহ্য; ইন্দ্রিয়সম্পৃক্ত; ইন্দ্রিয়ঘন; ইন্দ্রিয়নিষ্ঠ: ~ music/poetry. **~·ly** *adv* ইন্দ্রিয়গ্রাহ্যরূপে ইত্যাদি। **~·ness** *n* ইন্দ্রিয়গ্রাহ্যতা; ইন্দ্রিয়সম্পৃক্ততা।

sent [সেন্ট্] send-এর *pt,pp*

sen·tence [ˈসেন্টান্স্] *n* [C] ১ দণ্ড; দণ্ডাদেশ; দণ্ডাজ্ঞা; pass ~ (on sb); under the ~ of death, মৃত্যুদণ্ডের আদেশাধীন। ২ (ব্যাক.) বিবৃতি, প্রশ্ন, অনুজ্ঞা ইত্যাদিসূচক বৃহত্তম ব্যাকরণিক একক; বাক্য। □*v t* দণ্ড/দণ্ডাজ্ঞা দেওয়া; শাস্তির হুকুম দেওয়া।

sen·ten·tious [সেন্ˈটেন্শাস্] *adj* ১ (প্রা. প্র.) সংক্ষিপ্ত অথচ সরস ভঙ্গিতে বলতে বা লিখতে অভ্যস্ত। ২ (আধু. প্র.) প্রাজ্ঞম্মন্য; বিজ্ঞম্মন্য; নীরস ও হিতোপদেশপূর্ণ; আড়ম্বরপূর্ণ; ঘটনাবহুল; মহাসমারোহপূর্ণ: a ~ speaker/ speech. **~·ly** *adv* সাড়ম্বরে; সমারোহপরিপূর্ণভাবে।

sen·tient [ˈসেন্শ্ন্ট] *n* ১ [C] চেতন; সচেতন; সংবিদবিশিষ্ট; অনুভবক্ষম।

sen·ti·ment [ˈসেন্টিমান্ট্] *n* ১ [C] হৃদয়ানুভূতি; কোনো বিষয়ে কারো সামগ্রিক চিন্তা ও অনুভূতি; ভাবানুভূতি: Your actions should not be guided by ~ alone. ২ [U] ভাবপ্রবণতা; ভাববিলাসিতা। ৩ অনুভূতির অভিব্যক্তি; মতামত বা দৃষ্টিভঙ্গি; মনোভাব: । known the ~s of the public.

sen·ti·men·tal [ˌসেনটিˈমেন্ট্ল্] *adj* ১ আবেগসম্পৃক্ত; আবেগাত্মক; আনুভূতিক: have a ~ attachment to sth. ২ (বস্তু সম্বন্ধে) ভাবোদ্দীপক, বিশেষত অতিশয়িত, অনুচিত বা মেকি ভাবের উদ্দীপক; ভাবালুতাপূর্ণ: ~ music/films. (ব্যক্তি সম্বন্ধে) ভাবালু; ভাববিলাসী; ভাবপ্রবণ। **~ ly** [–ট ˈলি] *adv* আবেগাত্মকরূপে ইত্যাদি। **~·ist** *n* ভাবপ্রবণ/ ভাববিলাসী ব্যক্তি। **~·ity** [ˌসেনটিমেন্ˈট্যালাটি] *n* [U] ভাবপ্রবণতা; ভাবালুতা; ভাববিলাসিতা। **~·ize** [–টালাইজ্] *vt,vi* ভাবপ্রবণ/ ভাবালু করা বা হওয়া।

sen·ti·nel [ˈসেন্টিনল্] *n* = sentry (এখন এটাই সচরাচর ব্যবহৃত শব্দ): stand ~ (over), (সাহিত্য.) পাহারা দেওয়া।

sen·try [ˈসেন্ট্রি] *n (pl* -ries) প্রহরারত সৈনিক; প্রহরী; প্রতিহারী; শান্ত্রী; রক্ষী। **ˈ~·box** *n* গুমটি। **ˈ~·go** *n* প্রহরীরূপে সামনে পেছনে পদচারণার দায়িত্ব; প্রহরীর পরিক্রমণ: be on ~-go.

se·pal [ˈসেপ্ল্] *n* (উদ্ভিদ.) ফুলের বৃতির অংশবিশেষ; বৃত্যংশ।

sep·ar·able [ˈসেপারাব্ল্] *adj* বিযোজ্য; বিচ্ছেদ্য। **sep·ar·ably** [–রাব্লি] *adv.* বিযোজ্যভাবে; বিচ্ছেদ্যরূপে। **sep·ar·abil·ity** [ˌসেপ্রাˈবিলাটি] *n* বিযোজ্যতা; বিচ্ছেদ্যতা।

sep·ar·ate[1] [ˈসেপ্রাট্] *adj* ১ বিভক্ত; পৃথক; আলাদা; বিচ্ছিন্ন; বিযুক্ত: two ~ parts. ২ ভিন্ন; স্বতন্ত্র; আলাদা: They live in ~ houses. □*n* (বাণিজ্যিক ব্যবহার, *pl)* স্বতন্ত্র পরিচ্ছদ, যা বিভিন্নভাবে মিলিয়ে পড়া যায়, যেমন জার্সি, ব্লাউজ, স্কার্ট ইত্যাদি। **~·ly** *adv* আলাদাভাবে; পৃথকভাবে।

sep·ar·ate[2] [ˈসেপারেইট্]*vt,vi* ১ **~ from** বিচ্ছিন্ন/ পৃথক/ আলাদা/ বিযুক্ত করা বা হওয়া। **~ sth (up) into** ভাগ/ বিভক্ত করা: The countly was ~d (up) into small princedoms. ২ (কিছুসংখ্যক লোক সম্বন্ধে) ভিন্ন ভিন্ন পথে যাওয়া: They walked a short distance together and then ~d. **sep·ar·at·ist**

[ˈসেপারাটিস্ট্]*n* (unionist–এর বিপরীত) বিচ্ছিন্নতাবাদী। **sep·ar·ator** [ˈসেপারেইটা(র্)] *n* (বিশেষত) দুধ থেকে মাখন আলাদা করার কৌশল; মাথানী: মন্থনী।

sep·ar·ation [ˌসেপাˈরেইশ্ন্] *n* ১ [U] বিচ্ছেদ; বিচ্ছিন্নতা; বিচ্ছিন্নকরণ; বিচ্ছিন্নাবস্থা; পৃথককরণ। **judicial ~** (legal ~ অধিক প্রচলিত) (আদালতের আদেশক্রমে) বৈবাহিক বন্ধন ছিন্ন না করে স্বামীস্ত্রীর বিচ্ছিন্নভাবে বসবাসের ব্যবস্থা; আইনানুগ বিচ্ছেদ। দ্র. divorce[1] (১). ২ [C] বিচ্ছিন্নতার দৃষ্টান্ত বা কাল; বিচ্ছেদ: ~s of husband and wife.

se·pia [ˈসীপিআ] *n* [U] গাঢ় বাদামি (কালি বা রং); সীপিয়া: a ˈ~-drawing, উক্ত রঙে আঁকা ছবি।

sep·sis [ˈসেপসিস্] *n* [U] পচনশীল ক্ষত থেকে দূষণ; বীজদূষণ।

Sep·tem·ber [সেপ্ˈটেম্বা(র্)] *n* সেপ্টেম্বর (মাস)।

sep·tet [সেপ্ˈটেট্] *n* সাতটি কণ্ঠ বা বাদ্যযন্ত্রের সমষ্টি; সাতটি কণ্ঠ বা বাদ্যযন্ত্রের জন্য রচিত সঙ্গীত; সপ্তস্বরা।

sep·tic [ˈসেপ্টিক্] *adj* বীজদূষণমূলক; বীজদূষিত; বীজানুঘটিত: ~ poisoning. **~ tank** মলশোধনী।

sep·ti·cemia [ˌসেপ্টিˈসীমিআ] *n* রক্তে বিষসঞ্চার; রক্তবিষণ।

sep·tua·gen·ar·ian [ˌসেপ্টিয়ুজিˈনেআরিআন্ US –চুজা–] *n* ৭০ থেকে ৭৯ বছর পর্যন্ত বয়স্ক ব্যক্তি; সপ্ততিপরবৃদ্ধ।

sep·ul·chre (US = **sep·ul·cher**) [সেপল্কা(র্)] *n* [C] (বিশেষত শিলা কেটে বা পাথর দিয়ে তৈরি) সমাধি; কবর। **the Holy S~** যিশুকে যে কবরে শোয়ানো হয়েছিল; পুণ্যসমাধি। **whited ~** *n* ভণ্ড; কপটী। **sep·ul·chral** [সিˈপালক্রাল্] *adj* ১ কবর বা অন্ত্যেষ্টি সম্বন্ধী; শ্মাশানিক। ২ গভীর বিষাদময়; অন্ত্যেষ্টিক্রিয়ার আবহ মনে করিয়ে দেয় এমন; মৃত্যুশীতল: sepulchral look; in a sepulchral voice.

sep·ul·ture [ˈসেপ্ল্চুআ(র্)] *n* [U] সমাহিতকরণ; দাফন।

se·qua·cious [সেˈকোয়ে ইশাস্] *adj* অনুগামী; পুচ্ছগ্রাহী; দাসমনোভাবাপন্ন।

se·quel [ˈসীকোয়াল্] *n* [C] ১ (পূর্ববর্তী কোনো ঘটনার) পরিণাম; অনুফল; জের: The incident will have an unpleasant ~. **in the ~** পরিণামে; ফলে। ২ (পূর্ববর্তী কোনো কাহিনী, ছায়াছবি ইত্যাদির) অনুবৃত্তি; জের; উত্তরভাগ।

se·quence [ˈসীকোয়ান্স্] *n* [U, C] পরম্পরা; ক্রম; অনুক্রম; আনুপূর্ব; পারম্পর্য; অনুলোপ: The ~ of event; a ~ of spades, (তাসখেলায়) মূল্যের দিক থেকে পর পর তিন বা ততোধিক ইস্কাপন। **~ of tenses** (ব্যাক.) অধীন উপবাক্যের কালকে মুখ্য উপবাক্যের কালের সঙ্গে সামঞ্জস্যপূর্ণ করার সূত্র; ক্রিয়ার কালের অনুক্রম। **se·quent** [–য়ান্ট্] *adj* (আনুষ্ঠা.) কালের দিকে থেকে অনুগামী; পরিণামী। **se·quen·tial** [সিˈকোয়েন্শ্ল্] *adj* পারম্পরিক; আনুক্রমিক; পরিণামী।

se·ques·ter [সিˈকোয়েস্টা(র্)] *vt* ১ (কাউকে) অন্য মানুষ থেকে পৃথক করে রাখা; স্বতন্ত্র/ নিঃসঙ্গ করে রাখা; আটক/ বিচ্ছিন্ন রাখা: ~ oneself from the world. ২ (আইন.) = sequestrate. **~ed** *adj* (স্থান সম্বন্ধে) নিরালা; নির্জন; বিজন।

se·ques·trate [সিˈকোয়েস্ট্রে ইট্] *vt* ১ (আইন.) (ঋণী ব্যক্তির সম্পত্তি, জমিজমা ইত্যাদি) দেনা পরিশোধ কিংবা অন্যান্য দাবি না মেটানো পর্যন্ত সাময়িকভাবে দখলে নেওয়া; ক্রোক করা। ২ বাজেয়াপ্ত করা। **se·ques·tra·tion** [ˌসীকোয়েˈস্ট্রেইশন্] *n* ক্রোক; বাজেয়াপ্তকরণ।

se·quin [ˈসীকোয়িন্] *n* ১ পোশাক ইত্যাদিতে অলঙ্কার হিসাবে সেলাই করা রুপা ইত্যাদির ক্ষুদ্রাকার চাকতি; চুমকি। ২ (ইতি.) এক সময়ে প্রচলিত ভিনিসীয় স্বর্ণমুদ্রা।

se·quoia [সিˈকোয়আ] *n* ক্যালিফোর্নিয়ার মোচাকৃতি শীর্ষবিশিষ্ট অতি দীর্ঘ বিশালকায় চিরসবুজ বৃক্ষবিশেষ; সিকোইয়া।

se·ra·glio [সেˈরালি] *n* হারেম; (বিশেষত ইতি.) কনস্ট্যান্টিনোপলে সুলতানের প্রাসাদ।

serai [সেˈরা] *n* সরাই; পান্থশালা; চটি।

ser·aph [ˈসেরাফ়্] *n* (*pl* - ~s বা ~im) [–ফ়িম্] (বাই.) সর্বোচ্চ শ্রেণীর ফেরেশতাদের যে কোনো একজন। দ্র. cherub. **~·ic** [সেˈর্যা ফ়ি ক্] *adj* দেবদূততুল্য; দেবদূততুল্য সুখী ও সুন্দর।

sere [সিআ(র্)] = sear[2].

ser·en·ade [ˌসেরাˈনেইড্] *n* রাত্রিবেলা ঘরের বাইরে বাজাবার বা গাওয়ার জন্য রচিত সঙ্গীতবিশেষ; সেরেনাদ। ❑*vt* সেরেনাদ গাওয়া বা বাজানো।

ser·en·dip·ity [ˌসেরান্ˈডিপাটি] *n* দৈবক্রমে শুভ ও অপ্রত্যাশিত আবিষ্কার; ঐরূপ আবিষ্কারের ক্ষমতা বা প্রতিভা; দৈবযোগ; দৈবপ্রাপ্তিযোগ।

ser·ene [সিˈরীন্] *adj* স্বচ্ছ ও শান্ত; স্থির; শান্তিপূর্ণ; প্রশান্ত; নির্মেঘ; নির্মল: a ~ smile; a ~ sky. **~·ly** *adv* প্রশান্তভাবে ইত্যাদি। **ser·en·ity** [সিˈরেনাটি] *n* [U] প্রশান্তি।

serf [সা ফ়্] *n* (ইতি.) ক্রীতদাসের মতো দায়বদ্ধ কৃষক, যাকে জমি ছেড়ে চলে যেতে দেওয়া হয় না; ভূমিদাস; (লাক্ষ.) ক্রীতদাসবৎ ব্যক্তি; উঞ্ছজীবী। **~·dom** [–ডাম্] *n* [U] ১ ভূমিদাস প্রথা। ২ ভূমিদাসবৃত্তি।

serge [সাজ্] *n* [U] আটপৌরে পশমি বস্ত্রবিশেষ; সাজ।

ser·geant [ˈসা:জান্ট্] *n* ১ নায়েকের ওপরে এবং সার্জেন্ট–মেজরের নীচের পদমর্যাদার অনাযুক্ত (non-commissioned) সামরিক কর্মকর্তা; সার্জেন্ট। ˌ~-ˈmajor *n* অনাযুক্ত সামরিক কর্মকর্তাদের সর্বোচ্চ পদ; সার্জেন্ট মেজর। ২ পরিদর্শকের নীচের পদমর্যাদাসম্পন্ন পুলিশ কর্মকর্তা; সার্জেন্ট।

ser·ial [ˈসিআরিআল্] *adj* ১ ক্রমিক; আনুক্রমিক: ~ number. ২ (কাহিনী ইত্যাদি সম্বন্ধে) (সাময়িকী, বেতার, টেলিভিশন ইত্যাদিতে) খণ্ডে প্রকাশিত; ক্রমবিন্যস্ত; ধারাবাহিক: a serial story appearing in a periodical. ❑*n* ক্রমবিন্যস্ত নাটক, কাহিনী ইত্যাদি। **~·ly** [–রিআলি] *adv* ক্রমান্বয়ে; ধারাবাহিকভাবে। **~·ize** [–লাইজ্] *vt* ক্রমান্বয়ে/ ধারাবাহিকভাবে প্রকাশ/ উপস্থাপিত করা।

seri·culture [ˈসেরিকালচারে) *n* রেশম উৎপাদন; গুটিপোকার/ রেশমকীটের চাষ। **seri·cul·tural** [ˌসেরিˈকাল্চরাল্] *adj* রেশমচাষ বিষয়ক। **seri·cul·tur·ist** [–চারিস্ট্] *n* রেশমচাষি।

series [ˈসিআরীজ্] *n* (*pl* অপরিবর্তনীয়) অনেকগুলি বস্তু, ঘটনা ইত্যাদি, যাদের প্রত্যেকটি কোনো না

কোনোভাবে অন্যগুলির সঙ্গে, বিশেষত তার পূর্বেরটির সঙ্গে সম্পর্কযুক্ত; মালা; শ্রেণী; পরম্পরা; ক্রম: a ~ of coins/stamps, (যেমন) বিভিন্ন মূল্যের কিন্তু একই সময়ে প্রচারিত; a ˈTelevision ~, নটনটী, বিষয়বস্তু ইত্যাদির দ্বারা পরস্পর সম্পর্কিত কতকগুলি স্বয়ংসম্পূর্ণ অনুষ্ঠান; পরম্পরা। **in ~** সুবিন্যস্তভাবে; (বিদ্যুৎপ্রবাহের গতিপথের উপাদানসমূহ সম্বন্ধে) প্রতিটি উপাদানের ভিতর দিয়ে সরাসরি প্রবাহিত বিদ্যুৎ সরবরাহসম্বলিত; পরম্পরাক্রমে বিন্যস্ত। দ্র. parallel ভুক্তিতে in parallel.

serio·comic [ˌসিঅরিউকমিক্] *adj* উদ্দেশ্যের দিক থেকে ঐকান্তিক কিন্তু বাহ্যত কৌতুককর (কিংবা এর বিপরীত); ঐকান্তিক ও কৌতুককর উভয় উপাদান সম্বলিত; লঘুগুরু।

seri·ous [ˈসিঅরিঅস্] *adj* ১ গম্ভীর; রাশভারী; আন্তরিক; গভীর; চিন্তাশীল; অচপল: a ~ mind/face; look ~. ২ গুরুতর; সঙ্গিন; সাংঘাতিক; ভয়ানক: a ~ illness/mistake; a ~ situation. ৩ ঐকান্তিক; নিষ্ঠাবান; একনিষ্ঠ; আন্তরিক; তদ্গতচিত্ত; নিবেদিতচিত্ত; একাগ্রচিত্ত: a ~ worker/lover. **~·ly** *adv* ঐকান্তিকভাবে; একনিষ্ঠভাবে; গুরুতররূপে: be ~ly ill. **~·ness** *n* গুরুতর অবস্থা: ঐকান্তিকতা; গাম্ভীর্য; একনিষ্ঠতা; একাগ্রচিত্ততা। **in all ~ness** ঐকান্তিকভাবে; একাগ্রচিত্তে; পূর্ণ আন্তরিকতার সঙ্গে।

ser·jeant [ˈসা:জান্ট্] *n* ˌ**S~-at-ˈarms** আনুষ্ঠানিক কর্তব্যপালনে কিংবা আদালত, বিধানসভা প্রভৃতি স্থানে শৃঙ্খলারক্ষার দায়িত্বে নিয়োজিত কর্মকর্তাবিশেষ।

ser·mon [ˈসামন্] *n* [C] বিশেষত গির্জার বেদি থেকে প্রদত্ত ধর্মীয় বা নৈতিক কোনো বিষয়ে লিখিত কিংবা কথিত অভিভাষণ; কারো দোষত্রুটির জন্য তিরস্কারপূর্ণ অনুশাসন; ধর্মোপদেশ; হিতোপদেশ; নসিহত। **~·ize** [-নাইজ্] *vt,vi* হিতোপদেশ দেওয়া; নসিহত করা।

ser·ology [সেˈরলাজি] *n* রক্তমস্তু বা সিরাম-বিষয়ক বিজ্ঞান। দ্র. serum.

serous [ˈসিয়রাস্] *adj* রক্তাম্বু বা রক্তমস্তু ঘটিত; রক্তাম্বুসদৃশ।

ser·pent [ˈসাপান্ট্] *n* সাপ; সর্প; (লাক্ষ.) ধূর্ত বিশ্বাসঘাতক লোক; কালকেউটে; the old S~ শয়তান।

ser·pen·tine [ˈসাপান্টাইন্ US -টীন্] *adj* সাপের মতো পেঁচানো ও বাঁকানো; সর্পিল: the ~ course of the river.

ser·rated [সিˈরে ইটিড্ US ˈসেরেই টিড্] *adj* (করাতের মতো) দাঁতকাটা; খাঁজকাটা; দাঁতালো; খাঁজকাটা প্রান্তযুক্ত; ক্রকচ: ~ leaves.

ser·ried [ˈসেরিড্] *adj* (পংক্তি বা পদমর্যাদা সম্বন্ধে) কাছাকাছি; ঘেঁষাঘেঁষি; সন্নিহিত; সন্নিকৃষ্ট: in ~ ranks.

serum [ˈসিঅরাম্] *n* ১ [U] জীবশরীরের জলীয় তরল পদার্থ; রক্তের পাতলা স্বচ্ছ অংশ; রক্তাম্বু; রক্তমস্তু। ২ টীকায় ব্যবহৃত উক্ত পদার্থ; রক্তমস্তু; রক্তাম্বু।

ser·vant [ˈসাভান্ট্] *n* ১ **(domestic) ~** ভৃত্য; গৃহভৃত্য; চাকর; নফর। ২ **public ~** জনগণের সেবায় নিয়োজিত ব্যক্তি, যেমন পুলিশ কর্মকর্তা, দমকলবাহিনীর সদস্য প্রভৃতি; জনসেবক। **civil ~** সরকারি কর্মচারী; সরকারি চাকুরে। **your humble s~** দাপ্তরিক চিঠিতে কখনো কখনো স্বাক্ষরের পূর্বে যুক্ত আনুষ্ঠানিকতাবিশেষ; আপনার সেবক/বশংবদ। ৩ কারো উদ্দেশে বা কোনো কিছুতে নিবেদিত ব্যক্তি; সেবক; পরিকর: a ~ of Jesus Christ; যিশু খ্রিস্টের সেবক (যেমন পাদ্রিরা)। ৪ উপকারী কোনো বস্তু, যা উপায় হিসাবে ব্যবহৃত হয়, লক্ষ্য হিসাবে নয়; ভৃত্য; সেবক: Science has transformed natural forces into ~s.

serve [সা্ভ্] *vt,vi* ১ কারো চাকর/ভৃত্য হওয়া; চাকরি/ কাজ করা: She ~s as cook. ২ দায়িত্ব পালন করা; সেবা করা: ~ one's country, যেমন সংসদ-সদস্যরূপে; How can I ~ you ? **~ on sth** সদস্যরূপে কাজ করা: ~ on committee. **~ under sb** কারো অধিনায়কত্বে সামরিক বাহিনীতে কর্মরত থাকা। **~ two masters** (লাক্ষ.) আনুগত্যের ব্যাপারে কিংবা দুটি পরস্পরবিরোধী নীতির মধ্যে দ্বিধান্বিত হওয়া। ৩ **~ sth (to sb); ~ sb (with sth); ~ sth (out)** (দোকান ইত্যাদি স্থানে খদ্দেরদের প্রতি) মনোযোগ দেওয়া; সেবা করা; (পণ্য ও সেবা) জোগানো; পরিবেশন করা: Is there anyone to ~ me ? Citizens expect to be well ~d with water and electricity. She ~d apple-pie. ৪ ~ **sb (for/as sth)** প্রয়োজন মেটানো; কাজ করা; চলা; কাজ হওয়া: The empty crate will ~ for a table. I don't quite like it, but it will ~me. **~ sb's needs/purpose(s)** প্রয়োজন মেটানো: The jeep will ~ our needs wonderfully. **as occasion ~s** উপযুক্ত উপলক্ষ বা সুযোগ এলে। ৫ (কারো প্রতি বিশেষ কোনোভাবে) আচরণ করা; ব্যবহার করা: You have ~d them shamefully, তাদের সঙ্গে খুব দুর্ব্যবহার করেছেন। **It ~s him right** তার ব্যর্থতা, দুর্ভাগ্য ইত্যাদি যথোচিত হয়েছে; এটা তার প্রাপ্য ছিল। ৬ (কোনো পেশা/জীবনোপায় ইত্যাদি শিখতে) স্বাভাবিক কাল অতিবাহিত করা; (নিজ পদে) নির্দিষ্ট মেয়াদ অতিবাহিত করা: ~ one's time; ~ one's apprenticeship. ৭ **~ a sentence; ~ time** কারাদণ্ড ভোগ করা; জেল খাটা। ৮ **~ a summons/ writ/warrant on sb; ~ sb with a summons/ writ/ warrant** (আইন.) (সমন, পরোয়ানা, তলব ইত্যাদি) জারি করা। ৯ (টেনিস ইত্যাদি খেলায়) বল মেরে খেলা শুরু করা: ~ a ball; ~ well/ badly. ১০ (ষাঁড়, ভেড়া, বরাহ প্রভৃতি পুরুষজাতীয় প্রাণী সম্বন্ধে) সঙ্গম/ মৈথুন করা। ১১ গির্জায় প্রার্থনা-অনুষ্ঠানে পুরোহিতকে সাহায্য করা: ~ Mass. □*n* (টেনিস ইত্যাদি খেলায়) (বলে) প্রথম আঘাত; বল মারার পালা। **~r** *n* ১ (গির্জার প্রার্থনা অনুষ্ঠানে) পুরোহিতের সাহায্যকারী; (খেলায়) বল-প্রেরক। ২ (খাবারের) ট্রে; বারকোশ। ৩ খাবার পরিবেশনে ব্যবহৃত তৈজসপত্র; পরিবেশনপাত্র: ˈsalad-~rs. **serv·ing** *n* একজনকে পরিবেশন করবার মতো খাবার: We have enough pie for six servings.

ser·vice [ˈসাভিস্] *n* ১ [U] চাকর বা সেবকের পদ বা চাকরি। **be in/go into/go out to** ভৃত্যরূপে নিয়োজিত হওয়া। ২ [C] জনসেবা; সরকারি নিয়োগ ইত্যাদির বিভাগ; চাকরি; কৃত্যক: the ˌCivil ˈS~, জনপালন-কৃত্যক; the ˌDiploˈmatic S~; the fighting ~s, যোদ্ধবাহিনী। **on active ~** (যুদ্ধকালে) সক্রিয় দায়িত্বে নিয়োজিত। **see ~ in sth** (সশস্ত্র বাহিনীতে) চাকরি করা: I've seen ~ in the second world war. **have seen (good) ~** কাউকে উত্তম সেবা দান করা: That old walking stick have seen good ~ on his countless jaunts through the forest. ৩ অন্যের সাহায্য বা উপকারার্থে কৃত কোনো কিছু; সেবা: ~s to the state; ~s of a doctor/lawyer. **do sb a ~** সাহায্য/ উপকার করা। ৪ [U] উপকার; সাহায্য-সেবা; কাজ;

ব্যবহার: Everything I have is at your ~. ৫ [C] জনসাধারণের প্রয়োজন মেটানোর জন্য, বিশেষত যাতায়াত ও যোগাযোগের জন্য ব্যবস্থা; পদ্ধতি; সংশ্রয়: a ˈbus/ˈtrain ~; the ˈtelephone ~; a good ˈpostal ~. ˈ~ **road** *n* প্রধান সড়ক থেকে বাড়িঘরের দিকে যাওয়ার জন্য অপ্রধান রাস্তা; ছোট রাস্তা। ৬ [C] প্রার্থনা – অনুষ্ঠানের ধরনবিশেষ: attend morning/ evening ~. ৭ [C] খাওয়ার টেবিলে ব্যবহারের জন্য থালা, বাসন, বাটি ইত্যাদির পূর্ণাঙ্গ সংগ্রহ; আহার–সরঞ্জাম: a ˈtea/ˈdinner ~ of 45 pieces. ৮ [U] (হোটেল ইত্যাদিতে) খাদ্য ও পানীয় পরিবেশন; হোটেলের কর্মচারী; গৃহভৃত্য প্রভৃতির সেবা; পরিচর্যা; উপচার: Is ~ charge included in the bill ? ˈ~ **flat** *n* (সাধা. নিত্যব্যবহার্য দ্রব্যাদিতে সুসজ্জিত) ফ্ল্যাটবিশেষ, যার ভাড়ার মধ্যে সেবার জন্য অতিরিক্ত একটা মূল্য অন্তর্ভুক্ত করা হয়। ৯ [U] পণ্য বিক্রয়ের পরে উৎপাদক বা তার প্রতিনিধিদের প্রদত্ত বিশেষজ্ঞ–পরামর্শ বা সাহায্য; সেবা; পরিচর্যা: The manufacturers assure free service for one year. (attrib) ~ department, সেবা–বিভাগ। ˈ~ **station** *n* পেট্রল স্টেশন, যেখানে গাড়ির সাধারণ পরিচর্যারও ব্যবস্থা থাকে। ১০ (আইন.) তলব, পরোয়ানা ইত্যাদি জারি। ১১ (টেনিস ইত্যাদি) বল মারা; মারার ভঙ্গি; বল মারার পালা; সার্ভিস।□*vt* (গাড়ি, রেডিও, যন্ত্র ইত্যাদি বিক্রয়ের পর) রক্ষণাবেক্ষণ ও মেরামত করা (উপরে ৯ দ্র.)। ~·**able** [–সাবল্] *adj* ১ সাধারণভাবে ব্যবহারের উপযোগী; মজবুত ও টেকসই: ~able clothes for school children. ২ উপযোগী; উপকারক; কর্মণ্য; কার্যক্ষম।

ser·vi·ette [ˌসাভ়িˈএট্] *n* [C] খাওয়ার টেবিলে ব্যবহারের জন্য রুমালবিশেষ।

ser·vile [ˈসাভ়াইল্ US –ভ়ল্] *adj* ১ (পুরা.) দাসোচিত, ক্রীতদাসসুলভ; দাস্য। ২ আত্মবিশ্বাসহীন; স্বাধীনতার চেতনাবর্জিত; বশংবদ: ~ flattery; ~ to public opinion. ~·**ly** [–ভ়াইল্লি] *adv* দাস্যভাবে; দাসের মতো। **ser·vil·ity** [সাˈভ়িলাটি] *n* [U] দাসত্ব; দাস্যভাব; দাস মনোভাব; দাস্যবৃত্তি।

ser·vi·tude [ˈসাভ়িটিউড্ US –টূড্] *n* [U] দাসত্ব; দাসত্ববন্ধন; দাসত্বশৃঙ্খল।

servo- [ˈসাভ়ৌ] *pref.* (যন্ত্রপাতি সম্বন্ধে) এমন একটি ব্যবস্থাপনা–সংবলিত, যা স্বয়ংক্রিয়ভাবে বৃহত্তর একটি ব্যবস্থাকে নিয়ন্ত্রণ করে: ˈ~-motor, উপরোক্ত ধরনের ব্যবস্থায় নিয়ন্ত্রক মোটর; অধি–মোটর। ˌ~-asˈsisted brakes, (যেমন বড়ো গাড়িতে) অধিনিয়ন্ত্রিত ব্রেক। ˌ~-ˈmechanism, নিয়ন্ত্রণব্যবস্থার সামান্য নাম; অধিনিয়ন্ত্রণ কৌশল।

ses·ame [ˈসেসামি] *n* ১ তিল গাছ বা তিল। ২ **Open ~!** 'আলি বাবা ও চল্লিশ চোর গল্পের দস্যুদের দরজা খোলার মন্ত্র; চিচিং ফাঁক; সুতরাং যা সাধা. অগম্য সেখানে প্রবেশ লাভের সহজ–পন্থা: an open ~ to high society.

sesqui·ped·alian [ˌসেস্কৌয়িপিˈডেইলিআন্] *adj* (শব্দ সম্বন্ধে) বহু অক্ষরবিশিষ্ট; বহ্বাক্ষরিক; (লাক্ষ.) ক্লান্তিকর; অনন্তপ্রবাহী।

session [ˈসেশ্ন্] *n* [C] ১ (আদালত, বিধানসভা ইত্যাদির) অধিবেশন: The winter ~ of parliament. **Court of S~** স্কটল্যান্ডের সর্বোচ্চ দেওয়ানি আদালত। **petty ~s** কোনো কোনো অপরাধের জন্য জুরির অনুপস্থিতিতে অনুষ্ঠিত মেজিস্ট্রেটদের বিচারসভা; লঘু অধিবেশন। ২ (স্কট. ও US) বিশ্ববিদ্যালয়ের শিক্ষাবর্ষ। ৩ অন্যান্য উদ্দেশ্যে একক; অব্যাহত সভা; বৈঠক: a reˈcording ~, রেকর্ডিং–এর কালপরিমাণ।

ses·tet [সেস্ˈটেট্] *n* ১ = sextet. ২ (সনেটের) ষট্ক (শেষের ছয় চরণ)

set[1] [সেট্] *n* ১ [C] এক জাতীয় বহু সংখ্যক বস্তু, যারা পরস্পর সদৃশ বা সম্পূরক বলে একসঙ্গে থাকে; প্রস্থ; কেতা: a set of golf-clubs/the novels of Thackeray; a tea-set and ˈdinner-set (= service (৭) অধিকতর প্রচলিত)। ২ [C] পরস্পর মেলামেশা করেন কিংবা অভিন্ন রুচি ও আগ্রহ আছে, এমন ব্যক্তিবর্গের সমষ্টি; গোষ্ঠী; ঝাঁক: the ˈracing/ ˈliterary set; the ˈsmart set, যাঁরা নিজেদের সমাজের নেতারূপে বিবেচনা করেন; the ˈfast set, জুয়াড়ির দল; The ˈjet set, এক অবকাশকেন্দ্র থেকে অন্য অবকাশকেন্দ্রে ছুটে বেড়ানো ধনী সুখান্বেষী সম্প্রদায়। ৩ বেতার বা টেলিভিশনের গ্রাহকযন্ত্র: a transistor set. ৪ (*pl* নয়) (স্রোত, বায়ু ইত্যাদির) দিক; গতি; (মতামতের) প্রবণতা: the set of the tide. ৫ (*pl* নয়) অবস্থান; ভঙ্গি: You can recognize her by the set of her head. ৬ দেহের আকৃতির সঙ্গে পোশাকের সেঁটে থাকার ধরন; ঢপ: the set of a coat/gown. দ্র. set[2] (১৪). ৭ (কাব্যিক) সূর্যাস্ত; at set of sun. ৮ (টেনিস ইত্যাদি) যে পক্ষ অর্ধেকের বেশি খেলা জেতে; তাদের জন্য একক হিসাবে গণ্য খেলার সমষ্টি; সেট। ৯ শিকারি কুকুরের (দ্র. setter) শিকারের (পশু বা পাখি) উপস্থিতির প্রতি ইঙ্গিতদান। দ্র. set[2] (১৫). **make a dead set at (ক)** যুক্তি বা উপহাসের দ্বারা প্রচণ্ডভাবে আক্রমণ করবার লক্ষ্যে একতাবদ্ধ হওয়া বা জোট বাঁধা। **(খ)** (ব্যক্তি সম্বন্ধে) (কারো প্রতি আকৃষ্ট হয়ে তার) মনোযোগ ও হৃদয় জয় করতে সচেষ্ট হওয়া। ১০ [C] (রাস্তায় বিছানোর জন্য) গ্রানিট–ফলক। ১১ [C] রঙ্গমঞ্চে কিংবা ছায়াছবির জন্য স্টুডিওতে কিংবা খোলা জায়গায় কৃত্রিম দৃশ্যসজ্জা। ১২ [C] রোপণের জন্য প্রস্তুত চারা, কন্দ, কলম ইত্যাদি: get the sugarcane sets in. ১৩ ব্যাজারের গর্ত। ১৪ কেশবিন্যাস: shampoo and set, £ 5. দ্র. set[2] (৯).

set[2] [সেট্] *vt,vi* (-tt-, *pt,pp* set) (*adv part* ও *preps*–সহ বিশিষ্ট প্রয়োগ, দেখুন নীচে ১৯) ১ (সূর্য, চন্দ্র ইত্যাদি সম্বন্ধে) অস্ত যাওয়া; ডোবা। ২ **set sth to sth** লাগানো: set a cup to one's lips. **set the axe to** (গাছ) কাটা; (লাক্ষ.) ধ্বংস করতে উদ্যত হওয়া। **set fire/a match/(a) light to sth** অগ্নিসংযোগ করা; আগুন ধরানো। **set pen to paper** লিখতে শুরু করা। **set one's seal to sth; set the seal to sth** ক্ষমতাপ্রদান করা/ প্রত্যয়ন বা সমর্থন করা। **set one's shoulder to the wheel,** দ্র. shoulder. ৩ কোনো নির্দিষ্ট অবস্থা বা সম্পর্কে নিয়ে যাওয়া বা পৌঁছানো। **set sb/sth at defiance/ naught/ nought,** দ্র. defiance; nought. **set sb at his ease** সঙ্কোচ, জড়তা ইত্যাদি থেকে মুক্ত করা; সহজ/ স্বাভাবিক করা। **set sb/ sth on his/its feet (ক)** উঠে দাঁড়াতে সাহায্য করা; দাঁড় করানো। **(খ)** শক্তি, আর্থিক স্থিতিশীলতা ইত্যাদি অর্জনে সাহায্য করা; নিজের পায়ে দাঁড় করানো: Liberal assistance from his friends set him on his feet after the disaster. **set sth on fire** (= set fire to sth) আগুন ধরানো। ˌ**not/ ˌnever ˌset the ˈThames on fire** কখনো অসাধারণ/ অত্যাশ্চর্য কিছু না করা বা না হওয়া। **set sb**

free/at liberty (বন্দী প্রভৃতি) মুক্ত করা। **set people at loggerheads/ variance** কলহ/ বিবাদ সৃষ্টি করা। **set sth in order** (বই, কাগজপত্র ইত্যাদি) গোছানো; বিন্যস্ত করা। **ˌset one's (ˈown) ˈhouse in order** (অন্যের সমালোচনা করার আগে) নিজের ঘর গোছানো/ জীবনকে সুশৃঙ্খল করা। **set sb's mind at ease/rest; set sb's doubts/ fears/ at rest** দুশ্চিন্তামুক্ত করা; নিশ্চিত করা। **set sb's ˈteeth on edge** উত্যক্ত করা; পীড়িত করা: The way he looks at me sets my teeth on edge. **set sb right** (ক) শোধরানো; ভুল সংশোধন করা; সৎপথে আনা। (খ) চাঙ্গা/সুস্থ করে তোলা। **set sth right/ to rights** (দোষত্রুটি, অভাব-অভিযোগের) প্রতিকার করা। **set sb on his way** (প্রা. প্র.) (পায়ে হেঁটে রওনা হবার সময়ে কাউকে) কিছুটা পথ এগিয়ে দেওয়া। **be all set (for sth/ to do sth)** (ঘোড়দৌড় ইত্যাদি শুরু করার জন্য) সকল প্রস্তুতি সম্পন্ন হওয়া; পুরোদস্তুর প্রস্তুত হওয়া। **be set on doing sth** সঙ্কল্পবদ্ধ হওয়া। ৪ চালু করা; কিছু করানো: You can now set the motor going. His story set every one weeping. ৫ (সাধা. *adv* বা *adv phrase*–সহ; বিশেষ বিশেষ অর্থে set ও *adv part*–এর সমবায়, দেখুন নীচে ১৯) রাখা; পাতা; স্থাপন করা; দাঁড় করানো; বসানো: He set the tray on the table. ৬ **set (for)** (কর্তব্য, আদর্শ ইত্যাদি হিসাবে বিবেচ্য বিষয়রূপে) উপস্থাপন করা; প্রণয়ন করা; পাঠ্য করা: Don't set yourself a task which you cannot perform. He will set the papers for the final examination. **ˌset ˈbook** যে বইয়ের উপর পরীক্ষায় প্রশ্ন করা হবে; নির্ধারিত বই। **set (sb) a (good) example** (উত্তম/ অনুসরণীয়) দৃষ্টান্ত/ আদর্শ স্থাপন করা। **set the fashion** ফ্যাশন চালু/ প্রবর্তন করা। **set the pace** (দৌড় ইত্যাদিতে) অগ্রগামী হয়ে (অন্য সকলের) গতি নির্ধারিত করা; (লাক্ষ.) কার্যকলাপ, জীবনশৈলী ইত্যাদির মান নির্ধারণ করা। **set the stroke** (নৌকাবাইচ) প্রতি মিনিটে দাঁড় ফেলার সংখ্যা নির্ধারণ করা। ৭ **set (sb/ oneself) to do sth** কোনো দায়িত্ব দেওয়া; কাজে লাগানো: He set the unemployed youth to fetch water for the family. He set himself (সঙ্কল্পবদ্ধ হওয়া) to finish the novel by the week-end. **ˌSet a ˌthief to ˈcatch a thief** (প্রবাদ) অবৈধ কার্যকলাপ উদ্ঘাটনের জন্য অবৈধ পদ্ধতি অবলম্বন করা। তুল. কাঁটা দিয়ে কাঁটা তোলা। ৮ (কর্মরূপে ব্যবহৃত বিভিন্ন বিশেষ্যের সঙ্গে) **set one's cap at sb,** দ্র. cap. **set eyes on sb** দেখা; মুখ দেখা: I wish I'd never set eyes on that woman. **set one's face against sth** দৃঢ়তার সঙ্গে বিরোধিতা করা। **set one's heart/ hopes/ mind on sth** প্রবল আকাঙ্ক্ষা বোধ করা; সঙ্কল্পে উদ্দীপ্ত হওয়া; আশা করা: She has ~ her heart on becoming a doctor. **set a price on sth** বিক্রি হবে বলে ঘোষণা করা। **set a price on sb's head** হত্যা করার জন্য পুরস্কার ঘোষণা করা। ৯ বিশেষ কোনো উদ্দেশ্যে বিশেষ অবস্থায় নিয়ে আসা; যথাস্থানে লাগানো: set a (broken) bone. **set a butterfly** পাখা ছড়িয়ে (কাচের আধারে নমুনা হিসাবে) সাজিয়ে রাখা। **set a clock/ watch** ঘড়ির সময় ঠিক করা কিংবা এলার্ম দিয়ে রাখা। **set eggs** (তা দেওয়ার জন্য) মুরগি প্রভৃতির নীচে বসানো। **set one's hair** (ভিজা থাকতে) কেশ বিন্যস্ত করা। **set a hen** (তা দেওয়ার জন্য) ডিমের ওপর মুরগিকে বসানো। **set a saw** রেত দিয়ে শাণিত করে করাতের দাঁতগুলি সমকোণে বসানো। **set the scene** (নাটক, উপন্যাস, ক্রীড়ানুষ্ঠান প্রভৃতিতে) স্থান ও অংশগ্রহণকারীদের বর্ণনা দেওয়া; মঞ্চসজ্জা/ আয়োজন সম্পূর্ণ করা: The scene is now set for the drama. **set sail (from/ to/ for)** (জলপথে) যাত্রা শুরু করা। **set the table** টেবিল/খানা লাগানো। **set one's teeth** দাঁতে দাঁত চেপে ধরা; (লাক্ষ.) (কোনো কর্মপন্থা ইত্যাদির বিরুদ্ধে) বদ্ধপরিকর হওয়া। **set a trap (for sth/sb)** (ক) ফাঁদ পাতা। (খ) (অসৎ ব্যক্তি প্রভৃতিকে ধরার জন্য) ফাঁদ পাতা। **set (up) type** (ছাপার জন্য) মুদ্রাক্ষর বিন্যস্ত করা। ১০ **set sth in sth; set sth with sth** খচিত করা; বসানো; লাগানো: a gold ring set with diamond. ১১ (স্রোত, জোয়ার, ভাঁটা ইত্যাদি সম্বন্ধে) প্রবাহিত হওয়া; শক্তিশালী/ প্রবল হয়ে ওঠা; (লাক্ষ.) প্রবণতা অনুভব করা বা লক্ষণীয় হওয়া: The current sets from the east. The tide is setting against the ruling party. ১২ **set sth to sth** আরোপ/ সংযোজন/ যোজন করা: set a poem to music. ১৩ (উদ্ভিদ, ফলের গাছ এবং ফুল সম্বন্ধে) ধরা/ আসা: The mangoes have set well this year. ১৪ (পোশাক সম্বন্ধে) গায়ে লাগা (এই অর্থে sit অধিকতর প্রচলিত): That suit does not set well. ১৫ (শিকারি কুকুর সম্বন্ধে) শিকারের উপস্থিতি সূচিত করতে শিকারের দিকে নাসিকা নিবদ্ধ করে নিশ্চলভাবে দাঁড়িয়ে পড়া; (নর্তক-নর্তকী সম্বন্ধে) পরস্পর মুখোমুখি হয়ে দাঁড়ানো: set to partners. ১৬ জট জমাট বাঁধা; জমা/ জমানো; শক্ত হওয়া: The concrete is yet to set. ১৭ (বিরল) সুনির্দিষ্ট রূপ দেওয়া/ লাভ করা; পরিপক্ব হওয়া বা করা; গঠন করা/ গঠিত হওয়া: His body is not yet set, এখ'নো পরিপূর্ণতা লাভ করেনি। ১৮ *(pp)* (ক) স্থির; অবিচল: a set look/ purpose/ smile. (খ) নির্ধারিত; পূর্বনির্ধারিত: at a set time; set lunches only; a set piece, মঞ্চের ওপর স্থাপিত বৃহৎ জটিল আতশবাজিবিশেষ; (attrib) a set-piece attack, পূর্ব থেকে সুপরিকল্পিত আক্রমণ। (গ) অপরিবর্তনীয়; বাঁধা-ধরা: a man of set opinions; set in one's habits . (ঘ) নিয়মিত; পূর্বনির্ধারিত; পূর্বপরিকল্পিত: set phrases; a set speech. (ঙ) **set fair** (আবহাওয়া সম্বন্ধে) চমৎকার এবং পরিবর্তনের লক্ষণহীন। ১৯ (*adv part* ও *preps* –সহ বিশিষ্ট প্রয়োগ): **set about sth** শুরু করা; পদক্ষেপ নেওয়া; উপক্রম করা: You must set about your job. **set about sb** (কথ্য.) আক্রমণ করা: The boys set about each other savagely. **set sth out** (গুজব ইত্যাদি) ছড়ানো: He set it about that you are going to marry your secretary. **set sb against sb** কারো বিরুদ্ধে কাউকে লাগানো। **set one thing against another** এক বস্তুকে অপর কোনো বস্তুর (ক্ষতিপূরণ বা সমকক্ষ হিসাবে) বিপরীত পক্ষে স্থাপন করা। **set sth apart/ aside** (ক) (ভবিষ্যতের জন্য) আলাদা করে রাখা। (খ) ধর্তব্যের মধ্যে না নেওয়া; উপেক্ষা করা। (গ) (আইন.) প্রত্যাখ্যান করা: set a claim aside. **set sth back** (ক) পিছনে ফেরানো; পিছানো: set back the hands of a clock. (খ) দূরে অবস্থিত হওয়া: The guesthouse is well set back from the main through fare. **set sb/sth back (ক)** (প্রগতি/অগ্রগতি) ব্যাহত করা। **ˈset-back** *n* (*pl* setbacks) বাধাবিপত্তি; প্রতিবন্ধক: meet with many setbacks. **(খ)** (অপ.) খর্চা হওয়া: That pair of shoes set him back £ 50. **set sth down (ক)** নামানো; নামিয়ে রাখা: set down a load. **(খ)** কাগজে লেখা। **set sb down** (যানবাহন ও চালক সম্বন্ধে) নামিয়ে দেওয়া; বেরোতে দেওয়া: The driver will set you down in front of the post office. **set sb/oneself down as** (এই অর্থে put অধিকতর প্রচলিত) বর্ণনা/ ব্যাখ্যা করা: How shall I set him down, as a saint or a self-deluded fool ? **set sth down to sth** (put অধিকতর প্রচলিত) ফল বলে বর্ণনা করা: set one's success down to careful planning. **set forth** (set out অধিক প্রচলিত) যাত্রা শুরু করা। **set sth forth** (আনুষ্ঠা.) ঘোষণা/ বিজ্ঞাপিত করা: set forth one's basic principles. **set in (ক)** শুরু হওয়া; শুরু হয়ে যাওয়া: As the rainy season set in, the invaders began to panick. **(খ)** (স্রোত, বায়ু ইত্যাদি সম্বন্ধে; উপরে ১১ দ্র.) প্রবাহিত হতে/বইতে শুরু করা: The current sets in towards the shore. **set off** (যাত্রা, দৌড় ইত্যাদি) শুরু করা: to set off on a journey. **set sth off (ক)** মাইন, আতশবাজি ইত্যাদি ফাটানো। **(খ)** উজ্জ্বলতর/ প্রকটতর করে তোলা: An abundant crop of hair sets off her pretty face wonderfully. **(গ)** ভারসাম্য রক্ষা করা; ক্ষতিপূরণ করা: set off gains against losses. **(ঘ)** চিহ্নিত করা: to set after clause by a comma. **set sb off (doing sth)** (কিছু করতে) শুরু করানো: I regreat to have set him off talking about nature cure, he did not stop before a couple of hours. **ˌset ˈon** (আনুষ্ঠা.) এগিয়ে যাওয়া; আক্রমণের জন্য অগ্রসর হওয়া। **ˈset on/ upon sb** আক্রমণ করা। **be ˈset on/ upon doing sth** কিছু করতে বদ্ধপরিকর হওয়া: The boy is set on becoming an engineer. **set out** (যাত্রা, উদ্যোগ) শুরু করা: We set out before sunrise. **set out to do sth** উদ্দেশ্য পোষণ করা; লক্ষ্য হওয়া: He set out to scale the Everest within five years. **set sth out (ক)** ঘোষণা করা; জানানো: set out one's reasons (for sth). **(খ)** প্রদর্শন/ উপস্থাপন করা: The farmers set out their prime products on the market stalls. **(গ)** রোপণ করা; লাগানো: to set out strawberry runners. **set sb over sb** একজনকে অন্যের উপর কর্তৃত্বে অধিষ্ঠিত করা। **ˌset ˈto (ক)** কিছু করতে শুরু করা: After a long journey the children were all hungry and at once set to, খেতে শুরু করল। **(খ)** (সাধা. *pl* subject–সহ) যুদ্ধ/ লড়াই/ বিবাদ ইত্যাদি শুরু করা। **ˌset-ˈto** *n* সংগ্রাম; বিবাদ; ঝগড়া। **set sth up (ক)** স্থাপন করা: set up a memorial/post. **(খ)** (প্রতিষ্ঠান, ব্যবসা, যুক্তি ইত্যাদি) প্রতিষ্ঠা করা: set up a tribunal. সুতরাং **ˈset-up** *n* (কথ্য) কোনো সংগঠন, মানুষের দল ইত্যাদির বিন্যাস; সংগঠন: We know nothing about the set-up here. **(গ)** ঘটানো; কারণস্বরূপ হওয়া: What has set up this inflammation of the liver. **(ঘ)** উচ্চস্বরে উদীরণ করা: set up a yell. **(ঙ)** ছাপানোর জন্য প্রস্তুত করা; বিন্যস্ত করা: set up type/a book. **set sb up** সুস্থ করে তোলা: strict adherence to this regime will set you up again. **set (oneself) up as (ক)** (ব্যবসায়ী) হিসাবে প্রতিষ্ঠিত করা: He has set (himself) up as a jeweller. **(খ)** দাবি করা: Do you set yourself up as an antiquary ? **set sb up as (sth)** (পুঁজি ইত্যাদি সরবরাহ করে) কারো ব্যবসা শুরু করে দেওয়া; প্রতিষ্ঠিত করা: His uncle set him up as hotelier. **set up house** (অন্যের সঙ্গে বা অন্যের বাড়িতে থাকার পর) স্বতন্ত্রভাবে বাস করা; সংসার পাতা। **set up house with sb/together** (দুই ব্যক্তি সম্বন্ধে) এক সঙ্গে বাস করতে আরম্ভ করা। **be well set up (ক)** ব্যায়াম ইত্যাদির সাহায্যে সুগঠিত দেহের অধিকারী হওয়া: She's a well set up young woman. **(খ)** পর্যাপ্ত প্রয়োজনীয় সামগ্রীর অধিকারী হওয়া: be well set up with food/reading matter.

set-square [ˈসেট্স্কোয়েআ(র্)] *n* [C] কোণ বরাবর রেখা অঙ্কনের জন্য ৯০°, ৬০° ও ৩০° (কিংবা ৯০°, ৪৫°, ৪৫°) কোণবিশিষ্ট কাঠ, প্লাস্টিক, ধাতু ইত্যাদির ফলকবিশেষ; সেট স্কোয়ার।

sett [সেট্] *n* = set[1] (১০, ১৩).

set·tee [সেটী] *n* [C] দুই বা ততোধিক ব্যক্তির জন্য সোফার মতো দীর্ঘ আসনবিশেষ।

set·ter [ˈসেট(র্)] *n* ১ দীর্ঘ লোমওয়ালা (বিভিন্ন জাতের) কুকুরবিশেষ: শিকারের গন্ধ পেলে এরা নিশ্চল হয়ে দাঁড়িয়ে থাকে। দ্র. set[1] (৯). ২ (যৌগশব্দে) যে সব ব্যক্তি বা বস্তু কিছু বিন্যাস করে; বিন্যাসক: a ˈbone-~; ˈtype-~.

set·ting [ˈসেটিঙ্] *n* [C] ১ যাতে কোনো কিছু বিন্যস্ত বা খচিত করা হয়; আধান; আশয়; অধিষ্ঠান; The ~ of a jewel; (অর্থ সম্প্রসারণে) পরিবেশ; প্রতিবেশ; পারিপার্শ্বিকতা: a beautiful natural ~. ২ কবিতা ইত্যাদির জন্য রচিত সঙ্গীত; সুরসংযোজনা। দ্র. set[2] (১২). ৩ (সূর্য, চন্দ্র ইত্যাদির) অস্তগমন।

settle[1] [ˈসেট্ল্] *n* [C] উঁচু হেলানো ও হাতলওয়ালা কাঠের লম্বা আসনবিশেষ, যার নীচে অনেক সময়ে একটি বাক্স থাকে।

settle[2] [ˈসেট্ল্] *vt, vi* (*adv part* ও *preps*–সহ বিশিষ্ট প্রয়োগ দেখুন নীচে ১০–এ) ১ উপনিবেশ স্থাপন করা: The French ~d in Quebec. ২ বসবাস করা; বসতি স্থাপন করা: ~ in America/in New york. ৩ ~ **(on sth)** বসা; জমা; কিছু সময়ের জন্য থাকা/ থামা: The swallow ~d in the telegraph-post. The dust ~d on the furniture. ৪ (অস্থিরতা বা কর্মচাঞ্চল্যের পরে) নতুন কোনো অবস্থানে বা ভঙ্গিতে অভ্যস্ত করা কিংবা আরামে শোয়ানো/ বসানো: The injured boy was ~d on a bed. ৫ শান্ত/ স্থির হওয়া বা করা: We left after the excitement had ~d. a period of ~d weather. ৬ ব্যবস্থা/ বন্দোবস্ত করা; মীমাংসা/ নিষ্পত্তি করা; স্থির করা; সিদ্ধান্ত করা: The dispute was ~d amicably; He ~d his affairs before going on a voyage. ৭ পরিশোধ করা; মেটানো; চুকানো: ~ a bill. ৮ (বাতাসের ভাসমান ধূলা ইত্যাদি এবং তরল পদার্থে ভাসমান কণা ইত্যাদি সম্বন্ধে) থিতানো; তলানি/তলায় পড়া; (তরল পদার্থ সম্বন্ধে) তলানি পড়ে স্বচ্ছ হওয়া: Last night's shower ~d the dust. ৯ (ভূমি, বাড়ির ভিত্তি ইত্যাদি সম্বন্ধে) দাবা; দেবে স্থির হওয়া: The ground ~d. ১০ (*adv part* ও *peps*–সহ বিশেষ প্রয়োগ) **settle down** (অস্থিরতা বা কর্মচাঞ্চল্যের পর)

আরাম করে বসা বা শোয়া; She ~d down on the sofa to read a magazine. **~ (sb) down** শান্ত হওয়া বা করা: Wait until the audience ~ down. **~ (down)/to sth** মনোযোগ দেওয়া: I'am trying to ~ (down) to my work. **~ down (to sth)** (নতুন ধরনের জীবন, নতুন কাজ ইত্যাদিতে) প্রতিষ্ঠিত হওয়া; বসে যাওয়া: ~ down in a new career/job. **~ down to married life; marry and ~ down** বিয়ে করে সংসারী হওয়া। **settle for sth** পুরাপুরি সন্তোষজনক না হলেও মেনে নেওয়া; রাজি হওয়া: He asked £ 200 for the picture, but had to ~ for £ 150. **settle (sb) in** নতুন বাড়ি, চাকরি ইত্যাদিতে গুছিয়ে বসা কিংবা গুছিয়ে বসতে সাহায্য করা: They're ~d in their new house. **settle sth on/upon sb** (আইন.) কাউকে (সম্পত্তি ইত্যাদির) যাবজ্জীবন ভোগদখলের জন্য দান করা: ~ part of one's estate on a nephew. ~ **on/upon sth** পছন্দ করা; বেছে নেওয়া: You must ~ on one of these articles. **settle (up) (with sb)** পাওনা মিটিয়ে দেওয়া: When shall you ~ up with the mason ? ˌ**have an acˈcount to ~ with sb** (কথ্য) কারো সঙ্গে কোনো অপ্রীতিকর ব্যাপার, ঝগড়া ইত্যাদি আলোচনা করবার থাকা; হিসাব মেটাবার থাকা।

settled [ˈসেটল্‌ড্] *adj* ১ স্থির; অনড়; পরিবর্তনহীন; স্থায়ী; নির্দিষ্ট; অবিচল: ~ weather; a man of ~ convictions. ২ (পরিশোধিত বিলের উপর লিখিত) পাওনা পরিশোধিত।

settle·ment [ˈসেটল্‌মান্ট্] *n* ১ [U, C] নিষ্পত্তি; মীমাংসা; পরিশোধ: a lasting ~ of the disputes; Please send us a cheque in ~ of our account. ২ [C] যাবজ্জীবন ভোগদখলের জন্য প্রদত্ত সম্পত্তি; ঐরূপ সম্পত্তির বিবরণ (settle (১০) দ্র.): ˈmarriage ~, স্ত্রীর অনুকূলে স্বামীকর্তৃক প্রদত্ত ঐরূপ সম্পত্তি। ৩ [U, C] উপনিবেশ স্থাপন; উপনিবেশ; বসতি; বন্দোবস্ত; বিলিবন্দোবস্ত: French ~ in India; empty lands awaiting ~.

set·tler [ˈসেট্‌লা(র্)] *n* ঔপনিবেশিক; নতুন উন্নয়নশীল দেশে বাস করতে আসা বিদেশী; বসতকার: Japanese ~s in Brazil.

seven [ˈসেভ্‌ন্] *n adj* সাত; সপ্ত। দ্র. পরি. ৪। ˈ**~-fold** [-ফৌল্‌ড্] *adj, adv* সাত গুণ বড়ো বা বেশি। **sev·enth** [ˈসেভ্‌ন্থ্] *n, adj* সপ্তম। **in the/one's ~th heaven** পরম সুখী; সপ্তম আসমানে। **the S~th Day** শনিবার, ইহুদিদের কর্মবিরতির দিন (সাবাথ)। **sev·enth·ly** *adv* সপ্তমত। **~·teen** [ˌসেভ্‌ন্‌ˈটীন্] *n, adj* সতর; সপ্তদশ। **~·teenth** [সেভ্‌ন্‌ˈটীন্থ্] *n , adj* সতরতম; সপ্তদশ। **~ty** [ˈসেভ্‌ন্টি] *n, adj* সত্তর; সপ্ততি। **the ~ties** *n pl* ৭০–৭৯; সত্তরের দশক। **~·ti·eth** [ˈসেভ্‌ন্টিআথ্] *n adj* সপ্ততিতম।

sever [ˈসেভা(র্) *vt, vi* ১ কাটা; ছিন্ন/বিচ্ছিন্ন করা: ~ a hand from the shoulder; (লাক্ষ.) ~ one's connections with sb. ২ ছেঁড়া; ছিঁড়ে যাওয়া: The cable ~ed under the strain. **~ance** [ˈসেভারান্স্] *n* [U] ছেদ; বিচ্ছেদ: the ~ance of diplomatic relations.

sev·eral [ˈসেভ্‌রাল্] *adj* ১ তিন বা ততোধিক; বহু নয়; তবে কিছু; কতিপয়; কয়েক: I met him ~ times. ২ (আনুষ্ঠা.) (কেবল *pl nn* –সহ) ভিন্ন ভিন্ন; পৃথক; স্বতন্ত্র: After a few metres we went our ~ ways, যার যার পথে। □*pron* কয়েকটি; কয়েকজন; কেউ কেউ: S~ of our friends visited the spot. **~ly** [ˈসেভ্‌রালি] *adv* পৃথক পৃথকভাবে; স্বতন্ত্রভাবে।

se·vere [সিˈভিআ(র্)] *adj* ১ কড়া; কঠোর: ~ looks; don't be too ~ with your children. ২ (আবহাওয়া, রোগের আক্রমণ ইত্যাদি সম্বন্ধে) প্রচণ্ড; তীব্র; প্রবল: a ~ storm; ~ pain. ৩ দক্ষতা, সামর্থ্য, ধৈর্য ও অন্যান্য গুণাবলীর উপর অত্যাধিক চাপ পড়ে এমন; তীব্র: ~ competition. ৪ (রীতি, শৈলী ইত্যাদি সম্বন্ধে) সরল; নিরলঙ্কার। **~·ly** *adv* কঠোরভাবে ইত্যাদি। **se·ver·ity** [সিˈভেরাটি] *n* (*pl* -ties) ১ [U] কঠোরতা; তীব্রতা; প্রচণ্ডতা; প্রবলতা: The severity of the winter in Siberia. ২ *(pl)* কঠোর ব্যবহার; কঠিন অভিজ্ঞতা; the severities of the winter campaign.

sew [সৌ] *vt, vi* (*pt* sewed, *pp* sewn [সৌন্] বা sewed) সেলাই করা; সীবন করা। **sew sth up** (ক) সেলাই করে (প্রান্ত) জুড়ে দেওয়া। (খ) (কথ্য) সম্পূর্ণ করা: All the details of the operation are sewn up. **sewer** [ˈসৌআ(র্)] *n* যে সেলাই করে; সীবক। **sew·ing** *n* [U] সেলাই; সীবনকর্ম। ˈ**sewing-machine** *n* সেলাই–কল।

sew·age [ˈসিউ্যজ্ US সূ-] *n* [U] নর্দমা দিয়ে নিষ্কাশিত তরল ময়লা; পয়ঃনিষ্কাশন। ˈ**~-farm/works** *nn* যেখানে নর্দমার ময়লা প্রক্রিয়াজাত করে নষ্ট করে দেওয়া হয়; পয়োনিষ্কাশন খামার।

sewer[1] [ˈসিউআ(র্) US সূঃ-] *n* [C] ময়লা ও বৃষ্টির পানি প্রক্রিয়াজাত করার জন্য কিংবা স্বাভাবিক কোনো জলপথে নিয়ে ফেলার জন্য ভূগর্ভস্থ পয়োনালী; পয়ঃপ্রণালী। ˈ**~-gas** *n* (পয়োনালীতে উৎপন্ন দুর্গন্ধ) পয়োবাষ্প। ˈ**~-rat** *n* সচরাচর পয়ঃপ্রণালীতে পরিদৃষ্ট বাদামি রঙের ইঁদুর; পয়োমূষিক। **~·age** [-রিজ্] *n* পয়োনিষ্কাশন ব্যবস্থা।

sewer[2] [ˈসৌআ(র্)] *n* দ্র. sew.

sewn [সৌন্] sew-এর *pp*

sex [সেক্স্] *n* ১ লিঙ্গ; স্ত্রী বা পুরুষ: without distinction of sex, নারীপুরুষ নির্বিশেষে। ২ স্ত্রীজাতি বা পুরুষজাতি। ৩ [U] নারীপুরুষের পার্থক্য; এইসব পার্থক্য সম্বন্ধে সচেতনতা: ˈsex antagonisms, লৈঙ্গ বিরোধ। ৪ [U] রতিক্রিয়াঘটিত কিংবা রতিক্রিয়ার লক্ষ্যে পরিচালিত কার্যকলাপ; যৌনক্রিয়া: a film with lots of sex in it, যৌনক্রিয়া ছায়াছবি; the ˈsex instinct, যৌনপ্রবৃত্তি; ˈsex appeal, যৌন আবেদন/ আকর্ষণ। **sexed** *part adj* (নির্দিষ্ট ধরনের) যৌনপ্রকৃতিবিশিষ্ট: highly/ weakly ~ed, প্রবল/ দুর্বল যৌনতাসম্পন্ন। **sex·less** *adj* না পুরুষ, না স্ত্রী; লিঙ্গনির্বিশেষ। ˈ**sex-starved** *adj* (কথ্য.) যৌন–ক্ষুধার পরিতৃপ্তি থেকে রক্ষিত; যৌন ক্ষুধার্ত। **sexy** *adj* (-ier, -iest) (কথ্য) লিঙ্গঘটিত; যৌনতাঘটিত; যৌন আবেদনময়, যৌন আকর্ষণপূর্ণ।

sexa·gen·ar·ian [ˌসেক্সজিˈনেআরিআন্] *n, adj* ৬০ থেকে ৬৯ বৎসর বয়স্ক ব্যক্তি; ষষ্টিপর।

sexo·logy [সেকˈসাল জি] *n* যৌনবিদ্যা; যৌনবিজ্ঞান। **sexo·logical** [সেক্সালজিকল্] *adj* যৌনবিদ্যা–ঘটিত। **sexo·lo·gist** [সেকˈসাল জিস্ট্] *n* যৌনবিজ্ঞানী।

sex·ism [ˈসেকসিজাম্] *n* [U] নারীপুরুষের মধ্যে অন্যায় ও অযৌক্তিক বৈষম্য; যৌনবৈষম্য;

যৌনবৈষম্যবাদ। **sex·ist** [ˈসেক্‌সিস্‌ট্] *adj* যৌনবৈষম্যবাদী: ~ attitudes; sexist words (যেমন নারী অর্থে baby, bird, chick, doll প্রভৃতি শব্দ)। দ্র. chauvinism ভুক্তিতে male chauvinist.

sex·tant [ˈসেক্‌স্টান্ট্] *n* (জাহাজের অবস্থান ইত্যাদি নির্ণয়ের জন্য) সূর্য ইত্যাদির উন্নতি মাপার যন্ত্রবিশেষ; সেক্সটান্ট।

sex·tet, sex·tette [সেক্‌সˈটেট্] *n* [C] ছয়টি কণ্ঠ, যন্ত্র বা বাদকের সমন্বয় ছয়টি কণ্ঠ বা যন্ত্রের জন্য রচিত সঙ্গীত; ষড়ঙ্গক।

sex·ton [ˈসেক্‌স্টন্] *n* গির্জা ভবন দেখাশোনা করা, গির্জা-প্রাঙ্গনে কবর খোঁড়া, গির্জার ঘণ্টা বাজানো ইত্যাদি দায়িত্বে নিয়োজিত ব্যক্তি।

sex·ual [ˈসেক্‌শুঅল্] *adj* যৌন: ~ intercourse, যৌনসঙ্গম। ˈ~·**ity** [ˌসেক্‌শুˈঅ্যালাটি] *n* [U] যৌনতা।

sh (অপিচ **ssh, shh**) [শ্] *in* চুপ! শ্!

shabby [ˈশ্যাবি] *adj* (-ier, -iest) ১ জীর্ণ; ছেঁড়াখোঁড়া; মলিনবেশ; মলিন: a ~ jacket. ˌ~-**genˈteel** *adj* সাবেক কৌলীন্যের লক্ষণযুক্ত; বাহ্য শোভনতা/ চাকচিক্য বজায় রাখতে তৎপর; হৃতকৌলীন্য। ২ (আচরণ সম্বন্ধে) নীচ; অন্যায়; হীন; নোংরা: a ~ excuse; play a ~ trick on sb. **shab·bily** [ˈশ্যাবিলি] *adv* জীর্ণভাবে, মলিনভাবে ইত্যাদি। **shab·bi·ness** *n* জরাজীর্ণতা; মালিন্য।

shack [শ্যাক্] *n* [C] (সাধা. কাঠের) যেমন-তেমনভাবে নির্মিত চালা, কুটির বা বাড়ি; চালাঘর। □*vi* ~ **up (with sb/together)** (অপ.) একসঙ্গে বসবাস করা; এক ঘরে বাস করা।

shackle [ˈশ্যাক্‌ল্] *n* [C] হাত বা পায়ের বেড়ি; হাতকড়া; নিগড়; *(pl)* পায়ের নিগড়; (লাক্ষ.) বাধা; নিগড়; শৃঙ্খল: the ~s of convention. □*vt* বেড়ি পরানো; শৃঙ্খলিত করা।

shad [শ্যাড্] *n* (*pl* অপরিবর্তিত) উত্তর আমেরিকার আটলান্টিক উপকূলের বৃহদাকার ভোজ্য মৎস্যবিশেষ; শ্যাড।

shad·dock [ˈশ্যাডাক্] *n* বাতাবি লেবু ও তার গাছ।

shade [শেইড্] *n* ১ [U] (*adj, v* ও *indef art* -সহ) প্রত্যক্ষ আলোকরশ্মি বাধাগ্রস্ত হওয়ার দরুন অপেক্ষাকৃত অন্ধকার; ছায়া: a temperature of 30°c in the ~. **put sb/ sth in/ into the ~** ক্ষুদ্র/ তুচ্ছ/ অকিঞ্চিৎকর বলে প্রতিভাত করা; আচ্ছন্ন/ ম্লান করা: His cleverness and brilliance put his rivals into the ~. ˈ~-**tree** *n* (বিশেষত US) ছায়াতরু। ২ [U] ছবি ইত্যাদির অধিকতর অন্ধকারময় অংশ; ছবির গাঢ়তর অংশের পুনরুৎপাদন; ছায়া: light and ~ in a drawing. ৩ [C] রঙের মাত্রা বা গভীরতা: silk fabrics in several ~s of blue. ৪ [C] পার্থক্যের মাত্রা; সূক্ষ্ম তারতম্য: a word with many ~s of meaning. ৫ আলোকে ব্যাহত করে কিংবা আলোর উজ্জ্বলতা হ্রাস করে, এমন কোনো বস্তু; ঢাকনা: an ˈeye-~; a ˈlamp-~; a ˈwindow-~, দ্র. blind[3]. *(pl)* (US কথ্য) আতপত্রাণ চশমা। ৬ *(pl;* সাহিত্য.) অনুকার: the ~s of evening. ৭ [C] অবাস্তব বা অসার বস্তু; প্রেত, প্রেতাত্মা। **the ~s** গ্রিকদের পাতাল; প্রেতলোক। □*vt, vi* ১ (আলো থেকে) আড়াল করা: ~ one's eyes. ২ উজ্জ্বলতা কমানোর জন্য (আলো, প্রদীপ ইত্যাদি) ঢেকে দেওয়া। ৩ আলোছায়ার প্রতিভাস সৃষ্টি করার জন্য (ছবির অংশবিশেষকে) পেন্সিলের রেখা ইত্যাদি দিয়ে আবৃত করা; ছায়াবৃত করা। ৪ ক্রমান্বয়ে পরিবর্তিত হওয়া: a colour that ~s from yellow into green. **shad·ing** *n* ১ [U] (ছবিতে) আলোছায়া। ২ [C] সামান্য পার্থক্য বা রূপভেদ।

shadow [ˈশ্যাডৌ] *n* ১ [C] ছায়া; প্রচ্ছায়া; প্রতিচ্ছায়া। **be afraid of one's own ~** নিজের ছায়াকে ভয় পাওয়া; অত্যন্ত ভিতু হওয়া। **coming events cast their ~s before them** ভবিষ্যৎ ঘটনাবলীর আভাস পূর্বেই পাওয়া যায়; ছায়া পূর্বগামিনী। ২ ছায়াময় এলাকা; ছায়া: His figure was in deep ~, ছায়াচ্ছন্ন ছিল। ৩ [C] অলীক বা অবাস্তব কোনো কিছু; ছায়া: run after a ~, ছায়ার পিছনে ছোটা; You are only the ~ of your former self, ছায়ামাত্র অবশিষ্ট আছে অর্থাৎ অতিকৃশ ও দুর্বল। **worn to a ~** (ব্যক্তি সম্বন্ধে) ছায়ামাত্রে পর্যবসিত। ˈ~-**boxing** (অনুশীলনের জন্য) কাল্পনিক প্রতিদ্বন্দ্বীর সঙ্গে মুষ্টিযুদ্ধ; ছায়া-মুষ্টিযুদ্ধ। ৪ *(pl)* আধো-অন্ধকার; ঈষদন্ধকার; the ~s of evening, প্রদোষান্ধকার। ৫ [C] কালো দাগ বা এলাকা; কালি: have ~s under/round the eyes. ৬ (শুধু *sing)* লেশমাত্র: without/beyond a ~ of (a) doubt. ৭ নিত্যসঙ্গী বা অনুচর; ছায়াসহচর। **~ cabinet** (GB) সাধারণ নির্বাচনে সরকার পরিবর্তিত হলে নতুন মন্ত্রীসভা গঠন করবার জন্য সংসদীয় বিরোধী দলের নেতৃস্থানীয় ব্যক্তিদের গোষ্ঠী; ছায়ামন্ত্রীসভা। □*vt* ১ অন্ধকারময় করা; ছায়াপাত করা। ২ গোপনে নজর রাখা; ছায়ার মতো অনুসরণ করা: The alleged murderer was ~ed by detectives. **shad·owy** *adj* ১ ছায়াচ্ছন্ন; ছায়াঢাকা; ছায়াময়: cool, ~y woods. ২ ছায়াতুল্য; অস্পষ্ট; ঝাপসা: a ~y outline.

shady [ˈশেইডি] *adj* (-ier, -iest) ১ ছায়াময়; ছায়াবৃত; ছায়াচ্ছন্ন: the ~ side of the road. ২ সততা সম্বন্ধে সন্দেহের অবকাশ আছে এমন; সন্দেহজনক: a ~ transaction; a ~ looking customer, (কথ্য) বদমাশ-চেহারার লোক।

shaft [শা: ফ্‌ট্ US শ্যাফ্‌ট্] *n* [C] ১ শর; বাণ; তীর; শরযষ্টি: (লাক্ষ.) ~s of envy/ridicule. ২ (কুড়াল ইত্যাদির) দণ্ড; হাতল। ৩ ঘোড়ার গাড়ি ইত্যাদিতে যে দুটি দণ্ডের মাঝখানে ঘোড়া জোড়া হয়, তাদের যে কোনো একটি; কুবর, ধরা। ৪ স্তম্ভের (ভিত্তি ও শীর্ষের) মধ্যবর্তী অংশ; শুষ্ক স্তম্ভকাণ্ড। ৫ (কয়লার খনিতে নামার জন্য, কোনো ভবনে লিফট লাগাবার জন্য কিংবা বায়ু চলাচলের জন্য) দীর্ঘ, সরু, সাধা. খাড়া ফাঁকা স্থান; খনিকূপ। ৬ যন্ত্রের দুইটি অংশকে জোড়া লাগানোর জন্য কিংবা শক্তি সঞ্চালিত করার জন্য দণ্ড; ধুর; শঙ্কু। ৭ (আলোর) রশ্মি; বজ্র।

shag [শ্যাগ্] *n* [U] মোটা ধরনের কাটা-তামাক।

shagged [শ্যাগ্‌ড্] *pred adj* ~ **(out)** (GB কথ্য) অত্যন্ত ক্লান্ত।

shaggy [ˈশ্যাগি] *adj* (-ier, -iest) ১ (চুল/ লোম সম্বন্ধে) রুক্ষ, মোটা ও অপরিপাটি; ঝাঁকড়মাকড়; উস্কখুস্ক। ২ রুক্ষ; মোটা চুলে আবৃত; ঝাঁকড়া; ঝাঁকড়মাকড়; লোমওয়ালা: a ~ dog; ~ eyebrows. ˌ~-ˈ**dog story** দীর্ঘ কৌতুককর গল্প, যা ক্লান্তিকর এবং নিতান্ত দুর্বল সমাপ্তির কারণেই কৌতুকাবহ। **shag·gily** [-গিলি] *adv* উস্কখুস্কভাবে। **shag·gi·ness** *n* ঝাঁকড়মাকড় অবস্থা।

Shah [শা:] *n* ইরানের সাবেক রাজা; তাঁর উপাধি; শাহ।

shake[1] [শেইক্] *vt, vi (pt* shook [শুক্], *pp* shaken [শেইক্‌ন্]) ১ নাড়া; ঝাঁকা; ঝাঁকানো; নাড়া/ ঝাঁকা/ ঝাঁকুনি দেওয়া: ~ a piece of cloth; ~ one's head (to sb), (না-সূচক) মাথা নাড়া; ~ one's finger at sb, (অনুমোদন বা হুঁশিয়ারিসূচক) আঙুল নাড়া; ~ one's fist at sb, (স্পর্ধাসূচক) মুষ্টি উত্তোলন করা; to ~ with cold, ঠাণ্ডায় কাঁপা; My sides were shaking with laughter, হাসিতে পেট ফেটে যাচ্ছিল; to ~ in one's shoes, ভয়ে কাঁপা। **~ hands (with sb),** দ্র. hand[1] (১). ২ নাড়া দেওয়া; আহত/দুর্বল করা; বিচলিত করা: ~ sb's faith/courage. ৩ (কারো কণ্ঠ সম্বন্ধে) কাঁপা। **shak·ing** *n* = shake[2]: give sth a good shaking. **~r** *n* যে ঝাঁকায়; যে পাত্রে কিছু ঝাঁকানো হয়: a 'cocktail-~. ৪ *(adv part* ও *preps*–সহ) **~ down** (কথ্য) (ক) নতুন অবস্থার সঙ্গে খাপ খাইয়ে/ মানিয়ে নেওয়া: The recruits are shaking down well. (খ) ঘুমানোর জন্য শুয়ে পড়া: ~ down on the carpet. **~ sb down** (US) ভয়, জবরদস্তি ইত্যাদির মাধ্যমে অর্থ আদায় করা। **~ sb/ sth down** (US) তন্ন তন্ন করে খোঁজা। **~ sth down** চূড়ান্তভাবে পরীক্ষা করে নেওয়া। **'~-down** *n* (কথ্য) (ক) সাময়িক শয্যা। (খ) (US) জবরদস্তিমূলক অর্থ আদায়। (গ) (US) পুঙ্খানুপুঙ্খ তল্লাশি। (ঘ) (নতুন জাহাজ, বিমান ইত্যাদির) চূড়ান্ত পরীক্ষা: a ~-down voyage/flight. **~ sth from/ out of sth** ঝাঁকিয়ে ফেলা: ~ mangoes from a tree. **~ sb off** (কারো হাত থেকে) নিজেকে মুক্ত করা; The robber ran hell for leather and soon shook off his pursuers. **~ sth off** ঝেড়ে ফেলা: ~ off a cold. **~ out** (সাম.) ছড়িয়ে পড়া: The general ordered his troops to ~ out. **~ sth out** ঝাঁকুনি দিয়ে খোলা/মেলা: ~ out a sail/ bedsheet. **'~-out** *n* শ্রমিকদের অপ্রয়োজনীয় করার প্রক্রিয়া বা কাজ; ঝাঁকুনি: a new ~-out in the textile industry. **~ sth up** (ক) ঝাঁকিয়ে মেশানো: ~ up a bottle of medicine. (খ) নেড়েচেড়ে আগের অবস্থায় আনা: ~ up a cushion. **~ sb up** অনীহা বা অবসাদ থেকে উদ্ধার করা; ঝাঁকানি দেওয়া: Our business executives need shaking up— they've become too lazy. সুতরাং, **'~-up** *n* ঝাঁকানি: The management needs a good '~-up.

shake[2] [শেইক্] *n* [C] ১ নাড়া; ঝাঁকি; কম্পন; বিকল্প কম্প; আন্দোলন: a ~ of the hand. ২ (কথ্য) মুহূর্ত: in half a ~, মুহূর্তের মধ্যে। ৩ *pl* **no great ~s** (অপ.) খুব বেশি ভালো বা কাজের নয়; আহামরি কিছু নয়। ৪ **'egg-~, 'milk-~** ইত্যাদি, গ্লাসে ঝাঁকানো সুবাসিত দুধ ও ডিম কিংবা শুধু দুধের পানীয়বিশেষ।

shake·spear·ian [শেইক্‌স্‌পিআরিআন] *adj* শেক্সপিয়র সম্বন্ধী বা তাঁর রীতিতে; শেক্সপিয়রীয়।

shaky ['শেইকি] *adj* (-ier, -iest) ১ (ব্যক্তি, তার চলাফেরা ইত্যাদি সম্বন্ধে) দুর্বল, বিচলিত, অস্থির, কম্পিত: ~ hands; feel very ~. ২ নড়বড়ে; অদৃঢ়; অনির্ভরযোগ্য: a ~ table. **shak·ily** [-কিলি] *adv* বিচলিতভাবে, কম্পিতভাবে ইত্যাদি। **shaki·ness** *n* অস্থিরতা; বিচলিত/ নড়বড়ে অবস্থা।

shale [শেইল্] *n* [U] নরম শিলাবিশেষ, যা সহজেই স্তরে স্তরে বিভক্ত হয়; কোমল শিলা। **'~-oil** *n* শিলাজতুময় শেইল থেকে প্রাপ্ত তেল; পাথুরে তেল।

shall [দুর্বল রূপ শল্; জোরালো রূপ শ্যাল্] *anom fin* (shall not-এর সংক্ষিপ্ত রূপ shan't [শা:ন্ট্ US শ্যান্ট্] thou-এর সঙ্গে প্রাচীন রূপ shalt [শ্যাল্ট্] ব্যবহৃত হত; *pt* রূপ should [শুড্; দুর্বল রূপ শড্]; should not-এর সংক্ষিপ্ত রূপ shouldn't ['শুড্‌ন্ট্]) ১ (ভবিষ্যৎ কালের *aux v* রূপে ব্যবহৃত হয়; উত্তম পুরুষে হাঁসূচক ও প্রশ্নবোধক বাক্যে এবং মধ্যম পুরুষে কেবলমাত্র প্রশ্নবোধক বাক্যে ব্যবহৃত হয়। কথ্য রীতিতে shall-এর পরিবর্তে will-এর ব্যবহার ব্যাপক): I ~ ask him about it. (shall-এর স্থলে should-এর প্রয়োগ অতীতকালে ভবিষ্যৎ কিংবা শর্তসাপেক্ষ বিবৃতি সূচিত করে): We should have fetched a doctor if we had had time. ২ (বক্তার সংকল্প বা অভিপ্রায়সূচক ভবিষ্যৎ বা শর্তমূলক বাক্য রচনার জন্য প্রথম ও মধ্যম পুরুষে ব্যবহৃত হয়; shall ও should-এর উপর জোর দিলে এতে দায়দায়িত্ব বা বাধ্যবাধকতা প্রকাশ পায়; জোর না দিলে প্রতিশ্রুতি বা হুমকি প্রকাশ পায়): You ~ have a sweet (বক্তার ইচ্ছা). You ~ not come near me. ৩ [কর্তব্য, আদেশ, দায়-দায়িত্ব, শর্তসাপেক্ষ কর্তব্য এবং (না-সূচক বাক্যে) নিষেধের ভাব ব্যক্ত করতে সকল পুরুষে ব্যবহৃত হয়]: Shall I wait for you ? ৪ (অভিপ্রায়সূচক উপবাক্যে সকল পুরুষেই ব্যবহৃত হয় may বা might-এর তুল্যমূল্য রূপে): He gave me some money so that I should consult a doctor. ৫ (subjunctive তুল্যমূল্যরূপে সকল পুরুষেই ব্যবহৃত হয়): I am surprised that he should leave so soon. ৬ (পরোক্ষ উক্তিতে) উত্তম পুরুষের উক্তি অন্য পুরুষে বিবৃত করলে shall, should ব্যবহৃত হয় (যেমন 'What shall I say, mother', she said. She asked her mother what she should say, তবে will ও would এখন অধিকতর প্রচলিত); অন্য পুরুষের উক্তি উত্তম পুরুষে বিবৃত করলেও shall ও should ব্যবহৃত হয় (যেমন He said; 'you will get a ticket at half price' — He told me that I should get a ticket at half price.) ৭ [how, why এবং (কখনো কখনো) অন্য প্রশ্নবোধক শব্দের পরে should ব্যবহৃত হয়]: How should he come back ? Why should I help you? ৮ (সম্ভাব্যতা বা প্রত্যাশা ব্যক্ত করতে should ব্যবহৃত হয়): He should have finished by now. ৯ পরামর্শ বা উপদেশ দানে should ব্যবহৃত হয়: You should eat more fruits.

shal·lot [শ'লট্] *n* কতকটা রসুনের মতো কোয়াবিশিষ্ট ছোট জাতের পিঁয়াজ; ছোট পিয়াজ।

shal·low ['শ্যালৌ] *adj* অগভীর; গাধ; চেটালো; ~ water; a ~ saucer/dish; (লাক্ষ.) ভাসাভাসা; উপর-উপর; অসার; অগভীর: a ~ argument; ~ talk. □*n* (প্রায়শ *pl)* সাগর বা নদীতে অগভীর স্থান; গাধভূমি; মগ্ন চড়া। □*vi* অগভীর হওয়া।

sha·lom [শ্যা'লম্] *int* (হিব্রু শব্দ) (সম্ভাষণ ও বিদায় জানাতে ব্যবহৃত হয়) সালাম।

sham [শ্যাম্] *vi, vt* (-mm-) ভান করা; ছল/ব্যপদেশ করা: He ~med seriously injured. □*n* ১ ছল; ভান; ব্যপ্যদেশ; ব্যাজ; ভণ্ড; ভাওতাবাজ; ছলক: You're a ~, yours love in mere ~. ২ [U] অজুহাত; ছুতা; ভাওতা: I don't believe you, what you say is all ~. □*adj* মিথ্যা; কপট: ~ piety; a ~ battle (যেমন, সামরিক প্রশিক্ষণকালে) যুদ্ধের অভিনয়।

shamble [ˈশ্যাম্‌ব্‌ল্] *vi* টলতে টলতে বা পা টেনে টেনে চলা: The old beggar ~d up to the pedestrian. □*n* পা টেনে টেনে চলন।

shambles [ˈশ্যাম্‌ব্‌ল্‌জ্] *n sing* ১ (পুরা.) ব্যাপক হত্যাকাণ্ডের স্থান; বধ্যভূমি; কসাইখানা। ২ (কথ্য) বিশৃঙ্খলা; হট্টশালা; হট্টগোল; ঘন্ট: You've made a ~ of the job.

shame [শেইম্] *n* [U] ১ লজ্জা; শরম: hang one's head in/for ~. ˈ**~·faced** *adj* লজ্জিত; লজ্জিতমুখ। সুতরাং ˈ**~·faced·ly** [ˈশেইমফ়েইসট্‌লি] *adv* লজ্জিত মুখে; অধোবদনে। ˈ**~-making** *adj* (কথ্য) লজ্জাদান। ২ লজ্জা বোধ: Please stop , if you have ~! **(For) ~!** (তিরস্কারসূচক) লজ্জার দোহাই! ৩ অপমান; অসম্মান; অমর্যাদা। **bring ~ on sb/oneself** অসম্মান/অপমান/ কলঙ্কিত করা। **cry ~ on sb** নিজের আচরণে লজ্জিত হওয়া উচিত বলে কারো সম্বন্ধে ঘোষণা করা; ধিক্কার দেওয়া। **put sb to ~** (উৎকর্ষের দ্বারা) কাউকে লজ্জা দেওয়া/ম্লান করা। **S~ on you !** ধিক তোমাকে! লজ্জা হয় না তোমার? ৪ **a ~** লজ্জাকর কিছু; লজ্জা; কলঙ্ক: What a ~ to flog that helpless boy ! You are a ~ to your country. □*vt* ১ লজ্জা দেওয়া; মুখে চুনকালি মাখানো: ~ one's family. ২ **~ sb into/out of doing sth** লজ্জার ভয় দেখিয়ে কিছু করানো কিংবা কিছু করা থেকে নিবৃত্ত করা: ~ a man into apologizing. **~·ful** [-ফ়ল্] *adj* লজ্জাকর; লজ্জাজনক: ~ful conduct. **~·fully** [-ফ়ালি] *adv* লজ্জাজনকরূপে। **~·less** *adj* নির্লজ্জ; বেহায়া; দুর্বিনীত; লজ্জাহীন। **~·less·ly** *adv* নির্লজ্জভাবে। **~·less·ness** *n* নির্লজ্জতা; বেহায়াপনা; লজ্জাহীনতা।

shammy [ˈশ্যামি] *n* ˈ**~ (leather),** দ্র. chamois.

sham·poo [শ্যামˈপূ] *n* [C, U] কেশসংস্কার; কেশসংস্কারের জন্য বিশেষ সাবান, চূর্ণক, তরলপদার্থ ইত্যাদি; শ্যাম্পু: give sb a ~. □*vt* কেশসংস্কার/ শ্যাম্পু করা।

sham·rock [ˈশ্যামরক্] *n* প্রতি কাণ্ডে তিনটি পাতাযুক্ত ক্লোভারসদৃশ উদ্ভিদবিশেষ (আয়র্ল্যান্ডের জাতীয় প্রতীক); শ্যামরক।

shandy [ˈশ্যান্ডি] *n* [U] বিয়ার এবং জিনজার বিয়ার বা লেমনেড মিশিয়ে প্রস্তুত পানীয়।

shang·hai [শ্যাঙ্‌হাই] *vt* (অপ.) (পানীয় বা মাদক সেবনে) অজ্ঞান করে মাল্লা হিসাবে সমুদ্রগামী জাহাজে তুলে নেওয়া; চালাকি করে বিব্রতকর পরিস্থিতিতে ফেলা।

shank [শ্যাঙ্ক্] *n* ১ পা, বিশেষত জঙ্ঘা; জঙ্ঘাস্থি; পায়ের নলি। **go on ~s's mare/pony** পায়ে হাঁটা; স্বীয় চরণ ভরসা করা। ২ নোঙর, চাবি, চামচ ইত্যাদির ঋজু, দিঘল অংশ; ইস্ক্রুর কাণ্ডের মসৃণ অংশ; নলি।

shan't [শা:ন্ট্ US শ্যান্ট্] = shall not.

shan·tung [শ্যান্টাঙ্] *n* [U] সাধা. রং না-করা এক ধরনের ভারী রেশমি বস্ত্র।

shanty[1] [ˈশ্যান্টি] *n* [C] (*pl* - ties) যেমন-তেমনভাবে তৈরি কুটির বা চালাঘর; ঝুপড়ি; কুঁড়েঘর। ˈ**~-town** *n* শহরের বস্তি-এলাকা।

shanty[2] (US = **chant(e)y)** [ˈশ্যান্টি] *n* (*pl* -ties) (প্রায়শ ˈ**sea ~)** কর্মরত অবস্থায় মাল্লাদের অঙ্গসঞ্চালনের তালে তালে গাওয়া গান; সারিগান।

shape[1] [শেইপ্] *n* ১ [C, U] আকার; আকৃতি; মূর্তি; রূপ; গড়ন; ডৌল: dolls of different ~s and sizes. **get/put sth into ~** নির্দিষ্ট আকার দেওয়া; সুবিন্যস্ত করা: get one's ideas into ~. **give ~ to** (স্পষ্ট করে) প্রকাশ করা। **knock sth into/out of ~** যথোচিত আকার দেওয়া/নষ্ট করা। **take ~** সুনির্দিষ্ট রূপ পরিগ্রহ করা: The dissertation is beginning to take ~. **take ~ in** অভিব্যক্তি/ প্রকাশ লাভ করা: His ideas took ~ in long-winded lectures. **in ~** আকারে; রূপে; মূর্তিতে; বেশে: a monster in human ~. ২ ধরন; রকম; প্রকার: We've had no help from you in any ~ or form. ৩ অবস্থা: Are you in good ~ for the next wrestling bout ? ৪ [C] অস্পষ্ট আকার/ মূর্তি; ছায়ামূর্তি: We discerned two ~s through the mist. ৫ [C] নকশা; ছাঁচ; আদল।

shape[2] [শেইপ্] *vt, vi* ১ আকার/ রূপ দেওয়া; গড়া: ~ a pot on a wheel. ২ গড়ে ওঠা; রূপ পরিগ্রহ করা: The trainees are shaping satisfactorily, তাদের অগ্রগতি সন্তোষজনক। **~·less** *adj* নিরবয়ব; বেঢপ; কদাকার; সৌষ্ঠবহীন। **~·less·ly** *adv* কদাকারভাবে। **~·less·ness** *n* আকারহীনতা; সৌষ্ঠবহীনতা।

shape·ly [ˈশেইপ্‌লি] *adj* (- ier, -iest) (বিশেষত কোনো ব্যক্তির রূপ বা অঙ্গ সম্বন্ধে) সুগঠিত; সুডৌল; সুরূপ; সুঠাম।

shard [শা:ড্] *n* (প্রা. প্র. তবে মালী ও প্রত্নতাত্ত্বিকরা এখনো ব্যবহার করে থাকেন) মাটির পাত্রের ভাঙা টুকরা; খোলামকুচি।

share[1] [শেআ(র্)] *n* ১ [C] অংশ; হিস্যা; ভাগ; বখরা; অংশভাগ। **go ~s (with sb) (in sth)** (মুনাফা, ব্যয় ইত্যাদি) অন্যের সঙ্গে ভাগ করে নেওয়া; (অন্যের সঙ্গে) আংশিক মালিক হওয়া; (খরচের) অংশবিশেষ পরিশোধ করা। ˈ**~·cropper** *n* (কোনো কোনো দেশে) বর্গা চাষি। ২ [U] কোনো কর্ম, উদ্‌যোগ ইত্যাদিতে ব্যক্তিবিশেষের গৃহীত বা প্রাপ্ত অংশ; ভাগ: Do you have any ~ in our success? I fully accept my ~ of the blame. ৩ একটি কোম্পানির মূলধনকে যে সব সমান অংশে ভাগ করা হয় তার যে কোনো একটি অংশের মালিক আনুপাতিক হারে মুনাফার অংশের দাবিদার হন; হিস্যা: hold 100 ~ in a construction company. ˈ**ordinary ~** যে হিস্যায় অগ্রাধিকারভিত্তিক (ˈ**preference ~** দ্র.) লভ্যাংশ প্রদানের পর অবশিষ্ট মুনাফা অনুযায়ী লভ্যাংশ দেওয়া হয়; সাধারণ হিস্যা। ˈ**preference ~** যে হিস্যায় অন্যদের মধ্যে মুনাফা বণ্টনের আগেই নির্দিষ্ট হারে লভ্যাংশ দেওয়া হয়; অগ্রাধিকার হিস্যা। ˈ**~ certificate** হিস্যার মালিকানা-বিষয়ক প্রমাণপত্র; হিস্যার সনদ। ˈ**~-holder** *n* হিস্যাদার। ˈ**~ index** *n* হিস্যার মূল্যের হ্রাসবৃদ্ধি দেখাবার জন্য সূচকসংখ্যা; হিস্যার সূচক। □*vt, vi* ১ **~ sth out (among/ between)** হিস্যা/অংশ দেওয়া; ভাগ-বাটোয়ারা করা: ~ the sweets among the children. সুতরাং ˈ**~-out** *n* বণ্টন; বাঁটোয়ারা। **~ sth with sb** ভাগ করে নেওয়া। ২ **~ sth (with sb)** ভাগাভাগি করা; ভাগ করে ব্যবহার/ভোগ করা: He gladly agreed to ~ the room with me. ৩ **~ (in) sth** অংশ নেওয়া; অংশভাক হওয়া: He will ~ (in) the cost with me. **~ and ~ alike** (কোনো কিছুর ব্যবহার, উপভোগ, ব্যয়ভার ইত্যাদিতে) অন্যের সঙ্গে সমভাবে অংশীদার হওয়া।

share[2] [শেআ(র্)] *n* লাঙলের ফলা; ফাল।

shark [শা:ক্] *n* ১ হাঙ্গর। ˈ**~·skin** *n* বহির্বাসের জন্য ব্যবহৃত মসৃণ ও চকচকে জমিনবিশিষ্ট বস্ত্রবিশেষ: a ~-skin jacket/suit. ২ জোচ্চোর; সুদখোর।

sharp [শা:প্]. *adj* (-er, -est) ১ ধারালো; শাণিত; তীক্ষ্ণ; সূক্ষ্মাগ্র: a ~ knife. ২ স্পষ্ট; পরিচ্ছন্ন: ~ an outline; a ~ image (আলোকচিত্র) আলোছায়ার সুস্পষ্ট বৈপরীত্যবিশিষ্ট। ৩ (বাঁক, মোড়, ঢাল ইত্যাদি সম্বন্ধে) আকস্মিক; আচমকা; তীক্ষ্ণ: a ~ bend in the road; ˌ~-ˈfeatured, (ব্যক্তি সম্বন্ধে) কাটাকাটা/ তীক্ষ্ণ/ কোনালো চেহারার। ৪ (শব্দ সম্বন্ধে) তীক্ষ্ণ; কানফাটা; সুতীব্র; কর্ণবিদারী: a ~ cry of distress. ৫ ক্ষিপ্র বোধসম্পন্ন; তীক্ষ্ণ: ~ eyes/ears; a ~ intelligence; a ~ child, তীক্ষ্ণধী শিশু। ˈ**~-shooter** *n* (যুদ্ধে) যে স্থানে লক্ষ্যবেধী গুলিচালনা আবশ্যক, সেখানে নিযুক্ত দক্ষ রাইফেলচালক; অব্যর্থলক্ষ্য গুলিচালক। সুতরাং ˌ**~-eyed/ -ˈsighted** *adj* তীক্ষ্ণদৃষ্টি। ˌ**~-ˈwitted** *adj* তীক্ষ্ণধী। ৬. (অনুভূতি ও স্বাদ সম্বন্ধে) তীব্র; তীক্ষ্ণ; ঝাল; কড়া: a ~ pain; a ~ frost; a ~ flavour, ৭ কর্কশ; রূঢ়; পরুষ; কঠোর; কড়া: ~ words; a ~ rebuke; a ~ tongue . ৮ দ্রুত; ক্ষিপ্র; প্রাণবন্ত; তীব্র: go for a ~ walk; a ~ struggle/ contest. ৯ অসৎ; নির্বিবেক; ধূর্ত: a ~ lawyer. ~ **practice** সম্পূর্ণ সৎ নয় এমন ব্যবসায়িক লেনদেন; অসাধু কারবার। ১০ (সঙ্গীত) স্বাভাবিক উচ্চতার উপরে; তীব্র; (সুর সম্বন্ধে) কড়ি: C ~ . দ্র. flat² (৪). □*n* (সঙ্গীত) কড়ি সুর; কড়ি সুরের প্রতীক '#.' □*adv* ১ কাঁটায় কাঁটায়; যথাসময়ে: at 5 (o'clock) ~ . ২ হঠাৎ; আচমকা; আকস্মিকভাবে: turn ~ to the right. ৩ (সঙ্গীত) স্বাভাবিক উচ্চতার উপরে; উচ্চসুরে: sing ~. ৪ **look ~** সময় নষ্ট না করা; তাড়া করা। ৫ ˈ**~-set** *adj* ক্ষুধার্ত। **~en** [ˈশা:পান্] *vt, vi* ধারালো করা বা হওয়া; শাণানো; ধার ওঠা/দেওয়া; (পেন্সিল) কাটা; চেতানো। **~·ener** [ˈশা:প্‌ন(র্)] *n* যা দিয়ে ধার দেওয়া বা কাটা হয়: a ˈpencil-~ener; ˈknife-~ener. **~er** *n* জোচ্চোর, বিশেষত যে তাস খেলায় জোচ্চুরি করে জীবিকা নির্বাহ করে (ˈ**card-~er**) . ~·**ly** *adv* তীক্ষ্ণভাবে; সুস্পষ্টভাবে; কড়াভাবে ইত্যাদি: a ~ly pointed pencil; to answer ~ly. **~·ness** *n* তীক্ষ্ণতা; ধার; কার্কশ্য; পারুষ্য; তীব্রতা।

shat [শ্যাট্] shit-এর *pt, pp*

shat·ter [ˈশ্যাটা(র্)] *vt, vi* ভেঙে চুরমার করা বা হওয়া; চূর্ণবিচূর্ণ করা/হওয়া। ˈ**~·proof,** দ্র. proof².

shave [শেইভ্] *vt, vi* (*pt, pp* ~d কিংবা প্রধানত *adj* হিসাবে ~n [শেইভ্‌ন্]) ১ **~ off** (দাড়ি) চাঁছা, কামানো; মুণ্ডন করা। ˈ**shaving brush** *n* কামানোর আগে মুখে সাবান লাগাবার বুরুশ। ২ **~ sth off** (পাতলা স্তর ইত্যাদি) চেঁছে ফেলা। ৩ প্রায় গা ঘেঁষে যাওয়া: The car just ~d him by a centimetre. ৪ **~n** (*adj* রূপে *pp*) ˌ**clean-ˈ~n,** ˌ**well-ˈ~n** পরিচ্ছন্নভাবে কামানো; সুমুণ্ডিত। □[C] ১ দাড়ি-চাঁছা; মুণ্ডন; ক্ষৌরকর্ম। ২ স্পর্শ না করে খুব কাছাকাছি গমন। (কেবলমাত্র) **a close/ narrow ~** জখম, বিপদ ইত্যাদি থেকে) অল্পের জন্য পরিত্রাণ। **~r** *n* ১ **(electric) ~r** বৈদ্যুতিক মুণ্ডক। ২ (কৌতুক. সাধা. young ~r) ছেলেটা; তরুণ। **shav·ings** *n pl* (বিশেষত রেঁদা দিয়ে) চেঁছে ফেলা কাঠের পাতলা ফালি; চাঁচনি।

Shav·ian [ˈশেইভিআন্] *adj, n* জর্জ বার্নার্ড শ (১৮৫৬-১৯৫০)-এর অনুসারী কিংবা তাঁর রীতিতে; শেভিয়ান।

shawl [শো°ল্] *n* [C] শাল।

she [শী] *pron* (দ্র. her) ১ (মহিলা) সে/ তিনি। (*pref*) স্ত্রীজাতীয়; মাদি: a ˈshe-goat, বকরি; a ˈshe-ass

sheaf [শীফ্] *n* (*pp* sheaves [শীভ্‌জ্]) ১ (শস্য, খড় ইত্যাদির) মুঠি; আঁটি; গুচ্ছ। ২ (কাগজ, তীর ইত্যাদির) আঁটি; তাড়া।

shear [শিআ(র্)]*vt* (*pt* -ed, *pp* shorn [শো°ন্] কিংবা -ed) কাঁচি দিয়ে (ভেড়ার) লোম ছাঁটা; (লাক্ষ.) রিক্ত/ নিঃস্ব/ বঞ্চিত করা। **shorn of** সম্পূর্ণরূপে খুইয়ে।

shears [শিআ জ্] *n pp* (**pair of**) ~ ভেড়ার লোম ছাঁটা, কাপড় কাটা ইত্যাদি কাজের জন্য কাঁচিসদৃশ যন্ত্র; কাঁচি; কর্তনী।

sheat·fish [ˈশীট্‌ফিশ্] *n* য়োরোপের মিঠাজলের বৃহত্তম মাছ (অনেকটা বড়ো জাতের মাগুরসদৃশ); বোদাল।

sheath [শীথ্] *n* (*pp* -s [শী দ্‌জ্] ১ (ছুরি, তরবারি প্রভৃতির) কোষ; খাপ। ˈ**~-knife** *n* খাপে আঁটা দৃঢ় বদ্ধ ফলাযুক্ত ছুরিবিশেষ। ২ প্রাণী বা উদ্ভিদের অংশবিশেষের উপর লগ্ন (ত্বক, কলা ইত্যাদির) কোষসদৃশ আবরণ (যেমন কোনো কোনো পতঙ্গের পাখার আবরণ) শিম্ব; আবরণ। **(protective) ~** পুং জননেন্দ্রিয়ে ব্যবহৃত জন্মনিরোধক খাপ। ৩ (attrib; পোশাক তৈরি) আঁট-সাঁট; কষা: a ~ corset/gown.

sheathe [শীদ্] *vt* ১ খাপে ভরা; কোষবদ্ধ করা: ~ the sword, যুদ্ধ বন্ধ করা। ২ আবরণ বা আচ্ছাদন দিয়ে সুরক্ষা করা: ~ a ship's bottom with copper. **sheathing** *n* বাড়ির অংশবিশেষ, জাহাজের তলদেশ প্রভৃতিতে বোর্ড, ধাতব পাত ইত্যাদির সুরক্ষামূলক আবরণ; আচ্ছাদন।

sheaves [শীভ্‌জ্] দ্র. sheaf.

she·bang [শিব্যাঙ্] *n* **the whole ~** পুরা/ গোটা ব্যাপারটি/ জিনিসটা/ বিষয়টা; গোটা পরিস্থিতি/ সংগঠন।

she·been [শিবীন্] *n* (বিশেষত আয়ার্ল্যান্ড ও দক্ষিণ আফ্রিকায়) সনদবিহীন পানশালা।

shed¹ [শেড্] *n* জিনিসপত্র মজুত রাখার জন্য কিংবা প্রাণীর ও যানবাহনের আশ্রয়ের জন্য দালান বা যেনতেন প্রকারে তৈরি ঘর; চালা; ছাউনি; জনাশ্রয়; -শালা: ˈtool-~; ˈcold-~; ˈwood-~ , লাকড়ির গোলা; ˈcattle-~, গোয়ালঘর; ˈengine-~, ˈbicyle-~.

shed² [শেড্] *vt* (*pt, pp* ~; -dd-) ১ (পাতা ইত্যাদি) ঝরানো; খসানো; মোচন করা: Trees ~ their leaves in autumn. **~ (one's) blood** (ক) আহত বা নিহত হওয়া; রক্ত দেওয়া: ~ one's blood for one's country. (খ) অন্যের রক্ত ঝরানো/পাত করা। সুতরাং, ˈ**blood-~***n* রক্তপাত। **~ tears** অশ্রুপাত করা; কাঁদা। ২ ত্যাগ করা; মোচন করা; খুলে ফেলা: The scorching heat forced them to ~ their clothes. ৩ ছড়ানো; বিকীর্ণ করা; ঢালা: a fire that ~s warmth. **~ light on** (লাক্ষ.) আলোকপাত করা। ৪ ˈ**load-~ding,** দ্র. load¹ (৩).

she'd [শীড্] = she had; she would.

sheen [শীন্] *n* [U] ঔজ্জ্বল্য; চাকচিক্য; জেল্লা; দীপ্তি; প্রভা; আভা; চিকনাই: the ~ of silk.

sheep [শীপ্] *n* (*pp* অপরিবর্তিত) ভেড়া; মেষ; গড্ডল। দ্র. ewe, lamb ও ram. **separate the ~ from the goats** কুজন থেকে সজ্জনকে পৃথক করা। **cast/ make ~'s eyes at** বোকার মতো প্রণয়কাতর দৃষ্টিতে তাকানো। **a wolf in ~'s clothing** ভেড়ার বেশে নেকড়ে; ছদ্মবেশী খল। **as well be hanged**

for a ~ as a lamb শাস্তি সমান হলে লঘু অপরাধের চেয়ে গুরু অপরাধ করাই শ্রেয়। ˌ**black** ˈ**~,** দ্র. black (৪). ˈ**~·dog** *n* ভেড়ার রাখালের সাহায্যকারী কুকুর। ˈ**~-fold** *n* ভেড়ার খোঁয়াড়। ˈ**~-run** *n* (বিশেষত অস্ট্রেলিয়ায়) ভেড়ার চারণভূমি। ˈ**~·skin** *n* **(ক)** লোমসহ ভেড়ার চামড়ার গালিচা; এ রকম দুই বা ততোধিক চামড়া দিয়ে তৈরি পোশাক। **(খ)** বই-বাঁধাই ইত্যাদি কাজে ব্যবহৃত ভেড়ার চামড়া। **(গ)** এ রকম চামড়া দিয়ে তৈরি লেখার উপকরণ বা কাগজ; (বিশেষত US) এ রকম চামড়া বা কাগজে লিখিত সনদ। ˈ**~·ish** [-পিশ্] *adj* ১ অপ্রস্তুত; অপ্রতিভ; গাড়ল: a ~ish-looking boy. ২ নিজের কোনো দোষ সম্পর্কে সচেতনতার দরুন বিব্রত বা বোকা-বোকা; অপ্রস্তুত; জড়সড়। **~·ish·ly** *adv* অপ্রস্তুতভাবে ইত্যাদি। **~·ish·ness** *n* অপ্রতিভতা; জড়সড় অবস্থা; ভেড়ামো।

sheer[1] [শিআ(র্)] *adj* ১ সম্পূর্ণ; নিছক; ডাহা; পুরাদস্তুর; নির্ভেজাল: ~ nonsense; a ~ waste of time; by ~ merit. ২ (বস্ত্রাদি সম্বন্ধে) মিহি ও প্রায়-স্বচ্ছ; ফিনফিনে: stockings of ~ nylon. ৩ খাড়া; প্রায় উল্লম্ব; ঋজু: a ~ drop of 50 feet; a ~ rock. □*adv* সোজা উপরে বা নীচে; খাড়া: a clift that rises ~ from the beach.

sheer[2] [শিআ(র্)] ১ **~ away/off** (বিশেষত জাহাজ সম্বন্ধে) গতিপথ পরিবর্তন করা। ২ **~ off** (কথ্য) (অপ্রিয় কোনো ব্যক্তির কাছ থেকে) সরে আসা।

sheet[1] [শীট্] *n* [C] ১ (বিছানার) চাদর; আস্তর। ২ (পাতলা কোনো উপাদানের) চওড়া; সমতল খণ্ড; পাত; তা; প্রস্থ: a ~ of glass/notepaper/tin ইত্যাদি; ~ copper/iron ইত্যাদি; ˈ~ music, (বই আকারে নয়) কাগজের তা হিসাবে প্রকাশিত স্বরলিপি। ৩ (পানি, বরফ, তুষার, শিখা ইত্যাদির) বিস্তার: to come down in ~s (বৃষ্টি সম্বন্ধে) মুষলধারে নামা। ˈ**~-lightning** *n* যে বিদ্যুচ্চমক বিস্তৃত উজ্জ্বল পাতের মতো ঝলসে ওঠে, আঁকাবাঁকা রেখায় উদ্ভাসিত হয় না; বিক্ষিপ্ত বিদ্যুচ্চমক। **~·ing** *n* [U] চাদরের কাপড়।

sheet[2] [শীট্] *n* পাল বাঁধা এবং পালের কোনা নিয়ন্ত্রণের জন্য পালের নীচের দিকের কোণে বাঁধা দড়ি; কোণের দড়ি। ˈ**~-anchor** *n* (সাধা. লাক্ষ.) আপৎকালীন আশ্রয়; শেষ অবলম্বন; অন্তিম ভরসা।

sheik(h) [শেইক্ US শীক্] *n* আরব সর্দার; শেখ। **~·dom** [-ডাম্] *n* শেখের পদ বা রাজ্য।

shekel [শেকল্] *n* ইহুদিদের প্রাচীন রৌপ্যমুদ্রাবিশেষ; অর্থ; ধনসম্পদ।

shel·drake [ˈশেলড্রেইক] *n* বন্য; হংসজাতীয় মৎস্যভোজী কয়েক ধরনের পাখি; চক্রবাক; চখা।

shelf [শেল্ফ্] *n* (*pl* shelves [শেল্ভ্জ্]) ১ তাক। **on the ~ (ক)** শেষ হয়ে গেছে বলে এক পাশে সরানো (যেমন বার্ধক্যের দরুন কর্মশক্তিহীন কোনো ব্যক্তি সম্বন্ধে); শিকেয় তোলা। **(খ)** (কথ্য, স্ত্রীলোক সম্বন্ধে) অবিবাহিতা এবং বিয়ের প্রস্তাব আসার সম্ভাবনাও নেই এমন; তাকে তোলা। ২ পর্বতগাত্রে তাকসদৃশ অভিক্ষেপ; তাক।

shell [শেল্] *n* [C] ১ ডিম, বাদাম, কোনো কোনো বীজ ও ফল এবং কিছু কিছু প্রাণীদেহের শক্ত বহিরাবরণ; খোলা; খোলক; খোসা; বর্ম। **go/retire into one's ~** নিজের খোলে প্রবেশ করা; লাজুক, মৌন বা আত্মস্থ হওয়া। **come out of one's ~** নিজের খোল থেকে বেরিয়ে আসা। ˈ**~·fish** *n* শক্ত খোলসওয়ালা কম্বোজ (ঝিনুক ইত্যাদি) ও কবচী (কাঁকড়া, চিংড়ি ইত্যাদি) প্রাণী; খোলসি মাছ। ২ অসম্পূর্ণ বা শূন্য ভবন, জাহাজ ইত্যাদির দেয়াল, কাঠামো ইত্যাদি; খোলস: the ~ of a building partially consumed by fire. ৩ (US = cartridge) গোলা। দ্র. cartridge. ˈ**~-proof** *adj* গোলাভেদ্য। ˈ**~-shock** *n* গোলাবিস্ফোরণের ঝাপ্টা ও অতিশব্দজনিত স্নায়বিক বা মানসিক বৈকল্য; গোলাঘটিত বৈকল্য। ৪ দাঁড়টানা হাল্কা বাইচের নৌকা। □*vt, vi* ১ খোসা ছাড়ানো; খোলসমুক্ত করা: to ~ peas. ২ গোলাবর্ষণ করা: ~ the enemy's position. ৩ **~ out** (কথ্য) (অর্থ, নির্ধারিত অঙ্ক) পরিশোধ করা; ব্যয় মেটানো: Who will ~ out (the money) for the festivities ?

she'll [শীল্] = she will; she shall.

shel·lac [শ ˈল্যাক্] *n* [U] পরিশুদ্ধ লাক্ষা বা গালার পাত। □*vt* লাক্ষা দিয়ে বার্নিশ করা।

shel·ter [ˈশেল্টা(র্)] *n* ১ [U] আশ্রয়; নিরাপদ আশ্রয়; শরণ: take ~ from the rain. ২ [C] যা আশ্রয় দেয়; আশ্রয়; আশ্রয়স্থান: a ˈbus ~, বাসযাত্রীদের ছাউনি; a taxi-drivers' ~, ট্যাক্সিচালকদের অপেক্ষাস্থল। □*vt, vi* ১ **~ (from)** আশ্রয় দেওয়া; রক্ষা/ ত্রাণ করা; বাঁচানো; লুকিয়ে রাখা; আড়াল করা: ~ed trades. যে সব ব্যবসা বিদেশী প্রতিযোগিতার জন্য উন্মুক্ত নয় (যেমন নির্মাণ ও আভ্যন্তরীণ পরিবহন), আশ্রিত ব্যবসায়। ২ আশ্রয়/শরণ নেওয়া; মাথা গোঁজা: ~ from the rain.

shelve[1] [শেল্ভ্] *vt* ১ তাকে রাখা; তাকযুক্ত করা। ২ (লাক্ষ. সমস্যা, পরিকল্পনা ইত্যাদি) স্থগিত/ মুলতবি রাখা। ৩ (কোনো ব্যক্তিকে) কর্মচ্যুত/ বরখাস্ত করা।

shelve[2] [শেল্ভ্] *vi* (ভূমি সম্বন্ধে) ক্রমশ ঢালু হওয়া।

shelves [শেল্ভ্জ্] shelf-এর *pl*

she·mozzle [শিˈমজ়্ল্] *n* (অপ.) হৈচৈ; হুড়দঙ্গল; হাঙ্গামা।

shep·herd [ˈশেপাড্] *n* মেষপালক; মেষের রাখাল। **the Good S~** যিশু খ্রিস্ট। **~'s pie** [U] উপরে দলিত আলু এবং নীচে মাংসের কিমা দিয়ে রান্না করা খাদ্যবিশেষ। **~'s plaid** কাপড়ে ছোট ছোট সাদা-কালো খোপের নকশা। □*vt* দেখাশোনা/ তদারক করা; ভেড়ার মতো চালানো; পরিচালিত করা। **~·ess** [ˌশেপাˈডেস্ US ˈশেপারডাস্] *n* (বিশেষত রাখালি কাব্যে আদর্শায়িত) রাখালকন্যা।

shera·ton [ˈশেরাটান্] *n* [U] (ব্রিটেনে) ১৮ শতকের আসবাবপত্রের নির্মাণশৈলী: (attrib) ~ chairs.

sher·bet [ˈশাবাট্] *n* [C,U] শরবত; (US) চিনি, ফলের রস কিংবা অন্য স্বাদগন্ধযুক্ত হিমায়িত পানি।

sher·iff [ˈশেরিফ্] *n* ১ (সাধা. **High S~**) কাউন্টি এবং কোনো কোনো শহরের প্রধান নির্বাহী কর্মকর্তা; শেরিফ। ২ [US] কাউন্টির প্রধান আইন প্রয়োগকারী কর্মকর্তা; শেরিফ।

sherry [ˈশেরি] *n* [U] দক্ষিণ স্পেনের হলুদ বা বাদামি রঙের ব্র্যান্ডিযুক্ত মদ; দক্ষিণ আফ্রিকা, সাইপ্রাস প্রভৃতি দেশের অনুরূপ মদ; শেরি।

she's [শীজ়্] = she is; she has.

shet·land [ˈশেটলান্ড্] *n* (অপিচ **the ~s**) স্কটল্যান্ডের উত্তর-উত্তরপূর্বস্থ দ্বীপপুঞ্জ; শেট্‌ল্যান্ড। **~ pony** ছোট, কষ্টসহিষ্ণু জাতের টাট্টু ঘোড়া। **~·wool** শেটল্যান্ডের নরম মোলায়েম ধরনের পশম।

shew [শৌ] দ্র. show.

shib·bo·leth [ˈশিবালে্‌] *n* পরীক্ষণাত্মক শব্দ, মূলসূত্র, মতামত ইত্যাদি যা ব্যবহারের ক্ষমতা বা অক্ষমতা দলীয়, জাতীয় ইত্যাদি পরিচয় প্রকাশ করে; কোনো দল বা গোত্রের পরিচয়সূচক আকর্ষণীয় শব্দ, (বিশেষত গতানুগতিক বা অসার) সূত্র ইত্যাদি; সঙ্কেত–শব্দ।

shied [শাই্‌ড্‌] দ্র. shy[2], shy[3].

shield [শীল্‌ড্‌] *n* [C] ১ ঢাল; চর্ম; ফলক; কুলমর্যাদার চিহ্নস্বরূপ ঢালের নকশা (যেমন বাড়ির তোরণে)। ২ (লাক্ষ.) যে বস্তু বা ব্যক্তি রক্ষা করে; রক্ষক; রক্ষাকবচ। ৩ (যন্ত্রপাতিতে) সংরক্ষণমূলক ফলক বা আবরণ; ধুলাবালি, বাতাস ইত্যাদি ঠেকানোর জন্য পরিকল্পিত কোনো বস্তু (US wind ~ = GB windscreen বাতাবরণ)। □*vt* রক্ষা করা; নিরাপদ রাখা; আগলানো; বাঁচানো: ~ one's eyes with one's hand; ~ a friend from censure.

shift[1] [শিফ্‌ট্‌] *n* ১ স্থান বা স্বভাবের পরিবর্তন; বদল; অপবর্তন: a ~ in emphasis. ২ [C] পালাক্রমে বদলি শ্রমিকের দল; বদলি কাজের সময়; পালা: on the day/night ~; an eight hour ~; working in ~s, পালাক্রমে কাজ করা। ৩ চালাকি; কূটকৌশল; ফিকির; ফন্দি: resort to dubious ~s in order to gain his ends. **make ~ (with sth/ to do sth)** কোনোভাবে চালিয়ে নেওয়া; সামাল দেওয়া: You'll have to make ~ with your own resources. দ্র. make[1] (২৯)–এ make ~. ৪ মেয়েদের কটিরেখাবিহীন সরু জামাবিশেষ; (প্রা. প্র.) কামিজ। (ˈ**gear-)~** (মোটরযান) গিয়ার পরিবর্তনের কৌশল: a manual/an automatic gear-~. **~·less** *adj* নিরুপায়; অনন্যগতি; জীবনে উন্নতি অর্জনে অক্ষম।

shift[2] [শিফ্‌ট্‌] *vt, vi* ১ **~ sth (from/to)** অবস্থান বা দিক পরিবর্তন করা; স্থানান্তরিত করা; বদল করা: ~ the blame (on) to sb else, অন্যের ঘাড়ে দোষ চাপানো; The cargo has ~ed, জাহাজের আন্দোলনে নড়েচড়ে গেছে। **~ one's ground** তর্কের সময়ে অবস্থান পরিবর্তন করা/বিষয়টিকে ভিন্ন দৃষ্টিকোণ থেকে দেখা। ২ (মোটরযান চালনা) (গিয়ার) বদলানো: ~ into second gear. ৩ **~ for oneself** নিজ সামর্থ্যে সামাল দেওয়া; নিজ বাহুবলে যথাসাধ্য করা: As we had none to help us, we had to ~ for ourselves. **~y** *adj* (-ier, -iest) ধূর্ত; শঠ; ধড়িবাজ; কুটিল: a ~y customer; ~ behaviour; ~ eyes. **~·ily** [-টিলি] কুটিলভাবে, কূটকৌশলে ইত্যাদি। **~i·ness** *n* ধূর্ততা; শঠতা; কুটিলতা।

shil·ling [ˈশিলিঙ্‌] *n* ১ (১৯৭১ পর্যন্ত) পাউন্ডের $\frac{১}{২০}$ ভাগ মূল্যমানের ব্রিটিশ মুদ্রা; শিলিং। ১ কেনিয়া, উগান্ডা ও তানজানিয়ার মুদ্রার একক (= ১০০ সেন্ট); শিলিং।

shilly-shally [ˈশিলি শ্যালি] *vi* দ্বিধাগ্রস্ত হওয়া; দ্বিধাদ্বন্দ্ব/খুঁতখুঁত করা। □*n* [U] দ্বিধাদ্বন্দ্ব; দোদুল্যমানতা; খুঁতখুঁতানি; সিদ্ধান্তহীনতা।

shim·mer [শিমা(র্‌)] *vi, n* [U] ঝিকমিক করা; ঝিকিমিকি: moonlight ~ing on the lake.

shin [শিন্‌] *n* জঙ্ঘার সম্মুখ ভাগ। ˈ**~-bone** জঙ্ঘাস্থি। ˈ**~-guard** *n* ফুটবল খেলার সময় জঙ্ঘার উপর যে প্যাড পরা হয়; জঙ্ঘাত্রাণ। □*vi* (-nn-) **~ up** (হাত ও পায়ের সাহায্যে) বেয়ে ওঠা; চড়া: ~ up a tree.

shin·dig [ˈশিনডিগ্‌] *n* (অপ.) ১ প্রাণবন্ত ও হৈচৈপূর্ণ মজলিস। ২ (= shindy) হাঙ্গামা; মারামারি; কলহ; কোন্দল।

shindy [ˈশিনডি] *n* [C] (*pl* -dies) (কথ্য) হাঙ্গামা–হুজ্জত; কলহ–কোলাহল: Kick up a ~.

shine [শাইন্‌] *vi, vt* (*pt, pp* shone [শন্‌ US শৌন্‌] তবে নীচে ২ দ্র.)। ১ আলো দেওয়া বা প্রতিফলিত করা; উজ্জ্বল/দীপ্তিময়/ভাস্বর হওয়া; ঝিলিক দেওয়া; উদ্ভাসিত হওয়া; চকচক করা; কোনো বিষয়ে উৎকর্ষ অর্জন করা: The moon is shining bright. She ~s in making speeches. ২ (কথ্য, *pp* -d) পালিশ করা (polish অধিক প্রচলিত); ঘষামাজা; উজ্জ্বল/ চকচকে করা: ~ shoes. □*n* ১ (কেবল *sing*) পালিশ; ঔজ্জ্বল্য; জেল্লা। ২ [U] **come rain or ~** আবহাওয়া যেমনই হোক; রোদ থাক বৃষ্টি থাক; (লাক্ষ.) যা–ই ঘটুক। **shiny** *adj* (-ier, -iest) উজ্জ্বলিত; চকচকে; ঘষামাজা; জেল্লাদার।

shingle[1] [ˈশিঙ্‌গ্‌ল্‌] *n* [U] সমুদ্রতীরের ছোট ছোট গোলাকার নুড়ি। **shin·gly** [ˈশিঙ্‌গ্‌লি] *adj* নুড়িময়: a shingly beach.

shingle[2] [ˈশিঙ্‌গ্‌ল্‌] *n* [C] ১ ছাদ, দেয়াল ও গির্জার চূড়ায় (টালি বা শ্লেটের মতো) ব্যবহৃত ক্ষুদ্র, চেটালো চারচৌকো বা আয়ত কাষ্ঠখণ্ড; তক্তি। ২ (US কথ্য) (আইনজীবী, দন্তচিকিৎসক প্রভৃতি কর্তৃক ব্যবহৃত) কাঠের ছোট সাইনবোর্ড: put up one's ~, (প্রথম বারের মতো) ডাক্তার, আইনজীবী প্রভৃতি হিসাবে নাম লটকানো। □*vt* (ছাদ ইত্যাদি) কাঠের তক্তি দিয়ে আস্তৃত করা।

shingle[3] [ˈশিঙ্‌গ্‌ল্‌] *vt* (মেয়েদের) দুপাশের চুল বড়ো রেখে পিছনের চুল খাটো করে ছাঁটা; তক্তি ছাঁট দেওয়া। □*n* তক্তি ছাঁট।

shingles [ˈশিঙ্‌গল্‌জ্‌] *n* (*sing v* –সহ) (প্রায়শ কটিদেশে) ছড়া–বাঁধা ফুস্কুরিযুক্ত চর্মরোগবিশেষ; কটিদাদ।

ship[1] [শিপ্‌] *n* ১ জাহাজ; পোত; অর্ণবপোত; বহিত্র: a ˈsailing ~; a ˈmerchant-~; a ˈwar-~; take ~, জাহাজে আরোহণ করা; the ~s company, জাহাজের গোটা নাবিকদল; the ~'s articles, যে সব শর্তে নাবিকদের নিয়োগ করা হয়; জাহাজের নিয়োগবিধি; the ~'s papers, জাহাজের কাগজপত্র (পণ্যের মালিকানা, প্রকৃতি ইত্যাদির নির্দেশক)। **when my ˈ~ comes in/home** আমি যখন বড়োলোক হব। **on ˈ~-board** জাহাজে। ২ (কথ্য) নভযান; (US কথ্য). বিমান; উড়োজাহাজ। ৩ (যৌগশব্দ) ˈ**~(s) biscuit** পূর্বকালে দীর্ঘ সমুদ্রযাত্রাকালে ব্যবহৃত শক্ত, মোটা বিস্কুট; জাহাজি বিস্কুট। ˈ**~-breaker** *n* লোহালক্কড়ের জন্য পুরনো জাহাজ কেনা ও ভাঙার ব্যবসায়ে নিযুক্ত ঠিকাদার; পোতভঞ্জক; জাহাজ-ভাঙানে। ˈ**~·broker** *n* জাহাজ কোম্পানির যে প্রতিনিধি বন্দরে জাহাজের ব্যবসা দেখাশোনা করে; যে ব্যক্তি জাহাজ কেনে, বেচে, ভাড়া করে বা খাটায়; নৌ–বিমার দালাল; জাহাজের কারিন্দা। ˈ**~·builder** *n* জাহাজনির্মাতা। সুতরাং, ˈ**~·building** *n* [U] জাহাজনির্মাণ: ˈ~building yard = ~yard. ˈ**~-canal** *n* জাহাজ চলাচলের উপযোগী খাল। ˈ**~'s-chandler** জাহাজের সাজসরঞ্জাম বিক্রেতা। ˈ**~·load** *n* এক জাহাজ পরিমাণ (পণ্য বা যাত্রী)। ˈ**~·mate** *n* সহকর্মী নাবিক; যে ব্যক্তি অন্য কারো সঙ্গে একই জাহাজে কাজ করেন; জাহাজি সহকর্মী। ˈ**~·owner** *n* জাহাজের মালিক বা জাহাজ কোম্পানির হিস্যাদার। ˈ**~·shape** *adj* পরিপাটি; ঠিকঠাক; ফিটফাট; ছিমছাম। □*adv* পরিপাটিভাবে। ˈ**~·way** *n* জাহাজ নির্মাণের জন্য এবং নির্মিত জাহাজ জলে ভাসাবার জন্য ঢালু কাঠামোবিশেষ। ˈ**~·wreck** *n* [U, C] জাহাজডুবি; পোতভগ্ন: suffer ~wreck. □*vi* জাহাজ ডুবিয়ে দেওয়া/ধ্বংস করা।

ˈ~·wright *n* পোতনির্মাতা; জাহাজনির্মাতা। ˈ~·yard *n* পোত নির্মাণ-স্থান।

ship[2] [শিপ্] *vt, vi* (-pp-) ১ জাহাজে ভরা; জাহাজে করে নেওয়া বা পাঠানো; সমুদ্রপথে পাঠানো; (বাণিজ্য.) রেলপথে বা স্থলপথে নিয়ে যাওয়া বা পাঠানো: ~ goods by express train. **~ off** পাঠানো। ২ **~ oars** দাঁড় (পানি থেকে) নৌকায় তুলে রাখা। **~ water; ~ a sea** দুই পাশ থেকে উত্থিত জলে প্লাবিত হওয়া। ৩ জাহাজের চাকরিতে নিযুক্ত করা বা হওয়া: He ~ped as a butler on a mailboat. **~·ment** *n* [U] জাহাজে মাল ইত্যাদি বোঝাইকরণ; [C] বোঝাই মালের পরিমাণ; চালান বোঝাই। **~·per** *n* যে ব্যক্তি জাহাজযোগে পণ্যাদি প্রেরণের ব্যবস্থা করে; জাহাজি। **~·ping** *n* [U] কোনো দেশ, বন্দর ইত্যাদির সমুদয় জাহাজ; পোতসমূহ। ˈ**~·ping-agent** *n* বন্দরে জাহাজ-মালিকের প্রতিনিধি; নৌ-প্রতিভূ; নৌ-কারিন্দা। ˈ**~·ping-office** *n* নৌ-প্রতিভূর দফতর; যে দফতরে নাবিকদের নিয়োগ দান করা হয়।

shire [ˈশাইআ(র্)] *n* [C] ব্রিটেনে স্থানীয় সরকারের বৃহত্তম একক; (বর্তমানে) কাউন্টি (shire-এর ব্যবহার এখন কিছু কিছু কাউন্টির নামের শেষের প্রত্যয়ের মধ্যে সীমাবদ্ধ)। **the ~s** মধ্য ইংল্যান্ডের বিশেষ কতকগুলি কাউন্টি এবং শৃগাল শিকারের জন্য বহুলপরিচিত এই সব কাউন্টির কতকগুলি অংশ। ˈ**~ horse** গাড়ি টানার জন্য বলিষ্ঠ জাতের ঘোড়াবিশেষ।

shirk [শাক্] *vt, vi* (কাজ, কর্তব্য, দায়িত্ব ইত্যাদি) এড়িয়ে চলা; পরিহার করা: ~ work/ school. **~er** *n* কর্তব্যবিমুখ ব্যক্তি; কামচোরা।

shirt [শার্ট্] *n* শার্ট। **in one's ~-sleeves** (শুধু) শার্ট-পরিহিত (কোট বা জ্যাকেটবিহীন)। **keep one's ~ on** (অপ.) মাথা/মেজাজ ঠাণ্ডা রাখা। **put one's ~ on** (ঘোড়দৌড় ইত্যাদিতে) সর্বস্ব বাজি রাখা। ˈ**~-front** *n* সাদা শার্টের সাধা. মাড়-দেওয়া শক্ত সম্মুখভাগ; শার্টের ছিনা। ˈ**~-waister** (US ˈ**~-waist**) মেয়েদের সামনের দিকে বোতাম-লাগানো ব্লাউজ বা পোশাক। **~·ing** *n* শার্টের কাপড়। **~y** *adj* (-ier, -iest) (অপ.) বদমেজাজি; রগচটা।

shish kebab [ˌশিশ্ কাˈব্যাব্ US ˈশিশ্ কব্যাব্] *n* শিক কাবাব।

shit [শিট্] (নিষেধ, শিষ্ট ভাষায় প্রয়োগ নেই) *n* [U] ১ বিষ্ঠা; গু। ২ (অপ.) গাঁজা। ৩ (ঘৃণাসূচক) লোক; শালা; ব্যাটা: You big ~! □*vi* (-tt-) (*pt, pp* ~ted বা shat [শ্যাট্]) মলত্যাগ করা; হাগা। **~ on sb** (অশিষ্ট. অপ.) ১ গুষ্ঠি উদ্ধার করা; আদ্যশ্রাদ্ধ করা। ২ (বিশেষত পুলিশের কাছে) নালিশ করা। □*int* (নিষেধ) (অশিষ্ট) (বিরক্তি বা আপত্তিসূচক) জ্বালাতন ! যাচ্চলে !

shiver[1] [শিভা(র্)] *vi* (বিশেষত ঠাণ্ডায় বা ভয়ে) থর থর করা; (ঠক ঠক /থরথর করে) কাঁপা। □*n* ১ অদম্য কম্পন; কাঁপন; কাঁপনি; কম্প: As he stumbled over the corpse, ~s ran down his back. ২ *(pl)* **get/ have/ give sth the ~s** ভয়ে শিউরে ওঠা; ভয় পাইয়ে দেওয়া। **~y** *adj* (ভয়ে বা শীতে) কম্পমান; কম্পজনক; কাঁপানো।

shiver[2] [ˈশি ভা(র্)] *n* (সাধা. *pl*) খণ্ড; টুকরা: break sth to ~; burst into ~s, ফেটে চৌচির হওয়া। □*vt, vi* ভেঙে খানখান হওয়া।

shoal[1] [শৌল্] *n* [C] মাছের ঝাঁক; (মানুষ বা বস্তুর) ভিড়; ঝাঁক: a ~ of salmon. □*vi* (মাছ সম্বন্ধে) ঝাঁক বাঁধা।

shoal[2] [শৌল্] *n* [C] (সাগরের) মগ্ন চড়া; বালুচর; *(pl;* লাক্ষ.) প্রচ্ছন্ন বিপদ। □*vi* চড়া পড়া।

shock[1] [শক্] *n* ১ [U] প্রচণ্ড আঘাত বা কম্পন; ধাক্কা; বিকম্পন; নির্ঘাত; ধমক; সংক্ষোভ; অভিঘাত: the ~ of a fall; earthquake ~s. ˈ**~ absorber** *n* মোটরযান, বিমান প্রভৃতিতে ঝাঁকানি কমানোর কৌশলবিশেষ; ঘাতশোষক। ˈ**~ tactics (ক)** (যুদ্ধে) আক্রমণের জন্য একত্র নিবেশিত বিপুলসংখ্যক সেনার ব্যবহার; অভিঘাত-কৌশল। **(খ)** (লাক্ষ.) কোনো উদ্দেশ্যসিদ্ধির জন্য শারীরিক শক্তি বা রূঢ় ভাষার আকস্মিক প্রয়োগ; অভিঘাত-কৌশল। ˈ**~ troops** প্রচণ্ড আক্রমণের জন্য বিশেষ প্রশিক্ষণপ্রাপ্ত সেনাদল; ঝটিকাবাহিনী। ˈ**~-brigade,** ˈ**~-workers** (বিশেষত প্রাক্তন সোভিয়েত ইউনিয়নে) বিশেষ দুরূহ কাজে নিয়োজিত শ্রমিকদল। ˈ**~ wave** পারমাণবিক বিস্ফোরণে কিংবা শব্দের চেয়ে দ্রুতগতিতে ধাবমান বিমানের দ্বারা সৃষ্ট অতি উচ্চ বায়ুচাপ-বিশিষ্ট এলাকা; ঘাত-তরঙ্গ। ২ [C] শরীরের ভেতর দিয়ে বিদ্যুৎ-স্রোত প্রবাহিত হওয়ার ফল; চোট; ধমক; অভ্যাঘাত। ৩ [C] (দুঃসংবাদ, গুরুতর জখম ইত্যাদির দরুন) অনুভূতি কিংবা স্নায়ুতন্ত্রের আকস্মিক ও প্রচণ্ড বিক্ষোভ; [C] উক্তরূপ বিক্ষুব্ধ অবস্থা; অভ্যাঘাত: He recoverd quickly from the ~ of his father's death. দ্র. shall (৩)-এ shell-~. ˈ**~ treatment/therapy** স্নায়ুতন্ত্রের উপর বৈদ্যুতিক অভ্যাঘাত বা ঔষধ প্রয়োগ করে (প্রধানত মানসিক) রোগের চিকিৎসাপদ্ধতি; অভ্যাঘাত-চিকিৎসা। □*vt* মনের উপর আকস্মিক আঘাত/চোট দেওয়া; বিক্ষুব্ধ/ সংক্ষুব্ধ করা; মর্মাহত করা: I was ~ed at the news of your father's death. **~er** *n* ১ যে ব্যক্তি মনকে বিক্ষুব্ধ করে; অতি জঘন্য লোক। ২ এমন কোনো বস্তু যা মনকে বিক্ষুব্ধ করে, যেমন কোনো উত্তেজনাকর উপন্যাস; যাচ্ছেতাই। **~ing** *adj* ১ অতি জঘন্য; মর্মঘাতী; মর্মপীড়ক: ~ing behaviour. ২ মর্মান্তিক: ~ news. ৩ (কথ্য) মন্দ; জঘন্য; কুৎসিত; বিশ্রী: a ~ing dinner; ~ handwriting. □*adv* (কথ্য, গুরুত্বসূচক) অত্যন্ত; নিতান্ত; বিশ্রী রকম: a ~ing bad cold. **~·ing·ly** *adv* ১ বাজেভাবে; বিশ্রীভাবে: play ~ingly. ২ অত্যধিক রকম; সাংঘাতিক: ~ingly expensive.

shock[2] [শক্] *n* শুকানো ও পাকানোর জন্য মাঠে খাড়া করে রাখা পরস্পর-আলম্বিত (শস্য ইত্যাদির) আঁটি।

shock[3] [শক্] n (সাধা. **~ of hair)** (কারো মাথায়) উস্কখুস্ক; অবিন্যস্ত কেশভার; ঝাঁকড়মাকড় চুলের বোঝা। ˌ**~-**ˈ**headed** *adj* ঝাঁকড়া-মাথা।

shod [শড্] দ্র. shoe *v*

shoddy [ˈশডি] *n* [U] পুরাতন কাপড়ের সুতা; উক্ত সুতায় তৈরি নিম্নমানের বস্ত্র; ধোকড়ি। □*adj* (-ier, -iest) নিম্নমানের; খেলো; বাজে; রদ্দি: ~ cloth; a ~ piece of work.

shoe [শু] *n* ১ (প্রায়শ **pair of ~s)** জুতা; পাদুকা; উপানৎ (দ্র. boot)। **be in/put oneself in** ˈ**sb's ~s** অন্যের স্থান দখল করা; নিজেকে অন্যের অবস্থানে কল্পনা করা; অন্যের অবস্থায় পড়া। **know where the ~ pinches** নিজের অভিজ্ঞতা থেকে দুঃখকষ্ট ইত্যাদি উপলব্ধি করা; ভুক্তভোগী হওয়া। ২ (যৌগশব্দ) ˈ**~·black** *n* জুতা পালিশওয়ালা। ˈ**~·horn** *n* গোড়ালি সহজে জুতার ভিতর গলাবার জন্য বাঁকানো ফলাযুক্ত কৌশলবিশেষ; (জুতা পরাবার) হাতা। ˈ**~·lace** *n* জুতার ফিতা। ˈ**~-leather** *n* জুতার (উপযোগী) চামড়া।

ˈ~·maker *n* পাদুকা প্রস্তুতকারক; মুচি; চর্মকার। ˈ~·making *n* [U] পাদুকানির্মাণ (ব্যবসা); জুতা-মেরামত। ˈ~-string *n* (US) = ~lace. **do sth on a ~string** স্বল্প পুঁজিতে কিছু করা (যেমন ব্যবসা শুরু করা)। ˈ~-tree *n* জুতার আকৃতি বজায় রাখার জন্য পাতলা; নমনীয় ছাঁচবিশেষ; জুতোর ছাঁচ। ৩ **(horse-)~** [ˈহো°সশ্] (ঘোড়ার পায়ের নাল)। ৪ ব্রেকের অংশবিশেষ যা (সাইকেল, মোটরযান ইত্যাদির) চাকা বা ড্রামের উপর চাপ দেয়; পাদুকা; আকারে প্রকারে পাদুকাসদৃশ যে কোনো বস্তু। □*vt* (*pt, pp* shod [শড্]) জুতা বা নাল পরানো: well shod for the winter; an iron-shod stick, লোহার মুঠিওয়ালা লাঠি।

sho·gun [ˈশৌগুন্ US -গান্] *n* (১৮৬৭ পর্যন্ত) জাপানের সেনাবাহিনীর বংশানুক্রমিক সর্বাধিনায়ক; শোগুন।

shone [শন্ US শৌন্] shine-এর *pt, pp*

shoo [শূ] *int* পাখি ইত্যাদি তাড়াবার জন্য অন্তর্ভাবার্থক শব্দবিশেষ; যা যা। □*vt* (*pt, pp* -ed) **~ sth/sb away** ঐ রকম শব্দ করে/দূর দূর করে তাড়িয়ে দেওয়া।

shock [শুক্] shake-এর *pt*.

shoot[1] [শূট্] *n* [C] ১ কিশলয়; প্ররোহ; অঙ্কুর; লতাঙ্কুর: the new ~s of a vine. ২ = chute (১, ২)। ৩ শিকারির দল; পাখি ইত্যাদি শিকার করার জন্য নির্দিষ্ট এলাকা: rent a ~ for the season.

shoot[2] [শূট্] *vi, vt* (*pt, pp* shot [শট্]) ১ সবেগে ছুটে আসা বা যাওয়া; সবেগে নিক্ষেপ করা বা নিক্ষিপ্ত হওয়া; শাঁ করে বেরিয়ে আসা/ছুটে যাওয়া; ছুঁড়ে দেওয়া/ মারা: উৎক্ষিপ্ত হওয়া: As the trains collided, passengers were shot out. **~ a bolt** খিল খোলা বা বন্ধ করা। **~ one's bolt** শেষ চেষ্টা করা। **~ dice** পাশা চালা। **~ rubbish** (গরুর গাড়ি ইত্যাদি থেকে স্তূপে) আবর্জনা ছুঁড়ে ফেলা। ˌ~ing ˈstar উল্কা; উল্কাপিণ্ড। ২ (চারা, ঝোপ ইত্যাদি সম্বন্ধে) নতুন ডালপালা গজানো; মঞ্জরিত হওয়া। ৩ (ব্যথা সম্বন্ধে) ছুরিকাঘাতের অনুভূতির মতো হঠাৎ দ্রুত সঞ্চালিত হওয়া; লাফিয়ে ওঠা: a ~ing pain, টনটনে ব্যথা। ৪ (নৌকা সম্বন্ধে) (কোনো কিছুর উপর/মধ্য দিয়ে) দ্রুত এগিয়ে যাওয়া বা চালনা করা: ~ the bridge, সেতুর নীচ দিয়ে তীরবেগে ছুটে যাওয়া। ৫ বন্দুক বা রিভলভারে তাক করে গুলি ছোঁড়া; তাক করে তীর ছোঁড়া; গোলা, বুলেট, তীর ইত্যাদির আঘাত হানা; গুলি, তীর ইত্যাদি ছুঁড়ে আহত বা হত্যা করা: The soldiers are ~ing at a target. They are ~ing tigers in the jungle. **~ away** (fire away, এই অর্থে অধিককতর প্রচলিত) (ক) গুলি চালনা করতে বা তীর ছুঁড়তে থাকা। (খ) (লাক্ষ.) অগ্রসর হওয়া; শুরু/উপক্রম করা। **~ sth away** (fire sth away অধিক প্রচলিত) গুলি চালিয়ে নিঃশেষ করে ফেলা: ~ away all one's ammunition. **~ sth down** গুলি করে ভূপাতিত করা: to ~ down an enemy plane. **~ sth off** গুলির আঘাতে বিচ্ছিন্ন করা: The child had his leg shot off. **~ a covert/an estate etc** সেখানকার পশুপাখি শিকার করা। **~ a line** (অপ.) বাড়িয়ে বলা; প্রতারিত করা। **~ one's mouth off** (US অপ.) পাগলের মতো প্রলাপ বকা; বেহিসাবে কথা বলা। **~ a place up** (US অপ.) (কোনো শহর, মহল্লা ইত্যাদির মধ্য দিয়ে যেতে যেতে) এলোপাতাড়ি গুলি করে সকলকে সন্ত্রস্ত করা। ˈ~ing-box *n* শিকারের মৌসুমে শিকারিদের ব্যবহারের জন্য গৃহ (যেমন জলাভূমিতে); শিকারের ভেলা। ˈ~·ing-brake *n* (পূর্বকালে শিকারিদের সাজসরঞ্জাম, শিকার করা পশুপাখি ইত্যাদি বহনের জন্য) বড়ো আকারের ঘোড়ার গাড়ি; (আধুনিক কালে) এস্টেট কার (অর্থে কখনো কখনো ব্যবহৃত)। ˈ~·ing-gallery *n* পিস্তল বা এয়ারগান দিয়ে লক্ষ্যভেদ অনুশীলন করবার স্থান; শরব্যশালা। ˈ~·ing-range *n* (রাইফেল চালনা অনুশীলনের জন্যে) চাঁদমারি। **~ing-stick** সুচালো প্রান্তযুক্ত হাতলওয়ালা লাঠিবিশেষ, যার সুচালো প্রান্তটি মাটিতে পুঁতে হাতলের দিকটি ভাঁজ খুলে আসনরূপে ব্যবহার করা যায়; শিকারের লাঠি। ৬ (চলচ্চিত্র) (কোনো দৃশ্যের) চিত্রগ্রহণ করা: a ~ing script, চিত্রগ্রহণের সময় চাবি ব্যবহার করার জন্য লিপি (যাতে দৃশ্যগুলি অনুক্রমে চিত্রায়িত হবে, তার নির্দেশ থাকে)। ৭ (ফুটবল, হকি ইত্যাদি) প্রধানত গোল করার জন্য বল মারা। **~·ing** *n* [U] (বিশেষত) (কোনো নির্দিষ্ট এলাকায়) শিকার; ঐরূপ শিকারের অধিকার: sell the ~ing on an estate. অপিচ দ্র. ৬।

shooter [ˈশূটা(র্)] *n* (যৌগশব্দে) নিক্ষেপ করার যন্ত্র; ক্ষেপক: a ˈpea-~; a ˌsix-ˈ~, যে পিস্তলে একসঙ্গে ছয়টি গুলি ভরা যায়।

shop [শপ্] *n* ১ (US = store) দোকান; আপণ; পণ্যশালা; বিপণি। **come/go to the wrong ~** (কথ্য) (সাহায্য, সংবাদ ইত্যাদির জন্যে) অস্থানে/ অনুপযুক্ত ব্যক্তির কাছে আসা/যাওয়া। **keep ~** দোকান চালানো: দোকানে বসা: Mr Hill will keep ~ for you during your absence. **keep a ~** দোকানদারি করা; মালিকরূপে দোকান্ চালানো। **set up ~** দোকান দেওয়া/খোলা। ˈ**bucket ~** *n* দ্র. bucket. ˈ~-assistant *n* দোকানের কর্মচারী। ˈ~-bell *n* (ছোট দোকানের দরজার সঙ্গে বাঁধা) ঘণ্টাবিশেষ, যা খদ্দের ভিতর ঢুকলেই বেজে ওঠে; দোকানের ঘণ্টা। ˈ~-girl/-boy *n* দোকানের তরুণ কর্মচারী। ˈ~-front *n* জানালায় পণ্যসামগ্রীর প্রদর্শনীসহ দোকানের সম্মুখভাগ। **~ hours** *n*. দোকান খোলা রাখার নির্দিষ্ট বা আইনসম্মত সময়। ˈ~·keeper *n* (সাধা. ছোট) দোকানের মালিক; দোকানদার; প্রাপণিক। ˈ~·lift *vi,vt* খরিদ্দার সেজে দোকান থেকে কিছু চুরি করা। সুতরাং ˈ~-lifter *n* দোকান-চোর। ˈ~-lifting *n* [U] দোকান-চুরি। ˈ~-soiled/-worn *adjj* দোকানে সাজিয়ে রাখার ফলে বা নাড়াচাড়া করার ফলে নোংরা/জীর্ণ। ˈ~-walker *n* (বড়ো দোকান বা পণ্যশালায়) যে ব্যক্তি খদ্দেরদের যথার্থ কাউন্টার বা বিভাগে যেতে সাহায্য করেন। ˌ~-ˈwindow *n* পণ্যসামগ্রী প্রদর্শনের জন্য ব্যবহৃত দোকানের জানালা। **put all one's goods in the ~ window** (লাক্ষ.) (পল্লবগ্রাহী অগভীর লোক সম্বন্ধে) নিজের সমস্ত জ্ঞান, ক্ষমতা ইত্যাদি জনসমক্ষে প্রদর্শন করা (এবং হাতে কিছুই না রাখা)। ২ [U] নিজ পেশা; ব্যবসাবাণিজ্য এবং এতৎসংক্রান্ত যা-কিছু। **talk ~** সমব্যবসায়ীর সঙ্গে নিজের কাজ, পেশা ইত্যাদি সম্বন্ধে কথাবার্তা বলা; কাজের কথা বলা। **shut up ~** (কথ্য) কোনো কাজ বন্ধ করা (কেনাবেচা সংক্রান্ত না হলেও)। ৩ **all ˈover the ~** (অপ.) (ক) বিশৃঙ্খল/ অবস্থায়, ইতস্তত বিক্ষিপ্ত; ছড়ানো-ছিটানো। (খ) সকল দিকে: He looked for it all over the ~. ৪ (= work ~) কর্মশালা; শিল্পশালা; কারখানা: an ˌengiˈneering ~; a maˈchine-~. ~ˈfloor *n* (ব্যবস্থাপনা ও সমিতির কর্মকর্তাদের সঙ্গে বৈপরীত্যক্রমে) শ্রমিকবৃন্দ। ˌ~-ˈsteward *n* কোনো শ্রমিকসঙ্ঘের স্থানীয় শাখা-পরিষদের সদস্য, যিনি তাঁর

সহকর্মীদের প্রতিনিধিত্ব করার জন্য তাদের ভোটে নির্বাচিত হন; স্থানীয় শ্রমিক-প্রতিনিধি। ˌ**closed** ˈ~ *n* শ্রমিকসঙ্ঘ কিংবা অন্য পেশাভিত্তিক সমিতির বাধ্যতামূলক সদস্য হওয়ার ব্যবস্থা ও নিয়ম; আবশ্যিক সদস্যপদ্ধতি। □*vi* (-pp-) কেনাকাটা করতে দোকানে যাওয়া (সাধা. go ~ing)। ~ **around** (কথ্য) সুলভে কেনার জন্য দোকানে দোকানে ঘোরা। ২ ~ **on sb** (অপ.) (বিশেষত পুলিশের কাছে) অভিযোগ করা। ~·**ping** *n* [U] কেনাকাটা: do one's ~ping; aˈ~ping street; a ˈ~ping bag. ˈ~**ping centre** *n* শহরের অংশবিশেষ, যেখানে কাছাকাছি বহু দোকান, বাজার ইত্যাদি থাকে এবং যেখানে অনেক সময় গাড়ি প্রবেশের অনুমতি দেওয়া হয় না; বিপণিকেন্দ্র। ˈ**window-~ping** *n* [U] বিপণিকেন্দ্র, বাজার ইত্যাদি স্থানে জানালায় সাজানো পণ্যসামগ্রী দর্শনে গমন; জানালা দর্শন। ~·**per** *n* দোকানে যে কেনাকাটা করে; বাজারি।

shore[1] [শো°(র্)] *n* [U, C] তীর; কূল; বেলাভূমি; তট: go on ~, তীরে ওঠা। ~·**less** *adj* অকূল।

shore[2] [শো°(র্)] *n* [C] দেয়াল, গাছ ইত্যাদি ধরে রাখার জন্য কাঠের ঠেক; জাহাজ নির্মাণ বা মেরামতের সময় পাশে লাগানো ঠেস; ঠেকা; ঠেকনা; আলম্ব। □*vt* ~ **sth up** (কাঠের খুঁটি ইত্যাদি দিয়ে) ঠেলে ধরা; ঠেকনা দেওয়া।

shore[3] [শো°(র্)], **shorn** [শো°ন্] দ্র. shear.

short[1] [শো°ট্] *adj* (-er, -est) ১ হ্রস্ব; খাটো; খর্ব; ছোট; বেটে; অনুচ্চ; অল্প; স্বল্পস্থায়ী; স্বল্পায়ু: a ~ man; a ~ way off; a ~ holiday. **a ~ ball** (ক্রিকেট) যথাযথ দূরত্বে নিক্ষিপ্ত হয়নি এমন বল। ˌ~ ˈ**circuit** *n* বৈদ্যুতিক তারের কোনো আকস্মিক ত্রুটি, যার ফলে বিদ্যুৎপ্রবাহ সম্পূর্ণ গতিচক্রটির রোধব্যবস্থার মধ্য দিয়ে না গিয়েও প্রবাহিত হতে পারে; বর্তুক্ষেপ। ˌ~-ˈ**circuit** *vt*, *vi* বর্তুক্ষেপ করা বা ঘটানো; এইভাবে (কোনো কিছু থেকে) বিদ্যুৎস্রোত বিযুক্ত করা; (আল.) (পদ্ধতি ইত্যাদি) সরল/সংক্ষিপ্ত করা। ˈ~ **cut** *n* সংক্ষিপ্ত (বলে বিবেচিত) পথ; সোজাপথ: to take a ~ cut to the station. ˈ~ **list** *n* (পদ ইত্যাদির জন্য) প্রার্থীদের মধ্য থেকে বাছাই করা অল্পসংখ্যক নামের তালিকা, যার ভিত্তিতে চূড়ান্ত তালিকা প্রণয়ন করা হবে; সংক্ষিপ্ত তালিকা। সুতরাং ˈ~-**list** *vt* সংক্ষিপ্ত তালিকার অন্তর্ভুক্ত করা। ˌ~-ˈ**lived** [ˈলিভ্ড্ US ˈলাইভ্ড্] *adj* স্বল্পস্থায়ী; স্বল্পজীবী: a ~-lived euphoria. ˌ~-ˈ**range** *adj* (ক) (পরিকল্পনা ইত্যাদি সম্বন্ধে) সীমিত সময়পরিধির জন্য আকল্পিত; স্বল্প পাল্লার। (খ) (ক্ষেপণাস্ত্র ইত্যাদি সম্বন্ধে) স্বল্প পাল্লার। **have a ~ temper** মেজাজ উগ্র/গরম হওয়া; বদরাগী হওয়া। ˌ~-ˈ**term** *attrib adj* স্বল্পমেয়াদি: ~-term loans. ২ কম; অল্প: to give ~ weight/measure, মাপে কম দেওয়া; The workshop is on ~-time, স্বাভাবিকভাবে দিনে বা সপ্তাহে যতো ঘণ্টা চলে, তার চেয়ে কম সময় চালু থাকে; be in ~ supply, অপর্যাপ্ত সরবরাহ, অপিচ দ্র. commons (২); ~ change, ভাংতি কম দেওয়া। **be ~ of** (ক) কমতি পড়া; যথেষ্ট না থাকা: be ~ of money/time. (খ) দূরে থাকা: The storm overwhelmed us when we were 10 miles ~ from the harbour. **little/nothing ~ of** (কোনো কিছুর চেয়ে) কম নয়: His arrival in time was little ~ of miraculous. **make ~·work of** তাড়াতাড়ি সারা; মিটিয়ে/চুকিয়ে দেওয়া ইত্যাদি। ~ **of breath** হাঁপাতে হাঁপাতে; ঊর্ধ্বশ্বাসে। ˈ~-**coming** *n* (সাধা. *pl*) ঊনতা; ত্রুটিবিচ্যুতি; ব্যর্থতা। ˌ~ ˈ**drink** *n* [U] (কিংবা কথ্য **a ~**) অপেক্ষাকৃত ছোট গ্লাসে বা অল্প পরিমাণে হুইস্কি, জিন ইত্যাদি পানীয় (তুল. বিয়ারের জন্য বড়ো গ্লাস)। ˌ~-ˈ**handed** *adj* পর্যাপ্তসংখ্যক শ্রমিক বা সাহায্যকারী নেই এমন অবস্থাগ্রস্ত। ˌ~ ˈ**sight** *n* [U] ক্ষীণ দৃষ্টি; দূরের জিনিস স্পষ্ট দেখতে পারার অক্ষমতা; অদূরবদ্ধদৃষ্টি; (লাক্ষ.) অদূরদর্শিতা। সুতরাং ˌ~-ˈ**sighted** *adj* অদূরদর্শী। ˌ~-ˈ**winded** *adj* শীঘ্রই হাঁপিয়ে ওঠে এমন; অল্পশ্বাস। ৩ (বাণিজ্য) শীঘ্র শোধনীয়; আশুশোধ্য: a ~ bill/paper. ~ **date** বিল; হুন্ডি ইত্যাদি শোধ্য হওয়ার অনতিবিলম্বিত তারিখ। সুতরাং ˌ~-ˈ**dated** *adj* স্বল্পমেয়াদি। ˌ~ ˈ**bond** *n* যে বন্ড পাঁচ বছরের মধ্যে শোধযোগ্য; স্বল্পমেয়াদি তমসুক। ˌ~-**term capital** স্বল্পমেয়াদি পুঁজি। ৪ (ব্যক্তি সম্বন্ধে) মিতবাক, স্বল্পভাষী; (বক্তব্য ও বলার ভঙ্গি সম্বন্ধে) সংক্ষিপ্ত; কাটখোট্টা; হ্রস্বীয়ান: a ~ answer; to be ~ with sb. **for ~** সংক্ষেপে সংক্ষেপের খাতিরে: Michael called 'Mike' for ~. **in ~** সংক্ষেপে; সংক্ষেপে বললে। **the long and the ~ of it** যা কিছু বলা যায় বা বলা প্রয়োজন; মোদ্দা কথা। ৫ (কেক, পেস্ট্রি সম্বন্ধে) পলকা। ˌ~ ˈ**pastry** *n* [U] প্রচুর ননী বা স্নেহযুক্ত। ˈ~·**bread/cake** *nn* ময়দা, চিনি ও মাখনযোগে প্রস্তুত ভঙ্গপ্রবণ কেক। ৬ (স্বরধ্বনি বা অক্ষর সম্বন্ধে) হ্রস্ব। ৭ (অন্যান্য যৌগশব্দ) ˈ~·**fall** *n* ঘাটতি। ˈ~·**hand** *n* [U] সাঁটলিপি। **by a ~ head** (ক) (ঘোড়দৌড়) ঘোড়ার মাথার দৈর্ঘ্যের চেয়েও কম দূরত্বে। (খ) (লাক্ষ.) অল্পের জন্য। ˈ~·**horn** *n* খাটো বাঁকানো শিংওয়ালা এক জাতের গরু। ˈ~ **wave** *n* (বেতার-বার্তা) ১০ থেকে ১০০ মিটার পর্যন্ত দৈর্ঘ্যবিশিষ্ট তরঙ্গ; হ্রস্ব তরঙ্গ। ~·**ly** *adv* ১ শীঘ্রই; কিছুক্ষণের মধ্যে; অল্প: ~ly after (wards); ~ly after sunset. ২ সংক্ষেপে; অল্প কথায়। ৩ কড়াভাবে; কাটাকাটা: answer rather ~ly. ~·**ness** *n* হ্রস্বতা; খর্বতা।

short[2] [শো°ট্] *adv* ১ হঠাৎ; আচমকা; আকস্মিক-ভাবে: stop ~. **bring/pull/take sb up ~** হঠাৎ থামিয়ে দেওয়া; বাধা দেওয়া বা নিরস্ত করা। **~ of** ব্যতীত; বাদ দিয়ে: He reads everything ~ of textbooks. ২ **come/fall ~ of** কম/ঘাটতি পড়া বা হওয়া। **cut sth/sb ~** (ক) বাধা দেওয়া; স্বাভাবিক সময়ের আগে শেষ করা; সংক্ষেপ করা: We had to cut ~ our visit to the seaside. (খ) সংক্ষিপ্ত(তর) করা। **go ~ (of)** (কোনো কিছু) ছাড়া চলা; নিজেকে (কোনো কিছু থেকে) বঞ্চিত করা: We went ~ of food to help the poor. **run ~ (of)** ফুরিয়ে যাওয়া; অভাব হওয়া: They're running ~ of skilled manpower. **be taken ~** (কথ্য) হঠাৎ বাহ্যের বেগ হওয়া; হঠাৎ পেট কামড়ানো। ৩ **sell ~** (বাণিজ্য) (নিজের স্বত্বাধিকারভুক্ত নয় এমন শেয়ার, স্টক, পণ্য ইত্যাদি) সরবরাহ করবার নির্ধারিত তারিখের পূর্বে অধিকতর সস্তায় কেনা যাবে এই প্রত্যাশায় ভবিষ্যতে সরবরাহ করার জন্য বিক্রি করা। **sell sb ~** কারো সঙ্গে নিমকহারামি করা; ধোকা দেওয়া; ছোট করা।

short[3] [শো°ট্] *n* (কথ্য) ১ = Short circuit, বর্তুক্ষেপ। দ্র. short[1] (১). ২ হুইস্কি, জিন ইত্যাদি পানীয় (= short drink) □*vi, vt* বর্তুক্ষেপ হওয়া বা ঘটানো।

short·age [ˈশো°টিজ্] *n* [C, U] কমতি; ঘাটতি; অনটন; অভাব: ˈfood ~s; a ~ of 100 tons. দ্র. glut, *n*

shorten [ˈশো°ট্‌ন্] *vt, vi* ছোট/ সংক্ষিপ্ত হওয়া বা করা; খাটো করা; খর্ব করা: to ~ sail. **~·ing** [ˈশো°ট্‌নিঙ্] *n* [U] পেস্ট্রি হালকা ও ফুরফুরে করার জন্য ব্যবহৃত স্নেহদ্রব্য। দ্র. short[1](৫).

shorts [শো°ট্‌স্] *n pl* (**pair of**) ~ হাফপ্যান্ট।

shot[1] [শট্] *n* ১ [C] গুলি; গুলিবর্ষণ; গুলির শব্দ: hear ~s in the distance. (**do sth) like a ~** তৎক্ষণাৎ/ঝটপট/নির্দ্বিধায় করা। **off like a ~** বিদ্যুদ্‌গতিতে/ তীরবেগে ধাবিত। ২ [C] কোনো কিছুতে আঘাত হানার চেষ্টা; কিছু করার; প্রশ্নের উত্তর দেবার প্রচেষ্টা; কোনো কোনো খেলায় নিক্ষেপ, আঘাত, মার ইত্যাদি: Was that remark a ~ at my colleague? তিনিই মন্তব্যটির লক্ষ্যস্থল। **a ~ in the dark** অন্ধকারে ঢিল ছোড়া। **have a ~ (at sth)** কিছু করার চেষ্টা করা: He had a ~ at solving the problem. **a ˈlong ~** যৎকিঞ্চিৎ সাক্ষ্যপ্রমাণ ও তথ্যের ভিত্তিতে কোনো সমস্যা সমাধানের প্রয়াস; দূরপাতী অনুমান: It's long ~ but I think his in the know. ˌ**not by a long ~** পরিস্থিতি সর্বাধিক অনুকূল হলেও নয়। ৩ [C] গোলাগুলি, দ্র. shell (৩); ক্রীড়াপ্রতিযোগিতায় নিক্ষিপ্ত লোহার ভারী বল (ˈ~-put নামে অভিহিত); লৌহবর্তুল: putting the ~. ৪ **lead ~** [U] (কার্তুজের) ছররা; ছটকা। ˈ**~-gun** *n* মসৃণ ছিদ্রযুক্ত শিকারের বন্দুকবিশেষ, যাতে ছররাপূর্ণ কার্তুজ ব্যবহৃত হয়; ছটকা-বন্দুক। ˈ**~-tower** *n* যে কূটাগারে চালনের মধ্য দিয়ে গলিত সীসা উপর থেকে নীচে জলে ফেলে ছটকা তৈরি করা হয়; ছটকাকূট।৫ [C] যে ব্যক্তি গুলি ছোড়ে (তাঁর দক্ষতার উল্লেখসহ) গুলিচালক: a first-class/good/poor ~. ৬ [C] সিনে-ক্যামেরায় গৃহীত আলোকচিত্র; ছবি। ˈ**long ~** (close-up-এর বিপরীত) বহুদূর থেকে গৃহীত ছবি। ৭ (বিশেষত US) ইনজেকশন; অন্তঃক্ষেপ। **have/ give sb/sth a ~ in the arm (ক)** ইনজেকশন/ সুচ নেওয়া বা দেওয়া। **(খ)** এমন কিছু দেওয়া বা পাওয়া, যা পুনরুজ্জীবিত বা চাঙ্গা করে তোলে। ৪ **a ˈbig ~** (অপ.) (বিশেষত দাম্ভিক) হোমরাচোমরা লোক; কেষ্টুবিষ্টু।

shot[2] [শট্] *n* হিসাব-নিকাশ বা ব্যয়ের অংশ: pay one's ~.

should [শুড্; দুর্বল রূপ শাড্] *v* দ্র. shall.

shoul·der [ˈশৌলডা(র্)] *n* ১ স্কন্ধ; কাঁধ; ঘাড়; অংস। **~ to ~** কাঁধে কাঁধে; (লাক্ষ.) ঐক্যবদ্ধ। **give sb the cold ~,** দ্র. cold[1](১). **put one's ~ to the wheel** কঠিন কাজে সাগ্রহে নিয়োজিত হওয়া কাঁধ দেওয়া। **stand head and ~s above (others)** উচ্চতায় (কিংবা লাক্ষ. মানসিক বা নৈতিক উৎকর্ষে) অন্যদের ছাড়িয়ে ওঠা। **straight from the ~** (লাক্ষ., সমালোচনা, তিরস্কার ইত্যাদি সম্বন্ধে) স্পষ্ট ও অকপট। ˈ**~-blade** *n* পিঠের উপরের ডানে ও বাঁয়ে দুটি চেটালো অস্থির যে কোনো একটি; অংসফলক; পাখনা। ˈ**~-strap** *n* **(ক)** সামরিক উর্দির কাঁধে (পদমর্যাদাসূচক চিহ্নাদিসহ) সরু চামাটিবিশেষ; কাঁধের চামাটি। **(খ)** মেয়েদের কাঁধের উপর দিয়ে প্রসারিত যে রিবন পোশাকের সম্মুখ ও পিছনের অংশকে সংযুক্ত করে; কাঁধের ফিতা। ˈ**~-flash** *n* সামরিক উর্দির কাঁধে বস্ত্রের সরু ফালিবিশেষ, যার উপর ডিভিশন ইত্যাদির প্রতীকসূচক রঙের ছোপ থাকে; অংসধ্বজ। ২ (*pl*) দুই কাঁধের মধ্যবর্তী পৃষ্ঠাংশ; কাঁধ: give a child a ride on one's ~s. **have broad ~s** গুরুভার বা (আল.) গুরুদায়িত্ব বহনের উপযুক্ত হওয়া। ৩ বোতল, হাতিয়ার, পর্বত ইত্যাদির স্কন্ধসদৃশ অংশ। **hard ~** সড়কের (বিশেষত মোটরপথের) পাশের শক্ত উপরিভাগ। □*vt* ১ (সাহিত্য. ও আল.) কাঁধে নেওয়া: ~ a burden/the responsibility for sth. **~ arms** (সাম.) রাইফেল নিজের সামনে ডাইনে খাড়া করে ধরা। ২ কাঁধ দিয়ে ঠেলা দেওয়া; কাঁধ দিয়ে ঠেলে পথ করা: ~ one's way through a crowd.

shout [শাউট্] *n* [C] চিৎকার; চেঁচানি; চেঁচামেচি; ডাক; আহ্বান; ধ্বনি; উচ্চরব: ~s of joy. □*vi, vt* **~ out** ১ চিৎকার করা; চেঁচানো: Don't ~ yourself hoarse. ২ উচ্চকণ্ঠে/চেঁচিয়ে বলা: ~ (out) one's orders. **~ sb down** চিৎকার করে কারো কথা শুনতে না দেওয়া বা বসিয়ে দেওয়া। **~·ing** *n* [U] চিৎকার। **Its' all over but/bar the ~ing** যুদ্ধ, লড়াই ইত্যাদি সাঙ্গ হয়েছে, এবার প্রশংসা, হর্ষধ্বনি ইত্যাদির পালা।

shove [শাভ্] *vt, vi* (কথ্য) (সাধা. জোরে) ঠেলা/ধাক্কা দেওয়া: ~ a raft into the water. **~ off (ক)** (তীরে ঠেলা দিয়ে) তীর থেকে নৌকা ভাসানো। **(খ)** (অপ.) কোনো স্থান ত্যাগ করা: let's ~ off. □*n* [C] জোর ঠেলা। ˌ**~-ˈha'penny** [ˌশাভ্ ˈহেইপ্‌নি] *n* = shovel-board.

shovel [ˈশাভ্‌ল্] *n* কয়লা, বালু, বরফ ইত্যাদি সরাবার জন্য কোদাল সদৃশ হাতিয়ার; অভ্রি, বেলচা; যানের সঙ্গে সংযুক্ত ক্রেনের সাহায্যে যান্ত্রিকভাবে চালিত একই উদ্দেশ্যে ব্যবহৃত অনুরূপ যন্ত্র। □*vt* (-ll-, US -l-) ১ বেলচা দিয়ে তোলা/সরানো: ~ up coal. ২ বেলচা দিয়ে পরিষ্কার/সাফ করা: ~ a path through the snow. **~·ful** [-ফুল্] *n* এক বেলচা।

show[1] [শৌ] *n* ১ [U, C] প্রদর্শন; উপদর্শন: by (a) ~ of hands, হাত তুলে (ভোট)। ২ [C] প্রদর্শনী; প্রেক্ষণিকা: a ˈflower/ˈcattle ~; the Lord Mayor's ~ লন্ডনে নতুন লর্ড মেয়র অভিষিক্ত হওয়ার পরে অনুষ্ঠিত শোভাযাত্রা। **on ~** প্রদর্শিত হচ্ছে এমন। ৩ [C] (কথ্য) স্বাভাবিক প্রদর্শনী; দর্শনীয় বস্তু; সমারোহ: a fine ~ of blossom in the garden. ৪ [C] (কথ্য) সার্কাস, নাটক, বেতার, টিভি প্রভৃতি গণবিনোদন; বিনোদন-অনুষ্ঠান: This is the best ~ I've ever seen. ˈ**~-business,** (কথ্য) ˈ**~-biz** [বিজ্] *n* বিনোদন-ব্যবসা। ৫ [C] (কথ্য) কার্যনির্বাহ; অনুষ্ঠান (নাটকসক্রান্ত নয়): put up a good ~; কৃতিত্বের সঙ্গে (কিছু) করা; a poor ~, নিকৃষ্টভাবে সম্পাদিত কোনো কিছু। **steal the ~** সমগ্র মনোযোগ আকর্ষণ করে; মন কাড়া। **good ~!** (অনুমোদনসূচক) বেড়ে/খাসা হয়েছে! ৬ [C] (কথ্য) সংগঠন; উদ্যোগ; ব্যবসা; ঘটনা; ব্যাপার: He is runing the whole ~, তিনিই নাটের গুরু। **give the (whole) ˈ~ away** কী করা হচ্ছে কিংবা পরিকল্পনা হয়েছে তা জানিয়ে দেওয়া; সব ফাঁস করে দেওয়া। ৭ (শুধু *sing*; সেকেলে কথ্য প্রয়োগ) কিছু করার, আত্মপক্ষ সমর্থন ইত্যাদির সুযোগ: Give me a fair ~. ৮ বাহ্য চেহারা; আভাস: with a ~ of reason. ৯ [U] ঘটা; আড়ম্বর; সমারোহ; জাঁক: a car bought for ~, not for use. ১০ (যৌগশব্দ) ˈ**~-boat** (বিশেষত মিসিসিপি নদীতে) বাষ্পীয় পোত, যাতে নাটক মঞ্চস্থ হতো; নাট্যতরী। ˈ**~-case** *n* দোকান, জাদুঘর ইত্যাদি স্থানে বিবিধ দ্রব্য সংরক্ষণ ও প্রদর্শনের জন্য দুই পাশে সামনে এবং (অথবা) উপরে কাচ-লাগানো

আধারবিশেষ; (লাক্ষ.) বিশেষত নতুন কোনো বস্তুর বিশেষ প্রদর্শনী; প্রদর্শশালিকা। ˈ**~down** *n* (কথ্য) নিজের শক্তি, অভিপ্রায় ইত্যাদি বিষয়ে সম্যক ও অকপট ঘোষণা; চরম শক্তিপরীক্ষা: call for a ~-down। ˈ**~·girl** *n* গীতিনাট্য, নাটিকা ইত্যাদিতে যে মেয়ে নাচে, গায় কিংবা শুধুই শোভাবর্ধন করে; শোভাঙ্গনা। ˈ**~·jumping** *n* বেড়া, প্রতিবন্ধক প্রভৃতির ওপর দিয়ে অশ্বধাবনে নৈপুণ্য প্রদর্শন; প্রদর্শ-লম্ফ। ˈ**~·man** [-মান্] *n* (*pl* -men) **(ক)** গণবিনোদনের (বিশেষত সার্কাসের) সংগঠক; বিনোদনকোবিদ। **(খ)** (বিশেষত সামাজিক-রাজনৈতিক জীবনে) যে ব্যক্তি নিজের প্রতি মনোযোগ আকর্ষণের জন্য প্রচারণা ইত্যাদির আশ্রয় নেয়; প্রদর্শনকোবিদ। ˈ**~·man·ship** [-মান্শিপ্] *n* (নিজের বিক্রেয় পণ্য ইত্যাদির প্রতি) সাধারণ্যের দৃষ্টি আকর্ষণ করবার ক্ষমতা বা কৌশল; প্রদর্শননৈপুণ্য। ˈ**~-place** *n* পর্যটকরা যে স্থান দর্শন করতে যান; দর্শনীয় স্থান। ˈ**~-room/-window** *n* যে কক্ষে/ জানালায় প্রদর্শন, পরিদর্শন ইত্যাদি উদ্দেশ্যে পণ্যসামগ্রী রক্ষিত হয়; প্রদর্শ-কক্ষ। **~y** *adj* (-ier, -iest) আকর্ষণীয়; মনোমুগ্ধকর; নয়নাভিরাম; (প্রায়শ অবজ্ঞাসূচক) অতি জমকালো; অতিমণ্ডিত; অতিবর্ণাঢ্য: ~y flowers, যেমন কোনো কোনো জাতের ডালিয়া; a ~y dress; ~y patriotism, লোকদেখানো দেশপ্রেম। **~·ily** [-ইলি] *adv* আকর্ষণীয়রূপে, জাঁকালোরূপে ইত্যাদি। **~·i·ness** *n* প্রদর্শনপ্রিয়তা; প্রদর্শনেচ্ছা।

show[2] (পুরা. **shew**) [শৌ] *vt, vi* (pt -ed; *pp* -n [শৌন্], বিরল -ed) ১ **~ sth (to sb); ~ sb sth** দেখানো; প্রদর্শন করা; দৃষ্টিগোচর করা। ২ দেখতে দেওয়া; দৃশ্যমান করা; প্রকাশ করা: This dark gown will not ~ the stain, দাগ দেখা যাবে না; to ~ signs of wear. ৩ দৃষ্টিগোচর/দৃষ্টিগ্রাহ্য হওয়া; প্রকাশ পাওয়া; দেখা যাওয়া: Your under-garment is ~ing. Her anxiety ~ed on her face. ৪ **~ itself** প্রত্যক্ষ হয়ে ওঠা; প্রকাশ পাওয়া; ফুটে ওঠা: Her disappointment ~ed itself in her eyes. **~ oneself** (সভা ইত্যাদিতে) উপস্থিত থাকা: He didn't ~ himself at the party. **~ one's face** মুখ দেখানো: You should be ashamed to ~ your face here. **~ fight** যুদ্ধের জন্য প্রস্তুত এমন লক্ষণ দেখানো। **~ one's hand/cards** (লাক্ষ.) নিজের অভিপ্রায় বা পরিকল্পনা ব্যক্ত করা। **~ a leg** (কথ্য) শয্যাত্যাগ করা; গা তোলা। **~ one's teeth** (লাক্ষ.) (কাউকে) ক্রুদ্ধ দেখানো। **have nothing to ~ for it/sth** কৃতিত্ব প্রমাণ করবার মতো কিছুই না থাকা। ৫ দেওয়া; প্রদর্শন করা; দেখানো: ~ mercy on sb, দয়া করা। ৬ পরিচয় দেওয়া: He ~ed no sign of being discouraged. You ~ed a lot of courage. ৭ পথ দেখিয়ে আনা বা নেওয়া; নিয়ে যাওয়া। **~ sb in; ~ sb into sth; ~ sb out; ~ sb out of sth:** Please ~ this lady in. He was ~n into the drawing-room. **~ sb over/ around/ round sth** ঘুরিয়ে ঘুরিয়ে দেখানো: The young lady ~ed us round the temple. **~ sb the door** বেরোবার পথ দেখিয়ে দেওয়া; বের করে দেওয়া। **~ sb the way** পথ দেখানো; (লাক্ষ.) দৃষ্টান্ত স্থাপন করা। ৮ বুঝিয়ে দেওয়া; স্পষ্ট করা; প্রমাণ করা: He ~ed me how the machine worked. We have ~n the truth of our statement. ৯ **~ sb/sth off** ফুটিয়ে তোলা; প্রকট করে তোলা; প্রকটিত করা; রূপগুণ ইত্যাদি তুলে ধরা: That dress ~s off your figure well. Teachers are eager to ~ off their pupils. **~ off** আস্ফালন/আত্মশ্লাঘা করা; জাহির করা। সুতরাং, ˈ**~-off** *n* যে ব্যক্তি আস্ফালন করে; আত্মযশী: an aweful ~-off. **~ sb/sth up** (কোনো অসৎ/ অকীর্তিকর বস্তু বা ব্যক্তি সম্বন্ধে) সত্য প্রকাশ করে দেওয়া; উদ্ঘাটন/ উন্মোচিত করা: ~ up a fraud/a rogue/an impostor. **~ up (ক)** প্রকট/ সুপ্রত্যক্ষ হওয়া: The scar across his face ~ed up in the bright light of the lamp. **(খ)** উপস্থিত হওয়া; দর্শন দেওয়া: None of them ~ed up at the party. **~·ing** *n* (সাধা. *sing*) প্রদর্শন; উপস্থিতি; সাক্ষ্যপ্রমাণ: a firm with a poor financial ~ing, আর্থিক অবস্থা ভালো বলে প্রতীয়মান হয় না; on present/past ~ing, বর্তমানের/অতীতের সাক্ষ্যপ্রমাণে। **on one's own ~ing** নিজের স্বীকারোক্তি অনুযায়ী।

shower [শাউআ(র্)] *n* [C] ১ (বৃষ্টি, শিলা প্রভৃতির) স্বল্পস্থায়ী বর্ষণ; পশলা; বৃষ্টি: be caught in a ~. ˈ**~(-bath)** *n* কৌশলবিশেষ, যাতে অসংখ্য ক্ষুদ্রক্ষুদ্র ছিদ্রযুক্ত একটি পাতের ভিতর দিয়ে বৃষ্টির মতো পানি ঝরতে থাকে; উক্ত কৌশল; ঝর্না; ধারা; ঝাঁঝরি; ধারাযন্ত্র; ধারাস্নান: have a ~(-bath) every morning. ২ বহুসংখ্যক বস্তুর যুগপৎ সন্নিপাত; বৃষ্টি; ধারা; বর্ষণ: a ~ of blows/ stones/ blessings/ insults; in a ~/in ~s, ঝাঁকে ঝাঁকে; অবিরল ধারায়। ৩ (US) বিবাহিতা হতে যাচ্ছে এমন কোনো স্ত্রীলোককে উপহারসামগ্রী দেওয়ার অনুষ্ঠানবিশেষ। □*vt, vi* ১ **~ sth upon sb; ~ sb with sth** বর্ষণ করা: ~ honours/blessings upon sb. ২ বৃষ্টির মতো পতিত হওয়া; বর্ষিত হওয়া: greetings ~ed (down) upon the winner. **~y** *n adj* (আবহাওয়া সম্বন্ধে) থেকে থেকে বৃষ্টির ধারা নামে এমন; বর্ষণপূর্ণ; বর্ষণবহুল; বর্ষালু।

shown [শৌন্] show[2] -এর *pp*

shrank [শ্র্যাঙ্ক্] shrink -এর *pt*

shrap·nel [ˈশ্র্যাপ্‌নাল্] *n* [U] গোলার ভিতরে পোরা গোলার টুকরা বা বুলেট, যা গোলা বিস্ফোরিত হলে বিস্তৃত এলাকা জুড়ে ছড়িয়ে পড়ে; গোলার টুকরা; ছিটা: hit by (a piece of) ~.

shred [শ্রেড্] *n* [C] টুকরা; ফালি; ছিন্নাংশ; খণ্ড; কুটি; কুঁচি: (আল.) not a ~ of truth, সত্যের লেশমাত্র নেই। **tear to ~s** (সাহিত্য. কিংবা লাক্ষ.) ছিন্নভিন্ন করা; বিনষ্ট করা। □*vt* (-dd-) কুটি কুটি করা।

shrew [শ্রূ] *n* বদমেজাজি; কটুভাষী রমণী; খাণ্ডারি; মুখরা রমণী। ২ ˈ**~(-mouse)** কীটভুক ক্ষুদ্র ইঁদুরসদৃশ প্রাণীবিশেষ; ছুঁচা। **~·ish** [-ইশ্] *adj* কটুভাষী; কলহপরায়ণ; কোঁদুলে। **~·ish·ly** *adv* খাণ্ডারির মতো। **~·ish·ness** *n* কটুভাষিতা; কলহপরায়ণতা।

shrewd [শ্রূড্] *adj* (-er, -est) ১ সুস্থ বিচারবুদ্ধি ও কাণ্ডজ্ঞানসম্পন্ন; বিচক্ষণ; তীক্ষ্ণবুদ্ধি; তুখোড়; চৌকশ: a ~ businessman; ~ arguments. ২ চতুর; চালাক; হুঁশিয়ার; সেয়ানা; কাইয়াঁ; সতর্ক; ধূর্ত: make a ~ guess; a ~ blow/thrust. **~·ly** *adv* বিচক্ষণভাবে ইত্যাদি। **~·ness** *n* বিচক্ষণতা; চাতুর্য; ধূর্ততা।

shrick [শ্রীক্] *vi, vt* **~ (out)** ১ চেঁচিয়ে ওঠা; তীক্ষ্ণকণ্ঠে চেঁচানো। ২ তীক্ষ্ণকণ্ঠে চেঁচিয়ে বলা: ~ out a warning. □*n* [C] তীক্ষ্ণ চিৎকার; চিক্কুর: ~ of girlish laughter, মেয়েলি কণ্ঠের তীক্ষ্ণ হাসি।

shrift [শ্রিফ্‌ট্] *n* (কেবল) **give sb/get short ~** রুক্ষ/কাটখোট্টা ব্যবহার করা বা পাওয়া; দায়সারা ব্যবহার করা।

shrike [শ্রাই ক্] *n* শক্ত; বাঁকানো চঞ্চুযুক্ত পাখিবিশেষ (ˈbutcher-bird নামেও পরিচিত), এরা ছোট ছোট পাখি ও কীটপতঙ্গ মেরে বাসার কাছে কন্টকবিদ্ধ করে রাখে; কলিকার।

shrill [শ্রিল্] *adj* (ধ্বনি, কণ্ঠ ইত্যাদি সম্বন্ধে) তীক্ষ্ণ; কর্ণবিদারী; কর্কশ; উচ্চনাদী: ~ cries; a ~ voice. **~y** [ˈশ্রিলি] *adv* তীক্ষ্ণকণ্ঠে। **~·ness** *n* কার্কশ্য; তীক্ষ্ণতা।

shrimp [শ্রিম্প্] *n* [C] সামুদ্রিক ছোট চিংড়ি; বাগদা চিংড়ি; (হাস্য.) অত্যন্ত খর্বাকৃতি মানুষ; বামন। □*vi* চিংড়ি মাছ ধরা: (সাধা.) go ~ing.

shrine [শ্রাই ন্] *n* [C] ১ পবিত্র স্মৃতিচিহ্ন সংবলিত সমাধি বা পেটিকা; বিশেষ অনুষঙ্গজড়িত কিংবা স্মৃতিবিজড়িত কোনো বেদি বা প্রার্থনালয়; তীর্থস্থান; পুণ্যস্থান; সমাধিমন্দির। ২ অত্যন্ত শ্রদ্ধেয় কোনো ব্যক্তি বা বস্তুর সঙ্গে অনুষঙ্গযুক্ত কোনো ভবন বা স্থান; মন্দির। **worship at the ~ Mammon** ধনসম্পদ ও অর্থ উপার্জনের প্রতি অত্যধিক মনোযোগী হওয়া। □*vt* = enshrine (এটাই সচরাচর ব্যবহৃত শব্দ)।

shrink [শ্রিঙ্ক্] *vi, vt* (*pt* shrank [শ্র্যাঙ্ক্], কিংবা shrunk [শ্রাঙ্ক্], *pp* shrunk কিংবা *adj* হিসাবে shrunken [ˈশ্রাঙক্‌ন্])। ১ (বিশেষত কাপড় সম্বন্ধে) সঙ্কুচিত হওয়া বা করা; খাপা; খাটো হওয়া। ২ **~ (back) (from)** (লজ্জা, বিরাগ ইত্যাদির দরুন) পিছিয়ে আসা; সঙ্কোচ বোধ করা; পিছু হটা: I shall not ~ from an unpleasant duty. ˈ**~·age** [- ইজ্] *n* [U] সঙ্কোচন; আকুঞ্চন।

shrive [শ্রাই ভ্] *vt* (*pt* -d কিংবা shrove [শ্রৌ ভ্], *pp* -d কিংবা shriven [শ্রি ভ্‌ন্]) (পুরা., পুরোহিত সম্বন্ধে) অনুতপ্ত পাপীর স্বীকারোক্তি শুনে তাকে তার পাপের আধ্যাত্মিক পরিণাম থেকে মুক্ত করা।

shrivel [ˈশ্রিভ্‌ল্] *vt, vi* (-ll-, US অপিচ -l-) **~ (up)** (তাপ, তুষার, শুষ্কতা বা বার্ধক্যের দরুন) কোঁচকানো; কুঞ্চিত/কুশুটে হওয়া বা করা: a ~led face/leaves.

shriven [ˈশ্রিভ্‌ন্] দ্র. shrive.

shroud [শ্রাউ ড্] *n* [C] ১ (ˈwinding-sheet নামেও পরিচিত) কাফন; শবাচ্ছাদন-বস্ত্র। ২ আচ্ছাদন; অবগুন্ঠন; আবরণ: a ~ of mist. ৩ (*pl*) মাস্তুলের আলম্বস্বরূপ রজ্জুগুচ্ছ; প্যারাশুটের রজ্জুগুচ্ছ। □*vt* ১ কাফন পরানো; শবকে বস্ত্রাচ্ছাদিত করা। ২ ঢাকা; আবৃত/আচ্ছাদিত করা; সঙ্গোপিত করা: ~ed in darkness/mist.

shrove [শ্রৌ ভ্] দ্র. shrive.

Shrove Tuesday [ˌশ্রৌভ্ ˈট্যিউজ্‌ডি US -টূজ্-] *n* লেন্ট (দ্র. lent) শুরু হওয়ার আগের দিন; অতীতে ঐ দিন এবং পূর্ববর্তী কয়েক দিন **(shrove·tide)** পুরোহিত কর্তৃক পাপক্ষালনের প্রথা প্রচলিত ছিল।

shrub [শ্রাব্] *n* [C] গুল্ম; ঝোপ; ঝিকরা; গাছড়া। **~·bery** [ˈশ্রাবারি] *n* (*pl* -ries) যে স্থানে (যেমন বাগানের অংশবিশেষে) গুল্ম রোপণ করা হয়; গুল্মোদ্যান।

shrug [শ্রাগ্] *vt* (-gg-) (ঔদাসীন্য, সন্দেহ ইত্যাদি প্রকাশে কাঁধ) ঈষৎ উত্তোলন করা; কাঁধ ঝাঁকানো। **~ sth of** (তুচ্ছ বলে) উড়িয়ে দেওয়া; তুড়ি মেরে উড়িয়ে দেওয়া। □*n* [C] কাঁধ ঝাঁকানি: with a ~ of the shoulders/a ~ of despair.

shrunk(en) [শ্রাঙ্ক্, ˈশ্রাঙ্‌কন্] দ্র. shrink.

shuck [শাক্] *n* [US] তুষ; খোসা; শুটি বীজকোষ; বহিরাবরণ; (লাক্ষ.) তুচ্ছবস্তু; ছাইভস্ম। **S~s!** *int* (US) অবিশ্বাস, অনুতাপ বা বিরক্তিসূচক শব্দ। □ *vt* খোসা ছাড়ানো: ~ peanuts.

shud·der [ˈশাডা(র্)] *vi* থরথর/ঠকঠক করে কাঁপা; ভয়ে বা ঘৃণায় কম্পিত হওয়া: ~ with cold/horror. □ *n* [C] কাঁপন; কাঁপনি; থরথরানি; থরকম্প।

shuffle [ˈশাফ্‌ল্] *vi, vt* ১ পা টেনে টেনে বা ঘষে ঘষে হাঁটা। **~ one's feet** (হাঁটার সময়ে কিংবা বসে বা দাঁড়িয়ে) পা টানা বা ঘষা। ২ (তাস ইত্যাদি) এলোমেলোভাবে মিলিয়ে দেওয়া; ফেটা। ৩ অযত্নের সঙ্গে কিছু করা; (পোশাক-পরিচ্ছদ) অযত্নের সঙ্গে পরা বা খোলা: ~ through one's work; ~ one's clothes on, জামা গলানো; (লাক্ষ.) ~ off responsibility upon others, অন্যের ঘাড়ে চাপিয়ে সটকে পড়া। ৪ নিজের অবস্থান পরিবর্তন করতে থাকা; সরাসরি জবাব না দেওয়া; টালমাটাল/ বাহানা করা: Don't ~, be straight. □ *n* [C] ১ পা-ঘষা; পা ঘষে ঘষে নৃত্য: ˌsoft-shoe ˈ~; তাস-ফেটা। ২ আপেক্ষিক অবস্থানের ব্যাপক পরিবর্তন; রদবদল: a ~ of the cabinet. ৩ হাত-সাফাই; চালাকি; বিভ্রান্তিকর বিবৃতি বা কর্ম। **shuf·fler** *n* যে পা ঘষে বা তাস ফেটে।

shufty [ˈশাফ্‌টি] *n* (GB অপ.) **take/ have a ~ (at sth/sb)** এক নজর দেখা; চকিতে দৃষ্টিপাত করা।

shun [শান্] *vt* (-nn-) (কোনো কিছু থেকে) দূরে থাকা; পরিহার করা: ~ temptation.

'shun [শান্] *int* (হুকুম হিসাবে) attention (৩)-এর সংক্ষেপ; সোজা হয়ে দাঁড়াও।

shunt [শান্ট্] *vt, vi* ১ (রেলের বগি, কোচ ইত্যাদি) এক বর্ত্ম (লাইন) থেকে অন্য বর্ত্মে পাঠানো; অপসারিত করা: ~ a train on to a siding. ২ (রেলগাড়ি সম্বন্ধে) এক পাশে অপসারিত হওয়া। ৩ (লাক্ষ., কথ্য) অন্য দিকে সরিয়ে নেওয়া; (কোনো কিছু সম্বন্ধে) আলোচনা স্থগিত করা বা এড়িয়ে যাওয়া: He ~ed the conversation on to a more cheerful subject. ৪ (লাক্ষ.) (কোনো প্রকল্প) বাতিল করা; (কাউকে) অলস বা নিষ্ক্রিয় রাখা। **~er** *n* (বিশেষত) রেলপথের যে কর্মচারী গাড়ি ইত্যাদি পার্শ্ববর্ত্মে সরিয়ে নেয়।

shush [শাশ্] *vi, vt* ১ = hush. ২ = sh.

shut [শাট্] *vt, vi* (*pt, pp* shut; -tt-) (*adv part* ও *preps*-সহ বিশেষ প্রয়োগ, দেখুন নীচে ৫)। ১ বন্ধ/রুদ্ধ করা: Why did you ~ the door against him/on him/in his face, তার মুখের উপর দরজা বন্ধ করে দিলে কেন? ˈ**~-eye** *n* (কথ্য) চোখ-বোজা; তন্দ্রা; ঘুম: I will have half an hour's ~-eye. ২ বন্ধ হওয়া: The window won't ~. ৩ (চাকু, বই ইত্যাদি) বন্ধ করা। ৪ কিছু বন্ধ করতে গিয়ে চেপে ধরা: ~ one's fingers/dress in the door. ৫ (*adv part* ও *preps* -সহ বিশিষ্ট প্রয়োগ): **~ (sth) down** (কারখানা ইত্যাদি সম্বন্ধে) বন্ধ করে দেওয়া; কাজ বন্ধ করা: The management has ~ down the workshop. সুতরাং, ˈ**~-down** *n* কারখানা ইত্যাদির (সাময়িক বা স্থায়ী বন্ধকরণ) বন্ধদশা। **~ sb in** আটকে রাখা; নিরুদ্ধ/অবরুদ্ধ করা; পরিবৃত/পরিবেষ্টিত করা: They are ~ in by high walls. **~ sth off** সরবরাহ বা

প্রবাহ রুদ্ধ করা। ~ **sb/sth out** বাইরে রাখা; বাদ দেওয়া; ঢুকতে না দেওয়া; রুদ্ধ করা: ~ out immigrants/competitive goods. ~ **sth up** (ক) সব দরজা জানালা বন্ধ করে দেওয়া: ~ up house before going to bed. (খ) (নিরাপত্তার জন্য) বন্ধ করে রাখা: ~ up one's jewels in the vault. ~ **(sb) up** (কথ্য) মুখ বন্ধ করা; চুপ করা বা করানো: Will you ~ up?

shut·ter [ˈশাটা(র্)] *n* [C] ১ আলো বা চোরকে ঠেকানোর জন্য জানালার (কাষ্ঠফলক বা লোহার পাতের কব্জা লাগানো বা পৃথক) অস্থাবর আবরণ; ঝাপ। **put up the** ~ (আজকের মতো কিংবা চিরতরে) কারবার গুটানো/বন্ধ করা। ২ ক্যামেরার পরকলা দিয়ে আলোর প্রবেশ নিয়ন্ত্রণ করার কৌশলবিশেষ; শাটার; রোধক। □ *vt* ঝাপ যুক্ত করা; ঝাপ তোলা।

shuttle [ˈশাট্‌ল্] *n* ১ (তাঁতে) মাকু; (সেলাইকলে) নীচের দিকের সুতা ধরে রাখার সচল যান্ত্রিক কৌশলবিশেষ। ২ (যৌগশব্দ) ˈ~**·cock** *n* ব্যাডমিন্টনের কর্ক। ~ **diplomacy** যে কূটনৈতিক মধ্যস্থতায় কূটনীতিকদের সংশ্লিষ্ট পক্ষগুলির মধ্যে আসাযাওয়া করতে হয়; আনাগোনার কূটনীতি। ˈ~ **service** অল্প ব্যবধানে অবস্থিত স্থানসমূহের মধ্যে (ট্রেন, বাস ইত্যাদির) নিয়মিত চলাচল ব্যবস্থা। □ *vt, vi* মাকুর মতো সামনে পিছনে, এক স্থান থেকে অন্য স্থানে চলাচল করা বা করানো।

shy[1] [শাই] *adj* ১ (ব্যক্তি বা তার আচরণ ইত্যাদি সম্বন্ধে) লাজুক: She is always very shy with men. a shy look. ২ (পশু, পাখি, মাছ ইত্যাদি সম্বন্ধে) ভীরু; দৃষ্টি এড়িয়ে চলে এমন। ৩ **shy of** সাবধানী; দ্বিধান্বিত: He is shy of saying hard things about his boss. She is never shy of telling me what she wants. **fight shy of,** দ্র. fight[2] (১). **shy·ly** *adv.* **shy·ness** *n*

shy[2] [শাই] *vi* (ঘোড়া সম্বন্ধে) ভয় পেয়ে সরে যাওয়া: The horse shied at a white object in the hedge.

shy[3] [শাই] *vt* (কথ্য) ছুড়ে দেওয়া; নিক্ষেপ করা: shy stones at sth. □*n* ছোড়া; নিক্ষেপ: 50 paisa a shy (যেমন মেলা ইত্যাদিতে কোনো কিছুকে লক্ষ্য করে প্রতিবার বল ছুড়ে মারবার জন্য ৫০ পয়সা); (কথ্য) যে কোনো ধরনের প্রয়াস: have a shy at a business.

shy·ster [ˈশাইস্টা(র্)] *n* (US কথ্য) পেশাগত মর্যাদা নেই এমন ব্যক্তি, বিশেষত একজন বিবেকবর্জিত উকিল।

Sia·mese [শাই আমীজ্] *adj* শ্যাম (বর্তমানে থাইল্যান্ড) দেশীয়। ~ **twins** একত্র জোড়া লাগা যমজ শিশু। ~ **cat** খাটো ঘিয়ে বা হালকা বাদামি রঙের লোমে ঢাকা নীল চক্ষু প্রাচ্যজাতের বিড়াল। □*n* শ্যামদেশের লোক (বর্তমানে থাই); শ্যামদেশের ভাষা; থাই ভাষা।

Si·berian [সাই বিআরিআন্] *adj* সাইবেরিয়া সম্পর্কিত বা সাইবেরিয়া থেকে আগত; সাইবেরীয়।

sibi·lant [ˈসিবিলান্ট্] *adj* শিসধ্বনিযুক্ত; শিসধ্বনিকারক। □*n* ইংরেজিতে s, z, ʃ, ʒ, tʃ, dʒ–এই ষড়ধ্বনির অনুরূপ ধ্বনি; শিসধ্বনি।

sib·ling [সিব্‌লিঙ্] *n* একই পিতা-মাতার সন্তান; ভাই বা বোন।

sibyl [ˈসিবল্] *n* প্রাচীনকালে যেসব মহিলা ভবিষ্যৎ দেখতে ও ভবিষ্যদ্বাণী করতে পারতেন বলে বিশ্বাস করা হতো, তাদের যে কোনো জন; (এর থেকে, অবজ্ঞা বা কৌতুকার্থে) ভবিষ্যদ্বক্ত্রী; ডাইনি বুড়ি। ~**-line** [ˈসিবালাইন্] *adj* ভবিষ্যদ্বক্ত্রী কর্তৃক উচ্চারিত, ভবিষ্যদ্বক্ত্রীসুলভ; রহস্যময়ভাবে দিব্যজ্ঞান বা দিব্যদৃষ্টিসম্পন্ন।

sic [সিক্] *adv* (লা.) এরকম, এরূপ (শব্দটি কোনো উদ্ধৃতির পাশে বন্ধনীর মধ্যে বসিয়ে বোঝানো হয় যে উদ্ধৃত শব্দ, বক্তব্য ইত্যাদি আপাতদৃষ্টিতে অসম্ভব বা অশুদ্ধ মনে হলেও, যথাযথভাবে উদ্ধৃত হয়েছে)।

Si·cil·ian [সিˈসিলিআন্] *n, adj* সিসিলিদেশীয়; সিসিলির লোক।

sick [সিক্] *adj* ১ (কেবল *pred*) **be** ~ বমি করা। **feel** ~ বমির ভাব হওয়া; গা বমি-বমি করা। ˈ**air-**/ˈ**car-**/ˈ**sea-**~*adj* বিমান/ মোটরগাড়ি/ জাহাজে চড়ার ফলে বমি করে বা বমনেচ্ছা হয় এমন। এর থেকে, ˈ**air-**/ˈ**car-**/ˈ**sea-~ness** *n.* ২ অসুস্থ (GB–তে ill ও unwell ভদ্রজনোচিত শব্দ, US–এ sick স্বাভাবিকভাবে ব্যবহৃত শব্দ): I've been ~ for two weeks now. **be off ~ (with sth)** অসুস্থতার কারণে কাজ থেকে বিরত থাকা: Shamim's off with flu. **fall ~** অসুস্থ হওয়া। **go/report ~** (সাম. ব্যবহার) চিকিৎসার জন্য ডাক্তারের কাছে যাওয়া। **the ~** (*pl*) অসুস্থ ব্যক্তিরা। ˈ**~-bay** *n* (ক) (navy) জাহাজের যে অংশ অসুস্থদের জন্য ব্যবহৃত হয়। (খ) বিশ্ববিদ্যালয় অঙ্গন ইত্যাদির চিকিৎসা-কেন্দ্র। ˈ**~·bed** রোগশয্যা। ˈ**~-benefit** *n* দ্র. sickness. ˈ**~-berth** *n* = ~-bay (ক). ˈ**~-headache** *n* পিত্তাধিক্যের কারণে মাথাব্যথা। ˈ**~-leave** *n* [U] অসুস্থতাজনিত ছুটি। ˈ**~-list** *n* (যুদ্ধজাহাজ, সেনাদল ইত্যাদিতে) অসুস্থদের তালিকা। ˈ**~-parade** *n* (সাম.) অসুস্থতার জন্য চিকিৎসা গ্রহণরত সৈনিকদের প্যারেড। ˈ**~-pay** *n* [U] অসুস্থতার কারণে কাজে অনুপস্থিত কর্মচারীকে প্রদত্ত বেতন। ˈ**~-room** *n* অসুস্থ ব্যক্তির জন্য সংরক্ষিত কক্ষ। ৩ **~ (and tired/to death) of** (কথ্য) ক্লান্ত; বিতৃষ্ণ: I'm ~ and tired/to death of having to receive unwelcome guests. ৪ **~ at heart** গভীরভাবে বিষণ্ন বা বেদনাহত। **~ at/about sth** (কথ্য) কোনো কিছু নিয়ে অসুখী বা অনুশোচিত: ~ at missing an opportunity. ৫ **~ for** আকাঙ্ক্ষাপীড়িত; ব্যাকুল: ~ for home. ৬ (অপ.) অসুস্থচিত্ত; বিকৃতমনা: ~ humour; a ~ mind. □*vt* **~ sth up** (কথ্য) কোনো কিছু বমি করে দেওয়া।

sicken [ˈসিকন্] *vi, vt* ১ **~ (for sth)** অসুস্থ হতে শুরু করা: The boy is ~ing for something. ২ বিতৃষ্ণ করা: His business methods ~ me. ৩ **~ at sth/to see sth** বমনেচ্ছা বোধ করা; বমি আসা: We were ~ed at the sight of so much slaughter/ ~ed to see so many animals slaughtered. ৪ **~ of sth** ক্লান্ত বা বিতৃষ্ণ হওয়া: I am ~ed of trying to keep him in good humour. **~·ing** [ˈসিকনিঙ্] *adj* বিরক্তিকর; বিতৃষ্ণাকর; বমি আসে এমন: a ~ing sight; ~ing cruelty.

sick·ish [ˈসিকিশ্] *adj* কিঞ্চিৎ অসুস্থ; কিছুটা বিতৃষ্ণাকর: feel ~; a ~ smell.

sickle [ˈসিক্‌ল্] *n* [C] কাস্তে।

sick·ly [ˈসিক্‌লি] *adj* ১ প্রায়শ অসুস্থ হয় এমন; রুগ্ন: a ~ child. ২ রুগ্নদর্শন; ফ্যাকাসে: He looked rather ~. ৩ দুর্বল; ক্ষীণ; অসুখী মনে হয় এমন: a ~ smile. ৪ বিতৃষ্ণা বা বমনেচ্ছা জাগ্রত করে বা করতে পারে এমন: a ~ taste.

sick·ness [ˈসিক্‌নিস্] *n* ১ [U] অসুস্থতা: । couldn't attend the seminar because of ~. ˈ~ **benefit** অসুস্থতার কারণে কাজে যোগ দিতে না পারলে কাউকে ইনস্যুরেন্স হিসাবে যে অর্থ প্রদান করা হয়। ২ [C,U] (কোনো বিশেষ) ব্যাধি বা অসুস্থতা: Suffer from sea-~. ৩ [U] বমনেচ্ছা; বমন।

side[1] [সাইড়] *n* [C] ১ কোনো কঠিন বস্তুর সমতল বা প্রায় সমতল বর্হির্ভাগ বা উপরিভাগ: The six ~s of a cube. ২ পার্শ্বদেশ (শীর্ষদেশ বা তলদেশ নয়): A box has a top, a bottom and four ~s. ৩ শীর্ষদেশ বা তলদেশ বা সম্মুখভাগ বা পশ্চাদভাগ নয় এমন পার্শ্বদেশ: The ~ entrance of a house (সামনের বা পিছনের প্রবেশ পথের বিপরীতে)। ৪ (গণিত) ত্রিভুজ বা চতুর্ভুজের মতো কোনো সমতল ক্ষেত্রকে বন্ধনকারী রেখা; বাহু; ভুজ। ৫ কাগজ, কাপড় বা পাত আকারে প্রস্তুত অন্য যে কোনো বস্তুর দুইটি পিঠের যে কোনোটি; পৃষ্ঠ; পৃষ্ঠা: write on one ~ of the paper only. The wrong ~ of cloth, কাপড়ের উলটা দিক। ৬ খাড়া, ঢালু, গোলাকার বা বক্রাকার কোনো কিছুর বহির্ভাগ বা অন্তর্ভাগ: The ~ of a mountain, পর্বতপার্শ্ব; prehistoric paintings on the ~s of a cave, গুহাগাত্র। ৭ ব্যক্তির দেহপার্শ্ব: He was wounded in the right ~. She sat by my ~. **split/burst one's ~s (laughing/with laughter)** হেসে কুটি কুটি হওয়া। এর থেকে, ˈ~-**splitting** *adj* বাঁধ ভাঙা হাসির উদ্রেক করে এমন। **by the ~ of; by one's ~** কারো পাশে তুলনায়: He looked small by the ~ of his friend. ৮ (বিশেষত মৃত) প্রাণীর দেহপার্শ্ব: a ~ of beef. ৯ কোনো বস্তু, ক্ষেত্র, স্থান ইত্যাদির পার্শ্ববর্তী অংশ: The west ~ of the village; the debit ~ of an account; the other ~ of the room. **on/from all ~s; on/ from every ~** সবদিকে/ সবদিক থেকে; সবখানে; সর্বত্র। **take sb on one ~** (আড়ালে কথা বলবার জন্য) কাউকে একপাশে ডেকে/ টেনে নেওয়া। **on the right/ wrong ~ of (fifty, etc)** (পঞ্চাশ বছরের ইত্যাদি) নীচে/ উপরে। **(do sth) on the ~, (ক)** দ্র. sideline. **(খ)** গোপনে; সন্তর্পণে: He's in the Opposition but he regularly sees people in power on the ~. **put sth on one ~ (ক)** একপাশে বা আলাদা করে সরিয়ে রাখা। **(খ)** ব্যবস্থা গ্রহণ মুলতবি রাখা। ১০ পরস্পরবিরোধী দুইটি দল বা পক্ষের একটি: The winning/losing ~; take ~s; পক্ষ নেওয়া। be on sb's ~ কারো পক্ষে থাকা বা কারো সমর্থক হওয়া: Are you on my ~ or not ? **let the ~ down** নিম্নমানের শৈলী বা কুশলতা প্রদর্শন করে নিজের পক্ষ বা দলের লোকজনদের হতাশ করা। **take ~s (with)** বিতর্ক বা বিরোধে কারো পক্ষ অবলম্বন করা। দ্র. side[2]. **off/on ~** (ফুটবল, হকি খেলার মাঠে বল ধরার বা বল মারার) নিয়মবিরুদ্ধ/ নিয়মসম্মত অবস্থান। ১১ দিক; প্রেক্ষাপট: The dark ~ of life, জীবনের অন্ধকার দিক; consider all ~s of a question, কোনো প্রশ্নের সকল দিক বিবেচনা করা। **on the high/ low, etc ~** উপরের দিকে/ নীচের দিকে ইত্যাদি: Prices of raw jute are now on the low ~. ১২ পিতৃকুল বা মাতৃকুল: a cousin on my mother's ~. ১৩ [U] (কথ্য) উদ্ধত আচরণ; ঔদ্ধত্য। **have no/be without ~** ঔদ্ধত্য প্রদর্শন না করা। **put on ~** ঔদ্ধত্য প্রদর্শন করা। ১৪ (যৌগশব্দ) ˈ~-**arms** *n pl* সৈনিকদের দেহের বামপাশে ঝুলিয়ে বহন করা তলোয়ার বা বেয়নেট। ˈ~-**board** *n* খাবার ঘরের দেয়ালের পাশে রাখা দেরাজ ও তাকওয়ালা টেবিল। ˈ~-**burns/ -boards** *n pl* জুলফি। ˈ~-**car** *n* মোটর-সাইকেলের পাশে বাঁধা ছোট এক-চাকা গাড়ি। ˈ~-**chapel** *n* গির্জার পাশে বা অভ্যন্তরে ক্ষুদ্র ভজনালয়। ˈ~-**dish** *n* মূল খাবারের সঙ্গে পরিবেশিত অতিরিক্ত খাদ্যসামগ্রী। ˈ~-**drum** *n* জ্যাজ সঙ্গীত বা মিলিটারি বাজনায় ব্যবহৃত ছোট দুই-মাথা ড্রাম (শুরুতে ঢাকির পাশে ঝোলানো থাকতো)। ˈ~ **effect** *n* (ঔষুধপত্রের) পার্শ্ব প্রতিক্রিয়া। ˈ~-**face** *adv* পাশ থেকে: photograph sb ~-face, পাশ থেকে কারো ছবি তোলা। ˈ~-**glance** *n* বাঁকা চাহনি; কটাক্ষ। ˈ~ **issue** *n* পার্শ্ব প্রসঙ্গ; গৌণ বিষয়। ˈ~-**light** *n* পার্শ্ব প্রদীপ; (লাক্ষ.) প্রাসঙ্গিক নজির বা তথ্য। ˈ~-**line** প্রধান পণ্যসামগ্রীর সঙ্গে যে আনুষঙ্গিক পণ্যসামগ্রী বিক্রি করা হয়; উপরি কাজ। ˈ~-**lines** *n pl* ফুটবল-মাঠ, টেনিস-কোর্ট ইত্যাদির পার্শ্বরেখা (সংলগ্ন স্থান)। **on the ~-lines** (লাক্ষ.) অংশ নিয়ে নয়; শুধুমাত্র দর্শক হিসাবে। ˈ~·**long** *adj, adv* আড়াআড়ি, তির্যক; আড়াআড়ি বা তির্যকভাবে: look ~long at sb, কারো দিকে আড়াআড়িভাবে চাওয়া; a ~long glace, তির্যক দৃষ্টি, আড়াআড়ি চাহনি। ˈ~-**road** *n* প্রধান সড়ক থেকে বেরিয়ে আসা ছোট সড়ক। ˈ~-**saddle** *n* মহিলারা ঘোড়ার পিঠের একপাশে দুই পা রেখে বসতে পারে এমনভাবে তৈরি জিন। ˈ~-**slow** *n* **(ক)** মেলা বা বড়ো কোনো প্রদর্শনীতে আয়োজিত ক্ষুদ্র প্রদর্শনী বা শো। **(খ)** আনুষঙ্গিক ক্রিয়াকলাপ। ˈ~-**slip** *n* **(ক)** (মোটর সাইকেলের বা মোটরগাড়ির) একপাশে কাত হয়ে পিছলানো। **(খ)** সামনের দিকে না এগিয়ে পাশের দিকে কাত হয়ে উড়ে যাওয়া। □*vi* এরূপ কাত হয়ে পিছলে পড়া বা কাত হয়ে পাশের দিকে উড়ে যাওয়া। ˈ~·**man** [-জম্‌ন্] *n* গির্জা সহকারী, ইনি উপাসকদের আসন দেখিয়ে দেন ও চাঁদা সংগ্রহ করেন। ˈ~·**step** *n* একপাশে সরে যাওয়া (আঘাত এড়ানোর জন্য মুষ্টিযোদ্ধারা যেমন করে থাকে); পার্শ্ব পদক্ষেপ। □*vt, vi* একপাশে সরে গিয়ে (আঘাত ইত্যাদি) এড়িয়ে যাওয়া; (কোনো প্রশ্ন) এড়িয়ে যাওয়া; একপাশে সরে দাঁড়ানো। ˈ~-**stroke** *n* কাত হয়ে সাঁতরানো। ˈ~-**track** *n* রেলের পার্শ্ব লাইন; শাখা পথ। □*vt* (রেলগাড়িকে) পাশের লাইনে নিয়ে যাওয়া বা দাঁড় করানো; (লাক্ষ.) (কাউকে) লক্ষ্যভ্রষ্ট করা; (প্রস্তাব ইত্যাদির) বিবেচনা স্থগিত করা। ˈ~-**view** *n* পার্শ্বচিত্র। ˈ~·**walk** *n* (প্রধানত US; GB = pavement) ফুটপাত। ˈ~·**wards** [-ওআড্‌জ্], ~·**ways** [-ওএ ইজ্] *advv* পাশের দিকে; পাশ থেকে; কাত হয়ে; কাত করে: look ~ways at sb; carry sth ~ways through a narrow opening; (attrib) একপাশে বা একদিকে চালিত। ˈ~-**whiskers** *n pl* জুলফি। -**sided** [সাইডিড্] *suff* নির্দিষ্ট সংখ্যক বাহু সম্বলিত: a three-~d figure; একাধিক দিক বিশিষ্ট: a many-~d question.

side[2] [সাইড়] *vi* ~ **with** পক্ষ নেওয়া: ~ with the victor.

sid·ereal [সাই ˈডিআরিআল্] *adj* নক্ষত্র ও তার পরিমাপ বিষয়ক; নাক্ষত্রিক: ~ time, নক্ষত্র দ্বারা পরিমাপিত সময়; নাক্ষত্রিক সময়; the ~ year, নক্ষত্র বছর, অর্থাৎ ৩৬৫ দিন, ৬ ঘণ্টা, ১০ মিনিট।

sid·ing [ˈসাইডিঙ্] *n* [C] রেলের মূল লাইনের সঙ্গে সংযুক্ত ছোট লাইন: এর সাহায্যে রেলগাড়ির লাইন বদল করা হয়।

sidle ['সাইড্‌ল্] *vi* **~ along/off; ~ away from/up to sb** ভয় বা লজ্জাকাতর হয়ে অগ্রসর হওয়া।

siege [সীজ্] *n* [C,U] (সেনাবাহিনী কর্তৃক নগর বা দুর্গ) অবরোধ; এমন অবরোধের কাল: a ~ of 100 days; the ~ of troy. **lay ~ to (a town, etc)** (নগর ইত্যাদি) অবরোধ করা। **raise a ~** অবরোধ ভেঙে ফেলা। **'~ artillery/guns** অবরোধের জন্য ব্যবহৃত ভারী কামান।

si·en·na [সি'এনা] *n* [U] রঙের কাজে ব্যবহৃত মাটিবিশেষ: burnt ~, গৈরিক মাটি।

si·er·ra [সি'এরা] *n* (বিশেষত স্পেন ও স্পেনীয় আমেরিকার) খাড়া ঢাল সম্বলিত দীর্ঘ পর্বতমালা।

si·es·ta [সি'এস্টা] *n* [C] দিবানিদ্রা; বিশেষ গ্রীষ্মপ্রধান দেশে দুপুরের ঘুম।

sieve [সিভ্] *n* [C] ঝাঁঝরি; চালনি। **have a head/memory like a ~** কোনো কিছুই মনে রাখতে না পারা। □*vt* চালনি দিয়ে চালা বা ছাঁকা।

sift [সিফ্‌ট্] *vt, vi* ১ **~ (out) (from)** চালনি দিয়ে ছেঁকে আলাদা করা: ~ the wheat from the chaff. ২ চালনি দিয়ে ছাঁকা: ~ flour. ৩ (লাক্ষ.) খুঁটিয়ে পরীক্ষা করা: ~ the evidence. ৪ যেন চালনির ভিতর দিয়ে বেরিয়ে আসা। **~er** *n* চালনির মতো ছোট রান্না করার পাত্র।

sigh [সাই] *vi, vt* ১ দীর্ঘশ্বাস ফেলা; (বাতাস সম্বন্ধে) দীর্ঘশ্বাসের মতো শব্দ করে প্রবাহিত হওয়া। ২ **~ for sth** কোনো কিছুর জন্য দীর্ঘশ্বাস ফেলা, অর্থাৎ, মনে গভীর আকুলতা বোধ করা: ~ for one's childhood home. ৩ **~ (out)** দীর্ঘশ্বাস সহকারে বলা বা প্রকাশ করা: ~ out a prayer. □*n* [C] দীর্ঘশ্বাস: heave a ~; a ~ of relief.

sight[1] [সাইট্] *n* ১ [U] দৃষ্টিশক্তি: He has lost his sight, দৃষ্টিশক্তি হারিয়েছেন, অর্থাৎ, অন্ধ হয়ে গেছেন। Know sb by ~, কাউকে শুধু মুখ দেখে চেনা, অর্থাৎ, পরিচয় হয়নি। **second ~,** দ্র. second[1] (১). ২ (U, কিন্তু কখনো কখনো *indef art* সহযোগে) দেখা: We had to wait another three days at sea for our first ~ of land. **catch ~ of; have/get a ~ of** দেখতে পাওয়া: People thronged the ferry (ghat) to have/get a ~ of their leader. **keep ~ of; keep sb/sth in ~** কাছাকাছি থাকা যাতে দেখা যায় বা লক্ষ রাখা যায়; চোখে চোখে রাখা। **lose ~ of** আর দেখতে না পাওয়া; আর মন দিতে না পারা; ভুলে যাওয়া: In a minute I lost ~ of the balloon. We must not lose ~ of the fact that the times are changing. **at/on ~** দেখামাত্র: a draft payable at ~. The police had orders to shoot at ~. **at first ~** প্রথম দেখায়; বিচার, বিবেচনা ইত্যাদি ছাড়াই: At first ~ the documents seemed forged. love at first ~, প্রথম দর্শনেই প্রেম। **at (the) ~ of** দেখে; দেখতে পেয়ে: The gangsters ran off at the ~ of the police. ৩ দৃষ্টিসীমা; দৃষ্টিক্ষেত্র: in/within/out of (one's) ~; দৃষ্টিসীমার ভিতরে/ বাইরে: A peaceful settlement of the gulf crisis is not yet in ~. **in/ within/ out of ~ of sth** (দর্শনকারী সম্বন্ধে) যেখান থেকে কোনো কিছু দেখা যায়/যায় না: We were still within/out of ~ of the shore, আমরা তখনো তীর দেখতে পাচ্ছিলাম/ পাচ্ছিলাম না। **come into/go out of ~** দৃষ্টিসীমার ভিতরে আসা/ বাইরে চলে যাওয়া। **keep out of ~** চোখের অর্থাৎ দৃষ্টিসীমার বাইরে থাকা। **kee out of sb's ~** কারো চোখের বাইরে থাকা, অর্থাৎ দৃষ্টিগোচর না হওয়া। ৪ [U] অভিমত; দৃষ্টিভঙ্গি: All men are equal in the ~ of God. ৫ [C] দর্শনীয় বস্তু; *(pl)* কোনো স্থান বা এলাকার দর্শনীয় বস্তুসমূহ: The TajMahal is one of the ~s of the world. see the ~s of Dhaka. এর থেকে, **'~-seeing** *n* দর্শনীয় স্থান ইত্যাদি ঘুরে ঘুরে দেখা। **'~·seer** [-সীঅ(র্)] যে ব্যক্তি দর্শনীয় স্থানাদি ঘুরে ঘুরে দেখেন। **a ~ for sore eyes** যে ব্যক্তি বা বস্তুকে দেখলে দুই চোখ জুড়িয়ে যায়। ৬ **a ~** (কথ্য) যে ব্যক্তি বা বস্তুকে দেখলে হাসি পায় বা কটু কথা ওঠে: What a ~ you are ! তোমাকে দেখে হাসি পাচ্ছে। ৭ [C] (প্রায়শ *pl*) রাইফেল, টেলিস্কোপ ইত্যাদি ব্যবহারকালে নিশানা বা লক্ষ্য স্থির করতে সহায়ক হয় এমন কল: the ~s of a rifle; এ রকম কলের সাহায্যে স্থির করা নিশানা বা পর্যবেক্ষণ ক্ষেত্র: take a careful ~ before firing; take a ~ with a compass. ৮ **a ~** (অপ.) বিপুল পরিমাণ: It cost me a ~ of money. He's a ~ (adverbial = অত্যন্ত) too clever to be outdone by his rival in politics. **not by a long ~** কাছাকাছিও নয়। **-~ed** *suff* (*adj* সহ) দৃষ্টিসম্পন্ন: 'far-~ed, দূরদৃষ্টিসম্পন্ন।

sight[2] [সাইট্] *vt* ১ (বিশেষত নিকটবর্তী হয়ে) দেখতে পাওয়া: After weeks at sea, we ~ed land. ২ (টেলিস্কোপ বা দূরবীক্ষণে) দৃষ্টিসহায়ক কল ব্যবহার করে (নক্ষত্র ইত্যাদি) পর্যবেক্ষণ করা; (বন্দুকের) দৃষ্টিসহায়ক কল ঠিকমতো লাগানো; (বন্দুক ইত্যাদিতে) দৃষ্টিসহায়ক কল লাগানো। **~·ing** *n* কোনো কিছু দৃষ্টিগোচর হবার উপলক্ষ বা সময়: new ~ings of the Ramgar tiger.

sight·less ['সাইটলিস্] *adj* দৃষ্টিহীন; অন্ধ।

sign[1] [সাইন্] *n* [C] ১ প্রতীকী বস্তু বা প্রতীকী চিহ্ন: mathematical ~s, যথা: +, −, ×, ÷। ২ সতর্ক করার জন্য বা পথ নির্দেশ করার জন্য কাঠের ফলক বা ধাতব প্লেটের উপর লিখিত শব্দ, চিহ্ন, নকশা ইত্যাদি: traffic ~s. **'~ post** রাস্তার গন্তব্যস্থলের নাম (ও প্রায়শ দূরত্ব) নির্দেশক দণ্ড বা সাইনপোস্ট বিশেষত চৌমাথায় এই সাইনপোস্ট বসানো হয়। □*vt* সাইনপোস্ট বসানো: The road is ~ posted. ৩ কোনো কিছুর অস্তিত্ব বা সম্ভাব্যতা নির্দেশ করে কিংবা তার প্রমাণ বহন করে এমন কোনো কিছু; কোনো কিছুর চিহ্ন বা লক্ষণ: I saw ~s of suffering on her face. Those dark clouds are a ~ of rain. a ~ of fear; a ~ of weakness. **~ and counter ~** (যে গুপ্ত বাক্যের সাহায্যে) মিত্রকে শত্রু বা অমিত্রজন থেকে আলাদা করে চেনা যায়। ৪ ইশারা, সংকেত: a '~-language, মূক ও বধিরদের ব্যবহৃত ভাষা; সাংকেতিক ভাষা। ৫ **'~(-board)** ব্যবসা প্রতিষ্ঠান, দোকানপাট ইত্যাদিতে ব্যবহৃত সাইনবোর্ড। **'~-painter** *n* যে ব্যক্তি সাইনবোর্ড অঙ্কন করে।

sign[2] [সাইন্] *vt, vi* ১ নাম সই করা; দস্তখত করা: ~ a deed of agreement; ~ a cheque. **~ sth away** নাম সই করে (অধিকার, বিষয় সম্পত্তি ইত্যাদি) ছেড়ে দেওয়া। **~ (sb) in/ out** আগমন/ নির্গমনের প্রমাণ হিসাবে নিজের/ কারো নাম সই করা/ সই করিয়ে রাখা। **~ on** (কথ্য) (বেকার শ্রমিক সম্বন্ধে) (অসুস্থ, পঙ্গু, বেকারদের জন্য সরকার কর্তৃক গঠিত) সামাজিক নিরাপত্তা তহবিল থেকে অর্থসাহায্য প্রাপ্তির জন্য আনুষ্ঠানিকভাবে তালিকাভুক্ত হওয়া। দ্র. social(২). **~ on/up** (শ্রমিক ইত্যাদি সম্বন্ধে) নিয়োগের জন্য চুক্তিতে সই করা:

These men have already ~ed up with a Japanese firm for the construction of the bridge. **~ sb on/up** (নিয়োগ কর্তা ইত্যাদি সম্বন্ধে) চুক্তিবদ্ধ করা: The firm ~ed some hundred workers for the project. **~ sth over (to sb)** বৈধ দলিল-পত্রে নাম সই করে কারো কাছে কোনো কিছু বিক্রির কাজ পাকা করা। ২ **~ (to/for) sb (to do sth)** কাউকে কোনো কিছু করার জন্য) ইশারায় নির্দেশ বা অনুরোধ করা: He ~ed to me to close the door. ৩ **~ on/off** (রেডিও) বিশেষ বাজনা দিয়ে বা সংকেতধ্বনি করে কোনো বেতার কার্যক্রমের শুরু বা সমাপ্তি নির্দেশ করা।

sig·nal[1] [ˈসিগ্‌নল্] *n* [C] ১ সঙ্কেত; সিগন্যাল: traffic ~s; hand ~s; radio ~s; give the ~ for an attack. ˈ**~-box** *n* রেল চলাচল নিয়ন্ত্রণের জন্য সিগন্যাল ঘর। ˈ**~-man** [-মান্] *n* যে ব্যক্তি রেল চলাচল নিয়ন্ত্রণের জন্য সিগন্যাল দেবার কাজ করে; যে ব্যক্তি (সেনা ও নৌ বাহিনীতে) বার্তা প্রেরণ ও গ্রহণের কাজ করে। ˈ**~ gun** বিপদসূচক তোপধ্বনি। ২ প্রত্যক্ষ কারণ: The arrest of the leader of the opposition was the ~ for an outburst of violence. ৩ রেডিও, টিভি ইত্যাদির ইলেকট্রনিক স্পন্দন; প্রেরিত বা গৃহীত শব্দচিত্র বা টিভিচিত্র: an area with a poor TV ~. □*vt, vi* ইশারা করা; সঙ্কেত দ্বারা প্রেরণ করা; সঙ্কেত ব্যবহার করা: ~ a message; ~ (to) the waiter to clear the table. sailors ~ with lights at night. **~·ler** (US = **~er**) [ˈসিগ্‌নালা(র্)] *n* বিশেষত বার্তা প্রেরণ ও গ্রহণ কাজে বিশেষভাবে প্রশিক্ষণপ্রাপ্ত সৈনিক (তুল. নৌবাহিনীতে ব্যবহৃত ˈ**~·man**)।

sig·nal[2] [ˈসিগ্‌নাল্] *attrib adj* লক্ষণীয়; বিশিষ্ট: a ~ achievement. **~ly** [-নালি] *adv* লক্ষণীয়ভাবে।

sig·nal·ize [ˈসিগ্‌নালাইজ্] *vt* (কোনো ঘটনাকে) বিশিষ্ট বা লক্ষণীয় করে তোলা।

sig·na·tory [ˈসিগ্‌নাট্রি US -টো °রি] *n* [C] চুক্তিপত্রে স্বাক্ষরদাতা (ব্যক্তি, দেশ প্রভৃতি): Signatories to a treaty; (attrib) the ~ powers.

sig·na·ture [ˈসিগ্‌নাচা(র্)] *n* [C] ১ স্বাক্ষর; দস্তখত: put one's ~ to a document. ২ ˈ**~ tune** কোনো বেতারকেন্দ্র বা বিশেষ কোনো বেতার কার্যক্রম বা বেতার সম্প্রচারকের পরিচয়জ্ঞাপক বাজনা। ˈkey ~ (সঙ্গীত) স্বর পরিবর্তনের নিদর্শন।

sig·net [ˈসিগ্‌নিট্] *n* [C] স্বাক্ষরের সঙ্গে বা স্বাক্ষরের পরিবর্তে ব্যবহৃত ব্যক্তিগত সীলমোহর। ˈ**~-ring** (ব্যক্তিগত) সীলমোহরযুক্ত আংটি। **Writer to the S~** স্কটল্যান্ডের আইনবিষয়ক কর্মকর্তা।

sig·nifi·cance [সিগ্ˈনিফ়িকান্স্] *n* [U] অর্থ; মানে; গুরুত্ব: the ~ of a question; a matter of great ~.

sig·nifi·cant [সিগ্ˈনিফ়িকান্ট্] *adj* **~ (of)** বিশেষ অর্থপূর্ণ, বিশেষ ইঙ্গিতপূর্ণ; গুরুত্বপূর্ণ: a ~ development in national politics. This indeed is ~ of his interest in archaeology.

sig·nifi·ca·tion [সিগ্‌নিফ়িˈকেই শ্‌ন্] *n* [C] (শব্দ ইত্যাদির ইপ্সিত) অর্থ।

sig·nifi·cat·ive [সিগ্ˈনিফ়িকটিভ্ US -কেইটিভ্] *adj* **~ (of)** কোনো কিছুর সাক্ষ্য বহনকারী।

sig·nify [ˈসিগ্‌নিফ়াই] *vt, vi* ১ (আপন মতামত, ইচ্ছা, অভিপ্রায় ইত্যাদি) জানানো: My father signified his approval by smiling towards me; কোনো কিছুর লক্ষণ বা নিদর্শন হওয়া: Does his silence ~ his disagreement ? অর্থ বোঝানো: What does this line ~? ২ গুরুত্বপূর্ণ হওয়া: His presence signifies much.

si·gnor [ˈসীনিও°(র্)], **si·gnora** [সিˈনিও °রা], **si·gnor·ina** [ˌসিনিও°ˈরীনা] *nn* **S~** ইটালীয়দের ব্যবহৃত সম্বোধন-পদ; যথাক্রমে ইংরেজি Mr, Mrs, ও Miss-এর সমার্থক; অথবা; ছোট s সহযোগে; Sir, Madam ও young lady-এর সমতুল্য।

si·lence [ˈসাইলান্স্] *n* [U] ১ নীরবতা; শব্দহীনতা: The ~ of the night. ২ কথা না-বলার; জবাব না-দেবার; মন্তব্য না-করার অবস্থা: His ~ on this matter is surprising. **S~ gives consent** (প্রবাদ) মৌনতা সম্মতির লক্ষণ। **reduce sb to ~** (বিশেষত) কারো যুক্তিখণ্ডন করে তাকে নির্বাক বা নীরব করে দেওয়া। **in ~** নীরবে: We listened to him in ~. □*vt* নীরব করে দেওয়া; (অপেক্ষাকৃত) শান্ত করা: ~ a baby's crying; ~ one's critics. **si·lencer** ইনজিনের বা বন্দুকের শব্দ কমানোর কলবিশেষ।

si·lent [ˈসাইলান্ট্] *adj* ১ নীরব; শব্দহীন: a ~ night; a ~ film, নির্বাক ছায়াছবি। ২ স্বল্পভাষী; বাকবিমুখ; নিরুত্তর: He doesn't know how to keep ~, মুখ বন্ধ করতে জানে না: She was ~ about her misfortune, দুর্ভাগ্য নিয়ে কোনো কথা বলেনি। ˈ**~ partner** (US) = sleeping partner. ৩ লিখিত কিন্তু উচ্চারিত নয় এমন: a silent letter, যথা, doubt শব্দে b. ˈ**~·ly** *adv*

sil·hou·ette [ˌসিলুˈএট্] *n* ছায়াচিত্র; ছায়ামূর্তি; হালকা বা অনুজ্জ্বল পটভূমিতে দেখা কারো বা কোনো কিছুর রূপরেখা: See sth in ~. □*vt* (সাধা. passive) ছায়াচিত্রে প্রদর্শন করা; হালকা পটভূমিতে রূপরেখায় দেখানো: The lone tree could be seen ~d against the sky at dawn.

sil·ica [ˈসিলিকা] *n* [U] কোয়ার্টস্, পাথর-বালি ও অন্যান্য পাথরের অন্যতম প্রধান উপাধান হিসাবে বিদ্যমান এবং কাচ তৈরিতে ব্যবহৃত খনিজ পদার্থবিশেষ; সিলিকন ডায়ক্সাইড (SiO_2)।

sili·cate [ˈসিলিকেইট্] *n* [U] সিলিকা সম্বলিত বিরাটসংখ্যক যৌগিকসমূহের যে কোনোটি; সিলিকেট।

sili·con [ˈসিলিকান্] *n* [U] অক্সিজেনের সঙ্গে সংযুক্ত অবস্থায় কোয়ার্টস্, পাথর-বালি ইত্যাদিতে বিদ্যমান অধাতব উপাদান (প্রতীক Si); সিলিকন। ˌ**~** ˈ**chip** *n* সিলিকনের তৈরি ছিলকা বা পাত; সিলিকন-পাত।

sili·cone [ˈসিলিকৌন্] *n* [U] রং, বার্নিশ প্রভৃতিতে ব্যবহৃত সিলিকনের যৌগিক।

sili·co·sis [ˌসিলিˈকৌসিস্] *n* [U] সিলিকা-ধূলি নিঃশ্বাসে গ্রহণের ফলে সৃষ্ট ফুসফুসের ব্যাধি, কয়লাখনির শ্রমিকদের মধ্যে এই রোগ বিশেষভাবে দেখা যায়।

silk [সিল্‌ক্] *n* ১ [U] রেশমি সুতা; রেশম; (attrib) রেশমে তৈরি: raw ~; a ~ sari. ˈ**~-screen (painting)** মুদ্রণ প্রণালীবিশেষ, এতে সিল্কের বা রেশমের স্টেনসিল ব্যবহার করা হয়। ˈ**~·worm** *n* রেশমগুটি। ২ (*pl*) রেশমি বস্ত্র: dressed in ~s. ৩ [C] (ইংল্যান্ডে) রাজা বা রানীর আইন-উপদেষ্টা (সংক্ষেপে KC, QC.) দ্র. counsel[1](৩). **take ~** রাজা বা রানীর আইন-উপদেষ্টা হওয়া।

silken [ˈসিল্‌কান্] *adj* ১ নরম ও মসৃণ; নরম ও চকচকে: a ~ voice; ~ hair. ২ (প্রা. প্র. বা সাহিত্য) রেশমে তৈরি: ~ dresses.

silky [ˈসিল্‌কি] *adj* রেশমের মতো; রেশমি: a ~ manner, অত্যন্ত ভদ্র, কোমল, বিনয়-বিগলিত ভাব বা ব্যবহার। **silki·ness** *n*

sill [সিল্] *n* [C] জানালার বা (কদাচিৎ) দরজার চৌকাঠের; নিম্নাংশ; গোবরাট।

sil·la·bub (US = **syll-**) [ˈসিলাবাব্] *n* [C,U] দুধ বা দুধের সর মদের সঙ্গে মিশিয়ে দইয়ের মতো করে তৈরি নরম; মিষ্টি খাবারবিশেষ।

silly [ˈসিলি] *adj* বোকাটে; দুর্বল-চেতা: say ~ things. Don't be ~! □*n* (প্রধানত শিশুদের কাছে বা শিশুদের দ্বারা ব্যবহৃত) বোকা লোক। **sil·li·ness** *n*

silo [ˈসাইলৌ] *n* [C] খামারের পশুদের জন্য সবুজ ঘাস বা শস্য সংরক্ষণ কাজে নির্মিত বায়ুনিরোধক ঘর বা গর্ত।

silt [সিল্ট্] *n* [U] স্রোতবাহিত (হয়ে নদীমুখ, পোতাশ্রয় ইত্যাদিতে সঞ্চিত) কাদামাটি বা পলি। □*vt, vi* ~ **(sth) up** কাদামাটি দিয়ে ভরে বা বন্ধ করে ফেলা: ~ up the mouth of a river. The mouth of the river has ~ed up.

sil·van [ˈসিল্‌ভান্] = sylvan.

sil·ver [ˈসিল্‌ভা(র্)] *n* [U]১ রুপা (রাসায়নিক প্রতীক Ag): ˈtable ~, কাটাচামচ ইত্যাদি। **~ plate** রুপার প্রলেপযুক্ত ধাতবসামগ্রী। **be born with a ~ spoon in one's mouth** বিত্তবান পরিবারে জন্মগ্রহণ করা। ২ রৌপ্যমুদ্রা: Tk 5 in ~. I have no ~ on me.৩ রৌপ্যনির্মিত পাত্র, বাসন-কোসন, ধূপাধার ইত্যাকার সামগ্রী: sell one's ~ to pay one's debts. ৪ (attrib) রুপার রং: The ~ moon; (ধ্বনি সম্বন্ধে) মৃদু ও স্পষ্ট: He has a ~ tongue, সে সুবক্তা। **~ grey** উজ্জ্বল ধূসর। **the ~ screen** সিনেমা; সিনেমার পর্দা। ৫ (শিল্পে ও সাহিত্যে) দ্বিতীয় শ্রেষ্ঠ: The ~ age. দ্র. golden (২). ৬ (যৌগশব্দ) ˌ~ ˈ**birch** *n* রুপালি বাকলবিশিষ্ট সাদা বার্চ গাছ। ˈ**~-fish** *n* ছোট পাখনাহীন পতঙ্গ, এরা বই-এর বাঁধাই, কাপড়-চোপড় ইত্যাদি নষ্ট করে। ˌ~ ˈ**paper** (কথ্য) রাংতা। ˈ**~·side** *n* গো-মাংস খণ্ডের সবচেয়ে ভালো দিক। ˈ**~·smith** *n* রৌপ্যসামগ্রী নির্মাতা, রৌপ্যকার; রৌপ্যসামগ্রীর ব্যবসায়ী। ˌ~ ˈ**wedding** *n* পঁচিশতম বার্ষিকী। □*vt, vi* ১ রুপার অথবা রুপালি প্রলেপ দেওয়া; রুপার মতো উজ্জ্বল করা। ২ সাদা বা রুপালি রং ধারণ করা: His hair has ~ed. **~y** *adj* রুপার মতো; রুপালি।

sil·vern [ˈসিল্‌ভান্] *adj* (পুরা.) রৌপ্যনির্মিত; রুপালি: Speech is ~ but silence is golden, কথা বলার চেয়ে নীরব থাকা ভালো।

sim·ian [ˈসিমিআন্] *adj, n* বানরসদৃশ; বানর সম্বন্ধীয়; বানর।

simi·lar [ˈসিমিলা(র্)] *adj* ~ **(to)** মতো; সদৃশ; অনুরূপ; একই ধরনের; সমধর্মী; সমতুল্য: Both boys have ~ background. Rohit is ~ in taste to katla. **~·ly** *adv.* **~·ity** [ˌসিম ˈল্যারাটি] *n* [U] সাদৃশ্য; সমধর্মিতা; [C] সদৃশ দিক বা বিষয়: There is a great deal of ~ity between the two schools of painting. There are many ~ities between Austria and Germany.

sim·ile [ˈসিমিলি] *n* [C,U] উপমা; যথা: 'Her words are as sweet as honey': He speaks in ~s. Milton's poetry is rich in ~.

sim·ili·tude [সিˈমিলিটিউড্ US -টূড্] ১ *n* [U] (আনুষ্ঠা.) (পুঙ্খানুপুঙ্খ নয়, সাধারণ রূপরেখার) সাদৃশ্য। ২ [C] তুলনা; উপমা: talk in ~s.

sim·mer [ˈসিমা(র্)] *vi, vt* ১ প্রায় টগবগিয়ে ফোটা বা ফোটানো: She let the soup ~ for a few more minutes. ২ (ক্রোধ, উত্তেজনা ইত্যাদিতে) পূর্ণ হওয়া; (রাগে, উত্তেজনায়) ফুঁসতে বা ফুটতে থাকা: ~ with rage. **~ down** (লাক্ষ.) (ক্রোধ, উত্তেজনা ইত্যাদি) প্রশমিত হওয়া; (ক্রোধ, উত্তেজনার পর) শান্ত হওয়া।

si·moom [সাইˈমূম্], **si·moon** [সাইমূন্] *n* সাহারা ও আরবের মরুভূমিতে প্রবাহিত গরম ধূলিঝড়; সাইমুম।

sim·per [ˈসিম্‌পা(র্)] *vi, n* বোকার মতো হাসা; বোকা হাসি। **~·ing·ly** [ˈসিম্‌প্রিঙ্‌লি] *adv*

simple [ˈসিম্‌পল্] *adj* ১ অবিমিশ্র; অবিভক্ত; অল্পসংখ্যক অংশসম্বলিত: a ~ substance; a ~ machine. **~ interest** শুধুমাত্র মূলধনের উপর ধার্য সুদ; সুদে-মূলের উপর নয়। ২ সাদামাটা; সরল; অনলঙ্কৃত; অনাড়ম্বর: ~ food; a ~ style of writing; the ~ life, সরল অনাড়ম্বর জীবনযাত্রা; (শহুরে-র বিপরীতে) গ্রামীণ জীবনযাত্রা। ৩ (উন্নত প্রাণীর মতো) পূর্ণ বিকশিত নয় এমন: ~ forms of life. ৪ সহজসাধ্য বা সহজবোধ্য; সহজ; নির্ঝ∅টি: written in ~ Bengali; a ~ task. ৫ নিষ্পাপ; অকপট: She is impressive in her own ~ way. He is as ~ as a child. ˌ~-ˈ**hearted** *adj* খোলামেলা; সরলহৃদয়। ˌ~-ˈ**minded** *adj* (ক) সরলমনা; অপরিশীলিত। (খ) দুর্বলচিত্ত। ৬ অনভিজ্ঞ; সহজে প্রতারিত হয় এমন: She was ~ enough to believe everything he told her.৭ নির্ভেজাল; চাঁচাছোলা: a ~ truth. **pure and ~** (কথ্য) নির্ভেজাল বা চাঁচাছোলা(ভাবে সত্য): It's a case of kill or be killed, pure and ~. □*n* [C] (প্রা. প্র.) ওষধি।

sim·ply [ˈসিম্‌প্লি] *adv* ১ সাদামাটাভাবে: live simply. ২ পুরোপুরি: He is simply unbearable, একেবারে সহ্য করা যায় না; পুরোপুরি অসহ্য। ৩ শুধুমাত্র; বেশিও নয়; কমও নয়: He simply takes vegetables. It is simply a matter of working hard.

simple·ton [ˈসিম্‌পল্‌টান্] *n* নির্বোধ; দুর্বলচিত্ত; বিশেষত সহজে প্রতারিত হয় এমন ব্যক্তি।

sim·plic·ity [সিম্ ˈপ্লিসাটি] *n* [U] সহজতা; সারল্য: The ~ of the method. He spoke with admirable ~. **be ~ itself** (কথ্য) পুরামাত্রায় সহজ হওয়া।

sim·plify [ˈসিম্‌প্লিফ়াই] *vt* সরল করা; সহজসাধ্য বা সহজবোধ্য করা: a simplified text. This will ~ your task. **sim·pli·fi·ca·tion** [ˌসিম্‌প্লিফ়িˈকেইশ্‌ন্] *n* [U] সরলীকরণ; [C] সরলীকৃত বস্তু।

simu·lac·rum [ˌসিমিউ ˈলেইক্রাম্] *n* প্রতিমূর্তি; ধান্দা সৃষ্টি করে এমন প্রতিরূপ।

simu·late [ˈসিমিউলেইট্] vt ১ ভান করা: ~d innocence. ২ ধোঁকা দেবার জন্য ছদ্মরূপ ধারণ করা: There are some insects that ~ dead leaves. **simu·la·tion** [সিমিউˈলেইশ্‌ন্] *n* [U] ভান; অনুকরণ; ছদ্মরূপ ধারণ।

simu·la·tor [-টা(র্)] *n* (বিশেষত পরীক্ষার উদ্দেশ্যে) কৃত্রিম উপায়ে প্রাকৃতিক অবস্থার প্রতিরূপ সৃষ্টিকারী যন্ত্র (যথা, ওজনহীনতা পরীক্ষার জন্য অনভিকর্ষ—non-gravity সৃষ্টিকারী যন্ত্র)।

sim·ul·ta·neous [ˌসিম্‌ল্‌টেইনিআস্ US ˈসাই-] *adj* ~ **(with)** একই সময়ে ঘটছে বা করা হচ্ছে এমন;

যুগপৎ। **~·ly** *adv.* **~·ness, sim·ul·ta·ne·ity** [ˌসিমল্‌টানীআটি US ˈসাই-] *n n*

sin [সিন্] *n* ১ [U] পাপ; নৈতিকতাবিরুদ্ধ আচরণ; দ্র. crime; [C] পাপকাজ; নৈতিকতাবিরুদ্ধ কাজ: He confessed his sins to the Guru. **live in sin** (সেকেলে বা কৌতুকার্থে) বিবাহিত না হয়েও স্বামী-স্ত্রীর মতো বাস করা। **original sin** খ্রিস্টধর্ম বিশ্বাসে মানবপ্রকৃতির পাপপ্রবণতা, (আদিপিতা আদমের উত্তরাধিকারসূত্রে প্রাপ্ত) পাপ। **deadly/ mortal sin** (যে পাপ) আত্মার মোক্ষবিনাশ করতে পারে। **the seven deadly sins** মদ বা দম্ভ, লোভ, কাম, ক্রোধ, উদরপরায়ণতা বা পেটুকতা, মাৎসর্য বা ঈর্ষা ও আলস্য—এই সাত মহাপাপ। ২ [C] প্রথাবিরুদ্ধ কাজ; কাণ্ডজ্ঞান বিরুদ্ধ আচরণ: It is a sin not to hear such a wonderful singer. □*vi* **sin (against)** পাপ করা; অন্যায় করা: We are all liable to ~. You ~ against yourself by staying indoors on such a lovely day. **sin·ful** [-ফ্ল্] *adj* অন্যায়; অনাচারী; পাপময়। **sin·ful·ness** *n.* **sin·less** *adj* নিষ্পাপ। **sin·less·ness***n,* **sin·ner** [ˈসিনা(র্)] *n* পাপী; পাপিষ্ঠ।

since [সিন্স্] *adv* ১ (perfect tense সহযোগে) তারপর; তারপর থেকে; ইতঃপূর্বে; ইতোমধ্যে: The house was destroyed by a fire two years ago and has ~ been rebuilt. He left Bangladesh in 1980 and has not come back ~. **ever ~** তারপর থেকে আজ পর্যন্ত; অদ্যাবধি; She left her husband three years ago and has lived alone ever ~. ২ (simple tense সহযোগে) আগে (এ অর্থে প্রচলিত শব্দ ago): How long ~ was it ? কতো দিন আগের কথা; কতো দিন আগে ঘটেছিল? □*prep* (প্রধান clause-এ perfect tense সহযোগে) পরে; পরবর্তীকালে: I have been ill ~ last Monday. □*conj* ১ (প্রধান clause-এ perfect tense সহযোগে) তারপর থেকে; তখন থেকে: She has not changed a bit ~ I last saw her. (প্রধান clause-এ simple present tense সহযোগে) It is just a week ~ we came to Dhaka. ২ যেহেতু: S~ I have no money, I can't buy it.

sin·cere [সিন্ ˈসিআ(র্)] *adj* ১ (অনুভূতি, আচরণ সম্বন্ধে) আন্তরিক; অকৃত্রিম: It is our ~ belief that ··· Are you ~ in your wish to give up smoking? ২ (ব্যক্তি সম্বন্ধে) খোলামেলা; অকপট; ভান-ভণিতাহীন। **~·ly** *adv* আন্তরিক বা অকপটভাবে। **yours ~ly** (বন্ধু বা পরিচিতজনকে লিখিত চিঠির শেষে ব্যবহৃত) একান্ত(ভাবে) তোমার/ আপনার। **sin·cer·ity** [সিন্ˈসেরাটি] *n* [U] আন্তরিকতা; সততা: speaking in all sincerity, সম্পূর্ণ সৎ ও আন্তরিকভাবে বলতে গেলে।

sine [সাইন্] *n* (ত্রিকোণ) সমকোণী ত্রিভুজের অতিভুজের দৈর্ঘ্যের সঙ্গে সূক্ষ্মকোণদ্বয়ের একটির বিপরীত দিকের বাহুর দৈর্ঘ্যের অনুপাত; সাইন।

sin·ecure [ˈসাইনিকিউআ(র্)] *n* [C] যে পদের জন্য মর্যাদা বা সম্মানী আছে কিন্তু কাজ বা দায়িত্ব নেই।

sine die [ˌসাইনি ˈডাইঈ] *adv* (লা.) অনির্দিষ্ট কালের জন্য: adjourn a meeting ~.

sine qua non [ˌসিনেইকোআ:ˈনৌন্] *n* (লা.) অপরিহার্য শর্ত বা গুণ বা বৈশিষ্ট্য।

sinew [ˈসীনিউ] *n* [C] ১ পেশিতন্তু। ২ (*pl*) মাংসপেশি; শক্তি; দৈহিক শক্তি; (লাক্ষ.) শক্তি অর্জনের উপায়; শক্তির উৎস। **the ~s of war** অর্থ, টাকাকড়ি। **sinewy** *adj* বলিষ্ঠ; পেশল: ~y arms; (লাক্ষ.) সতেজ; প্রাণশক্তিসম্পন্ন।

sing [সিঙ্] *vi, vt* ১ গান করা; গাওয়া: He ~s well. She was ~ing a Tagore song. **~ another tune** সুর পালটে ফেলা, অর্থাৎ কথাবার্তা বা চালচলনের ধরন পালটে ফেলা। **~ small** (কথ্য) (তিরস্কৃত, শাস্তিপ্রাপ্ত ইত্যাদি হবার পর) মুখ নামিয়ে কথা বলা বা মাথা নিচু করে চলা। ২ গুঞ্জন ধ্বনি করা: The kettle was ~ing (away) on the cooker. ৩ **~ (of) sth** প্রশস্তিগাথা রচনা করা: ~ (of) a hero's exploits. **~ sb's praises** কারো গুণকীর্তন করা। ৪ **~ out (for)** (কারো/ কোনো কিছুর জন্য) চিৎকার করা। **~ sth out** চিৎকার করে কোনো কিছু বলা: ~ out an order. **~ up** আরো জোরে; আরো উঁচু সুরে গান করা: S~ up, boys ! **~er** *n* গায়ক/ গায়িকা। **~·ing** *n* গায়ন: She teaches ~ing. She gives ~ing lessons. **~·able** [-অব্‌ল্] *adj* গায়নযোগ্য; গাইবার মতো: Some of this music is simply not ~able.

singe [সিন্জ্] *vt, vi* ১ (বিশেষত চুলের) আগা বা শেষাংশ পুড়িয়ে দেওয়া: have one's hair cut and singed. ২ পুড়িয়ে কালো করা; ঝলসানো; হালকাভাবে পোড়ানো: ~ a shirt while ironing it; ~ the poultry, জবাই করার পর পালক পুড়িয়ে দেওয়া। ৩ ঝলসে যাওয়া। □ *n* ঝলসানি।

single [ˈসিঙ্গ্‌ল্] *adj* ১ মাত্র এক; এক এবং তার বেশি নয়: a ~ fan hanging from the ceiling. in ~ file, একজনের পিছনে আর একজন এইভাবে একসারিতে (দাঁড়ানো বা চলমান)। ˌ**~-ˈbreasted** *adj* একসারি বোতামওয়ালা (কোট)। ˌ**~ ˈcombat** (একজনের বিপরীতে আর একজন এইভাবে অস্ত্রহাতে) মুখোমুখি যুদ্ধ। ˌ**~-ˈhanded** *adj, adv* (অন্যের সাহায্য ছাড়া) একহাতে (অর্থাৎ একজনে) করা। ˌ**~-ˈminded** *adj* একনিষ্ঠ; একাগ্রচিত্ত। ˈ**~·stick** *n* [C,U] এককাঠি; এককাঠির বেড়া-দেওয়া। **~ ticket** *n* এক যাত্রার টিকিট; ফিরতি টিকিট নয়। তুল. US one-way ticket. **~ track** *n* একলাইন বিশিষ্ট রেলপথ; ডবল লাইন নয়। ২ অবিবাহিত: a ~ woman; remain ~; the ~ state/life, অবিবাহিত অবস্থা/জীবন। ৩ একজনের ব্যবহারের জন্য; একজনের করা: a ~ bed. ৪ (উদ্ভিদ) একপ্রস্থ পাপড়িবিশিষ্ট: a ~ tulip. □*n* [C] ১ (টেনিস, ব্যাডমিন্টন ইত্যাদি খেলায়) একজনের সঙ্গে একজন করে; একক: play a ~; men's ~s; (ক্রিকেট খেলায়) একরান: take a quick ~ (বেসবল খেলায়) একঘর দৌড়ে যাওয়া। ২ এক-যাত্রার টিকিটের সংক্ষেপ: Three second-class ~s to Rajshahi. □*vt* **~ sb/sth out** অনেকের/ অনেক কিছুর ভিতর থেকে কোনো একজনকে/ একটিকে বেছে নেওয়া: He ~d out Mr Ali for special mention. **sing·ly** [ˈসিঙ্গ্‌লি] *adv* এক এক করে; একজনের পর একজন করে; এককভাবে নিজে নিজে। **~·ness** *n* [U] একত্ব; এককত্ব। **~ness of purpose** একনিষ্ঠতা; একাগ্রতা।

sin·glet [ˈসিঙ্‌গ্‌লিট্] *n* (GB) খেলাধুলায় বা শার্টের নীচে পরার জন্য হাতকাটা জামা বা অন্তর্বাসবিশেষ।

sing·song [ˈসিঙ্সঙ্] *n* ১ একসঙ্গে গান করার জন্য বন্ধুজনের সমাবেশ; তাৎক্ষণিকভাবে উদ্ভাবিত একতান

গীতি: have a ~ on New Year's Eve. ২ **in a ~** (কণ্ঠ সম্বন্ধে) একইভাবে ওঠা–নামা করে; একঘেয়ে সুরে: (attrib) in a ~ voice manner.

sin·gu·lar [ˈসিঙ্‌গিউল(র্‌)] *adj* ১ (সাহিত্য.) অসাধারণ; অদ্ভুত: She made herself ~ in the way she dressed. ২ (আনুষ্ঠা.) বিশিষ্ট; অনন্য: a man of ~ courage and determination. ৩ (ব্যাক.) একবচনাত্মক। □ *n* একবচন: What is the ~ of men ? **~·ly** *adv* অনন্যসাধারণভাবে; অদ্ভুতভাবে; স্বকীয়ভাবে। **~·ity** [ˈসিঙ্‌গিউল্যারাটি] *n* [U] অদ্ভুত ভাব; [C] অস্বাভাবিক বা অদ্ভুত কোনো কিছু। **~·ize** [–আইজ] *vt* অসাধারণ বা অদ্ভুত রূপ দান করা।

Sin·ha·lese, Sin·gha·lese [ˌসিন্‌হাˈলীজ়্, ˈসিঙহালীজ়্] *adj* সিংহলের; সিংহলি। □*n* সিংহলের লোক; সিংহলি; সিংহলি ভাষা।

sin·is·ter [ˈসিনিস্‌ট(র্‌)] *adj* ১ অশুভ; অমঙ্গলসূচক: a ~ beginning. ২ অপকারী; অনিষ্টকর: ~ looks. ৩ (কুলপরিচয়বিদ্যায়) ঢালের বামপার্শ্বস্থ। **bar ~** ঢালের উপর অবৈধ জন্মের নিদর্শনস্বরূপ রেখা বা চিহ্ন।

sink[1] [সিঙ্‌ক্‌] *n* [C] ১ সাধা. বাসন–পত্র, শাক–সবজি ইত্যাদি ধোবার জন্য রান্নাঘরে পানির ট্যাপের নীচে স্থায়ীভাবে বসানো নোংরা পানি নিষ্কাশনের ব্যবস্থা সম্বলিত বেসিন বা পাত্র; সিংক: She was at the kitchen sink washing dishes. ২ ময়লা পানি ধারণ করার কুয়া, খানা বা ভূগর্ভস্থ মলকুণ্ড। ৩ (লাক্ষ.) অশুভ তৎপরতার স্থান; শয়তানের আড্ডাখানা: You'd better avoid passing by that ~ of iniquity.

sink[2] [সিঙ্‌ক্‌] *vi, vt* ১ অস্ত যাওয়া; ডুবে যাওয়া: The sun was ~ing in the west. The boat sank. **~ or swim** (খুব বড়ো ধরনের ঝুঁকি নেবার বেলায় ব্যবহৃত হয়) হয় বাঁচা না হয় মরা। ২ ঢালু হয়ে নেমে যাওয়া বা বসে যাওয়া; ঢলে পড়া, দুর্বলতর হওয়া; (লাক্ষ.) দমে যাওয়া: My heart sank at the thought of the distance I had yet to trudge. The foundations of the building have sunk considerably. The ground gradually sank to the sea. She sank to the ground. ৩ খুঁড়ে তৈরি করা: ~ a well; খুঁড়ে তৈরি করা গর্তে বসানো: ~ a post in the ground. ৪ **~ in; ~ into sth** ভিতরে প্রবেশ করা; (লাক্ষ.) মর্মস্থলে প্রবেশ করা: The warning sank into his mind, মনে গেঁথে গেছে; মনে বসে গেছে; The lesson hasn't sunk in, মাথায় ঢোকেনি; The rain sank into the dry ground. ৫ **~ in; ~ into/ to sth** (শারীরিক বা নৈতিক) অবনতি ঘটা বা অবনতিপ্রাপ্ত হওয়া; নিমগ্ন বা নিমজ্জিত হওয়া: ~ into a deep sleep; ~ into vice. He looked sunk in deep thought. Her cheeks had sunk in, গাল বসে গেছে; The old man is ~ing fast, শিগ্‌গির মারা যাবে। ৬ ডুবিয়ে দেওয়া বা ডুবতে দেওয়া; নামানো; নিচু করা; (লাক্ষ.) নিরসন করা; দূর করা; ভুলে যাওয়া: They (agreed to ~) their differences and work together, মতপার্থক্য দূর করে একসঙ্গে কাজ করতে রাজি হলো; She sank her voice to a whisper, গলা নামিয়ে ফিসফিস করে বলতে লাগলো; The marine corps sank an enemy ship. ৭ **~ (in)** এমনভাবে বা এমন কিছুতে (অর্থ) বিনিয়োগ করা যাতে সহজে (তা) তোলা যায় না বা প্রত্যাহার করা যায় না: He has sunk an entire fortune in a new weekly. **~·able** [–অব্‌ল্‌] *adj* যা ডোবানো যায়।

sinker [ˈসিঙ্‌ক(র্‌)] *n* [C] মাছ ধরার জাল বা সুতা পানির নীচে রাখার জন্য জুড়ে দেওয়া পাথর বা সীসার ভার। **hook, line and ~,** দ্র. hook (১) .

sink·ing [ˈসিঙ্‌কিঙ্‌] *n* (gerund) (বিশেষত) **a ~ feeling** পাকস্থলীতে ভয় বা ক্ষুধার ফলে সৃষ্ট অনুভূতি। **ˈ~-fund** *n* পর্যায়ক্রমে ঋণ পরিশোধের জন্য সরকার, ব্যবসা প্রতিষ্ঠান ইত্যাদি কর্তৃক আয়ের অংশ থেকে গচ্ছিত অর্থ বা তহবিল।

Sinn Fein [ˌশিন্‌ˈফেইন্‌] *n* স্বাধীন প্রজাতান্ত্রিক সরকার প্রতিষ্ঠার জন্য ১৯০৫ সালে আয়ারল্যান্ডে স্থাপিত রাজনৈতিক সংগঠন ও এর দ্বারা পরিচালিত আন্দোলন।

Si·nol·ogy [সাই ˈনলাজি] *n* [U] চীনের ভাষা ও সংস্কৃতি বিষয়ক জ্ঞান ও গবেষণা। **Si·nol·ogist** [–জিস্‌ট্‌] *n* এই বিষয়ে বিশেষজ্ঞ ব্যক্তি; চীন বিদ্যাবিশারদ।

sinu·ous [ˈসিনিউআস্‌] *adj* আঁকাবাঁকা; ঘোরানো; পাকানো; কুণ্ডলীসদৃশ; সর্পিল। **sinu·os·ity** [ˌসিনিউঅসাটি] *n* [U] বঙ্কিমতা; সর্পিলতা; [C] বাঁক বা পাক বা মোচড়।

sinus [ˈসাইনাস্‌] *n* হাড়ের গর্ত, বিশেষত করোটিস্থ হাড়ের যে বায়ু–পূর্ণ গর্তগুলি নাসারন্ধ্রের সঙ্গে সংযোগ রক্ষা করে তাদের যে কোনোটি; সাইনাস। **~·itis** [ˌসাইনাˈসাইটিস্‌] সাইনাসের প্রদাহ।

Sioux [সূ] *n* উত্তর আমেরিকার রেড ইন্ডিয়ান উপজাতির সদস্য।

sip [সিপ্‌] *vt, vi* একটু একটু করে চুমুক দিয়ে পান করা: sip (up) one's tea. □*n* [C] এক চুমুক: drink in sips.

si·phon [ˈসাইফন্‌] *n* [C] ১ (গবেষণাগার প্রভৃতিতে ব্যবহৃত) উলটো U-আকারের বাঁকানো নল, এই নলের ভিতর দিয়ে তরল পদার্থ প্রবাহিত করা হয়। ২ যে বোতলের ভিতর থেকে অভ্যন্তরস্থ গ্যাসের চাপে সোডা–পানি বা সোডা-ওয়াটার নির্গত করা যেতে পারে; বক্রনলযুক্ত বোতল। □*vt, vi* **~ sth off/out** (যেন) বক্রনলের সাহায্যে (তরল পদার্থ) নির্গত করা: Somebody had ~ed off all the petrol from the tank of his car.

sir [সা(র্‌)] *n* ১ পুরুষের উদ্দেশ্যে ইংরেজিতে ব্যবহৃত ভদ্র সম্বোধন রীতি; মহোদয়; জনাব: Yes, sir. may I ask your name, sir ? ২ **Sir** আনুষ্ঠানিক পত্রের শুরুতে ব্যবহৃত: Dear Sir. ৩ **Sir** [স া(র্‌)] 'নাইট' (knight) বা অধস্তন ব্যারন (Baronet)-এর নামের পূর্বে ব্যবহৃত সম্মানসূচক পদবি: Sir Edmund Gosse, Sir Sayyid Ahmed Khan.

sire [ˈসাইআ(র্‌)] *n* কোনো পশুর জনক: race horses with pedigree ~s. □*vt* (বিশেষত ঘোড়া সম্বন্ধে) জনক হওয়া: sired by a pedigree horse.

si·ren [ˈসাইআরান্‌] *n* ১ (গ্রিক পুরাণ) ডানাবিশিষ্ট নারী, এদের গান নাবিকদের মুগ্ধ করে তাদের বিনাশসাধন করতো; (এর থেকে) মোহিনী নারী। ২ সতর্কবার্তা ও সঙ্কেত প্রেরণের জন্য জাহাজের বাঁশি; তীব্র, উঁচু, প্রলম্বিত সতর্ক ধ্বনি; এই ধ্বনি সৃষ্টিকারী যন্ত্র; সাইরেন: an ˈair-raid ~.

sir·loin [ˈসালয়ন্‌] *n* [C,U] গরুর নিতম্বের উর্ধ্বাংশের মাংস।

sir·occo [সিˈরকৌ] *n* [C] আফ্রিকা থেকে ইটালিতে প্রবাহিত তপ্ত আর্দ্র বায়ুপ্রবাহ।

sirrah [ˈসিরা] *n* sir–এর পরিবর্তিত রূপ, হীনজনের প্রতি অবজ্ঞা প্রকাশে ব্যবহৃত সম্বোধন পদ।

si·sal [ˈসাইস্‌ল্] *n* [U] এক প্রকার গাছ, এর পুরু পাতার শক্ত আঁশ দিয়ে দড়ি বানানো হয়: (attrib) ~ fibre.

sissy [ˈসিসি] *n* (কথ্য; তুচ্ছ) মেয়েলি পুরুষ; কাপুরুষ। **sis·si·fied** [ˈসিসিফ়াইড্] *adj* মেয়েলি বা কাপুরুষোচিত।

sis·ter [ˈসিস্‌টা(র্)] *n* ১ ভগিনী; বোন। ˈ**half-~** *n* সৎ–বোন। দ্র. step-sister. ˈ**~-in-law** *n* শ্যালিকা বা ননদ; ভাই–বউ। ২ ভগিনী তুল্য ব্যক্তি: She is like a ~ to me. ৩ (GB) হাসপাতালের উর্ধ্বতন নার্স। ৪ সন্ন্যাসিনী; মঠ–বাসিনী: S~s of mercy, সেবাধর্মী সন্ন্যাসিনী সম্প্রদায়বিশেষ। ৫ (attrib) একই গঠনের বা একই ধরনের: ~ organisations. **~·ly** *adj* ভগিনীতুল্য; ভগিনীসুলভ: ~ly love. **~·hood** [-হুড্] *n* [C] সেবাকাজে নিবেদিত নারীসঙ্ঘ বা একত্রে বাসকারী ও কোনো বিশেষ ধর্মমতের অনুসারী নারী সম্প্রদায়।

sit [সিট্] *vi, vt* ১ বসা; উপবেশন করা: ~ on a chair; ~ on the floor. **sit to an artist** (বসে থাকা অবস্থায়) চিত্রকরকে দিয়ে নিজের ছবি আঁকিয়ে নেওয়া। **sit (for) an examination** পরীক্ষা দেওয়া। **sit for one's portrait** চিত্রকরের সামনে বসে থেকে নিজের ছবি আঁকিয়ে নেওয়া। **sit tight (ক)** নিজের জায়গা ছেড়ে না নড়া, বিশেষত ঘোড়ার জিনের উপর চেপে বসে থাকা। **(খ)** নিজের উদ্দেশ্যে, মতামত ইত্যাদিতে অবিচল থাকা। **sit for (a borough, etc)** পার্লামেন্ট বা সংসদে কোনো এলাকার প্রতিনিধিত্ব করা। এর থেকে, **sitting member** সাধারণ নির্বাচনে যে প্রার্থী সংসদ ভেঙে দেবার পূর্ব পর্যন্ত তার আসনে নির্বাচিত প্রতিনিধি ছিলেন, অর্থাৎ বিগত সংসদের সদস্য ছিলেন। ২ বসানো; উপবেশন করানো: He sat the child on the rocking-horse. ৩ (পার্লামেন্ট, আদালত, কমিটি ইত্যাদি সম্বন্ধে) অধিবেশন করা; সভায় মিলিত হওয়া: The parliament will sit again at 10 am tomorrow. ৪ (ঘোড়া ইত্যাদির উপর) ঠিকমতো বসে থাকা: He can't ~ a horse well. ৫ (পাখি সম্বন্ধে) ডালের উপর বসা: sitting on a branch. ˌ**sitting** ˈ**duck** সহজ শিকার। ˌ**sitting** ˈ**tenant** বর্তমান ভাড়াটে, অর্থাৎ, যে ভাড়াটে বাসরত অবস্থাতেই আছে, বাইরে থেকে নতুন করে আসছে না: Get rid of a sitting tenant. ৬ (গৃহপালিত মুরগি বা হাঁস সম্বন্ধে) ডিমে তা দেবার জন্য খাঁচায় বা খুপরিতে বসে থাকা: The duck is sitting since morning. ৭ (পোশাক সম্বন্ধে) মাপসই বা মানানসই হওয়া: The shirt sits badly in the sleeves. His new authority sits well on him, (লাক্ষ.) নতুন কর্তৃত্ব/ ক্ষমতা/ পদমর্যাদা তাকে বেশ মানিয়েছে। (*adv part* ও *prep*-সহ বিশেষ ব্যবহার): **sit back (ক)** পিছনে হেলান দিয়ে আরাম করে বসা। **(খ)** (লাক্ষ.) (কঠিন পরিশ্রমের পর) আরাম করা; কোনো কাজ করা; নিষ্ক্রিয় থাকা। **sit down** আসন গ্রহণ করা: please sit down . ˌ**sit-down** ˈ**strike** উপবেশন ধর্মঘট, এতে দাবি বিবেচিত বা পূরণ না–হওয়া পর্যন্ত শ্রমিকেরা তাদের কর্মস্থল ত্যাগ করতে অস্বীকৃতি জানায়। **sit down under (insults, etc)** প্রতিবাদ বা অভিযোগ না করে নীরবে (অপমান, লাঞ্ছনা, যন্ত্রণা ইত্যাদি) সহ্য করা। **sit in** (শ্রমিক, ছাত্র ইত্যাদি সম্বন্ধে) কোনো ভবন বা তার অংশবিশেষ দখল করে এবং অভিযোগ বিবেচিত না–হওয়া পর্যন্ত অথবা নিজেরা বিতাড়িত না–হওয়া পর্যন্ত সেখানে অবস্থান করে বিক্ষোভ প্রদর্শন করা। এর থেকে, ˈ**sit-in** *n* অবস্থান বিক্ষোভ: organise a sit-in. There are reports of students sitting in at the Chittagong University. **sit in/ on sth** (আলোচনা ইত্যাদিতে) পর্যবেক্ষক হিসাবে উপস্থিত থাকা, কিন্তু অংশগ্রহণ করা নয়। **sit on/upon sth (ক)** (ব্যক্তি সম্বন্ধে) (জুরি, কমিটি ইত্যাদির) সদস্য হওয়া। **(খ)** (কথ্য) ব্যবস্থা গ্রহণে অবহেলা করা: The DG has been sitting on my application for over a month. **sit on/upon sth** (জুরি ইত্যাদি সম্বন্ধে) (কোনো মামলার) তদন্ত করা। **sit on/upon sb** (কথ্য) দমন করা; ধমক দেওয়া: It's time you sat on that impudent cousin of yours. **sit out** ঘরের বাইরে বসা: It was very hot indoors, so we sat out in the garden. **sit sth out (ক)** (অনুষ্ঠান ইত্যাদির) শেষ পর্যন্ত বসে থাকা: sit out an uninteresting show. **(খ)** (বিশেষত কোনো নাচে) অংশ না নেওয়া: She said she would sit out the next dance. **sit up** জেগে বসে থাকা; শুতে না যাওয়া: The mother sat up with her sick child all night. **sit (sb) up** শায়িত অবস্থা থেকে (উঠে বসা) বা কুঁজো হয়ে বসা থেকে সোজা হয়ে বসা: I am well enough to sit up in bed now. **sit up straight!** পিছনে হেলান দিয়ে বোসো না! হাত–পা ছড়িয়ে শুয়ে/বসে থেকো না। **make sb sit up (and take notice)** (কথ্য) কাউকে ভয় দেখানো; কাউকে নিষ্ক্রিয় অবস্থা থেকে সক্রিয় করে তোলা।

si·tar [সিটা:(র্)] *n* ভারতীয় বাদ্যযন্ত্রবিশেষ; সেতার।

site [সাই ট্] *n* [C] কোনো কিছুর নির্ধারিত স্থান: a building ~; a ~ for a new hotel; যেখানে কোনো কিছু ছিল বা আছে: The ~ of an old temple.

sit·ter [ˈসিটা(র্)] *n* ১ চিত্রকরের মডেল। ২ যে মুরগি ডিমে তা দেয়। ৩ যে পাখি বা প্রাণী বসা অবস্থায় আছে এবং সে কারণে যার দিকে সহজে তীর বা বন্দুক ছোড়া যায়; সহজ শিকার; সহজসাধ্য কাজ। ৪ দ্র. baby শব্দে baby-~.

sit·ting [ˈসিটিঙ্] *n* ১ আদালত, সংসদ ইত্যাদির অধিবেশন। ২ একটানা কোনো কাজের সময়: I finished (reading) the novel at one ~. ৩ ছবির মডেল হবার জন্য বসার কাজ: The artist wanted her to give him four ~s, মডেল হয়ে চারবার বসতে বলেছিল। ২(খাবার ইত্যাদির জন্য) উপবেশন: I dont think we can serve more than 10 people at one ~ in our dining-room. ৫ তা–দেওয়া ডিম। ৬ ˈ**~-room** বসার ঘর।

situ·ated [ˌসিচুএইটিড্] *pred adj* ১ (গ্রাম, শহর, ভবন ইত্যাদি সম্বন্ধে) স্থাপিত; অবস্থিত: The Lalbag Fort is ~ on the bank of the Buriganga. ২ (ব্যক্তি সম্বন্ধে) বিশেষ কোনো পরিস্থিতিতে পতিত: with a large family and a small income he is badly ~.

situ·ation [ˌসিচুএইশ্‌ন্] *n* [C] ১ (গ্রাম, শহর, ভবন ইত্যাদির) অবস্থান। ২ অবস্থা; পরিস্থিতি: be in a difficult ~. ২ চাকরি; পদ: S~s vacant, S~s wanted, সংবাদপত্রে প্রদত্ত চাকরির বিজ্ঞপ্তির শিরোনামা; be in a ~, চাকরিতে থাকা; be out of a ~, চাকরি না–থাকা।

SI units [ˌএস্ আই ইউনিট্‌স্] *n pl* দ্র. unit (8).

six [সিক্‌স্] *n adj* ছয়, ৬। **(It is) six of one and half a dozen of the other** দুটোর মধ্যে তফাত

বলতে কিছু নেই। **in sixes** একসঙ্গে ছয়জন করে। **at sixes and sevens** বিশৃঙ্খল অবস্থায়। **ˌsix-ˈfooter** *n* (কথ্য) ছয়ফুট লম্বা মানুষ; ছয়ফুট দীর্ঘ জিনিস। **ˈsixpence** *n* (ক) প্রাক্তন বৃটিশ মুদ্রামান, ১৯৭১–এর আগে ছয় পেনি (6d), পরে ২.৫ p। (খ) ছয় পেনির সমষ্টি, হয় 6p না হয় 6d। **six·penny** *adj* ছয় পেনি মূল্যের। **ˌsix-ˈshooter** *n* ছয় ঘর–অলা রিভলভার। **ˈsix·fold** [-ফৌল্ড্] *adj, adv* ছয়গুণ। **six·teen** [সিক্স্টীন্] *n, adj* ষোল, ১৬। **six·teenth** [সিক্স্টীন্থ্] *n, adj.* **sixth** [সিক্স্‌থ্] *n, adj.* **ˈsixth form** *n* (ব্রিটেনের মাধ্যমিক স্কুলে) A–লেভেল (অগ্রবর্তী পর্যায়ের) পরীক্ষার জন্য প্রস্তুতিগ্রহণকারী ছাত্র–ছাত্রীদের ক্লাস বা শ্রেণী। দ্র. level[2] (৩). **ˈsixth-former** *n* এই শ্রেণীর ছাত্র বা ছাত্রী। **ˌsixth ˈsense** *n* যে ক্ষমতা বলে পঞ্চেন্দ্রিয়ের সাহায্য ছাড়াই কোনো কিছু সম্পর্কে ধারণা লাভ করা যায়; ষষ্ঠ ইন্দ্রিয়; স্বতঃলব্ধ জ্ঞান। **sixth·ly** *adv.* **six·ti·eth** [ˈসিক্স্টিআথ্] *n, adj.* **sixty** [ˈসিক্স্টি] *n, adj* ষাট, ৬০। **the sixties** *n pl* ৬০–৬৯।

size[1] [সাইজ্] *n* ১ [U] আয়তন: the ~ of a building; of some ~, বেশ বড়ো। **that's about the ~ of it** (কথ্য) ওটি ঘটনার/পরিস্থিতির মোটামুটি যথার্থ বিবরণ। ২ [C] সচরাচর নম্বরযুক্ত যে নমুনা মাপের ভিত্তিতে পোশাক ইত্যাদি তৈরি হয়; সাইজ: a ~ twelve collar; all ~s of shirts. He takes ~ eight shoes. □*vt* ১ মাপ বা সাইজ অনুসারে সাজানো। ২ **~ sb/sth up** (কথ্য) কারো/কোনো কিছুর সম্পর্কে ধারণা করা বা সিদ্ধান্তে উপনীত হওয়া। **-sized** [সাইজ্ড্] *suff* (যৌগশব্দ) নির্দিষ্ট মাপ–বিশিষ্ট: small-sized. **ˈsiz(e)·able** [-অব্‌ল্] *adj* বেশ বড়ো।

size[2] [সাইজ্] *n* [U] কাপড়–চোপড়, কাগজ, প্লাস্টার ইত্যাদিতে চকচকে প্রলেপ দেবার জন্য ব্যবহৃত আঠালো পদার্থ। □*vt* এরকম আঠা লাগানো বা মাখানো।

sizzle [ˈসিজ্‌ল্] *vi, n* (কথ্য) তেলে ভাজার সময় হিসহিস শব্দ করা; এরকম হিসহিস শব্দ: potato chips sizzling in the pan; (লাক্ষ.) তাপদগ্ধ করা: a sizzling hot day.

skate[1] [স্কেইট্] *n* **(ice-)~** বরফের উপর দিয়ে দ্রুতগতিতে পিছলে চলার জন্য বুটজুতার তলায় লাগানো ইস্পাতের পাত; স্কেট। □*vi* স্কেট লাগিয়ে চলা: ~ round a delicate problem, অত্যন্ত সতর্কতার সঙ্গে ক্ষণিকের জন্য উল্লেখ করা। **~ on thin ice** খুব নাজুক কোনো বিষয়ে কথা বলা। **ˈ~·board** *n* সামনে–পিছনে রোলার–স্কেট চাকা লাগানো সরু (প্রায় ৫০ সেন্টিমিটার) বোর্ড; স্কেট খেলায় ব্যবহৃত স্কেটবোর্ড। **ˈ~·boarder** *n* স্কেটবোর্ড ব্যবহারকারী ব্যক্তি। **ˈ~·boarding** *n* [U] স্কেটবোর্ড ব্যবহারের খেলা। **ˈska·ting** *n* স্কেট ব্যবহারের খেলা; স্কেটিং। **ˈska·ting-rink** *n* স্কেটিং–এর জন্য বিশেষভাবে তৈরি মসৃণ অঙ্গন। **~r** *n* যে ব্যক্তি স্কেটিং করে।

skate[2] [স্কেইট্] *n* সামুদ্রিক মাছবিশেষ।

ske·daddle [স্কি ˈড্যাড্‌ল্] *vi* (GB, কথ্য, সাধা. imper) পালিয়ে যাওয়া; চম্পট দেওয়া।

skeet [স্কীট্] *n* উপরের দিকে ছুড়ে দেওয়া চাকতি লক্ষ করে বন্দুক ছোড়া।

skein [স্কেইন্] *n* [C] সুতা, রেশম, পশম প্রভৃতির ফেটি।

skel·eton [ˈস্কেলিট্‌ন্] *n* [C] ১ প্রাণীদেহের কঙ্কাল; বৃক্ষপত্রের শিরা–কাঠামো। **reduced to a ~** (মানুষ বা প্রাণী সম্বন্ধে) ক্ষুধা, রোগ, শোক ইত্যাদির কারণে কঙ্কালে পরিণত; কঙ্কালসার। **the ~ in the cupboard; the family ~** যে কলঙ্কের কথা পরিবারের সবাই গোপন রাখার চেষ্টা করে। ২ ভবন, সংগঠন, পরিকল্পনা, তত্ত্ব ইত্যাদির কাঠামো; রূপরেখা; নকশা: The steel ~ of a building; the bare ~ of a new theory. ৩ (attrib) **ˈ~ key** যে চাবি দিয়ে নানা ধরনের তালা খোলা যায়। **a ~ staff/ crew/ service, etc** কাজ চালানোর জন্য প্রয়োজনীয় ন্যূনতম সংখ্যক কর্মচারী/ নাবিক/ চালক ইত্যাদি।

skep·tic [ˈস্কেপ্‌টিক্] দ্র. sceptic.

sketch [স্কেচ্] *n* [C] ১ নকশা: make a ~ of a face. **ˈ~-book/ -block** *nn* নকশা আঁকার খাতা। **ˈ~-map** যে মানচিত্রে শুধু সাধারণ রূপরেখা থাকে, বিশদ চিত্র বা বর্ণনা থাকে না। ২ সংক্ষিপ্ত বিবরণ বা বর্ণনা; সাদামাটা খসড়া: I gave him a ~ of my plans for the future. ৩ স্বল্পপরিসর হাস্যরসাত্মক নাটক বা রচনা। □*vt, vi* ১ নকশা তৈরি করা। **~ sth out** সংক্ষিপ্ত পরিকল্পনা প্রদান করা; সাধারণ রূপরেখা তুলে ধরা: ~ out proposals for a new building complex. ২ নকশা–চিত্র অঙ্কনের অনুশীলন করা: He went into the country to ~. **~er** *n* সংক্ষিপ্ত বিবরণদানকারী বা সাধারণ রূপরেখা প্রণয়নকারী ব্যক্তি। **~y** *adj* ১ যেনতেনভাবে করা; বিশদবিবরণহীন। ২ অসম্পূর্ণ: a ~y knowledge of history. **~·ily** [-ইলি] *adv.* **~i·ness** *n*

skew [স্কিউ] *adj* বাঁকানো বা একদিকে কাত করা; সরল নয়; তির্যক। **ˈ~-eyed** *adj* (কথ্য) টেরাচোখ; টেরা। **on the ~** (কথ্য) টেরা।

skewer [ˈস্কিউঅ(র্)] *n* মাংসের কাবাব তৈরিতে ব্যবহৃত শিক। □*vt* শিক দিয়ে (মাংস) গাঁথা; শিকে গাঁথা।

ski [স্কী] *n* বরফের উপর দিয়ে চলার জন্য পায়ের তলায় বাঁধা কাঠের লম্বা সরু ফালি বা পাত; স্কি: a pair of skis. **ˈski-bob** *n* চাকার বদলে স্কি লাগানো বাই–সাইকেলের কাঠামো বা ফ্রেম। **ˈski-jump** বরফের ঢালে (স্কি পরে) গতি সঞ্চার করার পর দেওয়া লাফ। **ˈski-lift** *n* পর্বতের গা বেয়ে স্কি–খেলোয়াড়দের বহনের জন্য দোলনা–গাড়ি বা লিফট। **ˈski-plane** *n* বরফের উপর অবতরণের জন্য যে বিমানে চাকার বদলে স্কি যোগ করা হয়। □*vi* (*pt pp* ski'd, *pres part* skiing) স্কি ব্যবহার করে বরফের উপর দিয়ে চলা স্কি করা: go in for skiing. **skier** [ˈস্কিঅ(র্)] স্কি ব্যবহারকারী ব্যক্তি।

skid [স্কিড্] *n* [C] ১ ঢালু বেয়ে নামার সময় গাড়ির চাকা যাতে হড়কে বা পিছলে না যায় এবং গতি নিয়ন্ত্রিত থাকে তার জন্য চাকার নীচে জোড়া দেওয়া কাঠ বা ধাতুর টুকরা। ২ ভারী বস্তু টেনে বা গড়িয়ে নেবার জন্য পাতা কাঠ বা তক্তা। ৩ পিচ্ছিল পথে বা অত্যধিক গতিতে মোড় ঘুরতে গিয়ে গাড়ির চাকার পিছলে যাওয়া বা হড়কে যাওয়া। **ˈ~·pan** *n* গাড়ির চাকা সহজে পিছলে যায় এমনভাবে তৈরি স্থান; এখানে যানবাহনের পিছলে যাওয়া নিয়ন্ত্রণের অনুশীলন করা হয়। **put the ~s under sb** (অপ.) কাউকে তাড়া দেওয়া। □*vi* (গাড়ি ইত্যাদি সম্বন্ধে) কাত হয়ে হড়কে চলা; একপাশে কাত হয়ে পিছলে পড়া।

skies [স্কাইজ্] sky–এর *pl*

skiff [স্কিফ্] *n* একজনের হাতে বৈঠা–বাওয়া ছোট হালকা নৌকা।

skiffle [ˈস্কিফ্‌ল্] *n* [U] জ্যাজ ও লোক সঙ্গীতের মিশ্রণ, এতে তাৎক্ষণিকভাবে উদ্ভাবিত বাদ্যযন্ত্র ও গিটার বা

বেন্‌জো হাতে একজন গায়ক থাকে। ˈ**~-group** এ রকম গানের দল।

skil·ful (US = **skill·ful**) [ˈস্কিলফ্‌ল্] *adj* দক্ষ; পটু: She is very ~ at knitting. **~ly** [-ফ়লি] *adv*

skill [স্কিল্] *n* [U] দক্ষতা: do sth with great ~; [C] বিশেষ এক ধরনের দক্ষতা: Using chopsticks well is a ~ you need time to acquire. **~ed** *adj* ১ প্রশিক্ষণপ্রাপ্ত; অভিজ্ঞ; দক্ষ: ~ed workmen. ২ দক্ষতার প্রয়োজন হয় এমন; দক্ষতাপূর্ণ: ~ed work.

skil·let [ˈস্কিলিট্] *n* ১ (রান্নার কাজে ব্যবহৃত) লম্বা হাতল ও (সাধা.) পাঅলা ছোট ধাতব পাত্র। ২ (US) কড়াই।

skilly [ˈস্কিলি] *n* [U] (সাধা. যব ও মাংসের কুচি দিয়ে তৈরি পাতলা ঝোল বা সুরুয়া; এক ধরনের স্যুপ।

skim [স্কিম্] *vi, vi* ১ ~ **(off) (from)** (তরল পদার্থের উপরিভাগ থেকে) ভাসমান পদার্থ সরিয়ে নেওয়া: ~ milk; (সর, নোংরা দূষিত তৈলাক্ত পর্দা ইত্যাদি) তরল পদার্থের উপরিভাগ থেকে সরিয়ে নেওয়া: ~ the cream from the milk. ˈ**~med-milk** *n* ননী–তোলা বা সর–তোলা দুধ। ২ স্পর্শ না করে অথবা কদাচিৎ হালকাভাবে স্পর্শ করে কোনো কিছুর উপর দিয়ে আলতোভাবে চলে যাওয়া বা উড়ে যাওয়া: The heron was ~ming (over) the water. ৩ ~ **(through) sth** শুধু প্রধান বিষয়গুলো খেয়াল করে দ্রুত পড়ে যাওয়া; চোখ বুলিয়ে যাওয়া: ~ (through) the evening paper. **~·mer** *n* ১ ননী ইত্যাদি তোলার জন্য ছিদ্রযুক্ত হাতা। ২ দীর্ঘ পাখাঅলা জলচর পাখি।

skimp [স্কিম্প্] *vt, vi* কৃপণ হাতে দেওয়া; কৃপণহাতে ব্যবহার করা: ~ the material when making a dress, পোশাক বানাতে গিয়ে কাপড় কম দেওয়া। **~y** *adj* ১ কৃপণহস্ত; কৃপণ। ২ (পোশাক সম্বন্ধে) অপর্যাপ্ত বা কম কাপড় দিয়ে তৈরি; খুব ছোট; খুব কষা। **~·ily** [-ইলি] *adv:* a ~ily made dress.

skin [স্কিন্] *n* ১ [U] গায়ের চামড়া; ত্বক: wet to the skin, (ভারী বৃষ্টিতে যেমন) গায়ের চামড়া পর্যন্ত ভেজা; ভিজে সার। **~ and bone** ভীষণ রোগা অস্থিচর্মসার: He was all ~ and bone when I last saw him. **by the ~ of one's teeth** অল্পের জন্য (রক্ষা); কোনোমতে। **get under one's ~** (লাক্ষ.) বিরক্ত/ উত্যক্ত/ ক্রুদ্ধ করা; মোহাবিষ্ট করা। **get sb under one's ~** কারো প্রতি মোহাবিষ্ট হওয়া। **have a thin ~**গায়ের চামড়া পাতলা হওয়া, অর্থাৎ, অত্যন্ত স্পর্শকাতর হওয়া। **have a thick ~** গায়ে গণ্ডারের চামড়া থাকা, অর্থাৎ, মান, অপমান নিন্দা অপবাদ গায়ে না লাগা। এর থেকে, ˌ**thin-/** ˌ**thick-** ˈ**~ed** *adjj.* **save one's ~** নিজের পিঠ বাঁচানো; আঘাত ইত্যাদি এড়িয়ে যাওয়া; অক্ষত অবস্থায় নিস্তার পাওয়া। ˌ**~-**ˈ**deep** *adj* (সৌন্দর্য, অনুভূতি ইত্যাদি সম্বন্ধে) ভাসা–ভাসা; অত্যন্ত অগভীর; ক্ষণস্থায়ী। ˈ**~-diving** *n* এক ধরনের জলক্রীড়া, এতে ডুবুরির পোশাক না–পরে, শুধু চোখ বাঁচানোর চশমা ও কৃত্রিম শ্বাসযন্ত্র নিয়ে ডুব দিয়ে পানির নীচে সাঁতার কাটা হয়। ˈ**~·flint** *n* কৃপণ। ˈ**~ game** *n* যে জুয়াখেলায় প্রতারণা থাকে; জুয়াচুরি; প্রতারণা। ˈ**~-graft** *n* (শল্য চিকিৎসায়) (পুড়ে যাওয়া ইত্যাদি কারণে) দেহের ক্ষতিগ্রস্ত চামড়ার স্থলে একই দেহের অন্য অংশের বা অন্য দেহের চামড়া এনে জোড়া দেওয়া। ˈ**skin·head** *n* (৭০–এর দশকের প্রথমদিকে GB–তে) মাথার চুল ছোট করে ছাটা অল্পবয়সী মাস্তান। ˌ**~-**ˈ**tight** *adj* দেহের সঙ্গে সেঁটে থাকে এমন (পোশাক)। ২ [C] (লোমহীন বা লোমসহ) পশু–চামড়া: hare-~s. ৩ [C] তরল পদার্থ সঞ্চয়নের বা বহনের জন্য কোনো পশুর গোটা চামড়া দিয়ে তৈরি আধার: ˈwine-~s. ৪ [C,U] চামড়া–সদৃশ ফলের খোসা বা গাছের বাকল: banana ~. ৫ ফোটানো দুধের উপর পড়া পাতলা সরের পর্দা। □*vt, vi* ১ চামড়া ছাড়ানো: ~ a hare. **keep one's eyes ~ed** (কথ্য) সতর্ক হওয়া; সজাগদৃষ্টি রাখা। ২ (কথ্য) ঠকানো; চামড়া ছুলে ফেলা, অর্থাৎ, সমস্ত টাকা–পয়সা ঠকিয়ে নেওয়া: be ~ned of all one's money by tricksters. ৩ **~ over** চামড়ায় ঢেকে যাওয়া: His wound soon ~ned over. **~ny** *adj* চর্মসার; (কথ্য) নিচুমনা; কৃপণ।

skint [ˈস্কিন্ট্] *adj* (GB অপ.) কপর্দকশূন্য।

skip[1] [স্কিপ্] *vi, vt* ১ চট করে হালকাভাবে লাফানো: ~ over a brook; লাফালাফি করা: lambs ~ping about in the field. ২ মাথার উপর দিয়ে ও পায়ের নীচ দিয়ে ঘুরিয়ে আনা দড়ির উপর দিয়ে লাফানো; স্কিপিং করা। ˈ**~·ping-rope** *n* স্কিপিং করার দড়ি। ৩ দ্রুত কিংবা হেলাভরে এক জায়গা থেকে অন্য জায়গায় অথবা (লাক্ষ.) এক বিষয় থেকে অন্য বিষয়ে গমন করা: He ~ped over to Tangail for the weekend. She ~ped from one subject to another. ৪ না পড়ে বাদ দিয়ে যাওয়া: I ~ped the last two chapters of the book. □*n* [C] হালকা লাফানি।

skip[2] [স্কিপ্] *n* খনি প্রভৃতিতে মানুষ বা মালপত্র ওঠানো ও নামানোর খাঁচা বা খুপরি; অপ্রয়োজনীয় নির্মাণ সামগ্রী ইত্যাদি বহন করে নিয়ে যাবার ধাতব আধার।

skip·per [ˈস্কিপা(র্)] *n* বিশেষত ছোট বাণিজ্য–তরী বা মাছ ধরার নৌকার অধিনায়ক বা ক্যাপ্টেন; (কথ্য) ফুটবল বা ক্রিকেট দলের অধিনায়ক।

skirl [স্কো°ল্] *n* তীক্ষ্ণ কর্ণবিদায়ক ধ্বনি: The ~ of the bagpipes.

skir·mish [ˈস্কামিশ্] *n* [C] সেনাবাহিনীর বা নৌবাহিনীর ছোটছোট অংশের মধ্যে (প্রায়শ পূর্বপরিকল্পনাহীন) বিচ্ছিন্ন লড়াই; এর থেকে, সংক্ষিপ্ত আকারের বিতর্ক বা বুদ্ধির প্রতিযোগিতা। □*vi* বিচ্ছিন্ন লড়াইয়ে লিপ্ত হওয়া; সংক্ষিপ্ত বিতর্ক বা বুদ্ধির প্রতিযোগিতায় অবতীর্ণ হওয়া। **~er** *n* বিচ্ছিন্ন লড়াইয়ে অংশগ্রহণকারী সৈনিক, বিশেষত সেনাবাহিনীর মূল অংশের চলাচল আড়াল করার জন্য বা শত্রুসৈন্যের গতিবিধি সম্পর্কে তথ্য সংগ্রহের জন্য পাঠানো সেনাদলের সদস্য।

skirt [স্কাট্] *n* ১ মহিলাদের পোশাকবিশেষ; ঘাগরা। ২ (লম্বা কোট বা শার্টের মতো) পোশাকের যে অংশ কোমরের নীচে ঝুলে থাকে। ৩ *pl* (= outskirts) প্রান্ত দেশ; প্রত্যন্ত অঞ্চল: on the ~ of a town. □*vt, vi* প্রান্তবর্তী হওয়া; প্রান্ত ঘেঁষে যাওয়া: Our road ~ed the bazaar. **~ round sth** কোনো কিছুর পাশ কাটিয়ে যাওয়া; কোনো কিছু এড়িয়ে যাওয়া: She ~ round the subject of her divorce. **~·ing-board** *n* ঘরের মেঝে ঘেঁষে দেয়ালে লাগানো সারিবদ্ধ বোর্ড বা কাঠের ফালি।

skit [স্কিট্] *n* [C] ক্ষুদ্র ব্যঙ্গরচনা; ক্ষুদ্র ব্যঙ্গ নাটিকা: a ~ on Yahya.

skit·tish [ˈস্কিটিশ্] *adj* (ঘোড়া সম্বন্ধে) চঞ্চল; সতেজ; সহজে বশ মানে না এমন; (ব্যক্তি সম্বন্ধে) প্রাণোচ্ছল ও রঙ্গপ্রিয়; প্রণয়বিলাসী; রঙ্গিলা। **~·ly** *adv.* **~·ness** *n*

skittle [ˈস্কিট্‌ল্] *n* (*pl* ~s, *sing v* সহ) এক ধরনের খেলা, এতে বাঁধা পথ দিয়ে বল ছুড়ে দেওয়া হয়, পথের প্রান্তে অনেকগুলো কাঠের বোতল (skittles) সাজানো থাকে, ছুড়ে দেওয়া বলের সাহায্যে কে কতোটা কাঠের বোতল ফেলে দিতে পারে, সেটাই এ খেলার উপজীব্য। **(all) beer and ~s** মজা; ইয়ার্কি: Life is not all beer and ~s. □*vt* **~ out** (ক্রিকেট) সহজে আউট করে দেওয়া: The Srilankans were ~d out for 110 runs.

skivvy [ˈস্কিভি] *n* (GB অপ) (অপক.) চাকর।

skua [ˈস্কিউআ] *n* বৃহদাকার শঙ্খচিল।

skulk [স্কাল্‌ক্] *vi* কাজে ফাঁকি দেবার জন্য বা ভীরুতাবশত লুকিয়ে বেড়ানো অথবা অসৎ উদ্দেশ্যে ঘোরা-ফেরা করা।

skull [স্কাল্] *n* মাথার খুলি; করোটি। **have a thick ~** মাথা মোটা হওয়া; নির্বোধ হওয়া। ˌ**~ and ˈcross-bones** একটি মাথার খুলি, তার নীচে আড়াআড়ি পাতা একজোড়া উরুর হাড়—এই ছবি, এককালে জলদস্যুদের পতাকায় এই ছবি আঁকা থাকতো, এখনো মৃত্যু বা বিপদের প্রতীকচিহ্ন হিসাবে এই ছবি ব্যবহৃত হয়। ˈ**~-cap** *n* পোপ ও কার্ডিনালদের, ঘরের ভিতরে বৃদ্ধ ও টেকোদের ব্যবহৃত মাথায় লেগে থাকা (প্রায়শ ভেলভেট কাপড়ে তৈরি) টুপি। **-skulled** (পূর্বে *adj* ব্যবহৃত) *suff:* thick-~ed, মাথা-মোটা বা মোটা বুদ্ধি।

skull·dug·gery [স্কাল্ ˈডাগারি] *n* (কথ্য) ধূর্ত প্রতারণা; দক্ষ চাতুরি।

skunk [স্কাঙ্ক্] *n* ১ [C] উত্তর আমেরিকার ভোঁদড়জাতীয় প্রাণীবিশেষ; [U] এই প্রাণীর লোম। ২ অত্যন্ত নোংরা বা ঘৃণ্য লোক।

sky [স্কাই] *n* ১ (কোনো *adj* দ্বারা বিশেষিত হলে সাধা. **the sky; a sky** হয়, একই অর্থে প্রায়শ *pl* হতে পারে) আকাশ; গগন; আসমান: under the open sky, খোলা আকাশের নীচে; a clear, blue sky. **praise/extol/laud sb to the skies** কাউকে প্রশংসা করে আকাশে তোলা। ˌ**sky-ˈblue** *adj n* আকাশী নীল (রং)। ˌ**sky-ˈhigh** *adv* আকাশ ছুঁয়ে: The tower was built sky high. ˈ**sky·lark** *n* ভরতপাখি। ˈ**sky-light** *n* ঢালু ছাদে বসানো জানালা। ˈ**sky·line** *n* দিগন্তে ফুটে ওঠা গাছ-পালা, ঘর-বাড়ি ইত্যাদির রূপরেখা: The skyline of Dhaka. ˈ**sky pilot** *n* (অপ.) (বিশেষত যুদ্ধজাহাজে দায়িত্বপালনকারী) যাজক; পুরুত; মোল্লা। ˈ**sky-rocket** *vi* (মূল্য সম্বন্ধে) আকাশে চড়া; অত্যধিক বৃদ্ধি পাওয়া। ˈ**sky-scraper** *n* গগনচুম্বী ইমারত। ˈ**sky-writing** *n* [U] বিমান থেকে নির্গত ধূম্ররেখা দ্বারা আকাশপটে শব্দ নির্মাণ করা। ২ (প্রায়শ *pl*) আবহাওয়া: The sunny skies of Bangladesh. □*vt* (বল ইত্যাদি) লাথি মেরে বা আঘাত করে অত্যন্ত উঁচুতে ওঠানো। **skyward(s)** [ˈস্কাইওআড্(জ্)] *adj, adv* আকাশের দিক; আকাশের দিকে; উপরের দিক; উপরের দিকে।

slab [স্ল্যাব্] *n* পাথর, কাঠ বা অন্য কোনো কঠিন পদার্থের পুরু মসৃণ (এবং সাধা. বর্গাকার বা আয়তকার) খণ্ড: A courtyard paved with ~s of stone.

slack[1] [স্ল্যাক্] *adj* ১ কর্তব্যকর্মে অমনোযোগী; নির্জীব: He's perpetually ~ at his work. I feel ~ this morning. ২ নিথর; নিষ্ক্রিয়; মন্দা: Business has been ~ because of the war in the gulf. ৩ শিথিল; ঢিলা: a ~ rope. **keep a ~ rein on sth** অবহেলাভরে কোনো কিছু নিয়ন্ত্রণ করা; (লাক্ষ.) অবহেলাভরে শাসন করা। ৪ ধীরগতি; মন্থর: periods of ~ water, জোয়ার-ভাটার মাঝামাঝি সময়। □*vi* ১ **~ (off)** কাজে ঢিলা দেওয়া: ~ off in one's studies. ২ **~ up** গতি কমানো: He ~ed up as he approached the turn in the road. ৩ **~ off/away** (দড়ি ইত্যাদি) ঢিলে করে দেওয়া। **~er** *n* (কথ্য) অলস ব্যক্তি; ফাঁকিবাজ। **~·ly** *adv.* **~·ness** *n*

slack[2] [স্ল্যাক্] *n* ১ **the ~** দড়ি প্রভৃতির ঢিলা অংশ। **take up the ~** দড়ি টান করে ধরা; দড়িতে টান দেওয়া; (লাক্ষ.) শিল্পকে এমনভাবে নিয়ন্ত্রণ করা যাতে তা সক্রিয় ও উৎপাদনশীল হয়। ২ (*pl*) ঢিলা পাজামা বা ট্রাউজার। ৩ [U] কয়লার গুঁড়া।

slacken [ˈস্ল্যাকান্] *vt, vi* ১ গতি কমানো; কাজে ঢিলা দেওয়া: ~ the speed of a car. ২ শিথিল হওয়া বা শিথিল করা; ঢিলা করে দেওয়া বা ঢিলা হওয়া: ~ the reins. **S~ away/off !** দড়ি আলগা করার নির্দেশ দিতে ব্যবহৃত হয়।

slag [স্ল্যাগ্] *n* [U] আকর থেকে ধাতু আলাদা করে নেবার পর যে বর্জিত পদার্থ অবশিষ্ট থাকে; ধাতুমল। ˈ**~-heap** *n* এরকম বর্জিত পদার্থের স্তূপ।

slain [স্লেইন্] slay-এর *pp*

slake [স্লেইক্] *vt* ১ (তৃষ্ণা, প্রতিহিংসা ইত্যাদি) প্রশমন করা। ২ পানি যোগ করে (চুনের) রাসায়নিক প্রকৃতি পরিবর্তন করা।

sla·lom [ˈস্লা:লাম্] *n* পতাকা-লাগানো লাঠি পুঁতে-রাখা আঁকাবাঁকা বরফ ঢাকা পথে স্কি প্রতিযোগিতা।

slam [স্ল্যাম্] *vt, vi* ১ **~ (to)** সজোরে ও সশব্দে বন্ধ করা; দড়াম করে বন্ধ করা: ~ the door shut; ~ the door in sb's face, কারো মুখের উপর দড়াম করে দরজা বন্ধ করে দেওয়া। ২ **~ (to)** সজোরে বন্ধ হওয়া: The door ~med (to). ৩ সজোরে রাখা বা ছুড়ে দেওয়া বা আঘাত করা: He ~med the book on the table. The batsman ~med the ball over the fence. □*n* ১ কোনো কিছু সজোরে বন্ধ করার বা বন্ধ হওয়ার শব্দ: I heard the ~ of a door downstairs. ২ (তাস খেলায়) **a grand ~** ১৩টি দান বা পিট নেওয়া। **a small ~** ১২টি দান বা পিট নেওয়া।

slan·der [ˈস্লা:ন্ডা(র্) US ˈস্ল্যান্-] *n* [C, U] মিথ্যা কলঙ্ক; অপবাদ: a ~ on Bengali women; bring a ~ action against sb, অপবাদ দেওয়ার জন্য কারো বিরুদ্ধে আদালতে মামলা দায়ের করা। □*vt* (কাউকে) অপবাদ দেওয়া। **~er** *n* অপবাদদানকারী ব্যক্তি। **~·ous** [-আস্] *adj* মিথ্যা কলঙ্ক আরোপকারী বা মিথ্যা কলঙ্কপূর্ণ।

slang [স্ল্যাঙ্] *n* [U] যে সব শব্দ, শব্দার্থ, বিশিষ্টার্থক প্রয়োগ ইত্যাদি বন্ধু বা সহকর্মীদের মধ্যে আলাপকালে, বিশেষত কোনো শ্রেণী বা পেশায় মাত্র ব্যবহৃত হয়, কিন্তু শোভন বা আনুষ্ঠানিক রচনায় ব্যবহৃত হয় না; অপশব্দ (বর্তমান অভিধানে ব্যবহৃত সংক্ষেপ: অপ.): army ~; ~ words and expressions. দ্র. colloquial. □*vt* কারো প্রতি অশালীন ভাষা ব্যবহার করা; গাল দেওয়া: He never tires of ~ing the socialists. **a ˈ~ing match** দীর্ঘ পারস্পরিক গালিগালাজ। **~y** *adj* অপশব্দ মিশ্রিত; অপভাষী। **~·ily** [-ইলি] *adv* **~i·ness** *n*

slant [স্লা:ন্ট্ US স্ল্যান্ট্] *vi, vt* ১ ঢালু হয়ে নামা; তির্যক হয়ে পড়া বা তির্যকভাবে যাওয়া; বেঁকে যাওয়া: Her handwriting ~s from right to left. ২ **~ the news** এমনভাবে সংবাদ পরিবেশন করা যাতে কোনো

বিশেষ মত সমর্থিত হয়। □*n* ১ [C] ঢাল। **on a/the ~** ঢালু অবস্থায়। ২ (কথ্য) কোনো কিছু বিবেচনাকালে গৃহীত (ক্ষেত্রবিশেষে পক্ষপাতগ্রস্ত) দৃষ্টিভঙ্গি। **~·ing·ly, ~·wise** [-ওআইজ়্] *advv* তির্যকভাবে বা তির্যকপথে।

slap [স্ল্যাপ্] *vt* ১ চড় বা থাপ্পড় মারা; চপেটাঘাত করা: He ~ped the man on the face. ২ **~ sth down** চপেটাঘাতের মতো শব্দ করে কোনো কিছু রেখে দেওয়া: He ~ped the file down on the table. □*n* [ছ] চড়; থাপ্পড়; চপেটাঘাত। **get/give sb a ~ in the face** (লাক্ষ.) ধমক খাওয়া/ দেওয়া; প্রত্যাখ্যাত হওয়া/ প্রত্যাখ্যান করা। □সোজাসুজি; সরাসরি; পুরাপুরি: The lorry ran ~ into the wall. ˌ**~-ˈbang** *adv* প্রচণ্ডভাবে; মুখোমুখি। ˈ**~·dash** *adj, adv* অসতর্ক(ভাবে); বেপরোয়া(ভাবে): a ~dash way of doing sth; do sth ~dash/ in a ~dash manner. ˈ**~-happy** *adj* (কথ্য) বেপরোয়া; নিশ্চিন্ত; ভাবনাহীন। ˈ**~·stick** *n* [U] অত্যন্ত নিম্নমানের স্থূল রসাত্মক প্রহসন; হিংস্রতা সৃষ্ট বা হিংস্রতালব্ধ মজা; বীভৎস রস: (attrib) ~stick comedy. ˈ**~-up** *adj* (অপ.) প্রথম শ্রেণীর; উৎকৃষ্ট: a ~-up dinner at a ~-up hotel.

slash [স্ল্যাশ্] *vt, vi* ১ ফালা-ফালা করে কাটা; চিরে ফেলা; চাবকানো; কশাঘাত করা: His back was ~ed with a razor-blade. He ~ed the horse in a frenzy of despair. ২ অত্যন্ত স্পষ্ট ও জোরালোভাবে নিন্দা করা: ~ the government's education policy. ৩ (কথ্য) প্রচণ্ডভাবে হ্রাস করা: ~ salaries. ৪ (সাধা. passive) (অলঙ্করণের জন্য) লম্বা, চিকন খাজ কাটা: ~ed sleeves. □*n* ১ ফালা-ফালা করে কর্তন; কশাঘাত; লম্বা চিকন ক্ষত; লম্বা চিকন কাটা-চিহ্ন। ২ (অশিষ্ট, অপ.) মূত্রত্যাগ।

slat [স্ল্যাট্] *n* কাঠ, ধাতু বা প্লাস্টিকের লম্বা, সরু পাত ভিনিশীয় জানালার খড়খড়িতে এরকম পাত ব্যবহার করা হয়। **~·ted** *adj* এ রকম পাতে তৈরি বা এ রকম পাতবিশিষ্ট।

slate [স্লেইট্] *n* ১ [U] স্লেট পাথর; [C] ছাদ আচ্ছাদনের জন্য ব্যবহৃত স্লেট পাথরের বর্গাকার বা আয়তকার ফলক: a ~ quarry, স্লেট পাথরের খনি; a ~-covered roof. ২ [C] (স্কুলের ছেলেমেয়েদের লেখার জন্য ব্যবহৃত) কাঠের ফ্রেমে বাঁধানো স্লেট পাথরের ফালি; স্লেট। **a clean ~** (ক) (লাক্ষ.) নিষ্কলঙ্ক অতীত ইতিহাস: He started with a clean ~. (খ) (লাক্ষ.) ভুল-ভ্রান্তি, ঝগড়া-বিবাদ ইত্যাদি ভুলে গিয়ে নতুন করে শুরু করা। ˈ**~-club** *n* (GB) যে সমিতি বা ক্লাব সারা বছর চাঁদা তুলে ক্রিসমাসের সময়ে সংগৃহীত সমুদয় অর্থ সমিতির সদস্যদের মধ্যে বিতরণ করে দেয়। ˌ**~-ˈpencil** *n* স্লেটে লেখার জন্য স্লেট-পাথরে তৈরি সরু পেন্সিল। □*vt* ১ স্লেট-ফলক দিয়ে (ছাদ ইত্যাদি) আচ্ছাদিত করা। ২ (US, কথ্য) কোনো পদ, কাজ ইত্যাদির জন্য কাউকে প্রস্তাব করা: (সংবাদ শিরোনাম) Dr Kamal ~d for the Presidency. ৩ (কথ্য) (বিশেষত বই, নাটক ইত্যাদি বিষয়ক সংবাদ-সমীক্ষায়) তীব্র সমালোচনা করা। **slaty** *adj* স্লেট-পাথরে তৈরি; স্লেট পাথর-তুল্য: slaty coal. **slat·ing** *n* বিরূপ সমালোচনা: I gave him a sound slating.

slat·tern [ˈস্ল্যাটান্] *n* নোংরা অসংবৃত স্ত্রীলোক। **~·ly** *adj* (নারী সম্বন্ধে) নোংরা ও অসংবৃত।

slaugh·ter [ˈস্লো°টা(র্)] *n* [U] ১ (বিশেষত খাদ্যের জন্য) পশুবধ। ˈ**~·house** *n* কসাইখানা। ২ ব্যাপক নরহত্যা। □*vt* ১ বিশেষত ব্যাপক সংখ্যায় (মানুষ বা পশু) হত্যা করা। ২ (লাক্ষ. কথ্য) (বিশেষ খেলায়) গো-হারা হারিয়ে দেওয়া: We ~ed them at football. **~er** *n* কসাই।

Slav [স্লা:ভ্] *n* রুশ, চেক, পোলিশ, বুলগেরিয়ান প্রভৃতি পূর্ব-য়োরোপীয় জাতির লোক; স্লাভ। □*adj* স্লাভ-জাতীয়।

slave [স্লেইভ্] *n* ১ ক্রীতদাস; কেনা গোলাম। ˈ**~-driver** *n* ক্রীতদাসদের কাজ তদারককারী ব্যক্তি; যে ব্যক্তি তার অধীনস্থ লোকদের নির্মমভাবে খাটায়। ˈ**~ship** *n* দাসব্যবসায়ে ব্যবহৃত জাহাজ। ˈ**~ States** *n pl* গৃহযুদ্ধের পূর্বে উত্তর আমেরিকার দক্ষিণাঞ্চলীয় যে সমস্ত রাজ্যে দাসপ্রথা চালু ছিল। ˈ**~-trade/-traffic** *n* দাসব্যবসা। ২ যে ব্যক্তি অন্যের জন্য কঠোর পরিশ্রম করতে বাধ্য হয়: She made a ~ of her own step daughter. ৩ অভ্যাস, প্রবৃত্তি ইত্যাদির দাস: He is a ~ of fashion. □*vi* **~ (away) (at sth)** খেটে মরা: She has been slaving away in the kitchen for the whole day ! সারাদিন রান্নাঘরে খেটে মরছে। **~r** *n* দাসব্যবসায়ী; দাসব্যবসায় ব্যবহৃত জাহাজ। **slav·ery** [ˈস্লেইভারি] *n* [U] ১ (ক্রীত)দাসত্ব: These men were all born into ~ry. ২ (ক্রীত)দাসপ্রথা: He is one of those men who fought for the abolition of slavery. ৩ অত্যন্ত শ্রমসাধ্য বা কম বেতনের কাজ। **slav·ish** [ˈস্লেইভিশ্] *adj* স্বাধীনতা বা স্বাতন্ত্র্যহীন; হীনমন্য: slavish outlook; a slavish behaviour. **slav·ish·ly** *adv*

slaver [ˈস্ল্যাভা(র্)] *vi* **~ (over)** (ক্ষুধায়) মুখ দিয়ে লালা ঝরা: ~ over a plate of biriani; (লাক্ষ.) লালায়িত হওয়া; অতি আগ্রহে হুমড়ি খেয়ে পড়া: ~ over a film magazine. □*n* [U] থুতু; লালা।

Slav·onic [স্লাˈভনিক্] *adj* স্লাভ জাতি বা তাদের ভাষা সম্বন্ধীয়।

slaw [স্লো°] *n* [U] (প্রায়শ ˈ**cole·~**) কুচি-কুচি করে কাটা; মসলা-মাখানো, কাঁচা বা রান্না-করা বাঁধাকপি।

slay [স্লেই] *vt* (সাহিত্য. বা আল.) খুন করা; হত্যা করা। **~er** *n* (সাংবাদিকতা) খুনি।

sleazy [ˈস্লীজ়ি] *adj* (কথ্য) যত্নহীন, অবহেলিত, নোংরা, অপরিচ্ছন্ন বা অগোছালো: a ~ room; a ~ look.

sled [স্লেড্] *n* = sledge.

sledge[1] [স্লেজ্] *n* বরফের উপর দিয়ে চলাচলের জন্য ব্যবহৃত চাকাহীন গাড়িবিশেষ; স্লেজ-গাড়ি। □*vi, vt* স্লেজ-গাড়িতে করে চলা বা বহন করা।

sledge[2] [স্লেজ্] *n* ˈ**~(-hammer)** মাটিতে খুঁটি পোঁতার জন্য ব্যবহৃত লম্বা হাতলওয়ালা ভারী হাতুড়ি; কামারের ভারী হাতুড়ি।

sleek [স্লীক্] *adj* (মাথার চুল, পশুর লোম ইত্যাদি সম্বন্ধে) নরম মসৃণ ও চকচকে; (ব্যক্তি সম্বন্ধে) নরম মসৃণ ও চকচকে চুলবিশিষ্ট। **as ~ as a cat** (লাক্ষ.) (কাউকে খুশি করার জন্য) অতি সুমধুর বা বিনয়ে বিগলিত আচরণসম্পন্ন। □*vt* নরম মসৃণ ও চকচকে করা। **~·ly** *adv.* **~·ness** *n*

sleep[1] [স্লীপ্] *n* ১ [U] ঘুম; নিদ্রা: I didn't get much ~. He talks in his ~. **get to ~** ঘুমাতে পারা: He said he couldn't get to ~ last night. **go to ~** নিদ্রিত হওয়া; ঘুমিয়ে পড়া। **have one's ~ out** আপনা থেকে জেগে না ওঠা পর্যন্ত ঘুমাতে থাকা: Let him have his ~ out. **put sb to ~** কাউকে ঘুম পাড়ানো। **put (a pet animal) to ~** (সুভা.) (অসুস্থতা ইত্যাদির

কারণে) ইচ্ছাকৃতভাবে মেরে ফেলা। ২ **a ~** নিদ্রায় অতিবাহিত সময়ে; নিদ্রার কাল: Have a short ~. **'~-walker** *n* যে ব্যক্তি ঘুমন্ত অবস্থায় উঠে হেঁটে বেড়ায়; নিদ্রাচর। **~·less** *adj* নিদ্রাহীন; বিনিদ্র: Pass a ~less night. **~·less·ly** *adv.* **~·less·ness** *n*

sleep[2] [স্লীপ্] *vi, vt* ১ ঘুমানো; নিদ্রিত হওয়া; ঘুমিয়ে পড়া: We ~ during the night. She ~s well. **~ like a top/log** অঘোরে ঘুমানো। **~ round the clock; ~ the clock round** এক নাগাড়ে বারো ঘণ্টা ঘুমানো। ২ শয্যার ব্যবস্থা করা ; শোবার জায়গা দেওয়া: This hotel ~s 200 guests. **~·ing** *n* (যৌগশব্দে) **'~·ing-bag** *n* যে উষ্ণ ও পানি নিরোধক ঝোলার মধ্যে খোলা জায়গায় বা তাঁবুতে রাত্রিযাপনকালে ঘুমানো যায়। **'~·ing-car** *n* ঘুমানোর ব্যবস্থা সম্বলিত রেলগাড়ির কামরা। **'~·ing-draught/-pill** *n* নিদ্রাকর্ষক পানীয়/ ঘুমের বড়ি। **~·ing partner** *n* (US = silent partner) যে অংশীদার ব্যবসার মূলধনের অংশ জোগায় কিন্তু ব্যবসা পরিচালনায় অংশগ্রহণ করে না। **'~·ing-sickness** আফ্রিকার রক্তপায়ী একজাতীয় মাছির দংশনে সৃষ্ট ব্যাধি, এতে মানসিক বৈকল্য দেখা দেয় এবং পরিণামে (সাধা.) মৃত্যু ঘটে। **~er** *n* ১ যে ব্যক্তি নিদ্রা যায়: (*adjj* সহ) a heavy/light ~er, যার ঘুম গাঢ়/হালকা; a good/bad ~er, যার ঘুম ভালো হয়/হয় না। ২ (US = tie) রেল লাইনের নীচে পাতা কাঠের ভারী তক্তা বা অনুরূপ কোনো বস্তু। ৩ শোবার ব্যবস্থাসম্বলিত রেল-কামরা, এই কামরায় সংযোজিত শয্যা। ৪ (*adv, part* ও *preps* সহযোগে ব্যবহার): **~ around** (কথ্য) কারো শয্যাসঙ্গী/ শয্যাসঙ্গিনী হওয়া। **~ in/out** কর্মস্থলে/ কর্মস্থলের বাইরে ঘুমানো: The housekeeper ~s in/out. **~ sth off** ঘুমিয়ে কোনো কিছু থেকে সেরে ওঠা: ~ off a headache. **~ on** ঘুমাতে থাকা: He slept on for another hour or so. **~ on sth** (প্রায়শ **~ on it**) কোনো প্রশ্নের উত্তর, সমস্যার সমাধান ইত্যাদি পরের দিনের জন্য তুলে রাখা। **~ through sth** (শব্দ, গোলমাল ইত্যাদির দ্বারা) নিদ্রা-ভঙ্গ না হওয়া। **~ with sb** কারো সঙ্গে যৌনসঙ্গমে মিলিত হওয়া; কারো শয্যাসঙ্গী/সঙ্গিনী হওয়া।

sleepy ['স্লীপি] *adj* ১ নিদ্রালু; নিদ্রাতুর: I feel ~. **'~-head** *n* (বিশেষত) নিদ্রালু বা অমনোযোগী ব্যক্তিকে সম্বোধনকালে ব্যবহৃত: You '~-head. ২ (স্থান ইত্যাদি সম্বন্ধে) নীরব; নিশ্চুপ; নিষ্ক্রিয়: a ~ little village. ৩ (কোনো কোনো ফল সম্বন্ধে) অতি পাকা: ~ mangoes. **sleep·ily** [-ইলি] *adv.* **sleep·i·ness** *n*

sleet [স্লীট্] *n* [U] বৃষ্টিসহ তুষারপাত: squalls of ~. □*vi* বৃষ্টিসহ তুষারপাত হওয়া : It is ~ing. **sleety** *adj*

sleeve [স্লীভ্] *n* ১ জামার হাতা; আস্তিন। **have sth up one's ~** ভবিষ্যতে কাজে লাগাবার জন্য কোনো গোপন পরিকল্পনা, ফন্দি, মতলব ইত্যাদি থাকা। **laugh up one's ~** মনে মনে হাসা। **roll up one's ~s** কাজে নামার বা মারপিট করার জন্য প্রস্তুত হওয়া। **wear one's heart on one's ~** (কারো জন্য লালিত) প্রেমানুভূতিকে সবার কাছে বড়ো বেশি চাক্ষুষ করে তোলা; যথার্থ সংযম প্রদর্শনে ব্যর্থ হওয়া। ২ গ্রামোফোন রেকর্ড রাখার জন্য শিল্পী, অভিনেতা ইত্যাদির সংক্ষিপ্ত পরিচয় বহনকারী শক্ত কভার বা মোড়ক।৩ বাতাসের গতি নির্দেশ করার জন্য জাহাজের মাস্তুলের উপর বা বিমান বন্দরে উড়িয়ে দেওয়া চটের নল বা বেলুন। **-sleeved** *suff*: short-~d, খাটো হাতাওয়ালা। **~·less** *adj* হাতাছাড়া; আস্তিনবিহীন।

sleigh [স্লেই] *n* ঘোড়ায় টানা স্লেজ-গাড়ি। **~-bell** *n* স্লেজ-গাড়ি কিংবা স্লেজ-গাড়ি টানা ঘোড়ার জিনে লাগানো টুংটাং শব্দ-করা ছোট ঘণ্টি। □*vi, vt* স্লেজ-গাড়িতে চড়ে ভ্রমণ বা যাতায়াত করা; স্লেজ-গাড়িতে করে (মালপত্র) বহন করা।

sleight [স্লাইট্] *n* (প্রচলিত ব্যবহার) **~ of hand** হস্তকৌশল বা হাতের মারপ্যাচ; ভেলকিবাজি।

slen·der ['স্লেন্ডা(র্)] *adj* ১ সরু: a ~ waist. ২ (ব্যক্তি সম্বন্ধে) হালকা-পাতলা; মোটাসোটা নয়: a dancer with a ~ figure. ৩ সামান্য; অতি অল্প; অপ্রতুল; অপর্যাপ্ত: a ~ income. **~·ly** *adv.* **~·ness** *n.* **~·ize** [-আইজ্] *vt, vi* (US) হালকা-পাতলা হওয়া; হালকা-পাতলা করা।

slept [স্লেপ্ট্] sleep-এর *pt, pp*

sleuth [স্লূথ্] *n* (কথ্য) গোয়েন্দা। **'~-hound** *n* ব্লাডহাউন্ড কুকুর; গন্ধ অনুসরণকারী কুকুর।

slew[1] [স্লু] slay-এর *pt*

slew[2] (US = **sleu**) [স্লু] *vi, vt* **~ (sth) round** নতুনদিকে ঘোরা বা ঘুরানো: The crane ~ed round.

slice [স্লাইস্] *n* [C] ১ চওড়া ফালি: a ~ of bread. ২ অংশ; ভাগ: a ~ of good luck. ৩ রান্না করা মাছ, মাংস, ডিম প্রভৃতি কেটে তোলার বা পরিবেশন করার জন্য ব্যবহৃত এক ধরনের কাটাচামচ। ৪ (গল্‌ফ জাতীয় খেলায়) বাজে মার, অর্থাৎ, যেভাবে মারলে বল ঘুরতে ঘুরতে ইপ্সিত লক্ষ্য থেকে ভিন্ন দিকে চলে যায়। □*vt, vi* ১ ফালি ফালি করা: ~ (up) a loaf. ২ (গল্‌ফ খেলায়) বাজেভাবে মারা: ~ the ball.

slick [স্লিক্] *adj* (কথ্য) ১ মসৃণ; পিচ্ছিল: roads ~ with wet mud. ২ দক্ষ ও মসৃণভাবে এবং (সম্ভবত) কৌশলপ্রয়োগে সম্পন্ন: a ~ business deal; (ব্যক্তি সম্বন্ধে) সুদক্ষ; পটু: a ~ middleman. □*n* [C] **'oil ~** সমুদ্রবক্ষে (তেলবাহী জাহাজ থেকে নিঃসৃত) তেলের আস্তরণ। □*adv* সোজাসুজি; সরাসরি; পুরোপুরি: hit someone ~ on the jaw. **~er** *n* (US কথ্য) ১ লম্বা; ঢিলা; পানি নিরোধক কোট। ২ অত্যন্ত পটু বা সেয়ানা লোক: city ~ers.

slide[1] [স্লাইড্] *n* ১ পিছলানো; জমাট বরফের মসৃণ বিস্তার যার উপর দিয়ে পিছলে যাওয়া যায়। ২ ব্যক্তি বা বস্তু পিছলে যেতে পারে এমন মসৃণ ঢাল। ৩ ছবি, নকশা ইত্যাদি সম্বলিত আলোকচিত্র-ফিল্ম; (আগেকার দিনে) প্রজেক্টারের সাহায্যে পর্দায় দেখাবার জন্য ব্যবহৃত এরকম ছবি সম্বলিত কাচখণ্ড; স্লাইড। ৪ অনুবীক্ষণ যন্ত্রের সাহায্যে পরীক্ষার জন্য যে কাচখণ্ডের উপর কোনো কিছু স্থাপন করা হয়। ৫ যন্ত্রাদির যে অংশ পিছলে যায়। ৬ (**'land**) ~, দ্র. land[1] (৬). (**'hair**)-~, দ্র. hair (২).

slide[2] [স্লাইড্] *vi, vt* (*pt, pp* slid) ১ কোনো মসৃণ পৃষ্ঠদেশের উপর দিয়ে (বা পৃষ্ঠদেশ বেয়ে) পিছলে যাওয়া বা অবাধে চলা: ~ on the ice. The paper slid off her knee. **~ over sth** (কোনো স্পর্শকাতর বিষয়) দ্রুত পেরিয়ে যাওয়া; কোনো মতে ছুঁয়ে যাওয়া। **let things ~** মাথা না ঘামানো; অবহেলা করা। ২ **~ into** (কোনো অবস্থা, পরিণাম ইত্যাদিতে) (ক্রমে ক্রমে) প্রায় অজান্তে গড়িয়ে যাওয়া বা পতিত হওয়া: ~ into alcoholism. ৩ সটকে পড়া, যাতে কেউ দেখতে না পায় এমন চট করে কোনো কিছু করা: The thief slid into a side alley. She slid a note into my hand. **'~-rule** *n*

লগারিদম-স্কেল সম্বলিত দুটি রুলার দিয়ে তৈরি দ্রুত হিসাবের যন্ত্র বা কৌশলবিশেষ। **slid·ing door** *n* (কব্জার উপর ঘোরে না এমন) যে দরজা টেনে বা ঠেলা দিয়ে খোলা যায়; স্লাইডিং দরজা। **slid·ing scale** *n* যে স্কেলের সাহায্যে কোনো কিছুতে, যেমন, জীবনযাত্রার ব্যয়ে পরিবর্তন সাপেক্ষে কোনো কিছুর, যেমন, মজুরির হ্রাস-বৃদ্ধি বা মান নির্ণয় করা যায়; সহচারী মান। **slid·ing seat** *n* বাজির ঘোড়ার পিঠে, বিশেষত বাইচের নৌকায় দাঁড়ির জন্য, সংযোজিত আসন—বাইচের ক্ষেত্রে এ আসন দাঁড়ের টান প্রলম্বিত করতে সাহায্য করে।

slight[1] [স্লাইট্] *adj* ১ হালকা-পাতলা; পলকা; ক্ষীণদর্শন: a ~ figure. ২ ক্ষুদ্র; তুচ্ছ; সামান্য: a ~ error; a ~ fever. **not in the ~est** আদৌ না; মোটেই না: You didn't offend me in the ~est. **~·ly** *adv* ১ পলকাভাবে: a ~ly built girl. ২ কিয়ৎপরিমাণে; কিছুটা: I feel ~ly better today. **~·ness** *n*

slight[2] [স্লাইট্] *vt* তুচ্ছতাচ্ছিল্য করা; অবজ্ঞা বা উপেক্ষা করা: He felt ~ed because there was no one to receive him at the station. □*n* [C] সম্মান বা সৌজন্য প্রদর্শনে চাক্ষুষ ব্যর্থতা; অবমাননা: She suffered ~s in her husband's family. **~·ing·ly** *adv*

slim [স্লিম্] *adj* ১ হালকা-পাতলা; সরু: ~-waisted, ক্ষীণকটি। ২ (কথ্য) ক্ষুদ্র; সামান্য; ক্ষীণ; অপর্যাপ্ত: ~ chances of success, সাফল্যের ক্ষীণ সম্ভাবনা। □*vi* শরীরের ওজন কমিয়ে হালকা-পাতলা হবার জন্য কম খাওয়া, ব্যায়াম করা ইত্যাদি: ~ming diet. **~·ly** *adv*. **~·ness** *n*

slime [স্লাইম্] *n* [U] ১ নরম; নোংরা; আঠালো কাদা। ২ শামুকের দেহ-নিঃসৃত আঠালো পদার্থ। **slimy** ['স্লাইমি] কাদাটে; কর্দমাক্ত; পিচ্ছিল; (লাক্ষ.) বিরক্তি বা ঘৃণার উদ্রেক করে এমন অসাধু, খোশামুদে, বিনয়ী, ইত্যাদি: a slimy character.

sling[1] [স্লিঙ্] *n* [C] ১ কোনো বস্তু ঝুলিয়ে রাখা বা টেনে তোলার জন্য শিকলি বা শিকলির মতো বাঁধা পটি। ২ পাথর ছুড়ে দেবার জন্য গুলতিবিশেষ। ৩ নিক্ষেপণ; ছোড়া। □*vt* ১ সজোরে নিক্ষেপ করা: boys ~ing stones at lamp-posts. **~ one's hook** (অপ.) বিদায় হওয়া: I asked him to ~ his hook. **~ mud at sb** (লাক্ষ.) কাউকে অপবাদ দেওয়া। **~ sb out** কাউকে বের করে দেওয়া; কাউকে বলপ্রয়োগে বহিষ্কার করা। ২ ঝুলিয়ে বাঁধা; ঝোলানো: ~ (up) a barrel. **~er** ['স্লিঙ্(র্)] *n* পাথর ছোড়ার জন্য গুলতিধারী ব্যক্তি।

sling[2] [স্লিঙ্] *n* ফলের, বিশেষত লেবুর রস মিশিয়ে তৈরি এক প্রকার মদ।

slink [স্লিঙ্ক্] *vi* চোরের মতো সটকে পড়া, ঢুকে পড়া ইত্যাদি।

slip[1] [স্লিপ্] *n* [C] ১ পিছলানো; পদস্খলন; অমনোযোগ বা অসাবধানতার ফলে সৃষ্ট ক্ষুদ্র ত্রুটিবিচ্যুতি: make a slip. **a ~ of the tongue/pen** বলার/ লেখার ভুল। **give sb the ~; give the ~ to sb** কারো হাত থেকে পালিয়ে আসা। **There's many a ~ 'twixt (the) cup and (the) lip** (প্রবাদ) কোনো কাজ পুরাপুরি সম্পন্ন হবার আগে যে কোনো ত্রুটিবিচ্যুতি সহজেই ঘটতে পারে। ২ (**'pillow-~**) বালিশের ওয়াড়; ঢিলে হাতাকাটা অন্তর্বাসবিশেষ; (**'gym-~**)মেয়েদের ব্যায়ামের পোশাক। ৩ কাগজের (সরু লম্বা) টুকরা; এ রকম টুকরা কাগজে ছাপা মুদ্রণের প্রুফ। ৪ নতুন গাছ ইত্যাদি জন্মাবার জন্য অন্য গাছের কাণ্ড থেকে কেটে নেওয়া ক্ষুদ্র অংশ; গাছের কলম। ৫ নবীন হালকা ব্যক্তি: a mere ~ of a boy. ৬ (সাধা. *pl;* ক্ষেত্রান্তরে **'~·way**) পানি পর্যন্ত নেমে-যাওয়া পাথর বা কাঠ দিয়ে তৈরি ঢালু পথ, এই পথের উপর জাহাজ নির্মিত হয় এবং এই পথ দিয়েই মেরামত কাজের জন্য জাহাজ টেনে তোলা হয়: The ship is still on the ~s. ৭ (*pl*) রঙ্গমঞ্চের যে অংশ থেকে দৃশ্যবদল করা হয় এবং মঞ্চে প্রবেশের আগে অভিনেতা অভিনেত্রীরা যেখানে এসে দাঁড়ায় (অধিক প্রচলিত শব্দ wings): watch a performance from the ~s. ৮ (ক্রিকেট) অফ-সাইডে উইকেট রক্ষকের কাছে দাঁড়ানো ফিলডার: first/second/third ~; (*pl*) ফিলডারদের এই অবস্থান। ৯ [U] মৃৎপাত্রে আস্তরণ দেবার জন্য বা নকশা আঁকার জন্য অর্ধতরল কাদামাটি।

slip[2] [স্লিপ্] *vi, vt* দেহের ভারসাম্য হারিয়ে ফেলা; পা পিছলে পড়া; পদস্খলিত হওয়া: I ~ped on the muddy road and broke my leg. ২ দ্রুত, নীরবে বা অলক্ষ্যে চলে যাওয়া: He ~ped out without being seen. ৩ শক্ত করে না ধরার বা ধরতে না পারার কারণে ফসকে বা পিছলে যাওয়া: The eel ~ped out of his hand. **let sth ~ (ক)** কোনো কিছু হাতছাড়া হতে দেওয়া: He let the opportunity ~. **(খ)** হঠাৎ (কোনো রহস্য, বা গোপন কথা) ফাঁস করে দেওয়া: let ~ a secret. **~ through one's fingers** (আক্ষ. বা লাক্ষ.) ধরতে বা ধরে রাখতে না-পারা; আঙুলের ফাঁক গলে বেরিয়ে যাওয়া; বুঝতে বা ধারণ করতে না পারা। **~ one's mind** (ব্যস্ততা, তাড়াহুড়া ইত্যাদির কারণে নাম, ঠিকানা, বার্তা ইত্যাদি) মনে রাখতে না পারা। ৪ দ্রুত কিন্তু সহজ গতিতে পরিধান করা বা খুলে ফেলা; গলে বা ঢুকে যাওয়া; গলিয়ে বা ঢুকিয়ে দেওয়া: ~ into a dress. ৫ অসাবধানতাবশত ছোটখাটো ভুল হতে দেওয়া: remove errors that ~ped into the text; ছোটখাটো ভুল করা। **~ up** (কথ্য) ভুল করা। এর থেকে, **'~-up** *n* [C] ভুল। ৬ স্বচ্ছন্দগতিতে চলা: The boat ~ped through the water. ৭ মুক্ত হওয়া; বন্ধন খুলে দেওয়া: ~ anchor,জাহাজের নোঙর খুলে দেওয়া; (গাভী সম্বন্ধে) ~ her calf, সময় পূর্ণ হবার আগেই বাচ্চা দেওয়া। ৮ (যৌগশব্দ) **'~-carriage/ -coach** রেলগাড়ির শেষে জুড়ে-দেওয়া যে বগি গাড়ি না থামিয়েও বিচ্ছিন্ন করা যায়। **'~-cover** *n* আসবাবের ঢাকনা। **'~-knot** *n* **(ক)** দড়ির ফসকা গেরো। **(খ)** দড়ির বিষ গেরো। **'~-road** *n* মোটরপথের সংযোগকারী রাস্তা (US = access-road); স্থানীয় উপপথ। **'~-stream** বিমানের জেট ইনজিন বা প্রপেলার থেকে নির্গত বায়ুস্রোত। **'~·on/·over** *n* যে জুতা বা জামা কোনো কিছুর উপরে বা উপর দিয়ে সহজে পরা যায়।

slip·per ['স্লিপা(র্)] *n* (প্রায়শ **pair of ~s**) ঘরে পরার চটিজুতা; চপ্পল। **~ed** *adj* চপ্পল পরিহিত।

slip·pery ['স্লিপারি] *adj* ১ (কোনো কিছুর উপরিভাগ সম্বন্ধে) পিচ্ছিল: ~ roads; (লাক্ষ.) কোনো বিষয় সম্বন্ধে) সতর্ক থাকতে হয় এমন: We are on ~ ground when talking about benevolent dictatorship. **be on a ~ slope** (লাক্ষ.) ব্যর্থতা বা অপযশ আনতে পারে এমন কর্মপদ্ধতি গ্রহণ করা; বিপজ্জনক পথে পা দেওয়া। ২ (লাক্ষ. ব্যক্তি সম্বন্ধে) নির্ভরযোগ্য নয় এমন; নীতি বিবর্জিত: He is as ~ as an eel, বাইন মাছের মতো পিছল। **slip·peri· ness** *n*

slippy [ˈস্লিপি] *adj* (কথ্য) ১ পিছল। ২ (প্রা.) চটপটে: Be ~ about it.

slip·shod [ˈস্লিপ্‌শড্‌] *adj* নোংরা ও অপরিপাটি; যত্নহীন; আলুথালু; বিশৃঙ্খল: a ~ style.

slit [স্লিট্‌] *n* [C] সংকীর্ণ ফাঁক বা ফাটল: The ~ of a letter-box. □*vt, vi* ১ চিরে ফেলা; চিরে খোলা: ~ a man's throat; ~ an envelope open. ২ লম্বালম্বিভাবে কেটে বা ছিঁড়ে যাওয়া: The shirt has ~ down the back.

slither [ˈস্লিদা(র্‌)] *vi* টলতে টলতে গড়িয়ে বা পিছলে যাওয়া: ~ down a mud-covered slope. **~y** *adj* পিছল।

sliver [ˈস্লিভা(র্‌)] *n* [C] কাঠের ছোট, পাতলা ফালি বা ছিলকা; কাঠ, কাচ, ধাতু ইত্যাদির সুচালো, ধারালো টুকরা; কোনো বড়ো টুকরা থেকে ছিলে আনা পাতলা টুকরা: a ~ of cheese. □*vt, vi* সরু সরু ফালি করে কাটা, ছিলকা কেটে নেওয়া; টুকরা টুকরা হয়ে ভাঙা।

slob [স্লব্‌] *n* (অপ.) অত্যন্ত নোংরা বা অমার্জিত লোক।

slob·ber [ˈস্লবা(র্‌)] *vi, vt* ১ (শিশুদের মতো) মুখ দিয়ে লালা বের করা। **~ over sb** কারো জন্য মাত্রাতিরিক্ত ও আবেগাপ্লুত প্রেম বা অনুরাগ প্রদর্শন করা। ২ লালাসিক্ত করা: The baby has ~ed its bib. □*n* [U] মুখনিসৃত লালা; ভাবাবেগতাড়িত কথন ইত্যাদি।

sloe[স্লৌ] *n* [C] ছোট; নীলচে-কালো; অত্যন্ত টক বুনো ফল; বৈঁচি ফল; বৈঁচির ঝোপ। **ˌ~-ˈgin** *n* এই ফল থেকে জিন সহযোগে তৈরি মদ্যবিশেষ।

slog [স্লগ্‌] *vi, vt* **~ (at)** (বিশেষত মুষ্টিযুদ্ধ ও ক্রিকেট খেলায়) সজোরে আঘাত করা; অবিচলিতভাবে হাঁটা বা কাজ করা: ~ (at) the ball; ~ away at one's work; ~ging along the road. **~·ger** *n* যে ব্যক্তি (বলে) সজোরে আঘাত করে (যেমন ক্রিকেট খেলায়); কঠোর পরিশ্রমী।

slo·gan [ˈস্লৌগান্‌] *n* [C] দল বা গোষ্ঠীগত জিগির, স্লোগান; নীতিবাণী; বিজ্ঞাপনে ব্যবহৃত কথা; বিজ্ঞাপনী: political ~s; natty ~s to catch the buyer.

sloop [স্লূপ্‌] *n* এক মাস্তুলের ছোট পাল-তোলা জাহাজ।

slop[1] [স্লপ্‌] *vi, vt* ১ (তরল পদার্থ সম্বন্ধে) উপচে পড়া: The tea ~ped (over) into the saucer. ২ **~ over sb** = slobber over sb. ৩ ছলকে পড়া বা ছলকে ফেলা: ~ milk over the table-cloth, ছিটানো। ৪ নোংরা পানি বা তরল আবর্জনা খালি করা। ৫ জগাখিচুড়ি বা লেজে-গোবরে করা: ~ paint all over the floor. ৬ ছিটানো: Some children love ~ping about in puddles. □*n* **~s** ১ রান্নাঘর বা শোবার ঘরের নোংরা পানি; (কারা প্রকোষ্ঠের মতো বালতিতে জমা-করা) মল বা মূত্র। **ˈ~-basin** *n* খাবার টেবিলে চায়ের কাপের তলানি ধারণ করার জন্য গামলা। **ˈ~-pail** *n* শোবার ঘরের তরল আবর্জনা সরাবার বালতি। ২ বিশেষত অসুস্থ ব্যক্তিদের জন্য তরল খাবার, যেমন দুধ, স্যুপ বা সুরুয়া ইত্যাদি; পরিত্যক্ত তরল খাবার (যা সাধা. শূকরের খাদ্য)।

slop[2] [স্লপ্‌] *n* (বিশেষত নৌবাহিনীতে নাবিকদের জন্য সরবরাহকৃত, সাধা. *pl*) সস্তা, রেডি-মেড পোশাক; বিছানাপত্র। **ˈ~-shop** *n* যে দোকানে এ রকম পোশাক বা বিছানাপত্র বিক্রি হয়।

slope [স্লৌপ্‌] *n* ১ [C,U] তির্যক রেখা; ভূ-পৃষ্ঠ বা অন্য কোনো সমতলপৃষ্ঠ বরাবর ৯০° ডিগ্রি অপেক্ষা কম কৌণিক অবস্থান বা দিক; ঢাল: The ~ of a roof; a steep ~. ২ চড়াই বা উৎরাই সম্বলিত স্থান: mountain ~s. ৩ (সৈনিকের) কাঁধে রাইফেলের অবস্থান: with his rifle at the ~. □*vi, vt* ১ ঢালবিশিষ্ট হওয়া; ঢালু হয়ে যাওয়া: The ground here ~s (down) to the river. ২ ঢালু করা। **~ arms** (সাম.) বাম কাঁধে তির্যক রেখায় রাইফেল স্থাপন করা। ৩ (কথ্য) **~ off** কেটে পড়া; চম্পট দেওয়া।

slop·ing·ly *adv*

sloppy [ˈস্লপি] *adj* ১ বৃষ্টির পানি ইত্যাদিতে ভেজা বা কর্দমাক্ত; নোংরা পানি জমা ছোটখাটো গর্তে ভরা: The rain has made the roads ~. ২ (খাদ্য সম্বন্ধে) তরল খাদ্যবিশেষ, চায়ের তলানি ইত্যাদি লেগে ভিজে নোংরা হয়ে গেছে এমন। ৩ (কথ্য) শৃঙ্খলাহীন, এলোমেলো; যত্ন নিয়ে করা হয়নি এমন: a ~ piece of work. ৪ (কথ্য) অতিমাত্রায় ভাবপ্রবণ, ছিচকাঁদুনে: ~ sentiment; ~ talk about first loves. **slop·pily** [-ইলি] এলোমেলো বা যত্নহীনভাবে: sloppily dressed. **slop·pi·ness** *n*

slosh [স্লশ্‌] *vt, vi* ১ (অপ.) আঘাত করা: ~ sb on the jaw. ২ **~ about** গলন্ত বরফ বা কাদার ভিতর থেকে উঠে আসার আপ্রাণ চেষ্টায় হাত-পা ছোড়া; গলন্ত বরফ বা কাদার ভিতর নাকানিচুবানি খাওয়া। ২ **~ sth about** পানি বা কাদা ছিটানো। **~ed** *adj* (অপ.) মাতাল।

slot [স্লট্‌] *n* [C] ১ কোনো কিছু ঢোকানোর জন্য সংকীর্ণ ফাঁক; স্বয়ংক্রিয়ভাবে টিকিট, সিগারেট, মিষ্টির প্যাকেট ইত্যাদি প্রদান করে এমন মেশিনে (**ˈ~-machine** বা **vending-machine)** পয়সা ঢোকানোর ফাঁক। ২ খাঁজ। ৩ (কথ্য) (বেতার অনুষ্ঠান, কর্ম-পরিকল্পনা ইত্যাদিতে) কোনো কিছুর জন্য সঠিক বা উপযুক্ত স্থান: find a ~ for a talk on environment pollution. □*vt* ফাঁক বা খাঁজ কাটা; উপযুক্ত স্থান খুঁজে দেওয়া: ~ a song recital into a radio programme; ~ 10,000 graduates into jobs every year, প্রতিবছর ১০,০০০ স্নাতকের কর্মসংস্থান করা।

sloth [স্লৌ থ্‌] *n* ১ [U] আলস্য; কুঁড়েমি; ঢিলেমি। ২ [C] বৃক্ষশাখায় বাসকারী দক্ষিণ আমেরিকার স্তন্যপায়ী এবং অত্যন্ত শ্লথগতি প্রাণী। **~·ful** [-ফ্‌ল্‌] *adj* নিষ্ক্রিয়; অলস।

slouch [স্লাউ চ্‌] *vi* শ্রান্ত অলস ভঙ্গিতে দাঁড়ানো, বসা বা চলা: There are louts who ~ about in the Ramna park all day. □*n* শ্রান্ত অলস ভঙ্গি বা শ্রান্ত অলস ভঙ্গিতে হাঁটা: walk with a ~. **ˌ~-ˈhat** *n* প্রান্ত নীচের দিকে নামানো নরম টুপি। **~·ing·ly** *adv*

slough[1] [স্লাঊ; US স্থান-বিবরণে: স্লু] *n* [C] জলাভূমি; বিলাঞ্চল।

slough[2] [স্লাফ্‌] *n* [C] সাপের পরিত্যক্ত খোলস; নির্দিষ্ট সময় অন্তর পরিত্যক্ত প্রাণীদেহের যে কোনো মৃত অংশ। □*vt, vi* **~ (off)** খোলস ওঠা; খোলস ছাড়া; পরিত্যাগ করা: ~ (off) bad habits. Snakes ~ their skins at regular periods.

sloven [ˈস্লাভ্‌ন্‌] *n* চেহারা, বেশভূষা, আচার-অভ্যাস ইত্যাদিতে অগোছালো, নোংরা, যত্নহীন লোক। **~·ly** *adj* অগোছালো; নোংরা; যত্নহীন: a ~ly appearance. **~·li·ness** *n*

slow[1] [স্লৌ] *adj* ১ ধীর; মন্থর: a ~ train. ২ স্বাভাবিক মাত্রা বা গতি অপেক্ষা কম। **a ~ march** সামরিক শেষকৃত্যানুষ্ঠানে আচরিত ধীরগতি মার্চ বা কুচকাওয়াজ। **in ~ motion** (চলচ্চিত্রে) সেকেন্ড প্রতি গৃহীত ছবির সংখ্যা বিপুলভাবে বাড়ানো (ফলে যখন স্বাভাবিক গতিতে

এ রকম ছবি দেখানো হয় তখন প্রদর্শিত ঘটনাকে অত্যন্ত মন্থরগতি মনে হয়)। এর থেকে, a ~-motion film. ৩ জড়বুদ্ধি, গোবরে–মাথা: a ~ child; তাৎক্ষণিকভাবে কাজ করে না কিংবা নির্দিষ্ট সময় পরে ক্রিয়াশীল হয় এমন: ~ poison. He is always ~ to make up his mind. ˈ~·coach *n* কাজ–কর্মে শ্লথগতি বা নির্বোধ বা সেকেলে ধ্যান–ধারণা পোষণকারী অনগ্রসর লোক। ৪ (সাধা. *pred;* ঘড়ি সম্বন্ধে) সঠিক সময় থেকে পিছিয়ে আছে এমন; স্লো: My watch is three minutes ~. ৫ যথেষ্ট চিত্তাকর্ষক বা প্রাণবন্ত নয়: I think the play was rather ~. ৬ (উপরিভাগ সম্বন্ধে) (বিশেষত বলের) গতি মন্থর হয়ে যায় এমন: a ~ cricket pitch; a ~ running track. **~·ly** *adv* ধীরে, মন্থরগতিতে বা মন্থরভাবে: walk ~ly. **~·ness** *n*

slow[2] [স্লৌ] *adv* ১ ধীরগতিতে; ধীরে: She asked the driver to go ~er. **go ~ (ক)** (শ্রমিকদের সম্বন্ধে) প্রতিবাদ স্বরূপ কিংবা দাবি–দাওয়ার প্রতি দৃষ্টি আকর্ষণের জন্য মন্থরগতিতে কাজ করা। এর থেকে, **go ˈslow** *n* **(খ)** অপেক্ষাকৃত কম কাজ করা; পূর্ণমাত্রায় সক্রিয় না–হওয়া: He decided to go-~ until he felt really well again. ২ (যৌগশব্দ) **ˌ~-ˈgoing/-ˈmoving/ˈspoken** ধীরে যাওয়া/ ধীরে চলা/ ধীরবক্তা।

slow[3] [স্লৌ] *vi, vt* ~ **(sth) up/down** মন্থর করা; মন্থর হওয়া: He ~ed up/down as he approached the crossroads. She should ~ up a bit (= কঠোর পরিশ্রম কমাতে হবে) if she wants to avoid a breakdown. **ˈ~-down** *n* (বিশেষত) শ্রমিক বা মালিকপক্ষ দ্বারা ইচ্ছাকৃতভাবে শিল্প–উৎপাদন হ্রাস।

slow-worm [ˈস্লৌ ওয়াম্] *n* ক্ষুদ্র; প্রত্যঙ্গহীন; বিষহীন সরীসৃপ।

sludge [স্লাজ্] *n* [U] ১ ঘন; তৈলাক্ত কাদা; গলন্ত বরফ; গলিত বরফসৃষ্ট কাদা। ২ নর্দমার আবর্জনা; ড্রেনের ময়লা। ৩ নোংরা ঘন তেল বা চর্বি।

slue [স্লু] দ্র. slew[2].

slug[1] [স্লাগ্] *n* শামুকের মতো কিন্তু খোলাহীন মন্থরগতি প্রাণী; চারাগাছ বিনষ্টকারী উদ্যানকীট।

slug[2] [স্লাগ্] *n* ১ অসম আকৃতির গুলি বা বুলেট। ২ ছাপার মেশিনে ঢালাই–করা পুরা পংক্তি; স্লাগ।

slug[3] [স্লাগ্] *vt, vi* (US) = slog.

slug·gard [ˈস্লাগ ড়্] *n* অলস; মন্থরগতি লোক।

slug·gish [ˈস্লাগিশ্] *adj* নিষ্ক্রিয়; মন্থরগতি: a ~ pulse. **~·ly** *adv.* **~·ness** *n*

sluice [স্লুস্] *n* [C] ১ **ˈ~(-gate/-valve)** (খাল, হ্রদ ইত্যাদিতে) পানিপ্রবাহ নিয়ন্ত্রণ করে পানির উচ্চতা নিয়ন্ত্রণ করার যান্ত্রিক কৌশল; জলকপাট: open/close the ~-gates of a canal. ২ **ˈ~(-way)** কৃত্রিম খাল, বালি ও নোংরা থেকে সোনা ধুয়ে ছেঁকে তুলবার জন্য স্বর্ণখনির শ্রমিকেরা এরকম খাল খনন করে থাকে। ৩ জলকপাটের উপর, ভিতর বা নীচ দিয়ে পানির প্রবাহ। □*vt, vi* ১ কোনো কিছুর উপর দিয়ে জলস্রোত প্রবাহিত করা; জলস্রোতের সাহায্যে ধোয়া: ~ ore, বালুকণা; কাঁকর প্রভৃতি থেকে আলাদা করার জন্য ধোয়া। ২ ~ **(out)** জলকপাটের পানি দিয়ে ধোয়া বা প্লাবিত করা। ৩ ~ **out** (পানি সম্বন্ধে) জলকপাট–খোলা স্রোতের মতো সবেগে ছুটে যাওয়া বা প্রবাহিত হওয়া।

slum [স্লাম্] *n* ১ অত্যন্ত ঘিঞ্জি নোংরা পল্লী; বস্তি: live in a ~. ২ **the ~s** শহরের বস্তি এলাকা। **~ clearance** বস্তি তুলে দিয়ে বস্তিবাসীদের উন্নত পুনর্বাসনের ব্যবস্থা; বস্তি–উন্নয়ন। □*vi* ১ বস্তিবাসীদের সাহায্যদানের জন্য বস্তি এলাকায় যাওয়া। ২ (কথ্য) অত্যন্ত অল্প খরচে জীবনযাপন করা। **~my** *adj* বস্তিবিষয়ক; বস্তিসদৃশ: a ~my part of the city.

slumber [ˈস্লাম্বা(র্)] *vi vt* (সাহিত্য. ও আল.) ১ বিশেষত সুখে বা আরামে নিদ্রা যাওয়া। ২ সুখনিদ্রায় (সময়) অতিবাহিত করা: ~ away an entire afternoon. □*n* (প্রায়শ *pl)* নিদ্রা, ঘুম: fall into a peaceful ~. **~er** যে ব্যক্তি নিদ্রা যায়। **~·ous** [-আস্] *adj* নিদ্রালু।

slump [স্লাম্প্] *vi* ১ ধপ করে পড়ে যাওয়া বা বসে পড়া: He ~ed into a chair. ২ (ব্যবসা–বাণিজ্য, মূল্য সম্বন্ধে) অত্যধিক বা আকস্মিকভাবে হ্রাস পাওয়া। □*n* [C] মূল্য; বাণিজ্যিক কাজ–কর্ম ইত্যাদির সামগ্রিক মন্দাভাব; ব্যবসাসংক্রান্ত মন্দা।

slung [স্লাঙ্] sling–এর *pt, pp*

slunk [স্লাঙ্ক্] slink–এর *pt, pp*

slur [স্ল্য(র্)] *vt, vi* ১ (ধ্বনি, অক্ষর, শব্দ) এমনভাবে জোড়া লাগানো যাতে সেগুলো অস্পষ্ট হয়ে পড়ে; (সঙ্গীত) বিরতিহীনভাবে গাওয়া বা বাজানো। ২ **~ over sth** আড়াল করবার চেষ্টায় (ত্রুটিবিচ্যুতির কথা) চটপট নামমাত্র উল্লেখ করা: He ~red over his guru's faults and dwelt upon his virtues. □*n* ১ [U, C] তিরস্কার; দোষারোপ; কলঙ্ক; অপবাদ: cast a ~ on sb's reputation. ২ [C] ধ্বনির অস্পষ্ট উচ্চারণ। ৩ (সঙ্গীত) দুই বা ততোধিক স্বর একবারে অর্থাৎ একমাত্রা হিসাবে গাইতে বা বাজাতে হবে—এই নির্দেশসূচক ⌒ অথবা ◡ চিহ্ন।

slurry [ˈস্লারি] *n* [U] সিমেন্ট, মাটি, কাদা ইত্যাদির পাতলা অর্ধতরল মিশ্রণ।

slush [স্লাশ্] *n* [U] নরম, গলন্ত তুষার; নরম কাদা; (লাক্ষ.) অর্থহীন ভাবপ্রবণতা। **ˈ~ fund** *n* (বাণিজ্য.) সরকারি কর্মকর্তাদের ঘুষ প্রদানের জন্য ব্যবসা প্রতিষ্ঠান কর্তৃক ব্যবহৃত তহবিল। **~y** *adj*

slut [স্লাট্] *n* নোংরা, অগোছালো মেয়েমানুষ। **~·tish** [-ইশ্] *adj*

sly [স্লাই] *adj* ১ প্রতারণাপূর্ণ; গোপন রাখে বা গোপনে করে এমন; গোপন কথা জানে বা জানার ভাব দেখায় এমন: a sly look. **a sly dog** গোপন স্বভাবী ব্যক্তি। **on the sly** গোপনে। ২ রঙ্গিলা; রঙ্গময়; কৌতুকপূর্ণ। **sly·ly** *adv.* **sly·ness** *n*

smack[1] [স্ম্যাক্] *n* [C] ১ হাত খুলে সমান কোনো কিছুর উপর করাঘাত; এ রকম আঘাতের শব্দ; হঠাৎ এবং জোরের সঙ্গে দুই ঠোঁট আলাদা করার শব্দ; ঠোঁট দিয়ে করা চুক চুক শব্দ; চাবুকের ক্ষিপ্রগতি আঘাতের শব্দ: with a ~ of the lips, খাদ্য বা পানীয়ের রসাস্বাদনের চুক চুক শব্দ; give sb a ~ on the lips, সশব্দ চুম্বন দান করা; the ~ of a whip. ২ চপেটাঘাত; চড়; আঘাত। **get a ~ in the eye** (কথ্য) বিপত্তির মুখোমুখি হওয়া; অসুবিধায় পড়া; প্রচণ্ডভাবে হতাশ হওয়া। **have a ~ at sth** (কথ্য) কোনো কিছু করার চেষ্টা করা। □*vt* ১ চপেটাঘাত করা; চড় মারা: ~ a naughty child. ২ **~ one's lips** ঠোঁট দিয়ে (তৃপ্তি বা আগ্রহসূচক) চুকচুক শব্দ করা। □*adv* হঠাৎ ও প্রচণ্ডভাবে: The lorry ran ~ into the brick wall. **~er** *n* (কথ্য) ১ সশব্দ চুম্বন। ২ পাউন্ড বা ডলার। **~·ing** *n* চড়–থাপ্পড়: give sb a good ~ing.

smack[2] [স্ম্যাক্] *n* মাছ ধরার জন্য ছোট পালের নৌকা।

smack[3] [স্ম্যাক্] *n* ঈষৎ স্বাদ বা গন্ধ, ইঙ্গিত আভাস; ঈষৎ স্বাদ বা গন্ধযুক্ত হওয়া, ঈষৎ আভাস বা ইঙ্গিত বহন করা: soup that ~s of garlic. His words ~ of fundamentalism.

small [স্মো°ল্] *adj* (big বা large–এর বিপরীতে) ১ ক্ষুদ্র; ছোট; অল্প: a ~ town; a ~ animal; a ~ sum of money. ২ বড়ো মাপে করছে না এমন: a ~ farmer; a ~ businessman. ৩ নগণ্য; তুচ্ছ। **be thankful for ~ mercies** নেহাৎ ছোটখাটো প্রাপ্তির জন্য কৃতজ্ঞ হওয়া বা কৃতজ্ঞ থাকা। **ˈ~ talk** সামাজিক ব্যাপার নিয়ে মামুলি আলাপ। ৪ (শুধুমাত্র attrib): a ~ eater, স্বল্পাহারী। ৫ সংকীর্ণমনা; ক্ষুদ্রচেতা; অনুদার: only a ~ man/a man with a ~ mind would refuse cooperation at such a time of national calamity. এর থেকে, **ˌ~-ˈminded** *adj* ৬ সমাজের নীচতলাকার; নিম্নশ্রেণীর; হীন: great and ~, উচ্চ–নীচ; ধনী–দরিদ্র সবাই; সর্বশ্রেণীর লোক। ৭ **in a ~ way** ক্ষুদ্রাকারে; অনাড়ম্বরভাবে: In a ~ way, I too have done something for the school. He lives in quite a ~ way. ৮ সামান্যই কিংবা একেবারেই না: S~ wonder that we never won the Asia cup, অবাক হবার কিছু নেই যে ...। (যৌগ ও বিশিষ্ট প্রয়োগসমূহ) **ˈ~ arms** *n pl* হালকা অস্ত্র। **ˈ~ change** *n* (ক) খুচরা পয়সা। (খ) (লাক্ষ.) তুচ্ছ মন্তব্য; হালকা আলাপ। **ˈ~ fry** *n* দ্র. fry[2]. **ˈ~·holding** *n* ছোট আকারের চাষের জমি (GB–তে ৫০ একরের কম)। **ˈ~·holder** *n* এ রকম আবাদি জমির মালিক বা বর্গাদার। **the ~ hours** *n pl* দ্র. hour (১). **~ letters** *n pl* ইংরেজি ছোট হাতের অক্ষর। **ˈ~·pox** *n* [U] গুটি বসন্ত। **ˈ~·time** *adj* (কথ্য) তুচ্ছ, তৃতীয় শ্রেণীর বা নিকৃষ্ট মানের। **the still, ~ voice** বিবেকের কণ্ঠ। **on the ˈ~ side** বড়ো বেশি ছোট। **look/feel ~** অপদস্থ হওয়া বা অপদস্থ বোধ করা। □*adv* **sing ~,** দ্র. sing (১). □*n* **the ~ of** সবচেয়ে হালকা বা সরু অংশ: the ~ of the back. **~s** (কথ্য) (কেচে ইস্তিরি করার জন্য) ছোটখাটো পোশাক। **~·ness** *n*

smarmy [ˈস্মা:মি] *adj* (GB, কথ্য) অনুগ্রহচোরা; তোষামুদে।

smart[1] [স্মা:ট্] *adj* ১ উজ্জ্বল; নবীন–দর্শন; পরিচ্ছন্ন; সুবেশ: a ~ suit. She looked very ~ in her light blue sari. ২ কেতাদুরস্ত: the ~ set; ~ people. ৩ চালাক; দক্ষ; পটু; তীক্ষ্ণধী; বুদ্ধিমান: a ~ officer; a ~ retort. ৪ ক্ষিপ্র; চটপটে: They started out at a ~ pace. **look ~!** জলদি! ৫ কঠোর: ~ punishment. **~·ly** *adv.* **~·ness** *n.* **~en** [স্মা:টন্] *vt, vi* **~en (oneself) (up)** সেজেগুজে ফিটফাট হওয়া; চটপটে হওয়া: She ~ened herself up to receive the guests. He has ~ened up a lot since he entered the civil service.

smart[2] [স্মা:ট্] *vi* (দেহে বা মনে) তীব্র ব্যথা অনুভব করা বা তীব্র ব্যথা দেওয়া: The teargas bombs made our eyes ~. He was ~ing under the injustice done to him by his family. **~ for** পরিণাম ভোগ করা: I will make you ~ for this impudence. □*n* [U] দেহ বা মনের তীব্র ব্যথা: The ~ of my wound kept me awake.

smash [স্ম্যাশ্] *vt, vi* ১ ভেঙে টুকরা টুকরা করা বা টুকরা টুকরা হওয়া: ~ a window. **ˌ~-and-ˈgrab raid** জানালা ভেঙে হাত গলিয়ে মূল্যবান সামগ্রী চুরি করা। ২ ভেঙেচুরে ঢুকে পড়া বা ঢুকে যাওয়া: The truck ~ed into a wall. ৩ প্রচণ্ড আঘাত করা; হারিয়ে দেওয়া: ~ an enemy; give sb a ~ing blow; ~ a record, (খেলাধুলা ইত্যাদিতে পূর্বে সৃষ্ট) রেকর্ড ভাঙা। ৪ (টেনিস খেলায়) জালের উপর দিয়ে উপর থেকে নীচের দিকে তির্যক রেখায় সজোরে বল আঘাত করা। ৫ (ব্যবসা প্রতিষ্ঠান সম্বন্ধে) দেউলে হওয়া। □*n* [C] ১ ভাগ; ভেঙে টুকরা টুকরা হওয়া: The jar fell with an awful ~; দেউলে অবস্থা: The bank failed and the businesses that drew on it were ruined in the ~ that followed. **~(-up)** সংঘর্ষ: There were reports of a terrible ~(-up) on the Dhaka-Chittagong railway. **go ~** ধ্বংস হওয়া। ২ (টেনিস) উপর থেকে নীচের দিকে ক্ষিপ্রগতির মার। ৩ **a ~ hit** (কথ্য) তাৎক্ষণিকভাবে সফল বা জনপ্রিয়তা অর্জনকারী কোনো কিছু (বিশেষত কোনো নতুন নাটক, গান, সিনেমা ইত্যাদি)। □*adv* ভেঙেচুরে: run ~ into a wall. **~er** *n* (অপ.) (ক) প্রচণ্ড আঘাত। (খ) অত্যন্ত চমৎকার বা আকর্ষণীয় বিবেচিত কোনো ব্যক্তি বা বস্তু। **~·ing** *adj* (অপ.) অত্যন্ত চমৎকার, আকর্ষণীয় ইত্যাদি: She is ~ing!

smat·ter·ing [ˈস্ম্যাটারিঙ্] *n* [সাধা. **a ~ (of)**] (কোনো বিষয় সম্বন্ধে) সামান্য বা ভাসা ভাসা জ্ঞান।

smear [স্মি আ (র্)] *vt, vi* ১ **~ sth on/over/with** তৈলাক্ত বা আঠালো পদার্থ দ্বারা প্রলেপ দেওয়া; তৈলাক্ত বা আঠালো পদার্থ মাখানো: ~ one's hand with grease. His hands were ~ed with blood. ২ (কোনো কিছুর উপর) নোংরা, তৈলাক্ত দাগ ভরানো; কারো নামে কলঙ্ক লেপন করা। **a ˈ~(ing) campaign** (গুজব ইত্যাদি রটিয়ে) কারো সুনাম নষ্ট করার অভিযান; অপপ্রচার। ৩ দাগ দেওয়া; ঝাপসা বা অস্পষ্ট করা: ~ a word. ৪ দাগযুক্ত হওয়া। □*n* [C] দাগ: a ~ of paint; ~s of blood. **ˈ~-word** কারো নাম কলঙ্কিত করার জন্য ব্যবহৃত শব্দ।

smell[1] [স্মেল্] *n* ১ [U] ঘ্রাণেন্দ্রিয়; ঘ্রাণশক্তি: Taste and ~ are closely connected. ২ [C,U] ঘ্রাণ; গন্ধ: what a sweet ~. ৩ [C] (*adj* ব্যতিরেকে) দুর্গন্ধ: what a ~, কী বাজে গন্ধ! ৪ [C] (সাধা. **a ~**) ঘ্রাণগ্রহণ; শোঁকা: Have/Take a ~ of this bread and tell me if it has gone stale.

smell[2] [স্মেল্] *vt, vi* গন্ধ পাওয়া: I can ~ burning tar. **~ a rat,** দ্র. rat. ২ শুঁকে দেখা; গন্ধ নেওয়া: S~ the butter and tell me if it is rancid. **~ round/about** গন্ধ শুঁকে বেড়ানো; খবর সংগ্রহের জন্য এখানে সেখানে ঘোরাঘুরি করা (আক্ষ. ও লাক্ষ.)। **~ sth out** গন্ধ শুঁকে অথবা (লাক্ষ.) অন্তর্দৃষ্টি দ্বারা আবিষ্কার করা বা খুঁজে বের করা। ৩ ঘ্রাণশক্তি থাকা: Can fishes ~? মাছের ঘ্রাণশক্তি আছে? **~ (of sth)** (*adj* বা *adv* দ্বারা নির্দেশিত) গন্ধ দান করা বা গন্ধ ছড়ানো: The rose ~s sweet. His breath smelt of alcohol. (লক্ষণীয় যে, কোন *adj* না থাকলে সাধা. অপ্রীতিকর গন্ধ বোঝাবে: Fish soon ~s in summer, গরমের দিনে মাছে তাড়াতাড়ি গন্ধ হয়, অর্থাৎ, তাড়াতাড়ি পচে ওঠে। **~ of the lamp** (রচনাদি সম্বন্ধে) সলতে পুড়িয়ে, অর্থাৎ, রাত জেগে, রচিত হবার ইঙ্গিত বহন করা। **ˈ~·ing-salts** *n pl* মূর্ছা ইত্যাদি নিবারণে শোঁকার জন্য তীব্র

গন্ধযুক্ত পদার্থ। ˈ~·ing-bottle *n* এ রকম পদার্থপূর্ণ বোতল। **smelly** *adj* (কথ্য) কটুগন্ধযুক্ত।

smelt[1] (স্মেল্ট্) *vt* (আকরিক) গলানো; আকরিক গলিয়ে (ধাতু) পৃথক করা: a copper ~ing works.

smelt[2] [স্মেল্ট্] *n* এক জাতের সুস্বাদু ছোট মাছ।

smelt[3] [স্মেল্ট্] smell[2]–এর *pp, pt*

smile [স্মা ইল্] *n* [C] মৃদুহাসি: She was all ~s, তাকে খুব খুশি দেখাচ্ছিল; There was an amused smile on his face. □*vi, vt* ১ **~ (at) on/ upon)** মৃদু হাসি দেওয়া; হাসা: He never ~s. She ~d at me. Fortune ~d upon him, ভাগ্য তার প্রতি প্রসন্ন হলো। ২ হেসে প্রকাশ করা: He ~d his approval, হেসে সম্মতি প্রকাশ করলো। ৩ উল্লিখিতরূপ হাসি দেওয়া: ~ a bitter ~, তিক্ত হাসি হাসা। **smil·ing·ly** *adv* সহাস্যে।

smirch [স্মাচ্] *vt* নোংরা করা; (লাক্ষ.) অসম্মানিত করা; কলঙ্কিত করা। □*n* [C] (লাক্ষ.) কলঙ্ক বা দাগ।

smirk [স্মাক্] *vi, n* নির্বোধ; আত্মতৃপ্ত হাসি (দেওয়া)।

smite [স্মা ইট্] *vt, vi* (পুরা. বা, আধুনিক প্রয়োগে, রসাত্মক বা সাহিত্য) ১ আঘাত করা; সজোরে আঘাত করা: Imran smote the ball into the grandstand. His conscience smote him. be smitten with remorse/with a pretty girl. ২ সম্পূর্ণ পরাজিত করা: Allah will ~ the wrong doers. ৩ হঠাৎ সজোরে আঘাত করা; আচমকা এসে পড়া: A shrill cry smote upon my ears.

smith [স্মি থ্] *n* কর্মকার; কামার: ˈblack ~, দ্র. black, gold, silver, tin. **smithy** [ˈস্মিদ্দি] *n* কামারশালা।

smith·er·eens [ˌস্মিদ়াˈরীন্জ়্] *n pl* ছোট ছোট টুকরা: smash sth to/into ~.

smit·ten [ˈস্মিটন্] smite-এর *pp*

smock [স্মক্] *n* ওভারল জাতীয় ঢিলা পোশাক। **~·ing** *n* [U] পোশাকের উপর করা এক ধরনের সূচিকর্ম।

smog [স্মগ্] *n* [U] কুয়াশা ও ধোঁয়ার মিশ্র।

smoke[1] [স্মৌক্] *n* ১ [U] ধোঁয়া। **end up in ~** নিষ্ফল হওয়া; ব্যর্থতায় পর্যবসিত হওয়া। **go up in ~** পুড়ে ছাই হওয়া; (লাক্ষ.) নিষ্ফল হওয়া। **There is no ~ without fire,** (প্রবাদ) দ্র. fire[1](১). **ˈ~ bomb** *n* (সামরিক আয়োজন, অভিযান ইত্যাদি আড়াল করার জন্য ব্যবহৃত) ধূম্রজাল সৃষ্টিকারী ধূম্র–বোমা। **ˈ~-cured/dried** *adj* (শূকরের মাংস, কতিপয় মাছ, প্রভৃতি সম্বন্ধে) লবণ ইত্যাদি মাখিয়ে কাঠের ধোঁয়ায় শুকানো হয়েছে এমন। **ˈ~-screen** *n* সামরিক বা নৌবাহিনীর তৎপরতা আড়াল করার জন্য সৃষ্ট ধূম্রজাল; (লাক্ষ.) নিজের প্রকৃত উদ্দেশ্য সম্পর্কে লোকজনকে বিভ্রান্ত করার জন্য প্রদত্ত ব্যাখ্যা, বিশ্লেষণ ইত্যাদি। **ˈ~-stack** *n* (ক) বাষ্পচালিত জাহাজ (এবং যুক্তরাষ্ট্রে, বাষ্পচালিত রেলইনজিন) থেকে ধোঁয়া ও বাষ্প নির্গমনের পথ, জাহাজের (ও যুক্তরাষ্ট্রে, রেলইনজিনের) চিমনি। (খ) উঁচু চিমনি। ২ [C] ধূমপান: have a ~; (কথ্য) চুরুট বা সিগারেট: pass the ~s round. **~·less** *adj* ১ ধোঁয়াহীন: ~less fuel. ২ ধূম্রমুক্ত: a ~less zone, যেখানে ধূমপান নিষিদ্ধ; The ~less air of the countryside, গ্রামের ধূম্রমুক্ত বাতাস। **smoky** *adj* ১ প্রচুর পরিমাণে ধোঁয়া দেয় বা ধোঁয়া উদ্গিরণ করে এমন; ধোঁয়াময়: a smoky fire; the smoky atmosphere of an industrial town. ২ স্বাদে গন্ধে রূপে ধোঁয়ার মতো; ধোঁয়াটে।

smoke[2] [স্মৌক্] *vi, vt* ১ ধোঁয়া বা ধোঁয়াসদৃশ কোনো কিছু (যেমন, বাষ্প) নির্গত করা; ধূম্র উদ্গিরণ করা: a smoking volcano. ২ (শীতপ্রধান দেশে ঘর উষ্ণ রাখার জন্য রক্ষিত আগুন বা উনুন সম্বন্ধে) চিমনি দিয়ে নির্গত না করে) ঘরের ভিতর ধোঁয়া ছড়ানো: This fireplace ~s badly. ৩ ধূমপান করা: ~ a cigarette, সিগারেট ফোঁকা; I don't ~, ধূমপান করি না। ৪ তামাক সেবন করে, অর্থাৎ ধূমপান করে নিজেকে কোনো বিশেষ অবস্থায় পতিত করা: He ~d himself sick. ৫ (পাইপ, চুরুট ইত্যাদি সম্বন্ধে): This cigar ~s (= টানা যায়) for about half an hour. ৬ ধোঁয়া দিয়ে শুকিয়ে (মাছ, মাংস ইত্যাদি) সংরক্ষণ করা: ~d fish. ৭ ধোঁয়া দিয়ে কালো করা: ~d glass, সূর্যের দিকে তাকাবার জন্য ধোঁয়া দিয়ে কালো–করা কাচ। ৮ (গাছের চারা, কীট–পতঙ্গ প্রভৃতিতে) ধোঁয়া দেওয়া: ~ the plants in a greenhouse; কীট–পতঙ্গ মারার জন্য গাছে ধোঁয়া দেওয়া। **~ sth out** ধোঁয়া প্রয়োগ করে বের হতে বাধ্য করা: ~ out a snake from a hole. **smok·ing** *n* [U] (gerund, যৌগশব্দে): **ˈsmoking-carriage/ -car/ -compartment** *nn* রেলগাড়িতে ধূমপায়ীদের জন্য নির্দিষ্ট কামরা। **ˈsmoking-mixture** *n* পাইপযোগে সেবন করার জন্য মিশ্রণ–করা তামাক। **smoking-room** *n* (হোটেল প্রভৃতির) ধূমপান–কক্ষ। **smoker** *n* ১ ধূমপায়ী। ২ রেলগাড়িতে ধূমপানের জন্য নির্দিষ্ট কামরা।

smol·der [ˈস্মৌলডা(র্)] দ্র. smoulder.

smooth[1] [স্মূদ্] *adj* ১ কাচের মতো সমতল বিশিষ্ট; মসৃণ বা (লাক্ষ.) নির্ঝঞ্ঝাট: ~ skin; a ~ sea, নিস্তরঙ্গ সমুদ্র; He made things ~ for me, আমার জন্য সহজ, নির্ঝঞ্ঝাট করে দিয়েছে। **take the rough with the ~** জীবনে ভালো–মন্দ যাই আসুক তাকে গ্রহণ করা। **ˈ~-bore** *adj* (বন্দুক সম্বন্ধে) খাঁজ কাটা নয় এমন নলযুক্ত। **ˌ~-ˈfaced** *adj* (লাক্ষ.) বন্ধুভাবাপন্ন কিন্তু কপট। ২ (গতি সম্বন্ধে) কম্পন, ঝাঁকুনি ইত্যাদি নেই এমন; স্বচ্ছন্দ, মসৃণ (গতি): a ~ ride; a ~ flight. ৩ (তরল মিশ্র সম্বন্ধে) দলা বা ঢেলা নেই এমন; ভালোভাবে গুড়ানো বা মেশানো হয়েছে এমন: a ~ paste. ৪ পেলব; কোমল; মিহি; স্বচ্ছন্দে প্রবাহিত: ~ verse; a ~ voice; ~ drink. ৫ (ব্যক্তি, তার ব্যবহার সম্বন্ধে) মিষ্টভাষী; ভদ্র; শান্ত; সৌহার্দ্য–পূর্ণ: ~ manners; a ~ face, প্রায়শ কপটতা বোঝাতে ব্যবহৃত হয়। এর থেকে, **ˌ~-ˈspoken/ -ˈtongued** *adjj* (প্রতিটিতেই কপটতার ইঙ্গিত আছে)। **~·ly** *adv* মসৃণভাবে; মসৃণগতিতে; নির্ঝঞ্ঝাটে: The car is running ~ly. Things are not going very ~ly, নির্ঝঞ্ঝাট; নিষ্কণ্টক নয়। **~·ness** *n*

smooth[2] [স্মূদ্] *vt, vi* ১ **~ sth (down/ out/ away/ over)** মসৃণ করা; সমান করা: ~ down one's dress; ~ away obstacles, বাধামুক্ত হওয়া। **~ sb's path** (লাক্ষ.) কারো উন্নতি অগ্রযাত্রা সহজতর করা। ২ শান্ত বা নিস্তরঙ্গ হওয়া: The sea has ~ed down. ৩ (যৌগশব্দ) **ˈ~·ing-iron** *n* (প্রচলিত শব্দ iron) ইস্তিরি। **ˈ~·ing-plane** *n* র‍্যাঁদা। □*n* মসৃণ বা সমানকরণ: give one's hair a ~.

smote [স্মৌট্] smite–এর *pt*

smother [স্মাদা(র্)] *vt* ১ শ্বাসরোধ করে হত্যা করা। ২ (আগুন) নিভিয়ে ফেলা; (যাতে ধীরে ধীরে জ্বলে তার জন্য) ছাই, বালি ইত্যাদি দিয়ে ঢেকে (আগুন) কমিয়ে ফেলা। ৩ **~ sth/sb with sth** ছেয়ে ফেলা; ঢেকে ফেলা; আপ্লুত করা: ~ one's wife with kisses; be

~ed with dust. ৪ দমন করা; চাপা দেওয়া: ~ one's anger; ~ up a scandal. □*n* (সাধা. **a ~**) ধূলিমেঘ, ধূম্রমেঘ, বাষ্পমেঘ ইত্যাদি।

smoul·der (প্রশ = সমগুল-) [ˈস্মৌলডা(র্)] *vi* ধিকিধিকি জ্বলা; (লাক্ষ. অনুভূতি ইত্যাদি সম্বন্ধে) অলক্ষ্যে, অবদমিত অবস্থায়, ক্রিয়াশীল বা বিদ্যমান থাকা: ~ing discontent, ধূমায়িত অসন্তোষ। □*n* [U] ধিকিধিকি জ্বলা: The ~ became a blaze.

smudge [স্মাজ্] *n* [C] ১ নোংরা দাগ; ঝাপসা দাগ: She got a ~ on her cheek. ২ (প্রধানত US-তে) কীট-পতঙ্গ দূরে রাখার জন্য মাঠে জ্বালানো ঘন ধোঁয়া সৃষ্টিকারী আগুন। □*vt, vi* ১ নোংরা দাগ করা; নোংরা দাগ লাগানো; (লিখতে গিয়ে) দাগ ভরানো। ২ (রং, কালি ইত্যাদি সম্বন্ধে) লেপটে যাওয়া: Ink ~s easily.

smug [স্মাগ্] *adj* আত্মতৃপ্ত; উচ্চাকাঙ্ক্ষাহীন কল্পনাশক্তিহীন; গণ্ডীবদ্ধ চরিত্রের: a ~ smile; ~ rich men. **~·ly** *adv.* **~·ness** *n*

smuggle [ˈস্মাগ্ল্] *vt* ১ চোরাচালান করা: ~ electronic goods into India. ২ গোপনে ও অবৈধভাবে (কাউকে বা কোনো কিছুকে) নিয়ে যাওয়া: ~ arms into a prison. **smug·gler** [ˈস্মাগ্লা(র্)] *n* চোরাকারবারি।

smut [স্মাট্] *n* ১ [C] ঝুলকালি; ঝুলকালির দাগ। ২ [U] শস্যের রোগ—এতে ধান, গম ইত্যাদির শিষ কালো হয়ে যায়। ৩ (কথ্য) অশ্লীল কথা বা কেচ্ছা: stop talking ~. □*vt* কালিঝুলি মাখানো; নোংরা দাগ লাগানো। **~ty** *adj* ১ কালিঝুলি মাখা। ২ অশ্লীল: ~ty stories. **~·tily** [-ইলি] *adv.* **~·ti·ness** *n*

snack [স্ন্যাক্] *n* চট করে খাওয়া যায় এমন হালকা খাবার; জলখাবার। ˈ**~-bar/-counter** যে ঘরে/টেবিলে জলখাবার পরিবেশিত হয়।

snaffle[1] [ˈস্ন্যাফ্ল্] *n* ˈ**~(-bit)** ঘোড়ার বল্‌গাবিশেষ।

snaffle[2] [ˈস্ন্যাফ্ল্] *vt* (GB অপ.) না বলে নেওয়া; চুরি করা।

snag [স্ন্যাগ্] *n* [C] ১ বিপদের কারণ হতে পারে এমন এবড়ো-থেবড়ো বা ধারালো বস্তু; গাছের গুঁড়ি বা শিকড়; গুপ্ত পাথর। ২ (কথ্য) অজানা বা অপ্রত্যাশিত বাধা বা বিপত্তি: come upon a ~.

snail [স্নেইল্] *n* শামুক। **at a** ˈ**~'s pace** অত্যন্ত ধীরে, শম্বুক গতিতে।

snake [স্নেইক্] *n* সাপ; (লাক্ষ.) (প্রায়শ **~ in the grass** এই বাগ্‌ধারায় ব্যবহৃত) বন্ধুবেশী প্রতারক। **see ~s** যত্রতত্র সাপ দেখা; দৃষ্টিবিভ্রম ঘটা; (অকারণে) চতুর্দিকে বিপদের ছায়া দেখা। ˈ**~-charmer** সাপুড়ে। □*vi* এঁকেবেঁকে অগ্রসর হওয়া: This road ~s through the mountains. **snaky** *adj* সর্পবিষয়ক, সাপের মতো; (লাক্ষ.) বিদ্বেষপূর্ণ; অকৃতজ্ঞ; প্রতারণাময়।

snap [স্ন্যাপ্] *vt, vi* ১ **~ (at) (sth)** হঠাৎ দাঁত দিয়ে কট করে কামড়ে ধরা বা কামড়ে ধরার চেষ্টা করা; খাবল দিয়ে ধরা: The fish ~ped at the bait; (লাক্ষ.) লুফে নেওয়া: He ~ped at the offer. **~ sth up** সাগ্রহে কেনা: The cheap but attractive saris were soon ~ped up. ২ পট করে ছিড়ে যাওয়া বা ছিড়ে ফেলা; মট করে ভেঙে যাওয়া বা ভেঙে ফেলা; ফট করে খোলা বা বন্ধ করা; হঠাৎ তীক্ষ্ণ শব্দ করা; তীক্ষ্ণকণ্ঠে কিছু বলা: The rope ~ed. She ~ped down the lid of the box. The coachman ~ped his whip. The captain ~ped out his orders. **~ at sb** কাউকে চড়া গলায় কিছু বলা: She ~ped at her husband. **~ one's finger at sb/in sb's face** (অবজ্ঞা স্বরূপ) কারো মুখের উপর আঙুল নাচানো; কারো মুখের উপর তুড়ি মারা। **~ sb's nose/ head off** রাগত স্বরে কাউকে কিছু বলা; রূঢ় বা অসহিষ্ণুভাবে কথার মধ্যে বাধা দেওয়া। ৩ চট করে ফটো তুলে নেওয়া। ৪ (অপ.) **~ to it** জলদি গা তোলা; চটপট রওনা করা। **~ out of it** কোনো বিশেষ মানসিক অবস্থা (যেমন রাগ বা বিষণ্ণতা), অভ্যাস ইত্যাদি থেকে বেরিয়ে আসা। □*n* ১ [C] হঠাৎ কট করে কামড়ে-ধরা; এ রকম কামড়ে ধরার শব্দ; পট করে ছেঁড়া বা মট করে ভাঙা; এ রকম ছেঁড়া বা ভাঙার শব্দ; ফট করে খোলা বা বন্ধ করা, এ রকম খোলা বা বন্ধ করার শব্দ: make a ~ at the bait. The lid shut with a ~. ২ [C] **cold ~** আকস্মিক স্বল্পস্থায়ী ঠাণ্ডা আবহাওয়া। ৩ (কথ্য) শক্তি; উদ্যম; প্রাণচাঞ্চল্য: Put some ~ into it. ৪ ছোট; মচমচে পিঠাবিশেষ: (সাধা. যৌগশব্দে ব্যবহৃত) ˈginger-~s. ৫ [C] (সাধা. যৌগশব্দে ব্যবহৃত) আংটা; আটকানিবিশেষ; ক্লিপ। ˈ**~-fasteners** পোশাক, দস্তানা ইত্যাদিতে লাগানোর ক্লিপবিশেষ। ৬ (attrib) প্রায় বিনা নোটিশে এবং তড়িঘড়ি করে করা: a ~ election. ৭ ˈ**~-dragon** *n* [C] (= antirrhinum) দেখতে থলের মতো এবং চাপ দিলে ঠোঁটের মতো খুলে যায় এরকম ফুলবিশিষ্ট উদ্ভিদ। ˈ**~·shot** (সাধা. শৌখিন ফটোগ্রাফারের হাতে) হাত-ক্যামেরার সাহায্যে চট করে তোলা ফটো। **~py** *adj* উজ্জ্বল; প্রাণবন্ত: Make it ~py ! look ~py ! (অপ.) জলদি করো! **~·pish** [ইশ্] বদমেজাজি, খিটখিটে; কথার মধ্যে বাধা দেয় বা গলা চড়িয়ে কথা বলে এমন। **~·pish·ly** *adv.* **~·pish·ness** *n*

snare [স্নেআ(র্)] *n* [C] ১ ফাঁদ। ২ (লাক্ষ.) প্রলোভন: His promises are a ~. ৩ ছোট দুই-মাথা ড্রাম বা সাইড-ড্রাম-এ ব্যবহৃত অন্ত্র দ্বারা তৈরি তার বা রশি। ˈ**~-drum** *n* এ রকম তার সংযোজিত ছোট ড্রাম। □*vt* ফাঁদ পেতে ধরা: ~ a bird/a rabbit.

snarl[1] [স্নাːল্] *vi, vt* **~ (at)** (কুকুর সম্বন্ধে) দাঁত বের করে ক্রুদ্ধ গর্জন করা; (ব্যক্তি সম্বন্ধে) কর্কশ কণ্ঠে কথা বলা। □*n* ক্রুদ্ধ গর্জন বা ক্রুদ্ধ গর্জনধ্বনি।

snarl[2] [স্নাːল্] *n* জট; বিপাক; জট-পাকানো অবস্থা: The traffic ~s in a big city. □*vt, vi* **~ (up)** জট পাকানো; জট পাকিয়ে যাওয়া: The traffic (was) ~ed up. এর থেকে, ˈ**~-up** *n* = যানজট।

snatch [স্ন্যাচ] *vt, vi* ১ হাত বাড়িয়ে কেড়ে নেওয়া: He ~ed the book from me; হাত দিয়ে এক ঝটকায় তুলে নেওয়া: He ~ed up his gun and fired. ২ ঝটপট বা সুযোগ পাওয়ামাত্র (কোনো কিছু) গ্রহণ করা: ~ a meal; ~ a kiss. □*n* [C] ১ কেড়ে নেওয়া; অকস্মাৎ হাত বাড়িয়ে কেড়ে নেবার চেষ্টা: make a ~ at sth; (attrib) a ~ decision, দ্রুত গৃহীত বা সুযোগ বুঝে নেওয়া সিদ্ধান্ত। ২ ক্ষণকালের ব্যাপ্তি; ক্ষণিকের উৎসরণ; অংশ; খণ্ড; টুকরা: short ~es of music; overhear ~es of conversation; work in ~es, থেমে থেমে কাজ করা। **~er** *n*

snaz·zy [ˈস্ন্যাজি] *adj* (অপ.) চটপটে; কেতাদুরস্ত; মার্জিত; চমৎকার।

sneak [স্নীক্] *vi, vt* ১ নিঃশব্দে চোরের মতো চলা, আসা, যাওয়া ইত্যাদি। ২ (স্কুলে প্রচলিত অপ.) **~ (on sb)** শিক্ষকের কাছে গিয়ে অন্য ছাত্রের দোষ, দুষ্টামি, অপকর্ম ইত্যাদির কথা বলা। ৩ (অপ.) চুরি করা। □*n* (অপ.) ১ ভীরু প্রতারক ব্যক্তি। ˈ**~-thief** *n* ছিচকে

চোর; যে ব্যক্তি দরজা ও জানালা খোলা পেয়ে চুরি করে। ২ (স্কুলে প্রচলিত অপ.) যে ছাত্র বা ছাত্রী শিক্ষকের কাছে অন্যের বদনাম করে। **~·ing** *adj* গোপন; অলক্ষিত; চোরা: have a ~ing respect for sb, গোপন শ্রদ্ধা থাকা; a ~ing suspicion, চোরা সন্দেহ। **~·ing·ly** *adv* **sneaky** *adj* = sneaking. **~·ers** *n pl* (প্রধানত US) (অপিচ **a pair of ~ers**) রবারের তলিঅলা কাপড়ের জুতা।

sneer [স্নিআ(র্)] *vi* **~ (at)** বিদ্রূপের হাসি দিয়ে অবজ্ঞা প্রদর্শন করা; বিদ্রূপ করা: ~ at marxism. □*n* অবজ্ঞাসূচক চাহনি, হাসি বা কথা: I chose to ignore their ~s at my efforts. **~·ing.ly** *adv*

sneeze [স্নীজ্] *n* [C] হাঁচি। □*vi* হাঁচি দেওয়া: He ~d violently. **not to be ~d at** (কথ্য) অবজ্ঞা করার মতো নয়; চলনসই: A prize money of Tk 500 is not to be ~d at.

snick [স্নিক্] *vt, vi, n* ১ ছোট করে কাটার আঘাত বা কাটার দাগ (তৈরি করা)। ২ (ক্রিকেট) ব্যাট দিয়ে বলের গতিপথ ঈষৎ ঘুরিয়ে দেওয়া; এভাবে বলের ঈষৎ ঘুরে-যাওয়া: ~ a ball through the slips.

snicker [ˈস্নিক(র্)] *vi, n* হ্রেষাধ্বনি (করা); চাপা হাসি (হাসা)।

snide [স্নাইড্] *adj* অবজ্ঞাসূচক; বিদ্রূপাত্মক; কটাক্ষপূর্ণ।

sniff [স্নিফ্] *vi, vt* ১ নাক দিয়ে সশব্দে শ্বাস নেওয়া: He had a cold and was ~ing and sneezing. ২ **~ (at)** নাক সিঁটকানো; অবজ্ঞা বা আপত্তি প্রদর্শন করা: The invitation to join his party is not to be ~ed at. ৩ **~ (at) sth; ~ sth up** শোঁকা; শুঁকে দেখা: ~ the sea-air; ~ (at) a rose. □*n* নাক দিয়ে সশব্দে শ্বাস গ্রহণ বা এ রকম শ্বাস গ্রহণের শব্দ; নিঃশ্বাস: Get a ~ of sea-air. **~y** *adj* (কথ্য) ১ অবজ্ঞাপূর্ণ। ২ (কোনো রকম গন্ধ থাকার কথা নয় এমন বস্তু সম্বন্ধে) কটুগন্ধময়।

sniffle [স্নিফ্‌ল্] *vi* = snuffle.

snig·ger [ˈস্নিগ(র্)] *n* [C] (বিশেষত অশোভন কিছুর প্রতি বা বিদ্রূপাত্মক ভঙ্গিতে) চাপা হাসি। □*vi* **~ (at/over)** এভাবে চেপে হাসা।

snip [স্নিপ্] *vt, vi* **~ (at) sth; ~ sth off** কাঁচি দিয়ে ক্যাচ-ক্যাচ করে কাটা: ~ cloth; ~ off the ends of sth. □*n* ১ কাঁচির পোঁচ; যা কাঁচি দিয়ে কাটা হয়েছে; কাঁচির ছাট। ২ (কথ্য) লাভের বেচা-কেনা; লাভের কারবার: Only 10 taka ! It's a ~! **~·ping** *n* বড়ো টুকরা থেকে কাঁচি দিয়ে কেটে নেওয়া বা কেটে ফেলা ছোট টুকরা।

snipe[1] [স্নাইপ্] *n* (*pl* অপরিবর্তিত) জলাভূমিতে বিচরণকারী লম্বা ঠোঁটঅলা পাখি; কাদাখোঁচা।

snipe[2] [স্নাইপ্] *vi, vt* আড়াল থেকে এবং সাধা. দূর থেকে গুলি করা; এভাবে (দূরে আড়াল থেকে) খুন করা বা আঘাত করা। **sniper** *n* যে ব্যক্তি এভাবে গুলি করে বা গুলি করে খুন করে।

snip·pet [ˈস্নিপিট্] *n* (কাঁচি দিয়ে) কেটে নেওয়া ছোট টুকরা; *(pl)* (খবরাখবর ইত্যাদির) টুকিটাকি।

snitch [স্নিচ্] *vt, vi* ১ (অপ.) (সাধা. তুচ্ছ বা একেবারে মূল্যহীন জিনিস) চুরি করা। ২ **~ (on sb)** চোরের মতো চলা; (কারো উপর) গোয়েন্দাগিরি করা।

snivel [ˈস্নিভ্‌ল্] *vi* নাকিকান্না করা; নাকে কাঁদা; ঘ্যানঘ্যান করে কাঁদা: a harassed mother with eight ~ling children. **~·ler** (US = **~er**) *n* যে ব্যক্তি নাকিকান্না কাঁদে; যে ব্যক্তি সর্বদা ঘ্যানঘ্যান করে।

snob [স্নব্] *n* যে ব্যক্তি সামাজিক মর্যাদা বা বিত্তের মুখোমুখি হলে শ্রদ্ধায় আপ্লুত হয়ে পড়ে কিংবা যে ব্যক্তি নিম্নতর সামাজিক অবস্থানের মানুষকে অবজ্ঞার চোখে দেখে: ~ appeal, এমন ব্যক্তিদেরকে আকর্ষণের ক্ষমতা। **~·bish** [-ইশ্] *adj* এমন ব্যক্তি সম্পর্কিত বা এমন ব্যক্তির মতো। **~·bish·ly** *adv.* **~·bish· ness, ~·bery** [ˈস্নবারি] *nn* বিত্ত, সামাজিক মর্যাদার প্রতি শ্রদ্ধার কিংবা বিত্ত ও সামাজিক মর্যাদাহীনতার প্রতি অবজ্ঞার মানসিকতা; *(pl)* এমন মানসিকতাপ্রসূত কথা বা কাজ।

snood [স্নূড্] *n* মহিলাদের বিচিত্র কাজ-করা খোঁপায় পরার জাল।

snook [স্নূক্] *n* (কেবলমাত্র) **cock a ~ (at sb)** বুড়া আঙুল নাকে লাগিয়ে বাকি আঙুলগুলো কারো দিকে ছড়িয়ে দিয়ে তার প্রতি ধৃষ্টতাপূর্ণ অবজ্ঞা প্রদর্শন করা।

snooker [ˈস্নুক(র্)] *n* বিলিয়ার্ড জাতীয় খেলা। **be ~ed** (কথ্য) বেকায়দায় পড়া।

snoop [স্নূপ্] *vi* (কথ্য) **~ (about/around)** গোপনে ছিদ্রান্বেষণ করা। **~ into** নিজের সঙ্গে যথার্থ যোগসূত্র নেই এমন ব্যাপারে নাক গলানো। **~er** *n* যে ব্যক্তি গোপনে ছিদ্রান্বেষণ করে কিংবা অন্যের ব্যাপারে নাক গলায়।

snooty [ˈস্নূটি] *adj* (কথ্য) উন্নাসিক। **snoot·ily** [-ইলি] *adv*

snooze [স্নূজ্] *vi, n* (অপ.) (বিশেষত দিনের বেলায়) স্বল্পস্থায়ী ঘুম (দেওয়া): have a ~ after lunch.

snore [স্নো°(র্)] *vi* ঘুমের মধ্যে নাক ডাকা: He ~s. □*n* নাক ডাকার শব্দ: Your ~s woke me up. **snorer** *n* ঘুমের মধ্যে যার নাক ডাকে।

snor·kel, schnor·kel [ˈস্নো°কল্, ˈশ্নো°-] *n* যে টিউব বা চোঙের সাহায্যে সাবমেরিন ডুবন্ত অবস্থায় বাতাস নিতে পারে; যে যান্ত্রিক কৌশলের সাহায্যে ডুবুরি ডুবন্ত অবস্থায় বাতাস গ্রহণ করতে পারে।

snort [স্নো°ট্] *vi, vt* ১ নাক দিয়ে সজোরে নিঃশ্বাস ফেলা; অধৈর্য, ঘৃণা, রাগ ইত্যাদি দেখানোর জন্য এভাবে নিঃশ্বাস ফেলা অর্থাৎ, ফোঁস-ফোঁস করা: ~ with rage, রাগে ফোঁসা; (কথ্য) হো-হো করে হেসে কৌতুক প্রকাশ করা। ২ ফোঁস-ফোঁস শব্দ করে প্রকাশ করা বা বোঝানো: ~ defiance at sb; ~ out a reply. □*n* ১ ফোঁসানি: give a ~ of contempt. ২ সাবমেরিনের বাতাসবাহী টিউব বা চোঙ। **~y** *adj* (কথ্য) বদমেজাজি; খিটখিটে। **~er** *n* (কথ্য) ১ প্রচণ্ড কিংবা কোনো না কোনোভাবে বিশিষ্ট ব্যক্তি বা বস্তু: This problem/man is a real ~er. ২ ঝড়ো হাওয়া।

snot [স্নট্] *n* [U] (অশিষ্ট) নাকের শ্লেষ্মা; শিকনি; পোঁটা। **~ty** *adj* ১ (অশিষ্ট) শ্লেষ্মা বা পোঁটা ঝরছে এমন। ২ ˈ**~(-nosed)** (অপ.) ধৃষ্ট; অহঙ্কারী; উন্নাসিক।

snout [স্নাউট্] *n* (বিশেষত শূকরের) নাক (এবং কখনো কখনো মুখ বা চোয়াল); শূকরের নাকের মতো মনে হয় এমন কোনো কিছুর সুচালো অগ্রভাগ।

snow[1] [স্নৌ] *n* ১ তুষার; বরফ: a light fall of ~; *(pl)* তুষার স্তূপ। ২ (যৌগশব্দ) ˈ**~·ball** *n* (ক) তুষার চেপে তৈরি করা বল; তুষার-বল। (খ) যে বস্তু এগিয়ে যেতে যেতে দ্রুত আয়তনে বাড়ে। □*vt, vi* (ক) তুষার-বল ছুড়ে মারা। (খ) আকারে, ওজনে দ্রুত বেড়ে যাওয়া: Hostility to the expatriates ~ balled. ˈ**~-berry** *n*

সাদা বৈচিজাতীয় ফলবিশিষ্ট উদ্যানগুল্ম। ˈ~·blind *adj* তুষারের উপর প্রতিফলিত সূর্যকিরণে চোখ ধাঁধিয়ে যাবার ফলে (সাময়িকভাবে) দেখতে অক্ষম। এর থেকে, ˈ~·blind·ness *n.* ˈ~·bound প্রচুর তুষারপাতের ফলে ভ্রমণে বা পথচলায় অক্ষম। ˈ~-capped/-clad/-covered *adjj* তুষারাবৃত: ~-capped mountains; ~-covered trees; বাতাস সৃষ্ট তুষারের ঢিবি; তুষার–ঢাল; তুষার–বাঁধ: The car ran into a ~drift. ˈ~·drop *n* শীতের শেষে বা বসন্তের শুরুতে ফোঁটা তুষারশুভ্র ফুলবিশেষ বা তার গাছ। ˈ~·fall *n* [C] একবারে বা কোনো নির্দিষ্ট সময়ে, যথা, এক শীতে বা এক বছরে, সংঘটিত তুষারপাতের পরিমাণ। ˈ~-field *n* (উঁচু পর্বতে) বারোমাস তুষারাবৃত থাকে এমন বিস্তীর্ণ স্থান; তুষারক্ষেত্র। ˈ~·flake *n* তুষারকণা দ্বারা গঠিত পাখির পালকের মতো কোমল ফলক; তুষারফলক। ˈ~-line *n* যে উচ্চতায় স্থায়ীভাবে তুষার জমে থাকে; হিমরেখা। ˈ~·man [–ম্যান্] *n* খেলার ছলে ছোটদের তৈরি করা তুষারের মানবমূর্তি। ˈ~-plough (US ˈ~-plow) *n* সড়ক ও রেলপথ থেকে তুষার সরানোর যন্ত্র। ˈ~-shoes *n* গভীর তুষারের উপর দিয়ে চলার জন্য বিশেষভাবে নির্মিত পাদুকা; তুষার পাদুকা। ˈ~-storm *n* তুষার ঝড়। ˌ~-ˈwhite *adj* পবিত্র, নিষ্কলুষ; তুষারের মতো উজ্জ্বল সাদা; তুষার–শুভ্র।

snow[2] [স্নৌ] *vi, vt* ১ তুষারপাত হওয়া; তুষার পড়া: It ~ed all day. ২ **~ in** বিপুল সংখ্যায় বা পরিমাণে আসা: gifts ~ed in on her wedding day. **be ~ed in/up** ভারী তুষারপাতের ফলে ঘর থেকে বেরোতে না পারা। **be ~ed under (with)** (লাক্ষ.) আচ্ছন্ন, আবৃত বা অভিভূত হওয়া: ~ed under with work, কাজের নীচে চাপা পড়া; কাজের চাপে আচ্ছন্ন হওয়া। **~y** *adj* ১ তুষারাবৃত: ~y roofs. ২ তুষারময়, তুষারক্লিষ্ট: ~y weather. ৩ সদ্যপতিত তুষারের মতো সাদা বা নতুন; তুষারশুভ্র: a ~y tablecloth.

snub[1] [স্নাব্] *vt* (অপেক্ষাকৃত তরুণ বা কম অভিজ্ঞ ব্যক্তির সঙ্গে) শীতল বা অবজ্ঞাপূর্ণ আচরণ করা; এ রকম আচরণ দ্বারা (কোনো প্রস্তাব) প্রত্যাখ্যান করা: be/get ~bed by one's superior. □*n* [C] শীতল, অবজ্ঞাপূর্ণ কথা বা আচরণ: I suffered a ~ from my superior.

snub[2] [স্নাব্] *adj* (কেবলমাত্র) **a ~ nose** চ্যাপটা, মোটা, ডগা উপরের দিকে কিঞ্চিৎ ওলটানো নাক; এর থেকে, ˈ~-nosed *adj*

snuff[1] [স্নাফ্] *n* [U] নস্য; নস্যি: a pinch of ~. **up to ~** (কথ্য) **(ক)** বিচক্ষণ, চতুর; শিশুর মতো অজ্ঞ বা অবোধ নয়। **(খ)** স্বাভাবিক স্বাস্থ্যের অধিকারী। ˈ~-box *n* নস্যির ডিবা। ˈ~-colour(ed) *adj, n* গাঢ় হলদে–বাদামি (রং), নস্যি–রং, নস্যি রঙের।

snuff[2] [স্নাফ্] *vt, vi, n* = sniff.

snuff[3] [স্নাফ্] *vt, vi* ১ সলতের পুড়ে–যাওয়া কালো অংশ চিমটি দিয়ে কেটে ফেলা বা ছেঁটে ফেলা। **~ sth out** (আক্ষ. বা লাক্ষ.) নিভিয়ে দেওয়া; নির্বাপিত করা: All my hopes were ~ed out. ২ **~ out** (অপ.) মরা। **~ers** *n pl* মোমবাতি নিভে গেলে পুড়ে যাওয়া সলতে ধরার জন্য ব্যবহৃত এক ধরনের কাঁচি।

snuffle [স্নাফ্‌ল্] *vi* (সর্দিতে নাক আংশিক বন্ধ হয়ে গেলে যেমন তেমনি) জোরে জোরে বা সশব্দে শ্বাস নেওয়া বা শ্বাস ফেলা। □*n* এভাবে শ্বাস গ্রহণ বা শ্বাস ত্যাগ; এভাবে শ্বাস গ্রহণ বা ত্যাগের শব্দ: speak in a ~, নাক দিয়ে কথা বলা।

snug [স্নাগ্] *adj* ১ ঝড়–বৃষ্টি শীত থেকে আবৃত; উষ্ণ ও আরামদায়ক: ~ in bed; a ~ woollen shawl. ২ ছিমছাম; সুবিন্যস্ত। ৩ সাধারণ প্রয়োজন মেটানোর জন্য মোটামুটি যথেষ্ট: a ~ little income. ৪ আঁটসাঁট: a ~ jacket. □*n* = snuggery. **~·ly** *adv.* **~·ness** *n*

snug·gery [ˈস্নাগারি] *n* নিরালা আরামপ্রদ জায়গা, বিশেষত আরামের জন্য বিশেষভাবে নির্মিত ও সজ্জিত নিজের একান্ত কক্ষ।

snuggle [ˈস্নাগ্‌ল্] *vi, vt* ১ **~ (up) (to sb)** আরাম, উষ্ণতা বা স্নেহ পাবার জন্য (কারো শরীর ঘেঁষে) শোয়া বা বসা বা দাঁড়ানো: The child ~d up to its mother. He ~d down in bed, আরাম করে শুয়ে পড়ল/বসল। ২ **~ sb to sb** কাছে টেনে আনা: The mother ~d the child close to her.

so[1] [সৌ] *adv* of degree এই বা ঐ পরিমাণে অথবা মাত্রায়; এতোটা; অতোটা। ১ (not + so + *adj/adv* + as — এই ছকে): It is not so easy as I thought it would be. ২ (so + *adj* + as + to + inf) — এই ছকে): I am not so stupid as to do that. ৩ (so + *adj/adv* + that): She was so shocked that she couldn't speak. ৪ (যদি *adj* টি কোনো *sing n* কে বিশেষিত করে তাহলে *adj* এবং *n*–এর মাঝখানে *indef art* বসাতে হয়। এমন ক্ষেত্রে such ব্যবহার করা অনেক সময় শ্রেয় হতে পারে): I am not so big a name (= not such a big name) as you are. ৫ (কথ্য রীতিতে সবিস্ময়ে অত্যন্ত বোঝাতে ব্যবহৃত হয়। Ever ˈso কথ্য): I'm ˈso glad (= very glad) to see you ! There is ˈso much (= very much) to do ! This is ˈever so much better ! ৬ (phrase সমূহে) **ˈso far** এ পর্যন্ত: Every thing is in order so far, এ পর্যন্ত সবকিছু ঠিকঠাক আছে। **so ˈfar as** যতোদূর, যতোটা (তাতে): so far as I know, আমি যতোদূর জানি। **ˌso far, so ˈgood** এ পর্যন্ত সকলই ভালো। **so far from** পরিবর্তে; উলটা: So far from being a help, she was a hindrance, সাহায্য করবে কি, উলটা বাধা হয়ে দাঁড়িয়েছিল, বা সাহায্য করার পরিবর্তে বাধা হয়ে দাঁড়িয়েছিল। **so long as** এই শর্তে যে; যদি না: You may come with me so long as you keep your dirty mouth shut. **ˈso much/ many** (অনির্দিষ্ট পরিমাণ/ সংখ্যক) এতোখানি, এতোগুলো: so much milk, so many mangoes. **not so ˈmuch as** এটুকু পর্যন্ত না: She didn't so much as (= didn't even) look at me, সে আমার দিকে তাকাল না পর্যন্ত; He didn't so much as ask me to sit down, সে আমাকে বসতে পর্যন্ত বলল না। **ˈso much** (nonsense, ইত্যাদি); একেবারে; একদম: What you are saying is so much nonsense, তুমি যা বলছ তা একেবারে বাজে কথা। **so much for** (এর এখানেই শেষ; আর নয়: so much for the background of our new colleague, আমাদের নতুন সহকর্মীর অতীত বৃত্তান্তের এখানেই শেষ; so much ˈso that, এমনি, এতোখানি, এতোদূর যে: He is rich — so much so that he does not know how to spend his money.

so[2] [সৌ] *adv* of manner ১ এইভাবে; ঐভাবে; এমনি করে; অমনি করে: Stand just so, ঠিক এইভাবে দাঁড়াও: So it was I became an actor, এইভাবে আমি অভিনেতা হলাম। ২ (phrase সমূহে) **ˈso-called** তথাকথিত: My so-called friends didn't help me in my troubles. ˈ**so that (ক)** যাতে; যাতে করে: I walked slowly, so that he could catch up with me. **(খ)** ফলে, এর/তার ফলে: All the doors and windows were shut, so that I thought there was nobody inside the house. ˈ**so .... that (ক)** এমনভাবে যে; এই উদ্দেশ্যে যে: I have so arranged things that you can come here and sign the contract and get back home the same day. **(খ)** এমন হলো যে; এমনটা ঘটলো যে: It so happened that I couldn't attend the wedding. **so as to do sth** যাতে (করে); এমনভাবে যাতে: I got up very early so as to catch the 7'O clock train. He hurried so as not to miss the next bus. ৩ (শব্দ, শব্দসমষ্টি বা অবস্থার বিকল্প হিসাবে ব্যবহৃত): I told you so, এ রকমই/ তাই বলেছিলাম; so believe, এ রকমই/ তাই বিশ্বাস করি। ৪ (so + *pron* + *aux v* –এই ছকে মতৈক্য প্রকাশের জন্য ব্যবহৃত): Rahim: 'We have done our best'. Karim 'So we have.' ৫ ('ও' [also] অর্থে so + *aux* v + (*pro*) n ছকে ব্যবহৃত): You speak Bangla and so do I, আমিও বাংলা বলি। ৬ (বিভিন্ন ব্যবহার) **or so** কাছাকাছি; প্রায়: He must be fifty or so, পঞ্চাশ বা তার কাছাকাছি, প্রায় পঞ্চাশ: He will be back in another week or so, সপ্তাহখানেকের মধ্যে ফিরবে। **and ˈso on (and ˈso forth)** ইত্যাকার, অন্যান্য বস্তু ইত্যাদি। **ˌJustˈso** (ক) মতৈক্য প্রকাশের জন্য ব্যবহৃত হয়। **(খ)** ফিটফাট: Ranu likes everything to be just so. ˈ**so to say/ speak** বলতে কি; অনুমতি করেন তো বলি। ˈ**so-and-so** [ˈসৌ আন্ সৌ] (কথ্য) নাম বলার দরকার নেই এমন ব্যক্তি বা বস্তু: I don't have to be told what old so-and-so does with his money. **(খ)** (তুচ্ছ.) অপ্রীতিকর ব্যক্তি।

so[3] [সৌ] *conj* ১ সুতরাং, অতএব; সে-কারণে, সেই জন্য: Nobody answered my knock, so I went away. You asked me to come, so I came. ২ (বিস্ময়সূচক): So you are back again !

so[4], **soh** [সৌ], **sol** [সল্] *n* স্বর-সপ্তকের পঞ্চম স্বর।

soak [সৌক্] *vt, vi* ১ ভিজে যাওয়া; সিক্ত হওয়া: clothes ~ing in soapy water. ২ **~ sth (in sth)** (কোনো কিছুতে) কোনো কিছু ভিজানো: ~ bread in milk. ৩ **~ sth up** কোনো কিছু শুষে নেওয়া: Blotting-paper ~s up ink. **~ oneself in sth** (লাক্ষ.) কোনো কিছুতে নিজেকে সিক্ত করা; আত্মভূত করা: ~ oneself in the atmosphere of a place. ৪ (বৃষ্টি ইত্যাদি সম্বন্ধে) **~ sb (through)** কাউকে একেবারে ভিজিয়ে দেওয়া: I got ~ed (through). **be ~ed to the skin** চামড়া পর্যন্ত ভিজে যাওয়া; ভিজে সপসপে হওয়া। ৫ **~ through sth** ভেদ করে যাওয়া; কোনো কিছুর ভিতর দিয়ে গলে যাওয়া: The rain ~ed through the roof. ৬ (অপ.) চড়া দাম নিয়ে বা অত্যধিক কর বসিয়ে অর্থশোষণ করা: He is in favour of ~ ing the rich. ৭ (কথ্য) অত্যধিক মদ্য পান করা। □*n* ১ সিক্তকরণ; ভেজানো: He gave the shirt a good ~. **in ~** সিক্ত অবস্থায়: The shirt is in ~. ২ (অপ. সাধা. **old ~)** মদ্যপ। **~er** *n* ১ (কথ্য) ভারী বৃষ্টি। ২ মাতাল।

soap [সৌপ্] *n* [U] সাবান: ˈ~-powder; use plenty of ~ and water. ˈ**soft ~,** দ্র. soft (১৫). ˈ**~-box** *n* (রাস্তা, পার্ক ইত্যাদি জায়গায়) তাৎক্ষণিকভাবে তৈরি-করা বক্তৃতামঞ্চ: ~-box oratory, লোক-খেপানো সস্তা বক্তৃতা। ˈ**~-bubble** সাবানের বুদ্বুদ। ˈ**~-opera** *n* (US) পারিবারিক সমস্যা নিয়ে রচিত রেডিও বা টিভির সস্তা আবেগসর্বস্ব ধারাবাহিক নাটক। ˈ**~-suds** *n pl* সাবানের ফেনা। □*n* ১ সাবান লাগানো; সাবান দেওয়া: ~ oneself. ২ (কথ্য) স্তাবকতা করা; তোষামোদ করা। **~y** *adj* ১ সাবান বিষয়ক; সাবানের মতো: a ~y taste. ২ (লাক্ষ.) তোষামুদে: He has a ~y manner.

soar [সো°(র্)] *vi* আকাশে অনেক উঁচুতে ওড়া; পাখা না নাড়িয়ে আকাশে ভেসে থাকা; উপরে ওঠা: ~ like an eagle; the ~ing minaret of the central mosque. The price of crude oil ~ed at the outbreak of the Gulf War.

sob [সব্] *vi vt* ১ দুঃখে বা যন্ত্রণায় ফোঁপানো, বিশেষত ফুঁপিয়ে কাঁদা: She ~bed bitterly. She ~bed herself to sleep, ফুঁপিয়ে কাঁদতে কাঁদতে ঘুমিয়ে পড়ল। ২ **sob sth out** ফুঁপিয়ে কাঁদতে কাঁদতে বলা: She ~bed out the story of her husband's death in the liberation war. □*n* [C] ফোঁপানি বা ফোঁপানোর শব্দ: Her sobs gradually died down, ধীরে ধীরে থেমে গেল। ˈ**sob-stuff** *n* [U] (কথ্য) করুণ রসে সিক্ত রচনা, সিনেমা ইত্যাদি; কাঁদুনে লেখা, কাঁদুনে ছবি ইত্যাদি। **sob·bing·ly** *adv*

sober [ˈসৌবা(র্)] *adj* ১ আত্মনিয়ন্ত্রিত, সংযমী; মিতাচারী; ঐকান্তিক; ধীর-স্থির; শান্ত; পরিমিত: a ~ estimate of what is possible; exercise a ~ judgement; be ~-minded, ঐকান্তিক; ~ colours, উগ্র নয় এমন রং। ˈ**~-sides** (সেকেলে কথ্য) গুরুগম্ভীর ও শান্ত স্বভাবের মানুষ। ২ মাতাল নয়; অপ্রমত্ত: He never comes home ~ in the evening. □*vt vi* ১ **~ (sb) down** শান্ত বা গম্ভীর করা; শান্ত বা গম্ভীর হওয়া: The bad news ~ed all of them. The children soon ~ed down. ২ **~ (sb) up** নেশা কেটে যাওয়া বা নেশা কাটানো: We let him blather until he ~ed up . An hour's sleep was enough to ~ me up. **~·ly** *adv*

so·bri·ety [সাˈব্রাইআটি] *n* [U] আত্মনিয়ন্ত্রণ; সংযম; মিতাচার; ঐকান্তিকতা; পরিমিতি; অপ্রমত্ততা; অনুন্মত্ততা।

soc·cer [ˈসকা(র্)] *n* [U] (কথ্য) ফুটবল খেলা।

so·cia·ble [ˈসৌশাব্‌ল্] *adj* সঙ্গপ্রিয়; মিশুক; বন্ধুভাবাপন্ন; বন্ধুসুলভ। **so·cia·bly** [-আব্‌লি] *adv.* **so·cia·bil·ity** [ˌসৌশাˈবিলাটি] *n* [U]

so·cial [ˈসৌশ্‌ল্] *adj* ১ (জীব-জন্তু সম্বন্ধে) দলবদ্ধভাবে বাস করে এমন: ~ ants. Man is a ~ animal. ২ সমাজবদ্ধ মানুষ বিষয়ক; ব্যক্তি ও সমাজের সম্পর্ক বিষয়ক: ~ customs; ~ reforms. ˌ**S~ ˈDemocrat** (রাজনীতিতে) যে ব্যক্তি শান্তিপূর্ণ গণতান্ত্রিক প্রক্রিয়ার মাধ্যমে সমাজতন্ত্রে উত্তরণ চায়। ˌ**~ seˈcurity** বেকার; অসুস্থ; পঙ্গু নাগরিকদের জন্য সরকারি অনুদান: He is on ~ security. ˌ**~ ˈservices** *n pl* (স্বাস্থ্য, বাসস্থান, নিরাপত্তা ইত্যাদি বিষয়ে) নাগরিকদের সহায়তাদানের জন্য সংগঠিত সেবামূলক সরকারি কার্যক্রম, এই কার্যক্রমের অন্তর্গত প্রতিষ্ঠানসমূহ। ˈ**~-work** *n* [U] সমাজসেবা। ˈ**~ worker***n* সমাজসেবী বা সমাজকর্মী। ৩ সামাজিক: ~ advancement, নিজের সামাজিক অবস্থানের উন্নয়ন; a ~ climber, নিজের সামাজিক অবস্থানের উন্নয়নে ব্যস্ত ব্যক্তি। ৪ সঙ্গদান বা সঙ্গলাভ সংক্রান্ত; মেলামেশার জন্য: a ~ club; a social evening, বন্ধুজনের সান্নিধ্যে কাটানো সন্ধ্যা। ৫ =

sociable. □*n* কোনো ক্লাব বা সঙ্ঘ দ্বারা আয়োজিত সামাজিক অনুষ্ঠান বা পার্টি। **~·ly** [-শালি] *adv*

so·cial·ism [ˈসৌশালিজ়াম্] *n* [U] ভূমি, পরিবহন, প্রধান শিল্পসমূহ ও প্রাকৃতিক সম্পদ রাষ্ট্রীয় মালিকানাধীন ও পরিচালনাধীন থাকবে এবং সমস্ত সম্পদ সকল নাগরিকের মধ্যে সমানভাবে বণ্টিত হবে—এই আর্থরাজনীতিক ও দার্শনিক মতবাদ; সমাজতন্ত্র। **so·cial·ist** *n* সমাজতন্ত্রী। □*adj* সমাজতান্ত্রিক: a Socialist Party. **so·cial·ize** [-আইজ়্] *vt* সমাজবদ্ধ বা সমাজতান্ত্রিক করা; সমাজতান্ত্রিক নীতি অনুসারে পরিচালিত করা। **socialized medicine** (US) বিনামূল্যে প্রদত্ত সরকারি চিকিৎসা। **so·ciali·zation** [ˌসৌশালাইˈজ়েইশ্ন্ US -লিজ়্-] *n*

so·cial·ite [ˈসোশালাইট্] *n* (কথ্য) শৌখিন সমাজে বিশিষ্ট ব্যক্তি।

so·ciety [সˈসাইআটি] *n* ১ [U] সমাজবদ্ধ জীবনযাত্রা; সমাজবদ্ধতা; সভ্য মানবগোষ্ঠীর রীতি-নীতি; যে প্রথায় মানুষ একত্রে গোষ্ঠীবদ্ধ হয়ে বাস করে; সমাজ: a danger to ~. ২ [C] সামাজিক গোষ্ঠী: modern industrial societies; বিশেষ কোনো সম্প্রদায়; যথা; মুসলিম সম্প্রদায়; হিন্দু সম্প্রদায়। ৩ সঙ্গ; সংসর্গ; সান্নিধ্য: It's a pleasure to spend an evening in the ~ of one's friends. ৪ কোনো জায়গা, অঞ্চল, দেশ ইত্যাদির শৌখিন বা বিশিষ্ট ব্যক্তিবর্গ; সমাজের উপরতলা: Leaders of ~; high (অর্থাৎ, সবচেয়ে বিত্তবান, প্রভাবশালী, ইত্যাদি) ~; a ~ woman; ~ news. ৫ [C] কোনো উদ্দেশ্য সামনে রেখে প্রতিষ্ঠিত সংগঠন; সঙ্ঘ; ক্লাব; সমিতি; এসোসিয়েশন: a debating ~; a cooperative ~; the Diabetic S~ of Bangladesh.

socio- [ˌসৌসিওউ-] society বা sociology-এর *pref*

so·ci·ol·ogy [ˈসৌসিˈঅলজি] *n* [U] সমাজবিজ্ঞান; সমাজবিদ্যা। **so·ci·ol·ogist** [-জিস্ট্] *n* সমাজবিজ্ঞানী। **so·cio·logi·cal** [ˌসৌসিআˈলজিকল্] *adj* সমাজবিদ্যাবিষয়ক। **so·cio·logi·cally** [-ক্লি] *adv*

sock[1] [সক্] *n* ১ (প্রায়শ **pair of ~s**) ছোট মোজা হাফ মোজা। **pull one's ~s up** (কথ্য) নিজেকে; নিজের কাজকে উন্নত করা। **put a ~ in it** (অপ.) চুপ করা। ২ জুতার সুকতলি।

sock[2] [সক্] *n* (অপ.) ঘুষি (বা কোনো কিছু ছুড়ে মারা-আঘাত): Give him a ~ on the jaw ! জোরে মারো ! □*vt* ঘুষি মারা: S~ him on the jaw; কোনো কিছু ছুড়ে মারা: S~ a brick at him. □*adv* (অপ.) সোজাসুজি; জুতসইভাবে: (hit sb) ~ in the eye.

socket [ˈসকিট্] *n* যে স্বাভাবিক বা কৃত্রিম গর্তের মধ্যে কোনো কিছু বসে বা ঘোরে; কোটর: the ~s, চোখের কোটর; a ~ for an electric light bulb.

sod[1] [সড্] *n* [U] ঘাস ও তার শিকড়যুক্ত মাটিসহ তৃণক্ষেত্রের উপরের স্তর; [C] চারকোণা ঘাসের চাপড়া।

sod[2] [সড্] *n* (হঠাৎ রাগে বা বিরক্তিতে ব্যবহৃত অশ্লীল গাল): You sod ! শালা জঞ্জাল ! □*vi* **sod (it)** নিকুচি করি ! **sod off !** ভাগ (শালা) **! sod·ding** *attrib adj* (জোর দেবার প্রয়োজনে ব্যবহৃত শব্দ): What a sodding mess !

soda [সৌড া] *n* [U] সাবান, কাচ ইত্যাদি তৈরিতে ব্যবহৃত সাধারণ রাসায়নিক পদার্থ সোডা: ˈwashing ~ কাপড় কাচার সোডা; ˈbaking-~, রান্নার সোডা। ˈ**~-biscuit/cracker** রান্নার সোডা ও টক দুধ সহযোগে তৈরি বিস্কুট। ˈ**~-fountain** *n* পানীয় সোডার জল, বরফ ইত্যাদির দোকান। ˈ**~ pop** (US কথ্য) আইসক্রিম সহযোগে প্রস্তুত পানীয় সোডার জল। ˈ**~-water** *n* পানীয় সোডার জল; সোডা-ওয়াটার।

sod·den [ˈসড্ন্] *adj* ১ সিক্ত; ভেজা: clothes ~ with rain. ২ (রুটি ইত্যাদি সম্বন্ধে) ভালো সেঁকা না হবার ফলে ভারী ও কাঁচা-কাঁচা; চটচটে ভেজা-ভেজা; আধ-সেঁকা।৩ (প্রায়শ **drink-~**) অতিরিক্ত মদ্যপানের ফলে বুদ্ধিভ্রষ্ট বা বিহ্বল।

so·dium [ˈসৌডিআম্] *n* [U] (রসা.) প্রাকৃতিকভাবে শুধুমাত্র যৌগিক পদার্থে দৃষ্ট রুপালি ধাতু (প্রতীক Na): ~ chloride, (NaCl) সাধারণ লবণ।

sod·omy [ˈসডামি] *n* [U] বিশেষত পুরুষদের মধ্যে পরস্পর যৌন সংসর্গ; পায়ুকাম। **sod·om·ite** [ˈসডামাইট্] *n* এ রকম যৌনসংসর্গে অভ্যস্ত ব্যক্তি; পায়ুকামী।

sofa [ˈসৌফ়া] *n* একাধিক ব্যক্তি বসতে পারে এ রকম হেলান দেওয়া হাতলওয়ালা গদি-আঁটা লম্বা চেয়ার; সোফা।

soft [সফ়্ট্ US সো°ফ়্ট্] *adj* ১ (hard-এর বিপরীত) নরম: ~ soil; a ~ bed. **a ~ landing** অবতরণযান বা অবতরণস্থলের কোনো ক্ষতি না হয় এমন অবতরণ (চন্দ্রপৃষ্ঠে মহাশূন্যযান যে ভাবে অবতরণ করে)। এর থেকে, ˌ**~-ˈland** *vi* এভাবে অবতরণ করা। ২ (উপরিভাগ সম্বন্ধে) মসৃণ ও কোমল: ~ fur; as ~ as velvet. ৩ (আলো, রং সম্বন্ধে) চোখ-ধাঁধানো নয়; স্নিগ্ধ: The ~ light of the moon. ৪ (ধ্বনি সম্বন্ধে) অনুচ্চ; মৃদু: in a ~ voice. ৫ (রূপরেখা সম্বন্ধে) অস্পষ্ট। ৬ (প্রত্যুত্তর, শব্দ ইত্যাদি সম্বন্ধে) ভদ্র; বিনীত: a ~ answer; have a ~ tongue. ৭ (বায়ু, আবহাওয়া সম্বন্ধে) মৃদুমন্দ; স্নিগ্ধ: a ~ breeze; ~ weather. ৮ (পানি সম্বন্ধে) খনিজ লবণমুক্ত: as ~ as rainwater. ৯ (কতিপয় ধ্বনি সম্বন্ধে) স্পর্শবর্ণ নয়: C is ~ in 'city' and hard in 'cat'. ১০ সহজ: a ~ job, (অপ.) সহজ, মোটা বেতনের চাকরি। ১১ শিথিল; দুর্বলচিত্ত: Your muscles have got ~ through lack of exercise. a ~ generation, দুর্বলচিত্ত তরুণেরা। ১২ সহানুভূতিশীল; বিবেচক: a ~ heart. **have a ~ spot for sb** কারো জন্য দুর্বলতা, অর্থাৎ, স্নেহ, মমতা, অনুরাগ ইত্যাদি পোষণ করা। ১৩ (কথ্য) দুর্বলমনা: Tabib is not as ~ as he looks . Shawkat is ~ about Nipu. ১৪ (যৌগশব্দে বিবিধ প্রয়োগ): ˌ**~-ˈboiled** *adj* (ডিম সম্বন্ধে) হালকা-সিদ্ধ। ˌ**~ ˈcoal** *n* যে কয়লা হলুদ, ধোঁয়াটে শিখা নিয়ে জ্বলে। ˌ**~ ˈcurrency** *n* যে মুদ্রা সোনা কিংবা চাহিদা বেশি এমন অন্য কোনো মুদ্রার সঙ্গে বিনিময় করা যায় না। ˌ**~ ˈdrink** *n* [C] সুরাসার বা কোহল নেই, অর্থাৎ, নেশা হয় না এমন পানীয়, যেমন, ফলের রস, শরবত। ˈ**~ drug** *n* [C] (হেরোইন জাতীয় কড়া মাদকের বিপরীতে মারিজুয়ানা জাতীয়) মৃদু-গুণ মাদক। ˌ**~-ˈfooted** *adj* (ব্যক্তি সম্বন্ধে) মৃদুচরণে চলে এমন। **~-ˈheaded** *adj* কোমলমস্তিষ্ক; বোকা; গবা। ˌ**~-ˈhearted** *adj* কোমলহৃদয়; দয়ালু; সহানুভূতিশীল। ˌ**~ ˈoption** *n* সহজ বিকল্প। ˌ**~ ˈpalate** *n* তালুর পিছনের অংশ। ˌ**~-ˈpedal** *vi, vt* কোমল ঘাটের চাবি টেনে/প্যাডেল চালিয়ে (বাজনা, পিয়ানো) বাজানো; (লাক্ষ.) (বিবৃতি ইত্যাদিকে) অপেক্ষাকৃত অস্পষ্ট বা অনিশ্চিত রূপ প্রদান করা। ˌ**~ ˈsoap** *n* পটাশ দিয়ে তৈরি অর্ধ-তরল সাবান; (লাক্ষ.) স্তুতিবাদ! ˌ**~-ˈsoap** *vt*

স্তাবকতা করা; তোষণ করা। ˌ~-ˈ**solder** *vt* সহজে গলে বা মিশে যায় এমন ধাতুতে ব্যবহৃত রাংঝাল বা সোলডার। ˌ~-ˈ**solder** *vt* এ রকম সহজে দ্রবণীয় ধাতু দিয়ে ঝালাই করা। ˌ**~-ˈspoken** *adj* মৃদুভাষী। ˈ**~·ware** *n* (কম্পিউটার-যন্ত্রাংশের বিপরীতে) কম্পিউটারের কাজ করার জন্য ব্যবহৃত সাংকেতিক তথ্যপুঞ্জ, নির্দেশাবলী ইত্যাদি; hard[1] (৯) শিরোনামে hardware দ্রষ্টব্য। ˌ**~-ˈwitted** *adj* বোকাটে। ˈ**~·wood** *n* [C, U] যে কাঠ সহজে চেরা যায়; নরম কাঠ। ˈ**~·ish** [-ইশ্] *adj* কিছুটা নরম; নরমভাবাপন্ন। **~·ly** *adv* মৃদু বা কোমলভাবে: speak ~ly. **~·ness** *n* .**~y** *n* বোকা লোক; দুর্বল লোক।

sof·ten [ˈসফ়্ন্ US ˈসো°ফ়্ন্] *vt, vi* নরম, কোমল, মৃদু, মসৃণ, নমনীয়, দুর্বল ইত্যাদি করা বা হওয়া: a heart ~ed by much suffering. **~ sb up** গোলাবর্ষণ, বোমাবর্ষণ ইত্যাদির সাহায্যে (শত্রুপক্ষের অবস্থানকে) দুর্বল করা; (কোনো ব্যক্তির) প্রতিরোধ ক্ষমতা দুর্বল করা বা হরণ করা। **~er** *n* [C] বিশেষত যে রাসায়নিক পদার্থের সাহায্যে কঠিন পানি নরম করা হয় কিংবা যে যন্ত্রে এই রাসায়নিক ব্যবহার করে কঠিন পানি নরম করা হয়।

soggy [ˈসগি] *adj* (বিশেষত মাটি সম্বন্ধে) পানিতে ভারী হয়ে আছে এমন। **sog·gi·ness** *n*

soh [সৌ] *n* দ্র. so[4].

Soho [ˈসৌহৌ] *n* বিদেশী রেস্তোরাঁ, খাবার দোকান ও নাইট ক্লাবের জন্য প্রসিদ্ধ পশ্চিম লন্ডনের একটি এলাকা।

soi·gné [ˈসোআ:নিএই US সোআ: ˈনেই] *adj* (ফ.) (*fem* **-née**) (কারো পোশাক পরার ধরন ইত্যাদি সম্বন্ধে) নিখুঁত; পরিপাটি।

soil [স য়ল্] *n* [C,U] ১ মৃত্তিকা, মাটি; বিশেষত উদ্ভিদ লালনকারী ভূ-স্তর: rich ~. ˈ**~-pipe** *n* জল-সঞ্চিত মলপাত্র (water-closet pan) থেকে ড্রেনে মল নিষ্কাশনের পাইপ। ২ জন্মভূমি: one's native ~; কৃষিক্ষেত্র, জমি: a man of the ~, যে জমি চাষ করে (এবং জমির প্রতি নিবেদিতপ্রাণ)। □*vt, vi* ১ ময়লা করা: ~ed liner, ময়লা কাপড়। ২ ময়লা হওয়া: material that ~s easily, সহজে ময়লা হয়।

soi·ree [ˈসোআ:রেই US সোআ: ˈরেই] *n* (প্রায়শ কোনো সঙ্ঘ বা সমিতির অভীষ্টসাধনে সহায়তা করার উদ্দেশ্যে আয়োজিত) সান্ধ্যকালীন গানের আসর; সান্ধ্য-আসর।

so·journ [ˈসজান্ US সৌˈজারন্] *vi, n* (সাহিত্য. কারো সঙ্গে, কোথাও) কিছুকালের জন্য থাকা। **~er** *n*

sol [সল্] *n* দ্র. so[4].

sol·ace [ˈসলিস্] *n* [C,U] সান্ত্বনা; প্রবোধ: find ~ in music. □*vt* সান্ত্বনা দেওয়া: The deserted hero ~d himself with whisky.

so·lar [ˈসৌলা(র্)] *adj* সূর্য সংক্রান্ত; সৌর। **a ~ cell** সূর্যালোকের শক্তিকে বৈদ্যুতিক শক্তিতে রূপান্তরিত করার যন্ত্রবিশেষ। **the ˈ~ system** সৌরজগৎ। ˌ**~ ˈplexus** [-ˈপ্লেক্সাস্] পাকস্থলীর নীচের অংশে স্নায়ুগুচ্ছ বা শিরাজাল। **the ~ year** সূর্যের চারদিকে একবার ঘুরে আসতে পৃথিবীর যে সময় লাগে (৩৬৫ দিন ৫ ঘণ্টা ৪৮ মিনিট ৪৬ সেকেন্ড); সৌরবৎসর।

so·lar·ium [সৌ ˈলেঅরিঅম্] *n* বিশেষত চিকিৎসার্থে রৌদ্রস্নানের জন্য কাচে ঘেরা স্থান।

sold [সৌল্ড্] sell -এর *pt, pp*

sol·der [ˈসলডা(র্) US ˈসডা(র্)] *n* ঝালাই করার রাং। □*vt* ঝালাই করা। ˈ**~·ing-iron** *n* ঝালাই করার যন্ত্র।

sol·dier [ˈসৌল্জা(র্)] *n* সৈনিক। **private ~** যে সৈনিক সরকারি সনদপ্রাপ্ত নয়। **~ of fortune** যে কোনো রাষ্ট্র বা ব্যক্তির অধীনে ভাড়ায় যুদ্ধ করতে প্রস্তুত ব্যক্তি; ভাড়াটে সৈনিক। □*vi* সৈনিক হিসাবে কাজ করা: (প্রধানত) go/ enjoy ~ing; be tired of ~ing. **~ on** সমস্যার মুখেও সাহসের সঙ্গে নিজের কাজ করে যাওয়া। **~·ly,** ˈ**~-like** *adj* সৈনিকের মতো; সৈনিকসুলভ; সপ্রতিভ; চটপটে; সাহসী। **~y** *n* (শুধুমাত্র *sing, collective n)* বিশেষ চরিত্রের সৈনিকবর্গ: the undisciplined ~y; the licentious ~y.

sole[1] [সৌল্] *n* এক ধরনের উপাদেয় সামুদ্রিক মাছ।

sole[2] [সৌল্] *n* মানুষের পায়ের তলা; পদতল; জুতার বা মোজার তলি। □*vt* (জুতা ইত্যাদির) তলি লাগানো: a pair of shoes to be ~d. **-soled** *suff (pref* আকারে *n* ও *adj* সহ): rubber-~d boots.

sole[3] [সৌল্] *adj* ১ একমাত্র: the ~ heir to a property; the ~ cause of an accident. ২ কেবল একজন ব্যক্তি, একটি কোম্পানি ইত্যাদির মধ্যে সীমাবদ্ধ: They have the ~ right of selling the article.**~·ly** *adv* এককভাবে; শুধু; কেবল: ~ly responsible. It is ~ly because of you that we have lost our credibility.

sol·ecism [ˈসলিসিজ়ম্] *n* [C] ভাষা ব্যবহারের ভুল; ভাষার অশুদ্ধ ব্যবহার; শিষ্টাচারের পরিপন্থী কোনো কাজ; অভদ্রতা; সৌজন্য বিভ্রম।

sol·emn [ˈসলাম্] *adj* ১ ধর্মীয় বা অন্য অনুষ্ঠানে পালিত বা আচরিত; আনুষ্ঠানিক; গভীর শ্রদ্ধা বা ভাবনার সঞ্চার করে এমন; ভাবগম্ভীর: ~ music; a ~ oath. ২ গম্ভীর: ~ faces. He looked as ~ as a judge. **~·ly** *adv.* **~·ness** *n*

sol·em·nity [স ˈলেম্নাটি] *n* ১ [U] ঐকান্তিকতা; গাম্ভীর্য। ২ [U] (*pl* -ও হতে পারে) ভাবগম্ভীর অনুষ্ঠান: He was sworn in with all ~.

sol·em·nize [ˈসলাম্নাইজ়্] *vt* (ধর্মীয় অনুষ্ঠান, বিশেষত বিয়ের অনুষ্ঠান) প্রচলিত আচার অনুযায়ী সম্পাদন করা; গম্ভীর বা ভাবগম্ভীর করে তোলা। **sol·em·ni·zation** [ˈসলাম্নাইজ়েইশ্ন্ US -নিজ়্-] *n* [U]

sol-fa [ˌসল্ˈফ়া: US ˌসৌল্] *n* = tonic ~, দ্র. tonic.

sol·icit [স ˈলিসিট্] *vt, vi* ১ **~ sb (for sth)** (কোনো কিছুর জন্য) সনির্বন্ধ আবেদন করা; অনুরোধ করা: The accused ~ed (me for) my legal advice. ২ (পতিতা সম্বন্ধে) প্রকাশ্যে যৌন সংসর্গের প্রস্তাব দেওয়া: He was openly ~ed at Ramna Park. **sol·ici·ta·tion** [ˌসালিসিˈটেইশ্ন্] *n* [U] সনির্বন্ধ আবেদন বা অনুরোধ; যৌন সংসর্গের প্রকাশ্য প্রস্তাব; [C] এ রকম আবেদন, অনুরোধ বা প্রস্তাবের ঘটনা বা উপলক্ষ।

sol·ici·tor [স ˈলিসিটা(র্)] *n* ১ (GB) যে আইনজীবী বৈধ দলিলপত্র প্রণয়ন করেন, আইন বিষয়ে মক্কেলদের পরামর্শ দেন ও নিম্ন আদালতে তাদের পক্ষে কথা বলেন। **Soˌlicitor-ˈGeneral** ব্রিটেনের প্রধান সরকারি আইনজীবীদের একজন; মহাব্যবহারদেশক। ২ (US) ব্যবসা-বাণিজ্য, সমর্থন ইত্যাদির প্রার্থী; ভোটপ্রার্থী।

sol·ici·tous [স'লিসিটস্] *adj* **~ (for/ about/ sth/ sb); ~ (to do sth)** (কারো কল্যাণ ইত্যাদির ব্যাপারে) উৎকণ্ঠিত, ব্যাকুল বা (কাউকে সাহায্য বা সেবা করার জন্য) ব্যগ্র উদ্গ্রীব: ~ to please. He is always ~ for her comfort. **~·ly** *adv*. **sol·ici·tude** [স,লিসি'টিউড্ US –টূড্] *n* উৎকণ্ঠা; ব্যাকুলতা: his deep solicitude for my welfare.

solid ['সলিড্] *adj* ১ তরল বা বায়বীয় আকারে নয় এমন কঠিন: When water freezes and becomes ~, we call it ice. **,~-'state** *adj* (ইলেকট্রনিক যন্ত্রপাতি সম্বন্ধে) পুরাপুরি ট্র্যানজিস্টারকৃত, অর্থাৎ, ভাল্ভ্‌–ছাড়া: a ~-state amplifier. ২ ঘন; সারবান; ভারী: ~ food. ৩ নিশ্ছিদ্র, পূর্ণগর্ভ; ফাঁপা বা শূন্যগর্ভ নয়: a ~ sphere. ৪ দৃঢ়; বলিষ্ঠ; শক্ত: a ~ building; ~ foundations; a man of ~ build. ৫ নির্ভরযোগ্য: a ~ business; a man of ~ character. ৬ সুষম; নির্ভেজাল: made of ~ gold. ৭ একমত; অবিভক্ত: They are ~ for peace. The students are ~ on this issue. ৮ একটানা: I worked for six ~ hours. ৯ (গণিত) দৈর্ঘ্য, প্রস্থ ও বেধবিশিষ্ট: a ~ figure. □*n* [C] ১ কঠিন বা নিয়তাকার বস্তু। ২ (জ্যামিতি) ত্রিমাত্রিক, অর্থাৎ, দৈর্ঘ্য, প্রস্থ ও বেধ –এই তিন মাত্রাবিশিষ্ট অবয়ব বা জ্যামিতিক ফিগার। **~·ly** *adv*. **sol·id·ity** [স'লিডাটি], **~·ness** *nn* (solid–এর সকল অর্থে): the ~ity of a building/an argument ইত্যাদি।

soli·dar·ity [,সলি'ড্যারাটি] *n* [U] সংহতি: express ~ with the striking miners.

sol·id·ify [স'লিডিফাই] *vt, vi* কঠিন বা ঘন করা বা হওয়া। **sol·idi·fica·tion** [স,লিডিফ়ি'কেইশ্‌ন্] *n*

sol·il·oquy [স'লিলাকুই] *n* [C, U] স্বগতোক্তি। **sol·il·oquise** [স'লিলাকোআইজ্] *vi* নিজের সঙ্গে কথা বলা; স্বগতোক্তি করা।

sol·ip·sism ['সলিপ্‌সিজ়াম্] *n* (অধিবিদ্যায়) কেবল আত্মজ্ঞানই সম্ভব—এই মতবাদ; আত্মজ্ঞানবাদ।

soli·taire [,সলি'টেআ(র্) US 'সলিটেআ(র্)] *n* ১ একটিমাত্র মণি বা রত্ন (সম্বলিত অলঙ্কার, যেমন, কানের দুল)। ২ একজনের উপযোগী তাসের খেলা (ভিন্ন নাম patience)।

soli·tary ['সলিট্রি US –টেরি] *adj* ১ একাকী (বাসরত); নিঃসঙ্গ; নির্জন: a ~ life; a ~ walk. **~ confinement** নির্জন কারাবাস, এতে বন্দীকে বিচ্ছিন্ন একটি কক্ষে একা আলাদা করে রাখা হয়। **in ~** বন্দীদশায়। ২ একমাত্র: a ~ instance of sth, একমাত্র উদাহরণ। ৩ কদাচিৎ কেউ দেখতে বা বেড়াতে আসে এমন: a ~ temple. **soli·tar·ily** ['সলিট্রালি US ,সলি'টেরালি] *adv*

soli·tude ['সলিটিউড্ US -টূড্] *n* ১ [U] একাকিত্ব; নিঃসঙ্গতা; নির্জনতা: He lives in ~. ২ [C] নির্জন স্থান: I spent weeks in the ~s of the Hill Tracts.

solo ['সৌলৌ] *n* ১ একক সঙ্গীত: a violin ~. ২ এককভাবে সম্পাদিত যে কোনো কাজ: (*adv* হিসাবে) fly ~; (attrib) my first ~ flight. ৩ [U] যে ধরনের তাসখেলায় একজন খেলোয়াড় একা অন্যদের বিরুদ্ধে খেলে। **~·ist** [–ইস্ট্] *n* একক সঙ্গীত পরিবেশনকারী ব্যক্তি।

sol·stice ['সল্‌স্টিস্] *n* নিরক্ষরেখার উত্তরে বা দক্ষিণে সূর্যের দূরতম অবস্থানের কাল; অয়ন: Summer ~, উত্তরায়ণ (২১ জুনের কাছাকাছি); winter ~, দক্ষিণায়ন (২২ ডিসেম্বরের কাছাকাছি)।

sol·uble ['সলিউব্‌ল্] *adj* ১ **~ (in)** যা তরল পদার্থে গোলানো বা মেশানো যায়; দ্রবণীয়। ২ যার সমাধান বা ব্যাখ্যা করা যায়; সমাধানযোগ্য; ব্যাখ্যাসাধ্য। **solu·bil·ity** [,সলিউ'বিলাটি] *n*

sol·ution [স'লূশ্‌ন্] *n* ১ [C] **~ (to/ for/ of)** (কোনো প্রশ্ন ইত্যাদির) উত্তর; (কোনো সমস্যা সমাধানের (পথ বা উপায়): Recourse to arms is not the best ~ to hostilities between two countries. Is population control the only ~ to/for/of our sagging economy ? ২ [U] সমাধান: This is one of those problems that defy ~. ৩ [U] দ্রবণ; দ্রবীকরণ: The ~ of sugar in tea. ৪ [C,U] দ্রব: Solution of salt in water.

solve [সল্‌ভ্] *vt* সমাধান করা: ~ an equation; (নিষ্কৃতির) উপায় খুঁজে বের করা: He helped me to ~ my financial troubles. **solv·able** [–অব্‌ল্] সমাধানযোগ্য বা ব্যাখ্যাসাধ্য।

sol·vent ['সল্‌ভান্ট্] *adj* ১ দ্রবণশক্তিসম্পন্ন; দ্রাবক: the ~ action of water. ২ দেনা শোধ করবার মতো যথেষ্ট অর্থ আছে এমন। □*n* [C] অন্য (নির্দিষ্ট) পদার্থকে গলাতে পারে এমন (সাধা.তরল) · পদার্থ; দ্রাবক। **sol·vency** [–ন্সি] *n* ঋণপরিশোধক্ষমতা।

so·matic [সৌ 'ম্যাটিক্] *adj* দৈহিক; শারীরিক।

sombre (যুক্ত = **som·ber)** ['সম্‌বা(র্)] *adj* কৃষ্ণবর্ণ; অন্ধকারময়; বিষণ্ণ; নিরানন্দ; মলিন: a ~ winter; ~ clothes; a ~ picture of developing societies. **~·ly** *adv*. **~·ness** *n*

som·brero [সম্'ব্রেআরৌ] *n* (ল্যাটিন আমেরিকান দেশসমূহে পরিহিত) চওড়া কিনারাঅলা টুপি।

some[1] [সাম্; weak form (শুধু অনির্দিষ্ট সংখ্যা বা পরিমাণবোধক বিশেষণিক অর্থে ব্যবহৃত): সাম্] *adj* ১ (হ্যাঁ–সূচক বাক্যে ব্যবহৃত; প্রশ্নবোধক ও না–সূচক, বাক্যে শর্তাধীন clause বা উপবাক্যে এবং সংশয়াত্মক ও নঞর্থক বাক্যে শব্দটির স্থলে সাধারণত any বসে। বস্তুবাচক বিশেষ্যের সাথে অজ্ঞাত বা অনুল্লেখিত পরিমাণ বোঝাতে, গুণবাচক বিশেষ্যের সাথে নির্দিষ্ট কোনো মাত্রা বোঝাতে, এবং বহুবাচনিক জাতিবাচক বিশেষ্যের সাথে (তিন বা ততোধিক) কোনো সংখ্যা বোঝাতে some এবং any ব্যবহৃত হয়ে থাকে। some এবং any-এই দুইটি শব্দকে a/an —এই সংখ্যাসূচক article–এর বহুবাচনিক প্রতিরূপ হিসাবে গণ্য করা হয়ে থাকে।): Please give me ~ water; There are ~ books on the table. ~ (= some people) say that ..., কেউ কেউ বলে যে ...। তুল. Have you any sugar ? I Haven't any money on me. They haven't any children. I doubt whether there are any flowers in his garden. There are hardly any shops open at this hour. ২ (বক্তা হ্যাঁ–সূচক উত্তর প্রত্যাশা করলে কিংবা ইঙ্গিত করলে প্রশ্নসম্বলিত বাক্যেও some ব্যবহৃত হতে পারবে): Aren't there ~ chairs in that room ? Didn't I give you ~ money ? (আমন্ত্রণ বা অনুরোধ প্রকাশ করলে প্রশ্নগঠিত বাক্যেও some ব্যবহৃত হয়): Will you have ~ tea ? ৩ (অনুমান উপস্থাপক if–এর পরে some অথবা any ব্যবহৃত হতে পারে): If I had ~/any money, I could buy it. ৪ (more –এর সাথে some এবং any দুটোই ব্যবহৃত হয়): I will have ~ more. Do you want any more ? ৫ (the rest, other(s) ও all–এর সঙ্গে বৈপরীত্য নির্দেশ করতে প্রায়শ some ব্যবহৃত হয়): ~ people remember their childhood friends, others do not. All politicians are not bad, ~ are honest. ৬ (ব্যক্তি, বস্তু, স্থান ইত্যাদি অজানা হলে কিংবা বক্তা এগুলো সম্পর্কে নির্দিষ্ট করে কিছু বলতে না চাইলে একবাচনিক জাতিবাচক বিশেষ্যের পূর্বে some ব্যবহৃত হয়, or other শব্দদ্বয় প্রায়শ যোগ করা হয়ে থাকে।): He is living at ~ place in South Korea. I have read that story before in ~ book or other. ৭ (যথেষ্ট পরিমাণ বা যথেষ্ট সংখ্যা বোঝায় এমন সব বিশেষ্যের সঙ্গে some ব্যবহৃত হয়।): I shall be away for ~ time, বেশ কিছুদিনের জন্য; He spoke at ~ length, যথেষ্ট সময় ধরে; যথেষ্ট লম্বা করে; The new airport is at ~ distance from here, অনেকটা দূরে। ৮ (কিছু পরিমাণে বা কিছু মাত্রায় বোঝায় এমন সব বিশেষ্যের সঙ্গেও some ব্যবহার করা হয়): That is ~ help (অর্থাৎ, কিছু পরিমাণে সহায়ক হয়) towards better understanding between the neighbours. □*adv* (সংখ্যার পূর্বে, 'প্রায়' কিংবা 'কাছাকাছি' বোঝাতে *adv* হিসাবে some ব্যবহৃত হয়): That was ~ twelve years ago. There were ~ twenty people there. ~ **few,** দ্র. few (৩).

some[2] [সাম্] *pron* (*adj* হিসাবে some ১, ২ ও ৩ সংখ্যক ঘরে যেভাবে ব্যবহৃত হয়েছে, *pron* হিসাবে some সেইভাবে ব্যবহৃত হবে। some of এবং any of কে a few of, a little of ও part of –এর সমার্থক হিসাবে দেখা হয়): ~ of these women lost their husbands in the war. Bangladesh produces ~ of the finest jute in the world.

some·body [ˈসাম্‌বাডি], **some·one** [ˈসাম্‌ওআন] *pron* ১ কেউ (একজন): There's ~ at the door. ২ (প্রায়শ *indef art* সহ; বহুবচনেও ব্যবহৃত হয়) গুরুত্বপূর্ণ ব্যক্তি: I hear that he is a somebody in his own locality.

some·how [ˈসাম্‌হাউ] *adv* ১ কোনো না কোনো–ভাবে; যে করেই হোক: I must find money for the trip ~ (or other). He says he will doit ~. ২ কোনো (অস্পষ্ট) কারণে; যে কোনো কারণেই হোক: S~ I don't trust him.

some·one [ˈসাম্‌ওআন্] *n* = somebody.

some·place [ˈসাম্‌প্লেইস্] *adv* (US কথ্য) কোনো এক জায়গায়; কোথাও: He lives ~ between Dhaka and Joydevpur.

som·er·sault [ˈসামাসো°ল্‌ট্] *n* [C] ডিগবাজি: turn a ~. □*vi* ডিগবাজি খাওয়া।

some·thing [ˈসাম্‌থিঙ্] *pron* ১ (অনির্দিষ্ট প্রকৃতির) কিছু, কোনো কিছু, কোনো বস্তু, ঘটনা ইত্যাদি: There's ~ on the floor. I want ~ to eat, কিছু খেতে চাই; There's ~ (= কিছু সত্য, কিছু অর্থ) in what he says; It's ~ to be home again without an accident, দুর্ঘটনা এড়িয়ে ঘরে ফেরা কম কথা নয়; He is ~ in the Ministry of Education, শিক্ষা মন্ত্রণালয়ে কেউ একজন হবে; কিছু একটা হবে। ২ **or ~** (কথ্য) সুনির্দিষ্ট তথ্যের অভাব নির্দেশ করে: He was writing a thesis or ~, থিসিস না কি একটা লিখছিল; I hear he has broken an arm or ~, কোনো একটা দুর্ঘটনায় পড়ে হাত না কি একটা ভেঙেছে। ৩ **~ of** অনির্দিষ্ট মাত্রা নির্দেশ করে: He is ~ of a liar, পুরোপুরি সত্যবাদী নয়। □*adv* **~ like (ক)** কিছুটা যেন; কিছুটা সাদৃশ্যযুক্ত: The rostrum was shaped ~ like a boat. **(খ)** প্রায় কাছাকাছি: He made ~ like ten million, প্রায় কোটি টাকার মতো বানিয়েছে। **(গ)** (কথ্য) Now that's ~ like it, (সন্তোষ প্রকাশক) এই রকমটাই চাই!

some·time [ˈসাম্‌টাইম্] *adv* ১ কোনো এক সময়ে: I met him ~ in April, এপ্রিলের কোনো এক সময়ে। ২ ভূতপূর্ব, প্রাক্তন: Mr Aminur Rahman, ~ chairman of our municipality. (এখানে sometime-কে অনায়াসে *adj* হিসাবে গণ্য করা যেতে পারে)।

some·times [ˈসাম্‌টাইম্‌জ্] *adv* ১ কখনো কখনো; মাঝে মাঝে: S~ I read and at other times I watch the TV. I have ~ had letters from him. (বৈপরীত্যসূচক উক্তিতে ব্যবহৃত হলে কিংবা পুনরাবৃত্ত হলে sometimes *v*-কে অনুসরণ করতে পারে): He likes ~ the one and ~ the other.

some·way [ˈসাম্‌ওএই] *adv* (US কথ্য) = somehow.

some·what [ˈসাম্‌ওআট্ US –হোআট্] *adv* ১ কিছুটা: I was ~ disappointed. They arrived ~ late. ২ **~ of** কিছু পরিমাণে: He is ~ of a liar.

some·where [ˈসাম্‌ওএআ(র্) US –হো এআ(র্)] *adv* কোনো এক জায়গায়, কোথাও: It must be ~ near here, এখানেই কোথাও হবে।

som·nam·bu·lism [সম্‌ˈন্যাম্‌বিউলিজ়াম্] *n* [U] নিদ্রিত অবস্থায় হেঁটে বেড়ানো; স্বপ্নচারিতা। **som·nam·bu·list** [–ইস্‌ট্] *n* স্বপ্নচারী।

som·nol·ent [ˈসম্‌নালান্‌ট্] *adj* নিদ্রালু; নিদ্রিতপ্রায়; নিদ্রাকর। **~·ly** *adv* **som·nol·ence** *n* [U] নিদ্রালুতা।

son [সান্] *n* ১ পুত্র; ছেলে। **the Son of God; the Son of Man** যিশুখ্রিস্ট। **the sons of men** মানবজাতি। ˈ**son-in-law** জামাতা; জামাই। ২ (বয়োজ্যেষ্ঠ কর্তৃক তরুণকে; ধর্মযাজক কর্তৃক অনুতপ্ত শরণার্থীকে সম্বোধনের ক্ষেত্রে ব্যবহৃত হয়): my son. ৩ **son of** উল্লিখিত গুণ, চারিত্র, বৈশিষ্ট্য ইত্যাদির অধিকারী ব্যক্তি; সন্তান: sons of freedom, পূর্বপুরুষের কাছ থেকে যারা স্বাধীনতার উত্তরাধিকার লাভ করেছে; স্বাধীনতার সন্তানেরা; a son of the soil, যে কৃষিকাজের পৈতৃক পেশা গ্রহণ করেছে; মাটির সন্তান।

so·nar [ˈসৌনা:(র্)] *n* প্রতিফলিত শব্দতরঙ্গের সাহায্যে পানিতে নিমজ্জিত বস্তুর সন্ধান ও তার অবস্থান নির্ণয় করার যন্ত্র।

so·nata [ˈসানা:টা] *n* এককভাবে পিয়ানো কিংবা যৌথভাবে পিয়ানো ও বেহালার জন্য রচিত এবং তিন বা চার পর্যায়বিশিষ্ট যন্ত্রসঙ্গীত।

song [সঙ্ US সো°ঙ্] *n* ১ গায়ন; কণ্ঠসঙ্গীত: She burst into ~; the ~ of the birds. ˈ**~·bird** গায়ক–পাখি। ২ [U] কাব্য: renowned in ~, কাব্যে বিখ্যাত। ৩ [C] সুরারোপিত ছোট কবিতা, গান: She was singing a Tagore ~. ˈ**~-book** গানের বই। **buy sth for a ~/an old ~; go for a ~** পানির দরে কেনা/বেচা। **nothing to make a ~ and dance about** (কথ্য) আহামরি কিছু নয়। **a ~ and dance** (কথ্য) অকারণ হৈ চৈ। **~·ster** [–স্টা(র্)] *n* গায়ক; গায়ক–পাখি। **~·stress** [–স্ট্রিস্] *n* গায়িকা।

sonic [ˈসনিক্] *adj* ধ্বনি, ধ্বনি-তরঙ্গ বা ধ্বনির গতিবেগ বিষয়ক: a ~ bang/boom, বিমান কর্তৃক ধ্বনির গতিবেগ অতিক্রমকালে সৃষ্ট শব্দ।

son·net [ˈসনিট্] *n* চতুর্দশপদী বা চৌদ্দ লাইনের কবিতা; সনেট। **~·eer** [ˌসনিˈটিআ(র্)] *n* (সাধা. তুচ্ছ.) সনেট-রচয়িতা।

sonny [ˈসানি] *n* অল্প বয়সী ছেলেকে সম্বোধনের প্রচলিত রূপ।

son·or·ous [সˈনো°রাস্] *adj* ১ ধ্বনিময়; সুললিত: a ~ voice. ২ (শব্দ, ভাষা ইত্যাদি সম্বন্ধে) মনোরম, স্বাতন্ত্র্যময়: ~ titles; a ~ style of writing. **~·ly** *adv*. **son·or·ity** [সˈনরাটি US -ˈনো°র্-] *n*

sonsy [ˈসন্সি] *adj* (scot): a ~ lass, গোলগাল হাসিখুশি মেয়ে।

soon [সূন্] *adv* ১ অবিলম্বে, অল্পকিছুক্ষণের মধ্যে (শব্দটি *v* সহ বাক্যের মাঝখানে, অথবা too, very, quite দ্বারা বিশেষিত হলে বাক্যের শেষে বসতে পারে): He will ~ be here. He will be here very ~. **~ after** অল্পকাল বা কিছুক্ষণ পর: They arrived ~ after five. ২ সত্বর; তাড়াতাড়ি: How ~ can you be ready ? Why do you want to leave so ~? ৩ **as/so ~ as** যেইমাত্র; যখনি: I will ask him to go and see you as ~ as he comes here. **no ~er ··· than** যেইমাত্র ···অমনি; সঙ্গে সঙ্গে: They had no ~er left the station than the accident occurred. ৪ (দ্বৈত তুলনায়): The ~er you begin. the ~ you will finish. **~er or later** একদিন আগে, না হয় একদিন পরে; আজই হোক কিংবা কালই হোক; একদিন না একদিন। ৫ (তুলনা বুঝিয়ে) **(just) as ~ ··· (as)** সমান আগ্রহে: I would (just) as ~ stay at home as go to the airport to receive him. **~er than** তার চেয়ে বরং: I would ~er resign than apologize to him for what I have said. **as ~ as not** সানন্দে; সাগ্রহে: I would do the thing as ~ as not.

soot [সুট্] *n* [U] ধোঁয়ার কালির গুঁড়া; ঝুল: covered with ~ from factory chimneys. ~ ঝুলে ঢাকা; কালির গুড়ার মতো। □*vt* ঝুলে ঢেকে ফেলা।

sooth [সূথ্] *n* (পুরা.) সত্য। **in ~** বাস্তবিকপক্ষে; সত্যিসত্যি। **ˈ~-say·er** [-সেইআ(র্)] *n* ভবিষ্যৎ-বক্তা; গণক।

soothe [সূদ্] *vt* ১ (কাউকে, কারো ক্রোধ, অস্থিরতা ইত্যাদিকে) শান্ত বা প্রশমিত করা: ~ a crying baby; ~ sb's anger. ২ (যন্ত্রণা) উপশম করা: ~ an aching tooth; a soothing lotion for burns. **sooth·ing·ly** *adv*

sop [সপ্] *n* ১ দুধ, ঝোল প্রভৃতিতে ভিজানো রুটি ইত্যাদির টুকরা। ২ **a sop to sb** অশান্তি, বিক্ষোভ, ঝামেলা ইত্যাদি এড়ানোর জন্য কিংবা সাময়িকভাবে খুশি করা বা খুশি রাখার জন্য প্রদত্ত উপহার বা ঘুষ: (throw) a sop to Cerberus, অসুবিধা সৃষ্টিকারী ব্যক্তিকে নিবৃত্ত বা খুশি করার জন্য কিছু করা। □*vt* (দুধ, ঝোল প্রভৃতিতে রুটি ইত্যাদি) ভিজানো। **sop sth up** ভিজিয়ে (পানি ইত্যাদি) তুলে নেওয়া: ~ up water with a towel. **sop·ping** *adj, adv* সিক্ত; ভেজা: sopping clothes.

soph·ism [ˈসফ়িজ়ম্] *n* [C, U] ঠকানোর জন্য ব্যবহৃত মিথ্যা যুক্তি; কুতর্ক বা কূটতর্ক।

soph·ist [ˈসফ়িস্ট্] *n* যে ব্যক্তি চতুর কিন্তু বিভ্রান্তিকর যুক্তি ব্যবহার করে; কূটতার্কিক।

soph·is·ti·cated [সˈফ়িস্‌টিকেইটিড্] *adj* ১ সহজাত সারল্য হারিয়ে দুনিয়াদারি শিখেছে এমন; দুনিয়াদারি প্রদর্শন করা: a ~ young woman. ২ জটিল; অত্যাধুনিক: ~ weapons. ৩ (মানসিক ক্রিয়া সম্বন্ধে) পরিশীলিত; জটিল; সূক্ষ্ম: a ~ argument. **soph·isti·ca·tion** [সাˌফ়িস্‌টিˈকেইশ্‌ন্] *n*

soph·is·try [ˈসফ়িস্ট্রি] *n* [U] কুতর্ক বা কূটতর্কের ব্যবহার; [C] এর দৃষ্টান্ত; কূটতর্ক।

sopho·more [ˈসফ়ামো°(র্)] *n* (US) চতুর্বার্ষিক কলেজে দ্বিতীয় বর্ষের ছাত্র বা ছাত্রী।

sop·or·ific [সপারিফ়িক্] *n adj* নিদ্রাকর (পদার্থ, পানীয় ইত্যাদি)।

sop·ping [ˈসপিঙ্] *adj* দ্র. sop.

soppy [ˈসপি] *adj* ১ ভীষণ ভেজা। ২ (কথ্য) অত্যন্ত ভাবপ্রবণ; ছিচকাঁদুনে।

so·prano [সˈপ্রা:নৌ US -প্র্যান্-] *n, adj* উচ্চগ্রাম বা উচ্চসপ্তক বা তারায় বাঁধা মহিলা, বালিকা ও বালক-কণ্ঠ; এ রকম কণ্ঠের অধিকারী (মহিলা, বালিকা বা বালক)।

sorbet [ˈসো°বাট্] *n* = sherbet.

sor·cerer [ˈসো° সারা(র্)] *n* জাদুকর। **sor·cer·ess** [ˈসো°সারিস্] *n* জাদুকরী। **sor·cery** [ˈসো°সারি] [U] জাদু; মায়াবিদ্যা; *(pl)* জাদুর নিদর্শন; জাদুর খেল।

sor·did [ˈসো°ডিড্] *adj* ১ (অবস্থা সম্পর্কে) শোচনীয়; মলিন ও জীর্ণ; নোংরা: a ~ slum. These men and women are all living in ~ poverty. ২ (ব্যক্তি, আচরণ সম্বন্ধে) ঘৃণ্য; স্বার্থ বা হীন উদ্দেশ্য প্রণোদিত: ~ motives. **~·ly** *adv*. **~·ness** *n*

sore [সৌ°(র্)] *adj* ১ (দেহের কোনো অঙ্গ সম্পর্কে) স্পর্শকাতর ও যন্ত্রণাপূর্ণ; স্পর্শ করলে কিংবা ব্যবহার করলে ব্যথা হয় এমন: a ~ throat. **like a bear with a ~ head** রাগী; বদমেজাজি; খেপাটে। **a sight for ~ eyes** সমাদৃত ব্যক্তি বা বস্তু; নয়নানন্দ। ২ ব্যথিত; বিষণ্ন: a ~ heart. ৩ পীড়াদায়ক বা বিরক্তিকর। **a ~ point/subject** বেদনাদায়ক বিষয়। ৪ বিরক্ত; আহত: feel ~ about not being called to join the cabinet. ৫ (প্রা. প্র; এ ছাড়া *adv*) শোচনীয়(ভাবে); প্রচণ্ড(ভাবে); চরম (রূপে): in ~ distress; in ~ need of help. □*n* [C] ১ দেহের ক্ষত বা আহত স্থান: treat a ~. ২ (লাক্ষ) পীড়াদায়ক বিষয়; বেদনাদায়ক স্মৃতি: I would forget old ~s. **~·ly** *adv* ১ শোচনীয়ভাবে; প্রচণ্ডভাবে: ~ly afflicted. ২ বিশেষভাবে: Medical help is ~ly needed.

sor·ghum [ˈসো°গাম্] *n* জোয়ার বা ভুট্টাজাতীয় খাদ্যশস্য।

sor·or·ity [সˈররাটি US -ˈরো°র্-] *n* (US) কলেজ বা বিশ্ববিদ্যালয়ে মহিলাদের সমিতি।

sor·rel[1] [ˈসরাল্ US ˈসো°রাল] *n* রান্নায় ব্যবহৃত গুল্মবিশেষ, এর পাতা টক হয়।

sor·rel[2] [ˈসরাল্ US ˈসোরাল্] *adj, n* পিঙ্গলবর্ণ; পিঙ্গলবর্ণ ঘোড়া।

sor·row [ˈসরো] *n* [C, U] দুঃখ বা বিষাদ, দুঃখ বা বিষাদের কারণ; অনুশোচনা: express ~ for having done wrong; in ~ and in joy, দুঃখে-সুখে। **more in ~ than in anger** যতো না রাগে, তার চেয়ে বেশি দুঃখে। **the man of S~s** যিশুখ্রিস্ট। □*vi* **~ (at/ over/ for)** (কোনো কিছুতে/কোনো কিছু নিয়ে/ কোনো

কিছুর জন্য) দুঃখবোধ করা: ~ing over the loss of a friend. **~·ful** [-ফুল্] *adj* দুঃখপূর্ণ; দুঃখদায়ক; দুঃখিত। **~·fully** [-ফুলি] *adv*

sorry [ˈসরি] *adj* ১ (শুধুমাত্র pred) দুঃখিত বা ব্যথিত: I am ~ to hear of your mother's death. **be/ feel ~ (about/ for sth)** (কোনো বিষয়ে/ কোনো কিছুর জন্য) অনুতপ্ত হওয়া/ অনুশোচনা বোধ করা: He said he was ~ for/ about what he had done. **be/ feel ~ for sb (ক)** সহানুভূতি বোধ করা: I feel ~ for anyone who has to work in conditions like this. (খ) করুণা বা মৃদু অবজ্ঞা অনুভব করা: I am ~ for you, but you have been rather foolish, haven't you ? If he doesn't realize that he has made a bad investment, I am ~ for him. ২ (অপারগতার জন্য দুঃখ প্রকাশে ব্যবহৃত হয়): 'Can you lend me some money ?' '(I am) ~, but I can't.' দ্র. excuse[2](৩), pardon(২). ৩ (attrib) করুণ: in a ~ state; বাজে: a ~ excuse.

sort[1] [সো°ট্] *n* [C] ১ একই প্রকার বা শ্রেণীর ব্যক্তি বা বস্তু: Classical music is the ~ he appreciates most. I don't approve of this ~ of thing/things of this ~. **of a ~; of ~s** কোনো রকমের, নামেমাত্র, অর্থাৎ, কোনো বিশেষ শ্রেণীতে পুরাপুরি পড়ে না বা মানায় না—এ রকম বোঝাতে কথ্য রীতিতে ব্যবহৃত হয়: We were served tea of a ~/ of ~s. **~ of** (কথ্য) কিছুটা যেন; খানিকটা: I ~ of hoped (= কিছুটা যেন আশা করেছিলাম) she would come back. দ্র. kind[2](২)-তে kind of. ২ **after a ~; in a ~** কিছুটা, কিছু পরিমাণে বা কিছু মাত্রায়। ৩ **a good ~** (বিশেষ.) যার গুণ আছে; পছন্দ করার মতো মানুষ। ৪ **out of ~s** (কথ্য) অসুস্থ বোধ করছে কিংবা মন-মেজাজ ভালো নেই এমন।

sort[2] [সো°ট্] *vt, vi* ১ **~ sth (out)** ভাগে-ভাগে সাজানো; এক জাতের জিনিসকে অন্য জাতের জিনিস থেকে বেছে আলাদা করা: He was ~ing out the good mangoes from the bad. **~ sth out** [(কথ্য) গুছিয়ে তোলা; সমাধান করা: Let us leave the pair to ~ themselves out, ওদের দুজনের সমস্যা, ভুল বোঝাবুঝি ইত্যাদি ওদেরকেই মিটিয়ে ফেলতে দাও; I will leave you to ~ that out, এই সমস্যা সমাধানের ভার তোমার উপর রইলো। ২ **~ well/ ill with** (সাহিত্য.) সঙ্গতিপূর্ণ/ সঙ্গতিহীন হওয়া; খাপ খাওয়া/ না-খাওয়া: Her resignation ~ed well with her rebellious nature. **~er** *n* (বিশেষ.) পোস্ট অফিসের চিঠি-পত্র বাছাইকারী।

sor·tie [ˈসো°টী] *n* [C] ১ অবরোধকারীদের উপর পরিচালিত অবরুদ্ধ সৈন্যদের আক্রমণ। ২ সামরিক অভিযানে অংশগ্রহণকারী বিমানের একক উড্ডয়ন: The two planes each made three ~s yesterday.

SOS [ˌএস্ ঔ ˈএস্] *n* [C] ১ বিপন্ন জাহাজ, বিমান ইত্যাদি থেকে জরুরি সাহায্য প্রার্থনা করে (বেতার ইত্যাদির সাহায্যে) প্রেরিত বার্তা। ২ জরুরি সাহায্যের আবেদন বা আহ্বান (যেমন, গুরুতর অসুস্থ অজ্ঞাতপরিচয় কোনো ব্যক্তির আত্মীয়স্বজনের সন্ধানে রেডিওতে প্রচারিত বার্তা)।

so-so [ˌসৌ ˈসৌ] *pred adj, adv* (কথ্য) খুব একটা ভালো নয়; মোটামুটি এক রকম: 'How was the trip ?' 'Oh, so-so.'

sot [সট্] *n* যে ব্যক্তি প্রায় সর্বদা মদের ঘোরে আচ্ছন্ন থাকে। **sot·tish** [সটিশ্] *adj* মদে চুর, এবং এ কারণে ভোঁতাবুদ্ধি। **sot·tish·ly** *adv.* **sot·tish·ness** *n*

sotto voce [ˌসটৌ ˈভৌচি] *adv* চাপাগলায়; জনান্তিকে; আপন মনে; একান্তে।

sou [সূ] *n* স্বল্পমান প্রাক্তন ফরাসি মুদ্রা; (লাক্ষ.) অতি সামান্য টাকা: I haven't a sou, একটা কানা পয়সাও নেই; কপর্দকশূন্য।

souf·flé [ˈসূফ্লেই US সূˈফ্লেই] *n* [C] (ফ.) পনির ইত্যাদি সহযোগে ডিম, দুধ ইত্যাদি একত্রে মিশিয়ে সেঁকে তৈরি-করা খাবার।

sough [সাফ্, US সাঔ] *vi, n* (বাতাসের) মর্মর বা শনশন ধ্বনি (করা)।

sought [সো°ট্] seek ক্রিয়ার *pt, pp*

soul [সৌল্] *n* [C] ১ আত্মা: I believe in the immortality of the soul. keep body and soul together, বেঁচে থাকা। ২ (প্রায়শ *indef art* ব্যতিরেকে) অন্তর্নিহিত শক্তি: a music without a soul, নিষ্প্রাণ সঙ্গীত; a man without a soul, নির্মম, স্বার্থপর মানুষ; নৈতিক ও মানসিক ধীশক্তির সমাহার: put heart and ~ into sth, কোনো কিছুতে সর্বশক্তি নিয়োগ করা। ৩ **the life and ~ of the party etc** আসর ইত্যাদির প্রাণ; কেন্দ্রবিন্দু; মধ্যমণি। ৪ কোনো গুণ বা বৈশিষ্ট্যের মূর্ত প্রতীক হিসাবে বিবেচিত ব্যক্তি: He is the ~ of honour. ৫ কোনো মৃত ব্যক্তির আত্মা: All Souls' Day, ২ নভেম্বর। ৬ ব্যক্তি; লোক: There was not a ~ to be seen, একজন লোকও দেখা যাচ্ছিল না। ৭ (ঘনিষ্ঠতা, করুণা ইত্যাদি প্রকাশক): She is a cheery ~, হাসিখুশি মহিলা; He has lost everything in the riot, poor ~, সবকিছু খুইয়েছে; বেচারা ! ৮ (US কথ্য) যে সব গুণ একজন মানুষকে তার অন্তর্দ্বন্দ্ব ও স্ববিরোধ কাটিয়ে উঠতে এবং অন্য সবার সঙ্গে সম্প্রীতি রক্ষা করে চলতে সাহায্য করে; এই বিশিষ্ট অর্থে শব্দটি আফ্রো-আমেরিকানদের দ্বারা ব্যবহৃত এবং তাদের সঙ্গীত ও নৃত্যে প্রকাশিত হয়ে থাকে। **~ brother/ sister** সাথি আফ্রো-আমেরিকান; সহমর্মী। **~ music** নৃত্যের জন্য জোরালো তালবিশিষ্ট আধুনিক আফ্রো-আমেরিকান সঙ্গীত। ৯ (যৌগশব্দ) **ˈ~-destroying** *adj* আত্মাবিনাশী; প্রাণঘাতী: ~-destroying work. **ˈ~-stirring** *adj* প্রাণকে চঞ্চল করে তোলে এমন; উজ্জীবক। **~·ful** [-ফ়ল্] *adj* গভীর অনুভূতিসম্পন্ন: ~ful eyes; ~ful music. **~·fully** [ফ়লি] *adv.* **~·less** *adj* গভীর অনুভূতির অধিকারী নয় কিংবা গভীর অনুভূতি জাগ্রত করে না এমন। **~·less·ly** *adv*

sound[1] [সাঊন্ড্] *adj* ১ স্বাস্থ্যকর; স্বাস্থ্যপূর্ণ; ভালো অবস্থায় আছে এমন; অক্ষত; অটুট: ~ teeth; ~ food. He has a ~ constitution. **a ~ mind in a ~ body** সুস্থ দেহে সুস্থ মন; সুস্থ-সজীব দেহ ও মন। **~ in wind and limb** (কথ্য) শারীরিক যোগ্যতাসম্পন্ন; কর্মক্ষম। ২ নির্ভরযোগ্য; যুক্তিনির্ভর; যুক্তিসম্মত; বিচক্ষণ: a ~ policy; a ~ argument; ~ advice. ৩ সক্ষম; সতর্ক: a ~ football player; a ~ business man. ৪ গাঢ়; পরিপূর্ণ: a ~ sleep. □*adv* **be/ fall ~ asleep** গভীর ঘুমে ডুবে যাওয়া। **~·ly** *adv* গভীরভাবে; সম্পূর্ণভাবে: sleep ~ly; be ~ly beaten at badminton. **~·ness** *n*

sound[2] [সাউন্ড্] *n* [C,U] শব্দ; ধ্বনি: I heard the ~ of a motor-car. vowel ~s, স্বরধ্বনি; consonant

~s, ব্যঞ্জনধ্বনি। ২ (কেবলমাত্র *sing)* উক্ত বা পঠিত কোনো কিছু দ্বারা মনের উপর সৃষ্ট ছাপ বা ধারণা, ইঙ্গিত: The news has a sinister ~, অশুভ ইঙ্গিত বহন করছে, অর্থাৎ শ্রোতার/পাঠকের মনের উপর অশুভ ছাপ ফেলেছে। ৩ (যৌগশব্দ): **~ archives** *n pl* ভবিষ্যৎ ব্যবহারের জন্য সংরক্ষণযোগ্য রেকর্ডকৃত বেতার অনুষ্ঠানমালা: The BBC ~ archives. **ˈ~ barrier** *n* যে বিন্দুতে বিমানের গতি শব্দ-তরঙ্গের গতি স্পর্শ করে; এর ফলে শব্দ-বোমার সৃষ্টি হয়: break the ~ barrier, শব্দের গতি অতিক্রম করা। **ˈ~-box** *n* সেকেলে গ্রামোফোন যন্ত্রের যে অংশে রেকর্ডের উপর দিয়ে ঘোরা সুচ সংযোজিত থাকে। **ˈ~ effects** *n pl* (রেকর্ডকৃত অথবা স্টুডিও ইত্যাদিতে প্রয়োজনমতো সৃষ্টি করা যায় এমন) ধ্বনিমালা বা ধ্বনিঝংকার। **ˈ~-film** *n* সংলাপ, সঙ্গীত ইত্যাদি ধারণকারী সিনেমা-ফিল্ম। **ˈ~·proof** *adj* শব্দনিরোধক। এর থেকে **ˈ~·proof** *vt* শব্দনিরোধক করা। **ˈ~-recording** *n* (video-recording-এর বিপরীতে) শুধুমাত্র ধ্বনি রেকর্ড করা। **ˈ~-track** *n* সিনেমা ফিল্ম-এর প্রান্তবর্তী সূক্ষ্ম ফিতা: এই ফিতায় শব্দ ধারণ করা হয়। **ˈ~-wave** *n* শব্দ-তরঙ্গ। **~·less** *adj.* **~·less·ly** *adv*

sound[3] [সাউন্ড্] *vt, vi* ১ ধ্বনিত করা; বাজানো: ~ a bugle. ২ ব্যক্ত করা; বলা: ~ a note of alarm. ৩ উচ্চারণ করা: Don't ~ the 'h' in 'honest' or 'b' in 'bomb'. ৪ (শব্দ দ্বারা) ঘোষণা করা বা সঙ্কেত দেওয়া: ~ the retreat, বিউগল বা রণশিঙ্গা বাজিয়ে হঠে আসা বা ফিরে আসার সঙ্কেত দেওয়া। ৫ শব্দ করা; ধ্বনিত হওয়া: the trumpet ~. ৬ (রেলগাড়ির চাকা ইত্যাদি বাজিয়ে) পরীক্ষা করা; (বুকে মৃদু আঘাত করে বা টোকা দিয়ে) ফুসফুসের অবস্থা পরীক্ষা করা। ৭ শ্রুত হবার ফলে (কোনো) ধারণার সৃষ্টি (লাক্ষ.): His excuse ~s very hollow, ফাঁপা শোনাচ্ছে, অর্থাৎ, বিশ্বাস করার মতো নয়। ৮ **ˈ~·ing-board** *n* বক্তার কণ্ঠ শ্রোতার দিকে চালিত করার জন্য মঞ্চের উপর টানানো চাঁদোয়া বা শামিয়ানা; শব্দের মাত্রা বাড়ানোর জন্য বাদ্যযন্ত্রের উপর বসানো কাঠের পাতলা পাটা বা প্লেট; (লাক্ষ.) কোনো অভিমত, পরিকল্পনা ইত্যাদিকে ব্যাপকভাবে মানুষের শ্রুতিগোচর করানোর কৌশল বা উপায়।

sound[4] [সাউন্ড্] *vt, vi* ১ (sounding-line বা sounding-apparatus নামক গভীরতামাপক উপকরণ বা যন্ত্র দ্বারা সমুদ্র ইত্যাদির) গভীরতা মাপা; (sounding-rod-এর সাহায্যে) জাহাজের তলিতে জমা পানির গভীরতা মাপা; (sounding-balloon-এর ভিতরে করে যন্ত্রাদি পাঠিয়ে উচ্চতর বায়ুমণ্ডলের) তাপ, চাপ ইত্যাদি পরিমাপ করা। ২ **~ sb(out) (about/ on sth)** (বিশেষ. সতর্কভাবে) কারো অভিপ্রায়, মনোভাব ইত্যাদি জানার চেষ্টা করা: Did you ~ him out on the question of loans? ঋণের ব্যাপারে তার মতামত জানার চেষ্টা করেছ? **~·ings** *n pl* ১ (সমুদ্রের গভীরতা, জাহাজের তলিতে জমা পানির গভীরতা, বায়ুমণ্ডলের চাপ, তাপ ইত্যাদির গৃহীত) পরিমাপ। ২ (কারো মনোভাব জানতে গিয়ে পাওয়া) প্রতিক্রিয়া। ৩ সমুদ্রবর্তী যে স্থান বা অঞ্চল তীরের যথেষ্ট কাছে এবং যেখান থেকে সমুদ্রের গভীরতা মাপা সম্ভব হয়: They came into ~ings.

sound[5] [সাউন্ড্] *n* [C] প্রণালী।

soup[1] [সূপ্] *n* [U] ঝোল; সুরুয়া; স্যুপ: chicken ~. **in the ~** (কথ্য) বিপদগ্রস্ত; ঝামেলায় পড়েছে এমন। **ˈ~-kitchen** *n* দরিদ্র বা প্রাকৃতিক বিপর্যয়গ্রস্ত জনগণকে ঝোল সরবরাহকারী সরকারি সংস্থা।

soup[2] [সূপ্] *vt* **~ sth up** (অপ.) শক্তি বাড়িয়ে গতিবৃদ্ধি করার জন্য মোটর গাড়ি বা তার ইনজিনের সঙ্গে অতিরিক্ত শক্তিবর্ধক যন্ত্রাংশ সংযোজন করা।

soup·con [ˈসূপ্সন্ US সূপ্ˈসন্] *n* (ফ.) (সাধা. **a ~ of)** সামান্য পরিমাণ; চিহ্নমাত্র: a ~ of garlic in the salad; a ~ of malice in his remarks.

sour [ˈসাউআ(র্)] *adj* ১ টক। **~ grapes**, দ্র. grape. ২ টকে গেছে এমন: ~ milk. ৩ (লাক্ষ.) খিটখিটে; কটুভাষী: made ~ by failure in business. □*vt, vi* টকে যাওয়া; টকিয়ে দেওয়া (আক্ষ., লাক্ষ.): The hot weather has ~ed the milk. His temper has ~ed. be ~ed by repeated failure. **~·ly** *adv.* **~·ness** *n*

source [সো°স্] *n* [C] ১ নদীর উৎস: The ~s of the Ganges. ২ উৎপত্তিস্থল: The news comes from a reliable ~. The ~ of an infection. ৩ *(pl)* কোনো গবেষণাকর্মের উপাদান হিসাবে ব্যবহৃত মূল নথিপত্র: (attrib) ~ materials.

souse [সাউস্] *vt* ১ পানিতে ফেলে দেওয়া; পানিতে ডোবানো; পানি দেওয়া। ২ (মাছ ইত্যাদি) সংরক্ষণের জন্য লবণপানি, সির্কা ইত্যাদির মধ্যে রাখা: ~d hilsa. ৩ **~d** *(pp)* (অপ.) মাতাল।

sou·tane [সূˈটা:ন্] *n* (ফ.) (রোমান ক্যাথলিক গির্জায়) পুরোহিতের আলখাল্লা।

south [সাউথ্] *n* ১ দক্ষিণ দিক; কোনো স্থান, দেশ, ইত্যাদির দক্ষিণস্থ অংশ: The ~ of Bangladesh. ২ (attrib) দক্ষিণ: S~ America; the S~ pole. □*adv* দক্ষিণ দিকে; দক্ষিণ অভিমুখে: The ship was sailing due ~. **ˌ~-ˈeast, ˌ~-ˈwest** (সং SE, SW) *nn, adjj, advv* (কখনো কখনো বিশেষত নৌ., **sou'-west** [ˌসাউ ওয়েসট], **sou'-east** [সাউ ঈস্ট্]) দক্ষিণ-পূর্ব, দক্ষিণ-পশ্চিম (অঞ্চল)। **ˌ~-~-ˈeast, ˌ~-~-ˈwest** (সং SSE, SSW) *nn, adjj, advv* (কখনো কখনো বিশেষ. নৌ. **sou'-sou'-ˈeast, sou'-sou'-ˈwest)** দক্ষিণ-দক্ষিণ-পূর্ব, দক্ষিণ-দক্ষিণ-পশ্চিম। **ˌ~-ˈeaster** *n* [C] দক্ষিণ-পূর্ব দিক থেকে প্রবাহিত ঝড়ো বাতাস। **ˌ~-ˈeaster·ly** *adj* (বাতাস সম্বন্ধে) দক্ষিণ-পূর্ব দিক থেকে আগত; (দিক সম্বন্ধে) দক্ষিণ-পূর্ব (দিক) অভিমুখ। **~-ˈwester, sou'-wester** [ˌসাউওয়েস্টা(র্)] *n* **(ক)** দক্ষিণ-পশ্চিম থেকে প্রবাহিত ঝড়ো বাতাস। **(খ)** (সর্বদা sou' wester) পানিনিরোধক কাপড়ে তৈরি ঘাড় ঢেকে-রাখা টুপি। **ˌ~-ˈwester·ly** *adj* (বায়ুপ্রবাহ সম্বন্ধে) দক্ষিণ-পশ্চিম দিক থেকে আগত; (দিক সম্বন্ধে) দক্ষিণ-পশ্চিম (দিক) অভিমুখ। **ˈ~-ˈeastern** [-ˈঈস্টান্] *adj* দক্ষিণ-পূর্ব দিক বিষয়ক; দক্ষিণ-পূর্ব দিক থেকে আগত; দক্ষিণ-পূর্বে অবস্থিত। **ˌ~-ˈwestern** [-ˈওয়েস্টান্] *adj* দক্ষিণ-পশ্চিম দিক সংক্রান্ত; দক্ষিণ-পশ্চিম দিক থেকে আগত; দক্ষিণ-পশ্চিমে অবস্থিত। **~·ward(s)** [ˈসাউথ্ওআড্জ্] *adv* দক্ষিণ দিকে; দক্ষিণ অভিমুখে।

south·er·ly [ˈসাদ়ালি] *adj, adv* ১ (বায়ুপ্রবাহ সম্বন্ধে) দক্ষিণ দিক থেকে প্রবাহিত। ২ দক্ষিণ দিকে; দক্ষিণ অভিমুখে: The plane flew off in a ~ direction.

south·ern [ˈসাদ়ান্] *adj* দক্ষিণস্থ; দক্ষিণী: ~ Europe. **~er** *n* দক্ষিণাঞ্চলের মানুষ, বিশেষত যুক্তরাষ্ট্রের দক্ষিণাঞ্চলীয় রাজ্যসমূহের মানুষ। **~·most** [-মৌস্ট্] *adj* সর্বদক্ষিণস্থ।

sou·venir [সূ ভ়াˈনিআ(র্) US ˈসূভ়ানি আ(র্)] *n* [C]স্মৃতিচিহ্ন।

sou·wester [সাউˈওয়েস্টা(র্)], দ্র. south(২).

sov·er·eign [স ভ়্‌রিন্] *adj* ১ (ক্ষমতা সম্বন্ধে) সর্বোচ্চ, সার্বভৌম; অসীম; (জাতি, রাষ্ট্র, শাসক সম্বন্ধে) সার্বভৌম ক্ষমতার অধিকারী: a ~ state. ২ উৎকৃষ্ট; কার্যকর: There is (yet to be a) ~ remedy for cancer. □*n* ১ সার্বভৌম ক্ষমতার অধিকারী শাসক, যেমন, রাজা, রানী বা সম্রাট। ২ (১ পাউন্ডের সমমানের) অধুনা অপ্রচলিত ব্রিটিশ স্বর্ণমুদ্রা। **~ty** [ˈসভ্‌রান্‌টি] *n* [U] সার্বভৌম ক্ষমতা।

so·viet [ˈসোভি়আট্] *n* [C] প্রাক্তন সোভিয়েট ইউনিয়নের শ্রমিক পরিষদসমূহের কোনোটি; এই পরিষদসমূহ কর্তৃক ক্ষমতাপ্রাপ্ত এবং সোভিয়েট প্রশাসনপদ্ধতির অঙ্গ হিসাবে ক্রিয়াশীল উচ্চতর পরিষদসমূহের যে কোনোটি; সোভিয়েট: S~ Russia; the S~ Union. **~·ize** [-আইজ্] *vt* সোভিয়েট প্রশাসনপদ্ধতিতে রূপান্তরিত করা।

sow[1] [সাউ] *n* পূর্ণবয়স্ক শূকরী। দ্র. boar, hog, swine.

sow[2] [সৌ] *vt, vi (pt* sowed, *pp* sown [সৌন্] অথবা sowed) জমিতে (বীজ) বপন করা: ~ a plot of land with (seeds of) jute; (লাক্ষ.) ~ the seeds of hatred, ঘৃণার বীজ বপন করা। **~er** *n* বপনকারী।

soy [সয়], **soya** [ˈসয়আ] *n* ˈ**soy(a) bean** খাদ্য ও ভোজ্য তেল হিসাবে ব্যবহারের জন্য উৎপাদিত শিমজাতীয় বীজ; সয়াবিন। ˌ**soy** ˈ**sauce** সয়াবিন থেকে তৈরি চাটনি বা সস।

soz·zled [ˈসজ়্‌ল্‌ড্] *adj* (GB, অপ.) বেশি রকম মাতাল।

spa [স্পা:] *n* ওষুধগুণসম্পন্ন খনিজ পানির ঝর্না; এ রকম ঝর্নার স্থান।

space [স্পেইস্] *n* ১ [U] যার ভিতর সকল বস্তু বিদ্যমান ও চলমান থাকে; মহাজাগতিক সকল বস্তুর আধার; মহাশূন্য; স্পেস: The universe exists in ~. travel through ~. ˈ**~-capsule,** ˈ**~·craft,** ˈ**~·ship,** ˈ**~-vehicle** *nn* মহাশূন্যযান বা মহাকাশযান। ˈ**~-helmet** *n* মহাকাশভ্রমণে ব্যবহৃত শিরস্ত্রাণ। ˈ**~-rocket** *n* মহাশূন্য-রকেট। ˈ**~-suit** *n* মহাকাশভ্রমণে ব্যবহৃত পোশাক। ˌ**~-**ˈ**time** *n* ('the fourth dimension' বা চতুর্থ মাত্রা হিসাবেও পরিচিত) সময় ও দৈর্ঘ্য, প্রস্থ, বেধ এই তিন মহাজাগতিক মাত্রার মিশ্রণ, এই চারমাত্রিক মহাবিশ্বের ধারণা আধুনিক পদার্থবিজ্ঞান ও দর্শনে বহুল ব্যবহৃত। ২ [C, U] দুই বা ততোধিক বস্তুর মধ্যকার দূরত্ব: the ~ between the lines; separated by a ~ twelve feet. ˈ**~-bar** *n* টাইপরাইটার মেশিনের যে দণ্ডে টিপ দিলে শব্দসমূহের মধ্যে আকাঙ্ক্ষিত ফাঁক সৃষ্টি হয়। ৩ [C, U] আয়তন, স্থান: open ~s, (বিশেষত) শহরের ভিতরে বা শহরসংলগ্ন উন্মুক্ত স্থান; They cleared a ~ on the platform for the speaker. ˈ**~-heater** *n* বিকিরণ বা পরিচলন দ্বারা কক্ষ উষ্ণ করার (বিদ্যুৎ বা তেলচালিত) উত্তাপক যন্ত্রবিশেষ। ৪ [U] সীমিত বা খালি জায়গা: There isn't enough ~ in this room for twenty people. ৫ *(sing)* সময়: a ~ of two years. □*vt* **~ sth (out)** নিয়মিত ব্যবধান বা ফাঁক রেখে রেখে সাজানো: ~ out the chairs one foot apart; ~ out (= ছড়িয়ে বা বিস্তৃত করে দেওয়া) payments over ten years; a well-~d family, যে পরিবারে পরিকল্পিত সময়ের ব্যবধানে সন্তানদের জন্ম হয়। ˌ**~d** ˈ**out** *adj* (US অপ.) নেশাগ্রস্ত; মাতাল। ˌ**single-/** ˌ**double-**ˈ**spacing** *n* [U] টাইপ করা পংক্তি বা লাইনসমূহের মধ্যে একঘর/ দুইঘর বা সিংগেল/ ডবল ফাঁক।

spacious [ˈস্পেশাস্] *adj* প্রশস্ত, চওড়া। **~·ly** *adv.* **~·ness** *n*

spade [স্পেইড্] *n* ১ কোদাল। ˈ**~-work** *n* (লাক্ষ.) কোনো কাজের শুরুতে করণীয় কঠিন শ্রম; প্রারম্ভিক শ্রম। **call a ~ a~** (ঘুরিয়ে ফিরিয়ে না বলে) সোজাসুজিভাবে বলা; স্পষ্ট ভাষায় কথা বলা। ২ তাসের ইশকাপন: The queen of ~s. □*vt* **~ sth (up)** কোদাল দিয়ে খোঁড়া বা খুঁড়ে তোলা। **~·ful** [-ফুল্] *n* কোদালে যতোটুকু ধরে সেই পরিমাণ।

spa·ghetti [স্প ˈগেটি] *n* [U] সেমাইজাতীয় ইটালীয় খাদ্যবিশেষ।

spam [স্প্যাম্] *n* [U] (p) কুচিকুচি করে কেটে, মশলা মাখিয়ে রেঁধে পাউরুটির আকারে টিনে ভর্তি করে বিক্রি করা শূকরের মাংস।

span [স্প্যান্] *n* [C] ১ হাতের তালুর প্রসারিত অবস্থায় বুড়া আঙুলের মাথা থেকে কনে আঙুলের মাথার দূরত্ব, বিঘত (= অর্ধহস্ত বা ৯ ইঞ্চি)। ২ ধনুকাকৃতি খিলানের স্তম্ভ বা খাম বা পিলারদ্বয়ের মধ্যবর্তী ব্যবধান: The bridge crosses the river in a single ~. The arch has a ~ of 70 metres. ৩ শুরু থেকে শেষাবধি সময়ের দৈর্ঘ্য বা বিস্তার: The ~ of life; for a short ~ of time. ৪ (দক্ষিণ আফ্রিকা) ঘোড়া বা খচ্চরের জোড়া; গরুর জোয়াল। ৫ **~ roof** *n* দুই পাশে হেলানো ছাদ, দোচালা ছাদ: a ~-roof greenhouse. □*vt* ১ এক পাশ থেকে অন্য পাশে প্রসারিত হওয়া: The Padma is ~ned by the longest bridge in Bangladesh. Rabindranath's career ~s two centuries. ২ বিঘত দিয়ে মাপা।

spangle [ˈস্প্যাঙ্গ্‌ল্] *n* [C] চুমকি। □*vt* (বিশেষত *pp*তে) চুমকি বসানো। **the Star-S~d Banner** যুক্তরাষ্ট্রের জাতীয় পতাকা বা জাতীয় সঙ্গীত।

Span·iard [ˈস্প্যানিআড্] *n* স্পেনের লোক।

span·iel [ˈস্প্যানিআল্] *n* ছোট পা, দীর্ঘ রেশমি লোম ও বড়ো ঝুলে-থাকা কানঅলা কুকুরবিশেষ।

Span·ish [ˈস্প্যানিশ্] *adj* স্পেন-দেশীয়; স্পেনের ভাষা; হিস্পানি। **~ onion** এক জাতের মৃদুগন্ধ হলুদ-রং পেয়াজ। **the S~ Main** (ইতি.) দক্ষিণ আমেরিকার উত্তর-পূর্ব উপকূল ও এই উপকূলের নিকটবর্তী ক্যারিবীয় সাগর।

spank [স্প্যাঙ্ক্] *vt, vi* ১ (শিশুকে) পাছায় চড় মারা বা চটিজুতা দিয়ে মারা। ২ **~ (along)** (বিশেষত ঘোড়া বা জাহাজ সম্বন্ধে) বেশ দ্রুতবেগে বা দ্রুতগতিতে চলা। **~·ing** পাছায় চড় বা চটি মারা: She gave the child a good ~ing. □*adj* (সেকেলে কথ্য) উৎকৃষ্ট; চমৎকার: have a ~ing time; a ~ing (= জোরালো) breeze.

span·ner [ˈস্প্যানা(র্)] *n* (US = **wrench)** নাট-বল্টু লাগাবার ও খুলবার যন্ত্রবিশেষ। **throw a ~ in/into the works** কোনো প্রকল্প ইত্যাদি বানচাল করা।

spar[1] [স্পা:(র্)] *n* জাহাজের মাস্তুল বা অনুরূপ বস্তু।

spar[2] [স্পা:(র্)] *vi* মুষ্টিযুদ্ধের মহড়া দেওয়া; (লাক্ষ.) তর্কাতর্কি করা। ˈ**~·ring-match** *n* মুষ্টিযুদ্ধের মহড়া; (লাক্ষ.) তর্কাতর্কি। ˈ**~·ring-partner** *n* কোনো মুষ্টিযোদ্ধা যে ব্যক্তির সঙ্গে মুষ্টিযুদ্ধের অনুশীলন করে।

spar[3] [স্পা:(র্)] *n* সহজে ভাঙা যায় এমন অধাতব খনিজ পদার্থ।

spare[1] [স্পেআ(র্)] *adj* ১ অতিরিক্ত; (সময় সম্বন্ধে) অবসরকালীন; অবসরের জন্য: ~ time/money; a ~ wheel; a ~ room (অতিথির শোবার জন্য অতিরিক্ত ঘর)। **~ part** খুচরা বা অতিরিক্ত যন্ত্রাংশ। ২ (ব্যক্তি সম্বন্ধে) কৃশকায়; রোগা: a tall, ~ man; ~ of build, রোগা গড়নের। ৩ (শুধুমাত্র attrib) স্বল্প পরিমাণ: a ~ meal. **ˌ~-ˈrib** শূকরের পাঁজর, যা থেকে অধিকাংশ মাংস কেটে নেওয়া হয়েছে। □*n* [C] খুচরা যন্ত্রাংশ। **~·ly** *adv* কৃশভাবে; অল্পপরিমাণে। **~·ness** *n*

spare[2] [স্পেআ(র্)] *vt, vi* ১ আঘাত করা, ক্ষতি করা, খুন করা বা নষ্ট করা থেকে বিরত থাকা; অব্যাহতি বা নিষ্কৃতি দেওয়া; করুণা প্রদর্শন করা: ~ sb's life, খুন না করা; He doesn't ~ himself, নিজেকে নিষ্কৃতি দেয় না বা করুণা করে না, অর্থাৎ, নিজেকে খাটিয়ে মারছে। **~ sb's feelings** কারো অনুভূতিতে আঘাত না করা। **S~ the rod and spoil the child** (প্রবাদ) শিশুকে শাস্তি না দিলে তার স্বভাব নষ্ট হয়ে যায়। ২ **~ sth (for sb/sth), ~ sb sth** কাউকে কোনো কিছু দিতে পারা: Can you ~ one of these books for me ? Can you ~ me a few minutes (of your time) ? I have enough and to spare, প্রয়োজনের তুলনায় বেশি আছে। ৩ খুব হিসাব করে খরচ করা বা ব্যবহার করা। **no expense(s)/ pains ~ed** পয়সা খরচ করতে/ পরিশ্রম করতে কার্পণ্য না করা: I am going to refurbish my library, no pains ~d. **spar·ing** *adj* **sparing of** মিতব্যয়ী; হিসাবি; সতর্ক: He is sparing of his money. **spar·ing·ly** *adv*

spark[1] [স্পা:ক্] *n* [C] স্ফুলিঙ্গ; বিদ্যুৎপ্রবাহ ভেঙে যাবার ফলে সৃষ্ট আলোর ঝলক; বৈদ্যুতিক স্ফুলিঙ্গ; জীবন, শক্তি, দয়া-মায়া ইত্যাদির চিহ্ন; বুদ্ধির ঝলক: an electric ~; have a ~ of generosity. □*vt, vi* স্ফুলিঙ্গ ছড়ানো। **~ sth off** (লাক্ষ.) তাৎক্ষণিক কারণ হওয়া; সৃষ্টি করা। **ˈ~(·ing)-plug** *n* বৈদ্যুতিক স্ফুলিঙ্গের সাহায্যে পেট্রলচালিত ইনজিনের গ্যাসে আগুন ধরাবার যান্ত্রিক কৌশল।

spark[2] [স্পা:ক্] *n* (কথ্য) মার্জিত; হাসিখুশি লোক।

sparkle [ˈস্পা:ক্ল্] *vi* জ্বলজ্বল করা; ঝলমল করা: Diamonds ~ in light. His eyes ~d with glee. □*n* আলোর ঝলক; ঔজ্জ্বল্য; দ্যুতি। **spark·ler** [স্পা:কলা(র্)] *n* যে বস্তু আলোর কণিকা ছড়ায়, যেমন, কিছুকিছু আতশবাজি; (অপ. বিশেষত অপরাধীদের মধ্যে; প্রায়শ *pl*) হীরা।

spark·ling [ˈস্পা:ক্লিঙ্] *adj* (বিশেষত সুরা সম্বন্ধে) বোতল খুললে বুদ্বুদ-কণা ওঠে এমন।

spar·row [ˈস্প্যারৌ] *n* চড়াই পাখি।

sparse [স্পা:স্] *adj* ১ পাতলাভাবে ছড়ানো; বিরল: a ~ population. ২ ঘন নয় এমন: a ~ beard, পাতলা দাড়ি। **~·ly** *adv* বিরলভাবে: a ~ly populated countryside, জনবিরল গ্রামাঞ্চল। **~·ness, spar·sity** [স্পসাটি] *nn* [U]

Spar·tan [স্পা:টন্] *n, adj* জীবনের সুখ-স্বাচ্ছন্দ্যের প্রতি উদাসীন, কৃচ্ছ্রসাধনে ভীত নয় এমন (ব্যক্তি); (জীবনযাত্রা সম্বন্ধে) অত্যন্ত সাদামাটা বলেই কঠিন: live a ~ life; He lives in ~ simplicity.

spasm [ˈস্প্যাজ়ম্] *n* [C] ১ মাংসপেশির আক্ষেপ বা খিচুনি: An asthmatic person often has ~s. ২ আকস্মিক; খিচুনিতুল্য বিচলন: in a ~ of grief. ৩ (শক্তি বা উদ্যমের) আকস্মিক বিস্ফোরণ বা প্রকাশ।

spas·modic [স্প্যাজ়্ˈমডিক্] *adj* ১ অনিয়মিত বিরতিতে বা থেকে থেকে ঘটে বা করা হয় এমন। ২ মাংসপেশির আক্ষেপ দ্বারা সৃষ্ট বা আক্রান্ত: ~ asthma. **spas·modi·cally** [-ক্লি] *adv*

spas·tic [ˈস্প্যাস্টিক্] *n, adj* মস্তিষ্কের পক্ষাঘাতে আক্রান্ত (ব্যক্তি)।

spat[1] [স্প্যাট্] spit-এর *pt, pp*

spat[2] [স্প্যাট্] *vi, vt, n* (US) সামান্য ঝগড়া (করা); হালকা চাটি (মারা)।

spat[3] [স্প্যাট্] *n* শামুকের ডিম। □*vi* (শামুক সম্বন্ধে) ডিম দেওয়া বা ডিম ছাড়া।

spatch·cock [ˈস্প্যাচ্কক্] *n* মেরে সঙ্গে সঙ্গে রেঁধে-ফেলা হাঁস বা মোরগ। □*vt* **~ (in/into)** (কথ্য) (শব্দাদি) ঢোকানো: He ~ed into his speech curious verses from a nineteenth century mystic.

spate [স্পেই ট্] *n* ১ নদীর জলস্ফীতি। ২ ব্যবসায়িক স্ফীতি; যে কোনো বস্তুর আকস্মিক প্রবাহ: a ~ orders; a ~ of new books in the public library.

spa·tial [ˈস্পেইশ্ল্] *adj* ব্যাপনস্থল বা স্পেস সংক্রান্ত। **~·ly** [-শালি] *adv*

spat·ter [ˈস্প্যাটা(র্)] *vt, vi* ১ **~ sth (on/ over sth); ~ sth (with sth)** ছিটিয়ে দেওয়া: The bus ~ed us with mud. ২ ফোঁটায় ফোঁটায় পড়া বা ছড়িয়ে পড়া: Rain ~ed down on the tin roof of the hut. □*n* [C] ছড়ানো; ছিটানো; বর্ষণ: a ~ of rain; a ~ of bullets.

spat·ula [ˈস্প্যাটিউলা USˈস্প্যাচুলা] *n* বিভিন্ন পদার্থ মেশানোর বা ছড়ানোর কাজে ব্যবহৃত চওড়া, চ্যাপ্টা, সহজে নোয়ানো বা বাঁকানো যায় এমন ফলাযুক্ত হাতের যন্ত্র বা হাতিয়ার।

spavin [ˈস্প্যাভিন্] *n* ঘোড়ার পিছনের পায়ের মধ্যগ্রন্থিতে বা হাঁটুতে স্ফীতিজনিত রোগ; এতে ঘোড়া খুঁড়িয়ে চলে।

spawn [স্পো°ন্] *n* [U] ১ মাছ ও ব্যাং জাতীয় কতিপয় জলচর প্রাণীর ডিম। ২ সুতার মতো যে পদার্থ থেকে ব্যাঙের ছাতা ও অন্যান্য ছত্রাক জাতীয় উদ্ভিদ জন্মে। □*vt, vi* বিপুল সংখ্যায় ডিম দেওয়া বা ডিম ছাড়া, বিপুল সংখ্যায় জন্ম দেওয়া বা সৃষ্টি করা: This is one of those departments which ~s committees and sub-committees, অগুনতি কমিটি আর সাব-কমিটির জন্ম দেয় (অর্থাৎ গঠন করে)।

spay [স্পেই] *vt* (স্ত্রীজাতীয় প্রাণীর) গর্ভাশয় অপসারণ করা।

speak [স্পীক্] *vi, vt* ১ কথা বলা: He spoke slowly. ২ **~ (to/with sb) (about sth)** (কারো সঙ্গে (কোনো বিষয়ে) কথা বলা; আলাপ করা: He was ~ing to me about his plans for the school. **~ for sb** (ক) কারো (পক্ষ) হয়ে কথা বলা। (খ) কারো সপক্ষে সাক্ষ্য দেওয়া। **~ for oneself** নিজের মতো করে নিজের মতামত ইত্যাদি প্রকাশ করা। (গ) (সাধা. **S~ for yourself !**) অন্যের (পক্ষ) হয়ে কথা বলতে না যাওয়া, অর্থাৎ, কথা বলার ধৃষ্টতা পোষণ না

করা। ~ **to sb** কাউকে মৃদু তিরস্কার করা: He has started using my table again— I must ~ to him about it. ~ **to sth** কোনো কিছুর সত্যতা স্বীকার করা বা প্রসঙ্গ রক্ষা করা: There was no one there who could ~ to his having been at the scene of the murder, অকুস্থলে উপস্থিত ছিল—একথা বলার মতো কেউ ছিল না সেখানে; This time he took care to ~ to the subject, বিষয়ান্তরে যায়নি। ~ **of the devil** কারো সম্পর্কে কথা শেষ না হতেই সেই ব্যক্তিকে দেখা গেলে কিংবা তার কণ্ঠস্বর শোনা গেলে এমন বলা হয়ে থাকে; (বাংলা সমার্থক) বলতে না বলতেই (এসে) হাজির! **nothing to ~ of** বলার মতো (তেমন) কিছু নেই। ~ **out/ up** (ক) (আরো) জোরে বলা। (খ) নির্দ্বিধায় বা নির্ভয়ে নিজের মতামত দেওয়া। **not be on ˈ~ing terms with sb** (ক) কারো সঙ্গে কথা বলার মতো পরিচয় না থাকা। (খ) (মনোমালিন্যের কারণে) কারো সঙ্গে কথা বলা বন্ধ করা। **so to ~** বলতে গেলে; বলতে কি। **ˈ~-trumpet** *n* (অধুনা প্রচলিত hearing-aids) শোনায় সহায়তা পাবার জন্য বধির ব্যক্তি কর্তৃক কানে ব্যবহার করা শ্রবণ-যন্ত্র। **ˈ~·ing-tube** *n* এক জায়গা থেকে অন্য জায়গায় (যেমন, জাহাজের ডেকের উপরে ক্যাপ্টেনের মঞ্চ থেকে ইনজিন-কক্ষে) কণ্ঠস্বর বহন করার নল। ৩ সাক্ষ্য বহন করা; প্রকাশ করা (আবশ্যিকভাবে শব্দসহযোগে নয়): Actions ~ louder than words. ~ **volumes for** জোরালো সাক্ষ্য বহন করা: This evidence ~s volumes for his sincerity of purpose. ~ **well for** কারো বা কোনো কিছুর সপক্ষে প্রমাণস্বরূপ হওয়া। ৪ (কোনো ভাষা) জানা এবং তা ব্যবহার করতে সক্ষম হওয়া: She ~s three languages. ৫ বক্তৃতা করা: He spoke on the need for adult literacy. ৬ ঘোষণা করা; জানানো; উচ্চারণ করা; বলা: ~ the truth. ~ **one's mind** খোলাখুলি বা চাঁচাছোলাভাবে আপন মনোভাব ব্যক্ত করা। ৭ (*adv+pres part* এই ছকে): strictly/ roughly/ generally ~ing, সঠিকভাবে/ মোটামুটিভাবে/ সাধারণভাবে বললে…। ৮ (নৌ.) (পতাকা নেড়ে) শুভেচ্ছা জ্ঞাপন করা ও (পতাকাসঙ্কেত ইত্যাদির ব্যবহার করে) তথ্য বিনিময় করা: ~ a passing ship. ৯ (বন্দুক, বাদ্যযন্ত্র ইত্যাদির) আওয়াজ করা। ১০ **ˈ~-easy** *n* (বিশেষত যুক্তরাষ্ট্রে মদ বিক্রি নিষিদ্ধ ঘোষিত অবস্থায়) অবৈধ মদের দোকান। **~er** *n* ১ বক্তা: He is a good ~er. ২ লাউড স্পিকারের সংক্ষেপ। ৩ **the S~er** আইনসভার (যেমন, বাংলাদেশের জাতীয় সংসদ) সভাপতি। **~er·ship** [-শিপ্] *n* স্পিকারের পদ; স্পিকারের কার্যকাল।

spear [স্পি আ(র্)] *n* বল্লম; বর্শা। □*vt* বর্শা দিয়ে আহত বা বিদ্ধ করা। **ˈ~-head** *n* (সাধা. লাক্ষ.) আক্রমণের পুরোভাগে থাকার জন্য নির্বাচিত ব্যক্তি বা দল। □*vt* আক্রমণের পুরোভাগে থাকা: an armoured division that ~-headed the offensive.

spear·mint [ˈস্পিআমিন্ট্] *n* সুগন্ধি-লতা বা শাকবিশেষ; এই সুগন্ধি মেশানো চুইংগাম বা লজেনচুষ।

spec [স্পেক্] *n* speculation-এর সংক্ষিপ্ত কথ্য রূপ: Those Kohinoor shares proved a good ~, লাভজনক প্রতিপন্ন হয়েছে। (এই বাণিজ্যিক প্রয়োগ থেকেই শব্দটির স্বীকৃত অর্থ দাঁড়িয়েছে: ভবিষ্যৎ [আর্থিক] লাভের আশায় [বাণিজ্যিক] ঝুঁকি গ্রহণ)। **on ~** লাভের সম্ভাবনায় (গৃহীত ঝুঁকি); অনুমানের ভিত্তিতে।

special [ˈস্পেশ্ল্] *adj* ১ কোনো বিশেষ বা নির্দিষ্ট ধরনের; সাধারণ নয়, বিশিষ্ট; কোনো বিশেষ ব্যক্তি, বস্তু বা অভিপ্রায়ের জন্য: a ~ correspondent; ~ trains. I would like you to tell me about your ~ interests. She did it for me as a ~ favour. ~ **constable** প্রয়োজনের সময়ে সাধারণ পুলিশকে সাহায্য করার জন্য কনস্টেবলের তালিকাভুক্ত ব্যক্তি। ~ **delivery** ডাকযোগে না পাঠিয়ে বাহকের মাধ্যমে (চিঠি-পত্র, প্যাকেট ইত্যাদি) প্রেরণ। ~ **licence** বৈধ স্থান বা সময়ের বাইরে বিয়ে সম্পন্ন করার লাইসেন্স বা অনুমতিপত্র। ২ পরিমাণ, মাত্রা ইত্যাদিতে অনন্য বা ব্যতিক্রান্ত: We don't expect you to give us ~ treatment. He took ~ trouble with his work to please the girl. □*n* স্পেশাল কনস্টেবল, স্পেশাল ট্রেন, সংবাদপত্রের বিশেষ সংস্করণ ইত্যাদি। **~ly** [-শালি] *adv* বিশেষভাবে, বিশেষ করে: I went there ~ly to see him. **~·ist** [-শালিস্ট্] *n* (বিশেষত চিকিৎসাশাস্ত্রে) বিশেষজ্ঞ: an ˈeye ~.

spe·ci·al·ity [ˌস্পেশিˈঅ্যালাটি] *n* [C] ১ কারো বা কোনো কিছুর বিশেষ গুণ বা বৈশিষ্ট্য। ২ বিশেষ কোনো অভীষ্ট, বৃত্তি, কর্ম, সামগ্রী ইত্যাদি; যে বস্তুর জন্য কোনো ব্যক্তি বা স্থান খ্যাতি অর্জন করেছে: Needlework is her ~. Pottery is a ~ of this village (বিকল্প শব্দ: specialty [ˈস্পেশাল্টি])।

spe·cial·ize [ˈস্পেশালাইজ়্] *vi, vt* ১ ~ **(in sth)** ১ (কোনো বিষয়ে) বিশেষজ্ঞ হওয়া; (কোনো কিছুর প্রতি) বিশেষ মনোযোগ দেওয়া: He ~d in nineteenth century Bengali prose. She wishes to ~ after her graduation. ২ (সাধা. *pp*) নির্দিষ্ট লক্ষ্যের উপযোগী করে নেওয়া: a hospital with ~d wards (তুল. general wards); specialized knowledge (তুল. general knowledge). **spe·cial·iz·ation** [ˌস্পেশালাইˈজ়েশন্ US -লিজ়্-] *n*

spe·cialty [ˈস্পেশাল্টি] *n* দ্র. speciality(২).

specie [ˈস্পীশী] *n* [U] ধাতুমুদ্রা বা মুদ্রা (অর্থাৎ, পত্রমুদ্রা বা নোট নয়): payment in ~.

spe·cies [ˈস্পীশীজ়্] *n* ১ (জীব.) প্রজাতি: The human ~, মানব প্রজাতি। ২ প্রকার; রকম: Satire is a ~ of writing that can offend and entertain at the same time.

spe·ci·fic [স্পাˈসিফিক্] *adj* ১ বিশদ ও স্পষ্টরূপে নির্দিষ্ট; সুনির্দিষ্ট: ~ orders. He had no ~ aims. ২ সাধারণ নয়; নির্দিষ্ট একটি বস্তুর সঙ্গে সম্পর্কযুক্ত: The money is to be used for a ~ purpose. ~ **gravity** সমপরিমাণ পানির তুলনায় কোনো পদার্থের ওজন বা ভর; আপেক্ষিক গুরুত্ব। ~ **name** (জীব.) প্রজাতির স্বাতন্ত্র্যসূচক নাম। ~ **remedy** কোনো রোগের নির্দিষ্ট প্রতিকার বা চিকিৎসা। □*n* [C] কোনো নির্দিষ্ট রোগের প্রতিষেধক: Quinine is a ~ for malaria. **spe·cifi·cally** [-ক্লি] *adv* সুনির্দিষ্টভাবে: I was specifically warned by my doctor not to eat shrimp.

spec·ifi·ca·tion [ˌস্পেসিফিˈকেশ্ন্] *n* ১ [U] সুনির্দিষ্টকরণ। ২ (প্রায়শ *pl*) নির্মেয় কোনো বস্তুর নকশা, উপকরণ প্রভৃতি সম্বন্ধে পুঙ্খানুপুঙ্খ বর্ণনা, নির্দেশ ইত্যাদি: ~s for (building) an auditorium; the technical ~s of a new launch.

spec·ify [ˈস্পেসিফ়াই] *vt* সুনির্দিষ্টভাবে উল্লেখ করা; নির্মেয় কোনো বস্তুর নির্দেশনামায় অন্তর্ভুক্ত করা: The contract specifies red tiles for the roof. The regulations ~ that you must carry your identity card in the examination hall.

speci·men [ˈস্পেসিমিন্] *n* [C] ১ নমুনা: ~s of rocks and ores. ২ সমগ্রের নিদর্শন হিসাবে বিবেচিত অংশ: a publisher's catalogue with ~ pages of books. ৩ নির্দিষ্ট বা বিশেষ উদ্দেশ্যে পরীক্ষণীয় কোনো কিছু: supply a ~ of one's urine. ৪ (কথ্য) অবজ্ঞা বা কৌতুক সহকারে বিবেচিত অস্বাভাবিক ব্যক্তি বা বস্তু: What a queer ~ (of humanity) he is !

spe·cious [ˈস্পীশাস্] *adj* আপাতদৃষ্টিতে যথার্থ বা সত্য বলে মনে হয় (কিন্তু আসলে তা নয়) এমন: a ~ argument. **~·ly** *adv*. **~ness** *n*

speck [স্পেক্] *n* [C] (ধুলা, বালি ইত্যাদির) ক্ষুদ্র ফুটকি বা কণা; দাগ; ফলে পচা দাগ: a ~ of dust; see ~s in front of one's eyes. The ship looked like a mere ~ on the horizon. **~ed** *adj* (পচা) দাগযুক্ত: ~ed mangoes. **~·less** *adj*

speckle [ˈস্পেক্‌ল্] *n* [C] বিশেষত গায়ের চামড়া, ছাল, পালক ইত্যাদির উপর বিচিত্র বর্ণের ছোট ফুটকি বা দাগ: a ~d hen.

specs [স্পেক্স্] *n pl* (কথ্য) চশমা।

spec·tacle [ˈস্পেক্টাক্‌ল্] *n* [C] ১ জাঁকজমকপূর্ণ প্রদর্শনী: The Victory Day parade was a fine ~. ২ দেখা কোনো কিছু; বিশেষত চমৎকার, উল্লেখযোগ্য বা লক্ষণীয় কোনো দৃশ্য: The waves rolling in to the beach were a tremendous ~. He made a ~ of himself, (উদ্ভট পোশাক পরে কিংবা উদ্ভট আচরণ করে) সবার চোখে নিজেকে একটি হাস্যকর দৃশ্যে/ হাস্যকর বস্তুতে পরিণত করেছিল। ৩ **~s; a pair of ~s** চশমা (glasses অধিক প্রচলিত শব্দ)। **see every-thing through rose-coloured ~s** জীবন সম্পর্কে আশাবাদী দৃষ্টিভঙ্গি গ্রহণ করা। **~d** *adj* চশমা-পরিহিত।

spec·tacu·lar [স্পেক্‌ট্যাকিউলা(র্)] *adj* সমারোহপূর্ণ; জমকালো; সাধারণের দৃষ্টি আকর্ষক: a ~ display of sophisticated arms. □*n* [C] চমৎকার বা লক্ষণীয় দৃশ্য; জমকালো প্রদর্শনী: an Eid-day TV ~. **~·ly** *adv*

spec·ta·tor [স্পেক্ˈটেইটা(র্) USˈস্পেকটেইটার্] *n* দর্শক: (attrib) ~ sports, যে জাতীয় খেলাধুলায় প্রচুর দর্শকসমাগম হয়, যেমন, ফুটবল।

spectre (US = **spec·ter**) [ˈস্পেকটা(র্)] *n* [C] ভূত, অপচ্ছায়া; ভবিষ্যৎ বিপদ বা দুঃখ-দুর্দশার আতঙ্ক। **spec·tral** [ˈস্পেকট্রাল্] *adj* ১ ভুতুড়ে। ২ বর্ণালি সংক্রান্ত: spectral colours.

spec·tro·scope [ˈস্পেকট্রাস্কৌপ্] *n* বর্ণালি উৎপাদন ও নিরীক্ষণ যন্ত্র; বর্ণালিবীক্ষণ। **spec·tro·scopic** [স্পেকট্রাˈস্কপিক্] *adj* বর্ণালিবীক্ষণ সংক্রান্ত; বর্ণালিবীক্ষণ দ্বারা কৃত: spectroscopic analysis.

spec·trum [ˈস্পেকট্রাম্] *n* বর্ণচ্ছটা; বর্ণালি; (লাক্ষ.) বিস্তৃতি, বিস্তৃত পরিসর বা ধারা: The whole ~ of recent political development.

specu·late [ˈস্পেকিউলেইট্] *vt* ১ ভাবা; ধারণা করা; অনুমান করা: ~ about the future of the country. ২ বাজার দর পরিবর্তনের মাধ্যমে লাভ-ক্ষতি দুটোই হতে পারে—এই সূত্র গ্রহণ করে পণ্যসামগ্রী, স্টক ও শেয়ার ইত্যাদি কেনাবেচা করা; ফটকাবাজি করা: ~ in wheat/ export shares. **specu·la·tor** [-টা(র্)] *n* ফটকাবাজ।

specu·la·tion [ˌস্পেকিউলেইশ্‌ন্] *n* ১ ভাবনা; ধারণা; অনুমান। ২ ফটকাবাজি; এ জাতীয় কোনো লেন-দেন [C]: make some bad ~s.

specu·lat·ive [ˈস্পেকিউলাটিভ্, US -লেইটিভ্] *adj* ১ ভাবনা বা ধারণা বা অনুমানমূলক: ~ philosophy. ২ ফটকামূলক: ~ purchase of wheat; ~ housing, ফটকাভিত্তিতে গৃহনির্মাণ। **~·ly** *adv*

sped [স্পেড্] speed-এর *pt, pp*

speech [স্পীচ্] *n* [U] ১ বাকশক্তি; বাচন; বাচনভঙ্গি: Man has the faculty of ~. We express our thoughts by ~. His ~ as well as his manners is admirable. **~ therapy** (তোতলানো জাতীয়) ত্রুটিপূর্ণ বাচনভঙ্গির চিকিৎসা। ২ [C] বক্তৃতা: He made a ~ at the banquet. **ˈ~-day** *n* বক্তৃতা সহযোগে স্কুলের বার্ষিক পুরস্কার বিতরণী অনুষ্ঠান। **~·less** *adj* ১ বাকশক্তিরহিত; নির্বাক: The shock left him ~less. ২ যা বাকশক্তি হরণ করে: ~less rage. **~·less·ly** *adv*. **~·ify** [ˈস্পীচিফাই] *vi* (অনাবশ্যকতা বা অপটুতার ইঙ্গিত বহন করে) বক্তৃতা দেওয়া; বক্তৃতার ঢঙে কথা বলা: Student leaders ~ifying at the freshers' reception.

speed [স্পীড্] *n* ১ [U] দ্রুততা; গতির দ্রুততা। **More haste, less ~** (প্রবাদ) বেশি তাড়াহুড়া করলে বিলম্ব হতে পারে। ২ [C,U] বেগ: travelling at full ~; at a ~ of fifty miles an hour. ৩ (অপ.) মাদক হিসাবে ব্যবহৃত সুখাবেশ সৃষ্টিকারী অ্যামফেটামিন নামক ওষুধ। ৪ (যৌগশব্দ) **ˈ~-boat** যন্ত্রচালিত দ্রুতগামী নৌকা; স্পিডবোট। **ˈ~-cop** *n* (অপ.) মোটর সাইকেলআরোহী যে পুলিশ মোটরগাড়ির গতি পরীক্ষা করে। **ˈ~-indicator** *n* = ~ometer. **ˈ~-limit** *n* (সর্বোচ্চ) গতিবেগের সীমা। **ˈ~ merchant** (অপ.) যে ব্যক্তি প্রচণ্ড বেগে মোটরগাড়ি বা মোটর-সাইকেল চালায়। **ˈ~·way** *n* (ক) দ্রুতগতিতে মোটরযান (বিশেষত মোটর-সাইকেল) চালনার জন্য নির্দিষ্ট পথ। (খ) (US) দ্রুতগামী যান চলাচলের সড়ক। □*vt, vi* ১ দ্রুতবেগে চলা বা যাওয়া: The car sped past us, আমাদের সামনে দিয়ে দ্রুতবেগে চলে গেল। ২ দ্রুতবেগে চালানো: ~ an arrow from the bow. ৩ (পুরা.) সাফল্য দান করা: May God ~ you, ঈশ্বর তোমাকে সমৃদ্ধি/ সফলতা দান করুন। ৪ **~ (sth) up** কোনো কিছুর বেগ বৃদ্ধি করা: ~ up production, উৎপাদন বৃদ্ধি করা; The train ~ed up. এর থেকে **ˈ~-up** *n* উৎপাদনবৃদ্ধি ইত্যাদি। **~·ing** *n* (মোটরচালকদের সম্বন্ধে) বেআইনি বা বিপজ্জনক বেগে চলা: fined for ~ing. **~om·eter** [স্পীˈডমিটা(র্)] *n* মোটরগাড়ির গতিবেগ নির্দেশক যন্ত্র। **~y** *adj* দ্রুত; শীঘ্র; অবিলম্বে: I wish you a ~y recovery from illness. a ~y reply.

speed·well [ˈস্পীড্‌ওয়েল্] *n* উজ্জ্বল নীল ফুলবিশিষ্ট ছোট বুনো গাছ।

spelae·ol·ogy (অপিচ **spele-**) [স্পীলি ˈঅলাজি] *n* [U] গুহাবিজ্ঞান। **spelae·ol·ogist** (অপিচ **spele-**) [-জিস্ট্] *n* গুহাবিজ্ঞানী।

spell[1] [স্পেল্] *n* [C] ১ জাদুমন্ত্র: cast a ~ over sb; be under a ~. **ˈ~·bound** [-বাউন্ড্] *adj* মন্ত্রমুগ্ধ; সম্মোহিত: The speaker held his audience ~bound. **ˈ~·binder** [-বাইন্ডা(র্)] *n* যে বক্তা তাঁর

শ্রোতাবৃন্দকে সম্মোহিত করে রাখতে পারেন। ২ ব্যক্তি; বস্তু, পেশা ইত্যাদির সম্মোহন বা আকর্ষণ: He is under the ~ of her beauty. People of emperor Akbar's time knew the mysterious ~ of the music of Miah Tansen.

spell[2] [স্পেল্] *n* ১ ব্যাপ্তিকাল: a long ~ of wet weather; a cold ~ in January. ২ কাজের বা কর্তব্যের পালা: take ~s at the wheel, (দীর্ঘ মোটরযাত্রায়) পালা করে গাড়ি চালানো। □*vt* **~ sb (at sth)** কারো সঙ্গে পালা করে কোনো কিছু করা: Will you ~ me at rowing the boat ?

spell[3] [স্পেল্] *vt, vi* ১ বানান করা: How do you ~ your name ? **~ing pronunciation** শব্দের বানান দ্বারা যে উচ্চারণ নির্দেশিত হয় (যেমন, nephew শব্দের 'নেভ্যিউ'-এর পরিবর্তে 'নেফ্যিউ' উচ্চারণ)। ২ (অক্ষর সম্বন্ধে) নির্দিষ্ট ক্রমে বিন্যস্ত হয়ে (শব্দ) গঠন করা: R-A-T ~s rat ৩ **~ sth out (ক)** ধীরে ধীরে, কষ্ট সহকারে বানান করে পড়া: It took him about half an hour to ~ out a page of English. **(খ)** স্পষ্ট ও সহজ করে বলা; খুঁটিয়ে ব্যাখ্যা করা: Do you want me to ~ my proposal out for you ? ৪ পরিণাম হিসাবে বয়ে আনা: Laziness ~s failure. ৫ সঠিকভাবে শব্দের অক্ষর সাজানো বা বসানো, সঠিকভাবে বানান করা: The children are beginning to learn to ~. **~er** *n* বানানকারী: a poor ~er. **~·ing** *n* [C] বানান: I use English ~ing.

spelt[1] [স্পেল্ট্] spell ক্রিয়াপদের *pt* ও *pp*-এর বিকল্প রূপ।

spelt[2] [স্পেল্ট] *n* [U] এক জাতীয় গম, এ থেকে অত্যন্ত মিহি ময়দা হয়।

spend [স্পেন্ড্] *vt, vi* ১ **~ money (on sth)** (কোনো কিছুতে) টাকা খরচ করা; ব্যয় করা: He spent all his money. She ~s too much money on cosmetics. **ˈ~·thrift** *n* অমিতব্যয়ী বা অপব্যয়ী লোক। ২ **~ sth (on sth/in doing sth)** ব্যবহার করে ফুরিয়ে ফেলা; নিঃশেষ করা: ~ all one's energies; ~ a lot of time (in) explaining the need for a change of method. ৩ অতিবাহিত করা: We are going to ~ the weekend in Rangamati. I ~ my spare time reading. **~er** *n* যে ব্যক্তি (উল্লিখিত বিশেষণনির্দেশিত পন্থায়) টাকা খরচ করে: He is an extravagand ~er. **spent** (*adj* হিসাবে *pp*) পরিশ্রান্ত; নিঃশেষিত: a spent horse, যে ঘোড়ার শক্তি নিঃশেষিত হয়ে গেছে।

sperm [স্পা্ম্] *n* [U] শুক্র; বীর্য। **ˈ~-whale** *n* এক ধরনের তৈলাক্ত পদার্থ উৎপাদনকারী তিমিবিশেষ।

sper·ma·ceti [ˌস্পামাˈসেটি] *n* এক জাতের তিমি মাছের মাথায় দ্রবীভূত আকারে প্রাপ্ত সাদা, মোমের মতো, তৈলাক্ত পদার্থ; বিভিন্ন ধরনের মলম, মোমবাতি ইত্যাদি তৈরিতে এই পদার্থ ব্যবহৃত হয়।

sper·mata·zoon [স্প ামাটাˈজ়োঅন্] *n* শুক্রাণু।

spew [স্পিউ] *vt, vi* বমি করা।

sphag·num [ˈস্ফ্যাগ্নাম] *n* জলাভূমিতে উৎপন্ন শ্যাওলা জাতীয় বস্তু, প্যাকিং-এর কাজে ও ঔষধ হিসাবে এটি ব্যবহৃত হয়।

sphere [স্ফিঅ(র্)] *n* ১ যে কোনো সম্পূর্ণ গোলাকার বস্তু; গোলক; বর্তুল। **music of the ~s** (পুরাণ) সতত সঞ্চরমান গ্রহ-নক্ষত্রের সৃষ্ট মানুষের অশ্রুত সঙ্গীত; দিব্য-সঙ্গীত। ২ ভূ-গোলক বা খ-গোলক। ৩ কোনো ব্যক্তির আগ্রহের বা কর্মের ক্ষেত্র, পরিবেশ ইত্যাদি: a man who is distinguished in many ~s, বিভিন্ন ক্ষেত্রে/ বিচিত্র কর্মক্ষেত্রে প্রসিদ্ধি লাভকারী ব্যক্তি। ৪ সীমা; ব্যাপৃতি; বলয়: a ~ of influence, প্রভাববলয়। **spheri·cal** [ˈস্ফেরিক্‌ল্] *adj* গোলকাকার। **sphe·roid** [ˈস্ফিঅরয়ড্] *n* প্রায় গোলকাকার বস্তু; উপগোলক।

sphinx [স্ফিঙ্ক্স্] *n* (বিশেষত **the S~**) মিশরের পিরামিডসংলগ্ন বিশাল পাথরের মূর্তি, এর দেহ সিংহের এবং মাথা মানুষের মতো; যে ব্যক্তি তার উদ্দেশ্য, মনোভাব গোপন রাখে; রহস্যময় ব্যক্তি।

spice [স্পা ইস্] *n* ১ [C, U] মসলা: a dealer in ~. ২ [U] (*indef art* সহযোগে) (লাক্ষ.) চিত্তাকর্ষক গুণ বা বৈশিষ্ট্য, স্বাদুতা, ইঙ্গিত বা চিহ্ন: The story lacks ~. He has a ~ of wildness in his character. □*vt* মসলা মাখানো; মসলা দিয়ে সুস্বাদু করা: ~d food; ~d cake; (লাক্ষ.) চিত্তাকর্ষক বা মনোগ্রাহী কোনো বস্তু যোগ করা: ~d with humour. **spicy** *adj* মসলাযুক্ত; সুগন্ধ; ঝাঁঝালো; (লাক্ষ.) (কিঞ্চিৎ অশোভন বা অশালীন বলেই) চিত্তাকর্ষক বা মনোগ্রাহী: spicy details of a film star's love life. **spic·ily** [-ইলি] *adv.* **spici·ness** *n*

spick [স্পিক] *adj* (একমাত্র প্রয়োগ) **~ and spin** পরিষ্কার-পরিচ্ছন্ন; ফিটফাট।

spi·der [ˈস্পাইডা(র্)] *n* মাকড়সা। **~y** *adj* (বিশেষত হাতের লেখা সম্বন্ধে) সূক্ষ্ম দীর্ঘ আঁচড় সম্বলিত; মাকড়সার পায়ের মতো।

spied [স্পা ইড্] spy ক্রিয়াপদের *pt, pp*

spiel [শ্পীল্ US স্পীল্] *vi, vt* (অপ.) ইনিয়ে বিনিয়ে কথা বলা। □*n* (কাউকে প্ররোচিত করার জন্য) ইনিয়ে বিনিয়ে বলা কথা।

spigot [ˈস্পিগাট্] *n* ১ কাঠের ছিপি। ২ ট্যাংক, পিপা ইত্যাদি থেকে পানি বা অন্য কোনো তরল পদার্থের প্রবাহ নিয়ন্ত্রণ করার কল; কপাটক।

spike [স্পা ইক] *n* ১ তীক্ষ্ণ, সুচালো আগা বা মুখ; সূচিমুখ ধাতব কীলক বা খুঁটা **ˈ~ heel** (বিকল্প নাম stiletto heel) (মহিলাদের) জুতার সূচ্যগ্র গোড়ালি বা হিল। ২ শস্যের শিষ; ফুলের গুচ্ছ: ~s of lavender. □*vt* ১ কীলক লাগানো: ~d running-shoes. ২ কীলক দিয়ে বিদ্ধ করা বা আহত করা; (আগেকার দিনে কামান সম্বন্ধে) বারুদের ছিদ্রপথে কীলক গুঁজে দিয়ে অকেজো করে দেওয়া। এর থেকে, **~ sb's guns** কারো পরিকল্পনা পণ্ড করা। **spiky** *adj* কীলক, খুঁটা বা সুচালো আগাযুক্ত; (লাক্ষ. ব্যক্তি সম্বন্ধে) ঘাড়তেড়া।

spike·nard [ˈস্পাইক্না:ড্] *n* [U] দীর্ঘদেহ; দীর্ঘায়ু সুগন্ধি বৃক্ষ; এই বৃক্ষ থেকে একদা প্রস্তুত দামি মলম।

spill[1] [ˈস্পিল্] *vt, vi* ১ (তরল পদার্থ বা চূর্ণ সম্বন্ধে) (পাত্রের কানা বেয়ে) ছলকে ফেলা বা ছলকে পড়া: She spilt/ ~ed the milk. **~ the beans,** দ্র. bean. **~ blood** খুন বা জখম করা; রক্তপাত ঘটানো। ২ উলটে ফেলে দেওয়া; উলটে পড়া: The horse spilt/ ~ed the rider. □*n* ঘোড়া, গাড়ি ইত্যাদি থেকে পতন: He had a nasty ~. **ˈ~·over** *n* (প্রায়শ attrib) (জনসংখ্যা সম্বন্ধে) অতিরিক্ত (জনসংখ্যা): The government is planning a new town for Dhaka's ~over (population). **ˈ~·way** *n* নদী, জলাধার ইত্যাদি থেকে বাড়তি পানি নির্গমনের পথ।

spill[2] [স্পিল্] *n* [C] মোমবাতি, লণ্ঠন ইত্যাদি জ্বালানোর জন্য কিংবা পাইপের তামাক অথবা অনুরূপ কিছুতে আগুন ধরানোর জন্য ব্যবহৃত কাঠের পাতলা ছিলকা বা কাগজের পেঁচানো বা মোচড়ানো টুকরা।

spilt [স্পিল্ট্] **spill** ক্রিয়াপদের *pt* ও *pp*-এর বিকল্প রূপ।

spin [স্পিন্] *vt, vi* ১ ~ **(into/ from)** সুতা কাটা: ~ning thread. **~·ning jenny** *n* এক সঙ্গে কয়েক গাছা সুতা কাটার জন্য গোড়ার দিকে প্রচলিত সুতা-কাটা যন্ত্র। **~ning-wheel** *n* চরকা। ২ সুতা কেটে তৈরি করা: Spiders are ~ning their webs. ৩ (লাক্ষ.) সৃষ্টি করা; (কাহিনী) বয়ন করা; (গল্প) রচনা করা। **~ a yarn** গল্প বলা: He loved to ~ yarns about his life in Africa. **~ sth out** যতো দীর্ঘ সময় সম্ভব টিকিয়ে রাখা: I am economizing in order to make my money ~ out until I find another job. ৪ কোনো কিছু ক্রমাগত ঘোরানো বা পাক খাওয়ানো: ~ a top. **ˌ~-ˈdrier** *n* কেন্দ্রাতিগ. শক্তি ব্যবহার করে (ইস্তিরি-করা কাপড়ের মতো) কোনো কিছু শুকানোর যন্ত্র। **ˌ~-ˈdry** *vt* উক্ত যন্ত্রের সাহায্যে কোনো কিছু শুকানো। **ˈ~-off** *n* (বৃহত্তর কোনো উদ্যোগ থেকে প্রাপ্ত) আনুষঙ্গিক লাভ বা বাড়তি সামগ্রী। ৫ দ্রুত ঘুরতে থাকা: The top spun on and on. The blow sent him ~ning to the door. ৬ **spun glass** (উত্তপ্ত অবস্থায় ঘুরিয়ে ঘুরিয়ে) সুতায় পরিণত করা কাচ। **spun silk** বর্জিত নিম্নমানের রেশমের সঙ্গে তুলা মিশিয়ে তৈরি-করা সস্তা রেশমি বস্ত্র। □*n* ১ [U] ঘোরানো, ঘূর্ণন। ২ মোটরগাড়ি, সাইকেল ইত্যাদিতে করে সংক্ষিপ্ত প্রমোদভ্রমণ। ৩ খাড়াভাবে অবতরণকালে (বিশেষত যুদ্ধ-) বিমানের চক্রাকারে ঘূর্ণায়মান গতি: get into/out of a ~. **in a flat ~** আতঙ্কে; আতঙ্কিত অবস্থায়।

spin·ach [ˈস্পিনিজ্ US -ইচ্] *n* [U] সবজি হিসাবে ব্যবহৃত বাগানে চাষ-করা উদ্ভিদবিশেষ।

spi·nal [ˈস্পাইন্ল্] *adj* মেরুদণ্ডগত; মেরুদণ্ড সংক্রান্ত: the ~ cord; a ~ injury.

spindle [ˈস্পিন্ড্ল্] *n* ১ (বয়নশিল্পে) সুতাকাটার টাকু। ২ যে দণ্ড বা আলপিনের উপর কোনো কিছু ঘোরে; ঘূর্ণ্যমান দণ্ড বা আলপিন; ধুরা; নেমি। **ˈ~-legged/ shanked** *adjj* লম্বা সরু পা-অলা। **ˈ~-shanks** *n* লম্বা সরু পা-অলা লোক। **ˈ~-berry/-tree** *n* এক ধরনের বৈঁচিজাতীয় ফল; এই ফলের ক্ষুদ্রাকার গাছ, এ গাছের শক্ত কাঠ থেকে নেমি তৈরি হয়। **spin·dly** [ˈস্পিন্ড্লি] *adj* লম্বা ও সরু; অত্যন্ত লম্বা ও কৃশকায়।

spin·drift [ˈস্পিন্ড্রিফ্ট্] *n* [U] সমুদ্রের উপর ভাসমান ফেনা।

spine [স্পাইন্] *n* ১ মেরুদণ্ড। ২ (নাগফণীর মতো কোনো কোনো) বৃক্ষের বা (শজারুর মতো কোনো কোনো) প্রাণীর দেহের কাঁটা। ৩ খাড়া অবস্থায় বইয়ের শিরোনামাসহ যে অংশ চোখে পড়ে। **~·less** *adj* মেরুদণ্ডহীন; (লাক্ষ.) কাপুরুষোচিত; ভীরু। **spiny** *adj* কণ্টকযুক্ত; কণ্টকিত।

spinet [স্পি ˈনেট্ US ˈস্পিনিট্] *n* (ষোড়শ থেকে অষ্টাদশ শতক পর্যন্ত প্রচলিত) পিয়ানো জাতীয় বাদ্যযন্ত্র।

spin·na·ker [ˈস্পিনাক(র্)] *n* ইয়ট নামে এক ধরনের বাইচের নৌকার প্রধান মাস্তুলের উপর প্রধান পালের বিপরীত দিকে সংযোজিত বড়ো ত্রিকোণাকার পাল।

spin·ney [ˈস্পিনি] *n* ঝোপ; বিশেষত (ইংল্যান্ডে) শিকারের পশু-পাখির আশ্রয়স্থল হিসাবে ব্যবহৃত ছোট বন।

spin·ster [ˈস্পিন্স্টা(র্)] *n* (সাধা. আনুষ্ঠানিক বা আইনগত ব্যবহার) অবিবাহিতা মহিলা; চিরকুমারী। **ˈ~·hood** [-হুড্] *n* চিরকুমারীত্ব।

spi·ral [ˈস্পাইঅরাল্] *adj, n* পেঁচালো, পেঁচানো বা সর্পিল গতি, আকৃতি ইত্যাদি: A snail's shell is ~. The rocket went up in a ~. □*vi* ঘুরে ঘুরে বা পেঁচিয়ে পেঁচিয়ে উপরের দিকে উঠা: The smoke ~led up.

spire [ˈস্পাইআ(র্)] *n* (বিশেষত গির্জার) মোচাকার চূড়া।

spirit [স্পিরিট্] *n* ১ [C, U] আত্মা; মানুষের নৈতিক বা মানসিক দিক: He was wounded in ~, অন্তরে আঘাত পেয়েছিল; the ~ and the flesh, দেহ ও মন। **the Holy S~** খ্রিস্টানদের পবিত্র ত্রিমূর্তির (the Trinity) তৃতীয় পুরুষ। ২ [C] দেহ থেকে স্বতন্ত্র বিবেচিত আত্মা; বিদেহী আত্মা: the abode of ~s, আত্মার নিবাস; believe in ~s, প্রেতাত্মায় বিশ্বাস করা। ৩ [C] ভূত; প্রেত; প্রেতাত্মা। ৪ [U] নিরাকার চৈতন্য; অতিলৌকিক বা অতিপ্রাকৃত শক্তি বা সত্তা: God is pure ~. ৫ [C] (সর্বদা বিশেষণ সহযোগে) নৈতিক, মানসিক বা হৃদয়ানুভূতির দিক থেকে বিবেচিত ব্যক্তি: What a generous ~ he is ! **moving ~** কোনো ধ্যান-ধারণা, প্রকল্প-পরিকল্পনা ইত্যাদির সৃজক ও বাহক; চালিকাশক্তি। ৬ সাহসিকতা; তেজস্বিতা; সজীবতা প্রভৃতি গুণ: Put a little more ~ into your work. He has the ~ of a guerrilla leader. ৭ (শুধু *sing*) মনোভাব: They did it in a ~ of cooperation. ৮ [U] (আক্ষরিক অর্থের বিপরীতে) আইন, বিধান, নীতি, নির্দেশ প্রভৃতির অন্তর্নিহিত অর্থ বা অভিপ্রায়: We obeyed the ~, not the letter of the law. ৯ *(pl)* মানসিক অবস্থা: in high ~s, উচ্ছ্বসিত; in poor/ low ~s, out of ~s, মনমরা; বিষণ্ন; keep up one's ~s, মেজাজ ঠিক রাখা, মন চাঙ্গা করা বা চাঙ্গা রাখা। ১০ (শুধুমাত্র *sing)* প্রভাব বা প্রবণতা: Very few can escape the ~ of the times, সময়ের প্রভাব। ১১ [U] চোলাই-করা তরল পদার্থ; কোহল; স্পিরিট। **ˈ~-lamp/-stove** *n* স্পিরিটের সাহায্যে যে বাতি জ্বলে; স্পিরিট-ল্যাম্প; স্পিরিটের সাহায্যে যে চুলা জ্বলে; স্পিরিট-চুলা। **ˈ~-level** *n* কোনো কিছুর উপরিভাগ অনুভূমিক বা সমতল কিনা দেখাবার জন্য বায়ু-বুদ্বুদ সম্বলিত পানি বা কোহল দ্বারা আংশিকভাবে পূর্ণ কাচের টিউব বা নল। ১২ *(pl)* কোহলে দ্রবণীয় পদার্থ: ~s camphor/ turpentine. ১৩ (সাধা. *pl)* কড়া মদ: a glass of ~s and water. I drink no ~ but ram. □*vt* **~ sb/ sth away/ off** কাউকে/ কোনো কিছুকে গোপনে বা রহস্যজনকভাবে দ্রুত সরিয়ে নেওয়া; অদৃশ্য করে দেওয়া: We turned round and saw no trace of the man; it was as though he had been ~ed away to a distant land. **~ed** [ˈস্পিরিটিড্] *adj* ১ সজীব; সতেজ; প্রাণবন্ত; সাহসী: a ~ed defence; a ~ed conversation. ২ (যৌগশব্দে): high-/ low-/ poor- ˈ~ed, উচ্ছ্বসিত/ বিষণ্ন। **~·less** *adj* নিষ্প্রাণ; নির্জীব; সাহসহীন; মনমরা; বিষণ্ন।

spiri·tual [ˈস্পিরিচুআল্] *adj* ১ আত্মিক বা আধ্যাত্মিক বা অন্তর্জাগতিক; ধর্মীয়; অপার্থিব; ঐশ্বরিক: He was concerned about her ~ well-being, তার আধ্যাত্মিক কল্যাণের বিষয়ে ভাবিত ছিল। ২ ভৌতিক; অতিপ্রাকৃত। ৩ গির্জা বিষয়ক, যাজকীয়: Lords ~, (GB) লর্ডসভার যাজকীয় সদস্য। □*n* **(Negro) ~** যুক্তরাষ্ট্রে কৃষ্ণাঙ্গদের গাওয়া ধর্মীয় সঙ্গীত। **~ly** [-চুআলি] *adv.*

~·ity [স্পিরিচু ˈঅ্যালাটি] *n* [U] আধ্যাত্মিক গুণ; আধ্যাত্মিকতা।

spiri·tu·al·ism [ˈস্পিরিচুআলিজ়াম্] *n* [U] মৃতের আত্মার কাছ থেকে বার্তালাভ সম্ভব—এই বিশ্বাস; এই বিশ্বাসের অনুবর্তী সাধনা। **spiri·tu·al·ist** [–ইস্ট্] *n* যে ব্যক্তি এই বিশ্বাস পোষণ করে। **spiri·tu·al· is·tic** [স্পিরিচুআˈলিসটিক্] *adj* উপরোক্ত বিশ্বাস বা তার অনুসারী ব্যক্তি বিষয়ক।

spiri·tu·al·ize [ˈস্পিরিচুআলাইজ়্] *vt* পবিত্র করা; আত্মার বিশুদ্ধতা দান করা; আধ্যাত্মিকতা অর্পণ করা। **spiri·tu·al·iz·ation** [ˌস্পিরিচুআলাইˈজ়েইশ্ন্ US -লিˈজ়ে–] *n* [U]

spiri·tu·ous [ˈস্পিরিটিউআস্ US –চুআস্] *adj* (তরল পদার্থ সম্বন্ধে) কোহল বা সুরাযুক্ত: ~ liquors, হুইস্‌কি জাতীয় চোলাই–করা মদ।

spirt [স্প ট্] *vi, n* = spurt.

spit[1] [স্পিট্] *n* ১ যে লম্বা সরু ধাতব শলাকায় বিঁধিয়ে মাংস ঝলসানো বা পোড়ানো হয়, শিক–কাবাব তৈরিতে ব্যবহৃত শিক। ২ যে ক্ষুদ্র সংকীর্ণ স্থলভাগ শলাকার আকারে জলভাগে প্রবেশ করেছে। □*vt* মাংসখণ্ড ইত্যাদিতে শিক বেঁধানো; তলোয়ার, বর্শা ইত্যাদির অগ্রভাগ দিয়ে বিদ্ধ করা।

spit[2] [স্পিট্] *vt, vi* ১ **~ (at/ on/ upon sb/ sth)** থুতু ফেলা; অবজ্ঞা বা ঘৃণা প্রদর্শনের জন্য এরকম থুতু ফেলা: You shouldn't ~ in public places. He spat at the man. ২ **~ sth (out)** মুখ থেকে নির্গত করা বা থু করে ফেলা; (লাক্ষ.) কড়া বা রাগতস্বরে কিছু বলা: He spat out the meat pie. The sick man spat a lot of blood this morning. She spat (out) curses at her drunken husband. **~ it out** (কথ্য) যা বলার আছে চট করে বলো। ৩ (আগুন, মোমবাতি, বন্দুক ইত্যাদি সম্বন্ধে) নির্গত করা; থুতু ফেলার শব্দ করা: The engine was ~ting. The guns were ~ting fire. **ˈ~·fire** *n* রগচটা মানুষ। ৪ (বৃষ্টি বা তুষার সম্বন্ধে) হালকাভাবে পড়া: It is not raining heavily, only ~ting. □*n* [U] থুতু। **~ and polish** সৈন্যদের অস্ত্রশস্ত্র পরিষ্কার করার কাজ। ৩ **The dead ~ of; the ~ and image of; the ~ ting image of** অবিকল প্রতিমূর্তি বা চেহারা: She is the dead ~. the ~ting image of her mother. ৪ কোনো কোনো কীটপতঙ্গের দেহ থেকে নিঃসৃত (এবং লতাপাতার গায়ে দৃষ্ট) ফেনিল রস।

spit[3] [স্পিট্] *n* এক কোদাল পরিমিত গভীরতা: Dig the ground three ~(s) deep.

spite [স্পা ইট্] *n* ১ [U] অশুভ ইচ্ছা; বিদ্বেষ; আক্রোশ: He did it out of ~. ২ (*indef art* সহযোগে) অসন্তোষ: have a ~ against sb. ৩ (*prep* phrase) **in ~ of** সত্ত্বেও: In ~ of all our efforts we failed. □*vt* বিদ্বেষ বা আক্রোশবশে উত্যক্ত বা জ্বালাতন করা: He was screeching out those awful Hindi hits just to ~ me. **~·ful** [–ফ়ল্] *adj* বিদ্বেষপূর্ণ। **~·fully** [–ফ়ালি] *adv.* **~·ful·ness** *n*

spittle [ˈস্পিটল্] *n* [U] থুতু; লালা।

spit·toon [স্পি ˈটূন্] *n* পিকদানি।

spiv [স্পি ভ্] *n* (GB অপ.) যে ব্যক্তির নিয়মিত কর্মসংস্থান নেই অথচ যে ব্যক্তি সন্দেহজনক পন্থায় অর্থ উপার্জন করে এবং কেতাদুরস্ত পোশাক পরে মজা করে বেড়ায়।

splash [স্প্ল্যাশ্] *vt, vi* ১ **~ sth (about) (on/ over sth); ~ sth/ sb (with sth)** (তরল পদার্থ) ছিটানো বা ছিটিয়ে দেওয়া; (কাউকে/কোনো কিছুকে) ভিজিয়ে দেওয়া: ~ water on the floor; ~ the floor with water; ~ water about. ২ ছড়িয়ে পড়া: fountains ~ing in front of public buildings. ৩ এমনভাবে পড়া যাতে পানি ইত্যাদি ছিটিয়ে উঠে; পানি ইত্যাদি ছিটাতে ছিটাতে চলা: They ~ed (their way) across the stream. Young boys and girls were ~ing about in the swimming pool. The spacecraft ~ed down in the Pacific. এর থেকে, **ˈ~-down** *n* মহাশূন্যযানের সমুদ্রবক্ষে অবতরণ। ৪ **~ money/ news about** টাকা/ খবর ছড়ানো। □*n* [C] ১ (তরল পদার্থ) ছড়ানোর বা ছিটানোর শব্দ বা দাগ: He jumped into the river with a ~. She had ~es of mud on her saree. ২ রঙের ছোপ: The dog is black with white ~es. ৩ (কথ্য) অল্পপরিমাণ সোডামেশানো পানি বা সোডাওয়াটার ইত্যাদি: a whisky and ~. ৪ **make a ~** (কথ্য, লাক্ষ.) বিশেষত টাকা–পয়সা ছড়িয়ে মানুষের দৃষ্টি আকর্ষণ করা।

splay [স্প্লেই] *vt, vi* (কোনো ফাঁক, ছিদ্র প্রভৃতির) বিপরীত প্রান্ত বা পার্শ্বদ্বয়কে পরস্পর থেকে সরিয়ে বা ছড়িয়ে দেওয়া; ঢালু করা বা ঢালু হওয়া; (ফাঁক, ছিদ্র প্রভৃতি সম্বন্ধে) ঢালুভাবে নির্মিত হওয়া: a ~ed window, খুব পুরু দেয়ালে স্থাপিত জানালা, এর ভিতর বা বাইরের দিকটি একে অপরের থেকে প্রশস্ততর হয়। □*n* জানালার ফোকর ইত্যাদির ঢালু দিক। □*adj* (বিশেষত পা সম্বন্ধে] চওড়া, চ্যাপটা ও উপরের দিকে উল্টানো। এর থেকে **ˈ~-foot** *n* এরকম পা। **ˈ~-footed** *adj* এ রকম পাঅলা।

spleen [স্প্লীন্] *n* ১ [C] প্লীহা; পিলে। ২ [U] অবসাদ; চড়া মেজাজ; রাগ: in a fit of ~.

splen·did [ˈস্প্লেন্‌ডিড্] *adj* ১ জমকালো; চমৎকার: a ~ house. ২ (কথ্য) অত্যন্ত তৃপ্তিকর; অত্যন্ত সন্তোষজনক: a ~ dinner. **~·ly** *adv*

splen·dif·er·ous [স্প্লেন্ ˈডিফ়ারাস্] *adj* (কথ্য), (প্রায়শ বিদ্রূপ বা রসিকতার ছলে) চমৎকার।

splen·dour (US = **-or)** [ˈস্প্লেন্‌ডা(র্)] *n* ১ [U] চমৎকারিত্ব; উজ্জ্বলদীপ্তি: The ~ of a diamond necklace. ২ (কখনো কখনো *pl*) মহিমা; গৌরব।

sple·netic [স্প্লি ˈনেটিক্] *adj* বদমেজাজি; খিটখিটে।

splice [স্প্লা ইস্] *vt* ১ (দুই গাছি দড়ি) পাকিয়ে একত্র করা: (দুই খণ্ড কাঠ বা চুম্বক ফিতা বা ফিল্ম) জোড়া দিয়ে একত্র করা। ২ **get ~d** (অপ.) গাঁটছড়া বাঁধা; বিয়ে বসা। □*n* জোড়া দেবার ফলে সৃষ্ট গাঁট বা গ্রন্থি। **~er** *n* দুই টুকরা কাগজ বা চুম্বক–ফিতা বা ফিল্ম জোড়া দেবার কল।

splint [স্প্লিন্ট্] *n* ভাঙা হাড় যথাস্থানে আটকে রাখার জন্য হাত, পা ইত্যাদির সঙ্গে বেঁধে দেওয়া কাঠের পাত: Put an arm in ~s.

splin·ter [ˈস্প্লিন্টা(র্)] *n* (ধাতব পদার্থ, কাচ, কাঠ ইত্যাকার) কঠিন বস্তুর তীক্ষ্ণ টুকরা: get a ~ into one's finger. **a ˈ~ group/ party** (রাজনীতিতে) দল ভেঙে বেরিয়ে আসা সদস্যবৃন্দ; দলছুট গোষ্ঠী। **ˈ~-proof** *adj* ভেঙে টুকরা হবে না এমন (কাচ); বোমা বিস্ফোরণে ছুটে আসা তীক্ষ্ণ ধাতব টুকরা কিংবা কাচের ভাঙা টুকরা থেকে রক্ষা করে এমন। □*vt, vi* **~ (off)** ভেঙে ছোট–ছোট

তীক্ষ্ণ টুকরায় পরিণত হওয়া; তীক্ষ্ণ টুকরা হয়ে ভেঙে আসা। **~y** *adj* ভেঙে ছোট-ছোট তীক্ষ্ণ টুকরায় পরিণত হতে পারে এমন; এ রকম টুকরায় পূর্ণ; এ রকম টুকরার মতো।

split [স্প্লিট্] *vt, vi* ১ **~ (into)** বিশেষত লম্বালম্বিভাবে ভেঙে টুকরা হওয়া বা টুকরা করা: He was ~ting logs. It requires plenty of skill to ~ slate into layers. ২ **~ (open)** ফেটে ভাগ হয়ে যাওয়া: a coat that has ~ at the seams. ৩ **~ (up) (into)** মৌলিক অংশ বা উপাদানসমূহে বিশ্লিষ্ট করা বা বিশ্লিষ্ট হওয়া; টুকরা টুকরা হয়ে ভেঙে যাওয়া বা টুকরা টুকরা করে ভেঙে ফেলা; ভাগ হওয়া বা ভাগ করা; আলাদা হওয়া বা আলাদা করা: ~ the atom; ~ (up) a compound into its parts. The party ~ up into small groups. Let's ~. (আধুনিক কথ্য) চলো, (পার্টি ইত্যাদি) ছেড়ে দিই; They ~ the cost of the meal, খাবার দাম ভাগাভাগি করে নিল; Nainu and Rana have ~ up, (দম্পতি সম্বন্ধে) আলাদা হয়ে গেছে, ছাড়াছাড়ি হয়েছে, বিয়ে ভেঙে গেছে। **~ the difference** (দর-দাম ইত্যাদির ব্যাপারে) আপোস-রফা করা। **a ~ting headache** প্রচণ্ড মাথাধরা। **~ hairs** চুলচেরা তর্ক করা। এর থেকে, **ˈhair-~ting** *adj* অতিসূক্ষ্ম; চুলচেরা। **~ an infinitive** to এবং infinitive-এর মাঝখানে *adverb* বসানো, যথা: to hurriedly leave a place (এখানে to এবং Infinitive *leave*-এর মাঝখানে *adverb* 'hurriedly বসিয়ে to leave এই infinitive-টিকে বিভক্ত (split) করা হয়েছে)। **~ level** *adj* (বাসগৃহ বা গৃহনির্মাণ সম্বন্ধে) মধ্য-তল, এতে পাশাপাশি এক বা একাধিক কক্ষ বাড়ির অন্যান্য অংশের দুটি তলার মধ্যবর্তী অবস্থানে নির্মাণ করা হয়। **a ~ mind/personality** আচার-আচরণে, আবেগ-অনুভূতিতে দ্বিধাবিভক্ত, অর্থাৎ দুই পরস্পরবিরোধী সত্তাবিশিষ্ট ব্যক্তি। **~ peas** ভাঙা (মুগ, মটর, মসুর প্রভৃতির) ডাল। **a ~ ring** চাবি ঝুলিয়ে রাখার চেরা আঙটি বা বলয়। **a ~ second** ভগ্ন মুহূর্ত; নিমেষ মাত্র। **~ one's sides (with laughter)** হেসে কুটি কুটি হওয়া। এর থেকে, **ˈside-~ting** *adj.* ৪ **~ (on sb)** (অপ.) (সাধা. অপকর্মের সহযোগীর) গোপন কথা ফাঁস করে দেওয়া; এমন সহযোগী সম্পর্কে তথ্য প্রদান করা। ৫ (US অপ.) (কোনো জায়গা ছেড়ে) চলে যাওয়া। □*n* [C] ১ বিভাজন; বিভাজনসৃষ্ট ফাটল বা চিড়: sew up a ~ in a seam. ২ ভাঙন; দলাদলি: a ~ in the ruling congress. ৩ (কথ্য) আধা-বোতল সোডা-ওয়াটার বা অনুরূপ হালকা পানীয়। ৪ **the ~s** (দড়াবাজিতে) দুই পা সোজা দুই পাশে সম্পূর্ণ ছড়িয়ে শিরদাঁড়া সোজা রেখে মাটিতে বসে পড়ার কৌশল: do the ~s.

splosh [স্প্লশ্] *vt* = splash (৪).

splotch [স্প্লচ্], **splodge** [স্প্লজ্] *nn* [C] (কালি, ময়লা ইত্যাদির) প্রলেপ বা দাগ বা ছোপ; (আলো, রং ইত্যাদির) অনিয়মিত ছোপ।

splurge [স্প্ল্যজ্] *vi, n* (কথ্য) জাহির করা; জাহির।

splut·ter [ˈস্প্লাটা(র্)] *vi, vt* ১ (উত্তেজনা ইত্যাদির ফলে) দ্রুত এবং অসংলগ্নভাবে কথা বলা। ২ **~ sth (out)** দ্রুত, অসংলগ্ন ও অস্পষ্টভাবে বলা: ~ out a few words. ৩ ফুত ফুত শব্দ করা; থুতু ফেলার মতো শব্দ করা: The diver came ~ing to the surface of the water. □*n* [U] থু-থু বা ফুত-ফুত শব্দ।

Spode [স্পৌড়] *n* [U] এক ধরনের বিলাতি চীনা-মাটির পাত্র।

spoil [স্পয়ল্] *vt, vi* ১ অকেজো করা; ক্ষতিগ্রস্ত করা; নষ্ট করা: fruit ~t by insects; a cricket match ~t by rain; ~ one's appetite by taking too much tea. Dont ~ your vote by marking the ballot paper in the wrong place. **ˈ~-sport** *n* যে ব্যক্তি অন্যদের আনন্দ-উপভোগে বাদ সাধে। ২ অতিরিক্ত প্রশ্রয় দিয়ে স্বভাব নষ্ট করা: She is not one of those parents who ~ their children. ৩ (কারো) সুখ-স্বাচ্ছন্দ্য, ইচ্ছা-অনিচ্ছার প্রতি সারাক্ষণ লক্ষ রাখা: I would like to have a wife who would ~ me. ৪ (খাদ্য ইত্যাদি সম্বন্ধে) নষ্ট হয়ে যাওয়া; ব্যবহারের অনুপযোগী হওয়া: Some kinds of food soon ~. ৫ **be ~ing for** (মুখ্যত লড়াই, মারামারি ইত্যাদির জন্য) উন্মুখ হওয়া। ৬ **~ sb (of sth)** (প্রা. প্র. অথবা সাহিত্য.; এক্ষেত্রে *pt* ও *pp* সর্বদা ~ed, কখনো ~t নয়) লুণ্ঠন করা; গোপনে বঞ্চিত করা বা বলপূর্বক কেড়ে নেওয়া: ~ sb of his money. □*n pl* [U] লুটের মাল: The robbers divided up the ~(s) . ২ (*pl*) লাভ; রাজনৈতিক ক্ষমতার সূত্রে প্রাপ্ত সুযোগ-সুবিধা: the ~s of office, পদাধিকারবলে প্রাপ্ত সুযোগ-সুবিধা; the ~s system, (কতিপয় দেশে) ক্ষমতা লাভকারী রাজনৈতিক দলের সমর্থকদের বেতন-ভাতা ও অন্যান্য সুযোগ-সুবিধাসহ সরকারি চাকরি প্রদান করার রীতি। ৩ [U] খননকালে কিংবা ময়লা নিষ্কাশণকালে উপরে নিক্ষিপ্ত মাটি, আবর্জনা ইত্যাদি।

spoke[1] [স্পৌক্] *n* ১ চাকার পাখি; স্পোক: I put a ~ in sb's wheel, কাউকে বাধাগ্রস্ত করা; কারো কাজে প্রতিবন্ধকতা সৃষ্টি করা। ২ মইয়ের ধাপ।

spoke[2] [স্পৌক্], **spoken** [ˈস্পৌকান্] যথাক্রমে speak ক্রিয়াপদের *pt* ও *pp*

spokes·man [ˈস্পৌকস্‌মান্] *n* মুখপাত্র।

spo·li·ation [ˌস্পৌলি ˈএইশ্‌ন্] *n* [U] যুদ্ধরত দেশ কর্তৃক নিরপেক্ষ দেশের বাণিজ্যিক জাহাজ লুণ্ঠন।

sponge [স্পান্‌জ্] *n* ১ [C] সহজে পানি শুষে নিতে পারে এমন ছোট ছোট ছিদ্রযুক্ত স্থিতিস্থাপক পদার্থ দ্বারা গঠিত কতিপয় সরলদেহ সামুদ্রিক প্রাণী; এ রকম প্রাণীর যে কোনোটি অথবা ধোয়ামোছার কাজে ব্যবহৃত অনুরূপ গঠনের কোনো বস্তু (যথা, সছিদ্র রবার)। **pass the ~ over** মুছে ফেলা, (বিদ্যমান তিক্ততা, অপমান, অসম্মান ইত্যাদি) ভুলে যেতে রাজি হওয়া। **throw up/ in the ~** পরাজয় বা ব্যর্থতা স্বীকার করা। ২ শল্যচিকিৎসায় ব্যবহৃত বিশোষক বস্তু, যথা গজ (gauze), স্পন্‌জ; বন্দুকের নল ইত্যাদি পরিষ্কার করার জন্য বিশোষক বস্তু দিয়ে তৈরি উপকরণবিশেষ। ৩ **ˈ~-cake** *n* ময়দা, ডিম ও চিনি দিয়ে তৈরি নরম হালকা হলদে পিঠা বা কেক। □*vt, vi* ১ **~ sth (out)** স্পনজ বা বিশোষক বস্তু দিয়ে ধোয়া, মোছা বা পরিষ্কার করা: ~ a wound; ~ out a bad memory, তিক্ত স্মৃতি মুছে ফেলা। ২ **~ sth (up)** স্পন্‌জ দিয়ে (তরল পদার্থ) তুলে নেওয়া বা শুষে নেওয়া: ~ up the spilt ink. ৩ **~ on/upon sb** (কথ্য) কারো ঘাড়ে চেপে খাওয়া, তার কাছ থেকে অর্থ গ্রহণ করা, কিন্তু বিনিময়ে কিছু না দেওয়া: ~ (up) on one's friends. **~ sth (from sb)** কারো কাছ থেকে কোনো কিছু বাগিয়ে নেওয়া: ~ a lunch from an old friend. **~r** *n* যে ব্যক্তি কারো ঘাড়ে চেপে খায়-দায়, টাকা

নেয়; পরজীবী। **spongy** *adj* স্পন্‌জের মতো নরম, সছিদ্র ও স্থিতিস্থাপক। **spongi·ness** *n*

spon·sor [ˈস্পন্‌সা(র্)] *n* ১ যে ব্যক্তি অন্যের দায়িত্ব গ্রহণে প্রতিশ্রুতিবদ্ধ হয়। ২ যে ব্যক্তি কোনো প্রস্তাব সর্বপ্রথম উত্থাপন করে বা সর্বপ্রথম তার জামিনদার হয়; যে ব্যক্তি বা প্রতিষ্ঠান (আপন সামগ্রীর বিজ্ঞাপনের বিনিময়ে) কোনো বেতার বা টিভি অনুষ্ঠানের ব্যয়ভার বহন করে। □*vt* কারো দায়িত্বগ্রহণে প্রতিশ্রুতিবদ্ধ হওয়া; (বেতার বা টিভি অনুষ্ঠান জাতীয়) কোনো কিছুর ব্যয়ভার বহন করা।

spon·ta·neous [স্পন্‌ˈটে ইনিআস্] *adj* স্বতঃস্ফূর্ত: make a ~ offer of help. ~ **combustion** বাইরে থেকে অগ্নিসংযোগ দ্বারা নয়, পদার্থের অভ্যন্তরে রাসায়নিক পরিবর্তনের ফলে সৃষ্ট দহন; স্বতোদহন। ~·**ly** *adv*. ~·**ness**, **spon·ta·neity** [স্পন্‌টাˈনীআটি] *nn*

spoof [স্পূফ্] *vt, n* (অপ.) ধাপ্পা (দেওয়া); জুয়াচুরি (করা); ঠকানো: You have been ~ed, তোমাকে ঠকিয়েছে।

spook [স্পূক্] *n* (রসাত্মক) ভূত। ~**y** *adj* ভূতুড়ে: a ~y house, ভূতুড়ে বাড়ি।

spool [স্পূল্] *n* (সুতা, তার, ছবি তুলবার ফিল্ম, টাইপ রাইটারের ফিতা ইত্যাদি গুটিয়ে রাখার) নাটাই, টাকু বা কাঠিম।

spoon[1] [স্পূন্] *n* চামচ: tea/table-~. **be born with a silver ~ in one's mouth**, দ্র. silver (১). ˈ~-**feed** *vt* (ক) (শিশু ইত্যাদিকে) চামচ দিয়ে খাওয়ানো। (খ) (লাক্ষ.) (কাউকে) মাত্রাতিরিক্ত সাহায্য করা বা সবকিছু বুঝিয়ে পড়িয়ে শিখিয়ে দেওয়া: Some students expect their teachers to ~-feed them. □*vt* ~ **sth out/ up** চামচে করে দেওয়া/ নেওয়া: ~ out the curry. S~ up your soup. ~·**ful** [-ফুল্] *n* এক চামচ পরিমাণ।

spoon[2] [স্পূন্] *vi* (সেকেলে কথ্য) এমন আচরণ করা যাতে মনে হয় আলোচ্য ব্যক্তি প্রেমে পড়েছে; প্রণয়াবিষ্ট আচরণ করা।

spoon·er·ism [ˈস্পূনারিজ়াম্] *n* [C] প্রারম্ভিক ধ্বনির ভ্রান্ত বিন্যাসের ফলে সৃষ্ট শব্দবিপর্যয়, যথা: well-oiled bicycle–এর স্থলে well-boiled icicle.

spoor [স্পূআ(র্)] *n* [C] কোনো বন্যপ্রাণীর পথরেখা, এই পথরেখা ধরে প্রাণীটিকে অনুসরণ করা যায়।

spor·adic [স্প ˈর‍্যাডিক্] *adj* এখানে–সেখানে বা মাঝে–মাঝে ঘটে কিংবা দেখা যায় এমন; বিক্ষিপ্ত: ~ firing. **spor·adically** [-ক্লি] *adv*

spore [স্পো°(র্)] *n* [C] যে বীজানু বা রেণুর সাহায্যে শেওলাজাতীয় অপুষ্পক উদ্ভিদ বংশবিস্তার করে; বীজগুটি।

spor·ran [ˈস্পরান্] *n* স্কটল্যান্ডের পার্বত্যাঞ্চলে পুরুষদের ঘাগরার সামনের দিকে পরিহিত ছোট পশমি থলি বা বটুয়া।

sport [স্পো°ট্] *n* ১ [U] আমোদ; মজা; ঠাট্টা; কৌতুক: say sth in sport, ঠাট্টার ছলে কিছু বলা; make ~ of sb, কাউকে নিয়ে মজা করা, অর্থাৎ, তাকে বোকা বানানো। ২ [U] বহিরঙ্গন ক্রীড়া; খেলাধুলা; স্পোর্ট; [C] নির্দিষ্ট ধরনের বহিরঙ্গন ক্রীড়া বা খেলা: fond of ~; athletic ~s. ৩ (*pl*) ক্রীড়া প্রতিযোগিতা: The school ~s. ৪ (যৌগশব্দ) ˈ~**s-car** *n* মোটর–দৌড় প্রতিযোগিতায় ব্যবহারের জন্য বিশেষভাবে নির্মিত উঁচু গতিসম্পন্ন ছোট মোটর–গাড়ি। ˈ~-**coat/ -jacket** বিশেষত ক্রীড়াচর্চায় ব্যবহৃত এক ধরনের কোট। ˈ~-**editor** সংবাদপত্রের ক্রীড়া–বিভাগের সম্পাদক। ˈ~**s·man** [মান্] *n* (ক) ক্রীড়াবিদ; খেলোয়াড়; স্পোর্টসম্যান। (খ) যে ব্যক্তি খেলতে গিয়ে অসদুপায় অবলম্বন করে না, ঝুঁকি নিতে প্রস্তুত থাকে এবং হেরে গেলেও মনোবল হারায় না; খেলোয়াড়ি মনোবৃত্তিসম্পন্ন ব্যক্তি। এর থেকে, ˈ~**s·man·ship** [-শিপ্] *n*. ~**s·man·like** *adj* খেলোয়াড়োচিত, খেলোয়াড়সুলভ; খেলোয়াড়ি মনোবৃত্তিসম্পন্ন। ৫ (কথ্য) খেলোয়াড়; সহজ; অমায়িক লোক: Come on, be a ~! ৬ অস্বাভাবিক উদ্ভিদ বা প্রাণী। □*vi, vt* ১ খেলা করা; মজা করা: The children are ~ing about in the rain. ২ মানুষকে গর্বভরে দেখানোর জন্য রাখা বা পরা: He ~ed a walrus moustache. She ~ed a diamond ring. ~·**ing** *adj* ১ খেলাধুলা সংক্রান্ত; খেলাধুলায় আগ্রহী। ২ পরাজয়ের ঝুঁকি নিতে ইচ্ছুক; পরাজয়ের ঝুঁকিসম্পন্ন: make sb a ~ing offer; give sb a ~ing chance. ৩ খেলোয়াড়োচিত: It was very ~ing of him to give me such an advantage. ~·**ing·ly** *adv*

sport·ive [ˈস্পো°টিভ্] *adj* কৌতুকপ্রিয়; হাসিখুশি। ~·**ly** *adv*. ~·**ness** *n*

spot [স্পট্] *n* ১ ক্ষুদ্র (বিশেষত গোল) দাগ: The leopard has ~s. ২ ময়লা দাগ: He had ~s of mud on his trousers. ৩ গায়ের চামড়ার উপর ক্ষুদ্র লাল দাগ; ফুস্কুড়ি: She had ~s on her face. ৪ (লাক্ষ.) কলঙ্ক: There isn't a ~ on his career. ৫ ফোটা: I felt a few ~s of rain. ৬ নির্দিষ্ট স্থান বা অঞ্চল; অকুস্থল: This is the very ~ where he was assassinated. **TV/ radio ~** টিভি/ রেডিও অনুষ্ঠানের মধ্যবর্তী বিজ্ঞাপনের স্থান। ৭ (phraseসমূহ) **a ~ check** তাৎক্ষণিক তদন্ত। **a tender ~** (লাক্ষ.) ব্যক্তিবিশেষের জন্য স্পর্শকাতর বিষয়। **in a ~** সঙ্কটপূর্ণ অবস্থানে; কঠিন পরিস্থিতিতে। **knock ~s off sb** কাউকে সহজেই ছাড়িয়ে যাওয়া। **on the ~** (ক) অকুস্থলে; যেখানে দরকার ঠিক সেইখানে: The police were on the ~ in less than ten minutes of the incident. (খ) তখন–তখুনি; তৎক্ষণাৎ: He fell dead on the ~. (গ) (অপ.) সঙ্কটাপন্ন। **the person on the ~** স্থানীয় লোক (যিনি স্থানীয় অবস্থা, ঘটনাবলী ইত্যাদি সম্পর্কে ওয়াকিফহাল এবং সেগুলো মোকাবেলায় সক্ষম): We left the matter to the people on the ~. **put sb on the ~** (ক) কাউকে বিপদে ফেলা: They put him on the ~ there: He couldn't say no to their last request. (খ) (মাস্তানদের সম্বন্ধে) খুন করার সিদ্ধান্ত নেওয়া (যেমন, প্রতিদ্বন্দ্বী মাস্তানের বেলায় হতে পারে)। **put one's finger on/ find sb's weak ~** কারো (স্বভাব, চরিত্র, মন ইত্যাদির) দুর্বল স্থানটি চিহ্নিত করা। ৮ (বাণিজ্য) **~ cash** মাল সরবরাহের সঙ্গে সঙ্গে মূল্য প্রদান। **~ prices** এরকম বাণিজ্যিক লেন–দেনে উদ্ধৃত মূল্যতালিকা। ৯ (GB কথ্য) স্বল্প পরিমাণ: a ~ of work, সামান্য কিছু কাজ; a ~ of brandy, সামান্য পরিমাণ ব্র্যান্ডি। □*vt, vi* ১ ফোটা–ফোটা দাগ দেওয়া; ফোটা–ফোটা দাগ লাগা: The table was ~ted with ink. ২ (অনেকের মধ্য থেকে একজনকে বা অনেক কিছুর মাঝ থেকে একটিকে) বেছে নেওয়া; চিনতে পারা; দেখা। ৩ (কথ্য) হালকা বৃষ্টি হওয়া: It's beginning to ~ with rain. ~·**ted** *adj* ফোটা–ফোটা দাগযুক্ত, যেমন, চিতাবাঘ কিংবা কতিপয় শ্রেণীর পাখি বা

ছিটকাপড়। **~ted fever** এক ধরনের মেনিনজাইটিস বা টাইফয়েড রোগ। **~·less** *adj* দাগহীন; নিষ্কলঙ্ক; পরিষ্কার: a ~less wall; a ~less reputation. **~·less·ly** *adv* নিষ্কলঙ্কভাবে; পরিষ্কারভাবে। **~ty** *adj* ১ দাগযুক্ত: a ~ty complexion. ২ অসম গুণের: a ~ty piece of work, পুরোটা একইভাবে করা হয়নি এমন কাজ। **~ter** *n* যে ব্যক্তি চিহ্নিত করে, যেমন, air-craft-~ter, যে ব্যক্তি (যুদ্ধকালে) বিভিন্ন ধরনের বিমানের দিকে নজর রাখে এবং সেগুলোর ধরন চিহ্নিত করে।

spot·light [ˈস্পট্‌লাইট্] *n* [C] কোনো নির্দিষ্ট স্থান বা ব্যক্তির উপর নিবদ্ধ তীব্র আলো (নাট্যমঞ্চে যেমনটি ব্যবহৃত হয়); এরকম আলো প্রক্ষেপক যন্ত্র বা প্রজেক্টর: She likes to be in the ~, (লাক্ষ.) লোকচক্ষুর মধ্যমণি/কেন্দ্রবিন্দু হতে চায়। □*vt* এ রকম আলো প্রক্ষেপ করা।

spouse [স্পা উজ্, US স্পা উস্] *n* (আইন বা পুরা.) স্বামী বা স্ত্রী।

spout [স্পা উ্] *n* [C] ১ তরল পদার্থ নির্গমনের নল বা মুখ (যেমন ছাদের পানি নির্গমনের জন্য ব্যবহৃত নল, চা-দানি বা টিপট থেকে চা ঢেলে দেবার নলাকৃতি মুখ)। ২ প্রবল বেগে নির্গত বা উৎসারিত জলস্রোত বা অনুরূপ কোনো পদার্থ। ৩ **up the ~** (অপ.) **(ক)** বন্ধক অবস্থায়। **(খ)** কঠিন অবস্থায়, ভগ্ন দশায় ইত্যাদি। **(গ)** গর্ভবতী। □*vt, vi* ১ **~ (out)** (তরল পদার্থ সম্বন্ধে) প্রবল বেগে নির্গত করা বা হওয়া: water ~ing from a plastic hose. ২ (কথ্য) সাড়ম্বরে বলা বা আবৃত্তি করা: Some people are in the habit of ~ing unwanted advice.

sprain [স্প্রেই ন্] *vt* মচকানো: ~ one's ankle. □*n* [C] মচকানি।

sprang [স্প্র্যাঙ্] spring ক্রিয়াপদের *pt*

sprat [স্প্র্যাট্] *n* খাদ্য হিসাবে ব্যবহৃত ছোট জাতের য়োরোপীয় সামুদ্রিক মাছ।

sprawl [স্প্রো°ল্] *vi* ১ হাত-পা ছড়িয়ে শোয়া বা বসা; হাত-পা ছড়িয়ে পড়া: He was ~ing on the floor. ২ (উদ্ভিদ, হাতের লেখা, এবং লাক্ষণিকভাবে বড়ো শহর সম্বন্ধে) এলোমেলো ও অসমভাবে ছড়িয়ে পড়া: New suburbs are ~ing out into the countryside. □*n* [U,C] হাত-পা ছড়িয়ে শয়ন বা উপবেশন বা চলন; বিশেষত এলোমেলোভাবে গড়ে-ওঠা ঘর-বাড়ি নিয়ে গঠিত বিস্তৃত এলাকা: Dhaka's suburban ~.

spray[1] [স্প্রেই] *n* ফুল-পাতায় শোভিত গাছের ছোট ডাল; ফুল-পাতার আকারে তৈরি করা গহনা: a ~ of ˈdiamonds.

spray[2] [স্প্রেই] *n* ১ [U] ক্ষুদ্র ক্ষুদ্র জলকণার আকারে বাতাসে ছড়িয়ে দেওয়া তরল পদার্থ; স্প্রে: The ~ of waves breakig on the rocks. ২ [C,U] স্প্রে-র আকারে ব্যবহারের জন্য তরল সুগন্ধি, জীবাণু বা কীটনাশক পদার্থ। ৩ [C] স্প্রে-র আকারে তরল পদার্থ ব্যবহারের যন্ত্র; স্প্রে করার যন্ত্র। **ˈ~-gun** *n* কোনো কিছুর উপর রং, বার্নিশ ইত্যাদি প্রয়োগ করার যন্ত্রবিশেষ। □*vt* **~ sth/ sb (with sth); ~ sth (on sb/ sth)** স্প্রে-র আকারে ছড়িয়ে দেওয়া; স্প্রে করা: ~ fruit-trees; ~ the enemy with bullets, স্প্রে-র আকারে গুলিবর্ষণ করা; গুলিতে আচ্ছন্ন করা। **~er** *n* ১ যে ব্যক্তি স্প্রে করে। ২ স্প্রে করার যন্ত্র।

spread [স্প্রেড্] *vt, vi* ১ **~ sth on/ over sth; ~ sth with sth; ~ sth (out)** মেলে দেওয়া; মেলে ধরা; মেলে দিয়ে ঢেকে দেওয়া: ~ a cloth upon a table; ~ out a map; ~ (out) one's arms; The bird ~ its wings. The sails ~ in the wind. ২ ছড়িয়ে বা মাখিয়ে বা লেপে দেওয়া: ~ butter on bread. ৩ ছড়ানো; ছড়িয়ে পড়া: ~ knowledge/disease. The rumour ~ quickly through the town. **~ oneself (ক)** (দেহ প্রসারিত করে) প্রচুর জায়গা জুড়ে শুয়ে বা বসে থাকা। **(খ)** (কোনো বিষয়ে) সবিস্তারে বলা বা লেখা। **(গ)** (আতিথেয়তা ইত্যাদিতে) ভাণ্ড উজাড় করে দেওয়া। ৪ বিস্তৃত হওয়া: The heath ~ for miles around. ৫ সময়ের দিক থেকে সম্প্রসারিত করা বা হওয়া: payments ~ over six months. ৬ ˌ**~-ˈeagle** *n* (মুদ্রাপৃষ্ঠে দৃষ্ট) পা ও ডানা ছড়ানো ঈগল পাখির প্রতিকৃতি। □*vt* (reflex) হাত-পা ছড়িয়ে ক্রুশাকারে শায়িত হওয়া: Sunbathers ~eagled on the sands. **ˈ~-over** *n* যে ব্যবস্থায় শিল্প-কারখানায় বিশেষ প্রয়োজনের দিকে লক্ষ রেখে কাজের সময় নির্ধারিত হয়। □*n* (কদাচিৎ *pl)* ১ বিস্তৃতি; ব্যাপ্তি; প্রস্থ; প্রসার: The ~ of a sail. ২ সম্প্রসারণ; বিস্তার: The ~ of education. ৩ (কথ্য) সুস্বাদু আহার্য ও পানীয় দ্বারা সাজানো টেবিল; ভোজ: a grand ~. ৪ যা বিস্তৃত হয়েছে (সাধা. যৌগশব্দে ব্যবহৃত): a bed ~, বিছানার চাদর; develop (a) middle-age ~, (কথ্য) মাঝ বয়সের স্ফীতি লাভ করা, অর্থাৎ, কোমরের দিকে মুটিয়ে যাওয়া। ৫ রুটির উপর ছড়িয়ে দেবার জন্য ব্যবহৃত নানা ধরনের লেই বা পিটুলির সাধারণ নাম। **~er** *n* যে ব্যক্তি বা বস্তু ছড়িয়ে বা প্রসারিত করে দেয়, যেমন, স্টোভ বা তেলচালিত উনুনের শিখা বাড়িয়ে দেবার কল বা flame-~er; রুটির উপর লেই, পিটুলি ইত্যাদি ছড়িয়ে দেবার কল।

spree[স্প্রী] *n* আনন্দময় ক্রীড়াকৌতুক; খুশির জোয়ার। **be on the ~; go out on a ~** হাসি-গানে মেতে থাকা; খুশির জোয়ারে ভেসে যাওয়া; আনন্দ করতে যাওয়া। **a ˈspending/ ˈbuying ~** খরচের হিড়িক।

sprig [স্প্রিগ্] *n* ১ ফুল-পাতা সহ গাছের ছোট ডাল: a ~ of patabahar. ২ (সাধা. অবজ্ঞার্থে) ছোকরা। **~·ged** *adj* লতা-পাতার নকশা করা: ~ged muslin.

spright·ly [ˈস্প্রাইট্‌লি] *adj* প্রাণচঞ্চল; চটপটে। **spright·li·ness** *n*

spring[1] [স্প্রিঙ্] *n* ১ উল্লম্ফন; লাফানি। ২ ঝর্না: hot ~; (attrib) ~ water. ৩ স্প্রিং: The ~ of a watch. ˌ**~-ˈbalance** *n* স্প্রিং ব্যবহার-করা দাড়িপাল্লা। **ˈ~-board** *n* ঝাপ খাওয়ার জন্য স্প্রিং-আঁটা লাফানো তক্তাবিশেষ। **ˈ~-gun** *n* যে বন্দুকের ঘোড়া বা ট্রিগারের সঙ্গে একটি তার এমনভাবে লাগানো আছে যে কোনো অনুপ্রবেশকারী তারটির সংস্পর্শে আসামাত্র গুলি ছুটে আসে। ˌ**~-ˈmattress** *n* স্প্রিং-আঁটা গদি। **~ tide** *n* (দুই শব্দ; spring[2] শিরোনামায় ~ tide, ~ time দ্র.) অমাবস্যা ও পূর্ণিমার অব্যবহিত পরে সৃষ্ট জোয়ার; ভরা টাল। neap শিরোনামে neap-tide দ্র. ৪ স্থিতিস্থাপকতা: These rubber bands have lost their ~. ৫ (প্রায়শ *pl)* কারণ বা উৎস: The ~s of human conduct. **~·less** *adj* স্প্রিংশূন্য: a ~less cart. **~y** *adj* (চলন বা গতি সম্বন্ধে) লাফানে: walk with a ~y step; (পদার্থ সম্বন্ধে) স্থিতিস্থাপক: Rubber is a ~y substance.

spring[2] [স্প্রিঙ্] *n* [C,U] বসন্তকাল; ব্রিটেনে মার্চের শেষার্ধ থেকে জুনের শেষার্ধ পর্যন্ত (বাংলাদেশে ফাল্গুন ও চৈত্র এই দুই মাস): in (the) ~; (attrib) ~ flowers. **ˈ~·time** (কাব্যিক **~·tide)** *nn* বসন্তকাল। ˌ**~-ˈclean**

vt (বাড়ি বা ঘর) ঘষে-মেজে ঝকঝকে করা। এর থেকে, ˈ**~-ˈcleaning** *n*. ˈ**~·like** *adj* বসন্তের মতো: ~ like weather.

spring³ [স্প্রিঙ্] *vi, vt* ১ হঠাৎ লাফিয়ে ওঠা, বা লাফিয়ে এগুনো: She sprang out of bed. He sprang forward to help me. ২ **~ (up)** হঠাৎ প্রবাহিত হওয়া বা সৃষ্ট হওয়া বা দেখা দেওয়া; মাটি থেকে বা বৃক্ষের কাণ্ড থেকে দ্রুত উদ্ভূত হওয়া: A strong northerly wind suddenly sprang up. Weeds are ~ing up everywhere. (লাক্ষ.) A doubt sprang up in my mind. ৩ **~ from** জন্মলাভ করা; হঠাৎ এসে হাজির হওয়া: He is sprung from aristocratic blood, অভিজাত বংশে তার জন্ম; Where did he ~ from? হঠাৎ কোত্থেকে এসে হাজির হলো ? ৪ **~ sth on sb** হঠাৎ জানানো; হঠাৎ উপস্থাপন করা; সহসা সৃষ্টি করা: ~ a surprise on sb, কাউকে অবাক করে দেওয়া বা চমকে দেওয়া; ~ a new theory on sb, হঠাৎ কারো সামনে নতুন তত্ত্ব হাজির (= উপস্থাপন) করা। ৫ যান্ত্রিক উপায়ে চালানো: ~ a mine, (যান্ত্রিক উপায়ে) মাইন বিস্ফোরণ ঘটানো। ৬ (কাঠ সম্বন্ধে) বেঁকে যাওয়া বা বাঁকা করে ফেলা; ভেঙে দুই টুকরা হওয়া বা দুই টুকরা করা; ফেটে যাওয়া বা ফাটিয়ে ফেলা: My cricket bat has sprung. **~ a leak** (জাহাজ সম্বন্ধে) ফুটা হয়ে যাওয়া যাতে (জাহাজে) পানি প্রবেশ করে।

spring·bok [ˈস্প্রিঙবক্] *n* দক্ষিণ আফ্রিকার ক্ষুদ্রকায় সুদৃশ্য হরিণবিশেষ।

sprinkle [ˈস্প্রিঙক্‌ল্] *vt* **~ sth (on/ with sth)** (কোনো কিছুর উপর কোনো কিছু) ছড়িয়ে বা ছিটিয়ে দেওয়া: ~ water on a dusty shop-front; ~ a shop-front with water.

sprink·ler [ˈস্প্রেঙ্কলা(র্)] *n* (তৃণাবৃত আঙিনায় বা লনে কিংবা বাগানে) পানি ছিটিয়ে দেবার যন্ত্র; আগুন নেভানোর জন্য কোনো ভবনে স্থায়ীভাবে বসানো অনুরূপ যন্ত্র। **sprink·ling** *n* এখানে ওখানে ছড়িয়ে-ছিটিয়ে থাকা লোকজন বা জিনিসপত্র: There was a sprinkling of hooligans in the crowd.

sprint [স্প্রিন্ট্] *vi* পূর্ণবেগে সীমিত দূরত্ব দৌড়ানো: She ~ed past her competitors. □*n* এ রকম দৌড়; (বিশেষত) কোনো দৌড় প্রতিযোগিতার শেষ প্রান্তে এসে প্রতিযোগী কর্তৃক সঞ্চারিত মরণপণ বেগ। **~er** *n* দৌড়বিদ।

sprit [স্প্রিট্] *n* পাল মেলে দেবার জন্য মাস্তুল থেকে পালের উপরের দিকের কোণ পর্যন্ত আড়াআড়িভাবে পাতা দণ্ড। ˈ**~·sail** *n* এ রকম দণ্ডের সাহায্যে মেলে দেওয়া পাল।

sprite [স্প্রা ইট্] *n* পরী; বামন ভূত।

sprocket [ˈস্প্রকিট্] *n* শিকলের আংটার সঙ্গে সংযোগ রক্ষাকারী চাকার দাঁত। ˈ**~-wheel** *n* শিকলের আংটার সঙ্গে দাঁতের সাহায্যে সংযোগ রক্ষাকারী চাকা (যেমন বাইসাইকেলে ব্যবহৃত হয়)।

sprout [স্প্রা উট্] *vi, vt* ১ **~ (up)** পল্লবিত হওয়া; পাতা গজানো; বাড়তে শুরু করা: Shahid has really ~ed up in the past year. ২ অঙ্কুরিত বা পল্লবিত করানো: The continuous rain has ~ted the rice. ৩ উদ্‌গত করা; গজানো: Imran has ~ed a moustache. □*n* গাছের কচি ডাল; অঙ্কুর।

spruce¹ [স্প্রূস্] *adj* পোশাকে; চেহারায় কেতাদুরস্ত; ফিটফাট। □*vt, vi* **~ (sb/ oneself) (up)** সেজেগুজে ফিটফাট হওয়া: She ~ed herself up. He was ~ed up for the party. **~·ly** *adv*. **~·ness** *n*

spruce² [স্প্রূস্] *n* **~ (fir)** বড়ো আকারে আবাদ করা কতিপয় জাতের ফার-গাছ, এর কাঠ থেকে কাগজ তৈরি হয়।

sprung [স্প্রাঙ্] spring² -এর *pp*

spry [স্প্রা ই] *adj* প্রাণবন্ত; চটপটে: He is still ~ at seventy. **look ~** চটপট করা; চটপটে হওয়া।

spud [স্পাড্] *n* [C] ১ (কথ্য) আলু। ২ খননকাজের কিংবা আগাছা পরিষ্কার করার জন্য ছোট কোদালজাতীয় হাতিয়ার; খুনচি।

spue [স্পিউ] *vt, vi* = spew.

spume [স্পিউম্] *n* [U] ফেনা; গাঁজলা।

spun [স্পান্] spin ক্রিয়াপদের *pp*

spunk [স্পাঙ্ক্] *n* [U] (কথ্য) সাহস; তেজ: a man with plenty of ~; (অপ.) বীর্য। **~y** *adj* সাহসী; তেজি।

spur [স্পা(র্)] *n* ১ ঘোড়াকে তাড়না করার জন্য আরোহীর বুটজুতার গোড়ালিতে সংলগ্ন নালবিশেষ। **win one's ~s** (ইতি.) নাইট (knight) বা বীরব্রতীর পদ লাভ করা; (লাক্ষ.) খ্যাতি ও সম্মান অর্জন করা। ২ (লাক্ষ.) তাড়না; উদ্দীপনা: The ~ of poverty. act on the ~ of the moment, মুহূর্তের (আকস্মিক) তাড়নায় কাজ করা। ৩ মোরগের পায়ের পিছনের দিকে শক্ত তীক্ষ্ণ নখরতুল্য অংশ। ৪ পাহাড় বা পর্বতগাত্রের অভিক্ষিপ্ত অংশ বা পার্শ্বীয় শাখা। □*vt, vi* ১ **~ sb/ sth on** (নালের আঘাতে) তাড়না করা: Dont ~ on a willing horse. The man was ~red on by ambition. ২ দ্রুতবেগে (অশ্ব) চালনা করা: He ~red on to his destination.

spu·ri·ous [ˈস্পিউআরিআস্] *adj* মেকি; মিথ্যা; জাল; ভেজাল: ~ coins; ~ credentials. **~·ly** *adv*. **~·ness** *n*

spurn [স্পা্ন্] *vt* অবজ্ঞাভরে প্রত্যাখ্যান করা; ঘৃণাভরে মুখ ফিরিয়ে নেওয়া।

spurt [স্পা্ট্] *vi* ১ **~ (out) (from)** (তরল পদার্থ, আগুনের শিখা ইত্যাদি সম্বন্ধে) অকস্মাৎ সবেগে নির্গত বা উৎসারিত হওয়া: blood ~ing from a wound. ২ বিশেষত কোনো প্রতিযোগিতায় অকস্মাৎ সংক্ষিপ্ত কিন্তু মরণপণ প্রয়াস করা: The sprinter ~ed as he approached the tape. □*n* অকস্মাৎ (তরল পদার্থের) সবেগে নির্গমন বা উৎসারণ; শক্তির আকস্মিক স্ফুরণ: ~s of water/energy; a ~ of anger.

sput·nik [ˈস্পুট্‌নিক্] *n* (বিশেষত ১৯৫৭ সালে সোভিয়েত ইউনিয়ন কর্তৃক) রকেটের সাহায্যে মহাশূন্যে উৎক্ষিপ্ত (প্রথম) মনুষ্যবিহীন কৃত্রিম উপগ্রহ।

sput·ter [ˈস্পাটা(র্)] *vi,vt* ১ ক্রমান্বয়ে থুতু ছিটানোর মতো শব্দ করা: The sausages were ~ing in the frying pan. **~ out** থুতু ছিটানোর শব্দ করে নিভে যাওয়া: The candle ~ed out. ২ = splutter (১, ২).

spu·tum [ˈস্পিউটাম্] *n* [U] থুতু; গলা থেকে নির্গত শ্লেষ্মা (বিশেষত কোনো ব্যাধির প্রকৃতি বোঝাতে); নিষ্ঠীবন।

spy [স্পা ই] *n* (*pl* -ies) ১ গুপ্তচর; গোয়েন্দা; যে ব্যক্তি গোপন সংবাদ সংগ্রহ করে (বিশেষত অন্যদেশের সামরিক বিষয়ে)। ২ যে ব্যক্তি অন্যের গমনাগমন বিষয়ে গোপন প্রহরীর কাজ করে: police ~, পুলিশনিযুক্ত গুপ্তচর; industrial ~, শিল্প বিষয়ে গোপন তথ্যসংগ্রাহক। □*vt, vi* ১ **~ (into/ on/ upon sth)** গুপ্তচর হিসাবে কাজ করা; গোপন প্রহরা দান করা: ~ into the movements of miscreants; ~ on opponent's connections. ২ পর্যবেক্ষণ করা; খুঁজে বের করা: good at ~ing sb's lacuna. ˈ**spy-glass** *n* ছোট টেলিস্কোপ। ˈ**spy-hole** *n* দরজা দিয়ে উঁকি দেওয়ার জন্য ফাঁকা অংশ। **spying** *n* গুপ্তচরবৃত্তি গোয়েন্দাগিরি।

squab [স্কোঅব্] *n* [C] ছোট পাখি, বিশেষত অপক্ষোদ্ভিন্ন পায়রা: ~ pie, এই পাখির মাংসের পাই। ২ নরম আসন বা সোফা, বিশেষত গাড়ির বসার আসন। □*adj* বেটে বা জবুথুবু।

squabble [ˈস্কোঅব্ল্] *vi* অতি সাধারণ বিষয়ে তুমুল ঝগড়া করা: He was squabbling on school dress. □*n* [C] তুচ্ছ বিষয়ে বিষম ঝগড়া।

squad [ˈস্কোঅড্] *n* কয়েক ব্যক্তি সমন্বয়ে ছোট গোষ্ঠী বা দল, যথা—সৈন্য বা প্রশিক্ষণার্থীর দল: A ~ of watchmen has been newly appointed. ˈ**~ car** (US) পুলিশের তদারকি গাড়ি।

squad·ron [ˈস্কোঅড্রান্] *n* ১ অশ্বারোহী বাহিনীর ছোট দল; সশস্ত্র বাহিনীর বা প্রকৌশল বিভাগের উপদল (১২০–২০০ ব্যক্তি)। ২ যুদ্ধজাহাজ বা সামরিক বিমানপোতের একটি ইউনিট। **S~ leader** *n* বিমানবাহিনীর একটি বিশেষ স্তরের উর্ধ্বতন কর্মকর্তা।

squalid [ˈস্কোঅলিড্] *adj* নোংরা; বাজে; জঘন্য; অবহেলিত: inhabitants of ~ areas. **~·ly** *adv*. **~·ity, ~i·ness** *nn*

squall [ˈস্কোঅল্] *vt, vi* উচ্চকণ্ঠে বা তারস্বরে চেঁচিয়ে ওঠা (বিশেষত ভয় বা যন্ত্রণায়)। □*n* তারস্বরে চিৎকার; ক্ষণকালীন প্রচণ্ড বাত্যা: ~y winds, ঝোড়ো বাতাস। **(to) look out for squalls** বিপদের মোকাবিলায় পূর্বে সতর্কতার ব্যবস্থাগ্রহণ। **white ~** *n* কোনো রকম পূর্বাভাস ছাড়াই গ্রীষ্মমণ্ডলীয় আকস্মিক ঝড়। **~y** *adv*

squalor [ˈস্কোঅলা(র্)] *n* [U] জঘন্য আবর্জনাবহুল অবস্থান: A good number of urban people live in the ~ of the slums.

squan·der [ˈস্কোঅনডা(র্)] *vt*, (সময় বা অর্থ) অপব্যয় করা; বেহিসাবি খরচ করা; পয়সা উড়ানো। **~er** *n* অপব্যয়কারী। ˈ**~·mania** *n* [U] অত্যধিক ব্যয়প্রবণতা; খরচের বাতিক।

square[1] [স্ক আ(র্)] *adj* ১ চতুর্ভুজাকৃতি: a ~ board; a ~ peg in a round hole. দ্র. peg[1]. ˈ**~ dance/game** যে খেলায় বা নাচে চারটি দিক থেকে খেলোয়াড়/নাচিয়ে মুখোমুখি হন। ২ (সঠিকভাবে/প্রায় সঠিকভাবে) এক সমকোণের আয়তন বিশিষ্ট: ~ corners; ~ bin; ~ brackets. □*n* (pl) [] এই চিহ্ন। ˈ**~-ˈbuilt** *adj* লম্বাচওড়া দেহবিশিষ্ট (সাধা. চওড়ার প্রাধান্য বোঝায়)। ˌ**~-ˈrigged** *adj* (জাহাজ সম্বন্ধে) প্রধান পালগুলি মাস্তুলের সমকোণে খাটানো থাকে এমন। ˌ**~-ˈshouldered** *adj* ঘাড়ের (প্রায়) সমকোণে স্থাপিত কাঁধ (ঢালু চরিত্রের নয়)। ˈ**~-toed** *adj* (জুতার ক্ষেত্রে) চওড়া সম্মুখভাগবিশিষ্ট; (লাক্ষ.) (ব্যক্তির ক্ষেত্রে) নিয়মনিষ্ঠ; বাহুল্যবর্জিত। ˈ**~-toes** *n* আনুষ্ঠানিক কেতাদুরস্ত নিয়মনিষ্ঠ ব্যক্তি। ৩ (কোনো কিছুর সহিত) সমান বা সমান্তরাল; সুষম; সুনির্দিষ্ট: get one's queries ~. **be (all) ~ (ক)** (গলফ খেলার ক্ষেত্রে) সমান পয়েন্ট আছে এমন: all ~ at the sixth hole. **(খ)** পাওনাদার ও দেনাদারের মধ্যে এমন একটি বোঝাপড়া যাতে সংশ্লিষ্ট দেনা–পাওনার বিষয়ে কারও কিছু দাবি থাকে না: it was a ~ deal. **get ~ with sb** হিসাবপত্র চুকিয়ে ফেলা; (লাক্ষ.) কারও উপর পূর্বকাজের জন্য প্রতিশোধ গ্রহণ করা। ৪ বর্গফল: a ~ foot চারদিকে একফুট আকারবিশিষ্ট; A bed cover of 4 metres ~ has an area of 16 ~ metres measure; বর্গফুট বর্গমিটার ইত্যাদির পরিমাপ। ৫ পুরোপুরি; আপোসহীন: make a ~ refusal; a ~ meal, প্রচুর খাদ্যসামগ্রী পরিবেশিত ভোজ। ৬ সৎ; সুষম; নিখুঁত: ~ dealings/ game, এমন ব্যবহার যাতে কোনো বিরোধ বা আপত্তি থাকে না; ন্যায়সম্মত। ৭ **~ leg (ক)** ক্রিকেট খেলায় মাঠের একটি নির্দিষ্ট অবস্থান (ব্যাট্স্ম্যানদের অবস্থান থেকে সমকোণী দূরত্বে): stand/sit ~, hit sb ~ on the nose. **(খ) fair and ~** ন্যায়সঙ্গত। **~·ly** *adv* **(ক)** সমকোণের মতো **(খ)** ন্যায়সম্মতভাবে: to behave ~ly. ৮ সরাসরি বিপরীত দিকে: I was just ~ across her. **~·ness** *n*

square[2] [স্ক আ(র্)] *n* [C] ১ সমচতুর্ভুজ; চতুর্ভুজাকার স্থান; বর্গক্ষেত্র: back to ~ one; (বিশেষ ধরনের খেলায়) যে অবস্থান বা ঘর থেকে আরম্ভ সেই অবস্থান বা ঘরে পুনরায় প্রত্যাবর্তন; সূচক বিন্দুতে পুনরায় স্থিতি; (আল.) পূর্বাবস্থায় পুনরাগমন। ২ সমচতুর্ভুজাকার বা চৌকা বস্তু। ৩ নগরমধ্যস্থ উন্মুক্ত স্থান: public ~;Trafalgar ~; barrack ~, সামরিক ব্যারাকে অনুরূপ উন্মুক্ত স্থান; ~-bashing, সামরিক শারীরিক অনুশীলন। ৪ উপরিউক্ত উন্মুক্ত স্থানের চারপাশের বাড়িঘর/ রাস্তা প্রভৃতি: The office is situated at 24 Chowrangee ~. ৫ চারপাশের রাস্তা দ্বারা বেষ্টিত ভবনসমষ্টি; এ ধরনের ভবনসমূহের এক পাশ (যুক্তরাষ্ট্রে এ ধরনের ভবনসমষ্টি বোঝাতে block শব্দ ব্যবহৃত হয়)। ৬ বর্গফল—একটি সংখ্যা সেই সংখ্যা দ্বারা গুণিত হলে যে ফল পাওয়া যায়: The ~ of 5 is 25. ৭ L–আকারের বা T–আকারের মাপকাঠিবিশেষ, যা সমকোণ অঙ্কন বা পরীক্ষণের জন্য ব্যবহৃত হয়: out of ~, সমকোণে অবস্থিত নয়। ৮ **on the ~** ন্যায়সম্মতভাবে: I'll be all the way ~ in my treatment. ৯ স্থলবাহিনীর একটি দল, যা সমচতুর্ভুজাকারে সংগঠিত। ১০ ˈ**word ~** অক্ষরসমষ্টি, যা এমনভাবে সাজানো যে আড়াআড়ি বা উপর–নীচ করে পড়লে গঠিত শব্দটি অপরিবর্তিত থাকে। ১১ (অপ.) যে ব্যক্তি নতুন ধারণা বা আঙ্গিকের সঙ্গে সম্পর্কশূন্য: Mr Chowdhuri is not even ~; he is a cube, ভয়ানকভাবে রক্ষণশীল ও প্রাচীনপন্থী।

square[3] [স্ক আ(র্)] *vt, vi* ১ সমচতুর্ভুজ অঙ্কন করা; কোনো কিছুকে সমচতুর্ভুজের আকার প্রদান করা। **~ the circle** অসম্ভব কোনো বিষয় সম্পন্ন করার চেষ্টা করা। ২ একটি রেখাকে অন্য একটির সঙ্গে এমনভাবে স্থাপন করা যাতে একটি সমকোণ উৎপন্ন হয়: ~ timber, কাঠের ধারগুলিকে চতুর্ভুজাকার করা। ৩ সমান বা সরল করা। ৪ একটি সংখ্যাকে সেই সংখ্যা দ্বারাই গুণ করা। ৫ **~ sth off** চতুর্ভুজাকৃতি খণ্ডে বিভক্ত করা বা বিনষ্ট করা। ৬ **~ (sth) (up) (with sb)** কারও সঙ্গে দেনা–পওনা/হিসাবপত্র চুকিয়ে ফেলা: (লাক্ষ.) প্রতিশোধ গ্রহণ করা: I've ~ed up, যাবতীয় বিষয় চুকিয়ে ফেলেছি। ৭ ঘুষ দেওয়া; অসৎ সাহায্য গ্রহণ করা: You've to ~ the officer to get your business done. ৮ **~ (sth) with** সুসঙ্গত হওয়া বা করা: One should ~ one's words with his actions. ৯ **~ up to sb** মুখোমুখি লড়াই–এর জন্য প্রস্তুত হওয়া; মুষ্টিযোদ্ধার ভঙ্গি গ্রহণ করা।

squash[1] [স্কোয়শ্] *vt, vi* ১ পিষে সমান করে ফেলা; নিষ্পেষণ করা: ~ so many items into a container; the paper-table was ~ed. ২ পিষ্ট হওয়া; চূর্ণিত হওয়া; পিষ্ট হওয়ার ফলে বিকৃত হওয়া: Clay models can be ~ed easily. ৩ গাদাগাদি করা বা ঠাসাঠাসি ভিড় করা: Don't ~ into the observatory. ৪ (কথ্য) অত্যন্ত মোক্ষম উত্তর দিয়ে কাউকে চুপ করিয়ে দেওয়া। ৫ (কথ্য) (কোনো প্রকার বিদ্রোহ বা বিক্ষোভ) দমন করা।

squash[2] [স্কোয়শ্] *n* (সাধা. একবচন) ১ জনতার চাপাচাপি ভিড়: uncontrollable ~ at the entrance. ২ কোনো কিছু পিষ্ট বা দলিত হবার শব্দ। ৩ [C, U] (সাধা.) বিভিন্ন ফলজাত পানীয়: orange ~; lemon ~. ৪ র‍্যাকেট দ্বারা রাবারের বলকে আঘাত করে নির্দিষ্ট জায়গায় নিক্ষেপ করা হয় এমন এক ধরনের খেলা: ~rackets. **~·y** *adj* নরম; ভিজেভিজে।

squat [স্কোঅট্] *vt, vi* ১ আসন করে বা উবু হয়ে বসা অথবা বসানো: He loves to ~ on the carpet. ২ (প্রাণীদের ক্ষেত্রে) মাটি ছুঁয়ে বসা। ৩ (কথ্য) বসা: Please ~ yourselves. ৪ বিনা অনুমতিতে কোনো খাস জমি দখল করা/ বসবাস করা; স্বত্ব ব্যতীত কোনো খালি বাড়ি দখল করা। □*adj* খাটো এবং মোটা। **~·ter** *n* ১ যে ব্যক্তি বিনা অনুমতিতে জমি/বাড়ি দখল করে রাখে; যে অননুমোদিত বসতি স্থাপন করে। ২ (অস্ট্রেলিয়ায়) মেষপালক।

squaw [স্কো°] *n* উত্তর আমেরিকার আদিবাসী রমণী বা স্ত্রী।

squawk [স্কো°ক্] *vi* চিৎকার করা; চিৎকার করে কোনো কিছু বলা। □*n* (পাখির ক্ষেত্রে) আহত বা ভীত অবস্থায় চিৎকার; আর্তরব; (কথ্য) উচ্চকণ্ঠে অভিযোগ জ্ঞাপন; (নিন্দার্থে) কোনো কিছু প্রকাশ করে দেওয়া। **~er** *n*

squeak [স্কুঈক্] *n* [C] ১(সাধা. মূষিকের ক্ষেত্রে) ক্ষণস্থায়ী চিঁ চিঁ শব্দ; তীক্ষ্ণ রব; তেলহীন যন্ত্রাংশ থেকে উদ্ভূত অনুরূপ শব্দ। ২ **a narrow ~** কোনো ধরনের বিপদ বা ব্যর্থতা থেকে সামান্যের জন্য রক্ষা পাওয়া। □*vi, vt* ১ ক্যাঁচক্যাঁচ শব্দ করা। ২ **~ sth (out)** তীক্ষ্ণ শব্দে কথা বলা। ৩ গোপন সংবাদ সরবরাহকারীর দায়িত্ব পালন করা। □*n* (কথ্য) অনুরূপ সংবাদ সরবরাহকারী। **~y** *adj:* a ~y staircase.

squeal [স্কুঈল্] *n* [C] দীর্ঘ এবং তীক্ষ্ণ চিৎকার বা আর্তধ্বনি; ভয় বা যন্ত্রণাজাত আর্তরব: the ~ of frightened animals. □*vi, vt* ১ এ ধরনের চিৎকার করা। ২ তীব্রস্বরে অভিযোগ করা। ৩ (কথ্য) গুপ্তচর হওয়া। **~er** *n* ১ যে প্রাণী তীক্ষ্ণ চিৎকার করে। ২ গুপ্তচর।

squeam·ish [ˈস্কীমিশ্] *adj* ১পেটরোগা; রোগকাতুরে। ২ অতি দ্রুত বিরক্ত বা ক্ষুব্ধ হন এমন ব্যক্তি। ৩ অত্যন্ত বিনয়ী। ৪ খুঁতখুঁতে; সামান্যতেই যন্ত্রণাহত হন এমন ব্যক্তি। **~·ly** *adv.* **~·ness** *n*

squee·gee [স্কীˈজী US স্কীজী] *n* ১ রাবারের প্রান্তভাগ বা লম্বা হাতলসহ ঝাড়ুবিশেষ, যা দিয়ে মেঝে বা ডেক পরিষ্কার করা হয়। ২ অনুরূপ বস্তু, যা দিয়ে আলোকচিত্রের প্রিন্ট থেকে আর্দ্রতা নিরোধ করা হয়। □*vt* এ ধরনের ঝাড়ু ব্যবহার করা।

squeeze[1] [স্কুঈজ্] *vt, vi* ১ চেপে ধরা; ঠেসে ধরা; চারদিক থেকে পেষণ করা; জোরে চাপ দিয়ে কোনো কিছুর আকৃতির ক্ষতিসাধন করা: ~ one's fingers; ~ a piece of cloth. ২ **~ sth(from/ out of sth)** নিংড়ে নেওয়া; কব্‌লে নেওয়া: to ~ a lemon. ৩ জোর করে জায়গা করে নেওয়া: ~ sb in a crowded space. ৪ বাধ্যতামূলকভাবে আদায় করা: more funds will be ~ed out of public taxes. ৫ চাপের কাছে নতিস্বীকার করা: Soft items can be ~ easily.

squeeze[2] [স্কুঈজ্] *n* [C] ঠেসপ্রদান; চাপসৃষ্টি; উক্ত চাপসৃষ্টির দরুণ অর্জিত বস্তু: give sb a ~, ঠেসে ধরা; a ~ bottle, প্লাস্টিকের বোতল, যার গায়ে চাপ দিলে ভিতরের বস্তু বেরিয়ে আসে; a ~ of lemon.

squelch [স্কোএল্চ্] *vi* ১ কাদার ভিতর দিয়ে হাঁটলে যেমন শব্দ হয় তেমন প্যাচপেচে ধ্বনি সৃষ্টি করা: The school boys ~ed through the muddy road. ২ প্যাচপেচে শব্দ করে হাঁটা। ৩ পায়ের আঘাতে কোনো কিছু দলিত করা।

squib [স্কুইব্] *n* ১ ছোট আতসবাজি; ছুঁচোবাজি। ২ নগণ্য ক্ষুদ্রাকার ব্যঙ্গকবিতা।

squid [স্কুইড্] *n* শামুক জাতীয় ছোট সামুদ্রিক প্রাণী; টোপ হিসাবে ব্যবহৃত হয় এমন ছোট প্রাণী।

squiffy [ˈস্কিফি] *adj* (অপ.) কিছুটা মাতাল অবস্থায়।

squiggle [ˈস্কুইগ্‌ল্] *n* আঁকাবাঁকা, জটিল রেখা বা হস্তাক্ষর। **squig·gly** *adj*

squint [স্কুইন্ট্] *vi* ১ তির্যক বা তেরছাদৃষ্টির নেত্রযুক্ত হওয়া। ২ তির্যকদৃষ্টি নিক্ষেপ করা। □*n* তির্যকদৃষ্টি, কটাক্ষ। ˈ**~-eyed** টেরাচোখা; তির্যকদৃষ্টিসম্পন্ন ব্যক্তি; (অপ.) বিদ্বেষপূর্ণ। **~·ing·ly** *adv*

squire [স্কোআ(র্)] *n* ১ (ইংল্যান্ডে) গ্রামাঞ্চলের প্রধান ভূমিমালিক। ২ (মধ্যযুগে) কোনো নাইট বা বীরের অনুচর। ৩ সম্ভ্রান্ত মহিলার পথসঙ্গী বা পরিচারক। ৪ (US) শান্তির বিচারক বা স্থানীয় বিচারক। ৫ (ব্রিটেনে) (অপ.) কোনো ব্যক্তি। □*vt* পরিচারক বা পথসঙ্গীর দায়িত্ব পালন করা। ˈ**~·ar·chy** *n* বিশাল ভূস্বামী; এ ধরনের ভূস্বামীদের গোষ্ঠী বা শ্রেণী।

squirm [স্কোঅ্য(র্)ম্] *vi* দেহ মোচড়ানো; (অস্বস্তি, লজ্জা বা বিব্রতভাবজনিত) অস্বাভাবিক দেহভঙ্গি করা।

squir·rel [স্কুইরাল্] *n* কাঠবিড়াল।

squirt [স্কুইআ:ট্] *vt, vi* সজোরে কোনো জলীয় পদার্থ নির্গত করা: Liquid colours was ~ed all over her body. □*n* ১ এ ধরনের উৎসারণের ধারা। ২ যেখান থেকে এ ধরনের ধারা নির্গত হয়; সিরিন্জ; ফোয়ারা। ৩ (কথ্য) (নিন্দার্থে) নগণ্য কিন্তু অহংকারী ব্যক্তি।

stab [স্ট্যাব্] *vt, vi* ১ **~ (at)** ছোরা বা তীক্ষ্ণাগ্র কোনো কিছু দ্বারা আঘাত করা বা ছিন্ন করা: ~bing a person; I was ~bed to the heart at his distress; (আল.) কোনো অভিজ্ঞতায় ক্ষতবিক্ষত বোধ করা। ২ ছুরিকাহত হওয়ার মতো বেদনা সৃষ্ট হওয়া: ~bing pains at the gums. □*n* [C] ১ ছুরিকাঘাত: a ~ at the back; (আল.) বিশ্বাসঘাতকতাপূর্ণ আক্রমণ; সম্মানের উপরে আঘাত। ২ (কথ্য) চেষ্টা; প্রচেষ্টা: May I have a ~ at it ? **~·ber** *n*

stable[1] [স্টে ইব্‌ল্] *adj* দৃঢ়, সুস্থিত; সহজে পরিবর্তনীয় নয়: We need ~ situations in the industrial sector. **sta·bil·ity** *n* দৃঢ় বা সুস্থিত অবস্থা। **sta·bil·ize** *vi* সুস্থিত বা অতেজস্ক্রিয় অবস্থা সৃষ্টি করা: to stabilize prices/wages. **sta·bil·izer** *n* যে ব্যক্তি বা বস্তু সুস্থিত অবস্থা সৃষ্টি করে; বিশেষত কোনো জাহাজ

বা বিমান সঠিকভাবে সচল রাখার রীতি। **sta·bil·iz·ation** [স্টেইবালাইজ়েইশ্ন্ US –লি'জ়্–] *n*

stable² [স্টে ইব্‌ল্] *n* আস্তাবল; একটি বিশেষ আস্তাবলে রক্ষিত অশ্বসমূহ; অশ্বপালনের প্রতিষ্ঠান। **'~-boy/-man** আস্তাবলের কাজে নিযুক্ত ব্যক্তি। **'~-companion/-mate** একই আস্তাবলের ঘোড়া; (লাক্ষ.) একই গোষ্ঠীর ব্যক্তি। □*vt* আস্তাবলে রাখা বা থাকা: Do you ~ your horse in this place ? **stab·ling** *n* [U] অশ্বের আবাস। **(to) lock the ~-door when horse is stolen** ঘোড়া চুরির পর আস্তাবলে তালা লাগানো; চুরির পর সতর্কতা অবলম্বন করা।

stac·cato [স্টাকা:টৌ] *adj, adv* (সঙ্গীত পরিচালনায়) পৃথকভাবে উচ্চারিত ধ্বনি বা অনুরূপ ধ্বনি পরিবেশনপূর্বক; অনুরূপভাবে ধ্বনিত করে।

stack [স্ট্যাক্] *n* [C] ১ খড়, শস্য, কাঠ প্রভৃতির গাদা, যা উন্মুক্ত জায়গায় ঢালু ছাউনির নীচে জড় করা হয়। ২ পিরামিডের আকারে রাখা অনেকগুলি রাইফেল, বই, কাগজ বা কাঠের স্তূপ; (কথ্য) বিশাল পরিমাণে: ~ of pending work. ৩ ধোঁয়ার নল বা চিমনির সারি। ৪ গ্রন্থাগার/ পুস্তক বিক্রয়কেন্দ্রের বইয়ের তাক। ৫ অবতরণের সংকেত প্রতীক্ষায় বিভিন্ন উচ্চতায় উড্ডয়নমান অনেকগুলি বিমান। □*vt* ১ ~ **(up)** গাদা করা; স্তূপীকৃত করা। ২ (US) (খেলার তাস) অশোভন রীতিতে বিন্যস্ত করা: have the cards ~ed against one; (আল.) খুবই অসুবিধায় পতিত হওয়া। ৩ বিশেষ ঘূর্ণনের রীতিতে বিমান বিন্যস্ত করা।

sta·dium [স্টে ইডিঅম্] *n (pl-s)* স্টেডিয়াম; প্রাচীর দিয়ে ঘেরা বহুসংখ্যক দর্শক–আসনবিশিষ্ট খেলার মাঠ। **Olympic ~** যে বৃহদায়তন ও বিবিধ সুবিধাযুক্ত বেষ্টনীর মধ্যে অলিম্পিক ক্রীড়া প্রতিযোগিতা অনুষ্ঠিত হয়।

staff [স্টা:ফ্ US স্টা'ফ্] *n* ১ লাঠি; হাঁটার সময় ব্যবহৃত ছড়ি; যষ্টি, হাতিয়ার। **the ~ of life** (আল.) রুটি; অন্ন। ২ কর্তৃত্বের নিদর্শনসূচক দণ্ড। **pastoral ~** বিশপ কর্তৃক বাহিত অথবা তাঁর গমনের সময় বাহিত দণ্ড। ৩ লম্বা দণ্ড যার সাহায্যে পতাকা বা অনুরূপ কিছু টাঙানো হয়। ৪ কোনো প্রতিষ্ঠানের কর্মচারীবৃন্দ: office ~, Are you on the ~? **'~-office** কর্মচারী নিয়োগের দপ্তর। ৫ উর্ধ্বতন সামরিক কর্মকর্তাদের গোষ্ঠী। ৬ (সঙ্গীতে) স্বরলিপির পংক্তি বা সারি, পাঁচটি সমান্তরাল পংক্তির স্তবক (*pl* staves)। **~ car** সেনাপতির জন্য নির্দিষ্ট গাড়ি। **~ college** সামরিক কর্মকর্তাদের বিশেষ শিক্ষালয়। **~ room** শিক্ষক বা কর্মচারীদের জন্য নির্দিষ্ট কক্ষ।

stag [স্ট্যা'গ্] *n* ১ পুরুষ হরিণ। **'~-party** শুধু পুরুষদের জন্য নির্দিষ্ট ভোজ। ২ যে ব্যক্তি নতুন ইস্যুকৃত স্টক বা শেয়ার ভবিষ্যতে অধিক লাভে বিক্রয় করার জন্য বর্তমানে কিনে রাখেন।

stage [স্টে ইজ্] *n* ১ (থিয়েটারে) মঞ্চ। ২ **the ~** নাট্যকর্ম; নাট্যাভিনয়ের পেশা। **be/go on the ~** অভিনয়শিল্পী হিসাবে যোগ দেওয়া। **'~-craft** *n* [U] নাট্যরচনা বা অভিনয়ের শৈলী। **'~ direction** *n* মঞ্চনির্দেশনা। **,~ 'door** অভিনেতৃবৃন্দের বা মঞ্চকর্মীদের ব্যবহারের জন্য মঞ্চের পিছনের দিকের দরজা। **'~-fright** দর্শকদের সামনে অভিনয়কালীন ভীতি। **,~ 'manager** মঞ্চের তত্ত্বাবধায়ক। **'~-struck** *adj* নাট্য–শিল্পী হবার প্রবল বাসনা আছে এমন ব্যক্তি। **,~-'whisper** যে চুপিচুপি কথা অন্যদের শ্রবণের জন্য উক্ত। ৩ (লাক্ষ.) ঘটনার দৃশ্য; যে স্থলে ঘটনা ঘটে। ৪ পর্যায়; ক্রম; অবস্থা: primary ~ of infection; later ~. ৫ রকেট অভিযাত্রার দুই বা ততোধিক পর্যায়: a multi-~ rocket. ৬ যাত্রাপথে (সাধা. সড়কপথে) বিভিন্ন থামবার স্থানের মধ্যবর্তী দূরত্ব: Take care of every travel ~. **'~-coach** (সাধা. ঘোড়ার গাড়ি) যে পরিবহনযান বিভিন্ন স্থানে থেমে থেমে যাত্রী পরিবহন করে। **'fare-~** নির্দিষ্ট ভাড়ার দূরত্ব। ৭ সোপান; তাক; মেঝে। □*vt, vi,* ১ মঞ্চে আবির্ভূত হওয়া; সাধারণ্যে পরিবেশন করা; (লাক্ষ.) নাটকীয় ভঙ্গিতে প্রকাশের ব্যবস্থা করা। **~ a 'come-back** অবসরগ্রহণ বা প্রস্থান অবস্থা থেকে পুনরায় কাজে/ মঞ্চে প্রত্যাবর্তন করা। ২ **~ well/ badly** মঞ্চপরিবেশনার জন্য ভালো/ মন্দ হওয়া।

stager ['স্টেইজা(র্)] *n* (কেবলমাত্র) **an old ~** দীর্ঘ অভিজ্ঞতাসম্পন্ন বহুদর্শী ব্যক্তি।

stag·fla·tion [,স্ট্যাজ'ফ্লেইশ্ন্] *n* [U] শব্দটি stagnation ও inflation শব্দদ্বয়ের সন্ধিবদ্ধ রূপ—যে বিশেষ সময়সীমার মধ্যে মুদ্রাস্ফীতি দেখা দেয়, কিন্তু উৎপাদন বৃদ্ধি পায় না।

stag·ger [স্ট্যাগ '(র্)] *vi, vt* টলমলভাবে বা বিশৃঙ্খলভাবে হাঁটা বা নড়াচড়া করা (দুর্বলতা, ভারবহন বা মত্ত অবস্থার জন্য): Every night we find him ~ing to his house. ২ বিশৃঙ্খলভাবে বা স্খলিতচরণে হাঁটতে বাধ্য করা (আঘাত দ্বারা); হতবুদ্ধি বা বিহ্বল করা; বিভ্রান্ত বা দুঃশ্চিন্তিত করা: The ~ing blow made him unsteady. That's a piece of ~ing news. ৩ এমনভাবে সময় বা ঘটনা বিন্যস্ত করা যাতে সবকিছু একত্রে জট পাকিয়ে না যায়: ~ing duty hours. ৪ (উদ্দেশ্য থেকে) ঘূর্ণিত হওয়া বা ঘূর্ণিত করানো; বিচলিত হওয়া বা বিচলিত করানো। □*n* ১ দোলন; আন্দোলন। ২ গরু বা ঘোড়ার স্নায়বিক ব্যাধি। **~er** *n.* **~·ing·ly** *adv*

stag·ing ['স্টেইজিং] *n* ১ [C, U] কোনো রাস্তার বা যাত্রার দুইটি থামবার স্থানের মধ্যবর্তী দূরত্ব; কোনো ভবনের নির্মাণকার্যে শ্রমিকদের ব্যবহারযোগ্য কাঠের বা অনুরূপ কিছুর মাচা। ২ [U] কোনো নাটক মঞ্চায়ন করার রীতি।

stag·nant ['স্ট্যাগ্নান্ট্] *adj* ১ (জল বিষয়ে) স্থির; বদ্ধ; নিশ্চল: She is a fen of ~ waters. (লাক্ষ.) ২ অপরিবর্তিত; নিষ্ক্রিয়; নিরুদ্যম। **stag·nancy** *n*

stag·nate [স্ট্যাগ 'নেইট্ US স্ট্যাগনে ইট্] *vi* স্থির বা নিশ্চল হওয়া; বদ্ধ বা স্রোতোহীন হওয়া; (লাক্ষ.) অব্যবহারের বা নিষ্ক্রিয়তার মাধ্যমে নিরুদ্যম বা নিষ্প্রয়োজনীয় হয়ে ওঠা। **stag·na·tion** *n*

stagy ['স্টেইজি] *adj* নাটুকে; নাটুকেপনাযুক্ত। **stag·ily** *adv.* **stagi·ness** *n*

staid [স্টে ইড্] *adj.* (ব্যক্তির শারীরিক বৈশিষ্ট্য বা ব্যবহারের ক্ষেত্রে) গম্ভীর, রাশভারী ও রক্ষণশীল। **~·ly** *adv.* **~·ness** *n .*

stain [স্টে ইন্] *vt, vi* ১ (তরল বা অন্যান্য পদার্থের ক্ষেত্রে) রং পরিবর্তিত করা: রঞ্জিত করা; বিবর্ণ করা: a table ~ed with ink; Macbeth's blood ~ed hands; a ~-less character. ২ (কাঠ বা বস্ত্রাদি) এমন কিছু দিয়ে রং করা, যা বস্তুর কিছুটা ভিতরে প্রবেশ করে: She ~ed the sari scarlet. **~ed glass** স্বচ্ছ রংমিশ্রিত কাঁচ: ~ed glass windows. ৩ বিবর্ণ হওয়া; দাগযুক্ত হওয়া। □*n* ১ [U] রং করার জন্য ব্যবহৃত তরল

পদার্থ। ২ [C] দাগ বা রঙের ছোপ: coffee ~s; finger ~s on a glass; (লাক্ষ.) a ~ on his image; a career without a ~. **~·less** *adj* দাগমুক্ত; কলঙ্কমুক্ত: utensils of ~less steel; a man of ~less character.

stair [স্টে অ(র্)] *n* [C] সিঁড়ি; সোপানশ্রেণী: I came across her in the mid ~s. The phone is fixed at the bottom ~. দ্র. downstairs, upstairs. **below ~s** কোনো ভবনের ভূগর্ভস্থ সর্বনিম্ন তলায় (সাধারণত ভৃত্যদের ব্যবহারের জন্য)। **a flight of ~s** ধারাবাহিক সোপানশ্রেণী; কোনো দুই তলের মধ্যবর্তী সোপানাবলী। **at the foot/head of the ~s** সোপানশ্রেণীর সর্বনিম্ন বা সর্বোচ্চ বিন্দুতে। **ˈ~-carpet** সিঁড়িতে বিছানোর লম্বা কার্পেট। **ˈ~-rod** যে দণ্ডের সাহায্যে সিঁড়ির কার্পেটের দুই প্রান্ত সুবিন্যস্ত রাখা হয়। **ˈ~·case** *n* সোপানশ্রেণী। **ˈ~·way** *n* = ~case.

stake[1] [স্টে ইক্] *n* [C] ১ সূক্ষ্ম প্রান্তযুক্ত দণ্ড/ লাঠি (বেড়া বা সীমানা নির্ধারণের জন্য ব্যবহৃত)। ২ পুরাকালে মৃত্যুদণ্ডাজ্ঞাপ্রাপ্ত অপরাধীকে দগ্ধ করার আগে যে খুঁটির সঙ্গে বাঁধা হতো: condemned to the ~s. He is not far from the ~s. go to the ~s. (লাক্ষ.) অপকর্মের জন্য শাস্তি ভোগ করা। □*vt* ১ কোনো দণ্ডের সাহায্যে (গাছপালার ক্ষেত্রে) স্থিত করা। ২ কোনো জমির সীমানা বা ভাগ চিহ্নিত করা: ~ out a claim; (লাক্ষ.) নতুন দেশে বসতি স্থাপন করা।

stake[2] [স্টে ইক্] *vt* ১ পণ রাখা; বাজি ধরা। ২ কোনো ঝুঁকি বা বিপদের সম্মুখীন হওয়া বা করানো: I ~d my reputation to save him. □*n* ১ পণ, বাজি; অনিশ্চিত ভবিষ্যৎ ঘটনা বিষয়ে বিশেষ অঙ্কের টাকার পণ বা ঝুঁকি: a ~ for the bull-fight; ঝুঁকি; দায়; উদ্বেগ: I don't have a ~ in this business. **at ~** ঝুঁকির মধ্যে: The welfare of his family was at ~. **ˈ~-holder** *n* চূড়ান্ত ফলাফল জ্ঞাত না হওয়া পর্যন্ত যে ব্যক্তির কাছে পণের টাকা জমা থাকে। ২ (*pl*) বিভিন্ন প্রতিযোগিতার জন্য যে পণ ধরা হয় তার ধার্য টাকা: The trial ~s at the club-basement.

stal·ac·tite [ˈস্ট্যালাক্টাইট US স্টা ˈল্যাক্] *n*[C] বিন্দু বিন্দু জল নিঃসৃত হয়ে গুহার ছাদ থেকে ঝুলন্ত যে চুনের দণ্ড সৃষ্ট হয়।

stal·ag·mite [ˈস্ট্যালাগ্মাইট US স্টাˈল্যাগ্–] *n* [C] বিন্দু বিন্দু জল পড়ার ফলে গুহার তলদেশ থেকে ক্রমোন্নত যে চুনের দণ্ড সৃষ্ট হয়।

stale [স্টে ইল্] *adj* ১ (খাদ্য বিষয়ে) শুকনা; বাসি; টাটকা নয় এমন: ~ cake. ২ পূর্বশ্রুত হবার জন্য মামুলি; নীরস (সংবাদ বা কৌতুক)। ৩ (খেলোয়াড় বা সঙ্গীতবাদকদের ক্ষেত্রে) অত্যধিক খেলাধুলা বা প্রশিক্ষণের জন্য প্রার্থিত সক্ষমতা বা শৈলীর অভাব। □*vi* বাসি, জীর্ণ বা মামুলি অবস্থায় পর্যবসিত হওয়া: All pleasures finally ~d down. **~·ness** *n*

stale·mate [ˈস্টেইল্মেইট্] *n* [C, U] ১ দাবাখেলায় চালমাত—যে অবস্থান থেকে আর কোনো চাল দেওয়া সম্ভবপর নয়। ২ (লাক্ষ.) বিতর্ক বা বিবাদের পূর্ণ অচলাবস্থা। □*vt* (দাবাখেলায়) চালমাত করা; (লাক্ষ.) অচলাবস্থা সৃষ্টি করা।

stalk[1] [স্টাːক্] *n* [C] বৃন্ত; পুষ্পবৃন্ত; পত্রবৃন্ত; ফলবৃন্ত। **~ed** *adj* সবৃন্তক; বৃন্তল। **~·less** বৃন্তহীন।

stalk[2] [স্ট ːক্] *vt, vi* ১ ধীর, দৃঢ় ও সদম্ভ পদক্ষেপে হাঁটা: The chairman ~ed out of the meeting. Drought ~ed through the countryside. ২ শান্ত ও সতর্ক পদক্ষেপে (শিকারের পশুর নিকটে) গমন করা। **ˈ~·ing-horse** শিকারের নিকটবর্তী হবার জন্য শিকারি যে ঘোড়ার আড়ালে লুকিয়ে থাকে; (সাধা. লাক্ষ. প্রয়োগে) পটভূমি রচনা; কারও প্রকৃত উদ্দেশ্য গোপন করা। **~·er** *n* যে ব্যক্তি গোপনে শিকারের বস্তুর নিকটবর্তী হয়।

stall[1] [স্টাː ল্] *n* ১ আস্তাবলে একটি পশুর থাকার জায়গা। **ˈ~-fed** *adj* উক্ত জায়গায় থেকে খেয়ে হৃষ্টপুষ্ট। ২ সামনের দিকে উন্মুক্ত ছোট দোকান: a tea-~; a news-~; a book-~ . ৩ (সাধা. *pl*) (যুক্তরাষ্ট্রে প্রযোজ্য নয়) প্রেক্ষাগৃহে বা রঙ্গালয়ে মঞ্চের একেবারে নিকটবর্তী আসনের সারি। ৪ গির্জার নির্দিষ্ট আসন, যেগুলি পিছন ও পাশের দিক থেকে ঘেরা (বিশেষত সম্মেলন অনুষ্ঠানে পাদ্রির ব্যবহারের জন্য)। ৫ (**ˈfinger) ~,** দ্র. finger. ৬ কোনো বিমানের এরূপ গতিহ্রাসকৃত অবস্থা, যেখান থেকে নিয়ন্ত্রণকক্ষের প্রশ্নের উত্তরদান সম্ভবপর নয়।

stall[2] [স্টাː ল্] *vt, vi* ১ আস্তাবলের নির্দিষ্ট জায়গায় কোনো প্রাণীকে রাখা (বিশেষত হৃষ্টপুষ্ট করে তোলার জন্য)। ২ (কোনো ইনজিনের ক্ষেত্রে) অপর্যাপ্ত শক্তি বা গতির জন্য চালু রাখতে না পারা (চালকের ক্ষেত্রে) অনুরূপ কারণে ইনজিন বন্ধ করে দেওয়া। ৩ (বিমানের ক্ষেত্রে) গতি হ্রাস পাবার ফলে নিয়ন্ত্রণবর্হির্ভূত হওয়া। ৪ (অধিক সময় নেবার জন্য) কোনো প্রশ্নের সরাসরি উত্তর প্রদান না করা।

stal·lion [ˈস্ট্যালিঅন্] *n* (সাধারণত প্রজননার্থে রক্ষিত) খোজা করা হয়নি এমন ঘোড়া।

stal·wart [ˈস্টাːল্ওআট্] *adj* লম্বা ও পেশিবহুল; বলিষ্ঠ; দৃঢ়; স্থিরপ্রতিজ্ঞ: ~ of the party, কোনো দলের নেতৃস্থানীয়দের একজন; ~s of the classical school. □*n* কোনো রাজনৈতিক দল বা গোষ্ঠীর অনুগত বলিষ্ঠ সমর্থক। **~·ly** *adv.* **~·ness** *n*

sta·men [ˈস্টাইমান্] *n* পুংকেশর।

stam·ina [ˈস্ট্যামিনা] *n* [U] শক্তি; তেজ; দীর্ঘ পরিশ্রম করার ক্ষমতা; মারাত্মক ব্যাধি প্রতিরোধের শক্তি; (লাক্ষ.) মনের জোর; নৈতিক দৃঢ়তা।

stam·mer [ˈস্ট্যামা(র্)] *vi, vt* ১ তোতলানো বা থেমে থেমে অধিক উচ্চারণে কথা বলা; একই ধ্বনি বা শব্দাংশ পুনঃপুন উচ্চারণ করা। ২ **~ sth (out)** কোনো কিছু অনুরূপ বিভ্রান্তিকর বা বিরতিময় রীতিতে বলা: ~ an undue prayer. **~·ing** *n* তোতলামি। **~er** *n* তোতলা; তোতলানোভাবে যে ব্যক্তি কথা বলেন। **~·ing·ly** *adv*

stamp[1] [স্ট্যাম্প্] *vt, vi* ১ সজোরে পদাঘাত করা: ~ on an insect; ~on the ground; জোরে পায়ের আঘাত করতে করতে ঘুরে বেড়ানো: He went out ~ing the stairs; পায়ের আঘাতে কোনো কিছু পিষে সমান করে ফেলা: ~ed the clay-models flat. **~ sth out** পিষে চূর্ণ করে দেওয়া; ধ্বংস করা: ~ out the political unrest. **ˈ~·ing-ground** *n* (ক) যে জায়গায় বিশেষ বিশেষ প্রাণী প্রাপ্তব্য; (খ) যে স্থানে বিশেষ বিশেষ ব্যক্তি সমবেত হন। ২ **~ sth (on/ with sth)** আঘাতের সাহায্যে কাগজ/ কাপড় বা অনুরূপ কোনো কিছুর উপর ছাপ দেওয়া, মুদ্রণ করা, অঙ্কন করা বা খোদাই করা: ~ one's name and monogram on a letter-head. commodities ~ed with specified trade-marks. Get it ~ed by the postal clerk. Books must be returned on or before the date ~ed. ৩ কোনো কিছুর উপর ডাকটিকিট বা ওই ধরনের কোনো টিকিট লাগানো: Please send a ~ed envelope. Buy an insurance card and ~ it properly. ৪ ~ **(sth) out** (কোনো ধাতব বা অনুরূপ বস্তুকে) বিশেষ আকার প্রদান করা। ৫ (লাক্ষ.) বিশেষ ধরনের ছাপ বা প্রভাব ফেলা: He ~ed his leadership in the meeting; দৃষ্টান্ত হিসাবে প্রতিষ্ঠিত বা প্রতিপন্ন করা: His unending support ~s him as a man of courage. **~ out** পদাঘাত করে কিছু দলন করা; উচ্ছেদ করা।

stamp[2] [স্ট্যাম্প্] *n* ১ সজোরে বা সশব্দে পদাঘাত: act of ~ing with foot. ২ সিলমোহর: rubber ~; এমন সমতল বস্তু, যার উপর শব্দ বা নকশা খোদাই করা থাকে। ৩ সিলমোহর দ্বারা অঙ্কিত নকশা বা শব্দাবলী। ৪ (ˈpostage-)~ ডাকটিকিট। ˈ**~-album** ডাকটিকিট সংগ্রহ করে রাখার খাতা। ˈ**~-collector** দলিলপত্রের প্রয়োজনীয় স্ট্যাম্প বা বিশেষ কাগজের মাশুল সংগ্রাহক; ডাকটিকিট সংগ্রাহক। ˈ**~-dealer** সংগ্রহ-কারীদের জন্য যিনি ডাকটিকিট কেনাবেচা করেন। ˈ**~-duty** আইন-আদালতে ব্যবহৃত কাগজের উপর আরোপিত কর। **~·ing machine** যে যন্ত্রের দ্বারা ছাপ দেওয়া বা মোহরাঙ্কিত করা যায়। **~ office** দলিলপত্রের স্ট্যাম্প বিক্রয়ের অফিস। ˈ**~-paper** দলিলপত্রের জন্য বিশেষ মুদ্রাঙ্কিত কাগজ। ৫ বিশিষ্ট গুণ বা চিহ্ন: This book bears his characteristic ~. Everywhere there is the ~ of devastation. ৬ ধরন; গোত্র: soldiers of that ~.

stam·pede [স্ট্যামপিড্] *n* [C] মানুষ বা প্রাণীর আকস্মিক আতঙ্কপীড়িত ঊর্ধ্বশ্বাসে ধাবন; ছত্রভঙ্গ। □*vi, vt* ১ অনুরূপ ক্ষেত্রে ধাবমান হওয়া বা করা। ২ **~ sb into sth** কাউকে ভীতিপ্রদর্শন করে বা হুমকি প্রদান করে হঠকারী কর্মে বা আচরণে বাধ্য করা।

stance [স্ট্যান্স্] *n* [U] ১ (গলফ বা ক্রিকেট খেলার ক্ষেত্রে) আঘাত করবার জন্য সঠিক অবস্থানে দাঁড়াবার ভঙ্গি; ভঙ্গিমা। ২ কোনো ব্যক্তির বুদ্ধিবৃত্তিজাত দৃষ্টিভঙ্গি।

stanch [স্টা:ন্চ US স্ট্যান্চ্] = staunch[1].

stan·chion [ˈস্ট্যানশান্ US স্ট্যান্চন্] *n* কোনো কিছু খাড়া রাখার দণ্ড।

stand[1] [স্ট্যান্ড] *n* ১ গতি বা অগ্রগতি রোধ: The car has come to a ~. ২ **make a ~** কোনো কিছু প্রতিরোধ বা প্রতিহত করার প্রস্তুতি: make a ~ against political opponents. ৩ গৃহীত অবস্থান: She took a ~ near the book-rack; take one's ~. I have taken my ~ on this issue. ৪ ছোট সাধারণ আসবাবপত্র যার উপর কোনো কিছু রাখা হয়: hat-~; coat-~. ৫ নির্দিষ্ট কাঠামোর তৈরি স্থান বা দোকান যেখান থেকে বিভিন্ন বস্তু বিক্রয় করা হয়: news~; Indian ~ at the Berlin Fair. ৬ যে স্থানে নির্দিষ্ট যানবাহন থামে বা দাঁড়িয়ে থাকে: bus-~; taxi-~ ৭ সাধারণত ঢালুভাবে নির্মিত কোনো জায়গা, যেখান থেকে দর্শকরা বিভিন্ন ক্রীড়া প্রতিযোগিতা উপভোগ করতে পারে। ৮ মফস্বল অঞ্চল ভ্রমণকালে কোনো নাট্যদল কর্তৃক কোনো স্থানে সাময়িক বিরতি। ˌ**one night** ˈ~ একরাত্রির জন্য প্রদর্শনী; (লাক্ষ.) কোনো ধরনের সাক্ষাৎ বা মিলন (সাধারণত যৌনমিলন) যা পুনর্বার সংঘটিত হবে না। ৯ (US) কোনো আদালতের সাক্ষ্যদানকারীর বিশেষ জায়গা। ১০ কোনো বিশেষ এলাকার উৎপাদিত শস্য: good ~ of rice. ১১ (যৌগশব্দে) ˈ**~-pipe** জল সরবরাহের ভূগর্ভস্থ প্রধান নলের সঙ্গে সংযুক্ত খাড়া নল। ˈ**~-point** দৃষ্টিকোণ: from the ~-point of the students. ˈ**~·still** নিশ্চলতা; রুদ্ধগতি।

stand[2] [স্ট্যান্ড] *vt, vi (pt pp* stood) ১ দাঁড়ানো; খাড়া, সোজা, শক্ত বা লম্বা অবস্থায় স্থির থাকা: Please ~ on the left side. The patient cannot ~ yet. This bus has no ~ing room. Our hair stood on the end, ভয়ে চুল খাড়া হয় উঠেছে; Paul ~s five feet eight, দাঁড়ালে যে উচ্চতা হয়; ~ still till my next instruction; S~ and deliver, (মহাসড়কের ছিনতাইকারীদের নির্দেশ) থেমে মূল্যবান সবকিছু সমর্পণ করো। ২ **~ (up)** সোজা হয়ে পায়ের উপর দাঁড়াও: ~ up, all of you. We stood up as the national anthem was sung. ৩ কোনো রকম পরিবর্তন বা হেরফের ছাড়া একই অবস্থায় স্থিতি: Our mutual commitment ~s. Nothing but trust ~s. The church has stood three centuries and may further ~ another three. **~ firm/ fast** নিজস্ব অবস্থানে বা মতবাদে দৃঢ়নিশ্চল থাকা; পশ্চাদপসরণ না করা; দৃষ্টিভঙ্গি পরিবর্তন না করা; কোনো বিশেষ পরিস্থিতিতে নিশ্চিত রাখা বা থাকা: The medical services ~; যেরূপ পরিস্থিতি: as things ~ now; বিশেষ অবস্থানে থাকা: Who ~s top on the list ? বিশেষ ভূমিকা বা অবস্থান গ্রহণ করা: Can you ~ as the benefactor to the child ? অন্য সকলকে ছাপিয়ে যাওয়া/অতিক্রম করে যাওয়া: Vidyasagar ~s alone among his compatriots. **~ clear (of sth)** কোনো অবস্থান থেকে সরে দাঁড়ানো: ~ clear of the entrance. **~ easy/ at ease,** দ্র. easy, ease. ৫ কোনো বিশেষ অবস্থানে নিয়মিতভাবে থাকা: There ~s the monument. That painting ~s on the right wall; গোষ্ঠীগত তালিকায় ব্যক্তিগত অবস্থানে থাকা: Where does my position ~? ৬ খাড়াভাবে রাখার ব্যবস্থা করা: ~ the files in the cabinent; ~ the books on the rack; ~ the antenna on the roof. ৭ সহ্য করা: I can't ~ a bloody situation. Nobody can ~ such insolence; অপছন্দ করা অর্থে: He can never ~ me. **~ one's ground** নিজের অবস্থানে সুদৃঢ় থাকা (বিশেষত যুদ্ধক্ষেত্রে); (লাক্ষ.) অন্যের যুক্তির কাছে হার না মানা। ৮ **~ sb sth** সকল প্রকার খরচ বহন করা: I shall ~ for his Dhaka trip. Will you ~ us a drink ? **~ treat** কারও বা সকলের খাওয়া-দাওয়ার খরচ বহন করা। ৯ (বাগ্‌ধারা) **~ by (ক)** যে বস্তু বা ব্যক্তির উপর নির্ভর করা হয়; বিপৎকালের আশ্রয়; প্রয়োজনে ব্যবহারযোগ্য বস্তু বা ব্যক্তি: ~by player; ~by generator. **(খ)** নিষ্ক্রিয়-ভাবে দাঁড়িয়ে থাকা বা নিরুত্তাপভাবে কোনো কিছু অবলোকন করা: How could you ~ by and tolerate such injustice ? **(গ)** প্রস্তুত থাকা; সমর্থন করা: You'll find volunteers ~ing by to assist you. A good friend always ~s by in times of need. **(ঘ)** *n* সতর্ক, প্রস্তুত বা তৎপর অবস্থা: The emergency squads are on round the clock ~by. **~ against** প্রতিরোধ করা; বাধা দেওয়া। **~ aside (ক)** সরে দাঁড়ানো; নিষ্ক্রিয় ভূমিকা পালন করা: He'll never ~ aside in times of your distress. **(খ)** কোনো একপাশে সরে যাওয়া: Please ~ aside so that others can go out. **(গ)** কোনো ক্ষেত্র থেকে নিজেকে প্রত্যাহার করে নেওয়া: He now wants to ~

aside from the parliamentary poll. **~ at** কোনো নির্দিষ্ট অবস্থানে থাকা: The water level ~s at six feet six. **~ back (ক)** পিছনে সরে যাওয়া: The demonstrators were asked to ~ back. **(খ)** দূরে অবস্থিত হওয়া: The church ~s back from the river. **~ clear** সরে যাওয়া: The fire brigade vehicles are moving around, ~ clear, quick. **~ down** সাক্ষ্যপ্রদান বা নির্বাচন থেকে সরে দাঁড়ানো। **~ for sth (ক)** বোঝানো: PM ~s for Prime Minester. I am against autocracy and all it ~s for. **(খ)** সমর্থন করা: I ~ for equal opportunities for women. **(গ)** (যুক্তরাজ্যে) কোনো পদের জন্য প্রার্থী হওয়া। **(ঘ)** (কথ্য) সহ্য করা: I will not ~ for nuisance in my own compound. **~ in (with sb)** অংশীদার বা সহকারী হওয়া: If you so wish I can ~ with you. **~ in (for sb)** চিত্রগ্রহণের পূর্ব পর্যন্ত প্রধান অভিনেতা বা অভিনেত্রীর ভূমিকা গ্রহণ করা। **~ off** দূরে সরে থাকা; কারও সাহচর্য বা ঘনিষ্ঠতা এড়িয়ে থাকা। **~ sb off** সাময়িকভাবে কারও (সাধারণত শ্রমিক কর্মচারীবৃন্দের) সেবা গ্রহণ থেকে বিরত থাকা। ˌ**~-off·ish** *adj* গম্ভীর; গোটানো; নিরুত্তাপ। ˌ**~-ˈoff·ish·ly** *adv.* ˌ**~-ˈoff·ish·ness** *n.* **~ on** একই পথে চলতে থাকা; (কোনো বিষয়ে) জেদ বজায় রাখা। **~ out (ক)** অসাধারণ বা বিশিষ্ট হওয়া: His theory ~s out from that of others, অসামান্য হওয়া। **~ out a mile (খ)** প্রতিরোধ চালিয়ে যাওয়া; বশ্যতা স্বীকার না করা: The relief workers stood out against all odds. **~ over** মুলতবি হওয়া: Let this agenda ~ over till we meet next. **~ to** অঙ্গীকার রক্ষা করা; অবিচলিতভাবে লেগে থাকা; (সামরিক বাহিনীর ক্ষেত্রে) সম্ভাব্য আক্রমণ প্রতিহত করার জন্য সুদৃঢ় অবস্থান রচনা করা। **~ up** উঠে দাঁড়ানো; দাঁড়িয়ে উঠা; নাচের জন্য প্রস্তুত হয়ে যথাযথভাবে দাঁড়ানো; সজ্জিত হওয়া। ˈ**~-up** *adj* **(ক)** (জামার কলারের ক্ষেত্রে) খাড়া। **(খ)** (খাদ্য বিষয়ে) দাঁড়িয়ে দাঁড়িয়ে যে ভোজন সমাধা করা হয়। **(গ)** (প্রতিদ্বন্দ্বিতার ক্ষেত্রে) সহিংস; আঘাত-প্রত্যাঘাতে সংকুল। **~ sb up** (কথ্য) কারও সঙ্গ গ্রহণ না করা: She consented to join me, but later on she stood me up. **~ up for sb** সমর্থন করা; কারও পক্ষ গ্রহণ করা এবং সেজন্য যুক্তিপ্রদর্শন করা। **~ up to sb** কারও বিপক্ষে সাহস নিয়ে দাঁড়ানো। **~ up to sth** (বস্তুর ক্ষেত্রে) দীর্ঘ ও শক্তিক্ষয়ী ব্যবহারের পরও ভালো অবস্থায় থাকা: Machine-tools that ~ up after long wear and tear. **~ (well) with sb** সুসম্পর্ক থাকা: He ~s well with his boss. **~ a (good/ poor etc) chance** সাফল্যের উজ্জ্বল/ সাধারণ সম্ভাবনা। **~ sb in good stead,** দ্র. stead. **~ on ceremony,** দ্র. ceremony. **It ~s to reason that,** দ্র. reason (৩). **~ to win/ gain/ love sth** জয়-পরাজয়ের সম্ভাব্য অবস্থানে থাকা: Do we in anyway ~ to win by this movement ? **~ing ground** দাঁড়ানোর স্থান; ভিত্তি; মৌলিক নীতি। **~ing orders or rules** কার্যনির্বাহী স্থায়ী আদেশ বা নিয়মাবলী। **~ pipe** *n* জলসরবরাহের ভূগর্ভস্থ প্রধান নলের সঙ্গে সংযুক্ত খাড়া নল। **Grand ~** ঘোড়দৌড়ের মাঠের সর্বোৎকৃষ্ট দর্শক-আসনশ্রেণী।

stan·dard [স্ট্যানডাড়] *n* ১ বৈশিষ্ট্যসূচক পতাকা, বিশেষত যার প্রতি আনুগত্য প্রদর্শন বিধেয়: the royal ~. **raise the ~ of revolt** (লাক্ষ.) সংগ্রাম ও সমর্থনের জন্য আহ্বান। ˈ**~-bearer** পতাকাবাহক; (লাক্ষ.) কোনো আন্দোলনের প্রধান নেতা। ২ মান, মানদণ্ড, মাপকাঠি, ওজন, দৈর্ঘ্য বা গুণাগুণের পরিমাপক: The ~ metre/weight; the ~ area of a car-wheel; a good/low ~ of education; ~ of living; ~s of morality; ~ of candidature. **be up to/below ~** প্রার্থিত মানের যোগ্য/সমকক্ষ নয়: Her performance was not up to ~. **~ time** কোনো দেশের সরকারিভাবে স্বীকৃত সময়: BST— Bangladesh S~ Time. ৩ (অতীতকালে ব্যবহৃত) প্রাথমিক বিদ্যালয়ের শ্রেণীর মান: students of ~ five. ৪ **monetary ~** খুচরা মুদ্রায় মূল্যবান ধাতুর সঙ্গে অন্যান্য মিশ্রণের সমানুপাত। **the** ˈ**gold ~** যে ব্যবস্থায় মুদ্রার মূল্যমান স্বর্ণের মানের সঙ্গে যুক্ত থাকে। **abandon/ go off the gold ~** এই ব্যবস্থা পরিহার করা। ৫ ঋজু আলম্ব খুঁটি; স্তম্ভ; জল বা গ্যাস সরবরাহের খাড়া নল। ˈ**~ lamp** যে বাতি মেঝেসংলগ্ন একটা সোজা খুঁটির উপর ভর করে থাকে। ৬ যে ঋজু কাণ্ডের উপর গোলাপ প্রভৃতির কলম বানানো হয়।

stan·dard·ize [স্ট্যানডাডাইজ়্] *vt* নির্দিষ্ট ও স্বীকৃত মান অনুযায়ী বস্তুর প্রামাণিক আকার; আয়তন; ওজন; গুণমান প্রমিত করা: Most of the electrical goods are usually ~d. **stan·dard·iz·ation** [স্ট্যানডাডাইজ়েইশন US -ড ডি-] *n* [U] নির্দিষ্ট মান প্রমিতকরণ: standardization of Bengali spellings.

stand·ing [ˈস্ট্যানডিং] *n* ১ [U] স্থিতিকাল: a business relationship of long **~.** ২ [C, U] অবস্থান বা খ্যাতি: an artist of high ~ . □*adj* ১ প্রতিষ্ঠিত বা স্থায়ী; ভূমিকা পালনে প্রস্তুত: a ~ brigade; a ~ committee; ~ orders for the security forces; a ~ order to a bank, জমাকারী কর্তৃক ব্যাংককে নির্দেশ (নিয়মিত অর্থপ্রদান বা পরিশোধ প্রসঙ্গে); a ~ joke, কোনো ঘটনা যা প্রায়ই কৌতুকের জন্ম দেয়। **~ orders** পুনরাদেশ না দেওয়া পর্যন্ত বলবৎ নির্দেশাবলী। ২ **~ corn** যে শস্য এখনও কাটা হয়নি। **~ jump** দৌড়ানো ব্যতিরেকে যে লাফ দেওয়া হয়।

stank [স্ট্যাংক্] stink-এর *pt*

stan·za [ˈস্ট্যানজ়া] *n* (*pl* ~s) স্তবক; কবিতার পংক্তিগুচ্ছ, যার নির্দিষ্ট বিভাগ কবিতার বিশিষ্ট আঙ্গিক নির্মাণ করে।

staple[1] [ˈস্টেইপ্‌ল্] *n* [C] (কাগজ বা অনুরূপ কোনো কিছু) ফুঁড়ে বা গেঁথে রাখার জন্য ধাতব তার; কাঠের সঙ্গে বৈদ্যুতিক তার সন্নিবদ্ধ রাখার জন্য হুক। □*vt* অনুরূপ হুক দিয়ে কোনো কিছু গেঁথে রাখা: ~ these sheets of paper. **~r** *n* যে যন্ত্রের সাহায্যে উক্ত তার দিয়ে কাগজপত্র গেঁথে রাখা হয়।

staple[2] [স্টে ইপ্‌ল্] *n* ১ [C] প্রধান পণ্যদ্রব্য: Jute is one of the ~s of Bangladesh. ২ প্রধান উপাদান বা বৈশিষ্ট্য: Contemporary politics formed the ~ of their talk. ৩ [U] বস্ত্রের সুতা বা উল বা তার উৎকর্ষ: long ~ cotton. ৪ প্রধান পণ্য বা পণ্যের উপাদান: Rice is the ~ food of Bangladesh.

star[1] [স্টা:(র্)] *n* ১ তারা; তারকা; নক্ষত্র। **fixed ~** *n* গ্রহ নয় এমন তারকা। **shooting ~** *n* দ্র. shoot[2] (১). ˈ**~·fish** তারার মতো দেখতে সামুদ্রিক প্রাণী। ˈ**~·light** *n* [U] নক্ষত্রের আলো বা দীপ্তি: Her face looked so romantic in the ~light. (attrib) a ~light night.

ˈ**~·lit** *adj* তারার আলোয় আলোকিত: The ~lit dome. ২ তারকাচিহ্ন; এমন ধরনের নকশা যার আকার তারকার মতো: a five ~ hotel, পাঁচতারাযুক্ত হোটেল (প্রদর্শিকায় এর দ্বারা হোটেলের মান চিহ্নিত করা হয়); বৈশিষ্ট্যসূচক, পদমর্যাদাসূচক তারকাচিহ্ন; নির্দিষ্ট স্তরজ্ঞাপক তারকাচিহ্ন, যা সামরিক বা বেসামরিক কর্মকর্তাগণ পোশাকের উর্ধ্বাংশে পরিধান করেন। **see ~s** চোখে আঘাতজনিত কারণে আলোর ঝলক দেখা। **the ˌS~ Spangled ˈBanner** মার্কিন যুক্তরাষ্ট্রের জাতীয় পতাকা। **the S~ and the stripes** মার্কিন যুক্তরাষ্ট্রের জাতীয় সঙ্গীত। ৩ রাশিফল; জ্যোতির্মণ্ডলের যেসব বস্তুর অবস্থান মানুষের ভাগ্য প্রভাবিত করে বলে অনেকে বিশ্বাস করেন: My ~s are against me this year. Only your ~ can help you now. ˈ**~-gazer** *n* জ্যোতিষী বা জ্যোতির্বিজ্ঞানী। ৪ প্রখ্যাত ও জনপ্রিয় অভিনেতা, খেলোয়াড়, সঙ্গীতশিল্পী বা সাহিত্যিক: ˈfilm~; this football team is full of ~s; a ~ of contemporary Bengali poetry. **the ~ turn** কোনো বিনোদন অনুষ্ঠানের প্রধান অংশ।

star[2] [স্টা:(র্)] *vi, vt* ১ তারকাখচিত বা তারকাশোভিত করা: The entrance ~red with flowers; তারকাচিহ্নিত করা: Main points have been ~red in the body of the essay. ২ **~ (sb) in** প্রধান অভিনেতা বা অভিনেত্রীরূপে আবির্ভূত হওয়া বা অভিনয় করা: She ~s in the TV serial. ˈ**~·dom** *n* তারকার মর্যাদাসূচক স্তর। **~·let** তারকার মর্যাদা প্রত্যাশী তরুণী অভিনেত্রী। **~·less** *adj* তারকাবিহীন। **~ry** *adj* [স্টা:রি] নক্ষত্রময়; তারকাশোভিত। ˌ**starry-ˈeyed** *adj* কল্পনাশক্তিসম্পন্ন কিন্তু বাস্তববিবর্জিত।

star·board [স্টা:বাড়] *n* সামনের দিকে তাকিয়ে থাকা; কোনো ব্যক্তির দৃষ্টিসম্মুখে কোনো জাহাজ বা বিমানের ডানদিক: on the ~ bow. □*vt* উক্ত অংশের দিকে ফিরানো: ~ the helm.

starch [স্টা:(র্)চ] *n* [U] ১ শ্বেতসার; কার্বোহাইড্রেট; খাদ্যগুণ। ২ মাড়; উক্ত পদার্থ সিদ্ধ করে এমন উপাদান তৈরি করা হয়, যা সুতি কাপড় কঠিন করার কাজে ব্যবহৃত হয়; (লাক্ষ.) কাঠিন্য, অনমনীয়তা; আনুষ্ঠানিকতা। □*vt* মাড়ের সাহায্যে জামার কলার অনমনীয় করে তোলা। **a ~ed reception** (লাক্ষ.) আন্তরিকতার অভাবযুক্ত অভ্যর্থনা। **~y** *adj* কঠিন; শ্বেতসারযুক্ত।

stare [স্টে আ(র্)] *vi, vt* ১ **~ (at)** স্থির দৃষ্টিতে তাকানো; চোখ বড়ো বড়ো করে তাকানো: Why do you ~ at me ? We all ~d with wonder. I am not afraid of your staring eyes. **make sb ~** অবাক করে দেওয়া। ২ **~ sb out (of countenance)** যতক্ষণ না থতমত খায় ততক্ষণ বিস্ফারিত চোখে তাকিয়ে থাকা। **~ sb out/down** একজন যতক্ষণ স্থিরপলকে তাকিয়ে থাকতে পারে তার চেয়ে বেশিক্ষণ তার দিকে তাকিয়ে থাকা। **~ one in the face** (ক) কারও মুখের দিকে তাকিয়ে থাকা: The car I was waiting for was staring me in the face. (খ) কারও ঠিক মুখোমুখি দাঁড়ানো/ স্থিত হওয়া: His death was staring us in the face, মৃত্যু অনিবার্যভাবে দ্রষ্টব্য হয়ে উঠেছিল। □*n* [C] অপলক চোখের দৃষ্টি বা জ্বলন্ত চোখের দৃষ্টি: give sb a fearful ~; with a ~ of astonishment; with a cold ~, আনমনা বা শূন্য দৃষ্টি; with a glassy ~, উদাসীন দৃষ্টি। **star·ing** *adj* (বর্ণ প্রভৃতির ক্ষেত্রে) অত্যন্ত উজ্জ্বল বা প্রখরবর্ণ: I can't stand staring colours. **stark star·ing mad** উন্মাদ বা বদ্ধপাগল।

stark [স্ট্যা:ক্] *adj* ১ কঠিন (বিশেষত মৃত্যুজনিত)। ২ সম্পূর্ণ; পুরাদস্তুর। **~ madness** *adv* সম্পূর্ণত। **~ naked** (কখনও কখনও **~ly**), **~ers** [ˈস্টা:কাজ্] *pred adj* (ব্রিটেনে অপ.) সম্পূর্ণ উলঙ্গ ব্যক্তি; বিবস্ত্র।

star·ling [ˈস্টা:লিং] *n* ধ্বনি নকল করতে অত্যন্ত দক্ষ এক ধরনের (কালো ও বাদামি বর্ণের) পাখি।

starry [স্টা:রি] দ্র. star.

start[1] [স্টা:ট্] *n* ১ [C] কাজ বা যাত্রার সূচনা/ আরম্ভ: He made an early ~ of his career. You should be cautious at the ~. The winner was ahead from the very ~. ২ [U, C] (কেবল *sing*) প্রতিযোগিতায় অন্যান্য প্রতিযোগীর তুলনায় সময় বা দূরত্বে অগ্রবর্তী স্থান; সুবিধাজনক অবস্থান: The 'B' group competitors were given a ~ of ten meters. Try to get the ~ of your fellow runners. He got a good ~ in his business (লাভজনক অবস্থা)। **a head ~** *n* (আল. বা লাক্ষ.) অনুকূল অবস্থা: get a head ~ (over sb). ৩ [C] আকস্মিক আন্দোলন; হঠাৎ কেঁপে উঠা বা নড়ে উঠা (ভয়ে বা বিস্ময়ে): He sprang with a ~. That experience gave me a ~. **by fits and starts,** দ্র. fit[3] (৩).

start[2] [স্টা:ট্] *vi, vt* (দ্রষ্টব্য: begin ক্রিয়াপদটি শুধু নীচের ২-সংখ্যক প্রয়োগের ক্ষেত্রে যেমনভাবে দেখানো হয়েছে কেবল তেমনভাবেই start এর বিকল্প হিসাবে ব্যবহৃত হতে পারে) ১ **~ (out)** স্থানত্যাগ করা; যাত্রা শুরু করা: We should ~ by seven in the morning. ২ শুরু করা; কোনো কাজ আরম্ভ করা বা হওয়া: As I met him he ~ed complaining. Haven't you ~ed writing ? ৩ **~ (on) sth** সূচনা করা; প্রাথমিক পর্যায় আরম্ভ করা: Have you ~ed the construction of your house ? I have not ~ed the book yet. ৪ **~ (up)** (যন্ত্রণা, বিস্ময় বা ভয় থেকে উদ্ভূত) হঠাৎ নড়ে ওঠা; চমকে ওঠা; কেঁপে ওঠা বা লাফিয়ে ওঠা: I ~ed up as I heard you screaming. ৫ আকস্মিকভাবে উছলে পড়া; বিস্ফারিত হওয়া: tears ~ to her eyes, হঠাৎ করে চোখে জল এলো। ৬ (কাঠ সম্পর্কে) অবস্থান থেকে নড়েচড়ে উঠা; আলগা হয়ে যাওয়া: The legs of the table have ~ed. The moisture has ~ed the door panels. ৭ কোনো কিছুর সূচনায় ইন্ধন দান করা; উদ্ভূত হওয়া; কোনো কিছুকে অস্তিত্বমান করা: Sartre's ideas ~ed many of us thinking. The rain ~ed her sneezing. I want to ~ a publishing house. The bank ~ed us in the business, ব্যবসায় সাহায্য করা; She has ~ed a baby, (কথ্য) তিনি অন্তঃসত্ত্বা হয়েছেন। ৮ (*adv* part -এর সাহায্যে) **~ back** প্রত্যাবর্তন শুরু করা বা হওয়া: By seven in the evening you should ~ back. **~ in (on sth/to do sth):** He has ~ed on copying a big volume. **~ off** যাত্রা শুরু করা: The ship ~ed off in an easy sail. **~ out (to do sth)** (কথ্য) আরম্ভ করা; কোনো বাক্যের প্রাথমিক পর্যায়ের সূচনা করা: ~ out to write a dissertation. **~ up** (ক) হঠাৎ উঠে পড়া; লাফিয়ে উঠা (উপরের ৪-সংখ্যক প্রয়োগ দ্রষ্টব্য); (খ) আকস্মিকভাবে বা অপ্রত্যাশিতভাবে কোনো কিছুর আবির্ভাব বা উদ্ভব হওয়া: Many odds have ~ed up presently. **~ sth up** (ইনজিন) চালু করা: It was difficult to ~ up the generator. ৯ **to ~ with** (ক) কোনো কিছু শুরু করতে: To ~ with, we have to refer to the social background. (খ)কোনো কিছু সূচনার প্রাথমিক পর্যায়ে: To ~ with, we selected six model schools.

১০ ˈ~·ing-gate ঘোড়দৌড় প্রতিযোগিতার জন্য যে পথে বাধা তৈরি করে রাখা হয় এবং প্রতিযোগিতার শুরুতে যা অপসারণ করা হয়। ˈ~·ing-point যে বিন্দু বা পর্যায় থেকে কোনো কিছু শুরু করা হয়। ˈ~·ing-post যে বিন্দু থেকে প্রতিযোগীবৃন্দ দৌড় আরম্ভ করেন। ˈ~·ing-prices *n pl* (ঘোড়দৌড় প্রতিযোগিতায়) কোনো দৌড় শুরু হবার আগে উদ্ভূত সমস্যা বা অসুবিধা। **~er** (ক) ব্যক্তি বা ঘোড়া, যিনি বা যা প্রতিযোগিতায় অংশগ্রহণ করেন/ করে। (খ) যে ব্যক্তি দৌড় প্রতিযোগিতা পরিচালনা করেন বা সঙ্কেত দান করেন। **under ~er's orders** (কোনো প্রতিযোগিতা আরম্ভ হবার পূর্বে ঘোড়া বা প্রতিযোগীবৃন্দ সারিবদ্ধভাবে দণ্ডায়মান অবস্থায়) পরিচালকের আরম্ভ–সঙ্কেত শোনার অপেক্ষায়। (গ) যে পদ্ধতিতে বা যার সাহায্যে কোনো ইনজিন চালু করা হয়। দ্র. self ভুক্তিতে self-~er। (ঘ) (কথ্য) কোনো ভোজনপর্বের প্রথম পদ। **for ~ers** (অপ.) = to ~ with, দ্র. পূর্বোক্ত (৯)। **~·ing·ly** adv (কাব্যে) চমকে ওঠা। **for a ~** (কথ্য) সূচনায়; প্রথমত।

startle [স্টা:টল্] *vt* আকস্মিক বিস্ময়ে, ভয়ে বা চিৎকারে চমকে ওঠা: The blast ~ed me out of my sleep. Nothing ~s me these days. **start·ling** *adj* চমকপ্রদ।

starve [স্টা:ভ্] *vi, vt* ১ ক্ষুধাজনিত কারণে মৃত্যুমুখে পতিত হওয়া বা করা: Take this or ~. The enemies wanted to ~ me into submission; খাবার সরবরাহ না করে ক্ষুধায় কাতর হয়ে পরাভূত করার চেষ্টা। **be ~d of/ ~ for** (লাক্ষ.) কাতরভাবে কোনো কিছুর প্রত্যাশা বা প্রতীক্ষা করা; অত্যন্ত প্রয়োজন দেখা দেওয়া: The small kids ~d for motherly affection. We were ~ing for your company. ২ (কথ্য) অত্যন্ত ক্ষুধা অনুভব করা: Tell me your menu, I am ~ing. **star·va·tion** [স্টা:ভেইশ্ন্] *n.* [U] খাদ্যাভাবজনিত দুঃখকষ্ট বা মৃত্যু, খাদ্যের ঘাটতির জন্য মৃত্যু: starvation wages, এমন নিম্নমানের মজুরি, যা দিয়ে অতি আবশ্যকীয় নিত্যব্যবহার্য দ্রব্যসামগ্রীও কেনা যায় না; be on a starvation diet, স্বাস্থ্যরক্ষার জন্য অত্যন্ত অপ্রতুল খাদ্য। **~·ling** [স্টা:ভ্লিঙ] খাদ্যাভাবে বা অপ্রতুল খাদ্যগ্রহণের জন্য পীড়িত ব্যক্তি বা প্রাণী।

state[1] [স্টে ইট্] *n* ১ (শুধুমাত্র একবচন) অবস্থা, হাল, পরিস্থিতি (অবস্থায়, আকারে, দৃষ্টিতে মানসিক বা শারীরিক অবস্থা): The roads are now in a bad ~. the ~ of English in Bangladesh today. How are the ~ of things now ? What about the ~ of patient's health ? (কথ্য) উত্তেজিত বা উদ্বিগ্ন হওয়া: Please don't get into a ~ now. **~ of play** (ক) (ক্রিকেটে) রানসংখ্যা ও ইনিংসের প্রতিবেদন। (খ) প্রতিদ্বন্দ্বী দুই দলের মধ্যে কার জয়/পরাজয়ের সম্ভাবনা অধিক সেই অবস্থার বিবরণ। ২ (প্রায়শ **S~**) সংগঠিত রাজনৈতিক গোষ্ঠী বা শাসকদল, যাদের সরকার গঠনের ক্ষমতা আছে; সরকার; রাষ্ট্র; যুক্তরাষ্ট্রীয় শাসনব্যবস্থায় একটি অঙ্গরাজ্য: Radio and Television are owned by the ~. West bengal is a ~ of the Republic of India. Namibia became a free ~ in 1991. **the (United) S~s** (অপিচ **US**) (কথ্য) মার্কিন যুক্তরাষ্ট্র: The United States of America (the USA). Head of s~, দ্র. head ˈ(১২). police ~, দ্র. police. **totalitarian ~**, দ্র. totalitarian. ৩ (attrib) রাষ্ট্রের; রাষ্ট্রের জন্য; রাষ্ট্রের সঙ্গে সংশ্লিষ্ট বিষয়: S~ security; S~ guest; S~ documents; S~ property, রাষ্ট্রীয় সম্পত্তি; financial agencies under S~ control, রাষ্ট্রের নিয়ন্ত্রণাধীন অর্থসংস্থা; S~policies, রাষ্ট্রীয় নীতি। **the ˈS~ department** (US) আমেরিকার পররাষ্ট্র মন্ত্রণালয়। **~s evidence** (US) ফৌজদারি মামলায় রাষ্ট্রের সাক্ষ্য (যুক্তরাজ্যে রাজা/ রানীর সাক্ষ্য)। **ˈS~·house** যে ভবনে রাষ্ট্রীয় আইনসভা বসে। **ˌS~ ˈlegislature** রাজ্য আইনসভা– যুক্তরাষ্ট্রীয় ব্যবস্থায় অঙ্গরাজ্যের আইনসভা, যেমন ভারতে উত্তর প্রদেশের বিধানসভা। **ˌS~s' ˈrights** (US) ওয়াশিংটনে যুক্তরাষ্ট্রীয় সরকারের কাছে প্রদত্ত নয় অঙ্গরাজ্যসমূহের এমন অধিকার। ৪ [U] বেসামরিক সরকার: Church and S~; S~ schools, সরকারি বিদ্যালয়, চার্চপরিচালিত বিদ্যালয় নয়। ৫ [U] স্তর; মর্যাদা: People in every ~ of life. His residence gives out a look which is not representative of his ~. ৬ [U] আড়ম্বর; যথাযথ আনুষ্ঠানিকতা: The King appeared at the ceremony in full regal ~. ৭ (attrib) (কোনো আনুষ্ঠানিকতা/উৎসবের জন্য) **the ~ coach** বিশেষ অনুষ্ঠানে রাষ্ট্রপ্রধানগণ যে গাড়িতে যাতায়াত করেন: the ~ apartments of the palace, **a ~ call** (কথ্য) আনুষ্ঠানিক সাক্ষাৎ। ৮ **lie in ~** (মৃত ব্যক্তির ক্ষেত্রে) সমাধিস্থ করার আগে কোনো স্থানে শবদেহ রাখা। ৯ ˈ**~·room** কোনো জাহাজের ব্যক্তিগত কেবিন বা কক্ষ (US রেলগাড়িতে অনুরূপ কক্ষ)। **~·ly** *adj* (-ier, -iest) দৃষ্টিনন্দন; মর্যাদাজ্ঞাপক: ~ly homes of Delhi; ~ly robes; ~ly pomp. **~·li·ness** *n.* ˈ**~·craft** *n* [U] রাষ্ট্রপরিচালনক্ষমতা। **~·less** (কোনো ব্যক্তির ক্ষেত্রে) কোনো দেশের অধিবাসী হিসাবে স্বীকৃত নন এমন ব্যক্তি; উদ্বাস্তু। **~ paper** *n* রাষ্ট্রশাসনসংক্রান্ত সরকারি নথি ও কাগজপত্র। **~ prisoner** *n* রাজবন্দী। **~ religion** *n* রাষ্ট্রধর্ম, সরকারি বা রাষ্ট্রীয়ভাবে স্বীকৃত ধর্ম। **states-general** অভিজাত ব্যক্তিবর্গ; যাজকবর্গ ও ভূস্বামীবর্গের প্রতিনিধিবৃন্দ সমন্বয়ে গঠিত ফরাসি রাষ্ট্রীয় ব্যবস্থাপরিষদ; ওলন্দাজ ব্যবস্থাপরিষদ।

state[2] [স্টে ইট্] *vt* শব্দসমষ্টির দ্বারা বা বাক্যে প্রকাশ করা: I beg to ~ that, আমি নিবেদন করতে চাই; This is exactly what he ~d, বর্ণিত বিষয়; ~ your opinion clearly. **~d** *adj:* at the ~ed periods, উল্লিখিত সময়সীমায়। **~·ment** [ˈস্টেইট্মান্ট্] *n* ১ [U] বর্ণনা; বিবরণ: He gave a clear ~ of the event. ২ [C] সত্য ঘটনা, মতামত, সমস্যা ইত্যাদি বিষয়ে আনুপূর্বিক বিবৃতি: 31 intellectuals issued a ~ to the press. ~ of accounts and expenditures; a bank's ~.

states·man [ˈস্টেইট্সম্যান্] *n* (*pl* -men) রাষ্ট্র পরিচালনায় সুযোগ্য ও দক্ষ ব্যক্তি; রাষ্ট্রপরিচালনায় নিযুক্ত অত্যন্ত দায়িত্ববান ব্যক্তি; কূটনীতিজ্ঞ ব্যক্তি। ˈ**~·like** সরকার পরিচালনার ক্ষমতা বা দক্ষতাসম্পন্ন। ˈ**~·ship** [-শিপ্] *n* [U] রাষ্ট্রপরিচালনব্যবস্থায় প্রজ্ঞা ও দক্ষতা।

static [স্ট্যাটিক্] *adj* ১ স্থিত; স্থানু; অনড় অবস্থায়: Life does not allow ~ conditions. The flood situation remains ~. ২ স্থিতিবিদ্যা সংক্রান্ত। **stat·ics** *n* [U] ১ স্থিতিবিদ্যা ২ (রেডিও, টিভি) বাতাবরণবিদ্যা। **sta·ti·cally** *adv*

sta·tion [স্টে ইশ্ন্] *n* [C] ১ রেলগাড়ি, বাস বা অনুরূপ যানবাহন ছাড়ার বা থামবার স্থান: a railway ~; a bus ~. ২ এমন নির্দিষ্ট স্থান, যেখানে সুনির্দিষ্ট কাজ বা সেবা সংগঠিত হয়: a police ~; a fire ~. ৩ অবস্থান বা

কোনো নির্দিষ্ট ব্যক্তির জন্য দায়িত্বপ্রাপ্ত বা নির্ধারিত আপেক্ষিক অবস্থান।: one of the lorries is out of ~. ৪ সামাজিক অবস্থান; স্তর: people in all ~s of life. ৫ (অস্ট্রেলিয়ায়) গবাদি পশু প্রজননের প্রতিষ্ঠান। ৭ ˈ~-ˈ**master** কোনো রেলওয়ে স্টেশনের দায়িত্বপ্রাপ্ত মুখ্য কর্মকর্তা। ৮ ˈ**~-wagon** *n* (US) বড়ো আকারের ভাঁজ করা যায় এমন আসনবিশিষ্ট মোটরগাড়িবিশেষ। □*vt* (কোনো ব্যক্তিকে, সামরিক বা নৌবাহিনীকে) কোনো নির্দিষ্ট স্থানে স্থাপন করা: The cargo ship was ~ed at jetty no 4.

sta·tion·ary [স্টে ইশান্রি US –নারি] *adj* ১ স্থির; নিশ্চল; অনড়: a ~ crane. ২ অপরিবর্তনীয়; স্থানান্তরযোগ্য নয় এমন: Things have remained ~.

sta·tioner [স্টে ইশনা(র্)] *n* লেখাজোখার বা অফিসের জিনিসপত্র ও এতদসংক্রান্ত দ্রব্যাদির বিক্রেতা। **~y** [স্টেইশন্রি US–নারি] *n* [U] লেখার বস্তু বা জিনিস। **Her majesty's s~y office** (সং HMSO) গ্রেট ব্রিটেনের সরকারি দলিল দস্তাবেজের প্রকাশনা দপ্তর।

stat·is·tics [স্টা'টিস্টিক্স্] *n* ১ সংখ্যায় প্রদর্শিত তথ্যাবলী: S ~ say there is a sharp decline in jute production. **vital ~,** দ্র. vital. ২ পরিসংখ্যানবিদ্যা। **stat·is·ti·cal** [স্টাটিস্টিক্ল্] পরিসংখ্যান সংক্রান্ত। **stat·is·ti·cally** [–ক্লি] *adv.* **stat·is·ti·cian** [ˌস্ট্যাটিস্টিশ্ন্] *n* পরিসংখ্যানবিদ।

statu·ary [ˈস্ট্যাচুঅরি US –এরি] *adj* প্রতিমূর্তি বা ভাস্কর্যসংক্রান্ত।**~ marble** *n* [U] ভাস্কর্য; শিলামূর্তি।

statue [ˈস্ট্যাচূ] *n* কাঠ, পাথর বা ব্রোন্‌জে খোদিত ব্যক্তির বা অন্য প্রাণীর প্রতিমূর্তি। **statu·ette** [ˌস্ট্যাচুˈএট্] *n* ছোট আকারের প্রতিমূর্তি। **statu·esque** [ˌস্ট্যাচুˈএস্ক্] *adj* নিশ্চল খোদাইকৃত মূর্তির মতো।

stat·ure [ˈস্ট্যাচা(র্)] *n* [U] কোনো ব্যক্তির দৈহিক উচ্চতা; (লাক্ষ.) মানসিক ও নৈতিক গুণ; বৈশিষ্ট্যমণ্ডিত গুণাবলী; মর্যাদা।

status [ˈস্টেইটাস্] *n* [U] কোনো ব্যক্তির অন্যদের সাথে সম্পর্কজাত আইনানুগ, সামাজিক বা পেশাগত অবস্থান; প্রতিষ্ঠা, পদমর্যাদা: It's very unbecoming of a man of his ~. Middle class people are always very conscious of their ~. ˈ**~ symbol** প্রতিষ্ঠা বা পদমর্যাদার চিহ্ন বা প্রতীক: Central air-conditioning is the ~ symbol of a first rate mercantile house.

status quo [ˌস্টেইটাস্ কৌ] (লা.) ১ বর্তমান সামাজিক অবস্থা। ২ যে যেমন অবস্থায় বিরাজমান: An order to maintain the ~. ~ ˈ**ante** [অ্যান্টি] সাম্প্রতিক পরিবর্তনের আগে সামাজিক অবস্থান যা ছিল।

stat·ute [ˈস্ট্যাচূট্] *n* [C] সংসদ কর্তৃক অনুমোদিত বিধিবদ্ধ আইন; সংবিধি। ˈ**~ law** *n* সকল প্রকার বিধি (প্রচলিত সাধারণ ও অলিখিত আইন ব্যতীত)। ˈ**~-book** যে গ্রন্থে উক্ত বিধিবদ্ধ আইন সংকলিত থাকে। **statu·tory** [স্ট্যাচুটুরি US –টেরি] *adj* সংবিধিবদ্ধ: statutory warning to the smokers. **statu·tor·ily** *adv*

staunch[1] [স্টোন্চ্], **stanch** (US [স্টা:ন্চ্]) *vt* কোনো কিছুর প্রবহমান ধারা (বিশেষত রক্তের) রোধ করা।

staunch[2] [স্টোন্চ্] *adj* (বন্ধু ও গোষ্ঠীর ক্ষেত্রে) বিশ্বস্ত, গোঁড়া, একনিষ্ঠ (সমর্থক)। **~·ly** *adv.* **~·ness** *n*

stave[1] [স্টে ইভ্] *n* ১ যে সব কাঠের টুকরা দিয়ে পিপা বা ব্যারেল তৈরি করা হয় তার যে কোনো একটি। ২ (সঙ্গীতে) বাদ্যযন্ত্রের সুরের পর্দার চাবি। ৩ গান বা কবিতার স্তবক।

stave[2] [স্টে ইভ্] *vt, vi* (*pt, pp* ~ed বা stove [স্টোভ্] ১ **~ sth in** ভেঙে ফেলা; মুচড়ে ফেলা; ছিদ্র করা: The wooden panel was ~d by the crushing. **~ in** ভেঙে যাওয়া বা তছনছ হয়ে যাওয়া: The car stove in as it clashed with the wall. ২ **~ sth off** প্রতিহত করা; ঠেকিয়ে রাখা; সরিয়ে রাখা (বিপদ বা দুর্যোগের ক্ষেত্রে)।

stay[1] [স্টে ই] *vt, vi* ১ থাকা; অবস্থান করা; কোনো স্থানে সাময়িকভাবে বা দীর্ঘস্থায়ীভাবে অবস্থান করা বা অনুরূপভাবে কোনো শর্তের অনুগত থাকা: ~ in a house/place; ~ with a friend/in a hotel. I can't ~ any more; ~ a little more. ~ for (an event/meal). **~ to (a meal)** খাওয়া বা ভোজনের জন্য থেকে যাওয়া: Would you please ~ for/to the lunch ? **~ in** (ক) ঘরের বাইরে না যাওয়া। (খ) স্কুলের নির্দিষ্ট সময়ের পরও স্কুলে থাকা: The whole class was asked to ~ in. **~ out** (ক) ঘরের বাইরে থাকা: You should not ~ out with your illness. (খ) ধর্মঘটী অবস্থায় থাকা: The menial staff ~ed out of the office for several weeks. **~ up** শুতে না যাওয়া: The child ~ed up in spite of repeated requests. **be here to ~/have come to ~** (কথ্য) স্থায়ীভাবে থাকা: I hope that the new traffic islands have come to ~. **come to ~ (with sb)** (ব্যক্তির ক্ষেত্রে): My swiss friend is coming to ~ with us for a month. ˈ**~-at-home** *n* যে ব্যক্তি প্রায়শই গৃহাভ্যন্তরে থাকেন; ঘরকুনো। ২ কোনো এক ধরনের অবস্থায় বহাল থাকা: ~ single, বিয়ে না করা; He never ~ calm even in a public meeting. **~ put** (কথ্য) যে অবস্থায় রাখা হয়েছিল সেই অবস্থায় থাকা: I want your spectacles would ~ put. ৩ বন্ধ রাখা; দেরি করানো; স্থগিত রাখা; প্রতিহত করা: ~ further action in this regard; the order may be ~ed. **~ order** আদালত বা উর্ধ্বতন কর্তৃপক্ষের যে আদেশের মারফত কোনো গৃহীত বা প্রচারিত কর্মসূচি স্থগিত রাখা হয়। ৪ কাজ অব্যাহত রাখার ক্ষমতা থাকা; সহ্যশক্তির পরিচয় প্রদান করা: The horse lacks ~ing power. **~ the course** ঘোড়দৌড় শেষ হওয়া পর্যন্ত প্রতিযোগিতায় টিকে থাকা; (লাক্ষ.) সংগ্রাম (যেমন আদেশসূচক প্রাচীন প্রয়োগে লক্ষণীয়—S~ থামো !)। ৬ কোনো বিশেষ সময়ে সন্তুষ্ট করা: Take this apple to ~ your anger for the time being. □*n* ১ অবস্থানের সময়; সফরের কাল: Make a short ~ at Delhi. ২ (আইনের ক্ষেত্রে) স্থগিতকরণ। **~ of execution** স্থগিতকরণ আদেশ। **~er** *n* যে ব্যক্তি বা প্রাণী থাকে; বাস করে; টিকে থাকে (দৌড়, প্রতিযোগিতা ইত্যাদিতে)।

stay[2] [স্টেই] *n* ১ মাস্তুল বাঁধার দড়ি। ২ (লাক্ষ.) সহায়: The widow's only ~ at present. ৩ *(pl)* শক্ত উপাদান দিয়ে তৈরি (স্ত্রীলোকের) অন্তর্বাসবিশেষ; কাঁচুলি। □*vt* **~ (up)** দড়ি বা তারের সাহায্যে ঠেকা দেওয়া।

stead [স্টেড্] *n* [U] **in sb's ~** তার স্থানে; তার পরিবর্তে। **stand him in good ~** প্রয়োজনের সময়ে সহায়ক হওয়া: This drug stood me in good ~ during my illness.

stead·fast [ˌস্টেড্‌ফ়া:স্ট US -ফ়্যাস্ট্] *adj* দৃঢ়; অবিচলিত; অপরিবর্তিত: ~ in commitment. **~·ly** *adv.* **~·ness***n*

steady [ˈস্টেডি] *adj* ১ দৃঢ়ভাবে স্থাপিত বা প্রতিষ্ঠিত; সুষম: Make the wallpaper ~; on a ~ foundation. ২ আন্দোলন, গতি ও গন্তব্যে নিয়মিত: The satellite is moving in a ~ speed. ~ development of the programme. ৩ ব্যবহার বা আচরণে নিয়মিত: a ~ young man. ৪ অটল; অনড়: a ~ love. ৫ (বিস্ময়ে): Keep her ~ ! (নৌযাত্রায়) জলযানকে অপরিবর্তিত গতিপথে রাখা। **S~ (on) !** (কথ্য, সতর্কবাণী হিসাবে) নিজেকে নিয়ন্ত্রণ করো। **go ~** (কথ্য) প্রেমে অবিচলিত আচরণ করা: Are you ~ with your girl friend ? Are these two going ~ ? □*n* (একবচন) বিশ্বস্ত ও নিয়মিতভাবে সম্পর্কযুক্ত বন্ধু বা বান্ধবী। □*vt, vi* কোনো কিছু দৃঢ়ভাবে স্থাপন করা বা স্থাপিত হওয়া: He steadied the small holes on the footpath, পথের ছোট গর্তগুলো দৃঢ়ভাবে মেরামত করেছিল; steadied himself on the narrow bed. steadied oneself on a car running on a rough road. prices are ~ing. **stead·ily** [ˈস্টেডিলি] *adv* নিয়মিতভাবে: go on steadily. **steadi·ness** *n*

steak [স্টে ইক্] *n* [U,C] ভাজার জন্য পুরু ও চওড়া ফালি করে কাটা মাংস বা মাছের অংশ: rump ~.

steal [স্টীল্] *vt, vi* (*pp* stole [স্টৌল্] *pt* stolen [স্টৌলেন্]) ১ **~ sth (from sb)** চুরি করা; অপহরণ করা: Somebody has stolen the picture. You should never ~ things. ২ অপ্রত্যাশিতভাবে, গোপনে বা অলক্ষ্যে অর্জন করা বা গ্রহণ করা; কৌশলে লাভ করা: Try to ~ a kiss from her. How have you stolen her favour ? ~ a look in sb's secret treasures. **~ a march on sb** কারও আগে কিছু করে তার চেয়ে এগিয়ে যাওয়া। ৩ সংগোপন পদক্ষেপে আসাযাওয়া বা নড়াচড়া করা: The thief stole into the bed-chamber. Light stole into the dark room.

stealth [স্টেল থ্] *n* [U] (শুধু by এর সঙ্গে ব্যবহৃত হয়) **by ~** অত্যন্ত ধীরে ধীরে ও গোপনীয়ভাবে: enter the apartment by ~. **~y** *adj* (-ier, -iest) গোপনে ও লুকিয়ে কোনো কাজ করা: ~y footsteps. **~·ily** [-ইলি] *adv*

steam [স্টীম্] *n* [U] ১ বাষ্প; ধোঁয়া: This engine is run by ~. The barge could not proceed by her own ~, নিজস্ব ইনজিনের মাধ্যমে চলবার শক্তি নেই। **full ~ ahead** পূর্ণগতিতে চলবার নির্দেশ। **get up/raise ~** আরও চাপ সৃষ্টি করে বাষ্প তৈরি করা: The stokers got up ~. ২ (লাক্ষ.) (কথ্য) শক্তি **get up ~** শক্তি সংগ্রহ করা; রাগান্বিত বা উত্তেজিত হওয়া। **let off ~** উত্তেজনা বা উদ্বৃত্ত তেজ বের করে দেওয়া। **run out of ~** বিধ্বস্ত হওয়া; নিস্তেজ হওয়া: Public propaganda about law and order situation has run out of ~, শক্তি হারিয়ে ফেলেছে। **under one's own ~** নিজের চেষ্টায়; অন্যের সহায়তা ব্যতিরেকে। ৩ (যৌগশব্দ) **ˈ~·boat, ˈ~·ship, ˈ~·vessel** বাষ্পচালিত নৌকা, জাহাজ বা বাষ্পীয় পোত। **ˌ~-ˈboiler** ইনজিন সচল করার জন্য বাষ্পউৎপাদনকারী চুল্লিবিশেষ। **~ brake/ hammer/ whistle/ winch** বাষ্পচালিত গতিরোধক যন্ত্র/ হাতুড়ি/ বাঁশি/ চাকা। **ˌ~-ˈcoal** বাষ্প উৎপাদন করার জন্য চুল্লিতে যে কয়লা ব্যবহার করা হয়। **ˈ~-engine** বাষ্পচালিত ইনজিন; বাষ্পশক্তি দ্বারা চালিত। **ˌ~-ˈheat** (ক) *n* বাষ্প তৈরি হওয়ার ফলে সৃষ্ট তাপ। (খ) *vt* বাষ্প তৈরি করার সাহায্যে কোনো কিছু তাপিত করা। **~er** *n* বাষ্প উৎপাদক, বাষ্প উৎপাদনকারী যন্ত্র; বাষ্পীয় শকট; অপেক্ষাকৃত বৃহদায়তন বাষ্পচালিত সাধারণ জলযান। **~ navigation** বাষ্পশক্তিবলে পোতচালনা। **ˌ~ ˈpower** বাষ্পশক্তি। **ˌ~ ˈradio** (অপ.) বেতারশব্দ প্রেরণ (টেলিভিশনের বিপরীতে)। □*vt* (ক) বাষ্প বের করে দেওয়া বা বাষ্পীভূত করা: ~ing hot soup. The pan has been ~ing for fifteen minutes. (খ) বাষ্পের দ্বারা আন্দোলিত হওয়া বা কাজ করা: a ship ~ing up the Bay of Bengal; the vessel ~ed into the port. (গ) বাষ্পের সাহায্যে পরিষ্কার করা, নরম করা বা রন্ধন করা: ~ rice; ~ open a sticker বাষ্পের সাহায্যে আধা আলগা করে উন্মুক্ত করা। (ঘ) **~ up** বাষ্প জড় হবার ফলে ঝাপসা হয়ে ওঠা: The window panes ~ed up. **be/get (all) ~ed up**(কথ্য) উত্তেজিত ও কিছুটা সহিংস হয়ে উঠা: Such an issue will ~ everybody up. **~er** *n* ১ = ~ ship; স্টিমার। ২ বাষ্পে খাদ্য সিদ্ধ করার পাত্র। **~y** *adj* বাষ্পীয়; বাষ্পপূর্ণ: ~y heat of the rainy season. **~·ily** *adv.* **~i·ness** *n.* **ˈ~-roller** *n* রাস্তা মসৃণ করার জন্য ভীষণ ভারী বড়ো চাকাওয়ালা গাড়ি। □*vt* ১ এ ধরনের রোলার দ্বারা ধ্বংস করা। ২ (লাক্ষ.) দমন করা: steam -roller the opposition.

steed [স্টীড্] *n* [C] (সাহিত্য.) (হাস্য.) ঘোড়া (প্রধানত তেজি)।

steel [স্টীল্] *n* [U] ১ ইস্পাত, তিহ্য; লোহার সঙ্গে অন্যান্য মিশ্রণের সাহায্যে গঠিত শক্ত ধাতু। **~ band** (ত্রিনিদাদ থেকে উদ্ভূত) সঙ্গীতবাদকদল, যাঁরা ফাঁকা তেলের পিপার সাহায্যে সঙ্গীত পরিবেশন করে। **ˈ~-clad** ইস্পাতনির্মিত বর্মপরিহিত। **~ blue** ইস্পাতের ন্যায় নীল। **ˌ~-ˈplate** ইস্পাতফলক। **ˌ~-ˈplated** ইস্পাতফলকে আবৃত। **~ wool** পাতলা বা সরু ইস্পাতের ফালি বা ছাঁট (মাজাঘষার কাজে ব্যবহৃত)। **ˈ~-works** যে কারখানায় ইস্পাত তৈরি হয়। ২ **~ weapon** তরবারি (আগ্নেয়াস্ত্রের বিপরীতে): an enemy worthy of one's ~; (আল. ও লাক্ষ.) যোগ্য প্রতিদ্বন্দ্বী; সেয়ানে সেয়ানে। **cold ~,** দ্র. cold (১). □*vt,* শক্ত করে তোলা: ~ yourself against adversity. Her heart was ~ed at the grave shock. **~y** *adj* ইস্পাতের ন্যায় দৃঢ়; ইস্পাতসংক্রান্ত । **~i·ness** *n*

steel·yard [ˈস্টীলইআ:ড্] *n* যান্ত্রিক দাঁড়িপাল্লা; বিশেষত তুলাদণ্ড।

steep[1] [স্টীপ্] *adj* (-er, -est) ১ ঢালু বা খাড়া হয়ে উঠেছে এমন: a ~ staircase; a ~ path. ২ (কথ্য.) (চাহিদার ক্ষেত্রে) অযৌক্তিক; মাত্রাতিরিক্ত: This is quite a ~ pressure on me. One hundred taka for only this bit of service, isn't that quite ~ ? Your version is rather ~, বিশ্বাসযোগ্য নয়; অতিরঞ্জিত। **~·ly***adv.* **~·ness** *n.* **~en** [স্টীপ ন্] *vt, vi* কঠিন বা শক্ত হয়ে উঠা বা করে তোলা। **ˈ~·ish** *adj*

steep[2] [স্টীপ্] *vt, vi* **~ sth (in sth)** ১ (প্রধানত তরল পদার্থে) ডুবিয়ে সম্পূর্ণ ভেজানো: potatoes ~ed in oil. ২ (লাক্ষ.) পরিব্যাপ্ত করা; ব্যাপক জ্ঞান অর্জন করা: ~ in greed. He is ~ed in the sociology of Arab music.

steeple [ˈস্টীপ্‌ল্] *n* ভূমি থেকে উর্ধ্বগামী হয়ে ক্রমে সরু হয়ে আসা চূড়াসহ সুউচ্চ ভবন, যথা—গির্জা; মন্দির। ˈ~·**chase** অনেকগুলি গ্রামের মধ্যে দিয়ে বেড়া, খাল, নালা ইত্যাদি বিপত্তির মধ্য দিয়ে দৌড় বা ঘোড়দৌড় প্রতিযোগিতা; কোনো গির্জার চূড়া লক্ষ্য করে অনুরূপ প্রতিযোগিতা। ˈ~·**jack** উক্ত চূড়া যিনি আরোহণ বা মেরামত করেন।

steer[1] [স্টি আ(র্)] *n* কমবয়সী বলদ, যার মাংস খাদ্য হিসাবে ব্যবহৃত হয়।

steer[2] [স্টি আ(র্)] *vt, vi* ১ কোনো জাহাজ, নৌকা বা যানের দিকনির্দেশ করা: ~ right; a ship that is ~ed well. ২ জাহাজ, গাড়ি প্রভৃতি চালানো। **~ clear of** (লাক্ষ.) পরিহার করা; এড়িয়ে যাওয়া। ˈ~·**ing-gear** *n* [U] (জাহাজের) রাডার ও যে যান্ত্রিক পদ্ধতির দ্বারা তা নিয়ন্ত্রিত হয়; মোটরগাড়ি প্রভৃতির চালক অংশবিশেষ। **~er** *n* পথনির্দেশক। **~ing committee** *n* প্রধান নীতিনির্ধারণী পরিচালকসভা। **~·age-way** *n* কূল থেকে যতখানি দূরে গেলে হাল দ্বারা পোত নিয়ন্ত্রণ করা যায়। ˈ~·**ing-wheel** *n* (ক) যে চাকার সাহায্যে রাডার নিয়ন্ত্রণ করা হয় (জাহাজের ক্ষেত্রে)। (খ) মোটরগাড়ির গতিবিধি ও দিক ঠিক করার জন্য চালকের সামনে অবস্থিত চক্রাকার বস্তু (কথ্য. steering)। **~s·man** [-জ়্‌মান্] যানবাহনের চালক। **~·ing** *n* হালধারণ; চালনা; পরিচালনা।

steer·age [ˈস্টিআরিজ্] *n* [U,C] (কেবল *sing* অথবা attrib) চালনা করার দক্ষতাশৈলী বা প্রভাব। ২ জাহাজের রাডারের নিকটতম অংশ। ˈ~-**way** হাল দ্বারা নিয়ন্ত্রণসাপেক্ষ কোনো নৌযানের সম্মুখযাত্রা।

stel·lar [ˈস্টেলা(র্)] *adj* নক্ষত্র সম্বন্ধীয়; নাক্ষত্রিক।

stem[1] [স্টেম্] *n* ১ বৃক্ষের কাণ্ড; বোঁটা, পাতা, ফুল বা ফলের যে অংশ কাণ্ডের সঙ্গে যুক্ত থাকে। **~med** *suff* (*adj* সহ): ˌlong-~ˈmed, ˌshort-~ˈmed. ২ মদের গ্লাসের সরু নীচের অংশ, ঠোঁটে ধরা অংশ ও তামাক রাখার আধারের মধ্যবর্তী তামাক-পাইপের অংশ। ৩ কোনো বিশেষ্য বা ক্রিয়াপদের মূল অংশ, যার সূত্রে অন্য শব্দ তৈরি করা হয়। ৪ জাহাজের অগ্রভাগে খাড়া প্রধান কাঠের খুঁটি। **from ~ to stern** জাহাজের এক প্রান্ত থেকে অন্য প্রান্ত পর্যন্ত। ৫ বংশের মূল ধারা বা কখনও কখনও শাখা: He ~med from a noble family. **~·from** উদ্ভূত হওয়া; আবির্ভূত হওয়া। **~·less** *adj* কাণ্ডহীন।

stem[2] [স্টেম্] *vt* (-mm-) ১ প্রতিহত করা; থামানো; বাঁধ দেওয়া। ২ প্রতিরোধের মুখে পথ করে এগিয়ে যাওয়া: ~ the tide; (লাক্ষ.) ~ the tide of people's wrath.

stench [স্টেন্‌চ্] *n* [C] দুর্গন্ধ; পূতিগন্ধ। **~ trap** ভূগর্ভস্থ নর্দমার গ্যাসের নির্গমন বন্ধ করার ঢাকনা।

sten·cil [ˈস্টেন্‌সল্] *n* [C] লেখা বা আঁকার জন্য ধাতব কার্ডবোর্ড বা মোমমিশ্রিত পাতলা পাতা; ছিদ্রময় পাত যার উপর লেখা বা আঁকা যায়। **cut a ~** টাইপ করার ফিতা ছাড়া মোমমিশ্রিত কাগজের উপর টাইপ করা। □*vt* অনুরূপ পাতার উপর লেখা; আঁকা।

Sten gun [ˈস্টেন্‌গান্] *n* ছোট আকারের স্বয়ংক্রিয় বন্দুক।

sten·ogra·phy [স্টে ˈনগ্রাফি] *n* সাঁটলিপি; দ্রুত লিপিলিখনবিদ্যা। **sten·ogra·pher** সাঁটলিপিকার।

sten·torian [স্টেন ˈটারিআন্] *adj* (কণ্ঠস্বর সম্বন্ধে) উচ্চধ্বনিযুক্ত; নিনাদময়।

step[1] [স্টেপ্] *vi, vt* ১ পদসঞ্চালন করা; পা ফেলা; পদক্ষেপ বা পদবিন্যাস করা: ~ on to the stairs; ~ inside the room; ~ ping at a low pace; ~ across the road. ~ this way কাউকে অনুসরণ করবার জন্য সবিনয় আহ্বান। **~ on the gas, ~on it** (ক) (পেট্রল বা গ্যাসোলিনের ক্ষেত্রে) মোটরগাড়ির গতিমাত্রা বাড়ানোর জন্য গতিবর্ধক যন্ত্রটির উপর চাপ সৃষ্টি করা; (খ) (অপ.) তাড়াহুড়া করা। ˈ~·**ping-stone** *n* (ক) অগভীর কোনো স্রোতস্বিনীর উপর ফেলে রাখা পাথরফলক, যার উপর পা রেখে পার হওয়া যায়। (খ) (লাক্ষ.) কোনো কিছু লাভ বা অর্জন করার উপায়: ~ping stone to achieve in life. ˈ~·**ins** *n (pl)* (কথ্য) স্ত্রীলোকের বিশেষ ধরনের অন্তর্বাস বা জুতা। ২ *adv* part-সহ ব্যবহার। **~ aside** (ক) কোনো একদিকে সরে যাওয়া। (খ) (লাক্ষ.) কারও নিজস্ব আসন বা অবস্থান গ্রহণের জন্য তাকে পথ করে দেওয়া। **~ down** (লাক্ষ.) পদত্যাগ করা; অন্য প্রার্থীর কাঙ্ক্ষিত অবস্থানলাভে বাধা সৃষ্টি না করা। **~ in** (লাক্ষ.) হস্তক্ষেপ করা (সাহায্য করা বা প্রতিরোধ করার ক্ষেত্রে): The situation might be worse if the police did not ~ in. Do not ~ into his fortunes. **~ sth off/out** পায়ে মেপে দূরত্ব ঠিক করা: ~ out a distance of two yards. **~ out** (ক) দ্রুতগতিতে হাঁটা। (খ) (কথ্য) স্ফূর্তিতে সময় কাটানো; সামাজিকভাবে ব্যস্ত জীবন যাপন করা। **~ sth up** (ক) (নৌ) মাস্তুলের নিম্নপ্রান্ত গ্রথিত করা। (খ) বৃদ্ধি করা: ~ up production, ~ up the programmes. **~ short** পদক্ষেপের ব্যবধান কমানো।

step[2] [স্টেপ্] *n* ১ পদক্ষেপণ; হেঁটে পার হওয়া দূরত্ব: the sound of ~s. You should take cautious ~. Go, retrace your ~s; ফিরে যাওয়া: His house is only a few ~s from here. watch one's ~, সতর্ক বা সাবধানী হওয়া। ২ পর্যায়: Primary ~. **~ by ~** ধীরে ধীরে; ক্রমান্বয়ে; ধারাক্রমে: Arrange your programme ~ by ~. ৩ (ˈ**foot·~**) পদধ্বনি হাঁটার শব্দ: I surely under-stood that she was coming, — I know her ~s. ৪ কোনো কার্যক্রমের পদক্ষেপ: Take ~s to prevent health hazards. **a wrong ~** ভুল কর্মপন্থা। **future ~s** ভবিষ্যৎ কর্মপন্থা। ৫ **be/ get/ in/ out of ~ (with)** (ক) (হাঁটা, কুচকাওয়াজ বা নৃত্যের সময়) অন্যান্যদের সাথে একই সময়ে মাটিতে ডান পা ঠেকানো/না ঠেকানো। (খ) গোষ্ঠীর অন্যান্য সদস্যদের সঙ্গে একমত হওয়া/ না হওয়া: None is allowed to be out of ~ at any stage. **keep ~ (with)** পদবিক্ষেপে হাঁটা বা কুচকাওয়াজে অংশগ্রহণ করা। **break ~** সঠিক পদক্ষেপের ভঙ্গি অনুসরণ করতে না পারা। ৬ এক স্তর থেকে অন্য স্তরে পৌঁছানোর সময়ে পা রাখার স্থান: Mind your ~s as you board down the train. You have to cut ~s as you go down the mines. Take care the bottom ~ is faulty. **~s/a pair of ~s/a** ˈ~·**ladder** বহনযোগ্য ভাঁজ করা সিঁড়ি। ৭ স্তর; পদ; পদোন্নতি: It's four years to get my next ~, পরের স্তরে পদোন্নতি পেতে আরও চার বছর সময় লাগবে। **~ dance** *n* পদবিন্যাসপ্রধান বিশেষ ধরনের য়োরোপীয় নৃত্য। **~ dancer** *n* উক্ত নাচের নর্তক। **one ~ two ~** নাচের নাম।

step- [স্টেপ্] *pef* বৈবাহিক সূত্রে বৈমাত্রক বা বৈপিত্রক সম্পর্ক বোঝানোর ক্ষেত্রে ব্যবহৃত উপসর্গ। ~-mother/ -father/ -brother/ -sister-/ -son /-daughter বিমাতা/ বিপিতা/ সৎ ভাই/ সৎ বোন/ সৎ ছেলে/ সৎ মেয়ে।

step·ney [স্টেপ্‌নি] *n* [C] (মোটরগাড়ির) বাড়তি চাকা।

steppe [স্টেপ্] *n* [C] (প্রধানত দক্ষিণপূর্ব য়োরোপ) মধ্য এশিয়ার বিশুষ্ক তৃণপ্রধান বৃক্ষহীন প্রান্তর।

stereo [ˈস্টেরিউ] *n* (~phonic শব্দের সংক্ষিপ্ত রূপ) ঘনশ্রুতি রেকর্ড বাজানোর যন্ত্র, যন্ত্রাংশ বা শব্দপ্রক্ষেপণ।

stereo·phonic [স্টেরি অফ নিক্] *adj* (দুইটি ধ্বনিবর্ধক শব্দপ্রক্ষেপণযন্ত্রের সাহায্যে কোনো রেকর্ডকৃত অথবা সরাসরি সম্প্রচার সংক্রান্ত) স্বাভাবিক শব্দতরঙ্গের সৃষ্টি; যে যান্ত্রিক পদ্ধতিতে এ ধরনের শব্দ ধারণ বা প্রক্ষেপণ করা যায়: a programme broadcast in a ~ system.

stereo·scope [স্টেরি অস্কোপ্] *n* [C] যে যন্ত্রের সাহায্যে সামান্য ব্যবধানের দুইটি ভিন্ন চিত্রকে একক এবং ঘন বলে মনে হয়; ঘনছক। **stereo·scopic/ stereo·scopical** *adj*

stereo·type [ˈস্টেরিঅটাইপ্] *n* [C,U] ১ (মুদ্রণের ক্ষেত্রে) কম্পোজ করা টাইপের ছাঁচ থেকে নেওয়া ছাপার ফলকবিশেষ। ২ বাঁধাধরা; গৎবাঁধা; ব্যবহারজীর্ণ আনুষ্ঠানিকতাকীর্ণ কথা; বাক্য; ধারণা; অভিমত বা বিশ্বাস। □*vt* টাইপের ছাঁচ থেকে মুদ্রণফলক তৈরি করা; অনুরূপ মুদ্রণফলক থেকে ছাপা; গৎবাঁধা সাধারণ কথাবার্তা বলা বা পুনরুক্তি করা; কোনো রকম ভাবনাচিন্তা ছাড়া মামুলি কথা বলা: ~d reception . **~d** *adj* টাইপের ছাঁচ থেকে ছাপা হয়েছে এমন; মামুলি; বাঁধা বুলির মতো।

sterile [ˈস্টেরাইল্ US স্টেরাল] ১ বন্ধ্যা; নিষ্ফলা; উৎপাদনে অক্ষম। ২ (জমির ক্ষেত্রে) পোড়ো জমি; বন্ধ্যাভূমি; যে জমিতে শস্য উৎপাদিত হয় না। ৩ (লাক্ষ.) অফলপ্রসূ; নিষ্ফল: a ~ summit. ৪ বীজাণুমুক্ত; কোনো রকম সজীব জীবাণু নেই এমন: a ~ test tube. **ste·ril·ity** [স্টেˈরিলটি] *n* [U] [স্টে ˈরিলটি] **ster·ilize** [ˈস্টেরলাইজ্] *vt* নিষ্ফলা করে তোলা; বীজাণুমুক্ত করা। **ster·iliz·ation** [ˌস্টেরলাইজেইশ্‌ন্] *n*

ster·ling [ˈস্টা:লিঙ্] *adj* ১ (সং stg) গ্রেট ব্রিটেনের অপরিবর্তনীয়রূপে খাঁটি এবং নির্দিষ্ট মানের (সোনা/ রুপার) মুদ্রাসংক্রান্ত বা মুদ্রামানসংক্রান্ত: Jewellery of ~ gold. ২ (লাক্ষ.) নিখাদ; অসামান্য; অসাধারণ গুণসম্পন্ন: ~ qualities. □*n* ব্রিটিশ মুদ্রা: pound ~; the ~ area, যে অঞ্চলের দেশসমূহ গ্রেট ব্রিটেনের পাউন্ড স্টার্লিং মূলধন হিসাবে সঞ্চিত রাখে এবং যে দেশসমূহের মধ্যে এই মুদ্রার অবাধে লেনদেন হয়।

stern[1] [স্টা:ন্] *adj* ১ কঠোর, অনমনীয় এবং আনুগত্য প্রত্যাশী: ~ decision. ২ দৃঢ়; কঠিন: a ~ face; a ~ behaviour. **~·ly** *adv.* **~·ness** *n*

stern[2] [স্টা:ন্] *n* [C] জাহাজের পশ্চাদ্‌ভাগ। **~ most** *adj* জাহাজের পশ্চাদ্‌ভাগের নিকটতম। **~ sheet** *n* জাহাজের পশ্চাদ্‌ভাগ ও প্রধান নাবিকের মধ্যবর্তী স্থান। **~ wheeler** যে স্টিমারের চাকা উভয় পার্শ্বের পরিবর্তে পিছনে থাকে।

ster·num [ˈস্টা:নাম্] *n* (শারীর.) বক্ষাস্থি।

ster·oid [স্টা:র হড়] *n* (চিকি.) বহু হরমোন এবং ডি ভিটামিনযুক্ত জৈবিক যৌগিক পদার্থের যে কোনো একটি।

ster·tor·ous [ˈস্টা:টারাস্] adj (শ্বাসপ্রশ্বাসসংক্রান্ত বা যে ব্যক্তি শ্বাসপ্রশ্বাস গ্রহণ করছে সেই ব্যক্তি সংক্রান্ত) নাসিকাগর্জনপূর্ণ। **~·ly** *adv.* **~·ness** *n*

stet [স্টেট্] *vi* (লা.) মুদ্রককে কোনো পাণ্ডুলিপি বা প্রুফকপিতে প্রদত্ত সংশোধনী উপেক্ষা করার জন্য নির্দেশ দান করা।

stetho·scope [ˈস্টেথ্বাস্কৌপ্] *n* হৃদ্‌বীক্ষণ যন্ত্র; স্টেথিস্কোপ; রোগীর হৃদস্পন্দন ও শ্বাসপ্রশ্বাসক্রিয়া পরীক্ষা করার জন্য ডাক্তার যে যন্ত্র ব্যবহার করে থাকেন।

stet·son [ˈস্টেটস্‌ন্] *n* একটু উঁচু দেখতে এবং চওড়া ধারওয়ালা টুপি।

steve·dore [ˈস্টীভ়াডো(র্)] *n* জাহাজে মাল বোঝাই এবং খালাস করেন যে ব্যক্তি।

stew [স্টিউ US স্টূ] *vt, vi* ঢাকনাওয়ালা পাত্রে জলের বা রসের মধ্যে তাপিত করে কোনো কিছু রান্না করা বা রান্না হওয়া: ~ed hilsa; ~ing pears, তাপে সিদ্ধ করার জন্য ঠিক আছে, কিন্তু অরন্ধনকৃত অবস্থায় খাবার যোগ্য নয়। **let sb ~ in his own juice** কাউকে সাহায্য করার কোনো চেষ্টা না করা (কারণ তার ঝামেলা বা বিপদের জন্য সে নিজেই দায়ী)। **~ in one's own juice** নিজকৃত অপরাধের জন্য শাস্তি ভোগ করা। **let sb ~** কারও স্বকৃত অপরাধের বা নির্বুদ্ধিতার দায়ে তার শাস্তিভোগ অব্যাহত থাকুক, তাকে কোনো প্রকার সাহায্যদান বা সমবেদনা প্রকাশের দরকার নেই। □*n* ১ [C,U] তাপে সিদ্ধ খাবার: a special dish of ~ beef for our guest. She is expert in preparing chicken ~. ২ অত্যুতপ্ত বা অতিতাপপীড়িত বা ঘর্মাক্ত অবস্থা। ৩ মানসিক উত্তেজনা: You can't under stand the ~ I am suffering from. ৪ **be in/get into a ~ (about sth)** (কথ্য) মানসিকভাবে চঞ্চল বা বিমূঢ় অবস্থা। **~ed** *adj* (অপ.) প্রমত্ত; মাতাল।

stew·ard [স্টিউআ(র্)ড্ US স্টূ–] *n* ১ যে ব্যক্তি কোনো ক্লাব বা প্রতিষ্ঠানের খাদ্য সরবরাহ করে থাকেন। ২ যে ব্যক্তি বিমানে বা জাহাজে যাত্রীদের দেখাশোনা করেন: cabin ~; deck ~. ৩ কোনো নৃত্য, দৌড়–প্রতিযোগিতার সভা, জনসভা বা প্রদর্শনীতে সংগঠনের বিস্তারিত দায়িত্ব পালন করেন এমন ব্যক্তি: ~ of the turf club; an excellent ~ to be thoughtful of everything. ৪ যে ব্যক্তি অন্যের সম্পত্তি বিশেষত বিরাট বাড়ি বা ভূসম্পত্তি রক্ষণাবেক্ষণ করেন; গৃহস্থালীর তত্ত্বাবধায়ক; জমিদারির দেওয়ান। ৫ **shop ~,** দ্র. shop (৩). **~·ess** [ˌস্টিউআডেস্ US ˈস্টূঃআডিস্] *n* স্ত্রীলিঙ্গ (বিশেষত বিমান, জাহাজ, রেলগাড়ি প্রভৃতিতে খাদ্য পরিবেশনকারী বা যাত্রীদের তত্ত্বাবধায়ক)। **~·ship** *n* উক্ত তত্ত্বাবধায়কের পদ ও দায়িত্বসমূহ; দায়িত্ব বা চাকরিকালের মেয়াদ।

sticho·mythia [ˈস্টিকোমিথ়িঅ্যা] *n* (প্রাচীন গ্রিক নাটকের সূত্রে) নাটকের সংলাপে এক–এক পংক্তি এক–একজন অভিনেতার উক্তি (সাধারণত) দুই জনের এ ধরনের সংলাপ; দ্বন্দ্বসংলাপ (অপিচ stichomyth)।

stick[1] [স্টিক্] *n* ১ ঝোপঝাড় থেকে আহৃত ছিন্ন বা কাটা সরু গাছের ডাল: Gather ~s together and put them in a particular place. ২ অনুরূপ কাঠ দিয়ে বানানো কাঠের ছড়ি বা লাঠি বা যষ্টি; ব্যবহারযোগ্য আকারে বেত দিয়ে বানানো এ ধরনের লাঠি: The one footed man needs a ~ to help him. **stick furniture** খুব সাধারণ কাঠের এবং নিম্নমানের আসবাবপত্র। **walking ~** হাঁটার সময়ে যে লাঠি ব্যবহৃত হয়। **white ~** প্রথাগতভাবে অন্ধদের ব্যবহৃত লাঠি বা ছড়ি। **white ~ day** সাদা ছড়ি দিবস—অন্ধদের কল্যাণে নিবেদিত একটি বিশেষ দিন। **give sb the ~** শাস্তি হিসাবে কাউকে ছড়ির সাহায্যে আঘাত করা; (লাক্ষ.) কাউকে শাস্তিপ্রদান করা। **get hold of the wrong end of the ~** বিভ্রান্ত হওয়া; কোনো বিষয়ে সম্পূর্ণ ভ্রান্ত ধারণা গ্রহণ করা। **the big ~** (লাক্ষ.) (বিশেষত

দুইটি দেশের মধ্যে সম্পর্কের ক্ষেত্রে) শক্তিপ্রয়োগের হুমকি প্রদান: the US often takes the policy of the big ~. **hockey** ~ দ্র. hockey. ৩ সরু লম্বাটে বিবিধ বস্তু: a ~ of cigarette; match ~s; chalk ~. ৪ (কথ্য) গম্ভীরপ্রকৃতি বা কঠিনস্বভাবের বা নীরস ব্যক্তি: I can't bear him, he is a cold ~. ৫ **the ~s** (কথ্য) পশ্চাদ্‌পদ এলাকা; শহর থেকে দূরবর্তী গ্রামাঞ্চল: The less fortunate people living in the ~s. **out in the ~s** কেন্দ্রীয় অঞ্চল থেকে দূরে। □*vt (pt, pp* ~ed) জড় করা: Have you ~ed your firewood ?

stick[2] [স্টিক্] *vt (pt pp* stuck) ১ **~ sth (in)** বিদ্ধ করা: ~ the pin on the board; ~ the chicken. **~ a pig** (খেলাধুলার ক্ষেত্রে) বর্শাবিদ্ধ করা। ২ (তীক্ষ্ণাগ্র কোনো কিছু সম্পর্কে) তীক্ষ্ণভাবে বিদ্ধ হয়ে থাকা: a nail ~ing to the sandal. ৩ কোনো রকমের আঠালো জিনিস দিয়ে কোনো কিছু আটকে রাখা: ~ a poster on the wall; ~ the stamps on the envelope. **be/get stuck with sb/sth** (কথ্য) কারও সঙ্গে সম্পর্কে স্থায়ীভাবে যুক্ত হয়ে পড়া; কোনো কাজ বা বিষয়ের সঙ্গে অনিবার্যভাবে জড়িয়ে পড়া; কোনো জায়গায় আটকে যাওয়া: He is stuck in a bad company. The old man is so stuck with his village home that he cannot come to stay with his son. She could not prolong the memory game, She was awfully stuck. **ˈ~·ing-plaster** *n* [U] আঘাতজনিত ক্ষতস্থান বা শরীরের কেটে যাওয়া অংশ বেঁধে রাখার জন্য ব্যবহৃত আটালো পটি। ৪ (কথ্য) কোনো জায়গায় বা অবস্থানে কোনো কিছু অযত্নে বা এলোমেলো করে রাখা: He stuck his wallet on the chair. She stuck her wrist watch on the toilet shelf. ৫ (কর্মবাচ্যমূলক বাচ্যেও প্রযোজ্য) আটকে পড়া বা যাওয়া; নিশ্চল নিষ্ক্রিয় হয়ে থাকা: The cycle pedals just got stuck. **~ in one's throat** (কোনো প্রস্তাব সম্পর্কে) গ্রহণ করা কষ্টকর; (শব্দসমষ্টি সম্পর্কে) অনিচ্ছাজনিত উচ্চারণ করা কষ্টকর; দুঃসাধ্য হওয়া। **ˈ~-in-the-mud** (attrib) *adj* রক্ষণশীল; পরিবর্তনে অনিচ্ছুক: ~-in-the-mud ideas, সেকেলে পুরনো ধারণা। □*n* সেকেলে চালচলনবিশিষ্ট বুড়া: That person is a veritable ~-in-the-mud. ৬ (কথ্য) সহ্য করা; সম্পর্ক রক্ষা করা: It's very difficult to ~ that fellow. One should not ~ that custom any more. S~ to it ! (সাহসিকতার সঙ্গে পরিস্থিতির সম্মুখীন হওয়ার জন্য উৎসাহব্যঞ্জক উক্তি হিসাবে ব্যবহৃত হয়ে থাকে)। ৭ *adv part* এবং *preps* সহ ব্যবহার: **~ around** (অপ.) (ব্যক্তির ক্ষেত্রে) কোনো একটি বিশেষ জায়গায় বা তার কাছাকাছি অবস্থান করা: ~ around lest we do not miss you. **~ at sth (ক)** দ্বিধা করা; থমকে যাওয়া। **(খ)** নাছোড়বান্দার মতো লেগে থাকা; কোনো কিছুর সঙ্গে আঠার মতো জড়িয়ে থাকা। **~ sth down (ক)** (কথ্য.) নামিয়ে রাখা: ~ the box down on the table. **(খ)** (কথ্য.) লিখে নেওয়া: ~ down the address quickly. **(গ)** আঠালো কোনো কিছুর দ্বারা এঁটে দেওয়া: ~ down the leaflet on the board. **~ on sth** শক্তভাবে অবস্থান করা: Can you ~ on this bar ? **~ sth on** আঠা দ্বারা এঁটে দেওয়া: ~ on a label, **ˈ~-on** (attrib) *adj.* ~-on labels (tie-on ক্রিয়ার সঙ্গে ভিন্নতা লক্ষণীয়)। **~ it on** অত্যন্ত চড়া দাম বা মূল্য দাবি করা:. The traders ~ it on during the Ramadan. **~ sth out** প্রলম্বিত বা অভিক্ষিপ্ত হওয়া: He was ~ing his tongue out. Do not ~ your hand out of the car window. **~ it/sth out** (কথ্য) শেষ পর্যন্ত যাবতীয় দুঃখ-কষ্ট ভোগ করে টিকে থাকা। **~ one's neck out,** দ্র. neck (১). **~ out for sth** দাবি পূরণ না হওয়া পর্যন্ত অবিচল থাকা: They are ~ing out for the resignation of the manager. **~ sb/sth (ক)** কোনো ব্যক্তি, বন্ধু বা বিশ্বাসের প্রতি অবিচল থাকা; দৃঢ় অবস্থান গ্রহণ করা: ~ to a pronounced principle. **(খ)** অব্যাহত রাখা; বিরতিহীনভাবে চালিয়ে যাওয়া: ~ to the work till it is dusk. ~ to a time table, নির্দিষ্ট সময়সূচি পুরাপুরি মেনে চলা। **~ to one's guns,** দ্র. gun (১). **~ together** (কথ্য) (ব্যক্তির ক্ষেত্রে) পারস্পরিকভাবে অনুগত ও বিশ্বস্ত থাকা: We promised to ~ together. **~ up** সোজা হওয়া; উপরের দিকে প্রলম্বিত হওয়া: The creeper was ~ing up out of the window. **~ sb/sth up** (অপ.) ডাকাতি করার উদ্দেশ্যে কাউকে গুলি করার হুমকি প্রদান করা: ~ up, bring out whatever you have. **~ your hands up, ~ 'em ˈup** হাত উপরে তুলতে আদেশ দেওয়া (যাতে প্রতিরোধ করা না যায়)। **~ up for sb/ oneself/ sth** রক্ষা করা; সমর্থন করা: ~ up for one's comrades. **~ with sb/ sth** অনুগত থাকা; সমর্থন অব্যাহত রাখা: ~ with a comrade/principle.

sticker [ˈস্টিকা(র্)] *n* ১ যে ব্যক্তি কোনো কাজে একাগ্রভাবে লেগে থাকেন; নাছোড়বান্দা; অধ্যবসায়ী ব্যক্তি। ২ আঠালো টিকিটের মতো কাগজ বা পাতলা অনুরূপ বস্তু, যা কোনো কিছুর সাথে সেটে লাগানো যায়। ৩ যে ব্যক্তি লৌহদণ্ড বা বর্শাবিদ্ধ করে শূকর হত্যা করে। ৪ বল্লম প্রভৃতি বিদ্ধ করার অস্ত্র। ৫ অত্যন্ত কঠিন প্রশ্ন বা সমস্যা। ৬ ক্রিকেট খেলায় যে খেলোয়াড় ধীরে ধীরে রান সংগ্রহ করেন এবং সহজে আউট হন না।

stick·ler [ˈস্টিক্লা(র্)] *n* **~ for sth** যে ব্যক্তি কোনো বিষয়ে একগুঁয়ে জেদ ধরে/কোনো বিষয়ের গুরুত্ব বা সত্যতা সম্পর্কে নিজস্ব অভিমতে পূর্ণ অটল থাকে: a ~ for accuracy.

sticky [ˈস্টিকি] *adj* (-ier, -iest) ১ যা আঠার মতো লেগে থাকে বা যার সংস্পর্শে অন্য বস্তু তার সঙ্গে এঁটে যায়: ~ gum; ~ sweets; ~ floor; a ~ wicket, নরম ভেজা উইকেট যেখানে ব্যাট করা কষ্টসাধ্য; (লাক্ষ.) এমন পরিস্থিতি যার মুখোমুখি হওয়া বা সামলানো কষ্টকর। ২ (অপ.) অপ্রীতিকর; কষ্টকর; দুঃসাধ্য: I am having a ~ time; come to a ~ end, অত্যন্ত যন্ত্রণাদায়ক অপ্রীতিপ্রদভাবে মারা যাওয়া। ৩ (কথ্য) প্রতিরোধপ্রবণ, বিরোধী প্রভৃতি: My friend was ~ about lending me the book. **stick·ily** *adv.* **sticki·ness** *n*

stiff [ˈস্টিফ্] *adj* ১ কঠিন; শক্ত; অনমনীয়; সহজে বাঁকানো যায় না এমন: a ~ stick; a ~ board; have a ~ neck; feel ~ after the day's journey, গ্রন্থি ও পেশি কঠিন হয়ে উঠেছে—নাড়াতে কষ্ট হয় বা কষ্ট করে নাড়াতে হয় এমন। **keep a ~ upper lip** নানান দুঃখ ও বিপত্তির অভিজ্ঞতা সত্ত্বেও মুখ বুজে সহ্য করে চারিত্রিক দৃঢ়তা প্রকাশ করা। **~ necked** একগুঁয়ে; ভয়ানক জেদি। ২ চালনা করা; সরানো বা কাজ করানো শক্ত এমন: Mix up all the ingredients properly to produce a ~ paste, কঠিন। ৩ (আচারআচরণ সম্বন্ধে) আনুষ্ঠানিকতাপূর্ণ; নিয়মনিষ্ঠভাবে; অসৌহার্দ্যমূলক; দেমাগি: His behaviour was so ~; it was a ~

ceremony; I am always ~ to my relations. ৪ মাত্রায় প্রবল; মাত্রাতিরিক্ত a very ~ price; a ~ plate of chicken, পরিমাণে বেশি; a ~ glass of sherbat, মিষ্টির পরিমাণ অতিরিক্ত বেশি। □*adv* সম্পূর্ণত; প্রায় নিঃশেষ হবার মতো: It hit them ~, খুবই জোরে আঘাত করেছিল: She was scared ~; The child was rebuked ~, ভীষণভাবে ভীত বা ধমক খেয়ে থতমত। □*n* (অপ.) ১ শবদেহ। ২ নির্বোধ। **~·ly** *adv.* **~·ness** *n* **~en** [ˈস্টিফ্‌ন্] *vt, vi.* কঠিন বা শক্ত হওয়া বা করে তোলা। **~en·ing** [ˈস্টিফ্‌নিং] *n* [U] যে বস্তু দ্বারা কোনো বস্তু বা বিষয়কে শক্ত করে তোলা হয়। **~·ener** [ˈস্টিফ্‌না(র্)] *n* যার দ্বারা কঠিন করা হয়।

sti·fle [স্টাইফ্‌ল্] *vt, vi.* ১ কোনো কারণে শ্বাসরুদ্ধ বোধ করা; শ্বাস-প্রশ্বাস গ্রহণ কষ্টকর বোধ করা: We were ~d in the crowded train. I feel ~d in a smoky room. ২ দমন করা; থামিয়ে দেওয়া: ~ an uprising; ~ a cry. **stifler** *n* শ্বাসরোধকারী; দমনকারী; শ্বাসরোধ করে হত্যা করার মঞ্চ।

stigma [ˈস্টিগমা] *n* [C] ১ *pl* ~s [-মাজ্] (লাক্ষ.) লজ্জা বা কলঙ্কের চিহ্ন: the ~ of treachery. ২ (*pl* ~ta [-টা] আসিসির সাধু ফ্রান্সিস এবং অন্যদের শরীরের এমন দাগ যার সঙ্গে ক্রুশবিদ্ধ যিশুর ক্ষতচিহ্নের সাদৃশ্য রয়েছে। ৩ (*pl* ~s) (উদ্ভিদবিদ্যা) গর্ভকেশরের পরাগ্রাহী অংশ; গর্ভমুণ্ড। **stigmatic** *adj* কলঙ্কচিহ্নিত; দাগযুক্ত।

stig·ma·tize [ˈস্টিগমাটাইজ্] *vt* কলঙ্কচিহ্নিত করা; কলঙ্কজনকভাবে বর্ণনা করা: ~d as a thoroughly corrupt person.

stile [স্টাইল্] *n* ১ প্রাচীর বা বেড়া বা ঘেরা সীমানা লঙ্ঘন করে যাবার জন্য বিশেষভাবে তৈরি সোপান বা সিঁড়ি। ২ দরজা, জানালা প্রভৃতির বাজু। **help a lame dog over a ~,** দ্র. dog[1] (২).

sti·letto [স্টি ˈলেটো] *n* সরু ফলকযুক্ত তরবারিবিশেষ। **~heel** (কোনো মহিলার জুতায়) উঁচু সরু গোড়ালি (সাধারণত ধাতু দিয়ে তৈরি)।

still[1] [স্টিল্] *adj* (-er -est) ১ নিশ্চল; স্থির; শান্ত: Everything is ~ here. a ~ photograph; stand ~. **the ~ small voice** বিবেকের কণ্ঠস্বর ˌ**~-ˈlife** *n* [U] চিত্রকলায় বিভিন্ন বিষয় অঙ্কন, যেমন ফলফুল প্রভৃতি। [C] (*pl* ~-lifes) এ ধরনের চিত্রকলা। ˈ**~-birth** জন্মকালে মৃত শিশু। ˈ**~-born** *adj* (শিশুর ক্ষেত্রে) জন্মের সময়ে মৃত। ২ (মদজাতীয় পানীয়ের ক্ষেত্রে) ঝকঝকে নয়; গ্যাসবিহীন। □*n* [U] ১ (কাব্যে): in the ~ of the endless desert. ২ [C] সাধারণ আলোকচিত্র; স্থিরচিত্র (ছায়াছবির বা ভিডিও ক্যামেরায় তোলা চলমান চিত্রের সঙ্গে ভিন্নতা বোঝাতে): ~s from the films of Satyajit Ray, খবরের কাগজ বা বিজ্ঞাপনে যেভাবে ব্যবহৃত হয়। **~y** (কাব্যে) প্রশান্ত; নীরব; নিস্তব্ধ। **~·ness** *n*

still[2] [স্টিল্] *vt* ১ শান্ত বা নিশ্চল করে তোলা: His appearance ~d the entire room. ২ পাতন করা: Five bottles have been ~ed so far.

still[3] [স্টিল্] *n* [C] পাতনযন্ত্র; যে যন্ত্রের সাহায্যে মদজাতীয় পানীয় তৈরি করা হয়। ˈ**~-room** বড়ো বাড়িতে ভাঁড়ার ঘর।

still[4] [স্টিল্] *adv* ১ (সাধা. মাঝখানে থাকে, কিন্তু কোনো বিধেয়ের পরও থাকতে পারে) এখন বা তখন পর্যন্ত: He is ~ the chairman of the department. I ~ believe that he will come. Will she be ~ there if I can reach the place in half an hour ? Knowing him fully now, do you ~ love him ? ২ (সংযোজকের সঙ্গে) সত্ত্বেও; তথাপি: I accept this, but I shall ~ love to have that one. Sylhet is beautiful, but Chittagong is ~ more beautiful. ৩ যাই হোক; এতদ্‌সত্ত্বেও; তারপরও: Dhaka often makes you feel sickening, ~ it is the place you would love to live in.

stilt [স্টিল্‌ট্] *n* (প্রায়শই **pair of ~s)** নীচের দিক থেকে পা উঁচু করে রাখার ব্যবস্থাসহ গোলাকার দীর্ঘ দণ্ড বা খুঁটি, যা দিয়ে একটি বিশেষ ভঙ্গিতে পদসঞ্চালন করা হয়; রণপা: walk on ~s.

stilted [ˈস্টিল্‌টিড্] *adj* (রচনারীতি, বাচনভঙ্গি বা আচরণবিধি সম্বন্ধে) কষ্টবোধ্য, অস্বাভাবিক; খুবই আনুষ্ঠানিকতাক্লিষ্ট।

Stil·ton [ˈস্টিল্‌টান্] *n* অত্যন্ত স্বাদু ও প্রোটিনসমৃদ্ধ এক ধরনের পনির।

stimu·lant [স্টিমিউল ন্‌ট্] *adj* উদ্দীপক; যে বস্তু বা বিষয় উদ্দীপিত করে। □*n* শারীরিক উদ্দীপনা বা উত্তেজনা সৃষ্টিকারী ওষুধ বা মাদক।

stimu·late [ˈস্টিমিউলেইট্] *vt* **~ sb (to sth/ to do sth)** উদ্দীপিত করা; জাগিয়ে তোলা; উত্তেজিত করা: ~ someone's energy to take up a new enterprise. The war of liberation ~d patriotism in millions of hearts. **stimu·lat·ing** *adj* উদ্দীপক; উত্তেজক। **stimu·la·tion** *n* (অপিচ stimulator).

stimu·lus [ˈস্টিমিউলাস্] *n* (*pl* -li [-লা ই]) [C] ১ কর্মপ্রেরণাদায়ক বস্তু বা বিষয়; উদ্দীপক: Try to inject ~ into the team. ২ (বৃক্ষ ফল প্রভৃতির) কাঁটা, হুল বা তীক্ষ্ণ আঁশ।

sting[1] [স্টিঙ্] *n* ১ [C] তীক্ষ্ণ বিষাক্ত হুল (মৌমাছি, ভীমরুল প্রভৃতির): The ~ of scorpion made the child sick. ˈ**~-ray** উষ্ণদেশীয় চওড়া চেপ্টা মাছ, যা মেরুদণ্ডের দ্বারা প্রচণ্ড আঘাত করতে সক্ষম। ২ বৃক্ষপত্রের কাঁটা বা আঁশ, যা স্পর্শ করলে আঙুলে যন্ত্রণা অনুভূত হয়: ~ing-nettle. ৩ [C] পোকামাকড়ের হুল বা পাতার সুচালো অগ্রভাগ দ্বারা যন্ত্রণা: The ~s will leave their marks on her face. ৪ [C, U] শরীর বা মনের তীব্র যন্ত্রণা: ~ of pinch; ~ of repentence; His service (in tennis) has no ~ in it, দুর্বল অর্থে।

sting[2] [স্টিঙ্] *vt, vi (pt, pp* stung [স্টাঙ্]) ১ কাঁটা বা হুলের দ্বারা বিদ্ধ করা বা অনুরূপভাবে বিদ্ধ করা; বিদ্ধ করার ক্ষমতা থাকা: The bees stung me on the face. His palm was thoroughly stung by the cactus. ২ **~ sb(to/ into sth/ doing sth)** তীক্ষ্ণ যন্ত্রণার সৃষ্টি করা; রাগিয়ে তোলা: His comments stung me to counter-action. ৩ (শরীরের কোনো অংশে) তীব্র যন্ত্রণা অনুভব করা: His hands are still ~ing from the wound. ৪ **~ sb (for sth)** (কথ্য) কোনো বস্তুর জন্য অত্যধিক দাম চাওয়া; কাউকে প্রতারণা করা: He was stung for taka five hundred. Take care, so that you are not stung for. **stinged** *adj* (ক) *adj* যন্ত্রণাদায়ক। (খ) *n* কাঁটা, হুল প্রভৃতির দংশন। **~er** *n* ১ তীক্ষ্ণ আঘাত বা দংশনকারী প্রাণী বা কাঁটা। ২ যন্ত্রণাদায়ক আঘাত। **~·less** *adj* কাঁটা, হুল প্রভৃতি নাই এমন; ঝাঁঝশূন্য; নিস্তেজ।

stingy [স্টিন্‌জি] *adj* (-ier, -iest) কৃপণস্বভাব; ব্যয়কুণ্ঠ; কঞ্জুস: He is so ~ about the stationaries.

I cannot bear a ~ person. **stin·gily** [-জিলি] *adv* **stin·gi·ness** *n*

stink [স্টিংক্] *vi, vt (pl* stank [স্ট্যাংক্] অথবা stunk [স্টাংক] *pp* stunk) ১ **~ (of sth)** তীব্র ও কটু দুর্গন্ধ ছড়ানো: The garbage ~s. Your hands ~ of onions. **cry ~ing fish** নিজের জিনিসকে নিন্দা করা। ২ **~ sb/sth out** (ক) তীব্র গন্ধ ছড়িয়ে কাউকে বিতাড়ন: ~ out the mosquitoes by spraying insecticide. **(খ)** কোনো স্থান তীব্র গন্ধে ভরিয়ে তোলা: Do not ~ the room with these rotten potatoes. □*n* [C] তীব্র কটু গন্ধ। **raise/ kick up a ~ (about) (sth)** (কথ্য) অভিযোগের সাহায্যে বিরক্তি বা বিঘ্ন সৃষ্টি করা। **~er** *n* (অপ.) ১ এমন ধরনের চিঠি যার মধ্যে তীব্র প্রত্যাখ্যান বা বিরক্তি প্রকাশ করা হয়ে থাকে। ২ এমন ব্যক্তি, যে ভীষণ রকমের বিরক্তি বা ঘৃণা উৎপাদন করে। ৩ (কথ্য) কষ্টসাধ্য বা বিরক্তিকর কোনো বস্তু: Shopping on holidays is a ~er.

stint [স্টিন্ট্] *vt, vi* **~ sb (of sth)** সামান্য পরিমাণের মধ্যে সীমিত করা; থামিয়ে রাখা; (কাউকে কিছুর) অভাবে রাখা: She ~ed him of the drinks so that he does not get intoxicated. Don't ~ your grace from your children. □*n* ১ (সাধা.) **without ~** সীমা ছাড়িয়ে; কোনো সংযম ছাড়াই; কোনো প্রচেষ্টা ছাড়াই। ২ [C] নির্দিষ্ট বা সীমিত পরিমাণ (কাজ বা শ্রম সম্পর্কে): do one's daily ~.

sti·pend [স্টাইপেন্ড্] *n* [C] (বিশেষত) যাজক বা সৈনিকের বেতন; বৃত্তি; ভাতা: ~ for twelve months. **sti·pen·di·ary** [স্টাইপেনডিআরি US -ডিয়ারি] *adj* বেতনভুক: ~iary commissioner.

stipple [ˈস্টিপ্‌ল্]*vt* রেখার পরিবর্তে বিন্দুর বা ফুটকির সাহায্যে আঁকা। □*n* বিন্দু বা ফুটকি দিয়ে খোদাই করা/ আঁকা চিত্র।

stipu·late [ˈস্টিপিউলেইট্]*vt, vi* ১ প্রয়োজনীয় শর্ত হিসাবে কোনো কিছু উপস্থাপন করা: It was ~d that payment should be made in foreign exchange. ২ **~ for sth** (চুক্তির শর্ত হিসাবে কোনো বিষয়ে জোর করা: ~ for after sales service. **stipu·la·tion** [স্টিপিউলেইশ্‌ন্] *n* [C] শর্তাধীন বিষয়: on the stipulation that ···· **stipu·la·tor** *n*

stir [স্টা(র্)] *vi, vt* ১ চলা বা চালানো: Nothing ~red in city-life on the hartal day, নগরজীবনের কোনো নড়াচড়া নেই; গাড়িঘোড়া বন্ধ; চলাচল নেই; The leaves ~red in the breeze. He has not ~red yet, এখনও বিছানা ছেড়ে ওঠেনি; Nothing could ~him, কোনো কিছুতেই তাকে সচল বা সক্রিয় করা গেল না; ~ yourself, you have little time, সময় কম, তাড়াতাড়ি করো/সক্রিয় হও। **not ~ an eyelid** নিশ্চল থাকা; নিরুদ্বিগ্ন থাকা। **not ~ a finger** কোনো কিছু করার বা সাহায্য করার চেষ্টা না করা। **~ one's stumps** (কথ্য) তাড়াতাড়ি করা; দ্রুত হাঁটা। ২ **~ sth (up)** কোনো কিছু ভালোভাবে মেশানোর জন্য চামচ দিয়ে জোরে জোরে নাড়া: ~ a glass of sherbat; ~ the porridge in the can. **~ the fire** খোঁচা দিয়ে বা নাড়িয়ে দিয়ে আগুনকে চাঙ্গা করে তোলা। ৩ **~ sb to sth; ~ sth (up)** উত্তেজিত করা: The murder ~red revenge in him. Oppression ~red the people to rebellion. That story ~red courage in me. I need to be ~red up by your company. **~ the blood** উত্তেজনা বা চাঞ্চল্য জাগ্রত করা। ৪ জাগ্রত হওয়া; জেগে উঠা; সৃষ্ট হওয়া: A sublime feeling ~red me. □*n* (সাধা. **a ~**) উত্তেজনা; থমথমে ভাব: The killings created a ~ in the area. **~·ring** ১ *adj:* ~ing tales of human endeavour. □*n:* There was no ~ing in the house of the deceased. **~·ring·ly** *adv*

stir·rup[1] [স্টিরাপ্] *n* [C] রেকাব; অশ্বারোহীর পা রাখার নির্দিষ্ট স্থান। **ˈ~-cup** আরোহণে ও যাত্রায় প্রস্তুত অশ্বারোহীকে প্রদত্ত মদ।

stir·rup[2] [ˈস্টিরাপ্] *n* (শারীর.) কানের ভিতরের অস্থি বা হাড়।

stitch [স্টিচ্] *n* ১ সেলাই বা বোনার সময় সুচের ফোঁড়; (উল বোনার ক্ষেত্রে) সুচ বা কাঁটার মাধ্যমে একবার ঘুরে আসা। ২ সুতা বা তার দিয়ে প্রতিটি পৃষ্ঠা বা পাতা ফুঁড়ে সেলাই; সেলাই বা বাঁধাই করার সুচ: compact ~; some ~es in the skirt; centre ~ (বই বা খাতার ক্ষেত্রে); drop a ~ সেলাই করার সময় সুচের একটি করে ঘর বাদ দিয়ে যাওয়া: put ~ into/take ~es out of a wound. **have not a ~ on** (কথ্য) নিরাবরণ হওয়া; বিবস্ত্র হওয়া। **A ~ in time saves nine** (প্রবাদ) সময়ের ১ ফোঁড় দুঃসময়ের ১০ ফোঁড়—সময়মতো একটু কাজ করে রাখলে তা ভবিষ্যতের বহু কাজের কষ্ট বাঁচিয়ে দিতে পারে। ৩ (যৌগশব্দ) বিশেষ ধরনের সেলাই-ফোঁড়: a ˈbuttonhole ~; a ˈchain ~. ৪ (শুধুমাত্র *sing)* দেহের কোনো একদিকে তীব্র যন্ত্রণা (খাওয়াদাওয়ার পর দ্রুত ছোটাছুটি করলে যেমন হয়)। □*vt, vi* সেলাই করা; সেলাই করে জুড়ে দেওয়া।

stithy [ˈস্টিদি] *n* নেহাই; কামারশালা।

stoat [স্টোট্] *n* এক ধরনের বড়ো আকৃতির নকুল বা বেজি।

stock[1] [স্টক্] *n* ১ [C, U] দোকান বা ভাণ্ডার, যেখান থেকে বিভিন্ন দ্রব্য বিতরণ বা বিক্রয় করা হয়। **(be) in/out of ~** প্রাপ্তব্য নয়/ পাওয়া যাবে না; ভাণ্ডারে নেই: That item is out of ~. Do you ~ the lime cordial ? **ˈ~-list** *n* প্রাপ্তব্য দ্রব্যসামগ্রীর তালিকা। **ˈ~-room** *n* ভাণ্ডার; যে ঘরে বা প্রকোষ্ঠে জিনিসপত্র মজুদ করে রাখা হয়। **ˈ~-taking** *n* জিনিসপত্রের তালিকার সঙ্গে সেগুলি মিলিয়ে দেখা: From 25th of June we wish to start ~ taking. **take ~ of sth/sb** (লাক্ষ.) কোনো পরিস্থিতির সমীক্ষা করা; কারও যোগ্যতা বা গুণের পরীক্ষা নেওয়া; যাচাই করা। **ˌ~-in-ˈtrade** [U] কোনো ব্যবসায় বা পেশার জন্য যা যা প্রয়োজনীয়। ২ (attrib) সাধারণত ভাণ্ডারে রাখা হয়—এই সূত্রে সাধারণত পাওয়া যায়: ~ sizes in trousers; সাধারণত যে সাইজেরটি ব্যবহৃত হয়ে থাকে; ব্যবহারজীর্ণ: ~ arguments; ~ questions. We are prepared for your ~ formalities. **~ company** যে দল বা গোষ্ঠী কয়েকটি বাঁধাধরা নাটক বা নৃত্যানুষ্ঠান পরিবেশন করে থাকে। ৩ [C,U] কোনো বিষয়ের সরবরাহ: He is a good ~ of jokes. Store ~ of winter vegetables in the frigidaire. **ˈ~-piling** *n* (সাধা. সরকারিভাবে) সচরাচর লভ্য নয় এমন দ্রব্যসামগ্রী বা কাঁচামাল কিনে মজুদ করে রাখা (বিশেষত যুদ্ধ বা আপৎকালীন অবস্থায়)। ৪ [U] (**ˈlive-)~** খামারের পশুপাখি। **ˈfat-~** পশু বা প্রাণীর পরিমাণ এমন যে খাদ্য হিসাবে ব্যবহারের জন্য এখন সেগুলি হত্যা করা যায়। **fat-~ prices** এ ধরনের হত পশু বা প্রাণীর অপেক্ষাকৃত কম বিক্রয়মূল্য। **ˈ~-breeder/ farmer** যে ব্যক্তি পশু-প্রাণীর খামার গড়ে

তোলেন, পশুপালন করেন। ˈ~·car *n* (US) রেলগাড়ির যে বগিতে পশুর পাল বহন করা হয়। ˈ~·car racing *n* সাধারণভাবে বাজারে যে ধরনের মোটরগাড়ি ক্রয়বিক্রয় করা হয় তেমন গাড়ির প্রতিযোগিতা। ˈ~·yard খামারের ঘেরা সেই অংশ, যেখানে সাময়িকভাবে পশু–প্রাণী রাখা হয়; কোনো বাজারের যে অংশে বিক্রয়ের আগে পশু জড়ো করা হয়। ৫ [C, U] সরকার কর্তৃক গৃহীত ঋণের স্বীকারপত্র; যৌথ বাণিজ্য প্রতিষ্ঠানের অংশীদারী পত্র; কোম্পানির কাগজ বা শেয়ার: have 50,00 in the ~s. Allow your money to grow in safe ~s. ˈ~·broker *n* যে ব্যক্তি পেশাগতভাবে শেয়ার ক্রয় বা বিক্রয়ের কাজে নিয়োজিত। ˈ~ exchange *n* যে স্থানে বা ভবনে প্রকাশ্যভাবে শেয়ার ক্রয়–বিক্রয় করা হয়। ˈ~·holder *n* (প্রধানত যুক্তরাষ্ট্রে) যৌথবাণিজ্য প্রতিষ্ঠানের অংশীদার (শেয়ার ক্রয়সূত্রে)। ˈ~-jobber *n* শেয়ার ক্রয়–বিক্রয়ের ব্যবসায়ী; ফটকা ব্যবসায়ী; স্টক এক্সচেঞ্জের সদস্য, যার কাছ থেকে শেয়ার ক্রয়-বিক্রয়ের দালালরা শেয়ার কেনাবেচা করে থাকে। ˈ~-list চলতি দামের উল্লেখসহ শেয়ার ক্রয়–বিক্রয় তালিকা। ৬ [U] কুল–পরিচয়; বংশ: a man of ~; Dravidian ~. He belongs to the tribal ~. ৭ ~s and stones জড় বস্তু। ˌ~-ˈstill *adv* অনড়। ˈlaughing-~ হাসির বা ব্যঙ্গরসের বিষয়/ বস্তু। ৮ [U] উৎপাদনের জন্য প্রস্তুত কাঁচামাল: ˈpaper ~, কাগজ তৈরির জন্য প্রয়োজনীয় কাঁচামাল। ৯ [U] যে তরল পদার্থের মধ্যে হাড় প্রভৃতি তাপের সাহায্যে সিদ্ধ করা হয়; স্যুপ ও ঝোল বানানোর জন্য প্রয়োজনীয় মাংস ও সবজির রস। ˈ~–cube *n* বিশুষ্ক পদার্থের খণ্ড (যে খণ্ডগুলি বিভিন্ন বস্তুকে শুকনা করার পর বানানো হয়েছে)। ˈ~·fish *n* যে মাছ (প্রধানত তিমি) কেটে এবং লবণ ছাড়া বাতাসে শুকিয়ে রাখা হয়েছে (কোনো কোনো দেশের প্রধান খাদ্য)। ˈ~·pot *n* যে পাত্রে (৯)–এ বর্ণিত রস বানানো হয়। ১০ [C] কোনো যন্ত্র বা হাতিয়ারের ভিত্তি বা হাতল: the ~ of a rifle, the ~ of a whip, the ~ of an anchor. lock, ~ and barrel (লাক্ষ.) সম্পূর্ণত; পূর্ণাঙ্গভাবে। ১১ [C] গাছের গুঁড়ি বা প্রধান কাণ্ডের নীচের অংশ। ১২ [C] বেড়ে ওঠা যে গাছে কলম কাটা হয়। ১৩ *(pl)* যে কাঠামোর উপর স্থাপন করে জাহাজ নির্মাণ করা হয় বা মেরামত করা হয়। on the ~s নির্মাণাধীন। ১৪ *(pl)* (প্রাচীন কালে) কর্তব্যে অবহেলা বা অনুরূপ দোষের জন্য অপরাধীকে বসার ভঙ্গিতে আটকে রাখার জন্য তার গোড়ালিতে পরানোর জন্য বেড়িবিশেষ। ১৫ [C] শক্ত কাপড় বা চামড়ার তৈরি চওড়া বিশেষ ধরনের (আধুনিক কালের টাই–এর মতো) গলবন্ধনী, যা প্রাচীন কালে পুরুষরা ব্যবহার করতো। ১৬ বাগানের এক ধরনের উজ্জ্বলবর্ণ সুমধুর গন্ধের ফুল। ~ book মজুদ জিনিসপত্রের হিসাবের খাতা। ~·ist বিক্রির মালপত্রের মজুদকারী। ~ market শেয়ারের বাজার; ফটকা বাজার। ~·ly *adv.* ~·ness *n.* ~·rises or falls (লাক্ষ.) (কারও) জনপ্রিয়তা বৃদ্ধি বা হ্রাস পাওয়া।

stock[2] [স্টক্] *vt* ১ মজুদ থাকা; মজুদ রাখা; সরবরাহ সঠিক রাখা: I will only ~ best quality goods. Aarong ~s all the finest things in handicrafts. Do you ~ the Penguin books ? ২ তহবিলে বা ভাণ্ডারে মজুদ রাখার উপযুক্ত জিনিসপত্র সরবরাহ করা; মজুদ করা বা পূর্ণ করা: ~ early, so that you can make good winter sales. His arguments are well ~ed with facts and reasons. ৩ অপরাধীকে বেড়ি পরানো: to ~ the criminal.

stockade [স্টˈকেই ড়] *n* খোঁটা বা গোঁজ দিয়ে তৈরি সীমানাপ্রাচীর যা প্রতিরক্ষার কাজে ব্যবহৃত হয়; এভাবে তৈরি বেড়া। □*vt* এরূপ প্রাচীরের মাধ্যমে আত্মরক্ষা করা।

stock·in·ette [ˌস্টকিˈনেট্] *n* নমনীয় মেশিনে বোনা কাপড় (প্রধানত অন্তর্বাস হিসাবে ব্যবহৃত) (অপিচ stockinet)।

stock·ing [ˈস্টকিং] *n* [C] (প্রায়শ pair of ~s) নাইলন, সুতি, রেশম বা উলের তৈরি আঁটসাঁট হাঁটু পর্যন্ত লম্বা মোজা: in one's ~ feet, মোজাপরিহিত কিন্তু জুতাপরিহিত নয়। দ্র. tight· stock·inged মোজাপরিহিত।

stocky [স্টকি] *adj* (-ier, -iest) (ব্যক্তি, প্রাণী ও উদ্ভিদের ক্ষেত্রে) মোটাসোটা, গাট্টাগোট্টা, বেঁটে ও সতেজ: The shopkeeper is a man of ~ build. stock·ily *adv*

stodge [স্টজ্] *n* [U] ১ (অপ.) গুরু ও দুষ্পাচ্য খাদ্য। ২ নীরস খিটখিটে মেজাজের ব্যক্তি। ৩ ধরাবাঁধা নিয়মের কাজ। stodgy [ˈস্টজি] *adj* ১ (খাদ্য সম্বন্ধে) ভারী এবং স্নেহপদার্থপূর্ণ ভূরিভোজ: a ~ meal. ২ (গ্রন্থ সম্বন্ধে) যে পুস্তক অত্যন্ত ভারিক্কি কায়দায় লিখিত, তথ্য ও বিস্তারিত বর্ণনায় কন্টকিত; সুখপাঠ্য নয়। ৩ (ব্যক্তি সম্বন্ধে) ভারী মেজাজের লোক; গুরুগম্ভীর, নীরস ও অলসপ্রকৃতির। stodg·ily *adv.* stodgi·ness *n*

stoep [স্টোপ্] *n* (দক্ষিণ আফ্রিকায়) চত্বরাকৃতি বারান্দা; বাড়ির সম্মুখ দরজার সন্নিহিত গাড়িবারান্দা।

stoic [ˈস্টোইক্] *n* ১ গ্রিক দার্শনিক জেনোর মতাবলম্বী দার্শনিক। ২ যে ব্যক্তির আত্মনিয়ন্ত্রণের উল্লেখযোগ্য ক্ষমতা আছে। ৩ যে ব্যক্তি অভিযোগবিহীনভাবে যন্ত্রণা ও বেদনা সইতে পারেন। ৪ সুখে–দুঃখে নির্বিকার ব্যক্তি। sto·ical *adj.* sto·icism *n* দার্শনিক জেনোর মতবাদ; জীবনের যাবতীয় অর্জন ও বেদনার প্রতি অভিযোগহীনতা ও ঔদাসীন্য।

stoke [স্টোক্] *vt, vi*-~ (sth) (up) ইনজিন, ফার্নেস বা উনানের আগুনে কাঠ, কয়লা প্রভৃতি দেওয়া; ইনজিন যোগানো; ফার্নেসের তাপ বা প্রজ্বলন দেখাশোনা করা: ~ (up) the furnace; ~ (up) every six hours; ~ hole/hold; জাহাজের মধ্যে বাষ্প তৈরির জন্য নির্দিষ্ট অগ্নিকুণ্ড। ~r *n* ১ ইনজিন, কারখানা প্রভৃতির চুল্লিতে কয়লা প্রভৃতি দেওয়ার জন্য নিয়োজিত ব্যক্তি। ২ চুল্লিতে কয়লা প্রভৃতি দেওয়ার জন্য যান্ত্রিক পদ্ধতি।

stole[1] [স্টোল্] *n* ১ প্রার্থনাসভার সময়ে কোনো কোনো খ্রিস্টীয় চার্চের পুরোহিতদের পরিহিত গলা থেকে সামনের দিকে ঝুলন্ত লম্বা রেশমি কাপড়। ২ মহিলাদের খাটো চাদর, কাঁধের উপর পরিধেয়।

stole[2] [স্টোল্], **stolen** [স্টোলেন্] steal–এর *pt* ও *pp*

stolid [স্টলিড়্] *adj* অনুত্তেজিত, অবিচলিত; সহজে বিচলিত হয় না এমন। ~·ly *adv.* ~·ness, ~·ity *n*

stom·ach [ˈস্টমাক্] *n* ১ পাকস্থলী; পেট; উদর; জঠর: One should not run in a full ~. Do not work in an empty ~. I have got an upset ~, পেট খারাপ; হজমের অসুবিধা; ~ ache, পেটের ব্যথা; ~ pump, নমনীয় নল, যার দ্বারা পাকস্থলীর কোনো বিষক্রিয়ার সময়ে প্রয়োজনে মুখের মধ্য দিয়ে তা লাগিয়ে বিষাক্ত খাদ্য বের করে আনা হয়। ২ ক্ষুধা; খাবার রুচি; খাদ্যাসক্তি: no ~ for a beef steak now. have no ~ for sth কোনো প্রস্তাবে সাড়া দিতে অসম্মতি: have no ~ for wrestling. □*vt* ১ (সাধা. নঞর্থক বা প্রশ্নসূচক প্রয়োগ) সহ্য করা; বরদাস্ত করা: How could you ~ such a pandemonium ? It is not possible to ~ such stupid behaviour for long.

stomp [স্টম্প্] *vi* **~ about** জোরে জোরে পা ফেলা; সজোরে পদসঞ্চালন করা বা হাঁটা। □*n* জোরালো বিটের নাচের উপযোগী জ্যাজ সঙ্গীত।

stone [স্টোন্] *n* ১ [U] (প্রায়শই attrib) পাথর, প্রস্তর, শিলা (অনেক সময় উপসর্গসহযোগে ব্যবহৃত হয়): sand ~; lime ~; ~ wall; a statue made of ~s; ~-eyed, পাথরের মতো চোখ, অপলক; যে চোখে কোনো কিছুই ছাপ ফেলে না। **~-hearted** *adj* পাষাণহৃদয়; নির্দয় অনুভূতিহীন ব্যক্তি। **the ˈS~ Age** *n* প্রস্তর যুগ; সভ্যতার সেই স্তর, যখন মানুষ কেবল প্রস্তরের ব্যবহার জানতো। **ˌ~-ˈblind** সম্পূর্ণ অন্ধ। **ˈ~-breaker** পথনির্মাণের জন্য যে শ্রমিক পাথর ভাঙে; পাথর ভাঙার যন্ত্র। **ˌ~-ˈcold** পাথরের মতো মৃত; নিশ্চল। **ˌ~-ˈdeaf** পাথরের ন্যায় বধির; বদ্ধকালা।। **ˈ~-fruit** বিচিযুক্ত বা আঁটিযুক্ত ফল। **ˈ~-hammer** পাথর ভাঙার হাতুড়ি; পাথরের তৈরি হাতুড়ি। **ˈ~·mason** পাথর কেটে বা পাথর দিয়ে ভবন বা অট্টালিকা নির্মাণ করার মিস্ত্রী। **ˈ~-pit** যে গর্ত খুঁড়ে পাথর তোলা হয়। **ˈ~·still** (কাব্যে) পাথরতুল্য; নিশ্চল। **~'s throw** *n* ঢিল নিক্ষেপ করলে যে দূরত্ব অতিক্রান্ত হয়, সন্নিকট, সামান্য ব্যবধান। **ˌ~-ˈwall** *vt* ১ ব্যাট করার সময় অতিরিক্ত সাবধানতা অবলম্বন করা। ২ সংসদের সভায় লম্বা ভাষণ প্রদানের সময়ে বাধা প্রদান করা। **ˌ~-ˈwalling** *n* এ ধরনের বাধা। **ˌ~-ˈwaller** *n* যে ব্যক্তি অনুরূপ বাধা প্রদান করেন। **ˈ~·ware** *n* পাথরের বাসনপত্র। **ˈ~·work** *n* পাথর দ্বারা নির্মিত ভবন; কোনো ভবনে বা অট্টালিকায় পাথরের কাজ। ২ [C] প্রস্তরখণ্ড; পাথরের টুকরা: a wall spotted with ~s; The downhill is covered by thick ~s. **leave no ~ unturned** (প্রবাদ) কোনো কাজ করার জন্য সকল প্রকার প্রচেষ্টা নেওয়া। **throw ~s at** (লাক্ষ.) কারও চারিত্রিক ত্রুটি বিষয়ে কটাক্ষ করা: Those who live in glass houses should not throw ~s at others, নিজের চরিত্র যদি ত্রুটিমুক্ত না হয় তাহলে অন্য কারও বিষয়ে সমালোচনা করা সমীচীন নয়। ৩ [C] মূল্যবান পাথর; রত্ন; মণি: He is a dealer of precious ~s. ৪ [C] বিশেষ আকৃতির প্রস্তরখণ্ড, যা বিশেষ কাজে ব্যবহৃত হয়: a ˈgrave ~, ˈtomb ~. ৫ [C] পাথরের মতো শক্ত ও গোলাকৃতি কোনো বস্তু। (ক) কোনো ফলের অত্যন্ত শক্ত বিচি, যেমন লিচু, কাঁঠাল প্রভৃতি; (খ) (সাধা. **ˈhail·~**) শিলাবৃষ্টির সময়ে বৃষ্টির সঙ্গে পতিত শক্ত নুড়ির মতো বরফখণ্ড। ৬ কিডনি বা মূত্রাশয়ে পাথরের মতো শক্ত যে বস্তু জমা হয়: She will need a surgery for ~ in the kidney. **ˈgall·~**, দ্র. gall. ৭ (যুক্তরাষ্ট্রে প্রযুক্ত নয়, বহুবচনে অপরিবর্তিত থাকে) ওজনের একক ১৪ পাউন্ড: She weighs 12 ~. □*vt* ১ পাথর ছোড়া বা নিক্ষেপ করা: In Saudi Arabia some of the criminals are ~d to death. The police was ~d by the demonstrators. ২ বিচি বের করে ফেলা (কোনো ফল থেকে): ~d dates.~. **~·less** *adj* (ফল সম্বন্ধে) বিচিহীন ফল। **~s will cry out** অন্যায় ও অবিচার এত ব্যাপক যে পাষাণ বা অচেতন পদার্থও প্রতিবাদ করবে। **~ the crows** (অপ.) বিস্ময় ও বিরক্তি প্রকাশক উক্তি। **throw or cast ~s at** আক্রমণ করা; দোষ ধরা।

stony [স্টোনি] *adj* (-ier -iest) ১ প্রস্তরবহুল: a ~ place; a ~ field. ২ কঠিন, সহানুভূতিহীন ও নির্দয়: a ~ heart; a ~ look; a ~ appearance. ৩ (অপ.) **ˌ~-ˈbroke** কপর্দকশূন্য। **ston·ily** *adv:* stonily obedient.

stood [স্টোড্] stand-এর *pt* ও *pp*

stooge [স্টূজ্] *n* ১ হাস্যকৌতুকাভিনেতা; দর্শক মনোরঞ্জনের জন্য যে ব্যক্তি অভিনয় করে থাকেন; ভাঁড় (অপ.)। ২ উঞ্ছ বৃত্তিধারী ব্যক্তি; অপরের অপকর্মের সহযোগী; সাগরেদ। □*vi.* হাস্যকৌতুকের অভিনয় করা বা অন্যের অধীনে দুষ্কর্মের ভার বহন করা।

stool [স্টূল্] *n* ১ বসার টুল বা চৌকি: Put the ~ at its proper place, a dressing table's ~; a piano ~. **fall between two ~s** দুইটি পন্থার মধ্যে কোনটি অধিকতর গ্রহণযোগ্য সে সম্পর্কে দ্বিধাগ্রস্ত হওয়া এবং সেজন্য সুযোগ হারানো। ২ (**ˈfoot) ~** পা রাখার জন্য ছোট নিচু চৌকি। ৩ [U] (চিকি.) মল; বিষ্ঠা: Get a pathologist's report about his ~, বৈজ্ঞানিক পদ্ধতিতে মল পরীক্ষা করে সম্ভাব্য সংক্রমণ বা বীজাণু অনুসন্ধান। ৪ **stool-pigeon** *n* যে পোষা পারাবতের সাহায্যে বন্য পারাবতদের ফাঁদ পেতে ধরা হয়; (লাক্ষ.) যে ব্যক্তি উক্ত পারাবতের কাজ করে অর্থাৎ যে লোকের সাহায্যে অন্য কাউকে (বিশেষত অপরাধীকে) ফাঁদে ফেলে ধরা হয়; (US)পুলিশের গুপ্তচর।

stoop[1] [স্টূপ্] *vi, vt* ১ সম্মুখ দিকে বা পশ্চাৎদিকে দেহ আনত করা; ঝুঁকে পড়া: She ~s to conquer; ~ a little while entering through the monkey door. He ~d to pick up a stone. ২ **~ to sth** (লাক্ষ.) নৈতিকভাবে নিজেকে নত করা; ছোট করা: A man of principle cannot ~ to such a pressure. ৩ উচ্চপদ, প্রতিষ্ঠা বা মর্যাদা থেকে নেমে আসা: He has to ~ down for his own folly. ৪ (শিকারি পাখি সম্বন্ধে) ছোঁ মেরে নেমে আসা। □*n* দেহের আনত অবস্থা; দেহ বক্রকরণ; চল; অবতরণ।

stoop[2] [স্টূপ্] *n* (উত্তর আমেরিকায়) কোনো বাড়ির প্রবেশদ্বারে ছাদহীন গাড়ি রাখার জায়গা বা সোপানশ্রেণী।

stop[1] [স্টপ্] *n* [C] ১ গতিরোধ; বিরাম: The machine came to a sudden ~. Mahanagar is a non-~ train from Dhaka to Chittagong. Which is the next ~? **put a ~ to sth; bring sth to a ~** থামার বা সমাপ্ত করার কারণ ঘটানো: Can you put a ~ to this quarrel ? Rain has come to a complete ~. ২ যে স্থানে বাস ও ট্রাক নিয়মিতভাবে যাত্রী উঠানামার জন্য থামে। ৩ বীণা, গিটার, বাঁশি, সেতার প্রভৃতি বাদ্যযন্ত্রের ঘাট: Pull out all the ~s; (লাক্ষ.) সর্বপ্রকার অনুভূতির প্রতি আবেদন, একটি মহৎ প্রচেষ্টায় নিয়োজিত হওয়া। ৪ যতিচিহ্ন; দাঁড়ি। **full ~** একটি বাক্য শেষ হবার পর শব্দের শেষে নীচের দিকে যে বিন্দু দেওয়া হয়। ৫ (ক্যামেরার ক্ষেত্রে) লেন্সে সঠিক আলো প্রক্ষেপণের জন্য ক্যামেরার আলো নিয়ন্ত্রণ করার পদ্ধতি। ৬ (ধ্বনি-বিজ্ঞানে) শ্বাসের রুদ্ধ বাতাস মুক্ত করার মাধ্যমে যে ব্যঞ্জনধ্বনি উচ্চারিত হয়—যেমন, p, b, k, g, t, d. ৭ রোধ; বাধাদান; যে বস্তুর সাহায্যে কোনো প্রতিবন্ধক সৃষ্টি করা যায়, যেমন—দরজা যাতে বন্ধ না হয়ে যায় সেজন্য বিশেষভাবে লাগানো প্রতিবন্ধক। ৮ (যৌগশব্দ) **ˈ~·cock** গ্যাস, তরল পদার্থ প্রভৃতির নির্গমন ও নিয়ন্ত্রণের ভাল্ভ: In case of any emergency please use the ~cock. **ˈ~·gap** সাময়িকভাবে কোনো অবস্থা অবলম্বন

বা উপায়গ্রহণ; সাময়িকভাবে নিযুক্ত ব্যক্তি বা বদলি: We have to invent some ~gap arrangement in this crisis. ˈ**~ press** *n* (যুক্তরাষ্ট্রে প্রযোজ্য নয়) সর্বশেষ সংবাদ, সংবাদপত্রের মুদ্রণকার্য আরম্ভ হবার পর প্রাপ্ত এবং মুদ্রিত সংবাদ। ˈ**~-watch** *n* বিরামঘড়ি; সহজে চালু বা বন্ধ করার পদ্ধতিসহ যে ঘড়ি বিভিন্ন দৌড়প্রতিযোগিতায় সময় রক্ষণের জন্য ব্যবহার করা হয়। **~·page** [ˈস্টপিজ্] *n* [C] (ক) গতিরোধ, বাধাদান। (খ) বন্ধ করে দেওয়া বা রাখা: ~page of allowance, শাস্তি হিসাবে ভাতা বন্ধ করে দেওয়া। ৯ কোনো অফিসে বা শিল্প-কারখানায় ধর্মঘটী ব্যবস্থা হিসাবে কাজ বন্ধ করে দেওয়া। **~·per** *n* বোতল, পাইপ বা কোনো ছিদ্র বন্ধ করার জন্য ব্যবহৃত ছিপি বা অন্য বস্তু; (US) প্লাগ। **put a ~per/the ~pers on (sth)** (লাক্ষ.) অবসান ঘটানো; অবদমন করা। **enough to ~ a clock** (কথ্য) (মুখাবয়ব সম্বন্ধে) অতিশয় কুরূপ; কুৎসিত।

stop[2] [স্টপ্] *vt, vi* (-pp-) ১ কোনো কিছু থামিয়ে দেওয়া; কোনো ব্যক্তির বা বস্তুর গতিরোধ করা; কোনো কাজ ব্যাহত করা বা থামিয়ে দেওয়া: ~ a vehicle; ~ a machine; ~ a man getting into the room; ~ throwing stones at the pond; ~ all your nonsensical talk. ২ **~ sb (from) (doing sth)** বাধা দেওয়া; প্রতিবন্ধকতা সৃষ্টি করা: Rain ~ped the meeting in the midway. Police can ~ all crimes if he really wants to. Nothing can ~ me from marrying her. Would you please ~ now ? ৩ ছেড়ে দেওয়া; বিরতি দেওয়া; অব্যাহত না রাখা: We ~ped buying goods of foreign origin. The baby ~ped crying as she saw her mother. **~ quarreling** (imper) (কোনো কিছু পছন্দ বা অনুমোদনযোগ্য নয়—এজন্য তা বন্ধ করতে আদেশ দান)। ৪ **~ (at)** থামিয়ে দেওয়া; মাঝপথে বন্ধ করা; থেমে যাওয়া: The rain has ~ped. The aircraft ~ped for sometime before final taking off. ৫ **~ (at)** বিশ্রাম নেওয়া; নিশ্চল হয়ে যাওয়া: The car ~ped. Does this train ~ at Jessore ? The caravan ~ped at the river-side. **~ dead** হঠাৎ থেমে যাওয়া। **~ short at sth** কারও কাজ বা গতিকে সীমিত করা; আংশিকভাবে প্রতিহত করা: Will the contending parties ~ short at war ? ৬ **~ (sth up)** ছিদ্র প্রভৃতির মধ্যে কোনো কিছু গুঁজে দিয়ে রোধ করা; ছিপি এঁটে দেওয়া: ~ the leakage with something. ~ the hole with a piece of wood; have a tooth ~ ped, দাঁতের ক্ষতস্থান চিকিৎসক দ্বারা পূরণ করে নেওয়া। **~ one's ears** (লাক্ষ.) কোনো কিছু না শোনা বা কোনো কিছু মনোযোগ প্রদান না করা। **~ the way** অগ্রগতি প্রতিহত করা। ৭ ছিন্ন করা; আটকে রাখা; (সাধারণভাবে যা প্রদান করা হয়) তেমন কিছু প্রদান করতে অস্বীকার করা: ~ a cheque, ব্যাংককে চেকের টাকা প্রদান না করতে নির্দেশ দান করা; The credit house has ~ped paying loan instalments, চুক্তিমাফিক ঋণের কিস্তি প্রদান করছে না; ~ allowance for overtime job, সাধারণ রীতি অনুযায়ী দৈনন্দিন কর্মঘণ্টার অতিরিক্ত কাজের জন্য বাড়তি মজুরি প্রদান করা থেকে বিরত থাকা। **~ sth out of sth** মজুরি বা বেতন থেকে টাকার অঙ্ক কর্তন করা। ৮ (কথ্য) থাকা; স্বল্পকালীন বাস করা: ~ at home; Are you ~ping at Chittagong for a week ? **~ off (at/in)** কিছু সময়ের জন্য যাত্রাবিরতি করা: ~ off at a stall or shop to buy sth, কোনো কিছু ক্রয় করার জন্য কোনো দোকানে থামা। **~ off/over (at/in)** কয়েক ঘণ্টা কোথাও থাকার জন্য যাত্রাবিরতি করা: ~ off overnight in Bombay. ˈ**~-over** *n* গন্তব্যের মধ্যবর্তী বিরতির স্থান; প্রার্থিত গন্তব্যে পৌঁছানোর আগে যাত্রী যে মধ্যবর্তী স্থানে কোনো কাজে বা নিছক বিশ্রাম নেবার জন্য যাত্রাবিরতি করেন। এই সূত্রেই, ˈ**~-over ticket** (attrib) যে টিকিটের মাধ্যমে কোনো স্থানে যাত্রাবিরতি করা সম্ভবপর। **~ up (late)** অনেক রাত পর্যন্ত শুতে না যাওয়া। ৯ (সঙ্গীতে) বেহালার সঠিক ছড় স্পর্শ করে অথবা বাঁশির সঠিক ছিদ্র নিয়ন্ত্রণ করে প্রার্থিত সুর বাজানো। **~·ping** *n* দন্তস্থিত ক্ষয়পূরণ দ্র. (৬)।

stor·age [স্টো°রিজ্] *n* [U] কোনো দ্রব্যসামগ্রী সংগ্রহ করে রাখার জন্য বা গুদামজাতকরণের জন্য যে জায়গা ব্যবহার করা হয় অথবা উক্ত জায়গা ব্যবহারের জন্য যে ভাড়া প্রদান করা হয়: Put your luggage in proper ~. Book the cold ~ for your potatoes. What is the ~ charge for 25 reams of paper ? ˈ**~ tanks** (attrib) তেল বা পেট্রোলিয়ম-এর জন্য ব্যবহৃত। ˈ**~ heater** বৈদ্যুতিক তাপযন্ত্র, যা তাপ সঞ্চয় করে রাখে।

store [স্টো°(র্)] *n* ১ [C] প্রয়োজনমতো ব্যবহারের জন্য সঞ্চিত বস্তু বা মজুত: Always lay in ~s of rice in the house. ২ [U] **in ~** (ক) ভবিষ্যতের জন্য প্রস্তুত: There's something in ~, যে বস্তু এখনও অনাগত; (খ) ভবিষ্যতের গর্ভে নিহিত: Nobody knows what the future has in ~ for us. ৩ *(pl)* বিশেষ ধরনের ও বিশেষ উদ্দেশ্যে ব্যবহৃত সামগ্রীর সমাহার: stationery ~s; medical ~ s, military ~s (দ্র. এ ধরনের বিষয়ের ব্যবসায়ী বোঝাতে বহুবচনের প্রয়োগ হয় না, যেমন—medical ~ dealer. ৪ [C] ˈ**~(-house)** যে স্থানে বা ঘরে দ্রব্যসামগ্রী মজুদ রাখা হয়, গুদামঘর, ভাণ্ডার: There are hundreds of ~-houses around the port. (লাক্ষ.) The library is a ~-house of knowledge. ˈ**~·room** যে ঘরে বা প্রকোষ্ঠে গার্হস্থ্য দ্রব্যসামগ্রী মজুত রাখা হয়। ৫ [C] (প্রধানত US) দোকান: a garment's ~, যে দোকান থেকে তৈরি পোশাক বিক্রি হয় (দর্জির কাছে পুনরায় যাবার প্রয়োজন নেই)। ৬ *(pl)* যে সব দোকানে বহুবিচিত্র দ্রব্যসামগ্রী বিক্রয় করা হয়: You come across a number of department ~s in Oxford Street. Ladies ~s; provision ~s; general ~ (বিশেষত গ্রামাঞ্চলের) যেসব দোকানে নানা ধরনের জিনিস বিক্রি হয়; chain ~, দ্র. chain (৪). ৭ [U] **set great/ little/ not much ~ by** অতিশয়/সামান্য মূল্যবান বলে বিবেচিত হওয়া। **~-keeper** ভাণ্ডারী; গুদামরক্ষক। □*vt* ১ **~ sth (up)** ভবিষ্যতে ব্যবহারের বা প্রয়োজনের জন্য জমিয়ে রাখা: The camel ~s up water for days to come. ২ গুদাম বা ভাণ্ডারে নিরাপদভাবে কোনো দ্রব্য সংরক্ষিত করা: S~ the coal in a warehouse safe from fire. ৩ পরিপূর্ণ থাকা: a mind well ~d with ideas; a teacher ~d with long experience.

storey (US = **story)** [ˈস্টো°রি] *n (pl* ~s, (US)-ries) বাড়ি বা ভবনের তল বা তলা: a house of five ~s. **-storeyed** (US -storied) [ˈস্টো°রিড়] *adj:* a three-~ed building.

stor·ied [ˈস্টো°রিড়] *adj* (সাহিত্যে) উপকথায়, গল্পে বা কাহিনীতে খ্যাত: The ~ Qumayun.

stork [স্টো°ক্] *n* সারস; ক্রৌঞ্চ।

storm [স্টো°ম্] *n* ১ [C] ঝড়; ঝ∅া; ঝটিকা; তীব্র ঝোড়ো আবহাওয়া: A ~ is likely to hit the coastal areas. A thunder ~ caused heavy losses to this area. ˈdust ~; ˈsand ~. We crossed the Padma in a ~. **a ~ in a teacup** (প্রবাদ) সাধারণ বিষয়ে উত্তেজনাবহুল আলোচনা। **ˈ~-beaten** *adj* ঝড়ে ক্ষতিগ্রস্ত; ঝ∅া-কবলিত। **ˈ~-bound** *adj* ঝড়ের কারণে গতিরুদ্ধ; যাত্রা আরম্ভ করা বা অব্যাহত রাখা সম্ভব হয়নি এমন উপকূলীয় অঞ্চল। **ˈ~-centre** *n* ঝড়ের কেন্দ্রস্থল; (লাক্ষ.) তর্ক, কলহ বা বিবাদের উৎস; উপদ্রুত অঞ্চল। **ˈ~-cloud** *n* ঘন কালো মেঘ, যা থেকে ঝড়ের সঙ্গে প্রবল বৃষ্টিপাতের সম্ভাবনা থাকে। **ˈ~-cone /-signal** *n* যে সঙ্কেতের দ্বারা (সাধা. পতাকা) আসন্ন ঝড়ের আশঙ্কা বোঝানো হয়। **eye of the ~** ঝড়ের চোখ, তীব্র হারিকেন বা টর্নেডোর ঘূর্ণাবর্তের কেন্দ্র। **ˈ~-lantern** *n* বাড়ির বাইরে ব্যবহারের জন্য বিশেষভাবে নির্মিত লণ্ঠন, যা ঝোড়ো বাতাসেও প্রজ্বলনক্ষম। **ˈ~-proof** *adj* ঝটিকায় বা আক্রমণে পরাস্ত হয় না এমন; দুর্জেয়। **ˈ~-tossed** *adj* ঝড়ে ক্ষতিগ্রস্ত বা ঝড়ে উড়ে গেছে এমন। **~ing party** *n* প্রচণ্ড বা আকস্মিক আক্রমণের সাহায্যে কোনো প্রতিরোধ ধ্বংস বা কোনো দুর্গ দখল করার জন্য প্রেরিত বিশেষভাবে প্রশিক্ষণপ্রাপ্ত বাহিনী। ২ অনুভূতির তীব্র (কখনও সহিংস) প্রকাশ: a ~ of protests, প্রতিবাদের ঝড়; a ~ of criticism, সমালোচনার ঝড়: a ~ of applause for the victorious cricket team, বিজয়ী ক্রিকেট দলের জন্য ঝড়ের মতো প্রবল উচ্ছ্বাসপূর্ণ বাহবাধ্বনি। **bring a ~ about one's ears** এমন কিছু করা বা উক্তি করা যার দ্বারা অন্যের অন্তরে ক্রোধ বা বিরোধী ভাবের জন্ম হয়। ৩ **take by ~** প্রচণ্ড বা আকস্মিক আক্রমণের দ্বারা দখল করা। **ˈ~-troops** *n* প্রচণ্ড ও আকস্মিক আক্রমণে বিশেষভাবে প্রশিক্ষণপ্রাপ্ত বাহিনী। **ˈ~-trooper** *n* উক্ত বিশেষ বাহিনীর সদস্য। □*vi, vt,* ১ **~ at** তীব্রভাবে রাগ বা ক্ষোভ প্রকাশ করা; ভয়ানক রাগান্বিত স্বরে চিৎকার করা: He ~ed at the entire meeting. ২ কোনো ভবনে জোর করে প্রবেশ করা; প্রচণ্ড ও আকস্মিক আক্রমণের সাহায্যে কোনো কিছু দখল করা: The demonstrators ~ed their way into the secretariat.The commandoes ~ed the ship without much bloodshed. **~y** *adj* (-ier, -iest) **(ক)** ঝোড়ো বাতাস, প্রবল বৃষ্টিপাত বা শিলাবৃষ্টিযুক্ত: ~y weather. **(খ)** রাগ বা ক্ষোভ-সহকারে: ~ debate. **~·ily** *adv*

story[1] [ˈস্টো°রি] *n* [C] (*pl* -ries) ১ অতীত ঘটনার বিবরণ: the ~ of Mughal period. the ~ of Atish Dipankar. ২ কাল্পনিক ঘটনার বিবরণী: a ˈghost ~; a ~ of fairies. the ~ of gods and goddesses. **The ~ goes that** লোকে বলে যে; কথিত আছে যে। ৩ রূপকথা, উপকথা, উপন্যাস, নাটক প্রভৃতির কাহিনী: Can you give me the ~ of the novel ? The ~ was poor, acting could not compensate that. ৪ গল্প (সাহিত্যের একটি শাখা): Is there any hope for contemporary Bengali ~ ? Realism in modern short stories. ৫ (সাংবাদিকতায়) কোনো ঘটনা বা বিশেষ বিষয় সম্বন্ধে সাংবাদিকের নিজস্ব বিস্তৃত প্রতিবেদন। ৬ বিবিধ জল্পনাকল্পনা: There are widespread stories about the fall of this government. ৭ অসত্য কথা; গল্পকথা: No more stories please. **ˈ~-book** *n* গল্পের বই। **ˈ~-teller** *n* কথক; গাল্পিক; মিথ্যাবাদী। **short ~** *n* ছোটগল্প।

story[2] [স্টো°রি] *n* দ্র. storey.

stoup [স্টুপ্] *n* ১ (প্রা. প্র.) বড়ো আকারের পানপাত্র। ২ চার্চ বা মন্দিরের দেয়ালে পবিত্র জল রাখার গামলা।

stout [স্টাউট্] *adj* ১ মজবুত; শক্ত; সহজে ভাঙে না এমন: ~ fencing; ~ furniture; ~ stick. ২ দৃঢ়হৃদয়; নির্ভীকচিত্ত: a ~ boy; a ~ heart; it was a ~ performance on the western front. **ˌ~-ˈhearted** সাহসী। ৩ (ব্যক্তির ক্ষেত্রে) বেশ মোটাসোটা: You are getting rather too ~ these days. □*n* [U] খুবই তীব্র ও ঝাঁঝালো কালচে বর্ণ বিয়ার (পানীয়)। **~·ly** *adv*. **~·ness** *n*

stove[1] [স্টোভ্] *n* [C] ১ বিশেষ ধরনের চুলা বা উনান (গ্যাস, কেরোসিন প্রভৃতি ইন্ধন হিসাবে ব্যবহৃত হয়)। ২ কিছুটা ঢাকা জায়গা, যেখানে কাঠ, কয়লা, গ্যাস, তেল বা অন্যান্য জ্বালানির সাহায্যে আগুন জ্বালিয়ে ঘর উত্তপ্ত রাখা হয়। **ˈ~-pipe** উনান বা চুল্লি থেকে ধোঁয়া বাইরে পাঠানোর জন্য সংযুক্ত নল।

stove[2] [স্টোভ্] দ্র. stave[2] .

stow [স্টৌ] *vt* **~ sth (away), ~ sth into/with sth** ঘনবদ্ধভাবে ও সযত্নে মোড়কে ভরা; একসঙ্গে বেঁধে রাখা: ~ books into the drawer; ~ the cartons into the luggage room; Pick up and ~ these items for delivery. **~·age** *n* (প্রধানত জাহাজের মধ্যে) ঠাসাঠাসি করে রাখা জিনিসপত্র রাখার জন্য (সাধারণত জাহাজের) ঘর বা নির্দিষ্ট স্থান; জিনিসপত্র গুদামজাতকরণের মাশুল; গুদামে রক্ষিত মালপত্র। **ˈ~·away** *n* যে ব্যক্তি বিনা ভাড়ায় বিমানে বা জাহাজে যাত্রার জন্য বিমান বা জাহাজের মধ্যে আত্মগোপন করে থাকে।

straddle [ˈস্ট্র্যাড্ল্] *vt, vi* ১ দুই পা ফাঁক করে দাঁড়ানো বা বসা: ~ a chair; ~ a fence. ২ দুই পা অনেকটা ফাঁক করে হাঁটা: Can you ~ a distance of 400 metres ? ৩ দুই পা ফাঁক করা। **straddling** *n*

strafe [স্ট্রা:ফ্ US স্ট্রে ফ্] *vt* ১ বোমাবর্ষণ করা। ২ (কথ্য) শাস্তি দেওয়া; বকুনি দেওয়া (অপ.)। □*n* আক্রমণ।

straggle [ˈস্ট্র্যাগ্ল্] *vi* ১ অনিয়মিত বা বিশৃঙ্খলভাবে কোনো কিছু বেড়ে উঠা বা বিস্তৃত হওয়া: a straggling colony; straggling creepers. ২ অভিযাত্রীদলে পিছিয়ে পড়া; দলভ্রষ্ট হওয়া। **strag·gler** [স্ট্র্যাগলা(র্)] *n* যে পিছিয়ে পড়ে বা দলভ্রষ্ট হয়। **strag·gly** [ˈস্ট্র্যাগ্লি] *adj*

straight[1] [স্ট্রে ইট্] *adj* ১ সরল; ঋজু; সিধা: a ~ line; a ~ piece of wood; ~ hair, কোঁকড়ানো নয় এমন চুল। ২ সোজাসুজি; সীমান্তরেখার সমান্তরাল: Fix up the panel ~. ৩ পরিচ্ছন্ন ছিমছাম অবস্থায়: Put the table ~. **put sth ~** পরিচ্ছন্ন করা: put every thing ~ in the room. **put the record ~** সকল ঘটনার সঠিক বিবরণী প্রদান করা। ৪ (ব্যক্তির ক্ষেত্রে) (তার ব্যবহার প্রভৃতি সম্বন্ধে) অকপট; সৎ; ঋজুস্বভাবের: Put your complaint ~; স্পষ্টভাবে, কোনো কিছু না লুকিয়ে অভিযোগ জানানো: Answer me ~, সোজাসুজি উত্তর দান করো; be ~ always, সর্বদা সঠিক পথে থাকা, সুনাগরিকের মতো আচরণ করা; He is always ~ in his behaviour, সর্বদাই সদাচরণ করে

থাকেন; Only good friends can keep you ~, সৎজীবনযাপনে উদ্বুদ্ধ করতে পারে। ৫ (কথ্য) (ব্যক্তির ক্ষেত্রে) প্রথানুগত; ইতররতিপ্রবণ। ৬ (বাগ্‌ধারা) **~ cut** (ক) (তামাকপাতা সম্বন্ধে) লম্বালম্বি ফালি করা। (খ) (ক্রিকেট খেলায়) উইকেটের ডান দিকে ব্যাটের ঘোরানো মার। **a ~ fight** (রাজনীতিতে) (ক) যে ক্ষেত্রে দুজন প্রতিদ্বন্দ্বীর মধ্যে সরাসরি নির্বাচন অনুষ্ঠিত হয়। **a ~ play** (খ) সাদামাটা একরৈখিক নাটক (বৈচিত্র্যময় নাটকের সঙ্গে ভিন্নতা বোঝাতে)। (খ) (ক্রিকেটে) সোজাসুজি ভঙ্গিতে ব্যাট করা: ~ talk, অকপট; স্পষ্ট কথা; সরল সত্য কথা। **a ~ trip** (ক) ঘোড়দৌড় প্রতিযোগিতায় জয়পরাজয়ের সম্ভাবনা সম্বন্ধে ঘোড়ার মালিকের প্রদত্ত সংবাদ। (খ) শেয়ারের মাধ্যমে বিনিয়োগ। (গ) যে সংবাদ সরাসরি বিশ্বস্তসূত্রে প্রাপ্ত। **keep a ~ face** হাসি বন্ধ করা। **vote the ~ ticket** দলের মতানুসারে সঠিকভাবে ভোট দান করা। ৭ (মদজাতীয় পানীয় সম্বন্ধে) শুধু অনুরূপ পানীয় (সোডা বা বরফ বা জল মিশ্রিত নয়): I would like two ~ pegs. □*n*[C] (কথ্য) প্রথানুগত বা বিপরীত লিঙ্গে আসক্ত ব্যক্তি। **~en** [ˈস্ট্রেইট্‌ন্] *vt, vi* **~en (out/up)** ঋজু বা সরল করা বা হওয়া: ~en the cable; ~en the bed-sheet. **~·ly** *adv.* **~·ness** *n*

straight[2] [স্ট্রেইট্] *adv.* ১ সোজাসুজিভাবে (বাঁকা বা কোনাকুনি নয়): Go ~ across the square. Look ~ ahead. Can you strike that ~ ? সঠিকভাবে অন্য কিছুর সঙ্গে না লাগিয়ে আঘাত করা। ২ সরাসরি পথে, কোনো ঘোরালো পথে নয়; বিলম্ব না করে: Go home ~. I shall be ~ to Dhaka without any break. From airport he went ~ to the meeting. Come ~ to the point, যা বক্তব্য, কোনো রকম ভণিতা ছাড়া তা প্রকাশ করা। ৩ **~ away/off** অবিলম্বে; এখনই। **~ out** দ্বিধা বা চিন্তা না করে: He expresed his reactions ~ out. ৪ **go ~** (লাক্ষ.) (বিশেষত পূর্বের অসৎ জীবনপন্থা ত্যাগ করে) সৎ ও সুন্দর জীবনযাপন করা।

straight[3] [স্ট্রেইট্] *n* (সাধা. **the ~**) সরল বা সোজা হবার শর্ত বা অবস্থা: condition of being ~, কোনো কিছুর সোজা অংশ, বিশেষত দৌড় প্রতিযোগিতা বা ঘোড়দৌড়ের ট্র্যাকের শেষ অংশ।

straight·for·ward [ˌস্ট্রেইট্ˈফো°অয়ড়] *adj* ১ সৎ; সংগোপন নয় এমন: a ~ behaviour; a ~ statement. ২ সহজবোধ্য; সহজসাধ্য: expressed in a ~ manner. Find a ~ solution. **~·ly** *adv*

straight·way [ˈস্ট্রেইট্ˈওয়ে ই] *adv* (প্রাচীন, অপ্রচলিত) এখনই; অবিলম্বে।

strain[1] [স্ট্রে ইন্] *n* ১ [C, U] প্রসারণ; টান টান অবস্থা; শক্ত বা আঁটসাঁট করে টেনে ধরার অবস্থা: The sari tore under the ~. You must take into account the cable's capacity of ~. ২ [C, U] যা অন্যের ক্ষমতা বা সহ্যশক্তির পরিচায়ক: the ~ of a long journey. That stroke was too much of a ~ on him. That bill put an excessive ~ on my purse. Ordinary people are in severe ~ for the new tax impositions. ৩ [U] শক্তিক্ষয়; ক্লান্তি: suffering from ~s of long frustration. The death of the son proved to be great ~ for the mother. ৪ [C] মাংসপেশির খিল বা টান; মচকানি; গ্রন্থিতে আঘাতজনিত যন্ত্রণা। ৫ (কাব্যে, সাধা. *pl)* সঙ্গীত; গান; সমিল কবিতা; সুরের অংশবিশেষ: the ~s of the pastoral song; the final ~ of the poem is so touching; the ~ of the organ. ৬ [C] রচনাভঙ্গি বা ভাষণভঙ্গি: His long speech was delivered in the regular ~. The poem has a lofty ~. ৭ নৈতিক বা চারিত্রিক প্রবণতা: There is a ~ of stoicism in her. ৮ (প্রাণী, পোকামাকড় সম্বন্ধে) প্রজাতি: a chicken of good ~.

strain[2] [স্ট্রে ইন্] *vt, vi* ১ টানা; টান টান করে কোনো কিছু বাড়ানো: ~ the elastic; ~ the sheet of cloth. ২ সর্বাধিক প্রচেষ্টা চালানো; কারও ক্ষমতা প্রয়োগ করা: He ~ed to the utmost of his capacity to achieve this. **~ one's eyes/ears/voice** দেখা/শোনা/কথা বলার জন্য কারও সর্বোচ্চ ক্ষমতা প্রয়োগ করা। ৩ জোর খাটানোর জন্য নিজেকে আহত করা বা দুর্বল করে তোলা: ~ one's fingers; ~ one's brain, অতিরিক্ত কাজ বা চাপের ফলে মস্তিষ্কের ক্লান্তি। **~ ones's eyes** দীর্ঘক্ষণ জেগে থাকার ফলে, দীর্ঘক্ষণ বই পড়ার ফলে বা কম আলোয় অথবা খুব ছোট অক্ষরে ছাপা মুদ্রিত বিষয় পাঠ করার ফলে। **~ one's voice** অতিরিক্ত জোরে বা দীর্ঘক্ষণ কথা বলা বা গান গাওয়ার ফলে। ৪ **~ (at/on)** যথাসাধ্য চেষ্টা করা: She ~ed to break open the doors. He ~ed at the stalled ear **~ after effects** আরাধ্য ফললাভ বা লক্ষ্য অর্জনে অত্যধিক প্রচেষ্টা করা: There is no ~ing aftereffects in the performance of the classical singer. ৫ (লাক্ষ.) কোনো কিছুর অর্থ বাড়িয়ে তোলা (অকারণে অযৌক্তিকভাবে); সাধারণ সীমা অতিক্রম করে কোনো কিছু প্রতিষ্ঠা করা। ৬ (সাহিত্য) জড়িয়ে ধরা; জাপটে ধরা; তীব্রভাবে চেপে ধরা। ৭ **~ (off/out)** পরিস্রাবিত করা; ছেঁকে নেওয়া; ছাঁকুনির মাধ্যমে শক্ত পদার্থ বা ঘনবস্তু থেকে তরল পদার্থ পৃথক করা: S~ the mutton from the soup. She is engaged in ~ing tea in the cups. ৮ **~ at sth** কোনো কিছু গ্রহণে অত্যধিক সাবধানী হওয়া বা দ্বিধান্বিত হওয়া। ৯ **~ed** *(pp)* বিশেষ অনুভূতি বা ব্যবহার সম্বন্ধে): ~ed relationship; a ~ed approval; a ~ed hand-shake; ~ed manners; আন্তরিকতাশূন্য, অনীহাগ্রস্ত; সংগোপন দুরত্বসূচক (কথ্য, কেঠো সম্পর্ক, কেঠো ব্যবহার)। **~er** টেনে ধরা বা চাপ দেওয়ার বস্তু; ছাঁকনি: a tea ~er.

strait[1] [স্ট্রে ইট্] *adj* (প্রা. প্র.) সংকীর্ণ (আধুনিক প্রয়োগে ব্যতিক্রম: ~ gate) **ˈ~-jacket** উন্মাদ বা অপ্রকৃতিস্থ ব্যক্তি যাতে সহজে পালিয়ে যেতে না পারে সেজন্য তাকে আয়ত্তে রাখার উদ্দেশ্যে লম্বা হাতাওয়ালা জামা, যা দিয়ে তাকে প্রয়োজনে বেঁধে রাখা হয় (লাক্ষ.); যা বৃদ্ধি বা সম্প্রসারণ রোধ করে। **~-ˈlaced** *adj* ১ আঁটো করে ফিতে বাঁধা। ২ কঠোরভাবে নৈতিকতা অনুসারী; নীতির প্রশ্নে অটল। ৩ ভয়ানক রক্ষণশীল। **~en** [স্ট্রেইট্‌ন্] *vt* (সাধা. *pp)* **in ~ed circumstances** দারিদ্র্যে। **~·ly** *adv.* **~·ness** *n*

strait[2] [স্ট্রে ইট্] *n* ১ দুটি সমুদ্র বা নদীকে সংযোগকারী সংকীর্ণ জলপ্রবাহ বা ধারা *(sing/pl* বস্তুনাম-এর সঙ্গে যুক্ত): the S~s of Gibraltar. ২ (সাধা. *pl)* ঝামেলা; বিপদ; কষ্ট; অভাব।

strand[1] [স্ট্র্যান্ড] *n* ১ (কাব্যে) (আল.) সমুদ্র, নদী বা হ্রদের বালুময় তীর। □*vi, vt* (জাহাজ সম্বন্ধে) কূলে বা চড়ায় ঠেকা/ঠেকানো বা ভেড়া। ২ **be (left) ~ed** (ব্যক্তি বা সমষ্টির ক্ষেত্রে) প্রত্যাবর্তনের সুবিধাবঞ্চিত; আটকে পড়া; অর্থ, বন্ধু বা পরিবহনের সুযোগহীন: ~ed Pakistanis in Bangladesh; ~ed passengers in the station.

strand[2] [স্ট্র্যান্ড়] *n* [C] ১ যে সমস্ত ফেঁসো সুতা, আঁশ, তন্তু বা তার পাকানোর সাহায্যে দড়ি তৈরি করা হয়

তার যে কোনোটি; কেশগুচ্ছ। ২ (লাক্ষ.) (কোনো কাহিনীতে) গতিশীলতার ধারা।

strange [স্ট্রেইন্‌জ্] *adj* ১ অজানিতপূর্ব, অশ্রুতপূর্ব, অদৃষ্টপূর্ব; যা আগে দেখা/ শোনা/ জানা যায়নি; (এবং সেকারণে) বিস্ময়কর: to land in a ~ country; a very ~ piece of information; ~ performance; ~ laws; ~ music; ~ animals; Truth is ~r than fiction; a ~ experience, ধারণাবহির্ভূত অভিজ্ঞতা; বিচিত্র অভিজ্ঞতা; নতুন অভিজ্ঞতা; After the fall from the stairs I was feeling ~, অস্বাভাবিক অনুভূতি হয়, মাথা ঘোরা বা ঝিমঝিম অবস্থায়। **~ to say** বিস্ময়কর কথা/ বিষয় হলো ···। ২ (pred) **~ to sth** নতুন বা অচেনা; অপ্রচলিত: European customs were quite ~ to him. The maiden seems still very ~ to me, দৃষ্টি বা ব্যবহারে এমন বিস্ময়কর যা চেনা বা প্রচলিত রীতির বাইরে। **~·ly** *adv.* **~·ness** *n*

stran·ger [ˈস্ট্রেইন্‌জা(র্)] *n* অপরিচিত ব্যক্তি; বিদেশী, ভিনদেশী, কোনো স্থান বা সঙ্গ যা কোনো ব্যক্তির কাছে একেবারে নতুন বা অচেনা: He is a ~ in Dhaka. Police watches the ~s in the troubled areas. I am always a little shy to meet a ~. You're quite a ~ (কথ্য), বহুদিন পর তোমার সাথে দেখা; I am a ~ to these manners, এখানকার আচার–আচরণ সম্পর্কে অজ্ঞ; (লাক্ষ.) I am no ~ to this place, অপরিচিত নই, পূর্বে আসা-যাওয়া আছে; I am no ~ to his insolence, পূর্বঅভিজ্ঞতা আছে।

strangle [ˈস্ট্র্যাংগ্‌ল্] *vt* গলা টিপে ধরা; গলা টিপে শ্বাসরুদ্ধ করা; গলা টিপে হত্যা করা: The hijackers tried to ~ her. Desdemona died of strangling; (লাক্ষ.) (হালকা অর্থে) The knot of the tie is sure to ~ me; (আল.) কষ্টকর পরিস্থিতিতে ফেলা, শ্বাসরুদ্ধকর অবস্থা সৃষ্টি করা: Your new conditions are going to ~ me. Society has become awfully strangling. **~ hold** (কুস্তিতে) প্রতিপক্ষের কণ্ঠনিষ্পেষণ; (আল.) দুঃসহ অবস্থা সৃষ্টি; মরণকামড়: The new taxation has put a ~ hold on the common people.

stran·gu·late [স্ট্রাংগিউলেট্] *vt* (চিকি.) টিপে রেখে রক্ত চলাচল বন্ধ করা। **stran·gu·la·tion** [স্ট্রাংগিউলেইশ্‌ন্] *n* গলা টিপে ধরা বা গলায় চাপসৃষ্টির ফলে শ্বাসরুদ্ধ হওয়া।

strap [স্ট্র্যাপ্] *n* চামড়ার বা শক্ত কাপড়ের বা প্লাস্টিক পদার্থের সরু লম্বা ফিতা, যা দিয়ে কোনো বস্তুর দুই পাশ বেঁধে রাখা যায় অথবা বিবিধ বস্তু একত্রে বা স্বস্থানে রাখার জন্য শক্ত করে বাঁধুনি তৈরি করা যায়; বন্ধনকার্যে ব্যবহৃত শক্ত অথচ পাতলা ধাতুপাত। **ˈ~-hanger** যানবাহনের দণ্ডায়মান যাত্রীরা যে ঝুলন্ত ফিতার সাহায্যে দেহের ভারসাম্য বজায় রাখেন। □*vt* ১ **~ sth(up/ on)** চামড়া বা কাপড়ের সরু ফিতা দিয়ে কোনো কিছু বাঁধা: ~ up a travelling bag. ~ on a lace on the pocket. ২ অনুরূপ সরু ফিতা দিয়ে প্রহার করা; চাবুক মারা। **~·ping** ১ *n* চামড়ার ফিতা দিয়ে বাঁধন; চামড়ার ফিতা তৈরি করার উপাদান; চর্মবন্ধনী। ২ *adj* লম্বা; সুন্দর; সুস্বাস্থ্যের অধিকারী: a ~ping boy.

strata [ˈস্ট্রা:টা US স্ট্রেইটা] stratum শব্দের বহুবচন।

strat·agem [ˈস্ট্র্যাটাজাম্] *n* [C,U] (বিশেষত যুদ্ধের সময় শত্রুসৈন্যকে) ঠকানোর জন্য ব্যবহৃত কৌশল।

stra·tegic [স্ট্রা টীজিক্] **stra·tegi·cal** [-ক্‌ল্] *adj* কৌশলগত: a ~ position; a ~ retreat; a ~ armament; a ~ bombing, বিশেষ গুরুত্বপূর্ণ স্থানে বোমাবর্ষণ। **~ materials** যুদ্ধের জন্য প্রয়োজনীয় রসদ। **stra·tegi·cally** [-ক্‌লি] *adv.* **stra·tegics** *n* [U] কৌশলবিদ্যা; কৌশলবিজ্ঞান।

strat·egy [ˈস্ট্র্যাটাজি] *n* [U] সৈনাপত্যবিদ্যা; কুশলী সৈন্য ও যুদ্ধ পরিচালনা; কোনো বিষয় পরিচালনার দক্ষতা। দ্র. tactic (২). **strategist** যুদ্ধ ও সৈন্য পরিচালনায় দক্ষ ব্যক্তি।

strat·ify [ˈস্ট্র্যাটিফাই] *vt, vi (pt, pp* fied) ১ স্তর অনুযায়ী বিন্যাস করা: Indian society is elaborately stratified; stratified rock. ২ স্তরীভূত হওয়া। **strat·ifi·ca·tion** [ˌস্ট্র্যাটিফিকেইশ্‌ন্] স্তরবিন্যাস।

strato·sphere [স্ট্র্যাট স্‌ফিআ(র্)] *n* ভূপৃষ্ঠ ছাড়িয়ে দশ থেকে ষাট কিলোমিটারের মধ্যবর্তী শূন্যস্থান বা আকাশ; আন্তর–আকাশ।

stra·tum [ˈস্ট্র্যা:টাম্ US ˈস্ট্রেই টাম্] *n (pl* ta) শিলার অনুভূমিক স্তর; সামাজিক শ্রেণীবিভাগ বা স্তর: These privileges are limited to the higher ~ in the society.

straw [স্ট্রো°] *n* ১ [U] শুষ্ক খড়কুটা: a ~ mattress, খড়কুটা ভিতরে ঢোকানো জাজিম; make bricks without ~, উপযুক্ত শক্তিসামর্থ্য বা উপকরণ ব্যতিরেকে কোনো কিছু করার প্রচেষ্টা। **~ bedding** খড়কুটার বিছানা (সাধারণত গবাদি পশুর ব্যবহারের জন্য)। **~ hat** তৃণদ্বারা তৈরি টুপি, (লাক্ষ.) অতি তুচ্ছ বস্তু। **ˈ~·board** তৃণ দিয়ে তৈরি মোটা কার্ডবোর্ড। **~ mat** খড়ের বা ঘাসের তৈরি মাদুর। **a man of ~** কাল্পনিক ব্যক্তি; সহজে পরাস্ত করা যায় এমন ব্যক্তি; যাকে প্রতিদ্বন্দ্বী হিসেবে প্রতিপন্ন করা হয়। **ˈ~-coloured** *adj* ফ্যাকাশে হলুদবর্ণ। ২ [C] খড়ের একটি ছড়ি; দুধ, কোমল পানীয়, ডাব বা অন্যান্য তরল পদার্থ পান করার জন্য অনুরূপ পদার্থের তৈরি নল: Put ~ in every glass. **not care a ~** তোয়াক্কা না করা; তৃণতুল্যও গণ্য না করা; অতিশয় উপেক্ষা করা। **catch at a ~** অথবা **clutch at ~s** বিপদে সামান্য সহায়ক বস্তুকেও আঁকড়ে ধরা (জলে নিমজ্জমান কোনো ব্যক্তির তৃণ আশ্রয় করে কূলে ওঠার প্রচেষ্টার মতো)। **not worth a ~** খুবই তুচ্ছ ও মূল্যহীন; কানাকড়িও মূল্য নেই যে বস্তুর বা ব্যক্তির। **a ~ in the wind** অনাগত দিনে ঘটনার কী পরিণতি ঘটতে পারে তার যৎকিঞ্চিৎ আভাস বা সঙ্কেত। (এই সূত্রেই) **a ~ vote** কোনো বিষয়ে জনমত কোন পক্ষে তা যাচাই করার জন্য কোনো সমসাময়িক গুরুত্বপূর্ণ বিষয়ে বেসরকারিভাবে সাধারণের মতামত জরিপ ও তার ফলাফল পর্যবেক্ষণ (যেমন, সংবাদপত্র পরিচালিত জনমত জরিপ)। **the last ~** যে দায়িত্বভার ইতোমধ্যে প্রদত্ত দায়িত্বভারের উপর অত্যাধিক অতিরিক্ত হিসাবে বিবেচিত হয়; ধৈর্য বা সহনশক্তির শেষ সীমা, বোঝার উপর শাকের আঁটি। □*vt* খড় বিছানো বা খড় দিয়ে মোড়া। **~y** *adj* খড়ের তৈরি; তৃণতুল্য।

straw·berry [স্ট্রো°ব্রি US -বেরি] *n (pl-* ries) [C] ক্ষুদ্র রসালো এক ধরনের ফল, যার বিচি হলুদবর্ণ অথবা উক্ত ফলের গাছ। **ˈ~ mark** *n* জন্মগত লালাভ জরুলচিহ্ন।

stray [স্ট্রে ই] *vt (pt pp* ~ed) ইতস্তত ঘুরে বেড়ানো (সঠিক পথ বা সৎসঙ্গ থেকে অন্যত্র); পথভ্রষ্ট হওয়া; বিপথগামী হওয়া। □*n* ১ প্রাণী বা ব্যক্তি (বিশেষত শিশু) যে বিপথগামী হয়েছে। **waifs and ~s** নিরাশ্রয় শিশুরা। ২ (attrib) পথভ্রষ্ট: ~ed animals; That was the only ~ attempt, আকস্মিক বিচ্ছিন্ন প্রচেষ্টা; killed by a ~

bullet, ঘটনাক্রমে, আকস্মিকভাবে অনির্দিষ্টভাবে ছোঁড়া কোনো বুলেটে নিহত; উদ্দেশ্যমূলকভাবে নয়, হঠাৎ; হঠাৎদৃষ্ট বা সংঘটিত: The sky is now clear except for some ~ patches of cloud, এদিক ওদিক ছড়ানো ছিটানো।

streak [স্ট্রীক] *n* [C] ১ লম্বা সরু অনিয়মিত বিন্দুর রেখা; আঁকাবাঁকা ডোরা বা দাগ: ~ of chalk over a rough stone. like a ~ of lightning, অত্যন্ত দ্রুত। ২ লক্ষণ বা বৈশিষ্ট্য: ~ of ego in his character. ৩ সংক্ষিপ্ত সময়: no ~ of peace in Beirut to-day. **hit a winning ~** (জুয়াখেলা প্রভৃতিতে) কয়েক বার উপর্যুপরি সাফল্য। □*vt, vi* ১ অনিয়মিত রেখার দ্বারা দাগ দেওয়া: cream surface ~ed with lime green. ২ অত্যন্ত দ্রুতগতিতে (বিদ্যুতের মতো) ছুটে যাওয়া: The vehicles were ~ing off at their fastest as the curfew hour drew near. **~y** *adj* রেখার দাগযুক্ত: ~y beef. **ˈ~-plate** কষ্টিপাথর; কষ্টিফলক। **~·ily** *adv* .**~er** *n*. **~·iness** *n*

stream[1] [স্ট্রীম্] *n* ১ নদী; স্রোতস্বিনী; জলপ্রবাহ। **go up/down ~** নদীর এপ্রান্ত থেকে ওপ্রান্ত পর্যন্ত ঘুরে বেড়ানো। **go with the ~** (লাক্ষ.) অধিকাংশ লোকের অনুসরণে ভাবনাচিন্তা বা কোনো কাজ করা; ঘটনাপ্রবাহে (কথ্য. গড্ডালিকাপ্রবাহে) ভেসে যাওয়া। ২ ধারাপ্রবাহ (তরল পদার্থ, ব্যক্তি বা বস্তুর): a ~ of blood; ~ of smoke going up in the sky; ~ of office goers now gradually crowding the platforms. **~ of consciousness** কোনো ব্যক্তির বিরতিহীন চৈতন্যপ্রসূ অভিজ্ঞতা (সাহিত্যে একটি বহুলপরিচিত আঙ্গিক—অনুরূপ অভিজ্ঞতাকে বিশেষভাবে চিহ্নিত করার জন্য বিশিষ্ট উপন্যাসরচনারীতি, যেমন James Joyce-এর *ulysses)*। ৩ (শিক্ষাক্ষেত্রে) (ক) সামর্থ্য ও মেধা বিবেচনা করে বিভক্ত করা বিভিন্ন বয়সের শিক্ষার্থীদের (বিশেষত শিশুদের) বিভিন্ন দলবিভাগ। (খ) শিক্ষার বা শিক্ষাদানের ভিন্নতাসূচক বিশিষ্ট ধারা বা বিভাগ: Humanities ~; Do you belong to the Science ~ ? **~·less** *adj* জলস্রোতবিধৌত নয় এমন; জলশূন্য, স্রোতহীন। **~·let** [-লিট্] *n* ক্ষুদ্র স্রোত বা নদী। **~·line (ক)** *n* তরল পদার্থের প্রবাহের ন্যায় ক্রমশ সরু রেখা; বায়ুপ্রবাহের স্বাভাবিক গতিরেখা। **(খ)** *vi* অনুরূপ রেখা সৃষ্টি করা; কোনো বিষয় বা প্রসঙ্গকে একটি নির্দিষ্ট খাতে প্রবাহিত করা। **~ing eyes** অশ্রুপ্লাবিত আঁখি।

stream[2] [স্ট্রীম্] *vi,vt* ১ অব্যাহতভাবে প্রবাহিত হওয়া; বিরতিহীনভাবে ও অবাধে কোনো একদিকে বয়ে যাওয়া: Rainwater was ~ing down the ceiling. ২ বাতাসে ভাসা অথবা দোল খাওয়া: Her tress of hair ~ed in the wind. ৩ শিক্ষার্থীদের বিশেষ বিশেষ ধারা বা বিভাগে অর্ন্তভুক্ত করা: Number I to 10 in the merit list are ~ed in the science group. **~er** *n* ১ লম্বা সরু পতাকা; লম্বা সরু কাগজের ফিতা। **~er headline** (US) সংবাদপত্রের শিরোনামা, দ্র. banner. ২ ঊষার প্রথম আলোকরেখা।

stream·line [ˈস্ট্রীম্লাইন্] *vt* ১ দক্ষতর করে তোলা (রীতি বা পন্থার সংস্কারসাধন বা সরলীকরণ করে)। **~ production** কোনো কারখানার উৎপাদনপদ্ধতিকে গতিময় করে তোলা। **~ teaching** শিল্পের আরও কার্যকর পদ্ধতি আবিষ্কার ও অনুসরণ করা। ২ তরল পদার্থের প্রবাহের ন্যায় ক্রমশ সরু করা। **~d** *adj* **(ক)** এমন আকৃতির যা বাতাস বা জলপ্রবাহকে সামান্যতেও রোধ করতে পারে না: ~d cars. **(খ)** অগ্রগতি ব্যাহত করতে পারে এমন কোনো কিছু না থাকা: ~d methods.

street [স্ট্রীট্] *n* রাস্তা; সড়ক; সাধারণত শহরের পাকা রাস্তা, যার পাশে ভবন, অট্টালিকা, দোকানপাট বা অন্যান্য নাগরিক লক্ষণ দ্রষ্টব্য। **~ light** রাস্তা আলোকিত করার জন্য গ্যাস বা বিজলি আলোর ব্যবস্থা। **ˈ~·car** *n* (বিশেষত US) ট্রাম। **~ door** *n* বাড়ির যে দরজা রাস্তার দিকে মুখ করা। **~ Arab** *n* অবহেলিত দরিদ্র ও গৃহহীন বালক বা বালিকা। **ˈ~-boy** যে বালক গৃহহীন, রাস্তাতেই যার আবাস। **ˈ~-beggar** গৃহহীন ভিক্ষুক; পথের ভিখারি। **High ~** শহরের গুরুত্বপূর্ণ প্রধান চওড়া রাস্তা। **Queer ~** ঋণগ্রস্ত ও দুর্দশাগ্রস্ত ব্যক্তিদের কল্পিত আবাস। **the man in the ~** সাধারণ নাগরিক; প্রতিনিধিস্থানীয় নাগরিক। **not in the same ~ (as)** বৈশিষ্ট্যে বা উৎকর্ষে কোনোভাবেই তুলনীয় নয়। **~s ahead of** (কথ্য) অনেক বেশি এগিয়ে। **(right) up one's ~** (কথ্য) পরিচিত ও গ্রহণযোগ্য। **go on the ~s** বেশ্যাবৃত্তি দ্বারা জীবিকা অর্জন করা। **ˈ~-girl, ˈ~-walker** *nn* বেশ্যা; পতিতা।

strength [স্ট্রেংথ্] *n* [U] ১ শক্তি; শক্তিমত্তা; তেজ: A man of physical ~; the ~ of a lion; the ~ of a stick, ভার সহ্য করার ক্ষমতা; the ~ of our cricket team, দলের উচ্চমানের ক্রীড়ানৈপুণ্য প্রদর্শনের ক্ষমতা; Have some health drinks to regain your ~, স্বাভাবিক কর্মক্ষমতা; ~ of the drug has made some negative effect on the patient, ওষুধের ক্রিয়া; on the ~ of, উৎসাহভরে; নির্ভর করে; ভিত্তি করে; ভরসা করে; He was chosen on the ~ of his family background. ২ যা শক্তি যোগায় বা কাউকে শক্ত বা সাহসী হতে সাহায্য করে: Personal integrity is his only ~ in the office. ৩ উপস্থিত ব্যক্তিবর্গ অথবা সম্ভাব্য প্রয়োজনীয় জনশক্তির ভিত্তিতে যে ক্ষমতা পরিমিত হয়: The striking workers are in great ~, সংখ্যায় বহু; The agitators were quite below the ~ of police. **bring sth/be up to ~** পৌঁছানো/ প্রয়োজনীয় সংখ্যায় উপস্থিত থাকা বা করা: We should bring the volunteer corps up to ~. **~en** [ˈস্ট্রেংথন্] *vt, vi* শক্তিশালী হওয়া বা করে তোলা: We should try to ~en our health services. **~en a person's hands** কাউকে মদদ যোগানো; সক্রিয়ভাবে সাহায্য করা; কারও হাত শক্ত করা: US is ~ening the hands of Nicaragua Contra rebels.

strenu·ous [স্ট্রেনিউ আস্] *adj* বিপুল প্রচেষ্টা, শ্রম বা শক্তির উপর নির্ভরশীল; শক্তিময়; তেজপূর্ণ: a ~ task; a ~ life; ~ efforts. **~·ly** *adv*. **~·ness** *n*

strep·to·my·cin [ˌস্ট্রেপটোমাইসিন্] *n* জীবাণু-প্রতিরোধী চিকিৎসার ঔষধ (বিশেষত যক্ষ্মাপ্রতিরোধী ঔষধের বাণিজ্যিক নাম)।

stress [স্ট্রেস্] *n* ১ [U] চাপ; কষ্টকর পরিস্থিতি; অশান্তি: period of ~; দুর্দিন, কষ্ট এবং বিপদের সময়ে: I cannot endure any more ~. I have to beg your favour under the ~ of circumstances. Her face still bears the ~ of her long illness. ২ [U] (অপিচ indef art-এর সঙ্গে) চাপ; জোর; গুরুত্ব: We usually give more ~ on the applied aspects of economics. ৩ [C, U] বাড়তি জোর বা গুরুত্ব দেবার ফলাফল; কোনো শব্দ বা শব্দাংশ উচ্চারণের সময়ে কোনো

বিশেষ জায়গায় ধ্বনিপ্রাধান্য: try to give proper ~ to the syllables. One has to know the ~ in English for correct pronunciation. ˈ**~-mark** অভিধানে প্রধান ও অপ্রধান শ্বাসাঘাত বোঝাতে যে চিহ্ন ব্যবহার করা হয়। ৪ [C, U] (বলবিদ্যায়) দুইটি বস্তু পরস্পরকে স্পর্শ করলে অথবা একটি বস্তুর দুইটি অংশের মধ্যে ঘর্ষণ সৃষ্টি হলে যে বল তৈরি হয়; প্রসারণ; বিততি। □*vt* জোর দেওয়া; অপেক্ষাকৃত অধিক গুরুত্ব দেওয়া: He ~ed on the problem of transport; চাপ দেওয়া; পীড়ন করা: He ~ed quite bluntly on the repayment of loans; শ্বাসাঘাত দিয়ে উচ্চারণ করা: She ~ed the syllables at right places.

stretch[1] [স্ট্রেচ্] *vt, vi* ১ টেনে বাড়ানো; বিস্তৃত করা; প্রসারিত করা; প্রলম্বিত করা; চওড়া করা: ~ a rope straight; ~ the socks; ~ the shoes, যাতে ভালোভাবে জুতা বা মোজা পরা যায়; I ~ed my hands upwards to show my support, ১ উপরে হাত তুলে সমর্থন জানানো। **~ one's neck** ভিড়ের মধ্যে সামনের লোকজন কর্তৃক দৃষ্টি ব্যাহত হওয়ার জন্য ঘাড় উঁচু করে দেখা। **~ one's knees/ muscles** অঙ্গপ্রত্যঙ্গ টান টান করে মাংসপেশি শক্ত করে তোলা। **~ one's legs** দীর্ঘকাল বসে বা শুয়ে থাকার জন্য (সাধা. রোগীদের ক্ষেত্রে) কোনো ব্যক্তিকে হাঁটিয়ে ধীরে অনুশীলন করানো। ২ **~ (oneself) out (on)** সোজা লম্বা হয়ে শুয়ে থাকা: He ~ed himself on the floor. ৩ সাধারণ নিয়ম বা নীতি অতিক্রম করে কিছু করা; মাত্রাতিরিক্ত সুবিধা গ্রহণ করা: The high-ups sometimes ~ the laws/rules beyond the normal practice; সর্বাধিক সীমা পর্যন্ত জোর দেওয়া: The boy ~ed all his powers to achieve his goal, যথাসাধ্য চেষ্টা করা। **be fully ~ed** চূড়ান্ত ক্ষমতার বিন্দু পর্যন্ত প্রচেষ্টা চালানো। ৪ সম্প্রসারিত করা; বর্ধিত করা বা হওয়া: The road ~es even to the Indian territory. The British rule in India ~ed over two centuries.

stretch[2] [স্ট্রেচ্] *n* [C] ১ প্রসারণ; বিস্তারণ; বিস্তৃতি। **by a ~ of law/regulation** আইন বা বিধির আওতা বিস্তৃতির মাধ্যমে: He made a full ~ on the bed, লম্বা হয়ে শুয়ে পড়া। **by ˈany/ ˈno ~ of the imagination** একজন যতই কল্পনাপ্রবণ হোক। **at full ~** সম্পূর্ণত টান টান অবস্থা; পুরাপুরি কর্মব্যস্ত অবস্থা: The steel mill is now in full ~. ২ অবিরাম সময়সীমা; কোনো অঞ্চলের দিগন্তরেখা: Every shift makes an eight hour ~; an unlimited ~ of grassy land; (অপ.) do a five-year ~ in prison, পাঁচবছরব্যাপী কারাবাস। **at a ~** বিরামহীনভাবে: I can walk ten kilometres at a ~. ৩ দৌড় প্রতিযোগিতার ট্র্যাকের সোজা দিক। **~er** *n* ১ রুগ্ণ বা আহত ব্যক্তিকে শায়িত অবস্থায় স্থানান্তর করার জন্য বহনযোগ্য খাটের মতো বস্তু। **~er bearer** এ ধরনের খাটুলি যে বহন করে নিয়ে যায়। **~er party** বাহকবৃন্দ। ২ কোনো বস্তু (জুতা, দস্তানা প্রভৃতি) টান টান করার কৌশল।

strew [স্ট্রু] *vt (pt* ~ed, pp ~ed or strewn [স্ট্রুন্]) **~ sth (on/over sth); ~ sth with sth** ভূমির উপর কোনো কিছু ছড়ানো; আলগাভাবে বা ঝুরাভাবে (বালি, ফুল, শস্যবীজ প্রভৃতি) ছড়ানো; ছড়ানো বস্তু দিয়ে ভূমির কিছুটা অংশ ঢেকে দেওয়া: ~ seeds over the ground; flowers were strewn on the path to the temple.

strewth [স্ট্রুথ্] = struth.

stri·ated [স্ট্রা ˈএইটিড্ US ˈস্ট্রাএইটিড্] *adj* সোজা লম্বা দাগযুক্ত; রেখাঙ্কিত।

stricken [ˈস্ট্রিকান্] *adj* strike-এর *pp*, pred রূপে ব্যবহৃত আহত বা প্রপীড়িত: flood ~ people; the grief ~ lady. The lightning made the child terror ~. the cancer ~ person. **~ in years** (প্রা. প্র.) বৃদ্ধ ও দুর্বল। **~ field** দুই দলের মধ্যে নির্দিষ্ট রণক্ষেত্রে সুপরিকল্পিতভাবে অনুষ্ঠিত লড়াই।

strict [স্ট্রিক্ট্] *adj* (-er, -est) ১ শক্ত; কড়া আনুগত্য বা সঠিক আচরণ প্রত্যাশী: a ~ teacher; a ~ captain; ~ principles; always be ~ about office discipline. She keeps a ~ supervision over the hall-inmates. We are very ~ about punctuality. ২ সুস্পষ্ট ও সঠিকভাবে নির্দিষ্ট, সংক্ষিপ্ত ও সীমিত: Take care of the matters under ~ prohibition; in the ~ sense of the word. **~·ly** *adv:* Follow these rules ~ly. **~·ness** *n.*

stric·ture [স্ট্রিকচা(র্)] *n* [C] ১ (প্রায়শই বহুবচন) কঠোর সমালোচনা, নিন্দা বা অভিযোগ: He received a series of ~s. ২ (চিকি.) দেহাভ্যন্তরস্থ নালীর অস্বাভাবিক সঙ্কীর্ণতা। ৩ (কাব্যে) কঠোর নিয়মানুবর্তিতা।

stride[1] [স্ট্রাইড্] *vi, vt* (*pt* strode [স্ট্রো ͦড্] *pp* (বিরল প্রয়োগ) **stridden** [ˈস্ট্রিড্ন্]) ১ লম্বা লম্বা পা ফেলে চলা: ~ along the empty footpath. ২ **~ over/ across sth** এক লাফে পার হয়ে যাওয়া: ~ over a wide drain. ৩ দুই পা ফাঁক করে দাঁড়ানো বা বসা।

stride[2] [স্ট্রাইড্] *n* [C] লম্বা একটি পদক্ষেপে অতিক্রান্ত দূরত্ব; দীর্ঘ ও সবল পদক্ষেপে চলন। **get into one's ~** (আল.) আরাধ্য কাজে যোগ্যতার সঙ্গে খাপ খাইয়ে নেওয়া: make great ~s, ভালো ও দ্রুত অগ্রগতি সাধন করা। **take sth into one's ~** (কোনো কাজ) বিশেষ প্রচেষ্টা ছাড়াই সাধন করা।

stri·dent [স্ট্রা ইডন্ট্] *adj* (শব্দ সম্বন্ধে) উচ্চনাদী; কর্কশ; তীক্ষ্ণ: The old machine gives out ~ notes.

stridu·late [স্ট্রিডিউলেই ট্ US স্ট্রিজিউলে ইট্] *vi* তীক্ষ্ণ কর্কশ শব্দ করা (বিশেষত ঝিঁঝি পোকার ডাকের মতো)। **stridu·la·tion** [স্ট্রিডিউলেইশ্ন্ US –জিউ–] *n*

strife [স্ট্রাইফ্] *n* [U] বিবাদ; দ্বন্দ্ব; ঝগড়া: The two groups are in perpetual ~.

strike[1] [স্ট্রাইক্] *n* ১ ধর্মঘট: a transport ~; students ~; officers ~; (attrib) take ~ action. **be/go on ~ be/ come/ go out on ~** ধর্মঘটরত; ধর্মঘট শুরু করা। **a general ~** সাধারণ ধর্মঘট; সকল কলকারখানায় ও সকল পেশার ব্যক্তির ধর্মঘট। **hunger ~** অনশন ধর্মঘট; অভুক্ত অবস্থায় ধর্মঘট কর্মসূচি পালন। **lightning ~** আকস্মিকভাবে কোনো বিশেষ কারণে বা প্রতিবাদ জানাতে জরুরি ভিত্তিতে তাৎক্ষণিক ধর্মঘট। **~ bound** *adj* ধর্মঘটের কারণে কাজ করতে অসমর্থ: The railways were ~ bound for 72 hours. ˈ**~-breaker** *n* যে কর্মী ধর্মঘট বানচাল করার জন্য অথবা ধর্মঘটী শ্রমিকের বিকল্প হিসাবে কাজে যোগদান করে। ˈ**~-fund** ধর্মঘটকালীন বেতন প্রদানের জন্য সম্পূরক অর্থ। ˈ**~-leader** ধর্মঘটী শ্রমিক বা কর্মকর্তাদের নেতা। ˈ**~-pay** সরকারিভাবে স্বীকৃতিপ্রাপ্ত শ্রমিক ইউনিয়ন কর্তৃক ধর্মঘট চলাকালীন সময়ে শ্রমিকদের প্রদত্ত অর্থ। ২ ভূগর্ভ থেকে কোনো কিছু আহরণ (তেল, পেট্রল প্রভৃতি)। **lucky ~**

সৌভাগ্যব্যঞ্জক আবিষ্কার। ৩ বিমানের আকস্মিক আক্রমণ।

strike[2] [স্ট্রা ইক্] *vt, vi (pt, pp* struck) ১ আঘাত করা; ঘুষি দেওয়া: He struck the table with a heavy blow. **~ at the root of sth** কোনো কিছুর মূলে আঘাত করা। **S~ while the iron is hot** কালক্ষেপ না করে সুযোগের সদ্ব্যবহার করা। **a ˈ~/ ˈstriking force** তাৎক্ষণিকভাবে আক্রমণক্ষম সামরিক শক্তি। **within ˈstriking distance** আক্রমণ উপযোগী স্বল্প ব্যবধানে। ২ আঘাত বা ঘর্ষণে (আগুন) জ্বালানো: to ~ a match. ৩ সন্ধান পাওয়া: The company struck oil. ৪ বাজানো: He ~s a note on the piano. **~ a note of** ধারণা দেওয়া: The book ~s a note of warning against immorality. ৫ **~ (for/ against)** ধর্মঘট করা: They ~ for higher pay. ৬ ধারণা সৃষ্টি করা: How does the idea ~ you. ৭ দেহ বা মনের উপর প্রভাব ফেলা: The room ~s cold and damp. ৮ ছাপ বা চাপ দিয়ে তৈরি করা: ~ a coin. ৯ **~ a bargain (with sb)** চুক্তি করা। ১০ পাওয়া: ~ the right path. ১১ **~ (off/ out)** যাত্রা করা: The boys struck (out) across the field. ১২ পরিণত করা: He was struck blind. ১৩ **~ fear/ terror/ alarm into sb** ভীতিগ্রস্ত করা। ১৪ **~ one's flag** পতাকা নামানো (আত্মসমর্পণের ইঙ্গিতস্বরূপ)। ১৫ **~ a cutting** (গাছের) কলম কাটা। ১৬ ভাবপ্রকাশক দেহভঙ্গি করা: He struck an attitude of defiance. ১৭ *(adv part* এবং *prep* –সহ বিশেষ ব্যবহার) **~ sb down** আক্রমণপূর্বক ধরাশায়ী করা। **~ sth off** কেটে ফেলা। **~ on/ upon sth** হঠাৎ মনে জাগা। **~ (sth) up** শুরু করা: The band struck up a tune.

striker [ˈস্ট্রাইক(র্)] *n* ১ ধর্মঘটী (শ্রমিক)। ২ (ফুটবল) আক্রমণ–ভাগের খেলোয়াড়; প্রহর্তা; আঘাতী।

strik·ing [ˈস্ট্রাইকিঙ্] *adj* ১ আকর্ষণীয়; চিত্তহারী; লক্ষণীয়; বিস্ময়কর; চমক–লাগানো। ২ যা বাজে বা বাজায়: a ~ clock, ঘণ্টা বাজানো ঘড়ি।

string[1] [স্ট্রিঙ্] *n* ১ [C, U] দড়ি; রজ্জু; সুতা; রশি: a ball of ~; a piece of ~; ~ and brown paper for a parcel. **tied to one's mother's/ wife's apron-~s** মায়ের/বউয়ের আঁচলে বাঁধা। (US) **ˈshoe ~s** জুতার ফিতা; দ্র. lace (২) ২ (ধনুকের) জ্যা; গুণ; ছিলা। **have two ~s to one's bow** লক্ষ্য অর্জনের বিকল্প পন্থা থাকা। **the first/ second ~** (লক্ষ্য অর্জনের জন্য) প্রথম/দ্বিতীয় ভরসাস্থল। ৩ [C] (বাদ্যযন্ত্রের) তার; তন্ত্রী। **keep harping on one ~/on the same ~** একই বিষয়ে লিখতে বা বলতে থাকা; একই সুর ভাঁজতে থাকা। **the ~s** তারযুক্ত বাদ্যযন্ত্রসমূহ; ততযন্ত্র। **ˌ~ ˈorchestra/ ˈband** *n* কেবলমাত্র তারযুক্ত যন্ত্রের সমবায়ে গঠিত বাদ্যভাণ্ড; ততবাদ্যভাণ্ড। **ˌ~ quarˈtet** *n* চারটি ততযন্ত্র; বাদকচতুষ্টয়; যারা একসঙ্গে বাজনা বাজায়; ঐরূপ বাদকচতুষ্টয়ের জন্য লিখিত সঙ্গীত; ততচতুষ্টয়। ৪ (পুতুলনাচের) সুতা। **have sb on ~** কাউকে নিয়ন্ত্রণের মধ্যে রাখা/পাওয়া; পুতুলের মতো নাচানো; নাকে দড়ি দেওয়া। **pull ~s** (গোপন) প্রভাব খাটানো; কলকাঠি নাড়া: pull ~s to get sb a job/to have sb dismissed. **pull the ~s** (পুতুলনাচের মতো) ঘটনাপ্রবাহ বা অন্যের কার্যকলাপ নিয়ন্ত্রণ করা; আড়াল থেকে সুতা টানা। **no ~s (attached); without ~s** (কথ্য সাহায্য, বিশেষত অন্যদেশকে প্রদত্ত অর্থসাহায্য সম্বন্ধে) কিভাবে ব্যয় করা হবে সে বিষয়ে কোনো শর্ত আরোপ না করে; নিঃশর্তে। ৫ [C] আবলি; শ্রেণী; পংক্তি; মালা; ছড়া; জাল: a ~ of beads/ pearls/ onios, অক্ষমালা/ মুক্তাবলি/ এক ছড়া পিঁয়াজ; a ~ of abrusses/ curses/ lies, কটূক্তি/ মিথ্যার পরম্পরা/তোড়; a ~ of horses, (দৌড়ের জন্য) সারিবদ্ধ ঘোড়া; অশ্বপংক্তি। দ্র. stud (২). ৬ আঁশ; তন্তু। **~ bean** শিম (যার বীজকোষ সবজি হিসাবে ভোজ্য)। **ˈheart ~s,** দ্র. heart (৭). **~y** *adj* (-ier,-iest) দড়ি ইত্যাদির মতো; আঁশালো; তন্তুময়: ~y meat, শক্ত আঁশালো মাংস।

string[2] [স্ট্রিঙ্] *vt, vi (pt, pp* (strung [স্ট্রাঙ্]) ১ (ধনুক, বেহালা, র‍্যাকেট ইত্যাদিতে) ছিলা, তার, তাঁত ইত্যাদি লাগানো/ পরানো/ চড়ানো। **~ed instru-ment** তত; ততযন্ত্র। ২ *(pp)* **strung (up)** (ব্যক্তি, ব্যক্তির ইন্দ্রিয় ও স্নায়ু সম্বন্ধে) আতত; উন্মুখ; প্রস্তুত; টানটান; উৎকণ্ঠিত: The young speaker was strung up before addressing a public meeting for the first time. **highly strung** অত্যন্ত অস্থির বা উৎকণ্ঠিত। ৩ (মুক্তা ইত্যাদি দিয়ে) মালা গাঁথা। ৪ **~ (up)** (দড়ি বা তারে) টানানো: ~ up lanterns among the trees/lamps across a street). ৫ *(adv parti* –সহ বিশিষ্ট প্রয়োগ): **~ sb along** ইচ্ছাকৃতভাবে কারো মনে কোনো বিষয়ে মিথ্যা আশা জন্মানো; মিছিমিছি ঘোরানো; নাকে দড়ি দিয়ে ঘোরানো: Why are you ~ing the girl along, if you don't intend to marry her? **~ along with sb** (আন্তরিক আনুগত্য না থাকা সত্ত্বেও) কারো সঙ্গে নিজের সুবিধা মতো ভাব/সম্পর্ক বজায় রাখা। **~ out** সারিবদ্ধভাবে ছড়িয়ে পড়া। **~ sth out** সারিবদ্ধভাবে ছড়িয়ে দেওয়া: Horses strung out towards the end of a long race. **~ sb up** (অপ.) ফাঁসিতে ঝোলানো। **~ sth up,** উপরে ৪ দ্র.।

strin·gent [ˈস্ট্রিন্জান্ট্] *adj* ১ (নিয়মকানুন সম্বন্ধে) কঠোর; সুদৃঢ়; অবশ্য পালনীয়; কড়া; কট্টর: a ~ rule against smoking. ২ (মুদ্রার বাজার সম্বন্ধে) সঙ্কুচিত; টানাটানির। **~·ly** *adv* কঠোরভাবে। **strin·gency** [–ন্সি] *n* কঠোরতা; কড়াকড়ি; সঙ্কোচন; টানাটানি।

strip [স্ট্রিপ্] *vt, vi (-pp-)* ১ **~ off; ~ sth/sb (off); ~ sth (from/off sth); ~ sth/sb (of sth)** (কাপড়চোপড়, আবরণ, অংশ ইত্যাদি) খুলে ফেলা; খসানো; হরণ/ অপহরণ/ অপনোদন করা; উন্মোচন/ মোচন করা; নগ্ন/ বিবস্ত্র করা; তুলে ফেলা; দূর করা: ~ a machine; ~ paint from a surface/ ~ a surface of paint; ~ sb naked/~ sb of his clothes. The boys ~ped/~ped off their clothes and jumped into the river. **~ sth down** (ইনজিন ইত্যাদি সম্বন্ধে) বিযোজ্য অংশসমূহ খুলে ফেলা বা অপসারণ করা। **ˈ~-tease, ˈ~-show** *nn* বিনোদনমূলক অনুষ্ঠানবিশেষ, যাতে কোনো ব্যক্তি (সাধা. স্ত্রীলোক) একের পর এক তার পরিধেয় বস্ত্রসম্ভার খুলে ফেলে; বস্ত্রমোচন-দৃশ্য। অতএব, **ˈ~·per** *n* বস্ত্রমোচিনী। **ˌ~-ˈpoker** *n* তাসের খেলাবিশেষ, যাতে প্রত্যেক দানে পরাজিত খেলোয়াড়কে একটি পরিচ্ছদ খুলে ফেলতে হয়। ২ **~ sb of sth** (সম্পত্তি ইত্যাদি থেকে) বঞ্চিত/ বিচ্যুত/ বিরহিত করা: ~ a man of his possessions/titles etc. ৩ অংশবিশেষ ছেঁড়া/ ভাঙা: ~ a gear/screw, (অপব্যবহার ইত্যাদির দ্বারা) দাঁত/ পেঁচ ভেঙে ফেলা। ৪ (গরুর

পালান থেকে) শেষ দুধটুকু টেনে বের করা; (দুধ) টিপে বের করা। □*n* [C] ফালি; চিলতে: a ~ of garden; a ~ of paper; an ˈair ~, দ্র. air¹ (৪). ˈ**~-lighting** *n* বাল্বের বদলে দীর্ঘ টিউব দিয়ে আলোকিত করার পদ্ধতি; টানা-আলো। **~ cartoon** *n* ১ গল্প বলার জন্য সারিবদ্ধভাবে সাজানো ছোট ছোট রেখাচিত্রের অনুক্রম; রেখাচিত্রমালা। ২ (কথ্য) (খেলোয়াড়দের) দলীয় পোশাক; জার্সি।

stripe [স্ট্রাইপ্] *n* [C] ১ ডোরা: a white tablecloth with red ~s; the tiger's ~s. **the Stars and S~s** তারা ও ডোরা—যুক্তরাষ্ট্রের জাতীয় পতাকা। ২ (প্রায়শ V-আকৃতির) সৈনিকের উর্দিতে পদমর্যাদাসূচক চিহ্ন, ডোরা: ~s on the sleeve of a Sergeant. ৩ (প্রা. প্র.) কশাঘাত; চাবুকের বাড়ি (ইদানীং stroke অধিক প্রচলিত)। **~d** [স্ট্রাইপ্ট্] *adj* ডোরাকাটা; ডুরে: ~d material. **stripy** *adj* ডোরাকাটা: a stripy tie.

strip·ling [ˈস্ট্রিপ্লিঙ্] *n* তরুণ; কিশোর।

strive [স্ট্রাইভ্] *vi* (*pt* strove [-স্ট্রৌভ্] *pp* striven [ˈস্ট্রিভ্‌ন্] ১ **~ (with/against sth/sb)** লড়াই/ সংগ্রাম/ যুদ্ধ করা। ২ **~ for sth/ to do sth** বিচেষ্টিত হওয়া; অতিপ্রযত্ন করা; প্রাণপণে চেষ্টা করা। **~r** *n* উদ্যমী/ প্রযত্নশীল লোক।

strobe [স্ট্রৌব্] *n, adj* ˈ**~ (light)** ঘন ঘন জ্বলে আর নেভে এমন (আলো); পিটপিটে (আলো)।

strode [স্ট্রৌড্] stride-এর *pt*

stroke¹ [স্ট্রৌক্] *n* [C] ১ আঘাত; অভিঘাত; প্রহার; তাড়ন; বাড়ি; পাত; পাতন: with one ~ of a sword; the ~ of a hammer; 10 ~s of a lash. ২ (সাঁতার বা নৌকাবাইচে হাত, দাঁড়/ বৈঠার) পাত; পাতন তাড়ন: swimming with a slow ~, মন্থর হস্তবিক্ষেপে সন্তরণ: ˈbreast-/ˈback-~, উবুড়-/ চিৎ-সাঁতার; a fast/slow ~, (নৌকাবাইচে) দ্রুত/ মন্থর দণ্ডপাত। ৩ (নৌকাবাইচের দলে) সবচেয়ে পিছনের দাঁড়ি, যার দাঁড়-ফেলার ছন্দ অন্যেরা অনুসরণ করে; সর্দার-দাঁড়ি। ৪ বিশেষত ক্রিকেট, গল্ফ প্রভৃতি খেলায় শরীরের ঊর্ধ্বাংশ ও বাহুর একবারের সঞ্চালন; আর। ৫ একক প্রযত্ন; একক প্রযত্নের ফল; চোট; উদ্যোগ: a good ~ of business, চমৎকার কর্মোদ্যোগ; He's not done a ~ of work today, এতোটুকু কাজ করেনি। **at a/one ~** এক চোটে। **put sb off his ~,** put² (১১) ভুক্তিতে put off দ্র.। ৬ (কলম, তুলি প্রভৃতির) আঁচড়; টান: with one ~ of the pen; thin/ thick ~s. ৭ ঘণ্টা (ধ্বনি): on the ~ of five, পাঁচটা বাজতে; He reached the station on the ~, নির্ধারিত সময়ে; কাঁটায় কাঁটায়। ৮ মস্তিষ্কে রোগের আকস্মিক আক্রমণে চৈতন্য ও চলচ্ছক্তি লোপ; রোগাঘাত: a paralytic ~, পক্ষাঘাত। অপিচ দ্র. sun (৪) ভুক্তিতে sun ~. □*vt* (*pt, pp* ~d) (নৌকাবাইচে) দাঁড়িদের সর্দারি করা।

stroke² [স্ট্রৌক্] *vt* হাত বোলানো: ~ a cat/one's hand. **~ sb the wrong way** শান্ত করার বদলে উত্যক্ত করা; বে-কায়দায় হাত বোলানো। **~ sb down** (কাউকে) নরম করা। □*n* হাত-বোলানো; হাতের মৃদুস্পর্শ।

stroll [স্ট্রৌল্] *n* [C] ধীরেসুস্থে ভ্রমণ; পায়চারি; ইতস্তত ভ্রমণ; পদচারণ: have/go for a ~. □*vi* হাঁটতে/ হাওয়া খেতে বেরনো। **~er** *n* পদচারী।

strong [স্ট্রঙ্ US স্ট্রোঙ্] *adj* (~ger [-ঙ্গা(র্)], ~gest [-ঙ্গিস্ট্]) ১ (weak-এর বিপরীত) শক্ত; দৃঢ়; সুদৃঢ়; প্রবল; প্রচণ্ড; সবল; বলিষ্ঠ; শক্তিশালী; বলবান; বলীয়ান; বলী; মহাবল; মজবুত; কঠিন; কঠোর: a ~ stick; a ~ fort, দুর্ভেদ্য দুর্গ; a ~ wind; a ~ will/ determination/ imagination; have ~ nerves; ~ measures; ~ indications; ~ eyes, তীক্ষ্ণদৃষ্টি; feel quite ~ again, রোগভোগের পর আবার সুস্থসবল বোধ করা; a ~ army; an army 200,000 ~, দুই লক্ষ সৈন্যের বাহিনী; a ~ candidate; ~ support; ~ beliefs/ convictions, বদ্ধমূল/ সুদৃঢ় বিশ্বাস/ প্রত্যয়। **as ~ as a horse** মোষের/ ষাঁড়ের মতো বলবান। **one's ~ point** বিশেষ দক্ষতা/ পারদর্শিতার বিষয়। ˈ**~-arm** (পদ্ধতি, কৌশল ইত্যাদি সম্বন্ধে) উগ্র; চণ্ড। ˈ**~-box** *n* (মূল্যবান জিনিসপত্র রাখার জন্য) দুর্ভেদ্য তোরঙ্গ। ˈ**~-hold** [-হৌল্ড্] *n* (ক) দুর্গ; কুঠি। (খ) (লাক্ষ.) যে স্থলে কোনো ভাব মতবাদের পক্ষে প্রবল সমর্থন রয়েছে; দুর্গ: a ~ hold of protestantism. ˌ**~-ˈminded** [মাইন্ডিড্] *adj* দৃঢ়মতি; দৃঢ়বুদ্ধি। ˈ**~-room** *n* মূল্যবান দ্রব্যসামগ্রী সংরক্ষণের জন্য মোটা দেয়াল এবং (সাধা.) ইস্পাতের ভারী দরজাযুক্ত প্রকোষ্ঠ; দুর্ভেদ্য প্রকোষ্ঠ। ২ কড়া: ~ tea/coffee; a ~ whisky (অতি সামান্য জলমিশ্রিত)। ৩ তীব্র; প্রখর; উগ্র; কটু; ঝাঁঝালো: the ~ light of the tropics; a ~ smell of gas; ~ bacon/butter/cheese/onions. **~ breath** দুর্গন্ধ/ দুর্গন্ধযুক্ত নিশ্বাস। **~ language** *n* কঠোর/ রূঢ় ভাষা; কটূক্তি; পরুষবচন; কড়া কথা। ৪ **~ drink** (জিন, রাম প্রভৃতি কোহলযুক্ত) উগ্র পানীয়। দ্র. soft (৯) ভুক্তিতে soft drink. ৫ (*adverbial* প্রয়োগ) **going ~** (কথ্য) (দৌড়, কাজকর্ম ইত্যাদি) পূর্ণোদ্যমে চালিয়ে যাওয়া; শক্ত-সমর্থ থাকা: aged 80 and still going ~. **come/ go it (rather/a bit) ~** (কথ্য) মাত্রা ছাড়িয়ে যাওয়া; বাড়াবাড়ি/ অতিরঞ্জন করা। ৬ **~ verb** যেমন ক্রিয়াপদের অতীতকালের রূপে -d, -ed বা -t যুক্ত হওয়ার বদলে স্বরধ্বনির পরিবর্তন ঘটে (যেমন sing, sang), অনিয়মিত ক্রিয়াপদ। ৭ (বাণিজ্য.; মূল্য সম্বন্ধে) ক্রমবর্ধমান। ৮ ˈ**~ form** (কিছু কিছু শব্দের উচ্চারণ সম্বন্ধে) গুরুত্বসূচক (এবং সেই হেতু প্রস্বনযুক্ত) অবস্থানে ঘটিত রূপ; জোরালো রূপ: The ~ form of 'his' is [hiz] । দ্র. weak (৫). **~·ly** *adv* দৃঢ়ভাবে; দৃঢ়তার সঙ্গে; প্রবলভাবে: He ~ly advised me to apply.

stron·tium [ˈস্ট্রনটিআম্ US ন্‌শিআম্] *n* [U] (রস.) নরম, রুপালি রঙের ধাতব মৌলবিশেষ (প্রতীক Sr); স্ট্রন্‌টিয়ম। **~ 90** *n* [U] স্ট্রনটিয়মের প্রকারভেদ, যা পারমাণবিক অবপাতনের (fall-out) অঙ্গীভূত উপাদান; স্ট্রনটিয়ম ৯০।

strop [স্ট্রপ্] *n* (খুর ধার দেওয়ার) চামাটি। □*vt* চামাটিতে ধার দেওয়া।

strophe [ˈস্ট্রৌফি] *n* প্রাচীন গ্রিক কোরাস নৃত্যে কোরাস দলের ডান থেকে বাঁ দিকে ঘূর্ণন এবং ঘোরার সময় উচ্চারিত পংক্তিমালা; (কবিতার) স্তবক।

stroppy [ˈস্ট্রপি] *adj* (GB অপ.) (ব্যক্তি সম্বন্ধে) রগচটা; বদমেজাজি।

strove [স্ট্রৌভ্] strive-এর *pt*

struck [স্ট্রাক্] strike²-এর *pt, pp*

struc·ture [ˈস্ট্রাকচা(র্)] *n* ১ [U] কোনো কিছুর সংযোজন, সংগঠন ইত্যাদির ধরন; সংস্থান; সংস্থিতি; নির্মিতি: the ~ of the human body, মানবদেহের অঙ্গসংস্থান; sentence ~, বাক্য-নির্মিতি। ২ [C] যে কোনো জটিল সমগ্র; কোনো ভবনের কাঠামো বা অপরিহার্য অংশসমূহ; ভবন, হর্ম্য; কাঠামো; নির্মাণ;

নির্মিতি: the Tajmahal is a marvellous marble ~. **struc·tural** [ˈস্ট্রাক্‌চারাল্] *adj* নৈর্মিতিক; কাঠামোগত: structural alterations to a building (যেমন দুটি কক্ষকে এক কক্ষে রূপান্তরিত করা); structural steel, নৈর্মিতিক ইস্পাত (কড়ি, বরগা, খুঁটি ইত্যাদি)। **struc·tur·ally** [-চারালি] *adv* নৈর্মিতিকভাবে: a structurally sound building.

stru·del [ˈস্ট্রুড্‌ল্] *n* ফল ইত্যাদি ময়দার হালকা লেইয়ের মধ্যে মুড়ে আগুনে সেঁকে তৈরি-করা এক ধরনের পিঠা; স্ট্রুডল: a slice of apple ~.

struggle [ˈস্ট্রাগ্‌ল্] *vi* **~ (against/ with)** যুদ্ধ/ লড়াই/ সংগ্রাম করা; ধ্বস্তাধ্বস্তি করা; আপ্রাণ চেষ্টা করা: ~ against difficulties; ~ for influence/ power. □*n* সংগ্রাম; লড়াই; যুদ্ধ; প্রযত্ন: the ~ for freedom.

strum [স্ট্রাম্] *vi, vt* (-mm-) **~ (on)** (বিশেষত আনাড়ির মতো) এলোপাতাড়ি বা একঘেয়েভাবে কোনো বাজনা বাজানো: ~ (on) the sitar; ~ a tune on the harp. □*n* উপরোক্তরূপ বাজার শব্দ; ক্যাঁক-কোঁক: the ~ of a guitar.

strum·pet [ˈস্ট্রাম্‌পিট] *n* (পুরা) বেশ্যা, বারাঙ্গনা।

strung [স্ট্রাঙ্] string[2]-এর *pt, pp*

strut[1] [স্ট্রাট্] [C] কাঠামোর শক্তিবৃদ্ধির জন্য ভিতরে প্রবিষ্ট কাঠ বা ধাতুর টুকরা; গোঁজ।

strut[2] [স্ট্রাট্] *vi* (-tt-) সদর্পে পদচারণ করা। □*n* সদর্প পদচারণা।

strych·nine [ˈস্ট্রিক্‌নীন্] *n* [U] (স্নায়ুকে উদ্দীপিত করার জন্য অত্যন্ত অল্প মাত্রায় ব্যবহৃত) শক্তিশালী বিষবিশেষ; স্ট্রিকনিন।

stub [স্টাব্] *n* [C] ১ (সিগারেট, পেন্সিল, কাটাগাছ ইত্যাদির) মুড়া: a ~ of tail, লেজের মুড়া। ২ মুড়ি: The ~ of a cheque-book. □*vt* (-bb-) ১ **~ one's toe** ঘষ্টি খাওয়া। ২ **~ sth out** (বিশেষত সিগারেট) ডলে নেভানো।

stubble [ˈস্টাব্‌ল্] *n* [U] ফসল কেটে নেবার পর ধান, গম ইত্যাদি উদ্ভিদের যে অংশ মাটিতে থাকে; মুড়া; মুড়াসদৃশ কোনো কিছু, যেমন খাটো শক্ত দাড়ি: Three days' ~ on his chin, তিনদিনের খেংরামুড়া। **stub·bly** [ˈস্টাব্‌লি] *adj* মুড়াসম্বন্ধী বা সদৃশ: a stubbly beard, খোঁচা খোঁচা/খেংরামুড়া দাড়ি।

stub·born [ˈস্টাবান্] *adj* একগুঁয়ে; জেদি; সঙ্কল্পবদ্ধ; শক্ত; কঠিন; বিরূপ; প্রতাপ; দুঃসাধ্য: ~ soil; ~ illness. **as ~ as a mule** অত্যন্ত একগুঁয়ে। **~·ly** *adv* একগুঁয়েভাবে ইত্যাদি। **~·ness** *n* একগুঁয়েমি; অনমনীয়তা; কাঠিন্য; বিরূপতা।

stubby [ˈস্টাবি] *adj* (-ier, -iest) খাটো ও মোটা: ~ fingers.

stucco [ˈস্টাকৌ] *n* (*pl* -s, -es [-কৌজ্]) [C,U] অন্তর্ছাদ বা দেয়ালে আস্তরণ বা অলঙ্করণের জন্য বিভিন্ন ধরনের প্রলেপ বা সিমেন্ট। □*vt* (*pt, pp* ~ed; ~ing): a ~ed house.

stuck [স্টাক্] stick[2] -এর *pt, pp*

stuck-up [ˌস্টাক্ˈআপ্] *adj* (কথ্য) দাম্ভিক; আত্মগর্বিত; ঔদ্ধত্যের সঙ্গে বন্ধুত্বের আহ্বান প্রত্যাখ্যান করে এমন; দর্পাধ্মাত।

stud[1] [স্টাড্] *n* ১ সার্টের সম্মুখ-ভাগ, কলার ইত্যাদি আঁটার জন্য বোতাম-ঘরের মধ্য দিয়ে ঢোকাবার দুই মাথা-ওয়ালা বোতাম সদৃশ কৌশলবিশেষ; গুলিকা; ঘুন্টি। ২ অলঙ্করণ বা সংরক্ষণের জন্য দ্বার, ঢাল ইত্যাদির উপর বসানো বড়ো মাথাওয়ালা পেরেক বা ঘুন্টি; গজাল। **reˈflector ~** (কথ্য cat's eye) সড়কের বিভাজন নির্দেশ করার জন্য ব্যবহৃত (সারিবদ্ধ) বড়ো ঘুন্টিসদৃশ বস্তু, যা রাত্রিবেলা গাড়ির বিচ্ছুরিত আলো প্রতিফলিত করে; বিড়ালাক্ষ। □*vt* (-dd-) (সাধা. *pp*) খচিত: a crown ~ed with jewels.

stud[2] [স্টাড়] *n* বিশেষ উদ্দেশ্যে (বিশেষত প্রজন বা দৌড়ের জন্য) পালিত একই মালিকের অনেকগুলি ঘোড়া; বাড়ব। **ˈ~-book** *n* অশ্বকুলজি। **ˈ~-farm** *n* অশ্বপ্রজন খামার। **ˈ~-mare** *n* প্রজনের উদ্দেশ্যে রক্ষিত ঘুড়ি; প্রজন-ঘুড়ি।

stu·dent [ˈস্টিউড্‌ন্ট্ US ˈস্টু-] *n* (GB) কলেজ, পলিটেকনিক বা বিশ্ববিদ্যালয়ের (স্নাতক বা স্নাতকোত্তর শ্রেণীর) ছাত্র বা ছাত্রী; অধ্যেতা; অধ্যেত্রী: ˈmedical ~s; (US অপিচ) স্কুলের ছাত্র বা ছাত্রী; শিক্ষার্থী, যে কোনো বিষয়ে জ্ঞানপিপাসু ব্যক্তি; জ্ঞানার্থী; বিদ্যার্থী; জ্ঞানলিপ্সু; পর্যেক্ষক: a ~ of wild-life/history/nature.

stu·dio [ˈস্টিউডিঔ US ˈস্টু-] *n* (*pl* -s [-ডিঔজ্]) ১ চিত্রকর, ভাস্কর, আলোকচিত্রী প্রভৃতির যথোচিতভাবে আলোকিত কর্মশালা; স্টুডিও। **~ couch** শয্যারূপে ব্যবহারযোগ্য দীর্ঘ আসন; চৌকি। ২ (চলচ্চিত্রের) চিত্রগ্রহণের উপযোগী কক্ষ বা হল; (*pl*) একটি চলচ্চিত্র কোম্পানির কার্যালয় ইত্যাদি সমেত সবগুলি স্টুডিও। ৩ বেতার বা টেলিভিশনের যে কক্ষে অনুষ্ঠান ইত্যাদি ধারণ করা হয় কিংবা যে কক্ষ থেকে অনুষ্ঠানাদি নিয়মিত সম্প্রচারিত হয়; স্টুডিও। **~ audience** স্টুডিওর দর্শকবৃন্দ (অনুষ্ঠানে হাসি, হাততালি ইত্যাদি যোগানোর জন্য)।

stu·di·ous [ˈস্টিউডিআস্ US ˈস্টু-] *adj* ১ অধ্যয়নশীল; অধ্যয়নপর; অধ্যয়নপরায়ণ; অধ্যয়নাসক্ত; পড়ুয়া। ২ অধ্যবসায়ী; কৃতপ্রযত্ন; সযত্ন: with ~ politeness. **~·ly** *adv* অধ্যয়নপরায়ণতার সঙ্গে, কৃতপ্রযত্নে ইত্যাদি। **~·ness** *n* অধ্যয়নশীলতা; অধ্যয়নপরতা; বিদ্যাসক্তি; অধ্যয়নাসক্তি।

study[1] [ˈস্টাডি] *n* (*pl* -dies) ১ [U এবং *pl*-এ] অধ্যয়ন; বিদ্যাভ্যাস; পাঠ; পর্যেষণা: fond of ~, অধ্যয়নপ্রিয়; পাঠাসক্ত; make a ~, পর্যেষণ করা; desultory studies; His studies showed that ..., তার পর্যেষণা থেকে দেখা যায় যে ...। ২ অনুসন্ধানের বিষয়; অনুসন্ধিৎসা উদ্দীপক বিষয়; অনুসন্ধেয়: The proper ~ of mankind is man. Her face is a ~, পুঙ্খানুপুঙ্খভাবে পর্যবেক্ষণযোগ্য। ৩ **be in a brown ~** আশেপাশের লোকজন, ঘটনা ইত্যাদি সম্বন্ধে চেতনাবিরহিতভাবে ধ্যানস্থ থাকা; আত্মমগ্ন/নিজের ভাবে বিভোর হয়ে থাকা। ৪ পড়ার ঘর; পাঠকক্ষ: He spends the morning in his ~. ৫ অনুশীলন বা পরীক্ষা হিসাবে করা আলেখ্য; প্রযুক্তিগত অনুশীলন রূপে বাজানো সঙ্গীতাংশ; অনুশীলন (-চিত্র); অনুশীলন (-সঙ্গীত)। [U] (প্রা. প্র.) ঐকান্তিক যত্ন/ প্রয়াস।

study[2] [ˈস্টাডি] *vt, vi* (*pt, pp* -died) ১ অধ্যয়ন করা; পড়া: ~ engineering. ২ সতর্কতার সঙ্গে পরীক্ষা করা; পর্যবেক্ষণ করা; খুঁটিয়ে দেখা: ~ the map. ৩ সতর্কতার সঙ্গে বিবেচনা করা; মনোযোগ দেওয়া: ~ the wishes of one's friends/only one's own interests. ৪ (*pp*) **studied** সাভিপ্রায়; জ্ঞানকৃত; ইচ্ছাকৃত; সুচিন্তিত: a studied insult.

stuff[1] [স্টাফ্] *n* ১ [C,U] যে বস্তু বা পদার্থ দিয়ে কোনো কিছু তৈরি করা হয় কিংবা যা কোনো উদ্দেশ্যে

ব্যবহার করা যেতে পারে (অনেক সময়ে লাক্ষ.); [U] যে বস্তুর নাম অজ্ঞাত, অনিশ্চিত অথবা গুরুত্বহীন; একটা বিশেষ গুণসম্পন্ন কিংবা উন্নতমানের বস্তু; দ্রব্য; পদার্থ; জিনিস; উপাদান; ধাতু: ˈgreen/ˈgarden ~, শাকসবজি; He is not the ~ great writers are made of, What do you call this ~? Try to find out what ~ he is made of, তার প্রকৃতি; স্বভাবচরিত্র। **S~ and nonsense!** বোকার মতো কথাবার্তা! ২ (অপ. প্রয়োগ): That's the ~ to give 'em, এমন ব্যবহারই ওদের উপযুক্ত। **Do your ~** মুরোদ দেখাও; কী করতে পার দেখিয়ে দাও। **know one's ~** কোনো বিষয়ে সিদ্ধহস্ত/ওস্তাদ হওয়া। ৩ [U] (প্রা. প্র.) পশমি কাপড়: a ~ gown.

stuff[2] [স্টাফ্] *vt* ১ **~ sth with/into sth; ~ sth up** ঠেসে ভরা; গাদানো; ঠাসা; গোঁজা; পূর্ণ করা: ~ a case with papers; ~ papers in a case; ~ oneself with food, আকণ্ঠ ভোজন/অতিভোজন করা; a head ~ed with facts/silly romantic ideas; ~ (up) one's ears with cotton-wool; ~ up a hole, গর্ত ভরাট করা। **a ~ed shirt** (কথ্য) আত্মম্ভরি/ হামবড়া লোক; দেমাগি। ২ **~ (with)** (কথ্য) অলীক/ অমূলক ধারণা, বিশ্বাস ইত্যাদি মগজে ঢোকানো: You are ~ing the young girl with silly ideas. ৩ রান্না করার আগে (পাখি ইত্যাদির) ভিতরে মশলাযুক্ত কুচানো খাবার ভরা; পুর দেওয়া: a ~ed duck; ~ed veal. ৪ স্বাভাবিক আকার দানের জন্য (পশু, পাখি ইত্যাদির) মৃতশরীরের ভিতরে যথোচিত পরিমাণে খড়কুটা ইত্যাদি ভরা (যেমন যাদুঘরে প্রদর্শনের জন্য); অন্তঃপূরিত করা: a ~ed tiger/eagle. ৫ অতিভোজন/ ভূরিভোজন করা: Will you stop ~ing (yourself) now! ৬ **~ it/sth** (অপ.) যেমন ইচ্ছা করা; মেনে নেওয়া: If it is not to your taste, you can ~ it. ৭ (নিষেধ.) (অশিষ্ট, অপ.) (স্ত্রীলোকের সঙ্গে) সঙ্গম করা। **~·ing** *n* [U] পশুপাখি, বালিশ, গদি ইত্যাদির মধ্যে যা ভরা হয় (উপরে ৩ ও ৪ দ্র.); ভরণ। **knock the ˈ~ing out of sb (ক)** গুমর ভাঙা; দর্প/গর্ব চূর্ণ করা। **(খ)** (অসুখ-বিসুখ সম্বন্ধে) কাহিল করে ফেলা; মাজা ভেঙে দেওয়া।

stuffy [ˈস্টাফি] *adj* (-ier, -iest) ১ (কক্ষ সম্বন্ধে) বদ্ধ; শ্বাসরুদ্ধকর। ২ (কথ্য) গোমড়ামুখো; বদমেজাজি। ৩ (কথ্য, ব্যক্তি সম্বন্ধে) তিরিক্ষি; রগচটা; খিটখিটে। ৪ নীরস; নিষ্প্রাণ। **stuff·ily** [-ফিলি] *adv* গোমড়ামুখে, নিষ্প্রাণভাবে ইত্যাদি। **stuffi·ness** *n* বদ্ধতা; তিরিক্ষিভাব; প্রাণহীনতা ইত্যাদি।

stul·tify [ˈস্টাল্‌টিফাই] *vt* (*pt, pp* -fied) বোকা বা বেকুব বানানো; অর্থহীন করে ফেলা; নিরর্থকতায় পর্যবসিত করা: ~ efforts to reach agreement. **stul·tifi·ca·tion** [ˌস্টাল্‌টিফিকেইশ্‌ন্] *n* নিষ্ফলীকরণ।

stumble [ˈস্টাম্‌ব্‌ল্] *vi* ১ হোঁচট /উচট খাওয়া: ~ over the root of a tree. **~ across/upon sth** অপ্রত্যাশিতভাবে/ আচমকা/ দৈবাৎ পেয়ে যাওয়া। **ˈstumbling-block** *n* বাধা; প্রতিবন্ধক। ২ **~ about/ along/ around** টলতে টলতে চলা বা হাঁটা। ৩ আমতা আমতা করা; (কিছু বলতে গিয়ে) হোঁচট খাওয়া: ~ over one's words; ~ through a recitation. □*n* স্খলন; পদস্খলন; হোঁচট; উছট।

stump [স্টামপ্] *n* [C] ১ কর্তিত বৃক্ষের ভূমিস্থ অধোভাগ; মুড়া। **~ oratory/ speeches** লোক ক্ষেপানো রাজনৈতিক বক্তৃতা; জ্বালাময়ী বক্তৃতা; রাজনৈতিক গলাবাজি। **on the ~** (কথ্য) রাজনৈতিক বক্তৃতা, আন্দোলন ইত্যাদিতে নিয়োজিত। ২ প্রধান অংশ কেটে, ভেঙে বা ক্ষয় পেয়ে গেলে যা অবশিষ্ট থাকে, যেমন ছিন্ন হাত-পা, ক্ষয়প্রাপ্ত দাঁত, পেন্সিল, সিগার প্রভৃতির অবশিষ্টাংশ; মুড়া; (হাস্য.) পা, ঠ্যাং। **stir one's ~** পা চালানো। ৩ (ক্রিকেট) যে তিনটি খাড়া কাষ্ঠখণ্ডকে লক্ষ্য করে বল ছোড়া হয়, তার যে কোনো একটি; স্টাম্প: send the middle ~ flying. **draw ~s** খেলা শেষ করা। □*vi, vt* ১ গটগট/ খপখপ করে চলা। ২ (কথ্য) বেশি শক্ত হওয়া; বিমূঢ় করে দেওয়া; কুপোকাত করা: Most of candidates were ~ed by the fourth question. ৩ (কোনো এলাকায় বা দেশময়) রাজনৈতিক বক্তৃতা দিয়ে বেড়ানো। ৪ (ক্রিকেট) ব্যাটসম্যান তার নির্দিষ্ট সীমানার বাইরে থাকাকালে বল ছুড়ে তার ইনিংস শেষ করে দেওয়া; স্টাম্প করা। ৫ **~ money up**(অপ.) অর্থ পরিশোধ করা; (টাকা) বের করা: He had had to ~ up (£ 500) for his brother's debts. **~er** *n* (কথ্য) কঠিন/ বিব্রতকর প্রশ্ন; কূটপ্রশ্ন।

stumpy [ˈস্টামপি] *adj* (-ier, -iest) বেঁটে ও মোটা: a ~ little man; a ~ umbrella.

stun [স্টান্] *vt* (-nn-) ১ আঘাত দিয়ে হতচেতন/ অচৈতন্য করা; সংজ্ঞা লোপ করা: He was ~ned by the blow, মূৰ্ছিত হয়ে পড়েন। ২ হতভম্ব/ হতবুদ্ধি/ বিমূঢ় করা: I was ~ned by the news of his sudden death. **~ning** *adj* (কথ্য) অপূর্বসুন্দর; চিত্তচমৎকারী; চিত্তবিমোহন: a ~ning figure. **~·ning·ly** *adv* হতচেতনকর রূপে; চিত্তবিমোহনরূপে। **~·ner** *n* (কথ্য) আকর্ষণীয়, চিত্তহারী ব্যক্তি, বস্তু ইত্যাদি; চিত্তপুত্তলিকা।

stung [স্টাঙ্] sting[2]-এর *pt, pp*

stunk [স্টাঙক্] stink-এর *pp*

stunt[1] [স্টান্ট্] *n* [C] (কথ্য) দৃষ্টি আকর্ষণের জন্য করা কোনো কিছু; চমক; চমকবাজি; চটক; তাক; তাগবাগ: advertising ~s, (যেমন বিমান দিয়ে আকাশে লেখন); ~ flying, তাক-লাগানো নভক্রীড়া (= acrobatics)/ That's a good ~, (প্রচার লাভের জন্য) চমৎকার ফিকির। **ˈ~ man** চলচ্চিত্রে কোনো অভিনেতার স্থলবর্তী হয়ে (ঝুঁকিপূর্ণ) তাক-লাগানো কসরত দেখানোর জন্য নিয়োজিত ব্যক্তি; চমকবাজ।

stunt[2] [স্টান্ট্] *vt* বৃদ্ধি বা বিকাশ রুদ্ধ/ব্যাহত করা। **~ed** ব্যাহত বৃদ্ধি; বামনীকৃত; রুদ্ধবিকাশ; খর্বিত: ~ed trees; a ~ed mind.

stu·pefy [ˈস্টিউপিফাই US ˈস্টূ-] *vt* (*pt, pp* -fied) স্বচ্ছভাবে চিন্তা করবার শক্তি নাশ করা; স্তম্ভিত/ হতচেতন/ হতভম্ব করা: stupefied with drink/ amazement. **stu·pe·fac·tion** [ˌস্টিউপিফ্যাকশ্‌ন্ US ˌস্টূ-] *n* [U] সম্মোহ; ব্যামোহ; অসাড়তা।

stu·pen·dous [স্টিইউপেনড াস্ US স্টূ-] *adj* প্রকাণ্ড; (আকারে, মাত্রায়) বিস্ময়াবহ; অদ্ভুত: a ~ error/ achievement. **~·ly** *adv* প্রকাণ্ডরূপে; বিস্ময়াবহরূপে।

stu·pid [ˈস্টিউপিড্ US ˈস্টূ-] *adj* ১ জড়বুদ্ধি; নির্বোধ; মূঢ়; বোকা। ২ স্তম্ভিত; হতচেতন। □*n* (কথ্য) নির্বোধ (লোক); মূর্খ; বোকা। **~·ly** *adv* নির্বোধের মতো; বোকার মতো। **~·ity** [স্টিউˈপিডাটি US স্টূ-] *n* [U] মূঢ়তা; নির্বুদ্ধিতা; বোকামি; বুদ্ধিজড়তা; [C] (*pl* -ties) নির্বোধ উক্তি, কার্যকলাপ ইত্যাদি; বোকামি।

stu·por [ˈস্টিউপা(র্) US ˈস্টূ-] *n* [C,U] আঘাত, মাদকদ্রব্য, সুরা ইত্যাদি জনিত প্রায় সংজ্ঞাহীন অবস্থা; ইন্দ্রিয়স্তম্ভ: in a drunken ~.

sturdy [ˈস্টাডি] *adj* (-ier, -iest) শক্তসবল; বলিষ্ঠ; মজবুত; গাট্টাগোট্টা; প্রবল; দৃঢ়াঙ্গ: ~ children; offer a ~ resistance; ~ common sense. **stur·dily** [-ডিলি] *adv* বলিষ্ঠভাবে, মজবুত করে ইত্যাদি: a sturdily built motor-car. **stur·di·ness** *n* দৃঢ়াঙ্গতা; বলিষ্ঠতা; সবলতা।

stur·geon [ˈস্টাজন্] *n* খাদ্য হিসাবে অতিসমাদৃত বিভিন্ন বড়ো জাতের মৎস্যবিশেষ; নাতিশীতোষ্ণমণ্ডলের নদী, হ্রদ ও সমুদ্র-উপকূলে এই মাছ পাওয়া যায় এবং এর ডিম থেকেই স্বনামপ্রসিদ্ধ খাদ্য কাভিয়ার তৈরি হয়; মার্সিন।

stut·ter [ˈস্টাটা(র্)] *vi, vt* তোতলানো। □*n* তোতলামি; তোতলানি। **~er** *n* তোতলা। **~·ing·ly** *adv* তোতলামি সহকারে।

sty[1] [স্টা ই] *n* (*pl* sties) (শূকরের) খোঁয়াড়। pig (১) ভুক্তিকে pigsty দ্র.।

sty[2] (অপিচ **stye**) [স্টাই] *n* (*pl* sties, styes) আঞ্জনি; কুম্ভিকা।

style [স্টা ইল্] *n* ১ [C,U] রীতি; ভঙ্গি; ধরন; শৈলী; রচনাশৈলী; বাচনশৈলী; চিত্র-শৈলী; স্থাপত্যশৈলী; চিত্রণরীতি; ভাস্কর্যশৈলী: written in an irritating ~; Norman/decorated/perpendicular, etc ~s of English architecture. ২ [C,U] উৎকর্ষ বা বৈশিষ্ট্যসূচক গুণ; চাল; ছাঁদ; ধাঁচ; ঢং; ধরন; কায়দা; কেতা: living in a ~ beyond one's means; live in European ~. **in ~** জৌলুশের সঙ্গে; রাজকীয়/আমিরি চালে: live in (grand) ~, (ভৃত্য-পরিচর, বিলাসসামগ্রী ইত্যাদি সমেত) আমিরি চালে জীবনযাপন করা: do things in ~, বৈশিষ্ট্যমণ্ডিতভাবে করা (গতানুগতিকভাবে নয়); Drive up in ~, দামি গাড়ি হাঁকানো। ৩ [C,U] পোশাকপরিচ্ছদ ইত্যাদির ফ্যাশন; চল: The latest ~s in trousers/in hairdressing. ৪ [C] প্রকার; রকম; ধরন; ধাঁচ: made in all sizes and ~s. ৫ [C] সম্বোধনকালে ব্যবহার্য উপযুক্ত অভিধা; আখ্যা; উপাধি: He has no right to assume the ~ of doctor. ৬ [C] প্রাচীনকালে মোমলিপ্ত উপরিভাগের উপর বর্ণ অঙ্কনের জন্য ব্যবহৃত হাতিয়ার বিশেষ; লেখনী। ৭ [C] (উদ্ভিদ.) গর্ভদণ্ড। □*vt* ১ নির্দিষ্ট উপাধিযোগে উল্লেখ করা; অভিহিত করা: He should be ~d 'His Excellency'. ২ নকশা/আকল্প করা: a newly ~d car, নতুনভাবে আকল্পিত গাড়ি। **styl·ish** [-লিশ্] *adj* কেতাদুরস্ত: stylish clothes. **sty·lish·ly** *adv* কেতাদুরস্তভাবে। **styl·ish·ness** *n* কেতাদুরস্তি।

sty·list [ˈস্টাইলিস্ট্] *n* ১ উৎকৃষ্ট বা মৌলিক রচনাশৈলীর অধিকারী ব্যক্তি, বিশেষত লেখক; শৈলীনিষ্ঠ/শৈলীসিদ্ধ লেখক। ২ (বাণিজ্য ইত্যাদি) অলঙ্করণ, পোশাকপরিচ্ছদ ইত্যাদির চাল-চলন, রীতি-পদ্ধতির সঙ্গে সম্পৃক্ত ব্যক্তি; রীতিকুশলী: a ˈhair-~, কেশসংস্কারক। **sty·lis·tic** [স্টা ইˈলিস্টিক্] *adj* শৈলীগত। **sty·lis·tics** *n* শৈলীবিজ্ঞান। **sty·lis·ti·cally** [-কলি] *adv* শৈলীগতভাবে।

sty·lize [ˈস্টাইআলাইজ্] *vt* (শিল্পরূপ প্রভৃতি) একটি বিশেষ রীতির অনুবর্তী করা; শৈলীভূত/শৈলীবদ্ধ করা।

sty·lus [ˈস্টাইলাস্] *n* (*pl* -es [-লাসিজ্]) গ্রামোফোন রেকর্ডে খাঁজ কাটার জন্য কিংবা রেকর্ড বাজানোর জন্য (হীরক বা নীলমণি-নির্মিত) তীক্ষ্ণাগ্র শলাকাবিশেষ; স্টাইলাস।

sty·mie [ˈস্টাইমি] *n* ১ (গলফ খেলায়) প্রতিপক্ষের বল নিজের বল ও গর্তের মাঝখানে এসে পড়লে যে পরিস্থিতির উদ্ভব ঘটে; অবরোধ; স্টাইমি। ২ (লাক্ষ. কথ্য) নিরোধ; অবরোধ; সংরোধ। □*vt* (গলফে) স্টাইমি/অবরোধ করা; (লাক্ষ.) নিরুদ্ধ/ অবরুদ্ধ/ সংরুদ্ধ/ ব্যাহত করা।

styp·tic [ˈস্টিপ্টিক্] *n, adj* রক্তনিরোধক (পদার্থ): a ~ pencil, উক্ত পদার্থ দিয়ে তৈরি শলাকা; রক্তনিরোধক শলাকা (দাড়ি কামানোর সময়ে কেটে গেলে এ-জাতীয় শলাকা ব্যবহার করা যেতে পারে)।

sua·sion [ˈসোয়েইজ্ন্] *n* [U] (আনুষ্ঠা.) = persuasion; প্রত্যয়করণ; অনুনয়ন; প্রবর্তনা। **moral ~** শক্তির বদলে নীতিবোধের ˈপর প্রতিষ্ঠিত প্রবর্তনা; নৈতিক প্রোৎসাহন/ অনুনয়ন।

suave [সোয়া:ভ্] *adj* আচরণে মধুর ও বিনয়ী (তবে সম্ভবত আন্তরিকতাহীন); সস্নিগ্ধ; আপাতস্নিগ্ধ। **~·ly** *adv* সুস্নিগ্ধভাবে। **suav·ity** [-ভ়াটি] *n* [U] স্নিগ্ধতা; আপাতমধুরতা; (*pl*) স্নিগ্ধ/আপাতমধুর আচরণ, কথাবার্তা ইত্যাদি।

sub[1] [সাব্] *n* (কথ্য সংক্ষেপ) ১ ডুবজাহাজ। ২ চাঁদা। ৩ সাব-লেফটেনান্ট। ৪ (পত্রিকার) সহ-সম্পাদক।

sub[2] [সাব্] *vi, vt* ১ ~ **(for sb)** (কথ্য) (কারো) বিকল্প হিসাবে কাজ করা। ২ subedit-এর কথ্যসংক্ষেপ; সহ-সম্পাদক রূপে কাজ করা।

sub- [সাব্] *pref* দ্র. পরি. ৩।

sub·acid [ˈসাব্যাসিড্] *adj* ঈষদম্ল।

sub·al·tern [ˈসাব্লটন্ US সাˈবো°ল্ট র্ন্] *n* (GB) (পূর্বকালে) ক্যাপ্টেনের চেয়ে নিম্নপদস্থ সনদপ্রাপ্ত সামরিক কর্মকর্তা; অধস্তন অফিসার।

sub·atomic [ˌসাবাˈটমিক্] *adj* পরমাণুর চেয়ে ক্ষুদ্রতর কণিকাসমূহের যে কোনো একটি সংক্রান্ত; অতিপারমাণবিক।

sub·class [ˈসাবক্লা:স্ US -ক্ল্যাস্] *n* উপশ্রেণী।

sub-clause [ˈসাবক্লো°জ্] *n* (চুক্তি, দলিল, আইন ইত্যাদির) উপধারা; উপপ্রকরণ।

sub·com·mit·tee [ˈসাব্ কমিটি] *n* মূল পরিষদের কয়েকজন সদস্যকে নিয়ে গঠিত ক্ষুদ্রতর পরিষদ; উপপরিষদ।

sub·con·scious [ˌসাবˈকন্শাস্] *adj* যে সব মানসিক ক্রিয়াকলাপ সম্বন্ধে মানুষ (পুরাপুরি) সচেতন থাকে না, তার সম্বন্ধী; অবচেতন: the ~ self, অবচেতন প্রকৃতি। □*n* **the ~** সামষ্টিকভাবে চিন্তা, কামনা, প্রবৃত্তি ইত্যাদি; মগ্নচৈতন্য। **~·ly** *adv* অবচেতনভাবে। **~·ness** *n* অবচেতনতা।

sub·con·ti·nent [ˌসাবˈকন্টিনান্ট্] *n* উপমহাদেশ।

sub·con·tract [ˌসাবˈকন্ট্র্যাক্ট্] *n* পূর্ববর্তী চুক্তি বা চুক্তির অংশবিশেষ নিষ্পন্ন করার জন্য চুক্তি; অধীনচুক্তি। □*vt, vi* [ˌসাবকন্ˈট্র্যাক্ট্ US -ˈকন্ট্র্যাক্ট্] অধীনচুক্তি (সম্পাদন) করা। **~or** [ˌসাব্কান্ট্র্যাকটা(র্) US -ˈকন্ট্যাক-] *n* অধীনচুক্তিদার।

sub·cu·taneous [ˌসাব্কিয়ুˈটেইনিআস্] *adj* ত্বকের নিম্নবর্তী; তকনিম্নস্থ: ~ parasites; a ~ injection.

sub·di·vide [ˌসাব্ডিˈভ়াইড্] *vt, vi* আরো বিভাগ করা বা বিভক্ত হওয়া; উপবিভাগ করা; উপবিভক্ত করা/হওয়া। **sub·di·vision** [ˌসাব্ডি ˈভ়িজ্ন্] *n* [U] উপবিভাজন; পুনর্বিভাজন; [C] উপবিভাগ; উপশাখা; উপবিষয়; অংশাংশ; উপাঙ্গ; উপপ্রকরণ; মহকুমা।

sub·due [স'ব্‌'ড্যি US -'ডূ] *vt* ১ নিয়ন্ত্রণে/ বশে/ আয়ত্তে আনা; বশীভূত/ পরাভূত করা; কাবু/ দমন করা: ~ the tropical jungle/ one's passions. ২ উগ্রতা, উচ্চতা বা তীব্রতা হ্রাস করা; কোমলতর/ মৃদুতর/ শান্ততর করা। **~d** *pp* প্রশমিত; শমিত; চাপা; দমিত: ~d voices/lights; a tone of ~d satisfaction.

sub·edit [সাব্ 'এডিট্] *vt* (পত্রপত্রিকার) সহ-সম্পাদক রূপে কাজ করা। **sub·edi·tor** [-টা(র্)] *n* সহ-সম্পাদক।

sub·fam·ily ['সাব্‌ফ্যামালি] *n* বংশশাখা; উপবংশ; উপগোত্র।

sub·fusc [সাব্ 'ফাস্ক্] *adj* কালচে; ঈষৎকৃষ্ণ; ম্যাড়মেড়ে। □*n* কোনো কোনো বিশ্ববিদ্যালয়ে কালো রঙের আনুষ্ঠানিক পোশাক।

sub·head·ing ['সাবহেডিঙ্] *n* [C] প্রবন্ধের অংশবিশেষের বিষয়বস্তু নির্দেশক শব্দগুচ্ছ; উপশিরোনামা।

sub·hu·man [ˌসাব্'হিউমান্] *adj* সম্পূর্ণ মানবিক নয়; মানুষের চেয়ে পশুর সঙ্গেই অধিক সাদৃশ্যযুক্ত; মানবেতর; মনুষ্যেতর।

sub-in·spec·tor [ˌসাব্ ইন্'স্পেক্‌ট(র্)] *n* উপ-পরিদর্শক; (পুলিশের) ছোট দারোগা।

sub·ja·cent [সাব্ 'জেইস্‌ন্ট্] *adj* অধঃস্থ; অধোলগ্ন; অধঃস্থিত; অধোবর্তী।

sub·ject[1] ['সাব্‌জিক্‌ট্] *adj* ১ অধীন; পরাধীন; পরায়ত্ত: a ~ province; ~ peoples. ২ **be ~ to** বাধ্য/ অধীন/ অনুবর্তী হওয়া: Every citizen is ~ to the law of the land. ৩ **~ to** প্রবণ; ধাতযুক্ত: He is ~ to colds, সর্দির ধাত আছে। ৪ **~ to** *adj, adv* -সাপেক্ষ; -সাপেক্ষে: The schedule is ~ to change. **~ to contract** (আইন.) চুক্তিসম্পাদনসাপেক্ষ। **~ to prior sale** নিলাম ইত্যাদির তারিখের পূর্বে আরো প্রস্তাব আসার আগে বিক্রয় করা হয়নি এই শর্তে; পূর্ববিক্রয়সাপেক্ষে।

sub·ject[2] ['সাব্‌জিক্‌ট] *n* ১ রাষ্ট্রের প্রধান শাসক ব্যতীত অন্য যে কোনো সদস্য; প্রজা, নাগরিক। দ্র. citizen (প্রজাতান্ত্রিক দেশে অধিকতর কাম্য ও প্রচলিত)। ২ বিষয়; প্রসঙ্গ; প্রস্তাব; আলোচ্য: an interesting ~ of conversation; the ~ of a poem /picture. **change the ~** বিষয় পরিবর্তন করা; প্রসঙ্গান্তরে যাওয়া। **on the ~ of** বিষয়ে; সংক্রান্ত; সম্পৃক্ত। **'~ matter** *n* [U] বিষয়বস্তু (রচনাশৈলীর বিপরীত)। ৩ যে বস্তু, ব্যক্তি বা প্রাণীকে নিয়ে কারবার; বিষয়: a ~ for experiment/discussion. ৪ **~ for sth** যে পরিস্থিতি থেকে কোনো কিছু উদ্ভূত হয়; বিষয়: a ~ for pity/ ridicule/congratulations. ৫ কোনো নির্দিষ্ট (সাধা. অবাঞ্ছিত) প্রবণতাসম্পন্ন ব্যক্তি; রোগী; -গ্রস্ত ইত্যাদি: a hysterical ~, উন্মাদপ্রবণ। ৬ (ব্যাক.) উদ্দেশ্য (বিধেয়ের বিপরীত); কর্তা (কর্মের বিপরীত)। ৭ (সঙ্গীত) মূলসুর; ধ্রুবপদ।

sub·ject[3] [স ব্'জেক্‌ট্] *vt* **~ to** ১ নিয়ন্ত্রণে আনা; বশীভূত/ অধীন করা: England ~ed many countries to its rule.২ আস্পদ/ পাত্র করা; অধীন করা: ~ oneself to criticism/ridicule. To test its strength the metal was ~ed to great pressure. **sub·jec·tion** [স ব্'জেক্‌শ্‌ন্] *n* [U] দমন; বশ্যতা; পরাধীনতা; পরবশ্যতা: The country was held in ~ for two hundred years.

sub·jec·tive [সাব্ 'জেকটিভ্] *adj* ১ (ভাব, অনুভূতি ইত্যাদি সম্বন্ধে) মনোগত; আত্মনিষ্ঠ; আত্মমুখ; মনঃকল্পিত; বিষয়ীকেন্দ্রিক: a ~ impression. ২ (শিল্প, শিল্পী, সাহিত্য ইত্যাদি সম্বন্ধে) (বাস্তববাদী শিল্প, সাহিত্য ইত্যাদির বিপরীত) আত্মগত; আত্মলীন; বিষয়ীকেন্দ্রিক। ৩ (ব্যাক.) কর্তা বা উদ্দেশ্য-বিষয়ক। **~·ly** *adv* আত্মগতভাবে। **sub·jec·tiv·ity** [ˌসাব্‌জেক্'টিভটি] *n* [U] আত্মনিষ্ঠতা; আত্মমাত্রিকতা।

sub·join [ˌসাব্'জয়ন্] *vt* (আনুষ্ঠা.) শেষে সংযুক্ত করা; অনুযোজিত করা: ~ a postscript to a letter.

sub judice [ˌসাব্ 'জুডিসি] (লা.) বিচারালয়ের বিবেচনাধীন (এবং সেই হেতু ব্রিটেনে মন্তব্যযোগ্য নয়); বিচারাধীন।

sub·ju·gate ['সাব্‌জুগেইট্]*vt* জয়/ পরাভূত/ দমন করা; বশ্যতাস্বীকারে বাধ্য করা; করায়ত্ত করা। **sub·ju·gation** [ˌসাব্‌জু'গেইশ্‌ন্] *n* [U] জয়; বিজয়; দমন; পরাভূত; পরাজয়; নিগ্রহ: subjugation of one's enemies, শত্রু দমন; subjugation of one's passions, ইন্দ্রিয়দমন; ইন্দ্রিয়নিগ্রহ।

sub·junc·tive [স ব্'জাঙ্‌টিভ্] *adj* (ব্যাক.) শর্ত, অনুমান, সম্ভাবনা ইত্যাদি সূচক; সংশয়ার্থ। □*n* [U,C] (ক্রিয়ার) সংশয়ার্থ ভাব; সংশয়ার্থ ক্রিয়ারূপ।

sub·lease [ˌসাব্'লীস্] *vt, vi* নিজের ইজারা নেওয়া জমি, বাড়ি ইত্যাদি অন্য ব্যক্তির কাছে ইজারা দেওয়া; দর-ইজারা দেওয়া। □*n* দর-ইজারা। **sub·lessee** *n* দর-ইজারাদার। **sub·lessor** *n* দর-ইজারাদাতা।

sub·let [ˌসাব্'লেট্] *vt, vi* (-tt-) ১ নিজের ভাড়া করা বাড়ি, ঘর ইত্যাদি অন্য ব্যক্তিকে ভাড়া দেওয়া; কোর্ফা ভাড়া দেওয়া। ২ চুক্তি মাফিক কাজের (যেমন কারখানা নির্মাণের) অংশবিশেষ অন্য কাউকে দেওয়া; আংশিক/ কোর্ফা ঠিকা দেওয়া।

sub·lieu·ten·ant [ˌসাব্‌লা'টেনান্ট্ US -লূটে-] *n* লেফটেনান্টের অব্যবহিত অধস্তন নৌ-কর্মকর্তা; সাব-লেফটেনান্ট।

sub·li·mate ['সাব্‌লিমেইট্] *vt* ১ (রস.) (পরিশোধনের জন্য) তাপপ্রয়োগে কঠিন অবস্থা থেকে বাষ্পীভূত করে আবার কঠিন আকারে জমানো; ঊর্ধ্বপাতন করা। ২ (মনো.) (সহজ প্রবৃত্তিজাত আবেগ, কার্যকলাপ ইত্যাদি) নির্জ্ঞাতভাবে উচ্চতর বা অধিকতর বাঞ্ছনীয় খাতে প্রবাহিত করা; ঊর্ধ্বগামী করা: ~d, উদ্‌গতিপ্রাপ্ত। □*n, adj* ঊর্ধ্বপাতন দ্বারা শোধিত (বস্তু); ঊর্ধ্বপাতিত। **sub·li·ma·tion** [ˌসাব্‌লি'মেইশ্‌ন্] *n* ঊর্ধ্বপাতন; উদ্‌গতি।

sub·lime [স 'ব্লাইম্] *adj* ১ উচ্চতম ও মহত্তম শ্রেণীর; বিস্ময় ও সম্ভ্রম উদ্রেককর; মহিমান্বিত; মহামহিমান্বিত; মহিমময়; মহীয়ান; ভীষণসুন্দর: ~ scenery/ heroism/ self-sacrifice. ২ চরম; (বিশেষত অপরিণামদর্শী ব্যক্তি সম্পর্কে) আশ্চর্য; মহিমান্বিত: a man of ~ conceit/ impudence/ indifference. □ *n* **the ~** যা মনে ভয় ও সম্ভ্রম উদ্রেক করে; ভয়ালসুন্দর। **(go) from the ~ to the ridiculous** সুন্দর; মহৎ; বিরাট কোনো বিষয় বা বস্তু থেকে তুচ্ছ, হীন, নিরর্থক বিষয় বা বস্তুতে চলে যাওয়া; মহত্তম থেকে তুচ্ছতমে চলে যাওয়া। **~·ly** *adv* মহীয়ানরূপে: She was ~ly indifferent to the astounded looks of the pedestrians. **sub·lim·ity** [সা'ব্‌লিমাটি] *n* [U এবং *pl* ties]

মহিমময়তা; উত্তুঙ্গ/ ভয়াল মহিমা: the sublimity of the Himalays; the sublimities of great art.

sub·lim·inal [ˌসাব'লিমিন্‌ল্] *adj* চৈতন্যের দোরগোড়ার নীচে; যে সম্পর্কে বিষয়ীর সচেতন জ্ঞান থাকে না; অবচৈত্তিক: ~ advertisement, অবচৈত্তিক বিজ্ঞাপন (যেমন, যে বিজ্ঞাপন চলচ্চিত্র বা টিভি পর্দায় মুহূর্তের জন্য প্রক্ষিপ্ত হয় এবং কেবল মগ্নচৈতন্যের দ্বারা লক্ষিত হয়)।

sub·lu·nary [সাব্‌ 'লূনারি] *adj* চন্দ্রতলবর্তী; পৃথিবী ও চাঁদের কক্ষপথের মধ্যবর্তী; চাঁদের প্রভাবাধীন; পার্থিব; ইহলৌকিক।

sub·mar·ine [ˌসাবমা'রীন্‌ US 'সাব্‌মারীন্‌] *adj* সমুদ্রতলস্থ; অবসামুদ্রিক: ~ plant life; a ~ cable. □*n* ডুবজাহাজ। **sub·mari·ner** [সাব 'ম্যারিনা(র্)] *n* ডুবজাহাজের নাবিক; ডুবজাহাজি।

sub·merge [সব্‌'মাজ্‌] *vt, vi* ১ ডোবানো; মজ্জিত/ নিমজ্জিত করা; প্লাবিত করা; মজ্জিত/ নিমজ্জিত হওয়া; ডোবা; ডুব দেওয়া। ২ ~**d** *adj* মগ্ন; নিমগ্ন; নিমজ্জিত: ~d rocks, মগ্নশৈল। **sub·merg·ence** [সব্‌'মাজান্‌স্‌], **sub·mer·sion** [সাব্‌'মাশ্‌ন্‌ US –জ্‌ন্‌] *nn* [U] নিমজ্জন; আপ্লাবন। **sub·mers·ible** [সব্‌'মাসাবল্‌] *adj* নিমজ্জনযোগ্য।

sub·mission [সব্‌'মিশ্‌ন্‌] *n* [U] বশ্যতা; বশীভূততা; আত্মসমর্পণ; বশ্যতাস্বীকার: The enemy made their ~ to the victorious general. ২ [U] আনুগত্য; বিনয়; বিনম্রতা; আজ্ঞানুবর্তিতা; বাধ্যতা: with all due ~, একান্ত বিনয়ের সঙ্গে। ৩ [C, U] (আইন.) বিচারক বা জুরির কাছে পেশকৃত যুক্তি, মতামত ইত্যাদি; নিবেদন: My ~ is that

sub·miss·ive [সব্‌'মিসিভ্‌] *adj* বশ্য; বাধ্য; অনুগত; বশবর্তী; আজ্ঞানুবর্তী: ~ to advice; a ~ wife. ~**·ly** *adv* অনুগতভাবে। ~**·ness** *n* অনুবর্তিতা; বশবর্তিতা; আনুগত্য।

sub·mit [সব্‌'মিট্‌] *vt, vi* (-tt-) ১ ~ **oneself to sb/sth** আনুগত্য/অধীনতা/বশ্যতা স্বীকার করা; অনুবর্তী হওয়া: ~ oneself to discipline. ২ ~ **sb to sth** সহ্য করানো: ~ a prisoner to torture/ interrogation, নির্যাতন/ জিজ্ঞাসাবাদ করা। ৩ ~ **sth (to sb/sth)** মতামত, আলোচনা, সিদ্ধান্ত ইত্যাদির জন্য উপস্থাপন করা; পেশা/ দাখিল করা: ~ plans/proposals, etc to the authorities. ৪ (আইন.) যুক্তি উপস্থাপন করা; নিবেদন করা: The defendant ~ted that he was falsely implicated in the case. ৫ ~ **to sb/ sth** আত্মসমর্পণ করা; মেনে নেওয়া: ~ to the enemy/ill treatment/separation from one's family.

sub·nor·mal [ˌসাব্‌'নো°ম্‌ল্‌] *adj* স্বাভাবিকের চেয়ে নীচে বা কম; স্বাভাবিকেতর: ~ temperatures; a child of ~ intelligence. □*n* স্বাভাবিকেতর বুদ্ধিমত্তাসম্পন্ন ব্যক্তি; ন্যূনধী।

sub·or·bital [ˌসাব্‌'ও°বিট্‌ল্‌] *adj* (গ্রহ, উপগ্রহ ইত্যাদি সম্বন্ধে) একটি কক্ষপথের চেয়ে কম দূরত্ব বা স্থায়িত্ব; উপকক্ষীয়।

sub·or·di·nate [স'বো°ডিনাট্‌ US –ডানাট্‌] *adj* ১ ~ **(to)** অপ্রধান; গৌণ; অধীন; অধস্তন: a ~ position. ২ ~ **clause** (ব্যাক.) অধীন খণ্ডবাক্য; সংযোজক অব্যয় দ্বারা আরব্ধ; বিশেষ্য; বিশেষণ কিংবা ক্রিয়াবিশেষণ-স্থানীয় খণ্ডবাক্য। দ্র. co-ordinate. □*n* অধীনস্থ বা অধস্তন কর্মচারী/ কর্মকর্তা। □*vt* [স'বো°ডিনেইট্‌ US –ডানেইট্‌] ~ **sth to** অধস্তন হিসাবে বিবেচনা/ গণ্য করা; অধীন/ অধীনস্থ করা। **subordinating clause** (ব্যাক.) যে সংযোজক অব্যয় দিয়ে অধীন খণ্ডবাক্যের সূত্রপাত করা হয় (যেমন, because, as, if); গৌণতাবাচক সংযোজক অব্যয়।

sub·or·di·na·tion [সˌবো°ডিনেইশ্‌ন্‌ US –ডান্‌এইশ্‌ন্‌] *n* অধীনতা, গৌণতা, অপ্রধানতা; অধীনীকরণ; গুণীভবন। **sub·or·di·na·tive** [স'বোডিনাটিভ্‌ US –ডানেইটিভ্‌] *adj* গৌণতাবাচক।

sub·orn [স'বো°ন্‌] *vt* ঘুষ দিয়ে বা অন্য উপায়ে কাউকে মিথ্যা হলপ করতে বা অন্য বেআইনি কাজে প্ররোচিত করা; কূটসাক্ষ্য দেওয়ানো; কুকর্মসাধনে প্রবৃত্ত করা। **sub·or·na·tion** [ˌসাবো°'নেইশ্‌ন্‌] *n* [U] কুকর্মসাধনে বিয়োজন।

sub-plot ['সাব্‌ প্লট্‌] *n* (নাটক, উপন্যাসের) অপ্রধান বস্তু; প্রতিমুখ।

sub·poena [স'পীনা] *n* (*pl* -s) [C] (আইন.) আদালতে হাজির হওয়ার জন্য লিখিত হুকুম; সপিনা; তলবনামা। □*vt* (*pt, pp* -naed) সপিনা দেওয়া/ পাঠানো; তলবনামা জারি করা বা পাঠানো।

sub·ro·ga·tion [ˌসাবরো'গেইশ্‌ন্‌] *n* (আইন.) এক পক্ষের স্থলে অন্যপক্ষকে উত্তমর্ণরূপে প্রতিকল্পন, যাতে করে শেষোক্ত পক্ষের উপর প্রথম পক্ষের সকল অধিকার ও দায়দায়িত্ব বর্তায়; উত্তরাধিকার প্রতিকল্পন।

sub·scribe [সব্‌'স্ক্রাইব্‌] *vi, vt* ১ ~ **sth (to/for)** চাঁদা দেওয়া; (শেয়ার ইত্যাদি) নেওয়া: Did you ~ to the flood relief fund ? He ~d for 10 shares in the new company. ২ ~ **to sth (ক)** (পত্রপত্রিকার) গ্রাহক হওয়া। **(খ)** (মতামত, দৃষ্টিভঙ্গি ইত্যাদির) অংশীদার হওয়া; একমত হওয়া। ~ **for a book** প্রকাশিত হওয়ার আগেই এক বা একাধিক কপি কিনতে রাজি হওয়া; বইয়ের গ্রাহক হওয়া। ৩ (আনুষ্ঠা.) (দলিল ইত্যাদির নীচে) স্বাক্ষর/নামসই করা: ~ one's name to a petition. ~**r** *n* গ্রাহক; চাঁদাদাতা। **sub·scrip·tion** [সবস্ক্রিপ্‌শ্‌ন্‌] *n* ১ [U] অর্থদান; চাঁদা: The school was established by public subscription. ২ [C] (পত্রপত্রিকা, জনহিতকর কাজ, সমিতি ইত্যাদির) চাঁদা। **sub'scrip·tion concert** যে সঙ্গীতানুষ্ঠানের সকল আসনের জন্যে আগাম প্রবেশমূল্য আগেই গ্রহণ করা হয়; চাঁদার বিনিময়ে সঙ্গীতানুষ্ঠান।

sub·sec·tion ['সাব্‌সেক্‌শ্‌ন্‌] *n* উপ-পরিচ্ছেদ; উপধারা; উপ-প্রকরণ।

sub·se·quent ['সাব্‌সিকোআন্ট্‌] *adj* ~ **(to)** পরবর্তী; পশ্চাৎকালীন; উত্তরকালীন: ~ events; ~ to this event. ~**·ly** *adv* পরবর্তীকালে; পশ্চাৎকালে; উত্তরকালে।

sub·serve (সব্‌'সাভ্‌] *vt* সাহায্য করা; সহায়ক হওয়া।

sub·ser·vi·ent [সব্‌'সাভিআন্ট্‌] *adj* ~ **to** ১ দাসভাবাপন্ন; বিনয়বিগলিত; সেবাতৎপর: ~ shopkeepers. ২ (কোনো উদ্দেশ্যসাধনের) সহায়ক; উপযোগী; অধীন। ~**·ly** *adv* দাসোচিতভাবে ইত্যাদি। **sub·ser·vi·ence** [-আন্‌স্‌] *n* [U] দাস্য; দাসমনোভাব; উপযুক্ততা; সহায়তা।

sub·side [সাব্‌ 'সাইড্‌] *vi* ১ (বন্যার পানি সম্বন্ধে) হ্রাস পাওয়া; নেমে যাওয়া। ২ (ভূমি সম্বন্ধে) ধসে যাওয়া; বসে/নেমে যাওয়া। ৩ (ভবন সম্বন্ধে) মাটিতে বসে যাওয়া। ৪ (বায়ু, চিত্তবেগ ইত্যাদি) শান্ত/প্রশমিত হওয়া;

পড়ে যাওয়া। ৫ (হাস্য.) (ব্যক্তি সম্বন্ধে) ধীরে ধীরে নীচে নামা; প্রতিষ্ঠিত/রোপিত হওয়া: ~ into a chair. **sub·sid·ence** [স'ব্'সাইডন্স্] *n* [C,U] অধোগমন; অবনমন; অধোগতি; অধঃপতন।

sub·sidi·ary [স ব্'সিডিঅরি US -ডিএরি] *adj* **~ to** সহায়ক; সম্পূরক; অধীন: a ~ company, বড়ো কোম্পানির নিয়ন্ত্রণাধীন ছোট কোম্পানি; অধীন কোম্পানি। □*n* (*pl* -ries) অধীন কোম্পানি; সহায়ক বস্তু বা ব্যক্তি।

sub·sidy ['সাবসাডি] *n* [C] (*pl* -dies) সঙ্কটাপন্ন শিল্পপ্রতিষ্ঠান কিংবা অন্য কোনো শুভ উদ্যোগে সাহায্য হিসাবে, যুদ্ধলিপ্ত মিত্ররাষ্ট্রকে সহায়তাস্বরূপ কিংবা দ্রব্যমূল্য একটি কাঙ্ক্ষিত স্তরে সীমিত রাখার জন্য বিশেষত সরকার কিংবা অন্য কোনো প্রতিষ্ঠান কর্তৃক বরাদ্দকৃত অর্থ; (সরকারি) অর্থ-সাহায্য; ভর্তুকি। **sub·si·dize** ['সাব্সিডাইজ়্] *vt* অর্থসাহায্য/ ভর্তুকি দেওয়া: subsidized industries, ভর্তুকিপ্রাপ্ত শিল্পপ্রতিষ্ঠান। **sub·si·diz·ation** [ˌসাব্সিডাইজ়েইশ্ন্ US -ডি'জ়েই-] *n* [U] ভর্তুকি প্রদান।

sub·sist [স ব্'সিস্ট্] *vi* **~ (on)** প্রাণ/জীবন নির্বাহ করা; বেঁচে/ টিকে/ বিদ্যমান থাকা; বাঁচিয়ে/টিকিয়ে রাখা: ~ on a vegetable diet/on charities. **sub·sis·tence** [-টান্স্] *n* [U] অস্তিত্ব; প্রাণযাত্রা; উপজীবিকা; জীবনোপায়; প্রাণনির্বাহ; জীবননির্বাহ: bare ~ence, গ্রাসাচ্ছাদন; a ~ence wage, কোনো রকমে প্রাণনির্বাহ করার উপযোগী মজুরি; নিতান্ত প্রাণ ধারণোপযোগী মজুরি; '~ crops, (অর্থকরী ফসলের বিপরীত) ভোগ্য ফসল; on a '~ level, কেবল প্রাণধারণের জন্য পর্যাপ্ত জীবনযাত্রার মানে; নিতান্ত প্রাণধারণের স্তরে।

sub·soil ['সাবসয়্ল্] *n* [U] ভূ-পৃষ্ঠের অব্যবহিত নিম্নবর্তী মাটির স্তর; অন্তভূমি; অধোমৃত্তিকা।

sub·sonic [ˌসাব্'সনিক] *adj* শব্দের গতির চেয়ে ধীর/ ধীরগামী; অবশাব্দিক। দ্র. supersonic.

sub·species [সাব্ 'স্পীসীজ়্] *n* (*pl* অপরিবর্তিত) প্রজাতির উপবিভাগ; উপপ্রজাতি।

sub·stance ['সাবস্টান্স্] *n* ১ [C, U] (বিশেষ ধরনের) বস্তু; পদার্থ: same ~ in different forms. ২ [U] প্রধান অংশ; সার; সারাংশ; সারবস্তু; সারকথা: an argument of little ~; in ~, সারত। ৩ [U] দৃঢ়তা; ধৃতিসত্ত্ব; ঘনত্ব; সার; অন্তঃসার; বস্তু; সারবত্তা: This material has little ~. ৪ [U] বিত্ত; ধন; সম্পদ; বৈভব: one's whole ~, যথাসর্বস্ব; a man of ~, বিত্তশালী ব্যক্তি।

sub·stan·dard [ˌসাব্'স্ট্যানডাড্] *adj* নিম্নমানের।

sub·stan·tial [ˌসাব্'স্ট্যান্শ্ল্] *adj* ১ মজবুত বা দৃঢ়ভাবে নির্মিত; সুদৃঢ়; সংহত; সারগর্ভ; সারবান। ২ বিপুল; সুপ্রচুর; উল্লেখযোগ্য; মোটারকম: a ~ meal/improvement/loan. ৩ সচ্ছল; ধনাঢ্য; বিত্তবান; ধনী: a ~ business firm; ~ farmers. ৪ মূলগত; সারগত: in ~ agreement, মূলগতভাবে একমত। ৫ বাস্তব; বাস্তবিক; প্রকৃত; মূর্তিমান: I'm not sure whether it was something ~ or a mere illusion. **~ly** [-শালি] *adv* উল্লেখযোগ্যভাবে; প্রচুর পরিমাণে; সারত: He helped us ~ly to organize the rally.

sub·stan·ti·ate [স ব্'স্ট্যান্শিএইট্] *vt* দাবি, বিবৃতি, অভিযোগ ইত্যাদির সপক্ষে তথ্য উপস্থিত করা; প্রমাণ/ সাবুত করা। **sub·stan·ti·ation** [স ব্ˌস্ট্যান্শি'এইশ্ন্] *n* প্রমাণীকরণ; সাবুতকরণ।

sub·stan·ti·val [ˌসাব্স্টান্'টাইভ্ল্] *adj* (ব্যাক.) বিশেষ্য-প্রকৃতির; বিশেষ্যস্থানীয়: a ~ clause, বিশেষ্যস্থানীয় খণ্ডবাক্য।

sub·stan·tive ['সাবস্টান্টিভ্] *adj* স্বতন্ত্র; স্বাধীন; বাস্তব; প্রকৃত; সত্যিকার: to attain the status of a ~ nation. a ~ motion, (বিতর্কে) যে সংশোধনী গৃহীত হওয়ায় তা আরো আলোচনার বিষয়বস্তুতে পরিণত হয়; স্বতন্ত্র প্রস্তাব। ~ [স ব্'স্ট্যানটিভ্] **rank** (GB) স্থায়ী পদমর্যাদা। □*n* (ব্যাক.) বিশেষ্য; সত্ত্ববাচক পদ।

sub·sta·tion ['সাবস্টেইশ্ন্] *n* (বিদ্যুৎ বিতরণ ইত্যাদির জন্য) উপকেন্দ্র; শাখাঘাঁটি।

sub·sti·tute ['সাবস্টিটিউট্ US -টুট্] *n* বিকল্প; প্রতিকল্প; অনুকল্প; উপকল্প: Can you find a good ~ for tea? □*vt, vi* **~ (sth/ sb) (for)** বিকল্পরূপে ব্যবহার করা বা ব্যবহৃত হওয়া; স্থলবর্তী/ উপকল্পিত/ অধ্যস্থ করা বা হওয়া: ~ margarine for butter. Can you ~ for Mr Jones during his absence? **sub·sti·tu·tion** [ˌসাবস্টি'টিউশ্ন্ US -টুশ্ন্] *n* [U] উপকল্পন; প্রতিকল্পন।

sub·stra·tum [ˌসাব্'স্ট্রা:টম্ US -স্ট্রেইটাম্] *n* (*pl* -ta [-টা]) ১ নিম্নস্থ স্তর; অধ:স্তর: a ~ of rock, নিম্নস্থ শিলাস্তর। ২ ভিত্তি; মূল: The novel has a ~ of truth.

sub·struc·ture ['সাবস্ট্রাকচা(র্)] *n* ভিত্তি; ভিত্তিমূল; বুনিয়াদ। দ্র. superstructure.

sub·sume [স ব্'সিউম্ US -সূম্] *vt* **~ (under)** (দৃষ্টান্ত ইত্যাদি কোনো নিয়মের অধীনে কিংবা বিশেষ কোনো শ্রেণীর) অন্তর্ভুক্ত করা; আকলন করা।

sub·ten·ant [ˌসাব্'টেনান্ট্] *n* যে প্রজা বা ভাড়াটে অন্য প্রজা বা ভাড়াটের কাছ থেকে (জমি, বাড়ি ইত্যাদি) ইজারা/ ভাড়া নেয়; কোর্ফা প্রজা/ ভাড়াটে। **sub·ten·ancy** [ˌসাব্'টেনান্সি] *n* উপপ্রজাস্বত্ব; কোর্ফা ভাড়া।

sub·tend [স ব'টেন্ড্] *vt* (জ্যা.) (জ্যা বা ত্রিভুজের বাহু সম্বন্ধে) (কোণ বা চাপের) ঠিক বিপরীত দিকে/ সম্মুখে অবস্থান করা; বিপ্রতীপ হওয়া: ~ed angle, সম্মুখ কোণ।

sub·ter·fuge ['সাবটাফিউজ্] *n* [C] (বিশেষত ঝামেলা বা অপ্রীতিকর কিছু এড়ানোর জন্য) ছল; ব্যপদেশ; চাতুরী; [U] ছল-চাতুরী; প্রতারণা; ধোঁকা।

sub·ter·ranean [ˌসাব্টা'রেইনিঅন্] *adj* ভূগর্ভস্থ; অন্তর্ভৌম: a ~ passage, সুড়ঙ্গ; পাতালপথ: ~ river, অন্তঃসলিল: ~ fires.

sub·title ['সাবটাইট্ল্] *n* ১ (বইয়ের) উপশিরোনামা; উপনাম। ২ বিদেশী ভাষার চলচ্চিত্রে ফিল্মের উপর সংলাপের মুদ্রিত অনুবাদ; উপাখ্যা।

subtle ['সাট্ল্] *adj* ১ সূক্ষ্ম; অতিসূক্ষ্ম; নিগূঢ়: a ~ charm/ flavour; ~ humour; a ~ distinction. ২ চতুর; জটিল; সূক্ষ্ম: a ~ argument/ design. ৩ তীক্ষ্ণধী; সূক্ষ্মবুদ্ধি; কুশাগ্রবুদ্ধি; সূক্ষ্মদর্শী; সুবেদী: a ~ observer/ critic. **sub·tly** ['সাট্লি] *adv* সূক্ষ্মভাবে। **~ty** ['সাট্লটি] *n* (*pl* -ties) [U] সূক্ষ্মতা; সৌক্ষ্ম্য; সূক্ষ্মদর্শিতা; [C] সূক্ষ্মভেদাভেদ।

sub·topia [ˌসাব্'টৌপিআ] *n* [U] একই ধাঁচের প্রমিত ভবনরাজি অধ্যুষিত, ইতস্তত প্রসারিত বৈচিত্র্যহীন নগর-এলাকা; দেশের যে অংশে ঐরূপ নগর-এলাকা রয়েছে; ঐভাবে নগরায়ণ করার প্রবণতা এবং তার ফল; উপপুরী।

sub·tract [স ˈব্‌ট্র্যাক্‌ট্‌] *vt* ~ **(from)** বিয়োগ/ ব্যবকলন করা। **sub·trac·tion** [সাব্‌ট্র্যাকশ্‌ন্‌] *n* [U,C] বিয়োগ; ব্যবকলন।

sub·tra·hend [ˈসাবট্র্যাহেন্‌ড্‌] *n* (গণিত.) বিয়োজ্য সংখ্যা বা রাশি; শোধক।

sub·tropi·cal [ˌসাব্‌ট্রপিক্‌ল্‌] *adj* প্রায় -গ্রীষ্মমণ্ডলীয়: a ~ climate; ~ plants.

sub·urb [ˈসাবা্‌ব্‌] *n* [C] উপশহর; উপনগর; উপপুর। **the ~s** উপশহরসমূহ; শহরতলি; নগরোপান্ত। **sub·ur·ban** [সাˈবাবান্‌] *adj* ১ উপনগরস্থ; উপপুরিক: ~ an shops. ২ (তুচ্ছ.) নাগরিক বা গ্রামীণ কোনো সদ্‌গুণাবলীরই অধিকারী নয় এমন; আগ্রহ ও দৃষ্টিভঙ্গিতে সঙ্কীর্ণ; উপনগরিক; নগরোপান্তিক। **sub·ur·bia** [সাˈবাবিআ] *n* [U] (সাধা. তুচ্ছ) ১ (সমষ্টিগতভাবে) নগরোপান্ত; উপনগর; শহরতলি। ২ উপনগরিক জীবনযাত্রা; উপনগরিক দৃষ্টিভঙ্গি/ মনোভাব।

sub·ven·tion [স ˈব্‌ভেন্‌শ্‌ন্‌] *n* অর্থ সাহায্য; ভর্তুকি।

sub·ver·sive [স ˈব্‌ভ্যাসিভ্‌] *adj* নাশকতামূলক; পরিধ্বংসী: ~ propaganda; ~ of happiness, সুখান্তকর।

sub·vert [সাব্‌ ˈভ্যাট্‌] *vt* মানুষের আস্থা; বিশ্বাস; প্রত্যয় দুর্বল করে (ধর্ম, সরকার) ধ্বংস/ উৎখাত করা; পরাহত করা: ~ the monarchy. **sub·ver·sion** [সাব্‌ভ্যাশ্‌ন্‌ US –জ্‌ন্‌] *n* [U] নাশকতামূলক তৎপরতা; উৎখাত; ধ্বংস।

sub·way [ˈসাব্‌ওয়েই] *n* ১ [C] পাতালপথ; সুড়ঙ্গ; ভূগর্ভস্থ পথ: Cross by the ~. ২ **(the)** ~ (US) শহরের ভূগর্ভস্থ রেলপথ; পাতাল ট্রেন (GB = the underground, অথবা, কথ্য, the tube); সুড়ঙ্গ ট্রেন: take the ~; travel by ~.

sub·zero [ˌসাব্‌ˈজিআরৌ] *adj* (তাপমাত্রা সম্বন্ধে) শূন্য ডিগ্রির নীচে: ~ temperatures.

suc·ceed [সাক্‌ˈসীড্‌] *vi, vt* ১ ~ **(in)** সফল/ সিদ্ধ/ সাফল্যমণ্ডিত/ সার্থক/ কৃতকার্য হওয়া; সিদ্ধিলাভ করা: ~ in life; ~ in (passing) an examination. ২ স্থলাভিষিক্ত/ স্থলবর্তী হওয়া: The king was ~ed by his eldest son. ৩ ~ **(to)** উত্তরাধিকারী হওয়া: ~ to an estate.

suc·cess [স ˈক্‌সেস্‌] *n* ১ [U] সাফল্য; সফলতা; সিদ্ধি; চরিতার্থতা; কৃতকার্যতা; কৃতকৃত্যতা: meet with ~. **Nothing succeeds like** ~ (প্রবাদ) এক ক্ষেত্রে সফল হলে অন্য ক্ষেত্রেও সফলতার সম্ভাবনা। ২ [U] সমৃদ্ধি; সংবৃদ্ধি; সৌভাগ্য; সাফল্য: have great ~ in life. ৩ [C] যা সাফল্যমণ্ডিত হয়েছে; সাফল্য; সফলতা: The play was a great ~. **~·ful** [–ফ্‌ল্‌] *adj* সফল; সাফল্যমণ্ডিত; সিদ্ধ; সার্থক; কৃতার্থ; কৃতকার্য; কৃতকৃত্য; চরিতার্থ: ~ful candidates. **~·fully** [–ফ্‌লি] *adv* সাফল্যের সঙ্গে, সফলভাবে, সার্থকভাবে ইত্যাদি।

suc·cession [স ˈক্‌সেশ্‌ন্‌] *n* ১ [U] অনুক্রম; পর্যায়; অনুবর্তন; আনুপূর্ব; পরম্পরা: the ~ of the seasons. **in** ~ পর পর; পর্যায়ক্রমে; ক্রমান্বয়ে: five wet days in ~. ২ [C] আনুপূর্বিক বস্তুর সংখ্যা; পরম্পরা: a ~ of defeats/ misfortunes. ৩ উত্তরাধিকার; দায়াধিকার; অধিকারপর্যায়; উত্তরাধিকারিত্ব: He is the first in ~ to the throne. **the Apostolic S~** যিশুর প্রেরিতপুরুষদের থেকে বিশপদের মাধ্যমে এবং সেন্ট পিটার থেকে পোপদের মাধ্যমে আধ্যাত্মিক কর্তৃত্বের নিরবচ্ছিন্ন ধারাবাহিকতা; প্রেরিতপুরুষপরম্পরা। ˈ**~ duty** উত্তরাধিকারসূত্রে প্রাপ্ত সম্পত্তি বাবদ দেয় কর: উত্তরাধিকার কর।

suc·cess·ive [স ˈক্‌সেসিভ্‌] *adj* ক্রমাগত; পারম্পরিক; আনুক্রমিক: The army has had three ~ victories. **~·ly** *adv* ক্রমাগতভাবে; পর পর।

suc·cessor [স ˈক্‌সেস(র্‌)] *n* উত্তরাধিকারী; অবরাধিকারী; উত্তরসূরি: the ~ to the throne; appoint a ~ to a headmaster.

suc·cinct [স ˈক্‌সিঙ্‌ক্‌ট্‌] *adj* = terse; সংক্ষেপে স্পষ্টভাবে প্রকাশিত; সংক্ষিপ্ত; চুম্বক; সংহত। **~·ly** *adv* অবিস্তারে; সংক্ষিপ্তভাবে; চুম্বকভাবে; অল্প কথায়। **~·ness** *n* সংক্ষিপ্ততা; সংহতি।

suc·cour (US = **-cor**) [ˈসাক(র্‌)] *n* [U] (সাহিত্য.) প্রয়োজনের সময় প্রদত্ত সাহায্য; ত্রাণ। □*vt* (বিপদ–আপদ থেকে) ত্রাণ/উদ্ধার করা।

suc·cu·bus [ˈসাকিউবাস্‌] *n* ঘুমন্ত পুরুষের সঙ্গে যৌনসঙ্গমে লিপ্ত হয় বলে কথিত প্রেতযোনিবিশেষ; পিশাচী। দ্র. incubus.

suc·cu·lent [ˈসাকিউলান্‌ট্‌] *adj* ১ (ফল ও মাংস সম্বন্ধে) রসালো; সরস; সুস্বাদু। ২ (কাণ্ড, পাতা সম্বন্ধে) সুপুষ্ট; (উদ্ভিদ সম্বন্ধে) সুপুষ্ট কাণ্ড ও পাতাবিশিষ্ট; ফোঁপালো। □*n* [C] ফোঁপালো উদ্ভিদ (যেমন ফণিমনসা)। **suc·cu·lence** [–লান্‌স্‌] *n* [U] সরসতা; স্বাদুতা; সুপুষ্টতা।

suc·cumb [স ˈকাম্‌] *vi* ~ **(to)** (প্রলোভন, তোষামোদ ইত্যাদির) বশীভূত হওয়া; মারা যাওয়া: ~ to one's injuries.

such [সাচ্‌] *adj* (comp বা superl নেই; *inde fart* ও *n* –এর মাঝখানে বসে না; no, some, many ও all –এর পর such–এর অবস্থান লক্ষণীয়) ১ এ রকম; এহেন; এ জাতীয়; এ ধরনের; এমন; ও রকম; অমন; সে রকম; তেমন: ~ a book (as that); ~ books (as those); no ~ books (as those); artists ~ as Picasso and Dali; ~ artists as Picasso and Dali; ~ studends as these; students ~ as these; on ~ an occasion as this; on an occasion ~ as this. Some ~ idea was in my mind. Have you ever heard of ~ a thing? ২ **~ as it is** কোনো কিছুর নিম্নমান, অকিঞ্চিৎকরত্ব ইত্যাদির আভাস দিতে ব্যবহৃত হয়: I don't case for that house, ~ as it is, বাড়িটার যা অবস্থা তাতে ...। **~ as to** *inf* এতো বেশি; এমনই; এমন: His ignorance is ~ as to drive you to despair. ৩ **~ that; ~ ... that** এমন ... যে: His language was ~ that everyone loathed him. ৪ (~ ও so –এর অবস্থান লক্ষণীয়) এতো; অতো; এমন: You need n't be in ~ a hurry. ৫ (গুরুত্ব আরোপ করার জন্য, বিশেষত উৎক্রোশাত্মক বাক্যে): She gave me ~ a susprise ! (বড্ডো চমকে দিয়েছিল !); It was ~an enjoyable trip! (কী আনন্দদায়কই না ছিল !) ৬ (*pred* প্রয়োগ) এমনই; তেমন; সে রকম; এ রকম: S~ was not his plan. S~ is life ! S~ was his proposal. □*pron* সেই; তেমন; সে রকম: He is a successful teacher and is recognized as ~. He happened to be with us at the airport but ~ was not his plan. **as ~** প্রকৃত/ সত্যিকার অর্থে: He did not deride poetry as ~ but only what passes for it. **~ as** যেগুলি; যেমনটি: We do not have the discs you are looking for, but I'll show you ~ as we have. ˈ~·**like** *adj* (কথ্য) ঐ ধরনের/ অনুরূপ কিছু: I have no stomach for wrestling, bull-fighting and ~like.

suck [সাক্] *vt, vi* ১ ~ **sth (in/ out/ up/ through, etc) (from/ out of, etc)** চোষা; চুষে নেওয়া; চোষণ করা; শোষণ করা; শুষে নেওয়া: ~ the juice from a mango; ~ poison from out of a wound; (লাক্ষ.) ~ in knowledge. ২ তরল পদার্থ কিংবা (লাক্ষ.) জ্ঞান, তথ্য ইত্যাদি ভিতরে টেনে নেওয়া; শুষে নেওয়া; (স্তন্য) পান করা: a baby ~ing its mother's breast. He ~ed the mango dry. ৩ মুখের মধ্যে দিয়ে নাড়াচাড়া করা এবং জিহবা দিয়ে লেহন করা; চোষা: ~ a troffee. ৪ টানা; টান দেওয়া; চোষা: He is ~ing at the pipe. The hungry baby is ~ing away at the empty feeding-bottle. ৫ ~ **sth (up)** শুষে নেওয়া: Plants that ~ up moisture from the soil. ৬ (ঘূর্ণাবর্ত ইত্যাদি সম্বন্ধে) গ্রাস করা: The wrecked sailor was ~ed (down) into the whirlpool. ৭ ~ **up (to)** (অপ.) চাটুকথায় কিংবা উপকারের আশ্বাস দিয়ে মন ভোলানোর চেষ্টা করা; পদলেহন করা। □*n* চোষণ: have/take a ~ at a lollipop.

sucker [ˈসাক(র্)] *n* [C] ১ চোষক; চোষণকারী। ২ কোনো কোনো প্রাণীদেহের প্রত্যঙ্গবিশেষ যা তাদের চোষণের দ্বারা কোনো কিছুর উপরিভাগে লেগে থাকতে সাহায্য করে; চোষক। ৩ রাবারের তৈরি কৌশলবিশেষ (যেমন রাবারের অবতল চাকতি), যা চোষণের দ্বারা কোনো তলের সঙ্গে সেঁটে থাকে; (রাবারের) চোষক। ৪ গাছ, গুল্ম ইত্যাদির শিকড় থেকে উদ্গত অবাঞ্ছিত অঙ্কুর; প্ররোহ; গজ। ৫ (কথ্য) নির্বিবেক ধোঁকাবাজ, বিজ্ঞাপন ইত্যাদির দ্বারা প্রবঞ্চিত হওয়ার মতো নির্বোধ লোক; ভ্যাবড়া; ভ্যানকা।

suckle [ˈসাক্ল্] *vt* স্তন্যদান করা; স্তন্যপান করানো; মাই দেওয়া; দুধ খাওয়ানো। **suck·ling** [ˈসাক্লিঙ্] *n* স্তন্যপায়ী শিশু/ শাবক। **babes and sucklings** নিষ্পাপ শিশুরা; দুধের বাচ্চারা। দ্র. mouth[1].

suc·rose [ˈসূক্রৌজ্] *n* আখ ও বিট থেকে প্রাপ্ত চিনির পারিভাষিক নাম; সুক্রোজ।

suc·tion [ˈসাক্শ্ন্] *n* [U] ১ চোষণ; বায়ু, তরলপদার্থ প্রভৃতি অপসারণ করে আংশিক শূন্যতা সৃষ্টির দ্বারা বাইরের বায়ুচাপে তরলপদার্থ বা ধূলিকণা ভিতরে প্রবেশ করানো: This pump works by ~. ২ দুটি তলকে পরস্পর এঁটে রাখার জন্য অনুরূপ প্রক্রিয়া, যেমন রাবারের অবতল চাকতি কিংবা মাছির পা; চোষণ।

sud·den [ˈসাড্ন্] *adj* আকস্মিক; অতর্কিত: ~ death. □*n* (কেবল) **all on a** ~ অপ্রত্যাশিতভাবে; আচমকা; অকস্মাৎ; হঠাৎ। ~·**ly** *adv* হঠাৎ, অকস্মাৎ ইত্যাদি। ~·**ness** *n* আকস্মিকতা।

suds [সাড্স্] *n pl* সাবানের ফেনা।

sue [সিউ US সূ] *vt, vi* **sue (for)** ১ মামলা করা; অভিযুক্ত করা: sue a person for damages. ২ আবেদন/প্রার্থনা করা: sue (the enemy) for peace; sue for a divorce.

swede [সোয়েড্] *n* [U] ছাগচর্ম থেকে তৈরি নরম চামড়াবিশেষ, যার মাংসের দিকটা ঘষে নরম তুলোট কাগজের মতো করা হয়; সোয়েড: (attrib) ~ shoes/gloves.

suet [সুইট্] *n* [U] ভেড়া ও ষাঁড়ের বৃক্কের চারিদিকে সঞ্চিত শক্ত চর্বি, যা রান্নায় ব্যবহার করা হয়; বসা। ~**y** *adj* বসাযুক্ত; বসাতুল্য।

suf·fer [ˈসাফ়া(র্)] vt, vi ১ ~ **(from)** ভোগা; ক্ষতিগ্রস্ত হওয়া; শাস্তি/কষ্ট পাওয়া: ~ from headaches; ~ing from loss of memory. His classes ~ed during his absence. He will have to ~ for his misdeeds. ২ বোধ করা; ভোগ/ বরণ করা; অভিজ্ঞতা লাভ করা: ~ pain/ defeat/ adversity; ~ death, মৃত্যুবরণ/ মৃত্যুদণ্ড ভোগ করা। ৩ দেওয়া (এই অর্থে allow, permit অধিক বাঞ্ছনীয়)। ৪ সহ্য/ বরদাশত করা: I won't ~ your insolence. ~ **fools gladly** বোকা লোকদের সঙ্গে সহনশীল হওয়া। ~**er** [ˈসাফ়ারা(র্)] *n* দুঃখভোগী; দুঃখভোক্তা; ভুক্তভোগী। ~·**able** [ˈসাফ়ারাব্ল্] *adj* সহনীয়। ~·**ing** *n* ১ [U] দুঃখবেদনা; দুঃখকষ্ট: The war was a time of ~ing for all of us. ২ (*pl*) দুঃখক্লেশ; ভোগান্তি: He bore his ~ings bravely.

suf·fer·ance [ˈসাফ়ারান্স্] *n* [U] **on** ~ আপত্তির অনুপস্থিতিতে যে অনুমতি সূচিত করে, সেই অনুমতিক্রমে; মৌন সহনশীলতা বলে: He may be here on ~, তার অনুপস্থিতি কাঙ্ক্ষিত না হলেও অনিষিদ্ধ।

suf·fice [সাˈফ়াইস্] *vi, vt* ১ ~ **(for)** পর্যাপ্ত/যথেষ্ট হওয়া (এই অর্থে be enough অধিক প্রচলিত): £ 20 will ~ for you. S~ it to say that ..., আমি এইটুকুমাত্র বলব যে ...। ২ প্রয়োজন মেটানো: His meagre income does not ~ his large family.

suf·fi·cient [সাˈফ়িশন্ট্] *adj* যথেষ্ট; পর্যাপ্ত; ঢের। ~·**ly** *adv* যথোচিতভাবে; পর্যাপ্তরূপে; ঢের। **suf·fi·ciency** [–ন্সি] *n* (সাধা. **a sufficiency of sth**) পর্যাপ্ত/যথেষ্ট পরিমাণ: a sufficiency of fuel for the journey.

suf·fix [ˈসাফ়িক্স্] *n* (এই অভিধানে সংক্ষেপ suff) বিভক্তি ও প্রত্যয়; অধিযোজন; দ্র. prefix এবং পরি.৩।

suf·fo·cate [ˈসাফ়াকেইট্] *vt, vi* ১ শ্বাসরোধ করা বা হওয়া; নিঃশ্বাস বন্ধ হয়ে আসা: The cigarette smoke almost ~d her. ২ শ্বাসরোধ/কণ্ঠরোধ করে মারা। **suf·fo·ca·tion** [সাফ়াˈকেশ্ন্] *n* শ্বাসরোধ; কণ্ঠরোধ।

suf·fra·gan [ˈসাফ্রাগান্] *n* ~ **bishop, bishop** ~ বিশপের কর্তৃত্বাধীন এলাকার অংশবিশেষের তত্ত্বাবধানের জন্য নিযুক্ত বিশপ; সহকারী বিশপ।

suf·frage [ˈসাফ্রিজ্] *n* ১ [C] (আনুষ্ঠা.) ভোট; নির্বাচন। ২ [U] ভোটাধিকার; বরণাধিকার: In many countries women had to agitate for their ~. **suf·fra·gette** [ˌসাফ্রাˈজেট্] *n* ব্রিটেনে বিশ শতকের গোড়ার দিকে নারীর ভোটাধিকারের জন্য আন্দোলনকারিণী মহিলা।

suf·fuse [সাˈফ়িউজ্] *vt* (বিশেষত রং ও অশ্রু সম্বন্ধে) ধীরে ধীরে ছড়িয়ে দেওয়া; সমাপ্লুত/ব্যাপ্ত করা: eyes ~d with tears; the evening sky ~ed with crimson, সন্ধ্যার আবির ছড়ানো আকাশ। **suf·fu·sion** [সাˈফ়িউজ্ন্] *n* [U] ব্যাপ্তি; ব্যাপন; ব্যাপ্ততা; সমাপ্লাবন।

sugar [ˈশুগা(র্)] *n* [U] চিনি; শর্করা। ˈ~-**beet** *n* যে বিট থেকে চিনি উৎপন্ন হয়; চিনি–বিট। ˈ~-**cane** *n* আখ; ইক্ষু; ইক্ষুদণ্ড। ˌ~-ˈ**coated** *adj* শর্করাবৃত; চিনিপরিবৃত: ~-coated pills; (লাক্ষ.) আপাতমধুর; আপাত মনোলোভা; মধু–মাখা: ~-coated promises. ˈ~-

daddy *n* (কথ্য) সম্ভোগ বা বন্ধুত্বের বিনিময়ে যে ধনী (সাধা. অধিকবয়সী) পুরুষ কোনো তরুণীর জন্য অকাতরে অর্থব্যয় করেন। **ˈ~-loaf** *n* আগেকার দিনে চিনির মোচাকার শক্ত দলা (দোকানে এভাবেই চিনি বিক্রি হত); চিনির তাল। **ˈ~-lump** *n* চা, কফি ইত্যাদিতে দেওয়ার জন্য চিনির ছোট ঘনক (কিউব); চিনির খণ্ড। **ˈ~-refinery** *n* চিনির শোধনাগার। **ˈ~-tongs** *n pl* খাবার টেবিলে চিনির খণ্ড তুলে নেওয়ার জন্য ছোট চিমটাবিশেষ; চিনির সন্না। □*vt* মিষ্টি করা; চিনি মেশানো; শর্করাযুক্ত করা। **sugary** *adj* চিনির মতো মিষ্টি; অধিক চিনিযুক্ত; (লাক্ষ.) অতিমধুর; মধুমাখা; মিঠা মিঠা: ~y compliments/music.

sug·gest [সাˈজেস্ট্ US সাগ্ˈজে–] *vt* ১ **~ sth (to be); ~ (to be) that ...; ~ doing sth** বিবেচনার জন্য সম্ভাবনারূপে উপস্থাপন করা; প্রস্তাব করা; পরামর্শ দেওয়া; বাতলানো: I ~ed a thorough check-up. He ~ed that we should see the chairman. Do you ~ visiting the museum? ২ (চিন্তা, সম্ভাবনা ইত্যাদি) মনে আনা: His persistent cough ~s tuberculosis. ৩ (reflex) মনে পড়া/ আসা: The idea ~ed itself when we were discussing one future course of action. **~·ible** [–টাব্ল্] *adj* প্রস্তাব; পরামর্শ; অভিভাবন (suggestion দ্র.) দ্বারা প্রভাবিত করা যায় এমন; অভিভাবনীয়; অতিভাব্য; প্রস্তাবনীয়। **sug·ges·tion** [সাˈজেস্শান্ US সাগ্ˈজে–] *n* ১ [U] প্রস্তাবন; প্রস্তাব; পরামর্শ; মন্ত্রণা: at the ~ion of his father; on my ~ion. ২ [C] প্রস্তাবিত পরিকল্পনা পন্থা ইত্যাদি; প্রস্তাব; পরামর্শ: I like your ~ion. ৩ [C] ক্ষীণ আভাস: There was a ~ion of irritation in his tone. ৪ [U] অন্য ভাবের অনুষঙ্গে মনের মধ্যে কোনো ভাব বা চিন্তা জাগরিত করার প্রক্রিয়া; অভিভাবন। **hypnotic ~ion** সম্মোহিত বা সংবিষ্ট অবস্থায় কোনো ব্যক্তির মনে ভাব বা প্রনোদনা প্রবিষ্ট করা; সাংবেশিক অভিভাবন। **sug·ges·tive** [সাজেস্টিভ্ US সাগ্ˈজে–] *adj.* ১ ইঙ্গিতপূর্ণ; ব্যঞ্জনাপূর্ণ: ~ive remarks. ২ অনুচিত বা অশালীন ইঙ্গিতপূর্ণ: ~ive jokes. **sug·ges·tive·ly** *adv* ইঙ্গিতপূর্ণভাবে।

sui·cide [ˈস্যুইসাইড্] *n* ১ [U,C] আত্মহত্যা; আত্মহনন; আত্মঘাতী (ব্যক্তি): commit ~; two ~s this week. ২ [U] নিজ স্বার্থ বা কল্যাণের পরিপন্থী কাজ; আত্মহত্যা; আত্মদ্রোহ: political ~. **sui·cidal** [স্যুইˈসাইড্ল্] *adj* আত্মঘাতী।

sui generis [ˈসূঈˈজেনারিস্] *pred, adj* (লা.) নিজ শ্রেণীর; অনন্য; অদ্ভুত।

suit¹ [সূট্] *n* ১ [C] একই উপাদানে তৈরি পরিচ্ছদসমূহ; বস্ত্রযুগ; যুগ; স্যুট: a ~ of armour, বর্মযুগ: a man's ~, জ্যাকেট, (কটিবস্ত্র) ও ট্রাউজার্স; a woman's ~, জ্যাকেট ও ট্রাউজার্স; a two/three-piece ~; a ˈdress ~ পুরুষের আনুষ্ঠানিক সান্ধ্য পোশাক। **ˈ~·case** *n* সুটকেস; তোরঙ্গ। ২ [C] (আনুষ্ঠা.) ঊর্ধ্বতন কর্তৃপক্ষের কাছে, বিশেষত কোনো শাসকের কাছে পেশকৃত অনুরোধ; দরখাস্ত; আর্জি; প্রার্থনা: grant sb's ~; press one's ~, সনির্বন্ধ অনুরোধ করা। ৩ [C] (সাহিত্য. অথবা প্রা. প্র.) পাণি প্রার্থনা: plead/press one's ~ with a young woman. ৪ **(ˈlaw·)~** মামলা; মোকদ্দমা: a criminal/civil ~; bring a ~ against sb; be a party in a ~. ৫ [C] তাসের চারটি শ্রেণীর যে কোনো একটি; কেতা। **a long ~** একই কেতার বা রঙের অনেকগুলি তাস; লম্বা কেতা; একজন খেলোয়াড়ের হাত। **follow ~ (ক)** যে রঙের তাস পেড়ে খেলা শুরু হয়েছে, সেই রঙের তাস খেলা। (খ) (লাক্ষ.) অন্যের দৃষ্টান্ত/পদাঙ্ক অনুসরণ করা। **~·ing** (দোকানের ভাষায়) পোশাক তৈরি করার কাপড়: gentleman's ~ings, (পুরুষের) স্যুটের কাপড়।

suit² [সূট্] *vt, vi* ১ সন্তুষ্ট করা; প্রয়োজন মেটানো; উপযোগী/ যথাযোগ্য/ উপযুক্ত হওয়া: Friday will ~ me very well. The climate does not ~ me/my health. **~ oneself** নিজের ইচ্ছে/ মর্জি মতো চলা/ কাজ করা। **~ sb down to the ground** সর্বতোভাবে/ সম্পূর্ণভাবে উপযোগী হওয়া। ২ (বিশেষত পোশাকপরিচ্ছদ, কেশবিন্যাস ইত্যাদি সম্বন্ধে) মানানো; মানানসই হওয়া; খাপ খাওয়া: This dress does not ~ her. ৩ **~ sth to** উপযোগী/ মানানসই/ সামঞ্জস্যপূর্ণ করা: ~ the punishment to the crime. **~ the action to the word** প্রতিশ্রুতি, হুমকি প্রভৃতি অবিলম্বে কার্যকর করা। ৪ *pp* **be ~ed (to/for)** উপযুক্ত/ যোগ্য/ উপযোগী হওয়া: He is not ~ed to teach young children.

suit·able [ˈসূটাব্ল্] *adj* উপযোগী; উপযুক্ত; যোগ্য; যথাযোগ্য; মানানসই; যথোপযুক্ত: a ~ place for picnic; a ~ case for treatment, চিকিৎসাযোগ্য রোগ। **suit·ably** [–টাব্লি] *adv* যথোচিতভাবে, মানানসইভাবে ইত্যাদি। **suit·abil·ity** [,সূটাˈবিলটি] *n* **~·ness** *n* উপযুক্ততা; উপযোগিতা।

suite [সোয়ীট্] *n* [C] ১ (কোনো গুরুত্বপূর্ণ ব্যক্তির) অনুচরবর্গ; পরিচরবর্গ; সহচরবৃন্দ। ২ পরস্পর মানানসই আসবাবপত্রের পূর্ণাঙ্গ সমষ্টি বা সংগ্রহ; আসবাবসমষ্টি: a dining-room ~, অর্থাৎ টেবিল, চেয়ার ও পার্শ্বফলক (সাইডবোর্ড); a lounge/bedroom ~. ৩ পরস্পরসম্পৃক্ত কক্ষসমষ্টি (যেমন হোটেলে একটি শয়নকক্ষ, একটি বসার ঘর এবং একটি স্নানঘর)। ৪ পরস্পরসম্পৃক্ত বস্তু সমষ্টি: a computer ~, কম্পিউটার চালানোর জন্য প্রয়োজনীয় সকল যন্ত্রপাতি। ৫ (সঙ্গীত) বাদ্যভাণ্ডের জন্য তিন বা ততোধিক পরস্পরসম্পৃক্ত অংশের সমন্বয়ে রচিত সঙ্গীত; সুরধারা।

suitor [ˈসূটা(র্)] *n* ১ মামলা দায়েরকারী, দ্র. suit¹ (৪). ২ (বিবাহের জন্য) পাণিপ্রার্থী; বিবাহার্থী। দ্র. suit¹ (৩).

sulfa (US) = sulpha. দ্র. sulphonamides.

sul·fate (US) = sulphate.

sul·fide (US) = sulphide.

sul·fona·mides (US) = sulphonamides.

sul·fur, sul·fur·ic, sul·fur·ous, etc (US) = sulpher, sulphuric, sulphurous etc.

sulk [সাল্ক্] *vi* মুখ গোমড়া/গোমসা/ভার করা; রাগ করে কথা না বলা। **the S~s** *n pl* গোমড়া ভাব: be in the ~s; have (a fit of) the ~s, গোস্‌সা করা। **~y** *adj* (-ier, -iest) গোমড়া-মুখো; অসামাজিক; অন্তঃকোপিত: as ~y as a bear; be/get ~y with sb about a trifle. **~·ily** [–কিলি] *adv* গোমড়ামুখে; মুখ ভার করে। **~·i·ness** *n* অন্তঃকোপ; অন্তঃকোপিতা; গোমড়ামুখ।

sul·len [ˈসালান্] *adj* ১ চাপা ক্রোধযুক্ত; অন্তঃকোপী; গোমড়ামুখো; ক্ষমাহীন; প্রতীপ; বিরূপ: ~ looks. ২ গুমোটপূর্ণ; গুমসা; গুমো; বিষণ্ণ; তিমিরাবৃত: a ~sky. **~·ly** *adv* চাপা ক্রোধে; অন্তঃক্রোধে ইত্যাদি। **~·i·ness** *n* অন্তঃক্রোধ; অন্তঃক্রোধিতা; গুমোট।

sully ['সালি] *vt* (*pt, pp* – lied) (সাধা. লাক্ষ.) কলঙ্কিত/ কালিমা লেপন/ মর্যাদাহানি করা: ~ sb's reputation.

sulpha (US = **sulfa**) ['সাল্‌ফ়া] *n* দ্র. sulphona-mides.

sul·phate (US = **sulfate**) ['সাল্‌ফ়েইট্] *n* [C,U] গন্ধকাম্লজাত লবণ: ~ of copper/copper ~, তুঁতে (Cu SO_4); ~ of magnasium.

sul·phide (US = **sulfide**) ['সালফ়াইড্] *n* [C,U] গন্ধক এবং অন্য রাসায়নিক মৌলের যৌগ; সালফাইড: hydrogen ~, (H_2S) গন্ধকযুক্ত উদ্‌জান (পচা ডিমের গন্ধযুক্ত গ্যাসবিশেষ)।

sul·phona·mides (US = **sul·fo-**) [সাল্'ফ়নামাইড্‌জ়্] *n pl* ব্যাক্টেরিয়া ধ্বংসী নিমিত্তরূপে ব্যবহৃত এক শ্রেণীর ঔষধ (সংশ্লেষাত্মক রাসায়নিক যৌগ, যা 'sulpha drugs নামেও পরিচিত); সালফা ভেষজ।

sul·phur (US = **sul·fur**) ['সালফ়া(র্)] *n* (রস.) গন্ধক (প্রতীক S)। **~·etted** ['সাল্‌ফ়িউরেটিড্] *adj* গন্ধকঘটিত: ~etted hydrogen (H_2S). **sul·phu·reous** (US = **sul·fu-**) [সাল্'ফ়িউঅরিঅস্] *adj* গন্ধকময়; গন্ধকযুক্ত; গন্ধকধর্মক; গন্ধকগুণক। **sul·phu·ric** (US = **sul·fu-**) [সাল্'ফ়িউঅরিক্] *adj* গন্ধক-: ~·ic acid, তেলতেলে; বর্ণহীন; অত্যন্ত শক্তিশালী অম্লবিশেষ (H_2SO_4); গন্ধকাম্ল। **~·ous** [-রাস্] *adj* গন্ধকময়; গন্ধকগুণবিশিষ্ট।

sul·tan ['সালটান্] *n* সুলতান। **~·ate** ['সালটানেইট্] *n* সুলতানের পদমর্যাদা, শাসনামল বা রাজ্য। **sul·tana** [সাল্'টা:না US –ট্যা] *n* সুলতানা।

sul·tana [সাল্'টা:ন US –ট্যানা] *n* [C] কিশমিশ।

sul·try ['সালট্রি] *adj* (-ier, -iest) (বায়ুমণ্ডল, আবহাওয়া সম্বন্ধে) ভাবসা; গুমসা; (মানুষের মেজাজ সম্বন্ধে) উগ্র; তিরিক্ষি; সংরক্ত। **sul·trily** [-ট্রালি] *adv* তিরিক্ষিভাবে ইত্যাদি। **sul·tri·ness** *n* গুমোট; উগ্রতা; তিরিক্ষিভাব; সংরক্ততা।

sum [সাম্] *n* ১ (অপিচ **sum total**) যোগফল; সমষ্টি; সাকল্য। ২ অঙ্ক: good at ~s; do a ~ in one's head. ৩ অর্থের পরিমাণ; অঙ্ক: a large ~; save a nice little ~. ৪ **in** ~ সংক্ষেপে; অল্পকথায়। □*vt, vi* (-mm-) **sum (sb/sth) up** (ক) যোগ/ সংখ্যা/ সাকল্য করা; সংখ্যা/ সমষ্টি নির্ণয় করা। (খ) সংক্ষেপে বর্ণনা করা; সারসংক্ষেপ/উপসংহার করা: The President ~med up the arguments of the speakers. (গ) (সম্যক) ধারণা করা; বিচার করা; মতামত তৈরি করা; পরিমাপ করা: The visitor ~med up the situation in no time. He did not take long to ~ his opponent up. ˌ**summing-'up** *n* (*pl* summings-up) (বিচারককর্তৃক মোকদ্দমার সাক্ষ্যপ্রমাণ, যুক্তিতর্ক ইত্যাদির) পর্যালোচনা।

su·mac(h) ['শূম্যাক] *n* (বিভিন্ন ধরনের) গুল্ম বা ছোট গাছবিশেষ, যার শুকনা পাতা চামড়ার তাম্রীকরণ (ট্যানিং) এবং বস্ত্রাদিরঞ্জনে ব্যবহৃত হয়; শুমাক।

sum·mary ['সামারি] *adj* ১ সংক্ষিপ্ত; সাংক্ষেপিক: a ~ account. ২ অবিলম্বে কিংবা খুঁটিনাটির প্রতি মনোযোগ না দিয়ে কৃত বা প্রদত্ত; সাংক্ষেপিক: ~ justice/punishment/methods. □*n* (*pl* -ries) সংক্ষিপ্তসার; সারসংগ্রহ; সারসঙ্কলন। **sum·mar·ily** ['সামারলি US সা'মের ালি] *adv* সংক্ষেপে; সংক্ষেপত; সংক্ষিপ্তভাবে। **sum·mar·ize** ['সামারাইজ়্] *vt* সার সংগ্রহ করা; সংক্ষেপ করা; সংক্ষিপ্ত করা বা হওয়া।

sum·mat ['সামট্] *n* (তাপ. ও উপভা.) কোনো কিছু; কিঞ্চিৎ।

sum·ma·tion [সা'মে ইশ্‌ন্] *n* ১ যোগ; সমাযোগ; সমষ্টি; সমাহার। ২ সংক্ষেপণ; সংক্ষিপ্ত পর্যালোচনা।

sum·mer ['সামা(র্)] *n* [U, C] গ্রীষ্মকাল (গ্রীষ্মমণ্ডলের বাইরে মে বা জুন থেকে আগস্ট পর্যন্ত); গ্রীষ্ম; নিদাঘ: In (the) ~; this/next/last ~; (attrib) ~ weather; the ~ holidays, গ্রীষ্মাবকাশ; ~ cottage/house, (গ্রীষ্মকালে ব্যবহারের জন্য) গ্রীষ্মকুটির; a girl of ten ~s, (সাহিত্য) দশ বছর বয়সের মেয়ে। '**~-house** *n* বাগান, পার্ক ইত্যাদি স্থানে আসন-সংবলিত আশ্রয়; ছায়াঘর; আতপঘর। '**~ school** *n* (প্রায়শ কোনো বিশ্ববিদ্যালয়ে) গ্রীষ্মের ছুটির সময়ে আয়োজিত বক্তৃতামালা; গ্রীষ্মকালীন অধ্যয়নক্রম। '**~·time** *n* গ্রীষ্মকাল। '**~ time** *n* (কোনো কোনো দেশে স্বীকৃত) গ্রীষ্মকালীন সময় (গ্রীষ্মকালে ঘড়ির কাঁটা একঘণ্টা এগিয়ে দিয়ে সময় গণনা করা হয়, যাতে সন্ধ্যা একঘণ্টা পিছিয়ে যায়)। দ্র. daylight ভুক্তিকে daylight saving. Indian ~, দ্র. Indian (৩). □*vi* গ্রীষ্মযাপন করা: ~ at the seaside/ in the mountains. **~y** *adj* গ্রীষ্মকালীন; গ্রীষ্মসুলভ; গ্রীষ্মের উপযোগী; গরমকালের: a ~y dress.

sum·mit ['সামিট্] *n* [C] শিখর; চূড়া; শীর্ষ; শৃঙ্গ: reach the ~; (লাক্ষ.) the ~ of his ambition/ power; talks at the ~. '**~ talk/ meeting** রাষ্ট্রপ্রধানদের মধ্যে আলোচনা; শীর্ষ-বৈঠক।

sum·mon ['সামান্] *vt* ১ **~ sb (to sth/to do sth)** তলব করা; ডেকে পাঠানো; হাজির হতে আমন্ত্রণ/ আহ্বান জানানো; সমন জারি করা: ~ shareholders to a general meeting; ~ sb to appear at a court. ২ **~ sth up** একত্র/ জড়ো/ সঞ্চয় করা: ~ up one's courage/ energy/ nerve for a task/ to do sth.

sum·mons ['সামান্‌জ়্] *n* (*pl* -es) [C] ১ (বিচারকের সামনে হাজির হওয়ার জন্য) তলবনামা; সমন: Issue a ~. ২ (কিছু করা বা কোথাও হাজির হওয়ার জন্য) হুকুম; হুকুমনামা; আদেশপত্র। □*vt* তলবনামা/ সমন পাঠানো/ জারি করা।

summum bonum ['সামাম্ 'বৌনাম্] (লা.) প্রধান বা পরম মঙ্গল; পরমার্থ।

sump [সাম্প্] *n* ১ অন্তর্দাহ ইনজিনের অন্তর্বেষ্টনীর তলদেশে পিচ্ছিলকারক তেল সংরক্ষণের আধার; তৈলকূপ। ২ যে গর্ত বা নিচু এলাকায় তরল বর্জ্যপদার্থ নিষ্কাশিত হয়; নিষ্কাশন-কূপ।

sump·ter ['সাম্‌টা(র্)] *n* (পুরা.) ভারবাহী অশ্ব কিংবা ভারবাহী অশ্বের চালক: ~-horse/ -mule etc, ভারবাহী জন্তু।

sump·tu·ary ['সাম্‌প্‌টিউআরি US –চুএরি] *adj* (কেবল attrib) (আইন.) অযথা বলে বিবেচিত ব্যক্তিগত ব্যয়ের নিয়ন্ত্রণমূলক; ব্যয়নিয়ন্ত্রক।

sump·tu·ous ['সাম্‌প্‌চুআস্] *adj* মহামূল্য; মহার্ঘ; ব্যয়বহুল; জাঁকালো: a ~ feast; ~ clothes. **~·ly** *adv* জাঁকালোভাবে; ব্যয়বহুলভাবে। **~·ness** *n* মহামূল্যতা; মহার্ঘতা; বহুমূল্যতা।

sun [সান্] *n* ১ **(the) sun** সূর্য; রবি। **rise with the ~** উষাকালে শয্যাত্যাগ করা। **midnight ~** (মেরু-অঞ্চলে দৃষ্ট) মধ্যরাত্রির সূর্য। ২ **(the) ~** রৌদ্র;

রোদ; সূর্যকিরণ: sit in the ~! have the ~ in one's eyes. **under the ~** পৃথিবীতে; ভূমণ্ডলে; পৃথিবীর যে কোনোখানে। **give sb/have a place in the ~** (লাক্ষ.) ধরার এক কোণে (বিকাশের অনুকূল) একটুখানি ঠাঁই। ৩ [C] যে কোনো স্থির জ্যোতিষ্ক; সূর্য: millions of ~s larger than ours. ৪ (যৌগশব্দ) **ˈsun·baked** *adj* রোদ-পোড়া; রৌদ্রদগ্ধ; আতপপক্ব। **ˈsun·bathe** *vi* সূর্যস্নান/ আতপস্নান/ রৌদ্রসেবন করা। নীচে sunburn দ্র.। **ˈsun·beam** *n* সূর্যরশ্মি; সূর্যকিরণ; রবিকর; (কথ্য) হাসিখুশি সুখী ব্যক্তি (বিশেষত শিশু)। **ˈsun·blind** *n* জানালার, বিশেষত জানালার বাহিরের আচ্ছাদন; রৌদ্রাবরণ। **ˈsun-bonnet/ -hat** *nn* মুখ ও গলা রোদের আড়ালে রাখার জন্য টুপি; আতপত্রাণ টুপি। **ˈsun·burn** *n* [C,U] চামড়ায় অধিক রোদ লাগার ফলে সৃষ্ট দাগ বা লাল ফোস্কা; রোদে পোড়া ঘা/দাগ। **ˈsun·burnt, ˈsun·burned** *adj* উক্ত ঘা যুক্ত; রোদে পোড়া; রৌদ্রদগ্ধ। **ˈsun·burst** *n* (মেঘের ফাঁক দিয়ে) রোদের ঝিলিক। **ˈsun-clad** *adj* জ্যোতির্বসন। **ˈsun·dial** *n* সূর্য-ঘড়ি। **ˈsun·down** *n* [U] সূর্যাস্ত। **ˈsun·downer** *n* (ক) (অস্ট্রেলিয়ায়) যে ভবঘুরে নিয়মিতভাবে ঠিক সন্ধ্যেবেলায় (ভেড়ার খামার ইত্যাদিতে) এসে হাজির হয়। (খ) (কথ্য) (সাধা. সুরাজাতীয়) যে পানীয় সূর্যাস্তকালে পান করা হয়; সান্ধ্যসুরা। **ˈsun-drenched** *adj* রৌদ্র-ঝলসিত; রৌদ্র-করোজ্জ্বল: ˈsun-drenched beaches along the Riviera. **sun-dried** *adj* (ফল ইত্যাদি সম্বন্ধে) আতপশুষ্ক; রোদে শুকানো। **ˈsun·fish** *n* প্রায় বর্তুলাকার বৃহৎ মৎস্যবিশেষ। **ˈsun·flower** *n* সূর্যমুখী (ফুল)। **ˈsun-glasses** *n pl* আতপত্রাণ চশমা। **ˈsun-god** *n* সূর্যদেবতা।. **ˈsun-helmet** *n* ক্রান্তি অঞ্চলে রোদ থেকে মাথা বাঁচানোর জন্য বিশেষভাবে তৈরি শিরস্ত্রাণ; রৌদ্রশিরস্ত্র। **ˈsun-lamp** *n* কৃত্রিম রৌদ্রস্নানের জন্য ব্যবহৃত, সূর্যের মতো অতিবেগুনি রশ্মি-বিক্ষেপক দীপবিশেষ; সূর্যবর্তিতা। **ˈsun·light** *n* [U] সূর্যালোক; রোদ। **ˈsun·lit** *adj* রৌদ্রকরোজ্জ্বল; রৌদ্রঝলমল; রৌদ্রদীপ্ত; a ~lit landscape. **ˈsun-lounge** কিংবা; অপেক্ষাকৃত অল্পপ্রচলিত **ˈsun-parlour/ -porch** *nn* প্রচুর রোদ পাওয়া যায় এমন স্থানে কাচের দেয়ালবেষ্টিত বারান্দা; রৌদ্রমণ্ডপ। **ˈsun-ray** *n* শরীরের উপর প্রযুক্ত অতিবেগুনি রশ্মি; সূর্যরশ্মি: (attrib) ˈsun-ray treatment. **ˈsun-rise** *n* [U] সূর্যোদয়; সূর্যোদয়কাল; উদয়কাল। **ˈsun-roof** (কিংবা, অল্পপ্রচলিত **ˈsunshine-roof)** *n* সূর্যের আলো ভিতরে ঢোকানোর জন্য সেলুন-গাড়ির ছাদে টানা ঢাকনা; রোদ-ছাদ। **ˈsunset** [-সেট্] *n* [U] সূর্যাস্ত; সূর্যাস্তকাল; দিনান্ত। **ˈsun·shade** *n* রৌদ্রনিবারণের জন্য ছাতাবিশেষ; দোকানের জানালার উপরকার চন্দ্রাতপ; আতপত্র। **ˈsun·shine** *n* [U] সূর্যালোক; রোদ। **ˈsun·spot** *n* (জ্যোতি.) সূর্যপৃষ্ঠে সময়ে সময়ে দৃষ্ট কোলো দাগ, যা অনেক সময়ে বৈদ্যুতিক গোলযোগ সৃষ্টি করে এবং বেতার-যোগাযোগ ব্যাহত করে; সৌর-কলঙ্ক; (কথ্য) রোদালো স্থান (যেখানে মেঘবৃষ্টি কম হয়)। **ˈsun·stroke** *n* [U] সর্দিগর্মি। **ˈsun·tan** *n* [U,C] রৌদ্রে উন্মোচিত রাখার ফলে ত্বকের তামাটে রং; রৌদ্রতাম্র: ˈsuntan lotion/oil. **ˈsun-trap** *n* (বায়ু থেকে আড়াল-করা) উষ্ণ; রোদালো স্থান; রৌদ্রকূট। **ˈsun-up** *n* [U] (কথ্য) সূর্যোদয়। **ˈsun-worship** *n* [U] সূর্যোপাসনা; সূর্যপূজা; (কথ্য) সূর্যস্নানের প্রতি আসক্তি। □*vt* (-nn-) রোদ পোহানো/লাগানো।

sun·less *adj* সূর্যহীন। **sunny** *adj* (-ier,-iest) ১ রোদালো; সূর্যালোকিত; সূর্যতপ্ত: a sunny room; sunny days. **ˈsunny-side ˈup** (US) (ডিম সম্বন্ধে) একদিক ভাজা। ২ হাসিখুশি; প্রহৃষ্ট; আমুদে; প্রফুল্ল: a sunny smile/ disposition/ welcome. **sun·ni·ly** [-নিলি] *adv* রোদালোভাবে; সানন্দে ইত্যাদি।

sun·dae [ˈসান্‌ডেই US -ডী] *n* পিষ্ট ফল, ফলের রস, বাদাম ইত্যাদি যুক্ত আইসক্রিমের টুকরা; সান্ডি।

Sun·day [ˈসান্‌ডি] *n* রবিবার। **one's ~ clothes/best** (কথ্য, কৌতুক.) কারো সর্বোৎকৃষ্ট জামাকাপড়। **ˈ~ school** (গির্জা ইত্যাদিতে শিশুদের ধর্মশিক্ষার জন্য) রোববারের পাঠশালা। **a month of ~s** সুদীর্ঘ সময়; অনন্তকাল।

sun·der [ˈসান্‌ডা(র্)] *vt* (প্রা. প্র. , কিংবা সাহিত্য.) পৃথক/বিযুক্ত করা। □*n* (কেবল) **in ~** = asunder.

sun·dries [ˈসান্‌ড্রিজ্] *n pl* আলাদা আলাদাভাবে নাম না-করা বিবিধ ক্ষুদ্র দ্রব্য; নানাবস্তু।

sun·dry [ˈসান্‌ড্রি] *adj* বিবিধ; নানাবিধ; হরেক রকম; রকমারি; রকম রকম: on ~ occasions. **all and ~** (কথ্য) সকলে; সবাই; সবকিছু।

sung [সাঙ্] sing -এর *pp*

sunk [সাঙ্ক্] sink[2]-এর *pp*

sunk·en [ˈসাঙ্কন্] sink[2] (5) -er *pp*

sunny [ˈসানি] *adj* দ্র. sun.

sup[1] [সাপ্] *vi, vt* (-pp-) **~ (up)** (বিশেষত স্কটল্যান্ড ও উত্তর ইংল্যান্ডে) অল্প অল্প পান করা; চুমুক দিয়ে খাওয়া: ~ (up) one's broth. □*n* চুমুক: a ~ of ale. He had had neither bite nor ~ (= খাদ্যও না, পানীয়ও না) for the whole day.

sup[2] [সাপ্] *vi* (-pp-) **~ on/off** (বিরল) খাওয়া: ~ on bread and cheese. **He that sups with the devil must have a long spoon** (প্রবাদ) সন্দেহজনক চরিত্রের ব্যক্তির সঙ্গে আচরণে সাবধানতা আবশ্যক।

super [ˈসূপা(র্)] *n* (কথ্য) সংখ্যাতিরিক্ত; অতিসংখ্য; (পুলিশের) অধিকর্মিক। □*adj* (কথ্য) চমৎকার; অত্যুত্তম; অত্যুৎকৃষ্ট; খাসা।

super·abun·dant [ˌসূপারাˈবান্‌ডান্ট্] *adj* সুপ্রচুর; অঢেল; অপর্যাপ্ত; অতিপ্রচুর। **super·abun·dance** [-ডান্‌স্] *n* অতিপ্রাচুর্য; অতিবাহুল্য।

super·an·nu·ate [ˌসূপারˈঅ্যানিয়ুএইট্] *vt* ১ বার্ধক্য বা অক্ষমতার জন্য (কোনো কর্মচারীকে) অবসর দেওয়া বা বরখাস্ত করা; বার্ধক্যাক্ষম (বলে) ঘোষণা করা। ২ (*pp* -d, *adj* রূপে) কাজ বা ব্যবহারের জন্য অতি প্রাচীন; বয়স-উত্তীর্ণ; (কথ্য) সেকেলে বা কালজীর্ণ। **super·an·nu·ation** [ˌসূপার অ্যানিয়ুˈএইশ্‌ন্] *n* অতিবয়স্কতা; বার্ধক্যাক্ষমতা; বয়স-উত্তীর্ণতা।

su·perb [সুˈপা:ব্] *adj* দেদীপ্যমান; চমৎকার; অত্যুৎকৃষ্ট; খাসা। **~·ly** *adv* দেদীপ্যমানরূপে, চমৎকারভাবে ইত্যাদি।

super·cargo [ˈসূপাকা:গৌ] *n* (*pl* -es [-গৌজ্]) সওদাগরি জাহাজে পণ্যসামগ্রী বিক্রয়ের তত্ত্বাবধানে নিযুক্ত ব্যক্তি; মাল সরকার।

super·charger [ˈসূপাচা:জা(র্)] *n* অন্তর্দাহ ইনজিনের সিলিন্ডারে অতিরিক্ত অক্সিজেন প্রবেশ করানোর

জন্য ব্যবহৃত যন্ত্রবিশেষ; অত্যাধায়ী। ˈ**super·charged** *adj* উপরোক্ত যন্ত্রযুক্ত; অত্যাধায়ীযুক্ত।

super·cili·ous [ˌসূপাˈসিলিআস্] *adj* অবজ্ঞামিশ্রিত ঔদাসীন্যপূর্ণ; উৎসিক্ত; উঁচকপালে: nose high in the air, looking like a ~ camel. **~·ly** *adv* অবজ্ঞামিশ্রিত ঔদাসীন্যভরে; উন্নাসিকভাবে। **~·ness** *n* উন্নাসিকতা; উঁচকপালে ভাব।

super·ego [ˈসূপারেগৌ US –রীগৌ] *n* [U] **(the)** ~ (মনো.) মনের যে অংশ বিবেক ও নীতিবোধের আহ্বানে সাড়া দেয়; অধ্যহং। দ্র. ego, id.

super·ero·gation [ˌসূপার্‌এরাˈগেইশ্‌ন্] *n* [U] প্রয়োজন বা প্রত্যাশার অতিরিক্ত (কার্য) করণ; অত্যাচরণ: a work of ~.

super·ex·cel·lence [ˌসূপারˈএক্‌সালন্‌স্] *n* অত্যুৎকর্ষ; পরমোৎকর্ষ; অত্যুৎকৃষ্টতা। **super·ex·cel·lent** *adj* অত্যুৎকৃষ্ট; পরমোৎকৃষ্ট।

super·fat·ted [ˌসূপাˈফ্যাটিড্] *adj* (প্রধানত সাবান সম্বন্ধে) (স্বাভাবিকভাবে যে অনুপাতে চর্বি থাকে তার চেয়ে) অধিক চর্বিযুক্ত।

super·fi·cial [ˌসূপাফিশ্‌ল্] *adj* ১ পৃষ্ঠ বা উপরিতল সম্বন্ধী; উপরিগত; অগভীর; বাহ্য; বহিঃস্থ; পৃষ্ঠস্থ: ~ view, বাহ্যদৃষ্টি; a ~ wound; ~ area. ২ উপরিতলস্পর্শী; ভাসা–ভাসা; উপর–উপর; অগভীর: a ~ scholar. শাস্ত্রগগু; কিঞ্চিদজ্ঞ; অল্পজ্ঞ; a ~ book; a ~ knowledge of a subject; a ~ mind. **~ly** [–শালি] *adv* বাহ্যত; ভাসাভাসা; অগভীরভাবে। **~·ity** [ˌসূপাফিশিˈঅ্যালাটি] *n* [U] বাহ্যানুবর্তিতা; অগভীরতা; উপরিতলবর্তিতা।

super·fi·cies [ˌসূপাˈফ়িশীজ়্] *n (pl* অপরিবর্তিত) ১ তল; উপরিভাগ; পৃষ্ঠভাগ; পৃষ্ঠ; বিস্তার। ২ বাহ্যরূপ; বাইরের চেহারা।

super·fine [ˈসূপাফাইন্] *adj* ১ অতি সূক্ষ্ম; সূক্ষ্মানুসূক্ষ্ম; অতি মিহি। ২ অযথা মার্জিত বা সূক্ষ্মীকৃত; অতি সূক্ষ্ম; অযথা জটিল: a ~ distinction.

super·flu·ous [সূˈপাফ়্লুআস্] *adj* প্রয়োজনাতিরিক্ত; অনর্থক; অযথা। **~·ly** *adv* অনর্থক; প্রয়োজনা–তিরিক্তভাবে। **super·flu·ity** [সূপাˈফ়্লুআটি] *n (pl* -ties) [C,U] বাহুল্য; আতিশয্য; আতিরেক্য: have a superfluity of good things.

super·het [ˈসূপাˈহেট্] *adj, n* = superheterodyne.

super·het·ero·dyne [ˈসূপাˈহেটারাডাইন্] *n, adj* যে বেতারগ্রহণপদ্ধতিতে বা বেতারগ্রাহকযন্ত্রে একটি স্থানীয় দোলকের সাহায্যে বাইরে থেকে সঙ্কেত আগমনের সঙ্গে একটি স্পন্দন সৃষ্টি হয় এবং সেটি দুয়ের সংমিশ্রণজাত মাঝারি পৌনঃপুনিকতায় পরিবর্ধন করা হয়; অতিবিষমবল; অতিবিষমবল গ্রাহকযন্ত্র।

super·hu·man [ˌসূপাˈহ্যিউমান্] *adj* অতিমানবিক; অতিমানুষিক; অতিমর্ত: by a ~ effort.

super·im·pose [ˌসূপারিম্‌ˈপৌজ়্] *vt* একটির উপর আরেকটি রাখা/ চাপানো/ স্থাপন করা; উপরিস্থাপন করা। **~d** উপরিস্থাপিত: a map of Bangladesh ~d on a map of France.

super·in·tend [ˌসূপারিন্‌ˈটেন্ড্] *vt, vi* (কাজকর্ম) অবেক্ষণ ও পরিচালনা করা; অধ্যক্ষতা/ তত্ত্বাবধান করা। **~·ence** [–ডন্‌স্] *n* [U] অধ্যক্ষতা; অধিষ্ঠাতৃত্ব; অধিকর্মিকতা; তত্ত্বাবধান; অবেক্ষণ: under the ~ence of the manager. **~·ent** [–ডন্‌ট্] *n* অধিকর্মিক; তত্ত্বাবধায়ক; দারোগার উপরস্থ পুলিশ কর্মকর্তা; অধীক্ষক।

su·perior [সূˈপিআরিআ(র্)] *adj* ১ শ্রেষ্ঠ; উৎকৃষ্ট; প্রকৃষ্ট: ~ cloth; a man of ~ intelligence; ~ grades of tea. ২ সংখ্যায় অধিক: attack in a ~ numbers. ৩ **~ to (ক)** শ্রেয়; শ্রেষ্ঠ; গরিষ্ঠ: This house is ~ to that. **(খ)** পদমর্যাদায় উচ্চতর; উপরস্থ; উপরিক। **(গ)** (কোনো কিছুর দ্বারা) প্রভাবিত হয় না এমন: উর্ধ্বে: ~ to flattery; rise (= be) ~ to temptation. ৪ উন্নাসিক; দাম্ভিক; জেঁকো: a ~ air. □*n* ১ উচ্চতর পদমর্যাদাবিশিষ্ট ব্যক্তি; গুণবত্তায় উৎকৃষ্ট ব্যক্তি; উপরওয়ালা, বরিষ্ঠ ব্যক্তি: my ~s in rank/ expertise. (উপাধিতে) ধর্মসম্প্রদায়বিশেষের প্রধান; আশ্রমগুরু: the Father ~, যেমন কোনো মঠের অধ্যক্ষ; the Mother ~, যেমন কোনো মঠের অধ্যক্ষা। **~·ity** [সূˌপিআরিˈঅরাটি US –ও°রাটি] *n* [U] শ্রেষ্ঠতা; বরিষ্ঠতা; উৎকৃষ্টতা: the ~ity of one thing to another; his ~ity in talent. ˈ**~ity complex** (লোকপ্রয়োগ) হীনমন্যতাবোধের বিরুদ্ধে আত্মরক্ষামূলক ব্যবস্থা হিসাবে আগ্রাসী বা উদ্ধত মনোভাব; শ্রেষ্ঠম্মন্যতা; বরিষ্ঠম্মন্যতা।

super·la·tive [সূˈপালাটিভ্] *adj* ১ উচ্চতম/ সর্বোচ্চ মানের; পরমোৎকৃষ্ট; আত্যন্তিক: a tea of ~ flavour and aroma. ২ (ব্যাক.) অতিশয়ার্থবাচক, পরমাবধিবাচক (যেমন best, worst, clearest). □*n, adj* বা *adv* –এর অতিশয়ার্থবাচক রূপ। **speak in ~s** চরম মতামত বা অনুভূতিপ্রকাশক ভাষা ব্যবহার করা; অতিশয়োক্তি করা।

super·man [ˈসূপাম্যান্] *n (pl* -men) অতিমানব।

super·mar·ket [ˈসূপামা:কিট্] *n* আত্মসেবাভিত্তিক বৃহৎ বিপণি, যেখানে খাদ্য–গৃহোপকরণ ইত্যাদি বিক্রি করা হয়; মহাবাজার।

super·nal [সূˈপান্‌ল্] *adj* (কাব্যিক, আল.) দিব্য; স্বর্গীয়; আন্তরীক্ষ; প্রাংশু; উত্তুঙ্গ।

super·natu·ral [ˌসূপাˈন্যাচ্‌রাল্] *adj* অধ্যাত্ম; অতিপ্রাকৃত; অলৌকিক; আধিদৈবিক: ~ beings. **the ~** অতিপ্রাকৃত শক্তি; ঘটনা ইত্যাদি। **~·ly** [–ˈন্যাচ্‌রালি] *adv* আধিদৈবিকভাবে; অলৌকিকভাবে।

super·nor·mal [সূপˈনো°ম্‌ল্] *adj* নিয়মের বাইরে; অতিনৈয়মিক; অনৈসর্গিক।

super·nova [সূপˈনৌভা] *n (pl* -val) (জ্যোতি.) যে বৃহৎ তারকা হঠাৎ প্রচণ্ড শক্তি ও তীব্র আলোক বিকিরণ করে নিষ্প্রভ হয়ে যায় (আগেকার দিনে নতুন তারকা বলে ভুল করা হতো); অতিকায় নবনক্ষত্র।

super·nu·mer·ary [ˌসূপাˈনিউমারারি US –ˈনুমারেরি] *n (pl* -ries) *adj* সংখ্যাতিরিক্ত (বস্তু বা ব্যক্তি); (বিশেষত) ছুটা কাজে নিয়োজিত ব্যক্তি; অতিসংখ্যা কর্মী; অকিঞ্চিৎকর ভূমিকায় অভিনয়কারী অভিনেতা (যেমন জনতার দৃশ্যে); অতিসংখ্য (অভিনেতা)।

super·power [ˈসূপাপাউআ(র্)] *n* অত্যন্ত শক্তিশালী জাতি বা রাষ্ট্র; পরাশক্তি।

super·scrip·tion [ˌসূপাˈস্ক্রিপ্‌শ্‌ন্] *n* [C] কোনো কিছুর শীর্ষে বা বাইরে লিখিত শব্দাবলী (যেমন চিঠির খামের উপর লিখিত ঠিকানা); উপরিলেখ।

super·sede [ˌসূপাসীড্] *vt* স্থান অধিকার করা; (কোনো ব্যক্তি বা বস্তুর) স্থলাভিষিক্ত বা স্থলে ব্যবহার করা; নিরাকৃত/ অপসারিত করা: Buses have ~d carriages for long-distance travel. **super·**

session [ˌসুপা'সেশ্‌ন্] *n* নিবর্তন; অপসারণ; নিরাকরণ; অপরের স্থানগ্রহণ।

super·sonic [ˌসুপা'সনিক্] *adj* (গতি সম্বন্ধে) শব্দের গতির চেয়ে দ্রুততর; (বিমান সম্বন্ধে) শব্দের চেয়ে দ্রুততর গতিতে উড্ডয়নক্ষম; অতিশাব্দিক; শব্দাতিরেক।

super·sti·tion [ˌসুপা'স্টিশ্‌ন্] *n* [C,U] কুসংস্কার; অন্ধবিশ্বাস। **super·sti·tious** [ˌসুপা'স্টিশাস্] *adj* কুসংস্কারাচ্ছন্ন; কুসংস্কারমূলক: supertitious beliefs/ ideas/ people. **super·sti·tious·ly** *adv* সংস্কারাচ্ছন্নভাবে ইত্যাদি।

super·struc·ture ['সুপাস্ট্রাকচা(র্)] *n* উপরকাঠামো; জাহাজের প্রধান ডেকের উপরিবর্তী অংশ; পরিকাঠামো।

super·tax ['সুপাট্যাক্স্] *n* [C,U] একটি নির্দিষ্ট স্তরের উপরে আয়ের জন্য প্রদেয় (আয়করের অতিরিক্ত) কর; অধিকর।

super·vene [ˌসুপা'ভীন্] *vi* (আনুষ্ঠা.) (কোনো অবস্থা বা প্রক্রিয়ার মাঝখানে) পরিবর্তন বা বাধা হিসাবে আসা/ ঘটা; হঠাৎ উপস্থিত হওয়া; অধ্যাগত হওয়া। **super·ven·tion** *n* অধ্যাগমন।

super·vise ['সুপাভাইজ্] *vt, vi* (কাজ, কর্মী, প্রতিষ্ঠান) তত্ত্বাবধান/ পরিদর্শন/ অবেক্ষণ করা। **super·vi·sion** [ˌসুপা'ভিজ্‌ন্] *n* অবেক্ষণ; তত্ত্বাবধান; কার্যাবেক্ষণ: under the supervision of. **super·vis·ory** [ˌসুপা'ভাইজ়ারি] *adj* তত্ত্বাবধানের; আবেক্ষণিক।

su·pine ['সুপাইন্ US সু'পাইন্] *adj* ১ চিৎ; উত্তানশয়; উত্তান। দ্র. prone (১). ২ নিষ্কর্মা; অকর্মা; অকর্মণ্য; অলস। **~·ly** *adv* উত্তানশয়নে; আলস্যে।

sup·per ['সাপা(র্)] *n* [C,U] দিনের শেষ আহার (যা নৈশভোজ বা ডিনারের চেয়ে পরিমাণে অল্প বা কম আনুষ্ঠানিক); সায়মাশ: eat very little ~. **~·less** *adj* সায়মাশবিহীন; রাতে অভুক্ত: go to bed ~less.

sup·plant [স'প্লা:ন্ট্ US –'প্ল্যান্ট্] *vt* ১ (কোনো কিছুর) স্থান দখল করা; উচ্ছেদ করা: Country-boats will soon be ~ed by motorised boats. ২ (কাউকে) অপসারিত করে তার স্থান অধিকার করা: He has been ~ed in his mother's affection by his youngest brother. **~er** *n* উচ্ছেদকারী; অপসারণকারী।

supple ['সাপ্‌ল্] *adj* নমনীয়; সুনম্য; কোমল; (মন সম্বন্ধে) সংবেদনশীল: the ~ limbs of a child; a ~ mind. **~·ness** *n* নমনীয়তা; সুনম্যতা; কোমলতা; সংবেদনশীলতা।

supple·ment ['সাপ্লিমান্ট্] *n* [C] ১ উৎকর্ষ বা সম্পূর্ণতার জন্য যা যোগ করা হয়; পরিলিখ; উত্তরখণ্ড; সম্পূরক অংশ; সম্পূরণী। ২ সংবাদপত্র বা সাময়িকপত্রের সঙ্গে অতিরিক্ত, পৃথক সংযোজন; ক্রোড়পত্র; সম্পূরণী: The Times Literary S~. □*vt* ['সাপ্লিমেন্ট্] সংযোজন/ সম্পূরণ করা; ঘাটতি পূরণ করা: ~ one's ordinary income by writing articles.

supple·men·tary [ˌসাপ্লি'মেন্ট্রি] *adj* ১ অতিরিক্ত; সম্পূরক; অনুপূরক; অতিদিষ্ট: ~ estimates; ~ benefit, (GB) দুঃস্থদের সাহায্যার্থে রাষ্ট্রকর্তৃক বরাদ্দকৃত অতিরিক্ত অর্থ। ২ (কোণ সম্পর্কে) সম্পূরক।

sup·pli·ant ['সাপ্লিআন্ট্] *n, adj* (আনুষ্ঠা.) দীন প্রার্থী; শরণাগত; শরণার্থী; প্রার্থয়িতা; কৃতাঞ্জলি; বদ্ধাঞ্জলি: Kneel as a ~ at the altar; in a ~ attitude, কৃতাঞ্জলিপুটে।

sup·pli·cate ['সাপ্লিকেইট্] *vt, vi* (আনুষ্ঠা. ও সাহিত্য.) দীনভাবে কৃতাঞ্জলিপুটে প্রার্থনা/ যাচ্ঞা করা; অনুনয়বিনয়/ কাকুতি–মিনতি করা: ~ sb for help; ~ sb's protection; ~ for pardon. **sup·pli·cant** ['সাপ্লিকান্ট্] *n* অর্থী; যাচক; শরণার্থী। **sup·pli·ca·tion** [ˌসাপ্লি'কেইশ্‌ন্] *n* [C,U] সনির্বন্ধ/ সানুনয় প্রার্থনা; যাচ্ঞা; অনুনয়।

supply ['সাপ্লাই] *vt (pt, pp* -lied) **~ sth to sb; ~ sb with sth** ১ সরবরাহ করা; যোগানো; যোগান দেওয়া: ~ gas/ electricity to domestic consumers; ~ consumers with gas, etc. ২ (প্রয়োজন) মেটানো; (অভাব) মোচন করা: Who will ~ the need for more houses and schools ? □*n* ১ [U,C] *(pl* -lies) সম্ভার; যোগান; সরবরাহ: a good ~ of reading matter; new supplies of garments. **~ and demand** সরবরাহ ও চাহিদা (বাজার নিয়ন্ত্রণ করে বলে মনে করা হয়)। **in short ~** দুষ্প্রাপ্য (এই অর্থে scarce প্রচলিত)। ২ **supplies** (বিশেষত) সরকারি প্রয়োজন (যেমন সামরিক বাহিনীর চাহিদা) মেটানোর জন্য মজুদ; সরবরাহ; যোগান: 'medical supplies. ৩ **be/ go on ~** অস্থায়ী বিকল্প হিসাবে (যেমন শিক্ষক বা পাদ্রি) হিসাবে কাজ করা: (attrib) a '~ teacher, বিকল্প শিক্ষক। ৪ **supplies** (GB) সরকার পরিচালনার ব্যয় নির্বাহ করার জন্য সংসদ কর্তৃক অর্থবরাদ্দ; সম্ভরণ। **S~ Day** (লোকসভায়) যেদিন (ব্যয়ের) প্রাককলনের অনুমোদন চাওয়া হয়; সম্ভরণ–দিবস। ৫ **supplies** (কোনো ব্যক্তির জন্য) ভাতা; রসদ; হাতখরচ: Annoyed at the boy's prodigality the father cut off his supplies. **sup·plier** *n* যোগানদার; সরবরাহকারী।

sup·port [স'পো°ট্] *vt* ১ ভার বহন করা; ধারণ করা; আলম্বিত/ আলম্বিত করা: ~ed with the hand, করালম্বিত; These pillars cannot ~ the building. ২ সমর্থন করা; চালু রাখতে সাহায্য করা: ~ a claim/ a political party; ~ing troops, যোগান; মজুদ সৈন্য: a hospital ~ed by voluntary contributions, ঐচ্ছিক অবদানে পরিপোষিত হাসপাতাল; an accusation not ~ed by proofs; a '~ing actor, সহায়ক অভিনেতা; a '~ing film (মূল ছবির) সহায়ক ছবি। ৩ প্রতিপালন/ পোষণ/ পরিপোষণ/ পরিপালন করা: He has no family to ~. ৪ সহ্য করা: How long shall I have to ~ his jealousy ? □*n* ১ আলম্ব; উপঘ্ন; সাহায্য; সমর্থন; ভরণপোষণ; উপজীবিকা: The building needs more ~. You can count on my ~ in the next election. The divorced wife claimed ~ from his ex-husband. **in ~** (সৈন্যদল সম্বন্ধে) যোগান; মজুদ; সাহায্যার্থে প্রস্তুত। **(be) in ~ of sb/ sth** সাহায্যে; সমর্থনে। ২ [C] অবলম্বন; আশ্রয়; নির্ভর: He is the only ~ of his family. '**price ~s** (US) ভর্তুকি। **~·able** [–টাব্‌ল্] সহনীয়; সমর্থনীয়; সমর্থনযোগ্য। **~er** *n* সমর্থক; ধারক; পোষক; পরিপোষক; প্রতিপালক। **~·ive** *adj* সহায়ক; সমর্থক।

sup·pose [স'পৌজ্] *vt* ১ মনে করা; ধরা; সত্য বলে ধরে নেওয়া: Let us ~ (that) he told the truth. I don't ~ for one/ a minute that ..., আমি বিশ্বাস করি না যে ...। ২ অনুমান/ আঁচ/ আন্দাজ করা; ভাবা: He came to borrow money, I ~ ? ৩ (অনুজ্ঞাসূচক কিংবা

প্রস্তাব উত্থাপনের জন্য ব্যবহৃত) S~ we go for a walk. ৪ শর্তরূপে প্রয়োজন হওয়া; ইঙ্গিত করা: A successful career ~s hard work. ৫ **be ~d to** (ক) কারো কাছ থেকে প্রত্যাশিত হওয়া: Am I ~d to look after the children ? আমারই দেখাশোনা করার কথা কিনা। (খ) (কথ্য) (নঞর্থক) অনুমতিপ্রাপ্ত না হওয়া: The children are not ~d to go to the theatre, থিয়েটারে যাওয়ার অনুমতি নেই। **sup·pos·ing** *conj* যদি: Supposing we arrive late, where shall we put up ? **~d** তথৈব; স্বীকৃত; কথিত: his ~d courage. **sup·pos·ed·ly** [-জ়িড্লি] *adv* যা ধরে নেওয়া হয়েছে; তদনুসারে; অনুমানসিদ্ধভাবে।

sup·po·si·tion [ˌসাপাˈজ়িশ্‌ন্] *n* ১ [U] অনুমান; কল্পনা: Your theory is based on mere ~. ২ [C] অনুমান; আন্দাজ; আঁচ: His ~s were proved false. **on this ~; on the ~ that ...,** যদি ধরে নেওয়া যায় যে . . .।

sup·posi·tory [সাˈপজ়িট্রি US -টো°রি] *n (pl* -ries) মলদ্বার বা যোনিপথে ঢুকিয়ে ব্যবহার্য (কোষাকৃতি, দ্রবণীয়) ভেষজ উপচারবিশেষ; নিবেশ্য।

sup·press [সাˈপ্রেস্] *vt* ১ দমন করা: ~ a rising/ the practice of suttee. ২ প্রকাশ বা প্রচার নিরুদ্ধ করা; চাপা দেওয়া; নিগৃহীত করা: ~ the truth/ a yawn/one's feelings; ~ a newspaper. **~ ion** [সাˈপ্রেশ্‌ন্] *n* দমন; নিগ্রহ; নিগ্রহণ; গোপন: ~ of the breath, শ্বাসরোধ; ~ of the voice, বাকস্তম্ভ; ~ of the urine, মূত্রাবরোধ; ~ of the passions, ইন্দ্রিয়নিগ্রহ। **~ive** *adj* দমনমূলক; নিগ্রহাত্মক। **~or** [-সা(র্)] *n* নিগ্রাহক; (বিশেষত) বেতার ও টেলিভিশনের সঙ্কেতগ্রহণে যাতে বিঘ্নসৃষ্টি না করে সেজন্য বৈদ্যুতিক যন্ত্রের সঙ্গে সংযুক্ত কৌশলবিশেষ; সংরোধক।

sup·pu·rate [ˈসাপ্যিউরেইট্] *vi* (আনুষ্ঠা.) পুঁজ হওয়া; পেকে ওঠা। **sup·pu·ra·tion** [ˌসাপ্যিউˈরেইশ্‌ন্] *n* পচন; পুঁজত্ব; সংস্রাব।

supra [ˈসূপ্রা] *adj* (লা. আনুষ্ঠা.) উপরে: see ~, p13.

supra·na·tional [ˌসূপ্রাˈন্যাশনাল্] *adj* জাতি বা রাষ্ট্রসমূহের উপরে; আধিজাতিক; আধিরাষ্ট্রিক: a ~ authority.

su·preme [সূˈপ্রীম্] *adj* ১ সর্বপ্রধান; সর্বোচ্চ; পরম; পারমিক: The S~ Commander, সর্বাধিনায়ক; the S~ Court, সর্বোচ্চ আদালত; the S~ Soviet, সর্বোচ্চ সোভিয়েত (প্রাক্তন সোভিয়েত ইউনিয়নের ব্যবস্থাপক সভা); the S~ Being, ঈশ্বর; অখিলাত্মা; পরমপুরুষ। ২ সর্বাধিক গুরুত্বপূর্ণ; চরম; পরম: make the ~ sacrifice, জীবনোৎসর্গ করা। **~·ly** *adv* পরমভাবে; চরমভাবে: ~ly happy, পরম সুখী। **su·prem·acy** [সুˈপ্রেমাসি] *n* [U] আধিপত্য; প্রাধান্য; শ্রেষ্ঠত্ব; প্রভুত্ব; ঈশিত্ব: supremacy over, সর্বোচ্চ কর্তৃত্ব; There was none to challenge his supremacy.

sur·charge [ˈসাচা:জ্] *n* ১ (জরিমানা হিসাবে বা অন্য কোনো বাবদে) নির্ধারিত মাশুলের অতিরিক্ত দাবি; অধিশুল্ক। ২ অধিক বা অতিরিক্ত বোঝা; অধিভার। ৩ ডাকটিকেটের উপর মূল্য-পরিবর্তনসূচক মুদ্রিত ছাপ; অধিমুদ্রা। □*vt* ১ অধিক বোঝাই করা; অধিশুল্ক দাবি করা।

surd [সা:ড্] *n* (গণিত.) যে রাশি, বিশেষত মূল (√) সাধারণ সংখ্যা বা রাশির সসীম ভাষায় প্রকাশ করা যায় না; করণী।

sure [শুআ(র্)] *adj* (-r, -st) ১ (কেবল pred) নিশ্চিত; সুনিশ্চিত; নিঃসংশয়; নিঃসন্দেহ; দৃঢ়নিশ্চয়; কৃতনিশ্চয়। **be/feel ~ (about sth)** নিঃসন্দিগ্ধ/ নিঃসন্দেহ হওয়া: I am not ~ (about it). **be/feel ~ of sth/ that ...,** নিঃসংশয়/ নিশ্চিত হওয়া: How can you be ~ of his probity ! **be/ feel ~ of oneself** আত্মবিশ্বাস থাকা। **be ~ to do sth;** (কথ্য) **be ~ and do sth** অবশ্য; ত্রুটি না করা: Be ~ to come and join the party. **to be ~** (সে কথা) সত্য; তা বটে: He is not wealthy, to be sure, but he's generous. **make ~ that .../ of sth** (ক) নিশ্চিত হওয়া: I made ~ she would not fail to keep her word. (খ) নিজেকে সন্তুষ্ট করা; (কোনো কিছুর প্রাপ্তি) নিশ্চিত করা: The book is not easily available; you would better make ~ to get a copy. ২ (attrib ও pred) নির্ভরযোগ্য; বিশ্বস্ত; নিশ্চিত; অমোঘ: a ~ remedy for malaria; ~ proof; send a letter by a ~ hand. ˌ**~-ˈfooted** *adj* হোঁচট খায় না এমন; দৃঢ়পদ। □*adv* ১ **~ enough** অবশ্য; নিশ্চিতভাবে; বস্তুত; নিশ্চয়ই: He said he would succeed, and ~ enough, he did succeed. **for ~** (সাধা. কথ্য) নিশ্চয়ই; অবশ্যই। ২ **as ~ as** (কোনো কিছুর) মতো সুনিশ্চিত: as ~ as fate. ৩ (কথ্য, বিশেষত US) নিশ্চয়ই; অবশ্যই: It ~ was interesting. **~·ness** *n* নিশ্চয়তা; নৈশ্চিত্য; নিঃসন্দিগ্ধতা।

sure·ly [ˈশুআলি] *adv* ১ (সাধা. *v*-এর সঙ্গে সন্নিবেশিত) নিশ্চিতভাবে; নির্ঘাৎ; অবশ্যই: He will ~ come. ২ (উদ্দেশ্যের সঙ্গে—সাধা. উদ্দেশ্যের পূর্বে কিংবা বাক্যের শেষে সন্নিবেশিত, প্রায়শ আত্মবিশ্বাস বা অবিশ্বাসসূচক) অভিজ্ঞতা বা সম্ভাব্যতার উপর বিশ্বাস স্থাপন করা গেলে; নিশ্চয়ই: S~ these terrible times won't last for ever ! He didn't intend to get away with your brief-case, ~ ! (বিশেষত US) (প্রশ্নোত্তরে) অবশ্যই, নিশ্চয়ই: "Won't you come round and see me some time ?" — "S~ !" (GB-র প্রয়োগরীতিতে certainly অধিক সমাদৃত)।

surety [ˈশুআরাটি US ˈশুআরটি] *n (pp* -ties) [C,U] জামানত, ন্যাস; জামিন, প্রতিভূ: Stand ~ for sb.

surf [সা:ফ়্] *n* [U] সমুদ্রতীর, বালুচর কিংবা সামুদ্রিক শৈলশ্রেণীর উপর আছড়ে পড়া সফেন তরঙ্গপুঞ্জ; তরঙ্গভঙ্গ; লহরি। ˈ**~·ing,** ˈ**~-riding** *nn* একটি সরু ফলকের উপর দাঁড়িয়ে তরঙ্গবাহিত হতে হতে ভারসাম্য রাখার খেলা; তরঙ্গক্রীড়া; লহরিলীলা। ˈ**~-board** *n* উপরোক্ত খেলায় ব্যবহৃত ফলক; লহরিফলক। ˈ**~-boat** *n* তরঙ্গভঙ্গের মধ্যে ব্যবহারের জন্য বিশেষভাবে তৈরি নৌকা; তরঙ্গতরী।

sur·face [ˈসাফ়িস্] *n* [C] ১ যে কোনো বস্তুর বহির্ভাগ; কোনো বস্তুর যে কোনো পার্শ্ব; পৃষ্ঠ; পৃষ্ঠভাগ; তল; The ~ of the earth, ভূতল; ভূপৃষ্ঠ; a smooth ~; How many ~s does a cube have ? ২ (তরলপদার্থ, বিশেষত কোনো জলরাশির, যেমন সাগরের) উপরিভাগ; উপরিতল; পৃষ্ঠ: ~ vessels, সাধারণ জাহাজ। ৩ ˈ**~ mail** স্থলপথে বা জলপথে প্রেরিত ডাক; সাধারণ ডাক। ˌ**~-to-ˈair** (ক্ষেপণাস্ত্র ইত্যাদি সম্বন্ধে) বিমান লক্ষ করে ভূপৃষ্ঠ বা জাহাজ থেকে নিক্ষিপ্ত; পৃষ্ঠ থেকে আকাশে উৎক্ষিপ্ত। ৪ বহিরঙ্গ; বাহ্য; বাহির; খোলস: You will find him quite a different person, when you get below the ~. ৫ (attrib) বাহ্য, বাহ্যিক; উপর-উপর;

মৌখিক: ~ politeness; ~ impressions; ˈ~ noise, বাহ্যিক অতিশব্দ (যেমন গ্রামোফোন রেকর্ডে স্টাইলাসের ঘর্ষণজাত শব্দ)। □vt, vi ১ ঢালাই করা: ~ a road with gravel/ tarmac. ২ (ডুবজাহাজ, ডুবুরি প্রভৃতি সম্বন্ধে) ভেসে ওঠা।

sur·feit [ˈসাফ়িট্] *n* (সাধা. **a ~ (of)**) যে কোনো বস্তুর, বিশেষত খাদ্য ও পানীয়ের আতিশয্য/ বাহুল্য; অতিপান বা অতিভোজনের দরুন অস্বস্তি; বিবমিষা: have a ~ of, (খেয়ে খেয়ে) অরুচি/ বিতৃষ্ণা ধরা। □*vt* **~ sb/ oneself (with)** কোনো কিছু মাত্রা ছাড়িয়ে গ্রহণ করা: ~ oneself with fruit, ফল খেয়ে পেট বোঝাই করা: be ~ed with pleasure.

surge [সাজ্] *vi* তরঙ্গিত/ উদ্বেলিত হওয়া; তরঙ্গের মতো ধাবিত হওয়া: The dyke gave way to surging flood waters . The crowds ~d forward to hail the hero. □*n* উচ্ছ্বাস; কল্লোল; উল্লোল; তরঙ্গোচ্ছ্বাস: the ~ of the sea; a ~ of pity/ anger.

sur·geon [ˈসাজান্] *n* ১ অস্ত্রচিকিৎসক; শল্যচিকিৎসক; শল্যবিদ; অস্ত্রোপচারক। **dental ~** *n* অস্ত্রোপচারে প্রশিক্ষণপ্রাপ্ত দন্তচিকিৎসক; দাঁতের শল্যবিদ। ˈ**house ~** *n* হাসপাতালের চাকরিতে নিয়োজিত অস্ত্রচিকিৎসক। ২ নৌবাহিনীতে কর্মরত চিকিৎসক: ˌ~-comˈmander.

sur·gery [ˈসাজরি] *n (pl* -ries) ১ [U] অস্ত্রোপচার; শল্যচিকিৎসা; শল্যবিদ্যা; শল্যতন্ত্র: qualified in both ~ and medicine. ২ [C] (GB) (চিকিৎসক বা দন্তচিকিৎসকের) রোগী দেখার ঘর: ~ hours, 4 pm to 8 pm; pollitical ~, (কথ্য) যে ঘরে সংসদ-সদস্যের সঙ্গে তাঁর এলাকার লোক পরামর্শ করতে পারে; রাজনৈতিক মন্ত্রগৃহ।

sur·gi·cal [ˈসাজিক্‌ল্] *adj* অস্ত্রচিকিৎসাসম্বন্ধী; শল্যতান্ত্রিক: ~ treatment, অস্ত্রচিকিৎসা; ~ instruments, শল্যোপকরণ; a ~ boot, বিকৃত পায়ে পরানোর উপযোগী করে তৈরি জুতা; শল্যপাদুকা। **~·ly** [-ক্‌লি] *adv* অস্ত্রচিকিৎসায়, শল্যতান্ত্রিকভাবে ইত্যাদি।

sur·ly [ˈসালি] *adj* (-ier, -iest) রুক্ষপ্রকৃতি; কর্কশস্বভাব; খিটখিটে। **sur·lily** [-লিলি] *adv* রুক্ষভাবে। **sur·li·ness** *n* কার্কশ্য; স্বভাবকার্কশ্য; স্বভাববক্রতা।

sur·mise [সাˈমাইজ্] *vt, vi* (আনুষ্ঠা.) আন্দাজ/ অনুমান/ সন্দেহ করা: I ~d as much. □[ˈসামাইজ্] *n* [C] আন্দাজ; অনুমান; সন্দেহ।

sur·mount [সাˈমাউন্ট্] *vt* ১ কাটিয়ে ওঠা; অতিক্রম করা; পার/ উত্তীর্ণ হওয়া। ২ (passive) **be ~ed by/ with** অধিরোপিত/ অধ্যারোপিত হওয়া: a spire ~ed by a weather-vane. **~·able** [-টব্‌ল্] *adj* অতিক্রম্য; অতিক্রমণীয়।

sur·name [ˈসানেইম্] *n* [C] কুলনাম; বংশনাম; পদবি। দ্র. give[1](১১) ভুক্তিতে given name, Christian ভুক্তিতে Christian name এবং forename.

sur·pass [সাˈপা:স্ US -ˈপ্যাস্] *vt* ছাড়িয়ে যাওয়া; অতিক্রম করা; অতিরিক্ত হওয়া: ~ sb in strength/ speed/ skill. **~·ing** *adj* অতুলনীয়; অতুল্য; অপ্রতিম: of ~ing beauty. **~·ing·ly** *adv* অনতিক্রম্যরূপে; বিষম; অতুলনীয়রূপে: ~ingly ugly.

sur·plice [ˈসাপ্লিস্] *n* (সাধা. সাদা) প্রশস্ত আস্তিনযুক্ত; ঢিলা শামলাবিশেষ, যা কোনো কোনো পাদ্রি গির্জার উপাসনা-অনুষ্ঠানে তাদের নির্দিষ্ট অন্তরীয়ের উপরে পরিধান করেন; উত্তরবাস। **sur·pliced** *adj* উত্তরবাস পরিহিত।

sur·plus [ˈসাপ্লাস্] *n* ১ [C] উদ্বর্ত; উদ্বৃত্ত। দ্র. deficit. ২ (attrib) উদ্বৃত্ত; বাড়তি; অবশিষ্ট: ~ labour, উদ্বৃত্ত জনশক্তি (যাদের জন্য কাজ নেই); a sale of a ~ stock; ~ population, উদ্বৃত্ত জনসংখ্যা (কাঙ্ক্ষিত বলে বিবেচিত সংখ্যার অতিরিক্ত)। ˈ**~ store** (GB) যে দোকানে উদ্বৃত্ত (যেমন সামরিক বাহিনীর) পণ্যসামগ্রী বিক্রয় হয়; বাড়তি পণ্যের দোকান।

sur·prise [সাˈপ্রাইজ্] *n* ১ [C,U] চমক; বিস্ময়; আশ্চর্য; চমৎকৃত; চমৎক্রিয়া: It was a great ~. To my ~, he came out unhurt. **take sb by ~** অতর্কিতে/ অপ্রস্তুত অবস্থায় ধরে ফেলা বা পাকড়াও করা। **take a fort/ town etc by ~** অতর্কিত আক্রমণে অধিকার করা। ২ (attrib) অপ্রত্যাশিত; অতর্কিত; আকস্মিক: a ~ attack/ visit. □১ বিস্মিত/ বিস্ময়ান্বিত/ বিস্ময়াপন্ন/ চমৎকৃত/ অবাক/ আশ্চর্য করা। ২ **be ~d** বিস্মিত/ বিস্ময়াপন্ন/ অবাক/ আশ্চর্য হওয়া: We're ~d (to learn that) you are leaving so soon. ৩ অতর্কিতে আক্রমণ বা পাকড়াও করা: ~ the enemy; ~ a burglar in the act of breaking into a house. ৪ **~ sb into doing sth** কাউকে খোঁচা দিয়ে কিছু করানো। **sur·pris·ing** *adj* বিস্ময়কর; আশ্চর্যজনক; চমৎকারিক; অদ্ভুত। **sur·pris·ing·ly** *adv* বিস্ময়করভাবে; আশ্চর্যজনকভাবে। **sur·prised** *adj* বিস্মিত; বিস্ময়াপন্ন; বিস্ময়োপহত; বিস্ময়াকুল; চমৎকৃত; আশ্চর্যান্বিত। **sur·pris·ed·ly** [-জিড্‌লি] *adv* সবিস্ময়ে; বিস্ময়ান্বিতভাবে।

sur·real·ism [সাˈরিআলিজ়াম্] *n* [U] বিশ শতকে শিল্প ও সাহিত্য ঘটিত আন্দোলনবিশেষ, যার লক্ষ্য মগ্নচৈতন্যের রূপায়ণ (ফলে অনেক চিত্রপটে দেখা যায় স্বপ্নের মতো বানানো খাপছাড়া বস্তুর একত্র সমাবেশ); পরাবাস্তববাদ। **sur·real·ist** [-লিস্ট্] *n* পরাবাস্তববাদী (লেখক, শিল্পী প্রভৃতি)। **sur·real·is·tic** [সারিআলিস্টিক্] *adj* পরাবাস্তববাদী।

sur·ren·der [সাˈরেন্ডা(র্)] *vt, vi* ১ (শত্রু, পুলিশ ইত্যাদির কাছে) সমর্পণ করা; আত্মসমর্পণ করা; পরের হাতে তুলে দেওয়া; বশ্যতাস্বীকার করা: The hijacker ~ed to the police. ২ দখল ছেড়ে দেওয়া; উৎসর্জন/ বিসর্জন; স্বত্বত্যাগ করা: I shall not ~ my right. ~ one's insurance policy, এককালীন অর্থের বিনিময়ে বিমার স্বত্ব ত্যাগ করা: ~ value, উক্তরূপ উৎসর্জনের বিনিময়ে প্রাপ্ত অর্থ; উৎসর্জন-মূল্য। ৩ **~ (oneself) to** অভ্যাস, আবেগ, প্রভাব ইত্যাদির বশবর্তী হওয়া; হার মানা: Don't ~ (yourself) to despair. □*n* আত্মসমর্পণ; উৎসর্জন; বশ্যতা; উৎসর্জন-মূল্য; উপরে ২ দ্র.।

sur·rep·ti·tious [সারেপˈটিশাস্] *adj* (কার্যাদি সম্বন্ধে) গুপ্তভাবে কৃত; চোরাগোপ্তা। **~·ly** *adv* চুপি চুপি; চুপিসারে; লুকিয়ে লুকিয়ে।

sur·ro·gate [ˈসারগেইট্] *n* (বিশেষত বিশপের) প্রতিনিধি; প্রতিভূ। দ্র. suffragan.

sur·round [সাˈরাউন্ড্] *vt* বেষ্টন/ বেষ্টিত/ পরিবেষ্টন/ পরিবৃত করা: a house ~ed with trees. □*n* দেয়াল ও গালিচার মধ্যবর্তী মেঝে এবং এর আবরক; পরিতল: a linoleum ~. **~·ing** *adj* পারিপার্শ্বিক; পরিবেষ্টক। **~·ings** *n pl* প্রতিবেশ; পরিবেষ্টন: living in agreeable ~ings.

sur·tax [ˈসাট্যাক্স্] *n* [C, U] একটি নির্দিষ্ট স্তরের ঊর্ধ্বে ব্যক্তিগত আয়ের উপর আরোপিত অতিরিক্ত কর; উপরিকর। □*vt* উপরিকর ধার্য করা।

sur·veil·lance [স্যা'ভেইলান্স্] *n* [U] সন্দেহভাজন ব্যক্তির উপর কড়া নজর; পাহারা: under police ~.

sur·vey [স্যা'ভেই] *vt* ১ সামগ্রিকভাবে দেখা; অবলোকন করা: ~ the countryside from the top of a hill. ২ সামগ্রিকভাবে পর্যালোচনা করা: to ~ the international situation. ৩ জরিপ করা: ~ a village/ a railway. ৪ (ভবন ইত্যাদির) অবস্থা পরীক্ষা করা; পরিদর্শন করা। **~·ing** *n* [U] জরিপ; পরিদর্শন: 'land-~ing; a '~ing ship. □*n* ['সাভেই] [C] ১ সামগ্রিক পর্যালোচনা: make a general ~ of the situation/ subject. ২ জরিপ: an aerial ~ of coastal districts; the ordnance ~ of Great Britain, ordnance দ্র.। **~or** [স্যা'ভেইআ(র্)] ১ জরিপ-আমিন। ২ ভবন পরীক্ষক। ৩ সরকারি পরিদর্শক: ~er of weights and measures; the ~or of highways. **quantity ~or,** দ্র. quantity.

sur·vival [স্যা'ভাইভ্ল্] *n* ১ [U] বেঁচে থাকা বা বিদ্যমান থাকার অবস্থা; অন্যের মৃত্যুর পরে বিদ্যমানতা; টিকে থাকার অবস্থা; অব্যাহত অস্তিত্ব; উত্তরজীবিতা; উদ্বর্তন: ~ after death, (আত্মার) মরণোত্তর জীবন; the ~ of the fittest, যোগ্যতমের উদ্বর্তন; (attrib) a '~ kit, দুর্যোগ, দুর্ঘটনা ইত্যাদিতে জীবনধারণের জন্য অপরিহার্য উপকরণাদিপূর্ণ থলে; ত্রাণপেটিকা। ২ [C] টিকে থাকা সত্ত্বেও সেকেলে বলে বিবেচিত ব্যক্তি, রীতিনীতি, বিশ্বাস ইত্যাদি; উত্তরজীবী; হতাবশিষ্ট।

sur·vive [স্যা'ভাইভ্] *vt, vi* বেঁচে/ টিকে থাকা; (কারো মৃত্যুর পরেও) বেঁচে থাকা; উত্তরজীবী হওয়া; (কোনো কিছুর পরে) জীবিত থাকা: ~ an earthquake/ shipwreck; He ~d four wives. **sur·viv·or** [-ভা(র্)] *n* উত্তরজীবী: send help to the survivors of the cyclone.

sus·cep·tible [সা'সেপ্টব্ল্] *adj* ১ অনুভূতির দ্বারা সহজে প্রভাবিত হয় এমন; গ্রহণশীল; সহজগ্রাহী; গ্রাহী: a girl with a ~ nature; a ~ young man, যে সহজেই প্রেমে পড়ে; সুলভপ্রেমী; প্রণয়োন্মুখ। ২ **~ to** সংবেদনশীল; বেদনক্ষম: ~ to flattery/ kind treatment; ~ to pain, সুলভদুঃখ। ৩ **~ of** (আনুষ্ঠা.) যোগ্যক্ষম; গ্রহণক্ষম: His assertion is not ~ of proof, প্রমাণক্ষম নয়। **sus·cep·ti·bil·ity** [সা,সেপ্টা'বিলাটি] *n* (*pl* -ties) ১ [U] সংবেদনশীলতা; গ্রহণশীলতা; গ্রাহকত্ব: ~ to hay fever/ hypnotic influences. ২ (*pl*) ব্যক্তিপ্রকৃতির সংবেদনশীল বিন্দু; স্পর্শকাতর বিন্দু: wounding one's susceptibilities.

sus·pect [সা'সপেক্ট্] *vt* ১ (কোনো কিছু ঘটতে পারে বলে) অনুভব বা ধারণা করা; আশঙ্কা করা; সন্দেহ করা: We ~ed a surprise attack. Is foul play ~ed ? ২ সন্দেহপোষণ করা; সংশয় করা: ~ the truth of an account. ৩ **~ sb (of sth)** (দোষী বলে) সন্দেহ করা: I don't ~ you of the crime. □*n* ['সাস্পেক্ট্] সন্দেহভাজন (ব্যক্তি); সন্দেহের পাত্র: political ~s. □*pred adj* ['সাস্পেক্ট্] সন্দেহভাজন; সন্দেহজনক: His movements are ~.

sus·pend [স'স্পেন্ড্] *vt* ১ **~ sth (from)** ঝোলানো; লটকানো; আলম্বিত/ লম্বিত করা: lamps ~ed from the ceiling. ২ (passive) (বাতাসে বা তরলপদার্থে বস্তুকণিকা সম্বন্ধে) ভাসমান/ আলম্বিত থাকা: dust/ smoke ~ed in the still air. ৩ সাময়িকভাবে বন্ধ রাখা; স্থগিত রাখা; বিলম্বিত করা: ~ payment; ~ judgement; ~ a rule; in a state of ~ed animation, মূর্ছিত/ মূর্ছাপ্রাপ্ত/ হতচেতন অবস্থায়; (লাক্ষ., কৌতুক; প্রতিষ্ঠান, পরিষদ ইত্যাদি সম্বন্ধে) সাময়িকভাবে নিষ্ক্রিয়, মূর্ছিত দশায়: a ~ed sentence/ ~ed execution of sentence, দোষী ব্যক্তি আইন মান্য করে চললে দণ্ড কার্যকর হবে না বলে দণ্ডাজ্ঞা; মুলতবি দণ্ডাজ্ঞা। ৪ সাময়িকভাবে বরখাস্ত/ কর্মচ্যুত/ নির্বৃত্ত করা: ~ a (professional) football player.

sus·pender [স'স্পেন্ডা(র্)] *n* **(pair of) ~s** ১ (GB) মোজা আটকে রাখার জন্য (স্থিতিস্থাপক) ফিতাবিশেষ; জঙ্ঘাবন্ধনী। '**~ belt** মেয়েদের মোজা টেনে ধরে রাখার জন্য আকড়িযুক্ত, হালকা কটিবস্ত্র; কটিত্র; কটিবন্ধনী; (US) প্যান্ট যথাস্থানে ধরে রাখার জন্য কাঁধের উপর দিয়ে পরবার জোড়া ফিতাবিশেষ (GB braces); বন্ধনীযুগ।

sus·pense [স'স্পেন্স্] *n* [U] অনিশ্চয়তা; উৎকণ্ঠা; সংশয়: in ~, দোলায়মান; সংশয়াপন্ন। **keep sb in ~** অনিশ্চয়ের মধ্যে রাখা।

sus·pen·sion [সা'স্পেনশ্ন্] *n* [U] সাময়িক বরখাস্তকরণ/ কর্মচ্যুতি/ বরতরফি; ঝোলানোর অবস্থা; প্রলম্বন; সমালম্বন: the ~ of a member of parliament, দ্র. suspend (৪); the ~ of a motor-vehicle, মোটরযানের সমালম্বন (স্প্রিং, ঘাত-শোষক প্রভৃতি যেসব কৌশলের সাহায্যে গাড়ি অক্ষের উপর আলম্বিত থাকে। '**~ bridge** *n* (মোটা তারের উপর বা তারের সাহায্যে) ঝুলন্ত সেতু।

sus·pi·cion [সা'স্পিশ্ন্] *n* [C,U] ১ সন্দেহ; সংশয়; অবিশ্বাস: I've a ~ that she's not telling the whole truth. lay oneself open to ~; fall under ~. **above ~** সন্দেহের ঊর্ধ্বে। ২ **a ~ (of)** ক্ষীণ আভাস; ছোঁয়া: a ~ of sadness in one's voice; a ~ of garlic in the stew.

sus·pi·cious [সা'স্পিশাস্] *adj* সন্দেহজনক; সন্দেহভাজন; সন্ধিগ্ধ; সন্দেহান্বিত; সন্দিগ্ধচিত্ত: a ~ affair; a ~ character. **(be/ become/ feel) ~ about/ of sb/ sth** সন্দিগ্ধ/ সন্দেহান্বিত হয়ে ওঠা/ পড়া: I become ~ of her movements. **~·ly** *adv* সন্দেহজনকভাবে।

sus·tain [সা'স্টেইন্] *vt* ১ ধরে রাখা; তুলে ধরা; ধারণ করা; সওয়া: This slight framework won't ~ a heavy load. ২ পোষণ করা; শক্তিদান করা; বজায়/ অব্যাহত রাখা: ~ing food, শক্তিপ্রদ/ পুষ্টিকর খাদ্য; ~ an argument/ attempt; ~ a note, অস্খলিতভাবে সুরটি বাজাতে বা গাইতে থাকা; make a ~ed effort, নিরবচ্ছিন্নভাবে চেষ্টা করা। ৩ (আঘাত ইত্যাদি) প্রাপ্ত হওয়া; (পরাজয়) বরণ করা: ~ severe injuries; ~ a defeat. ৪ (আইন.) সপক্ষে রায় দেওয়া: The learned judge ~ed the plaintiff's claim.

sus·ten·ance [সা'স্টিনান্স্] *n* [U] খাদ্য বা পানীয়; পুষ্টি; পুষ্টিকর উপাদান: There's more ~ in wheat than in barley.

sut·tee ['সাটী] *n* সতী; সতীদাহ।

su·ture ['সূচা(র্)] *n* ক্ষতস্থান সেলাই করার ফলে সৃষ্ট দাগ; সেলাইয়ের দাগ; (ক্ষতস্থান) সেলাইয়ের সুতা।

su·ze·rain [সূজারেন্ US -রিন্] *n* ১ যে দেশের উপর কোনো রাষ্ট্র বা শাসকের কোনোরূপ নিয়ন্ত্রণ বা কর্তৃত্ব আছে, সেই দেশের সম্পর্কে ঐ রাষ্ট্র বা শাসক; অধিরাজ বা অধিরাজ্য। ২ (পূর্বকালে) সামন্ত অধিরাজ; সামন্তেশ্বর। **~·ty** ['সূজারন্টি] *n* অধিরাজত্ব: under the ~ty of.

svelte [স্ভেল্ট্] *adj* (ফ.) (ব্যক্তি সম্বন্ধে) কৃশ এবং সুন্দর; সুতনু; তন্বী।

swab [সোঅ্ব্] *n* ১ মেঝে, ডেক ইত্যাদি পরিষ্কার করার জন্য মার্জনী কিংবা নেকড়া; ন্যাতা। ২ চিকিৎসার কাজে ব্যবহার্য স্পনজ বা অনুরূপ শোষক দ্রব্যের টুকরা (যেমন রোগ-সংক্রমণ পরীক্ষার্থে গলনালীর শ্লেষ্মার নমুনা সংগ্রহ করার জন্য ব্যবহৃত হয়); শোষণী। ৩ উপরোক্ত উপায়ে সংগৃহীত (শ্লেষ্মা, কফ ইত্যাদির) নমুনা: take ~s from children suspected of having diphtheria. □*vt* (-bb-) ন্যাতা দিয়ে মোছা বা মুছে ফেলা: ~ down the decks; ~ up water that has been upset on the floor.

swaddle [সোঅড্ল্] *vt* (আগেকার দিনের প্রথা অনুযায়ী শিশুকে) লম্বা, সরু কাপড়ের ফালি দিয়ে জড়ানো; কাপড় দিয়ে পেঁচানো। **ˈswaddling-clothes** (শিশুকে পেঁচানোর জন্য) কাপড়ের ফালি: still in his swaddlling-clothes, (লাক্ষ.) এখনো স্বচ্ছন্দানুবর্তী নয়।

swag [সোয়্যাগ্] *n* [U] (অপ.) ১ চোরাই মাল; অসদুপায়ে অর্জিত দ্রব্য। ২ (অস্ট্রেলিয়া) ভবঘুরের নিজস্ব পোঁটলাপুঁটলি।

swag·ger [ˈসোয়্যাগা(র্)] *vi* সদম্ভে চলাফেরা/ আস্ফালন/ তর্জন-গর্জন করা। □*n* আস্ফালন; সদম্ভ আচরণ: with a ~. □*adj* (অপ.) অত্যন্ত কেতাদুরস্ত; লবেদার। **~er** *n* হামবড়া; আত্মশ্লাঘী।

swain [সোয়েইন্] *n* (কাব্যিক বা পুরা) বিশেষত প্রেমিক হিসাবে বিবেচিত গ্রাম্য যুবক; নাগর: lasses and their ~s; (কৌতুক) প্রেমিক।

swal·low[1] [ˈসোঅলৌ] *n* দ্বিধাবিভক্ত পুচ্ছবিশিষ্ট; দ্রুতগামী; কীটাশী; ক্ষুদ্র পাখিবিশেষ, এরা গ্রীষ্মকালে নাতিশীতোষ্ণ-মণ্ডলে দেশান্তরগমন করে; আবাবিল। **one ~ doesn't make a summer** (প্রবাদ) একটিমাত্র দৃষ্টান্তের ভিত্তিতে মতামত গঠন করা উচিত নয়; এক কোকিলে বসন্ত আসে না। **ˈ~ dive** *n* জলস্পর্শ না করা পর্যন্ত দুই হাত প্রসারিত করে দেওয়া ঝাঁপ। **ˈ~-tailed** *adj* (প্রজাপতি, পাখি ইত্যাদি সম্বন্ধে) দ্বিধাবিভক্ত পুচ্ছবিশিষ্ট; (পুরুষের কোট সম্বন্ধে) দীর্ঘপুচ্ছ।

swal·low[2] [ˈসোঅলৌ] *vt, vi* ১ ~ **(up)** গেলা; গলাধঃকরণ করা; ঢোক গেলা। ২ ~ **(up)** গিলে/ খেয়ে ফেলা; নিঃশেষিত করা; দৃষ্টির অগোচর করা: earnings that were ~ed up by doctor's bills. The balloon was ~ed (up) in the clouds. ৩ (লাক্ষ. প্রয়োগ) ~ an insult/ affront, হজম করা; ~ the whole, নির্বিচারে বিশ্বাস করা; ~ one's words, নিজ উক্তি প্রত্যাহার করা, সেজন্য দুঃখ প্রকাশ করা; ~ a story, খুব সহজে বিশ্বাস করা; ~ the bait, টোপ গেলা। □*n* গলাধঃকরণ; (এক) গ্রাস।

swam [সোয়্যাম্] swim-এর *pt*

swami [সোয়া:মি] *n* হিন্দু ধর্মগুরু; স্বামী; (শিথিল) যোগী; মরমি সাধক।

swamp [সোঅম্প্] *n* [C,U] জলা; জলাভূমি; অনূপভূমি; অনূপদেশ; কচ্ছ; বিল। □*vt* ১ জলমগ্ন/ প্লাবিত করা; ডুবিয়ে দেওয়া: The boat was suddenly ~ed by a big wave. ২ ~ **with** (লাক্ষ.) অভিভূত/ পর্যুদস্ত/ পরিপ্লুত করা: ~ed with work. **~y** *adj* (-ier, -iest) জলা; জলাময়; আনূপ।

swan [সোঅন্] *n* রাজহাঁস; মরাল; হংস। **ˈ~ dive** (US) = swallow dive. **ˈ~-song** *n* (মুমূর্ষু রাজহংস মধুর কণ্ঠে গান গায় এই প্রাচীন বিশ্বাস থেকে) কবি, সঙ্গীতজ্ঞ প্রভৃতির মৃত্যুর আগে শেষ উপস্থিতি, অনুষ্ঠান, শিল্পকর্ম ইত্যাদি; অন্তিম গীত। **ˈ~'s-down** *n* [U] **(ক)** রাজহাঁসের পালকের নীচের নরম পর। **(খ)** একপাশ তুলতলে নরম, মোটা কার্পাসবস্ত্রবিশেষ। □*vi* (-nn-) (কথ্য) (বিশেষত সুবিধাভোগী, কিংবা যাদের কাজ করার প্রয়োজন এই এমন ব্যক্তি সম্বন্ধে) ঘুরে বেড়ানো; ঘুরতে/ ঘুরতে-ফিরতে যাওয়া: They are ~ning off to Nepal for the weekend.

swank [সোয়্যান্ক্] *vi* (কথ্য) বড়াই/ দম্ভ/ আস্ফালন করা; জাঁক করা/দেখানো। □[U] জাঁক, বড়াই, হামবড়াই, আস্ফালন; [C] হামবড়া লোক, জেঁকো। **~y** *adj* চটপটে, চটকদার, তীক্ষ্নকর্মা; জেঁকো: a ~y sports car. Tom and his ~y friends.

swap [সোঅপ্] *vt, vi* (-pp-) = swop.

sward [সোয়ো°ড্] *n* [U] (সাহিত্য.) তৃণভূমি; তৃণময়-ভূমি; ঘাসের চাপড়া।

swarm[1] [সোয়ো°ম্] *n* [C] ঝাঁক, পাল, দল: a ~ of ants/ locusts; a ~ of bees; ~s of children in the park. □*vi* ১ (মৌমাছি সম্বন্ধে) রানীকে ঘিরে ঝাঁক বেঁধে মৌচাক ছেড়ে যাওয়া। ২ **be ~ing with; ~ with** (স্থান সম্বন্ধে) আকীর্ণ/পরিব্যাপ্ত হওয়া: The streets were ~ing with refugees. ৩ প্রচুর সংখ্যায় উপস্থিত থাকা; ঝাঁক/ দল বেঁধে চলা: The spectators ~ed into the stadium.

swarm[2] [সোয়ো°ম্] *vt* ~ **(up)** হাত-পা দিয়ে আঁকড়ে ধরে উপরে ওঠা; বেয়ে ওঠা।

swarthy [ˈসোয়ো°দি] *adj* কৃষ্ণকায়; শ্যাম; শ্যামবর্ণ।

swash·buck·ler [ˈসোঅশ্বাক্লা(র্)] *n* শূরম্মন্য, পিণ্ডীশূর; ষণ্ডা; মস্তান। **swash·buck·ling** [ˈসোঅশ্বাক্লিঙ্] *adj* হঠকারী ও দাম্ভিক; ষণ্ডামিপূর্ণ; যথেচ্ছচারী। □*n q*ষণ্ডামি, মাস্তানি।

swas·tika [ˈসোঅস্তিকা] *n* [C] সূর্য, সৌভাগ্য বা নাৎসিবাদের প্রতীকস্বরূপ চিহ্নবিশেষ; স্বস্তিকচিহ্ন; স্বস্তিকা।

swat [সোঅট্] *vt* (-tt-) চেটালো কিছু দিয়ে বাড়ি মারা; চাপড়, থাবড়া মারা: ~ a fly. □*n* ১ চাপড়, থাবড়া। (মাছি ইত্যাদির উপর বাড়ি মারার জন্য) দীর্ঘ হাতলযুক্ত নমনীয় হাতাবিশেষ: a ˈfly-~ (অপিচ ˈfly-swatter), তরাসচামর।

swath [সোয়ো°থ্], **swathe** [সোয়েইদ্] *n* ১ ঘাস, ফসল ইত্যাদি কাটার পর দুই হলরেখার মধ্যবর্তী উঁচু জমি; শূন্য আলি। ২ ঘাস বা ফসল কাটার যন্ত্র একবার চলে গেলে মাঠের যতটুকু অংশ সাফ হয়ে যায়; কর্তনরেখা।

swathe[1] [সোয়েইদ্] *vt* মোড়া বাঁধা; পটি বাঁধা: When I saw him, his left arm was still ~d in bandages. □*n* পটি; মোড়ক।

swathe[2] [সোয়েইদ্] *n* দ্র. swath.

sway [সোয়েই] *vt, vi* ১ দোলা; দোলানো; আন্দোলিত হওয়া/ করা: He was ~ing his hips as he walked. ২ নিয়ন্ত্রণ করা; প্রভাবিত/ প্রণোদিত/ তাড়িত করা: ~ed by his feelings; a speech that ~ed the crowd. □*n* [U] ১ দোল, দোলা, আন্দোলন। ২ শাসন; নিয়ন্ত্রণ: under the ~ of the Mughals.

swear [সোয়েআ(র্)] *vt, vi* (*pt* swore [সোয়ো°(র্)], pp sworn [সোয়ো°ন্]) ১ শপথ/ হলফ/দিব্য করে বলা: The witness swore to tell the truth. ২ শপথ/ হলফ করানো। **~ sb in** শপথ পাঠ করানো। **~ sb to secrecy** গোপনীয়তা রক্ষার জন্য শপথ করানো। **~ a witness** সাক্ষীকে হলফ করানো। **sworn enemies** কৃতশপথ শত্রু (যাদের মধ্যে মিটমাট অসম্ভব)। **sworn friends/ brothers** অন্তরঙ্গ/ অভিন্নহৃদয় সুহৃদ। ৩

~ by sth (ক) কোনো কিছুর দিব্য করা/ দোহাই পাড়া: ~ by all the gods that ...; ~ by all that one holds dear. **(খ)** (কথ্য) কোনো কিছুতে অত্যন্ত আস্থাবান হওয়া: he ~s by homoepathy in any kind of illness. **~ off sth** (কথ্য) কিরা কেটে/ কসম খেয়ে কিছু ছেড়ে দেওয়া: ~ off smoking. **~ to sth** জোর দিয়ে/ দিব্যি কেটে/ হলফ করে বলা: He swore to having returned the books he borrowed. ৪ শপথপূর্বক/ হলফপূর্বক উক্তি করা: ~ an accusation/ a charge against sb; sworn evidence/ statements. ৫ **~ (at sb)** গালিগালাজ/ কটুকাটব্য করা: The captain swore at the crew/ don't ~ yourself hoarse, গালিগালাজ করে গলা ফাটাবেন না। ˈ**~-word** *n* কটুকাটব্য, কটূক্তি। গালমন্দ। **~er** *n* কটুভাষী, দুর্মুখ, গালবাজ।

sweat [সোয়েট্] *n* [U] ঘাম, ঘর্ম স্বেদ। ˈ**~-band** *n* **(ক)** হ্যাটের ভিতর শোষক পদার্থ-নির্মিত ফেটা; ঘর্মশোষক ফেটা। **(খ)** ঘাম শোষণ করার জন্য কপালে বা হাতে বাঁধা কাপড়। ˈ**~ shirt** *n* বিশেষত ব্যায়ামের আগে ও পরে ক্রীড়াবিদদের পরিধেয় আস্তিনওয়ালা সুতি গেঞ্জিবিশেষ। ২ **a ~** ঘর্মাক্ত অবস্থা: be in a ~, ঘর্মাক্তকলেবর হওয়া। **be in a cold ~** ভয়ে বা আশঙ্কায় হাত-পা ঠাণ্ডা হয়ে আসা। **all of a ~** (কথ্য) ঘামে ভেজা; ঘর্মসিক্ত; (লাক্ষ.) উদ্বিগ্ন বা আতঙ্কিত। ৩ (কথ্য, শুধু *sing)* কঠিন শ্রম; হাড়ভাঙা খাটুনি: a frightful ~. ৪ [C] **an old ~** (অপ.) দীর্ঘদিনের অভিজ্ঞতাসম্পন্ন সৈনিক; (অর্থসম্প্রসারণে) নিজ চাকরিতে দীর্ঘদিনের অভিজ্ঞতা-সম্পন্ন ব্যক্তি; ঝানু; পুরনো ঘাঘি। ৫ [U] যে কোনো বস্তুর উপরিভাগের আর্দ্রতা; স্বেদকণা। □*vt, vi* ১ ঘামা; ঘেমে ওঠা। ২ নিঃসৃত করা। **~ blood** (লাক্ষ.) গাধার মতো খাটা। **~ out a cold** ঘাম দিয়ে সর্দিমুক্ত হওয়া। ৩ ঘামানো/ ঘর্মাক্ত করা: Don't ~ the patient too much. ৪ হাড়ভাঙা পরিশ্রম করা বা করানো; পশুর মতো খাটানো: ~ one's workers. **~ed goods** সামান্য মজুরিতে নিযুক্ত শ্রমিকদের শ্রমে উৎপন্ন পণ্য; স্বেদপণ্য। **~ed labour** সামান্য মজুরিতে নিযুক্ত শ্রমিকদের শ্রম; স্বেদাক্ত শ্রম। ˈ**~-shop** *n* যে কর্মশালায় স্বেদাক্ত শ্রম ব্যবহৃত হয়; ঘর্মশালা। **~y** *adj* (-ier, -iest) ১ ঘর্মাক্ত, স্বেদাক্ত: ~y underwear. ২ ঘর্মজনক, ঘর্মকর: ~y work.

sweater [ˈসোয়েটা(র্)] *n* ব্যায়ামের আগে বা পরে ক্রীড়াবিদদের পরিধেয় সাধা. মোটা পশমের দীর্ঘ আস্তিনযুক্ত বোনা পোশাকবিশেষ; উষ্ণতার জন্য পরিহিত অনুরূপ (তবে মোটা বা ভারী না-ও হতে পারে) পশমি পোশাক; সোয়েটার। দ্র. jersey, jumpar, pullover.

swede [সোয়ীড্] *n* বড়ো জাতের এক ধরনের শালগম; সুইডিশ শালগম।

sweep[1] [সুয়ীপ্] *n* ১ **~(-up/ -out)** ঝাঁট, সম্মার্জন: The maid servant gave the room a good ~. **make a clean ~ (of sth)** (অবাঞ্ছিত কোনো কিছু) ঝেঁটিয়ে বিদায়/ সাফ করা: He made a clean ~ of his old servants and appointed new ones. ২ ঝাঁট দেবার মতো করে সঞ্চালন; বিক্ষেপ: With a ~ of his arm/ scythe. ৩ নাগাল; গোচর: He came within the ~ of his rival's sword and got killed. ৪ সড়ক, নদী, উপকূল ইত্যাদি অথবা ঢালু জমির দীর্ঘ বিস্তার: a fine ~ of country. ৫ নিরন্তর অব্যাহত প্রবাহ; তোড়: the ~ of the tide. ৬ (ˈ**chimney-**)**~** চিমনির ঝুলকালি সাফ করার কাজে নিয়োজিত ব্যক্তি; চিমনিসম্মার্জক। ৭ (নৌকার) হাল। ৮ কুয়া থেকে বালতি উঠানোর জন্য ভারশঙ্কু (লিভার) হিসাবে ব্যবহৃত দীর্ঘ লগি; আড়কাঠি। ৯ ˈ**~(·stake)** ঘোড়দৌড় ভিত্তিক এক ধরনের জুয়াখেলা; এতে বিজয়ী (সাধা. তিনটি) ঘোড়ার নম্বরযুক্ত টিকিট যাদের হাতে উঠে আসে, তারাই বাজির সমস্ত অর্থ লাভ করে।

sweep[2] [সুয়ীপ্] *vt, vi (pt, pp* swept [সোয়েপ্ট্]) ১ **~ sth (from sth); ~ sth (free) of sth; ~ sth up/ away etc** ঝাঁড়া, ঝাঁটানো ঝাঁট দেওয়া সম্মার্জিত করা: ~ the dust from the floor; ~ the carpets/ the floor/ the yard. ২ ঝাঁট দেওয়ার মতো সাফ করা; ঝেঁটিয়ে সাফ করা; নিরাকরণ করা; ঠেলে/ ভাসিয়ে/ উড়িয়ে নিয়ে যাওয়া: ~ the streets of vagabonds. The clouds were swept away by the winds. **~ all before one** পরিপূর্ণ ও অব্যাহত সাফল্য অর্জন করা। **~ the board (ক)** জুয়া খেলায় টেবিলের সব টাকা জিতে নেওয়া। **(খ)** সমস্ত পুরস্কার জিতে নেওয়া; সর্বতোভাবে সাফল্যমণ্ডিত হওয়া। **be swept off one's feet** (লাক্ষ.) আবেগে উদ্বেলিত হওয়া; উদ্দীপনায় পরিপূর্ণ হওয়া। ˌ**swept-ˈback** *adj* **(ক)** (বিমানের পাখা সম্বন্ধে) বিমানের অক্ষের সঙ্গে সূক্ষ্মকোণে সংযুক্ত। **(খ)** (চুল সম্বন্ধে) পিছনের দিকে আঁচড়ানো। ৩ (বিশেষত সব প্রতিবন্ধক) চুরমার করে চলে যাওয়া/ বয়ে যাওয়া/ অগ্রসর হওয়া: A mighty storm swept the country. ৪ সগৌরবে/ দৃপ্তপদে/ রাজকীয় ভঙ্গিতে চলা: He swept out of the court. ৫ অখণ্ডিত রেখায় প্রসারিত হওয়া; সোজা চলে যাওয়া: The road ~s round the table-land. ৬ (যেন) পরীক্ষা বা জরিপ করার জন্য কোনো কিছুর উপর দিয়ে চলে যাওয়া; (কোনো কিছুর উপর দিয়ে) সঞ্চালিত হওয়া: His eyes swept the little garden. ৭ দ্রুতবেগে আলগোছে চলে যাওয়া: Her fingers swept the keys of the harmonium. ৮ প্রণত হয়ে বা শির সঞ্চালন করে অভিবাদন করা: He swept the lady a courtesy. **~er** *n* ১ সম্মার্জক, ঝাড়ুদার: ˈstreet-~ers; a ˈcarpet-~er. ২ (ফুটবল) রক্ষণভাগের খেলোয়াড়বিশেষত যে ব্যাকে বিপক্ষের খেলোয়াড়দের প্রতিরোধ করে। **~·ing** *adj* সুদূরপ্রসারী; অতি ব্যাপক: ~ing changes/ reforms; a ~ing statement/ generalization; a ~ing (নিরঙ্কুশ) victory; ~ing reductions in prices, অত্যধিক মূল্যহ্রাস। **~·ing·ly** *adv* সুদূরপ্রসারীভাবে; অতিব্যস্তরূপে। **~·ings** *n pl* ঝেঁটানি, জঞ্জাল, আবর্জনা: a heap of ˈstreet ~ings.

sweet [সুয়ীট্] *adj* ১ (sour-এর বিপরীত) মধুর, মিষ্ট, মিঠা: Sugar tastes ~. **have a ~ tooth** মিষ্টির প্রতি অনুরাগ থাকা। **~ wine** (dry wine-এর বিপরীত) মিষ্টি বা ফলের স্বাদযুক্ত মদ; মিঠা মদ। ২ টাটকা; ঝরঝরে; বিশুদ্ধ; মিঠা; স্বাদু: ~ milk; ~ breath; ~ water; keep a room clean and ~. ৩ সুরভিত, মিষ্টি: The house is ~ with roses. ˈ**~-scented** *adj* সুগন্ধ, সুরভিত। ৪ মনোহর বা আকর্ষণীয়; মধুর, মিষ্টি: a ~ face; a ~ voice, সুললিত; a ~ singer; a ~ temper. ৫ (বাগ্‌ধারা) **at one's own ~ will** নিজের খুশি/ মর্জিমতো। **be ~ on (sb)** (কথ্য) কারো অত্যন্ত অনুরাগী হওয়া কারো প্রেমে পড়া। ৬ (যৌগশব্দ) ˈ**~·bread** *n* খাদ্য হিসাবে ব্যবহৃত বাছুর বা ভেড়ার অগ্ন্যাশয়। ˌ**~-ˈbriar/-ˈbrier** *n* বুনো গোলাপ। ˈ**~-heart** *n* প্রিয় বা প্রিয়া। ˈ**~·meat** *n* (সাধা. চিনি বা চকোলেটের তৈরি) মিঠাই; মোরব্বা। ˌ**~ ˈpea** *n* উজ্জ্বল রঙের সুগন্ধ পুষ্পপ্রসূ উদ্যান-ওষধিবিশেষ। ˌ**~ ˈpotato** *n* মিষ্টি আলু। ˌ**~ ˈwilliam** *n* উদ্যান-উদ্ভিদবিশেষ, যাতে থোকায় থোকায় (প্রায়শ) নানা বর্ণের

ফুল ফোটে। □*n* [C] ১ (US = candy) মিঠাই, মিষ্টান্ন। ২ (US = dessert) খাবার পদ হিসাবে মিষ্টান্ন (যেমন পুডিং, পিঠা, জেলি, পায়েস ইত্যাদি)। ৩ *(pl)* সুখ; আনন্দ: taste the ~s of success; enjoy the ~s of life while one is young. ৪ (সম্বোধন রূপে) প্রিয়, সোনামণি: yes, my ~. **~·ly** *adv* মধুরভাবে, মিষ্টি করে। **~·ness** *n* মাধুর্য, লালিত্য, মিষ্টত্ব। **~·ish** [-টিশ্] *adj* ঈষম্মধুর; মিষ্টি মিষ্টি। **~en** [সোয়ীটন্] *vt, vi* মিষ্টি করা বা হওয়া। দ্র. pill(১). **~·en·ing** [সোয়ীটনিঙ্] *n* [C,U] যা মিষ্ট করে; রান্না ইত্যাদিতে ব্যবহৃত মিষ্টদ্রব্য; মিষ্টিকারক।

swell [সোয়েল্] *vi, vt (pt* -ed [সোয়েল্ড্], swollen [সোয়ৌলন্], বিরল ক্ষেত্রে ~ed) ১ **~ (up) (with)** ফোলা বা ফোলানো; স্ফীত হওয়া বা করা; ফুলে ওঠা: a heart ~ing with pride; a river swollen with incessant rain. **have/suffer from a swollen head** অহংকার/ গুমর/ পায়াভারী হওয়া। সুতরাং, **swollen-ˈheaded** *adj* পায়াভারী, দেমাগি। ২ **~ (out)** ফুলে/ ফেঁপে ওঠা; ফাঁপানো; প্রস্ফুরিত করা: A steady wind ~ed the sails. □*n* ১ ধ্বনির পরিমাণের ক্রমিক বৃদ্ধি; আধ্মান; নিনাদ: the ~ of an organ. ২ (কেবল *sing)* ঝড়ের পরে সাগরের জলরাশির ধীর উত্থান–পতন; তরঙ্গবিক্ষোভ: a heavy ~ after the storm. ৩ (US কথ্য) সুবেশধারী ব্যক্তি, ফুলবাবু, লবেদার; বিশিষ্ট ব্যক্তি, কেষ্টুবিষ্টু: What a ~ she looks in that new gown. **come the heavy ~ over sb** (অপ.) নিজকে দারুণ কিছু বলে প্রতিপন্ন করে কারো মনে দাগ কাটার চেষ্টা করে। □*adj* (US কথ্য) ১ চটুকে, কেতাদুরস্ত, সুবেশী, জাঁকালো: his ~ friends; a ~ dinner party. ২ দারুণ, দুর্দান্ত, চমৎকার: a ~ tennis player. **~·ing** *n* [U,C] ১ শরীরের স্ফীত স্থান; ফোলন, স্ফীতি, শোফ। ২ স্ফীতি; বিবৃদ্ধি।

swel·ter [সোয়েল্ট(র্)] *vi* গরমে হাঁসফাঁস/ আইঢাই/ ছটফট করা; গলদঘর্ম হওয়া: a ~ing hot day, প্রাণান্তকর গরমের দিন।

swept [সোয়েপ্ট্] **sweep**[2]–এর *pt, pp*

swerve [সোয়াভ্] *vi, vt* হঠাৎ গতি পরিবর্তন করা বা করানো; এক পাশে সরে যাওয়া বা সরানো; এক পাশে ঘুরে যাওয়া বা ঘোরানো; বিচ্যুত হওয়া: The speed-boat ~d to avoid hitting the fishing boat. He never ~s from his purposes. □*n* [C] আকস্মিক গতিপরিবর্তন; বিচলন; বিচ্যুতি; (বিশেষত শূন্যে বলের) ঘুরপাক।

swift[1] [সোয়িফ্ট্] *adj* (-er -iest) দ্রুত, দ্রুতগতি, আশুগতি, ত্বরিত; (সাহিত্য) দ্রুতগামী, ত্বরিতগতি, বেগবান; আশু, শীঘ্র: a ~ revenge; ~ to anger, শীঘ্রকোপী, কোপন প্রকৃতি। **~·ly** *adv* সত্বর, ত্বরায়, বিদ্যুদ্‌গতিতে, দ্রুতবেগে। **~·ness** *n* দ্রুততা, ক্ষিপ্রতা, দ্রুতি, দ্রুতগামিতা।

swift[2] [সোয়িফ্ট্] *n* কয়েক ধরনের দীর্ঘপক্ষ, ক্ষুদ্র, কাটাশী পাখি; এরা দেখতে অনেকটা সোয়ালোর মতো; সুইফট্।

swig [সুয়িগ্] *vt, vi* (-gg-) **~ (down/ off)** (কথ্য) পানীয় ঢেলে/ গড়িয়ে নেওয়া: ~ging beer; ~ off a glass of wine, এক টানে সাবাড় করা। □*n* মদ টানা: take a ~ at a bottle of beer, বোতল থেকে সরাসরি খাওয়া।

swill [সুয়িল্] *vt, vi* ১ **~ sth (out)** জল ঢেলে পরিষ্কার করা; আচমন/ কুলকুচা করা: ~ out a tub. ২ (কথ্য) লোভীর মতো পান করা; গেলা: The players are ~ing tea instead of practising football. □*n* ১ জল ঢেলে পরিষ্কারকরণ: He gave the tub a good ~ out. ২ [U] প্রধানত তরল খাদ্যাবিশিষ্ট (যে ধরনের খাদ্য শূকরকে দেওয়া হয়); ওঁচলা।

swim [সুয়িম্] *vi, vt (pt* swam [সোয়্যাম্], *pp* swum [সোয়াম্]) (-mm-) ১ সাঁতার কাটা; সন্তরণ করা। **~ with the tide/ the stream** স্রোতে গা ভাসানো; গড্ডলিকাপ্রবাহে গা ঢেলে দেওয়া। **ˈ~·ming-bath/-pool** *n* সাঁতার কাটার জন্য আচ্ছাদিত বা উন্মুক্ত জলাধার; সাঁতারকুণ্ড। **ˈ~·ming-costume, ˈ~·ming-suit** *nn* সাঁতারের পোশাক। **ˈ~·ing-trunk** *n pl* বালক ও পুরুষদের সাঁতারের পোশাক; সাঁতারের কৌপীন। ২ সাঁতরে পার হওয়া; সাঁতার প্রতিযোগিতায় অংশ নেওয়া; (পশুকে) সাঁতরে পার করা: ~ the English Channel; ~ a race; ~ one's horse across a river. ৩ **~ with; ~ in/on** ভাসা; ভেসে যাওয়া; পরিপ্লুত হওয়া: eyes ~ming with tears; meat ~ing in gravy. ৪ ঘোরা; ঘুরপাক খাওয়া; ঝিমঝিম করা: My head ~s; The buildings swam before her eyes. □*n* ১ সাঁতার, সন্তরণ: have/ go for a ~. ২ **the ~** প্রধান ঘটনাপ্রবাহ; হালচাল। **be in/ out of the ~** চলতি ঘটনাপ্রবাহ সম্বন্ধে অবহিত/ অনবহিত থাকা। **~·mer** *n* সাঁতারু; সন্তরণবিদ। **~·ming·ly** *adv* অবলীলাক্রমে; অক্লেশে; নির্বিঘ্নে: They are getting along ~mingly.

swindle [সুয়িন্‌ড্‌ল্] *vt, vi* **~ sth out of sb; ~ sb out of sth** প্রতারণা/ প্রবঞ্চনা/ জোচ্চুরি করা: ~ money out of sb; ~ sb out of his money. □*n* [C] প্রতারণা, জোচ্চুরি: This colour TV is a ~ (কেনার সময়ে যেভাবে বর্ণনা করা হয়েছে, আসলে সে রকম মূল্যবান নয়)। **swin·dler** [সোয়িন্‌ড্‌লা(র্)] *n* প্রতারক, জোচ্চোর।

swine [সোয়াইন্] *n (pp* অপরিবর্তিত) ১ (প্রা.প্র. বা সাহিত্য) শূকর, শুয়োর, বরাহ। **~·herd** *n* (আগেকার দিনে) শূকরের রাখাল। ২ নিষেধ (কটূক্তিমূলক এবং তুচ্ছ.) জঘন্য লোক । **swin·ish** [-নিশ্] *adj* পাশব; শূকরবৎ, শূকরীয়।

swing [সুয়িঙ্] *vi, vt (pt, pp* swung [সোয়াঙ্]) ১ দোলা বা দোলানো; আন্দোলিত হওয়া বা করা; ঝোলা বা ঝোলানো: The rope is ~ing in the wind. **~ for sb/ sth** (কথ্য) (খুনের অপরাধে) ফাঁসিকাষ্ঠে ঝোলা। **no room to a ~ in** ঠাসাঠাসি; অতিসঙ্কীর্ণ। **~ the lead** দ্র. lead[1](৩). ২ হাত দুলিয়ে দুলকি চালে চলা: The boys moved at a ~ing trot. ৩ সুয়িং (বাজনা) বাজানো এবং সুয়িং–এর সঙ্গে নাচা (নীচে swing (music) দ্র.); (অপ.) উচ্ছল, কেতাদুরস্ত হওয়া। ৪ ঘোরা বা ঘোরানো; ঘুরে যাওয়া; ঘুরে দাঁড়ানো: She swung round and faced her tormentor. □*n* ১ দোলন: the ~ of the pendulum, দ্রুত তাল বা লয়; হিন্দোল। **in full ~** সক্রিয়; পূর্ণোদ্যমে, পুরোদমে। **go with a ~** (ক) (সঙ্গীত ও কবিতা সম্বন্ধে) ছন্দোময়/ নৃত্যময়/ হিন্দোলিত হওয়া। (খ) (লাক্ষ.) (ঘটনা, বিনোদনমূলক অনুষ্ঠান ইত্যাদি সম্বন্ধে) নির্বিঘ্নে/ স্বচ্ছন্দে/ সাবলীলভাবে চলা। **~ (music)** (১৯৩০–এর দশকের) জ্যাজ বাদ্যভান্ড (সাধা. বড়ো ব্যান্ড–বাদকদের দ্বারা পরিবেশিত হতো)। ৩ [C] দোলনা; ঝুলন; দোলা। **~·ing** *adj* উচ্ছল, প্রাণবন্ত; কেতাদুরস্ত; উপভোগ্য; প্রাণোচ্ছল; উদ্দাম, উত্তাল।

swinge [সুয়িন্‌জ্] *vt* (পুরা.) কষে মারা/ পেটানো। **~·ing** *part adj* বিপুল, বিরাট; প্রবল, প্রচণ্ড: ~ing damages, বিপুল অঙ্কের ক্ষতিপূরণ; ~ing taxation.

swipe [সোয়াইপ্] *vt* (কথ্য) ১ কষে বাড়ি মারা; সজোরে পেটানো: The batsman ~d the ball into the spectator's gallery. ২ (কথ্য, সাধা. হাস্য.) চুরি করা; হাতিয়ে নেওয়া। □*n* ঝাঁটানে বাড়ি/ মার: have/ take a ~ at the ball.

swirl [সোয়াল্] *vi, vt* (জল, বাতাস ইত্যাদি সম্বন্ধে) ঘুরপাক খাওয়া বা খাওয়ানো; ঘূর্ণিত হওয়া বা করা: ঘূর্ণি তোলা; ঘূর্ণিবেগে ভাসিয়ে বা উড়িয়ে নিয়ে যাওয়া: dust ~ing about the streets. □*n* ১ ঘূর্ণ, ঘূর্ণন; ঘূর্ণাবর্ত, ঘূর্ণি, ঘূর্ণা; ঘূর্ণিজল, জলাবর্ত, জলভ্রমি; ঘূর্ণিবায়ু, ঘূর্ণিবাত, ঘূর্ণিপাক; ২ (US) মোচড়, কুঞ্চন: a hat with a ~ of lace round it.

swish [সুয়িশ্] *vt, vi* ১ **~ sth (off)** শা/ শাঁই/ সপাং করে চলা বা চালানো; খচ/ ঘ্যাচ করে কেটে ফেলা: The rider ~ed his whip. ২ সপাং/ খসখস শব্দ করা; খসখস শব্দ তুলে চলা: Their elegant silk dresses ~ed as they moved on. □*n* সপাং/ শাঁই/ ঘ্যাচ/ খসখস শব্দ: Did you hear the ~ of the whip ? □*adj* (কথ্য) চৌকোশ; জেল্লাদার; চটকদার: a ~ restaurant.

switch [সুয়িচ্] *n* [C] ১ (রেলগাড়ি যাতে এক লাইন থেকে অন্য লাইনে যেতে পারে সেজন্য) রেলপথের পয়েন্টসমূহের (point[1](১৩) দ্র.) সংযোগ স্থাপন বা বিচ্ছিন্ন করার কৌশল; সুইচ। **ˈ~·man** [-ম্যান্] *n (pl* -men) রেলপথের সুইচের দায়িত্বে নিয়োজিত ব্যক্তি; সুইচম্যান। ২ বিদ্যুতের গতিপথ রুদ্ধ বা উন্মুক্ত করার কৌশলবিশেষ; সুইচ: a two-way ~, দুই জায়গা (যেমন সিঁড়ির উপরে নীচে) থেকে বিদ্যুৎ প্রবাহ চালু বা বন্ধ করার উপযোগী জোড়া সুইচের একটি; দ্বিমুখী সুইচ। **ˈ~·board** *n* টেলিফোন, টেলিগ্রাফ ইত্যাদির বহুসংখ্যক বৈদ্যুতিক চক্রের মধ্যে সংযোগ নিয়ন্ত্রণের জন্য সারিবদ্ধ সুইচসংবলিত ফলক; সুইচবোর্ড। ৩ পাচন, কঞ্চি। ৪ (চুলকে দীর্ঘতর বা নিবিড়তর দেখানোর উদ্দেশ্যে মহিলাদের) নকল চুলের গোছা। ৫ **ˈ~·back** *n* (ক) ~back (railway) যে রেলগাড়ি খাড়া ঢাল বেয়ে এঁকেবেঁকে ওঠানামা করে, বিশেষত যে ধরনের গাড়ি বিনোদন-উদ্যানে দেখা যায়; আঁকাবাঁকা রেলগাড়ি (US roller-coaster)। (খ) **~ back (road)** বন্ধুর/ আঁকাবাঁকা পথ। ৬ পরিবর্তন: a ~ from gunnybags to paper cartons. □*vt, vi* ১ **~ sth on/off** সুইচ টিপে চালু/ বন্ধ করা: ~ the light/ radio etc on. ২ **~ sb on** (অপ. বিশেষত *pp)* উৎফুল্ল/ উদ্দীপিত করা: He is capable of doing anything when he is ~ed on. ৩ (রেলগাড়ি, ট্রাম ইত্যাদি) অন্য লাইনে চালিত করা: ~ a train to a siding. ৪ **~ (to); ~ (over to)** পরিবর্তন করা; উৎক্রান্ত হওয়া: ~ the conversation; ~ over to modern methods. ৫ কঞ্চি বা পাচন দিয়ে পিটানো। ৬ (কোনো কিছু) শাঁ করে ঘোরানো; ছিনিয়ে/ থাবা মেরে নেওয়া: The donkey ~ed (swished অধিক প্রচলিত) its tail; She ~ed the glass out of his hand.

swivel [ˈসোয়িভ্ল্] *n* দুটি অংশকে যুক্ত করার কৌশলবিশেষ, যাতে দুইটির যে কোনো একটি অন্যনিরপেক্ষভাবে আবর্তিত হতে পারে; এতে একটি আংটা এবং একটি বিবর্তনকীলক (পিভট) কিংবা শিকলের সঙ্গে আকর্ষী দিয়ে যুক্ত আংটা ব্যবহৃত হয়; ব্যবর্তনবলয়; a ˈ~-chain, ব্যবর্তনবলয়: a ˈ~-hook, ব্যবর্তন-আকর্ষী; ˈ~-chair/ -gun. □*vt, vi* (-ll-; US অপিচ -l-) ব্যবর্তনবলয়ের উপর কিংবা অনুরূপভাবে ঘোরা: The secretary ~led round in his chair to greet the visitor.

swizzle [ˈসোয়িজ্ল্] *n* (কথ্য) লম্বা গ্লাসে পরিবেশিত বিভিন্ন ধরনের সুরাজাতীয় মিশ্র পানীয়। **ˈ~-stick** *n* উক্ত পানীয় নাড়ার জন্য কাচের কাঠি।

swob [সোব্] *n, vt* (-bb-) = swab.

swollen [ˈসোয়ৌলন্] swell-এর *pp,* বিশেষত *adj* রূপে: a ~ joint, ফোলা গ্রন্থি।

swoon [সূন্] (পুরা.) *vi* মূর্ছিত হওয়া; মূর্ছা যাওয়া। □*n* মূর্ছা।

swoop [সূপ্] *vi, vt* ১ **~ (down) (on)** ছোঁ মারা; ঝাঁপিয়ে পড়া: The falcon ~ed down on the sparrow. ২ **~ sth up** থাবা/ ছোঁ মেরে/ ছিনিয়ে নেওয়া। □*n* ছোঁ, ছোবল, অবপাত। **at one (fell) ~** এক ছোঁতে/ ছোবলে; আকস্মিক ক্ষিপ্র আক্রমণে।

swop [সোপ্] (অপিচ **swap)** *vt, vi* (-pp-) (কথ্য) অদলবদল/ বদলাবদলি করা: ~ foreign stamps; ~ yearns, পরস্পর খোশগল্প করা। **~ places with sb** পরস্পর আসন বদল করা। **Don't ~ horses in mid-stream** (প্রবাদ) পরিবর্তন প্রয়োজন হলে তা সঙ্কটের আগেই করে ফেলা উচিত। □*n* অদলবদল, বদলাবদলি, বিনিময়।

sword [সো°ড্] *n* অসি, তরবারি, তলোয়ার, কৃপাণ, খড়্গ। **cross ~s with sb** (লাক্ষ.) বিবাদে লিপ্ত হওয়া; কারো সঙ্গে শক্তিপরীক্ষায় অবতীর্ণ হওয়া। **draw/ sheathe the ~** (আল.) যুদ্ধ শুরু/ শেষ করা। **put to the ~** (আল.) হত্যা করা। **at the point of the ~** অস্ত্রের মুখে। **ˈ~-cane/-stick** *n* একটি ফাঁপা লাঠির মধ্যে লুক্কায়িত অসি; কূটাস্ত্র। **ˈ~-cut** *n* খড়্গাঘাত; তরবারির আঘাত বা আঘাতজনিত দাগ। **ˈ~-dance** *n* অসিনৃত্য। **ˈ~·fish** *n* অসির মতো দীর্ঘ উপরের চোয়ালবিশিষ্ট সামুদ্রিক মাছবিশেষ; তলোয়ার মাছ। **ˈ~-play** *n* [U] অসিক্রীড়া, তলোয়ার খেলা; (লাক্ষ.) কথার লড়াই, বাগ্‌যুদ্ধ। **ˈ~s·man** [-জ়মান্] *n (pl* -men) (সাধা. *adjj*-সহ) অসিচালনায় সুদক্ষ ব্যক্তি; অসিবিদ: a good ˈ~ sman. **ˈ~·man·ship** [-ম ন্শিপ্] *n* অসিচালননৈপুণ্য।

swore, sworn, দ্র. swear.

swot [সোট্] *vi, vt* (-tt-) (US অপ্রচলিত) **~ (for sth)** (পরীক্ষা ইত্যাদির জন্য) কঠোর পরিশ্রম করা। **~ sth up** কোনো কিছুর জন্য প্রাণান্তকর প্ররিশ্রম করা; ঝালিয়ে নেওয়া: ~ up one's algebra. □*n* ১ (পরীক্ষা ইত্যাদির জন্য) কঠোর পরিশ্রমী (ব্যক্তি)। ২ শ্রমসাধ্য কাজ; গাধার খাটুনি: what a ~!

swum [সোয়াম] swim-এর *pp*

swung [সোয়াঙ] swing-এর *pt, pp*

syb·er·ite [সিবারাইট্] *n* আরাম-আয়েশ ও বিলাসিতায় মগ্ন ব্যক্তি; ভোগবিলাসী, ভোগাসক্ত, ভোগসর্বস্ব।

syb·ar·atic [ˈসিবারিটিক] *adj* বিলাসী, ভোগপরায়ণ; ভোগলালসাপূর্ণ; ভোগীসুলভ।

syca·more [ˌসিকামো°(র্)] *n* [C] দামি কাঠের জন্য বিখ্যাত বড়ো গাছবিশেষ; চিনার।

syco·phant [ˈসিকাফ্যান্ট্] *n* যে ব্যক্তি ক্ষমতাবান বা ধনী লোকদের তোষামোদ করে অনুগ্রহ লাভ করতে তৎপর; মোসাহেব। **~·ic** [ˌসিকাˈফ্যান্টিক্] *adj* মোসাহেবি, মোসাহেবসুলভ; খোসামুদি।

syl·lable [ˈসিলবল্] *n* মুখের ভাষার ন্যূনতম ছান্দস একক; লিখিত ভাষার অনুরূপ একক; অক্ষর: 'Syrup' is a word of two ~s. **-syl·labled** *adj* -অক্ষরযুক্ত, -আক্ষরিক: 'Symbol' is a two-~d word, দ্ব্যক্ষর শব্দ।

syl·la·bary [ˈসিল্যাবারি US -বেরি] *n* [C] *(pl* -ries) অক্ষরসূচক বর্ণের তালিকা (যেমন জাপানি ভাষায়); অক্ষরমালা।

syl·la·bus [ˈসিলাবাস্] *n* (*pl* -es [-বাসিজ্] অথবা -bi [-বাই]) পাঠক্রমের রূপরেখা বা সংক্ষিপ্তসার; পাঠ্যসূচি।

syl·lo·gism [ˈসিলাজিজ়াম্] *n* [C] দুটি বিবৃতি থেকে সিদ্ধান্ত–অনুমান (যেমন, All men are mortal; Socrates is a man; therefore, Socrates is mortal); ন্যায়। দ্র. premise(২). **syl·lo·gis·tic** [ˌসিলাˈজিস্টিক্] *adj* ন্যায়রূপ; নৈয়ায়িক।

sylph [সিল্ফ্] *n* কল্পিত, বায়ুচর দেবযোনিবিশেষ (তুল. nymph. অপ্সরা: এরা জলচর); বিদ্যাধরী; পরী; সুতরাং তন্বঙ্গী, বরাঙ্গনা। ˈ~·**like** *adj* বিদ্যাধরীতুল্য; তন্বী।

syl·van, sil·van [ˈসিল্ভান্] *adjj* আরণ্য, আরণ্যক, বন্য, বনজ, অরণ্যক।

sym·bio·sis [ˌসিম্বিˈউসিস্] *n* [U] (জীব.) বিভিন্ন জীবের সামঞ্জস্যপূর্ণ সংসর্গ; অন্যোন্যজীবিত্ব; মিথোজীবিতা।

sym·bol [ˈসিম্ব্ল্] *n* [C] প্রতীক; লক্ষণ; চিহ্ন; সঙ্কেত: mathematical ~s; phonetic ~s. **~ic** [সিম্ˈবলিক্], **~i·cal** [-ক্ল্] *adjj* প্রতীকী। **~i·cally** [-ক্লি] *adj* প্রতীকের মাধ্যমে/ সাহায্যে; প্রতীকীরূপে। **~·ize** [ˈসিম্বালাইজ্] *vt* প্রতীকস্বরূপ হওয়া; প্রতীকায়িত করা। **~·iz·ation** [ˌসিম্বালাইˈজেইশ্ন্ US -লিজেই-] *n* প্রতীকায়ন। **~·ism** [ˈসিম্বালিজ়াম্] *n* ১ [U] প্রতীকের সাহায্যে ভাবের রূপায়ণ; বাস্তববাদবিরোধী শিল্প ও সাহিত্য আন্দোলনবিশেষ (১৯ শতক); প্রতীকীত্ব; প্রতীকবাদ। ২ [C] একটি বিশেষ ভাবগুচ্ছকে রূপায়িত করার জন্য ব্যবহৃত প্রতীকসমষ্টি; প্রতীকীত্ব; প্রতীকের ব্যবহার।

sym·me·try [ˈসিমাট্রি] *n* [U] বিভিন্ন অংশের যথাযথ অনুবন্ধন; বিভিন্ন অংশের মধ্যে সামঞ্জস্য বা ভারসাম্য; প্রতিসাম্য: The building lacks ~ . **sym·met·ric** [সিˈমেট্রিক্], **sym·met·ri·cal** [-ক্ল্] *adjj* প্রতিসম; সম্মিতরূপ; শুদ্ধরূপ। **sym·met·ri·cally** [-ক্লি] *adv* প্রতিসমরূপে; সম্মিতরূপে।

sym·path·etic [ˌসিম্পাˈথেটিক্] *adj* সহানুভূতিশীল, সমদুঃখী, সমব্যথী, সমবেদী, দরদি; সহানুভূতিপূর্ণ, সমবেদনাপূর্ণ, সহানুভূতিজনিত: ~ looks/ words; a ~ face/ heart; a ~ audience; be/ feel ~ towards sb; ~ fever, তাড়সের জ্বর। **~ strike** *n* অন্য ধর্মঘটি শ্রমিকদের প্রতি নিছক সহানুভূতি জ্ঞাপনের উদ্দেশ্যে শ্রমিকধর্মঘট; সহানুভূতিজনিত ধর্মঘট। **~ nervous system** সমবেদী স্নায়ুতন্ত্র। **sym·path·eti·cally** [-ক্লি] *adv* সহানুভূতির সঙ্গে; সহানুভূতিপূর্ণভাবে।

sym·path·ize [ˈসিম্পাথাইজ্] *vi* ~ **(with)** সহানুভূতি/ সমবেদনা বোধ বা প্রকাশ করা; সহানুভূতিশীল হওয়া: ~ with sb in his afflictions. His father does not ~ with his intention to study abroad, সমর্থন করেন না। **sym·path·izer** *n* দরদি; সমর্থক; সমব্যথী।

sym·pathy [ˈসিম্পাথি] *n* (*pl* -thies) ১ [U] সহানুভূতি, সমবেদনা, দরদ, কারুণ্য, অনুকম্পা, অনুবেদনা: send a letter of ~; feel ~ for sb. **in ~ with** একমত (হয়ে); সহানুভূতিবশত: They are not in ~ with your suggestion. ২ (কয়েকটি ক্ষেত্রে *pl*): a man of wide sympathies, মহানুভব/ বিশালহৃদয় ব্যক্তি: His sympathies are with the striking workers.

sym·phony [ˈসিম্ফানি] *n* [C] (*pl* -nies) (সাধা. খুব বড়ো) অর্কেস্ট্রার উপযোগী সাধা. তিন বা চার অংশে (এই অংশগুলির নাম movement বা তরঙ্গ) বিভক্ত (দীর্ঘ ও বড়ো মাপের) সাঙ্গীতিক রচনাবিশেষ; ঐকতানসঙ্গীত; সিম্ফনি। **sym·phonic** [সিম্ˈফনিক্] *adj* ঐকতানসঙ্গীতসম্বন্ধী।

ˈsym·po·sium [সিম্ˈপৌজ়িঅম্] *n* ১ (*pl* -s বা -sia [-জ়িআ]) কোনো একটি বিষয় বা সমস্যা নিয়ে বিভিন্ন জনের লিখিত প্রবন্ধ ইত্যাদির সঙ্কলন; আলোচনা সংগ্রহ। ২ কোনো একটি বিষয়ে আলোচনার উদ্দেশ্যে আহূত সভা; আলোচনাসভা।

symp·tom [ˈসিম্প্টাম্] *n* ১ রোগলক্ষণ, লক্ষণ, অভিলক্ষণ। ২ কোনো কিছুর অস্তিত্বের চিহ্ন; অভিলক্ষণ, পূর্বলক্ষণ, আলামত: ~s of discontent. **symp·to·matic** [সিম্প্টাˈম্যাটিক্] *adj* অভিলাক্ষণিক, লক্ষণাত্মক: His wheezing breathing is ~atic of asthma or bronchitis. **symp·to·mati·cally** [-ক্লি] *adv* অভিলাক্ষণিকভাবে।

syn·aes·thesia [ˌসিনিস্ˈথীজ়িআ] *n* শরীরের এক অংশকে উদ্দীপিত করে অন্য অংশে চেতনা সৃষ্টি; এক ইন্দ্রিয়ের উদ্দীপনার সাহায্যে অন্য ইন্দ্রিয়সম্পৃক্ত চিত্তসংস্কার উৎপাদন; সংচেতনা। **syn·aes·thetic** [ˌসিনিস্ˈথেটিক্] *adj* সাংচেতনিক।

syna·gogue [ˈসিনাগগ্] *n* [C] ইহুদিদের ধর্মসভা বা ধর্মমন্দির; সিনাগগ।

syn·chro·nic [সিঙ্ˈক্রানিক্] *adj* একই কালে বর্তমান বা ঘটিত; সঙ্কালিক। **syn·chro·nism** [-নিজাম্] *n* সঙ্কালিকতা; সমলয়।

syn·chron·ize [ˈসিঙ্ক্রানাইজ্] *vt, vi* একই সময়ে ঘটা বা ঘটানো; সমকালীন বা যৌগপদিক হওয়া; একই সময় বা গতির অনুবর্তী করা; (চলচ্চিত্রে) সংলাপ বা অন্য শব্দ সমসঙ্কালিক সঙ্গতরূপে যুক্ত করা; এককালবর্তী করা বা হওয়া: ~ the sound-track of a film with movements seen; ~ all the clocks in a building. **syn·chron·iz·ation** [ˌসিঙ্ক্রানাইˈজেইশ্ন্ US -নিˈজেই-] *n;* এককালবর্তীকরণ।

syn·chro·tron [ˈসিঙ্ক্রৌট্রন্] *n* ইলেকট্রনের গতি ত্বরান্বিত করার যন্ত্র; সিনক্রৌট্রন।

syn·co·pate [ˈসিঙ্কাপেইট্] *vt* (সঙ্গীত) তাল বদলানো; স্বাভাবিক ঘাত বা ঝোঁকের স্থান পরিবর্তন করা (যেমন জ্যাজ সঙ্গীতে)। **syn·co·pa·tion** [ˌসিঙ্কাˈপেইশ্ন্] *n* তালপরিবর্তন।

syn·cope [ˈসিঙ্কাপি] *n* (চিকি. পরিভাষা) রক্তচাপের পতনজনিত স্বল্পকালীন সংজ্ঞালোপ; মূর্ছা, সংজ্ঞালোপ।

syn·dic [ˈসিনডিক্] *n* বিশ্ববিদ্যালয়ের বা অন্য কোনো প্রতিষ্ঠানের (নির্বাহী) পরিষদের সদস্য; পরিষদ।

syn·di·cal·ism [ˈসিন্ডিকালিজ়াম্] *n* [U] *n* রাজনৈতিক ক্ষমতা শ্রমিক–সংগঠনসমূহের হাতে থাকবে এবং এই সংগঠনসমূহের সদস্যরা যেসব কল–কারখানায় কাজ করে তাদের মালিকানা ও ব্যবস্থাপনা সংগঠনসমূহের আয়ত্তে থাকবে, এই মতবাদ; শ্রমিকতন্ত্র। **syn·di·cal·ist** [-লিস্ট্] *n* শ্রমিকতন্ত্রের সমর্থক; শ্রমিকতান্ত্রিক।

syn·di·cate [ˈসিন্ডিকাট্] *n* ১ সাময়িকপত্রে প্রবন্ধ–নিবন্ধ, ব্যঙ্গচিত্র ইত্যাদি সরবরাহকারী বাণিজ্যিক সমিতি; সংবাদ–সমিতি। ২ একই উদ্দেশ্যে বা স্বার্থে মিলিত বাণিজ্যিক প্রতিষ্ঠানসমূহের সমবায়; বাণিজ্যনিষদ। □*vt* [ˈসিনডিকেইট্] নিষদের মাধ্যমে (প্রবন্ধ–নিবন্ধ, কৌতুকচিত্র ইত্যাদি) বহুসংখ্যক সাময়িকপত্রে প্রচার করা। **syn·di·ca·tion** [ˌসিনডিˈকেইশ্ন্] *n* নিষদীকরণ।

syn·drome [ˈসিনড্রৌম্] *n* (চিকি.) শরীর বা মনের (সাধা.) অস্বাভাবিক অবস্থা নির্দেশক লক্ষণসমষ্টি; (লাক্ষ.) ব্যক্তির কর্ম, মতামত ইত্যাদির বিশেষ সমবায়, যা একসঙ্গে ঘটবে বলে প্রত্যাশা করা যেতে পারে; লক্ষণসন্নিপাত।

syn·ec·doche [সি'নেকডাকি] *n* (ব্যাক., আল.) বাক্যালঙ্কারবিশেষ, যাতে অংশ সমগ্রকে নির্দেশ করে (যেমন 50 ships অর্থে 50 sails); প্রতিরূপক।

synod [সিনড়] *n* [C] নীতি, শাসনব্যবস্থা, শিক্ষা ইত্যাদি প্রসঙ্গে আলোচনা ও শিক্ষাগ্রহণের উদ্দেশে গির্জার কর্মকর্তাদের সভা; যাজকসভা; ধর্মসভা।

syn·onym [সিনানিম্] *n* সমার্থক শব্দ, প্রতিশব্দ; সমনাম। **syn·ony·mous** [সি'নানিমস্] *adj* সমার্থক; সমনামিক।

syn·op·sis [সি'নপ্‌সিস্] *n (pl* -opses [-সীজ্]) (বই, নাটক ইত্যাদির) সারাংশ বা রূপরেখা; সারপত্রক; চুম্বক। **syn·op·tic** [সি'নপ্‌টিক্] *adj* সারাংশমূলক; সাংক্ষেপিক: The synoptic gospels, ম্যাথিউ, মার্ক ও লুকবর্ণিত সুসমাচার (বিষয়বস্তু, বর্ণনাক্রম ইত্যাদি থেকে অনুরূপ)।

syn·op·ti·cally [-কৃলি] *adv* চুম্বকভাবে, সংক্ষিপ্তরূপে।

syn·tax ['সিন্‌ট্যাক্স্] *n* [U] (ব্যাক.) বাক্যপ্রকরণ, বাক্যরীতি; পদান্বয়, পদযোজনা। **syn·tac·tic** [সিন্'ট্যাক্‌টিক্] *adj* বাক্যরীতিগত, পদান্বয়ী, বাক্যিক। **syn·tac·ti·cally** [-কৃলি] *adv* বাক্যরীতিগতভাবে, বাক্যরীতিতে, বাক্যিকভাবে।

syn·thesis ['সিন্‌থাসিস্] *n (pl* -theses [-সীজ্]) [C,U] সংশ্লেষ, সংশ্লেষণ: Produce rubber from petroleum by ~. **syn·thesize** ['সিন্‌থাসাইজ্] *vt* সংশ্লেষণ পদ্ধতিতে উৎপাদন করা; সংশ্লেষ করা: synthesize diamonds/ rubber. **syn·thetic** [সিন্'থেটিক্] *adj* ১ সংশ্লেষণের দ্বারা উৎপন্ন; সংশ্লেষী: synthetic rubber. ২ সংশ্লেষবিষয়ক; সংশ্লেষী; সংশ্লেষাত্মক: synthetic chemistry. ৩ (ভাষা সম্বন্ধে) সমাসবদ্ধ পদবহুল; সংশ্লেষণাত্মক; সংশ্লিষ্ট: Sanskrit is a synthetic language. **syn·theti·cally** [-কৃলি] *adv* সংশ্লেষণাত্মকভাবে। দ্র. analysis.

syph·ilis ['সিফিলিস্] *n* [U] সংক্রামক যৌনব্যাধিবিশেষ; উপদংশ। **syphi·litic** [সিফি'লিটিক্] *adj* উপদংশঘটিত; উপদংশ-রোগাক্রান্ত। □*n* উপদংশে আক্রান্ত রোগী।

syphon *n* = siphon.

syr·inga [সি'রিঙ্গা] *n* তীব্র গন্ধযুক্ত সাদা পুষ্পপ্রসূ গুল্মবিশেষ (লোকপ্রচলিত নাম mock-orange); লাইলাক বর্গের উদ্ভিদতাত্ত্বিক নাম; সিরিঙ্গা।

syr·inge [সি 'রিন্‌জ্] *n* পিচকারি, অন্তঃক্ষেপণী, সিরিনজ: a hypodermic ~; a garden ~ . □*vt* পিচকারি দিয়ে পরিষ্কার করা/ তরল পদার্থ অন্তঃক্ষিপ্ত করা; পিচকারি মারা।

syrup [সিরাপ্] *n* [U] আখের রস থেকে কিংবা চিনি জলে জ্বাল দিয়ে তৈরি ঘন, সুমিষ্ট রস; সিরাপ: pineapple tinned in ~; cough ~; fruit ~. **~y** *adj* সিরাপসম্বন্ধী বা সিরাপসদৃশ; সিরাপি; (লাক্ষ., যেমন সঙ্গীত সম্বন্ধে) অত্যধিক মধুর।

sys·tem ['সিস্টাম্] *n* ১ সুনিয়ত সম্বন্ধের মধ্যে একযোগে কর্মরত বস্তু বা অংশের সমষ্টি; সংস্থান; তন্ত্র; সংশ্রয়: The 'nervous ~, স্নায়ুতন্ত্র; railway ~, রেলব্যবস্থা; Too much drinking has ruined his ~, শরীর (-প্রকৃতি) নষ্ট করে দিয়েছে। ২ ভাব, তত্ত্ব, মূলসূত্র ইত্যাদির সুশৃঙ্খল সমবায়; সংশ্রয়; তন্ত্র; ব্যবস্থা; পদ্ধতি: a ~ of philosophy; a ~ of government; a good ~ of teaching languages; a '~-building/ '~-built houses, পূর্বগঠিত অংশসমূহের সমবায়ে নির্মিত বাড়ি/ ভবন। ৩ [U] শৃঙ্খলা; ক্রম: He works without any ~. **~·atic** ['সিস্টা'ম্যাটিক্] *adj* প্রণালীবদ্ধ, সাংশ্রয়িক, ক্রমানুসারী, সুশৃঙ্খল: a ~atic attempt. **~ati·cally** [-কৃলি] *adj* প্রণালীবদ্ধভাবে, যথাক্রমে, ক্রমপরম্পরায়। **~·atize** [-'সিসটামটাইজ্] *vt* প্রণালীবদ্ধ/ সংশ্রয়ান্বিত করা। **~·atiz·ation** [সিস্টামটাই'জেইশ্‌ন US -টি'জেই-] *n* প্রণালীবদ্ধকরণ; সংশ্রয়ীভবন, সংশ্রয়ান্বিতকরণ।

sys·tole ['সিস্টালি] *n* হৃৎপিণ্ডের সঙ্কোচন; হৃৎসঙ্কোচ। **sys·to·lic** [সিস্'টলিক্] *adj* (হৃৎপিণ্ডের) সঙ্কোচন সম্বন্ধী: systolic pressure, সঙ্কোচন-চাপ।

T t

T, t [টী] *(pl* T's, t's [টীজ্]) ইংরেজি বর্ণমালার বিংশতিতম বর্ণ; T আকৃতিবিশিষ্ট বিভিন্ন বস্তুর নামের আগে ব্যবহৃত হয়: a T-bandage; a T-shirt; a T-square, দ্র. square² (৭). **to a T,** দ্র. tee.

ta [টা:] *int* (কথ্য) ধন্যবাদ।

tab [ট্যাব্] *n* ১ ব্যাজ বা বিশেষ চিহ্ন হিসাবে, কিংবা কোট ইত্যাদি ঝোলানোর জন্য ক্ষুদ্র ফাঁস হিসাবে পোশাকের সঙ্গে যুক্ত কাপড়ের ছোট টুকরা বা ফালি; পটি। ২ (জুতার ফিতা ইত্যাদির মাথায় লাগানো) গেরো। ৩ (কথ্য) হিসাব; নজর। **keep a tab/tabs on sth/sb** হিসাব/নজর রাখা: Keep a tab on the expenses.

tabby ['ট্যাবি] *n (pl* -bies) '**~(-cat)** ধূসর বা বাদামি রঙের ডোরা-কাটা বিড়াল; চিত্রমার্জার।

tab·er·nacle ['ট্যাবান্যাক্‌ল্] *n* ১ (বাই.) **the T~** ফিলিস্তিনে বসতি স্থাপনের আগে দেশ-দেশান্তরে ঘুরে বেড়ানোর সময়ে ইসরায়েলিদের পুণ্যালয়রূপে ব্যবহৃত বহনযোগ্য মণ্ডপ; পুণ্যমণ্ডপ। ২ (গির্জা.) ধর্মার্থে অভিসংস্কৃত রুটির পাত্র রাখার আধার; পাত্রাধার। ৩ উপাসনালয়, ভজনালয় (যেমন ব্যাপটিস্ট গির্জা বা মর্মন মন্দির)।

table ['টেইব্‌ল্] *n* [C] ১ টেবিল; মেঝ: a 'dining-~; a 'kitchen-~; a 'billiard-~. **at ~** আহাররত। '**~-cloth** *n* টেবিল-চাদর। '**~-knife** *n* টেবিল ছুরি। '**~-lifting/-rapping/-turning** *nn* অধ্যাত্ম-বৈঠকে আপাতদৃষ্টিতে শারীরিক শক্তিপ্রয়োগ ছাড়া টেবিল-তোলা, চাপড়ানো, উল্টানো। '**~-linen** *n* [U] টেবিলের আচ্ছাদন, রুমাল ইত্যাদি। '**~-mat** *n* টেবিলে গরম পাত্রের নীচে দেওয়ার জন্য ছোট মাদুরবিশেষ; তলাচি, তলাই। '**~·spoon** *n* খাবার পরিবেশনের জন্য বড়ো চামচ; টেবিল চামচ '**~·spoon·ful** *n* টেবিল চামচের এক চামচ। '**~-talk** *n* খেতে খেতে কথোপকথন; বিশ্রম্ভকথা; মজলিশি গল্প। '**~-tennis** *n* টেবিল টেনিস; পিং পং। '**~-ware** *n* [U] বাসনকোসন, ছুরিকাঁটা ইত্যাদি; টেবিল সরঞ্জাম। ২ (কেবল *sing)* টেবিলে ঘিরে উপবিষ্ট ব্যক্তিবর্গ: a ~ of card-players; King Arthur and his Round T~, রাজা আর্থার এবং তাঁর পারিষদবৃন্দ; jokes that amused the whole ~. ৩ (কেবল *sing)* টেবিলে পরিবেশিত খানাপিনা: to keep a good ~. ৪ '**~(-land)** সানুদেশ, অধিত্যকা। ৫ [C] সারণি; অনুক্রমণিকা; সূচিপত্র: a ~ of contents; multiplication ~s, গুণের নামতা; a railway 'time ~. ৬ (বাগ্‌ধারা) **lay sth on the ~** (সংসদে কোনো পদক্ষেপ, বিবরণ ইত্যাদি) অনির্দিষ্টকালের জন্য মুলতবি

করা। turn the ~s on sb পরাজয়বরণ কিংবা দুর্বল অবস্থানে থাকার পর কারো উপর প্রাধান্য অর্জন করা; অবস্থা সম্পূর্ণ উল্টে ফেলা। ৭ [C] (বাই.) (কাঠ, পাথর ইত্যাদির) ফলক; লিপিফলক; পাটা: the ~s of the law, ঈশ্বর কর্তৃক মুসাকে প্রদত্ত দশ আদেশমালা। □*vt* ১ আলোচনার জন্য উপস্থাপন করা: ~ a motion/Bill/ amendment, উপরে ৬ দ্র.। ২ (বিশেষত US) অনির্দিষ্টকালের জন্য মুলতবি করা। ৩ সারণিবদ্ধ/ছকবদ্ধ করা।

tab·leau [ট্যাবলৌ] *n* (*pl* -x [-লৌজ়]) (প্রায়শ ~ **vivant** [ˈভীভ়া:ন্ US ভীˈভ়া:ন্]) বিশেষত মঞ্চে জীবন্ত ব্যক্তিকর্তৃক নির্বাক বা নিষ্ক্রিয়ভাবে কোনো চিত্র বা দৃশ্যের রূপায়ণ; আকস্মিকভাবে উদ্ভূত নাটকীয় পরিস্থিতি; জীবন্ত চিত্রপট।

table d'hôte [টা:বল্ ডৌট্] *adj, adv* (ফ.) (রেস্তোরাঁর আহার সম্বন্ধে) বাঁধা দরে(র্): a ~ lunch. দ্র. ˊa la carte.

tab·let [ট্যাব্‌লিট্] *n* ১ লিখিত বা উৎকীর্ণ লিপি সংবলিত ফলক; লিপিপট, লিপিফলক। ২ একপাশ-বাঁধা লেখার কাগজের তোড়া। ৩ শক্ত সাবানের দলা; (ঔষধের) চক্রিকা, ট্যাবলেট; চ্যাপ্টা, শক্ত মিঠাই। ৪ (ইতি.) শব্দ খোদাই করার জন্য কাঠ, পাথর ইত্যাদির চেটালো ফলক; কাষ্ঠফলক; শিলাপট।

tab·loid [ট্যাবলয়ড্] *n* ভূরি ভূরি ছবি, ধারাবাহিক রঙ্গচিত্র ইত্যাদি-সংবলিত ছোট আকারের সংবাদপত্র; এতে সহজবোধ্য করে সংবাদ পরিবেশিত হয়; সংবাদচক্রিকা: (attrib) ~ journalism, চক্রিকা-সাংবাদিকতা।

ta·boo [টাˈবূ US ট্যাˈবূ] *n* ১ [C, U] (কোনো কোনো জনগোষ্ঠীর মধ্যে) ধর্ম বা লোকাচারে অনুচ্চার্য, অস্পৃশ্য ইত্যাদি বলে বিবেচিত হয় এমন কিছু; নিষিদ্ধ; টাবু: under (a) ~. ২ [C] কোনো কিছু না করা বা আলোচনা না করার ব্যাপারে সাধারণ সম্মতি। □*adj* নিষিদ্ধ: These questions ought not to be ~. ˈ~ **words** যে সব শব্দ লোকাচার অনুযায়ী পরিহার্য বা প্রতিষিদ্ধ; নিষিদ্ধ শব্দাবলী। □*vt* বিশেষত ধর্মীয় বা নৈতিক কারণে নিষিদ্ধ/প্রতিষিদ্ধ করা।

ta·bor [টেইবা(র্)] *n* বিশেষত বাঁশির সঙ্গে বাজাবার জন্য ছোট ঢাকবিশেষ; মাদল; পটহ।

tab·ouret [ট্যাবরেট্] *n* (ফ.) ছোট আসন বা টুলবিশেষ।

tabu·la [ট্যাব্যিউলা] (*pl* -ae) (ব্যব.) *n* অস্থি প্রভৃতির কঠিন উপরিভাগ; অস্থিফলক। ~ **rasa** [রেইসা] *n* (লা.) মার্জিত ফলক; (লাক্ষ.) জন্মলগ্নে সহজাত ভাবলেশশূন্য বলে অনুমিত মানবমন, সাদা পট।

tabu·lar [ট্যাবিউলা(র্)] *adj* সারণিবদ্ধ, ছকবদ্ধ: a report in ~ form.

tabu·late [ট্যাব্যিউলেইট্] *vt* (তথ্য, সংখ্যা ইত্যাদি) সারণি, তালিকা বা দফায় বিন্যস্ত করা; সারণিবদ্ধ করা। **tabu·la·tor** [-টা(র্)] *n* যে (ব্যক্তি, যন্ত্র, কৌশল) সারণিবদ্ধ করে; সারণিকার। **tabu·lation** [ট্যাব্যিউˈলেইশ্ন্] *n* সারণিকরণ।

tacho·graph [ট্যাকৌগ্রা:ফ্] *n* মোটরযানে চলার গতি ও যাত্রাপথের দূরত্ব মাপার যন্ত্রবিশেষ; গতিলিখযন্ত্র।

tacho·meter [ট্যাˈকৌমিটা(র্)] *n* যন্ত্রের বেগ বা তরল পদার্থের প্রবাহের হার মাপার যে কোনো যন্ত্র; গতিমাপকযন্ত্র। **tacho·metry** *n* গতিপরিমাপ।

tacit [ট্যাসিট্] *adj* অনুক্ত, নীরব, মৌন; মানস-: ~ consent, মানসানুজ্ঞা; ~ agreement, নীরব/মৌন সম্মতি। ~·**ly** *adv* মনে মনে; নীরবে।

taci·turn [ট্যাসিটান্] *adj* অল্পবাদী, মৌনস্বভাব, বাকবিমুখ, মিতবাক। ~·**ly** *adv* মৌন হয়ে। **taci·tur·nity** [ট্যাসিˈটান৷টি] *n* [U] মৌন, মৌনিত্ব, বাকবিমুখতা।

tack [ট্যাক্] *n* ১ চ্যাপ্টা-মাথা, ছোট পেরেকবিশেষ (যেমন মেঝেতে কোনো কোনো ধরনের গালিচা বা লিনোলিয়ম লাগাতে ব্যবহৃত হয়) ক্ষুদ্র কীল, ট্যাক: ˈtin-~, টিনের প্রলেপ দেওয়া লোহার ক্ষুদ্র কীল; ˈthumb-~ (US) = drawing-pin. ২ (আলগাভাবে বা সাময়িকভাবে কাপড়ের টুকরা জোড়া লাগানোর জন্য) লম্বা ফোঁড়। ৩ বাতাসের গতিপথ এবং পালের অবস্থান দ্বারা নির্ধারিত পালের জাহাজের গতিপথ; বাগ: on the port/starboard ~ বাঁয়ের/ডাইনের বাতাসে। on the right/wrong ~ (লাক্ষ.) ঠিক/ভুল পথে। ৪ [U] **(hard) ~** জাহাজের শক্ত বিস্কুট। □*vt, vi* ১ ট্যাক দিয়ে লাগানো: ~ down the carpet. ২ লম্বা ফোড় দিয়ে জোড়া লাগানো: ~ a ribbon on to a hat; ~ down a fold; (লাক্ষ.) ~ an appeal for money on to a speech, জুড়ে দেওয়া। ৩ আঁকাবাঁকা পথে জাহাজ চালানো; বাতাসের গতিপথ ও পালের অবস্থান অনুযায়ী জাহাজের গতিপথ নির্ধারণ করা: ~ing about; ~ to port.

tackle [ট্যাকল্] *n* ১ [C,U] জাহাজের পাল উঠানো নামানো কিংবা ভার তোলার জন্য দড়ি ও কপিকল। ২ [U] (কিছু করার জন্য) সাজসরঞ্জাম: ˈfishing ~, ছিপ, বড়শি ইত্যাদি। ৩ (রাগবি এবং মার্কিন কায়দার ফুটবলে) বলসহ প্রতিদ্বন্দ্বীকে কুপোকাতকরণ। □*vt, vi* ১ (সমস্যা, আরব্ধকর্ম) আয়ত্ত/মোকাবেলা/আক্রমণ করা; বাগ মানানো/করা: Can you ~ this problem ? **~ sb about/over sth** (কোনো বিষয়ে) কারো সঙ্গে খোলাখুলি কথা বলা; মোকাবেলা করা। ২ (চোর, বলসহ রাগবি-খেলোয়াড় প্রভৃতি) পাকড়াও/করায়ত্ত করা।

tacky [ট্যাকি] *adj* ১ চটচটে, আঠালো; কাঁচা: Don't touch the table; the varnish is still ~. ২ (US) = tathy.

tact [ট্যাক্ট্] *n* [U] কাউকে মনঃক্ষুণ্ন না করে মানুষজন ও পরিস্থিতি আয়ত্তে আনার দক্ষতা ও বোধশক্তি; কৌশল; সুবুদ্ধি; বিচক্ষণতা: Show ~ / have great ~ in dealing with people. **~·ful** [-ফ্‌ল্] *adj* সুবুদ্ধিসম্পন্ন। **~·fully** [-ফ়লি] *adv* কৌশলে, বিচক্ষণতার সঙ্গে। **~·less** *adj* অকুশল, বিচক্ষণতাবর্জিত, অনিপুণ। **~·less·ly** *adv* অপটুভাবে; আনাড়ির মতো; নৈপুণ্যহীনভাবে। **~·less·ness** *n* অকৌশল্য, অনৈপুণ্য।

tac·tic [ট্যাকটিক্] *n* ১ উপায়, অভ্যুপায়; কৌশল; চাতুরী। ২ (প্রায়শ *sing v*-সহ *pl*) সৈন্যসমাবেশ, ব্যূহরচনা, ব্যূহন; দ্র. strategy; (লাক্ষ.) উদ্দেশ্যসিদ্ধির কৌশল বা পদ্ধতি; ফন্দিফিকির: win by surprise ~! Will these ~s help you ? **tac·ti·cal** [-ক্‌ল্] *adj* কৌশলগত; ঔপায়িক; সৈন্যসমাবেশবিষয়ক: ~al exercises; a ~al error. দ্র. strategic. **tac·ti·cally** *adv* কৌশলগতভাবে; ঔপায়িকভাবে। **tac·ti·cian** *n* উপায়জ্ঞ, কৌশলজ্ঞ, ব্যূহপণ্ডিত।

tac·tile [ট্যাকটাইল্ US -টাল্], **tac·tual** [ট্যাকচুয়াল্] *adj* স্পর্শনেন্দ্রিয়সম্বন্ধী; স্পর্শনেন্দ্রিয়গ্রাহ্য; স্পর্শগ্রাহ্য; স্পর্শ-: a ~ organ, স্পর্শনেন্দ্রিয়, ত্বগেন্দ্রিয়: a ~ reflex.

tad·pole [ট্যাড্‌পৌল্] *n* ব্যাঙাচি।

taf·feta [ট্যাফিটা] *n* [U] পাতলা, চকচকে, কিছুটা কড়কড়ে রেশমি কাপড়বিশেষ; শণ, রেয়ন ইত্যাদির অনুরূপ কাপড়; টাফেটা।

taff·rail [ট্যাফ্‌রেইল্] *n* জাহাজের পশ্চাদ্‌ভাগে গরাদের বেষ্টনী; পশ্চাৎপরিক্ষেপ।

Taffy [ট্যাফি] *n* (কথ্য) ওয়েলশম্যান; ওয়েলশীয়।

taffy [ট্যাফি] *n*. ১ (US) টফি। ২ কপট স্তাবকতা; চাটু; চাটুবাদ।

tag [ট্যাগ্] *n* ১জুতার ফিতা, তার ইত্যাদির ধাতু বা প্লাস্টিকের মোড়া প্রান্ত; মুড়ি। ২ কোনো কিছুর সঙ্গে ঝোলানো বা ভিতরে ঢোকানো (মূল্য, ঠিকানা ইত্যাদি লিখিত) চিরকুট। ৩ প্রায়শ উদ্ধৃত বচন বা বাক্য; বুকনি: Latin ~s. ৪ যে কোনো আলগা বা জীর্ণ প্রান্ত; ফেঁসো। **question ~s** (ব্যাক.) উক্তির সঙ্গে সংযোজিত 'is n't it ? Wont you ? are there ?' প্রভৃতি বাক্যাংশ; প্রশ্নাত্মক বাক্যাংশ; প্রশ্নের লেজুড়। ৫ [U] বুড়ি বুড়ি খেলা। □*vt, vi* (-gg-) ১ চিট জুড়ে দেওয়া। ২ ~ **sth on (to)** জুড়ে দেওয়া। ৩ ~ **along/behind/after** পিছু নেওয়া; পিছে লেগে থাকা: Children ~ging after their mother. ৪ যুক্ত করা; জোড়া দেওয়া: ~ old articles together to make a book.

taiga [টাইগা] *n* তুন্দ্রা ও স্টেপের মধ্যবর্তী সাইবেরীয় পাইন-অরণ্য; তৈগা।

tail [টেইল্] *n* ১ লেজ, লেজুড়, পুচ্ছ, লাঙ্গুল: peacock's ~, পেখম, কলাপ, বর্হ; horses ~, বালামচি। **turn ~** লেজ গুটিয়ে পালানো। **~s up** (ব্যক্তি সম্বন্ধে) চনমনে; উৎপুচ্ছ। ২ পুচ্ছ বা লেজসদৃশ কোনো কিছু: the ~ of a kite/ comet/ aircraft/ cart/ procession; (attrib) a ~ wind, লেজের বাতাস। ˈ**~-board** *n* ঘোড়ার গাড়ি, লরি প্রভৃতির পিছনে সাধা. কব্জা-লাগানো ফলকবিশেষ; পশ্চাৎ-কপাট। ˌ**~-ˈcoat, ~s** পুরুষের দীর্ঘ সান্ধ্য কোট, যার পিছনের দিক দ্বিধাবিভক্ত এবং সুচালো হয়ে থাকে। ˌ**~-ˈend** *n* (সাধা.) **the ~-end (of)** শেষাংশ; লেজের দিক: at the ~-end of the procession. ˈ**~-gate** *n* মোটরযানের পিছনের দিকের দরজা বা ঝাপ, যা মাল উঠানো-নামানোর জন্য খোলা যায়; পিছনের ঝাপ; পুচ্ছদ্বার। ˈ**~-light** *n* (ট্রেন, ট্রাম বা অন্য যানের) পিছনের বাতি। ˈ**~-piece** *n* **(ক)** (বই ইত্যাদিতে) পরিচ্ছেদের শেষে ফাঁকা অংশে মুদ্রিত অলঙ্করণ; পুচ্ছপট। **(খ)** কোনো কিছুর শেষে সংযোজিত বস্তু; লেজুড়। ˈ**~-spin** *n* উড়োজাহাজের চক্রাকার ঝাপবিশেষ, যাতে সম্মুখভাগের চেয়ে পশ্চাদ্‌ভাগ প্রশস্ততর বৃত্ত রচনা করে; পুচ্ছাবর্তন। **the ~ of the eye** চোখের বহিঃকোণ; অক্ষিকোণ; অপাঙ্গ: watching sb from the ~ of one's eye. ৩ **~s** মুদ্রার যে পিঠে কারো মুণ্ড উৎকীর্ণ থাকে তার উল্টা পিঠ; লেজ। দ্র. head[1] (৩). ৪ **~s** (কথ্য) =tail-coat. (কথ্য) কাউকে অনুসরণ বা কারো ওপর নজর রাখার জন্য নিযুক্ত ব্যক্তি; ফেউ; টিকটিকি: put a ~s on sb. □*vt, vi* ১ **~ after sb** পশ্চাদনুসরণ করা; পায়ে পায়ে অনুসরণ করা। ২ **~ a person** পিছু নেওয়া; অনুসরণ করা (যেমন অপরাধী সন্দেহে)। ৩ **~ off/away (ক)** সংখ্যা, আয়তন ইত্যাদি বিষয়ে হ্রাস পাওয়া। **(খ)** (মন্তব্য ইত্যাদি সম্বন্ধে) দ্বিধাগ্রস্তভাবে বা অসম্পূর্ণভাবে সমাপ্ত হওয়া। **(গ)** বিক্ষিপ্তভাবে ছড়িয়ে পড়া বা পিছিয়ে পড়া। **-tailed** [-টেইলড্] *adj* (যৌগশব্দে) ˈ**long-**ˌ**~ed** বৃহল্লাঙ্গুল, দীর্ঘপুচ্ছ। ˈ**short-**ˌ**~ed** খর্বপুচ্ছ, হ্রস্বপুচ্ছ। **~·less** *adj* পুচ্ছহীন, লাঙ্গুলবিহীন: a ~less cat.

tailor [ˈটেইলা(র্)] *n* দর্জি। ˌ**~-ˈmade** *adj* (যথাযথ মাপের প্রতি বিশেষ দৃষ্টিসহ) দর্জির তৈরি; (লাক্ষ.) যথোপযুক্ত, লাগসই, মাফিকসই: ~-made for a job. □*vt* ১ কাপড় কেটে পোশাক তৈরি করা: a well-~ed suit, উত্তম ছাঁটের। ˈ২ উপযোগী/অভিযোজিত/লাগসই করা: ~ed for a special purpose/to a particular audience.

taint [টেইন্‌ট্] *n* [C, U] দাগ, কলঙ্ক; খুঁত; দোষ, দূষণ: a ~ of insanity in the family; free from ~. □*vt, vi* দূষিত/কলঙ্কিত/কলুষিত/ত্রুটিযুক্ত করা বা হওয়া: ~ed meat. **~·less** *adj* নিখুঁত, নির্দোষ, নিষ্কলুষ, নিষ্কলঙ্ক; বিশুদ্ধ।

take[1] [টেইক্] *vt, v* (*pt* took [টুক্], *pp* taken [টেইকান্]) (নীচে ১৫-তে বহু সংখ্যক বিশেষ্যের সহযোগে প্রয়োগ দ্র. I *adv part* ও *preps*-সহ প্রয়োগের জন্য নীচে ১৬ দ্র.) ধরা, নেওয়া, ধারণ/গ্রহণ করা; তুলে নেওয়া: ~ sb's land; ~ sth on one's back; ~ a man by the throat, টুঁটি চেপে ধরা; ~ sb in one's arms, জড়িয়ে ধরা; ~ sth up with one's fingers/ with a pair of tongs; ~ a person's arms, কারো বাহুতে ভর দেওয়া কিংবা তার আলম্বস্বরূপ হওয়া। **~ hold of sth** ১ আঁকড়ে/চেপে ধরা; পাকড়াও করা। ২ গ্রেফতার/ বন্দী করা; জয়/ অধিকার করা; জিতে নেওয়া; ধরা: ~ a town/a fortress; ~ zoo prisoners; be ~n prisoner/captive. His canvas took the first prize in the exhibition; to ~ cold, ঠাণ্ডা লাগানো; He took five consecutive tricks, পর পর পাঁচটি দান জিতে নেওয়া। **~ sb's fancy** মন জয়/মোহিত করা; মনে ধরা: The song has taken the public's fancy. **~ sb at a disadvantage** অপ্রস্তুত অবস্থায় আক্রমণ করা; বেকায়দায়/বেমওকা পাকড়াও করা। **be ~n ill** (কেবল passive) অসুখে পড়া। **~ sb unawares/by surprise** অপ্রস্তুত করা। ৩ ব্যবহার করা; নেওয়া; বিনা অনুমতিতে নেওয়া; চুরি/আত্মসাৎ করা: You have ~n my umbrella. He has the habit of taking whatever he can lay his hands on. ৪ নিয়ে যাওয়া: ~ the luggage upstairs; ~ one's wife to the cinema; ~ letters to the post; Would you ~ these things in/out/away/back/home etc ? ˈ**~-home wages/pay** (কথ্য) (বিমার কিস্তি, আয়কর ইত্যাদি বাদ দিয়ে) ছাঁকা বেতন। ৫ নেওয়া; গ্রহণ করা; পানাহার করা: ~ a holiday; ~ a walk, হাঁটতে বেরনো; ~ a bath; ~ a chair/a seat, ~ a quick look round, চারদিকে এক বার চটপট চোখ বুলিয়ে নেওয়া; ~ a deep breath; গভীরভাবে নিঃশ্বাস টানা; ~ medical/legal advice; ~ driving lessons, গাড়ি চালাবার সবক নেওয়া; ~ a taxi; ~ tea/coffee. **to ~ a wife** (প্রা.প্র.) বিয়ে করা। ৬ নেওয়া; গ্রহণ করা; পাওয়া; লাভ করা: He took £ 100 for the boat. This small bar ~s £ 300 a week, ৩০০ পা. পরিমাণ বিক্রি করে; নীচে takings দ্র.; She took this man to be her lawful wedded husband, স্বামী হিসাবে গ্রহণ করেছে; I will ~ no nonsense, বরদাশত করব না; You must ~ us as you find us, আমাদের কাছ থেকে ব্যতিক্রমধর্মী/বিশেষ ব্যবহার আশা করবেন না। **~ one's chance** অদৃষ্টের উপর নির্ভর করা; ভাগ্যকে মেনে নেওয়া; ভাগ্য যাচাই করা; ব্যর্থতার সম্ভাবনা আছে জেনেও চেষ্টা করা: He will have to ~ his chance with other candidates. **~ a chance (on sb)** কিছু না পাওয়ার সম্ভাবনাকে মেনে নেওয়া: He was ready to ~ a chance on finding you in your office. **~ it from me; ~ my word for it** আমার কথা বিশ্বাস করুন: T~ it from me, he's going to marry that saussy little bird. **be able to**

~ **it** সইতে পারা; মোকাবেলা করা। ৭ রাখা; গ্রাহক হওয়া: How many newspapers do you ~? ৮ ~ **(down)** লিপিবদ্ধ করা; টুকে/লিখে রাখা; নোট রাখা: ~ notes of a lecture; ~ a letter, অনুলেখন নেওয়া; ~ sth down in shorthand; ~ (down) a broadcast on tape, ফিতায় ধরে রাখা; She does not ~ well, তার ভালো ছবি আসে না। ৯ প্রয়োজন হওয়া; লাগা: The journey took 5 hours; How long will the work ~ him ? ~ **one's time (over sth)** (ক) ধীরে সুস্থে/সময় নিয়ে করা; তাড়াহুড়া না করা: He ~s time over the work, but does it well. (খ) (বক্রোক্তি) প্রয়োজনের চেয়ে বেশি সময় নেওয়া; রয়ে সয়ে করা; দীর্ঘসূত্রতা করা: They are certainly taking their time over the job. **It ~s two to make a quarrel** (প্রবাদ) এক হাতে তালি বাজে না। ~ **a lot of doing** বহু চেষ্টাচরিত্র/ নৈপুণ্য দরকার হওয়া। ১০ ~ **sb/sth for ...; ~ sb/sth to be...** মনে করা; ধারণা/ বিবেচনা/ অনুমান করা; ঠাওরানো; ধরে নেওয়া: I took him to be a man of taste. Who do you ~ me for ? ~ **it (from sb) that ...** ধরে নেওয়া: I ~ it that they will be here on time. ~ **sb/sth for granted** দ্র. grant v (২). ১১ (জিজ্ঞাসা করে, মেপে) নেওয়া: T~ the patient's temperature. ~ sb's name and address. ১২ কোনো নির্দিষ্ট ধরনে দেখা বা বিবেচনা করা; নেওয়া: ~ it/things easy, সহজভাবে নেওয়া; ব্যতিব্যস্ত না হওয়া; খুব বেশি তাড়াহুড়া বা পরিশ্রম না করা; ~ things coolly/calmly, উত্তেজিত না হওয়া, শান্তভাবে নেওয়া; ~ sth ill/amiss, কোনো কিছুতে ক্ষুব্ধ/আহত হওয়া; I should ~ it kindly if ..., আমি কৃতজ্ঞ থাকব...। ~ **sth as +** *pp* হয়েছে বলে ধরে নেওয়া: ~ an apology as given/an objection as answered. ~ **sth as read** পাঠ করার অনাবশ্যকতা সম্বন্ধে একমত হওয়া (যেমন পূর্ববর্তী সভার কার্যবিবরণী। ~ **(it) as read (that...)** ধরে নেওয়া: We can ~ (it) as read that the objection was answered. ১৩ দায়িত্ব নেওয়া; নেওয়া: ~ evening service, (গির্জায়) সান্ধ্য প্রার্থনা পরিচালনা করা; ~ a class. ১৪ সাফল্যমণ্ডিত হওয়া; (রং) ধরা: His latest play did not ~; Does the dye ~ in cold water ? ১৫ (*nn*-এর সঙ্গে) (অন্য দৃষ্টান্ত সংশ্লিষ্ট *n* ভুক্তিতে দ্র.) ~ **account of sth** (= ~ sth into account), দ্র. account[1] (৭). ~ **advantage of sb/sth,** দ্র. advantage. ~ **aim,** দ্র. aim[1] (২). ~ **the biscuit/the cake,** দ্র. biscuit, cake. ~ **care,** দ্র. care[1] (২). ~ **a chair** বসা; আসন গ্রহণ করা। ~ **a/one's chance,** উপরে ৬ দ্র.। ~ **charge (of),** দ্র. charge[1] (৫). ~ **courage,** দ্র. courage. ~ **a degree** উপাধি অর্জন করা। ~ **(a) delight/an interest/ (a) pleasure/ (a) pride in sth** আনন্দিত/ আগ্রহান্বিত/ সুখী/ গর্বিত হওয়া কিংবা আনন্দ/ আগ্রহ/সন্তোষ/গর্ব প্রকাশ করা। ~ **a dislike to sb,** দ্র. dislike. ~ **effect,** দ্র. effect (১). ~ **an examination** পরীক্ষা দেওয়া। ~ **exception to,** দ্র. exception (৩). **not/never ~ one's eyes off,** নীচে ১৬ দ্র.। ~ **a fancy to; ~ the fancy of,** দ্র. fancy[1] (৩). ~ **fright (at sth)** ভীত হওয়া; ভয় পাওয়া। ~ **a gamble (on sth)** ঝুঁকি নেওয়া; জুয়া খেলা। ~ **a hand at,** দ্র. hand[1](১৩). ~ **sb in hand** (বিশেষত আচার-আচরণের উন্নতির জন্যে) কারো ভার নেওয়া। ~ **(fresh) heart; ~ sth to heart,** দ্র. heart (২). ~ **heed** কর্ণপাত করা; মনোযোগ দেওয়া। ~ **a/the hint,** দ্র. hint. ~ **(one's) leave (of sb),** দ্র. leave[2](৩). ~ **the liberty of; ~ liberties with,** দ্র. liberty (২). ~ **a liking to** অনুরাগী হওয়া; পছন্দ করা। ~ **the measure of sb,** দ্র. measure[1](১). ~ **one's/sb's mind off (sth),** দ্র. mind[1] (২). ~ **no notice (of),** দ্র. notice (৩). ~ **an oath,** দ্র. oath (১). ~ **objection to,** দ্র. objection (১). ~ **offence (at sth),** দ্র. offence (২). ~ **the opportunity of doing/to do sth** সুযোগ গ্রহণ করা। ~ **(holy) orders** যাজকব্রত গ্রহণ করা। ~ **(great) pains (over sth/to do sth),** দ্র. pains. ~ **part (in),** দ্র. part[1](৪). ~ **place; ~ the place of,** দ্র. place[1] (১০). ~ **the risk of; ~ risks,** দ্র. risk (১). ~ **a seat** আসন গ্রহণ করা। ~ **silk,** দ্র. silk (৩). ~ **stock,** দ্র. stock[1](১). ~ **one's time (over sth),** উপরে ৯ দ্র.। ~ **trouble (over sth); ~ the trouble to do sth,** দ্র. trouble *n* (৩). ~ **umbrage (at),** দ্র. umbrage. ~ **my word for it,** উপরে ৬ দ্র.। ১৬ (*adv parti* ও *preps*-সহ বিশিষ্ট প্রয়োগ): **be ~n aback,** দ্র. aback. ~ **after sb** (বিশেষত বাবা-মা বা আত্মীয়স্বজনের সঙ্গে চেহারা বা চরিত্রের) মিল থাকা; অনুরূপ হওয়া: Her daughter does not ~ after you. ~ **sth apart** (যন্ত্র ইত্যাদির) অংশসমূহ বিচ্ছিন্ন করা; (যন্ত্র) বিযোজন করা; খুলে ফেলা। ~ **(away) from** লাঘব/ক্ষুণ্ন করা: His recent statement took away from his reputation as an astute politician. ~ **sth/sb away (from sb/sth)** নিয়ে যাওয়া; সরিয়ে/ছাড়িয়ে নেওয়া; অপসারিত করা: These books are not be ~n away. 'Grills to ~ away', কিনে নিয়ে যাওয়া যায়। অতএব, '**~-away** *attrib* সঙ্গে নেবার: ~-away sandwiches; a ~-away restaurant, সঙ্গে নেবার মতো খাবারের রেস্তোরাঁ। ~ **sth back** (ক) (ভুল স্বীকার স্বরূপ, ক্ষমাপ্রার্থনা রূপে উক্ত ইত্যাদি) ফিরিয়ে নেওয়া: He must ~ back what he said. (খ) ফেরত নেওয়া: The shopkeeper refused to ~ back the books. ~ **sb back (to)** পূর্ববর্তী কোনো সময়ে নিয়ে যাওয়া; প্রত্যাবৃত্ত করা; স্মরণ করিয়ে দেওয়া: The incident took me back to my boyhood days. ~ **sth down** (ক) লিখে রাখা; লিপিবদ্ধ করা: The students took down the tecture. (খ) নামানো: ~ down a book from the top shelf; ~ down a mast. (গ) নামিয়ে/খুলে ফেলা: ~ down a partition/a crane. ~ **sb down a peg (or two)** গুমর ভাঙা; দর্পচূর্ণ করা: That upstart has to be ~n down a peg. ~ **from,** উপরে take (away) from দ্র.। **take sth in** (ক) অর্থের বিনিময়ে বাড়িতে করার জন্য (কাজ) নেওয়া: The poor woman earns a precarious living by taking in sewing/washing. (খ) (উপরে ৭ দ্র.) গ্রাহক হওয়া; নেওয়া: ~ in journals/periodicals. (গ) (পোশাক, পাল ইত্যাদির) মাপ, আয়তন, দৈর্ঘ্য, প্রস্থ কমানো; খাটো করা: These trousers need to be ~n in at the knee. ~ in sail. দ্র. slack[2] (১) ভুক্তিতে ~ up the slack. (ঘ) অন্তর্ভুক্ত করা: a motor-coach tour that ~s in six European capitals. (ঙ) (জমি ইত্যাদি) দখল/ পুনরুদ্ধার করা: This territory was ~n in from the sea. (চ) বুঝতে পারা; হজম করা; ভিতরে

নেওয়া; The students do not seem to have ~n in much of the professor's lecture. He is yet to ~ in the situation, বুঝে ওঠা। (ছ) এক নজরে/চকিতে দেখে নেওয়া: She took in every detail of the room. (জ) উত্তেজিতভাবে শোনা, দেখা; (গোগ্রাসে) গেলা: The spectators took in the whole scene open-mouthed. **~ sb in** (ক) আহার বা বাসস্থান জোগানো; আশ্রয় দেওয়া: make a living by taking in guests/lodgers. (খ) ঠকানো; ধোঁকা দেওয়া: I was badly ~n in when I bought those shares. **~ sth into account,** দ্র. account (৭). **~ a person into one's confidence,** দ্র. confidence (১). **~ sth into one's head,** দ্র. head[1](১৯). **~ off** (ক) লাফ দিতে উদ্যত হওয়া। (খ) (বিমান সম্বন্ধে) ভূমি ত্যাগ করা; উড্ডয়ন করা; ওড়া: The plane is to ~ off at 8 o' clock. অতএব, **ˈ~-off** *n* (ক) লাফানোর সময়ে পা যে স্থলে ভূমি ত্যাগ করে; উল্লম্ফনস্থল। (খ) (বিমানের) উড়াল: a smooth ~-off. দ্র. touch[2] (১১) ভুক্তিতে touch-down. **~ sth off** (ক) খুলে ফেলা; অপসারিত করা; কেটে ফেলা: ~ off one's coat. The surgeon took off the gangrenous arm. **~ one's hat off to sb,** দ্র. hat. (খ) বন্ধ করে দেওয়া; প্রত্যাহার করা; উঠিয়ে দেওয়া: The afternoon local train was ~n off last week. **~ sth off (sth)** (ক) সরানো, তুলে নেওয়া: Would you ~ your hand off my arm ? (খ) বাদ দেওয়া: ~ £ 2 off the price. **~ sb off** (ক) নিয়ে যাওয়া: He took me off to see his new house. **~ sb off sth** সরিয়ে নেওয়া; উদ্ধার করা: The survivors of the accident were ~n off by the helicopter. (খ) উপহাসের উদ্দেশ্যে নকল করা; কেরিকেচার করা: The boy is adroit in taking off the Prime Minister. অতএব, **ˈ~-off** *n* কেরিকেচার: a good ~-off of the President. **not/never ~ one's eyes off/sb** চোখের আড়াল না করা: She never took her eyes off her son while he was playing in the park. **~ one's mind off (sth),** দ্র. mind[1](২). **~ on** (ক) (কথ্য) উত্তেজিত/বিক্ষুব্ধ হওয়া; খেপে যাওয়া; তেলেবেগুনে জ্বলে ওঠা: The minister took on something dreadful when he was called a trickster. (খ) (কথ্য) জনপ্রিয় হওয়া; চলা: The new dance did not ~ on. **~ sth on** (ক) দায়িত্ব/ ভার নেওয়া; কাঁধে নেওয়া: ~ on extra work/ responsibilities. (খ) ধারণ করা: Many animals can ~ on the colours of their environment. **~ sb on** (ক) প্রতিযোগী/প্রতিপক্ষ হিসাবে গ্রহণ করা; কারো সঙ্গে লড়া: ~ sb on golf/billiards. (খ) নিযুক্ত করা; নেওয়া: ~ on five more workers. (গ) (ট্রেন ইত্যাদি সম্বন্ধে) গন্তব্যস্থল ছাড়িয়ে অধিক দূর নিয়ে যাওয়া: Be careful to get down at Leeds, otherwise you will be ~n on to Glasgow. (ঘ) (ট্রেন ইত্যাদি সম্বন্ধে) ঢুকতে দেওয়া; নেওয়া: The train won't ~ on more passengers. **~ sth out** (ক) অপসারণ/দূর করা; তোলা: have one's appendix/a tooth ~n out. ~ out a stain from one's clothes. (খ) নেওয়া; গ্রহণ করা; করা: ~ out a driving licence / an insurance policy/a summons/a patent. **~ sb out** (ক) (বাইরে, বেড়াতে) নিয়ে যাওয়া: ~ one's wife out for dinner. (খ) (ব্রিজ খেলায়) বেশি হাঁকা: ~ one's partner out, তার চেয়ে বেশি হাঁকা। **~ it out in sth** ক্ষতিপূরণ হিসাবে গ্রহণ করা; উশুল করা: I didn't pay him in cash but let him ~ it out in drinks and sandwiches. **~ it out of sb** নিঃসার/ নিস্তেজ/কাহিল করা: Domestic worries have ~n it out of her. **~ it out on sb** গায়ের ঝাল ঝাড়া: He was angry at losing his money in gamble and took it out on his children. **~ sb over (to)** (একস্থান থেকে অন্যস্থানে) নিয়ে যাওয়া: He took his wife over to the zoo in his motor-car. **~ sth over (from sb)** দায়িত্ব/মালিকানা গ্রহণ করা: The new government took over the heavy industries. The eldest son will ~ over the business from his father. অতএব, **ˈ~-over** *n* ব্যবসায়-প্রতিষ্ঠানের মালিকানা বদল; অধিগ্রহণ: a ˈ~over bid. **~ over (from sb)** দায়িত্ব গ্রহণ করা: The new headmaster took over today. **~ to sth** (ক) শখ বা জীবিকা হিসাবে নেওয়া; অভ্যস্ত হওয়া; ধরা: ~ to gardening after retirement; ~ to the road, ভবঘুরে (কিংবা আগেকার দিনে রাহাজান) হওয়া, (সার্কাস ইত্যাদি সম্বন্ধে) এক শহর থেকে অন্য শহরে ঘুরে বেড়ানো। (খ) আশ্রয় নেওয়া; পালাবার উপায়স্বরূপ ব্যবহার করা: ~ to flight, পালানো; ~ to the woods/the jungle/the heather. **~ to one's heals,** দ্র. heal[1](১). **~ to sth/sb** মনে ধরা; মন লাগা; অনুরাগ জন্মানো; আকৃষ্ট হওয়া: The boy has been ~n to his new tutor. She has ~n to guitare. **~ sth up** (ক) তোলা; উঁচু করা; ওঠানো: ~ up one's pen/book/gun; ~ up a carpet. (খ) (ট্রেন, টেক্সি ইত্যাদি সম্বন্ধে; ~ on অধিক প্রচলিত) থামা; যাত্রী নেওয়া। (গ) শুষে নেওয়া: sand ~s up water. (ঘ) গলানো: Is this water enough to ~ up so much salt? (ঙ) (শখ বা ব্যবসা হিসাবে) নেওয়া; হাত দেওয়া; ধরা: ~ up photography/market gardening. (চ) (অসমাপ্ত কোনো কিছু) আবার শুরু করা; এগিয়ে নেওয়া: She took up the unfinished novel of her father and completed it. (ছ) (স্থান, কাল) দখল/ব্যাপৃত করা; নেওয়া: This shelf will not ~ up too much space; Social calls and parties ~ up a lot of his time. (জ) (বাণিজ্য) বন্ধক রেখে টাকা নেওয়া: (হুন্ডি) গ্রহণ করা; (শেয়ার ইত্যাদি) কেনা, নেওয়া। (ঝ) শেষ প্রান্ত ধরে আটকানো: ~ up a dropped stitch. **ˈ~-up spool** *n* (চলচ্চিত্র-প্রক্ষেপক, টেপ-রেকর্ডার ইত্যাদিতে) যে কাঠিমে (স্পুল) অন্য কাঠিম থেকে ফিল্ম, টেপ ইত্যাদি জড়ানো হয়; গ্রাহক-কাঠিম। **~ sth up (with sb)** কোনো বিষয়ে লেখা বা কথা বলা; উত্থাপন করা: Would you ~ up the matter with the authorities ? **~ sb up** অনুগৃহীত/ সাহায্য করা; প্রতিপাল্য হিসাবে নেওয়া: The poor meritorious boy was ~n up by the headmaster. **~ sb ˈup on sth** কারো সমাহ্বয় (চ্যালেন্‌জ), বাজি ইত্যাদি গ্রহণ করা; নিয়ে নেওয়া; নেওয়া: She took Harry up on his bet. **be ~n up with sb/sth** আগ্রহান্বিত/অনুরক্ত হওয়া: Is he ~n up with that young lady ? **~ sb/up sharp/short** বক্তাকে মাঝপথে থামিয়ে ভুল শুধরে দেওয়া: I took her up short when she asserted that... . **~ up one's residence at** (আনু.) বাসস্থানে অধিষ্ঠিত হওয়া: When will the new Vice-Chancellor ~ up his residence ? **~ sth upon/on oneself** দায়িত্ব

নেওয়া: He took upon himself the right to select the candidates.

take² [টেইক] *n* ১ গৃহীত (অর্থের) পরিমাণ; আদান। ২ (চলচ্চিত্র–শিল্প) যে দৃশ্যের চিত্রগ্রহণ করা হয়েছে বা হবে; চিত্রগ্রহণ। ৩ গ্রহণ।

taker [টেইকা(র্)] *n* যে বা যা কিছু গ্রহণ করে, বিশেষত যে বাজি গ্রহণ করে; গ্রাহক, গ্রহীতা, বাজিগ্রাহী; পণগ্রাহী: Were there many ~s?

taking [ˈটেইকিঙ্] *adj* মনোহারী, হৃদয়গ্রাহী, চিত্তাপহারী, মন-কাড়া। □*n* (*pl*) ব্যবসায়ে প্রাপ্ত অর্থ; আদায়, উশুল, আদান, আগাম, অবাপ্তি।

talc [ট্যাল্ক] *n* [U] অভ্র, অভ্রক।

tal·cum [ট্যালকম্] *n* ˈ~ **powder** অভ্র দিয়ে প্রস্তুত, গায়ে মাখার সুবাসিত চূর্ণ; অভ্রচূর্ণ।

tale [টেইল্] *n* [C] ১ গল্প, কাহিনী, উপাখ্যান, আখ্যান: fairy ~s, রূপকথা; ~s of adventure. ২ প্রতিবেদন; বিবরণ, বর্ণনা, বয়ান। **tell ~s** কেউ নিজের সম্বন্ধে যা গোপন রাখতে চায় (যেমন নিজের অকীর্তি) তা রটিয়ে দেওয়া; হাটে হাঁড়ি ভাঙা; কলঙ্ক রটনা করা। অতএব, ˈ**~-bearer/teller** *nn* হাঁড়ি-ভাঙানে; রটনাকারী।

tal·ent [ট্যালান্ট্] *n* ১ [C,U] কোনো কিছু উত্তমরূপে করবার (বিশেষ ধরনের) নৈসর্গিক ক্ষমতা; প্রতিভা: a man of great ~; local ~, কোনো এলাকার (সাধা. শখের) গাইয়ে, বাজিয়ে, অভিনেতা–অভিনেত্রী প্রভৃতি; a Talent scout, (কথ্য) যে ব্যক্তি চলচ্চিত্র, মঞ্চ, খেলাধুলা প্রভৃতির জন্য সহজাত ক্ষমতাসম্পন্ন ছেলেমেয়েদের সন্ধানে থাকেন; প্রতিভা–শিকারি; have a ~ for music/not much ~ for painting. ২ [C] গ্রিক, রোমক, আসিরীয় প্রভৃতি প্রাচীন জাতির মধ্যে প্রচলিত ওজন ও মুদ্রার এককবিশেষ; ট্যালেন্ট। **~ed** *adj* প্রতিভাবান; গুণী: a ~ed painter.

tal·is·man [ট্যালিজ্‌মান্ US -লিস্‌মান্] *n* [C] (*pl* -s) সৌভাগ্যবহ বলে বিবেচিত কোনো কিছু; কবচ; তাবিজ।

talk¹ [টো°ক্] *n* ১ [C,U] কথা, কথাবার্তা; আলাপ; কথোপকথন; আলোচনা: I proposed to have a ~ about the matter. ২ [C] অনানুষ্ঠানিক ভাষণ/বক্তৃতা, কথিকা: give a ~ on family planning. ৩ (বাগ্‌ধারা) **the ~ of the town** সকলের আলোচ্য ব্যক্তি বা বস্তু; সর্বজনীন আলোচ্যবিষয়। **be all ~** কথায় দড়, কাজের বেলায় অষ্টরম্ভা; কথামাত্র সার; কথার ধোকড়; মুখসর্বস্ব। ˈ**small ~** হালকা কথাবার্তা; খুচরা আলাপ।

talk² [টো°ক্] *vi, vt* (*pt, pp* ~ed) ১ **~ (to/with sb) (about/of sth)** কথা/কথাবার্তা বলা; গল্প/আলাপ–আলোচনা করা; বকা: I was ~ing to the postman. They ~ed for three hours. **be/get oneself ~ed about** (কোনো কোনো প্রসঙ্গে) আলোচনার/গুজবের বিষয়ে পরিণত হওয়া: If she goes on behaving so foolishly, she will soon get herself ~ed about. **~ at sth** জবাবের প্রতি কর্ণপাত না করে কারো সঙ্গে কথা বলা: How do you like to be ~ed at, instead of being ~ed with? **~ away** বক বক করতে থাকা: Are they still ~ing away? **~ back (to sb)** (প্রায়শ answer back) স্পর্ধার সঙ্গে জবাব দেওয়া। **~ big** বড়ো বড়ো কথা বলা; বাগাড়ম্বর করা। **~ sb down** চিৎকার করে থামিয়ে দেওয়া। **~ down an aircraft** অবতরণোদ্যত বিমানের চালকদের সঙ্গে বেতারে কথা বলা এবং তাঁকে প্রয়োজনীয় নির্দেশনা দেওয়া। **~ down to sb** তাচ্ছিল্য করে/অবজ্ঞাভরে কথা বলা: People felt resentment when the speaker ~ed down to them. **T~ing of** –এর কথাই যখন হচ্ছে: T~ing of music, how do you like electronic concert? **~ sth over** আলোচনা করা। **~ round sth** প্রসঙ্গে বা সিদ্ধান্তে না পৌঁছে কোনো বিষয়ে কথা বলতে থাকা। **~ to sb** (কথ্য) তিরস্কার করা; বকা দেওয়া। অতএব, ˈ**~·ing-to** *n* তিরস্কার; বকুনি: I shall give him a good ~ing-to. ২ কথা বলার শক্তি থাকা; কথা বলতে পারা: The baby can not ~. ৩ কোনো ভাষা বলতে পারা; বলা: ~ French/Arabic. ৪ আলোচনা করা: ~ business; ~ shop, দ্র. shop (২); ~ music. ˈ**~·ing-point** বিসংবাদের বিষয়; নিঃসংশয় করার মতো/মোক্ষম যুক্তি। ৫ কথায় প্রকাশ/ব্যক্ত করা: ~ sense/nonsense/treason. ৬ কথা বলে বলে একটা বিশেষ অবস্থায় নিয়ে আসা: ~ oneself hoarse, বকে বকে গলা ফাটানো/মুখে ফেনা ওঠানো। **~ sb into/out of doing sth** কিছু করতে/না করতে বুঝিয়ে সুজিয়ে রাজি করা: She ~ed her husband into buying a new dressing table. He ~ed his wife out of giving a party. **~ sb over/round** বুঝিয়ে সুজিয়ে দলে ভিড়ানো/স্বপক্ষে আনা: Try to ~ him over to your way of thinking. ৭ (বিবিধ প্রয়োগ): The police is trying to make the accused man ~, মুখ খোলা; Tell her to be tactful about her dealings—you know how people ~, গুজব রটানো; This myna can ~, মানুষের কথা নকল করা; কথা বলা। **~a·tive** [টো°কটিভ্] *adj* বাচাল, বাবদূক। **~er** *n* ১ (বিশেষত *adj*-সহ) কথক, বক্তা: a good/poor etc ~er. বাক্যবাগীশ, বাক্যনবাব, কথার ধোকড়: a mere ~er.

tall [টো°ল্] *adj* (-er, -est) ১ (ব্যক্তি সম্বন্ধে) লম্বা, দীর্ঘকায়, উন্নতকায়, প্রাংশু, ঢেঙা; (মাস্তুল, গাছ, মিনার প্রভৃতি সম্বন্ধে) দীর্ঘ, উচ্চ, উন্নত, প্রাংশু। ˈ**~-boy** (GB; US = highboy) *n* ৫/৬ ফুট উঁচু, শোবার ঘরের দেরাজওয়ালা আলমারি। ২ নির্দিষ্ট উচ্চতাবিশিষ্ট; লম্বা: He is six foot ~. ৩ (কথ্য) চড়া; আকাশচুম্বী; অত্যধিক; অপরিমিত। **a ~ order** অযৌক্তিক/অসম্ভব আবদার/দাবি; অসম্ভব দায়িত্ব। **a ~ story** গাঁজাখুরি। **~·ish** [-লিশ্] *adj* লম্বাটে, লম্বা গোছের।

tal·low [ট্যালৌ] *n* [U] মোম ইত্যাদি তৈরি করার জন্য (বিশেষত পশুর) শক্ত চর্বি; মেদ।

tally [ট্যালি] *n* [C] (*pl*-lies) ১ হিসাব, গণনা: Keep the ~. ২ শনাক্ত করার জন্য ব্যবহৃত টিকিট, চিরকুট ইত্যাদি। ˈ**~-clerk** *n* জাহাজঘাটে যে কর্মচারি মাল ইত্যাদি উঠানো–নামানোর হিসাব রাখে; মালনবিশ। ˈ**~·man** [-ম্যান্] *n* (*pl*-men) যে ব্যক্তি পণ্য বিক্রি করে সপ্তাহান্তে মূল্য আদায় করে। □*vi* (*pt, pp* -lied) **~ (with)** (কাহিনী, বর্ণনা, হিসাব ইত্যাদি সম্বন্ধে) মেলা: The accounts of the two men do not ~.

Tal·mud [ট্যাল্‌মুড্ US টা:ল্‌মুড্] *n* ইহুদি আইন এবং শিক্ষণীয় বিষয়ের সংগ্রহ।

talon [ট্যালন্] *n* শিকারি পাখির, যেমন ঈগলের, বাঁকানো নখর।

talus [ˈটেইলাস্] *n* (ভূতত্ত্ব) উঁচু খাড়া পাহাড়ের তলদেশে পাথরের ঢালু খণ্ডসমষ্টি।

tam·ar·ind [ট্যামারিন্‌ড্] *n* তেঁতুল গাছ বা তেঁতুল।

tam·ar·isk [ট্যামরিস্ক্] *n* [C] সমুদ্রের তীরের লবণাক্ত জমিতে জন্মানো চিরহরিৎ ঝাউগাছ।

tam·bour [ট্যাম্‌বুআ(র্)] *n* টিভি রাখার বাক্সের সামনের ঢাকনা যা গুটিয়ে রাখা যায়।

tam·bour·ine [ট্যাম্‌বারীন্] *n* বাদ্যযন্ত্রবিশেষ; খঞ্জনী।

tame [টেইম্] *adj* ১ (জন্তু সম্পর্কে) পোষা, পোষ-মানা। ২ (ব্যক্তি সম্পর্কে) নির্জীব; অনুগত: He is too ~ to raise his voice against his wife. ৩ নিষ্প্রাণ, নিরানন্দ: It was a ~ performance. □*vt* পোষ মানানো: to ~ a tiger. **~r** *n* যে পোষ মানায়।

tam-o'-shan·ter [ˌট্যাম্‌আ'শ্যান্টা(র্)], **tammy** [ট্যামি] *nn* গোল, পশমি বা কাপড়ের টুপিবিশেষ।

tamp [ট্যাম্প্] *vt* **~ sth down** আস্তে আস্তে টিপে বা হাল্কা আঘাত করে করে নীচে বসিয়ে দেওয়া: He ~ed down the tobacco in his pipe.

tam·pon [ট্যাম্‌পন্] *n* ঋতুকালে মহিলারা যে তুলা বা অন্যরকম শোষক পদার্থের তৈরি পট্টি ব্যবহার করে।

tan [ট্যান্] *n, adj* তামাটে বর্ণ; রোদে পুড়ে গাত্রবর্ণ যে বিশেষ রূপ ধারণ করে: I like tan leather shoes. He got a good tan while lived in San Francisco. □*vt, vi* ১ চামড়া পাকা করা (ট্যানারিতে) **tan sb's hide** (অশি.) কাউকে আচ্ছা করে পিটানো। ২ রোদে পুড়ে গাত্রচর্মকে তামাটে করা বা গাত্রবর্ণ তামাটে হওয়া। **~ner** *n* চামড়া পাকা করার কাজে নিয়োজিত কর্মী। **~nery** চামড়া পাকা করার কারখানা।

tan·dem [ট্যান্‌ডাম্] *n* দুই জনে চড়তে পারে এমন বাইসাইকেল।

tang [ট্যাঙ্] *n* তীব্র বা কটু স্বাদ অথবা গন্ধ: The water has a salt ~. **tangy** *adj* কটু স্বাদ বা গন্ধযুক্ত: The tobacco has a ~y aroma.

tan·gent [ট্যান্‌জান্ট্] *n* স্পর্শ করে কিন্তু ভেদ করে না এমন সরল রেখা;(জ্যামিতি.) স্পর্শক। **go/fly off at a ~** (লাক্ষ.) কোনো কর্মপন্থা, চিন্তাধারা থেকে সহসা অন্য দিকে মোড় পরিবর্তন করা।

tan·ger·ine [ট্যান্‌জা'রীন্] *n* ছোট আকারের, সুগন্ধযুক্ত, ঢিলা খোসাবিশিষ্ট কমলালেবু।

tan·gible ['ট্যান্‌জাব্‌ল্] *adj* ১ স্পর্শ দ্বারা বোধগম্য; ধরাছোঁয়া যায় এমন। ২ বাস্তব, শরীরী, নির্দিষ্ট: We need ~ proof. **tan·gibly** *adv.* **tan·gi·bil·ity** *n*

tangle[1] [ট্যাঙ্‌গ্‌ল্] *n* [C] ১ জট বা জট পাকানো অবস্থা। ২ তার, চুল ইত্যাদির জট। □*vt, vi* ১ জট পাকানো বা জট পাকিয়ে যাওয়া: My hair ~s easily. ২ **~ with sb** (কথ্য) কারো সাথে ঝগড়া বা ঝামেলায় জড়িয়ে পড়া।

tangle[2] [ট্যাঙ্‌গ্‌ল্] *n* [U] চামড়ার মতো দেখতে সামুদ্রিক শৈবালবিশেষ।

tango [ট্যাঙ্‌গৌ] *n* উচ্চণ্ড তালবিশিষ্ট দক্ষিণ আমেরিকার নৃত্যবিশেষ; এ রকম নৃত্যের উপযোগী সঙ্গীত।

tank [ট্যাঙ্ক্] *n* ১ তরল পদার্থ রাখার বড়ো পাত্র; আধার: The patrol ~ of a car; over-head water-tank. ২ (ভারতে, বাংলাদেশে) পুকুর, দিঘি, জলাধার। ৩ খাঁজকাটা চাকাঅলা যুদ্ধযানবিশেষ; ট্যাংক। **'~ trap** ট্যাংকের গতিরোধ করার জন্য তৈরি গভীর গর্ত বা প্রতিবন্ধক।

tank·ard [ট্যাঙ্‌কাড্] *n* বড়ো পানপাত্র, বিশেষ করে বিয়ার পানের জন্য ব্যবহৃত পাত্র।

tan·nic [ট্যানিক্] *adj* **~ acid** = tannin.

tan·nin [ট্যানিন্] *n* [U] ওক এবং অন্যান্য গাছ থেকে আহৃত এবং চামড়া পাকা করার কালি তৈরির কাজে ব্যবহৃত অম্ল পদার্থ বা কষবিশেষ।

tan·noy [ট্যানয়] *n* লাউডস্পিকারবিশেষ।

tansy [ট্যান্‌জ়ি] *n* হলুদ ফুল এবং তিক্ত পত্রবিশিষ্ট গুল্মবিশেষ (ঔষধ তৈরি এবং রান্নায় ব্যবহৃত)

tan·ta·lize [ট্যান্‌টালাইজ্] *vt* কোনো কিছু দেখিয়ে লোভের উদ্রেক করা, কিন্তু তা নাগালের বাইরে রেখে দেওয়া।

tan·ta·lum [ট্যান্‌টালাম্] *n* [U] (রস.) ধাতব পদার্থবিশেষ যার প্রতীক (Ta).

tan·ta·mount [ট্যান্‌টামাউন্ট্] *adj* **~ to** সমপরিমাণ, সদৃশ; সামিল: His absence in the meeting was ~ to violation of discipline.

tan·trum [ট্যান্‌ট্রাম্] *n* [C] বদমেজাজের ঘোর; ক্রোধান্বিত অবস্থা: He flies into ~s at the slightest provocation.

tap[1] [ট্যাপ্] *n* ১ তরলপদার্থ বা গ্যাসের নির্গম-নলের মুখ। **on tap** ট্যাপযুক্ত; ঢেলে নেওয়ার জন্য তৈরি; (লাক্ষ.) প্রয়োজনের সময় ব্যবহারোপযোগী। **'tap-room** *n* (সরাইখানা ইত্যাদিতে) যে কক্ষে মদের পিপা রাখা হয়। **'tap-root** গাছের মূল শিরা। ২ পিপার ছিপি। □*vt* ১ **tap (off) sth (from sth)** ট্যাপ খুলে তরল পদার্থ ঢেলে নেওয়া: tap off wine from a cask. ২ সংগ্রহ করা: tap sb for money/information. ৩ পিপা ইত্যাদিতে ছিপি লাগানো।

tap[2] [ট্যাপ্] *n* [C] ১ টোকা; চাপড়: I heard a tap on the door. **'tap-dancing** *n* পা, পায়ের গোড়ালি বা আঙুল দিয়ে টোকা দিয়ে তাল ঠুকে নাচ। ২ **taps** (US সেনাবাহিনী) আলো নিভিয়ে ফেলার জন্য ড্রাম বা বিউগল বাজিয়ে দিনের শেষ সঙ্কেত। □*vt, vi* টোকা দেওয়া; চাপড় দেওয়া: He tapped me on the shoulder.

tape [টেইপ্] *n* [C, U] ১ পার্সেল বাঁধার জন্য কিংবা পোশাক তৈরিতে ব্যবহৃত ফিতা। **'~-measure** কাপড় ইত্যাদির দৈর্ঘ্য মাপার জন্য ব্যবহৃত ফিতা। **'~-worm** ফিতা-ক্রিমি। ২ (**'ticker-)~** টেলিপ্রিন্টারে স্বয়ংক্রিয়ভাবে খবর ছাপা হওয়ার সরু কাগজের রোল। **'insulating ~** বৈদ্যুতিক সংযোগকে নিরাপদ করার জন্য ব্যবহৃত কাপড়ের আঠালো টেপ। **magnetic ~** চুম্বকায়িত প্লাস্টিক ফিতা যার উপর শব্দ, ছবি, তথ্য ইত্যাদি মুদ্রিত হয়: (কম্পিউটারে ব্যবহারের জন্য) **red ~,** দ্র. red, adj (৩). **'~ deck** hi-fi system-এর অন্যতম অংশ। **'~-recorder** শব্দ রেকর্ড করার এবং রেকর্ডকৃত শব্দ বাজিয়ে শোনার যন্ত্র; টেপরেকর্ডার। ৩ দৌড় প্রতিযোগিতায় সমাপনী রেখায় টানানো ফিতা। **breast the ~** এই ফিতাকে বুকে স্পর্শ করে প্রতিযোগিতায় বিজয়ী হওয়া। □*vt* ১ ফিতা দ্বারা বাঁধা। ২ চুম্বকায়িত ফিতায় শব্দ ইত্যাদি ধারণ। ৩ (কথ্য) **have sth/sb ~d** কাউকে/কোনো কিছুকে সম্পূর্ণ বোঝা।

taper[1] [টেইপা(র্)] *n* [C] খুব সরু মোমবাতি; মোম লাগানো সুতা, অগ্নি-সংযোগে যা আলো দেয়।

taper[2] [টেইপা(র্)] *vt, vi* একদিকে ক্রমাগত সরু হয়ে যাওয়া: One end of the cloth ~s.

tap·es·try [ট্যাপিস্‌ট্রি] *n* [C, U] রঙিন পশমি সুতা দ্বারা অলঙ্কৃত চিত্রিত কাপড়খণ্ড (সাধা. দেয়াল বা আসবাব ঢাকার জন্য)। **tap·es·tried** *adj* এ ধরনের চিত্রিত কাপড় দ্বারা সজ্জিত।

tapi·oca [ট্যাপি'ঔকা] *n* কাসাভা-মূল থেকে প্রাপ্ত শর্করাজাত খাদ্য।

tap·ster [ট্যাপ্‌স্টা(র্)] *n* বিয়ার, মদ ইত্যাদি পরিবেশনের জন্য নিযুক্ত ব্যক্তি।

tar [টা:(র্)] *n* আলকাতরা। **tar-macadam** = tarmac. □*vt* আলকাতরা লেপন করা। **tar and feather sb** কারো গায়ে আলকাতরা মাখিয়ে তারপর

পালক গুঁজে দিয়ে শাস্তি দেওয়া। **tarred with the same brush** একই দোষে দোষী হওয়া।

ar·an·tella [ট্যারান্'টেলা] **tar·an·telle** [ট্যারানাটেল] *n* দ্রুত লয়ের ইতালীয় যুগল নাচ; এমন নাচের জন্য সঙ্গীত।

tar·boosh [টা:'বুশ্] *n* মুসলিম পুরুষদের ব্যবহৃত কিনারাবিহীন ফেজ টুপিবিশেষ।

tardy ['টা:ডি] *adj* ১ ধীর; ধীরগতিসম্পন্ন; দেরিতে আগত বা দেরিতে সম্পন্ন: The progress has been ~.

tare [টেঅ্যা(র্)] *n* জ্বালানির ওজন বাদ দিয়ে মোটর গাড়ির ওজন; পণ্যবাহী যানের পণ্যসহ ওজন থেকে পণ্যের ওজন নির্ণয়ের জন্য যে ওজন বাদ দেওয়া হয় অর্থাৎ যানের ওজন।

tar·get [টা:গিট্] *n* ১ লক্ষ্যবস্তু। ২ যে বস্তু, ব্যক্তি, পরিকল্পনা ইত্যাদির প্রতি সমালোচনা বর্ষিত হয়: The Prime Minister was the ~ of criticism in the Bofors scandal. ২ (উৎপাদন ইত্যাদির) লক্ষ্যমাত্রা।

tar·iff ['ট্যারিফ্] *n* ১ ভাড়া, মূল্য তালিকা। ২ আমদানি-রপ্তানির শুল্ক; কোনো বিশেষ শ্রেণীর আমদানি দ্রব্যের উপর আরোপিত ট্যাক্স।

tar·mac [টা:ম্যাক্] *n* [U] আলকাতরা, নুড়ি ইত্যাদির মিশ্রণ—যা রাস্তা, বিমানবন্দরের রানওয়ে ইত্যাদির উপরিতল নির্মাণে ব্যবহৃত হয়।

tarn [টা:ন্] *n* ক্ষুদ্র পার্বত্য হ্রদ।

tar·nish [টা:নিশ্] *vi, vt* নিষ্প্রভ করা; নিষ্প্রভ হওয়া: The scandal ~ed her reputation. □*n* নিষ্প্রভতা; পালিশের ক্ষয়প্রাপ্তি।

tar·pau·lin [টা:'পৌ°লিন্] *n* [C, U] জল-অভেদ্য মোটা ক্যাম্বিস কাপড়; ত্রিপল; তেরপল।

tar·ra·gon [ট্যারাগান্ US -গন্] *n* [U] সালাদে ব্যবহৃত তীব্র স্বাদযুক্ত গুল্মবিশেষ।

tarry [টা:রি] *adj* আলকাতরার মতো; আলকাতরায় লেপা।

tar·sal [টা:স্ল্] *adj* (ব্যব.) পায়ের গোড়ালি সংক্রান্ত।

tart[1] [টা:ট্] *adj* তিক্ত; কটুস্বাদযুক্ত; অম্ল; (লাক্ষ.) তীক্ষ্ণ: ~ fruit; a ~ comment. **~·ly** *adv.* **~·ness** *n*

tart[2] [টা:ট্] *n* ফলের চাটনিবিশেষ।

tart[3] [টা:ট্] *n* (অশিষ্ট.) বেশ্যা। □*vt* **~ sth/sb up** (কথ্য) জাঁকজমকপূর্ণ করা; বাহ্যিক আকর্ষণযুক্ত করা; বেশ্যাদের মতো সাজগোজ করা।

tar·tan ['টা:টন্] *n* [U] চৌকা ছককাটা স্কটল্যান্ডীয় পশমি কাপড়।

tar·tar [টা:ট(র্)] *n* [U] ১ দাঁতের ছাতা; দন্তমল। ২ মদ গাজানোর ফলে পিপায় যে ছাতা পড়ে। **cream of ~** এ ধরনের ছত্রাকের সাথে বেকিং সোডা মিশিয়ে যে বেকিং পাউডার তৈরি হয়। **~ic acid** আঙুর, কমলালেবুর রসে পাওয়া যায় এমন অম্ল।

Tartar [টা:ট(র্)] *n* তাতার দেশের অধিবাসী; দুর্বিনীত, হিংস্র প্রকৃতির লোক।

task [টা:স্ক্ US ট্যাস্ক্] *n* [C] কাজ; বিশেষত শক্ত কাজ: It is a hard ~. **take sb to ~ (about/for sth)** কাউকে তিরস্কার করা। **'~-force** কোনো বিশেষ উদ্দেশ্যে নিয়োজিত নৌবাহিনী ইত্যাদির অংশ। **'~-master/- mistress** *nn* কঠোর কর্মদাতা। □*vt* কাজের ভার দেওয়া; কাজ চাপানো।

tas·sel [ট্যাস্ল্] *n* শোভা বাড়ানোর জন্য (পর্দা, পোশাক ইত্যাদি থেকে) ঝুলিয়ে দেওয়া সূত্রগুচ্ছ; টাসেল। **~ed** সূত্রগুচ্ছ-যুক্ত।

taste[1] [টেইস্ট্] *n* ১ **the ~** মিষ্টতা, তিক্ততা, লবণাক্ততা প্রভৃতির উপলব্ধি। **~ bud** *n* জিহ্বায় অবস্থিত স্বাদ নিরূপক কোষগ্রন্থি। ২ [C, U] উক্ত উপলব্ধি দিয়ে যাচাইকৃত পদার্থের গুণ: The hag-palm has a sour and sweet ~; Quinine has a bitter ~. leave a bad/nasty ~ in the mouth; (সাহিত্য. অথবা লাক্ষ.) তিক্তস্বাদ রেখে যাওয়া। ৩ (সাধা. **a ~ (of)**) আস্বাদনের বা চোখে দেখার জন্য ক্ষুদ্র অংশ। ৪ [C, U] **~ (for)** রুচি; পছন্দ: She has a ~ for good clothes. ৫ সৌন্দর্য উপলব্ধির ক্ষমতা (বিশেষত শিল্প ও সাহিত্যের ক্ষেত্রে): He has excellent ~ for art. **(be) in good/ bad/ poor/ excellent etc ~** আস্বাদনের ক্ষমতার ভালোভাবে/ মন্দভাবে প্রকাশ ঘটানো। **~·ful** *adj* রুচিকর; সুস্বাদু; রুচিসম্মত; সৌন্দর্যবোধপূর্ণ। **~·fully** *adv.* **~·less** বিস্বাদ; নীরস। **~·less·ly** *adv.* **tasty** *adj* সুস্বাদু।

taste[2] [টেইস্ট্] *vt, vi* ১ স্বাদ গ্রহণ করা; আস্বাদনপূর্বক উপলব্ধি করা: We can taste with the help of our tongue. ২ **~ (of)** বিশেষ স্বাদ থাকা: The tea ~s of ginger. ৩ চেখে দেখা: The cook ~ed the meat to see whether it was fully done. ৪ অভিজ্ঞতা অর্জন করা: He tasted misfortune in his life. **~r** আস্বাদ গ্রহণকারী; খাদ্যদ্রব্য চেখে পরীক্ষা করার জন্য নিয়োজিত ব্যক্তি।

tat[1] [ট্যাট্] *vt, vi* সেলাইয়ের সুতা থেকে হাতে লেইস তৈরি করা।

tat[2] [ট্যাট্] *n* লেইসের মতো জটিল, প্যাঁচালো ব্যক্তি বা জিনিস।

tat[3] [টাট্] *n* দ্র. tit[2]

ta ta [টা'টা:] *int* (শিশুর ভাষা) বিদায়; খোদা হাফেজ।

tat·ter ['ট্যাটা(র্)] *n* (সাধা. *pl*) ছিন্নবস্ত্র; ন্যাকড়া। বিচূর্ণীত অবস্থা: tear sb's reputation to ~s, (লাক্ষ.) সম্মান বিনষ্ট করা। **~ed** *adj* (বস্ত্র সম্পর্কে) জীর্ণ; ছিন্নভিন্ন। **~·de·malion** *n* ছিন্নবস্ত্রপরিহিত লোক।

tat·ting [ট্যাটিঙ্] *n* [U] সেলাইয়ের সুতা দিয়ে হাতে বানানো লেইসবিশেষ।

tattle [ট্যাট্ল্] *vi, vt* বকবক করা। □*n* [U] বাজে আলাপ। **tat·tler** যে ব্যক্তি বাজে বকে।

tat·too[1] [টা'টূ US ট্যা'টূ] *n* ১ সৈন্যদেরকে শিবিরে ফিরিয়ে আনার জন্য ঢাকের আওয়াজ বা অন্য কোনো সঙ্কেত। ২ ক্রমাগত টোকার শব্দ। ৩ সৈন্যদের নৈশ নৃত্যগীতের উৎসব।

tat·too[2] [টা'টূ US ট্যা'টূ] *vt* উল্কি আঁকা: He ~ed his name on his forearm. □*n* উল্কি।

taunt [টো°ন্ট্] *n* [C] কারো অনুভূতিতে আঘাত দেওয়ার উদ্দেশ্যে মন্তব্য; বিদ্রূপ। **~·ing·ly** *adv* বিদ্রূপাত্মকভাবে।

Taurus ['টো°রাস্] *n* (জ্যোতিষ.) রাশিচক্রের দ্বিতীয় রাশি; বৃষরাশি।

taut [টো°ট্] *adj* (দড়িদড়া, তার ইত্যাদি সম্বন্ধে) শক্তভাবে বাঁধা; আঁটো; (লাক্ষ. নার্ভ সম্বন্ধে) উত্তেজিত।

taut·ol·ogy [টো°টলাজি] *n* [U] একই কথা বিভিন্নভাবে ঘুরিয়ে ফিরিয়ে বলা (কিন্তু যাতে অর্থ স্পষ্ট হয় না); অর্থহীন পুনরাবৃত্তি; [C] এ রকম পুনরাবৃত্তির ঘটনা। **tauto·logical** *adj*

tav·ern [ট্যাভান্] *n* (প্রাচীন অথবা সাহিত্য.) সরাইখানা।

taw·dry [টো°ড্রি] *adj* রুচিহীনভাবে জমকালো; চটকদার: ~ jewellery/dresses. **taw·drily** *adv.* **taw·dri·ness** *n*

tawny [টো°নি] *adj* তামাটে।

tax [ট্যাক্স্] *n* ১ [C, U] কর, খাজনা। **ˈtax-collector** কর আদায়কারী। **ˈtax-payer** করদাতা। **ˌtax-ˈfree** করমুক্ত। ২ **a tax on** বোঝা, চাপ: The journey was a tax on my health. □*vt* ১ করারোপ করা। ২ বোঝা চাপানো; চাপ দেওয়া। ৩ **tax sb with sth** কাউকে কোনো বিষয়ে অভিযুক্ত করা: He was taxed with neglect of his duties. ৪ (আইন.) কোনো মামলার খরচ নির্ধারণ করা। **tax·able** করারোপযোগ্য। **tax·ation** *n* করারোপের মাধ্যমে অর্থসংগ্রহ; প্রদানযোগ্য করের পরিমাণ।

taxi [ট্যাক্সি] *n* (অথবা **~·cab**) ভাড়াটে মোটরগাড়ি, ট্যাক্সি। **~-rank** যেখানে ভাড়ার অপেক্ষায় ট্যাক্সি দাঁড়ানো থাকে। □*vt, vi* (বিমান সম্পর্কিত) রানওয়ের উপর দিয়ে চাকার সাহায্যে দ্রুত চলা বা চালানো।

taxi·dermy [ট্যাক্সিডার্মি] *n* [U] মৃত পশুর চামড়ার ভিতর খড় ইত্যাদি ভরে তাকে জীবন্তের ন্যায় দেখানোর বিদ্যা। **taxi·der·mist** *n* উপরোক্ত বিদ্যায় পারদর্শী ব্যক্তি।

tax·on·omy [ট্যাক্ˈসনামি] *n* [U,C] শ্রেণীকরণের সূত্রাবলী।

tea [টী] *n* [U] ১ চা গাছ বা চা পাতা; চা পাতা থেকে প্রস্তুত পানীয়; চা। **not my cup of tea** (লাক্ষ.) আমার যে রকম জিনিস পছন্দ তা নয়। **ˈtea-break** চা-বিরতি। **ˈ~-caddy** দৈনন্দিন ব্যবহারের চা রাখার জন্য বায়ুনিরোধক বাক্স। **ˈtea·cup** চায়ের পেয়ালা। **a storm in a teacup** চায়ের পেয়ালায় ঝড় অর্থাৎ সামান্য ব্যাপার নিয়ে তুলকালাম কাণ্ড। **ˈtea-garden** চা-বাগান; চা এবং অন্যান্য হালকা খাবার যে বাগান সদৃশ জায়গায় বসে খাওয়া হয়। **ˈtea-house** *n* (জাপান এবং চীনে) রেস্টুরেন্ট, যেখানে চা বিক্রি হয়। **ˈtea-kettle** চায়ের কেতলি। **ˈtea-leaf** চা-পাতা। **ˈtea-party** বৈকালিক চা-পানের আসর। **ˈtea·pot** চা তৈরি করার পাত্রবিশেষ। **ˈtea·room** যে রেস্তোরাঁয় চা ও জলখাবার পাওয়া যায়। **ˈtea-service/-set** চা তৈরি ও পান করার বাসন কোসন, যথা পেয়ালা, পিরিচ, টিপট ইত্যাদি। **ˈtea·spoon** *n* চা-চামচ। **ˈtea·spoon·ful** *adj* চা-চামচের সমপরিমাণ। **ˈtea-strainer** *n* চা-ছাঁকনি। **ˈtea-table** চায়ের টেবিল। **ˈtea-taster** চা-পান করে এর গুণাগুণ নির্ধারণে সক্ষম ব্যক্তি। **ˈtea-things**, দ্র. tea-set. **ˈtea-time** *n* [U] বৈকালিক চা-নাস্তা খাওয়ার সময়। **ˈtea-towel** চায়ের সরঞ্জাম ধোয়ার পর মোছার জন্য তোয়ালে। **ˈtea-tray** চায়ের সরঞ্জাম বহনের পাত্র। **ˈtea-trolly/ -wagon.** চা পরিবেশনের কাজে ব্যবহৃত চাকাঅলা ছোট টেবিল। ২ চা-চক্র (বৈকালিক): We were invited to tea by the Vice-Chancellor. **high tea** পেটভরা খাবারসহ চা (সাধা. দ্বিপ্রাহরিক ও সান্ধ্য খাবারের সময়ের মধ্যবর্তী কালে।)

teach [টীচ্] *vt, vi* শিক্ষা দেওয়া; শেখানো; অধ্যাপনা করা: She teaches in a school; Mr Ali taught us English. I taught my son (how) to swim; খারাপ আচরণ থেকে বিরত করার জন্য শাসানো: I will teach you a lesson if you do this again. **~·able** *adj* শিক্ষাদানযোগ্য। **~er** শিক্ষক। **~·ing** *n* ১ শিক্ষকের কাজ: He earns a living by ~ing. ২ শিক্ষাবস্তু, উপদেশ: Muslims follow the ~ings of Prophet Mohammad (sm).

teak [টীক্] *n* সেগুন গাছ বা সেগুন কাঠ।

teal [টীল্] *n* একপ্রকার ছোট, বুনো হাঁসবিশেষ।

team [টীম্] *n* [C] ১ একত্র জোয়ালে বা গাড়িতে জোতা (দুই বা অধিক) প্রাণী। ২ পরস্পর সহযোগিতা করে কাজ বা খেলা করে এমন ব্যক্তিবর্গ; কর্মীদল; খেলোয়াড়ি টিম: Our team won the match. **ˈ~-work** দলগত কাজ; সুশৃঙ্খল পারস্পরিক সহযোগিতা। **~ spirit** নিজের ব্যক্তিগত কৃতিত্ব ফলানোর চেষ্টা না করে দলের সমষ্টিগত সাফল্যের জন্য অন্যদের সাথে মিলেমিশে কাজ করার মনোবৃত্তি। □*vi* **~ up (with sb)** (কথ্য) অন্যের সাথে মিলে কাজ করা। **~·ster** *n* একসাথে জোয়ালবদ্ধ পশুর চালক; (US) ট্রাকচালক।

tear[1] [টিআ(র্)] *n* [C] চোখের জল, অশ্রু: Tears were rolling down his cheeks. **ˈ~-drop** *n* একফোঁটা অশ্রু। **ˈ~-gas** যে গ্যাস চোখে লাগলে চোখে জল আসে। **~·ful** *adj* অশ্রুপূর্ণ। **~·fully** *adv.* **~·less** *adj* অশ্রুহীন।

tear[2] [টেআ(র্)] *vt, vi* (*pt* tore, *pp* torn) ১ ছেঁড়া; ছিঁড়ে ফেলা; ছিন্ন করা: Tear the piece of paper into two. **torn clothes** ছিন্নবস্ত্র; ছেঁড়া পোশাক। ২ **~ oneself away (from)** স্থান ত্যাগ করা; কোনো কিছু থেকে নিজেকে ছাড়িয়ে নেওয়া: The boy could scarcely ~ himself away from the TV programmes. ৩ (সাধা. passive) শান্তি বিঘ্নিত করা: The country was torn by civil strife. **torn between** দুই বিপরীতধর্মী টানের ভিতরে পড়ে ক্ষতবিক্ষত হওয়া। ৪ ছিন্ন হওয়া: This newsprint tears easily. ৫ উত্তেজিতভাবে বা খুব দ্রুত কোথাও যাওয়া: The boy tore down the street. □*n* [C] কাপড়, কাগজ ইত্যাদিতে ছেঁড়া, কাটা জায়গা: There are several ~s on this shirt.

tease [টীজ্] *vt* ১ ঠাট্টা করা; বিরক্ত করা; প্রশ্ন করে বিব্রত করা; খেদানো: The husband ~d the wife about her short hair. ২ আঁশ বা তন্তু বা ফেঁসো বের করা অথবা কাপড়ের উপরিভাগকে এভাবে ফাঁপিয়ে তোলা: ~ wool. □*n* ১ যে ব্যক্তি অন্যদের সাথে ঠাট্টা মশকরা করতে ভালোবাসে। ২ (কথ্য) কঠিন প্রশ্ন বা কাজ। **teas·ing·ly** *adv* ঠাট্টাছলে।

tea·sel, tea·zel, teazle [টীজ্‌ল্] *n* বাঁকানো শীর্ষবিশিষ্ট এবং কাঁটাঅলা একপ্রকার ফুলের গাছ বা ঐ ফুল।

teat [টীট্] *n* স্তন বা স্তনের বোঁটা।

tech [টেক্] *n* technical college-এর কথ্য সংক্ষেপ।

tech·ne·tium [টেক্ˈনেটিঅম্] *n* [U] (রস.) তেজস্ক্রিয় পদার্থবিশেষ (Tc)।

tech·ni·cal [টেক্নিকল্] *adj* ১ প্রযুক্তিগত; প্রায়োগিক কৌশলসংক্রান্ত: ~ difficulties, প্রযুক্তিগত ব্যবহারিক অসুবিধা। ২ বিশেষ বিজ্ঞান, কৌশল বা শিল্পের সাথে সংযুক্ত, পরিভাষাগত: ~ terms/training. **~ college** Polytechnic-এর পূর্বতন নাম। **~·ly** *adv.* **~·ity** কলাকৌশলগত খুঁটিনাটি।

tech·ni·cian [টেক্ˈনিশ্ন্] *n* প্রয়োগবিদ, প্রকৌশলী, যন্ত্রকারিগর।

tech·ni·color [টেক্নিকালা(র্)] *n* চলচ্চিত্রে রঙিন ছবি তোলার প্রণালী।

tech·nique [টেক্ˈনীক্] *n* কৌশল; সঙ্গীত, চিত্রকলা ইত্যাদিতে বিশেষ দক্ষতা, প্রকাশশৈলী বা প্রকাশভঙ্গি।

tech·noc·racy [টেক্নক্রসি] *n* প্রয়োগবিদ্যাকুশলীদের দ্বারা পরিচালিত শিল্প-সংগঠন; কোনো দেশের এমন শিল্পব্যবস্থা, যেখানে প্রয়োগবিদরাই সকল নীতি নির্ধারণ ও পরিচালনা করে থাকে। **tech·no·crat** *n* technocracy-এর সমর্থক, সদস্য ইত্যাদি।

tech·nol·ogy [টেক্ˈনলাজি] *n* [U] প্রযুক্তি: Computer ~, কম্পিউটার প্রযুক্তি। **tech·nol·ogist** *n* প্রযুক্তিবিদ, প্রযুক্তিবিশ। **tech·nol·ogi·cal** *adj* প্রযুক্তিগত।

teddy bear [ˈটেডি বেআ(র্)] *n* শিশুর খেলনা ভালুক।
Teddy Boy [ˈটেডি বয়্] (কথ্যরূপ Ted) (GB) পঞ্চাশ এবং ষাটের দশকের উঠতিবয়সী তরুণ, যারা রাজা সপ্তম এডওয়ার্ডের কালের পোশাকের মতো জামাকাপড় পরত।
Te Deum [টী ডীঅম্] *n* লাতিন ধর্মসঙ্গীত যার শুরু এভাবে—Te Deum Laudamus ('আমরা তোমার স্তুতি করি প্রভু!')
tedi·ous [টীডিঅস্] *adj* ক্লান্তিকর; অনাকর্ষণীয়; বিরক্তিকর: Proofreading is a tedious job. **~·ly** ক্লান্তিকরভাবে। **~·ness** *n.* **te·dium** *n* ক্লান্তিকরতা; একঘেয়েমি; বিরক্তি।
tee [টী] *n* ১ (গলফ্) উঁচু স্থান (বালির ঢিবি) যেখান থেকে খেলোয়াড় তার বলটিকে গর্তের দিকে ঠেলে দেন। **ˈtee-shirt** *n* =T-shirt, দ্র. T. ২ কোনো কোনো খেলায় ব্যবহৃত লক্ষ্যস্থল। **to a tee/ T** নিখুঁতভাবে। □*vt, vi* **tee (the ball) up** বলকে tee-তে স্থাপন।
teem[1] [টীম্] *vi* ১ অনেক সংখ্যায় বর্তমান থাকা: Fish ~ in this lake. ২ **~ with** প্রচুর পরিমাণে ধারণ করা: Bangladesh is ~ing with people.
teem[2] [টীম্] *vi* **~ (down) (with)** (বৃষ্টি ইত্যাদি) অঝোর ধারায় নেমে আসা; প্রবল বর্ষণ হওয়া: The rain was teeming down.
teens [টীন্জ্] *n* ১৩ থেকে ১৯ বছর পর্যন্ত বয়স: The boy is in his teens. **teen·age** *adj* ১৩ থেকে ১৯ বছরের মধ্যে বয়স এমন। **teen·ager** এমন বয়সী ছেলে/ মেয়ে।
teeny [টীনি] *adj* = tiny.
teeny-bop·per [টীনিবপা(র্)] *n* ফ্যাশনসচেতন টিন্এজ্ তরুণ।
tee·ter [টীটা(র্)] *vi* টলমলভাবে হাঁটা বা দাঁড়ানো: The oldman is teetering with a stick in hand.
teeth [টীথ্] tooth এর *pl*
teethe [টীদ্] *vi* (শুধু progressive tense, gerund ও pres part–এ ব্যবহৃত) (শিশুর) দাঁত ওঠা: The child is teething. **ˈteething troubles** প্রথম দাঁত ওঠার সময়ে শিশুর যেসব অসুবিধা দেখা দেয়; (লাক্ষ.) কোনো কর্মের শুরুতে যেসব বাধা বিপত্তি দেখা দেয়।
tee·total [টীটৌট্ল্] *adj* অ্যালকোহলিক পানীয় পান বিরোধী। **~·ler** *n* যে ব্যক্তি মদ্যপান থেকে বিরত থাকেন।
tegu·ment [ˈটেগিউমান্ট্] *n* (সাধা. in tegument) প্রাণীর শরীরের প্রাকৃতিক শক্ত আবরণ, যেমন কচ্ছপের খোল।
tele·com·muni·ca·tions [টেলিকামিউনিˈকেইশ্‌ন্জ্] *n, pl* তার, টেলিগ্রাফ, টেলিফোন, বেতার অথবা টিভির মাধ্যমে যোগাযোগের ব্যবস্থা।
tele·gram [ˈটেলিগ্র্যাম্] *n* [C] টেলিগ্রাফির মাধ্যমে পাঠানো বার্তা।
tele·graph [ˈটেলিগ্রাফ্ US ˈটেলিগ্র্যাফ্] *n* তারের মাধ্যমে বৈদ্যুতিক তরঙ্গ পাঠিয়ে অথবা বিনা তারে খবরাখবর পাঠানোর ব্যবস্থা বা যন্ত্র। **ˈ~-post/ -pole** *nn* টেলিগ্রাফের তারের খুঁটি। **bush ~** ধোঁয়ার কুণ্ডলী অথবা ঢেঁড়া পিটিয়ে দূরে বার্তা–সঙ্কেত পৌঁছানোর ব্যবস্থা। □*vt, vi* টেলিগ্রাফের মাধ্যমে বার্তা প্রেরণ করা। **tel·egra·pher** টেলিগ্রাফের বার্তা গ্রহণ ও প্রেরণে প্রশিক্ষিত ব্যক্তি। **~ic** *adj* টেলিগ্রাফের মাধ্যমে প্রেরিত/প্রাপ্ত; টেলিগ্রাফের উপযুক্ত; টেলিগ্রাফসংক্রান্ত। **a ~ic address** সংক্ষিপ্ত ঠিকানা যা টেলিগ্রাফে ব্যবহৃত হয়। **~i·cally** *adv.* **~ese** *n* [U] টেলিগ্রাফে ব্যবহৃত সংক্ষিপ্ত ভাষা। **~ist** *n.* **~y** *n* টেলিগ্রাফের মাধ্যমে বার্তা গ্রহণ ও প্রেরণের বিদ্যা।
te·lem·etry [টিˈলেমট্রি] *n* [U] রেডিওর মাধ্যমে স্বয়ংক্রিয় উপায়ে উপাত্ত প্রেরণ ও পরিমাপণের পদ্ধতি।
tele·ol·ogy [টেলিˈঅলাজি] *n* পরমকারণবাদ— পৃথিবীর সবকিছু একটি বিশেষ উদ্দেশ্যে, বিশেষ পরিকল্পনামাফিক সৃষ্টি হয়েছে এমন বিশ্বাস বা মতবাদ (এই মতবাদ যান্ত্রিক বিশ্বের ধারণার বিপরীত)। **teleo·logi·cal** *adj* . **teleol·ogist** *n* পরমকারণবাদে বিশ্বাসী ব্যক্তি।
tel·epa·thy [টিˈলেপাথি] *n* ১ টেলিপ্যাথি; ইন্দ্রিয়ের সাহায্য ছাড়া মন জানাজানি। ২ (কথ্য) অন্যের চিন্তা বা অনুভূতি দ্রুত বুঝে নেওয়ার ক্ষমতা। **tele·pathic** *adj.* **tel·epa·thist** *n* টেলিপ্যাথি চর্চাকারী ব্যক্তি; এমন ক্ষমতাসম্পন্ন ব্যক্তি।
tele·phone [ˈটেলিফৌন্] *n* (কথ্যরূপ phone) তারের মাধ্যমে বৈদ্যুতিক তরঙ্গ পাঠিয়ে মানুষের কণ্ঠস্বর প্রেরণের মাধ্যম, পদ্ধতি; এই পদ্ধতিতে ব্যবহৃত যন্ত্র (গ্রাহক–যন্ত্র এবং মাউথপীস্‌সহ): When the phone rang, I was in the kitchen. I answerd the phone (গ্রাহকযন্ত্র উঠিয়ে উত্তর দেওয়া)। **ˈ~ booth** পাবলিক টেলিফোনের ছোট কুঠুরি। **ˈ~ directory** (অপিচ phone-book) টেলিফোন গ্রাহকদের নাম ও ঠিকানা সংবলিত তালিকা। **ˈ~ exchange** টেলিফোনের সংযোগ ঘটানোর স্থান। □*vt, vi* টেলিফোনের মাধ্যমে সংবাদ প্রেরণ: He (tele)phoned me last night. **tel·eph·ony** *n* টেলিফোনের মাধ্যমে বার্তা প্রেরণ ও গ্রহণ প্রক্রিয়া; দূরভাষণ। **tel·ephon·ist** টেলিফোন এক্সচেনজের অপারেটর।
tele·photo [টেলিˈফৌটৌ] *n* ১ **~ lens** = telescopic lens. ২ (কথ্য সংক্ষিপ্তরূপ) টেলিগ্রাফ। **~·graph** (ক) টেলিফোটো লেন্সের সাহায্যে তোলা ছবি। (খ) টেলিফটোগ্রাফির মাধ্যমে গৃহীত বা প্রেরিত ছবি। **tele·pho·togra·phy** *n* [U] ১ দূরের বস্তুর ছবি তোলার প্রক্রিয়া। ২ দূর থেকে ছবি গ্রহণ ও দূরে ছবি প্রেরণের প্রক্রিয়া।
tele·prin·ter [ˈটেলিপ্রিন্টা(র্)] *n* খবর আদানপ্রদানের টেলিগ্রাফ যন্ত্র (যাতে প্রেরক অপারেটর তারবার্তাটি টাইপ করেন এবং গ্রহণযন্ত্রে একই সাথে যে বার্তা স্বয়ংক্রিয়ভাবে টাইপ হয়ে যায়)।
tele·promp·ter [ˈটেলিপ্রম্প্টা(র্)] *n* টেলিভিশনের খবর পাঠকদের সামনের যে যন্ত্রে তাদের পাঠ্য লেখাটি বড়ো হরফে ভেসে ওঠে এবং যা দেখে তারা খবর পাঠ করেন (এতে দর্শকদের মনে হয় খবর পাঠক সরাসরি তার দিকে চেয়ে কথা বলছেন)।
tele·scope [ˈটেলিস্কৌপ্] *n* দুরবিন। **ˌradio-ˈ~**, দ্র. radio. **tele·scopic** *adj* ১ দুরবিন দ্বারা দেখা যায়, দুরবিনে ব্যবহৃত হয় এমন: a telescopic lens, দূরের বস্তুর ছবি তোলার জন্য ব্যবহৃত ক্যামেরা লেন্স; a telescopic sight, রাইফেল ইত্যাদিতে সংযুক্ত লক্ষ্যবস্তু স্থিরকারী কৌশল। ২ এমন বস্তু যার এক অংশ অন্য অংশের ভিতর ঢুকে যায়: a telescopic aerial (বহনযোগ্য রেডিওতে যেমনটি থাকে)।
tele·type·writer [টেলিˈটাইপ্‌রাইটা(র্)] *n* (US) = teleprinter.
tele·vi·sion [টেলিভিজ্‌ন্] *n* ১ [U] (সংক্ষিপ্তরূপ টিভি অথবা কথ্যরূপ টেলি, telly) দূরদর্শন; টেলিভিশন। ২ বস্তুর ছবি সম্প্রচারের কৌশল। **tele·vise** *vi* টেলিভিশনের মাধ্যমে সম্প্রচার: The SAF games were televised.

telex [টেলেক্স্] *n* টেলিপ্রিন্টারের সাহায্যে যোগাযোগের ব্যবস্থা।

tel·fer [টেল্ফা(র্)] = telpher.

tell [টেল্] *vt, vi* (*pt, pp* told) ১ **~ sth (to sb), ~ sb sth** বলা, জানানো (কথায় অথবা লেখার মাধ্যমে): He told the news to his father. T~ me your name. **I told you so** আমি তোমাকে আগেই বলেছিলাম এ রকম ঘটবে। **you're ~ing me** ! আমি তোমার সাথে সম্পূর্ণ একমত। **T~ me another** আমি তোমার কথা বিশ্বাস করছি না। **~ the world** (কথ্য) সবাইকে জানিয়ে দাও। ২ উচ্চারণ করা; কথায় প্রকাশ করা: Don't tell a lie. **~ the tale** (কথ্য) সহানুভূতি পাওয়ার জন্য করুণ গল্প শোনানো। **~ tales about/on sb** শত্রুতাবশত কারো গোপন কথা প্রকাশ করে দেওয়া। **~·tale** যে ব্যক্তি অন্যের ব্যক্তিগত ব্যাপার বলে দেয়; যে ঘটনা ইত্যাদি কোন ব্যক্তির চিন্তা, কর্মকাণ্ড ইত্যাদি ফাঁস করে দেয়: There was a tell-tale mark of lipstick on his lips. ৩ আদেশ করা: You must do what I tell you. Tell him to come tomorrow. ৪ **~ sb/sth (from sb/sth)** আলাদা করে চেনা; ফারাক করতে পারা: It is difficult to tell his brother from him: they look so much alike. ৫ বুঝতে পারা: Can you tell which button to press to start the machine ? **~ the time** ঘড়ি দেখে সময় বলা। **You never can ~** তুমি কখনোই নিশ্চিত হতে পারো না (কারণ বাহ্যিক চেহারা দেখে প্রায়ই ঠকতে হয়)। **there is/was no ~ing** জানা বা বোঝা অসম্ভব। ৬ (প্রাচীন.) গণনা করা। **~ one's beads** তসবি জপা; জপমালা বা তসবিদানা গুনে গুনে দোয়াদরুদ পড়া। **~ sb off (for sth/to do sth)** (ক) একজন একজন করে গুনে প্রত্যেককে নির্দেশ দেওয়া। (খ) (কথ্য.) কারো দুষ্কর্মের হিসাব করা; ভর্ৎসনা করা: The teacher told the student off for making so many careless mistakes. ৭ **~ (on/upon sb)** স্বাস্থ্যের ক্ষতি করা: Hard work is telling on him. **~·ing** *adj* কার্যকর: He gave a telling speech. **~ing·ly** *adv*

tel·ler [টেলা(র্)] *n* ১ ব্যাংকের কর্মচারী যে কাউন্টারে বসে টাকা গুনে নেয় বা দেয়। ২ ভোট গণনাকারী।

tel·lu·rium [টে 'লূরিঅম্] *n* [U] (রস.) মৌলিক পরমাণুবিশেষ যার (Te)।

telly ['টেলি] *n* টেলিভিশনের কথ্যসংক্ষেপ।

tel·pher [টেল্ফা(র্)] *n* ১ আকাশে টানানো রজ্জুপথে চালিত গাড়ি বা বাহন। ২ এভাবে বৈদ্যুতিক শক্তির সাহায্যে চালিত পরিবহনব্যবস্থা।

Tel·star ['টেল্স্টা:(র্)] *n* টেলিফোন–সংবাদ এবং টিভির অনুষ্ঠান বাণিজ্যিকভাবে সম্প্রচারের জন্য ব্যবহৃত যোগাযোগ উপগ্রহ।

te·mer·ity [টি'মেরাটি] *n* হঠকারিতা।

tem·per[1] ['টেম্পা(র্)] *n* ১ মানসিক অবস্থা বা মেজাজ; খোশমেজাজ। **In a bad ~** রাগান্বিত মেজাজে। **get/fly into a ~** রেগে যাওয়া। **keep/lose one's ~** মেজাজ ঠিক রাখা/মেজাজ বিগড়ে যাওয়া। **out of ~ (with)** রাগান্বিত।

tem·per[2] [টেম্পা(র্)] *vt, vi* ১ গরম এবং ঠাণ্ডা করে লোহা ইত্যাদিতে পান দেওয়া; অনুপাত–অনুযায়ী মিশ্রিত করা অথবা মিশ্রিত হওয়া। ২ কোমল অথবা শান্ত করা বা হওয়া: We must temper justice with mercy. (বিচারকে ক্ষমার মিশ্রণ দিয়ে সহনীয় করা)

tem·pera ['টেম্পারা] *n* [U] = distemper, বিশেষত ফ্রেস্কো চিত্রকলায় ব্যবহৃত।

tem·pera·ment ['টেম্প্রামান্ট্] *n* ১ [C, U] শারীরিক বা মানসিক ধাত; প্রকৃতি; মেজাজ: The man has an artistic temperament/nervous temperament. ২ [U] অত্যন্ত উত্তেজনাপ্রবণ, অস্থির প্রকৃতি ও অভিমানী স্বভাব; মেজাজি স্বভাব। **tem·pera·men·tal** *adj* ১ শারীরিক বা মানসিক প্রকৃতিগত; ধাতুগত। ২ বদমেজাজি; অস্থির প্রকৃতিসম্পন্ন: John Mcenro is a ~ tennis player. **tem·pera·men·tally** *adv*

tem·per·ance ['টেম্পারান্স্] *n* [U] ১ মিতাচার; সংযম (বিশেষ করে মদ্যপানের ব্যাপারে)। ২ মদ্যপান পুরোপুরি বর্জন; মদ্যপান বর্জনের পক্ষপাতী। **~ hotel** যে হোটেলে মদ্যপান নিষিদ্ধ।

tem·per·ate ['টেম্পারাট্] *adj* সংযত; মিতাচারী (বিশেষত মদ্যপানের ক্ষেত্রে)। ২ (আবহাওয়া জলবায়ু সংক্রান্ত) শীতপ্রধান; নাতিশীতোষ্ণ: Italy has a ~ climate. **~·ly** *adv*. **~·ness** *n*

tem·pera·ture [টেম্প্র াচা(র্)] *n* [C,U] তাপমাত্রা; শরীর বা বাতাসের তাপ (থার্মোমিটার বা ব্যারোমিটার দ্বারা নির্ণীত): In June the ~ rose to 90°F. The child has a mild ~, (সামান্য জ্বর). **have a/run a fever** জ্বর ওঠা।

tem·pest ['টেম্পিস্ট্] *n* প্রচণ্ড ঝড়; (লাক্ষ.) প্রচণ্ড উত্তেজনা: A ~ of laughter swept through the audience. **~ swept** ঝটিকাতাড়িত। **tempestuous** *adj* ঝঞ্ঝাক্ষুব্ধ; ঝোড়ো; প্রচণ্ড উত্তেজিত: He was in a ~ mood.

tem·plate, tem·plet [টেম্প্লিট্] *nn* কাঠ বা ধাতব পদার্থ ছিদ্র করার বা কাটার জন্য পাতলা কাঠ ইত্যাদির যে মাপনদণ্ড ব্যবহৃত হয়।

temple[1] ['টেম্প্ল্] *n* ১ মন্দির; উপাসনাগৃহ; দেবপীঠ (বিশেষ. প্রাচীন গ্রিক, রোমান, মিশরীয় এবং আধুনিক হিন্দু বা বৌদ্ধ মন্দির)। ২ (কখনও কখনও) খ্রিস্টীয় উপাসনালয়; গির্জা: a Mornon ~. ৩ প্রাচীন জেরুজালেমে ইহুদিদের ধর্মকেন্দ্র। ৪ **The luner/ Middle Temple** লন্ডনের দুইটি আইন বিদ্যালয়।

temple[2] [টেম্প্ল] *n* কপালের দুই পাশের যে কোনো একটি।

tem·plet [টেম্প্লিট্] *n* দ্র. template.

tempo ['টেম্পৌ] *n* ১ কোনো কাজের বা গতির বেগমাত্রা: The election tempo is rising. ২ (সঙ্গীত) লয়।

tem·poral [টেম্পারাল্] *adj* ১ সময়গত। ২ পার্থিব বা বিষয়ী; অনাধ্যাত্মিক। **~·ity** পার্থিব বস্তু; যাজকদের অযাজকীয় সম্পত্তি।

tem·por·ary [টেম্প্রারি] *adj* অস্থায়ী; সাময়িক; ক্ষণস্থায়ী: a ~ job. **tem·por·ar·ily** *adv*. **tem·por·ari·ness** *n*

tem·por·ize [টেম্পারাইজ্] *vi* গড়িমসি করা; কালক্ষেপণ করা: The minister gave a ~ing answer to the question.

tempt [টেম্প্ট্] *vi* **~ (to sth/into doing sth)** ১ প্রলুব্ধ করা। ২ বুঝিয়ে সুঝিয়ে কোনো কাজ করানোয় সম্মত করা। ৩ (প্রাচীন.) পরীক্ষা করা; ঝুঁকি নেওয়া: tempt Providence. **~·ing·ly** *adv*. **~er** *n* প্রলোভনকারী; মানুষকে যে অন্যকাজে প্রলুব্ধ করে; শয়তান। **temp·tress** মোহিনী রমণী।

temp·ta·tion [ˈটেম্প্ˈটেইশ্‌ন্] *n* ১ প্রলোভন: We should not yield to ~s. ২ প্রলুব্ধকারী বস্তু।

ten [টেন্] *n adj* দশ। **ten to one** খুব সম্ভবত: Ten to one the train will arrive late. **tenth** এক দশমাংশ। **tenth·ly** *adv.* **ten·fold** *adv* দশগুণ। **ten·pence** *n* দশ পেনি (ইংল্যান্ড)।

ten·able [টেনাব্‌ল্] *adj* ১ সমর্থনযোগ্য বা রক্ষাযোগ্য কোনো কিছু: His terms are hardly tenable. ২ (চাকরি সম্পর্কে) নির্দিষ্ট মেয়াদযুক্ত: The post of the President is ~ for three years. **ten·abil·ity** *n*

ten·acious [টিˈনেইশাস্] *adj* শক্ত করে আঁকড়ে রাখে এমন; নাছোড়বান্দা; ধৈর্যশীল। **~·ly** *adv.* **~·ness** *n,* **ten·ac·ity** *n*

ten·ant [ˈটেনান্ট্] *n* ভাড়াটে; প্রজা। **~ farmers** ভাগচাষি। □*vt* ভাড়াটে হিসাবে ভোগদখল করা: We have ~ed this house since 1980. **ten·ancy** *n* ১ প্রজাস্বত্ব, ভাড়াটে হিসাবে ভোগকৃত অধিকার; এমন অধিকারের কার্যকাল। **ten·an·try** ভাড়াটেগণ।

tench [টেন্‌চ্] য়োরোপীয় মিঠা জলের মাছবিশেষ; কার্প।

tend[1] [টেন্‌ড্] *vt* যত্ন নেওয়া; তত্ত্বাবধান করা; গরু, ভেড়া ইত্যাদি চারণ করা।

tend[2] [টেনড্] *vi* কোনো বিশেষ দিকে ঝোঁকা; প্রবণতা দেখানো: He tends to be whimsical in taking decisions. **ten·dency** *n* প্রবণতা; ঝোঁক: Prices are showing an upword ~ at the moment.

ten·den·tious [টেনˈডেন্‌শাস্] *adj* (লেখা বা বক্তৃতা সংক্রান্ত) গূঢ় উদ্দেশ্যসম্পন্ন; পক্ষপাতযুক্ত: Radio stations broadcast ~ news during the wartime. **~·ly** *adv.* **~·ness** *n*

ten·der[1] [টেন্‌ডা(র্)] *adj* ১ কোমল; নরম; সূক্ষ্ম; সহজে আঘাতপ্রাপ্ত হয় এমন; নাজুক: ~ plants, a ~ subject, স্পর্শকাতর বিষয়; ~ age, অল্প বয়স; ~ conscience/heart, নরম মন; সহজেই দয়ার্দ্র হয় এমন। ˌ**~-ˈhearted** *adj.* ˈ**~·foot** *n* জীবনধারণ কষ্টসাধ্য এমন দেশে নবাগত ব্যক্তি। ২ (মাংস সম্পর্কিত) সহজে সিদ্ধ হয় এমন। ৩ দয়ালু; স্নেহপরায়ণ। **~ looks** স্নেহার্দ্র দৃষ্টি। **~·ly** *adv.* **~·ness** *n*

ten·der[2] [টেন্‌ডা(র্)] *n* ১ তদারককারী ব্যক্তি: a bar-tender. ২ বড়ো জাহাজের সাথে যুক্ত ছোট জাহাজ। ৩ স্টিম ইনজিনের পিছনে যুক্ত জ্বালানি ও পানিবহনকারী ওয়াগন।

ten·der[3] [টেন্‌ডা(র্)] *vt, vi* ১ পেশ করা; দাখিল করা: He tendered his resignation. ২ **~ for** দরপত্র, নির্দিষ্ট পারিশ্রমিকে কাজ করে দেওয়ার বা নির্দিষ্ট মূল্যে মাল সরবরাহ করার প্রস্তাব পেশ করা। □১ *n* দরপত্র: The company invited ~s for the construction of the building. ২ **legal ~** আইনত গ্রাহ্য মুদ্রা।

ten·don [ˈটেন্‌ডান্] *n* [C] শক্ত এবং মোটা তন্তু যা দ্বারা মাংসপেশি হাড়ের সাথে যুক্ত থাকে। **ten·dril** [ˈটেন্‌ড্রাল্] *n* [C] গাছের সুতার আকারের লতানো অঙ্গ; আঁকশি; যা দ্বারা গাছটি কোনো অবলম্বনকে আঁকড়ে থাকে।

ten·ement [ˈটেনামান্ট্] *n* [C] ১ ˈ**~(-house)** অনেক পরিবার থাকতে পারে এমন ফ্ল্যাট-বাড়ি। ২ (আইন.) যে কোনো বসতবাড়ি; যে কোনো রকম স্থায়ী সম্পত্তি।

tenet [ˈটেনিট্] *n* [C] মতবাদ; বিশ্বাস।

ten·ner [ˈটেনা(র্)] *n* (কথ্য) ব্রিটেনে দশ পাউন্ডের নোট; দশ টাকার নোট।

ten·nis [ˈটেনিস্] *n* টেনিস খেলা। ˈ**~-court** টেনিস খেলার অঙ্গন। ˌ**~-ˈelbow** টেনিস খেলার কারণে সৃষ্ট কনুইর প্রদাহ।

tenon [ˈটেনন্] *n* খাঁজের মধ্যে ঢোকানো যায় এমন করে চাঁছা কাঠের প্রান্তভাগ।

tenor[1] [ˈটেনা(র্)] *n* (সাধা. **the ~ (of)**) কোনো মানুষের জীবনের সাধারণ ধারা (কোনো বক্তৃতা বা রচনার) সাধারণ অর্থ, মর্ম বা ধাঁচ: I read the first few pages of the novel to get the ~ of what was being said.

tenor[2] [টেনা(র্)] *n* ১ (সঙ্গীত) (পুরুষের) চড়া সুর; সপ্তম সুর। ২ তারের বাদ্যযন্ত্রবিশেষ: a ~ saxophone.

ten pin [টেন্‌পিন্] *n* দশ ঘুঁটির খেলাবিশেষ।

tense[1] [টেন্‌স্] *adj* টানটানভাবে প্রসারিত; চাপা উত্তেজনায় কঠিন ভাবপ্রাপ্ত: His face was ~ with anxiety. উত্তেজনাপূর্ণ: We had passed some ~ moments before the results were declared. □*vt, vi* উত্তেজনায় কঠিনভাব প্রাপ্ত হওয়া বা করা: He ~d his muscles. **be/get ~d up** স্নায়বিক চাপ অনুভব করা: He's always ~d up before an interview.

tense[2] [টেন্‌স্] *n* (ব্যাক.) ক্রিয়ার কাল: present ~; past ~.

ten·sile [ˈটেন্‌সাইল্] US [টেন্‌সল্] *adj* প্রসারণসাধ্য।

ten·sion [ˈটেন্‌শ্‌ন্] *n* [U] ১ প্রসারণ; টান। ২ মানসিক, আবেগগত অথবা স্নায়বিক চাপ, প্রেষ; ব্যক্তিগণের মধ্যে, কিংবা জনগোষ্ঠী অথবা রাষ্ট্রসমূহের মধ্যে বিরাজমান উত্তেজনা: Racial ~ is not unknown in Britain. ৩ বিদ্যুতের ভোল্টেজ: One should not touch high ~ wires.

tens·ity [টেন্‌সাটি] *n* = tenseness, দ্র. tense[1].

tent [টেন্ট্] *n* (সাধা. বহনযোগ্য) মোটা ক্যানভাস কাপড় এবং খুঁটি ও দড়ির সাহায্যে নির্মিত আশ্রয়; তাঁবু। **oxygen ~** রোগীকে অক্সিজেন দেবার জন্য ব্যবহৃত বায়ুনিরোধক তাঁবু। ˈ**~-peg** *n* তাঁবুর দড়ি মাটিতে পোতার জন্য ব্যবহৃত পেরেক।

ten·tacle [ˈটেন্‌টাকল্] *n* [C] (কোনো কোনো প্রাণীর) দীর্ঘ, সরু, নরম, অস্থিবিহীন শুঁড় যা দ্বারা প্রাণী হাঁটাচলা করে, অনুভব করে।

ten·ta·tive [ˈটেন্‌টাটিভ্] *adj* পরীক্ষামূলক; আপাতত স্থিরীকৃত: the ~ date; a ~ suggestion . **~·ly** *adv*

tenth [ˈটেন্‌থ্] *n, adj* দ্র. ten.

tenu·ous [ˈটেনিউআস্] *adj* ক্ষীণ; সরু। **ten·uity** *n* পাতলা অবস্থা।

ten·ure [ˈটেনিউআ(র্)] *n* [C, U] ভোগদখল বা ক্ষমতার কাল (যেমন ভূমির বা রাজনৈতিক পদের): The ~ of the President of Bangladesh is five years.

tepee [টীপী] *n* আমেরিকার আদিবাসীদের পশুর চামড়ায় নির্মিত মোচাকৃতি তাঁবু।

tepid [টেপিড্] *adj* অল্প গরম; ঈষদুষ্ণ; কুসুম-কুসুম গরম। **~·ly** *adv.* **~·ness, ~·ity** *nn*

ter·cen·ten·ary [টাসেন্‌ˈটীনারি US টাˈসেন্‌টানরি], **ter·cen·ten·nial** [টাসেন্‌ˈটিনিঅল্] *nn* ত্রিশতবার্ষিকী।

term [টাম্] *n* [C] ১ সীমাবদ্ধ বা সীমিতকাল; শাসনকাল; কার্যকাল: during his ~ of office as President. ২ (বিদ্যালয় ইত্যাদি) শিক্ষাবর্ষের ভাগ বা পর্ব: the winter ~; ~ test, পর্বান্তের পরীক্ষা। ৩ (আইন.) আদালতের অধিবেশনের স্থায়িত্বকাল। ৪ (*pl*) শর্তাবলী: The two armies discussed the ~s of ceasefire. **~ of reference,** দ্র. reference (১). **come to**

~s/make ~s (with sb) আপোসমীমাংসায় পৌঁছা; বশ্যতা স্বীকার করা। come to ~s (with sth) মেনে নেওয়া। ৫ be on good/friendly/bad ~s (with sb) কারো সাথে বন্ধুত্বের/খারাপ সম্পর্ক স্থাপিত হওয়া: We were on good ~s. on equal ~s সম অধিকারের ভিত্তিতে। not be on speaking ~s with sb, দ্র. speak (২). ৬ কোনো ধারণা ব্যক্ত করার জন্য ব্যবহৃত শব্দ; পদ: technical/scientific/legal ~s. ৭ (*pl*) কিছুর নিজস্ব ভাষায় বা পরিভাষায়: He praised the book in flattering ~s.

ter·ma·gant [টামগান্ট্] *n* কলহপ্রিয় রমণী।

ter·min·able [টামিনব্ল্] *adj* শেষ করা যায়; সমাপ্তি টানা যায় এমন।

ter·minal [টামিনল্] *adj* ১ প্রান্তিক; একটি সময়-পর্বের অন্তে ঘটে এমন: ~ examinations. ২ চরম অবস্থায় পৌঁছেছে এমন: ~ cancer (বাঁচার আশা নেই)। □*n* ১ রেল/বাস/ লঞ্চ লাইনের প্রান্তিক স্টেশন। ২ বৈদ্যুতিক বর্তনীর সংযোগস্থল। **ter·min·ally** *adv*

ter·min·ate [টামিনেইট্] *vt, vi* (আনুষ্ঠা.) ইতি টানা; সমাপ্ত করা; সমাপ্ত হওয়া।

ter·mi·na·tion [টামি'নেইশন্] *n* ১ [C, U] সমাপ্তি। ২ [C] কোনো শব্দের অন্তিম অক্ষর বা বর্ণ।

ter·mi·nol·ogy [টামি'নলাজি] *n* [C, U] পরিভাষা; পারিভাষিক শব্দাবলী: scientific/medical ~. **ter·mi·no·lo·gi·cal** *adj*

ter·mi·nus [টামিনাস্] *n* [C] (*pl* ~es) রেললাইনের প্রান্তিক/শেষ স্টেশন; ট্রাম, বাস বা বিমানপথের অন্ত।

ter·mite [টামাইট্] *n* ঘুণপোকা; উইপোকা।

tern [টান্] *n* শঙ্খচিলজাতীয় সামুদ্রিক পাখিবিশেষ।

ter·race ['টেরাস্] *n* ১ সমতল থেকে একটু উঁচুতে অবস্থিত একই রকমের বাড়ির সারি। ২ স্তরে স্তরে বানানো দর্শক-গ্যালারি, কিংবা স্নানের ঘাট (যেমন বারানসীতে গঙ্গার ঘাট)। □*vt* চত্বরযুক্ত বা সারিবদ্ধ করে বানানো।

terra-cotta [টেরা'কটা] *n* [U] পোড়ামাটি; মূর্তি গড়ার জন্য কাদামাটি ও বালির মিশ্রণ, যা পুড়িয়ে শক্ত করা হয়।

terra firma [টেরা 'ফ়ামা] *n* [U] (লা.) শুকনা জমি; শক্ত মাটি।

terra in·cog·nita [টেরা ইন্'কগ্নিটা] *n* (লা.) অজানা ভূখণ্ড; অচেনা দেশ।

ter·rain [টেরেইন্] *n* ভূখণ্ড।

ter·res·trial [টি'রেস্ট্রিঅল্] *adj* ১ পৃথিবীসম্পর্কিত; পৃথিবীতে বসবাসকারী। ২ পৃথিবীর প্রতীকস্বরূপ: a ~ globe, ভূ-গোলক।

ter·rible ['টেরাবল্] *adj* ১ ভয়ঙ্কর; ভীষণ; ভয়াবহ। ২ চরম: ~ heat. ৩ (কথ্য) শোচনীয়ভাবে খারাপ: The waiter served us ~ food. **ter·ribly** *adv*

ter·rier [টেরিঅ(র্)] ছোট আকারের কিন্তু কর্মঠ শিকারি কুকুরবিশেষ।

ter·rific [টা'রিফ়িক্] *adj* ১ ভয়াবহ; ভীষণ; আতঙ্কজনক। ২ (কথ্য) চরম। **ter·rifi·cally** *adv*

ter·rify ['টেরিফ়াই] *vt* আতঙ্কিত করা; ভয় পাইয়ে দেওয়া।

ter·ri·torial [টেরি'টো°রিঅল্] *adj* এলাকা বা ভূখণ্ড সম্পর্কিত: China has ~ claims against India. ~ **waters** রাষ্ট্রীয় জলসীমা বা দেশের অধিকারাধীন সমুদ্র-এলাকা।

ter·ri·tory ['টেরাট্রি] US [-টো°রি] *n* ১ [C, U] এক শাসক বা সরকারের অধীন ভূখণ্ড বা এলাকা। ২ অঞ্চল; কর্মক্ষেত্র।

ter·ror ['টেরা(র্)] *n* ১ [U] অত্যধিক ভীতি; আতঙ্ক; সন্ত্রাস। **strike ~ into sb** কাউকে ভয় পাইয়ে দেওয়া। ২ কোনো বিষয়জনিত ভীতি: The girl has ~ of fire. ৩ ত্রাস সৃষ্টিকারী ব্যক্তি: He is a ~ of the area. **~·ism** সন্ত্রাসবাদ। **~·ist** সন্ত্রাসবাদী। **~·ize** *vt* হুমকি বা সন্ত্রাসমূলক কাজের মাধ্যমে আতঙ্ক সৃষ্টি করা।

terse [টা্স্] *adj* (বাগভঙ্গি ও বক্তৃতাসম্পর্কিত) বাহুল্যবর্জিত, সংক্ষিপ্ত এবং লাগসই। **~·ly** *adv*. **~·ness** *n*

ter·tian [টাশ্ন্] *adj* একদিন পর পর আসে এমন (যথা পালা জ্বর)।

ter·ti·ary ['টাশারি] *adj* তৃতীয় পর্যায়ভুক্ত: T~ education, বিশ্ববিদ্যালয় পর্যায়ের শিক্ষা।

tery·lene ['টেরালীন্] *n* এক ধরনের কৃত্রিম তন্তু।

test [টেস্ট্] *n* [C] যে কোনো সমালোচনামূলক পরীক্ষা, মূল্যমান, গুণ, গঠন ইত্যাদি জানার জন্য পরীক্ষাপ্রক্রিয়া; রোগনির্ণয়ের জন্য কৃত পরীক্ষা: blood/urine ~; অভীক্ষা; আন্তর্জাতিক প্রতিযোগিতা: Crickel ~. **a '~ case** (আইন.) যে মামলা ভবিষ্যতে নজির হিসাবে টিকে থাকবে, ব্যবহৃত হবে। **'~-drive** (গাড়ি ইত্যাদি) পরীক্ষামূলকভাবে চালিয়ে দেখা। **'driving ~** গাড়ি চালনার দক্ষতা নিরূপণের পরীক্ষা। **'~ match** ক্রিকেট বা রাগ্‌বির আন্তর্জাতিক প্রতিযোগিতা। **'~-tube** পরীক্ষাগারে ব্যবহৃত কাচের নল। **'~-tube baby** যে শিশুর জন্মের প্রাথমিক পর্যায় কৃত্রিমভাবে গবেষণাগারে সম্পন্ন হয়েছে।

tes·ta·ment ['টেস্টামান্ট্] *n* ১ শেষ ইচ্ছাপত্র বা উইল, যেখানে উইলকারীর বিধিসম্মত ঘোষণা থাকে। ২ **Old T~, New T~** বাইবেলের দুটি বিভাগ।

tes·ticle ['টেস্টিকল্] *n* অণ্ডকোষ।

tes·tify ['টেস্টিফ়াই] *vt, vi* সাক্ষ্য দেওয়া; প্রমাণের কাজ করা: His smile testified his joy.

tes·ti·mo·nial [টেস্টি'মৌনিঅল্] *n* ১ প্রশংসাপত্র; কারও চরিত্র; দক্ষতা সম্পর্কে সাক্ষ্যপত্র।

tes·ti·mony ['টেস্টিমানি US -মৌনি] *n* [U] ১ প্রামাণিক সাক্ষ্য; (আদালতে) কোনো কিছুর সত্যতা সম্পর্কে সাক্ষ্য প্রদান। ২ বিবৃতি: According to the ~ of the physicians ....

tes·tis ['টেস্টিস্] *n* (*pl* -tes) = testicle.

testy ['টেস্টি] *adj* রগচটা; খিটখিটে মেজাজের; ধৈর্যহীন। **tes·tily** *adv*. **tes·ti·ness** *n*

teta·nus ['টেটানস্] *n* [U] ধনুষ্টংকার রোগ।

tetchy ['টেচি] *adj* খিটখিটে; রগচটা। **tetch·ily** *adv*. **tetchi·ness** *n*

tête-à-tête [টেইট আ:'টেইট্] *n* দুই ব্যক্তির মধ্যে নিভৃত আলোচনা; গোপন বৈঠক।

tether ['টেদা(র্)] *n* পশুকে বেঁধে রাখার দড়ি (ঘাস খাওয়ার সময়)। **at the end of one's ~** (লাক্ষ.) কারো সাধ্য বা ক্ষমতার, ধৈর্যের শেষ প্রান্তে (পৌঁছা)। □*vt* দড়ি দিয়ে পশুকে বেঁধে রাখা।

Teu·ton ['টিউটন্ US 'টূটন্] *n* জর্মন জাতিগোষ্ঠীর যে কোনো একটি জাতির লোক। **~ic** *adj* জর্মন জাতিগোষ্ঠীর লোকজন (যথা অ্যাংলো-স্যাক্সন, ডাচ, জার্মান, স্ক্যান্ডিনেভীয়) সম্পর্কিত।

text [টেক্স্ট] *n* ১ [U] গ্রন্থ অথবা মুদ্রিত পাঠ্যবস্তুর মূল অংশ; (টীকা-টিপ্পনী বাদে) প্রকৃত পাঠাংশ। ২ গ্রন্থের মূল বা আদি পাঠ, যা আসল লেখক কর্তৃক রচিত (পরবর্তী ভ্রমাত্মক পাঠ নয়)। **a corrupt ~** বিকৃত পাঠ (যাতে মূলের পাঠ থেকে সরে আসা হয়েছে)। ৩ ধর্মগ্রন্থ, যথা

বাইবেল থেকে উদ্ধৃত অংশ; বক্তৃতা বা আলোচনার বিষয়বস্তু। ৪ ~·**book** পাঠ্যপুস্তক। **tex·tual** মূল পাঠসংক্রান্ত।

tex·tile [টেক্‌স্‌টাইল্] *attrib adj* বস্ত্রবয়ন সংক্রান্ত: ~ industry, বস্ত্রশিল্প; বোনা হয়েছে এমন। □*n* যা দিয়ে কাপড় বোনা যায়: ~ fabrics/materials.

tex·ture [টেক্‌স্‌চা(র্)] *n* [C,U] ১ বুনট; কাপড়ে সুতার বয়ন–বিন্যাস। ২ কোনো বস্তুর ভিতরে তার সাংগঠনিক উপাদান–সমূহের বিন্যাস: the ~ of a mineral. ~**d** *pp* বয়নগত; বুনট সংক্রান্ত।

thal·ido·mide [থ্যালিডমাইড্] *n* [U] বেদনানাশক এবং ঘুমের ঔষধ, গর্ভাবস্থায় এই ঔষধ খেলে শিশু বিকলাঙ্গ অবস্থায় ভূমিষ্ঠ হয়।

thal·lium [থ্যালিঅম্] *n* [U] (রস.) নরম, অত্যন্ত বিষাক্ত ধাতব মৌলিক পদার্থবিশেষ (প্রতীক Ti)।

than [দান্] *conj* অপেক্ষা; চেয়ে; তুলনায়: Ali is taller ~ his brother. **no other** ~ (এ ছাড়া) অন্য কেউ নয়: It was no other ~ my old friend Ali (অর্থাৎ আলী স্বয়ং)। **nothing else** ~ একমাত্র; সমগ্রভাবে: What he has done is nothing else ~ foolishness. **rather** ~ , দ্র. rather (১). **Sooner** ~ = soon (৩৫).

thank [থ্যাঙ্ক্] *vt* ধন্যবাদ দেওয়া; কৃতজ্ঞতা জানানো। □*n* (কেবল *pl*) ধন্যবাদ, কৃতজ্ঞতাজ্ঞাপন। ~ **to** কারণে (যার জন্য কোনো ব্যাপার সম্ভব হয়েছে): T~ to our boss's help, we could finish the work in time. **small ~ to** (পরিহাসের ছলে বলা) ধন্যবাদ পাবার যোগ্য নয়: Small ~s to you, তুমি ধন্যবাদ দাবি করতে পারো না। ˈ**~-offering** কৃতজ্ঞতার চিহ্নস্বরূপ কোনো ধর্মীয় বা দাতব্য প্রতিষ্ঠানে দান। ˌ**~s** ˈ**giving** ধন্যবাদ দান; আল্লাহ্‌র প্রতি কৃতজ্ঞতা জানানোর জন্য শোকরানা নামাজ। ~·**ful** *adj* কৃতজ্ঞ। ~·**fully** *adv.* ~·**ness** *n.* ~·**less** ধন্যবাদ বা প্রশংসা মেলে না এমন: a ~less job.

that[1] [দ্যাট্] (*pl* those) *adj, pron* ১ দূরবর্তী ব্যক্তি বা বস্তু নির্দেশক; ঐ; this এর বিপরীত: Look at ~ picture. **at ~ time** সেই সময়। **so ~'s ~** ! কোনো আলোচনা শেষ করার জন্য ব্যবহৃত ফর্মুলা বাক্যাংশ। ২ *rel pron* এর antecedent হিসাবে (কখনও কখনও অনুক্ত): The book (that) I bought yesterday .... ৩ *pl n* এর সাথে ব্যবহার collective *sing* হিসাবে: What have you done with ~ one hundred taka I gave you ? ৪ that এবং possessive একসাথে ব্যবহার হয় না, তবে that এবং possessive একসাথে ব্যবহার করতে গেলে এ রকম বাক্য গঠনের আশ্রয় নিতে হয়: Where is ~ red dress of yours ? I don't like ~ new student of mine. □*adv* (কথ্য) অতটা; অতখানি: I can't go ~ for. The dog is about ~ big. It's not all ~ hot in Bangladesh. (অতটা গরম নয় যে তা অসহনীয় হবে)।

that[2] [দ্যাট্] *conj* ১ noun clause–এর প্রারম্ভিকে (প্রায়শ অনুক্ত): He said (~) he would come. The problem is (~) we don't have much time. ২ **So ~; in order ~** (clause of purpose–এর প্রারম্ভিকে): Sit in the front row so ~ you may hear better. I will work in order ~ I can earn a lot of money. ৩ (clause of result–এর প্রারম্ভিকে): The weather was so bad ~ we stayed in. ৪ (clause of condition-এর প্রারম্ভিকে): Supposing ~; on condition ~. ৫ (clauses of reason or cause–এর প্রারম্ভিকে) দ্র. not[4].

that[3] [দ্যাট্] *rel pron* ১ (which এবং who–এর পরিবর্তে ব্যবহৃত): The letter ~ received was from my friend. This is the house ~ Jack built. The man ~ came yesterday is my brother. ২ (Superlative–এর পরে *who*–এর বদলে *that*–এর ব্যবহারই বেশি চলনসই): Shakespeare was one of the greatest poets ~ ever lived. She is the nicest girl ~ I have ever met. (only, all, any–এর পরে ব্যবহার): You're the only one ~ can help me. ৩ (clause এ verb–এর object হিসাবে ব্যবহার: whom এখানে পরিত্যাজ্য (প্রায়শ অনুক্ত): The book (~) you gave me is lost. All the people (~) I met were dishonest. ৪ (সময় বোঝানোর জন্য) The year (~) I got married···.

thatch [থ্যাচ্] *n* [U] শুকনা খড় (যা দিয়ে ঘর ছাওয়া হয়); (কথ্য) মাথার ঘন চুল। □*vt* (ঘর ইত্যাদি) ছাওয়া: to cover with ~.

thaw [থো°] *vi, vt* ~ **(out)** ১ (বরফ ইত্যাদি) গলা। ২ হিমায়িত কোনো জিনিসকে পুনরায় নরম বা তরল হতে দেওয়া: You should ~ the frozen food before cooking. ৩ (ব্যক্তি বা তার ব্যবহার সম্পর্কে) অধিকতর উষ্ণ বা বন্ধুত্বপূর্ণ হওয়া। □*n* বরফের গলন।

the [consonant–এর পূর্বে দ্য; vowel–এর পূর্বে দি] *def art* ১ পূর্বোক্ত ব্যক্তি বা বস্তুকে নির্দেশ করার জন্য ব্যবহার: A man had a cow. One day the man took the cow to the market to sell it. ২ নির্দিষ্ট করে বোঝানোর জন্য অথবা যখন উল্লিখিত বস্তুটি বা ব্যক্তিটি খুবই পরিচিত: Take this letter to the post office (ডাকঘরটি কোথায় বা কোন ডাকঘরটি তা জানা); Please close the window, যে জানালাটি খোলা তা বন্ধ কর (ঘরে একটি জানালাই আছে, এমন ক্ষেত্রেও হতে পার।) ৩ এমন *n* –এর পূর্বে যা একক ও অনন্য: the sun, the moon, the universe, the year 1990 ইত্যাদি। ৪ (ক) সমুদ্র বা মহাসাগরের নামের আগে: the Arabian sea. the Pacific ocean. (খ) নদীর নামের আগে: the Meghna. (খ) ভৌগোলিক নামের আগে: the Himalayas; the Punjab. ৫ কোনো শ্রেণী বা গোত্রের সকলকে বোঝাতে: the rich; the poor; the young; the dying; the dead. ৬ প্রাণী বা উদ্ভিদের কোনো শ্রেণীর সকলকে বোঝাতে: The tiger is a ferocious animal.

theatre (US = **theater**) [থিঅটা(র্)] *n* ১ অভিনয়-মঞ্চ, নাট্যশালা। ˈ**~-goer** নিয়মিত থিয়েটারদর্শক। ২ গ্যালারিযুক্ত কক্ষ, যেখানে বক্তৃতা কিংবা বিজ্ঞানবিষয়ক আলোচনা হয়। ˈ**operating ~** হাসপাতালে অপারেশন করার কক্ষ। ৩ গুরুত্বপূর্ণ ঘটনার (যেমন যুদ্ধের) স্থল: Several battles were fought in the eastern ~ during the Second World War. **the·atri·cal** *adj* ১ নাটক সম্পর্কিত। ২ নাটকীয় (আচরণ, বাগ্‌ভঙ্গি, ব্যক্তি ইত্যাদি) □*n* (প্রায়শ *pl*) (সাধারণত অপেশাদার) নাট্যাভিনয়, থিয়েটার। **the·atri·cally** *adv*

theft [থেফ্‌ট্] *n* [C,U] চুরি; চুরির ঘটনা।

their [দেঅ(র্)] them এর *adj*: They have finished ~ work. **~s** them এর pron: This house is ~s.

the·ism [থীঃইজ্‌ম্] *n* [U] ঈশ্বরের অস্তিত্বে বিশ্বাস; আস্তিক্য। **the·ist** আস্তিক। **the·is·tic** *adj* আস্তিকতামূলক। **the·is·ti·cal** *adj*

them [দেম্] *pron* দ্র. they.

theme [থীম্] *n* [C] ১ বিষয়বস্তু; কোনো বক্তৃতা বা রচনার বিষয়। ২ ছাত্রের জন্য নির্ধারিত রচনার বিষয়। ৩ গানের রাগ বা রাগিণী। **'~ song** গীতিনাট্য বা সিনেমায় যে গান বা সুরটি একাধিকবার বাজানো হয়।

them·selves [দ্যাম্'সেল্‌ভ্‌জ্] *pron* ১ (reflex): They earn for ~. ২ (গুরু): They ~ had agreed to the plan which they reject now.

then [দেন্] *adv* ১ তখন: We lived in Barisal ~. **(every) now and ~,** দ্র. now(৩). **~ and there; there and ~,** দ্র. there (৫). ২ তদানীন্তন: the ~ Principal. ৩ (*Prep*–এর পরে ব্যবহার): from ~ onwards; until ~; since ~ . ৪ পরবর্তী কালে; তার পরে: We'll first take lunch, and ~ go to work. ৫ (সাধা. কোনো বাক্যের প্রথমে বা শেষে) সে ক্ষেত্রে; তবে: "The lighter is not in my pocket," "It must be in your bag, ~." ৬ তাছাড়া; উপরন্তু: ~ there's Mr Ali— We must invite him too. ৭ **Now ~** (দৃষ্টি আকর্ষণের জন্য ব্যবহৃত): Now ~, who can answer my question ?

thence [দেন্স্] *adv* (আনুষ্ঠা.) সেখান থেকে; সেই কারণে। **~·forth, ~·for·ward** *adv* সেই সময় থেকে শুরু করে।

the·oc·racy [থি'অক্রাসি] *n* [C, U] ধর্মরাষ্ট্র; এমন রাষ্ট্র যেখানে সকল আইনকে ঈশ্বরের আইন বলে ধরে নেওয়া হয়; পুরোহিতশাসিত; মোল্লাতান্ত্রিক রাষ্ট্র। **theo·cratic** *adj*

the·odo·lite [থি'অডালাইট্] *n* অনুভূমিক ও আলম্ব কোণ মাপার জন্য জরিপকারীদের ব্যবহৃত যন্ত্র।

the·ol·ogy [থি'অলাজি] *n* ১ [U] ধর্মতত্ত্ব; ঈশ্বরের প্রকৃতি এবং ধর্মীয় বিশ্বাসের ভিত্তি সম্পর্কিত জ্ঞানশাখা। ২ [C] ধর্মতাত্ত্বিক ব্যাখ্যা। **theo·lo·gian** *n* ধর্মতত্ত্বের ছাত্র বা বিশেষজ্ঞ। **theo·lo·gi·cal** *adj.* **Theo·lo·gi·cally** *adv*

the·orem ['থিআরাম্] *n* ১ যুক্তির মাধ্যমে প্রতিপাদনকৃত সত্য। ২ (গণিত.) উপপাদ্য।

the·or·etic, the·or·etic·cal [থিআ'রেটিক্, –টিক্‌ল্] *adjj* তত্ত্বগত; তাত্ত্বিক (বাস্তবিক বা অভিজ্ঞতাভিত্তিক নয়)। **the·or·eti·cally** *adv*

the·ory ['থিআরি] *n* ১ [C,U] মতবাদ; তত্ত্ব। ২ [C] অনুমিত ধারণা (যুক্তির উপর প্রতিষ্ঠিত নাও হতে পারে): He has a ~ that afternoon naps make a man healthy. **the·or·ist** *n* তাত্ত্বিক। **the·or·ize** *vi* তত্ত্ব প্রদান করা।

the·os·ophy [থীঅসফি] *n* [U] দর্শনের একটি শাখা, যাতে প্রত্যক্ষভাবে ঈশ্বরদর্শন বা ঐশ্বরিক প্রেরণা লাভের উদ্দেশ্য থাকে। **the·os·oph·ist** *n.* **theo·sophi·cal** *adj*

thera·peutic, -i·cal [থে রা'প্যিউটিক্, –ক্‌ল্] *adj* চিকিৎসাবিদ্যা সংক্রান্ত। **thera·peutics** চিকিৎসাবিদ্যা; রোগনিরাময় বিদ্যা।

ther·apy ['থেরাপি] *n* [U] চিকিৎসা। **radio-~** এক্স–রের মাধ্যমে চিকিৎসা। **psycho~** মনোবিশ্লেষণের মাধ্যমে চিকিৎসা। **occupational ~** মাংসপেশির ব্যায়ামের মাধ্যমে চিকিৎসা।

there[1] [দেআ(র্)] *adv* ১ (বস্তু এবং দিক নির্দেশক) সেখানে: Put the book ~, on the table. He will be ~ by next week. ২ বিস্ময়সূচক অব্যয় হিসাবে: There goes the last bus ! ~ comes she ! ৩ উৎসাহ দেওয়ার জন্য, যেমন খেলার সময়: There's a good shot ! দৃষ্টি আকর্ষণের জন্য: There's a fine T-Shirt for you ! ৪ কোনো আলোচনা বা যুক্তির একটি পর্যায় বা স্থান: You are wrong ~ ! ~ comes the problem. **here and ~,** দ্র. here(৫). **~ and back** কোনো স্থান পর্যন্ত (যাওয়া) এবং সেখান থেকে (ফিরে আসা): Can I go ~ and back in three hours ? **then and ~; ~ and then** তখন; তৎক্ষণাৎ। **over ~** 'there' বলতে যেমন বোঝায় তার চেয়ে দূরবর্তী স্থান।

there[2] [দেআ(র্)] *adv* ১ (Introductory 'there') বাক্য শুরু করার জন্য ব্যবহৃত, যখন *verb* (বিশেষত 'be' *verb*) subject–এর আগে থাকে: T~ is a tree in front of the house. ২ (seem, appear এইসব verb–এর সাথে): T~ seems (to be) no doubt about it.

there[3] [দেআ(র্)] *int* ১ (প্রধানত বাচ্চাদের শান্ত করার জন্য): T~ ! ~ ! you'll soon feel better. Don't cry. ২ (বক্তা যখন এরকম বলে—"কী ? আগেই বলেছিলাম না !") T~ ! Didn't I tell you that he would fail in the exam ?

there·about(s) ['দেআরাবাউট্(স্)] *adv* (সাধা. পূর্বে বা থাকে) কাছাকাছি।

there·after [দেআর্'আ:ফ্‌টা(র্) US -'অ্যাফ্] *adv* (আনুষ্ঠা.) তারপর; তদনন্তর।

there·by [দেআ'বাই] (আনুষ্ঠা.) ঐ উপায়ে; তদনুযায়ী।

there·fore ['দেআফো°(র্)] *adv* সেই কারণে; সুতরাং।

there·in [দেআর্'ইন্] *adv* (আনুষ্ঠা.) তাতে; সেদিক থেকে।

there·in·after [,দেআরিন্'আ:ফ্‌টা(র্) US -'অ্যাফ্–] *adv* (প্রধানত আইন.) পরবর্তী অংশে।

there·of [দেআর্'অফ্] *adv* (আনুষ্ঠা.) ওর; তার; তার থেকে।

there·to [দেআ'টু] *adv* (আনুষ্ঠা.) তৎপ্রতি; তৎসঙ্গে; অধিকন্তু।

there·under [দেআর্'আন্‌ডা(র্)] *adv* (আনুষ্ঠা.) তার নীচে বা অধীনে।

there·upon [দেআরাপন্] *adv* (আনুষ্ঠা.) অতঃপর; তার ফলে।

therm [থাম্] *n* [C] গ্যাস–ব্যবহারের পরিমাণসূচক তাপের একক (১০০,০০০ ব্রিটিশ তাপ–একক); থার্ম।

ther·mal ['থাম্‌ল্] *adj* তাপ–সম্বন্ধী; তাপঘটিত: ~ springs, উষ্ণপ্রস্রবণ; the '~ barrier, (উড্ডয়নের সময়ে) বিমানের বহির্দেশে বায়ুর বর্ধিত ঘর্ষণের ফলে উচ্চগতি ব্যবহারের পক্ষে অন্তরায়; তাপ–প্রতিবন্ধক; a ,~ 'power station, তাপ–বিদ্যুৎকেন্দ্র (যা কয়লা, তেল বা গ্যাসের তাপ ব্যবহার করে বিদ্যুৎ উৎপাদন করে)। **~ capacity** (পদার্থ.) কোনো নির্দিষ্ট বস্তুর তাপমাত্রা এক ডিগ্রি বাড়াতে যতো একক তাপ দরকার হয়; তাপ–ধারকত্ব। **~ unit** (পদার্থ.) তাপ পরিমাপের একক; তাপ–একক। **British ~ unit** (সংক্ষেপ **BTU**) এক পাউন্ড পানির তাপ ১ ফারেনহাইট বৃদ্ধি করতে যে পরিমাণ তাপের প্রয়োজন; ব্রিটিশ তাপ–একক। □*n* নীচ থেকে উপরের দিকে উষ্ণ বায়ুপ্রবাহ (যা গ্লাইডারের উঁচুতে ওঠার জন্য প্রয়োজন হয়)।

ther·mi·onic [,থার্মি'অনিক্] *adj* পদার্থবিজ্ঞানের যে শাখা উচ্চ তাপমাত্রায় ইলেকট্রনের বিকিরণ নিয়ে কাজ করে; তদ্‌বিষয়ক। **~ valve** (US= **~ tube)** কাচ বা ধাতুর বায়ুশূন্য একটি আবরণের মধ্যে বিন্যস্ত কতকগুলি তড়িৎবার (ইলেকট্রোড) সমন্বিত একটি সংশ্রয় (সিসটেম)।

thermo- [থ্যামৌ] (যৌগশব্দে) তাপসম্বন্ধী। ˌ**~-dy·ˈnam·ics** *n pl* [U] (সাধা. *sing v*-সহ) তাপ যান্ত্রিক কার্যের মধ্যে সম্বন্ধ-বিষয়ক বিজ্ঞান; তাপগতিবিদ্যা। ˌ**~-ˈnu·clear** *adj* (যেমন, যুদ্ধাস্ত্র সম্বন্ধে) পরমাণুকেন্দ্রের দ্বিভাজন-জনিত উচ্চ তাপ-সম্পর্কিত কিংবা ঐ তাপ ব্যবহার করে এমন: The ~-nuclear bomb, হাইড্রোজেন বোমা। ˌ**~-ˈplastic** *n, adj* তাপ প্রয়োগে যে কোনো সময়ে প্লাস্টিকে পরিণত করা যায় এমন (পদার্থ); থার্মোপ্লাস্টিক। ˌ**~-set·ting** *adj* (প্লাস্টিক সম্বন্ধে) গরম করে আকার দেওয়ার পর স্থায়ীভাবে কাঠিন্যপ্রাপ্ত হয় এমন; তাপ-সংহত। ˈ**~·stat** [থ্যামাস্ট্যাট্] *n* [C] (কেন্দ্রীয়ভাবে গৃহ গরম রাখার ব্যবস্থা, হিমায়নযন্ত্র, শীতাতপনিয়ন্ত্রণ প্রভৃতিতে) তাপের সরবরাহ বিচ্ছিন্ন ও পুনঃস্থাপিত করার মাধ্যমে তাপমাত্রা স্বয়ংচালিতরূপে নিয়ন্ত্রণ করার (কৌশল; তাপনিয়ামক। **~·static** [থ্যামা'স্ট্যাটিক্] *adj* তাপনিয়ামক-ঘটিত: ~static control.

ther·mom·eter [থ্যা'মমিট(র্)] *n* তাপমানযন্ত্র। দ্র. পরি ৫।

ther·mos [থ্যা'মাস্] *n* (অপিচ ˈ**~ flask)** *(p)* বায়ুশূন্য ফ্লাস্ক (দ্র. vacuum); থার্মস।

the·sau·rus [থি'সো°রাস্] *n* (*pl* ~es [-রাসিজ্]) অর্থের সাদৃশ্য অনুযায়ী বর্গীকৃত শব্দ ও বাক্যাংশের অভিধান; ভাব-অভিধান।

these [দীজ্] দ্র. this.

the·sis ['থীসিস্] *n* (*Pl* theses ['থীসীজ্]) যুক্তির দ্বারা সমর্থিত বা সমর্থনীয় বিবৃতি বা তত্ত্ব; প্রতিপাদ্য; (বিশ্ববিদ্যালয়ের উপাধিলাভের জন্য পেশকৃত) অভিসন্দর্ভ।

they [দেই] *pers pron* তারা; তাঁরা; ওরা; ওঁরা; লোক: T~ say that the war must come to an end. **them** [দেম্; জোরালো রূপ: দেম্] *pers pron* তাদেরকে; তাঁদেরকে; তাদের; তাঁদের; ওদের; ওঁদের; ওগুলি: He gave them to us.

they're [দেআ(র্)] = they are.

thick [থিক্] *adj* (-er, -est) ১ পুরু; মোটা: a ~ line. ˌ**~-ˈskinned** *adj* (লাক্ষ.) নিন্দা বা অপমানে সংবেদনশীল; চামড়া-মোটা। ২ ঘন; নিবিড়: ~ hair; a ~ forest. ˌ**~-ˈset** *adj* (ক) গাট্টাগোট্টা; মজবুতদেহী। (খ) (লতাগুল্মের বেড়া সম্বন্ধে) ঘননিবদ্ধ। ৩ **~ with** ভরা; পরিপূর্ণ: air ~ with dust. ৪ (তরল পদার্থ সম্বন্ধে) ঘন: ~ soup. ৫ (কণ্ঠ সম্বন্ধে) রুদ্ধ (যেমন সর্দিকাশিতে)। ৬ (কথ্য) মূঢ়; নির্বোধ। ˌ**~-ˈheaded** *adj* জড়ধী; মাথামোটা। ৭ (কথ্য) ঘনিষ্ঠ; অন্তরঙ্গ: Don't try to be so ~ with that girl. **as ~ as thieves** হরিহরাত্মা; মানিকজোড়। ৮ (বিভিন্ন কথ্য প্রয়োগ) **a bit ~; rather ~** যুক্তিসহতা বা সহ্যের সীমার বাইরে; বাড়াবাড়ি। **give sb a ~ ear** ঘুষি মেরে কান ফুলিয়ে দেওয়া। **lay it on ~** (অপ.) বিশেষ প্রশংসার অতিশয্যে কান ঝালাপালা করা। □*n* [U] ১ নিবিড়তম অংশ; সবচেয়ে ব্যস্ত কর্মবহুল অংশ: be in the ~ of it, কাজের ব্যস্ততম পর্যায়ে থাকা। **through ~ and thin** সকল পরিস্থিতিতে; সুখেদুঃখে। ২ মোটা দিক: the ~ of the thumb. □*adv* ঘন/ পুরু করে বা হয়ে: ~ and fast, (চড় চাপড় সম্বন্ধে) মুহুর্মুহু। **~en** ['থিকান্] *vt, vi* ঘন করা বা হওয়া; ঘনীভূত/জটিলতর হওয়া: As the plot ~ ened.... **~·en·ing** ['থিকানিঙ্] *n* [U] কোনো কিছু ঘন করার জন্য ব্যবহৃত পদার্থ; ঘনীভবন; ঘনকরণ। **~·ness** *n* ১ [U] ঘনত্ব: two centimetres in ~ness. ২ [C] স্তর; পরত।

thicket ['থিকিট্] *n* [C] ঝোপঝাড়; ঘন জঙ্গল।

theif [থীফ্] *n* (*pp* thieves [থীভ্জ্]) চোর; তস্কর; কুম্ভিলক। দ্র. bandit, burglar, robber. **thieve** [থীভ্] *vi, vt* চৌর্যবৃত্তি করা; চুরি করা। **thiev·ery** ['থীভারি] *n* চুরি; চুরিবিদ্যা; চৌর্যবৃত্তি। **thiev·ish** [-ভিশ্] *adj* চৌর্যবৃত্ত; চৌর্যাসক্ত তস্করসুলভ। **thiev·ish·ly** *adv* চোরের মতো।

thigh [থাই] *n* [C] ১ (মানুষের) উরু। ˈ**~-bone** *n* উর্বস্থি। ২ (অন্য জন্তুর) পিছনের রান।

thimble ['থিম্ব্‌ল্] *n* (সেলাই করার সময়ে আঙুলে সুচের খোঁচা এড়ানোর জন্য পরিধেয়) শিস্তি; আঙ্গুঠ।

thin [থিন্] *adj* (-ner, -nest) ১ পাতলা; সরু: a ~ piece of paper; a ~ piece of string. ˌ**~-ˈskinned** *adj* (লাক্ষ.) সমালোচনাকাতর; সহজে আহত হয় এমন; অভিমানী। ২ অঘন; ঘনত্বহীন; পাতলা; হালকা: a ~ mist. **~ air** অদৃশ্যতা; শূন্যতা: vanish into ~ air, হাওয়ায় মিলিয়ে যাওয়া। ৩ কৃশ; রোগা; তনু: a ~ face. ৪ অনিবিড়; বিরল; ফাঁকা: a ~ audience. His hair in getting ~. ৫ (তরল পদার্থ সম্বন্ধে) পাতলা; পানসে। ৬ গুরুত্বপূর্ণ কোনো উপাদানের অভাব আছে; এমন; দুর্বল; পানসে; ঠুনকো: ~ humour; a ~ story; a ~ excuse. ৭ (কথ্য) **have a ~ time** অস্বস্তিকর; অপ্রীতিকর সময়। □*adv* পাতলা করে; হালকাভাবে ইত্যাদি। □*vt, vi* (-nn-) পাতলা, রোগা ইত্যাদি·হওয়া বা করা। **~ down** (তরল পদার্থ) পাতলা করা। **~ (out)** ঘনত্ব বা সংখ্যা হ্রাস করা; ফাঁকা হওয়া বা করা: A disastrous famine ~ned (out) the population. **~·ness** ['থিন্নিস্] *n* বিরলতা; কৃশতা; সূক্ষ্মতা; অঘনত্ব ইত্যাদি।

thine [দাইন্] দ্র. thy.

thing [থিঙ্] *n* ১ বস্তু; জিনিস; দ্রব্য; সামগ্রী; পদার্থ। ২ *(pl)* (কারো) জিনিসপত্র; মালামাল; মালপত্র; জিনিসগুলি: one's swimming ~s, সাঁতারের জিনিসপত্র। ৩ বিষয়; জিনিস। ৪ নির্বস্তুক জিনিস; বিষয়; ব্যাপার: ~s of the mind. **be ˈseeing ~s** অমূল প্রত্যক্ষ করা; ভূত দেখা। ৫ পরিস্থিতি; ঘটনা; কর্মধারা: make ~s worse; take ~s too seriously. Well, of ˈall ~s ! (বিস্ময়, ক্ষোভ ইত্যাদি প্রকাশে) কী আশ্চর্য ! **for ˈone ~** (কারণ উল্লেখের জন্য) একদিকে: For one ~, I am ill; for another.... **Taking one ~ with another** বিভিন্ন পরিস্থিতি বিবেচনা করে। ৬ (ব্যক্তি বা প্রাণী সম্বন্ধে কোনো প্রকার আবেগ প্রকাশ করতে গিয়ে): Poor ~, বেচারা; a sweet little ~, ছোট্ট সোনামণি। ৭ **the ~** পরিস্থিতির জন্য সর্বোত্তম; সবচেয়ে ভালো জিনিস/কাজ: say the ought/wrong ~. **quite the ~** ফ্যাশনসম্মত। ৮ (বাক্যাংশ) **the** ˌ**~ ˈis** কথা/প্রশ্ন হচ্ছে; সবচেয়ে গুরুত্বপূর্ণ বিষয় হচ্ছে। **first ~** (সব কিছুর আগে) প্রথম কাজ। **first ~s first,** দ্র. first[2](১). **the** ˌ**general/** ˌ**common/** ˌ**usual** ˈ**~** রেওয়াজ; প্রচলিত রীতি। **a near ~** অল্পের জন্য অব্যাহতি। **an understood ~** (কথ্য) যা সবাই মানেন বা যা মেনে নেওয়া হয়েছে। **do one's (own) ~** (কথ্য) যে কাজে কেউ পারদর্শী বা যে কাজটি করতে কেউ তাগিদ বোধ করেন, সেই কাজটি করা; নিঃসঙ্কোচে করা। **have a ~ about** (কথ্য) আবিষ্ট হওয়া। ৯ (পরে *adj*-সহ *pp)* যা কিছু এইভাবে বর্ণনা করা যায়: ~ American, আমেরিকান রীতিনীতি, শিল্পকলা ইত্যাদি। ১০ (আইন.): ~s personal/real, স্থাবর/ অস্থাবর সম্পত্তি।

thing·ummy [ˈথিঙামি], **thing·(u)ma·bob** [ˈথিঙ(আ)মাবব্], **thing·(u)ma·jig** [ˈথিঙ(আ)মাজিগ্] *nn* (কথ্য) যে বস্তু বা ব্যক্তির নাম মনে পড়ছে না বা জানা নেই; কী–যেন–নাম।

think[1] [থিঙ্ক্] *vi, vt* (*pt, pp* thought [থো°ট্]) (*adv part* ও *preps*-সহ বিশেষ প্রয়োগের জন্য নীচে ৮ দ্র.) ১ চিন্তা করা; ভাবা। **~ aloud** চিন্তা করতে করতেই তা শ্রুতিগোচরভাবে উচ্চারণ করা; সরবে চিন্তা করা। ˈ**~-tank** *n* গ্রুপ বা প্রতিষ্ঠান, যা পরামর্শ, সমস্যার সমাধান, নতুন ভাবনা ইত্যাদি সরবরাহ করে; চিন্তাশালা। ২ বিবেচনা/মনে করা; মনে হওয়া; বিশ্বাস করা: Do you ~ it will be too late? Yes, I ~ so, **~ fit,** দ্র. fit[1] (২). ৩ (can/could-এর সঙ্গে *neg)* কল্পনা করা; ধারণা করা; ভাবা: I can't think he could be so foolish. ৪ মনে মনে ইচ্ছা থাকা; ভাবা: I ~ I'will have a drink, ভাবছি···। ৫ মনে মনে ভাবা; অনুচিন্তন করা: I was ~ing how beautiful the play was. ৬ আশা/প্রত্যাশা করা; ভাবতে পারা: He never thought that he'll see his son again. **I thought as much** আমি ঠিক এটাই ভেবেছিলাম কিংবা আশা/সন্দেহ করেছিলাম। ৭ চিন্তা করতে করতে একটি মানসিক অবস্থায় নিয়ে আসা: ~ oneself sick, ভাবতে ভাবতে অসুস্থ হয়ে পড়া। ৮ (*adv part* ও *preps*–সহ বিশেষ প্রয়োগ): **~ about sth** (ক) বিবেচনা করা; পরীক্ষা করা; ভেবে দেখা: We will ~ about the proposal. (খ) স্মরণ/অনুস্মরণ করা; ভাবা: I was ~ing about my days in the army. **~ of sth** (ক) বিবেচনা করা; ভাবা: T~ of everything before you take a decision. (খ) (সিদ্ধান্তহীনভাবে) বিবেচনা করা; ভাবা: He's ~ing of joining a bank. (গ) কল্পনা করা; ভাবা: Can you ~ of the cost involved ? (ঘ) ধারণা/চিন্তা মনে ঠাঁই দেওয়া; ভাবতে পারা: How can you ~ of accepting such a proposal? (ঙ) স্মরণ/মনে করা: Can you ~ of his name? (চ) প্রস্তাব করা; মনে করতে পারা: Can you ~ of a place where I could park my car? **~ highly/well/not much/little etc of sb/sth** (ঘটমান কালে ব্যবহার নেই) উচ্চ/ভালো ধারণা পোষণ করা: He ~s the world of her, তার চোখে সে (মেয়েটি) অনন্য। **~ nothing of sth/doing sth** তুচ্ছ জ্ঞান করা: He ~s nothing of working 16 hours a day. **~ nothing of it** (আনুষ্ঠা., সৌজন্যসূচক) ও কিছু না; দ্র. mention. **~ better of sb** আরো ভালো ধারণা থাকা: I thought better of you than.... **~ better of sth** পুনর্বিবেচনা করে বাদ দেওয়া/বর্জন করা। **~ sth out** ভেবেচিন্তে পরিকল্পনা করা: a well-thought out scheme. **~ sth over** (সিদ্ধান্ত নেবার আগে) আরো ভেবে দেখা। **think sth up** (পরিকল্পনা, চাল ইত্যাদি) উদ্ভাবন করা; ফন্দি আঁটা: I wonder what you'll ~ up next.

think[2] [থিঙ্ক্] *n* (কথ্য) চিন্তার প্রয়োজনীয়তা/ উপলক্ষ: You have got another ~ coming, তোমাকে আবারও ভাবতে হবে।

think·able [ˈথিঙ্কাব্ল্] *adj* চিন্তনীয়।

thinker [ˈথিঙ্কা(র্)] *n* (সাধা. *adj*-সহ) চিন্তাশীল ব্যক্তি; চিন্তাবিদ; ভাবুক: a great/sth shallow ~.

think·ing [ˈথিঙ্কিঙ্] *adj* চিন্তাশীল; মেধাবী; বুদ্ধিমান। □*n* [U] চিন্তা; ভাবনা; বিচারবিতর্ক: do some hard ~, গভীরভাবে চিন্তা করা; to my (way of) ~, আমার মতে। **put one's** ˈ**~-cap on** (কথ্য) সমস্যা ইত্যাদি সম্বন্ধে চিন্তা করা।

third [থাড্] *adj, n* (সং. **3rd**) তৃতীয়; তেসরা: on the ~ floor, চার তলায়। **~ degree** (স্বীকারোক্তি বা তথ্য উদ্ধারের জন্য কোনো কোনো দেশে পুলিশ কর্তৃক) দীর্ঘ বা কড়া জিজ্ঞাসাবাদ, নির্যাতন। **a/the ~ party** তৃতীয় পক্ষ। **~-party insurance** যে বিমা বিমাকারী ব্যক্তি ভিন্ন অন্য কোনো ব্যক্তির ঝুঁকি গ্রহণ করে (যেমন গাড়ি-চাপা-পড়া ব্যক্তির ঝুঁকি); তৃতীয় পক্ষ বিমা। **~ rail** (রেল লাইনে বিদ্যুৎ–পরিবাহী) তৃতীয় রেল। ˌ**~-**ˈ**rate** *adj* নিম্নমানের; রদ্দি; বাজে। ˌ**~-**ˈ**rater** *n* নিম্নমানের লোক; বাজে লোক। **the T~ World** বৃহৎ শক্তিগুলির জোট-বহির্ভূত উন্নয়নশীল দেশসমূহ; তৃতীয় বিশ্ব। **~·ly** *adv* তৃতীয়ত।

thirst [থাস্ট্] *n* [U, এবং *indef art*-সহ] ১ তৃষ্ণা; পিপাসা। ২ (লাক্ষ.) তীব্র/আকুল আকাঙ্ক্ষা; তৃষ্ণা; পিপাসা: a ~ for knowledge. □*vi* **~ (for)** তৃষ্ণার্ত/ পিপাসার্ত/ পিপাসু হওয়া: ~ for revenge. **~y** *adj* (-ier, -iest) তৃষ্ণার্ত; পিপাসার্ত: be/feel ~y . **~·ily** [-টিলি] *adv* তৃষ্ণার্তভাবে/হয়ে।

thir·teen [থাটীন্] *adj, n* তেরো; ত্রয়োদশ। দ্র. পরি. ৪। **thir·teenth** [থাটীন্থ্] *adj, n* ত্রয়োদশ; তেরো ভাগের এক ভাগ।

thirty [ˈথাটি] *adj, n* ত্রিশ। দ্র. পরি ৪। **the thirties** ৩০–৩৯; ত্রিশের দশক। **thir·ti·eth** [ˈথাটিআথ্] *adj, n* ত্রিংশ; ত্রিংশত্তম; ত্রিশ ভাগের এক ভাগ।

this [দিস্] (*pl* these [দীজ্])*adj, pron* ১ এই; এটা। ২ (T~ এবং সম্বন্ধবাচক শব্দ একত্র ব্যবহার করা যায় না): T~ house of yours, তোমার এই বাড়িটি। ৩ (কাহিনীকথনে) একটা; সেই: At that moment ~ fairy entered the room. □*adv* (কথ্য) এতটা; এতখানি; এতটুকু: It's about ~ long.

thistle [ˈথিস্ল্] *n* [C] (বিভিন্ন ধরনের) কাঁটাযুক্ত পাতা এবং হলুদ, সাদা বা নীললোহিত পুষ্পবিশিষ্ট বুনো উদ্ভিদবিশেষ; গোক্ষুর।

thither [ˈদিদা(র্) US ˈথিদা(র্)] *adv* (প্রা. প্র.) সেই দিকে। **hither and ~** হেথাহোথা; ইতস্তত; যত্রতত্র।

tho' [দৌ] *adv, conj* though-এর অনানুষ্ঠানিক বানান।

thole [থৌল্] *n* (অপিচ ˈ**~-pin**) নৌকার পার্শ্বদেশে দাঁড় যথাস্থানে আটকে রাখার জন্য গোঁজবিশেষ।

thong [থঙ্ US থো°ঙ্] *n* চামড়ার সরু ফালি (যেমন চাবুকের অগ্রভাগে কিংবা বন্ধনরজ্জু হিসাবে); চামড়ার ফিতা।

tho·rax [ˈথো°র‍্যাক্স্] *n* ১ (প্রাণীর) বক্ষ; বুক। ২ কীটশরীরের প্রধান তিনটি অংশের যেটি মাঝখানে থাকে; বুক।

tho·rium [ˈথো°রিঅম্] *n* [U] (রস.) পারমাণবিক শক্তির উৎসরূপে ব্যবহৃত নরম, তেজস্ক্রিয়, ধাতব মৌলবিশেষ (প্রতীক Th); থোরিয়ম।

thorn [থো°ন্] *n* ১ [C] কাঁটা; কন্টক। **a ~ in one's flesh/side** নিরন্তর জ্বালাতনের উৎস; সার্বক্ষণিক যন্ত্রণা। ২ [C,U] (সাধা. যৌগশব্দে) কন্টকময় গুল্ম বা গাছ: ˈhow~; ˈblack~. **~y** *adj* (-ier, -iest) ১ সকন্টক; কন্টকিত; কন্টকময়। ২ (লাক্ষ.) দুরূহ ও যন্ত্রণাদায়ক; কন্টকাকীর্ণ; a ~y problem/subject.

thor·ough [ˈথারা US -রৌ] *adj* সর্বতোভাবে সম্পূর্ণ; আনুপুঙ্খিক; কিছুই উপেক্ষা করে না বা বিস্মৃত হয় না এমন; পুঙ্খানুপুঙ্খ; পুরোদস্তুর; ডাহা; আদ্যন্ত: a ~

worker; a ~ cleaning. ˈ**~-going** *adj* সম্পূর্ণ; আপোসহীন; আদ্যোপান্ত; আমূল: ~-going revision. **~·ly** *adv* সম্পূর্ণরূপে; পুঙ্খানুপুঙ্খভাবে ইত্যাদি। **~·ness** *n* পুঙ্খানুপুঙ্খতা; সম্পূর্ণতা।

thor·ough·bred [থারব্রেড্] *n, adj* (জন্তু, বিশেষত ঘোড়া সম্বন্ধে, অপিচ লাক্ষ. মানুষ সম্বন্ধে) অবিমিশ্র, অসঙ্কর; (ঘোড়া সম্বন্ধে) আজানেয়; বিশুদ্ধ কুলীন; শুদ্ধ-শোণিত; তেজস্বী; উত্তম শিক্ষাদীক্ষাপ্রাপ্ত।

thor·ough·fare [ˈথারাˈফেআ(র্)] *n* [C] রাস্তা বা সড়ক, বিশেষত দুই মুখ খোলা এবং যানবাহনবহুল রাস্তা, সংসরণ: No ~, (সঙ্কেত হিসাবে) জনসাধারণের জন্য উন্মুক্ত নয়।

those [দৌজ়্] that-এর *pl*

though [দৌ] *conj* ১ (অপিচ **al·~** [ও°ল্‌দৌ]) যদিও; যদ্যপি। ২ (অপিচ **al·~** এবং **even ~**) এমনকি যদি: surprising ~ it may sound, শুনতে অদ্ভুত লাগলেও। ৩ **what ~** (সাহিত্য.) তাতে কী এসে যায় যদি: What ~ he be a miser···. ৪ **as ~,** দ্র. as² (১১) ভুক্তিতে as ~/as if. ৫ (অপিচ **al·~**) (একটির স্বতন্ত্র উক্তির সূচকরূপে) অথচ; তবে; যদিও: She's vain and foolish, ~ people like her. □*adv* (উপরের ৫-এর অর্থে অনন্যসাপেক্ষভাবে ব্যবহৃত হয়): He said he would wait for me; he didn't, ~.

thought¹ [থো°ট্] think¹-এর *pt, pp*

thought² [থো°ট্] *n* ১ [U] চিন্তা; চিন্তনপ্রক্রিয়া; চিন্তাশক্তি। ২ [U] (কোনো বিশেষ যুগ, শ্রেণী, জাতি ইত্যাদির বৈশিষ্ট্যসূচক) চিন্তনরীতি; চিন্তারীতি: Greek/middle class/scientific ~. ৩ [U] **~ (for)** চিন্তাভাবনা; বিচারবিবেচনা: act without ~. **take ~ for** কোনো বিষয়ে উদ্বিগ্ন হওয়া। ৪ [C, U] চিন্তার মাধ্যমে গঠিত ভাব; মতামত; অভিপ্রায়; চিন্তা; ভাবনা: an interesting ~. I has no ~ (অভিপ্রায়) of insulting you. **On ˌsecond ˈ~s** আরো চিন্তাভাবনার পর। ˈ**~-reader** *n* যে ব্যক্তি মানুষের চিন্তা সম্বন্ধে জ্ঞাত বলে দাবি করেন; চিন্তাপাঠক। ˈ**~ transference** ইন্দ্রিয়সমূহের স্বাভাবিক ব্যবহার ব্যতিরেকে এক মন থেকে অন্য মনে চিন্তা বা ভাবের সঞ্চালন; চিন্তা-পরিপ্রেরণ। ৫ **a ~** একটু: Be a ~ more attentive to your duties. **~·ful** [-ফ্ল্] *adj* ১ চিন্তাশীল; চিন্তাকুল: ~ful looks. ২ সুবিবেচক; অপরের প্রয়োজনের প্রতি দৃষ্টি রাখেন এমন: a ~ful friend. **~·fully** [-ফ়লি] *adv* বিবেচনাপূর্বক। **~·ful·ness** *n* চিন্তাশীলতা; সুবিবেচনা। **~·less** *adj* ১ চিন্তাশূন্য; বেপরোয়া; অসতর্ক। ২ স্বার্থপর; বিবেচনাহীন; অবিবেচনাপ্রসূত: a ~less action. **~·less·ly** *adv* চিন্তাশূন্যভাবে; হঠকারিতাপূর্বক; অবিবেচকের মতো। **~·less·ness** *n* চিন্তাহীনতা; অসতর্কতা; হঠকারিতা।

thou·sand [থাউজ়ন্‌ড্] *adj, n* হাজার; সহস্র। দ্র. পরি. ৪। (শিথিলভাবে, অতিরঞ্জনে) বিপুলসংখ্যক হাজার: A ~ thanks for your help. **a ˌ~ to ˈone (chance)** ক্ষীণ (সম্ভাবনা)। **one in a ~** বিরল ব্যতিক্রম; হাজারে একটি। **~th** [থাউজ়ন্‌থ্] *adj, n* এক সহস্রাংশ; সহস্রতম। **~·fold** [-ফৌল্‌ড্] *adj, adv* সহস্রগুণ; হাজার গুণ।

thrash [থ্র্যাশ্] *vt, vi* ১ (লাঠি, চাবুক ইত্যাদি দিয়ে) পিটানো। ২ (কথ্য) প্রতিযোগিতায় (দল ইত্যাদিকে) হারিয়ে দেওয়া। ৩ **~ sth out** (কথ্য) **(ক)** (সমস্যাদি) আলোচনার মধ্য দিয়ে নিষ্পত্তি করা। **(খ)** আলোচনার মধ্য দিয়ে (সত্য, সমাধান ইত্যাদিতে) উপনীত হওয়া। ৪ তোলপাড় করা; আছড়ানো; ছিটানো; বেগে ধাবিত হওয়া: The dolphin ~ed about in pool. ৫ = thrush. **~·ing** *n* [C] বিশেষত পিটুনি; (খেলাধুলায়) পরাজয়।

thread [থ্রেড্] *n* ১ সূত্র; সুতা। **hang by a ~** (লাক্ষ.) বিপজ্জনক বা সঙ্গিন অবস্থায় থাকা; সুতায় ঝোলা। ২ সুতার কথা মনে করিয়ে এমন কিছু: a ~ of light coming through the keyhole. ৩ (গল্প ইত্যাদির) সূত্র; যোগসূত্র: loose the ~ one's argument. ৪ স্ক্রু বা বল্টুর পেঁচালো অংশ; গুণ। □*vt* ১ (সুচে) সুতা পরানো; (মুক্তা, পুঁতি ইত্যাদি) সুতায় গাঁথা; মালা গাঁথা: ~ a film, (প্রদর্শনের জন্য প্রক্ষেপকযন্ত্রে) ভরা। ২ **~ one's way through** (ভিড়ের মধ্য দিয়ে, রাস্তা ইত্যাদিতে) পথ খুঁজে চলা। ৩ (চুল সম্বন্ধে) রেখাঙ্কিত করা: black hair ~ed with silver, রজত রেখাযুক্ত। ˈ**~·bare** [-বেআ(র্)] *adj* ১(কাপড় সম্বন্ধে) জীর্ণ; সুতামাত্র-অবশিষ্ট; ঝাঁঝরা। ২ (লাক্ষ.) অতিব্যবহারের দরুন আকর্ষণহীন বা মূল্যহীন; গতানুগতিক; মামুলি: ~ bare arguments/jokes. ˈ**~·like** *adj* সুতার মতো; সূত্রবৎ।

threat [থ্রেট্] *n* [C] ১ (বিশেষত বক্তার ইচ্ছানুরূপ কিছু না করলে) শাস্তি বা আঘাতদানের ভয় প্রদর্শন; হুমকি; শাসানি; তর্জন: carry out ~. ২ **a/the ~ (to sb/sth) (of sth)** আসন্ন বিপদ, ঝঞ্ঝাট ইত্যাদির সঙ্কেত বা হুঁশিয়ারি; হুমকি; আশঙ্কা: a ~ of rain in the dark sky.

threaten [থ্রেট্‌ন্] *vt, vi* ১ **~ sth; ~ sb (with sth); ~ to do sth** হুমকি দেওয়া; হুমকিস্বরূপ হওয়া; শাসানো; ভীতিপ্রদর্শন করা: ~ to murder sb; ~ed with extinction. ২ সঙ্কেত দেওয়া; আলামতস্বরূপ হওয়া: The dry weather ~s drought. ৩ আসন্ন হওয়া: As war ~ed, the government strengthend the armed forces. **~·ing·ly** *adv* আশঙ্কা-জনকভাবে; চোখ রাঙিয়ে।

three [থ্রী] *adj, n* তিন। দ্র. পরি. ৪। ˌ**~-ˈcornered** *adj* ত্রিকোণ; ত্রিভুজ: a ~-cornered contest. ˌ**~-ˈD,** ~-dimensional-এর সং. (নীচে দ্র.)। ˌ**~-ˈdecker** *n* **(ক)** সেকেলে তিনতলা জাহাজ। **(খ)** তিন স্তর পাঁউরুটির মাঝখানে দুই স্তর পুর দেওয়া স্যান্ডউইচবিশেষ। **(গ)** (১৮ ও ১৯ শতকে বহুল প্রচলিত) তিন খণ্ডে সমাপ্ত উপন্যাস। ˌ**~-diˈmensional** *adj* (সং **3-D**) ত্রিমাত্রিক (দৈর্ঘ্য, প্রস্থ ও বেধ-বিশিষ্ট)। ˌ**~-ˈfigure** *adj* (সংখ্যা সম্বন্ধে) তিন অঙ্কের (১০০ থেকে ৯৯৯)। **~-pence** [থ্রীপেন্‌স্] *n* তিন পেনির সমষ্টি। **~-penny** [থ্রিপেনি] *adj* তিন পেনি দামের: a ~penny stamp. ˌ**~-ˈlane** *adj* (সড়ক সম্বন্ধে) যানবাহন চলাচলের জন্য চিহ্নিত তিনটি সারি-বিশিষ্ট; তিন গলিওয়ালা। ˌ**~-ˈlegged** [-ˈলেগিড্] *adj* **(ক)** তিনপেয়ে। **(খ)** (দৌড় প্রতিযোগিতা সম্বন্ধে) প্রতিযোগীরা জোড়া বেঁধে দৌড়ায় এবং এক জনের ডান পা অপরের বাঁ পায়ের সঙ্গে বাঁধা থাকে এমন; তিনপেয়ে। ˌ**~-ˈpiece** *adj* তিনটি খণ্ড বা প্রস্থবিশিষ্ট: a ~-piece suit (পুরুষের জন্য কোট, ওয়েস্টকোট ও প্যান্ট; মহিলাদের জন্য কোট, স্কার্ট/ প্যান্ট ও ব্লাউজ); a ~-piece suite, তিন খণ্ড বিশিষ্ট আসবাব (সাধা. একটি সোফা ও দুইটি আরাম কেদারা)। ˌ**~-ˈply** *adj* **(ক)** (পশম, সুতা ইত্যাদি সম্বন্ধে) তিনটি আঁশযুক্ত; তে-আঁশলা। **(খ)** কাষ্ঠ সম্বন্ধে; (আঠা দিয়ে উপর্যুপরি জোড়া-লাগানো) তিনটি পরতযুক্ত। **~-ˈquarter** *n* (রাগ্‌বি ফুটবল) হাফ-ব্যাক ও ফুল-ব্যাকের মধ্যবর্তী খেলোয়াড়। □*adj* (প্রতিকৃতি সম্বন্ধে) নিতম্ব অবধি; আশ্রোণি। ˌ**~-ˈscore** *adj, n* ষাট। ˈ**~-some** [-সম্] *n* তিনজনের দল বা খেলা। ˈ**~-**

'**storey(ed)** *adj* (বাড়ি সম্বন্ধে) ত্রিতল; তিনতলা। ,**~-'wheeled** *adj* তিন চাকাওয়ালা।

thresh [থ্রেশ্] *vt, vi* (শস্যাদি) মাড়ানো; আছড়ানো; মাড়াই করা। '**~·ing-floor** *n* মাড়াইখানা। '**~·ing-machine** *n* মাড়াই কল। **~er** *n* ১ মাড়াই কল; যে ব্যক্তি মাড়াই করে। ২ দীর্ঘ পুচ্ছবিশিষ্ট বৃহৎকায় হাঙ্গরবিশেষ।

thresh·old [থ্রেশ্‌হৌল্‌ড্] *n* [C] ১ বহির্দ্বারের নিম্নস্থ পাথর বা তক্তা; প্রবেশপথের যে অংশ অবশ্যই ডিঙাতে হবে; গোবরাট: cross the ~, প্রবেশ করা। ২ (লাক্ষ.) প্রবেশ দ্বার; শুরু; প্রারম্ভ; দ্বারপ্রান্ত: on the ~ of one's career. ৩ (শারীর., মনো.) সীমা: a pain ~, যে বিন্দুতে একটি সংবেদন ব্যথা বলে অনুভূত হয়: above/below the ~ of consciousness. দ্র. subliminal.

threw [থ্রু] throw-এর *pt, pp*

thrice [থ্রাইস্] *adv* তিনবার; তিনগুণ।

thrift [থ্রিফ্‌ট্] *n* [U] মিতব্যয়িতা; ব্যয়সঙ্কোচ। **~y** *adj* (-ier, -iest) ১ মিতব্যয়ী। ২ (US) সমৃদ্ধশালী; উন্নতিশীল। **~·ily** [-টিলি] *adv* মিতব্যয়িতার সঙ্গে। **~·less** *adj* অমিতব্যয়ী; অপব্যয়ী। **~·less·ly** *adv* অপব্যয় করে। **~·less·ness** *n* অমিতব্যয়িতা; অপব্যয়।

thrill [থ্রিল্] *n* শিহরণ; রোমাঞ্চ। □*vt, vi* ১ শিহরিত/রোমাঞ্চিত করা। ২ শিহরিত/রোমাঞ্চিত হওয়া: ~ with pleasure. **~er** *n* যে সব উপন্যাস, নাটক বা চলচ্চিত্রে উত্তেজনা ও আবেগ অপরিহার্য উপাদান; রোমাঞ্চকর উপন্যাস, নাটক ইত্যাদি।

thrive [থ্রাইভ্] *vi* (*pt* ~d কিংবা (পুরা.) throve [থ্রৌভ্], *pp* ~d কিংবা (পুরা.) thriven [থ্রিভ্‌ন্]) **~ (on sth)** সমৃদ্ধি লাভ করা; সমৃদ্ধশালী হওয়া; উন্নতি লাভ/সাফল্য অর্জন করা; বলিষ্ঠ ও স্বাস্থ্যবান হওয়া: A business ~s on good management.

thro' [থ্রু] through-এর অনানুষ্ঠানিক বানান।

throat [থ্রৌট্] *n* ১ গলা; টুটি; কণ্ঠ: cut one's ~. '**cut-~** *attrib adj* (ক) (ক্ষুর সম্বন্ধে) হাতলে সংবদ্ধ সঞ্চালনযোগ্য দীর্ঘ ফলকবিশিষ্ট। (খ) (প্রতিযোগিতা ইত্যাদি সম্বন্ধে) তীব্র ও নির্মম; গলাকাটা। ২ গলনালী; কণ্ঠনালী; গলা। **force/thurst sth down sb's ~** (লাক্ষ.) কিছু গেলাবার চেষ্টা করা, অর্থাৎ নিজের মতামত, বিশ্বাস ইত্যাদি গ্রহণ করাবার প্রয়াস পাওয়া। **stick in one's ~** (লাক্ষ.) গলায় আটকে যাওয়া, অর্থাৎ সহজে গ্রহণযোগ্য না হওয়া। **-~ed** (যৌগশব্দে, যেমন) a red -~ed bird, লাল গলাওয়ালা পাখি। **~y** *adj* (-ier, -iest) গলার গভীরে উচ্চারিত: a ~y voice, ঘড়ঘড়ে গলা।

throb [থ্রব্] *vi* (-bb-) (হৃৎপিণ্ড, নাড়ি ইত্যাদি সম্বন্ধে) ধপধপ/টিপ টিপ/ধড়ধড়/ধড়াস ধড়াস করা; ধড়ধড়ানো। □*n* [C] ধবধবানি; ধড়ধড়ানি; দুম দুম: the ~ of distant firing. **~·bing** *adj* স্পন্দময়; টিপটিপে: ~ing machinery.

throe [থ্রৌ] *n* **~s** (বিশেষত প্রসবের) তীব্র যন্ত্রণা। **in the ~s of sth/ of doing sth** (কথ্য) কিছু করার বা কোনো দায়িত্বপালনের যন্ত্রণার মধ্যে: in the ~s of an examination.

throm·bo·sis [থ্রম্'বৌসিস্] *n* [U] রক্তনালী বা হৃদ্‌যন্ত্রে জমাট রক্ত।

throne [থ্রৌন্] *n* [C] ১ সিংহাসন। ২ **the ~** রাজকীয় কর্তৃত্ব; রাজশক্তি।

throng [থ্রঙ্ US থ্রোঙ্] *n* ভিড়; জনসম্পর্ক; লোকারণ্য; জনতা; জনসঙ্ঘ।

throttle [থ্রট্‌ল্] *vt, vi* ১ টুটি চেপে ধরা; শ্বাসরোধ করা: ~ freedom of speech. ২ **~ (back/down)** ইনজিনে বাষ্প, পেট্রলের ধোঁয়া ইত্যাদি নিয়ন্ত্রণ করা; উক্তরূপে (ইনজিনের গতি) হ্রাস করা। □*n* '**~(-valve)** ইনজিনে বাষ্প, পেট্রলের ধোঁয়া ইত্যাদি নিয়ন্ত্রণের জন্য কপাটক; রোধনী।

through[1] [থ্রু] *adv* (ক্রিয়াসহযোগে প্রয়োগ যথাস্থানে দ্র.) ১ একপ্রান্ত থেকে অন্য প্রান্ত; শুরু থেকে শেষ; এক পাশ থেকে অন্য পাশ: The gatekeeper would not let her ~, দরজার ভিতরে যেতে দেবে না; get ~, যেমন, পরীক্ষা সমাপ্ত বা পাস করা; your shirt is ~ at the elbows, ছিঁড়েছে বা ফুটা হয়েছে। **all ~** সারাক্ষণ; আগাগোড়া: He knew all ~ that his wife was trying to deceive him. ২ একেবারে শেষ পর্যন্ত। **be ~ with** (ক) শেষ করা: Are you ~ with your meal? (খ) (কথ্য) ত্যক্ত–বিরক্ত হওয়া; আগ্রহ হারিয়ে ফেলা: He's ~ with that job; he's looking for something more exciting. **go ~ with sth** শেষ না হওয়া পর্যন্ত কাজ চালিয়ে যাওয়া। **see sth ~** কতকগুলি ঘটনাপরম্পরায় শেষ অবধি উপস্থিত থাকা সাহায্য করা। **~ and ~** সর্বতোভাবে; সম্পূর্ণভাবে: She's wet ~ / ~ and ~. ৩ বরাবর; সোজা: I've booked my luggage ~ to London. ৪ (টেলিফোনকরণে) (ক) (GB) সংযোগ দেওয়া হয়েছে এমন: Please put me ~ to the secretary, সচিবের সঙ্গে সংযোগ দিন। (খ) (US) সমাপ্ত; কথা শেষ হয়েছে। ৫ (উপরে ৩–এর অর্থে *nn*-কে বিশেষিত করার জন্য ব্যবহৃত): a ~ train to Glasgow; ~ traffic, সড়ক পথে অন্য কোনো স্থানের ভিতর দিয়ে চলাচল (স্থানীয় যান চলাচলের সঙ্গে বৈপরীত্যক্রমে)। '**~·put** [-পুট্] *n* [U, C] = output; উৎপাদন; কোনো প্রক্রিয়ার মধ্যে ন্যস্ত বস্তুর পরিমাণ। '**~·way** *n* (দ্রুত যানচলাচলের জন্য) মহাসড়ক। দ্র. express[1](২) ভুক্তিতে express way.

through[2] (US অনানুষ্ঠানিক বানানে অপিচ **thru**) [থ্রু] *prep* ১ ভিতর/মধ্য দিয়ে; ভেদ করে: pass ~ a forest; look ~ a telescope. ২ (লাক্ষ. প্র.;যথাস্থানে; v ভুক্তিসমূহ দ্র.): go ~ many hardships, অনেক দুঃখকষ্ট অতিক্রম করা; See ~ a trick, চালাকি ধরতে পারা; go ~ the accounts, পরীক্ষা করা; get/go ~ one's fortune, নিঃশেষ করে ফেলা; go ~ an examination, উত্তীর্ণ হওয়া। ৩ (সময় সম্বন্ধে) প্রথম থেকে শেষ পর্যন্ত: The patient won't live ~ the night, ভোর হওয়ার আগেই মারা যাবে। ৪ (US) পর্যন্ত: I'll be on tour from Friday ~ Tuesday. ৫ মাধ্যমে; জন্য; কারণে; দরুন: It was ~ them that we missed the train. ৬ না থেমে: The car passed ~ the red light.

through·out [থ্রু'আউট্] *adv* আগাগোড়া; আদ্যোপান্ত; সর্বাংশে; পুরোপরি: The house painted yellow ~. □*prep* আদ্যোপান্ত: ~ the country, সারাদেশে; ~ the length and breadth of the land, দেশের সর্বত্র।

throve [থ্রৌভ্] দ্র. thrive.

throw[1] [থ্রৌ] *vt, vi* (*pt* threw [থ্রু], *pp* thrown [থ্রৌন্]) (*adv part* ও *preps*-সহ প্রয়োগের জন্য নীচে ১২ দ্র.) ১ ছোড়া; ছুড়ে মারা; নিক্ষেপ/ক্ষেপণ করা। ২ (পোশাক–পরিচ্ছদ) দ্রুত বা এলোধাবাড়ি পরা বা খুলে ফেলা (on, off, over etc): ~ a shawl over one's shoulders; ~ off one's clothes. ৩ (হাত, পা ইত্যাদি) ছোঁড়া (out, up, down, about): ~ up one's arms; ~ one's head back. ৪ (ক) (কুস্তিবিদ সম্বন্ধে) (প্রতিপক্ষকে) ভূমিতে

ফেলে দেওয়া। (খ) (ঘোড়া সম্বন্ধে) আরোহীকে মাটিতে নিক্ষেপ করা। (গ) (সাপ সম্বন্ধে) (খোলস) ছাড়া। (ঘ) (জীবজন্তু সম্বন্ধে) বাচ্চা প্রসব করা। ৫ (পাশা সম্বন্ধে) ছোড়া; মারা: ~ three sixes, তিন ছক্কা মারা। ৬ (রেশম দিয়ে) সুতা পাকানো। ৭ (কুমারের চাকে) ঘট, কলসি ইত্যাদি গড়া। ৮ (কথ্য) পীড়া দেওয়া; বিচলিত করা; অন্যমনস্ক করা: The sudden death of the child really threw her. ৯ (অপ.) **~ a party** পার্টি দেওয়া। **~ a fit** ভিড়মি খাওয়া। দ্র. fit[3] (২). ১০ **~ sth open (to) (ক)** (প্রতিযোগিতা ইত্যাদি) সকলের জন্য অবারিত/উন্মুক্ত করা। (খ) (সাধা. বদ্ধ উদ্যান প্রভৃতি) সর্বসাধারণের জন্য খুলে দেওয়া। ১১ (*nn*-এর সঙ্গে): **~ cold water on sth,** দ্র. water[1] (১). **~ doubt upon,** দ্র. doubt (১). **~ dust in sb's eyes,** দ্র. dust[1] (১). **~ down the gauntlet,** দ্র. gauntlet. **~ light on,** দ্র. light[1](৬). **~ a sop to Cerberus,** দ্র. sop. **~ one's weight about,** দ্র. weight. ১২ (*adv part* ও *preps*-সহ বিশেষ প্রয়োগ): **~ sth about** ছড়ানো ছিটানো; ইতস্তত বিক্ষিপ্ত করা: ~ one's money about, (লাক্ষ.) টাকা ওড়ানো। **~ oneself at (ক)** ঝাঁপিয়ে পড়া। (খ) জোর করে মনোযোগ নিবদ্ধ করা; প্রণয়ভাজন হওয়ার জন্য বেপরোয়া আচরণ করা; ঝাঁপিয়ে পড়া। **~ sth away (ক)** বোকামি বা অবহেলা করে হারানো: Your advice was thrown away upon her, উপদেশটা বাজে খরচ হলো। (খ) (অভিনেতা, সম্প্রচারক প্রভৃতি কর্তৃক উচ্চারিত শব্দাবলী সম্বন্ধে) সচেতনভাবে কম গুরুত্ব দিয়ে, অযত্নসহকারে উচ্চারণ করা; ছুড়ে মারা। সুতরাং, **ˈ~-away** *n* ফেলে দেবার মতো বস্তু (যেমন মুদ্রিত ইশতেহার ইত্যাদি); ফেলনা জিনিস: (attrib) a ~-away ballpen, ব্যবহারের পরে পরিত্যাজ্য; a ~-away line, কথার কথা। **throw back** বহু দূরের কোনো পূর্ণ পুরুষের বৈশিষ্ট্য সূচিত করা বা ফিরে পাওয়া। অতএব, **ˈ~-back** *n* পূর্বপুরুষের বৈশিষ্ট্যে প্রত্যাবর্তন; পূর্বানুবৃত্তি। **~ sb back on/upon sth** (প্রায়শ passive) (উপায়ান্তর না থাকায়) কোনো কিছু পুনরায় অবলম্বন করতে বাধ্য করা: Since nobody came to his aid, he was thrown back upon his own resources. **~ oneself down** সটান/নম্র হয়ে শুয়ে পড়া। **~ sth in (ক)** অতিরিক্ত মূল্য ছাড়া বাড়তি কিছু সরবরাহ করা: I bought this table for £ 40, with the chair ~n in. (খ) (মন্তব্য ইত্যাদি) কথাচ্ছলে যোগ করা। (গ) (ফুটবল) বল মাঠের বাইরে যাওয়ার পর ভিতরে নিক্ষেপ করা। সুতরাং, **ˈ~-in** *n* নিক্ষেপ। **~ in one's hand** নিরস্ত হওয়া; হাত গুটানো; কিছু করার অসামর্থ্য স্বীকার করা। **~ in one's lot with sb** অন্যের ভাগ্যের সঙ্গে ভাগ্য জড়ানো। **~ in the towel/sponge** (কথ্য) (মুষ্টিযুদ্ধ থেকে) পরাজয় স্বীকার করা; হার মানা। **~ oneself into sth** পূর্ণোদ্যমে কাজ শুরু করা। **~ sb/sth off** ঝেড়ে ফেলা; কোনোক্রমে হাত থেকে অব্যাহতি/রেহাই পাওয়া: ~ off a cold/one's pursuers. **~ sth off** খুব সহজে কিছু বানানো বা রচনা করা: ~ off a few lines of verse. **~ oneself on/upon sb/sth** ভরসা/নির্ভর করা; নিজেকে কোনো কিছুর উপর সোপর্দ করা। **~ sth out (ক)** (বিশেষত কথাচ্ছলে হালকাভাবে) কিছু উচ্চারণ করা: ~ out a hint; ~ out a challenge. (খ) (সংসদে বিল ইত্যাদি) প্রত্যাখ্যান করা। (গ) সম্প্রসারিত অংশ হিসাবে নির্মাণ করা: ~ out a wing. **~ sb out (ক)** (ক্রিকেটে, ফিল্ডার সম্বন্ধে) বল উইকেটে মেরে (ব্যাটসম্যানকে) বহিষ্কার করা। (খ) (কোনো কিছুতে একান্ত নিবিষ্ট কোনো ব্যক্তির) মনকে বিক্ষিপ্ত করে কাজের বিঘ্ন ঘটানো: The noise in the street ~ me out in my calculations. **~ sb over** পরিত্যাগ করা: ~ over an old friend. **~ sth together** তাড়াহুড়া করে/জোড়াতালি দিয়ে দাঁড় করানো; সাততাড়াতাড়ি ও অযত্নে সঙ্কলন করা: I have the impression that the book has been thrown together. **~ people together** একত্র করা। **~ sth up (ক)** বমি করা। (খ) (চাকরি থেকে) পদত্যাগ করা; ছেড়ে দেওয়া: ~ up one's job. **~ sth up** গোচরে আনা। **~ up one's hands (in horror)** (বিভীষিকায়, আতঙ্কে) দুহাত উপরে তোলা।

throw[2] [থ্রৌ] *n* [C] নিক্ষেপ; কোনো নিক্ষিপ্ত বস্তু যতটা দূরত্ব অতিক্রম করেছে বা করতে পারে: a well-aimed ~ লক্ষ্যভেদী নিক্ষেপ। **within a ˈstone's ~ (of)** নিতান্ত কাছে।

thru [থ্রু] = through (-এর US অনানুষ্ঠানিক বানান)।

thrush[1] [থ্রাশ্] *n* [C] গায়ক পাখিবিশেষ, বিশেষ ˈsong-~ বা throstle নামে পরিচিত পাখি; সারিশ; শরালি।

thrush[2] [থ্রাশ্] *n* অভ্যন্তর প্রদাহঘটিত রোগবিশেষ।

thrust [থ্রাস্ট্] *vt, vi* (*pt, pp* ~) আচমকা বা প্রবলভাবে ঠেলা দেওয়া; ধাক্কা মারা; ঠেলে ঢুকিয়ে দেওয়া; তরবারি দিয়ে সম্মুখদিকে আঘাত করা: ~ one's through the crowd; ~ oneself into a well-paid position, নির্মম, নির্দয় প্রণালীতে মোটা মাইনের চাকরি বাগানো। **Some people have greatness ~ upon them** কিছু কিছু লোক বিনা প্রযত্নে খ্যাতি অর্জন করেন। □*n* ১ [C] ঠেলা; ধাক্কা; বেগে তাড়ন; অভিঘাত; (যুদ্ধে) শত্রুপক্ষের অবস্থানের ভিতরে প্রবেশের প্রবল প্রয়াস; (বিতর্ক ইত্যাদি) কথার আক্রমণ; কাউকে লক্ষ করে বিরূপ মন্তব্য। ২ [U] কোনো কাঠামোর সংলগ্ন অংশের উপর পতিত চাপ (যেমন খিলানে); জেট-ইনজিনে পশ্চাদ্দিকে নির্গত গ্যাসের প্রতিক্রিয়ায় সম্মুখ অভিমুখী গতিবেগ। **~er** (কোনো সুবিধা ইত্যাদি লাভ করার জন্য) যে ব্যক্তি ঠেলাঠেলি করে সামনে অগ্রসর হয়।

thud [থাড্] *n* ধপ বা ধুপ (শব্দ): fall with a ~ on the bed. □*vi* (-dd-) ধপ/ধুপ করে পড়া বা আঘাত করা।

thug [থাগ্] *n* ঠগ; খুনি গুণ্ডা; হিংস্র অপরাধী। **~·gery** *n* [U] ঠগাই; ঠগামো।

thu·lium [ˈথুলিঅম্] *n* [U] (রস.) নরম ধাতব মৌলবিশেষ (প্রতীক Tm); থুলিয়ম।

thumb [থাম্] *n* অঙ্গুষ্ঠ; বুড়া আঙুল; বৃদ্ধাঙ্গুলি। **(one's fingers) be all ~s; have ten ~s** অত্যন্ত অপটু হওয়া। **rule of ~** অভিজ্ঞতা ও অনুশীলনের পর প্রতিষ্ঠিত পদ্ধতি বা প্রক্রিয়া। **under sb's ~** কারো প্রভাব ও নিয়ন্ত্রণাধীন; কারো ক্রীড়নক। **~s up/down** (সাফল্য/ব্যর্থতাসূচক বাক্যাংশ)। **~-nail sketch** ক্ষুদ্রাকৃতি প্রতিকৃতি; ত্বরিত শব্দচিত্র। **ˈ~-screw** *n* **(ক)** (অপিচ **ˈ~-nut)** যে ধরনের স্ক্রু অঙ্গুষ্ঠ ও বুড়া আঙুলের সাহায্যে অনায়াসে ঘোরানো যায়। (খ) বুড়া আঙুলে চাপ দিয়ে নির্যাতন করার জন্য প্রাচীন যন্ত্রবিশেষ। **ˈ~-stall** *n* আহত বুড়া আঙুল ঢেকে রাখার জন্য আবরণ বা খাপবিশেষ। **ˈ~-tack** *n* (US) অঙ্কন-পিন। □*vt* (পৃষ্ঠা ইত্যাদি) উল্টানো; ঐভাবে উল্টিয়ে নোংরা করা: a well-~ed book. ২ **~ a light** (চালককে সঙ্কেত জ্ঞাপন করে) মোটরযানে নিখরচা চড়তে চাওয়া (এবং চড়া), দ্র. hitch-hike. **~ one's nose at sb** বুড়া আঙুল নাকে লাগিয়ে

অন্য আঙুলগুলি জটিল উদ্দিষ্ট ব্যক্তির দিকে ছড়িয়ে দিয়ে তার প্রতি তীব্র অবজ্ঞা প্রদর্শন করা।

thump [থাম্প্] *vt, vi* বিশেষত মুষ্টি দিয়ে সজোরে আঘাত করা; দুম করে আঘাত করা; জোরে থাবড়া মারা; দুমদুম করে মারা। □*n* [C] চাপড়; থাবড়া; দুম শব্দ: a friendly ~ on the back. **~·ing** *adj* (কথ্য) বিপুলাকার; প্রকাণ্ড। □*adv* (কথ্য) দারুণভাবে: a ~ing great lie.

thun·der [ˈথান্ড(র্)] *n* ১ বজ্র; বজ্রনির্ঘোষ; অশনি; কুলিশ। **ˈ~·bolt** *n* বজ্রপাত; (লাক্ষ.) অপ্রত্যাশিত ভয়ানক ঘটনা। **ˈ~·clap** *n* অশনিসম্পাত; বজ্রপাত; বজ্রতুল্য কোনো কিছু; আকস্মিক ভয়ানক ঘটনা, দুঃসংবাদ ইত্যাদি। **ˈ~·storm** *n* বজ্রবিদ্যুৎপূর্ণ ঝড়বৃষ্টি। **ˈ~·struck** *adj* (*pred;* লাক্ষ.) বজ্রাহত; বিস্ময়োপহত। ২ [U, C] বজ্রতুল্য উচ্চনাদ; বজ্রনির্ঘোষ: ~s of applause. **steal sb's ~** আগেই আন্দাজ করে কারো তাক লাগাবার চেষ্টাকে নস্যাৎ করা। □*vi, vt* ১ (নৈর্ব্যক্তিক) বাজ পড়া; বজ্রপাত হওয়া। ২ বজ্রতুল্য শব্দ করা: Who is ~ing at the door? ৩ বজ্রকণ্ঠে গর্জন করা; উচ্চকণ্ঠে কথা বলা; (বাক্যের দ্বারা) প্রচণ্ডভাবে আক্রমণ করা। **~ against/out** (হুমকি ইত্যাদি) প্রচণ্ড শব্দে উচ্চারণ করা: The general ~ed out his orders. **~·er** *n* (বিশেষত): the T~er, জুপিটারের অন্যতম নাম; বজ্রদেব। **~·ing** *adj, adv* = Thumping. **~·ous** [-রাস্] *adj* বজ্রকণ্ঠ; বজ্রতুল্য; বজ্রগম্ভীর: ~ous applause. **~y** [-ডরি] *adj* (আবহাওয়া সম্বন্ধে) বজ্রপাতের লক্ষণপূর্ণ।

Thurs·day [ˈথাস্ডি] *n* বৃহস্পতিবার।

thus [দাস্] *adv* এইভাবে; সুতরাং: ~ for, এই পর্যন্ত।

thwart[1] [থ্বোও°ট্] *n* বাইচের নৌকায় দাঁড়ির বসার জন্য আড়াআড়িভাবে পাতা আসন; গুড়া।

thwart[2] [থ্বোও°ট্] *vt* ব্যর্থ করে দেওয়া; প্রতিহত/ব্যাহত করা; বাধা দেওয়া: be ~ed in one's ambitions.

thy [দাই] *poss, pron* তোমার; তোর; আপনার। **thine** [দাইন] *pron* (তোমার/তোর/আপনার অধিকারভুক্ত। **thee** [দী] *pron* তোমাকে; তোকে। **thou** [দ্যাও] *pron* তুমি; তুই। **thy·self** [দাইসেল্ফ্] *refl pron* তুই/তুমি স্বয়ং।

thyme [টাইম্] *n* [U] বুনো বা আবাদি, সুগন্ধ পত্রবিশিষ্ট গুল্মবিশেষ, যা রান্নায় ব্যবহৃত হয়।

thy·roid [থাইরয়ড্] *n* **~ (gland)** গলায় অবস্থিত গ্রন্থিবিশেষ: এই গ্রন্থিতে উৎপন্ন একটি রস শারীরিক বৃদ্ধি ও কর্মতৎপরতাকে প্রভাবিত করে; কাকল; গলগ্রন্থি।

ti [টী] *n* স্বরগ্রামের সপ্তম সুর।

ti·ara [টিˈআ:রা] ১ মহিলাদের মাথার (অলঙ্কারস্বরূপ) মুকুট; টায়রা; কিরীট; তাজ। ২ পোপের মাথার ত্রিতল মুকুট।

tibia [ˈটিবিআ] *n* (*pl* ~e [-বিঈ] (ব্যব.) হাঁটু ও পায়ের মধ্যে দুইটি অস্থির মধ্যে যেটি বেশি মোটা এবং ভিতরের দিকে অবস্থিত; জঙ্ঘাস্থি।

tic [টিক্] *n* (বিশেষত মুখমণ্ডলের) পেশির আক্ষেপ বা খিঁচুনি।

tick[1] [টিক্] *n* [C] ১ (বিশেষত ঘড়ির) টিক (আওয়াজে)। **ˌ~-tock** *n* (ঘড়ি ইত্যাদির) টিকটিক। ২ (কথ্য) মুহূর্ত; পলক: ৩ ক্ষুদ্র চিহ্নবিশেষ (√); টিক-চিহ্ন। ৪ **ˈ~-tack** *n* ঘোড়দৌড়ের মাঠে বাজি ধরার ব্যবসায়ে নিয়োজিত ব্যক্তিদের সহকারীদের মধ্যে প্রচলিত এক ধরনের (হাতের ইশারানির্ভর) সঙ্কেতপদ্ধতি। □*vi, vt* ১(ঘড়ি ইত্যাদি সম্বন্ধে) টিক টিক করা। **what makes sb/sth ~** (কথ্য) তাকে দিয়ে কী বা কে এমনভাবে কাজ করাচ্ছে? ২ **~ away** (ঘড়ি সম্বন্ধে): ~ away the minutes, টিক টিক করে মিনিট অতিক্রম করা। ৩ **~ over** (অন্তর্দাহ ইনজিন সম্বন্ধে) গিয়ার বিযুক্ত অবস্থায় (এবং যানবাহন দাঁড়ানো অবস্থায়) ধীরে ধীরে চলা; টিকিস টিকিস করে চলা। ৪ **~ sth (off)** টিক চিহ্ন দেওয়া: ~ off a name on a list. **~ sb off** (কথ্য) তিরস্কার করা: give sb a good ~ing-off.

tick[2] [টিক্] *n* পরজীবী কীটবিশেষ; আঁটুলি।

tick[3] [টিক্] *n* ১ গদি, জাজিম, বালিশ ইত্যাদির খোল। ২ [U] (অপিচ **~·ing)** খোলের কাপড়।

tick[4] [টিক্] *n* [U] (কথ্য) ধার: buy goods on ~, বাকিতে কেনা।

ticker [ˈটিকা(র্)] *n* [C] ১ টেলিগ্রাফযন্ত্র বিশেষ কাগজের ফিতায় (**ˈ~-tape** নামে পরিচিত) স্বয়ংক্রিয়ভাবে বার্তা (বিশেষত স্টক এক্সচেঞ্জের মূল্যের) মুদ্রিত করে: a ~-tape reception, বিখ্যাত ব্যক্তিদের অভ্যর্থনা জানানোর ধরনবিশেষ, এতে তাঁকে রাজপথে শোভাযাত্রাসহকারে নেবার সময়ে অফিসসমূহের জানালা থেকে রংবেরঙের কাগজের লম্বা ফালি ছুড়ে মারা হয়। ২ (কথ্য) ঘড়ি। ৩ (অপ.) হৃৎযন্ত্র: a dicky ~, দুর্বল হৃদ্‌যন্ত্র।

ticket [ˈটিকিট্] *n* [C] ১ (রেলগাড়ি, বাস, জাহাজ, প্রেক্ষালয় ইত্যাদির) টিকিট। **ˈ~-collector** *n* (বিশেষত রেলগাড়ির) টিকিট-সংগ্রাহক। ২ কোনো বস্তুর সঙ্গে আঁটা তথ্যসংবলিত কার্ড বা চিরকুট; টিকিট। ৩ [US] নির্বাচনে একটি রাজনৈতিক দলের অন্তর্ভুক্ত প্রার্থীদের তালিকা; টিকিট: vote the straight ~, দলগত আনুগত্য বজায় রেখে ভোট দেওয়া। ৪ যানবাহন চলাচলের নিয়মকানুনবিরোধী অপরাধের মুদ্রিত বিজ্ঞপ্তি: get a ~. ৫ **the ~** (সেকেলে অপ.) যথাকর্তব্য; ঠিক কাজটি। ৬ **~ of leave** (পুরা.) = parole; প্রতিশ্রুতিসাপেক্ষ মুক্তি ইত্যাদি। ৭ বৈমানিক; জাহাজের কর্মকর্তা প্রভৃতির যোগ্যতার তালিকাসংবলিত সনদপত্র। □*vt* টিকিট লাগানো; চিরকুট সংবলিত করা।

tick·ing [ˈটিকিঙ্] *n* দ্র. tick[3].

tickle [টিক্‌ল্] *vt, vi* ১ কাতুকুতু দেওয়া। ২ (হাস্যরসবোধকে) পরিতৃপ্ত করা; সুড়সুড়ি দেওয়া: to be ~d to death. ৩ সুড়সুড়ি দেওয়া বা লাগা; সুড়সুড় করা: My ear ~s. **tick·ler** [টিক্‌লা(র্)] *n* (কথ্য) ধাঁধা। **tick·lish** [ˈটিক্‌লিশ্] *adj* ১ (ব্যক্তি সম্বন্ধে) সহজেই কাতুকুতু লাগে এমন। ২ (সমস্যা, কাজ ইত্যাদি সম্বন্ধে) অতি সযত্নে বা মনোযোগের সঙ্গে সাধ্য; কূটকচালে: a ticklish situation.

ti·dal [টাইড্‌ল্] *adj* জোয়ার-ভাটা-সম্বন্ধী: a ~ river, যে নদীতে জোয়ার-ভাটা চলে। **ˈ~ wave** *n* সামুদ্রিক জলোচ্ছ্বাস; বেলোর্মি; (লাক্ষ.) জনসাধারণের প্রচণ্ড আবেগোচ্ছ্বাস।

tid·bit [ˈটিড্‌বিট্] *n* (US) = titbit.

tid·dler [ˈটিড্‌লা(র্)] *n* (কথ্য) ১ অতি ক্ষুদ্র মৎস্য। ২ খুদে শিশু; পিচ্চি।

tid·dley [ˈটিড্‌লি] *n* (কথ্য) ১ ছোট; খুদে; তুচ্ছ। ২ ঈষৎ পানোন্মত্ত।

tid·dley·winks [ˈটিড্‌লিওয়িঙ্কস্] *n* [U] খেলাবিশেষ, যাতে খেলোয়াড়রা ছোট ছোট চাকতির প্রান্তে বড়ো একটি চাকতি দ্বারা চাপ দিয়ে একটি টেবিলের মাঝখানে রক্ষিত একটি পেয়ালা বা বারকোশের মধ্যে ফেলার চেষ্টা করে।

tide [টাইড্] *n* ১ [C,U] জোয়ার-ভাটা: high ~, জোয়ার; low/ebb-~, ভাটা; flood-~, ভরা জোয়ার; spring ~,

তেজ কটাল; reap ~, মরা কটাল। ˈ~·mark *n* জোয়ার জলের উচ্চতম সীমা। ˈ~·way *n* নদী বা সাগরের যে প্রবাহে জোয়ার–ভাটা খেলে; রেত; ঐ রেতের জোয়ার–ভাটা। ২ [C] (জনমত, জনগণের আবেগ ইত্যাদির) গতি বা প্রবণতা; জোয়ার। ৩ (প্রা.প্র.) ঋতু (এখন কেবলমাত্র যৌগশব্দে, যেমন Easter ~, even ~). □*vt* **~ sb over (sth)** কাটিয়ে ওঠা; কাটিয়ে উঠতে সাহায্য করা; পার করা: to ~ oneself over a difficult period.

tid·ings [টাইডিঙ্জ্] *n pl* (পুরা.) সংবাদ; সন্দেশ: glad ~.

tidy [ˈটাইডি] *adj,* (-ier, -iest) ১ পরিপাটি; পরিচ্ছন্ন; ছিমছাম; ফিটফাট; সবকিছু যথাস্থানে রাখতে অভ্যস্ত: a ~ room; a ~ bay. ২ (কথ্য) প্রচুর; মেলা; অনেক: a ~ sum of money. □*n* (*pl* -dies) টুকিটাকি বর্জ্য দ্রব্য রাখার পাত্র; বর্জ্যাধার: a ˈhair-~, বুরুশে জড়ানো চুল ইত্যাদির জন্য পাত্র; a ˈsink-~, রান্নাঘরের টুকিটাকি আবর্জনা ফেলার পাত্র। □*vt, vi* **~ (up)** পরিপাটি করা; গোছগাছ করা; সাজানো গোছানো। **ti·dily** [ˈটাইডিলি] *adv* পরিপাটি করে ইত্যাদি। **ti·di·ness** *n* পরিপাট্য; পরিষ্কার–পরিচ্ছন্নতা।

tie[1] [টাই] *n* [C] ১ বাঁধন; বন্ধন; কোনো কাঠামোর অংশবিশেষকে একত্রসংবদ্ধ করবার জন্য রড বা কড়িকাঠ; বাঁধুনি; (US) = (railway) sleeper, sleep[2] ভুক্তিতে sleeper (২) দ্র.; (লাক্ষ.) বন্ধন: the ties of friendship. ২ স্বাধীনতার জন্য ব্যাঘাতজনক কোনো কিছু; বন্ধন: She found her baby a tie. ৩ (খেলা, ভোট ইত্যাদিতে) সমান সংখ্যক পয়েন্ট/ভোট লাভ; সমতা: The match ended in a tie, 1-1. ৪ (সঙ্গীত) একই ওজোনের দুইটি সুর একটি সুর হিসাবে গেয় বা বাদ্য হলে স্বরলিপিতে সুর দুইটির শীর্ষদেশে যে বক্ররেখা স্থাপিত হয়; যোজক। ৫ = necktie.

tie[2] [টাই] *vt, vi* (*pres p* tying, *pt, pl* tied) ১ বাঁধা; বন্ধন করা। **tie sb down** কারো স্বাধীনতা খর্ব করা; বন্ধনস্বরূপ হওয়া: to get tied down, বাঁধা পড়া। **tie sb down to sth** (চুক্তির শর্ত ইত্যাদি দিয়ে) বাঁধা; গণ্ডিবদ্ধ করা। **tie oneself down to sth** নিজের কর্মের স্বাধীনতার ক্ষেত্রে সীমাবদ্ধতা মেনে নেওয়া। **tie (sth) in with sth** সংযুক্ত/সম্পর্কিত হওয়া বা করা: His statement ties in with our observation. **tie sth up** (ক) (পুঁজি) এমনভাবে বিনিয়োগ করা যাতে তা সহজলভ্য না হয় (যেমন আইনগত সীমাবদ্ধতা আরোপের দরুন)। (খ) কেবলমাত্র কতকগুলি (সাধা. আইনঘটিত) শর্তসাপেক্ষে (জমি, ভবন ইত্যাদি) বিক্রয় বা ব্যবহার করার নিশ্চয়তা বিধান করা। **be/get tied up (with sth/sb)** (ক) এমনভাবে জড়িয়ে পড়া যে অন্য কিছুর জন্য সময় দেওয়া সম্ভব নয়: He's tied with the marriage of his sister. (খ) সম্পৃক্ত/সম্বন্ধযুক্ত হওয়া: The company was tied up with Vincent Johnston. সুতরাং, ˈ**tie-up** *n* সংযোগ; সম্বন্ধ; অংশীদারিত্ব; একীভবন। **tied house** (GB) কোনো বিশেষ ভাঁটিখানার দ্বারা নিয়ন্ত্রিত পানশালা। দ্র. free[1] (৩) ভুক্তিকে free house. ২ **tie sth (on)** (দড়ি, রশি ইত্যাদি দিয়ে) বাঁধা: tie an apron (on). সুতরাং, ˈ**tie-on** *attrib adj:* a tie-on label. ৩ (ফিতা ইত্যাদি) গিঁট বাঁধা; ফসকা গেরো বাঁধা: tie one's shoelaces. ৪ বাঁধা: tie a knot in a piece of string. ৫ বাঁধা হওয়া: This belt ties at the back. ৬ **tie (with) (for)** সমসংখ্যক পয়েন্ট, নম্বর ইত্যাদি পাওয়া; গেরো বাঁধা: tie for the first place.

tier [টিঅ(র্)] *n* (বিশেষত আসনের) সারি, তাক ইত্যাদি, বিশেষত রঙ্গালয় স্টেডিয়াম প্রভৃতি স্থানে সমান্তরালভাবে একটির পরে একটি ক্রমশ উঁচু করে পাতা অনেকগুলি পংক্তির একটি: a first/second ~ box (রঙ্গালয়ে)।

tiff [টিফ্] *n* (বন্ধু বা পরিচিতজনদের মধ্যে) সামান্য কলহ; রাগারাগি।

ti·ger [টাইগা(র্)] *n* বাঘ; ব্যাঘ্র; শার্দুল। ˈ~-**lily** *n* কালো বা নীললোহিত ফুটকিওয়ালা কমলা রঙের পুষ্পবিশিষ্ট উদ্যান পদ্মবিশেষ। **~·ish** [-রিশ্] *adj* ব্যাঘ্রবৎ (হিংস্র); শার্দুলস্বভাব। **ti·gress** [টাইগ্রিস্] *n* বাঘিনী; ব্যাঘ্রী।

tight [টাইট্] *adj* (-er, -est) ১ কষা; আঁটা; কড়া; শক্ত; দৃঢ়। ˌ~-ˈ**lipped** *adj* দুই ঠোঁট দৃঢ়ভাবে বদ্ধ করে রেখেছে এমন; সাঁটা–ঠোঁট; খুব কম কথা বলে কিংবা কিছুই বলে না এমন; (লাক্ষ.) করালদর্শন, ভীষণ। ২ দৃঢ়বদ্ধ; ঠাসা: a ~ joint; (বিশেষত যৌগশব্দে) এমনভাবে তৈরি যাতে পদার্থবিশেষ ঢুকতে বা বের হতে পারে না: ˈwater ~, জলরোধী; ˈair ~, বায়ুরোধী। ৩ ঠাস; ঠাসা: The suitcases are packed ~. ৪ (কথ্য) অত্যধিক সুরাজাতীয় পানীয় পান করেছে এমন: বোঝাই; টইটম্বুর: get ~ every Friday. ৫ পুরাপুরি টানটান করা: a ~ rope. ˈ~-**rope** *n* যে টানা দড়ির উপর দড়িবাজরা কসরৎ দেখায়; টানা–দড়ি। ৬ চাপপ্রসূত; অসুবিধাজনক। **in a ~ corner/spot** (সাধা. লাক্ষ.) কঠিন বা বিপজ্জনক পরিস্থিতিতে। **~ schedule** যে সময়সূচি মেনে চলা কঠিন; ঠাসা সময়সূচি। **~ squeeze** ঠাসাঠাসি। ৭ (অর্থ সম্বন্ধে) সহজলভ্য নয় এমন, যেমন ব্যাংক–ঋণ; অপ্রতুল। ৮ ˌ~-ˈ**fisted** *adj* কঞ্জুস; হাতটান; ব্যয়কুণ্ঠ। ˌ~-ˈ**laced** *adj* =strait-laced, দ্র. strait[1]. ˈ~-**wad** [-ওয়াড্] *n* (অপ.) কঞ্জুস; কৃপণ। □*adv* = ~ly: squeeze/hold sth ~. **sit ~,** দ্র. sit (১). (উল্লেখ্য যে *pl*-এর ~ *adv* ব্যবহৃত হয় না; এখানে অবশ্যই ~ly ব্যবহার করতে হবে)। **~·ly** *adv* কষে; ঠাসাঠাসি করে; ঠেসে ইত্যাদি: ~ly packed together; hold sth ~ly. **~·ness** *n* কষাকষি; ঠাসাঠাসি; টানাটানি; আঁটসাঁট; আঁটুনি। **~en** *n* [টাইট্‌ন্] *vt, vi* কষানো; টানটান হওয়া; কষা করা বা হওয়া; আঁটা; টেনে কষানো। **~en one's belt** (খাদ্যাভাবের সময়) উপবাস করা; পেটে পাথর বাঁধা; হিসাবি হওয়া।

tights [টাইট্স্] *n pl* ১ মেয়েদের নিতম্ব; উরু ও পা ঢাকা আঁটসাঁট পোশাকবিশেষ। ২ শারীরিক কসরৎ প্রদর্শনকারী, নর্তকনর্তকী প্রভৃতির পা ও শরীর–ঢাকা চামড়ার সঙ্গে সাঁটা পোশাকবিশেষ।

tike [টাইক্] *n* = tyke.

tilde [ˈটিল্ডা] *n* ১ স্পেনীয় ভাষায় 'n'-এর উচ্চারণ 'নিই' হলে (যেমন canon) 'n'-এর ওপর যে চিহ্ন (~) দেওয়া হয়। ২ [টিল্ড়] কোনো ভুক্তিতে শীর্ষশব্দের ব্যবহার নির্দেশ করার জন্য এই অভিধানে ব্যবহৃত (~) চিহ্ন।

tile [টা ইল্] *n* টালি। **be (out) on the ~** (অপ.) আমোদ–ফুর্তি করা। **have a** ˈ**~** (screw অধিকতর প্রচলিত) **loose** শক্রু ঢিলা হওয়া। □*vt* (ছাদ ইত্যাদি) টালি দিয়ে ছাওয়া।

till[1] [টিল্] (অপিচ **until** [আন্ˈটিল্]) (until অধিকতর আনুষ্ঠা) *conj* যে পর্যন্ত না; যতক্ষণে না; না ... পর্যন্ত। □*prep* পর্যন্ত; অবধি।

till[2] [টিল্] *n* টাকাপয়সা রাখার জন্য দেরাজ; টাকার দেরাজ (যেমন ক্যাশ–রেজিস্টারে থাকে)।

till[3] [টিল্] *vt* (ভূমি) কর্ষণ/চাষ করা। **~·age** [টিলিজ্] *n* [U] ভূমিকর্ষণ; চাষ; কর্ষিত ভূমি। **~er** *n* কৃষক; চাষি।

tiller [ˈটিলা(র্)] *n* নৌকার হাল ঘোরানোর হাতল।

tilt [টিল্ট্] *vt, vi* ১ কাত করা বা হওয়া (যেমন টেবিলের এক দিক উত্তোলন করে)। ২ ~ **at** (ইতি., অশ্বারোহী সম্বন্ধে) বর্শা হাতে (অন্যের অভিমুখে) ধাবিত হওয়া; (লাক্ষ.) কথা বা লেখায় খোঁচা দেওয়া/আক্রমণ করা। ~ **at windmills** (ডন কিখোতের কাহিনী থেকে) কাল্পনিক শত্রুর সঙ্গে লড়াই করা। □*n* [C] ১ কাত; ঝোঁক। ২ অশ্বারোহণে বর্শা হাতে আক্রমণ: have a ~ at sb, (লাক্ষ.) বিতর্ক ইত্যাদিতে (বন্ধুভাবে) খোঁচা দেওয়া/আক্রমণ করা। **(at) full ~** পূর্ণ বেগে; প্রচণ্ড শক্তিতে। ˈ**~-yard** *n* পূর্বকালে যে স্থানে বর্শা হাতে অশ্বধাবনের অনুশীলন করা হতো।

tilth [টিল্থ্] *n* কর্ষণের ফলে লাঙলের ফাল জমির যতোটা গভীরে পৌঁছেছে; চাষ।

tim·ber [ˈটিম্ব(র্)] *n* ১ [U] কাঠ; কাষ্ঠ; দারু; বাহাদুরি কাঠ: dressed ~, ব্যবহারের জন্য করাত দিয়ে ফাড়া, আকৃতিপ্রাপ্ত, ঘষামাজা কাঠ। ২ [U] নির্মাণ, আসবাবপত্র ইত্যাদির উপযোগী কাঠের উৎসরূপে বিবেচিত বাড়ন্ত বৃক্ষ; বাহাদুরি কাঠ: five hundred acres of ~. ৩ [C] (জাহাজ, ভবন ইত্যাদির) কাঠের কড়ি বরগা। ৪ [U] (শৃগাল শিকারে) কাঠের বেড়া ও ফটক। **~ed** [ˈটিম্বড্] *adj* (বাড়ি সম্বন্ধে) কাঠের; কাষ্ঠনির্মিত; দারুময়।

timbre [ˈট্যাম্ব্র্ US ˈটিম্বর্] *n* বিশেষ কণ্ঠ বা যন্ত্র থেকে উৎপন্ন ধ্বনির বৈশিষ্ট্যজ্ঞাপক গুণ; ধ্বনিমুদ্রা।

time[1] [টাইম্] *n* ১ [U] অতীত, বর্তমান ও ভবিষ্যতের সকল দিন; কাল। ২ সকল দিন, মাস ও বৎসরের বহমানতা; সময়: T~ and tide wait for none (প্রবাদ)। ৩ [U] (অপিচ *a + adj + ~*) সময়ের অংশ বা পরিমাপ; সময়; কাল: a long ~ away; be pressed for ~. **behind ~ (ক)** বিলম্বিত: You'are half an hour behind ~. **(খ)** পিছিয়ে (আছে এমন): be behind ~ with one's payments. **for the ~ being,** দ্র. be[3] (৪)। **on ~** যথাসময়ে; দেরিতে নয়। **in** ˈ**no ~** খুব শীঘ্র; অচিরে। **(from/since) ~ immemorial; (from/since) ~ out of mind** স্মরণাতীতকাল থেকে। **gain ~** অজুহাত দেখিয়ে, দীর্ঘসূত্রতা করে বাড়তি সময় নেওয়া; কালক্ষেপণ করা। **all the ~ (ক)** উল্লিখিত সবটা সময় ধরে; সারাক্ষণ: He could not find the book, but it was on the table all the ~. **(খ)** সর্বদা; প্রথম থেকে শেষ পর্যন্ত: She's a teacher all the ~, তাঁর জন্য কোনো আগ্রহ নেই। ˈ**half the ~ (ক)** অর্ধেক সময়: He said he will do the job in two hours; can you do it in half the ~? **(খ)** দীর্ঘ সময় ধরে; (শিথিল অর্থে) প্রায়শ; প্রায় সর্বদা। ৪ [U] ঘণ্টা মিনিটের হিসাবে নির্দিষ্ট সময়: What ~ is it? ৫ [U] বছর, মাস, ঘণ্টা প্রভৃতি এককে ভাগ করে মাপা সময়: What is the winner's ~? বিজয়ী কতো সময়ে দৌড় ইত্যাদি শেষ করেছে? **keep good/bad ~** (ঘড়ি সম্বন্ধে) সঠিক সময় নির্দেশ করা বা না করা। **the ~ of day** ঘড়ির সময়। **pass the ~ of day (with...)** ("সুপ্রভাত" প্রভৃতি) সম্ভাষণ বিনিময় করা। ৬ [U] কোনো অনুষ্ঠান, উদ্দেশ্য ইত্যাদির সঙ্গে অনুষঙ্গযুক্ত কিংবা এ সবের জন্য উপযোগী সময়: by the ~ he left the University; every ~ I met her, যতবার তার সঙ্গে দেখা হয়েছে। Now is your ~ তোমার সুযোগ। **(work, etc) against ~** (সময় সীমিত বলে) সর্বোচ্চ গতিতে। **at the same ~ (ক)** একসঙ্গে; একাধারে: work and sing at the same ~. **(খ)** তা সত্ত্বেও; তবু; তবে: He is always polite; at the same ~, he can be very firm with his subordinates. **at ~s; from ~ to ~** সময় সময়; মাঝে মাঝে। **at all ~s** সর্বদা সব সময়। **at** ˈ**your/**ˈ**his, etc; ~ of life** তোমার/তার...বয়সে। **in ~ (ক)** সময় মতো; বেশ আগে: be in ~ for the train. **(খ)** আগে বা পরে; এক সময়; You will come to know him in ~. **in the nick of ~,** দ্র. nick[1] (২). **near her ~** (স্ত্রীলোক সম্বন্ধে) প্রসব সময়ের সন্নিকট। **do ~ (ক)** কিছুকাল জেল খাটা। **serve one's ~ (ক)** নির্দিষ্ট সময়ের জন্য শিক্ষানবিশ হিসাবে কাজ করা। **(খ)** = do ~, উপরে দ্র.। **My/His etc ~ is drawing near** আমি/সে ইত্যাদি কোনো সঙ্কট, গুরুত্বপূর্ণ ঘটনা ইত্যাদির নিকটবর্তী। **~ and motion** *n, adj* শিল্পোৎপাদন বা কাজের পদ্ধতির কার্যকরতার পরিমাপসম্বন্ধী (বিশ্লেষণ)। ৭ [C] (তুল. twice) বার; সময়: this/that/next ~; a dozen ~s, বার বার; হাজার বার। **at** ˈ**one ~** (অতীতে) এক সময়ে; একদা: At one ~, he used to write poems. **at other ~s** অন্য সময়। **~ and again; ~s without number** বার বার; অসংখ্য বার। ˈ**many a ~;** ˈ**many ~s** প্রায়শ; অনেক বার। **one/one, etc at a ~** একেক বার; একটি/দুইটি ইত্যাদি করে। ৮ *(pl)* গুণ; পূরণ (উল্লেখ্য যে two ~s এর স্থলে twice ব্যবহৃত হয়): Four ~s six is twenty four. ৯ [C] (প্রায়শ *pl)* আমল; যুগ: in 'Mughal ~. ১০ [C] (প্রায়শ *pl)* দিনকাল; সময়: go through terrible ~s. **ahead of one's ~; born before one's ~** নিজ সময়ের তুলনায় অতিমাত্রায় অগ্রসর চিন্তার অধিকারী। **(even) at the best of ~s** অবস্থা খুব ভালো হলেও: He is a clumsy workman even at the best of ~s. **behind the ~s** সেকেলে; সেকেলে ধ্যানধারণার অধিকারী। **have a good ~** আনন্দ করা। **have the ~ of one's life** (কথ্য) নিজের শ্রেষ্ঠ (অসাধারণ সুখের) সময়ের অভিজ্ঞতা লাভ করা। ১১ [U] **Greenwich/ local/ summer/ standard ~** উক্ত শব্দগুলি দ্র.। ১২ [U] (সঙ্গীত) তাল। **in/out of ~** তালে/বেতালে। **in double quick ~** অতি দ্রুত; বিদ্যুদ্‌বেগে। **beat ~** হাত বা ছড়ি দিয়ে তাল দেওয়া/ঠোকা। **keep ~** তালে তালে গাওয়া বা বাজানো; তাল বজায় রাখা। ১৩ (যৌগশব্দ) ˈ**~-ball** *n* (মানমন্দিরে একটি স্থির সময়, সাধা. দ্বিপ্রহর বা বেলা ১টা নির্দেশ করার জন্য) যে বল একটি দণ্ড বেয়ে নেমে আসে; সময় গোলক। ˈ**~-bomb** *n* নিক্ষিপ্ত বা স্থাপিত হওয়ার পর কিছু সময়ের ব্যবধানে বিস্ফোরিত হওয়ার উপযোগী করে তৈরি বোমা; কালবোমা। ˈ**~-card/-sheet** *n* যে কার্ডে বা পৃষ্ঠায় শ্রমিকের দৈনিক খাটুনির ঘণ্টা লিপিবদ্ধ করা হয়। ˈ**~-expired** *(adj)* (সৈনিক ও নাবিক সম্বন্ধে) চাকরির মেয়াদ-উত্তীর্ণ। ˈ**~-exposure** *n* ফিল্মে আধসেকেন্ডের বেশি সূর্যালোকসম্পাত। ˈ**~-fuse** *n* (বোমা ইত্যাদি বিস্ফোরণের জন্য) একটি নির্দিষ্ট সময় ধরে জ্বলার উপযোগী করে তৈরি দাহ্যপদার্থপূর্ণ সলিতা। ˈ**~-honoured** (US = -**honored**) *adj* প্রাচীনতার কারণে সম্মানিত/শ্রদ্ধেয়। ˈ**~-keeper** *n* **(ক)** যে ব্যক্তি বা বস্তু শ্রমিকদের কাজের সময়ের হিসাব রাখে; কালরক্ষক। **(খ)** (ঘড়ি ইত্যাদি সম্বন্ধে) যা ভালো/মন্দ ইত্যাদি সময় দেয়: a good/bad ~keeper. ˈ**~-lag** *n* দুইটি পরস্পর সম্পর্কিত প্রপঞ্চ বা ঘটনার মধ্যে (যেমন বিদ্যুৎচ্চমক ও বজ্রপাতের মধ্যে) সময়ের ব্যবধান। ˈ**~-limit** *n* সময়সীমা: set a ~-limit for receiving applications. ˈ**~-piece** *n* ঘড়ি। ˈ**~-saving** *adj* সময় সাশ্রয়কর। ˈ**~-server** *n* যে ব্যক্তি নীতির প্রতি আনুগত্যবশত নয়, কেবল ব্যক্তিস্বার্থে

কাজ করে, বিশেষত যে সব সময়ে ক্ষমতাবানদের মনোরঞ্জনে লিপ্ত; সময়সেবক। ˈ~-serving *adj* সময়সেবী: ~-serving politicians. ˈ~-signal *n* সময়সূচক সঙ্কেত (যেমন কয়েকবার 'পিপ পিপ' ধ্বনি)। ˈ~ slip *n* = time warp. ˈ~-switch *n* নির্দিষ্ট সময়ে সক্রিয় হয়ে ওঠে এমনভাবে নিয়ন্ত্রিত সুইচ (যেমন বাড়ির তাপনিয়ন্ত্রণ ব্যবস্থাকে চালু ও বন্ধ রাখার জন্য)। ˈ~-table *n* সময়সূচি। ˈ~ warp *n* (বৈজ্ঞানিক কল্পকাহিনীতে) অতীত বা ভবিষ্যৎ কালকে বর্তমান কালে রূপান্তরকরণ। ˈ~-work *n* [U] যে কাজের (বিশেষত কায়িক শ্রমনির্ভর) পারিশ্রমিক ঘণ্টা বা দিনের হিসাবে প্রদান করা হয় (piece-work-এর সঙ্গে বৈপরীত্যক্রমে); ঘণ্টা–মাপা কাজ।

time[2] [টাইম্] *vt* ১ সময় বা মুহূর্ত নির্বাচন করা; সময় নির্ধারণ/ ধার্য/ ঠিক করা। ২ (প্রতিযোগিতা, ঘটনা ইত্যাদিতে অতিবাহিত) সময় পরিমাপ করা। ৩ নিয়ন্ত্রণ করা; (সময়) মেলানো: ~ one's steps (নাচে) to the music. **tim·ing** *n* [U] (উদ্দিষ্ট ফললাভের জন্য) সময় নির্ধারণ; সময় নির্বাচন: a ˈtiming device; (মঞ্চ) সংলাপ ইত্যাদির গতি। **~·less** *adj* (সাহিত্য.) চিরন্তন; অনন্ত; কালাতীত।

time·ly [ˈটাইম্লি] *adj* (-ier -iest) সময়োচিত; যথাকালীন। **time·li·ness** *n* [U] যথাকালীনতা।

timid [ˈটিমিড্] *adj* ভীরু; লাজুক; মুখচোরা। **~·ly** *adv* চকিতে; ভয়ে ভয়ে; সলজ্জভাবে। **~·ity** [টিˈমিডাটি], **~·ness** *nn* [U] ভীরুতা; লজ্জা।

tim·or·ous [ˈটিমারস্] *adj* (সাহিত্য.) ভীরু; ব্রীড়িত। **~·ly** *adv* সভয়ে; ভয়ে ভয়ে।

tim·othy [ˈটিমাথি] *n* [U] ˈ**~ (grass)** এক জাতের ঘাস, যা গবাদি পশুর বিচালি হিসাবে চাষ করা হয়।

tim·pani [ˈটিম্পানি] *n pl* নহবৎ বা নাগারার জোড়া (যেমন কোনো অর্কেস্ট্রায়)। **tim·pan·ist** [ˈটিম্পানিস্ট্] *n* নহবৎবাদক।

tin [টিন্] *n* ১ [U] (রস.) টিন ধাতু; রাং; ত্রপু; রঙ্গ (প্রতীক Sn)। ˈ**tin·foil** *n* [U] টিনের তবক; রাংতা। **(little) tin god** যে বস্তু বা ব্যক্তিকে মানুষ ভুলক্রমে অসীম শ্রদ্ধার আসনে বসিয়েছে। **~ hat** (অপ.) (একালের সৈনিকদের মাথার) ইস্পাতের শিরস্ত্রাণ। ˈ**tin-plate** *n* [U] টিনের প্রলেপ দেওয়া লোহার পাত, যা খাদ্য কৌটাজাত করতে ব্যবহৃত হয়; টিনের পাত। ˈ**tin·smith** *n* টিনের প্রলেপ দেওয়া লোহার পাত নিয়ে যারা কাজ করে; টিনমিস্ত্রি। ˈ**tin·tack** *n* টিনের প্রলেপ দেওয়া লোহার খাটো পেরেকবিশেষ। ২ [C] টিনের প্রলেপ দেওয়া লোহার পাতে নির্মিত আধার (US = can); টিন। ˈ**tin-opener** *n* টিন খোলার যন্ত্র। □*vt* (-nn-) ১ টিনের প্রলেপ দেওয়া। ২ (খাদ্য ইত্যাদি) টিনজাত করা (US = can): ~ned beef. **tinny** *adj* টিনসম্বন্ধী বা টিনের মতো; (ধ্বনি সম্বন্ধে) ঝনঝনে।

tinc·ture [ˈটিঙ্ক্চা(র্)] *n* ১ কোহলে দ্রবীভূত ভেষজদ্রব্য; আরক: ~ of iodine/quinine. ২ **a ~ (of)** আমেজ; আভা; সামান্য স্বাদ। □*vt* ঈষৎ আমেজ বা স্বাদ দেওয়া।

tin·der [ˈটিন্ডা(র্)] *n* [U] স্ফুলিঙ্গের সংস্পর্শে সহজে জ্বলে ওঠে এমন বস্তু (যেমন শুষ্ক, ঈষৎ দগ্ধ নেকড়া); ইন্ধন। ˈ**~-box** *n* (আগেকার দিনে আগুন জ্বালানোর জন্য) ইন্ধন, চকমকি পাথর ও ইস্পাত রাখার বাক্স; চকমকির বাক্স।

tine [টাইন্] *n* (ভোজনের কাঁটা, বিদা ইত্যাদির) সুচালো অগ্রভাগ; দাড়া; হরিণের শিঙের শাখা। **~d** [টাইন্ড্] *suff* (যৌগশব্দে) (উল্লিখিত সংখ্যক) শাখা বা কাঁটা-বিশিষ্ট: a three-~d hayfork, তিন কাঁটাওয়ালা।

ting [টিঙ্] *vi, vt, n* টুং বা টিং (শব্দ করা বা শব্দে বাজা)।

tinge [টিন্জ্] *vt* **~ sth (with)** ১ (লাল ইত্যাদি রঙে) ঈষৎ রঞ্জিত করা। ২ (বিশেষত *pp*-এ) ঈষৎ মিশ্রিত করা: admiration ~d with envy. □*n* ঈষৎ মিশ্রণ; আমেজ; আভাস।

tingle [ˈটিঙ্গল্] *vi* শির শির/টন টন করা; (লাক্ষ.) উদ্দীপ্ত হওয়া: ~ excitement. □*n* টনটনানি; শির শির: have a ~ in one's finger-tips.

tin·ker [টিঙ্কা(র্)] *n* ১ ভ্রাম্যমাণ ঝালাইকার বা ঝালাইমিস্ত্রি (যে হাড়িপাতিল, কেতলি ইত্যাদি মেরামত করে)। **not care/give a ~'s cuss/damn** লেশমাত্র পরোয়া/গ্রাহ্য না করা। ২ মেরামত করবার চেষ্টা: have an hour's ~ at time-piece. □*vi* **~ (at/with)** আনাড়ির মতো বা শখের বশে কিছু করা; খুটখাট করা: ~ (away) at a broken machine.

tinkle [টিঙ্ক্ল্] *vi, vt* টুং টাং বা ঝন ঝন করে বাজা বা বাজানো। □*n (sing)* টুং টাং: the ~ of a bell/of falling glass.

tinny [ˈটিনি] *adj* দ্র. tin.

tin pan alley [ˌটিন্ প্যান্ ˈঅ্যালি] *n* (গোষ্ঠী হিসাবে) লোকরঞ্জক সঙ্গীতের রচয়িতা, বাদক ও প্রকাশকগণ।

tin·sel [ˈটিন্স্ল্] *n* [U] ১ অলঙ্কাররূপে ব্যবহারের জন্য চকচকে পদার্থের পাত, ফালি ও সুতা: trim a Christmas tree/a dress with ~. ২ সস্তা চাকচিক্য; চটক; জেল্লা। **~ly** [-সালি] *adj* চটকদার; সস্তা রংচঙে। □*vt* (-ll-, US অপিচ -l-) রাংতা ইত্যাদি দিয়ে সাজানো।

tint [টিন্ট্] *n* রঙের (বিশেষত পাণ্ডু বা সূক্ষ্ম) আভা বা রূপভেদ; ছোপ: ~s of red in the sky at dawn. □*vt* ছোপ দেওয়া; ঈষৎ রঞ্জিত করা।

tiny [ˈটাইনি] *adj* (-ier, -iest) অতি ক্ষুদ্র; ঘেনি; পুঁচকে।

tip[1] [টিপ্] *n* [C] ১ কোনো কিছুর সুচালো বা সরু প্রান্ত; ডগা; আগা: ˈfinger-tips. **(have sth) on the tip of one's tongue** বলতে উদ্যত হওয়া; জিভের ডগায় এসে যাওয়া। ˌ**tip** ˈ**top** *adj, adv* (সেকেলে, কথ্য) অত্যুৎকৃষ্ট; খাসা: a tip-top hotel/dinner. ২ কোনো কিছুর প্রান্তে সংযুক্ত ক্ষুদ্র টুকরা; ডগা; filter-tips. □*vt* (-pp-) উক্তরূপ ডগা সংযুক্ত করা: filter-tipped cigarettes.

tip[2] [টিপ্] *vt, vi* (-pp-) ১ **tip (sth) (up)** একপাশে বা প্রান্তে উঠানো বা উঠে যাওয়া/কাত হওয়া বা করা: The bench tipped up. **tip sth (over)** উল্টে দেওয়া বা যাওয়া। **tip the scale (at)** (ক) (তৌলযন্ত্রের) একটি পাল্লা অন্যটির চেয়ে নিচু করার জন্য যথেষ্ট হওয়া; পাল্লা ঝোঁকানো; (লাক্ষ.) (পক্ষে বা বিপক্ষে) মীমাংসাকারক নিয়ামকস্বরূপ হওয়া। (খ) ওজন হওয়া: tip the scale at 60 kg, ৬০ কেজি ওজন হওয়া। **tip-up seat** (প্রেক্ষাগৃহ প্রভৃতি স্থানে) কব্জা-লাগানো আসন (যাতে লোকজনের চলাচলে ব্যাঘাত সৃষ্টি না হয়)। ২ **tip sth (out); tip sth (out of sth) (into sth)** (কাত করে) ঢালা; গড়ানো; অধঃক্ষেপণ করা: tip the rubbish into a ditch. □*n* (US অপ্রচলিত) আস্তাকুঁড়; (কথ্য) অপরিচ্ছন্ন স্থান: live in a ~.

tip[3] [টিপ্] *vt* (-pp-) ১ আলতোভাবে ছোঁয়া বা আঘাত করা। ˌ**tip-and-**ˈ**run** *adj* (ডাকাত প্রভৃতির হামলা সম্বন্ধে) হামলা করেই দ্রুত পলায়ন করা হয় এমন। ২ বখশিশ দেওয়া; (ঘোড় দৌড় ইত্যাদিতে সম্ভাব্য বিজেতা সম্বন্ধে) আভাস বা পরামর্শ দেওয়া (নীচে ২ দ্র.)। **tip sb**

off (কথ্য) হুঁশিয়ারি বা ইঙ্গিত দেওয়া। সুতরাং, ˈtip-off *n* ইঙ্গিত বা হুঁশিয়ারি; আভাস; ইশারা: give the police a tip-off. **tip sb the wink** (কথ্য) বিশেষ তথ্য সরবরাহ করা; গোপনে সতর্ক করে দেওয়া। **tip the winner** (সাধা. ঘোড়দৌড় সম্বন্ধে) বিজেতা সম্বন্ধে আভাস দেওয়া। □*n* [C] ১ বখশিশ। ২ কিছু করার জন্য পরামর্শ, বিশেষত ঘোড়দৌড়ে সম্ভাব্য বিজেতা সম্বন্ধে কিংবা শেয়ারের ভবিষ্যৎ মূল্য সম্বন্ধে তথ্য; সন্দেশ; ইঙ্গিত; আভাস; পরামর্শ: a tip for the Derby. ৩ হালকা আঘাত; টোকা।

tip·pet [ˈটিপিট্] *n* (পুরা.) মহিলাদের গ্রীবা ও স্কন্ধদেশ বেষ্টন করে আজানুলম্বিত উত্তরীয় বা লোমশ চামড়া নির্মিত পরিধেয়বিশেষ; খ্রিস্টান যাজকদের অনুরূপ লেবাস; দোপাট্টা; কণ্ঠবস্ত্র।

tipple [ˈটিপ্ল্] *vi, vt* ১ সুরাপানে অভ্যস্ত হওয়া; মদ টানা। ২ (সুরাজাতীয় পানীয়) পান করা। □*n* [U] সুরাজাতীয় পানীয়; মদ; (হাস্য.) যে কোনো পানীয়। **tip·pler** *n* মদ্যপায়ী।

tip·staff [টিপ্‌স্টা:ফ্ US –স্ট্যাফ্] *n* কাউন্টির আইনবিভাগীয় প্রধান কর্মকর্তার (শেরিফ) অধীনস্থ কর্মকর্তাবিশেষ।

tip·ster [ˈটিপ্‌স্‌ট(র্)] *n* ঘোড়দৌড়ে বিজেতা সম্বন্ধে যে আভাস দেয়। দ্র. tip[3] (২).

tipsy [ˈটিপ্‌সি] *adj* (কথ্য) ঈষৎ মাতাল; টলমলে; আধমাতাল।

tip·toe [ˈটিপটৌ] *adv* **on ~** পায়ের আঙুলের ডগায় ভর দিয়ে: be/wait on ~ with excitement. □*vi* পা টিপে টিপে হাঁটা।

ti·rade [টাই'রেইড্]*n* দীর্ঘ, ক্রোধোদ্দীপ্ত বা তিরস্কারপূর্ণ বক্তৃতা।

tire[1] [টাইআ(র্)] *n* (US) = tyre.

tire[2] [টাইআ(র্)] *vt, vi* **~ (sb) (out); ~ of** ক্লান্ত/শ্রান্ত করা বা হওয়া; আগ্রহহীন করা। **be ~d of** কোনো কিছু সম্বন্ধে ত্যক্তবিরক্ত হওয়া। **~d** [টাইআড্] *adj* শ্রান্ত; ক্লান্ত; অবসন্ন। **~d out** সম্পূর্ণ অবসন্ন। **~d·ness** *n* ক্লান্তি; অবসন্নতা। **~·less** *adj* ১ ক্লান্তিহীন; শ্রান্তিহীন: a ~less worker. ২ অক্লান্ত; অদম্য; অফুরন্ত: ~less energy. **~·less·ly** *adv* ক্লান্তিহীনভাবে। **~·some** [–সাম্] *adj* ক্লান্তিকর; বিরক্তিকর; একঘেয়ে। **tir·ing** *adj* ক্লান্তিকর।

tiro, tyro [টাইআরৌ] *n* (*pl* ~s [-রৌজ্]) প্রাথমিক শিক্ষার্থী; অনভিজ্ঞ ব্যক্তি; অর্বাচীন।

tis·sue [ˈটিশূ] *n* ১ [C, U] যে কোনো ধরনের বোনা কাপড়। ২ [C,U] জীবশরীরে কোষসমষ্টি; কলা। ৩ ˈ~ **paper** নরম; পাতলা কাগজবিশেষ। ৪ [C] (লাক্ষ.) জাল; পরম্পরা; ঊর্ণাজাল: a ~ of lies.

tit[1] [টিট্] *n* বিভিন্ন ধরনের ছোট পাখিবিশেষ: titmouse; titlark; tomtit; long-tailed tit, etc.

tit[2] [টিট্] *n* (কেবল) **tit for tat** আঘাতের বদলে আঘাত; ইটের বদলে পাটকেল।

tit[3] [টিট্] *n* (নিষেধ) চুচুক; স্তন; নারীবক্ষ।

ti·tan [টাইটন্] *n* ১ **T~** (গ্রিক পুরাণ) একদা পৃথিবী শাসনকারী দানব পরিবারের একজন; টাইটন্। ২ অতিমানবিক আকার, শক্তি, মেধা ইত্যাদির অধিকারী ব্যক্তি; দানব। **~ic** [টাই'ট্যানিক্] *adj* বিশাল; দানবীয়; প্রকাণ্ড।

ti·ta·nium [টিটেনিআম্] *n* [U] (রস.) বিমানপোত-নির্মাণ এবং উচ্চমানের ইস্পাতে সঙ্করধাতু রূপে বহুলব্যবহৃত ধাতব মৌলবিশেষ (প্রতীক Ti); টিটেনিয়ম।

tit·bit [ˈটিট্‌বিট্] *n p* [C] (খাদ্য, খবর, জনশ্রুতি ইত্যাদির) রসালো ও আকর্ষণীয় টুকরা; মুখরোচক টুকরা; সুগ্রাস।

tithe [টাইদ্] *n* [C] ১ (ইতি.) (ইংল্যান্ডীয় গির্জায়) গ্রামীণ পাদ্রিদের ভরণপোষণের জন্য প্রদত্ত জমির উৎপন্ন দ্রব্যের এক দশমাংশ। ˈ**~-barn** *n* যে শস্যাগারে উপরোক্ত রূপে সংগৃহীত শস্য সংরক্ষিত হত। ২ (আল.) দশমাংশ।

tit·il·late [ˈটিটিলেইট্] *vt* সুড়সুড়ি দেওয়া; সুখদায়করূপে উদ্দীপ্ত করা। **tit·il·la·tion** [ˌটিটি'লেইশ্‌ন্] *n* সুড়সুড়ি; সুড়সুড়ুনি।

titi·vate (অপিচ **tiat·ti-**) [ˈটিটিভেইট্] *vt, vi* (কথ্য) সাজানো; পরিপাটি করা।

tit·lark [ˈটিট্‌লা:ক্] *n* দ্র. tit[1].

title [টাইট্‌ল্] *n* ১ [C] নাম; শিরোনামা। ˈ**~-page** *n* বইয়ের প্রথমে যে পৃষ্ঠায় নাম, লেখকের নাম ইত্যাদি উল্লিখিত হয়; নামপত্র। ˈ**~-role** *n* যে ভূমিকার নামে কোনো নাটকের নামকরণ করা হয়েছে; নাম-ভূমিকা। ২ [C] পদবি; খেতাব; উপাধি। ৩ [C,U] **~ to sth/to do sth** (আইন.) স্বত্ব; আইনগত অধিকার: You've no ~ to the land. ˈ**~-deed** *n* স্বত্বাধিকার-সম্বন্ধী দলিল। ৪ ˈ**credit ~s** (কিংবা credits) চলচ্চিত্র বা টেলিভিশনের অনুষ্ঠান-প্রযোজনার সঙ্গে সংশ্লিষ্ট ব্যক্তিদের (যেমন লিপিলেখক, প্রযোজক, ক্যামেরাম্যান) নাম, যা চলচ্চিত্র ইত্যাদির প্রথমে বা শেষে দেখানো হয়। **~d** [টাইট্‌লড্] *adj* আভিজাত্যসূচক খেতাববিশিষ্ট বা খেতাবধারী (যেমন ডিউক, ব্যারন, কাউন্ট)।

tit·mouse [ˈটিট্‌মাউস্] *n* (*pl* -mice [-মাইস্] দ্র. tit[1].

tit·ter [ˈটিটা(র্)] *vi, n* বোকার মতো ফিক করে হেসে ফেলা এবং ঐ ধরনের হাসি; মূর্খ হাসি।

tittle [ˈটিট্‌ল্] *n* **not one jot or ~** কণামাত্র নয়।

titu·lar [ˈটিটিয়্উলা(র্) US -চু-] *adj* ১ স্বত্বাধিকার বলে অধিকৃত; স্বত্বাধিকারভিত্তিক: ~ possessions. ২ নামে আছেন কিন্তু কর্তৃত্ব বা দায়িত্বকর্তব্যবিবর্জিত এমন; নামমাত্র; খেতাবি; the ~ ruler.

tizzy [ˈটিজ়ি] *n* **be in a ~** (কথ্য) উত্তেজিত অবস্থায়।

T-junction [টী জাঙ্‌ক্‌শ্‌ন্] *n* যে সংযোগস্থলে দুটি রাস্তা, তার, নল ইত্যাদি T-এর মতো পরস্পর সংযুক্ত হয়; টি-সংযোগ।

TNT [টী এন্ ˈটী] *n* (=trinitrotoluene) শক্তিশালী বিস্ফোরকবিশেষ।

to[1] [ব্যঞ্জন ধ্বনির পূর্বে সাধা.: টা; স্বরধ্বনির পূর্বে: টু বা টু; জোরালো রূপ বা অন্তে: টূ] *prep* ১ দিকে, প্রতি, অভিমুখে (উল্লেখ্য যে বাংলায় অনেকক্ষেত্রে বিভক্তির সাহায্যে এই অর্থ প্রকাশ পায়): go to the museum; turn to the right. ২ (লাক্ষ. প্রয়োগ) (কোনো অবস্থা, গুণ ইত্যাদির) অভিমুখে, দিকে: a tendency to laziness, আলস্যপ্রবণতা; tear a shirt to pieces, ছিঁড়ে টুকরা টুকরা করা; briny/ move/ reduce sb to tears, কাউকে কাঁদানো। ৩ (গৌণ কর্মের সূচক হিসাবে) To whom do you want to offer it? ৪ অতো দূর পর্যন্ত: from first to last; count (up) to fifty; wet to the skin. ৫ পূর্বে; আগে: ten to five; a quarter to nine. দ্র. past. ৬ পর্যন্ত; অবধি: from Monday to Saturday; to the end of the show. ৭ (তুলনা, অনুপাত ও সম্বন্ধ-নির্দেশক): prefer walking to running; They won by three goals to nil. ৮ স্পর্শ করে: march shoulder to shoulder, কাঁধে কাঁধ লাগিয়ে। ৯ জন্য: the key to the door; the words to a tune. ১০ নিয়ে; –এ,–তে: 100 p to the pound. ১১ সম্মানে: drink (a health) to sb. দ্র.

health (৪). ১২ (দুইটি পরিমাণের মধ্যে তুলনায়; হার উল্লেখে) প্রতি: fuel consumption of 35 miles to the gallon. দ্র. per; rate[1] (১). ১৩ উৎপাদনপূর্বক: To her surprise/ delight etc he got through the examination, তার পরীক্ষায় উত্তীর্ণ হওয়াতে সে অবাক/আনন্দিত হয়েছে। ১৪ (seem, appear, feel, look, smell, sound প্রভৃতি সংবোধমূলক ক্রিয়াপদের সঙ্গে ব্যবহৃত) কাছে: It feels/ sounds etc to me like glass/ running water etc.

to[2] [ব্যঞ্জনধ্বনির পূর্বে সাধা.: ট; স্বরধ্বনির পূর্বে এবং জোরালো রূপ: টু] *particle infi*-এর চিহ্ন যা *v*-এর অব্যবহিত আগে বসে ১ (বহু *vv*-এর পরে বসে, তবে can, do, may, must, shall, will-এর পরে ব্যবহৃত হয় না): She wants to sing. ২ (উদ্দেশ্য, ফল ও পরিণাম বোঝাতে ক্রিয়াবিশেষণের কাজ করে): He left school to be sailor, নাবিক হওয়ার উদ্দেশ্যে। ৩ (*adjj* ও *advv*-এর অর্থকে সীমিত করে): She is too young to have a baby. Are you ready to come? ৪ (পরবর্তী কোনো তথ্যের প্রতি নির্দেশ করে): He came out of the building to be run over by a truck. ৫ (*adj*-এর মতো কাজ করে): He's not a man to surrender. ৬ (*n* হিসাবে *inf*-এর সঙ্গে ব্যবহৃত হয়): To obey the laws is everyone's duty. ৭ (*inf*-এর প্রতিকল্পন হিসাবে): I did not want to attend the function, but I had to.

to[3] টু (কোনো দুর্বল রূপ নেই)] ১ স্বাভাবিক বা আবশ্যিক অবস্থানে, বিশেষত বদ্ধ বা প্রায়-বদ্ধ অবস্থানে: Leave the door ˈto, প্রায়-বদ্ধ; ভেজানো। ২ **to and fro,** দ্র. fro. ৩ **bring ˈto; come ˈto; fall ˈto,** দ্র. bring (৬); come (১৫); fall[2] (১৪).

toad [টৌড়] *n* অমসৃণ ত্বকবিশিষ্ট ব্যাংজাতীয় প্রাণী, যারা প্রজনন-ঋতু ছাড়া ডাঙায়ই বাস করে; কটকটে ব্যাং। **ˌ~-in-the-ˈhole** *n* ময়দা, ডিম, দুধ ইত্যাদির মিশ্রণের মধ্যে ভাজা সসেজবিশেষ। **ˈ~-stool** *n* ব্যাঙের ছাতা।

toady [ˈটৌডি] *n* হীন মোসাহেব; চাটুকার। □*vi* **~ (to be)** সুবিধালাভের মোসাহেবি বা চাটুকারিতা করা।

toast[1] [টৌস্ট্] *n* [U] পাঁউরুটির ছেঁকা খণ্ড; টোস্ট। **ˈ~-rack** *n* টোস্ট রাখার জন্য তাক। □*vt, vi* ১ টোস্ট করা বা হওয়া ছেঁকা। **ˈ~-ing-fork** *n* রুটি ছেঁকে টোস্ট করার জন্য দীর্ঘ হাতলযুক্ত কাঁটাবিশেষ। ২ আগুনে (হাত পা ইত্যাদি) ছেঁকা। **~-er** *n* রুটি ছেঁকার জন্য (সাধা. বৈদ্যুতিক) যন্ত্রবিশেষ; ছেঁকযন্ত্র।

toast[2] [টৌস্ট্] *vt* পানীয়পূর্ণ পাত্র তুলে কারো সুখ, সাফল্য ইত্যাদি কামনা করা: ~ the bride and bridegroom. □*n* [C] উপরোক্ত রূপ শুভকামনা; যে ব্যক্তির সুখ-সাফল্য ইত্যাদি কামনা করা হয়: reply to the ~. **ˈ~-master** *n* বিশিষ্ট অতিথিদের সম্মানে আয়োজিত ভোজসভায় যে ব্যক্তি পানপাত্র তুলে শুভ কামনা করেন।

to·bacco [টাˈব্যাকৌ] *n* [U] তামাক গাছ বা পাতা। **~·nist** [টাˈব্যাকানিস্ট্] *n* তামাক বা তামাকজাত পণ্যের কারবারি।

to·bog·gan [টাˈবগান্] *n* বরফের উপর দিয়ে গড়িয়ে নামার জন্য সামনের দিক উল্টানো দীর্ঘ স্লেজগাড়ি-বিশেষ। □*vi* টবগানে চড়ে বরফের উপর দিয়ে নীচে নামা।

toc·cata [টাˈকা:টা] *n* (সঙ্গীত) অর্গ্যান, পিয়ানো প্রভৃতি চাবিওয়ালা যন্ত্রে বাজানোর জন্য মুক্তশৈলীর সাঙ্গীতিক রচনাবিশেষ, যার উদ্দেশ্য পরিবেশনকারীর নৈপুণ্যপ্রদর্শন; টকাটা।

toc·sin [টক্‌সিন্] *n* [C] হুঁশিয়ারি ঘণ্টা (এখন সাধা. লাক্ষ.)।

to·day [টাˈডেই] *adv, n* [U] ১ আজ; অদ্য; আজকে: He will return ~ week/a week ~, এক সপ্তাহের মধ্যে। ২ এ যুগ; আজকের দিন; এ কাল: the artists of ~.

toddle [ˈটড্‌ল্] *vi* শিশুর মতো টলতে টলতে হাঁটা; (কথ্য) হাঁটা: ~ off/round to see a friend. **tod·dler** [ˈটড্‌লা(র্)] *n* যে শিশু একপা দুইপা হাঁটতে শিখেছে।

toddy [ˈটডি] *n* (*pl* -dies) ১ [C,U] গরম পানি সহযোগে উগ্র সুরাজাতীয় পানীয় (বিশেষত হুইস্কি)। ২ [U] তাল বা খেজুরের রস; তাড়ি।

to-do [টাˈডূ] *n* হৈচৈ; কর্মচাঞ্চল্য; হৈ হুল্লোড়।

toe [টৌ] *n* ১ পদাঙ্গুলি; পায়ের আঙুল। **tread/step on sb's toes** (লাক্ষ.) অনুভূতি বা সংস্কারে আঘাত করা। **from top to toe** আপাদমস্তক; সম্পূর্ণরূপে। **on one's toes** (লাক্ষ.) সতর্ক; কাজে ঝাঁপিয়ে পড়ার জন্য প্রস্তুত। **ˈtoe-cap** *n* জুতার যে অংশে আঙুল ঢাকা পড়ে, তার উপর চামড়ার বহিরাচ্ছদন। **ˈtoe-hold** *n* (খাড়া পাহাড় ইত্যাদিতে ওঠার সময়ে) পায়ের আঙুলে ভর দেবার মতো বিপজ্জনক, সঙ্কীর্ণ স্থান। **ˈtoe-nail** *n* পায়ের নখ। ২ মোজা, জুতা ইত্যাদির আঙুলের দিক। □*vt* পায়ের নখ দিয়ে ছোঁয়া। **toe the line (ক)** দৌড়ের প্রতিযোগিতায় পায়ের একটি নখ সূচনারেখার উপর রেখে দাঁড়ানো। **(খ)** (লাক্ষ.) দলের হুকুম তামিল করা।

toffee [টফি US ˈটোᵒফি] *n* (*pl* ~s) (US = taffy [ট্যাফি]) [C,U] চিনি, মাখন ইত্যাদি জ্বাল দিয়ে বানানো শক্ত, আঠালো মিঠাইবিশেষ; টফি।

tog [টগ্] *vt* (-gg-) **tog oneself up/out (in)** (কথ্য) কেতাদুরস্ত কাপড়চোপড় পরা। **togs** *n pl* (কথ্য) কাপড়চোপড়: put on one's best togs.

to·gether [টাˈগেদা(র্)] *adv* ১ একত্রে; একসঙ্গে: work ~. **~ with** অধিকন্তু; এবং সেইসঙ্গে: His parents, ~ with his well-wishers.... ২ একই স্থানে একত্রে, একসঙ্গে: Call the boys ~. **be ~; get sth/it ~** (অপ.) সংগঠিত/ নিয়ন্ত্রিত হওয়া বা করা। **put your/ our, etc heads ~** সবাই মিলে সলাপরামর্শ করা। ৩ একই সময়ে; একসঙ্গে: The telegram and the letter reached him ~. ৪ নিরবচ্ছিন্নভাবে: for hours ~, ঘণ্টার পর ঘণ্টা। **~·ness** *n* [U] ঐক্যবোধ; একত্ববোধ।

toggle [টগ্‌ল্] *n* (গোঁজসদৃশ) কাঠি, যা একটি ফাঁসের মধ্যে ঢুকিয়ে দুইটি জিনিসকে একত্র বাঁধা হয় (যেমন কোটে বোতামের পরিবর্তে); খোঁটা।

togs [টগ্‌জ্] *n, pp* দ্র. tog.

toil [টয়ল্] *vi* **~ (at)** (কর্তব্য সম্পন্ন করতে) কঠোর পরিশ্রম করা: ~ at one's studies; অতিকষ্টে অগ্রসর হওয়া: ~ up a steep hill. □*n* [U, C] কঠোর পরিশ্রম; মেহনত; খাটুনি। **~er** *n* কঠোর পরিশ্রমী ব্যক্তি। **~·some** [সাম্] *adj* কঠোর শ্রমসাধ্য।

toilet [টয়লিট্] *n* ১ প্রসাধন; অঙ্গরাগ: spend a few minutes on one's ~. ২ (attrib) প্রসাধন: a ˈ~ set; ˈ~ articles. **ˈ~-powder** *n* [U] = talc. **ˈ~-table** *n* (আয়নাসহ) প্রসাধন-টেবিল। ৩ শৌচাগার। **ˈ~-paper** *n*

শৌচাগারে ব্যবহারের জন্য কাগজ। ˈ~-**roll** *n* টয়লেট কাগজের পেচানো গুলি।

toils [টয়ল্‌জ়] *n pl* জাল; ফাঁদ: (সাধা. লাক্ষ.): caught in the ~ of the law.

to·ken [ˈটৌকান্] *n* [C] ১ চিহ্ন; প্রমাণ; নিদর্শন; নিশ্চয়তা। **in ~ of** নিদর্শনস্বরূপ। ˈ**book/ˈrecord/ˈgift ~** (সাধা. আকর্ষণীয় কার্ডে মুদ্রিত) অর্থপ্রাপ্তির স্বীকারপত্র, যার বিনিময়ে উল্লিখিত মূল্যের বই/রেকর্ড ইত্যাদি পাওয়া যায়। ২ (attrib) প্রাথমিক বা ক্ষুদ্রাকার বিকল্প; প্রতীক: a ~ strike. ˈ**~ money** যে মুদ্রার নিজস্ব মূল্য (অর্থাৎ ধাতু হিসাবে) সামান্য হলেও উচ্চতর মূল্যে বিনিময় করা যায়; নিদর্শনমুদ্রা। **~ pay·ment** দেনা স্বীকারের নিদর্শনস্বরূপ দেনার সামান্য অংশ পরিশোধ। **~ strike** (হুঁশিয়ারি হিসাবে) কয়েক ঘণ্টার ধর্মঘট; প্রতীক ধর্মঘট। **~ vote** সরকারি ব্যয়নির্বাহে অর্থ বরাদ্দের জন্য সংসদে ভোটগ্রহণ; এইভাবে অর্থ বরাদ্দের পরে আরো বড়ো অঙ্কের অর্থ আর কোনো আলোচনা বা ভোটগ্রহণ ছাড়াই ব্যয় করা যায়; প্রতীক ভোট।

told [টৌল্‌ড্] tell-এর *pt, pp*

tol·er·ate [ˈটলারেইট্] *vt* ১ বিনা প্রতিবাদে মেনে নেওয়া বা সহ্য করা; বরদাশ্‌ত করা। ২ সঙ্গ সহ্য করা; বরদাশ্‌ত করা: I can't ~ that tiresome story-teller. **tol·er·able** [ˈটলারাব্‌ল্] *adj* সহনীয়; চলনসই; মোটামুটি ভালো: tolerable food. **tol·er·ably** [-রাব্‌লি] *adv* সহনীয়ভাবে; মোটামুটি: feel tolerably certain about sth. **tol·er·ance** [ˈটলারান্‌স্] *n* [U] অন্যের মত, বিশ্বাস ইত্যাদি সহ্য করার গুণ; সহনশীলতা; সহিষ্ণুতা: religious/racial tolerance. **tol·er·ant** [-রান্‌ট্] *adj* সহনশীল; সহিষ্ণু: tolerant of criticism. **tol·er·ant·ly** *adv* সহনশীলতার সঙ্গে। **tol·er·ation** [টলাˈরেইশ্‌ন্] *n* [U] = tolerance.

toll[1] [টৌল্] *n* [C] ১ রাস্তা, সেতু, পোতাশ্রয় ইত্যাদি ব্যবহারের জন্য প্রদেয় অর্থ; মাশুল; পথশুল্ক; উপশুল্ক। ˈ**~-bar/-gate** *n* (রাস্তার উপর) শুল্ক-ফটক। ˈ**~-house** (শুল্ক-আদায়কারীর জন্য) শুল্কঘর। ২ (লাক্ষ.) যা হারিয়ে গেছে বা যে ক্ষতি স্বীকার করতে হয়েছে; মাশুল: the ~ of the roads, সড়ক দুর্ঘটনায় মৃত্যু ও জখম। ৩ ˈ**~ call** *n* (টেলিফোন) যে কলের হার স্থানীয় কলের চেয়ে বেশি।

toll[2] [টৌল্] *vt, vi* (ঘণ্টা সম্বন্ধে) ধীরে ধীরে, তালে তালে বাজা বা বাজানো। □*n* (শুধু *sing*) ঘণ্টাধ্বনি; ঘণ্টানিনাদ।

toma·hawk [ˈটমাহো°ক্] *n* উত্তর আমেরিকার ইন্ডিয়ানদের হালকা কুঠারবিশেষ; পরশু; টাঙ্গি। □*vt* কুঠারঘাত করা।

tom·ato [টাˈমা:টৌ US টাˈমেইটৌ] *n* (*pl* ~es [-টৌজ়]) [C] টম্যাটো; বিলাতি বেগুন। (attrib) ˈ**~ juice** টম্যাটোর রস।

tomb [টূম্] *n* (বিশেষত স্মৃতিসৌধ-সংবলিত) কবর; সমাধি। ˈ**~-stone** *n* সমাধি-ফলক; সমাধিশিলা।

tom·bola [টম্‌ˈবৌলা] *n* [C] (*pl* ~s) (এখন সাধা. bingo নামে পরিচিত) এক ধরনের লটারি, যাতে টাকা বা টুকিটাকি শৌখিন সামগ্রী পুরস্কার দেওয়া হয়।

tom·boy [ˈটম্‌বয়] *n* যে মেয়ে হৈচৈপূর্ণ, অমার্জিত খেলাধুলা পছন্দ করে; গেছো/ হুলো মেয়ে।

tom·cat [ˈটম্‌ক্যাট্] *n* হুলো (বিড়াল)।

tome [টৌম্] *n* বৃহৎ, ভারী গ্রন্থ।

tom·fool [টম্‌ˈফূল্] *n* অকাট মূর্খ; গণ্ডমূর্খ; (attrib) নির্বোধ; মূর্খতাপূর্ণ: a ~ speech. **~·ery** [-লারি] *n* [U] নির্বোধ/ উদ্ভট আচরণ; [C] (*pl* -ries) নির্বোধ রসিকতা; স্থূল ভাঁড়ামি।

tommy-gun [ˈটমি গান্] *n* একজনের পক্ষে বহনযোগ্য হালকা মেশিন গান।

tommy-rot [ˌটমি ˈরট্] *n* (কথ্য) চরম নির্বুদ্ধিতা; ডাহা মূর্খতা; নিছক প্রলাপ; যা-তা: He's talking ~.

to·mor·row [টাˈমরৌ] *adv, n* [U] আগামীকাল; নিকট ভবিষ্যৎ: He will meet you ~ morning. They are the men and women of ~ (=of the next few years). **~ week** আজ থেকে আটদিন।

tom-tit [ˈটম্ টিট্] *n* দোয়েল জাতীয় ছোট পাখি।

tom·tom [ˈটম্‌টম্] *n* মাদল অথবা ঢোল।

ton [টান্] *n* ১ টন (GB তে ২২৪০ পাউন্ড, আমেরিকায় ২০০০ পাউন্ড)। **metric ton** মেট্রিক টন (১০০০ কিলোগ্রাম)। ২ টনের হিসাবে জাহাজের বহনক্ষমতা। ৩ (কথ্য) যথেষ্ট ভারী; ভুরিভুরি: tons of money. ৪ **the ton** (অপ.) ঘণ্টায় একশত মাইল গতিবেগ। □*vi* **ton up** সর্বোচ্চ গতিতে মোটরসাইকেল চালানো।

to·nal [ˈটৌন্‌ল্] *adj* স্বর, স্বন অথবা সুর সংক্রান্ত। **~·ity** [টৌˈন্যালাটি] (*pl* -ties) (সঙ্গীতে) সুর-বৈশিষ্ট্য; সুরেলা ভাব।

tone[1] [টৌন্] *n* ১ [C] মীড়, লয় ইত্যাদি বৈশিষ্ট্যসূচক স্বর, ধ্বনিবৈশিষ্ট্য ও ধ্বনিগুণ, সুরেলা আওয়াজ, কণ্ঠস্বর। ˌ**~-ˈdeaf** *adj* সুর-বধির অর্থাৎ সুর-পার্থক্য বুঝতে অসমর্থ (তু. তাল-কানা)। ˈ**~-poem** *n* কবিতা অথবা লোককাহিনীর ভাবভিত্তিক সঙ্গীত। ২ [C] স্বরভঙ্গি; অক্ষরের উচ্চারণে প্রস্বর ও প্রস্বরহীনতা। ৩ (কেবল *Sing*) গোষ্ঠীবৈশিষ্ট্য। ৪ [C] রঙের আভা; আলোর মাত্রা। ৫ (সঙ্গীতে) নির্দিষ্ট গ্রামে বাঁধা ধ্বনি। ৬ [U] অঙ্গ-প্রত্যঙ্গের স্বাভাবিক অবস্থান। -ˌ**toned** *adj* নির্দিষ্ট স্বর সংবলিত। **~·less** *adj* নীরস, প্রাণহীন কণ্ঠস্বর। **~·less·ly** *adv*

tone[2] [টৌন্] *vt, vi* ১ বিশেষ সুরে বাঁধা অথবা বিশেষ রঙের মাত্রা প্রদান করা। ২ **~ (sth) down** গাঢ়তা কমানো; (উত্তেজনা) হ্রাস হওয়া; হালকা করা; লঘু করা। **~ (sth) up** উজ্জ্বলতর, গাঢ়তর অথবা প্রবলতর করা বা হওয়া। ৩ **~ in (with)** (বিশেষ করে রঙের ক্ষেত্রে) সামঞ্জস্য রক্ষা করা।

tongs [টিংজ়] *pl* **(pair of) ~** সাঁড়াশি; আংটা: ˈcoal ~. **be/go at it hammer and ~**, দ্র. hammer(1).

tongue [টাং] *n* ১ [C] জিহ্বা। **have sth on the tip of one's ~** দ্র. tip[1] (1). **find one's ~** (লজ্জা বা জড়তা কাটিয়ে উঠে) কথা বলতে সক্ষম হওয়া। **have/say sth/speak with one's ~ in one's cheek** হালকাভাবে অথবা কথার কথা বলা। ˌ**~-in-ˈcheek** *adj, adv:* হালকা; কথার কথা। **have lost one's ~** লজ্জায় কথা বলতে না পারা। **have a ready ~** বাকপটু হওয়া। **hold one's ~** কথা বন্ধ করে চুপ করা। **keep a civil ˈ~ in one's head** ভদ্রতা বজায় রাখা; রূঢ় না হওয়া। ˈ**~-tied** *adj* নীরব লজ্জায় অথবা ভয়ে বাকশক্তিরহিত। ˈ**~-twister** *n* দাঁত-ভাঙা শব্দ। ২ [C] ভাষা: mother ~. ৩ [C, U] খাদ্যদ্রব্য হিসাবে ব্যবহৃত পশু-জিহ্বা। ৪ জিহ্বাসদৃশ বস্তু। **-~d** *adj* (যৌগশব্দে) জিহ্বাবিশিষ্ট: Nobody likes a sharp -~d woman.

tonic [ˈটনিক্] *n, adj* ১ টনিক: The physician prescribed a ~. His advice acted as a ~. ˈ~ **(water)** কুইনিন মিশ্রিত পানি। ২ (সঙ্গীতে) প্রধান সুর। ˌ~ ˌ**sol**-ˈ**ifa** [-ˌসল্‌ফা: US -ˌসৌল্-] *n* স্বরগ্রাম যেমন, সোল, ফা, দৌ (তু. সা, রে, গা, মা) দ্র. do⁵.

to·night [টাˈনাইট্] *adv, n* [U] আজ রাতে; আজ রাত: He will come ~. ~'s TV news.

ton·nage [ˈটনিজ্] *n* ১ টনের হিসাবে জাহাজের বহন ক্ষমতা। ২ প্রতি টনের বহন খরচ।

tonne [টন্] *n* মেট্রিক টন = ১০০০ কিলোগ্রাম।

ton·sil [ˈটন্‌স্‌ল্] *n* টনসিল। ~·**litis** [টন্‌সিˈলাইটিস্] *n* [U] টনসিলের ব্যথা।

ton·sure [ˈটন্‌শা(র্)] *n* ভিক্ষু অথবা পুরোহিত হবার উদ্দেশ্যে মাথা-মুড়োনো; মাথার মুড়োনো অংশ। □*vt* চুল ফেলে দেওয়া।

ton·tine [ˈটন্‌টীন্] *n* ঋণসংক্রান্ত বার্ষিক হিসাববিশেষ, কোনো ক্রেতার মৃত্যুতে এখানে অংশীদারিত্ব বাড়ে এবং সর্বশেষ গ্রহীতা সব অংশ পেয়ে যায়।

too [টূ] *adv* ১ ও; তাছাড়া: He is a novelist and a poet, too. ২ উপরন্তু। ৩ (*adv* of degree, modifying *adjj* and *advv*) অত্যন্ত বেশি পরিমাণে; প্রয়োজনের তুলনায় বেশি পরিমাণে: He is too weak to walk. He talks too much. ৪ (phrases) **carry sth/go too far,** দ্র. for²(২). **all too soon/quickly, etc** প্রত্যাশার চাইতে দ্রুত। **none too soon, etc** মোটেও আগেও নয়। **one too many,** দ্র. many (1). **have one too many** একজনে যতটুকু মদ পান করতে পারে তার চাইতে বেশি পান করা এবং শান্ত থাকা। **be too much for,** দ্র. much¹, **only too** (+adj) দ্র. only²(২).

took [টুক্] take¹-এর *pt*

tool [টূল্] *n* ১ হাতিয়ার; যন্ত্রপাতি। **maˌchine** ˈ~ *n* দ্র. machine. ২ অসদুদ্দেশ্যে ব্যবহৃত ব্যক্তি; হাতিয়ার। □*vt* ১ হাতিয়ার দিয়ে কোনো কিছু (যেমন বইয়ের প্রচ্ছদ) অলঙ্কৃত করা। ২ ~ **up** কোনো কারখানা যন্ত্রপাতি সজ্জিত করা।

toot [টূট্] *n* [C] শিঙ্গা, বাঁশি অথবা তূর্যের মাধ্যমে সতর্কীকরণ আওয়াজ। □*vi, vt* সতর্কধ্বনি করা বা হওয়া।

tooth [টূথ্] *n* (*pl* teeth [টীথ্]) ১ দাঁত। **armed to the teeth** পুরোপুরি অস্ত্রসজ্জিত। **cast sth in a person's teeth** কোনো কিছু নিয়ে ভর্ৎসনা করা। **escape by the skin of one's teeth** কোনো রকমে পালাতে পারা! **fight ~ and nail** দাঁতমুখ খিচে চেষ্টা করা; যথাসাধ্য প্রবলভাবে। **get one's teeth into sth** প্রবলভাবে (কোনো কাজকে) আক্রমণ করা। **have a sweet ~** মিষ্টি খাবারের প্রতি আকৃষ্ট হওয়া। **lie in one's teeth/throat** নির্লজ্জের মতো শুয়ে থাকা। **long in the ~** (মূলত ঘোড়ার ক্ষেত্রে ব্যবহৃত) বেশি বয়সের। **show one's teeth** দাঁত ভাঙা জবাব দানের মনোভাব গ্রহণ করা। **in the teeth of** প্রবল শক্তির বিরুদ্ধে; কারো বিরোধিতা। **(a/the)** ˈ~·**ache** *n* দাঁতের ব্যথা; দন্তশূল। ˈ~·**brush** *n* দাঁতের ব্রাশ। ˈ~·**paste/·powder** *n* [U] টুথপেস্ট; টুথ-পাউডার। ˈ~·**pick** *n* খিলাল। ২ দাঁত সদৃশ বস্তু যেমন, চিরুনির দাঁত, করাতের দাঁত। **fine**·ˈ~ **comb** সুন্দর দাঁত-বিশিষ্ট ব্যক্তি। **go over/through sth with a fine ~** ˈ**comb** সুচারুরূপে পরীক্ষা-নিরীক্ষা করা। ৩ (*pl*, কথ্য) কার্যকর শক্তি। ~**ed** [টুথ্‌ট্] (attrib) দাঁত-বিশিষ্ট। ~·**less** *adj* দাঁতবিহীন। ~·**some** [-সাম্] *adj* সুস্বাদু; মুখরোচক।

tootle [ˈটূট্‌ল্] *vi, n* মৃদু সুরে বাজতে থাকা; কোমল সুরের বাজনা।

top¹ [টপ্] *n* (সাধা. **the top (of)**) শীর্ষবিন্দু; শিরোভাগ: He placed the flag at the top of the Everest. **On top** উপরে। **on (the) top of** (ক) উপরে: He put the blue one on (the) top of the others. (খ) উপরন্তু, তা ছাড়াও: He helped me with his car, on top of that he gave me some takas. **from top to bottom** আগাগোড়া; পুরাপুরি। **from top to toe** পা থেকে মাথা পর্যন্ত। **blow one's top** (কথ্য) রাগে ফেটে পড়া। **off the top of one's head** ১ সুচিন্তিত নয় এমন বক্তব্য। ২ উপরিভাগ। **go over the top** (সাম.) শত্রুকে আক্রমণের উদ্দেশ্যে ট্রেঞ্চের সামনে দিয়ে চলে যাওয়া; (লাক্ষ.) কিছুটা সন্দেহ অথবা দ্বিধার পর ত্বরিৎ কিছু করা। **on top of the world** (কথ্য) পরম সুখী। ৩ সর্বোচ্চ পদ অথবা স্থানে: He is at the top of the list of the successful candidates. **come to the top** (লাক্ষ.) খ্যাতি অথবা সাফল্য অর্জন করা। **reach/beat the top of the ladder/tree** কোনো পেশার সর্বোচ্চ অবস্থানে পৌঁছা। ৪ সর্বোচ্চ পদ অথবা সব চাইতে বেশি পরিমাণ। **shout at the top of noe's voice,** দ্র. voice *n* (৩). **to the top of one's bent,** দ্র. bent¹. ৫ (গাড়ি চালনা) **in top** সর্বোচ্চ গিয়ারে: He drives in top. ৬ (প্রায়শ *pl*) পাতাবিশেষ। ৭ **the big top** বড়ো আকারের সার্কাস-তাবু। ৮ (attrib, এবং যৌগশব্দে) অবস্থান অথবা পরিমাণের দিক থেকে সর্বোচ্চ। ˈ**top boot** *n* হাঁটুর নীচ পর্যন্ত ঢেকে রাখে এমন জুতা। ˈ**top-coat** *n* ওভারকোট। **be top dog** (অপ.) বিজয়ী প্রভু, দ্র. underdog. ˌ**top** ˈ**drawer** *n* সর্বোচ্চ সামাজিকশ্রেণী। ˌ**top**-ˈ**dress** *vt* জমি চাষের বদলে ছিটিয়ে দেওয়া (যেমন সার)। ˌ**top**-ˈ**dressing** ছিটানো: He gave the field a top-dressing of fertiliser. ˌ**top**-ˈ**flight**/ˈ**notch** *attrib, adjj* (কথ্য) প্রথম শ্রেণীর। ˌ**top**-ˈ**gallant** *adj, n* 'টপমাস্ট' ও 'টপসেইল' এর ঠিক উপরের মাস্তুল ও পাল। ˌ**top**-ˈ**hat** *n* রেশমি টুপিবিশেষ। ˈ**top**-ˈ**heavy** *adj* উপরিভাগে অতিরিক্ত ওজনের কারণে পড়ার সম্ভাবনাপূর্ণ। ˈ**top-knot** *n* মাথার উপরে গোঁজা পালক অথবা চুলের গ্রন্থি। ˈ**top·mast** *n* (প্রধান মাস্তুল সংলগ্ন) কিছুটা উপরের মাস্তুল। ˈ**top·most** [-মৌস্‌ট্] *adj* সর্বোচ্চ। ˌ**top** ˈ**people** পেশায় সর্বোচ্চ অবস্থানের অধিকারী ব্যক্তিবর্গ। ˌ**top**-ˈ**ranking** *adj* সর্বোচ্চ পদবিধারী। ˈ**top·sail** *n* সর্বনিম্ন পালের উপরের বর্গাকার পাল। ˌ**top** ˈ**secret** অত্যন্ত গোপনীয়। **top·less** *adj* (মেয়েদের পোশাকের ক্ষেত্রে) টপলেস; বুক-খোলা।

top² [টপ্] *vt* (-pp-) ১ শীর্ষ সংযোজিত করা; শীর্ষে পরিণত হওয়া: a mosque topped by a dome. ২ শীর্ষ অবস্থানে পৌঁছা; তালিকার শীর্ষে থাকা: He topped the list. ৩ **top (sth) up** (শূন্যপাত্র) পূর্ণ করা: top up with water. **top (sth) out** বহুতল বিশিষ্ট ভবনের সমাপ্তি উদ্‌যাপন করা। ৪ ছাড়িয়ে যাওয়া। **to** ˈ**top it all** ভালো বা মন্দ অবস্থার চূড়ান্ত হওয়া। ৫ আগা ছেঁটে দেওয়া।

top³ [টপ্] *n* লাটিম। **sleep like a top** গভীরভাবে ঘুমানো।

to·paz [ˈটৌপ্যাজ়্] *n* [U] হলুদ রঙের স্বচ্ছ খনিজপদার্থ বিশেষ; পোখরাজ।

topi [ˈটৌপি US টৌˈপী] *n* টুপি।

topi·ary [ˈটৌপিঅ্যারি US -ইএটি] *n* [U] *adj* (পশু, পাখি অথবা অন্য কোনো আকার দানের উদ্দেশ্যে) লতাগুল্ম ছাঁটাই; লতাগুল্ম ছাঁটাই সংক্রান্ত।

topic [ˈটপিক্] *n* টপিক, আলোচ্য বিষয়। **topi·cal** [–ক্ল্] *adj* সাময়িক উৎসাহের; সাময়িক প্রসঙ্গ সমন্বিত। **topi·cally** [–ক্লি] *adv* সাময়িকভাবে।

top·ogra·phy [টˈপগরাফি] *n* [U] প্রাকৃতিক বৈশিষ্ট্য (ও বিবরণ)। **topo·graphi·cal** [টপাˈগ্র্যাফিক্ল্] *adj* প্রাকৃতিক বিবরণ সংক্রান্ত; দৈশিক। **topo·graphi·cally** [–ক্লি] *adv*

top·per [ˈটপা(র্)] *n* (কথ্য) উঁচু টুপি।

top·ping [ˈটপিং] *adj* (কথ্য) চমৎকার। **~·ly** *adv*

topple [ˈটপ্ল্] *vi, vt* নড়বড়ে হওয়া এবং পড়ে যাওয়া; অপসারিত হওয়া।

tops [টপ্‌স্] *n, pl* (সাধা. **the ~**) (কথ্য) অতিশ্রেষ্ঠ।

topsy-turvy [টপসি ˈটা:ভি] *adj, adv* (কথ্য) বিশৃঙ্খলায়; উলটপালট। **~·dom** [–ডাম্] *n* উলটপালট অবস্থা।

torch [টো°চ্] *n* ১ মশাল; (আল.) আলোক–বার্তিকা। **carry a ~ for sb** (প্রতিদান না পেয়েও) ভালোবেসে যাওয়া। ˈ**~·light** *n* [U] টর্চলাইট; টিপবাতি। ˈ**~·race** *n* (প্রাচীন গ্রিসে) রিলেরেসে দৌড়বিদদের হাতে অন্যদের মশাল প্রদান। ˈ**~·singer** *n* আবেগপ্রাণ প্রেম–সঙ্গীত গায়িকা। ২ (GB) electric hand-light (US = flashlight); (ওয়েল্ডিং এ ব্যবহৃত) বাতিবিশেষ।

tore [টো°(র্)] tear[2] -এর *pt*

tor·ea·dor [ˈটরিঅ্যাডো°(র্) US -ˈডো°র্] *n* (হিস্পা.) (অশ্বারোহী) ষাড়–লড়াইকারী।

tor·ment [ˈটো°মেন্ট্] *n* [C, U] নিদারুণ যন্ত্রণা। □*vt* [টো°ˈমেন্ট্] নিদারুণ যন্ত্রণা দেওয়া; বিরক্ত করা। **tor·mentor** [টো°ˈমেন্টা(র্)] *n* যন্ত্রণাদানকারী।

torn [টো°ন্] tear[2]-এর *pp*

tor·nado [টো°ˈনে ইডৌ] *n* (*pl* ~es [–ডৌজ়্]) টর্নেডো; ধ্বংস; ধ্বংসাত্মক ঘূর্ণিঝড়।

tor·pedo [টো°ˈপীডৌ] *n* (*pl* ~es [–ডৌজ়্]) টর্পেডো। ˈ**~-boat** *n* টর্পেডো–নিক্ষেপে ব্যবহৃত ক্ষুদ্র কিন্তু গতিসম্পন্ন যুদ্ধজাহাজ। ˈ**~-tube** *n* যে নল থেকে টর্পেডো নিক্ষিপ্ত হয়। □*vt* টর্পেডো দিয়ে আক্রমণ অথবা ধ্বংস করা; (লাক্ষ.) কোনো নীতি অথবা প্রতিষ্ঠানকে আক্রমণ করা এবং নিষ্ক্রিয় করে দেওয়া।

tor·pid [ˈটো°পিড্] *adj* ১ অকর্মা। ২ (প্রাণীদের ক্ষেত্রে) চলাফেরায় অনিচ্ছুক; অসাড়। **~·ly** *adv*. **~·ness, ~·ity** [টো°ˈপিড ˈটি] *nn* [U] অকর্মণ্যতা; অসাড়তা।

tor·por [ˈটো°পা(র্)] *n* [U, C] অসাড় অবস্থা।

torque [টো°ক্] *n* [U] ঘূর্ণন অথবা পাক সৃষ্টিতে সক্ষম শক্তিবিশেষ।

tor·rent [টরান্ট্ US ˈটো°র–] *n* [C] ১ প্রবল জলধারা; মুষলধারা: rain falling in ~s. ২ (লাক্ষ.) প্রবল গালাগাল। **tor·ren·tial** [টˈরেন্‌শ্‌ল্] *adj* প্রবলধারাপূর্ণ; মুষলধারে: ~ial rain.

tor·rid [ˈটরিড্ US ˈটরি–] *adj* (আবহাওয়া অথবা দেশের ক্ষেত্রে) গ্রীষ্মমণ্ডলীয়: the ~ zone. **~·ity** *n* [U] উষ্ণতা।

tor·sion [ˈটো°শ্‌ন্] *n* [U] (সুতা, দড়ি) পাকানো অথবা পাকানোর প্রক্রিয়া।

torso [ˈটো°সৌ] *n* (*pl* ~s) কবন্ধ; হাত–পা–মাথাবিহীন মানবশরীর (ও মূর্তি)।

tort [টো°ট্] *n* (আইন.) অপরাধ ও শাস্তি।

tor·tilla [টো°ˈটীইয়া] *n* মেক্সিকোতে প্রচলিত অমলেটবিশেষ।

tor·toise [ˈটো°টাস্] *n* কচ্ছপ। ˈ**~-shell** *n* [U] কচ্ছপের খোলা।

tor·tu·ous [ˈটো°চুঅস্] *adj* আকাবাঁকা: a ~ path; (লাক্ষ.) জটিল, প্যাঁচানো: a ~ man. **~·ly** *adv*

tor·ture [টো°চা(র্)] *vt* অত্যাচার করা; পীড়ন করা। □*n* ১ [U] অত্যাচার। ২ যন্ত্রণা; নিপীড়ন পদ্ধতি। **tor·turer** *n* অত্যাচারী।

Tory [ˈটো°রি] *n* (*pl* -ries) = conservative.

toss [টস্ US টো°স্] *vt, vi* ১ উপরের দিকে ছুড়ে মারা। **~ (up) a coin; ~ (sb) for sth; ~ up** মুদ্রার সাহায্যে টস করা। ˈ**~-up** *n* টস। ২ হেলতে দুলতে থাকা: The daffodils were ~ing their heads. ৩ **~ sth off** (ক) দ্রুত গিলে ফেলা। (খ) অল্প চিন্তায় কিছু রচনা করা। □*n* [C] ১ দোলা; নাড়ানো; ২ **win/lose the ~** টসে জেতা/হারা।

tot[1] [টট্] *n* ১ (প্রায়শ **tiny tot**) অত্যন্ত ছোট শিশু। ২ (কথ্য) ছোট গ্লাস–ভর্তি মদ।

tot[2] [টট্] *vt, vi* (-tt) **tot (sth) up** (কথ্য) যোগ করা।

to·tal [ˈটৌট্‌ল্] *adj* সর্বমোট; সম্পূর্ণ। **~ war** সার্বিক যুদ্ধ; যে যুদ্ধে দেশের সর্বশক্তি নিয়োজিত হয়। *n* [C] (অর্থের মোট পরিমাণ। □*vt, vi,* (-ll-, US অপিচ -l-) মোট যোগফল পাওয়া; সর্বমোট পরিমাণ হওয়া। **~ly** [টৌটালি] *adv* পুরাপুরি। **~·ity** [টৌট্যাল ˈটি] *n* সার্বিক দিক; সমগ্রতা।

to·tali·tar·ian [ˌটৌট্যালিˈটেঅরিআন্] *adj* সমগ্রতাবাদী; যে রাজনৈতিক দল একটি দল ভিন্ন অন্য কোনো প্রতিদ্বন্দ্বী দলকে মানতে রাজি নয়। **~·ism** [–ইজ়াম্] একদল মতবাদ; সমগ্রতাবাদ।

to·tal·iz·ator [ˈটৌটালাইজ়েইটা(র্) US -লিজ়–] *n* (ঘোড়দৌড়ে) যারা বাজি ধরে তাদের নাম তালিকাভুক্ত করবার যন্ত্রবিশেষ।

tote[1] [টৌট্] *n* (কথ্য ও সংক্ষিপ্ত) totalizator.

tote[2] [টৌট্] *vt* (অপ.) (বন্দুক) বহন করা।

to·tem [ˈটৌটাম] *n* [C] টোটেম; উত্তর আমেরিকান ইন্ডিয়ানদের মধ্যে প্রচলিত পশু–পাখির সাথে মানুষের ঘনিষ্ঠ যোগাযোগ সম্পর্কিত চিন্তা। ˈ**~·pole** *n* টোটেম অঙ্কিত খুঁটিবিশেষ।

tot·ter [ˈটটা(র্)] *vi* ১ খুঁড়িয়ে খুঁড়িয়ে চলা। ২ পড়ো পড়ো অবস্থায় চলে যাওয়া। **~y** *adj* পড়োপড়ো; অনিরাপদ।

touch[1] [টাচ্] *n* ১ [C] স্পর্শ; ছোঁয়া। **at a ~** মৃদু স্পর্শে। ২ [U] স্পর্শানুভূতি: the hot ~. ˈ**~·stone** *n* কষ্টিপাথর। ৩ [C] কলম অথবা তুলির পরশ। ৪ **a ~ (of)** সামান্য পরিমাণ। ৫ [C] বাদ্যযন্ত্রে গুণীশিল্পীর হাতের ছোঁয়া: the ~ of a maes·tro. ˈ**~-type** *vi* টাইপরাইটারের কি বোর্ড না দেখে টাইপ করা। ৬ [U] যোগাযোগ। **in/out of ~ (with)** নিয়মিত যোগাযোগ আছে এমন/ যোগাযোগ রহিত। **lose ~ (with)** যোগাযোগ বিচ্ছিন্ন হওয়া। ৭ (ফুটবল এবং রাগবি খেলায়) সাইডলাইনের বাইরের পিচের অংশ। ৮ **a near ~** অল্পের জন্য রক্ষা পাওয়া। ˌ**~-and-ˈgo** *adj* (কথ্য)

ঝুঁকিপূর্ণ; অনিশ্চিত। ৯ **a soft/easy ~** (অপ.) এমন ব্যক্তি যার কাছে সহজে ধার চাওয়া যায়।

touch[2] [টাচ্] *vt, vi* ১ কাছাকাছি আসা; লেগে থাকা; (হাত দিয়ে) ছোঁয়া। **~ bottom (ক)** তলদেশে পৌঁছা। **(খ)** (লাক্ষ.) দুর্ভাগ্যের শেষ বিন্দুতে পৌঁছা। **~ wood** দুর্ভাগ্যের স্পর্শ এড়াতে কাঠ স্পর্শ করা। ২ মৃদুভাবে স্পর্শ করা। ৩ (সাধা. neg) তুলনীয় হওয়া; সমান হওয়া: Some can ~ him as a writer. ৪ (সাধা. neg) খাবার, পানি স্পর্শ করা, অর্থাৎ খাওয়া: He has not ~ed even a drop of water. ৫ হৃদয় স্পর্শ করা; মন ছুঁয়ে যাওয়া: The song ~ed the audience. ৬ কাছে ঘেঁষা: His argument did not ~ the point. ৭ সামান্য ক্ষতিগ্রস্ত হওয়া। ৮ (*pp* ~ed) (কথ্য) সামান্য মাথা খারাপ হওয়া। ৯ মানসম্মানে আঘাত করা অথবা দুর্বল জায়গায় খোঁচা দেওয়া, দ্র. Quick *(n)*. ১০ উত্তরদানের জন্য ছুঁতে পারা: He failed to ~ the questions. ১১ *(adv part* এবং *preps*–এর সঙ্গে বিশেষ ব্যবহার): touch at (জাহাজের ক্ষেত্রে) তীরে জাহাজ লাগা: The ship ~ at Chittagong. **touch down (ক)** (রাগবি) প্রতিপক্ষের গোললাইনের পিছনের মাটিতে বল ধরা। **(খ)** (বিমানের ক্ষেত্রে) ভূমিস্পর্শ করা। **ˈ~-down** *n* বিমানের অবতরণ। **~ sb for sth** (অপ.) (ভিক্ষার মাধ্যমে) টাকা চেয়ে নেওয়া। **~ sth off** (কামান) দাগানো; (লাক্ষ.) লাগিয়ে দেওয়া; কোনো কিছুর সূত্রপাত করে দেওয়া: His violent speech ~ed off the movement. **~ on/ upon sth** (কোনো বিষয়ে) সংক্ষেপে আলোকপাত করা। **~ sth up** কোনো লেখা অথবা চিত্রের মানোন্নয়নের উদ্দেশ্যে শেষবার কলম চালানো/ তুলির পোঁচ দেওয়া।

touch·able [ˈটাচাবল্] *adj* স্পর্শযোগ্য।

touch·ing [ˈটাচিং] *adj* করুণ। **~·ly** *adv* করুণভাবে।

touchy [ˈটাচি] *adj* (-ier, -iest) অভিমানী। **touch·ily** [-ইলি] *adv.* **touchi·ness** *n* অভিমান; একটুতে আহত হওয়া স্বভাব।

tough [টাফ্] *adj* (-er, -est) ১ (গোশতের ক্ষেত্রে) চিবাতে কষ্ট হয় এমন। ২ সহজে কাটবে না, ভাঙ্গবে না অথবা ছিঁড়বে না এমন: as ~ as leather. ৩ শক্তিশালী; কষ্টসহিষ্ণু। ৪ (ব্যক্তির ক্ষেত্রে) স্থূল ও ভয়ঙ্কর স্বভাবসম্পন্ন। **~ customer** (কথ্য) জ্বালাতনকারী। ৫ নাছোড়বান্দা। **be/get ~ (with sb)** কঠিন মনোভাব গ্রহণ করা। ৬ কঠিন; শক্ত: a ~ job. ৭ **~ luck** (কথ্য) দুর্ভাগ্য। □*n* (অপিচ **~ie** [ˈটাফি] (কথ্য) স্থূল ও ভয়ঙ্কর স্বভাবের ব্যক্তি। **~·ly** *adv.* **~·ness** *n* দৃঢ়তা। **~en** [ˈটাফ্‌ন্] *vt, vi* শক্ত করা; দৃঢ় করা; দৃঢ় মনোভাবের হওয়া।

tou·pee [ˈটূপেই US টূˈপেই] *n* পরচুলা।

tour [টুআ(র্)] *n* ১ ভ্রমণ। ২ সংক্ষিপ্ত সফর। ৩ (বিদেশের সামরিক ঘাঁটিতে) কর্তব্য পালনের কাল। ৪ বিভিন্ন প্রতিষ্ঠানে অফিসসংক্রান্ত পরিদর্শন। ৫ কোনো নাটক–কোম্পানির বিভিন্ন স্থানে গমন। □*vt, vi* ভ্রমণ করা। **~·ing** *adj* ভ্রমণোপযোগী; ভ্রমণে ব্যবহৃত হয় এমন। **~·ist** [-ইস্‌ট্] *n* ১ পর্যটক। **~·ism** [ˈটুআরিজ়াম্] *n* [U] পর্যটন।

tour de force [ˌটুআ ডাˈফো°স্] *n* (ফ.) শক্তি অথবা নৈপুণ্যের কাজ।

tour·na·ment [ˈটো°নামান্ট্ US ˈটো°রন্-] *n* [C] ১ টুর্নামেন্ট। ২ (মধ্যযুগে) অশ্বারোহী নাইটদের মারাত্মক অস্ত্রপ্রতিযোগিতা।

tour·ni·quet [ˈটুআনিকেই US ˈটো°নিকেট্] *n* রক্তপড়া বন্ধের প্রক্রিয়াবিশেষ।

tousle [ˈটাউজ়্ল্] *vt* (চুল) এলোমেলো করা; অগোছালো করা।

tout [টাউট্] *n* টাউট, দালাল; যে ব্যক্তি পয়সার বিনিময়ে রেসের ঘোড়া, ফুটবল খেলার টিকিট, হোটেল ইত্যাদি সংক্রান্ত খবর সরবরাহ করে। □*vi* **~ (for)** টাউটের কাজ করা; দালালি করা।

tow[1] [টৌ] *vt* রশি অথবা শিকল দিয়ে টেনে নেওয়া; (নৌকার) গুণ টানা। **ˈtow(ing)-line/ -rope** *nn* গুণ টানার রশি। **ˈtow(ing)-path** *n* নদীতীর অথবা খালের পাড়ঘেষা গুণ টানার পথ। □*n* [C, U] গুণ টানা।

tow[2] [টৌ] *n* [U] মোটা সুতা অথবা কাতা।

to·ward(s) [টাˈয়োড্(জ়্) US টো°র্ড্(জ়্)] *prep* ১অভিমুখে; দিকে; পানে: ~ Dhaka; ~ quarrel. ২ সম্পর্কে; ব্যাপারে: His attitude ~ the government policy. ৩ (সহায়তার) উদ্দেশ্যে। ৪ (সময়ের ক্ষেত্রে) কাছাকাছি: ~ the end of the year.

towel [ˈটাউআল] *n* [C] তোয়ালে। **ˈ~-rack/-horse** *nn* কাঠের আলনা। **ˈ~-rail** *n* তোয়ালে রাখবার (ধাতু–নির্মিত) রেলিং। **throw in the ~,** দ্র. throw[1](১২). □*vt* (-ll-, US -l-) তোয়ালে দিয়ে গা মোছা। **~·ling** (US = **~·ing)** *n* [U] তোয়ালে নির্মাণের সামগ্রী।

tower [ˈটাউআ(র্)] *n* ১ উঁচু বিচ্ছিন্ন দালান অথবা অনেকগুলো উঁচু দালানের একটি। ২ (লাক্ষ.) **a ~ of strength** বিপদ আপদে, নির্ভয়ে নির্ভর করা যায় এমন ব্যক্তি। ৩ **water ~** জলাধার স্তম্ভ। **ˈ~-block** *n* উঁচু অফিসের সমষ্টি। □*vi* চার পাশের দালান কোঠাকে ছাড়িয়ে অত্যন্ত উঁচু হয়ে ওঠা। **~ above sb** (লাক্ষ.) গুণ ও কৃতিত্বে অন্যদের অনেক বেশি ছাড়িয়ে যাওয়া। **~·ing** *adj* প্রবল; সুউচ্চ: ~ inferns.

town [টাউন্] *n* ১ টাউন; গ্রামের চাইতে বড়ো অথচ পুরাপুরি শহর হিসাবে গড়ে ওঠেনি এমন জনপদ: God made the country and man made the town. (GB তে city এর বদলে প্রায়শ town ব্যবহৃত হয়)· দ্র. city (১). **be/go out on the ~** আমোদে–প্রমোদের জন্য শহরে যাও। **paint the ~ red,** দ্র. red (১). ২ (attrib) **~ centre** শহরের কেন্দ্রবিন্দু। **~ clerk** টাউনের রেকর্ডসমূহ সংরক্ষণকারী। **~ council** টাউন পরিচালনা পরিষদ। **~ councillor** টাউন পরিচালনা পরিষদের সদস্য; কাউন্সিলর। **ˈ~-gas** *n* গৃহ অথবা শিল্প–প্রতিষ্ঠানে ব্যবহারের জন্য তৈরি গ্যাস। **~ hall** টাউন হল। **ˈ~ house** গাঁয়ে বাড়ি আছে এমন ব্যক্তির টাউনের বাড়ি। **~ planning** টাউন পরিকল্পনা। ৩ *(prep*-এর পরে এবং *art* ব্যতীত) (শহরতলির বিপরীতে ব্যবহৃত) শহরের দোকানপাট ও ব্যবসাকেন্দ্র। দ্র. downtown. **go to ~** (অপ.) টাকা পয়সা উড়িয়ে যথেচ্ছ আচরণ করা। ৪ *(art* ব্যতীত) শহরের আশে পাশের বড়ো শহর। **man about ~** নিজের আনন্দে ব্যস্ত বিলাসী ব্যক্তি। ৫ **the ~** কোনো শহরের লোকজন: The whole ~ took interest. **the talk of the ~**,দ্র. talk[1] (৩). ৬ **the ~** সাধারণ অর্থে ব্যবহৃত টাউন। ৭ **ˈ~s·folk** *n, pl* **(ক)** *(def art* সহ) যে শহর নিয়ে আলোচনা চলছে সে শহরের অধিবাসী। **(খ)** *(def art* ব্যতীত) শহরবাসী। **ˈ~s·people** *n, pl* = ~sfolk. **ˈ~s·man** [-জ়্মান্] *n* (*pl* -men) **(ক)** শহুরে। **(খ)** (প্রায়শ Ifellow-ˈ~sman) স্বশহরবাসী।

tow·nee [টাউনী] *n* শহুরে ব্যক্তি; যে গ্রামের খোঁজখবর রাখে না।

town·ship [ˈটাউন্‌শিপ্] *n* ১ (US, কানাডা) দেশের প্রশাসনিক উপবিভাগ। ২ (দক্ষিণ আফ্রিকা) অ-য়োরোপীয়দের বাড়ি-ঘরের জন্য নির্ধারিত এলাকা ও শহরতলি। ৩ (অস্ট্রেলিয়া) টাউনের জন্য নির্বাচিত স্থান।

tox·aemia [অপিচ tox·emia) [টক্ˈসীমিআ] *n* [U] রক্তে বিষক্রিয়া।

toxic [ˈটক্‌সিক্] *adj* বিষাক্ত; বিষ সংক্রান্ত। **~·ity** [টক্ˈসিসটি] *n* [U] বিষাক্ততা। **toxi·col·ogy** [টক্‌সিˈকলজি] *n* [U] বিষ বিদ্যা। **toxi·col·ogist** [জিস্ট্] *n* বিষ-বিশেষজ্ঞ।

toxin [ˈটক্‌সিন্] *n* [C] বিষাক্ত পদার্থ, গাছপালা ও পশুদের ব্যাকটেরিয়া থেকে জন্মে বিশেষ ধরনের রোগ ছড়িয়ে থাকে।

toy [টই] *n* ১ খেলনা। ২ (attrib) **toy dog** ছোট জাতের পোষা কুকুর। ˈ**toy·shop** *n* খেলনার দোকান। □*vi* **toy with sth** ১ কোনো বিষয়ে ঠাট্টা মস্করা করা; কোনো বিষয়ে গভীরভাবে না ভাবা। ২ অসতর্কভাবে নাড়াচাড়া করা।

trace[1] [ট্রেইস্] *n* [U, C] কেউ আছে, ছিল অথবা কোনো ঘটনা ঘটেছে এ ধরনের আলামত, চিহ্ন ইত্যাদি। ২ [C] খুব সামান্য পরিমাণ। ˈ**~ element** গাছপালা অথবা পণ্যদের বিকাশের জন্য অপরিহার্য ক্ষুদ্র উপাদান, যে উপাদানের অভাবে ফলন কম হয়।

trace[2] [ট্রেইস্] *vt, vi* ১ **~ sth (out)** অঙ্কন করা, স্কেচ করা অথবা রূপরেখা তৈরি করা; (লাক্ষ.) পরিকল্পনার ছক তৈরি করা। ২ ম্যাপ, ডিজাইন ইত্যাদি ট্রেস করা। ৩ ধীরে ধীরে এবং কষ্টের সাথে লেখা। ৪ অনুসরণ করা অথবা সন্ধান লাভ করা। **~ (sth/sb) back (to sth)** **(ক)** আদি উৎস সন্ধান করা। **(খ)** তথ্যপ্রমাণের ভিত্তিতে অনুসন্ধান করা। ৫ ধ্বংসাবশেষ থেকে অবস্থান, আকার ইত্যাদির সন্ধান লাভ করা। **~·able** [-অ্যব্‌ল্] *adj* অনুসন্ধানযোগ্য। **~r** *n* ১ ম্যাপ, ডিজাইন ইত্যাদিতে আঁকে। ২ (প্রায়শ ˈ~r bullet) আগুন অথবা ধোঁয়ার কারণে যে ক্ষেপণাস্ত্রের পথরেখা দৃষ্টমান হয়। **trac·ing** *n* ম্যাপ-ট্রেসিং। ˈ**tracing-paper** *n* ট্রেসিং পেপার।

trace[3] [ট্রেইস্] *n* [C] মাল-টানা ঘোড়ার গায়ে ব্যবহৃত দড়ি। **kick over the ~s** (লাক্ষ.) লাগামহীন হওয়া।

tracery [ˈট্রেইসারি] *n* [C, U] (*pl* -ries) কাচ অথবা পাথরে অলঙ্করণবিশেষ; নকশা।

tra·chea [ট্রাˈকিআ US ˈট্রেইকিআ] *n* (*pl* ~e [-কী]) (শারীর.) শ্বাসনালী।

tra·choma [ট্রাˈকৌমা] *n* [U] চোখের রোগবিশেষ।

track [ট্র্যাক্] *n* [C] ১ যানবাহন, মানুষ অথবা পশুদের চলাচলের ফলে সৃষ্ট পথ-চিহ্ন বা দুর্গম পথ। **be on sb's ~ /on the ~ of sb** কারো তালাশে বের হওয়া। **cover up one's ~** গতিবিধি অথবা কার্যকলাপ গোপন রাখা। **go off/keep to the beateu ~,** দ্র. beateu. **have a, lone-~** ˈ**mind** একপেশে স্বভাবের; একই বিষয়ে সমস্ত মনোযোগ নিবদ্ধ করা। **keep/lose ~ of sb/sth** সম্পর্ক রাখা/হারানো; গতিবিধি এবং বিকাশ অনুসরণ করা/অনুসরণে ব্যর্থ হওয়া। **make ~s** (কথ্য) বিচ্ছিন্ন হওয়া; দৌড়ে পালিয়ে যাওয়া। **make ~s for** (কথ্য) অভিমুখে যাওয়া। **in one's ~s** (অপ.) ঠিক যেখানে অবস্থান করছে সেখানে। **off the ~** (লাক্ষ.) বিষয়-বহির্ভূত; ভুল কর্মপন্থা অনুসরণ। **go off/keep to the beaten ~.** দ্র. beaten. ২ গতিপথ: the ~ of a tornado. ৩ রেলের লাইন বিশেষ: double ~. **on/from the wrong side of the ~s** (US) শহরের গরিব এলাকায়/এলাকা থেকে। ৪ দৌড় প্রতিযোগিতার জন্য নির্মিত পথ। ˈ**~ suit** *n* ট্র্যাকসুট। ৫ ট্রাকটর অথবা ট্যাংকে চাকার বদলে ব্যবহৃত বন্ধনী। □*vt* ১ পথ অনুসরণ করা। ˈ**~·ing station** *n* মহাশূন্যযানের সাথে যোগাযোগ রক্ষাকারী স্টেশন। **~ sb/sth down** তালাশ করে খুঁজে পাওয়া। **~ out** পথ-চিহ্ন পরীক্ষার মাধ্যমে (গতিপথ, বিকাশ ইত্যাদির) সন্ধান লাভ করা। ২ (চলচ্চিত্র, টিভি) লং শট গ্রহণের উদ্দেশ্যে ক্যামেরা ট্র্যাক করা। **~ed** *adj* বন্ধনীযুক্ত (ট্রাকটর অথবা ট্যাংক)। **~er** বুনো পশুদের পিছনে ধাওয়াকারী শিকারি। ˈ**~er dog** সন্ধানী কুকুর। **~·less** *adj* পদ-চিহ্নহীন।

tract[1] [ট্র্যাক্ট্] *n* নিবন্ধ।

tract[2] [ট্র্যাক্ট্] *n* ধর্ম বা নৈতিকতা বিষয়ক পুস্তিকা।

tract·able [ট্র্যাক্টব্‌ল্] *adj* সহজে নিয়ন্ত্রণযোগ্য। **trac·ta·bil·ity** [ট্র্যাক্টবিলাটি] *n* সহজে নিয়ন্ত্রণযোগ্যতা।

trac·tion [ˈট্যাক্‌শন্] *n* [U] উত্তোলন শক্তি। ˈ**~-engine** *n* ভারোত্তলন যন্ত্র।

trac·tor [ট্র্যাক্‌টা(র্)] *n* ট্রাক্টর; কলের লাঙ্গল।

trade[1] [ট্রেইড্] *n* ১ [U] কেনা-বেচা; ব্যবসা-বাণিজ্য। I**stock-in-~**ˈ**~,** দ্র. stock[1](১). **the ~** (কথ্য) বিশেষ দ্রব্যের নির্মাতা ও বিক্রেতা। ˈ**~·mark** *n* ট্রেডমার্ক; (লাক্ষ.) স্বাতন্ত্র্যসূচক বৈশিষ্ট্য। **~ name** *n* কোনো দ্রব্যের নির্মাতা-প্রদত্ত নাম। ˈ**~ price** *n* খুচরা বিক্রেতার কাছে নির্মাতা অথবা পাইকারি বিক্রেতার প্রস্তাবিত মূল্য। I**~(s)-**ˈ**union** *n* ট্রেড-ইউনিয়ন। I**~-**ˈ**Unionism** *n* [U] ট্রেড-ইউনিয়ন প্রথা; ট্রেড-ইউনিয়ন আন্দোলন। I**~-**ˈ**unionist** *n* ট্রেড-ইউনিয়ন কর্মী। **T~s Union Congress** (সং **TUC**) ব্রিটেনের ট্রেড-ইউনিয়ন সমিতি। ˈ**~-wind** *n* বিষুবরেখা অভিমুখী প্রবল বায়ু। **the T~s** এই ধরনের সব বায়ুপ্রবাহ। ২ পেশা; জীবিকা অর্জনের উপায়। ˈ**~s·folk,** ˈ**~s·people** *nn* ব্যবসায়ী। ˈ**~s·man** [-জ়মান] *n* (*pl* -men) দোকানদার।

trade[2] [ট্রেইড্] *vi, vt* ১ **~ (in) (with)** ব্যবসা-বাণিজ্য করা; কেনা-বেচা করা। ˈ**trad·ing estate** শিল্প-এলাকা। ˈ**trad·ing stamp** (=gift coupon) ক্রেতাদের প্রদত্ত কুপন, যার বিনিময়ে কেনা-কাটা করা যায়·অথবা সেটি নগদ হিসাবেও ভাঙানো যায়। ২ **~ sth for sth** বিনিময় করা; বদলে নেওয়া। ৩ **~ sth in** নতুন কিছু কেনার জন্য মূল্য পরিশোধের অংশ হিসাবে পুরনো দ্রব্য প্রদান। ˈ**~-in** *n* [C] পুরনো দ্রব্যের বদলে নতুন দ্রব্য কেনার নিয়ম। ৪ **~ on/upon** ব্যক্তিস্বার্থে অন্যায় সুযোগ গ্রহণ করা। ৫ [US] কেনা-কাটা করা। **~r** *n* ব্যবসায়ী।

tra·di·tion [ট্রাˈডিশন্] *n* [U] ঐতিহ্য। **~al** [-শান্‌ল্] *adj* ঐতিহ্যবাহী, সনাতন। **~·ally** [-শানলি] *adv* ঐতিহ্যগতভাবে, প্রথাগতভাবে। **~·al·ism** [-শানালিজ়াম] *n* ঐতিহ্য অনুরাগ; রক্ষণশীলতা। **~·al·ist** [-শানালিস্ট্] *n* ঐতিহ্যবাদী।

tra·duce [ট্রাˈড্‌ইউস্ US -ˈডূস্] *vt* (আনুষ্ঠা.) কলঙ্ক রটানো। **tra·ducer** *n* কলঙ্ক রটনাকারী।

traf·fic [ˈট্র্যাফিক্] *n* [U] ১ যাতায়াত; চলাচল; গমনাগমন। ˈ**~ circle** (US) = roundabout. ˈ**~**

indicator = trafficator. ˈ**~ jam** ট্রাফিকজ্যাম; যানজট। ˈ**~ light(s)** রাস্তার মোড় অথবা সংযোগস্থলে ট্রাফিক সিগনাল হিসাবে ব্যবহৃত নানা রঙের বাতি; ট্রাফিক–আলো। ˈ**~ warden,** দ্র. warden. ২ পরিবহন ব্যবসা। ৩ অবৈধ ব্যবসা। □*vt* (-ck-) **~ in sth (with sb)** একা অথবা যৌথ কারবার করা। **traf·ficker** *n* (বাজে অর্থে) ব্যবসায়ী।

traf·fi·ca·tor [ট্র্যাফিকেইটা(র্)] *n* দিক ফেরার সময়ে যানবাহনে ব্যবহৃত দিকনির্দেশক আলো।

tra·gedy [ট্র্যাজডি] *n* (*pl* -dies) ১ [C] ট্র্যাজেডি; বিয়োগান্ত নাটক। ২ বাস্তব জীবনের শোকাবহ ঘটনা/ অভিজ্ঞতা। **tra·gedian** [ট্র্যা'জীডিএন্] *n* ট্র্যাজেডি লেখক/ অভিনেতা। **tra·gedi·enne** [ট্র্যাজীডি'এন্] *n* ট্র্যাজেডি নাটকের অভিনেত্রী।

tra·gic [ট্র্যাজিক্] *adj* করুণরসাত্মক; বিয়োগান্ত। **tragi·cally** [-ক্লি] *adv* করুণভাবে; করুণরসের সাথে; বিয়োগান্তভাবে।

tragi-com·edy [ট্র্যাজি'কমাডি] *n* (*pl* -dies) ট্র্যাজি–কমেডি। ˌtragi-ˈcomic [-'কমিক্] *adj* হাস্য–করুণরসাত্মক।

trail [ট্রেই ল্] *n* [C] ১ চিহ্ন–রেখা। ২ শিকারিদের অনুসরণীয় পথ অথবা গন্ধ। **hot on the ~ (of)** (লাক্ষ.) ঠিক পিছনে। ৩ দুর্গম দেশের মাঝ দিয়ে চলে যাওয়া পথ। **blaze a ~,** দ্র. blaze[3]. □*vt, vi* ১ টেনে হেঁচড়ে নেওয়া বা টেনে টেনে চলা। ২ চিহ্ন–রেখা অনুসরণ করা। ৩ (গাছ পালার ক্ষেত্রে) মাটির উপরে অথবা মাটি ঘেঁষে (দেয়ালের উপরে) বেড়ে ওঠা; (ব্যক্তির ক্ষেত্রে) অতি কষ্টে হাঁটা। **~er** *n* ১ ট্রাক অথবা ট্রাক্টরে–টানা যানবাহন। ২ দেয়াল ঘেঁষে বেড়ে ওঠা লতাপাতা। ৩ ট্রেইলার; বিজ্ঞাপন হিসাবে ব্যবহৃত চলচ্চিত্রের অংশবিশেষ।

train[1] [ট্রেই ন্] *n* ১ [C] ট্রেন; রেলগাড়ি। ˈ**~ ferry** ট্রেন বহনে ব্যবহৃত ফেরি। ˈ**~·man** [-মান] (*pl* -men) (US) রেল–কর্মী। ২ মানুষ, প্রাণী ও গাড়ির সারি: a ~ of lambs. ৩ চিন্তারাশি; ঘটনাপ্রবাহ; সিরিজ। ৪ দীর্ঘ পোশাকের পিছনের অংশ যা মাটিতে গড়ায়। ˈ**~-bearer** *n* এই ধরনের পোশাক–বাহক, যে পিছনের অংশ ধরে থাকে। ৫ বিস্ফোরণের জন্য সংরক্ষিত গোলা–বারুদের সারি। **in ~** প্রস্তুত আছে এমন।

train[2] [ট্রেই ন্] *vt, vi* ১ **~ (for)** প্রশিক্ষণ দেওয়া/ পাওয়া। ২ ইচ্ছানুসারে দিক ঠিক করে দেওয়া: ~ a plant over a wall. ৩ **~ sth on/upon sth** নিশানা করা; তাক করা: ~ a gun. **~ee** [ট্রেই'নী] *n* প্রশিক্ষণার্থী। **~er** *n* ১ প্রশিক্ষক। ২ পাইলটদের প্রশিক্ষণে ব্যবহৃত বিমান। **~·ing** *n* [U] প্রশিক্ষণ। **in/ out of ~ing** (ক্রীড়া প্রতিযোগিতার জন্য) শারীরিকভাবে উপযুক্ত/ অনুপযুক্ত। **go into ~ing** নিজেকে নিজে প্রশিক্ষণ দেওয়া অথবা গড়ে তোলা। ˈ**~·ing-college** ট্রেনিং কলেজ; প্রশিক্ষণ মহাবিদ্যালয়। ˈ**~·ing-ship** *n* নাবিক–প্রশিক্ষণ।

trait [ট্রেই ট্] *n* [C] চারিত্রিক বৈশিষ্ট্য।

trai·tor ['ট্রেইটা(র্)] *n* **~ (to)** বিশ্বাসঘাতক। **turn ~** বিশ্বাসঘাতকে পরিণত হওয়া। **~·ous** [-টাস্] *adj* প্রতারণাপূর্ণ; বিশ্বাসঘাতকসুলভ। **~·ous·ly** *adv* বিশ্বাসঘাতকতার সাথে; প্রতারণার সাথে। **traitress** [ট্রেইটরিস্] *n* মহিলা বিশ্বাসঘাতক।

tra·jec·tory [ট্রা'জেক্টারি] *n* (*pl* -ries) ক্ষেপণাস্ত্রের বঙ্কিম পথ।

tram [ট্র্যাম্] *n* ১ (অপিচ ˈ**~-car** বা ˈtrolley-bus) ট্র্যাম (US=ˈstreet-car বা ˈtrolley-car). ˈ**~·line** *n* ট্রাম–লাইন। ২ কয়লা খনিতে ব্যবহৃত চার–চাকার গাড়ি।

tram·mel [ট্র্যামল্] *vt* (-ll-; US -l-) বাধা দেওয়া; অগ্রগতি রুদ্ধ করা। □*n, pl* **~s** বাধা–বিপত্তি।

tramp [ট্র্যাম্প্] *vi, vt* ১ ভারী পদক্ষেপে হাঁটা। ২ (লম্বা দূরত্বে) হেঁটে চলা। □*n* ১ **the ~ of** ভারী পদশব্দ। ২ দীর্ঘভ্রমণ। ৩ ভবঘুরে। ৪ ˈ**~(·steamer)** যে কোনো বন্দরে যায় ও ভিড়তে পারে এমন কার্গো বোট।

trample [ট্র্যাম্প্ল্] *vt, vi* ১ **~ sth (down)** পায়ে মাড়ানো। ২ **~ on** মাড়ানো: ~ on sb's heart. ৩ **~ about** যত্রতত্র ঘুরে বেড়ানো। □*n* পদদলন; পদদলনের শব্দ।

tram·po·line [ট্র্যাম্পালীন্] *n* [C] শারীরিক কসরত প্রদর্শনের জন্য জিমন্যাস্টগণ ব্যবহৃত স্প্রিং–এর উপর স্থাপিত ক্যানভাসবিশেষ।

trance [ট্রা:ন্স্ US ট্র্যান্স্] *n* ১ সমাধি অবস্থা; ঘুমের মতো অবস্থা। ২ অস্বাভাবিক স্বপ্নপ্রয়াণ; মোহগ্রস্তের অবস্থা।

tran·quil [ট্র্যাংকুয়িল্] *adj* শান্ত; চুপচাপ। **~ly** [-ওয়িলি] *adv* **~·lity** (US অপিচ **~·ity**) [ট্র্যাং'কোয়িলাটি] *n* [U] প্রশান্তি; শান্ত অবস্থা। **~·lize** *vt* (ঔষধপ্রয়োগে) উত্তেজনা হ্রাস করা; প্রশান্ত করা। **~·li·zer** *n* স্নায়ুর উত্তেজনা হ্রাস করে নিদ্রা উদ্রেককারী ঔষধ।

trans·act [ট্র্যান'জ্যাক্ট্] *vt* **~ sth (with sb)** (ব্যবসা–বাণিজ্য) পরিচালনা করা; লেনদেন করা।

trans·ac·tion [ট্র্যান্'জ্যাকশ্ন্] *n* ১ [U] **the ~ of** লেনদেন: the ~ of business. ২ [C] piece of business: cash ~s. ৩ (*pl*) [কোনো সমিতির) কার্যবিবরণী এবং তার রেকর্ডপত্র।

tra·ns·al·pine [ট্র্যান্'জ্যাল্পা ইন্] *n, adj* আল্পস্ পর্বতমালার অপর পারের অধিবাসী; আল্পস্ এর অপর পারের অধিবাসী সংক্রান্ত।

trans·at·lan·tic [ˌট্র্যান্জ'ট্ল্যান্টিক্] *adj* আটলান্টিকের অপর পারের; আটলান্টিক পাড়িদান সংক্রান্ত; আটলান্টিকের উভয় পারের দেশ সংক্রান্ত।

tran·scend [ট্র্যান্'সেন্ড্] *vt* (মানুষের অভিজ্ঞতা, যুক্তি, বিশ্বাস, বর্ণনা শক্তির) সীমা ছাড়িয়ে যাওয়া; ছাপিয়ে যাওয়া।

tran·scen·dent [ট্র্যান্'সেন্ড ান্ট্] *adj* সকলকে ছাড়িয়ে গেছে এমন। **tran·scen·dence** [-ডান্স্], **tran scen·dency** [-ড ান্সি] *nn* সীমাতিক্রমী; সর্বোৎকৃষ্ট।

tran·scen·den·tal [ˌট্র্যান্'সেন্'ডেন্ট্ল্] *adj* ১ অলৌকিক; মানুষের জ্ঞানে কুলায় না এমন; অভিজ্ঞতা দিয়ে বোঝা যায় না এমন; স্বজ্ঞালব্ধ। দ্র. empirical. ২ (কথ্য) দুর্জ্ঞেয়, সাধারণ বুদ্ধির বাইরে। **~ly** (–টালি) *adv.* **~·ism** [–টালিজ়াম্] *n* [U] অলৌকিক দর্শন; অভিজ্ঞতায় নয় মানসিক প্রক্রিয়ায় জ্ঞানলাভে বিশ্বাসী মতবাদ। **~ist** [টালিস্ট্] *n* অলৌকিকতাবাদী।

trans·con·ti·nen·tal [ট্র্যান্জ়কন্টি'নেন্ট্ল্] *adj* আন্তঃমহাদেশীয়: a ~ road.

tran·scribe [ট্র্যান্'স্ক্রা ইব্] *vt* প্রতিলিপি করা বিশেষ করে শর্টহ্যান্ড লেখক বা সাঁটলিপি থেকে লিপ্যন্তর করা। **trans·cript** [ট্র্যান্সক্রিপ্ট্] *n* [U] প্রতিলিপি; নকল। **tran·scrip·tion** [ট্র্যান্স্ক্রিপ্শ্ন্] *n* ১ [U] লিপ্যন্তরকরণ; প্রতিলিপিকরণ। ২ [C] বিশেষ পদ্ধতিতে প্রতিলিপিকরণ: phonetic transcription. ৩ রেকর্ডকৃত

অনুষ্ঠান সম্প্রচার: the transcription service of the Radio Bangladesh.

tran·sept [ট্র্যানসেপ্‌ট্] *n* [C] (স্থাপত্য) ক্রুশের আকারে আড়াআড়িভাবে নির্মিত গির্জার অংশবিশেষ।

trans·fer[1] [ট্র্যানস্‌ফ্য(র্)] *n* [C, U] বদলি; স্থানান্তর। '~ **fee** (বিশেষ করে পেশাদার ফুটবল খেলোয়াড়ের ক্লাব বদলের) বদলি ফি।

trans·fer[2] ট্রান্‌স্ 'ফ্য(র্)] *vt, vi* (-rr) ~ **(sb/sth) (from) (to)** ১ বদলি করা; স্থানান্তর করা। ২ অধিকার অথবা দখল হস্তান্তর করা (যেমন, সম্পত্তির)। ৩ (চিত্রকলায়) এক মাধ্যম থেকে অন্য মাধ্যমে নিয়ে আসা। ৪ যানবাহন, পেশা ইত্যাদি বদল করা। ~**·able** [-অব্‌ল্] *adj* বদলিযোগ্য; স্থানান্তরযোগ্য; হস্তান্তরযোগ্য। ~**·abil·ity** [ট্র্যানসফ্যার 'বিলাটি] *n* [U] ~**·ence** [ট্র্যান্‌সফ্যরান্‌স্ US ট্র্যানস্‌ফ্যারান্‌স্] *n* চাকরি-বদল।

trans·fig·ure [ট্র্যানস্'ফিগ্য(র্) US -গ্‌ইআর] *vt* আদর্শায়িত মূর্তিপ্রদান করা; মহিমান্বিত রূপদান করা; গৌরবোজ্জ্বল আকৃতি প্রদান করা। **transfiguration** [ট্র্যান্‌স্‌ফিগ্য'রেইশ্‌ন্ US -গইঅ্যার-] *n* [U, C] চেহারা বদল। **the Transfiguration** বাইবেলের বর্ণনা অনুসারে বিশেষ করে যিশুর চেহারাবদল।

trans·fix [ট্র্যানস্'ফিক্‌স্] *vt* ১ বিদ্ধ করা। ২ অবশ করে দেওয়া।

trans·form [ট্র্যানস্'ফো °ম্] *vt* ~ **sth (into sth)** রূপান্তরিত করা। ~**·able** [-অব্‌ল্] *adj* রূপান্তর-যোগ্য। **trans·form·ation** [ট্র্যানস্‌ফ'মেইশ্‌ন্] *n* [U] রূপান্তর। ~**er** *n* রূপান্তরকারী; বিদ্যুৎ সরবরাহ শক্তির ভোল্টেজ হ্রাসবৃদ্ধি।

trans·fuse [ট্র্যানস্'ফিউজ্] *vt* (একজনের রক্ত অন্যের শরীরে) ঢুকিয়ে দেওয়া। **trans·fusion** [ট্র্যানস্‌ফিউজ্‌ন্] *n* [U] একজনের শরীর থেকে অন্যের শরীরে রক্ত সঞ্চালন প্রক্রিয়া।

trans·gress [ট্র্যানজ্‌গ্রেস্] *vt, vi* ১ (সীমা) লঙ্ঘন করা। ২ (আইন, চুক্তি) ভঙ্গ করা। ৩ পাপ করা; নীতিভ্রষ্ট হওয়া। **trans·gress·ion** [ট্র্যানজ্'গ্রেশ্‌ন্] *n* [U] সীমালঙ্ঘন; আইনের বরখেলাপ; পাপ। ~**or** [-স্য(র্)] *n* সীমালঙ্ঘনকারী; চুক্তিভঙ্গকারী; আইন অমান্যকারী; পাপী।

tran·si·ent [ট্র্যানজিঅন্ট্ US ট্র্যান্‌শ্‌ন্ট্] *adj* স্বল্পস্থায়ী; ক্ষণস্থায়ী। □*n* (US) (হোটেলের) অতিথি। **tran·si·ence** [-অন্‌স্], **tran·si·ency** [-ন্‌সি] *nn* স্বল্পস্থায়ী অবস্থান।

tran·sis·tor [ট্র্যান্'জিস্টা(র্)] *n* [C] ১ ট্রানজিসটার। ২ ট্রানজিসটার রেডিও। ~**·ized** [-আইজ্‌ড্] *adj* ভাল্‌ভের বদলে ট্রানজিসটারের সাথে সংযুক্ত: a ~ized computer.

tran·sit ['ট্র্যানসিট্] *n* [U] ১ গমন-পথ; ট্রানজিট। '~ **camp** বিশ্রাম শিবির; আশ্রয়-শিবির; ট্রানজিট ক্যাম্প; একস্থান থেকে অন্যস্থান গমনকারী সৈন্যদল অথবা উদ্বাস্তুদের জন্য মাঝ-পথে নির্মিত শিবির। '~ **visa** কোনো দেশের মাঝ দিয়ে গমনের জন্য (বসবাসের জন্য নয়) প্রদত্ত ভিসা। ২ গ্রহ-নক্ষত্রের পরিক্রমণ পথ।

tran·si·tion [ট্র্যান্'জিশ্‌ন্] *n* [C, U] ক্রান্তিকাল; এক পর্যায় থেকে অন্য পর্যায়ে উত্তরণের মধ্যবর্তী সময়। ~**al** [-শান্‌ল্] *adj* পরিবর্তনমূলক। ~**·ally** [-শানালি] *adv*

tran·si·tive ['ট্র্যানসাটিভ্] *adj* (ব্যাকরণে) (ক্রিয়াসংক্রান্ত) সকর্মক। ~**·ly** *adv* সকর্মকভাবে।

tran·si·tory ['ট্র্যানসিটরি US -টো °রি] *adj* স্বল্পকালস্থায়ী।

trans·late [ট্র্যানজ্'লেইট্] *vt* ~ **sth (from) (into)** ১ অনুবাদ করা। ২ (বাই.) সশরীরে স্বর্গে নেওয়া। **trans·lat·able** [-অব্‌ল্] *adj* অনুবাদযোগ্য। **trans·la·tor** [-টা(র্)] *n* অনুবাদক। **trans·la·tion** [-'লেইশ্‌ন্] *n* [U] অনুবাদ।

trans·lit·er·ate [ট্র্যানজ্'লিটারেইট্] *vt* ~ **sth (into)** বর্ণান্তরিত করা; ভিন্ন ভাষার বর্ণমালায় লিপিবদ্ধ করা। **trans·lit·er·ation** প্রতিবর্ণীকরণ।

trans·lu·cent [ট্র্যানজ্'লূস্‌ন্ট্] *adj* আলোকপ্রবাহী কিন্তু অস্বচ্ছ। **trans·lu·cence** [-স্‌ন্‌স্], **trans·lu·cency** [-সন্‌সি] *nn* আলোক-ভেদ্য।

trans·mi·gra·tion [ট্র্যানজ্‌মাই'গ্রেইশ্‌ন্] *n* [U] স্থানান্তর; (বিশেষ করে) মৃত্যুর পর অন্য দেহে আত্মার গমন।

trans·mission [ট্র্যানজ্'মিশ্‌ন্] *n* ১ [U] প্রেরণ: the ~ of a radio programme. ২ [C] মোটরযানের ইনজিন থেকে শক্তি প্রেরক ক্লাচ, গিয়ার ইত্যাদি।

trans·mit [ট্র্যানজ্'মিট্] *vt* (-tt-) ~ **sth (to)** ১ হস্তান্তর করা; প্রেরণ করা; সঞ্চারিত করা। ২ কোনো কিছুর ভিতর দিয়ে যেতে দেওয়া। ~**·ter** *n* প্রেরণ-যন্ত্র, বিশেষ করে টেলিগ্রাফ ও বেতার প্রেরণ-যন্ত্র।

trans·mog·rify [ট্র্যানজ্'মগরিফাই] *vt* (*pt, pp* -fied) চরিত্র বৈশিষ্ট্য অথবা চেহারার পরিবর্তন সাধন করা। **trans·mog·ri·fi·ca·tion** [ট্র্যানজ্°মগরিফি'কেইশ্‌ন্] *n* রূপান্তরসাধন।

trans·mute [ট্র্যানজ্°'মিউট্] *vt* ~ **sth (into)** রূপান্তর সাধন করা; এক দ্রব্য থেকে অন্য দ্রব্যে পরিণত করা। **trans·mut·able** [-অব্‌ল্] *adj* পরিবর্তনযোগ্য; রূপান্তরযোগ্য। **trans·mu·ta·tion** [ট্র্যানজ্‌মিউ'টেইশ্‌ন্] *n* রূপান্তরসাধন।

trans·oceanic [ট্র্যানজ্‌ঔশি'অ্যানিক্] *adj* মহাসাগরের অপর পার সংক্রান্ত; মহাসাগর অতিক্রমি।

tran·som ['ট্র্যানসাম্] *n* আড়কাঠ; বরগা; দরজা-জানালার উপরে আড়াআড়িভাবে স্থাপিত কাঠ। '~ **(-window)** দরজার উপরে স্থাপিত ঝুলন্ত জানালা।

trans·par·ent [ট্র্যানস্'প্যারান্ট্] *adj* ১ আলোক-ভেদ্য, দ্র. translucent. ২ নির্ভুল; সন্দেহহীন। ৩ স্বচ্ছ; সহজবোধ্য। ~**·ly** *adv* সহজভাবে। **trans·par·ence** [-রান্‌স্] *n* [U] স্বচ্ছতা। **trans·par·ency** [-রান্‌সি] *n* (*pl* -cies) ১ [U] = transparence. ২ [C] (আলোকচিত্রে) ট্রান্সপারেন্সি।

tran·spire [ট্র্যান্'স্পাই(র্)] *vi, vt* ১ (কোনো ঘটনা অথবা গোপন ব্যাপার) প্রকাশিত হওয়া; জানাজানি হয়ে পড়া। ২ (কথ্য) কোনো কিছু ঘটা; ঘটে যাওয়া। ৩ (শরীর, লতাপাতার ক্ষেত্রে) ছাড়া; ত্যাগ করা (যেমন আর্দ্রতা, বাষ্প ইত্যাদি)। **tran·spi·ra·tion** [ট্র্যানস্‌পি'রেইশ্‌ন্] *n* বাষ্প ত্যাগ।

trans·plant [ট্র্যানস্'প্লা:ন্ট্ US -'প্ল্যান্ট্] *vt, vi* ১ চারা লাগানো। ২ শরীরের অঙ্গ-প্রত্যঙ্গ (যেমন হৃদযন্ত্র, কিডনি ইত্যাদি) এক দেহ থেকে অন্য দেহে স্থাপন করা; (লাক্ষ. লোকজনের ক্ষেত্রে) একস্থান থেকে অন্যস্থানে গমন করা। □*n* ['ট্র্যানস্‌প্লা:ন্ট US -প্ল্যান্ট] এক দেহ থেকে অন্য দেহে অঙ্গ-সংযোজন।

trans·po·lar [ট্র্যানজ্'পৌলা(র্)] *adj* এক মেরু থেকে অন্য মেরু সংক্রান্ত।

trans·port[1] [ট্র্যান্‌স্‌পো°ট্] *n* ১ [U] পরিবহন; একস্থান থেকে অন্যস্থানে বহন। ২ (attrib) যাতায়াত-ব্যবস্থা: Dhaka's ~ system. **'~ café** দূরপাল্লার লরি চালক ব্যবহৃত কাফে। ৩ [C] **'troop-)~** সৈন্য অথবা খাদ্য পরিবহনে ব্যবহৃত জাহাজ অথবা বিমান। ৪ (প্রায়শ *pl*) **in a ~/in ~s of** [সাহিত্যে] (আনন্দে অথবা রাগে) আত্মহারা।

trans·port[2] [ট্র্যান্‌'স্‌পো°ট্] *vt* ১(মাল অথবা মানুষ) আনা-নেওয়া করা; পরিবহন করা। ২ (ইতিহাসে) দ্বীপান্তরে পাঠানো। ৩ **be ~ed with** (সাহিত্যে) (আবেগে) আত্মহারা হওয়া। **~·able** [-সবল] *adj* বহনযোগ্য; পরিবহনযোগ্য। **trans·porta·tion** [ট্র্যান্‌স্‌পো°টেইশ্‌ন্] দ্বীপান্তর।

trans·porter [ট্র্যান্‌'স্‌পো°ট া(র্)] *n* পরিবহনকারী অথবা কারখানা থেকে মোটরগাড়ি পরিবহনে ব্যবহৃত বড়ো যানবাহন। **~ bridge** ভাসমান সেতু; ফেরি।

trans·pose [ট্র্যান্‌'স্পৌজ্] *vt* ১ (একাধিক জিনিসের ক্ষেত্রে) পরস্পর স্থান পরিবর্তন করানো। ২ (সঙ্গীতে) স্বর পরিবর্তন করানো। **trans·po·si·tion** [ট্র্যান্‌স্‌পা'জ়িশ্‌ন্] *n* [C, U] স্থানবিন্যাস।

trans·sexual [ট্র্যান্‌জ্‌'সেক্‌সু আল্] *n* (শারীর.) শারীরিকভাবে কোনো বিশেষ লিঙ্গের হয়ে যে ব্যক্তি মনস্তাত্ত্বিকভাবে নিজেকে অন্য লিঙ্গের মনে করে; অস্ত্রোপচারের মাধ্যমে লিঙ্গ পরিবর্তনকারী।

trans·ship [ট্র্যান্‌'শিপ্] *vt* (-pp-) এক জাহাজ থেকে অন্য জাহাজে মালপত্র নেওয়া। **~·ment** *n* এক জাহাজ থেকে অন্য জাহাজে মাল পরিবহন।

tran·sub·stan·ti·ation [ট্র্যান্‌সাব্‌স্ট্যান্‌শি'এইশ্‌ন্] *n* খ্রিস্টান মতবাদবিশেষ।

trans·verse ['ট্র্যান্‌জ্‌ভাস্] *adj* আড়াআড়িভাবে স্থাপিত। **~·ly** *adv* আড়াআড়িভাবে।

trans·vest·ism [ট্র্যান্‌জ্‌'ভেস্‌টি জ়াম্] *n* [U] (মনো.) বিপরীত লিঙ্গের পোশাক পরিধানের অভ্যাস। **trans· ves·tite** [-টাইট্] *n* বিপরীত লিঙ্গের পোশাক পরিধানে অভ্যস্ত ব্যক্তি।

trap [ট্র্যাপ্] *n* ১ ফাঁদ; (লাক্ষ.) কাউকে প্রতারণা করবার পরিকল্পনা; অনিচ্ছুক ব্যক্তিকে কিছু করতে অথবা বলতে বাধ্য করার কৌশল: He was ~ed. ২ নর্দমার নলবিশেষ। ৩ দুই চাকার ঘোড়ার গাড়ি। ৪ **I~(-'~door)** ছাদ, মঞ্চ ইত্যাদির ঝুলন্ত দরজা অথবা খোলা পথবিশেষ। ৫ (অপ.) মুখ: shut your ~! ৬ কোনো প্রতিযোগিতায় (বাক্স থেকে) ঊর্ধ্বে মাটির পায়রা অথবা বল ছুড়ে মারার কৌশলবিশেষ। **'~-shooting** খেলাবিশেষ। □*vt* (-pp-) ফাঁদে ফেলা; কৌশলে ধরা। **~·per** *n* ফাঁদি, ফাঁদ বসিয়ে পশু-পাখি শিকার করে যে ব্যক্তি।

tra·peze [ট্রা'পীজ় US ট্র্যা-] *n* হরাইজন্টাল বার; শারীরিক কলাকসরতে দক্ষ ক্রীড়াবিদদের ব্যবহৃত দণ্ড।

tra·pezium [ট্রা'পীজ়িঅম্] *n* (*pl* ~s) (জ্যামিতিতে) (GB) দুইবাহু সমান্তরাল চতুর্ভুজ; ট্রাপিজিয়াম।

trap·ezoid ['ট্র্যাপিজ়ইড্] *n* (জ্যামিতি) (GB) কোনো পাশ সমান্তরাল নয় এমন চতুর্ভুজ; (US) = trapezium.

trap·pings ['ট্র্যাপিংজ্] *n pl* (লাক্ষ.) সরকারি কর্মচারি ব্যবহৃত প্রতীক অলঙ্কার।

Trap·pist ['ট্র্যাপিস্ট্] *n* মৌনব্রত ধারণকারী ভিক্ষু অথবা সাধু।

trash [ট্র্যাশ্] *n* [U] ১ বাজে জিনিস অথবা লেখা। ২ (US) আবর্জনা; (GB = dustbin). **~y** *adj* মূল্যহীন।

trauma ['ট্রো°মা US ট্রা উমা] *n* (*pl* ~s [-মাজ়]) (চিকি.) আঘাতের ফলে শরীরের রোগা অবস্থা; (মনো.) মানসিক আঘাতের ফলে সৃষ্ট স্নায়ুরোগ। **trau·matic** [ট্রো°'ম্যাটিক্ US ট্রাউ-] *adj* আঘাত অথবা ঘা সংক্রান্ত; আঘাত অথবা ঘায়ের চিকিৎসা সংক্রান্ত; (অভিজ্ঞতার ক্ষেত্রে) দুঃখজনক এবং অবিস্মরণীয়।

tra·vail ['ট্র্যাভেইল্ US ট্রা'ভেইল্] *n* [U] ১ (সাহিত্যে) পরিশ্রমী প্রচেষ্টা। ২ (প্রা. প্র.) প্রসব-বেদনা।

travel ['ট্র্যাভ্‌ল্] *vi, vt* (-ll-, US -l-) ১ ভ্রমণ করা। **'~ agent** *n* ট্রাভেল এজেন্ট; ভ্রমণের টিকিট এবং বাসস্থানের ব্যবস্থাকারী ব্যক্তি। **~ agency/bureau** *nn* **~ling fellowship** *n* শিক্ষাসফরের জন্য অর্থমঞ্জুরি। ২ **~ (in sth) (for sb)** ফেরিওয়ালা অথবা সেল্‌সম্যান হিসাবে একস্থান থেকে অন্যস্থানে ঘোরা। ৩ চলা; যাওয়া। ৪ এক বিন্দু থেকে আরেক বিন্দুতে যাওয়া। **~·ling** (US = **~·ing)** *n* [U] (বিশেষত attrib): ~ling expenses. □*n* ১ [U] **~ling** ভ্রমণ। **'~ sickness** *n* [U] ভ্রমণ-পীড়া। ২ (যৌগশব্দে) **'~-soiled/-stained/-worn** ভ্রমণ-সৃষ্ট আবর্জনাপূর্ণ; ভ্রমণজীর্ণ। ৩ (*pl*) বিদেশ ভ্রমণ; বিদেশ সফর। ৪ যন্ত্রাংশের নড়াচড়া। **~·led** (US = **~ed)** *adj* ১ ভ্রমণ অভিজ্ঞতা সম্পন্ন। ২ পর্যটক-ব্যবহৃত: a much ~led area of the country. **~·ler** (US = **~er)** ['ট্র্যাভ্‌লা(র্)] *n* ১ পর্যটক। **'~ler's cheque** (US **'~ers check)** *n* ট্রাভেলার-চেক। ২ **commercial ~** ফেরিওয়ালা। **travelogue** (অপিচ-log) ['ট্র্যাভালগ্ US -লো°গ্] *n* ভ্রমণ কাহিনী; ভ্রমণ-চিত্র।

tra·verse ['ট্র্যাভাস্ US ট্রাভাস্] *vt* মাঝ দিয়ে অতিক্রম করে যাওয়া। □*n* [C] (পর্বতারোহণে) ১ খাড়া পাহাড়ের পাশ ঘেঁষে গমন। ২ ট্রেঞ্চের দিক পরিবর্তন।

trav·esty ['ট্র্যাভ়াস্‌টি] *n* [C] (*pl* -ties) প্যারোডি। □*vt* (*pt, pp* -tied) প্যারোডি করা।

trawl [ট্রো°ল্] *n* [C] ১ **'~(-net)** সমুদ্রের তলদেশে টেনে নেওয়ার জন্য তৈরি খোলা জাল। ২ (US) **'~ line** (অপিচ setline) মৎস্যশিকারের জলরেখা। □*vi, vt* সমুদ্রে ব্যবহারের জন্য নির্মিত জাল দিয়ে মাছ ধরা; সমুদ্রের তলদেশে টেনে চলা। **~er** *n* মাছ ধরার নৌকা; জাহাজ।

tray [ট্রেই] *n* ট্রে: He brought a tea-~.

treach·er·ous ['ট্রেচারাস্] *adj* ১ প্রতারক; বিশ্বাসঘাতক। ২ অনির্ভরযোগ্য। **~·ly** *adv*. **treach·ery** ['ট্রেচারি] *n* (*pl* -ries) [U] প্রতারণা।

treacle [ট্রীক্‌ল্] *n* [U] গুড় (US molasses). **treacly** [ট্রীকলি] *adj* গুড়-সদৃশ; (লাক্ষ.) অতিমিষ্ট: treacly sentiments.

tread [ট্রেড্] *vi, vt* (*pt* trad [ট্রেড্] *pp* trodden [ট্রড্‌ন্] বা trod) ১ **~ (on sth)** হাঁটা; মাড়ানো। **~ on air** আনন্দে ভেসে বেড়ানো। **~ on sb's corns/toes** (লাক্ষ.) তাকে মর্মাহত করা। **~ on sb's heels** (লাক্ষ.) খুব কাছ থেকে অনুসরণ করা। ২ **~ (out/down)** ধ্বংস করে দেওয়া; পায়ের ধাক্কায় ফেলে দেওয়া। ৩ হেঁটে হেঁটে পথ তৈরি করা। ৪ দুর্গম পথে চলা: ~ a dangerous path. **~ water** গভীর পানিতে হাত পা নেড়ে ভেসে থাকা। □*n* ১ হাঁটার ভঙ্গি অথবা পায়ের শব্দ। ২ সিঁড়ির ধাপ। **'~-mill** *n* ঘানি; চাকতি; (লাক্ষ) একঘেঁয়ে কাজ। ৩ টায়ারের অংশবিশেষ; দ্র. retread.

treadle ['ট্রেড্‌ল্] *n* যন্ত্রের পাদানি। □*vi* পায়ে চালানো।

trea·son [ট্রীজ়্‌ন্] *n* [U] রাজনৈতিক প্রতারণা অথবা বিশ্বাসঘাতকতা; অবাধ্যতা। **~·ous** [ট্রীজনাস্], **~·able**

[ট্রীজ়ানব্‌ল্] *adjj* রাজনৈতিক প্রতারণা; ছল-চাতুরীপূর্ণ। **~·ably** [-অব্‌লি] *adv* প্রতারণার সাথে।

treas·ure [ˈট্রেজ়া(র্)] *n* ১ [C, U] স্বর্ণ; রৌপ্য; অলঙ্কার (এর ভাণ্ডার); সম্পদ। ˈ**~-house** *n* কোষাগার। ˈ**~-trove** *n* [U] গুপ্তধন। ২ অত্যন্ত মূল্যবান সম্পদ অথবা ব্যক্তি। □*vt* ১ **~ sth (up)** ভবিষ্যতে ব্যবহারের জন্য সঞ্চয় করা। ২ মহামূল্য বিবেচনা করা। **~r** [ˈট্রেজ়ারা(র্)] *n* কোষাধ্যক্ষ।

treas·ury [ট্রেজ়ারি] *n* (*pl* -ries) ১ **the T~** (in GB) ট্রেজারি; সরকারি রাজস্ব বিভাগ। **First Lord of the T~** প্রধানমন্ত্রী। **the ˈT~ Board/Lords of the T~** রাজস্ব বিভাগের দায়িত্বপ্রাপ্ত অফিসারগণ (প্রধানমন্ত্রী, আরো কয়েকজন)। **the ˈT~ Bench** 'হাউজ অব কমনস' এ মন্ত্রীসভার সদস্যদের জন্য সংরক্ষিত আসন। ˈ**~ bill** (GB) ট্রেজারি বিল। ˈ**~ note** মার্কিন ট্রেজারি কর্তৃক ইস্যুকৃত কাগজি মুদ্রা। ২ ধনাগার। ৩ জ্ঞান-ভাণ্ডার; তথ্য-ভাণ্ডার।

treat [ট্রীট্] *vt, vi* ১ **~ (as)** ব্যবহার করা; আচরণ করা। ২ **~ as** বিবেচনা করা ৩ আলোচনা করা। ৪ **~ of** (আনুষ্ঠা.) বিষয়ের আলোচনা। ৫ চিকিৎসা করা। ৬ নির্মাণ প্রক্রিয়ায় (কোনো দ্রব্য) আরোপ করা। ৭ **~ sb/one self (to sth)** নিজ ব্যয়ে (খাদ্য, পানীয় ইত্যাদি) সরবরাহ করা। ৮ **~ with sb** কারো সাথে আলোচনা করা। □*n* ১ [C] আনন্দদায়ক জিনিস/ ঘটনা। ২ খরচের পালা। **stan ~** (কথ্য) আমোদ-প্রমোদের খরচ বহন করা।

treat·ise [ট্রীটিজ় US -টিস্] *n* **~ (on/upon)** গবেষণামূলক আলোচনা-গ্রন্থ।

treat·ment [ট্রীট্‌মান্ট্] *n* [C, U] (বিশেষ) আচরণ; চিকিৎসা।

treaty [ট্রীটি] *n* (*pl* -ties) ১ [C] (দুই দেশের মধ্য সম্পাদিত) আনুষ্ঠানিক চুক্তি। ˈ**~ port** বাণিজ্যিক চুক্তির মাধ্যমে সংরক্ষিত উন্মুক্ত বন্দর; চুক্তি-বন্দর। ২ [U] আপোস-নামা; চুক্তি।

treble[1] [ˈট্রেব্‌ল্] *adj, n* তিন গুণ; ˌ**~ ˈchance** ফুটবল-প্রতিযোগিতার নিয়মবিশেষ। □*vt, vi* তিন গুণ করা।

treble[2] [ˈট্রেব্‌ল্] *n* সঙ্গীতে 'তারা' অংশ। **~ clef,** দ্র. clef.

tree [ট্রী] *n* ১ গাছ। **at the top of the ~** পেশার শীর্ষে। **up a (ˈgum-)~** (কথ্য) একঘরে; কোণঠাসা। **family ~** বংশ-লতিকা। ˈ**~-fern** *n* বৃক্ষাকারের লতা-গুল্ম। ২ কাষ্ঠখণ্ড। □*vt* গাছে আশ্রয় নিতে বাধ্য করা: The dog ~d the cat. **~·less** *adj* গাছ-গাছালিহীন।

tre·foil [ˈট্রেফ়য়ল্] *n* তিনপাতা বিশিষ্ট গাছ; পাথরে তিনপাতা সদৃশ অলঙ্করণ।

trek [ট্রেক্] *vi* (-kk) সুদীর্ঘ দুর্গম পথে যাত্রা করা। □*n* সুদীর্ঘ দুর্গম পাড়ি।

trel·lis [ˈট্রেলিস্] *n* মাচাবিশেষ। □মাচা করে দেওয়া।

tremble [ˈট্রেম্‌ব্‌ল্] *vi* ১ (ভয়ে, রাগে, ঠাণ্ডায়, শারীরিক দুর্বলতায়) কেঁপে ওঠা; শিউরে ওঠা। ২ এদিক ওদিক নড়াচড়া করা। ৩ উত্তেজিত হওয়া। **in fear and trembling** ভীতসন্ত্রস্ত হওয়া। □কম্পন; কাঁপন।

tre·men·dous [ট্রি ˈমেন্‌ডাস্] *adj* ১ সুমহৎ; সুপ্রচুর; শক্তিশালী; প্রচণ্ড। ২ (কথ্য) অসাধারণ: She's a ~ talker; প্রথম-শ্রেণীর। **~·ly** *adv*

trem·olo [ˈট্রেমালৌ] *n* (*pl* ~s [-লৌজ়]) (সঙ্গীতে) গানে কণ্ঠস্বর কাঁপিয়ে মাধুর্য সৃষ্টি; মীড়ের কাজ।

tremor [ˈট্রেমা(র্)] *n* [C] ১ কাঁপন; দোলা; ভূ-কম্পন। ২ শিহরণ।

tremu·lous [ˈট্রেমইউলাস্] *adj* ১ কম্পিত: with a ~ hand. ২ ভিতু; দুর্বলচিত্ত। **~·ly** *adv* কেঁপে কেঁপে।

trench [ট্রেন্চ্] *n* [C] ময়লার গর্ত; সৈন্যদের ট্রেন্চ। ˈ**~-coat** সৈন্যদের ওয়াটারপ্রুফ কোট। □*vt* চর্তুদিকে গর্ত করে ঘিরে ফেলা; ট্রেন্চ তৈরি করা।

trench·ant [ˈট্রেন্চান্ট্] *adj* (ভাষার ক্ষেত্রে) প্রবল; তীক্ষ্ণ ও মর্মভেদী। **~·ly** *adv.* **trench·ancy** [-আন্‌সি] *n* তীক্ষ্ণতা।

trencher [ˈট্রেন্চা(র্)] *n* (ইতিহাস) বারকোশ। ˈ**~·man** [মান্] *n* (*pl* -men) **a good/ poor ~man** পেটুক/স্বল্পভোজী।

trend [ট্রেন্ড্] *n* [C] গতিধারা; প্রবণতা: current ~. **set the ~** নতুন ধারা সৃষ্টি করা। ˈ**~-setter** ধারা সৃষ্টিকারী। ˈ**~-setting** *nn* ধারা-সৃষ্টি। **~y** *adj* (-ier, -iest) (অপ. প্রায় নিন্দার্থে) হাল ফ্যাশন অনুসরণকারী। □*vi* নির্দিষ্ট ধারা তৈরি হওয়া।

tre·pan [ট্রি ˈপ্যান্] *vt* (-nn-) *n* ১ = trephine. ২ খনিতে ছিদ্র করবার যন্ত্রবিশেষ।

tre·phine [ট্রি ˈফ়ীন্ US -ˈফ়াইন্] *vt* (চিকি.) (কারো মাথার খুলিতে) ছোট ছিদ্র করা। □*n* খুলি ছিদ্র করবার করাতবিশেষ।

trepi·da·tion [ˌট্রেপিˈডেইশ্‌ন্] *n* [U] সচকিত ভাব; উত্তেজিত মনোভাব।

tress·pass [ˈট্রেস্‌পাস্] *vi* ১ **~ (on/ upon)** বিনা অনুমতিতে অন্যের এলাকায় প্রবেশ করা। ২ **~ on/upon** অতিরিক্ত নাক গলানো। ৩ **~ (against)** (প্রা. প্র.) অন্যায় করা; পাপ করা। □*n* ১ [U] অনধিকার প্রবেশ। ২ [C] (প্রা. প্র.) পাপ; অন্যায়। **~er** *n* অনধিকার প্রবেশকারী।

trestle [ˈট্রেস্‌ল্] *n* কাঠের পায়া। ˌ**~-ˈbridge** *n* কাঠের কাঠামোতে ভর করা পুল। ˌ**~-ˈtable** *n* কাঠের পায়ার উপর তক্তা পেতে তৈরি অস্থায়ী টেবিল।

trews [ট্রুজ়] *n, pl* আঁটসাঁট পায়জামা।

tri- [ট্রাই-] *pref* তিন।

triad [ট্রাইঅ্যাড্] *n* ত্রয়ী।

trial [ট্রাইআল্] *n* ১ [U] পরীক্ষা-নিরীক্ষা; বিচার বিবেচনা; প্রমাণ; [C] পরীক্ষা করে দেখার ঘটনা। **on ~ (ক)** পরীক্ষার উদ্দেশ্যে ব্যবহার; (খ) পরীক্ষা-কালে। **~ and error** ভুল শোধরানো পর্যন্ত পরীক্ষা চালিয়ে যাবার পদ্ধতি। ২ (attrib) পরীক্ষা করে দেখার উদ্দেশ্যে: a ~ voyage. ৩ [C, U] আদালতের বিচার। **be/ go on ~ for sth** (অপরাধের কারণে) আদালতের বিচারাধীন হওয়া। **bring sb to ~, bring sb up for ~; put sb on,** বিচারের মুখোমুখি করানো; আদালতের বিচারের দিকে ঠেলে দেওয়া। **stand (one's) ~** বিচারাধীন হওয়া। ৪ [C] ধৈর্যের শেষ সীমায় পৌছে দেওয়া জ্বালাতনকারী। **~s and tribulations** জ্বালাতন; ভাগ্যের ঘাত-প্রতিঘাত।

tri·angle [ট্রাইঅ্যাংগ্‌ল্] *n* ১ ত্রিভুজ। ২ ত্রিভুজাকৃতির বাদ্যযন্ত্র। ৩ ত্রয়ী; তিনজনের দল। **the eternal ~** চিরন্তন ত্রিভুজ প্রেম। **tri·angu·lar** [ট্রাইˈঅ্যাংগিউলা(র্)] *adj* ১ ত্রিভুজাকৃতি। ২ ত্রিমুখী: a triangular composition.

tribal [ট্রাইব্‌ল্] *adj* উপজাতীয়; উপজাতি-সংক্রান্ত: ~ songs. **~·ism** [ট্রাইবালিজ়াম্] *n* উপজাতীয়তা।

tribe [ট্রা ইব্] *n* ১ উপজাতি। ২ (উদ্ভিদ, প্রাণী.) সমশ্রেণীর গাছপালা; একই বংশোদ্ভূত প্রাণী। ৩ (নিন্দার্থে) দল: the ~ of politicians. **~s·man** [-জ্‌মান্] *n* (*pl* -men) দলের সদস্য।

tribu·la·tion [ˌট্রিবিউ'লেইশ্‌ন্] *n* [C, U] দুঃখ; কষ্ট (এর কারণ)। দ্র. trial (৪).

tri·bu·nal [ট্রা ই'বিউন্‌ল্] *n* [C] বিচারালয়; সামরিক বিচার–পরিষদ। (লাক্ষ.) **the ~ of public opinion** জনতার আদালত।

tribu·tary ['ট্রিবইউটরি US -টেরি] *adj* ১ (রাষ্ট্র, শাসক ইত্যাদি ক্ষেত্রে) শ্রদ্ধামিশ্রিত। ২ (নদীর ক্ষেত্রে) অন্য নদীতে প্রবহমান। □*n* (*pl* -ries) করদরাজ, নৃপতি ইত্যাদি।

trib·ute ['ট্রিব্যিউট্] *n* [C, U] ১ শ্রদ্ধা বা গুণমুগ্ধতা প্রকাশের জন্য কৃত, উক্ত বা প্রদত্ত কোনো কিছু; শ্রদ্ধা: pay ~ to the memory of a national hero. ২ এক শাসক বা সরকার কর্তৃক অন্য শাসক বা সরকার থেকে আদায়কৃত কর। **lay sb under ~** জোরপূর্বক কারো কাছ থেকে কর আদায় করা।

trice[1] [ট্রা ইস্] *n* **in a ~** এক পলকে/ নিমেষে/ লহমায়।

trice[2] [ট্রা ইস্] *vt* **~ sth up** (নৌ.) (পাল, পালের আড়কাঠি) দড়ির সাহায্যে টেনে যথাস্থানে শক্ত করে বাঁধা।

trick [ট্রিক্] *n* [C] ১ চালাকি; চাল; কুচাল; তামাশা; বাহানা; চাতুরী; ছলচাতুরী; মস্করা। **the ~s of the trade** খদ্দেরদের আকৃষ্ট করবার, প্রতিদ্বন্দ্বীদের উপর সুবিধা নেওয়ার উপায় বা কৌশল। ২ দুষ্টামি; নষ্টামি; শয়তানি; রঙ্গ–তামাশা: an unfair ~, অন্যায় চালাকি। **play a ~ on sb,** দ্র. play[2] (৩). **dirty ~** ঘৃণ্য অপকর্ম; নোংরা চালাকি। ৩ কৌশল; হাতসাফাই; ভেল্কিবাজি: conjuring ~s. **do the ~** (অপ.) কার্যসিদ্ধি করা। **a ~ worth two of that** (কথ্য) (তোমারটার চেয়ে) কার্যসিদ্ধির আরো ভালো উপায়। **(soon) get/learn the ~ of it** কৌশল আয়ত্ত করা। ৪ অদ্ভুত বা বৈশিষ্ট্যসূচক অভ্যাস, মুদ্রাদোষ ইত্যাদি; নিজস্ব ধরন: She has a ~ of batting her eyelids when she is replying to a question. ৫ (ব্রিজ ইত্যাদি খেলার) এক দফা; দাঁও বা চক্কর; এক দফায় যতো তাস খেলা হয়: take/win a ~. ৬ (নৌ.) হাল ধরার দায়িত্বকাল (সাধা. দুই ঘণ্টা); পালা: take one's ~ at the wheel. □*vt* ১ **~ sb (into/out of/ out of sth)** প্রবঞ্চনা বা প্রতারণা করে/ধোঁকা দিয়ে কিছু করানো বা কিছু হরণ করা: He ~ed her into surrendering her shares. ২ **~ sb/ sth out/up** ভূষিত/ মণ্ডিত/ সজ্জিত করা। **~·ery** [কারি] চালাকি; প্রবঞ্চনা; ধোকা; প্রতারণা; শঠতা; নখরা। **~·ster** [স্টা(র্)] *n* ধোকাবাজ; ধাপ্পাবাজ; ফেরেববাজ; ফিচেল; প্রতারক। **~y** *adj* (-ier, -iest) ১ (ব্যক্তি এবং তার কার্যকলাপ সম্বন্ধে) প্রতারণাপূর্ণ; ধোঁকাবাজ; ধাপ্পাবাজ: a ~y politician. ২ (কাজ ইত্যাদি সম্বন্ধে) অলক্ষিত বা অপ্রত্যাশিত সমস্যাপূর্ণ; কূট কুটিল; দুরূহ: a ~y problem/ job.

trickle ['ট্রিক্‌ল্] *vi, vt* টিপ টিপ করে বা ক্ষীণ ধারায় প্রবাহিত হওয়া বা করা; অবশ্চুত/ নিষ্যন্দিত হওয়া বা করা; চুয়ানো; ক্ষরিত হওয়া। □*n* ক্ষরণ; চুয়ন; নিষ্যন্দন। **~ charger** (বিদ্যুতের প্রধান তার থেকে) সঞ্চয়যন্ত্রে (accumulator) ধীরে; নিরবচ্ছিন্নভাবে বিদ্যুৎ সঞ্চয়ের জন্য যান্ত্রিক কৌশল; ধারা সঞ্চয়যন্ত্র।

tri·col·our (US = **-color**) ['ট্রিকলা(র্) US 'ট্রাইকালার] *n* সমান প্রস্থের তিনটি রঙিন ফালিবিশিষ্ট পতাকা। **the T~** ফ্রান্সের নীল; সাদা ও লাল ডোরাওয়ালা জাতীয় পতাকা; ত্রিবর্ণক।

tri·cycle ['ট্রাইসাইক্‌ল্] *n* তিন চাকাওয়ালা সাইকেল; ত্রিচক্রযান।

tri·dent ['টাইড্‌ন্ট্] *n* (জলদেবতা নেপচুনের) ত্রিশূল; নৌশক্তির প্রতীকরূপে ত্রিশূল।

tried [ট্রা ইড্] দ্র. try[1].

tri·en·nial [ট্রা ই'এনিআল্] *n, adj* ত্রৈবার্ষিক; যা তিন বৎসর পর পর ঘটে বা তিন বৎসর টিকে থাকে।

trier ['ট্রাইআ(র্)] *n* দ্র. try[1].

trifle [ট্রা ইফ্‌ল্] *n* ১ তুচ্ছ/সামান্য বস্তু, বিষয় বা ব্যাপার। **not stick at ~s** তুচ্ছ বিষয়াদিকে নিজের পরিকল্পনা ইত্যাদির মধ্যে অনুপ্রবেশ করতে না দেওয়া। ২ সামান্য অর্থ; কানাকড়ি: It will cost you a ~. ৩ **a ~** (*adv*) সামান্য: This hat is a ~ too large for me. ৪ [C, U] ননী, ডিমের শ্বেতভাগ, কেক, জ্যাম ইত্যাদি দিয়ে তৈরি মিষ্টান্নবিশেষ। □*vi, vt* ১ **~ with** হেলাফেলা করা: to ~ with a girl's affections. ২ **~ sth away** হেলাফেলা করে উড়িয়ে দেওয়া: to ~ away one's energies/ money/ time. **trif·ling** ['ট্রাইফ্‌লিঙ্] *adj* তুচ্ছ; সামান্য; অকিঞ্চিৎকর। **trif·ler** ['ট্রাইফ্‌লা(র্)] *n* যে ব্যক্তি হেলাফেলা করে।

trig·ger ['ট্রিগা(র্)] *n* বিশেষত আগ্নেয়াস্ত্রের স্প্রিংকে মুক্ত করার জন্য ভারশঙ্কু (লিভার); ঘোড়া। **be quick on the ~** চটপট গুলি চালানো। **have one's finger on the ~** (বিশেষত সামরিক তৎপরতায়) পূর্ণ নিয়ন্ত্রণ বজায় রাখা। '**~ happy** *adj* সামান্য উস্কানিতেই সহিংস পন্থা (যেমন গুলিচালনা) অবলম্বন করতে প্রস্তুত; বন্দুকবাজ। □*vt* **~ sth off** (গুরুতর বা হিংসাত্মক কোনো কিছুর) অব্যবহিত কারণ হওয়া; সূত্রপাত করা: to ~ off a revolt.

trig·on·om·etry [ট্রিগা'নমাট্রি] *n* [U] ত্রিকোণমিতি; ত্রিভুজের বাহু ও কোণসমূহের সম্বন্ধ–ঘটিত গণিত।

tri·lat·eral [ট্রাই'ল্যাটারাল্] *adj* ত্রিপাক্ষিক: a ~ agreement.

trilby ['ট্রিলবি] *n* (*pl* -bies) **~ (hat)** (পুরুষের জন্য) পশমি কাপড়ের নরম টুপি।

trill [ট্রিল্] *n* [C] ১ কম্পিত আওয়াজ; মানুষের কণ্ঠ বা পাখির গানের স্পন্দিত ধ্বনি; কাঁপুনি। ২ (সঙ্গীত) একটি পূর্ণান্তর (tone) বা একটি অর্ধান্তরের ব্যবধানে দুইটি সুরের পর্যায়নুবৃত্তি; কম্পন। ৩ কম্পনজাত ব্যঞ্জনধ্বনি (যেমন বাংলা 'র'); কম্পিত ব্যঞ্জন। □*vi, vt* (সঙ্গীতের সুর) কম্পনসহ গাওয়া বা বাজানো; কম্পনসহকারে উচ্চারণ করা: a nightingale ~ing away in its cage.

tril·lion ['ট্রিলিঅন্] *n, adj* (GB) দশ হাজার কোটি কোটি(১০^{18}); (US) এক লক্ষ কোটি (১০^{12})। দ্র. পরি ৪।

tril·ogy ['ট্রিলাজি] *n* [C] (*pl* -gies) একের পর এক মঞ্চস্থ বা পাঠ করার জন্য লিখিত তিনটি নাটক, অপেরা বা উপন্যাসের সমষ্টি, প্রত্যেকটি স্বয়ংসম্পূর্ণ হলেও এদের মধ্যে বিষয়বস্তুগত যোগসূত্র থাকে; ত্রিলজি।

trim [ট্রিম্] *adj* (-mmer, -mmest) সুশৃঙ্খল; পরিচ্ছন্ন; পরিপাটি; সুবিন্যস্ত ফিটফাট; ঝকমকে তকতকে: a ~ little room; a ~ garden. □*n* [U] পারিপাট্য; পরিচ্ছন্নতা; প্রস্তুতি; উপযুক্ততা: get into (good) ~ for the race. □*vi, vt* ১ ছেঁটে পরিপাটি/সুষম করা: ~

one's beard/the wick of a lamp. ২ ~ **sth (with sth)** সজ্জিত/ মণ্ডিত করা: ~ a frock with lace. ৩ মালামাল, আরোহী ইত্যাদির অবস্থান যথাযথভাবে বিন্যস্ত করে (নৌকা, জাহাজ, বিমান ইত্যাদি) সুষম করা; বাতাসের উপযোগী করে (পাল) খাটানো। ৪ রাজনীতিতে মধ্যপন্থা অবলম্বন করা; জনসমর্থন অর্জনের প্রয়াসে নিজের মতামত, নীতি ইত্যাদি পরিবর্তন করা: As a politician he has no convictions, he is always ~ming. **~·mer** *n* যে ব্যক্তি বা বস্তু ছেটে পরিপাটি করে, মণ্ডিত করে কিংবা নিজের মতামত, নীতি ইত্যাদি পরিবর্তন করে। **~·ming** *n* [U, C] সজ্জা; মণ্ডন: lace ~ming(s). **~·ly** *adv* পরিপাটিরূপে ইত্যাদি।

tri·maran [ট্রাইমারান্] *n* তিনটি সমান্তরাল খোলবিশিষ্ট নৌকা; ত্রিমারান। দ্র. catamaran.

tri·nitro·tolu·ene [ট্রাইনাইট্রোটলিয়্যুঈন্] *n* [U] (সাধা. **TNT** [,টী এন্ˈ টী]) শক্তিশালী বিস্ফোরকবিশেষ।

trin·ity [ˈট্রিনাটি] *n* তিনের সমষ্টি; ত্রিত্ব। **the T~** (খ্রিস্টীয় ধর্মশাস্ত্রে) এক ঈশ্বরের মধ্যে পিতা, পুত্র ও পবিত্র আত্মার মিলন; ত্রয়ী। **T~ House** জাহাজের চালকদের সনদ প্রদান, বাতিঘরসমূহের রক্ষণাবেক্ষণ, নিমজ্জিত ভগ্ন জাহাজের স্থান নির্দেশ প্রভৃতি দায়িত্বে নিয়োজিত ব্রিটিশ প্রতিষ্ঠান। **ˌT~ ˈSunday** খ্রিস্টানদের ধর্মীয় পর্ববিশেষ, ইস্টারের পরবর্তী অষ্টম রবিবার।

trin·ket [ˈট্রিঙ্কিট্] *n* তুচ্ছ অলঙ্কার; ক্ষুদ্র মনোহারী সামগ্রী।

trio [ট্রীঔ] *n* (*pl* ~s) তিনের বর্গ; ত্রয়ী; তিনজন গায়ক বা বাদকের দল এবং ঐরূপের দলের জন্যে রচিত সঙ্গীত।

trip [ট্রিপ্] *vi, vt* (-pp-) ১ দ্রুত, লঘু পদক্ষেপে হাঁটা, নাচা বা দৌড়নো: go ~ping down the road. ২ ~ **(over) (sth)** পা আটকে গিয়ে হোঁচট খাওয়া: ~ over a boulder. ~ **(sb) (up)** হোঁচট খাওয়া বা খাওয়ানো; ভুল পদক্ষেপ নেওয়া বা নেওয়ানো। ৩ ~ **(out)** (অপ.) চিত্তবিভ্রমজনক মাদকদ্রব্য সেবনের অভিজ্ঞতা লাভ করা; নেশা করা। ৪ (পুরা.) ~ **measure** দ্রুত; লঘু পদক্ষেপে নাচা। □*n* [C] ১ যাত্রা; প্রমোদসফর: a ~ to the seaside; a honeymoon ~ to Paris. ২ হোঁচট; উচট; (লাক্ষ.) ত্রুটি; প্রমাদ; বিচ্যুতি। **ˈ~ wire** *n* মাটিতে পাতা তার, যাতে বাধা পেয়ে পশু ইত্যাদি হোঁচট খেলে তারসংলগ্ন ফাঁদ বন্ধ হয়ে যায়; উচট তার। **~·per** *n* যে ব্যক্তি আনন্দের জন্য (সাধা. সংক্ষিপ্ত) সফরে বেরোয়; আনন্দযাত্রী। **~·ping** *adj* দ্রুত ও লঘু। **~·ping·ly** *adv* দ্রুত লঘু পায়ে।

tri·par·tite [ট্রাইপা:টাইট্] *adj* ১ ত্রিপক্ষীয়: ~ talks. ২ তিনটি অংশ-সংবলিত; ত্রিপাক্ষিক।

tripe [ট্রাইপ্] *n* [U] ১ গরুর পাকস্থলীর দেয়ালের অংশবিশেষ, যা খাদ্য হিসাবে ব্যবহৃত হয়। ২ (অপ.) বাজে কথা, লেখা, ধারণা ইত্যাদি; আবোল তাবোল।

triple [ˈট্রিপ্ল্] *adj* তিনের যোগে বা তিনটি অংশ বা দলের সমন্বয়ে গঠিত; ত্রিতয়; ত্রিক; ত্রয়: The T~ Alliance; ~ time, (সঙ্গীত) ত্রিমাত্রিক তাল; the ~ crown, পোপের (ত্রিতয়) মুকুট □*vt, vi* তিনগুণ করা বা হওয়া।

trip·let [ট্রিপ্লিট্] *n* ১ (*pl*) এক বারে ভূমিষ্ঠ তিনটি শিশু; ত্রেতা; ত্রৈত। ২ তিনের সমূহ; ত্রেতা।

trip·lex [ˈট্রিপ্লেক্স্] *adj* তিন গুণ; ত্রিক। ~ **(glass)** (P) দুই প্রস্থ কাচের মাঝখানে এক প্রস্থ প্লাস্টিক সামগ্রী দিয়ে তৈরি মজবুত কাচবিশেষ (যেমন মোটরগাড়ি ইত্যাদিতে ব্যবহৃত হয়); ত্রিতল/তেপাল্লা কাচ।

trip·li·cate [ˈট্রিপ্লিকাট্] *adj* তিনটি প্রতিলিপি প্রস্তুত করা হয়েছে এমন। □*n* **in ~** তিন কপি বিশিষ্ট: drawn up in ~. □*vt* [ˈট্রিপ্লিকেইট্] তিন কপিসহ তৈরি করা।

tri·pod [ট্রাইপড্] *n* (ক্যামেরা প্রভৃতির জন্য)তিন পা-ওয়ালা আলম্বন; তিন পা-ওয়ালা টেবিল, টুল ইত্যাদি; তেপায়া; ত্রিপদী; টিপাই।

trip·per [ˈট্রিপা(র্)] *n* দ্র. trip.

trip·tych [ˈট্রিপ্টিক্] *n* (সাধা. কব্জাযুক্ত) পাশাপাশি তিনটি ফলকে অঙ্কিত বা উৎকীর্ণ চিত্র (যেমন গির্জায় ধর্মীয় বিষয়বস্তুঘটিত এ-ধরনের ছবি); ত্রিপট।

tri·sect [ট্রা ইˈসেক্ট্] (রেখা, কোণ ইত্যাদি বিশেষত সমান) তিন ভাগে বিভক্ত করা; ত্রিধা-বিভক্ত করা।

trite [ট্রা ইট্] *adj* (মন্তব্য, ভাব, অভিমত ইত্যাদি সম্বন্ধে) মামুলি; নতুনত্বহীন; বাসি; গতানুগতিক। **~·ly** *adv* গতানুগতিকভাবে। **~·ness** *n* মামুলিত্ব, নতুনত্বহীনতা।

tri·umph [ট্রাইআম্ফ্] *n* ১ [C, U] বিজয়; সাফল্য; বিজয়োল্লাস। ২ [C] (প্রাচীন রোমে) বিজয়ী কোনো সেনাপতির সম্মানে শোভাযাত্রা ও উৎসব; বিজয়োৎসব। □*vi* ~ **(over)** (কারো উপর) বিজয় অর্জন করা; (কাউকে) পরাভূত করা। **tri·um·phal** [ট্রাইˈআম্ফ্ল্] *adj* বিজয়ঘটিত: a ~al arch, বিজয়তোরণ। **tri·um·phant** [ট্রা ইˈআম্ফ়ান্ট্] *adj* বিজয়দৃপ্ত; বিজয়োন্মত্ত। **tri·um·phant·ly** *adv* বিজয়দৃপ্তভাবে।

tri·um·vir [ট্রা ইˈআম্ভা(র্)] *n* (প্রাচীন রোমে) যৌথভাবে পদাধিকারী তিন ব্যক্তির যে কোনো একজন; ত্রয়োন্যতম। **tri·um·vir·ate** [ট্রাইˈআম্ভিরাট্] *n* উক্ত রূপ তিন ব্যক্তির সমূহ।

tri·une [ˈট্রাইইউন্] *adj* একের ভেতর তিন; ত্রিক: the ~ Godhead = the Trinity.

tri·vet [ˈট্রিভিট্] *n* আগুনের উপর বা পাশে পাত্র বা কেতলি রাখার জন্য (সাধা. তিনটি পায়াযুক্ত) আলম্বন বা ঠেসনা; টিপয়; আগুনের উপর পাতা জালির শলাকার সঙ্গে হুক দিয়ে লাগাবার জন্য লোহার নাগদন্ত বা গোঁজ। **as right as a ~** সম্পূর্ণ সুস্থ; সন্তোষজনক পরিস্থিতিতে।

trivia [ˈট্রিভিআ] *n, pl* তুচ্ছ; গুরুত্বহীন দ্রব্যাদি; টুকিটাকি; সামান্য বস্তু।

triv·ial [ˈট্রিভিআল্] *adj* ১ সামান্য; তুচ্ছ; অকিঞ্চিৎকর; নগণ্য: a ~ offence; raise ~ objections. ২ মামুলি; গতানুগতিক: the ~ round, প্রতিদিনের গতানুগতিক জীবনযাত্রা। ৩ (ব্যক্তি সম্বন্ধে) লঘুচিত্ত; অসার; অপদার্থ; হালকাস্বভাব: How can you love that ~ girl? **~ly** [-ভিআলি] *adv* তুচ্ছরূপে। **~·ity** [ˌট্রিভিˈঅ্যালাটি] *n* [U] অকিঞ্চিৎকরত্ব; তুচ্ছতা; [C] (*pl* -ties) তুচ্ছ চিন্তা, ঘটনা ইত্যাদি: talk/write ~ities. **~·ize** [-লা ইজ়্] *vt* গতানুগতিক/ অকিঞ্চিৎকর/ গুরুত্বহীন করে তোলা।

trod, trod·den [ট্রড্, ট্রড্ন্] tread-এর *pt, pp*

troika [ট্রয়কা] *n* [C] ১ তিন অশ্ববাহিত; রুশদেশীয় ক্ষুদ্র গাড়িবিশেষ; ত্রয়কা। ২ তিন ব্যক্তির (বিশেষত. রাজনৈতিক নেতার) সমষ্টি; ত্রয়ী।

Tro·jan [ˈট্রৌজান্] *n, adj* ট্রয় নগর-সম্বন্ধী; ট্রয়বাসী; ট্রয়ের: the ~ war. **work like a ~** কঠোর পরিশ্রম করা। ~ **horse** (লাক্ষ.) বাইরে থেকে ঢুকিয়ে দেওয়া এমন কোনো ব্যক্তি বা বস্তু, যা ভিতর থেকে শত্রুর পতন ঘটায়; ট্রয়ের ঘোড়া।

troll[1] [ট্রৌল্] *n* (স্ক্যান্ডিনেভীয় পুরাণে) অতিমানবিক জীব; দানব কিংবা (পরবর্তী রূপকথায়) একটি দুর্বৃত্ত অথচ বন্ধুবৎসল বামন।

troll[2] [ট্রৌল্] *vt, vi* নৌকার পিছনে পানির ভিতরে টোপ নাড়াচাড়া করে বড়শি দিয়ে মাছ ধরা।

trol·ly [ট্রলি] *n* (*pl* ~s) ১ দুই বা চার চাকার ঠেলাগাড়ি। ২ রেলের উপর দিয়ে চলবার ছোট নিচু ট্রাকবিশেষ।৩ (প্রায়শ ˈ**tea-~**) খাবার পরিবেশনের জন্য ছোট চাকার উপর ন্যস্ত টেবিলবিশেষ। ৪ ট্রামের সঙ্গে উপরে ঝুলন্ত বৈদ্যুতিক তারের সংযোগরক্ষাকারী চাকা। ৫ ˈ**~(-bus)** (US) ˈ**~(-car)** = tram.

trol·lop [ট্রলাপ্] *n* (কথ্য) ঢেমনি; বেশ্যা; কুলটা।

trom·bone [ট্রম্‌ˈবৌন্] *n* ঠেলা নলবিশিষ্ট পিতলনির্মিত বৃহৎ বাদ্যযন্ত্রবিশেষ; ট্রম্বোন। **trom·bon·ist** [ট্রম্‌ˈবৌনিস্‌ট্] *n* ট্রম্বোনবাদক।

troop [ট্রুপ্] *n* [C] ১ দল; পাল: a ~ of schoolchildren; a ~ of antelope(s). ২ (*pl*) সৈন্যগণ; ফৌজ। নীচে trooper দ্র. ˈ**~-carrier** *n* সেনা পরিবহনকারী জাহাজ বা বৃহৎ বিমান। ˈ**~-ship** *n* সেনা পরিবহনকারী জাহাজ, সাঁজোয়া বা গোলন্দাজ বাহিনীর একক; ট্রুপ। ৩ বয়স্কাউটের দল। □*vi, vt* ১ (*pl* কর্তাসহ) দল বেঁধে আসা বা যাওয়া: workers ~ing out of the factory. ২ ~ **the colour** (GB, সাম.) রেজিমেন্টের পংক্তিসমূহের মধ্য দিয়ে রেজিমেন্টের পতাকা বহন করে নিয়ে যাওয়া। **~ing the colour** (বিশেষত রাজা বা রানীর জন্মদিনে) উক্তরূপ অনুষ্ঠান; পতাকাবহন অনুষ্ঠান। **~er** *n* ১ অশ্বারোহী বা সাঁজোয়া বাহিনীর সৈনিক। ২ (US) রাজ্যপুলিশের সদস্য (যারা এখন মোটর সাইকেল ব্যবহার করে। **swear like a ~er** অবিরাম গালিগালাজ করা।

trope [ট্রৌপ্] *n* শব্দের আলঙ্কারিক প্রয়োগ; লক্ষণা।

trophy [ট্রৌফ়ি] *n* [C] (*pl* -phies) ১ কোনো বিজয় বা সাফল্যের (যেমন শিকার, খেলাধুলা ইত্যাদিতে) স্মৃতিচিহ্ন; বিজয়স্মারক। ২ (ক্রীড়াপ্রতিযোগিতা ইত্যাদিতে জয়লাভের জন্য) পুরস্কার।

tropic [ট্রপিক্] *n* ১ বিষুবরেখার ২৩° ২৭′ উত্তর ও দক্ষিণের অক্ষাংশ; ক্রান্তিরেখা; অয়নান্তবৃত্ত; গ্রীষ্মমণ্ডল। **tropi·cal** [-ক্‌ল্] *adj* গ্রীষ্মমণ্ডলীয়: ~al fruits. **tropi·cally** [-ক্‌লি] *adv* গ্রীষ্মমণ্ডলীয়রূপে।

trot [ট্রট্] *vi, vt* (-tt-) ১ (ঘোড়া ইত্যাদি সম্বন্ধে) কদম চাল ও বল্গিত চালের মাঝামাঝি গতিতে চলা; দুলকি বা ধৌরিতক চালে ধাবিত হওয়া। ২ ছোট ছোট পা ফেলে চলা; (কথ্য) স্বাভাবিক গতিতে যাওয়া: We must be ~ting off home. ৩ ~ **sth out** (কথ্য) জাহির করা: ~ out one's knowledge. ৪ দুলকি চালে চালানো; হাঁটানো: ~ a person off his legs, হাঁটিয়ে হাঁটিয়ে অবসন্ন করে ফেলা (যেমন দর্শনীয় স্থান দেখাতে গিয়ে); ~ sb round, (কেনাকাটা ইত্যাদির জন্য) সঙ্গে নিয়ে ঘোরা। □*n* (কেবল *sing*) ১ দুলকি চাল; ধৌরিতক: go at a steady ~. **on the ~** (অপ.) একের পর এক: six gins on the ~. **be on the ~; keep sb on the ~** (ক) (কথ্য) (একের পর এক কর্তব্য সম্পাদন করতে গিয়ে) হাঁটাহাঁটির উপর থাকা বা রাখা। (খ) (অপ.) (বিশেষত কারাগার বা পুলিশের হাত থেকে) পালিয়ে বেড়ানো। **be on the ~** (US = **have the ~s**) (কথ্য) উদরাময় হওয়া; পেট নামা/ ছাড়া। ২ দুলকি চালে চলার সময় পরিসর: go for a ~. **~·ter** *n* ১ দুলকি চালে চলার জন্য লালিতপালিত প্রশিক্ষণপ্রাপ্ত ঘোড়া; দুলকি চালের ঘোড়া। ২ (সাধা. *pl*) খাদ্য হিসাবে শূকর বা ভেড়ার পা।

troth [ট্রোথ্ US ট্রো°থ্] *n* [U] (পুরা.) **plight one's ~** কথা দেওয়া; (বিশেষত) বিয়ে করার প্রতিশ্রুতি দেওয়া।

trouble [ট্রাব্‌ল্] *vt, vi* ১ অসুবিধা, ঝামেলা বা ঝঞ্ঝাটে ফেলা; দুশ্চিন্তায়/ অস্বস্তিতে ফেলা। ২ **~ sb to do sth; ~ sb for sth** কিছু করার কষ্ট স্বীকার করানো; কিছু করতে বলে কষ্ট দেওয়া। (ক) (may/might-সহ, শিষ্টাচারসম্মত অনুরোধ): May I ~ you to pass the glass? (খ) (I'll, I must, বিদ্রূপপূর্ণ বা শ্লেষাত্মক অনুরোধ): I'll ~ you to show a consideration for her feelings. ৩ (বিশেষত neg ও interr-এ) কষ্ট স্বীকার করা; ব্যস্ত/ উদ্বিগ্ন হওয়া: Don't ~ to see me off. ৪ বিপন্ন/ উত্তেজিত/ উদ্বিগ্ন/ উৎকণ্ঠিত/ উদ্‌ভ্রান্ত করা: (বিশেষত *pp*) a ~d expression. **fish in ~d waters** ঘোলা জলে মৎস্য শিকার করা। □*n* ১ [C,U] উদ্বেগ; উৎকণ্ঠা; অস্বস্তি; বিপদ; বিপাক; অসুবিধা; দুর্ভাবনা; অশান্তি; দুর্ভোগ; দুঃশ্চিন্তা। **in ~** বিপন্ন; দুঃশ্চিন্তাগ্রস্ত। ˈ**ask/**ˈ**look for ~** দুর্ভোগ/ ঝামেলা/ বিপদ/ অশান্তি ডেকে আনা। **get into ~** ফাঁপরে/ বিপাকে/ বিপদে/ ঝামেলায় পড়া। **get sb into ~** (ক) বিপদে ফেলা। (খ) (অপ.) (অবিবাহিতা মেয়েকে) গর্ভবতী করা; ফাঁসানো। ২ [C] (কেবল *sing*) যে ব্যক্তি বা বস্তু ঝামেলা সৃষ্টি করে; ঝামেলা; আপদ: He finds it a great ~ to look after the boy. ৩ [U] ক্লেশ; অসুবিধা; ঝামেলা; অতিরিক্ত চাপ; কষ্ট: I don't want to give you much ~. ৪ [C,U] রাজনৈতিক ও সামাজিক অশান্তি; অস্থিরতা; অসন্তোষ; গোলযোগ: ˈlabour ~s. ৫ [C, U] অসুখ; রোগ: ˈliver ~; ˈmental ~. ৬ (যৌগশব্দ) ˈ**~-maker** (শিল্পকারখানা ইত্যাদিতে) গোলযোগ সৃষ্টিকারী। ˈ**~-shooter** (কারখানা ইত্যাদিতে) দুই পক্ষের মধ্যে বিবাদের আপোসমীমাংসা ও মিটমাটের জন্য কিংবা (বিশেষত যন্ত্রাদির) ত্রুটিবিচ্যুতি শনাক্তকরণ ও সংশোধনের জন্য নিয়োজিত ব্যক্তি। **~·some** [-সাম্] *adj* পীড়াদায়ক; ক্লেশজনক; বিরক্তিজনক; জ্বালাতনকর: a ~some child/headache. ˈ**~ spot** যে স্থানে প্রায়ই অশান্তি/হাঙ্গামা/গোলযোগ সৃষ্টি হয়; অশান্ত স্থান। **troub·lous** [-লাস্] *adj* (সাহিত্য.) অশান্ত; অস্থির; অস্থিরতাপূর্ণ; গোলযোগপূর্ণ: troublous times.

trough [ট্রফ় US ট্রো°ফ়্] *n* ১ পশুর পানাহারের জন্য (সাধা. অগভীর) দীর্ঘ; খোলা বাক্স। ২ রুটি তৈরি করার জন্য রুটিওয়ালা যে লম্বা খোলা বাক্সে ময়দা ডলে; কেঠো। ৩ (সাগর ইত্যাদিতে) দুটি ঢেউয়ের মধ্যবর্তী দীর্ঘ অবতল অংশ। ৪ (আবহ.) উচ্চচাপবিশিষ্ট দুটি অঞ্চলের মধ্যবর্তী নিম্নচাপের এলাকা; খাদ।

trounce [ট্রাউন্‌স্] *vt* পরাজিত/ পরাস্ত করা; হারিয়ে দেওয়া; তিরস্কার করা। **trounc·ing** *n* পরাস্তকরণ; পরাভব; কঠোর তিরস্কার।

troupe [ট্রুপ্] *n* বিশেষত সার্কাস বা নাট্যদল; দল। **~r** *n* নাট্যদলের সদস্য।

trouser [ট্রাউজ়া(র্)] *n* ১ **(pair of) ~s** পাতলুন; প্যান্ট। দ্র. shorts, slack[2] (২). (attrib) প্যান্টের জন্য; প্যান্টের: ˈ**~ buttons.**

trous·seau [ট্রুসৌ] *n* (*pl* ~s বা ~x [-সৌজ়্]) কনের সাজ পোশাক।

trout [ট্রাউট্] *n* (*pl* অপরিবর্তিত) মিঠা জলের মাছবিশেষ।

trove [ট্রৌভ়্] *n* দ্র. treasure.

trowel [ট্রাউঅল্] *n* ১ (রাজমিস্ত্রিদের) কর্নিক। ২ গাছের চারা তোলার জন্য বাঁকানো ফলকযুক্ত হাতিয়ারবিশেষ।

troy [ট্রয়] *n* [U] সোনা ও রুপার ব্রিটিশ পরিমাপ-পদ্ধতি; এতে ১ পাউন্ড = ১২ আউন্স। দ্র. পরি. ৫।

tru·ant [ট্রুআন্ট্] *n* ১ স্কুল-পালানো ছেলেমেয়ে। **play ~** নিয়মিতভাবে স্কুল পালানো। ২ (attrib) (ব্যক্তি, তার চিন্তা, আচরণ ইত্যাদি সম্বন্ধে) ভবঘুরে; অলস; বিক্ষিপ্ত; ফাঁকিবাজ; কর্মবিমুখ; কাজপালানো। **tru·ancy** [-অন্সি] *n* (*pl* -cies) [U, C] স্কুল-পালানো; কাজ-পালানো।

truce [ট্রুস্] *n* [C] সাময়িক (যেমন আহতদের অপসারণের জন্য) যুদ্ধবিরতি; অস্ত্রবিরতি; অস্ত্রবিরতির চুক্তি।

truck[1] [ট্রাক্] *n* ১ (GB) ভারী পণ্যের জন্য রেলওয়ের খোলাগাড়ি। ২ (US) লরি। ৩ (ভারী জিনিসপত্র বহনের জন্য) কুলিদের দুই চাকার ঠেলাগাড়ি।

truck[2] [ট্রাক্] *n* [U] ১ বিনিময়; লেনদেন। **have no ~ with** কোনো লেনদেন/ সম্বন্ধ না থাকা। ২ **garden ~** (US) বাজারজাত করার জন্য উৎপন্ন টাটকা শাকসবজি; ফল ইত্যাদি। ৩ **~ (system)** (ইতি.) অর্থের পরিবর্তনে পণ্য দিয়ে শ্রমিকদের বেতন দেবার ব্যবস্থা।

truckle[1] [ট্রাক্ল্] *vi* **~ to** কাপুরুষের মতো বা ভীত হয়ে বশ্যতাস্বীকার করা; নতজানু হওয়া; আত্মসমর্পণ করা।

truckle[2] [ট্রাক্ল্] *n* **ˈ~-bed** চাকাযুক্ত নিচু শয্যা, যা ব্যবহার না করলে অন্য শয্যার নীচে ঠেলে রাখা যায়।

trucu·lent [ট্রাকিয়ুলান্ট্] *adj* যুদ্ধাভিলাষী; জিঘাংসু; হিংস্র; যুযুৎসু; যুদ্ধংদেহী। **~·ly** *adv* যুযুৎসুভাবে। **trucu·lence** [-লান্স্], **trucu·lency** [-লান্সি] *nn* যুদ্ধাভিলাষ; জিঘাংসা; যুদ্ধোন্মাদ।

trudge [ট্রাজ্] *vi* অবসন্নভাবে বা পা টেনে টেনে হাঁটা: trudging through the deep snow. □*n* দীর্ঘ, ক্লান্তিকর যাত্রা।

true [ট্রু] *adj* (-r, -st) ১ সত্য; যথার্থ: a ~ statement. **come ~** (আশা বা স্বপ্ন সম্বন্ধে) সত্য হওয়া। ২ **~ (to)** বিশ্বস্ত; অনুগত: be ~ to one's word/promise, কথা/ প্রতিশ্রুতি রাখা। **ˌ~-ˈblue** *n, adj* অনড়ভাবে নীতিবান (ব্যক্তি); একান্ত বিশ্বস্ত/ খাঁটি (মানুষ)। **ˌ~-ˈhearted** *adj* বিশ্বস্ত; খাঁটি; অকৃত্রিম। **ˈ~-love** *n* অকৃত্রিম প্রেমিক বা প্রেমাস্পদ। ৩ খাঁটি; সত্যিকার; আসল; যথার্থ: ~ friendship. ৪ **~ to type** নিজ শ্রেণী বা মানাদর্শের হুবহু অনুরূপ। ৫ যথাযথরূপে সংযোজিত/ ন্যস্ত: See if the wheel is ~. ৬ যথাযথ; হুবহু; অবিকল; নির্ভুল: a ~ pair of scales. **out of ~** যথার্থ স্থান থেকে বিচ্যুত। □*adv* (কোনো কোনো *v*-এর সঙ্গে) যথাযথভাবে; নির্ভুলভাবে; সত্যি করে; যথাযথ মানাদর্শ অনুযায়ী: breed ~, যথাযথ মান বজায় রেখে চাষ করা। □*vt* **~ sth up** যথাযথভাবে লাগানো: ~ up a wheel.

truffle [ট্রাফ়্ল্] *n* রসনারোচক খাদ্যদ্রব্যের স্বাদগন্ধ বৃদ্ধির জন্য ব্যবহৃত এক ধরনের ছত্রাক, যা মাটির নীচে জন্মে।

trui·ism [ট্রুইজ়াম্] *n* [C] যে উক্তি সুস্পষ্টরূপে সত্য বলে উচ্চারণ করা নিষ্প্রয়োজন; স্বতঃসিদ্ধ সত্য।

truly [ট্রুলি] *adv* ১ সত্য করে: speak ~. ২ আন্তরিকভাবে: feel ~ grateful. ৩ সত্যিই; সত্যিকারের; যথার্থভাবে; সত্যিকারভাবে: a ~ lofty idea.

trump[1] [ট্রাম্প্] *n* [C] ১ (ব্রিজ, হুইস্ট প্রভৃতি তাসের খেলায়) তুরুপের বা রঙের তাস। দ্র. declare (১). **play one's ~ card** (আল.) লক্ষ্য অর্জনের জন্য (বিশেষত সকল চেষ্টার শেষে) নিজের সবচেয়ে মূল্যবান উপায় প্রয়োগ করা; তুরুপের তাস ছাড়া। **turn up ~s** (কথ্য) (ক) প্রত্যাশার চেয়ে ভালো ফল পাওয়া। (খ) আকস্মিক সৌভাগ্য লাভ করা। ২ (কথ্য) চমৎকার/খাসা লোক। □*vt, vi* ১ তুরুপ বা রং খেলা। ২ (সাধা. passive) **~ sth up** প্রবঞ্চনার উদ্দেশ্যে (অজুহাত, মিথ্যা গাল গল্প) উদ্ভাবন করা: a ~ed-up charge, বানোয়াট অভিযোগ।

trump[2] [ট্রাম্প্] *n* (সাহিত্য.) তূর্য; তূরী; তূর্যধ্বনি। **the last ~; the ~ of doom** রোজ কেয়ামতের/শেষ বিচারের শিঙ্গাধ্বনি।

trump·ery [ট্রাম্পারি] *adj* সস্তা রংচঙে: ~ ornaments.

trum·pet [ট্রাম্পিট্] *n* ১ তূর্য; তূরী। **blow one's own ~** (লাক্ষ.) নিজের ঢাক পেটানো। ২ তূর্যধ্বনি; তূর্যনাদ। ৩ আকার বা ব্যবহারের দিক থেকে তূর্যসদৃশ কোনো বস্তু, যেমন ড্যাফোডিলের মুকুট (corona)। □*vt, vi* ১ বিঘোষিত করা; অনুকীর্তন/সংঘোষণ করা: ~ (forth) sb's heroic deeds. ২ (বিশেষত হাতি সম্বন্ধে) উচ্চনাদ করা; বৃংহন করা। **~er** *n* তূর্যবাদক।

trun·cate [ট্রাঙ্ˈকেইট্ US ট্রাঙ্কেইট্] *vt* অগ্রভাগ বা শেষাংশ ছেঁটে খাটো করা; অবচ্ছেদন করা: a ~d cone/pyramid, অবিচ্ছিন্ন শঙ্কু/ পিরামিড।

trun·cheon [ট্রান্চান্] *n* (বিশেষত পুলিশের) খাটো মোটা মুগুর; লগুড়।

trundle [ট্রান্ড্ল্] *vt, vi* (বিশেষত ভারী বা কিম্ভূতকিমাকার কোনো বস্তু সম্বন্ধে) গড়িয়ে নেওয়া। **ˈ~-bed** (US) = truckle bed.

trunk [ট্রাঙ্ক্] *n* [C] ১ (গাছের) কাণ্ড; গুঁড়ি। ২ হাত পা ও মস্তকবিহীন শরীর; দেহকাণ্ড; ধড়; মধ্যশরীর। ৩ তোড়ং। ৪ হাতির শুঁড়; শুণ্ড। ৫ (*pl*) = shorts. ৬ (US) = boot (২); গাড়ির পিছনে যেখানে মাল রাখা হয়; তোড়ং। ৭ (attrib) **ˈ~-call** *n* দূরবর্তী স্থানে টেলিফোনে কথোপকথন; ট্রাংক-কল। **ˈ~-line** *n* (ক) রেলপথের প্রধান লাইন। (খ) দীর্ঘ দূরত্বে টেলিফোন লাইন। **ˈ~-road** *n* প্রধান সড়ক; মহাসড়ক।

truss [ট্রাস্] *n* [C] ১ (GB) (খড়, বিচালি ইত্যাদির) গোছা। ২ ছাদ, সেতু ইত্যাদি ধরে রাখার জন্য কাঠামো। ৩ অন্ত্রবৃদ্ধির রোগীর পরিধানের জন্য তুলা ভর্তি নরম বন্ধনী। □*vt* **~ sth (up)** ১ বাঁধা; গোছা বাঁধা: ~ up a chicken, সিদ্ধ করবার বা ভাজার আগে ডানা দুইটি শরীরের সঙ্গে গেঁথে দেওয়া। ২ (ছাদ, সেতু ইত্যাদি) কাঠামোর উপর ধারণ করা।

trust[1] [ট্রাস্ট্] *n* ১ [U] **~ (in)** কোনো ব্যক্তি বা বস্তুর শক্তি, শুভত্ব, নির্ভরযোগ্যতা ইত্যাদির উপর গভীর বিশ্বাস; আস্থা; ভরসা: put one's ~ in God. **on ~** (ক) বিনা প্রমাণে; বিনা পরীক্ষায়; বিশ্বাসের উপর: take sth on ~. (খ) ধারে বা বাকিতে। ২ [U] দায়িত্ব: a position of great ~. ৩ (আইন.) অন্য ব্যক্তি বা ব্যক্তিবর্গের উপকারার্থে এক বা একাধিক ব্যক্তির (trustee) কাছে গচ্ছিত সম্পত্তি; [U] ন্যাসরক্ষক ও সম্পত্তির মধ্যে আইনগত সম্পর্ক; ন্যাসরক্ষকের দায়িত্ব; ন্যাস: to hold a property in ~. **ˈ~-money, ˈ~ fund** *nn* ন্যাসিত/ন্যস্ত অর্থ/তহবিল। ৪ [C] প্রতিযোগিতা কমানো, মূল্য স্থির রাখা প্রভৃতি বিভিন্ন

উদ্দেশ্য অর্জনের জন্য ব্যবসায়ী প্রতিষ্ঠানসমূহের সঙ্ঘ; ন্যাস। ৫ ˈ**brains ~,** দ্র. brain. **~·ful** [-ফ্ল্], **~·ing** *adjj* অন্যের উপর আস্থা স্থাপন করতে প্রস্তুত; আস্থাবান। **~·fully** [-ফালি], **~·ing·ly** *advv* আস্থার সঙ্গে; ভরসা করে; আস্থাপূর্বক। ˈ**~·worthy** *adj* আস্থাভাজন; নির্ভরযোগ্য। ˈ**~·worthi·ness** *n* নির্ভরযোগ্যতা; বিশ্বস্ততা। **~y** *adj* (পুরা. অথবা হাস্য.) নির্ভরযোগ্য; ভরসাযোগ্য: a ~y motorcycle.

trust[2] [ট্রাস্ট্] *vt, vi* ১ আস্থা স্থাপন করা; সততা ও নির্ভরযোগ্যতায় বিশ্বাস করা; ভরসা করা: I can not ~ you. ২ **~ in sb** কারো উপর ভরসা/ আস্থা/ বিশ্বাস রাখা; কাউকে বিশ্বাস করা: ~ in God. ৩ **~ to sth** নির্ভর/ ভরসা করা: Don't ~ to his good intentions. **~ sth to sb** = entrust. ৪ নিশ্চিন্তে কারো উপর নির্ভর বা ভরসা করা; কাউকে কোনো দায়িত্ব দিয়ে নিশ্চিত থাকা: Children should not be ~ed with fire arms. You can not ~ that boy to get the money to the bank. ৫ ধার দেওয়া; ধারে মালপত্র দেওয়া: The shopkeeper won't ~ me. ৬ একান্তভাবে আশা করা; প্রত্যাশা করা: I ~ you're in high spirits.

trustee [ট্রাˈস্টী] *n* ন্যাসরক্ষক; ন্যাসিক; ন্যাসী। দ্র. trust[1] (৩). **the Public T~** প্রয়োজনে ইষ্টপত্র ও ন্যাস কার্যকর করণের দায়িত্বে নিয়োজিত সরকারি কর্মকর্তা; ন্যাসপাল। **~·ship** [-শিপ] *n* ন্যাসরক্ষকের পদ; (বিশেষত) জাতিসঙ্ঘ কর্তৃক কোনো দেশের উপর অর্পিত ভূখণ্ডের প্রশাসনের দায়িত্ব: ˈ**~ship territories** ন্যাসিত ভূখণ্ড।

truth [ট্রুথ্] *n (pl* ~s [ট্রুদ্জ্]) ১ [U] সত্যতা; যথার্থতা: the ~ of a statement. **moment of ~** সঙ্কট, পরীক্ষা বা আত্মোপলব্ধির মুহূর্ত; সত্যোপলব্ধির মুহূর্ত। ২ [U] সত্য; সত্য কথা: tell the ~. **to tell the ~ ...** (স্বীকারোক্তি করার জন্য ব্যবহৃত গৎ) সত্যি বলতে: To tell the ~ I do not remember your name. **in ~** (সাহিত্য.) প্রকৃতপক্ষে; বস্তুত; বাস্তবিক। ৩ [C] সত্য; তথ্য: the ~s of religion/science. **~·ful** [-ফ্ল্] ১ (ব্যক্তি সম্বন্ধে) সত্যনিষ্ঠ; সত্যপরায়ণ; সত্যবাদী; সত্যসন্ধ। ২ (উক্তি সম্বন্ধে) সত্য। **~·fully** [-ফ়লি] *adv* সত্য করে; সত্যনিষ্ঠার সঙ্গে। **~·ful·ness** *n* সত্যনিষ্ঠা; সত্যপরায়ণতা; সত্যবাদিতা।

try[1] [ট্রাই] *vi, vt (pt, pp* tried) ১ (উল্লেখযোগ্য যে কথ্যরীতিতে try to inf-এর স্থলে প্রায়শ try and + *inf* (বিশেষত অনুজ্ঞায়) এবং don't try to ও didn't try to-এর স্থলে don't try and ও didn't try and ব্যবহৃত হয়) চেষ্টা করা: Try to/Try and improve your behaviour. ২ **try for sth** (বিশেষত কোনো পদ) লাভের চেষ্টা করা: try for a scholarship/a position in a company. ৩ (পরীক্ষামূলকভাবে কিছু করার বা ব্যবহার করার) চেষ্টা করা: try siting straight; try (কিনে ব্যবহার করা) a new kind of cure; try sb for a job, পরীক্ষামূলকভাবে নিয়োগ করা। দ্র. trial (১). **try sth on (ক)** (মানানসই কিনা দেখার জন্য) পরে দেখা: try a suit on. **(খ)** (কথ্য) (বরদাশ্‌ত করা হবে কি না দেখার জন্য সাহস করে বা অগ্রপশ্চাৎ বিবেচনা না করে) চেষ্টা করা: Don't try one of those delaying tactics on with me. সুতরাং, ˈ**try-on** *n* (কথ্য) উক্ত ধরনের প্রয়াস; পরখ। **try sth out** পরীক্ষা করার জন্য ব্যবহার করা; পরখ করা: You can try out his advice. সুতরাং, ˈ**try-out** *n* যোগ্যতা, সামর্থ্য (যেমন কোনো ক্রীড়াবিদের) ইত্যাদির প্রাথমিক পরীক্ষা; যাচাই; পরখ। **try one's hand at sth** দ্র. hand[1] (৫). ৪ (আদালতে) বিচার করা: He was tried for homicide. দ্র. trial (৩). ৫ জবরদস্তি করা; (অত্যধিক) খাটানো; চাপ দেওয়া: ~ sb's patience too much. **tried** *adj* পরীক্ষিত; যাচাইকৃত: a tried friend/remedy. **trier** *n* যে ব্যক্তি আপ্রাণ/যথাসাধ্য চেষ্টা করে; চেষ্টিত/ প্রযত্নশীল ব্যক্তি। **try·ing** *adj* (উপরে ৫ দ্র.) যন্ত্রণাদায়ক; পীড়াদায়ক; ক্লেশকর; জ্বালাতনকর: a trying man to deal with.

try[2] [ট্রাই] *n* ১ চেষ্টা; প্রয়াস; প্রযত্ন: have a try. ২ (রাগ্‌বি) বিপক্ষের গোললাইনের পিছনে বলস্পর্শ (এতে তিন পয়েন্ট অর্জিত হয়)।

tryst [ট্রিস্ট্] *n* (পুরা.) (বিশেষত প্রেমিক-প্রেমিকার মিলনের) সঙ্কেতস্থান; সঙ্কেতসময়; অভিসার; সাক্ষাতের প্রতিশ্রুতি: keep/break ~ (with sb).

Tsar [জ়া:(র্)] **Tsa·rina** [জ়া:ˈরীনা] *nn* = Czar, Czarina.

tsetse [ট্সেট্সি] *n* ˈ**~ (-fly)** (গ্রীষ্মমণ্ডলীয় আফ্রিকায়) মানুষ ও পশুর রোগজীবাণু বহনকারী রক্তচোষা মাছি।

T-shirt [টী শার্ট্] *n* দ্র. T, t.

T-square [ˈটী স্কোয়া(র্)] দ্র. square[2] (৭).

tub [টাব্] *n* ১ কাপড় ধোয়া, তরলপদার্থ ধারণ, গাছ লাগানো ইত্যাদি কাজে ব্যবহৃত কাঠ, দস্তা প্রভৃতির তৈরি বড়ো; খোলা; সাধা. গোলাকার পাত্র; কেঠো; টাব: a rainwater ~. ˈ**tub-thumper** *n* গলাবাজ/লোক -খেপানো বক্তা। ২ (অপিচ ˈ**tub·ful)** এক টাবে যতোটা ধরে: a tub of water. ৩ (কথ্য) স্নানের টাব; (GB) স্নান: have a cold tub. ৪ (কথ্য) বেঢপ মন্থরগতি নৌকা।

tuba [ˈটিউবা US ˈটূ-] *n* তামার তৈরি বৃহৎ সুষির বাদ্যযন্ত্রবিশেষ, যাতে নিম্ন ওজোনের (pitch) সুর উৎপন্ন হয়; টিউবা।

tubby [ˈটাবি] *adj* (-ier, -iest) টবের আকৃতিবিশিষ্ট; পেটমোটা; মোটা ও গোলাকার; গোলগাল: a ~ little man.

tube [টিউব্ US টূব্] ১ নল; চোঙ্গা: the ˈboiler ~s; the ˈinner ~ of a bicycle/car tyre. ˈ**~-well** *n* নলকূপ। ২ পিষ্টিকা (পেস্ট), রং ইত্যাদির জন্য নরম; ধাতব আধার; টিউব: a ~ of toothpaste. ৩ [U, C] (লন্ডনে) পাতালট্রেন: take the ~ to Picadilly Circus. ৪ (US) ইলেকট্রনিক যন্ত্রাদিতে ব্যবহৃত থার্মিনিয়নিক কপাটিকা; পর্দাযুক্ত বৃহৎ নল (cathode ray ~ দ্র. cathode), যেমনটি টেলিভিশনে ব্যবহৃত হয়; চোঙ্গা; টিউব। ৫ শরীরের ফাঁপা অঙ্গপ্রত্যঙ্গ; নল;নালী: the bronchial ~s, ক্লোমনালী। **tub·ing** *n* [U] যে বস্তুকে নলের আকার দেওয়া হয়েছে; নল: two metres of copper tubing. **tu·bu·lar** [ˈটিউবিয়ুলা(র্) USˈটূ-] *adj* ১ নলাকার; চোঙ্গাকার: a tubular bridge. ২ নলযুক্ত; নলসংবলিত: a tubular boiler; tubular furniture, (যাতে ধাতব চোং ব্যবহৃত হয়); tubular scaffolding. **~·less** *adj* নলহীন (ভিতরে কোনো নল নেই): ~less tyres.

tu·ber [ˈটিউবা(র্) US টূ-] *n* [C] ভূগর্ভস্থ কাণ্ডের বর্ধিত অংশ, যার অঙ্কুর থেকে নতুন চারা গজায়; কন্দ।

tu·ber·cu·lo·sis [টিউ্বাকিউˈলৌসিস্ US টূ-] *n* [U] (প্রচলিত সং. **TB** [টী ˈবী] যক্ষ্মারোগ; রাজযক্ষ্মা: pulmonary ~, ক্ষয়রোগ; ক্ষয়কাশ। **tu·ber·cu·lous**

[টিউবাকিউলাস্ US টূ-], **tu·ber·cu·lar** [টিউবাক্যিউলা(র্) US টু-] *adjj* যক্ষ্মাঘটিত; যক্ষ্মাক্রান্ত।
tub·ing, tu·bu·lar, দ্র. tube.
tuck [টাক্] *n* ১ [C] পোশাক খাটো করার জন্য কিংবা শোভাবর্ধনের জন্য ব্যবহৃত কাপড়ের সেলাই করা ভাঁজ; গোঁজা: make/put in/take out a ~ in a dress. ২ [U] (GB, কথ্য) (বিশেষত শিশুদের প্রিয় কেক, পেস্ট্রি ইত্যাদি) খাবার। ˈ**~-shop** *n* (বিশেষত স্কুলে) উক্তরূপ খাবারের দোকান। □*vt, vi* ১ গোঁজা; গুঁজে দেওয়া; ঠেসে ঢোকানো; গুটানো; ঠেলে দেওয়া: ~ one's shirt in; sit with one's legs ~ed up under oneself. The nurse ~ed the baby up in bed, শিশুটির গায়ের উপর দিয়ে চাদরের প্রান্তগুলি জাজিমের নীচে গুঁজে দিয়েছে; ~ up one's trousers, গুটিয়ে নেওয়া। ২ ~ **in** প্রাণভরে খাওয়া। ~ **into sth** কিছু গোগ্রাসে গেলা। ˌ~-ˈ**in** *n* ভূরিভোজন: have a good ~-in, পেট পুরে খাওয়া।
tucker [টাক(র্)] *n* (১৭ ও ১৮ শতকে) মেয়েদের কাঁধ ও ঘাড় ঢাকার জন্য ব্যবহৃত জাদ (লেস) বা ক্ষৌমবস্ত্র; দোপাট্টা। **one's best bib and ~** (কথ্য) সর্বোত্তম কাপড়চোপড়।
Tues·day [ˈটিউজ্‌ডি US টূ-] *n* মঙ্গলবার।
tuft [টাফ্‌ট্] *n* (পালক, চুল, ঘাস ইত্যাদির) গুচ্ছ; থোপা; থোপানি। **~ed** *adj* গুচ্ছবদ্ধ; গোছা বাঁধা।
tug [টাগ্] *vt, vi* (-gg-) **tug(at)** সবলে টানা; হেঁচকা টান মারা: The crew tugged at the rope. □*n* [C] ১ হেঁচকা (টান); হেঁচকানি: give sth a tug. **tug of war** কাছি টানাটানি (প্রতিযোগিতা)। ২ ˈ**tug(-boat)** জাহাজ ইত্যাদি টানার জন্য ক্ষুদ্র, শক্তিশালী পোতবিশেষ।
tu·ition [টিউইশ্‌ন্ US টূ-] *n* [U] শিক্ষণ; শিক্ষাদান: have private ~ in chemistry.
tu·lip [ˈটিউলিপ্ US টূ-] *n* কন্দজাত উদ্ভিদবিশেষ, যার দীর্ঘ নালের শীর্ষে বসন্তকালে ঘণ্টা বা পেয়ালা আকারের বিভিন্ন রঙের একটি করে ফুল ফোটে; টিউলিপ।
tulle [টিউল্ US টূল্] *n* [U] মেয়েদের পোশাক বা নেকাব তৈরির জন্য নরম, সূক্ষ্ম রেশমের জালি জালি করে বোনা বস্ত্রবিশেষ।
tumble [ˈটাম্‌ব্‌ল্] *vi, vt* ১ (বিশেষত ধপাস করে) পড়া; হুড়মুড় করে পড়া: ~ down the stairs/ off a horse; উল্টে পড়া; হোঁচট খাওয়া: ~ over the roots of a tree. ২ ইতস্তত বা এলোমেলোভাবে হাঁটাচলা/ওঠা নামা করা; দুড়দাড় করে ছুটাছুটি করা; এপাশ ওপাশ করা: toss and ~ in one's bed. ৩ পড় পড় হওয়া; ভেঙে পড়া: The old house will soon ~ to pieces. ˈ**~-down** *attrib adj* পড়পড়; পতনোন্মুখ; ভগ্নাবস্থ: a ~-down old house. ৪ উল্টে ফেলা/ দেওয়া; নিক্ষেপ করা: The collision ~d them all out of the compartment. ৫ দলামোচা করা: ~ one's bed-clothes/ sb's hair or clothes. ৬ ~ **to sth** (কথ্য) (ভাব, ইঙ্গিত ইত্যাদি) ধরতে/ বুঝতে পারা। □*n* [C] ১ পতন; হোঁচট; আছাড়: have a nasty ~. ২ গোলমেলে/ তালগোল-পাকানো অবস্থা। ˈ**~-weed** *n* (US) মরু অঞ্চলের উদ্ভিদবিশেষ, যা শুষ্ক হয়ে খসে পড়লে বাতাসে ইতস্তত ঘষড়াতে থাকে।
tum·bler [ˈটাম্‌ব্‌লা(র্)] *n* ১ হাতলবিহীন; চেটালো তলাবিশিষ্ট পানপাত্র। দ্র. goblet. ২ তালার যান্ত্রিক কৌশলের অংশবিশেষ, যা চাবি দিয়ে না ঘোরালে তালা খোলে না। ৩ লোটন পায়রা। ৪ = acrobat.
tum·brel, tum·bril [ˈটাম্‌ব্রাল্] *n* (ইতি.) পশুবাহিত গাড়ি, বিশেষত যে ধরনের গাড়িতে ফরাসি বিপ্লবের সময় বন্দীদের গিলোটিনে বহন করে নেওয়া হতো।
tu·mes·cent [টিউমেস্‌ন্‌ট্ US টূ-] *adj* স্ফীত; ফোলা; বর্ধমান; ফুলে ওঠা। **tu·mes·cense** [-সন্‌স্] *n* স্ফীতি; স্ফীতত্ব।
tu·mid [ˈটিউমিড্ US টূ-] *adj* (দেহের অঙ্গপ্রত্যঙ্গ সম্বন্ধে) ফোলা; স্ফীত; ফাঁপা; (লাক্ষ., রচনারীতি ইত্যাদি সম্বন্ধে) ফাঁপিয়ে তোলা; বাগাড়ম্বরপূর্ণ। **~·ity** [টিউমিডাটি US টূ-] *n* ফোলা; স্ফীতি; স্ফীতাবস্থা।
tummy [ˈটামি] *n* (*pl* -mies) (কথ্য) পাকস্থলী; পেট; জঠর।
tu·mour (US = **tu·mor**) [ˈটিউমা(র্) US টূ-] *n* শরীরের কোনো অংশের ব্যাধিত বৃদ্ধি; অর্বুদ; আব।
tu·mult [ˈটিউমাল্‌ট্ US টূ-] *n* [C,U] ১ তুমুল কোলাহল; হুড়াহুড়ি; হুড়দঙ্গল; শোরগোল: the ~ of battle. ২ মনের বিক্ষুব্ধ অবস্থা; চিত্তবিক্ষোভ; সংক্ষোভ।
tu·mul·tu·ous [টিউমালচুআস্ US টূ-] *adj* তুমুল কোলাহলপূর্ণ; হুড়হাঙ্গামাপূর্ণ; অব্যবস্থিত; বিশৃঙ্খল; a ~ welcome. **~·ly** *adv* তুমুল কোলাহলের মধ্যে।
tu·mu·lus [ˈটিউম্যিউলাস্ US টূ-] *n* (*pl* -li [-লাːই]) (সাধা. প্রাচীন) সমাধির উপরকার মাটির ঢিবি; সমাধিস্তূপ।
tun [টান্] *n* বিয়ার, মদ ইত্যাদির বৃহৎ কাষ্ঠাধার, বৃহৎ পিপা; ধারণক্ষমতার মাপ (২৫২ গ্যালন)।
tuna [ˈটিউনা US টূনা] *n* (*pl* ~ বা ~s) = tunny.
tun·dra [টানড্রা] *n* [U, C] (রাশিয়া, সাইবেরিয়ার) মেরু অঞ্চলের দিগন্তবিস্তৃত বৃক্ষহীন সমতলভূমি, যা গ্রীষ্মকালে জলময় থাকে এবং শীতকালে জমে শক্ত হয়ে যায়; তুন্দ্রা অঞ্চল।
tune [টিউন্ US টূন্] *n* ১ [C] (গানের) সুর: whistle a popular ~. ২ [U] সুরের সুস্পষ্ট বৈশিষ্ট্য; সুরময়তা: This song has little ~ in it. ৩ [U] **in/out of ~** যথাযথ সুরে/বেসুরো বা বিসঙ্গত: sing/play in ~. ৪ [U] (লাক্ষ.) সুরৈক্য; সামঞ্জস্য; মিল; সঙ্গতি: be in/out of ~ with one's surroundings/ companions. ৫ (লাক্ষ. প্রয়োগ) **change one's ~; sing another ~** ভোল পাল্টানো । **to the ~ of** (কথ্য) (উক্ত) পরিমাণ (সাধা. অঙ্কটি খুব বেশি চড়া, এই ইঙ্গিতবহ): We had to pay to the ~ of £ 100. □*vt, vi* ১ (বাদ্যযন্ত্রের) তার/সুর বাঁধা: ~ a guitar. **~ up** সুর বাঁধা। ˈ**tuning-fork** *n* ইস্পাতের ক্ষুদ্র যন্ত্রবিশেষ, যাতে আঘাত করলে একটি নির্দিষ্ট ওজোনের সুর বেজে ওঠে; সুরকণ্টক। ২ ~ **in (to)** **(ক)** বেতারযন্ত্রের নিয়ন্ত্রণ; কোনো বিশেষ সম্প্রচার কেন্দ্র বা পৌনঃপুন্যের (ফ্রিকোয়েন্সি) সঙ্গে সঙ্গত করা: ~ in to the VOA World Service. **(খ)** (লাক্ষ.) অন্যদের মতামত, অনুভূতি ইত্যাদি সম্বন্ধে সচেতন থাকা; ওয়াকিবহাল থাকা: You should be well ~d in to your surroundings. ৩ মোটরযানের ইনজিন এমনভাবে উপযোজিত বা সঙ্গত করা যাতে সে তার সর্বোত্তম বা বিশেষ ধরনের কার্যক্ষমতা প্রদর্শন করতে পারে; টিউন করা। **~r** *n* ১ (যৌগশব্দ) যে ব্যক্তি বাদ্যযন্ত্রের সুর বেঁধে দেয়; সঙ্গতী, সুর সঙ্গত-কর্তা: a ˈpiano-~r. ২ রেডিও ইত্যাদির যে অংশ সঙ্কেত গ্রহণ করে; সঙ্কেতগ্রাহক। দ্র. amplify ভুক্তিতে amplifier, loud (১) ভুক্তিতে loud-speaker. **~·ful** [-ফ্‌ল্] *adj* সুরেলা; সুরমাধুর্যময়;

সুস্বর। ~·**fully** [-ফ়ালি] *adv* সুমধুর সুরে। ~·**ful·ness** *n* সুস্বরতা; সুরময়তা।

tung-oil [টাঙ অয়ল] *n* [U] বৃক্ষজাত তৈলবিশেষ, যা প্রধানত কাষ্ঠসামগ্রীর বার্নিশে ব্যবহৃত হয়; টাং তেল।

tung·sten [টাঙ্স্টান্] *n* [U] (রস.) ইস্পাত এবং বৈদ্যুতিক বাতির ফিলামেন্ট তৈরিতে ব্যবহৃত ধূসর বর্ণের ধাতব মৌল (প্রতীক W); টাংস্টেন।

tu·nic [ট্যিউনিক্ US টূ –] *n* ১ পুলিশ, সৈনিক প্রভৃতির গায়ে সেঁটে থাকা জ্যাকেটবিশেষ। ২ মেয়েদের নিতম্ব বা নিতম্বের নিম্নভাগ পর্যন্ত লম্বিত, কোমরবন্দযুক্ত ঢিলা ব্লাউজ বা কোট। ৩ প্রাচীন গ্রিক ও রোমানদের আজানুলম্বিত, ঢিলা, খাটো আস্তিনযুক্ত বা আস্তিনহীন বহির্বাস; জোব্বা।

tun·nel [টান্ল্] *n* সুড়ঙ্গ; গূঢ়মার্গ। □*vi, vt* (-ll-, US অপিচ -l-) ~ **(into/through)** সুড়ঙ্গ খনন করা।

tunny [টানি] *n* (*pl* -nies বা অপরিবর্তিত) বৃহৎ সামুদ্রিক মৎস্যবিশেষ; টুনা।

tup [টাপ্] *n* পুং ভেড়া।

tup·pence [টাপান্স্] *n* (কথ্য) দুই পেনি। **tup·penny** [টাপানি] *adj* দুই পেনি মূল্যের; (লাক্ষ.) সামান্য মূল্যের।

tur·ban [টাবান্] *n* ১ পাগড়ি; উষ্ণীষ। ২ পাগড়িসদৃশ সেঁটে থাকা হ্যাট। ~**ed** পাগড়ি আঁটা; পাগড়ি পরা: a ~ed Pathan.

tur·bid [টাবিড্] *adj* ১ (তরলপদার্থ সম্বন্ধে) ঘন; ঘোলাটে; ঘোলা; আবিল; কর্দমাক্ত; পঙ্কিল: ~ water/ rivers. ২ (লাক্ষ.) বিশৃঙ্খল; ঘোলাটে; অস্বচ্ছ: a ~ imagination; ~ thoughts. ~·**ness**, ~·**ity** [টা'বিডাটি] *nn* আবিলতা; পঙ্কিলতা; অস্বচ্ছতা।

tur·bine [টাবাইন্] *n* যে ইনজিন বা মোটরের সঞ্চালক-চাকা (ড্রাইভিং হুইল) জলপ্রবাহ, বাষ্প বা বায়ু-শক্তিতে ঘূর্ণিত হয়; টার্বাইন।

tur·bo·jet [টাবৌজেট্] *n* যে টার্বাইন ইনজিন উষ্ণ গ্যাসের প্রবাহরূপে তার শক্তি সঞ্চালন করে; উক্ত ইনজিন চালিত বিমান (এতে প্রপেলারের প্রয়োজন হয় না); টার্বোজেট।

tur·bo·prop [টাবৌপ্রপ্] *n* যে টার্বাইন ইনজিন প্রপেলার চালানোর জন্য উষ্ণ গ্যাস থেকে লব্ধ তার শক্তি ব্যবহার করে; ঐরূপ ইনজিনচালিত বিমান; টার্বোপ্রপ।

tur·bot [টাবট্] *n* (*pl* অপরিবর্তিত) বৃহৎ চেপটা সামুদ্রিক মৎস্যবিশেষ; পায়রা চাঁদা।

tur·bu·lent [টাবিয়ুলান্ট্] *adj* অশান্ত; উদ্বেল; উত্তাল; উচ্ছৃঙ্খল; বিক্ষুব্ধ; উদ্দাম; অসংযত: ~ waves/ passions; a ~ mob. ~·**ly** *adv* অশান্তভাবে ইত্যাদি। **tur·bu·lence** [-লান্স্] *n* উত্তালতা; উদ্দামতা।

turd [টাড্] *n* [U, C] বিষ্ঠা; পুরীষ; মল; বিষ্ঠার দলা: Sheep ~s.

tu·reen [ট্যিউরীন্ US টু-] *n* ঢাকনাওয়ালা গভীর ভাণ্ডবিশেষ, যা থেকে খাবার সময় স্যুপ, সাবু ইত্যাদি পরিবেশিত হয়; স্যুপভাণ্ড।

turf [টাফ্] *n* ১ [U] শিকড়সহ ঘাসের চাপড়ায় আচ্ছাদিত (ঘাসের বীজ বোনা নয়) মৃত্তিকাতল; শষ্পতল; ঘাসের চাপড়া: strip the ~ off a field. **the** ~ ঘোড় দৌড়ের মাঠ; ঘোড় দৌড়ের পেশা। '~ **accountant**, ~ **commission agent** = book-maker, দ্র. book[1](৮). ২ (*pl* ~s বা turves [টাভ্জ়্]) ঘাসের চাপড়া (কর্তিত খণ্ড); (আয়ার্ল্যান্ডে) = peat. □*vt* ১ (জমির খণ্ড) ঘাসের চাপড়ায় আচ্ছাদিত বা রোপিত করা। ২ ~ **out** (GB অপ.) ছুঁড়ে ফেলা।

tur·gid [টাজিড্] *adj* ১ ফোলা; স্ফীত; আধ্মাত। ২ (ভাষা সম্বন্ধে) শব্দাড়ম্বরপূর্ণ। ~·**ly** *adv.* ~·**ity** [টা'জিডাটি] *n* স্ফীততা; ফোলা।

Turk [টাক্] *n* তুর্কি।

tur·key [টাকি] *n* (*pl* -s) ১ [C] বৃহৎ পাখিবিশেষ, যার মাংস খাদ্য হিসাবে বিশেষ সমাদৃত; তুর্কি মোরগ; [U] উক্ত পাখির মাংস। ২ (US অপ.) (নাটক, উপন্যাস ইত্যাদির) অসাফল্য। **cold** ~ (ক) মাদকদ্রব্য সেবনে হঠাৎ বিরতি কিংবা মাদকদ্রব্য সেবনের পর অপ্রীতিকর অনুভূতি; মৌতাত কিংবা খোঁয়াড়ি। (খ) (বিশেষত অপ্রীতিকর কোনো বিষয়ে) অকপট, খোলামেলা উক্তি। **talk** ~ (US অপ.) অকপটে নিঃসঙ্কোচে কথা বলা।

tur·kish [টাকিশ্] *n, adj* তুর্কি (ভাষা)। ~ **bath** প্রথমে উষ্ণ হাওয়া বা বাষ্পে স্নান করিয়ে পরে ধারাস্নান ও অঙ্গমর্দন সংবলিত স্নানরীতি; তুর্কি স্নান। ~ **delight** চিনির গুঁড়া দিয়ে ঢাকা জেলিসদৃশ পদার্থের মিষ্টান্ন। ~ **towel** অমসৃণ শোষক কাপড়ের তোয়ালে; তুর্কি তোয়ালে।

tur·meric [টামরিক] *n* [U] হলুদ; হরিদ্রা।

tur·moil [টাম্য়ল্] *n* [C, U] গোলযোগ; হাঙ্গামা; বিশৃঙ্খলা; গণ্ডগোল।

turn[1] [টান্] *n* ১ ঘূর্ণন; মোচড়; পাক: a few ~s of the screw; a ~ of fortune's wheel, ভাগ্যের পরিবর্তন। ~ **of the century** নূতন শতাব্দীর সূচনা। **on the** ~ পরিবর্তন হবে হবে এমন; (দুধ) টকে যাওয়ার পথে। **done to a** ~ টায় টায় রান্না করা (বেশিও নয়, কমও নয়)। ২ গতিপরিবর্তন; বাঁক: sudden ~s in the road. **at every** ~ (লাক্ষ.) প্রায়ই; পদে পদে: She was disappointed at every ~. ৩ অবস্থার পরিবর্তন; মোড়: His fortune has taken a favourable ~. ৪ পালা: It's your turn to pay. **(do sth)** ~ **and** ~ **about** পালাক্রমে (করা)। **by** ~**s** একের পর এক; পর্যায়ক্রমে: She laughed and cried by ~s, একবার হাসছিল; একবার কাঁদছিল। **in** ~ (দুই ব্যক্তি সম্বন্ধে) পালাক্রমে; (দুইয়ের অধিক ব্যক্তি সম্বন্ধে) একে একে; এক এক করে। **out of** ~ অনুমোদিত সময়ের আগে বা পরে; পালার বাইরে: He should not play out of (his) ~. **take** ~**s (at sth); take** ~**s about** পালা করে করা: We took ~s at fetching water from the spring. ৫ কারো উপর প্রভাবশীল বলে বিবেচিত কার্য। **One good** ~ **deserves another** (প্রবাদ) সাহায্য, উপকার ইত্যাদির প্রতিদান দেওয়া কর্তব্য। **do sb a good/bad** ~ উপকারে আসা/না আসা। ৬ ঝোঁক; গতি: a boy with an artistic ~; a gloomy ~ of mind. ৭ উদ্দেশ্য; বিশেষ প্রয়োজন; অভীষ্ট। **serve one's** ~ প্রয়োজন মেটানো। ৮ অল্প সময়ের জন্য তৎপরতা; পাক: take a few ~ in the garden, কয়েক পাক হাঁটা। ৯ মঞ্চে সংক্ষিপ্ত কোনো পরিবেশনা, যেমন নাচ, গান, কৌতুক, যাদু ইত্যাদি; পালা। **star** ~ সবচেয়ে জনপ্রিয় পালা/ পরিবেশনা। ১০ (কথ্য) স্নায়বিক অভিঘাত: give a ~.

turn[2] [টান্] *vt, vi* (*adverbial phrases* ও *preps*-সহ প্রয়োগের জন্য নীচে ৭ দ্র.) ১ ঘোরা; ফেরা; ফিরানো; ঘোরানো; উল্টানো; মোড় নেওয়া; মোচড়ানো; (জোয়ার/ভাঁটার) পরিবর্তন হওয়া; The moon ~s round the earth. ~ (to the) right; ~ the pages of a book. Too much rich food ~ed his stomach. ~ **one's mind/thoughts/attention to sth** মন ইত্যাদি

.... প্রতি ফেরানো। ~ **one's hand to sth** নিজের হাতে করা (বা করতে পারা)। ~ **sth to account,** দ্র. account[1] (৩). ~ **a deaf ear to sth** কর্ণপাত না করা। ~ **sb's flank;** ~ **the flank of sb** শত্রুপক্ষের অবস্থানের পার্শ্বদেশে বা পিছনে আক্রমণ করার জন্য পাশ কাটিয়ে যাওয়া; (লাক্ষ.) (বিতর্ক ইত্যাদিতে) পরাভূত করা; জব্দ করা। ~ **the corner,** (লাক্ষ. প্রয়োগ) দ্র. corner (১). ~ **the scale(s),** দ্র. scale[3] (১). ২ ~ **(sth) (into sth)** পরিণত করা বা হওয়া; বদলানো বা বদলে যাওয়া; হয়ে যাওয়া; (দুধ) টকা বা টকানো: wealth has ~ed him into a rogue. ~ **sb's brain** মাথা খারাপ/ পাগল করে দেওয়া; মানসিকভাবে বিপর্যস্ত করা। ~ **sb's head** অহঙ্কারী করা; মাথা বিগড়ে দেওয়া। ৩ (বয়স ইত্যাদি) পেরনো; উত্তীর্ণ হওয়া: She has ~ed forty. ৪ কুন্দ বা ভ্রমিযন্ত্রে (কাঠ, ধাতু ইত্যাদি) ঘুরিয়ে আকৃতি দেওয়া: ~ brass; a machine-~ed steel place; (লাক্ষ.) সুন্দর রূপ দান করা: ~ an epigram/ a compliment; a well-~ed phrase/ sentence, সুন্দর রূপে উপস্থাপিত কথা/ বাক্য; (*passive*-এর অর্থবহ) metal that ~s, সহজে কুঁদা যায়। ৫ (পোশাক) উল্টিয়ে (ভিতরের দিক বাইরে এনে) বানানো: have an old overcoat ~ed. ~**one 's coat,** দ্র. coat (১). ˈ~-**coat** *n* যে ব্যক্তি স্বার্থ; নিরাপত্তা, সুবিধা ইত্যাদির জন্য একদল ত্যাগ করে অন্য দলে যোগ দেয়; দলছুট; স্বপক্ষভ্রষ্ট। ৬ (যৌগশব্দ) ˈ~·**cock** *n* (জল সরবরাহের প্রধান নলে) জল ছাড়া বা বন্ধ করার কাজে নিয়োজিত ব্যক্তি। ˈ~·**key** *n* কারাগারে চাবির জিম্মাদার; কারারক্ষক। ˈ~·**pike** *n* (ইতি.) রাস্তার উপর আড়াআড়ি বদ্ধ ফটক, যা শুল্ক প্রদান করলে খোলা হতো; (US) দ্রুত যানচলাচলের জন্য শুল্কযুক্ত সড়ক। ˈ~·**spit** *n* (ইতি.) মাংস ইত্যাদি ছেঁকার জন্য শিক ঘোরাবার কাজে নিযুক্ত কুকুর বা ভৃত্য। ˈ~·**stile** *n* এক সময়ে এক জনের প্রবেশ ও নিষ্ক্রমণের উপযোগী ঘূর্ণ্যমান ফটক; ঘূর্ণিদ্বার। ˈ~-**table** *n* চেটালো চক্রাকার পীঠিকা, যেমন কলের গানের যে অংশের উপর ডিস্ক ঘোরে কিংবা যার উপর রেলের ইনজিন আবর্তিত হয়; ঘূর্ণিপীঠ। ৭ (*adverbial phrases* ও *preps*-সহ বিশেষ প্রয়োগ): ~ **(sb) about** অন্যদিকে ফেরা বা ফিরানো; ঘুরে দাঁড়ানো; আবর্তিত হওয়া বা করা: About ~! (সামরিক অভ্যনুজ্ঞা) ~ **sb adrift** (সহায়সম্বলহীন-ভাবে) গৃহের বাইরে পাঠানো; অকূলে ভাসানো: ~ one's son adrift in the world. ~ **(sb) against sb** কারো উপর খেপা; কারো বিরুদ্ধে খেপানো বা লেলিয়ে দেওয়া; শত্রু হয়ে ওঠা। ~ **(sb) aside (from)** (~ away অধিক প্রচলিত) একদিকে বা অন্যদিকে ফেরা বা ফেরানো। ~ **(sb) away** অন্যদিকে মুখ ফেরানো; ফিরিয়ে দেওয়া: ~ away in disgust. Don't ~ away the old man. ~ **(sb/sth) back** ফিরে যাওয়া; ফেরত পাঠানো: As it was getting dark, we ~ed back. ~ **(sth) down** (ক) নীচের দিকে ভাঁজ করা; উল্টানো: ~ down one's coat collar. (খ) (বাতি, স্টোভ প্রভৃতির শিখা বা ঔজ্জ্বল্য) কমানো: ~ down the lamps. (গ) (তাস) উবুড় করে ফেলা। ~ **sb/ sth down** (প্রস্তাব ইত্যাদি) বিবেচনা করতে অসম্মত হওয়া; প্রত্যাখ্যান করা। ~ **in** (কথ্য) শুতে যাওয়া। ~ **in on oneself/ itself** লোকসংসর্গ ত্যাগ করা; নিঃসঙ্গ জীবনযাপন করা; (দেশ সম্বন্ধে) অন্য রাষ্ট্রের ব্যাপারে অংশগ্রহণ না করার নীতি অবলম্বন করা; নিঃসঙ্গতাবাদী হওয়া। ~ **sb in** (কথ্য) পুলিশের হাতে সোপর্দ করা। ~ **(sth) in** ভিতরের দিকে বেঁকে যাওয়া বা বাঁকানো: Her nails ~ in. ~ **sth in** (কথ্য) কর্তৃপক্ষের কাছে ফেরত দেওয়া: He ~ed in his papers before his departure. ~ **(sth) inside out** উল্টানো; উল্টে দেওয়া: She ~ed her bag inside out in search of her photograph. ~ **off** দিক পরিবর্তন করা; মোড় নেওয়া: Here the road ~s off for Essex. ~ **sth off** চাবি, সুইচ বা অন্য কোনো নিয়ন্ত্রণ-মাধ্যমের সাহায্যে (তরল পদার্থ, গ্যাস, বিদ্যুৎপ্রবাহের) গতি রুদ্ধ করা; বন্ধ করা। ~ **(sb) off** (অপ.) আগ্রহ, ইচ্ছা ইত্যাদি হারিয়ে ফেলা বা নষ্ট করা; নিঃসাড়/ নিরুৎসাহী করা: Her performance ~s me off. সুতরাং, ˈ~-**off** *n* যে ব্যক্তি বা বস্তু উক্ত রূপে নিরুৎসাহী করে; উৎসাহ-হন্তারক। ~ **sth on** কল, সুইচ ইত্যাদির সাহায্যে (তরল পদার্থ, গ্যাস, বিদ্যুতের) প্রবাহ খুলে দেওয়া; খোলা; জ্বালা: ~ the water/ radio/ lights etc on. ~ **(sb) on** (অপ.) তীব্র সুখ বা উত্তেজনা লাভ করা বা সৃষ্টি করা; উদ্দীপ্ত হওয়া বা করা: That music really ~ me on. সুতরাং, ˈ~-**on** *n* যে বস্তু বা ব্যক্তি উদ্দীপ্ত করে; উদ্দীপক। ~ **on sb** বৈরভাবাপন্ন হওয়া; আক্রমণ করা। ~ **out (well, etc)** প্রমাণিত হওয়া; শেষ পর্যন্ত হওয়া: As it ~ed out ..., শেষ পর্যন্ত দেখা গেল। ~ **(sth) out** বহির্মুখী হওয়া বা করা: Her fingernails ~ out. ~ **sth out (ক)** (সুইচ ইত্যাদি টিপে) বন্ধ করা; নিবিয়ে দেওয়া: ~ the lights/gas-fire out. (খ) কিছু খুঁজতে গিয়ে (ঘর, দেরাজ, নিজের পকেট ইত্যাদি) খালি করা: ~ out all the pockets of one's overcoat. ~ **sb/ sth out** (পণ্যসামগ্রী) উৎপাদন বা তৈরি করা: The factory ~s out many kinds of household appliances. The college has ~ed out some famous scientists. ~ **(sb) out (ক)** সমবেত/ জমায়েত হওয়া; হাজির হওয়া: Many people ~ed out to bid farewell to the ambassador. (খ) (কথ্য) শয্যাত্যাগ করা বা করানো। ~ **sb out (of/from sth)** অপসারণ/ বহিষ্কার করা। ~ sb out of his job/chair. ~**ed out** (ব্যক্তি, সাজসজ্জা ইত্যাদি সম্বন্ধে) (বেশভূষায়) সজ্জিত: a well-~ed out young man. সুতরাং, ˈ~-**out** *n* (ক) জনসমাবেশ; জমায়েত: a good ~-out at the meeting. (খ) দেরাজ ইত্যাদি খালি করার সময়: This room has become too stuffy it needs a good ~-out. (গ) সাজসজ্জা; বেশভূষা: a smart/sloppy ~-out. (ঘ) (পণ্যসামগ্রীর) উৎপাদন। ~ **(sb/sth) over** উল্টানো; উল্টে যাওয়া; অবস্থান পরিবর্তন করা; আছাড় খাওয়া; পাশ ফেরা: The sick man ~ed over in bed. The lorry (was) ~ed right over. ~ **sth over** (উক্ত পরিমাণ) ব্যবসা/ লেনদেন করা: The firm ~s over £ 10,000 a week. ~ **sth over in one's mind** (সিদ্ধান্ত নেওয়ার আগে) কোনো কিছু সম্বন্ধে ভাবা বা মনে মনে আন্দোলন করা। ~ **sth/ sb over (to sb)** (দায়িত্ব) কারো হাতে তুলে দেওয়া/ সোপর্দ করা: The old man ~ed over his business to his son. সুতরাং, ˈ~-**over** *n* (ক) ব্যবসায়ে একটি নির্দিষ্ট সময়ে লেনদেনের পরিমাণ: a ~-over of £ 20,000. (খ) নবায়নের হার: a quick ~-over of the labour force, কোনো শ্রমিক চলে গেলে তার স্থান দ্রুত পূরণ হয়ে যায়। (গ) ভিতরে জ্যাম, মাংস ইত্যাদি পুরে একখণ্ড গোলাকার পেস্ট্রি ভাঁজ করে তৈরি কেকবিশেষ। ~ **(sth/sb) round** মুখ ফেরানো; ঘোরানো; ফিরানো: ~ one's chair round to the window. সুতরাং, ˈ~-**round** *n* (বিশেষত জাহাজ ও বিমান সম্বন্ধে) ফিরতি

যাত্রা বা উড়ালের জন্য প্রস্তুতি–প্রক্রিয়া: a ~-round of 12 hours in New York. **~ to** কাজে মনোনিবেশ করা: When will you ~ to and get the house ready? **~ to sb** কারো মুখাপেক্ষী হওয়া; কারো পানে হাত বাড়ানো; কারো কাছে যাওয়া: She ~ed to God in her distress. **~ up** (ক) উপস্থিত হওয়া; আসা: I doubt whether he will ~ up at the meeting. (খ) বিশেষত দৈবক্রমে পাওয়া যাওয়া: The stolen umbrella ~ed up in a flea market. (গ) (সুযোগ ইত্যাদি সম্বন্ধে) ঘটা: He's hopeful that something may yet ~ up. **~ (sth) up** (ক) গুটানো: ~ up one's shirt sleeves. (খ) অনাবৃত করা; দৃষ্টিগোচর করানো: The grave-diggers ~ed up a buried trove. **~ sb up** (কথ্য) বমি করানো; তীব্র ঘৃণার উদ্রেক করা: The sight of decomposing cadaver ~ed me up. **~ up one's nose at sth** (কথ্য) হামবড়া ও খুঁতখুঁতে মনোভাব প্রকাশ করা; নাক উঁচু করা/ বাঁকানো/ সিটকানো। **ˈ~-up** *n* (ক) প্যান্টের নীচের উল্টানো ভাঁজ। **~-up (for the book)** বিস্ময়কর ও অপ্রত্যাশিত ঘটনা; অমাবস্যার চাঁদ। ~ **upon,** উপরে ~ on দ্র. (= attack)।

turner [টার্ন(র্)] *n* কুন্দযন্ত্র যে চালায়; কুন্দকার। দ্র. turn²(৪).

turn·ing [টার্নিঙ্] *n* রাস্তার মোড়; পথের সন্ধিস্থান। **ˈ~-point** *n* (লাক্ষ.) স্থান, কাল, বিকাশ ইত্যাদির সঙ্কটময় মুহূর্ত; সন্ধিস্থল; ক্রান্তিলগ্ন: reach a ~-point in history.

tur·nip [টার্নিপ্] *n* [C] শালগম।

turn·key [টার্নকী] *adj* (কম্পি.) **~ ˈsystem** বিশেষ কোনো খদ্দেরের যথাযথ চাহিদা অনুযায়ী আকল্পিত ও সংযোজিত কম্পিউটার যন্ত্রপাতি ও প্রোগ্রাম; যথাকল্প ব্যবস্থা। দ্র. bespoke ভুক্তিতে bespoke software.

tur·pen·tine [টার্পন্টাইন্] *n* [U] রং ও বার্নিশের মিশ্রণে দ্রাবক হিসাবে এবং ঔষধে ব্যবহৃত বৃক্ষজাত তৈলবিশেষ; তার্পিন।

tur·pi·tude [টার্পিটিউড্ US –টূড্] *n* [U] (আনুষ্ঠা.) দুষ্টাশয়তা; দুশ্চরিত্রতা; দুষ্টতা।

turps [টার্প্স্] *n* [U] তার্পিন (এর কথ্য সং.)।

tur·quoise [টার্কোয়জ্] *n* [C] সবুজাভ–নীল রঙের রত্নবিশেষ; বৈদূর্য; ফিরোজা।

tur·ret [ˈটারিট্] *n* ১ (বিশেষত কোনো ভবন বা রক্ষাপ্রাকারের কোণে) ক্ষুদ্র দুর্গকূট; বলভি; প্রাসাদশৃঙ্গ। ২ গোলন্দাজদের রক্ষার জন্য কামান–সংলগ্ন ইস্পাতনির্মিত প্রকোষ্ঠবিশেষ, যা প্রায়শ কামানের সঙ্গে সঙ্গে ঘূর্ণিত হওয়ার উপযোগী করে তৈরি হয়।

turtle¹ [টার্ট্ল্] *n* সমুদ্রিক কচ্ছপ; কূর্ম। **turn ~** (জাহাজ সম্বন্ধে) উল্টানো; উল্টে যাওয়া। **ˈ~-neck (ed)** *adj* (পোশাক, বিশেষত সোয়েটার সম্বন্ধে) উঁচু; বৃত্তাকার; সেঁটে–থাকা গলাবিশিষ্ট; কাছিম–গলা।

turtle² [টার্ট্ল্] *n* (সাধা.) **ˈ~-dove** শ্যামঘুঘু (এরা এদের মধুর ঘু–ঘু রব এবং নিজ সাথি ও শাবকদের প্রতি ভালোবাসার জন্য বিখ্যাত)।

turves [টার্ভ্জ্] *n pl* (turf দ্র.)

tusk [টাস্ক্] *n* হাতি, ওয়ালরাস, বন্য শূকর প্রভৃতির দীর্ঘ দাঁত।

tussle [টাস্ল্] *n, vi* **~ (with)** ধ্বস্তাধ্বস্তি (করা)।

tus·sock [টাসাক্] *n* বাড়ন্ত ঘাসের ঝোঁপ বা ঢিবি।

tut [টাট্], **tut-tut** [টাট্ ˈটাট্] *int* অধৈর্য, অবজ্ঞা ও তিরস্কারসূচক ধ্বনি; চুক চুক; ছি ছি। □*vt* (-tt-) ছি ছি করা; চুক চুক করে উড়িয়ে দেওয়া।

tu·te·lage [ˈটিউটিলিজ্ US টূ–] *n* [U] (আনুষ্ঠা.) অভিভাবকত্ব; অভিভাবকের অধীনে থাকার কাল: a child in ~.

tu·te·lary [টিউটিলারি US ˈটূটালরি] *adj* (আনুষ্ঠা.) অভিভাবক বা রক্ষক হিসাবে কর্মরত; পালক বা অভিভাবকসম্বন্ধী: ~ authority.

tu·tor [ˈটিউটা(র্) US ˈটূ–] *n* ১ একান্ত শিক্ষক, বিশেষত যে শিক্ষক একটি মাত্র ছাত্রকে বা খুব ক্ষুদ্র ক্লাসে পড়ান এবং কখনো কখনো তাঁর ছাত্রদের পরিবারের সঙ্গে বাস করেন; গৃহশিক্ষক; ধীসখা। ২ (GB) বিশ্ববিদ্যালয়ের শিক্ষক, যিনি কিছুসংখ্যক ছাত্রছাত্রীর পড়াশুনায় পরামর্শ দেন; আবাসিক শিক্ষক। □*vt* ১ গৃহশিক্ষকতা করা। ২ প্রশিক্ষণ দেওয়া; সংযত করা: ~ one's passions. **~ial** [টিউˈটো°রিঅল্ US টূ–] *adj* গৃহশিক্ষক বা আবাসিক শিক্ষক সম্বন্ধী; তাঁদের দায়িত্ব সম্বন্ধী: ~ial classes, একান্ত ক্লাস। □*n* কলেজ কর্তৃক প্রদত্ত শিক্ষণের কাল: attend a ~ial.

tutti·frutti [ˌটুটিফ্রুটি] *n* বাদামকুচি ও বিভিন্ন ফলসহযোগে প্রস্তুত আইসক্রিম; তুত্তিফ্রুত্তি।

tutu [টূটূ] *n* ধ্রুপদী ব্যালেতে নর্তকীদের পরিধেয় কড়কড়ে শক্ত কাপড়ে তৈরি, স্তর পরম্পরায় বিন্যস্ত স্কার্টবিশেষ।

tux·edo [টাক্ˈসীডৌ] *n* (*pl* ~s [-ডৌজ্]) (US) ডিনার–জ্যাকেট।

twaddle [ˈটোয়ড্ল্] *n* [U] বাজে বকুনি; আবোল–তাবোল। □*vi* বাজে বকা।

twain [টোয়েইন্] *n* (পুরা.) দুই।

twang [টোয়্যাঙ্] *n* ১ টুং; টাং; টঙ্কার: the ~ of a guitar. ২ কর্কশ নাকি সুর; খোনা সুর: speak with a ~. □*vt, vi* টুং টাং করা।

tweak [টোয়ীক্] *vt* টিপে মোচড়ানো; মলা: tweak sb's nose/ears.

twee [টোয়ী] *adj* কৃত্রিমতাপূর্ণ বা অনুচিতভাবে রুচিবাগীশ বা খেয়ালি।

tweed [টোয়ীড্] *n* ১ [U] (প্রায়শ attrib) সাধা. মিশ্রিত বর্ণের মোটা, নরম পশমি কাপড়; টুইড: a ~ hat/coat. ২ *(pl)* টুইডের তৈরি পোশাক বা স্যুট: dressed in Scotish ~s.

tweet [টোয়ীট্] *n, vt* কিচির মিচির (করা)।

tweeter [ˈটোয়ীটা(র্)] *n* উচ্চ সুর যথাযথভাবে পুনরুৎপাদন করার জন্য লাউডস্পীকার। দ্র. woofer.

tweez·ers [টোয়ীজাজ্] *n pl* **(pair of) ~** ছোট চিমটা; সন্না।

twelfth [টোয়েল্ফ্থ্] *adj, n* দ্বাদশ; বারো ভাগের এক ভাগ। **~ man** (ক্রিকেটে) সংরক্ষিত খেলোয়াড়। **ˈT~-night** বেথলেহেমে শিশু যিশুকে দেখার জন্য তিনজন প্রাচ্যদেশীয় সাধুর আগমনের স্মরণোৎসবের (৬ জানুয়ারি) সন্ধ্যা।

twelve [টোওয়েল্ভ্] *adj, n* বারো; দ্বাদশ। দ্র. পরি. ৪। **the T~** যিশুখ্রিস্ট কর্তৃক ঈশ্বরের বাণীপ্রচারের জন্য প্রেরিত তাঁর দ্বাদশ সঙ্গী শিষ্য। **ˈ~-month** *n* (পুরা.) বর্ষ।

twenty [ˈটোয়েন্টি] *adj, n* বিশ; বিংশতি। দ্র. পরি. ৪। **the twenties** বিশের দশক (২০–২৯)। **twen·ti·eth** [টোয়েন্টিআথ্] *adj, n* বিংশতিতম; বিশ ভাগের একভাগ।

twerp [টোয়াপ্] *n* (অপ.) অবজ্ঞেয় বা তুচ্ছ ব্যক্তি; চুনোপুঁটি।

twice [টোয়াইস্] *adv* দ্বিগুণ; দুবার। **think ~ about doing sth** কিছু করার আগে সতর্কতার সঙ্গে চিন্তাভাবনা করা। **a ˌ~-told ˈtale** পুরাতন (জানা) গল্প।

twiddle [টোয়িড্‌ল্] *vt, vi* ১ উদ্দেশ্যহীনভাবে বা অন্যমনস্কভাবে মোচড়ানো বা ঘোরানো: ~ one's thumbs. ২ **~ with sth** কিছু নিয়ে অন্যমনস্কভাবে খেলা করা: ~ with one's hair. □*n* সামান্য মোচড় বা পাক। **twid·dly** [টোয়িড্‌লি] *adj* পাকানো; মোচড়ানো।

twig[1] [টোয়িগ্] *n* [C] গাছের ছোট ডাল; উপশাখা; শাখিকা; প্রশাখা; ফেঁকড়ি। **~gy** *adj* ফেঁকড়িওয়ালা; ডালপালাওয়ালা।

twig[2] [টোয়িগ্] *vt, vi* (-gg-) (GB) কথ্য) লক্ষ করা; বুঝতে পারা: I at once ~ged the reason of his being so obsequious.

twi·light [টোয়াইলাইট্] *n* [U] (সন্ধ্যা বা উষার) গোধূলি; সন্ধ্যালোক; (লাক্ষ.) প্রায় অজানা সুদূর অতীতকাল: in the ~ of history. **twi·lit** [টোয়াইলিট্] *adj* আধো আলোকিত।

twill [টোয়িল্] *n* [U] মজবুত সুতি বস্ত্রবিশেষ যা এমনভাবে বোনা হয় যে উপরে আড়াআড়ি রেখা বা শিরা দৃষ্টিগোচর হয়; টুয়িল। **~ed** *adj* (বস্ত্র সম্বন্ধে) উপরোক্ত ধরনে বোনা; শিরাতোলা।

twin [টোয়িন্] *n* ১ যমজ শিশুদের যে কোনো একটি: one of the ~s; (attrib) ~ sisters. ২ (সাধা. attrib) হুবহু এক রকম; ঘনিষ্ঠভাবে সম্পর্কিত; যমজ; জোড়া: ~ beds; a ˈ~-set, মেয়েদের একই রং ও ঢঙের জাম্পার ও লম্বা হাতাওয়ালা কার্ডিগান। **~ (with)** জোড় বাঁধা; জোড়া দেওয়া। দ্র. twinned.

twine [টোয়াইন্] *n* [U] দুই বা ততোধিক সুতা পাকিয়ে তৈরি সরু রজ্জু; পাকানো সুতা।□*vt, vi* পাকানো; পেঁচানো; জড়ানো: ~ flowers into a garland.

twinge [টুয়িন্জ্] *n* [C] আকস্মিক; তীব্র ব্যথা; টনটনানি: a ~ of toothache/conscience.

twinkle [টুয়িঙ্ক্‌ল্] *vi* ১ মিট মিট করা /করে জ্বলা: twinkling stars. ২ (চোখ সম্বন্ধে) জ্বল জ্বল/ পিট পিট/ মিট মিট করা; (চোখের পাতা; নৃত্যশীল পা ইত্যাদি সম্বন্ধে) দ্রুত ওঠানামা করা। □*n* ১ [U] মিটিমিটি আলো: the twinkling of a distant light. ২ স্ফুরণ; পিটপিটানি; টিপ্পনী; ঝলক; দীপ্তি: a mischievous ~ in one's eyes. **twink·ling** [টোয়িঙ্ক্‌লিঙ্] *n* (কেবল *sing*) **in the twinkling of an eye** চোখের নিমেষে/ পলকে।

twin·ned [টুয়িন্ড্] *attrib adj* **~ (with)** জোড়-বাঁধা: a town in France ~ with a town in Norway (সংস্কৃতি, শিক্ষা ইত্যাদি বিষয়ক লেনদেনের জন্য)।

twirl [টোয়াল্] *vt, vi* ১ মোচড়ানো বা মোচড় খাওয়া; কচলানো। ২ পাকানো; তা দেওয়া: The old colonel ~ed his moustache (up). □*n* দ্রুত চক্রাকার গতি; পাক।

twist [টোয়িস্ট্] *vt, vi* ১ পাকানো: ~ yarns to make a string. ২ পাকিয়ে (দড়ি ইত্যাদি) বানানো। ৩ নিংড়ানো; মোচড়ানো; বাঁকানো; বিকৃত করা বা হওয়া; মচকানো; (ঘাড়) বাঁকানো। **~ sth off** মুচড়ে ভেঙে ফেলা: ~ off the end of a piece of wire. **~ sb's arm (ক)** হাড় মোচড়ানো। **(ক)** (লাক্ষ., কথ্য) কিছু করার জন্য (বন্ধুসুলভ বা অবন্ধুসুলভ) চাপ সৃষ্টি করা। **~ sb round one's little finger** (কথ্য) তাকে দিয়ে যা খুশি করানো। ৪ (কারো উক্তিকে) পেঁচিয়ে ভিন্ন অর্থ করা: The defence lawyer tried to ~ the words of the witness. ৫ (রড, স্তম্ভ ইত্যাদিকে) সর্পিল আকার দেওয়া; সর্পিল আকার লাভ করা; সর্পিল গতি চলা বা বৃদ্ধি পাওয়া: ~ed columns, পাকানো/পেঁচানো স্তম্ভ। ৬ ভিন্ন দিকে বাঁক নেওয়া; অবস্থা বা দিক পরিবর্তন করা; পাক খাওয়া; মোড়ামুড়ি করা; বাঁকা; পেঁচানো: The boy ~ed out of tormentor's hand and escaped. The patient ~ed about in pain. ৭ (বিশেষত বিলিয়ার্ডের বল সম্বন্ধে) পাক খেতে খেতে বাঁকা পথে ধাবিত হওয়া। ৮ টুইস্ট নাচ নাচা। নীচে ৬ দ্র.। □১ মোচড়; পাক; বাঁক; ব্যাবর্তন: give sb's arm a ~. He gave the rope a few more ~s. numerous ~s in a road up the side of a mountain. ২ পাক দিয়ে তৈরি করা হয়েছে এমন কিছু: a rope full of ~s, উল্টা পাকওয়ালা দড়ি, যা সহজেই ছিঁড়ে যেতে পারে; a ~ of paper, কাগজের দুই মাথা পাকানো মোড়ক।৩ [C, U] দুই বা ততোধিক তন্তু পাকিয়ে তৈরি করা সুতা, রজ্জু ইত্যাদি, বিশেষ, কোনো কোনো ধরনের রেশমি ও তুলাজাত সুতা; শুষ্ক পাতা পাকিয়ে তৈরি করা মোটা তামাক। ৪ বক্রপথে চালিত করার জন্য বলকে প্রদত্ত গতি; মোচড়। ৫ মন বা চরিত্রের অস্বাভাবিক প্রবণতা; ঝোঁক: a criminal ~. ৬ **the ~** (১৯৬০-এর দশকে জনপ্রিয়) নৃত্যবিশেষ, যাতে বাহু ও নিতম্ব মোচড়ানো হয়; টুইস্ট। **~er** *n* ১ (কথ্য) অসৎ লোক। ২ দুরূহ দায়িত্ব, সমস্যা ইত্যাদি: a ˈtongue-~er, দুরুচ্চার্য শব্দ বা বাক্যাংশ। **~y** *adj* (ier, -iest) ১ পেঁচালো; পেঁচোয়া: a ~y road. ২ অঋজু; কুটিল: a ~y politician.

twit[1] [টুয়িট্] *vt* (-tt-) (সাধা. কৌতুকচ্ছলে) খেপানো; খোঁচানো; উত্যক্ত করা; কারো সঙ্গে তামাশা করা।

twit[2] [টুয়িট্] *n* (কথ্য) হাঁদা; গবেট।

twitch [টুয়িচ্] *n* [C] ১ (পেশি ইত্যাদির) স্পন্দন; আক্ষেপ। ২ (আকস্মিক, হেঁচকা) টান: a ~ at one's sleeve. □*vi, vt* ১ স্পন্দিত হওয়া বা করা, ফরকানো; কাঁপা বা কাঁপানো: Her lips ~ed in anger. ২ হেঁচকা টান দেওয়া।

twitter [টুয়িটা(র্)] *vi* (পাখি সম্বন্ধে) কিচির মিচির করা; (মানুষ সম্বন্ধে) ভয়ে, উত্তেজনায় দ্রুত কথা বলা। □*n* ১ কিচির মিচির। ২ (ব্যক্তি সম্বন্ধে) (কথ্য; বিশেষত) **(all) of a ~** উত্তেজিত অবস্থায়।

two [টু] *n, adj* ১ দুই, দ্র. পরি. ৪। **break/cut sth in two** দ্বিখণ্ডিত করা; দুই ভাগ করা। **put two and two together** অভিজ্ঞতা থেকে অনুমান করা; দুইয়ে দুইয়ে যোগ করা। **by twos and threes** দুই তিন জন করে। ˌ**Two can play (at)** ˈ**that game** (পাল্টা আক্রমণের হুমকি-সূচক) এ খেলা আমরাও খেলতে জানি। ২ (যৌগশব্দে) ˌ**two-**ˈ**edged** *adj* (তরবারি সম্বন্ধে) দুইধারি; (লাক্ষ., যুক্তি ইত্যাদি সম্বন্ধে) দুইটি সম্ভাব্য (এবং বিপরীত) অর্থবিশিষ্ট। ˌ**two-**ˈ**faced** *adj* কপট; দুমুখো। ˈ**two-fold** *adj, adv* দ্বিগুণ; দ্বিগুণিত। ˌ**two-**ˈ**handed** *adj* (তরবারি সম্বন্ধে) দুই হাত দিয়ে চালাতে হয় এমন; (করাত সম্বন্ধে) দুই দিকে দুই জনে মিলে চালাতে হয় এমন; দুইহাতি। ˈ**two·pence** [টাপান্স্ US টূপেন্স্] *adj* দুই পেনির সমষ্টি। ˈ**two·penny** [টাপনি US ˈটূপেনি] *adj* দুই পেনি দামের। ˌ**two·penny** ˈ**piece** GB দুই পেনি মূল্যমানের মুদ্রা। ˌ**two·penny-**ˈ**half·penny** [ˌটাপ্‌নি ˈহেইপ্‌নি US ˌটুপেনি ˈহ্যাফ্‌পেনি] *adj* (কথ্য) প্রায় মূল্যহীন; বাজে; তুচ্ছ। ˈ**two-a-penny** *adj* সুলভ; সস্তা। ˌ**two-**ˈ**piece** *n* সদৃশ বা মানানসই কাপড়ের তৈরি জোড়া পোশাক, যেমন প্যান্ট ও জ্যাকেট, স্কার্ট ও জ্যাকেট (সাঁতারের জন্য) বক্ষবন্ধনী ও জাঙ্গিয়া ইত্যাদি; দোছুটি: (attrib) a two-piece suit. ˈ**two-ply** *adj* দুই সুতার বা দুই পরতবিশিষ্ট; দো-সুতি; দোপরতা: two-ply wood/wool. ˌ**two-**ˈ**seater** *n* দুই আসনবিশিষ্ট গাড়ি, উড়োজাহাজ ইত্যাদি। ˈ**two-timing** *adj* (অপ.)

প্রতারণাপূর্ণ; শঠতাপূর্ণ; শঠ; প্রতারক। ˌ**two-ˈway** *attrib adj* (ক) (সুইচ সম্বন্ধে) উভয় প্রান্ত থেকেই বিদ্যুৎপ্রবাহ চালু বা বন্ধ করা যায় এমন; দোমুখী। (খ) (রাস্তা সম্বন্ধে) দুই দিকেই যানবাহন চলাচল করতে পারে এমন; দোমুখো। (গ) (বেতার-যন্ত্র ইত্যাদি সম্বন্ধে) প্রেরণ ও গ্রহণক্ষম; উভয়মুখী।

ty·coon [টাইˈকূন্] *n* (কথ্য) বিত্তবান ও শক্তিশালী ব্যবসায়ী বা শিল্পপতি: ˈoil ~s, তেলসম্রাট।

ty·ing [ˈটাইইঙ্] tie[2]-এর *pres p*

tyke, tike [টাইক্] *n* খেঁকি বা নেড়ি কুত্তা; ইতর লোক।

tym·pa·num [ˈটিম্পানম্] *n (pl* ~s বা -na [-না]) (ব্যব.) ১ কর্ণপটহ। ২ মধ্যকর্ণ। দ্র. middle.

type[1] [টাইপ্] *n* ১ [C] কোনো শ্রেণী বা বর্গের দৃষ্টান্তরূপে বিবেচিত ব্যক্তি, বস্তু, ঘটনা ইত্যাদি; আদর্শ; নমুনা: He is a fine ~ of selfless service. ২ [C] সাধারণ কতকগুলি বৈশিষ্ট্যের অধিকারী বলে বিবেচিত শ্রেণী বা বর্গ; ধরন; কেতা; ছাঁদ; জাতিরূপ: men of this ~. **true to ~** নিজ জাতিরূপের প্রতিনিধিস্থানীয়। ৩ [U, C] ছাপার জন্য (সাধা.) ধাতুর ব্লকে বিন্যস্ত অক্ষরপংক্তি; একই আকৃতি প্রকৃতির ঐরূপ অক্ষরের সমষ্টি; মুদ্রাক্ষর: The material is now in ~, ছাপার জন্য মুদ্রাক্ষরে বিন্যস্ত করা হয়েছে। ৪ (যৌগশব্দ) ˈ**~·face** *n* মুদ্রাক্ষরের ছাঁদ/ গড়ন। দ্র. face[1](৩). ˈ**~·script** *n* (মুদ্রণ ইত্যাদির জন্য) টাইপ করা প্রতিলিপি। ˈ**~-setter** *n* যে ব্যক্তি বা যন্ত্র ছাপার অক্ষর বিন্যস্ত করে; অক্ষরবিন্যাসক। ˈ**~·writer** *n* মুদ্রণের জন্য খাটওয়ালা ক্ষুদ্র যন্ত্রবিশেষ; মুদ্রাক্ষরযন্ত্র। ˈ**~·written** *adj* মুদ্রাক্ষরযন্ত্রে লিখিত।

type[2] [টাইপ্] *vt, vi* ১ মুদ্রাক্ষর যন্ত্রের সাহায্যে লেখা; টাইপ করা। ২ জাতিরূপ নির্ণয় করা: ~ a virus; ~ a person's blood. উপরে type[1](২) দ্র.। **typ·ist** [টাইপিস্ট্] *n* যে ব্যক্তি টাইপ করে; মুদ্রাক্ষরিক।

type·cast [টাইপ্কা:স্ট্ US -ক্যাস্ট্] *vt (pt, pp* অপরিবর্তিত) (রঙ্গমঞ্চ) কোনো ব্যক্তি যে চরিত্রে ভালো অভিনয় করেন বলে সুনামের অধিকারী কিংবা যে চরিত্র তাঁর ব্যক্তিত্বের সঙ্গে মানানসই বলে মনে হয়, সেই চরিত্রে তাঁকে নিয়োজিত করা; চরিত্রানুগ ভূমিকা বরাদ্দ করা।

ty·phoid [টাইফয়ড্] *n* [U] **~ (fever)** ব্যাক্টেরিয়াঘটিত রোগবিশেষ, যা অন্ত্রকে আক্রমণ করে; সান্নিপাতিক জ্বর।

ty·phoon [টাইˈফূন্] *n* [C] প্রচণ্ড ঘূর্ণিঝড়বিশেষ, যে ধরনের ঝড় পশ্চিম প্রশান্ত মহাসাগরে আঘাত হানে; ঝঞ্ঝানিল।

ty·phus [ˈটাইফাস্] *n* [U] সংক্রামক রোগবিশেষ, যাতে জ্বরসহ গায়ে লাল ফুস্কুরি ওঠে এবং রোগী অত্যন্ত দুর্বলতা বোধ করে; টাইফাস।

typi·cal [ˈটিপিক্ল্] *adj* **~ (of)** নুমনা বা আদর্শস্বরূপ; প্রতিনিধিত্বকারী; বৈশিষ্ট্যসূচক। **~ly** [-ক্লি] *adv* বৈশিষ্ট্যসূচকভাবে।

typ·ify [ˈটিপিফাই] *vt (pt, pp* -fied) প্রতীক হওয়া; প্রতিনিধিত্ব করা।

typ·ist [টাইপিস্ট্] *n* দ্র. type[2].

ty·pogra·phy [টাইˈপগ্রাফি] *n* [U] ছাপার ঢং বা রীতি; মুদ্রণশৈলী। **ty·pogra·pher** [টাইˈপগ্রাফা(র্)] *n* মুদ্রণশৈলীতে দক্ষ ব্যক্তি; মুদ্রণশিল্পী। **ty·po·graphic** [টাইপাˈগ্র্যাফিক্]. *adj* মুদ্রণশৈলীগত। **ty·po·graphi·cally** [-ক্লি] *adv* মুদ্রণশৈলীর দিক থেকে।

ty·ran·ni·cal [টিˈর্যানিক্ল্] *adj* নির্মম, স্বৈরশাসক-সম্বন্ধী বা সদৃশ; হুমকি বা বল প্রয়োগে আনুগত্য অর্জনকারী; জালিমি; জুলুমবাজ; স্বৈরশাসকসুলভ। দ্র. tyrant.

tyr·an·nize [ˈটিরানাইজ্] *vi, vt* **~ (over)** পীড়নমূলক শাসন চালানো; জুলুমশাহি/জুলুমবাজি চালানো: ~ over the weak; ~ one's family.

tyr·ann·ous [ˈটিরানাস্] *adj* = tyrannical.

tyr·anny [ˈটিরানি] *n (pl -nies)* ১ [U, C] ক্ষমতার নির্মম বা অন্যায় ব্যবহার; পীড়নমূলক আচরণ; জুলুম; নিপীড়ন; জুলুমবাজি। ২ [C, U] স্বৈরশাসকের একচেটিয়া ক্ষমতা প্রয়োগমূলক শাসন, বিশেষত সেই ক্ষমতা যে ক্ষেত্রে শক্তিপ্রয়োগের মাধ্যমে অর্জিত হয়েছে; ঐরূপ শাসকের করতলগত রাষ্ট্র ইত্যাদি; জুলুমশাহি: live under a ~.

ty·rant [টাইঅরান্ট্] *n* নৃশংস বা অন্যায়পরায়ণ শাসক, বিশেষত যে শাসক বলপ্রয়োগে নিরঙ্কুশ ক্ষমতার অধিকারী হয়েছেন; জালিম; স্বৈরশাসক; প্রজাপীড়ক।

tyre (US = **tire**) [টাইআ(র্)] *n* চাকার প্রান্তভাগসংলগ্ন রবারের নিরেট বা ফোলানো বলয়বিশেষ (pneumatic ~), বিশেষত সাইকেল বা মোটরগাড়ির চাকায় যা ব্যবহৃত হয়; টায়ার।

tyro [টাইঅরৌ] *n* = tiro.

tzar [জা:(র্)], **tza·rina** [জা:ˈরীনা] *nn* = czar, czarina.

U u

U, u [ইউ] ইংরেজি বর্ণমালার একবিংশতিতম বর্ণ। ˈ**U-boat** *n* জার্মান ডুবোজাহাজ। ˈ**U-turn** (গাড়ি ইত্যাদির) ১৮০° মোড়-নেওয়া; উল্টামোড়।

ubi·qui·tous [ইউˈবিকুয়িটস্] *adj* (আনুষ্ঠা.) একই সময়ে সর্বত্র বা বিভিন্ন স্থানে উপস্থিত; সর্বব্যাপী। **ubi·quity** [ইউˈবিকোয়াটি] *n* [U] সর্বব্যাপিতা।

ud·der [ˈআডা(র্)] *n* গরু ছাগল ইত্যাদির স্তন; পালান।

ugh (সাধা. ওষ্ঠদ্বয় অত্যধিক প্রসৃত বা সুচালো করে উচ্চারিত আ-এর মতো একটি ধ্বনি; সঙ্গে সঙ্গে বক্তার মুখমণ্ডলে ঘৃণার অভিব্যক্তি ফুটে ওঠে) *int* ঘৃণাসূচক অব্যয়; অ্যাহ্!

ugly [ˈআগ্লি] *adj* (-ier, -iest) ১ কুৎসিত; কুদর্শন; বিশ্রী; কুরূপ; অসুন্দর; কদর্য। ২ অপ্রীতিকর; অশুভ ইঙ্গিতবহ: an ~ news. **~ customer** (কথ্য) বিপজ্জনক লোক; শক্ত মক্কেল। **ug·lify** [ˈআগ্লিফাই] *vt (pt, pp* -fied) কুৎসিত/কদর্য করা। **ug·li·ness** *n* কদর্যতা; অসুন্দরতা; কুরূপতা।

uku·lele [ˌইউকাˈলেইলি] *n* চার তারবিশিষ্ট হাওয়াইয়ান গিটার; ইউকালেলি।

ul·cer [ˈআল্সা(র্)] (শরীরের ভিতরে বা বাইরে) পুঁজস্রাবী ক্ষত; (লাক্ষ.) দূষক প্রভাব বা পরিবেশ; দুষ্টক্ষত। **~·ous** [-রাস্] *adj* ক্ষতময়; ক্ষতযুক্ত। **~·ate** [-রেইট্] *vt, vi* ক্ষত সৃষ্টি করা; ক্ষতে পরিণত হওয়া। **~·ation** [ˌআল্সাˈরেইশ্ন্] *n* ক্ষতসৃষ্টি।

ulna [ˈআল্না] *n (pl* ~e [-নী]) (ব্যব.) কনুই থেকে কব্জি পর্যন্ত হাতের দুইটি অস্থির যেটি ভিতরের দিকে অবস্থিত; অন্তঃপ্রকোষ্ঠাস্থি।

ul·ster [ˈআল্স্টা(র্)] *n* দীর্ঘ; ঢিলা; কোমরবন্দযুক্ত ওভারকোট।

ul·terior [আল্ˈটিআরিআ(র্)] *adj* দূরবর্তী; যা প্রথমে দৃষ্ট বা কথিত হয়েছে তার বহির্ভূত; দূরস্থ; অপর; উত্তর। ~ **motive** প্রকাশিত বা স্বীকৃত প্রণোদনার বাইরে অন্য কোনো প্রণোদনা; অলক্ষিত প্রণোদনা/ অভিসন্ধি।

ul·ti·mate [ˈআল্টিমাট্] *adj* শেষ; চূড়ান্ত; পরম; চরম; মৌল; মূলিক: ~ principles/truths; the ~ cause. **~·ly** *adv* অবশেষে; শেষ পর্যন্ত।

ul·ti·ma·tum [ˌআল্টিˈমেইটাম্] *n* (*pl* ~s, -ta [টা]) [C] আর কোনো আলোচনা ছাড়াই যে সব শর্ত মেনে নিতে হবে, তার চূড়ান্ত বিবৃতি, যেমন শর্ত মেনে না নিলে যুদ্ধ অনিবার্য এই মর্মে বিদেশী সরকারের কাছে প্রেরিত বিবৃতি; চরম পত্র।

ultra- [ˈআল্ট্রা] *pref* ছাড়িয়ে; অতি–; একান্ত–। দ্র. পরি. ৩।

ultra·mar·ine [ˌআল্ট্রামাˈরীন্] *adj, n* উজ্জ্বল বিশুদ্ধ নীল (বর্ণ); অতিনীল।

ultra·mon·tane [ˌআল্ট্রামন্ˈটেইন্] *adj* (RC গির্জা) ধর্মবিশ্বাস ও শৃঙ্খলার ক্ষেত্রে পোপের নিরঙ্কুশ কর্তৃত্বের সমর্থক।

ultra·sonic [ˌআল্ট্রাˈসনিক্] *adj* মানুষের স্বাভাবিক শ্রবণশক্তির অতিশায়ী শব্দতরঙ্গবিষয়ক; অতিশাব্দিক; শব্দাতিশায়ী।

ultra·vio·let [ˌআল্ট্রাˈভাইআলাট্] *adj* বর্ণালির বেগুনি–পরবর্তী অদৃশ্য অংশ–সম্বন্ধী; অতিবেগনি; রঙ্গোত্তর। ~ **rays,** অতিবেগনি রশ্মি।

um·ber [ˈআম্বা(র্)] *adj, n* হলদেটে–সবুজ রঞ্জনদ্রব্যবিশেষ; হলদেটে–সবুজ; আম্বার।

um·bili·cal [আম্ˈবিলিক্ল্] *adj* ~ **cord** মাতৃজঠরে ভ্রূণের নাভির সঙ্গে মায়ের ফুলের সংযোজক নালী; নাড়ি।

um·bra [ˈআম্ব্রা] *n* গ্রহণের সময় পৃথিবী বা চাঁদের ছায়া; প্রচ্ছায়া।

um·brage [ˈআম্ব্রিজ্] *n* [U] **give/take ~ (at sth)** অন্যায় আচরণ করে বা যথোচিত সম্মান প্রদর্শন না করে ক্ষোভের সঞ্চার করা; অন্যায় আচরণে বা যথোচিত সম্মান প্রদর্শনের অভাবে ক্ষুব্ধ হওয়া; অসন্তুষ্ট/ মনঃক্ষুণ্ন করা বা হওয়া।

um·brella [আম্ˈব্রেল] *n* ছাতা, ছত্র, আতপত্র। দ্র. parasol; দ্র. sun (৪)–এ sun-shade. ২ (লাক্ষ.) শত্রুপক্ষের বিমান হামলা থেকে রক্ষার জন্য বোমারু বিমানের উপর জঙ্গি বিমানের পাহারা; ছত্রচ্ছায়া। ৩ সুরক্ষা; পৃষ্ঠপোষকতা; চত্রচ্ছায়া: under the ~ of the UNO.

um·laut [ˈউম্লাউট্] *n* (জর্মন ভাষাগোষ্ঠীতে) স্বরধ্বনির পরিবর্তন, যা স্বরবর্ণের উপর দুইটি বিন্দুর সাহায্যে প্রদর্শিত হয় (যেমন জর্মন Mann 'মানুষ'–এর বহুবচন Männer, Fuss 'পা'–এর বহুবচন Füsse); অভিশ্রুতি।

um·pire [ˈআম্পাইআ(র্)] *n* ক্রিকেট, বেইসবল, টেনিস, নেটবল প্রভৃতি খেলায় বিতর্কিত প্রশ্নে বিচারকের ভূমিকা পালনের জন্য এবং খেলার নিয়মকানুন যথাযথভাবে পালিত হচ্ছে কিনা তা দেখার জন্য নির্বাচিত ব্যক্তি; আম্পায়ার। তুল. ফুটবল ও মুষ্টিযুদ্ধের ক্ষেত্রে রেফারি। □*vt, vi* আম্পায়ারের কাজ করা: ~ a cricket match.

ump·teen [ˈআম্প্টীন্] *adj* (অপ.) বহু; অসংখ্য। **~th** [ˈআম্প্টীন্থ্] *adj* অগণিত: for the ~th time, জানি না কতো বার।

'un [আন্] *pron* (কথ্য) একজন, একটি ইত্যাদি: He's a good 'un, ভালো লোক; That's a good 'un, ভালো নমুনা, কৌতুক ইত্যাদি।

un- *pref* (দ্র. পরি. ৩; এখানে কয়েকটি নমুনামাত্র দেওয়া হলো)। ১ (*adjj* ও *advv*-এর পূর্বে) অ–: uncertain (ly); unwilling (ly). ২ (*vv*–এর পূর্বে) ক্রিয়া যা নির্দেশ করে তার উল্টোটা করা: undress; unlock; unroll; unscrew. (*nn*–এর পূর্বে) অভাবসূচক: uncertainty; unbelief.

un·abashed [ˌআনাˈব্যাশ্ট্] *adj* অলজ্জ, অবিব্রত বা অভীত; অম্লানবদন।

un·abated [ˌআনাˈবেইটিড্] *adj* (ঝড় ইত্যাদি সম্বন্ধে) আগের মতোই তীব্র, প্রচণ্ড ইত্যাদি; অপ্রতিহত; অপ্রশম্য।

un·able [আন্ˈএইব্ল্] *adj* (কেবল *pred*) অক্ষম; অপারগ: ~ to do sth.

un·ab·ridged [ˌআনাˈব্রিজ্ড্] *adj* অসংক্ষেপিত।

un·ac·cented [ˌআন্অ্যাক্ˈসেন্টেড্] *adj* (অক্ষর সম্বন্ধে) স্বরাঘাতহীন।

un·accom·pan·ied [ˌআনাˈকাম্পানিড্] *adj* ১ সঙ্গীহীন; একাকী; আলাদাভাবে প্রেরিত: ~ luggage. ২ (সঙ্গীত) বাদ্যসঙ্গতহীন।

un·accom·plished [ˌআনাˈকম্প্লিশ্ড্] *adj* অসম্পাদিত; অকুশল; অদক্ষ।

un·ac·count·able [ˌআনাˈকাউন্টব্ল্] *adj* কারণ নির্ণয় করা যায় না এমন; অব্যাখ্যেয়; ব্যাখ্যাতীত।

un·ac·cus·tomed [ˌআনাˈকাস্টামড্] *adj* ১ ~ to অনভ্যস্ত; অস্বাভাবিক; অদ্ভুত; স্বভাববিরুদ্ধ: his ~ politeness.

un·ac·knowl·edged [ˌআনাক্ˈনলিজ্ড্] *adj* সত্যতা, প্রাপ্তি, সারবত্তা ইত্যাদি স্বীকার করা হয়নি এমন; অপ্রতিগ্রহীত; অনঙ্গীকৃত।

un·ac·quainted [ˌআনাˈকোয়েইন্টিড্] *adj* অনবহিত; অপরিচিত।

un·adopted [ˌআনাˈডপ্টিড্] *adj* (রাস্তা সম্বন্ধে) রক্ষণাবেক্ষণের জন্য স্থানীয় কর্তৃপক্ষ কর্তৃক গৃহীত হয়নি এমন; অগৃহীত।

un·adul·ter·ated [ˌআনাˈডাল্টারেইটিড্] *adj* নির্ভেজাল; খাঁটি; বিশুদ্ধ।

un·ad·vised [ˌআনাড্ˈভাইজ্ড্] *adj* অননুপদিষ্ট; অননুমত; অননুজ্ঞাত; বিশেষত হঠকারিতাপূর্ণ; বেপরোয়া। **~·ly** [ˌআনাড্ˈভাইজ়িড্‌লি] *adj* হঠকারিতা করে; অগ্রপশ্চাৎ বিবেচনা না করে।

un·af·fec·ted [ˌআনাˈফেক্টিড্] *adj* ১ অকপট; অকৃত্রিম; ভড়ংহীন। ২ ~ **by** অনাক্রান্ত; অসংক্রামিত; নির্বিকার।

un·af·fil·iated [ˌআনাˈফিলিএইটিড্] *adj* অসম্বন্ধ।

un·alien·able [আন্ˈএইলিআনাব্ল্] *adj* হরণ করা যায় না এমন; অনবহার্য; অবিচ্ছেদ্য: ~ rights.

un·al·loyed [ˌআনাˈলয়ড্] *adj* বিশুদ্ধ; নিখাদ; অবিমিশ্র: ~ joy.

un·al·ter·ably[আন্ˈঅ'ল্টারাব্লি] *adj* অপরিবর্তনীয়রূপে।

un·am·bigu·ous [আন্অ্যাম্বিগ্যিউআস্] *adj* দ্ব্যর্থহীন।

unani·mous [ইউˈন্যানিমাস্] *adj* একমত; সর্বসম্মত। ~ **·ly** *adv* সর্বসম্মতভাবে; একবাক্যে; সমস্বরে। **una·nim·ity** [ˌইউনাˈনিমাটি] *n* [U] ঐকমত্য; সর্বসম্মতি; মতৈক্য।

un·an·nounced [ˌআনাˈনাউন্স্ট্] *adj* পরিচয় বা আগমন ঘোষিত হয়নি এমন; অঘোষিত; উটকো: walk into a room ~.

un·an·swer·able [আন্‌আ:নসারাব্‌ল্ US ˈঅ্যান্‌–] *adj* বিরুদ্ধে সম্ভাব্য ভালো কোনো যুক্তি দাঁড় করানো যায় না এমন; অকাট্য; অখণ্ড্য।

un·an·swered [ˌআনআ:ন্‌সাড্‌ US -অ্যান্‌–] *adj* জবাব দেওয়া হয়নি এমন; অপ্রত্যুক্ত।

un·an·tici·pated [ˌআন্‌অ্যান্‌টিসিপেইটিড্‌] *adj* অনপেক্ষিত; অপ্রত্যাশিত।

un·ap·peas·able [আনˈপীজ়াব্‌ল্‌] *vt* শান্ত, তুষ্ট বা প্রশমিত করার অসাধ্য; অপ্রশম্য; অপ্রসাদনীয়।

un·ap·pe·tizing [ˌআন্‌অ্যাপিটাইজ়িং] *adj* ক্ষুধা, কামনা ইত্যাদি উদ্রেক করে না এমন; অনুত্তেজক; অনুদ্রেককর।

un·ap·preci·ated [আনˈপ্রীসিএইটিড্‌] *n* কদর করা হয়নি এমন; অসমাদৃত।

un·ap·proach·able [ˌআনˈপ্রৌচাব্‌ল্‌] *adj* (বিশেষত ব্যক্তি সম্বন্ধে; বেশি রাশভারী বা আনুষ্ঠানিক বলে) কাছে যাওয়া দুরূহ; অনভিগম্য।

un·ap·proved [ˌআনপ্রুভ্‌ড্‌] *adj* অননুমোদিত; অননুমত।

un·armed [ˌআন্‌আ:ম্‌ড্‌] *adj* নিরস্ত্র।

un·asked [ˌআন্‌আ:স্‌ক্‌ট্‌ US –ˈঅ্যাক্‌–] *adj* **~ (for)** অযাচিত; অপ্রার্থিত; অনাহূত।

un·as·pir·ated [ˌআন্‌অ্যাস্‌পারেইটিড্‌] *adj* (ধ্বনি সম্বন্ধে) অল্পপ্রাণ (যেমন ক, চ ইত্যাদি)।

un·as·sail·lable [ˌআনˈসেইলাব্‌ল্‌] *adj* অনাক্রম্য।

un·as·sum·ing [ˌআনˈস্যিউমিঙ্‌ US –ˈস–] নিজেকে জাহির করে না এমন; নিরাভিমান; অপ্রগল্‌ভ; আত্মাভিমানশূন্য; বিনয়ী; অমায়িক। **~·ly** *adv* নিরহঙ্কারভাবে।

un·at·tached [ˌআনˈট্যাচ্‌ট্‌] *adj* ১ কোনো বিশেষ ব্যক্তি, দল, সংগঠন ইত্যাদির সঙ্গে সংশ্লিষ্ট নয়; অসংশ্লিষ্ট; অসংসৃষ্ট; স্বাধীন। ২ বিবাহিত বা বাগ্‌দত্ত নয়।

un·at·tain·able [ˌআনˈটেইনাব্‌ল্‌] *adj* অর্জন করা অসম্ভব; অলভ্য; অপ্রাপণীয়।

un·at·tended [ˌআনˈটেন্‌ডিড্‌] *adj* ১ অনুচর বা পরিচরবিহীন; নিষ্পরিকর; নিষ্পরিচর। ২ (কারো) যত্ন নেওয়া হচ্ছে না এমন; যত্নহীন; অরক্ষিত: leave sb ~.

un·at·trac·tive [ˌআনক্‌ট্র্যাকটিভ্‌] *adj* অনাকর্ষী।

un·auth·or·ized [আন্‌ˈও°থারাইজ়্‌ড্‌] *adj* অনাদিষ্ট; অননুজ্ঞাত।

un·avail·able [ˌআনˈভেইলিভ্‌ ল্‌] *adj* নিষ্ফল; নিরর্থক।

un·avoid·able [ˌআনˈভয়ডাব্‌ল্‌] *adj* এড়ানো যায় না এমন; অনিবার্য; অপরিহার্য; অনতিক্রম্য। **un·avoid·ably** [–ডাব্‌লি] *adv* অনিবার্য কারণে।

un·aware [ˌআনˈওয়েআ(র্‌)] *adj (pred)* **~ of sth/that ...,** অনবহিত। **~s** [–ˈওয়েআজ়্‌] *adv* ১ আচমকা; অকস্মাৎ; অপ্রত্যাশিতভাবে; অজান্তে। **take sb ~** চমকে দেওয়া; অপ্রস্তুত করা। ২ অজ্ঞাতসারে; অজান্তে।

un·backed [ˌআনব্যাক্‌ট্‌] *adj* ১ (প্রস্তাব ইত্যাদি সম্বন্ধে) অসমর্থিত। ১ (দৌড়ের ঘোড়া সম্বন্ধে) বাজি ধরা হয়নি এমন।

un·bal·anced [ˌআন্‌ব্যালান্‌স্‌ট্‌] *adj* (বিশেষত ব্যক্তি ও মন সম্বন্ধে) ভারসাম্যহীন; অব্যবস্থিত; অব্যবস্থ; অনবস্থিত; অপ্রকৃতিস্থ; অনবস্থিতচিত্ত।

un·bar [ˌআন্‌বা:(র্‌)] *vt* (-rr-) অর্গলমুক্ত করা; (লাক্ষ.) উন্মুক্ত করা খুলে দেওয়া।

un·bear·able [আন্‌ˈবেআরাব্‌ল্‌] *adj* অসহ্য; অসহনীয়; দুঃসহ। **un·bear·ably** [–রাব্‌লি] *adv* অসহ্য রকম।

un·beaten [ˌআন্‌বীট্‌ন্‌] *adj* (বিশেষত) অপরাজিত; অপরাহত; অপরাস্ত; অপরাভূত।

un·be·com·ing [ˌআন্‌বিˈকামিঙ্‌] *adj* ১ বেমানান; অশোভন: an ~ dress. ২ **~ to/ for** যথোপযুক্ত নয়; অশোভন; বেমানান। **~·ly** অশোভনরূপে।

un·be·fit·ting [ˌআন্‌বিˈফি টিঙ্‌] *adj* অশোভন; বেমানান।

un·be·lief [ˌআন্‌বিˈলীফ্‌] *n* [U] (বিশেষত ঈশ্বর, ধর্ম ইত্যাদিতে) অবিশ্বাস; নাস্তিক্য; কুফর। **un·be·lievable** *adj* ১ অবিশ্বাস্য। ২ (কথ্য) অত্যন্ত বিস্ময়কর। **un·be·liev·ably** *adv* অবিশ্বাস্য রকম। **un·be·liev·ing** *adj* অবিশ্বাসী; সংশয়াত্মা। **un·be·liev·ing·ly** *adv* অবিশ্বাসের সঙ্গে; অবিশ্বাসপূর্বক; সংশয়ান্বিতরূপে।

un·bend [ˌআন্‌বেন্‌ড্‌] *vi, vt (pt, pp* unbent [–ˈবেন্‌ট্‌] বা ~ ed) ১ আনুষ্ঠানিকতাবর্জিত/ খোলামেলা আচরণ করা; নমনীয় হওয়া। ২ শিথিল/ শ্লথ/ নমনীয় করা; আলগা/ ঢিলা করা: ~ one's mind. **~·ing** *adj* (বিশেষত) দৃঢ়সঙ্কল্প; দৃঢ়প্রতিজ্ঞ; অনমনীয়: maintain an ~ing attack.

un·bias·sed (অপিচ **–biased)** [ˌআন্‌বাইঅস্‌ট্‌] *adj* পক্ষপাতহীন; নিরপেক্ষ; অপক্ষপাতী।

un·bid·den [আন্‌ˈবিড্‌ন্‌] *adj* (আনুষ্ঠা.) অনাহূত; অনাদিষ্ট; অননুরুদ্ধ।

un·bind [ˌআন্‌বাইনড্‌] *vt (pt, pp* -bound [–বাউন্‌ড্‌]) বন্ধনমুক্ত করা।

un·blam·able [ˌআন্‌ব্লেইমাব্‌ল্‌] *adj* অনিন্দ্য; অনিন্দনীয়; অনবদ্য।

un·bleached [ˌআনব্লীচ্‌ট্‌] *adj* (রাসায়নিক ক্রিয়ায় বা সূর্যালোকে) সাদা করা; কোরা।

un·blem·ished [ˌআন্‌ব্লেমিশ্‌ট্‌] *adj* নিষ্কলঙ্ক; নির্দোষ; নিখুঁত; বেদাগ; নির্মল।

un·blush·ing [ˌআন্‌ব্লাশিঙ্‌] *adj* নির্লজ্জ; বেহায়া; ধৃষ্ট।

un·bolt [আনˈবৌল্‌ট্‌] *vt* খিল বা হুড়কা খোলা; অর্গলমুক্ত করা।

un·born [ˌআন্‌বো°ন্‌] *adj* অজাত; ভাবী: ~ generations.

un·bosom [আন্‌ˈবুজ়াম্‌] *vt* **~ oneself (to sb)** (নিজ দুঃখ ইত্যাদি) বলা; প্রকাশ করা; মন খুলে কথা বলা; হৃদয়োন্মোচন করা।

un·bounded [আনবাউন্‌ডিড্‌] *adj* সীমাহীন; নিঃসীম; অপরিমিত।

un·bowed [ˌআন্‌বাউড্‌] *adj* অবক্রীকৃত; অনত; অনমিত; অবিজিত; অজিত; অদমিত।

un·break·able [ˌআন্‌ব্রেইকাব্‌ল্‌] *adj* ভাঙা যায় না এমন; অভঙ্গুর; অবিধ্বংসী; অভঙ্গদ।

un·bridled [আন্‌ˈব্রিড্‌ল্‌ড্‌] *adj* (বিশেষত লাক্ষ.) লাগামহীন; বল্গাহীন; অসংযত; লাগামছাড়া।

un·broken [আন্‌ব্রৌকন্‌] *adj* (বিশেষত) ১ (ঘোড়া ইত্যাদি সম্বন্ধে) অদমিত; অবশীকৃত; অনায়ত্ত। ২ নিরবচ্ছিন্ন; একটানা: eight hours of ~ sleep. ৩ (রেকর্ড ইত্যাদি সম্বন্ধে) অনতিক্রান্ত; অপরাজিত।

un·buckle [আন্‌বাক্‌ল্‌] *vt* বন্ধনাঙ্গুরী বা বাক্‌ল্‌স খোলা বা ঢিলা করা।

un·bur·den [আন্‌বাড়্‌ন্] *vt* ~ **oneself/sth (of sth)** (দুশ্চিন্তা, উদ্বেগ ইত্যাদির) ভারমুক্ত করা; হালকা/নির্ভার করা: ~ oneself to a friend, তার সঙ্গে কথা বলে মনকে হালকা করা।

un·busi·ness·like [ˌআন্‌বিজ্‌নিস্‌লাইক্] *adj* শৃঙ্খলা, প্রণালীবদ্ধতা, ক্ষিপ্রতা ইত্যাদির পরিচয়হীন; অব্যবসায়ীসুলভ।

un·but·toned [ˌআন্‌বাটন্‌ড্] *adj* বোতাম-খোলা; (লাক্ষ.) খোলামেলা; নিরুদ্বিগ্ন; আনুষ্ঠানিকতামুক্ত।

un·called-for [ˈআন্‌কো°ল্‌ড্ ফো°(র্)] *adj* অবাঞ্ছিত; অনাবশ্যক: ~ insults.

un·canny [আন্ ˈক্যানি] *adj* অস্বভাবী; অনৈসর্গিক; অপ্রাকৃত; রহস্যময়; বিদ্‌ঘুটে; উদ্ভট; আজগুবি; অপার্থিব: an ~ noise. **un·can·ily** [-নিলি] *adv* অনৈসর্গিকরূপে, রহস্যময়ভাবে ইত্যাদি।

un·cared-for [আন্ ˈকেআড্ ফো°(র্)] *adj* যত্ন নেওয়া হয় না এমন; অযত্নলালিত; অবহেলিত: ~ children.

un·ceas·ing [আন্ˈসীসিঙ্] *adj* অবিশ্রাম; অবিরাম; অবিরল; অনবরত। **~·ly** *adv* অবিশ্রান্তভাবে ইত্যাদি।

un·cer·emo·ni·ous [ˌআন্‌সেরিˈমৌনিঅস্] *adj* আনুষ্ঠানিকতাহীন; লৌকিকতাহীন; শিষ্টাচারবিহীন। **~·ly** *adv* আনুষ্ঠানিকতাবর্জিতভাবে, বিনা আনুষ্ঠানিকতায় ইত্যাদি। **~·ness** *n* আনুষ্ঠানিকতামুক্ততা; শিষ্টাচারবিহীনতা।

un·cer·tain [আন্‌ˈসাট্‌ন্] ১ পরিবর্তনশীল; অস্থির; অনিশ্চিত: ~ weather; a ~ temper. ২ নিশ্চিতভাবে জ্ঞাত নয়; অনিশ্চিত: be/feel ~ (about) what to do. **~·ly** *adv* অনিশ্চিতভাবে। **~·ty** [-ট্‌নটি] *n* (*pl*- ties) ১ [U] অনিশ্চয়তা। [C] যা অনিশ্চিত: the uncertainties of life.

un·chain [আন্‌ˈচেইন্] *vt* শৃঙ্খলমুক্ত করা।

un·chal·lenged [ˌআন্‌চ্যালিন্‌জ্‌ড্] *adj* যথার্থতা, শ্রেষ্ঠতা ইত্যাদি প্রমাণের জন্য আহূত হয়নি এমন; অসমাহূত; অতর্কিত; তর্কাতীত; প্রশ্নাতীত।

un·change·able [ˌআন্‌চেইন্‌জাব্‌ল্] *adj* অপরিবর্তনীয়; নিত্য। **un·changed** [ˌআন্‌চেইন্‌জ্‌ড্] *adj* অপরিবর্তিত। **un·chang·ing** [ˌআন্‌চেইন্‌জিঙ্] *adj* অপরিবর্তনশীল।

un·chari·table [ˌআন্‌চ্যারিটাব্‌ল্] *adj* (বিশেষত) (অপরের আচরণ সম্বন্ধে বিচার করতে গিয়ে) কঠোর; নিষ্ঠুর; অনুদার; দোষগ্রাহী; দোষদর্শী; দাক্ষিণ্যহীন।

un·charted [ˌআন্‌চা:টিড্] *adj* ১ (মানচিত্র বা ছকে) অচিহ্নিত: an ~ island. ২ (সাহিত্য. বা লাক্ষ.) অনাবিষ্কৃত (-পূর্ব): an ~ sea; ~ emotions.

un·chaste [আন্ˈচেইস্‌ট্] *adj* অসংযমী; চরিত্রহীন; অসতী; অপবিত্র; ব্যভিচারী।

un·checked [ˌঅ্যান্‌ˈচেক্‌ট্] *adj* অনিয়ন্ত্রিত; অসংযত; অবাধ; উদ্দাম: ~ anger.

un·chris·tian [ˌআন্‌ক্রিস্‌চান্] *adj* ১ অখ্রিস্টান; খ্রিস্টধর্মের নীতিবিরোধী; অখ্রিস্টানোচিত। ২ (কথ্য) অসুবিধাজনক ও অনুচিত: call on sb at an ~ hour.

un·cir·cum·cised [ˌআন্‌সাকম্‌সাইজ্‌ড্] *adj* খতনা করা হয়নি এমন; অচ্ছিন্নত্বক।

un·civil [ˌআন্‌সিভ্‌ল্] *adj* (বিশেষত) অভদ্র; অশিষ্ট; অসৌজন্যমূলক। **~·ized** *adj* অসভ্য।

un·claimed [ˌআন্‌ক্লেইম্‌ড্] *adj* দাবি করা হয়নি এমন; নির্দাবি; লাদাবি।

uncle [আঙক্‌ল্] *n* চাচা; মামা; খালু; ফুপা। **U~ Sam** ব্যক্তিরূপে কল্পিত মার্কিন যুক্তরাষ্ট্র; স্যাম চাচা। **U~ Tom** (নিষেধ.) (US, তুচ্ছ.) শ্বেতাঙ্গদের প্রতি অত্যন্ত বন্ধুভাবাপন্ন কৃষ্ণাঙ্গ ব্যক্তি। **dutch U~,** দ্র. Dutch (২).

un·clean [ˌআন্‌ক্লীন্] *adj* (বিশেষত ইহুদি বিধান) আনুষ্ঠানিকভাবে অপবিত্র (যেমন শূকর); হারাম; অশুচি।

un·clouded [ˌআন্‌ক্লাউডিড্] (বিশেষত লাক্ষ.) উজ্জ্বল; প্রশান্ত; অনাবিল; নির্মল; প্রসন্ন: a life of ~ happiness. (যেমন, cloudless sky).

unco [আঙ্‌কৌ] *adj, adv* অত্যন্ত; অদ্ভুত; অদ্ভুত রকম। □*n* উটকো লোক।

un·col·oured (US = **-colored**) [ˌআন্‌কালাড্] (বিশেষত লাক্ষ.) অতিরঞ্জনহীন; অত্যুক্তিবর্জিত; সাদামাটা: an ~ description of events.

un·com·fort·able [আন্‌ˈকাম্‌ফ়টাব্‌ল্ US -ফ়ারট -] *adj* অস্বস্তিকর: an ~ chair/feeling.

un·com·mit·ted [ˌআনকাˈমিটিড্] *adj* ~ **(to)** (কোনো কার্যক্রম ইত্যাদির প্রতি) প্রতিশ্রুতিবদ্ধ বা অঙ্গীকারবদ্ধ নয়; অনিরুদ্ধ; নির্দায়; নিষ্প্রতিজ্ঞ; মুক্ত: the ~ countries, যে সব দেশ আধুনিক কালের কোনো শক্তিজোটের সঙ্গে সংশ্লিষ্ট নয়; জোটনিরপেক্ষ দেশসমূহ।

un·com·mon [আন্‌ˈকামন্] *adj* অসাধারণ; অসামান্য; বিরল; অনন্যসাধারণ। **~·ly** *adv* অসাধারণভাবে; অসামান্যরকম: an ~ly beautiful girl.

un·com·muni·cable [ˌআনকাˈমিউনিকাব্‌ল্] *adj* অন্যের জ্ঞানগোচর করা যায় না এমন; অনির্বচনীয়; অনির্বাচ্য। **un·com·muni·cative** [ˌআন্‌কাˈমিউনিকাটিভ্] *adj* মুখ-বোজা; চাপাস্বভাব।

un·com·pro·mis·ing [আন্‌ˈকম্‌প্রমাইজিঙ্] *adj* আপোসহীন; অনমনীয়; অনড়; অটল: an ~ leader.

un·con·cern [ˌআনকান্‌ˈসান্] *n* [U] ঔদাসীন্য; নির্লিপ্ততা; নির্বিকারত্ব; উপেক্ষা; নিরাসক্তি।

un·con·cerned [ˌআনকান্‌ˈসান্‌ড্] *adj* ১ ~ **in sth** অসংশ্লিষ্ট; অসংসৃষ্ট; অসম্পর্কিত; সংস্রবহীন; সম্বন্ধহীন; বেএলাকাদার। ~ **with sth/sb** নির্বিকার; নির্লিপ্ত; নিরাসক্ত; উদাসীন। ২ নিরুদ্বেগ; উৎকণ্ঠাহীন; অনুদ্বিগ্ন; নিশ্চিন্ত; অনুত্তেজিত; আগ্রহহীন। **un·con·cern·ed·ly** [-ˈসানিড্‌লি] *adv* নির্বিকারভাবে ইত্যাদি।

un·con·di·tional [ˌআনকান্‌ডিশান্‌ল্] *adj* অপ্রতিবদ্ধ; শর্তহীন; নিঃশর্ত; নিরঙ্কুশ: ~ surrender. **~ly** [-শানলি] *adv* নিঃশর্তভাবে।

un·con·di·tioned [ˌআনকান্‌ˈডিশন্‌ড্] *adj* শর্তনিরপেক্ষ; (বিশেষত) ~ reflex, উদ্দীপনার প্রতি সহজাত সাড়া, অনিয়ত প্রতিক্রিয়া/পরাবর্তন।

un·con·firmed [ˌআনকান্‌ˈফ়াম্‌ড্] *adj* অসমর্থিত; অনিশ্চায়িত।

un·con·gen·ial [ˌআনকান্‌ˈজীনিঅল্] *adj* নিজ রুচি, প্রকৃতি ইত্যাদির সঙ্গে খাপ খায় না এমন; প্রকৃতিবিরুদ্ধ; অনুপযোগী; অননুগুণ; অননুকূল।

un·con·quer·able [আন্‌ˈকঙ্‌কারাব্‌ল্] *adj* অজেয়; অনভিভবনীয়। **un·con·quered** *adj* অজিত; অপরাজিত; অনভিভূত।

un·con·scion·able [আন্ ˈকন্‌শানাব্‌ল্] *adj* অযৌক্তিক; অন্যায্য; অবিবেকপ্রসূত; অত্যধিক: You are asking for an ~ price.

un·con·scious [আন্‌ˈকনশাস্] *adj* অচেতন; সংজ্ঞাহীন; নিশ্চেতন; বেহুঁশ; চৈতন্যহীন; অজ্ঞান; অবচেতন: ~ humour, লেখক বা বক্তার অভিপ্রায়নিরপেক্ষ

রসিকতা; অবচেতন/নির্জ্ঞাত রসিকতা। **the ~** (মনো.) নিজের মানসিক কর্মকাণ্ডের যে অংশ সম্বন্ধে আমরা নির্জ্ঞাত থাকি, অথচ যা স্বপ্ন, আচরণ ইত্যাদির নিপুণ বিশ্লেষণের মাধ্যমে শনাক্ত ও উপলব্ধি করা যায়; অবচৈতন্য; নির্জ্ঞান। **~·ly** *adv* নির্জ্ঞাতভাবে; অচেতনভাবে। **~·ness** *n* অচেতনতা; অচৈতন্য; সংজ্ঞাহীনতা; চৈতন্যহীনতা।

un·con·sid·ered [ˌআন্‌কান্'সিডাড়] *adj* ১ (শব্দ, মন্তব্য ইত্যাদি সম্বন্ধে) যথোচিত বিচার বিবেচনা ছাড়াই কৃত, উক্ত ইত্যাদি; বিচার বিবেচনাবর্জিত। ২ অবিবেচিত; অগ্রাহ্য।

un·con·sti·tu·tional [ˌআন্‌কন্‌স্‌টিটিউশান্‌ল্ US -টু] *adj* অনিয়মতান্ত্রিক; অসাংবিধানিক। **~·ly** *adv* অসাংবিধানিকভাবে।

un·con·tested [ˌআন্‌কান্'টেস্‌টিড্] *adj* প্রতিদ্বন্দ্বিতা বা বিরোধিতা করা হয়নি এমন; প্রতিদ্বন্দ্বিতাবহির্ভূত; বিনা প্রতিদ্বন্দ্বিতায়।

un·con·trol·lable [ˌআন্‌কা'ন্‌ট্রৌলব্‌ল্] *adj* নিয়ন্ত্রণ করা যায় না এমন; অদম্য; অবাধ্য; বেয়াড়া; অসংযমনীয়। **un·con·trol·led** *adj* অসংযত; অনিয়ন্ত্রিত।

un·con·ven·tional [ˌআন্‌কান্'ভেন্‌শান্‌ল্] *adj* সাধারণ বা সামান্য নয়; সমাজের রীতিনীতির বন্ধন থেকে মুক্ত; বেদস্তুর; অগতানুগতিক; প্রচলবিমুখ; প্রথাবিরোধী; গতানুগতিকতামুক্ত: an ~ dress/person/way of life.

un·con·vinc·ing [ˌআন্‌কান্'ভিনসিঙ্] *adj* সত্য; সঠিক বা বাস্তব মনে হচ্ছে না এমন; অপ্রত্যয়জনক; অপ্রত্যয়ার্হ: an ~ explanation/ attempt/ disguise. **un·con· vinced** *adj* বিশ্বাস বোধ করে না এমন; অপ্রত্যয়ী।

un·cooked [ˌআন্‌কুক্‌ট্] *adj* রন্ধন করা হয়নি এমন।

un·cork [ˌআন্‌কো°ক্] *vt* (বোতলের) ছিপি খোলা।

un·count·able [আন্'কাউন্টব্‌ল্] *adj* অগণ্য; অসংখ্য।

un·couple [ˌআন্‌কাপ্‌ল্] *vt* বন্ধনমুক্ত করা; বাঁধন খুলে দেওয়া; বিযুক্ত/ বিমুক্ত করা।

un·couth [আন্'কূথ্] *adj* (ব্যক্তি এবং আচরণ সম্বন্ধে) অমার্জিত; অভব্য; অশিষ্ট; গোঁয়ার; চোয়াড়; গ্রাম্য; অপ্রতিভ। **~·ly** *adv* অমার্জিতভাবে ইত্যাদি। **~·ness** *n* অভব্যতা; গ্রাম্যতা; গোঁয়ার্তুমি; অপ্রতিভতা।

un·cover [আন্'কাভা(র্)] *vt, vi* ১ ঢাকনা/ আবরণ উন্মোচন করা; (লাক্ষ.) উন্মোচিত/ উদ্‌ঘাটন/ ব্যক্ত করা: ~ a plot. ২ (সাম.) আক্রমণের জন্য উন্মোচিত করা; অরক্ষণীয় করা: ~ the enemy's left flank. ৩ (পুরা.) নিজের টুপি খোলা।

un·criti·cal [আন'ক্রিটিক্‌ল্] *adj* বিচারবুদ্ধিবর্জিত; নির্বিচার; বিচারহীন; বাছবিচারহীন।

un·crossed [ˌআন্‌ক্রস্‌ট্ US -'ক্রো° স্‌ট্] *adj* (বিশেষত চেক সম্বন্ধে) ক্রস-না-করা। cross[2] (২).

un·crowned [ˌআন্‌ক্রাউন্‌ড়] *adj* ১ (রাজা প্রভৃতি সম্বন্ধে) এখনও মুকুট পরানো হয়নি এমন; মুকুটহীন। ২ রাজার ক্ষমতা আছে কিন্তু তাঁর পদবি, নাম ইত্যাদি নেই এমন; মুকুটহীন।

unc·tion [আঙ্‌ক্‌শন্] *n* [U] বিশেষত ধর্মীয় আচার হিসাবে তৈলমর্দন; অভ্যঞ্জন। **Extreme U~** (অর্থডক্স ও রোমান ক্যাথলিক পাদ্রি কর্তৃক) মুমূর্ষু ব্যক্তির অভ্যঞ্জন; অন্তিম অভ্যঞ্জন। ২ (কপট, লোকদেখানো) ঐকান্তিকতা; কথায় ও আচরণে সাবলীলতা; চাটুবাক্য; স্তাবকতা।

un·cul·ti·vated [ˌআন্‌কাল্‌টিভেইটিড্] *adj* অকর্ষিত; অনাবাদি; অমার্জিত; অননুশীলিত।

un·cul·tured [আন্'কাল্‌চাড়] *adj* সংস্কৃতিহীন; অপরিশীলিত; শিক্ষাদীক্ষাহীন; অসভ্য।

un·cut [ˌআন্'কাট্] *adj* (বই সম্বন্ধে) পৃষ্ঠার প্রান্তভাগ কাটা বা ছাটা হয়নি এমন; আকাটা; আছাঁটা; (বই, চলচ্চিত্র ইত্যাদি সম্বন্ধে) অসংক্ষেপিত; অখণ্ড; অকর্তিত।

un·dated [ˌআন্'ডেইটিড্] *adj* তারিখবিহীন; বেতারিখ: an ~ cheque; ~ stocks, যে পরিপণের অর্থ ফেরত নেওয়ার নির্দিষ্ট কোনো তারিখ নেই।

un·daunted [ˌআন্'ডো° ন্‌টিড্] *adj* নির্বিশঙ্ক; অকুতোভয়।

un·de·ceive [ˌআন্‌ডি'সীভ্] *vt* ছলনামুক্ত করা; মোহ বা ভুল ভেঙে দেওয়া; প্রমাদমুক্ত করা। **~d** *adj* অপ্রতারিত; প্রমাদমুক্ত; মোহমুক্ত; ছলনামুক্ত।

un·de·cided [ˌআনডি'সাইডিড্] *adj* অনিশ্চিত; অমীমাংসিত; মন স্থির করেনি এমন; অকৃতনিশ্চয়; দোলায়মান; দোলাচলচিত্ত।

un·de·clared [আন্‌ডি'ক্লেআড়] *adj* ১ (শুল্কারোপযোগ্য পণ্য সম্বন্ধে) শুল্ককর্মকর্তাদের কাছে অঘোষিত বা অপ্রদর্শিত/অদর্শিত। ২ অঘোষিত; অবিজ্ঞাপিত: ~ war.

un·de·fended [আনডি 'ফেন্‌ডিড] *adj* (বিশেষত মামলা সম্বন্ধে) বিবাদী পক্ষে কোনো যুক্তি-তর্কের অবতারণা করা হয়নি এমন।

un·de·filed [ˌআনডি'ফাইল্‌ড্] *adj* অদুষ্ট; অকলুষিত; অকলঙ্কিত; অদূষিত; নির্মল।

un·defined [ˌআনডি'ফাইনড্] *adj* সংজ্ঞার্থ নির্ণয় করা হয়নি এমন; অনিরূপিত; অনির্ণীত; অপরিচ্ছিন্ন; অনির্দিষ্ট; অলক্ষিত।

un·de·livered [ˌআন্‌ডি'লিভাড়] *adj* বিলি করা হয়নি এমন; অবিতরিত; অনর্পিত; অনুদ্ধৃত।

un·demo·cratic [ˌআন্‌ডেমা'ক্র্যাটিক্] *adj* অগণতান্ত্রিক।

un·de·mon·stra·tive [ˌআন্‌ডি'মন্‌স্ট্রাটিভ্] *adj* আবেগ, আগ্রহ ইত্যাদি প্রকাশ করতে অভ্যস্ত নয়; চাপা; অচপল।

un·de·ni·able [ˌআন্‌ডি'নাইঅব্‌ল্] *adj* অস্বীকার করা যায় না এমন; অবশ্যস্বীকার্য; অপ্রত্যাখ্যেয়; অকাট্য; সন্দেহাতীত। **un·deni·ably** [-অব্‌লি] *adv* অবশ্যস্বীকার্যরূপে; সন্দেহাতীতরূপে।

un·de·nomi·na·tional [ˌআনডিˌনমি'নেইশান্‌ল্] *adj* বিশেষ কোনো ধর্মীয় গোষ্ঠী সংশ্লিষ্ট নয় এমন; অসাম্প্রদায়িক: ~ education/schools.

un·der[1] [আন্‌ডা(র্)] *adj* নীচে; তলে; নিম্নে; নিম্নপদে ইত্যাদি: The boat went ~, ডুবে গেছে; He stayed ~ for one minute, পানির নীচে। **down ~·** (GB, কথ্য) অস্ট্রেলিয়া ও নিউজিল্যান্ডে। ২ (*nn*-এর পরিবর্তনসাধক) অধীনস্থ; নিম্নপদস্থ; অবর ইত্যাদি: ˌ~·secretary, সহকারী সচিব।

un·der[2] [আনডা(র্)] *prep* ১ নীচে; তলে; নিম্নে; তল/ নীচ দিয়ে: The workers were gossiping ~ the factory wall. ২ ভিতরে আচ্ছাদিত; তলে; নীচে: The child hid his face ~ the bedclothes. ৩ চেয়ে ন্যূনতর; নীচের; নিম্নপদস্থ: children ~ (বিপ. over/above) fifteen years of age, চৌদ্দ বছরের কম বয়সের; books for the ˌ~-'tens (বিপ. over-tens); speak ~ one's breath, ফিসফিস করে কথা বলা। **~ age,** দ্র. age. ৪

(বিভিন্ন অবস্থাসূচক): ~ discussion, আলোচ্য; বক্ষ্যমাণ; road ~ repair, সংস্কারাধীন; ~ sentence of death, মৃত্যুদণ্ডাদেশপ্রাপ্ত; India ~ the Mughals, মোগল শাসনাধীন; twenty acres ~ rice, ধান্যরোপিত বিশ একর; be ~ the impression that ..., ধারণা/বিশ্বাস থাকা; living ~ an assumed name, ছদ্মনামে জীবনযাপন করা। ৫ (সাহিত্য. ও লাক্ষ.) কোনো কিছুর ভারে অবনমিত: marching ~ a heavy load; sink ~ a load of grief, দুঃখের চাপে নুয়ে পড়া।

under- [ˈআনড(র্)] *pref* দ্র. পরি. ৩।

under·act [ˌআনডার্ ˈঅ্যাক্ট্] *vt, vi* যথোচিত তেজ, শক্তি, জোর ইত্যাদি সহ অভিনয় না করা; মিনমিনে/ নিষ্প্রাণ/ নিস্তেজভাবে অভিনয় করা: ~ the role of Lear.

under·arm [ˈআন্ডারা:ম্] *adj, adv* (ক্রিকেট, টেনিস) হাত কনুই বরাবর রেখে নিক্ষিপ্ত: ~ bowling; bowl/serve ~.

under·belly [ˈআন্ডবেলি] *n* (*pl* -lies) পশুর শরীরের নিম্নভাগ, যেমন (বিশেষত শূকরের) মাংসখণ্ড; পেটের মাংস।

under·bid [ˌআন্ডাˈবিড্] *vt* (*pt, pp* অপরিবর্তিত) দ্র. bid[1](১) ১ (অন্যের চেয়ে) কম দর হাঁকা। ২ (তাসের খেলা, ব্রিজ) (হাতের তাসের শক্তির তুলনায়) কম ডাকা।

under·bred [ˌআনডাˈব্রেড্] *adj* অযত্নপালিত; অবলালিত; অমার্জিত; ইতর।

under·brush [ˈআনডব্রাশ্] *n* [U] = undergrowth (অধিক প্রচলিত).

under·car·riage [ˈআনডাক্যারিজ্] *n* বিমানের অবতরণের কাজে ব্যবহৃত চাকা, কলকব্জা ইত্যাদি; অববাহন।

under·charge [ˌআনডাˈচা:জ্] *vt* অত্যল্প দাম বা মাশুল দাবি করা। □*n* [ˈআন্ডাচা:জ্] অত্যল্প মূল্য বা মাশুল; অবমূল্য।

under·clothes ˈআনডাক্লৌদ্জ্] *n pl* ভিতরের বস্ত্র; অন্তর্বাস, অন্তঃপট; অন্তরীয়। **under·cloth·ing** [ˈআন্ডাক্লৌদিঙ্] *n* [U] = ~.

under·cover [ˌআন্ডাˈকাভা(র্)] *adj* গোপন, গুপ্ত; ছদ্মবেশী; চোরা: an ~ agent, চর, গুপ্তচর, গোয়েন্দা: ~ payments, গোপনে প্রদত্ত অর্থ (যেমন উৎকোচ)।

under·cur·rent [ˈআন্ডাˈকারান্ট্] *n* [U] অন্তঃস্রোত, অন্তঃপ্রবাহ; (লাক্ষ.) যা দৃশ্যমান তার ভিতরে ভিতরে বহমান (চিন্তা বা অনুভূতির) প্রবণতা; অন্তঃস্রোত: an ~ of opposition/ melancholy.

under·cut[1] [ˈআনডাকাট্] *n* [U] গরুর তলপেটের মাংসখণ্ড।

under·cut[2] [ˌআন্ডাˈকাট্] *vt* (*pt, pp* অপরিবর্তিত; -tt-) (বাণিজ্য.) প্রতিযোগীদের তুলনায় (পণ্য, সেবা ইত্যাদি) কম দামে দেওয়া।

under·de·vel·oped [ˌআন্ডডিভেলাপ্ট্] *adj* অনুন্নত; অপরিপুষ্ট; অপরিণত: ~ countries/muscles.

under·do [ˌআন্ডাˈডূ] *vt* অপর্যাপ্তভাবে করা (বিশেষত রান্না করা); কম করা।

under·dog [ˈআন্ডডগ্ US -ডো°গ্] *n* (প্রায়শ **the** ~) হতভাগ্য; অসহায় ব্যক্তি, যে সব সময়ে বিবাদ-বিসম্বাদ, লড়াই ইত্যাদিতে হেরে যায়; নিপীড়িত জন; মজলুম: plead for the ~.

under·done [ˌআন্ডাˈডান্] *adj* (বিশেষত মাংস সম্বন্ধে) আগাগোড়া সম্পূর্ণভাবে রান্না-করা নয়; আপক্ব।

under·em·ployed [ˌআনডর্ইম্প্লয়ড্] *adj* আংশিকভাবে বা অসম্পূর্ণভাবে নিয়োজিত; উনব্যাপৃত। **under·employ·ment** *n* ঊননিয়োজন।

under·esti·mate [ˌআন্ডর্‌এস্টিমেইট্] *vt* হিসাবে কম ধরা; ছোট করে দেখা; উন জ্ঞান করা: ~ the enemy's strength. □*n* [-মট্] [C] উনাকলন; উনজ্ঞান।

under·ex·pose [ˌআন্ডরিক্‌ˈসপৌজ্] *vt* (আলোক-চিত্র) (প্লেট বা ফিল্মের উপর) অত্যল্পকাল আলোকসম্পাত করানো; অপর্যাপ্ত আলোকপাত করানো; উনাভিব্যক্ত করা। **under·expo·sure** [-ˈসপৌজ়া(র্)] *n* অপর্যাপ্ত আলোকসম্পাত; উনাভিব্যক্তি।

under·fed [ˌআন্ডাˈফেড্] *adj* অতি অল্প খেয়েছে এমন; অপুষ্ট; উনপুষ্ট; অবপুষ্ট।

under·floor [ˌআন্ডাˈফ্লো°(র্)] *adj* (বাড়ি গরম করার ব্যবস্থা সম্বন্ধে) তাপের উৎস মেঝের নীচে স্থাপিত হয়েছে এমন; গৃহতলবর্তী: ~ heating.

under·foot [ˌআন্ডাˈফুট্] *adv* নিজের পায়ের নীচে; মাটিতে; পদতলে: It is very soft ~.

under·gar·ment [ˈআন্ডাগা:মন্ট্] *n* [C] ভিতরের পোশাক; অন্তর্বসন; অন্তরীয়।

under·go [ˌআন্ডাˈগৌ] *vt* (*pt* -went [-ˈওয়েন্ট্], *pp* -gone [-গন্ US -গা:ন্]) কোনো কিছুর অভিজ্ঞতা লাভ করা বা ভিতর দিয়ে যাওয়া; অতিক্রম করা; পোহানো; ভোগ করা; সওয়া: ~ much suffering.

under·grad·uate [ˌআনডাগ্র্যাজুঅট্] *n* স্নাতক উপাধির জন্য অধ্যয়নরত বিশ্ববিদ্যালয়-ছাত্র; স্নাতক শ্রেণীর ছাত্র; (attrib) স্নাতক শ্রেণীর: ˈ~ work/ studies.

under·ground [ˈআনডাগ্রাউন্ড্] *attrib adj* ১ ভূগর্ভস্থ; ভৌম; পাতাল-: ~ railways; ~ passages, সুড়ঙ্গপথ; ~ caves. ২ (লাক্ষ.) বিশেষত গোপন রাজনৈতিক আন্দোলন বা বিদেশী দখলদার বাহিনীর বিরুদ্ধে প্রতিরোধ-আন্দোলন সম্বন্ধী; গুপ্ত: ~ workers. □*adv* গোপনে; চোরাগোপ্তা পথে: go ~, গা ঢাকা দেওয়া/ হওয়া। □*n* **(the) ~** পাতাল-ট্রেন (US = subway); (দ্বিতীয় বিশ্বযুদ্ধকালে) ফরাসি গুপ্ত প্রতিরোধবাহিনীর সদস্য।

under·growth [ˈআনডাগ্রৌথ্] *n* [U] বড়ো বড়ো গাছের নীচে গজানো ছোট ছোট গাছ, গুল্ম, ঝোপঝাড় ইত্যাদি; গাছড়া।

under·hand [ˌআন্ডাˈহ্যান্ড্] *adj, adv* গোপন, প্রতারণাপূর্ণ, ধূর্ত, ছলচাতুরীপূর্ণ; গোপনে, লুকিয়ে লুকিয়ে, ধূর্ততার সঙ্গে: play an ~ game; ~ methods; behave in an ~ way. **~ed** *adj* = ~.

under·hung [ˌআন্ডাˈহাঙ্] *adj* (attrib) (নীচের চোয়াল সম্বন্ধে) উপরের চোয়ালকে অতিক্রম করে গেছে এমন; অভিক্ষিপ্ত।

under·lay [ˈআন্ডালেই] [U] গালিচা বা জাজিমের তলায় (সংরক্ষণের জন্য) লাগানো পদার্থ (ফেল্ট, রবার ইত্যাদি); তলাচি।

under·let [ˌআন্ডাˈলেট্] *vt* কমমূল্যে ভাড়া দেওয়া; ভাড়া-করা বাড়ি ভাড়া দেওয়া (=sublet দ্র.)।

under·lie [ˌআনডাˈলাই] *vt* ১ অধঃস্থ হওয়া। ২ (তত্ত্ব, আচরণ, মতবাদ ইত্যাদির) ভিত্তিস্বরূপ হওয়া; মূলে থাকা; দায়ী হওয়া: the underlying reason/ fault/ guilt, মূল/ মূলগত কারণ ইত্যাদি।

under·line [ˌআন্ডাˈলাইন্] *vt* (শব্দ ইত্যাদির) নীচে রেখা অঙ্কন করা; অধো/ নিম্নরেখাঙ্কিত করা; (লাক্ষ.) ঝোঁক/ জোর দেওয়া। □*n* [ˈআন্ডালাইন্] অধোরেখা।

under·ling [ˈআন্‌ডালিঙ্‌] *n* (সাধা. অবজ্ঞাসূচক) অন্যের অধীনস্থ নিম্নপদস্থ ব্যক্তি; চুনোপুঁটি; হুকুমবরদার; অবরপদস্থ; অনুজীবী।

under·lip [আন্‌ডালিপ্‌] *n* নীচের ঠোঁট; অধর।

under·man·ned [ˌআন্‌ডাˈম্যান্‌ড্‌] *adj* (জাহাজ, কারখানা ইত্যাদি সম্বন্ধে) অপর্যাপ্ত লোকবলসম্পন্ন।

under·men·tioned [ˌআন্‌ডাˈমেন্‌শ্‌নড্‌] *adj* নিম্নোক্ত; নিম্নে উল্লেখিত।

under·mine [ˌআন্‌ডাˈমাইন্‌] *vt* ১ নীচে গর্ত বা সুড়ঙ্গ খোড়া; ভিত্তি দুর্বল করা; অধঃখনন করা: ~d, অধঃখাত। ২ ক্রমশ/ উত্তরোত্তর দুর্বল করা; কুঁড়ে কুঁড়ে খাওয়া: Too much drinking has ~d his health.

under·most [ˈআন্‌ডামৌস্‌ট্‌] *adj, adv* সর্বনিম্নস্থ, সর্বাধঃস্থ, সর্বাধিক অভ্যন্তরস্থ; সর্বাধিক নীচে বা অভ্যন্তরে।

under·neath [ˌআন্‌ডাˈনীথ্‌] *adv, prep* নীচে; নিম্নে; তলে; তলদেশে; অধোদেশে; অধোভাগে।

under·nour·ished [ˌআন্‌ডাˈনারিশ্‌ট্‌] *adj* সুস্বাস্থ্য ও স্বাভাবিক বৃদ্ধির জন্য পর্যাপ্ত খাদ্য দেওয়া হয়নি এমন; অবপুষ্ট; অপুষ্ট। **under·nour·ish·ment** *n* অপুষ্টি; অবপুষ্টি।

under·pants [আন্‌ড়াপ্যান্‌ট্‌স্‌] *n, pl* জাঙ্গিয়া। দ্র. panties.

under·pass [ˈআন্‌ডাপা:স্‌ US –প্যাস্‌] *n* [C] রাস্তার অংশবিশেষ, যা অন্য রাস্তা বা রেলপথের নীচ দিয়ে যায়; অধোবর্ত্ম; অধোমার্গ।

under·pay [ˌআনডাˈপেই] *vt* (*pt, pp* -paid [–ˈপেইড়]) অপর্যাপ্ত বেতন বা মজুরি দেওয়া। **~·ment** *n* [U] অল্প বেতন/মজুরি।

under·pin [ˌআন্‌ডাˈপিন্‌] *vt* (-nn-) ১ (দেয়াল ইত্যাদির নীচে) কংক্রিট বা পাথরের আলম্ব নির্মাণ করা; ঠেসান দেওয়া। ২ (লাক্ষ.) (মামলা, যুক্তিতর্ক ইত্যাদির) আলম্ব/ ভিত্তি নির্মাণ করা।

under·plot [ˈআন্‌ডাপ্লট্‌] *n* নাটকের বা গল্পের মূল কাহিনীর অন্তর্ভুক্ত অন্য কাহিনী; উপকাহিনী; উপাখ্যান।

under·popu·lated [ˌআন্‌ডাˈপপিউ্যলেইটিড়] *adj* (দেশ বা এলাকা সম্বন্ধে) আকার বা প্রাকৃতিক সম্পদের তুলনায় কম জনসমৃদ্ধ; স্বল্পাধ্যুষিত।

under·privi·ledged [ˌআনড্‌প্রিভ়ˈলিজ্‌ড়] *adj* অধিকতর ভাগ্যবান মানুষ, সামাজিক শ্রেণী, জাতি ইত্যাদির তুল্য সামাজিক ও শিক্ষাগত সুযোগসুবিধা পায়নি এমন; স্বল্প প্রাধিকারপ্রাপ্ত।

under·pro·duc·tion [ˌআন্‌ডাপ্রাˈডাক্‌শ্‌ন্‌] *n* [U] স্বল্পোৎপাদন; অপর্যাপ্ত উৎপাদন।

under·quote [ˌআন্‌ডাˈকোঔট্‌] *vt* (বাজারদর অপেক্ষা) কম দর উল্লেখ করা।

under·rate [ˌআন্‌ডাˈরেইট্‌] *vt* অত্যন্ত অল্প মূল্য বা গুরুত্ব দেওয়া; হীন/ উনজ্ঞান করা; ছোট করে দেখা: ~ an opponent.

under·score [ˌআন্‌ডাˈস্কো°(র্‌)] *vt* = underline.

under·sec·retary [ˌআন্‌ডাˈসেক্রাট্রি US –টেরি] *n* (*pl* -ries) সহকারী/ অবর সচিব, বিশেষত (Parliamentary U~) সিভিল সার্ভিসের সদস্য এবং কোনো সরকারি বিভাগের প্রধান।

under·sell [ˌআন্‌ডাˈসেল্‌] *vt* (*pt, pl* -sold [–ˈসৌল্‌ড্‌]) (প্রতিযোগীদের চেয়ে) কম দামে বিক্রি করা।

under·sexed [ˌআন্‌ডাˈসেক্‌স্‌ট্‌] *adj* যা স্বাভাবিক তার চেয়ে কম যৌনকামনা বা ক্ষমতাসম্পন্ন; উনকামী।

under·shoot [ˌআন্‌ডাˈশূট্‌] *vt* (*pt, pp* -shot [–ˈশট্‌]) (বিমান সম্বন্ধে) অবতরণভূমি পর্যন্ত না পৌঁছেই অবতরণ করা; পিছিয়ে অবতরণ করা।

under·shot [ˈআন্‌ডাশট্‌] *adj* (কলের চাকা সম্বন্ধে) নিম্নস্থ জলপ্রবাহচালিত।

under·side [ˈআন্‌ডাসাইড্‌] *n* ভিতরের দিক।

under·sign [ˌআনডাˈসাইন্‌] *vt* (চিঠি ইত্যাদির) নীচে স্বাক্ষর করা: the ~ed, নিম্নস্বাক্ষরিত।

under·sized [ˌআন্‌ডাˈসাইজ্‌ড়] *adj* যা স্বাভাবিক, তার চেয়ে ক্ষুদ্রাকার; বেঁটে; খর্বাকার, করকটে।

under·slung [ˌআন্‌ডাˈশ্লাঙ্‌] *adj* (গাড়ির) অক্ষদণ্ডের নীচে কামানযুক্ত।

under·staffed [ˌআন্‌ডাˈস্টা:ফ্‌ট্‌ US –স্ট্যা ফ্‌ট্‌] *adj* স্বল্প জনবলসম্পন্ন: The college is badly ~, শিক্ষকসংখ্যার দিক থেকে নিতান্ত হীনবল।

under·stand [ˌআন্‌ডাˈস্ট্যান্‌ড্‌] *vt, vi* (*pt, pp* -stood [–স্টুড্‌]) ১ বোঝা; বুঝতে পারা; প্রণিধান/ উপলব্ধি করা: ~ German. ~ a problem. She did not ~ her husband. **make oneself understood** নিজের বক্তব্য স্পষ্ট করা/বোঝাতে পারা। **(Now), ~ me** (হুমকি বা হুঁশিয়ারির ভূমিকাস্বরূপ প্রায়শ ব্যবহৃত বাক্যাংশ) এবার আমার কথাটা বোঝার চেষ্টা করুন। **~ one another** (দুই ব্যক্তি ও পক্ষ সম্বন্ধে) অপরের দৃষ্টিভঙ্গি, অনুভূতি, অভিপ্রায় ইত্যাদি সম্বন্ধে সজাগ থাকা; পরস্পরকে বুঝতে পারা। ২ (প্রাপ্ত তথ্য থেকে) জানা; অনুমান করা; ধরে নেওয়া: Am I to ~ that you are ready to help ? **give sb to ~ (that...)** (কারো) মনে এই বিশ্বাস জন্মানো যে...; (কাউকে) এই ধারণা দেওয়া যে...: He was given to ~ that his colleagues would support his proposal. ৩ (শব্দ বা বাক্যাংশ) মনে মনে ধরে নেওয়া; উহ্য মনে করা। **~·able** [–আবল্‌] *adj* বোধগম্য। **~·ably** [–অব্‌লি] *adv* বোধগম্যভাবে: She's ~ably disappointed. **~·ing** *adj* অন্যের অনুভূতি বা দৃষ্টিভঙ্গি বোঝেন এমন; অন্তর্দর্শী; অনুকম্পী; সহমর্মিতাপূর্ণ: with an ~ing smile. □*n* ১ [U] স্বচ্ছ চিন্তাশক্তি; বোধশক্তি; মেধা; বুদ্ধি; উপলব্ধি; ধীশক্তি। ২ [U] সহমর্মিতা অনুভব করবার, অন্যের দৃষ্টিকোণ থেকে দেখবার ক্ষমতা; অনুকম্পা; সমমর্মিতা। ৩ (প্রায়শ **an** ~ তবে *pl* বিরল) বোঝাপড়া; মতৈক্য; সমঝোতা: reach/come to an ~ing with sb. **on this ~ing** এই শর্তে। **on this ~ing that ...** এই শর্তে যে...।

under·state [ˌআন্‌ডাˈস্টেইট্‌] *vt* পুরাপুরি বা পর্যাপ্তভাবে উল্লেখ করতে না পারা; অত্যধিক সংযত ভাষায় প্রকাশ করা; উনোক্তি করা: He ~d the difficulties lying ahead. **~·ment** [আন্‌ডাস্টেইট্‌মান্‌ট্‌] *n* [U, C] উনোক্তি।

under·stock [ˌআন্‌ডাˈস্টক্‌] *vt* বাঞ্ছিত পরিমাণের চেয়ে কম মজুদ করা: an ~ed farm.

under·study [ˈআন্‌ডাস্টাডি] *n* (*pl* -dies) (বিশেষত) অন্য অভিনেতার স্থলে অভিনয় করতে সমর্থ বা মহড়ারত অভিনেতা; প্রতিনট। □*vt* (*pt, pp* -died) উক্তরূপ অভিনয়ের জন্য (নাটকের পার্ট) অধ্যয়ন করা; প্রতিনট হিসাবে অভিনয় করা: Who is ~ing Caesar ?

under·take [ˌআন্‌ডাˈটেইক্‌] *vt* (*pt* -took [–ˈটুক্‌], *pp* -taken [–ˈটেইক্‌ন্‌]) ১ ~ **(to do) sth** দায়িত্ব বা ভার গ্রহণ করা; (কিছু করতে) সম্মত হওয়া: He is too old to ~ the Presidency. ২ (কোনো কাজের) সূত্রপাত করা; (কাজ) শুরু করা/ হাতে নেওয়া; উদ্‌যোগী/উদ্যোক্তা

হওয়া। ৩ জোর দিয়ে বলা; অঙ্গীকার করা; প্রতিশ্রুতি দেওয়া: Can you ~ that the scheme will succeed?
under·tak·ing [ˌআন্‌ডা'টেইকিঙ্] *n* [C] ১ উদ্যোগ; আরব্ধ কর্ম; উদ্যম; কর্মভার। ২ প্রতিশ্রুতি; প্রত্যাভূতি; অঙ্গীকার।

under·taker ['আন্‌ডাটেইক(র্)] *n* মুর্দাফরাশ; অন্ত্যকর্মনির্বাহক; (US = mortician). **under·tak·ing** ['আন্‌ডাটেইকিঙ্] *n* [U] মুর্দাফরাশি।

under·tenant [ˌআন্‌ডা'টেনান্‌ট্] *n* কোর্ফা প্রজা বা ভাড়াটে। **under·tenancy** [ˌআন্‌ডা'টেনান্‌সি] *n* কোর্ফা প্রজাস্বত্ব; কোর্ফা ভাড়া।

under·the·counter [ˌআন্‌ডা দ্য কাউন্‌ট(র্)] *adj* দ্র. counter[1]

under·tone ['আন্‌ডাটোন্] *n* [C] ১ চাপা/ নিচু স্বর: talk in ~s. ২ অন্তর্নিহিত গুণ: an ~ of discontent/ hostility/ sadness. অন্তঃপ্রবাহী/ চাপা অসন্তোষ ইত্যাদি। ৩ মেড়মেড়ে/চাপা রং।

under·took [ˌআন্‌ডা'টুক্] undertake-এর *pt*

under·tow ['আন্‌ডাটৌ] *n* বেলাভূমিতে আঘাত করার পর ঢেউয়ের পশ্চাৎপ্রবাহ এবং এইভাবে সৃষ্ট স্রোত; ঢেউয়ের পশ্চাৎটান।

under·value [ˌআন্‌ডা'ভ্যালিউ] *vt* সত্যিকার মূল্যের চেয়ে কম মূল্য ধরা; অবমূল্যায়ন করা। **under·valu·ation** [ˌআন্‌ডাˌভ্যালিউ'এইশ্‌ন্] *n* অবমূল্যায়ন।

under·water ['আন্‌ডাওয়োˑটা(র্)] *adj* জলতলবর্তী, অন্তর্জলী: ~ swimming, ডুব–সাঁতার।

under·wear ['আন্‌ডাওয়েআ(র্)] *n* [U] = underclothing.

under·weight ['আন্‌ডাওয়েইট্] *n* [U] যা স্বাভাবিক বা আইনসম্মত, তার চেয়ে কম ওজন; ঊন ওজন; ওজনে ঊনতা। □ *adj* [ˌআন্‌ডা'ওয়েইট্] যা স্বাভাবিক বা আইনসম্মত তার চেয়ে কম ওজনের; ঊনভার; ঊনমাপ; ওজনে কম: an ~ boy. দ্র. overweight.

under·went [ˌআন্‌ডা'ওয়েন্‌ট্] undergo-এর *pt*

under·whelm [ˌআন্‌ডা'ওয়েল্‌ম্ US –'হোয়েল্‌ম্] *vt* (কথ্য, পরিহাস.) উৎসাহ–উদ্দীপনা, আগ্রহ, উত্তেজনা ইত্যাদি সৃষ্টি করতে ব্যর্থ হওয়া; অনভিভূত করা: to ~ an audience.

under·wood ['আন্‌ডাওয়ুড্] *n* গাছের নীচে গজানো ছোট ছোট গাছ, ঝোপঝাড় ইত্যাদি; বনতল।

under·world ['আন্‌ডাওয়াল্‌ড্] *n* ১ (গ্রিক পুরাণ ইত্যাদিতে) প্রেতলোক; যমপুরী; পাতাল; শমনালয়। ২ সমাজের যে অংশ অপরাধ ও পাপকর্মের দ্বারা জীবিকা নির্বাহ করে; অপরাধ–জগৎ।

under·write [ˌআন্‌ডা'রাইট্] *vt* (*pt* -wrote [–রৌট্], *pp* -written [–রিটন্]) (বিশেষত জাহাজ সম্বন্ধে; বিমাচুক্তি স্বাক্ষরের মাধ্যমে) সম্ভাব্য ক্ষয়ক্ষতির আংশিক বা সম্পূর্ণ দায়িত্ব গ্রহণ করা; জনসাধারণ কর্তৃক অক্রীত (কোনো কোম্পানির) সদ্য বাজারে ছাড়া সকল হিস্যা কিনে নেওয়ার অঙ্গীকার করা; অবলিখন করা। '**under·writing** অবলিখন। '**under-writer** *n* (বিশেষত জাহাজি) বিমাচুক্তির দায়গ্রহণকারী; অবলেখক।

un·de·served [ˌআন্‌ডি'জ়াভ্‌ড্] *adj* অন্যায়; অপ্রাপ্য; অনুচিত; অযথার্হ; অসঙ্গত: an ~ punishment/ reward.

un·de·sign·ed·ly [ˌআন্‌ডি'জ়াইনিড্‌লি] *adv* অনিচ্ছাকৃতভাবে; অনভিপ্রায়ক্রমে; অজ্ঞানত।

un·de·sir·able [ˌআন্‌ডি'জ়াইআরাব্‌ল্] *adj* অস্পৃহ্য; অনাকাঙ্ক্ষ্য; অবাঞ্ছিত; অনাকাঙ্ক্ষিত। □*n* অবাঞ্ছিত ব্যক্তি।

un·de·ter·red [ˌআন্‌ডি'টাড্] *adj* অদম্য; অকুতোভয়; অপ্রতিহত; অপ্রতিরুদ্ধ; অনিবারিত: ~ by failure/weather.

un·de·vel·oped [ˌআন্‌ডি'ভেলাপ্‌ট্] *adj* অনুন্নত; অনুন্নীত: ~ land, (কৃষি, শিল্প, বসতি ইত্যাদির জন্য) এখনো অব্যবহৃত জমি।

un·did [আন্'ডিড্] undo-এর *pt*

un·dies ['আনডিজ্] *n, pl* (কথ্য) অন্তর্বাস।

un·digested [ˌআন্‌ডি'জেসটিড্] *adj* যা হজম হয়নি; অজীর্ণ।

un·dig·nified [আনডিগ্‌নিফ়াইড্] *adj* মর্যাদাহীন; অমর্যাদাকর; মানসম্ভ্রমহীন; আড়ষ্ট; জবুথবু।

un·dip·lo·matic [ˌআনˌডিপ্লা'ম্যাটিক্] *adj* অকূটনীতিক; কূটনীতিবিরুদ্ধ।

un·dis·charged [ˌআন্‌ডিস্'চা:জ্‌ড্] *adj* (মালামাল সম্বন্ধে) খালাস না করা; বেখালাস; (ঋণ সম্বন্ধে) অশোধিত; (বিশেষত . দেউলিয়া বা কোম্পানি সম্বন্ধে) পাওনাদারদের আরো পাওনা পরিশোধের দায় থেকে অব্যাহতি দেওয়া হয়নি এমন; বেখালাস; অনবমুক্ত।

un·dis·closed [ˌআন্‌ডিস্'ক্লৌজ়্‌ড্] *adj* অপ্রকাশিত; অনুদ্‌ঘাটিত।

un·dis·covered [ˌআন্‌ডিস্'কাভ়াড্] *adj* অনাবিষ্কৃত। **un·dis·cover·able** *n* অনাবিষ্কার্য।

un·dis·guised [ˌআন্‌ডিস্'গাইজ়্‌ড্] *adj* ছদ্মবেশহীন; অকপট; নির্ব্যাজ; ছলনাহীন; নিশ্ছল; নিষ্কপট।

un·dis·mayed [ˌআন্‌ডি'স্‌মেইড্] *adj* অশঙ্কিত; নিঃশঙ্ক; শঙ্কাশূন্য; নির্বিশঙ্ক।

un·dis·puted [আন্‌ডিস্'পিউটিড্] *adj* অবিসম্বাদী; নির্বিবাদ।

un·dis·tri·buted [ˌআন্‌ডিস্‌ট্রি'বিউটিড্] *adj* অবণ্টিত; অবিতরিত।

un·dis·turbed [ˌআন্'ডিস্‌টাব্‌ড্] *adj* নিরুপদ্রব; নির্বিঘ্ন; অব্যাহত।

un·di·vided [ˌআন্‌ডি'ভাইডিড্] *adj* অবিভক্ত; অখণ্ড; অনির্ভিন্ন।

undo [আন্'ডূ] *vt* (*pt* undid [আন্'ডিড্], *pp* undone [আন্'ডান্]) ১ (গিঁঠ, বাঁধন, বোতাম ইত্যাদি) খোলা; আলগা করা। ২ পণ্ড/ নষ্ট/ বাতিল করা; পূর্বাবস্থায় ফিরিয়ে আনা। **un·do·ing** *n* বিনাশ (–এর কারণ); সর্বনাশ; অনত্যয়: Gambling will be his ~ing. **un·done** *pred adj* ১ অসমাপ্ত; অকৃত; অসম্পূর্ণ; অনিষ্পন্ন। ২ (পুরা.) (ব্যক্তি সম্বন্ধে) ধ্বংসপ্রাপ্ত; বিনষ্ট; সর্বস্বান্ত।

un·dock [আন্'ডক্] *vt, vi* নভযান থেকে (স্বয়ংসম্পূর্ণ অংশ ইত্যাদি) বিযুক্ত/ বিমুক্ত করা।

un·do·mes·ti·cated [ˌআনডা'মেস্‌টিকেইটিড্] *adj* পোষ না মানা।

un·doubted [আন্'ডাউটিড্] *adj* সন্দেহাতীত; অসন্দিগ্ধ; সুনিশ্চিত। **~·ly** *adv* নিঃসন্দেহে; নিঃসংশয়ে; সন্দেহাতীতভাবে।

un·dreamed [আন্'ড্রীম্‌ড্], **un·dreamt** [আন্'ড্রেম্‌ট্] *adj* (সাধা.) **~-of** স্বপ্নাতীত; অভাবিতপূর্ব; অচিন্তিতপূর্ব; অকল্পিত: earn ~-of wealth.

un·dress [আন্'ড্রেস্] *vt, vi* ১ কাপড় খোলা; বসনমুক্ত করা: ~ a baby. ২ কাপড় ছাড়া: ~ and get into bed.

□*n* [U] ১ মামুলি (অনানুষ্ঠানিক) উপলক্ষে ব্যবহারের জন্য উর্দি; আটপৌরে উর্দি। ২ আংশিক বা সম্পূর্ণ বসনমুক্ততা।

un·due [আন্'ডিউ US -'ডূ] *adj* অসঙ্গত; অসমীচীন; অন্যায্য; অনুচিত; অবৈধ; অবিহিত; বিধিবিরুদ্ধ: with ~ haste. **un·duly** [আন্'ডিউলি US -'ডূলি] *adv* অসঙ্গতভাবে ইত্যাদি: unduly pessimistic.

un·du·late [আন্ডিউলেইট্ US –জু–] *vi* (উপরিতল সম্বন্ধে) তরঙ্গিত/ তরঙ্গায়িত হওয়া; দোলা: undulating land, তরঙ্গের মতো উঁচুনিচু ভূমি। **un·du·la·tion** [আনডিউ'লেইশন্ US –জু–] *n* [U] তরঙ্গিত গতি বা রূপ; তরঙ্গণ; [C] তরঙ্গসদৃশ ভাঁজ বা ঢাল। **un·du·la·tory** [আনডিউ'লেইটরি] *adj* তরঙ্গায়িত; তরঙ্গী; উন্নতানত।

un·duti·ful [আন্'ডিউটিফ্ল্] *adj* কর্তব্যবিমুখ; অবাধ্য; স্বধর্মবিমুখ।

un·dy·ing [।আন্ডাইইঙ্] *adj* অমর; অক্ষয়; অবিনশ্বর; চিরন্তন; শাশ্বত: ~ love/hatred/ fame.

un·earned [আন্'আন্ড্] *adj* ১ কর্ম বা সেবার দ্বারা অর্জিত নয়; অনর্জিত: ~ income; ~ increment. ২ যোগ্যতাবলে অর্জিত নয়; অনর্জিত; অপ্রাপ্য; অপাত্রে বর্ষিত: ~ praise.

un·earth [আন্'আথ্] *vi* মাটি খুঁড়ে বের করা; উদ্‌ঘাটন/ আবিষ্কার করা: ~ new facts. **un·earth·ly** [আন্'আথ্লি] *adj* ১ অতিপ্রাকৃত; অতিমর্ত্য; অপার্থিব, অনৈসর্গিক। ২ রহস্যময়; ভৌতিক, ভূতুড়ে; ভীতিকর। ৩ (কথ্য) অসঙ্গত; অনুপযুক্ত; অসমীচীন: She called on me at an ~ hour.

un·easy [আন্'ঈজ়ি] *adj* অস্বস্তিকর; অস্থির; উৎকলিত; উদ্বিগ্ন; অস্বচ্ছন্দ; স্বস্তিহীন: an ~ conscience. **un·eas·ily** [আন্'ঈজ়িলি] *adv* অস্বস্তির সঙ্গে ইত্যাদি। **un·easi·ness, un·ease** [আন্'ঈজ়্] *nn* অস্বস্তি; অস্বাচ্ছন্দ্য; উদ্বেগ; অস্থিরতা; স্বস্তিহীনতা ক্লেশ।

un·eaten [আন্'ঈটন্] *adj* (খাদ্য সম্বন্ধে) খাওয়া হয়নি এমন; অভুক্ত; অভক্ষিত; অখাদিত।

un·econ·omi·cal [আন্।ঈকা'নমিক্ল্ US –।এক–] *adj* অমিতব্যয়ী; বেহিসাবি; অপচয়; অপচয়পূর্ণ; অসাশ্রয়ী।

un·edify·ing [আন্'এডিফাইইঙ্] *adj* নৈতিক বা মানসিক বিকাশের সহায়ক নয়; অশিক্ষাপ্রদ; কুরুচিপূর্ণ: ~ books.

un·edu·cated [আন্'এজুকেইটিড্] *adj* অশিক্ষিত; অপরিশীলিত; অশিক্ষিতসুলভ; চাষাড়ে: an ~ mind/ voice.

un·em·ploy·able [অনিম্'প্লয়ইঅবল্] *adj* ব্যবহারের অযোগ্য; অব্যবহার্য।

un·em·ployed [আনিম্'প্লয়্ড্] *adj* অব্যবহৃত; অলস: ~ capital; অকর্মান্বিত; নিষ্কর্মা; বেকার। **the ~** যাদের জন্য কর্মসংস্থান নেই কিংবা যারা সাময়িকভাবে কর্মহীন; বেকার।

un·em·ploy·ment [আনিম্'প্লয়মান্ট্] *n* [U] ১ বেকারত্ব। ২ অব্যবহৃত শ্রমশক্তির পরিমাণ; বেকারত্ব: There will be more ~ next year. ৩ (attrib) বেকারত্বের; বেকার–: ~ insurance; ~ pay/ benefit, বিমার তহবিল থেকে বেকারকে প্রদত্ত অর্থ।

un·en·cum·bered [আনিন্'কাম্বারড্] *adj* অপ্রতিবন্ধ; অনন্তরায়; ভারমুক্ত।

un·end·ing [আন্'এনডিঙ্] *adj* চিরস্থায়ী; নিত্য; অবিশ্রান্ত; বিরামহীন; (কথ্য) প্রায়শ পুনরাবৃত্ত; অন্তহীন: I am fed up with your ~ grumbling.

un·en·dur·able [আনিন্'ডিউঅরাবল্] *adj* অসহনীয়; অসহ্য: ~ pain/injustice.

un·en·light·ened [আনিন্'লাইটন্ড্] *adj* অশিক্ষিত; অপ্রাপ্তবুদ্ধি; অজ্ঞান; অল্পজ্ঞ; (কোনো কোনো প্রসঙ্গে) সংস্কারাচ্ছন্ন; কুসংস্কারাচ্ছন্ন।

un·en·ter·pris·ing [।আন্'এনটাপ্রাইজিঙ্] *adj* অনুদ্যোগী; উদ্যমহীন; নিশ্চেষ্ট; অচেষ্টিত।

un·en·vi·able [আন্'এন্ভিঅবল্] *adj* ঈর্ষার অযোগ্য; অনীর্ষণীয়; অস্পৃহণীয়; অনাকাঙ্ক্ষণীয়।

un·equal [আন্'ঈকোয়াল্] *adj* **~ (to sth)** ১ অসম। ২ (বিশেষত লেখা প্রভৃতি সম্বন্ধে) সর্বত্র সমান গুণবিশিষ্ট নয়; অসমান; অসমগুণান্বিত; পরিবর্তনশীল। ৩ যথেষ্ট সবল, বিচক্ষণ ইত্যাদি নয়; অসমকক্ষ: He feels ~ to the task. **~ly** [–কোয়ালি] *adv* অসমভাবে ইত্যাদি।

un·equal·led [আন্'ঈকোয়ল্ড্] *adj* অতুলনীয়; অপ্রতিদ্বন্দ্বী; অপ্রতিম; অনুপম।

un·equivo·cal [আনি'কোয়িভ কল্] *adv* স্পষ্ট; দ্ব্যর্থহীন; বীতসন্দেহ।

un·err·ing [আন্'আরিঙ্] *adj* যথাযথ; নির্ভুল; অব্যর্থ; অমোঘ; অভ্রান্ত: fire with ~ aim. **~·ly** *adv* অব্যর্থভাবে; অমোঘভাবে।

un·es·sen·tial [আন্ইসেন্‌শ্‌ল্] *adj* অস্তিত্বহীন; অনাবশ্যক; গুরুত্বহীন; গৌণ; অমুখ্য; অপ্রধান।

un·even [আন্'ঈভ্‌ন্] *adj* অসম; বিষম; অমসৃণ; বন্ধুর; অসমতল; উন্নতানত।

un·event·ful [আনি'ভেন্টফ্ল্] *adj* ঘটনাবিরল।

un·ex·ampled [আনিগ্'জ়া:ম্পল্ড US –জ্যাম্–] *adj* দৃষ্টান্তহীন; নজিরবিহীন; অনুপম; তুলনাহীন; অপূর্বপ্রতিম।

un·ex·ca·vated [আন্'একস্কাভেইটিড্] *adj* অখনিত; অনুদ্‌ঘাটিত; অনুৎখাত; অনিখাত।

un·ex·cep·tion·able [আনিক্'সেপশানাবল্] *adj* সমালোচনার ঊর্ধ্বে; অনবদ্য; নিরবদ্য; অনিন্দ্য।

un·ex·pected [আনিক্'স্পেকটিড্] *adj* অনপেক্ষিত; আকস্মিক; অপ্রত্যাশিত; আলটপকা: ~ guests/ questions.

un·ex·plained [আনিক্'স্প্লেইনড্] *adj* অব্যাখ্যাত; কৈফিয়ত প্রদান বা কারণ দর্শানো হয়নি এমন; অব্যাকৃত।

un·ex·posed [।আনিক'স্পৌজ়্ড্] *adj* আবৃত; অনুদ্‌ঘাটিত; অনুন্মোচিত; অপ্রকাশিত।

un·fading [আন্'ফেইডিঙ্] *adj* চির–অম্লান; অপরিম্লান।

un·fail·ing [আন্'ফেইলিঙ্] *adj* অফুরন্ত; অনবসায়ী; অন্তহীন; চিরবিশ্বস্ত; অক্ষয়: Her ~ good humour/ patience; an ~ friend. **~·ly** *adv* সদাসর্বদা; সর্বসময়ে: ~ly courteous.

un·fair [আন্'ফেআ(র্)] *adj* অন্যায়; অন্যায্য; বিষম; অনুচিত; অসরল; পক্ষপাতদুষ্ট: ~ treatment/ competition. **~·ly** *adv* অন্যায়ভাবে। **~·ness** *n* অন্যায়; অনৌচিত্য; অন্যায়াচরণ; অবিচার; বৈষম্য; অসমতা।

un·faith·ful [।আন্'ফেইথ্ফ্ল্] *adj* নিজ কর্তব্য, প্রতিশ্রুতি ইত্যাদির প্রতি বিশ্বস্ত নয়; (বিশেষত) বিবাহবন্ধনের প্রতি বিশ্বাসী নয়; অবিশ্বাসী; অসত্যসন্ধ; বিশ্বাসহন্তা; বিশ্বাসহন্ত্রী; অপতিব্রতা; অবিশ্বস্ত: ~ wife, অপতিব্রতা/ অসতী স্ত্রী। **~·ly** [–ফ়ালি] *adj* বিশ্বাস ভঙ্গ করে; বিশ্বাসঘাতকতা করে। **~·ness** *n* বিশ্বাসঘাতকতা; বিশ্বাসহীনতা; বিশ্বাসভঙ্গ; প্রতিজ্ঞাভঙ্গ।

un·fal·ter·ing [আন্'ফো°ল্টরিঙ্] *adj* অস্খলিত; অবিচলিত; দৃঢ়: with ~ steps/ courage. **~·ly** *adv* অবিচলিতভাবে।

un·fam·il·iar [ˌআনফা'মিলিআ(র্)] *adj* ১ **~ (to)** অবিদিত; অচেনা; অপরিচিত: This scene is not ~ to me. ২ **~ with** অপরিচিত; অনভ্যস্ত: I am ~ with this kind of life.

un·fath·om·able [আন্'ফ্যাদামাবল্] *adj* অতল; অগাধ; অতলস্পর্শ; অনবগাহ্য; (লাক্ষ.) দুর্জ্ঞেয়; দুর্বোধ; অনধিগম্য। **un·fath·omed** [আন্'ফ্যাদামড্] *adj* (ব্যক্তির চরিত্র সম্পর্কে) দুর্বোধ্য; অনধিগত; অজ্ঞাত; (অপরাধ ইত্যাদি সম্বন্ধে) অনুদ্ঘাটিত; (সাগরের গভীরতা ইত্যাদি সম্বন্ধে) মাপা হয়নি এমন; অগাধ; অতলস্পর্শ।

un·fed [আন্'ফেড্] *adj* অভুক্ত।

un·feel·ing [আন্'ফীলিঙ্] *adj* ১ কঠিন–হৃদয়; নির্দয়; সহানুভূতিহীন; নিঃসাড়; নির্মম। ২ অনুভূতিহীন; হৃদয়হীন। **~·ly** *adv* হৃদয়হীনভাবে ইত্যাদি।

un·feigned [আন্'ফেইনড্] *adj* অকৃত্রিম; অকপট; অবিমিশ্র; অনির্ব্যাদ: ~ satisfaction. **~·ly** *adv* অকপটে।

un·fit [ˌআন্'ফিট্] *adj* **~ (for sth/ to do sth)** অনুপযোগী; অনুপযুক্ত; অযোগ্য। □*vt* (-tt-) **~ sb for sth** অক্ষম করা: An attack of sciatica ~ted me for jogging.

un·flag·ging [ˌআন্'ফ্ল্যাগিঙ্] *adj* অক্লান্ত; অবিশ্রান্ত; নিরবচ্ছিন্ন: work with ~ energy.

un·flap·pable [আন্'ফ্ল্যাপাবল্] *adj* (কথ্য) সঙ্কটের সময় অস্থির বা চঞ্চল হন না এমন; অচঞ্চল; অবিচলিত; অবিচলচিত্ত। দ্র. flap[1] (৪).

un·fledged [ˌআন্'ফ্লেজড্] *adj* (পাখি সম্বন্ধে) এখনো উড়তে সক্ষম নয়; (লাক্ষ., ব্যক্তি সম্বন্ধে) অপরিপক্ব; অনভিজ্ঞ; আনাড়ি; অনুদ্গতপক্ষ; অজাতপক্ষ্ম; অনুদ্ভিন্নপক্ষ্ম।

un·flinch·ing [আন্'ফ্লিল্চিঙ্] *adj* নিঃশঙ্ক; নির্ভীক; দৃঢ়সঙ্কল্প; সঙ্কল্পবদ্ধ; অবিকম্পিত।

un·fold [আন্'ফৌল্ড্] *vt, vi* ১ (ভাঁজ–করা কোনো বস্তু সম্বন্ধে) খোলা; উন্মোচন করা। ২ প্রকাশ পাওয়া বা হওয়া; উন্মোচন করা; উন্মোচিত হওয়া: as the story ~s (itself).

un·for·get·table [ˌআনফা'গেটাবল্] *adj* অবিস্মরণীয়।

un·for·tu·nate [আন্'ফো°চুনাট্] *adj* দুর্ভাগ্যজনক; দুঃখজনক; শোচনীয়; হতভাগ্য। **~·ly** *adv* দুরদৃষ্টক্রমে; দুঃখজনকভাবে।

un·founded [ˌআন্'ফাউন্ডিড্] *adj* ভিত্তিহীন; অমলূক।

un·fre·quented [ˌআনফ্রি'কোয়েন্টিড্] *adj* (স্থান সম্বন্ধে) কদাচিৎ জনসমাগম ঘটে এমন; লোকসমাগমশূন্য; বিরল; বিজন।

un·friend·ly [আন্'ফ্রেনড্লি] *adj* অবন্ধুসুলভ; বৈরী; প্রতিকূল; অপ্রিয়; বিপ্রিয়; অস্নিগ্ধ।

un·frock [ˌআন্'ফ্রক্] *vt* (অসদাচারের জন্য পাদ্রিকে) যাজকবৃত্তি থেকে অপসারিত করা।

un·fruit·ful [আন্'ফ্রুট্ফ্ল্] *adj* অফলপ্রসূ; নিষ্ফল; অসফল; বিফল; বন্ধ্য।

un·ful·filled [ˌআনফুল্'ফিল্ড্] *adj* অপালিত; অপূর্ণ; অসম্পূর্ণ; অচরিতার্থ।

un·furl [আন্'ফা্ল্] *vt, vi* (গোটানো অবস্থা থেকে) সমুৎক্ষিপ্ত/বিসারিত করা বা হওয়া; খোলা; মেলা: ~ the sails.

un·fur·nished [ˌআন্'ফা্নিশ্ট্] *adj* (বিশেষত) আসবাবপত্রহীন; অসজ্জিত: rooms/ a house to let ~.

un·gain·ly [আন্'গেইন্লি] *adj* বেঢপ; বেয়াড়া; অসুন্দর।

un·gen·er·ous [আন্ 'জেনারাস্] *adj* অনুদার; সঙ্কীর্ণচিত্ত; ব্যয়কুণ্ঠ; নিষ্ঠুর; অল্পমনস্ক।

un·god·ly [আন্'গড্লি] *adj* ১ অধার্মিক; অধর্মচারী; পাষণ্ড; অনীশ্বর; ঈশ্বরভক্তিহীন; পাপী। ২ (কথ্য) বিরক্তিকর; অপ্রিয়কর; জঘন্য। ৩ (কথ্য) অসঙ্গত; অনুপযুক্ত; অসমীচীন: Why did you wake me up at this ~ hour ?

un·gov·ern·able [আন্'গভানাবল্] *adj* অশাসনীয়; দুঃশাসন–দুর্দমনীয়; দুরন্ত; দুর্দম্য: ~ passions; an ~ temper.

un·grate·ful [আন্'গ্রেইট্ফ্ল্] *adj* ১ অকৃতজ্ঞ; নিমকহারাম। ২ (দায়িত্ব সম্বন্ধে) অপ্রীতিকর; অপ্রিয়কর; অরুচিকর।

un·grudg·ing [ˌআন্'গ্রাজিঙ্] *adj* অকাতর; অকুণ্ঠ; অকুণ্ঠচিত্ত।

un·guarded [ˌআন্'গা:ডিড্] *adj* (বিশেষত ব্যক্তি ও তার বক্তব্য সম্বন্ধে) অসতর্ক; অরক্ষিত: in an ~ moment.

un·guent ['আনগোয়ান্ট্] *n* [C, U] মলম বা পিচ্ছিলকারক হিসাবে ব্যবহৃত যে কোনো নরম পদার্থ; প্রলেপ; বিলেপন; অনুলেপন।

un·hal·lowed [আন্'হ্যালৌড্] *adj* ১ পবিত্র করা হয়নি এমন; অসংস্কৃত; অপবিত্র; অপবিত্রিত: buried in ~ ground, গির্জা কর্তৃক ধর্মোদ্দেশ্যে উৎসৃষ্ট হয়নি এমন ক্ষেত্রে সমাধিস্থ। ২ দুষ্ট; অধার্মিক; ধর্মহীন; পাপিষ্ঠ।

un·happy [আন্'হ্যাপি] *adj* (-ier, -iest) ১ অসুখী; নিরানন্দ; দুর্ভাগ্যজনক; অসুখকর। ২ অনুপযোগী; অনুচিত; বেমওকা; বেফাঁস; অসঙ্গত; মুখছুট: an ~ comment.

un·healthy [আন্ 'হেল্থি] *adj* অস্বাস্থ্যকর; স্বাস্থ্যহানিকর; (কথ্য) বিপজ্জনক; সাঙ্ঘাতিক।

un·heard [আন্'হাড্] *adj* অশ্রুত; অনাকর্ণিত; শুনানি মঞ্জুর হয়নি এমন। **go ~ (ক)** অশ্রুত হওয়া বা থাকা। **(খ)** শ্রবণেচ্ছু কাউকে না পাওয়া: Our appeal for assistance went ~. **un·heard-of** [আন্'হাড্ অভ্] *adj* অশ্রুতপূর্ব; অসাধারণ; দৃষ্টান্তবিহীন।

un·hesi·tating [আন্'হেজিটেইটিঙ্] *adj* দ্বিধাহীন; নিঃসঙ্কোচ।

un·hinge [আন্'হিন্জ্] *vt* (দরজা, ফটক ইত্যাদি) কব্জা থেকে খুলে নেওয়া; বিসন্ধিত করা; (কারো মন, মস্তিষ্ক) বিকল/ভারসাম্যহীন করা; মানসিকভাবে অসুস্থ করা।

un·holy [আন্'হৌলি] *adj* ১ অশুভ; পাপময়; অপূত। ২ অসঙ্গত; অযৌক্তিক।

un·hook [আন্'হুক্] *vt* (পোশাক পরিচ্ছদের) আঁকড়ি খোলা; আঁকড়ি বা বড়শি থেকে খুলে ফেলা।

un·hoped-for [আন্'হৌপ্ট্ ফো°(র্)] *adj* অপ্রত্যাশিত; অনুপপন্ন।

un·hurt [ˌআন্'হাট্] *adj* অনাহত; অক্ষত; অপরিক্ষত।

un·hy·gienic [ˌআনহাই'জীনিক্] *adj* অস্বাস্থ্যকর; স্বাস্থ্যবিধিবিরুদ্ধ।

uni·cam·eral [ইউনি 'ক্যামরাল্] *adj* (আইনসভা সম্বন্ধে) এককক্ষবিশিষ্ট।

uni·cel·lu·lar [ইউনি'সেলিউলা(র্)] *adj* এককোষী।

uni·corn ['ইউনিকো°ন্] *n* (রূপকথায়) একশিংওয়ালা অশ্বসদৃশ প্রাণীবিশেষত; (আভিজাতিক চিহ্নরূপে) সিংহের লেজযুক্ত উক্ত প্রাণীর প্রতিরূপ; ইউনিকর্ন; একশৃঙ্গ।

un·iden·ti·fied [আনাইডেন্‌টিফ়াইড্‌] *adj* অশনাক্ত। **~ flying object** (সং. **UFO** ˌইউএফ্‌ˈঔ] বা [ˈইউফৌ]) দ্র. fly ভুক্তিতে flying saucer.

uni·form [ˈইউনিফো°ম্‌] *adj* একই; সমান; একরূপ; সমরূপ: boxes of ~ size; a ~ temperature. □*n* কোনো সংগঠনের সকল সদস্যের পরিধেয় পোশাক; উর্দি। **in** ~উর্দিপরা; উর্দিতে। **~ed** *adj* উর্দি-পরিহিত। **~·ly** *adv* সমভাবে; সমরূপে। **~·ity** [ইউ্যনিফো°মাটি] *n* [U] সমান অবস্থা; সমরূপতা; একরূপতা।

unify [ˈইউনিফ়াই] *vt* (*pt, pp* -fied) ১ একীভূত করা; ঐক্যবদ্ধ করা। ২ সমরূপ/ একরূপ করা। **uni·fi·ca·tion** [ˌইউনিফ়িˈকেইশ্‌ন্‌] *n* একত্রীকরণ; একীকরণ; একীভবন।

uni·lat·eral [ˌইউনিˈল্যাট্‌রাল্‌] *adj* একপাক্ষিক; একতরফা: a ~ declaration of independence, (সং. **UDI**). **~·ly** [-রালি] *adv* একতরফা; একপাক্ষিকভাবে।

un·im·agin·able [ˌআনিˈম্যাজিনাব্‌ল্‌] *adj* অকল্পনীয়; কল্পনাতীত; অভাবনীয়।

un·im·agin·ative [আনিˈম্যাজিনাটিভ্‌] *adj* কল্পনা-শক্তিহীন।

un·im·paired [আনিˈম্পেআড্‌] *adj* অক্ষত; অটুট।

un·im·peach·able [আনিমˈপীচাব্‌ল্‌] *adj* অনিন্দ্য; তর্কাতীত; সন্দেহাতীত; অনভিশংসনীয়: ~ honesty.

un·im·peded [আনিˈম্‌পীডিড্‌] *adj* অব্যাহত; অপ্রতিবন্ধ।

un·im·pres·sive [আনিˈম্‌প্রেসিভ্‌] *adj* ছাপ ফেলে না বা প্রভাব বিস্তার করে না এমন; অপ্রভবিষ্ণু।

un·in·formed [আনিˈম্‌ফো°মড্‌] *adj* (বিশেষত) পর্যাপ্তভাবে অবহিত নয় বা পর্যাপ্ত তথ্যোপকরণ ব্যতিরেকে কৃত; অনবহিত; অজ্ঞ; তথ্যানভিজ্ঞ; বে-ওয়াকিফ; বেখবর: ~ criticism.

un·in·hib·ited [আনিন্‌ˈহিবিটিড্‌] *adj* আভ্যাসিক কুণ্ঠা বা সঙ্কোচ থেকে মুক্ত (দ্র. inhibit); প্রথানুগত মানুষের মধ্যে বিরাজমান সামাজিক ও নৈতিক বাধা থেকে মুক্ত; নির্বাধ।

un·in·spired [আনিন্‌ˈস্ফাইআড্‌] *adj* মামুলি; সাদামাটা; অননুপ্রাণিত; নিষ্প্রাণ: an ~ lecture.

un·in·ter·ested [আন্‌ˈইন্‌ট্রস্‌টিড্‌] *adj* **~ (in)** আগ্রহহীন; আগ্রহশূন্য।

union [ˈইউনিঅন্‌] *n* ১ [U,C] একীভবন; একীকরণ; মিলন; ঐক্য; ইউনিয়ন; একীনতা: the Universal Postal U~. **the U~** (ক) (১৭০৭ সনে) ইংল্যান্ড ও স্কটল্যান্ডের ঐক্য। (খ) মার্কিন যুক্তরাষ্ট্র। **the U~ Jack** ব্রিটিশ পতাকা। ২ [U, C] একমত বা সামঞ্জস্যপূর্ণ হওয়ার অবস্থা; ঐক্য; মিলন: live in perfect ~; a ~, শুভ মিলন (বিবাহ)। ৩ [C] সমিতি; সঙ্ঘ। বিশেষত **trade ~,** দ্র. trade[1] (১)। ৪ **the U~** কোনো কোনো বিশ্ববিদ্যালয় ইত্যাদিতে সাধারণ সমিতি। ৫ [C] সংযোগ। ৬ **~ suit,** (US) = combinations (৪) **~·ist** [-ইস্‌ট্‌] *n* [C] ১ শ্রমিকসঙ্ঘের সদস্য বা সমর্থক। ২ **U~·ist** (ক) (GB রাজনীতি) স্বাধীন আইরিশ রাষ্ট্র প্রতিষ্ঠিত হওয়ার পূর্বে যে ব্যক্তি আয়ার্ল্যান্ডকে স্বাধীনতাদানের বিরোধী ছিলেন। (খ) গৃহযুদ্ধের সময়ে আমেরিকার ফেডারেল সরকারের সমর্থক; রাষ্ট্র, ফেডারেশন ইত্যাদি থেকে বিচ্ছিন্ন হওয়ার বিরোধী; ঐক্যবাদী।

unique [ইউˈনিক] *adj* অদ্বিতীয়; অনন্য; একমাত্র। **~·ly** *adv* অনন্যরূপে; অনন্যসাধারণভাবে। **~·ness** *n* অনন্যতা।

uni·sex [ˈইউনিসেক্‌স্‌] *adj* (পোশাকপরিচ্ছদ সম্বন্ধে) নারীপুরুষ উভয়ের ব্যবহারোপযোগী।

uni·son [ˈইউনিস্‌ন্‌] *n* [U] **(in) ~** মিল; ঐক্য: sing in ~, সমস্বরে গাওয়া; act in ~ , এক সঙ্গে অভিনয় করা।

unit [ˈইউনিট্‌] *n* [C] ১ স্বয়ংসম্পূর্ণ বলে বিবেচিত একক ব্যক্তি, বস্তু বা দল; একাঙ্ক: (সাম.) an armoured ~. ২ (মাপের বা পরিমাণের) একক: the monetary ~. ৩ ক্ষুদ্রতম পূর্ণসংখ্যা; ১। ৪ (যৌগশব্দ) **central ˈprocessing ~,** দ্র. central (১). **ˈkitchen ~** রান্নাঘরের সাজসরঞ্জাম (যেমন তাকসহ সিঙ্ক, পানি নিষ্কাশনের জন্য বোর্ড ইত্যাদি) যা অনুরূপ নকশা ও আকৃতির সরঞ্জামের সঙ্গে দেয়ালের সঙ্গে লাগানো যায়। **SI ~s** (ফ. Systéme International) প্রধান সাতটি এককের উপর ভিত্তি করে নির্ণীত বৈজ্ঞানিক পরিমাপের আন্তর্জাতিকভাবে গৃহীত পদ্ধতি (দ্র. ampere, candela, Kelvin, kilo-ভুক্তিতে kilogram, metre, mole[2]. second); আন্তর্জাতিক পরিমাপ-প্রণালীর একক। **visual disˈplay ~** কম্পিউটারের সঙ্গে সংযুক্ত টেলিভিশনের পর্দার অনুরূপ পর্দা, যাতে কম্পিউটারে সঞ্চিত তথ্যাদি প্রদর্শন করা যায়; আক্ষিক প্রদর্শন ইউনিট। **ˌ~ ˈfurniture** এক সঙ্গে ব্যবহার করবার জন্য অনুরূপ নকশা, উপাদান ইত্যাদির আসবাবপত্র; একরূপ আসবাবপত্র। **ˈ~ trust** যে ন্যাস বা ট্রাস্ট বহুসংখ্যক ও বহুবিধ স্টকে অর্থবিনিয়োগ করে এবং (ইউনিট নামে অভিহিত) সনদ প্রদান করে—এই সনদের উপর লভ্যাংশ দেওয়ার ব্যবস্থা থাকে।

Uni·tar·ian [ইউনিˈটেআরিঅন্‌] *n* খ্রিস্টান গির্জাসংগঠনবিশেষের সদস্য, যিনি ত্রিত্বতত্ত্বে বিশ্বাস করেন না, ঈশ্বরের একক ব্যক্তিতে বিশ্বাস করেন; একত্ববাদী। □*adj* একত্ববাদী: the U~ Church. **~·ism** [-নিজ়াম্‌] *n* একত্ববাদ।

unite [ইউˈনাইট্‌] *vt, vi* ১ এক হওয়া বা করা; মেলা বা মেলানো; একত্র হওয়া বা করা। ২ **~ (in sth/to do sth)** ঐক্যবদ্ধ হয়ে/ একযোগে/ একত্রে/ এক হয়ে কাজ করা: ~ in alleviating human sufferings. **~d** *adj* ১ ভালোবাসা ও সহমর্মিতার বন্ধনে ঐক্যবদ্ধ; সদ্‌ভাবপূর্ণ: a ~d family. ২ ঐক্যবদ্ধ; সম্মিলিত; একতাবদ্ধ: make an ~d effort. ৩ রাজনৈতিকভাবে যুক্ত: the U~d Kingdom, যুক্তরাজ্য। **~d·ly** *adv* মিলিতভাবে; ঐক্যবদ্ধভাবে; একজোটে।

unity [ˈইউনাটি] *n* (*pl* -ties) ১ [C, U] ঐক্য; একতা; বিভিন্ন অংশের সমন্বয়ে রচিত সমগ্রতা: the ~ of a poem. **the dramatic unities; the unities of place, time and action** (নাটক) আগাগোড়া একই দৃশ্যের ব্যবহার; নাটকের ঘটনাকাল এক দিনে বা অভিনয়ের মধ্য দিয়ে অতিবাহিত সময়ে সীমিতকরণ এবং কোনোরূপ অবান্তর প্রসঙ্গবর্জিত একক প্লটের ব্যবহার; নাটকীয় ঐক্যত্রয়। ২ [U] (লক্ষ্য, অনুভূতি ইত্যাদির) মিল; সামঞ্জস্য; সঙ্গতি; ঐক্য; একতা: in ~ with others, অন্যের সঙ্গে মিলেমিশে; political ~.

uni·ver·sal [ˌইউনিˈভ়াস্‌ল্‌] *adj* সর্বজনীন; সার্বলৌকিক; বিশ্বজনীন। **a ~ joint** যে সন্ধির দ্বারা সংযুক্ত অংশগুলি সকল দিকে ঘোরানো যায়; সর্বতোমুখ সন্ধি। **a ~ rule** যে নিয়মের কোনো ব্যত্যয় নেই; বিশ্বজনীন বিধান। **~ suffrage** সর্বজনীন ভোটাধিকার। **~ time,** দ্র. Greenwich. **~·ly** [-সালি] *adj* সর্বজনীনভাবে। **~·ity** [ইউনিভ়াˈস্যালাটি] *n* [U] সর্বজনীনতা; সার্বলৌকিকতা; বিশ্বলৌকিকতা।

uni·verse [ইউনিভাস্] *n* ১ **the U~** বিশ্ব; মহাবিশ্ব; বিশ্বব্রহ্মাণ্ড; বিশ্বচরাচর; সমগ্র সৃষ্টি ও স্রষ্টা। ২ [C] ছায়াপথসমষ্টি; বিশ্ব: Astronomers are looking for new ~s.

uni·ver·sity [ˌইউনিভাসাটি] *n* (*p l* -ties) বিশ্ববিদ্যালয়: (attrib) a ~ student/lecturer.

uni·vocal [ইউনিˈভৌকল্] [U] *adj* এককণ্ঠসম্বন্ধী; একস্বরিক; একার্থক।

un·just [ˌআন্জাস্ট্] *adj* অন্যায়; অন্যায্য।

un·jus·ti·fi·able [ˌআন্জাস্টিফাইঅবল্] *adj* যৌক্তিকতা প্রতিপাদন করা যায় না এমন; অপ্রতিপাদ্য।

un·jus·ti·fied [ˌআনজাস্টিফাইড্] *adj* প্রমাণসিদ্ধ নয়; অপ্রতিপন্ন; অযৌক্তিক।

un·kempt [ˌআনˈকেম্প্ট্] *adj* অপরিপাটি; (বিশেষত চুল সম্বন্ধে) অবিন্যস্ত; উস্কখুস্ক।

un·kind [আন্ ˈকাইন্ড্] *adj* নির্দয়; নিষ্ঠুর; অকরুণ; কঠোর: an ~ remark. **~·ly** *adv* নির্দয়ভাবে ইত্যাদি: Don't take it ~ ly if..., আমাকে নিষ্ঠুর ভাববেন না, যদি ...।

un·knowing [ˌআন্নৌইঙ্] *adj* অজ্ঞ; অনবহিত। **~·ly** *adv* অজান্তে; অজ্ঞাতসারে।

un·known [ˌআন্নৌন্] *adj* অজ্ঞাত।

un·learn [ˌআন্লান্] *vt* (চিন্তা, ভাব, অভ্যাস ইত্যাদি) মন থেকে ঝেড়ে/ মুছে ফেলা; পরিহার করা; (আগে শেখা হয়েছে এমন কিছু) ছাড়তে শেখা।

un·leash [আন্ ˈলীশ্] *vt* (কুকুর ইত্যাদিকে) চামড়ার রজ্জু থেকে মুক্ত করা; (লাক্ষ.) ছেড়ে দেওয়া; লেলিয়ে দেওয়া; অবারিত করা; বিস্ফোরিত হতে দেওয়া: ~ one's fury; ~ a new atomic weapon.

un·leav·ened [ˌআন্লেভ্ন্ড্] *adj* (রুটি সম্বন্ধে) ঈস্ট ছাড়া তৈরি; আফোলা।

un·less [অ্যান্লেস্] *conj* যদি না: We will miss the train, ~ we start at six, ছটায় যাত্রা শুরু না করলে।

un·let·tered [ˌআন্লেটাড্] *adj* অশিক্ষিত; নিরক্ষর।

un·like [ˌআন্লাইক্] *pred adj, prep* মতো নয়; অন্য রকম; (থেকে) ভিন্ন; আলাদা।

un·like·ly [আন্ˈলাইক্লি] *adj* অসম্ভাবনীয়; অসম্ভাবিত; অঘটনীয়: an ~ event/hypothesis.

un·load [আনˈলৌড্] *vt, vi* ১ ভার/ বোঝা নামানো; মাল খালাস করা; বোঝামুক্ত করা: ~ a ship; ~ cargo. ২ **~ (on to)** (কথ্য) (অবাঞ্ছিত কিছু থেকে) নিষ্কৃতি/অব্যাহতি পাওয়া; অন্যের ঘাড়ে চাপিয়ে নিষ্কৃতি পাওয়া: He ~ed his old TV set on to John.

un·lock [ˌআন্লক্] *vt* (দরজা ইত্যাদির) তালা খোলা।

un·looked-for [আন্ˈলুকট্ ফো°(র্)] *adj* অপ্রত্যাশিত; অনাকাঙ্ক্ষিত; উটকো।

un·loose [আন্ˈলূস্] *vt* বন্ধনমুক্ত করা; ছেড়ে দেওয়া; মুক্ত করে দেওয়া।

un·man·ly [আন্ˈম্যান্লি] *adj* ১ দুর্বল; কাপুরুষ; অপুরুষোচিত। ২ মেয়েলি।

un·manned [ˌআন্ম্যান্ড্] *adj* নাবিকহীন; বৈমানিকহীন: an ~ aircraft with remote control.

un·man·age·able [আন্ˈম্যানিজাবল্] *adj* নিয়ন্ত্রণের অসাধ্য; দুরুপচার; বিষম।

un·mar·ried [আন্ˈম্যারিড্] *adj* অবিবাহিত; অনূঢ়; অকৃতবিবাহ।

un·mask [আন্ˈমা:স্ক্ US -ˈম্যাস্ক্] *vt, vi* ১ মুখোশ খুলে ফেলা/ ত্যাগ করা। ২ আসল চরিত্র বা মতলব প্রকাশ করা; মুখোশ উন্মোচন করা; স্বরূপ উদ্ঘাটন করা: ~ a traitor/hypocrite; ~ treachery/ hypocrisy.

un·match·able [আন্ˈম্যাচবল্] *adj* অতুলনীয়; অদ্বিতীয়; তুলনাহীন; অতুল্য। **un·matched** [আন্ˈম্যাচ্ট্] *adj* অপ্রতিদ্বন্দ্বী; অপ্রতিপক্ষ; প্রতিদ্বন্দ্বীহীন।

un·meas·ured [আন্ˈমেজাড্] *adj* অপরিমিত; অমিত; অপ্রমিত; আমাপা।

un·men·tion·able [আন্ˈমেন্শানাবল্] *adj* অকথ্য; অনুচ্চার্য; অকথনীয়; অবাচ্য।

un·merited [ˌআন্মেরিটিড্] *adj* অযোগ্যতা সত্ত্বেও প্রাপ্ত; অনর্হ।

un·mind·ful [আন্ˈমাইন্ড্ফ্ল্] *adj* **~ (of)** অমনোযোগী; আনমনা; অনবধান; অপ্রণিধান; অপ্রণিহিত; অন্যমনস্ক; ভুলো; যত্নহীন।

un·mis·tak·able [ˌআন্মিˈস্টেইকাবল্] *adj* ভ্রমাতীত; সন্দেহাতীত; অভ্রান্ত; সুস্পষ্ট: an ~ sign of senility. **un·mis·tak·ably** [-কাবলি] *adj* ভ্রমাতীতভাবে ইত্যাদি।

un·miti·gated [আনˈমিটিগেইটিড্] *adj* সম্পূর্ণ; চরম; পুরোদস্তর; নিরঙ্কুশ; অশমিত: an ~ disaster; an ~ evil.

un·moved [আন্ˈমুভ্ড্] *adj* (বিশেষত) অনভিভূত; অবিচলিত; নির্লিপ্ত; নির্বিকার।

un·natu·ral [আন্ˈন্যাচ্রল্] *adj* অস্বাভাবিক; অস্বভাবী; অনৈসর্গিক। **~·ly** *adv* অস্বাভাবিকভাবে।

un·navi·gable [আন্ˈন্যাভিগাবল্] *adj* অনাব্য।

un·ne·ces·sary [আন্ ˈনেসাসরি US -সেরি] *adj* অপ্রয়োজনীয়; অনাবশ্যক; বাহুল্য;অহেতুক।

un·nec·es·sar·ily [ˌআন্নেসাসারলি US ˌআন্নেসাˈসেরালি] *adv* অনাবশ্যকভাবে; অনর্থক; খামকা।

un·nerve [ˌআন্নাভ্] *vt* আত্মসংযম, সিদ্ধান্তগ্রহণের ক্ষমতা ও সাহসশূন্য করা; বিচলিত/অধীর/অব্যবস্থিত করা।

un·no·ticed [ˌআন্নৌটিস্ট্] *adj* অলক্ষিত; অপরিলক্ষিত।

un·num·bered [ˌআন্নাম্বাড্] *adj* ১ অগণিত; অসংখ্যাত; সংখ্যাহীন; অসংখ্য। ২ নম্বরহীন; বেনম্বর: ~ tickets/ seats.

un·ob·served [আনাব্ˈজাভ্ড্] *adj* অলক্ষিত। **~·ly** *adv* অলক্ষিতে।

un·ob·tru·sive [আনাব্ˈট্রুসিভ্] *adj* অনতিলক্ষ্য; অপ্রগলভ।

un·of·fi·cial [আনাˈফিশ্ল্] *adj* উপযুক্ত কর্তৃত্ব বা অধিকার সহযোগে বলা বা করা হয়নি এমন; অনাধিকারিক; বেদাপ্তরিক; বেসরকারি: ~ statements; ~ strike, শ্রমিকসঙ্ঘ কর্তৃক অনুমোদিত নয়।

un·op·posed [আনাˈপৌজ়্ড্] *adj* বিরোধিতাহীন; অপ্রতিপক্ষ।

un·or·tho·dox [ˌআন্ও°থাডক্স্] *adj* যা ব্যাপকভাবে স্বীকৃত, প্রথাসিদ্ধ বা ঐতিহ্যানুগ, তার সঙ্গে সঙ্গতিপূর্ণ নয়; অগতানুগতিক; ভিন্নমার্গী; ব্যত্যয়ী: ~ teaching methods/ideas.

un·pack [ˌআন্প্যাক্] *vt, vi* (বাঁধাছাদা জিনিসপত্র) খুলে নেওয়া; জিনিসপত্র বের করে নেওয়া; মোট বা গাঁটরি খোলা: ~ one's clothes; ~ a suitcase.

un·paid [আন্ ˈপেইড্] *adj* অপরিশোধিত; বেতনহীন; অবেতনভুক।

un·pal·at·able [আন্'প্যালটাব্‌ল্] *adj* বিস্বাদ; বেতার; (লাক্ষ.) অপ্রীতিকর; অরুচিকর; অরুচ্য; অরুচির; অনুপাদেয়।

un·par·al·leled [আন্'প্যারালেল্ড্] *adj* অতুলনীয়; তুলনাহীন; অদ্বিতীয়; অতুলিত; অনুপম; অনুপমেয়; নিরুপম।

un·par·don·able [আন্'পা:ড্‌নাব্‌ল্] *adj* ক্ষমার অযোগ্য; অমার্জনীয়; অক্ষমার্হ।

un·par·lia·men·tary [ˌআন্ˌপা:লা'মেন্‌ট্রি] *adj* (ভাষা, আচরণ সম্বন্ধে) সংসদের অনুপযোগী; অসংসদীয়।

un·pa·triot·ic [ˌআন্প্যাট্রি'অটিক্ US –পেইট্–] *adj* দেশপ্রেমবর্জিত; অদেশপ্রেমিকসুলভ।

un·per·ceiv·able [ˌআন্পা'সীভাব্‌ল্] *adj* অলক্ষ্য; অনধিগম্য।

un·per·turbed [ˌআন্পা'টাব্ড্] *adj* অবিচলিত; নির্বিকার।

un·placed [ˌআন্'প্লেইস্ট্] *adj* (বিশেষত) দৌড়ের প্রথম তিনটি ঘোড়ার অন্তর্ভুক্ত নয়; অস্থানাপন্ন।

un·play·able [আন্'প্লেইঅব্‌ল্] *adj* (খেলার বল ও মাঠ সম্বন্ধে) খেলার অনুপযোগী।

un·pleas·ant [আন্'প্লেজ়ন্ট্] *adj* অপ্রীতিকর; অপ্রিয়; অরুচিকর। **~·ness** *n* [U,C] অপ্রীতিকরতা; অপ্রিয়তা; মনোমালিন্য; অসদ্ভাব; অপ্রীতি; বিসম্বাদ; বিবাদ; কলহ।

un·prac·ti·cal [আন্'প্র্যাক্‌টিক্‌ল্] *adj* অবাস্তব; অপ্রায়োগিক; ব্যবহারানভিজ্ঞ; অকার্যকুশল।

un·prac·tised [আন্'প্র্যাক্‌টিস্ট্] *adj* অল্পাভিজ্ঞ; অকৃতকর্মা; অদক্ষ; অকুশল।

un·prece·dented [আন্'প্রেসিডেন্‌টিড্] *adj* নজিরবিহীন; অভূতপূর্ব; অদৃষ্টপূর্ব। **~·ly** *adv* নজিরবিহীনরূপে।

un·pre·dict·able [আন্‌প্রি'ডিক্‌টাব্‌ল্] *adj* ভবিষ্যদ্বাণী করা যায় না এমন।

un·preju·diced [আন্'প্রেজুডিস্ট্] *adj* সংস্কারমুক্ত; পক্ষপাতশূন্য; নিরপেক্ষ; অপক্ষপাত।

un·pre·medi·tated [আন্‌প্রী'মেডিটেইটিড্] *adj* অপূর্বপরিকল্পিত; অপূর্বচিন্তিত।

un·pre·ten·tions [ˌআন্‌প্রি'টেন্‌শাস্] *adj* বিনয়ী; অনভিমানী; নিরহঙ্কার; অমায়িক; অব্যপদেষ্টা।

un·prin·cipled [আন্ 'প্রিন্‌সাপ্‌ল্ড্] *adj* নীতিহীন; বিবেকবর্জিত; অসৎ; অসাধু; সৎ–অসৎ বিচারহীন।

un·print·able [আন্‌প্রিন্ট 'ব্‌ল্] *adj* (নিতান্ত রূঢ় বা অশ্লীল বলে) মুদ্রণের অযোগ্য; অমুদ্রণীয়।

un·pro·fessional [আন্‌প্রা'ফেশনাল্] *adj* (বিশেষত আচরণ সম্বন্ধে) কোনো পেশার বিধিবিধান বা রীতিনীতির বিরোধী; অপেশাদারসুলভ।

un·pro·fi·table [আন্'প্রফিটাব্‌ল্] *adj* অলাভজনক; অফলদ; অনর্থক।

un·prompted [ˌআন্'প্রম্‌প্‌টিড্] *adj* (উত্তর, কার্য ইত্যাদি সম্বন্ধে) স্বতঃস্ফূর্ত; স্বপ্রবৃত্ত।

un·pro·vided [আন্‌প্রা 'ভাইডিড্] *adj* ১ **~ for** সহায়সম্বলহীন; নিঃসম্বল; জীবনোপায়হীন। ২ **~ with** যোগানহীন; ব্যবস্থাহীন: hospitals ~ with medicines and equipments.

un·pro·voked [ˌআন্‌প্রা'ভৌক্‌ট্] *adj* উস্কানিবিহীন; প্ররোচনাহীন: ~ attacks.

un·put·down·able [ˌআন্‌পুট'ডাউনাব্‌ল্] *adj* (কথ্য; বইপত্র সম্বন্ধে) এত মজার যে শেষ না হওয়া পর্যন্ত ছাড়া যায় না; অত্যাজ্য।

un·quali·fied [আন্ 'কোয়ালিফাইড্] *adj* ১ অকুণ্ঠ; চরম; নিরঙ্কুশ; নির্ব্যূঢ়; সীমাহীন: ~ praise; an ~ denial. ২ **~ as sth/to do sth** যোগ্যতাহীন; অযোগ্য: ~ to advise on a problem.

un·ques·tion·able [আন্ 'কোয়েস্‌চানাব্‌ল্] *adj* সন্দেহাতীত; প্রশ্নাতীত; সুনিশ্চিত; তর্কাতীত।

un·ques·tion·ably [-নাব্‌লি] *adj* প্রশ্নাতীতরূপে ইত্যাদি।

un·ques·tioned [আন্'কোয়েস্‌চান্ড্] *adj* আপত্তি বা তর্কের বিষয় নয়; অতর্কিত; অবিসম্বাদিত।

un·ques·tion·ing [আন্'কোয়েস্‌চনিঙ্] *adj* (বিশেষত) বিনা প্রশ্নে বা আপত্তিতে প্রদত্ত/ কৃত; প্রশ্নহীন: ~ obedience.

un·quiet [আন্ 'কোয়াইট্] *adj* (আনুষ্ঠা.) অশান্ত; অস্বস্তিকর; অস্থির; উত্তাল।

un·quote [আন্'কোয়ৌট্] (*v*, কেবল *imper*)(টেলিগ্রাম, টেলিফোন–বার্তা ইত্যাদিতে) উদ্ধৃতি বা উদ্ধারচিহ্ন শেষ করা।

un·ravel [আন্'র‍্যাভ্‌ল্] *vt, vi* (-ll-; US -l-) ১ সুতা আলাদা করা; খোলা বা খুলে যাওয়া; পাক খোলা; আলাদা হয়ে যাওয়া; উদ্‌গ্রন্থিত হওয়া বা করা; বুনট আলগা হওয়া বা করা। ২ স্পষ্ট করা; জট খোলা; সমাধান করা; উদ্‌ঘাটন করা: ~ a mystery/plot.

un·real [আন্'রিঅল্] *adj* অবাস্তব; কাল্পনিক; অলীক; অসার; অপ্রকৃত।

un·reas·on·able [আন্'রীজ়নাব্‌ল্] *adj* অন্যায্য; অযৌক্তিক; যুক্তিহীন; অসঙ্গত; অপরিমিত; অতিশয়িত; অতিরেক: make ~ demands.

un·reas·on·ing [আন্'রীজ়ানিঙ্] *adj*, যুক্তি ব্যবহার করে না বা যুক্তির দ্বারা চালিত নয় এমন; যুক্তিহীন; যুক্তিবর্জিত।

un·re·cog·nized [ˌআন্'রেকগনাইজ়্ড্] *adj* চেনা হয়নি বা স্বীকৃতিলাভ করেনি এমন; অনভিজ্ঞাত; অস্বীকৃত; স্বীকৃতিবিহীন।

un·re·lent·ing [ˌআন্'রিলেন্‌টিঙ্] *adj* তীব্রতা ইত্যাদি হ্রাস পায় না এমন; অবিশ্রান্ত; অনবরত; অবিরাম; ক্ষমাহীন; ক্ষান্তিহীন; অকরুণ: ~ pressure/ attacks. দ্র. relentless.

un·re·li·able [ˌআন্‌রি'লাইঅব্‌ল্] *adj* আস্থা স্থাপনের অযোগ্য; অনির্ভরযোগ্য; অবিশ্বস্ত; অবিশ্বাসী।

un·re·lieved [ˌআন্‌রি'লীভ্ড্] *adj* (বিশেষত) একঘেয়েমি দূর করার মতো কিছু নেই এমন; নিরবকাশ; নিরবচ্ছিন্ন: ~ boredom/tedium.

un·re·mit·ting [ˌআন্'রিমিটিঙ্] *adj* অবিশ্রান্ত; অবিরাম; অনবরত; অশ্রান্ত; অক্লান্ত: ~ care/ efforts.

un·re·quited [ˌআন্‌রি'কোয়াইটিড্] *adj* প্রতিদানহীন: ~ love/service.

un·re·served [ˌআন্‌রি'জ়াভ্ড্] *adj* ১ (রঙ্গালয় ইত্যাদির আসন সম্বন্ধে) অসংরক্ষিত। ২ অকুণ্ঠ; অখণ্ড: give sb one's ~ attention.

un·re·serv·ed·ly [ˌআন্‌রি'জ়াভিড্‌লি] *adj* নিঃশেষে; অকুণ্ঠিতপ্রাণে; অকুণ্ঠিতচিত্তে; মুক্তকণ্ঠে; মন খুলে: speak ~; trust sb ~.

un·rest [আন্'রেস্ট্] *n* [U] বিশেষত অস্থির অবস্থা; অস্থিরতা; অশান্তি; উত্তেজনা; বিক্ষুব্ধতা: social/political ~.

un·re·strained [ˌআন্‌রি'স্ট্রেইন্ড্] *adj* অসংযত; অনিয়ন্ত্রিত; উচ্ছৃঙ্খল।

un·re·stricted [৷আন্‌রি'স্ট্রিক্‌টিড়] *adj* অবাধ; অবারিত; বাধাহীন; অপ্রতিষিদ্ধ; (বিশেষত রাস্তা সম্বন্ধে) গতিসীমাহীন; অবাধগতি।

un·ri·valled (US: = **-ri·valed)** [আন্'রাইভ্‌ল্‌ড়] *adj* (সাহস ইত্যাদিতে) প্রতিদ্বন্দ্বীহীন; অতুলনীয়; নিঃসপত্ন।

un·roll [আন্'রৌল্‌] *vt, vi* পাক খোলা; বিছানো: ~ a carpet/map.

un·ruffled [আন্'রাফ্‌ল্‌ড়] *adj* শান্ত; অবিচলিত; অবিক্ষুব্ধ; অচঞ্চল; অক্ষুব্ধ; অবিক্ষিপ্ত।

un·ruly [আন্'রূলি] *adj* (-ier, -iest) উচ্ছৃঙ্খল; দুরন্ত; অবাধ্য; দুর্দান্ত; দুর্দম্য: an ~ child.

un·said [৷আন্'সেড়] *adj* অকথিত; অনুক্ত; অব্যক্ত।

un·sa·voury (US = **-sa·vory**) [আন্'সেইভারি] *adj* (বিশেষত) নোংরা; ন্যাক্কারজনক; ধিক্কারজনক; অরুচিকর: ~ stories; a woman with an ~ reputation.

un·scathed [আন্'স্কেইদ্‌ড়] *adj* অক্ষত; অপ্রহত; অনাহত।

un·scramble [৷আন্‌স্ক্র্যাম্‌ব্‌ল্‌] *adj, vt* (দুর্বোধ্য করে তোলা বার্তা ইত্যাদি বিশেষ গ্রাহকযন্ত্রের সাহায্যে) বোধগম্য করে তোলা। দ্র. scramble.

un·scripted [আন্'স্ক্রিপ্‌টিড়] *adj* (সম্প্রচারিত কথিকা বা আলোচনা সম্বন্ধে) পাণ্ডুলিপি থেকে পঠিত নয়; নির্লেখ।

un·scru·pu·lous [আন্'স্ক্রুপিয়ুলাস্‌] *adj* বিবেকহীন; নির্বিবেক; বিবেকবর্জিত; বিবেকবুদ্ধিহীন; অবিবেকী; সদ্‌বিবেচনাশূন্য। **~·ly** *adv* বিবেকবর্জিতরূপে।

un·seas·oned [৷আন্'সীজ়ন্‌ড়] *adj* (কাঠ সম্বন্ধে) কাঁচা; অসার; (খাদ্য সম্বন্ধে) স্বাদগন্ধবৃদ্ধির উপকরণযুক্ত নয়; বেমশলা।

un·seat [৷আন্'সীট্‌] *vt* ১ পদ থেকে অপসারিত করা; আসনচ্যুত/ গদিচ্যুত করা। ২ ঘোড়ার পিঠ থেকে ফেলে দেওয়া; ভূপাতিত করা।

un·seem·ly [আন্'সীম্‌লি] *adj* (আচরণ ইত্যাদি সম্বন্ধে) অশোভন; অশালীন; অনুচিত।

un·seen [আন্'সীন্‌] *adj* অদৃষ্ট; অলক্ষিত; অপ্রেক্ষিত; অদৃশ্য। □*n* ১ **the ~** অদৃশ্যলোক; অধ্যাত্মজগৎ। ২ [C] পূর্বপ্রস্তুতি ছাড়া বিদেশী ভাষা থেকে নিজের ভাষায় অনুবাদনীয় অনুচ্ছেদ; উপস্থিত অনুবাদ: French ~s.

un·settle [৷আন্'সেট্‌ল্‌] *vt* অস্থির, উদ্বিগ্ন বা অনিশ্চিত করা; অব্যবস্থিত করা: ~d weather.

un·sex [৷আন্'সেক্‌স্‌] *vt* স্ত্রী বা পুরুষ হিসাবে নিজের গুণাবলী হরণ করা। **~ed** *adj* লিঙ্গভেদহীন।

un·shaken [৷আন্'শেইকন্‌] *adj* অক্ষুব্ধ; অটল; অবিচলিত।

un·sight·ly [আন্'সাইট্‌লি] *adj* কুদৃশ্য; কুদর্শন; কুশ্রী; কদর্য; কুৎসিত: ~ advertisements. **un·sight·li·ness** *n* কুশ্রীতা; কদর্যতা।

un·skilled [আন্'স্‌কিল্‌ড়] *adj* (কাজ সম্বন্ধে) বিশেষ দক্ষতার প্রয়োজন হয় না এমন; অদক্ষ; (শ্রমিক সম্বন্ধে) অদক্ষ; অকুশল।

un·soph·is·ti·cated [৷আন্‌সা'ফিস্‌টিকেইটিড়] *adj* (তারুণ্য, অনভিজ্ঞতা প্রভৃতি কারণে) কথায় ও আচরণে স্বাভাবিক ও সহজসরল; কৌতুককররূপে সরল; সাহজিক; ছলাকলাহীন; নিষ্পাপ; সোজা; সহজ: ~ children/techniques.

un·sound [৷আন্'সাউন্‌ড়] *adj* ভালো অবস্থায় নেই এমন; খারাপ; দুর্দশাপন্ন; অসন্তোষজনক; খেলো; ফোঁপরা; টুটা; অসুস্থ: an ~ argument. **of ~ mind** (আইন.) বিকলচিত্ত; অপ্রকৃতিস্থ।

un·spar·ing [আন্‌স্'পেআরিঙ্‌] *adj* উদার; মুক্তহস্ত; অকৃপণ; অকুণ্ঠ; অকুণ্ঠিতচিত্ত; মুক্তকণ্ঠ: be ~ in one's efforts; ~ of praise.

un·speak·able [আন্'স্পীকব্‌ল্‌] *adj* অনির্বচনীয়; অকথ্য; অকথনীয়; অবাচ্য: ~ joy/wickedness; (কথ্য) অত্যন্ত অপ্রীতিকর: ~ behaviour. **un·speak·ably** *adv* অকথ্যরূপে ইত্যাদি।

un·spot·ted [আন্'স্পটিড়] *adj* (সুনাম সম্বন্ধে) নিষ্কলঙ্ক; অকলঙ্ক; নিষ্কলুষ; বেদাগ; নির্মল; শুভ্র।

un·stable [৷আন্'স্টেইব্‌ল্‌] *adj* ১ অনবস্থিত; স্থিতিহীন; নড়বড়ে; নড়নড়ে; অপ্রতিষ্ঠ; অস্থিত। ২ মানসিক ভারসাম্যহীন।

un·steady [আন্‌স্'টেডি] *adj* টলমলে; টলমলিত; টলমলায়মান। □*vt* নড়বড়ে করা; টলমলিত করা।

un·strung [৷আন্'স্ট্রাঙ্‌] *adj* (বিশেষত) স্নায়ু, মন বা আবেগের উপর কর্তৃত্বহীন বা সামান্য কর্তৃত্বসম্পন্ন; অসহিষ্ণু; বেসামাল; বেবশ; উদ্‌গ্রন্থিত; উৎসূত্র।

un·stuck [৷আন্'স্টাক্‌] *adj* আলগা; আবাঁধা; অবদ্ধ। **come (badly) ~** (কথ্য) ব্যর্থ/বিফল হওয়া; পরিকল্পনা অনুযায়ী কাজ না করা; ভণ্ডুল হওয়া: The scheme has come ~.

un·stud·ied [৷আন্'স্টাডিড়] *adj* (আচরণ সম্বন্ধে) অপরকে প্রভাবিত করার উদ্দেশ্যবিরহিত; স্বাভাবিক; সহজ; স্বচ্ছন্দ।

un·sung [৷আন্'সাঙ্‌] *adj* (কবিতায় বা গানে) মাহাত্ম্য গীত হয়নি এমন; অগীত; অপরিকীর্তিত: an ~ hero.

un·sure [৷আন্'শুআ(র্‌)] *adj* ১ আত্মবিশ্বাসহীন; আত্মপ্রত্যয়হীন। ২ নিশ্চিত জ্ঞান নেই এমন; অনিশ্চিত: We are ~ of his arrival.

un·sur·pass·able [৷আন্‌সা'পা:সাব্‌ল্‌] *adj* অনতিক্রমণীয়।

un·sus·pected [৷আন্‌সা'স্‌পেক্‌টাড়] *adj* পূর্বে অস্তিত্ব আঁচ করা যায়নি এমন; অভাবিতপূর্ব; অতর্কিত; অশঙ্কিত।

un·sus·pect·ing [৷আন্‌সা'স্‌পেক্‌টিঙ্‌] *adj* আস্থাশীল; অসন্দিগ্ধ; অসন্দিহান।

un·swerv·ing [আন্'সোয়াভ়িঙ্‌] *adj* (বিশেষত উদ্দেশ্য, লক্ষ্য ইত্যাদি সম্বন্ধে) স্থির; অবিচল; ঋজু: ~ loyalty/devotion. **~·ly** *adv* অবিচলভাবে।

un·syl·labic [৷আন্‌সিল্যাবিক্‌] *adj* ১ অক্ষরঘটিত নয়; অনাক্ষরিক। ২ (ব্যঞ্জনধ্বনি সম্বন্ধে) অক্ষর গঠন করে না এমন; অনাক্ষরিক।

un·sym·met·ri·cal [৷আন্‌সি'মেট্রিক্‌ল্‌] *adj* উভয় পার্শ্ব হুবহু একরূপ নয় এমন; অপ্রতিসম; অসমাঙ্গ।

un·sys·tem·atic [আন্'সিস্‌টম্যাটিক্‌] *adj* পদ্ধতি–প্রণালীহীন; অসাংশ্রয়িক; এলোমেলো; নিয়মশৃঙ্খলাহীন।

un·think·able [আন্'থিঙ্‌কাব্‌ল্‌] *adj* অচিন্তনীয়; অবিবেচ্য।

un·think·ing [আন্'থিঙ্‌কিঙ্‌] *adj* চিন্তাশূন্য; বিবেচনাহীন; অপরিণামদর্শী; অসতর্ক: in an ~ moment. **~·ly** *adv* চিন্তাভাবনা না করে।

un·thought-of [আন্'থোট্‌ অভ্‌] *adj* অভাবিত; অপ্রত্যাশিত; অনপেক্ষিত।

un·tidy [আন্'টাইডি] *adj* (-ier, -iest) (ঘর, ডেস্ক ইত্যাদি সম্বন্ধে) অপরিপাটি; বিশৃঙ্খল; অগোছালো; (ব্যক্তি

সম্বন্ধে) অপরিচ্ছন্ন; বেগোছ; পারিপাট্যহীন। **un·tidi·ly** *adv* অগোছালোভাবে ইত্যাদি।

un·til [আন্'টিল্] *prep, conj* দ্র. till.

un·time·ly [আন্'টাইম্‌লি] *adj* অকালোচিত; অসময়োচিত; অকালিক; অসাময়িক; অকাল: an ~ remark.

un·tir·ing [আন্'টাইআরিঙ্] *adj* ১ অক্লান্ত; শ্রান্তিক্লান্তিহীন। ২ অবিশ্রান্ত; অক্লান্ত: our ~ eftorts.

unto ['আন্টু] *prep* (পুরা.) = to (prep).

un·told [আন্'টৌল্‌ড্] *adj* (বিশেষত) অপরিমিত: a man of ~ wealth; অবর্ণনীয়: ~ suffering.

un·touch·able [আন্'টাচবল্] *adj, n* অস্পৃশ্য; অন্ত্যজ (ব্যক্তি); অচ্ছুৎ।

un·to·ward [ˌআন্টা'ওয়োºড্ US আন্'টোºর্ড্] *adj* (আনুষ্ঠা.) প্রতিকূল; দুর্ভাগ্যজনক; অনভিপ্রেত; অপ্রীতিকর: ~ incidents.

un·true [আন্'ট্রু] *adj* অসত্য; নিঃসত্য; অনৃত; অলীক; অযথার্থ।

un·truth [আন্'ট্রুথ্] *n* [U] অসত্য; নিঃসত্য; অসত্যতা; [C] (*pl* ~s [-ট্রুদ্‌জ্]) অসত্য উক্তি; মিথ্যা। **~·ful** [-ফ্‌ল্] *adj* মিথ্যাবাদী; অনৃতভাষী; অসত্যসন্ধ; অসত্যনিষ্ঠ। **~·fully** [-ফালি] *adv* মিথ্যাচারপূর্বক।

un·tu·tored [আন্'টিয়ুটর্ড্ US -টু-] *adj* শিক্ষাহীন; অশিক্ষিত; অজ্ঞ; অনধীয়ান।

un·used[1] [আন্'ইউজ়্ড্] *adj* অব্যবহৃত।

un·used[2] [আন্'ইউস্‌ট্] *adj* **~ to** অনভ্যস্ত।

un·usual [আন্ 'ইউজ়ল্] *adj* অস্বাভাবিক; অদ্ভুত; লক্ষণীয়; অসাধারণ; অসামান্য; বেদস্তুর; প্রথাবিরুদ্ধ; উদ্ভট: ~ clothes/opinions. **~·ly** [-জ়ালি] *adv* অস্বাভাবিক রকম ইত্যাদি: ~ ly large/late.

un·ut·ter·able [আন্'আটারাবল্] *adj* অনুচ্চার্য; অকথ্য।

un·var·nished [আন্'ভা:নিশ্‌ট্] *adj* (বিশেষত বর্ণনা, বিবরণ সম্বন্ধে) সাদামাটা; রংচংহীন; অতিরঞ্জনহীন; নিরলঙ্কার: The ~ truth.

un·veil [ˌআন্'ভেইল্] *vt, vi* ১ অনবগুণ্ঠিত করা বা হওয়া; ঘোমটা/অবগুণ্ঠন খোলা। ২ উদ্‌ঘাটন করা; প্রকাশ/ব্যক্ত করা; (ব্যবসায়ী ব্যবহার) প্রথম বারের মতো জনসমক্ষে প্রদর্শন করা।

un·voiced [ˌআন্'ভ্য়স্‌ট্] *adj* (ভাবনাচিন্তা সম্বন্ধে) অব্যক্ত; অনুচ্চারিত; অকথিত; অভাষিত; (ব্যাক.) অঘোষ।

un·waged [ˌআন্'ওয়েইজ্‌ড্] *adj* (ব্যক্তি) (সাধা. বৈতনিক চাকরি খুঁজে না পাওয়ার দরুণ) আনুষ্ঠানিক নিয়োগজনিত নিয়মিত বেতন পায় না এমন; চাকরিহীন।

un·wanted [আন্'ওয়ন্‌টিড্] *adj* অবাঞ্ছিত; অনাবশ্যক।

un·wieldy [আন্'ওয়ীল্‌ডি] *adj* আকার, আয়তন বা ওজনের জন্য নড়ানো বা নিয়ন্ত্রণ করা অসুবিধাজনক; বেয়াড়া; বিষম; পেল্লায়। **un·wiel·diness** *n* বেয়াড়ত্ব; অতিস্থূলতা।

un·wind [ˌআন্'ওয়াইন্‌ড্] *vt, vi* (*pt, pp* -wound [-'ওয়াউন্‌ড্]) ১ পাক বা প্যাঁচ খোলা। ২ (কথ্য) উত্তেজনা, ক্লান্তিকর কাজ ইত্যাদির পরে আরাম করা; হাঁপ ছাড়া।

un·wit·ting [আন্'ওয়িটিঙ্] *adj* অনবহিত; অবিদিত; বে-ওয়াকিফ; বেখবর; অজ্ঞ; অনভিপ্রায়িক; অনিচ্ছাকৃত। **~·ly** *adv* অজ্ঞাতসারে; অজান্তে।

un·writ·ten [ˌআন্'রিট্‌ন্] *adj* অলিখিত। **an ~ law** প্রথা বা ঐতিহ্যভিত্তিক আইন, যা কোথাও সুস্পষ্টভাবে বিবৃত হয়নি; অলিখিত আইন।

un·zip [ˌআন্'জ়িপ্] *vt* (-pp-) (পোশাক, থলে ইত্যাদি) চেন টেনে খোলা। zip দ্র.।

up [আপ্] *adv part* ১ (ক্রিয়াপদের সঙ্গে যুক্তভাবে ব্যবহার যথাস্থানে দ্র.): He's not yet up, এখনো শয্যা ত্যাগ করেনি; be up all night, রাত জাগা; be up late, গভীর রাত পর্যন্ত জাগা; get up, শয্যা ত্যাগ করা; উঠে দাঁড়ানো; Get up to ask a question; Up with you ! ওঠো ! দাঁড়াও ! parliament is up, অধিবেশন সমাপ্ত। **what's up** (কথ্য) কী হচ্ছে? There's some thing up, অস্বাভাবিক কিছু ঘটছে। **up and about** (বিশেষত সম্প্রতি অসুস্থ কোনো ব্যক্তি সম্বন্ধে) শয্যাত্যাগী ও সক্রিয়; সুস্থসবল। ২ উচ্চতর স্থানে, অবস্থানে, মাত্রায় ইত্যাদি; উপরে; ঊর্ধ্বে: The tide is up, জোয়ার হয়েছে; go up, বাড়া, চড়া; Are you well up in German ? ভালো অগ্রগতি হওয়া। ৩ কোনো গুরুত্বপূর্ণ স্থানে; (ইংল্যান্ডে) লন্ডনে: When are you going up to London? The case will be brought up before the Supreme Court. ৪ (down, round, over ও across-এর মতো অস্পষ্টভাবে ব্যবহৃত) কথিত স্থানে; যেস্থানে বক্তা আছেন, ছিলেন বা থাকবেন সেখানে: I went straight up to the counter. Go up to the policeman and ask him how to get there. ৫ (*vv*-এর সঙ্গে সম্পূর্ণতা বা অবসান নির্দেশ করতে): He has used up all his strength; Time's up, সময় শেষ। ৬ (তীব্রতা ইত্যাদির বৃদ্ধি নির্দেশ করতে): Please speak up ! Their spirits went up. ৭ **up against sth** (বাধা-বিঘ্ন ইত্যাদির) সম্মুখীন হওয়া। **be up before sb** আদালতে (বিচারক প্রভৃতির সম্মুখে) উপস্থিত হওয়া। **up and down (ক)** সামনে পিছনে; এ মাথা থেকে ও মাথা; ইতস্তত। **(খ)** উপরে-নীচে: bob up and down, ওঠানামা করা। সুতরাং, **ups and down** (সাধা. লাক্ষ.) উত্থানপতন। **on the up (and up)** (কথ্য) উত্তরোত্তর উন্নতি করা/ সাফল্যমণ্ডিত হওয়া। **up for sth (ক)** (অপরাধ ইত্যাদির জন্য) অভিযুক্ত: up for driving without license. **(খ)** বিবেচনাধীন; বিক্রয় বা নিলাম হবে বলে ঘোষিত: The law is up for amendment. The car is up for sale. **be well up in/on sth** কোনো বিষয়ে বিশেষজ্ঞ/ তথ্যাভিজ্ঞ/ অধীয়ান হওয়া: She's well up on motor mechanics. **up to sth (ক)** কিছু নিয়ে ব্যস্ত; কিছুতে নিয়োজিত: What're you up to ? **(খ)** তুল্য/যোগ্য হওয়া: She does not feel up to receiving visitors. He's not up to the task. **(গ)** পর্যন্ত; অবধি: up to now/then. **up to sb** কারো দায়িত্ব/ব্যাপার হওয়া: It's up to you to choose a partner. **all up (with sb),** দ্র. all[2](১). ˌ**up-and-ˈcoming** (ব্যক্তি সম্বন্ধে) পেশায় বা কর্মজীবনে উন্নতিশীল; উদীয়মান; সম্ভাবনাময়: an up-an-coming young Lawyer. □*prep* (*adv* -এর অর্থে): Walk up the stairs; travel up country, (উপকূল থেকে) দেশের অভ্যন্তরে যাওয়া; walk up the road, রাস্তা ধরে। □*vi, vt* (-pp-) ১ (কেবল হাস্য বা কথ্য ব্যবহার) জেগে ওঠা; লাফিয়ে ওঠা; খেপে যাওয়া: The insulted woman upped and threw the flowerpot at her oppressor. ২ (কথ্য) বাড়ানো: up the price.

up- [আপ্] *pref* উপরের দিকে।

up-beat ['আপ্ বীট্] *n* (সঙ্গীত) বিশেষত পদের (bar দ্র.) শেষে প্রস্বনহীন মাত্রা।

up·braid [ˌআপ্‌ব্রেইড্] *vt* **~ sb (for doing sth/with sth)** ভর্ৎসনা/ তিরস্কার করা; শাসন করা; ধমকে দেওয়া; তাড়না করা।

up·bring·ing [ˈআপ্‌ব্রিঙিঙ্‌] *n* [U] ছেলেবেলার শিক্ষাদীক্ষা।

up·coun·try [আপ্‌ˈকান্‌ট্রি] *adj, adv* (বিশেষত কোনো বৃহৎ জনবিরল দেশে) অভ্যন্তরের দিকে; অভ্যন্তরীণ; অভ্যন্তরস্থ: ~ district; travel ~.

up·date [ˌআপ্‌ˈডেইট্‌] *vt* হালনাগাদ করা; আধুনিক করা।

up·grade [ˌআপ্‌ˈগ্রেইড্‌] *vt* উচ্চতর স্তরে উন্নীত করা; উন্নমিত করা। □*n* [ˈআপ্‌গ্রেইড্‌] (বিশেষত) **on the ~** উন্নতির পথে; উন্নয়নশীল।

up·heaval [ˌআপ্‌ˈহীভ্‌ল্‌] *n* [C] আকস্মিক; বিরাট পরিবর্তন; অভ্যুৎপাত; অভ্যুত্থান: a volcanic ~; political ~s.

up·held [ˌআপ্‌ˈহেল্‌ড্‌] up hold-এর *pt, pp*

up·hill [ˌআপ্‌ˈহিল্‌] *adj* উপরের দিকে ঢালু; ঊর্ধ্বগামী; চড়াই; ঊর্ধ্বগ: an ~ road; (লাক্ষ.) দুরূহ; শ্রমসাধ্য। **an ~ task** অতি দুরূহ কর্তব্য। □চড়াই পথে: walk ~.

up·hold [ˌআপ্‌ˈহৌল্‌ড্‌] *vt* (*pt, pp* up held [-হেল্‌ড্‌]) ১ (ব্যক্তি, তার আচরণ, কাজ ইত্যাদি) অনুমোদন/ সমর্থন করা। ২ (সিদ্ধান্ত, রায়) অনুসমর্থন করা; বহাল রাখা।

up·hol·ster [ˌআপহৌল্‌স্‌টা(র্‌)] *vt* (আসন ইত্যাদিতে) গদি, স্প্রিং, আচ্ছাদন ইত্যাদি লাগানো; (কক্ষে) গালিচা, পর্দা, গদিওয়ালা আসন ইত্যাদি সরবরাহ করা; সজ্জিত/ মণ্ডিত/ পরিশোভিত করা: ~ed in/with velvet. **~er** *n* আসবাবপত্র বা কক্ষের সজ্জনা যার ব্যবহার; সজ্জকার। **~y** [-স্‌টারি] [U] উক্তরূপ সজ্জীকরণের উপকরণসমূহ; সজ্জনা; সজ্জকর্ম।

up·keep [ˈআপ্‌কীপ্‌] *n* [U] রক্ষণাবেক্ষণ (-এর ব্যয়): the ~ of a large building.

up·land [ˈআপলান্‌ড্‌] *n* (প্রায়শ *pl*) কোনো দেশ বা অঞ্চলের উচ্চতর অংশ (সমূহ) (যা পর্বতময় না-ও হতে পারে); উঁচু এলাকা: (attrib) an ~ region.

up·lift [ˌআপ্‌ˈলিফ্‌ট্‌] *vt* (লাক্ষ.) (আত্মিক বা আবেগগতভাবে) উন্নীত করা; উন্নমিত করা; উচ্ছ্রিত করা। □*n* [ˈআপ্‌লিফ্‌ট্‌] [U] সামাজিক বা মানসিক উৎকর্ষজনক প্রভাব; নৈতিক অনুপ্রেরণা।

up·most [ˈআপ্‌মৌস্‌ট্‌] *adv* = uppermost.

upon [অ্যাˈপন্‌] *prep* (আনুষ্ঠা.) = on² (১—৭) (এটাই অধিকতর প্রচলিত। upon-এর একমাত্র স্বাভাবিক ব্যবহার): ~ my word; once ~ a time.

up·per [ˈআপা(র্‌)] *adj* উপরের; উচ্চতর; উপরিস্থিত; ঊর্ধ্বতন; ঊর্ধ্বস্থ: the ~ lip; the ~ arm, প্রগণ্ড। **~ case,** দ্র. case²(২). **~ class,** দ্র. class (৩). **the ~ crust** (কথ্য) সমাজের উচ্চতম শ্রেণী। **the ~ storey** (লাক্ষ. কথ্য) মগজ;, মস্তিষ্ক: wrong in the ~ storey, বিকলমস্তিষ্ক। **have/ get the ~ hand (of)** (কারো উপর) সুবিধা/ প্রাধান্য/ প্রতিপত্তি লাভ করা। **the U~ House** (সংসদে) উচ্চতর কক্ষ (হাউজ অব লর্ডস্‌)। **ˈ~-cut** *n* (মুষ্টিযুদ্ধ) প্রতিপক্ষের আত্মরক্ষামূলক ব্যবস্থার ভিতরে বাহু ঢুকিয়ে ঊর্ধ্বমুখী আঘাত; ঊর্ধ্বাঘাত। □জুতার উপরিভাগ। **be (down) on one's ~s** নিঃস্ব/ সর্বস্বান্ত হওয়া। **ˈ~·most** [-মৌস্‌ট্‌] *adj* উচ্চতম; প্রধান; প্রধানতম। □*adv* উপরে; উপরিভাগে: You should not say whatever comes ~most, যা মনে আসে।

up·pish [ˈআপিশ্‌] *adj* (কথ্য) হামবড়া; আত্মম্ভরি; জেঁকো। **~·ly** *adv* আত্মম্ভরিতা করে। **~·ness** *n* হামবড়াই; আত্মম্ভরিতা; বড়ো মানুষি।

up·pity [ˈআপাটি] *adj* (কথ্য) = uppish.

up·right [ˈআপরাইট্‌] *adj* ১ ঋজু; অবক্র; সোজা; সিধা; সরল; খাড়া। **~ piano** ঊর্ধ্বাধভাবে তারযুক্ত পিয়ানো (গ্রান্ড পিয়ানোতে অনুভূমিকভাবে তার সাজানো হয়); খাড়া পিয়ানো। ২ মর্যাদাবান; ঋজুপ্রকৃতি; সরলোন্নত; আচরণে অকপট: an ~ man/ judge. **~·ly** *adv* ঋজুতার সঙ্গে; ঋজুভাবে। **~·ness** *n* [U] ঋজুতা।

up·ris·ing [ˈআপ্‌রাইজ়িঙ্‌] *n* [C] বিদ্রোহ; অভ্যুত্থান।

up·roar [ˈআপ্‌রো°(র্‌)] *n* [U,C] (কেবল *sing*) হৈচৈ; হৈহুল্লোড়; হট্টগোল; হুড়হাঙ্গামা; তুমুল। **~i·ous** [আপ্‌ˈরো°রিআস্‌] *adj* বিশেষত উচ্চ হাস্যধ্বনি ও অত্যন্ত আনন্দোদ্বেল; হৈহুল্লোড়পূর্ণ; তুমুল আনন্দমুখরিত: an ~ welcome. **~i·ous·ly** *adv* হৈচৈ সহকারে; তুমুল আনন্দকোলাহল সহকারে।

up·root [ˌআপ্‌ˈরূট্‌] *vt* উপড়ানো; উৎপাটন/ ছিন্নমূল করা; উন্মূলিত/ উচ্ছিন্ন করা।

up·set [ˌআপ্‌ˈসেট্‌] *vt, vi* (*pt, pp upset*) (-tt-) ১ উল্টানো; উল্টে পড়া, ফেলা বা পাওয়া; উবুড় করা বা হওয়া: He ~ the boat. ২ (মানসিকভাবে) বিপর্যস্ত করা; ওলটপালট করা; মেজাজ বিগড়ানো; বিচলিত/ অস্থির করা; তছনছ/ চুরমার/ লণ্ডভণ্ড করা। □*n* [ˈআপ্‌সেট্‌] [C] ১ বিপর্যয়; ওলটপালট; বিশৃঙ্খলা; অস্থিরতা; গোলমাল: a ˈstomach ~; have a terrible ~. ২ (ক্রীড়া) অপ্রত্যাশিত ফল; বিপর্যয়।

up·shot [ˈআপ্‌শট্‌] *n* **the ~ (of sth)** ফলাফল; পরিণাম; ফলনিবৃত্তি; শেষফল।

up·side-down [ˌআপ্‌সাইড্‌ ˈডাউন্‌] *adv* উল্টো/ অধোমুখ করে; ওলটপালট/ তছনছ/ লণ্ডভণ্ড করে: hold sth ~.

up·stage [ˌআপ্‌স্‌টেইজ্‌] *adj* (কথ্য) হামবড়া; উন্নাসিক; আত্মম্ভরি। □*adv* মঞ্চের পশ্চাদ্‌ভাগে। □*vt* অন্যের দিক থেকে নিজের দিকে দৃষ্টি ফিরানো; অসুবিধায় ফেলা।

up·stairs [ˌআপ্‌ˈস্‌টেঅ্যাজ্‌] *adv* ১ উপরের তলায়: go ~. ২ (attrib) উপরের তলার: an ~ room.

up·stand·ing [ˌআপ্‌ˈস্ট্যান্‌ডিঙ্‌] *adj* ঋজু হয়ে দণ্ডায়মান; সোজা; বলিষ্ঠ ও স্বাস্থ্যবান; সুস্থসবল।

up·start [ˈআপ্‌স্টা:ট্‌] *n, adj* হঠাৎ বিত্ত, ক্ষমতা বা উচ্চতর সামাজিক অবস্থান লাভ করেছে এমন (ব্যক্তি), বিশেষত যার আচরণ বিরূপ প্রতিক্রিয়া সৃষ্টি করে; ভুঁইফোড়।

up·stream [ˌআপ্‌ˈস্ট্রীম্‌] *adv* নদীর উজানে; স্রোতের প্রতিকূলে; উজানে; উজানস্রোতে।

up·surge [ˈআপ্‌সাজ্‌] *n* (আবেগের) উচ্ছ্বাস; সমুচ্ছ্বাস।

up·take [ˈআপ্‌টেইক্‌] *n* **quick/ slow on the ~** (কথ্য) ক্ষিপ্রধী/ জড়ধী।

up·tight [ˌআপ্‌ˈটাইট্‌] *adj* **~ (about)** (অপ.) ১ আশঙ্কিত; বিচলিত: ~ about an interview/ examination. ২ অস্বস্তিপূর্ণ; পক্ষপাতদুষ্ট; বৈরী; সন্ত্রস্ত।

up-to-date [ˌআপ্‌ টাˈডেইট্‌] *adj* আধুনিক; হাল-নাগাদ; কেতাদুরস্ত।

up·town [ˌআপ্‌ˈটাউন্‌] *adj, adv* (US) (শহরের) (আবাসিক বা অবাণিজ্যিক) উপরের দিকের; উপরের দিকে: ~ London; go ~.

up·turn [ˈআপ্‌টান্‌] *n* উপরের দিকে মোড়; ভালোর দিকে পরিবর্তন; ঊর্ধ্বমুখী প্রবণতা; ঊর্ধ্বগতি: an ~ in business/ employment/ production.

up·ward [ˈআপ্‌ওয়াড্‌] *adj* ঊর্ধ্বমুখী; ঊর্ধ্বাভিমুখ। **~ (social) mob·il·ity** এক (সামাজিক) শ্রেণী থেকে

অন্য শ্রেণীর অভিমুখে চলন; ঊর্ধ্বমুখী জঙ্গমতা; উৎসর্পণ। □*adv* **~ (s)** উপরের দিকে; ঊর্ধ্বাভিমুখে। **~s of** অধিক: ~ s of a hundred people.

ura·nium [ইউ'রেইনিঅম্] *n* [U] (রস.) তেজস্ক্রিয় ধর্মবিশিষ্ট ভারী সাদা মৌল (প্রতীক U), পারমাণবিক শক্তির অন্যতম উৎস; ইউরেনিয়াম।

Ura·nus [ইউরেইনাস্] *n* (জ্যোতি.) সূর্য থেকে দূরত্বের দিক থেকে সপ্তম গ্রহ; ইউরেনাস।

ur·ban ['আবান্] *adj* নগরসম্বন্ধী বা নগরস্থ; নাগরিক; নগর–; শহুরে: ~ areas; ~ guerrillas, দ্র. guerrilla. **~·ize** [–নাইজ্] *vt* নগরায়িত করা। **~·iz·ation** [আবানাই'জেইশ্ন্ US –নি'জেই–] *n* [U] নগরায়ণ।

ur·bane [আ'বেন্] *adj* শিষ্ট; সুসংস্কৃত; মার্জিত; শিষ্টাচারী; শিষ্টাচারপূর্ণ; সুসভ্য। **~·ly** *adv* মার্জিতভাবে ইত্যাদি। **ur·ban·ity** [আ'ব্যানটি] *n* [U] পরিশীলন; পরিমার্জনা; নাগরিকতা; সভ্যাচার; (*pl* -ties) শিষ্টাচার; মার্জিত আচরণ; সুজনতা।

ur·chin ['আচিন্] *n* দুষ্ট বালক বা বালিকা; চেংড়া বা চেংড়ি; ছোঁড়া বা ছুঁড়ি; (প্রায়শ '**street-~**) দরিদ্র দুঃস্থ শিশু; টোকাই।

Urdu ['উঅডূ] *adj, n* উর্দু।

ur·ethra [ইউরিথ্রা] *n* মূত্রনালী।

urge [আজ্] *vt* ১ **~ sb/sth (on/ onward/ forward)** তাড়া করা/দেওয়া; তাড়ানো; ঠেলে নেওয়া: ~ a horse onward. ২ **~ sb (to do sth)** পীড়াপীড়ি/ নির্বন্ধ করা; তাড়া দেওয়া; জোরালো সুপারিশ করা; প্রবর্তনা দেওয়া; প্ররোচিত করা: The shopkeeper ~d her to buy a new dress. ৩ **~ sth (on/ upon sth)** নির্বন্ধ সহকারে বোঝানো; গুরুত্ব আরোপ করা: He ~d on his son the importance of being honest. □*n* [U, C] তীব্র আকাঙ্ক্ষা; অভিলাষ; অত্যভিলাষ; বাসনা; অত্যাকাঙ্ক্ষা: an ~ to eat caviar.

ur·gent [আজান্ট্] *adj* ১ জরুরি; অত্যাবশ্যক; অপরিহার্য; আশু কর্তব্য। ২ (ব্যক্তি, তার কণ্ঠ ইত্যাদি সম্বন্ধে) সনির্বন্ধ; নির্বন্ধযুক্ত; নির্বন্ধিত। **~·ly** *adv* জরুরিভাবে; জরুরি ভিত্তিতে। **ur·gency** [–জান্সি] *n* [U] অত্যাবশ্যক; অত্যাবশ্যকীয়তা; অতিনির্বন্ধ: a matter of great urgency, অত্যন্ত জরুরি বিষয়।

uric [ইউঅরিক্] *adj* মূত্রসম্বন্ধী।

urine ['ইউঅরিন্ *n* [U] প্রস্রাব; মূত্র। **uri·nal** [ইউঅরিন্‌ল্] *n* ১ ('bed urinal) (অসুস্থ ব্যক্তির জন্য) মূত্রাধার। ২ (public 'urinal) (সর্বসাধারণের জন্য) প্রস্রাবখানা। **uri·nate** [ইউঅরিনেইট্] *vt* মূত্রত্যাগ করা; প্রস্রাব করা। **uri·nary** [ইউঅরিন্রি US -নেরি] *adj* মূত্রঘটিত: a urinary infection.

urn [আন্] *n* ১ সাধা. কাণ্ড ও পীঠিকাবিশিষ্ট পাত্রবিশেষ, যা বিশেষত শবভস্ম রাখার জন্য ব্যবহৃত হয়; ভস্মাধার। ২ চা বা কফি বানানো বা গরম রাখার জন্য বৃহৎ পাত্রবিশেষ; মটকা।

us [দুর্বল রূপ: আস্; জোরালো রূপ: আস্] *pron* আমাদেরকে; আমাদের।

usage [ইউজিজ্ US ইউসিজ্] *n* ১ [U] ব্যবহার। ২ [C,U] ভাষা–ব্যবহারের প্রচলনসমূহ (বিশেষত ভাষার যে সব দিক ব্যাকরণের নিয়মাবলী দ্বারা শাসিত হয় না); প্রয়োগ; প্রয়োগবিধি: a guide to French grammar and ~. ৩ [C, U] (সামাজিক) রীতিনীতি; আচরণবিধি; রীতিপদ্ধতি; দস্তুর; আচার–ব্যবহার: social ~(s).

use[1] [ইউস্] *n* ১ [U] ব্যবহার: the use of tools/electricity. **in use** ব্যবহৃত হচ্ছে এমন; আচরিত। **out of use** অব্যবহৃত; ব্যবহারবর্জিত। **come into use** ব্যবহৃত/ প্রচলিত হওয়া; চালু হওয়া; ব্যবহৃত হতে শুরু করা। **go/fall out of use** চলন না থাকা; অচল/ অপ্রচলিত হয়ে যাওয়া; আর ব্যবহৃত না হওয়া। **make (good/ the best) use of** সদ্ব্যবহার/ উত্তম ব্যবহার করা: make use of an opportunity. ২ [C, U] যে উদ্দেশ্যে কোনো ব্যক্তি বা বস্তুকে নিযুক্ত করা হয় বা করা যায়; কোনো ব্যক্তি বা বস্তু যে কাজ করতে পারে; ব্যবহার; প্রয়োগ; প্রয়োজন; দরকার: a tool with many uses; have no further use for sth. I have no use for (অপছন্দ করি; সহ্য হয় না) workers who shirk work. ৩ [U] মূল্য; লাভ: It's of no use to an old man. It's no use your offering excuses for being late. 8 [U] ব্যবহার করবার ক্ষমতা: lose the use of one's legs, পঙ্গু হওয়া। ৫ [U] ব্যবহার করার অধিকার: give sb the use of one's library, ব্যবহার করতে দেওয়া। ৬ [U] = usage; অভ্যাসের মধ্য দিয়ে অর্জিত স্বাচ্ছন্দ্য; ব্যবহার: Use is the best guide. **use·ful** [ইউস্‌ফ্‌ল্] *adj* ১ দরকারি; কাজের; উপকারী; হিতকর; ব্যবহার্য; প্রয়োজনীয়: a useful tool. ২ (কথ্য) যোগ্য; সমর্থ; কর্মক্ষম: a useful member of a team. **use·fully** [–ফ়ালি] কার্যকরভাবে; উপযোগীরূপে ইত্যাদি। **use·ful·ness** *n* প্রয়োজনীয়তা; উপকারিতা; উপকার; হিত; মঙ্গল। **use·less** *adj* ১ অকাজের; মূল্যহীন; অর্থহীন; অপদার্থ; অকেজো; অকার্যকর: a useless old bicycle. ২ নিষ্ফল; বৃথা; অর্থহীন: It's useless to advise him. **use·less·ly** *adv* অনর্থক; খামকা; অহেতুক; শুধুশুধু। **use·less·ness** *n* অর্থহীনতা; নিষ্ফলতা; অকার্যকরতা।

use[2] [ইউজ্] *vt* (*pl, pp* used [ইউজ্‌ড্], ১ **use (for)** ব্যবহার করা; কাজে লাগানো; প্রয়োগ করা। ২ **use sth (up)** খরচ করা; নিঃশেষ করা: ~ up all one's energies . ৩ (কারো সঙ্গে) ব্যবহার/আচরণ করা: He used his servant badly. **used** [ইউজ্‌ড্] *adj* ব্যবহৃত; পুরাতন: used cars. **us·able** [ইউজাব্‌ল্] *adj* ব্যবহারযোগ্য; ব্যবহর্তব্য; ব্যবহারোপযোগী। **user** *n* ব্যবহারকারী; ব্যবহর্তা।

used[1] [ইউস্‌ট্] *anom fin* (neg used not; usedn't/ usen't ['ইউস্‌ন্ট্]; (কথ্য) didn't use [ইউস্‌ট্] **~ to** + inf (অতীতের নিত্য বা প্রায়িক ঘটনা নির্দেশে ব্যবহৃত): He ~ to come every day, তিনি আসতেন। **there ~ to be** (কোনো কিছুর অতীত অস্তিত্বসূচক): There ~ to be a herd of cattle grazing in the field, use(d)n't there/didn't there?

used[2] [ইউস্‌ট্] *adj* **~ to** অভ্যস্ত: I'll never get ~ to this kind of life.

user·friendly [ইউজা'ফ্রেন্ড্‌লি] *adj* (বিশেষত কম্পিউটারের যন্ত্রপাতি ও পূর্বলেখ সম্বন্ধে) অবিশেষজ্ঞ ব্যবহারকারীদের জন্য সহজ; সহজে ব্যবহারযোগ্য; সহজ ব্যবহারোপযোগী; ব্যবহারমিত্র।

usher ['আশা(র্)] *n* ১ যে ব্যক্তি রঙ্গালয়, প্রেক্ষাগৃহ ইত্যাদি স্থানে মানুষকে তাদের আসন দেখিয়ে দেয়; প্রবেশক; দ্বারিক। ২ আদালত প্রভৃতিতে দ্বারপাল; দ্বারী; আরজবেগ। □*vt* ১ অগ্রবর্তী হয়ে নিয়ে যাওয়া; এগিয়ে দেওয়া। ২ **~ sth in** সূচনা করা; ঘোষণা করা। **~·ette** [আশা'রেট্] *n* দ্বাররক্ষিত্রী।

usual [ইউজ়ল্] *adj* সচরাচর ঘটে এমন; প্রচলিত; প্রথাগত; নিত্যনৈমিত্তিক; স্বাভাবিক; নিত্যদিনের: We came home later than ~; The ~ onlookers gathered around the juggler. **as ~** যথারীতি। **~·ly** [ইউজালি] *adv* সচরাচর; সাধারণত।

usurer [ইউজ়ারা(র্)] *n* সুদের কারবারি; সুদখোর; কুসীদজীবী।

usurp [ইউজ়াপ্] *vt* (কারো ক্ষমতা, কর্তৃত্ব, পদ) অন্যায়ভাবে দখল করা; জবরদখল করা: ~ the throne. **~ er** *n* জবরদখলকারি। **usur·pa·tion** [ইউজ়া'পেইশ্‌ন্] *n* [C,U] জবরদখল।

usury [ইউজ়ারি] *n* [U] সুদখোরি; সুদের কারবার; কুসীদ ব্যবহার; চোটা; চড়া সুদ। **usuri·ous** [ইউ'জ়িউআরিআস্ US –'জু–] *adj* কৌসীদ; চোটাঘটিত; সুদি বা বার্ষিক: a usurious transaction; a usurious rate of interest, গলাকাটা সুদের হার।

uten·sil [ইউ'টেন্‌সিল্] *n* বিশেষত গৃহে ব্যবহারের জন্য হাতিয়ার; সাজসরঞ্জাম: houschold ~s, গৃহ–সরঞ্জাম; গার্হস্থ্য উপকরণ; 'writing ~s, লেখার সরঞ্জাম।

uterus [ইউটারাস্] *n* (ব্যব.) জরায়ু; গর্ভ; জঠর। **uter·ine** [ইউটারাইন্] *adj* জরায়ুঘটিত; জরায়ুজ; জরায়ুস্থ: ~ brothers, বৈপিত্র/বৈপিত্রেয় ভাই।

utili·tar·ian· [ইউ টিলি'টেঅরিঅন্] *adj* ১ সত্য, সুন্দর ও কল্যাণের চেয়ে উপযোগিতার উপর অধিক গুরুত্ব আরোপ করে এমন; উপযোগবাদী। ২ উপযোগবাদী ও তাদের আদর্শ সম্বন্ধী; উপযোগবাদী। ❑*n* **U ~** উপযোগবাদের সমর্থক; উপযোগবাদী। **~·ism** [–নিজ়াম্] *n* [U] জীবনের শ্রেষ্ঠ বিধান হচ্ছে 'সর্বাধিক সংখ্যক মানুষের সর্বাধিক সুখ' নিশ্চিত করার লক্ষ্যে কাজ করা—এই রাজনৈতিক ও শ্রেয়োনীতিক মতবাদ; উপযোগবাদ।

util·ity [ইউটিলাটি] *n* (*pl* -ties) ১ [U] উপযোগিতা; উপযোগ: (attrib) '~ van/truck, বিভিন্ন উদ্দেশ্যে ব্যবহারের উপযোগী ভ্যান/ ট্রাক। ২ [C] **(public) ~** পানি, বিদ্যুৎ ও গ্যাস সরবরাহ, বাস বা ট্রেন সার্ভিস প্রভৃতি জন–উপযোগমূলক সেবা; জন–উপযোগ।

util·ize [ইউটিলাইজ় US –টালাইজ়] *vt* ব্যবহার করা; কাজে লাগানো; সদ্ব্যবহার করা; উপযোগিতা/প্রয়োগ খুঁজে পাওয়া। **util·iz·able** [–জ়াব্‌ল্] *adj* ব্যবহারযোগ্য। **util·iz·ation** [ইউটিলাই'জ়েইশ্‌ন্ US -টালি'জ়েই–] *n* [U] ব্যবহার; সদ্ব্যবহার।

ut·most [আটমৌস্‌ট্] *adj* চরম; সর্বাধিক; পরম; সর্বোচ্চ; নিরতিশয়: in the ~ danger; of the ~ importance. ❑*n* **one's/the ~** যথাসাধ্য; যথাশক্তি; যথাসম্ভব: exert/enjoy oneself to the ~.

Uto·pia [ইউ'টৌপিআ] *n* [C] কাল্পনিক, নিখুঁত সামাজিক ও রাজনৈতিক ব্যবস্থা; স্বপ্নরাষ্ট্র; স্বর্গরাজ্য। **Uto·pian** [–পিঅন্] *adj* (অপিচ **u~**) আকর্ষণীয় ও বাঞ্ছনীয় তবে অবাস্তব; আকাশকুসুম: a ~n scheme.

ut·ter[1] [আটা(র্)] *adj* সম্পূর্ণ; বদ্ধ; একদম; একেবারে; চরম; নিতান্ত; নিরেট; ঘোর: ~ darkness; an ~ slander. **~·ly** *adv* ১ সম্পূর্ণরূপে, একেবারে ইত্যাদি। ২ অন্তরের অন্তঃস্থল পর্যন্ত; মনেপ্রাণে; সমগ্র সত্তা দিয়ে: He ~ly despises you.

ut·ter[2] [আটা(র্)] *vt* ১ মুখ দিয়ে (শব্দ) করা; উদীরণ করা: ~ a sigh/a cry of pain. ২ বলা; উদীরণ/ উচ্চারণ করা: He did not ~ a word. ৩ (জাল মুদ্রা ইত্যাদি) চালু করা। **~·ance** [আটারান্‌স্] *n* ১ (কেবল *sing*) বাচনভঙ্গি; অভ্যুদীরণ: a clear/defective/very rapid ~ance. ২ [C] উক্তি; কথা; উচ্চারণ; অভ্যুদীরণ। ৩ [U] উদীরণ: give ~ance to (one's feelings, etc) ভাষায় ব্যক্ত করা; উদীরিত করা। **~ed** *pt, pp* অভ্যুদীরিত।

uvula [ইউভ্যিউলা] *n* (ব্যব.) আলজিহ্বা; আলজিব। **uvu·lar** [–লা(র্)] *adj* আলজিহ্ব্য।

ux·ori·ous [আক্'সো°রিআস্] *adj* নিজ স্ত্রীর প্রতি অত্যাসক্ত; স্ত্রৈণ; স্ত্রৈণসুলভ। **~·ly** *adv* স্ত্রৈণের মতো। **~·ness** *n* স্ত্রৈণতা।

V v

V, v [ভী] *n* (*pl* V's, v's) ১ ইংরেজি বর্ণমালার ২২তম বর্ণ; রোমান ৫–এর প্রতীক। দ্র. পরি. ৪। ২ V-আকৃতির বস্তু: The V sign, হাতের তালু সামনে বাড়িয়ে তর্জনী ও অনামিকা প্রসারিত করে প্রদর্শিত বিজয়সূচক সঙ্কেত (victory-এর V). **V 1, 2** [ভী 'ওয়ান, 'টু]; উড়ন্ত বোমা। দ্র. doodlebug.

vac [ভ্যাক্] *n* (vacation-এর কথ্য সং.) অবকাশ; ছুটি।

va·cancy [ভেইকান্‌সি] *n* (*pl* -cies) ১ [U] শূন্যতা; রিক্ততা। ২ [U,C] খালি/ফাঁকা জায়গা; শূন্য স্থান। ৩ [U] ভাব বা বুদ্ধিমত্তার অভাব; অভিনিবেশের অভাব; শূন্যতা। ৪ [C] কর্ম খালি; শূন্যপদ।

va·cant [ভেইকান্‌ট্] *adj* ১ শূন্য; রিক্ত; খালি; ফাঁকা: ~ space. ২ কেউ দখল করে নেই এমন; শূন্য; খালি: a ~ room. **~ possession** বাড়িঘর ইত্যাদি বিক্রয়ের বিজ্ঞাপনে ব্যবহৃত বাক্যাংশ: ক্রেতা তাৎক্ষণিকভাবে দখল নিতে পারেন এই ঘোষণাসূচক; তাৎক্ষণিক দখল। ৩ (সময় সম্বন্ধে) অবসর। ৪ (মন সম্বন্ধে) চিন্তাশূন্য; (চোখ সম্বন্ধে) চিন্তা বা আগ্রহের অভিব্যক্তিহীন; শূন্য; ফাঁকা; উদাস; রিক্ত: with ~ looks; a ~ stare/expression. **~·ly** *adv* শূন্যদৃষ্টিতে ইত্যাদি।

va·cate [ভা'কেইট্ US 'ভেইকেইট্] *vt* ১ বসত তুলে নেওয়া; খালি করা; খালি করে চলে যাওয়া: ~ a house/rented rooms. ২ খালি রেখে যাওয়া; ত্যাগ করা: ~ one's seat. ৩ (আনুষ্ঠা.) দখল বা ব্যবহার ছেড়ে দেওয়া।

va·ca·tion [ভা'কেইশ্‌ন্ US ভেই–] *n* ১ [U] (আনুষ্ঠা.) পরিত্যাগ; শূন্যীকরণ: ~ of a good position. ২ [C] অবকাশ; ছুটি: the summer ~. ৩ [C] (বিশেষত US) (যে কোনো) ছুটি। **on ~** ছুটিতে। ❑*vi* **~ at/in** (US) ছুটি কাটানো; অবকাশ যাপন করা। **~·ist** [–শানিস্‌ট্] *n* (US) অবকাশযাপক; অবকাশযাপনকারী।

vac·ci·nate [ভ্যাকসিনেইট্ US -সানেইট্] *vt* **~ sb (against sth)** টিকা দেওয়া। **vac·ci·na·tion** [ভ্যাক্‌সি'নেইশ্‌ন্] *n* [C,U] টিকা।

vac·cine ['ভ্যাক্‌সীন্ US ভ্যাক্'সীন্] *n* [C,U] মানুষকে রোগ থেকে রক্ষা করার জন্য রক্তপ্রবাহের মধ্যে অন্তঃক্ষিপ্ত পদার্থ, যাতে সামান্য রোগ লক্ষণ প্রকাশ পেলেও বিপদের কোনো আশঙ্কা থাকে না; টিকা।

vac·il·late [ভ্যাসিলেইট্] *vi* **~ (between)** দ্বিধা করা; দ্বিধান্বিত হওয়া; দোদুলচিত্ত/ দোলায়মান/ দোলায়িত/ দোদুল হওয়া; আন্দোলিত/ দোদুল্যমান হওয়া; (মতামত ইত্যাদিতে) অনিশ্চিত হওয়া: ~ between hope and fear. **vac·il·lation** [ভ্যাসি'লেইশ্‌ন্] *n* [C, U] দোদুল্যমানতা; দোলাচলচিত্ততা।

vacu·ous [ভ্যাকিউঅস্] *adj* চিন্তা বা বুদ্ধিমত্তার অভাবসূচক; শূন্য; ফাঁকা; উদাস; শূন্যগর্ভ: a ~ expression/ stare/ remark/ laugh. **~·ly** *adj* শূন্যদৃষ্টিতে। **vacu·ity** [ভ্যাকিউঅটি] *n* (*pl* ties) [U] ১ ফাঁকা বা শূন্যগর্ভ অবস্থা; শূন্যতা; শূন্যগর্ভতা; শূন্য দৃষ্টি। ২ (*pl*) ফাঁকা/ফাঁপা কথা, কাজ ইত্যাদি; ফাঁকা বুলি/ আওয়াজ।

vac·uum ['ভ্যাকিউঅম্] *n* (*pl* ~s কিংবা বিজ্ঞানে -ua [-কিউঅ]) সম্পূর্ণ বায়ুশূন্য বা বস্তুশূন্য স্থান; শূন্য। **'~ cleaner** যন্ত্রবিশেষ, যা ধূলি, ময়লা ইত্যাদি শুষে নেয়; শোষকল। **'~ flask/bottle** আধেয় সমান তাপমাত্রায় রাখার জন্য আধার বা বোতল, যার আভ্যন্তর ও বহিঃস্থ দেয়ালের মাঝখানে বায়ুশূন্য ফাঁকা স্থান থাকে; নির্বাত বোতল। দ্র. thermos. **'~ pump (ক)** কোনো পাত্রে আংশিক বায়ুশূন্যতা সৃষ্টি করার জন্য ব্যবহৃত চাপকল; বায়ুশোষক যন্ত্র। **(খ)** যে চাপকলে পানি উত্তোলন করার জন্য আংশিক বায়ুশূন্যতা কাজে লাগানো হয়; বায়ুশূন্য চাপকল। **'~ tube/valve** বৈদ্যুতিক আধানের চলাচল পর্যবেক্ষণের জন্য প্রায় সম্পূর্ণ বায়ুশূন্য, দৃঢ়সংবদ্ধ কাচের নলবিশেষ; নির্বাত নল/কপাটিকা।

vaga·bond ['ভ্যাগাবন্‌ড্] *adj* ভবঘুরে; বাউণ্ডুলে: live a ~ life. □*n* ভবঘুরে।

va·gary ['ভেইগারি] *n* [C] (*pl* -ries) অদ্ভুত, অস্বাভাবিক কাজ বা ভাব, বিশেষত যার কোনো কারণ খুঁজে পাওয়া যায় না; খেয়াল; মর্জি; খোশখেয়াল: The vagaries of fashion/of human emotions.

va·gina [ভা'জাইনা] *n* (ব্যব.) যোনি; যোনিপথ (কথ্য 'birth canal). **vag·inal** [ভা'জাইন্‌ল্] *n* যৌন; যোনিজ।

va·grant ['ভেইগ্রান্‌ট্] *adj* যাযাবর; ছন্নছাড়া; ছিন্নমূল; এলোমেলো: ~ tribes/musicians; lead a ~ life; ~ thoughts. □*n* ভবঘুরে; বাউণ্ডুলে। **va·grancy** [-গ্রান্‌সি] *n* [U] যাযাবরত্ব; ভবঘুরে জীবন; ভবঘুরেমি।

vague *adj* ১ (-r,-st) অস্পষ্ট; অপরিচ্ছিন্ন; ভাসাভাসা; আবছা: ~ outlines; ~ demands. ২ (ব্যক্তি, তার দৃষ্টি ও আচরণ সম্বন্ধে) (প্রয়োজন, অভিপ্রায় ইত্যাদি সম্বন্ধে) অনিশ্চিত; অনিশ্চয়তাসূচক; ভাসাভাসা; ঘোলাটে। **~·ly** *adv* অস্পষ্টভাবে; ভাসাভাসা ইত্যাদি। **~·ness** *n* অস্পষ্টতা।

vain [ভেইন্] *adj* (-er, -est) ১ নিষ্ফল; বিফল; বৃথা; খামকা; অনর্থক; অসার: a ~ attempt; ~ hopes/promises. ২ **in ~ (ক)** বৃথা; বিফলে: try in ~; be in ~. **(খ)** যথোচিত ভক্তি, সম্মান বা শ্রদ্ধা ব্যতিরেকে; অশ্রদ্ধার/অভক্তির সঙ্গে: take the name of God in ~. ৩ নিজের রূপগুণ ইত্যাদি সম্বন্ধে অত্যন্ত উচ্চ ধারণা পোষণকারী; অহঙ্কারী; অহঙ্কৃত; আত্মাভিমানী; গর্বোদ্ধত: as ~ as a peacock. **ˌ~·'glory** *n* দেমাগ; চরম আত্মাভিমান বা গুমর; **ˌ~·'glorious** *adj* চরম আত্মাভিমানী; দর্পোদ্ধত; দম্ভী। **~·ly** *adj* ১ বৃথা; নিষ্ফলভাবে। ২ গর্বোদ্ধতভাবে ইত্যাদি।

val·ance, val·ence ['ভ্যালান্‌স্] *n* জানালার উপর বা তাকের নীচে; পালঙ্কের কাঠামো বা চাঁদোয়ার চারিদিকে ঘোরানো খাটো পর্দা; ঝালর।

vale [ভেইল্] *n* (স্থান-নাম ছাড়া অন্যত্র সাহিত্য.) উপত্যকা।

val·edic·tion [ˌভ্যালি'ডিক্‌শ্‌ন্] *n* [C] বিদায়সম্ভাষণ।

val·edic·tory [ˌভ্যালি'ডিক্‌টারি] *adj* বিদায়ি; বিদায়কালীন: a ~ speech.

val·ence[1] ['ভেইলান্‌স্] *n* ১ [U] (রস.) কোনো পরমাণুর অন্য পরমাণুর সঙ্গে সংসক্ত হওয়ার বা অন্য পরমাণুর দ্বারা অপসারিত হওয়ার ক্ষমতা; প্রসক্তি। ২ [C] (US) = valency.

val·ence[2] ['ভ্যালান্‌স্] *n* valance.

val·ency ['ভেইলান্‌সি] *n* (*pl* -cies) [C] (রস.) প্রসক্তির (valence[1] দ্র.) একক; যোজ্যতা।

val·en·tine ['ভ্যালান্‌টাইন্]*n* প্রেমিক বা প্রেমিকা; ১৪ই ফেব্রুয়ারি সেন্ট ভ্যালেন্টাইন দিবসে প্রেমিক বা প্রেমিকার কাছে প্রেরিত সাধা. বেনামি চিঠি, কার্ড ইত্যাদি।

val·erian [ভা'লিঅরিঅন্]*n* [U] উগ্রগন্ধ গোলাপি বা সাদা পুষ্পবিশিষ্ট দীর্ঘজীবী উদ্ভিদবিশেষ; ঔষধরূপে ব্যবহৃত এই উদ্ভিদের শিকড়; প্রবজিতা; মিষি।

valet ['ভ্যালিট্]*n* প্রভুর পোশাক-পরিচ্ছদের যত্ন নেওয়ার কাজে নিযুক্ত ভৃত্য; অনুরূপ দায়িত্বে নিয়োজিত হোটেল-কর্মচারী; পরিচারক; নফর; পার্ষিক। □*vt* পোশাক-পরিচ্ছদ দেখাশোনার কাজ করা।

val·i·tu·di·nari·an [ˌভ্যালিটিউডিনেঅরিঅন্]*adj, n* দুর্বল স্বাস্থ্যের অধিকারী, বিশেষত নিজের স্বাস্থ্য সম্বন্ধে অত্যধিক উদ্বিগ্ন; পিণ্ডরোগী; ঢিপেশোকা।

val·iant ['ভ্যালিঅন্‌ট্]*adj* সাহসী; বীর; মহাবল; বিক্রমী; পরাক্রমশালী। **~·ly** বীরবিক্রমে।

valid ['ভ্যালিড্]*adj* ১ (আইন.) সঠিক আনুষ্ঠানিকতা-সহকারে কৃত বা সম্পাদিত বলে কার্যকর; সিদ্ধপ্রমাণ; বৈধ: a ~ claim/marriage. ২ (চুক্তি ইত্যাদি সম্বন্ধে) আইনসম্মত; বিধিবিহিত; বৈধ: ~ for three months. ৩ (যুক্তিতর্ক সম্বন্ধে) সমূল; সপ্রমাণ; সুযুক্তিপূর্ণ; বৈধ: raise ~ objections to a proposal. **~·ly** বৈধভাবে। **~·ity** [ভা'লিডাটি]*n* [U] বৈধতা; সপ্রমাণতা। **vali·date** [ভ্যালিডেইট্]*vt* বৈধ করা: ~ a claim.

va·lise [ভা'লীজ় US ভা'লীস্]*n* ভ্রমণকালে কাপড়চোপড় বহনের জন্য চামড়ার ছোট ব্যাগবিশেষ; সৈনিকদের কিটব্যাগ; পোটলা।

val·ley ['ভ্যালি]*n* (*pl* -leys) দুই দিকে পাহাড় বা পর্বতের মধ্যবর্তী বিস্তীর্ণ এলাকা, যার মাঝখান দিয়ে অনেক সময় নদী প্রবাহিত হয়; উপত্যকা।

val·our (US = **valor**) [ভ্যালা(র্)]*n* [U] (বিশেষত যুদ্ধে) সাহস; পরাক্রম; বিক্রম; শৌর্য। **val·or·ous** [ভ্যালারাস্]*adj* পরাক্রান্ত; বিক্রমশালী; বীরোচিত।

valu·able ['ভ্যালিউঅব্‌ল্]*adj* মূল্যবান; মহার্ঘ; দামি; অতিমূল্যবান: a ~ discovery. □*n* (সাধা. *pl*) মহার্ঘ/ মূল্যবান সামগ্রী।

valu·ation [ˌভ্যালিউএইশ্‌ন্]*n* ১ [U] মূল্যনিরূপণ; মূল্যনির্ণয়; মূল্যাবধারণ; মূল্যায়ন। ২ [C] নির্ধারিত/ অবধারিত মূল্য: Don't accept him at his own ~.

value ['ভ্যালিউ]*n* ১ [U] উপকারিতা; মূল্য; দাম: the ~ of hard work. ২ [U] (অন্য বস্তুর সঙ্গে তুলনামূলকভাবে নির্ণীত) মূল্য: of great/ little/ some/ no ~. ৩ [C, U] (আর্থিক) মূল্য; দাম। **ˌ~-'added tax** (সং **VAT**) পণ্যের উৎপাদন ও বিপণনের প্রতিটি স্তরে মূল্যবৃদ্ধির উপর আরোপিত কর; মূল্যযুক্ত কর। ৪ [U] (প্রাপ্য দরের সঙ্গে বৈপরীত্যক্রমে) অনুমিত আসল মূল্য: The ~ of this house is much higher than what they offered. ৫ [C, U] **(ক)** (সঙ্গীতের স্বরলিপিতে কালজ্ঞাপক সঙ্কেতের

দ্বারা নির্দেশিত) পূর্ণ সময়/ মূল্য: The pianist gave the note its full ~ . (খ) (চিত্রশিল্পে) আলোছায়ার সম্বন্ধ। (গ) (ভাষায়) অর্থ; তাৎপর্য; প্রমূল্য; ব্যঞ্জনা: Use a word with all its poetic ~. (ঘ) (*pl*) মান; প্রমূল্য: moral/artistic ~s. □*vt* ১ দর কষা; মূল্য নির্ণয়/ নিরূপণ/ অবধারণ করা। ২ মূল্যবান/মহার্ঘ জ্ঞান করা; উচ্চমূল্য দেওয়া; উচ্চ ধারণা পোষণ করা: ~ sb's advice. **~·less** *adj* মূল্যহীন; বেদাম। **~er** *n* সম্পত্তি, জমি ইত্যাদির মূল্য নিরূপণ যার পেশা; মূল্য নিরূপক।

valve [ভ্যাল্‌ভ্‌]*n* ১ বায়ু, তরলপদার্থ, গ্যাস বা ইলেকট্রনের একমুখী প্রবাহ নিয়ন্ত্রণের জন্য যান্ত্রিক কৌশলবিশেষ; কপাটক; কপাটিকা। ২ হৃদ্‌যন্ত্র বা রক্তনালীতে রক্তের একমুখী প্রবাহ নিশ্চিতকারক প্রত্যঙ্গবিশেষ; কপাটক। ৩ (**ˈradio) ~** বেতার গ্রাহকযন্ত্রে ব্যবহৃত থার্মিয়নিক নলবিশেষ; ভাল্‌ভ। দ্র. thermionic. ৪ বাঁশিজাতীয় যন্ত্রে বায়ুস্তম্ভের দৈর্ঘ্য পরিবর্তন করে ওজন (পিচ) পরিবর্তনের কৌশলবিশেষ; কপাটক। **val·vu·lar** [ভ্যাল্‌ভি‌উলা(র্‌)]*adj* হৃদ্‌যন্ত্র বা রক্তনালীর কপাটক সংক্রান্ত; কাপাটিক: valvular disease of the heart.

vamp[1] [ভ্যাম্‌প্‌]*n* বুট বা জুতার উপরের সম্মুখভাগ; পাদুকামুখ। □*vt, vi* ১ নতুন পাদুকামুখ লাগিয়ে (জুতা বা বুট) মেরামত করা। **~ sth up** (লাক্ষ.) জোড়াতালি দিয়ে কিছু তৈরি করা: ~ up an article out of old notes. ২ গানের সুর করা; গান বা নাচের সঙ্গে উপস্থিত মতো সুর সঙ্গত করা।

vamp[2] [ভ্যাম্‌প্‌]*n* মোহিনী নারী, যে তার রূপের ফাঁদে ফেলে পুরুষকে দিয়ে স্বার্থোদ্ধার করে; ছলনাময়ী।

vam·pire [ভ্যাম্‌পাইআ(র্‌)]*n* ১ (রূপকথায়) পুনর্জীবনপ্রাপ্ত শব, যা রাত্রিবেলা সমাধি ত্যাগ করে ঘুমন্ত মানুষের রক্তপান করে; নির্মম অনিষ্টপরায়ণ ব্যক্তি যে অন্যকে লুণ্ঠন করে; রক্তপ; রক্তচোষা। ২ **ˈ~ (bat)** রক্তচোষা বাদুর।

van[1] [ভ্যান্‌]*n* ১ পণ্য পরিবহন ও সরবরাহের জন্য আচ্ছাদিত বা ছাদযুক্ত মোটরযানবিশেষ; ভ্যান। ২ (GB) পণ্য বহনের জন্য ছাদযুক্ত রেলকোচ; ভ্যান: the luggage van.

van[2] [ভ্যান্‌]*n* ১ যুদ্ধরত সেনাবাহিনী বা নৌবহরের সম্মুখভাগ বা নেতৃত্বদানকারী অংশ; সেনামুখ। ২ = vanguard.

van·ad·ium [ভ্যাˈনেইডিঅম্‌]*n* [U] (রস.) ইস্পাতের সঙ্করে ব্যবহৃত কঠিন, সাদাটে ধাতব মৌলবিশেষ (প্রতীক V); ভ্যানাডিয়ম।

van·dal [ভ্যানড্‌ল্‌]*n* যে ব্যক্তি খেয়ালের বশে শিল্পকর্ম, রাষ্ট্রীয় বা ব্যক্তিগত সম্পত্তি, প্রাকৃতিক সৌন্দর্য ইত্যাদি বিনষ্ট করে; ধ্বংসোন্মাদ; ভ্যান্ডাল; বর্বর। **~·ism** [-ডালিজ়াম্‌]*n* [U] ভ্যান্ডালের আচরণ; ধ্বংসোন্মাদনা, নির্বিচার ধ্বংসাত্মকতা। **~·ize** [-ডালাইজ্‌]*vt* খেয়ালের বশে নির্বিচারে ধ্বংস করা; ধ্বংসযজ্ঞ চালানো।

vane [ভেইন্‌]*n* ১ ভবনশীর্ষে বায়ুর দিকনির্দেশক তীর বা কাঁটা; বাতশকুন; হাওয়া নিশান। ২ বিমানের সঞ্চালক পাখার ফলক উইন্ডমিলের ডানা কিংবা বায়ু বা জল চালিত অন্য কোনো চেটালো পৃষ্ঠ; ফলা; পিঠ।

van·guard [ভ্যানগা:ড্‌]*n* ১ অতর্কিত হামলার বিরুদ্ধে রক্ষণব্যবস্থা হিসাবে সেনাদল প্রভৃতির অগ্রগামী অংশ; সেনাপুরঃসর অগ্রদল। ২ মিছিল বা (লাক্ষ.) আন্দোলনের নেতৃত্বদানকারী ব্যক্তিবর্গ; পুরোগামী দল; অগ্রণীদল: in the ~ of democratic movement.

va·nilla [ভ়াˈনিল]*n* ১ [C] সুগন্ধ পুষ্পবিশিষ্ট উদ্ভিদবিশেষ; ঐ উদ্ভিদের শুঁটি বা লিম্ব; ভানিলা। ২ [U] ভানিলার শুঁটি থেকে প্রাপ্ত কিংবা কৃত্রিমভাবে উৎপন্ন সুগন্ধদ্রব্য যা খাদ্যের সঙ্গে ব্যবহার করা হয়; ভানিলা।

van·ish [ভ্যানিশ্‌]*vi* হঠাৎ অদৃশ্য হওয়া; ক্রমশ অন্তর্হিত হওয়া; বিলুপ্ত/ অপসৃত হওয়া; মিলিয়ে যাওয়া। **~ into thin air** হাওয়া হয়ে যাওয়া। **ˈ~·ing cream** ত্বকের মধ্যে দ্রুত শোষিত হয়, এমন প্রসাধক অনুলেপনী; ভ্যানিশিং ক্রিম। **ˈ~·ing point** (পরিপ্রেক্ষিতের) যে বিন্দুতে একই সমতলের সকল সমান্তরালরেখা একত্র মিলিত হয়েছে বলে প্রতীয়মান হয়; অপসরণবিন্দু।

van·ity [ˈভ্যানাটি]*n* ১ (*pl* -ties) [U] আত্মশ্লাঘা; দেমাগ; অহমিকা; অহঙ্কার; অসার দম্ভ: tickle sb's ~, কারো অহমিকায় সুড়সুড়ি দেওয়া। **ˈ~ bag/ case** ছোট আয়না, প্রসাধনসামগ্রী ইত্যাদি রাখার জন্য ক্ষুদ্র থলে; প্রসাধনপেটিকা। ২ [U] অসারতা; অন্তঃসার–শূন্যতা: The ~ of wealth and fame; [e] তুচ্ছ বস্তু; অকিঞ্চিৎকর দ্রব্য; বাজে কাজ।

van·quish [ˈভ্যাঙকোয়িশ্‌]*vt* (সাহিত্য.) পরাস্ত/ পরাভূত করা।

van·tage [ˈভ়া:ন্‌টিজ্‌ US ˈভ্যান্‌-]*n* (তুলনামূলক) সুবিধা; রোক: ~-ground; point of ~, রোকের জায়গা। **ˈ~-point** *n* (সাহিত্য. বা লাক্ষ.) যে স্থান থেকে কোনো কিছু উত্তমরূপে দৃষ্টিগোচর হয়; অনুকূল/ রোকের অবস্থান। দ্র. coign. ২ (টেনিসে) ডিউসের পরে অর্জিত প্রথম পয়েন্ট।

vapid [ˈভ্যাপিড্‌]*adj* নীরস; বিস্বাদ; বিরস; নিস্তেজ; নিষ্প্রাণ: ~ conversation. **~·ly** *adv* বিরসভাবে ইত্যাদি। **~·ness** *n* **va·pid·ity** [ভ়াˈপিডটি]*n* [U] নীরসতা, বিরসতা; (*pl* -ties) বিস্বাদ/বিরস মন্তব্য।

va·por·ize [ˈভেইপারাইজ্‌]*vt, vi* বাষ্পীভূত করা বা হওয়া। **va·por·iz·ation** [ˌভেইপারাইˈজেইশন্‌ US -রিˈজেই-]*n* বাষ্পীভবন।

va·por·ous [ˈভেইপারাস্‌]*adj* ১ বাষ্পপূর্ণ, বাষ্পাচ্ছন্ন; বাষ্পীয়। ২ (লাক্ষ.) কল্পনাবিলাসী; অসার; অন্তঃসারশূন্য; বাষ্পীয়।

va·pour (US = **va·por**) [ˈভেইপা(র্‌)]*n* ১ [U] বাষ্প; ভাপ; উদ্ভাপ। **ˈ~-bath** *n* বাষ্পস্নান; বাষ্পস্নানের জন্য পরিবেষ্টিত স্থান বা যন্ত্র। **ˈ~ trails,** দ্র. trail (১). ২ [C] অসার বস্তু; কাল্পনিক বস্তু; উদ্ভাপ: the ~s of a disordered mind. ৩ **the ~s** (পুরা.) বিষাদ।

vari·able [ˈভ়ারিঅবল্‌]*adj* পরিবর্তনশীল, পরিবর্তনীয়; অনিয়ত; অস্থির: ~ standards; ~ costs, (হিসাব.) যে ব্যয় উৎপাদিত পণ্যের পরিমাণ অনুযায়ী বাড়ে বা কমে; a ~ temper/mood. □*n* [C] পরিবর্তনশীল বস্তু বা পরিমাণ; যে নিয়ামক (যেমন পরীক্ষণকালে) পরিবর্তিত হতে পারে; চল। **vari·ably** [-অব্‌লি]*adv* অনিয়তভাবে। **~·ness, varia·bil· ity** [ভেঅরিআˈবিলাটি]*n* .[U] পরিবর্তিতা, অনবস্থতা।

vari·ance [ˈভেঅরিঅন্‌স্‌]*n* [U] অমিল, অনৈক্য, বিরোধ, মতবিরোধ, অবনিবনা। **at ~ (with)** মতের মিল নেই এমন অবস্থায়; বিবদমান: They are at ~ among themselves. The two brothers have been at ~ for quite sometime, তাদের মধ্যে বনিবনা নেই।

vari·ant [ˈভ়েঅরিঅন্ট্]*adj* ভিন্ন, বিভিন্ন; বিকল্প: ~ text of a poem. □*n* একই বস্তুর (যেমন বানানের) ভিন্ন রূপ; একই রচনার ভিন্ন পাঠ; বানানভেদ; পাঠভেদ; রূপভেদ।

vari·ation [ˌভ়েঅরিˈএইশ্ন্]*n* ১ [C, U] ভেদ, বিভেদন; ভিন্নতা, বিভিন্নতা; ভিন্নতার মাত্রা: ~(s) of pressure/temperature. ২ [C] (সঙ্গীত) কোনো সহজ সুরের ভিন্নতর (এবং সাধা. জটিলতর) রূপে পুনরাবৃত্তি; রূপভেদ, প্রকারভেদ: ~s on a theme by Bach. ৩ [U, C] (জীব.) নতুন অবস্থা, পরিবেশ ইত্যাদির দরুন শারীরিক গঠন বা রূপের পরিবর্তন; প্রকরণ।

vari·col·oured (US = **-col·ored**) [ˈভ়েঅরিকালাড্] *adj* বিচিত্রবর্ণ; কর্বুরিত।

vari·cose [ভ্যারিকৌস্]*adj* (বিশেষত) **~ vein** স্থায়ীভাবে ফোলা শিরা; প্রস্ফীত শিরা।

var·ied [ভ়েঅরিড্]*adj* ১ বিভিন্ন; বিবিধ: ~ opinions. ২ বিচিত্র, বহু বিচিত্র: a ~ career.

varie·gated [ˈভ়েঅরিগেইটিড্]*adj* বিভিন্ন রঙের এলোমেলো ছোপযুক্ত; কির্মীরিত, চিত্রবিচিত্র: ~ leaves. **varie·ga·tion** [ˌভ়েঅরিˈগেইশ্ন্]*n* চিত্রবিচিত্রতা; কির্মীরতা।

var·iety [ভ়াˈরাইঅটি]*n* (*pl* -ties) ১ [U] বৈচিত্র্য, বিচিত্রতা: a life full of ~. ২ (কেবল *sing*) বিভিন্ন বস্তুর সংখ্যা বা পরিধি: for a ~ of reasons, নানাবিধ/বিচিত্র কারণে; a large ~ of commodities, বিচিত্র পণ্যসম্ভার। ৩ [C] (জীব.) প্রজাতির উপবিভাগ; প্রকার। ৪ [C] বৃহত্তর বর্গের অন্তর্গত অন্যান্য বস্তু থেকে কিছুটা ভিন্ন ধরন বা শ্রেণী; প্রকারভেদ: rare varieties of roses. [U] নৃত্য, গীত, শারীরিক কসরত, নাটিকা ইত্যাদি সংবলিত চিত্তবিনোদনমূলক অনুষ্ঠান; বিচিত্রানুষ্ঠান: a ˈ~ entertainment. (US = vaudeville).

vari·form [ˌভ়েঅরিˈফ়োºম্ US ˈভ্যারি–]*adj* বিচিত্ররূপ; বিবিধাকার।

vari·ola [ভ়াˈরাইঅলা]*n* বসন্তরোগ, মসূরিকা।

vari·orum [ˌভ়েঅরিˈওºরম্]*adj* (কেবল) ˈ**~ edition** বিভিন্ন টীকাকারের টীকা–সংবলিত/সটীক সংস্করণ: a ~ edition of a Shakespeare play.

vari·ous [ভ়েঅরিঅস্]*adj* (সাধা.) attrib) বিভিন্ন; ভিন্ন ভিন্ন: of ~ reasons. **~·ly** *adv* নানারূপে, বিভিন্ন রূপে।

varix [ভ়েঅরিক্স্]*n* অস্বাভাবিক রকম স্ফীত ও প্রলম্বিত শিরা।

var·nish [ভ়াːনিশ্]*n* [C,U] বিশেষত কাঠ বা ধাতুনির্মিত জিনিসপত্র উজ্জ্বল ও মসৃণ করার জন্য আঠালো প্রলেপবিশেষ; বার্নিশ। □*vt* বার্নিশ করা।

var·sity [ভ়াসাটি]*n* university-র কথ্য সংক্ষেপ; ভার্সিটি।

vary [ভ়েঅরি]*vi, vt (pt, pp* -ried) ভিন্ন/অন্যরূপ হওয়া বা করা; পরিবর্তন করা বা পরিবর্তিত হওয়া; বদলানো; অদলবদল/ হেরফের করা: to ~ in weight.

vas·cu·lar [ˈভ্যাস্কিউলা(র্)]*adj* (রক্ত, রস ও লসিকাবাহী) নালীসম্বন্ধী; নালীঘটিত; নালীময়: ~ tissue.

vase [ভ়াːজ্ US ভেইস্]*n* [C] ফুল রাখার জন্য কিংবা অলঙ্কার হিসাবে কাচ, মাটি ইত্যাদির আধার; পুষ্পাধার; ভাজন।

va·sec·tomy [ভ়াˈসেক্টমি]*n (pl* -mies) (পুরুষের) বন্ধ্যকরণের জন্য সহজ অস্ত্রোপচারবিশেষ—এতে শুক্রকীটবাহী নালিকা অংশত বা সম্পূর্ণ কেটে ফেলা হয়; নালীচ্ছেদ।

vas·eline [ভ্যাসালীন্]*n* [U] (P) প্রায় স্বাদ-গন্ধহীন পেট্রোলিয়ম জেলিবিশেষ, যা মলম বা পিচ্ছিলকারক পদার্থরূপে ব্যবহৃত হয়; ভেসালিন।

vassal [ভ্যাস্ল্]*n* ১ (ইতি.) রাজা বা উপরওয়ালার প্রতি বশ্যতা ও আনুগত্যের শর্তে জমি ভোগকারী প্রজা; জায়গিরদার। ২ অনুগত দাস; ক্রীতদাস। **~·age** *n* জায়গিরদারি, দাসত্ব, অধীনত্ব।

vast [ভ়াːস্ট্ US ভ্যাস্ট্]*adj* বিশাল, বিস্তৃত, বিস্তীর্ণ, বিপুল: ~ sums of money; the ~ tracts of farmland in N America. **~·ly** *adv* বিশালভাবে। **~·ness** *n* বিশালতা, বিপুলতা।

vat [ভ্যাট্]*n* বিশেষত চোলাই, উৎসেচনক্রিয়া, রঞ্জন এবং (চামড়া) তাম্রীকরণের কাজে ব্যবহৃত তরল পদার্থ ধারণ করার জন্য চৌবাচ্চা বা বৃহৎ পাত্র; ভাঁটি।

Vati·can [ভ্যাটিকান্]*n* **the ~** রোমস্থ পোপের বাসস্থান; পোপের সরকারের কেন্দ্রস্থল; ভ্যাটিকান।

vaude·ville [ˈভ়োºদ়ভ়িল্]*n* [U] (US) = variety (৫).

vault[1] [ভ়োºল্ট্]*n* ১ ধনুকাকৃতি ছাদ বা খিলান; খাটাল; খিলানপংক্তি। ২ (মদ, মূল্যবান সামগ্রী ইত্যাদির) ভাণ্ডার বা সমাধিস্থল হিসাবে ভূগর্ভস্থ কক্ষ; পাতালকুঠরি: Keep one's jewels in the ~ at the bank. ৩ খিলানসদৃশ আচ্ছাদন: (কাব্যিক) the ~ of heaven আকাশ। **~ed** *adj* খিলানযুক্ত; খিলানাকৃতি: a ~ed roof/chamber.

vault[2] [ভ়োºল্ট্]*vi, vt* কোনো কিছুর উপর ভর রেখে কিংবা দণ্ডের সাহায্যে এক চোটে লাফ দেওয়া; উল্লম্ফন করা: ~ (over) a fence. ˈ**~·ing-horse** *n* উল্লম্ফন অনুশীলনের জন্য যন্ত্রবিশেষ; উল্লম্ফন–কুঁদো। **~er** *n* উল্লম্ফনকারী ব্যক্তি; উল্লম্ফনবিদ।

vaunt [ভ়োºন্ট্]*vi, vt, n* (সাহিত্য.) জাঁক/ দম্ভ/ বড়াই/ আস্ফালন (করা)। **~er** *n* জেঁকো; দাম্ভিক, দম্ভক। **~·ing·ly** *adv* দম্ভ/ জাঁকের সঙ্গে।

veal [ভ়ীল্]*n* [U] (খাদ্যরূপে) বাছুরের মাংস; বৎসমাংস।

veer [ভ়িঅ(র্)]*vi* (বিশেষত বায়ু) (লাক্ষ. মতামত ও কথাবার্তা সম্বন্ধে) দিক পরিবর্তন করা; ভিন্ন দিকে চলা; মোড় ফেরা।

veg·etable [ˈভ়েজ্টাবল্]*adj* উদ্ভিদসম্বন্ধী; উদ্ভিজ্জ: the ~ kingdom, উদ্ভিদজগৎ; ~ oils, উদ্ভিজ্জ তেল। □*n* [C] গাছগাছড়া; উদ্ভিদ; শাকসবজি।

veg·etar·ian [ˌভ়েজিˈটেঅরিঅন্]*n* উদ্ভিদভোজী; নিরামিষাশী: (attrib) a ~ diet, নিরামিষাশীর খাদ্য **~·ism** [-ইজাম্]*n* নিরামিষাহার ও এর সমর্থক মতবাদ; নিরামিষভোজন।

veg·etate [ˈভ়েজিটেইট্]*vi* (মানসিক প্রযত্ন বা বুদ্ধিবৃত্তিক উৎসুক্য ব্যতিরেকে) উদ্ভিদের মতো জীবনধারণ করা; (নিশ্চেষ্টভাবে) নীরস জীবনযাপন করা। **veg·eta·tive** [ˌভ়েজিˈটিভ়্]*adj* উদ্ভিদের মতো বর্ধমান; উদ্ভিদের মতো বর্ধনকর; উদ্ভিদের মতো নিষ্ক্রিয়; বোধশক্তিহীন।

veg·eta·tion [ˌভ়েজিˈটেইশ্ন্]*n* [U] সাধারণভাবে এবং সমষ্টিগতভাবে উদ্ভিদ; উদ্ভিদ্‌জগৎ; গাছপালা: The island has a luxuriant ~.

ve·he·ment [ভ়ীআমান্ট্]*adj* ১ (অনুভূতিসম্বন্ধে) প্রবল, প্রচণ্ড, উদ্দাম, ব্যগ্র, উৎকট; (ব্যক্তি, ব্যক্তির কথা, আচরণ ইত্যাদি সম্বন্ধে) আবেগোদ্দীপ্ত, উগ্র, উদ্দাম, উদগ্র, উৎকট: a man of ~ character; ~ desires/

passions. ২ উচ্চণ্ড, প্রবল, প্রচণ্ড: a ~ wind. **~·ly** *n* প্রবলভাবে ইত্যাদি। **ve·he·mence** [-মন্স্]*n* প্রবলতা; প্রচণ্ডতা, উদগ্রতা, উগ্রতা ইত্যাদি।

ve·hicle [ভীইক্‌ল্]*n* [C] ১ যান, যানবাহন। ২ মাধ্যম, বাহন: ~ of thought. **ve·hicu·lar** [ভি'হিকিউল(র্)]*adj* যানবাহনসংক্রান্ত: vehicular traffic, যানবাহন চলাচল।

veil [ভেইল্]*n* [C] ১ অবগুণ্ঠন, মুখাবরণ, নেকাব: She deigned to lower her ~. **take the ~** সন্ন্যাসিনীর ব্রত গ্রহণ করা। ২ (লাক্ষ.) যা লুকিয়ে রাখে বা আড়াল করে; ছদ্মবেশ; যবনিকা; অবগুণ্ঠন: a ~ of mist; commit a crime under the ~ of political movement. **draw a ~ over sth** কোনো বিষয়ে গোপনীয়তা অবলম্বন করা; চেপে যাওয়া; অবগুণ্ঠন টেনে দেওয়া: Our interlocutor drew a ~ over the rest of the story. □*vt* নেকাব/ অবগুণ্ঠন পরা; অবগুণ্ঠিত করা; (লাক্ষ.) ঢাকা/ গোপন করা। **~·ing** *n* [U] নেকাব তৈরি করার জন্য হালকা বস্ত্র।

vein [ভেইন্]*n* ১ শরীরের সকল অংশ থেকে হৃৎপিণ্ডে রক্তবহনকারী নালী; শিরা; রগ। দ্র. artery (১). ২ (ক) গাছের পাতা বা কোনো কোনো পতঙ্গের পাখায় শিরাসদৃশ রেখা। (খ) কোনো কোনো শ্রেণীর পাথরে (যেমন মর্মর পাথরে) রঙিন রেখা বা দাগ; শিরা। (গ) (লাক্ষ.) মিশ্রণ: a ~ of melancholy. ৩ খনিজ বা আকরিকে পূর্ণ শিলায় চিড়/ ফাটল; ধাতুশিরা: a ~ of gold. ৪ মেজাজ; মানসিক অবস্থা/ গতিক: in a humorous/ melancholy/ imaginative ~. **~ed** [ভেইন্‌ড্]*adj* শিরাযুক্ত, শিরাল: ~ed marble.

veld [ভেল্ট্]*n* [U] দক্ষিণ আফ্রিকার মালভূমির সমতল, নিষ্পাদপ তৃণভূমি; ভেল্ট। দ্র. pampas, prairie, savannah, steppe.

vel·leity [ভে'লীইটি]*n* নিম্নমাত্রার বা দুর্বল ইচ্ছাবৃত্তি, যা কর্মে প্রবৃত্ত করে না; ইচ্ছাভাস।

vel·lum [ভেলাম্]*n* [U] লেখার পত্র হিসাবে প্রস্তুত ভেড়া বা ছাগলের চামড়া; ঐ চামড়া সদৃশ কাগজ; পুস্ত্।

vel·oci·pede [ভি'লসিপীড্]*n* সামনের চাকার সঙ্গে প্যাডেলযুক্ত আদ্যকালীন সাইকেল; দ্বিচক্রযান; (US) শিশুদের ত্রিচক্রযান।

vel·oc·ity [ভি'লসাটি]*n* [U] ১ গতি, দ্রুতি। ২ গতির হার; বেগ: 'muzzle ~, বন্দুকের মুখ ত্যাগ করার মুহূর্তে বুলেটের বেগ।

ve·lour [ভা'লুআ(র্)]*n* [U] মখমল বা ফেল্ট সদৃশ বস্ত্রবিশেষ; মখমল।

vel·vet ['ভেল্‌ভিট্]*n* [U] মখমল: (attrib) a ~ frock; a ~ treat, (লাক্ষ.) কোমল, নিঃশব্দ পদপাত। **an iron hand in a ~ glove** শিষ্টাচার, মিষ্টি কথা ইত্যাদির দ্বারা প্রচ্ছন্ন নির্মমতা; তুল. মিছরির ছুরি। **~·een** [ভেল্‌ভি'টীন্]*n* [U] সস্তা ধরনের মখমল। **~ty** *adj* মখমলের মতো মসৃণ ও নরম।

ve·nal ['ভীন্‌ল্]*adj* ১ (ব্যক্তি সম্বন্ধে) অর্থের জন্য কোনো অসৎ কাজ করতে প্রস্তুত; ক্রয়সাধ্য; অর্থপিশাচ; অর্থলোলুপ; অর্থগৃধ্নু: ~ judges/ politicians. ২ (আচরণ সম্বন্ধে) (সম্ভাব্য) অর্থপ্রাপ্তির দ্বারা প্রভাবিত বা অর্থপ্রাপ্তির জন্য কৃত; ধনাকাঙ্ক্ষাপ্রণোদিত; ধনাকাঙ্ক্ষাপ্রসূত: ~ practices. **~ly** [-না'লি]*adv* অর্থলালসাবশত ইত্যাদি। **~·ity** [ভি'ন্যালাটি]*n* অর্থলালসা; অর্থগৃধ্নুতা।

ven·ation [ভি'নেইশ্‌ন্]*n* (পাতা বা পাতাসদৃশ কোনো প্রত্যঙ্গে) শিরাবিন্যাস।

vend [ভেন্ড্]*vt* (প্রধানত আইন.) বিক্রয় করা; (বিশেষত ক্ষুদ্র পণ্যদ্রব্য) বিক্রয়ার্থ উপস্থাপন করা। **'~·ing machine** সিগারেট, খাদ্যদ্রব্য প্রভৃতি ছোটোখাটো পণ্য বিক্রয়ের জন্য মুদ্রাচালিত যন্ত্রবিশেষ; বিক্রয়-কল। **~ee** [ভেন্'ডী]*n* ক্রেতা। **~er, ~or** [-ডা(র্)]*nn* বিক্রেতা: newsvendor.

ven·detta [ভেন্‌ডেটা]*n* পরিবারে পরিবারে বংশানুক্রমিক বিবাদ, যাতে প্রত্যেক পরিবারের সদস্যরা পূর্ববর্তী হত্যার প্রতিশোধের জন্য হত্যাকাণ্ডে লিপ্ত হয়; বংশানুক্রমিক প্রতিহিংসা।

ve·neer [ভা'নিআ(র্)]*n* ১ [C, U] (আসবাবপত্রের জন্য) অপেক্ষাকৃত সস্তা কাঠের উপর আঠা দিয়ে লাগানো উন্নতমানের কাঠ (বা কাঠের পাতলা আস্তরণ); কাষ্ঠপ্রলেপ। ২ (লাক্ষ.) (শিষ্টাচার ইত্যাদির) অগভীর প্রলেপ, যা সত্যিকার প্রকৃতিকে আড়াল করে রাখে; প্রলেপ: a ~ of modern education. □*vt* (দামি) কাঠে আস্তীর্ণ করা।

ven·er·able ['ভেনারব্‌ল্]*adj* ১ বয়স, চরিত্র ইত্যাদি কারণে শ্রদ্ধেয়; ভক্তিভাজন, পরমপূজনীয়, পূজ্যপাদ; পরমপবিত্র: a ~ teacher; the ~ ruins of a mosque. ২ (ইংলন্ডীয় গির্জায়) আর্চডিকনের (বিশপের অধস্তন যাজক) উপাধি; (রোমের গির্জায়) সরকারিভাবে সন্ত হিসাবে ঘোষিত হওয়ার প্রক্রিয়ায় রয়েছেন এমন ব্যক্তির উপাধি।

ven·er·ate ['ভেনারেইট্]*vt* গভীরভাবে শ্রদ্ধা/ভক্তি করা; পূজা করা। **ven·er·ation** [ভেনা'রেইশ্‌ন্]*n* গভীর শ্রদ্ধা, সংমাননা, অভ্যর্চনা।

ve·nereal [ভা'নিআরিআল্]*adj* যৌনসংসর্গঘটিত: ~ disease, (সং. VD) যৌনব্যাধি।

Ve·ne·tian [ভা'নীশ্‌ন্]*adj* ভেনিসীয়। **~ blinds** বহুখণ্ড (কাঠ বা প্লাস্টিকের) অনুভূমিক ছিলকার সমন্বয়ে তৈরি খড়খড়িবিশেষ, যা ঘরে আলো-হাওয়া ঢোকানোর জন্য প্রয়োজন মতো বিন্যস্ত করা যায়; ভেনিসীয় খড়খড়ি।

ven·geance ['ভেন্‌জান্স্]*n* [U] ১ প্রতিশোধ; প্রতিহিংসা। ২ **with a ~** (কথ্য) পুঙ্খানুপুঙ্খভাবে; প্রত্যাশাতীতভাবে: Letters of congratulation poured in with a ~.

venge·ful ['ভেন্‌জ্‌ফ্‌ল্]*adj* প্রতিহিংসাপরায়ণ, প্রতিশোধকামী।

ve·nial ['ভীনিঅল্]*adj* (পাপ, ভুল, ত্রুটি সম্বন্ধে) ক্ষমার্হ, মার্জনীয়; লঘু, উপেক্ষণীয়।

ven·ison ['ভেনিজ্‌ন্]*n* [U] মৃগমাংস; হরিণের মাংস।

venom ['ভেনাম্]*n* [U] সর্পবিষ, গরল; (লাক্ষ.) ঘৃণা, বিদ্বেষ। **~ed** ['ভেনামড্]*adj* (লাক্ষ.) বিদ্বেষপূর্ণ, বিষদিগ্ধ, বিষাক্ত: ~ed remarks. **~·ous** ['ভেনামস্]*adj* বিষধর; মারাত্মক; বিদ্বেষপূর্ণ: ~ous snakes/ criticism. **~·ous·ly** *adv* বিষাক্তভাবে।

ve·nous ['ভীনাস্]*adj* ১ শিরাসংক্রান্ত, শিরাস্থ: ~ blood (arterial blood-এর বিপরীত)। ২ (উদ্ভিদ.) শিরাযুক্ত: a ~ leaf.

vent [ভেন্ট্]*n* ১ (বাতাস, গ্যাস, তরলপদার্থ ইত্যাদি চলাচলের জন্য) রন্ধ্র, ছিদ্র, ফোকর। **'~-hole** *n* (বায়ু, ধোঁয়া ইত্যাদি নির্গত হওয়ার জন্য) ছিদ্রপথ। ২ (ব্যবসায়ী প্রয়োগ) কোট বা জ্যাকেটের পশ্চাদ্দিকের চিড়। ৩ নির্গমন পথ: Rainwater found a ~ through the broken wall.

৪ (কেবল *sing*) আবেগ–অনুভূতির নির্গমন–পথ। **give ~ to** (লাক্ষ.) অবাধ প্রকাশ ঘটানো: She gave ~ to her anger in a hysterical outburst of fury. □*vt* **~ sth on sb/sth** ঢালা, ঝাড়া: The insulted officer ~ed his ill-temper on the innocent servant.

ven·ti·late [ˈভেন্‌টিলেইট্ US -টালেইট্] *vt* ১ অবাধে বায়ুচলাচল করতে দেওয়া; বায়ু সঞ্চালিত করা: ~ a room. ২ (লাক্ষ.) (কোনো প্রশ্ন, অভাব–অভিযোগ) ব্যাপকভাবে প্রচার করা এবং আলোচ্যবিষয়ে পরিণত করা। **ven·ti·la·tor** [ˈভেন্‌টিলেইটা US -টালেই–] *n* অবাধ বায়ুচলাচলের পথ; বায়ুরন্ধ্র; ঘুলঘুলি। **ven·ti·la·tion** [ˌভেন্‌টিˈলেইশ্‌ন্ US -টাˈলেইশ্‌ন্] *n* [U] বায়ুচলন। **ven·ti·la·ted** *part, adj* বাতায়িত।

ven·tral [ˈভেন্‌ট্রল্] *adj* উদরসম্বন্ধী; উদরিক।

ven·tricle [ˈভেন্‌ট্রিক্‌ল্] *n* শরীরের কোনো গর্ত বা রন্ধ্র; কোনো অঙ্গের, বিশেষত হৃৎপিণ্ডের ফাঁপা অংশ; নিলয়।

ven·tril·oquism [ভেন্‌ˈট্রিলাকোয়িজ়াম্] *n* [U] ধ্বনি–উচ্চারণের যে কৌশলে ধ্বনিগুলি দূরবর্তী কোনো ব্যক্তি বা স্থান থেকে আসছে বলে শ্রোতৃমণ্ডলীর মনে ভ্রান্তধারণা সৃষ্টি হয়; মায়াস্বর। **ven·tril·oquist** [–কোয়িস্‌ট্] *n* উক্ত কৌশলে পারদর্শী ব্যক্তি; মায়াকণ্ঠ।

ven·ture [ˈভেন্‌চা(র্)] *n* [C,U] ঝুঁকিপূর্ণ উদ্যোগ/ প্রযত্ন; স্পর্ধার কাজ, স্পর্ধা: □*vt, vi* ১ **~ (on)** ঝুঁকি নেওয়া/নিয়ে কিছু করা: ~ one's life to save a helpless child; ~ on a perilous voyage. **Nothing ~, nothing gain/win/have** (প্রবাদ) বিনা ঝুঁকিতে কিছু লাভ করা যায় না। ২ (কিছুই করতে বা বলতে) সাহসী হওয়া: ~ (to put forward) an opinion; ~ a guess. **ˈV~ Scout** প্রবীণতর স্কাউট। **~·some** [–সাম্] *adj* ১ (ব্যক্তি সম্বন্ধে) ঝুঁকি নিতে প্রস্তুত; অকুতোভয়। ২ (কার্য/আচরণ সম্বন্ধে) ঝুঁকিপূর্ণ; বিপদসঙ্কুল। **ven·tur·ous** [ˈভেন্‌চারাস্] *adj* = adventurous.

venue [ˈভেনিউ] *n* সঙ্কেতস্থান; (সভা, ক্রীড়া প্রতিযোগিতার জন্য) নির্দিষ্ট স্থান।

Venus [ˈভীনাস্] *n* ১ (রোমক পুরাণ) প্রেম ও সৌন্দর্যের দেবী; ভিনাস। ২ শুক্রগ্রহ।

ver·acious [ভাˈরেইশাস্] *adj* (আনুষ্ঠা.) সত্য, যথার্থ; সত্যপরায়ণ, সত্যসন্ধ, সত্যনিষ্ঠ, সত্যবাদী। **~·ly** *adv* সত্যনিষ্ঠভাবে। **ver·ac·ity** [ভাˈর্যাসাটি] *n* [U] সত্য; সত্যপরায়ণতা, সত্যসন্ধতা, সত্যনিষ্ঠা।

ve·ran·da(h) [ভাˈর্যান্ডা] *n* বারান্দা, অলিন্দ (US–এ অনেক সময় porch বলা হয়)।

verb [ভাব্] *n* ক্রিয়া, ক্রিয়াপদ।

ver·bal [ˈভাব্‌ল্] *adj* ১ শব্দঘটিত, বাচক: a ~ error; a ~ memory, যে স্মৃতিশক্তি কোনো বিবৃতির অন্তর্গত শব্দাবলী যথাযথভাবে স্মরণ করতে পারে। ২ মৌখিক, বাচনিক: a ~ statement. ৩ পদানুপদিক; আক্ষরিক: a ~ translation. ৪ ক্রিয়াপদঘটিত: a ~ noun, ক্রিয়াবাচক বিশেষ্য। **~ly** [ˈভাবালি] *adv* মৌখিকভাবে।

ver·bal·ize [ˈভাবালাইজ্] *vt* শব্দে সমর্পণ করা; ভাষায় প্রকাশ করা।

ver·ba·tim [ভাˈবেইটিম্] *adv, adj* অক্ষরে অক্ষরে; আক্ষরিক: report a speech ~; a ~ report.

ver·bena [ভাˈবীনা] *n* লতাগুল্মজাতীয় উদ্ভিদবিশেষ, যার কোনো কোনো শ্রেণী নানা বর্ণের ফুলের জন্য উদ্যানে চাষ করা হয়; দর্ভ।

ver·bi·age [ˈভাবিইজ্] *n* [U] শব্দবাহুল্য, শাব্দিকতা।

ver·bose [ভাˈবৌস্] *adj* বাগাড়ম্বরপূর্ণ, শব্দাড়ম্বরপূর্ণ: a ~ speech/ speaker/style. **~·ly** *adv* বাগাড়ম্বরপূর্ণরূপে। **~·ness, ver·bos·ity** [ভাˈবসাটি] *nn* [U] বাগাড়ম্বর, শব্দাড়ম্বর, বাগ্‌বিস্তার, বাগ্‌বাহুল্য।

ver·dant [ˈভাড়ন্‌ট্] *adj* ১ (সাহিত্য.) (বিশেষত তৃণ, গাছপালা ও মাঠ সম্বন্ধে) তাজা ও সবুজ; সুশ্যামল। ২ (লাক্ষ.) অপরিণত, কাঁচা, অনভিজ্ঞ। **ver·dancy** [–ডন্‌সি] *n* শ্যামলিমা, শ্যামলতা; অপক্বতা, অনভিজ্ঞতা।

ver·dict [ˈভাডিক্‌ট্] *n* [C] ১ মামলায় তথ্যগত কোনো প্রশ্নে জুরির সিদ্ধান্ত; নির্ণয়: a ~ of guilty/not guilty. **open ~,** দ্র. open[1](৬). ২ পরীক্ষণ ও যাচাই–বাছাইয়ের পর প্রদত্ত সিদ্ধান্ত বা অভিমত; রায়: The ~ of the electors.

ver·di·gris [ˈভাডিগ্রি] *n* [U] তামা, পিতল ও কাঁসার উপরিভাগে সঞ্চিত (লোহার উপর যেমন মরিচা) সবুজ পদার্থবিশেষ; তাম্রমল, তাম্রকলঙ্ক।

Verey [ˈভেরি] *adj* **ˈ~ light,** দ্র. Very.

verge [ভাজ্] *n* ১ [C] প্রান্ত, কিনারা, শেষপ্রান্ত, উপান্ত। ২ **be on the ~ of; bring (sb) to the ~ of** অতি সন্নিকটে/ কিনারায়/ উপান্তে পৌঁছা/নিয়ে আসা: The company is on the ~ of bankruptcy. □*vi* **~ on/upon** প্রান্তবর্তী/ সন্নিকটবর্তী হওয়া; (কোনো কিছুর) শামিল হওয়া: ~ on madness.

verger [ˈভাজা(র্)] *n* ১ (ইংলন্ডীয় গির্জা) বিভিন্ন দায়িত্ব পালনে (যেমন লোকজনকে তাদের আসন দেখিয়ে দেওয়া) নিযুক্ত কর্মচারীবিশেষ; তত্ত্বাবধায়ক। ২ গির্জায় বিশপ, বিশ্ববিদ্যালয়ে উপাচার্য প্রভৃতির সামনে আসাসোঁটা বা পদমর্যাদাসূচক অন্য প্রতীকবহনকারী কর্মকর্তা; আসাবরদার।

ver·ify [ˈভেরিফাই] *vt* (*pt, pp* -fied) ১ সত্যতা/ যথার্থতা যাচাই/ পরীক্ষা করা; সত্যাখ্যান করা: ~ a report/statement/facts. ২ (ঘটনা ইত্যাদির) সত্যতা প্রতিপন্ন/ প্রতিপাদন করা: The future will ~ my prediction. **veri·fi·able** [ˈভেরিফাইঅব্‌ল্] *adj* প্রতিপাদনযোগ্য, যাচনযোগ্য। **veri·fi·ca·tion** [ˌভেরিফিˈকেইশ্‌ন্] *n* সত্যাসত্য নির্ধারণ; প্রতিপাদন; প্রমাণ, সাব্যস্তকরণ।

ver·ily [ˈভেরালি] *adv* (পুরা.) বস্তুত; যথার্থই।

veri·si·mili·tude [ˌভেরিসিˈমিলিটিউড্ US -টূড্] *n* [U] সত্য বলে প্রতীয়মানতা, সত্যৌপম্য, সত্যসদৃশতা; [C] সত্য বলে প্রতীয়মান কোনো কিছু; আপাতসত্য।

veri·table [ˈভেরিটাব্‌ল্] *adj* সত্যিকার, যথার্থ, প্রকৃত।

ver·ity [ˈভেরাটি] *n* (*pl* -ties)]১ [U] (প্রা.প্র.) (বিবৃতি ইত্যাদির) সত্যতা, যথার্থতা। ২ [C] যার সত্যিকার অস্তিত্ব আছে; সত্য। **the eternal verities** মৌলিক নৈতিক নিয়মাবলী; ঈশ্বরের বিধানসমূহ; শাশ্বত সত্যসমূহ।

ver·mi·celli [ˌভামিˈসেলি] *n* [U] ময়দার লেই দিয়ে তৈরি সরু সুতার মতো খাদ্যদ্রব্য; ভার্মিচেল্লি।

ver·mi·form [ˈভামিফো°ম্] *adj* কীটাকার: The ~ appendix, উপাঙ্গ।

ver·mil·ion [ভাˈমিলিঅন্] *n, adj* সিন্দূর, সিন্দূরবর্ণ, সিঁদুরে।

ver·min [ˈভামিন্] *n* [U] (*pl v* সহ, তবে সংখ্যাসহ ব্যবহৃত হয় না) ১ উদ্ভিদ, পাখি ও অন্য জীবজন্তুর জন্য

বুনো প্রাণী (যথা, ইঁদুর, বেজি, শিয়াল); অনিষ্টকর জীবজন্তু। ২ (মানুষ ও জীবজন্তুর শরীরে কখনো কখনো পরিদৃষ্ট) পরজীবী কীট (যেমন উকুন)। ৩ সমাজের পক্ষে অনিষ্টকর মানুষ; দুর্বৃত্ত; লুণ্ঠনজীব। **~·ous** [-নাস্]*adj* ১ কীটাক্রান্ত (যেমন উকুনের দ্বারা): ~ous children. ২ কীটঘটিত: ~ous diseases.

ver·mouth [ভ়ামাথ্ US ভ়ার্'মূথ্]*n* [U] অতিরিক্ত কোহলমিশ্রিত এবং লতাপাতাযোগে সুবাসিত সাদা মদবিশেষ, যা ক্ষুধাবর্ধক হিসাবে পান করা হয়; ভার্মুথ।

ver·nacu·lar [ভ়া'ন্যাকিয়ুলা(র্)]*adj* (শব্দ বা ভাষা সম্বন্ধে) দেশি, স্বদেশীয়: The ~ languages of India. □*n* [C] কোনো দেশ বা জেলার ভাষা বা উপভাষা; দেশী ভাষা, মাতৃভাষা।

ver·nal [ভ়ান্ল্]*adj* (সাহিত্য.) বসন্তকালীন, বাসন্তী, বাসন্তিক। **the ~ equinox** মহাবিষুব (মোটামুটি ২১ মার্চ)।

ver·nier [ভ়ানিআ(র্)]*n* সূক্ষ্ম মাপের জন্য এক প্রকার সচল মাপকাঠি; ভানিয়ার (স্কেল)।

ver·ron·ica [ভ়া'রনিকা]*n* নীল, নীললোহিত, পাটল বা সাদা পুষ্পবিশিষ্ট কয়েক ধরনের গাছড়া বা গুল্ম।

ver·ruca [ভ়া'রূকা]*n* ত্বকের (সাধা. পায়ের তলায়) ক্ষুদ্র, কঠিন বৃদ্ধিবিশেষ; জামড়া, কড়া, ঘাটা; আঁচিল।

ver·sa·tile ['ভ়াস্টাইল্ US -টল্]*adj* নানাবিধ বিষয়ে আগ্রহী ও কুশলী; বহুমুখী; বিচিত্রগামী: a ~ writer; a ~ mind; a ~ tool, বিবিধ ব্যবহারোপযোগী হাতিয়ার। **ver·sa·til·ity** [ভ়াসা'টিলটি]*n* বিচিত্রগামিতা, বহুমুখিতা।

verse [ভ়াস্]*n* ১ [U] পদ্য; ছন্দ: prose and ~ . ২ [C] শ্লোক: a poem of four ~s. ৩ [C] চরণ, পংক্তি: a few ~s from Keats. ৪ বাইবেলের কোনো পরিচ্ছেদের সংখ্যাচিহ্নিত ক্ষুদ্র বিভাগসমূহের একটি। **give chapter and ~ (for sth)** (বিবৃতি, প্রতিবেদন ইত্যাদির জন্য) নির্ভুল সূত্র উল্লেখ করা।

versed [ভ়াস্ট্]*adj* **~ in** ব্যুৎপন্ন, দক্ষ, অভিজ্ঞ, প্রাজ্ঞ: well ~ in English literature, দ্র. conversant ভুক্তিতে conversant with.

ver·sify ['ভ়াসিফ়াই]*vt, vi* (*pt, pp* -fied) ছন্দোবদ্ধ করা; পদ্যে রূপায়িত করা: ~ a prose tale; পদ্য/কবিতা লেখা। **ver·si·fier** *n* পদ্যকার। **ver·si·fi·ca·tion** [ভ়াসিফ়ি'কেইশ্ন্]*n* পদ্যরচনা; ছন্দ; পদ্যরচনাকৌশল।

ver·sion ['ভ়াশ্ন্ US -জ়্ন্]*n* [C] ১ ব্যক্তিবিশেষের দৃষ্টিকোণ থেকে কোনো ঘটনা ইত্যাদির বিবরণ; ভাষ্য, বর্ণনা: contradictory ~s of the same incident. ২ ভাষান্তর, তরজমা, অনুবাদ।

verso ['ভ়াসৌ]*n* (*pl* ~s [-সৌজ়্]) পুস্তকের যে কোনো বাম পৃষ্ঠা (recto-র বিপরীত) পদক বা মুদ্রার উল্টোপিঠ/ অপর পিঠ।

ver·sus ['ভ়াসাস্]*prep* (লা.) (আইন ও খেলাধুলায়, ছাপায় প্রায়শ V বা VS রূপে সংক্ষেপ করা হয়) বিপক্ষে; বনাম: (আইন) Rahman v Majumdar; (ফুটবল) Khulna vs Dhaka.

ver·te·bra ['ভ়াটিব্রা]*n* (*pl*-e [-ব্রী]) মেরুদণ্ডের যে কোনো খণ্ড; কশেরুকা। **ver·te·brate** ['ভ়াটিব্রেইট্] *n, adj* মেরুদণ্ডী (প্রাণী)।

ver·tex ['ভ়াটেক্স্]*n* (*pl* vertices [-টিসীজ়্]) শীর্ষ, শীর্ষবিন্দু, চূড়া।

ver·ti·cal ['ভ়াটিক্ল্]*adj* খাড়া, উল্লম্ব, ঊর্ধ্বাধ: a ~ angle, শিরঃকোণ। দ্র. horizontal. □*n* উল্লম্ব রেখা; লম্ব: out of the ~, লম্ব নয়। **~ly** [-ক্লি] *adv* খাড়াভাবে ইত্যাদি: ~ ly opposite, বিপ্রতীপ।

ver·tices ['ভ়াটিসীজ়্]*n* vertex-এর *pl*

ver·tigo ['ভ়াটিগৌ]*n* [U] (আনুষ্ঠা.) (মাথার) ঝিম ঝিম; মাথাঘোরা; ঘূর্ণী, শিরোঘূর্ণন। **ver·tigin·ous** [ভ়া'টিজিনাস্]*n* [U] ঝিম-ধরানো; ঘূর্ণীজনক।

verve [ভ়াভ্]*n* [C] উৎসাহ, তেজ, ওজস্বিতা, উদ্দীপনা।

very[1] ['ভ়েরি]*attrib, adj* ১ ('ঠিক এইটিই, অন্যকিছু নয়' এই ভাব প্রকাশ করে। বাংলায় অনেক সময়ে গুরুত্বসূচক 'ই' দিয়ে এই অর্থ প্রকাশিত হয়। নীচের দৃষ্টান্তগুলি লক্ষণীয়): At that ~ instant he showed up, ঠিক সেই মুহূর্তে; He is the ~ type of a dedicated teacher, একেবারে খাঁটি আদর্শ; This is the ~ boy I saw yesterday, ঠিক এই ছেলেটিকেই। ২ চরম, একদম, একেবারে: at the ~ beginning/end. ৩ (গুরুত্বসূচক; বাংলায় 'ই' -র সমতুল্য): The ~ idea of writing to him was disgusting, তার কাছে লেখার চিন্তাটাই . . .; I guessed his ~ intentions, তাঁর গূঢ় উদ্দেশ্যগুলি।

very[2] ['ভ়েরি]*adv* ১ অতি, অত্যন্ত, অতিশয়, ভারী, খুব। **~ well** (প্রায়শ মতৈক্য বা অনুমতি সূচিত করে) ঠিক আছে; খুব ভালো কথা: V~ well, as you like. ২ (*superl* বা 'own'-এর সঙ্গে) সর্বোচ্চ মাত্রায়: the ~ last to leave, একদম সব শেষতম; with the ~ best intentions; May I have it for my ~ own ? আমার একান্ত নিজস্ব বলে।

Very, Verey ['ভ়েরি]*adj* **'~ light** (P) ভেরি পিস্তল থেকে উৎক্ষিপ্ত সঙ্কেতসূচক (যেমন কোনো জাহাজ থেকে বিপদের সঙ্কেত) রঙিন অগ্নিশিখা; ভেরি আলোক।

ves·ica ['ভ়েসাইকা]*n* (ব্যব.) মূত্রস্থলী।

ves·icle ['ভ়েসিক্ল্]*n* (ব্যব.) ক্ষুদ্র গর্ত, থলে কোষ বা স্ফীতি। **ves·icu·lar** [ভ়া'সিকিউ্যলা(র্)]*adj* কৌষিক: vesicular disease.

ves·pers ['ভ়েস্পাজ়্]*n pl* (গির্জার) সান্ধ্য প্রার্থনাসভা।

vessel ['ভ়েস্ল্]*n* [C] ১ (বিশেষত তরল পদার্থের) পাত্র, আধার। ২ জাহাজ বা বৃহৎ নৌকা; তরী। ৩ blood[1](৭) ভুক্তিতে blood-~ দ্র.।

vest[1] ['ভ়েস্ট্]*n* [C] ১ (GB) (শার্ট, ব্লাউজ ইত্যাদির নীচে পরার জন্য) অন্তর্বাস। ২ (ব্রিটেনে বাণিজ্যিক শব্দ; আমেরিকায় সাধারণ প্রচলিত শব্দ) ওয়েস্টকোট: coat, ~ and trousers; a ~-pocket camera, অতি ক্ষুদ্র ক্যামেরা।

vest[2] ['ভ়েস্ট্]*vt, vi* ১ **~ sth in sb; ~ sb with sth** স্থায়ী অধিকাররূপে প্রদান করা; (ক্ষমতা ইত্যাদি) ন্যস্ত/অর্পণ করা; (ক্ষমতা ইত্যাদিতে) ভূষিত করা: ~ sb with authority/rights/In a democracy authority is vested in the people. **have a ~ed interest in sth** কোনো কিছুতে কায়েমি স্বার্থ থাকা। **~ed interests/ rights** (যেমন কোনো ব্যবসা বা কলকারখানায় কোনো ব্যক্তি বা ব্যক্তিবর্গের জন্য আইনের দ্বারা সুনিশ্চিত) কায়েমি স্বার্থ/ অধিকার। ২ **~ in** (সম্পত্তি ইত্যাদি সম্বন্ধে) ন্যস্ত হওয়া: power/authority that ~s in the Parliament. ৩ (কাব্যিক বা গির্জা) পরানো, আবৃত করা; ভূষিত/ মণ্ডিত করা।

ves·ti·ary [ˈভেস্‌টিঅরি]*n* (যাজকদের) গির্জাসংলগ্ন পোশাকঘর।

ves·ti·bule [ˈভেস্‌টিবিউল্‌]*n* ১ কোনো ভবনের লবি বা প্রবেশক কক্ষ (যেখানে হ্যাট–কোট খুলে রাখা যেতে পারে)। ২ গির্জার দ্বারমণ্ডপ। ৩ (US) রেলওয়ে কোচের পিছনে ঘেরাও–করা পরিসরবিশেষ।

ves·tige [ˈভেস্‌টিজ্‌]*n* [C] ১ চিহ্ন; নামগন্ধ; বিন্দুবিসর্গ; লেশমাত্র: ~s of an ancient city. There is not a ~ of truth in what you say. ২ (ব্যব.) অতীতে ছিল, এখন নেই এমন কিছুর চিহ্নস্বরূপ কোনো অঙ্গ বা অঙ্গের অংশ; অবশেষ: One can observe the ~ of a tail in a human being.

vest·ment [ভেস্‌ট্‌মান্‌ট্‌]*n* পোশাক, বিশেষত গির্জায় পরিহিত পুরোহিতের পোশাক; আনুষ্ঠানিক পরিচ্ছদ; প্রাবরণ।

ves·try [ˈভেস্‌ট্রি]*n* (*pl* -tries) ১ গির্জার অংশবিশেষ, যেখানে আনুষ্ঠানিক পোশাক পরিচ্ছেদ রক্ষিত হয় এবং যেখানে পুরোহিত ও ঐকতান গায়কগণ পোশাক পরিধান করে; প্রাবরণ–প্রকোষ্ঠ। ২ ভিন্নমতাবলম্বী (non-conformist) গির্জায় রোববারের স্কুল, প্রার্থনাসভা, কার্যনির্বাহী সভা প্রভৃতির জন্য কক্ষবিশেষ। ৩ (ইংলন্ডীয় গির্জা) কোনো গির্জার আওতাভুক্ত এলাকার সমস্যাদি আলোচনা করার জন্য সমবেত উক্ত এলাকার স্থানীয় করদাতাগণ কিংবা তাদের প্রতিনিধিবর্গ; উক্ত করদাতা বা তাদের প্রতিনিধিদের পরিষদ। ˈ**~·man** [–মান্‌]*n* (*pl* -men) করদাতা পরিষদের সদস্য।

vet [ভেট্‌]*n* ১ পশুচিকিৎসক (veterinary surgeon-এর কথ্য সংক্ষেপ)। ২ (GB) (কারো অতীত কার্যকলাপের দলিল, যোগ্যতা ইত্যাদি) পুঙ্খানুপুঙ্খরূপে পরীক্ষা করা; খুঁটিয়ে দেখা।

vetch [ভেচ্‌]*n* পশুখাদ্য হিসাবে ব্যবহৃত শিমজাতীয় কয়েক ধরনের (বুনো বা কৃষিজ) উদ্ভিদ; দ্বিদল।

vet·eran [ভেটারন্‌]*n* ১ বিশেষত সৈনিক হিসাবে দীর্ঘ বা প্রভূত অভিজ্ঞতাসম্পন্ন ব্যক্তি; যুদ্ধপ্রবীণ; ব্যবহারবৃদ্ধ: ~s of the second world war; (attrib) a ~ headmaster, ঝানু, প্রবীণ, বহুদর্শী। ২ (US) যে কোনো সাবেক সৈনিক। ˈ**V~s Day** প্রথম বিশ্বযুদ্ধের শেষে অস্ত্রসম্বরণের (১৯১৮) স্মরণ দিবস, ১১ নবেম্বর।

vet·erin·ary [ˈভেট্‌রিন্‌রি US ˈভেটারিনেরি]*adj* (সংক্ষেপ **vet** [ভেট্‌]) পশুরোগবিষয়ক: a ~ surgeon, পশুচিকিৎসক।

veto [ˈভীটৌ]*n* (*pl* -es) কোনো সার্বভৌম শাসক, রাষ্ট্রপ্রধান, বিধানসভা বা অন্য কোনো পরিষদ কিংবা জাতিসঙ্ঘের নিরাপত্তা পরিষদের সদস্যদেশের কোনো কিছু প্রত্যাখ্যান বা প্রতিষিদ্ধ করবার সাংবিধানিক অধিকার; প্রবারণ; ভেটো: exercise the ~; put ~ on sth, নিষিদ্ধ করা। □*vt* নিষিদ্ধ করা: Mac's wife ~ed his proprsal to hire a new appartment.

vex [ভেক্‌স্‌]*vt* ১ বিরক্ত/ উত্যক্ত/ জ্বালাতন/ হয়রান করা। **a vexed question** বহু আলোচনার কারণস্বরূপ কোনো দুরূহ সমস্যা; বিরক্তকর সমস্যা। ২ (কাব্যিক., আল.) (সমুদ্রকে) বিক্ষুব্ধ করা: ~ed by storms. **vex·ation** [ভেক্‌ˈসেইশ্‌ন্‌]*n* [U] হয়রানি, বিরক্তি, জ্বালাতন, বিড়ম্বনা; [C] যা উত্যক্ত করে; কন্টক, জ্বালাতন; ক্লেশ: little ~ations of life. **vex·atious** [ভেক্‌ˈসেইশাস্‌]*adj* বিরক্তকর, জ্বালাতনকর, বিরক্তিজনক; বিড়ম্বনাকর।

via [ˈভাইআ]*prep* (লা.) মধ্য দিয়ে; হয়ে: to travel from Paris to Munich Via Strasbourg.

vi·able [ˈভাইঅব্‌ল্‌]টিকে থাকতে সমর্থ; বাহিরের (গাড়ি সম্বন্ধে, ১৯১৬ সনের পূর্বেকার) সাহায্য ছাড়া বিকশিত হতে এবং টিকে থাকতে সক্ষম।

vi·aduct [ˈভাইআডাক্‌ট্‌]*n* কোনো উপত্যকা বা অবতলভূমির উপর দিয়ে রাস্তা বা রেলপথের জন্য (সাধা. বহু খিলানযুক্ত) দীর্ঘ সেতু; সেতুপথ।

vial ˈভাইঅল্‌]*n* বিশেষত তরল ঔষধের জন্য শিশি।

viand [ভাইঅনড্‌]*n* খাদ্যসামগ্রী; আহার্য।

vibes [ভাইব্‌জ্‌]*n pl* ১ Vibraphone-এর কথ্য সংক্ষেপ। ২ (অপ.) = atmosphere (৩), আবহ।

vi·brant [ˈভাইব্রান্‌ট্‌]*adj* রোমাঞ্চকর; প্রকম্পমান; স্পন্দমান: the ~ notes of a sitar, সেতারের সুরঝঙ্কার।

vi·bra·phone [ˈভাইব্রাফৌন্‌]*n* (সঙ্গীত) জাইলাফোনসদৃশ বাদ্যযন্ত্রবিশেষ; তবে এর দণ্ডগুলি কাঠের স্থলে ধাতুনির্মিত হয়ে থাকে এবং এতে বৈদ্যুতিক অনুনাদকের (resonator) সাহায্যে স্বর প্রলম্বিত করা হয়।

vi·brate [ভাইˈব্রেইট US ˈভাইব্রেইট]*vi, vt* কম্পিত/ স্পন্দিত/ স্ফুরিত হওয়া বা করা; কাঁপা বা কাঁপানো। **vi·brator** [–টা(র্‌)]*n* কম্পন বা স্পন্দন সৃষ্টির যান্ত্রিক কৌশলবিশেষ; স্পন্দক। **vi·bra·tory** *adj* স্পন্দনাত্মক, কম্পনাত্মক।

vi·bra·tion [ভাইˈব্রেইশ্‌ন্‌]*n* স্পন্দ, স্পন্দন, পরিস্পন্দন, কম্পন, স্ফুরণ: 30 ~s per second.

vi·brato [ভিˈব্রা:টৌ]*n* (সঙ্গীত) গানে এবং তবলা (বেহালা, সেতার ইত্যাদি) ও শুষির যন্ত্রের (বাঁশি, অর্গ্যান ইত্যাদি) বাদনে তিগ্মতার (pitch) সূক্ষ্ম ও দ্রুত পরিবর্তনসহ কম্পন বা স্পন্দনের অনুভাব; কম্পন।

vicar [ˈভিকা(র্‌)]*n* ১ [ইংলন্ডীয় গির্জায় কোনো প্যারিশের (পল্লী অঞ্চলে গির্জার এখ্‌তিয়ারভুক্ত এলাকা) দয়িত্বে নিয়োজিত যাজক, যাকে তাঁর প্রাপ্য খাজনার (এলাকাবাসী কৃষকদের ফসলের এক দশমাংশ) পুরোটা বা অংশবিশেষ অন্য কোনো ব্যক্তি বা প্রতিষ্ঠানে দিতে হয়; বদলি যাজক; ভিকার। দ্র. rector. ২ (RC গির্জা) প্রতিনিধি, প্রতিভূ: the ~ of Christ, খ্রিস্টের প্রতিভূ অর্থাৎ পোপ; cardinal ~, রোমের বিশপ হিসাবে কার্যকরী পোপের প্রতিনিধি। **~·age** [ˈভিকারিজ্‌]*n* ভিকারের বাসভবন।

vi·cari·ous [ভিˈকেঅরিঅস্‌ US ভাইˈকেঅ] *adj* ১ অন্যের জন্য এক ব্যক্তি কর্তৃক কৃত বা ভুক্ত; প্রাতিনিধিক; বৈকল্পিক: the ~ sufferings of Christ; a ~ ruler, প্রতিভূ–শাসক; feel a ~ pleasure/ satisfaction, কারো পক্ষে বা কারো মনঃপূত কিছু করা হয়েছে বলে যে সুখ বা সন্তোষ; প্রাতিনিধিক সুখ/সন্তুষ্টি। ২ অর্পিত, ন্যস্ত: ~ authority. **~·ly** *adv* প্রাতিনিধিকভাবে।

vice[1] [ভাইস্‌]*n* [C, U] ১ পাপ, দোষ, খুঁত, অধর্ম, অনাচার, ব্যভিচার; ব্যাধি; ব্যসন; কুঅভ্যাস: He has many vices and few virtues. (ঘোড়ার) কুচাল, বদভ্যাস (যেমন লাথি মারা)।

vice[2] (US = **vise**) [ভাইস্‌]*n* [C] শক্ত চোয়ালবিশিষ্ট যন্ত্রবিশেষ, যাতে কোনো বস্তু (যেমন কাঠ, ধাতব পাত) কষে ধরে কাজ করা যায়; বাইস। **vice** *pref* উপ, দ্র. পরি. ৩।

viceroy [ভাইস্‌রয়্]*n* কোনো সার্বভৌম শাসকের প্রতিনিধি হিসাবে যিনি রাজ্যশাসন করেন (যেমন সাবেক ভারতবর্ষে); উপরাজ। **vice·reine** [ভাইস্‌-ˈরেইন্ US ˈভাইস্‌রেইন্]*n* উপরাজ্ঞী। **vice·regal** [ভাইসˈরীগ্‌ল্]*adj* উপরাজের।

vice versa [ˌভাইসি ˈভাসা]*adv* (লা.) অপর পক্ষেও (অনুরূপ); শর্তাবলী উল্টে দিয়ে: You love them dearly and ~, তারাও তোমাকে প্রাণ দিয়ে ভালোবাসে।

vi·cin·ity [ভিˈসিনটি]*n* (*pl* -ties) ১ [U] নৈকট্য, সন্নিকর্ষ, সামীপ্য: in close ~, অতি সন্নিকটে। ২ [C] সন্নিহিত/পার্শ্ববর্তী অঞ্চল: Is there any good restaurant in the ~ ? আশেপাশে/ঐ এলাকায় . . . ?

vi·cious [ˈভিশাস্]*adj* ১ পাপাচার সম্পর্কিত; পাপাচারপূর্ণ, দূষিত, কলুষিত: ~ practices, পাপাচরণ; ~ habits, দুষ্ট অভ্যাস। ২ বিদ্বেষপূর্ণ; আক্রোশপূর্ণ; অসদুদ্দেশ্যপ্রণোদিত: a ~ kick/look. ৩ (ঘোড়া সম্বন্ধে) দুঃশীল, দুর্বিনীত, বদমেজাজি, বদখত। ৪ দোষযুক্ত, দুষ্ট, অশুদ্ধ: a ~ argument. ˌ~ ˈ**circle** যে অবস্থায় কোনো কারণ এমন কার্য উৎপন্ন করে, যা আবার মূল কারণকেই উৎপন্ন করে, যেমন অধিক সন্তানহেতু দারিদ্র্য এবং দারিদ্র্যহেতু অধিক সন্তান; দুষ্টচক্র; অচ্ছেদ্যচক্র। ˌ~ ˈ**spiral** এক বস্তুর (যেমন মজুরির) নিরন্তর বৃদ্ধির দরুন অন্য বস্তুর (যেমন দ্রব্যমূল্য) নিরন্তর বৃদ্ধি; দুষ্ট ঘূর্ণাবর্ত। **~·ly** *adv* দুষ্টভাবে ইত্যাদি। **~·ness** *n* দুষ্টতা, পাপাশয়তা, বিদ্বিষ্টতা।

vi·ciss·itude [ভিˈসিসিটিউড্ US -টূড্]*n* [C] (বিশেষত কারো ভাগ্যের) পরিবর্তন; উত্থানপতন: ~ of life.

vic·tim [ˈভিক্‌টিম্]*n* ১ (ধর্মোদ্দেশ্যে) বলি। ২ পারিপার্শ্বিক অবস্থা, কোনো ঘটনা, কারো অসদভিপ্রায় ইত্যাদির দরুণ দুঃখকষ্ট, আঘাত, ক্ষতি ইত্যাদি ভোগ করে এমন ব্যক্তি, প্রাণী প্রভৃতি; শিকার; বলি; উপদ্রুত (ব্যক্তি বা প্রাণী): He is a ~ of circumstances; ~ of the earthquake. **~·ize** [-মাইজ]*vt* বলি বা শিকার হিসাবে বেছে নেওয়া; অসহায়ভাবে বলি দেওয়া: He was ~ized for the misconduct of his colleagues. **~·iz·ation** [ˌভিক্‌টিমাইˈজেইশ্‌ন্ US -মিˈজেই-]*n* বলীকরণ।

vic·tor [ˈভিক্‌টা(র্)]*n* বিজেতা, বিজয়।

vic·toria [ভিক্‌ˈটো°রিআ]*n* ~ **plum** রসালো, মিষ্টস্বাদের আলুবোখারাবিশেষ।

Vic·tor·ian [ভিক্‌ˈটো°রিঅন্]*n, adj,* রানী ভিক্টোরিয়ার (১৮৩৭—১৯০১) শাসনামলের (লোক); ভিক্টোরীয়: ~ authors.

vic·tory [ˈভিক্‌টরি]*n* [C,U] (*pl* -ries) জয়, বিজয়। **vic·tori·ous** [ভিক্‌ˈটো°রিআস্]*adj* বিজয়ী, বিজেতা; বিজয়দৃপ্ত। **vic·tori·ous·ly** *adv* বিজয়দৃপ্তভাবে।

vict·ual [ভিট্‌ল্]*vt, vi* (-ll-; US অপিচ -l-) ১ রসদ/ খাদ্যদ্রব্য সরবরাহ করা: ~ a ship. ২ রসদ বোঝাই করা/নেওয়া: The ship will ~ at Hong Kong. □*n* (সাধা. *pp*) খাদ্য ও পানীয়; রসদ। **~·ler** (US অপিচ **~er**) [ˈভিট্‌ল(র্)]*n* খাদ্য ও পানীয়ের ব্যবসায়ী; রসদবণিক। **licensed ~ler** (GB) সনদপ্রাপ্ত পানশালারক্ষক, যে তার পানশালার অভ্যন্তরে ভোগ করার জন্য খাবার, বিয়ার, সুরা, মদ ইত্যাদি বিক্রি করতে পারে।

vi·cuna [ভিকিউনা US -ˈকূন]*n* মধ্য-অ্যান্ডিজের নরম ও সুকুমার লোমবিশিষ্ট, ক্ষুদ্রাকার উটসদৃশ জন্তুবিশেষ; ভিকুনা।

vide·licet [ভিˈডীলিসেট্ US -ˈডেলি-]*adv* (সাধা. সং **viz** [ভিজ়]উচ্চারিত হয়, namely-ও বলা হয়) অর্থাৎ; যথা।

video [ˈভিডিঔ]*adj* ১ দূরদর্শনের সম্প্রচারসংক্রান্ত (তুল. audio)। ২ চৌম্বক ফিতায় দূরদর্শনের জন্য চিত্র ও ধ্বনির ধারণ বিষয়ক। □*n* ১ ধারণকৃত বা সম্প্রচারিত চিত্র (ধ্বনির সঙ্গে বৈপরীত্যক্রমে) ২ (US) দূরদর্শন; টেলিভিশন। ~ ˈ**nasty** *n* (*pl* -ties) অত্যধিক সহিংসতা বা প্রত্যক্ষ যৌন কার্যকলাপের দৃশ্য-সংবলিত ভিডিও ফিল্ম। ~ **(reˈcorder)** *n* ভিডিও টেপে ধ্বনি ও চিত্র ধারণ এবং তা প্রদর্শন করবার জন্য যন্ত্রবিশেষ; ভিডিও ধারকযন্ত্র। ˈ~ **tape** *n* দূরদর্শনের জন্য চিত্র ও ধ্বনি ধারণ করবার জন্য চৌম্বক ফিতা; ভিডিও ফিতা।

vie [ভাই]*vt* **vie (with sb) (for sth)** পাল্লা দেওয়া; প্রতিযোগিতা করা: They vied with one another to please the young lady.

view[1] [ভ্যিউ]*n* ১ [U] দৃষ্টিপথ; দৃষ্টি। **in ~ of** বিবেচনা করলে; পরিপ্রেক্ষিতে: In ~ of his inability to attend, the meeting was postponed. **in full ~ of** পূর্ণ/অবারিত দৃষ্টিপথে বা দৃষ্টির সম্মুখে: He climbed the dais in full ~ of the spectators. **on view** প্রদর্শিত হচ্ছে এমন অবস্থায়: The items are on ~ in the museum. **come into ~** দৃষ্টিগোচর/ জয়াপথবর্তী হওয়া; চোখে পড়া। **come in ~ of** দেখতে পাওয়া: As they crossed the hill, they came in view of the cathedral. ২ [C] দৃশ্য; ভূদৃশ্য; দৃশ্যের ছবি, আলোকচিত্র ইত্যাদি: an album of views. ৩ [C] কোনো কিছু দেখার বা পরীক্ষা করার সুযোগ; ঐ রকম সুযোগের উপলক্ষ; পরিদর্শন: a private ~ , যথা, প্রকাশ্যে পরীক্ষণের আগে ছবির একান্ত পরিদর্শন। ৪ [C] ব্যক্তিগত মতামত; মনোভঙ্গি; (কোনো বিষয়ে) ভাবনা বা অভিমত: I agree with his ~s on the subject. **fell in with/meet sb's ~s** কারো মতামত, ভাবনা, অভিমত ইত্যাদি মেনে নেওয়া/ স্বীকার করা। ৫ লক্ষ্য; অভিপ্রায়; উদ্দেশ্য: **with a/the ~ to/of** উদ্দেশ্যে/ অভিপ্রায়ে/ লক্ষ্যে: with the ~ of earning a living. ৬ (যৌগশব্দ) ˈ**~·point, point of ~,** দ্র. point[1](8). ˈ**~·finder** *n* ক্যামেরার কৌশলবিশেষ, যাতে পরকলার মাধ্যমে যতটা এলাকার ছবি তোলা হবে, চিত্রগ্রাহক তা দেখতে পারেন।

view[2] [ভ্যিউ]*vt* (কোনো কিছুর প্রতি) দৃষ্টিপাত করা; পরীক্ষা/ অবলোকন/ নিরীক্ষণ করা: He ~ed the subject from a different angle. **an order to ~** কোনো বাড়ি ইত্যাদি ক্রয়ের উদ্দেশ্যে তা পরীক্ষা করে দেখবার লিখিত ক্ষমতা; পরিদর্শনের অনুমতিপত্র। **~er** [ভ্যিউআ(র্)]*n* ১ (বিশেষত) (দূরদর্শনের) দর্শক। ২ আলোকচিত্রের স্বচ্ছ ফিল্ম (transparency) নিরীক্ষণ করবার কৌশলবিশেষ। **~·less** *adj* ১ (আল. বা কাব্যিক) অদৃশ্য। ২ (US) মতামতহীন।

vigil [ˈভিজিল্]*n* ১ [U] পাহারা দেওয়া বা প্রার্থনার জন্য রাত্রি জাগরণ: tired of ~s, জাগরক্লান্ত। ২ কোনো ধর্মীয় পর্বের পূর্বরাত্রি (বিশেষত প্রার্থনা ও উপবাসের মধ্য দিয়ে পালিত); নিশিপালন।

vigil·ance [ˈভিজিলন্‌স্]*n* [U] সতর্কতা; পাহারা: exercise ~. ˈ**~ committee** (প্রধানত US) কোনো এলাকায় সংগঠনব্যবস্থা দুর্বল হলে বা ভেঙে পড়লে সেখানে শৃঙ্খলারক্ষার দায়িত্বে নিয়োজিত স্বনির্বাচিত ব্যক্তিবর্গ; পাহারা-পরিষদ।

vigi·lant [ˈভিজিলান্ট্]*adj* সতর্ক, হুঁশিয়ার, অতন্দ্র, অতন্দ্রিত, সতর্কদৃষ্টি; যে কোনো বিপদ সম্বন্ধে সদাসতর্ক। **~·ly** *adv* সতর্কভাবে ইত্যাদি।

vigi·lante [ˌভিজিˈল্যান্টি]*n* কোনো পাহারা–পরিষদের সদস্য।

vi·gnette [ভীনিয়েত্]*n* [C] ১ বিশেষত কোনো বইয়ের নামপত্রে কিংবা অধ্যায়ের শুরুতে বা শেষে অলঙ্করণমূলক নকশা; আভরণচিত্র। ২ ক্রমশ ঘনতর পশ্চাৎপটমঞ্চে কোনো ব্যক্তির মাথা ও গ্রীবার চিত্র; আবক্ষচিত্র। ৩ (কোনো ব্যক্তির) সংক্ষিপ্ত চরিতালেখ্য।

vig·our (US = **vigor**) [ˈভিগা(র্)]*n* [U] শারীরিক বা মানসিক শক্তি; তেজ, বলবত্তা, বলিষ্ঠতা; (ভাষার) ওজোগুণ, ওজস্বিতা। **vig·or·ous** [ˈভিগারাস্]*adj* বলিষ্ঠ, তেজস্বী, বলবান, প্রবল, তেজীয়ান। **vig·or·ous·ly** *adv* বলিষ্ঠভাবে ইত্যাদি।

vile [ভাইল্]*adj* (-r, -st) ১ লজ্জাজনক ও অরুচিকর; গর্হিত, বীভৎস, কুৎসিত, ঘৃণাবহ: ~ habits/ language. ২ (কথ্য) খারাপ, বিশ্রী: ~ weather. ৩ (প্রা.প্র.) মূল্যহীন, অসার: this ~ body, অর্থাৎ আত্মার সঙ্গে বৈপরীত্যক্রমে। **~·ly** [ˈভাইল্লি]*adv* জঘন্যভাবে, বীভৎসভাবে ইত্যাদি। **~·ness** *n* বীভৎসতা, জঘন্যতা।

vil·ify [ˈভিলিফাই]*vt* (*pt, pp* -fied) কাউকে অপবাদ দেওয়া; কারো কুৎসা/ পরিবাদ করা; কলঙ্ক প্রচার/ রটনা করা। **vil·ifi·ca·tion** [ˌভিলিফিˈকেইশ্‌ন্]*n* কলঙ্করটনা, কলঙ্কলেপন, অপবাদরটনা।

villa [ˈভিলা]*n* ১ (ব্রিটেনে) (সাধা. ঠিকানার অংশস্বরূপ) বিশেষত শহরের উপকণ্ঠে বিচ্ছিন্ন বা প্রায়–বিচ্ছিন্ন বাড়ি। ২ বিশেষত দক্ষিণ য়োরোপে বৃহৎ উদ্যানসহ গ্রামস্থ বাড়ি; ভদ্রাসন; ভিলা।

vil·lage [ˈভিলিজ্]*n* গ্রাম: (attrib) the ~ post-office, গ্রামীণ ডাকঘর। **vil·lager** [ˈভিলিজা(র্)]*n* গ্রামবাসী।

vil·lain [ˈভিলান্]*n* ১ দুর্বৃত্ত, দুর্জন, দুরাত্মা, দুষ্কৃতকারী, বদমাশ, পামর, পাপিষ্ঠ। ২ = villein. **~·ous** [ˈভিলানাস্]*adj* দুর্বৃত্তোচিত; পাপ–। **~y** *n* (*pl -nies*) [U] দুরাচার, পাপাচার; (*pl*) দুষ্ক্রিয়া, দুষ্কৃতি, দুষ্কর্ম।

vil·lein [ˈভিলেইন্]*n* (ইতি.) (মধ্যযুগে সামন্ততান্ত্রিক ব্যবস্থায়) ভূমিদাস। **~·age** [ˈভিলিনিজ্]*n* [U] ভূমিদাসত্ব।

vim [ভিম্]*n* [U] (কথ্য) শক্তি, কর্মশক্তি: feel full of vim.

vin·ai·grette [ˌভিনিˈগ্রেট্]*n* [U] (সবজির সালাদ ইত্যাদির জন্য) সির্কা ও তেলের উপচার।

vin·di·cate [ˈভিন্‌ডিকেইট্]*vt* (বিবাদ বা আক্রমণের উপজীব্য কোনো কিছুর সত্যতা, ন্যায্যতা, যথার্থতা ইত্যাদি) প্রমাণ বা প্রতিপাদন করা: ~ a claim/one's title to a privilege. **vin·di·ca·tion**[ˌভিনডিˈকেইশ্‌ন্] *n* [U, C] যথার্থতা/সত্যতা প্রতিপাদন।

vin·dic·tive [ভিন্ˈডিক্‌টিভ্]*adj* ক্ষমাহীন ক্ষমাশূন্য; প্রতিহিংসাপরায়ণ। **~·ly** *adv* প্রতিহিংসাবশত। **~·ness** *n* ক্ষমাশূন্যতা, প্রতিহিংসাপরায়ণতা।

vine [ভাইন্]*n* [C] দ্রাক্ষালতা; লতাজাতীয় যে কোনো উদ্ভিদ যেমন তরমুজ, মটরশুঁটি ইত্যাদির গাছ; ব্রততী, বল্লী। **~·yard** [ˈভিনিয়াড্]*n* [C] আঙুরের ক্ষেত; দ্রাক্ষাক্ষেত্র।

vin·ery [ˈভাইনারি]*n* (*pl* -ries) দ্রাক্ষালতার জন্য কাচনির্মিত ঘর (গ্রিনহাউজ); দ্রাক্ষালয়।

vin·egar [ˈভিনিগা(র্)]*n* [U] অঙ্কুরিত শস্য (সাধা. যব); মদ, আপেলের গাজানো রস ইত্যাদি থেকে প্রস্তুত অম্লরসবিশেষ; সিরকা। **~y** [ˈভিনিগারি]*adj* সিরকাসদৃশ, অম্লরসাত্মক; (লাক্ষ.) তিরিক্ষি, রগচটা, বদমেজাজি।

vino [ˈভীনৌ]*n* (*pl* -es [-নৌজ্]) [U] (কথ্য) মদ, দ্রাক্ষারস।

vi·nous [ˈভাইনাস্]*adj* মদের, মদ্যসদৃশ বা মদ্যজাত; মাদক।

vin·tage [ˈভিন্‌টিজ্]*n* ১ (*pl* বিরল) দ্রাক্ষাসংগ্রহ বা দ্রাক্ষাসংগ্রহের মৌসুম। ২ [C, U] বিশেষ কোনো বছরের দ্রাক্ষাসংগ্রহ কিংবা ঐ সংগ্রহ থেকে প্রস্তুত মদ: the ~ of 1965; rare old ~s, দুষ্প্রাপ্য পুরনো মদ; a ~ year, যে বৎসর উত্তম মদ প্রস্তুত হয়েছে; ~ wines, মদের জন্য উত্তম বলে বিবেচিত বছরে প্রস্তুত মদ। ৩ (অর্থ–সম্প্রসারণে attrib) উচ্চ গুণগত মানের খ্যাতিসম্পন্ন এবং বিগত কোনো সময়কার: a ~ car, ১৯১৬ থেকে ১৯৩০ সনের মধ্যে নির্মিত; দ্র. veteran; ৩০ বৎসরের অধিক প্রাচীন স্পোর্টস কার।

vint·ner [ˈভিন্‌ট্‌না(র্)]*n* মদ্যব্যবসায়ী।

vi·nyl [ˈভাইনিল্]*n* বস্ত্র, আচ্ছাদন ও বইয়ের বাঁধাই রূপে ব্যবহৃত কয়েক ধরনের টেকসই, নমনীয় প্লাস্টিক; ভিনাইল।

viol [ˈভাইঅল্]*n* (সাধা. ছয়–) তারবিশিষ্ট মধ্যযুগীয় বাদ্যযন্ত্র, আধুনিক বেহালার পূর্বযন্ত্র।

vi·ola[1] [ভিˈঔলা]*n* পুরুষের উচ্চতম স্বাভাবিক কণ্ঠস্বরের প্রায় সমান সুরবিশিষ্ট, স্বাভাবিক বেহালার চেয়ে বৃহৎ আকৃতির বেহালাবিশেষ; বড়ো বেহালা।

vi·ola[2] [ˈভাইঅলা]*n* বিভিন্ন ধরনের উদ্ভিদ—একরঙা প্যানজি ও ভায়োলেট এর অন্তর্গত; ভাইয়ালা।

vi·ol·ate [ˈভাইঅলেইট্]*vt* ১ (প্রতিশ্রুতি, চুক্তি ইত্যাদি) ভঙ্গ/লঙ্ঘন করা; (বিবেকের) বিরুদ্ধে কাজ করা। ২ (কোনো পবিত্র স্থান, কারো নির্জনতা ইত্যাদি) অমর্যাদা/ হানি/ ব্যাঘাত করা: ~ sb's privacy. ৩ বলাৎকার/ ধর্ষণ/ সতীত্ব হানি করা। **vi·ol·ation** [ˌভাইঅˈলেইশ্‌ন্]*n* [U, C] লঙ্ঘন, ভঙ্গ; বলাৎকার; মর্যাদাহানি, সতীত্বহানি।

vi·ol·ent [ˈভাইঅলান্ট্]*adj* ১ প্রচণ্ড, অত্যুগ্র; প্রবল; হিংস্র: a ~ wind/attack; ~ passions; in a ~ temper; a ~ (চরম) contrast. ২ প্রচণ্ড আক্রমণজনিত; অপঘাতজনিত: meet a ~ death. ৩ তীব্র: ~ headache. **~·ly** প্রচণ্ডভাবে ইত্যাদি। **vi·ol·ence** [-লান্‌স্]*n* [U] প্রচণ্ডতা; হিংস্রতা, সহিংসতা; হিংস্র আচরণ: crimes/acts of violence. **do violence to** (লাক্ষ.) পরিপন্থী হওয়া।

vi·olet [ˈভাইঅলাট্]*n* ১ [C] সুগন্ধ পুষ্পবিশিষ্ট ক্ষুদ্র বুনো বা উদ্যান–উদ্ভিদ; ভায়োলেট। ২ বেগুনি রং; ধূম্র।

vi·olin [ˌভাইঅˈলিন্]*n* বেহালা। **~·ist** [-নিস্ট্]*n* বেহালাবাদক।

vi·olin·cello [ˌভাইঅলান্ˈচেলৌ]*n* সচরাচর 'চেল্লো' নামে পরিচিত মন্দ্রস্বরের বেহালাজাতীয় বাদ্যযন্ত্র, যা বাদকের দুই হাঁটুর মধ্যে ধরা থাকে; চেল্লো।

vi·per [ˈভাইপা(র্)]*n* আফ্রিকা, এশিয়া ও য়োরোপের কয়েক ধরনের বিষধর সাপ, ভাইপার; বিদ্বেষপরায়ণ বিশ্বাসঘাতক ব্যক্তি; জাতসাপ। **the common ~** (ব্রিটেনের একমাত্র বিষধর সাপ) অ্যাডার।

vir·ago [ভিˈরা:গৌ]*n* (*pl* -s বা -es [-গৌজ্]) রেগে গেলে তারস্বরে চিৎকার করে গালি পাড়ে এমন উগ্র বদমেজাজি স্ত্রীলোক; রণচণ্ডী; খাণ্ডারি; দজ্জাল; উগ্রচণ্ডা।

vir·gin [ˈভাজিন্]*n* যৌনমিলনের অভিজ্ঞতা হয়নি, এমন বালিকা বা নারী (এবং সাম্প্রতিক প্রয়োগে পুরুষ);

অক্ষতযোনি; কুমারী; কুমার। **the (Blessed) V~ (Mary)** (সংক্ষেপ, **BMV**) যিশু খ্রিস্টের মা কুমারী মরিয়ম। □*adj* ১ কুমারী; সচ্চরিত্রা: the V~ Queen, ইংল্যান্ডের রানী প্রথম এলিজাবেথ। **the ~ birth** কুমারী মরিয়ম যিশুকে অলৌকিকভাবে গর্ভে ধারণ করেন—এই মতবাদ; কৌমারিকেয় জন্মবাদ। ২ বিক্ষুব্ধ ও অস্পৃষ্ট; অপ্রহত, অনাহত: ~ snow. ৩ আদিম অবস্থায় বিদ্যমান; অব্যবহৃত; আদিম; অকৃষ্ট: a ~ forest; ~ soil, যে জমি কখনো চাষ করা হয়নি, (লাক্ষ.) নতুন ভাব ও চিন্তার প্রতি উন্মুখ মন। **~·ity** [ভ়া'জিনটি]*n* [U] কুমারীত্ব, কৌমার্য।

vir·ginal[1] ['ভ়াজিন্‌ল্]*adj* কুমারীসম্বন্ধী, কুমারীর উপযোগী; কৌমার; কানীন।

vir·ginal[2] ['ভ়াজিন্‌ল্]*n* (প্রায়শ *pl*) ১৬ ও ১৭ শতকে ব্যবহৃত, হার্মোনিয়ামের মতো চাবিওয়ালা, বর্গাকার বাদ্যযন্ত্রবিশেষ; the ~s/a pair of ~s নামেও পরিচিত।

Vir·ginia [ভ়া'জিনিআ]*n* [U] যুক্তরাষ্ট্রের ভর্জিনিয়া রাজ্যে উৎপন্ন বিভিন্ন জাতের তামাক; ভর্জিনিয়া। **~ creeper** প্রশস্ত পত্রযুক্ত শোভাবর্ধক লতাবিশেষ, যা অনেক সময়ে দেয়ালে চাষ করা হয়, শরৎকালে এর পাতা রক্তবর্ণ ধারণ করে।

Virgo [ভ়াগৌ]*n* কন্যারাশি।

vir·gule ['ভ়াগ্যিউল্]*n* তির্যকরেখা (/)।

vi·rid [ভ়িরিড়্]*adj* শ্যামল, হরিৎ।

vir·ile ['ভ়িরাইল্ US 'ভ়িরাল্]*adj* ১ পৌরুষদীপ্ত, পৌরুষব্যঞ্জক, পৌরুষেয়: ~ eloquence; live to a ~ old age. **vir·il·ity** [ভ়ি'রিলটি]*n* [U] পৌরুষ, পুরুষত্ব; পৌরুষত্ব।

vi·rol·ogy [ভাই'আরলাজি]*n* [U] ভাইরাস ও ভাইরাসঘটিত রোগের পর্যেষণা; ভাইরাসবিদ্যা।

vir·tual ['ভ়াচুঅল্]*adj* প্রকাশ্যে বা নামত স্বীকৃত না হলেও কার্যত; কার্যসিদ্ধ; যথার্থ: the ~ head of state; a ~ defeat, পরাজয়ের নামান্তর। **~·ly** [-চু অলি]*adv* কার্যত; প্রকৃত প্রস্তাবে।

vir·tue ['ভ়াচু]*n* ১ [C, U] গুণ, সদ্‌গুণ: He has none of the ~s I admire. **make a ~ of necessity** কোনো কিছু চাপে পড়ে করলেও কাজটিকে সৎকাজ বলে জাহির করা; আবশ্যকতাকে সদ্‌গুণে পরিণত করা। **V~ is its own reward** (প্রবাদ) সৎকর্মই সৎকর্মের পুরস্কার। **the cardinal ~s** মুখ্য সদ্‌গুণাবলী (বিমৃষ্যকারিতা, তিতিক্ষা, মিতাচার, ন্যায়বুদ্ধি)। **the theological ~s** ধর্মীয় সদ্‌গুণাবলী (বিশ্বাস, আশা, সহৃদয়তা)। ২ [U] সতীত্ব, কৌমার্য। ৩ [U] কার্যকারিতা, গুণ, শক্তি: He has great faith in the ~ of herbal medicines. ৪ [U,C] উৎকর্ষ, সুবিধা, শ্রেষ্ঠতা, গুণ: The plan has the additional ~ of being very simple. ৫ **by/in ~ of** কারণে, দরুন। **vir·tu·ous** ['ভ়াচুঅস্]*adj* পুণ্য, পবিত্র, সৎ, শুদ্ধ। **vir·tu·ous·ly** *adv* সৎভাবে, শুদ্ধভাবে।

vir·tu·oso [,ভ়াচু'ঔজ়ৌ US -'ঔসৌ]*n* (*pl* -s বা -si [-জ়ী US -সী]১ শিল্পকর্ম সম্বন্ধে বিশেষ জ্ঞান বা রুচিসম্পন্ন ব্যক্তি; কলাকোবিদ। ২ কোনো শিল্পের পদ্ধতি সম্বন্ধে বিশেষ দক্ষতাসম্পন্ন ব্যক্তি, বিশেষত যিনি অলোকসামান্য দক্ষতার সঙ্গে কোনো বাদ্যযন্ত্র বাজান; কালোয়াৎ: (attrib) a ~ performer. **vir·tu·os·ity** [,ভ়াচু'অসাটি]*n* [U] কলাসিদ্ধি।

viru·lent ['ভ়িরুলান্ট্]*adj* (ব্যক্তি সম্বন্ধে) শক্তিমান; মারাত্মক; (বিদ্বেষ, ঘৃণা সম্বন্ধে) তিক্ত; (শব্দ ইত্যাদি সম্বন্ধে) বিদ্বেষপূর্ণ; (ব্যাধি, ক্ষত সম্বন্ধে) বিষাক্ত। **~·ly** *adv* মারাত্মকভাবে, তীব্রভাবে ইত্যাদি। **viru·lence** [-লান্‌স্]*n* শক্তিমত্তা; প্রকোপ; তিক্ততা, বিষময়তা।

vi·rus ['ভাইআরাস্]*n* ১ [C] সংক্রামক রোগের কারণস্বরূপ, ব্যাক্টিরিয়ার চেয়ে ক্ষুদ্রতর, বিভিন্ন বিষাক্ত উপাদানের যে কোনো একটি; ভাইরাস: the rabies ~. ২ [U] (কথ্য) ভাইরাসজনিত রোগ। **vi·ral** *adj* ভাইরাসঘটিত।

visa ['ভ়ীজ়া]*n* [C] পাসপোর্টধারী ব্যক্তি যে দেশ দর্শনে যেতে চান কিংবা যে দেশ থেকে নিষ্ক্রান্ত হতে চান, পাসপোর্টে সেই দেশের কর্মকর্তা কর্তৃক প্রদত্ত অনুমতিসূচক সিলমোহর বা স্বাক্ষর; ভিসা: 'entrance/ entry ~; exit ~. □*vt* ভিসা দেওয়া: get one's passport **~ed** [ভ়ীজ়াড্]।

vis·age ['ভ়িজ়িজ্]*n* [C] (সাহিত্য.) মুখমণ্ডল, মুখাবয়ব। **vis·aged** ['ভ়িজ়িজ্‌ড্]*suff* (যৌগশব্দে) উক্ত মুখাবয়ববিশিষ্ট; মুখ, –মুখো: gloomy-~d, গোমড়ামুখো।

vis-á-vis [,ভ়ীজ্ আ: 'ভ়ী US ,ভ়ীজ় আ 'ভ়ী]*prep* (লাক্ষ.) সম্পর্কে; তুলনায়; মুখোমুখি।

vis·cera ['ভ়িসারা]*n pl* (শরীরের) আন্তর যন্ত্র; নাড়িভুঁড়ি। **vis·ceral** ['ভ়িসারাল্]*adj* আন্ত্রিক।

vis·cid ['ভ়ি সিড্], **vis·cous** [ভ়িস্কাস্]*n* [U] আঠালো, চটচটে। **vis·cos·ity** [ভ়ি'স্কসাটি]*n* [U] লস, সান্দ্রতা।

vis·count ['ভাইকাউন্ট্]*n* ব্যারনের চেয়ে উচ্চ ও আর্লের চেয়ে নিম্ন পদস্থ অভিজন; ভাইকাউন্ট। **~·ess** [-টিস্]*n* ভাইকাউন্টের স্ত্রী; নিজ অধিকারবলে ভাইকাউন্টের পদমর্যাদাসম্পন্ন মহিলা; ভাইকাউন্টেস। **~cy** [-ট্‌সি]*n (pl* -cies) ভাইকাউন্টের পদবি, পদমর্যাদা, সম্মান।

vise [ভাইস্]*n* (US) = vice[2].

vis·ible ['ভ়িজ়াবল্]*adj* দৃষ্টিগ্রাহ্য, দৃষ্টিগোচর; দৃশ্যমান, প্রত্যক্ষ, সাক্ষাৎ। **vis·ibly** [-জ়াবলি]*adv* দৃশ্যত: He was visibly moved. **vis·ibil·ity** [ভ়িজ়া'ভ়িলাটি]*n* [U] দৃষ্টিগ্রাহ্যতা; বিশেষত দূরের বস্তু দেখার জন্য আবহাওয়ার অবস্থা; দৃশ্যতা; দর্শনীয়তা, চক্ষুগ্রাহ্যতা: Poor visibility is a major cause of accidents.

vi·sion ['ভ়িজ়্‌ন্]*n* ১ [U] দৃকশক্তি, দৃষ্টি, দর্শনশক্তি; কল্পনাশক্তি; দূরদৃষ্টি; অন্তর্দৃষ্টি: the field of ~, দৃষ্টিপথ; the ~ of a poet/prophet; a man of ~, দ্রষ্টা, স্বাপ্নিক। ২ [C] বিশেষত মনশ্চক্ষে, কল্পনাশক্তিবলে, নিদ্রায় বা আবিষ্ট অবস্থায় দৃষ্ট কোনো কিছু; স্বপ্ন; স্বপ্নাবিভাব, বিচ্ছায়া: ~s of great wealth and success.

vi·sion·ary ['ভ়িজ়ানরি US -জ়ানেরি]*adj* ১ অবাস্তব, কাল্পনিক, মনগড়া, স্বপ্নময়, কল্পনাপ্রসূত; স্বপ্নাদ্য: ~ scheme/ plans. ২ (ব্যক্তি সম্বন্ধে) কল্পবিহারী, ভাবতান্ত্রিক; স্বপ্নচারী। □*n* স্বাপ্নিক, ভাবতান্ত্রিক; কল্পনবিলাসী; স্বপ্নবিলাসী।

visit ['ভ়িজ়িট্]*vt, vi* ১ (কারো সঙ্গে) দেখা/ সাক্ষাৎ করতে যাওয়া বা আসা; (কোনো স্থান) দর্শন করা; থাকা; অবস্থান করা: ~ a relative; ~ London; ~ ing at a new hotel. ২ (প্রধানত US) পরিদর্শন করা: Public health inspectors regularly ~ these restaurants. ৩ (প্রধানত US) **~ with** দেখাসাক্ষাৎ করা। ৪ **~ sth on sb** (বাইবেলি প্রয়োগ) শাস্তি দেওয়া। **~ the sins of the fathers upon the children** পিতৃপাপে সন্তানকে দণ্ডিত করা। □*n* দর্শন; সাক্ষাৎ; দর্শন/ সাক্ষাতের

সময়: pay a ~ to patient; go on a ~ to the seaside; a ~ of several hours. **~·ing** *n* [U] সাক্ষাৎ, দর্শন, দেখাসাক্ষাৎ: ˈ~ing hours. Are they on ~ ing terms, পরস্পর দেখাসাক্ষাৎ করার মতো ঘনিষ্ঠ সম্পর্ক আছে কি না। **visi·tor** [ˈভিজ়িটা(র্)]*n* দর্শনার্থী, অতিথি, অভ্যাগত: summer ~ors; the ~tor's book, দর্শনার্থীদের স্বাক্ষরের খাতা।

visi·tant [ˈভিজ়িটান্ট্]*n* ১ (সাহিত্য.) বিশেষত কোনো গুরুত্বপূর্ণ বা অতিপ্রাকৃত আগন্তুক; অভ্যাগত। ২ নির্দিষ্ট ঋতুতে ফিরে আসে এমন পাখি; প্রব্রাজক পাখি।

visi·ta·tion [ˌভিজ়িˈটেইশ্ন্]*n* ১ [C] বিশেষত দাপ্তরিক ধরনের কিংবা বিশপ বা পাদ্রি কর্তৃক দর্শন: a ~ of the sick, কর্তব্যের অংশ হিসাবে পাদ্রি কর্তৃক রোগীদর্শন; সন্দর্শন। ২ ঈশ্বরপ্রেরিত শাস্তিরূপে বিবেচিত উপদ্রব, বিপর্যয় ইত্যাদি; অভ্যাগমন: The epidemic was looked upon as a ~ of God for their sins.

vi·sor [ˈভাইজ়া(র্)]*n* ১ (ইতি.) মুখ ঢাকার জন্য শিরস্ত্রাণের সচল অংশ; মুখত্রাণ। ২ টুপির সুচালো অংশ; চূড়া। ৩ **(sun-)~** রোদের আঁচ কমানোর জন্য গাড়ির সম্মুখের বাতাবরণের উপরের অংশে লাগানো গাঢ় বর্ণের চতুষ্কোণ কাচখণ্ড; আতপত্র।

vista [ˈভিস্টা]*n* [C] ১ দীর্ঘ, সঙ্কীর্ণ দৃশ্য (যেমন দুই দিকে বৃক্ষশোভিত বীথি); দৃশ্যপথ: a ~ of the marble mausoleum at the end of an avenue of trees. ২ (লাক্ষ.) দৃশ্যপরম্পরা; ঘটনাপরম্পরা: the ~s of by-gone times.

vis·ual [ˈভিজ়ুআল্]*adj* দর্শনসম্বন্ধী; দৃষ্টিসম্বন্ধী; ঐক্ষিক; দৃষ্টিনির্ভর: ~ images. **~ aids** (যেমন শিক্ষাদানে) চিত্র, চলচ্চিত্র ইত্যাদি; ঐক্ষিক সহায়ক বস্তু। **~ly** [ˈভিজ়ুআলি]*adv* ঐক্ষিকভাবে। **~·ize** [–লাইজ়্] *vt* ছবির মতো মনে আনা; প্রত্যক্ষবৎ স্মরণ করা। **vis·ual·iz·ation** [ˌভিজ়ুআলাইˈজ়েইশ্ন্ US -লিˈজ়েই–]*n* প্রত্যক্ষীকরণ।

vi·tal [ˈভাইট্ল্]*adj* ১ জীবনসম্পৃক্ত, জীবনসম্বন্ধী; জীবনের জন্য অপরিহার্য; জৈবনিক; জীবনীয়; জীবনসাধক: wounded in a ~ part, মর্মস্থানে। **the ~ force/principle** প্রাণী ও উদ্ভিদের জীবনের হেতু রূপে অনুমিত শক্তি; প্রাণশক্তি। **~ statistics (ক)** আয়ু, জন্ম, বিবাহ ও মৃত্যু বিষয়ক পরিসংখ্যান; অপরিহার্য পরিসংখ্যান। **(খ)** (কথ্য) স্ত্রীলোকের বক্ষ, কটি ও নিতম্বের মাপ। ২ অপরিহার্য, চরম; আত্যন্তিক: of ~ importance; a ~ necessity. **~s** *n pl* শরীরের অপরিহার্য অঙ্গসমূহ, বিশেষত ফুসফুস, হৃদযন্ত্র ও মস্তিষ্ক; মর্মস্থান। **~ly** [ˈভাইটালি]*adv* অপরিহার্যভাবে। **~·ism** [–লিজ়াম্]*n* [U] জীবদেহে রাসায়নিক ও ভৌত শক্তি, আলাদা একটি নিয়ামক-শক্তি আছে বলে বিশ্বাস; প্রাণবাদ (mechanism-এর বিপরীত)। **~·ist** [–লিস্ট্]*n* প্রাণবাদী।

vi·tal·ity [ভাইট্যালাটি]*n* [U] প্রাণশক্তি; জীবনীশক্তি।

vi·tal·ize [ˈভাইটালাইজ়্]*vt* প্রাণশক্তিতে পূর্ণ করা; প্রাণিত করা।

vit·amin [ˈভিটামিন্ US ˈভাইটা–]*n* [C] মানুষ ও প্রাণীর স্বাস্থ্যের জন্য অপরিহার্য এবং কোনো কোনো খাদ্যবস্তুতে বিদ্যমান কতকগুলি জৈব বস্তুবিশেষ; খাদ্যপ্রাণ, জীবত্বজনক, ভিটামিন।

vi·ti·ate [ˈভিশিএইট্]*vt* হীনবল/ দুর্বল/ দূষিত করা: ~d blood.

vit·reous [ˈভিট্রিআস্]*adj* কাচের বা কাচসদৃশ; কাচীয়: ~ rocks, কঠিন ও ভঙ্গুর: ~ enamel কাচের মিনা (চিনামাটির পরিবর্তে ব্যবহৃত)।

vit·rify [ˈভিট্রিফাই]*vt, vt* (*pt, pp* -fied) কাচসদৃশ পদার্থে রূপান্তরিত করা বা হওয়া; কাচীভূত করা/ হওয়া।

vit·riol [ˈভিট্রিআল্]*n* [U] গন্ধকাম্ল; গন্ধকাম্লঘটিত যে কোনো লবণ: blue ~, তুঁতে; (লাক্ষ.) পরীবাদ, বিদ্রূপ। **~ic** [ˌভিট্রিˈঅলিক্]*adj* (লাক্ষ. শব্দ ও অনুভূতি সম্বন্ধে) দাহজনক, ঝাঁঝালো, অত্যুগ্র, তীব্র নিন্দাপূর্ণ।

vit·uper·ate [ভিˈটিয়ুপারেইট্ US ভাইˈটূ –] *vt* গালিগালাজ/ কটূকাটব্য করা। **vit·uper·at·ive** [ভিটিয়ুউপারাটিভ্ US ভাইটূপারেইটিভ্]*adj* গালিগালাজপূর্ণ, কটূক্তিপূর্ণ। **vit·uper·ation** [ভিˌটিউপাˈরেইশ্ন্ US ভাইটূ–]*n* [U] গালিগালাজ, কটূক্তি; তিরস্কার।

viva [ˈভাইভা]*n* (কথ্য) = viva voce.

vi·vace [ভিˈভাːচেই]*adv* (সঙ্গীত) প্রাণবন্তভাবে।

vi·va·cious [ভিˈভেইশাস্]*adj* প্রাণবন্ত; প্রাণোচ্ছল; প্রাণচঞ্চল: a ~ girl. **~·ly** *adv* প্রাণবন্তভাবে। **vi·vac·ity** [ভিˈভ্যাসাটি]*n* [U] প্রাণোচ্ছলতা,প্রাণচাঞ্চল্য।

viva voce [ˌভাইভা ˈভৌসি]*adj, adv* মৌখিক; মৌখিকভাবে। □*n* মৌখিক পরীক্ষা।

vivid [ˈভিভিড্]*adj* ১ (রং ইত্যাদি সম্বন্ধে) উজ্জ্বল, তীব্র। ২ জীবন্ত, প্রাণবন্ত, সক্রিয়: a ~ imagination. ৩ স্পষ্ট ও পরিচ্ছন্ন; জীবন্ত: a ~ description. **~·ly** *adv* উজ্জ্বলভাবে, জীবন্তরূপে। **~·ness** *n* উজ্জ্বলতা, সজীবতা, সক্রিয়তা।

vi·vipar·ous [ভিˈভিপারাস্ US ভাই–]*adj* মায়ের শরীরের অভ্যন্তরে সন্তান বেড়ে ওঠে এমন; জরায়ুজ।

vivi·sect [ˌভিভিˈসেক্ট্]*vt* বৈজ্ঞানিক গবেষণার জন্য (জীবন্ত প্রাণীদেহে) অস্ত্রোপচার বা পরীক্ষা করা; জীব-ব্যবচ্ছেদ করা। **vivi·sec·tion** [ˌভিভিˈসেকশ্ন্]*n* [U, C] জীব-ব্যবচ্ছেদ। **vivi·sec·tion·ist** [শানিস্ট্]*n* জীব-ব্যবচ্ছেদক; জীব-ব্যবচ্ছেদবাদী।

vixen [ˈভিক্সন্]*n* শৃগালী; বদমেজাজি, কলহপ্রিয় স্ত্রীলোক; উগ্রচণ্ডা। **~·ish** [ˈভিক্সানিশ্]*adj* কলহপরায়ণ, বদমেজাজি; গরলোদ্গারী।

viz [ভিজ়্](লা. videlicet, সাধা. namely বলা হয়) অর্থাৎ, যথা।

vi·zier [ভিˈজ়িআ(র্)]*n* কোনো কোনো মুসলিম দেশে, বিশেষত পুরনো তুর্কি সাম্রাজ্যে উচ্চপদস্থ কর্মকর্তা; উজির।

vo·cable [ˈভৌকাবল্]*n* কণ্ঠোচ্চারিত ধ্বনি, শব্দ বা শব্দের একক ধ্বনি; কণ্ঠধ্বনি।

vo·cabu·lary [ভাˈক্যাবিয়ুলারি US –লেরি]*n* (*pl* -ries) ১ একটি ভাষার মোট শব্দসংখ্যা; শব্দভাণ্ডার। ২ [C, U] কোনো ব্যক্তি কর্তৃক কিংবা কোনো পেশা, কারবার ইত্যাদিতে ব্যবহৃত কিংবা জ্ঞাত শব্দাবলী; শব্দভাণ্ডার: a writer with a large ~. ৩ [C] শব্দকোষ; (সাধা. সংজ্ঞার্থ বা অনুবাদসহ) শব্দতালিকা।

vo·cal [ভৌক্ল্]*adj* কণ্ঠসম্বন্ধী; কণ্ঠের দ্বারা বা জন্য; কণ্ঠ্য: the ~ cords; স্বরতন্ত্রী; the ~ organs, বাকপ্রত্যঙ্গ (জিহ্বা, ঠোঁট ইত্যাদি); ~ music, কণ্ঠসঙ্গীত; a ~ score, (অপেরা ইত্যাদিতে) কণ্ঠসঙ্গীতাংশের পূর্ণাঙ্গ স্বরলিপি: a ~ member of the club, মুখর/প্রগল্ভ সদস্য। **~ly** [ˈভৌকালি]*adv* কণ্ঠধ্বনির সাহায্যে;

বাচনিকভাবে। **~·ist** [ˈভৌকালিস্ট্] *n* কণ্ঠশিল্পী। দ্র. instrumental ভুক্তিতে instru-mentalist. **~·ize** [–লাইজ়্]*vt* বলা বা গাওয়া; ঘোষধ্বনিরূপে উচ্চারণ করা।

vo·ca·tion [ভৌˈকেইশ্ন্]*n* ১ (শুধু *sing*) কোনো বিশেষ ধরনের (সাধা. সামাজিক বা ধর্মীয়) কাজের জন্য আহূত (এবং সেজন্য যোগ্যতাসম্পন্ন) হওয়ার অনুভূতি; আন্তর প্রেরণা; আহূতি: Nursing is not only a profession, it is a ~. ২ [U] বিশেষ প্রবণতা; ঝোঁক: She has no ~ for nursing. ৩ [C] বৃত্তি, পেশা, জীবিকা। **~al** [–শান্ল্] *adj* বৃত্তিমূলক, বৃত্তিগত, জীবিকাগত: ~al guidance, জীবিকানির্বাচনের ক্ষেত্রে পরামর্শ।

vo·ca·tive [ˈভকাটিভ্]*adj, n* সম্বোধন পদ: The ~ case, দ্র. case[1](৩).

vo·cif·er·ate [ভ'সিফ়রেইট্ US ভৌ–] *vt, vi* উচ্চৈস্বরে চিৎকার করে বলা; চেঁচানো। **vo·cif·er·ation** [ভসিফ়া'রেইশন্ US ভৌ–]*n* চিৎকার, চেঁচামেচি, হট্টগোল, গলাবাজি। **vo·cif·er·ous** [ভ'সিফ়ারাস্ US ভৌ–] *adj* উচ্চনাদী, হট্টগোলকারী: a vociferous crowd.

vodka [ˈভড্কা]*n* [U] রাই (rye) এবং অন্য সবজি থেকে পাতনের সাহায্যে প্রস্তুত উগ্র রুশ কোহলবিশেষ; ভদকা।

vogue [ভৌগ্]*n* ১ হাল ফ্যাশন; চল; চলন, কেতা, দস্তুর: The ~s of the present age. ২ জনপ্রিয়তা, চল, প্রচলন: These songs had a great ~ a decade ago. **be in/come into ~** চল হওয়া; জনপ্রিয় হওয়া। **be/go out of ~** চল উঠে যাওয়া; অচলিত হওয়া। **all the ~** সর্বত্র জনপ্রিয়; অধুনাতম ফ্যাশন।

voice [ভয়স্]*n* ১ কণ্ঠনিঃসৃত ধ্বনি; কণ্ঠস্বর; গলা: Are you in good ~, গলা ভালো আছে? ২ [C] ধ্বনি উচ্চারণ করার ক্ষমতা; কণ্ঠ; স্বর: I've lost my ~. ৩ [C, U] বিশেষত গুণগত বিচারে কোনো ব্যক্তির উচ্চারিত ধ্বনিসমূহ; কণ্ঠ, স্বর, গলা: in a loud/soft/ shrill/ rough etc **~. lift up one's ~** (প্রা.প্র.) কথা বলা; গান গাওয়া। **shout at the top of one's ~** তারস্বরে চিৎকার করা। **with one ~** (সাহিত্য.) সমস্বরে; সর্বসম্মতিক্রমে। ৪ **a/some/no etc ~ in sth** কোনো বিষয়ে কিছু বলার অধিকার থাকা/না থাকা: He's no ~ in the matter. ৫ [C] মানুষের কণ্ঠের সঙ্গে তুলনীয় কোনো কিছু; কণ্ঠস্বর: the ~ of Nature; the ~ of God, বিবেক। ৬ [U] (ধ্বনিবিজ্ঞানে) স্বরতন্ত্রীর কম্পনজাত ধ্বনিসমূহ; ঘোষধ্বনি। ৭ (ব্যাক.) বাচ্য (যেমন কর্তৃ ও কর্মবাচ্য)। □*vt* ১ ভাষায় প্রকাশ করা; ধ্বনিত: You've v~d the feelings of your fellow-members. ২ ঘোষধ্বনিরূপে উচ্চারণ করা: ~d sounds, ঘোষধ্বনি। **-~d** *adj* (যৌগশব্দে) কণ্ঠ: rough ~d, পরুষকণ্ঠ। **~·less** *adj* ১ স্বরহীন, বাকশক্তিহীন। ২ (ব্যঞ্জনধ্বনি সম্বন্ধে) অঘোষ (যেমন ক, চ, প)।

void [ভয়ড্]*adj* ১ শূন্য, রিক্ত। ২ **~ of** –হীন, –শূন্য, –বর্জিত: a subject ~ of interest. ৩ **null and ~** (আইন.) বলবত্তাহীন; বাতিল; অসিদ্ধ, অকার্যকর। □*n* [C] শূন্যস্থান, মহাশূন্য; (লাক্ষ.) শূন্যতা: an aching ~ in her heart. □*vt* (আইন.) বাতিল/ অসিদ্ধ/ রদ করা।

voile [ভ্য়ল্]*n* [U] পাতলা, হাল্কা বস্ত্রবিশেষ; ভয়েল।

vo·lar [ভৌল।(র্) *adj* পায়ের বা হাতের তল সংক্রান্ত।

vol·atile [ˈভ্লাটাইল্ US –টল্] *adj* ১ (তরল পদার্থ সম্বন্ধে) সহজে গ্যাস বা বাষ্পে পরিণত হয় এমন; উদ্‌বায়ী। ২ (ব্যক্তি ও তার মেজাজ সম্বন্ধে) প্রাণোচ্ছল; নিয়তপরিবর্তনশীল; চলচিত্ত। **vola·til·ity** [ˌভলাˈটিলাটি]*n* উদ্‌বায়িতা; চলচিত্ততা; প্রাণোচ্ছলতা; প্রাণচাঞ্চল্য।

vol·cano [ভল্ˈকেইনৌ]*n* (*pl* -es বা -s [– নৌজ়্]) আগ্নেয়গিরি: active/dormant/extinict ~, জীবন্ত/ সুপ্ত/মৃত আগ্নেয়গিরি। **vol·canic** [ভল্ˈক্যানিক্]*adj* অগ্নিগিরিসদৃশ, অগ্নিগিরিসম্ভব; আগ্নেয়।

vole [ভৌল্]*n* ইঁদুরসদৃশ প্রাণীবিশেষ: a ˈfield-~, নেংটি ইঁদুরতুল্য ঐরূপ প্রাণী; a water ~, বৃহৎ জলো ইঁদুর।

vo·li·tion [ভাˈলিশন্ US ভৌ–]*n* [U] নিজ ইচ্ছাশক্তি, নির্বাচনশক্তি, সিদ্ধান্তগ্রহণশক্তি ইত্যাদির ব্যবহার; সঙ্কল্পবৃত্তি, সঙ্কল্পশক্তি: do sth of one's own ~. **~al** [–শান্ল্]*adj* সাঙ্কল্পিক।

vol·ley [ˈভলি]*n* [C] ১ (পাথর, তীর, বুলেট প্রভৃতি) ক্ষেপণাস্ত্র একযোগে অনেকগুলি নিক্ষেপ; –বৃষ্টি। ২ কারো উদ্দেশে একযোগে বা দ্রুতগতিতে নিক্ষিপ্ত গালিগালাজ, অভিশাপ, প্রশ্ন ইত্যাদি; গালিবর্ষণ; প্রশ্নবৃষ্টি ইত্যাদি। ৩ (টেনিস) যে আঘাতে ভূমিস্পর্শ করার আগেই বল প্রেরকের নিকট ফেরত পাঠানো হয়; ভলি। **ˌhalf-ˈ~** ভূমিস্পর্শ করেই বলের প্রত্যাবর্তন; অর্ধভলি। **ˈ~·ball** *n* ভলিবল। □*vt, vi* ১ (কামান সম্বন্ধে) একযোগে গর্জে ওঠা। ২ ভূমি স্পর্শ না করেই টেনিস বলের জালের উপর দিয়ে ফিরে আসা।

volt [ভৌল্ট্] *n* [C] (সং. **V**) বৈদ্যুতিক শক্তির একক; যে পরিমাণ একক আম্পেয়ার বিদ্যুৎপ্রবাহ এক ওম প্রতিরোধ অতিক্রম করে নিয়ে যেতে পারে; ভোল্ট। **~·age** [ভৌল্টিজ্]*n* ভোল্টের এককে পরিমিত বৈদ্যুতিক শক্তি; ভোল্টেজ।

volte-face [ˌভল্ট্ ˈফ়া:স্]*n* সম্পূর্ণ পরিবর্তন; সম্পূর্ণ বিপরীত মতাবলম্বন; ডিগবাজি: make a complete ~.

vol·uble [ˈভলিউবল্]*adj* স্বচ্ছন্দভাষী, দ্রুতভাষী, স্বচ্ছন্দবাক; (ভাষা সম্বন্ধে) অনর্গল, স্বচ্ছন্দ। **vol·ubly** [–বলি]*adv* অনর্গল(ভাবে), গড় গড় করে। **volu·bil·ity** [ˌভলিউˈবিলাটি]*n* বাকস্ফূর্তি, বাচালতা; দ্রুতবাদিতা।

vol·ume [ˈভলিউম্ US –লিয়াম] *n* ১ [C] (পুস্তক, সাময়িকী ইত্যাদির) খণ্ড। **speak ~s for** জোরালো প্রমাণ বা নজিরস্বরূপ হওয়া: Her treatment of the poor orphans speaks ~s of her kindheartedness. ২ [U] ঘনফল, ঘনমান; আয়তন: the ~ of a barrel; the ~ of oil in a barrel. ৩ [C] বৃহৎ/ বিপুল পরিমাণ: the ~ of business/work; (বিশেষত *pl*) বাষ্প বা ধোঁয়ার পুঞ্জ: v~s of black smoke. ৪ [U] (শব্দের) বল, প্রবলতা: a voice of great ~, অত্যন্ত শক্তিশালী কণ্ঠ।

vol·umi·nous [ভাˈলিউমিনাস্]*adj* ১ (লেখা সম্বন্ধে) বিপুলায়তন, মহদায়তন: a ~ work/history; (লেখক সম্বন্ধে) বহু গ্রন্থপ্রণেতা, বহুপ্রজ। ২ বহু স্থান দখলকার; বিপুলায়তন: a ~ correspondence; ~ skirts.

vol·un·tary [ˈভলানট্রি US -টেরি]*adj* ১ স্বতঃপ্রবৃত্ত, স্বেচ্ছাপ্রণোদিত, স্বেচ্ছাপ্রবৃত্ত, স্বেচ্ছাপ্রসূত: ~ work/service; a ~ statement; ~ workers/ helpers. ২ স্বেচ্ছাপ্রণোদিত কাজ ও দানের দ্বারা চালিত; স্বেচ্ছাসেবামূলক: a ˈ~ school, জনগণের চাঁদার অর্থে

চালিত। ৩ (মাংসপেশি প্রভৃতি সম্বন্ধে) স্বেচ্ছাচালিত (involuntary-র বিপরীত)। □n [C] (pl -ries) বিশেষত গির্জার অনুষ্ঠানের অংশস্বরূপ নয় এমন একক অর্গ্যানবাদন। **vol·un·tar·ily** [ˈভলান্‌ট্রালি US ˌভলানˈটেরালি]*adv* স্বতঃপ্রবৃত্ত/ স্বেচ্ছাপ্রবৃত্ত হয়ে ইত্যাদি।

vol·un·teer [ˌভলানˈটিআ(র্)]*n* ১ (বিশেষত কোনো অপ্রীতিকর বা বিপজ্জনক কাজের জন্য) স্বেচ্ছাসেবক, স্বেচ্ছাকর্মী। ২ যে সৈনিককে সেনাবাহিনীতে ভর্তি হতে বাধ্য করা হয়নি; স্বেচ্ছাসেনা: (attrib) a ~ corps. □*vt, vi* ~ **sth/to do sth/for sth** স্বতঃপ্রবৃত্ত হয়ে কিছু করা/দেওয়া বা এগিয়ে আসা; স্বেচ্ছাসেবক হিসাবে এগিয়ে আসা: Many of them ~ed for the expedition; She ~ed some help.

vo·lup·tu·ary [ভ়ালাপ্‌চুঅরি US –চুএরি] *n* ঘোর ব্যসনাসক্ত ব্যক্তি; ভোগবিলাসী; ইন্দ্রিয়পরবশ।

vo·lup·tu·ous [ভ়ালাপ্‌চুআস্]*adj* ইন্দ্রিয়সুখাবহ, ইন্দ্রিয়পরিতৃপ্তিকর: ~ beauty/ music/ sensations/ thoughts. **~·ly** *adv* ইন্দ্রিয়সুখাবহরূপে ইত্যাদি। **~·ness** *n* ইন্দ্রিয়পরায়ণতা, ইন্দ্রিয়সুখকরতা।

vo·lute [ভ়াˈলিয়ুট্ US ভালুট্]*n* বিশেষত আয়োনীয় বা করিন্থীয় স্তম্ভশীর্ষে গোটানো কাগজের আকারে অলঙ্করণবিশেষ; স্তম্ভকুণ্ডল। **~d** *adj* কুণ্ডলীযুক্ত: a ~d sea-shell.

vomit [ˈভমিট্]*vt, vi* ১ বমি/ উদ্‌গার/ উদ্‌গীরণ করা। ২ ভূরি পরিমাণে উৎক্ষিপ্ত করা; উদ্‌গীরণ করা: motor vehichles ~ing smoke. □*n* [U] বমি, উদ্‌গীরণ, উদ্‌গীর্ণ বস্তু।

voo·doo [ˈভূডু]*n* [U] (অপিচ **voo·doo·ism**) পশ্চিম ভারতীয় দ্বীপপুঞ্জে, বিশেষত হাইতিতে প্রচলিত যাদু ও ডাকিনীবিদ্যাসর্বস্ব বিকৃত ধর্মবিশেষ; ভুডু।

vo·racious [ভ়াˈরেইশাস্]*adj* অত্যন্ত ক্ষুধার্ত বা লোভী; উদগ্র; রাক্ষুসে; সর্বগ্রাসী; সর্বাশী: a ~ appetite a ~ reader. **~·ly** *adv* গোগ্রাসে; রাক্ষসের মতো। **vo·racity** [ভ়াˈর্যাসাটি]*n* উদগ্র ক্ষুধা; ঔদরিকতা; সর্বগ্রাসিতা।

vor·tex [ˈভো°টেক্স্]*n* (*pl* -es বা vortices [–টিসীজ্]) ১ (বায়ু বা তরল পদার্থের) আবর্ত; জলভ্রম, ভ্রমি, ঘূর্ণী, ঘূর্ণাবর্ত। ২ (লাক্ষ.) কর্মচাঞ্চল্য; ঘূর্ণাবর্ত: the ~ of social life/pleasure; be drawn into the ~ of politics.

vo·tary [ˈভৌটারি]*n* (*pl* -ries) উপাসক, সেবক, পূজারী: a ~ of peace/liberation.

vote [ভৌট্] *n* ১ কোনো বস্তু বা ব্যক্তির পক্ষে বা বিপক্ষে মতামত বা ইচ্ছার অভিব্যক্তি (এবং ঐরূপ অভিব্যক্তি দানের অধিকার; ভোট; ভোটাধিকার: ~ of thanks, ধন্যবাদ প্রস্তাব; হাততালি দিয়ে ধন্যবাদ জ্ঞাপনের জন্য আহ্বান। **put sth to the ~** ভোটের মাধ্যমে সিদ্ধান্ত নেওয়া। ২ প্রদত্ত বা প্রদেয় সর্বমোট ভোট: The Labour ~ is expected to increase at this election. ৩ ভোটের দ্বারা মঞ্জুর করা অর্থ: the army ~ □*vi, vt* ১ ~ **for/against sb/ sth (for sth)** পক্ষে বা বিপক্ষে ভোট দেওয়া। **~ on sth** কোনো বিষয়ে ভোটের মাধ্যমে মতামত দেওয়া। ২ **~ sb/sth (for sth)** অর্থ বরাদ্দ করা: ~ a sum of money for Public Health. ৩ **~ sth down** ভোটের মাধ্যমে পরাজিত/ নাকচ করা: ~ down (প্রত্যাখ্যান করা) a proposal. **~ sth through** অনুমোদন/ সমর্থন করা: ~ a Bill through. ৪ সাধারণ্যের অভিমত বলে ঘোষণা করা: The new medico was ~d a charlatan. ৫ প্রস্তাব করা: I ~ (that) we try another method. **~r** *n* ভোটদাতা। **~·less** *adj* ভোটদানের অধিকারবর্জিত; ভোটহীন।

vo·tive [ˈভৌটিভ্]*adj* ঈশ্বরসমীপে কোনো প্রতিজ্ঞাপূরণসূত্রে প্রদত্ত বা উৎসৃষ্ট; মানসসিদ্ধিমূলক ব্রতপূর্ব সমর্পিত: a ~ tablet.

vouch [ভাউচ্]*vi* **~ for sb/sth** (কোনো ব্যক্তি, তার সততা, কোনো বিবৃতির সত্যতা ইত্যাদি সম্বন্ধে) জামিন হওয়া; আস্থা প্রকাশ করা: Who will ~ for him/for the truth of his statement ?

voucher [ˈভাউচা(র্)]*n* অর্থপ্রদান, হিসাবের যথার্থতা ইত্যাদি বিষয়ে লেখ্যপ্রমাণ বা রসিদ; প্রমাণক; প্রাপ্তি-নিদর্শন: hotel/meal ~s, অগ্রিম মূল্য পরিশোধের প্রমাণপত্র। **ˈgift ~** কোনো কোনো পণ্যের সঙ্গে (যেমন পেট্রল, সিগারেট) প্রদত্ত রসিদ, যা ফেরত দিয়ে উপহারসামগ্রী সংগ্রহ করা যায়। **ˈluncheon ~** কোনো কোনো নিয়োগকর্তা কর্তৃক সরবরাহকৃত নির্দশন, যার বিনিময়ে (চুক্তিবদ্ধ কোনো কোনো রেস্তোরাঁয়) সম্পূর্ণ আহার বা আহারের অংশবিশেষ পাওয়া যায়।

vouch·safe [ভাউ চ্ˈসেইফ্]*vt* (আনুষ্ঠা.) সানুগ্রহে/ সদয় হয়ে কিছু দেওয়া বা করা: He ~d to support us.

vow [ভাউ]*n* ব্রত, প্রতিজ্ঞা, মানত, শপথ: a ~ of celibacy/ silence, কৌমার্যব্রত/ মৌনব্রত। □*vt* ১ ব্রত গ্রহণ করা; প্রতিজ্ঞা/ মানত/ শপথ করা। ২ (প্রা.প্র.) = avow.

vowel [ˈভাউআল্]*n* স্বরধ্বনি; স্বরবর্ণ।

vox [ভক্স্]*n* (লা.) কণ্ঠ। **vox populi** [ˌভক্স্ ˈপপ্যিউলাই]জনগণের কণ্ঠ; জনমত।

voy·age [ˈভইইজ্]*n* (বিশেষত দীর্ঘ) সমুদ্রযাত্রা; জলযাত্রা: go on a ~. □*vi* সমুদ্রযাত্রা করা: ~ through the south seas. **~r** [ˈভইআজা(র্)]*n* (বিশেষত প্রাচীনকালে অজানা সাগরের) সমুদ্রযাত্রিক।

vo·yeur [ভোয়া:ইয়া(র্)]*n* যে ব্যক্তি বিশেষত গুপ্তস্থান থেকে যৌনসামগ্রী কিংবা অন্যের যৌনক্রিয়া অবলোকন করে আনন্দ পায়।

vul·can·ite [ˈভালকানাইট্]*n* [U] রাবার ও গন্ধক দিয়ে তৈরি কঠিন প্লাস্টিক; ভালকানাইট। **vul·can·ize** [ˈভাল্‌কানাইজ্]*vt* (রাবারকে) শক্ত করার জন্য উচ্চতাপে গন্ধকমিশ্রিত করা; গন্ধকজারিত করা। **vul·can·iz·ation** [ˌভাল্‌কানাইˈজেইশ্‌ন্ US –নিˈজেই–]*n* গন্ধকজারণ।

vul·gar [ˈভাল্‌গা(র্)]*adj* ১ অশিষ্ট, ইতর, কুরুচিপূর্ণ, অমার্জিত, স্থূল, প্রাকৃত: ~ language/ behaviour/ ideas; a ~ person. ২ সাধারণ, প্রচলিত, মামুলি: ~ errors/ superstitions. **~ fraction** গতানুগতিকভাবে লিখিত ভগ্নাংশ (যেমন ০.৬০–এর স্থলে $\frac{৩}{৫}$); সামান্য ভগ্নাংশ। **the ~ herd** (অবজ্ঞাসূচক) লোকসাধারণ, ইতরসাধারণ। **the ~ tongue** জনসাধারণের ভাষা; প্রাকৃত ভাষা (সেকালে ইংল্যান্ডে লাতিনের সঙ্গে বৈপরীত্যক্রমে ইংরেজি)। **~·ly** *adv* স্থূলভাবে, অশিষ্টভাবে ইত্যাদি।

vul·garian [ভালˈগেআরিআন্]*n* অশিষ্ট ব্যক্তি, বিশেষত রুচিহীন, অশিষ্ট ধনী ব্যক্তি; ইতরজন। **~·ism** [ˈভাল্‌গারিজাম্]*n* [C] কেলমাত্র অজ্ঞ লোকেরাই ব্যবহার

করে এমন শব্দ, বাক্যাংশ, অতিব্যক্তি ইত্যাদি; অশিষ্ট প্রয়োগ; [U] অশিষ্ট আচরণ। **~·ity** [ভাল্'গ্যারাটি]*n (pl* -ties) [U] অশিষ্ট/ ইতর আচরণ; *(pl)* অশিষ্ট/ ইতর কার্যকলাপ, কথাবার্তা ইত্যাদি, অশিষ্টাচার। **~·ize** ['ভাল্গারাইজ়্]*vt* অশিষ্ট/ স্থূল করা; মামুলি/ গতানুগতিক করা। **~·iz·ation** [ˌভাল্গারাই'জ়েইশন্ US –রিজ়েই–]*n* [U] ইতরীভবন, স্থূলকরণ; মামুলীভবন।

vul·gate ['ভাল্গেইট্]*n* **the V~** ৪র্থ শতাব্দীতে প্রস্তুত বাইবেলের লাতিন তরজমা।

vul·ner·able ['ভালনারাব্ল্]*adj* ক্ষতিগ্রস্ত হতে পারে এমন; আক্রম্য; অরক্ষিত: find sb's ~ spot; people who are ~ to criticism. **vul·ner·abil·ity** [ˌভালনারা'বিলাটি]*n* আক্রম্যতা; ঘাতোপযোগিতা।

vul·pine ['ভাল্পাইন্]*adj* শৃগালসম্বন্ধী, শৃগালবৎ; ধূর্ত।

vul·ture ['ভাল্চা(র্)]*n* ১ শকুন, গৃধ্র। ২ অন্যের দুঃখদুর্দশা থেকে লাভবান হয় এমন লোভী ব্যক্তি।

vulva ['ভাল্ভা]*n* যোনিদ্বার।

vy·ing ['ভাইইঙ্]vie-এর *pres p*

W w

W, w ['ডাব্লিউ]*(pp* W's, W's) ইংরেজি বর্ণমালার ২৩তম বর্ণ।

wad [ওয়ড্]*n* ১ জিনিসপত্র পরস্পর পৃথক বা স্বস্থানে রাখার জন্য কিংবা ছিদ্র বন্ধ করার জন্য নরম কোনো বস্তুর দলা; লুটি। ২ (কাগজ, নোট ইত্যাদির) তাড়া, কেতা। □*vt* (-dd-) লুটি ভরে দেওয়া; লুটি দিয়ে যথাস্থানে রাখা; (পোশাক ইত্যাদিতে) তুলা, পশম প্রভৃতির পাট দেওয়া: a wadded jacket/ quilt. **wad·ding** ['ওয়ডিঙ্]*n* [U] মোড়ক বাঁধা, আস্তর দেওয়া ইত্যাদির জন্য নরম উপাদান, বিশেষত কাঁচা তুলা, পশম ইত্যাদি।

waddle ['ওয়ড্ল্] *vt* (পাতিহাঁসের মতো) হেলেদুলে চলা। □*n* (শুধু *sing*) হংসগমন।

wade [ওয়েই ড্]*vi, vt* ১ (পানি, কাদা ইত্যাদির মধ্য দিয়ে) অতি কষ্টে চলা; অতি কষ্টে অতিক্রম করা: We ~d through the rice fields miles and miles. to ~ through a dull book. '**wading bird** লম্বা পা–ওয়ালা জলচর পাখি যারা পানির মধ্য দিয়ে হেঁটে চলে (সাঁতার কাটে না)। ২ **~ in** প্রচণ্ড শক্তিতে হামলা করা। **~ into sth** কোনো কিছুর উপর প্রবলভাবে ঝাঁপিয়ে পড়া। **~r** *n* ১ = wading bird. ২ *(pl)* জল ঠেলে চলার সময়ে মৎস্যশিকারিদের ব্যবহৃত, ঊরুসন্ধি পর্যন্ত বিস্তৃত জল–অভেদ্য জুতাবিশেষ।

wadi ['ওয়াডি]*n (pp* -s) (মধ্যপ্রাচ্য, আরবদেশ, উত্তর আফ্রিকায়) প্রবল বারিপাত ভিন্ন জলশূন্য থাকে এমন পাথুরে নদীখাত; ওয়াদি।

wa·fer ['ওয়েইফা(র্)]*n* ১ পাতলা চেপ্টা বিস্কুটবিশেষ (যে রকম বিস্কুট আইসক্রিমের সঙ্গে খাওয়া হয়)। ২ হলি কমিউনিয়ন অনুষ্ঠানে ব্যবহৃত ছোট গোলাকার রুটির টুকরা; রোটিকা।

waffle[1] ['ওয়ফ্ল্]বিশেষ ধরনের চাটুতে (a '~-iron) সেঁকা ছোট কেকবিশেষ।

waffle[2] ['ওয়ফ্ল্]*vi* (GB কথ্য) অযথা অকারণে অস্পষ্টভাবে কথা বলা; বক বক করা: What's the old woman waffling about ? □*n* [U] বাগাড়ম্বর; আগড়ম বাগড়ম।

waft [ওয় ফ্ট্ US ওয়্যাফ্ট্] *vt* আলতোভাবে ভাসিয়ে নিয়ে যাওয়া: The fragrance of the full-blown roses was ~ed by the breeze. □*n* [C] ১ (হাওয়া, গন্ধ ইত্যাদির) ঝলক। ২ আন্দোলন।

wag[1] [ওয়্যাগ্] *vt, vi* (-gg-) (লেজ ইত্যাদি) নড়া; নাড়া: a ~ging tail/ '**wag·tail** *n* খঞ্জন। □*n* নড়ন; আন্দোলন; সঞ্চালন।

wag[2] [ওয়্যাগ্] *n* রসিক/ আমুদে/ ফুর্তিবাজ/ রগুড়ে লোক। **wag·gish** ['ওয়্যাগিশ্]*adj* রগুড়ে/ আমুদে; সকৌতুক: Waggish remarks/tricks. **wag·gish·ly** *adv* পরিহাসচ্ছলে, রগড়চ্ছলে ইত্যাদি।

wage[1] [ওয়েই জ্]*n* ১ (এখন কিছু কিছু বাক্যাংশে এবং বিশেষণীয় প্রয়োগ ছাড়া সাধা. *pl*) (সাধা. সাপ্তাহিক) বেতন; মজুরি। দ্র. fee (১), pay[1], salary. **living ~** জীবন নির্বাহোপযোগী বেতন। **minimum ~** ন্যূনতম বেতন (কোনো শিল্পপ্রতিষ্ঠান বা দেশে)। '**~-claim** *n* শ্রমিকদের জন্যে তাদের সমিতি কর্তৃক মালিক পক্ষের কাছে অর্থিত মজুরি; বেতনের দাবি। '**~-earner** *n* (বাৎসরিক ভিত্তিতে নিয়োজিত এবং মাসে মাসে নিয়মিত বেতনভুকদের সঙ্গে বৈপরীত্য ক্রমে) কর্মণ্যোপজীবী। '**~-freeze,** দ্র. freeze, *n* (২)। ২ (প্রা. প্র.; *pl* রূপ, কিন্তু *sing v* সহ) পুরস্কার।

wage[2] [ওয়েই জ্]*vt* (যুদ্ধ ইত্যাদিতে) লিপ্ত হওয়া; চালিয়ে যাওয়া।

waged ['ওয়েজড্]*n, adj* আনুষ্ঠানিক নিয়োগের জন্য নিয়মিত বেতনপ্রাপ্ত (ব্যক্তি); বেতনভুক।

wa·ger ['ওয়েইজা(র্)]*vt, vi* বাজি ধরা/ রাখা: ~ £ 2 on a horse. □*n* বাজি; পণ; lay/make a ~.

waggle ['ওয়্যাগ্ল্] *vt, vi* = wag[1].

wag·gon (US সাধা. **wagon)** ['ওয়্যাগান্]*n* ১ পণ্য পরিবহনের জন্য চার চাকার ঘোড়া বা গরুর গাড়ি। দ্র. cart. **on the ('water) ~** (কথ্য) সুরাজাতীয় পানীয়বর্জিত অবস্থায়; জলমাত্র ভরসা। ২ (US = freight car) (কয়লা ইত্যাদি বহনের জন্য) খোলা মালগাড়ি। '**station-~** *n* (US) = estate-car। **~er** *n* গাড়োয়ান।

wa·gon-lit [ˌভ্যাগন্ 'লী]*n (pl* waggon-lits উচ্চারণ অপরিবর্তিত) শোবার ব্যবস্থাসহ রেলের কামরা (য়োরোপীয় রেলগাড়িতে যেমন দেখা যায়); শোবার গাড়ি।

wag·tail ['ওয়্যাগটেইল্]দ্র. wag[1].

waif [ওয়েই ফ্]*n* গৃহহীন ব্যক্তি; বিশেষত শিশু: ~s and strays, গৃহহীন ও পরিত্যক্ত শিশু।

wail [ওয়েই ল্]১ বিলাপ/পরিদেবন করা: women ~ing for their fallen men. (বাতাস সম্বন্ধে) বিলাপের মতো শব্দ করা; হু হু/হাহাকার করা। □*n* বিলাপ; বিলাপধ্বনি; পরিদেবনা; কান্না: the ~s of a newborn child.

wain·scot ['ওয়েইনস্কাট্]*n* (সাধা. কক্ষের দেয়ালের নিম্নার্ধে) কাঠের আচ্ছাদন। **~ed** *adj* কাষ্ঠাস্তীর্ণ: a ~ed room.

waist [ওয়েই স্ট্]*n* ১ কোমর; কটি; কটিদেশ; কাঁকাল; মাজা। '**~-band** *n* (স্কার্ট প্রভৃতি বাঁধার জন্য) কটিবন্ধ। ˌ**~-'deep** *adj , adv* কোমর সমান; এক–কোমর; কোমর ডুবিয়ে: ~-deep in the water; wade ~-deep into a stream. ˌ**~-'high** *adj, adv* কোমর সমান উঁচু। '**~-line** *n* কটিরেখা: a girl with a neat ~-line, সুমধ্যমা;

ক্ষীণকটি। ২ পোশাকের যে অংশ কটিদেশ আবৃত করে; কোমর; (US ˈshirt-~) কাঁধ থেকে কোমর পর্যন্ত ঢাকা পোশাক বা পোশাকের অংশবিশেষ। ৩ মধ্য ও সঙ্কীর্ণ অংশ; মধ্যদেশ: the ~ of a ship/ violin. ~·**coat** [ˈওয়েইস্‌কৌট US ˈওয়েস্‌কাট্]*n* কোট বা জ্যাকেটের নীচে পরিধেয় আস্তিনহীন আঁটসাঁট পোশাকবিশেষ (US এবং দর্জিদের ভাষায় Vest); বান্ডি।

wait[1] [ওয়েইট্]*n* ১ অপেক্ষা; প্রতীক্ষা: long ~s. ২ [U] **lie in ~ for;** (অল্প প্রচলিত) **lay ~ for** ওত পেতে/ঘাপটি মেরে থাকা। ৩ *(pl)* **the ~s** বড়োদিনের সময়ে যাঁরা গান গেয়ে ঘরে ঘরে ফেরেন।

wait[2] [ওয়েইট্]*vi, vt* ১ ~ **(for)** অপেক্ষা করা; প্রতীক্ষায় থাকা। **keep sb ~ing** কাউকে অপেক্ষমাণ রাখা; তার সঙ্গে সাক্ষাৎ করতে কিংবা যথাসময়ে প্রস্তুত থাকতে ব্যর্থ হওয়া। **~ up (for sb)** জেগে বসে থাকা। **No ~ing** (চিহ্ন দ্বারা নির্দেশিত সতর্কবাণী) মোটরযান রাস্তার পাশে থামবে না; অপেক্ষা নয়। ২ (= await) অপেক্ষায় থাকা: He is ~ing his turn. ৩ **~ (for)** (আহার) স্থগিত করা: ~ dinner for sb. ৪ **~ on/ upon sb** **(ক)** সেবা/খেদমত করা; ফরমাশ খাটা; পরিচারক/ অনুচর রূপে কাজ করা। **~ on sb hand and foot** কারো প্রতিটি প্রয়োজনের প্রতি দৃষ্টি রাখা: She ~s on her husband hand and foot. **(খ)** (প্রা. প্র.) সাক্ষাৎ করতে যাওয়া: Our representative will ~ upon you next Friday. ৫ **~ at/ on** পরিবেশন করা: ~ at table (US = ~ on table). ৬ ˈ**~·ing-list** যাদের চাহিদা বর্তমানে মেটানো যাচ্ছে না, ভবিষ্যতে সম্ভবমতো মেটানো হবে তাদের তালিকা; অপেক্ষা-তালিকা: Put sb on a ~ing-list for enrolment. ˈ**~·ing-room** *n* অপেক্ষা-ঘর। **~er** *n* রেস্তোরাঁ, হোটেলের খাবার-ঘর ইত্যাদি স্থানের পরিচারক; পরিবেশক। **~·ress** [ˈওয়েইট্রিস্]*n* পরিচারিকা।

waive [ওয়েইভ্] *vt* (অধিকার বা দাবি সম্বন্ধে) জোরাজুরি না করা (কিংবা না করতে অঙ্গীকারাবদ্ধ হওয়া); ছেড়ে দেওয়া; পরিত্যাগ করা: ~ a privilege/ the age-limit. **~r** [ˈওয়েইভা(র্)] *n* (আইন.) (দাবি ইত্যাদি) পরিত্যাগ এবং পরিত্যাগের লিখিত বিবৃতি; স্বত্বত্যাগ; না-দাবি: sign a ~r of claims against sb.

wake[1] [ওয়েইক্] *vi, vt* (*pt* woke [ওয়ৌক্] কিংবা ~d, *pp* woken [ˈওয়ৌকান্] বা ~d) ১ **~ (up)** (ঘুম থেকে) জাগা। ২ **~ sb (up)** জাগানো; ঘুম ভাঙানো। ৩ **~ sb (up)** জাগিয়ে দেওয়া; জাগানো; উদ্দীপ্ত করা। ৪ প্রতিধ্বনিত করা; জাগানো: ~ echoes in a mountain valley. **wak·ing** *adj* জাগ্রত: waking or sleeping. **~n** [ˈওয়েইকান্] *vt, vi* জাগা বা জাগানো; নিদ্রাভঙ্গ করা বা হওয়া। **~·ful** [-ফ়ল্] *adj* বিনিদ্র: pass a ~ful night.

wake[2] [ওয়েইক্] *n* ১ (সাধা. *pl;* প্রায়শ ˈ**W~s Week)** উত্তর ইংল্যান্ডে, বিশেষত ল্যাঙ্কাশায়ারের শিল্পনগরসমূহে বার্ষিক ছুটি। ২ (আয়ার্ল্যান্ডে) মৃতদেহের পাশে সারারাত ধরে বিলাপ ও সুরাপান সহকারে জাগরণ।

wake[3] [ওয়েইক্] *n* নিস্তরঙ্গ সাগরে জাহাজের গমনপথের পশ্চাতে উত্থিত ফেনিল জলরেখা; ফেনরেখা। **in the ~ of** পশ্চাৎ পশ্চাৎ।

wale [ওয়েইল্] *n* (বিশেষত US) weal[2] বা welt -এর বিকল্প বানান।

walk[1] [ওয়ো°ক্] *n* [C] ১ বিশেষত আনন্দ বা ব্যায়ামের জন্য পদযাত্রা; পদভ্রমণ; পায়চারি; হাঁটাহাঁটি; পদচারণা: go for a ~. ২ হাঁটার ধরন বা ভঙ্গি: You will recognize by his ~. ৩ হাঁটার পথ: His favourite ~s in the neighbourhood. ৪ **~ of life** পেশা; বৃত্তি; জীবিকা: people from all ~s of life.

walk[2] [ওয়ো°ক্] *vi, vt* ১ পদচারণা করা; হাঁটা। দ্র. run; trot; gallop. ˈ**~-about** *n* **(ক)** (অস্ট্রেলীয় অপ., প্রত্যন্ত অঞ্চলের আদিবাসীদের মধ্যে) যাত্রা; ভ্রমণ। **(খ)** (কথ্য) যে উপলক্ষে কোনো বিখ্যাত ব্যক্তি ঘুরে ঘুরে সাধারণের সঙ্গে ঘরোয়াভাবে মিলিত হন। **~ away from** প্রতিযোগিতায় অনায়াসে পরাজিত করা। সুতরাং, ˈ**~·away** *n* অক্লেশে বিজিত প্রতিযোগিতা। (দ্র. নীচে ~over). **~ away with sth** কোনো কিছু অনায়াসে জিতে নেওয়া। **~ off with sth** (কথ্য) নিয়ে যাওয়া; (ইচ্ছা করে কিংবা অনিচ্ছাকৃতভাবে) নেওয়া: He must have ~ed off with your magazine. **~ into** (অপ.) **(ক)** খুশি হয়ে খাওয়া: ~ into an applepie. **(খ)** গালাগাল দেওয়া; তিরস্কার করা। **(গ)** (কথ্য) ইচ্ছা করে কোনো কিছুর সম্মুখীন হওয়া: to ~ into an ambush. **~ on** মঞ্চে কোনো নির্বাক ভূমিকায় অভিনয় করা: (attrib) a ˌ~-ˈon part. **~ out** (কথ্য) ধর্মঘট করা। সুতরাং, ˈ**~-out** *n* (শ্রমিক-)ধর্মঘট। **~ out on sb** (অপ.) কাউকে পরিত্যাগ বা অভিসর্জন করা। **~ out with sb** (সেকেলে কথ্য) প্রেম করা। **~ over sb** অনায়াসে পরাভূত করা। সুতরাং, ˈ**~-over** *n* অনায়াস বিজয়; যে প্রতিযোগিতায় কোনো বিরোধিতা নেই বললেই চলে: The match was a ~-over for the local team. **~ up (ক)** প্রবেশের আহ্বান; ভিতরে আসা। **(খ)** (রাস্তা ইত্যাদি) ধরে হাঁটা: He was ~ing up Victoria Avenue. **(গ)** সিঁড়ি বেয়ে উপরে ওঠা। সুতরাং a ˈ~-up flat, লিফটবিহীন ভবনের ফ্ল্যাট। **(খ) ~ up to (sth)** নিকটবর্তী হওয়া: The beggar ~ed up to the lady and begged a meal. ২ হাঁটানো: You should ~ your horse every morning. **~ sb off his feet/ legs** বেশি হাঁটিয়ে পরিশ্রান্ত করা। ৩ (কোথাও) পদব্রজে চলা; হেঁটে বেড়ানো: He ~ed this neighbourhood for miles round. (বিভিন্ন *nn*-সহ): ~ the boards, অভিনেতা হওয়া; ~ the wards, চিকিৎসাবিজ্ঞানের ছাত্র হওয়া: ~ the plank, (পুরাকালে জলদস্যুদের হাতে বন্দীদের সম্বন্ধে) জাহাজের পাশে পাতা একটি তক্তা বরাবর চোখ-বাঁধা অবস্থায় হেঁটে সাগরের পানিতে পড়তে বাধ্য করা; ~ the streets, বেশ্যাবৃত্তি অবলম্বন করা (a ˈstreet-~er, বাজারে মেয়ে)। **~er** *n* যে ব্যক্তি বিশেষত ব্যায়াম বা আনন্দের জন্য হাঁটে; পদচারী। **~·ing** *n* (যৌগশব্দে) ˈ~ing-shoes, হাঁটার (জন্য মজবুত) জুতা; ˈ~ing-stick, হাঁটার সময়ে ব্যবহারের জন্য লাঠি; ˈ~ing-tour, বিভিন্ন স্থানে হেঁটে হেঁটে কাটানো ছুটি।

walkie-talkie [ˌওয়ো°কি ˈটো°কি] *n* (কথ্য) (সংবাদ আদান-প্রদানের জন্য) সুবহ দ্বিমুখী বেতারযন্ত্র; ওয়াকি-টকি।

wall [ওয়ো°ল্] *n* ১ দেয়াল; প্রাচীর; প্রাকার; বেড়া। ২ **with one's back to the ~** এমন অবস্থানে; যেখান থেকে পলায়ন বা পশ্চাদপসরণ অসম্ভব; কোণঠাসা অবস্থায়। **be/go to the ~** (অপ.) খেপে ওঠা বা অন্যমনস্ক হওয়া। **bang/run one's head against a (brick) ~** সম্পূর্ণভাবে অসম্ভব কিছু করার প্রয়াস পাওয়া; দেয়ালে মাথা ঠোকা। **see through a brick ~** অদ্ভুত/ অপূর্ব কোনো অন্তর্দৃষ্টি লাভ করা। ২ (লাক্ষ.) দেয়াল-সদৃশ কোনো কিছু; দেয়াল; প্রাচীর: a ~

of fire; a mountain ~; the ~s of the chest, বক্ষের আবরক কলা ও পঞ্জরাস্থি; বক্ষপ্রাবর; The abdominal ~. ৩ রাস্তার (কেন্দ্রের সঙ্গে বৈপরীত্যক্রমে) পার্শ্ব। (প্রধানত লাক্ষ.) **go to the ~** দুর্বল বা অসহায় বলে ঠেলা খেয়ে সরে যাওয়া; প্রতিযোগিতায় হেরে যাওয়া; লেজ গুটানো। **push/ drive sb to the ~** পরাজিত/ কুপোকাত করা। ৪ (যৌগশব্দ) **ˈ~-flower** *n* (ক) (সাধা.) কপিললাল বা কমলা রঙের সুগন্ধি পুষ্পবিশিষ্ট মামুলি উদ্যান-উদ্ভিদ; প্রাচীর-প্রসূন। (খ) সঙ্গীর অভাবে যে ব্যক্তি নাচের আসরে চুপচাপ একপাশে বসে থাকে। **ˈ~-painting** *n* [C] প্রাচীরচিত্র (বিশেষত ফ্রেস্কো), প্রাচীরাঙ্কন। **ˈ~-paper** *n* [U] ঘরের দেয়াল আবৃত করার জন্য সাধা. রঙিন চিত্রসংবলিত কাগজ; দেয়াল-কাগজ। □*vt* ১ (সাধা. *pp*) প্রাচীরবেষ্টিত করা: a ~ed garden. ২ **~ sth up/off** দেয়াল তুলে দেওয়া; ইট, পাথর ইত্যাদি দিয়ে বন্ধ করা বা বুজিয়ে দেওয়া: ~ up a window/opening.

wal·laby [ˈওঅলাবি] *n* ক্ষুদ্রকায় ক্যাঙ্গারু।

wal·lah [ˈওআলা] *n* (অপ., ভারতে) ব্যবসায়ী; বিক্রেতা; পেশাধারী; অধিকারী: rickshaw-wallah.

wal·let [ˈওঅলিট্] *n* কাগজপত্র; টাকার নোট প্রভৃতি রাখার জন্য সাধা. চামড়ার তৈরি ভাঁজ-করা পকেট-কোষ বা পকেট-কেস (US = pocket-book).

wall·eyed [য়ো °ল্ ˈআইড্] *adj* চোখের সাদা অংশ অস্বাভাবিকভাবে বড়ো এমন (টেরাচোখে এমন হয়ে থাকে)।

wal·lop [ˈওঅলাপ্] *vt* (অপ. বা রসাত্মক) বেদম প্রহার করা; সজোরে আঘাত করা। □প্রচণ্ড আঘাত; হুড়মুড় শব্দে পতন: Down he went with a ~ ! **~·ing** *adj* বড়ো; প্রচণ্ড: what a ~ing lie, কী প্রচণ্ড মিথ্যা কথা! □*n* পরাজয়: Their volleyball team got a ~ing.

wal·low [ˈওঅলৌ] *vi* (কাদা, নোংরা পানি ইত্যাদিতে) গড়াগড়ি দেওয়া: The pigs were ~ing in the mire; (লাক্ষ.) (স্থূল ভোগবিলাসে) নিমজ্জিত থাকা: He wallowed in sensual pleasures. **be ~ing in money** (কথ্য) টাকায় গড়াগড়ি দেওয়া, অর্থাৎ অত্যন্ত ধনী হওয়া। □*n* যে ডোবা, কর্দমাক্ত স্থান বা জলাভূমিতে (মোষ জাতীয়) জীবজন্তু নিয়মিত গড়াগড়ি দিতে যায়।

Wall·street [ˈয়ো°ল্ স্ট্রীট্] *n* আমেরিকার শেয়ার-মার্কেট।

wal·nut [ˈয়ো°লনাট্] *n* [C] আখরোট; আখরোট গাছ; [U] আসবাব তৈরিতে ব্যবহৃত এই গাছের কাঠ (বিশেষত এর তক্তা)।

wal·rus [ˈয়ো°লরাস্] *n* সিন্ধুঘোটক: a ~ moustache, (কথ্য) সিন্ধুঘোটকের দাঁতের মতো মুখের দুই পাশে প্রলম্বিত হয়ে নেমে আসা গোঁফ।

waltz [য়ো °ল্স্ US য়ো°ল্ট্স্] *n* [C] পাশ্চাত্যে প্রচলিত এক ধরনের নাচ; এই নাচে ব্যবহৃত বাদ্যসঙ্গীত। □*vi, vt* ১ এই নাচ নাচা: She ~es exquisitely. **~ in/ out/ into/ out of** খুশিতে নাচতে নাচতে প্রবেশ করা, বেরিয়ে যাওয়া ইত্যাদি। ২ এই নাচ নাচানো: He ~ed her round the room.

wam·pum [ˈওঅম্পাম্] *n* [U] উত্তর আমেরিকার আদিবাসীদের দ্বারা অলঙ্কার (এবং একদা মুদ্রা) হিসাবে ব্যবহৃত গুটিমালার মতো সামুদ্রিক খোলা।

wan [ওঅন্] *adj* ১ (ব্যক্তি বা তার চেহারা সম্বন্ধে) অসুস্থ; মনমরা; ক্লান্ত; চিন্তিত: a wan smile. ২ (আলো, আকাশ সম্বন্ধে) বিবর্ণ, ফ্যাকাশে; অনুজ্জ্বল। **wan·ly** *adv.* **wan·ness** [ˈওঅননিস্] *n*

wand [ওঅন্ড্] *n* ১ জাদুদণ্ড; সঙ্গীত নির্দেশনার জন্য অর্কেস্ট্রা বা বাদকদলের পরিচালকের ব্যবহৃত ছোট সরু লাঠি। ২ (বিশেষ উপলক্ষে) কর্তৃত্বের প্রতীক হিসাবে বাহিত দণ্ড।

wan·der [ˈওঅন্ডা(র্)] *vi, vt* ১ উদ্দেশ্যহীনভাবে এক জায়গা থেকে আর এক জায়গায় ঘুরে বেড়ানো: For two years I ~ed over the countryside. ২ পথভ্রষ্ট হওয়া; পথ হারানো: Some of the cattle ~ed away, পথ হারিয়েছিল। ৩ অন্যমনস্ক হওয়া; বিক্ষিপ্তচিত্ত হওয়া; অর্থাৎ মনকে অসংলগ্নভাবে বিষয় থেকে বিষয়ান্তরে ঘুরতে দেওয়া: He ~ed from the subject; My mind ~ed back to my childhood home. **~er** *n* পথভ্রষ্ট ব্যক্তি বা পশু। **~·ings** *n pl* ১ দীর্ঘ ভ্রমণ; দীর্ঘ স্থল বা সমুদ্রযাত্রা: He told us the story of his ~ings. ২ অসুস্থতার (বিশেষত প্রচণ্ড জ্বরের) ঘোরে সৃষ্ট প্রলাপ।

wan·der·lust [ˈওঅন্ডালাস্ট্] *n* [U] ভ্রমণক্ষুধা।

wane [ওএ ইন্] *vi* ১ (চন্দ্র সম্বন্ধে) ক্রমশ ক্ষীণকায় বা ক্ষীণজ্যোতি হওয়া। দ্র. wax^2 (১). ২ ক্রমশ হ্রাস পাওয়া; ক্রমশ দুর্বলতর হওয়া: His reputation is waning. □*n* বিশেষত **on the ~** হ্রাস; ক্ষয়; অবক্ষয়।

wangle [ˈওঅ্যাঙ্গ্‌ল্] *vt* (অপ.) অন্যায় প্রভাব বা চাতুরী খাটিয়ে কোনো কিছু লাভ করা বা কোনো কিছুর আয়োজন করা: ~ extra benefits from the government. □*n* উপরোক্তভাবে কোনো কিছু লাভ বা কোনো কিছুর আয়োজন: get sth by a ~ .

wank [ওঅ্যাঙ্ক্] *vi* (GB অশিষ্ট অপ.) হস্তমৈথুন করা। □*n* [C] হস্তমৈথুন।

wanna [ˈওঅনা] (US অপ.) = want to. দ্র. want^2 (২).

want^1 [ওঅন্ট্ US য়ো °ন্ট্] *n* ১ [U] অভাব; দুষ্প্রাপ্যতা; কমতি; অনুপস্থিতি: The poor in Bangladesh always suffer for ~ of food and medicine. His work shows ~ of care. ২ [U] প্রয়োজন; প্রয়োজনীয় বস্তুর অনটন; দারিদ্র্য: The house is in ~ of repair. They are in ~, খুব গরিব। ৩ [C] (সাধা. *pl)* জীবন, সুখ, ইত্যাদির জন্য দরকার এমন কোনো কিছুর চাহিদা; ইপ্সিত বস্তু: I am a man of few ~s. We can't supply all his ~s.

want^2 [ওঅন্ট্] *vt, vi* ১ প্রয়োজন হওয়া; প্রয়োজন পড়া; (কোনো কিছুর) অভাব বোধ করা: I don't think I shall be ~ed this evening, মনে হয় না, আজ সন্ধ্যায় আমাকে দরকার হবে; The children ~ care. She ~s someone to look after her. **ˈ~-ad** *n* (কথ্য) কোনো কিছু (যথা, চাকরি, পাত্রী ইত্যাদি) চেয়ে সংবাদপত্রে প্রদত্ত বিজ্ঞাপন। ২ চাওয়া; আকাঙ্ক্ষা করা (দ্র. wish *vi, vt* (৬); অর্জন করা সম্ভব এমন কিছুর ক্ষেত্রে want ব্যবহৃত হয়; অপরপক্ষে, যা অর্জন করা সম্ভব নয় কিংবা যা অত্যন্ত অসাধারণ পরিস্থিতিতেই শুধুমাত্র সম্ভব, তার জন্য wish for ব্যবহৃত হয়ে থাকে): She ~s a better job. Neena ~s to go to Chittagong. He is ~ed by the police (কারণ সে অপরাধ করেছে বলে সন্দেহ করা হচ্ছে)। ৩ দরকার হওয়া; উচিত হওয়া: The lawn ~s mowing. Your shirt ~s washing. That sort of thing ~s some doing, (কথ্য) যথেষ্ট শ্রম, দক্ষতা ইত্যাদি দরকার (কারণ তা সহজ নয়)। ৪ (কেবলমাত্র ঘটমান কালে এবং অ-নর subject সহযোগে)

be ~ing পাওয়া যাচ্ছে না; উদ্দেশ নেই: A few pages of the book are ~ing. **be ~ing (in sth)** (নৃবাচক subject সহযোগে): He is ~ing in generosity, অনুদার। **be found ~ing:** He was tested and found (to be) ~ing, (কোনো চাহিদা বা মান) পূরণ করতে পারছে না দেখা গেল। ৫ (নৈর্ব্যক্তিক) কম হওয়া; কমতি পড়া: It ~s quarter of an hour to the appointed time, নির্ধারিত সময়ের পনেরো মিনিট বাকি। ৬ অভাবগ্রস্ত হওয়া; অভাবে থাকা: The nation must not let its soldiers ~ in their old age, বার্ধক্যে অভাব বা দুঃখকষ্ট ভোগ করতে দেবে না। **~ for nothing** কোনো কিছুর অভাব না থাকা; সবই থাকা। **~·ing** *prep* ব্যতীত, ছাড়া; অনুপস্থিতিতে: W~ing cooperation, progress is impossible, সহযোগিতা ছাড়া অগ্রগতি সম্ভব নয়।

wan·ton [ও অন্টান্ US য়োᐤন্টান্] *adj* ১ (সাহিত্য.) কৌতুকপ্রিয়; দায়িত্বজ্ঞানহীন; খেয়ালি: a ~ breeze, খেয়ালি বাতাস, পাগলা হাওয়া; in a ~ mood, খেয়ালি মেজাজে। ২ অবাধ; উচ্ছৃঙ্খল; ধাধা করে বাড়ছে এমন; বুনো: a ~ growth of weeds. ৩ স্বেচ্ছাচারী; উদ্দেশ্যহীন: ~ destruction. ৪ (পুরা.) নীতিবিগর্হিত; অসতী: a ~ woman; ~ thoughts. □*n* (পুরা.) চরিত্রহীন বা লম্পট ব্যক্তি (বিশেষত অসতী নারী)। □*vi* (সাহিত্য.) আচরণে উচ্ছৃঙ্খল, খেয়ালি বা কৌতুকপ্রিয় হওয়া: The wind was ~ing with the leaves. **~·ly** *adv.* **~·ness** *n*

war [য়োᐤ(র্)] *n* ১ [C, U] যুদ্ধ: The war between India and Pakistan. **at war** যুদ্ধাবস্থায়: The two countries are at ~ again. **carry the war into the enemy's camp** (আত্মরক্ষায় তুষ্ট না থেকে বরং নিজে) আক্রমণ করা। **declare war (on)** (অপর কোনো দেশের বিরুদ্ধে) যুদ্ধ ঘোষণা করা। **go to war (against)** (কারো বিরুদ্ধে) যুদ্ধ শুরু করা। **have been in the wars** (কথ্য বা কৌতুকার্থে ব্যবহার) (দুর্ঘটনা ইত্যাদির কারণে) আহত হয়েছে। **make/ wage war on** যুদ্ধে প্রবৃত্ত হওয়া। ২ (যৌগশব্দ) **ˈwar-baby** যুদ্ধকালে সৈনিকের ঔরসে জাত অবৈধ সন্তান। **ˈwar-bride** যুদ্ধকালে যে মহিলার সঙ্গে কোনো সৈনিক সহবাস করে। **ˈwar-cloud(s)** *n* আসন্ন যুদ্ধের পূর্বাভাস; যুদ্ধের মেঘ। **war-cry** *n* রণহুঙ্কার; রণধ্বনি; যে কোনো প্রতিযোগিতায় (রাজনৈতিক দল প্রভৃতির দ্বারা ব্যবহৃত) মুখ্য প্রচার-বাণী। **ˈwar-dance** *n* যুদ্ধে যাবার আগে বা যুদ্ধে বিজয় উদ্‌যাপনে কিংবা (শান্তিকালে) যুদ্ধের অনুকরণে উপজাতীয় যোদ্ধাদের নাচ। **ˈwar-god** *n* যুদ্ধের অধিদেবতা। **ˈwar·head** *n* ক্ষেপণাস্ত্রের মুখ, অর্থাৎ এর যে অংশে বিস্ফোরক থাকে। **ˈwar-horse** *n* (আল.) যুদ্ধের ঘোড়া; (লাক্ষ.) অভিজ্ঞ সৈনিক, ঝানু রাজনীতিক ইত্যাদি। **ˈwar-lord** *n* (আল.) বড়ো মাপের সামরিক নেতা, বিশেষত বিশ শতকের গোড়ার দিকে চীনের গৃহযুদ্ধের সময়কার চীনা সেনাধ্যক্ষ। **ˈwar-monger***n* যুদ্ধবাজ ব্যক্তি, যুদ্ধ-ব্যবসায়ী। **War Office** (ব্রিটেনে আগেকার দিনে) প্রতিরক্ষা দপ্তর (বর্তমান নাম Ministry of Defence)। **ˈwar-paint** *n*[U] **(ক)** কতিপয় আদিবাসী কর্তৃক যুদ্ধের আগে গায়ে মাখানো রং; (লাক্ষ.) পূর্ণাঙ্গ সামরিক পোশাক: The general was in full war-paint. **(খ)** (অপ.) সাজ-সজ্জা, প্রসাধনী। **war-path** *n* (কেবলমাত্র) **on the war-path** যুদ্ধ বা কলহের জন্য প্রস্তুত; যুদ্ধ বা কলহরত। **ˈwar·ship** *n* যুদ্ধজাহাজ। **ˈwar-torn** *adj* রণক্লান্ত; যুদ্ধে নিঃশেষিত। **ˈwar-widow** *n* যে মহিলার স্বামী যুদ্ধে নিহত হয়েছে। ৩ [U] রণবিদ্যা; রণশাস্ত্র: trained for war; the art of war. ৪ (লাক্ষ.) যে কোনো ধরনের সংগ্রাম বা দ্বন্দ্ব বা সংঘাত: the war against disease; the wars of the elements, ঝড়ঝ∅া; প্রাকৃতিক বিপর্যয়; a war of nerves, স্নায়ুযুদ্ধ। □*vi* লড়াই করা; যুদ্ধে অবতীর্ণ হওয়া; যুদ্ধে নামা: The two superpowers are warring for supremacy; warring (= প্রতিদ্বন্দ্বী) factions; warring creeds. **ˈwar·fare** [ˈয়োᐤফেআ(র্)] *n* [U] যুদ্ধে লিপ্ত হওয়া; যুদ্ধ সংঘটন; যুদ্ধাবস্থা; যুদ্ধ: The horrors of modern warfare. **war·like** [ˈয়োᐤলাইক্]*adj* সমরতুল্য; সামরিক: warlike preparations; রণলিপ্সু; যুদ্ধবাজ: a warlike people. **war·time** [ˈয়োᐤটাইম্] *n* [U] যুদ্ধ চলার সময়: in wartime; (attrib) যুদ্ধকালীন: wartime regulations.

warble [ˈয়োᐤব্ল্] *vi, vt* (বিশেষত পাখি সম্বন্ধে) মধুর কম্পিত সুরে গান গাওয়া: I heard a blackbird warbling from a tree. □*n* মধুর কম্পিত সুরে গায়ন; পাখির গান। **war·bler** [ˈয়োᐤব্লা(র্)] *n* (কতিপয় শ্রেণীর) গায়ক পাখি।

ward [য়োᐤড্] *n* ১ **keep watch and ~** পাহারা দেওয়া ও রক্ষা করা। ২ [U] কোনো অভিভাবকের হেফাজতে বা নিয়ন্ত্রণে থাকার অবস্থা: a child in ~; [C] কোনো বয়োজ্যেষ্ঠ ব্যক্তির বা আইনবিভাগীয় কর্তৃপক্ষের হেফাজতে বা নিয়ন্ত্রণে থাকা ব্যক্তি; প্রতিপাল্য। ৩ স্থানীয় সরকারের প্রশাসনিক অঞ্চল বা বিভাগ; ওয়ার্ড: a ~ commissioner . ৪ বিশেষত কারাগার বা হাসপাতালের বিভাগবিশেষ বা ওয়ার্ড: the children's ~. ৫ চাবির খাঁজ; তালার অনুরূপ অংশ। □*vt* **~ sth off** দূরে রাখা; প্রতিহত করা; দূরে থাকা; পরিহার করা: ~ off danger; ~ off a blow.

war·den [ˈয়োᐤড্ন্] *n* ১ প্ররক্ষক; ওয়ার্ডেন: The ~ of a hostel, হোস্টেলের প্ররক্ষক বা অধ্যক্ষ। **ˈair-raid ~** (ব্রিটেনে দ্বিতীয় বিশ্বযুদ্ধকালে) বেসামরিক বিমান প্রতিরক্ষা সংগঠনের সদস্য। **ˈtraffic ~** যে ব্যক্তি শহরের (যেমন, লন্ডনের) রাস্তায় সাময়িকভাবে গাড়ি রাখার ব্যবস্থা নিয়ন্ত্রণের দায়িত্ব পালন করে। ২ (কিছু ক্ষেত্রে ব্যতীত প্রা. প্র.) কতিপয় প্রশাসক বা সভাপতির পদবি: the W~ of Merton College, Oxford. ৩ (US) = Warder.

war·der [ˈয়োᐤডা(র্)] *n* (GB) কারারক্ষী; কারাপাল, জেলার। **war·dress** [ˈয়োᐤড্রিস্] *n* কারারক্ষী মহিলা; কারাপালিকা।

ward·robe [ˈয়োᐤড্রৌব্] *n* ১ জামাকাপড় প্রভৃতি রাখার আলমারি। ২ ব্যক্তিগত জামাকাপড় বা পোশাকভাণ্ডার: My ~ needs to be renewed, কিছু নতুন জামাকাপড় কিনতে হবে। ৩ নাট্যদলের সাজভাণ্ডার।

ward·room [ˈয়োᐤড্রুম্ US -রুম্] *n* যুদ্ধজাহাজে অধ্যক্ষ ছাড়া অন্য কমিশনপ্রাপ্ত অফিসারদের থাকা ও খাওয়ার স্থান।

ware [ওএ আ(র্)] *n* ১ (যৌগশব্দে) নির্মিত পণ্যসামগ্রী: silver ~, রৌপ্যসামগ্রী। ২ *(pl)* বিক্রির জন্য প্রস্তাবিত পণ্যসমূহ: advertise one's wares. **~·house** [ওএ আমাউস্] *n* পণ্যসামগ্রীর গুদাম; আসবাবপত্রের গুদাম। □*vt* গুদামজাত করা।

war·fare [ˈয়োᐤফেআ(র্)] দ্র. war.

war·ily, wari·ness দ্র. wary.

warm[1] [য়ো°ম্] *adj* ১ ঈষদুষ্ণ; হালকা গরম; (পোশাক সম্বন্ধে) গরম: It is ~, but not hot, today. It was very cold outside, so I put my ~est clothes on. **~ work** (ক) যে কাজে শরীর গরম হয়ে ওঠে, অর্থাৎ যে কাজে কায়িক পরিশ্রমের প্রয়োজন হয়। (খ) কঠিন বা বিপজ্জনক কাজ বা পেশা। **make things ~ for sb** কারো পক্ষে অবস্থা অপ্রীতিকর করে তোলা; কারো জন্য ঝামেলা পাকানো; কাউকে শাস্তি দেওয়া। **~ blood** উষ্ণ শোণিত, অর্থাৎ স্তন্যপায়ী প্রাণী ও পাখির দেহের রক্ত (স্বাভাবিক উষ্ণতা ৩৬ ডিগ্রি সেলসিয়াস থেকে ৪২ ডিগ্রি সেলসিয়াস)। এর থেকে, **ˌ~-ˈblooded** *adj* উষ্ণশোণিত; সাপের মতো শীতলরক্ত নয়। (খ) আবেগসম্পন্ন। **~ front,** দ্র. front (৭). ২ সাদর, সাগ্রহ; আন্তরিক: give sb a ~ welcome; a ~ supporter. ৩ সহানুভূতিশীল; স্নেহপ্রবণ: He has a ~ heart. এর থেকে, **ˌ~-ˈhearted** *adj* উষ্ণহৃদয়, অর্থাৎ সদয় ও সহানুভূতিশীল। ৪ (শিকারে গন্ধ সম্বন্ধে) তাজা; সদ্য রেখে যাওয়া এবং শিকারি কুকুর দ্বারা সহজে অনুসরণযোগ্য; (বাচ্চাদের খেলায় যখন কোনো কিছু লুকিয়ে রেখে পরে তা খোঁজা হয়) (লুকানো বস্তুর) কাছাকাছি: you are getting ~, লুকানো জিনিসের কাছাকাছি এসে পড়েছে। **~·ly** *adv* (দেহ) গরম রাখে এমনভাবে; সাদরে, সস্নেহে, আন্তরিকভাবে: ~ly dressed; receive sb ~ly. **warmth** [য়ো°ম্থ্] *n* [U] উষ্ণতা, আবেগ, আগ্রহ, সমাদর, উত্তেজনা, আন্তরিকতা: We were pleased with the ~th of our reception. She spoke with ~th, আবেগ/উত্তেজনা সহকারে কথা বলছিল।

warm[2] [য়ো°ম্] *vt, vi* **~ (sth) (up)** গরম করা বা গরম হওয়া; উষ্ণতর করা বা উষ্ণতর হওয়া: He ~ed his hands by the fire. He ~ed up (= উদ্দীপ্ত হয়ে উঠলো) as the conversation turned to his favourite subject. **~ to one's work/task, etc** নিজের কাজ ইত্যাদিতে আরো উৎসাহী বা আগ্রহী হওয়া; নিজের কাজ ইত্যাদি আরো পছন্দ করা। **ˈ~·ing-pan** *n* (ইতি.) লম্বা হাতল ও ঢাকনাযুক্ত গোলাকার ধাতব পাত্র; এই পাত্রে জ্বলন্ত কয়লা ভরে শোবার আগে বিছানার ভিতরের দিকটি গরম করা হতো। **~er** *n* (সাধা. যৌগশব্দে ব্যবহৃত) যা গরম করে: a foot-~er.

warn [য়ো°ন্] *vt* (কাউকে সম্ভাব্য বিপদ বা অপ্রীতিকর পরিণাম সম্পর্কে) সতর্ক করে দেওয়া; পূর্বাহ্ণে জানিয়ে দেওয়া: He was ~ed of the danger. I ~ed him against tricksters. **~ sb off** (ব্যক্তিগত সম্পত্তি প্রভৃতি থেকে) সরে যাবার বা দূরে থাকার জন্য কাউকে নোটিশ দেওয়া। **~·ing** *adj* সতর্ক করে দেয় এমন; সতর্কতামূলক: give sb a ~ing look; fire some ~ing shots. □*n* ১ [C] সতর্কসঙ্কেত, সতর্কবাণী: He ignored my ~ings. Let this be a ~ing to gou, এই দুর্ঘটনা/দুর্ভাগ্য থেকে তোমার শিক্ষা নেওয়া উচিত। There were gale ~ings to fishing along the coast. ২ [U] সতর্কীকরণ; সতর্কাবস্থা: You should have taken ~ing from what had happened to him. Sound a note of ~ing; attack without ~ing.

warp[1][য়ো°প্] *vt, vi* বেঁকে যাওয়া; বাঁকিয়ে দেওয়া: The heat has ~ed the boards; (লাক্ষ.) বিকৃত করা বা বিকৃত হওয়া: His disposition is ~ed, তার স্বভাব বিকৃত। □*n* [C] কাঠ ইত্যাদির বাঁকানো বা কুঞ্চিত অবস্থা; বিকৃতি।

warp[2] [য়ো°প্] *n* **the ~** কাপড় বোনার সময়ে যে সুতাগুচ্ছের উপর ও নীচ দিয়ে অন্য সুতাগুচ্ছ চালানো হয়।

war·rant [ˈওঅরান্ট্ US ˈয়ো°–] *n* ১ [U] ন্যায্যতা বা কর্তৃত্ব: You had no ~ for what you did. ২ [C] কোনো কিছুর জন্য সরকারি বা বৈধ কর্তৃত্ব প্রদানকারী আদেশপত্র; পরোয়ানা: a ~ of arrest, গ্রেফতারি পরোয়ানা। ৩ [C] কাউকে ওয়ারেন্ট অফিসার হিসাবে নিয়োগের পত্র। **ˈ~ officer** *n* সেনাবাহিনী, বিমানবাহিনী, (যুক্তরাজ্য ও যুক্তরাষ্ট্রে) নৌবাহিনীতে সর্বোচ্চ পদপ্রাপ্ত নন-কমিশন্ড অফিসার; ওয়ারেন্ট অফিসার। □*vt* ১ ন্যায্যতা প্রতিপন্ন করা; কর্তৃত্ব দান করা: Nothing can ~ such insolence. His interference was certainly not ~ed. ২ গ্যারান্টি প্রদান করা (এ ক্ষেত্রে guarantee-ই যথোপযুক্ত শব্দ); (কথ্য) নিশ্চয়তা দান করা; নিশ্চয় করে বলা: This material is ~ed (to be) pure silk. I'll ~ that he is an honest man. He'll join us, I ~ you, আমি তোমাদের কথা দিতে পারি, নিশ্চয় করে বলতে পারি...।

war·ran·tee [ওঅরান্টী US ˈয়ো°র্–] *n* যে ব্যক্তিকে কর্তৃত্ব প্রদান করা হয় বা যে ব্যক্তিকে (সরবরাহকৃত ত্রুটিযুক্ত পণ্যসামগ্রী মেরামতের কিংবা বদলে দেবার লিখিত) গ্যারান্টি প্রদান করা হয়। **war·ran·tor** [ˈওঅরান্টো°(র্) US ˈয়ো°র্–] *n* যে ব্যক্তি এ রকম কর্তৃত্ব বা গ্যারান্টি প্রদান করে। **war·ranty** [ˈওঅরান্টি US ˈয়ো°র্–] *n* [C] কর্তৃত্ব; (সরবরাহকৃত ত্রুটিযুক্ত পণ্যসামগ্রী মেরামতের বা বদলে দেবার লিখিত) গ্যারান্টি: What ~y have you for doing this ? কী কর্তৃত্ব/অধিকার আছে ? The supplier gave me a ~y of quality for these goods, মেরামতের/বদলে দেবার লিখিত গ্যারান্টি দিয়েছে।

war·ren [ˈওঅরান্ US ˈয়ো°রান্] *n* [C] যে গর্তপূর্ণ জমিতে খরগোশ বাস করে ও বংশবিস্তার করে; (লাক্ষ.) যে ঘনবসতিপূর্ণ এলাকায় পথ খুঁজে পাওয়া কঠিন: I almost lost myself in that ~ of narrow streets.

war·rior [ˈওঅরিআ(র্) US ˈয়ো°র্-] *n* (সাহিত্য., আল.) যোদ্ধা; সৈনিক: (attrib) a ~ race.

wart [য়ো°ট্] *n* আঁচিল, জড়ুল; বৃক্ষগাত্রে অনুরূপ উদ্গম। **ˈ~·hog** *n* আফ্রিকার কতিপয় জাতের শূকর, এদের দুইটি বড়ো বড়ো দাঁত ও মুখে আঁচিলের মতো গুটিকা থাকে।

wary [ˈওএআরি] *adj* সতর্ক: be ~ of strangers. **war·ily** [–আলি] *adv.* **wari·ness** *n*

was [weak form: ওআজ়; strong form: ওঅজ়, US ওআজ়] দ্র. be[1].

wash[1] [ওঅশ্ US য়ো°শ্] *n* ১ (শুধুমাত্র *sing,* সাধা. indef *art* সহযোগে) ধৌতকরণ, প্রক্ষালন; ধৌত হওয়া: give sth a ~/a ~down. **have a ~ and brush up** নেয়ে-দেয়ে ফিটফাট হওয়া। ২ (শুধুমাত্র *sing)* ধোয়ার কাপড়-চোপড় বা ধোয়া কাপড়-চোপড়; যেখানে কাপড়-চোপড় ধোয়া হয়; ধোপাখানা, লন্ড্রি: I have a large ~ this week. He was hanging out the ~. My new shirt is at the ~. ৩ **the ~ (of)** পানিপ্রবাহ; পানিপ্রবাহের শব্দ: the ~ of the waves; the ~ made by the beating oar. ৪ [U] অত্যন্ত পাতলা বা নিকৃষ্ট তরল পদার্থ: This soup is a mere ~, এ ঝোল তো একেবারে পানি। ৫ [U] শূকরের খাদ্যরূপে বিবেচিত শাক-সবজির টুকরা-টাকরি, চাল-ডাল

ইত্যাদি ধোয়া পানি বা ভাতের ফেন বা তজ্জাতীয় বস্তু। ৬ (সাধা. যৌগশব্দে ব্যবহৃত) বিশেষ উদ্দেশ্যে প্রস্তুত তরল পদার্থ: white ~ (দেয়ালে দেবার জন্য); mouth ~, (মুখগহ্বর পরিষ্কার বা জীবাণুমুক্ত করা জন্য); eye ~, (চোখ পরিষ্কার করার জন্য)।

wash² [ওঅশ্ US য়োᵒশ্] *vt, vi* ১ ধৌত করা; ধোয়া; ধুয়ে মুছে পরিষ্কার হওয়া: ~ one's hands/ clothes. He ~es before dinner. **~ one's hands of sth/sb** কারো/ কোনো কিছুর জন্য (বক্তা) আর দায়ী নয় একথা বলা; কারো/ কোনো কিছুর সঙ্গে সমস্ত সংস্রব চুকিয়ে দেওয়া। **~ one's dirty linen in public,** দ্র. linen. **~ sth down** (পাইপের সাহায্যে) জলধারা ব্যবহার করে পরিষ্কার করা: ~ down a car. **~ sth away/ off/ out** পানির সাহায্যে মুছে ফেলা, ধুয়ে ফেলা: ~ out blood stains. **be/ look/ feel/ ~ed out** (লাক্ষ. কথ্য) ক্লান্ত ও বিবর্ণ, পরিশ্রান্ত (হওয়া/ দেখানো/ বোধ করা)। **~ up (ক)** (GB) খাবার পর থালাবাসন ধোয়া। **(খ)** (US) হাত-মুখ ধোয়া। **~ sth up** (GB) খাবার পর থালাবাসন ইত্যাদি ধোয়া: ~ up the dinner things. এর থেকে, ˌ**~·ing-ˈup** *n* [U] (দ্রষ্টব্য, up) বেশ কিছু থালাবাসন ধোবার কথা নির্দেশ করে। একটিমাত্র থালা কিংবা একটিমাত্র বাটির ক্ষেত্রে up ব্যবহার্য নয়, যেমন, please ~ this plate)। **(all) ~ed up** (কথ্য) সব কিছু ধুয়ে মুছে শেষ হয়ে গেছে, অর্থাৎ ধ্বংস বা নষ্ট হয়ে গেছে; সব কিছু বিফলে গেছে। ২ (বস্তু সম্বন্ধে) ক্ষতিগ্রস্ত না হয়ে কিংবা রং না হারিয়ে ধাবনযোগ্য হওয়া: This material is guaranteed to ~ well ক্ষতি হবে না, রং উঠবে না, That argument will not ~, (লাক্ষ.) ধোপে টিকবে না। ৩ (সমুদ্র বা নদী সম্বন্ধে) অতিক্রম করে বয়ে যাওয়া বা বয়ে গিয়ে উপরে পড়া: The sea ~es the base of the cliffs, পাহাড়ের পাদদেশে পড়েছে। ৪ (ধাবমান জলরাশি সম্বন্ধে) ভাসিয়ে নেওয়া বা ভাসিয়ে আনা: The dead bodies were ~ed up by the sea, সমুদ্রতীরে ভেসে এসেছে। **~ sth down (with)** (কোনো কিছু সহযোগে তরল পদার্থ) গলাধঃকরণ করা: bread ~ed down with milk. **~ed out (ক)** (ক্রিকেট জাতীয় খেলা, ঘোড়দৌড় প্রতিযোগিতা ইত্যাদি সম্বন্ধে) ভারী বৃষ্টির ফলে অসম্ভব, বাতিল বা পরিত্যক্ত হওয়া। **(খ)** (সড়ক ইত্যাদি সম্বন্ধে) ভারী বৃষ্টি বা বন্যার ফলে চলাচলের অনুপযোগী হওয়া। ৫ (প্রবাহের দ্বারা) কেটে তোলা: The water had ~ed a channel in the sand. ৬ সবেগে, ছলচ্ছল শব্দে প্রবাহিত হওয়া: The waves ~ed against the sides of the boat. **~·able** [-অব্‌ল্] *adj* ধুলে বা কাচলে নষ্ট হয় না এমন।

wash- [ওঅশ US য়োᵒশ্] (যৌগশব্দে প্রায়শ washing-এর বিকল্প হিসাবে ব্যবহৃত হয়) ˈ**~-basin** *n* হাত-মুখ ধোবার জন্য পানি রাখার পাত্র বা বেসিন। ˈ**~-board** *n* (ঘরে) কাপড় কাচার তক্তা বা বোর্ড। **~-bowl** *n* (US) = ~-basin. ˈ**~-cloth** *n* (US) = face-cloth. ˈ**~-day** *n* (ঘরে) জামা-কাপড় কাচার জন্য (সপ্তাহের) নির্দিষ্ট দিন। ˈ**~-hand-basin** *n* = ~basin. ˈ**~-drawing** *n* কালো বা জলরঙে তুলি দিয়ে আঁকা ছবি। ˈ**~-hand-stand** *n* = ˈ~stand. ˈ**~-house** *n* কাপড় কাচার ঘর। ˈ**~-leather** *n* [C, U] জানালা প্রভৃতি পরিষ্কার ও পালিশ করার জন্য ব্যবহৃত (শ্যামোয়া নামে) এক ধরনের ছাগল বা মেষের চামড়া। ˈ**~-out** *n* **(ক)** সড়ক বা রেলপথের যে অংশের মাটি, পাথর প্রভৃতি ভারী বৃষ্টি বা বন্যার পানিতে ভেসে যাবার ফলে যোগাযোগ বিচ্ছিন্ন হয়ে পড়ে। **(খ)** (কথ্য) ব্যর্থ বা অকর্মণ্য লোক; পরিপূর্ণ ব্যর্থতা। ˈ**~·room** *n* (US) (বিশেষত সরকারি ভবন ইত্যাদিতে) শৌচাগার। ˈ**~-stand** *n* শোবার ঘরে হাত-মুখ ধোয়ার জন্য পানির পাত্র বা বেসিন, জগ ইত্যাদি যুক্ত আসবাব (পাইপের সাহায্যে শোবার ঘর বা স্নানের ঘরে পানি সরবরাহ ব্যবস্থা চালু হবার ফলে বর্তমানে এ-জাতীয় আসবাব অচল হয়ে গেছে)। ˈ**~-tub** *n* কাপড় কাচার বড়ো কাঠের পাত্র।

washer [ˈওঅশা(র্) US য়োᵒ-] *n* ১ কাপড় কাচার বা বাসনকোসন পরিষ্কার করার (ˈdish-~) যন্ত্র। ২ সন্ধি বা জয়েন্ট অথবা স্ক্রু আঁট করার জন্য ধাতু, প্লাস্টিক, রবার বা চামড়ার ছোট চ্যাপটা আংটি বা বলয়; ওয়াশার।

wash·ing [ˈওঅশিঙ্ US য়োᵒ-] *n* [U] ১ ধৌতকরণ বা ধৌত হওয়া; ধোয়া। ২ ধোবার কাপড়চোপড়; ধোয়া কাপড়চোপড়: hang out the ~ on the line to dry. ˈ**~-day** *n* =wash-day; দ্র. wash. ˈ**~-machine** *n* কাপড় কাচার যন্ত্র। ˈ**~ soda** *n* কাপড় কাচার (বা বাসনপত্র মাজার) সোডা। ˌ**~-ˈup** *n* দ্র wash² (১) শিরোনামে wash up.

washy [ˈওঅশি US ˈয়োᵒ-] *adj* (তরল পদার্থ সম্বন্ধে) পাতলা, পানির মতো, জলবৎ; (রং সম্বন্ধে) ফ্যাকাশে; বিবর্ণ; (অনুভূতি, শৈলী সম্বন্ধে) নিস্তেজ, শিথিল।

wasp [ওঅস্প্ US য়োᵒস্প্] *n* বোলতা, ভিমরুল। ˌ**~-ˈwaisted** *adj* বোলতার মতো সরু কোমরবিশিষ্ট; ক্ষীণকটি। **~·ish** [-ইশ্] খিটখিটে; বদমেজাজি; শাণিত প্রত্যুত্তর দেয় এমন।

wast·age [ˈওএইস্টিজ্] *n* [U] ক্ষয় হ্রাস প্রভৃতির পরিমাণ, অপব্যয় বা অপচয়ের পরিমাণ; ক্ষয়, হ্রাস, অপব্যয় বা অপচয়জনিত ক্ষতি।

waste [ওএ ইস্ট্] *adj* ১ (জমি সম্বন্ধে) নিষ্ফলা পতিত: ~ land. ˈ**~-land** [-ল্যান্ড্] *n* **(ক)** নিষ্ফলা, বা পতিত জমি। **(খ)** যুদ্ধবিধ্বস্ত দেশ: Iraq reduced to ~land by allied bombing. [C] (লাক্ষ.) সাংস্কৃতিক ও অন্তর্জাগতিক বিচারে নিষ্ফলা জীবন বা সমাজ। **lay ~** বিধ্বস্ত করা (যুদ্ধে যেমন হয়)। ২ অকেজো; অনাবশ্যক বিধায় নিক্ষিপ্ত হয়েছে এমন; বাতিল: ~-paper; ~ products, শিল্প-আবর্জনা বা শিল্পবর্জ্য। □*vt, vi* ১ **~ sth (on sth)** কাজে না লাগানো; অপচয় করা; অপব্যয় করা: ~ one's time and money on buying non-existent votes; ~ one's words/breath. কথা বলে ফল না পাওয়া, বৃথা বাক্যব্যয় করা; All my efforts were ~d, সব চেষ্টা বিফলে গেছে। **W~ not, want not** (প্রবাদ) অপব্যয় না করলে অভাবে পড়বে না। ২ বিধ্বস্ত করা। ৩ ক্রমশ দুর্বল হওয়া বা দুর্বল করা; ক্রমশ ক্ষয় পাওয়া বা ক্ষয় করা: His body was ~d by long illness. He is wasting away, ক্রমশ ক্ষয়ে যাচ্ছে। ৪ অপচয়িত হওয়া: Will you please turn that tap off – the water is wasting. □*n* ১ [U] অপচয়: There is too much ~ in this house. It's a ~ of time to try to make him see reason. **go/run to ~** কাজে না লাগা; অপচয়িত হওয়া: It's a pity to see all that land running to ~, অতো বড়ো জমি, পতিত পড়ে আছে, কাজে লাগানো হচ্ছে না। ২ [U] আবর্জনা; বর্জ্য পদার্থ। ˈ**~-basket/ -bin** (US), ˌ**~-ˈpaper-basket** (GB) *nn* অপ্রয়োজনীয় কাগজপত্র ফেলার ঝুড়ি। ˈ**~-pipe** *n* বাড়তি বা ব্যবহৃত পানি নির্গমনের পাইপ। ৩ [C] পতিত অঞ্চল: The ~s of the Gobi; নিরানন্দ বা

ক্লান্তিকর দৃশ্য: a ~ of waters. **~r** *n* (কথ্য) অকালকুষ্মাণ্ড; অপব্যয়ী বা অপচয়ী লোক। **~·full** [-ফ্‌ল্] *adj* অপচয়ী; অপব্যয়ী: ~ful processes; ~ful expenditure. **~·fully** [ফ়লি] *adv*

wast·rel [ˈওএইস্ট্রল্] *n* অকর্মণ্য ব্যক্তি; অকালকুষ্মাণ্ড; অপব্যয়ী বা অপচয়ী লোক।

watch[1] [ওঅচ্] *n* ১ [U] সতর্ক দৃষ্টি; লক্ষ, প্রহরা, পর্যবেক্ষণ। **be on the ~ (for)** (কারো বা কোনো কিছুর দিকে, বিশেষত সম্ভাব্য বিপদের দিকে) লক্ষ রাখা। **keep ~ (on/over)** সতর্ক দৃষ্টি রাখা। ˈ**~-dog** *n* বাড়ি ও সম্পত্তির পাহারায় রাখা কুকুর; প্রহরী-কুকুর। ˈ**~-tower** পাহারা দেবার জন্য বিশেষভাবে নির্মিত উঁচু গম্বুজবিশেষ; সুরক্ষিত পর্যবেক্ষণ চৌকি। ২ **the ~** (ইতি.) প্রজাবৃন্দ ও তাদের সম্পত্তি রক্ষার জন্য রাস্তায় রাস্তায় টহলরত নৈশপ্রহরীদল: the constables of the ~; call out the ~. ৩ (জাহাজে) নাবিকদের একাংশের জন্য প্রহরার বা ডিউটি করার সময়বিভাগ (৪ অথবা ২ ঘণ্টা)। **the first ~** রাত ৮ টা থেকে মধ্যরাত। **the middle ~** মধ্যরাত থেকে ভোররাত ৪টা। **the** ˈ**dog ~es** ভোররাত ৪টা থেকে সকাল ৬টা বা সকাল ৬টা থেকে সকাল ৮টা; ডিউটি করার জন্য (দুই ভাগে ভাগ করা) জাহাজের নাবিকদের যে কোনো এক ভাগ (জাহাজের কেবিনের দেয়ালে স্থাপিত নাবিকদের বিছানার অবস্থান থেকে এককালে এই দুইটি অংশকে the starboard ও port ~es বলা হতো)। **on ~** এভাবে সময় ভাগ করে ডিউটিরত। **keep ~** ডিউটি করা; পাহারা দেওয়া। ৪ (প্রা. প্র.) নৈশ জাগরণকাল: in the ~es of the night, রাতের বেলা যে সময়টায় কেউ জেগে থাকে। ˈ**~ night service** (নববর্ষের প্রাক্কালে) গির্জায় মধ্যরাতের উপাসনা। **~·ful** [-ফ়্‌ল্] প্রহরারত; জাগ্রত, বিনিদ্র। **~·fully** [-ফ়লি] *adv.* **~·ful·ness** *n.* **~·man** [-মান্] *n* (ক) (ইতি.) নৈশপ্রহরীদলের সদস্য। (খ) (ব্যাংক, অফিস, কারখানা প্রভৃতি) (রাতের বেলা) ভবন পাহারা দেবার কাজে নিযুক্ত প্রহরী; নৈশপ্রহরী। **~·word** [-য়োʼড্] *n* (স্বপক্ষ নির্ণয়ের জন্য ব্যবহৃত) সংকেত শব্দ; স্লোগান।

watch[2] [ওঅচ্] *vt, vi* ১ দেখা; লক্ষ করা: He ~ed the newcomer carefully. I sat ~ing the TV. She ~ed her husband open the front-door and hail a rickshaw. **~ one's step** (ক) সতর্কভাবে পা ফেলা। (খ) সতর্কভাবে কাজ করা যাতে ভুল না হয় কিংবা কেউ ঠকিয়ে যেতে অথবা টেক্কা দিতে না পারে। **~ one's time** (অধিক প্রচলিত শব্দ bide) উপযুক্ত সময়ের অপেক্ষায় থাকা। **~ the time** সময়ের দিকে লক্ষ রাখা; ঘড়ির উপর চোখ রাখা (যাতে দেরি না হয়)। **~ (out) (for sth)** (কোনো কিছুর জন্য) প্রস্তুত থাকা; (কোনো কিছুর দিকে) সতর্ক দৃষ্টি রাখা: There's a policeman ~ing outside, বাইরে পাহারা দিচ্ছে; The doctor told me to ~ out for symptoms of chicken pox. **~ out** সতর্ক থাকা: W ~ out ! সাবধান ! **~ (over) sth** নজর রাখা; পাহারা দেওয়া; রক্ষা করা: He ~ed over my house while I was away. ২ (প্রা.প্র.) জেগে থাকা: ~ all night at the bedside of a sick child. **~er** *n* যে ব্যক্তি লক্ষ রাখে, পর্যবেক্ষণ করে, পাহারা দেয়।

watch[3] [ওঅচ্] *n* পকেটঘড়ি বা হাতঘড়ি: What time is it by your ~? ˈ**~-maker** *n* ঘড়িনির্মাতা বা ঘড়ি-মেরামতকারী।

water[1] [ˈওয়োটা(র্)] *n* ১ পানি; জল (রাসায়নিক প্রতীক H_2O): Fish lives in ~. May I have some water, please ? **by ~** জলপথে। **in deep ~(s)** বিপদগ্রস্ত, সঙ্কটাপন্ন। **in smooth ~** নির্বিঘ্নে অগ্রসরমান। **on the ~** নৌকায়, জাহাজে ইত্যাদি। **under ~** প্লাবিত: The lowlands of Bangladesh are mostly under ~ in the rains. **be in/get into hot ~** (বিশেষত নির্বোধ আচরণের ফলে) বিপদে পড়া। **cast/throw one's bread upon the ~(s)** পুরস্কার আশা না করে কোনো ভালো কাজ করা, যদিও পরে অপ্রত্যাশিত সুফল মিলতে পারে। **drink the ~s** (স্বাস্থ্যগত কারণে) খনিজ জলের উৎসে গিয়ে সেই পানি পান করা। **go through fire and ~ (for sb/sth)** (কারো/কোনো কিছুর জন্য) চরম ক্লেশ ও কঠিন পরীক্ষার ভিতর দিয়ে যাওয়া। **hold ~** (তত্ত্ব ইত্যাদি সম্বন্ধে) পরীক্ষায় উতরে যাওয়া; ধোপে টেকা। **keep one's head above ~** (বিশেষত আর্থিক) সঙ্কট পরিহার করা; বেঁচে বর্তে থাকা। **make ~** (ক) প্রস্রাব করা। (খ) (জাহাজ সম্বন্ধে) ফুটো হওয়া। **spend money, etc like ~** পানির মতো টাকা খরচ করা। **Throw cold ~ on** (কোনো পরিকল্পনা ইত্যাদি) নিরুৎসাহিত করা। **tread ~,** দ্র. tread, *vi, vt* (৪). **like a fish out of ~** ডাঙায় তোলা মাছের মতো (অনভ্যস্ত পরিবেশ, অচেনা পরিস্থিতি ইত্যাদির কারণে অস্বস্তিবোধ করছে ও বিহ্বল হয়ে পড়েছে এমন)। **Still ~s run deep** (প্রবাদ) শান্ত ভাবের অন্তরালে গভীর আবেগ বা জ্ঞান বা চাতুরী ইত্যাদি থাকতে পারে। **written in ~** (নাম, খ্যাতি ইত্যাদি সম্বন্ধে) দ্রুত বিস্মৃত হয় এমন; ক্ষণস্থায়ী; জলের অক্ষরে লেখা। **~ on the brain/knee, etc** মাথা/হাঁটু প্রভৃতিতে পানি জমে যাওয়া। **The ~s of forgetfulness** বিস্মৃতি। ˈ**table/**ˈ**mineral ~s** বোতলে ভরা খনিজ পানি। ˈ**back ~,** দ্র. back[4](৩). ২ [U] জোয়ারভাটার অবস্থা: high/low ˈ~ mark. **in low ~** (লাক্ষ.) অর্থকষ্টে। ৩ *(pl)* সমুদ্র, জলসীমা: in Bangladesh ~s, বাংলাদেশের জলসীমায়। ৪ (সাধা. *pl)* জলরাশি: the ~s of the Padma. ৫ [U] পানিতে মিশানো কোনো পদার্থের দ্রব: ˈ**rose ~** গোলাপজল। ৬ **of the first ~** সর্বোৎকৃষ্ট: silk of the first ~. ৭ (যৌগশব্দে) ˈ**~-bird** *n* জলচর পাখি। ˈ**~-biscuit** *n* ময়দা ও পানি মিশিয়ে তৈরি শক্ত পাতলা বিস্কুট, সচরাচর মাখন ও পনির দিয়ে খাওয়া হয়। ˈ**~-blister** *n* চামড়ার উপর (রক্ত নয়) রংহীন তরল পদার্থে ভরা ফোস্কা; জলঠোসা; জল-ফোস্কা। ˈ**~-borne** *adj* (ক) (মালপত্র সম্বন্ধে) জলপথে বাহিত। (খ) (রোগ সম্বন্ধে) দূষিত পানি পান করার ফলে সংক্রামিত; পানিবাহিত। ˈ**~-bottle** *n* (ক) পানির বোতল। (খ) সৈনিক, স্কাউট প্রভৃতির ব্যবহারের জন্য (পানি বহনের) ধাতব পাত্র (US = canteen). ˈ**~-buffalo** *n* ভারতবর্ষ, ইন্দোনেশিয়া প্রভৃতি দেশে সচরাচর যে মোষ দেখা যায়। ˈ**~-butt** *n* দ্র. butt[1](২). ˈ**~·cannon** জলকামান। ˈ**~-cart** *n* (বিতরণের জন্য বা ধুলাময় রাস্তায় ছিটিয়ে দেবার জন্য) পানিবাহী গাড়ি। ˈ**~·chute** *n* পানিতে নেমে-যাওয়া ঢালু খাত, প্রমোদবাগানে এ রকম খাত বেয়ে নৌকা, স্লেজ প্রভৃতি গড়িয়ে বা পিছলিয়ে পানিতে নেমে যায়। ˈ**~-closet** *n* (সাধারণ সং. WC) শৌচাগার, বাথরুম। ˈ**~-colour** (US =**-color)** *n* (ক) *(pl)* তেল নয়, পানি মিশিয়ে তৈরি রং; জলরং। (খ) জলরং দিয়ে অঙ্কিত চিত্র। (গ) *(pl* বা *sing)* এরকম চিত্রাঙ্কন কলা। ˈ**~·course** *n* ছোট নদী বা স্রোতস্বিনী; জলপ্রবাহের খাত। ˈ**~·cress** *n* [U] কলমিদল, শালুক প্রভৃতি লতানো জলজ উদ্ভিদ। ˈ**~-diviner,** দ্র. diviner. ˈ**~·fall** *n* [C] জলপ্রপাত। ˈ**~-finder** *n* ভূ-গর্ভস্থ পানির অনুসন্ধানকারী। ˈ**~·fowl** *n* (collective *pl*) জলচরপাখি। **ˈ~·front** *n* পানির কিনার, তীরদেশ, বিশেষত (শহরের যে অংশ) সমুদ্র, হ্রদ, প্রভৃতির দিকে মুখ করে অবস্থিত। **ˈ~-glass** *n* [U] ঘন তরল পদার্থবিশেষ, তাজা রাখার জন্য এককালে ডিমের উপর এর প্রলেপ দেওয়া হতো। **ˈ~·hen** *n* = moorhen, দ্র. moor[1]. **ˈ~-hole** *n* (বিশেষত শুকিয়ে-যাওয়া নদীর তলদেশে) অগভীর টোল, যেখানে পানি জমে এবং যেখানে জীবজন্তু পানি পান করতে আসে। **ˈ~-ice** *n* [C] চিনি ও ফলের রস মেশানো বরফ-করা পানি। **ˈ~-jacket** *n* পানি-ভরা কোষ, মেশিনের যে অংশ ঠাণ্ডা রাখা প্রয়োজন তার উপর এই কোষ সংযোজিত থাকে। **ˈ~ jump** *n* সাধা. বেড়াসহ পানি-ভরা গর্তের প্রতিবন্ধক, প্রতিবন্ধক(ঘের), দৌড় প্রতিযোগিতায় প্রতিযোগী (ঘোড়া)-কে এই গর্তের উপর দিয়ে লাফিয়ে যেতে হয়। **ˈ~-level** *n* বিশেষত পরিমাপের উপাত্ত হিসাবে দেখা (সংরক্ষিত) জলাশয়ের পানির স্তর। **ˈ~-lily** *n* জলপদ্ম। **ˈ~-line** *n* যতটুকু পর্যন্ত জাহাজের পার্শ্বদেশ পানিতে নিমজ্জিত থাকে; জাহাজের জলরেখা: The load ~-line, মালবোঝাই জাহাজের জলরেখা; The light ~-line. মালশূন্য অবস্থায় জাহাজের জলরেখা। **ˈ~-logged** [-লগ্‌ড্ US লো°গ্‌ড্] *adj* (ক) (কাঠ সম্বন্ধে) পানিতে এত বেশি সিক্ত যে ভাসমান থাকতে পারে না বলা চলে। (খ) (জাহাজ সম্বন্ধে) পানিতে এতো বেশি পূর্ণ যে ডুবে যাবে বলা যায়। (গ) (মাটি বা স্থলভাগ সম্বন্ধে) জলাবদ্ধ। **ˈ~-main** *n* পানি সরবরাহ-ব্যবস্থার প্রধান পাইপ। **ˈ~-mark** *n* (ক) কাগজের জলছাপ। (খ) যে চিহ্নের সাহায্যে (জোয়ারভাটা বা নদীর) পানি কতদূর উঠেছে বা নেমেছে তা বোঝা যায়; জলচিহ্ন; জোয়ার-রেখা। **ˈ~·melon** *n* তরমুজ বা তার গাছ। **ˈ~·mill** *n* জলস্রোত দ্বারা চালিত কল। **ˈ~·nymph** *n* জলপরী। **ˈ~-polo** *n* [U] পানির মধ্যে সাঁতার কেটে বলখেলা। **ˈ~-power** *n* [U] মেশিনপত্র চালনার জন্য বা বিদ্যুৎ উৎপাদনের জন্য বেগবান পানিপ্রবাহ থেকে প্রাপ্ত শক্তি, জল-শক্তি, জলবিদ্যুৎ। **ˈ~·proof** *adj* পানি ঢোকে না এমন; পানিনিরোধক: ~proof material. **ˈ~-rat/-vole** *n* ইঁদুরতুল্য জলচর প্রাণী। **ˈ~-rate** *n* (GB) সরকারি ব্যবস্থায় পানি সরবরাহের জন্য ধার্য কর; জলকর। **ˈ~·shed** *n* দুটি নদী-অববাহিকার বিভাজক রেখা; জল বিভাজিকা; (লাক্ষ.) ভিন্ন খাতে প্রবাহিত ঘটনাবলীর বিভাজক রেখা; সন্ধিক্ষণ। **ˈ~·side** *n* সমুদ্র, নদী, হ্রদ, প্রভৃতির তীর: We went for a stroll along the ~side. **ˈ~-skiing** *n* দ্রুতগামী মোটরবোটের পিছনে বাঁধা রশি ধরে পানির উপর স্কি করার খেলা। **ˈ~-softener** কঠিন পানি নরম করার কল, যে. পদার্থ ব্যবহার করে কঠিন পানি নরম করা হয়। **ˈ~-spaniel** *n* গুলি করে মারা জলচর পাখিকে পানি থেকে তুলে আনবার জন্য সাঁতার শেখানো কুকুরবিশেষ। **ˈ~-spout** *n* (ক) পানি-নিঃস্রাবী নল (যেমন, ছাদ থেকে বৃষ্টির পানি নির্গমনের জন্য ব্যবহৃত হয়)। (খ) জলস্তম্ভ। **ˈ~-supply** *n* পানি সরবরাহ ও সংরক্ষণ ব্যবস্থা; সংরক্ষিত পানির পরিমাণ। **ˈ~·table** ভূগর্ভস্থ যে রেখার নীচে মাটি পানিতে সম্পৃক্ত থাকে; ভূগর্ভস্থ পানির স্তর: The ~table has been lowered by drought. **ˈ~·tight** *adj* (ক) পানি ঢুকতে কিংবা বেরোতে পারে না এমনভাবে তৈরি বা আটকানো; জলরোধক। (খ) (লাক্ষ.) (চুক্তিপত্র ইত্যাদি সম্বন্ধে) এমনভাবে রচিত যাতে (চুক্তির) কোনো শর্ত কেউ এড়িয়ে যেতে না পারে; ভুল বোঝাবুঝির কোনো অবকাশ না থাকে এমন। **ˈ~-tower** *n* যে সুউচ্চ ও বৃহদাকার জলাধার বা ট্যাংক থেকে পানি সরবরাহ করা হয়। **ˈ~-waggon** (US = **-wagon)** *n* = ˈ~-cart: on the ~-waggon, দ্র. waggon (১). **ˈ~-way** নাব্য খাল বা জলপথ। **ˈ~·wheel** পানিপ্রবাহ দ্বারা চালিত যন্ত্রের চাকা। **ˈ~-wings** *n pl* পানির উপর ভেসে থাকবার জন্য সাঁতার শিক্ষার্থী কাঁধের সঙ্গে যে বয়া জাতীয় বস্তু বেঁধে নেয়। **ˈ~·works** *n (sing* অথবা *pl, v* সহযোগে) (ক) পানি সরবরাহের জন্য নির্মিত সংরক্ষণাগার, পাম্পিং স্টেশন, সরবরাহ-লাইন ইত্যাদি। (খ) কারুকার্যময় ফোয়ারা বা কৃত্রিম ঝর্না। (গ) (কথ্য) মূত্রথলি, মূত্রথলির ক্রিয়া: Are your ~works all right ? স্বাভাবিকভাবে প্রস্রাব হচ্ছে তো?(ঘ) (কথ্য) চোখের পানি: turn on the ~works, চোখের পানি ফেলা। **ˈ~-worn** *adj* (পাথর, শিলাগাত্র ইত্যাদি সম্বন্ধে) পানির ক্রিয়ার ফলে মসৃণ।

water[2] [ওয়োটা(র্)] *vt, vi* ১ জলসেচন করা; পানি (ছিটিয়ে) দেওয়া: ~ the plants; ~ the streets. **~·ing-can** [ˈওয়োটারিঙ্ ক্যান্] *n* গাছে পানি দেবার জন্য ছাকনাযুক্ত লম্বা নলঅলা পাত্র। **~·ing-cart** [ˈওয়োটারিঙ্ কা:ট্] *n* রাস্তায় পানি ছিটিয়ে দেবার জন্য পানিবাহী গাড়ি। ২ পান করার জন্য পানি দেওয়া; পানি দেখানো: ~ the cows. ৩ চোখে পানি আসা; মুখে পানি (লালা) আসা: The smoke made her eyes ~. The smell of the steaming biriani made my mouth ~. এর থেকে **mouth-~ing** *adj* অত্যন্ত ক্ষুধাবর্ধক। ৪ **~ sth down** পানি মেশানো; (লাক্ষ.) (কাহিনী ইত্যাদি) লঘু বা শিথিল করা: This whisky has been ~ed (down), পানি মিশিয়ে হালকা করা হয়েছে; The story has been ~ed down, (অপ্রাসঙ্গিক কথা, উপাখ্যান জুড়ে, বর্ণনায় অস্পষ্টতা সৃষ্টি করে) কাহিনীকে দুর্বল করা হয়েছে। ৫ পরিসম্পদ না বাড়িয়ে বরং নতুন শেয়ার বাজারে ছেড়ে (কোনো কোম্পানির ঋণ বা নামিক মূলধনের পরিমাণ) বৃদ্ধি করা। ৬ **~ed** *(adj* হিসাবে *pp)* পানিদ্বারা বিধৌত; পানিসিঞ্চিত: Bangladesh is ~ed by numerous rivers. **~ed silk** তরঙ্গাকার রেখাঙ্কিত রেশমি বস্ত্র। ৭ **~·ing-place** [ˈওয়োটারিঙ্ প্লেইস্] *n* (ক)যে স্থানে জীবজন্তু পানি পান করতে আসে। (খ) খনিজ পানির ঝর্না; খনিজ পানির উৎস। (গ) সমুদ্রতীরবর্তী প্রমোদনিবাস।

Wat·er·loo [ˌওয়োটাˈলু] *n* **meet one's ~** (বিশেষত সাফল্যের মৌসুমের পর) চূড়ান্ত ও নির্মমভাবে পরাজিত হওয়া।

wat·ery [ˈওয়োটারি] *adj* ১ পানি সংক্রান্ত বা পানির মতো; (বিশেষত রান্না-করা সবজি সম্বন্ধে) পানিতে ভরা; অতিরিক্ত পানি দিয়ে রান্না করা: ~ cabbage. ২ (রং সম্বন্ধে) ফ্যাকাশে, জলো। ৩ (চোখ বা ঠোঁট সম্বন্ধে) টলটলে, ভেজা। ৪ বৃষ্টির আভাস দেয় এমন; (জলে) ভারী; জলভরা আকাশ।

watt [ওঅট্] *n* বিদ্যুৎশক্তির একক ওয়াট: a 100 ~ light-bulb. **wat·tage** [ˈওঅটিজ্] *n* [U] ওয়াটে প্রকাশিত বিদ্যুৎশক্তির পরিমাণ।

wattle[1] [ˈওঅট্‌ল্] *n* অপেক্ষাকৃত মোটা বাঁশ বা কাঠের দণ্ডের উপর ও নীচ দিয়ে বিনুনি করা নরম সরু ডাল বা বাতার কাঠামো; বাতার বেড়া। **ˌ~ and ˈdaub** মাটি-লেপা এ রকম বাতার বেড়া বা বাতার চাল। ২ বাতা তৈরিতে ব্যবহৃত অস্ট্রেলিয়ার কতিপয় একেশা (acacia) গোত্রীয় গাছ (সোনালি ফুলবিশিষ্ট এই গাছ অস্ট্রেলিয়ার জাতীয় প্রতীকরূপে গৃহীত)।

wattle[2] [ˈওঅট্ল্] *n* মোরগজাতীয় পাখির মাথার উপর বা কণ্ঠে ঝুলে থাকা লাল মাংসল উপাঙ্গ; মোরগের ঝুঁটি।

wave [ওএ ইভ্] *vi, vt* ১ ~ **(at/to/in)** (হাত, পতাকা, শাখা ইত্যাকার স্থির বস্তু সম্বন্ধে) আন্দোলিত হওয়া; দোলা: The national flag was waving in the wind. Kamal ~d at me, হাত নেড়ে (অর্থাৎ আন্দোলিত করে) ইশারা করল। Nizam ~d to me, হাত নেড়ে (= আন্দোলিত করে) সম্ভাষণ জানাল, শুভেচ্ছা জ্ঞাপন করল। ২ (ইশারা বা অনুরোধ করা, শুভেচ্ছা বা সম্ভাষণ জ্ঞাপন করা প্রভৃতি কাজে) (কোনো কিছু) আন্দোলিত করা বা দোলানো: The Children were waving colourful flags. He waved his hand at me. She ~d goodbye her neighbours. ৩ (কাউকে হাত নেড়ে বা হাতের ইশারায়) কোনো বিশেষ দিকে চালিত করা: The captain ~d his men to advance. **~ sth aside** (লাক্ষ.) অগ্রাহ্য করা: His objections were ~d aside. ৪ (কোনো রেখা, কোনো কিছুর বহির্ভাগ বা চুল সম্বন্ধে) কুঞ্চিত বা তরঙ্গিত হওয়া: Her hair ~s beautifully. ৫ কুঞ্চিত বা তরঙ্গিত করা: have one's hair ~d. দ্র. perm. □*n* [C] ১ তরঙ্গ, ঢেউ। **the ~s** (কাব্যিক) সমুদ্র। **in ~s** ঢেউয়ের পরে ঢেউয়ের মতো; দফায় দফায়: The immigrants came in ~s. ২ (ইশারা করার জন্য কিংবা শুভেচ্ছা বা সম্ভাষণ জ্ঞাপনের জন্য) হাতের আন্দোলন; তরঙ্গায়িত গতি; আন্দোলন: with a ~ of one's hand. ৩ তরঙ্গায়িত রেখা; কুঞ্চন: She has a natural ~ in her hair. ৪ অবিচল বা ক্রমাগত বৃদ্ধি ও বিস্তার: a ~ of protest, প্রতিবাদের ঢেউ; a heat ~, তাপপ্রবাহ। ৫ যে তরঙ্গাকার গতির সাহায্যে তাপ, ধ্বনি, আলো, চুম্বকশক্তি ইত্যাদি বিস্তৃত বা বাহিত হয়: sound ~, ধ্বনি-তরঙ্গ; radiio ~, বেতার তরঙ্গ। ˈ**~-length** *n* পর পর দুই তরঙ্গশীর্ষের (বিশেষত দুই বেতার তরঙ্গশীর্ষের) মধ্যবর্তী ব্যবধান, তরঙ্গদৈর্ঘ্য। **long/ medium/ short ~** বেতার সম্প্রচারে ব্যবহৃত ধ্বনি তরঙ্গের দৈর্ঘ্য: a medium-~ transmitter. **wavy** *adj* তরঙ্গিত, কুঞ্চিত: a wavy line; wavy hair.

wa·ver [ˈওএইভ়া(র্)] *vi* ১ দোদুল্যমান হওয়া: ~ing flames. ২ টলতে থাকা; টলে ওঠা; টলা; ভেঙে পড়তে বা পিছু হটতে শুরু করা: My faith began to ~. The line of troops ~ed and then broke. ৩ ইতস্তত করা; দ্বিধান্বিত হওয়া; দ্বিধা করা: He ~ed between his loyalty to his family and his loyalty to the party. **~er** *n* দোদুল্যচিত্ত বা দ্বিধাগ্রস্ত ব্যক্তি।

wax[1] [ওঅ্যাক্স্] *n* [U] (মৌমাছি দ্বারা উৎপাদিত এবং মৌচাক নির্মাণে ব্যবহৃত) মোম; পেট্রোলিয়াম প্রভৃতি খনিজ তেল থেকে প্রাপ্ত মোমজাতীয় পদার্থ; মোমবাতি, আদরা প্রভৃতি নির্মাণে ব্যবহৃত শুভ্র ও বিশুদ্ধকৃত এ জাতীয় পদার্থ: (attrib) a wax candle; a wax doll, যে পুতুলের মাথা মোম দিয়ে তৈরি; paraffin wax; ˈcobbler's wax, সুতা শক্ত ও টেকসই করার জন্য চর্মকাররা তার উপর যে মোম মাখায়; ˈear-wax, কানের খলি। ˈ**wax·paper** *n* মোমের প্রলেপ মাখিয়ে পানি নিরোধক-করা কাগজ। ˈ**wax·work** *n* মোমে গঠিত বস্তু, বিশেষত মুখমণ্ডল ও দুই হাত মোমে গঠিত মানবমূর্তি, জীবন্ত দেখানোর জন্য রং করে ও কাপড় পরিয়ে এই মূর্তি জনসমক্ষে প্রদর্শিত হয়ে থাকে: They went to see the waxworks at Madame Tussaud's, এ রকম মূর্তির জন্য প্রসিদ্ধ লন্ডনের একটি স্থান। ˈ**sealing-wax,** দ্র. seal *vt* (১). □*vt* মোমের প্রলেপ দেওয়া; মোম ব্যবহার করে চকচকে করা; মোম মাখানো: ~ furniture. **waxen** [ˈওঅ্যাক্স্ন্] *adj* ১ (প্রা. প্র; বর্তমানে সচরাচর wax ব্যবহৃত হয়) মোম দিয়ে তৈরি। ২ মোমের মতো: a waxen complexion. **waxy** *adj* মোমের মতো; মোমতুল্য; মসৃণ পাণ্ডুর পৃষ্ঠ বা উপরিভাগবিশিষ্ট; গড়ন বা বুনুনিতে মোমের মতো: waxy potatoes.

wax[2] [ওঅ্যাক্স্] *vi* ১ (বিশেষত চন্দ্র সম্বন্ধে, wane-এর বিপরীতে) আলোকিত অংশ বৃদ্ধি পাওয়া। ২ (প্রা.প্র.) হয়ে ওঠা: wax merry, খুশি হয়ে ওঠা।

way[1] [ওএই] *n* ১ সড়ক, রাস্তা, পথ ইত্যাদি: (যৌগশব্দে) ˈhighway; railway; byway; a way across the field; a covered way, আচ্ছাদিত পথ; He lives across/over the way, রাস্তার উলটোদিকে/ওপারে থাকে; ˈclear ~ , দ্র. clear[1](৫). **pave the way for** (কোনো কিছুর) পথ প্রস্তুত করা; (সংস্কার ইত্যাদি) গ্রহণের জন্য লোকজনকে (মানসিকভাবে) প্রস্তুত করা। **the Way of the Cross** কাঁধে ক্রুশবহনকারী যিশুর ক্যালভারি (যেরুজালেম শহরের উপকণ্ঠে এই পাহাড়ে যিশুকে ক্রুশবিদ্ধ করা হয়েছিল) যাত্রার বিভিন্ন পর্যায় তুলে ধরে (সাধা. গির্জার অভ্যন্তরে বা সন্নিকটে) অঙ্কিত চিত্রাবলী বা খোদিত ভাস্কর্যসমূহ। ২ (কোথাও যাবার) পথ: Which is the shortest way from Azimpur to Kamlapur ? Can you find your way home ? ঘরে যাবার পথ চিনতে পারবে তো/ খুঁজে পাবে তো? I lost my way in the dark, অন্ধকারে পথ হারিয়ে ফেলেছিলাম; He pushed/fought his way out, ভিড় ঠেলে বাইরে গেল/ বাইরে যাবার পথ করে নিল; Which is the way in/out, ভিতরে/ বাইরে যাবার পথ কোনোটি? **go one's way(s)** প্রস্থান করা; চলে যাওয়া। **go out of one's way (to do sth)** (কোনো কিছু করার জন্য) বিশেষ রকম চেষ্টা করা; যা সম্ভব তার চেয়ে বেশি (চেষ্টা) করা: He went out of his way to help me. **lead the way** নেতৃত্ব দেওয়া; নিজে এগিয়ে গিয়ে অন্যকে পথ দেখানো; পথপ্রদর্শক হওয়া। **make one's ˈway in life** নিজের পথ করে নেওয়া; সাফল্য অর্জন করা। **make the best of one's way** যত দ্রুত সম্ভব এগিয়ে চলা। **make one's way (to/towards)** যাওয়া; অগ্রসর হওয়া। **pay one's way** (ক) ঋণগ্রস্ত না হওয়া। (খ) খরচপত্রের অংশ বহন করা। **the parting of the ways** (লাক্ষ.) ভবিষ্যৎ পরিকল্পনা বা অনুরূপ কিছু বিষয়ে গুরুত্বপূর্ণ সিদ্ধান্ত গ্রহণের সময়। **by way of** পথ ঘুরে; পথে: He came by way of Comilla, কুমিল্লার পথ ঘুরে/কুমিল্লা হয়ে এসেছে। **out of the way** ব্যতিক্রমধর্মী, অস্বাভাবিক, অনন্যসাধারণ: I dont believe he has done anything out of the way. ˌ**out-of-the-ˈway** (attrib ব্যবহার) সুদূর, পাণ্ডববর্জিত: an out-of-the-way place. ৩ **by the way** (ক) ভ্রমণকালে। (খ) (লাক্ষ.) কথা প্রসঙ্গে; প্রসঙ্গক্রমে। **on the/one's way** গমন বা আগমনরত অবস্থায়; পথে: we were still on the way, তখনো পথেই (অর্থাৎ গমনরত) ছিলাম; We'll have something on the way, পথে কিছু খেয়ে নেবো; He's on the way to success, সাফল্যের পথে আছে; She's got another child on the way, আর একটি সন্তান আসার পথে আছে, অর্থাৎ সে আবারো অন্তঃসত্ত্বা

হয়েছে। **on the way out** (লাক্ষ. কথ্য) সেকেলে হয়ে যাবার পথে আছে; অপ্রচলিতপ্রায়! ৪ [C] পদ্ধতি বা পরিকল্পনা; কর্মপন্থা: This is the best way of acknowledging a debt, ঋণ স্বীকারের এটাই সর্বোত্তম পন্থা; Is this the way to do it ? Do sth (in) one's own way, নিজের মতো করে (অর্থাৎ,নিজের পদ্ধতিতে) করা। **Where there is a will there is a way** (প্রবাদ) ইচ্ছা থাকলে উপায় হয়। **ways and means** বিশেষত অর্থ যোগানোর উপায়-উপকরণ। **have/ get one's own way** নিজের ইচ্ছামতো চলা। **go/ take one's own way** বিশেষত অন্যদের কথায় কর্ণপাত না করে স্বাধীনভাবে চলা বা কাজ করা। ৫ (শুধুমাত্র *sing*) (দুই বিন্দুর মধ্যবর্তী) ব্যবধান; (অতিক্রমণীয়) দূরত্ব: It's a long way from here, এখান থেকে অনেক দূরে; His work was better by a long way, অনেক বেশি ভালো; This will go a long way (= অনেক দূর সাহায্য করবে) in improving relations between the two countries. ৬ [C] দিক: She went this way, এই দিকে গেছে; He looked my way, আমার দিকে তাকাল। **put sb in the way of (doing) sth** কাউকে (কোনো কিছু) শুরু করার ব্যাপারে সাহায্য করা: He put me in the way of making a living. ৭ (কথ্য); (শুধুমাত্র *sing*) পার্শ্ববর্তী এলাকা; আশপাশ: They live somewhere Farmgate way, ফার্মগেটের আশেপাশে কোথাও থাকে; This brand of music has never been very popular our way, এই ধরনের (গান) বাজনা আমাদের অঞ্চলে কোনো দিন জনপ্রিয় হয়নি। ৮ [U] যে কোনো দিকে অগ্রসরণ; (বিশেষত জাহাজ বা নৌকার) অগ্রগতি। **be under way; have way on** (জাহাজ সম্বন্ধে) পানির ভিতর দিয়ে/পানি কেটে চলতে থাকা বা অগ্রসর হওয়া। **gather/lose way** গতি লাভ করা/গতি হ্রাস পাওয়া: The boat slowly gathered way. **get under way** সামনের দিকে চলতে শুরু করা। **give way** (দাঁড়ি সম্বন্ধে) প্রাণপণে দাঁড় টানা। এই সঙ্গে দ্র. give[1](১০). **make way** (আক্ষ. বা লাক্ষ.) অগ্রসর হওয়া। ৯ [U] সামনে এগোবার মতো (ফাঁকা) জায়গা; এগিয়ে যাবার স্বাধীনতা: Don't stand in the way, পথ আটকে দাঁড়িয়ে থেকো না; Stand out of my way, পথ ছেড়ে দাও, পথ থেকে সরে দাঁড়াও। **be out of/put sth out of harm's way** নিরাপদ স্থানে থাকা/ নিরাপদ স্থানে রাখা। **get sth out of the way** নিষ্পত্তি করা; চুকিয়ে ফেলা। **give way (to sth/sb),** দ্র. give[1] (১০). **make way (for)** জায়গা করে দেওয়া; পথ করে দেওয়া: All traffic has to make way for a fire-engine. **put sb out of the way** কাউকে পথ থেকে সরিয়ে দেওয়া, অর্থাৎ, তাকে কারারুদ্ধ করা বা (গোপনে) হত্যা করা বা অন্য কোনোভাবে প্রতিবন্ধকতা সৃষ্টি করতে না দেওয়া। **put sb in the way of sth** কাউকে কোনো কিছু লাভ করার সুযোগ করে দেওয়া। **see one's way (clear) to doing sth** কোনো কিছু করার পথ (অর্থাৎ উপায়) দেখতে পাওয়া; বিশেষত তা করাটা ন্যায়সঙ্গত বোধ করা: I don't see my way clear to helping you, তোমাকে সাহায্য করার পথ দেখছি না। **right of way,** দ্র. right[3](২). ১০ [C] প্রথা, রীতি; ধরন, পদ্ধতি, আচরণ; ব্যক্তিগত বিশেষত্ব বা বৈশিষ্ট্য: The good old ways, পুরনো হাল-চাল, পুরনো দিনের রীতিনীতি; the Bengali way of greeting sb, কাউকে সম্ভাষণ জানানোর বাঙালি রীতি; The way of the world, দুনিয়ার হাল-চাল, দুনিয়ার রীতিনীতি: It's not his way to be mean, নীচতা তার স্বভাবে নেই; I didn't like the way he spoke to father, আব্বার সঙ্গে তার কথা বলার ধরন আমার পছন্দ হয়নি; Dont take offence— its only his way, কিছু মনে করবেন না—আসলে ওটা তার স্বভাব, সে ওরকমই করে থাকে (অর্থাৎ তার এহেন আচরণের বিশেষ কোনো মানে নেই বা মূল্য নেই)। **to my way of thinking** আমার মতে। **the way** (কথ্য; adverbial ব্যবহার) মতো, যেমন: He did it the way I do. **he/she has a way with him/her** সে মানুষকে প্রভাবিত করতে পারে/ বোঝাতে পারে। **mend one's ways** নিজের চাল-চলন, আচার-ব্যবহার ইত্যাদি সংশোধন করা। ১১ [C] ক্ষেত্র, বিষয়: He is a useful friend in some ways, কোনো কোনো ক্ষেত্রে সে একজন উপকারী বন্ধু; Can I help you in any way, কোনোভাবে/ কোনো বিষয়ে তোমাকে সাহায্য করতে পারি? He is in no way responsible for the accident, কোনোভাবেই/ কোনোমতেই দায়ী নয়; Have we anything in the way of food ? ঘরে খাবার কিছু আছে? **no way** (কথ্য) কোনোমতেই না; একেবারেই না। ১২ [C] অবস্থা, মাত্রা: Our economy is in a bad way, অর্থনীতির অবস্থা ভালো নয়; He is in a terrible way, খুব উত্তেজিত অবস্থায় আছে। **ˈany way** সে যাই হোক; যা-ই হোক না কেন। **each way/both ways** (ঘোড়দৌড়ে বাজি ধরার ক্ষেত্রে) জয়লাভ করতে; জিততে; প্রথম তিনটির মধ্যে স্থান পেতে। **in the ˈfamily way** (কথ্য) গর্ভবতী, অন্তঃসত্ত্বা। **in a big/ small way** বড়ো/ ছোট আকারে; আড়ম্বরপূর্ণ/ আড়ম্বরহীনভাবে: He lives in a small way, অনাড়ম্বর জীবন যাপন করে; a trader in a small way, সাধারণ ব্যবসায়ী। **have it both ways** দুইটি বিকল্পের মধ্যে নিজের সুবিধামাফিক প্রথমে একটিকে বেছে নিয়ে পরে অন্যটিকেও গ্রহণ করা; গাছেরও খাওয়া তলারও কুড়ানো। ১৩ (কোনো কিছু করার) পথ; সাধারণ পন্থা: do sth in the way of business, ব্যবসার পথ ধরা। ১৪ **by way of (ক)** বিকল্প হিসাবে বা কোনো কিছু হিসাবে: say sth by way of introduction, ভূমিকা হিসাবে কিছু বলা। **(খ)** উদ্দেশ্যে, অভিপ্রায়ে: make enquiries by way of learning the facts of the case, মামলার প্রকৃত তথ্য জানার জন্য জিজ্ঞাসাবাদ করা। [C] কোনো কিছুর পথ ধরে: by way of business. দ্র. উপরে ২-এর ঘর। ১৫ (*pl*) ভারী কাঠ দিয়ে তৈরি যে কাঠামোর উপর জাহাজ নির্মিত হয় এবং যার উপর দিয়ে নির্মিত জাহাজ পানিতে ভাসানো হয়। slip[1] (৬) ভুক্তিতে slipway দ্রষ্টব্য। ১৬ (যৌগশব্দ) **ˈway-bill** *n* গন্তব্য ইত্যাদি বিষয়ে নির্দেশসহ বাহকের/বাহনের সঙ্গে দেওয়া মালপত্রের তালিকা। **ˈway·farer** [-ফেআরা(র্)] *n* (সাহিত্য.) পদব্রজে ভ্রমণকারী, পথিক। **ˈway·faring** [-ফেআরিঙ্] *adj* পদব্রজে ভ্রমণরত: a wayfaring man. **ˈway·side** *n* পথপার্শ্ব: wayside flowers.

way[2] [ওএই] *adv* বহুদূরে; অনেক দূর দিয়ে; অনেক দূর এগিয়ে: The discussion wandered way off the point, প্রসঙ্গ থেকে অনেক দূর সরে গেল; He finished way ahead of me, আমার অনেক আগে/আমার থেকে অনেক এগিয়ে শেষ করেছে। **ˌway-ˈout** *adj* (কথ্য) অদ্ভুত; বাতিকগ্রস্ত, খামখেয়ালি: way-out clothes.

way·lay [ওএ ইলেই] *vt* আক্রমণ করার জন্য ওত পেতে থাকা; পথিমধ্যে আক্রমণ করা বা সর্বস্ব অপহরণ করে নেওয়া; (সাধা. কোনো অনুরোধ নিয়ে) হঠাৎ কারো সঙ্গ ধরা বা পিছু নেওয়া: be waylaid by bandits; He waylaid me with a request for a loan.

way·ward [ˈওএইওআড্] *adj* স্বেচ্ছাচারী; সহজে বাগ মানে না এমন: a ~ child.

we [উঈ] *pron* আমরা: We live in a small town. We believe in justice.

weak [উঈক্] *adj* ১ (strong-এর বিপরীতে) দুর্বল; ভঙ্গুর; গুরুভার বহনে বা চাপ, আক্রমণ ইত্যাদি প্রতিরোধে অক্ষম: a ~ team; a ~ defence; a chair with ~ legs; He is too ~ to walk. ˌ~-ˈ**kneed** *adj* (লাক্ষ.) দৃঢ়তাহীন; দুর্বলচরিত্র। ২ (ইন্দ্রিয় ইত্যাদি সম্বন্ধে) স্বাভাবিক ক্ষমতাসম্পন্ন নয় এমন; ক্ষীণ: ~ sight, ক্ষীণ দৃষ্টি (অধিক প্রচলিত শব্দ poor); a ~ heart. এর থেকে, ~-eyed, ক্ষীণদৃষ্টি; ~-headed, দুর্বলমস্তিষ্ক; ~-minded, দুর্বলমনা বা দুর্বলচিত্ত। ৩ (মিশ্রিত তরল পদার্থ বা দ্রবণ সম্বন্ধে) পানির ভাগ বেশি এমন; হালকা, পাতলা: ~ tea; a ~ solution. ৪ ভালো নয়; দক্ষ নয়: ~ in arithmetic. ৫ (ব্যাক.) **~ verb** -d, -ed প্রভৃতি শব্দাংশ যোগ করে যে ক্রিয়াপদের কালান্তর দেখানো হয়, যেমন, walk, walked. **~ form** (কতিপয় সাধারণ শব্দের উচ্চারণ সম্বন্ধে) শ্বাসাঘাতহীন অবস্থানে (শব্দের) উচ্চারিত রূপ: সাধা. কোনো স্বরধ্বনির ব্যবহার দ্বারা অথবা কোনো স্বর বা ব্যঞ্জনধ্বনির অনুপস্থিতি দ্বারা এই রূপ সৃষ্ট হয় (যথা, and শব্দের উচ্চারণের ক্ষেত্রে 'অ্যানড্'-এর স্থলে 'আন্' বা 'ন্': bread and butter [ˌব্রেড্ ন্ ˈবাটা(র্)]) ˈ**~en** [ˈউঈকান্] *vt, vi* দুর্বল(তর) করা বা দুর্বল(তর) হওয়া। **~·ling** *n* দুর্বল মানুষ বা দুর্বল প্রাণী। **~·ly** *adv* দুর্বলভাবে। □*adj* স্বাস্থ্যহীন; নিস্তেজ: a ~ly child. **~·ness** *n* ১ [U] দুর্বলতা: The ~ness of old age; the ~ness of a country's defences. ২ [C] চারিত্রিক ত্রুটি: We all have our little ~nesses, আমাদের সবারই ছোটখাটো দুর্বলতা আছে। ৩ **have a ~ness for** (কোনো কিছুর জন্য) বিশেষ বা অযৌক্তিক আকর্ষণ বোধ করা: She has a ~ness for chutney.

weal[1] [উঈল্] *n* [U] (সাহিত্য.) কল্যাণ, শুভ: (প্রধানত) weal and woe, সম্পদে-বিপদে, সৌভাগ্যে-দুর্ভাগ্যে; for the public/general ~, সকলের কল্যাণের জন্য।

weal[2] [উঈল্] *n* [C] চামড়ার উপর লাঠি, চাবুক ইত্যাদির আঘাতের দাগ।

weald [উঈল্ড্] *n* (GB) উন্মুক্ত প্রান্তর, একদা বনাঞ্চল: The ~ of Modhupur.

wealth [ওএল্থ্] *n* ১ [U] বিশাল সম্পদ; বিশাল সম্পদের মালিকানা বা অধিকার; বিত্ত: a man of ~. ২ **a/the ~ of** প্রচুর পরিমাণ বা প্রচুর সংখ্যক: a book with a ~ of illustrations, প্রচুর (দৃষ্টান্তমূলক) চিত্রসম্বলিত বই। **~y** *adj* সম্পদশালী, বিত্তবান; ধনী। **~·ily** [-ইলি] *adv*

wean [উঈন্] *vt* ১ মায়ের বুকের দুধ ভিন্ন অন্য খাবারে (শিশু বা পশুশাবককে) অভ্যস্ত করানো; মাই ছাড়ানো। ২ **~ sb from sth** কাউকে কোনো অভ্যাস, সংসর্গ ইত্যাদি থেকে মুক্ত করা; অভ্যাস ছাড়ানো; সঙ্গ ছাড়ানো।

weapon [ˈওএপান্] *n* অস্ত্র: lethal ~s. **~·less** *adj* অস্ত্রহীন।

wear[1] [ওএ আ(র্)] *n* [U] ১ পরিধান: a shirt in constant ~, সারাক্ষণ পরা শার্ট; This canvass bag will stand any amount of hard ~. ২ ব্যবহারের ফলে সৃষ্ট ক্ষয় বা ক্ষতি: The carpet is showing (signs of) ~. **~ and tear** স্বাভাবিক ব্যবহার থেকে সৃষ্ট ক্ষয় বা ক্ষতি। ৩ টেকসই থাকার ক্ষমতা; স্থায়িত্ব: There is not much ~ left in these shoes, এই জুতা (জোড়া) আর বেশিদিন পরা যাবে না, আর বেশিদিন টিকবে না। ৪ (প্রধানত যৌগশব্দে অথবা ব্যবসায়ীদের ব্যবহৃত শব্দে): ˈunder ~, অন্তর্বাস; ˈfoot ~, পাদুকা, জুতা; ladies' ~, মহিলাদের পোশাক।

wear[2] [ওএ আ(র্)] *vt, vi* ১ পরিধান করা; অঙ্গে ধারণ করা; পরা; (চেহারা সম্বন্ধে) মুখমণ্ডলে থাকা; দেখানো: She was ~ing a Tangail sari. He wore a troubled look, তাকে চিন্তিত দেখাচ্ছিল/ তার মুখে দুশ্চিন্তার ছাপ ছিল। **~ the crown** (ক) মাথায় রাজমুকুট ধারণ করা; রাজা হওয়া। (খ) শহীদ হওয়া। ২ ব্যবহার দ্বারা ক্ষয় করা; ব্যবহারের ফলে ক্ষয়প্রাপ্ত বা ক্ষতিগ্রস্ত হওয়া: I have worn my shirt into tears, পরে পরে ছিঁড়ে ফেলেছি; This carpet has worn thin, ক্ষয়ে পাতলা হয়ে গেছে। **~ away** ক্রমাগত ব্যবহারের ফলে ক্ষয়প্রাপ্ত বা ক্ষতিগ্রস্ত, পাতলা বা পলকা হওয়া: The inscription on the stone has worn away, লেখাগুলো ক্ষয়ে গেছে। **~ sth away** ক্রমাগত ব্যবহার দ্বারা কোনো কিছুকে ক্ষতিগ্রস্ত বা নিঃশেষিত করা: The footsteps of thousands of pilgrims had worn away the steps of the temple. **~ down** ধীরে ধীরে ক্ষুদ্রতর, ক্ষীণতর, দুর্বলতর হওয়া: The heels of these shoes are ~ing down. **~ sth down** ধীরে ধীরে (কোনো কিছুকে) ক্ষুদ্রতর, ক্ষীণতর, দুর্বলতর করা। **~ sb/sth down** অবিরাম আক্রমণ, স্নায়বিক চাপ ইত্যাদির দ্বারা দুর্বল করে ফেলা: ~ down an enemy's resistance. These blaring loud-speakers do ~ me down. **~ off** অপসৃত হওয়া; মিলিয়ে যাওয়া: The novelty of the fashion soon wore off, খুব তাড়াতাড়ি কেটে গেল/ মিলিয়ে গেল। **~ sth off** ধীরে ধীরে অপসৃত হওয়ানো; ঘষে ঘষে ক্ষয় করা: ~ the nap off a piece of velvet. **~ (sth) out** ব্যবহারের অনুপযোগী হওয়া বা করা; জীর্ণ হওয়া বা করা; নিঃশেষিত হওয়া বা নিঃশেষ করা: His shoes soon wore out. Her shoes are worn out. My patience had worn out, আমার ধৈর্য নিঃশেষিত হয়ে গিয়েছিল। **~ sb out** কাউকে পরিশ্রান্ত করা: He ~s me out with his silly chatter. এর থেকে, ˌ**worn-ˈout** *attrib adj:* a worn-out coat. ৩ ঘষে ঘষে ফুটা করা, খাঁজ কাটা ইত্যাদি: ~ holes in a rug. Soon a path was worn across the field. ৪ ব্যবহার সত্ত্বেও নষ্ট না হওয়া; টিকে থাকা, টেকসই হওয়া: This cloth will ~ well, বেশ টেকসই হবে; Old Mr Ahsan is ~ing well, বার্ধক্য সত্ত্বেও বেশ আছেন। ৫ **~ on/away, etc** (সময় সম্বন্ধে) ধীরে বা ক্লান্তিকরভাবে অতিবাহিত হওয়া; ধীরে ধীরে অতিক্রান্ত হওয়া: as the might wore on; as the long summer wore away. **~er** *n* পরিধানকারী। **~·able** [-আবল্] *adj* পরিধানযোগ্য। **~·ing** *adj* ক্লান্তিকর: a ~ing task; a ~ing day.

weary [ˈউইআরি] *adj* ১ ক্লান্ত: I am ~ in body and mind, দেহে-মনে ক্লান্ত; He was ~ of his wife's constant grumbling. ২ ক্লান্তিকর: a ~ journey. He had to walk five more ~ miles. ৩ ক্লান্তিব্যঞ্জক: a ~ sigh. □*vt, vi* **~ sb (with sth); ~ of sth** ক্লান্ত করা বা ক্লান্ত হওয়া: ~ sb with requests for loans. He soon wearied of living all alone. **wear·ily** [–অলি] *adv.* **weari·ness** *n.* **weari·some** [ˈউইআরিসম্] *adj* ক্লান্তিকর; দীর্ঘ ও একঘেয়ে।

wea·sel [ˈউঈজ়্ল্] *n* নেউল, বেজি।

weather[1] [ˈওএদ়া(র্)] *n* ১[U] আবহাওয়া: wet ~; go out in all ~s, সবরকম আবহাওয়ায়, অর্থাৎ রোদে, বৃষ্টিতে, ঝড়ে বের হওয়া। **be/feel under the ~** (কথ্য) অসুস্থ হওয়া/বোধ করা। **keep a/one's ~ eye open** সতর্ক থাকা; সতর্ক দৃষ্টি রাখা। **make good/bad ~** (নাবিকদের দ্বারা ব্যবহৃত) ভালো/খারাপ আবহাওয়ার মুখোমুখি হওয়া। **make heavy ~ of sth** অনাবশ্যকভাবে ঝ∅টপূর্ণ বা কষ্টসাধ্য বলে মনে করা। ২ (যৌগশব্দ) ˈ**~-beaten** *adj* রোদ–বৃষ্টি–ঝড়ে পোড়–খাওয়া: a ~-beaten face. ˈ**~-boarding/-boards** পরস্পরকে অংশত ঢেকে একটির নীচে আর একটি অনুভূমিকভাবে সাজানো তক্তা বা বোর্ড, বৃষ্টির পানি এ রকম করে সাজানো তক্তার উপর দিয়ে গড়িয়ে যায়, ফলে দেয়াল প্রভৃতি স্যাঁতস্যেঁতে হতে পারে না। ˈ**~-bound** *adj* প্রতিকূল আবহাওয়ার কারণে যাত্রা করতে পারছে না বা পথে আটকা পড়েছে এমন। ˈ**~-bureau** *n* যে অফিসে আবহাওয়া পর্যালোচনা করা হয় ও যেখান থেকে আবহাওয়ার পূর্বাভাস দেওয়া হয়; আবহাওয়া অফিস। ˈ**~-chart/-map** *n* কোনো বিস্তৃত অঞ্চলের আবহাওয়ার চিত্র; আবহচিত্র। ˈ**~-cock** *n* (মোরগের আকারে) বাতাসের দিকনির্দেশক যন্ত্রবিশেষ। ˈ**~ forecast** *n* আবহাওয়ার পূর্বাভাস। ˈ**~-man** [–ম্যান্] *n* (কথ্য) যে ব্যক্তি আবহাওয়ার খবর পরিবেশন করে ও আবহাওয়ার পূর্বাভাস দেয়। ˈ**~-proof** *adj* রোদ–বৃষ্টি–ঝড়ে ক্ষতিগ্রস্ত হয় না এমন। ˈ**~-ship** *n* আবহাওয়া পর্যবেক্ষণের জন্য সমুদ্রবক্ষে স্থাপিত জাহাজ; আবহপোত। ˈ**~-station** *n* আবহাওয়া পর্যবেক্ষণকেন্দ্র। ˈ**~-vane** *n* = vane (১).

weather[2] [ˈওএদ়া(র্)] *vt, vi* ১ সাফল্যজনকভাবে অতিক্রম করা; নিরাপদে উত্তীর্ণ হওয়া বা পার হওয়া; টিকে থাকা: ~ a storm; ~ a crisis. ২ বাতাসের উজানে (কোনো কিছুর) দিকে ভেসে চলা: ~ an island. ৩ রোদ–বৃষ্টি–ঝড়ে খোলা জায়গায় রেখে দেওয়া: ~ wood, কাঠ পোক্ত করার জন্য খোলা জায়গায় রেখে দেওয়া। দ্র. season, *vt, vi* (১). ৪ বিবর্ণ করা; বিবর্ণ হওয়া; রোদ–বৃষ্টি–ঝড়ে ক্ষয় হওয়া: rocks ~ed by wind and water.

weave [উঈ ভ্] *vt, vi* (*pt* wove [ঔভ্], *pp* woven [ঔভ্ন্]) ১ **~ sth (up) into sth; ~ sth (from sth)** (সুতা দিয়ে) কাপড় বোনা; সুতা থেকে (কাপড়, ইত্যাদি) তৈরি করা; তাঁত বোনা; তাঁতের কাজ করা: ~ cotton yarn into cloth; ~ threads together; অনুরূপ প্রক্রিয়া, অর্থাৎ বয়ন দ্বারা কোনো কিছু তৈরি করা, যেমন, মালা গাঁথা, ঝুরি বোনা ইত্যাদি: ~ a garland of flowers. ২ (লাক্ষ.) একত্র করা; (গল্প, কাহিনী ইত্যাদি) রচনা করা: ~ a story round the romance of a princess. ৩ এঁকেবেঁকে চলা বা অগ্রসর হওয়া: The driver wove (his way) through the crowd. The road ~s through the mountain slopes. □*n* বয়নপ্রণালী: a tight ~. **~r** তন্তুবায়, তাঁতি। **~-bird** *n* বাবুই পাখি।

web [ওএব্] *n* [C] ১ জাল (সাধা. লাক্ষ.): a ~ of lies; a ~ of intrigue. ২ মাকড়সা বা অনুরূপ কোনো প্রাণীর বোনা জাল: a spider's ~. দ্র. cobweb. ৩ হাঁস প্রভৃতি জলচর পাখি বা বাদুড়ের বা ব্যাং প্রভৃতি জলচর প্রাণীর পায়ের আঙুলের মধ্যবর্তী পাতলা সংযোজক চামড়া। এর থেকে, ˌ**web-ˈfooted/-ˈtoed** *adjj.* **webbed** *adj* (পায়ের আঙুল) এ রকম চামড়া দিয়ে জোড়া–লাগানো এমন (জলচর পাখি বা প্রাণী)।

web·bing [ˈওএবিঙ্] *n* [U] বেল্ট বা কোমরবন্ধ ফিতা প্রভৃতিতে ব্যবহৃত মোটা করে বোনা শক্ত কাপড়।

wed [ওএড্] *vt, vi* (*pt, pp* wedded বা wed) ১ (সাংবাদিকতা) বিয়ে করা; বিয়ে দেওয়া। ২ (সাহিত্য.) একত্র করা; মিলিত করা; মেলানো: simplicity wed to beauty, সৌন্দর্যের সঙ্গে সরলতার মিলন ঘটেছে। **wedded to** নিবেদিত; (কোনো কিছু) পরিত্যাগ করতে অক্ষম: She is wedded to the cause of women's emancipation.

we'd [উঈড্] = we had; we would.

wed·ding [ˈওএডিঙ্] *n* বিয়ের অনুষ্ঠান; বিয়ের উৎসব; বিয়ে: We were all invited to his ~. She looked wonderful in her ~ dress. ˈ**~ breakfast** *n* বিয়ের পরে মধুচন্দ্রিমা যাপনের জন্য যাত্রার প্রাক্কালে বর–কনে ও তাদের বন্ধু–বান্ধব আত্মীয়–স্বজনকে দেওয়া ভোজ; বউভাত। ˈ**~-cake** *n* বিয়ের অনুষ্ঠানে উপস্থিত অতিথিদের মধ্যে বিতরণ করা ও অনুপস্থিত বন্ধুদের কাছে ছোট ছোট টুকরা করে পাঠানো বিয়ের কেক। ˈ**~-ring** বিয়ের আংটি। **silver/ golden/ diamond ~** বিয়ের রজত/ স্বর্ণ/ হীরক জয়ন্তী (পঁচিশ/ পঞ্চাশ/ ষাট বা পঁচাত্তর বর্ষপূর্তি উৎসব)।

wedge [ওএজ্] *n* ১ কাঠের বা ধাতুর গোঁজ; কীলক। **the thin end of the ~** (লাক্ষ.) যে ক্ষুদ্র দাবি/পরিবর্তন থেকে বৃহৎ কোনো দাবি/ পরিবর্তন সূচিত করতে পারে। ২ কীলকাকার বা কীলক হিসাবে ব্যবহৃত বস্তু: seats arranged in a ~, ত্রিভুজ আকারে সাজানো আসনমালা। □*vt* গোঁজ দিয়ে শক্ত করে আটকানো; গোঁজ দিয়ে আঁটো করা (যাতে নড়তে না পারে) বা আলাদা করা বা খুলে ফেলা: ~ a piece of hardboard into a crack; ~ a door open, গোঁজ ঢুকিয়ে দরজা খোলা; He was so tightly ~d between two men that he couldn't move.

wed·lock [ˈওএড্লক্] *n* [U] (আইন.) বিবাহিত অবস্থা; বিবাহ–বন্ধন: born in lawful ~, বৈধ, অর্থাৎ বিবাহিত পিতামাতা কর্তৃক জাত (সন্তান); born out of ~, অবৈধ (সন্তান)।

Wed·nes·day [ˈওএন্জ়্ডি] *n* (রবিবার থেকে শুরু করা) সপ্তাহের চতুর্থ দিন; বুধবার।

wee[1] [উঈ] *adj* অত্যন্ত ক্ষুদ্র; খুব ছোট: a wee drop of milk. **a wee bit** (adverbial) সামান্য, অল্প: He is a wee bit jealous. **the wee folk** পরীরা। **the wee hours** (US) মধ্যরাতের পরের প্রহর; ভোর রাত। □*n* (স্কট.) **bide a wee** কিছু সময় থাকা; অল্পকালের জন্য থাকা।

wee[2], **wee-wee** [ˈউঈ-উঈ] *n* (ছোট ছেলেমেয়েদের ব্যবহৃত ও তাদেরকে বলা শব্দ) প্রস্রাব: do a wee-wee. □*vi* প্রস্রাব করা।

weed [উঈড্] *n* [C] ১ আগাছা: The garden is running to ~s, আগাছায় ভরে গেছে। ˈ**~-killer** *n*

আগাছা ধ্বংস করার কাজে ব্যবহৃত পদার্থ। ২ (লাক্ষ.) রোগা, লম্বা দুর্বল লোক; জীর্ণ-শীর্ণ ঘোড়া। ৩ (সেকেলে অপ.) চুরুট; সিগারেট; তামাক; (আধুনিক অপ.) গাঁজা। □*vt, vi* ১ আগাছা তুলে ফেলা; আগাছা পরিষ্কার করা; নিড়ানো: ~ a garden. ২ **~ sth/ sb out** বাছাই করা বা বেছে পাতলা করা; অনাকাঙ্ক্ষিত ব্যক্তিকে অথবা অনাকাঙ্ক্ষিত বা অপেক্ষাকৃত নিম্নমানের বস্তুকে দূর করা: ~ out the herd, পালের রুগ্ন বা অক্ষম প্রাণীগুলোকে সরিয়ে দেওয়া, মেরে ফেলা বা বেচে দেওয়া। **weedy** *adj* ১ আগাছায় ভরা। ২ (অপ.) লম্বা, রোগা ও দুর্বল; কাজে লাগে না এমন; আগাছাতুল্য: a ~y young man.

weeds [উঈড্‌জ্‌] *n, pl* **widow's ~** শোক পালনের জন্য আগের দিনে বিধবার পরিহিত কালো পোশাক; বিধবার শোকবাস।

week [উঈক্‌] *n* ১ সপ্তাহ; (বিশেষত) শনিবার মধ্যরাত থেকে পরবর্তী শনিবার মধ্যরাত পর্যন্ত সাত দিন: this ~; next ~; this day ~, আজ থেকে এক সপ্তাহ; this Monday ~, পরের সোমবার থেকে এক সপ্তাহ; tomorrow ~, আজ থেকে আটদিন; yesterday ~, আট দিন আগে; the working ~, (পাশ্চাত্যে সাধা.) সোমবার থেকে শুক্রবার বা শনিবার, (বাংলাদেশে) শনিবার থেকে বৃহস্পতিবার। **~ in, ~ out** সপ্তাহের পর সপ্তাহ যাবৎ। **ˌ~·ˈend** *n* (পাশ্চাত্যে) শনিবার ও রবিবার (সাপ্তাহিক ছুটি হিসাবে); (বাংলাদেশে, একই কারণে) বৃহস্পতিবার ও শুক্রবার: spend a ~end in the country; spend the ~end with one's family. □সাপ্তাহিক ছুটি কাটানো: He is ~ending at Savar, সাভারে সাপ্তাহিক ছুটি কাটাচ্ছে। **ˌ~·ˈender** *n* যে ব্যক্তি ঘরের বাইরে সাপ্তাহিক ছুটি কাটায়। **ˌlong ~·ˈend** *n* (পাশ্চাত্যে) শুক্রবার বা সোমবার কোনো সরকারি ছুটিসহ সাপ্তাহিক ছুটি; (বাংলাদেশে) বৃহস্পতিবার বা শনিবার কোনো সরকারি ছুটিসহ সাপ্তাহিক ছুটি। ২ সাপ্তাহিক কর্মদিবস (বাংলাদেশে শনিবার থেকে বৃহস্পতিবার)। **ˈ~·day** [-ডেই] *n* (পাশ্চাত্যে) রবিবার বাদে যে কোনো দিন; (বাংলাদেশে) শুক্রবার বাদে যে কোনো দিন: He is always busy on ~days. **~·ly** *adj, adv* প্রতি সপ্তাহে; সাপ্তাহিক: ~ly pay, সাপ্তাহিক মাইনা বা মজুরি; ~ly visits. □*n* সাপ্তাহিকপত্রিকা।

weeny [ˈউঈনি] *adj* (প্রায়শ ˌteeny-ˈ~) (কথ্য) খুব ছোট; ছোট্ট।

weep [উঈপ্‌] *vi, vt* (সাহিত্য.) ক্রন্দন করা; কাঁদা; চোখের পানি ফেলা: She wept for joy. He wept over his misfortune. **~·ing** *adj* (গাছ সম্বন্ধে) ডালপালা নুয়ে থাকে এমন; অবনতশাখা।

wee·vil [উঈভ়্‌ল্‌] *n* গুবরে-পোকাজাতীয় শস্যনাশক ক্ষুদ্রাকার পোকা।

weft [ওএফ়্‌ট্‌] *n* **the ~** ওজন করার বাটখারা।

weigh [ওএই] *vt, vi* ১ ভার নির্ণয় করা; ওজন করা; মাপা: He ~ed the fish in his hands, হাতে নিয়ে ওজন করছিল। **~ sth out** নির্দিষ্ট পরিমাণে ভাগ বা বণ্টন করা; নির্দিষ্ট পরিমাণে নেওয়া: She ~ed out flour, sugar and butter for a cake. **~ (oneself) in** (জকি বা ঘোড়সওয়ার, মুষ্টিযোদ্ধা প্রভৃতি সম্বন্ধে) ঘোড়দৌড় বা প্রতিযোগিতা শুরুর আগে ওজন নেওয়া। **~ in (with)** গর্বভরে (যুক্তি, তথ্য ইত্যাদি) উপস্থাপন করা; আলোচনাকালে (যুক্তি, তথ্য ইত্যাদি) প্রয়োগ করা। **ˈ~-bridge** *n* যানবাহনাদি ওজন করার যন্ত্রবিশেষ। **ˈ~·ing-machine** *n* সাধারণ দাড়িপাল্লায় মাপা সম্ভব নয় এমন বৃহদাকার বস্তু ওজন করার যন্ত্র। ২ ওজনে হওয়া: He ~s 140 pounds, তার ওজন ১৪০ পাউন্ড। ৩ (কোনো যন্ত্র ইত্যাদি সম্বন্ধে) কোনো নির্দিষ্ট মাত্রা পর্যন্ত ওজন ধারণের ক্ষমতা থাকা: This machine will ~ up to 5 tons. **~ sth (with/ against sth)** একটি জিনিসের মূল্য, গুরুত্ব ইত্যাদির সঙ্গে আরেকটি জিনিসের মূল্য, গুরুত্ব ইত্যাদির তুলনা করা; তুলনামূলক মূল্য, গুরুত্ব ইত্যাদি নির্ণয় করা: ~ one plan against another . **~ sth (up)** ভালোভাবে বিবেচনা করা; মূল্যায়ন করা: The government is ~ing the consequences of the proposed treaty. He ~ed his words carefully before he spoke, ভেবে-চিন্তে/মেপে-মেপে কথা বলছিল। ৪ **~ sth down** ভারে অবনত করা; নোয়ানো: The snow ~ed the branches down. **~ sb down** বিমর্ষ বা হতোদ্যম করা; ক্লান্ত করা; দুশ্চিন্তাগ্রস্ত করা: She was ~ed down with cares. **~ on sb/sth** কারো চিন্তা বা দুশ্চিন্তার কারণ হওয়া; কারো (মনের) উপর চেপে বসা: The problem ~ed heavily on him/on his mind. **~ with sb** প্রভাবিত করা: The evidence did not ~ with the judges. ৬ **~ anchor** নোঙর তুলে যাত্রা করা।

weight [ওএইট্‌] *n* ১[U] বস্তুর মাধ্যাকর্ষণজনিত ভর; ভার। ২ [U] ওজন: My ~ is 50 kilos. **under/ over ~** অতিরিক্ত কম/অতিরিক্ত বেশি ওজনবিশিষ্ট। **pull one's ~,** pull[2] (২). **put on ~** (ব্যক্তি সম্বন্ধে) ওজন বাড়া। **throw one's ~ about** (কথ্য) মাতব্বরি করা; শক্তি বা প্রভাব খাটিয়ে লোকজনকে ভয় দেখানো বা পীড়ন করা। ৩ **a/the ~ of** বহনের ভার; বোঝা: The pillars have to support the ~ of the roof. He has to bear a great ~ of responsibility. ৪ [U] গুরুত্ব বা প্রভাব, এর মাত্রা: He produced arguments of great ~. **carry ~** গুরুত্বপূর্ণ বা প্রভাবশালী হওয়া; গুরুত্ব বহন করা: His opinion carries ~. ৫ বাটখারা: a 1000 grammes ~, এক কেজি ওজনের বাটখারা; বিভিন্ন উদ্দেশ্যে ব্যবহৃত ভারী বস্তু: a paper ~; lifting ~s. **ˈ~-lifting** *n* (শরীরচর্চায়) ভারোত্তোলন। ৬ [U] ওজনপ্রণালী: troy ~. □*vt* ১ বাটখারা চাপানো; ভার যোগ করা; ভারী করা: ~ a walking-stick with lead, হাতছড়ির মাথায় সীসা যোগ করা (যাতে তা প্রয়োজনবোধে অস্ত্র হিসাবেও ব্যবহার করা যায়); Circumstances are ~ed in his favour, (লাক্ষ.) পরিস্থিতি তার অনুকূলে। ২ **~ sb down** বোঝা চাপানো: The man was ~ed down with packages. ৩ (কাপড়ে) খনিজ পদার্থ মেশানো যাতে তা আরো শক্ত মনে হয়: ~ed silk. **~·less** *adj* ওজন বা ভারহীন। **~·less·ness** ওজনহীনতা: W~lessness is a common experience for astronauts. **~y** *adj* ১ অত্যন্ত ভারী; গুরুভার। ২ প্রভাবশালী; গুরুত্বপূর্ণ: ~y arguments. **~·ily** [-ইলি] *adv.* **~·i·ness** *n*

weir [উই আ(র্‌)] *n* [C] পানিপ্রবাহ নিয়ন্ত্রণের জন্য নদীতে দেওয়া বাঁধ; জাঙ্গাল; মাছ ধরার জন্য বাঁশের খুঁটি বা গাছের ডাল দিয়ে নদী ইত্যাদিতে দেওয়া বেড়া।

weird [উইআড়্‌] *adj* ১ অস্বাভাবিক; ভূতুড়ে; অপার্থিব; রহস্যময়: We heard ~ shrieks from the darkness of the abandoned house. ২ (কথ্য) অদ্ভুত; বোঝা বা

ব্যাখ্যা করা দুঃসাধ্য এমন: What ~ fashions the young sometimes adopt ! **~ie** [ˈউইআডি], **~o** [ˈউইআডৌ] *nn* (অপ.) বাতিকগ্রস্ত লোক, বিশেষত যার চাল–চলন, বেশভূষা অতিমাত্রায় রীতিবহির্ভূত।

wel·come [ˈওএল্‌কাম্‌] *adj* ১ সাদরে গৃহীত বা অভ্যর্থিত; প্রীতিকর; আনন্দদায়ক: a ~ visitor; ~ news, আনন্দদায়ক খবর, সুখবর; constructive criticism would be always ~ to us, গঠনমূলক সমালোচনা সর্বদাই সাদরে গৃহীত হবে। ২ **~ to do sth/to sth** (ক) মুক্তভাবে কোনো কিছু করার অধিকার বা অনুমতিপ্রাপ্ত: You are ~ to use my (personal) library, যখন ইচ্ছে ব্যবহার করতে পার; Anyone is ~ to my share, যে কেউ আমার ভাগ নিতে পারে (খুশি হয়ে দেবো)। (খ) (ব্যঙ্গার্থে) কোনো অনাকাঙ্ক্ষিত বা গুরুভার দায় বা বোঝা ঘাড়ে করার অনুমতিপ্রাপ্ত: If anyone thinks he can do this job any better, he is ~ to try ! তাকে সানন্দে এই দায় ঘাড়ে করতে দেওয়া হবে। (গ) ধন্যবাদ জ্ঞাপনের প্রয়োজন থেকে অব্যাহতি প্রাপ্ত: You are ~ to it, সংক্ষেপে, **you're ~** = Don't mention it, ও–কথা বলবেন না, অর্থাৎ, ধন্যবাদ জ্ঞাপনের প্রয়োজন নেই। ৩ (আনন্দ, বিষাদ, বিস্ময় প্রভৃতি মনোভাববাচক অব্যয় হিসাবে) W~ home; স্বাগতম ! □*n* [C] সম্ভাষণ, অভ্যর্থনা: They gave him a warm ~, উষ্ণ অভ্যর্থনা জানালো। □*vt* কোনো কিছুতে, কারো বা কোনো কিছুর আগমনে আনন্দ বা সন্তোষ প্রকাশ করা; সাদর সম্ভাষণ বা সাদর অভ্যর্থনা জ্ঞাপন করা: ~ a friend to one's home. People ~d the change in the government's fiscal policy.

weld [ওএল্‌ড্‌] *vt, vi* ১ (ধাতুপাত বা খণ্ডসমূহকে) হাতুড়ি দিয়ে পিটিয়ে বা (উত্তাপ প্রয়োগে নরম করার পর) চাপ দিয়ে বা অ্যাসেটিলিন বা বৈদ্যুতিক টর্চের তীব্র শিখার সাহায্যে গলিয়ে জোড়া দেওয়া; ঢালাই করা; (লাক্ষ.) সুগ্রথিত: ~ parts together; arguments that are closely ~ed. ২ (লোহা ইত্যাদি সম্বন্ধে) ঢালাই হতে পারা: some metals ~ better than others. □*n* ঢালাই–করা গ্রন্থি। **~er** যে শ্রমিক ঢালাই করে; ঢালাইকার।

wel·fare [ˈওএল্‌ফেআ(র্‌)] *n* [U] ১ কল্যাণ, মঙ্গল: Work for the ~ of the society; child ~, শিশুকল্যাণ; **the W~ State** যে রাষ্ট্রে রাষ্ট্রীয় তহবিল থেকে স্বাস্থ্য, বিমা, পেনশন ব্যবস্থা পরিচালিত হয়; কল্যাণরাষ্ট্র। ২ (US) সামাজিক নিরাপত্তা। **~ work(er)** (US) সমাজসেবা, সমাজসেবী।

well[1] [ওএল্‌] *n* ১ কূপ, কুয়া। **ˈ~-water** কুয়ার পানি। ২ খনিজ তেলের জন্য খনন–করা গর্ত: The oil ~s of Saudi Arabia, সৌদি আরবের তেলকূপসমূহ। ৩ (প্রা.প্র. বা স্থানের নামে) ঝর্না; (লাক্ষ.) উৎস। **ˈ~-head** *n* ঝর্নার উৎসমুখ। ৪ কোনো অট্টালিকার অভ্যন্তরে সিঁড়ির বা লিফ্‌টের ঘর। ৫ (GB) আদালতভবনে ব্যারিস্টার ইত্যাদিদের জন্য রেলিং দিয়ে ঘেরা স্থান। ৬ **ˈ~-deck** *n* জাহাজের প্রধান ডেকে দেয়াল দিয়ে ঘেরা জায়গা। □*vi* **~ out (from/of)** ঝর্না থেকে পানির মতো নির্গত বা প্রবাহিত হওয়া: The blood was ~ing out from the wound. **~ over** উপচে ওঠা; উপচে পড়া। **~ up (in)** পানির মতো ভরে ওঠা; উত্থিত হওয়া: Tears ~ed up in her eyes, তার চোখ পানিতে ভরে উঠলো।

well[2] [ওএল্‌] (*comp* better, *superl* best)*adv* ১ ভালোভাবে; সঠিক বা সন্তোষজনকভাবে (ক্রিয়ার পরে এবং ক্রিয়া সকর্মক হলে প্রত্যক্ষ কর্মের পরে বসে): The boys behaved ~. She is a ~-behaved girl. The school house is ~ situated. He speaks Urdu ~. W~ done ! (প্রশংসাসূচক ধ্বনি); Nothing is going ~ with me, আমার কিছুই ভালো যাচ্ছে না; Do these two colours go ~ together ? রং দুইটি কি পরস্পর খাপ খায়, পাশাপাশি মানায়? Do politics and fairplay go ~ together ? রাজনীতি আর ন্যায়বিচার কি পাশাপাশি চলতে পারে? **do ~** সাফল্য লাভ করা; উন্নতি করা; সমৃদ্ধি অর্জন করা: Neena has done ~ in her annual examination. Nisar is doing ~ in the States, যুক্তরাষ্ট্রে (থেকে) ভালো করছে, উন্নতি করছে। **be doing ~** (শুধুমাত্র ঘটমান কালসমূহে) (স্বাস্থ্য ইত্যাদি) পুনরুদ্ধার করছে; দ্রুত আরোগ্যলাভ করছে: She is doing ~. **do oneself ~** নিজের জন্য সুখ–স্বাচ্ছন্দ্যের ব্যবস্থা করা। **do ~ by sb** কারো সঙ্গে সহৃদয় আচরণ করা। **do ~ out of** কারো কাছ থেকে বা কোনো কিছু থেকে লাভ করা। **wish sb ~** কারো শুভ কামনা করা। ২ প্রশংসা বা সম্মতি সহকারে: Speak ~ of sb, কারো প্রশংসা করা। **stand ~ with sb** কারো আনুকূল্য লাভ করা বা প্রশংসা অর্জন করা: She stands ~ with her employers, তারা তাকে পছন্দ করে, তার ক্ষমতা সম্বন্ধে উঁচু ধারণা পোষণ করে ইত্যাদি। ৩ সৌভাগ্যবশত। **be ˌ~ ˈout of sth** সৌভাগ্যবশত কোনো বিষয়ের বাইরে থাকা বা কোনো বিষয়ে জড়িত না থাকা: You are ~ out of it, তোমার ভাগ্য ভালো বলতে হবে যে তুমি এর বাইরে আছ/ তুমি এতে জড়িত নেই; I wish I were ~ out of this business, যদি এই ঝামেলার বাইরে আসতে পারতাম/এই ঝঞ্ঝাট থেকে মুক্ত হতে পারতাম ! **~ off** (ক) ভাগ্যবান: He doesn't know when he is ~ off, সে জানে না যে সে কতো ভাগ্যবান। (খ) বিত্তবান, ধনী **~ ˈoff for** (কোনো কিছু) যথেষ্ট থাকা: They were ~ off for food, তাদের যথেষ্ট খাবার ছিল। **come off ~** (ক) (ব্যক্তি সম্বন্ধে) ভাগ্য ভালো থাকা; কপাল ভালো হওয়া। (খ) (ঘটনা সম্বন্ধে) পরিণাম সন্তোষজনক হওয়া। **do ~ to** + inf সুবিবেচনা বা সৌভাগ্য নির্দেশ করতে ব্যবহৃত হয়: He did ~ to sell the business. You would do ~ to say nothing about what you saw, যা দেখেছ সে সম্পর্কে কোনো কথা না বললে বুদ্ধিমানের কাজ করবে; I did ~ to ask his advice, তার পরামর্শ চেয়ে ভালো করেছিলাম। ৪ (মধ্য অবস্থানে) সঙ্গতভাবে, সম্ভবপরভাবে, যুক্তিযুক্তভাবে: You may ~ be surprised, সঙ্গত কারণেই অবাক হতে পারো; I couldn't very ~ say 'no' to him, তাকে 'না' বলা সম্ভব ছিল না/ কঠিন হতো; You may quite ~ give illness as an excuse, যুক্তিযুক্তভাবেই অসুস্থতার ওজর দেখাতে পারো; It may ~ be that . . . , এটা সম্ভব যে/এমন হতে পারে যে . . . । ৫ **ˈmay (ˈjust) as ~** দ্র. may (৪). (ক) সমান যুক্তি, সুবিধা, যাথার্থ্য ইত্যাদি সহকারে: You might just as ~ throw the whole lot away, সবটাই ফেলে দিতে পারো (তাতে ক্ষতিবৃদ্ধি নেই); The chapter does not add anything new to what has already been said—it might just as ~ have been dropped. (খ) বাড়তি কোনো ক্ষতি না–করে: You may as ~ resign, কারণ পদত্যাগ না করলেও

তোমার চাকরি থাকছে না। **be just as ~** অসুবিধা না করে; মনস্তাপের কারণ না রেখে/না ঘটিয়ে: It's just as ~ that I didn't join the army, সেনাবাহিনীতে যোগ না দিয়ে (খুব একটা) খারাপ করিনি। ৬ (শেষে বসলে) পুঙ্খানুপুঙ্খরূপে; ভালো-ভাবে; পুরোপুরি: Think ~ before you answer. Shake the bottle ~. ৭ যথেষ্ট (পরিমাণে/মাত্রায়): Her name was ~ up the list, তালিকায় যথেষ্ট উপরের দিকে ছিল, অর্থাৎ শীর্ষের কাছাকাছি; He is ~ over fifty, তার বয়স পঞ্চাশের যথেষ্ট উপরে। **ˈ~ away (ক)** ভালোভাবে এগিয়ে চলা: They are ~ away. **(খ)** (কথ্য) কিঞ্চিৎ নেশাগ্রস্ত কিংবা উল্লাসে আত্মহারা হবার পথে। **be ~ up in/on,** দ্র. up (৮). **let/ leave ~ alone** যেমন আছে তেমনি থাকতে দাও; এখানে হস্তক্ষেপ করতে/নাক গলাতে এসো না। ৮ **as ~ (as)** উপরন্তু, অধিকন্তু: He gave us food as ~ as shelter for the night. He gave us food, and shelter as ~. ৯ (অন্য *adv* সহযোগে) **pretty ~** প্রায়, বলতে গেলে: You are pretty ~ the only person who hasn't given him up. □*pred adj* ১ সুস্থ: He is getting ~, সুস্থ হয়ে উঠছে; I'm quite ~ today, আজ বেশ ভালো, অর্থাৎ সুস্থ আছি। ২ সন্তোষজনক অবস্থায়: All's well that ends ~, সব ভালো যার শেষ ভালো; We are very ~ where we are, যেখানে আছি খুব ভালো (অবস্থায়) আছি। **It's all very ~**(ব্যঙ্গার্থে ব্যবহৃত) অসন্তোষ, মতানৈক্য ইত্যাদি প্রকাশক গৎ-বাঁধা কথা: It's all very ~ (for you) to talk of resigning in protest, but how am I to feed my family ? ৩ যুক্তিযুক্ত; কাম্য: It would be ~ to finish it before nightfall. It would be just as ~ for you to ask your father's permission. ৪ শুভ, জোরকপাল, বাঁচোয়া: It was ~ for us that nobody noticed us. □*int* ১ (বিস্ময় প্রকাশ): Well, who would have thought it, যা-ই বলো কে এমনটা ভাবতে পেরেছিল! Well, well ! I should never have guessed it, যা-ই বলো, আমি কোনো দিন ভাবতেও পারতাম না ! ২ (স্বস্তি প্রকাশক): Well, here we are at last, যাক বাবা/বাঁচা গেল, শেষ পর্যন্ত এলাম তাহলে ! ৩ (প্রতিকূলতাকে মেনে নেওয়া অর্থে): Well, it can't be helped, কী আর করা, এমনটি ঘটবেই, এর কোনো প্রতিকার নেই। ৪ (মতৈক্য বা সমঝোতা প্রকাশক): Very well, we shall never mention it again, বেশ ঠিক আছে . . . ৫ (ছাড় দেওয়া অর্থে): Well, you may be right, হু, তোমার কথা ঠিক হলেও হতে পারে। ৬ (কোনো কথা, প্রসঙ্গ, গল্প ইত্যাদি পুনরায় শুরু করতে গিয়ে ব্যবহার করা হয়): Well, as I was saying · · · well, the next day · · ·

well- [ওএল্] ১ (pref) **ˌ~-ˈbeing** *n* [U] কল্যাণ; স্বাস্থ্য, সুখ ও সমৃদ্ধি: a sense of ~-being, শুভবোধ, কল্যাণ-চেতনা। **ˈ~-nigh** *adv* (পুরা.) প্রায়: She was ~-nigh drowned. **ˌ~-to-ˈdo** *adj* বিত্তবান, স্বচ্ছল। **ˈ~-wisher** *n* হিতাকাঙ্ক্ষী। ২ (বহুবিধ participle ও -ed-অন্ত শব্দ সহযোগে গঠিত যৌগশব্দ) **ˈ~-adˈvised** বিচক্ষণ; সুবিবেচিত: a ~-advised action, বিচক্ষণ পদক্ষেপ। **ˌ~-apˈpointed** সুসজ্জিত: a ~-appointed office. **ˌ~-ˈbalanced** স্থিতধী; বিচক্ষণ। **ˌ~-ˈborn** বড়ো ঘরে জন্মেছে এমন; সদ্বংশজাত। **ˌ~-ˈbred** সুশিক্ষাপ্রাপ্ত। **ˌ~-conˈducted** সুসংগঠিত ও সুনিয়ন্ত্রিত: a ~-conducted meeting. **ˌ~-conˈnected** বিশিষ্ট, বিত্তবান বা প্রভাবশালী জ্ঞাতি-কুটুম্ব আছে এমন। **ˌ~-disˈposed (towards)** (কারো/কোনো কিছুর প্রতি) সদয় মনোভাবাপন্ন; সাহায্য বা উপকার করতে প্রস্তুত এমন। **ˌ~-ˈfounded** উপযুক্ত তথ্য-প্রমাণের উপর প্রতিষ্ঠিত; সত্য ঘটনার উপর প্রতিষ্ঠিত: ~-founded suspicions. **ˌ~-ˈgroomed** সযত্নে লালিত; পরিচ্ছন্ন; বেশ-ভূষায় পরিপাটি। **ˌ~-ˈgrounded (ক)** = ~-founded. **(খ)** কোনো বিষয়ে মৌলিক জ্ঞানসম্পন্ন বা মৌলিক প্রশিক্ষণপ্রাপ্ত। **ˌ~-ˈheeled** (অপ.) ধনী। **~-inˈformed (ক)** প্রচুর জানাশোনা আছে এমন; ভালোভাবে ওয়াকিবহাল। **(খ)** নির্ভরযোগ্য তথ্য প্রদান করতে পারে এমন: in ~-informed quarters. **ˌ~-inˈtentioned** (প্রায়শ বা সাধারণত ব্যর্থকাম) সদিচ্ছাপ্রণোদিত। **ˌ~-knit** সুসংবদ্ধ; (বিশেষত কোনো ব্যক্তি বা তার দেহ সম্বন্ধে) সুঠাম। **ˌ~-ˈknown** সুবিদিত, সুপরিচিত। **ˌ~-ˈlined** (টাকার থলি সম্বন্ধে, কথ্য) ঠাসা। **ˌ~-ˈmarked** সুনির্দিষ্ট; সুস্পষ্ট। **ˌ~-ˈmeaning** = ~-intentioned. **ˌ~-ˈmeant** সদিচ্ছাপ্রসূত। **ˌ~-ˈread** বিস্তর পড়াশোনা করেছে এমন; সুপণ্ডিত। **ˌ~-ˈrounded** সম্পূর্ণ ও সামঞ্জস্যপূর্ণ। **ˌ~-ˈset** = ~-knit. **ˌ~-ˈspoken (ক)** ভদ্রভাবে ও সুন্দর করে গুছিয়ে কথা বলে এমন। **(খ)** সুন্দর করে গুছিয়ে বলা হয়েছে এমন। **ˌ~-ˈtimed** সময়োপযোগী। **ˌ~-ˈtried** (পদ্ধতি, প্রতিকার বা প্রতিষেধক সম্বন্ধে) পরীক্ষিত ও কার্যকর বলে প্রমাণিত। **ˌ~-ˈturned** (প্রশংসাসূচক কথা, উক্তি, কবিতার চরণ সম্বন্ধে) সুন্দরভাবে প্রকাশিত। **ˌ~-ˈworn** অতি ব্যবহৃত; (বিশেষত) গতানুগতিক।

we'll [উঈল্] = we shall; we will.

wel·ling·ton [ˈওএলিঙটান্] *n* **~ (boot)** হাঁটু পর্যন্ত উঠে-আসা পানিনিরোধক বুট জুতা।

Welsh [ওএল্শ্] *n, adj* যুক্তরাজ্যের ওয়েলস প্রদেশের অধিবাসী সম্বন্ধীয়; ওয়েলসবাসীদের ভাষা। **ˌ~ ˈrabbit/ ˈrarebit,** দ্র. rarebit.

welsh [ওএল্শ্] *vi* **~ on sb/ sth** ১ দেনা পরিশোধের দায়িত্ব এড়িয়ে যাওয়া; দেনা শোধ না করা: ~ on a debt. ২ ওয়াদা ভঙ্গ করা; কথা না রাখা: ~ on a friend. **~er** *n* যে ব্যক্তি দেনা পরিশোধ করে না; যে ব্যক্তি কথা রাখে না; ওয়াদাভঙ্গকারী।

welt [ওএল্ট্] *n* [C] ১ যে চামড়ার ফালির সঙ্গে জুতার তলি ও উপরের অংশ সেলাই করে দেয়া হয়। ২ = weal².

wel·ter¹ [ˈওএল্টা(র্)] *vi* গড়িয়ে যাওয়া; গড়ানো; গড়াগড়ি খাওয়া; রক্ত, কাদা, নোংরা ইত্যাদিতে নেয়ে ওঠা। □*n* (শুধুমাত্র *sing*) বিশৃঙ্খলা, নৈরাজ্য; জগাখিচুড়ি, অর্থহীন বা উদ্দেশ্যহীন সংঘাত: the ~ creeds; a ~ of shacks.

wel·ter² [ওএল্ট া(র্)] *adj* **ˈ~-weight** *n* (বিশেষত মুষ্টিযুদ্ধে) ৬১—৬৬.৬ কেজি ওজনবিশিষ্ট মুষ্টিযোদ্ধা।

wen [ওএন্] *n* [C] মাথার চাঁদি কিংবা দেহের অন্যত্র স্থায়ী নির্দোষ টিউমার; (লাক্ষ.) অস্বাভাবিক বড়ো বা অত্যন্ত দ্রুত বেড়ে-ওঠা শহরাঞ্চল।

went [ওএন্ট্] go¹-এর *pt*

wept [ওএপ্ট্] weep-এর *pt, pp*

were [ওআ(র্); দুর্বল রূপ: ওআ(র্)] be¹-এর *pt*

we're [উই আ(র্)] = We are.

weren't [ওয়োন্ট্] = were not.

were·wolf [ˈউইআউল্‌ফ্‌] *n* (পুরাণ) নেকড়েয় রূপান্তরিত মানবসন্তান।

Wes·leyan [ˈওএজ্‌লিঅন্‌] *n, adj* জন ওয়েজলি (John Wesley, ১৭০৩–৯১) থেকে উদ্ভূত (খ্রিস্টীয়) মেথডিস্ট সম্প্রদায়গত; এই সম্প্রদায়ের সদস্য।

west [ওএস্‌ট্‌] *n* ১ **the ~** পশ্চিম; পশ্চিম দিক: The sun sets in the ~. **the West** (ক) (এশিয়ার বিপরীতে) য়োরোপ ও আমেরিকা; পাশ্চাত্য। (খ) (আন্তর্জাতিক রাজনীতিতে) (পূর্ব য়োরোপ, উত্তর এশিয়া ও চীনের বিপরীতে) পশ্চিম য়োরোপ ও আমেরিকা। (গ) যুক্তরাষ্ট্রের যে অংশ মিসিসিপি নদী ও প্রশান্ত মহাসাগরের মধ্যে অবস্থিত। (ঘ) যে কোনো দেশের পশ্চিমাংশ বা পশ্চিমাঞ্চল। **ˌ~-north-ˈwest, ˌ~-southˈwest** পশ্চিম-উত্তরপশ্চিম, পশ্চিম-দক্ষিণপশ্চিম। ২ (attrib) পশ্চিম দিক থেকে আগত: a ~ wind; পশ্চিম দিকে অবস্থিত: On the ~ coast. **the W~ End** লন্ডনের যে অংশে সবচেয়ে বড়ো ও কেতাদুরস্ত দোকানপাট, রঙ্গমঞ্চ ইত্যাদি আছে। এর থেকে, **ˌ~-ˈend** *adj:* ~-end theatres. **the ˈ~ country** আইল অব উইট (Isle of Wight) থেকে সেভার্ন নদীর (River Severn) মুখ পর্যন্ত ইংল্যান্ডের পশ্চিমাংশ। এর থেকে, **ˈ~-country** *adj* এই অংশের সঙ্গে সম্পর্কিত বা এই অংশ থেকে আগত বা এই অংশের বৈশিষ্ট্য সম্বলিত। **W~ Central** (সং WC) লন্ডনের ডাকবিভাগের এলাকাবিশেষ। □*adv* পশ্চিমে, পশ্চিমদিকে: sail ~. **go ~** (অপ.) মাঠে মারা যাওয়া; সর্বস্বান্ত হওয়া। **~ of** আরো পশ্চিমে। **ˈ~·ward** [-ওআড্‌] *adj* পশ্চিমমুখী: in a ~ward direction. **~·ward(s)** [-ওআড(জ্‌)] *adv:* travel ~ ward(s).

west·er·ly [ˈওএস্‌টালি] *attrib adj* পশ্চিম মুখে; (বাতাস সম্বন্ধে) পশ্চিম থেকে। □*adv* পশ্চিম দিকে।

west·ern [ˈওএস্‌টান্‌] *adj* পশ্চিমে অবস্থিত; পশ্চিমস্থ; পশ্চিম থেকে আগত; পশ্চিমের বৈশিষ্ট্যমণ্ডিত; পশ্চিমা। **the W~ Hemisphere** পশ্চিম গোলার্ধ, অর্থাৎ উত্তর ও দক্ষিণ আমেরিকা। **the W~ Empire** প্রাচীন রোম সাম্রাজ্যের যে অংশের রাজধানী ছিল রোম। □*n* [C] মার্কিনি ইন্ডিয়ানদের সঙ্গে গৃহযুদ্ধের সময়ে যুক্তরাষ্ট্রের পশ্চিমাঞ্চলের জীবনযাত্রা নিয়ে রচিত উপন্যাস, এই জীবনযাত্রাভিত্তিক ছায়াছবি; রাখাল, গরুচোর, দারোগা–পুলিশ ইত্যাদি সম্বলিত উপন্যাস বা ছায়াছবি। **~er** *n* পাশ্চাত্যের, বিশেষত যুক্তরাষ্ট্রের অধিবাসী। **~·ize** [-আইজ্‌] *vt* পাশ্চাত্য, অর্থাৎ ধনতান্ত্রিক পশ্চিম য়োরোপ ও আমেরিকার ধ্যান–ধারণা, রীতি–নীতি, জীবনযাত্রা ইত্যাদি প্রবর্তন করা; পাশ্চাত্যপন্থী করা। **~·iz·ation** [ˌওএস্‌টনাইˈজ়েইশ্‌ন US -নিˈজ়ে-] *n* **ˈ~·most** [-মৌস্‌ট্‌] *adj* সর্বাপেক্ষা পশ্চিমস্থ; সর্বপশ্চিম।

wet [ওএট্‌] *adj* ১ পানি বা অন্য কোনো তরল পদার্থ দ্বারা সিক্ত; আর্দ্র; ভেজা: ~ clothes. Her cheeks were ~ with tears. **wet ˈblanket,** দ্র. blanket(১). **ˌwet ˈdock** *n* জাহাজ ভাসানোর জন্য জলপূর্ণ (করা যেতে পারে এমন) ডক বা পোতাঙ্গন। **ˈwet-nurse** *n* অন্যের শিশুকে স্তন্যদান করার কাজে নিযুক্ত ধাত্রী। **wet ˈpaint** এখনো শুকায়নি এমন অতিসম্প্রতি লাগানো রং। ২ বৃষ্টি–ঝরা; বর্ষণসিক্ত: ~ weather. ৩ (US) মদ বিক্রি ও ব্যবহার নিষিদ্ধ নয় এমন: a ~ state. ৪ (অপ. ব্যক্তি সম্বন্ধে) অকর্মণ্য; নিষ্প্রাণ। □*n* ১ **the wet** বৃষ্টি, বর্ষণ: He came in out of the ~. ২ [U] আর্দ্রতা। □*vt* ভিজানো (প্রস্রাব করা): The boy is five and still ~s his bed, এখনো (প্রস্রাব করে) বিছানা ভিজায়। **wet one's whistle,** দ্র. whistle *n* (৩). **wet·ting** *n* ভিজানো বা ভিজে–যাওয়া: get a wetting (ভারী বৃষ্টিতে যেমন হতে পারে)।

weth·er [ˈওএদ্দা(র্‌)] *n* খাসি–করা ভেড়া।

we've [উঈ ভ্‌] = We have.

whack [ওঅ্যাক্‌ US হোঅ্যাক্‌] *vt* সজোরে বা সশব্দে আঘাত করা। □*n* ১ কঠিন আঘাত; এ রকম আঘাতের শব্দ। ২ (অপ.) অংশ, ভাগ: Did you all have a fair ~, ঠিকমতো ভাগ পেয়েছিলে তো? **~ed** *adj* (কথ্য) (ব্যক্তি সম্বন্ধে) ক্লান্ত; নিঃশেষিত। **~·ing** *n* পিটুনি: She gave the naughty child a ~ing. □*adj* (কথ্য) ইয়া বড়ো: a ~ing lie. □*adv* (কথ্য) অত্যন্ত, খুব: a ~ing great lie. **~er** *n* একই জাতের মধ্যে বেশ বড়োসড়ো বস্তু বা প্রাণী।

whale [ওএ ইল্‌ US হোএ ইল্‌] *n* ১ তিমি। **ˈ~·bone** *n* কতিপয় তিমির উপরের চোয়াল থেকে পাওয়া সরু, শিঙের মতো শক্ত ও স্প্রিং–এর মতো স্থিতিস্থাপক পদার্থ। ২ (কথ্য) **a ˈ~ of a time** অত্যন্ত সুসময়; অফুরান ভালো সময়। □*vt* তিমি শিকার করা: go whaling. **ˈwhaling-gun** তিমির দেহে হারপুন ছুঁড়ে মারার বন্দুক। **~r** [ˈওএইলা(র্‌) US ˈহোএই লা(র্‌)] *n* তিমিশিকারি; তিমিশিকারে ব্যবহৃত জাহাজ।

whang [ওঅ্যাঙ্‌ US হোঅ্যাঙ্‌] *vt* (কথ্য) সজোরে ও সশব্দে আঘাত করা। □*n* এ রকম আঘাত বা তার শব্দ। □*adv* (কথ্য) সরাসরি, ঠিকঠিক: hit the target ~ in the centre.

wharf [ওয়োফ্‌ US হোয়োর্‌ ফ্‌] *n* কাঠ বা পাথরের তৈরি যে ঘাটে জাহাজ ভিড়িয়ে মাল বোঝাই বা খালাস করা হয়; জাহাজঘাট। **ˈ~·age** [-ইজ্‌] *n* [U] জাহাজঘাট ব্যবহার বাবদ দেয় ভাড়া বা শুল্ক; জাহাজঘাটে জাহাজ থাকার জায়গা।

what [ওঅট্‌ US হোঅট্‌] *adj* ১ (interr) (কোনো অনির্দিষ্ট সংখ্যা থেকে বেছে নিতে বলার জন্য করা প্রশ্ন; দ্র. which) কী: What novels did you read in your last year at school? স্কুলে পড়ার শেষ বছরে কী কী উপন্যাস পড়েছো? What time is it ? What colour do you want ? কোন রং(টা) চাও? ২ (বিস্ময়সূচক) What a man ! What a lovely day/ ৩ যে/যা ... তা, যেসব ... সেসব, যতটা ... ততটা, যতগুলো ... ততগুলো: Give me ~ books (=যে যে/যেসব বই) you have on the subject; What little (= যতটুকু) he said on regional politics was full of insight; What few friends (= যে কয়জন বন্ধু) I had here have forsaken me. □*pron* (interr) কোন জিনিসটা/ কোন জিনিসগুলো: What happened, কী হয়েছিল/ ঘটেছিল? What is he, সে কী করে? **ˌ~. . . .for** কী/কিসের জন্য, কী উদ্দেশ্যে: What is this money for ? এই টাকা দিয়ে কী হবে/ এ টাকা কিসের জন্য? What did you do that for ? (কথ্য) কিজন্য একাজ করেছ? **ˌ~-ˈfor** *n* [U] (কথ্য) শাস্তি: give sb ~-for. **ˌ~. . . ˈlike** বর্ণনা, খুটিনাটি বিবরণ ইত্যাদি চেয়ে) কিসের মতো, কী রকম; কেমন: What's our new neighbour like ? আমাদের নতুন প্রতিবেশী কেমন (দেখতে কেমন, পোশাক–আশাক কেমন, কথাবার্তা কেমন, কী করে ইত্যাদি)? **ˈ~ if** যদি (তা–ই/এমনই) হয়, তাহলে (কী হবে): What if the rumour is true, গুজবটি যদি সত্যিই হয়, তাহলে (কী হবে)? **ˈ~though** (সাহিত্য) যদি হয়ই তাতেই বা কী: What though we are abandoned by friends, we two have each other still. **~ about/of** (ক) খবর কী: What about your new project ? তোমাদের নতুন প্রকল্পের খবর কী? (খ) about[3] (৪), of (১০). ˌ**~ ˈof it** (অথবা, আধুনিক কথ্য) ˌ**so ˈ~** মানলাম, কিন্তু তাতে হয়েছে কী? **and ˈ~ not** (এবং) এমন আরো কতো কী। **and/or ~ ˈhave you** (এবং) আরো অনেককিছু আছে: Then there are laundry bills and bills for electricity and gas and ~ have you. **ˈ~·not** *n* নামহীন বস্তু; ছোটখাটো গয়না ও অন্যান্য টুকিটাকি জিনিস রাখার জন্য খোলা তাকঅলা ছোট আলমারি বা শেল্‌ফ। **I know ˈ~** আমি একটা উপায় বলে দিতে পারি; আমার মাথায় একটা বুদ্ধি এসেছে। ˌ**I/ˌI'll tell you ˈ~** কী করতে হবে বলছি শোনো, উপায় বলছি শোনো। **know ~'s ˈ~** সাধারণ জ্ঞান বা কাণ্ডজ্ঞান থাকা; কোনোটা কী, কিসের থেকে কী হয় তা জানা; দুনিয়ার হালচাল বোঝা। **ˈ~-d'you-call-him/-her/-it/-them** [ওঅট্ জু কোল্ ইম্/–আ(র্)/–ইট/–দাম্]; **ˈ~'s-his/-her/-its/-their-name** মনে পড়ছে না এমন নামের বিকল্প হিসাবে ব্যবহৃত; কী যেন নাম ...। □*rel pron* যে, যা: What I saw was terrible, যা দেখলাম, তা ভয়ঙ্কর; Do ~ you think is right, তোমার যা ভালো মনে হয় তা-ই করো; What the country needs is honest leadership. **ˈ~ with ... and (ˈ~ with)** বিভিন্ন কারণে: What with one thing and another .... অনেক কিছুর ফলে, নানা কারণে; What with overwork and (~ with) worry he fell ill, অতিরিক্ত পরিশ্রমের ফলে বলো আর দুশ্চিন্তার ফলেই বলো সে অসুস্থ হয়ে পড়ল; একে অতি পরিশ্রম, তার উপর দুশ্চিন্তা, কাজেই (অর্থাৎ এ দুয়ের ফলেই) সে অসুস্থ হয়ে পড়ল।

what·ever [ওঅট্ˈএভ়া(র্) US হো–] *adj* ১ (জোর দেবার প্রয়োজনে what-এর স্থলে) যে কোনো প্রকার হোক না কেন; যা-ই হোক না কেন: Whatever nonsense he invents, his wife readily believes it, সে মাথামুণ্ডু যা-ই বানিয়ে বলুক না কেন..., Take ~ measures you consider best, ভালো মনে করো এমন যে কোনো (প্রকার) ব্যবস্থা তুমি গ্রহণ করতে পারো। ২ (নেতিবাচক পরিপ্রেক্ষিতে নেতিবাচকতার উপর জোর দিতে গিয়ে *n*-এর পরে বসে): I have no intention ~ of joining the legal profession, ওকালতি করার বিন্দুমাত্র ইচ্ছা আমার নেই। □*pron* ১ যা-ই ঘটুক না কেন: I'am not going to give up my claim, ~ happens, যা-ই ঘটুক না কেন, আমি আমার দাবি ছাড়ছি না; She is a good girl, ~ others may say, অন্যেরা যে যা-ই বলুক (না কেন), সে ভালো মেয়ে। ২ যে কোনো কিছু বা সবকিছু: Do ~ you like, তোমার যা ইচ্ছে করো। ৩ **or ~** (কথ্য) (সাধা. একই জাতীয় বিশেষ্য বা বিশেষণের তালিকার শেষে ব্যবহার করা হয়) অথবা যে কোনোটি: He would love to be in any European country—France, Italy, Spain, or ~.

what·so·e'er [ˌওঅট্সৌˈএআ(র্) US ˌহো–] **what·so·ever** [ˌওঅট্সৌˈএভ়া(র্) US ˌহো–]-এর কাব্যিক রূপ। জোর দেবার প্রয়োজনে Whatever-এর স্থলে ব্যবহৃত হয়।

wheat [উঈট্ US হু–] *n* [U] গম: a field of ~, গমক্ষেত। **~en** [ˈউঈট্‌ন্ US হু–] *adj* গমের তৈরি; গমজাত: ~en flour, আটা।

wheedle [ˈউঈড্‌ল্ US ˈহু–] *vt* **~ (into/out of)** মিষ্টি কথায় ভুলিয়ে কোনো কিছু আদায় করা: She ~d her husband into buying her a Benarasi.

wheel [উঈল্ US হু–] *n* ১ চক্র, চাকা। **~s within ~s** (লাক্ষ.) জটিল অভিপ্রায় ও প্রভাবের জাল; জিলাপির প্যাঁচ; গুপ্তচক্র। **put one's shoulder to the ~** কোনো কর্ম বা ব্রতসাধনে উদ্যোগী হওয়া: The man at the ~, (মোটরগাড়ি ইত্যাদির) চালক। **ˈ~-barrow** *n* ছোটখাটো মালপত্র বহনের জন্য একটি চাকা ও দুটি হাতলবিশিষ্ট গাড়ি; ঠেলাগাড়িবিশেষ। **ˈ~·base** *n* মোটরগাড়ির অ্যাক্‌স্‌ল্ বা অক্ষধুরার ব্যবধান। **ˈ~-chair** *n* হাঁটতে অক্ষম এমন কারো ব্যবহারের জন্য বড়ো চাকাঅলা চেয়ার। **ˈ~·house** *n* পুরনো ধাচের পাল-তোলা জাহাজ, নদীতে চলাচলকারী ছোট লঞ্চ ইত্যাদির উপর চালকের জন্য ঘেরা আচ্ছাদিত স্থান। **ˈ~·wright** *n* যে ব্যক্তি (বিশেষত দুই-চাকা গাড়ির) চাকা নির্মাণ ও মেরামত করে। ২ **potter's ~**, দ্র. potter[2]. **ˈpaddle-~**, দ্র. paddle[1](৩). ৩ [C] চক্রাকার গতি। □*vt, vi* ১ (কোনো চাকাঅলা গাড়ি) ঠেলা বা টানা: ~ a bike up a slope; ~ a barrow; চাকাঅলা গাড়িতে করে (কাউকে বা কোনো কিছুকে) নিয়ে যাওয়া: ~ a patient down the corridor of a hospital. ২ চক্রাকারে ঘোরা বা ঘোরানো: The birds were ~ing in the air above me.

wheeze [উঈজ্ US হুঈজ্] *vi, vt* ১ বিশেষত (হাঁপানি রোগীর মতো) বুকে শনশন শব্দ সহকারে শ্বাস গ্রহণ ও শ্বাস ত্যাগ করা; (পাম্প ইত্যাদি সম্বন্ধে) এ রকম শব্দ করা। ২ **~ sth out** এ রকম শব্দ করে কিছু বলা: The asthmatic old man ~d out a few words. □*n* [C] ১ এ রকম শ্বাস-প্রশ্বাসের শব্দ। ২ (স্কুল জগতে সেকেলে অপ.) চাতুরী, কৌশল; চমৎকার বুদ্ধি (মাথায় বুদ্ধি খেলা—এই অর্থে 'বুদ্ধি')। **wheezy** *adj* শনশন শব্দে শ্বাস গ্রহণ ও ত্যাগরত; নিঃশ্বাসের শনশন শব্দে উচ্চারিত: a wheezy old pump. **wheez·ily** [-ইলি] *adv.* **wheezi·ness** *n*

whelk [ওএল্‌ক্ US হোএল্‌ক্] *n* পেঁচালো খোলাযুক্ত কতিপয় সামুদ্রিক শামুক।

whelp [ওএলপ্ US হোএলপ্] *n* কুকুর, বাঘ, ভালুক, নেকড়ে, সিংহ, শিয়াল প্রভৃতির বাচ্চা।

when [ওএন্ US হোএন্] *interr adv* ১ কোন সময়ে, কখন: When did it happen? ২ (*prep*-এর পরে) কোনো সময়ে: Since ~ have you been doing this? □ *rel, adv* (day, time, ইত্যাদি antecedent সহযোগে): যে দিনটা, যে সময়টা ইত্যাদি: Friday is the day ~ I am least busy. It was one of those moments ~ you feel at one with nature. □*conj* ১ সেই সময়ে, যখন: It was raining ~ I arrived. ২ যদিও: He walks ~ he might take a taxi, যদিও সে ট্যাক্সি নিতে পারে, যদিও তার ট্যাক্সি চড়ার পয়সা আছে। ৩ যেহেতু, কারণ: How can I help him ~ he won't listen to me? যেহেতু সে আমার কথা শোনে না, আমি কী করে তাকে সাহায্য করব? ৪ সেই সময়ে, তখন: The President will visit the town in June, ~ he will open the new telecom centre.

whence [ওএন্‌স্ US হোএন্‌স্] *adv* (আনুষ্ঠা.) ১ (প্রশ্নে) কোথা থেকে, কী কারণে: Do you know ~ he comes? Whence comes it that ···, এটা কেমন করে হলো যে ... ? ২ (বিবৃতিতে) যেখান থেকে: The land ~ they are come, যেখান থেকে তারা এসেছে। ৩ যেখান থেকে সেখানে: Return ~ you came, যেখান থেকে এসেছিলে সেখানে ফিরে যাও। ˌ**~·soˈever** *adv, conj* যেখান থেকেই বা যে কারণেই হোক না কেন।

when·ever [ওএন্ˈএভ়া(র্) US হো–] *adv, conj* ১ যে কোনো সময়েই হোক না কেন; যখনই: ।'।।

discuss it with you ~ you like. ২ যতবারই: Whenever he opens his mouth, he's sure to say something funny, যতবার মুখ খুলবে (ততবারই) সে/ মুখ খুললেই সে আবোল-তাবোল কিছু/ মজার কিছু বলবে। ৩ **or ~** (কথ্য) অথবা যে কোনো সময়ে: You may come on Sunday, or Tuesday, or ~, and you'll find your papers ready.

where [ওএ আ(র্) US হোএ আ(র্)] *interr adv* ১ কোথায়, কী অবস্থায়; কোন দিকে; কোন দিক থেকে, কী বিষয়ে: Where do you live? I have no idea ~ he lives, সে যে কোন দিকে থাকে (সে বিষয়ে) আমার কোনো ধারণা নেই। Where would you be now if your father hadn't supported you when you lost your job, এখন কোথায় (অর্থাৎ কী অবস্থায়) থাকতে ... ? ২ (ক্রিয়ার অনুবর্তী *prep* সহযোগে) কোন জায়গা, কোথা: W~ do you come from, তুমি কোত্থেকে এসেছো? W~ did we get up to, আমরা কদ্দুর, অর্থাৎ, কোন জায়গা পর্যন্ত গিয়েছিলাম? □*rel adv* ১ (place ইত্যাকার antecedent সহযোগে) যেখানে: I would like to live in a country ~ a man is judged by his qualities, and not by his social position. That's the place ~ the house once stood. ২ (antecedent ব্যতিরেকে) সেই জায়গায় যেখানে: I found my key ~ I had left it. This is where you are wrong. ˌ**~·aˈbouts** *adv* কোনখানে, কোন জায়গাটার কাছে: Whereabouts did you find the key? □ˈ**~·abouts** *n* (*sing* বা *pl v* সহযোগে) কারো বা কোনো কিছুর অবস্থান: His present ~abouts are unknown. ˌ**~·ˈas** *conj* ১ (বিশেষত আইন.) এই বিবেচনা করে; এই বিচার করে; যেহেতু। ২ কিন্তু এর/ তার বিপরীতে; যখন অন্যদিকে, পক্ষান্তরে: Some people praise him ~as others call him a cheat. ˌ**~·ˈat** *adv* (প্রা.প্র.) যাতে, যেটাতে, যেটার প্রতি, এতে, এটাতে। ˌ**~·ˈby** *adv* যার দ্বারা; যদ্দ্বারা: He thought up a plan ~by he might thwart his opponent. ˈ**~·fore** *adv* (প্রা.প্র.) কী কারণে, কেন। **The whys and the ~fores** কারণসমূহ। **~·ˈin** *adv* (আনুষ্ঠা. কিসে; কোন বিষয়ে: Wherein am I wrong? **~·ˈof** *adv* (আনুষ্ঠা.) কিসের। **~·ˈon** *adv* (প্রা. প্র.) কিসের উপর, কিসের ফলে। ˌ**~·so·ˈever** *adv* (জোর দেবার জন্য wherever-এর স্থলে ব্যবহৃত হয়। ˌ**~·ˈto** *adv* (প্রা.প্র.) কিসের প্রতি, কিসের জন্য। **~·ˈunto** *adv* (প্র. প্র.) = whereto. ˌ**~·uˈpon** *adv* যারপর, যার ফলে; এবং তারপর। **wher·ever** [ˌওএআরেভ়া(র্) US হো-] *adv* যেখানেই যে কোনো জায়গায়; সেইসব/ ওইসব জায়গায়: Go ~ver you like. He comes from a place called Pansha, ~ ver that may be, জায়গাটা যে কোথায় তা বলতে পারবো না। ˌ**~·ˈwith** *adv* (প্রা.প্র.) যার দ্বারা, যদ্দ্বারা; কিসের দ্বারা। ˈ**~·withal** [-উইদো°ল্] *adv* = ~with. □*n* **the ~·withal** (কথ্য) কোনো কিছুর জন্য প্রয়োজনীয় অর্থ: I should like to buy a new pair of shoes but haven't got the ~withal.

wherry [ˈওএরি US ˈহো-] *n* নদীপথে যাত্রী ও মালপরিবহনের জন্য হালকা দাঁড়-টানা নৌকা।

whet [ওএট্ US হোএট্] *vt* (ছুরি, দা, কুড়াল ইত্যাদি) শাণ দেওয়া; (লাক্ষ.) (ক্ষুধা, বাসনা) তীব্র বা উত্তেজিত করা। ˈ**~·stone** *n* শাণ দেবার পাথর; শাণ-পাথর।

whether [ˈওএদ়া(র্) US ˈহো-] *conj* ১ (পরোক্ষ প্রশ্ন উপস্থাপনে ব্যবহৃত; যথার্থ শর্তাধীন উপবাক্য-- conditional clause নিয়ে বিভ্রান্তির সম্ভাবনা না থাকলে কথ্য রীতিতে whether-এর স্থলে প্রায়শ if ব্যবহার করা হয়): I don't know ~/ if he will be able to come back before eight. (লক্ষণীয়, or সহযোগে দুইটি পরোক্ষ প্রশ্ন থাকলে or-এর পরে ~ পুনরাবৃত্ত হয়): I wonder ~ he will present his own case or ~ he will ask someone else to speak for him. (নীচে দেওয়া বাক্য দুইটিতে whether ও if-এর ব্যবহার তুলনীয়): Send me a note letting me know ~ I am to come, অর্থাৎ, আসতে হবে কি হবে না লিখে জানাবে; Send me a note if I am to come, অর্থাৎ, আসতে হলে লিখে জানাবে, নচেৎ নয়। ২ (infinitive phrase উপস্থাপনে ব্যবহৃত) I don't know ~ to accept or refuse the invitation. ৩ (whether দ্বারা উপস্থাপিত clause ও infinitive phrase-সমূহ প্রস্তুতিমূলক it সহযোগে ব্যবহৃত হয়): It's doubtful ~ we shall be able to come. (এ জাতীয় clause ও phrase ক্ষেত্রবিশেষে subject অথবা complement হতে পারে): The question is ~ to introduce market economy or to stick to the socialist path. Whether to take up writing as a profession was a question that worried me for a long time. (এ জাতীয় clause কখনো কখনো *prep*-এর object হতে পার): Everything depends on ~ you are willing to take the risk. (whether দ্বারা উপস্থাপিত clause ক্ষেত্রবিশেষে *n*-এর apposition হিসাবে ব্যবহৃত হতে পারে): The question ~ we ought to have a parliamentary system of government must be decided by the Parliament itself. **~ or no (ক)** এটা কিংবা ওটা কিনা। **(খ)** এটাই হোক বা ওটাই হোক, যা-ই হোক বা না হোক, যা-ই ঘটুক বা না ঘটুক, যে কোনো ক্ষেত্রে: You may rely upon my help, ~ or no, অন্যেরা সাহায্য করুক বা না করুক। **~ or not** (নেতিবাচক বিকল্পটিকে স্বীকার করে): Whether or not it rains, we are going to hold a protest rally tomorrow; Tell me ~ or not I should invite Kamal and his wife.

whew [ফিউ অথবা অনুরূপ কোনো ধ্বনি] *int* ভয়, বিস্ময়, হতাশা বা ক্লান্তিসূচক ধ্বনি (অনেক সময় রসিকতাছলে ব্যবহৃত হয়)।

whey [ওএ ই US হোএই] *n* [U] ঘোল; ছানার পানি।

which [উইচ্ US হুইচ্] *interr adj* (দুই-এর মধ্যে থেকে, অথবা কোনো দল, গোষ্ঠী বা গুচ্ছ থেকে, বিশেষত সীমিত সংখ্যক সম্ভাবনার ভিতর থেকে বেছে নিতে বলার জন্য করা প্রশ্নে ব্যবহৃত; দ্র. what): ১ কোনটি: Which way shall we go—across the field or along the river bank? Which way (= কী করে) shall we do it? Which Faruk do you mean— Faruk the banker or Faruk the businessman? Which (foreign) countries have you visited? ২ (*rel adj*, আনুষ্ঠা, এবং *prep*-এর পরে ছাড়া বিরল; আগে কমা বসে) এবং এইটি; এবং এগুলো: I told him to go to a lawyer, ~ advice he took, আমার এই পরামর্শটা সে গ্রহণ করল। □*interr pron* কোন জিনিসটা/ জিনিসগুলো; কোন লোকটা/ লোকগুলো: W~ would you prefer— mutton or beef? Which of the girls is the fairest ? Tell me ~ of them is better. I dont know ~ to take, কোনটা (কোন জিনিসটা) নেব/ নিতে হবে জানি না। □*rel pron* (শুধুমাত্র বস্তু সম্বন্ধে, ব্যক্তি সম্বন্ধে নয়; দ্র. that) ১ (defining বা restrictive clause সমূহে, বিকল্প হিসাবে প্রায়শ that ব্যবহৃত হয়; নির্বাচিত বা নির্ধারিত কোনো অর্থ থাকে না; clause–এর আগে বিরতি নেই ও কমা নেই) (ক) (clause–এর অন্তর্গত ক্রিয়ার কর্তা হিসাবে): The river ~ flows by the city of Dhaka is called the Buriganga. (খ) (clause–এর অন্তর্গত ক্রিয়ার কর্ম হিসাবে; কথ্যরূপে অনুক্ত থাকে): Was the magazine (~) you were reading a monthly? (গ) *(prep*–এর কর্ম হিসাবে; বিকল্প হিসাবে that ব্যবহৃত হলে *prep*–টি ক্রিয়ার অনুবর্তী হয়; which ব্যবহৃত হলে *prep* ক্রিয়ার আগে বসে): The photograph at ~ I was looking/ The photograph (that) I was looking at was taken when I was a boy of ten. The hotel at ~ I stayed was cheap. ২ (non-defining বা non-restrictive clause সমূহে, কথ্যরূপে বিরল হলেও লিখিতরূপে সাধারণভাবে গৃহীত; বিকল্প হিসাবে that ব্যবহার্য নয়; clause–এর আগে বিরতি থাকে ও কমা থাকে) (ক) (কোনো পূর্ববর্তী *n*–কে নির্দেশ করে) (১) (clause–এর কর্তা হিসাবে): The meeting, ~ was held yesterday, was presided over by the general secretary of the party. (২) (clause–এর অন্তর্গত ক্রিয়ার কর্ম হিসাবে): This desk, ~ I bought at tk. 1000, is made of teak. (৩) *(prep*–এর কর্ম হিসাবে): This book, for ~ I paid Tk. 100, is written by a Russian director. (খ) *(n*–কে নয়, clause বা sentence-কে নির্দেশ করে এমন non-defining clause সমূহে): There was a general strike, ~ (= এবং এটাই, অর্থাৎ, এই সাধারণ ধর্মঘট) disrupted normal life. (এই clause কখনো কখনো নির্দেশিত বাক্যের আগে আসতে পারে): Moreover, ~ you may find hard to believe, he had embezzled relief funds.

which·ever [উইচ্‌এ ভা(র্) US হু–] *adj, pron* ১ যে ই, যেটাই: Take ~ you like best. W~ (of you) finishes first will get a prize. ২ যে ই/ যেটাই হোক না কেন: W~ of the three brothers takes over, we'll have a despot for our boss. The living condition of the people in general will remain the same, ~ party is in power. **ˌwhich·so·ˈever** জোর দেবার প্রয়োজনে whichever–এর স্থলে ব্যবহৃত হয়।

whiff [উইফ্ US হুইফ্] *n* [U] ফুৎকার, ফুঁ, দমকা বাতাস, দমকা ধোঁয়া; হাওয়ায় ভেসে আসা এক ঝলক গন্ধ: a ~ of fresh air; the ~ of a cigar, চুরুটের গন্ধ; have a few ~s, (সিগারেট, চুরুট, ইত্যাদিতে) দুই একটি টান দেওয়া।

while [ওআই ল্ US হোআ ইল্] *n* (শুধুমাত্র *sing)* ক্ষণ: for a ~, কিছুক্ষণের/ কিছুকালের জন্য; in a little ~, শীঘ্র, তাড়াতাড়ি: a short ~ ago, কিছুক্ষণ আগে; Where have you been all this ~, এতক্ষণ কোথায় ছিলে ? I haven't seen him for a long ~, অনেককাল/ অনেকদিন তাকে দেখিনি। **all the ~** সারাক্ষণ। **once in a ~** মাঝে-মাঝে, কখনো-কখনো। **worth (one's) ~** সময় দেওয়া যায় এমন (মূল্য, তাৎপর্য ইত্যাদি বিশিষ্ট); লাভজনক: It isn't worth (my) ~ trying to educate those fanatics. □*vt* (একমাত্র ব্যবহার) **~ sth away** ব্যস্ততাহীনভাবে/ ছুটির মেজাজে (সময়) অতিবাহিত করা: ~ away the time. □*conj* ১ যে সময়টায়; ততক্ষণ—যতক্ষণ; ঠিক এই বা সেই সময়ে, একই সময়ে: He lost his wallet ~ (he was) trying to get on the crowded bus. W~ in England he studied law. W~ there is life there is hope, যতক্ষণ শ্বাস ততক্ষণ আশ। ২ (বৈপরীত্য বুঝিয়ে) পক্ষান্তরে: Sharmeen was dressed in sari ~. Shampa wore salwar and kameej. ৩ (ছাড় বুঝিয়ে) যদিও: W~ I admit that the situation is grim/ I don't agree that it cannot be improved. **whilst** [ওআইল্‌স্ট US হোআইল্‌স্ট্] *conj* = ~.

whim [উইম্ US হুইম্] *n* [C] খেয়াল, বাতিক, পাগলামি: All his ~s are not to be catered for.

whim·per [ˈউইম্‌পা(র্) US ˈহু–] *vi, vt* ১ (অসুস্থ শিশুর মতো) কাতর স্বরে কাঁদা, (ভীত বা প্রহৃত কুকুরের মতো) কাতর শব্দ করা বা কেঁউ কেঁউ করা; ঘ্যানঘ্যান বা প্যানপ্যান করা। ২ কাতর স্বরে বলা, ইনিয়ে-বিনিয়ে বা অনুযোগের সুরে বলা। □*n* [C] আর্ত কান্না; ফোঁপানি।

whimsy, whim·sey [ˈউইম্‌জ়ি US ˈহু–] *n* ১ [C] খেয়াল, বাতিক, পাগলামি। ২ [U] অদ্ভুত বা অস্বাভাবিক অবস্থা; উদ্ভট মেজাজ বা মানসিকতা; খেয়ালিপনা। **whim·si·cal** [ˈউইমজ়িকল্ US ˈহু–] *adj* বাতিকগ্রস্ত, খেয়ালি; অদ্ভুত। **whim·si·cally** [–ক্লি] *adv* **whim·si·cal·ity** [ˌউইম্‌জ়িˈক্যালাটি US ˌহু–] *n* [U] খেয়ালিপনা; [C] খেয়াল, মর্জি।

whin [উইন্ US হু–] *n* [U] = gorse.

whine [ওআই ন্ US হোআইন্] *n* [C] প্রলম্বিত আর্ত চিৎকার, (সাইরেন বা মোটরগাড়ির ভেঁপুর মতো) তীক্ষ্ণ প্রলম্বিত ধ্বনি। □*vi, vt* ১ দীর্ঘক্ষণব্যাপী আর্ত চিৎকার করা; তীক্ষ্ণ প্রলম্বিত ধ্বনি করা; দীর্ঘ বিলাপ করা, বিশেষত তুচ্ছ জিনিস নিয়ে ক্রমাগত অনুযোগ করা; ঘ্যানঘ্যান করা: The dog was whining in the cold outside. The child must be sick— it's been whining since morning. ২ অনুনয় বা বিলাপের সুরে বলা: The beggar whined (out) a request for alms. **~r** *n* যে ব্যক্তি ক্রমাগত অনুনয় বা অনুযোগ করে; ঘ্যানঘেনে বা প্যানপেনে লোক; আর্ত চিৎকারকারী প্রাণী।

whinny [ˈউইনি US হু–] *n* মৃদু হ্রেষাধ্বনি। □*vt* মৃদু হ্রেষাধ্বনি করা।

whip[1] [উইপ্ US ˈহুউপ্] *n* [C] ১ হাতলঅলা চাবুক; কশা। **have the ~ hand (over sb)** (কারো উপর) কর্তৃত্ব থাকা; নিয়ন্ত্রণের ক্ষমতা থাকা। **ˈ~·cord** *n* [U] (ক) চাবুক তৈরির জন্য শক্ত করে পাকানো দড়ি। (খ) শক্ত করে পাকানো রেশমি বা তুলার সুতায় তৈরি এক ধরনের টেকসই কাপড়। ২ (বিকল্প **ˌ~per-ˈin)** (শৃগাল-শিকারে) যে ব্যক্তি শিকারি কুকুরের দল নিয়ন্ত্রণ করে। ৩ সংসদে দলীয় উপস্থিতি নিশ্চিত করা এবং দলীয় শৃঙ্খলা রক্ষা করার জন্য দলীয় সদস্যদের উপর কর্তৃত্ব প্রাপ্ত কোনো রাজনৈতিক দলের সাংগঠনিক সম্পাদক; হুইপ; হুইপের কর্তৃত্ব; সংসদীয় বিতর্কে উপস্থিত থেকে ভোট গ্রহণে অংশ নেবার জন্য দলীয় সদস্যদের কাছে হুইপ কর্তৃক প্রেরিত নির্দেশ: take the AL ~ ! the ~s are off, সদস্যরা যেমন খুশি ভোট দিতে পারেন; অর্থাৎ, ভোটদানের ব্যাপারে দলীয় সদস্যদের প্রতি হুইপের কোনো বিশেষ নির্দেশ নেই। **a ˌthree-line ˈ~**

(ভোটদানের ব্যাপারে) হুইপ প্রদত্ত জরুরি নির্দেশ। ৪ ডিম, মাখন প্রভৃতি এক সঙ্গে ভালো করে মেশানোর জন্য কাঁটা বা অনুরূপ কিছু দিয়ে ঘুঁটানো।

whip² [উইফ় US হুইপ] *vt, vi* ১ চাবকানো; কশাঘাত করা; চাবুক বা লাঠি দিয়ে মারা: ~ a horse; ~ a criminal. ২ (ডিম, মাখন ইত্যাদি) পরস্পর ভালোভাবে মেশানোর জন্য কাঁটা বা অনুরূপ কিছু দিয়ে ঘুঁটানো। ৩ (কথ্য) পরাজিত করা। ৪ হঠাৎ খুলে ফেলা ([বা তুলে নেওয়া]); হঠাৎ বের করা; হঠাৎ দৌড় দেওয়া: He ~ped off his turban. One of the gangsters ~ped out a knife. The hefty young man in front of me ~ped a bundle of banknotes off the counter. The thief ~ped round the corner and disappeared in the crowd. (GB কথ্য) চুরি করা: Someone has ~ped my purse ! **~ round for money** উপহার ইত্যাদি কেনার জন্য বন্ধু-বান্ধব, ক্লাবের সদস্য প্রভৃতির কাছে টাকার জন্য আবেদন করা। এর থেকে, **ˈ~-round** *n* এরকম আবেদন। ৫ (লাঠির মাথা, দড়ির প্রান্ত ইত্যাদি) সুতা বা তার দিয়ে ঘন ও শক্ত করে পেঁচিয়ে পেঁচিয়ে বাঁধা; (কাপড় বা চামড়ার জোড়, কাপড়ের প্রান্ত) সুতা দিয়ে ঘুরিয়ে ঘুরিয়ে সেলাই করা। **~·ping** *n* [C] চাবকানি। **~·ing-boy** *n* (ইতি.) যে অসহায় দরিদ্র বালককে রাজকুমারের সঙ্গে লেখাপড়া করার সুযোগ দেওয়া হতো এবং যাকে নিয়োগমাফিক রাজকুমারের প্রাপ্য শাস্তি (কশাঘাত) ভোগ করতে হতো; (এর থেকে) যে ব্যক্তিকে অন্যের প্রাপ্য শাস্তি ভোগ করতে হয়। **ˈ~·ping-post** *n* (ইতি.) যে খুঁটিতে অপরাধীকে বেঁধে কশাঘাত করা হতো (কতিপয় দেশে এ শাস্তি এখনো প্রচলিত আছে)। **ˈ~·ping-top** *n* = top.

whip·per-in [ˌউইপারˈইন্ US ˈহু-] দ্র. whip¹(২).

whip·per-snap·per [ˈউইপা স্ন্যাপা(র্) US ˈহু-] *n* অনধিকারচর্চা করা ও ভারিক্কি চালে চলা যে তুচ্ছ অপরিণত-বয়স্ক ব্যক্তির অভ্যাস।

whip·pet [ˈউইপিট US ˈহু-] *n* দৌড়ের জন্য ব্যবহৃত (গ্রেহাউন্ড সদৃশ) কুকুরবিশেষ।

whip-poor-will [ˈউইপ্ পুআ উইল্ US ˈহুইপ্ পার্ উইল্] *n* আমেরিকার ছোট পাখি, এই পাখি (রাতের বেলা অথবা প্রদোষকালে) নিজের নামের অনুরূপ ধ্বনি করে ডাকে।

whir [ওঅ্য(র্) US হো-] = whirr.

whirl [ওআল্ US হো-] *vt, vi* ১ ঘুরপাক খাওয়া; দ্রুত পাক খেয়ে-খেয়ে ঘোরা বা ঘোরানো; দ্রুত আবর্তিত হওয়া বা আবর্তিত করা: The dead leaves were whirling about in the wind. The dancer ~ed round the room. ২ দ্রুতবেগে চলে যাওয়া বা সরে যাওয়া; দ্রুতগতিতে সরিয়ে নেওয়া: The telegraph poles ~ed past us as the train gathered speed. She was ~ed away in her brother's new sports-car. ৩ (মাথা ইত্যাদি সম্বন্ধে) ঘোরা; তালগোল পাকিয়ে যাওয়া; বিভ্রান্ত বোধ করা: His head ~ed. □*n* (কেবল *sing*) ১ আবর্তন, ঘূর্ণন, ঘূর্ণি: a ~ of dust. My brain was in a ~, (লাক্ষ.) আমার মাথা ঘুরছিল, অর্থাৎ, বিভ্রান্ত বোধ করছিলাম। ২ একটার পর একটা কাজ; কর্মব্যস্ততা: The ~ of modern life in a big city. ৩ (যৌগশব্দ) **ˈ~·pool** *n* জলঘূর্ণি, ঘূর্ণিস্রোত। **ˈ~·wind** *n* ঘূর্ণিবায়ু। **sow the wind and reap the ~wind** (প্রবাদ) পাপের শাস্তি ভোগ করা।

whirli·gig [ˈওআ্যলিগিগ্ = US ˈহো-] *n* এক ধরনের লাটিম। ২ ঘূর্ণন, আবর্তন: The ~ of time, সময়ের আবর্তন (সময়ের সঙ্গে ভাগ্যের বিবর্তন ইঙ্গিত করে)।

whirr [ওঅ্য(র্) US হো-] *n* (শুধু *sing*) দ্রুত সঞ্চলনরত ডানা বা দ্রুতবেগে ঘোরা চাকার মতো দ্রুত ঘূর্ণন বা সঞ্চলন-জনিত (বোঁ-বোঁ বা শোঁ-শোঁ) শব্দ: The ~ of an aircraft's propellers. □*vi* এ রকম শব্দ করা: A bird ~ed past.

whisk [উইস্ক্ US হু-] *n* ১ (কাপড়চোপড় ইত্যাদি থেকে) ধুলাবালি ঝেড়ে ফেলার জন্য ছোট ঝাড়ু বা ব্রাশ। **(ˈfly-)~** মাছি তাড়ানোর জন্য চুলের তৈরি ঝাড়ু। ২ ডিম, মাখন ইত্যাদি একসাথে ঘুঁটানোর জন্য তার পেঁচিয়ে তৈরি উপকরণবিশেষ। ৩ (মশামাছি তাড়ানোর জন্য লেজের সঞ্চালনের মতো) হালকা ঝাঁটানে গতি; আলতোভাবে দেওয়া ঝাঁট। □*vt, vi* ১ **~ sb/sth off/away** দ্রুত ও আলতোভাবে ঝাঁটানো: ~ the flies off. ২ শূন্যের ভিতর দিয়ে দ্রুতবেগে চালানো বা ঝাঁটানো: The cow ~ed her lail. ৩ (কাউকে) দ্রুত ও অকস্মাৎ (চোখের বাইরে) নিয়ে যাওয়া: The police ~ed him off to prison. ৪ = whip²(২): ~ eggs and butter.

whisker [ˈউইসকা(র্) US ˈহু-] *n* ১ **~s** জুলফি; গোঁফ। ২ ইঁদুর, বিড়াল ইত্যাদির গোঁফ। **cat's ~s** (অপ.) চমৎকার জিনিস; চমৎকার লোক: Nobody thinks he's the cat's ~s, কেউ তাকে বড়ো কিছু মনে করে না। **~ed** *adj* গোঁফ বা জুলফি আছে এমন; গুঁফো।

whis·key [ˈউইস্কি US হু-] *n* whisky-এর আইরিশ ও আমেরিকান বানান।

whisky [ˈউইস্কি US হু-] *n* (GB ও কানাডায় প্রচলিত বানান) [C,U] কড়া মদবিশেষ; পানীয় হিসাবে গ্লাসে ঢেলে দেওয়া এই মদ: Two whiskies, please.

whis·per [ˈউইস্পা US ˈহু-] *vi, vt* ১ **~ to** ফিসফিস করে বলা: ~ sth to sb. **ˈ~·ing-gallery** যে গ্যালারিতে শব্দনিয়ন্ত্রণব্যবস্থার বিশিষ্টতার কারণে এক প্রান্তে সৃষ্ট ধ্বনি বহু দূরে অন্য প্রান্তে শোনা যায়। ২ একান্তে বা গোপনে বলা; (বিশেষত গুজব, অপবাদ) রটনা করা: It is being ~ed that he's lost his job. **ˈ~·ing campaign** জনে জনে কুৎসা রটিয়ে কারো বিরুদ্ধে সুপরিকল্পিত আক্রমণ পরিচালনা করা; অপপ্রচারাভিযান। ৩ (গাছের পাতা, বাতাস ইত্যাদি সম্বন্ধে) মর্মরধ্বনি করা: The wind was ~ing in the trees. □*n* ১ ফিসফিসানি: They were talking in ~s, ফিসফিসিয়ে কথা বলছিল। ২ ফিসফিসিয়ে করা মন্তব্য; গোপনে ফিসফিসিয়ে বলা কথা; গুজব, অপবাদ, অপপ্রচার: W~s are going round that they are secretly married. **~er** *n*

whist [উইস্ট্ US হু-] *n* তাসখেলাবিশেষ। **ˈ~-drive** *n* এক সঙ্গে অনেকে জুড়ি বেঁধে ভিন্ন ভিন্ন টেবিলে বসে তাস খেলা, এতে প্রতিটি পালা বা দানের পর কতিপয় খেলোয়াড় স্থানবদল করে পাশের টেবিলে গিয়ে বসে।

whistle [ˈউইস্ল্ US ˈহু-] *n* ১ (অকম্পিত) শিস-ধ্বনি; সিটি বা হুইস্ল্; বাঁশি, কোনো কোনো পাখির সুরেলা ধ্বনি (যেমন, শ্যামার গান): The ~ of a steam-engine. **ˈ~-stop** *n* (US) (রাজনীতিবিদের) নির্বাচনী সফরকালে সংক্ষিপ্ত যাত্রাবিরতি: a ~-stop tour. ২ যে যন্ত্রের সাহায্যে এরকম শিস-ধ্বনি সৃষ্টি করা হয়; হুইসল; বাঁশি: The referee's ~. ৩ **wet one's ~** (অপ.) (কিঞ্চিৎ) মদ্যপান করা; গলা ভিজিয়ে নেওয়া। □*vi, vt* ১ শিস্-ধ্বনি করা; হুইস্ল বা বাঁশি বাজানো; শিস দেওয়া: The engine ~ed before reaching the level-crossing. The wind ~d through the chink in the wall. **~ for sth** বৃথাই চাওয়া বা প্রত্যাশা করা: I owe my sister a few bucks, but she can ~ for it, তার ফেরত চাওয়া বৃথা, আমি তাকে ফেরত দিতে যাচ্ছি না। ২ শিস দিয়ে গাওয়া: ~ a tune. **~ down the wind**

কোনো কিছু ছেড়ে দেওয়া; পরিত্যাগ করা। ~ **in the dark** নিজের ভয় কাটানোর জন্য কিছু করা। ৩ ~ **(up)** শিস দিয়ে সঙ্কেত জ্ঞাপন করা: He ~d his dog back. ৪ শাঁ করে ছুটে যাওয়া: The bullets ~d past my ears.

whit [উইট্‌ হুইট্‌] *n* **not a ~; no ~** বিন্দুমাত্র না; একটুও না: There's not a ~ of truth in what he says. I don't care a ~.

Whit [উইট্‌ US হুইট্‌] *n* দ্র. Whitsun.

white[1] [ওআইট্‌ US হোআইট্‌] *adj* ১ তুষারবর্ণ, সাদা: His hair has turned ~. Her face went ~, তার মুখ সাদা (= ফ্যাকাশে) হয়ে গেল। **bleed (sb/ sth) ~** (লাক্ষ.) (কারো, কোনো কিছুর) বিত্ত, শক্তি, সামর্থ্য ইত্যাদি নিঃশেষে শোষণ করা। ২ (বিশেষ ব্যবহার, যৌগশব্দ) **ˈ~ alloy** সস্তা নকল রুপা। **ˈ~ ant** উই। **ˈ~·bait** *n* [U] বেশ কিছু জাতের মাছের পোনা, যা ভেজে খাওয়া হয়। **ˈ~ bear** মেরুভল্লুক। **ˈ~-caps** *n pl* ফেনিল সমুদ্রতরঙ্গ। **ˌ~-ˈcollar** কায়িক নয় এমন শ্রমের প্রতীক হিসাবে ব্যবহৃত, মাথার কাজ: ~-collar jobs, বাবুকাজ। দ্র. blue[2](৭) শিরোনামে blue-collar. **ˈ~ coffee** দুধ-মোশানো কফি। **ˌ~ ˈelephant/ ˈensign/ ˈfeather** উল্লিখিত noun-ত্রয় দ্রষ্টব্য। **~ flag** আত্মসমর্পণের প্রতীক। **~ heat** যে প্রচণ্ড তাপে ধাতু সাদা হয়ে যায়; শ্বেততাপ; (লাক্ষ.) তীব্র আবেগ। এর থেকে, **ˌ~-ˈhot** *adj* শ্বেততপ্ত; তীব্র আবেগময়। **the ˈW~ House** ওয়াশিংটন ডিসি-তে অবস্থিত যুক্তরাষ্ট্রের প্রেসিডেন্টের সরকারি বাসভবন; (এর থেকে) যুক্তরাষ্ট্র সরকার বা তার অনুসৃত নীতি। **~ lead** রঙে ব্যবহৃত সীসকার্বোনেটের বিষাক্ত যৌগিক। **~ lie** (বিশেষত ভদ্রতার খাতিরে বলা) নির্দোষ মিথ্যা কথা। **ˌ~-ˈlipped** ভয়ে ঠোঁট শুকিয়ে বা সাদা হয়ে গেছে এমন। **ˌ~-ˈlivered** *adj* কাপুরুষ, কাপুরুষোচিত। **~ magic,** দ্র. magic. **ˈ~ man/ woman** শ্বেতাঙ্গ পুরুষ/ নারী। **~ meat** পোষা হাঁস-মুরগির বা বাছুরের বা শূকরের মাংস। **~ metal** নকল রুপা। **~ paper** (GB) তথ্য প্রদানের জন্য প্রকাশিত সরকারি প্রতিবেদন বা রিপোর্ট; শ্বেতপত্র। **~d sepulchre** যে ব্যক্তি আপাতদৃষ্টিতে ন্যায়পরায়ণ হলেও কার্যত অসৎ; ভণ্ড। **~ slave** যে মেয়ে পতিতাবৃত্তি গ্রহণে বাধ্য হয়, বিশেষত যে মেয়েকে চাকরির প্রলোভন দেখিয়ে বিদেশে পাচার করা হয়: the ~-slave traffic. **ˈ~·thorn** *n* হথর্ন গাছ (hawthorn). **~ tie** পুরুষদের পূর্ণাঙ্গ সান্ধ্যকালীন পোশাকের সঙ্গে পরিহিত গলবন্ধনীবিশেষ বা টাই; পূর্ণাঙ্গ সান্ধ্যকালীন পোশাক (-এর সংক্ষেপ)। **ˈ~·wash** *n* [U] চুনকামের গোলা; (লাক্ষ.) দোষ ঢাকার উপায়। □*vt* চুনকাম করা; (লাক্ষ.) দোষ ঢাকার চেষ্টা করা।

white[2] [ওআইট্‌ US হোআইট্‌] *n* ১ [U] সাদা রং: She was dressed in ~. ২ [C] শ্বেতাঙ্গ ব্যক্তি। ৩ [C, U] ডিমের সাদা অংশ: take the ~ of an egg; add a little more ~ of egg. ৪ [U] চোখের সাদা অংশ: I could see the ~s of their eyes, তাদের চোখের সাদাটাও দেখতে পাচ্ছিলাম, অর্থাৎ, তারা খুব কাছে ছিল, কাছে এসে গিয়েছিল। **~·ness** *n* ~ *n* [ˈওআইট্‌ন্‌ ˈহো-] *vt, vi* সাদা করা; সাদা হওয়া।

White·hall [ওয়াই ট্‌হো°ল্‌ US হো°-] *n* লন্ডন শহরের যে রাস্তায় সরকারি দপ্তরসমূহ অবস্থিত; লন্ডন শহরের সরকারি অফিসপাড়া; (এর থেকে) বৃটিশ সরকার বা তার অনুসৃত নীতি।

whit·en·ing [ˈওআইট্‌নিঙ্‌ US ˈহো-] *n* [U] = whitning[2].

whither [ˈউইদ্‌া(র্‌) US ˈহু-] *adv* (প্রা. প্র.) কোন জায়গায়, কোথায়; (প্রচলিত ব্যবহার, আল. বা সাংবাদিকতায়) সম্ভাব্য ভবিষ্যৎ কী: Whither Bangladesh, বাংলাদেশ কোন দিকে যাচ্ছে, বাংলাদেশের (সম্ভাব্য) ভবিষ্যৎ কী? **ˌ~ so·ˈever** *adv* (প্রা.প্র.) যে কোনো স্থানেই হোক না কেন; যেখানেই হোক।

whit·ing[1] [ˈওআইটিঙ্‌ US ˈহো-] *n (pl* অপরিবর্তিত) খাদ্য হিসাবে ব্যবহৃত কিছু-কিছু ছোট সামুদ্রিক মাছ।

whit·ing[2] [ˈওআই টিঙ্‌ US ˈহো-] *n* [U] চুনকামে এবং রুপা ইত্যাদি পালিশ করার কাজে ব্যবহৃত সাদা চক বা চা-খড়ির গুঁড়া।

whit·low [ˈউইট্‌লৌ US ˈহু-] *n* হাত বা পায়ের আঙুলের, বিশেষত নখের কাছাকাছি, ফুস্কুরিবিশেষ; আঙ্গুলহাড়া।

Whit·sun [ˈউইট্‌স্‌ন্‌ US ˈহু-] *n* (বিকল্প নাম Whit Sunday) খ্রিস্টীয় পর্ববিশেষ; ঈস্টারের পরের ৭ম রবিবার। **~·tide** [-টাইড়] *n* উপরোক্ত পর্ব ও তার পরবর্তী সপ্তাহ।

whittle [ˈউইট্‌ল্‌ US ˈহু-] *vt, vi* ১ **~ (sth) away** চেঁচে ফেলা; (লাক্ষ.) হ্রাস করা; কমানো। **~ (away) at sth** চাঁচা: ~ at a piece of wood. **~ sth down** চেঁচে ছোট করা; (লাক্ষ.) পরিমাণ কমানো: The management has decided to ~ down the salaries of the workers. ২ চেঁচে তৈরি করা: He ~d a branch into an axe handle.

whiz [উই জ্‌ US হু-] *vi, n* [U] শাঁ শব্দ (করা): The arrow ~zed past.

whizz-kid [ˈউইজ্‌ কিড্‌ US ˈহু-] *n* (অপ.) উদ্ভাবনী ক্ষমতাসম্পন্ন বুদ্ধিদীপ্ত তরুণ; যে দ্রুত সাফল্য অর্জন করে।

who [হূ] *interr pron* (কর্তা হিসাবে এবং শুধু ব্যক্তি সম্বন্ধে ব্যবহৃত; কর্মরূপ **whom** [হূম্‌]) ১ কে বা কারা Who is that gentleman ? Who spilled the milk? (know) **ˌwho's ˈwho** লোকজন সম্পর্কে ওয়াকিফহাল থাকা। ২ (আনুষ্ঠানিক ও সাহিত্য রীতিতে whom ব্যবহৃত হয়, কিন্তু সাধারণ কথ্য রীতিতে Whom-এর স্থলে who বসে) কাকে বা কাদেরকে: Who did you vote for ? For whom did you vote ? □*rel pron* ১ (difining বা restrictive clause সমূহে; দ্র. that[3]-যেটি কখনো কখনো who-এর পরিবর্তে বসে) যে, যারা: This is the man who These are the men who spoke for you. *(there + to be*-এই ছকের পরে *rel pron* হিসাবে *who* উহ্য থাকতে পারে): There is somebody at the door (who) wants to speak to you. ২ *(prep*-এর পরে না-হলে প্রায়শ whom-এর স্থলে that বসে; *prep*টি শেষে বসানো যেতে পারে এবং whom-এর বদলে that বসতে পারে) যাকে, যাদেরকে, যার, যাদের: That is the man (whom) I met in Rajshahi last year. That is the man about whom I told you. That's the man (that) I told you about. ৩ (non-defining clauseসমূহে: এসব ক্ষেত্রে বদলি হিসাবে that ব্যবহার করা যাবে না; clauseটি কমাবেষ্টিত হবে): My brother, who once hated nationalism, has now become an ardent nationalist. My sister, whom you met the other day, is married to a journalist. ৪ (independent relative) **whom the gods love**

die young দেবতারা যাদের ভালোবাসে, তারা অকালে ঝরে যায় (whom = যাদের তারা)।
whoa [ওঁও] *int* দ্র. wo.
who'd [হূড়] = who had, who would.
who·dun·it [হূ'ডানিট্] *n* (অপ.) (= who done it, who did it–এর অপরূপ) গোয়েন্দা বা রহস্যকাহিনী।
who·ever [হূ'এভা(র্)] *pron* যে কেউ (হোক না কেন), যে ই হোক: W~ obstructs the democratic process is a national enemy.
whole [হৌল্] *adj* ১ অক্ষত, অটুট: There isn't a ~ plate (= অক্ষত কোনো প্লেট) in the house. (যেহেতু ~(৩) 'আস্ত' অর্থে ব্যবহৃত হয়, সে জন্য *n*–এর পরে কখনো কখনো ~ (১) বসতে পারে): He swallowed the grape ~. The chicken was roasted ~. **go the ~ hog,** দ্র. hog. ২ পুরো; সম্পূর্ণ: He spoke for a ~ hour, পুরো এক ঘন্টা বলেছে। **'~ food** *n* [U] কৃত্রিম উপাদানমুক্ত পুষ্টিকর খাদ্য: (attrib) a ~ food shop. **,~'note** *n* [C] (US) লিখিত আকারে প্রচলিত দীর্ঘতম সাঙ্গীতিক স্বর। **,~ 'number** *n* [C] অবিভক্ত রাশি; পূর্ণ সংখ্যা। **'~-meal, ,~ 'wheat** *nn* সম্পূর্ণ আটা, অর্থাৎ, যে ভাঙানো গম থেকে কিছুই ঝেড়ে বা ছেঁটে ফেলা যায়নি। ৩ (শুধু attrib, *sing n* সহযোগে) **the/ one's ~** যা কিছু আছে তার সবটা; পুরো, গোটা, সম্পূর্ণ: The ~ truth about sth, কোনো কিছু সম্পর্কে পূর্ণ সত্য; the ~ country, গোটা দেশ, দেশের প্রতিটি মানুষ; the ~ morning, সারা সকাল; He has taken the ~ lot, সবটা/ সবগুলো নিয়ে গেছে। **do sth with one's ~ heart** সর্বান্তঃকরণে কিছু করা। এর থেকে, **whole'hearted(ly)** *adj, adv* ৪ (*pl n* সহযোগে attrib) কম নয়: We walked for three ~ days, তিনদিনের কম কিছুতেই নয়, পুরো তিন দিন; Whole villages (= গ্রামকে গ্রাম) were destroyed by the invaders. ৫ (প্রা.প্র.; বাই.) সুস্থ; আরোগ্যপ্রাপ্ত: They that are ~ need not a physician. His broken arm was made ~. □*n* অবিভক্ত বা সম্পূর্ণ বস্তু; পুরা জিনিস: A ~ is greater than any of its parts. I spent the ~ of that summer in Muree. The land wasn't divided up — it was sold as a ~. **on the ~** সবকিছু বিচার করে; মোটের উপর। **(taken) as a ~** সামগ্রিকভাবে (দেখলে বা বিচার করলে)। **wholly** ['হৌলি] *adv* সম্পূর্ণভাবে; পুরোপুরি: He isn't wholly bad.
whole·sale ['হৌল্সেইল্] *n* (সাধা. attrib) পাইকারি বিক্রয় (দ্র. retail): sell by ~ (US at ~); ~ prices, পাইকারি মূল্য; ~ dealer, পাইকার। □*adj, adv* পাইকারি, পাইকারিভাবে; (লাক্ষ.) বাছ–বিচারহীন, ব্যাপক; ব্যাপকভাবে: His business is ~ only. They buy goods ~. There was a ~ slaughter when three unidentfied gunmen fired indiscriminately at the congregation. **~r** *n* পাইকারি বিক্রেতা।
whole·some ['হৌল্সাম্] *adj* সজীব, স্বাস্থ্যবান; (দৈহিক বা নৈতিক দিক থেকে) স্বাস্থ্যকর বা শুভ: ~ food; ~ advice.
who'll [হূল্] = who will.
whom [হূম্] দ্র. who.
whoop [হূপ্] *n* [C] ১ উচ্চনাদ, নিনাদ, হাঁক: ~s of joy. ২ প্রবল কাশির বেগে হাঁপানির শব্দ। **'~-ing-cough** *n* [U] বাচ্চাদের হুপিং কাশি; ঘুংড়ি কাশি। □*vt, vi* উঁচু গলায় চিৎকার করা: ~ with joy. **~ it up** [ও উপ্ US হোউপ্], (অপ.) আনন্দ–উল্লাসে মেতে সময় কাটানো।
whoopee ['ওউপি] *n* **make ~** (অপ.) আনন্দ–উল্লাসে মত্ত হওয়া।
whop [ওঅপ্ US হোঅপ্] *vt* প্রহার করা; মারা; পরাস্ত করা। **~·per** *n* অস্বাভাবিক বড়ো যে কোনো কিছু, বিশেষত ডাহা মিথ্যা। **~·ping** *adj* খুব বড়ো, বিরাট: a ~ing lie. □*adv* অত্যন্ত, খুব: a ~ping big fish.
who're ['হূআ(র্)] = who are.
whore [হো°(র্)] *n* (নিষিদ্ধ) (তুচ্ছ.) বেশ্যা।
whorl [ওআল্ US হো–] *n* ডালের চতুর্দিকে পাতার বলয়; বোঁটার চারদিকে পাপড়ির বলয়; চক্রাকারে ঘুরে–ওঠা বা আবর্তিত কোনো কিছুর এক ঘের বা পাক (শঙ্খের গায় বা হাতের আঙুলের ছাপে যেমন দেখা যায়): The ~s on a fingerprint. **~ed** *adj* উল্লিখিত বলয় বা চক্রাকার রেখা বিশিষ্ট; বলয়াকার বা চক্রাকারে সজ্জিত।
who's [হূজ্] = who is/ has.
whose [হূজ্] *poss pron* (দ্র. who) ১ কার, কাদের; কিসের: Whose car is that ? ২ যার, যাদের: Is that the writer ~ books you never fail to buy ? ৩ (স্বাভাবিকভাবে ব্যবহৃত of which–এর স্থলে কখনো–কখনো whose ব্যবহৃত হয়ে থাকে): The house ~ windows are broken, জানালা ভাঙা বাড়িটা। ৪ (rel, non-defining clauseসমূহে) Mr Latif, whose house I rented for a year, is a businessman.
why [ওআই US হোআ ই] *adv* ১ (interr) কী কারণে; কেন; কিসের দরুন; কী উদ্দেশ্যে: Why are you so late ? Do you know why he left the job ? ২ (rel *adv*) The reasons why he tried to kill himself are not known. This is (the reason) why I refused the offer. □*int* ১ (বিস্ময়সূচক): Why, a child could do it, আরে, এটা তো একটা শিশুও করতে পারে! ২ (প্রতিবাদসূচক): Why, what's the harm ? কেন, ক্ষতিটা কিসের? □*n* (*pl* whys) কারণ, হেতু। **the whys and the wherefores** কারণগুলো।
wick [উইক্] *n* মোমবাতি, লণ্ঠন, প্রদীপ প্রভৃতির সলিতা; সলতে: She was trimming the ~ of an oil-lamp.
wicked ['উইকিড্] *adj* ১ (ব্যক্তি বা তার কাজ সম্বন্ধে) মন্দ, খারাপ; ভ্রান্ত, অসৎ, অন্যায়; নীতিবিগর্হিত: It was ~ of him to keep the poor old man waiting so long. ২ আক্রোশপূর্ণ; ক্ষতিকর: a ~ blow. ৩ পাজি; দুষ্টামিভরা: She gave him a ~ look. **~·ly** *adv*. **~·ness** *n*. **wicker** [উইক া(র্)] *n* [U] (সাধা. attrib) সাধা. ঝুড়ি, আসবাবপত্র প্রভৃতি তৈরির জন্য বুনুনি–করা নমনীয় ডাল, চটা বা বেত: a ~ chair. **'~·work** *n* [U] নমনীয় ডাল, চটা বা বেতের কাজ।
wicket ['উইকিট্] *n* [C] ১ **,~(-'door/ -'gate)** বিশেষত কোনো বড়ো দরজার পাশে বা ভিতরে নির্মিত ছোট দরজা। ২ (রেল স্টেশনের টিকিট–ঘরের জানালার) যে ফাঁক দিয়ে টিকিট বিক্রি করা হয়। ৩ (ক্রিকেট) মাথার উপর আড়াআড়ি বসানো দুইটি আলগা কাঠের টুকরা বা বেইলের সাহায্যে পরস্পর সংশ্লিষ্ট খাড়াভাবে পোতা যে তিনটি দণ্ড বা স্টাম্প–এর দিকে ক্রিকেটবল ছুড়ে মারা হয়; উইকেট; দুই উইকেটের মধ্যবর্তী ঘাসে–ঢাকা জমির ফালি: take a ~, একজন ব্যাটসম্যানকে পরাস্ত করা; a soft ~ উইকেটদ্বয়ের মধ্যবর্তী মৃত্তিকাস্তরের নরম অবস্থা, নরম উইকেট; Dhaka University won by three ~s, তিন

উইকেটে জয়ী হয়েছে; Biman were six ~s down, বিমানের ছয়জন ব্যাটস্‌ম্যান আউট হয়ে গিয়েছিল। **Keep ~** উইকেটরক্ষকের কাজ করা; উইকেট রক্ষা করা। **ˈ~-keeper** *n* উইকেটের পিছনে বল ধরার জন্য দণ্ডায়মান খেলোয়াড়; উইকেটরক্ষক। ৪ (US) মাটিতে পুঁতে–রাখা যে ধনুকাকার লোহার আংটার ভিতর দিয়ে ক্রোকে খেলায় বল মারা হয়।

wide [ওআাই ড়] *adj* ১ চওড়া; প্রশস্ত: a ~ river. ২ বহুদূর-প্রসারিত; বহু–বিস্তৃত; বিস্তীর্ণ: a man with ~ interests, বিচিত্র আগ্রহসম্পন্ন মানুষ; the ~ world; a ~ selection of new books. ৩ সম্পূর্ণ খোলা: He stared at me with ~ eyes. ৪ লক্ষ্যবহির্ভূত, প্রসঙ্গচ্যুত, অপ্রাসঙ্গিক: a ~ ball, (ক্রিকেটে) উইকেট থেকে অনেক দূর দিয়ে, অর্থাৎ ব্যাটস্‌ম্যানের নাগালের বাইরে দিয়ে বেরিয়ে যাওয়া বল; His answer was ~ of the mark, অপ্রাসঙ্গিক ছিল। ৫ (অপ.) তীক্ষ্ণ ব্যবসায়িক বুদ্ধিসম্পন্ন, ব্যবসায়িক সুযোগসন্ধানী; ন্যায়–অন্যায়বোধহীন; বিবেকবর্জিত। **~ boy** (অপ.) এ রকম লোক। □*adv* ১ লক্ষ্য থেকে দূরে: The arrow fell ~ of the mark. ২ সম্পূর্ণ(ভাবে): He was ~ awake. **ˌ~aˈwake** *adj* (লাক্ষ.) সজাগ-সতর্ক: a ~-awake young man. ৩ বিস্তীর্ণ অঞ্চলব্যাপী; দূর–দূরান্তে: He travelled far and wide. **ˈ~-spread** *adj* বহুবিস্তৃত। **~·ly** *adv* ১ অনেকক্ষণ বা অনেকদূর অন্তর–অন্তর: ~ly scattered. ২ বহুলাংশে, ব্যাপকমাত্রায়: ~ly different. ৩ বিস্তৃত এলাকা জুড়ে; বিস্তৃতভাবে: It is ~ly known that ···. **~n** [ˈওআইড্‌ন্] *vt, vi* প্রশস্ত বা প্রসারিত করা বা হওয়া: ~n the scope of enquiry. The river begins to ~n from this point.

wid·geon [ˈউইজান্] *n* স্বচ্ছ পানিতে বিচরণকারী বুনো হাঁসবিশেষ।

widow [ˈউইডো] *n* বিধবা। **~er** *n* বিপত্নীক। **widowed** [ˈউইডৌড়] *adj* বৈধব্যপ্রাপ্ত: ~ed by war. **~·hood** [-হুড়] *n* বৈধব্য।

width [উইট্‌থ্] *n* ১ [U] প্রশস্ততা: a river of great ~; (লাক্ষ.) ~ of mind. ২ প্রস্থ: a ~ 15 yards. ৩ নির্দিষ্ট প্রস্থবিশিষ্ট কোনো বস্তু: Join two ~s of cloth, দুই প্রস্থ কাপড় জোড়া দেওয়া।

wield [উঈল্‌ড্] *vt* (কোনো কিছুর) অধিকারী হওয়া ও (তা) ব্যবহার করা: ~ an axe; ~ power.

wife [ওয়াই ফ়্] *n* পত্নী, স্ত্রী: Harun and his ~. **old wives' tale** আষাঢ়ে গল্প। fish[1](৩) শিরোনামে fish ~, ও house[1](৭) শিরোনামে house ~ দ্রষ্টব্য। **ˈ~-like, ~·ly** *adjj* পত্নীসুলভ: ~ly virtues.

wig [উইগ্] *n* পরচুলা।

wig·ging [ˈউইগিঙ্] *n* (কথ্য) তিরস্কার, ভর্ৎসনা: give sb a good ~.

wiggle [ˈউইগ্‌ল্] *vt, vi* নড়াচড়া করা; নাড়ানো: Can't you stop wiggling and sit still. □*n* নড়াচড়া।

wig·wam [ˈউইগ্ওঅ্যাম্ US -ওআম্] *n* আগেকার দিনে উত্তর আমেরিকার আদিবাসীদের ব্যবহৃত পশুর চামড়া বা মাদুর দিয়ে তৈরি কুটির বা তাঁবু।

wild [ওআাই লড়] *adj* ১ বন্য, বুনো: ~ flowers; ~ life, বন্য পশু, পাখি ইত্যাদি; a ~-life sanctuary, বন্য পশু–পাখিদের জন্য সংরক্ষিত স্থান; অভয়ারণ্য। **ˈ~·cat** *attrib adj* বেপরোয়া, হঠকারী, ত্রুটিপূর্ণ, অসাধ্য বা অকার্যকর: ~cat schemes (বিশেষত অর্থ ও বাণিজ্যের ক্ষেত্রে); a ~cat strike, অযৌক্তিক ও আকস্মিক ধর্মঘট। **ˈ~·fowl** *n* (বিশেষত) শিকারের পাখি। **ˌ~-ˈgoose chase** অনর্থক প্রয়াস বা পরিশ্রম। **sow one's oats,** দ্র. oat(১). ২ (ঘোড়া, শিকারের পাখি ইত্যাদি সম্বন্ধে) একটুতেই চমকে উঠে এমন; কাছে ঘেষা যায় না এমন: The deer are rather ~. ৩ (ব্যক্তি, উপজাতি ইত্যাদি সম্বন্ধে) অসভ্য; বর্বর, আদিম। ৪ (দৃশ্য, এলাকা, ইত্যাদি সম্বন্ধে) জনশূন্য; পতিত, বিরান; বসতিহীন: The ~ marshes in the north-east. ৫ প্রচণ্ড; অসংযত; ঝড়ো: You had better stay indoors on a ~ night like this, এ রকম ঝড়ো রাতে ...। ৬ উত্তেজিত; ক্ষিপ্ত, উন্মত্ত; উদ্‌ভ্রান্ত: We heard sounds of ~ laughter. He was ~ with anger, রাগে খেপে গিয়েছিল; The uncertainty drove him almost ~, তাকে প্রায় উদ্‌ভ্রান্ত করে দিয়েছিল। ৭ **be ~ about sth/ sb** (কথ্য) কারো/ কোনো কিছুর জন্য পাগল হওয়া। ৮ বিশৃঙ্খল; উচ্ছৃঙ্খল: a state of wild confusion; settle down after a ~ youth, উচ্ছৃঙ্খল যৌবনের পর ...। **run ~** উচ্ছৃঙ্খল জীবন যাপন করা; যথেচ্ছ বেড়ে উঠা: She allowed her children to run ~. **ˈ~·fire** *n* (প্রধানত) **spread like ~fire** (সংবাদ, গুজব ইত্যাদি সম্বন্ধে) দাবানলের মতো (অর্থাৎ দ্রুত) ছড়িয়ে পড়া। ৯ বেপরোয়া, হঠকারী; বিচার–বিবেচনাহীন: a ~ scheme; ~ shooting, বেপরোয়া গুলি চালনা। ১০ (তাস সম্বন্ধে) অনির্ধারিত মূল্য–সম্পন্ন: a ~ card. □*adv* উচ্ছৃঙ্খল বা বেপরোয়াভাবে: shoot ~. □*n pl* **the ~s** অনাবাদি (ও প্রায়শ বসতিহীন) অঞ্চল: the ~s of Africa. **~·ly** প্রচণ্ড বা বেপরোয়া বা উচ্ছৃঙ্খল বা উদ্‌ভ্রান্ত বা অতিরঞ্জিতভাবে: rush about ~ly; talk ~ly, অতিরঞ্জিতভাবে কথা বলা; a ~ly exaggerated account, অস্বাভাবিক বা মাত্রাজ্ঞানহীনভাবে অতিরঞ্জিত বিবরণ। **~·ness** *n*

wilde·beest [ˈউইল্‌ডিবীস্‌ট্] *n* = gnu (হরিণজাতীয় প্রাণী)।

wil·der·ness [ˈউইল্‌ডানিস্] *n (pl* বিরল) ১ উষর জনহীন প্রান্তর; তেপান্তর। ২ নিষ্প্রাণ বিস্তার: ~ waters, ধু-ধু জলরাশি।

wile [ওআাই ল্] *n* (সাধা. *pl)* কূটকৌশল, চাতুরী, শয়তানি: The ~s of the Devil. She fell a victim to the ~s of that unscrupulous rogue.

wil·ful (US অপিচ **will-)** [ˈউইল্‌ফ়্ল্] *adj* ১ (ব্যক্তি সম্বন্ধে) স্বেচ্ছাচারী, একগুঁয়ে: a ~ child. ২ স্বেচ্ছাকৃত: a ~ murder; ~ disobedience. **~ly** [-ফ়ালি] *adv*. **~·ness** *n*

will[1] [weak form: ল্; strong form: উইল্] *anom fin* (ʼll–রূপে প্রায়শ সংক্ষেপিত; *neg* ~ not বা won't [ওঔন্‌ট্]; *pt,* শর্তাধীন would ['I, he, she, we, you, they'–এর পরে: ড়, অন্যত্র, weak form: আড়; strong form: উড়], *neg* would not বা wouldn't [ˈউড়ন্‌ট্]) ১ (ভবিষ্যৎ কালের সহায়ক ক্রিয়া হিসাবে ব্যবহৃত): If today is Sunday, tomorrow ~ be Monday. I'll join you in a minute. He won't be here till Friday. (অতীতকালে ভবিষ্যৎ নির্দেশকল্পে will–এর জায়গায় would বসে): I wonder whether it ~ be ready. I wondered whether it would be ready. You'll be in Khulna this time tomorrow. You would have been in Khulna this time yesterday. ২ (উত্তম পুরুষ—I, we সহযোগে ইচ্ছা, সম্মতি, প্রস্তাব বা প্রতিশ্রুতি প্রকাশ করে): All right, I'll come. We'll look after these children. (অতীতকালে ভবিষ্যৎ নির্দেশকল্পে will–এর স্থলে would বসবে): I said I would do it. We said we would never do it again. ৩ (প্রশ্নে, বিনীত অনুরোধে এবং অনেক ক্ষেত্রে please–এর সমার্থক হিসাবে মধ্যম পুরুষের সঙ্গে ব্যবহৃত হয়): 'Will you (please) come in', ভিতরে আসুন না ? Would you (please) pass the salt? ৪ (উপরোধ বা অনিবার্যতা নির্দেশকল্পে এবং সর্বদা শ্বাসাঘাত বা stress সহযোগে—কখনো 'll বা 'd নয়– –হাঁ–সূচক বাক্যে ব্যবহৃত): She ˈ~ have her own way, সে তার পথে/ তার মতো চলবেই; boys ˈ~ be boys, ছেলেরা তো ছেলেই হবে, অর্থাৎ ছেলেমি করবেই; Accidents ˈ~ happen, দুর্ঘটনা তো ঘটবেই। ৫ (অস্বীকৃতি বা প্রত্যাখ্যান বোঝাতে নঞর্থে ব্যবহৃত): He won't help me, সাহায্য করবে না (বলে জানিয়েছে); This window won't open, এই জানলাটা খুলবে না, অর্থাৎ, খোলা যায় না। ৬ (কোনো কিছু মাঝে–মাঝে ঘটে থাকে, কেউ কোনো কিছু করে থাকে, কোনো কিছু স্বাভাবিক বা প্রত্যাশিত—এ রকম বোঝাতে will ব্যবহৃত হয়): He'll sit there hour after hour looking at the traffic go by. Sometimes the boys will play a trick on their teachers. Occasionally there will be misunderstanding between friends. ৭ (সম্ভাব্যতা নির্দেশকল্পে ব্যবহৃত) This'll be the place he described to us. He would be about 50 when he died. You said you wanted someone to help you with the typing. Will I do? আমাকে দিয়ে কী কাজটা হবে? ৮ (শর্তাধীন উক্তি ও প্রশ্ন গঠনের জন্য মধ্যম ও নামপুরুষের সঙ্গে would ব্যবহৃত হয়): He'd be killed if the car swerved by an inch. He'd have been killed if the car had swerved by an inch. **would rather,** দ্র. rather(১). ৯ (বক্তার ইচ্ছা বা অভিপ্রায় জ্ঞাপক শর্তাধীন উক্তি গঠনের জন্য উত্তম পুরুষের সঙ্গে would ব্যবহৃত হয়): We would have come if it hadn't rained.

will² [উইল্] *vi (pt* would [উড্], অন্য কোনো রূপ ব্যবহৃত হয় না) (প্রতিটি ব্যবহার সেকেলে) ১ ইচ্ছা করা: Let him do what he ~s, সে যা করতে চায় করুক; What would you, তোমার কী ইচ্ছা, কী করতে চাও? ২ (কর্তা 'I' প্রায়শ উহ্য থাকে) ইচ্ছা প্রকাশে ব্যবহৃত: Would (that) it were otherwise, আহ্, যদি অন্য রকম হতো (তাহলে কী–ই না ভালো হতো); Would (= I would) to God (that) I hadn't agreed, আহ্, যদি রাজি না হতাম! ৩ পছন্দ করা; বেছে নেওয়া; আকাঙ্ক্ষা করা: That is the place where he would be. Come whenever you ~, যখন ইচ্ছা এসো। (will² ও will³–এর ঘনিষ্ঠ সম্পর্ক লক্ষণীয়) ˈ**would-be** *attrib adj* আকাঙ্ক্ষা বা অভিপ্রায় নির্দেশকল্পে ব্যবহৃত হয়: would-be poets, কবি হতে চায় এমন সব ব্যক্তি; হবু–কবি।

will³ [উইল্] *vt, vi* ১ কোনো কিছু করার বা পাবার ইচ্ছা পোষণ করা: None can achieve success merely by ~ing it. ২ ইচ্ছা–শক্তি প্রয়োগ করা: Willing and wishing are not the same thing. ৩ অমোঘ ইচ্ছা প্রকাশ বা প্রতিফলিত করা: God has ~ed it so, আল্লাহ্–র এ রকমই অভিপ্রায়। ৪ ইচ্ছাশক্তি প্রয়োগ করে প্রভাবিত বা নিয়ন্ত্রিত বা বাধ্য করা: I ~ed myself into keeping awake. ৫ **~ sth to sb; ~ sb sth** ইষ্টিপত্র বা উইল করে কাউকে কোনো কিছু (ধনসম্পত্তি প্রভৃতি) দান করা বা দিয়ে যাওয়া: He ~ed all his money to charities. My father has willed me the only house he owned in the city.

will⁴ [উইল্] *n* ১ **the ~** ইচ্ছাশক্তি: the freedom of the ~. ২ [U,C] (কেবল *sing)* (অপিচ ˈ**~-power)** আত্মনিয়ন্ত্রণের ক্ষমতা: He has no ~ of his own, অন্যের দ্বারা সহজে প্রভাবিত হয়; He has a strong/ weak ~, দৃঢ়চেতা/ দুর্বলচিত্ত মানুষ। এর থেকে, **strong-ˈ~ed** ও ˌ**weak-ˈ~ed** *adjj* (যৌগশব্দ) দৃঢ়চেতা ও দুর্বলচিত্ত। ৩ [U,C] (কেবল *sing)* সংকল্প; আকাঙ্ক্ষা বা অভিপ্রায়: ~ to live, বেঁচে থাকার সংকল্প; ~ to please, (অন্যকে) খুশি করার আকাঙ্ক্ষা। **where there's a ~ there's a way** (প্রবাদ) ইচ্ছা থাকলে উপায় হয়। **take the ~ for the deed** (কারো) উপকার করার সাধ্য নেই অথচ উপকার করার বাসনা আছে, এ কথা অনুধাবন করে (তার প্রতি) কৃতজ্ঞ বোধ করা। **of one's own free ~** স্বেচ্ছায়: I did it of my own free ~, স্বেচ্ছায় একাজ করেছি। **at ~** ইচ্ছামতো, খুশিমতো: You may come and go at ~, তোমার ইচ্ছামতো আসতে যেতে পার। **tenant at ~** (আইন.) যে প্রজা বা ভাড়াটেকে (মালিকের) প্রয়োজনমতো (জমি বা বাড়ির দখল) ছাড়তে হতে পারে। ৪ **a ~** শক্তি; আগ্রহ, উদ্দীপনা: work with a ~. ৫ [U] (possessive সহযোগে) যা অভিপ্রেত বা স্থিরীকৃত: God's ~ be done, আল্লাহ্‌র ইচ্ছা পূর্ণ হোক। ৬ good/ ill ~ সদিচ্ছা/ অসদিচ্ছা: There are still men who feel no ill ~ towards anybody. 'Peace on earth and good ~ towards men.' ৭ [C] (অপিচ **last ~ and testament)** = testament. **~·ful** [-ফ়্ল্] *adj* wilful–এর US বানান।

wil·lies [ˈউইলিজ্] *n pl* (অপ.) অস্বস্তিবোধ বা সন্ত্রস্ত অনুভূতি: The deserted house gave me the ~.

will·ing [ˈউইলিঙ্] *adj* স্বেচ্ছাপ্রণোদিত, ইচ্ছুক: a ~ partner in sth. He was ~ to buy a share. ২ নির্দ্বিধায় ও তাৎক্ষণিকভাবে কৃত, প্রদত্ত ইত্যাদি: ~ obedience. **~·ly** *adv.* **~·ness** *n* [U]

will-o'-the-wisp [ˌউইল্আদ্‌াˈউইস্প্] *n* রাতের বেলা জলাভূমিতে দৃশ্যমান আলো; আলেয়ার আলো; (সাধারণভাবে লাক্ষ.) যে ব্যক্তি বা বস্তু নাগাল এড়িয়ে যায়।

wil·low [ˈউইলৌ] *n* [C] ˈ**~(-tree)** সরু নমনীয় শাখাযুক্ত এক প্রকার গাছ ও গুল্ম; ঝুড়ি তৈরিতে ব্যবহৃত এই গাছের ডাল; ক্রিকেট খেলার ব্যাট, প্রভৃতি তৈরিতে ব্যবহৃত এই গাছের কাঠ। ˈ**~-pattern** *n* সাদা চীনামাটির পাত্রের উপর নীল রঙে করা (নদী, গাছ ইত্যাদির নকশাযুক্ত) কারুকাজ। **~y** *adj* (ব্যক্তি সম্বন্ধে) সরু ও নমনীয়।

willy-nilly [ˌউইলিˈনিলি] *adv* ইচ্ছায় বা অনিচ্ছায়; চাও বা না চাও।

wilt [উইল্ট্] *vi, vt* (গাছপালা, ফুল সম্বন্ধে) ঝুলে পড়া; নুয়ে পড়া; সজীবতা হারানো, শুকিয়ে যাওয়া; (ব্যক্তি সম্বন্ধে) নেতিয়ে পড়া; নির্জীব বা নিস্তেজ হয়ে পড়া।

wil·ton [ˈউইলটান্] *n* এক ধরনের কার্পেট।

wily [ˈওআইলি] *adj* কূটকৌশলপূর্ণ; ধূর্ত: a ~ old fox.

wimple [ˈউইম্প্ল্] *n* মাথা, গণ্ডদেশ, চিবুক, ঘাড় ও গলা ঢাকা ক্ষৌমবস্ত্রের বা লিনেনের আবরণ, মধ্যযুগে মহিলারা এই আবরণ ব্যবহার করতো; এখনো কতিপয় খ্রিস্টান সন্ন্যাসিনী তা ব্যবহার করে থাকে।

win [উইন্] *vt, vi (pt pp* won [ওআন্]) ১ কঠোর পরিশ্রম, অধ্যবসায়, নিরলস প্রচেষ্টা দ্বারা অর্জন করা; জিতে নেওয়া; (যুদ্ধ, প্রতিযোগিতা ইত্যাদিতে) জয়লাভ করা: win a race/ a battle/ a war; win a scholarship; win friendship; ~ fame. Our side won. He won Tk. 50,000 at a lottery. **win the day/ the field** বিজয়ী হওয়া। **win free/ clear/ out/ through** নিজের পথ করে নেওয়া; চেষ্টা করে (কঠিন অবস্থা ইত্যাদি থেকে) নিজেকে মুক্ত করা। **win hands down** (কথ্য) অনায়াসে সাফল্য অর্জন করা। **ˈwin·ning-post** *n* প্রতিযোগিতার সমাপ্তিরেখা চিহ্নিত করা খুঁটি। ২ **win sb over (to sth)** (কম প্রচলিত) **win sb to do sth** যুক্তি দ্বারা (কাউকে) স্বমতে বা স্বপথে নিয়ে আসা; (কারো) আনুকূল্য লাভ করা: I was able to ~ him over to my view. ৩ পরিশ্রম করে পৌছানো: ~ the shore, তীরে পৌঁছানো। □*n* [C] খেলা, প্রতিযোগিতা ইত্যাদিতে সাফল্য, বিজয়: He has had six successive ~s in tennis this summer. **win·ner** *n* জয়লাভকারী ব্যক্তি, বস্তু বা প্রাণী, বিজয়ী। **win·ning** *adj* ১ বিজয়ী; জয়সূচক: the winning point; the winning horse. ২ বুঝিয়ে স্বমতে বা স্বপথে আনতে পারে এমন; আস্থা ও বন্ধুতা অর্জন করে কিংবা আস্থার ও বন্ধুতার উদ্রেক করে এমন: a winning smile. **win·nings** [ˈউইনিঙ্জ] *n pl* বাজি ধরা, জুয়াখেলা প্রভৃতিতে জিতে নেওয়া অর্থ।

wince [উইন্স্] *vi* ব্যথায় কুঁচকে উঠা বা কুঁচকে যাওয়া; আঘাতে অপমানে সঙ্কুচিত হওয়া: He ~d under the blow. She ~d at the insult. □*n* ব্যথা অপমান ইত্যাদিতে কোঁচকানো বা সঙ্কুচিত হওয়া: without a ~.

win·cey·ette [ˌউইন্সিˈএট্] *n* [U] শার্ট ইত্যাদিতে ব্যবহৃত শক্ত সুতি ও পশমি দ্রব্য বা শুধু পশমি দ্রব্য।

winch [উইন্চ্] *n* কপিকলবিশেষ। □*vt* কপিকল ব্যবহার করে উঠানো, নড়ানো, চালানো ইত্যাদি: The heavy machines were ~ on to the truck.

wind[1] [উইন্ড্] *n* ১ [C,U] (প্রায়শ **the ~**; মাত্রা বা শক্তি নির্দেশ করতে much, little ইত্যাদি সহযোগে এবং ধরন দিক প্রভৃতি নির্দেশ করতে indef art সহযোগে বা বহুবচনে ব্যবহৃত হয়) বাতাস, হাওয়া: a west ~, পশ্চিমা বাতাস; The ~ is rising, হাওয়া উঠছে/ জোরদার হচ্ছে। **fling/ throw caution/ prudence, etc to the ~s** সাবধানতা, বিচক্ষণতা ইত্যাদি হাওয়ায় ছুড়ে দেওয়া, অর্থাৎ, সাবধানতা ইত্যাদির পরোয়া না করা; বেপরোয়া হয়ে ওঠা। **get/ have the ~ up** (অপ.) ভয় পাওয়া; আতঙ্কিত হয়ে পড়া। **raise the ~** (অপ.) প্রয়োজনীয় অর্থ সংগ্রহ করা। **put the ˈ~ up sb** (অপ.) কাউকে ভয় পাইয়ে দেওয়া। **see/ find out how the ~ blows** কী ঘটতে পারে, লোকজন কী ভাবছে খোঁজ নিয়ে দেখা বা বুঝে দেখা। **sail close/ near to the ~,** দ্র. sail[2](১). **take the ~ out of sb's sails** আগেভাগে কোনো কিছু করে বা বলে কাউকে তা করা বা বলা থেকে বিরত করা; আকস্মিকভাবে কারো সুবিধা কেড়ে নেওয়া। **There is/ was sth in the ~** গোপনে কিছু একটা করা হচ্ছে/ হচ্ছিল, গোপনে কোনো ফন্দি আঁটা হচ্ছে/ হচ্ছিল। ২ *(pl)* চতুর্দিক, চারধার: The house stood on a hilltop, exposed to the four ~s of heaven, চতুর্দিক থেকে প্রবাহিত বাতাস...; My papers were blown to the four ~s, চতুর্দিকে উড়ে গেল/ ছড়িয়ে গেল। ৩ [U] দৌড়ের জন্য বা একটানা কোনো কিছু করার জন্য প্রয়োজনীয় শ্বাস; দম: He soon lost his ~, দম ফুরিয়ে গেল; I stopped to get back my ~, দম ফিরে পাবার জন্য থামলাম। **get one's second ~** একবার দম ফুরিয়ে যাবার পর আবার তা ফিরে পাওয়া; (লাক্ষ.) কোনো কাজের জন্য নতুন করে শক্তি সংগ্রহ করা। **sound in ~ and limp** শারীরিক দিক থেকে চমৎকার অবস্থায়। ৪ [U] হাওয়ায় ভেসে থাকা/ ভেসে আসা গন্ধ; (লাক্ষ.) আভাস। **get ~ of** কোনো কিছুর গুজব শোনা; কোনো কিছুর আভাস পাওয়া। ৫ [U] শূন্যগর্ভ কথা; ফাঁকা বুলি: Our politicians are all ~ , কেবলই ফাঁকা বুলি আওড়ায়। ৬ [U] পেটে সঞ্চারিত বায়ু বা গ্যাস: The body is suffering from ~, পেটে গ্যাস হয়েছে। **break ~** বাতকর্ম করা; পাদা। ৭ **the ~** অর্কেস্ট্রায় ব্যবহৃত বায়ু চালিত বা ফুঁ দিয়ে বাজানো বাদ্যযন্ত্রসমূহ। ৮ (যৌগশব্দ) **ˈ~·bag** *n* (কথ্য) বাকসর্বস্ব ব্যক্তি, বাজে বকিয়ে। **ˈ~·break** *n* বাতাসের বেগ সামলানোর জন্য দেওয়া বেড়া, গাছের সারি প্রভৃতি। **ˈ~-cheater** (US = **ˈ~·breaker)** বাতাসের বেগ থেকে ঊর্ধ্বাঙ্গ রক্ষার জন্য আঁটো জামা। **ˈ~·fall** *n* [C] **(ক)** বাতাসে গাছ থেকে পড়া ফল। **(খ)** অপ্রত্যাশিতভাবে পাওয়া সুফলবিশেষ। অর্থপ্রাপ্তি। **ˈ~-flower** *n* তারা ফুল। **ˈ~-gauge** *n* বাতাসের বেগ মাপার যন্ত্র। **ˈ~ instrument** *n* বায়ুচালিত বাদ্যযন্ত্র (যেমন অর্গান, বাঁশি প্রভৃতি)। **ˈ~·mill** *n* বায়ুপ্রবাহ দ্বারা চালিত কল; বাতচক্র। **fight/ tilt at ~ mills** (Cervantesকৃত Don Quixote–এর গল্প থেকে) কল্পিত শত্রুর সঙ্গে লড়াই করা; কল্পিত অন্যায় বা অবিচারের প্রতিবিধানের চেষ্টা করা। **ˈ~·pipe** *n* শ্বাসনালী। **ˈ~·screen** (US = **ˈ~·shield)** *n* মোটরগাড়ি প্রভৃতির সম্মুখভাগের কাচের পর্দা। **ˈ~·screen-wiper** *n* wipe শিরোনামে wiper দ্রষ্টব্য। **ˈ~-sock** *n* বাতাসের গতি নির্দেশের জন্য খুঁটির উপর ওড়ানো আস্তিনের মতো চটের লম্বা হাতা (বিমানবন্দরে যেমন দেখা যায়)। **ˈ~·swept** *adj* ঝ∅াপীড়িত: a ~swept hillside. **ˈ~-tunnel** *n* বিমানপোতের উপর বায়ুপ্রবাহের প্রতিক্রিয়া পর্যবেক্ষণের জন্য যে সুরঙ্গসদৃশ কাঠামোর ভিতর দিয়ে (নিয়ন্ত্রিত বেগে) বায়ু প্রবাহিত করা হয়; বায়ুসুরঙ্গ। **~·less** *adj* বায়ুহীন: a ~less day. **~·ward** [-ওআড্] *n, adj* যে দিক থেকে বায়ু প্রবাহিত হয় সেই দিক, সেই দিকে মুখ করা। **windy** *adj* ১ ঝটিকাপূর্ণ, ঝড়ো: ~y weather. ২ বাকসর্বস্ব, দ্র. উপরে ৫। ৩ (অপ.) ভীত, শঙ্কিত। **~·ily** [-ইলি] *adv* **~i·ness** *n*

wind[2] [উইন্ড্] *vt* (wind[1] থেকে) *(pt, pp* ~ed [ˈউইন্ডিড্])১ গন্ধের সাহায্যে (কারো/ কোনো কিছুর) উপস্থিতি আবিষ্কার করা বা টের পাওয়া: The hounds ~ed the fox. ২ দম নিঃশেষিত করা; হাঁপ ধরানো: I was quite ~ed by running to catch up with them. ৩ (কাউকে/কোনো কিছুকে) দম নেবার/ফিরে পাবার সময়/সুযোগ দেওয়া: They stopped to ~ the bullocks.

wind[3] [ওআই নড্] *vi, vt* ১ ঘুরে ঘুরে বা এঁকেবেঁকে যাওয়া বা চলা বা চালানো: climb a ~ing staircase. The river ~s (its way) to the sea. He wound himself/his way into her affections, (লাক্ষ.) ঢের ফন্দি–ফিকির করে সে তার মন জয় করেছে। ২ (তার, সুতা ইত্যাদি) পেঁচিয়ে পেঁচিয়ে গুটি করা বা কোনো কিছুর চারদিকে পেঁচানো: ~ (up) wool into a ball; ~ in the line, বড়শির সুতা গুটানো। **~ sth off** পাক খোলা। **~ sb round one's (little) finger** কাউকে দিয়ে যা খুশি তা-ই করানো; কাউকে (কড়ে) আঙুলের ডগায় করে নাচানো। ৩ **~ sth round sb/sth; ~ sb/ sth in sth** জড়িয়ে বা মুড়ে দেওয়া; জড়ানো, মোড়া; জড়িয়ে ধরা: ~ a shawl round a baby; ~ a baby in a shawl. She wound her arms round her child. **~·ing-sheet** *n* মৃতদেহ ঢাকার কাপড়; কাফন। ৪ **~ sth (up)** (কপিকল প্রভৃতির হাতল) ঘোরানো; এ রকম (হাতল) ঘুরিয়ে (কোনো কিছু) উত্তোলন করা বা তোলা: ~ a handle; ~ up a bucket from a well. ৫ **~ sth (up)** (ঘড়িতে) চাবি দেওয়া: I often forget to ~ up my watch. ৬ **be wound up (to)** (বিশেষত passive বা কর্মবাচ্যে) (আবেগের দিক থেকে) আলোড়িত বা উত্মন্থিত হওয়া: We were all wound up to a high pitch of excitement. expectation wound up to a high pitch, উঁচু গ্রামে/তারে বাঁধা প্রত্যাশা, উঁচু বা অত্যধিক প্রত্যাশা। ৭ **~ (sth) up** শেষ হওয়া বা শেষ করা: It's time for you to ~ up your speech, বক্তৃতা শেষ করার/বক্তৃতার ইতি টানার সময় হয়েছে; We wound up the evening by singing songs from the old Bengali movies, পুরনো বাংলা সিনেমার গান গেয়ে (সেদিনের সম্মিলনী) সন্ধ্যার ইতি টানলাম। **~ up a business company** ব্যবসা গোটানো। **~ up one's affairs** নিজের কাজকর্ম গোটানো। □*n* [C] পেঁচানো তারের এক পেঁচ বা ঘের; ঘড়ির চাবির এক পাক।

wind·lass [ˈউইন্ড্লাস্] *n* কপিকলবিশেষ; চরকি।

win·dow [ˈউইন্ডৌ] *n* জানালা: look out of the ~, জানালা দিয়ে বাইরে তাকানো। ˈ**~-box** *n* ফুল বা লতাগাছ তোলার জন্য জানালার ধারিতে বসানো লম্বা সরু বাক্স। ˈ**~-dressing** *n* দোকানের জানালায় সুন্দর করে জিনিসপত্র সাজিয়ে রাখার কৌশল; (লাক্ষ.) নিজের কাজ, ক্ষমতা, গুণাগুণ ইত্যাদি চমৎকারভাবে জাহির করার কৌশল। ˈ**~envelope** *n* ঠিকানার অংশে স্বচ্ছ আবরণযুক্ত খাম, এই আবরণের মধ্য দিয়ে ভিতরের কাগজে লেখা ঠিকানা পড়া যায়। ˈ**~-pane** *n* জানালার (শার্সির) কাচ। **go** ˈ**~-shopping** (ঠিক কেনার জন্য নয়, আগ্রহ বা কৌতূহলবশত) দোকানের জানালায় সাজিয়ে রাখা জিনিসপত্র দেখা। ˈ**~-sill** *n* দ্র. sill. **a ~ on the world** (লাক্ষ.) অন্যান্য দেশ সম্পর্কে জানার বা সে সবের সংস্পর্শে আসার উপায়; বহির্বিশ্বের জানালা: For some of us the English language is a ~ on the world.

windy [ˈউইন্ডি] দ্র. wind[1].

wine [ওআইন্] *n* [U] ১ আঙ্গুরের রস থেকে প্রস্তুত মদ বা সুরা: a bottle of ~. **new ~ in old bottles** যে নতুন তত্ত্ব বা নীতি পুরনো বিধি-নিয়মের বাধা মানে না। ˈ**~·glass** *n* মদের পেয়ালা বা গেলাস। ˈ**~·press** *n* আঙ্গুর পিষে রস বের করার যন্ত্র। ˈ**~·skin** *n* ছাগল প্রভৃতির গোটা চামড়া সেলাই করে তৈরি করা ভিশতি বা মশকবিশেষ, আগেকার দিনে এতে মদ ধরে রাখা হতো। ২ অন্যান্য ফল থেকে প্রস্তুত মদজাতীয় পানীয়: palm ~. □*vt* (বিশেষত) **~ and dine sb** কাউকে পানাহার করানো: We were ~d and dined at Biman's expense.

wing [উইঙ্] *n* ১ ডানা, পাখা। **clip a person's ~s** কারো গতিবিধি, কাজকর্ম, খরচপত্র ইত্যাদি সীমিত করা। **lend/add ~s to** গতি দান করা: Fear lent him ~s, ভয়ে দৌড়াচ্ছিল। **take (to itself) ~s** উধাও হওয়া: Whenever he takes charge of the family's pantry, money seems to take ~s, টাকা যেন উড়ে যেতে, অর্থাৎ, উধাও হতে থাকে। **take sb under one's ~s** কাউকে নিজের পক্ষপুটে, অর্থাৎ, আশ্রয়ে গ্রহণ করা, তার নিরাপত্তা বিধান করা, তাকে আদর-যত্ন, প্রয়োজনীয় পথনির্দেশ ইত্যাদি প্রদান করা। ˈ**~-nut/-screw = thumb-nut.** ˈ**~-span/-spread** *nn* (প্রসারিত) ডানার বিস্তার। ২ কোনো বস্তু, ভবন ইত্যাদির একপাশ থেকে বর্ধিত অংশ: a ˈ~ chair, উঁচু হাতলযুক্ত চেয়ার; add a new ~ to a hospital. The east ~ of the house has been recently added. ৩ (সাম.) সেনাবাহিনীর বা নৌবহরের পার্শ্বভাগ; পার্শ্বভাগ রক্ষাকারী সেনাদল বা রণতরীসমূহ। ৪ কোনো রাজনৈতিক দলের চরমপন্থী সদস্যবর্গ: The radical wing of the Awami league. এর থেকে, **left-/right-~(er)** বামপন্থী/ডানপন্থী। ৫ রঙ্গমঞ্চের পার্শ্বভাগ; পার্শ্বভাগের দৃশ্য: They watched the performance from the ~s. ৬ উড্ডয়ন, ওড়া। **on the ~** উড্ডীন: shoot a bird on the ~, উড়ন্ত অবস্থায় ...। **take ~** উড়তে শুরু করা। ৭ আকৃতিতে বা অবস্থানে পাখার মতো কোনো কিছু। ৮ (অপিচ **~er**) (ফুটবল, হকি খেলায়) মধ্যমাঠ বা সেন্টারের উভয় পাশে অবস্থান নেওয়া আক্রমণভাগের খেলোয়াড়। ৯ (GB রাজকীয় বিমান বাহিনী: RAF) দুই বা ততোধিক স্কোয়াড্রনের বিন্যাস; *(pl)* বৈমানিকের অভিজ্ঞান বা ব্যাজ। ˈ**~-commander** রাজকীয় বিমান বাহিনীতে গ্রুপ ক্যাপ্টেনের অব্যবহিত নীচের পদ। □*vt, vi* ১ গতিদান করা: (সাধা. লাক্ষ.) Fear ~ed my steps. ২ উড্ডয়ন করা; ওড়া: The aeroplane ~ed (its way) over the Himalayas. ৩ (কোনো পাখিকে) ডানায় আহত করা; (কথ্য) (কোনো ব্যক্তিকে) বাহুতে আহত করা। **~ed** *adj* ডানাযুক্ত, ডানাঅলা: ~ed insects. **~·less** *adj* ডানাহীন। **~er** *n* রঙ্গমঞ্চের পার্শ্বভাগে অবস্থান গ্রহণকারী অভিনেতা বা মধ্যমাঠের যে কোনো পাশে অবস্থান নেওয়া আক্রমণভাগের খেলোয়াড়। আলোচ্য শিরোনামে চতুর্থ ও অষ্টম ঘর দ্রষ্টব্য।

wink [উইঙ্ক্] *vi, vt* ১ **~ (at)** (চোখ) পিটপিট করা; পিটপিটিয়ে (চোখ থেকে পানি) সরিয়ে দেওয়া বা ফেলে দেওয়া: He ~ed at me, চোখ পিটপিট করে ইশারা করল; She ~ed a tear away. **~ at sth** না দেখার ভান করা; (দোষ-ত্রুটি ইত্যাদি) জেনেশুনে উপেক্ষা করা। ২ (তারা, আলো ইত্যাদি সম্বন্ধে) মিটমিট করে জ্বলা; থেমে থেমে জ্বলা: The stars were winking in the clear night sky. □*n* ১ বিশেষত সঙ্কেত বা ইঙ্গিতবাহী (চোখের) পিটপিটানি। **tip sb the ~** (কথ্য) কাউকে বিশেষ তথ্য প্রদান করা; কাউকে গোপনে সতর্ক করে দেওয়া। **A ~ is as good as a nod** চোখের ইশারাতেও কাজ হয়। ২ এক পলক, নিমেষ: I didn't have a ~ of sleep, এক পলকও ঘুমাইনি। **forty ~s** (বিশেষত) দিনের বেলায় সংক্ষিপ্ত ঘুম।

win·kle [ˈউইঙ্ক্ল্] *n* খাদ্য হিসাবে ব্যবহৃত সামুদ্রিক শামুক; চিরসবুজ লতাবিশেষ। **~ sb/sth out** জোর করে টেনে উঠানো বা টেনে বের করা।

win·ner, win·ning, দ্র. win.

win·now [ˈউইনৌ] *vt* (শস্য) ঝাড়া বা চালা: ~ rice; ঝেড়ে বা বাতাস দিয়ে (শস্য থেকে) তুষ, খোসা প্রভৃতি

আলাদা করা: ~ the chaff away; (লাক্ষ.): ~ truth from falsehood.

win·some [ˈউইন্‌সম্] *adj* (ব্যক্তি বা তার চেহারা সম্বন্ধে) আকর্ষণীয়; মনোরম; হাসিখুশি, উজ্জ্বল: a ~ smile. **~·ly** *adv*. **~·ness** *n*

win·ter [ˈউইন্‌টা(র্)] *n* [U, C] শীতকাল (উত্তর গোলার্ধে নভেম্বর বা ডিসেম্বর থেকে ফেব্রুয়ারি বা মার্চ পর্যন্ত): ~ sports, শীতকালীন খেলাধুলা; many ~s (সাহিত্য. = বছর) ago. ˈ**~garden** লতাপাতা ইত্যাদি সহ কাচে ঢাকা স্থান, যেমন আধুনিক হোটেলের আরাম-কক্ষ বা লাউন্‌জ্। □*vi* শীতকাল কাটানো বা যাপন করা: ~ in the south, দক্ষিণে শীতকাল যাপন করা। **~y, wintry** [ˈউইন্‌ট্রি] *adjj* শীতকালীন বা শীতকালের মতো; ঠাণ্ডা; (লাক্ষ.) নিষ্প্রাণ: a wintry day; (লাক্ষ.) a wintry smile, নিষ্প্রাণ হাসি।

wipe [ওআইপ্] *vt, vi* কাপড়, কাগজ, হাত ইত্যাদি দিয়ে মুছে পরিষ্কার করা বা শুকানো; মোছা: ~ one's hands on a towel; ~ the dishes; ~ one's face, মুখ মোছা; ~ one's eyes, চোখ মোছা, অর্থাৎ, চোখের পানি মোছা। **~ the floor with sb,** দ্র. floor[1] (১). **~ the slate clean** অতীতের ভুল-ভ্রান্তি, শত্রুতা ইত্যাদি ভুলে গিয়ে নতুন করে শুরু করা। **~ sth away** মুছে ফেলা (যেমন, চোখের পানি)। **~ sth off (ক)** মুছে ফেলা: ~ off a diagram from the blackboard. **(খ)** দায়মুক্ত হওয়া; লোপ করা: ~ off a debt. **~ sth out (ক)** (কোনো কিছুর) ভিতরের দিক বা অন্তর্ভাগ পরিষ্কার করা: ~ out a jug. **(খ)** মুক্ত হওয়া; অপসারণ করা; মুছে ফেলা: ~ out a disgrace, কলঙ্কমুক্ত হওয়া। **(গ)** সম্পূর্ণরূপে ধ্বংস করা: The disease ~d out almost the entire population of the village. **~ sth up** (তরল পদার্থ ইত্যাদি) মুছে নেওয়া: ~ up spilt milk. □*n* মোছা: She gave the plate a ~. **~r** *n* যা দিয়ে মোছা হয়; সম্মার্জনী, সম্মার্জক: a windscreenwiper.

wire [ˈওআইআ(র্)] *n* ১ [C, U] তার: ˈtelephone ~(s); copper ~. **pull (the) ~s** (লাক্ষ.) গোপন বা পরোক্ষ প্রভাব খাটিয়ে নিজের স্বার্থ হাসিল করা; গোপনে বা পরোক্ষভাবে রাজনীতির কলকাঠি নাড়া; এর থেকে, ˈ**~-puller** *n*. **live ~ (ক)** বিদ্যুৎপ্রবাহ সম্পন্ন তার; তাজা তার। **(খ)** (লাক্ষ.) সবল সক্রিয় ব্যক্তি। ˈ**~-cutters** *n, pl* তার-কাটা কাতুরি। ˌ**~-ˈhaired** *adj* (বিশেষত কুকুর সম্বন্ধে) খাড়া-খাড়া কর্কশ লোমঅলা। ˈ**~-tapping** *n* [U] টেলিফোনে আড়িপাতা। **~ wool** *n* [C, U] পাত্র পরিষ্কার করার জন্য মিহি তারের বুরুশ। ˈ**~-worm** *n* গাছপালার ক্ষতিসাধক কতিপয় কীট। ২ [C] (কথ্য, বিশেষত US) তারবার্তা, তার, টেলিগ্রাম: send sb a ~. □*vt, vi* ১ তার দিয়ে বাঁধা: ~ two things together; কোনো কিছুর উপরে বা ভিতরে তার জড়ানো; সূক্ষ্ম তার দিয়ে (জপমালা, মুক্তার মালা প্রভৃতি) গাঁথা। ২ (ভবন ইত্যাদিতে) বিদ্যুতের তার বসানো: The house has not been ~d for electricity yet. ৩ তারের ফাঁদ ব্যবহার করে (পাখি, খরগোশ প্রভৃতি) ধরা। ৪ (কথ্য, বিশেষত US) তারবার্তা পাঠানো; টেলিগ্রাম করা: He ~d (to) me to receive him at the airport. He ~d me that he would not be able to come. **wir·ing** *n* [U] (বিশেষত) বৈদ্যুতিক তার সংযোজনপ্রণালী। **wiry** *adj* তারের মতো; (ব্যক্তি সম্বন্ধে) পাতলা কিন্তু তারের মতো শক্ত পাকানো শরীর আছে এমন।

wire·less [ˈওআআলিস্] *adj* তারহীন, বেতার। □*n* (অধুনা অপ্রচলিত) ১ [U] বেতার-মাধ্যম; বেতার-সংযোগ; বেতার সম্প্রচার। ২ [C] বেতার যন্ত্র।

wis·dom [ˈউইজ্‌ডাম্] *n* [U]১ জ্ঞানসম্পন্নতা; গভীর ও বিস্তৃত জ্ঞান; প্রাজ্ঞতা, বিজ্ঞতা, বিচক্ষণতা। ˈ**~-tooth** *n* আক্কেল দাঁত: cut one's ~-teeth, বিচার-বিবেচনার বয়স হওয়া, আক্কেল হওয়া। ২ বিজ্ঞ ও বিচক্ষণ ভাবনা, উক্তি, ইত্যাদি: the ~ of our forefathers.

wise [ওআইজ্] *adj* জ্ঞানী, প্রাজ্ঞ, অভিজ্ঞ, বিচক্ষণ: ~ acts. He was ~ enough not to criticise his boss in public. It's easy to be ~ after the event, চোর পালালে বুদ্ধি বাড়ে। **be none the ~r** বাড়তি জ্ঞান/তথ্য ইত্যাদির অধিকারী না হওয়া: He came back none the ~r, বাড়তি কোনো জ্ঞান, শিক্ষা, অভিজ্ঞতা ইত্যাদি না নিয়েই (আগে যেমন ছিল তেমনই) ফিরে এল। **be/get ~ to sb/sth** (অপ.) কারো/ কোনো কিছু সম্পর্কে ওয়াকিফহাল/ সচেতন হওয়া বা থাকা: He is beginning to get ~ to the ways of the politicians. **put sb ~ to sb/sth** কোনো ব্যক্তি বা বস্তু সম্পর্কে কাউকে অবহিত করা। ˈ**~·acre** *n* বেশি জানার ভান করা বিরক্তিকর লোক; পণ্ডিতম্মন্য মূর্খ। ˈ**~·crack** *n* (অপ.) সরস বুদ্ধিদীপ্ত উক্তি বা মন্তব্য। □*vi* এ রকম উক্তি বা মন্তব্য করা। **~·ly** *adv*

wish [উইশ্] *vt, vi* ১ **~ that** (সাধারণভাবে that উহ্য থাকে; অতীতকালে that-clause প্রচলিত) কোনো অপূর্ণ বা অসম্ভব ইচ্ছা পোষণ করা: I ~ I were rich, যদি ধনী হতে পারতাম (আসলে ধনী নই) ! He ~ed he'd come earlier, আরেকটু আগে এলে ভালো করত (আগে না এসে ভুল করেছে বলছে)। ২ ইচ্ছা পোষণ করা: He ~ed himself home again, ঘরে ফিরতে ইচ্ছা করছিল। ৩ **~ sb well/ill** কারো মঙ্গল/অমঙ্গল কামনা করা: He ~ed me well. I ~ nobody ill, কারো অমঙ্গল চাই না। ৪ আশা প্রকাশ করা: I ~ you a speedy recovery, তাড়াতাড়ি সেরে ওঠো এই কামনা করি; সম্ভাষণ জ্ঞাপন করা: ~ sb good morning, সুপ্রভাত জানানো। ৫ চাওয়া: I ~ to be left alone, একা থাকতে চাই; Do you really ~ me to go, তুমি কি সত্যিই চাও (যে) আমি চলে যাই? ৬ **~ for** (বিশেষত পাওয়া সম্ভব নয় বলে মনে হয় কিংবা নিতান্তই ভাগ্যগুণে পাওয়া যেতে পারে এমন কিছুর) আকাঙ্ক্ষা করা: He has everything a man can ~ for, (বিরল সৌভাগ্যের ইঙ্গিত বহন করে); How he ~ed for an opportunity to go abroad, (সুযোগের দুষ্প্রাপ্যতা বোঝায়); What more can we ~ for, কী চাই আর; (যা পেয়েছি তা-ই তো বেশি)? ৭ ইচ্ছা প্রকাশ করা: Doing is better than ~ing. ˈ**~-bone** *n* মোরগ ইত্যাদির বুকের হাড়ের উপরের দ্বিধাবিভক্ত হাড়; দুই জন মানুষ দুই দিক থেকে টেনে এই হাড়টিকে দুই ভাগে ভাগ করে, যার অংশে বড়ো ভাগটি পড়বে তার যে কোনো ইচ্ছা পূর্ণ হবে—এমন ভেবে। ˈ**~·ing-cap** *n* (রূপকথায়) যে টুপি পরলে যে কোনো ইচ্ছা পূর্ণ হয়। ৮ **~ sb/sth on sb** (কথ্য) (অনাকাঙ্ক্ষিত বা অপছন্দের) কাউকে/কোনো কিছুকে কারো ঘাড়ে চাপিয়ে দেওয়া: I wouldn't wish my brother-in-law on anyone. (সম্বন্ধীটি অসহ্য এই কথা বুঝিয়ে) We had the Akand children ~ed on us for the weekend. □*n* ১ [C, U] ইচ্ছা, আকাঙ্ক্ষা; ব্যাকুলতা: I have no ~ to go there. How can I disregard my father's wishes ? **If ~es were**

horses, beggars might ride (প্রবাদ) চাইলেই যদি সব পাওয়া যেতো তাহলে গরিব আর গরিব থাকত না। ২ [C] যা চাওয়া হয়; ইপ্সিত বস্তু: You got your ~, didn't you, যা চেয়েছিলে তা তো পেয়েছ, কী বলো? **~·ful** [-ফ্ল্] *adj* ইচ্ছুক; অভিলাষী। **~ful thinking** মন বলে সত্য, কাজেই তা সত্য—এমন চিন্তা বা বিশ্বাস; স্বপ্নচারিতা। **~·fully** [-ফ়ালি] *adv*

wishy-washy [ˈউইশি ওঅশি US -ওয়োশি] *adj* (ঝোল, চা ইত্যাদি সম্বন্ধে) পাতলা; হালকা; (ব্যক্তি বা তার কথাবার্তা সম্বন্ধে) নির্জীব, নিষ্প্রাণ; এলোমেলো, ভাবপ্রবণ।

wisp [উইস্প্] *n* [C] ছোট আঁটি; গুচ্ছ: a ~ of straw; a ~ of hair; ফিতা, কুণ্ডলী: a ~ of smoke. **~y** *adj* গুচ্ছের মতো; কুণ্ডলী বা ফিতার মতো; হালকা, নগণ্য।

wis·teria [উই ˈস্টিআরিআ] *n* দেয়াল প্রভৃতি বেয়ে উঠা ফ্যাকাশে লাল বা সাদা ফুলের গুচ্ছবিশিষ্ট লতাগাছ।

wist·ful [ˈউইস্ট্ফ্ল্] *adj* বিষণ্ন ও ব্যাকুল; নামহীন অতৃপ্ত বাসনায় তাড়িত: ~ eyes; a ~ look. **~ly** [-ফ়ালি] *adv* বিষণ্ন ও ব্যাকুলভাবে; অতৃপ্ত বাসনায় তাড়িত হয়ে: look ~ly at sth.

wit[1] [উইট্] *n* ১ (*sing* বা *pl*) বুদ্ধি; বোধশক্তি; মানসিক ক্ষিপ্রতা: He never loses his wits in an emergency. **at one's wit's end** হতবুদ্ধি, হতভম্ব। **out of one's wits** অত্যন্ত বিচলিত বা বিপর্যস্ত; বিভ্রান্ত; উন্মাদ, পাগল: You'll drive me out of my wits if you go on behaving in this way. **have a ready wit** চট করে চাতুর্যপূর্ণ ও রসালো মন্তব্য করতে পারা। **have/ keep one's ˈwits about one** কী ঘটছে তা চট করে বুঝতে পারা এবং সজাগ ও কর্মতৎপর থাকা। **live by one's wits** চতুর এবং সর্বদা সৎ নয় এমন সব পন্থা অবলম্বন করে জীবিকা অর্জন করা; বুদ্ধি ভাঙিয়ে খাওয়া। ২ [U] রসময় ও চাতুর্যপূর্ণ অভিব্যক্তি; রসিকতা; প্রাণময়তা, উচ্ছলতা: His conversation is full of wit. ৩ রসিক ব্যক্তি। **witty** *adj* রসিক, রসালো: a ~ tyremark; a ~ty person. **wit·tily** [-ইলি] *adv* **wit·ti·cism** [ˈউইটিসিজ়াম্] *n* [C] রসালো [ও চাতুর্যপূর্ণ] উক্তি। **wit·less** *adj* নির্বোধ, বোকা।

wit[2] [উইট্] *v* **to wit** (আইন.) যথা; অর্থাৎ।

witch [উইচ্] *n* ডাইনি; (লাক্ষ.) মোহিনী নারী। **ˈ~·craft** *n* ডাকিনীবিদ্যা **ˈ~-doctor** *n* ডাকিনীবিদ্যা চর্চাকারী পুরুষ; ডাকিনীবিদ; উপজাতীয় জাদুকর (বিশেষত আদিবাসীদের মধ্যে)। **ˈ~-hunt** *n* (লাক্ষ.) (বিশেষত ভিন্নমতাবলম্বী ব্যক্তি বা ব্যক্তিদেরকে) খুঁজে বের করা ও নির্যাতন করা। **~·ery** [ˈউইচারি] *n* [U] ১ ডাকিনীবিদ্যা। ২ সম্মোহন; জাদু, মায়া। **~·ing** *adj* মোহিনী, সম্মোহক; ডাকিনী সংশ্লিষ্ট: The ~ing hour of night, যে প্রহরে ডাইনিরা সক্রিয় হয়ে উঠে; মধ্যরাত।

witch-elm, witch-hazel, দ্র. wych.

with [উইদ্] *prep* ১ ('have' ক্রিয়াপদ সহযোগে গঠিত বাক্যসমূহের সমার্থক) সহ; নিয়ে; কোনো কিছুর দ্বারা বিশিষ্ট: a chair ~ a broken arm; a boy ~ curly hair; a man ~ a bewildered look in his eyes; ~ your permission. **~ child** (মহিলা সম্বন্ধে) **~ young** (প্রাণী সম্বন্ধে), গর্ভবতী। ২ (কিসের দ্বারা পূর্ণ, আবৃত ইত্যাদি বোঝাতে): a jug filled with water. His hands were covered ~ mud. ৩ (উপায় বা হাতিয়ার নির্দেশ করতে) write ~ a pen; cut sth ~ a knife; see sth ~ one's own eyes; do sth ~ the help of a friend. ৪ (সঙ্গ, সাহচর্য বা সম্পর্ক বোঝাতে): live ~ one's parents; spend an evening ~ an old friend; mix sugar ~ milk. **in ~** সঙ্গে, সাহচর্যে; সংস্রবে, মিশে: The boy's in ~ the wrong crowd, বখাটে ছেলেদের পাল্লায় পড়েছে। ৫ (দ্বন্দ্ব বা বিরোধ বোঝাতে): fight ~ sb; argue ~ sb; in competition ~; at war ~ the Persians. **fall out ~,** দ্র. fall[2] (১৪). **have it out ~ sb** দ্র, have[4] (৯). ৬ (কারণ নির্দেশ করতে) কারণে: trembling ~ fear. Her face was wet ~ tears. ৭ (ভাব, ধারা বা প্রণালী বোঝাতে): do sth ~ a light heart, হালকা মন নিয়ে/সহজভাবে কোনো কিছু করা; fight ~ courage, সাহসের সঙ্গে/সাহসীভাবে লড়াই করা; receive sb ~ open arms, বাহু প্রসারিত করে/উষ্ণ বা আন্তরিকভাবে কাউকে গ্রহণ করা। ৮ একইভাবে বা একই দিকে; একই সময়ে: The shadow of the tower moved ~ the sun. With the approach of summer, the days begin to get longer. ৯ (পরিচর্যা, তত্ত্বাবধান, দায়িত্ব বা অধিকার নির্দেশ করতে): She left her child ~ her sister, বোনের হেফাজতে রেখে গেল; I have no money ~ me, আমার হাতে (= অধিকারে) কোনো টাকা নেই; It rests ~ you to decide, সিদ্ধান্ত নেবার দায়িত্ব তোমার। ১০ বিষয়ে, সম্পর্কে: be patient ~ sb, কারো বিষয়ে ধৈর্যশীল হওয়া; sympathize ~ sb, কারো সম্পর্কে সহানুভূতিশীল হওয়া; Can't we do anything ~ him, তার ব্যাপারে আমরা কি কিছু করতে পারি না? Away ~ him, ওকে বিদায় করো; ওকে নিয়ে যাও; Out ~ you, বেরিয়ে যাও, বিদায় হও! The first object ~ him (= তার প্রথম/প্রধান লক্ষ্য) is to get his own things done. ১১ (বিচ্ছেদ বা বিচ্ছিন্নতা নির্দেশ করতে): Can't we dispense ~ formality, আনুষ্ঠানিকতা পরিহার করতে পারি না? He parted with me at the bus station, বাস স্টেশনে সে আমার থেকে আলাদা হয়ে গেল; She has broken ~ her best friend, তার সবচেয়ে আপন বন্ধুর সঙ্গে সম্পর্ক ছিন্ন করেছে। ১২ (মৈতৈক্য বা মিল নির্দেশ করতে): Are you ~ me, তুমি কি আমার পক্ষে আছ? I am ~ you in fighting partisanship in any form. This blue does not go well ~ this green, এই সবুজ রংটার সঙ্গে এই নীল রংটা মানায় না। **be/get ~ it**(অপ.) যা জনপ্রিয় ও আধুনিক তার সম্পর্কে সচেতন হওয়া: (attrib) ˈ~-it clothes, হাল-ফ্যাশনের পোশাক। ১৩ সত্ত্বেও: With all his faults I still liked him.

with·draw [উই ˈদ্রো°] *vt, vi* (*pt* -drew [-ˈড্রু], *pp* -drawn [-ˈড্রো°ন্]) ১ **~ sth/sb (from)** সরে যাওয়া; সরিয়ে নেওয়া; তুলে নেওয়া বা উঠিয়ে নেওয়া: ~ money from a bank; ~ a boy from school, স্কুল থেকে সরিয়ে নেওয়া; স্কুলে যেতে না দেওয়া। ২ (উক্তি, বিবৃতি, অভিযোগ, প্রস্তাব) ফিরিয়ে নেওয়া; প্রত্যাহার করা: The leader of the Opposition refused to ~ the statement. He agreed to ~ the accusation. ৩ সরে আসা; সরিয়ে আনা: The general withdrew his troops from the advanced position. She withdrew from society, সামাজিক মেলামেশা বন্ধ করে দিল। **~al** [-ˈড্রো°আল্] *n* [U] তুলে নেওয়া; প্রত্যাহার; অপসারণ; [C] এর দৃষ্টান্ত। **~al symptom** (মাদক ইত্যাদির মতো) কোনো নেশা থেকে ক্রমাগত বঞ্চিত হতে

থাকলে যে শারীরিক বা মানসিক প্রতিক্রিয়া দেখা দেয়। **~n** *adj* (ব্যক্তি বা তার হাবভাব সম্বন্ধে) নিজেকে গুটিয়ে নিয়েছে এমন; অমিশুক; আনমনা।

withe [উইথ্], **withy** [ˈউইদি] *nn* আটি বাঁধার কাজে ব্যবহৃত উইলো বা উইলো জাতীয় গাছের শক্ত কিন্তু নমনীয় ডাল।

wither [ˈউইদা(র্)] *vt, vi* ১ **~ (sth) up; ~ (away)** শুকিয়ে যাওয়া; শুকিয়ে ফেলা; বিবর্ণ হওয়া; বিবর্ণ করা; মরে যাওয়া: The hot summer ~ed (up) the leaves. My hopes ~ed (away), (লাক্ষ.) আমার সব আশা শুকিয়ে গেল। ২ (কাউকে) লজ্জা দেওয়া বা অপ্রস্তুত করে দেওয়া: She gave me a ~ing look. **~·ing·ly** [ˈউইদারিঙ্লি] *adv*

with·ers [ˈউইদাজ্] *n pl* ঘোড়া ইত্যাদি প্রাণীর পিঠের দিকের সবচেয়ে উঁচু (অর্থাৎ, কাঁধের হাড়ের মধ্যবর্তী) অংশ।

with·hold [উই দ্‌হৌল্‌ড্] *vt (pt, pp* -held [-হেল্‌ড্]) **~ sth (from)** পিছনে টেনে রাখা, ধরে বা আটকিয়ে রাখা; ঠেকিয়ে রাখা; দিতে অস্বীকার করা: The court withheld its judgment. I shall not try to ~ the truth from you.

with·in [উই ˈদিন্] *prep* মধ্যে, ভিতরে, অভ্যন্তরে; বাইরে বা ছাড়িয়ে নয়: remain ~ reach, নাগালের মধ্যে থাকা; live ~ one's means, নিজের আয়ের মধ্যে জীবিকা নির্বাহ করা, আয় বুঝে ব্যয় করা; ~ an hour, একঘণ্টার মধ্যে। □*adv* (সাহিত্য.) ভিতরে।

with·out [উই ˈদাউট্] *prep* ১ অধিকারী না হয়ে; ব্যতীত, বিনা, ছাড়া; (কোনো কিছু হতে) মুক্ত থেকে; অভাবে, অবর্তমানে: You can't have anything ~ money. I never travel ~ a ticket. He did it several times ~ being caught. Your suspicions are ~ foundation. She was working ~ any hope of reward. Don't go out ~ a coat. **~ fail** অবশ্যই। **do ~,** দ্র. do² (১৫). **~ doubt** অনস্বীকার্যভাবে, নিঃসন্দেহে; নিশ্চয়ই। ২ (gerund-এর আগে): I can't speak English ~ making mistakes. She did it ~ his knowing. He passed ~ seeing me. **go ~ saying** (এতোই স্পষ্ট, এতো বেশি জানা যে) না বললেও চলে। ৩ (প্রা. প্র.) বাইরে। □*adv* (সাহিত্য. বা প্রা. প্র.) বাইরে।

with·stand [উই দ্‌স্ট্যান্‌ড্] *vt (pt, pp* -stood [-ˈস্টুড্]) প্রতিরোধ করা; ঠেকানো; (চাপ, আক্রমণ ইত্যাদির বিরুদ্ধে) নিজের অবস্থান টিকিয়ে রাখা; টিকে থাকা: ~ a siege; shoes that will ~ hard wear.

withy [ˈউইদি] *n* দ্র. withe.

wit·less [ˈউইট্‌লিস্] *adj* দ্র. wit¹.

wit·ness [উইট্‌নিস্] *n* ১ (প্রায়শ ˈ**eye-~**) প্রত্যক্ষদর্শী; সাক্ষী। ˈ**~-box** (US অপিচ ˈ**~-stand**) *n* আদালতে সাক্ষীর কাঠগড়া। ২ [U] সাক্ষ্য: give ~ on behalf of an accused person at his trial. **bear ~ to sb/sth** (ক) কারো/কোনো কিছুর সমর্থনে বলা। (খ) কারো/কোনো কিছুর সাক্ষ্য বহন করা: The book bears ~ to the range of scholarship of its author. ৩ যে ব্যক্তি কোনো দলিলে অন্যের দেওয়া স্বাক্ষর আসল বলে প্রত্যয়ন করে নিজে তাতে স্বাক্ষর দান করে; স্বাক্ষর প্রত্যয়নকারী ব্যক্তি; তসদিককারী। ৪ কোনো কিছুর চিহ্ন বা প্রমাণ বহনকারী ব্যক্তি বা বস্তু: His clothes were a ~ to his poverty. □*vt vi* ১ প্রত্যক্ষ করা: ~ an accident. ২ **~ to sth/ doing sth** (আদালতে) সাক্ষ্য দেওয়া: ~ to the truth of a statement. Mr Khan ~ed to having seen the accused enter the house of the murdered man. ৩ (দলিল ইত্যাদিতে) স্বাক্ষরদানের তসদিককারী হওয়া; তসদিক করা: ~ a signature. ৪ কোনো কিছুর সাক্ষ্য বহন করা; প্রদর্শন করা: His thin face ~ed his long illness.

wit·ti·cism [ˈউইটিসিজ়াম] দ্র. wit¹.

wit·ting·ly [ˈউইটিঙ্লি] *adv* জেনে-শুনে, জ্ঞাতসারে; উদ্দেশ্যমূলকভাবে।

witty [ˈউইটি] *adj* দ্র. wit¹

wives [ওআই ভ্‌জ্] wife-এর *pl*

wiz·ard [ˈউইজাড্] *n* ১ জাদুকর। ২ বিস্ময়কর ক্ষমতাসম্পন্ন ব্যক্তি: a financial ~, যে ব্যক্তি বিস্ময়করভাবে অবলীলায় টাকা কামাতে পারে। **~ry** [-ড্রি] *n* [U] জাদু, ভেলকিবাজি।

wiz·ened [ˈউইজ্‌ন্‌ড্] *adj* শীর্ণচর্ম; কুঁচকে-যাওয়া: a ~ old man.

wo, whoa [ওও উ] *int* (প্রধানত ঘোড়ার উদ্দেশে) থাম্!

woad [ওও উড্] *n* [U] নীল রংবিশেষ; যে গাছ থেকে এই রং পাওয়া যায়।

wobble [ˈওব্‌ল্] *vi, vt* এপাশে-ওপাশে নড়া বা নাড়ানো, কাঁপা বা কাঁপানো; (লাক্ষ.) (মতামত, সিদ্ধান্ত গ্রহণ ইত্যাদির ব্যাপারে) অনিশ্চিত বা দ্বিধাগ্রস্ত হওয়া: This table ~s. The boy was wobbling the desk. She ~d between two views. **wob·bler** [ˈঅব্‌লা(র্)] *n* যে বস্তু এপাশে-ওপাশে নড়ে; দ্বিধাগ্রস্ত বা অস্থিরমনা ব্যক্তি। **wob·bly** [ওব্‌লি] *adj* স্থির বা অবিচল বা অটল নয়; একপাশে হেলে বা নুয়ে আছে এমন: a wobbly chair.

woe [ওও উ] *n* (প্রধানত কাব্যিক; ক্ষেত্রবিশেষে কৌতুকার্থে) ১ [U] দুঃখ; পীড়া; শোক: a tale of woe. woe (be) to .... (শাপ দিতে গিয়ে বলা)। ২ *(pl)* দুঃখের কারণসমূহ; দুর্দশা, দুঃখ-দুর্বিপাক: poverty, illness and other woes. **woe·ful** [-ফ়্‌ল্] *adj* দুর্ভাগ্যজনক, বিপর্যয়কর; শোচনীয়, দুঃখজনক: woeful ignorance. **woe·fully** [-ফ়লি] *adv.* **woe·be·gone** [ˈওওউবিগন্ US -গো°ন্] *adj* নিরানন্দ, বিষাদাক্রান্ত, দুঃখপীড়িত, মলিনদর্শন: woebegone looks. He looks woebegone.

woke, woken, দ্র. wake¹.

wold [ওও উল্‌ড্] *n* [C, U] উন্মুক্ত অকর্ষিত এলাকা বা অঞ্চল; বিস্তীর্ণ পতিত জমি; উঁচু পতিত এলাকা।

wolf [উ উল্‌ফ়্] *n (pl* wolves [উ উল্‌ভ়্‌জ্]) নেকড়ে। **cry ~** মিথ্যা বিপদসঙ্কেত প্রেরণ বা প্রদান করা: He has cried ~ too often (অর্থাৎ, ভবিষ্যতে তার সত্যিকার আর্তচিৎকারেও কেউ সাড়া দেবে না)। **a ~ in sheep's clothing** বন্ধুবেশী শত্রু। **keep the ~ from the door** নিজের ও নিজের পরিবারের জন্য পর্যাপ্ত অন্নসংস্থান করতে পারা। ˈ**~'s-bane** *n* কুচিলা। ˈ**~-cub** *n* (ক) নেকড়ের বাচ্চা। (খ) জুনিয়র বয়-স্কাউট বা ব্রতী কিশোরের জন্য একদা ব্যবহৃত নাম (বর্তমানে cub scout বলা হয়)। ˈ**~-hound** *n* মূলত নেকড়ে শিকারে প্রশিক্ষণপ্রাপ্ত বড়ো জাতের শিকারি কুকুর। ˈ**~-whistle** *n* যৌন অনুরাগ প্রকাশক শিস। □*vt* (ক্ষুধার্ত নেকড়ের মতো) দ্রুত ও লোলুপ ভঙ্গিতে খাওয়া: ~ (down) one's food. **~·ish** [-ইশ্] *adj* নেকড়ে বিষয়ক; নেকড়ের মতো: a ~ish appetite.

wolf·ram [ˈউল্‌ফ্‌রাম্‌] *n* টাংস্টেন্‌ নামক একপ্রকার দুষ্প্রাপ্য ধাতু; এই ধাতুর আকরিক।

woman [ˈউম্যান্‌] *n (pl* women [উইমিন্‌]) ১ নারী: a single ~ অবিবাহিতা নারী; (attrib; lady অপেক্ষা অধিক বাঞ্ছনীয়) a ~ doctor; a career ˈ~, কর্মজীবী মহিলা; a ˈcountry-~, পল্লীরমণী। ২ [U] (article ব্যতিরেকে) নারীজাতি, নারীকুল। ৩ [U] নারীসত্তা: The woman in her longed not for material comfort but for love. ˈ~·**hood** [-হুড্‌] *n* [U] **(ক)** (collective) নারী সম্প্রদায়। (খ) নারীত্ব: She has reached ~hood. ~·**ish** [-ইশ্‌] *adj* নারী বিষয়ক, নারীসুলভ, মেয়েলি; নারীদের জন্য। □*vi* (বিশেষত সাময়িক যৌন সংসর্গের অভিলাষে) মেয়েদের পিছনে ছোটা; মেয়েবাজি করা। ~·**izer** *n* যে ব্যক্তি উল্লিখিত অভিলাষে মেয়েদের পিছনে ছোটে; মেয়েবাজ। ˈ~·**kind** *n* নারীজাতি। ˈ~·**like,** ~·**ly** *adjj* নারীসদৃশ, নারীসুলভ, মেয়েলি। **women·folk** [ˈউইমেনফৌক্‌] *n pl* মহিলারা, মেয়েরা; পরিবারের মেয়েছেলেরা।

womb [উউম্‌] *n* (ব্যব.) জরায়ু, গর্ভাশয়, গর্ভ: (লাক্ষ.) in the ~ of time, সময়ের গর্ভে।

wom·bat [ˈওঅম্‌ব্যাট্‌] *n* (ছোট ভালুকের মতো দেখতে) অস্ট্রেলীয় প্রাণীবিশেষ, এদের স্ত্রীজাতীয়দের দেহে বাচ্চা রাখার থলি আছে।

won [ওআন্‌] win-এর *pt, pp*

won·der [ˈওআনডা(র্‌)] *n* ১ [U] বিস্ময়: We were filled with ~. **no /little/ small ~** এতে অবাক হবার কিছু/এমন কিছু নেই যে . . .: He's been cheated again, and no/little ~, for he has always been a credulous fool. ˈ~·**land** [-ল্যান্ড্‌] *n* **(ক)** রূপকথার দেশ। **(খ)** [C] কোনো না কোনো দিক থেকে (যেমন অফুরন্ত প্রাকৃতিক সম্পদের কারণে) বিশিষ্ট কোনো দেশ। ˈ~-**struck** *adj* বিস্ময়ে অভিভূত; বিস্ময়াহত। ২ [C] বিস্ময়কর বস্তু বা ঘটনা: ~s of modern science. **signs and ~s** অলৌকিক ঘটনাবলী। **work ~s** বিস্ময়কর কাজ করা; অসম্ভবকে সম্ভব করা; অলৌকিক কাজ করা। **a nine days' ~** যা নিতান্তই সাময়িক বিস্ময় বা কৌতূহল সৃষ্টি করে। **for a ~** বিস্ময়ের কথা যে . . .: For a ~, he asked me for money, (অর্থাৎ এর আগে আর কখনো সে আমার কাছে টাকা চায়নি)। **It is a ~ (that)** বিস্ময়ের কথা যে . . .: It's a ~ (that) the boy did not lose his way in the dark. **what a ~** কী অবাক কাণ্ড; কী আশ্চর্য! □*vi, vt* ১ **~ (at sth)** (কোনো কিছুতে) বিস্মিত হওয়া; বিস্ময় অনুভব করা: It's not to be ~ed at, এতে বিস্মিত হবার কিছু নেই; I don't ~ at his going back on his word, (সে তো প্রায়ই কথা দিয়ে কথা রাখেনা, কাজেই) আমি এতে অবাক হচ্ছি না। ২ **~ (about sth)** (কোনো কিছু নিয়ে) কৌতূহল অনুভব করা; নিজেকে প্রশ্ন করা: I was ~ing about that. ৩ নিজেকে প্রশ্ন করা; মনে মনে ভাবা: I ~ed who he was, তিনি কে হতে পারেন মনে মনে নিজেকে প্রশ্ন করছিলাম/মনে মনে ভাবছিলাম। ~·**ing·ly** [ˈওআন্‌ড্রিঙ্‌লি] *adv* ~·**ful** [-ফ্‌ল্‌] *adj* বিস্ময়কর; অদ্ভুত; চমৎকার, অপূর্ব: We were having a ~ful time. He has a ~ful memory. ~·**fully** [-ফ়লি] *adv* . ~·**ment** [-মান্ট্‌] *n* [U] বিস্ময়। **wondrous** [ˈওআনড্রাস্‌] *adj* (পুরা. বা সাহিত্য) বিস্ময়কর। □*adv* (শুধুমাত্র *adj* সহযোগে) বিস্ময়করভাবে: wondrous kind.

wonky [ˈওঅঙ্‌কি] *adj* (GB অপ.) ১ নড়বড়ে; নির্ভরযোগ্য নয় এমন: a ~ chair. ২ টলমলে; ভগ্নস্বাস্থ্য, দুর্বল: I still feel a bit ~ after that long spell of fever.

wont [ওও উন্‌ট্‌] *n* (পুরা. বা সাহিত্য) (শুধু *sing)* অভ্যস্ততা: He ate much more than was his wont. **use and ~**প্রতিষ্ঠিত রীতি। □*pred adj* **be ~ to** অভ্যস্ত হওয়া। **~ed** *attrib adj* প্রথাসিদ্ধ; অভ্যাস বা রীতি অনুযায়ী; স্বাভাবিক।

won't [ওও উন্‌ট্‌] = will not. দ্র. will[1].

woo [উউ] *vt (pt, pp* wooed) ১ (প্রা. প্র.) (কোনো মহিলার) পাণিপ্রার্থনা করা; প্রণয় ভিক্ষা করা। ২ (খ্যাতি, বিত্ত, সাফল্য, নিদ্রা) লাভের চেষ্টা করা। ৩ (ভোটার, ক্রেতা বা ব্যবসায়ীদের) সমর্থন লাভের চেষ্টা করা। **wooer** *n* যে ব্যক্তি উল্লিখিত বস্তুসমূহ লাভের চেষ্টা করে।

wood [উ ড্‌] *n* ১ [U] (শুধু প্রকার, ধরন, জাত বোঝাতে indef art সহযোগে ও *pl* রূপে ব্যবহৃত হয়) কাঠ: Chairs are usually made of ~. Teak is a hard (kind of) ~. ২ [C] (প্রায়শ *pl)* বনভূমি, বন: a ~ of pine (-trees). We went for a walk in the ~(s). **out of the ~** ঝামেলামুক্ত, সঙ্কটমুক্ত। **be unable to see the ~ for the trees** (লাক্ষ.) খুঁটিনাটি বিষয়ের আতিশয্যে সমগ্র বিষয়টির স্পষ্ট চিত্র দেখতে বা অনুধাবন করতে না পারা। ৩ **in/from the ~**পিপাতে/পিপা থেকে: wine in the ~; drawn from the ~. ৪ ১-এর ঘর থেকে নেওয়া (যৌগশব্দ): **~ alcohol** *n* [U] কাঠ থেকে চোলাই-করা এক জাতীয় সুরা, জ্বালানি ও দ্রাবক হিসাবে এই সুরা ব্যবহৃত হয় (বিকল্প নাম methyl alcohol)। ˈ~-**block** *n* ছাপ দেবার জন্য কাঠের তৈরি ছাঁচ বা ব্লক। ˈ~·**cut** *n* নকশা, চিত্র ইত্যাদি খোদাই-করা কাঠ থেকে গৃহীত ছাপ; কাঠ-খোদাই। ˈ~·**louse** *n* ঘুণ বা ঐ জাতীয় পোকা। ˈ~·**pecker** *n* কাঠঠোকরা। ˈ~·**pile** *n* বিশেষত জ্বালানি কাঠের গাদা। ˈ~-**shed** *n* (বিশেষত জ্বালানি কাঠের গুদাম। ˈ~-**pulp** *n* [U] কাগজ তৈরির জন্য কাঠের মণ্ড। ˈ~·**wind** *n* কাঠের বাঁশি। ˈ~·**work** *n* [U] **(ক)** কাঠের তৈরি জিনিস, বিশেষত অট্টালিকার (দরজা, সিঁড়ি প্রভৃতির মতো) কাষ্ঠনির্মিত অংশসমূহ। **(খ)** কাঠ থেকে বিভিন্ন ধরনের জিনিস তৈরির শিল্প, কাঠের কাজ; ছুতারের কাজ, ছুতারগিরি। ˈ~·**worm** *n* **(ক)** কাঠ ক্ষয়কারী পোকা; ঘুণ। **(খ)** [U] ঘুণজনিত কাঠের ক্ষয়। ৫ (২-এর ঘর থেকে নেওয়া যৌগশব্দ) ˈ~·**bine** সুগন্ধি পুষ্পযুক্ত বুনো লতাগাছবিশেষ। ˈ~·**cock** *n (pl* অপরিবর্তিত) লম্বা ঠোঁট, খাটো পা ও লেজবিশিষ্ট বাদামি রঙের কতিপয় বুনো শিকারের পাখি, এর মাংস খাদ্য হিসাবে সমাদৃত। ˈ~·**craft** *n* [U] বন ও বনে শিকার সম্বন্ধে অভিজ্ঞতা ও জ্ঞান। ˈ~·**cutter** *n* কাঠুরে। ˈ~·**land** [-ল্যান্ড্‌] *n* [U] বৃক্ষ দ্বারা আচ্ছাদিত ভূমি, বনভূমি; বন, অরণ্য: (attrib) ~land scenery. ˈ~·**man** [-মান্‌] *n* বন ও বন্যপ্রাণী রক্ষণাবেক্ষণের দায়িত্বে নিয়োজিত অফিসার; বন্য-কর্মচারী; কাঠুরে। ˈ~**s·man** [উড্‌জ্‌মান্‌] (বিশেষত US) = ~man. **~ed** *adj* বৃক্ষ দ্বারা আচ্ছাদিত; গাছে ঢাকা: ~ed country. **~en** [ˈউড্‌ন্‌] *adj* ১ (attrib) কাঠের তৈরি: a ~en leg; a ˈ~en-head, দ্র. blockhead. এর থেকে, **~en-ˈheaded** *adj* বোকা, নির্বোধ। ২ অনড়, আনাড়ি, জবুথবু, কাষ্ঠবৎ, নিষ্প্রাণ: ~ manners. **~y**

adj ১ গাছে ঢাকা: ~y country. ২ কাঠের বা কাঠের মতো: the ~y stems of a plant.

wooer [ˈউআ(র্)] *n* দ্র. woo.

woof [উফ়্] *n* = weft.

woofer [ˈউফ়া(র্)] *n* মৃদুধ্বনি প্রক্ষেপণের যন্ত্রবিশেষ।

wool [য়ুল্] *n* [U] ১ পশম, পশমি সুতা, কাপড় বা পোশাক: Sweater of ~; imports of ~; traders in ~; quality ~; Knitting ~. **dyed in the ~** বোনা বা পাকানোর আগেই রঞ্জিত; (লাক্ষ.) পুরাদস্তুর সম্পূর্ণ: a dyed-in-the ~ fundamentalist, যে ব্যক্তি মৌলবাদের প্রতি অন্ধভাবে অনুরক্ত। **much cry and little ~** কাজ অপেক্ষা কথার বাহুল্য; কথার বেলায় ভুরভুরি কাজের বেলায় ঠনঠন; তুচ্ছ বিষয়ে উচ্ছ্বাস প্রকাশ। **pull the ˈ~ over sb's eyes** কাউকে ঠকানো বা প্রতারণা করা। **~ bearing** পশমোৎপাদী, পশমবহুল: a ~ bearing sheep. **~-card; ~-comb** সুতা কাটার উপযোগী করার জন্য পশম আঁচড়ানোর চিরুনিবিশেষ। **ˈ~-gathering** আনমনা, আনমনা ভাব। **ˈ~-grower** পশম উৎপাদনকারী মেষপালক (এই সূত্রেই ~-growing). **~led** পশমোৎপাদী, পশমধারী: a ~led goat, পশমি। **the ~ sack** উল দিয়ে ঠাসা যে চেয়ারে লর্ড চ্যান্সেলর হাউস অব লর্ডের সভাগৃহে উপবেশন করেন: reach the ~sack, লর্ড চ্যান্সেলরের পদগ্রহণ করা। ২ উলের মতো দেখতে বা অনুরূপ তন্তুনির্মিত বস্তু: cotton ~, কাঁচা তুলা (US = cotton-batting). ৩ (কোনো ব্যক্তির) ঘন কোঁকড়ানো চুল। **lose one's ~** (কথ্য) রেগে ওঠা। **~·len** (US = **~·en**) [ˈয়ুলান্] (attrib) *adj* পশমের তৈরি: ~len jacket/blanket; পশম দ্বারা তৈরি কাপড় সম্বন্ধে: ~len manufacturers/ suppliers. **~·lens** (US = **~·ens**) *n, pl* **~ly** (US **-y**) [-য়ুলি] *adj* (-ier, -iest) (ক) পশম দ্বারা আবৃত; পশমের তৈরি; পশমের মতো দেখতে: ~ly hair; ~ly texture. (খ) (মন, ধারণা বা যুক্তি সম্বন্ধে) (লাক্ষ.) বিভ্রান্ত, অস্পষ্ট; প্রখর যুক্তিসম্পন্ন নয়। **~li·ness, ~ly-haired, ~ly headed** *nn* পশমের মতো কুঞ্চিত বা রুক্ষ কেশবিশিষ্ট। **~sey** [-ˈয়ুল্‌জ়ি] পশম ও সুতা মিশিয়ে তৈরি কাপড়। **~ stapler** পশম ব্যবসায়ী (অপিচ **~len draper** পশমের পোশাক বিক্রেতা এবং সেই সূত্রেই, **~len drapery** পশমি পোশাক বিক্রির দোকান)। **~ work** পশম দিয়ে বিচিত্র ও সূক্ষ্ম সূচিকর্ম। **go for ~ and come home** বিজয়লাভের উদ্দেশ্যে বের হয়ে অবশেষে পরাস্ত বা ব্যর্থ হয়ে ফিরে আসা। **~ly** *n (p-* lies). (কথ্য) **~len garments** পশমের পোশাক।

word [ওয়াড়্] *n* ১ [C] শব্দ, ধ্বনি বা ধ্বনিসমষ্টি বা যে কোনো ভাষার ব্যাকরণ বা শব্দভাণ্ডারে প্রকাশের একক দ্যোতক বলে স্বীকৃত: Write an essay within 5000 ~s. Pick up the new ~s in this lesson. ~s are not enough, you have to show your courage in a different way. W~s fail to express my emotions. Translate the piece ~ by ~. **a play on/upon ~s** শব্দ বা কথার কারিগরি; শব্দের এমন কৌশলী ব্যবহার যার দ্বারা একাধিক অর্থ বোঝানো যায়। **be not the ~ for it** ভাবপ্রকাশের জন্য যে শব্দ প্রয়োগ পূর্ণত যুৎসই নয়। **not get a ~ in edgeways,** দ্র. edgeways. **~ for ~** কোনো রকম রূপান্তর, পরিবর্তন বা বর্জন না করে কোনো বিষয় লিখন বা কথায় বর্ণনা: Tell me what he said ~ for ~. The play has been translated ~ for ~, আক্ষরিক অনুবাদ বোঝাতে। **in a/one ~** সংক্ষিপ্তভাবে, সারসংক্ষেপে। **by ~ of mouth** উচ্চারিত শব্দে, লিখিতভাবে নয়। ২ [C] উক্ত বা উচ্চারিত শব্দ বিষয় মন্তব্য, বক্তব্য, বিবৃতি: Do not take his ~s to be true. Every ~ of his speech was so remarkable. I didn't believe a ~ of it. My ~s may sound so harsh. Give him some consolatory ~s, সান্ত্বনা দান করা। **eat one's ~s** নিজের পূর্বোক্ত ভুল স্বীকার করা; এ ধরনের দোষ স্বীকার করে পূর্বে কৃত উক্তি প্রত্যাহার করে নেওয়া; ক্ষমা প্রার্থনা করা। **have a ~ with sb** কারও সঙ্গে কথা বলা। **have ~s (with sb)** ঝগড়া করা: That evening I had ~s with him. **have the last ~** কোনো বক্তৃতায় বা বিতর্কে চূড়ান্ত মন্তব্য করা (সাধারণত এমন মন্তব্য বোঝায় যা খণ্ডনযোগ্য নয়)। **put in/say a good ~ (for sb)** কারও পক্ষ হয়ে বা সপক্ষে কোনো কিছু বলা; কারও বক্তব্য সমর্থন করা। **suit the action to the ~** যা বলা হয়েছে তৎক্ষণাৎ তা কাজে পরিণত করা, হুমকি প্রদর্শন করা। **take sb at his ~** কারও উক্তিকে পূর্ণত সত্য বলে গ্রহণ করা। **big ~s** অহংকার। **on/with the ~s** কোনও কথা বলার সঙ্গে সঙ্গেই। **a ~ in/out of season** এমন উপদেশ বা পরামর্শ যা গ্রহণযোগ্য ও সময়োপযোগী/নয়। **the last ~ on (a subject)** এমন বক্তব্য যার মধ্যে সর্বশেষ বা সাম্প্রতিকতম অভিমত বা তথ্যাদি অন্তর্ভুক্ত করা হয়েছে: The last ~ can never be said on the meaning of existence, যে চূড়ান্ত বা শেষ কথা বলা যাবে না। **the last ~ (in sth)** সর্বোচ্চ, সর্বোত্তম: Flying in Concorde is the last ~ in speed and convenience. ৩ *(sing* def article ব্যতীত) সংবাদ, তথ্য: If you know anything more leave ~ for me on the desk. ৪ (কেবল *sing*) প্রতিশ্রুতি, নিশ্চয়তা: Do you give me your ~? **be as good as one's ~** প্রতিশ্রুতি অনুযায়ী কাজ করা: I am sure he will be as good as his ~. **give sb one's ~ (that...)** প্রতিশ্রুতি রক্ষা করা। **keep/break one's ~** প্রতিশ্রুতি অনুযায়ী কোনো কাজ করা/না করতে পারা। **take sb's ~ for it** কারও কথা সম্পূর্ণত সত্য বলে গ্রহণ করা: Can I take your ~ for this matter? **take sb at his ~** কারও উচ্চারিত কথা পূর্ণত বিশ্বাস করা যে সে প্রতিশ্রুতি রক্ষা করবেই। **upon my ~** (ক) আপন সম্মানের দোহাই দিয়ে প্রতিশ্রুতি। (খ) বিস্ময়সূচক অনুভূতি বোঝাতে ব্যবহৃত। ৫ (কেবল *sing)* আদেশ, নির্দেশ, উক্তির মাধ্যমে প্রদত্ত সংকেত: The Principal gave the ~ to hoist the national flag. ৬ (খ্রিস্টধর্মে) **the W~ of God; God's W~** (ক) ধর্মীয় বাণী, প্রধানত সুসমাচার। (খ) যিশুখ্রিস্টের উপাধি। (গ) বাইবেল। ৭ (সংযোজক) **ˈ~·book** *n* শব্দভাণ্ডার; বিভিন্ন বিষয়ের শব্দতালিকাগ্রন্থ (অর্থসহ)। **ˈ~-division** *n* কোনো শব্দের উচ্চারণবিভক্তি। **ˈ~-building** *n* অক্ষর দ্বারা শব্দগঠন। **~·less** *adj* অকথিত, নীরব। **ˈ~-painter** *n* যে ব্যক্তি শব্দ দ্বারা চিত্রানুরূপ বিবরণ দিতে পারেন বা শব্দের মাধ্যমে চিত্রের সৌন্দর্য আঁকতে পারেন বা (সেই সূত্রে **ˈ~-painting**)। **ˌ~-ˈperfect** *adj* কাব্য বা নাটকের অংশ নির্ভুল মুখস্থ বলতে পারেন এমন। **ˈ~-picture** *n* শব্দের মাধ্যমে প্রাঞ্জল বর্ণনা। **~ˈprocessor** *n* টাইপরাইটার যন্ত্রের অক্ষরবোর্ডসহ এমন এক পদ্ধতি যা টাইপকৃত শব্দ, ছক রেকর্ড করে রাখে এবং সংশোধন ও মুদ্রণের জন্য তা পর্দায় প্রদর্শন করে (সেই সূত্রেই **~ˈprocessing**)। **ˈ~-**

splitting *n* [U] কুতর্ক, কুতর্কপরায়ণতা, শব্দার্থের সূক্ষ্মাতিসূক্ষ্ম পার্থক্য নির্ণয়। **by ~ of mouth** মৌখিক, বাচনিক, অলিখিত। **a good ~** সুপারিশসূচক কথা বা উক্তি। **of a few/many ~s** মিতভাষী, বহুভাষী। **send ~** সংবাদ পাঠানো। **~·ing** *n* কথন, উচ্চারণ, শব্দে বা ভাষায় প্রকাশ। **~ed** *adj* (সাধা. নির্দিষ্টসংখ্যক) শব্দে প্রকাশিত বা লিখিত hundred-worded অথবা অন্য একটি *adj* বা *adv* এর suffix হিসাবেও ব্যবহৃত হয়: A strong ~ed reply. **~y** *adj* অনেক শব্দে বা কথায় প্রকাশিত (সাধা. বাহুল্য বোঝাতে): Oh ! the speech was so ~y ! □*vt* শব্দে প্রকাশ করা: a nice ~ed reception. The application should be ~ed properly. **~·ily** [-ইলি] *adv.* **~i·ness** *n*

Words·wor·thi·an [ওয়র্ড্‌সওয়রথিআন্] *adj* ঊনবিংশ শতাব্দীর ইংরেজ কবি ওয়র্ডসওয়র্থ সম্বন্ধীয়; উক্ত কবির অনুসারী; উক্ত কবির কাব্যের স্বতন্ত্র বৈশিষ্ট্য বিষয়ে।

wore [ওয়ো(র্)] wear[2]-এর *pp*

work[1] [ওয়ার্ক] *n* ১ [U] কোনো কিছু করা বা প্রস্তুত করার জন্য শারীরিক বা মানসিক শক্তির প্রয়োগ (খেলাধুলা বা বিনোদনের বিপরীত অর্থে); বাষ্প অথবা বৈদ্যুতিক গতিকে শক্তি হিসাবে ব্যবহার: The enterprise demands hard ~. The ~ was due to be completed in a fortnight. This is the ~ of the insects. I am not accustomed to this kind of ~. All ~ and no play makes Jack a dull boy. What is your next ~? **make hard ~ of sth** প্রকৃতপক্ষে যতটা কঠিন তার অপেক্ষা অধিক বলে উপস্থাপন করা। **make short ~ of sth** কোনো কাজ দ্রুত সম্পাদন করা। **set/get to ~ (on sth/to do sth)** শুরু করা; সূচনা করা। **set/go about one's ~** কাজ আরম্ভ করে দেওয়া: Get ready to set about your ~ immediately. **at ~ (on sth)** (সাধা. অসম্পূর্ণ কাজের ক্ষেত্রে) ব্যস্ত বা নিয়োজিত হওয়া। **all in the day's ~** স্বাভাবিক, নিয়মমাফিক বা প্রত্যাশিত (কোনো বিষয় বা কাজ বোঝাতে)। ২ [U] চাকরি, কোনো ব্যক্তি জীবন নির্বাহ করার জন্য যে কাজে বা দায়িত্বে নিয়োজিত থাকে: Where do you ~? I have to go to ~ in the early morning. **at ~** কারও কর্মস্থল: I am at ~ from 9 to 5. **in/out of ~** কোনো কর্মে নিয়োজিত আছে অথবা বেকার অবস্থায়: Shahid was out of ~ last winter. (এই সূত্রেই *attrib adj,* **out-of-~**) ৩ [U] এমন কাজ যা পেশা বা বৃত্তির সঙ্গে সংযুক্ত নয় এবং যার সঙ্গে কোনো বেতন বা অর্থের প্রাপ্তিযোগ নেই: I have always plenty of ~ to do for my friends and for XYZs. ৪ [U] কাজের জন্য প্রয়োজনীয় বিষয় বা বস্তু: He brought his ~ (কাজের জন্য প্রয়োজনীয় যন্ত্রপাতি)। **ˈ~- bag/-basket/-box** *nn* এ ধরনের প্রয়োজনীয় জিনিস রাখার আধার। ৫ [U] কীর্তি, কৃতিত্ব, কৃতকর্ম, কাজের মাধ্যমে যা নির্মিত হয়েছে: This is an outstanding piece of art ~. This museum has a good collection of ~s. The ~ of the ancient sculptors still move us. We can buy some ~ by the rural people in the next store. stone ~; wood ~, ৬ [C] মেধা ও কল্পনাপ্রসূত কাজ, শিল্পকর্ম: The ~s of Rabindranath; the ~s of Picasso; ~s of art; a new ~ by Quamrool Hassan; a new ~ by Sonata group (সঙ্গীত ও সুর সৃজনে)। ৭ *(pl)* কোনো যন্ত্রের চলমান যন্ত্রাংশ: The ~ of ball-bearings in a wheel. ৮ *(pl)* যে স্থানে শিল্প উৎপাদনের সঙ্গে যুক্ত বিভিন্ন বস্তু তৈরি হয়: an iron ~s; a steel ~s; brick ~s; tool ~s. **ˈ~s council/committee** শ্রমিক কর্মকর্তা ও পরিচালকবৃন্দের সমন্বয়ে গঠিত কমিটি, যে কমিটি পরিচালনা ও শ্রম সম্পর্ক বিষয়ে তত্ত্বাবধান করে। ৯ **public ~s** সরকারি বিভিন্ন দপ্তর কর্তৃক সড়ক নির্মাণ, বৈদ্যুতিক ব্যবস্থা সম্প্রসারণ, পানি সরবরাহের ব্যবস্থা ইত্যাদি। **the Ministry of ~s.** পূর্ত মন্ত্রণালয়। ১০ *(pl)* প্রতিরক্ষামূলক নির্মাণকাজ, শক্ত ও দীর্ঘস্থায়ী নির্মাণকাজ: These ~s will stand the test of time. ১১ (যৌগশব্দ) **ˈ~·bench** *n* যে টেবিলের উপর কোনো যন্ত্রকৌশলী তাঁর কাজ করে থাকেন। **ˈ~·book** *n* যে পুস্তকে পঠিতব্য বিষয়ে প্রশ্নোত্তর বা অনুশীলনী সংগ্রথিত থাকে। **ˈ~·day** *n* কাজের দিন (ছুটির দিন নয়)। **ˈ~ force** *n* কোনো কারখানায় বা প্রতিষ্ঠানে কর্মরত মোট শ্রমিক বা কর্মচারীর সংখ্যা। **ˈ~·house** *n* (ক) (গ্রেট ব্রিটেনে ইতিহাস) গৃহহীন ব্যক্তিদের জন্য সরকারি প্রতিষ্ঠান। (খ) (যুক্তরাষ্ট্রে) লঘু অপরাধে অপরাধীদের যে স্থানে সশ্রম কারাবন্দী করে রাখা হয়। **ˈ~·man** [-ম্যান্] *n* (*pl* -men) (ক) যে ব্যক্তি কায়িক পরিশ্রম করে অথবা কোনো যন্ত্রের সাহায্যে কাজ করে। (খ) যে ব্যক্তি কোনো বিশেষ কাজে পারদর্শী: a skilled ~man; a dependable ~man. **ˈ~· man-like** *adj* দক্ষকর্মীর বৈশিষ্ট্যগত। **ˈ~·man·ship** [-ম্যান্‌শিপ্] *n* [U] কোনো কৃতকর্মে দৃষ্ট দক্ষতার মান: Their cutleries bear marks of good ~manship; excellent ~manship. **ˈ~·room** যে ঘরে কাজ করা হয়। **ˈ~·shop (ক)** যে কক্ষ বা ভবনে বিভিন্ন বস্তু (বিশেষত যন্ত্র প্রভৃতি) প্রস্তুত বা মেরামত করা হয়। **Science ~shop; machine-tool ~shop** কর্মশিবির; কোনো বিষয়ে বিশেষায়িত আলোচনা মতামত বিনিময়, প্রত্যক্ষ পরীক্ষা-নিরীক্ষা প্রভৃতির জন্য বিশেষ পেশার বা বৃত্তির ব্যক্তিদের নির্দিষ্ট সময়ের জন্য প্রশিক্ষণ বা অভিজ্ঞতার পর্যালোচনা। **ˈ~-shy** *adj* অলস, কর্মবিমুখ। **home ~ (ক)** বাড়িতে করার জন্য যে পাঠ নির্দিষ্ট করা হয়। (খ) কোনো বিষয়ে আনুষ্ঠানিক আলোচনা করার জন্য পূর্বপ্রস্তুতি। **ˈ~-study** *n (pl* -dies) কিভাবে কোনো কাজ মিতব্যয়িতার সঙ্গে ও দক্ষভাবে এবং সুপরিকল্পিতভাবে সাধন করা যায় সে বিষয়ে বিবেচনা ও অনুশীলন। **ˈ~·table** *n* কাজ করার টেবিল (বিশেষত শিল্পী ও পরিকল্পনা অঙ্কনবিদদের জন্য); সেলাই করার বিভিন্ন বস্তু ধারণের ড্রয়ারসহ টেবিল। **~· a·day** [ওয়ার্কাডেই] *adj* নীরস, গদ্যময়, ক্লান্তিকর: This ~aday life of ours.

work[2] [ওয়ার্ক] *vi, vt (pt, pp* ~ed or wrought [রোট্]) (wrought শব্দের প্রয়োগের জন্য wrought দ্রষ্টব্য) ১ কাজ করা; শারীরিক বা মানসিক কাজ বা শ্রমে লিপ্ত থাকা: Where do you ~? He has been ~ing here for the last ten years, Do not ~ more than what your health permits. I do not like to ~ in this factory. I have to ~ to earn a living, বেঁচে থাকার জন্য কাজ করতে হবে; I am not ~ing now, কোথাও কর্মরত নেই, বেকার অবস্থা বা অবসর জীবনযাপনরত; Patriotic politicians have always ~ed for the economic stability of the country, মনোযোগ দান করেছেন, প্রচেষ্টা চালিয়েছেন; He is ~ing on the social discrimination in professional services, নির্দিষ্ট বিষয়ে অনুসন্ধান ও তথ্য-সংগ্রহ

করছেন; He is ~ing on his new book, নতুন গ্রন্থ রচনার কাজ চালিয়ে যাচ্ছেন; He ~s in calligraphy, বিশেষ বিষয়ে পারদর্শী; He ~s in water-colour, বিশেষ ধরনের অঙ্কনরীতি ও উপাদানের প্রতি আগ্রহী; He has always ~ed against rightist moves in the party, কোনো কিছুর বিরুদ্ধাচরণ করা। **~ to rule** দ্র. rule (১). **'~-in** *n* বিশেষ পরিস্থিতিতে যখন ঘোষিত বরখাস্ত বা কারখানা বন্ধ হবার পরিপ্রেক্ষিতেও শ্রমিকরা কাজ চালিয়ে যান। ২ (কোনো যন্ত্র, যন্ত্রাংশ, শারীরিক অঙ্গপ্রত্যঙ্গ, পরিকল্পনা, রীতিনীতি, পদ্ধতি, সামাজিক বিধি সম্বন্ধে) নির্দিষ্ট পদ্ধতিতে কাজ করা; প্রার্থিত ফলাফল লাভ করা; চলমান থাকা; সক্রিয় থাকা: The set programme is ~ing smoothly. Are you happy with the ~ing of the type-writer? The telephone is not ~ing. The regulator ~s quite satisfactorily. The machine is now in good ~ing conditions. My brain is too tired to ~ on this issue just now. Will the new measures ~ in Chittagong Hill Tracts? The new drug has ~ed on the patient. ৩ কাজ করানো; কোনো কিছু চালিত করা: He ~s his servant from dawn to dusk. Do not ~ yourself to ailment, শরীরের উপর অতিরিক্ত খাটুনি আরোপ করা; This machine is ~ed by electricity, বিদ্যুৎ দ্বারা চালিত। ৪ কোনো কিছু সাধন বা লাভ করার উদ্দেশ্যে প্রচেষ্টা চালানো: He is ~ing for an honourable settlement. His advice ~ed wonders on the boy. **~ one's passage** কাজ করে লাভ আদায় করা: He ~ed his passage from Djakarta to Perth, জাহাজে কাজ করে যাত্রার সুযোগ পাওয়া। **~ one's way** (through college etc) পড়াশুনা চালিয়ে যাবার জন্য ছাত্রাবস্থায় কাজ করে অর্থ সংগ্রহ করা: He had been ~ing his way by assistantship. **~ one's will (on sb)** অন্য কেউ তাকে দিয়ে যা করাতে চায় তা করানো। **~ it** (অপ.) কোনো কিছু করিয়ে নেওয়া (চাপ দিয়ে, ষড়যন্ত্র করে, প্রভাব খাটিয়ে অথবা হুমকি প্রদান করে)। ৫ ক্রিয়াশীল থাকা; নিয়ন্ত্রণ করা; পরিচালনার দায়িত্বে নিয়োজিত হওয়া: It does not always ~. His influence ~s at various levels. This representative ~s in North Bengal, বিশেষ অঞ্চলে পরিক্রমণ করে ব্যবসার কাজ চালানো। ৬ কোনো কিছুর বিচ্যুতির কারণ ঘটা বা ঘটানো; ভিন্নতর বা অযাচিত পরিস্থিতির সৃষ্টি করা: Your foot has ~ed out of your shoes. The rain has ~ed through the roof. Can you ~ this screw in the right position? The relief-workers ~ed their way ahead. The bacteria ~ed out on her face. The professional movement ~ed round towards a social upheaval. ৭ চাপ দিয়ে পেষণ করে অথবা হাতুড়ির মতো কিছু দিয়ে পিটিয়ে বিশেষ আকার দান করা; ~ clay, পানির সাহায্যে তাল পাকানো; ~ dough, ময়দা মাখা বা খিমির তৈরি করা (wrought iron এর জন্য দ্র. wrought)। ৮ গাজিয়ে তোলা; বিক্ষুব্ধ অবস্থায় প্রকাশ ঘটানো: The yeast has begun to ~, গাজিয়ে উঠে জমতে শুরু করেছে; The angry mob gradually started to ~ বিক্ষোভ সহিংস হয়ে উঠেছে। ৯ সূচিকর্মের সাহায্যে কোনো নকশা করা; বুনন করা, বিশেষ ধরনের শৈল্পিক কাজ করা: ~ a design on the sari/a wooden texture; ~ design on the floor, আলপনা দেওয়া। ১০ (*adv part* ও *prep* সহযোগে বিশেষ প্রয়োগ) **~ away (at sth)** কাজ অব্যাহত রাখা: He has been ~ing away in his room till morning. **~ in ~ into sth** ভেদ করা; পথ বার করে নেওয়া: The smoke has ~ed in every corner of the building. **~ sth in/into** কোনো কিছু অন্তর্ভুক্ত করা; সংযুক্ত করা: You should ~ in some more historic references in your essay. **~ sth off** অব্যাহতি পাওয়া; কোনো কিছু বর্জন করা: Try to ~ off the exaggeration contained in the story. Can you ~ off your unnecessary worries? **~ on/upon sb/sth** উত্তেজনা সৃষ্টি করা; প্রভাব বিস্তার করা: I think that the new move in international relations will ~ upon international trade. The plight of the flood-stricken people ~ed so deeply on our feelings. **~ out** (ক) কোনো সমাধান বার করা: ~ out the sum. (খ) কোনো কিছু শেষ হওয়া; সমাপন হওয়া: Nobody knows how the situation will ~ out? Everything ~ed out as one expected. How much does it ~ out at? মোট অঙ্কের পরিমাণ কত? (গ) উপরের ৬ সংখ্যক অংশ দ্রষ্টব্য। (ঘ) (কোনো প্রতিযোগিতার জন্য) অনুশীলন বা প্রশিক্ষণ দান করা বা গ্রহণ করা: The athelete ~s out two hours every morning এই সূত্রেই, **~ out** *n* অনুশীলন বা প্রশিক্ষণের সময় ও প্রকরণ। **~ sth out** (ক) গণনা করা; হিসাব করা: Everybody please ~ out your individual expenses. (খ) ফলাফল বার করা: Some of the problems are so difficult to ~ out. (গ) পরিকল্পনা করা; সবিস্তারে উপস্থাপন করা; নতুন কিছু বার করা: a nicely ~ed out plan. The economists have ~ed out a new tax structure. The nuclear physicists are ~ing out new theories. You should ~ out a popular position in the office, নিজের জন্য একটি জনপ্রিয় অবস্থান তৈরি করার জন্য সচেষ্ট হওয়া। (ঘ) সমাধান করা: He is ~ing out some pre-Christian archaeological findings. (ঙ) (সাধা. passive) ব্যবহার করা বা আহরণের মাধ্যমে নিঃশেষ করে ফেলা: Another coalmine has been declared ~ed out. **~ up to sth** ক্রমান্বয়ে উঁচুস্তরে বা পর্দায় নিয়ে আসা বা পৌঁছানো: The instrumentalist was ~ing up his raga to the level of jhala, **~ sth up** (ক) ধীরে ধীরে কোনো কিছু করা; সন্তোষজনক বা প্রত্যাশিত অবস্থা সৃষ্টি করা: He has ~ed up a big department store now, but he only started with a tiny shop. (খ) উত্তেজনা তৈরি করা; জাগিয়ে তোলা: The chief speaker ~ed up the mob with angry feelings. **~ sb/oneself up (into)** উত্তেজনার প্রবল স্তরে তাড়িত করা: He ~ed himself up into a violent rage. The police firing finally ~ed the mob into a frenzy. **~ upon sb/sth** দ্র. উপরে উল্লিখিত ~ on sb/sth.

work·able ['ওয়াকাব্‌ল্] *adj* যা করা সম্ভবপর; যা কাজে প্রযোজ্য হতে পারে; কার্যকর; কাজের জন্য উপযুক্ত: The machine is no longer ~, কার্যকর নয়; I think this quite a ~ plan. This factory has no ~ conditions, কাজ করার প্রতিকূল; This gold mine may remain ~ till December this year, সঞ্চিত বস্তু নিঃশেষ হয়ে যাবে।

worker [ওয়া্কা(র্)] *n* কর্মী, শ্রমিক, শ্রমজীবী, কর্মচারী: factory ~s; transport ~s; party ~s; ~s' union, শ্রমিক ইউনিয়ন বা সঙ্ঘ; ~ bees, কর্মী মৌমাছি (পুরুষ মৌমাছির সঙ্গে প্রভেদ বোঝাতে)।

working [ˈওয়াকিঙ্] *n* ১ ক্রিয়া, কার্য; যে পদ্ধতিতে কোন কাজ সম্পন্ন হয়: the ~ of cardiovascular system; the ~s of heart (হৃদয়ের ভাবপ্রবণতা বোঝাতে) Is the type-writer in ~ condition, টাইপরাটারটি কার্যকর বা ভালো অবস্থায় আছে কিনা। এই সূত্রেই, **~ order** সঠিক কাজের উপযুক্ত অবস্থা; বিনা অসুবিধায় কাজ করে এমন অবস্থা: A car on sale in perfect ~ order. Now I have fixed up the photocopier in ~ order. ২ (attrib) বিভিন্ন আনুষঙ্গিক অর্থদ্যোতক: ~ clothes, যে কাপড় কেবল কাজের সময় পরিধেয় (যেমন গ্যারাজ বা কারখানায়); a ~ formula, যে রীতি বা পদ্ধতি গৃহীত হলে সম্ভাব্য বিপত্তি এড়ানো যেতে পারে; সুষ্ঠুভাবে কাজ করা সম্ভবপর হবে; The committee has a ~ majority, এমন সংখ্যক সদস্যের সমর্থন আছে যা দিয়ে সমিতি কার্যকর রাখা যায়। **~ capital** কোনো ব্যবসা চালু রাখার জন্য যে মূলধন বা অর্থ প্রয়োজন। **~ class** শ্রমিকশ্রেণী, শ্রমজীবীশ্রেণী। **~ man/ woman** শ্রমজীবী পুরুষ বা নারী। **~ breakfast/ lunch/ dinner** কাজের সুবিধার্থে গৃহীত হালকা খাবার: Arrange ~ lunch during the seminar. **~ day (ক)** কাজের দিন (ছুটির দিন নয় বোঝাতে)। **(খ)** প্রত্যহ যে কয়ঘণ্টা কাজের জন্য নির্দিষ্ট। (এই সূত্রেই, **~ hours):** a ~ day of eight hours. **~ hypothesis** যে অনুমান প্রকল্প কোনো তত্ত্ব প্রতিষ্ঠার জন্য রচনা করা হয়। **~ knowledge** প্রয়োজনমাফিক কার্যকর জ্ঞান বা তথ্য। **~ relationship** একত্রে কোনো কাজ করার মতো দ্বিপাক্ষিক/ বহুপাক্ষিক সম্পর্ক (সাধা. পূর্ব বিবাদ নিরসন হয়েছে এমন অবস্থা বোঝাতে)। **ˌ~-ˈout (ক)** ফলাফল হিসাব; বিস্তারিত বিবরণ: The ~-out of our proposed plan should be made public. **(খ)** বাস্তবায়ন: Secondly, the ~ out of the scheme should be carefully supervised. **ˈ~ party** (প্রধানত) উৎপাদন বৃদ্ধি বা গুণগতমান সুনিশ্চিত করার জন্য বা শিল্প পরিচালনায় উন্নতিবিধানের জন্য গঠিত ও নিযুক্ত বিশেষ কমিটি; কোনো বিশেষ সমস্যা বা প্রশ্ন পর্যালোচনার জন্য সরকার কর্তৃক নিযুক্ত বিশেষ কমিটি। □*part adj* কর্মরত, শ্রমরত কর্মক্ষম: a hard ~ man. He comes of a ~ class background, শ্রমজীবী শ্রেণীর/ শ্রেণীলগ্ন পটভূমি।

world [ওয়া্ল্ড়] *n* ১ পৃথিবী, জগৎ, বিশ্ব, ভুবন, ভূমণ্ডল, দুনিয়া; সমগ্র পৃথিবীর দেশসমূহ ও অধিবাসীবৃন্দ: the old W~, য়োরোপ, এশিয়া এবং আফ্রিকা; the new W~, আমেরিকা; the Roman W~, প্রাচীন রোমানরা পৃথিবীর যতটুকু অংশে জ্ঞাত ছিলেন; the English Speaking W~, পৃথিবীর যে সকল অংশে ইংরেজি ভাষা প্রচলিত, গ্রেট ব্রিটেন ও ব্রিটিশ উপনিবেশসমূহ; Around the W~, সমগ্র পৃথিবী জুড়ে; to the ~'s end, জ্ঞাতজগতের সর্বশেষ প্রান্ত পর্যন্ত; The whole ~/all the ~ knows, সর্বত্রই জ্ঞাত, সর্বজনবিদিত। ২ [C] আমাদের পৃথিবীর সঙ্গে তুলনীয় অন্য কোনো সৌরজাগতিক গ্রহ: We are not sure whether there are other ~s than ours. **make a noise in the ~** ব্যাপকভাবে আলোচিত, সুখ্যাতি অর্জন করা। **a citizen of the ~** বিশ্বনাগরিক, যিনি বিবিধ আঞ্চলিক ও জাতীয়তাবাদী সংকীর্ণতার উর্ধ্বে এবং মুখ্যত মানবপ্রেমিক: It's a small ~! অপ্রত্যাশিতভাবে কারও সঙ্গে হঠাৎ দেখা হলে বিস্ময়সূচক সংলাপ; the ~ is becoming smaller, ছোট হয়ে আসছে পৃথিবী, দ্রুত, নিরাপদ ও সহজলভ্য যোগাযোগের পরিপ্রেক্ষিতে দেশদেশান্তরের কার্যত দূরত্ব হ্রাস বোঝাতে। ৩ (attrib) পৃথিবী ব্যেপে; জগত জুড়ে: a ~ language, জগদ্ভাষা; যে ভাষা পৃথিবীর সর্বত্র ব্যবহৃত হবে বলে কল্পনা বা পরিকল্পনা করা হয়; English is a ~ language. **~ powers** *n* পৃথিবীর অতিশয় প্রভুত্বশীল বা শক্তিধর দেশ: the ~ powers like US and Russia; the two ~ wars, দুই বিশ্বযুদ্ধ; the W~ Bank বিশ্বব্যাংক (মূলনাম International Bank for Reconstruction and Development) জাতিসঙ্ঘ কর্তৃক ১৯৪৫ সালে প্রতিষ্ঠিত অপেক্ষাকৃত দরিদ্র জাতিসমূহের অর্থনৈতিক উন্নয়নের লক্ষ্যে নিয়োজিত। **ˌ~-ˈwide** *adj* সারা বিশ্ব জুড়ে: Satyajit Ray has earned a ~-wide fame. ৪ পার্থিব জীবন, ইহলোক, পরলোক প্রভৃতি: the ~ we live and the after ~, এই জীবন ও মৃত্যুপরবর্তী জীবন; the lower ~, নরক; You have not then seen the light of the ~, তখনও জন্মলাভ করেনি; bring a baby into the ~, শিশুকে জন্মদান করা। **ˌ~-ˈweary** *adj* জীবন সম্পর্কে বীতস্পৃহ। **~ shaking** *adj* সারা দুনিয়ায় আলোড়ন সৃষ্টি করে এমন: the ~ shaking discoveries, পৃথিবী জোড়া আলোড়ন সৃষ্টিকারী আবিষ্কারসমূহ। **a ~ of** প্রচুর সংখ্যক, অসংখ্য: Oh! a ~ of people gathered in the Eid markets. ৫ নিখিল বিশ্ব; যাবতীয় বস্তুপুঞ্জ: Is there any better ~ than this? **in the ~** বস্তুজগতে: Who in the ~ can be better than one's mother? Who in the ~ can prove me dishonest (কেউ বা কেউ না বোঝাতে)। **for all the ~ like sb/ sth** অবিকল; যা হওয়া উচিত সেই রকম: This spot is for all the ~ like my birth-place in its greenfields, blue sky and fresh air. **be all the ~ to sb** একমাত্র ধন; প্রিয়তম বস্তু: This child is all the ~ to the widow. **not for the (whole) ~** কোনো কিছুর বিনিময়েই নয়: I shall never part with this thing, not for the ~. **be/feel on top of the ~** অত্যন্ত আহ্লাদিত বা উচ্ছ্বসিত বোধ করা (কোনো বিশেষ সাফল্য বা অর্জনের পরিপ্রেক্ষিতে)। **carry the ˌ~ beˈfore one** অত্যন্ত দ্রুত ও সার্বিক সাফল্য লাভ করা। **a ~ of sth** বিপুল সংখ্যায় বা পরিমাণে: Your help was a ~ of service to me. There was a ~ of meaning in the lovely maiden's look. There is always a ~ of difference between a plain and a chilled beer. **think of the ~ of sb/sth** কোনো ব্যক্তি/বস্তুকে সাদর প্রীতি ও শ্রদ্ধার সঙ্গে দেখা। ৬ জীবনের পার্থিব বিষয় ও বৃত্তি (আধ্যাত্মিক জীবনের সঙ্গে প্রভেদ বোঝাতে): the ~ the flesh and the devil, জীবনের বিবিধ প্রলোভন। **the best of both ~s** দুটি ভিন্নধর্মী (প্রায়শ বিপরীতধর্মী) ধারা থেকে সর্বোত্তম গ্রহণযোগ্য বিষয়সমূহ। **forsake/renounce the ~** আধ্যাত্মিক বিষয়ে মনোযোগ স্থাপন করা। ৭ জীবনের সাধারণ বিষয়-আশয়; কর্মময় জীবন: I have seen much of the ~, জীবনের বহু বিচিত্র বিষয়ে অভিজ্ঞ; a man of the ~, পার্থিব জীবনের বিবিধ বিষয় সম্পর্কে ধারণা আছে, জীবনের অভিজ্ঞ তার সূত্রে মানুষকে বিচার করতে পারেন, সহনশীল; take the ~ as one finds it,

বাস্তব জগৎ যেমন তেমনই অম্ল মধুরভাবে তাকে গ্রহণ, তাকে পরিবর্তন করার কোন দায় বোধ না করা; How goes the ~ with you? জীবনযাত্রা কেমন চলছে, কুশল জিজ্ঞেস করা। ৮ বিশেষ সামাজিক শ্রেণী, ক্রিয়া বা ক্ষেত্রের সঙ্গে যুক্ত ব্যক্তি/প্রতিষ্ঠান/বিষয়: news from the ~stock exchange. He belongs to the ~ of letters. Stars from the ~ of sport will assemble this evening. What news from the film ~? Great things are happening in the modern scientific ~. We should give more attention to the animal ~. ৮ **the ~** সমাজ; সমাজের সাংস্কৃতিক জীবন; সমাজের আচার রীতিনীতি: the great ~, রুচিশীল আধুনিক সমাজ বা তার ব্যক্তিবর্গ; All the ~ and the First Lady were present at the party, সকলেই যাঁরা উঁচু সমাজভুক্ত তাঁরা উপস্থিত ছিলেন; What will the ~say, এ বিষয়ে সাধারণ জনমত কেমন হবে, উপেক্ষণীয় নয় এমন জনমত। **~·ly** *adj* **(ক)** পার্থিব, জাগতিক, বৈশ্বিক, জগৎসম্বন্ধীয়: ~ly matters, পার্থিব বিষয়: He is quite expert in ~ly matters. **~ly goods** পার্থিব বস্তু, সম্পত্তি। **(খ)** ইহজীবনকালীন, ইহজীবনের বিবিধ বিষয় (আধ্যাত্মিক জীবনের বিপরীতে ভোগবাদী জীবনের আনন্দ স্ফূর্তি): ~ly pleasures, পার্থিব সুখ, ভোগবাদী আনন্দ; ~ly wisdom, বিষয়বুদ্ধি, সংসারজ্ঞান, পার্থিব বিষয়ে তীক্ষ্ণজ্ঞান যা জাগতিক সাফল্য অর্জনে সাহায্য করে (এই সূত্রেই worldly-wise)। **(গ)** বিষয়বুদ্ধিসম্পন্ন, বিষয়জ্ঞানী, সংসারাভিজ্ঞ; পার্থিব স্বার্থ সম্বন্ধে সচেতন: ~ly minded. You can never cheat him, he is thorughly ~ly minded.

worm [ওয়াম্] *n* ১ ক্ষুদ্রাকৃতি অমেরুদণ্ডী প্রাণী, কীট, পোকা; মাটিতে বাস করে বা মাটির মধ্যে থাকে এমন পোকা; যেমন কেঁচো, গুবরে পোকা; উদ্ভিদ বা গাছের পাতায় জন্ম নেয় বা থাকে এমন পোকা যেমন—শুয়োঁপোকা; শরীরের মধ্যে কোনো বীজাণুর কারণে যে ক্ষতিকর পোকা জন্ম নেয়, যেমন—ক্রিমি ইত্যাদি সকল ধরনের পোকা: 'earth ~, কেঁচো; hook/tube ~, বিভিন্ন ধরনের ক্রিমি; ~ cast কেঁচো মাটি তুলে যে ছোট স্তূপ তৈরি করে। ২ (যৌগশব্দ) '**silk ~** রেশমকীট বা রেশমগুটি। **glow ~** জোনাকি। '**~-eaten** *adj* পোকায় খাওয়া; কীটদষ্ট; বহু জায়গায় ফুটা হয়ে গেছে এমন; অনেক দিনের পুরনো; জীর্ণ। **~ eating** কীটভোজী। '**~ fever** ক্রিমিজ্বর। '**~-hole** কাঠ পাতা বা ফলে পোকার বানানো ছিদ্র। '**~ powder** কীটনাশক পাউডার। ৩ (লাক্ষ.) তুচ্ছ বা ঘৃণ্য কোনো ব্যক্তি: Do not react at his words, he is just a ~. **Even a ~ will turn** (প্রবাদ) ধৈর্যেরও একটা সীমা আছে; নিয়ত কোণঠাসা বোধ করলে সামান্য বা দুর্বল ব্যক্তিও রুখে দাঁড়ায়: food for ~s, (লাক্ষ.) মৃতব্যক্তি; the ~ of conscience, (লাক্ষ.) বিবেকঘটিত মর্মপীড়ন, বিবেকের দংশন। ৪ স্ক্রুর নীচের ঘোরানো খাঁজকাটা অংশ; '~ gear, খাঁজওয়ালা চাকা কোনো পেঁচানো ঘূর্ণায়মান বস্তুর দ্বারা চালিত হয় এমন ব্যবস্থা। □*vt* ১ **~ oneself/ one's way in/ into/ through** ধীরে ধীরে চলা ধৈর্যের সঙ্গে বা বিপত্তির মধ্য দিয়ে অগ্রসর হওয়া: He ~ed his way in the dark through a muddy road. He ~ed himself into the confidence of the group. **~ sth out (of sb)** একনাগাড়ে জিজ্ঞাসাবাদ করে কোনো কিছু বের করে আনা: I failed to ~ the truth out of him. ২ দেহে যে সব ক্ষতিকর পোকা জন্মায় বা তা উচ্ছেদ করা বা বিনাশ করা: Take care to ~ the dog as soon as possible. **~y** *adj* যে বস্তু বা প্রাণীর গায়ে বা ভিতরে অনেক পোকা আছে; কীটময়, কীটপূর্ণ; কীট দ্বারা ক্ষতিগ্রস্ত; বুকে হেঁটে চলে এমন; কীটবৎ; কীটের ন্যায়; কীটসংক্রান্ত; কীটের মতো ক্ষতিকর; কবরস্থান সংক্রান্ত; (লাক্ষ.) হীন, নীচ, পেচাঁলো, বিরক্তিকর।

worm·wood [ওয়াম্‌য়ুড়্] *n* [u] তিক্তস্বাদ গুল্মবিশেষ; সোমরাজ (এই গুল্ম দ্বারা ভারমুথ ও বিশেষ ধরনের ভেষজ ঔষধ তৈরি হয়); (লাক্ষ.) তীব্র বিরক্তি এবং তার কারণ।

worn [ও°ন্] wear[2]–এর *pp, adj* পরিধান করা হয়েছে এমন; পরিহিত: ~ shirt, (লাক্ষ.) ব্যবহার, পরিশ্রম বা সময়ের দৈর্ঘ্যে জীর্ণ বা ক্লান্ত: time-~ clock; age ~ man. **~ out** ব্যবহারের ফলে ক্ষয়প্রাপ্ত।

worri·some ['ওআরিসাম্] *adj* কষ্টকর, ক্লান্তিকর: Going through a ~ period.

worry ['ওয়ারি] *vt, vi* (*pt, pp* -ried) ১ কষ্ট পাওয়া; দুশ্চিন্তিত হওয়া; ক্রমাগত মানসিক অস্বস্তি বা সঙ্কটে ভোগ; অশান্তিতে থাকা। ২ **~ (about/ over sth)** উদ্বিগ্ন বোধ করা; পীড়িত বোধ করা। **~ along** (কথ্য) নানান বিপত্তি থাকা সত্ত্বেও কোনো কিছু সাধন করতে সমর্থ হওয়া। ৩ (বিশেষত কুকুরের ক্ষেত্রে) দাঁত দিয়ে কামড়ে ধরে ঝাঁকুনি দেওয়া: The dog was ~ing the cat. ৪ **~ a problem etc out** যতক্ষণ পর্যন্ত সমাধান না হয় ততক্ষণ লেগে থাকা: You can rest assured he will ~ the problem out. □*n* (*pl* -ries) অস্বস্তি, দুশ্চিন্তা; মানসিক পীড়ন বোধ। ১ [U] There is no ~ about the patient now, বিন্দুমাত্র উদ্বেগ বা উদ্বেগের চিহ্নমাত্র নেই। ২ [C] (সাধা. *pl*) উদ্বেগ বা দুশ্চিন্তার কারণ: social worries; financial worries; mental worries; what a ~ this frail enclosure is! **~·ing** *adj* উদ্বেগময়। **~·ing·ly** *adv*

wor·ried [ও অরিড়্] *adj* উদ্বিগ্ন, পীড়িত, দুশ্চিন্তিত: He felt very ~ as the train was late.

worse [ওয়াস্] *adj* (bad শব্দের comp; superl — worst) অধিকতর মন্দ; দ্বিতীয় আর একটি বস্তু বা বিষয় অপেক্ষা অপেক্ষাকৃত খারাপ বা নিকৃষ্ট। **the ~ for wear** দীর্ঘদিন পরিধানের জন্য বর্তমানে বিশ্রীভাবে পরিহিত; (লাক্ষ.) নিঃশেষিত, বিধ্বস্ত: He looks the ~ for after being Vice-Chancellor for two years. ২ (কেবল pred) অপেক্ষাকৃত বেশি অসুস্থতা বা মন্দাবস্থা বোঝাতে: Situations in the riot-torn town is much ~ to-day. **be none the ~ (for sth)** একটুও আহত বা ক্ষতিগ্রস্ত নয়: She slipped on the stairs but none the ~ for it. **for better or for ~** ভালো বা মন্দ যাই ঘটুক: I shall leave the country. I do not know for better or for ~. **for the ~** অধিকতর মন্দ অবস্থায়: Things have now turned for the ~. **~ off** অধিকতর মন্দ অবস্থায় পতিত: I cannot lend you any money because I am ~ off this month. **have the ~** অসুবিধায় পড়া বা থাকা; পরাজিত হওয়া। **put to ~** পরাজিত করা। □*adv* (দ্র. badly, worst) ১: He is suffering from a complex ~ than ever. He has been taken ~, পূর্বাপেক্ষা অধিকতর অসুস্থ। **none the ~** একটুও কম নয়: I like this place none the ~ for the high-rise buildings. ২ (অর্থের ব্যাপকতা বা গভীরতা বোঝাতে): I dislike her ~ than ever, Atomsphere is being polluted ~ than ever.

□*n* অধিকতর খারাপ বা মন্দ বিষয়: always think for the ~. This is not all, the worse is not yet said. Law and order situation is tending towards the ~. The weather seems to be changing from bad to ~. ~**n** *vt, vi* অধিকতর মন্দ হওয়া বা করা: Conflicting state in south Lebanon has ~ned.

worship[1] [ওয়া্শিপ্] *n* [U] ১ পূজা; দেবদেবী বা ঈশ্বরের প্রতি শ্রদ্ধানিবেদন: places of ~, চার্চ, মসজিদ, উপাসনালয়, মন্দির, মঠ; hours of ~, নামাজের ওয়াক্ত বা সময়, চার্চের উপাসনার নির্দিষ্ট সময়; public ~, চার্চের সমবেত প্রার্থনা সভা; নামাজের জামাত; ভজনসভা; সম্মিলিত স্তবগান; একত্র মোনাজাত। ২ কারও বা কোনো বিষয়ের জন্য বিশেষ শ্রদ্ধা বা ভক্তিনিবেদন: hero ~, মহৎ ব্যক্তিবর্গের প্রতি সশ্রদ্ধ অনুরাগ; The audience looked at Nelson Mandella with ~ in their eyes. ৩ **your/ his W~** (গ্রেট ব্রিটেনে) ম্যাজিস্ট্রেট বা মেয়রের সম্মানসূচক উপাধি: His W~ the mayor of Leeds. **~·ful** *adj* শ্রদ্ধেয়, সম্মানার্হ, পূজনীয়, ভক্তিশীল (গ্রেট ব্রিটেনে) শান্তির সপক্ষে বিচারক বা অল্ডারম্যানদের সম্মানসূচক উপাধি; freedom of ~ উপাসনার বা ধর্মানুষ্ঠানের স্বাধীনতা।

worship[2] [ওয়া্শিপ্] *vt, vi* (-pp-/US -p-) ১ পূজা করা; উপাসনা করা: She ~s in the temple every evening. ২ ভক্তি করা; সশ্রদ্ধ অনুভূতি প্রকাশ করা: I never failed to ~ my teacher. I still ~ every simple detail of my village. **~per** (US -er) *n* পূজারী, ভক্ত, অনুরাগী ব্যক্তি।

worst [ওয়া্স্ট্] *adj* (bad শব্দের Superlative degree bad > worse > worst): The ~ situation in the Gulf war in the last two years, বিগত দুই বছরের মধ্যে সবচেয়ে ভয়ানক অবস্থা; The ~ problem in the office I have ever faced, সবচেয়ে সঙ্কটজনক সমস্যা; the ~ possible weather, সর্বাপেক্ষা প্রতিকূল আবহাওয়া; the ~ element in the committee, কমিটির সবচেয়ে ক্ষতিকারক সদস্য; the ~ item in the store, দোকানের সবচেয়ে খারাপ বস্তু; Mention of his name brings in the ~ memory of my life, সবচেয়ে জঘন্য বা বেদনাদায়ক স্মৃতি। □*adv* সবচেয়ে খারাপভাবে: A fared quite bad, B was still worse and C was the ~. □*n* চরম মন্দ অবস্থা; সর্বাপেক্ষা খারাপ অবস্থা; সর্বোচ্চ নিন্দনীয় পরিস্থিতি; নিকৃষ্টতম অংশ: The patient is in a coma, you should be prepared for the ~, সংজ্ঞাহীন রোগীর মৃত্যু ঘটার সম্ভাবনা রয়েছে—সবচেয়ে খারাপ বা দুঃখজনক সংবাদ বোঝাতে; With the imposition of curfew the ~ of the riot situation is over, সবচেয়ে ভয়ানক বা সহিংস অবস্থার অবসান হয়েছে; You have not seen him at his ~, কতটা খারাপ বা জঘন্য অবস্থায় নামতে পারে, সর্বাপেক্ষা ভয়ঙ্কর বা নিন্দনীয় বোঝাতে। **If the ~ comes to the ~** যদি সর্বাপেক্ষা মন্দ অবস্থার সৃষ্টি হয়। **get the ~ of it** (কোনো প্রতিদ্বন্দ্বিতা প্রভৃতিতে) পরাজিত হওয়া। **The ~ of it is that** এ বিষয়ের সবচেয়ে দুঃখজনক কথাটি হলো। **at (the) ~** সর্বাধিক মন্দ অবস্থা ঘটলে। **do one's ~** যথাসাধ্য ক্ষতি বা অপকার করা। **do your ~ / let him do his ~** ভ্রূক্ষেপ বা তোয়াক্কা না করার ভঙ্গিতে বলা। □*vt* প্রতিযোগী বা প্রতিদ্বন্দ্বীর উপরে সুবিধা লাভ করা: He ~ed his rival.

wor·sted [ˈউস্টিড্] *n* [U] মিহি পশমি সুতা বা কাপড়; এ ধরনের কাপড়ের তৈরি পোশাক। □*adj* পশমি সুতায় তৈরি: made of ~; ~ work, পশমি সুতায় তৈরি সূচিকর্ম।

wort [ঔর্ট্] *n* (প্রা.প্র.—বর্তমানে কেবল যৌগশব্দে ব্যবহৃত) গুল্মমূল বা সবজি: speen ~.

worth [ওয়া্থ্] *pred adj* ১ বিশেষ মূল্য বিশিষ্ট; নির্দিষ্ট মূল্যের সমান: I have this book at thirty, but it is ~ a hundred taka. This machine is not ~ half a million. The demand draft is ~ 5000/- taka. **~ (one's while)**, দ্র. while. **for what it is ~** সংশ্লিষ্ট বিষয়ে কোনো প্রতিশ্রুতি বা নিশ্চয়তা ব্যতীত: Reports of situation on the campus which I am transmitting to you are as they reached me and they should be treated for what it is ~. **~-ˈwhile** *adj* যথার্থ সময়ে; প্রয়োজনের সময়ে: That was a ~ while help, a ~ while move. দ্র. while. ২ অধিকারসম্পন্ন; সম্পত্তির মূল্যসম্পন্ন: What is this store ~? He died ~ 5 million taka. **for all one is ~** (কথ্য) নিজের যাবতীয় ক্ষমতা বা কর্মশক্তি প্রয়োগ করে: He tried to do away with the contention for all he was ~. ৩ worth শব্দের সঙ্গে ক্রিয়াপদের pres part এর -ing যোগ করে ~ + verb in *ing:* The painting exhibition was ~ seeing. That kettle is ~ buying; ~ reading; ~ doing business; ~ preserving curio. Life is not ~ living without love. □*n* [U] ১ মূল্য, দাম, কোনো বস্তু বা বিষয়ের বাজার-দর: A service of great/little ~. A book of much ~, an advice of little ~. ২ কোনো নির্দিষ্ট মূল্যের বস্তুর পরিমাণ: Ten taka ~ of tea, a cheque ~ of one thousand taka. One hundred taka ~ of chocolates. It is not ~ the meeting he should preside over. **~·less** *adj* অর্থহীন, মূল্যহীন, অকাজের: a ~less comment; a ~less enterprise a ~less boy. **~·less·ly** *adv.* **~·less·ness** *n*

worthy [ওয়াদ্দি] *adj* (-ier, -iest) ১ **~ (of sth/ to be sth)** প্রাপণীয়: an issue ~ of our active attention, যে সমস্যা মনোযোগ দাবি করে; a feat ~ of applause, যে কৃতিত্ব প্রশংসার যোগ্য; nothing ~ to ponder on , ভাবার মতো প্রয়োজনীয় কিছু নেই; a member ~ to represent our cause, যে সদস্য প্রতিনিধিত্ব করার পূর্ণ গুণসম্পন্ন; a painting ~ to be collected, সংগ্রহের যোগ্য মূল্যবান চিত্রকর্ম; a hero ~ of admiration, শ্রদ্ধা বা প্রশংসার দাবিদার নায়কোচিত পুরুষ। ২ গুণবান, গুণসম্পন্ন: a ~ gentleman, (অনেক সময়ে কিছুটা পৃষ্ঠপোষকতার ভঙ্গিতে); He is a ~ inclusion in the team (কখনও ব্যঙ্গরসাত্মক ভঙ্গিতে). The ~ part of his speech was that it was full of fury. This stipend is only for the ~ students, যারা সত্যিই লেখাপড়া করে, খাতায় নাম আছে এমন ছাত্রদের জন্য নয়। □*n* ১ স্বদেশে অথবা কোনো বিশেষ কালে বরেণ্য ব্যক্তি: an Augustan ~, আগস্টাস যুগের বরেণ্য ব্যক্তি। **nine worthies** রোমক ইতিহাসের নয় জন বহুমান্য ব্যক্তি। ২ (হাস্য বা ব্যঙ্গাত্মক) যে ব্যক্তিকে আপাতভাবে গণ্যমান্য মনে হয়: who's the ~ sitting beside the PM? A lot of worthies in the team. **worth·ily** [-ইলি] *adv* **worthi·ness** *n*

would [য়ুড্] দ্র. will.

wound[1] [য়ূন্ড়] *n* [C] ১ বিশেষত আক্রান্ত হওয়ার ফলে শরীরের কোনো অংশে গুলির, কেটে যাবার বা ছড়ে যাবার আঘাত বা ক্ষত (দুর্ঘটনার ক্ষেত্রে সাধারণত injury শব্দটি ব্যবহৃত হয়): a sword ~; a bullet ~; Her fingers were bleeding out of a knife ~. ২ গাছপালার উপর এমন আঘাত যাতে গাছের ছাল বা বাকল তুলে নেওয়া হয়। ৩ কোনো ব্যক্তির অনুভূতির প্রতি আঘাত: a ~ to his ego; a ~ to his fame. □*vt* আঘাত করা বা দেওয়া: 40 people were ~ed as police lathi-charged the mob. He felt ~ed at the loss of seniority.

wound[2] [ওয়াউন্ড়] wind[2]–এর *p* ও *pp*

wove, wo·ven [ঔভ়, ঔ ভ়ন্] দ্র. weave.

wow[1] [ওয়াউ] *n* (অপ.) অপ্রত্যাশিত সাফল্য। □*int* বিস্ময় বা সমাদর প্রকাশসূচক।

wow[2] [ওয়াউ] *n* [U] মোটরের ঘূর্ণনের কারণে অথবা গতির ওঠানামার জন্য কোনো ডিস্ক বা টেপ থেকে পুনঃপ্রচারের সময়ে শব্দ উৎসারণের বৈচিত্র্য বা তারতম্য।

wrack [র‍্যাক্] *n* [U] ১ তীরে নিক্ষিপ্ত সমুদ্রজাত গুল্ম বা শৈবাল। ২ দ্র. rack.

wraith [রেইথ্] *n* কোনো ব্যক্তির মৃত্যুর অব্যবহিত আগে বা পরে দৃষ্ট তার ছায়ামূর্তি।

wrangle ['র‍্যাংগ্‌ল্] *vi* ~ **(with sb) (about/over sth)** উচ্চস্বরে ও প্রবল কলহপ্রবণ কোনো তর্কাতর্কিতে অংশগ্রহণ করা। □*n* এ ধরনের কোনো কোলাহলময় বিবাদ। **~er** *n* (প্রধানত উচ্চকণ্ঠে) কলহকারী, কেমব্রিজ বিশ্ববিদ্যালয়ের গণিতশাস্ত্রে প্রথম শ্রেণীর সম্মানসহ স্নাতক উপাধিধারী ছাত্র। **wrangling** *adj* উচ্চস্বরে কলহবিবাদ করে এমন।

wrap [র‍্যাপ্] *vt, vi* (-pp-) ১ ~ **(up)(in sth)** কোনো কিছু ঢেকে ফেলা বা গুটিয়ে ফেলা: ~ your throat with a scarf. ~ this packet up in a decent manner. ~ oneself in a blanket. The wall was ~ped in a beautiful sheet of paper. It's chilling cold outside, you must ~ yourself up properly, বাইরে ভীষণ ঠাণ্ডা, অতএব ওভারকোট বা চাদর দিয়ে সারা শরীর মুড়ে নেওয়া উচিত; His speech was so ~ped up in cross references and ambiguities, নানান জটিল বিষয়ের উল্লেখ ও বহু অর্থসূচক শব্দে আবরিত বক্তৃতা। **~ sth up** (অপ.) কোনো কিছু চুকিয়ে ফেলা: I have ~ped up the relationship. The discussion of a joint venture was ultimately ~ped up. ২ **~ sth round sth** কোনো বস্তুকে অন্য কিছু দিয়ে জড়ানো বা মোড়া: ~ the glassware round and round. ~ this post with coloured paper. ৩ **be ~ped up in** (ক) আবরিত, বিজড়িত বা অর্ন্তভুক্ত; (লাক্ষ.) সংগোপনে রক্ষিত: Their relationship is still ~ped up in mystery. (খ) অত্যন্ত গভীরভাবে নিবিষ্ট: He is ~ped up in his experiment. (গ) গভীরভাবে অনুরাগী বা মনোযোগী: She is ~ped up in her gardening, উদ্যানকর্মে অবিরত ও অক্লান্তভাবে মনোযোগী ও ব্যস্ত। □*n* ব্যক্তি বা বস্তুর রক্ষাকারী বহিরাবরণ (যেমন—চাদর, সাল, আলোয়ান, কম্বল প্রভৃতি); (ব্যবসায়িক সূত্রে প্রযুক্ত) বাইরের মোড়ক। **keep sth under ~s** বিষয়টি গোপন রাখা। **take off the ~s** প্রদর্শনীর জন্য সাধারণ্যে স্থাপন করা (কোনো নতুন মেশিন, শিল্পদ্রব্য প্রভৃতি)। **~·per** *n* ১ বই কাগজপত্র সাময়িকী ইত্যাদি কোথাও পৌঁছানোর জন্য, বিতরণের জন্য বা ডাকে পাঠানোর জন্য ব্যবহৃত খাম বা মোড়ক। ২ যা কিছু দিয়ে অন্য দ্রব্য মোড়া বা জড়ানো হয়। ৩ স্ত্রীলোকের ঢিলা বর্হিবাসবিশেষ। ৪ শাল, আলোয়ান, চাদর। **~·ping** *n* ১ [C] প্যাকিং করা বা মোড়ার জন্য ব্যবহৃত বস্তু: the ~pings of a china vase. ২ [U] প্যাকিং-এর জন্য ব্যবহার্য পদার্থ: sue enough ~pings so that everythings inside remains intact. **~ping paper** *n* দ্রব্যসামগ্রী মোড়ার জন্য মোটা/শোভন বড়ো আকারের কাগজ (সাধা. বড়ো প্যাকেট শক্তভাবে মুড়ে দেবার জন্য অথবা উপহার সামগ্রী সুশোভনভাবে আবরিত করার জন্য ব্যবহৃত হয়)।

wrath [র থ্ US র‍্যা থ্] *n* [U] (সাহিত্যে) তীব্র ক্রোধ; ভয়ানক রোষ। **~·ful** [-ফ্‌ল্] *adj* .**~·fully** [ফ়লি] *adv*

wreak [রীক্] *vt* ~ **sth (on sb)** (সাহিত্যে) প্রতিশোধ বা প্রতিহিংসার প্রকাশ ঘটানো বা তা কার্যকর করা: The scene became grave as he ~ed his fury upon his enemy; ~ vengeance upon/on, কারও উপর প্রতিহিংসা গ্রহণ করা।

wreathe [রীদ্] *vt, vi* ১ জড়ানো বা বেষ্টন করা: ~d with garlands; the table ~d with flowers, a packet ~d with red ribbon; (লাক্ষ.) a care ~d with warm affection. ২ (reflexive) **~ itself round** গোটানো: The creeper ~s around the tree. ৩ **~ sth into** মালা গাঁথা: to ~ a garland. ৪ (ধোঁয়া, কুয়াশা প্রভৃতি সম্বন্ধে) পাক খাওয়া; ঘুরে ঘুরে উপরে ওঠা।

wreck [রেক্] *n* ১ [U] (বিশেষ ঝঞ্ঝায় পতিত জাহাজের ক্ষেত্রে) ধ্বংস বা বিনাশ: only five persons survived out of the ~ of the ship; (লাক্ষ.) the ~ of my fortunes. [C] এ ধরনের ধ্বংস বা বিনাশকরণ: The cyclone has left its marks of ~s on a vast area. ২ [C] যে জাহাজ ঝঞ্ঝাতাড়িত হয়ে ধ্বংসপ্রাপ্ত হয়েছে: The Swiss family found enough of provisions from the ~. ৩ [C] ভয়ানকভাবে ক্ষতিগ্রস্ত বা ধ্বংসপ্রাপ্ত ভবন, যানবাহন প্রভৃতি; যে ব্যক্তির ভয়ানক স্বাস্থ্যহানি হয়েছে: The earthquake turned the big building into a useless ~. The car clashed itself into a bad ~. I found him physically a ~. □*vt* বিধ্বংস হওয়া: Robinson's ship ~ed near an island. **~·age** ['রেকিজ্] *n* [U] ধ্বংসপ্রাপ্ত বিষয় আশয়; ছিন্নভিন্ন অংশসমূহ: The ~age of the ship was salvaged. **~er** *n* (ক) যে ব্যক্তি ধ্বংসপ্রাপ্ত জাহাজ বা তার অন্তঃস্থিত বিষয় উদ্ধারের কাজে নিয়োজিত থাকেন। (খ) (যুক্তরাষ্ট্রে) পুরনো ভবন বা অট্টালিকা ভেঙে ফেলার জন্য নিযুক্ত ব্যক্তি। house (৭) ভুক্তিতে housebreaker দ্রষ্টব্য। (গ) (ইতিহাসে) যে ব্যক্তি অসৎ উদ্দেশ্যে আলো প্রদর্শন করে কোনো জাহাজ বিনাশের কারণ ঘটায় ও জাহাজের সম্পত্তি লুণ্ঠন করে।

wren [রেন্] *n* ক্ষুদ্রাকৃতি গায়ক পাখিবিশেষ।

wrench [রেন্‌চ্] *n* [C] ১ আকস্মিক ও তীব্র মোচড় বা টান: He tore the cable with a ~. He gave his elbow a ~, আকস্মিকভাবে মচকে গেছে। ২ বিচ্ছেদ বা দূরবাসী হওয়ার জন্য দুঃখজনিত বেদনা: His mother's death was a terrible ~. ৩ নাটবল্টু পেরেক স্ক্রু প্রভৃতি মোচড় দিয়ে খোলা বা আটকানোর যন্ত্রবিশেষ। □*vt* ১ প্রচণ্ড মোচড় বা টান দেওয়া: ~ sth from sb; ~ sth out of his hand; Luckily she could ~ herself from the robber. ২ আহত করা (শরীরের কোনো অংশ) মোচড়

দিয়ে বা মচকে দিয়ে বা মচকে গিয়ে: The ankle was ~ed. ৩ (লাক্ষ.) (তথ্য শব্দার্থ অথবা প্রকাশভঙ্গি) বিকৃত করা: while reproduced my statement was ~ed.

wrest [রেস্‌ট্] *vt* ১ **~ sth from/out of** কোনো কিছু জোরপূর্বক নিয়ে যাওয়া: ~ a packet from sb; ~ the belongings away from one's hands. ২ **~ sth from** প্রচেষ্টার মারফত অর্জন করা: ~ a secret from sb; ~ a satisfactory harvest in a bad weather . ৩ (তথ্য বা শব্দ বা উক্তির অর্থ) বিকৃত করা।

wrestle ['রেস্‌ল্] *vi* ১ **~ (with sb)** কুস্তিলড়াই-এ অংশগ্রহণ করা; মল্লযুদ্ধ করা। ২ (লাক্ষ.) কোনো সমস্যা, জটিল প্রশ্ন, হৃদয়ঘটিত জটিলতা, বিবেকের পীড়ন প্রভৃতির সঙ্গে মানসিক টানাপোড়েন: ~ with a problem/matters of heart/conscience. ৩ কঠোর শ্রমসহকারে চেষ্টা করা বা অগ্রসর হওয়া। □*n* মল্লযুদ্ধ, কুস্তি; প্রবল প্রচেষ্টা বা সংগ্রাম।

wrestler ['রেস্‌লা(র্)] *n* কুস্তিগির।

wretch [রেচ্] *n* ১ ভাগ্যপ্রপীড়িত বা দুর্দশাগ্রস্ত বা হতভাগা ব্যক্তি, বেচারা। ২ জঘন্য নীচ ব্যক্তি। ৩ (হালকাভাবে বা সমাদরে) বদমাশ।

wretched ['রেচিড্] *adj* ১ শোচনীয়, হতভাগ্য, দুর্গত: He has fallen into ~ life, the ~ conditions appal me. His helplessness made me ~ also. ২ দুর্দশাগ্রস্ত: the toppled ~ huts. ৩ খারাপ, বিশ্রী: ~ company, বিরক্তিকর, কষ্টকর সাহচর্য; ~ weather, প্রতিকূল আবহাওয়া; ~ breakfast, বাজে প্রাতরাশ। ৪ অভিযোগের সুরে; আতিশয্যের কারণে: the ~ jubilation of his followers. **~·ly** *adv.* **~·ness** *n*

wrick, rick [রিক্] *vt* ঈষৎ মোচড়ানো বা মচকে দেওয়া: ~ a muscle. He often ~ed my wrist. □*n* চটকা ব্যথা: I had a ~ on the waist.

wriggle [রিগ্‌ল্] *vi, vt* ১ দ্রুত এবং ঈষৎ মোচড়ের সাহায্যে নড়াচড়া করা; মোচড়ানোর ভঙ্গিতে চলা বা অগ্রসর হওয়া: The cockroach was wriggling as it was put upside down. The wounded snake tried to ~ till it could move no more. The earthworm ~d into its hole. It was very difficult to ~ out of the tense situation, পরিস্থিতি এমন প্রতিকূল ছিল যে অত্যন্ত ধৈর্য ও কষ্টের সাহায্যে বেরোতে হয়েছে; The hunters ~ed through the thick bushes. (লাক্ষ.) As his beloved entered the room he felt a little ~, একটু অপ্রস্তুত অবস্থায় পড়া বা অস্বস্তিতে ভোগা; কাঁচুমাঁচু করা; He just ~d out of our company then, কৌশল বা ছলনার সাহায্যে আমাদের সঙ্গ পরিহার করা। ২ মোচড়ের ভঙ্গিতে অর্থাৎ ধীর গতিতে চলা: ~ one's toes, অনুরূপ ভঙ্গিতে কোনো কিছু থেকে নিস্তার লাভ করা; ~ oneself free, কোনো কিছু দিয়ে শরীরের যে বাঁধন ছিল তা থেকে মুক্ত হওয়া; ~ one's way out. □*n* ইতস্তত মোচড়ানি; মোচড়ানোর ভঙ্গিতে চলন বা অগ্রসরণ।

wriggler ['রিগ্‌লা(র্)] *n* যে ব্যক্তি বা প্রাণী মোচড়ানোর ভঙ্গিতে চলে; (লাক্ষ.) যে ব্যক্তি সন্দেহজনক বা দ্ব্যর্থক ভঙ্গিতে কথাবার্তা বলে; মশকের শূক।

wright [রাইট্] *n* (যৌগশব্দ ব্যতীত ব্যবহার অত্যন্ত বিরল) প্রস্তুতকারক, নির্মাতা, লেখক: ship ~; wheel ~; play ~.

wring [রিঙ্] *vt* (*pt, pp* wrung [রাঙ্]) ১ মোচড়ানো, ঘোরানো, পাকানো: ~ a door lock; ~ a branch off a tree, গাছের ডাল ভাঙার জন্য; ~ a person's hand, সাদরে চেপে ধরা; ~ one's hands (দুঃখ বা শোকাবহ অবস্থা বোঝাতে) দুই হাত একসঙ্গে মোচড়ানো। ২ **~ sth out; ~ sth out of/from sth** জোরে মোচড়ানো; নিংড়ানো: ~ out wet clothes; ~ out the juice from the sugarcanes; ~ out the hidden truth from sb, (লাক্ষ.) কাউকে নানাভাবে প্রশ্ন করে চাপ সৃষ্টি করে কথা আদায় করা। **~ing wet** (কাপড়জামা পোশাক সম্বন্ধে) এমন ভিজা যে পরিহিত অবস্থায় নিংড়ালেও জল বের হয়। □*n* [C] মোচড়, নিংড়ানি: Give it/her another ~, আবার মোচড় দেওয়া; পুনরায় প্ররোচিতকরণ বা চাপসৃষ্টিকরণ।

wrinkle ['রিংক্‌ল্] *n* চামড়ায় ক্ষুদ্র কুঞ্চিত রেখা বা ভাঁজ; (সাধা. বার্ধক্যজনিত) কোনো কিছুর উপরকার ভাঁজ বা বলি: ~s won't allow you to conceal your age; ~s on the fore-head. Bring a piece of cloth without a ~. □*vt, vi* **~ (up)** কুঞ্চিত করা বা হওয়া; ভাঁজ ফেলা বা পড়া; বলিচিহ্নিত করা বা হওয়া: ~ed with age. She ~d up at the proposal, বিস্মিত বা কুণ্ঠিত হওয়া। **~d** *adj* কুঞ্চিত, ভাঁজপড়া, বলিচিহ্নিত। **wrinkly** ['রিংক্‌লি] *adj*

wrist [রিস্‌ট্] *n* কব্জি, মণিবন্ধ: He had a wound on the ~. **'~-band** শার্ট বা চুড়িহাতা জামার হাতার সঙ্গে যে পুরু পটিওয়ালা অংশ কব্জির সঙ্গে আঁটা থাকে। **~·let** মণিবন্ধে পরিধেয় অলঙ্কার। **'~-watch** হাতঘড়ি।

writ [রিট্] *n* ১ আদালত বা যথাযথ কর্তৃপক্ষ ঘোষিত বা প্রচারিত বিধান বা আদেশ: a ~ petition, অনুরূপ আদেশদানের জন্য আবেদনপত্র। ২ **Holy W~** বাইবেল। ৩ (অপ্র.) লিখন। □*adj* (কাব্যে) দৃষ্ট, প্রকাশিত: Deep sorrows ~ on her face, serve a ~ on, আজ্ঞালেখ বা পরওয়ানা জারি করা; ~ of enquiry, তদন্ত করানোর জন্য সরকারি আদেশপত্র।

write [রাইট্] *vt, vi* (*pt* wrote [র'উট্] *pp* written ['রিট্‌ন্]) ১ লেখা; কোনো কাগজ বা পৃষ্ঠার উপর অপর বা অন্যান্য প্রতীকের সাহায্যে পেন, পেনসিল ইত্যাদি দিয়ে কোনো কিছু লেখা: He does not know how to ~. ~ a letter to your friend. Do not ~ anything in the margin. ২ শব্দের সাহায্যে কোনো কিছু লেখা: ~ one's address; ~ an application; ~ in long hand. ৩ **~ sth down (ক)** শব্দসহযোগে কোনো কিছু লেখা: ~ down the details of your experience. ~ down the names of the members. **(খ)** (সচরাচর প্রচলন—mark down) কোনো বস্তু বা বিষয়ের সাধারণ বা প্রচলিত দাম বা মূল্য কমিয়ে দেওয়া বা আনা: If you buy a dozen I shall ~ down the prices. **~ sb down as:** I would ~ him down as a coward. **~ in for sth** কোনো কিছুর জন্য লিখে আবেদন জানানো। **~ off (for sth)** ডাক মারফত অর্ডার দেওয়া: ~ off another set of the books. **~ sth off (ক)** কোনো কিছু দ্রুত ও সহজে বানানো বা তৈরি করা: ~ off the minutes of the meeting. **(খ)** বাতিল করা; কোনো কিছুকে আর গণ্য বলে বিবেচনা না করা: ~ off the old debts. US has written off a 2M dollars loan. He has totally written off the machine, এতই ব্যবহারের আযোগ্য যে যন্ত্রটিকে বাতিল বস্তু বলে গণ্য করা। এই সূত্রেই, **~ off:** The quake-stricken factory was a complete ~ off; (লাক্ষ.) I have written you off as my friend, কোনো বন্ধুর সঙ্গে সম্পর্কহীনতার অবস্থা। **~ sth out** কোনো কিছুর সবটুকু লেখা: ~ out an account of the event. **~ sth up** (ক) কোনো কিছুকে একেবারে চলতি অবস্থায় নিয়ে আসা; সম্পূর্ণ করা: ~ up one's diary; ~ up the details of the schedule. (খ) বিষয় সম্পত্তির মূল্য অনেক বেশি করে দেখানো। (গ) বিবরণ দান করা (বিস্তারিতভাবে): She wrote up the ceremony to be printed later on. (ঘ) প্রশংসাসূচক বর্ণনা করা: A good reviewer has written up about the painting exhibition. এই সূত্রেই, ˈ**~-up** *n* কোনো বিষয় সম্বন্ধে লিখিত বিবরণী। ৪ গ্রন্থ রচনা করা; পুস্তক রচনা করা; নাটক প্রবন্ধ প্রভৃতি রচনা করা; প্রকাশনার জন্য কোনো কিছু রচনা করা: He ~s beautiful short-stories. Are you writing anything for the special issue ? Here, you cannot ~ with a full freedom. ৫ কাউকে চিঠি লেখা এবং তা পাঠানো: He ~s to me quite regularly. I have not written to him since May. ৬ (সাধা. passive) স্পষ্ট ছাপ থাকা: She had grief written on her face. **written** (অপিচ writ.) **large** অত্যন্ত দৃষ্টিগ্রাহ্যরূপে স্পষ্ট। **over ~** কোনো অক্ষর বা শব্দের উপর পুনরায় লেখা বা কাটাকুটি করা।

writer [ˈরাইটা(র্)] *n* ১ যে ব্যক্তি লেখে বা লিখেছে: the ~ of this note. **~'s cramp** লেখকের হাতের মাংসপেশিতে খিল ধরা, যাতে লিখতে অসুবিধা হয়। ২ লেখক, ঔপন্যাসিক, কথাসাহিত্যিক: contemporary ~s, সমসাময়িক লেখকবৃন্দ। ৩ (গ্রেট বিট্রেনে) সরকারি অফিসের কেরানি; অফিসে কর্মরত নৌবাহিনীর কর্মচারী।

writhe [রাইদ্] *vi* ব্যথা বা যন্ত্রণায় মোচড়ানো বা পাক খাওয়া: The patient was writhing in pain, (লাক্ষ.) মানসিক যন্ত্রণা ভোগ করা: writhing in repentence.

writ·ing [ˈরাইটিং] *n* ১ [U] লিখন, লিখনকর্ম: I am in no mood of ~ a letter; hand~, হাতের লেখা; ~ materials, লেখার সরঞ্জাম; ~-desk, লেখার টেবিল; ~ case, লেখার সাজসরঞ্জাম রাখার ছোট বাক্সবিশেষ; ~ ink, লেখার কালি; ~ paper, লেখার উপযোগী মসৃণ কাগজ। ২ (*pl*) সাহিত্যকর্ম: the ~s of Rabindranath (*sing*) Contemporary Bengali ~, সমসাময়িক বাংলা সাহিত্যকর্ম।

writ·ten [ˈরিট্ন্] দ্র. write.

wrong [রং US রোঙ্] *adj* (right শব্দের বিপরীতার্থক) ১ অনৈতিক , অন্যায়: It's ~ to be cruel to the animals. It's ~ on your part to stand on his way. ২ ভুল, অঠিক, অযৌক্তিক: Most of your speculations proved to be ~. Number will be deducted for ~ answers. You took a ~ way so it took longer to reach. You made a ~ choice. Do not mix up with ~ kinds of things. This is the ~ side of the painting, উল্টোদিক; সঠিক দিক নয়। **~ side out** বাইরের দিকে অঠিকভাবে স্থাপিত। **be caught on the ~ foot** অপ্রস্তুত অবস্থায় ধরা পড়া। **get out of bed on the ~ side** দিনের আরম্ভেই রুক্ষমেজাজ দেখানোর ক্ষেত্রে বলা হয়ে থাকে। **get hold of the ~ end of the stick** কোনো বিষয় সম্বন্ধে সম্পূর্ণ ভ্রান্ত ধারণা পোষণ করা। **in the ~ box** অস্বস্তিকর বা বিব্রতকর অবস্থায়। **on the ~ side of fifty** পঞ্চাশ বছরের বেশি বয়স্ক। ˌ**~-ˈheaded** *adj* অসভ্য ও একগুঁয়ে। ˌ**~-ˈheadedly** *adv* বিপর্যস্ত, বিকল, ভাঙা অবস্থায়: sth ~ in the power-supply system. sth ~ in the cardiac functions. what's ~ with that? (কথ্য) সবই তো সঠিক বা নিয়মমাফিক আছে; অসুবিধা কি? □*adv* (সাধা. শব্দ বা বাক্যের শেষে প্রযুক্ত): Speak ~; you have chosen him ~; প্রতিতুলনীয়: ~ly chosen. **get sth ~** ভুলভাবে হিসাব করা বা ভুল বোঝা। **go ~** (ক) অধিক পথ বা রাস্তা দিয়ে চলা। (গ) (কথ্য) (যন্ত্রপাতির ক্ষেত্রে) বিকল। □*n* ১ [U] যা কিছু অনৈতিক, অনৈতিক কাজ: the difference between right and ~. you have to pay for the ~. You are doing now ~. Two ~s only magnifiy the ill. ˈ**~·doer** যিনি অনৈতিক কাজ করেন বা ক্ষতি করেন। ˈ**~·doing** *n* [U] ভুল কাজ; অনৈতিক কর্ম; পাপ, অপরাধ। ২ [U] অবিচার, অন্যায়; [C] অনুরূপ অন্যায় আচরণের উদাহরণ: do ~ to sb; you've done her ~, তার প্রতি অন্যায় আচরণ করা হয়েছে; I cannot count the ~s I have suffered. ৩ **in the ~** কোনো ভ্রান্তির জন্য দায়ী এমন অবস্থান গ্রহণ; কোনো বিবাদ ও বিরোধের উৎস বা দায়: I could not understand that I was in the ~, ভুলটা যে আমার তা বুঝতে পারিনি; They planned to put me in the ~, দোষটা আমার ঘাড়ে চাপানোর ফন্দি এঁটেছিল। □*vt* অন্যায় আচরণ করা: Othello ~ed gravely as he killed Desdemona. W~d by fortune, she now cries for help. **~·ful** [-ফ্‌ল্] *adj* অবিচারমূলক, অন্যায়, অবৈধ: ~ful disinheritance of property, সম্পত্তির উত্তরাধিকার থেকে অন্যায়ভাবে বঞ্চিত করা। **~·fully** [ফ়লি] *adv* অনৈতিকভাবে, অন্যায়ভাবে: He was ~fully involved in the matter, তাকে অন্যায়ভাবে বিষয়টির সঙ্গে জড়ানো হয়েছে। **~ minded** ভ্রমাত্মক ধারণাযুক্ত। **~ timed** সময়োপযোগী নয়।

wrote [র ˈউট্] দ্র. write.

wrought [রোট্] work²-এর *pt* ও *pp* ১ আঘাত করে বা চাপ দিয়ে সঠিক আকৃতিতে নিয়ে আসা সম্বন্ধে: ~ iron. ২ (প্রা.প্র. ও সাহিত্যে) **~ on/upon sb/sth** কাউকে/কোনো বস্তুকে উত্তেজিত বা উৎসাহিত করা হয়েছে: Repeated misfortunes ~ upon her temperament. **~ up** *adj* খুবই উত্তেজিত বা আবেগতাড়িত।

wrung [রাং] দ্র. wring.

wry [রাই] *adj* (wrier, wriest) মোচড়ানো, বিকৃত: make a wry face, বিরক্তি বা হতাশার প্রকাশ বোঝাতে; a wry smile, কষ্ট করে হাসা যা হতাশার ইঙ্গিতবহ। **wry·ly** *adv* **wry mouthed** বাঁকানো মুখ। **wry neck** ব্যাধিজনিত গ্রীবার অনমনীয়তা। **wry·ness** *n*

wych- (অপিচ **wich-, witch-** [উইশ্] গাছের নামের আগে ব্যবহৃত উপসর্গ: ˈ~-elm; ˈ~-hazel.

X x

X, x [এক্স্] *n* (*pl* X's x's) [এক্সিজ্] ১ ইংরেজি বর্ণমালার চতুর্বিংশ অক্ষর। ২ রোমান ১০ সংখ্যার প্রতীক, দ্র. পরি. ৪। ৩ (বীজগণিতে) প্রাথমিকভাবে অজ্ঞাত কোনো কিছুর পরিমাণ; (লাক্ষ.) উপাদান বা প্রভাব যা মূলত অনিশ্চিত। ৪ সাধারণ অনির্দিষ্ট ব্যক্তি বা বিষয় (Y ও Z

এর সহযোগে): I do not care what the XYZ's are saying.

xenon ['জেনন্] *n* [U] (রসায়নে) বর্ণহীন, গন্ধহীন স্থির গ্যাস (প্রতীক Xe), দ্র. পরি. ৭।

xeno·phobia [,জেনাফৌবিআ] *n* [U] বিদেশীদের সম্বন্ধে অহেতুক ভয় বা ঘৃণা।

Xerox [জ়িঅরক্‌স্] *n* আলোকচিত্রের সাহায্যে মুদ্রণ পদ্ধতিবিশেষ। □*vt* অনুরূপ পদ্ধতিতে মুদ্রণ করা। photo ভুক্তিতে photocopy দ্রষ্টব্য।

Xhosa ['কো°জ়া:] *n* দক্ষিণ আফ্রিকার ট্র্যানসকেই অঞ্চলের মানুষ বা তাদের ভাষা। □a *dj* উক্ত অঞ্চলের মানুষ বা ভাষাসংক্রান্ত।

Xmas ['ক্রিস্‌মাস্] *n* Christmas শব্দের বহুলব্যবহৃত সংক্ষেপিত রূপ।

X-ray [এক্‌স্‌রেই] *n* রঞ্জনরশ্মি, রঞ্জনরশ্মির সাহায্যে গৃহীত আলোকচিত্র (attrib): make an ~ (examination); a ~ diagnosis; ~ photography. □*vt* রঞ্জনরশ্মির সাহায্যে পরীক্ষা করা; চিকিৎসা করা বা আলোকচিত্র গ্রহণ করা।

xylo [জ়াইলো] যৌগশব্দে উপসর্গ হিসেবে ব্যবহৃত—কাষ্ঠ। **~·graph** *n* [জ়াইলোগ্রাফ্] কাঠের ছাঁচ বা ব্লক থেকে গৃহীত ছাপ। **~·grapher** [জ়াইলোগ্রাফা] *n* কাঠের ছাঁচ বা ব্লক থেকে ছাপগ্রহণের বা মুদ্রণের বিদ্যা; কাঠের উপর খোদাইকর্ম।

xylo·phone ['জ়াইলাফৌন] *n* দুটি সমান্তরাল কাঠের পাত বা কাঠের হাতুড়ি সংযুক্ত বিবিধ ধ্বনি সৃজনক্ষম বাদ্যযন্ত্রবিশেষ।

Y y

Y, y [ওআই] *n* (*pl* Y's y's ওআই জ়্) ইংরেজি বর্ণমালার পঞ্চবিংশতি বর্ণ; (বীজগণিতে) অজ্ঞাত রাশির দ্বিতীয়টি (X এবং Z-এর সঙ্গে মিলিতভাবে) অনির্দিষ্ট বা সাধারণ ব্যক্তি বোঝাতে: XYZ's of society.

yacht [ইঅট্] *n* ১ হালকা নৌকাযান যা বিশেষত প্রতিযোগিতার সময় ব্যবহৃত হয়। '**~-club** এ ধরনের নৌকার মালিকদের ক্লাব। '**~s·man** [-স্‌মান্] *n* (*pl* -men) অনুরূপ নৌকাভ্রমণে অনুরক্ত ব্যক্তি। ২ (সাধা. ব্যক্তি মালিকানাধীন ও মোটর চালিত) ধনী ব্যক্তির প্রমোদতরী। □*vi* উক্ত নৌকায় ভ্রমণ করা বা বাইচ খেলা। **~·ing** *n* উক্ত নৌকাচালনা বা চালনার নৈপুণ্য বা বৈশিষ্ট্য।

yah [ইয়া] *int* বিদ্রূপসূচক ধ্বনিবিশেষ।

yahoo [ইআ্যাহু] *n* পশুসুলভ বোধশক্তি ও মনোবৃত্তিসম্পন্ন মানবাকৃতি প্রাণীবিশেষ: a brute in human shape, (লাক্ষ.) পশুবৎ মানুষ, নরপশু (ref. Swift's Guliver's Travels)।

yak [ইয়্যাক্] *n* মধ্য এশিয়া ও তিব্বতে বন্য অথবা গৃহপালনযোগ্য ষাঁড়; চমরি গাই।

yam [ইয়্যাম্] *n* [C] ১ গ্রীষ্মপ্রধান অঞ্চলে (বিশেষত আফ্রিকায়) প্রাপ্তব্য এক ধরনের ভোজ্য লতানো গাছ। ২ চুপড়ি/ গাছ আলু।

Yank [ইয়্যাংক] *vt* (কথ্য.) ঝাঁকি দিয়ে টান দেওয়া; হঠাৎ টান দেওয়া: ~ out a tooth, He ~ed the screens in an outrage. □ *n* হঠাৎ জোরে টান।

Yan·kee ['ইয়্যাংকি] *n* ১ যুক্তরাষ্ট্রের নিউ ইংল্যান্ড অঞ্চলের অধিবাসী। ২ (আমেরিকান গৃহযুদ্ধ সম্পর্কে) উত্তরাঞ্চলীয় রাজ্যসমূহের যে কোনোটির অধিবাসী। ৩ (কথ্য) (গ্রেটব্রিটেন এবং য়োরোপে) যুক্তরাষ্ট্রীয় নাগরিক (attrib): ~ habits.

yap [ইয়্যাপ্] *vi* (-pp-) ১ (বিশেষত কুকুরের ক্ষেত্রে) তীক্ষ্ণ ও অবিরত চিৎকার করা। ২ (অশিষ্ট) নির্বোধের মতো চিৎকার করে বকবক করা। □*n* থেমে থেমে কুকুরের তীক্ষ্ণ ডাক।

yard[1] [ইআ:ড়] *n* ১ (সাধা. ছাদবিহীন) কোনো বাড়ি, ভবন বা অট্টালিকার সন্নিহিত পরিবেষ্টিত ফাঁকা জায়গা; বাগান বা উঠান: a farm ~; back ~; the school ~; (যুক্তরাষ্ট্রে) কোনো বাড়ির সংলগ্ন বাগান। ২ (সাধা. যৌগশব্দের সঙ্গে) কোনো বিশেষ কাজের জন্য পরিবেষ্টিত স্থান: the factory ~, কারখানার যে অংশে বিভিন্ন জিনিসপত্র জমা রাখা হয়; the coach ~, বাস স্টেশনের সন্নিহিত যে অংশে গাড়ি মেরামত করা হয় বা বিভিন্ন মালামাল সংরক্ষিত হয়। দ্র. dock ভুক্তিতে dock ~, ship ভুক্তিতে ship ~ এবং vine (২) ভুক্তিতে vine ~. ৩ **the Y~** নিউ স্কটল্যান্ড ইয়ার্ডের কথ্য ও সংক্ষিপ্ত রূপ।

Yard[2] [ইয়া:ড়] ১ (দ্র. পরিশিষ্ট ৫) দৈর্ঘ্যের পরিমাপ, ৩ ফুট বা ৩৬ ইঞ্চি: His house is about 200 ~s ahead. ,**~-'measure** *n* দণ্ড ফিতা প্রভৃতি। '**~-stick** *n* (লাক্ষ.) গুণ বা মানের মাপকাঠি। ২ কাঠের লম্বা খুঁটি বা নৌকা বা জলযানের পাল খাটানোর জন্য দরকার হয়। '**~-arm** *n* এরূপ খুঁটির অন্য প্রান্ত। **man the ~s** খুঁটির সন্নিহিত স্থানে কোনো ব্যক্তিকে দাঁড় করানো: stand along ~s, সালাম গ্রহণের রীতিতে দাঁড়িয়ে থাকা। ৩ গজকাঠি (অপিচ **~ stick; ~ wand**) **by the ~** প্রচুর পরিমাণে।

yarn [ইয়া:ন্] *n* ১ [U] সেলাই বা বোনার জন্য সুতা। ২ [C] (কথ্য.) গল্প, পরিব্রাজক বা নাবিকের গল্প। **spin a ~** একটা গল্প বলা; গল্প তৈরি করা: He spun a long ~ about his stay abroad. □*vi* গল্প বলা বা করা: He can ~ endless tales.

yar·row ['ইয়্যারৌ] *n* ছোট ছোট গুচ্ছ পুষ্পবিশিষ্ট দীর্ঘজীবী ভেষজ লতা।

yash·mak ['ইয়্যাশ্‌ম্যাক্] *n* (কোনো কোনো দেশে) মুসলমান স্ত্রীলোকদের পরিধেয় বোরখা।

yaw [ইআ:] *vi* (জাহাজ বা বিমানপোত সম্বন্ধে) সঠিক গতিপথ থেকে বিচ্যুত হওয়া; (লাক্ষ.) স্খলিতভাবে বা সর্পিলগতিতে চলা। □*n* গতিপথ বিচ্যুতি; সঠিক গতিধারার পরিবর্তন।

yawl [ইওল্] *n* (নৌ.) ১ দুই মাস্তুলওয়ালা পালতোলা নৌকা। ২ জাহাজসংলগ্ন চার বা ছয় দাঁড়ওয়ালা নৌকা।

yawn [ইওন্] *vi* ১ হাই তোলা। ২ বিস্তৃতভাবে উন্মুক্ত হওয়া: The rocky mount ~ed before our eyes. ৩ হাই তুলতে তুলতে কোনো কিছু বলা। □*n* হাই তোলা; জৃম্ভন।

yaws [ইও জ়্] *n pl* গ্রীষ্মমণ্ডলীয় সংক্রামক চর্মরোগ।

yea [ই এই] ১ *adv int* (প্রা. প্র.) হ্যাঁ, ঠিক, বাস্তবিক। □*n* সমর্থক ভোট। **Yeas and nays** হ্যাঁ-ভোট ও না-ভোট।

yeah [ইঅ্যা] *adv* (অপ.) হ্যাঁ।

year [ইআ(র্)] US ইঅর্] *n* ১ সৌরবর্ষ; সূর্যকে একবার আবর্তন করতে পৃথিবীর যে সময় লাগে, ৩৬৫¼ দিনের মতো। ২ বৎসর, বছর; ১ জানুয়ারি থেকে ৩১ ডিসেম্বর পর্যন্ত সময়কাল; বারো মাস; পঞ্জিকাবর্ষ: the calendar ~; in the ~ 1789; this ~; coming ~; New Y~'s Eve. **~ in ~ out** বছরের পর বছর। **all (the) ~ round** বছরের সকল সময়ে। **~ of grace, ~ of our Lord** খ্রিস্টীয় অব্দ: in the ~ of our Lord 1989. **the ~ dot** (কথ্য.) অনেকদিন আগে: That happened in the ~ dot. ৩ যে কোনো দিন থেকে আরম্ভ করে ৩৬৫ দিনের দৈর্ঘ্য: Just a ~ ago my father died. She is eighteen ~s of age. I have opened a fixed deposit A/C for three ~s. **ˈ~-book** *n* বর্ষপঞ্জি; প্রকাশকাল পর্যন্ত বিগত এক বৎসরের বিবরণী; তথ্যাদি, পরিসংখ্যান ইত্যাদি যে সংকলনগ্রন্থে লিপিবদ্ধ থাকে। **ˌ~-ˈlong** *adj* এক বৎসরব্যাপী: a ~-long programme; astronomical/ equinotical/ natural/ solar ~, সৌরবর্ষ (৩৬৫ দিন ৫ ঘণ্টা ৪৮ মিনিট ৪৬ সেকেন্ড)। **Julian ~** জুলিয়াস সিজার কর্তৃক প্রবর্তিত 'জুলিআন' পঞ্জিকা অনুযায়ী গণিত বৎসর। **lunar ~** চান্দ্রবর্ষ (৩৫৪ দিন)। **New ~** নববর্ষ। **get on in ~s** বৃদ্ধ হওয়া; বয়স হওয়া। **stricken/struck in ~** বয়োভারে পীড়িত অতি বৃদ্ধ। ৪ কোনো বিষয়ের সঙ্গে সম্পর্কযুক্ত এক বছর সময়। **the academic ~** শিক্ষাবর্ষ; স্কুল, কলেজ বা বিশ্ববিদ্যালয়ের এক বৎসরব্যাপী নির্দিষ্ট শিক্ষাকাল। **the financial/fiscal ~** অর্থবছর, সরকারিভাবে বছরের যে সময় থেকে পরবর্তী বছরের ঐ সময় পর্যন্ত কালের জন্য বাজেট ও অর্থসংস্থান করা হয় (বাংলাদেশে ১ জুলাই থেকে ৩০ জুন)। ৫ (*pl*) বয়স জীবনের সময়কাল: A girl of twelve ~s; young for one's ~s, বয়সের অনুপাতে চেহারায় তরুণ। **~·ly** *adj, adv* বার্ষিক, সাম্বাৎসরিক।

year·ling [ˈইয়া:লিঙ্] *n* এক থেকে দুই বছর বয়সের মধ্যে প্রাণী (attrib): a ~ colt.

yearn [ইয় ন্] *vi* আকুল আকাঙ্ক্ষা অনুভব করা। **~ (for sth/to do sth)** প্রীতি ও সমবেদনা পাবার জন্য ব্যাকুল হয়ে ওঠা: He ~ed for the love of a mother. He ~ed for his homeland. **~·ing** *n* আকুল আকাঙ্ক্ষা; ব্যাকুল প্রতীক্ষা। **~·ing·ly** *adv*

yeast [ঈস্ট্] *n* [U] মদ প্রস্তুত বা রুটি তৈরির কাজে প্রয়োজনীয় এককোষী ছত্রাকবিশেষ; ঈস্ট।

yell [ইএল্] *vi, vt* ১ যন্ত্রণা বা উত্তেজনার কারণে তীব্রস্বরে চিৎকারের মতো তীক্ষ্ণস্বরে চেঁচিয়ে ওঠা: She ~ed in nervousness. They ~ed in excitement. ২ **~ (sth out)** তীব্রস্বরে কোনো কিছু বলা: He ~ed out in refusal. He ~ed curses, তীব্র আর্তনাদ করে শাপশাপান্ত করা। □*n* ১ তীব্র গর্জন, চিৎকার, আর্তনাদ: a ~ of fright, a ~ of halt. ২ স্কাউট দলের মধ্যে ক্রীড়াভঙ্গি বা সঙ্কেতধ্বনির বিশেষ প্রকরণ: Every Scout member gave a ~ to the gathering, (যুক্তরাষ্ট্রে) কোনো দলকে বিশেষভাবে উৎসাহিত করার জন্য তীব্র শব্দ করা বা চিৎকার করা: The boys shouted ~s of welcome.

yel·low [ˈইয়েলৌ] *adj, n* ১ হরিদ্রাবর্ণ, হলদে, পীতবর্ণ। **~ fever** গ্রীষ্মমণ্ডলীয় সংক্রামক ব্যাধি যার প্রতিক্রিয়ায় গায়ের চামড়া হলুদ হয়ে যায়। **ˈ~-flag** হলুদবর্ণ পতাকা যা কোনো জাহাজ বা হাসপাতালের শীর্ষে সংক্রামক রোগীর অবস্থান নির্দেশ করার জন্য ওড়ানো হয়। **ˈ~-back** শস্তা উপন্যাস। **~ (h)ammer** হলুদবর্ণ পাখিবিশেষ। **~ dog** খেঁকিকুকুর; হীনচেতা বা ভীরু ব্যক্তি। **~ journalism** ভিত্তিহীন অথচ রোমাঞ্চকর সংবাদ উদ্দেশ্যমূলকভাবে পরিবেশনা, এই সূত্রেই। **the ~ press** যেসব সংবাদপত্র রোমাঞ্চকর সংবাদ প্রকাশ করে থাকে। ২ ভীরু, কাপুরুষোচিত। **ˈ~(-bellied)** (কথ্য) ভীরুসুলভ, হীনচেতা; মঙ্গোলীয় জাতিভুক্ত মানুষ: He has a veritable ~ disposition. **~ peril** মঙ্গোলীয় জাতীয় লোকেরা শ্বেতজাতিদের পরাভূত করে সারা পৃথিবী দখল করে নিতে পারে সেজন্য আতঙ্ক; পীতাতঙ্ক। □*vt, vi* হলুদ হয়ে যাবার কারণ সৃষ্টি করা: The old newspapers have ~ed. That building has ~ed with age. The leaves ~ in winter. **~·ish** [-ইশ্] *adj.* **~y** *adj.* **~·ness** *n*

yelp [ইয়েল্প্] *vi* (কুকুর সম্বন্ধে) তীক্ষ্ণ কণ্ঠে চিৎকার করা। □*n* তীক্ষ্ণকণ্ঠে চিৎকার।

yen [ইএন্] *n* (*pl* অপরিবর্তিত) জাপানের মুদ্রার একক।

yeo·man [ইয়ৌমান্] *n* (*pl.* -men) ১ (ইতি.) যে কৃষক নিজেই নিজের জমির মালিক (অন্যান্য মালিক যারা নিজেরা জমি চাষ করে না—তাদের বিপরীত অর্থে); জমির মালিক হিসাবে জুরি বিচারে বসার ও অন্যান্য অধিকার দাবি করতে পারে এমন ব্যক্তি; (প্রধানত প্রয়োজনের সময়ে রাজা বা ভূস্বামীর সপক্ষে লড়াই করার শর্তে নিষ্কর জমি ভোগকারী); ক্ষুদ্র কৃষক। ২ **~ of signals** (গ্রেট ব্রিটেনে) পতাকা প্রভৃতি দ্রষ্টব্য মাধ্যমের সাহায্যে সঙ্কেতদানের কাজে নিয়োজিত নৌবাহিনীর সাধারণ কর্মকর্তা; (যুক্তরাষ্ট্রে) করণিকের দায়িত্বপালন-কারী ছোটখাট কর্মকর্তা। ৩ **Y~ of the Guard** (গ্রেট ব্রিটেনে) টাওয়ার অব লন্ডনে আনুষ্ঠানিকভাবে দায়িত্বপ্রাপ্ত বা বিশেষ উপলক্ষে অন্যত্র নিযুক্ত রাজকীয় দেহরক্ষীবাহিনীর সদস্য। ৪ **~ry** (ইতি.) কৃষকদের মধ্য থেকে নির্বাচিত ও গঠিত স্বেচ্ছাসেবক অশ্বারোহী বাহিনীর ইউনিট। **~ service** দীর্ঘ ও দক্ষ সেবাকর্ম; সাধারণ ব্যক্তির অসাধারণ সেবা বা দান; প্রয়োজনের সময়ে সহায়তা।

yes [ইয়েস্] particle (no শব্দের বিপরীত অর্থ বোঝাতে) হ্যাঁ, সম্মতি, নিশ্চয়তা প্রভৃতি সূচক কোনো ডাক বা আহ্বানে সাড়া দেবার জন্যও ব্যবহৃত হয়। □*n* [C] সম্মতি, নিশ্চয়তা: Would you say a ~ to the proposal ? **yes·man** *n* হাততোলা লোক; তাঁবেদার বা তোষামোদি ব্যক্তি; স্বাধীন মতামতহীন একান্ত অনুগত ব্যক্তি।

yes·ter- [ˈইয়েস্টা(র্)] *pref* day, year প্রভৃতি শব্দের উপসর্গ হিসাবে ব্যবহৃত হয়: ~day; memories of ~years.

yes·ter·day [ˈইয়েস্টডি] *adv, n* গতকাল, গতদিন: I bought it ~. It happened ~ week, আটদিন আগে।

yet [ইএট্] *adv* ১ (নঞর্থক ও শর্তযুক্ত ক্ষেত্রে অথবা অজ্ঞাত অবস্থা ও অনিশ্চয়তার ক্ষেত্রে সাধারণত বাক্যের শেষদিকে বা ঠিক not শব্দের পরে ব্যবহৃত হয়ে থাকে) এই পর্যন্ত; এখন পর্যন্ত; বর্তমান সময় পর্যন্ত: He has not arrived yet. No improvement of the situatoin yet. We have not yet prepared ourselves. ২ (প্রশ্নবোধক বা নঞর্থকভাব বোঝানোর ক্ষেত্রে): Do you have to support him yet ? Has the doctor advised anything yet ? তথাপি ডাক্তার কি কিছু

নির্দেশ দিয়েছেন; তৎসত্ত্বেও। ৩ (অস্ত্যর্থক বাক্যে) এখন পর্যন্ত; যখন পর্যন্ত (still শব্দের প্রতিশব্দ হিসাবে): How nice that you are here yet. Yet there is time to mend the thing. This is yet a dangerous course, আরও ভয়ানক, আরও বেশি ঝুঁকিবহুল পথ। ৪ ভবিষ্যতে কোনো এক সময়ে, সবকিছু শেষ হবার আগে: What misfortunes await. I am yet to know. The problem can be overcome you have to wait yet. ৫. **as yet** এখন পর্যন্ত; তখন পর্যন্ত: No fixed programme has been announced as yet. **nor yet** (সাহিত্যে) এবং তা সত্ত্বেও (তাই বলে) এ-ও নয়: The boy is not obedient nor yet is he honest. □*conj* তৎসত্ত্বেও; একই সঙ্গে; যাই হোক: The novel was no good, yet I could not leave it.

yeti [ˈইয়েটি] *n* হিমালয়ের উচ্চতম প্রদেশে বসবাসকারী বলে কথিত মনুষ্যসদৃশ লোমওয়ালা প্রাণী।

yew [ইউ] *n* [C] ˈ**yew-tree** ঘনসন্নিবিষ্ট গাঢ় সবুজ পত্রযুক্ত চিরশ্যামল এক ধরনের গাছ। [U] উক্ত গাছের কাঠ।

Yid·dish [ˈঈডিশ্] *n* [U] ইহুদিদের প্রচলিত আন্তর্জাতিক ভাষা (প্রাচীন জর্মন ভাষার অবয়বে অন্যান্য আধুনিক ভাষার বহুল মিশ্রণে সৃষ্ট।

yield [ঈল্ড্] *vt, vi* ১ প্রাকৃতিক রীতিতে উৎপাদন করা বা উৎপন্ন হওয়া: trees ~ us fruits. Diligence ~s good results; high-~ing seeds. ২ **~ (to sb/ sth)** আত্মসমর্পণ করা; বিরোধিতা করা থেকে বিরত হওয়া: I shall not ~ to your temptation. The miscreants ~ed to strong measures. **~ (up) sth (to sb)** ত্যাগ করা; বশ্যতাস্বীকার করা: The opponents would not ~ an inch. He was pressed to ~. **~ up the ghost** (সাহিত্য., আল.) মারা যাওয়া। □*n* [C, U] উৎপাদিত বস্তুর পরিমাণ: This year the farmers had good ~ from the fields; ~ per hectare. The ~ in the industrial sector is far from satisfactory. **~·ing** *adj* সহজেই অবনত হয় বা বক্র হয় এমন; (লাক্ষ.) একরোখা নয় এমন। **~·ing·ly** *adv*

yip·pee [ঈপী] *int.* আনন্দ বা উচ্ছ্বাসধ্বনি।

yodel [ˈঔড্ল্] *vt, vi* (-ll- US -l-) সুইস পর্বত অভিযাত্রীদের অনুকরণে গান গাওয়া বা সাঙ্গীতিকভাবে কাউকে আহ্বান জানানো। □**~·ling** *n* গান বা গীতময় ডাক। **~·ler** (US **-er**) যে ব্যক্তি অনুরূপ ভঙ্গিতে গান করে বা কাউকে ডাকে।

yoga [ইয়ৌগা] *n* [U] ১ হিন্দু বিধান অনুযায়ী তপোকর্ম ও আত্মনিয়ন্ত্রণের অনুশীলন; যে মনোসংযোগের সাহায্যে ব্যক্তির আত্মার সঙ্গে অজ্ঞেয় সত্তার যোগ সাধিত হয়; যোগশাস্ত্র। ২ এক ধরনের দৈহিক ব্যায়াম বা শরীরচর্চা। **yogi** *n.* যোগী; যিনি যোগাভ্যাস করেন।

yo·gurt, yo·ghurt, yo·ghourt [ইওগাট US ˈইওগারট্] *n,* দুধজাত দধি বা ঘোলজাতীয় পদার্থ।

yoke [ইওক্] *n* ১ জোয়াল; লাঙ্গল বা গাড়ি টানার সময় বলদের গলায় কাঠের যে সংযোজক বেঁধে দেওয়া হয়। ২ (*pl*-এ অপরিবর্তিত) একত্রে বাঁধা বা কর্মরত বলদযুগল: four ~ of oxen. ৩ (রোমক ইতিহাসে) দাসত্বের চিহ্ন; জোয়ালের প্রতীক; জোয়ালের ন্যায় কাঠামো যা বলদের গলায় স্থাপন করা হতো এবং তার নীচে দিয়ে বিজিত শত্রুসৈন্যদের যেতে বাধ্য করা হতো। এই সূত্রেই লাক্ষণিক প্রয়োগ: pass/come under the ~, পরাজয় মেনে নেওয়া বা স্বীকার করা; throw off the ~ (of servitude) etc, বিদ্রোহ করা, বশ্যতা স্বীকারে অসম্মত হওয়া; the ~ of the oppressor. ৪ কাঠের তৈরি এমন এক সংযোজক কাঠামো যার দুই প্রান্তে দুইটি পাত্র নিয়ে কোনো ব্যক্তি কাঁধে বহন করতে পারে। ৫ (পোশাক প্রস্তুতের ক্ষেত্রে) পোশাকের যে অংশ কাঁধবরাবর এবং যেখান থেকে বাকি অংশ ঝুলে থাকে; স্কার্টের উপরিভাগ; কোমরের অংশের আঁটসাঁট পোশাক। □*vt, vi.* ১ জোয়াল পরানো: ~ the oxen for ploughing, (ভারবাহী বা লাঙ্গলবাহী পশু প্রভৃতিকে গাড়ি, লাঙ্গল ইত্যাদিতে) জোতা। ২ সংযোজিত করা বা হওয়া: ~d to a irritating fellow; ~ in a broken friendship. ˈ**~-fellow** সহযোগী, অংশীদার।

yokel [ইওক্ল্] *n.* সাদাসিধা গ্রাম্য মানুষ।

yolk [ইওক্] *n* [C, U] ডিমের কুসুম।

yon [ইঅন্] ১ *adj* ওই, ওইগুলি, নাতিদূরস্থ। □*adv* অদূরের।

yon·der [ইওন্ড া(র্)] *adj, adv.* (সাহিত্যে) ওই, ওইখানে: ~ rests my mother.

yore [ইও(র্)] *n* [U] **of ~** প্রাচীনকালে: in the days of ~, পুরাকালে।

you [ইউ] *pron* ১ তুমি, তোমরা, আপনি, আপনারা, তুই, তোরা; সম্বোধিত ব্যক্তি বা ব্যক্তিবর্গ: Are ~ a stranger here ? I love ~, ~ are our guests. ২ (কথ্য) *imper pron* হিসাবে ব্যবহৃত একজন; যে কেউ: ~ never can tell; ~ are alone and helpless in the world. ৩ (কোনো বিশেষ্যের আগে) অনির্দিষ্ট সম্মিলিত ব্যক্তি বোঝাতে: Listen, ~ boys; ~ the down-trodden; (বিস্ময়সূচক ভঙ্গিমায়) Y~ the poor bastard!

you'd [ইয়ূড্] = you had, you would.

you'll [ইয়ূল্] = you will.

young [ইয়াং] *adj* (-er [-গা(র্)] -est [-গিস্ট্]) ১ (old শব্দের বিপরীত অর্থে) কমবয়সী, স্বল্পবয়স্ক; বৃদ্ধি বা সময়সীমায় অগ্রবর্তী নয়; বেশি দিন আগে জন্মায়নি এমন: a ~ boy of sixteen; a plant quite ~; a ~ nation. ২ এখনও সূচনাপর্বের কাছাকাছি: the game is still ~. Winter is ~ till now. ৩ **the ~er** কোনো ব্যক্তি থেকে আলাদা করে বোঝানোর জন্য এক ব্যক্তির নামের আগে যুক্ত: the ~er Dagar played the sitar. Philip the ~er. ৪ (বিশেষত পিতার নাম থেকে পৃথক করে বোঝানো জন্য) কোনো ব্যক্তির নামের সঙ্গে যুক্ত: ~er Samuel; ~er Adamjee. ৫ (পরিচিত জনকে সমাদরসূচক সম্বোধনের জন্য ব্যবহৃত): Now wake up, ~ man; Oh! my ~ friend! ৬ কোনো বিষয়ে অদক্ষ বা অনভিজ্ঞ: ~ in this business; ~ in classical music. ৭ **~ and old** প্রত্যেকেই। **the ~** কমবয়সীরা: books for the ~. **~·ling** তরুণবয়স্ক ব্যক্তি বা প্রাণী। **~·ster** তরুণ, বালকবালিকা। **with ~** গর্ভবতী। **~ blood** তাজা তরুণ, নবীন, নবাগত। **Y~ England** ইংল্যান্ডের তরুণ সম্প্রদায়। **Y~ Bengal** নববাবু; উনবিংশ শতাব্দীর যে সকল তরুণ আধুনিক শিক্ষায় শিক্ষিত হয়ে য়োরোপীয় চালচলন অভ্যাস ও অনুকরণে মাত্রাতিরিক্ত অনুরাগ প্রদর্শন করেছিল। **Y~ Turk** তুরস্কের বিপ্লবীদলের সদস্য; রাজনৈতিক দলের বিদ্রোহপ্রবণ সভ্য। **~ turk** উগ্র প্রকৃতির শিশু বা যুবক। □*n.* [U] শিশু: ~ ones; (পাখি বা প্রাণীদের ক্ষেত্রে) The mother-hen is very protective of its ~, বাচ্চাদের

বিষয়ে খুবই সজাগ; The cuckoos leave their ~ ones in the crow's nests. **~·ish** [-গিশ্] *adj* তারুণ্যপূর্ণ।

your [ইয়ো(র্) US ইঔ অর] *adj, poss pron* ১ তোমার, তোমাদের, আপনার, আপনাদের, তোর, তোদের প্রভৃতি: What's ~ name? ~ eyes spoke of ~ innocence; Dear country men, I am ~ servant. ২ (প্রায়শই মামুলি আকর্ষণ, অনুমোদনের অভাব বা নিন্দা বোঝাতে): Now, what does ~ mentor say ? This is ~ great pundit!

you're [ইউ অ(র্)] = You are.

yours [ইয়োজ্ US ইয়ৌরজ্] *pred adj, pron* ১ তোমার, তোমাদের, আপনার, আপনাদের, তোর , তোদের: I met that friend of ~. This watch is same as ~. ২ চিঠির শেষে সমাদরসূচক প্রকাশভঙ্গিমা: ~ sincerely/ truly/ obediently.

your·self [ইয়োসেল্ ফ্ US ইয়ৌরসেল্ফ্] (*pl* selves [-সেল ভ্জ্]) *reflex. pron.* নিজের: Take care of ~. Do not ruin ~. □*emphat pron:* তোমার/আপনার: you ~ made the mistake; you maintained that ~. **(all) by ~ (ক)** একা একা। **(খ)** সহায়হীনভাবে।

youth [ইয়ূথ্] *n.* (*pl* ~s ইয়ূথ্জ্)] ১ [U] তারুণ্য, যৌবন: the energy of ~. I envy the ~ in you; While in his ~, যৌবনাবস্থায় ২ [C] তরুণ-তরুণী, যুবক-যুবতী: We expect more from our ~s; an assembly of ~s. ৩ [U] তরুণদল, যুবসম্প্রদায়, যুবগোষ্ঠী: the ~ of the country; the ~ of the city; a ˈ~ hostel/club/organisation. **~·ful** [-ফ্ল্] *adj* তারুণ্যপূর্ণ, যৌবশক্তিসম্পন্ন: a ~ful adventure. **~·fully** [-ফ়লি] *adv.* **~·ful·ness** *n*

you've [ইউ ভ্] = you have.

yowl [ইঔল্] *vi.* নেকড়ে বা কুকুরের মতো গর্জন করা; আর্তনাদ করা।

yo- yo [ইয়ৌ-ইয়ৌ] *n* এক প্রকার লাটিমের মতো খেলনা যা তারের সাহায্যে ঘোরানো ওঠানো বা নামানো যায়।

yt·ter·bium [ˌইটা:বিঅম্] *n* [U] (রসা.) ধাতব পদার্থ (প্রতীক Yb), যা ইস্পাত প্রস্তুতকরণে ব্যবহৃত হয়।

yt·trium [ˈইট্রিঅম্] *n* [U] (রসা) কোনো কোনো মিশ্রণ প্রস্তুতকরণে ব্যবহৃত ধাতব পদার্থ (প্রতীক Y)।

Yuan [য়ুআন্] *n* চীনদেশের মুদ্রার একক।

yule [ইয়ূল্] *n* (অপিচ ˈ**~-tide**) (প্রা.প্র.) ক্রিস্মাস। ˈ**~log** ক্রিসমাসের পূর্বসন্ধ্যায় বা রাতে যে কাঠ পোড়ানো হয়।

Z z

Z, z [জেড্ US জ়ী] *n* (*pl* Z's, z's জেড্জ্ US জ়াজ্) ইংরেজি ভাষার ষড়বিংশতিতম বা সর্বশেষ অক্ষর; (বীজগণিত) অজ্ঞাত রাশির বা সংখ্যার তৃতীয়টি, (X ও Y এর সহযোগে) অনির্দিষ্ট সাধারণ ব্যক্তি বোঝাতে—This is not meant for the XYZs.

zany [জেই নি] *n* (pl -nies) অপেক্ষাকৃত নির্বোধ ব্যক্তি; বুদ্ধু, সং বা ভাঁড়; বিদূষক। □*adj* নির্বোধ, বোকা, পাগল।

zap [জ্যাপ্] *vt* (-pp-) (অপ.) আক্রমণ করা; পরাস্ত করা।

zeal [জ়ীল্] *n* [U] সতেজতা ও উদ্দীপনা:. with an endless ~ of doing good. The early ~ has subsided. patriotic ~, দেশের জন্য গভীর অনুভূতি; the ~ of the supporters, সমর্থকদের ঐকান্তিক সমর্থন ও উৎসাহ। **~·ous** [জ়ীলাস্] *adj* উদ্দীপনাময়; গভীর অনুভূতিবহ; আগ্রহোদ্দীপক: ~ous to see a happy end. **~·ous·ly** *adv*

zealot [ˈজ়িলট্] *n* কোনো বিশেষ আদর্শ দল, গোষ্ঠী বা ধর্মমত বিষয়ে প্রবল ও আপোসহীন আগ্রহ ও উদ্দীপনা প্রকাশ করে এমন ব্যক্তি; অন্ধ সমর্থক; গোঁড়া মৌলবাদী। **Z~** ধর্মান্ধ, ইহুদি। **~ry** [-ট্রি] *n* [U]

zebra [ˈজ়ীব্রা] *n* জেব্রা; ডোরাকাটা অশ্বসদৃশ প্রাণী। ˌ**~** ˈ**crossing** পথচারী পারাপারের জন্য ব্যস্ত নাগরিক সড়কে জেব্রার গায়ের দাগের অনুকরণে যে সাদা-কালো বা হলুদ-কালো মোটা রেখা টানা হয়।

zebu [জ়ীবু] *n* এশিয়া বা পূর্ব আফ্রিকায় প্রাপ্তব্য কুঁজওয়ালা গৃহপাতি ষাঁড়বিশেষ।

zee [জ়ী] *n* (US) z অক্ষরের মার্কিন নাম।

Zen [জ়েন্] *n* [U] বৌদ্ধধর্মের একটি ধারা যার মূলকথা হলো ধর্মগ্রন্থ ব্যতিরেকে তপস্যা থেকেই বোধি লাভ করা সম্ভব।

zenana [জ়িনানা] *n* (উত্তর ভারতে) অন্তঃপুর, অন্দরমহল।

zen·ith [ˈজ়েনিথ্ US জ়ীনিথ্] *n* মাথার উপরে সোজাসুজি আকাশের অংশ; খমধ্য, সুবিন্দু; (লাক্ষ.) কোনো ব্যক্তির খ্যাতির বা সৌভাগ্যের সর্বোচ্চ বিন্দু: at the ~ of one's fame. **~al** *adj* **~al projection** ভূমির কেন্দ্রবিন্দু থেকে সরলরেখা অঙ্কনের মাধ্যমে তৈরি করা মানচিত্র।

zephyr [ˈজ়েফ়া(র্)] *n* পশ্চিমা বাতাস; (কাব্যে) কোমল সুবাতাস; মৃদুমন্দ বায়ু। **Z~** পশ্চিম বায়ুর অধিদেবতা।

zero [ˈজ়িআরাঔ] *n* ১ শূন্য অঙ্ক; অনস্তিত্ব। ২ বিশেষত তাপমান যন্ত্রে যুক্ত ও বিযুক্ত বিন্দুর মধ্যভাগ: The temperature was 10° below O. **absolute ~** তাপমানযন্ত্রের O মাত্রা। ˈ**~ hour** (সামরিক) আক্রমণের জন্য সুনির্দিষ্ট সময়। □*vi* **~ in (on)** (অশিষ্ট) কোনো কিছুতে মনোযোগ দান করা।

zest [জ়েস্ট্] *n* [U] ১ প্রবল উৎসাহ ও আনন্দ, উচ্ছ্বাস: She has no dearth of ~ to join the party. ২ (সাধা.indef art সহযোগে) আনন্দদায়ক বা উজ্জীবক গুণ বা গন্ধ: Royal Bengal tigers gave a ~ to the Sunderban adventures. ৩ খাদ্যদ্রব্য স্বাদু করার জন্য মিশ্রণযোগ্য বিশেষ উপাদান। ৪ রুচি, সুস্বাদু।

Zeus [জ়িউস্] *n* প্রাচীন গ্রিক দেবাদিদেব; দেবাধিপতি।

zig-zag [জ়িগ্জ্যাগ্] *n* [C] সম বা অসম কৌণিক বিন্দুতে ডানে-বামে আকস্মিক বাঁকাচোরা রেখা বা পথ: a ~ centre in the down-town: a ~ path. □*adj* আকস্মিক ক্ষুদ্র বাঁকযুক্ত আঁকাবাঁকা; সর্পিল: ~ course of her heart (লাক্ষ.). □*adv* **in a ~ (way)** আঁকাবাঁকাভাবে। □*vi* (-gg-) আঁকাবাঁকাভাবে হাঁটা বা পথ চলা: The streaks of smoke ~ed above the roof.

zinc [জ়িঙ্ক] *n* [U] (রসা.) দস্তা; শক্ত নীলাভ ধাতু (প্রতীক Zn). **zinco** মুদ্রণকার্যে ব্যবহৃত দস্তার তৈরি ব্লক

বা ছাঁচ। **zinco·graph** *n* দস্তার উপর খোদাইকরা ব্লক, ছাঁচ প্রভৃতি। এই সূত্রেই, **zincographer** *n* যে ব্যক্তি উক্ত ব্লক, ছাঁচ বা চিত্র তৈরি করেন। **zinc·ogra·phy** *n* দস্তার উপর খোদাই করার বিদ্যা। **~ white** *n* দস্তা থেকে প্রস্তুত সাদা রঞ্জক।

zing [জ়িং] *n* [U] (অপ.) তেজ, শক্তি।

zin·nia [জ়িনিআ] *n* উজ্জ্বল বর্ণবিশিষ্ট উদ্যান-কুসুম।

Zion [জ়াইঅন্] *n* ইস্রায়েল; জুডাইজম; প্রতীকার্থে ইহুদিদের মাতৃভূমি; জেরুজালেম নগর, ইহুদিদের ঈশ্বরতন্ত্র। **~·ism** [-ইজ়াম্] *n* (ইতি.) ইহুদিদের স্বাধীন আবাসভূমি নির্মাণের জন্য রাজনৈতিক আন্দোলন; (আধুনিক কালে) ইস্রায়েলকে ইহুদি ধর্মীয় রাষ্ট্রে পরিণত করার জন্য আন্দোলন। **~·ist** [-ইস্‌ট্] *adj, n*

zip [জ়িপ্] *n* ১ বাতাসে গুলির শব্দের মতো বা কাপড় ছোঁড়ার মতো হুস বা ফ্যাস শব্দ। ২ (অপ.) তেজ, শক্তি। □*vt* (-pp-) কোনো কিছু খোলা বা বন্ধ করা। **zip sth open, zip sth up** (বোতামের পরিবর্তে যে চেইন লাগানো থাকে তার মাধ্যমে): Would you please ~ the bag open? **zip·per, zip-fastener** *nn* পোশাক, ব্যাগ বা অন্যান্য আবরণী আটকানোর জন্য দাঁতওয়ালা যে ধাতব বা প্লাস্টিক চেইন ব্যবহৃত হয়ে থাকে।

zip code ['জ়িপ্'কৌড্] *n* (US) পোস্টকোড।

zir·co·nium [জ়্যকৌনিঅম্] *n* [U] (রসা.) পারমাণবিক চুল্লি বা জেট ইনজিনে ব্যবহার্য ধাতব উপাদান (প্রতীক Zr)।

zither ['জ়িথ়া(র্)] *n* বহুতারবিশিষ্ট বাদ্যযন্ত্রবিশেষ।

zo·diac ['জ়ৌডিঅ্যাক্] *n* ১ সকল প্রধান গ্রহের পথনির্দেশনামূলক প্রতিদিকে ৮° প্রশস্ত আকাশের নির্দিষ্ট সৌরবন্ধনী। **signs of the ~** এই বন্ধনী কর্তৃক ১২টি সমভাগে বিভক্ত সৌরপথ। ২ জ্যোতিষশাস্ত্রে ব্যবহৃত রাশিচক্রের বিভিন্ন গ্রহের অবস্থানসূচক মানচিত্র।

zone [জ়ৌন্] *n* ১ বর্ণ ও দৃশ্যত ভিন্নতাসম্পন্ন পরিবেষ্টনী, বন্ধনী বা দাগ; মেখলা, কোমরবন্ধ। ২ নিরক্ষবৃত্তের সমান্তরাল কাল্পনিক রেখা যার দ্বারা পৃথিবীর ভূমিতলকে বিভক্ত করা হয়। ৩ বিশেষ বৈশিষ্ট্যমূলক কারণে বিভক্ত অঞ্চল: The tropical zone, গ্রীষ্মমণ্ডল; war ~, যুদ্ধাঞ্চল; tobbaco ~, যে অঞ্চলে প্রচুর পরিমাণে তামাক উৎপন্ন হয়; electoral ~, নির্বাচন উপলক্ষে বিভক্ত নির্দিষ্ট বিভিন্ন অঞ্চল; Khulna ~, প্রশাসনিক বা অন্য প্রয়োজনভিত্তিক কারণে নির্দিষ্ট খুলনা অঞ্চল; danger ~, বিপন্ন হবার আশঙ্কা আছে এমন নির্দিষ্ট এলাকা বা জায়গা; parking ~, গাড়ি রাখার নির্দিষ্ট এলাকা বা জায়গা; smoking/non-smoking ~, ধূমপানের অনুমতি আছে/নেই এমন এলাকা; crime-free ~, অপরাধমুক্ত এলাকা; smokeless ~, (সাধা. শহর এলাকায়) যেখানে ধূম্রহীন জ্বালানি ব্যবহার করা হয়। ৪ (US) বিশেষ অঞ্চল যেখানে ডাক ও টেলিফোনের আলাদা হার নির্ধারণ করা হয়। ৫ নাট্যাভিনয়ে মঞ্চোপরি অভিনেতাদের জন্য নির্দিষ্ট স্থান: front ~; middle ~; flexible ~. □*vt* বিশেষ অঞ্চলে বা এলাকায় চিহ্নিত করা; অঞ্চলে বিভক্ত করা; বলয়াকারে পরিবেষ্টন করা। **zon·ing** *n* [U] (নগর পরিকল্পনায়) নির্দিষ্ট উদ্দেশ্যে ব্যবহারের জন্য অঞ্চলবিভাগ—আবাসিক, বাণিজ্যিক, বিপণন। **zonal** *adj* আঞ্চলিক, মেখলাতুল্য, বলয়াকার, বিভিন্নমণ্ডল বা অঞ্চলে বিভক্ত, মণ্ডল-সংক্রান্ত বা অঞ্চল-সংক্রান্ত।

zoo [জ়ু] *n* চিড়িয়াখানা বা পশুপক্ষীশালা; zoological gardens এর সংক্ষিপ্ত রূপ।

zo·ol·ogy [জ়ৌ'ওলাজি] *n* [U] প্রাণিবিজ্ঞান, প্রাণিবিদ্যা। **zo·ol·ogi·cal** [,জ়ৌআ'লাজিক্‌ল্] *adj* **zoological gardens** চিড়িয়াখানা। **zo·ol·ogist** [জ়ৌ'ওলাজিস্‌ট্] প্রানিবিজ্ঞানী।

zoom [জ়ুম্] *n* ১ [U] বিমানের তীব্র খাড়া উড্ডয়ন বা গুরুগম্ভীর বোঁ বোঁ শব্দ। ২ **~ lens** (ক্যামেরায়) বিশেষ শক্তিশালী লেন্স। □*vi* ১ তীব্রগতিতে বা খাড়াভাবে বিমানের উড়ে যাওয়া (লাক্ষ.) (কথ্য.): price are ~ing, ভয়ানক দাম বেড়ে যাচ্ছে। ২ (জুম লেন্সসহ ক্যামেরার ক্ষেত্রে) **~ in/out** ছবি তোলার নির্দিষ্ট বিষয়কে লেন্সের সাহায্যে কাছে/দূরে নিয়ে আসা/যাওয়া। □*vt* বিমানপোতকে তীব্রগতি ও খাড়াভাবে শূন্যে উঠতে বাধ্য করা; একটানাভাবে উচ্চ বোঁ বোঁ শব্দ করা।

zo·ophyte ['জ়ৌআফাইট্] *n* উদ্ভিদাকার সামুদ্রিক প্রাণী।

Zo·ro·as·tri·an [জোরাস্ট্রি-অন্] *adj, n* জরাথুস্ট্র কর্তৃক প্রবর্তিত ধর্মসংক্রান্ত; জরাথুস্ট্রের প্রবর্তিত ধর্মাবলম্বী। **~·ism** জরাথুস্ট্র প্রবর্তিত ও জেনদ্-আবেস্তায় বর্ণিত প্রাচীন পারস্যবাসীর অগ্নিউপাসনামূলক ধর্ম।

Zulu [জ়ুলু] *n, adj* দক্ষিণ আফ্রিকার কাওয়াজুলু (পূর্বতন জুলুল্যান্ড) অঞ্চলের ভাষা বা অধিবাসী, উক্ত অঞ্চল, অধিবাসী বা ভাষাসংক্রান্ত।

পরিশিষ্ট ১
IRREGULAR VERBS

[Irregular past tense এবং past participle রূপসমূহের উচ্চারণ অভিধানের infinitive রূপের বিপরীতে দেখানো হয়েছে]

Infinitive	*Past Tense*	*Past Participle*
abide	abode, abided	abode, abided
arise	arose	arisen
awake	awoke	awaked, awoken
be	was	been
bear	bore	borne
beat	beat	beaten
become	became	become
befall	befell	befallen
beget	begot	begotten
begin	began	begun
behold	beheld	beheld
bend	bent	bent
bereave	bereaved, bereft	bereaved, bereft
beseech	besought	besought
beset	beset	beset
bet	bet, betted	bet, betted
betake	betook	betaken
bethink	bethought	bethought
bid	bade, bid	bidden, bid
bind	bound	bound
bite	bit	bitten, bit
bleed	bled	bled
blend	blended, blent	blended, blent
bless	blessed, blest	blessed, blest
blow	blew	blown
break	broke	broken
breed	bred	bred
bring	brought	brought
broadcast	broadcast, broadcasted	broadcast, broadcasted
build	built	built
burn	burnt, burned	burnt, burned
burst	burst	burst
buy	bought	bought
cast	cast	cast
catch	caught	caught
chide	chided, chid	chided, chidden
choose	chose	chosen
cleave	clove, cleft	cloven, cleft
cling	clung	clung
clothe	clothed, clad	clothed, clad
come	came	come
cost	cost	cost
creep	crept	crept
crow	crowed, crew	crowed
cut	cut	cut
dare	dared, durst	dared
deal	dealt	dealt
dig	dug	dug
dive	dived ; (US) dove	dived

Infinitive	*Past Tense*	*Past Participle*
do	did	done
draw	drew	drawn
dream	dreamt, dreamed	dreamt, dreamed
drink	drank	drunk
drive	drove	driven
dwell	dwelt	dwelt
eat	ate	eaten
fall	fell	fallen
feed	fed	fed
feel	felt	felt
fight	fought	fought
find	found	found
flee	fled	fled
fling	flung	flung
fly	flew	flown
forbear	forbore	forborne
forbid	forbade, forbad	forbidden
forecast	forecast, forecasted	forecast, forecasted
foreknow	foreknew	foreknown
foresee	foresaw	foreseen
foretell	foretold	foretold
forget	forgot	forgotten
forgive	forgave	forgiven
forsake	forsook	forsaken
forswear	forswore	forsworn
freeze	froze	frozen
gainsay	gainsaid	gainsaid
get	got	got ; (US) gotten
gild	gilded, gilt	gilded
gird	girded, girt	girded, girt
give	gave	given
go	went	gone
grave	graved	graven, graved
grind	ground	ground
grow	grew	grown
hamstring	hamstringed, hamstrung	hamstringed, hamstrung
hang	hung, hanged	hung, hanged
have	had	had
hear	heard	heard
heave	heaved, hove	heaved, hove
hew	hewed	hewed, hewn
hide	hid	hidden
hit	hit	hit
hold	held	held
hurt	hurt	hurt
inlay	inlaid	inlaid
keep	kept	kept
kneel	knelt	knelt
knit	knitted, knit	knitted, knit
know	knew	known

Infinitive	*Past Tense*	*Past Participle*
lade	laded	laden
lay	laid	laid
lead	led	led
lean	leant, leaned	leant, leaned
leap	leapt, leaped	leapt, leaped
learn	learnt, learned	learnt, learned
leave	left	left
lend	lent	lent
let	let	let
lie	lay	lain
light	lit, lighted	lit, lighted
lose	lost	lost
make	made	made
mean	meant	meant
meet	met	met
melt	melted	melted, molten
miscast	miscast	miscast
misdeal	misdealt	misdealt
misgive	misgave	misgiven
mislay	mislaid	mislaid
mislead	misled	misled
misspell	misspelt	misspelt
misspend	misspent	misspent
mistake	mistook	mistaken
misunderstand	misunderstood	misunderstood
mow	mowed	mown ; (US) mowed
outbid	outbid	outbid
outdo	outdid	outdone
outgo	outwent	outgone
outgrow	outgrew	outgrown
outride	outrode	outridden
outrun	outran	outrun
outshine	outshone	outshone
overbear	overbore	overborne
overcast	overcast	overcast
overcome	overcame	overcome
overdo	overdid	overdone
overhang	overhung	overhung
overhear	overheard	overheard
overlay	overlaid	overlaid
overleap	overleapt, overleaped	overleapt, overleaped
overlie	overlay	overlain
override	overrode	overridden
overrun	overran	overrun
oversee	oversaw	overseen
overshoot	overshot	overshot
oversleep	overslept	overslept
overtake	overtook	overtaken
overthrow	overthrew	overthrown
partake	partook	partaken
pay	paid	paid
prove	proved	proved, proven
put	put	put
quit	quitted, quit	quitted, quit
read [রীড্]	read [রেড্]	read [রেড্]

Infinitive	*Past Tense*	*Past Participle*
rebind	rebound	rebound
rebuild	rebuilt	rebuilt
recast	recast	recast
redo	redid	redone
relay	relaid	relaid
remake	remade	remade
rend	rent	rent
repay	repaid	repaid
rerun	reran	rerun
reset	reset	reset
retell	retold	retold
rewrite	rewrote	rewritten
rid	rid, ridded	rid, ridded
ride	rode	ridden
ring	rang	rung
rise	rose	risen
rive	rived	riven, rived
run	ran	run
saw	sawed	sawn, sawed
say	said	said
see	saw	seen
seek	sought	sought
sell	sold	sold
send	sent	sent
set	set	set
sew	sewed	sewn, sewed
shake	shook	shaken
shave	shaved	shaved, shaven
shear	sheared	sheared, shorn
shed	shed	shed
shine	shone	shone
shoe	shod	shod
shoot	shot	shot
show	showed	shown, showed
shrink	shrank, shrunk	shrunk, shrunken
shrive	shrove, shrived	shriven, shrived
shut	shut	shut
sing	sang	sung
sink	sank	sunk, sunken
sit	sat	sat
slay	slew	slain
sleep	slept	slept
slide	slid	slid
sling	slung	slung
slink	slunk	slunk
slit	slit	slit
smell	smelt, smelled	smelt, smelled
smite	smote	smitten
sow	sowed	sown, sowed
speak	spoke	spoken

Infinitive	*Past Tense*	*Past Participle*
speed`	sped, speeded	sped, speeded
spell	spelt, spelled	spelt, spelled
spend	spent	spent
spill	spilt, spilled	spilt, spilled
spin	spun, span	spun
spit	spat	spat
split	split	split
spoil	spoilt, spoiled	spoilt, spoiled
spread	spread	spread
spring	sprang	sprung
stand	stood	stood
stave	staved, stove	staved, stove
steal	stole	stolen
stick	stuck	stuck
sting	stung	stung
stink	stank, stunk	stunk
strew	strewed	strewn, strewed
stride	strode	stridden
strike	struck	struck, stricken
string	strung	strung
strive	strove	striven
swear	swore	sworn
sweep	swept	swept
swell	swelled	swollen, swelled
swim	swam	swum
swing	swung	swung
take	took	taken
teach	taught	taught
tear	tore	torn
tell	told	told
think	thought	thought
thrive	throve, thrived	thriven, thrived
throw	threw	thrown
thrust	thrust	thrust
tread	trod	trodden, trod
unbend	unbent	unbent
unbind	unbound	unbound
underbid	underbid	underbid
undergo	underwent	undergone
understand	understood	understood
undertake	undertook	undertaken
undo	undid	undone
upset	upset	upset
wake	woke, waked	woken, waked
waylay	waylaid	waylaid
wear	wore	worn
weave	wove	woven
weep	wept	wept
win	won	won
wind	wound	wound
withdraw	withdrew	withdrawn
withhold	withheld	withheld
withstand	withstood	withstood
work	worked, wrought	worked, wrought
wring	wrung	wrung
write	wrote	written

পরিশিষ্ট ২
COMMON ABBREVIATIONS

এই তালিকায় অন্তর্ভুক্ত হয়েছে সেইসব সাধারণ শব্দসংক্ষেপ যেগুলি আমরা সচরাচর পত্রপত্রিকা, প্রদর্শনমূলক পোস্টার, সাইনবোর্ড ও প্রজ্ঞাপনে দেখতে পাই। এই অভিধানে অনুসৃত বিভিন্ন পদের সংক্ষেপকৃত রূপের তালিকা সূচনা অংশে প্রদত্ত হয়েছে। সাধারণ ব্যবহার রীতি অনুসরণ করে অন্তর্ভুক্তি বড়ো বা ছোট অক্ষরে দেখানো হয়েছে, যদিও উভয় ধরনের ব্যবহারই সিদ্ধ। সাধারণত সংক্ষিপ্তরূপে একটি অক্ষরের শেষে যতিচিহ্নের মতো বিন্দুর ব্যবহারই স্বীকৃত, কিন্তু আধুনিককালে তা অনেক সময়ে পরিহার করা হয়। এ ধরনের সংক্ষিপ্ত রূপের প্রচলন কথ্য যোগাযোগের ক্ষেত্রেই অধিক, যদিও বর্তমানে লিখিত ভাষায়ও এর ব্যবহার ব্যাপকভাবে লক্ষণীয়।

AAA Amateur Atheletic Association ; American Automobile Association
AAPSO Afro-Asian People's Solidarity Organisation
AB (US) Bachelor of Arts
ABC Australian Broadcasting Commission
ABM Anti-Ballastic Missile
ac alternating current ; air-conditioning
a/c acc(t) account
ack(n) acknowledge(d)
ad(vt) advertisement
AD (Anno Domini) in the year of our Lord
ADB Asian Development Bank
ADC Aide-de-Camp ; Additional Deputy Commissioner ; Agricultural Development Corporation
adjt adjutant
adjt gen adjutant general
AEC Atomic Energy Commission
Afr Africa(n)
AG Adjutant General ; Accountant General ; Advocate General
AGM Annual General Meeting ; Assistant General Manager
AID (US) Agency for International Development
AIDS Acquired Immune Deficiency Syndrome
AIR All India Radio
AIBD Asian Institute of Broadcasting Development
A-level advanced level (examination)
ALGOL algorithmic oriented language
ALICO American Life Insurance Company
am (ante meridiem) before noon
amp ampere(s) ; ampoule
AMIE Associate Member of the Institute of Engineers
ANC African National Congress
anon anonymous
AP Associated Press
APB (US) All Points Bulletin
appro approval
approx approximately
Apr April
ARP Air Raid Protection
arr arrival
asap as soon as possible
ASEAN Association of South-East Asian Nations
ASC African Socialist Council
ASU Arab Socialist Union
assoc associate ; association
asst assistant
ATS Anti Tetanus Serum ; Auxiliary Territorial Service
Aug August
AV Audio-Visual ; Authorised Version (of the Bible)
Av(e) Avenue
AWACS Airborne Warning and Control System
AWOL absent without leave

b born ; bowled
b&b bed and breakfast
BA Bachelor of Arts
BADC Bangladesh Agricultural Development Corporation
BAF Bangladesh Air Force
Barr Barrister
BARD Bangladesh Academy of Rural Development
BASIC beginners' all-purpose symbolic instruction code
BB Bangladesh Biman ; Bangladesh Bank
BBC British Broadcasting Corporation
BC Before Christ ; British Council
BCS Bangladesh Civil Service
BD Bachelor of Divinity
bk book
BL Bachelor of Law
BDR Bangladesh Rifles
BDS Bachelor of Dental Surgery
BE Bachelor of Engineering
B ed Bachelor of Education
BMA Bangladesh Medical Association
B Mus Bachelor of Music
Br Brother
BTV Bangladesh Television
BUET Bangladesh University of Engineering and Technology
Brig Brigadier
Brit Britain ; British

Bros Brothers
BP British Pharmacopoeia
B Pharm Bachelor of Pharmacy
BS (US) Bachelor of Science
B Sc (GB) Bachelor of Science
BSS Bangladesh Sangbad Sangastha
BRTC Bangladesh Road Transport Corporation
BIWTA Bangladesh Inland Water Transport Authority
BST Bangladesh Standard Time ; British Summer Time
BVM (Beata Virgo Maria) Blessed Virgin Mary

C Celsius ; Roman 100
c cent(s) ; century ; (circa) about ; cubic
ca (circa) about ; approximately
CA Chartered Accountant
Cantab Cantabrigiensis of Cambridge University
Capt Captain
Cantt Cantonment
CARE (US) Co-operative for American Relief Everywhere
CBC Canadian Broadcasting Corporation
CBS (US) Columbia Broadcasting System
cc cubic centimetre(s) ; capita chapters ; centuries
CD (Corps Diplomatique) Diplomatic Service
Cdr commander
Cdre commodore
cert certificate ; certified
CE Civil Engineer
cf (confer) compare
cf&i cost, freight & insurance
cg centigram
ch central heating
CH Companion of Honour
ch(ap) Chapter
Ch B Bachelor of Surgery
CIA (US) Central Intelligence Agency
CID (GB) Criminal Investigation Department
cif cost, insurance, freight
C-in-C Commander-in-Chief
CIRDAP Centre for Integrated Rural Development for Asia & Pacific
cl Class ; centilitre
cm centimetre
Co Company
CO Commanding Officer
C/O care of
COBOL common business oriented language
COD Cash on Delivery ; Concise Oxford Dictionary ; Central Ordnance Department
Col Colonel
Coll College
concl Concluded ; conclusion
cont Contents ; continued
Co-op Co-operative (Society)
Corp Corporation
cps cycles per second
CPSU Communist Party of the Soviet Union
CSE Certificate of Secondary Education
cu cubic
CU Calcutta/Chittagong University
cwt hundred weight

D Roman 500
d died
D-day পরিকল্পনা অনুসারে যেদিন একটি নির্দিষ্ট কার্যক্রম শুরু হবে, দ্র. D-day
DA daily/dearness allowance ; (US) District Attorney
DC Deputy Commissioner ; (US) District of Columbia
dc direct current
DCL Doctor of Civil Law
DD Doctor of Divinity ; demand draft ; Deputy Director
DDT Dichloro-*diphenyl-trichloroethane* insecticide
Dec December
dec deceased
deg degree(s)
Dem Democrat
dep departs ; departure ; deputy
Dept Department
DG Director General ; (Dei Gratia) by the Grace of God
diag diagram
DIG Deputy Inspector General (police)
Dip Diploma
Dip Ed Diploma in Education
Dir Director
DIY do it yourself
D Litt Doctor of Literature/Letters
DLO Dead Letters office
DM (Deutsech mark) German currency ; District Magistrate
DMCH Dhaka Medical College Hospital
doz dozen
DPI Director of Public Instruction
DPRK Democratic People's Republic of Korea
DSP Deputy Superintendent of Police
D Sc Doctor of Science
Dr Doctor ; Debtor ; Drive
DU Dhaka University
dupl duplicate

E east; energy
ECG electrocardiogram
ECT electroconvulsive therapy
Ed edited by ; edition ; editor ; education ; educated
EDP Electronic Data Processing
EEC European Economic Community
eg (exempli gratia) for example, for instance

ENA Eastern News Agency
enc(l) enclosed
Eng English, England, Engineering
Ep Extended Play (record)
EPI Extended Programme of Immunization
ESCAP Economic and Social Commission for Asia and the Pacific
ESP Extra Sensory Perception
Esq Esquire
eta estimated time of arrival
et al (et all) and other people
etc & c ; (et cetera) and the rest ; and all the others
etd estimated time of departure
eve evening

F Fahrenheit ; Fellow
f foot ; feet ; female ; feminine
FA Football Association
FAO Food & Agricultural Organisation
FBA Fellow of British Academy
FBI (US) Federal Bureau of Investigation
FCPS Fellow of the College of Physicians and Surgeons
FDC Film Development Corporation
Feb February
Fed Federal ; Federated ; Federation
fem Female ; feminine
FIFA Federation Internationale de Football Association
fig figurative ; figure
fl fluid
FM Frequency Modulation
fob free on board
Fr Father ; France ; French
FRCS Fellow of the Royal College of Surgeons
Fri Friday
FRS Fellow of the Royal Society
ft foot ; feet
fur furlong .
fwd forward

g acceleration due to gravity
GA General Assembly
GATT General Agreement on Tariffs and Trade
GB Great Britain
GCE (GB) General Certificate of Education
GEC General Electric Company
Gen General
GHQ General Headquarters
GI (US) enlisted soldier
Gk Greek
gm gram(s)
GM General Manager ; General Meeting
GMT Greenwich Mean Time
GNP Gross National Product
GOC General Officer Commanding
gov(t) Government
GP General Practitioner (Medical Doctor)
GPO General Post Office
gr grade ; grain ; gross ; group
gt great

h height ; hour
ha hectare(s)
h&c hot and cold (water)
H-bomb Hydrogen bomb
HCF Highest Common Factor
HE His Excellency ; His Eminence ; high explosive
HF High Frequency
HH His Holiness ; His Highness
hi-fi high fidelity
HM His/Her Majesty
HMSO His/Her Majesty's Stationery Office
Hon Honorary ; Honourable
Hons Honours
HP horse power, hire purchase
HQ headquarters
HSC Higher Secondary Certificate
HMV His Master's Voice
hr hour(s)
HR House of Representatives
HRH His/Her Royal Highness
I Island ; Roman 1
ibid (ibidem) in the same place ; from the same source
IAEA International Atomic Energy Agency
IAF Indian Air Force
IAAF International Amateur Athletics Federation
IATA International Air Transport Association
IBA Institute of Business Administration ; (GB) Independent Broadcasting Authority
IBS Institute of Bangladesh studies
ICAO International Civil Aviation Organisation
ICBM Inter-Continental Ballastic Missile
ICC International Cricket Committee
ICDDRB International Centre for Diarrhoeal Diseases Research of Bangladesh
ICI Imperial Chemical Industries
ICRC International Committee of Red Cross
IDA International Development Authority
ie (idi est) which is to say ; in other words
ILO International Labour Organisation
IFTU International Federation of Trade Unions
IG(P) Inspector General (of Police)
IMCO Inter-Governmental Maritime Consultative Organisation
IMF International Monetary Fund
in inch(es)
inc incorporated
incl included ; inclusive
Ind India(n) ; Independent
inf (infra) below

info information
Inst Institute
int interior ; internal ; interval ; interjection ; internationals
intro introduction
IOU I owe you আমি তোমার কাছে ঋণী
INTERPOL International Police Organisation
IOC International Olympic Committee
IPUC International Parliamentary Union Conference
IRA Irish Republican Army
IRRI International Rice Research Institute
ISSB Inter-Services Selection Board
ITO International Telecommunication Organization
IPGMR Institute of Post-graduate Medicine & Research
Ire Ireland
ITV (GB) Independent Television

Jan January
JC Jesus Christ
Jnr, Jr Junior
JP Justice of the Peace
JU Jahangirnagar University
Jul July
Jun June

Kg Kilogram(s)
KANU Kenya African National Union
KG Kindergarten (school)
KGB প্রাক্তন সোভিয়েত ইউনিয়নের কেন্দ্রীয় গোয়েন্দা সংস্থা (Komitet Gossudarstvennoy Bejpusnosti)
km kilometre(s)
KO knock out
kw kilowatt

L Lake ; little ; Roman 50 ; (GB) Liberal (political party)
l left, length, lire
LA Legislative Assembly ; Los Angeles
Lab (GB) Labour (political party)
lang language
Lat Latin
lat latitude
lb pound(s) (weight)
lbw leg before wicket (cricket)
LCM Least Common Multiple
lieut/Lt Lieutenant
lh left hand
lit literal(ly) ; literature ; literary
ll lines
LLB Bachelor of Law
LLD Doctor of Law
LLM Master of Law
LMT (US) Local Mean Time
LMF Licenciate of the Medical Faculty
LMG Light Machine Gun
long longitude
LP long playing (record)
LSD lysergic acid diethy lamide বিশেষ ধরনের ড্রাগ
LST (US) Local Standard Time
Ltd Limited

m male ; married ; metre(s) ; mile(s) ; million
MA Master of Arts
Maj Major
Maj. Gen Major General
Mar March
masc masculine
math (US) mathematics
maths (GB) mathematics
max maximum
MBBS Bachelor of Medicine and Bachelor of Surgery
MC (US) Marine corps ; Master of Ceremonies ; (US) Member of Congress ; (GB) Military Cross
MCC (GB) Marylebone Cricket Club
Mc Megacycle(s)
MCPS Megacycles per second
MD Doctor of Medicine
Med(it) Mediterranean
M Ed Master of Education
memo memorandum
mg miligram(s)
Mgr Monsignor
min minimum
misc miscellaneous
mkt market
ml mile(s) ; millilitre(s)
mm millimetre(s)
MO Mail Order ; Medical Officer ; Money Order
mod modern, moderate
Mon Monday
MP Member of Parliament ; Military Police
mpg miles per gallon
mph miles per hour
MS(S) manuscripts
M Sc Master of Science
M Litt Master of Literature
MRAS Member of Royal Asiatic Society
M Pharm Master of Pharmacy
MRCP Member of Royal College of Physicians
MRCS Member of Royal College of Surgeons
Mt Mount
MV Motor Vessel

N North
NA National Assembly
NAM No-Aligned Movement
nat national ; native ; natural
NASA (US) National Aeronautics and Space Administration
Nato North Atlantic Treaty Organisation

NB (nota bene) take special note of
NBC (US) National Broadcasting Corporation
NCC National Cadet corps
NCO Non-commissioned Officer
NE Northeast
NEFA (Ind) North Eastern Frontier Agency
NEC National Economic Council
NIPA National Institute of Public Administration
NP Notary Public
Nov November
NT New Testament
NW Northwest
NY New York
NZ New zealand
NYT New York Times
O&M Organisation and Method
OAS Organisation of American States
OAU Organisation of African Unity
OAP (GB) Old Age Pensioner
ob (obiit) died
Oct October
OECD Organisation for Economic Co-operation and Development
OC Officer Commanding ; officer-in-charge
OED Oxford English Dictionary
OEEC Organisation of European Economic Co-operation
OIC Organisation of Islamic Conference
ok all correct
O-level (GB) Ordinary level (examination)
op (opus) operation
op cit (opere citato) in the work mentioned
OPEC Organisation of Petroleum Exporting Countries
OT Old Testament, Operation Theatre
OUP Oxford University Press
oz ounce
Oxon Oxoniensis of Oxford university ; Oxfordshire

P Parking
p page ; penny ; pence ; per
pa (per annum) per year
PA Personal Assistant ; Press Association ; Public Address (system)
para(s) paragraph(s)
PAYE pay as you earn
PC (GB) Police constable ; (GB) privy Councillor ; (US) peace corps
PEN Poets, Essayists, Novelists (International Association of writers)
PG Post-graduate ; Paying Guest
PIA Pakistan International Airlines
Ph D Doctor of Philosophy
pkt packet
Pl place
PLC Public Limited company
pm (post meridiem) after noon ; per month
PM Prime Minister
PMG Post Master General
PO Personnel Officer ; Petty Officer ; Post Office; Postal Order
POE Port of Entry
pop popular ; population
POW Prisoners of War
pp pages
PR Public Relations
Pres President
PRO Public Relations Office(r) ; Public Records Office
Pro professional
Prof Professor
pron pronounced ; pronunciation
PS Private Secretary
Ps Psalm
PSC Public Service Commission
PST Pacific Standard Time
pt part ; payment ; pint ; point
PTA Pre-paid Travel Arrangement, (GB) Parent-Teacher Association
PTI Press Trust of India
PTO Please Turn Over
pvt private
pw per week
PX Post Exchange

Q Question
QED (guod erat demonstrandum) যা দেখানো হবে/প্রমাণিত হবে
QC Queen's Counsel
qt quart ; quiet
QM Quartermaster
qv (quod vide) যা উল্লেখ করা যায়

R River ; Royal
r radius, right
R & D research and development
RA Rear Admiral ; Royal Academy ; Royal Academician
RADA Royal Academy of Dramatic Arts
RAF Royal Air Force
RAM Royal Academy of Music
RC Red Cross/Crescent ; Roman Catholic
Rcc Reinforced concrete
RCD Regional Co-operation for Development
RCM Royal College of Music
Rd Road
rec(d) received
ref reference ; refree ; refer(red)
Rep Repertory ; Representative ; Republic(an)
res residence ; resignecd ; reserved
resp respectively
ret(d) retired
rev revolution
Rev(d) Reverend

rgt regiment
rh right hand
rly railway
rm room
RM Royal Marines
RMS Railway Mail Service
RSPCA Royal Society for the Prevention of Cruelty to Animals
RN Royal Navy
rpm revolution per minute
RSVP (repondez sil vous plait) অনুগ্রহপূর্বক উত্তর দিন
Rt Hon Right Honourable
Rt Rev Right Reverend
rt right
Ru Rajshahi University ; Rugby Union

S South
s second(s)
SA South Africa
SAARC South Asian Association for Regional co-operation
sae Stamped addressed envelope
SAM Surface to Air Missile
SAS Scandavian Airlines
SALT Strategic Arms Limitation Talks
Sat Saturday
SAYE Save as you earn
sc (scilicet) namely
SCF Save the Children's Fund
Sch School
Sc(i) Science
SE Southeast
SEATO South East Asian Treaty Organisation
SDO Sub-divisional Officer
Sec Second(ary) ; secretary
Sen Senate ; Senator ; Senior
Sept September
SF Science Fiction
Sgd signed
Sgt sergeant
SHAPE Supreme Headquarters of Allied Powers in Europe
SI Units International Systems of Units
Sn(r) Senior
Soc Society
Sol Solicitor
SOS Save Our Souls (international distress signal)
sp Spelling
sp(l) special
SPCA Society for the Prevention of Cruelty to Animals
SPCC Society for the Prevention of Cruelty to Children
St Saint ; Street
Sta Station
STD Subscriber Trunk Dialling (telephone) ; Sexually Transmilted Disease
Str Strait, Street
SSC Secondary School Certificate
Sub(s) Subscription ; substitute
Sun Sunday
Supt Superintendent
SW Southwest
SWAPO South West African People's Organisation

T temperature
t time, ton(s)
TA Travelling Allowance ; Territorial Army
TB Tuberculosis
Tech Technical
tel(e) telephone
temp temperature ; temporary
Ter(r) Terrace, Territory
Thu Thursday
TNT (Tri-nitro-toluen) explosive
trans translated ; translator
TU Trade Union
TUC Trade Union Congress
Tues Tuesday
TV Television
TWA Trans World Airlines

U Union ; Upper
UAE United Arab Emirates
UAR United Arab Republic
UCEP Unprivileged Children's Educational Programme
UDI Unilateral declaration of Independence
UFO Unidentified flying object
UHF ultra high frequency
UK United Kingdom
UN(O) United Nations (Organisation)
UNCTAD United Nations Conference on Trade and Development
UNDP United Nations Development Programme
UNEDC United Nations Economic and Development Commission
UNAB United Nations Association of Bangladesh
UNESCO United Nations Educational Scientific and Cultural Organisation
UNICEF United Nations Children's Emergency Fund
Univ University
UNDRO United Nations Disaster Relief Organisation
UNIDO United Nations International Development Organisation
UNRWA United Nations Relief and Works Agency
UOTC University Officers Training Corps
UPI United Press International

US(A) United States (of America)
USIS United States Information Service
USSR Union of Soviet Socialist Republics

V Roman 5 ; Victory ; Volt
v Very ; Verse ; Versus ; vide
Vac Vacation
VAT Value Added Tax
VC Vice Chancellor ; Vice Chairman Vice consul; Victoria Cross ; Vietcong
VD Veneral Disease
Ven Venerable
VHF Very High Frequency
VIP Very Important Person
Viz (Videlicet) namely
Vol Volume
VOA Voice of America (US Radio)
VP(res) Vice Principal ; Vice President
v(s) Versus
VS Veterinary Surgeon
VSO Voluntary Service Overseas

W west
w watt(s) ; week ; width ; with
WASA Water Supply & Sewarage Authority
WASP (US) White Anglo-Saxon Protestant
WB World Bank ; West Bengal
wc Water Closet
WCC World Council of Churches
WAPDA Water and Power Development Authority
Wed Wednesday
wef with effect from
WFP World Food Programme
WFTU World Federation of Trade Unions
WHO World Health Organisation
wk week ; work
WI West Indian ; West Indies ; Women's Institute
WO Warrant Officer
wpb Waste paper basket
WPC World Peace Council
wpm words per minute
WMO World Meteriological Organization
wt weight

X Roman 10 ; a kiss ; an unknown number, thing, name
Xmas Christmas

Y Yen (Japanese Currency)
YHA Youth Hostel's Association
YMCA Young Men's Christian Association
YWCA Young Women's Christian Association

ZPG Zero Population Growth

পরিশিষ্ট ৩

AFFIXES

a-[1] *pref* not, without: *amoral; aseptic; atheist.*

a-[2] *pref* **1** (~+*n* = *adv)* in: *abed;* on, at: *afield; ashore.* **2** (~+*v* = *adv)* in the state of, in the process of: *asleep; ablaze.* **3** (oil use) (~+*gerund* = *adv)* in the act of: *a-running; a-singing.*

ab- *pref* from; away from: *absent; abduct.*

-able (also **-ible)** *suff* **1** (*n* + ~ = *adj)* showing qualities of: *fashionable; responsible.* **2** (*v* + ~ = *adj)* that can be; fit to be: *eatable; reducible.* **-abiy, -ibly** *adv*

ad- *pref* to, towards: *advance; adjoin.*

-ade *suff* (used to form a *n): blockade; lemonade; facade.*

aer(o)- *pref* of aircraft: *aerodynamics; aeronaut.*

-age *suff* (used to form a *n): breakage; postage; sabotage.*

-al *suff* **1** (*n* + ~ = *adj): magical; verbal.* **-ally** *adv* **2** (*v*+~ = *n): recital; survival; displayal.*

ambi- *pref* both, double, two: *ambiguous; ambidextrous.*

an- *pref* not, without: *anaesthetic; anonymous.*

-an *suff* (*proper n* + ~ = *n* or *adj*: *Lutheran; Mexican.* দ্র. -ian .

-ana দ্র. -iana

-ance (also **-ence**) *suff (v* + ~ =): *assistance; confidence.*

-ant (also **-ent**) *suff* **1** *(v* + ~ = *adj*): *significant; different.* **2** *(v* + ~ = *n*): *assistant; deterrent.*

ante- *pref* in front of: *anteroom;* before, previous to: *antenatal.*

anthrop(o)- *pref* of man, of mankind: *anthropoid; anthropology.*

anti- *pref* **1** opposed to, against: *anti-social; antiseptic.* **2** instead of: *anti-hero.*

arch- *pref* first, chief, head: *archetype; archbishop.*

-arian *suff* practiser of: *disciplinarian; vegetarian.*

-ary *suff* **1** (used to form an *adj): planetary; reactionary.* **2** *(pl* -aries) (used to form a *n): dictionary; functionary.*

astr(o)- *pref* of the stars; of outer space: *astronomy; astronaut.*

-ate *suff* **1** (used to form an *adj)*: *affectionate; passionate.* **-ately** *adv* **2** (used to form a *n*): *directorate; electorate.* **3** (used to form a *v*): *gyrate; stimulate.* **4** (রস.) salt formed by the action of an acid on a base: *phosphate; nitrate.*

-ation দ্র. -tion

-ative *suff* (used to form an *adj,* usu from an '-ate' *v)*: *illustrative; quantitative.* **-atively** *adv*

-ator *suff* object or person carrying out the action of an '-ate' *v: percolator; stimulator.*

audio- *pref* of hearing, of sound: *audio-visual; audio-frequency.*

aut(o)- *pref* **1** of oneself: *autobiography; autograph.* **2** without help; independent of others: *automatic; autocrat.*

be- *pref* **1** (~+*v* = *v*) all over; all around; in all directions: *bedeck; bespatter.* **2** (~+*n* or *adj* = *v*) make, become: *befriend; belittle.* **3** (~+*vi* = *vt): bemoan; bewail.*

bi- *pref* **1** occurring twice in one period: *bi-monthly; bi-annual.* **2** occurring once in a period of two: *bicentenary; biennial.* **3** having two: *bilingual; biped.*

bibli(o)- *pref* of books: *bibliography; bibliophile.*

bio- *pref* of life; of living organisms: *biography; biology; biotic.*

by- (also **bye-**) *pref* of secondary importance, incidental: *by-election; bye-law; by-product.*

cent(i)- *pref* a hundred; a hundredth part: *Centigrade; centimetre.*

chron(o)- *pref* of time : *chronology; chronometer.*

-cide *suff* (used to form a *n*) killing, killer: *suicide; insecticide.*

co- *pref* together, jointly, equally: *cohabit; co-operate; co-education.*

con- (also **col-, com-, cor-**) *pref* with, together: *conduct; collaborate; combine; correlate.*

contra- *pref* against, opposite to: *contraception; contradict.*

-cracy *suff* (*pl* -cracies) (used to form a *n)* government or rule by; class characterized by; *democracy; aristocracy.*

-crat *suff* (used to form a *n)* member or supporter of a '-cracy': *democrat, aristocratic.*

-cy (also **-acy**) *suff (pl* -(a)cies) (used to form a *n*) condition, quality: *accuracy; infancy; supremacy.*

-d দ্র. -ed

de- *pref* (used with a *v*) the negative reverse, opposite of: *depopulate; defrost; defuse.*

demi- *pref* half, partly: *demimonde; demigod.*

di- *pref* twice, double: *dilemma; dioxide.*

dia- *pref* through, across: *diameter; diagonal; diaphragm.*

dis- *pref* (used with a *v*) the negative, reverse, opposite of: *disbelieve; disorder; disagree.*

-dom *suff* (used to form a *n*) **1** a condition, state: *boredom; freedom.* **2** domain: *kingdom; officialdom.*

-ed (also -d) *suff* **1** (used to form *pt* and *pp* of a *v): laughed; acted; washed.* **2** *(n + ~ = adj)* having the characteristics of: *diseased; talented; cracked.*

-ee *suff (v+~=n)* **1** person affected by the action of the *v: employee; payee.* **2** person acting: *absentee; refugee.* **3** (*n* + ~ = *n*) diminutive: *bootee; coatee.*

-eer *suff* (n + ~ = *n*) person concerned with the *n: auctioneer; mountaineer.*

electr(o)- *pref* concerned with, caused by electricity: *electrocute; electromagnet.*

en- (also **em-**) *pref* **1** (~+*n* or *v* = *v*) put in, on: *encase; endanger; emplane.* **2** (~+*n* or *adj =v)* make into; cause to be: *enlarge; enrich; empower.*

-en *suff* **1** (used to form the *pp* of some *vv*): *broken; eaten; hidden.* **2** *(n+ ~ = adj)* made of: *golden; wooden.* **3** *(adj + ~ = v)* make, cause to be: *blacken; sadden.*

-ence দ্র. -ance

-ent দ্র. -ant

equi- *pref* equal, the same: *equidistant; equivalent.*

-er *suff* **1** (*v* + ~ = *n*) person who carries out the action of the *v: runner; sleeper.* **2** (*n* + ~ =*n)* practiser of: *astronomer; philosopher.* **3** (also -r) (used to form the *comp* of an *adj*): *stronger; rarer; thinner.* দ্র. also -ier.

-ery (also **-ry**) *suff* (*pl* -eries) *(n* or *v + ~ = n)* **1** place where an action is carried out: *bakery; fishery.* **2** art of, practice of: *cookery; pottery.* **3** state, quality, character: *rivalry; snobbery.*

-es (also **-s**) *suff* **1** (used to form *pl* of a *n* ending in /s, z, ʃ, ʒ/): *pieces; judges.* **2** (used to form *3rd pers sing pres t* of a *v* ending in /s, z, ʃ, ʒ/): *washes; urges.*

-ese *suff* **1** *(proper n + ~ = adj)* of a place or a country: *Burmese;* (the *adj* may also be used as a *n)* person or language: *Japanese.* **2** (used to form a *n*) in the (literary) style of: *journalese.*

-esque *suff* (n + ~ = *adj*) in the manner, style of: *statuesque; picturesque.*

-ess *suff* (*n* or *v* + ~ = *n*) female: *lioness; actress.*

-est (also **-st**) *suff* (used to form the *superl* of an *adj* or *adv*): *fastest; barest; wettest.*

-ett *suff* (*n* + ~ = *n*) **1** diminutive: *cigarette; kitchenette.* **2** female: *usherette; suffragette.* **3** imitation: *flannelette; leatherette.*

ex- *pref* **1** out, out of, from: *exclaim; extract.* **2** former, at one time: *ex-wife; ex-president.*

extra- *pref* **1** outside, beyond: *extramarital; extrasensory.* **2** very: *extra-thin.*

-fic *suff* (used with a '-fy' *v* to form an *adj*): *horrific; specific.*

-fied দ্র. -fy

-fold *suff (cardinal numeral + ~ = adj)* **1** multiplied by: *tenfold; hundredfold.* **2** of (so many) parts: *twofold.*

fore- *pref* before, in front of: *foretell; foreground.*

-form *suff* (used to form an *adj*) having the shape or character of: *uniform; cuneiform.*

-ful *suff* **1** (*n* or *v + ~ = adj)* full of, having the quality of: *eventful; peaceful.* **2** *(n+~=n)* amount that fills: *handful; mouthful.*

-gamy *suff* (used to form a *n*) of marriage: *monogamy; polygamy.* **-gamous** *adj*

ge(o)- (used to form a *n*) of the earth: *geography; geology.*

-gon angle, corner: *polygon; pentagon.*

-gram *suff* (used to form a *n*) sth written down or drawn: *telegram; monogram; diagram.*

-graph *suff* (used to form a *n*) sth written down, of writing: *autograph; telegraph.* **-graphy** *n: calligraphy; orthography.*

hem(o)- (also **haem(o)-**) *pref* of the blood: *hemoglobin; hemorrhage.*

heter(o)- *pref* the other, the opposite, different: *heterogeneous; heterosexual.*

hom(o)- *pref* the same: *homogeneous; homosexual.*

-hood *suff* (n+ ~ = *n)* status, rank, condition of life: *boyhood; brotherhood.*

hydr(o)- *pref* of water: *hydrant; hydro-electric.*

hyper- *pref* to a large or extreme degree: *hypercritical; hypersensitive.*

-ial *suff (n + ~ = adj)* characteristic of: *dictatorial; palatial.* **-ially** *adv*

-ian *suff* **1** *(proper n + ~ = n* or *adj)*: *Brazilian; Shakespearian.* **2** (used with an '-ics' *n* to form a *n* ending in **-cian**) specialist in: *optician; pediatrician.*

-(i)ana *suff* (used with words ending in '-ian' or '-an' to form a *collective n*) collection of facts, objects, etc relating to: *Victoriana; Africana.*

-ible দ্র. -able

-ic *suff (n + ~ = adj); poetic; romantic.* **-ical** *adj* **-ically** *adv*

-ics *suff* (used to form a *n*) science or specific activity: *physics; politics; athletics.*

-ide *suff* (used to form a *n*) (রস.) chemical compound: *chloride; sulphide.*

-ie দ্র. -y

-ier দ্র. -y

-ies দ্র. -y

-(i)fy *suff* (*pt* and *pp* -(i)fied) (*n* or *adj* + ~ = *v*) make into; cause to be; bring to a state of: *beautify; terrify; solidify.*

in- (also **il-, im-, ir-**) *pref* **1** (~ + *v* = or *n*) in, on; *intake; imprint.* **2** (~ + *adj* = *adj*) not: *infinite; illicit; immoral; irrelevant.*

-ing *suff* (*v* + ~ = *pres p* and *gerund*): *talking; thinking.*

inter- *pref* between, from one to another: *international; interplanetary.*

intra- (also **intro-**) *pref* inside: *intravenous; intra-uterine; introspection.*

-ise দ্র. -ize

-ish *suff* **1** (*national name* + ~ = *adj,*): *Irish; Spanish.* **2** (*n* + ~ = *adj*) resembling; in the manner of: *childish; devilish.* **3** (*adj* + ~ = *adj*) somewhat, near to: *reddish; twentyish.*

-ism *suff* (used to form a *n*) **1** showing qualities typical of: *Americanism; heroism.* **2** specific doctrine, principle or movement: *Buddhism; Communism.*

-ist *suff* (n + ~ = *n*) **1** agent of an '-ize' *v: dramatist: publicist.* **2** follower, practiser of an '-ism': *industrialist: fascist.* **3** person concerned with a specific activity or thing: *tobacconist; motorist.*

-ite *suff* **1** (*proper n* + ~ = *n)* follower, devotee of a person or organization: *Labourite.* **2** (রস.) specific chemical substance: *anthracite; dynamite.*

-ities দ্র. -ity

-ition দ্র. -tion

-itis *suff* (চিকি.) (used to form a *n*) inflammation of: *appendicitis; tonsillitis.*

-ity *suff* (*pl* -ities) (used with an *adj* to form a *n*): *crudity; oddity.*

-ive *suff* (*v* + ~ = *adj)* having a tendency towards; quality of: *active; constructive.*

-ize (also -ise, which is not used in this dictionary, but is equally acceptable) *suff* (used to form a *v*) **1** cause to be, make like, change into: *computerize; dramatize.* **2** act with the qualities of: *criticize; deputize.*

-less *suff (n + ~ = adj)* without: *treeless; spiritless.* **-lessly** *adv.* **-lessness** *n*

-let *suff* (*n* + ~ = *n*) diminutive: *piglet; booklet.*

-like *suff* (*n* + ~ = *adj*) resembling; in the manner of: *childlike; godlike.*

-ling *suff* **1** (used to form a *n*) diminutive: *duckling; fledgeling.* **2** (used to form a *n)* person connected with (often used disparagingly): *hireling; underling.*

-logue *suff* (used to form a *n*) sth spoken: *dialogue; travelogue; monologue.*

-logy *suff* (*pl* -logies) (used to form a *n*) branch of learning: *biology; sociology.*

-ly *suff* **1** (*n* + ~ = *adj*) having the qualities of: *cowardly; scholarly.* **2** (*n* + ~ = *adj* or *adv)* **3** *(adj* + ~ = *adv)* in the manner of the *adj: happily; stupidly.*

macro- *pref* relatively large, extending: *macrocosm; macrobiotic.*

mal- *pref* bad, wrong, not: *maladjusted; malnutrition.*

-man *suff* **1** (used to form a *n*) dweller in: *Irishman; countryman.* **2** (*n* +~ = *n*) sb connected by a specific activity to: *guardsman; doorman; businessman.*

-mania *suff* (used to form a *n*) abnormal behaviour, excessive enthusiasm: *kleptomania; bibliomania.* **-maniac** sb affected by a '-mania': *kleptomaniac.*

matri- *pref* mother: *matriarch; matricide.*

mage *pref* **1** large; *megalith.* **2** one million: *megaton.*

-ment *suff* (*v* + ~ = *n*) result or means of an action: *development; government.* **-mental** *adj.* **-mentally** *adv: governmental(ly).*

-meter *suff* (used to form a *n*) a means of measuring: *speedometer.*

-metre *suff* (used to form a *n*) a (specified) part of a metre: *centimetre.*

micro- *pref* **1** relatively small: *microfilm; microwave.* **2** of examining or reproducing small quantities: *microscope; microphone.*

milli- *pref* a thousandth part of: *milligram; millimetre.*

mis- *pref* bad, wrong, not: *misconduct; misdirect; mistrust.*

-monger *suff* (used to form a *n)* sb who deals in: *fishmonger; scandalmonger.*

mono- *pref* one, a single: *monosyllable; monotone.*

-most *suff (prep* or *adj of position* + ~ = *superl adj*): *inmost: outermost.*

multi- *pref* many: *multistage; multi-coloured.*

neo- *pref* new, revived, later: *neologism; neoclassical.*

-ness *suff (adj* + ~ = *n)* a quality, state, character: *dryness; silliness.*

non- *pref* not: *nonsense; non-stop.*

-oid *suff* (used to form an *adj* or *n*) resembling in shape: *asteroid; rhomboid.*

-or *suff (v* + ~ = *n*) sb or sth that carries out the action of the *v: governor; elevator; lessor.*

-ories দ্র. -ory

ortho- *pref* correct, standard: *orthodox; orthopaedic.*

-ory *suff* (*pl* -ories) **1** (used to form a *n)* place where specific activity is carried on: *laboratory; observatory.* **2** (used to form an *adj*): *compulsory; illusory.*

-osis *suff* (used to form a *n*) a process, change: *hypnosis; metamorphosis.*

-ous *suff* (*n* + ~ = *adj*) having the qualities of: *poisonous; zealous.* **-ously** *adv.* -**ousness** *n*

out- *pref* **1** located outside: *outhouse; outpost.* **2** surpassing; to a greater extent: *outnumber; outmanoeuvre.* **3** with the various senses of 'out' as defined in the dictionary: *outcry; outspoken.*

over- *pref* **1** across, above: *overland; overhead.* **2** to excess, too much: *overcharge; overwork.* **3** with the various senses of 'over' as defined in the dictionary: *overthrow; overpower.*

pale(o)- (also ***palae(o)-***) *pref* of ancient times: *paleolithic; paleontology.*

pan- *pref* all, throughout: *panchromatic; Pan-African.*

patri- *pref* father: *patriarch; patricide.*

-philia *suff* (used to form a *n*) excessive love of: *Anglophilia; bibliophilia.* **-phile** *n* lover of.

-phobia *suff* (used to form a *n*) excessive fear of: *claustrophobia; xenophobia.* **-phobic** *adj* **-phobe** *n* fearer of.

-phone *suff* (used to form a *n*) means of reproducing sound: *megaphone; telephone.* **-phonic** *adj: stereophonic.*

phon(o)- *pref* of sound: *phonetic; phonology.*

photo- *pref* **1** of light: *photoelectric.* **2** of photography: *photocopy; photogenic.*

physi(o)- *pref* of the body; of living things: *physiotherapy; physiology.*

poly- *pref* many: *polygamy; polysyllabic.*

post- *pref* after: *postscript; posthumous; postgraduate.*

pre- *pref* before: *prefabricate; premature; prerecorded.*

pro- *pref* **1** supporting; in favour of: *pro-Chinese; pro-revolutionary.* **2** acting as: *pro-Vice-Chancellor.*

proto- *pref* first, original, basic: *prototype; protoplasm.*

pseud(o)- *pref* false, fake: *pseudonym; pseudo-intellectual.*

psych(o)- *pref* of the mind: *psychiatry; psycho-analysis.*

quasi- *pref* almost, seemingly: *quasi-serious; quasi-explanation.*

re- *pref* again: *re-echo; reinstate.*

retro- *pref* backwards, behind: *retrospective; retro-rocket.*

-ry দ্র. -ery

-s *suff* **1** (used to form the *pl* of a *n*): *pots; stars.* **2** (used to form *3rd pers sing pres t* of a *v*): *breaks; sees.*

-scape *suff* (*n* + ~ = *n*) a stretch of scenery: *landscape; moonscape.*

-scope *suff* (used to form a *n*) means of observing or showing: *microscope; stroboscope.*

self- *pref* of one's self, alone, independent: *self-taught; self-service.*

semi- *pref* half, partially, midway: *semi-circular; semi-detached; semi-final.*

-ship *suff* (*n* + ~ = *n*) **1** state of being, status, office: *friendship; ownership; professorship.* **2** skill, proficiency as: *musicianship scholarship.*

-sion দ্র. -tion

soci(o)- *pref* of society: *sociology; socio-economic.*

-some *suff* (used to form an *adj*) likely to, productive of: *quarrelsome; meddlesome.*

-sphere *suff* (used to form a *n*) spherical, of a sphere: *hemisphere; atmosphere.*

-ster *suff* **1** (*n* + ~ = *n*) sb connected with the *n: songster; gangster.* **2** (*adj* + ~ = *n*) sb with the qualities of the *adj: youngster.*

sub- *pref* **1** under: *subway; subsoil.* **2** secondary, lower in rank: *sub-committee; sub-species.* **3** not quite: *sub-tropical; subnormal.* **4** (used with a *v*) secondary repetition: *sublet; subdivide.*

super- *pref* **1** above, over: *superstructure; superimpose.* **2** superior to; more than: *superhuman; supernatural.*

sym- (also **syn-**) *pref* sharing with, together: *sympathy; synchronize.*

-t *suff* (used to form the *pt* and *pp* of some *vv*): *burnt; lent; slept.*

techn(o)- *pref* of applied science: *technocracy; technology.*

tele- *pref* of linking across distances: *telepathy; television.*

theo- *pref* of God: *theocracy; theology.*

thermo- *pref* of heat, of temperature: *thermostat; thermometer.*

-tion (also **-sion; -ation -ition)** *suff* (*v* + ~ = *n*): *relation; confession; adhesion; hesitation; competition.* **-tional** *adj.* **-tionally** *adv*

trans- *pref* **1** across; *transatlantic; transcontinental.* **2** to a changed state: *transplant; transform.*

tri- *pref* three: *triangle; tricolour.*

-tude *suff* (used to form a *n*) condition: *magnitude; exactitude.*

-ule *suff* (used to form a *n*) relative smallness: *capsule; globule.*

ultra- *pref* beyond, to excess: *ultraviolet; ultra-liberal.*

un- *pref* **1** (used with an *adj* or *n*) not: *unable; untruth.* **2** (used with a *v*) negative, reverse, opposite of: *uncover; unpack.*

under- *pref* **1** located beneath: *undercurrent; undergrowth.* **2** not enough: *underestimate; undersized.* **3** lower in rank, importance *undersecretary; understudy.*

uni- *pref* one, the same: *uniform; unisex.*

up- *pref* to a higher or better state: *uphill; upgrade.*

-ure *suff* (used to form a *n*) act, process, condition: *closure; legislature.*

vice- *pref* sb who is next in rank to and may act for another: *vice-consul; vice-president.*

-ward *suff* (used to form an *adj* or *adv)* in the direction of: *backward; eastward; homeward.* **-wards** *adv.*

well- *pref* (~+*pp* of a *v* = *adj*) **1** fortunately: *well-born.* **2** properly, thoroughly: *well-informed; well-worn.*

-wise *suff* (*n* or *adj* + ~ = *adv*) **1** in the manner of: *crosswise; crabwise.* **2** (কথ্য) in connection with: *disciplinewise; accommodationwise.*

-worth *suff* (used to form a *n*) using the amount of: *poundsworth; daysworth.*

-worthy *suff* (*n* + ~ = *adj*) deserving of: *praiseworthy; blameworthy.* **-worthily** *adv.*

-y[1] (also **-ey**) *suff* (*n* + ~ = *adj*): *dusty; bushy; clayey.* **-ier** *comp.* **-iest** *superl.* **-ily** *adv.*

-y[2] (also **-ie**) *suff* (*n* + ~ = *n*) pet name or familiar name: *piggy; doggie; daddy; Susie.*

পরিশিষ্ট ৪

NUMERICAL EXPRESSIONS

এই পরিচ্ছেদটি কথায় ও লেখায় সংখ্যা এবং সাধারণত সংখ্যাসংবলিত অভিব্যক্তি ব্যবহারে সাহায্য করবে।

১ সংখ্যা

মন্তব্য : 'one [ওয়ান্] hundred'–এর চেয়ে 'a [আ] hundred'–এর ব্যবহার কম আনুষ্ঠানিক।

	পরিমাণবাচক		পূরণবাচক
1	one [ওয়ান্]	Ist	first [ফ্যাস্ট্]
2	two [টূ]	2nd	second [ˈসেকান্ড্]
3	three [থ্রী]	3rd	third [থ্যাড্]
4	four [ফো°(র্)]	4th	fourth [ফো°থ্]
5	five [ফ়াইভ্]	5th	fifth [ফ়িফ়থ্]
6	six [সিক্স্]	6th	sixth [সিক্সথ্]
7	seven [ˈসেভ্ন্]	7th	seventh [ˈসেভ্নথ্]
8	eight [এইট]	8th	eighth [এইট্থ্]
9	nine [নাইন্]	9th	ninth [নাইন্থ্]
10	ten [টেন্]	10th	tenth [টেন্থ্]
11	eleven [ইˈলেভ্ন্]	11th	eleventh [ইˈলেভ্ন্থ্]
12	twelve [টুয়েল্ভ্]	12th	twelfth [টুয়েল্ফ়্থ্]
13	thirteen [ˌথ্যাˈটীন্]	13th	thirteenth [ˌথ্যাˈটীন্থ্]
14	fourteen [ˌফ়োˈটীন্]	14th	fourteenth [ˌফ়োˈটীন্থ্]
15	fifteen [ˌফ়িফ়্ˈটীন্]	15th	ffteenth [ফ়িফ়্ˈটীন্থ্]
16	sixteen [ˌসিক্ˈস্টীন্]	16th	sixteenth [সিকˈস্টীন্থ্]
17	seventeen [ˌসেভ্ন্ˈটীন্]	17th	seventeenth [ˌসেভ্ন্টীন্থ্]
18	eighteen [ˌএইˈটীন্]	18th	eighteenth [ˌএইˈটীন্থ্]
19	nineteen [ˌনাইন্ˈটীন্]	19ht	nineteenth [ˌনাইন্ˈটীন্থ্]
20	twenty [ˈটোয়েন্টি]	20th	twentieth [ˌটোয়েন্টিআথ্]
21	twenty-one [ˌটোয়েন্টিˈওয়ান]	21th	twenty-first [ˌটোয়েন্টিˈফ্যাস্ট্]
22	twenty-two [ˌটোয়েন্টিˈটূ]	22nd	twenty-second [ˌটোয়েন্টিˈসেকান্ড্]
23	twenty -three [ˌটোয়েন্টিˈথ্রী]	23rd	twenty-third [ˌটোয়েন্টিˈথ্যাড্]
30	thirty [ˈথ্যাটি]	30th	thirtieth [ˈথ্যাটিআথ্]
38	thirty-eight [ˌথ্যাটি ˈএইট]	38th	thirty-eighth [ˌথ্যাটিএইট্থ্]
40	forty [ˈফো°টি]	40th	fortieth [ˈফো°টিআথ্]
50	fifty [ˈফ়িফ়্টি]	50th	fiftieth [ফ়িফ়্টিআথ্]
60	sixty [ˈসিক্স্টি]	60th	sixtieth [ˈসিক্সিটি আথ্]
70	seventy [ˈসেভ্ন্টি]	70th	seventieth [ˈসেভ্ন্টিআথ্]
80	eighty [ˈএইটি]	80th	eightieth [ˈএইটিআথ্]
90	ninety [ˈনাইন্টি]	90th	ninetieth [ˈনাইনটিআথ্]
100	a/one hundred [আ, ওয়ান ˈহানড্রাড]	100th	a/one hundredth [আ, ওয়ান্ ˈহান্ড্রাথ্]
1000	a/one thousand [আ, ওয়ান্ ˈথাউজ্ন্ড্]	1000th	a/one thousandth [ˌটেন্ থাউজ্ন্থ্]
10 000	ten thousand [ˈটেন্ ˈথাউজ্ন্ড্]	10 000th	ten thousandth [ˌটেন্ থাউজ্ন্থ্]
100 000	a/one hundred thousand [আ, ওয়ান ˌহান্ড্রাড্ ˈথাউজ্ন্ড্]	100 000th	a/one hundred thousandth [আ, ওয়ান্ ˌহান্ড্রাড্ˈথাউজ্ন্থ্]
1 000 000	a/one million [আ, ওয়ান মিলিঅন্]	1 000 000th	a/one millionth [আ, ওয়ান্ ˈমিলিঅন্থ্]

আরো কিছু জটিল সংখ্যা

101 a/one hundred and one [আ, ওয়ান্,ˌহান্‌ড্রাড্ ন্ˈওয়ান্]

152 a/one hundred and fifty-two [আ, ওয়ান্ ˌহান্‌ড্রাড্ ন্ˌফিফ়টি ˈটূ]

1 001 a/one thousand and one [আ, ওয়ান্ ˌথাউজ়ন্ড্ আন্ ওয়ান]

2 375 two thousand, three hundred and seventy-five
[ˌটূথাউজ়ন্ড্‌থ্রী ˈহান্‌ড্রাড্ ন্ ˌটোয়েন্টি ˈফ়াইভ্]

15 972 fifteen thousand, nine hundred and seventy-two
[ˌফিফ়টীন্ ˌথাউজ়ন্ড্ ˌনাইন্ˌহান্‌ড্রাড্ ন্ ˈসেভ্‌ন্‌টি ˈটূ]

234 753 two hundred and thirty-four thousand, seven hundred and fifty-three
[ˌটূ ˌহান্‌ড্রাড্ ন্ ˌথ্যটি ˌফ়ো° ˌথাউজ়ন্ড্, ˌসেভ্‌ন্ ˌহান্‌ড্রাড্ ন্ ˌফিফ়টি ˈথ্রী]

		যুক্তরাষ্ট্র	ব্রিটেন ও অন্যান্য য়োরোপীয় দেশ
1 000 000 000	10^9	a/one billion [আ, ওয়ান্ ˈবিলিআন্]	a/one thousand million(s) [আ, ওয়ান্ ˈথাউজ়ন্ড্ মিলিআন্(জ়্)]
1 000 000 000 000	10^{12}	a/one trillion [আ, ওয়ান ˈট্রিলিআন্]	a/one billion [আ, ˈবিলিআন্]
1 000 000 000 000 000	10^{15}	a/one quadrillion [আ, ওয়ান্ কোয় ˈড্রিলিআন	a/one thousand billion(s) [আ, ওয়ান্ ˈ থাউজ়ন্ড্ ˈবিলিআন্(জ়্)]
1 000 000 000 000 000 000	10^{18}	a/one quintillion [আ, ওয়ান কোয়িন্ ˈটিলিআন]	a/one trillion [আ, ওয়ান্ ˈট্রিলিআন্]

সাধারণ ভগ্নাংশ	দশমিক ভগ্নাংশ [ˌনো°ট]
$\frac{1}{8}$ an/one eighth [আন্, ওয়ান ˈএইট্‌থ্]	0·125 (nought) [ˌনো°ট] point one two five [পয়ন্‌ট্ ওয়ান্ টূ ফ়াইভ্]
$\frac{1}{4}$ a/one quarter [আ, ওয়ান্ কোঅটা(র্)]	0·25 (nought) [ˌনো°ট্] point two five [পয়ন্‌ট্ ˌটূ ফ়াইভ্]
$\frac{1}{3}$ a/one third [আ, ওয়ান্ ˈথ্যড্]	0·33 (ˌnought) pointˌthree ˈthree
$\frac{1}{2}$ a/one half [আ, ওয়ান্ ˈহা:ফ়্ US: ˈহ্যাফ়্]	0·5 (ˌnought) point five
$\frac{3}{4}$ three quarters [ˌথ্রী ˈকোঅটা(র্)]	0·75 (ˌ nought) point ˌseven ˈfive

মন্তব্য : ১ মাপ কাছাকাছি হোক কিংবা যথাযথ, উভয় ক্ষেত্রেই সামান্য ভগ্নাংশের কথ্য রূপে 'and one half/quarter/third'–এর চেয়ে 'and a half/quarter/third' বিকল্পরূপ অধিক ব্যবহৃত হয়। $\frac{1}{8}$, $\frac{1}{16}$-এর মতো স্পষ্টত অধিকতর যথাযথ ভগ্নাংশের বেলায় 'and one eighth/sixteenth'–এর ব্যবহার স্বাভাবিক। 3/462, 20/83 –এর মতো জটিল ভগ্নাংশ মুখের ভাষায় 'three over four-six-two' রূপে প্রকাশিত হয় ; এটা আরো বেশি প্রযোজ্য গাণিতিক অভিব্যক্তি সম্বন্ধে, যেমন 22/7 'twenty two over seven'।

২ O সংখ্যাকে মামুলি সংখ্যা উচ্চারণ করার সময়ে আমরা 'zero' 'nought' বা 'oh' [ঔ] বলতে পারি ; 'zero' যুক্তরাষ্ট্রে সর্বাধিক প্রয়োগসিদ্ধ এবং সবচেয়ে পারিভাষিক ও যথাযথ রূপ, 'oh' সবচেয়ে কম পারিভাষিক বা যথাযথ। দশমিক ব্যবহারের সময় 0·5–এর স্থলে 'point five' –এর চেয়ে 'nought point five' বলা অধিকতর যথাযথ।

৩ ব্রিটিশ/মার্কিন দশমিক বিন্দুর স্থলে মহাদেশীয় য়োরোপের অধিকাংশ দেশে একটি কমা ব্যবহৃত হয়। যেমন ফ্রান্সে 7.152 -কে 7,152 রূপে লেখা হয়। 9999 -এর চেয়ে বড়ো সংখ্যাগুলিতে হাজারকে আলাদা করার জন্য ফাঁক ব্যবহার করা হয়, যেমন 10 000 বা 975 32। ব্রিটিশ/মার্কিন রীতিতে এস্থলে কমাও ব্যবহৃত হতে পারে, যেমন 300,000 । মহাদেশীয় য়োরোপীয় দেশসমূহে এই কমার স্থলে বিন্দু ব্যবহৃত হয়, যেমন 5·300·000। সুতরাং 16,400·00 (ব্রিটেন/যুক্তরাষ্ট্র) ফ্রান্সে লিখিত হবে 16·400,00।

সমষ্টিবাচক সংখ্যা

6	a half a dozen/half a dozen
12	a/one dozen (24 two dozens নয়, two dozen)
20	a/one score
144	a/one gross [গ্রৌস্]

three score years and ten (বাইবেলি) = 70 years, মানুষের পরম্পরাগত গড় আয়ু।

রোমক				আরবি
I		i		1
II		ii		2
III		iii		3
IV	(IIII)	iv	(iiii)	4
V		v		5
VI		vi		6
VII		vii		7
VIII		viii		8
IX		ix		9
X		x		10
XI		xi		11
XII		xii		12
XIII		xiii		13
XIV		xiv		14
XV		xv		15
XVI		xvi		16
XVII		xvii		17
XVIII		xviii		18
XIX		xix		19
XX		xx		20
XXI		xxi		21
XXV		xxv		25
XXIX		xxix		29
XXX		xxx		30
XXXI				31
XXXIV				34
XXXIX				39
XL				40
L				50
LV				55

রোমক	আরবি
LX	60
LXV	65
LXX	70
LXXX	80
XC	90
XCII	92
XCV	95
XCVIII	98
IC	99
C	100
CC	200
CCC	300
CD	400
D	500
DC	600
DCC	700
DCCC	800
CM	900
M	1000
MC	1100
MCD	1400
MDC	1600
MDCLXVI	1666
MDCCCLXXXVIII	1888
MDCCCXCIX	1899
MCM	1900
MCMLXXVI	1976
MCMLXXXIV	1984
MM	2000

বৃহত্তর সংখ্যাবাচক বর্ণের পরের বর্ণ যোগ করা হয়, যেমন VI = 5+1= 6 । বৃহত্তর সংখ্যাবাচক বর্ণের পূর্বের বর্ণ বিয়োগ করা হয়, যেমন IV = 5–1 = 4। বর্ণের মাথায় ড্যাশ চিহ্ন হাজার গুণসূচক, যেমন $\overline{X}$ = 10, 000 এবং $\overline{M}$ = 1000 000 । IIII বিকল্পটি কোনো কোনো ঘড়ির ডায়ালেই শুধু দেখা যায়, আর iiii কোনো কোনো পুস্তকের প্রাথমিক পৃষ্ঠাতেই কেবল দেখা যায়।

২গাণিতিকপ্রকাশভঙ্গি

গণিত, জ্যামিতি ও পরিসংখ্যানবিদ্যায় ব্যবহৃত অধিকতর সাধারণ কতকগুলির প্রতীক ও প্রকাশভঙ্গি নীচে দেওয়া হলো ; যেসব ক্ষেত্রে বিকল্প প্রকাশভঙ্গি উল্লিখিত হয়েছে, সেখানে দুইটিই সমভাবে সাধারণ তবে সাধারণত প্রথমটি অধিকতর আনুষ্ঠানিক বা পারিভাষিক এবং দ্বিতীয়টি কম আনুষ্ঠানিক বা পারিভাষিক।

.	point
+	plus/and
−	minus/take away
±	plus or minus/approximately
x	(is) multiplied by/times (কিংবা মাত্রা উল্লেখ করার সময় by)
÷	(is) divided by
=	is qual (equals)
≠	is not equal to/does not equal
~	is approximately equal to

∴	therefore
∵	because
≡	is equivalent to/is identical with
<	is less than
≮	is not less than
≤	is less than or equal to
>	is more than
≯	is not more than
≥	is more than or equal to
%	per cent
∞	infinity
∝	varies as/is proportional to

3 : 9 : : 4:12 three is to nine, as four is to twelve, দ্র. proportion (৫)

∈	is an element of (a set)
∉	is not an element of (a set)
∅	বা { } is an empty set
∩	intersection
∪	Union
c	is a subset of
⇒	implies

$\log_e$ natural logarithm বা logarithm to the base e [ই]

√	(square root)
$\sqrt[3]{}$	cube root
x^2	x [এক্স্] squared
x^3	x [এক্স্] cubed
x^4	x [এক্স্] to the power four/ to the fourth
π	pi [পাই]
r	[আঃ (র্)] = radius of a circle
πr^2	πr squared [পাই আঃ ˈস্কোয়েআড্] (বৃত্তের ক্ষেত্রফলের সূত্র)
n !	[এন্] facforial
∫	the integral of
∠	angle
∟	right angle
Δ	triangle
‖	is parallel to
⊥	is perpendicular to
°	degree, দ্র. degree (১)
′	minute (of an arc), দ্র minute[1] (২) ; foot বা feet (দৈর্ঘ্যের একক)
″	second (of an arc), দ্র. second[3] (১) inch or inches (দৈর্ঘ্যের একক)

গ্রিকবর্ণমালা

গ্রিক বর্ণমালার অনেক বর্ণ পরিসংখ্যানবিদ্যা এবং গণিতের অন্যান্য শাখায় সাধারণত ব্যবহৃত হয়। নীচে এইসব বর্ণের একটি পূর্ণাঙ্গ তালিকা দেওয়া হলো :

বড়ো ছাঁদ	ছোট ছাঁদ	নাম
A	α	alpha [ˈঅ্যাল্‌ফ়া]
B	β	beta [ˈবীটা US : ˈবেইটা]
Γ	γ	gamma [ˈগ্যামা]
Δ	δ	delta [ˈডেলটা]
E	∈	epsilon [এপ্ˈসিলান্ US : ˈএপ্‌সিলন্]
Z	ζ	zeta [জ়ীটা US : ˈজ়েইটা]
H	η	eta [ˈঈটা US : ˈএইটা]
Θ	θ	theta [ˈথীটা US : ˈথেইটা]
I	i	iota [আইওটা]

K	κ	kappa	[ˈক্যাপা]
Λ	λ	lambda	[ˈল্যাম্‌ডা]
M	μ	mu	[মিউ]
N	ν	nu	[নিউ US : নূ]
Ξ	ξ	xi	[ক্‌সাই]
O	ο	omicron	[ঔ ˈমাইক্রন্‌ US : ˈঅমিক্রন্‌]
Π	π	pi	[পাই]
P	ρ	rho	[রৌ]
Σ	σ,'s	Sigma	[ˈসিগমা]
T	τ	taw	[টাউ]
Υ	υ	upsilon	[ইউপ ˈসাইলান্‌ US : ˈইউসিলন]
Φ	φ	phi	[ফ়াই]
X	χ	chi	[কাই]
Ψ	ψ	psi	[প্‌সাই]
Ω	ω	omega	[ˈঔমিগা US : ঔ ˈমেগা]

৩ গণনাসূচক সংখ্যা

চেকবই, ব্যবসার হিসাব ইত্যাদিতে দীর্ঘ সংখ্যাপরম্পরার সমাবেশ ঘটে। এ রকম কোনো সংখ্যা উচ্চকণ্ঠে পড়তে হলে সংখ্যার প্রতীকগুলি ছন্দে ছন্দে জোড়ায় জোড়ায় ভাগ করে আলাদা অঙ্ক (1–9, 0 = [ঔ]) হিসাবে উচ্চারণ করা হয়। একই সংখ্যা পর পর দুবার থাকলে সংখ্যাগুলি আলাদাভাবে পড়া যেতে পারে কিংবা 'double six' ইত্যাদি রূপেও পড়া যেতে পারে। যেমন, '05216472' হবে ˌohˌfiveˌ/ twoˌoneˌ/ˌsixˌfour/ˌseven ˈtwo। আগেই উল্লেখ করা হয়েছে যে O–কে 'zero' (আনুষ্ঠানিক) বা 'nought' (অনানুষ্ঠানিক) হিসাবেও পড়া যেতে পারে।

৪ পরিমাপন (জড়বস্তু)

পরম্পরাগতভাবে ব্রিটেন ও যুক্তরাষ্ট্রে ইঞ্চি, ফিট, ইয়ার্ড, মাইল ইত্যাদির হিসাবে পরিমাপ করা হয়ে থাকে, তবে এখন মেট্রিক পদ্ধতিতে মিলিমিটার, মিটার, কিলোমিটার ইত্যাদি ব্যবহারের দিকে ক্রমশ ঝোঁক বাড়ছে। উভয় পদ্ধতির দৃষ্টান্ত নীচে দেওয়া হলো। (ওজন, পরিমাপ ইত্যাদির সারণি পরিশিষ্ট ৫–এ দ্রষ্টব্য।) অদূর ভবিষ্যতে মেট্রিক পদ্ধতির ব্যবহার সর্বব্যাপী হলেও বিপুল পরিমাণ সাহিত্যে অন্য এককের ব্যবহার থেকেই যাবে।

in	inch(es)	sq in	spuare inch(es)	cu in	cubic inch(es)
ft	foot/feet	sq ft	square foot/feet	cu ft	cubic foot/feet
yd	yard(s)	sq yd	square yard(s)	cu yd	cubic yard(s)
—	mile(s)	—	square mile(s)	—	—
mm	millimetre(s)	mm^2	square millimetre(s)	mm^3	cubic millimetre(s)
cm	centimetre(s)	cm^2	square centimetre(s)	cm^3,cc	cubic centimetre(s)
m	metre(s)	m^2	square metre(s)	m^3	cubic metre(s)
km	kilometre(s)	km^2	square kilometre(s)	—	—

[দৃষ্টান্তস্বরূপ, 'four square feet' ও 'four feet square'–এর পার্থক্য দ্র. square ৪]

দূরত্ব

London to New York is three thousand, four hundred and forty-one miles. (3441 miles)

London to New York is five thousand five hundred and six kilometres. (5506 km)

There is a speed limit of twenty-five miles per/an hour. (25 mph)

There is a speed limit of forty kilometres per/ an hour. (40 kph)

that ship has a top speed of twenty knots. (1 knot = 1 nautical mile per hour)

উচ্চতা/গভীরতা

Mount Everest is twenty-nine thousand and twenty-eight feet high. (29028 ft)

Mount Everest is eight thousand, eight hundred and forty-eight metres high. (8848 m)

The airliner is flying at a height /an altitude of twenty thousand feet. (20000 ft)

The airliner is flying at a height/an altitude of six thousand metres. (6000 m)

The sea's average depth is twelve thousand feet or two and half miles. (12000 ft)

The sea's average depth is three thousand seven hundred metres. (3700 m)

আয়তন

This room is fifteen foot/feet (wide) by twenty four (foot/feet) (long) (15x20 ft or 15′x20′)

This room is three metres (wide) by eight (metres) (long) (3mx8m)

ক্ষেত্রফল

They need three thousand square foot/feet of office space. (3000 sq ft)

They need five hundred square metres of office space. (500 sq m)

Bangladesh has an area of fifty -four thousand square miles. (54 000 sq miles)

Bangladesh has an area of one hundred forty four thousand square kilometres. (144 000 sp km)

The house is for sale with five acres of grounds.

The house is for sale with two hectares of grounds.

ঘনমান

We need twenty (cubic) feet/foot of sand to mix with the cement. (20 cu ft)

We need a (cubic) metre of sand to mix with the cement. ($1m^3$)

তাপমাত্রা

ব্রিটেনে প্রাত্যহিক জীবনে সচরাচর তাপমাত্রার মানদণ্ড হিসাবে ফারেনহাইট ব্যবহৃত হয়। মেট্রিক পদ্ধতি গ্রহণের সঙ্গে সঙ্গে সেন্টিগ্রেডের ব্যবহার (বৈজ্ঞানিক ব্যবহারে যা বহু আগে থেকেই প্রচলিত ছিল) ক্রমেই ব্যাপকতর হচ্ছে।

ফারেনহাইট

Water freezes at thirty two degrees Farenheit. (32° F)

Water freezes at nought degrees Centigrade. (0°C)

Last night we had seven degrees of frost. (25° F)

Last night the temparature was three degrees belwo zero. (—3°C)

It was ninety-two in the shade this morning.

It was thirty-three in the shade this morning (92° F) (33° C)

মল্লক্রীড়া

He ran for her country in the fifteen hundred metres (কথ্য The metric miles). (1500 m) She helds the record for the two hundred metres women's hurdles. (200 m)

Their team was narrowly beaten in the four by hundred metres relay (4x100 m)

He won the high jump with a jump of two point oh three metres (2·03 m), and threw the javelin a national record of eighty five point four three metres. (85·43 m)

সাঁতার

He swam for Bangladesh in the eight hundred metres freestyle. (800 m)

She came second in the women's hundred metres back-stroke. (100m)

টেনিস

Abbas won the first set six four/by six games to four (6–4). The scoring in the final game was : fifteen love (15—0), fifteen all (15—15), thirty fifteen (30–15), forty fifteen (40–15), forty thirty (40–30), deuce (40–40), Advantage Abbas, game to Abbas. Abbass went on to win the match by three sects to two (3–2).

অ্যাসোসিয়েশন ফুটবল (সকার)

In the first leg the half-time score was one all (1–1). In the second half only Spain scored and won the match three one//by three goals to one (3–1). The full time score in the return match was nil all/a goalless draw/a no goal draw (0–0), but Argentina scored two magnificant goals in extra time two win the cup two nil (2–0).

রাগবি ফুটবল (রাগার)

England beat France sixteen six/by sixteen points to six (16–6) . For England Smith scored two tries (8 ponts), Hill converted one (2 points), and kicked two penalty goals (6 points). France's score came from a penalty (3 points) and a dropped goal (3 points), both kicked by Alaia

ঘোড়দৌড়

The Derby is run over a distance of twelve furlongs/one mile four furlongs/one a half a miles/a mile and a half. (12 fur = $1\frac{1}{2}$ miles) The favourite in the Grand National was Black king at five to two. (5–2, betting stake ; The odds on Black King was five to two.)

৫ পরিমাপন (মনুষ্য)

উচ্চতা ইত্যাদি

ক) মনে রাখতে হবে, 'high' নয়, 'tall' ব্যবহৃত হয়। Feet ও inches, কিংবা মেট্রিক পদ্ধতিতে metres ও centimetres ব্যবহৃত হয়।

My father is five foot/feet eight(inches) (tall). (5 ft 8 in/5′ 8″)	My father is one metre seventy-six (centimetres) (tall) (1 m 76 cm/1·76m)

খ) শরীরের অংশবিশেষের চারিদিকের মাপ inches বা centimetres–এ :

She is 42–28 –44. (অর্থাৎ 42 inches round the brest, 28 round the waist, 44 round the hips)	She is 102–66–105. (অর্থাৎ 102 centimetres round the brest, 66 round the waist, 105 round the hips)

ওজন

ব্রিটেনে ঐতিহ্যগতভাবে stones ও pounds –এ ওজন উল্লেখ করা হয়, যুক্তরাষ্ট্রে কেবল pounds–এ। মেট্রিক পদ্ধতিতে kilos/kilograms ব্যবহৃত হয়।

He weighs ten stone two (pounds) a hundred and forty-two pounds. (10st 2lb/142 lb)	He weighs sixty-one kilos (61 kg).

বয়স

He has three children.The eldest is eleven (years old) the middle one is nine and a half and the youngest is six. I'm forty-five. How old are you ?

৬ দিনের সময়

মন্তব্য : যথাযথভাবে নির্দিষ্ট করে কিংবা ডিজিটাল ঘড়ির সময় উল্লেখ করার সময়ে নীচে প্রদত্ত দ্বিতীয় রূপটিই অধিক প্রচলিত।

ব্রিটেন	যুক্তরাষ্ট্র
6·00 six o' clock/am/pm [আক্লক্।এই।এম্ পী।এম্]	ব্রিটেনের অনুরূপ, তবে ব্রিটেনের
8·15 a quarter past eight/ eight fifteen	past–এর স্থলে যুক্তরাষ্ট্রে after ব্যবহৃত হয়
8·45 a quarter to nine/eight forty-five	
3·30 half past three/three thirty/ (কথ্য) half three	4·10 ten after four 4·15 a quarter after four
4·20 twenty (minutes) past four/four twenty	8·30 'half past eight' –এর চেয়ে eight thirty' অধিক প্রচলিত
5·25 twenty-five (minutes) past five/five twenty-five	ব্রিটেনে to এর স্থলে যুক্তরাষ্ট্রে of
5·35 twenty-five (minutes) to six/five thirty-five	ব্যবহৃত হয়ে থাকে : 8·45 a quarter of nine 8·55 five of nine 8·57 three minutes to nine/ eight fifty-seven 3·04 four minutes past three/three oh four

চব্বিশ ঘণ্টার ঘড়ি

আদিতে সামরিক আদেশ ইত্যাদিতে ব্যবহৃত হলেও এখন ভ্রমণের সময়সূচিতে ক্রমবর্ধমান হারে ব্যবহৃত হচ্ছে :

09·00	(oh) ˌnine ˈhundred hours	=	9·00 am
11·30	ˌeleven ˈthirty	=	11·30 am
12·00	ˌtwelve ˈhundred hours	=	midday/noon
14·45	ˌfourteen ˈforty-five	=	2·45 pm
16·15	ˌsixteen ˌfifˈteen	=	4·15 pm
20·00	ˌtwenty hundred hours	=	8·00 pm
21·50	ˌtwenty-one ˈfifty	=	9·50 pm
22·05	ˌtwenty-two ˌoh ˈfive	=	10·05 pm
24·00	ˌtwenty-four hundred hours	=	midnight

৭ তারিখ

2000 BC 'two thousand [ˌবী ˈসী] '

55 BC 'fifty-five [ˌবীˈসী]'

AD সাধারণ আদি বছরসমূহ সম্বন্ধে প্রযোজ্য :

AD 55 '[ˌএই ˈডী] fifty-five' ; কিন্তু 1066, AD 1066 নয় Queen I Elizabeth I 1558–1603 : Queen Elizabeth the first reigned from fifteen (hundred and) fifty-eight to sixteen (hundred and) three/sixteen oh three.

ব্রিটেন

3(rd) February 1987 : 'The third of February nineteen eighty-seven ; অনেক সময়ে সংক্ষেপে 3 Feb '87 (Jan, Mar, Apr, May, Jun, July, Aug, Sept, Oct, Nov, Dec) কিংবা শুধু সংখ্যায়, যেমন 3/2/87 লেখা হয়।

কখনো কখনো মাসের স্থলে রোমক সংখ্যা ব্যবহৃত হয়, যেমন 21 iii 75 .

যুক্তরাষ্ট্র

March, 7, 1973 : 'March seven, nineteen seventy-three.' কেবল সংখ্যায় : 3·7·73 (ব্রিটেনে) = 7·3·73

৮ মুদ্রা

মুদ্রাবিষয়ক সারণি পরিশিষ্ট ৫–এ দ্রষ্টব্য

ব্রিটেন	যুক্তরাষ্ট্র
I paid a penny/one p for it. (1p)	I bought it for a cent. (1c)
It's five pence/five p a cup (5p)	It's five cents a cup. (5 c)
The cheapest seats are fifty pence/fifty p each. (50p)	The cheapest seats are half a doller/(অপ.) half a buck each. (50 c)
They'll charge you a pound / (অপ.) a quid membership fee. (£ 1)	They'll charge you a dollar/(অপ.) a buck membership fee. ($ 1)
I was given one (pound) fifty (pence) change. (£ 1·50)	I was given a dollar fifty/one fifty/(অপ.) one and a half bucks change. ($ 1·50)
The return ticket is thirteen (pounds) twenty-seven (pence). (£13·27)	The return ticket is thirteen (dollars) twenty-seven (cents). ($13·27)

মন্তব্য : অর্থের অঙ্ক লেখার সময় পাউন্ড ও ডলার চিহ্নের (£, $) সঙ্গে পেনি ও সেন্ট চিহ্ন (p, c) কখনো দেখানো হয় না। যেমন £ 8·35 ও $ 8·35 শুদ্ধ, £ 8·35p ও $ 8·35c অশুদ্ধ

৯ টেলিফোন করা

প্রত্যেকটি অঙ্ক আলাদাভাবে উচ্চারিতই হয়, অর্থাৎ 9–এর উপরে কোনো অঙ্ক ব্যবহৃত হয় না। o [ঔ] রূপে উচ্চারিত হয়। যুক্তরাষ্ট্রের প্রয়োগরীতিতে 'oh' –এর স্থলে 'zero' (এবং কখনো কখনো 'nought') ব্যবহৃত হয়ে থাকে। অঙ্কগুলি সাধারণত ছন্দবদ্ধভাবে জোড়ায় জোড়ায় উচ্চারিত হয়, যদিও, বিশেষত ছয় অঙ্কবিশিষ্ট সংখ্যার ক্ষেত্রে, তিনটি অঙ্ক ছন্দোবদ্ধভাবে পরপর উচ্চারণ করবার প্রবণতা রয়েছে। একটি জোড়ার দুটি অঙ্ক অভিন্ন হলে সাধারণত জোড়াটি 'double three' ইত্যাদি রূপে উচ্চারিত হয়। এর একটি ব্যতিক্রম ব্রিটেনে জরুরি নম্বর 999, যেটা সব সময় — ˌnineˌ nine ˈnine !

7754 ˌdouble ˌseven ˌfive four

কিন্তু

4775 ˌ four ˌseven ˌseven ˈfive (কিংবা ˌfour ˌdouble ˌseven ˌfive)

588 ˌfive ˌdouble ˈeight

কিন্তু

558ˌ five ˌfive ˈeight (কিংবা ˌdouble ˌfive ˈeight) নম্বরের সঙ্গে জোড় নম্বর যুক্ত থাকলে সামান্য বিরতি দিয়ে কোডটি পৃথক করা হয় :

02– 729 9356 ˌoh tˈwo ll ˌseven two ˈnine ll ˌnine ˌthree ˌfive ˈsix.

১০ রাসায়নিকসূত্র

রাসায়নিক সূত্র উচ্চারণকালে বড়ো ও ছোট আকারের সংখ্যা এবং বড়ো ও ছোট ছাঁদের হরফের মধ্যে পার্থক্য করা হয় না। NaCl [ˌএন্ এই সী ˌএল্]

$2H_2 + O_2 = 2H_2O$ [ˌটূ এইচ্, ˌটূ ll প্লাস্ ˌঔ ˈটূ ll ˌঈকোয়াল জ্ ˌটূ এইচ্ টূˈঔ]

পরিশিষ্ট ৫

WEIGHTS AND MEASURES

The Metric System

	METRIC		GB & US
		length	
10	millimetres (mm)	= 1 centimetre (cm)	= 0·3937 inches (in)
100	centimetres	= 1 metre (m)	= 39·37 inches or 1·094 yards (yd)
1000	metres	= 1 kilometre (km)	= 0·62137 miles or about $\frac{5}{8}$ mile
		surface	
100	square metres (m^2)	= 1 are (a)	= 0·0247 acres
100	ares	= 1 hectares (ha)	= 2·471 acres
100	hectares	= 1 square kilometre (km^2)	= 0·386 square miles
		weight	
10	milligrams (mg)	= 1 centigram (cg)	= 0·1543 grains
100	centigrams	= 1 gram (g)	= 15·4323 grains
1000	grams	= 1 kilogram (kg)	= 2·2046 pounds
1000	kilograms	= 1 tonne	= 19·684 cwt
		capacity	
1000	millilitres (ml)	= 1 litre (1)	= 1·75 pints (2·101 US pints)
10	litres	= 1 decalitre (dl)	= 2·1997 gallons (2·63 US gallons)

Avoirdupois Weight

	GB & US		METRIC
		1 grain (gr)	= 0·0648 grams (g)
437 $\frac{1}{2}$	grains	= 1 ounce (oz)	= 28·35 grams
16	drams (dr)	= 1 ounce	= 28·35 grams
16	ounces	= 1 pound (lb)	= 0·454 kilograms (kg)
14	pounds	= 1 stone	= 6·356 kilograms
2	stone	= 1 quarter	= 12·7 kilograms
4	quarters	= 1 hundredweight (cwt)	= 50·8 kilograms
112	pounds	= 1 cwt	= 50·8 kilograms
100	pounds	= 1 short cwt	= 45·4 kilograms
20	cwt	= 1 ton	= 1016·04 kilograms
2000	pounds	= 1 short ton	= 0·907 metric tons
2240	pounds	= 1 long ton	= 1·016 metric tons

Linear Measure

	GB & US		METRIC
		1 inch (in)	= 25·3995 millimetres (mm)
12	inches	= 1 foot (ft)	= 30·479 centimetres (cm)
3	feet	= 1 yard (yd)	= 0·9144 metres (m)
5 $\frac{1}{2}$	yards	= 1 rod, pole, or perch	= 5·0292 metres
22	yards	= 1 chain (ch)	= 20·1168 metres
220	yards	= 1 furlong (fur)	= 201·168 metres
8	furlongs	= 1 mile	= 1·6093 kilometres (km)
1760	yards	= 1 mile	= 1·6093 kilometres
3	miles	= 1 league	= 4·8279 kilometres

Square Measure

	GB & US		METRIC
		1 square inch	= 6·4516 sq centimetre
144	sq inches	= 1 sq foot	= 929·030 sq centimetres
9	sq feet	= 1 sq yard	= 0·836 sq metres
484	sq yards	= 1 sq chain	= 404·624 sq metres
4840	sq yards	= 1 acre	= 0·405 hectares
40	sq rods	= 1 rood	= 10·1168 ares
4	roods	= 1 acre	= 0·405 hectares
640	acres	= 1 sq mile	= 2·599 sq kilometres

Cubic Measure

	GB & US		METRIC
		1 cubic inch	= 16·387 cu centimetres
1728	cu inches	= 1 cu foot	= 0·028 cu metres
27	cu feet	= 1 cu yard	= 0·765 cu metres

Surveyors' Measure

	GB & US		METRIC
7·92	inches	= 1 link	= 20·1168 centimetres
100	links	= 1 chain	= 20·1168 metres
10	chains	= 1 furlong	= 201·168 metres
80	chains	= 1 mile	= 1·6093 kilometres
10	square chains	= 1 acre	= 0·405 hectares

Nautical Measure

used for measuring the depth and surface distance of seas, rivers, etc

GB & US			METRIC
6	feet	= 1 fathom	= 1·8288 metres
608	feet	= 1 cable	= 185·313 metres
6080	feet	= sea (or nautical) mile (1·151 statute miles)	= 1·852 kilometres
3	sea miles	= 1 sea league	= 5·550 kilometres
60	sea miles	= 1 degree	
360	degrees	= 1 circle	

The speed of one sea mile per hour is called a *knot*

Liquid Measure of Capacity

		GB	US	METRIC
4	gills	= 1 pint (pt)	= 1·201 pints	= 0·5679 litres
2	pints	= 1 quart (qt)	= 1·201 quarts	= 1·1359 litres
4	quarts	= 1 gallons (gal)	= 1·201 gallons	= 4·5435 litres

Dry Measure of Capacity

		GB & US	METRIC GB	US
		1 gallon	= 4·5435 litres	= 4·404 liters
2	gallons	= 1 peck	= 9·0870 litres	= 8·810 liters
4	pecks	= 1 bushel	= 36·3477 litres	= 35·238 liters
8	bushels	= 1 quarter	= 290·7816 litres	= 281·904 liters

Circular or Angular Measure

60 seconds (″) = 1 minute (′)
60 minutes = 1 degree (°)

90 degrees = 1 quadrant or right angle (L)
360 degrees = 1 circle or circumference

the diameter of a circle = the straight line passing through its centre
the radius of a circle = $\frac{1}{2}$ x the diameter
the circumference of a circle = 22/7 X the diameter

Temperature Equivalents

	FAHRENHEIT (F)	CENTIGRADE (C)
Boiling Point	212°	100°
	194°	90°
	176°	80°
	158°	70°
	140°	60°
	122°	50°
	104°	40°
	86°	30°
	68°	20°
	50°	10°
Freezing Point	32°	0°
	14°	–10°
	0°	–17·8°
Absolute Zero	–459·67°	–273·15°

ফারেনহাইট তাপমাত্রাকে সেন্টিগ্রেড তাপমাত্রায় রূপান্তরিত করতে ৩২ বিয়োগ করে ৫/৯ দিয়ে গুণ দিতে হবে। সেন্টিগ্রেড তাপমাত্রাকে ফারেনহাইট তাপমাত্রায় রূপান্তরের জন্য ৯/৫ দিয়ে গুণ করে ৩২ যোগ করতে হবে।

Time

60 seconds	= 1 minute
60 minutes	= 1 hour
24 hours	= 1 day
7 days	= 1 week
4 weeks, or 28 days	= 1 lunar month
52 weeks, 1 day ; or 13 lunar months, 1 day	= 1 year
365 days, 6 hours	= 1 (Julian) year

পরিশিষ্ট ৬

PUNCTUATION

. Full Stop (US = Period)

বাক্যের শেষে ব্যবহৃত হয় :

Karim arrived home late. The teacher received him with a smile.

দ্র. নীচে Abbreviations

? Question Mark

১. প্রশ্নবোধক বাক্যের শেষে ব্যবহৃত :
Who told you this story ?

২. সন্দেহবোধক অর্থে বন্ধনী চিহ্নের মধ্যে :
He was born in Dhaka (?) and he died in Calcutta.

! Exclamation Mark (US অপিচ Exclamation Point)

ক্রোধ, বিস্ময় বা কোনো প্রবল অনুভূতি প্রকাশক বাক্যের শেষে ব্যবহৃত :

How dare you make such a statement !

What a magnificent view of the Himalayas we had !

, Comma

১. শব্দ বা বাক্যাংশের তালিকায় স্বতন্ত্র বস্তু বা দফার পরপর উল্লেখে ব্যবহৃত :
Books, boots, papers and pens lay scattered in the room.
Look at your audience, speak slowly, also with deliberation, with variation in the pitch of your voice.

২. Subordinate adverbial clause-এর শেষে বা বাক্যের অন্তর্ভুক্ত প্রধান উপবাক্যের (clause) পূর্বে ব্যবহৃত বাক্যাংশের (phrase) শেষে : When the boys left the room one by one, the teacher was left alone. In Britain after the War, sugar was in short supply.

৩. বাক্যের প্রারম্ভে অসমাপিকা ক্রিয়া বিশিষ্ট বা ক্রিয়াহীন বাক্যাংশের শেষে :
To share the excitement of the game, she stayed behind. Hungry and exhausted, the boy started crying.

৪. মূল বাক্য থেকে কোনো ভূমিকাসূচক বা মূল প্রসঙ্গে যাওয়ার জন্য ব্যবহৃত শব্দ বা বাক্যাংশ (eg by the way, however, therefore ইত্যাদি) পৃথক করে দেখাতে :
By the way, I never took the offer seriously. In fact, I forgot to ask him his present address. Realising that the family was in mourning we, therefore, didn't stay long in the house.

৫. বাক্যের গতি ব্যাহত করে এমন কোনো বাক্যাংশ, মন্তব্য ইত্যাদির পূর্বে ও পরে :
The school, though it had lost many work-days, still remained closed.
We wished to, in fact we did, terminate our contract.

৬. অব্যবহিত পরবর্তী বিশেষ্য সম্পর্কে অতিরিক্ত তথ্য দিচ্ছে এমন সম্বন্ধবাচক বাক্যাংশ (যা অর্থ/ সংজ্ঞা/ নিরূপক নয়/ non-defining relative clause) বা সমকারকাদি অন্বিত বাক্যাংশ (phrase in apposition)–এর পূর্বে ও পরে :
The novel, which has been a popular reading for years, has been reprinted lately.
Mawlana Bhasani, a leader of the masses, died in ... (টীকা : সম্বন্ধবাচক বাক্যাংশ, যা অর্থ বা সংজ্ঞানিরূপক–এর ক্ষেত্রে কমা প্রযোজ্য নয় : The driver whom we employed last month left yesterday).

৭. সংযোজক অব্যয় দ্বারা যুক্ত প্রধান বাক্যাংশের মধ্যে পার্থক্য নির্দেশ করতে ব্যবহৃত হতে পারে :
The train from Chittagong was expected to arrive by 6 pm, but was late by more than two hours.
দ্র. নীচে Conversation অংশ

: Colon

১. formal (আনুষ্ঠানিক) মূল উপবাক্যের (clause) পরে, যখন পশ্চাদ্বর্তী অংশে পূর্ববর্তী উপবাক্যের বক্তব্যের ব্যাখ্যা বা উদাহরণ দৃষ্ট হয়। এ ক্ষেত্রে সেমিকোলন বা ফুলস্টপ–এর ব্যবহারও চলে।
The mechanic had grown into a qualified engineer : he could be trusted with any complicated job.

২. দীর্ঘ তালিকার পূর্বে, যা প্রায়শ such as, for example, for instace জাতীয় বাক্যাংশ দ্বারা সূচিত হয় :
Observe her closely : her manners, her dress, her speech, her tastes and the company she keeps.
দ্র. নীচে Quotations অংশ।

Semicolon

১. (formal/প্রথানুযায়ী) সংযোজক অব্যয় দ্বারা যুক্ত নয় এমন প্রধান উপবাক্যগুলিকে পৃথক করার জন্য ব্যবহৃত, বিশেষত যখন উপবাক্যগুলি একই বাক্য বলে মনে হবে :
The train will be arriving soon ; the distant signal is down. He will soon be retiring ; in fact, he has been looking forward to it.

২. বাক্যের বিভিন্ন অংশ, যা ইতোমধ্যেই কমাচিহ্ন দ্বারা পৃথককৃত, কমার পরিবর্তে সেমিকোলন দ্বারা এদের বিভিন্নতা দেখানো যায় :
I cannot punish him now : one reason, he has suffered ; second, he has repented.

— Dash

১. (কথ্য) রচনার মধ্যে চমক বা নাটকীয়ত্ব সঞ্চারে কোলন বা সেমিকোলনের পরিবর্তে ব্যবহৃত :
People shouted, stood on their legs, hurled abuses, chairs, jostled with one another—it was a pandemonium. The burglar decamped with all the cash—what else could he do but to make a FIR ?

২. (কথ্য) অতিরিক্ত তথ্য, অনুচিন্তা, মন্তব্য ইত্যাদি চমকপ্রদভাবে মূল বাক্য থেকে পৃথকভাবে উপস্থাপনের জন্য একবার বা আগে-পিছে ব্যবহৃত :
After a period of suffering will come better days— or so we believe.
Better days— or such is our belief— will follow a period of suffering.
(টীকা : সাধু রীতি অনুযায়ী এ ক্ষেত্রে কমা বা বন্ধনীর ব্যবহার হবে, ড্যাশ নয়।)
দ্র. নীচে Conversation অংশ।

() Parentheses (GB অপিচ Brackets)

১. অতিরিক্ত তথ্য, অনুচিন্তা, মন্তব্য ইত্যাদি মূল বাক্য থেকে পৃথকভাবে সন্নিবেশের জন্য ব্যবহৃত :
Better days (or such is our belief) will follow a period of suffering.
He said he would soon pay back (but I hardly believed him).

২. Cross-reference-এর জন্য স্থান করার প্রয়োজনে ব্যবহৃত :
The conquest of Kalinga (see ch. I, p. 121 ff) cost Ashoka huge loss of lives.

' ' Quotation Marks (GB অপিচ Inverted Commas)
অশিষ্ট বা টেকনিক্যাল শব্দ বা পাঠকের দৃষ্টি আকর্ষণের জন্য বিশেষ শব্দের আগে-পিছে ব্যবহৃত :
We heard the call 'follow', and we followed him.
He styled himself a 'freedom fighter', but his later career hardly proved it.
দ্র. নীচে Conversation ও Quotation অংশ।

- Hyphen

Hyphen-এর সঙ্গে dash-এর পার্থক্য আছে। dash বসে বাক্যের দুই অংশের মধ্যে ; hyphen-এর প্রয়োগ নিম্নরূপ। hyphen দৈর্ঘ্যে dash-এর অর্ধেক।

১. দুটি পৃথক শব্দ দিয়ে একটি যৌগশব্দ গঠনে কদাচ ব্যবহৃত :
soft-spoken ; grass-court ; deep-seated

২. prefix ও noun-এর সমন্বয়ে যৌগশব্দ গঠনে ব্যবহৃত :
pre-Islamic ; pro-American ; anti-Semitic

৩. পদান্বয়ী অব্যয় (preposition) দ্বারা বিভক্ত দুই শব্দ নিয়ে গঠিত যৌগশব্দে ব্যবহৃত :
brother-in-law ; brarrister-at-law ; holier-than-thou.

৪. (বিশেষ. GB) কদাচ prefix-এর শেষ অক্ষর যে vowel, পরবর্তী শব্দের আদ্যক্ষরও যদি তাই হয়, সেক্ষেত্রে :
co-ordinate ; pre-exist ; re-entry.

Apostrophe

১. সম্বন্ধপদ অর্থে 's' এর সঙ্গে ব্যবহৃত :
the cat's paw ; the actress's gait ; Ted Williams's poems/Ted Williams' poems (either form will do) ; Nurses' quarters ; men's hats.

২. অক্ষর/সংখ্যার শূন্যতা বোঝাতে, শব্দের সংক্ষিপ্ত রূপে ব্যবহৃত :
I'm (= I am) ; she's (=she is/has) ; they'd (=they would/had). In '90 (=1990).

৩. অক্ষর, সংখ্যা বা abbreviation-এর বহু বচনে 's' এর সঙ্গে ব্যবহৃত বর্তমান প্রচলে প্রায়শই বিলুপ্ত।
in the 1940's বা in the 1940 s ; PRO's বাPRO s ; mark how he pronounces his p's.

৪. বহু বচন নেই, এমন শব্দের বহুত্ব বোঝাতে :
if's and but's ; do's and don't's.

Abbreviations

১. সংক্ষিপ্ত করণে বা ব্যক্তির নামের আদ্যক্ষরের শেষে full stop। বর্তমান প্রচলে প্রায়শ বিলুপ্ত :
Mr. G. S. Frazer বা Mr G S Frazer

২. সংক্ষেপিত রূপ শুধুমাত্র capitals সম্বলিত হলে, GB প্রচলে full stop না থাকাই নিয়ম :
UN ILO EEC

৩. ছোট হরফের সংক্ষেপিত রূপে full stop বর্জন সিদ্ধ, তবে বহুল প্রচলিত নয় ;
i.e. p.m. e.g. বা ie pm eg

৪. সংক্ষেপিত রূপে শব্দের শেষ অক্ষর থাকলে GB প্রচলে full stop বর্জিত হওয়াই নিয়ম ;
Mr Dr St Rd

৫. capital letter abbreviation এর plural গঠনে, ছোট হরফের 's বা s যুক্ত হয় ;
MP's বা MPs ; FRS's বা FRSs
দ্র. পরিশিষ্ট ২ (Abbreviations)

Conversation

১. সংলাপে নতুন বক্তা দেখা দিলে নতুন indented paragraph-এর ব্যবহার হবে।

২ direct speech-এর ক্ষেত্রে শব্দ ও যতিচিহ্নাদি উদ্ধৃতি চিহ্নের মধ্যে স্থাপিত হবে :
"How could you believe I did it ?" he asked.

৩. সূত্রপাতকর শব্দ (eg he said, she cried, they answered) ও উচ্চারিত শব্দের ব্যবধান জানাতে কমা ব্যবহৃত হবে, (যদি না অন্য কোনো যতি চিহ্ন ব্যবহৃত হয়।)
Rina said, 'Mashuk told me this.' 'Mashuk told me this,' said Rina. 'Mashuk', said Rina, 'told me this.'

৪. বাক্যের শেষে প্রশ্ন ধরনের বুলি থাকলে মধ্যখানে কমা দিতে হবে :
'I should go and apologize to him, shouldn't I ?'

৫. মৃদু বিস্ময় প্রকাশে বা ব্যক্তি নামের প্রত্যক্ষ উল্লেখ থাকলে কমা চিহ্ন দিয়ে বাক্যের বাকি অংশের সঙ্গে উপরিউক্ত অংশের পার্থক্য চিহ্নিত হবে :
'Ah, that explains why he is late.'
'Well, John, do write to me.'

৬. দ্বিধাগ্রস্ত বা বাধাগ্রস্ত সংলাপে dash-এর ব্যবহার সিদ্ধ :
'But how could you get— who gave you credit ?'

৭. GB প্রচলে সংলাপ মধ্যস্থিত সংলাপ single quotation marks-এর মধ্যে double quotation marks দ্বারা, US প্রচলে double quotation marks-এর মধ্যে single quotation marks দ্বারা সূচিত হয় :
'As the teacher said, "Boys file pasts", we promptly did so.'
"As the teacher said, 'Boys file past', we promptly did so."

Quotation

১. সূত্রপাতকর শব্দ ও উদ্ধৃতির মধ্যে colon চিহ্ন বসে ; উদ্ধৃতিবাক্য উদ্ধৃতি চিহ্ন বহন করে :
It was Hamlet who said : 'Frailty, thy name is woman'.

২ উদ্ধৃতির মধ্যে কোনো শব্দ বা বাক্যাংশ বর্জিত হলে পরপর তিনটি বিন্দু চিহ্ন বসে :
'For ten years he lived in London, ...and during those ten years he produced the first three volumes of his History.' (Lytton Strachey).
দ্র. উপরের Conversation অংশ।

পরিশিষ্ট ৭

THE CHEMICAL ELEMENTS

element	*symbol*	*atomic number*	*approximate atomic mass*
actinium	Ac	89	227
aluminium	Al	13	27
americium	Am	95	243
antimony	Sb	51	122
argon	Ar	18	40
arsenic	As	33	75
astatine	At	85	210
barium	Ba	56	137
berkelium	Bk	97	249
beryllium	Be	4	9
bismuth	Bi	83	209
boron	B	5	11
bromine	Br	35	80
cadmium	Cd	48	112
caesium	Cs	55	133
calcium	Ca	20	40
californium	Cf	98	251
carbon	C	6	12
cerium	Ce	58	140
chlorine	Cl	17	35·5
chromium	Cr	24	52
cobalt	Co	27	59
copper	Cu	29	64
curium	Cm	96	247
dysprosium	Dy	66	162
einsteinium	Es	99	254
erbium	Er	68	167
europium	Eu	63	152
fermium	Fm	100	253
fluorine	F	9	19
francium	Fr	87	223
gadolinium	Gd	64	157
gallium	Ga	31	70
germanium	Ge	32	73
gold	Au	79	197
hafnium	Hf	72	178·5
helium	He	2	4
holmium	Ho	67	165
hydrogen	H	1	1
indium	In	49	115
iodine	I	53	127
iridium	Ir	77	192
iron	Fe	26	56
krypton	Kr	36	84
lanthanum	La	57	139
lawrencium	Lw	103	257
lead	Pb	82	207
lithium	Li	3	7
lutetium	Lu	71	175
magnesium	Mg	12	24
manganese	Mn	25	55
mendelevium	Md	101	256
mercury	Hg	80	201
molybdenum	Mo	42	96
neodymium	Nd	60	144
neon	Ne	10	20
neptunium	Np	93	237
nickel	Ni	28	59
niobium	Nb	41	93
nitrogen	N	7	14
nobelium	No	102	253
osmium	Os	76	190
oxygen	O	8	16
palladium	Pd	46	106
phosphorus	P	15	31
platinum	Pt	78	195
plutonium	Pu	94	242
polonium	Po	84	210
potassium	K	19	39
praseodymium	Pr	59	141
promethium	Pm	61	147
protactinium	Pa	91	231
radium	Ra	88	226
radon	Rn	86	222
rhenium	Re	75	186
rhodium	Rh	45	103
rubidium	Rb	37	85
ruthenium	Ru	44	101
samarium	Sm	62	150
scandium	Sc	21	45
selenium	Se	34	79
silicon	Si	14	28
silver	Ag	47	108
sodium	Na	11	23
strontium	Sr	38	88
sulphur	S	16	32
tantalum	Ta	73	181
technetium	Tc	43	99
tellurium	Te	52	128
terbium	Tb	65	159
thallium	Tl	81	204
thorium	Th	90	232
thulium	Tm	69	169
tin	Sn	50	119
titanium	Ti	22	48
tungsten	W	74	184
uranium	U	92	238
vanadium	V	23	51
xenon	Xe	54	131
ytterbium	Yb	70	173
yttrium	Y	39	89
zinc	Zn	30	65
zirconium	Zr	40	91